StichwortKommentar

Dr. Oliver Elzer [Hrsg.]
Richter am Kammergericht, Berlin

Wohnungs-
eigentumsrecht

Alphabetische Gesamtdarstellung

 **Nomos**

Zitiervorschlag: SWK-WEG Stichwort Rn. …

Die Deutsche Nationalbibliothek verzeichnet diese Publikation in
der Deutschen Nationalbibliografie; detaillierte bibliografische
Daten sind im Internet über http://dnb.d-nb.de abrufbar.

ISBN 978-3-8487-5902-6

1. Auflage 2021
© Nomos Verlagsgesellschaft, Baden-Baden 2021. Gesamtverantwortung für Druck und Herstellung bei
der Nomos Verlagsgesellschaft mbH & Co. KG. Alle Rechte, auch die des Nachdrucks von Auszügen, der
fotomechanischen Wiedergabe und der Übersetzung, vorbehalten.

Vorwort

Dieser Kommentar beschreitet neue Wege. Er hat den selbstbewussten Anspruch, den Zugriff auf das Wohnungseigentumsrecht neu zu denken. Hierin sieht er seine Rechtfertigung und Chance. Rund 300 Fragen des Wohnungseigentumsrechts werden nicht anhand einer Vorschrift, sondern stets normübergeifend dargestellt. Jedes Problem wird nicht nur unter einem Aspekt behandelt, sondern umfassend, und es wird dort, wo es geboten ist, auch seine prozessuale Umsetzung in die Darstellung einbezogen. Auf diese Weise soll es dem Praktiker über das Stichwort leichter als bislang gelingen, Verflechtungen der Regelungsbereiche zu erkennen und eine Frage präzise und schnell einer sachgerechten Lösung zuzuführen.

Um dieses Ziel zu erreichen, haben sich Autorinnen und Autoren zusammengefunden, die Praktiker des Rechts und in ihrer täglichen Arbeit mit den Problemen, die sie darstellen, unmittelbar befasst sind. Sie verfolgen stets das Ziel, jede Frage grundsätzlich nur an einem Ort zu erörtern. Um den Sinnzusammenhang nicht zu zerstören und möglichst an einer Stelle die Probleme zusammenzutragen, finden sich Erörterungen aber auch an mehreren Stellen. Auch diese Darstellung soll es dem Nutzer wiederum erleichtern, alles Nötige schnell zu finden.

Die Stichworte wurden gezielt ausgewählt und zusammengestellt, um den Alltag in der anwaltlichen Arbeitspraxis, für Verwalter bei der Verwaltung einer Wohnungseigentumsanlage und im richterlichen Dezernat abzubilden. Es werden daher nicht ohne Grund nicht nur die WEG-Normen abgedeckt, sondern auch viele praktische Fragen, die das WEG selbst nicht behandelt, sowie umfassend ferner solche des Nachbar- und öffentlichen Rechts. Auch wenn es ein „Buch des Rechts" ist, dürften im Übrigen die Wohnungseigentümer mit ihm eine reiche Quelle haben, um ihre Fragen selbst zu beantworten und am besten einvernehmlich lösen zu können.

Unser Stichwortkommentar hat das Gesetz zur Förderung der Elektromobilität und zur Modernisierung des Wohnungseigentumsgesetzes und zur Änderung von kosten- und grundbuchrechtlichen Vorschriften (Wohnungseigentumsmodernisierungsgesetz – WEMoG) vollständig eingearbeitet. Hierin lagen unser besonderer Anspruch und unsere Herausforderung. Da es grundsätzlich noch keine aktuelle Rechtsprechung gibt, haben wir uns maßgeblich an den Gesetzesmaterialien orientiert und bisherige Stellungnahmen aus dem Schrifttum berücksichtigt.

Sämtliche Autorinnen und Autoren hoffen auf eine wohlwollende Aufnahme. Sollten wir Stichworte oder Aspekte übersehen haben, freuen wir uns über Hinweise an: oliver.elzer@live.com. Sie werden uns Ansporn sein, stets noch besser zu werden.

Unser besonderer Dank gilt neben dem Verlag der Lektorin Frau Anja Falkenstein. Ohne ihren unermüdlichen Einsatz, Ihre Ausdauer und Geduld wäre dieses Werk nicht möglich gewesen.

Berlin, im März 2021   *Dr. Oliver Elzer*

Inhaltsverzeichnis

Bearbeiterverzeichnis

Kai Achenbach
Justizrat, Bad Münstereifel

Kai-Uwe Agatsy
Rechtsanwalt, Fachanwalt für Miet- und Wohnungseigentumsrecht, Berlin

Dr. Florian Bartels
Richter am Landgericht, Essen

Kai-Peter Breiholdt
Rechtsanwalt, Fachanwalt für Miet- und Wohnungseigentumsrecht, Berlin

Dr. Carsten Brückner
Rechtsanwalt, Fachanwalt für Miet- und Wohnungseigentumsrecht, Berlin

Dr. Patrick Bruns
Rechtsanwalt, Fachanwalt für Miet- und Wohnungseigentumsrecht, Baden-Baden

Marcus Choynacki
Rechtsanwalt, Fachanwalt für Bank- und Kapitalmarktrecht, München

Dr. Oliver Elzer
Richter am Kammergericht, Berlin

Dr. Thomas Fraatz-Rosenfeld
Rechtsanwalt, Fachanwalt für Miet- und Wohnungseigentumsrecht, Fachanwalt für Verwaltungsrecht, Bad Doberan

Martin Gast
Rechtsanwalt, Berlin

Dr. Julia Güther
Rechtsanwältin, Berlin

Dr. Thomas Hansen
Rechtsanwalt, Fachanwalt für Miet- und Wohnungseigentumsrecht, Fachanwalt für Arbeitsrecht, Berlin

Carsten Herlitz
Rechtsanwalt, Berlin

Barbara Hoeck-Eisenbach
Rechtsanwältin, Fachanwältin für Miet- und Wohnungseigentumsrecht, Berlin

Johannes Hofele
Rechtsanwalt, Fachanwalt für Steuerrecht, Berlin

Carsten Küttner
Rechtsanwalt, Fachanwalt für Miet- und Wohnungseigentumsrecht, Hamburg

Dr. Sascha Lambert
Rechtsanwalt, Fachanwalt für Miet- und Wohnungseigentumsrecht, Saarlouis

Sandra Lang-Lajendäcker
Rechtsanwältin, Fachanwältin für Miet- und Wohnungseigentumsrecht, Berlin

André Leist
Rechtsanwalt, Fachanwalt für Miet- und Wohnungseigentumsrecht, Dresden

Anett Marquardt
Rechtsanwältin, Berlin

Tom Martini
Rechtsanwalt, Fachanwalt für Miet- und Wohnungseigentumsrecht, Fachanwalt für Familienrecht, Mediator, Berlin

Dr. Kai Mediger
Rechtsanwalt, Norderstedt

Annekatrin Mehle
Rechtsanwältin, Fachanwältin für Miet- und Wohnungseigentumsrecht, Berlin

Maximilian A. Müller
Rechtsanwalt, Fachanwalt für Miet- und Wohnungseigentumsrecht, Landau

Dr. Maximilian Müller
Richter am Landgericht, Berlin

Johanna Neumann
Rechtsanwältin, Fachanwältin für Miet- und Wohnungseigentumsrecht, Berlin

Dr. Moritz Nissen
Richter, Freiburg

Reinhold Okon
Sachverständiger für Hard- und Software, Externer Datenschutzbeauftragter, Karlsfeld

Matthias Pauli
Rechtsanwalt, Fachanwalt für Miet- und Wohnungseigentumsrecht, Koblenz

Dr. Martina Rothermel
Notarassessorin, Leuna

Dr. Niki Ruge
Rechtsanwalt, Fachanwalt für Miet- und Wohnungseigentumsrecht, Buchholz

Susanne Tank
Rechtsanwältin, Fachanwältin für Miet- und Wohnungseigentumsrecht, Hannover

Dr. Marco Tyarks
Rechtsanwalt, Fachanwalt für Miet- und Wohnungseigentumsrecht, Hamburg

Im Einzelnen haben bearbeitet:

Kai Achenbach: Vollstreckung eines Hausgeldtitels; Zwangsverwaltung; Zwangsvollstreckung in ein Wohnungseigentum

Kai-Uwe Agatsy: Balkon und Bepflanzung; Begehung der Wohnungseigentumsanlage; Beseitigung; Mahnung; Mahnverfahren; Störungsunterlassung; Streitwerte im ABC; Terrasse; Wanddurchbruch; Wintergarten; Wohnungseigentümergemeinschaft

Dr. Florian Bartels: Beiladung, Betreuung; Einstweiliger Rechtsschutz; Erbrechtliche Aspekte; Familienrechtliche Aspekte; Güte- und Schiedsverfahren, Mediation; Kosten, gerichtliche und außergerichtliche; Prozess und Prozessgrundsätze; Prozesskostenhilfe; Prozessvergleich; Prozessvoraussetzungen; Rechtsmittel; Selbstständiges Beweisverfahren; Streitgenossenschaft, Nebenintervention und Streitverkündung; Verjährung; Verwirkung; Zustellungen

Kai-Peter Breiholdt: Abnahme; Abrechnung; Amtsträger; Auskunft; Dach; Darlehensvertrag; Entlastung; Heizkosten; Kamin; Pergola; Sonderumlage; Thermostat; Unterteilung; Vermögensbericht; Wirtschaftsplan; Zweckbestimmung

Dr. Carsten Brückner: Betriebskosten; Kinderwagen; Leerstand; Miete (Vermietung des Sondereigentums); Rollator/Rollstuhl; Schaukel; Überbelegung; Zweckentfremdung

Dr. Patrick Bruns: Hausgeld; Kündigungssperre; Leistungspflichten/Belastungsverbot; Wohngeld-/Hausgeldinkasso

Marcus Choynacki: Gehweg; Hobbyraum; Isolierung (Abdichtung); Kosten für eine besondere Nutzung des gemeinschaftlichen Eigentums; Loggia; Markise; Reklame- und Werbeeinrichtungen; Rollladen; Spielplatz; Treppenhaus; Türen; Vereinigung; Verkehrssicherungspflichten

Dr. Oliver Elzer: Ausgleichsanspruch; COVID-19-Pandemie; Eigentümerliste; Erhaltungsmaßnahmen (Instandhaltung und Instandsetzung); Erhaltungsrücklage (Instandhaltungsrückstellung/Instandhaltungsrücklage); Informationsmanagement; Sondernutzungsrechte (Sondernutzungsrechtsvereinbarungen); Verwaltungsunterlagen; Wissenszurechnung

Dr. Thomas Fraatz-Rosenfeld: Abwasserhebeanlage; Asylbegehrende und Geflüchtete; Barrierefreiheit; Baugenehmigung; Baulast; Bäume; Brandwand; Denkmalschutz; Doppelhaus; Energieausweis; Energieversorgungsanschluss; Fernwärme; Fördermaßnahmen; Gebäudeenergiegesetz; Lärm; Nachbarrecht; Nachbarschutz; Reihenhaus; Restaurant; Trennwand; Trinkwasser; Verwaltungsprozess; Zufahrtsweg

Martin Gast: Mehrhausanlage; Stimmrecht

Dr. Julia Güther: Aufteilungsplan; Begründung von Wohnungseigentum; Belastung; Grundbuch; Hotelanlage; Lasten; Teilungsvertrag; Vormerkung; Wohnungsgrundbuch

Dr. Thomas Hansen: Abweichende Bauausführung vom Aufteilungsplan; Aufzug; Außenanlagen; Beschlussersetzung; Dachgeschossausbau; Ordnungsmäßige Verwaltung; Rauchwarnmelder; Treppenlift; Unzulässige bauliche Veränderung im Gemeinschaftseigentum und Sanktionen

Carsten Herlitz: E-Mobilität – Einbau von Ladestationen

Barbara Hoeck-Eisenbach: Beschluss-Sammlung; Beschluss; Beschlussmehrheiten; Eigentümerversammlung; Formalien der Eigentümerversammlung; Niederschrift

Johannes Hofele: Abgaben; Ausländische Eigentümer; Eigentümerwechsel; Gemeinschaft an einem Wohnungseigentum; Miteigentum (an mehreren Grundstücken); Notgeschäftsführung des Verwalters; Notgeschäftsführung eines Wohnungseigentümers; Notverwalter; Rechte der Wohnungseigentümer; Steuerberatung; Steuerrecht – Gemeinschaft der Wohnungseigentümer; Steuerrecht – Verwaltung; Steuerrecht – Wohnungseigentümer; Umsatzsteuer; Veräußerungsbeschränkung; Vereinbarung

Carsten Küttner: Anfechtungsklage; Angebot; Bestimmtheit; Fahrradständer; Formalien zum Anfechtungsprozess; Heim; Nichtöffentlichkeit

Dr. Sascha Lambert: Dauerwohnrecht; Kosten, allgemein; Umwandlung; Wohnungserbbaurecht; Zweiergemeinschaft

Sandra Lang-Lajendäcker: Tiere; Vergemeinschaftung; Versicherung

André Leist: Alarmanlage; Belege; Belegprüfung; Trampolin; Verwaltungsbeirat

Anett Marquardt: Ausübungsverpflichtung; Bauträgervertrag; Fenster; Solaranlagen; Steckengebliebener Bau; Wände; Zähler

Tom Martini: Grillen; Hausordnung; Hausverbot; Kabelfernsehen; Musik; Rauchen; Sauna; Schneeräumen/Winterdienst und tätige Mithilfe; Schwimmbad; Sondereigentumsverwaltung; Tagesmutter; Timesharing; Türsprechanlage; Umlageschlüssel; Umzugskostenpauschale; Vermietung des gemeinschaftlichen Eigentums; Videoüberwachung; Zertifizierung des Verwalters; Zulassung des Verwalters

Dr. Kai Mediger: Erstmalige Herstellung eines ordnungsmäßigen Zustands; Modernisierende Instandsetzung; Modernisierung; Trinkwasserverordnung

Annekatrin Mehle: Gebrauch des Sondereigentums; Gebrauch des gemeinschaftlichen Eigentums; Gebrauchs- und Nutzungsvereinbarungen; Gebrauchs-/Nutzungsbeschluss; Mitgebrauch; Nutzung des gemeinschaftlichen Eigentums; Nutzung des Sondereigentums; Trittschall

Maximilian A. Müller: Fernsprechteilnehmereinrichtung; Gemeinschaftsvermögen; Kanalisation; Minderheitenschutz; Mülltonnen; Nachtabsenkung; Pflanzen; Pflegeheim; Schließanlage; Schlüssel;

Dr. Maximilian Müller: Blockheizkraftwerk; Dereliktion; Heizung; Mehrfachparker; Öffentliches Recht des Wohnungseigentums; Teilungserklärung

Johanna Neumann: Bauliche Veränderungen; Duldungspflichten von Drittnutzern; Kosten und Nutzungen der baulichen Veränderungen; Online-Teilnahme; Wiederaufbau

Dr. Moritz Nissen: Ermessen; Hausmeister; Weiterleitung von Signalen; Zweitbeschluss

Reinhold Okon: Datenschutz

Matthias Pauli: Buchhaltung; Einziehungsermächtigung; Fälligkeit und Erfüllung des Hausgelds; Fälligkeit und Folgen des Verzugs; Fälligkeitstheorie; Kosten der Gemeinschaft der Wohnungseigentümer; Lastschriftverfahren; Rechnungslegung; Zurückbehaltungsrecht; Zwischenablesung

Martina Rothermel: Abstellraum; Bodenraum; Garten; Keller; Notar; Wäschekeller

Dr. Niki Ruge: Abgeschlossenheit; Delegiertenversammlung; Flächen; Gleichbehandlungsgrundsatz; Kernbereich; Majorisierung; Raum; Teileigentum; Teilversammlung; Trockenraum; Umwidmung; Unselbstständiges Teileigentum; Wohnungseigentum und Gebrauch

Susanne Tank: Antenne; Aufrechnung; Bestandteil, wesentlicher; Entziehung eines Wohnungseigentums; Entziehungsklage; Folgenbeseitigungsanspruch; Gemeinschaft der Wohnungseigentümer; Gemeinschaftliches Eigentum; Kfz-Stellplatz; Konto; Regenrinne; Rundfunkempfangsanlage; Schornstein; Sondereigentum; Verwalter; Verwaltervertrag; Vorratsteilung

Dr. Marco Tyarks: Eigentum im ABC; Gemeinschaftsordnung; Insolvenzrecht des Wohnungseigentums; Makler (Verwalter); Prostitution; Rohre; Schadensersatz; Überleitungsvorschriften – WEMoG; Zweitversammlung

Abkürzungsverzeichnis

aA	anderer Ansicht
aaO	am angegebenen Ort
abl.	ablehnend
Abs.	Absatz
AbschlagsV	Verordnung über Abschlagszahlungen bei Bauträgerverträgen
Abschn.	Abschnitt
abw.	abweichend
aE	am Ende
aF	alte Fassung
AG	Amtsgericht
allg.	allgemein
allgA	allgemeine Ansicht
allgM	allgemeine Meinung
aM	anderer Meinung
AnfG	Anfechtungsgesetz
Anh.	Anhang
Anm.	Anmerkung
AnwBl.	Anwaltsblatt (Zeitschrift)
AnwZert MietR	AnwaltZertifikatOnline Miet- und Wohnungseigentumsrecht (Zeitschrift für die Anwaltsfortbildung)
AO	Abgabenordnung
Aufl.	Auflage
ausdr.	ausdrücklich
ausf.	ausführlich
AwSV	Verordnung über Anlagen zum Umgang mit wassergefährdenden Stoffen
Az.	Aktenzeichen
BAnz.	Bundesanzeiger
BAFA	Bundesamt für Wirtschaft und Ausfuhrkontrolle
BauGB	Baugesetzbuch
BauR	Zeitschrift für das gesamte öffentliche und private Baurecht
BauRB	Der Baurechts-Berater (Zeitschrift)
BayBO	Bayerische Bauordnung
BayObLG	Bayerisches Oberstes Landesgericht
BayObLGR	Rechtsprechungsreport des BayObLG
BayObLGZ	Sammlung der Entscheidungen des Bayerischen Obersten Landesgerichts in Zivilsachen (Jahresband, Seite)
BB	Der Betriebs-Berater (Zeitschrift)
Bd.	Band
Begr.	Begründung
Bek.	Bekanntmachung
ber.	berichtigt
bes.	besonders
Beschl.	Beschluss
bespr.	besprochen
bestr.	bestritten
BetrKV	Betriebskostenverordnung
BeurkG	Beurkundungsgesetz
BewG	Bewertungsgesetz
bez.	bezüglich
BGB	Bürgerliches Gesetzbuch
BGBl.	Bundesgesetzblatt
BGH	Bundesgerichtshof
BGHReport	(Zeitschrift)
BGHZ	Entscheidungen des Bundesgerichtshofs in Zivilsachen (Band, Seite)
Bl.	Blatt
BlGBW	Blätter für Grundstücks-, Bau- und Wohnungsrecht (Zeitschrift)
BMF	Bundesministerium der Finanzen
bspw.	beispielsweise
BT-Drs.	Bundestags-Drucksache
BTR	Der Bauträger (Zeitschrift)

BVerfG	Bundesverfassungsgericht
BWNotZ	Zeitschrift für das Notariat in Baden-Württemberg
bzgl.	bezüglich
bzw.	beziehungsweise
d.A.	der Akte/n
DB	Der Betrieb (Zeitschrift)
ders.	derselbe
dh	das heißt
DIBt	Deutsches Institut für Bautechnik
dies.	dieselbe
DNotZ	Deutsche Notar-Zeitschrift
Dok.	Dokument
DRsp	Deutsche Rechtsprechung (CD-ROM)
Drs.	Drucksache
DüMSichG	Düngemittelsicherungsgesetz
DWE	Der Wohnungseigentümer (Zeitschrift)
E	Entwurf
EB	Empfangsbescheinigung
ebd.	ebenda
EFG	Entscheidungen der Finanzgerichte
EG	Europäische Gemeinschaft; Einführungsgesetz
EGInsO	Einführungsgesetz zur Insolvenzordnung
EGStGB	Einführungsgesetz zum Strafgesetzbuch
EGV	EG-Vertrag
EGZPO	Einführungsgesetz zur Zivilprozessordnung
EHKV	Elektronischer Heizkostenverteiler
Einf.	Einführung
eingetr.	eingetragen
Einl.	Einleitung
einschl.	einschließlich
einschr.	einschränkend
EnergieEG	Energieeinsparungsgesetz
EnEV	Energieeinsparverordnung
Entsch.	Entscheidung
entspr.	entsprechend
Erkl.	Erklärung
Erl.	Erlass; Erläuterung
EStG	Einkommensteuergesetz
ESW	Evangelisches Siedlungsverwerk eV
ET	Eigentümer
etc.	et cetera
ETV	Eigentümerversammlung
EU	Europäische Union
EuGVVO	Verordnung (EG) Nr. 44/2001 des Rates über die gerichtliche Zuständigkeit und die Anerkennung und Vollstreckung von Entscheidungen in Zivil- und Handelssachen vom 22.12.2000 – Brüssel I-VO
EUV	EU-Vertrag
eV	eingetragener Verein
evtl.	eventuell
EWiR	Entscheidungen zum Wirtschaftsrecht (Zeitschrift)
f., ff.	folgende, fortfolgende
FA-MietR	Harz/Riecke/Schmid, Handbuch des Fachanwalts Miet- und Wohnungseigentumsrecht (siehe Lit.-Verz.)
FGG	Gesetz über die Angelegenheiten der freiwilligen Gerichtsbarkeit
FGPrax	Praxis der freiwilligen Gerichtsbarkeit (Zeitschrift)
FLL	Forschungsgesellschaft Landschaftsentwicklung Landschaftsbau eV
Fn.	Fußnote
GBO	Grundbuchordnung
GbR	Gesellschaft bürgerlichen Rechts

GE	Das Grundeigentum (Zeitschrift)
geänd.	geändert
gem.	gemäß
GemS OGB	Gemeinsamer Senat der obersten Gerichtshöfe des Bundes
GesR	Gesellschaftsrecht
ggf.	gegebenenfalls
GKG	Gerichtskostengesetz
GKG-KV	Gerichtskostengesetz-Kostenverzeichnis
GoA	Geschäftsführung ohne Auftrag
GNotKG	Gerichts- und Notarkostengesetz
GPS	Global Positioning System
grds.	grundsätzlich
GrdStG	Grundsteuergesetz
GVGA	Gerichtsvollzieher-Geschäftsanweisung
hA	herrschende Auffassung
HdB	Handbuch
HeizkostenV	Heizkostenverordnung
hL	herrschende Lehre
hM	herrschende Meinung
HOAI	Honorarordnung für Architekten und Ingenieure
Hrsg.	Herausgeber
hrsg.	herausgegeben
Hs.	Halbsatz
iA	im Auftrag
IBR	Immobilien- und Baurecht (Zeitschrift)
idF	in der Fassung
idR	in der Regel
idS	in diesem Sinne
iE	im Ergebnis
IEKP	Integriertes Energie- und Klimaprogramm
ieS	im engeren Sinne
iHv	in Höhe von
IMR	Immobilienverwaltung & Recht (Zeitschrift)
InfoM	Mitteilungsblatt der Arbeitsgemeinschaft Mietrecht und Immobilien im Deutschen Anwaltverein (Zeitschrift)
inkl.	inklusive
insb.	insbesondere
InsbürO	Zeitschrift für Insolvenzsachbearbeitung und Entschuldungsverfahren
insg.	insgesamt
InsO	Insolvenzordnung
iS	im Sinne
iSd	im Sinne des
iSv	im Sinne von
iÜ	im Übrigen
iVm	in Verbindung mit
iwS	im weiteren Sinne
JA	Jahresabrechnung
JurBüro	Das Juristische Büro (Zeitschrift)
JVEG	Justizvergütungs- und -entschädigungsgesetz
Kap.	Kapitel
KfW	Kreditanstalt für Wiederaufbau
Kfz	Kraftfahrzeug
KG	Kommanditgesellschaft; Kammergericht
KGReport	Schnelldienst zur Zivilrechtsprechung des Kammergerichts Berlin (Zeitschrift)
KostO	Kostenordnung
krit.	kritisch
KV	Kostenverzeichnis
KV GKG	Kostenverzeichnis zum Gerichtskostengesetz

lfd.	laufend
LG	Landgericht
LImSchG	Landes-Immissionsschutzgesetz
lit.	littera
Lit.	Literatur
Ls.	Leitsatz
lt.	laut
mAnm	mit Anmerkung
MaBV	Makler- und Bauträgerverordnung
MDR	Monatsschrift für Deutsches Recht (Zeitschrift)
mE	meines Erachtens
MEA	Miteigentumsanteil
MessEG	Mess- und Eichgesetz
MietRB	Der Miet-Rechts-Berater (Zeitschrift)
mind.	mindestens
Mitt.	Mitteilung(en)
MittBayNot	Mitteilungen des Bayerischen Notarvereins, der Notarkasse und der Landesnotarkasse Bayern (Zeitschrift)
MittRhNotK	Mitteilungen der Rheinischen Notarkammer (Zeitschrift)
mN	mit Nachweisen
MüKoBGB	Münchener Kommentar zum BGB
MüKoInsO	Münchener Kommentar zur InsO
MüKoZPO	Münchener Kommentar zur ZPO
mwN	mit weiteren Nachweisen
MwSt.	Mehrwertsteuer
mWv	mit Wirkung von
mzN	mit zahlreichen Nachweisen
nrkr	nicht rechtskräftig
nv	nicht veröffentlicht
Nachw.	Nachweise
Neubearb.	Neubearbeitung
nF	neue Fassung
NJOZ	Neue Juristische Online-Zeitschrift
NJW	Neue Juristische Wochenschrift
NJW-RR	Neue Juristische Wochenschrift – Rechtsprechungsreport
NK-BGB	Nomos Kommentar Bürgerliches Gesetzbuch
NKVZ	Nebenkostenvorauszahlung
NotBZ	Zeitschrift für die notarielle Beratungs- und Beurkundungspraxis
Nov.	Novelle
Nr.	Nummer
NZBau	Neue Zeitschrift für Baurecht und Vergaberecht
NZI	Neue Zeitschrift für Insolvenz- und Sanierungsrecht
NZM	Neue Zeitschrift für Mietrecht
oa	oben angegeben, angeführt
oÄ	oder Ähnliches
og	oben genannt
OG	Obergeschoss
OHG	Offene Handelsgesellschaft
OLG	Oberlandesgericht
OLGR	OLGReport: Zivilrechtsprechung der Oberlandesgerichte (CD-ROM)
OLGReport	Schnelldienst zur Zivilrechtsprechung der Oberlandesgerichte (Zeitschrift)
OLGZ	Entscheidungen der Oberlandesgerichte in Zivilsachen (Band, Seite)
p.a.	per annum
p.M.	pro Monat
PiG	Partner im Gespräch, Schriftenreihe des Evangelischen Siedlungswerkes in Deutschland eV (Band [Jahr], Seite)
PKH	Prozesskostenhilfe
Pkw	Personenkraftwagen
PLZ	Postleitzahl

pp.	per procura
RA	Rechtsanwalt
RAe	Rechtsanwälte
RDG	Rechtsdienstleistungsgesetz
resp.	respektive
RG	Reichsgericht
RGZ	Entscheidungen des Reichsgerichts in Zivilsachen (Band, Seite)
rkr.	rechtskräftig
Rn.	Randnummer
RNotZ	Rheinische Notar-Zeitschrift (ab 2001, vorher: MittRhNotK)
Rpfleger	Der Deutsche Rechtspfleger (Zeitschrift)
RPflG	Rechtspflegergesetz
RpflJB	Rechtspfleger-Jahrbuch (Zeitschrift)
RpflStud	Rechtspfleger-Studienhefte (Zeitschrift)
Rspr.	Rechtsprechung
RuS	Recht und Sport (Zeitschrift)
RVG	Rechtsanwaltsvergütungsgesetz
S.	Satz/Seite
s.	siehe
sa	siehe auch
s. o.	siehe oben
s. u.	siehe unten
SchfG	Gesetz über das Schornsteinfegerwesen (Schornsteinfegergesetz)
SGB (I-XII)	Sozialgesetzbuch
Slg	Sammlung
sog.	sogenannt
StromGVV	Stromgrundversorgungsverordnung
str.	streitig/strittig
StuB	NWB Unternehmensteuern und Bilanzen
TE	Teilungserklärung; Teileigentum
TOP	Tagesordnungspunkt
TRBS	Technische Regeln für Betriebssicherheit
ua	unter anderem
uam	und anderes mehr
uä	und ähnlich
uÄ	und Ähnliches
uE	unseres Erachtens
umstr.	umstritten
unstr.	unstreitig
UR-Nr.	Urkundennummer
Urt.	Urteil
usw	und so weiter
uU	unter Umständen
uVm	und Vieles mehr
v.	von/vom
vgl.	vergleiche
VO	Verordnung
VOB/A	Verdingungsordnung für Bauleistungen, Teil A
vorl.	vorläufig
VV RVG	Vergütungsverzeichnis zum Rechtsanwaltsvergütungsgesetz
VWB	Verwaltungsbeirat
WE	Wohnungseigentum
WEG	Wohnungseigentumsgesetz; Wohnungseigentümergemeinschaft
WEMoG	Wohnungseigentumsmodernisierungsgesetz
WGV	Wohnungsgrundbuchverfügung
WHG	Wasserhaushaltsgesetz
wN	weitere Nachweise

WoVermG	Gesetz zur Regelung der Wohnungsvermittlung
WP	Wirtschaftsplan
WuM	Wohnungswirtschaft & Mietrecht (Zeitschrift)
WVL	Wiedervorlage
zB	zum Beispiel
ZfIR	Zeitschrift für Immobilienrecht
Ziff.	Ziffer
ZInsO	Zeitschrift für das gesamte Insolvenzrecht
ZIP	Zeitschrift für Wirtschaftsrecht
zit.	zitiert
ZMR	Zeitschrift für Miet- und Raumrecht
ZNotP	Zeitschrift für die Notarpraxis
ZPO	Zivilprozessordnung
zT	zum Teil
ZU	Zustellungsurkunde
zust.	zustimmend
zutr.	zutreffend
ZVG	Gesetz über die Zwangsversteigerung und die Zwangsverwaltung
ZVI	Zeitschrift für Verbraucher-Insolvenzrecht
zVv	zur Veröffentlichung vorgesehen
zw.	zweifelhaft
ZWE	Zeitschrift für Wohnungseigentum
ZwVwV	Zwangsverwalterverordnung
zzgl.	zuzüglich

Literaturverzeichnis

Zitierweise	Werk
Alexejew/*Bearbeiter*	Alexejew (Hrsg.), Hamburgisches Bauordnungsrecht, Kommentar, Loseblatt, Stand Januar 2019
AnwK WohnraummietR	Lammel (Hrsg.) Anwaltkommentar Wohnraummietrecht, 3. Aufl. 2007
Bärmann/Pick/*Bearbeiter*	Bärmann/Pick, Wohnungseigentumsgesetz, 20. Aufl. 2020
Bärmann/*Bearbeiter*	Bärmann (Hrsg.), Wohnungseigentumsgesetz, 14. Aufl. 2018
Bärmann/Pick/Merle/*Bearbeiter*	Bärmann/Pick/Merle (Hrsg.), Wohnungseigentumsgesetz, 9. Aufl. 2003
Bärmann/Seuß WE-Praxis/*Bearbeiter*	Bärmann/Seuß, Praxis des Wohnungseigentumsrechts, 7. Aufl. 2017
Basty Bauträgervertrag	Basty, Der Bauträgervertrag, 9. Aufl. 2017
Becker/Ott/Suilmann Wohnungseigentum	Becker/Ott/Suilmann, Wohnungseigentum, 3. Aufl. 2014
Bearbeiter in Hoppenberg/de Witt BauR-HdB	Hoppenberg/de Witt (Hrsg.), Handbuch des öffentlichen Baurechts, Loseblatt, Stand: 53. Ergänzungslieferung 2019
Bearbeiter in Martin/Krautzberger Denkmalschutz-HdB	Martin/Krautzberger (Hrsg.), Handbuch Denkmalschutz und Denkmalpflege, 4. Aufl. 2017
BeckFormB WEG-R/*Bearbeiter*	Müller, Becksches Formularbuch Wohnungseigentumsrecht, 4. Aufl. 2020
BeckOGK/*Bearbeiter*	Gsell/Krüger/Lorenz/Reymann/Henssler (Hrsg.), Beck-Online-Großkommentar, 2018
BeckOK BauordnungsR BW/*Bearbeiter*	Spannowsky/Uechtritz (Hrsg.), Beckscher Online-Kommentar Bauordnungsrecht Baden-Württemberg, 6. Aufl. 2018
BeckOK BauordnungsR NRW/*Bearbeiter*	Spannowsky/Saurenhaus (Hrsg.), Beckscher Online-Kommentar Bauordnungsrecht Nordrhein-Westfalen, 3. Aufl. 2020
BeckOK BauordnungsR Nds/*Bearbeiter*	Otto/Spannowsky (Hrsg.), Beckscher Online-Kommentar Bauordnungsrecht Niedersachsen, 13. Aufl. 2019
BeckOK Bauordnungsrecht Hessen/*Bearbeiter*	Spannowsky/Eiding (Hrsg.), Beckscher Online-Kommentar Bauordnungsrecht Hessen, 8. Aufl. 2018
BeckOK BGB/*Bearbeiter*	Bamberger/Roth (Hrsg.), Beckscher Online-Kommentar zum BGB
BeckOK DatenschutzR/*Bearbeiter*	Wolff/Brink (Hrsg.), Beckscher Online-Kommentar Datenschutzrecht, 29. Aufl. 2019
BeckOK GBO/*Bearbeiter*	Hügel (Hrsg.), Beckscher Online-Kommentar Grundbuchordnung, 37. Aufl. 2019
BeckOK KostR/*Bearbeiter*	Dörndorfer/Neie/Petzold/Wendtland (Hrsg.), Beckscher Online-Kommentar Kostenrecht, 21. Aufl. 2018
BeckOK WEG/*Bearbeiter*	Timme (Hrsg.), Beckscher Online-Kommentar WEG, 39. Aufl. 2019
Bielefeld/Sommer/Christ	Bielefeld/Sommer/Christ (Hrsg.), Der Wohnungseigentümer – Ratgeber zum Wohnungseigentum, 2017

BerlKommGG/*Bearbeiter*	*Friauf/Höfling* (Hrsg.), Berliner Kommentar zum Grundgesetz, 2019
BKL/*Bearbeiter*	Battis/Krautzberger/Löhr (Hrsg.), Baugesetzbuch: BauGB, 14. Aufl. 2019
Blank/Börstinghaus/*Bearbeiter*	Blank/Börstinghaus, Miete, 5. Aufl. 2017
Boeddinghaus/*Bearbeiter*	Boeddinghaus/Hahn/Schulte (Hrsg.), Bauordnung für das Land Nordrhein-Westfalen, Kommentar, Stand 105. Aktualisierung Dezember 2019
Bormann/Diehn/Sommerfeldt/ *Bearbeiter*	Bormann/Diehn/Sommerfeldt (Hrsg.), GNotKG, Kommentar, 3. Aufl. 2019
Böttcher/*Bearbeiter*	Böttcher (Hrsg.), ZVG: Gesetz über die Zwangsversteigerung und die Zwangsverwaltung, Kommentar, 6. Aufl. 2016
Brox/Walker ZwangsVollstrR	Brox/Walker (Hrsg.), Zwangsvollstreckungsrecht, 11. Aufl. 2018
Bub/Treier MietR-HdB/*Bearbeiter*	Bub/Treier (Hrsg.), Handbuch der Geschäfts- und Wohnraummiete, 5. Aufl. 2019
Danner/Theobald/*Bearbeiter*	Danner/Theobald (Hrsg.), Energierecht, Kommentar Loseblatt, Stand: 103. Lieferung 2019
Deckert Eigentumswohnung/ *Bearbeiter*	Deckert (Hrsg.), Die Eigentumswohnung, Kommentar, 2. Aufl. 2013, Stand: 07/2015
Dehner/*Bearbeiter*	Dehner (Hrsg.), Nachbarrecht, Gesamtdarstellung des privaten und öffentlichen Nachbarrechts des Bundes und der Länder (mit Ausnahme des Landes Bayern), Kommentar, Loseblatt, Stand 2019
Demharter/*Bearbeiter*	Demharter (Hrsg.), Grundbuchordnung: GBO, Kommentar, 31. Aufl. 2018
Dötsch/Schultzky/Zschieschack WEG-Recht 2021	Dötsch/Schultzky/Zschieschack, WEG-Recht 2021, 1. Aufl. 2021
Drasdo WEG-Eigentümerversammlung	Drasdo (Hrsg.), Die Eigentümerversammlung nach dem WEG, 5. Aufl. 2014
Dürr/Schulte Beerbühl BauR NRW	Dürr/Schulte Beerbühl (Hrsg.), Baurecht Nordrhein-Westfalen, 5. Aufl. 2018
Erman/*Bearbeiter*	Erman, BGB, Kommentar, 15. Aufl. 2017
Erste Hilfe zur Datenschutz-Grundverordnung	Bayerisches Landesamt für Datenschutzaufsicht (Hrsg.), Erste Hilfe zur Datenschutz-Grundverordnung für Unternehmen und Vereine, 2017
Eyermann/*Bearbeiter*	Eyermann (Hrsg.), Verwaltungsgerichtsordnung: VwGO, 15. Aufl. 2019
EZBK/*Bearbeiter*	Ernst/Zinkahn/Bielenberg/Krautzberger (Hrsg.), Baugesetzbuch: BauGB, Loseblatt, Stand: 135. Ergänzungslieferung 09/2019
FA-MietR/*Bearbeiter*	Harz/Riecke/Schmid (Hrsg.), Handbuch des Fachanwalts Miet- und Wohnungseigentumsrecht, 6. Aufl. 2018
Fickert/Fieseler	Fickert/Fieseler (Hrsg.), Baunutzungsverordnung, 13. Aufl. 2018
FormBib-Z MietR/*Bearbeiter*	Kroiß/Bruns/Wisselmann/Zwißler/Boeckh/Poller (Hrsg.), Formular-Bibliothek Zivilprozess Miete/Wohnungseigentum/Nachbarschaft, 3. Aufl. 2016

FormB-WEG-R/*Bearbeiter*	Elzer/Fritsch/Meier (Hrsg.), Formularbuch Wohnungseigentums-recht, 3. Aufl. 2018
Gola/*Bearbeiter*	Gola (Hrsg.), DS-GVO, 2. Aufl. 2018
Gramlich	Gramlich (Hrsg.), Mietrecht, 15. Aufl. 2019
Greiner WohnungseigentumsR	Greiner (Hrsg.), Wohnungseigentumsrecht, 4. Aufl. 2017
Große-Suchsdorf/*Bearbeiter*	Große-Suchsdorf (Hrsg.), Niedersächsische Bauordnung: NBauO, 10. Aufl. 2020
GLS NachbarR-HdB/*Bearbeiter*	Grziwotz/Lüke/Saller (Hrsg.), Praxishandbuch Nachbarrecht, 2. Aufl. 2013
Guhling/Günter/*Bearbeiter*	Guhling/Günter, Gewerberaummiete, 2. Aufl. 2019
Häublein Sondernutzungsrechte	Häublein (Hrsg.), Sondernutzungsrechte und ihre Begründung im Wohnungseigentumsrecht, 2003
Hamm/Schwerdtner MaklerR	Hamm/Schwerdtner, Maklerrecht, 6. Aufl. 2011
Hartmann/Toussaint/*Bearbeiter*	Hartmann/Toussaint, Kostenrecht, 50. Aufl. 2020
Herlitz/Saxinger/*Bearbeiter*	Herlitz/Saxinger (Hrsg.), Handbuch sozialer Wohnungsbau und Mietrecht, 2018
HmbKommInsR	Schmidt (Hrsg.), Hamburger Kommentar zum Insolvenzrecht, 7. Aufl. 2018
Hornmann HBO	Hornmann (Hrsg.), Hessische Bauordnung, 3. Aufl. 2019
Hügel/Elzer	Hügel/Elzer (Hrsg.), Wohnungseigentumsgesetz: WEG, 2. Aufl. 2018; 3. Aufl. 2021 (gekennzeichnet)
Hügel/Scheel Wohnungseigentum-HdB/*Bearbeiter*	Hügel/Scheel (Hrsg.), Rechtshandbuch Wohnungseigentum, 4. Aufl. 2018
Hufen VerwProzR	Verwaltungsprozessrecht, 11. Aufl. 2019
ibrOK BauVertrR/*Bearbeiter*	Kniffka (Hrsg.), ibr-online-Kommentar Bauvertragsrecht, 21. Aufl. 2019
Jennißen/*Bearbeiter*	Jennißen (Hrsg.), Wohnungseigentumsgesetz: WEG, 6. Aufl. 2019
jurisPK-BGB/*Bearbeiter*	Herberger/Martinek/Rüßmann/Weth (Hrsg.), juris PraxisKommentar BGB Bd. 1-6, 9. Aufl. 2020
K. Schmidt GesR	Schmidt (Hrsg.), Gesellschaftsrecht, Unternehmensrecht II, 5. Aufl. 2017
Kersten/Bühling FormB FGG/ *Bearbeiter*	Kersten/Bühling (Hrsg.), Formularbuch und Praxis der freiwilligen Gerichtsbarkeit, 26. Aufl. 2018
König/Roeser/Stock/*Bearbeiter*	König/Roeser/Stock (Hrsg.), Baunutzungsverordnung: BauNVO, 4. Aufl. 2019
Koreng/Lachenmann DatenschutzR-FormHdB	Koreng/Lachenmann (Hrsg.), Formularhandbuch Datenschutzrecht, 2. Aufl. 2018
Kühling/Buchner/*Bearbeiter*	Kühling/Buchner (Hrsg.), DS-GVO BDSG, 2. Aufl. 2018
KKS DatenschutzR	Kühling/Klar/Sackmann (Hrsg.), Datenschutzrecht, 4. Aufl. 2018
Langenberg/Zehelein BetrKostR	Langenberg/Zehelein (Hrsg.) Betriebskosten- und Heizkostenrecht, 9. Aufl. 2019

Lehmann-Richter/Wobst WEG-Reform 2020	Lehmann-Richter/Wobst, WEG-Reform 2020, 1. Aufl. 2020
Lindner WohnraummietR	Lindner (Hrsg.), Wohnraummietrecht, 3. Aufl. 2019
LOS Geschäftsraummiete/*Bearbeiter*	Lindner-Figura/Oprée/Stellmann (Hrsg.) Geschäftsraummiete, 4. Aufl. 2017
Lützenkirchen MietR	Lützenkirchen (Hrsg.), Mietrecht, 2. Aufl. 2015
AnwHdB MietR/*Bearbeiter*	Lützenkirchen (Hrsg.), Anwaltshandbuch Mietrecht, 6. Aufl. 2018
MietPrax-AH, *Bearbeiter*	MietPrax - Arbeitshandbuch (hrsg. v. Börstinghaus)
Maunz/Dürig/*Bearbeiter*	Maunz/Dürig, Grundgesetz, Loseblatt, 88. Aufl. 2019
Messerschmidt/Voit/*Bearbeiter*	Messerschmidt/Voit (Hrsg.), Privates Baurecht, 3. Aufl. 2018
Metzner/*Bearbeiter*	Metzner (Hrsg.), Gaststättengesetz: GastG, 6. Aufl. 2002
MüKoBGB/*Bearbeiter*	Säcker/Rixecker/Oetker/Limperg (Hrsg.), Münchener Kommentar zum BGB, 8. Aufl. 2018
MüKoInsO/*Bearbeiter*	Stürner/Eidenmüller/Schoppmeyer (Hrsg.), Münchener Kommentar zur Insolvenzordnung, 4. Aufl. 2019
Müller Wohnungseigentum	Müller (Hrsg.), Praktische Fragen des Wohnungseigentums, 6. Aufl. 2015
Musielak/*Bearbeiter*	Musielak (Hrsg.), Zivilprozessordnung: ZPO, 11. Aufl. 2014
Musielak/Voit/*Bearbeiter*	Musielak/Voit (Hrsg.), Zivilprozessordnung: ZPO, 16. Aufl. 2019
NK-VwVfG/*Bearbeiter*	Mann/Sennekamp/Uechtritz (Hrsg.), NomosKommentar Verwaltungsverfahrensgesetz, 2. Aufl. 2019
NKV/*Bearbeiter*	Niedenführ/Kümmel/Vandenhouten (Hrsg.), WEG – Kommentar und Handbuch zum Wohnungseigentumsrecht, 11. Aufl. 2014
Niedenführ/Vandenhouten/*Bearbeiter*	Niedenführ/Vandenhouten (Hrsg.), WEG – Kommentar und Handbuch zum Wohnungseigentumsrecht, 12. Aufl. 2016
NSV/*Bearbeiter*	Niedenführ/Schmidt-Räntsch/Vandenhouten (Hrsg.), WEG – Kommentar und Handbuch zum Wohnungseigentumsrecht, 13. Aufl. 2019
Ott Sondernutzungsrecht 2000	Ott (Hrsg.), Das Sondernutzungsrecht im Wohnungseigentum Zugleich ein Beitrag zur Bedeutung der Inhaltsänderung des Sondereigentums i.S.v. § 10 Abs. 2 WEG, Theorie und Praxis Bd. 13, 2000
Paal/Pauly/*Bearbeiter*	Paal/Pauly (Hrsg.), Datenschutz-Grundverordnung (DS-GVO, BDSG), 2. Aufl. 2018
Palandt/*Bearbeiter*	Brudermüller/Ellenberger/Götz/Grüneberg/Herrler/Sprau/Thorn/Weidlich/Wicke (Hrsg.), Bürgerliches Gesetzbuch, 78. Aufl. 2019
Plath/*Bearbeiter*	Plath (Hrsg.) BDSG/DSGVO, 3. Aufl. 2018
PWKH/*Bearbeiter*	Pollirer/Weiss/Knyrim/Haidinger (Hrsg.), DSG – Datenschutzgesetz, 4. Aufl. 2019
PWW/*Bearbeiter*	Prütting/Wegen/Weinreich (Hrsg.), BGB Kommentar, 14. Aufl. 2019
Queisner	Queisner, Wohnungseigentum in der Insolvenz, 2015

Redeker/von Oertzen/*Bearbeiter*	Redeker/von Oertzen (Hrsg.), VwGO, Kommentar, 16. Aufl. 2014
Riecke/Schmid/*Bearbeiter*	Riecke/Schmid (Hrsg.), WEG, Kommentar, 5. Aufl. 2019
Röll WEG-HdB/*Bearbeiter*	Röll (Hrsg.), Handbuch für Wohnungseigentümer und Verwalter, 10. Aufl. 2018
Ruge Wohnungseigentum an Bestandsimmobilien, 2009	Ruge (Hrsg.), Begründung von Wohnungseigentum an Bestandsimmobilien (Studien zum Immobilienrecht), 2009
Sauren/*Bearbeiter*	Sauren (Hrsg.), Wohnungseigentumsgesetz (WEG), 6. Aufl. 2014
Schenke	Schenke, Polizei- und Ordnungsrecht, 9. Aufl. 219
Schlotterbeck/*Bearbeiter*	Schlotterbeck/Hager/Busch/Gammerl, Landesbauordnung Baden-Württemberg, 7. Aufl. 2016
Schmidt-Futterer/*Bearbeiter*	Schmidt-Futterer (Hrsg.), Mietrecht, 14. Aufl. 2019
Schmidt/Schweißguth/Hoffmann/Hummel	Schmidt/Schweißguth/Hoffmann/Hummel (Hrsg.), Datenschutz in der Wohnungswirtschaft, 2018
Schneider WohnungseigentumsR	Schneider (Hrsg.), Wohnungseigentumsrecht für Anfänger, 2017
Schöner/Stöber GrundbuchR	Schöner/Stöber (Hrsg.), Grundbuchrecht, 15. Aufl. 2012
Scholz/*Bearbeiter*	Scholz (Hrsg.), GmbH-Gesetz, 12. Aufl. 2018
Schreiber/Ruge/*Bearbeiter*	Schreiber/Ruge (Hrsg.), Handbuch Immobilienrecht, 4. Aufl. 2019
Schulte-Beerbühl	Schulte-Beerbühl, Öffentliches Baunachbarrecht, 2017
Schwarz/Widmann/Radeisen/*Bearbeiter*	Schwarz/Widmann/Radeisen (Hrsg.), Kommentar zum Umsatzsteuergesetz (UStG), Loseblatt, 211. Aktualisierung 2020
SEHR/*Bearbeiter*	Skauradszun/Elzer/Hinz/Riecke, Die WEG-Reform 2020/2021, 1. Aufl. 2021
Simon/Busse/*Bearbeiter*	Busse/Kraus (Hrsg.), Bayerische Bauordnung, Loseblatt, Stand 135. Ergänzungslieferung 2019
Soergel	Soergel (Hrsg.), Bürgerliches Gesetzbuch mit Einführungsgesetz und Nebengesetzen: BGB, 13. Aufl. 1996
Spielbauer/Then/*Bearbeiter*	Spielbauer/Then (Hrsg.), WEG, Kommentar, 3. Aufl. 2016
Staudinger/*Bearbeiter*	Staudinger (Hrsg.), BGB, J. von Staudingers Kommentar zum Bürgerlichen Gesetzbuch mit Einführungsgesetz, 18. Aufl. 2018
Stelkens/Bonk/Sachs/*Bearbeiter*	Stelkens/Bonk/Sachs (Hrsg.), VwVfG: Verwaltungsverfahrensgesetz, 9. Aufl. 2018
Storz/Kiderlen Zwangsversteigerung	Storz/Kiderlen, Praxis des Zwangsversteigerungsverfahrens, 12. Aufl. 2014
Taeger/Gabel	Taeger/Gabel (Hrsg.), DSGVO BDSG, 3. Aufl. 2019
Timme/*Bearbeiter*	Timme (Hrsg.), Wohnungseigentumsgesetz (WEG) 2. Aufl. 2014
Weitnauer/*Bearbeiter*	Weitnauer (Hrsg.), Wohnungseigentumsgesetz, 10. Aufl. 2018
Werner/Pastor Bauprozess	Werner/Pastor, Der Bauprozess, 16. Aufl. 2018
Wybitul DS-GVO	Wybitul (Hrsg.), EU-Datenschutz-Grundverordnung, 2017

Gesetz über das Wohnungseigentum und das Dauerwohnrecht (Wohnungseigentumsgesetz – WEG)

In der Fassung der Bekanntmachung vom 12. Januar 2021[1] (BGBl. I S. 34)
(FNA 403-1)

Teil 1
Wohnungseigentum

Abschnitt 1
Begriffsbestimmungen

§ 1 Begriffsbestimmungen

(1) Nach Maßgabe dieses Gesetzes kann an Wohnungen das Wohnungseigentum, an nicht zu Wohnzwecken dienenden Räumen eines Gebäudes das Teileigentum begründet werden.

(2) Wohnungseigentum ist das Sondereigentum an einer Wohnung in Verbindung mit dem Miteigentumsanteil an dem gemeinschaftlichen Eigentum, zu dem es gehört.

(3) Teileigentum ist das Sondereigentum an nicht zu Wohnzwecken dienenden Räumen eines Gebäudes in Verbindung mit dem Miteigentumsanteil an dem gemeinschaftlichen Eigentum, zu dem es gehört.

(4) Wohnungseigentum und Teileigentum können nicht in der Weise begründet werden, dass das Sondereigentum mit Miteigentum an mehreren Grundstücken verbunden wird.

(5) Gemeinschaftliches Eigentum im Sinne dieses Gesetzes sind das Grundstück und das Gebäude, soweit sie nicht im Sondereigentum oder im Eigentum eines Dritten stehen.

(6) Für das Teileigentum gelten die Vorschriften über das Wohnungseigentum entsprechend.

Abschnitt 2
Begründung des Wohnungseigentums

§ 2 Arten der Begründung

Wohnungseigentum wird durch die vertragliche Einräumung von Sondereigentum (§ 3) oder durch Teilung (§ 8) begründet.

§ 3 Vertragliche Einräumung von Sondereigentum

(1) ¹Das Miteigentum (§ 1008 des Bürgerlichen Gesetzbuchs) an einem Grundstück kann durch Vertrag der Miteigentümer in der Weise beschränkt werden, dass jedem der Miteigentümer abweichend von § 93 des Bürgerlichen Gesetzbuchs das Eigentum an einer bestimmten Wohnung oder an nicht zu Wohnzwecken dienenden bestimmten Räumen in einem auf dem Grundstück errichteten oder zu errichtenden Gebäude (Sondereigentum) eingeräumt wird. ²Stellplätze gelten als Räume im Sinne des Satzes 1.

(2) Das Sondereigentum kann auf einen außerhalb des Gebäudes liegenden Teil des Grundstücks erstreckt werden, es sei denn, die Wohnung oder die nicht zu Wohnzwecken dienenden Räume bleiben dadurch wirtschaftlich nicht die Hauptsache.

---

1 Neubekanntmachung des WohnungseigentumsG in der im BGBl. Teil III, Gliederungsnr. 403-1, veröffentlichten bereinigten Fassung in der ab 1.12.2020 geltenden Fassung.

(3) Sondereigentum soll nur eingeräumt werden, wenn die Wohnungen oder sonstigen Räume in sich abgeschlossen sind und Stellplätze sowie außerhalb des Gebäudes liegende Teile des Grundstücks durch Maßangaben im Aufteilungsplan bestimmt sind.

§ 4 Formvorschriften

(1) Zur Einräumung und zur Aufhebung des Sondereigentums ist die Einigung der Beteiligten über den Eintritt der Rechtsänderung und die Eintragung in das Grundbuch erforderlich.

(2) [1]Die Einigung bedarf der für die Auflassung vorgeschriebenen Form. [2]Sondereigentum kann nicht unter einer Bedingung oder Zeitbestimmung eingeräumt oder aufgehoben werden.

(3) Für einen Vertrag, durch den sich ein Teil verpflichtet, Sondereigentum einzuräumen, zu erwerben oder aufzuheben, gilt § 311 b Absatz 1 des Bürgerlichen Gesetzbuchs entsprechend.

§ 5 Gegenstand und Inhalt des Sondereigentums

(1) [1]Gegenstand des Sondereigentums sind die gemäß § 3 Absatz 1 Satz 1 bestimmten Räume sowie die zu diesen Räumen gehörenden Bestandteile des Gebäudes, die verändert, beseitigt oder eingefügt werden können, ohne dass dadurch das gemeinschaftliche Eigentum oder ein auf Sondereigentum beruhendes Recht eines anderen Wohnungseigentümers über das bei einem geordneten Zusammenleben unvermeidliche Maß hinaus beeinträchtigt oder die äußere Gestaltung des Gebäudes verändert wird. [2]Soweit sich das Sondereigentum auf außerhalb des Gebäudes liegende Teile des Grundstücks erstreckt, gilt § 94 des Bürgerlichen Gesetzbuchs entsprechend.

(2) Teile des Gebäudes, die für dessen Bestand oder Sicherheit erforderlich sind, sowie Anlagen und Einrichtungen, die dem gemeinschaftlichen Gebrauch der Wohnungseigentümer dienen, sind nicht Gegenstand des Sondereigentums, selbst wenn sie sich im Bereich der im Sondereigentum stehenden Räume oder Teile des Grundstücks befinden.

(3) Die Wohnungseigentümer können vereinbaren, dass Bestandteile des Gebäudes, die Gegenstand des Sondereigentums sein können, zum gemeinschaftlichen Eigentum gehören.

(4) [1]Vereinbarungen über das Verhältnis der Wohnungseigentümer untereinander und Beschlüsse aufgrund einer solchen Vereinbarung können nach den Vorschriften des Abschnitts 4 zum Inhalt des Sondereigentums gemacht werden. [2]Ist das Wohnungseigentum mit der Hypothek, Grund- oder Rentenschuld oder der Reallast eines Dritten belastet, so ist dessen nach anderen Rechtsvorschriften notwendige Zustimmung nur erforderlich, wenn ein Sondernutzungsrecht begründet oder ein mit dem Wohnungseigentum verbundenes Sondernutzungsrecht aufgehoben, geändert oder übertragen wird.

§ 6 Unselbständigkeit des Sondereigentums

(1) Das Sondereigentum kann ohne den Miteigentumsanteil, zu dem es gehört, nicht veräußert oder belastet werden.

(2) Rechte an dem Miteigentumsanteil erstrecken sich auf das zu ihm gehörende Sondereigentum.

§ 7 [1]Grundbuchvorschriften

(1) [1]Im Fall des § 3 Absatz 1 wird für jeden Miteigentumsanteil von Amts wegen ein besonderes Grundbuchblatt (Wohnungsgrundbuch, Teileigentumsgrundbuch) angelegt. [2]Auf diesem ist das zu dem Miteigentumsanteil gehörende Sondereigentum und als Beschränkung des Miteigentums die Einräumung der zu den anderen Miteigentumsanteilen gehörenden Sondereigentumsrechte einzutragen. [3]Das Grundbuchblatt des Grundstücks wird von Amts wegen geschlossen.

---

1 Vgl. hierzu die Wohnungsgrundbuchverfügung (WGV).

(2) ¹Zur Eintragung eines Beschlusses im Sinne des § 5 Absatz 4 Satz 1 bedarf es der Bewilligungen der Wohnungseigentümer nicht, wenn der Beschluss durch eine Niederschrift, bei der die Unterschriften der in § 24 Absatz 6 bezeichneten Personen öffentlich beglaubigt sind, oder durch ein Urteil in einem Verfahren nach § 44 Absatz 1 Satz 2 nachgewiesen ist. ²Antragsberechtigt ist auch die Gemeinschaft der Wohnungseigentümer.

(3) ¹Zur näheren Bezeichnung des Gegenstands und des Inhalts des Sondereigentums kann auf die Eintragungsbewilligung oder einen Nachweis gemäß Absatz 2 Satz 1 Bezug genommen werden. ²Veräußerungsbeschränkungen (§ 12) und die Haftung von Sondernachfolgern für Geldschulden sind jedoch ausdrücklich einzutragen.

(4) ¹Der Eintragungsbewilligung sind als Anlagen beizufügen:

1. eine von der Baubehörde mit Unterschrift und Siegel oder Stempel versehene Bauzeichnung, aus der die Aufteilung des Gebäudes und des Grundstücks sowie die Lage und Größe der im Sondereigentum und der im gemeinschaftlichen Eigentum stehenden Teile des Gebäudes und des Grundstücks ersichtlich ist (Aufteilungsplan); alle zu demselben Wohnungseigentum gehörenden Einzelräume und Teile des Grundstücks sind mit der jeweils gleichen Nummer zu kennzeichnen;
2. eine Bescheinigung der Baubehörde, dass die Voraussetzungen des § 3 Absatz 3 vorliegen.

²Wenn in der Eintragungsbewilligung für die einzelnen Sondereigentumsrechte Nummern angegeben werden, sollen sie mit denen des Aufteilungsplans übereinstimmen.

(5) Für Teileigentumsgrundbücher gelten die Vorschriften über Wohnungsgrundbücher entsprechend.

§ 8 Teilung durch den Eigentümer

(1) Der Eigentümer eines Grundstücks kann durch Erklärung gegenüber dem Grundbuchamt das Eigentum an dem Grundstück in Miteigentumsanteile in der Weise teilen, dass mit jedem Anteil Sondereigentum verbunden ist.

(2) Im Fall des Absatzes 1 gelten § 3 Absatz 1 Satz 2, Absatz 2 und 3, § 4 Absatz 2 Satz 2 sowie die §§ 5 bis 7 entsprechend.

(3) Wer einen Anspruch auf Übertragung von Wohnungseigentum gegen den teilenden Eigentümer hat, der durch Vormerkung im Grundbuch gesichert ist, gilt gegenüber der Gemeinschaft der Wohnungseigentümer und den anderen Wohnungseigentümern anstelle des teilenden Eigentümers als Wohnungseigentümer, sobald ihm der Besitz an den zum Sondereigentum gehörenden Räumen übergeben wurde.

§ 9 Schließung der Wohnungsgrundbücher

(1) Die Wohnungsgrundbücher werden geschlossen:

1. von Amts wegen, wenn die Sondereigentumsrechte gemäß § 4 aufgehoben werden;
2. auf Antrag des Eigentümers, wenn sich sämtliche Wohnungseigentumsrechte in einer Person vereinigen.

(2) Ist ein Wohnungseigentum selbständig mit dem Recht eines Dritten belastet, so werden die allgemeinen Vorschriften, nach denen zur Aufhebung des Sondereigentums die Zustimmung des Dritten erforderlich ist, durch Absatz 1 nicht berührt.

(3) Werden die Wohnungsgrundbücher geschlossen, so wird für das Grundstück ein Grundbuchblatt nach den allgemeinen Vorschriften angelegt; die Sondereigentumsrechte erlöschen, soweit sie nicht bereits aufgehoben sind, mit der Anlegung des Grundbuchblatts.

Abschnitt 3
Rechtsfähige Gemeinschaft der Wohnungseigentümer

§ 9 a   Gemeinschaft der Wohnungseigentümer

(1) [1]Die Gemeinschaft der Wohnungseigentümer kann Rechte erwerben und Verbindlichkeiten eingehen, vor Gericht klagen und verklagt werden. [2]Die Gemeinschaft der Wohnungseigentümer entsteht mit Anlegung der Wohnungsgrundbücher; dies gilt auch im Fall des § 8. [3]Sie führt die Bezeichnung „Gemeinschaft der Wohnungseigentümer" oder „Wohnungseigentümergemeinschaft" gefolgt von der bestimmten Angabe des gemeinschaftlichen Grundstücks.

(2) Die Gemeinschaft der Wohnungseigentümer übt die sich aus dem gemeinschaftlichen Eigentum ergebenden Rechte sowie solche Rechte der Wohnungseigentümer aus, die eine einheitliche Rechtsverfolgung erfordern, und nimmt die entsprechenden Pflichten der Wohnungseigentümer wahr.

(3) Für das Vermögen der Gemeinschaft der Wohnungseigentümer (Gemeinschaftsvermögen) gelten § 18, § 19 Absatz 1 und § 27 entsprechend.

(4) [1]Jeder Wohnungseigentümer haftet einem Gläubiger nach dem Verhältnis seines Miteigentumsanteils (§ 16 Absatz 1 Satz 2) für Verbindlichkeiten der Gemeinschaft der Wohnungseigentümer, die während seiner Zugehörigkeit entstanden oder während dieses Zeitraums fällig geworden sind; für die Haftung nach Veräußerung des Wohnungseigentums ist § 160 des Handelsgesetzbuchs entsprechend anzuwenden. [2]Er kann gegenüber einem Gläubiger neben den in seiner Person begründeten auch die der Gemeinschaft der Wohnungseigentümer zustehenden Einwendungen und Einreden geltend machen, nicht aber seine Einwendungen und Einreden gegenüber der Gemeinschaft der Wohnungseigentümer. [3]Für die Einrede der Anfechtbarkeit und Aufrechenbarkeit ist § 770 des Bürgerlichen Gesetzbuchs entsprechend anzuwenden.

(5) Ein Insolvenzverfahren über das Gemeinschaftsvermögen findet nicht statt.

§ 9 b   Vertretung

(1) [1]Die Gemeinschaft der Wohnungseigentümer wird durch den Verwalter gerichtlich und außergerichtlich vertreten, beim Abschluss eines Grundstückskauf- oder Darlehensvertrags aber nur aufgrund eines Beschlusses der Wohnungseigentümer. [2]Hat die Gemeinschaft der Wohnungseigentümer keinen Verwalter, wird sie durch die Wohnungseigentümer gemeinschaftlich vertreten. [3]Eine Beschränkung des Umfangs der Vertretungsmacht ist Dritten gegenüber unwirksam.

(2) Dem Verwalter gegenüber vertritt der Vorsitzende des Verwaltungsbeirats oder ein durch Beschluss dazu ermächtigter Wohnungseigentümer die Gemeinschaft der Wohnungseigentümer.

Abschnitt 4
Rechtsverhältnis der Wohnungseigentümer untereinander und zur Gemeinschaft der Wohnungseigentümer

§ 10   Allgemeine Grundsätze

(1) [1]Das Verhältnis der Wohnungseigentümer untereinander und zur Gemeinschaft der Wohnungseigentümer bestimmt sich nach den Vorschriften dieses Gesetzes und, soweit dieses Gesetz keine besonderen Bestimmungen enthält, nach den Vorschriften des Bürgerlichen Gesetzbuchs über die Gemeinschaft. [2]Die Wohnungseigentümer können von den Vorschriften dieses Gesetzes abweichende Vereinbarungen treffen, soweit nicht etwas anderes ausdrücklich bestimmt ist.

(2) Jeder Wohnungseigentümer kann eine vom Gesetz abweichende Vereinbarung oder die Anpassung einer Vereinbarung verlangen, soweit ein Festhalten an der geltenden Regelung aus schwerwiegenden

Gründen unter Berücksichtigung aller Umstände des Einzelfalls, insbesondere der Rechte und Interessen der anderen Wohnungseigentümer, unbillig erscheint.

(3) ¹Vereinbarungen, durch die die Wohnungseigentümer ihr Verhältnis untereinander in Ergänzung oder Abweichung von Vorschriften dieses Gesetzes regeln, die Abänderung oder Aufhebung solcher Vereinbarungen sowie Beschlüsse, die aufgrund einer Vereinbarung gefasst werden, wirken gegen den Sondernachfolger eines Wohnungseigentümers nur, wenn sie als Inhalt des Sondereigentums im Grundbuch eingetragen sind. ²Im Übrigen bedürfen Beschlüsse zu ihrer Wirksamkeit gegen den Sondernachfolger eines Wohnungseigentümers nicht der Eintragung in das Grundbuch.

§ 11 Aufhebung der Gemeinschaft

(1) ¹Kein Wohnungseigentümer kann die Aufhebung der Gemeinschaft verlangen. ²Dies gilt auch für eine Aufhebung aus wichtigem Grund. ³Eine abweichende Vereinbarung ist nur für den Fall zulässig, dass das Gebäude ganz oder teilweise zerstört wird und eine Verpflichtung zum Wiederaufbau nicht besteht.

(2) Das Recht eines Pfändungsgläubigers (§ 751 des Bürgerlichen Gesetzbuchs) sowie das im Insolvenzverfahren bestehende Recht (§ 84 Absatz 2 der Insolvenzordnung), die Aufhebung der Gemeinschaft zu verlangen, ist ausgeschlossen.

(3) ¹Im Fall der Aufhebung der Gemeinschaft bestimmt sich der Anteil der Miteigentümer nach dem Verhältnis des Wertes ihrer Wohnungseigentumsrechte zur Zeit der Aufhebung der Gemeinschaft. ²Hat sich der Wert eines Miteigentumsanteils durch Maßnahmen verändert, deren Kosten der Wohnungseigentümer nicht getragen hat, so bleibt eine solche Veränderung bei der Berechnung des Wertes dieses Anteils außer Betracht.

§ 12 Veräußerungsbeschränkung

(1) Als Inhalt des Sondereigentums kann vereinbart werden, dass ein Wohnungseigentümer zur Veräußerung seines Wohnungseigentums der Zustimmung anderer Wohnungseigentümer oder eines Dritten bedarf.

(2) ¹Die Zustimmung darf nur aus einem wichtigen Grund versagt werden. ²Durch Vereinbarung gemäß Absatz 1 kann dem Wohnungseigentümer darüber hinaus für bestimmte Fälle ein Anspruch auf Erteilung der Zustimmung eingeräumt werden.

(3) ¹Ist eine Vereinbarung gemäß Absatz 1 getroffen, so ist eine Veräußerung des Wohnungseigentums und ein Vertrag, durch den sich der Wohnungseigentümer zu einer solchen Veräußerung verpflichtet, unwirksam, solange nicht die erforderliche Zustimmung erteilt ist. ²Einer rechtsgeschäftlichen Veräußerung steht eine Veräußerung im Wege der Zwangsvollstreckung oder durch den Insolvenzverwalter gleich.

(4) ¹Die Wohnungseigentümer können beschließen, dass eine Veräußerungsbeschränkung gemäß Absatz 1 aufgehoben wird. ²Ist ein Beschluss gemäß Satz 1 gefasst, kann die Veräußerungsbeschränkung im Grundbuch gelöscht werden. ³§ 7 Absatz 2 gilt entsprechend.

§ 13 Rechte des Wohnungseigentümers aus dem Sondereigentum

(1) Jeder Wohnungseigentümer kann, soweit nicht das Gesetz entgegensteht, mit seinem Sondereigentum nach Belieben verfahren, insbesondere dieses bewohnen, vermieten, verpachten oder in sonstiger Weise nutzen, und andere von Einwirkungen ausschließen.

(2) Für Maßnahmen, die über die ordnungsmäßige Instandhaltung und Instandsetzung (Erhaltung) des Sondereigentums hinausgehen, gilt § 20 mit der Maßgabe entsprechend, dass es keiner Gestattung bedarf, soweit keinem der anderen Wohnungseigentümer über das bei einem geordneten Zusammenleben unvermeidliche Maß hinaus ein Nachteil erwächst.

§ 14 Pflichten des Wohnungseigentümers

(1) Jeder Wohnungseigentümer ist gegenüber der Gemeinschaft der Wohnungseigentümer verpflichtet,

1. die gesetzlichen Regelungen, Vereinbarungen und Beschlüsse einzuhalten und

2. das Betreten seines Sondereigentums und andere Einwirkungen auf dieses und das gemeinschaftliche Eigentum zu dulden, die den Vereinbarungen oder Beschlüssen entsprechen oder, wenn keine entsprechenden Vereinbarungen oder Beschlüsse bestehen, aus denen ihm über das bei einem geordneten Zusammenleben unvermeidliche Maß hinaus kein Nachteil erwächst.

(2) Jeder Wohnungseigentümer ist gegenüber den übrigen Wohnungseigentümern verpflichtet,

1. deren Sondereigentum nicht über das in Absatz 1 Nummer 2 bestimmte Maß hinaus zu beeinträchtigen und

2. Einwirkungen nach Maßgabe des Absatzes 1 Nummer 2 zu dulden.

(3) Hat der Wohnungseigentümer eine Einwirkung zu dulden, die über das zumutbare Maß hinausgeht, kann er einen angemessenen Ausgleich in Geld verlangen.

§ 15 Pflichten Dritter

Wer Wohnungseigentum gebraucht, ohne Wohnungseigentümer zu sein, hat gegenüber der Gemeinschaft der Wohnungseigentümer und anderen Wohnungseigentümern zu dulden:

1. die Erhaltung des gemeinschaftlichen Eigentums und des Sondereigentums, die ihm rechtzeitig angekündigt wurde; § 555 a Absatz 2 des Bürgerlichen Gesetzbuchs gilt entsprechend;

2. Maßnahmen, die über die Erhaltung hinausgehen, die spätestens drei Monate vor ihrem Beginn in Textform angekündigt wurden; § 555 c Absatz 1 Satz 2 Nummer 1 und 2, Absatz 2 bis 4 und § 555 d Absatz 2 bis 5 des Bürgerlichen Gesetzbuchs gelten entsprechend.

§ 16 Nutzungen und Kosten

(1) ¹Jedem Wohnungseigentümer gebührt ein seinem Anteil entsprechender Bruchteil der Früchte des gemeinschaftlichen Eigentums und des Gemeinschaftsvermögens. ²Der Anteil bestimmt sich nach dem gemäß § 47 der Grundbuchordnung im Grundbuch eingetragenen Verhältnis der Miteigentumsanteile. ³Jeder Wohnungseigentümer ist zum Mitgebrauch des gemeinschaftlichen Eigentums nach Maßgabe des § 14 berechtigt.

(2) ¹Die Kosten der Gemeinschaft der Wohnungseigentümer, insbesondere der Verwaltung und des gemeinschaftlichen Gebrauchs des gemeinschaftlichen Eigentums, hat jeder Wohnungseigentümer nach dem Verhältnis seines Anteils (Absatz 1 Satz 2) zu tragen. ²Die Wohnungseigentümer können für einzelne Kosten oder bestimmte Arten von Kosten eine von Satz 1 oder von einer Vereinbarung abweichende Verteilung beschließen.

(3) Für die Kosten und Nutzungen bei baulichen Veränderungen gilt § 21.

§ 17 Entziehung des Wohnungseigentums

(1) Hat ein Wohnungseigentümer sich einer so schweren Verletzung der ihm gegenüber anderen Wohnungseigentümern oder der Gemeinschaft der Wohnungseigentümer obliegenden Verpflichtungen schuldig gemacht, dass diesen die Fortsetzung der Gemeinschaft mit ihm nicht mehr zugemutet werden kann, so kann die Gemeinschaft der Wohnungseigentümer von ihm die Veräußerung seines Wohnungseigentums verlangen.

(2) Die Voraussetzungen des Absatzes 1 liegen insbesondere vor, wenn der Wohnungseigentümer trotz Abmahnung wiederholt gröblich gegen die ihm nach § 14 Absatz 1 und 2 obliegenden Pflichten verstößt.

(3) Der in Absatz 1 bestimmte Anspruch kann durch Vereinbarung der Wohnungseigentümer nicht eingeschränkt oder ausgeschlossen werden.

(4) ¹Das Urteil, durch das ein Wohnungseigentümer zur Veräußerung seines Wohnungseigentums verurteilt wird, berechtigt zur Zwangsvollstreckung entsprechend den Vorschriften des Ersten Abschnitts des Gesetzes über die Zwangsversteigerung und die Zwangsverwaltung. ²Das Gleiche gilt für Schuldtitel im Sinne des § 794 der Zivilprozessordnung, durch die sich der Wohnungseigentümer zur Veräußerung seines Wohnungseigentums verpflichtet.

§ 18 Verwaltung und Benutzung

(1) Die Verwaltung des gemeinschaftlichen Eigentums obliegt der Gemeinschaft der Wohnungseigentümer.

(2) Jeder Wohnungseigentümer kann von der Gemeinschaft der Wohnungseigentümer

1. eine Verwaltung des gemeinschaftlichen Eigentums sowie
2. eine Benutzung des gemeinschaftlichen Eigentums und des Sondereigentums

verlangen, die dem Interesse der Gesamtheit der Wohnungseigentümer nach billigem Ermessen (ordnungsmäßige Verwaltung und Benutzung) und, soweit solche bestehen, den gesetzlichen Regelungen, Vereinbarungen und Beschlüssen entsprechen.

(3) Jeder Wohnungseigentümer ist berechtigt, ohne Zustimmung der anderen Wohnungseigentümer die Maßnahmen zu treffen, die zur Abwendung eines dem gemeinschaftlichen Eigentum unmittelbar drohenden Schadens notwendig sind.

(4) Jeder Wohnungseigentümer kann von der Gemeinschaft der Wohnungseigentümer Einsicht in die Verwaltungsunterlagen verlangen.

§ 19 Regelung der Verwaltung und Benutzung durch Beschluss

(1) Soweit die Verwaltung des gemeinschaftlichen Eigentums und die Benutzung des gemeinschaftlichen Eigentums und des Sondereigentums nicht durch Vereinbarung der Wohnungseigentümer geregelt sind, beschließen die Wohnungseigentümer eine ordnungsmäßige Verwaltung und Benutzung.

(2) Zur ordnungsmäßigen Verwaltung und Benutzung gehören insbesondere

1. die Aufstellung einer Hausordnung,
2. die ordnungsmäßige Erhaltung des gemeinschaftlichen Eigentums,
3. die angemessene Versicherung des gemeinschaftlichen Eigentums zum Neuwert sowie der Wohnungseigentümer gegen Haus- und Grundbesitzerhaftpflicht,
4. die Ansammlung einer angemessenen Erhaltungsrücklage,
5. die Festsetzung von Vorschüssen nach § 28 Absatz 1 Satz 1 sowie
6. ¹ die Bestellung eines zertifizierten Verwalters nach § 26 a, es sei denn, es bestehen weniger als neun Sondereigentumsrechte, ein Wohnungseigentümer wurde zum Verwalter bestellt und weniger als ein Drittel der Wohnungseigentümer (§ 25 Absatz 2) verlangt die Bestellung eines zertifizierten Verwalters.

§ 20 Bauliche Veränderungen

(1) Maßnahmen, die über die ordnungsmäßige Erhaltung des gemeinschaftlichen Eigentums hinausgehen (bauliche Veränderungen), können beschlossen oder einem Wohnungseigentümer durch Beschluss gestattet werden.

(2) ¹Jeder Wohnungseigentümer kann angemessene bauliche Veränderungen verlangen, die

1. dem Gebrauch durch Menschen mit Behinderungen,
2. dem Laden elektrisch betriebener Fahrzeuge,

---

1 Anwendbar ab 1.12.2022, beachte hierzu § 48 Abs. 4.

3. dem Einbruchsschutz und

4. dem Anschluss an ein Telekommunikationsnetz mit sehr hoher Kapazität

dienen. [2]Über die Durchführung ist im Rahmen ordnungsmäßiger Verwaltung zu beschließen.

(3) Unbeschadet des Absatzes 2 kann jeder Wohnungseigentümer verlangen, dass ihm eine bauliche Veränderung gestattet wird, wenn alle Wohnungseigentümer, deren Rechte durch die bauliche Veränderung über das bei einem geordneten Zusammenleben unvermeidliche Maß hinaus beeinträchtigt werden, einverstanden sind.

(4) Bauliche Veränderungen, die die Wohnanlage grundlegend umgestalten oder einen Wohnungseigentümer ohne sein Einverständnis gegenüber anderen unbillig benachteiligen, dürfen nicht beschlossen und gestattet werden; sie können auch nicht verlangt werden.

§ 21 Nutzungen und Kosten bei baulichen Veränderungen

(1) [1]Die Kosten einer baulichen Veränderung, die einem Wohnungseigentümer gestattet oder die auf sein Verlangen nach § 20 Absatz 2 durch die Gemeinschaft der Wohnungseigentümer durchgeführt wurde, hat dieser Wohnungseigentümer zu tragen. [2]Nur ihm gebühren die Nutzungen.

(2) [1]Vorbehaltlich des Absatzes 1 haben alle Wohnungseigentümer die Kosten einer baulichen Veränderung nach dem Verhältnis ihrer Anteile (§ 16 Absatz 1 Satz 2) zu tragen,

1. die mit mehr als zwei Dritteln der abgegebenen Stimmen und der Hälfte aller Miteigentumsanteile beschlossen wurde, es sei denn, die bauliche Veränderung ist mit unverhältnismäßigen Kosten verbunden, oder

2. deren Kosten sich innerhalb eines angemessenen Zeitraums amortisieren.

[2]Für die Nutzungen gilt § 16 Absatz 1.

(3) [1]Die Kosten anderer als der in den Absätzen 1 und 2 bezeichneten baulichen Veränderungen haben die Wohnungseigentümer, die sie beschlossen haben, nach dem Verhältnis ihrer Anteile (§ 16 Absatz 1 Satz 2) zu tragen. [2]Ihnen gebühren die Nutzungen entsprechend § 16 Absatz 1.

(4) [1]Ein Wohnungseigentümer, der nicht berechtigt ist, Nutzungen zu ziehen, kann verlangen, dass ihm dies nach billigem Ermessen gegen angemessenen Ausgleich gestattet wird. [2]Für seine Beteiligung an den Nutzungen und Kosten gilt Absatz 3 entsprechend.

(5) [1]Die Wohnungseigentümer können eine abweichende Verteilung der Kosten und Nutzungen beschließen. [2]Durch einen solchen Beschluss dürfen einem Wohnungseigentümer, der nach den vorstehenden Absätzen Kosten nicht zu tragen hat, keine Kosten auferlegt werden.

§ 22 Wiederaufbau

Ist das Gebäude zu mehr als der Hälfte seines Wertes zerstört und ist der Schaden nicht durch eine Versicherung oder in anderer Weise gedeckt, so kann der Wiederaufbau nicht beschlossen oder verlangt werden.

§ 23 Wohnungseigentümerversammlung

(1) [1]Angelegenheiten, über die nach diesem Gesetz oder nach einer Vereinbarung der Wohnungseigentümer die Wohnungseigentümer durch Beschluss entscheiden können, werden durch Beschlussfassung in einer Versammlung der Wohnungseigentümer geordnet. [2]Die Wohnungseigentümer können beschließen, dass Wohnungseigentümer an der Versammlung auch ohne Anwesenheit an deren Ort teilnehmen und sämtliche oder einzelne ihrer Rechte ganz oder teilweise im Wege elektronischer Kommunikation ausüben können.

(2) Zur Gültigkeit eines Beschlusses ist erforderlich, dass der Gegenstand bei der Einberufung bezeichnet ist.

(3) ¹Auch ohne Versammlung ist ein Beschluss gültig, wenn alle Wohnungseigentümer ihre Zustimmung zu diesem Beschluss in Textform erklären. ²Die Wohnungseigentümer können beschließen, dass für einen einzelnen Gegenstand die Mehrheit der abgegebenen Stimmen genügt.

(4) ¹Ein Beschluss, der gegen eine Rechtsvorschrift verstößt, auf deren Einhaltung rechtswirksam nicht verzichtet werden kann, ist nichtig. ²Im Übrigen ist ein Beschluss gültig, solange er nicht durch rechtskräftiges Urteil für ungültig erklärt ist.

§ 24   Einberufung, Vorsitz, Niederschrift

(1) Die Versammlung der Wohnungseigentümer wird von dem Verwalter mindestens einmal im Jahr einberufen.

(2) Die Versammlung der Wohnungseigentümer muss von dem Verwalter in den durch Vereinbarung der Wohnungseigentümer bestimmten Fällen, im Übrigen dann einberufen werden, wenn dies in Textform unter Angabe des Zwecks und der Gründe von mehr als einem Viertel der Wohnungseigentümer verlangt wird.

(3) Fehlt ein Verwalter oder weigert er sich pflichtwidrig, die Versammlung der Wohnungseigentümer einzuberufen, so kann die Versammlung auch durch den Vorsitzenden des Verwaltungsbeirats, dessen Vertreter oder einen durch Beschluss ermächtigten Wohnungseigentümer einberufen werden.

(4) ¹Die Einberufung erfolgt in Textform. ²Die Frist der Einberufung soll, sofern nicht ein Fall besonderer Dringlichkeit vorliegt, mindestens drei Wochen betragen.

(5) Den Vorsitz in der Wohnungseigentümerversammlung führt, sofern diese nichts anderes beschließt, der Verwalter.

(6) ¹Über die in der Versammlung gefassten Beschlüsse ist unverzüglich eine Niederschrift aufzunehmen. ²Die Niederschrift ist von dem Vorsitzenden und einem Wohnungseigentümer und, falls ein Verwaltungsbeirat bestellt ist, auch von dessen Vorsitzenden oder seinem Vertreter zu unterschreiben.

(7) ¹Es ist eine Beschluss-Sammlung zu führen. ²Die Beschluss-Sammlung enthält nur den Wortlaut
1.   der in der Versammlung der Wohnungseigentümer verkündeten Beschlüsse mit Angabe von Ort und Datum der Versammlung,
2.   der schriftlichen Beschlüsse mit Angabe von Ort und Datum der Verkündung und
3.   der Urteilsformeln der gerichtlichen Entscheidungen in einem Rechtsstreit gemäß § 43 mit Angabe ihres Datums, des Gerichts und der Parteien,

soweit diese Beschlüsse und gerichtlichen Entscheidungen nach dem 1. Juli 2007 ergangen sind. ³Die Beschlüsse und gerichtlichen Entscheidungen sind fortlaufend einzutragen und zu nummerieren. ⁴Sind sie angefochten oder aufgehoben worden, so ist dies anzumerken. ⁵Im Fall einer Aufhebung kann von einer Anmerkung abgesehen und die Eintragung gelöscht werden. ⁶Eine Eintragung kann auch gelöscht werden, wenn sie aus einem anderen Grund für die Wohnungseigentümer keine Bedeutung mehr hat. ⁷Die Eintragungen, Vermerke und Löschungen gemäß den Sätzen 3 bis 6 sind unverzüglich zu erledigen und mit Datum zu versehen. ⁸Einem Wohnungseigentümer oder einem Dritten, den ein Wohnungseigentümer ermächtigt hat, ist auf sein Verlangen Einsicht in die Beschluss-Sammlung zu geben.

(8) ¹Die Beschluss-Sammlung ist von dem Verwalter zu führen. ²Fehlt ein Verwalter, so ist der Vorsitzende der Wohnungseigentümerversammlung verpflichtet, die Beschluss-Sammlung zu führen, sofern die Wohnungseigentümer durch Stimmenmehrheit keinen anderen für diese Aufgabe bestellt haben.

§ 25   Beschlussfassung

(1) Bei der Beschlussfassung entscheidet die Mehrheit der abgegebenen Stimmen.

(2) ¹Jeder Wohnungseigentümer hat eine Stimme. ²Steht ein Wohnungseigentum mehreren gemeinschaftlich zu, so können sie das Stimmrecht nur einheitlich ausüben.

(3) Vollmachten bedürfen zu ihrer Gültigkeit der Textform.

(4) Ein Wohnungseigentümer ist nicht stimmberechtigt, wenn die Beschlussfassung die Vornahme eines auf die Verwaltung des gemeinschaftlichen Eigentums bezüglichen Rechtsgeschäfts mit ihm oder die Einleitung oder Erledigung eines Rechtsstreits gegen ihn betrifft oder wenn er nach § 17 rechtskräftig verurteilt ist.

§ 26 Bestellung und Abberufung des Verwalters

(1) Über die Bestellung und Abberufung des Verwalters beschließen die Wohnungseigentümer.

(2) [1]Die Bestellung kann auf höchstens fünf Jahre vorgenommen werden, im Fall der ersten Bestellung nach der Begründung von Wohnungseigentum aber auf höchstens drei Jahre. [2]Die wiederholte Bestellung ist zulässig; sie bedarf eines erneuten Beschlusses der Wohnungseigentümer, der frühestens ein Jahr vor Ablauf der Bestellungszeit gefasst werden kann.

(3) [1]Der Verwalter kann jederzeit abberufen werden. [2]Ein Vertrag mit dem Verwalter endet spätestens sechs Monate nach dessen Abberufung.

(4) Soweit die Verwaltereigenschaft durch eine öffentlich beglaubigte Urkunde nachgewiesen werden muss, genügt die Vorlage einer Niederschrift über den Bestellungsbeschluss, bei der die Unterschriften der in § 24 Absatz 6 bezeichneten Personen öffentlich beglaubigt sind.

(5) Abweichungen von den Absätzen 1 bis 3 sind nicht zulässig.

§ 26 a Zertifizierter Verwalter

(1) Als zertifizierter Verwalter darf sich bezeichnen, wer vor einer Industrie- und Handelskammer durch eine Prüfung nachgewiesen hat, dass er über die für die Tätigkeit als Verwalter notwendigen rechtlichen, kaufmännischen und technischen Kenntnisse verfügt.

(2) [1]Das Bundesministerium der Justiz und für Verbraucherschutz wird ermächtigt, durch Rechtsverordnung nähere Bestimmungen über die Prüfung zum zertifizierten Verwalter zu erlassen. [2]In der Rechtsverordnung nach Satz 1 können insbesondere festgelegt werden:

1. nähere Bestimmungen zu Inhalt und Verfahren der Prüfung;
2. Bestimmungen über das zu erteilende Zertifikat;
3. Voraussetzungen, unter denen sich juristische Personen und Personengesellschaften als zertifizierte Verwalter bezeichnen dürfen;
4. Bestimmungen, wonach Personen aufgrund anderweitiger Qualifikationen von der Prüfung befreit sind, insbesondere weil sie die Befähigung zum Richteramt, einen Hochschulabschluss mit immobilienwirtschaftlichem Schwerpunkt, eine abgeschlossene Berufsausbildung zum Immobilienkaufmann oder zur Immobilienkauffrau oder einen vergleichbaren Berufsabschluss besitzen.

§ 27 Aufgaben und Befugnisse des Verwalters

(1) Der Verwalter ist gegenüber der Gemeinschaft der Wohnungseigentümer berechtigt und verpflichtet, die Maßnahmen ordnungsmäßiger Verwaltung zu treffen, die

1. untergeordnete Bedeutung haben und nicht zu erheblichen Verpflichtungen führen oder
2. zur Wahrung einer Frist oder zur Abwendung eines Nachteils erforderlich sind.

(2) Die Wohnungseigentümer können die Rechte und Pflichten nach Absatz 1 durch Beschluss einschränken oder erweitern.

§ 28 Wirtschaftsplan, Jahresabrechnung, Vermögensbericht

(1) [1]Die Wohnungseigentümer beschließen über die Vorschüsse zur Kostentragung und zu den nach § 19 Absatz 2 Nummer 4 oder durch Beschluss vorgesehenen Rücklagen. [2]Zu diesem Zweck hat der Verwal-

ter jeweils für ein Kalenderjahr einen Wirtschaftsplan aufzustellen, der darüber hinaus die voraussichtlichen Einnahmen und Ausgaben enthält.

(2) ¹Nach Ablauf des Kalenderjahres beschließen die Wohnungseigentümer über die Einforderung von Nachschüssen oder die Anpassung der beschlossenen Vorschüsse. ²Zu diesem Zweck hat der Verwalter eine Abrechnung über den Wirtschaftsplan (Jahresabrechnung) aufzustellen, die darüber hinaus die Einnahmen und Ausgaben enthält.

(3) Die Wohnungseigentümer können beschließen, wann Forderungen fällig werden und wie sie zu erfüllen sind.

(4) ¹Der Verwalter hat nach Ablauf eines Kalenderjahres einen Vermögensbericht zu erstellen, der den Stand der in Absatz 1 Satz 1 bezeichneten Rücklagen und eine Aufstellung des wesentlichen Gemeinschaftsvermögens enthält. ²Der Vermögensbericht ist jedem Wohnungseigentümer zur Verfügung zu stellen.

§ 29 Verwaltungsbeirat

(1) ¹Wohnungseigentümer können durch Beschluss zum Mitglied des Verwaltungsbeirats bestellt werden. ²Hat der Verwaltungsbeirat mehrere Mitglieder, ist ein Vorsitzender und ein Stellvertreter zu bestimmen. ³Der Verwaltungsbeirat wird von dem Vorsitzenden nach Bedarf einberufen.

(2) ¹Der Verwaltungsbeirat unterstützt und überwacht den Verwalter bei der Durchführung seiner Aufgaben. ²Der Wirtschaftsplan und die Jahresabrechnung sollen, bevor die Beschlüsse nach § 28 Absatz 1 Satz 1 und Absatz 2 Satz 1 gefasst werden, vom Verwaltungsbeirat geprüft und mit dessen Stellungnahme versehen werden.

(3) Sind Mitglieder des Verwaltungsbeirats unentgeltlich tätig, haben sie nur Vorsatz und grobe Fahrlässigkeit zu vertreten.

Abschnitt 5
Wohnungserbbaurecht

§ 30 Wohnungserbbaurecht

(1) Steht ein Erbbaurecht mehreren gemeinschaftlich nach Bruchteilen zu, so können die Anteile in der Weise beschränkt werden, dass jedem der Mitberechtigten das Sondereigentum an einer bestimmten Wohnung oder an nicht zu Wohnzwecken dienenden bestimmten Räumen in einem auf Grund des Erbbaurechts errichteten oder zu errichtenden Gebäude eingeräumt wird (Wohnungserbbaurecht, Teilerbbaurecht).

(2) Ein Erbbauberechtigter kann das Erbbaurecht in entsprechender Anwendung des § 8 teilen.

(3) ¹Für jeden Anteil wird von Amts wegen ein besonderes Erbbaugrundbuchblatt angelegt (Wohnungserbbaugrundbuch, Teilerbbaugrundbuch).[1] ²Im Übrigen gelten für das Wohnungserbbaurecht (Teilerbbaurecht) die Vorschriften über das Wohnungseigentum (Teileigentum) entsprechend.

---

1 Vgl. hierzu die Wohnungsgrundbuchverfügung (WGV).

Teil 2
Dauerwohnrecht

§ 31 Begriffsbestimmungen

(1) ¹Ein Grundstück kann in der Weise belastet werden, dass derjenige, zu dessen Gunsten die Belastung erfolgt, berechtigt ist, unter Ausschluss des Eigentümers eine bestimmte Wohnung in einem auf dem Grundstück errichteten oder zu errichtenden Gebäude zu bewohnen oder in anderer Weise zu nutzen (Dauerwohnrecht). ²Das Dauerwohnrecht kann auf einen außerhalb des Gebäudes liegenden Teil des Grundstücks erstreckt werden, sofern die Wohnung wirtschaftlich die Hauptsache bleibt.

(2) Ein Grundstück kann in der Weise belastet werden, dass derjenige, zu dessen Gunsten die Belastung erfolgt, berechtigt ist, unter Ausschluss des Eigentümers nicht zu Wohnzwecken dienende bestimmte Räume in einem auf dem Grundstück errichteten oder zu errichtenden Gebäude zu nutzen (Dauernutzungsrecht).

(3) Für das Dauernutzungsrecht gelten die Vorschriften über das Dauerwohnrecht entsprechend.

§ 32 Voraussetzungen der Eintragung

(1) Das Dauerwohnrecht soll nur bestellt werden, wenn die Wohnung in sich abgeschlossen ist.

(2) ¹Zur näheren Bezeichnung des Gegenstands und des Inhalts des Dauerwohnrechts kann auf die Eintragungsbewilligung Bezug genommen werden. ²Der Eintragungsbewilligung sind als Anlagen beizufügen:

1. eine von der Baubehörde mit Unterschrift und Siegel oder Stempel versehene Bauzeichnung, aus der die Aufteilung des Gebäudes sowie die Lage und Größe der dem Dauerwohnrecht unterliegenden Gebäude- und Grundstücksteile ersichtlich ist (Aufteilungsplan); alle zu demselben Dauerwohnrecht gehörenden Einzelräume sind mit der jeweils gleichen Nummer zu kennzeichnen;
2. eine Bescheinigung der Baubehörde, dass die Voraussetzungen des Absatzes 1 vorliegen.

³Wenn in der Eintragungsbewilligung für die einzelnen Dauerwohnrechte Nummern angegeben werden, sollen sie mit denen des Aufteilungsplans übereinstimmen.

(3) Das Grundbuchamt soll die Eintragung des Dauerwohnrechts ablehnen, wenn über die in § 33 Absatz 4 Nummer 1 bis 4 bezeichneten Angelegenheiten, über die Voraussetzungen des Heimfallanspruchs (§ 36 Absatz 1) und über die Entschädigung beim Heimfall (§ 36 Absatz 4) keine Vereinbarungen getroffen sind.

§ 33 Inhalt des Dauerwohnrechts

(1) ¹Das Dauerwohnrecht ist veräußerlich und vererblich. ²Es kann nicht unter einer Bedingung bestellt werden.

(2) Auf das Dauerwohnrecht sind, soweit nicht etwas anderes vereinbart ist, die Vorschriften des § 14 entsprechend anzuwenden.

(3) Der Berechtigte kann die zum gemeinschaftlichen Gebrauch bestimmten Teile, Anlagen und Einrichtungen des Gebäudes und Grundstücks mitbenutzen, soweit nichts anderes vereinbart ist.

(4) Als Inhalt des Dauerwohnrechts können Vereinbarungen getroffen werden über:

1. Art und Umfang der Nutzungen;
2. Instandhaltung und Instandsetzung der dem Dauerwohnrecht unterliegenden Gebäudeteile;
3. die Pflicht des Berechtigten zur Tragung öffentlicher oder privatrechtlicher Lasten des Grundstücks;
4. die Versicherung des Gebäudes und seinen Wiederaufbau im Fall der Zerstörung;

5. das Recht des Eigentümers, bei Vorliegen bestimmter Voraussetzungen Sicherheitsleistung zu verlangen.

§ 34 Ansprüche des Eigentümers und der Dauerwohnberechtigten

(1) Auf die Ersatzansprüche des Eigentümers wegen Veränderungen oder Verschlechterungen sowie auf die Ansprüche der Dauerwohnberechtigten auf Ersatz von Verwendungen oder auf Gestattung der Wegnahme einer Einrichtung sind die §§ 1049, 1057 des Bürgerlichen Gesetzbuchs entsprechend anzuwenden.

(2) Wird das Dauerwohnrecht beeinträchtigt, so sind auf die Ansprüche des Berechtigten die für die Ansprüche aus dem Eigentum geltenden Vorschriften entsprechend anzuwenden.

§ 35 Veräußerungsbeschränkung

¹Als Inhalt des Dauerwohnrechts kann vereinbart werden, dass der Berechtigte zur Veräußerung des Dauerwohnrechts der Zustimmung des Eigentümers oder eines Dritten bedarf. ²Die Vorschriften des § 12 gelten in diesem Fall entsprechend.

§ 36 Heimfallanspruch

(1) ¹Als Inhalt des Dauerwohnrechts kann vereinbart werden, dass der Berechtigte verpflichtet ist, das Dauerwohnrecht beim Eintritt bestimmter Voraussetzungen auf den Grundstückseigentümer oder einen von diesem zu bezeichnenden Dritten zu übertragen (Heimfallanspruch). ²Der Heimfallanspruch kann nicht von dem Eigentum an dem Grundstück getrennt werden.

(2) Bezieht sich das Dauerwohnrecht auf Räume, die dem Mieterschutz unterliegen, so kann der Eigentümer von dem Heimfallanspruch nur Gebrauch machen, wenn ein Grund vorliegt, aus dem ein Vermieter die Aufhebung des Mietverhältnisses verlangen oder kündigen kann.

(3) Der Heimfallanspruch verjährt in sechs Monaten von dem Zeitpunkt an, in dem der Eigentümer von dem Eintritt der Voraussetzungen Kenntnis erlangt, ohne Rücksicht auf diese Kenntnis in zwei Jahren von dem Eintritt der Voraussetzungen an.

(4) ¹Als Inhalt des Dauerwohnrechts kann vereinbart werden, dass der Eigentümer dem Berechtigten eine Entschädigung zu gewähren hat, wenn er von dem Heimfallanspruch Gebrauch macht. ²Als Inhalt des Dauerwohnrechts können Vereinbarungen über die Berechnung oder Höhe der Entschädigung oder die Art ihrer Zahlung getroffen werden.

§ 37 Vermietung

(1) Hat der Dauerwohnberechtigte die dem Dauerwohnrecht unterliegenden Gebäude- oder Grundstücksteile vermietet oder verpachtet, so erlischt das Miet- oder Pachtverhältnis, wenn das Dauerwohnrecht erlischt.

(2) Macht der Eigentümer von seinem Heimfallanspruch Gebrauch, so tritt er oder derjenige, auf den das Dauerwohnrecht zu übertragen ist, in das Miet- oder Pachtverhältnis ein; die Vorschriften der §§ 566 bis 566 e des Bürgerlichen Gesetzbuchs gelten entsprechend.

(3) ¹Absatz 2 gilt entsprechend, wenn das Dauerwohnrecht veräußert wird. ²Wird das Dauerwohnrecht im Wege der Zwangsvollstreckung veräußert, so steht dem Erwerber ein Kündigungsrecht in entsprechender Anwendung des § 57 a des Gesetzes über die Zwangsversteigerung und die Zwangsverwaltung zu.

§ 38 Eintritt in das Rechtsverhältnis

(1) Wird das Dauerwohnrecht veräußert, so tritt der Erwerber an Stelle des Veräußerers in die sich während der Dauer seiner Berechtigung aus dem Rechtsverhältnis zu dem Eigentümer ergebenden Verpflichtungen ein.

(2) [1]Wird das Grundstück veräußert, so tritt der Erwerber an Stelle des Veräußerers in die sich während der Dauer seines Eigentums aus dem Rechtsverhältnis zu dem Dauerwohnberechtigten ergebenden Rechte ein. [2]Das Gleiche gilt für den Erwerb auf Grund Zuschlags in der Zwangsversteigerung, wenn das Dauerwohnrecht durch den Zuschlag nicht erlischt.

§ 39 Zwangsversteigerung

(1) Als Inhalt des Dauerwohnrechts kann vereinbart werden, dass das Dauerwohnrecht im Fall der Zwangsversteigerung des Grundstücks abweichend von § 44 des Gesetzes über die Zwangsversteigerung und die Zwangsverwaltung auch dann bestehen bleiben soll, wenn der Gläubiger einer dem Dauerwohnrecht im Rang vorgehenden oder gleichstehenden Hypothek, Grundschuld, Rentenschuld oder Reallast die Zwangsversteigerung in das Grundstück betreibt.

(2) Eine Vereinbarung gemäß Absatz 1 bedarf zu ihrer Wirksamkeit der Zustimmung derjenigen, denen eine dem Dauerwohnrecht im Rang vorgehende oder gleichstehende Hypothek, Grundschuld, Rentenschuld oder Reallast zusteht.

(3) Eine Vereinbarung gemäß Absatz 1 ist nur wirksam für den Fall, dass der Dauerwohnberechtigte im Zeitpunkt der Feststellung der Versteigerungsbedingungen seine fälligen Zahlungsverpflichtungen gegenüber dem Eigentümer erfüllt hat; in Ergänzung einer Vereinbarung nach Absatz 1 kann vereinbart werden, dass das Fortbestehen des Dauerwohnrechts vom Vorliegen weiterer Voraussetzungen abhängig ist.

§ 40 Haftung des Entgelts

(1) [1]Hypotheken, Grundschulden, Rentenschulden und Reallasten, die dem Dauerwohnrecht im Rang vorgehen oder gleichstehen, sowie öffentliche Lasten, die in wiederkehrenden Leistungen bestehen, erstrecken sich auf den Anspruch auf das Entgelt für das Dauerwohnrecht in gleicher Weise wie auf eine Mietforderung, soweit nicht in Absatz 2 etwas Abweichendes bestimmt ist. [2]Im Übrigen sind die für Mietforderungen geltenden Vorschriften nicht entsprechend anzuwenden.

(2) [1]Als Inhalt des Dauerwohnrechts kann vereinbart werden, dass Verfügungen über den Anspruch auf das Entgelt, wenn es in wiederkehrenden Leistungen ausbedungen ist, gegenüber dem Gläubiger einer dem Dauerwohnrecht im Rang vorgehenden oder gleichstehenden Hypothek, Grundschuld, Rentenschuld oder Reallast wirksam sind. [2]Für eine solche Vereinbarung gilt § 39 Absatz 2 entsprechend.

§ 41 Besondere Vorschriften für langfristige Dauerwohnrechte

(1) Für Dauerwohnrechte, die zeitlich unbegrenzt oder für einen Zeitraum von mehr als zehn Jahren eingeräumt sind, gelten die besonderen Vorschriften der Absätze 2 und 3.

(2) Der Eigentümer ist, sofern nicht etwas anderes vereinbart ist, dem Dauerwohnberechtigten gegenüber verpflichtet, eine dem Dauerwohnrecht im Rang vorgehende oder gleichstehende Hypothek löschen zu lassen für den Fall, dass sie sich mit dem Eigentum in einer Person vereinigt, und die Eintragung einer entsprechenden Löschungsvormerkung in das Grundbuch zu bewilligen.

(3) Der Eigentümer ist verpflichtet, dem Dauerwohnberechtigten eine angemessene Entschädigung zu gewähren, wenn er von dem Heimfallanspruch Gebrauch macht.

§ 42 Belastung eines Erbbaurechts

(1) Die Vorschriften der §§ 31 bis 41 gelten für die Belastung eines Erbbaurechts mit einem Dauerwohnrecht entsprechend.

(2) Beim Heimfall des Erbbaurechts bleibt das Dauerwohnrecht bestehen.

Teil 3
Verfahrensvorschriften

§ 43 Zuständigkeit

(1) [1]Die Gemeinschaft der Wohnungseigentümer hat ihren allgemeinen Gerichtsstand bei dem Gericht, in dessen Bezirk das Grundstück liegt. [2]Bei diesem Gericht kann auch die Klage gegen Wohnungseigentümer im Fall des § 9 a Absatz 4 Satz 1 erhoben werden.

(2) Das Gericht, in dessen Bezirk das Grundstück liegt, ist ausschließlich zuständig für

1. Streitigkeiten über die Rechte und Pflichten der Wohnungseigentümer untereinander,
2. Streitigkeiten über die Rechte und Pflichten zwischen der Gemeinschaft der Wohnungseigentümer und Wohnungseigentümern,
3. Streitigkeiten über die Rechte und Pflichten des Verwalters einschließlich solcher über Ansprüche eines Wohnungseigentümers gegen den Verwalter sowie
4. Beschlussklagen gemäß § 44.

§ 44 Beschlussklagen

(1) [1]Das Gericht kann auf Klage eines Wohnungseigentümers einen Beschluss für ungültig erklären (Anfechtungsklage) oder seine Nichtigkeit feststellen (Nichtigkeitsklage). [2]Unterbleibt eine notwendige Beschlussfassung, kann das Gericht auf Klage eines Wohnungseigentümers den Beschluss fassen (Beschlussersetzungsklage).

(2) [1]Die Klagen sind gegen die Gemeinschaft der Wohnungseigentümer zu richten. [2]Der Verwalter hat den Wohnungseigentümern die Erhebung einer Klage unverzüglich bekannt zu machen. [3]Mehrere Prozesse sind zur gleichzeitigen Verhandlung und Entscheidung zu verbinden.

(3) Das Urteil wirkt für und gegen alle Wohnungseigentümer, auch wenn sie nicht Partei sind.

(4) Die durch eine Nebenintervention verursachten Kosten gelten nur dann als notwendig zur zweckentsprechenden Rechtsverteidigung im Sinne des § 91 der Zivilprozessordnung, wenn die Nebenintervention geboten war.

§ 45 Fristen der Anfechtungsklage

[1]Die Anfechtungsklage muss innerhalb eines Monats nach der Beschlussfassung erhoben und innerhalb zweier Monate nach der Beschlussfassung begründet werden. [2]Die §§ 233 bis 238 der Zivilprozessordnung gelten entsprechend.

Teil 4
Ergänzende Bestimmungen

§ 46 Veräußerung ohne erforderliche Zustimmung

[1]Fehlt eine nach § 12 erforderliche Zustimmung, so sind die Veräußerung und das zugrundeliegende Verpflichtungsgeschäft unbeschadet der sonstigen Voraussetzungen wirksam, wenn die Eintragung der Veräußerung oder einer Auflassungsvormerkung in das Grundbuch vor dem 15. Januar 1994 erfolgt ist und es sich um die erstmalige Veräußerung dieses Wohnungseigentums nach seiner Begründung handelt, es sei denn, dass eine rechtskräftige gerichtliche Entscheidung entgegensteht. [2]Das Fehlen der Zustimmung steht in diesen Fällen dem Eintritt der Rechtsfolgen des § 878 Bürgerlichen Gesetzbuchs nicht entgegen. [3]Die Sätze 1 und 2 gelten entsprechend in den Fällen der §§ 30 und 35 des Wohnungseigentumsgesetzes.

§ 47 Auslegung von Altvereinbarungen

[1]Vereinbarungen, die vor dem 1. Dezember 2020 getroffen wurden und die von solchen Vorschriften dieses Gesetzes abweichen, die durch das Wohnungseigentumsmodernisierungsgesetz vom 16. Oktober 2020 (BGBl. I S. 2187) geändert wurden, stehen der Anwendung dieser Vorschriften in der vom 1. Dezember 2020 an geltenden Fassung nicht entgegen, soweit sich aus der Vereinbarung nicht ein anderer Wille ergibt. [2]Ein solcher Wille ist in der Regel nicht anzunehmen.

§ 48 Übergangsvorschriften

(1) [1]§ 5 Absatz 4, § 7 Absatz 2 und § 10 Absatz 3 in der vom 1. Dezember 2020 an geltenden Fassung gelten auch für solche Beschlüsse, die vor diesem Zeitpunkt gefasst oder durch gerichtliche Entscheidung ersetzt wurden. [2]Abweichend davon bestimmt sich die Wirksamkeit eines Beschlusses im Sinne des Satzes 1 gegen den Sondernachfolger eines Wohnungseigentümers nach § 10 Absatz 4 in der vor dem 1. Dezember 2020 geltenden Fassung, wenn die Sondernachfolge bis zum 31. Dezember 2025 eintritt. [3]Jeder Wohnungseigentümer kann bis zum 31. Dezember 2025 verlangen, dass ein Beschluss im Sinne des Satzes 1 erneut gefasst wird; § 204 Absatz 1 Nummer 1 des Bürgerlichen Gesetzbuchs gilt entsprechend.

(2) § 5 Absatz 4 Satz 3 gilt in der vor dem 1. Dezember 2020 geltenden Fassung weiter für Vereinbarungen und Beschlüsse, die vor diesem Zeitpunkt getroffen oder gefasst wurden, und zu denen vor dem 1. Dezember 2020 alle Zustimmungen erteilt wurden, die nach den vor diesem Zeitpunkt geltenden Vorschriften erforderlich waren.

(3) [1]§ 7 Absatz 3 Satz 2 gilt auch für Vereinbarungen und Beschlüsse, die vor dem 1. Dezember 2020 getroffen oder gefasst wurden. [2]Ist eine Vereinbarung oder ein Beschluss im Sinne des Satzes 1 entgegen der Vorgabe des § 7 Absatz 3 Satz 2 nicht ausdrücklich im Grundbuch eingetragen, erfolgt die ausdrückliche Eintragung in allen Wohnungsgrundbüchern nur auf Antrag eines Wohnungseigentümers oder der Gemeinschaft der Wohnungseigentümer. [3]Ist die Haftung von Sondernachfolgern für Geldschulden entgegen der Vorgabe des § 7 Absatz 3 Satz 2 nicht ausdrücklich im Grundbuch eingetragen, lässt dies die Wirkung gegen den Sondernachfolger eines Wohnungseigentümers unberührt, wenn die Sondernachfolge bis zum 31. Dezember 2025 eintritt.

(4) [1]§ 19 Absatz 2 Nummer 6 ist ab dem 1. Dezember 2022 anwendbar. [2]Eine Person, die am 1. Dezember 2020 Verwalter einer Gemeinschaft der Wohnungseigentümer war, gilt gegenüber den Wohnungseigentümern dieser Gemeinschaft der Wohnungseigentümer bis zum 1. Juni 2024 als zertifizierter Verwalter.

(5) Für die bereits vor dem 1. Dezember 2020 bei Gericht anhängigen Verfahren sind die Vorschriften des dritten Teils dieses Gesetzes in ihrer bis dahin geltenden Fassung weiter anzuwenden.

§ 49 Überleitung bestehender Rechtsverhältnisse

(1) Werden Rechtsverhältnisse, mit denen ein Rechtserfolg bezweckt wird, der den durch dieses Gesetz geschaffenen Rechtsformen entspricht, in solche Rechtsformen umgewandelt, so ist als Geschäftswert für die Berechnung der hierdurch veranlassten Gebühren der Gerichte und Notare im Fall des Wohnungseigentums ein Fünfundzwanzigstel des Einheitswerts des Grundstückes, im Falle des Dauerwohnrechtes ein Fünfundzwanzigstel des Wertes des Rechts anzunehmen.

(2) Durch Landesgesetz können Vorschriften zur Überleitung bestehender, auf Landesrecht beruhender Rechtsverhältnisse in die durch dieses Gesetz geschaffenen Rechtsformen getroffen werden.

4.3 Überleitung bestehender Rechtsverhältnisse

1. Abgaben

Hofele

I. Begriff

Es gibt keine gesetzliche Definition der „Abgaben". Der Begriff „Abgaben" ist der Oberbegriff für alles, was die Bürger an den Staat für dessen Leistungen zu zahlen haben. Die Kommunalabgabengesetze (KAG) räumen den Gemeinden und Landkreisen das Recht ein – bzw. verpflichten sie teilweise auch dazu – „*Abgaben (Steuern, Gebühren, Beiträge und sonstige Abgaben) zu erheben*" (vgl. § 1 KAG MV). Die Erhebung selbst erfolgt dann in der Regel über eine Satzung. In den Stadtstaaten werden Beitrags- und Gebührenpflichten durch Gesetz und Rechtsverordnung begründet. **1**

Die Finanzierung des Staates erfolgt in erster Linie über die Erhebung von Steuern (sog. Steuerstaatsprinzip).[1] Daneben darf der Staat auch „nichtsteuerliche Abgaben" erheben. Dies tut er in Form von Gebühren und Beiträgen. Für diese nichtsteuerlichen Abgaben bedarf es einer besonderen Rechtfertigung.[2] Soweit es sich um landesrechtliche Abgaben handelt, können die einzelnen Regelungen je nach Bundesland von Land zu Land sehr unterschiedlich sein. Im Folgenden sollen jeweils nur einige Regelungen zur Anschauung herausgegriffen werden. **2**

1. Steuern. Die Abgabenordnung (AO) gilt gem. § 1 AO nur für Steuern; allerdings erklären die meisten Kommunalabgabengesetze durch Verweis auf deren Vorschriften auch die andern „Abgaben" für anwendbar. § 3 AO definiert, was Steuern sind: Nämlich „*Geldleistungen, die nicht eine Gegenleistung für eine besondere Leistung darstellen und von einem öffentlich-rechtlichen Gemeinwesen zur Erzielung von Einnahmen allen auferlegt werden, bei denen der Tatbestand zutrifft, an den das Gesetz die Leistungspflicht knüpft; die Erzielung von Einnahmen kann Nebenzweck sein.*" **3**

Merksatz: Für Steuern gibt es keine Gegenleistung. Deshalb kann sich der Hundehalter nicht darauf berufen, dass er „dafür schließlich Steuern zahlt", wenn man ihn auf den Haufen zu seinen Füßen anspricht.

2. Gebühren. Gebühren sind öffentlich-rechtliche Geldleistungen, die in Anknüpfung an eine individuell zurechenbare öffentliche Leistung erhoben werden, um deren Kosten ganz oder teilweise zu decken. Die Höhe (Bemessung) der Gebühr richtet sich nach deren Zweck. Anerkannte Zwecke sind zB die Kostendeckung, der Vorteilsausgleich, die Verhaltenslenkung und soziale Zwecke.[3] Allerdings benötigt der Staat eine Rechtfertigung, wenn er die Verwaltungskosten nicht aus allgemeinen Steuermitteln, sondern ganz oder teilweise über die konkrete Belastung der Beteiligten finanzieren will. Daher ist die Gebührenerhebung nur zulässig, wenn eine besondere (konkrete) Beziehung zwischen der Leistung der Verwaltung und den Beteiligten besteht.[4] **4**

---

[1] BVerfG 8.6.1988 – 2 BvL 9/85, NJW 1988, 2529.

[2] BVerfG 6.11.2012 – 2 BvL 51/06, NVwZ 2013, 638 (638 f. mwN unter C.I.1).

[3] BVerfG 6.11.2012 – 2 BvL 51/06, NVwZ 2013, 638 (638 f. mwN unter C.I.1 b.).

[4] Vgl. BVerwG 25.8.1999 – 8 C 12/98, NVwZ 2000, 73 (75).

5 Demnach sind Gebühren *„Geldleistungen, die als Gegenleistung für eine besondere Leistung – Amtshandlungen oder sonstige Tätigkeit – der Verwaltung (Verwaltungsgebühren) oder für die Inanspruchnahme öffentlicher Einrichtungen (Benutzungsgebühren) erhoben werden"* (vgl. 4 Abs. 2 KAG NRW, § 4 Abs. 1 KAG MV). Die Höhe der einzelnen Gebühren muss sich – gemessen am Zweck – nach den realen Kosten richten.

6 **a) Verwaltungsgebühren.** Kennzeichen der Verwaltungsgebühr ist die rechtliche Verknüpfung von Leistung und Gegenleistung.[5] Daher dürfen Verwaltungsgebühren *„nur erhoben werden, wenn die Leistung der Verwaltung von dem Beteiligten beantragt oder sonst veranlasst worden ist"* (§ 5 Abs. 1 KAG NRW). Die nähere Ausgestaltung muss gesetzlich geregelt sein (vgl. zB § 5 KAG NRW, § 5 KAG MV, bzw. § 11 KAG BW iVm LGebG BW).

7 **b) Benutzungsgebühren.** Benutzungsgebühren sind Entgelte für die Inanspruchnahme von öffentlichen Einrichtungen oder Anlagen. So regeln zB § 6 Abs. 1. KAG NRW und § 6 Abs. 1 KAG MV:

„Benutzungsgebühren sind zu erheben, wenn eine Einrichtung oder Anlage überwiegend dem Vorteil einzelner Personen oder Personengruppen dient, sofern nicht ein privatrechtliches Entgelt gefordert wird. Im Übrigen können Gebühren erhoben werden. Das veranschlagte Gebührenaufkommen soll die voraussichtlichen Kosten der Einrichtung oder Anlage nicht übersteigen und in den Fällen des Satzes 1 in der Regel decken."

„Die Kosten sind die nach betriebswirtschaftlichen Grundsätzen ansatzfähigen Kosten" (§ 6 Abs. 2 S. 1 KAG NRW und § 6 Abs. 2 S. 1 KAG MV).

8 **3. Beiträge. a) Allgemeines.** Beiträge sind sozusagen ein Zwischending zwischen Steuern und Gebühren: Sie werden von einer bestimmten Gruppe von Personen erhoben, die Betroffenen erhalten aber keine individuelle Gegenleistung. Auch hier bedarf es eines gewissen Zusammenhangs zwischen Leistung des Staates und der Inanspruchnahme durch die Betroffenen: Die betroffene Gruppe muss die Sonderaufwendungen veranlasst haben oder hierdurch Vorteile erhalten. Aber es genügt die Möglichkeit der Inanspruchnahme. Demzufolge definiert zB § 8 Abs. 2 S. 1 KAG NRW den Begriff des Beitrages wie folgt:

„Beiträge sind Geldleistungen, die dem Ersatz des Aufwandes für die Herstellung, Anschaffung und Erweiterung öffentlicher Einrichtungen und Anlagen ..., bei Straßen, Wegen und Plätzen auch für deren Verbesserung, jedoch ohne die laufende Unterhaltung und Instandsetzung, dienen. Sie werden von den Grundstückseigentümern als Gegenleistung dafür erhoben, dass ihnen durch die Möglichkeit der Inanspruchnahme der Einrichtungen und Anlagen wirtschaftliche Vorteile geboten werden"

9 Paradebeispiel sind die Anliegerbeiträge: Der Ausbau kommt allen Anliegern zugute. Andererseits muss auch ein Anlieger, der die Straße nicht benutzt, den Beitrag zahlen. Bei der Bemessung der Höhe der Beiträge kann oft nur ein „Wahrscheinlichkeitsmaßstab" zugrunde gelegt werden, wenn die Höhe nicht (wie bei der Gebühr) auf der Basis der tatsächlichen Kosten der Leistung festgelegt werden kann.

„Wenn das besonders schwierig oder wirtschaftlich nicht vertretbar ist, kann ein Wahrscheinlichkeitsmaßstab gewählt werden, der nicht in einem offensichtlichen Missverhältnis zu der Inanspruchnahme stehen darf" (§ 6 Abs. 3 S. 2 KAG NRW; ähnlich § 6 Abs. 3 S. 2 KAG MV).

10 **b) Insbesondere: Erschließungsbeiträge. Erschließungs- und Straßenausbaubeiträge** gelten für nichtleitungsgebundene Anlagen, insbesondere öffentliche Straßen, Wege und Plätze. Nach § 127 Abs. 1 BauGB können Gemeinden zur Deckung ihres anderweitig nicht gedeckten Aufwands für Erschließungsanlagen einen Erschließungsbeitrag erheben. § 127 Abs. 2 BauGB definiert, was Erschließungsanlagen sind. Nach § 127 Abs. 4 BauGB können ausdrücklich Abgaben für andere Anlagen erhoben werden. Das betrifft insbesondere die **Anschlussbeiträge** für die leitungsgebundenen Anlagen (Anlagen zur Ableitung von Abwasser sowie zur Versorgung mit Elektrizität, Gas, Wärme und Wasser).

11 **4. Anschluss- und Benutzungszwang. Keine öffentlichen Abgaben** liegen beim Anschluss- und Benutzungszwang vor. Hier handelt es sich um ein privatrechtliches Nutzungsverhältnis. Dieses kommt durch das Angebot (regelmäßig als Realofferte in der tatsächlichen Leistungsgewährung) und Annahme durch die Entgegennahme der Leistungen zustande.[6]

---

5 BVerfG 19.3.2003 – 2 BvL 9/98, BVerfGE 108, 1 (13 f.); auch BVerwG 16.6.2011 – 9 BN 4/10, NVwZ-RR 2011, 745 (746).

6 BGH 22.3.2012 – VII ZR 102/11, ZWE 2012, 264.

5. Öffentliche Lasten. Auch dieser Begriff ist nicht gesetzlich definiert. § 10 Abs. 1 Nr. 3 ZVG spricht von [12] „öffentlichen Lasten des Grundstücks"; § 54 GBO bezieht sich auf die *„auf dem Grundstück ruhenden öffentlichen Lasten"*. Ob eine Abgabenverpflichtung die Eigenschaft einer öffentlichen Last hat, beurteilt sich nach der **gesetzlichen Regelung**, auf der die Verpflichtung beruht. Der Begriff wird nach allgemeiner Ansicht dahin verstanden, dass es sich um eine Abgabenverpflichtung handeln muss, welche auf öffentlichem Recht beruht, durch wiederkehrende oder einmalige Geldleistung zu erfüllen ist und nicht nur die persönliche Haftung des Schuldners, sondern auch die dingliche Haftung des Grundstücks voraussetzt.[7]

Die **Baulast** ist keine öffentliche Last. Diese in den Bauordnungen der meisten Bundesländer enthaltene [13] Grundstücksbelastung regelt die öffentlich-rechtliche Verpflichtung des Grundstückseigentümers gegenüber der Baubehörde (Tun, Dulden oder Unterlassen), enthält aber keine Geldleistungspflicht zum Inhalt.[8]

II. Abgaben im Wohnungseigentumsrecht

Durch die „Festschreibung" der Gemeinschaft der Wohnungseigentümer als **rechtsfähige Gemeinschaft** in [14] § 9 a Abs. 1 WEG hat sich an der Stellung der Gemeinschaft der Wohnungseigentümer im Abgabenrecht nichts geändert, solange die **Abgabengesetze** des Bundes und der Länder die (bisher faktisch schon anerkannte) Rechtsfähigkeit der Gemeinschaft der Wohnungseigentümer nicht berücksichtigen.[9]

Die Frage, ob die Gemeinschaft der Wohnungseigentümer **steuerpflichtig** ist, muss nach wie vor für jede Gemeinschaft und jede Abgabenart geklärt werden. [15]

§ 9 a Abs. 2 WEG ist an die Stelle des § 10 Abs. 6 S. 3 WEG aF getreten. Durch die neue Gesetzeskonzeption wurde die bisherige Unterscheidung im § 10 Abs. 6 S. 3 WEG aF zwischen der **geborenen** und der **gekorenen** Ausübungs- beziehungsweise Wahrnehmungsbefugnis aufgegeben. Die Gemeinschaft der Wohnungseigentümer übt kraft Gesetzes die in § 9 a Abs. 2 WEG genannten Rechte aus und nimmt die entsprechenden Pflichten wahr.[10] Mithin bedarf es nicht mehr der Prüfung, ob die öffentlichen Abgabenpflichten zu den gemeinschaftsbezogenen oder zu den sonstigen Pflichten der Wohnungseigentümer gehören.[11]

Die Gemeinschaft der Wohnungseigentümer übt nunmehr auch die Rechte der Wohnungseigentümer aus, die [16] eine **einheitliche Rechtsverfolgung** erfordern, auch wenn sich diese Rechte nicht aus dem gemeinschaftlichen Eigentum ergeben. Diese Regelung knüpft an das Kriterium der Gemeinschaftsbezogenheit des § 10 Abs. 6 S. 3 WEG aF. Maßgeblich hierfür ist eine Rechtsausübung durch die Gemeinschaft der Wohnungseigentümer demnach, wenn schutzwürdige Belange der Wohnungseigentümer oder des Schuldners an einer einheitlichen Rechtsverfolgung das grundsätzlich vorrangige Interesse des Wohnungseigentümers, seine Rechte selbst und eigenverantwortlich auszuüben und prozessual durchzusetzen, deutlich überwiegen.[12] § 9 a Abs. 2 soll insoweit dem geltenden Recht entsprechen.[13]

1. Steuern. Zur Behandlung der Steuern der Gemeinschaft der Wohnungseigentümergemeinschaft → *Steuerrecht – Gemeinschaft der Wohnungseigentümer* Rn. 1 ff. [17]

Zu den Steuern der Wohnungseigentümer → *Steuerrecht – Wohnungseigentümer* Rn. 1 ff.

Zum Verwalter im Steuerrecht → *Steuerrecht – Verwaltung* Rn. 1 ff.

2. Gebühren. Für Sondereigentum enthalten die einzelnen Landesgesetze unterschiedliche Regelungen, wobei es einer Regelung nur für die **Benutzungsgebühren** bedarf. Verwaltungsgebühren hat definitionsgemäß derjenige zu tragen, der die Leistung beantragt. [18]

In Nordrhein-Westfalen heißt es zB lapidar: *„Grundstücksbezogenen Benutzungsgebühren ruhen als öffentliche Last auf dem Grundstück"* (§ 6 Abs. 5 KAG NRW). Dies begründet eine auf dem einzelnen Wohnungsei- [19]

---

7 BGH 22.5.1981 – V ZR 69/80, NJW 1981, 2127; OVG Lüneburg 3.4.2017 – 9 LC 31/16 NVwZ-RR 2017, 709 Rn. 28.
8 Bärmann/Seuß WE-Praxis/*Becker* § 69 Rn. 11.
9 *Becker* ZWE 2014, 14.
10 BT-Drs. 19/18791, 46.
11 Instruktiv zum bisherigen Recht *Becker* ZWE 2014, 14, 16.
12 BGH 24.7.2015 – V ZR 167/14 Rn. 12 f.
13 BT-Drs. 19/18791, 46.

gentum ruhende öffentliche Last in Höhe der für das gesamte Grundstück entstandenen **Benutzungsgebühren**, soweit diese nach der kommunalen Satzung grundstücksbezogen ausgestaltet sind und hiernach alle Inhaber von Miteigentumsanteilen an dem Grundstück gesamtschuldnerisch haften.[14] Allerdings muss die konkrete Satzung die Benutzungsgebühren ausdrücklich als grundstücksbezogene Benutzungsgebühren ausgestalten.[15]

20   In Mecklenburg-Vorpommern ist die Regelung für Benutzungsgebühren in § 6 Abs. 4 S. 3 KAG MV ausdifferenzierter:

„Bei der Wasserversorgung, der Abwasserbeseitigung, der Abfallentsorgung und der Straßenreinigung ist Gebührenschuldner, wer nach den grundsteuerrechtlichen Vorschriften Schuldner der Grundsteuer ist oder sein würde, wenn das Grundstück nicht von der Grundsteuer befreit wäre. Gebühren nach Satz 2 ruhen als öffentliche Last auf dem Grundstück, soweit es sich um grundstücksbezogene Gebühren handelt.“

21   Wenn es im Gesetz keine besonderen Bestimmungen für Sondereigentümer gibt, haften die Wohnungs- bzw. Teileigentümer **gesamtschuldnerisch**. Dies wird damit begründet, dass sie mit Blick auf die Gebührenschuld eine rechtliche Zweckgemeinschaft bilden und deshalb die gebotene grundstücksbezogene Leistung einer öffentlichen Einrichtung regelmäßig willentlich gemeinsam in Anspruch nehmen.[16] § 9 a Abs. 4 WEG (bisher § 10 Abs. 8 WEG aF) steht einer gesamtschuldnerischen Haftung nicht entgegen.[17]

22   **3. Beiträge.** Auch hier enthalten die einzelnen Landesgesetze unterschiedliche Regelungen.

23   **a) Haftung der Eigentümer nach ihrem Miteigentumsanteil.** Bayern, Baden-Württemberg, Hessen, Mecklenburg-Vorpommern, Niedersachsen, Saarland, Sachsen, Sachsen-Anhalt, Schleswig-Holstein und Thüringen lehnen sich in ihren KAG an § 134 Abs. 1 S. 3 BauGB an, der für Erschließungsbeiträge bei Wohnungs- und Teileigentum die Beitragspflicht auf *„die einzelnen Wohnungs- und Teileigentümer entsprechend ihrem Miteigentumsanteil“* überträgt. Dementsprechend ruht der Beitrag als öffentliche „Teillast“ jeweils auf dem einzelnen **Wohnungs- oder Teileigentum** (vgl. zB § 7 Abs. 2 S. 5, Abs. 6 KAG MV). Die Eigentümer haben die Beitragspflicht jeweils individuell zu erfüllen. Steht ein Sondereigentum mehreren Personen gemeinschaftlich zu, haften diese „innerhalb“ dieser Einheit als **Gesamtschuldner**.[18]

24   **b) Gesamtschuldnerische Haftung der Eigentümer.** In den KAG von Brandenburg, Nordrhein-Westfalen und Rheinland-Pfalz wird lediglich bestimmt, dass der Beitrag als öffentliche Last auf dem „Grundstück“ ruht (vgl. zB § 8 Abs. 9 KAG NRW). In diesen Fällen haften Wohnungseigentümer als Gesamtschuldner.

25   **4. Anschluss- und Benutzungszwang.** Im Falle eines Anschluss- und Benutzungszwanges richtet sich die Realofferte an die Gemeinschaft der Wohnungseigentümer als – nunmehr rechtsfähigen – Verband und dieser ist Entgeltschuldner.[19] Eine **gesamtschuldnerische Haftung** der einzelnen Wohnungseigentümer ergibt sich demnach weder aus den landesrechtlichen Vorschriften noch aus den Leistungsbedingungen der jeweiligen kommunalen bzw. städtischen Betriebe.

26   **5. Sonderfall: Schornsteinfeger.** Seit 1.1.2013 begründet das Schornsteinfeger-Handwerksgesetz (SchfHwG) eine Kostentragungspflicht der Gemeinschaft für Gebühren und Auslagen des bevollmächtigten Schornsteinfegers.

„Die Gebühren sind eine öffentliche Last des Grundstücks und sind von den Grundstückseigentümern, im Fall von Wohnungseigentum von der Gemeinschaft der Wohnungseigentümer oder, falls die Anlage zum Sondereigentum gehört, von dem Wohnungseigentümer zu tragen. Der Anspruch auf Zahlung von Gebühren verjährt in

---

14   BGH 11.5.2010 – IX ZR 127/09, ZWE 2010, 364.

15   ZB für kommunalen Abgaben für die Wasserversorgung in Baden-Württemberg BGH 30.3.2012 – V ZB 185/11, NZM 2012, 875.

16   VGH Mannheim 26.9.2008 – 2 S 1500/06, NJW 2009, 1017; im Anschluss an BVerwG 11.11.2005 – 10 B 65/05, NJW 2006, 791.

17   OVG Brem 23.11.2018 – 2 B 194/18, NZM 2019, 219 für Kanalbenutzungsgebühren nach dem Bremischen Gebühren- und Beitragsgesetzes (BremGebBeitrG. VG Gera 23.3.2010 – 2 E 121/10, ZWE 2010, 294 für Gebühren des zuständigen Wasser- und Abwasserzweckverbandes).

18   OVG Hamburg 24.10.2003 – 1 Bf 265/03, NZM 2004, 796.

19   BGH 22.3.2012 – VII ZR 102/11 ZWE 2012, 264 unter II 2 b cc für das Kreislaufwirtschafts- und Abfallgesetz Berlin (KrW-/AbfG).

drei Jahren. Privatrechtliche Verhältnisse werden dadurch nicht berührt. Mehrere Eigentümer eines Grundstücks haften für die Kosten als Gesamtschuldner", § 20 Abs. 2 SchfHwG.

Für die Verbindlichkeit der Gemeinschaft haftet jeder Wohnungseigentümer gem. § 9 a Abs. 4 S. 1 WEG (bisher § 10 Abs. 8 S. 1 WEG aF)im Außenverhältnis anteilig entsprechend seinem **Miteigentumsanteil**. Anders als bei den grundstücksbezogenen Benutzungsgebühren haften die Wohnungseigentümer persönlich nur als Teilschuldner, nicht als Gesamtschuldner. Im Innenverhältnis der Wohnungseigentümer untereinander sind die Kosten in der Abrechnung gem. § 16 Abs. 2 WEG (§ 16 Abs. 2 WEG ist insofern unverändert geblieben) nach Miteigentumsanteilen zu verteilen, wenn nichts anderes vereinbart oder beschlossen ist.[20] **27**

Unklar ist allerdings, wie weit die dingliche Haftung reicht. Nach § 20 Abs. 2 S. 3 SchfHwG, werden *„privatrechtliche Verhältnisse […] dadurch nicht berührt"*. Eine solche Einschränkung enthalten die KAG nicht. Daher spricht dies dafür, dass im Falle des SchfHwG auch die dingliche Haftung nur so weit reicht, wie die persönliche.[21] **28**

6. Dingliche Haftung des Sondereigentums. Liegt eine **gesamtschuldnerische Haftung** vor, können die Eigentümer persönlich in voller Höhe in Anspruch genommen werden. **29**

Die Gemeinde kann aber auch wegen der Gesamtforderung in das einzelne Sondereigentum vollstrecken. § 10 Abs. 1 Nr. 3 ZVG definiert den Begriff der **öffentlichen Grundstückslast** nicht näher. Daher ist für die Beurteilung, ob einer Abgabenverpflichtung diese Eigenschaft innewohnt, auf ihre Rechtsgrundlage abzustellen.[22] Wenn eine Grundbesitzabgabe (also ein Beitrag oder eine Benutzungsgebühr) „auf dem Grundstück lastet", stellt sie eine „öffentliche Last" iSd § 10 Abs. 1 Nr. 3 ZVG dar.[23] Daher muss jeder einzelne Sondereigentümer damit rechnen, die Zwangsversteigerung nicht nur wegen des seinem Miteigentumsanteil entsprechenden Anteils, sondern wegen der Gesamtforderung dulden zu müssen.[24]

Bei „Bescheiden" aufgrund eines Anschluss- und Benutzungszwanges muss der Leistungserbringer die Geldforderung im Zivilprozess geltend machen. Öffentlich-rechtliche Geldforderungen kann eine Behörde aber durch **Leistungsbescheid** selbst titulieren.[25] **30**

7. Praxishinweise. a) Bescheidadressat. Weil nunmehr nach § 9 a Abs. und 2 WEG die Gemeinschaft der Wohnungseigentümer in **Gemeinschaftsangelegenheiten** am **Rechtsverkehr** teilnimmt und nicht die Wohnungseigentümer als solche, sieht § 9 b WEG eine Vertretung der einzelnen Wohnungseigentümer durch den Verwalter nicht mehr vor.[26] Bisher war dies in § 27 Abs. 2 WEG aF geregelt. **31**

Nach § 27 Abs. 2 Nr. 1 WEG aF war der **Verwalter** kraft Gesetzes empfangsbevollmächtigt, wenn es um Grundbesitzabgaben ging, die als Forderungen gegen die einzelnen Wohnungseigentümer gerichtet sind, aber gesamtschuldnerisch anfallen.[27] Dies galt also für die grundstückbezogenen Benutzungsgebühren und die Beiträge, soweit eine gesamtschuldnerische Haftung besteht.[28]

Hieran dürfte sich nichts geändert haben: In § 9 b Abs. 1 WEG ist nunmehr die **Vertretungsmacht** des Verwalters für die Gemeinschaft der Wohnungseigentümer geregelt, aber **nicht** mehr für die Vertretung der einzelnen Wohnungseigentümer. Daraus lässt sich aber nicht – etwa im Wege des Umkehrschlusses – ableiten, dass der Verwalter nicht mehr empfangsbevollmächtigt für die einzelnen Eigentümer ist, wenn es um Ansprüche geht, für die die Wohnungseigentümer gesamtschuldnerisch haften. Allerdings werden die Behörden jetzt noch mehr als bisher darauf achten müssen, sorgfältig den **Bescheidadressaten** zu benennen. **32**

---

20 Bärmann/Seuß WE-Praxis/*Becker* § 72 Rn. 3.

21 Zur Diskussion Bärmann/Seuß WE-Praxis/*Becker* § 72 Rn. 3; *Becker* ZWE 2014, 14 (18) jeweils mit Hinweis auf *Waldhoff* NordÖR 2013, 229 ff.

22 BGH 11.5.2010 – IX ZR 127/09, ZWE 2010, 364.

23 Vgl. BGH 14.1.2010 – IX ZR 50/07, NVwZ-RR 2010, 372 Rn. 13; BGH 19.11.2009 – IX ZR 24/09, NJW-RR 2010, 671 Rn. 7 mwN.

24 *Drasdo* NJW-Spezial 2016, 545; aA *Becker* ZWE 2014, 14.

25 Bärmann/Seuß WE-Praxis/*Becker* § 69 Rn. 19.

26 BT-Drs. 19/18791, 48.

27 BVerwG 11. 11.2005 – 10 B 65/05, NJW 2006, 791, der dort genannte § 27 Abs. 2 Nr. 3 WEG idF bis 1.7.2007 entsprach bis 2020 dem § 27 Abs. 2 Nr. 1 WEG aF.

28 Vgl. auch VG Köln 27.1.2009 – 14 K 1415/08, BeckRS 2009, 32380 zu Kanalbenutzungs- und Müllentsorgungsgebühren aufgrund einer städtischen Abfallentsorgungssatzung.

33 Schon bisher durfte der Bescheid nicht explizit die „Wohnungseigentümergemeinschaft" als Gebührenschuldner bezeichnen. Aufgrund der **Rechtsfähigkeit** der Gemeinschaft nach § 9 a WEG gilt dies umso mehr. Der Bescheid ist an die einzelnen Wohnungseigentümer zu richten. Wird er „an die Wohnungseigentümergemeinschaft" gerichtet, ist idR davon auszugehen, dass die Gemeinschaft der Wohnungseigentümer als solche und nicht ihre einzelnen Mitglieder in Anspruch genommen werden.[29] Die **Festsetzung** gegenüber dem falschen Gebührenschuldner führt zur Rechtswidrigkeit, nicht aber zur Nichtigkeit des Bescheids.[30] Die Adressierung muss aber ausgelegt werden.[31] M.E. muss durch die gesetzliche Festschreibung der Rechtsfähigkeit der Gemeinschaft die Auslegung nunmehr noch enger erfolgen als bisher. Die Behörden sind gehalten, genau zu prüfen, an wenn sich der Bescheid wenden soll. Unklarheiten müssen nunmehr zu Lasten der Behörde gehen.

34 **b) Zahlung, Prüfung der Bescheide. aa) Haftung der Eigentümer nach ihrem Miteigentumsanteil.** Wenn die Wohnungseigentümer für Kosten – etwa für Erschließungsbeiträge – nicht als Gesamtschuldner haften, dürfen diese Zahlungen nicht aus **Mitteln der Gemeinschaft** geleistet werden. Denn hier liegt keine gemeinschaftsbezogene Pflicht vor.[32]

35 **bb) Gesamtschuldnerische Haftung der Eigentümer.** Besteht eine Gesamtschuld, besteht dagegen eine gemeinschaftsbezogene Abgabenpflicht nach § 9 a Abs. 2 Hs. 2 WEG (bisher aus § 10 Abs. 6 S. 3 Hs. 1 WEG aF).[33] Die Gemeinschaft der Wohnungseigentümer muss diese Schuld mit den Mitteln ihres Gemeinschaftsvermögens erfüllen, um die Wohnungseigentümer vor einer persönlichen Inanspruchnahme zu schützen.[34] Mithin ist der Verwalter berechtigt und verpflichtet, diese zu bezahlen. Auch wenn § 27 Abs. 1 Nr. 5 WEG aF, wonach der Verwalter Zahlungen zu bewirken hat, die mit der laufenden Verwaltung des **gemeinschaftlichen Eigentums** zusammenhängen, weggefallen ist, muss er nach § 27 Abs. 1 Nr. 2 WEG Maßnahmen treffen, die zur Wahrung einer Frist oder zur Abwendung eines Nachteils erforderlich sind. Hierzu zählen auch Zahlungen auf öffentlich-rechtliche Beitrags- und Gebührenschulden der Wohnungseigentümer. Dies ergibt sich nunmehr aus § 27 Abs. 1 WEG, jedenfalls solange die Eigentümer eine entsprechende Ermächtigung zur Zahlung nicht eingeschränkt haben.[35]

36 Wird ein Eigentümer in Anspruch genommen, hat er im Innenverhältnis einen **Freistellungsanspruch** gegenüber der Gemeinschaft der Wohnungseigentümer – nicht gegenüber den anderen Eigentümern. Dies gilt sogar dann, wenn der Eigentümer zahlt, ohne dies mit der Gemeinschaft zuvor abzustimmen.[36]

37 **cc) Prüfung der Bescheide.** Die Frage der Prüfungspflicht und auch der Frage, ob bzw. ggf. welche Rechtsmittel eingelegt werden, richtet sich mE nach dem Haftungsadressaten: Geht ein Bescheid, der eine gesamtschuldnerische Haftung der Eigentümer auslöst, dem Verwalter zu, hat er die Eigentümer unverzüglich davon in **Kenntnis** zu setzen, denn mit Zugang bei ihm ist der Bescheid den Eigentümern zugegangen. Damit laufen die Fristen.

38 ME ist der Verwalter bei diesen Bescheiden zur Prüfung verpflichtet, bevor er sie bezahlt. Er kann (und sollte) hierfür ohne Weiteres Beratung einholen. Rechtsmittel gegen Abgabenbescheide haben nach § 80 Abs. 2 Nr. 1 VwGO bzw. § 361 AO **keine aufschiebende Wirkung**. Die Beträge müssen daher bezahlt werden, wenn nicht ein Antrag nach § 80 Abs. 5 VwGO auf Anordnung der aufschiebenden Wirkung bzw. der Aussetzung der Vollziehung (§ 361 Abs. 2 AO) Erfolg hat. Da die Fristen in der Regel nur einen Monat betragen, sollte der Verwalter hier schnell tätig werden und vor allem das Prozedere klar kommunizieren.

39 **c) Wirtschaftsplan und Abrechnung.** Die Zahlungen, die für grundstücksbezogene Beiträge und Gebühren aus dem Gemeinschaftsvermögen geleistet werden, sind als Ausgaben der Verwaltung des gemeinschaftlichen Eigentums in die Abrechnung einzustellen und gegenüber den Wohnungseigentümern abzurechnen.[37] Die

---

29 VG Halle 24.11.2011 – 4 B 202/11, ZWE 2012, 339.
30 OVG Lüneburg 1.7.2010 – 9 ME 15/10, ZWE 2010, 426.
31 VG Düsseldorf 14.11.2018 – 5 K 15131/17, BeckRS 2018, 36603.
32 Zu bisherigen Recht vgl. Bärmann/Seuß WE-Praxis/*Becker* § 70 Rn. 5 für Erschließungsbeiträge.
33 BGH 14.2.2014 – V ZR 100/13, ZWE 2014, 165.
34 Bärmann/Seuß WE-Praxis/*Becker* § 69 Rn. 15.
35 Nach bisherigem Recht war Verwalter nach § 27 Abs. 3 Nr. 4 WEG ermächtigt, diese Zahlungen zulasten des Verwaltungsvermögens zu bewirken, *Becker* ZWE 2014, 14.
36 BGH 14.2.2014 – V ZR 100/13, ZWE 2014, 165 Rn. 14 f.
37 Bärmann/Seuß WE-Praxis/*Becker* § 69 Rn. 15.

Ausgaben sind in den **Einzelabrechnungen** objektsbezogen nach dem jeweils geltenden Verteilungsschlüssel auf die Wohnungseigentümer zu verteilen. Wiederkehrende Beiträge und Gebühren, etwa Abfall- und Abwasserentsorgungsgebühren, sind als **voraussichtliche Ausgaben** in den Wirtschaftsplan einzustellen (§ 28 Abs. 2 WEG). Sie sind dann Bestandteil der anteilsmäßigen Lasten- und Kostentragungspflicht der Wohnungseigentümer, die sie gem. § 28 Abs. 2 WEG durch **Beitragsvorschüsse** gegenüber der Gemeinschaft zu erfüllen haben.[38]

d) Verteilungsschlüssel. Zahlungen auf eine **gemeinschaftsbezogene Abgabenschuld** (zB Straßenreinigungsgebühren) sind nach Miteigentumsanteilen zu verteilen, soweit kein abweichender Verteilungsmaßstab vereinbart oder beschlossen ist (§ 16 Abs. 2 WEG). Auch für Wasserversorgungs- und Abfallbeseitigungsgebühren soll § 16 Abs. 2 WEG als Verteilungsmaßstab anzusehen sein.[39] 40

2. Abgeschlossenheit

Ruge

I. Einführung

Nach den Regelungen des BGB besteht keine Möglichkeit, an Räumen oder ähnlichen Teilen eines Gebäudes   1
gesondertes Eigentum zu begründen. Vielmehr teilen die wesentlichen Bestandteile eines Gebäudes, soweit sie zu dessen Herstellung dienen, das rechtliche Schicksal des Gebäudes (§ 94 Abs. 2 BGB). Dieses wiederum ist – von der Ausnahme gem. § 95 BGB einmal abgesehen – mit dem rechtlichen Schicksal des Grundstückes verknüpft, auf dem das Gebäude steht (§ 94 Abs. 1 S. 1 BGB). Folglich bestimmt sich das Eigentum an einem Gebäude – und man kann ergänzen: auch an den darin befindlichen Räumen – stets nach dem Eigentum an dem Grundstück. Raumeigentum ist dem BGB von daher fremd. Dies beruht nicht auf einem Versehen oder einer Nachlässigkeit des Gesetzgebers, sondern auf einer ganz bewusst getroffenen Entscheidung. Als das BGB entstand, kannten verschiedene Partikularrechte das wohl auf römisch-rechtlichen Grundlagen beruhende **Stockwerkseigentum**.[1] Mit ihm war es möglich, Gebäude in nahezu beliebiger Weise aufzuteilen und einzelne Teile unterschiedlichen Eigentümern zuzuordnen. Allerdings blieb die rechtliche Ausgestaltung insgesamt unvollkommen; Streitigkeiten traten häufig auf. Der Gesetzgeber des ursprünglichen BGB sah sich deshalb veranlasst, das Sondereigentum an Räumen jedenfalls im Grundsatz (s. Art. 182 EGBGB) zu verwerfen.[2] Insoweit wird vor allem die beim Stockwerkseigentum weithin verbreitete mangelnde Abgrenzung der unterschiedlichen Herrschaftsbereiche eine Rolle gespielt haben.

Spätestens nach dem 2. Weltkrieg erwies sich diese gesetzgeberische Position als nicht länger haltbar. Die er-   2
hebliche Zerstörung vieler Städte und eine daraus resultierende verheerende Wohnungssituation machten ein Umdenken erforderlich. Das ist der eigentliche Hintergrund, vor dem die Entstehung des Wohnungseigentumsgesetzes betrachtet werden muss.[3] Rechtliche Mängel, die mit dem Stockwerkseigentum verbunden waren und gegen jede Form seiner Wiederbelebung sprachen, waren dem Gesetzgeber dabei durchaus bewusst.[4]

---

38 Insofern unverändert, vergleiche zum alten Recht *Becker* ZWE 2014, 14.
39 *Bärmann/Seuß* WE-Praxis/*Becker* § 71 Rn. 21.
 1 Dazu näher *Thümmel* JZ 1980, 125 ff.; *Pfeilschifter/Wüstenberg* WuM 2004, 635 f.
 2 Vgl. *Mugdan*, Materialien III, 45.
 3 Näher dazu zB BT-Drs. 1/252, 13.
 4 Vgl. BR-Drs. 75/51, Anlage 2, 4.

Man entschied sich im Ergebnis für eine Kombination aus Miteigentum am gemeinschaftlichen Eigentum und Sondereigentum an den Räumen. Beide „Sphären" sollten zusammen das Wohnungseigentum bilden. Diese grundsätzliche Weichenstellung beherrscht noch heute die gesetzliche Konstruktion (§ 1 Abs. 2, 3 WEG). Für das Sondereigentum sollte dabei zur Vermeidung der Nachteile des Stockwerkseigentums gelten, dass dieser Bereich *in sich abgeschlossen* zu sein habe.[5] Was genau darunter zu verstehen ist, blieb von Seiten des Gesetzgebers offen. Ausdrücklich benannt hat er insoweit aber immerhin **Eckpunkte**, nämlich die freie Zugänglichkeit ausschließlich vom gemeinschaftlichen Eigentum aus, die Abschließbarkeit sowie bestimmte Ausstattungserfordernisse, die auf eine selbstständige Haushaltsführung abzielen.[6]

3   Dementsprechend ordnet § 3 Abs. 3 WEG – seit Inkrafttreten des Wohnungseigentumsgesetzes mehrfach geändert, aber im Hinblick auf den Grundsatz der Abgeschlossenheit von Raumeigentum inhaltlich unverändert – an, dass Sondereigentum nur dann eingeräumt werden soll, wenn die Wohnungen oder sonstigen Räume in sich abgeschlossen sind. Das gilt grundsätzlich gleichermaßen für Wohnungs- wie für Teileigentum. Auch die Art der Begründung (vertragliche Einräumung oder Teilung, § 2 WEG) macht insoweit keinen Unterschied (§ 8 Abs. 2 WEG). Der nachträglich in das Gesetz eingefügte § 3 Abs. 2 S. 2 WEG aF[7] ist mit dem **WEMoG** entfallen. Danach galten Garagenstellplätze als abgeschlossene Räume, wenn ihre Flächen durch dauerhafte Markierungen ersichtlich waren. Das Abgeschlossenheitserfordernis hat wegen § 30 WEG auch Bedeutung für das Wohnungs- bzw. Teilerbbaurecht. Im Hinblick auf das Dauerwohnrecht gem. § 31 Abs. 1 S. 1 WEG gibt es ein paralleles Abgeschlossenheitserfordernis in § 32 Abs. 1 WEG. Schließlich kennt das Gesetz noch den Aufteilungsplan und die sogenannte Abgeschlossenheitsbescheinigung (§ 7 Abs. 4 S. 1 Nr. 1 bzw. 2 WEG). Diese beiden Unterlagen sind im Zuge der Begründung von Wohnungs-/Teileigentum zusammen mit der Eintragungsbewilligung bei dem Grundbuchamt einzureichen.

4   Das Abgeschlossenheitserfordernis war nicht immer völlig unumstritten. Das mag angesichts seiner Entstehungsgeschichte verwundern. Ein Versuch, es wegen des mit der Erstellung von Abgeschlossenheitsbescheinigungen verbundenen Aufwands zu beseitigen,[8] hat nicht zum Erfolg geführt. Weitere Vorstöße in diese Richtung sind seitdem nicht unternommen worden. Das **WEMoG** hat aber namentlich für Stellplätze und Teile der Grundstücksfläche zu Anpassungen geführt.

5   § 3 Abs. 3 WEG war als § 3 Abs. 2 S. 1 WEG aF eine der bislang ganz wenigen Normen, die Anlass für eine Entscheidung des **Gemeinsamen Senates** der obersten Gerichtshöfe des Bundes geboten haben (→ Rn. 6). Diese Entscheidung ist für das Verständnis des Abgeschlossenheitserfordernisses noch heute wegweisend.

II. Einzelheiten

6   **1. Grundsätzliches zum Abgeschlossenheitserfordernis (§ 3 Abs. 3 WEG). a) Klärung der Bedeutung.** § 3 Abs. 3 WEG verlangt, dass Wohnungen und sonstige Räume in sich abgeschlossen sein sollen, wenn Sondereigentum begründet wird. Nähere Maßgaben oder Konkretisierungen enthält das Gesetz insoweit nicht. Tatsächlich hat der Gesetzgeber davon auch bewusst abgesehen (→ Rn. 2). Dem **Wortsinn** nach bedeutet „in sich abgeschlossen" jedenfalls nicht ohne Weiteres zugänglich.[9] Von praktischer Bedeutung ist in diesem Zusammenhang die Allgemeine Verwaltungsvorschrift für das Ausstellen von Bescheinigungen gem. § 7 Abs. 4 Nr. 2 WEG vom 19.3.1974. Sie konkretisiert das Abgeschlossenheitserfordernis in mehrere Richtungen. Freilich darf dabei nicht aus dem Blick geraten, dass Abgeschlossenheit ein Begriff ist, dessen Reichweite durch **Auslegung** des Gesetzes ermittelt werden muss.[10]

7   Nach den anerkannten **Auslegungsregeln** spielen dabei neben dem Wortsinn insbesondere die Entstehungsgeschichte des Gesetzes sowie systematische und teleologische Aspekte eine Rolle. Insoweit ist das Gesetz Prüfstein für die Verwaltungsvorschrift und nicht anders herum. Wenn in Nr. 5. der Allgemeinen Verwaltungsvorschrift verlangt wird, dass Wände und Decken den bauordnungsrechtlichen Anforderungen entsprechen müs-

---

5   BR-Drs. 75/51, Anlage 2, 10.

6   Vgl. BR-Drs. 75/51, Anlage 2, 10.

7   BGBl. 1973 I 910.

8   BT-Drs. 15/3423, 6.

9   GmS-OGB 30.6.1992 – GmS-OGB 1/91, NJW 1992, 3290.

10 Vgl. GmS-OGB 30.6.1992 – GmS-OGB 1/91, NJW 1992, 3290; *Ruge*, Wohnungseigentum an Bestandsimmobilien, 2009, S. 51 ff.

sen, geht diese Forderung ins Leere, weil die Auslegung des WEG dafür letztlich nichts hergibt.[11] Das war namentlich zwischen dem BGH und dem BVerwG umstritten. Klargestellt wurde in diesem Zusammenhang auch, dass das Abgeschlossenheitserfordernis nicht dazu dient, Mieter vor möglicherweise nachteiligen Folgen der Begründung von Wohnungseigentum zu schützen. Sein **Zweck** besteht vielmehr darin, den Herrschaftsbereich Sondereigentum sowohl klar und dauerhaft abzugrenzen als auch gegen widerrechtliches Eindringen tatsächlich abzuschirmen.[12] Abgeschlossenheit und Raumeigenschaft sind nicht miteinander identisch, sondern berühren unterschiedliche Fragestellungen (→ *Raum* Rn. 4).

b) Sollvorschrift. § 3 Abs. 3 WEG ist ausdrücklich als Sollvorschrift gefasst. Das war bereits in der ursprünglichen Fassung des Gesetzes so vorgesehen. Der Gesetzgeber wollte damit zum Ausdruck bringen, dass die im Grundbuch vollzogene Einräumung von Sondereigentum nicht mit tatsächlich oder vermeintlich fehlender Abgeschlossenheit wieder infrage gestellt werden kann.[13] Bereits entstandenes Wohnungs- oder Teileigentum kann also nicht mit dem Einwand bekämpft werden, es sei von Anfang an nicht in sich abgeschlossen gewesen.[14] Ebenso wenig führt der nachträgliche Verlust der Abgeschlossenheit zur Unwirksamkeit der Einräumung von Sondereigentum.[15] Vor der Eintragung besteht insoweit jedoch ein Eintragungshindernis, das das Grundbuchamt berechtigt und verpflichtet, die Eintragung bis auf Weiteres nicht vorzunehmen.[16] Ob die Voraussetzungen der Abgeschlossenheit vorliegen, prüft es in eigener Verantwortung.[17]

2. Abgeschlossenheit beim Wohnungseigentum. Für das Wohnungseigentum liefert die Allgemeine Verwaltungsvorschrift (→ Rn. 6) zwei Anhaltspunkte. Gem. Nr. 4 Abs. 1 ist eine **Wohnung** die Summe der Räume, welche die Führung eines Haushaltes ermöglichen, wobei dazu stets eine Küche oder ein Raum mit Kochgelegenheit sowie Wasserversorgung, Ausguss und WC gehören. Weitergehend bestimmt Nr. 5 a, dass abgeschlossene Wohnungen baulich vollkommen von fremden Wohnungen und Räumen getrennt sind und einen eigenen abschließbaren Zugang unmittelbar vom Freien, von einem Treppenhaus oder einem Vorraum haben; zudem müssen Wasserversorgung, Ausguss und WC innerhalb der Wohnung liegen. Die heute hM betrachtet das Abgeschlossenheitserfordernis beim Wohnungseigentum deswegen unter Berücksichtigung der Erwägungen des Gesetzgebers (→ Rn. 2) als drei verschiedene **Teilaspekte**, nämlich das Abschlusserfordernis, das Ausstattungserfordernis und das Zugangserfordernis.[18] Auch bei der Unterteilung eines Wohnungseigentums spielt das Abgeschlossenheitserfordernis eine Rolle: Alle aus der Unterteilung entstehenden Einheiten müssen in sich abgeschlossen sein.

a) Abschlusserfordernis. Das Abschlusserfordernis spricht die Allgemeine Verwaltungsvorschrift an, indem sie für jede Wohnung einen vollständigen baulichen Abschluss im Sinne einer Trennung von anderen Wohnungen und Räumen fordert. Dieser kann insbesondere durch Wände und Decken hergestellt werden. Es gilt sowohl gegenüber anderem Sondereigentum als auch in Richtung auf das gemeinschaftliche Eigentum. Fenster und Türen stehen der Abgeschlossenheit grundsätzlich nicht entgegen. Das an sich ist eine Selbstverständlichkeit und lässt sich im Übrigen aus dem Zweck (→ Rn. 7) des Abgeschlossenheitserfordernisses herleiten. Ob jedoch eine Tür zwischen zwei Wohnungen, die als zweiter Rettungsweg jederzeit geöffnet werden kann, noch als hinreichender Abschluss gelten darf,[19] erscheint zweifelhaft. Denn zur Abgeschlossenheit gehört auch die tatsächliche Abschirmung des Sondereigentums gegen widerrechtliches Eindringen.[20] Daran fehlt es, wenn ein Betreten zu beliebiger Zeit möglich ist. Anders verhält es sich aber dort, wo auf der Basis einer Gebrauchsregelung anderen Eigentümern nur ein Recht zum gelegentlichen Betreten unter engen Voraussetzungen eingeräumt wird.[21]

---

11 GmS-OGB 30.6.1992 – GmS-OGB 1/91, NJW 1992, 3290; BGH 14.2.1991 – V ZB 12/90, NJW 1991, 1611; aA BVerwG 26.7.1989 – 8 B 112/89, NJW 1990, 848.
12 GmS-OGB 30.6.1992 – GmS-OGB 1/91, NJW 1992, 3290.
13 BR-Drs. 75/51, Anlage 2, 11.
14 HM, statt vieler OLG München 30.8.2018 – 34 Wx 66/18, ZWE 2018, 442 mwN.
15 Jennißen/*Zimmer* WEG § 3 Rn. 22.
16 KG 6.1.2015 – 1 W 369/14, ZWE 2015, 118; s. auch BGH 22.12.1989 – V ZR 339/87, NJW 1990, 1111.
17 BVerwG 11.12.1987 – 8 C 55/85, DNotZ 1988, 702 mwN.
18 Statt vieler Schreiber/Ruge/*Ruge* Kap. 9 Rn. 133 ff.
19 So KG 3.7.1984 – 1 W 561/84, MDR 1984, 1027; aA *Röll* MittBayNot 1985, 63.
20 GmS-OGB 30.6.1992 – GmS-OGB 1/91, NJW 1992, 3290.
21 Vgl. BayObLG 20.10.1988 – 2 Z 94/88, NJW-RR 1989, 142.

11 Die Rechtsprechung beschäftigt haben überdies Fälle, in denen abweichend von der Planung gebaut wurde. Wenn die Begrenzung des Sondereigentums nach dem Aufteilungsplan und der Bauausführung eindeutig ist, entsteht auch in diesem Fall Sondereigentum.[22]

12 **b) Ausstattungserfordernis.** Auch für die zweite Ausprägung des Abgeschlossenheitserfordernisses, das Ausstattungserfordernis, benennt die Allgemeine Verwaltungsvorschrift Anhaltspunkte. Deren Nr. 4 Abs. 1 rückt insoweit die Eignung zur **Haushaltsführung** in den Vordergrund.[23] Erforderlich ist eine Küche oder ein Raum mit Kochgelegenheit sowie darüber hinaus ein Anschluss an die Wasserversorgung, ein Ausguss und ein WC. Weitere Anforderungen an die Ausstattung werden nicht thematisiert, das Niveau ist insgesamt sehr gering. Allerdings verlangt Nr. 5 a noch, dass Wasserversorgung, Ausguss und WC innerhalb der Wohnung liegen müssen, während sich ansonsten zusätzliche Räume durchaus außerhalb befinden dürfen. Ein weiteres, separates WC in einem abschließbaren Raum schadet der Abgeschlossenheit nicht.[24] An dem, was heute weithin für üblich gehalten wird, kann die Mindestausstattung nach dem WEG nicht gemessen werden. Der Maßstab ist quasi auf dem Niveau der frühen **fünfziger Jahre** eingefroren und seitdem nicht mehr aktualisiert worden. Im Neubaubereich helfen darüber die bauordnungsrechtlichen Anforderungen hinweg, ohne deren Erfüllung keine Baugenehmigung erteilt wird; insoweit ergibt sich also eine Reflexwirkung. Aber im Bereich der Bestandsimmobilien insbesondere beim Altbau gilt dies nicht. Hier ist lange Zeit auf den Markt und seine regulierenden Kräfte vertraut worden. Ob dieses Vertrauen sich auch heute noch als gerechtfertigt erweist, obliegt der Beurteilung durch den Gesetzgeber. Bislang hat er jedenfalls keinen Handlungsbedarf gesehen. Nach hM sind weder ein Bad bzw. eine Dusche noch eine Heizung als Mindestausstattung erforderlich, es reicht ein Waschbecken. Man kann den Eindruck gewinnen, dass das WEG an dieser Stelle einen Anachronismus beinhaltet. Wer das für korrekturbedürftig hält, muss eine Anpassung des Gesetzes in Betracht ziehen. Nur die Allgemeine Verwaltungsvorschrift zu ändern, wird nicht helfen (→ Rn. 7).

13 **c) Zugangserfordernis.** Unter dem Gesichtspunkt des Zugangserfordernisses verlangt die Allgemeine Verwaltungsvorschrift für jede Wohnung einen eigenen abschließbaren Zugang unmittelbar vom Freien, von einem Treppenhaus oder von einem Vorraum. Dadurch soll gewährleistet werden, dass Sondereigentum anderer Eigentümer nicht in Anspruch genommen werden muss, um das eigene Sondereigentum zu erreichen.[25] Denn das wäre eine mögliche Quelle für Unzuträglichkeiten und Streit. Vielmehr soll der Zugang immer vom **gemeinschaftlichen Eigentum** aus erfolgen.[26] In der Verwaltungsvorschrift aufgezählt sind insoweit einige der in der Praxis vorkommenden Möglichkeiten. Von diesem Grundsatz lässt die Rechtsprechung nur eine Ausnahme zu. Sie betrifft den Fall, dass Sondereigentum über ein Nachbargebäude betreten wird, das zu einem anderen Grundstück gehört, also im Eigentum eines Dritten steht. Auch hier ist der freie Zugang gewährleistet, wenn eine Grunddienstbarkeit zugunsten der Eigentümergemeinschaft derart bestellt wird, dass sie wesentlicher Bestandteil iSd § 96 BGB sämtlicher Wohnungs- und Teileigentumsrechte wird.[27] Innerhalb derselben Wohneigentumsanlage kommt diese Lösung jedoch nicht in Betracht.[28] Unschädlich für die Abgeschlossenheit ist, dass Räume, die zu einem Sondereigentum gehören, sich in verschiedenen Etagen eines Gebäudes befinden, auch wenn sie nur vom Treppenhaus einen eigenen Zugang haben.[29] Es besteht insoweit also keine Notwendigkeit einer internen Verbindung.

14 **d) Abgeschlossenheit beim unselbständigen Teileigentum (Nebenräume).** Häufig gehören zu Wohnungen Nebenräume, die außerhalb der eigentlichen Wohnung liegen. Das sind in der Regel **Kellerräume**, Dachbodenanteile oder auch separate **Abstellräume**. In diesem Zusammenhang ist die Rechtsfigur des unselbständigen Teileigentums entwickelt worden (→ *Unselbständiges Teileigentum* Rn. 4). Für derartige Nebenräume gilt der Abgeschlossenheitsgrundsatz ebenfalls, allerdings in modifizierter Weise. Das Abschlusserfordernis

---

22 BGH 18.7.2008 – V ZR 97/07, NJW 2008, 2982.

23 S. auch BR-Drs. 75/51, Anlage 2, 10.

24 OLG Nürnberg 14.5.2012 – 10 W 1797/11, ZWE 2012, 317.

25 BayObLG 2.5.1996 – 2Z BR 1/96, NJWE-MietR 1997, 80; OLG München 30.8.2018 – 34 Wx 66/18, ZWE 2018, 442.

26 BR-Drs. 75/51, Anlage 2, 10.

27 LG Bamberg 6.4.2006 – 3 T 137/05, ZMR 2006, 965 mAnm. *Heinemann*; s. auch OLG Düsseldorf 29.10.1986 – 3 Wx 391/86, MDR 1987, 235.

28 Vgl. OLG Oldenburg 6.2.1989 – 5 W 9/89, DNotZ 1990, 48.

29 LG Bielefeld 8.5.2000 – 25 T 237/00, Rpfleger 2000, 387.

(→ Rn. 10) verlangt hier nur eine erkennbare Abtrennung.[30] Diese kann beispielsweise durch Holzlatten, Planken oder mit Maschendraht bespannte Rahmen hergestellt werden. Das Ausstattungserfordernis (→ Rn. 12) hat keinerlei Bedeutung, weil Nebenräume keine Ausstattung benötigen, um zweckentsprechend nutzbar sein. Das Zugangserfordernis (→ Rn. 13) wiederum gilt vollständig. Insbesondere kommt ein Betreten über fremdes Sondereigentum nicht in Betracht. Nebenräume müssen verschließbar sein. Ein Vorhängeschloss reicht dafür aus.

Die hier im Vergleich zum Wohnungseigentum nicht unerheblich verringerten Anforderungen haben bisweilen die juristische Kreativität beflügelt. So wurde namentlich unter dem Schlagwort „Kellermodell" eine rechtliche Konstruktion entwickelt, die helfen sollte, auch für an sich nicht abgeschlossene Wohnungen eine Art Aufteilung zu erreichen (→ Rn. 17). **15**

3. Abgeschlossenheit beim Teileigentum. Für das Teileigentum gelten grundsätzlich keine anderen Regeln als für das Wohnungseigentum. § 1 Abs. 6 WEG stellt insoweit einen Gleichlauf her, eine entsprechende Anwendung, die sich jedoch nur als Grundsatz versteht. Deshalb besteht durchaus die Möglichkeit, den Besonderheiten des vielgestaltig auftretenden Teileigentums in gewissem Umfang Rechnung zu tragen. Im Hinblick auf die Abgeschlossenheit iSd § 3 Abs. 3 WEG gelten freilich sowohl das Abschlusserfordernis (→ Rn. 10) als auch das Zugangserfordernis (→ Rn. 13) genauso wie beim Wohnungseigentum vorbehaltlos.[31] Insoweit lässt sich nämlich an keiner Stelle des Gesetzes eine Rechtfertigung für verringerte Anforderungen erkennen. Beim **Ausstattungserfordernis** (→ Rn. 12) stellt sich dies anders dar. Der Gesetzgeber hat das Wohnungseigentum vor allem über das Merkmal der Eignung zur Haushaltsführung betrachtet. Dieser Ansatz trifft auf das Teileigentum schon im Ausgangspunkt nicht zu. Denn im Teileigentum wird nicht gewohnt und infolgedessen auch kein Haushalt geführt. Damit übereinstimmend bezieht sich Nr. 4 Abs. 1 der Allgemeinen Verwaltungsvorschrift nur auf Räume, die zu Wohnzwecken dienen. Erst in Nr. 5 b wird für nicht zu Wohnzwecken dienende Räume eine sinngemäße Geltung angeordnet, allerdings eine solche der Vorschriften in Nr. 5 a, also bauliche Abgegrenztheit, Zugangsmöglichkeit und das Vorhandensein von Wasserversorgung, Ausguss sowie WC innerhalb der Räumlichkeiten. Eine Küche oder eine Kochgelegenheit ist beim Teileigentum unter dem Gesichtspunkt der Abgeschlossenheit niemals erforderlich (→ *Teileigentum* Rn. 22, 23). **16**

Nicht zu beanstanden ist es, wenn selbstständiges Teileigentum an Nebenräumen – zB an einem Kellerraum – kombiniert wird mit der Vereinbarung von Sondernutzungsrechten an Räumen, die zwar zu Wohnzwecken dienen sollen aber nicht alle Merkmale der Abgeschlossenheit von Wohnungen erfüllen. In diesem Fall entsteht an der „Wohnung" nämlich gerade kein Sondereigentum; sie verbleibt im gemeinschaftlichen Eigentum. Darin liegt keine unzulässige Umgehung des Abgeschlossenheitserfordernisses.[32] **17**

4. Stellplätze und erstrecktes Sondereigentum (§ 3 Abs. 3 Hs. 2 WEG). a) Bisherige Entwicklung und Neufassung durch das WEMoG. Das ursprüngliche WEG sah keine besondere Regelung für Kraftfahrzeugstellplätze vor. Die zunehmende Verbreitung des Automobils ließ dies als Defizit erscheinen. Deshalb wurde Anfang der 70er-Jahre § 3 Abs. 2 S. 2 WEG aF in das Gesetz eingefügt. Dieser bestimmte, dass Garagenstellplätze als abgeschlossene Räume galten, wenn ihre Flächen durch dauerhafte Markierungen ersichtlich waren. Auf diese Weise wurden auch Stellplätze sondereigentumsfähig, die an sich weder über Raumeigenschaft verfügen noch in sich abgeschlossen sind. Das **WEMoG** hat auch in diesem Zusammenhang zu Veränderungen geführt. Nunmehr ordnet § 3 Abs. 3 Hs. 2 WEG an, dass Sondereigentum an Stellplätzen nur eingeräumt werden soll, wenn diese durch Maßangaben im Aufteilungsplan bestimmt sind. Dasselbe gilt für außerhalb eines Gebäudes liegende Teile des Grundstücks. Möglich geworden im Hinblick auf Stellplätze ist dies, weil § 3 Abs. 1 S. 2 WEG deren Raumeigenschaft vorbehaltlos gesetzlich fingiert. Auf eine Abgeschlossenheit kommt es dabei nicht an. Jedoch müssen die Stellplätze durch Maßangaben im Aufteilungsplan „bestimmt" sein. Das ist freilich keine Frage des Abgeschlossenheitserfordernisses, sondern des sachenrechtlichen **Bestimmtheitsgrundsatzes**.[33] Derselbe Regelungsmechanismus greift für Teile der Grundstücksfläche, auf die Sondereigentum gem. § 3 Abs. 2 WEG erstreckt wird. **18**

---

30 BR-Drs. 75/51, Anlage 2, 10.
31 OLG Frankfurt a. M. 23.10.2017 – 20 W 302/16, ZWE 2018, 160.
32 BayObLG 7.11.1991 – 2 Z 137/91, NJW 1992, 700; s. auch GmS-OGB 30.6.1992 – GmS-OGB 1/91, NJW 1992, 3290.
33 Undeutlich insoweit die Gesetzesbegründung, vgl. BT-Drs. 19/18791, 37.

19 **b) Einzelheiten.** Was als ein Garagenstellplatz iSd § 3 Abs. 2 S. 2 WEG aF aufzufassen war, wurde durchaus streitig beurteilt. Insoweit hat das WEMoG sämtliche Streitfragen geklärt. Denn nunmehr sind alle denkbaren Arten von Stellplätzen sondereigentumsfähig.[34] Eine Pflicht zur Markierung besteht nicht mehr. Der Änderungsgesetzgeber hat davon bewusst abgesehen und stattdessen die **Maßangaben** im Aufteilungsplan eingeführt. Diese müssen so genau sein, dass sie es im Streitfall ermöglichen, den räumlichen Bereich des Sondereigentums eindeutig zu bestimmen; dafür muss sich aus dem Plan in der Regel die Länge und Breite der Fläche sowie ihr Abstand zu den Grundstücksgrenzen ergeben.[35]

20 Die vorstehend entwickelten Grundsätze gelten auch für das **erstreckte Sondereigentum** iSd § 3 Abs. 2 WEG. Hier kommt es ebenfalls auf die Bemaßung im Aufteilungsplan an.

21 **5. Abgeschlossenheitsbescheinigung (§ 7 Abs. 4 Nr. 2 WEG).** Über das Vorliegen der Voraussetzungen gem. § 3 Abs. 3 WEG erteilt die Baubehörde auf einen Antrag des Grundstückseigentümers hin die Abgeschlossenheitsbescheinigung. Sie ist der Eintragungsbewilligung als Anlage beizufügen (§ 7 Abs. 4 Nr. 2 WEG) und eine zwingende Voraussetzung für die Begründung von Wohnungs- und Teileigentum. Nach heute ganz hM handelt es sich nicht um einen (feststellenden) Verwaltungsakt, sondern um schlicht hoheitliches Verhalten; die Abgeschlossenheitsbescheinigung ist eine **Wissenserklärung.**[36] Namentlich hebelt sie die Prüfungskompetenz des Grundbuchamtes nicht aus und beinhaltet deswegen auch keinerlei verbindliche Regelung.[37] Eine **Kraftloserklärung** kommt in Betracht, wenn der Aufteilungsplan durch bauliche Veränderungen des Gebäudes unrichtig geworden ist und den Umfang des Sondereigentums sowie des gemeinschaftlichen Eigentums nicht mehr zutreffend darstellt.[38] Die Kraftloserklärung ist ebenfalls kein Verwaltungsakt. Erfolgen kann sie nur bis alle Wohnungs- bzw. Teileigentumsgrundbücher angelegt sind. Danach bleibt sie wirkungslos. Die Abgeschlossenheitsbescheinigung bezieht sich immer auf einen konkreten Aufteilungsplan. Wird dieser nachträglich geändert, kann eine neue Bescheinigung erforderlich sein.[39]

22 Gem. § 7 Abs. 4 S. 3 WEG aF konnten die Landesregierungen durch Rechtsverordnung bestimmen, dass die Abgeschlossenheit nicht von der Baubehörde, sondern von einem öffentlich bestellten oder anerkannten Sachverständigen für das Bauwesen attestiert wurde. Diese Delegationsmöglichkeit bestand seit der WEG-Novelle 2007, ohne jemals praktische Bedeutung zu erlangen. Das WEMoG hat sie wieder abgeschafft.

3. Abnahme

Breiholdt

---

34 BT-Drs. 19/18791, 37.

35 BT-Drs. 19/18791, 37.

36 Grundlegend BVerwG 11.12.1987 – 8 C 55.85, NJW-RR 1988, 649; weiter geführt von BVerwG 8.12.1995 – 8 C 37/93, NJW 1997, 71; aA *Becker*, NJW 1991, 2742.

37 *Ruge*, Wohnungseigentum an Bestandsimmobilien, 2009, S. 122.

38 BVerwG 8.12.1995 – 8 C 37/93, NJW 1997, 71.

39 Vgl. OLG Frankfurt a. M. 23.10.2017 – 20 W 302/16, ZWE 2018, 160.

I. Einführung

Die Abnahme von Leistungen aus einem Werkvertrag ist in **§ 640 BGB** bzw. **§ 12 VOB/B** geregelt. Die **1** VOB/B spielt im hier zu beleuchtenden Zusammenhang jedoch keine Rolle, da sie ggü. Verbrauchern praktisch nicht wirksam vereinbart werden kann.[1] Die Gemeinschaft der Wohnungseigentümer als rechtsfähiger Verband ist – wenn mindestens ein Mitglied eine natürliche Person ist – als **Verbraucher** anzusehen.[2]

Die Abnahme kann in verschiedenen Konstellationen zu prüfen sein: Im Rahmen der ihr obliegenden ord- **2** nungsmäßigen Verwaltung des Gemeinschaftseigentums vergibt die Gemeinschaft der Wohnungseigentümer Bauaufträge, etwa für eine Fassadensanierung. Sie tritt dann als Besteller iSv § 631 BGB auf und muss das bestellte Werk entsprechend der Regelungen in §§ 640 ff. BGB abnehmen.

Besteller sind aber auch die Erwerber, die mit einem **Bauträger** einen gemischten Kauf-/Werkvertrag zur Er- **3** richtung oder grundlegenden Sanierung eines Gebäudes geschlossen haben. Hier finden dann zwei Abnahmen statt: Zum einen nimmt jeder Erwerber sein **Sondereigentum** – die Wohnung oder das Teileigentum – separat mit dem Bauträger ab. Zum anderen hat jeder Erwerber einen individuellen Anspruch auf Abnahme des **Gemeinschaftseigentums**.

Die letzte Konstellation ist eine der Schnittstellen von WEG und Werkvertragsrecht. Sie wirft viele Rechtsfra- **4** gen auf, die bisher erst zum Teil durch den BGH abschließend geklärt werden konnten.

II. Inhalt und Bedeutung der Abnahme

Prägendes Element der Abnahme ist die **Billigung des Werkes** durch den Besteller.[3] Der Besteller ist zur Ab- **5** nahme verpflichtet. Er kann sie aber verweigern, wenn das Werk noch **wesentliche Mängel** aufweist. Aufgrund der Vielfältigkeit der Bauleistung und der unterschiedlichen Gewichtung einzelner, auftretender Mängel gibt es keine allgemeingültige Definition zum Vorliegen eines wesentlichen Mangels.[4]

Die **Grenze der Wesentlichkeit** wird deshalb regelmäßig bei Mängeln erreicht sein, die für den Besteller bzw. **6** Nutzer Gefahren mit sich bringen, die der Gebrauchsfähigkeit des Werkes entgegenstehen, die sich aus der Vernachlässigung vertragswesentlicher Beschaffenheitsvorgaben – etwa besondere vereinbarter bzw. zugesicherter Eigenschaften – ergeben, die folgenschwere Verstöße gegen die anerkannten Regeln der Technik beinhalten oder die geeignet sind, beträchtliche Nachbesserungskosten auszulösen.[5]

1. Arten der Abnahme. a) Förmliche Abnahme. Dies ist der Normalfall. Beide Vertragsparteien treffen **7** sich vor Ort und erstellen gemeinsam eine Abnahmeniederschrift. In dieser **Abnahmeniederschrift** werden die noch zu erledigenden Restarbeiten aufgenommen, sowie festgestellte Mängel, die vom Bauunternehmer noch zu beseitigen sind.

b) Konkludente Abnahme. Eine konkludente Abnahme findet statt, wenn **8**

- der Besteller durch schlüssiges Verhalten deutlich macht, dass er die Leistung als vertragsgemäß annimmt
- und der Unternehmer Grund hat, eine Annahme annehmen zu können.

Das kann der Fall sein, wenn der Besteller endgültig in ein Gebäude einzieht und es längere Zeit nutzt oder **9** auch wenn der Auftraggeber die (Rest-)vergütung kommentarlos zahlt.[6]

c) Fiktive Abnahme. Nach § 640 Abs. 2 BGB hat der Auftragnehmer die Möglichkeit, dem Besteller **einsei- 10 tig eine Frist** zur Abnahme zu setzen und damit die Wirkungen der Abnahme herbei zu führen.

Mit Ablauf der Frist tritt eine **Abnahmefiktion** ein, also eine Vermutung, dass die Leistung abgenommen wur- **11** de. Ist der Besteller ein Verbraucher, so muss der Unternehmer auf die Folgen einer nicht erklärten oder ohne Angabe von Mängeln verweigerten Abnahme in Textform hinweisen. Als angemessene Frist für die Aufforde-

1 *Häublein* DNotZ 2002, 608 (610); *von Oefele* DNotZ 2011, 249 (262 f.); *Pauly* MDR 2018, 376 (377); *Vogel* NZM 2010, 377 (382).
2 BGH 25.3.2015 – VIII ZR 109/14.
3 MüKoBGB/*Busche* § 640 Rn. 2.
4 Messerschmidt/Voit/*Messerschmidt* BGB § 640 Rn. 99.
5 Messerschmidt/Voit/*Messerschmidt* BGB § 640 Rn. 99.
6 BayObLG 20.3.2001 – 2Z BR 75/00, NZM 2001, 539–540.

rung zur Abnahme dürfte entsprechend der Regelung in § 12 Abs. 5 Nr. 1 VOB/B eine Zeit von ca. zwei Wochen anzusehen sein.

12 **2. Wirkung der Abnahme.** Mit der Abnahme endet das werkvertragliche Erfüllungsstadium. Dies hat folgende rechtliche Konsequenzen:

a) **Fälligkeit des Werklohnes und Verjährungsbeginn**
Mit der Abnahme wird gem. § 641 Abs. 1 BGB der (restliche) Werklohn fällig.
Die Werklohnforderung verjährt in drei Jahren, beginnend mit dem Schluss des Jahres, in dem sie entstanden ist.

b) **Übergang der Gefahr für zufällige Beschädigungen und zufälligen Untergang**
Wird die Leistung nach der Abnahme zufällig beschädigt oder vernichtet, so liegt das Risiko dafür gem. § 644 Abs. 1 BGB bei dem Besteller.

c) **Teilweiser Verlust von bekannten Mängelansprüchen bei unterlassenem Vorbehalt**
Der Auftraggeber kann sich gem. § 640 Abs. 3 BGB nach erfolgter Abnahme nicht auf Mängel berufen, wenn er diese bei der Abnahme kannte und nicht einen Vorbehalt dazu geäußert hat, in dem Sinne, dass er auf die Rechte wegen der Mängel später nicht verzichten wolle.

d) **Beweislastumkehr bei Mängeln**
Stellt der Auftraggeber nach der Abnahme Mängel fest, die er bei der Abnahme noch nicht entdeckt hatte, so liegt die Beweislast dafür, dass diese Mängel schon zum Zeitpunkt der Abnahme bestanden, bei ihm. Dies sind die sog. „**verdeckten Mängel**".

e) **Beginn der Gewährleistungspflicht**
Die Verjährung beginnt. Bei Bauleistungen für Bauwerke bzw. Reparatur- und Umbauarbeiten, die für Konstruktion und Bestand des Gebäudes von wesentlicher Bedeutung sind, beträgt die Frist **5 Jahre**[7] – gerechnet ab dem Zeitpunkt der Abnahme.

13 **3. Exkurs: Geltendmachung von Mängelrechten vor der Abnahme.** Umstritten war lange Zeit, ob der Besteller die Mängelrechte des § 634 BGB auch schon vor der Abnahme geltend machen kann. Die VOB/B sieht diese Möglichkeit in § 4 Abs. 7 VOB/B ausdrücklich vor.

14 Im Bereich des Werkvertragsrechts des BGB verneint der BGH dies aber grundsätzlich.[8] Im hier interessierenden Zusammenhang hat die Frage deshalb eine gewisse Bedeutung, weil bei der Abnahme des Gemeinschaftseigentums durch die Erwerber immer wieder die Problematik auftaucht, dass **Abnahmeklauseln** betreffend das Gemeinschaftseigentum in notariellen Kaufverträgen im Nachhinein durch Gerichte für **unwirksam** erklärt werden. Folge ist, dass die tatsächlich stattgefundene förmliche Abnahme keine Rechtswirkung entfalten kann.[9] Praktisch bedeutet dies, dass ein solcher Bauträgervertrag sich auch noch Jahre nach der unwirksamen Abnahme im **Erfüllungsstadium** befindet und die Erwerber keine Mängelrechte geltend machen können.

15 Allerdings kann es dem Unternehmer/Bauträger in einem Fall fehlender Abnahme jedenfalls wegen der Grundsätze von **Treu und Glauben** verwehrt sein, sich ggü. einem Gewährleistungsanspruch auf die fehlende Abnahme zu berufen.[10]

16 Darüber hinaus lässt der BGH[11] in engen Grenzen **Ausnahmen** zu:

17 Der Besteller kann in bestimmten Fällen berechtigt sein, Mängelrechte nach § 634 Nr. 2–4 BGB ohne Abnahme geltend zu machen. Das ist zu bejahen, wenn der Besteller nicht mehr die Erfüllung des Vertrags verlangen kann und das Vertragsverhältnis in ein **Abrechnungsverhältnis** übergegangen ist. Macht der Besteller gegenüber dem Unternehmer nur noch Schadensersatz statt der Leistung in Form des kleinen Schadensersatzes gel-

---

7   § 634 Abs. 1 Nr. 2 BGB.
8   BGH 19.1.2017 – VII ZR 301/13, NJW 2017, 1604; BGH 19.1.2017 – VII ZR 235/15, NJW 2017, 1607; BGH 19.1.2017 – VII ZR 193/15 = IBRRS 2017, 0804.
9   OLG Karlsruhe 10.4.2018 – 8 U 19/14, ZMR 2019, 523–524; OLG München 24.4.2018 – 28 U 3042/17, ZWE 2019, 29–34.
10 BGH 30.6.2016 – VII ZR 188/13, NJW-RR 2016, 1143–1145; vgl. auch LG Berlin 13.6.2018 – 20 O 19/16.
11 BGH 19.1.2017 – VII ZR 301/13, NJW 2017, 1604.

tend oder erklärt er die Minderung des Werklohns, so findet nach der bisherigen Rechtsprechung des Bundesgerichtshofs zum alten Schuldrecht eine Abrechnung der beiderseitigen Ansprüche statt.[12]

Daran hält der BGH für den Fall fest, dass der Unternehmer das Werk als fertiggestellt zur Abnahme anbietet. Verlangt der Besteller Schadensersatz statt der Leistung nach § 281 Abs. 1, § 280 Abs. 1 BGB, ist der Anspruch auf die Leistung nach § 281 Abs. 4 BGB ausgeschlossen. Nichts anderes gilt, wenn der Besteller im Wege der Minderung nur noch eine Herabsetzung des Werklohns erreichen will. Auch in diesem Fall geht es ihm nicht mehr um den Anspruch auf die Leistung und damit um die Erfüllung des Vertrags.[13]   18

Der Anspruch auf einen **Kostenvorschuss** gem. § 634 Nr. 2, § 637 Abs. 1, 3 BGB zur eigenhändigen Beseitigung eines Mangels kann nach dieser Rechtsprechung bei fehlender oder unwirksamer Abnahme nur in eng begrenzten Ausnahmefällen geltend gemacht werden.[14]   19

III.   Zuständigkeit für die Abnahme

1. Gemeinschaft der Wohnungseigentümer als Besteller. Beschließt die Gemeinschaft der Wohnungseigentümer die Durchführung von **Instandhaltungs- oder Instandsetzungsmaßnahmen**, so ist der Verwalter nicht nur zur laufenden Überwachung der Arbeiten verpflichtet, sondern auch zur Abnahme berechtigt.[15] Das WEMoG[16] hat hieran nichts geändert. Da der Verwalter für die ordnungsgemäße Erfüllung seiner Aufgaben haftet, ist die Hinzuziehung von **Sonderfachleuten** anzuraten, wenn die Kontrolle der Durchführung und Abnahme der Maßnahme seine technische Kompetenz überschreitet. Hierfür bedarf es eines Beschlusses des Verbands Wohnungseigentümergemeinschaft, der praktischerweise in den Instandhaltungs- oder Instandsetzungsbeschluss implementiert werden sollte.   20

2. Bauträgervertrag: Sondereigentum. Die Abnahme des Sondereigentums – der Wohnung oder des Teileigentums – findet durch den Erwerber als Besteller gemeinsam mit dem Bauträger statt.   21

3. Bauträgervertrag: Gemeinschaftseigentum. Grundsätzlich gilt, dass jeder Erwerber aus seinem Vertrag einen eigenen Anspruch auf ordnungsgemäße Vertragserfüllung hat und jeder Erwerber von neu errichtetem Wohnungseigentum auch das individuelle Recht, aber auch die Pflicht hat, die Abnahme des gemeinschaftlichen Eigentums gem. § 640 Abs. 1 BGB zu erklären oder zu verweigern.[17] Hieraus folgt auch zwingend, dass die Abnahme durch den einzelnen Erwerber ausschließlich für ihn wirkt, nicht auch für die übrigen Erwerber.   22

Umstritten war nach altem Recht allerdings, ob es eine „geborene" Ausübungsbefugnis der Gemeinschaft der Wohnungseigentümer geben könnte.[18] Das wurde überwiegend abgelehnt.

Nunmehr stellt sich die Frage, ob die Abnahme des Gemeinschaftseigentums ein der Gemeinschaft der Wohnungseigentümer zustehendes Recht nach § 9 a Abs. 2 WEG sein könnte. Dann müsste die Ausübung dieses Rechtes „eine einheitliche Rechtsverfolgung erfordern". Das ist zu verneinen. Aus Sicht der Sondereigentümer gibt es kein zwingendes Bedürfnis für eine einheitliche Ausübung dieses Rechtes. Im Gegenteil kann für sie eine Abnahme zu verschiedenen Zeiten im Hinblick auf Verjährungsfristen etc. sogar vorteilhaft sein.

Für den Bauträger ergibt sich daraus die Problematik, dass   23

- Einzelabnahmen des Gemeinschaftseigentums mit jedem Erwerber vorzunehmen sind, ggf. auch in einem Sammeltermin,
- einzelne Erwerber Mängel rügen, die von anderen Erwerbern nicht beanstandet werden,
- die Abnahmen – je nach Stand des Abverkaufs – **zeitlich unterschiedlich** erfolgen, so dass auch die Gewährleistungsfristen gem. § 634 BGB zu unterschiedlichen Zeitpunkten beginnen und enden.

---

12 BGH 11.5.2006 – VII ZR 146/04, BGHZ 167, 345 Rn. 26; BGH 10.10.2002 – VII ZR 315/01, BauR 2003, 88 (89), NZBau 2003, 35; BGH 16.5.2002 – VII ZR 479/00, BauR 2002, 1399 (1400) jeweils mwN.

13 BGH 19.1.2017 – VII ZR 235/15.

14 Zu den Einzelheiten BGH 19.1.2017 – VII ZR 301/13, NJW 2017, 1604.

15 KG 10.3.1993 – 24 W 5506/92, WuM 1993, 306 (307) zu § 27 Abs. 3 S. 1 Nr. 3 WEG aF; aA *Ott* ZWE 2010, 157 (159).

16 BT-Drs. 19/22634, 47.

17 BGH 21.2. 1985 – VII ZR 72/84, NJW 1985, 1551 (1552).

18 Einzelheiten bei Bärmann/*Suilmann*, WEG § 10 Rn. 328.

24 Auf vielfältige Weise wurde und wird deshalb versucht, die Abnahme des Gemeinschaftseigentums zu vereinheitlichen.

25 **a) Abnahme durch Erstverwalter.** Eine **gesetzliche Vertretungsmacht** des Verwalters zur Abnahme des Gemeinschaftseigentums gibt es nicht.

26 Eine Klausel im Bauträgervertrag, wonach die Erwerber den vom Bauträger eingesetzten Wohnungseigentumsverwalter bevollmächtigen, für sie die Abnahme zu erklären, ist wegen Verstoßes gegen § 307 Abs. 1 S. 1 BGB unwirksam.[19]

27 Der Bauträger kann nämlich einen Erstverwalter bestellen, der mit ihm wirtschaftlich oder rechtlich verbunden ist. Das begründet im Hinblick auf die Abnahme für die Erwerber die Gefahr, dass ein solcher Verwalter die Voraussetzungen der Abnahmefähigkeit des Gemeinschaftseigentums nicht neutral prüft, sondern zugunsten des Bauträgers verfährt. Folgerichtig ist auch eine Klausel, die die Abnahme des Gemeinschaftseigentums durch den Bauträger selbst als Erstverwalter ermöglicht, unwirksam.[20]

28 **b) Abnahme durch Sachverständigen.** Eine Klausel, wonach die Erwerber einen Sachverständigen **bevollmächtigen**, für sie die Abnahme des Gemeinschaftseigentums zu erklären, ist unter bestimmten Voraussetzungen zulässig.

29 Ausgangspunkt ist dabei immer, dass es das individuelle Recht eines jeden Erwerbers ist, die Abnahme des Gemeinschaftseigentums selbst vorzunehmen. Eine unangemessene Verkürzung der Rechte des Erwerbers, die zur Unwirksamkeit der Abnahmeklausel nach § 307 Abs. 2 Nr. 1 BGB führt, liegt deshalb vor, wenn diesem die Möglichkeit genommen wird, über die Ordnungsgemäßheit der Werkleistung zu befinden.[21] Dies ist zB der Fall, wenn die **Abnahmevollmacht unwiderruflich** erteilt wird.[22]

30 Dabei muss das Wort „unwiderruflich" nicht ausdrücklich verwandt werden; es genügt bereits eine **intransparente Vertragsgestaltung** bzw. Formulierung, die bei dem Erwerber den Eindruck entstehen lassen kann, er könne die im Bauträgervertrag erteilte Vollmacht nicht mehr widerrufen. Die Formulierung „Das gemeinschaftliche Eigentum wird für die Wohnungseigentümer durch einen vereidigten Sachverständigen abgenommen." ist deshalb nach § 307 Abs. 1 BGB unwirksam, weil sie dem einzelnen Erwerber nicht die Möglichkeit offenlässt, das Gemeinschaftseigentum selbst abzunehmen oder von einer Vertrauensperson eigener Wahl abnehmen zu lassen, sondern diesen unwiderruflich verpflichtet, mit der Abnahme einen Sachverständigen zu beauftragen und auf sein Recht aus § 640 Abs. 1 BGB zu verzichten, die Prüfung der Abnahmefähigkeit selbst vorzunehmen und die Abnahme selbst zu erklären.[23]

31 Unzulässig ist weiterhin die Auswahl des Sachverständigen durch den Bauträger.[24] Hier gelten im Prinzip dieselben Überlegungen wie bei der Bevollmächtigung des Erstverwalters zur Abnahme. Allerdings wird teilweise vertreten, dass der Bauträger einen von ihm juristisch und wirtschaftlich unabhängigen Dritten durchaus als Sachverständigen bestimmen darf.[25] Folgt man dieser Auffassung, so stellt sich in der Praxis allerdings die Frage, bei Zugrundelegung welcher Kriterien eine solche Unabhängigkeit gegeben ist.

32 Unproblematisch dürfte hingegen eine Vertragsklausel sein, wonach die Auswahl des mit widerruflicher Vollmacht zur Abnahme ausgestatteten Sachverständigen einer **unabhängigen Institution** überlassen wird. In Betracht kommt beispielsweise eine Vertragsgestaltung, die die Bestimmung des Sachverständigen auf die lokale Industrie- und Handelskammer oder die Handwerkskammer überträgt.[26]

33 Vorgeschlagen wird weiter eine **Abnahme in Stufen**: Dabei soll zunächst eine technische Abnahme durch einen – zulässig bestimmten – technischen Sachverständigen erfolgen. Die Erwerber werden im Vorhinein auf

---

19 BGH 12.9. 2013 – VII ZR 308/12, NJW 2013, 3360–3361.
20 BGH 30.6.2016 – VII ZR 188/13, NJW-RR 2016, 1143–1145.
21 BGH 12.5. 2016 – VII ZR 171/15, NJW 2016, 2878 Rn. 45 f.
22 OLG Brandenburg 13.6.2013 – 12 U 162/12, MittBayNot 2014, 434; OLG Karlsruhe 27.9.20011 – 8 U 106/10, NJW 2012, 237.
23 OLG Stuttgart 31.3.2015 – 10 U 46/14, NJW-RR 2015, 1226–1230.
24 OLG Karlsruhe 10.4.2018 – 8 U 19/14, ZMR 2019, 523; OLG Frankfurt a. M. 30.9.2013 – 1 U 18/12, NJW-RR 2013, 1487–1488.
25 OLG Dresden 8.1.2010 – 1 U 1371/09 – für den TÜV.
26 *Von Oefele* DNotZ 2011, 249 (258).

den Termin der Abnahme hingewiesen und erhalten Gelegenheit, daran teilzunehmen. Insbesondere dürfen sie – wegen der Widerruflichkeit der erteilten Vollmacht – auch eigene Erklärungen zum technischen Zustand bzw. zum Vorliegen von Mängeln abgeben. Sodann wird allen Erwerbern die technische Niederschrift des Sachverständigen zugestellt. Jeder Erwerber kann auf dieser Grundlage entscheiden, ob er die Abnahme gem. § 640 Abs. 1 BGB erklärt oder nicht.

Darüber hinaus sieht dieses in unterschiedlichen Varianten diskutierte Modell[27] vor, dass den Erwerbern mit der Übersendung der technischen Abnahmeniederschrift eine angemessene Frist zur Erklärung der Abnahme gesetzt wird. Äußern sie sich innerhalb dieser Frist nicht, so soll ihr **Schweigen als Zustimmung** gelten, wenn im Anschreiben ausdrücklich auf diese Rechtsfolge hingewiesen wird. Damit läuft diese Lösung im Ergebnis auf eine fiktive Abnahme gem. § 640 Abs. 2 BGB hinaus. 34

Eine einheitliche Abnahme aller Erwerber zur gleichen Zeit wird damit allerdings nicht zwingend erreicht: Jeder Erwerber hat nach Übersendung der Sachverständigenniederschrift auch die Möglichkeit, die Abnahme zu verweigern. 35

c) Abnahme durch Beschluss. Nach altem Recht war die Frage umstritten, ob die Gemeinschaft der Wohnungseigentümer die **Kompetenz** besaß, die Erklärung der Abnahme des Gemeinschaftseigentums durch einen Vergemeinschaftungsbeschluss an sich zu ziehen („gekorene Ausübungsbefugnis").[28] 36

Da es eine gekorene Ausübungsbefugnis im geltenden Recht nicht mehr gibt, hat sich die Frage erledigt. Folgt man der unter Rn. 22 dargelegten Auffassung, dass die Abnahme des Gemeinschaftseigentums auch nicht von § 9 a Abs. 2 WEG erfasst wird, so lässt sich eine Zuständigkeit der Gemeinschaft der Wohnungseigentümer für die Abnahme nicht mehr begründen.

d) Abnahme durch Vereinbarung. Denkbar ist weiter, Regelungen über die Abnahme des Gemeinschaftseigentums in der Gemeinschaftsordnung zu treffen. Etwa dahin gehend, dass die durch den Verband erfolgen soll und dass dieser angewiesen wird, die Abnahme durch einen Sachverständigen vorbereiten zu lassen. 37

Das Problem liegt hier bereits in der Ausgangssituation: Die Gemeinschaftsordnung wird in der Regel durch den Bauträger formuliert und vorgegeben. Von dem teilenden Eigentümer einseitig vorgegebene Bestimmungen unterliegen einer Inhaltskontrolle, bei der lediglich streitig ist, ob die für Allgemeine Geschäftsbedingungen geltenden Vorschriften der §§ 307 ff. BGB entsprechend anzuwenden sind oder ob sich diese Kontrolle unter Berücksichtigung der Besonderheiten des Einzelfalls am Maßstab von Treu und Glauben (§ 242 BGB) auszurichten hat.[29] 38

Der BGH hat deshalb die Bestimmung in einer Gemeinschaftsordnung, wonach die Wirkung der Abnahme des Gemeinschaftseigentums seitens der aufgrund eines Beschlusses der ersten Eigentümerversammlung beauftragten Abnahmeperson auf Nachzügler-Erwerber erstreckt werden sollte, für nichtig erklärt. Gegenstand von Vereinbarungen nach § 10 Abs. 2 WEG aF könnten lediglich Regelungen sein, die das Verhältnis der Wohnungseigentümer untereinander betreffen. Die Abnahme des Gemeinschaftseigentums falle nicht hierunter.[30] 39

Offen bleibt danach, ob der BGH derartige Regelungen in der Teilungserklärung/Gemeinschaftsordnung grundsätzlich für unzulässig hält. 40

4. Abnahmebefugnis für laufende Baumaßnahmen der Eigentümergemeinschaft. Umstritten ist, ob es eine gesetzliche Abnahmebefugnis des Verwalters für laufende Baumaßnahmen der Eigentümergemeinschaft gibt, dh für Arbeiten an baulichen Änderungen, Modernisierungen, modernisierenden Instandsetzungen und Instandsetzungen/Instandhaltungen. 41

Eine entsprechende Befugnis sollte nach altem Recht aus § 27 Abs. 1 Nr. 5 WEG („Leistungen … entgegenzunehmen") folgen.[31] 42

---

27 BGH 24.7.2008 – VII ZR 55/07, NZBau 2008, 640–644.
28 Zu Einzelheiten Bärmann/*Suilmann* WEG § 10 Rn. 329.
29 BGH 12.5.2016 – VII ZR 171/15, NZM 2016, 592–596.
30 BGH 12.5.2016 – VII ZR 171/15, NZM 2016, 592–596.
31 KG 10.3.1993 – 24 W 5506/92, OLGZ 1994, 35; Jennißen/*Heinemann* WEG § 27 Rn. 47.

43　Richtigerweise war dem Verwalter eine rechtliche Abnahme aber nur möglich, wenn er ausdrücklich für eine konkrete Abnahme nach § 27 Abs. 3 S. 1 Nr. 7 WEG aF **ermächtigt** worden war.[32] Der neue § 27 Abs. 1 Nr. 1 WEG hat nach hier vertretener Auffassung daran nichts geändert.

IV.　Geltendmachung der Mängelgewährleistungsrechte

44　Die Rechtsprechung des BGH zum Bauträgervertragsrecht, wonach die Gemeinschaft der Wohnungseigentümer nach Beschlussfassung bestimmte Mängelrechte ausüben kann,[33] wird durch das neue Recht nicht berührt. Denn diese Rechtsprechung beruht nicht auf dem ehemaligen § 10 Abs. 6 S. 3 WEG aF, sondern ist schon zur Rechtslage vor der WEG-Novelle 2007 entwickelt worden.[34]

45　Das bedeutet: Im Bereich der Ausübung von Mängelrechten gem. § 634 BGB ist anerkannt, dass die Gemeinschaft der Wohnungseigentümer für die Geltendmachung und Durchsetzung solcher Rechte von vornherein allein zuständig ist, die ihrer Natur nach gemeinschaftsbezogen sind und ein eigenständiges Vorgehen des einzelnen Wohnungseigentümers nicht zulassen. Das betrifft die gemeinschaftsbezogenen Rechte auf **Minderung** und auf **kleinen Schadensersatz**.[35]

Darüber hinaus kann die Gemeinschaft der Wohnungseigentümer im Rahmen der ordnungsgemäßen Verwaltung des Gemeinschaftseigentums die Ausübung der auf die ordnungsgemäße Herstellung des Gemeinschaftseigentums gerichteten Rechte der einzelnen Erwerber aus den Verträgen mit dem Veräußerer durch **Mehrheitsbeschluss** an sich ziehen. Es ist anerkannt, dass die Gemeinschaft der Wohnungseigentümer durch Mehrheitsbeschluss entscheiden kann, wegen eines Mangels des Gemeinschaftseigentums Vorschuss zu fordern.[36] In gleicher Weise kann die Gemeinschaft der Wohnungseigentümer die gemeinschaftliche Durchsetzung eines auf die Beseitigung von Mängeln des Gemeinschaftseigentums gerichteten Erfüllungs- oder Nacherfüllungsanspruch beschließen.[37]

46　Umgekehrt steht der Anspruch auf Rückabwicklung, **also auf Rücktritt und großen Schadensersatz,** den jeweiligen Erwerbern in Einzelgläubigerschaft zu.[38]

47　Erfüllungs- oder Nacherfüllungsansprüche einschließlich des Anspruches auf **Kostenvorschuss** stehen ebenfalls den einzelnen Erwerbern individuell aus den von ihnen geschlossenen Verträgen zu. Hier ist es aber zulässig, dass die Eigentümergemeinschaft die Ausübung dieser Rechte durch einen Beschluss zur Vergemeinschaftung an sich zieht (gekorene Zuständigkeit).[39]

48　Soweit ein einzelner Erwerber wegen eines dieser Rechte zum Zeitpunkt der Beschlussfassung bereits eine Klage gegen den Bauträger erhoben hat, verliert er als Folge davon seine **Aktivlegitimation**.[40]

4. Abrechnung

Breiholdt

32　*Hügel/Elzer* WEG § 27 Rn. 123; mVa LG Hamburg 14.12.2016 – 318 S 32/16, ZMR 2017, 261; *Pauly* ZWE 2011, 849; *Ott* ZWE 2010, 157.
33　BGH 12.4.2007 – VII ZR 236/05, NJW 2007, 1952–1957.
34　BT-Drs. 19/18791, 47.
35　BGH 12.4.2007 – VII ZR 236/05, NJW 2007, 1952–1957.
36　BGH 19.12.1996 – VII ZR 233/95, ZfBR 1997, 185.
37　BGH 12.4.2007 – VII ZR 236/05, NJW 2007, 1952–1957.
38　BGH 23.2.2006 – VII ZR 84/05, ZfIR 2006, 411–414; LG Karlsruhe 20.7.2018 – 6 O 320/17.
39　Vgl. BGH 12.4.2007 – VII ZR 236/05, NJW 2007, 1952–1957.
40　LG Köln 14.3.2013 – 29 S 181/12, ZWE 2014, 94–95.

I. Einführung

Die (Jahres-)Abrechnung ist die Abrechnung über den → *Wirtschaftsplan* Rn. 21.[1]   1

Das WEMoG hat auch das Finanzwesen der Gemeinschaft der Wohnungseigentümer reformiert. Ziel war dabei, Wirtschaftsplan und Abrechnung weniger anfechtungsanfällig zu gestalten.[2] Das will der Gesetzgeber dadurch erreichen, dass Beschlussgegenstand nun nicht mehr das Zahlenwerk mit seinen Einzelpositionen ist, sondern das konkrete Rechenergebnis, dh die auf jeden Wohnungseigentümer entfallene Kostenlast. Im Bereich der Abrechnung sind das die aus dem Gesamtrechenwerk zu ermittelnden Nachschüsse (§ 28 Abs. 2 WEG). Nur wenn diese unzutreffend berechnet wurden, das Ergebnis also falsch ist, kann ein Fehler im Zahlenwerk zu einer erfolgreichen Anfechtung führen. Rein formale Fehler – zB in der Darstellung – berechtigen also nicht zur Anfechtung.   2

Inhalt und Aufbau der Abrechnung haben sich insoweit geändert, als dass informatorische Angaben zu dem Stand von Rücklagen sowie den Kontenständen nunmehr Teil des nach § 28 Abs. 4 WEG zwingend zu erstellenden Vermögensberichts sind.[3] Eine neue Bezeichnung hat die Instandhaltungsrücklage erhalten: Sie heißt jetzt Erhaltungsrücklage (§ 19 Abs. 2 Nr. 4 WEG).   3

Die Abrechnung als Zahlenwerk wurde also entschlackt und die Anfechtbarkeit eingeschränkt. Das bedeutet zugleich, dass viele Grundsätze und Regeln, die von der Rechtsprechung zur Aufstellung der Abrechnung in der Vergangenheit aufgestellt wurden, weiterhin fortgelten.   4

Die Pflicht zur Aufstellung einer Abrechnung ist in § 28 Abs. 2 WEG normiert. Die Vorschrift bestimmt, dass die Abrechnung durch den **Verwalter** aufzustellen ist. Dies tut er nunmehr aber in seiner Funktion als Organ der Gemeinschaft der Wohnungseigentümer, dh einzelne Wohnungseigentümer haben keinen direkten Anspruch gegen den Verwalter. Dieser Anspruch liegt nunmehr bei der Gemeinschaft der Wohnungseigentümer. Einzelne Wohnungseigentümer müssen ihren Anspruch gegen die Gemeinschaft der Wohnungseigentümer geltend machen. Insoweit hat in diesem Verhältnis ein Schuldnerwechsel stattgefunden.   5

Das WEG gibt wenig Vorgaben für Form und Inhalt der Abrechnung. In formeller Hinsicht ist es erforderlich, dass das Abrechnungswerk Angaben zu Aussteller, Erstellungsdatum und Abrechnungszeitraum enthält.[4] Zu beachten ist weiter, dass die Abrechnung „objektbezogen" erstellt wird. Deshalb ist auch das abgerechnete Sondereigentum zu bezeichnen. Weil die Beschlüsse über Abrechnungen „objektbezogen" und nicht „eigentümerbezogen" wirken, gelten sie für den jeweiligen im Grundbuch eingetragenen Eigentümer unabhängig davon, wer in der Einzelabrechnung benannt ist. Denn die sich aus dem Wohnungseigentum gem. § 16 Abs. 2   6

---

1 *Hügel/Elzer* WEG § 28 Rn. 69.
2 BT-Drs. 19/18791, 76.
3 Vgl. auch *Lehmann-Richter/Wobst*, WEG-Reform 2020, Rn. 840.
4 FormB-WEG-R/*Fritsch* § 2 Rn. 152.

WEG ergebenden Rechte und Pflichten sind nicht personenbezogen, sondern an die jeweilige Einheit geknüpft.[5]

7 Mindestanforderung ist außerdem, dass die Abrechnung für einen Wohnungseigentümer auch ohne Hinzuziehung fachlicher Unterstützung verständlich ist. Die Darstellung der Abrechnung muss die Wohnungseigentümer in die Lage versetzen, die Vermögenslage der Gemeinschaft der Wohnungseigentümer zu erfassen und auf ihre **Plausibilität** hin zu überprüfen. Sie müssen nachvollziehen können, was mit den eingezahlten Mitteln geschehen ist, insbesondere ob sie entsprechend den Vorgaben des Wirtschaftsplans eingesetzt worden sind.[6]

8 Übereinstimmung herrscht auch darüber, dass die Abrechnung keine Bilanz mit **Gewinn- und Verlustrechnung** ist. Die §§ 242 ff. HGB sind nicht analog anwendbar. Dort ist der Gesetzeszweck ein anderer: Gewinnfeststellung, Ermittlung des Betriebsvermögens, Kreditfähigkeit, Besteuerungsgrundlagen. Das trifft für die Gemeinschaft der Wohnungseigentümer nicht zu.[7]

9 Die hM begreift die Abrechnung als eine **reine Einnahmen-Ausgabenrechnung**

10 Deshalb dürfen in ihr nur tatsächlich erzielte Einnahmen und tatsächlich erfolgte Ausgaben gebucht werden.[8] Die Darstellung muss also dem **Geld- oder Abflussprinzip** entsprechen. Abgrenzungen dürfen danach eigentlich nicht vorgenommen werden. Dieser Grundsatz erfährt aber zumindest im Bereich der Heizkostenabrechnung insoweit eine Ausnahme, als in den Einzelabrechnungen verbrauchsabhängig auf der Grundlage der Vorschriften der HeizkostenVO abzurechnen ist[9] (→ *Heizkosten* Rn. 68 ff.).

11 Weiter folgt aus dem Einnahmen- Ausgabenabrechnungsprinzip, dass auch Ausgaben, die der Verwalter unberechtigterweise aus Mitteln der Gemeinschaft der Wohnungseigentümer getätigt hat, in die Abrechnung einzustellen sind.[10]

12 **Mindestinhalt** einer Abrechnung ist

- eine Gesamtabrechnung aller tatsächlichen Einnahmen und Ausgaben der Wohnungseigentümergemeinschaft im betreffenden Rechnungsjahr;
- eine objektbezogene Einzelabrechnung für jedes Wohnungseigentum unter Angabe des Verteilungsschlüssels;
- Die Darstellung der Entwicklung der Erhaltungsrücklage sowie die Angabe der Anfangs- und Endbestände der für die Gemeinschaft der Wohnungseigentümer geführten Bankkonten ist nunmehr Teil des gem. § 28 Abs. 4 WEG aufzustellenden Vermögensberichts.

13 Daneben kann es erforderlich sein, die Abrechnung an entsprechenden Stellen mit Erläuterungen zu versehen.

II. Aufstellung

14 **1. Zuständigkeit.** Der Entwurf der Abrechnung ist vom Verwalter aufzustellen, § 28 Abs. 2 WEG.

15 **a) Delegation.** Nicht explizit geklärt ist bisher, wieweit der Verwalter – ohne Zustimmung der Eigentümer – die Aufgabe auf Dritte übertragen kann. Grundsätzlich kann ein wichtiger Grund für die Abberufung des Verwalters durch die Gemeinschaft der Wohnungseigentümer vorliegen, wenn der Verwalter wesentliche Bereiche der Verwaltertätigkeit zu eigenverantwortlicher Erledigung auf einen Dritten überträgt, ohne dass die erforderliche Zustimmung der Gemeinschaft der Wohnungseigentümer vorliegt.[11] Zudem ist es einhellige Meinung, dass der Verwalter seine Befugnisse nicht rechtsgeschäftlich auf Dritte übertragen oder diesen zur Ausübung überlassen kann.[12] Die vollständige Übertragung der Erstellung der Abrechnung auf Dritte dürfte damit **unzulässig** sein.

5 LG Köln 7.10.2010 – 29 S 57/10, ZWE 2011, 136 zu § 16 Abs. 2 WEG aF.
6 BGH 27.10.2017 – V ZR 189/16 – NJW 2018, 942 zum alten Recht.
7 MüKoBGB/*Engelhardt* WEG § 28 Rn. 38 mwN.
8 BGH 17.2.2012 – V ZR 251/10, NJW 2012, 1434; aA Jennißen/*Jennißen* WEG § 28 Rn. 79 mwN.
9 BGH 17.2.2012 – V ZR 251/10, NJW 2012, 1434.
10 BGH 17.10.2014 – V ZR 26/14, NZM 2015, 135–138.
11 BayObLG 19.6.1997 – 2Z BR 35/97.
12 BGH 21.2.2014 – V ZR 164/13, WuM 2014, 295–299.

Breiholdt

b) Verwalterwechsel. Die Pflicht zur Erstellung der Abrechnung gem. § 28 WEG Abs. 2 WEG trifft den Ver-   16
walter, der im Zeitpunkt der Entstehung der Abrechnungspflicht Amtsinhaber ist. Scheidet der Verwalter im
Lauf des Wirtschaftsjahres aus seinem Amt aus, schuldet er – vorbehaltlich einer abweichenden Vereinbarung
– die Abrechnung für das abgelaufene Wirtschaftsjahr unabhängig davon, ob im Zeitpunkt seines Ausscheidens die Abrechnung bereits fällig war.[13]

Soweit er die Verwaltungsunterlagen inzwischen an den neuen Verwalter herausgegeben hat, steht ihm ein   17
Einsichtsrecht zu. Dieses erfasst auch die für die Abrechnung erforderlichen Unterlagen und Belege, die im
Zeitpunkt des Ausscheidens aus dem Verwalteramt noch nicht vorlagen, sondern erst später dem neuen Ver-
walter zur Verfügung stehen wie zB die auf einen Dienstleister übertragene Heizkostenabrechnung.[14]

2. Zeitraum. Mit der Abrechnung werden die Einnahmen und Ausgaben sowie die Vorschusszahlungen aus   18
dem Wirtschaftsplan abgerechnet. Deshalb entspricht die Abrechnungsperiode grundsätzlich dem **Wirtschaftsjahr**, welches gem. § 28 Abs. 2 WEG das **Kalenderjahr** ist. Anderslautender Vereinbarungen sind zulässig. Ein Abrechnungszeitraum von mehr als 12 Monaten entspricht nicht ordnungsmäßiger Verwaltung.[15]

Nach früherem Recht konnte sich bei „**werdenden Wohnungseigentümergemeinschaften**" für das erste   19
Wirtschaftsjahr ein anderer Abrechnungszeitraum aus dem Zeitpunkt des erstmaligen Entstehens der „werdenden Wohnungseigentümergemeinschaft" und dem Ende des Abrechnungszeitraumes gemäß Gesetz oder Gemeinschaftsordnung ergeben. Die Rechtsfigur der „werdenden Wohnungseigentümergemeinschaft" gibt es infolge der Neuregelung in § 8 Abs. 3 WEG nicht mehr. Gleichwohl dürften diese Grundsätze fortgelten, denn
auch eine nach § 8 Abs. 3 WEG entstehende „Ein-Personen-WEG" wird in der Regel zu Beginn ihrer Entstehung über ein Rumpfjahr abrechnen müssen.

3. Entstehung der Abrechnungspflicht und Fälligkeit. Die Frage, ob die Abrechnungspflicht für das abge-   20
laufene Wirtschaftsjahr am **letzten Tag** des abgelaufenen Wirtschaftsjahres[16] oder am **ersten Tag** des folgenden Wirtschaftsjahres[17] entsteht, ist bisher nicht geklärt. Der BGH hat dies ausdrücklich offengelassen.[18] Die
hM sieht als den Beginn der Abrechnungspflicht den ersten Tag nach Ende der Abrechnungsperiode[19] an.[20]

Für die hM spricht der Wortlaut des § 28 Abs. 2 WEG („nach Ablauf des Kalenderjahres"). Der BGH scheint   21
ebenfalls zu dieser Auffassung zu tendieren.[21]

Vorzulegen ist die Abrechnung binnen **drei bis sechs Monate** nach Ablauf der Abrechnungsperiode.[22] Voraus-   22
setzung ist aber, dass dem Verwalter alle zur Erstellung der Abrechnung erforderlichen Unterlagen vorliegen.

Unabhängig davon kann ein Erstellungszeitpunkt auch im **Verwaltervertrag** geregelt werden.   23

Kommt der Verwalter seiner Pflicht zur Aufstellung der Abrechnung nicht fristgemäß nach, so kann er durch   24
Mahnung mit der Erstellung der Abrechnung in **Verzug** gesetzt werden. Die Mahnung ist von der Gemeinschaft der Wohnungseigentümer, deren Organ der Verwalter ist, auszusprechen. Konkret zuständig ist gem.
§ 9 b Abs. 2 WEG der Vorsitzende des Verwaltungsbeirates oder ein durch Beschluss ermächtigter Wohnungseigentümer.

Es kommen dann Schadensersatzansprüche gem. § 286 BGB in Betracht. Weiter hat die Gemeinschaft der   25
Wohnungseigentümer das Recht, die Abrechnung nach Verzugseintritt von einem Dritten erstellen lassen und
die hierdurch entstehenden Kosten als **Schadensersatz** geltend zu machen.

---

13 BGH 16.2.2018 – V ZR 89/17, NJW 2018, 1969.
14 BGH 16.2.2018 – V ZR 89/17, NJW 2018, 1969.
15 LG Itzehoe 28.6.2013 – 11 S 31/12, ZMR 2013, 924–926.
16 In der Regel der 31.12. des abgelaufenen Kalenderjahres.
17 Der 1.1. des folgenden Kalenderjahres.
18 BGH 16.2.2018 – V ZR 89/17, NJW 2018, 1969.
19 IdR 1.1.
20 LG München I 27.10.2016 – 36 S 1117/16 WEG, BeckRS 2016, 130540; MüKoBGB/*Engelhardt* WEG § 28 Rn. 69;
    Bärmann/Seuß WE-Praxis/*Wanderer* § 34 Rn. 13; aA Jennißen/*Jennißen* WEG § 28 Rn. 181 mwN.
21 So *Fuhrmann* ZWE 2018, 218.
22 OLG Zweibrücken 11.5.2007 – 3 W 153/06, ZWE 2007, 370 (Ls.); Bärmann/Seuß WE-Praxis/*Wanderer* § 34
    Rn. 11.

26 Vermietende Wohnungseigentümer können sich ihren Mietern gegenüber im Hinblick auf die Ausschlussfrist gem. § 556 Abs. 3 BGB nicht darauf berufen, dass ihnen für die Erstellung der Betriebskostenabrechnung die Abrechnung noch nicht vorlag.[23]

27 Möglich ist weiter, den Verwalter gem. § 43 Abs. 2 Nr. 3 WEG auf Erfüllung in Anspruch zu nehmen. Die Verurteilung des Verwalters zur Erstellung einer Abrechnung nach § 28 Abs. 2 WEG ist als Verurteilung zur Vornahme einer nicht vertretbaren Handlung gem. § 888 Abs. 1 S. 1 ZPO durch Androhung von Zwangsmitteln und nicht als Verurteilung zur Vornahme einer vertretbaren Handlung gem. § 887 Abs. 1 ZPO im Wege der Ersatzvornahme zu vollstrecken.[24]

III. Form und Mindestinhalt

28 Die Art der Darstellung der Einnahmen und Ausgaben in der Gesamtabrechnung ist gesetzlich nicht vorgeschrieben. Daher hat der Verwalter bei der Art der Darstellung ein Ermessen, soweit er die von der Rspr. entwickelten Grundsätze über die Abrechnung beachtet (→ Rn. 8). Da es sich um eine Abrechnung „über den Wirtschaftsplan" handelt (vgl. § 29 Abs. 3 WEG), sind die Gliederung und die Bezeichnung der Kostenarten aus dem Wirtschaftsplan grds. zu übernehmen.[25]

29 Anders als nach früherem Recht führen Fehler bei der Aufstellung der Abrechnung nicht mehr per se zur Anfechtbarkeit. Dies ist nur dann der Fall, wenn derartige Fehler im Zahlenwerk sich auf die rechnerische Richtigkeit des Ergebnisses auswirken (→ Rn. 1).

30 **1. Gesamtabrechnung.** Die Gesamtabrechnung dient der turnusmäßigen Rechnungslegung des Verwalters und damit auch seiner **Kontrolle**.[26] Es geht darum zu erkennen, was mit den Mitteln der Gemeinschaft der Wohnungseigentümer geschehen ist.[27]

31 Da es sich nach Auffassung des BGH um eine reine Einnahmen- und Ausgabenrechnung handelt,[28] sind alle geflossenen Ein- und Ausgaben darzustellen (Zu- und Abflussprinzip oder Geldflussprinzip). **Abgrenzungen** sind damit grundsätzlich unzulässig.

32 Um die Wohnungseigentümer in die Lage zu versetzen, die Vermögenslage der Wohnungseigentümergemeinschaft zu erfassen, musste die Abrechnung nach altem Recht außerdem zwingend einen **Kontenabgleich** ermöglichen und zu diesem Zweck Angaben zum Stand und zur Entwicklung der gemeinschaftlichen Konten enthalten. Die Pflicht zur Darstellung der Kontenentwicklung besteht fort; sie ist nun aber in dem nach § 28 Abs. 4 WEG aufzustellenden Vermögensbericht zu erfüllen.

33 Werden die tatsächlichen Einnahmen und Ausgaben vollständig in die Abrechnung aufgenommen, so stimmt deren Differenz mit der Differenz der Anfangs- und Endbestände der Bankkonten und ggfs. der Barkasse überein, über die die Umsätze getätigt wurden. Liegt eine solche Übereinstimmung vor, indiziert dies die rechnerische Richtigkeit der Gesamtabrechnung.[29]

34 Der Kontrolle des Verwalters durch die Gemeinschaft der Wohnungseigentümer und der Prüfung der Plausibilität dient weiter die Darstellung der Entwicklung der Erhaltungsrücklage, die nun aber ebenfalls nicht mehr in der Abrechnung, sondern im Vermögensbericht aufzunehmen ist. Eine Prüfung der Abrechnung ist nur anhand des tatsächlichen Bestands der Erhaltungsrücklage und auch nur möglich, wenn die Darstellung der Entwicklung der Rücklage erkennen lässt, in welchem Umfang die Wohnungseigentümer mit ihren Zahlungen im Rückstand sind.[30]

35 **a) Einnahmen.** Einnahmen sind zunächst die von den Eigentümern geleisteten Wohn- oder Hausgeldzahlungen. Dazu gehören auch Zahlungen auf → *Sonderumlagen* Rn. 29, bei denen es sich rechtlich um einen Nachtrag zum → *Wirtschaftsplan* Rn. 63 handelt.

---

23 BGH 25.1.2017 – VIII ZR 249/15, NZM 2017, 216.
24 BGH 23.6.2016 – I ZB 5/16, NJW 2016, 3536.
25 Bärmann/*Becker* WEG § 28 Rn. 115 a.
26 NSV/*Niedenführ* WEG § 28 Rn. 63.
27 *Hügel/Elzer* WEG § 28 Rn. 88.
28 BGH 11.10.2013 – V ZR 271/12, ZMR 2014, 228–230.
29 LG Berlin 29.6.2018 – 55 S 96/17 WEG, GE 2018, 1599–1603.
30 BGH 4.12.2009 – V ZR 44/09, ZMR 2010, 300–302.

Zum Problem von **Teilleistungen** der Eigentümer bei Zahlung von Hausgeldbeträgen und der Verrechnung auf   36
Bewirtschaftungskosten und Erhaltungsrücklage → *Wirtschaftsplan* Rn. 96.

Wegen der Geltung des Geldflussprinzips sind auch **Überzahlungen** einzustellen. Das Gleiche gilt für Zahlun-   37
gen auf Vorabrechnungen und Vorauszahlungen für das folgende Jahr. Umgekehrt: Zahlt ein Eigentümer sein
Hausgeld für Dezember erst im darauffolgenden Januar, so ist diese Zahlung auch erst im darauffolgenden Abrechnungsjahr zu verbuchen.

Zahlungen auf die **Erhaltungsrücklage** sind ebenfalls als Einnahmen darzustellen.[31] Dies gilt unabhängig da-   38
von, ob die Zahlungen direkt auf ein Rücklagekonto oder als Teil einer Gesamtzahlung für Hausgeld und
Rücklage auf das Girokonto der Gemeinschaft der Wohnungseigentümer erfolgen und von dort umgebucht
werden (sollen). Es empfiehlt sich, die tatsächlich der Erhaltungsrücklage zugeführten Einnahmen im Rahmen
der Entwicklung der Erhaltungsrücklage auch gesondert im Vermögensbericht nach § 28 Abs. 4 WEG darzustellen. Zur besseren Übersichtlichkeit können die eingegangenen Vorschüsse auch in einer gesonderten Kon-
toübersicht ausgewiesen werden.

Auch Einkünfte aus der **Vermietung** des gemeinschaftlichen Eigentums (wie etwa eines Pkw-Stellplatzes)   39
oder gemeinschaftlicher Einrichtungen (zB Münzwaschmaschinen) gehören hierher. Werden Gemeinschaftseinrichtungen mit Chips, Wertmarken oder Coins etc betrieben, so sind die im Wirtschaftsjahr aus dem Verkauf dieser Chips erzielten Erlöse einzustellen.[32]

Zu den Einnahmen zählen ggf. **Zinseinnahmen**, etwa aus der Anlage der Instandhaltungsrücklage. Offen ist,   40
ob insoweit die Brutto- oder die Nettozinseinnahmen, die sich nach Abzug der Zinsabschlagsteuer ergeben, anzusetzen sind.[33]

Versicherungsleistungen sind als Einnahmen darzustellen, und zwar in dem Jahr, in dem sie gezahlt werden.   41
Umstritten ist dies jedoch, wenn es sich um Versicherungszahlungen wegen Schäden am Sondereigentum eines Eigentümers handelt. Nach einer Ansicht handelt es sich nur um eine treuhänderische Vereinnahmung des
Geldes durch die Gemeinschaft der Wohnungseigentümer und damit nicht um eine Einnahme. Die Weiterleitung der Versicherungsleistung an den begünstigten Sondereigentümer ist danach auch nicht als Ausgabe darzustellen.[34]

Zahlungen aus von der Gemeinschaft der Wohnungseigentümer abgeschlossenen **Darlehensverträgen** sind   42
ebenfalls als Einnahmen in der Gesamtabrechnung auszuweisen.

Forderungen und **Verbindlichkeiten** sind nicht als Einnahmen einzustellen, weil dies gegen das Geldfluss-   43
prinzip verstoßen würde. Sie dürfen ebenso wenig eingestellt werden, wie Zahlungen, die im Vorjahr eingegangen sind oder im nächsten Jahr erwartet werden.[35] Demgemäß sind Beitragsrückstände oder -überschüsse
aus den Vorjahren keine tatsächlichen Einnahmen oder Ausgaben des laufenden Wirtschaftsjahres, sondern offene Forderungen. Derartige Angaben sind ggf. in dem gem. § 28 Abs. 4 WEG aufzustellenden Vermögensbericht aufzunehmen.

b) Ausgaben. In der Abrechnung sind alle Ausgaben aufzunehmen, die tatsächlich im Abrechnungsjahr auf-   44
gewendet wurden. Nicht zu den Ausgaben zählen hingegen Beitragsleistungen der Wohnungseigentümer zur
Erhaltungsrücklage; diese sind gesondert bei der Entwicklung der Erhaltungsrücklage im Vermögensbericht
aufzuführen. Dies gilt auch für Beitragsleistungen zur Erhaltungsrücklage, die zunächst auf dem allgemeinen
Konto der Gemeinschaft der Wohnungseigentümer eingehen und von dort später entsprechend ihrer Zweckbestimmung auf ein davon getrenntes Rücklagenkonto verbucht werden; diese sind nicht als Ausgaben darzustellen.[36]

Ausgabenpositionen sind in erster Linie die Kosten des gemeinschaftlichen Eigentums gem. § 16 Abs. 2   45
WEG. Im Rahmen der Reform des WEG durch das WEMoG wurde dabei der in § 16 Abs. 2 WEG aF enthal-

---

31 BGH 4.12.2009 – V ZR 44/09, NZM 2010, 243–245.
32 NSV/*Niedenführ* WEG § 28 Rn. 70.
33 So Bärmann/*Becker* WEG § 28 Rn. 117; offengelassen bei *Elzer* ZWE 2011, 112.
34 *Dötsch* ZWE 2015, 341; aA NSV/*Niedenführ* WEG § 28 Rn. 109.
35 LG Berlin 22.6.2018 – 85 S 23/17 WEG, ZWE 2019, 135.
36 BGH 4.12.2009 – V ZR 44/09, ZWE 2010, 170.

tene Begriff der „Lasten" gestrichen. Der aktuelle § 16 Abs. 2 WEG bezieht sich nunmehr auf alle Kosten der Gemeinschaft der Wohnungseigentümer.[37] Dazu zählen:

- Privatrechtliche Lasten wie Grundschuld- oder Hypothekenzinsen, die auf allen Wohnungseigentumsrechten ruhen (zB für ein Darlehen der Eigentümergemeinschaft) und öffentliche Lasten, die den Grundstückseigentümer treffen wie Gebühren und Beiträge[38]
- Kosten der Instandhaltung und Instandsetzung
- Sonstige Verwaltungskosten, zB die Verwaltervergütung oder Kosten eines Rechtsstreites auf Entziehung des Wohnungseigentums gem. § 17 WEG
- Kosten des gemeinschaftlichen Gebrauchs, zB die Treppenhausbeleuchtung

46 Empfehlenswert ist eine Aufstellung nach den Kostenarten des **§ 2 BetrKV** und die nicht von § 2 BetrKV erfassten Kosten als eigene Positionen ergänzend aufzuführen. Dies bietet sich insbesondere im Hinblick auf vermietetes Wohneigentum an. In jedem Fall muss die Abrechnung die Kostenpositionen in allg. verständliche Einnahme- und Kostenarten aufgliedern.

47 Dass bedeutet u.a., dass die abzurechnenden Positionen im Hinblick auf die dort verbuchten Kosten klar bezeichnet sein müssen. In Positionen „Sonstiges – umlegbare Kosten", „Sonderkosten", „Sonstiges" und „Sonderkosten einzelner Nutzer" dürfen deshalb nicht die Kosten einer Dachrinnenreinigung, ein an die Verwalterin gezahltes Sonderhonorar, ein entrichteter Gerichtskostenvorschuss und die Kosten einer Zwischenablesung enthalten sein.[39]

48 **aa) Heizkosten.** Die Regelungen der **HeizkostenV** gelten für die Wohnungseigentümergemeinschaft unmittelbar. Heizkosten (→ *Heizkosten* Rn. 66) sind deshalb in der Einzelabrechnung verbrauchsabhängig abzurechnen. In die Gesamtabrechnung sind gleichwohl alle im Abrechnungszeitraum geleisteten Zahlungen, die im Zusammenhang mit der Anschaffung von Brennstoff stehen, aufzunehmen.[40]

49 **bb) Wasserkosten.** Soweit Wasserkosten aufgrund Vereinbarung oder Beschlusses verbrauchsabhängig abzurechnen sind, sind – wie bei den Heizkosten (→ *Heizkosten* Rn. 66) – gleichwohl in die Gesamtabrechnung alle im Abrechnungsjahr für die Wasserversorgung geleisteten Zahlungen einzustellen.

50 **cc) Kosten eines Rechtsstreites.** Die aus den Mitteln der Gemeinschaft verauslagten **Kosten für Rechtsstreite** müssen in der Gesamtabrechnung ausgewiesen werden. Die Frage, ob und in welchen Fällen der Einsatz dieser Mittel aus Geldvermögen der Gemeinschaft überhaupt zulässig ist, ist insoweit unerheblich. Denn nach § 28 Abs. 2 WEG sind auch ungerechtfertigte Ausgaben in die Abrechnung einzustellen. Schon nach altem Recht konnte ein Beschluss aus diesem Grund nicht für ungültig erklärt werden.[41]

51 **dd) Umsatzsteuer.** Die **Umsatzsteuer** ist in der Gesamt- und Einzelabrechnung gesondert auszuweisen, wenn die Wohnungseigentümer auf die Steuerbefreiung ihrer Leistungen an die Wohnungs- und Teileigentümer insgesamt oder an einen einzelnen Wohnungs- oder Teileigentümer gem. § 9 UstG verzichtet haben.[42] Ein solcher Verzicht ist möglich, wenn die Wohnungseigentumsanlage **zu gewerblichen Zwecken** – etwa für die Vermietung von Ferienwohngen – genutzt wird.[43]

52 **ee) Unberechtigte Ausgaben.** Aus dem Prinzip der reinen Einnahmen-Ausgabenrechnung folgt zwingend, dass auch solche Aufwendungen abzurechnen sind.[44] Die Abrechnung wäre ansonsten **nicht prüffähig.** Bereits nach altem Recht war anerkannt, dass die Genehmigung der Abrechnungen durch die Gemeinschaft der Wohnungseigentümer **keine konkludente Billigung** der von dem Verwalter getätigten Ausgaben enthalten sollte.[45] Daran hat sich im Hinblick auf den nunmehr geänderten Beschlussgegenstand (Einforderung von Nachschüssen oder Anpassung der beschlossenen Vorschüsse) nichts geändert. Der Beschluss gem. § 28 Abs. 2 WEG lässt daher Schadensersatz-, Aufwendungsersatz- oder Bereicherungsansprüche der Gemein-

---

37 BT-Drs. 19/18791, 55.
38 NSV/*Niedenführ* WEG § 16 Rn. 45, 74.
39 LG Dortmund 24.11.2015 – 9 S 41/14, ZMR 2016, 221.
40 BGH 17.2.2012 – V ZR 251/10, NJW 2012, 1434.
41 BGH 15.3.2007 – V ZB 1/06, NZM 2007, 358 zu § 28 Abs. 3 WEG aF.
42 BayObLG 13.6.1996 – 2Z BR 28/96, NJW-RR 1997, 79.
43 Einzelheiten bei Bärmann/*Becker* WEG § 28 Rn. 121–123.
44 BGH 4.3.2011 – V ZR 156/10, NJW 2011, 1346 mwN.
45 BGH 4.3.2011 – V ZR 156/10, NJW 2011, 1346 zum alten Recht.

schaft der Wohnungseigentümer gegen den Verwalter, einzelne Eigentümer oder außerhalb der Gemeinschaft stehende Dritte stets unberührt, soweit – in Kenntnis der unberechtigten Ausgabe – keine Entlastung mitbeschlossen wird. Eine unberechtigte Ausgabe kann in der Zahlung von Prozesskosten durch den Verwalter ohne zugrundeliegende gesetzliche oder rechtsgeschäftliche Legitimation liegen.

2. Einzelabrechnungen. Für jedes Sondereigentum ist eine eigene Abrechnung vorzunehmen. Diese erfolgt   53
„objektbezogen" und muss die anteilige Belastung des Sondereigentums – nicht des Sondereigentümers – für das abzurechnende Wirtschaftsjahr ausweisen. Die Einzelabrechnungen sind aus der Gesamtabrechnung abzuleiten. Nach altem Recht konnten sie nicht isoliert – also ohne gleichzeitige oder vorangegangene Genehmigung der Gesamtabrechnung – genehmigt werden.[46] Das trifft jetzt nicht mehr zu: Sind die rechnerischen Ergebnisse der Einzelabrechnungen zutreffend, so ist ein Anfechtungsgrund nicht mehr gegeben, wenn eine Gesamtabrechnung nicht erstellt wurde. Denn nunmehr beschließt die Gemeinschaft der Wohnungseigentümer nicht mehr über das Zahlenwerk, sondern über das rechnerische Ergebnis (→ Rn. 1). Unabhängig davon besteht – bis zum Beschluss über die Nachschüsse – ein Anspruch jedes einzelnen Wohnungseigentümers gegen die Gemeinschaft der Wohnungseigentümer auf Aufstellung eines (formell) korrekten Zahlenwerkes, dh der Abrechnung.

Die Einzelabrechnungen dürfen grundsätzlich keine Positionen ausweisen, die nicht in der Gesamtabrechnung   54
enthalten sind.[47]

Das Ergebnis der Einzelabrechnung trifft denjenigen Eigentümer, der im Zeitpunkt der Beschlussfassung als   55
Eigentümer im Grundbuch eingetragen ist,[48] auch wenn er im Wirtschaftsjahrjahr noch nicht eingetragener Eigentümer war.

a) Verteilungsschlüssel. Der Verteilungsschlüssel ergibt sich aus § 16 Abs. 1 und 2 WEG, soweit nicht durch   56
Vereinbarung oder aufgrund einer gesetzlichen Beschlusskompetenz gem. § 16 Abs. 2 S. 2 bzw. § 21 WEG etwas anderes festgelegt ist.

aa) Einnahmen. Nach § 16 Abs. 1 WEG gebührt jedem Wohnungseigentümer ein seinem Anteil entsprechen-   57
der Bruchteil der Früchte des gemeinschaftlichen Eigentums und des Gemeinschaftsvermögens. Das können in erster Linie sein: Erträge aus Vermietung und Verpachtung (Mobilfunkanlage, Stellplätze etc), Zinserträge, Nutzugsentgelte für Waschmaschine, Trockner etc.

Ist nichts anderes vereinbart, so bestimmt sich dieser Anteil nach dem gem. § 47 GBO im Grundbuch **einge-   58
tragenen Miteigentumsanteil**. Wird in der Gemeinschaftsordnung – wie häufig – nur die Verteilung der „Lasten und Kosten" (nach neuem Recht zusammengezogen in „Kosten", § 16 Abs. 2 WEG) geregelt, kann dies dazu führen, dass die Einnahmen nach einem anderen Schlüssel als die Ausgaben zu verteilen wären. Da es in der Regel keinen sachlichen Grund dafür geben dürfte, die Einnahmen anders zu verteilen als die Ausgaben, ist zu unterstellen, dass bei Abfassung der Gemeinschaftsordnung schlicht übersehen wurde, dass die Gemeinschaft der Wohnungseigentümer auch allgemeine Erträge erzielen kann, so dass insoweit eine planwidrige Unvollständigkeit und somit eine Regelungslücke vorhanden ist. Diese kann nach den Grundsätzen der ergänzenden Auslegung durch Angleichung des Einnahmenverteilungsschlüssels an den Ausgabenverteilungsschlüssel geschlossen werden.[49]

bb) Ausgaben. Die Ausgaben sind entsprechend der gesetzlichen oder gewillkürten Umlageschlüssel zu ver-   59
teilen, ggf. auch aufgrund eines gerichtlich bestimmten Schlüssels.[50]

Einzelheiten: 60

(1) Grundsteuer. Der **Grundsteuerbescheid** wird vom Finanzamt für das jeweilige Sondereigentum erstellt   61
und dem Sondereigentümer direkt zugestellt. Sie ist deshalb nicht zu verteilen, es sei denn, sie wurde aus dem Verwaltungsvermögen bezahlt.

---

46 OLG Düsseldorf 3.8.2007 – I-3 Wx 84/07, 3 Wx 84/07, NJW-RR 2008, 171; BayObLG 23.5.1990 – BReg 2 Z
    44/90, NJW-RR 1990, 1107 f.; aA *Casser/Schultheiss* ZMR 2012, 375.
47 BayObLG 7.5.1992 – 2Z BR 26/92, WuM 1992, 395–396.
48 BGH 2.12. 2011 – V ZR 113/11, ZMR 2012, 284.
49 Bärmann/Seuß WE-Praxis/*Wanderer* § 28 Rn. 135 unter Verweis auf BGH 7.10.2004 – V ZB 22/04, ZWE 2005, 72.
50 *Hügel/Elzer* WEG § 16 Rn. 99.

62 **(2) Heiz- und Warmwasserkosten.** Für eine umfangreiche Darstellung → *Heizkosten* Rn. 66.

63 Die Regelungen der **HeizkostenV** gelten für den Verband Wohnungseigentümergemeinschaft unmittelbar; einer Vereinbarung oder eines Beschlusses über ihre Geltung bedarf es nicht. Den Vorgaben der HeizkostenV ist Genüge getan, wenn zwar nicht in der Gesamtabrechnung, aber in den Einzelabrechnungen eine verbrauchsabhängige Abrechnung vorgenommen wird, dort also die Kosten des im Abrechnungszeitraum tatsächlich verbrauchten Brennstoffs verteilt werden. Der Umstand, dass sich insoweit ausnahmsweise die **Einzelabrechnung nicht unmittelbar aus der Gesamtabrechnung herleitet**, ist hinzunehmen, sofern die in der Einzelabrechnung enthaltene Abweichung deutlich ersichtlich und mit einer verständlichen Erläuterung versehen ist.[51]

64 Die verbrauchsabhängige Abrechnung ist – zumeist von spezialisierten Dienstleistungsunternehmen – auf der Grundlage der in der Wohnungseigentümergemeinschaft geltenden Umlageschlüssel[52] zu ermitteln und zu errechnen. Diese Umlageschlüssel können bereits in der Gemeinschaftsordnung vorgegeben sein oder durch Beschluss gem. § 16 Abs. 2 S. 2 WEG aufgestellt oder (für die Zukunft) verändert werden. Nicht einer Vereinbarung oder einer Beschlussfassung unterliegen zwingend vorgeschriebene Umlageschlüssel.[53]

65 Sind die Ausgaben für Brennstoffe im Wirtschaftsjahr höher als die Ausgaben für die tatsächlich verbrauchten Brennstoffe, so sind in einem **ersten Schritt** nur die Ausgaben für die **tatsächlich verbrauchten Brennstoffe** in der Einzelabrechnung umzulegen. Der überschießende Betrag ist im **zweiten Schritt** nach dem **allgemeinen Kostenverteilungsschlüssel** gem. § 16 Abs. 2 WEG auf die Eigentümer im Rahmen der Einzelabrechnung zu verteilen.[54] Das gilt unabhängig davon, welche Brennstoffe zum Einsatz kommen.[55]

66 Im Jahr der Abrechnung ergibt sich dadurch ein **Liquiditätsüberschuss**, der bei vollständiger Zahlung durch alle Gemeinschaftsmitglieder demjenigen Betrag entspricht, der im Vorjahr für Brennstoffe, die in diesem nicht verbraucht wurden, aufgewandt worden ist. Dieser Betrag steht zur freien Verfügung und kann als liquide Masse im Vermögen des Verbandes Wohnungseigentümergemeinschaft verbleiben oder im Verhältnis des allgemeinen Verteilungsschlüssels ausgeschüttet werden, wenn ansonsten ausreichende Liquidität vorhanden ist.[56] Nach anderer Ansicht ist eine Liquiditätsrücklage „Heizung" zu bilden, um daraus den Verbrauch im Jahr der Abrechnung zu „finanzieren".[57]

67 Im Falle eines **Nutzerwechsels** (Mieterwechsel oder Eigentümerwechsel) während des Wirtschaftsjahres ist gem. § 12 HeizkostenV eine Zwischenablesung vorzunehmen. Die Werte der Zwischenablesung fließen jedoch in die Einzelabrechnung der betroffenen Wohnung nicht ein. Der Nutzerwechsel betrifft nur das Rechtsverhältnis zwischen Sondereigentümer und Mieter bzw. zwischen Veräußerer und Erwerber. Im Verhältnis zwischen Sondereigentümer und Gemeinschaft der Wohnungseigentümer ist es ohne Bedeutung, welcher Nutzer der Wohnung innerhalb des Wirtschaftsjahres welchen Verbrauch verursacht hat, da die Abrechnung nach § 28 Abs. 2 WEG objektbezogen erstellt wird.[58]

68 **(3) Andere verbrauchsabhängige Kosten.** Werden in der Gemeinschaft der Wohnungseigentümer auch andere Kosten als die Heiz- und Warmwasserkosten aufgrund Vereinbarung oder Beschlusses nach § 16 Abs. 3 WEG verbrauchsabhängig abgerechnet (zB Kaltwasser), so gelten die zu den Heizkosten (→ *Heizkosten* Rn. 66) und Warmwasserkosten dargelegten Regeln.[59]

69 **(4) Bauliche Veränderungen.** Die Verteilung der Kosten (und Nutzungen) bei baulichen Veränderungen ist vom Gesetzgeber in § 21 WEG umfassend neu geregelt worden. Als Pendant zur Absenkung des Quorums für die Beschlussfassung zu baulichen Veränderungen in § 20 Abs. 1 WEG und der Begründung von Individualansprüchen einzelner Eigentümer auf Durchführung von sog. privilegierten baulichen Veränderungen nach § 20

---

51 BGH 17.2.2012 – V ZR 251/10, NZM 2012, 344.
52 §§ 7, 8 HeizkostenV.
53 § 7 Abs. 1 S. 2 HeizkostenV.
54 BGH 17.2.2012 – V ZR 251/10, NZM 2012, 344.
55 AG Bremen 13.12.2013 – 29 C 88/13, ZMR 2014, 316.
56 AG Bremen 13.12.2013 – 29 C 88/13, ZMR 2014, 316.
57 Bärmann/*Becker* WEG § 28 Rn. 126; *Casser/Schultheis* ZMR 2012, 375.
58 Bärmann/Seuß WE-Praxis/*Wanderer* § 34 Rn. 108 zu § 28 Abs. 3 WEG aF.
59 *Niedenführ* ZWE 2018, 71 mwN.

Abs. 2 WEG[60] dient § 21 WEG dem Schutz derjenigen Eigentümer, die eine solche bauliche Änderung ablehnen.[61] Sie sollen nicht an den Kosten beteiligt werden können.

Gem. § 21 Abs. 1 WEG sind deshalb die Kosten für eine **bauliche Veränderung**, die einem Wohnungseigentümer per Beschluss gestattet wurde oder die auf sein Verlangen hin nach § 20 Abs. 2 WEG durch die Gemeinschaft der Wohnungseigentümer durchgeführt wurde, nur von ihm zu tragen. Das gilt entsprechend, wenn es sich um mehrere Wohnungseigentümer handelt; diese müssen die Kosten dann im Verhältnis ihrer Miteigentumsanteile tragen.[62] Als Beispiel sind hier etwa der Einbau einer oder mehrerer Elektroladestationen für E-Autos zu nennen oder der Einbau eines Fahrstuhls zugunsten von einem oder mehreren Eigentümern (privilegierte Maßnahmen nach § 20 Abs. 2 WEG). 70

Bauliche Veränderungen, die mit 2/3 der abgegebenen Stimmen und der Hälfte aller Miteigentumsanteile beschlossen wurden und nicht mit unverhältnismäßig hohen Kosten verbunden sind oder die sich innerhalb eines angemessenen Zeitraums amortisieren, sind von allen Eigentümern zu tragen. Bzgl. des Merkmals „unverhältnismäßig hohe Kosten" wird nicht auf die Bau-, sondern die Folgekosten für Gebrauch und Erhaltung abgestellt.[63] Ein angemessener Amortisationszeitraum kann der von der Rechtsprechung entwickelte Zehnjahreszeitraum sein;[64] das gilt aber nicht statisch.[65] Zu den Einzelheiten → *Kosten und Nutzungen der baulichen Veränderungen* Rn. 1 ff. 71

(5) Rechtsverfolgungskosten. Sonderregeln für die Verteilung von Rechtsverfolgungskosten wie in §§ 16 Abs. 7 und 8 WEG aF gibt es nicht mehr. Solche Kosten sind nunmehr nach § 16 Abs. 2 S. 1 WEG als Kosten der Verwaltung unter den Wohnungseigentümern zu verteilen.[66] 72

Die Vergütung einer **außergerichtlichen Rechtsberatung** gehört zu den Kosten der gemeinschaftlichen Verwaltung. Dies gilt auch dann, wenn sich die Beratung auf die Rechte und Pflichten einzelner Wohnungseigentümer bezieht oder durch deren Verhalten veranlasst ist. In einem solchen Fall besteht kein Grund, von dem allgemeinen Verteilungsschlüssel abzuweichen. Denn bei einer außergerichtlichen Rechtsverfolgung oder -beratung wird die Kostenverteilung innerhalb der Gemeinschaft nicht durch eine gerichtliche Kostenentscheidung beeinflusst.[67] 73

Zu den Kosten der Verwaltung iSd § 16 Abs. 2 WEG zählen weiter auch die Kosten einer **Entziehungsklage** nach § 17 WEG. Diese Kosten sind daher anteilig auf alle Wohnungseigentümer einschließlich des Beklagten umzulegen. Wird die Klage abgewiesen, hat sich daher der obsiegende beklagte Wohnungseigentümer im Rahmen der Abrechnung auch an den Gerichtskosten und den Anwaltskosten der Gemeinschaft zu beteiligen.[68] 74

Hinsichtlich der Verteilung von Kosten eines **Rechtsstreites gem. § 43 Abs. 2 und 4 WEG**, bei denen auf der einen Seite die Gemeinschaft der Wohnungseigentümer und auf der anderen Seite ein oder mehrere Wohnungseigentümer beteiligt sind (zB Hausgeld- oder Anfechtungsklagen), gilt, dass der oder die klagenden oder beklagten Wohnungseigentümer Beteiligte auf beiden Seiten sind. Dies bedeutet insbesondere im Bereich der Beschlussanfechtungsklagen nach § 44 WEG eine grundlegende Änderung. 75

Gewinnt die Gemeinschaft der Wohnungseigentümer einen Rechtsstreit gegen einen Wohnungseigentümer, ist dieser Anspruch nicht in die Einzelabrechnung des Wohnungseigentümers einzustellen. Denn die Gemeinschaft der Wohnungseigentümer muss ihren prozessualen oder materiellen Kostenerstattungsanspruch außerhalb der Abrechnung verfolgen. Verliert die Gemeinschaft der Wohnungseigentümer den Prozess, sind die Kosten hingegen nach § 16 Abs. 2 S. 1 WEG auf sämtliche Wohnungseigentümer umzulegen, auch den obsiegenden Eigentümern.[69] 76

---

60 BT-Drs. 19/18791, 63.
61 BT-Drs. 19/18791, 67.
62 BT-Drs. 19/18791, 68.
63 BT-Drs. 19/22634, 44.
64 BGH 14.12.2012 – V ZR 224/11, NJW 2013, 1439.
65 BT-Drs. 19/18791, 69.
66 *Lehmann-Richter/Wobs*, WEG-Reform 2020, Rn. 687.
67 BGH 15.3.2007 – V ZB 1/06, NJW 2007, 1869, auch im Hinblick auf § 16 Abs. 8 WEG aF.
68 OLG Düsseldorf 3.5.1996 – 3 Wx 356/93, NJW-RR 1997, 13 zum alten Recht.
69 *Hügel/Elzer*, 3. Aufl. 2021, WEG § 16 Rn. 32.

77 Wurden Kosten für solche Streitigkeiten aus Mitteln der Gemeinschaft bezahlt, so sind sie in die Gesamtabrechnung einzustellen und abzurechnen.

78 **b) Sonderumlagen.** Sonderumlagen sind als Nachtrag zum Wirtschaftsplan in die Abrechnung aufzunehmen. Eine getrennte Abrechnung ist nicht zulässig.[70]

79 Werden die durch die Sonderumlage von den Eigentümern angeforderten und bezahlten Gelder im gleichen Jahr **bestimmungsgemäß für die geplante Maßnahme ausgegeben**, stellen sich keine besonderen Probleme der Darstellung in der Abrechnung. Es gibt dann eine Einnahme, die entsprechend der Gemeinschaftsordnung oder des Beschlusses über die Umlage auf die Eigentümer zu verteilen ist und auf der anderen Seite eine Ausgabe, die nach demselben Maßstab zu aufzuteilen ist. Es widerspricht aber einer ordnungsgemäßen Abrechnung, eine Sonderumlage für konkrete Instandhaltungsmaßnahmen, die im gleichen Wirtschaftsjahr erhoben und zweckentsprechend verbraucht wurde, als „Zuweisung zur Erhaltungsrücklage" in der Abrechnung auszuweisen, auch wenn die Umlage kurzzeitig dem Rücklagenkonto gutgeschrieben wurde.[71]

80 Erfolgt die Ausgabe des vereinnahmten Geldes **vorhersehbar erst im folgenden Wirtschaftsjahr**, so empfiehlt sich die Bildung einer **zweckgebundenen Rücklage**, die neben der Instandhaltungsrücklage geführt wird. Denn im Folgejahr ergibt sich wegen des Liquiditätszuflusses ein Liquiditätsüberschuss, der im Rahmen der Abrechnung des Folgejahres ggf. auszukehren wäre. Dies Problem besteht insbesondere bei Baumaßnahmen, die sich über mehrere Jahre hinziehen. Dabei soll es nicht Grundsätzen ordnungsmäßiger Verwaltung widersprechen, wenn die Gemeinschaft der Wohnungseigentümer mehrjährige Bauarbeiten am Schluss erstmalig jahresübergreifend abrechnet.[72] Auch in diesem Fall erfolgt die Verteilung der Sonderumlage als Einnahme bzw. Ausgabe nach der zugrundeliegenden Vereinbarung oder dem Beschluss.

IV. Weitere Angaben

81 Anders als nach bisherigem Recht sind die Darstellung der Erhaltungsrücklage und die Kontenentwicklung nicht mehr Bestandteil der Abrechnung. Sie sind nun in den gem. § 28 Abs. 4 WEG aufzustellenden Vermögensbericht (→ *Vermögensbericht* Rn. 1 ff.) aufzunehmen.

82 Unabhängig davon können – und müssen nach teilweise vertretener Auffassung – über den unter → Rn. 12 dargestellten Mindestinhalt hinaus, weitere Angaben in der Abrechnung gemacht werden.

83 **1. Saldenliste.** Eine Saldenliste, dh eine **Aufstellung sämtlicher Einzel-Abrechnungsergebnisse**, ist nicht zwingender Bestandteil der Abrechnung.[73] Der Informationswert einer Übersicht der Abrechnungsergebnisse, die die Guthaben oder Nachzahlungsbeträge für alle Wohnungen ausweist, ist gering. Dass sich die Stimmabgabe jedes einzelnen Eigentümers bei der Beschlussfassung über die Abrechnung auch auf die Genehmigungen der fremden Einzelabrechnungen erstreckt, macht es nicht erforderlich, die jeweiligen Abrechnungsergebnisse aller Wohnungen in der Einzelabrechnung auszuweisen. Das daraus resultierende Informationsinteresse wird durch den Anspruch auf Einsichtnahme in die Einzelabrechnungen hinreichend gewahrt.[74]

84 **2. Haushaltsnahe Dienstleistungen.** Gemäß § 35 a EStG können Ausgaben für haushaltsnahe Beschäftigungsverhältnisse und Dienstleistungen sowie für bestimmte Handwerkerleistungen die Einkommensteuerlast mindern. Der notwendige **Ausweis des Lohnkostenanteils** kann entweder in der Abrechnung oder durch Bescheinigung des Verwalters erfolgen.[75] Die Abrechnung über haushaltsnahe Dienstleistungen ist gleichwohl nicht Bestandteil des Beschlusses über die Abrechnung und Fehler führen deshalb auch nicht zur Anfechtbarkeit.[76]

85 So, wie der einzelne Wohnungseigentümer verlangen kann, dass ihm der Verwalter seinen Anteil an der Zinsabschlagsteuer bescheinigt, damit er die Steuer anteilig vom Finanzamt erstattet bekommt, kann der einzelne Wohnungseigentümer auch verlangen, dass ihm der Verwalter die ihn betreffenden, anteiligen haushaltsnahen

---

70 KG 22.11.2004 – 24 W 233/03, NJW-Spezial 2005, 147.

71 OLG München 21.5.2007 – 34 Wx 148/06, ZWE 2007, 505 (mAnm *Ott*).

72 KG 26.1.2004 – 24 W 182/02, NZM 2004, 263; aA *Dötsch* ZWE 2018, 61.

73 BGH 27.10.2017 – V ZR 189/16, NZM 2018, 233; aA AG Köln 24.4.2008 – 202 C 159/07.

74 BGH 27.10.2017 – V ZR 189/16, NZM 2018, 233 mwN.

75 Bärmann/Seuß WE-Praxis/*Wanderer* § 34 Rn. 52.

76 AG München 27.2.2018 – 483 C 10766/16, ZMR 2018, 542.

Dienstleistungen in der Ausgabesumme bescheinigt. Der Verwalter muss diese Bescheinigung aber **nicht kostenfrei** erstellen.[77] Als Vergütung wurde ein Betrag pro Wohnungseigentümer von 25 EUR als angemessen angesehen.[78]

Über die Vergütung und die Vergütungshöhe kann die Gemeinschaft der Wohnungseigentümer durch Mehrheitsbeschluss beschließen.[79]   86

3. Rücklagen. Weiter ist anzugeben, welcher rechnerische „Anteil" an den Abflüssen aus den Rücklagen, etwa aus der Erhaltungsrücklage, bemessen nach Höhe der Miteigentumsanteile, auf die Wohnungseigentumsrechte entfallen.[80] Dies ist aus steuerlichen Gründen vor allem für vermietende Sondereigentümer von Relevanz.   87

4. Vermietete Sondereigentumseinheiten. Die Umlegung von Betriebskosten vom Vermieter auf den Mieter folgt anderen Regeln als die Verteilung von Kosten innerhalb der Wohnungseigentümergemeinschaft. Ein Vermieter von Wohnraum kann in der Regel nur die in § 2 BetrKV definierten Kosten weiterreichen. Er muss zudem die **Ausschlussfrist** des § 556 Abs. 3 BGB beachten.   88

Häufig werden zudem Vertragsmuster verwandt, die von der Regelung in der Eigentümergemeinschaft abweichende Verteilungsschlüssel enthalten, zB im Hinblick auf Abrechnungszeitraum oder Umlagemaßstab (Quadratmeter statt Miteigentumsanteilen).   89

Insoweit ist es das Interesse des vermietenden Sondereigentümers, eine **Einzelabrechnung** zu erhalten, die er ohne großen Aufwand fristgerecht **an den Mieter weiterleiten** kann. Ohne gesonderte Vereinbarung ist der Verwalter allerdings nicht verpflichtet, für eine vermietete Wohnung eine Einzelabrechnung zu erstellen, in der die mietvertraglich umlagefähigen Kosten nach Maßgabe der BetrKV ausgewiesen werden.[81] Gleichwohl werden Einzelabrechnungen in der Praxis häufig nach diesem Kriterium von den Verwaltern untergliedert. Enthält allerdings der vom vermietenden Eigentümer verwendete Mietvertrag einen anderen Umrechnungszeitraum oder Umlegungsmaßstäbe, so ist eine solche Untergliederung nur begrenzt hilfreich. In diesem Fall muss der vermietende Eigentümer trotzdem aus seiner Einzelabrechnung und den dazu gehörenden Rechnungen und Belegen eine eigenständige Betriebskostenabrechnung für sein Sondereigentum erstellen.   90

Zudem ist über die Betriebskostenvorauszahlungen des Mieters grundsätzlich auch dann innerhalb der Jahresfrist des § 556 Abs. 3 BGB abzurechnen, wenn zu diesem Zeitpunkt der Beschluss über die Abrechnung noch nicht vorliegt. Ein solcher Beschluss ist keine (ungeschriebene) Voraussetzung für die Abrechnung der Betriebskosten gem. § 556 Abs. 3 BGB.[82]   91

V. Abrechnungsergebnis (Abrechnungssaldo/Abrechnungsspitze)

Hier sind zwei Begriffe zu unterscheiden: 92

Der **Abrechnungssaldo** ist die Differenz zwischen der Abrechnungssumme (Ausgaben) und den tatsächlich in der Abrechnungsperiode gezahlten Wohngeldvorschüssen bzw. den von der Wohnungseigentümergemeinschaft ggf. erzielten Einnahmen (Vermietung etc). Die Berechnung erfolgt hier auf der Grundlage der Ist-Wohngeldzahlungen der Eigentümer.   93

Die **Abrechnungsspitze** ist demgegenüber die Differenz zwischen der Abrechnungssumme (Ausgaben) und dem Wohngeldsoll, also den im Wirtschaftsplan beschlossenen Wohngeldvorschüssen. Abgestellt wird hier – anders als bei dem Abrechnungssaldo – nicht auf die Ist- sondern auf die Sollzahlungen der Eigentümer.   94

Übersteigen die Ausgaben die Sollzahlungen (plus ggf. weitere Einnahmen), so ergibt sich eine negative Abrechnungsspitze. Im umgekehrten Fall spricht man von einer positiven Abrechnungsspitze.   95

Umstritten war bisher, ob die **Einzelabrechnung die Abrechnungsspitze betragsmäßig** ausweisen muss. Hintergrund war, dass der Beschluss über die Abrechnung anspruchsbegründend nur hinsichtlich des auf den   96

---

77 AG Neuss 29.6.2007 – 74 II 106/07 WEG, NZM 2007, 736.
78 LG Düsseldorf 8.2.2008 – 19 T 489/07, NZM 2008, 453.
79 KG Berlin 16.4.2009 – 24 W 93/08, GE 2009, 723.
80 *Hügel/Elzer*, 3. Aufl. 2021, WEG § 28 Rn. 168.
81 BayObLG 4.4.2005 – 2Z BR 198/04, WuM 2005, 480.
82 BGH 25.1.2017 – VIII ZR 249/15, NJW 2017, 2608.

einzelnen Wohnungseigentümer entfallenden Betrages wirkte, welcher die in dem Wirtschaftsplan für das abgelaufene Jahr beschlossenen Vorschüsse überstieg (= Abrechnungsspitze).[83] Zahlungsverpflichtungen, die durch frühere Beschlüsse – vor allem zum Wirtschaftsplan – entstanden sind, blieben (und bleiben) hierdurch unberührt. Dies gilt unabhängig davon, ob zwischenzeitlich ein Eigentümerwechsel stattgefunden hat.[84] Nach der Rechtsprechung des Bundesgerichtshofes hat der Beschluss über die Abrechnung hinsichtlich etwaiger Zahlungsrückstände aus dem Wirtschaftsplan also nur eine diesen Plan bestätigende oder verstärkende Wirkung. Eine **Schuldumschaffung im Sinne einer Novation**, dh eine Aufhebung des Beschlusses über den Wirtschaftsplan und vollständige Ersetzung durch den Beschluss über die Abrechnung, ist damit grundsätzlich nicht verbunden.[85]

97 ZT wurde zum alten Recht deshalb die Ansicht vertreten, dass es sich bei der Abrechnungsspitze um eine reine **Rechengröße** handele, die nicht Gegenstand der konstitutiven Beschlussfassung sei. Es sei ausreichend, wenn sich die Abrechnungsspitze durch den Vergleich der Einzelabrechnung mit dem Einzelwirtschaftsplan berechnen lasse.[86] Nach der Änderung des Beschlussgegentandes durch das WEMoG kann diese Auffassung nicht mehr aufrecht erhalten werden: Beschlossen wird nicht mehr über das „Zahlenwerk", sondern über Nachschüsse bzw. die Anpassung von Vorschüssen (aus dem Wirtschaftsplan).

98 Die Abrechnungsspitze ist deshalb in die Einzelabrechnung mit aufzunehmen. Aus Gründen der Bestimmtheit des Beschlusses muss für die Wohnungseigentümer bei der Beschlussfassung erkennbar sein, in welcher Höhe sie mit der Abrechnung **konstitutiv eine Verpflichtung** der einzelnen Wohnungseigentümer beschließen. Anderenfalls würde sich die anspruchsbegründende Berechnung der Abrechnungsspitze erst aus einer vom Verwalter vorzunehmenden Berechnung ergeben, welche einer gerichtlichen Nachprüfung im Anfechtungsprozess entzogen wäre.[87]

VI. Beschluss über die Abrechnung

99 **1. Verfahren. a) Prüfung durch den Beirat.** Hat der Verwalter den Entwurf der Abrechnung in Vorbereitung der Eigentümerversammlung erstellt, so ist es gem. § 29 Abs. 2 WEG **Aufgabe des Beirates**, den Entwurf zu prüfen und mit einer Stellungnahme zu versehen. Einen Prüfbericht muss der Beirat jedoch nicht erstellen.[88]

100 **b) Prüfung durch die Eigentümer.** Jedem Wohnungseigentümer ist vor der Beschlussfassung die Gesamtabrechnung und die seine eigene Einheit betreffende Einzelabrechnung zur Kenntnis und Überprüfung zu geben. Der Eigentümer kann auch Einsicht in die Stellungnahme des Verwaltungsbeirats verlangen.[89]

101 Die Wohnungseigentümer haben gem. § 18 Abs. 4 WEG einen Anspruch gegen die Gemeinschaft der Wohnungseigentümer auf Gewährung von Einsicht in sämtliche Verwaltungsunterlagen. Zu Erfüllung des Anspruches ist der Verwalter als Organ berufen.[90] Grundsätzlich ist das **Einsichtsrecht** in den Geschäftsräumen des Verwalters zu gewähren.[91]

102 **c) Ladung.** Mit der Ladung zur Eigentümerversammlung sind den Eigentümern die Gesamt- und Einzelabrechnungen zu übersenden.[92] Zur Bezeichnung iSv § 23 Abs. 2 WEG genügt nun aber nicht mehr „Beschluss über die Abrechnung für das Jahr xy".[93] Beschlossen wird jetzt über „die Einforderung von Nachschüssen" oder „die Anpassung der beschlossenen Vorschüsse für das Jahr xy".

---

83 BGH 1.6.2012 – V ZR 171/11, ZWE 2012, 373 mwN.
84 BGH 1.6.2012 – V ZR 171/11, ZWE 2012, 373.
85 BGH 23.9.1999 – V ZB 17/99, NJW 1999, 3713.
86 LG München I 19.4.2017 – 1 S 6728/16, ZMR 2017, 582; weitergehend AG München 17.3.2016 – 483 C 16880/15, ZMR 2016, 407: Ausweis der Abrechnungsspitze in der Einzelabrechnung unzulässig.
87 LG Frankfurt/M. 31.5.2017 – 2–13 S 135/16, 2/13 S 135/16, NZM 2017, 570; LG Hamburg 22.2.2017 – 318 S 46/15, ZMR 2017, 427; LG Dortmund 24.6.2014 – 1 S 18/13, ZWE 2014, 365.
88 KG 8.1.1997 – 24 W 7947/95, GE 1997, 375.
89 Bärmann/Seuß WE-Praxis/*Wanderer* § 34 Rn. 153.
90 BT-Drs. 19/18791, 60.
91 BGH 11.2.2011 – V ZR 66/10, NZM 2011, 279 zum alten Recht.
92 BGH 13.1.2012 – V ZR 129/11, NJW-RR 2012, 343.
93 *Hügel/Elzer* WEG § 28 Rn. 130 zum alten Recht.

2. Beschlussgegenstand. Sinn und Zweck des Beschlusses über die Abrechnung ist die **Begründung von** 103
Ansprüchen der Gemeinschaft der Wohnungseigentümer gegen einzelne Eigentümer auf Nachzahlungen bzw.
ggf. auch umgekehrt auf Auskehrung von Guthaben an einzelne Eigentümer. Konkreter Gegenstand des Beschlusses ist damit die Einforderung von Nachschüssen oder die Anpassung beschlossener Vorschüsse. Das
zugrundeliegende Zahlenwerk, die Abrechnung, ist nicht (mehr) Gegenstand des Beschlusses, sondern dient
nur der Vorbereitung.[94]

Die Teilungserklärung kann bestimmen, dass eine Beschlussfassung nicht erforderlich ist. Das Ergebnis der 104
Abrechnung – die eigentlich zu beschließende Abrechnungsspitze – wird dann allerdings nicht bestandskräftig.[95]

Ob die Wohnungseigentümer eine **Genehmigungsfiktion** vereinbaren können, wonach die Abrechnung ge- 105
nehmigt oder anerkannt wird, wenn ihr nicht innerhalb einer bestimmten Frist widersprochen wird, ist streitig.[96] Die Rechtsprechung hat entsprechende Klauseln gleichwohl häufig für unwirksam gehalten.[97] Im Verwaltervertrag ist eine Klausel in jedem Fall unzulässig, da dort nicht das Verhältnis der Wohnungseigentümer
untereinander geregelt werden kann.[98]

Nicht Teil des Genehmigungsbeschlusses sind auf jeden Fall die verwendeten Umlageschlüssel. Weichen diese 106
von den geltenden Umlageschlüsseln ab, so liegt darin keine auf § 16 Abs. 2 WEG oder einer Öffnungsklausel
fußende Änderung,[99] auch dann, wenn der Beschluss Bestandskraft erlangt.

3. Wirkung des Beschlusses und Verhältnis zum Wirtschaftsplan. Der Wirtschaftsplan ist der Haushalts- 107
plan der Gemeinschaft der Wohnungseigentümer. Dort können aber für die Berechnung der Nachschüsse oder
Anpassung der Vorschüsse (Abrechnungsspitze) nach § 28 Abs. 2 WEG keine Vorgaben gemacht werden,
durch die von den in dem in der Gemeinschaft der Wohnungseigentümer geltenden Regeln abgewichen wird.
Sind zB die aufgrund des Zahlenwerkes im Wirtschaftsplan beschlossenen Vorschüsse mit einem unzutreffenden Verteilungsschlüssel errechnet worden, so hat dies keine Bindungswirkung für die rechnerische Richtigkeit der zu beschließenden Abrechnungsspitze.[100]

a) Hausgeld und Abrechnungsspitze. Der Beschluss wirkt **anspruchsbegründend** nur hinsichtlich des auf 108
den einzelnen Wohnungseigentümer entfallenden Betrags, welcher die in dem Wirtschaftsplan für das abgelaufene Jahr beschlossenen Vorschüsse übersteigt, die sog. **Abrechnungsspitze.**[101] Die Verpflichtung zur Zahlung von Wohngeldern aus früheren Wirtschaftsplänen bleibt dadurch unberührt. Der Beschluss über die Abrechnung führt auch nicht zu einer Verdoppelung des Rechtsgrunds für rückständige Vorschüsse in dem Sinne,
dass sie sowohl aufgrund des Beschlusses über den Wirtschaftsplan als auch aufgrund des Beschlusses über
die Abrechnung geschuldet wären.[102] Die verstärkende Wirkung des Beschlusses über die Abrechnung besteht
lediglich darin, dass der Korrekturvorbehalt, unter dem die Vorschusszahlungen gem. Wirtschaftsplan stehen,
entfällt.

Ergibt sich demgemäß eine **negative Abrechnungsspitze** in der Einzelabrechnung, weil der betreffende Ei- 109
gentümer sein Hausgeld nicht oder nicht vollständig gezahlt hat, so können die Wohnungseigentümer aufgrund der beschlossenen Abrechnung nur die Zahlung der negativen Abrechnungsspitze verlangen, die anhand
der (nicht geleisteten) Sollzahlungen zu ermitteln ist. Bei dem die Abrechnungsspitze übersteigenden Betrag
handelt es sich um offene Hausgeldzahlungen, die die Wohnungseigentümergemeinschaft nur auf der Grundlage des beschlossenen Wirtschaftsplanes geltend machen kann. Insoweit ist das Verjährungsproblem zu beachten, denn die Abrechnung mit der Abrechnungsspitze wird zeitlich nach dem Wirtschaftsplan beschlossen. Die

94 BT-Drs. 19/18791, 77.
95 NSV/*Niedenführ* WEG § 28 Rn. 178 zum alten Recht.
96 Grundsätzlich bejahend: OLG Hamm 29.6.1981 – 15 W 169/80, Rpfleger 1981, 440.
97 So BayObLG 23.9.1988 – BReg 2 Z 97/87, DWW 1988, 387: „Wenn nicht innerhalb von 14 Tagen nach der Absendung der Abrechnung ein schriftlicher begründeter Widerspruch von mehr als der Hälfte der Miteigentumsanteile eingelegt ist, gilt die Abrechnung als anerkannt."
98 OLG München 25.9.2008 – 32 Wx 118/08, NJW 2008, 3574.
99 *Hügel/Elzer* WEG § 28 Rn. 127.
100 LG Lüneburg 28.7.2014 – 9 S 49/14, ZMR 2014, 1005 zum alten Recht.
101 BGH 1.6.2012 – V ZR 171/11, NJW 2012, 2797 zum alten Recht, s. jetzt: BT-Drs. 19/18791, 77.
102 BGH 1.6.2012 – V ZR 171/11, NJW 2012, 2797 mwN.

Verjährung der Hausgeldforderungen tritt damit früher ein als die des Nachzahlungsbetrages aus der Abrechnungsspitze.

110 **b) Fehlender Wirtschaftsplan.** Ein Sonderproblem ergibt sich, wenn ein Wirtschaftsplan nie existiert hat oder nachträglich für ungültig erklärt wird. Weist die Abrechnung eine negative Abrechnungsspitze aus, so kann nur diese aufgrund des Beschlusses nachgefordert werden. Für die Anforderung nicht gezahlter Hausgeldvorschüsse gibt es dann keine Rechtsgrundlage.

111 Grundsätzlich kann die Gemeinschaft der Wohnungseigentümer auch nach Ablauf des Wirtschaftsjahres noch über die Pflicht zur Zahlung von Vorschüssen beschließen.[103] Alternativ soll es möglich sein, einen Beschluss gem. § 28 Abs. 2 WEG dahin gehend zu fassen, dass die Abrechnungsspitze die entsprechenden Ansprüche (offene Hausgeldbeträge) mitumfasst. In diesem Fall dient der Beschluss der Begründung sämtlicher gegen ein Sondereigentum gerichteter Ansprüche.[104] Das soll aber nur möglich sein, wenn die Abrechnungsspitze für den entsprechenden Zeitraum noch nicht beschlossen wurde, denn ansonsten müsste der Beschluss entsprechend umgedeutet werden. Sinnvoller ist es in diesem Fall, eine Korrektur des Beschlusses über die Abrechnungsspitze durch einen Zweitbeschluss vorzunehmen,[105] der auch die offenen Hausgeldforderungen umfasst.

112 **c) Eigentümerwechsel.** Ein Eigentümerwechsel hat auf die Erstellung und die Beschlussfassung der Gesamt- und Einzelabrechnungen grundsätzlich keinen Einfluss. Die Einzelabrechnungen werden objektbezogen erstellt. **Adressat der Einzelabrechnung** ist die Person, die im Zeitpunkt der Beschlussfassung Eigentümer der Einheit ist. Dies gilt auch dann, wenn der Eigentümerwechsel nach Ablauf des abzurechnenden Wirtschaftsjahres erfolgt ist. Wird in der Einzelabrechnung versehentlich die falsche Person als Eigentümer genannt, führt dies nicht zur Unrichtigkeit der Abrechnung.[106]

113 Ergibt sich aus der Einzelabrechnung eine **negative Abrechnungsspitze**, so haftet der neue Eigentümer für diesen Betrag. Soweit aufgrund eines beschlossenen Wirtschaftsjahres Hausgeldforderungen gegenüber dem Voreigentümer bestehen, haftet der neue Eigentümer dafür aber nicht. Durch die Beschlussfassung über die Abrechnungsspitze wird nämlich der aufgrund des Wirtschaftsplans gegen einen Rechtsvorgänger bestehende Anspruch auf Vorschusszahlungen gegen dessen Rechtsnachfolger nicht neu begründet.[107] Grundsätzlich ist es deshalb die Angelegenheit von Verkäufer und Erwerber diese Frage in ihrem internen Verhältnis – etwa im Kaufvertrag – zu klären.

114 Zulässig ist darüber hinaus eine Bestimmung in der Teilungserklärung, wonach der neue Eigentümer auch für Hausgeldschulden seines Verkäufers haftet.[108] Die Eigentümergemeinschaft hat dann zwei (Gesamt-)Schuldner.

VII. Gerichtliche Überprüfung

115 Gegen den Beschluss gem. § 28 Abs. 2 WEG kann jeder Eigentümer **Anfechtungsklage** gem. § 44 WEG erheben.

116 Die Einengung des Beschlussgegenstands hat weitreichende Folgen für die Anfechtung: Sie kann nur noch auf betragsrelevante Mängel gestützt werden. Auch die Möglichkeit der Teilanfechtung wird merklich eingeschränkt.[109]

117 Der Anfechtungskläger kann seine Klage nicht mehr auf Mängel im Zahlenwerk, der Abrechnung, stützen. Nur wenn diese Mängel sich auf das rechnerische Endergebnis – die Abrechnungsspitze in der Einzelabrechnung – auswirken, kann seine Klage erfolgreich sein. Häufig wird es allerdings der Fall sein, dass sich Mängel in der Erstellung des Zahlenwerkes auch auf die zu ermittelnde Abrechnungsspitze auswirken.

---

103 LG Hamburg 22.2.2017 – 318 S 46/15, ZWE 2017, 323 unter Verweis auf BGH 4.4.2014 – V ZR 168/13, NJW 2014, 2197; aA OLG Schleswig 13.6.2001 – 2 W 7/01, ZWE 2002, 141 zum alten Recht.
104 *Hügel/Elzer* WEG § 28 Rn. 18, 101 zum alten Recht.
105 NSV/*Niedenführ* WEG § 28 Rn. 146 zum alten Recht.
106 BGH 2.12.2011 – V ZR 113/11, NZM 2012, 159.
107 BGH 21.4.1988 – V ZB 10/87, BWNotZ 1988, 163.
108 BGH 24.2.1994 – V ZB 43/93, ZMR 1994, 271.
109 *Lehmann-Richter/Wobs*, WEG-Reform 2020, Rn. 872.

Anfechtungsgründe nach altem Recht konnten sein:

1. Falscher Verteilungsschlüssel;[110]
2. Abrechnung nicht als Einnahmen-Ausgabenrechnung, sondern als Bilanz erstellt;[111]
3. Rechnerische Schlüssigkeit der Abrechnung lässt sich mangels mitgeteilter Anfangs- und Endbestände der Gemeinschaftskonten nicht nachvollziehen;[112]
4. Anhäufung von Fehlern, die jeder für sich genommen nur zur Teilungültigkeit führen würden; diese können eine Gesamtungültigkeit begründen;[113]
5. Zahlungen auf die Instandhaltungsrücklage sind falsch dargestellt worden;[114]
6. Fehlende Kontenstände von Beginn und Ende des Wirtschaftsjahres;[115]
7. Einnahmen der Eigentümergemeinschaft werden nicht dargestellt;[116]
8. Abrechnung wird unter Korrekturvorbehalt genehmigt.[117]

Nunmehr dürften nur noch die **Fälle 1** (falscher Abrechnungsschlüssel führt zwingend zu falschem Rechenergebnis), **4** und **8** zur Unwirksamkeit führen. Ggf. auch Nr. **2**, wenn die Bilanzierung zu einem falschen Ergebnis führt.

Da formale Fehler der Abrechnung nicht per se eine Anfechtbarkeit begründen, bedeutet dies beispielsweise auch, dass die Nichtangabe des Verteilungsschlüssels unschädlich ist – wenn das Rechenergebnis richtig ist.

Die Anfechtung **kann auf einen rechnerisch selbstständigen Teil der Abrechnung beschränkt** werden.[118] Da nunmehr aber nicht mehr das Zahlenwerk angegriffen werden kann, bedeutet dies, dass der Kläger nur rechnerisch abgrenzbare Positionen – bei denen ein unzutreffendes Ergebnis ermittelt wurde – angreifen kann. Das sind zum einen seine Zahlungen auf das Hausgeld und zum anderen die Zahlungen auf die Erhaltungsrücklage. Hier können sich jeweils Fehler im Zahlenwerk auf das Ergebnis ausgewirkt haben.

Nach altem Recht konnte ein Beschluss in bestimmten Fällen auch nichtig sein:

1. Vollständigkeit und Nachvollziehbarkeit für einen durchschnittlichen Eigentümer fehlt;[119]
2. Bereits entstandene, aber noch nicht erfüllte Zahlungsverpflichtungen eines Wohnungseigentümers werden erneut beschlossen und so neu begründet.[120]

Nunmehr dürfte nur noch der zweite Fall als Nichtigkeitsgrund anzusehen sein.

Wirken sich Rechenfehler nur geringfügig aus (in Centbeträgen), konnte es nach altem Recht Treu und Glauben widersprechen, deswegen die gesamte Abrechnung für ungültig zu erklären.[121] Daran hat sich durch die Änderung des Beschlussgegenstandes nach hier vertretener Auffassung nichts geändert.

VIII. Rückerstattung bei unwirksamem oder nichtigem Beschluss

Ist ein Beschluss nach § 28 Abs. 2 WEG rechtskräftig für unwirksam oder nichtig erklärt worden, so stellt sich die Frage, ob die Sondereigentümer zunächst über die Rückzahlung beschließen müssen, oder ob es einen **Direktanspruch auf Zahlung** gegen die Gemeinschaft der Wohnungseigentümer gibt.

Nach einer Auffassung steht einem direkten Rückzahlungsanspruch das **Abrechnungswesen der Wohnungseigentümergemeinschaft** entgegen. Demnach sind Rückzahlungen nur dann möglich, wenn hierüber ein Be-

110 BGH 15.3.2007 – V ZB 1/06, NJW 2007, 1869.
111 BayObLG 23.4. 1993–2Z BR 113/92, NJW-RR 1993, 1166.
112 LG Hamburg 3.11.2010 – 318 S 110/10, ZWE 2011, 129.
113 OLG München 20.2.2008 – 34 Wx 065/07, NZM 2008, 492.
114 BGH 1.4.2011 – WM 2011, 1295.
115 AG Berlin-Charlottenburg 6.1.2012 – 73 C 124/11, ZWE 2012, 291.
116 LG Frankfurt/M. 9.1.2014 – 2–13 S 27/13, ZWE 2014, 137.
117 LG München I 22.9.2016 – 36 S 22442/15 WEG, ZMR 2017, 89.
118 BGH 4.12.2009 – V ZR 44/09, NZM 2010, 243.
119 LG München I 19.4.2017 – 1 S 6728/16 WEG, ZMR 2017, 582.
120 BGH 9.3.2012 – V ZR 147/11, ZWE 2012, 260.
121 NSV/*Niedenführ* WEG § 28 Rn. 206 mwN.

118

119

120

121

122

123

124

125

126

schluss der Gemeinschaft der Wohnungseigentümer – etwa im Rahmen der Abrechnung – gefasst wurde („Vorrang des Innenausgleichs").[122]

127 Nach neuerer Auffassung besteht ein **Rückzahlungsanspruch gem. § 812 BGB**, der gegen die Gemeinschaft geltend gemacht werden kann, ohne dass es eines vorherigen Beschlusses bedürfte.[123] Es erschließe sich nicht, welchen Vorteil der Ausgleich einer rechtsgrundlos erbrachten Zahlung aufgrund eines späteren Beschlusses gegenüber einem Zahlungsausgleich außerhalb der Abrechnung für die Eigentümergemeinschaft oder die übrigen Eigentümer haben solle. In beiden Fällen werde das Vermögen des Verbandes um den entsprechenden Betrag geschmälert.

128 Der BGH hat sich für die erste Ansicht entschieden. Die fehlerhafte Verteilung der Kosten für eine Einzelposition könne durch einen Rückzahlungsanspruch nicht behoben werden.

129 Wird eine Abrechnung insgesamt oder teilweise für ungültig erklärt, haben die einzelnen Eigentümer einen Anspruch gegen die Gemeinschaft der Wohnungseigentümer auf Erstellung einer neuen Abrechnung für das betroffene Jahr.[124]

5. Abstellraum

Rothermel

I. Einführung

1 Abstellräume finden sich zusätzlich zu Kellerräumen in einer Vielzahl von Wohnungs- und Teileigentumsanlagen und ermöglichen den Eigentümern, weitere Flächen innerhalb der Wohnungseigentumsanlage zu nutzen.

II. Systematische Übersicht

2 Bei Abstellräumen kann es sich einerseits um **Gemeinschaftseigentum** handeln, hinsichtlich dessen die Wohnungseigentümergemeinschaft (→ *Gemeinschaft der Wohnungseigentümer* Rn. 1) gem. §§ 18, 19 Abs. 1 WEG **Nutzungsbestimmungen** mittels Vereinbarung oder im Beschlussweg treffen kann. Es können bei Vorliegen von Gemeinschaftseigentum im Grundbuch (→ *Grundbuch* Rn. 10 f.) eintragungsfähige Sondernutzungsrechte (→ *Sondernutzungsrecht* Rn. 7 ff.) bestehen. Zum anderen kann bei Vorliegen der erforderlichen Voraussetzungen (→ *Abgeschlossenheit* Rn. 14, → *Teilungserklärung* Rn. 4) **Sondereigentum** an solchen Räumen begründet werden. Sondereigentum nach § 13 Abs. 1 WEG (→ *Sondereigentum* Rn. 3) bedeutet die alleinige Sach- und Raumherrschaft des jeweiligen Eigentümers an den bezeichneten Räumen. Dieselben Grundsätze gelten für das Teileigentum (→ *Teileigentum* Rn. 2 ff.).

3 Eine **Nutzung** ist nur entsprechend der Bestimmung in der Teilungserklärung oder der Gebrauchsbestimmung zulässig. Ob eine Bezeichnung als Abstellraum in der Teilungserklärung als Zweckbestimmung mit Vereinbarungscharakter gem. § 19 Abs. 1 WEG auszulegen ist, oder ob sie nur der Beschreibung eines Raumes dient, auf den sich das Sondereigentum erstreckt, ist regelmäßig für die Frage der Zulässigkeit der Nutzungsänderung unerheblich, da auch im letzteren Fall der Abstellraum nach dem in § 19 Abs. 2 WEG[1] zum Ausdruck kommenden allgemeinen Rechtsgedanken nur in einem seiner Beschaffenheit entsprechenden Rahmen genutzt werden darf. Eine anderweitige Nutzung ohne Zustimmung der übrigen Miteigentümer kommt nur dann in

---

122 OLG Köln 22.11.2006 – 16 Wx 215/06, ZMR 2007, 642; LG Düsseldorf 7.11.2013 – 19 S 77/12, NZM 2014, 399.
123 AG Hamburg-Blankenese 12.3.2014 – 539 C 25/13, ZMR 2015, 76; LG Frankfurt/Main 14.3.2019 – 2–13 S 135/18, ZMR 2019, 364; LG München I 26.6.2019 – 1 S 2812/18 WEG, DWW 2019, 297.
124 BGH 10.7.2020 – V ZR 178/19, DWW 2020, 304.
1 Für alle Altfälle ist § 15 Abs. 1 und 2 WEG aF heranzuziehen. Durch die Neufassung sind an dieser Stelle jedoch keine Wertungsunterschiede nach Sinn und Zweck vorzunehmen.

Betracht, wenn sich die Teilungserklärung hinsichtlich der Nutzung entsprechend auslegen lässt und wenn die beabsichtigte Nutzung weniger stark stört als die vorgesehene Nutzung als Lager- bzw. Abstellraum.

Im Regelfall dürfte eine anderweitige Nutzung, eine **Umnutzung** zu Wohnzwecken, in praktischer Hinsicht kaum erfolgen, da Abstellräume regelmäßig hierfür zu klein sind bzw. ihre bauliche Gestaltung dies nur in seltenen Fällen ohne Durchführung einer **baulichen Veränderung** (→ *Bauliche Veränderungen* Rn. 14 ff.) iSd § 20 Abs. 1 WEG (zB Deckendurchbruch, → *Wanddurchbruch* Rn. 3 f.)[2] zulassen dürfte. Die Wertungen des § 20 Abs. 2 und 3 WEG sind dabei jedoch zu beachten.   4

Denkbar ist jedoch beispielsweise eine **gewerbsmäßige Nutzung** (als Lagerraum) anstelle einer privaten. Im Falle einer gewerbsmäßigen Nutzung dürfte regelmäßig eine stärkere Störung der übrigen Eigentümer gegeben sein, da hier ein häufigerer Zugang zu den Abstell-, bzw. Lagerräumen zu erwarten ist, somit ein stärkeres Maß der Nutzung vorliegt. Ob diese stärkere Störung zu dulden ist, hängt im Einzelfall auch davon ab, in welchem Umfang auch Teileigentum besteht und wie intensiv das Maß der nicht Wohnzwecken dienenden Nutzung ist.   5

Die Wohnungseigentümergemeinschaft kann **Nutzungsbestimmungen** für die Abstellräume mittels Vereinbarung gem. § 19 Abs. 1 WEG (→ *Vereinbarung* Rn. 59 ff.) sowie mittels Mehrheitsentscheidung im Beschlussweg (→ *Beschluss* Rn. 3 ff.) treffen, wenn die Beschlusskompetenz gegeben ist, und ggf. auch ändern.   6

III. Verfahrenshinweise

Gegen eine der Nutzungsbestimmung widersprechende bestehende Nutzung kann verfahrensrechtlich vorgegangen werden (**Nutzungsuntersagung**). Es bestehen individuelle **Beseitigungs- und Unterlassungsansprüche** gem. § 1004 Abs. 1 S. 1 und S. 2 BGB, § 18 WEG (→ *Beseitigung* Rn. 3 ff., 23 ff.). Der Unterlassungsanspruch kann mittels einstweiliger Verfügung, § 940 ZPO, geltend gemacht werden (→ *Einstweiliger Rechtsschutz* Rn. 7 ff.).   7

6. Abwasserhebeanlage

Fraatz-Rosenfeld

I. Anforderungen an den Betrieb

Abwasserhebeanlagen sind Teil der **Grundstücksentwässerungsanlage**, die ihrerseits die Vorschriften des Wasserrechts einzuhalten haben. In allen Bundesländern verpflichten aufgrund von § 56 WHG erlassene Wassergesetze zunächst die Gemeinden zur Bereitstellung von öffentlichen Entwässerungsanlagen, an die die Entwässerungsanlagen der Grundstücke anzuschließen sind.   1

In den von der Zahl her meisten Fällen setzen aufgrund einer Ermächtigung durch diese Gesetze die Gemeinden die Verpflichtung um[1] und verpflichten zugleich die Grundeigentümer im Wege des **Anschluss- und Benutzungszwangs** zum Anschluss an diese Anlagen.[2] Diese und ähnliche Satzungen enthalten dann Festlegungen darüber, welche technischen Anforderungen im Einzelnen an Grundstücksentwässerungsanlagen zu stellen sind. Zusätzlich fordert eine Reihe von Landesbauordnungen ausdrücklich die Einhaltung der Betriebssicherheit und die Vermeidung von Gefahren und Beeinträchtigungen,[3] so beispielsweise § 43 Abs. 3 SächsBO: „Wasserversorgungsanlagen sowie Anlagen für Schmutz- und Niederschlagswasser (Abwasser) sind so herzustellen und zu unterhalten, dass sie betriebssicher sind und Gefahren oder unzumutbare Belästigungen nicht entstehen können."   2

---

2 Zum Abstellraum im Dachgeschoss vgl. BayObLG 10.3.1994 – 2Z BR 1/94, NJW-RR 1994, 718.

1 Siehe zB § 1 der Mustersatzung der kommunalen Spitzenverbände Niedersachsen, https://www.nsgb.de/magazin/artik el.php?menuid=140&topmenu=140&artikel=1150, abgefragt am 23.10.2020; Muster-Abwasserbeseitigungssatzung (Entwässerungssatz) des Städte- und Gemeindebundes Nordrhein-Westfalen vom 12.9.2016, https://kommunalagentu r.nrw/wp-content/uploads/2019/03/Muster-Abwasserbeseitigungssatzung-2016.pdf, abgefragt am 23.10.2020.

2 § 3 Mustersatzung Nds, § 9 Mustersatzung NRW.

3 § 33 Abs. 2 LBO BW, § 41 Abs. 1 S. 1 NdsBO, § 41 Abs. 2 RhPf LBauO, § 42 Abs. 1 SaarlBO.

3 Vor allem geht es hierbei um die Vermeidung von Gesundheitsgefahren durch Eindringen von Schmutzwasser in das Grundwasser.[4] In anderen Bundesländern ergibt sich die Verpflichtung zur Einhaltung der **allgemein anerkannten Regeln der Technik** unmittelbar aus dem Landeswasserrecht.[5] Da nach § 56 WHG die öffentlichen Träger die Abwasserentsorgung auf Dritte übertragen können, nutzen die Gemeinden dafür privatrechtlich organisierte kommunale Träger. Diese setzen dann die Verpflichtung zur Gewährleistung der Betriebssicherheit im Rahmen von Allgemeinen Geschäftsbedingungen gegenüber dem Grundstückseigentümer um.[6]

4 Die Entwässerung von Grundstücken erfolgt durch die Einleitung von Niederschlagswasser und verschmutztem Abwasser in eine von der Gemeinde bereitgestellte Kanalisation, die nach dem heute aktuellen Standard aus einer Niederschlagskanalleitung und einer Abwasserkanalleitung unterhalb des Straßenplanums besteht.[7] Die Einleitung erfolgt nach dem Adhäsionsprinzip über das natürliche Gefälle. Bezugspunkt hierfür ist die (natürliche) Straßenoberkante[8] oder eine von der Bauaufsichtsbehörde festgesetzte Geländeoberfläche. Diese Höhe ist dann idR zugleich die sogenannte **Rückstauebene**.

5 Liegt ein Gebäude oder liegen Gebäudeteile unterhalb dieser Rückstauebene, sind entweder „eine automatisch arbeitende Hebeanlage"[9] oder eine „Absperrvorrichtung gegen Rückstau" einzubauen.

6 Das zentrale technische Regelwerk (DIN EN 12050) sieht drei verschiedene Typen von Abwasserhebeanlagen vor. Typ 1 (DIN EN 1250-1) betrifft das fäkalienhaltige Abwasser („Schwarzwasser"). Typ 2 (DIN EN 1250-2) ist vorgesehen für fäkalienfreies, leicht verschmutztes Abwasser („Grauwasser") und Typ 3 (DIN EN 1250-3) für fäkalienhaltiges Abwasser für begrenzte Verwendung (Anlagen kleineren Volumens, insbesondere für nachträgliche Toiletten- und Badeinbauten in Kellerräumen). Vom Grundprinzip her handelt es sich bei allen diesen Anlagen um Pumpenanlagen in einem Gehäuse, die das Abwasser in eine Leitung drücken und damit den Höhenunterschied zum Kanalsystem im Straßenbereich abführen.

II. Wohnungseigentumsrechtliche Einordnung

7 Abwasserhebeanlagen sind grundsätzlich Teil des **Gemeinschaftseigentums**.[10] Ausnahmsweise ist die Anlage Sondereigentum, wenn sie nur einer Einheit dient. Darüber hinaus wird vertreten, das Pumpengehäuse müsse auch räumlich dieser zugeordnet sein und sich also in dieser Sondereigentumseinheit befinden.[11] Nach anderer Auffassung reicht der funktionale Zusammenhang aus mit der Folge, dass sich die Pumpe selbst auch außerhalb des Sondereigentums befinden kann.[12] Liegt die Abwasserhebeanlage im Gemeinschaftseigentum und wird eine dringende Erhaltungsmaßnahme erforderlich, ist der Verwalter WEG zur Abwehr eines drohenden Schadens gem. § 27 Abs. 1 Nr. 2 befugt, ohne Einberufung der Wohnungseigentümerversammlung den Auftrag zu vergeben.[13]

8 Abwasserhebeanlagen und vor allem das mit ihnen verbundene Rohrsystem können so innerhalb einer Wand liegen, dass sie als „Nachbareigentum" angesehen werden können (→ *Nachbarrecht* Rn. 16). Dies war angenommen worden bei einer in einer Wand liegenden und zwei Sondereigentumen dienenden Abflussleitung.[14] Explizit für eine Abwasserhebeanlage hat das OLG Schleswig differenzierend klargestellt, dass diese Rechtsfigur allerdings nur dann in Betracht kommt, wenn eine nicht tragende Mauer zwei Sondereigentumseinheiten

---

4 Boeddinghaus/*Radeisen* BauO NRW § 45 aF Rn. 12.

5 §§ 13, 15 HmbAbwG.

6 Siehe zB § 14 AGB Berliner Wasserbetriebe.

7 § 2 Abs. 2 Mustersatzung Nds, nur seltener gibt es heute noch Mischsysteme, in denen „Schmutz- und Niederschlagswasser gemeinsam gesammelt und fortgeleitet werden", § 2 Nr. 4 Mustersatzung NRW.

8 Siehe zB § 12 Abs. 1 EWOG Bremerhaven (Entwässerungsortssatzung der Stadt Bremerhaven v. 3.7.1997 idF v. 13.6.2013, BremGBl 1997, 273).

9 § 12 Mustersatzung Nds mit Hinweis auf die Straßenoberfläche, § 13 Abs. 7 Mustersatzung NRW, siehe auch zB § 12 Abs. 1 S. 1 EWOG Bremerhaven.

10 OLG Schleswig 29.9.2006 – 2 W 108/06, ZMR 2007, 726; OLG Hamm 13.12.2004 – 15 W 107/04, ZMR 2005, 806; OLG Düsseldorf 30.10.2000 – 3 Wx 276/00, NZM 2001, 752.

11 BayObLG 15.1.2002 – 2 Z BR 101/02, ZMR 2003, 433; Jennißen/*Grziwotz* WEG § 5 Rn. 62.

12 OLG Düsseldorf 30.10.2000 – 3 Wx 276/00, ZMR ZWE 2001, 223; *Hügel/Elzer* WEG § 5 Rn. 12, 40; Bärmann/*Armbrüster* WEG § 5 Rn. 50.

13 LG Itzehoe 28.6.2011 – 11 S 41/10, BeckRS 2011, 28409.

14 OLG Zweibrücken 7.11.1986 – 3 W 152/86, ZMR 1987, 102.

trennt oder eine Sondereigentumseinheit vom Gemeinschaftseigentum trennt, und darin eine Abwasserhebeanlage installiert war.[15] Nachdem der BGH die Existenz einer Rechtsfigur Nachbareigentum zunächst bestätigt hat,[16] hat er dies aktuell offengelassen.[17]

7. Abweichende Bauausführung vom Aufteilungsplan

Hansen

I. Einführung

Für die **Abgrenzung** des Sondereigentums vom Gemeinschaftseigentum ist nicht die tatsächliche Bauausführung, sondern der Aufteilungsplan maßgeblich. Letzterer soll sicherstellen, dass dem Bestimmtheitsgrundsatz des Sachen- und Grundbuchrechts Rechnung getragen wird, indem er die Aufteilung des Gebäudes sowie die Lage und Größe des Sondereigentums und der im gemeinschaftlichen Eigentum stehenden Gebäudeteile ersichtlich macht, § 7 Abs. 4 S. 1 Nr. 1 WEG. Der Aufteilungsplan ist auch dann maßgeblich, wenn er einen bereits vorhandenen Bestand erfasst. **1**

Wird nun entweder ein bereits errichtetes Gebäude in Teil- und Wohnungseigentum aufgeteilt und der insoweit zu erstellende Aufteilungsplan gibt den tatsächlichen Ist-Zustand des Gebäudes unzutreffend wieder, oder wird der Neubau abweichend vom Aufteilungsplan errichtet, ergeben sich **zahlreiche Probleme**. Fraglich ist **2**

---

15 Bspw. § 46 Abs. 1 WasserG BW, § 46 Abs. 1 LWG NRW, § 50 Abs. 1 SächsWG.
16 BGH 21.12.2000 – V ZB 45/00, NZM 2001, 196.
17 BGH 20.11.2015 – V ZR 284/14, ZWE 2016, 79; *Heinemann* AnwZertMietR 13/2016 Anm. 1; → *Nachbarrecht* Rn. 16.

schon, ob bei abweichender Bauausführung überhaupt Sondereigentum an den betroffenen Flächen entstehen kann und wie Widersprüche zwischen einem Text der Teilungserklärung einerseits und den Angaben im Aufteilungsplan andererseits aufzulösen sind. Zu klären ist unter anderem, ob für einen von der abweichenden Bauausführung betroffenen Eigentümer ein Anspruch besteht, den nach der Papierlage vorgesehenen Zustand herstellen zu lassen, wer die hierfür anfallenden Kosten trägt und was geschieht, wenn ein Objekt völlig abweichend von der vorgesehenen Bauausführung realisiert wird.

II. Rechtsgrundlagen

3 Der **Vergleichsmaßstab** für den plangemäßen Zustand richtet sich nach der Grundbucheintragung, dh dem Teilungsvertrag nach § 3 WEG bzw. der Teilungserklärung nach § 8 WEG nebst Gemeinschaftsordnung und den dort in Bezug genommenen Urkunden, dh insbesondere dem Aufteilungsplan, § 7 Abs. 4 Nr. 1 WEG.[1]

4 **1. Errichtung vor Entstehen der Gemeinschaft der Wohnungseigentümer. a) Abweichende Errichtung vor Teilung.** Wird, im Fall des § 8 WEG regelmäßig durch den Bauträger, das Gebäude schon vor Teilung und damit vor Entstehung der Gemeinschaft der Wohnungseigentümer abweichend vom Aufteilungsplan erstellt, handelt es sich nicht um eine bauliche Veränderung. Dies gilt auch dann, wenn ein Wohnungseigentum vom Bauträger auf Verlangen des künftigen Wohnungseigentümers abweichend vom Aufteilungsplan erstellt wird. Deshalb besteht in diesem Fall auch **kein Beseitigungsanspruch** gegen den Bauträger oder den einzelnen Wohnungseigentümer aus § 1004 BGB auf Wiederherstellung des ursprünglich geplanten Zustandes.[2]

5 Soweit planwidrige Baumaßnahmen vor dem Entstehen einer **Gemeinschaft der Wohnungseigentümer**[3] durchgeführt worden sein sollten, fehlt es an der von § 1004 Abs. 1 BGB vorausgesetzten Eigentumsbeeinträchtigung. Zu dem genannten Zeitpunkt steht es dem teilenden Bauträger als Alleineigentümer frei, mit der Sache auch bei der Bauausführung nach Belieben zu verfahren, § 903 BGB.[4]

6 **b) Abweichende Errichtung nach Teilung.** Nach der Teilung, § 8 WEG, ändert sich hieran bis zum Entstehen der Gemeinschaft der Wohnungseigentümer nichts. Die Rechtslage ist nicht anders, als wenn ein Eigentümer ein ihm gehörendes Grundstück nach seinen Vorstellungen bebaut und dann Eigentum daran überträgt.[5]

7 **c) Anspruch auf ordnungsmäßige Erstherstellung.** Es bleibt aber bei der abweichenden Bauausführung bis zum Entstehen der Gemeinschaft der Wohnungseigentümer – dennoch – ein gegen diese gerichteter **Anspruch auf Herstellung** eines den Plänen entsprechenden Zustandes (→ *Erstmalige Herstellung eines ordnungsmäßigen Zustands* Rn. 8 ff.).[6]

8 **2. Aufteilungsplan (→ Aufteilungsplan Rn. 3 ff.). a) Form und Inhalt.** Wohnungs- bzw. Teileigentum bildet ein Recht am Grundstück, das dem öffentlichen Glauben unterliegt, §§ 891, 892 BGB. Der **Inhalt des Rechts** wird dabei nicht allein durch die Eintragung, sondern auch durch die zulässigerweise in Bezug genommene Eintragungsbewilligung nach § 7 Abs. 3 WEG sowie durch Bauzeichnungen oder Pläne, auf die wiederum die Bewilligung verweist, bestimmt.

9 § 7 Abs. 4 Nr. 1 WEG verlangt für die Eintragung, dass der Eintragungsbewilligung als Anlage eine von der Baubehörde mit Unterschrift und Siegel oder Stempel versehene **Bauzeichnung**, aus der die Aufteilung des Gebäudes sowie die Lage und Größe der im Sondereigentum und der im gemeinschaftlichen Eigentum stehenden Gebäudeteile ersichtlich ist (Aufteilungsplan), beigefügt wird. Allgemeinen Grundsätzen entsprechend muss es sich im Grundbuchverkehr um eine Urkunde in der Form des § 29 Abs. 1 S. 1 GBO handeln.

10 Für die **Abgrenzung** des Sondereigentums vom Gemeinschaftseigentum ist dabei nicht die tatsächliche Bauausführung, sondern der Aufteilungsplan maßgeblich. Letzterer soll sicherstellen, dass dem Bestimmtheitsgrundsatz des Sachen- und Grundbuchrechts Rechnung getragen wird, indem er die Aufteilung des Gebäudes

---

1 KG 10.7.1991 – 24 W 6574/90, NJW-RR 1991, 1421 (1422).

2 OLG Frankfurt a. M. 24.7.2007 – 20 W 538/05, NZM 2008, 322.

3 BGH 11.5.2012 – V ZR 196/11, BGHZ 193, 219.

4 BayObLG 5.3.1987 – BReg 2 Z 111/86, NJW-RR 1987, 717; BGH 14.11.2014 – V ZR 118/13, ZMR 2015, 320.

5 BGH 14.11.2014 – V ZR 118/13, ZMR 2015, 320.

6 OLG Zweibrücken 23.11.2001 – 3 W 226/01, NZM 2002, 253; OLG Frankfurt a. M. 24.7.2007 – 20 W 538/05, NZM 2008, 322; BGH 14.11.2014 – V ZR 118/13, ZMR 2015, 320.

Hansen

sowie die Lage und Größe des Sondereigentums und der im gemeinschaftlichen Eigentum stehenden Gebäudeteile ersichtlich macht, § 7 Abs. 4 S. 1 Nr. 1 WEG.[7]

Grundlage für den Antrag auf Erteilung der Baugenehmigung bei Errichtung des neuen Gebäudes, regelmäßig durch eine Bauträgergesellschaft, ist die **Genehmigungsplanung** nach LP 4, gem. Anlage 11 zu §§ 33 und 38 Abs. 2 HOAI, die durch den Architekten erstellt wird. Die Genehmigungsplanung beinhaltet die Bauzeichnungen, dh Grundrisse aller Stockwerke sowie Schnitte und Ansichten des Gebäudes, im Maßstab von mindestens 1:100. **11**

Der Aufteilungsplan entsteht, indem in diese Baupläne die Sondereigentumseinheiten eingezeichnet und jeweils mit eigenen Nummern versehen werden. Einzelheiten werden durch die Allgemeine Verwaltungsvorschrift für die Ausstellung von Bescheinigungen gem. §§ 59, 7 Abs. 4 Nr. 2 WEG (AVA) geregelt. **12**

Für die **Einzelausgestaltung** des Gebäudes und der Räume ist der Aufteilungsplan aber nicht maßgebend, dh er besagt nichts Abschließendes über die zulässige Nutzung und etwa, wie sich die Ausstattungsmerkmale der Einheiten im Objekt gestalten.[8] **13**

b) Formell ordnungswidriger Aufteilungsplan. Die Eintragung von Eigentum unter Bezugnahme auf einen Aufteilungsplan, der die formellen grundbuchrechtlichen Anforderungen nicht erfüllt, **führt nicht zu einer Unrichtigkeit** des Grundbuchs. Grundbuchinhalt und für die Abgrenzung von Sondereigentum zueinander und zu Gemeinschaftseigentum maßgeblich ist der – wenn auch formell ordnungswidrige, aber den Anforderungen des § 7 Abs. 4 Nr. 1 WEG im Übrigen genügende – Aufteilungsplan. Der Zweck der Regelung ist nämlich allein in dem Gebot sachenrechtlicher Bestimmtheit begründet.[9] Formale Mängel des Aufteilungsplans hindern damit nicht die Entstehung von Eigentum bei dennoch erfolgter Eintragung. **14**

c) Unklarheiten im Aufteilungsplan. Unklarheiten im Aufteilungsplan führen aber dazu, dass **Sondereigentum nicht entsteht**. Ist im Aufteilungsplan, etwa aufgrund handschriftlicher unleserlicher Bemerkungen, nicht klar erkennbar, wie sich Sondereigentum von anderem Sondereigentum oder Gemeinschaftseigentum abgrenzen soll, ist es damit unbestimmt und das Sondereigentum entsteht nicht.[10] **15**

d) Nebenräume. Ein zum Gegenstand des Sondereigentums ebenfalls dazugehöriger **Hobbyraum** oder **Keller** kann im Aufteilungsplan mit Nummer und/oder in der Farbe gekennzeichnet sein, in der auch die Wohnung bzw. das Teileigentum markiert ist.[11] **16**

Tauschen Wohnungseigentümer in einer bestehenden Eigentümergemeinschaft Kellerräume oder Garagen bzw. ordnen sie derartige Räume einem anderen Sondereigentum zu, ist für den grundbuchamtlichen Vollzug der Änderung der Teilungserklärung ein neuerlicher Aufteilungsplan mit entsprechender Neunummerierung nicht erforderlich. Das Grundbuchamt kann in diesem Fall jedoch verlangen, die neu zugeordneten Räume so umzubenennen, dass nicht Räume mit gleicher Nummer zu unterschiedlichen Einheiten gehören und Verwirrung entsteht.[12] Ist die Verwirrung nicht zu besorgen, ist im Einzelfall die Umbenennung nicht notwendig.[13] **17**

e) Sondereigentum an Stellplätzen und Freiflächen (§ 3 WEG). Auch an Stellplätzen und anderen Freiflächen, zum Beispiel Terrassen und Gärten, kann Sondereigentum begründet werden. Die Abgeschlossenheit iSe räumlichen, dh gegenständlichen Kriteriums ist insoweit aber ungeeignet, da die baulichen Gegebenheiten dies regelmäßig nicht spiegeln. Stellplätze und Freiflächen müssen daher im Aufteilungsplan mit **Maßangaben** versehen sein, § 3 Abs. 3 WEG. Diese Maßangaben ermöglichen es, Lage und Größe von Stellplätzen und Freiflächen nach § 7 Abs. 4 S. 1 Nr. 1 WEG zu bestimmen. Allerdings führt das Fehlen der Maßangaben nach § 3 Abs. 3 WEG nicht dazu, dass der sachenrechtliche Bestimmtheitsgrundsatz verletzt wäre. Diesem kann **18**

---

7 BGH 30.6.1995 – V ZR 118/94, BGHZ 130, 159; BGH 18.7.2008 – V ZR 97/07, BGHZ 177, 338; BGH 16.11.2012 – V ZR 246/11, NZM 2013, 153; BGH 20.7.2018 – V ZR 56/17, ZMR 2019, 47.

8 OLG Bremen 27.11.2001 – 3 W 52/01, NZM 2002, 610; OLG München 9.2.2017 – 34 Wx 333/16, ZWE 2017, 175.

9 OLG München 4.10.2013 – 34 Wx 174/13, ZWE 2012, 450.

10 OLG Frankfurt a. M. 21.2.1978 – 20 W 825/77, OLGZ 1978, 290; BGH 20.5.2011 – V ZR 99/10, ZMR 2011, 809.

11 BayObLG 28.9.1981 – 2 Z 68/81, MDR 1982, 148.

12 OLG München 13.8.2010 – 34 Wx 105/10, NZM 2011, 157.

13 OLG München 24.9.2018 – 34 Wx 194/18, ZWE 2019, 207.

auch durch andere planerische Darstellung Genüge getan werden.[14] § 3 Abs. 3 WEG ist im Grundbuchverfahren zu beachten, die Verletzung hat aber keine materiellrechtliche Auswirkung.

19 **3. Widersprüche zwischen Teilungserklärung und Aufteilungsplan.** Für die **Auslegung** der Eintragung über den Gegenstand des Sondereigentums ist neben dem Aufteilungsplan die Teilungserklärung heranzuziehen.

20 Der Gegenstand des Sondereigentums im Grundbuch wird nach § 7 Abs. 1 und 3 WEG jedoch nicht vorrangig durch eine Bezugnahme auf den Aufteilungsplan benannt, sondern durch den Inhalt des Eintragungsvermerks und der darin in Bezug genommenen Eintragungsbewilligung, §§ 7 Abs. 3, 8 Abs. 2 WEG. Hierdurch kommt zum Ausdruck, dass der Aufteilungsplan nicht den Inhalt der Teilungserklärung verdrängt.

21 Stimmen die wörtliche Beschreibung des Gegenstands von Sondereigentum im Text der Teilungserklärung und die Angaben im Aufteilungsplan nicht überein, ist deswegen grundsätzlich keiner der sich widersprechenden Erklärungsinhalte vorrangig.[15]

22 Ein **Widerspruch** zwischen der Teilungserklärung und dem Aufteilungsplan hat aber zur Folge, dass an den betroffenen Räumen kein Sondereigentum, sondern Gemeinschaftseigentum entsteht.[16]

23 Lässt sich etwa aus der Beschreibung des Sondereigentums in der Teilungserklärung kein Hinweis entnehmen, dass eine farbig markierte Fläche im Aufteilungsplan im Treppenhaus zu einer in Sondereigentum stehenden Wohnung gehört und gibt es so einen Widerspruch zwischen dem Text der Teilungserklärung einerseits und dem Aufteilungsplan andererseits, ist tatsächlich an der Treppenhausfläche kein Sonder-, sondern Gemeinschaftseigentum entstanden.[17]

24 **Streitigkeiten** über den Gegenstand, den Inhalt und den Umfang des Sondereigentums sind vor dem Prozessgericht auszutragen; es handelt sich nicht um eine WEG-Sache gem. § 43 WEG.[18]

25 **4. Abweichende Bauausführung und Entstehung von Sondereigentum.** Entsprechend des Grundsatzes, dass für die Abgrenzung des Sondereigentums nicht die tatsächliche Bauausführung, sondern der Aufteilungsplan maßgeblich ist, wird die Entstehung von Sondereigentum durch eine vom Aufteilungsplan abweichende Bauausführung nicht gehindert.[19] Das Sondereigentum entsteht in den Grenzen, die Teilungserklärung und Aufteilungsplan beschreiben.

26 Eine hiervon abweichende tatsächliche Bauausführung stellt unabhängig von ihrem Ausmaß einen Umstand außerhalb des Grundbuchs dar, der nicht für jedermann erkennbar ist. Ob der Eigentümer die Divergenz zwischen Aufteilungsplan und Bauausführung kannte, ist unerheblich, weil das Grundbuch nicht iSv § 892 Abs. 1 S. 1 BGB unrichtig ist.

27 Auch eine ganz unwesentliche Abweichung in der Bauausführung vom Aufteilungsplan hindert die Entstehung von Sondereigentum damit nicht.[20] Hiervon zu trennen ist die Frage, ob auch **geringfügige Abweichungen** einen Anspruch einzelner Wohnungseigentümer auf Herstellung eines plangerechten Zustands bzw. auf Anpassung der Teilungserklärung und des Aufteilungsplans begründen können (→ *Erstmalige Herstellung eines ordnungsmäßigen Zustandes* Rn. 20).[21]

28 **5. Baubeschreibung und Baupläne.** Teilweise wird die Auffassung vertreten, dass zu dem Bereich der erstmaligen Herstellung eines ordnungsmäßigen Zustands des Gemeinschaftseigentums auch diejenigen Ausstattungsmerkmale gehören, die in den Baubeschreibungen der **schuldrechtlichen Erwerbsverträge** zwischen

14 BT-Drs. 19/18791, 39.
15 OLG München 9.2.2017 – 34 Wx 333/16, ZWE 2017, 175; OLG Hamm 3.11.2011 – I-15 Wx 582/10, ZMR 2012, 288; BGH 30.6.1995 – V ZR 118/94, NJW 1995, 2851.
16 BGH 30.6.1995 – V ZR 118/94, BGHZ 130, 159; BayObLG 15.7.1999 – 2Z BR 86/99, DNotZ 2000, 205; OLG Düsseldorf 12.12.2003 – I-3 Wx 323/03, ZMR 2004, 611.
17 OLG München 27.6.2012 – 34 Wx 71/12, ZWE 2012, 487.
18 BGH 30.6.1995 – V ZR 118/94, BGHZ 130, 159.
19 BGH 20.11.2015 – V ZR 284/14, ZMR 2016, 215.
20 BGH 20.11.2015 – V ZR 284/14, ZMR 2016, 215.
21 BGH 20.11.2015 – V ZR 284/14, ZMR 2016, 215.

Hansen

den Wohnungseigentumserwerbern und dem teilenden Eigentümer enthalten sind.[22] Ob die Baubeschreibung und der Bauantrag insoweit maßgeblich sind, hat der BGH offengelassen.[23]

Die besseren Argumente sprechen aber dafür, dass es auf die Baubeschreibungen und Baupläne entsprechend der schuldrechtlichen Erwerbsverträge nicht ankommt. Vereinbarungen des Kaufvertrages und den dort beigezogenen Plänen regeln nur die kaufvertraglichen Beziehungen zwischen den Beteiligten, nicht aber deren Rechte und Pflichten innerhalb der Gemeinschaft der Wohnungseigentümer.[24] Umstände außerhalb des Grundbucheintrags sind aber nicht für jedermann ohne Weiteres erkennbar – die Baubeschreibung und die Baupläne können daher so nicht bei Grundbucheinsicht nachvollzogen werden. Entsprechendes gilt für Angaben im Kaufvertrag, Verkaufsprospekten und Exposés sowie Maklerangaben. 29

6. Öffentliches Recht. a) Überprüfung durch das Grundbuchamt. Nach § 3 Abs. 3 WEG soll Sondereigentum nur eingeräumt werden, wenn die Wohnungen oder sonstigen Räume in sich abgeschlossen und Stellplätze sowie Freiflächen durch Maßangaben im Aufteilungsplan bestimmt sind. Auf diese Voraussetzungen hat sich die **Abgeschlossenheitsbescheinigung** (→ *Abgeschlossenheit* Rn. 21) zu beziehen. Das Grundbuchamt hat in diesem Zusammenhang die formellen Voraussetzungen des Aufteilungsplans und der Abgeschlossenheitsbescheinigung zu überprüfen und darf nur vollziehen, wenn Aufteilungsplan und Abgeschlossenheitsbescheinigung keine offensichtliche Unrichtigkeit oder Widersprüchlichkeit enthalten. 30

Das Grundbuchamt hat aber **keine Ermittlungen** darüber anzustellen, ob die technischen Voraussetzungen für die Richtigkeit vorliegen, sondern allenfalls offenbare Irrtümer und Abweichungen zu beanstanden.[25] Dem Grundbuchvollzug des notariellen Kaufvertrages über eine Eigentumswohnung steht nicht entgegen, dass die tatsächliche Bauausführung des errichteten Gebäudes von der nach dem Aufteilungsplan vorgesehenen abweicht. Dies wäre nur anders, sofern die Planabweichung eine Zuordnung der errichteten Räume zu einer im Aufteilungsplan ausgewiesenen Raumeinheit mangels Abgrenzbarkeit zum Gemeinschaftseigentum und zu sonstigem Sondereigentum unmöglich macht.[26] 31

Für das Grundbuchamt gibt es damit grundsätzlich keine Verpflichtung, die tatsächliche Bauausführung zu überprüfen und der Frage nachzugehen, ob diese mit der Teilungserklärung und dem Aufteilungsplan übereinstimmt. 32

b) Überprüfung durch die Bauordnungsbehörde. Wird ein in dem Bauantrag nebst Anlagen näher beschriebenes Bauvorhaben genehmigt, ist ein auf dieser Grundlage errichteter Bau erlaubt. Solange die **Baugenehmigung** (→ *Baugenehmigung* Rn. 2 ff.) besteht, haben die Bauordnungsbehörden deshalb grundsätzlich keine Möglichkeit mehr, gegen die Baumaßnahme vorzugehen, auch wenn die Genehmigung möglicherweise unter Missachtung öffentlich-rechtlicher Vorschriften erteilt worden ist.[27] 33

Ein Interesse oder eine Verpflichtung der Bauordnungsbehörde zur Prüfung der Frage, ob der Aufteilungsplan, die Teilungserklärung und die Bauausführung übereinstimmen, besteht nicht. Die Überprüfung der Einhaltung bauordnungsrechtlicher Vorschriften, ggf. nach einer Anzeige durch einen betroffenen Eigentümer, obliegt der Behörde sehr wohl. 34

c) Öffentlich-rechtliche Anforderungen. Zur erstmaligen Herstellung des Gemeinschaftseigentums gehört auch die Erfüllung öffentlich-rechtlicher Anforderungen an das gemeinschaftliche Eigentum; dies kann von einzelnen Wohnungseigentümern gem. § 18 Abs. 2 WEG beansprucht werden.[28] 35

Umgekehrt widerspricht aber ein Bauvorhaben nicht bereits deshalb dem materiellen öffentlichen Baurecht, weil ein in den Anlagen zu dem Bauantrag aufgeführtes Ausstattungsmerkmal nicht ausgeführt worden ist. Entscheidend ist insoweit, ob das Ausstattungsmerkmal nach den öffentlich-rechtlichen Vorschriften erforder- 36

---

22 OLG Hamm 26.3.2007 – 15 W 131/06, ZWE 2007, 491.
23 BGH 20.7.2018 – V ZR 56/17, NZM 2018, 794.
24 OLG Köln 7.4.2000 – 16 Wx 32/00, ZMR 2000, 861; OLG Frankfurt a. M. 24.7.2007 – 20 W 538/05, NZM 2008, 322; LG Berlin 5.5.2013 – 55 S 52/12, ZWE 2014, 40.
25 OLG Frankfurt a. M. 7.4.2011 – 20 W 156/11, ZWE 2012, 34.
26 OLG Düsseldorf 17.6.2016 – 3 Wx 282/15, ZMR 2016, 895.
27 BGH 20.7.2018 – V ZR 56/17, NZM 2018, 794.
28 BGH 23.6.2017 – V ZR 102/16, NJW-RR 2017, 1047; BGH 26.2.2016 – V ZR 250/14, NJW 2016, 2181.

lich ist. Dem steht es gleich, wenn bezogen auf ein bestimmtes Ausstattungsmerkmal in der Baugenehmigung eine entsprechende Auflage enthalten ist.[29]

III. Abweichung

37 **1. Grundsatz.** Wenn die tatsächliche Bauausführung von dem Aufteilungsplan abweicht, muss die **eindeutige sachenrechtliche Abgrenzung** des Sondereigentums hergestellt werden. Dies geschieht, indem – vorrangig – die Bauausführung an den Aufteilungsplan angeglichen wird oder – soweit dies nicht zumutbar ist – indem der Aufteilungsplan geändert wird. Auf die eine oder auf die andere Weise können und müssen im Fall der Geltendmachung Bauausführung und Aufteilungsplan zur Übereinstimmung gebracht werden.[30]

38 **2. Änderung innerhalb der Wohnung.** Sind aber die Außengrenzen der Wohnung nicht betroffen, ergibt sich kein Problem. Wird etwa die in einem Aufteilungsplan vorgesehene Raumaufteilung oder Nutzung abweichend realisiert – das Schlafzimmer wird auf Kosten des angrenzenden Wohnzimmers größer, aus einem Arbeits- wird ein Kinderzimmer – hat dies **keine Konsequenzen** und löst keine Ansprüche der Beteiligten aus.

39 **3. Nutzung gemäß Aufteilungsplan.** Auch spielt es keine Rolle, ob eine von den Eintragungen im Aufteilungsplan abweichende Nutzung der Räume erfolgt.

40 Soweit Räume einer Einheit im Aufteilungsplan beispielsweise mit „Zimmer", „Flur" und „Bad/WC" bezeichnet sind, wird hiermit nicht die Nutzungsmöglichkeit geregelt. Eine derartige Funktion kommt dem Aufteilungsplan nicht zu. Bezeichnungen des planenden Architekten, die in dem Aufteilungsplan enthalten sind, bedeuten keine Beschränkung der Nutzungsmöglichkeit.[31] Vielmehr wäre dies Gegenstand einer **Gebrauchsregelung** durch die Wohnungs- oder Teileigentümer.[32]

41 Jeder Wohnungs- und Teileigentümer ist berechtigt, mit den in seinem Sondereigentum stehenden Gebäudeteilen nach Belieben zu verfahren, soweit nicht das Gesetz entgegensteht, § 13 Abs. 1 WEG. Insoweit verpflichtet § 14 Abs. 1 Nr. 1 WEG jeden Eigentümer gegenüber der Gemeinschaft der Wohnungseigentümer, das Gesetz, Vereinbarungen und Beschlüsse zu achten. Insoweit kommen Vereinbarungen gem. § 10 Abs. 2 S. 2 WEG und damit auch in der Teilungserklärung getroffene Regelungen, §§ 8 Abs. 2, 5 Abs. 4 S. 1 WEG, in Betracht. So verhält es sich mit **Nutzungsbeschränkungen** in der Gemeinschaftsordnung, denen der Charakter einer Vereinbarung zukommt (→ *Nutzung des Sondereigentums* Rn. 8 ff.).

42 Aufgabe des Aufteilungsplans ist es nach § 7 Abs. 4 Nr. 1 WEG, die Aufteilung des Gebäudes sowie die Lage und Größe des Sondereigentums und der im gemeinschaftlichen Eigentum stehenden Gebäudeteile ersichtlich zu machen und nicht, die Rechte der Wohnungs- und Teileigentümer über die Bestimmung der Grenzen des jeweiligen Eigentums hinaus zu erweitern oder zu beschränken.

43 Soll der Aufteilungsplan ausnahmsweise auch die Nutzung verbindlich regeln, muss dies eindeutig aus der Bezugnahme in dem Teilungsvertrag oder der Gemeinschaftsordnung hervorgehen.[33]

44 **4. Betroffenheit zweier nebeneinander liegender Wohnungen. a) Betroffenheit eines Eigentümers mehrerer Einheiten. aa) Unterteilung.** Die Unterteilung von Sondereigentum in zwei oder mehrere Einheiten, die im Eigentum eines Eigentümers stehen, bedarf grundsätzlich **nicht der Mitwirkung** der übrigen Wohnungseigentümer oder der Grundpfandrechtsgläubiger; dies gilt – vorbehaltlich einer Vereinbarung gem. § 12 WEG – auch für die nachfolgende Veräußerung der neu geschaffenen Einheiten.[34] Ein Eigentümer kann damit einzelne Räume, die zum Sondereigentum seiner Einheit gehören, einem anderen Eigentümer übertragen, ohne dass es der Mitwirkung der anderen Eigentümer oder eines neuen Aufteilungsplans bedarf.

45 Wohnungs- und Teileigentümer können damit ihr Eigentum in mehrere selbstständige Einheiten unterteilen. Die Durchführung dieser Unterteilung richtet sich nach denselben Regeln, die für die Teilung nach § 8 WEG

---

29 BGH 20.7.2018 – V ZR 56/17, NZM 2018, 794.
30 BGH 4.5.2018 – V ZR 203/17, ZMR 2018, 835; BGH 20.11.2015 – V ZR 284/14, BGHZ 208, 29; BGH 14.11.2014 – V ZR 118/13, NJW 2015, 2027, BGH 20.7.2018 – V ZR 56/17, ZMR 2019, 47.
31 BGH 16.11.2012 – V ZR 246/11, NZM 2013, 153.
32 BGH 15.1.2010 – V ZR 40/09, ZMR 2010, 461.
33 BGH 16.11.2012 – V ZR 246/11, NZM 2013, 153; BGH 9.12.2016 – V ZR 84/16, NZM 2017, 224.
34 BGH 27.4.2012 – V ZR 211/11, ZMR 2012, 639.

maßgeblich sind. Insbesondere müssen die Voraussetzungen des § 3 Abs. 2 WEG (**Abgeschlossenheit**) hinsichtlich jedes neu zu bildenden Sondereigentums erfüllt sein, einschließlich also des eigenen abschließbaren Zugangs.[35]

In analoger Anwendung von § 8 Abs. 2 WEG iVm § 7 Abs. 4 WEG ist dem Grundbuchamt ein aktualisierter 46 Unterteilungsplan sowie eine Abgeschlossenheitsbescheinigung vorzulegen, und zwar grundsätzlich für jede der neu gebildeten Einheiten.[36]

Ein neuer amtlich berichtigter Aufteilungsplan ist in diesem Fall aber nicht beizubringen, soweit sich keine 47 Veränderungen hinsichtlich der Umrisse bzw. Grenzen des zu unterteilenden Eigentums ergeben.[37]

bb) Zusammenlegung. Vorstehendes gilt letztlich auch für den Fall, dass ein Eigentümer zwei nebeneinander 48 ihm gehörende Einheiten zusammenlegt, indem er die die Einheiten trennende Wand oder die Decke bzw. den Fußboden durchbricht.

Bei der dinglichen Vereinigung von Miteigentumseinheiten und baulicher Zusammenlegung von zwei zuvor 49 selbstständigen Einheiten ist die Beibringung einer neuen **Abgeschlossenheitsbescheinigung** und eines Aufteilungsplanes nicht erforderlich. Durch die rechtliche Vereinigung von bereits bestehenden Miteigentumsanteilen wird der Inhalt dieser Rechte nicht verändert oder berührt, so dass kein Anlass für eine neue Abgeschlossenheitsbescheinigung besteht.

Auch die dinglichen Rechte der anderen Wohnungseigentümer am Gemeinschaftseigentum werden durch die 50 dingliche Vereinigung der Miteigentumsanteile nicht betroffen; vielmehr sind die anderen Wohnungseigentümer durch den Mauerdurchbruch nur tatsächlich wegen ihres Gemeinschaftseigentums berührt. Deshalb bedingen **Wanddurchbrüche** zwischen zwei Wohnungen, die zum Verlust der Abgeschlossenheit oder einem der Teilungserklärung widersprechenden Zustand führen, nicht schon deshalb eines Beschlusses der anderen Wohnungseigentümer.[38]

Eine andere Frage ist es jedoch, ob die Vorgaben des § 13 Abs. 2 WEG iVm § 20 WEG bei der baulichen 51 Maßnahme der Zusammenlegung von zwei Einheiten gewahrt werden, die zum einen die Umgestaltung des Sondereigentums betrifft, zum anderen aber auch Einwirkung auf das Gemeinschaftseigentum hat.

b) Betroffenheit mehrerer Eigentümer mehrerer Einheiten. Wird eine das Eigentum zweier verschiedener 52 Eigentümer nebeneinanderliegender Einheiten abgrenzende **Trennwand** anders gebaut als im Aufteilungsplan vorgesehen, ergeben sich Mitwirkungsrechte bzw. Ansprüche der Betroffenen.

Die erstmalige plangerechte Herstellung einer Wand, die zwei Sondereigentumseinheiten voneinander abgrenzt, ist unabhängig von der dinglichen Zuordnung der herzustellenden Wand letztlich Aufgabe aller Wohnungseigentümer, also auch dann, wenn eine nicht tragende Wand versetzt werden muss.[39]

Gerade der Eigentümer, dessen Einheit aufgrund der vom Aufteilungsplan abweichenden Bauausführung weniger Fläche aufweist als vorgesehen, hat den Anspruch auf Änderung, dh Versetzen der Trennwand gemäß des Aufteilungsplans.

Der von der Veränderung (Verkleinerung) seiner Sondereigentumseinheit betroffene Eigentümer kann dabei 55 nicht einwenden, dass zugunsten seines Nachbarn, der nun Herstellung der ursprünglich nach Aufteilungsplan beabsichtigten Gegebenheiten verlangt, kein Sondereigentum an der betroffenen Teilfläche entstanden sei. Die Entstehung von Sondereigentum wird grundsätzlich nicht dadurch gehindert, dass die tatsächliche Aufteilung des errichteten Gebäudes von der nach dem Aufteilungsplan vorgesehenen abweicht. Ein in dem Aufteilungsplan vorgesehenes Sondereigentum gelangt nur dann nicht wirksam zur Entstehung, wenn es gegen sonstiges Sondereigentum und gegen das Gemeinschaftseigentum nicht mehr eindeutig abgrenzbar ist; mit anderen Worten muss die Art und Weise der Planabweichung es unmöglich machen, die errichteten Räume einer in

---

35 OLG München 27.5.2011 – 34 Wx 161/10, ZWE 2011, 267.
36 OLG München 27.5.2011 – 34 Wx 161/10, ZWE 2011, 267.
37 OLG Bremen 27.11.2001 – 3 W 52/01, ZWE 2002, 229.
38 BGH 21.12.2000 – V ZB 45/00, NJW 2001, 1212; OLG Hamburg 18.3.2004 – 2 Wx 2/03, ZMR 2004, 529; LG Köln 15.4.2015 – 29 S 121/14, ZMR 2015, 789.
39 BGH 12.11.2015 – V ZR 284/14, ZMR 2016, 215.

dem Aufteilungsplan ausgewiesenen Raumeinheit zuzuordnen.[40] Dies ist im Fall der abweichend vom Plan gebauten Trennwand nicht gegeben, da die in Sondereigentum stehenden Einheiten dennoch klar voneinander abgrenzbar sind.

56 **5. Betroffenheit einer Wohnung und ihrer Außengrenze.** Wird die Einheit eines Eigentümers anders oder größer als im Aufteilungsplan vorgesehen ausgeführt, indem ein Teil der Gemeinschaftsfläche vereinnahmt wird, etwa derart, dass ein Teil des Treppenhauses als Vorraum der im obersten Geschoss liegenden Wohnung zugeschlagen und damit größer gebaut wird, entsteht das Sondereigentum an dieser Einheit dennoch nur in den **Grenzen des Aufteilungsplanes**.[41] Das Sondereigentum erstreckt sich nicht auf die bauliche Erweiterung, hier den Vorraum im Treppenhaus.

57 Der Eigentümer, der aufgrund der baulich abweichenden Ausführungen über eine Mehrfläche verfügt, ist zur Herausgabe verpflichtet, wenn er diese selber zu verantworten hat, § 1004 BGB, jedenfalls aber zur Duldung des Rückbaus.[42]

58 **6. Vollständig abweichende Bauausführung. a) Unmöglichkeit.** Wird das Gebäude völlig abweichend von dem Teilungsvertrag und dem zugehörigen Aufteilungsplan errichtet und weist der vorhandene Baukörper hinsichtlich seiner Grundfläche und inneren Aufteilung keine auch nur teilweise Übereinstimmung mit dem vorgesehenen Objekt auf, sondern wurde die im Aufteilungsplan vorgesehene Bauausführung vollständig aufgegeben und ein gänzlich anderes Gebäude verwirklicht, ist kein Sondereigentum entstanden, sondern nach § 1 Abs. 5 WEG **nur gemeinschaftliches Eigentum**.

59 Wird bei der tatsächlichen Bauausführung von dem Aufteilungsplan damit in einer Weise abgewichen, die es unmöglich macht, die errichteten Räume einer in dem Aufteilungsplan ausgewiesenen Raumeinheit zuzuordnen, werden nur isolierte, nicht mit Sondereigentum verbundene Miteigentumsanteile erworben.[43]

60 **b) Anpassung von Teilungserklärung und Aufteilungsplan an die tatsächliche Bauausführung.** Der Erwerb isolierter Miteigentumsanteile ergibt für die Miteigentümer nach Maßgabe von § 242 BGB grundsätzlich die Verpflichtung, den Gründungsakt so zu ändern, dass der sondereigentumslose Miteigentumsanteil nicht weiter bestehen bleibt.[44] Die Miteigentümer sind aus ihrem **Anwartschaftsrecht** auf Sondereigentum jedenfalls berechtigt, nachträglich den ursprünglich fehlerhaften Gründungsakt gem. § 3 Abs. 1 WEG entsprechend zu ändern und erstmals Sondereigentum an Räumen zur Entstehung zu bringen.[45]

61 Hierbei kann es Miteigentümern unter Umständen nur gegen Leistung von Ausgleichszahlungen zugemutet werden, die abweichende Bauausführung auf Dauer hinzunehmen.[46]

IV. Anspruchsinhaber

62 **1. Anspruch auf plangerechte Erstherstellung.** Die Abweichung der tatsächlichen Bauausführung vom Aufteilungsplan führt grundsätzlich zu einem Anspruch auf Anpassung des Gemeinschaftseigentums an den Plan. **Jeder Eigentümer** hat gem. § 18 Abs. 2 Nr. 1 WEG den Anspruch auf Herstellung eines erstmaligen ordnungsmäßigen und mangelfreien Zustandes der Wohnanlage entsprechend Teilungserklärung und dem Aufteilungsplan.[47]

63 Soweit dieser Anspruch aus § 19 Abs. 2 Nr. 2 WEG bzw. § 21 Abs. 5 Nr. 2 WEG aF abgeleitet worden ist, ergibt sich nach dem Wortlaut des § 18 Abs. 2 WEG der Verweis auf den Anspruch auf Umsetzung einer Vereinbarung, also auch der Realisierung des Soll-Zustandes, der ursprünglich vereinbart worden ist. Die Herlei-

---

40 BGH 20.5.2011 – V ZR 99/10, ZMR 2011, 809; BGH 20.11.2015 – V ZR 284/14, ZMR 2016, 215.
41 OLG Düsseldorf 17.6.2016 – 3 Wx 282/15, ZMR 2016, 895; BGH 20.11.2015 – V ZR 284/14, ZMR 2016, 215.
42 LG Hamburg 5.8.2015 – 318 S 55/14, ZMR 2016, 129.
43 BGH 5.12.2003 – V ZR 447/01, ZMR 2004, 206; BGH 20.5.2011 – V ZR 99/10, NJW 2011, 3237.
44 BGH 5.12.2003 – V ZR 447/01, ZMR 2004, 206.
45 OLG München 14.7.2008 – 34 Wx 37/08, ZMR 2008, 905; LG Hamburg 25.4.2012 – 318 S 138/11, ZMR 2013, 57.
46 BGH 5.12.2003 – V ZR 447/01, ZMR 2004, 206.
47 KG 10.7.1991 – 24 W 6574/90, NJW-RR 1991, 1421; BGH 14.11.2014 – V ZR 118/13, NJW 2015, 2027; BGH 20.11.2015 – V ZR 284/14, ZMR 2016, 215; LG Berlin 5.5.2013 – 55 S 52/12, ZWE 2014, 40; BGH 20.7.2018 – V ZR 56/17, ZMR 2019, 47.

Hansen

tung des Anspruchs auf ordnungsmäßige Verwaltung, zu der auch Erhaltungsmaßnahmen nach § 19 Abs. 2 Nr. 2 WEG gehören, ist nicht notwendig.

Soweit jedoch niemand diesen Anspruch reklamiert, verbleibt es schlicht bei der Abweichung.

Allerdings ist eine Abgrenzung zu § 20 WEG notwendig. 64

Der nach § 18 Abs. 2 Nr. 1 WEG bestehende Anspruch auf Herstellung eines erstmaligen ordnungsmäßigen und mangelfreien Zustandes der Wohnanlage zielt darauf, dass deren Zustand entsprechend der ursprünglichen Vereinbarung, dh konform errichtet wird, um den Soll-Zustand zu realisieren.

Auch nach § 20 WEG ist es jedoch möglich, dass die Eigentümer mit einfacher Mehrheit eine bauliche Veränderung beschließen, mithin den nach dem Aufteilungsplan ursprünglich vorgesehenen Soll-Zustand der Gemeinschaftsflächen dauerhaft verändern und neu definieren.

Ist etwa in einer Vereinbarung iVm dem Aufteilungsplan die Errichtung eines **Müllplatzes** an einer konkreten 65 Stelle auf der Gemeinschaftsfläche vorgesehen, können die Eigentümer mit Mehrheit dessen Entfernung beschließen, aber genauso, dessen Realisierung zu unterlassen, wenn dieser Müllplatz gar nicht erst errichtet wurde.[48] Ob der eine wie der andere Beschluss ordnungsmäßiger Verwaltung entspricht, ist nach **§ 20 Abs. 4 WEG** zu beurteilen, also anhand der Kriterien der grundlegenden Umgestaltung der Anlage und der Frage, ob ein Eigentümer aufgrund des Beschlusses ein sog. Sonderopfer erbringt. Dabei ist jedoch nicht relevant, dass die Eigentümer einerseits über den Abriss, andererseits über die Nichterrichtung beschließen. Das Ergebnis ist in beiden Fällen das gleiche, nämlich dass der bauliche Zustand abweichend vom Aufteilungsplan dauerhaft verändert wird.

Ergibt sich danach aber die Rechtmäßigkeit des Beschlusses, hat im Ergebnis die Mehrheit der Eigentümer das 66 Bau-Soll neu definiert. Vor dem Hintergrund, dass es ein wesentliches Ziel der Gesetzesreform zum 1.12.2020 ist, die Realisierung von baulichen Veränderungen zu vereinfachen, tritt in diesem Fall der Anspruch des Einzelnen auf plangerechte Erstherstellung nach § 18 Abs. 2 Nr. 1 WEG zurück.

2. Beschlussersetzung. Der Beschluss, das Gemeinschaftseigentum auf Kosten der Gemeinschaft der Woh- 67 nungseigentümer plangerecht herzustellen, ist ein **Mehrheitsbeschluss** nach § 25 Abs. 1 WEG. Kommt der Beschluss nicht zustande, bleibt für jeden einzelnen Eigentümer die Möglichkeit, den Beschluss durch ein Gestaltungsurteil ersetzen zu lassen, § 44 Abs. 1 S. 2 WEG.

Gem. § 18 Abs. 2 Nr. 1 WEG kann jeder Wohnungseigentümer eine Verwaltung verlangen, die den Vereinba- 68 rungen und Beschlüssen und, soweit solche nicht bestehen, dem Interesse der Gesamtheit der Wohnungseigentümer nach billigem Ermessen entspricht. Im Rahmen des insoweit bestehenden Anspruchs auf ordnungsmäßige Verwaltung haben die Wohnungseigentümer aber einen **Gestaltungsspielraum**.[49] Eine Abwägung der Interessen ist erforderlich und die Entscheidung muss billigem Ermessen entsprechen.

Insoweit wird das grundsätzlich den Wohnungseigentümern zustehende Ermessen im Rahmen der Beschluss- 69 ersetzungsklage nach § 44 Abs. 1 S. 2 WEG durch das Gericht ausgeübt und deshalb genügt – anders als nach der allgemeinen Vorschrift des § 253 Abs. 2 Nr. 2 ZPO – die Angabe des Rechtsschutzziels.[50]

V. Anspruchsgegner

1. Gemeinschaft der Wohnungseigentümer. a) Anspruch auf plangerechte Erstherstellung. Die erstma- 70 lige plangerechte Herstellung des Gemeinschaftseigentums nach den Bestimmungen des Wohnungseigentumsgesetzes obliegt nicht einem einzelnen Wohnungseigentümer, sondern ist die **Sache aller Wohnungseigentümer**.[51] Aufgabe der Eigentümer ist es daher zunächst, einen entsprechenden Mehrheitsbeschluss zu fassen.

Wird der **Mehrheitsbeschluss** gefasst, § 23 Abs. 4 WEG, ist die Umsetzung dessen aber nicht die Aufgabe der 71 einzelnen Eigentümer. Gleich, wie der Anspruch auf Erstherstellung hergeleitet wird, sowohl die Erhaltung von Gemeinschaftseigentum gem. § 19 Abs. 2 Nr. 2 WEG als auch ein Handeln nach § 18 Abs. 2 Nr. 1 WEG sind Angelegenheit und Aufgabe der Gemeinschaft der Wohnungseigentümer, vertreten durch den Verwalter.

---

48 LG Hamburg 30.5.2018 – 318 S 100/17, ZMR 2018, 794.
49 BGH 13.7.2012 – V ZR 94/11, NJW 2012, 2955; BGH 9.3.2012 – V ZR 161/11, NJW 2012, 1724.
50 BGH 24.5.2013 – V ZR 182/12, NZM 2013, 582.
51 OLG Frankfurt a. M. 24.7.2007 – 20 W 538/05, NZM 2008, 322.

72 Unterlässt die Gemeinschaft der Wohnungseigentümer oder der Verwalter die erforderlichen Maßnahmen und die Umsetzung, sind einzelne Wohnungseigentümer grundsätzlich nicht zur **Selbstvornahme** berechtigt, sondern müssen ihren Anspruch auf ordnungsmäßige Verwaltung vor Gericht durchsetzen.[52]

73 Der Anspruch des Eigentümers auf plangerechte Herstellung des Gemeinschaftseigentums richtet sich damit auf Beschlussfassung gem. § 18 Abs. 2 Nr. 1 WEG bzw. § 44 Abs. 1 S. 2 WEG gegen die Gemeinschaft der Wohnungseigentümer (→ *Beschlussersetzung* Rn. 13 ff.), ggf. verbunden mit einer Leistungsklage auf Umsetzung des gefassten Mehrheitsbeschlusses.

74 **b) Kosten.** Die Kosten der plangerechten Erstherstellung tragen grundsätzlich **alle Wohnungseigentümer** gem. § 16 Abs. 2 WEG anteilig, unbeschadet einer abweichenden Kostenverteilung in der Gemeinschaftsordnung. Legt die Gemeinschaftsordnung fest, dass die Erhaltungspflicht für einen Teil des gemeinschaftlichen Eigentums einem einzelnen Wohnungseigentümer obliegt, umfasst dies nicht die Möglichkeit, erstmalig einen ordnungsmäßigen Zustand auf Kosten dieses Eigentümers vorzunehmen.[53]

75 Dies wird aber auch anders gesehen.[54] Abgestellt wird mit den Entscheidungen im Kern auf den Wortlaut der Kostentragungspflicht von Sondereigentümern bei Erhaltungsmaßnahmen, die abweichend von der gesetzlichen Regelung in der jeweiligen Gemeinschaftsordnung formuliert sind. Letztlich ist es danach eine Frage, ob und wenn ja, wie hinreichend bestimmt die Regelung zu § 16 Abs. 2 WEG in der Vereinbarung geändert wurde.[55]

76 **2. Anspruch gegen einzelne Eigentümer auf Duldung.** Beschließen die Wohnungseigentümer die plangerechte Herrichtung der Wohnanlage auf Kosten der Gemeinschaft mehrheitlich, sind die hiervon betroffenen Wohnungseigentümer ab dem Zeitpunkt nach § 14 Abs. 1 Nr. 2 WEG zur **Duldung** des Umbaus verpflichtet.

77 **Verweigert ein Eigentümer** etwa die Duldung der Umsetzung des Mehrheitsbeschlusses zur ordnungsmäßigen Erstherstellung gemäß Aufteilungsplan dadurch, dass er schlicht seine Wohnungstür nicht öffnet, was aber erforderlich wäre, um bauliche Maßnahmen vorzunehmen, ist er auf Duldung von der Gemeinschaft der Wohnungseigentümer in Anspruch zu nehmen.[56]

78 **3. Anspruch gegen einzelne Eigentümer aus Kaufvertrag.** Daneben bleibt die Frage, ob gegen einen einzelnen Eigentümer auch ein Anspruch auf plangerechte Erstherstellung durchgesetzt werden kann, verbunden mit der Begründung, dass dieser in Absprache mit dem veräußernden Bauträger die abweichende Bauausführung im Kaufvertrag vereinbart hat. Dies ist nicht der Fall.

79 Durch den Abschluss des Kaufvertrags hat der Eigentümer zwar eine adäquate Ursache für die teilweise planwidrige Errichtung des Gebäudes gesetzt. Unter Berücksichtigung der schutzwürdigen Belange des Rechtsverkehrs reicht dies jedoch nicht aus, dem Käufer die **Verantwortung für die planwidrige Bauausführung** durch den teilenden Bauträger zuzuschreiben.[57] Vielmehr darf ein Käufer in aller Regel davon ausgehen, dass der Bauträger die Bauausführung im Rahmen seiner (Eigentums-)Befugnisse bzw. – sofern der Bau erst nach Entstehen einer Wohnungseigentümergemeinschaft fertiggestellt wird – notfalls im Zuge einer Anpassung der Teilungserklärung und in Übereinstimmung mit den anderweit eingegangenen vertraglichen Verpflichtungen[58] durchführen wird. Wollte man das anders sehen, würde Käufern von noch zu errichtenden Eigentumswohnungen ein erhebliches Risiko auferlegt und damit der Kauf von Wohnungseigentum ohne Not erschwert.[59]

80 **4. Anspruch gegen einzelne Eigentümer gem. § 3 WEG.** Darüber hinaus gibt es die Konstellation, dass die vom Aufteilungsplan abweichende Herstellung des Gemeinschaftseigentums nicht in Zusammenhang mit der Teilung des Gebäudes durch einen Bauträger gem. § 8 WEG steht, sondern dass zum Zeitpunkt der Teilung nach § 3 WEG mehrere Bauherren mit Beginn der Bauarbeiten Wohnungseigentümer geworden sind.

---

52 BGH 17.10.2014 – V ZR 9/14, BGHZ 202, 375.
53 KG 22.9.2008 – 24 W 83/07, ZMR 2009, 135; OLG München 30.1.2007 – 34 Wx 116/06, NZM 2007, 369; LG Köln 22.12.2016 – 29 S 145/16, ZWE 2017, 262.
54 LG München 27.6.2011 – 1 S 1062/11, ZWE 2012, 47; LG Koblenz 3.7.2014 – 2 S 36/14, ZMR 2015, 57.
55 S. a. zur Kostentragung in der Gemeinschaftsordnung: BGH 22.11.2013 – V ZR 46/13, NZM 2014, 69; BGH 22.3.2019 – V ZR 145/18, ZMR 2019, 625.
56 BGH 10.7.2015 – V ZR 194/14, ZMR 2015, 950.
57 LG München 14.6.2010 – 1 S 25625/09, ZWE 2010, 411.
58 BGH 17.6.2005 – V ZR 328/03, NZBau 2005, 587.
59 BGH 14.11.2014 – V ZR 118/13, ZMR 2015, 320.

Eine abweichende Herstellung vom Aufteilungsplan liegt zwar nicht vor, wenn der Bauträger von vornherein 81
abweichend von den ursprünglichen Plänen das Gebäude errichtet; ein Wohnungseigentümer ist in diesem Fall
auch dann nicht zur Beseitigung der geänderten Bauausführung verpflichtet, wenn er sie beim Kauf des Wohnungseigentums veranlasst hat (→ Rn. 78 f.).

Dies ist aber anders, wenn die Wohnanlage nicht von einem Bauträger errichtet worden ist, der bei der Vornah- 82
me baulicher Maßnahmen keinen Beschränkungen unterlag, solange er allein Eigentümer war, sondern von
mehreren Bauherren, die schon zu Beginn der Bauarbeiten Wohnungseigentümer geworden waren.

In diesem Fall haften die die abweichenden Baumaßnahmen veranlassenden Eigentümer als **Handlungsstörer** 83
oder als **Zustandsstörer**, so dass gegen sie ggf. ein Beseitigungs- oder Duldungsanspruch in Betracht
kommt.[60]

5. Bauträger. Der darüber hinaus möglicherweise bestehende Konflikt zwischen dem Erwerber und, regelmä- 84
ßig, dem verkaufenden Bauträger auf Geltendmachung von Mängelrechten wegen abweichender Bauausführung führt zu einem **Anspruch** des Eigentümers gegen den Bauträger aus Vertrag.

Ein **Sachmangel** liegt nach § 633 Abs. 2 S. 1 BGB auch dann vor, wenn eine Abweichung von der vereinbar- 85
ten Beschaffenheit nicht zu einer Beeinträchtigung des Werts oder der Gebrauchstauglichkeit des Werks führt.
Wirkt sich eine Abweichung von der vereinbarten Beschaffenheit nicht oder nur in geringem Maße nachteilig
aus, kann dies zwar die Prüfung veranlassen, ob Mängelansprüchen des Bestellers der Einwand entgegensteht,
der Mängelbeseitigungsaufwand sei unverhältnismäßig.[61] An dem Vorliegen eines Mangels in derartigen Fällen ändert dies allerdings nichts.[62]

Dieser Sachmangel bezieht sich auch auf die aus dem Bauträgervertrag resultierende Verpflichtung, Sonder- 86
und Gemeinschaftseigentum gemäß der Teilungserklärung respektive des Aufteilungsplanes herzustellen. Der
Erwerber kann also die Mängelrechte gegenüber dem Verkäufer geltend machen.

6. Rechtsvorgänger. Verantwortlich für die Rückgängigmachung eigenmächtiger baulicher Veränderungen 87
ist der im Zeitpunkt der Baumaßnahmen eingetragene Wohnungseigentümer (Handlungsstörung). Die **Haftung geht nicht** auf den Rechtsnachfolger im Wohnungseigentum **über**.

Eine Rechtsnachfolge in Wiederherstellungsansprüche aus Handlungsstörung ist nicht gegeben, weil es an
einer gesetzlichen Überleitung von Verbindlichkeiten aus Rechtsverstößen des Rechtsvorgängers auf den
Nachfolger im Wohnungseigentum fehlt.[63]

VI. Typische Einwendungen

1. Verjährung. Der Anspruch jedes Wohnungseigentümers nach §§ 18 Abs. 2 Nr. 1, 19 Abs. 2 Nr. 2 WEG 88
gegen die Gemeinschaft der Wohnungseigentümer auf plangerechte Herstellung des Gemeinschaftseigentums
unterliegt nicht der Verjährung (→ *Verjährung* Rn. 17 ff.).[64]

Vertreten wird aber auch, dass auch der Anspruch auf Herstellung eines erstmaligen ordnungsmäßigen Zustan- 89
des der Wohnanlage entsprechend dem Aufteilungsplan und der Teilungserklärung der Regelverjährung von
3 Jahren unterliegt, § 195 BGB.[65]

2. Verwirkung. Eine Verwirkung setzt voraus, dass seit der Möglichkeit, das Recht geltend zu machen, länge- 90
re Zeit verstrichen ist und besondere Umstände hinzutreten, welche die verspätete Geltendmachung des Rechts

---

60 BayObLG 29.5.1998 – 2Z BR 57/98, NZM 1999, 286; BayObLG 17.7.1997 – 2Z BR 25/97, WE 1998, 149.
61 BGH 1.8.2013 – VII ZR 75/11, BGHZ 198, 150.
62 BGH 30.7.2015 – VII ZR 70/14, BauR 2015, 1842.
63 BGH 20.7.2018 – V ZR 56/17, ZMR 2019, 47.
64 AG Köln 29.6.2010 – 202 C 102/09, ZMR 2011, 675; BGH 14.11.2014 – V ZR 118/13, ZMR 2015, 320; BGH
    27.4.2012 – V ZR 177/11, ZMR 2012, 713, der sich mit der grundsätzlichen Frage der Verjährung des § 21 Abs. 4
    WEG aF beschäftigt.
65 OLG Braunschweig 8.2.2010 – 3 W 1/10, ZMR 2010, 626; OLG Düsseldorf 12.3.2009 – 3 Wx 60/08, ZMR 2009,
    706; OLG Celle 22.8.2006 – 4 W 101/06, NZM 2007, 840.

als **gegen Treu und Glauben** verstoßend erscheinen lassen. Gegenstand der Verwirkung können auch einzelne Ansprüche aus einem dinglichen Recht sein.[66]

91   Problematisch dürfte aber regelmäßig sein, dass bei erheblichem Zeitablauf die Zusammensetzung einer Gemeinschaft der Wohnungseigentümer wechselt und sich dann die Frage ergibt, ob der Eigentümer, der Anspruch auf Herstellung eines erstmaligen ordnungsmäßigen Zustandes der Wohnanlage geltend macht, tatsächlich allen Eigentümern gegenüber deutlich gemacht hat, den reklamierten Anspruch nicht mehr durchsetzen zu wollen. Zumindest die Eigentümer, denen der Anspruchsteller diese Willensbekundung gegenüber nicht hinreichend deutlich gemacht hat, können sich auf die Einwendung der Verwirkung nicht berufen. Darüber hinaus aber scheitert die Einwendung der Verwirkung oft daran, dass dem Anspruchsteller nicht erfolgreich belegt werden kann, er habe mit Klarheit und Rechtsbindungswillen die Durchsetzung des Anspruchs tatsächlich nicht mehr geltend machen wollen.

92   **3. Beschluss zur Abweichung.** Der Anspruch auf erstmalige Herstellung eines ordnungsmäßigen Zustands des Gemeinschaftseigentums soll nicht mehr geltend gemacht werden können, wenn die Wohnungseigentümer **bestandskräftig** beschlossen haben, von einer Beseitigung der Mängel abzusehen.[67]

93   Der dieser Ansicht bislang entgegenzuhaltende Einwand, es bestehe keine Beschlusskompetenz für die Eigentümer, dauerhaft einen vom Aufteilungsplan abweichenden Zustand als ordnungsmäßig dadurch festzulegen, dass auf dessen Herstellung durch Beschluss verzichtet wird, ist durch § 20 Abs. 1 WEG überholt. § 20 Abs. 1 WEG ist die Kompetenzgrundlage für bauliche Veränderungen.

94   Richtig ist, dass per Beschluss keine „Anspruchsvernichtung" wirksam begründet werden kann.[68] Doch solange sich die Beschlussfassung nicht nur darauf beschränkt, dass die erstmalige Herstellung eines ordnungsmäßigen Zustands des Gemeinschaftseigentums – generell – nicht mehr geltend gemacht werden soll, sondern eine konkrete bauliche Veränderung beschlossen wird, handelt es sich nicht um eine „Anspruchsvernichtung". Die mehrheitliche Entscheidung, den Sollstand einer Anlage neu zu definieren, indem ein nach dem Aufteilungsplan konkret vorgesehenes Bauteil entweder nicht mehr realisiert oder ein tatsächlich existierendes, nach dem Plan aber gar nicht vorgesehenes Bauteil wieder abgerissen wird, ist ein Beschluss nach § 20 Abs. 1 WEG. Dadurch wird – zugleich und unter der Voraussetzung, dass die Vorgaben des § 20 Abs. 4 WEG erfüllt werden – der Anspruch nach § 18 Abs. 2 Nr. 1 WEG verdrängt.

95   **4. Grenze der Zumutbarkeit.** Der Anspruch auf erstmalige Herstellung eines den Plänen entsprechenden Zustands wird allerdings durch den Grundsatz von **Treu und Glauben**, § 242 BGB, begrenzt und entfällt deshalb, wenn seine Erfüllung den übrigen Wohnungseigentümern nach den Umständen des Einzelfalls nicht zuzumuten ist.[69] So kann es etwa liegen, wenn die plangerechte Herstellung tiefgreifende Eingriffe in das Bauwerk erfordert oder Kosten verursacht, die auch unter Berücksichtigung der berechtigten Belange der von der abweichenden Bauausführung unmittelbar betroffenen Wohnungseigentümer unverhältnismäßig sind. In solchen Fällen sind die Wohnungseigentümer verpflichtet, Teilungsvertrag und Aufteilungsplan so zu ändern, dass diese der tatsächlichen Bauausführung entsprechen.[70]

96   Die Interessen der hiervon nachteilig betroffenen Wohnungseigentümer werden dadurch gewahrt, dass sie jedenfalls gravierende Abweichungen zulasten ihres Sondereigentums unter Umständen nur gegen eine Ausgleichszahlung hinnehmen müssen.[71]

VII. Verfahrenshinweise

97   **1. Vorbefassung.** Die gerichtliche Geltendmachung des Anspruchs auf Mitwirkung bei der erstmaligen Herstellung eines ordnungsmäßigen Zustandes erfordert grundsätzlich die vorherige Befassung der Eigentümer-

---

66 OLG Celle 22.8.2006 – 4 W 101/06, NZM 2007, 840.
67 BayObLG 2Z BR 98/98, NZM 1999, 262; s. a. LG Bremen 19.2.2015 – 4 S 223/14, ZMR 2015, 329.
68 BGH 15.1.2010 – V ZR 72/09, ZMR 2010, 378.
69 BayObLG 4.3.2004 – 2Z BR 232/03, ZMR 2004, 5242.
70 BGH 5.12.2003 – V ZR 447/01, NJW 2004, 1798, für einen sondereigentumslosen Miteigentumsanteil; BGH 11.5.2012 – V ZR 189/11, NJW-RR 2012, 1036.
71 BGH 5.12.2003 – V ZR 447/01, NJW 2004, 1798; BGH 14.11.2014 – V ZR 118/13, ZMR 2015, 320.

versammlung. **Ausnahmsweise** kann diese unterbleiben, wenn davon auszugehen ist, dass der den Antrag stellende Wohnungseigentümer ohnehin keine Mehrheit in der Versammlung finden wird.[72]

Ein Eigentümer, der die erstmalige Herstellung des Gemeinschaftseigentums gemäß Aufteilungsplan verfolgt, ist gehalten, auf einen Beschluss nach § 18 Abs. 2 Nr. 1 WEG in einer Eigentümerversammlung zu drängen. Eine **Klage** auf Beschlussersetzung ohne Vorbefassung wäre verfrüht. 98

2. Maßnahmen. Welche Maßnahmen die Eigentümer zur Herstellung des ordnungsmäßigen Zustandes wählen, liegt in ihrem Ermessen, soweit die Maßnahmen dem Interesse der Gesamtheit der Wohnungseigentümer nach **billigem Ermessen** entsprechen. Enthalten die Pläne zur Bauausführung im Einzelnen keine Angaben, ist die Ausführung zu wählen, die den rechtlichen Vorschriften entspricht und im Übrigen sachgerecht ist.[73] 99

Fassen die Eigentümer damit einen Beschluss auf ordnungsmäßige Erstherstellung entsprechend des Aufteilungsplans in einer bestimmten Art und Weise und ist ein Eigentümer hiermit nicht einverstanden, etwa weil er die Maßnahmen nicht für weitgehend genug hält, bleibt ihm die **Anfechtung** nach §§ 43, 44 WEG. 100

8. Alarmanlage

Leist

I. Einführung

Gesteigerte Sicherheitsbedürfnisse, insbesondere hervorgerufen durch Einbrüche oder Diebstahl in der Wohneigentumsanlage, führen dazu, dass die Wohnungseigentümer in Form gemeinschaftlichen Handelns den Sicherheitsstandard der Wohneigentumsanlage verbessern wollen. Meistens sind es aber einzelne Eigentümer, die erhöhte Schutzvorkehrungen für ihr Sondereigentum wünschen. 1

Der Einbau klassischer Alarmanlagen mit Fenster- und Türsensoren sowie Außensirene, also das, was man sich üblicherweise unter einer Alarmanlage vorstellt, dürfte in diesem Zusammenhang jedoch nicht praxistauglich sein, da aufgrund der Vielzahl von Nutzern in einer Wohneigentumsanlage bereits tageszeitlich gar nicht gesteuert werden kann, wann dieses Gerät eingeschaltet wird. 2

Von praktischer Relevanz sind dagegen **Überwachungseinrichtungen für das gemeinschaftliche Eigentum** bzw. Alarmsysteme für die jeweiligen Wohnungen, mit Fenster- und Türsensoren, unter Einschluss von Videotechnik, die es dem Nutzer sogar erlauben kann, in Echtzeit via Internet über Smartphone und Tablet Bilder abzurufen. 3

Bis zur Gesetzesänderung zeigte sich die Möglichkeit des Einbaus von Sicherheitstechnik eher als schwierig, zumal der BGH solche Maßnahmen regelmäßig als bauliche Maßnahme iSd § 22 Abs. 1 WEG aF subsumierte,[1] so dass stets zu hinterfragen war, ob etwaige nachteilige Beeinträchtigungen für einzelne Eigentümer iSd § 14 Nr. 1 WEG aF durch die Maßnahme eintraten, die die Zustimmungspflicht zur baulichen Maßnahme auslösten. 4

---

72 BayObLG 18.1.2001 – 2Z BR 65/00, ZMR 2001, 469.
73 BayObLG 24.11.1994 – 2Z BR 110/94, ZMR 1995, 87.
 1 BGH 21.10.2011 – V ZR 265/10, NZM 2012, 239; BGH 24.5.2013 – V ZR 220/12, NJW 2013, 3089; BGH 8.4.2011 – V ZR 210/10, NZM 2011, 512.

5 Mit der Gesetzesänderung hat aber nunmehr der Gesetzgeber in § 20 Abs. 2 Nr. 3 WEG einen individuellen Anspruch für die Eigentümer geschaffen, Einrichtungen zur Erhöhung der Sicherheit der Wohnanlage installieren zu lassen. Daneben darf aber auch die Gemeinschaft der Wohnungseigentümer solche Maßnahmen als eigene Angelegenheit zur Beschlussfassung erheben. Dies, da § 20 Abs. 1 WEG die Möglichkeit einräumt, dass diese selbst eine bauliche Veränderung vornimmt.[2]

II. Bauliche Maßnahmen zum Einbruchschutz

6 **1. Bauliche Maßnahme durch die Gemeinschaft der Wohnungseigentümer gem. § 20 Abs. 1, 2 Nr. 3 WEG. a) Beschlusskompetenz.** Nach § 20 Abs. 2 Nr. 3 WEG gilt, dass jeder Wohnungseigentümer eine angemessene bauliche Veränderung verlangen kann, die dem Einbruchschutz dient, über die im Rahmen ordnungsmäßiger Verwaltung zu beschließen ist.

7 Die Norm vermittelt zugunsten des einzelnen Eigentümers einen **individuellen Anspruch**, der sich aber nur auf das „Ob" der Maßnahme bezieht. „Wie" die Maßnahme umzusetzen ist, bleibt in der Entscheidung der Wohnungseigentümer im Rahmen ordnungsmäßiger Verwaltung.[3] Die Gemeinschaft der Wohnungseigentümer fasst also hierzu einen entsprechenden Beschluss und setzt einen hierzu gefassten Beschluss um. Sie ist damit auch Auftraggeber einer solchen baulichen Maßnahme.

8 Der Anspruch auf die Einrichtung von Maßnahmen des Einbruchschutzes richtet sich gegen die Gemeinschaft der Wohnungseigentümer,[4] die die Maßnahme bei Beschlussfassung gem. § 20 Abs. 1 WEG umsetzen muss.

9 Unabhängig vom Bestehen des Anspruchs eines Eigentümers auf Durchführung einer Maßnahme des Einbruchschutzes hat auch **die Gemeinschaft der Wohnungseigentümer selbst die Möglichkeit**, sich des Einbruchschutzes als eigenes Thema anzunehmen und bauliche Maßnahmen zur Erhöhung des Einbruchschutzes als eigene Maßnahme zu beschließen.[5]

10 Denn die Kompetenz nach § 20 Abs. 1 WEG, Beschlüsse zu Fragen von baulichen Maßnahmen als eigene Angelegenheit zu fassen, wird mit Blick auf die privilegierten baulichen Maßnahmen, die von einzelnen Eigentümern nach § 20 Abs. 2 WEG von der Gemeinschaft der Wohnungseigentümer verlangt werden können, nicht eingeschränkt. Das bedeutet, dass die Gemeinschaft der Wohnungseigentümer uneingeschränkt auch die in § 20 Abs. 2 WEG genannten Gegenständen ohne besonderen Antrag eines Eigentümers behandeln kann.

11 **b) Maßnahmen des Einbruchschutzes.** Was konkret dem Einbruchschutz dienen soll, lässt die Gesetzesbegründung weitestgehend offen. Ausreichend ist danach, dass die Maßnahmen geeignet sind, den widerrechtlichen Zutritt zu einzelnen Wohnungen oder zu der Wohnanlage insgesamt zu verhindern, zu erschweren oder auch nur unwahrscheinlicher zu machen.[6]

12 Hierunter fallen zB Fenstergitter, zusätzliche Sicherheitsschlösser an Türen und Fenstern, aber auch die Videoüberwachung.

13 **c) Angemessenheit der Maßnahme.** Voraussetzung für den Anspruch **eines Eigentümers** auf bauliche Maßnahmen zur Erhöhung des Einbruchschutzes ist, dass die verlangte Maßnahme „angemessen" ist und „ordnungsgemäßer Verwaltung" entspricht.

14 Bei baulichen Maßnahmen, die die Gemeinschaft der Wohnungseigentümer nach § 20 Abs. 1 WEG beschließt, ordnet demgegenüber der Gesetzgeber das Vorliegen dieser Tatbestandsmerkmale einer Beschlussfassung nicht ausdrücklich an, wenngleich der Aspekt der ordnungsgemäßen Verwaltung wegen §§ 18 Abs. 2, 19 Abs. 1 WEG ohnehin Grundlage einer jeden Entscheidung der Wohnungseigentümer ist.

15 Nach hier vertretener Meinung muss aber darüber hinausgehend auch der Aspekt der „Angemessenheit" bei einer Beschlussfassung der Gemeinschaft der Wohnungseigentümer aus ihrer Kompetenz nach § 20 Abs. 1

---

2 BT-Drs. 19/18791, 62.
3 BT-Drs. 19/18791, 63.
4 BT Drs. 19/18791, 63.
5 BT-Drs. 19/18791, 62.
6 BT-Drs. 19/18791, 64.

Leist

WEG, Beschlüsse zu baulichen Maßnahmen als eigene Angelegenheit zu fassen, vorliegen. Denn andernfalls liefe die Intention des Gesetzgebers leer, objektiv unangemessene Forderungen zurückzuweisen.[7]

Bei dem Merkmal der „Angemessenheit" handelt es sich um einen **unbestimmten Rechtsbegriff**. Dieser soll 16 es im Einzelfall ermöglichen, objektiv unangemessene Forderungen zurückzuweisen.[8] Wann eine Maßnahme unangemessen ist, kann – so die Gesetzesbegründung – jedoch nur im Einzelfall unter Berücksichtigung aller Umstände entschieden werden, wobei ein Entscheidungsermessen oder Einschätzungsspielraum den Wohnungseigentümern dadurch aber nicht eingeräumt wird.[9]

Ob im Rahmen der Frage der „Angemessenheit" alleine auf die baulichen Folgen der verlangten Maßnahme 17 für das Objekt abzustellen ist (zB optische Einwirkungen, Stärke des Eingriffs in die Bausubstanz) oder für die bauliche Maßnahme eine **ganzheitliche Betrachtung** unter Einbeziehung zB einer Kosten-Nutzen-Analyse oder dem Recht auf informationelle Selbstbestimmung bei Überwachungseinrichtungen erforderlich ist, lässt die Gesetzesbegründung offen.

Da aber die Beschlussfassung hierzu ebenfalls unter dem Postulat der ordnungsmäßigen Verwaltung steht, 18 dürfte diese Frage eher akademischer Natur sein, da jedenfalls im Rahmen ordnungsmäßiger Verwaltung das Interesse der Gesamtheit der Wohnungseigentümer zu betrachten ist. Dies macht es erforderlich, einen **Ausgleich** zwischen den Interessen der Gesamtheit und den Interessen einzelner Wohnungseigentümer herbeizuführen, so dass es hier notwendig ist, dass bei der Ermessensentscheidung auch die Interessen einzelner oder auch nur eines Wohnungseigentümers berücksichtigt werden.[10]

Bewertet man die Frage der „Angemessenheit" der baulichen Maßnahme allein anhand des Umfangs des bau- 19 lichen Eingriffs, der Kosten der Maßnahme und ihrer Folgekosten und/oder einer damit einhergehenden optischen Veränderung, so wird dies stets in Relation zu dem gewünschten Erfolg eines **verbesserten Einbruchschutzes** unter Beachtung der angenommenen Gefahrenlagen, die es abzuwehren gilt, zu setzen sein.

So mag dann – je nach Einzelfall – zB die Ertüchtigung der Fensterflügel mit Beschlägen der Widerstands- 20 klasse RC 3 oder höher, das Bedürfnis auf einen erhöhten Einbruchschutz angemessen erfüllen, der Einbau von Fenstergittern aber über die Angemessenheit hinausgehen.

d) Ordnungsgemäße Verwaltung. Im Weiteren fordert § 20 Abs. 2 WEG, dass sich der Beschluss im Rah- 21 men ordnungsmäßiger Verwaltung bewegen muss, was angesichts des Postulats der ordnungsmäßigen Verwaltung, welche allgemein im Wohnungseigentumsrecht gilt (vgl. §§ 18 Abs. 2, 19 Abs. 1 WEG), eine Selbstverständlichkeit ist.

Ist nun die Beachtung der Interessen aller und einzelner Eigentümer Bestandteil dieser ordnungsgemäßen Ver- 22 waltung, dann entspricht ein Beschluss über die Einbringung eines zusätzlichen Einbruchschutzes dann ordnungsmäßiger Verwaltung, wenn er auch die **Interessen einzelner Eigentümer** beachtet.

Hierbei ist insbesondere die Frage zu klären, ob **datenschutzrechtlich** relevante Sachverhalte betroffen sind, 23 auf die die Gemeinschaft der Wohnungseigentümer Rücksicht zu nehmen hat.

Der Aspekt der Beachtung des Datenschutzes bezogen auf einzelne Eigentümer wurde unter der Geltung des 24 alten Rechts bei der Frage einer nachteiligen Beeinträchtigung einzelner Eigentümer nach § 14 Nr. 1 WEG aF besprochen.

Danach war es erforderlich, in die Abwägung der Betroffenheit bei der Einzelfallprüfung auch grundgesetzlich 25 geschützte Interessen mit einzubeziehen,[11] insbesondere dann, wenn **Überwachungstechnik in der Wohnanlage** installiert werden sollte.

Rückfolgernd daraus, dass im vergleichbaren Fall einer öffentlich-rechtlich zulässigen Überwachungssituation 26 ein Wohnungseigentümer Überwachungsmaßnahmen dulden müsste, war auch bei der wohnungseigentumsrechtlichen Betrachtung zu hinterfragen, inwieweit in Anlehnung an § 4 BDSG bei der Einrichtung von Sicherheitseinrichtungen in einer Wohnungseigentumsanlage unter der Regie und Aufsicht der Gemeinschaft ein

---

7 BT-Drs. 19/18791, 63.
8 BT-Drs. 19/18791, 63.
9 BT-Drs. 19/18791, 63.
10 *Schmid* NZM 2011, 865 ff.
11 BGH 24.1.2014 – V ZR 48/13, NZM 2014, 201; BGH 13.1.2017 – V ZR 96/16, NZM 2017, 447.

gemeinschaftliches Interesse an der Überwachung und Sicherung des Gemeinschaftseigentums das Interesse eines einzelnen Eigentümers überwog. Dies konnte dann der Fall sein, wenn sich die Gemeinschaft vor Straftaten gegen das Gemeinschaftseigentum und gegen die Bewohner der Wohnungseigentumsanlage schützen wollte. Nicht zulässig war dagegen die Einrichtung von Überwachungs- und Sicherungsanlagen, die allein dazu dienten, die Durchsetzung von Ansprüchen gegen einzelne Wohnungseigentümer zu erleichtern.[12]

27 Überwog das Interesse des Verbands Wohnungseigentümergemeinschaft, dann waren allerdings nur solche Sicherungsanlagen zulässig, die in ihrem Umfang **auf das Notwendige beschränkt** werden.[13]

28 Eine Beeinträchtigung iSd § 14 Nr. 1 WEG aF für Einzelmaßnahmen eines Eigentümers lag nach Auffassung des Landgerichts Düsseldorf[14] dann nicht vor, wenn ein Wohnungseigentümer seine Wohnung mittels Alarmanlage vor Einbruch schützen wollte und es hierbei erforderlich wurde, vor der Wohnung einen weiteren Schalter zu installieren, der für die Scharfschaltung der Alarmanlage benötigt wurde. Das Interesse, eine solche, nur geringfügige, Veränderung des optischen Erscheinungsbildes im Treppenhaus zu vermeiden, musste hier hinter dem Wunsch des begünstigten Eigentümers wegen der Erhöhung der Einbruchsicherheit als anerkanntes Interesse zurückstehen.

29 Demgegenüber mussten aber nach Ansicht des AG Bergisch-Gladbach[15] die übrigen Wohnungseigentümer den Einbau eines digitalen Türspions mit Kamerafunktion in der Wohnungseingangstür eines Sondereigentümers nach § 14 Nr. 1 WEG nicht hinnehmen, wenn durch die Einbringung einer solchen Anlage die Möglichkeit bestand, den vorgelagerten Hausflurbereich zu überwachen. Hier dürfte allerdings die zum gemeinschaftlichen Handeln angesprochene Entscheidung des BGH[16] zu berücksichtigen sein, dass in jedem Fall eine Einzelfallbetrachtung, auch mit Blick auf datenschutzrechtliche Erwägungen, notwendig ist.

30 Diese zu § 14 Nr. 1 WEG aF ergangene Rechtsprechung wird nunmehr bei der Einbringung insbesondere von Technik der Videoüberwachung bei der Frage der ordnungsgemäßen Verwaltung zu berücksichtigen sein, so dass an dieser Stelle eine **Abwägung der wechselseitigen Interessen** an einer Überwachung durch Videoanlagen zu erfolgen hat.

31 **e) Beschlussfassung.** Über die Einbringung eines Einbruchschutzes entscheiden die Eigentümer nach § 20 Abs. 1 WEG durch Beschluss der anwesenden Mitglieder der Gemeinschaft der Wohnungseigentümer in der Eigentümerversammlung. Verlangt ein Eigentümer die Einbringung eines zusätzlichen Einbruchschutzes und kommen die übrigen Eigentümer dem mit einer Beschlussfassung nicht nach, so kann prozessual der Anspruch im Wege der **Beschlussersetzungsklage** nach § 44 Abs. 1 S. 2 WEG durchgesetzt werden. In diesem Fall hat das Gericht, wenn die Voraussetzungen des § 20 Abs. 2 S. 1 WEG vorliegen, anstelle der Wohnungseigentümer das Entscheidungsermessen nach § 20 Abs. 2 S. 2 WEG auszuüben. Deshalb genügt es, wenn im Klageantrag die begehrte bauliche Veränderung bezeichnet wird; die konkrete Art und Weise ihrer Durchführung kann in das Ermessen des Gerichts gestellt werden.[17]

32 **2. Kostenverteilung der Einrichtung eines Einbruchschutzes/Folgekosten gem. § 21 WEG.** Bei der Kostenverteilung ist zu unterscheiden, ob die Gemeinschaft der Wohnungseigentümer die bauliche Maßnahme als **eigene Maßnahme**, dh ohne ein „Verlangen" eines Eigentümers iSd § 20 Abs. 2 WEG beschlossen hat, oder aber die Maßnahme auf ein Verlangen eines oder mehrerer Eigentümer nach § 20 Abs. 2 WEG zurückgeht.

33 Während sich bei einer eigenen baulichen Maßnahme der Gemeinschaft der Wohnungseigentümer die Kostenverteilung nach § 21 Abs. 2 S. 1 WEG richtet, erfolgt sie bei Maßnahmen, die auf Verlangen eines einzelnen oder mehrerer Eigentümer zurückgehen, nach § 21 Abs. 1 WEG.

34 **a) Kostenverteilung bei baulicher Maßnahme durch die Gemeinschaft der Wohnungseigentümer.** § 21 Abs. 2 WEG sieht vor, dass eine Kostentragung aller Eigentümer nach dem gesetzlichen Verteilungsschlüssel des § 16 Abs. 2 WEG (bzw. nach dem nach der Gemeinschaftsordnung vereinbarten Umlageschlüssel) nur dann stattfindet, wenn einerseits die Entscheidung hierzu durch einen Beschluss mit **doppelt qualifizierter**

---

12 BGH 24.5.2013 – V ZR 220/12, NJW 2013, 3089.

13 BGH 24.5.2013 – V ZR 220/12, NJW 2013, 3089.

14 LG Düsseldorf 26.5.2014 – 25 S 125/13, ZWE 2015, 412.

15 AG Bergisch-Gladbach 3.9.2015 – 70 C 17/15, NZM 2016, 211.

16 BGH 2.5.2013 – V ZR 220/12, NJW 2013, 3089.

17 BT-Drs. 168/20, 68.

Mehrheit, hier mit mehr zwei Dritteln der abgegebenen Stimmen und der Hälfte der Miteigentumsanteile, getroffen wurde und die bauliche Maßnahme nicht mit unverhältnismäßigen Kosten verbunden ist (§ 20 Abs. 2 S. 1 Nr. 1 WEG).

Diese Regelung wurde im Gesetzgebungsverfahren durch den Rechtsausschuss für sinnvoll erachtet, wobei ihr   35
der Gedanke zugrunde lag, dass eine bauliche Veränderung, die von einem so großen Teil der Wohnungseigentümer befürwortet wird, typischerweise sinnvoll und angemessen ist und deshalb von allen Wohnungseigentümern bezahlt werden sollte.[18]

Ist die bauliche Veränderung allerdings mit **unverhältnismäßigen Kosten** verbunden, scheidet eine Kosten-   36
tragung der überstimmten Minderheit aus[19] (→ *Kosten und Nutzungen der baulichen Veränderungen* Rn. 14 ff.).

Eine Kostenbeteiligung aller Eigentümer findet nach § 21 Abs. 2 S. 1 Nr. 2 WEG auch statt, wenn sich die   37
Kosten innerhalb angemessener Zeit **amortisieren**.

Aufgrund der Systematik des Gesetzes ist in diesem Fall ein doppelt qualifizierter Mehrheitsbeschluss, wie er   38
in § 21 Abs. 2 S. 1 Nr. 1 WEG gefordert wird, nicht notwendig. Hier reicht also ein **einfacher Beschluss** aus.
Bei der Beurteilung der Amortisation soll nach der Gesetzesbegründung allein auf die ex-ante-Beurteilung
zum Zeitpunkt der Beschlussfassung abgestellt werden, also auf die zu erwartenden Kosten; die sich erst später zeigenden tatsächlichen Kosten spielen dagegen keine Rolle[20] (→ *Kosten und Nutzungen der baulichen
Veränderungen* Rn. 16).

Scheidet eine Kostenbeteiligung aller Eigentümer nach § 21 Abs. 2 WEG aus, so tragen nur die Eigentümer   39
die Kosten, die für die Maßnahme gestimmt haben (§ 21 Abs. 3 WEG). Dabei gilt für die Kostenverteilung
auch hier § 16 Abs. 2 WEG bzw. der nach der Gemeinschaftsordnung geltende Umlageschlüssel. In diesem
Falle gebühren die Nutzungen auch nur diesen Eigentümern.

Eigentümer, die aufgrund dieser Regelung zunächst nicht an den Kosten, und damit auch nicht an den Nutzen   40
beteiligt sind, können im Rahmen des § 21 Abs. 4 WEG gegen einen angemessenen Ausgleich der Gruppe der
Nutzungsberechtigten beitreten (→ *Kosten und Nutzungen der baulichen Veränderungen* Rn. 29 ff.).

Für die bauliche Maßnahme der Einbringung eines erhöhten Einbruchschutzes wird man bei der Frage der   41
Kostentragung aller Eigentümer insbesondere dort zu einer schwierigen Bewertungsmöglichkeit kommen, wo
es um die Frage der Amortisation iSd § 21 Abs. 2 S. 1 Nr. 2 WEG geht. Denn während man ein Abstimmungsquorum nach § 21 Abs. 1 S. 1 Nr. 1 WEG einfach feststellen kann und die Frage der unverhältnismäßigen Kosten in gewisser Weise greifbar ist, ist die Antwort auf die Frage nach der Amortisation eines Einbruchschutzes
nicht wirklich zu finden. Dies, da gerade bei präventiven Maßnahmen des Einbruchschutzes gar nicht gemessen werden kann, welche Schäden durch einen aufgrund des durch die Maßnahme verhinderten Einbruchs vermieden wurden.

Als Anhaltspunkt wird man hierzu ggf. den **durchschnittlichen Schaden eines Einbruchdiebstahls** in der   42
Bundesrepublik Deutschland heranziehen können.

Insofern nur die Gruppe der zustimmenden Eigentümer für Maßnahmen des verbesserten Einbruchschutzes zu   43
zahlen hat, wird für eine spätere Beteiligung weiterer Eigentümer an den Kosten der Maßnahme nach § 21
Abs. 4 WEG so gut wie kein praktischer Fall denkbar sein.

Denn da bauliche Maßnahmen im gemeinschaftlichen Eigentum zur Verbesserung eines Einbruchschutzes im   44
Regelfall statische Maßnahmen sind, die – bereits aufgrund der Verbesserung des Einbruchschutzes in einer
Wohnanlage – ihm auch ohne seine Zustimmung schlicht aus ihrer Existenz heraus zugutekommen, wird wenig Anlass bestehen, sich in Form der späteren Kostenbeteiligung an einer schon vorhandenen Sicherheitseinrichtung zu beteiligen.

b) Kostenverteilung bei baulicher Maßnahme auf Verlangen eines Eigentümers. Nach § 21 Abs. 1 S. 1   45
WEG hat ein Wohnungseigentümer die Kosten einer baulichen Veränderung zu tragen, die ihm nach § 20
Abs. 1 Alt. 2 WEG gestattet wurde oder die er nach § 20 Abs. 2 WEG verlangt hat, und die für ihn von der

---

18 BT-Drs. 19/18791, 63.
19 BT-Drs. 19/22634, 44.
20 BT-Drs. 19/22634, 44.

Gemeinschaft der Wohnungseigentümer durchgeführt wurde. Dies gilt für alle Kosten, die auf der baulichen Veränderung beruhen, also nicht nur für die **Baukosten**, sondern insbesondere auch für die **Folgekosten** des Gebrauchs und der Erhaltung.[21]

46 Für bauliche Maßnahmen der Erhöhung des Einbruchschutzes auf Verlangen einzelner Wohnungseigentümer gilt ebenfalls nach § 21 Abs. 4 WEG, dass anderen Eigentümern eine Nutzung an solchen Einrichtungen **gegen einen angemessenen Ausgleich** zu gestatten ist.

47 Praktisch dürften sich diese Fälle nach derzeitiger Betrachtung allerdings ebenso wenig einstellen, wie bei Maßnahmen, die die Gemeinschaft aus eigener Rechtstellung veranlasst. Dies, da im Regelfall davon auszugehen ist, dass das Verlangen eines Eigentümers auf einen erhöhten Einbruchschutz sich nach der in seinem Eigentum stehenden Sondereigentumseinheit ausrichten wird, so dass an einem Partizipieren an solchen baulichen Maßnahmen durch andere Eigentümer schon kein Interesse erkennbar wäre.

48 Im Übrigen dürfte sich aber bei der Erhöhung des Einbruchsschutzes auch dann kein Interesse an einer Kostenbeteiligung einstellen, wenn andere Eigentümer quasi als Reflex an der Maßnahme bereits **faktisch teilhaben**.

49 Die Frage, wie die Kosten einer baulichen Maßnahme in den privilegierten Fällen des § 20 Abs. 2 WEG bei Verlangen durch einen Eigentümer finanziert werden, auch soweit es die Folgekosten des Gebrauchs und der Erhaltung betrifft, klärt das Gesetz nicht und auch die Gesetzesbegründung gibt hierfür keine Auskunft.

50 Da die bauliche Maßnahme stets das gemeinschaftliche Eigentum betrifft und damit in Fragen der erstmaligen Errichtung, wie auch in Fragen der Instandhaltung und Instandsetzung eine Aufgabe der Gemeinschaft der Wohnungseigentümer ist (§ 19 Abs. 2 Nr. 2 WEG), steht es der Gemeinschaft der Wohnungseigentümer frei, durch Beschlussfassung die Finanzierung der Errichtung eines erhöhten Einbruchschutzes durch Sonderumlage oder aus dem Vermögen der Gemeinschaft vorzunehmen, wobei im zuletzt genannten Falle die Errichtungskosten nach §§ 16 Abs. 3, 21 Abs. 1, 28 Abs. 2 WEG in den angepassten Wirtschaftsplan des betreffenden Eigentümers einfließen.

51 Die Kosten der Erhaltungsmaßnahmen und Folgekosten dürften zum Gegenstand des jährlich aufgestellten Wirtschaftsplanes (§ 28 Abs. 1 WEG) gemacht werden.

52 **3. Maßnahmen des erhöhten Einbruchschutzes im Sondereigentum.** Da bauliche Maßnahmen zur Erhöhung des Einbruchschutzes iSd §§ 20, 21 WEG stets das gemeinschaftliche Eigentum betreffen, ist außerhalb dieser Regelungen kein Raum für einen Eigentümer, im gemeinschaftlichen Eigentum – quasi auf eigene Faust – bauliche Maßnahmen zu veranlassen.

53 Allein in seinem Sondereigentum mag der einzelne Sondereigentümer über solche Maßnahmen nachdenken, wobei dabei stets darauf zu achten ist, dass hierbei den anderen Eigentümern kein über das bei einem geordneten Zusammenleben unvermeidliche Maß hinausgehender **Nachteil** erwächst (§ 14 Abs. 1 Nr. 2, Abs. 2 Nr. 1 WEG), was dann insbesondere die Fragen des Datenschutzes bezogen auf die übrigen Eigentümer betrifft (→ Rn. 18 ff.).

9. Amtsträger

Breiholdt

I. Einführung

1 Als Amtsträger bezeichnet man im wohnungseigentumsrechtlichen Zusammenhang die im Gesetz explizit geregelten Ämter des Verwalters und des Beirates.[1] Andere Bezeichnungen können „Bestellungsrechtsverhältnis", „Amtswalterrechtsverhältnis" oder „Amtsverhältnis" sein.

---

21 BT-Drs. 19/18791, 67 f.
 1 Vgl. zB *Hügel/Elzer* WEG § 24 Rn. 9.

II. Verortung und Inhalt der Amtswalterpflichten

Die Verwaltung des gemeinschaftlichen Eigentums obliegt gem. § 18 Abs. 1 WEG der Gemeinschaft der Wohnungseigentümer. Sie erfüllt diese Aufgabe durch **Beschlüsse** iSv § 19 Abs. 1 WEG, soweit der Verwalter gem. § 27 WEG nicht selbst entscheidungsbefugt ist.[2] Der **Verwalter** als Ausführungs- und Vertretungsorgan setzt diese Entscheidungen um und wird dabei durch den **Verwaltungsbeirat** unterstützt.[3] Das Verhalten des Verwalters wird der Gemeinschaft der Wohnungseigentümer analog § 31 BGB zugerechnet.   2

Für das alte Recht hatte der BGH entschieden, dass die Amtsstellung des Verwalters auf § 27 Abs. 1 WEG aF beruhe[4] und sich u.a. aus dieser Vorschrift die gesetzlichen Amtspflichten ergäben. Die sehr viel weniger umfangreichen gesetzlichen Amtspflichten des Beirates sind in § 29 Abs. 1 und 2 WEG geregelt.   3

Die Amtsstellung beruht – allein – auf der Bestellung, nicht auf einem ggf. daneben geschlossenen Verwaltervertrag.[5] Im Verwaltervertrag können die gesetzlichen Amtspflichten ausgestaltet und weitere Pflichten begründet werden. Das gilt auch für einen ggf. abzuschließenden Vertrag mit dem Beirat.[6]   4

Aus der Zweistufigkeit von Amtsstellung einerseits und abgeschlossenem Verwalter- bzw. Beiratsvertrag andererseits folgt, dass der jeweilige Amtsinhaber ebenso wie andere Amtsträger, zB der Vorstand oder ein Geschäftsführer, berechtigt ist, seine Amtsstellung – ggf. unter Aufrechterhaltung seiner Anstellung – durch eine einseitige, formlos mögliche, nicht widerrufliche Willenserklärung **niederzulegen** und sie damit sofort zu beenden.[7] Legt ein Amtsträger ohne einen wichtigen Grund sein Amt nieder, erfordert der Verwaltervertrag einen solchen aber, ist die Niederlegung aus Gründen der Rechtssicherheit trotzdem wirksam.   5

10. Anfechtungsklage

Küttner

I. Einführung

Gerichtliche Verfahren in Wohnungseigentumssachen werden nach der Zivilprozessordnung (ZPO) geführt. Dabei ist der wesentlichste Unterschied zu den früher (vor dem 1.7.2007) geltenden Vorschriften des Gesetzes über die Angelegenheiten der freiwilligen Gerichtsbarkeit (FGG) der Wegfall der Amtsermittlung durch das Gericht. Es gilt der sog. **Beibringungsgrundsatz**.   1

Mit der Anfechtungsklage, einer Gestaltungsklage, wird die Ordnungsmäßigkeit von Beschlüssen überprüft. Bei fristgerechter Anfechtung können Beschlüsse, die aus formellen oder materiellen Gründen ordnungsmäßiger Verwaltung widersprechen, von einem Gericht für **ungültig** erklärt werden.   2

Ohne gerichtliche Ungültigerklärung sind die von den Wohnungseigentümern gefassten Beschlüsse verbindlich, dh sie erwachsen in **Bestandskraft**. Dieser Grundsatz gilt unabhängig davon, ob der Beschluss rechtswidrig ist, § 23 Abs. 4 S. 2 WEG. Eine Ausnahme gilt nur für solche Beschlüsse, die nicht nur rechtswidrig, sondern **nichtig** sind. Beschlüsse, die gegen eine Rechtsvorschrift verstoßen, auf deren Einhaltung rechtswirksam nicht verzichtet werden kann, sind nichtig und damit unbeachtlich, § 23 Abs. 4 S. 1 WEG. Einer fristgemäßen Anfechtungsklage bedarf es insoweit nicht.   3

II. Grundsätze

Die Anfechtungsklage ist geregelt in § 44 WEG (Beschlussklagen) gemeinsam mit den Nichtigkeits- und Beschlussersetzungsklagen. Die Vorschrift enthält die Legaldefinition der Anfechtungsklage. Danach hat auf Klage eines Wohnungseigentümers das Gericht einen Beschluss für ungültig zu erklären. Ein Anfechtungs-   4

---

2 BT-Drs. 19/18791, 58.
3 BT-Drs. 19/18791, 58.
4 BGH 8.6.2018 – V ZR 125/17, NZM 2018, 719–723.
5 *Hadding* ZWE 2012, 61.
6 *Hügel/Elzer* WEG § 29 Rn. 57.
7 *Hügel/Elzer* WEG § 26 Rn. 26 mwN.

recht des Verwalters sieht das Gesetz nicht (mehr) vor. Die besondere Hinweispflicht des Gerichts (auf Nichtigkeitsgründe) aus § 46 Abs. 2 WEG aF wurde nicht übernommen.

5 Ein (anfechtbarer) Beschluss kommt mit Feststellung und Verkündung des Beschlussergebnisses durch den Versammlungsvorsitzenden zustande. Die Verkündung hat **konstitutive Wirkung**. Sie erfolgt im Regelfall in einer Eigentümerversammlung. Bei einem Umlaufbeschluss ist ebenfalls die Feststellung des Beschlussergebnisses und die Verkündung Wirksamkeitserfordernis, § 23 Abs. 3 WEG.

6 Nach **§ 44 Abs. 2 S. 1 WEG** sind alle Beschlussklagen nicht mehr gegen die „übrigen" Wohnungseigentümer, sondern allein gegen die Gemeinschaft der Wohnungseigentümer zu richten (sog. **Verbandsprozess**). Der Gesetzgeber ist damit praktischen und dogmatischen Bedenken nachgekommen. Zum einen führte das Anfechtungsverfahren gegen die „übrigen Eigentümer" zu schwer handhabbaren Prozessen wegen der Vielzahl von Beteiligten. Zum anderen wird der Gemeinschaft der Wohnungseigentümer nach § 18 Abs. 1 WEG materiellrechtlich die Verwaltung des gemeinschaftlichen Eigentums zugewiesen. Folgerichtig hat die Gemeinschaft der Wohnungseigentümer diese Aufgabe auch prozessual wahrzunehmen, indem sie die Streitigkeiten über Beschlüsse führt.

7 Um im Falle der durch verschiedene Wohnungseigentümer erhobenen Anfechtungsklagen nicht unterschiedliche Urteile zu erhalten, sind bei **mehreren Klagen** gegen identische Beschlüsse die Prozesse zwingend **zu verbinden**, § 44 Abs. 2 S. 3 WEG. Während § 47 S. 1 WEG aF die zwingende Prozessverbindung nur für Anfechtungs- und Nichtigkeitsklagen vorsah, gilt § 44 Abs. 2 S. 3 WEG nunmehr auch für Beschlussersetzungsklagen, weil auch insoweit das Bedürfnis besteht, divergierende Entscheidungen über denselben Streitgegenstand zu vermeiden.

8 Auch nach Inkrafttreten des Wohnungseigentumsmodernisierungsgesetzes begründet § 27 Abs. 1 Nr. 2 WEG eine generelle **gesetzliche Vertretungsbefugnis des Verwalters** hinsichtlich der Führung von Passivprozessen für die Gemeinschaft der Wohnungseigentümer. Danach ist der Verwalter nach Zustellung einer Beschlussanfechtungsklage ermächtigt, die beklagte Gemeinschaft der Wohnungseigentümer umfassend zu vertreten und (auch) einen Rechtsanwalt zu beauftragen. Er ist keinesfalls darauf beschränkt, nur die auf Abwendung eines Rechtsnachteils gerichteten Maßnahmen zu ergreifen und sodann eine Willensbildung der Wohnungseigentümer herbeizuführen.[1]

9 Folgerichtig kann der Verwalter nicht nur einen Anwalt beauftragen, sondern diesem auch **Prozessvollmacht** erteilen. Diese umfasst nach § 81 ZPO sämtliche Prozesshandlungen in allen Instanzen, also insbesondere auch die Berufungseinlegung.[2]

10 Die Anfechtungsklage hat **keine aufschiebende Wirkung**. Ein Beschluss ist gültig, solange er nicht durch ein rechtskräftiges Urteil für ungültig erklärt ist, § 23 Abs. 4 S. 2 WEG (vgl. → Rn. 3). Ein angefochtener Beschluss kann also vollzogen werden.

11 Die **Pflicht zur Durchführung von Beschlüssen** trifft die Gemeinschaft der Wohnungseigentümer. Ein jeder Wohnungseigentümer kann verlangen, dass die verkündeten Beschlüsse durchgeführt werden. Dieser Anspruch kann gegebenenfalls im Klageweg durchgesetzt werden,[3] wobei nach Inkrafttreten des Wohnungseigentumsmodernisierungsgesetzes der Anspruch gegen die Gemeinschaft der Wohnungseigentümer geltend zu machen ist, § 18 WEG. Ansprüche im Zusammenhang mit der Verwaltung des gemeinschaftlichen Eigentums richten sich auch im Innenverhältnis stets gegen die Gemeinschaft der Wohnungseigentümer, welche die ihr zugewiesenen Aufgaben durch ihre Organe erfüllt.

12 Ein Beschluss ist nur dann nicht sogleich von der Gemeinschaft der Wohnungseigentümer durch den Verwalter durchzuführen, wenn zusätzlich beschlossen wird, dass die Umsetzung erst erfolgt, soweit der Beschluss bestandskräftig, eine Umsetzungsfrist abgelaufen oder etwa die Zahlung einer Sonderumlage vollständig erfolgt ist. Insbesondere bei kostenintensiven Maßnahmen bietet es sich an, entsprechende „aufschiebende Bedingungen" für die Beschlussausführung einzubauen, wobei darauf zu achten ist, dass etwaige Bindungsfristen von Gewerken zwischenzeitlich ablaufen dürften.

---

1 BGH 5.7.2013 – V ZR 241/12, NJW 2013, 3098.
2 LG Frankfurt 2.5.2019 – 2–13 S 127/17, Grundeigentum 2019, 923.
3 BGH 8.6.2018 – V ZR 125/17, NJW 2018, 3305.

Küttner

Zwar kann die **Vollziehung** eines angefochtenen Beschlusses für den Zeitraum des Anfechtungsverfahrens durch das Gericht **ausgesetzt werden**, wenn den anfechtenden Wohnungseigentümern bei weiterer Vollziehung des Beschlusses irreversible Schäden drohen oder der Beschluss offenkundig rechtswidrig ist. Die Anwendungsfälle sind derzeit in der Praxis selten. Allein durch die Ausführung beschlossener Sanierungsmaßnahmen entstehen in aller Regel keine irreversiblen Schäden am Gebäude, auch nicht durch die Kosten (oder Rückbaukosten) einer etwaigen rechtswidrigen Maßnahme.[4]   13

Allerdings gehen Gerichte dazu über, auf Antrag kostenintensive „Sanierungsbeschlüsse" auszusetzen, wenn bei Beschlussfassung erkennbar keine drei Vergleichsangebote vorlagen.[5] Denn daraus soll sich bereits ergeben, dass der Beschluss **offenkundig rechtswidrig** ist.   14

Das Anfechtungsverfahren endet regelmäßig durch **Urteil**. Der Klage kann dabei ganz oder nur zum Teil stattgegeben werden. Korrespondierend dazu kann ein Beschluss auch ganz oder nur teilweise angefochten werden. Zudem kann ein Versäumnis- oder Anerkenntnisurteil ergehen, wobei sich ein Anerkenntnis bei Verteidigung eines Mehrheitsbeschlusses grundsätzlich als schwierig gestaltet.   15

Für die Beurteilung der Ordnungsmäßigkeit einer Verwaltungsmaßnahme ist auf die im Zeitpunkt der Beschlussfassung zugrundeliegenden Verhältnisse abzustellen. Maßgebend ist dabei der Kenntnisstand, den ein besonnener Wohnungseigentümer unter Ausschöpfung aller zu diesem Zeitpunkt zugänglichen Erkenntnisquellen ermittelt haben kann.[6] Spätere Erkenntnisse über die Angemessenheit der Verwaltungsmaßnahme können weder eine ursprünglich ordnungsmäßige Maßnahme als ordnungswidrig erscheinen lassen noch umgekehrt eine zunächst ordnungswidrig erscheinende Maßnahme angesichts der weiteren tatsächlichen Entwicklungen ordnungsgemäß werden lassen.[7]   16

In dem Urteil wird auch über die **Kosten** des Rechtsstreits entschieden. Nach §§ 91 ff. ZPO hat grundsätzlich die unterliegende Partei die Kosten des Rechtsstreits zu tragen. Allerdings dürfte sich nach Überführung der Beschlussklagen in einen Verbandsprozess auch der obsiegende Kläger an den Prozesskosten der Gemeinschaft der Wohnungseigentümer beteiligen müssen.[8] Die durch eine Nebenintervention verursachten Kosten gelten nach § 44 Abs. 4 WEG nur dann als notwendig zur zweckentsprechenden Rechtsverteidigung im Sinne des § 91 ZPO, wenn die Nebenintervention geboten war.   17

Seit Inkrafttreten des Wohnungseigentumsmodernisierungsgesetzes können dem Verwalter Kosten des Rechtsstreites auch dann nicht mehr auferlegt werden, wenn er die Tätigkeit des Gerichts veranlasst hat und ihn ein grobes Verschulden trifft, **§ 49 Abs. 2 WEG aF**. Die Erwägung war, aus Gründen der Prozessökonomie ein weiteres Gerichtsverfahren über einen Schadensersatzanspruch gegen den Verwalter zu vermeiden. Daran hat der Gesetzgeber nicht mehr festgehalten. Es bleiben materiellrechtliche Schadensersatzansprüche gem. § 280 BGB. In dem dortigen Anwendungsbereich genügt für die Haftung des Verwalters eine vorsätzliche oder fahrlässige Pflichtverletzung aus dem Verwaltervertrag.   18

Bei der Anfechtungsklage lautet der Instanzenzug **streitwertunabhängig** Amtsgericht, Landgericht und Bundesgerichtshof, falls die Revision zugelassen wird, § 543 Abs. 1 Nr. 1 und 2 ZPO. Für eine Berufung zum zuständigen Landgericht ist § 72 Abs. 2 S. 1 GVG zu beachten. Nach dieser Vorschrift ist für die Berufung das Landgericht am Sitz des Oberlandesgerichts zuständig. Nach § 72 Abs. 2 S. 3 GVG sind die Landesregierungen ermächtigt, ein anderes Landgericht im Bezirk des Oberlandesgerichts als gemeinsames Berufungsgericht zu bestimmen (→ *Formalien zum Anfechtungsprozess* Rn. 26 f.).   19

Der Streitwert einer Anfechtungsklage ist gem. § 49 GKG auf das Interesse aller Wohnungseigentümer an der Entscheidung festzusetzen; daneben sind die Grenzen des § 49 S. 2 GKG zu beachten. Insbesondere darf der Streitwert den siebeneinhalbfachen Wert des Interesses des Klägers nicht übersteigen. Auch nach Inkrafttreten des Wohnungseigentumsmodernisierungsgesetzes dürfte sich bei der subjektiven Klagehäufung die Wertgrenze nach der Summe der Einzelinteressen aller Kläger richten[9]   20

---

4   LG Hamburg 1.9.2014 – 318 O 156/14, ZMR 2015, 43.
5   AG Hamburg-St. Georg 6.12.2018 – 980 b C 52/18.
6   LG Itzehoe 20.5.2016 – 11 S 78/15, ZWE 2016, 420.
7   *Hügel/Elzer*, 3. Aufl. 2021, WEG § 44 Rn. 161.
8   Vgl. BGH 4.4.2014 – V ZR 168/13, NZM 2014, 705.
9   BGH 21.3.2019 – V ZR 120/17, NZM 2019, 635.

11. Angebot

Küttner

I. Einführung

1 Nach ständiger Rechtsprechung erfordert eine ordnungsmäßige Verwaltung vor der Vergabe eines nicht nur geringen Auftrages durch die Gemeinschaft der Wohnungseigentümer die Einholung von **Vergleichsangeboten** (Konkurrenz- bzw. Alternativangeboten). Dadurch soll den Wohnungseigentümern die Möglichkeit eröffnet werden, unter Abwägung der jeweiligen Umstände Leistungen und Preise vergleichen zu können.

Die Einholung der Angebote obliegt grundsätzlich dem Verwalter. Dies gilt auch nach Inkrafttreten des Wohnungseigentumsmodernisierungsgesetzes, wonach der Verwalter nicht mehr in eigener Person Verwaltungsaufgaben übernimmt (§ 20 Abs. 1 WEG aF), sondern ausschließlich für die Gemeinschaft der Wohnungseigentümer tätig wird (§ 27 Abs. 1 WEG), der wiederum die Verwaltung des gemeinschaftlichen Eigentums obliegt (§ 18 Abs. 1 WEG). Dennoch bleibt es Aufgabe des Verwalters, die Entscheidungsfindung durch die Wohnungseigentümer zu organisieren. Den Wohnungseigentümern bleibt es unbenommen, eigene Angebote einzuholen und vorzulegen.

II. Rechtliche Einordnung

2 Die Notwendigkeit, ab einer bestimmten Größenordnung Vergleichsangebote einzuholen, soll aus dem **Grundsatz ordnungsmäßiger Verwaltung** folgen. Eine gesetzliche Grundlage für diese Rechtsprechung gibt es nicht.

3 Der BGH hat sich bisher mit der Frage nach Vergleichsangeboten beim Beschluss über die Verwalterbestellung beschäftigt. Danach erfordert die Beschlussfassung über die **Neubestellung** des Verwalters die Einholung von Alternativangeboten. Wird hingegen über die **Wiederbestellung** beschlossen, sollen Vergleichsangebote entbehrlich sein, soweit sich der „Beurteilungssachverhalt" nicht verändert hat.[1]

4 Den Zweck der Vergleichsangebote sieht der BGH darin, den Wohnungseigentümern die Stärken und Schwächen der Leistungsangebote aufzuzeigen[2] und sie erkennen zu lassen, woran sie bei **„rein rechnerischer Betrachtung"** eines vorliegenden Angebots sind. Den Wohnungseigentümern soll (erst dadurch) die Möglichkeit gegeben werden, sachgerecht und ermessensfehlerfrei durch Beschluss entscheiden zu können. Sie sollen ihre Entscheidung (über die Verwalterbestellung) auf einer hinreichend fundierten Tatsachengrundlage treffen können.[3] Wie viele Alternativangebote erforderlich sind, können sie im Rahmen ihres **Beurteilungsspielraums** aber selbst festlegen. Dieser ist nur überschritten, wenn der Zweck solcher Vergleichsangebote verfehlt wird.

5 Die Instanzrechtsprechung geht bei der Frage der Alternativangebote thematisch noch über die Verwalterbestellung hinaus. Danach soll ein jeder Beschluss über den Abschluss eines Vertrags durch die Gemeinschaft der Wohnungseigentümer mit einem **Kostenvolumen** ab 3.000 EUR[4] bzw. ab 5.000 EUR[5] aufwärts regelmäßig nur ordnungsmäßig sein, wenn bei der Beschlussfassung Vergleichsangebote vorlagen. Häufig werden drei Vergleichsangebote verlangt. Dies soll eine hinreichende Entscheidungsgrundlage für die Ausübung des den Wohnungseigentümern bei der Beschlussfassung zustehenden Ermessens gewährleisten. So soll erreicht werden, dass die Wohnungseigentümer sich für einen Vertragsabschluss entscheiden, der ihren Interessen möglichst optimal gerecht wird,[6] wobei der **Beurteilungsspielraum** es der Mehrheit gestattet, nicht das preisgüns-

---

1 BGH 1.4.2011 – V ZR 96/10, NZM 2011, 515.
2 BGH 22.6.2012 – V ZR 190/11, NZM 2012, 654.
3 BGH 24.1.2020 – V ZR 110/19, ZWE 2020, 284; *Küttner* AnwZertMietR 14/2019 Anm. 1.
4 LG Karlsruhe 8.8.2013 – 11 T 355/12, ZWE 2013, 417.
5 LG Dortmund 21.4.2015 – 1 S 445/14, ZWE 2015, 374.
6 LG Itzehoe 5.1.2018 – 11 S 1/17, NJW-RR 2018, 1036.

tigste Angebot wählen zu müssen.[7] Ein Beschluss, der diesen Anforderungen nicht gerecht wird, verstößt gegen §§ 18 Abs. 2, 19 Abs. 1 WEG (§ 21 Abs. 3 und Abs. 4 WEG aF), weil er nicht dem Interesse der Gesamtheit der Wohnungseigentümer nach **billigem Ermessen** entspricht.

Bei Abschluss von Verträgen mit wiederkehrenden Leistungen (Hausmeistervertrag, Versicherungen iSd § 19 Abs. 2 Nr. 3 WEG, Darlehensvertrag)[8] bedarf es der Einholung von Vergleichsangeboten, wenn die monatlichen Zahlungsverpflichtungen der Gemeinschaft der Wohnungseigentümer über die Vertragslaufzeit die Wertgrenze von 3.000 EUR bzw. 5.000 EUR übersteigen.

Vergleichsangebote liegen grundsätzlich nur dann vor, wenn diese im Wesentlichen **vergleichbare Leistun-** **6** **gen** und eine feststehende Vergütung ausweisen. Nur so können Angebote wirtschaftlich bewertet werden. Ausnahmen werden teilweise gemacht, etwa wenn es sich um ein **Nachtragsangebot**[9] oder um die Beauftragung eines bekannten und **bewährten Vertragspartners** handelt, so zum Beispiel, wenn der erneut beauftragte Handwerker über eine besondere Objektkenntnis aus einer früheren Sanierung verfügt.[10]

Auch bei der Auftragsvergabe an einen Architekten oder Bauingenieur verstößt die Unterlassung der Einholung von Vergleichsangeboten jedenfalls dann nicht gegen den Grundsatz ordnungsmäßiger Verwaltung, wenn sich das Angebot bei überschlägiger Berechnung im Bereich des Mindesthonorars nach der HOAI bewegt.[11] Dies gilt insgesamt auch für die Beauftragung von Fachingenieuren, Architekten, Rechtsanwälten[12] oder sonstigen Dienstleistern, für deren Tätigkeitsgebühren **Gebührentabellen** existieren.[13]

Ungeachtet dessen hat das Gericht einen gewissen Beurteilungs- bzw. Ermessensspielraum der Eigentümer zu akzeptieren. Eine Verpflichtung, die wirtschaftlich sinnvollste oder sonst optimale Entscheidung zu finden, obliegt weder der Eigentümermehrheit noch dem Gericht.

III. Kritik an der Rechtsprechung

Das „Dogma" von den drei Vergleichsangeboten bei der Leistungsvergabe im Wohnungseigentumsrecht wird **7** insbesondere in der Literatur vermehrt infrage gestellt bzw. als „irrationale Mystik"[14] abgelehnt. Insbesondere vor dem Hintergrund, dass in Zeiten rasanter Baukonjunktur die Einholung von Vergleichsangeboten nicht immer möglich sein dürfte, wird eine **differenzierende Betrachtungsweise** angemahnt.[15] Jedenfalls wäre das (statische) Kostenvolumen in Bezug zu setzen zu der Größe der Gemeinschaft und damit zu der Einzelbelastung eines Sondereigentümers.[16] Bereits jetzt dürfte nach den Vorgaben der höchstrichterlichen Rechtsprechung zu berücksichtigen sein, dass die Einholung von Vergleichsangeboten und deren Anzahl **kein Selbstzweck** sind, es vielmehr auf den Einzelfall ankommt. Die Miteigentümer können im Rahmen ihres Beurteilungsspielraums selbst die Anzahl der erforderlichen Vergleichsangebote festlegen oder auf deren Einholung (nur) im Einzelfall ganz verzichten.

Soweit in der Rechtsprechung und Literatur auch bei der gerichtlichen Verwalterbestellung („**Notverwalter**") **8** die Vorlage dreier Vergleichsangebote durch den antragstellenden Wohnungseigentümer verlangt wird – dies selbst bei Verfahren des einstweiligen Rechtsschutzes –, ist dem grundsätzlich nicht zu folgen.[17]

IV. Vorbefassung der Eigentümer

Damit die Eigentümer ihr Ermessen fehlerfrei ausüben können, muss der Verwalter sie ausreichend informie- **9** ren und ihnen vor der Beschlussfassung die wesentlichen Entscheidungsgrundlagen bekannt geben. Dazu sind

---

7 BGH 22.6.2012 – V ZR 190/11, NZM 2012, 654; Bärmann/*Merle* WEG § 21 Rn. 112 c.

8 LG Itzehoe 5.1.2018 – 11 S 1/17, ZMR 2018, 626.

9 LG Berlin 8.5.2018 – 85 S 49/17, ZMR 2018, 849.

10 AG Rosenheim 21.6.2017 – 8 C 34/16, ZMR 2017, 847.

11 LG Hamburg 21.10.2015 – 318 S 3/15, ZMR 2016, 135.

12 Hier auch AG Hamburg-Blankenese 23.1.2019 – 539 C 10/18.

13 AG Hamburg 23.4.2018 – 22 a C 280/17, ZMR 2018, 876.

14 *Greiner* WohnungseigentumsR § 4 Rn. 136.

15 *Casser* ZWE 2018, 382; *Drasdo* NJW-Spezial 2018, 673; *Küttner*, FS Riecke, 275 ff.; *Lehmann-Richter*, FS Riecke, 287 ff.; AG Hamburg-Blankenese 15.4.2020 – 539 C 16/18, Mietrecht kompakt 2020, 99.

16 *Riecke*, AnwZert MietR 11/2020 Anm. 2.

17 Str., vgl. dazu *Küttner* AnwZert MietR 14/2019 Anm. 1.

grundsätzlich die Vergleichsangebote mit der Einladung zur Eigentümerversammlung sämtlichen Wohnungseigentümern zur Kenntnis zu geben. Im Einzelfall kann es aber auch ausreichen, den Eigentümern (nur) einen Preisspiegel zu übersenden. Denn durch die Übersendung des **Preisspiegels** haben die Eigentümer sowohl im Vorfeld als auch in der Eigentümerversammlung Gelegenheit, sich weitergehend zu informieren.[18]

10 Ebenso kann dem Informationsbedürfnis der Eigentümer Genüge getan werden, wenn die Vergleichsangebote nur **zur Einsicht** in den Räumen des Verwalters ausliegen[19] oder rechtzeitig vor der Versammlung vorgelegt werden. Bei der Neubestellung eines Verwalters ist es regelmäßig geboten, den Wohnungseigentümern die Angebote der Bewerber oder jedenfalls deren Namen und die Eckdaten ihrer Angebote grundsätzlich innerhalb der Einladungsfrist des § 24 Abs. 4 S. 2 WEG (3 Wochen) zukommen zu lassen.[20]

11 Nicht übernommen durch das Wohnungseigentumsmodernisierungsgesetz wurde die gesetzliche Anordnung, wonach das oder die Angebote (im Gesetz: „Kostenanschläge") vor der Beschlussfassung **vom Verwaltungsbeirat geprüft** und mit einer Stellungnahme versehen werden sollen, § 29 Abs. 3 WEG aF. Der Beschluss über die Auftragsvergabe sollte indes nicht allein wegen einer fehlenden Stellungnahme des Verwaltungsbeirates anfechtbar sein.[21] Die Vorschrift hatte wenig praktische Relevanz.

V. Abstimmungsverhalten bei mehreren Angeboten

12 Bei einer Mehrzahl von Angeboten, so auch, wenn mehrere Bewerber als WEG-Verwalter zur Wahl stehen, muss über jeden Kandidaten abgestimmt werden, sofern nicht jeder Wohnungseigentümer nur eine Ja-Stimme abgeben kann und ein Bewerber bereits die **absolute Mehrheit** erreicht hat.[22] Denn die Abstimmung über jeden einzelnen Bewerber ist nur ein Teilakt eines als eine Einheit zu betrachtenden Verfahrens. In der Regel kann erst nach allen Wahlgängen festgestellt werden, ob ein und welcher Bewerber die erforderliche Mehrheit erhalten hat.

13 Die **Festlegung der Verfahrensweise** bei Abstimmungen in einer Eigentümerversammlung obliegt dem Versammlungsvorsitzenden, sofern durch die Gemeinschaftsordnung oder einen Geschäftsordnungsbeschluss keine Festlegung erfolgt ist. Der Versammlungsvorsitzende kann nach pflichtgemäßem Ermessen den Abstimmungsmodus, insbesondere die Reihenfolge der Abstimmung festlegen. Innerhalb dieses Ermessens kann er auch darüber bestimmen, welches Wahlverfahren durchgeführt werden soll. Eine konkrete Festlegung des Abstimmungsverfahrens ist bei einer Beschlussfassung über mehrere Bewerber zwingend vorzunehmen und (in der Niederschrift) zu dokumentieren.

12. Antenne

Tank

---

18 LG München I 6.10.2014 – 1 S 21342/13, ZWE 2015, 423.
19 AG München 18.10.2018 – 483 C 9323/17, ZMR 2019, 154.
20 BGH 24.1.2020 – V ZR 110/19, ZWE 2020, 284.
21 *Greiner* WohnungseigentumsR § 4 Rn. 127.
22 BGH 18.1.2019 – V ZR 324/17, NJW-RR 2019, 1102.

I. Einführung

Unter dem **Begriff** Antenne wird hier eine Anlage zur Versorgung der Wohnungseigentumsanlage mit Fern- 1
sehempfang verstanden. Sie kann sowohl im gemeinschaftlichen Eigentum stehen als auch dem Sondereigentum zugeordnet sein. Ausschlaggebend ist die Zweckbestimmung. Sowohl bei der Frage der Änderung der
vorhandenen Antennenanlage als auch bei der Frage, ob einzelne Wohnungseigentümer individuelle Antennen
anbringen dürfen, ist das Grundrecht der Informationsfreiheit nach Art. 5 Abs. 1 GG zu beachten.

II. Gemeinschaftliches Eigentum oder Sondereigentum

Es sollen für die Einordnung einer Antenne als gemeinschaftliches Eigentum oder Sondereigentum dieselben 2
Grundsätze wie für Heizungsanlagen gelten (→ *Heizung* Rn. 3 ff.).[1] Versorgt daher die Antenne mehrere Einheiten des Gebäudes und versorgt sie nicht auch Nachbargrundstücke, steht sie im **gemeinschaftlichen Eigentum**.[2]

Versorgt die durch einen Miteigentümer errichtete und betriebene Antenne bzw. Antennenanlage bestim- 3
mungsgemäß neben Wohnungen in der Wohnungseigentumsanlage auch weitere Gebäude, die nicht zu derselben Wohnungseigentumsanlage gehören, kann sie zu **Sondereigentum** erklärt werden, denn sie dient jedenfalls dann nicht iSd § 5 Abs. 2 WEG der gemeinschaftlichen Benutzung der Wohnungseigentümer.[3]

Versorgt die Antenne lediglich einen Wohnungseigentümer kann sie ebenfalls dem Sondereigentum zugeord- 4
net werden,[4] wobei die übrigen Voraussetzungen des § 5 Abs. 1 WEG erfüllt sein müssen,[5] dh die Antenne
muss Bestandteil des Gebäudes sein, welches verändert, beseitigt oder eingefügt werden kann, ohne dass dadurch das gemeinschaftliche Eigentum oder Rechte anderer Wohnungseigentümer über das bei einem geordneten Zusammenleben Unvermeidbare hinaus beeinträchtigt oder die äußere Gestaltung des Gebäudes verändert wird. Das wird allerdings nur selten der Fall sein, da Antennen in der Regel **optisch wahrnehmbar** sind
und damit meist bereits eine Beeinträchtigung gegeben ist.

III. Maßnahme ordnungsmäßiger Verwaltung, Duldung

Das Vorhandensein einer Antenne zum Zwecke des Fernsehempfangs gehört zur Standardausrüstung eines 5
Gebäudes und entspricht ordnungsmäßiger Verwaltung.[6] Da der einzelne Wohnungseigentümer gegen die Gemeinschaft der Wohnungseigentümer einen Anspruch auf ordnungsmäßige Verwaltung hat (§ 18 Abs. 2 Nr. 1
WEG), hat er bei Nichtvorhandensein einer Antenne Anspruch auf Herstellung einer gemeinschaftlichen Antennenanlage und bei Vorhandensein einer gemeinschaftlichen Antenne **Anspruch auf Anschluss**.

Die übrigen Wohnungseigentümer haben die infolge des Anschlusses an eine gemeinschaftliche Antenne er- 6
forderlichen Maßnahmen zu **dulden**. Zwar ist die ausdrückliche gesetzliche Regelung des § 21 Abs. 5 Nr. 6
WEG aF ersatzlos weggefallen. Zu den berechtigten Anschlüssen gehörten auch, obwohl nicht dem Wortlaut
entsprechend, Fernsehanschlüsse[7] sowie sämtliche Anschlüsse für leitungsgebundene Medien, zB auch Inter-
netempfang.[8] Die Duldungspflicht folgt nunmehr aus § 14 Abs. 1 Nr. 2 und Abs. 2 Nr. 2 WEG.

IV. Bauliche Veränderung oder Erhaltungsmaßnahme

Ist eine Antenne vorhanden, stellt der Anschluss an das Kabelfernsehen grundsätzlich eine **bauliche Verände-** 7
rung iSv § 20 Abs. 1 WEG dar,[9] die beschlossen werden muss.

---

1   Statt vieler BeckOGK/*Schultzky* WEG § 5 Rn. 50.
2   Jennißen/*Grziwotz* WEG § 5 Rn. 66.
3   BGH 8.11.1974 – V ZR 120/73, NJW 1975, 688; aA Bärmann/*Armbrüster* WEG § 5 Rn. 53.
4   Bärmann/*Armbrüster* WEG § 5 Rn. 53.
5   Jennißen/*Grziwotz* WEG § 5 Rn. 66.
6   BeckOK BGB/*Hügel* WEG § 22 Rn. 4.
7   *Hügel/Elzer* WEG § 21 Rn. 127.
8   *Elzer* ZWE 2014, 394.
9   BeckOGK/*Hügel* WEG § 22 Rn. 4; OLG Hamm 9.10.1997 – 15 W 245/97, ZfIR 1998, 34.

Ist die vorhandene Antenne reparaturbedürftig, stellt die Umstellung eine ebenfalls zu beschließende **Erhaltungsmaßnahme** iSv § 19 Abs. 1 und 2 Nr. 2 WEG dar.

8 Selbst wenn die vorhandene Antenne nicht reparaturbedürftig ist, kann eine Umstellung zB auf Kabelfernsehen **ordnungsmäßiger Verwaltung** nach § 19 Abs. 1 WEG entsprechen, wenn – was heute üblich sein dürfte – der Anschluss zum gewöhnlichen Ausstattungsstandard oder üblichen Wohnkomfort gehört und die Kosten nicht außer Verhältnis zum Nutzen stehen.[10] Hierauf kann ein Wohnungseigentümer gegen die Gemeinschaft der Wohnungseigentümer einen Anspruch aus § 18 Abs. 2 Nr. 1 WEG haben.

9 Das Erfordernis des § 22 Abs. 1 WEG aF, nach dem jeder Wohnungseigentümer einer für ihn nachteiligen Maßnahme zustimmen musste, ist weggefallen. Auch bei baulichen Veränderungen genügt ein **Mehrheitsbeschluss**, § 20 Abs. 1 WEG. Daher ist im Hinblick auf die notwendigen Beschlussmehrheiten eine Unterscheidung zwischen baulicher Veränderung, Erhaltungsmaßnahme oder Maßnahme ordnungsmäßiger Verwaltung nicht länger erforderlich. Sämtliche Maßnahmen sind mit einfacher Mehrheit zu beschließen. Nach § 20 Abs. 3 WEG kann zudem ein Wohnungseigentümer verlangen, dass ihm eine **bauliche Veränderung gestattet** wird, wenn diejenigen Wohnungseigentümer, deren Rechte durch die bauliche Veränderung über das bei einem geordneten Zusammenleben unvermeidliche Maß hinaus beeinträchtigt werden, einverstanden sind.

V. Art. 5 GG

10 Bei **Änderung der vorhandenen Antennenanlage** (Umstellung auf Breitbandkabelanschluss oder Gemeinschaftsparabolantenne) oder Streitigkeiten darüber, ob Wohnungseigentümer weitere individuellen Antennen anbringen dürfen, ist nach höchstrichterlicher Rechtsprechung stets das Grundrecht auf Informationsfreiheit nach **Art. 5 Abs. 1 GG** zu beachten.

11 Nach Auffassung des Bundesverfassungsgerichtes sowie des ua für das Mietrecht zuständigen VIII. Senats des Bundesgerichtshofs gibt es dabei kein Recht auf eine optimale Versorgung, sondern lediglich auf eine **mediale Grundversorgung**.[11]

12 Der für Wohnungseigentumsangelegenheiten zuständige V. Senat des Bundesgerichtshofs hält eine solche Beschränkung nicht für zulässig. Auch muss der Wohnungseigentümer keine bestimmte Staatsangehörigkeit besitzen, um Zugang zu fremdsprachigen Programmen reklamieren zu dürfen.[12] Dabei sind bei Änderung der vorhandenen Antennenanlage die Umstände des Einzelfalls entscheidend. Es ist darauf abzustellen, welches System technisch und wirtschaftlich am besten geeignet ist, der Wertentwicklung der Immobilie Rechnung zu tragen, ohne das Gemeinschaftseigentum unverhältnismäßig zu belasten.[13] Nicht ausschlaggebend ist dabei, welches System die größte Programmvielfalt hat. Bei der Entscheidung sind vielmehr die **objektbezogenen Gegebenheiten** wie Qualität und Quantität des bisherigen Empfangs zu berücksichtigen. Art. 5 Abs. 1 GG ist nicht tangiert, denn dieses Grundrecht auf Informationsfreiheit beinhaltet nicht auch das Recht auf größtmögliche Programmvielfalt.[14]

13 Kann das **Informationsinteresse** eines einzelnen Eigentümers durch die vorhandene Antenne nicht abgedeckt werden, besteht ein Anspruch auf Installation einer eigenen Antenne. Dieser Anspruch kann nicht durch Mehrheitsbeschluss versagt werden.[15] Möglich ist aber die Einflussnahme der Gemeinschaft der Wohnungseigentümer im Hinblick auf den Standort.[16]

VI. Regelung in der Gemeinschaftsordnung

14 Das Aufstellen einer Antenne durch und für einen einzelnen Wohnungseigentümer kann und darf in der **Gemeinschaftsordnung** ausgeschlossen sein. Zwar ist das Grundrecht auf Informationsfreiheit nach Art. 5 Abs. 1 GG unentziehbar. Auf dessen Ausübung kann aber verzichtet werden, so dass eine solche Regelung in

---

10 *Wenzel* ZWE 2007, 179.
11 BVerfG 24.1.2005 – 2 BvR 1953/00, NZM 2005, 252; BGH 2.3.2005 – VIII ZR 118/04, NJW-RR 2005, 596.
12 BGH 13.11.2009 – V ZR 10/09, ZWE 2010, 29 mAnm *Elzer*; BGH 22.1.2004 – V ZB 51/03, NJW 2004, 937.
13 Bärmann/*Suilmann* WEG § 14 Rn. 23.
14 Bärmann/*Suilmann* WEG § 14 Rn. 23.
15 BGH 22.1.2004 – V ZB 51/03, ZWE 2004, 352 mAnm *Köhler*.
16 BGH 13.11.2009 – V ZR 10/09, ZWE 2010, 29 mAnm *Elzer*.

der Gemeinschaftsordnung grundsätzlich zulässig ist.[17] Kann allerdings eine der Einzelversorgung dienende Antenne so aufgestellt werden, dass sie die optische Erscheinung der Wohnungseigentumsanlage nicht stört, dürfte das Verbot dann Treu und Glauben widersprechen, so dass im Einzelfall doch ein Anspruch auf Duldung der Installation einer solchen Antenne bestehen kann.[18]

VII. Anspruchsinhaber

1. Einzelne Wohnungseigentümer. a) Anspruch auf Herstellung, Anschluss und Gestattung. Jeder Wohnungseigentümer hat bei Nichtvorhandensein einer Antenne einen Anspruch gegen die Gemeinschaft der Wohnungseigentümer auf Herstellung einer solchen und bei vorhandener Antennenanlage einen Anspruch auf Anschluss an dieselbe. Der einzelne Eigentümer hat dann einen Anspruch auf Installation einer eigenen Antenne, wenn sein Informationsinteresse durch die vorhandene Antenne nicht abgedeckt werden kann.[19] Ein Wohnungseigentümer kann die Gestattung einer bauliche Veränderung, also das Anbringen einer Antenne, verlangen, wenn diejenigen Wohnungseigentümer, deren Rechte durch die bauliche Veränderung über das bei einem geordneten Zusammenleben unvermeidliche Maß hinaus beeinträchtigt werden, einverstanden sind, § 20 Abs. 3 WEG. [15]

b) Anspruch auf Unterlassung und Beseitigung. Jeder Wohnungseigentümer, der durch eine **unzulässigen Störung** seines Sondereigentums beeinträchtigt wird, hat gem. § 14 Abs. 2 Nr. 1 WEG, § 1004 Abs. 1 BGB einen eigenen Anspruch gegen den Störer auf Unterlassung der Störung bzw. Beseitigung.[20] [16]

2. Gemeinschaft der Wohnungseigentümer. Ist das Gemeinschaftseigentum beeinträchtigt, ist die Abwehr dieser Beeinträchtigung allein Aufgabe der Gemeinschaft der Wohnungseigentümer, denn ihr ist die Verwaltung des gemeinschaftlichen Eigentums zugewiesen, § 18 Abs. 1 WEG. Materiellrechtlich hat zwar jeder Wohnungseigentümer einen Anspruch auf Unterlassung der Beeinträchtigung aus § 1004 BGB. § 9 a Abs. 2 WEG weist die **Ausübung dieser Ansprüche** aber der Gemeinschaft der Wohnungseigentümer zu.[21] [17]

13. Asylbegehrende und Geflüchtete

Fraatz-Rosenfeld

I. Einführung

Der große Zustrom von Asylbegehrenden und Geflüchteten nach Deutschland schafft Aufgaben, die man auf der Grundlage bestehender wie neu geschaffener rechtlicher Grundlagen zu bewältigen versucht. Unmittelbar [1]

---

17 Bärmann/*Suilmann* WEG § 14 Rn. 23.
18 OLG Zweibrücken 25.9.2006 – 3 W 213/05, ZMR 2007, 143.
19 BGH 22.1.2004 – V ZB 51/03, ZWE 2004, 352 mAnm *Köhler.*
20 BGH 10.7.2015 – V ZR 169/14, ZMR 2015, 947.
21 BT-Drs. 19/18791.

das Wohnungseigentumsrecht betreffende Gesetzesänderungen haben sich daraus nicht ergeben. Im Bereich des öffentlichen Baurechts waren mit der Hinzufügung der Abs. 8–17 zu § 246 BauGB Vorschriften zur Erleichterung des Baus von Unterbringungseinrichtungen eingeführt worden, die Ende des Jahres 2019 ausliefen. Obwohl Wohnungseigentum nur mittelbar betroffen ist, ergeben sich Fragen zu den Möglichkeiten staatlicher Einflussnahme auf die Heranziehung von Wohnungen für Zwecke der Asylbegehrenden- und Flüchtlingsunterbringung, zur städtebaurechtlichen Zulässigkeit und des Nachbarschutzes, sowie zu Rechten und Pflichten von Wohnungseigentümern, die Personen dieser Gruppen in Wohnungseigentumsanlagen aufnehmen.

II. Voraussetzungen für die rechtliche Grundlagen der Unterbringung

2 **1. Verwaltungsrechtliche Voraussetzungen. a) Ausländerrechtliche und polizeirechtliche Grundlagen.** Die Unterbringung von Asylbegehrenden und Geflüchteten ist in drei Stufen organisiert: Auf Grundlage des § 47 AsylG werden sie zunächst in eine Zentrale Erstaufnahme (ZEA) aufgenommen. Vorgesehen ist eine Unterbringung für einen Zeitraum von längstens 18 Monaten bzw. 6 Monaten bei Minderjährigen mit Eltern oder volljährigen Geschwistern (§ 47 Abs. 1 S. 1 AsylG). „Ausländer, die einen Asylantrag gestellt haben und nicht oder nicht mehr verpflichtet sind, in einer Aufnahmeeinrichtung zu wohnen", sollen dann „in der Regel in Gemeinschaftsunterkünften untergebracht werden" (§ 53 AsylG).

3 Die Pflicht zum Aufenthalt in einer Gemeinschaftsunterkunft endet nach § 53 Abs. 2 AsylG, wenn „ein Ausländer als Asylberechtigter anerkannt (ist) oder ein Gericht das Bundesamt zur Anerkennung verpflichtet hat". Dies gilt aber nur, „wenn durch den Ausländer eine Unterkunft nachgewiesen wird". Die auf Dauer bleibeberechtigten Asylsuchenden und Kontingentflüchtlinge dürfen ihren Wohnsitz frei wählen.

Sofern sie keine geeignete Wohnung finden, ist dann die dritte Stufe die „Anschlussunterbringung", die eine weitgehend freie Gestaltung des Wohnens ermöglichen soll. Zuständig hierfür ist die Kommune. Asylbegehrender ist, wer nach § 13 Abs. 1 AsylG einen Asylantrag gestellt hat. Geflüchtete sind diejenigen, die sich „fluchtbedingt" aufhalten. Ihr Status ergibt sich aus der Genfer Flüchtlingsschutzkonvention und als subsidiärer Schutzstatus aus § 4 Abs. 1 AsylG.

4 Zur Durchsetzung von Unterbringungsmöglichkeiten gegenüber privaten Eigentümern ist auch der Rückgriff auf polizeirechtliche Eingriffsbefugnisse und insbesondere auf die polizeiliche Generalklausel in Betracht gezogen worden. Nachdem die Zuwanderung von Asylbegehrenden und Geflüchteten abgenommen hat, wird die Frage nach einer Einweisung von Personen dieses Kreises in private Wohnungen nur noch selten Bedeutung erlangen.[1] Die verwaltungsgerichtliche Rechtsprechung hat die zwangsweise Einweisung von Obdachlosen nur in „Fällen schwerster Notlage" für zulässig erachtet.[2] Auf jeden Fall muss die jeweilige Behörde zunächst alle Möglichkeiten der Unterbringung in ihr zur Verfügung stehenden Räumen abklären.[3]

5 **b) Städtebaurechtliche Voraussetzungen. aa) Vorübergehende Unterbringung.** Wohnungseigentum ist vornehmlich in solchen Gebieten belegen, die in Bebauungsplänen iVm mit der Baunutzungsverordnung als „reine Wohngebiete" (§ 3 BauNVO), „allgemeine Wohngebiete (§ 4 BauNVO)", „Dorfgebiete" (§ 5 BauNVO) „Mischgebiete" (§ 6 BauNVO) oder „urbane Gebiete" (§ 6 a BauNVO) und (seltener) als „Dorfgebiete" (§ 5 BauNVO) oder „Kleinsiedlungsgebiete" (§ 2 BauNVO) bezeichnet sind.[4] In diesen Gebieten ist „Wohnen" regelhaft die oder eine der Hauptnutzungsarten.

„**Wohnen**" bedeutet begrifflich eine eigenbestimmte und „auf Dauer angelegte Häuslichkeit".[5] Die nur vorläufige Unterbringung von Personen der hier beschriebenen Personengruppe in einer Gemeinschaftsunterkunft ist also kein Wohnen iSd Baunutzungsverordnung.[6] Der Aufenthalt ist zudem nicht eigenbestimmt, denn er beruht auf einer Einweisungsanordnung der Ausländerbehörde bis hin zur **Zuweisung bestimmter Räume**. Rechtsgrundlagen dieser Bescheide sind § 50 AsylG, bspw. § 8 Abs. 2 S. 2, Abs. 1 S. 1, Abs. 5 DVAsyl Bay.

---

1 Allgemein zu der Problematik: *Beuermann* Grundeigentum 2015, 1139; *Ewer/Mutschler-Siebert* NJW 2016, 11 (14).
2 VGH München 14.8.1990 – 21B 90.00335, NVwZ-RR 1991, 196.
3 OVG Lüneburg 13.10.2015 – 11 ME 230/1, NVwZ 2016, 164; OVG Schleswig 21.9.1992 – 4 M 95/92, NJW 1993, 413.
4 Entsprechende Voraussetzungen gelten für solche sog. faktischen Baugebiete in unbeplanten Gebieten (§ 34 Abs. 2 BauNVO).
5 BVerwG 25.3.2004 – 4 B 15/04, BRS 67 Nr. 70; *Fickert/Fieseler* BauNVO § 3 Rn. 1, 2.
6 *Fickert/Fieseler* BauNVO § 3 Rn. 16.

Daher ist die nur temporäre Unterbringung von Asylbegehrenden und Geflüchteten in den Gebieten, die vornehmlich oder auch zum Wohnen vorgesehen sind,[7] **grundsätzlich nicht zulässig.** Bis zum Jahre 2014 war daher die Unterbringung von Asylbegehrenden und Geflüchteten nur sehr eingeschränkt dort möglich, wo nach der damaligen und nach der seit 31.12.2019 nun wieder geltenden Normlage eine Zulassung als „**Anlage für soziale Zwecke**" ausnahmsweise (§ 3 Abs. 3 Nr. 2 BauNVO) oder regelhaft (§ 4 Abs. 2 Nr. 3 BauNVO) vorgesehen ist.[8] Diese begrifflich sehr weite Zulassungsmöglichkeit wird jedoch von der Rechtsprechung relativiert, die nur gebietsverträgliche Anlagen akzeptiert.[9] Auch für die Unterbringung von Asylbegehrenden/ Geflüchteten im Teileigentum in Gewerbegebieten kann es auf die Gebietsverträglichkeit ankommen.[10] 6

Stellt ein Wohnungs- oder Teileigentümer seine Räume einem öffentlichen Träger für temporäre Unterbringungen zur Verfügung, ist darin eine Nutzungsänderung iSd jeweiligen Landesbauordnung zu sehen (→ *Baugenehmigung* Rn. 14 f.).[11] 7

In Gebieten, in denen **Zweckentfremdungsverbote** bestehen, ist eine Überlassung von Wohnräumen an wechselnde Nutzer[12] nicht zulässig. Damit scheidet hier auch eine temporäre Überlassung an Asylbegehrende und Geflüchtete grundsätzlich aus.[13] Sonderregelungen für Asylbegehrende oder Geflüchtete enthalten diese Vorschriften nicht, lassen aber regelmäßig eine zweckwidrige Nutzung für „vorrangige öffentliche Interessen" zu (bspw. § 3 Abs. 1 Brem. WohnraumSchG).[14] Zweckentfremdungsverbote gibt es inzwischen in allen Bundesländern, zuletzt eingeführt in Rheinland-Pfalz[15] (→ *Zweckentfremdung* Rn. 5 ff.). 8

bb) Eigengestaltete Unterbringung von gewisser Dauer. Vermietet ein Wohnungseigentümer seine Wohnung im Rahmen eines längerfristigen Mietverhältnisses oder einer sonstigen vertraglichen Beziehung – etwa eines Pachtvertrages mit einem öffentlichen Träger – an Asylbegehrende oder Geflüchtete im Wege einer wohnähnlichen „**Anschlussunterbringung**" (→ Rn 3), so ist dies städtebaurechtlich ohne Weiteres zulässig. Entscheidend ist, dass bei der Unterbringung aufgrund der konkreten Ausgestaltung der jeweiligen Räumlichkeiten eine hinreichende Eigengestaltung des häuslichen Wirkungskreises in einem baulich abgeschlossenen Bereich (Bad, Küche) für eine gewisse Dauer möglich ist.[16] 9

c) Nachbarschutz aus städtebaulichen und ordnungsrechtlichen Gesichtspunkten. aa) Gebietsgewährleistungsanspruch, Gebietsverträglichkeit und Rücksichtnahmegebot. In den durch Wohnnutzung geprägten Gebieten, in denen sich Wohnungseigentumsanlagen vornehmlich befinden,[17] sind Gemeinschaftsunterkünfte und ähnliche Unterbringungseinrichtungen atypische Fremdkörper. Solche Einrichtungen sind daher vielfach Ursache nachbarlicher Konflikte. Nachdem die Sonderregelungen zur erweiternden Legalisierung von Flüchtlingsunterkünften in § 246 Abs. 8–17 BauGB ab dem Jahresende 2019 keine neuen Zulassungen auf dieser Grundlage erlauben, gelten die bisherigen Gesichtspunkte des öffentlich-rechtlichen Nachbarschutzes zu diesen Anlagen weiter. Nach der Rechtsprechung zum öffentlich-rechtlichen baurechtlichen Nachbarschutz steht Eigentümern in einem Baugebiet damit der **Gebietsgewährleistungsanspruch** (→ *Nachbarschutz* Rn. 4) dann zu, wenn die hinzukommende Nutzung den Wohngebietsfestsetzungen und den einzelnen Tatbestandsmerkmalen der BauNVO für das jeweilige Gebiet widerspricht. Auf eine konkrete Beeinträchtigung durch die widersprechende Nutzung kommt es dabei nicht an (→ *Nachbarschutz* Rn. 3 f.). Damit sind grundsätzlich alle die Nutzungen abwehrbar, die auf eine nur temporäre und wechselnde Unterbringung von Asylbegehrenden 10

---

7 § 2 BauNVO: Kleinsiedlungsgebiet, § 3 BauNVO: reines Wohngebiet, § 4 BauNVO: allgemeines Wohngebiet, § 5: Dorfgebiet, § 6: Mischgebiet, § 6 a BauNVO: urbanes Gebiet.

8 Zur Einordnung als Anlage für soziale Zwecke als hM: *Fickert/Fieseler* BauNVO § 3 Rn. 16.45 mwN.

9 Das sind idR nur kleine Anlagen: OVG Hamburg 28.5.2015 – 2 Bs 23/15, NordÖR 2015, 427; VGH Mannheim 6.10.2015 – 3 S 1695/15, NVwZ 2015, 1781.

10 VGH Mannheim 14.3.2013 – 8 S 2504/12, BauR 2013, 1088.

11 Boeddinghaus/*Radeisen* BauO NRW § 63 aF Rn. 69; Simon/Busse/*Lechner/Busse* BayBO Art. 57 Rn. 419: Umwandlung eines Wohnheims in eine Asylantenunterkunft.

12 Ggf. mit bestimmten zeitlichen Begrenzungen; ZwEWG Bayern, Art. 1 Nr. 3: nicht „… mehr als insgesamt acht Wochen für Zwecke der Fremdenbeherbergung".

13 VG Berlin 10.5.2017 – 6 L 223.17.

14 Vom 26.6.2018 idF v. 14.5.2019 (GVBl. 364).

15 Landesgesetz über das Verbot der Zweckentfremdung von Wohnraum (ZwEWG) v. 11.2.2020, GVBl. 31.

16 VGH Kassel 18.9.2015 – 3 B 1518/15, NVwZ 2016, 88.

17 Reine oder allgemeinen Wohngebiete gem. §§ 3, 4 BauNVO oder Mischgebiete und urbane Gebiete gem. §§ 6, 6 a BauNVO.

und Geflüchteten gerichtet sind und nicht den Begriff des „Wohnens" im Sinne einer „auf Dauer angelegte Häuslichkeit"[18] erfüllen.[19]

11 In Hinblick auf Heime für Asylbegehrende und Flüchtlingsunterkünfte gibt es wegen der in den letzten Jahren wirksam gewordenen besonderen Voraussetzungen für die Zulassung dieser Anlagen[20] kaum aktuelle, den Gebietsgewährleistungsanspruch zubilligende Gerichtsentscheidungen. Selbst wenn der Gebietsgewährleistungsanspruch heranzuziehen gewesen wäre, hat die Rechtsprechung gerade in reinen und allgemeinen Wohngebieten die Unterkünfte vielfach als „Anlage für soziale Zwecke"[21] zugelassen.[22] Allerdings werden an die Gebietsverträglichkeit einer solchen Anlage je nach Art des Wohngebiets hohe Anforderungen gestellt.[23] Unzulässig ist unter dem Gesichtspunkt der Gebietsgewährleistung wie auch Gebietsunverträglichkeit die Erweiterung eines für 51 Plätze genehmigten Lehrlingswohnheim auf 68 Plätze für Asylbewerber.[24]

12 Steht dem Wohnungseigentümer der Gebietsgewährleistungsanspruch nicht zur Seite, bleibt nur die Berufung auf das – eine konkrete Beeinträchtigung erfordernde – Gebot der Rücksichtnahme.[25] Dazu reicht beispielsweise die Möglichkeit der Einsichtnahme in ein anderes Gebäude durch die Umnutzung einer Garage in zwei Asylbewerberwohnungen nicht aus.[26] Ebenso wenig lässt sich aus dem Rücksichtnahmegebot eine Art Milieuschutz ableiten.[27] Nach einer gewissen Unsicherheit darüber, wer zur Geltendmachung von Ansprüchen des Gebietsgewährleistungsanspruchs befugt ist – einzelne Sondereigentümer oder nur die Gemeinschaft der Wohnungseigentümer –, besteht eine Tendenz dahin, dass auch den einzelnen **Wohnungseigentümern** solitär dieser Anspruch zusteht und damit verbunden die Prozessführungsbefugnis (→ *Nachbarschutz* Rn 11, → *Verwaltungsprozess* Rn 18).[28]

13 Da nunmehr die Unterscheidung zwischen geborenen und gekorenen Rechten durch den Gesetzgeber fallen gelassen wurde,[29] liegt die Geltendmachung von Ansprüchen aus dem Gemeinschaftseigentum gem. § 9 a Abs. 2 WEG ausschließlich bei der Gemeinschaft der Wohnungseigentümer; unbeantwortet gelassen hat der Gesetzgeber, wie in den Fällen zu verfahren ist, in denen – untrennbar – sowohl Sondereigentum wie auch Gemeinschaftseigentum betroffen ist. Würde daraus geschlossen, dass dem Sondereigentümer in den Fällen des generellen, beeinträchtigungsfreien Nachbarschutzes keine Ansprüche zustünden, käme das einem Ausschluss des Eigentumsrechts unter Verstoß gegen Art. 14 Abs. 1 GG gleich und kann daher nicht angenommen werden.[30] Zudem würde der damit verbundene Entzug der Klagebefugnis einen Verstoß gegen die Privatautonomie bedeuten (→ *Verwaltungsprozess* Rn. 17). Von einem Abwehranspruch einzelner Sondereigentümer ist daher auch für die Fallkonstellation des Gebietsgewährleistungsanspruchs auszugehen.

14 Unbestritten ist dagegen, dass einzelnen Sondereigentümern Abwehransprüche aus dem Gesichtspunkt des Rücksichtnahmegebotes zustehen, wenn deren Sondereigentum durch eine bauplanungsrechtlich unzulässige Anlage konkret beeinträchtigt wird (→ *Nachbarschutz* Rn. 10, → *Verwaltungsprozess* Rn. 17). Dass öffentlich-rechtlicher Nachbarschutz innerhalb der Wohnungseigentumsanlage nicht stattfindet, ist geklärt.[31]

15 **bb) Polizeirecht und Immissionsschutzrecht.** Auch außerhalb des öffentlichen Baurechts sind Nachbarn nicht gänzlich ungeschützt, da ihnen Vorschriften des besonderen wie des allgemeinen Polizeirechts zur Seite stehen können.

---

18 *Fickert/Fieseler* BauNVO § 3 Rn. 1.2; *Schulte-Beerbühl*, Rn. 183.
19 OVG Lüneburg 18.9.2015 – 1 ME 126/15: Schlafstätte für Monteure.
20 § 246 Abs. 8–17 BauGB, gültig bis 31.12.2019.
21 § 3 Abs. 3 Nr. 2 BauNVO, § 4 Abs. 2 Nr. 3 BauNVO.
22 VGH Kassel 18.9.2015 – 3 B 1517/15, NVwZ 2016, 88; VGH Mannheim 6.10.2015 – 3 S 1695/15, NVwZ 2015, 1781.
23 OVG Hamburg 28.5.2015 – 2 Bs 23/15, NordÖR 2015, 427.
24 VGH Mannheim 11.3.2014 – 9 S 529/11, NVwZ-RR 2014, 752 (753).
25 Für den beplanten Bereich hergeleitet aus § 15 Abs. 1 BauNVO und für den unbeplanten Innenbereich aus § 34 Abs. 1 BauGB.
26 VGH München 13.4.2018 – 15 ZB 17.342, BeckRS 2018, 6994.
27 VGH München 4.7.2018 – 9 ZB 17.1984, BeckRS 2018, 15280.
28 OVG Bremen 13.2.2015 – 1 B 355/14, NordÖR 2015, 209 (210).
29 BT-Drs. 19/18791, RegEntw WEMoG zu § 9 a Abs. 2, S. 50.
30 *Bruns* AnwZert MietR 13/2020 Anm. 2 B II 2.
31 VG Berlin 28.5.2019 – 19 K 12/16; BVerwG 12.3.1998 – 4 C 3/97, NVwZ 1998, 954.

Vor allem zur Abwehr von Lärmeinwirkungen kann auf landesrechtliches Immissionsschutzrecht zurückgegriffen werden (BayImSchG, LImSchG Bbg, LImSchG RhPf, HambLärmSchF, LImSchG NRW, LImSch SchlH). Nur subsidiär ist dann noch das allgemeine Polizeirecht in Fällen unmittelbarer Gefährdung hinzuzuziehen.[32] Demgegenüber ist das öffentliche Baurecht nicht dazu berufen, soziale Konflikte zwischen einheimischen Einwohnern und hinzukommenden Asylbegehrenden zu lösen.[33] Wird eine Unterkunft für Geflüchtete und Wohnungslose auf der Grundlage der polizeilichen Generalklausel errichtet, soll der Nachbarschutz auf der Grundlage der drittschützenden Normen des öffentlichen Baurechts zu beurteilen sein.[34]

2. Wohnungseigentumsrechtliche Voraussetzungen und Schranken. a) „Echte" Gemeinschaftsunterkunft gem. § 53 Abs. 1 AsylG im Teileigentum. Nach § 53 AsylG werden Asylbegehrende im Anschluss an die Aufnahme in eine Erstaufnahmeeinrichtung eines Bundeslandes in einer Anschlussunterbringung untergebracht. Dies ist zunächst gem. § 57 Abs. 2 S. 1 AsylG eine zwingend öffentlich-rechtliche Unterbringung in einer Gemeinschaftsunterkunft, bis das Bundesamt für Migration einen Ausländer als Asylberechtigten anerkannt oder ein Gericht das Bundesamt zur Anerkennung verpflichtet hat, oder bei Einlegung von Rechtmitteln eine anderweitige, kostenneutrale Unterkunft nachgewiesen wird. Infolge des § 57 Abs. 2 S. 2 AsylG gilt diese Regelung entsprechend für Geflüchtete. **16**

Die Standards für Gemeinschaftsunterkünfte sehen vor, dass die eigentliche Unterbringung der Personen in wohngeeigneten Räumen stattfindet. Für die sonstige Lebensorganisation sind gemeinschaftliche Sanitärräume, Gemeinschaftsküchen und größere Aufenthaltsbereiche vorgesehen. Asylbegehrende halten sich aufgrund einer Zuweisung und daher nicht selbstbestimmt dort auf.[35]

Auch wenn die Unterbringung auf der Grundlage öffentlich-rechtlicher Vorschriften organisiert ist, findet die Zurverfügungstellung der entsprechenden Räumlichkeiten vielfach im Rahmen von privatrechtlich organisierten Verträgen statt und auch in Wohnungs- und Teileigentum. In diesen Fällen ist zu differenzieren. **17**

aa) Zweckbestimmung mit Vereinbarungscharakter in der Teilungserklärung. Wohnungseigentumsrechtlich ist eine Vermietung einer Gemeinschaftsunterkunft für Zwecke der Anschlussunterbringung zulässig, wenn von der Zweckbestimmung in der Teilungserklärung her eine solche Nutzung erfasst wird. Entscheidend ist, dass dies in der Teilungserklärung erfolgt oder entsprechend vereinbart ist oder ein vereinbarungskonformer Beschluss gefasst wird.[36] Da der Zustrom von Asylbegehrenden und Geflüchteten nicht absehbar war, werden Teilungserklärungen und Vereinbarungen eine gezielt auf eine Gemeinschaftsunterkunft abstellende Zweckbestimmung nicht oder nur in Ausnahmefällen haben, so dass idR eine Auslegung notwendig sein wird. **18**

Entscheidender Maßstab ist nach allgemeiner Auffassung, dass durch die vorgesehene Nutzung nicht eine über die bisherige Zweckbestimmung hinausgehende Beeinträchtigung anderer Wohnungseigentümer stattfindet.[37] Legt man diesen Maßstab zugrunde, kommen als vergleichbare Zweckbestimmungen vor allem verschiedene Arten von Heimnutzungen in Betracht; sind diese nicht vereinbart, sind die verschiedenen Formen einer Gemeinschaftsunterbringung nicht zulässig. **19**

Wird eine Hotelanlage, nach deren Teilungserklärung unzumutbare Beeinträchtigungen durch die Vermietung oder Verpachtung nicht entstehen dürfen und in der aufgrund besonderer Verträge ein großer Teil der Sondereigentumseinheiten für eine Nutzung als Hotelzimmer vorgesehen sind, mittels eines „Globalvertrages" an ein Bundesland zur Unterbringung von Geflüchteten vermietet, so überschreitet das die vereinbarte Zweckbestimmung.[38] Ist nach der Teilungserklärung die „fremdenverkehrsmäßige Nutzung" zu gewährleisten, so ist darin nicht eine Unterbringung von Asylbegehrende eingeschlossen.[39] **20**

---

32 *Schenke* § 3 Rn. 104.

33 OVG Münster 10.4.2014 – 7 D 100/12.NE, BauR 2014, 1113; VG München 10.6.2015 – M 11 E 15.2296: Kein Nachbarschutz aus Lärmbelästigung durch Asylbewerberunterkunft.

34 VG Hamburg 28.10.2015 – 7 E 5333/15, BauR 2016, 1602; aA *Hornmann* NVwZ 2016, 436.

35 Zu den Anforderungen an eine Gemeinschaftsunterkunft und die Zuweisung: VG Freiburg 19.6.2012 – A 2 K 10233/96.

36 „Zweckbestimmung im engeren Sinne" oder Gebrauchsregelung iSv § 10 Abs. 2 S. 2 WEG; *Hügel/Elzer* WEG § 15 aF Rn. 24.

37 *Jennißen/Schultzky* WEG § 15 aF Rn. 17.

38 AG Goslar 15.10.2015 – 27 C 25/15, BeckRS 2016, 09557.

39 AG Rosenheim 12.7.2016 – 12 C 131/16 WEG mAnm *Schlimme* jurisPR-MietR 3/2017 Anm. 2.

21 Sieht eine Vereinbarung vor, dass die übrigen Wohnungseigentümer einer Vermietung des Sondereigentums zustimmen müssen, kann bei einer Untervermietung des Sondereigentums an Asylbegehrende die Zustimmung verweigert werden.[40] Ob die Beschreibung einer Teileigentumseinheit als „Laden, Büro, Praxis oder Gastronomie" die Nutzung für Sleepboxen und damit als temporäre Vermietung zu einer Art von Wohnen ermöglicht, erscheint fraglich.[41] Besteht eine öffentlich-rechtliche Nutzungsänderungsgenehmigung, ergibt sich daraus für die wohnungseigentumsrechtliche Beurteilung keine Bindung.[42]

22 **bb) Teileigentum mit Zweckbestimmung im weiteren Sinne.** Ist in der Teilungserklärung nur eine „Zweckbestimmung im weiteren Sinne"[43] festgelegt, kann Teileigentum grundsätzlich zu jedem anderen Zweck genutzt werden.[44] Ausgeschlossen ist allerdings eine Wohnnutzung in Hinblick auf § 1 Abs. 3 WEG.[45] Da sich Wohnungseigentum und Teileigentum gegenseitig ausschließen,[46] kommt eine Nutzung des Teileigentums als Gemeinschaftsunterkunft für Asylbegehrende und Geflüchtete nur dann in Betracht, wenn es sich um eine nichtwohnliche Unterbringung handelt.

23 Zwar hat der BGH auch dann noch eine Wohnnutzung angenommen, wenn Sondereigentümer ihre Wohnung im Wege der Ferienvermietung täglich oder wöchentlich wechselnden Gästen zur Verfügung stellen,[47] und damit einer weiten Fassung des Begriffs „Wohnen" Raum gegeben.[48] Dennoch werden nach den in dieser Entscheidung aufgestellten Grundsätzen Gemeinschaftseinrichtungen iSd § 57 Abs. 1 AsylG idR nicht diesem Begriff unterfallen. Von einem „Wohnen" kann nämlich dann nicht mehr ausgegangen werden, wenn Gebäude oder Räume als Heim oder ähnlich einem Heim genutzt werden.

Nach der Definition des BGH ist ein Heim eine Unterkunft, die einer Vielzahl von Menschen dient, unabhängig von diesen Bestand hat und der eine gewisse Organisationsstruktur eigen ist.[49] Typisch sind auch die Unabhängigkeit von familiären Strukturen und die Zurverfügungstellung von Räumen mit verschiedenen Gemeinschaftseinrichtungen wie Küchen- oder Sanitäreinrichtungen. So ist die tageweise Unterbringung Obdachloser in einer als „Laden" bezeichneten Teileigentumseinheit kein Wohnen mehr.[50] Weniger ausschlaggebend in der Gesamtschau ist dagegen eine Orientierung an § 549 Abs. 3 BGB oder an landesgesetzlichen Heimgesetzen. Auch eine hohe Belegungsdichte über bauordnungsrechtliche Vorschriften oder solche des Wohnungsaufsichtsrechts hinaus spricht nicht zwingend gegen eine Wohnnutzung.[51]

24 **b) Unterbringung in Wohnungseigentum.** Erfolgt dagegen die Anschlussunterbringung von Asylbegehrenden oder Geflüchteten einer oder mehreren Wohnungen, so ist dies grundsätzlich zulässig.[52] Insbesondere ist es nicht schädlich, dass die Bewohner in kürzeren Abständen wechseln. Wie auch im Falle einer Vermietung an Feriengäste handelt es sich um Wohnen im Sinne dieser Begrifflichkeit.[53] Diese Auffassung wurde von der Rechtsprechung schon anlässlich der Zuwanderung von Aussiedlern vertreten.[54] Dem ist für die Fälle der Un-

---

40 LG Koblenz 4.8.2016 – 2 S 1245/15 WEG, ZWE 2016, 412 mAnm *Briesemeister* IMR 2016, 421; mAnm *Ehmann* ZWE 2016, 413; *Först* NZM 2016, 882.
41 So aber: LG Berlin 28.5.2019 – 55 S 95/18 WEG.
42 BGH 16.6.2011 – V ZA 1/11, ZMR 2011, 967 Rn. 7.
43 *Hügel/Elzer,* 3. Aufl. 2021, WEG § 10 Rn. 93.
44 *Hügel/Elzer* 3. Aufl. 2021, WEG § 10 Rn. 91; *Jennißen/Schultzky* WEG § 15 Rn. 32.
45 BGH 27.10.2017 – V ZR 1993/16, NJW 2018, 41; BGH 23.3.2018 – V ZR 307/16, ZMR 2018, 782; BGH 8.3.2019 – V ZR 330/17, NZM 2019, 293 mAnm *Zschieschak.*
46 BGH 27.10.2017 – V ZR 193/16, NZM 2018, 90.
47 BGH NJW 15.1.2010 – V ZR 72/09, NJW 2010, 3093.
48 BGH 27.10.2017 – V ZR 193/16, NZM 2018, 90 Rn. 10.
49 BGH 27.10.2017 – V ZR 193/16, NZM 2018, 90 Rn. 19.
50 BGH 8.3.2019 – V ZR 330/17, NZM 2019, 293 mAnm *Zschieschack.*
51 BGH 27.10.2017 – V ZR 1993/16, NJW 2018, 41 Rn. 16.
52 *Jennißen/Schultzky* WEG § 15 aF Rn. 28 a.
53 BGH 15.1.2010 – V ZR 72/09, NJW 2010, 3093; *Jennißen/Schultzky* WEG § 15 Rn. 28 a; zum Begriff des Wohnens umfänglich: *Weber* NZM 2018, 70.
54 OLG Stuttgart 13.8.1992 – 8 W 219/92, NJW 1992, 3046; KG 10.7.1992 – 24 W 3030/92, NJW 1992, 3045; OLG Frankfurt a. M. 11.5.1994 – 2 W 216/94, ZMR 1994, 378.

Fraatz-Rosenfeld

terbringung von Asylbewerbern gefolgt worden.[55] Auch die Umnutzung einer Studentenwohnung zur Unterbringung von Asylbewerbern deckt noch die Zweckbestimmung „Wohnen".[56]

Abgesehen von gem. § 1004 BGB abwehrbaren konkreten Störungen besteht auch dann ein Abwehranspruch, wenn eine **Überbelegung** der Wohnung stattfindet. Welche Belegungsdichte zu einer solchen Überschreitung führt, hängt von den Umständen des Einzelfalls ab.[57] Die noch zulässige Belegungsdichte wurde vom BayObLG mit zwei Personen pro Zimmer mit einer Wohnfläche von mindestens 10 qm für Personen im Alter über sechs Jahren angenommen.[58] Einen gewissen Hinweis auf die Argumentation in diesen Fällen können bauordnungsrechtliche Vorschriften und solche des Wohnaufsichtsrechts geben.[59] Selbstverständlich sind die Grenzen einer Wohnnutzung auch dann überschritten, wenn eine gewerbliche Vermietung erfolgt.[60] **25**

Ergeben sich bei der Nutzung **Lärm- oder Geruchsbelästigungen** (→ *Störungsunterlassung* Rn. 15 f.), steht den Eigentümern hinsichtlich des Sondereigentums und der Gemeinschaft der Wohnungseigentümer hinsichtlich des Gemeinschaftseigentums der Abwehranspruch aus § 14 Abs. 2 Nr. 1 iVm Abs. 1 Nr. 2 WEG und § 1004 BGB (Sondereigentümer) bzw. § 9 a Abs. 2 Hs 1 WEG (Gemeinschaftseigentum) zu. **26**

Bei kurzzeitigen Vermietungen unterhalb der zeitlichen Schwelle von drei Monaten sollen zwei Beeinträchtigungsfälle durch zwei unterschiedliche Mieter den Anspruch bereits auslösen.[61]

III. Verfahrenshinweise

1. Verwaltungsrecht. Ist die Aufnahme von Asylbewerbern und/oder Geflüchteten geplant, stellt das – sofern nicht ausdrücklich eine entsprechende Gemeinschaftseinrichtung genehmigt ist – eine **Nutzungsänderung** dar, die grundsätzlich einer Nutzungsänderungsgenehmigung bedarf (→ *Baugenehmigung* Rn. 7, 19). Wird die Nutzungsänderungsgenehmigung nicht erteilt oder ergeht eine Nutzungsuntersagung, ist dagegen mit Widerspruch und Verpflichtungs- bzw. Anfechtungsklage vorzugehen. Ist die sofortige Vollziehung der Nutzungsuntersagung gem. § 80 Abs. 2 Nr. 4 VwGO angeordnet, kann dagegen mit einem Eilantrag nach § 80 Abs. 5 VwGO vorgegangen werden. Entsprechendes gilt sinngemäß für den Fall, dass eine Nutzungsänderung zur Aufnahme von Asylbewerbern und/oder Geflüchteten in der Nachbarschaft der **Wohnungseigentumsanlage** genehmigt wurde (→ *Verwaltungsprozess* Rn. 32). **27**

Wird in der Nachbarschaft illegal ohne eine Genehmigung eine solche Nutzung aufgenommen, ist ein Antrag auf bauordnungsbehördliches Einschreiten zu stellen. Bei Ablehnung des Antrags kann Verpflichtungsklage auf Einschreiten erhoben werden. Als Eilverfahren kommt der Antrag auf Erlass einer einstweiligen Anordnung gem. § 123 VwGO auf Untersagung der Nutzung in Betracht (→ *Verwaltungsprozess* Rn. 33). Innerhalb der Wohnungseigentumsanlage sind Ansprüche des öffentlich-rechtlichen Nachbarschutzes durch die speziellen Regelungen der §§ 13, 14 WEG verdrängt (→ *Nachbarschutz* Rn. 9).

2. Abwehransprüche innerhalb der Wohnungseigentumsanlage und gegenüber Dritten. Der Verstoß gegen die Zweckbestimmung von Wohnungs- oder Teileigentum löst einen Abwehranspruch gem. § 1004 BGB aus, wenn ein Wohnungs- oder Teileigentümer sein Sondereigentum entgegen einer Vereinbarung (§ 10 Abs. 1 S. 2 WEG) oder entgegen einem beschlossenen Gebrauch des Sondereigentums (§ 10 Abs. 1 S. 2 WEG) nutzt. Entsprechendes gilt für die zweckwidrige Nutzung eines Teileigentums zum Wohnen oder eine unzulässige Wohnungseigentumsnutzung (→ *Störungsunterlassung* Rn. 10 ff.). **28**

Dies ist hinsichtlich des Sondereigentums zunächst selbstverständlich, wenn – was idR kaum der Fall sein dürfte – ausschließlich Sondereigentum betroffen ist. Zwar stehen nach der neuen Gesetzeslage Störungsbeseitigungsansprüche hinsichtlich des Gemeinschaftseigentums gem. § 9 a Abs. 2 Hs 1 WEG nur der Gemein-

---

55 AG Laufen 4.2.2016 – 2 C 565/15 WEG, ZWE 2016, 456 mAnm *Bühring* IMR 2016, 159; *Först* NZM 2016, 882.
56 LG Koblenz 16.11.2016 – 2 S 99/15 WEG, ZWE 2017, 133 mAnm *Abramenko* IMR 2017, 107; mAnm *Ehmann* ZWE 2017, 134.
57 BGH 27.10.2017 – V ZR 193/16, NJW 2018, 41 Rn. 14.
58 BayObLG 9.2.1994 – 2 Z BR 7/94, NJW 1994, 1662; aA AG Traunstein 18.9.2015 – 319 C 1083/15, ZMR 2015, 978: 11 Personen in einer Wohnung mit 80 qm unter Hinweis auf die aktuelle Wohnsituation.
59 § 7 Abs. 1 BlnWoAufH, Wohnfläche für eine Person 9 qm, Wohnfläche für jedes Kind bis sechs Jahren 4 qm; Art. 6. BayWohnaufG: 10 qm für jede über sechs Jahre alte Person.
60 *Hügel/Elzer* WEG § 15 aF Rn. 20; Jenißen/*Schultzky* WEG § 15 Rn. 29.
61 LG München 8.2.2016 – 1 S 21019/14, ZWE 2016, 264.

schaft der Wohnungseigentümer zu. Da vornehmlich bei Lärmbelästigungen eine Trennung der Rechtssphären nicht möglich ist und andernfalls Sondereigentümer unter dem Gesichtspunkt des Eigentumsschutzes aus Art. 14 Abs. 1 GG und der Privatautonomie aus Art. 2 Abs. 1 GG in der Wahrung ihrer Recht unzulässig beschränkt würden, muss eine Geltendmachung unabhängig voneinander möglich sein.[62]

Einem solchen Unterlassungsbegehren kann der in Anspruch genommene Eigentümer nicht ein Anpassungsverlangen iSd § 10 Abs. 2 S. 3 WEG entgegenhalten.[63]

29 Nicht endgültig geklärt ist, inwieweit ein Verstoß gegen ein Zweckentfremdungsverbot, bauordnungsrechtliche Vorschriften oder solche des Wohnaufsichtsrechts einen abwehrfähigen Nachteil iSd § 14 Abs. 1 Nr. 2, Abs. 2 Nr. 1 WEG darstellt. Gegenwärtig geht die überwiegende Meinung in Rechtsprechung und Literatur davon aus, dass ein **Nachteil** iSd des § 14 WEG nur dann vorliegt, wenn gegen nachbarschützende Vorschriften des öffentlichen Rechts verstoßen wird.[64] Das ist bei Vorschriften mit wohnungspflegerischem Ziel wie Zweckentfremdungssatzungen oder Wohnraumschutzvorschriften mit der Festlegung von Höchstbelegungszahlen[65] nicht der Fall; sie erfüllen ausschließlich öffentliche Zielsetzungen.

14. Aufrechnung

Tank

I. Einführung

1 Im Wohnungseigentumsrecht erlangt die Aufrechnung in der Regel Bedeutung, wenn ein Wohnungseigentümer gegen einen Anspruch der Gemeinschaft der Wohnungseigentümer, zB auf Hausgeldzahlungen, mit **eigenen Forderungen gegen die Gemeinschaft** aufrechnen will. Die Aufrechnung ist im Wohnungseigentumsrecht regelmäßig ausgeschossen. Ausnahmsweise ist sie zulässig, wenn die Gegenforderung von der Gemeinschaft anerkannt oder rechtskräftig festgestellt ist oder wenn sie auf einer Notgeschäftsführung beruht. Auch dies kann aber in der Gemeinschaftsordnung ausgeschlossen werden. Die Bedeutung der Aufrechnung ist im Wohnungseigentumsrecht deshalb gering. Das nicht ausschließbare[1] Aufrechnungsrecht der Gemeinschaft der Wohnungseigentümer wird hier nicht behandelt.

II. Voraussetzungen

2 Die Aufrechnung ist in §§ 387 ff. BGB **gesetzlich** geregelt. Sie ist ein einseitiges Rechtsgeschäft, durch welches zwei gegenüberstehende, gleichartige Forderungen getilgt werden. Die Aufrechnung bewirkt die Aufhebung der Hauptforderung mit der Gegenforderung.[2]

3 **1. Aufrechnungserklärung.** Die Aufrechnung muss unbedingt und unbefristet gegenüber dem anderen Teil erklärt werden, § 388 BGB. Die Aufrechnungserklärung ist eine **einseitige empfangsbedürftige Willenser-**

---

62 BGH 24.7.2015 – V ZR 167/14 Rn. 12, NZM 2015, 700; *Bruns* AnwZert MietR 13/2020, Anm. 2.

63 BGH 23.3.2018 – V ZR 307/16, ZMR 2018, 782 mAnm *Elzer* MietRB 2018, 171.

64 Bärmann/*Suilman* WEG § 14 Rn. 14; Jennißen/*Hogenschurz* WEG § 13 aF Rn. 16; LG München 3.6.2016 – 40 O 11108/14, ZMR 2017, 263; OLG Hamm 9.1.2009 – 15 Wx 142/08, ZWE 2009, 226 mAnm *Elzer*; BayObLG 29.3.2000 – 2 Z BR 3/00, ZWE 2000, 525; aA AG Bonn 30.11.2016 – 27 C 13/16; *Fraatz-Rosenfeld* AnwZertMietR 6/2018.

65 Bspw: § 7 Abs 1 Bln WoAufH, Wohnfläche für eine Person 9 qm/Wohnfläche für jedes Kind bis sechs Jahre 4 qm; Art 6 Bay WohnaufG: 10 qm für jede über sechs Jahre alte Person.

1 Jennißen/*Jennißen* WEG § 28 Rn. 212.

2 Palandt/*Grüneberg* BGB § 387 Rn. 1.

klärung und ein Gestaltungsgeschäft,[3] weshalb sie unwiderruflich und bedingungsfeindlich ist, § 388 S. 2 BGB.

2. Gegenseitigkeit. Die Forderungen müssen gegenseitig bestehen. Der Aufrechnende muss Gläubiger der 4 **Gegenforderung** und Schuldner der Hauptforderung sein, der Aufrechnungsgegner muss Schuldner der Gegenforderung und Gläubiger der Hauptforderung sein.[4]

3. Gleichartigkeit. Die Forderungen müssen gleichartig sein. Die Gleichartigkeit bestimmt sich nach der Ver- 5 kehrsanschauung.[5] Hauptanwendungsfall ist eine Geldforderung der eine andere Geldforderung gegenüber steht. Möglich ist auch die Aufrechnung bei Gattungsschulden von vertretbaren Sachen.[6]

Die zur Aufrechnung gestellte Gegenforderung muss voll wirksam und fällig sein.[7] Es muss sich also um eine 6 Forderung handeln, deren Erfüllung erzwungen werden kann.[8] Nach § 390 BGB darf ihr keine Einrede entgegenstehen. Auch darf kein Aufrechnungsverbot bestehen.

4. Keine Unzulässigkeit. Unzulässig ist die Aufrechnung **grundsätzlich**, wenn sie vertraglich ausgeschlos- 7 sen oder die Hauptforderung unpfändbar ist oder es sich bei der Hauptforderung um eine Schadensersatzforderung aus unerlaubter Handlung handelt.

Im Wohnungseigentumsrecht ist die Aufrechnung durch den Wohnungseigentümer nach allgemeiner Meinung nur **eingeschränkt** zulässig. Voraussetzung ist eine anerkannte oder rechtskräftig festgestellte Gegenforderung oder ein Anspruch aus Notgeschäftsführung.[9]

Eine vergleichbare Regelung zur Unzulässigkeit der Aufrechnung findet sich häufig als Vereinbarung in der 8 **Gemeinschaftsordnung**. Die Gemeinschaftsordnung kann sogar vorsehen, dass die Aufrechnung grundsätzlich ausgeschlossen ist, also auch mit anerkannten oder rechtskräftig festgestellten Forderungen nicht aufgerechnet werden kann.[10] § 309 Nr. 3 BGB steht dem nicht entgegen, weil die fortlaufende Zahlung des Hausgeldes von immens wichtiger Bedeutung für die Gemeinschaft der Wohnungseigentümer ist.[11]

Wegen ihrer **Zweckbindung** sollen die sich aus dem Wirtschaftsplan ergebenden Hausgeldzahlungen der Ge- 9 meinschaft der Wohnungseigentümer im Wirtschaftsjahr auch tatsächlich zur Verfügung stehen. Diese Zweckbindung darf nicht durch eine Auseinandersetzung über Gegenforderungen gefährdet werden.[12] Deshalb kann auch mit **unbestrittenen Forderungen** nicht aufgerechnet werden.[13]

Selbst für den Fall, dass die Forderung ihren Rechtsgrund in einem Beschluss der Gemeinschaft der Woh- 10 nungseigentümer über eine Sonderumlage für diejenige Maßnahme hat, aus der der Wohnungseigentümer einen **Schadensersatzanspruch** nach § 14 Abs. 3 WEG herleitet, kann mit ihr nicht aufgerechnet werden,[14] was auch für eine Zweiergemeinschaft gilt.[15] Nach anderer Ansicht soll in diesem Fall die Aufrechnung zulässig sein, da zwischen einem Anspruch aus § 14 Abs. 3 WEG und den Ansprüchen aus § 18 Abs. 2 und Abs. 3 WEG kein substanzieller Unterschied gemacht werden kann.[16]

Da die Hausgelder der Gemeinschaft tatsächlich zur Verfügung stehen müssen, kann auch mit einem bestands- 11 kräftig beschlossenen **Abrechnungsguthaben** aus einer Jahresabrechnung nicht gegen Hausgeldforderungen aufgerechnet werden, es sei denn dies wird ausdrücklich beschlossen[17] oder ist ausdrücklich in der Gemeinschaftsordnung geregelt. Demgegenüber wird die Aufrechnung mit Guthabenbeträgen aus beschlossenen Jah-

---

3 Palandt/*Grüneberg* BGB § 388 Rn. 1.
4 Palandt/*Grüneberg* BGB § 387 Rn. 4.
5 MüKoBGB/*Schlüter* § 387 Rn. 30 mwN.
6 Palandt/*Grüneberg* BGB § 387 Rn. 9.
7 BGH 20.11.2008 – IX ZR 139/07, NJW-RR 2009, 407.
8 Palandt/*Grüneberg* BGB § 387 Rn. 11.
9 Jennißen/*Jennißen* WEG § 28 Rn. 208 a.
10 AA Staudinger/*Häublein* WEG § 28 Rn. 269.
11 KG 25.6.2003 – 24 W 328/02, FGPrax 2003, 212.
12 OLG München 30.1.2007 – 34 Wx 128/06, FD-MietR 2007, 213605.
13 BayObLG 14.10.1999 – 2Z BR 108/99, NJW-RR 2000, 154.
14 OLG München 30.1.2007 – 34 Wx 128/06, FD-MietR 2007, 213605.
15 LG München I 2.2.2009 – 1 S 10225/19, ZWE 2009, 131.
16 *Hügel/Elzer* WEG § 28 Rn. 179.
17 *Greiner* WohnungseigentumsR § 9 Rn. 11.

resabrechnungen für zulässig gehalten, wenn hierdurch die laufende Wirtschaftsführung nicht beeinträchtigt wird[18] und die Beträge fällig gestellt worden sind.[19] Dem kann nicht gefolgt werden, denn der einzelne Wohnungseigentümer wird selten beurteilen können, ob die laufende Wirtschaftsführung gefährdet ist.

12 Besteht ausnahmsweise kein Aufrechnungsverbot kann nur mit Forderungen die Aufrechnung erklärt werden, die während des Bestehens der Gemeinschaft der Wohnungseigentümer entstanden sind, aus dem Verhältnis der Wohnungseigentümer untereinander herrühren und sich gegen die Gemeinschaft der Wohnungseigentümer richten.[20]

III. Anspruchsinhaber

13 Anspruchsinhaber wird regelmäßig der aktuell im Grundbuch eingetragene **Wohnungseigentümer** sein. Es kann aber auch ein **ausgeschiedener Wohnungseigentümer** mit einer Gegenforderung aus eigenem oder abgetretenem Recht seines Rechtsnachfolgers gegen eine Hausgeldforderung der Gemeinschaft der Wohnungseigentümer aufrechnen.[21]

IV. Verfahrenshinweise

14 Nicht anerkannte oder rechtskräftig festgestellte oder nicht eindeutig aus Notgeschäftsführung resultierende Gegenforderungen müssen grundsätzlich in einem **separaten Verfahren** geltend gemacht werden. Gegen eine Klage der Gemeinschaft der Wohnungseigentümer gerichtet zB auf Hausgeld ist die **Widerklage**, § 33 ZPO, zulässig.[22] Dabei droht keine Illiquidität der Gemeinschaft der Wohnungseigentümer durch Prozessverzögerung, denn über die Klage kann vorab durch Teilurteil nach § 301 ZPO entschieden werden.[23]

15. Aufteilungsplan

Güther

I. Allgemeines

1 Bei einem Aufteilungsplan (§ 7 Abs. 4 Nr. 1 WEG) handelt es sich regelmäßig um Bauzeichnungen sämtlicher Geschosse des Gebäudes einschließlich Schnitten und Ansichten sowie eines Lageplans des Grundstückes mit den eingezeichneten Gebäuden.

2 Das **Erfordernis** eines Aufteilungsplans dient dem sachenrechtlichen Bestimmtheitsgrundsatz.[1] Mit ihm kann man die in der Teilungserklärung bzw. Teilungsvertrag (→ *Begründung von Wohnungseigentum* Rn. 8 f., 26) niedergelegte wörtliche Abgrenzung von Sonder- und Gemeinschaftseigentum anhand einer zeichnerischen Darstellung vornehmen und er ersetzt die Vermessung und katastermäßige Erfassung, die bei einem Grundstück erfolgt.[2]

---

18 KG 15.9.1995 – 24 W 5988/94, NJW-RR 1996, 465.
19 Jennißen/*Jennißen* WEG § 28 Rn. 208 a.
20 Bärmann/*Becker* WEG § 28 Rn. 95.
21 Bärmann/*Becker* WEG § 28 Rn. 95.
22 BeckOK WEG/*Bartholome* § 28 Rn. 179.
23 *Hügel/Elzer* WEG § 28 Rn. 178.
 1 BayObLG 1.10.1981 – BReg. 2 Z 84/80, BayObLGZ 1981, 332.
 2 BGH 18.7.2008 – V ZR 97/07, NJW 2008, 2982 Rn. 12.

II. Inhalt der Bauzeichnungen

Der Aufteilungsplan hat **Lage und Umfang** des Sondereigentums (→ *Sondereigentum* Rn. 2 ff.) und des ge-   3
meinschaftlichen Eigentums am Gebäude bzw. am Grundstück darzustellen und muss alle Gebäudeteile (alle
Stockwerke) erfassen, auch Keller und Dachgeschoss.[3] Die **Grundrisse** müssen mindestens alle Geschosse
(auch Spitzboden) mit Einzeichnung der Treppen, Türen, Abgasanlagen, Heizungsräumen und Aufzugs-
schächten erfassen.[4]

Umstritten ist, ob über den Gesetzeswortlaut hinaus ein **amtlicher Lageplan** einzureichen ist, aus dem sich   4
die Lage des oder der Gebäude ergeben. Bei Mehrhausanlagen sei es zwingend erforderlich.[5] Die überwiegende Lit. hält einen Lageplan auch bei einem Baukörper für erforderlich.[6] Die Gegenansicht hält den Lageplan
nicht für zwingend einzureichen.[7]

Zur zweifelsfreien Zuordnung des Sondereigentums sind alle zu demselben Wohnungs-/Teileigentum gehören-   5
den Räume (→ *Raum* Rn. 4 ff.), insbesondere wenn sie außerhalb der eigentlichen Einheit liegen (sogenannte
Einzelräume wie Keller, Dachraum, Speicher, Garagenplatz, Stellplätze, Terrassen, Gartenflächen), mit der jeweils **gleichen Nummer** zu kennzeichnen (§ 7 Abs. 4 Nr. 1 WEG). Werden Räume nicht in dieser Weise gekennzeichnet, kann an ihnen **kein Sondereigentum** entstehen.[8] Sie bleiben Gemeinschaftseigentum (→ *Gemeinschaftliches Eigentum* Rn. 6 ff.).

Ausreichend sind auch die **farbige Umrandung** aller zu einer Einheit gehörenden Räume und die Beschrif-   6
tung mit einer Nummer.[9] Denn es geht um die Abgrenzung von Sondereigentum zum Gemeinschaftseigentum,
nicht hingegen um die Fixierung der einzelnen, im Sondereigentum liegenden Wände. Die Nummern müssen
nicht fortlaufend sein. Insbesondere Unterteilungen, aber ebenso Einheiten im gleichen Stockwerk oder in
unterschiedlichen Gebäuden, können sich auch durch die Beifügung eines Buchstabens oder von Bruchnum-
mern unterscheiden.[10]

Unterschiedliche Sondereigentumseinheiten sind mit **unterschiedlichen Nummern** zu versehen, auch wenn   7
sie einem Miteigentumsanteil zugeordnet sind.[11] **Balkone**, die nach zutreffender Ansicht sondereigentumsfähig sind, gehören ebenfalls zum Sondereigentum an einer Einheit (→ *Raum* Rn. 6 f.). Aufteilungsplan und
Eintragungsbewilligung sollten hinsichtlich der Nummerierung des Sondereigentums **übereinstimmen**, um
Widersprüche zu vermeiden, Sondereigentum entstehen zu lassen und eine unwirksame Aufteilung zu verhindern.

Neben den Grundrissen der Wohnungen/Einheiten muss der Aufteilungsplan auch Schnitte und Ansichten des   8
Gebäudes enthalten; auf diese müssen sich Unterschrift und Siegel/Stempel der **Baubehörde** erstrecken.[12] Die
Einzelheiten des dabei zu beachtenden Verfahrens richten sich nach der Allgemeinen Verwaltungsvorschrift
für die Ausstellung von Bescheinigungen gem. §§ 7 Abs. 4 Nr. 2 und 32 Abs. 2 S. 2 Nr. 2 WEG.[13]

Es ist eine Bauzeichnung in zweifacher Ausfertigung im Maßstab von mindestens 1:100 anzufertigen. Sie   9
muss bei bestehenden Gebäuden eine Baubestandszeichnung sein und bei noch zu errichtenden Gebäuden den
bauaufsichtlichen Vorschriften entsprechen (Nr. 2 der AVA). Aus der Bauzeichnung müssen sich die zu Wohnzwecken dienenden Räume (Wohnungseigentum) und die nicht zu Wohnzwecken dienenden Räume, auf die
sich das Teileigentum beziehen soll, ergeben. Sie müssen jeweils in sich **abgeschlossen** sein bzw. hinsichtlich

---

3   BayObLG 3.7.1980 – BReg. 2 Z 54/79, BayObLG 1980, 226.
4   BeckOGK/*Schultzky* WEG § 7 Rn. 54.
5   OLG Hamm 20.5.1976 – 15 W 255/72, OLGZ 1977, 264 und OLG Bremen 13.11.1979 – 1 W 39/79, DNotZ 1980,
    489.
6   Bärmann/*Armbrüster* WEG § 7 Rn. 89; Riecke/Schmid/*Schneider* WEG § 7 Rn. 88.
7   *Schöner/Stöber* GrundbuchR/Rn. 2852.
8   BayObLG 28.9.1981 – BReg. 2 Z68/81, DNotZ 1982, 244; OLG Frankfurt a. M. 3.4.1997 – 20 W 90/97, Rpfleger
    1997, 374.
9   BayObLG 28.9.1981 – BReg. 2 Z 68/81, DNotZ 1982, 244.
10 ZB Wohnung Nr. 1 A, Wohnung Nr. 1 im Haus A, Wohnung Nr. 1/1 usw; *Grziwotz* DNotZ 2009, 405 (406).
11 BeckOGK/*Schultzky* WEG § 7 Rn. 58.
12 BayObLG 3.7.1980 – Breg. 2 Z 54/79, BayObLGZ 1980, 226.
13 Nachfolgend AVA genannt; abgedruckt im Bundesanzeiger Nr. 58 vom 23.3.1974, www.verwaltungsvorschriften-im
    -internet.de/bsvwvbund_1931974_SW35SW21268521.htm (Stand 29.12.2019).

Stellplätzen sowie außerhalb des Gebäudes liegende Teile des Grundstücks durch Maßangaben im Aufteilungsplan bestimmt sein.

Abgeschlossenheit liegt vor, wenn die jeweilige Einheit baulich vollkommen von anderen Einheiten durch Wände und Decken getrennt ist und einen eigenen, abschließbaren Zugang hat (Nr. 5 der AVA; → *Abgeschlossenheit* Rn. 9 ff.). Für Stellplätze und Freiflächen bedarf es keiner Abgeschlossenheit. Anstelle dieser sind durch **Maßangaben** im Aufteilungsplan die Stellplätze und Freiflächen genau zu bestimmen.[14] Die Maßangaben müssen so genau sein, dass sie es im Streitfall ermöglichen, den räumlichen Bereich des Sondereigentums eindeutig zu bestimmen. Sie bestimmen den Umfang des Sondereigentums. Dafür muss sich aus dem Plan in der Regel die Länge und die Breite der Fläche sowie ihr Abstand zu den Grundstücksgrenzen ergeben. Eine Markierungspflicht auf dem Grundstück ist hingegen nicht mehr vorgesehen, auch nicht für Stellplätze. Eine solche kann freiwillig erfolgen, wirkt sich aber nicht auf die Bestimmung des Sondereigentums aus.[15]

10 Nach Inkrafttreten des neuen WEG zum 1.12.2020 wird es Fälle geben, in denen Teilungserklärungen nach bis dato geltendem Recht beurkundet und dem Grundbuchamt zum Vollzug vorgelegt wurden, aber noch nicht im Grundbuch vollzogen wurden. Diese verweisen u.U. auf Aufteilungspläne, die Stellplätze als Sondereigentum enthalten ohne entsprechende Maßangaben. Bis zum 1.12.2020 war es für die Fiktion der Abgeschlossenheit ausreichend, wenn die tatsächlichen Flächen der Garagenstellplätze gem. § 3 Abs. 2 S. 2 WEG aF durch dauerhafte Markierungen ersichtlich sind. Sind diese Teilungserklärungen nicht bis zum 1.12.2020 vollzogen worden, stellt sich die Frage, wie damit zu verfahren ist. Eine konkrete **Übergangsregelung für Teilungserklärungen** enthalten die §§ 47, 48 WEG nicht. Zu überlegen ist eine analoge Anwendung des § 48 Abs. 5 WEG, der sich auf gerichtliche Streitigkeiten zwischen der Gemeinschaft der Wohnungseigentümer und dem Wohnungseigentümer bezieht. Das Grundbuchverfahren ist Teil der freiwilligen Gerichtsbarkeit.

Eine planwidrige Regelungslücke wird man bejahen können, da dem Gesetzgeber nicht unterstellt werden kann, dass er in laufende Verfahren der Grundbuchämter eingreifen wollte. Der Vollzug von Teilungserklärungen beim Grundbuchamt zieht sich in der Regel über mehrere Wochen hin. Dafür spricht auch, dass der Gesetzgeber üblicherweise grundbuchliche Übergangsvorschriften regelt wie an § 151 GBO, § 493 Abs. 3 FamFG zu sehen ist. Diese Interessenlage ist auch vergleichbar beim Vollzug bereits beurkundeter Teilungserklärungen. Die Bearbeitungsdauer beim Grundbuchamt darf nicht zu Lasten der Beteiligten gehen. Auch der allgemeine Rechtsgedanke des § 878 BGB kann herangezogen werden, dass eine einmal abgegebene Erklärung nicht dadurch unwirksam wird, dass der Berechtigte in seiner Verfügung beschränkt wird, nachdem die Erklärung für ihn bindend geworden ist und ein Antrag zum Grundbuchamt gestellt worden ist. Vorliegend geht es nicht um eine materiell-rechtliche Erklärung, sondern um eine zusätzlich geschaffene formale Hürde des Gesetzgebers, die den Vollzug nicht hindern kann.[16]

11 Für **Sondernutzungsrechte** gelten die Vorgaben des § 7 Abs. 4 S. 1 Nr. 1 WEG nicht. Sondernutzungsrechte müssen daher nicht im Aufteilungsplan gekennzeichnet werden. Werden Sondernutzungsrechte im Rahmen der Beurkundung der Teilungserklärung/des Teilungsvertrages bestimmt, so empfiehlt es sich aus praktischen Gründen, einen (weiteren, zusätzlichen) Lageplan[17] mit den eingezeichneten und auch der Größe nach bestimmbaren Sondernutzungsrechten mit zum Grundbuchamt einzureichen, neben oder ggf. auch anstatt der wörtlichen Beschreibung in der Urkunde der Teilungserklärung/des Teilungsvertrages. Auch hier ist der sachenrechtliche Bestimmtheitsgrundsatz einzuhalten. Sondernutzungsrechte müssen nicht durch Maßangaben im Aufteilungsplan bestimmt sein (anders bei Begründung von Sondereigentum an Stellplätzen sowie außerhalb des Gebäudes liegende Teile des Grundstücks gem. § 3 Abs. 3 WEG: diese müssen durch Maßangaben im Aufteilungsplan bestimmt sein).

12 **1. Wohnungs- oder Teileigentum.** Ob die im Sondereigentum stehenden Räume Wohnungseigentum gem. § 1 Abs. 2 WEG sind oder Teileigentum gem. § 1 Abs. 3 WEG bestimmt sich allein nach ihrer baulichen Ausgestaltung als Wohnung oder als nicht zu Wohnzwecken dienende Räume (→ *Wohnungseigentum und Gebrauch* Rn. 6 f.; → *Teileigentum* Rn. 1, 4 ff.).

---

14 BT-Drs. 19/18791, 38 (39).
15 BT-Drs. 19/18791, 39.
16 DNotI-Gutachten Nr. 180895 vom 13.11.2020.
17 OLG München 4.2.2016 – 34 Wx 396/15, ZWE 2016, 255.

2. Nutzungsart des Sondereigentums. Davon zu unterscheiden ist die Nutzungsart des Sondereigentums, 13
welches durch Vereinbarung der Wohnungseigentümer gem. § 10 Abs. 1 S. 2 WEG erfolgt. Anzuraten ist eine
Zweckbestimmung bereits in der Gemeinschaftsordnung (nicht nur im Aufteilungsplan!), insbesondere bei
Wohnungseigentumsanlagen zu besonderen Zwecken: Hotelanlage, Bürohaus, Ärztehaus, altersgerechtes
Wohnen, Studentenwohnungen (→ *Zweckbestimmung* Rn. 7 ff., 12 ff.).

Häufig enthalten Aufteilungspläne Bezeichnungen wie „Café", „Laden", „Büro" (in Teileigentumseinheiten), 14
„Kinderzimmer", „Büro" usw. (in Wohnungseigentumseinheiten). In den überwiegenden Fällen resultiert das
aus dem Fakt, dass die Pläne des Architekten (die Genehmigungspläne) verwendet wurden, die dieser nicht
explizit für die Begründung von Wohnungseigentum und die Nutzung als Aufteilungsplan gemacht hat. Ob es
sich bei diesen Angaben um **verbindliche Zweckbestimmungen** handelt, die die Nutzungen des Sondereigentums beschränkende Wirkungen haben, oder nur die Qualität eines unverbindlichen Nutzungsvorschlages
haben,[18] ist durch Auslegung zu ermitteln.[19] In der Regel handelt es sich um unverbindliche **Nutzungsvorschläge**.[20]

3. Sondereigentum an Garagen. Zur Bildung von Sondereigentum an Garagen muss jede Garage nach ihrer 15
Ausgestaltung und nach ihrer Lage individuell im Aufteilungsplan bezeichnet werden.[21] Garagenstellplätze
gelten als Räume, wenn ihre Flächen durch Maßangaben im Aufteilungsplan ersichtlich sind (§ 3 Abs. 3
WEG). Soll auf dem Grundstück außer den Wohngebäuden ein selbstständiges Bauwerk mit Garagen errichtet
(**Tiefgarage**) und Teileigentum an den Garagen begründet werden, so bedarf es der Vorlage eines Aufteilungsplans zum Garagengebäude. Dieser muss auch den genauen Standort auf dem gemeinschaftlichen Grundstück
darstellen; zumindest muss dieser aus der Teilungserklärung hervorgehen. Fehlt es daran, so entsteht kein Sondereigentum an Garagen.[22]

Bei Garagenstellplätzen musste sich bis zum 30.11.2020 aus der Bauzeichnung ergeben, wie die Flächen der 16
Garagenstellplätze real durch dauerhafte Markierungen ersichtlich waren (§ 3 Abs. 2 S. 2 WEG aF). Als dauerhafte Markierungen kamen in Betracht: Wände oder festverankerte Geländer/Begrenzungseinrichtungen/
Begrenzungsschwellen jeweils aus Stein oder Metall, in den Fußboden eingelassene Markierungssteine oder
andere Maßnahmen, die den vorstehend genannten gleichzusetzen waren (Nr. 6 der AVA). Mit dem WEMoG
und dessen Geltung ab dem 1.12.2020 reicht es aus, wenn Stellplätze sowie außerhalb des Gebäudes liegende
Teile des Grundstücks durch Maßangaben im Aufteilungsplan bestimmt sind. Die bis dato geltende Regelung
des § 3 Abs. 2 S. 2 WEG aF gibt es nicht mehr.

III. Rechtswirkungen des Aufteilungsplans

Der Aufteilungsplan muss nicht bereits bei der Beurkundung der Teilungserklärung[23] als Anlage beigeheftet 17
sein. Es genügt, wenn er dem Grundbuchamt bis zur **Eintragung vorgelegt** und die Zugehörigkeit von Eintragungsbewilligung und Aufteilungsplan verdeutlicht wird.[24]

Er muss aber identisch sein mit den in der Teilungserklärung abgegebenen Beschreibungen. Die Übereinstim- 18
mung hat das Grundbuchamt zu prüfen.[25] Die Bestimmtheit des Grundbuchinhaltes erfordert es, dass der zur
Beurkundung vorliegender **„vorläufige" Aufteilungsplan** völlig identisch ist mit dem von der Baubehörde
mit Unterschrift und Siegel/Stempel versehenen Bauzeichnung (§ 7 Abs. 4 S. 1 Nr. 1 WEG).

Stimmen die wörtliche Beschreibung und der einzureichende Aufteilungsplan nicht überein, so besteht **kein** 19
Vorrang für die Eintragungsbewilligung oder den Aufteilungsplan; es ist vielmehr betreffend die nicht über-

---

18 OLG Hamburg 12.2.2003 – 2 Wx 141/01, ZMR 2003, 445 (446) Rn. 6: OLG Schleswig 3.9.2004 – 2 W 90/03,
    ZMR 2004, 68.
19 BGH 15.1.2010 – V ZR 40/09, ZWE 2010, 178.
20 BayObLG 30.11.1999 – 2Z BR 143/99, ZWE 2000, 129; OLG Hamburg 12.2.2003 – 2 Wx 141/01, ZMR 2003, 445
    (446) Rn. 6: OLG Schleswig 3.9.2004 – 2 W 90/03, ZMR 2004, 68.
21 BayObLG 5.4.1984 – 2 Z 26/84, MittBayNot 1984, 130 (131).
22 OLG Hamm 20.5.1976 – 15 W 255/72, DNotZ 1977, 308.
23 Beglaubigung gem. § 40 BeurkG oder notarielle Niederschrift gem. §§ 8 ff. BeurkG.
24 OLG Düsseldorf 28.6.2010 – 3 Wx 54/10, RNotZ 2010, 573 (574 f.).
25 BayObLG 12.12.2002 – 2Z BR 112/02, DNotZ 2003, 275.

einstimmende Fläche kein Sondereigentum entstanden,[26] sondern diese Fläche Gemeinschaftseigentum geblieben (→ *Abweichende Bauausführung vom Aufteilungsplan* Rn. 21 ff.).

20 Der Mangel der fehlenden Übereinstimmung zwischen Teilungserklärung/Teilungsvertrag und Aufteilungsplan kann nicht durch eine sogenannte Identitätserklärung des Notars behoben werden.[27] Bestehende Widersprüche sind im Rahmen einer **Nachtragsurkunde** der Aufteilenden zu korrigieren und die entsprechenden Zuordnungen von Räumen zu Sondereigentum oder zu Gemeinschaftseigentum zu erklären. Bei entsprechend erteilter Vollmacht kann im Fall des § 8 Abs. 1 WEG diese Änderung der Bewilligung durch notarielle Eigenurkunde erfolgen,[28] im Falle der Teilung gem. § 3 Abs. 1 WEG durch entsprechende Bevollmächtigung der Angestellten des Notars. Zu empfehlen sind beide Varianten im Hinblick auf § 17 Abs. 2 a BeurkG nicht.[29] Die Beteiligten sollten die entsprechenden Erklärungen selbst abgeben.

21 Die beantragte Eintragung der Begründung von Wohnungseigentum ist vom Grundbuchamt zu **vollziehen**, wenn der Aufteilungsplan und die Abgeschlossenheitsbescheinigung keine offensichtliche Unrichtigkeit oder Widersprüchlichkeit enthalten.[30]

22 Durch Bezugnahme nach § 7 Abs. 3 S. 1 WEG wird nicht nur die Eintragungsbewilligung, sondern auch der Aufteilungsplan Inhalt des Grundbuches.[31] Auch der Aufteilungsplan nimmt deshalb als Inhalt des Grundbuches an dessen **öffentlichen Glauben** teil. Aus ihm ergibt sich die genaue Abgrenzung zwischen Sonder- und Gemeinschaftseigentum.[32]

23 Leidet der Aufteilungsplan an einem **formellen Fehler,** so hindert das die Entstehung von Sondereigentum nicht, wenn der Aufteilungsplan im Übrigen den gesetzlichen Vorgaben entspricht. Eine fehlende Unterschrift der Baubehörde auf den beigefügten Bauzeichnungen ist sachenrechtlich unschädlich.[33]

16. Aufzug

Hansen

---

26 BGH 30.6.1995 – V ZR 118/94, NJW 1995, 2851.
27 BayObLG 12.12.2002 – 2Z BR 112/02, DNotZ 2003, 275.
28 Kersten/Bühling FormB FGG/*Langhein/Hupka* § 58 Rn. 43, 44 M.
29 *Schöner/Stöber* GrundbuchR Rn. 2855.
30 *Schöner/Stöber* GrundbuchR Rn. 2856.
31 Sogenannte doppelte Bezugnahme; BayObLG 3.7.1980 – BReg. 2 Z 54/79, BayObLGZ 1980, 226; *Schöner/Stöber* GrundbuchR Rn. 2872.
32 BayObLG 28.9.1981 – BReg. 2 Z 68/81, DNotZ 1982, 244.
33 OLG München 4.10.2013 – 34 Wx 174/13.

I. Einführung

Im Hinblick auf einen Personenaufzug, gleich ob im Inneren des Gebäudes oder ob außerhalb, stellen sich 1
mehrere Fragen. Zum einen mag Schwerpunkt einer bereits vorhandenen Aufzugsanlage die Diskussion zu damit verbundenen **Kosten** sein (Betrieb und Erhaltung), zum Zweiten werden von Eigentümern, gerade von den in den oberen Geschossen oder den älteren Bewohnern, Ansprüche auf **nachträglichen Einbau** eines Fahrstuhls reklamiert.

II. Rechtsgrundlagen

1. Im Objekt vorhandener Aufzug. a) Sachenrechtliche Grundlage. ISv § 5 Abs. 2 WEG stehen konstruk- 2
tive, gestaltprägende und dem gemeinschaftlichen Gebrauch dienende Bestandteile des einzelnen Gebäudes auch bei einer Mehrhausanlage zwingend im gemeinschaftlichen Eigentum aller Miteigentümer. Ein Aufzug steht damit grundsätzlich im **Gemeinschaftseigentum**, auch wenn jedes Haus einer Gemeinschaft der Wohnungseigentümer über eine eigene Aufzugsanlage verfügt.

Anders kann dies sein, wenn einzelne Gebäudebestandteile der Mehrhausanlage dem ausschließlichen Ge- 3
brauch einer einzelnen oder mehreren Wohnungs- oder Teileigentumseinheiten dienen sollen. Denkbar ist dann, dass an diesen betreffenden Bestandteilen **Sondereigentum** begründet wird, sofern Sondereigentumsfähigkeit gegeben ist. Eine Aufzugsanlage (Personenkabine) ist sondereigentumsfähig.

b) Vereinbarung. In der **Gemeinschaftsordnung** kann geregelt sein, dass Betriebs- und Erhaltungskosten 4
von technischen Anlagen, die ausschließlich einzelnen Wohnungseigentümern zugutekommen, nur von diesen zu tragen sind. Insbesondere für Eigentümer der Einheiten im Erdgeschoss des Hauses kann die Kostenbefreiung von Interesse sein. Regelungen in der Gemeinschaftsordnung sind nach den für Grundbucheintragungen geltenden Grundsätzen nach ihrem Wortlaut und Sinn auszulegen, wie sie sich aus unbefangener Sicht als nächstliegende Bedeutung ergeben.[1] Entscheidend ist damit die konkrete Formulierung.

Möglich ist es danach, Eigentümer von Erdgeschosseinheiten von der Tragung der Betriebs- und Erhaltungs- 5
kosten eines Fahrstuhls zu befreien, auch wenn diese als Mitglied der Gemeinschaft grundsätzlich gem. § 16 Abs. 2 S. 2 WEG zur Mitbenutzung des in die oberen Stockwerke fahrenden Aufzugs berechtigt sind. Dies kann jedenfalls dann gegeben sein, wenn sich nach **Auslegung** der Regelung in der Vereinbarung ergibt, dass die betroffenen Eigentümer mithilfe des Liftes vom öffentlichen Grund aus weder in die in ihrem Sondereigentum stehenden Räume noch zu Bereichen des Gemeinschaftseigentums gelangen können, die ihnen zur Sondernutzung zugewiesen sind oder an deren Nutzen sie sonst ein durch ihr Wohnungseigentumsrecht begründetes besonderes Interesse haben.[2]

c) Betriebskosten. Mangelt es an einer Vereinbarung zur Kostentragungslast im Hinblick auf den Aufzug, 6
gilt grundsätzlich § 16 Abs. 2 WEG. Die Kosten des Betriebs des Aufzugs werden nach Miteigentumsanteilen (MEA) von allen Eigentümern getragen. Denkbar ist jedoch auch, die Betriebskosten für den Fahrstuhl nach § 16 Abs. 2 S. 2 WEG mit **einfacher Mehrheit** gegen eine in der Vereinbarung bereits existierende Kostenverteilungsregelung dauerhaft anders zu beschließen.

d) Erhaltungsmaßnahmen. Wie für die Betriebskosten auch, werden Maßnahmen der Erhaltung nach § 16 7
Abs. 2 WEG von allen Eigentümern nach dem **Kostenverteilungsschlüssel MEA** getragen. Möglich ist es grundsätzlich allerdings, dass Beschlüsse nach § 16 Abs. 2 S. 2 WEG mit Mehrheit getroffen werden, so dass nur einzelne Eigentümer, eben etwa die Nutzer des Fahrstuhls, mit den Kosten insoweit belastet werden.

e) Bauliche Veränderung. Die Umgestaltung der Fahrstuhlkabine als bauliche Veränderung nach § 20 Abs. 1 8
WEG kommt in Betracht und kann mit **einfacher Mehrheit** beschlossen werden (→ *Bauliche Veränderungen* Rn. 13 ff.).[3] Die Wohnungseigentümer sind im Rahmen der Erhaltung nicht auf rein restaurative bzw. den be-

---

1 BGH 23.6.2017 – V ZR 102/16.

2 LG München 11.10.2017 – 1 S 18504, ZMR 2018, 70.

3 Für die modernisierende Instandsetzung nach § 22 Abs. 3 WEG aF siehe LG Hamburg 17.12.2008 – 318 S 91/08,
    ZMR 2009, 314; AG Nürnberg 12.12.2003 – 1 UR II 330/03 WEG, ZMR 2004, 384.

stehenden Zustand konservierende Maßnahmen beschränkt, da auch eine über die bloße Reproduktion hinausgehende Baumaßnahme, die eine bessere und wirtschaftlich sinnvollere Lösung zur Behebung eines Mangels darstellt, eine ordnungsmäßige Instandsetzung ist. Kommen mehrere mögliche Arten der Sanierung in Betracht, steht den Wohnungseigentümern ein Ermessensspielraum zu; vertretbare Mehrheitsentscheidungen sind in diesem Rahmen hinzunehmen.[4] Die Eigentümer können also anlässlich der Erhaltungsmaßnahme auch eine bauliche Veränderung beschließen, wobei aber dann hinsichtlich der Kosten zwischen denen zu unterscheiden ist, die im Rahmen der Erhaltung nach § 16 Abs. 2 S. 1 WEG grundsätzlich auf alle Eigentümer zu verteilen sind, und denen nach § 21 Abs. 3 WEG, die nur von den Befürwortern der baulichen Veränderung zu tragen sind, soweit es sich nicht um Kosten nach § 21 Abs. 2 S. 1 Nr. 2 WEG handelt, die sich amortisieren und dann doch von allen Eigentümern zu übernehmen sind.

9 **f) Duldung eines vorhandenen Aufzugs nach Teilung.** Denkbar ist auch, dass der im Objekt bereits vorhandene Aufzug auf der Grundlage eines mit einfacher Mehrheit gefassten Beschlusses in der Vergangenheit nach der Teilung und vor dem 1.12.2020 errichtet wurde. Wurde ein solcher Mehrheitsbeschluss nicht – rechtzeitig – angefochten, ist er gültig, § 23 Abs. 4 S. 2 WEG. Folge ist eine Duldungspflicht, nicht aber eine Fiktion der Zustimmung. Der Beschluss ist **gültig**, obwohl die Zustimmung nach wie vor fehlt.[5]

10 Zieht man aber nun insbesondere die Entscheidung des BGH vom 13.1.2017 – V ZR 96/16 hinzu, nach der bei dem Einbau eines Fahrstuhls im Gebäude Sondernutzungsrechte eingeräumt werden, soweit der Aufzug nur einzelnen bau- und zahlungswilligen Wohnungseigentümern zur Verfügung steht,[6] dürfte auch ein mit einfacher Mehrheit gefasster **Beschluss** trotz seiner Gültigkeit nach § 23 Abs. 4 S. 2 WEG noch mit Erfolg wegen Nichtigkeit angegriffen werden – per Beschluss können keine Sondernutzungsrechte begründet werden.

11 Eine solch konsequente Anwendung der Rechtsprechung des BGH ließe sich dann allerdings auch auf viele andere bauliche Maßnahmen am Objekt **übertragen.** Auch die auf der Grundlage eines Mehrheitsbeschlusses errichteten Markisen oder Rollläden beispielsweise oder auch Werbeschilder an der Hausfassade würden zur Begründung von Sondernutzungsrechten führen.

12 Auch wenn es fraglich ist, ob der BGH in seiner Entscheidung vom 13.1.2017 eine solch weitreichende Konsequenz im Blick hatte, ist nach praktikablen **Abgrenzungskriterien** zu suchen. Vertreten wird, dass insoweit auf die Nutzungsdauer abzustellen sei.[7]

13 **Fehlen Angaben** zur Nutzungsdauer, wird vertreten, dass auf den Umfang der baulichen Arbeiten und den Aufwand zum Rückbau dessen abzustellen ist, um zu ermessen, ob in der durch die Baumaßnahmen liegenden Beanspruchung der ausschließlichen Nutzung des Gemeinschaftseigentums zugleich die Begründung eines Sondernutzungsrechtes zu sehen ist.[8]

Eine Lösung mag aber in § 20 Abs. 2 Nr. 1 WEG oder § 20 Abs. 1 Alt. 2 WEG liegen. Danach lässt sich die Legitimation zur Errichtung des Aufzugs nachträglich mit einem Gestattungsbeschluss mit einfacher Mehrheit herbeiführen. Die Frage, ob mit diesem Beschluss die Begründung eines Sondernutzungsrechts verbunden ist, stellt sich dann nicht mehr – nach § 21 Abs. 1 S. 2 WEG gebühren dem, dem die bauliche Veränderung gestattet wird, allein die Nutzungen.

14 **2. Nachträglicher Einbau eines Aufzugs aufgrund Teilungserklärung und Gemeinschaftsordnung.** Möglich ist es, die Legitimation für die nach Teilung des Objektes vorgesehene Errichtung eines Aufzugs bereits in der Teilungserklärung/Gemeinschaftsordnung vorzusehen.

15 **a) Recht zur Errichtung.** Die Vereinbarung zu einem Ausbaurecht muss eine **klare und eindeutige Regelung** treffen.[9] Maßgebend ist ihr Wortlaut und ihr Sinn, wie sich dies aus unbefangener Sicht als nächstliegende Bedeutungen der Eintragung ergibt, weil auch Sonderrechtsnachfolger der Wohnungseigentümer an die

---

4 LG Hamburg 17.12.2008 – 318 S 91/08, ZMR 2009, 314.

5 BGH 11.11.2011 – V ZR 65/11, ZMR 2012, 213.

6 BGH 13.1.2017 – V ZR 96/16, ZWE 2017, 224.

7 *Hogenschurz* ZWE 2017, 208; der BGH lässt die Frage offen, ob aus der Nutzungsdauer auf ein Sondernutzungsrecht geschlossen werden kann, BGH 8.4.2016 – V ZR 191/15, ZWE 2016, 453.

8 *Hogenschurz* ZWE 2017, 208.

9 BGH 2.3.2012 – V ZR 174/11, NJW 2012, 1722; BGH 22.11.2013 – V ZR 46/13, ZWE 2014, 125.

Hansen

Vereinbarung gebunden sind. Umstände außerhalb der Eintragung dürfen nur herangezogen werden, wenn sie nach den besonderen Verhältnissen des Einzelfalls für jedermann ohne Weiteres erkennbar sind.[10]

Ergibt sich daher aus der Vereinbarung mit hinreichender Klarheit, dass der Einbau eines Fahrstuhls gestattet wird, hat die Gemeinschaft der Wohnungseigentümer gar nicht die Möglichkeit, dem zu **widersprechen** oder die Zustimmung etwa davon abhängig zu machen, dass sie nicht mit Folgekosten belastet wird.[11] Die Frage nach dem „Ob" der Fahrstuhlerrichtung stellt sich nicht mehr. Anders ist dies – regelmäßig – im Hinblick auf die konkrete Errichtung der legitimierten Anlage. 16

Wenn keine konkreten Vorgaben an die Errichtung aus der Vereinbarung ersichtlich sind oder mehrere Möglichkeiten der Gestaltung der Errichtung bestehen, braucht eine Lösung, die die Belange der übrigen Wohnungseigentümer in vermeidbarer Weise wesentlich mehr beeinträchtigt als eine andere nicht hingenommen zu werden. Den übrigen Wohnungseigentümern steht dann ein **Unterlassungs- oder Beseitigungsanspruch** zu,[12] nach § 18 Abs. 2 WEG gerichtet darauf, dass die Gemeinschaft der Wohnungseigentümer gegen den Störer des Gemeinschaftseigentums vorgeht (→ *Unzulässige bauliche Veränderungen und Sanktionen* Rn. 18 ff.). 17

Bedingungen, die bei der Errichtung des Aufzugs einzuhalten sind (Lage, Größe, Material der Anlage etc), sind durch **Auslegung der Vereinbarung** zu ermitteln. Möglich ist auch, dass eine Baugenehmigung oder eine Sicherheit gefordert wird, sowohl für die Bauphase als auch den Fall des Rückbaus. 18

Sind die Vorgaben – wie häufig – in der Vereinbarung nicht ausreichend konkret oder gibt es hartnäckige Opponenten der Errichtung, die viel Kritik äußern, ist es trotz bereits gegebener Legitimation zum „Ob" notwendig, einen Beschluss zu fassen, mit dem die Umsetzung des Fahrstuhlbaus konkret, etwa unter Beifügung von Plänen und technischen Beschreibungen von Fachleuten, geregelt wird.[13] Nach § 20 Abs. 1 Alt. 2 WEG ist es möglich, diesen Durchführungsbeschluss mit einfacher Mehrheit zu fassen. Dem bauwilligen Wohnungseigentümer kann die bauliche Veränderung gestattet und dabei können auch Vorgaben gemacht werden, deren Grenzen sich aus dem Grundsatz ordnungsmäßiger Verwaltung ergeben, § 19 Abs. 1 WEG. 19

b) Kostentragung. Durch **Vereinbarung** können die Wohnungseigentümer in diesem Zusammenhang auch abweichend von § 16 Abs. 2 WEG die Pflicht zur Erhaltung von Teilen des gemeinschaftlichen Eigentums und zur Tragung der damit verbundenen Kosten einzelnen Sondereigentümern auferlegen. Wird einem Sondereigentümer in der Gemeinschaftsordnung eine Instandsetzungs- oder Instandhaltungspflicht übertragen, hat er im Zweifel auch die ihm dadurch entstehenden Kosten zu tragen.[14] 20

c) Fahrstuhlgemeinschaft. In Betracht kommt grundsätzlich auch eine „Fahrstuhlgemeinschaft" derjenigen Eigentümer, die Interesse am Einbau eines Aufzugs haben. Die Bildung einer solchen Untergemeinschaft ist zwar nicht grundsätzlich ausgeschlossen, ist aber in der Teilungserklärung/Gemeinschaftsordnung vorzugeben. Die **nachträgliche Bildung** einer Untergemeinschaft in Abweichung von der Teilungserklärung kommt nur in Betracht, wenn dies in einer Vereinbarung aller Wohnungseigentümer so festgelegt wird. Es müssen also sämtliche Wohnungseigentümer dieser Änderung zustimmen. 21

Die Bildung einer Untergemeinschaft „Fahrstuhlgemeinschaft" durch Beschluss ist in Abweichung von der Teilungserklärung/Gemeinschaftsordnung mit eigenen Rechten und Pflichten nicht möglich. Ein solcher Beschluss ist von vornherein wegen sogenannter **absoluter Beschlussunzuständigkeit** der Wohnungseigentümerversammlung nichtig.[15] 22

Sehr wohl möglich ist es aber, dass die Mehrheit der Eigentümer einen Beschluss nach § 20 Abs. 1 Alt. 2 WEG, § 21 Abs. 5 S. 1 WEG fasst, nach dem die Errichtung des Aufzugs und Verteilung der Kosten und Nutzungen auf eine Gruppe von Bauwilligen und Nutzern erfolgt, solange damit einem Eigentümer, der nach der gesetzlichen Vorschrift Kosten nicht zu tragen hat, keine Kosten auferlegt werden, § 21 Abs. 5 S. 2 WEG. Der Begriff der Kosten bezieht sich auf alle kausal auf der baulichen Veränderung beruhenden Kosten, dh eigentli- 23

---

10 BGH 22.11.2013 – V ZR 46/13, ZWE 2014, 125.
11 OLG Celle 10.10.2006 – 4 W 136/06, ZMR 2007, 55.
12 BayObLG 16.4.1998 – 2Z BR 61/98, NZM 1999, 132.
13 LG Berlin 16.7.2013 – 55 S 171/12 WEG, ZMR 2014, 383.
14 BGH 28.10.2016 – V ZR 91/16, NJW 2017, 1167.
15 AG Ahrensburg 2.4.2014 – 37 C 23/13, ZMR 2014, 925; BGH 20.9.2000 – V ZB 58/99, BGHZ 145, 158.

che Baukosten wie aber auch Folgekosten für Betrieb und Erhaltung. Im Ergebnis käme ein solcher Beschluss einer „Fahrstuhlgemeinschaft" gleich.

24 **3. Einbau eines Aufzugs aufgrund Beschlusses. a) Beschluss über bauliche Veränderung (§ 20 Abs. 1 Alt. 1 WEG). aa) Bauliche Veränderung.** § 20 Abs. 1 Alt. 1 WEG begründet die Beschlusskompetenz für bauliche Veränderungen (→ *Bauliche Veränderungen* Rn. 13 ff.). Inhaltlich geht es um eine bauliche Veränderung des gemeinschaftlichen Eigentums – sei es an der Außenfassade oder im Treppenhaus, in dem der Einbau des Aufzugs erfolgen soll. Beides steht im **gemeinschaftlichen Eigentum**, da es dem gemeinschaftlichen Gebrauch der Wohnungseigentümer iSv § 5 Abs. 2 WEG dient.[16]

25 Im Rahmen des § 20 Abs. 1 Alt. 1 WEG wird über das „Ob" der Maßnahme, mithin zu der Frage beschlossen, ob ein Fahrstuhl überhaupt gebaut werden soll. Der Beschluss über das „Wie", dh der konkreten Durchführung der baulichen Maßnahme ist davon zu trennen, wenngleich die Eigentümer auch über beides zusammen beschließen können.

26 **bb) Veränderungssperre (§ 20 Abs. 4 WEG).** Der Beschluss zum „Ob" der Errichtung des Aufzugs ist der sogenannten Veränderungssperre nach § 20 Abs. 4 WEG unterworfen. Danach darf die bauliche Veränderung nicht zu einer **grundlegenden Umgestaltung** der Wohnanlage führen und es darf kein Eigentümer ohne sein Einverständnis gegenüber anderen **unbillig benachteiligt** werden.

27 Die Merkmale der „grundlegenden Umgestaltung" und der „unbilligen Benachteiligung" des § 20 Abs. 4 WEG lassen die Parallele zu § 22 Abs. 2 WEG aF zu, wonach durch die seinerzeitige Modernisierungsmaßnahme weder die „Eigenart der Anlage" verändert, noch dadurch ein Wohnungseigentümer gegenüber einem anderen unbillig beeinträchtigt werden durfte.

28 Nach der Gesetzesbegründung zur Reform in 2007 war der Spielraum der **Eigenart der Anlage** eng zu sehen – bei einem Anbau war die Anlage regelmäßig verändert.[17] Die Beschlussfassung über die Errichtung eines Außenaufzugs war danach unwirksam, da die Umsetzung des Beschlusses eine nachteilige bauliche Veränderung iSv § 22 Abs. 1 WEG aF darstellte, die zwar eine Modernisierungsmaßnahme iSv § 22 Abs. 2 WEG aF zum Inhalt hatte, jedoch die Eigenart der Anlage änderte.[18]

29 Dies ist jetzt anders zu sehen, da der Gesetzgeber 2020 den Begriff der „Eigenart" aufgegeben und die **„grundlegende Umgestaltung"** eingeführt hat. Der Spielraum ist jetzt weiter zu ziehen oder anders formuliert: Die bauliche Veränderung muss starke Auswirkungen auf die Wohnanlage haben, um als Umgestaltung zu gelten, etwa dann, wenn ein **neues Gepräge** entsteht. Dabei ist die Wohnanlage als Ganzes zu betrachten. Da der Gesetzgeber mit der Reform 2020 auch das Ziel verfolgt, bauliche Veränderungen, die von der Mehrheit gewünscht werden, einfacher zu realisieren, wird die Umgestaltung der Anlage eher die Ausnahme darstellen, jedenfalls aber bei Installation eines Außenaufzuges an der Fassade allenfalls dann, wenn etwa der Charakter des Hauses dadurch vollkommen verändert, zB die reich verzierte Stuckfassade eines Altbaus aus der Gründerzeit zum großen Teil durch den Fahrstuhl zerstört wird. Allein aber der Umstand, dass ein Fahrstuhl an der Außenfassade die zuvor bestehende Symmetrie der Anordnung der Fenster unterbricht oder stört, wird nicht ausreichend sein. Im Gegensatz zum Einbau eines Außenaufzugs ging mit dem Einbau des Fahrstuhls im Inneren des Gebäudes mit der bisherigen Rechtsprechung schon nicht zwingend eine Änderung der Eigenart der Wohnanlage einher. Der **Einzelfall** ist entscheidend. Dabei ist grundsätzlich kein enger Maßstab anzulegen, will man den durch den Gesetzgeber geschaffenen Spielraum nicht unnötig einschränken.[19]

30 Das weitere Merkmal der Veränderungssperre nach § 20 Abs. 4 WEG ist bei der baulichen Veränderung dann zu bejahen, wenn ein Wohnungseigentümer durch die bauliche Veränderung gegenüber anderen in stärkerem Maße beeinträchtigt wird. Erforderlich ist, dass der die Benachteiligung reklamierende Eigentümer aufgrund **einer eigenen Rechtsposition** argumentiert. Der Eigentümer muss also selbst betroffen sein, eine Art Sonderopfer bringen und die Benachteiligung darf **nicht alle Eigentümer gleichermaßen** treffen. Wird daher der Fahrstuhl an der Außenfassade gebaut, trifft die optische Veränderung als Beeinträchtigung alle Eigentümer und ist insoweit keine Benachteiligung des Einzelnen iSv § 20 Abs. 4 WEG. Da alle Eigentümer der Ver-

---

16 BGH 13.1.2017 – V ZR 96/16, ZWE 2017, 224.
17 AG Ahrensburg 2.4.2014 – 37 C 23/13, ZMR 2014, 925.
18 AG Konstanz 13.3.2008 – 12 C 17/07, ZMR 2008, 494.
19 BGH 18.2.2011 – V ZR 82/10, NZM 2011, 281.

Hansen

gleichsmaßstab im Objekt sind, kann sich die Benachteiligung des einzelnen Eigentümers, etwa des Bewohners der Erdgeschosswohnung, beim Fahrstuhlanbau an der Außenfassade aber andererseits daraus ergeben, dass durch die bauliche Veränderung in die Wohnung im Erdgeschoss weniger Licht fällt als in eine Wohnung im obersten Geschoss.

Ferner muss nach § 20 Abs. 4 WEG die Benachteiligung für den einzelnen Eigentümer **unbillig** sein. Dies verlangt die Überschreitung einer erheblichen Schwelle. Das Sonderopfer, das der beeinträchtigte einzelne Eigentümer erbringt, muss die Vorteile der baulichen Veränderung deutlich überwiegen. Schon nach der Rechtsprechung zu § 22 Abs. 2 WEG aF ergab sich eine unbillige Benachteiligung beispielsweise nicht zwingend aus den durch den Betrieb des Aufzugs zu erwartenden **Geräuscheinwirkungen**. Grundsätzlich kann zwar eine unbillige Beeinträchtigung eines Wohnungseigentümers gegenüber den anderen darin liegen, dass er durch die Modernisierung echte Immissionen (zB durch Geräusche) erfährt. Allerdings: Emissionen (Geräusche beim Zusteigen und Aussteigen, Schließen der Fahrstuhltür, Fahrgeräusche wegen der größten Nähe zum Antrieb) sind von den Bewohnern hinzunehmen. Dies gilt auch für die am meisten betroffenen Erdgeschossbewohner. Wäre dies anders, wäre ein nachträglicher Fahrstuhleinbau gegen den Willen des Erdgeschosseigentümers immer ausgeschlossen gewesen. Dies widersprach aber schon dem vom Gesetzgeber mit § 22 Abs. 2 WEG aF verfolgten Zweck.[20] Wenn Geräuschentwicklungen zwar einzudämmen und Richtwerte zu beachten waren, waren und sind Emissionen von weniger als 52 dB aber hinnehmbar.[21] Angesichts des jetzt vom Gesetzgeber verfolgten Zwecks, die bauliche Veränderung in die Hand der Mehrheitseigentümer zu geben und zu erleichtern, ist aber auch an dieser Stelle bei der Gewichtung der Vorteile, die mit der baulichen Veränderung verbunden sind, ein großzügiger Maßstab anzulegen. Die Geräuschentwicklung müsste deutlich über den Richtwerten liegen und auch der reduzierte Lichteinfall in der Erdgeschosswohnung beispielsweise müsste massiv sein, um den Vorteil für alle anderen Bewohner im Haus, künftig einen Aufzug zu nutzen, zu überwiegen.

Letztlich tritt bei § 20 Abs. 4 WEG noch das Merkmal des fehlenden **Einverständnis**ses des einzelnen, benachteiligten Eigentümers hinzu. Stimmt damit der Betroffene dem Einbau des Aufzugs zu, ist seine unbillige Benachteiligung unbeachtlich.

b) Beschluss über die Gestattung der baulichen Veränderung (§ 20 Abs. 1 Alt. 2 WEG). Nach § 20 Abs. 1 Alt. 2 WEG kann mit einfacher Mehrheit beschlossen werden, dass einem Wohnungseigentümer die bauliche Veränderung gestattet wird. Verbunden werden kann dieses „Ob" der Veränderung mit einem Durchführungsbeschluss über das „Wie" auf der Grundlage von § 19 Abs. 1 WEG. Möglich ist es daher für die Mehrheit, einem oder mehreren Bauwilligen den Einbau des Aufzuges zu gestatten. Die bauliche Veränderung erfolgt dann in eigener Verantwortung des Bauwilligen, wobei es der Mehrheit freisteht, die Durchführungserlaubnis durch Vorgaben einzuschränken, was sich für den Fahrstuhleinbau geradezu aufdrängt.

Die Vorgaben der Veränderungssperre nach § 20 Abs. 4 WEG gelten auch hier.

c) Anspruch auf Barrierereduzierung (§ 20 Abs. 2 S. 1 WEG). aa) Anspruch auf bauliche Veränderung. Nach § 20 Abs. 2 S. 1 Nr. 1 WEG besteht ein Anspruch, eine bauliche Veränderung, die dem Gebrauch durch Menschen mit Behinderung dient, auch gegen die einfache Mehrheit zu beschließen. Dies erstreckt sich auf alle Maßnahmen, die für eine Nutzung durch körperlich oder geistig eingeschränkte Personen erforderlich oder auch nur förderlich sind. Der Ein- oder Anbau eines Aufzugs als **privilegierte Maßnahme** fällt darunter.

Die bislang geführte Diskussion zu baulichen Veränderungen bei der Herstellung von Barrierefreiheit anhand grundrechtlich geschützter Interessen[22] ist obsolet.

Nach der bisherigen Rechtsprechung ergab sich ein Anspruch auf nachträglichen Einbau eines Aufzugs auch dann nicht, wenn die Maßnahme der Herstellung von Barrierefreiheit dienen sollte.[23] Auch dem seinerzeitigen Gesetzentwurf des Bundesrates zur Änderung des Wohnungseigentumsgesetzes und des Bürgerlichen Gesetzbuchs zur Förderung der Barrierefreiheit und Elektromobilität lag die Annahme zugrunde, dass **§ 554 a BGB aF** nur auf Mietverhältnisse anzuwenden ist.[24] Eine entsprechende Anwendung war ausgeschlossen. Es fehlte

31

32

33

34

35

---

20 LG Hamburg 19.9.2018 – 318 S 71/17, ZWE 2019, 214.
21 LG Hamburg 19.9.2018 – 318 S 71/17, ZWE 2019, 214.
22 BT-Drs. 16/887, 31 f.; BGH 22.1.2004 – V ZB 51/03, BGHZ 157, 322 (326 f.).
23 BGH 13.1.2017 – V ZR 96/16, ZWE 2017, 224.
24 BT-Drs. 18/10256, 9 f.; BR-Drs. 340/16, 3 ff.; dazu *Bickert* ZfIR 2016, 856 ff.

an einer planwidrigen Regelungslücke, da der Gesetzgeber die Aufnahme einer besonderen Regelung iSd § 554 a BGB aF in das WEG als entbehrlich angesehen hatte. Vertreten wurde, dass das Grundrecht des Art. 3 Abs. 3 S. 2 GG kein Leistungsrecht, sondern einen Auftrag an die staatliche Gewalt begründet, eine gebotene Schutz- und Handlungspflicht durch eine gesetzgeberische Maßnahme zu verwirklichen.[25] Dies ist nun durch § 20 Abs. 2 Nr. 1 WEG gegeben.

36 Barrierereduzierende Maßnahmen können verlangt werden, ohne dass es auf die Betroffenheit des Wohnungseigentümers, seiner Angehörigen oder Mieter ankommt.[26] Die Diskussion darüber, ob die Maßnahme im Einzelfall notwendig ist oder mit dem Aufzugseinbau dem gesetzgeberischen Zweck der Barrierereduzierung für die Zukunft genügt werden soll, stellt sich nicht.

37 **bb) Grenzen des Anspruchs.** Nach dem Wortlaut des § 20 Abs. 2 S. 1 WEG können jedoch nur angemessene bauliche Veränderungen verlangt werden. Das Merkmal der **Angemessenheit** muss aber in die gesetzgeberische Zielsetzung eingeordnet werden, dass die Barrierereduzierung ausdrücklich eine privilegierte Maßnahme ist, die unabhängig von der tatsächlichen Notwendigkeit im Objekt auch vereinfacht realisiert werden soll. Insoweit wird die Angemessenheit des Aufzugseinbaus, der regelmäßig der Barrierereduzierung dient, nur in außergewöhnlichen Fällen zu verneinen sein, etwa wenn der Bauwillige einen unverhältnismäßig großen Außenaufzug an der Fassade verlangt.

38 Im Rahmen der Angemessenheitsprüfung wird es daher letztlich um die Frage gehen, ob weniger einschneidende Maßnahmen auch zum Ziel der Barrierereduzierung führen, zB wenn statt des Aufzugs auf den Einbau eines Treppenliftes verwiesen wird. Die Vor- und Nachteile der Alternativen sind gegeneinander abzuwägen, wobei auch die Kosten, die der Bauwillige zu tragen hat, eine Rolle spielen können. Dies gilt aber nur bei der Gegenüberstellung der unterschiedlichen Kosten für die verschiedenen Alternativen, mit denen der Bauwillige sein Ziel der Barrierereduzierung erreichen will, nicht jedoch für den Umstand, dass der Bauwillige überhaupt Kosten zu tragen hat. Letzteres ergibt sich als gesetzliche Folge aus § 21 Abs. 1 WEG.

39 Darüber hinaus ist auch der Anspruch auf privilegierte Maßnahmen, mithin Barrierereduzierung nach § 20 Abs. 2 S. 1 Nr. 1 WEG durch die **Veränderungssperre** nach § 20 Abs. 4 WEG eingeschränkt.

40 **d) Anspruch auf bauliche Veränderung (§ 20 Abs. 3 WEG) .** Nach § 20 Abs. 3 WEG kann eine bauliche Veränderung des Gemeinschaftseigentums, die niemanden in rechtlich relevanter Weise beeinträchtigt, auch gegen den Willen der Mehrheit verlangt werden. Die Vorschrift ist Anspruchsgrundlage und ersetzt § 22 Abs. 1 WEG aF iVm § 14 Nr. 1 WEG aF. Die Rechtsprechung des BGH zu der Einordnung einer Beeinträchtigung, die über das bei einem geordneten Zusammenleben unvermeidliche Maß hinausgeht, findet weiterhin Beachtung.

41 Eine Beeinträchtigung durch die Errichtungs- und Folgekosten für den Fahrstuhl scheidet aber als Nachteil bzw. Beeinträchtigung deswegen aus, weil diese allein vom Bauwilligen aufgrund gesetzlicher Folge zu tragen sind, § 21 Abs. 1 Alt. 1 WEG.

42 Darüber hinaus kommt es auf die Beeinträchtigung nicht mehr an, wenn der Beeinträchtigte sein Einverständnis zur baulichen Maßnahme erklärt. Für den Bauwilligen eröffnet sich daher grundsätzlich die Möglichkeit, dem Beeinträchtigten das Einverständnis für den Aufzugsbau gegen einen Ausgleich „abzukaufen".

43 **e) Ausführungsbeschluss.** Wird der Grundlagenbeschluss über das „Ob" des Aufzugsbaus mit Mehrheit gefasst, sei es nach den Alternativen 1 und 2 des § 20 Abs. 1 WEG oder § 20 Abs. 2 Nr. 1 WEG, kann der Bauwillige auch verlangen, dass die bauliche Veränderung durchgeführt, dh der Aufzug realisiert wird. Nach § 18 Abs. 2 Nr. 1 WEG hat jeder Eigentümer einen Anspruch darauf, dass Beschlüsse vollzogen werden.

44 Im Rahmen des Beschlusses nach § 20 Abs. 1 Alt. 1 WEG können die Wohnungseigentümer gem. §§ 18 Abs. 2, 19 Abs. 1 WEG aber bestimmen, auf welche Art und Weise, durch wen, wann, aufgrund welcher vertraglichen Grundlagen die Gemeinschaft der Wohnungseigentümer durch ihre Organe mit welchen Mitteln handeln soll, um den Aufzug zu realisieren.

45 Auf der Grundlage des Gestattungsbeschlusses nach § 20 Abs. 1 Alt. 2 WEG können die Wohnungseigentümer einem Bauwilligen gestatten, den Aufzugsbau selber durchzuführen und dabei einerseits das Konzept des Bau-

---

25   BVerfG 8.10.1997 – 1 BvR 9/97, NJW 1998, 131.
26   BT-Drs. 19/18791, 63.

Hansen

willigen, das ausreichend bestimmt sein muss, ohne Bedingungen/Auflagen akzeptieren oder aber auch von dem Konzept abweichen und dem Bauwilligen Vorgaben machen.

Da es beim Bau eines Aufzuges aber, wie bei einer baulichen Veränderung im Übrigen grundsätzlich auch, immer mehrere Wege gibt, das Bauvorhaben zu realisieren, muss der zu fassende Ausführungsbeschluss über das „Wie" des Baus in jeden Fall ordnungsmäßiger Verwaltung entsprechen, § 19 Abs. 1 WEG.   46

Gleich, auf welcher gesetzlichen Grundlage über das „Ob" zum Einbau des Aufzugs beschlossen wurde, bedingt ein diesbezüglicher Ausführungsbeschluss ganz grundsätzlich, dass Fachleute zuvor die Realisierbarkeit der Maßnahmen geprüft haben. Wie bei einer Erhaltungsmaßnahme nach § 19 Abs. 2 Nr. 2 WEG entsprechen Maßnahmen nur dann ordnungsmäßiger Verwaltung, wenn die Eigentümer ihre Entscheidung auf einer **ausreichenden Tatsachengrundlage** treffen. Es entspricht daher regelmäßig ordnungsmäßiger Verwaltung, vor der Beschlussfassung über Erhaltungsmaßnahmen deren erforderlichen Umfang und den dafür erforderlichen Aufwand zu ermitteln.[27]   47

Dies geht jedoch nicht so weit, im Rahmen des Planungs- und Entscheidungsprozesses jedes abstrakte Risiko oder jede denkbare Eventualität einer umfassenden gutachterlichen Prüfung zu unterziehen, bevor eine bauliche Maßnahme beschlossen wird. Zumindest wenn Fachleute herangezogen wurden (professionelle Aufzugsunternehmen) werden die Eigentümer, die den Aufzug verhindern wollen, **konkrete Umstände vortragen** müssen, die die Realisierbarkeit des Vorhabens ernsthaft in Frage stellen. Regelmäßig zu prüfen gilt es beispielsweise, ob die Erstellung einer Statik, die Einholung einer Baugenehmigung erforderlich sind, ob Schwachpunkte des Gebäudes oder ein hoher Grundwasserstand bekannt sind.[28]   48

Ein Ausführungsbeschluss muss damit dem Grundsatz der **Bestimmtheit** genügen. Die bauliche Veränderung des Aufzugsbaus muss nach Art, Maß und Umfang genau beschrieben sein. Es muss für jeden klar sein, welcher Aufzug wann, wo, von wem, mit welchen Mitteln gebaut wird.[29]   49

f) Kosten (§ 21 WEG). Fasst die Mehrheit einen Beschluss zur Errichtung eines Aufzugs nach § 20 Abs. 1 Alt. 1 WEG, gilt gem. § 21 Abs. 3 WEG der Grundsatz, dass alle die Eigentümer, die die bauliche Veränderung beschlossen, dh bei der Abstimmung mit Ja gestimmt haben, einerseits die Kosten zu tragen haben, andererseits aber auch ausschließlich diejenigen sind, die zur Nutzung des Aufzugs berechtigt sind.   50

Wird einem oder mehreren Eigentümern nach § 20 Abs. 1 Alt. 2 WEG die Errichtung des Aufzugs gestattet, trifft die Kostenfolge jedoch nur den oder die den Aufzugsbau verlangenden Eigentümer nach § 21 Abs. 1 S. 1 WEG, die dann auch die einzigen Nutzungsberechtigten sind, § 21 Abs. 1 S. 2 WEG.   51

Die gleiche Kosten- als auch Nutzungsfolge nach § 21 Abs. 1 S. 1 und 2 WEG besteht in dem Fall der Realisierung des Aufzugs als privilegierte Maßnahmen der Barrierereduzierung nach § 20 Abs. 2 WEG und Beschluss nach § 20 Abs. 3 WEG, wenn ausnahmsweise der Einbau des Aufzugs von, letztlich allen, Eigentümern gestattet wird.   52

Nur in den beiden in § 21 Abs. 2 S. 1 WEG definierten Fällen sind alle Eigentümer, also auch die überstimmte Mehrheit, zur Kostentragung verpflichtet und zur Nutzung des Aufzugs berechtigt.   53

Dies bedingt für den Fall des § 21 Abs. 2 S. 1 Nr. 1 WEG, dass der Bau des Aufzugs mit mehr als 2/3 der abgegebenen Stimmen und der Hälfte der Miteigentumsanteile beschlossen wird und, zum Zweiten, dies nicht mit unverhältnismäßigen Kosten verbunden ist. Ist daher in der Gemeinschaft der Wohnungseigentümer diese qualifizierte Mehrheit bei einem Beschluss zum Einbau des Aufzugs erreicht, obliegt es dem (überstimmten) Eigentümer, der die Unverhältnismäßigkeit behauptet, diese darzulegen und zu beweisen. Im Zweifel ist von der Verhältnismäßigkeit auszugehen. Dabei ist zur Prüfung dessen auf einen objektiven und konkreten Maßstab bei der jeweiligen Eigentumsanlage abzustellen. Auf die Bedürfnisse und finanziellen Möglichkeiten des einzelnen Eigentümers kommt es nicht an, sondern auf die der Gesamtheit aller Eigentümer in der konkreten Anlage. Handelt es sich daher zum Beispiel um ein Objekt mit überwiegend jungen Familien und kleinen Kindern, kann die Verhältnismäßigkeit des Aufzugseinbaus ebenso leichter bejaht werden wie etwa bei einem Objekt, in dem überwiegend ältere Menschen leben. In beiden Fällen überwiegt der verfolgte Zweck (vereinfach-

---

27 BGH 14.3.2018 – V ZB 131/17, NZM 2018, 399; OLG Hamm 18.9.2006 – 15 W 88/06, ZMR 2007, 131.
28 LG Hamburg 19.9.2018 – 318 S 71/17, ZWE 2019, 214.
29 OLG Düsseldorf 10.3.2006 – I-3 Wx 16/06, NZM 2006, 702.

te Erreichbarkeit der Wohnungen für eine Vielzahl von Bewohnern) den Umstand, dass der Einbau eines Aufzugs mit hohen Kosten verbunden ist. Die Unverhältnismäßigkeit ergibt sich nicht daraus, dass überhaupt (viel) Geld ausgegeben wird, sondern allenfalls daraus, dass zur Realisierung des verfolgten Zwecks zu viel Geld ausgegeben wird, etwa wenn statt eines einfacheren Aufzugs eine „Luxusvariante" eingebaut werden soll.

54   Die Kosten des Aufzugs sind auch dann nach § 21 Abs. 2 S. 1 Nr. 2 WEG von allen Eigentümern zu tragen, wenn sie sich innerhalb eines angemessenen Zeitraums amortisieren, wobei in der Regel wohl von 10 Jahren auszugehen sein wird.[30] Amortisieren bedeutet, dass sich die investierten Kosten entweder durch zusätzliche Einnahmen oder geringere Ausgaben in der Zukunft ausgleichen. Abgesehen von dem eher ungewöhnlichen Fall, dass die Nutzung des Aufzugs mit einer Vermietung und daher mit Einnahmen verbunden ist, ist die Ersparnis von anderweitigen Kosten für den Fall des Aufzugseinbaus kaum vorstellbar, so dass diese Variante bei Einbau eines Fahrstuhls nicht praxisrelevant sein dürfte.

55   Letztlich bleibt den Eigentümern noch die Möglichkeit, nach § 21 Abs. 5 S. 1 WEG durch Beschluss von den Regeln zur Kostenfolge des § 21 Abs. 1–4 WEG abzuweichen. Dadurch kann unter Beachtung des Neubelastungsverbotes des § 21 Abs. 5 S. 2 WEG eine angemessene Kostenverteilung erreicht oder einzelne Eigentümer können zu einer positiven Stimmabgabe zum Aufzugsprojekt motiviert werden, etwa dadurch, dass sie trotz Zustimmung nach § 20 Abs. 1 WEG von der Kostenfolge durch Beschluss nach § 21 Abs. 5 S. 1 WEG befreit werden. Weiterhin lässt sich nach § 21 Abs. 5 S. 1 WEG Rechtssicherheit über die Kostenverteilung für die Zukunft schaffen, indem die Eigentümer, die den Aufzug wollen, namentlich im Beschluss über die Kostenverteilung genannt werden. Zwar ergibt sich beispielsweise für den Beschluss zum Einbau des Aufzugs nach § 20 Abs. 1 Alt. 1 WEG oder nach 20 Abs. 2 S. 1 Nr. 1 WEG auch die Kostentragungspflicht der Bauwilligen nach § 21 Abs. 1 S. 1 WEG, doch dies ist eine gesetzliche Folge und kein separater Beschluss. Die Dokumentation der Eigentümer bzw. Bauwilligen, die für die Realisierung des Aufzugs gestimmt haben, obliegt zwar dem den Beschluss protokollierenden Verwalter, doch zum einen mag dieses Protokoll nach Jahren, insbesondere mehreren Verwalterwechseln, nicht mehr auffindbar sein und zum Zweiten ist die namentliche Benennung der Eigentümer, die die Kosten nach § 21 Abs. 5 S. 1 WEG übernehmen, durch die fortzuführende Beschlusssammlung, § 24 Abs. 7, 8 WEG, für die Zukunft besser dokumentiert.

56   Da die Kostentragungspflicht, gleich nach welcher Regelung des § 21 WEG, alle kausal auf der baulichen Veränderung beruhenden Kosten meint,[31] sind für den Fall des Aufzugs sowohl die Errichtungskosten als auch die Folgekosten für den Betrieb und die Erhaltung umfasst. Die zu § 16 Abs. 4 WEG aF streitige Frage, ob Erhaltungskosten (Instandhaltungs- und Instandsetzungskosten), die irgendwann in der Zukunft in Bezug auf die Fahrstuhlanlage anfallen (**Folgekosten**), einigen Eigentümern durch Beschluss auferlegt oder einzelne von den Kosten ausgenommen werden können oder ob dies nur durch eine Vereinbarung aller Wohnungseigentümer erfolgen kann, hat sich erledigt.[32]

57   **g) Recht auf Teilhabe (§ 21 Abs. 4 WEG).** Der Grundsatz nach § 21 WEG, dass den bauwilligen Eigentümern, die für die bauliche Maßnahme gestimmt und die Kosten zu übernehmen haben, die Nutzungen gebühren, führt dazu, dass Eigentümer, die zu einem späteren Zeitpunkt ihre Meinung etwa zum Einbau des Aufzugs ändern oder erst später Eigentümer werden, von der Nutzungsmöglichkeit ausgeschlossen sind. Der Teilhabeanspruch nach § 21 Abs. 4 WEG bietet die Möglichkeit, diesen Grundsatz aufzubrechen, indem bei finanziellem Ausgleich Eigentümer zu einem späteren Zeitpunkt doch noch vom Aufzug partizipieren können.

58   Für einen Eigentümer besteht danach ein Anspruch, dass ihm die Nutzung durch Beschluss gestattet und so der Kreis der Nutzungsberechtigten am Aufzug erweitert wird. Dieser Beschluss ist von allen Eigentümern – nach dem Mehrheitsprinzip – zu fassen und gleichzeitig ist ein angemessener Ausgleich festzusetzen, der durch den Anspruchsteller zu erbringen ist. Bei Festlegung der Höhe des Ausgleichs sind die Errichtungskosten und gegebenenfalls schon investierten Erhaltungskosten anzusetzen, wobei auf den Zeitwert der Aufzugs-

---

30 BGH 14.12.2012 – V ZR 224/11, ZMR 2013, 292 für die modernisierende Instandsetzung, §§ 22 Abs. 3, 21 Abs. 5 Nr. 2 WEG aF.

31 BT-Drs. 19/18791, 69.

32 Siehe zur alten Rechtslage: LG Hamburg 4.3.2016 – 318 S 109/15, ZMR 2016, 484; LG München 23.6.2014 – 1 S 13821/13, ZMR 2014, 920; LG Itzehoe 12.7.2011 – 11 S 51/10, ZMR 2012, 219; BGH 15.5.2020 – V ZR 64/19, ZMR 2020, 854.

anlage abzustellen ist. Der Anteil des Antragstellers an diesen Kosten bestimmt sich nach seinem Miteigentumsanteil im Verhältnis zu den Miteigentumsanteilen der übrigen Nutzungsberechtigten am Aufzug, § 21 Abs. 3 S. 1 WEG. Zu zahlen ist der Ausgleichsbetrag zunächst an die Gemeinschaft der Wohnungseigentümer. Bei der Jahresabrechnung zu dem dem Zahlungsfluss entsprechenden Wirtschaftsjahr ist dann der Ausgleich den Eigentümern oder Rechtsnachfolgern gutzuschreiben, die die Kosten zunächst getragen haben. Für die Verteilung unter diesen Eigentümern ist der Kostentragungsschlüssel anzuwenden, der bei Beschluss über das (ursprüngliche) Aufzugsprojekt galt.

§ 21 Abs. 4 S. 2 WEG verweist auf § 21 Abs. 3 WEG, so dass der Eigentümer, der nachträglich eine Nutzungs- 59
befugnis erhält, für die Zukunft so gestellt und behandelt wird, als habe er seinerzeit für den Einbau des Aufzugs gestimmt. Die Kosten sind in diesem Fall von dem später hinzukommenden Eigentümer nach seinem Miteigentumsanteil zu tragen, da § 21 Abs. 3 WEG auf § 16 Abs. 1 S. 2 WEG verweist.

Differenzierter kann die Kostenverteilung für einen zu dem Aufzugsprojekt später hinzukommenden Eigentü- 60
mer durch einen Beschluss nach § 21 Abs. 5 S. 1 WEG erfolgen. Danach ist es möglich, Kosten und Nutzen abweichend zu verteilen, dh etwa den Kostenanteil des später hinzukommenden Eigentümers an das Verhältnis der Eigentümer anzupassen, die den Aufzug bereits nutzen (zum Beispiel kann so der Kostenverteilungsschlüssel bei drei bereits vorhandenen Aufzugsnutzern auf jeweils 25 % bei Hinzutreten eines vierten Aufzugsnutzers verändert werden).

III. Anspruchsinhaber

1. Eigentümer. Der Bau des Aufzugs kann nach § 20 Abs. 1 Alt. 2 WEG jedem Eigentümer als Antragsteller 61
gestattet werden, wenn der Beschluss eine einfache Mehrheit findet.

Gegen die einfache Mehrheit aber kann der Aufzug einerseits nur unter den Voraussetzungen des § 20 Abs. 3 WEG als Gestattungsanspruch verlangt werden, was aber deswegen ausgeschlossen sein dürfte, weil die Baumaßnahme stets „beeinträchtigend" ist, mithin kein Anspruch des Antragstellers auf positive Beschlussfassung durch alle Eigentümer besteht.

Alternativ bleibt damit für den antragstellenden Eigentümer andererseits nur der Anspruch auf Errichtung eines Aufzugs auch gegen die einfache Mehrheit nach § 20 Abs. 2 S. 1 Nr. 1 WEG als privilegierte Maßnahme der Barrierereduzierung. Verweigert die Mehrheit den positiven Beschluss, bleibt dem Antragsteller die Beschlussersetzungsklage nach § 44 Abs. 1 S. 2 WEG (→ *Beschlussersetzung* Rn. 4 ff.).

2. Mieter. Bei vermietetem Eigentum stehen dem Mieter auch die **Gemeinschaftsflächen** zur Nutzung zur 62
Verfügung. Auch ein vorhandener Aufzug ist regelmäßig mit vermietet.

a) Ansprüche. Der Vermieter ist gem. § 535 Abs. 1 S. 2 BGB verpflichtet, die Mietsache während der Miet- 63
zeit in einem vertragsgemäßen und geeigneten Zustand zu überlassen und zu erhalten. Der vermietende Eigentümer ist daher gehalten, einen reparaturbedürftigen Aufzug instand zu setzen.

Der Mieter muss den vermietenden Eigentümer nach § 535 Abs. 1 S. 2 BGB gerichtlich auf **Instandsetzung** in 64
Anspruch nehmen. Dabei kann der vermietende Eigentümer in dieser Situation aber die Instandsetzung nicht selber in Auftrag geben, sondern ist auf die Mitwirkung der Eigentümer angewiesen. Soweit der Verwalter nicht aus gesetzlichem Recht nach § 27 WEG oder aufgrund zugewiesener Kompetenz über einen Beschluss zur direkten Beauftragung der Erhaltungsmaßnahme am Aufzug legitimiert ist, bedarf es eines separaten Beschlusses durch die Mehrheit der Eigentümer. Wird dieser nicht gefasst, ergibt sich wiederum der Anspruch des einzelnen Eigentümers auf Beschlussfassung aus § 18 Abs. 2 Nr. 1, § 19 Abs. 2 Nr. 2 WEG (Anspruch auf Erhaltung im Wege der ordnungsmäßigen Verwaltung), der sich allerdings allein gegen die Gemeinschaft der Wohnungseigentümer richtet.

b) § 554 BGB. Denkbar ist, dass bei vermietetem Wohnungseigentum der Mieter vom Vermieter (Eigentü- 65
mer) vor dem Hintergrund **behindertengerechter Nutzung** den Einbau eines Aufzugs fordert. Insoweit ist der Mieter gehalten, seine Ansprüche aus § 554 BGB gegenüber seinem Vermieter (Eigentümer) durchzusetzen.

Der Eigentümer muss dann wiederum die übrigen Wohnungseigentümer in Anspruch nehmen, wobei aller- 66
dings die oben aufgezeigten Grenzen zu beachten sind.

67   Allerdings: Ob die in § 554 Abs. 1 S. 2 BGB vorgeschriebene Interessenabwägung ergeben kann, dass ein Vermieter dem Einbau eines Personenaufzugs durch den Mieter zustimmen muss, dürfte schon wegen des Kostenaufwands keine praktische Relevanz haben.

IV. Anspruchsgegner

68   **1. Gemeinschaft der Wohnungseigentümer.** Nach § 44 Abs. 2 S. 1 WEG sind Beschlussersetzungsklagen gegen die Gemeinschaft der Wohnungseigentümer zu richten und nicht mehr, wie zuvor nach § 21 Abs. 8 WEG aF, gegen alle anderen Eigentümer.

69   Vertreten wird, dass die Gemeinschaft der Wohnungseigentümer auch als Anspruchsgegner des Mieters in Betracht kommt, soweit es um einen Leistungsanspruch aus § 535 Abs. 1 S. 1 BGB geht. Zur effektiven Durchsetzung des Instandhaltungsanspruchs des Mieters wäre diesem gegen die Gemeinschaft der Wohnungseigentümer ein unmittelbarer Anspruch auf Duldung der erforderlichen Maßnahme zuzubilligen. Die Befugnis zur Selbstvornahme auf Kosten des Vermieters wäre dann abgekürzt und der Duldungsanspruch des Mieters würde sich nicht nur gegen den Eigentümer direkt, sondern auch gegen die rechtsfähige Gemeinschaft auf der Grundlage von § 10 Abs. 6 S. 1 WEG aF richten,[33] jetzt § 9 a Abs. 1 WEG.

70   **2. Vermietender Eigentümer.** Der Mieter muss den vermietenden Eigentümer nach § 535 Abs. 1 S. 2 BGB gerichtlich auf **Instandsetzung** in Anspruch nehmen. Letzterer ist dann verpflichtet, sich mit allen zumutbaren Mitteln, ggf. mit gerichtlicher Hilfe, um die Mitwirkung und Zustimmung der anderen Eigentümer zu bemühen.[34] Sein Rechtsanspruch basiert auf § 18 Abs. 2 Nr. 1 WEG, § 19 Abs. 2 Nr. 2 WEG und er kann nach § 44 Abs. 1 S. 2 WEG beantragen, dass das Gericht die erforderlichen Maßnahmen bestimmt.

71   Die anderen Eigentümer können sich bei einem Streit um die Instandsetzung eines reparaturbedürftigen Aufzugs zumindest nicht auf mangelnde finanzielle Mittel berufen – eine **Opfergrenze** gibt es nicht. Ggf. soll der vermietende Eigentümer im Verhältnis zum Mieter verpflichtet sein, die Kosten der Instandsetzung des Gemeinschaftseigentums notfalls der Gemeinschaft der Wohnungseigentümergemeinschaft vorzuschießen.[35]

72   **3. Verwalter.** Existiert ein bestandskräftiger Beschluss, sei es auf Errichtung eines Aufzugs oder dessen Erhaltung, trifft den Verwalter die **Pflicht zur Durchführung**. § 18 Abs. 2 Nr. 1 WEG aber gewährt den Anspruch auf die Verwaltungshandlung gegen die Gemeinschaft der Wohnungseigentümer. Anspruchsgegner ist insoweit nicht (mehr) der Verwalter.[36] Setzt der Verwalter den Beschluss schuldhaft nicht um, kommen letztlich aber Schadenersatzansprüche seitens der Gemeinschaft der Wohnungseigentümer gegen die Verwaltung in Betracht.

V. Verfahrenshinweise

73   **1. Ersetzungsklage (§ 44 Abs. 1 WEG).** Im Rahmen einer Klage nach § 21 Abs. 8 WEG aF war der Kläger nicht an einen bestimmten Klageantrag gebunden. Letztlich blieb es dem **gerichtlichen Ermessen** überlassen, wie die konkrete Regelung lautete, jedenfalls soweit der Kläger sein Rechtsschutzziel deutlich machte. Dies ist nach § 44 Abs. 2 WEG zu differenzieren. Das gerichtliche Ermessen bei der Entscheidung über den Antrag des Klägers ist eröffnet, wenn sich dies aus der zugrunde liegenden materiellrechtlichen Norm ergibt, eben wenn auch die Eigentümer beispielsweise bei der Beschlussfassung über die Art und Weise der Ausführung des Aufzugseinbaus nach § 18 Abs. 2 Nr. 1 WEG entscheiden. In diesem Fall ist es auch für den bauwilligen Kläger möglich, seinen Klageantrag in das Ermessen des Gerichts zu stellen. Anders ist dies, wenn bereits die materiellrechtliche Norm für die Eigentümer, wäre beschlossen worden, keinen Ermessensspielraum gibt, beispielsweise bei einem Anspruch des Bauwilligen auf grundsätzlichen Einbau des Aufzugs nach § 20 Abs. 2 S. 1 Nr. 1 WEG. In diesem Fall muss der Klageantrag den Anforderungen des § 253 Abs. 2 Nr. 2 ZPO genügen und der Kläger muss den Beschluss, der durch Urteil ersetzt werden soll, inhaltlich so genau beschreiben, dass die Übernahme des Antrags in den Tenor des Gerichtes zu einem hinreichend bestimmten Beschluss führt.

---

33   *Suilmann* WuM 2013, 86.
34   KG 25.6.1990 – 8 RE-Miet 2634/90, NJW-RR 1990, 1166.
35   KG 25.6.1990 – 8 RE-Miet 2634/90, NJW-RR 1990, 1166.
36   Anders noch BGH 8.6.2018 – V ZR 125/17, ZMR 2018, 777 unter Aufgabe von BGH 13.7.2012 – V ZR 94/11, NJW 2012, 2955.

Hansen

Vor Einreichung der Klage muss die Untätigkeit der Eigentümer dokumentiert sein, dh es ist die sogenannte **74** Vorbefassung notwendig, die sich regelmäßig aus einem abgelehnten Beschlussantrag zur Erhaltung oder Errichtung des Aufzugs ergibt. Die vorherige Befassung der Eigentümerversammlung mit dem Antrag, den der Eigentümer gerichtlich durchsetzen will, ist Voraussetzung für die **Zulässigkeit** der Gestaltungsklage, weil der Klage sonst das Rechtsschutzbedürfnis fehlt. Primär zuständig für die Beschlussfassung ist die Versammlung der Wohnungseigentümer, § 18 Abs. 2 Nr. 1 WEG, § 19 Abs. 2 Nr. 2 WEG, § 23 Abs. 1 WEG.[37]

2. Zwangsvollstreckung. Wird der vermietende Eigentümer in der Auseinandersetzung mit dem Mieter zu **75** der Instandsetzung des Aufzugs **verurteilt**, ist nicht nach § 887 ZPO zu vollstrecken. Der Mieter kann sich nicht ermächtigen lassen, die Arbeiten auf Kosten des Vermieters selbst durchzuführen, da dies die Mitwirkungsrechte der übrigen Wohnungseigentümer missachten würde.

Die Zwangsvollstreckung erfolgt, soweit für die geschuldeten Arbeiten eine Mitwirkung der anderen Eigentü-**76** mer erforderlich ist, nach **§ 888 ZPO**. Dabei wird der vermietende Eigentümer durch Verhängung von Zwangsgeld oder Zwangshaft angehalten, die Arbeiten durchzuführen. Erst wenn feststeht, dass er vergeblich alles Zumutbare getan hat, um den notwendigen Erfolg zu erzielen, kann die Festsetzung von Zwangsmitteln unterbleiben.[38]

17. Ausgleichsanspruch

Elzer

I. Begriff

Hat ein Wohnungseigentümer nach § 14 Abs. 1 Nr. 2 WEG oder nach § 14 Abs. 2 Nr. 2 WEG eine **Einwir-** **1** **kung zu dulden**, die über das **zumutbare Maß hinausgeht**, kann er nach § 14 Abs. 3 WEG einen angemessenen Ausgleich in Geld verlangen. Der Anspruch ist § 906 Abs. 2 S. 2 BGB nachempfunden,[1] verschuldensunabhängig und hat wohl immer noch einen aufopferungsentschädigenden Charakter.[2] Er verdrängt in seinem Anwendungsbereich § 906 Abs. 2 S. 2 BGB.[3]

II. Tatbestandsvoraussetzungen

1. Einwirkung. Der Begriff der „Einwirkung" iSv § 14 Abs. 3 WEG ist mit dem in § 14 Abs. 1 Nr. 2, Abs. 2 **2** Nr. 2 WEG identisch.[4] Gemeint ist vor allem das **Betreten des Sondereigentums** oder **Schäden am Sondereigentum**. Eine Einwirkung entsprechend § 906 Abs. 1 S. 1 BGB kann aber auch in der Zuführung von Gasen, Dämpfen, Gerüchen, Rauch, Ruß, Wärme, Geräusch, Erschütterungen und Ähnlichem auf das Sondereigentum, aber auch auf das gemeinschaftliche Eigentum, zu sehen sein, zB auf ein Sondernutzungsrecht.[5]

Eine Einwirkung kann ferner die Durchführung einer **Baumaßnahme** sein, zB wenn durch ein Baugerüst eine **3** Mietminderung zu beklagen ist. Dies gilt im Einzelfall im aktuellem Recht auch bei Nichtdurchführung einer

---

37 BGH 15.1.2010 – V ZR 114/09, NZM 2010, 205.
38 KG 25.6.1990 – 8 RE-Miet 2634/90, NJW-RR 1990, 1166.
1 BR-Drs. 168/20, 57.
2 Siehe auch BGH 9.12.2016 – V ZR 124/16, NZM 2017, 604 Rn. 29.
3 *Lehmann-Richter/Wobst* WEG-Reform 2020, Rn. 1365.
4 *Lehmann-Richter/Wobst* WEG-Reform 2020, Rn. 1369.
5 *Dötsch/Schultzky/Zschieschack* WEG-Recht 2021, Kap. 4 Rn. 52.

Baumaßnahme, also bei zeitlich verzögerten oder vollständig unterbliebenen Maßnahmen im Bereich des gemeinschaftlichen Eigentums.[6]

4 **2. Unzumutbarkeit.** Eine Einwirkung ist unzumutbar, wenn ein Wohnungseigentümer ein **Sonderopfer** erbringt.[7] Wann diese Grenze überschritten wird, bestimmt sich nach dem Empfinden eines verständigen durchschnittlichen Wohnungseigentümers in der Wohnungseigentumsanlage,[8] somit nach demselben Maßstab, der für die Beurteilung der Wesentlichkeit einer Beeinträchtigung iSv § 906 Abs. S. 1 BGB gilt.[9] Auf das persönliche Empfinden des Wohnungseigentümers kommt es nicht an. Ein Sonderopfer liegt entsprechend § 906 Abs. 1 S. 2 BGB noch nicht vor, wenn die in Gesetzen oder Rechtsverordnungen festgelegten Grenz- oder Richtwerte von den nach diesen Vorschriften ermittelten und bewerteten Einwirkungen nicht überschritten werden. Gleiches gilt entsprechend § 906 Abs. 1 S. 3, Abs. 2 S. 1 BGB für Werte in allgemeinen Verwaltungsvorschriften, die nach § 48 BImSchG erlassen worden sind und den Stand der Technik wiedergeben, oder wenn eine wesentliche Beeinträchtigung durch eine ortsübliche Benutzung herbeigeführt wird und nicht durch Maßnahmen verhindert werden kann, die Benutzern dieser Art wirtschaftlich zumutbar sind.

5 Ein Sonderopfer kann aber vorliegen, wenn nur ein Wohnungseigentümer (oder eine kleine Gruppe von Wohnungseigentümern) durch eine **erlaubte Benutzung**, zB durch ein Restaurant in einem Sondereigentum Geräusche und Gerüche, einen **unvermeidbaren Nachteil** erfährt.

6 Wird eine Sache **zerstört oder beschädigt**, die im Eigentum des Wohnungseigentümers steht oder für deren Erhaltung der Wohnungseigentümer nach § 16 Abs. 2 S. 2 WEG oder nach einer Vereinbarung einstehen muss, liegt immer ein **Sonderopfer** und damit eine unzumutbare Einwirkung vor.

7 **3. Pflicht zur Duldung.** Der Wohnungseigentümer muss die unzumutbare Einwirkung nach § 14 Abs. 1 Nr. 2, Abs. 2 Nr. 2 WEG zu dulden haben. Ansprüche aus § 18 Abs. 1 Nr. 2, 14 Abs. 2 Nr. 1 WEG, § 1004 Abs. 1 BGB müssen ausgeschlossen sein. Im Einzelfall kommt aber auch in Betracht, einen Ausgleichsanspruch bei **nicht duldungspflichtigen** Einwirkungen zu gewähren.[10]

III. Rechtsfolgen

8 **1. Ausgleich in Geld.** Muss ein Wohnungseigentümer eine Einwirkung dulden, hat er nach § 14 Abs. 3 WEG einen Anspruch auf **angemessenen** Ausgleich in Geld.

9 **2. Schäden. a) Überblick.** Hat Wohnungseigentümer durch Betreten oder Benutzen des Sondereigentums adäquat kausal einen Schaden erlitten, sind ihm diese nach den **Grundsätzen der §§ 249 ff. BGB** zu ersetzen.[11] Der Schaden kann am Sondereigentum, aber auch am gemeinschaftlichen Eigentum entstanden sein (der Anspruchsberechtigte ist insoweit geschädigt, wenn er nach einer Vereinbarung oder § 16 Abs. 2 S. 2 WEG allein für die Kosten der Erhaltung einzustehen hat). Auch § 14 Abs. 3 WEG gibt aber keinen Anspruch auf Ersatz von Schäden, die infolge des die Maßnahme der Erhaltung auslösenden Mangels des gemeinschaftlichen Eigentums eingetreten sind.[12]

10 **b) Umfang.** Der Anspruch umfasst primär **Substanzschäden**, sekundär aber auch sämtliche adäquat kausal im Zusammenhang mit der Maßnahme stehenden Schäden.[13] Schaden ist eine Zerstörung, aber auch eine bloße Verschlechterung.[14] Zu erstatten sind zB entgangener Gewinn, Umzugs-, Transport- und Lagerkosten, Kosten für Ersatzwohnraum, Säuberungskosten, Verdienstausfall, und ggf. ein Schaden durch fehlenden Eigengebrauch. Kein Schaden ist nach hM eine bloße Wertminderung.[15]

---

6 *Dötsch/Schultzky/Zschieschack* WEG-Recht 2021, Kap. 4 Rn. 53.
7 BR-Drs. 168/20, 57 „Sonderopfergrenze".
8 Siehe auch *Lehmann-Richter/Wobst* WEG-Reform 2020, Rn. 1377.
9 BGH 19.9.2008 – V ZR 28/08, NJW 2009, 765 Rn. 33.
10 *Dötsch/Schultzky/Zschieschack* WEG-Recht 2021, Kap. 4 Rn. 54; *Lehmann-Richter/Wobst* WEG-Reform 2020, Rn. 1371 ff.
11 Siehe auch BGH 9.12.2016 – V ZR 124/16, NZM 2017, 604 Rn. 29; aA *Dötsch/Schultzky/Zschieschack* WEG-Recht 2021, Kap. 4 Rn. 50; *Lehmann-Richter/Wobst* WEG-Reform 2020, Rn. 1382.
12 BGH 8.6.2018 – V ZR 125/17, ZMR 2018, 777 Rn. 11; BGH 9.12.2016 – V ZR 124/16, NZM 2017, 604 Rn. 22.
13 BGH 8.6.2018 – V ZR 125/17, ZMR 2018, 777 Rn. 11.
14 BGH 25.9.2015 – V ZR 246/14, NJW 2016, 1310 Rn. 26.
15 BGH 17.1.2019 – V ZR 107/18, IMR 2019, 199 Rn. 1.

Ein Beschluss, der die Höhe der angemessenen Entschädigung festlegt, ist anspruchsvernichtend und **nich-** 11
tig.[16] Der Wohnungseigentümer kann den Schaden, der ihm zu ersetzen ist, fiktiv in Höhe des Nettobetrags
der Reparaturkosten abrechnen, wenn er ihn in Eigenarbeit beseitigt.[17]

3. Verpflichteter. a) Gemeinschaftliches Eigentum. Geht die Einwirkung vom gemeinschaftlichen Eigen- 12
tum aus, ist die **Gemeinschaft der Wohnungseigentümer** nach § 9 a Abs. 2 Fall 3 WEG verpflichtet, den
Schaden zu erstatten[18] oder einen Ausgleich zu leisten. Eine Aufrechnung ist nach hM nicht möglich. Der Verwalter darf den Anspruch erst erfüllen, wenn dies beschlossen ist, es sei denn, er unterfällt § 27 Abs. 1, Abs. 2
WEG.

b) Sondereigentum. Geht die Einwirkung vom Sondereigentum aus, ist sein Eigentümer oder ein Drittnutzer, 13
für den der Eigentümer nach § 278 BGB einstehen muss, verpflichtet, den Schaden zu erstatten oder einen
Ausgleich zu leisten.

18. Auskunft

Breiholdt

I. Einführung

Die Gemeinschaft der Wohnungseigentümer überträgt die **Durchführung der Verwaltung** auf den Verwalter 1
und – im Rahmen des § 29 WEG – dessen **Kontrolle** auf den Verwaltungsbeirat. Um die Amtsausübung beider Organe überwachen und kontrollieren zu können, bedürfen die Eigentümer entsprechender Informationen
und Auskünfte. Insoweit bestehen entsprechende Pflichten des Verwalters und des Beirats, solche Auskünfte –
ggf. auch ungefragt – zu erteilen.

II. Auskunftspflichten des Verwalters

Das Auskunftsrecht ist zu unterscheiden vom **Einsichtsrecht** der Eigentümer gegenüber der Gemeinschaft der 2
Wohnungseigentümer nach § 18 Abs. 4 WEG, das sich auf Unterlagen – etwa Rechnungen an die Eigentümergemeinschaft – bezieht.[1] Dieses Einsichtsrecht ist durch das WEMoG explizit geregelt worden. Es kann aber
nicht als abschließend verstanden werden, so dass die vom BGH für das Auskunftsrecht entwickelten Grundsätze fortgelten.[2] Anspruchsgegner ist nun aber nicht mehr der Verwalter, sondern die Gemeinschaft der Wohnungseigentümer, die durch den Verwalter als Organ handelt.

Die Gemeinschaft der Wohnungseigentümer, vertreten durch den Verwalter, ist verpflichtet, den Sondereigen- 3
tümern Auskunft zu Abrechnung, Wirtschaftsplan und der Verwaltung des gemeinschaftlichen Eigentums zu
erteilen. Verwalterseits folgt diese Pflicht zum einen aus der Amtsstellung des Verwalters[3] und zum anderen
aus dem abgeschlossenen Verwaltungsvertrag iVm §§ 675, 666 BGB.[4]

Nach altem Recht stand der Auskunftsanspruch nicht einzelnen Wohnungseigentümer zu, sondern den Woh- 4
nungseigentümern als **unteilbare Leistung**.[5] Da Anspruchsgegner nunmehr die Gemeinschaft der Wohnungseigentümer ist, ist als Anspruchsinhaber – ebenso wie beim Einsichtsrecht nach § 18 Abs. 4 WEG – der einzelne Sondereigentümer anzusehen. Geblieben ist es dabei, dass der einzelne Wohnungseigentümer die Auskunft

---

16 LG Frankfurt a.M. 16.7.2014 – 2–13 S 177/12, ZWE 2014, 403.
17 BGH 9.12.2016 – V ZR 124/16, NZM 2017, 604 Rn. 28.
18 BGH 16.11.2018 – V ZR 171/17, ZMR 2019, 517 Rn. 11; BGH 8.6.2018 – V ZR 125/17, ZMR 2018, 777 Rn. 35.
 1 BGH 11.2.2011 – V ZR 66/10, NJW 2011, 1137.
 2 So auch *Lehmann-Richter/Woobst*, WEG-Reform 2020, Rn. 374.
 3 *Hügel/Elzer* WEG § 28 Rn. 241.
 4 BGH 11.2.2011 – V ZR 66/10, NJW 2011, 1137.
 5 BGH 11.2.2011 – V ZR 66/10, NJW 2011, 1137; aA *Hügel/Elzer* WEG § 28 Rn. 241 b.

grundsätzlich nur in der Wohnungseigentümerversammlung verlangen kann. Ausnahmen können aber in Fällen besonderer Dringlichkeit gelten.

5   Da der Auskunftsanspruch nunmehr gegenüber der Gemeinschaft der Wohnungseigentümer besteht, spielt es für den anspruchsberechtigten Sondereigentümer auch keine Rolle mehr, ob es zwischenzeitlich einen Verwalterwechsel gegeben hat und er seinen Anspruch ggf. nunmehr gegenüber dem **ausgeschiedenen Verwalter** geltend machen müsste. Dieses Problem verlagert sich auf die Gemeinschaft der Wohnungseigentümer, die von ihrem ehemaligen Organ die Auskunft einfordern muss.

6   Unabhängig von dem Vorstehenden muss der Verwalter aber auch weiterhin in der Versammlung Hinweise, Auskünfte und Informationen geben, damit die Wohnungseigentümer sachgerecht über den konkreten Gegenstand beschließen können.[6]

7   Nach altem Recht endete der Auskunftsanspruch der Gesamtheit der Wohnungseigentümer über Vorgänge, die Gegenstand der Abrechnung waren, **nicht durch Beschlussfassung** über die Abrechnung oder über die Entlastung des Verwalters. Auch nach der bestandskräftigen Abrechnung konnten die Wohnungseigentümer noch Fragen zum Inhalt der Abrechnung haben, um beispielsweise einen späteren Zweitbeschluss über die Abrechnung vorzubereiten.[7] Dies gilt – nunmehr bezogen auf die einzelnen Wohnungseigentümer – nach hier vertretener Auffassung fort.

8   Erteilt der Verwalter Auskünfte, muss er die Vorschriften der **Datenschutz-Grundverordnung (DS-GVO)** und des **Bundesdatenschutzgesetzes (BDSG)** beachten, die auch im nicht öffentlichen Verkehr gelten, soweit dort personenbezogene Daten automatisiert verarbeitet oder in einem Dateisystem gespeichert werden, Art. 2 Abs. 1 DS-GVO; § 1 Abs. 1 S. 2 BDSG.[8] Ein Anspruch auf eine Eigentümerliste mit aktuellen Mail-Adressen der Sondereigentümer besteht nicht.[9]

9   Eine Grenze findet die Pflicht zur Erteilung von Auskünften dort, wo Auskunftsverlangen unangemessen häufig gestellt werden oder umfangreiche und detaillierte Ermittlungen erfordern, ohne dass ein berechtigtes Interesse des Auftraggebers vorliegt.

10 Keinen Auskunftsanspruch haben auch **Kaufinteressenten**, es sei denn, sie sind durch den verkaufenden Sondereigentümer entsprechend bevollmächtigt worden.

11 Erteilt die Gemeinschaft der Wohnungseigentümer – vertreten durch den Verwalter – trotz Aufforderung keine Auskunft oder bleiben Zweifel an der Vollständigkeit einer gegebenen Auskunft, so kann die Abgabe einer **eidesstattlichen Versicherung** verlangt werden, die regelmäßig als unvertretbare Handlung nach § 888 Abs. 1 ZPO zu vollstrecken ist.[10]

III.   Auskunftspflichten des Beirats

12 Die Aufgabe des Verwaltungsbeirats besteht darin, den Verwalter bei der Durchführung seiner Aufgaben zu unterstützen und zu kontrollieren. Der Verwaltungsbeirat hat insbesondere den Wirtschaftsplan, die Abrechnung, Rechnungslegungen und Kostenvoranschläge, die der Verwalter erstellt, zu überprüfen und mit einer Stellungnahme zu versehen, bevor die Wohnungseigentümer darüber Beschluss fassen. Diese Aufgaben werden im Interesse der Gemeinschaft der Wohnungseigentümer von den Mitgliedern des Verwaltungsbeirats wahrgenommen. Bei dem Rechtsverhältnis zwischen ihnen und den Wohnungseigentümern handelt es sich um eine unentgeltliche Geschäftsbesorgung gem. § 662 BGB. Daraus ergibt sich die **Verpflichtung des Verwaltungsbeirats**, den Wohnungseigentümern in ihrer Gesamtheit als den Auftraggebern Auskunft über seine Tätigkeit zu geben, § 666 BGB.[11]

---

6   *Hügel/Elzer* WEG § 26 Rn. 36 mit Verweis auf LG Frankfurt/M. 20.5.2016 – 2–13 S 1/13, ZWE 2017, 48.
7   Jennißen/*Jennißen* WEG § 28 Rn. 169; aA BayObLG 3.3.1994 – 2Z BR 129/93, WuM 1994, 568.
8   Bärmann/*Becker* WEG § 26 Rn. 140.
9   AG Düsseldorf 17.1.2017 – 290 a C 62/17, ZMR 2018, 453.
10 Zum alten Recht: NSV/*Niedenführ* WEG § 28 Rn. 239.
11 BayObLG 9.6.1994 – 2Z BR 27/94, ZMR 1994, 575.

Breiholdt

Ebenso wie die Gemeinschaft der Wohnungseigentümer ist der Verwaltungsbeirat grundsätzlich aber nicht   13
verpflichtet, **einzelnen Wohnungseigentümern** außerhalb der Wohnungseigentümerversammlung Auskünfte
zu erteilen.

19. Ausländische Eigentümer

Hofele

I. Zivilrecht

Zivilrechtlich gibt es keine Besonderheiten beim Erwerb bzw. Veräußerung von Wohnungseigentum durch   1
Ausländer.

Insbesondere darf sich aus der ausländischen Staatsangehörigkeit des Erwerbers oder seiner Ehefrau sowie
dem ausländischen Sitz eines Unternehmens **keine Veräußerungsbeschränkung** ergeben[1] (→ *Veräußerungsbeschränkung* Rn. 6). Anders kann es sein, wenn die Durchsetzung von Hausgeldansprüchen durch den allein
vorhandenen Wohnsitz oder Sitz der Gesellschaft außerhalb der EU faktisch nicht möglich ist.[2] Dies ist fraglich, weil Hausgeldansprüche der Wohnungseigentümer durch § 10 Abs. 1 Nr. 2 ZVG[3] effektiv geschützt sind.[4]

Der ausländische Eigentümer hat sich selbst darum zu kümmern, dass er die **Korrespondenz** (Einladung zur   2
Versammlung, Niederschrift) und Unterlagen (Beschlusssammlung) versteht. Er kann aber kann einen Dolmetscher für die Eigentümerversammlung hinzuziehen.[5] Dieser muss seine Tätigkeit aber auf das Übersetzen
beschränken und darf sich nicht zur Sache äußern.[6]

Das **besondere Informationsinteresse** eines ausländischen Wohnungseigentümers kann dazu führen, dass die   3
übrigen Wohnungseigentümer den Nachteil hinnehmen müssen, der für den optischen Gesamteindruck der
Wohnungseigentumsanlage mit einer auf dem Balkon einer Eigentumswohnung aufgestellten Parabolantenne
verbunden ist.[7] Es gibt aber kein Grundrecht auf eine „optimale" Grundversorgung, dh keinen Anspruch auf
den Empfang ganz bestimmter von ihnen gewünschter Sender.[8] Im Übrigen dürfte die Abwägung aufgrund der
veränderten technischen Möglichkeiten (insbesondere Streaming über das Internet) künftig anders gewertet
werden.[9]

---

1 BeckOK WEG/*Hogenschurz* § 12 Rn. 56.
2 AG Wedding 27.8.2012 – 21 b C 75/12, BeckRS 2012, 25067.
3 Die die durch die Reform des Wohnungseigentumsrechts durch Gesetz vom 16.10.2020, BGBl. 2020 I 2187, erfolgten
   Änderungen in § 10 Abs. 1 Nr. 2 ZVG sind nur redaktioneller Natur, vgl. BT-Drs. 1918791, 91.
4 BeckOK WEG/*Hogenschurz* § 12 Rn. 56.
5 AG Wiesbaden 27.7.2012 – 92 C 217/11, ZWE 2013, 285.
6 AG Hamburg-Altona 27.6.2005 – 303 II 8/05, BeckRS 2005, 31002373.
7 BGH 22.1.2004 – V ZB 51/03, NJW 2004, 937.
8 Vgl. auch LG Hamburg 9.4.2014 – 318 S 111/13, ZWE 2014, 408.
9 So schon zB LG Frankfurt a. M. 21.5.2013 – 2–13 S 75/12, NZM 2013, 793.

II. Prozessuales

4   **1. Zuständigkeit – Grundsatz.** § 43 Abs. 1 S. 1 WEG bestimmt als **allgemeinen Gerichtsstand** der Gemeinschaft der Wohnungseigentümer das Gericht, in dessen Bezirk das Grundstücks liegt. Die Regelung dient zur Beseitigung von Unklarheiten. Die Vorschrift tritt inhaltlich an die Stelle der bisherigen § 43 Nr. 5 und 6 WEG aF.[10] Ein **Gläubiger der Gemeinschaft** der Wohnungseigentümer kann jetzt eine einheitliche Klage gegen die Gemeinschaft der Wohnungseigentümer und sämtliche Wohnungseigentümer am Ort des Grundstücks erheben, um seinen Anspruch in voller Höhe durchzusetzen. § 43 Abs. 1 S. 2 WEG begründet nunmehr einen **besonderen Gerichtsstand, aber keine ausschließliche örtliche Zuständigkeit**[11] für die Klage eines Gläubigers gegen einen Miteigentümer aufgrund dessen anteiliger Außenhaftung für Verbindlichkeiten der Gemeinschaft (§ 9 a Abs. 4 S. 1 WEG).[12] § 43 Abs. 2 WEG weist dem Gericht der Belegenheit die – ausschließliche – Zuständigkeit zu für Streitigkeiten der Wohnungseigentümer untereinander, für Streitigkeiten zwischen der Gemeinschaft der Wohnungseigentümer und den Eigentümern, für Streitigkeiten über Rechte und Pflichten des Verwalters sowie für die Beschlussklagen gemäß § 44 WEG.

5   **2. Internationale Zuständigkeit.** Grundsätzlich ist das nach § 43 Abs. 2 WEG örtlich zuständige Gericht im Zweifel auch international zuständig. Dieses ist daher auch grundsätzlich zuständig, wenn ein im Ausland wohnender Eigentümer eines im Inland gelegenen Wohnungseigentums klagt oder verklagt wird.[13]

6   **3. Wohngeldklage gegen einen Eigentümer mit Sitz im EU-Ausland.** Allerdings muss innerhalb der EU vorrangig die Zuständigkeit nach der Brüssel Ia-Verordnung (EuGVVO)[14] geprüft werden. Diese Verordnung regelt die Zuständigkeiten der Gerichte und auch die Anerkennung und Vollstreckung von Entscheidungen. Der EuGH sieht das von einem Wohnungseigentümer geschuldete Hausgeld nicht als eine gesetzliche, sondern als eine Vertragsschuld an, so dass nach Art. 7 Nr. 1 EuGVVO als besonderer Gerichtsstand der Erfüllungsort eingreift. Wohnungseigentümer, die in einem EU-Mitgliedstaat wohnen, können daher am Ort der Belegenheit, also im Inland, verklagt werden.[15]

7   **4. Wohngeldklage gegen einen Eigentümer mit Sitz in Schweiz, Island, Norwegen.** Im Verhältnis zu Island, Norwegen und zur Schweiz ist das Luganer Übereinkommen[16] anzuwenden.[17]

8   **5. Wohngeldklage gegen einen Eigentümer mit Sitz im sonstigen Drittlandsgebiet.** Nach Art. 6 Abs. 1 EUGVVO bestimmt in diesem Fall die Zuständigkeit der Gerichte eines jeden Mitgliedstaats nach dessen eigenem Recht, für Deutschland also §§ 12 ff ZPO.

9   **6. Andere Klagen.** Soweit es **nicht** um schuldrechtliche Ansprüche geht, sind in der Regel ebenfalls die Gerichte der Belegenheit zuständig. Art. 24 Nr. 1 S. 1 EuGVVO sieht eine ausschließliche Zuständigkeit für Streitigkeiten, die **dingliche Rechte an unbeweglichen Sachen** zum Gegenstand haben. Ohne Rücksicht auf den Wohnsitz der Parteien sind ausschließlich die Gerichte desjenigen Staates zuständig, in dem die unbewegliche Sache belegen ist.

Für Verfahren, welche die Gültigkeit, die Nichtigkeit oder die Auflösung einer Gesellschaft oder juristischen Person oder die Gültigkeit der Beschlüsse ihrer Organe zum Gegenstand haben, sind nach Art. 24 Nr. 2 EuGVVO – ebenfalls ohne Rücksicht auf den Wohnsitz der Parteien – die Gerichte am Sitz der Gesellschaft oder juristischen Person ausschließlich zuständig. Mithin bleibt es für die Beschlussklagen nach § 44 WEG bei der Zuständigkeit der deutschen Gerichte.

---

10   BT-Drs. 19/18791, 80.
11   BT-Drs. 19/18791, 81.
12   Die Regelung ist bis auf den entfallenen Satz 4 identisch mit bisherigem § 10 Abs. 8 Abs. 1 bis 3 WEG aF.
13   *Hügel/Elzer*, 3. Aufl. 2021, WEG § 43 Rn. 16.
14   Seit Anfang 2015 gilt die VO (EU) Nr. 1215/2012 v. 12.12.2012, ABl. 2012, Nr. L 351/1–32.
15   EuGH 8.5.2019 – C-25/18, NJW 2019, 2991 – Kerr/Postnov u. Postnova; *Drasdo* NJW-Spezial 2019, 385; *Pfeiffer* LMK 2019, 421945.
16   Übereinkommen über die gerichtliche Zuständigkeit und die Anerkennung und Vollstreckung von Entscheidungen in Zivil- und Handelssachen v. 30.10.2007, ABl. 2009 L 147, 5.
17   BeckOK WEG/*Elzer*, 42. Ed. 1.8.2020, WEG § 43.

Hofele

III. Melderecht

Zieht der Eigentümer ein, hat er sich innerhalb von **zwei Wochen** nach dem Einzug bei der Meldebehörde 10
anzumelden (§ 17 Abs. 1 BMG).

Lebt ein Eigentümer im Ausland und nutzt seine Wohnung in Deutschland nur gelegentlich, muss er sich nur
anmelden, wenn er die Wohnung für einen länger als drei Monate dauernden Aufenthalt bezieht (§ 27 Abs. 2
S. 3 BMG).

IV. Zweckentfremdung

In Gemeinden, in denen ein Zweckentfremdungsverbot besteht, werden Eigentümer, die ihre Wohnung nicht 11
vermieten und nur selten nutzen, uU mit der Zweckentfremdungsbehörde Bekanntschaft machen. Denn zB in
Berlin besteht ein gut funktionierendes Internet-Formular, mit dem sowohl unzulässige Vermietung als Ferienwohnung aber auch Leerstand anonym gemeldet werden können. Oftmals erhalten Eigentümer dann **Anhö-
rungsbögen.** Zur Entkräftung des Vorwurfs der Zweckentfremdung muss der Eigentümer dann nachweisen,
dass er die Wohnung tatsächlich selbst, aber nur gelegentlich nutzt. Dies kann durchaus aufwendig sein, wenn
etwa eidesstattliche Versicherungen von Nachbarn eingeholt werden müssen. Um dies zu vermeiden, kann er
sich in der Wohnung anmelden, hat dann aber einen (Haupt-)Wohnsitz, was ggf. andere Fragen – auch steuerrechtliche – aufwerfen kann. Eine Zweitwohnungssteuer (→ *Steuerrecht – Wohnungseigentümer* Rn. 161 ff.)
würde die Anmeldung mangels zweiten Wohnsitzes in Deutschland allerdings nicht auslösen.

V. Steuerrecht

Die folgenden Ausführungen können angesichts der Komplexität des Themas nur kursorisch sein und bezie- 12
hen sich ausschließlich auf natürliche Einzelpersonen als Eigentümer, die nicht gewerblich tätig sind, insbesondere keinen gewerblichen Grundstückshandel (→ *Steuerrecht – Wohnungseigentümer* Rn. 41 ff.) betreiben.

Für die Behandlung von nach ausländischem Recht gegründeten grundstücksverwaltende Körperschaften, ver-
mögensverwaltende gewerblich geprägte Personengesellschaften mit ausländischen Gesellschaftern.[18]

1. Allgemeines. In Deutschland gilt – wie in den meisten Staaten – das Welteinkommensprinzip. Natürliche 13
Personen, die im Inland einen Wohnsitz (§ 8 AO) oder ihren gewöhnlichen Aufenthalt (§ 9 AO) haben, sind
unbeschränkt einkommensteuerpflichtig (§ 1 Abs. 1 S. 1 EStG). § 2 EStG besteuert daher zunächst alle Einkünfte, egal wo sie erzielt werden. Um das auszugleichen und die Doppel- oder Mehrfachbesteuerung zu vermeiden, gibt es die Unterscheidung von beschränkter und unbeschränkter Steuerpflicht (§ 1 Abs. 1 bzw. § 1
Abs. 4 EStG) sowie Doppelbesteuerungsabkommen (DBA). Auch wenn kein DBA besteht, verzichtet zB
§ 34 c EStG einseitig teilweise auf den deutschen Steueranspruch bei ausländischen Einkünften.

2. Unbeschränkte Steuerpflicht. Einen Wohnsitz hat jemand dort, wo er eine Wohnung unter Umständen in- 14
nehat, die darauf schließen lassen, dass er die Wohnung beibehalten und benutzen wird (§ 8 AO). Den gewöhnlichen Aufenthalt hat jemand dort, wo er sich unter Umständen aufhält, die erkennen lassen, dass er an
diesem Ort oder in diesem Gebiet nicht nur vorübergehend verweilt. Als **gewöhnlicher Aufenthalt** im Geltungsbereich dieses Gesetzes ist stets und von Beginn an, ein zeitlich zusammenhängender Aufenthalt von
mehr als sechs Monaten Dauer anzusehen; kurzfristige Unterbrechungen bleiben unberücksichtigt. Satz 2 gilt
nicht, wenn der Aufenthalt ausschließlich zu Besuchs-, Erholungs-, Kur- oder ähnlichen privaten Zwecken genommen wird und nicht länger als ein Jahr dauert (§ 9 AO).

Auf die **Staatsangehörigkeit** kommt es also nicht an. Ein ausländischer Eigentümer, der in seiner Wohnung 15
dauerhaft wohnt, ist in Deutschland mit allen seinen Einkünften unbeschränkt steuerpflichtig.

3. Beschränkte Steuerpflicht. Wer in Deutschland keinen Wohnsitz (§ 8 AO) oder gewöhnlichen Aufenthalt 16
(§ 9 AO) hat, ist trotzdem in Deutschland – beschränkt – steuerpflichtig (§ 1 Abs. 4 EStG); „Steuerausländer"
sind mit ihren in § 49 EStG abschließend aufgezählten inländischen Einkünften in Deutschland steuerpflichtig.
Solche beschränkt **steuerpflichtigen Einkünfte** unterliegen besonderen materiell- und verfahrensrechtlichen
Vorschriften (§ 50 EStG).

---

18 OFD Nordrhein-Westfalen 5.9.2017 – S 1300–2010/0007-St 122.

17   Bei natürlichen Personen ist weitere (negative) Voraussetzung, dass keine erweitert unbeschränkte Steuerpflicht iSv § 1 Abs. 2 EStG, sowie keine unbeschränkte Steuerpflicht auf Antrag iSv §§ 1 Abs. 3 und 1 a EStG vorliegt. Ebenso geht die erweitert beschränkte Steuerpflicht gem. § 2 AStG der „normalen" beschränkten Steuerpflicht vor.

18   **a) Einkünfte aus Vermietung und Verpachtung.** Einkünfte aus Vermietung und Verpachtung von Sondereigentum sind gem. § 49 Abs. 1 Nr. 6 EStG inländische Einkünfte im Sinne der beschränkten Einkommensteuerpflicht nach § 1 Abs. 4 EStG.[19] Die in § 49 Abs. 1 Nr. 6 enthaltene Voraussetzung, dass Einkünfte aus Vermietung und Verpachtung von unbeweglichem Vermögen, Sachinbegriffen und Rechten nur dann zu inländischen Einkünften führen, wenn sie im Inland belegen oder in ein inländisches öffentliches Buch oder Register eingetragen sind oder wenn sie in einer inländischen Betriebsstätte oder anderen Einrichtung verwertet werden, sind hier erfüllt. **Inländische Einkünfte** gem. § 49 Abs. 1 Nr. 6 EStG (Vermietung und Verpachtung) sind gegenüber den anderen Einkunftsarten in § 49 Abs. 1 Nr. 1–5 EStG subsidiär (allgemeine Subsidiaritätsklausel). Nach § 49 Abs. 2 EStG bleiben im Ausland gegebene Besteuerungsmerkmale außer Betracht, soweit bei ihrer Berücksichtigung inländische Einkünfte iSd Abs. 1 nicht angenommen werden könnten. Durch diese Regelung soll sichergestellt werden, dass für die Beurteilung, ob inländische Einkünfte gegeben sind, entsprechend dem Objektsteuercharakter der beschränkten Steuerpflicht nur die tatsächlichen Verhältnisse im Inland maßgeblich sind.

Beispiel: R ist Amerikaner und hat von seiner Tante ein Mietgrundstück in Deutschland geerbt. Unabhängig davon, wie das in den USA gehandhabt wird, erzielt er nunmehr hieraus inländische Vermietungseinkünfte.

Zu Buchführungspflichten, Gewinnermittlung, Verfahren usw siehe das Schreiben BMF.[20]

19   **b) „Spekulationssteuer".** Daher sind auch beschränkt Steuerpflichtige den Regeln des § 23 EStG unterworfen (→ *Steuerrecht – Wohnungseigentümer* Rn. 1 ff.).

Wenn und solange ausländische Eigentümer nicht in Deutschland ihren Wohnsitz begründen, kommt ihnen die Regelung des § 23 Abs. 1 Nr. 1 S. 3 EStG nicht zugute. Sie müssen das Grundstück also zehn Jahre behalten.

20   **4. Doppelbesteuerungsabkommen.** Viele Doppelbesteuerungsabkommen (DBA) richten sich nach dem **OECD-Musterabkommen**. DBA begründen keine Steueransprüche, sondern weisen sie einem Staat zu oder beschränken ihn in der Besteuerung. Daher regeln die DBA, ob Deutschland ein national bestehendes Besteuerungsrecht aufgrund der beschränkten Steuerpflicht uneingeschränkt oder beschränkt geltend machen kann.

21   **a) Mechanismus.** Die DBA knüpfen in dem einen Staat an die Ansässigkeit des Steuerpflichtigen (Ansässigkeitsstaat) und im anderen Staat (Quellenstaat) an verschiedene **Zuordnungsmerkmale** mit territorialem Bezug an, wie zB Belegenheit oder Tätigkeit.

Um die Doppelbesteuerung zu vermeiden, kann der Steuerpflichtige entweder von der Steuer freigestellt werden (Freistellungsverfahren) oder die in einem Staat gezahlte **Steuer** wird im anderen angerechnet (Anrechnungsverfahren). Freistellung bedeutet im Prinzip einseitiger Verzicht auf die Besteuerung

In den von Deutschland abgeschlossenen DBA findet sich eine Kombination der **Freistellungs- und Anrechnungsmethode**, abhängig von der jeweiligen Einkunftsart. Grundsätzlich wird dabei die Freistellung angewandt; die Anrechnung ausländischer Steuern greift nur in den dafür jeweils vorgesehenen Fällen.

22   **b) Einzelne Einkunftsarten.** Vorgesehen ist regelmäßig, dass der **Quellenstaat** (Deutschland bei der beschränkten Steuerpflicht) für die im DBA aufgeführten Einkünfte ein Besteuerungsrecht hat, ggf. eingeschränkt (wie insbesondere bei Dividenden und Zinsen) und der ausländische Ansässigkeitsstaat die Doppelbesteuerung durch Freistellung oder Anrechnung vermeidet.

23   Für **unbewegliches Vermögen**[21] wird das Besteuerungsrecht dem Belegenheitsstaat zugewiesen. Hierunter fällt jede Art der Nutzung, auch von unbeweglichem Vermögen im Betriebsvermögen. Grundsätzlich gilt die Freistellungsmethode; ausnahmsweise sehen einzelne DBA (insbesondere zB Spanien und Schweiz) stattdessen die Anrechnungsmethode vor.

---

19   § 49 Abs. 1. Nr. 2 lit. e ff. EStG gilt nur für die Vermietung bzw. Veräußerung im Rahmen eines Gewebebetriebs, was außer Betracht bleiben soll.

20   BMF 16.5.2011 IV C 3 – S 2300/08/10014, BStBl. I 2011, 530.

21   Vgl. Art. 6 OECD-MA.

Hofele

Beispiel: Der Amerikaner im obigen Beispiel muss seine Vermietungseinkünfte in Deutschland versteuern, weil das Besteuerungsrecht Deutschland zugewiesen ist. Die USA verzichten auf die Besteuerung (Freistellung).

20. Ausübungsverpflichtung

Marquardt

I. Einführung

Die Begriffe der Ausübungsbefugnis/-verpflichtung bzw. Ermächtigung sind nicht legaldefiniert. Hierunter ist **1** die Erteilung einer Rechtsmacht (Legitimation, Autorisierung, Befugnis) zu verstehen, um im eigenen Namen durch Rechtsgeschäfte oder rechtsgeschäftsähnliche Handlungen bestimmte unmittelbare Rechtswirkungen für den Ermächtigenden herbeizuführen. Das Gesetz verwendet die vorstehenden Begriffe zum Teil aber auch für die Vertretungsmacht (vgl. §§ 49, 54 f. HGB). Im Unterschied zum Stellvertreter handelt der Ausübungsbefugte/Ermächtigte jedoch **im eigenen Namen** und agiert somit nicht offenkundig für einen Dritten. Eine Ausübungsbefugnis/Ermächtigung kann sowohl per Gesetz als auch durch Rechtsgeschäft erteilt werden.[1]

II. Ausübungsverpflichtung der Wohnungseigentümergemeinschaft

§ 9 a Abs. 2 WEG regelt eine Ausübungsverpflichtung der Wohnungseigentümergemeinschaft. Danach übt die **2** Gemeinschaft der Wohnungseigentümer die sich aus dem gemeinschaftlichen Eigentum ergebenden Rechte sowie solche Rechte der Wohnungseigentümer aus, die eine einheitliche Rechtsverfolgung erfordern und nimmt die entsprechenden Pflichten der einzelnen Wohnungseigentümer wahr.

Die Gemeinschaft der Wohnungseigentümer nimmt demnach die **Rechte der Wohnungseigentümer im eigenen Namen** wahr, wobei Inhaber der Rechte und Pflichten jeweils die einzelnen Wohnungseigentümer bleiben.[2] § 9 a Abs. 2 WEG überträgt damit lediglich die Befugnis zur Rechtsausübung auf die Gemeinschaft der Wohnungseigentümer und begründet verfahrensrechtlich eine gesetzliche Prozessstandschaft der Gemeinschaft mit der Folge, dass die **individuelle Rechtsverfolgungskompetenz der Wohnungseigentümer verdrängt** wird.[3] Die Ausübungsbefugnis der Gemeinschaft wird dementsprechend materiell als ein gegenständlich beschränktes, treuhänderisches Verwaltungsrecht der Gemeinschaft in Bezug auf Rechte und Pflichten der Wohnungseigentümer und verfahrensrechtlich als eine gesetzliche Prozessstandschaft beschrieben.[4] Soweit durch die Gemeinschaft hingegen sich aus dem gemeinschaftlichen Eigentum ergebende Pflichten wahrgenommen werden, führt dies nicht zu einer Verdrängung der einzelnen Wohnungseigentümer aus der Haftung, so dass die Wohnungseigentümer daneben weiterhin verpflichtet bleiben.[5]

Die Gemeinschaft der Wohnungseigentümer kann im Rahmen des § 9 a Abs. 2 WEG im **eigenen Namen** über **4** Ansprüche der Wohnungseigentümer verfügen und diese gerichtlich geltend machen. Dies jedoch nur, soweit es sich um die Ausübung der Rechte aus dem gemeinschaftlichen Eigentum oder um eine erforderliche ein-

---

1 MüKoBGB/*Schubert* § 164 Rn. 58 f.
2 *Hügel/Elzer* WEG § 9 a Rn. 95 f., 111; BeckOGK/*Falkner* WEG § 10 Rn. 478.
3 BGH 11.12.2015 – V ZR 180/14, NZM 2016, 360; BGH 5.12.2014 – V ZR 5/14, NJW 2015, 1020; BeckOGK/*Falkner* WEG § 10 Rn. 487; Riecke/Schmid/*Lehmann-Richter* WEG § 10 Rn. 321.
4 *Hügel/Elzer* WEG § 9 a Rn. 95 mwN.
5 BGH 14.2.2014 – V ZR 100/13, NJW 2014, 1093; BeckOGK/*Falkner* WEG § 10 Rn. 541 ff.; *Hügel/Elzer* WEG § 9 a Rn. 112.

heitliche Rechtsverfolgung aus vertraglichen Rechten der Wohnungseigentümer mit Bezug zum gemeinschaftlichen Eigentum handelt.[6]

5 **1. Rechtslage bis zum Inkrafttreten des WEMoG.** Nach bisher geltender Rechtslage wurde unterschieden zwischen „geborener" und „gekorener" Ausübungsermächtigung:

6 Eine **geborene Ausübungsermächtigung** lag danach vor, wenn die Ansprüche schon ihrer Natur nach, dh ohne einen weiteren Akt der Gemeinschaft, gemeinschaftsbezogen iSd § 10 Abs. 6 S. 3 Alt. 1 WEG waren. Im Fall der geborenen **Ausübungsermächtigung** ist die Gemeinschaft der Wohnungseigentümer **ex lege** unmittelbar zuständig (**gesetzliche Ermächtigung**), so dass es eines Beschlusses zur Begründung der Ausübungsbefugnis der Gemeinschaft der Wohnungseigentümer nicht bedarf.[7] Die Entscheidung, ob die gemeinschaftsbezogenen Rechte und Pflichten geltend gemacht werden sollen, obliegt hingegen den Wohnungseigentümern und muss beschlossen werden.[8]

7 Eine **gekorene Ausübungsermächtigung** lag vor, wenn die Ansprüche zwar nicht bereits ihrer Natur nach gemeinschaftsbezogen und damit zwingend von der Gemeinschaft der Wohnungseigentümer geltend zu machen waren, die Gemeinschaft diese **sonstigen Rechte und Pflichten der Wohnungseigentümer** jedoch durch Beschluss oder Vereinbarung an sich ziehen und damit zu einer gemeinschaftsbezogenen Angelegenheit iSd § 10 Abs. 6 S. 3 Alt. 2 WEG machen konnte.[9] Eine Ausübung oder eine Erfüllung durch die Gemeinschaft der Wohnungseigentümer war damit nicht zwingend. Im Fall der gekorenen Ausübungsermächtigung bedurfte es damit einer **vorherigen Entscheidung der Wohnungseigentümer**, durch die sie das Recht oder die Pflicht zum Gegenstand der Ausübungsbefugnis der Gemeinschaft der Wohnungseigentümer machten und durch welche die Ausübungsbefugnis der Gemeinschaft der Wohnungseigentümer erst begründet wurde (**rechtsgeschäftliche Ermächtigung**).[10]

8 **2. Rechtslage seit Inkrafttreten des WEMoG.** Im Zuge der Gesetzesreform wurde die Vorschrift des § 10 Abs. 6 S. 3 WEG aF vollständig überarbeitet und nunmehr durch die Regelung des **§ 9 a Abs. 2 WEG ersetzt**. Damit wird die innerhalb des § 10 Abs. 6 S. 3 WEG aF getroffene Unterscheidung zwischen der sog. geborenen Ausübungsbefugnis und der sog. gekorenen Ausübungsbefugnis, die einen Beschluss der Wohnungseigentümer voraussetzt, aufgegeben. Nach § 9 a Abs. 2 übt die Gemeinschaft der Wohnungseigentümer kraft Gesetzes die dort genannten Rechte aus und nimmt die entsprechenden Pflichten wahr, ohne dass es einer entsprechenden Beschlussfassung bedarf. Im Ergebnis wird damit die sog. geborene Ausübungsbefugnis deutlich erweitert, während die auf einem Beschluss beruhende sog. gekorene Ausübungsbefugnis vollständig weggefallen ist.

9 Nach § 9 a Abs. 2 WEG übt die Gemeinschaft der Wohnungseigentümer in Abweichung von § 1011 BGB die sich aus dem gemeinschaftlichen Eigentum ergebenden Rechte der Wohnungseigentümer aus, wobei sich diese gesetzliche Befugnis auf alle Rechte der Wohnungseigentümer bezieht, die aus dem **Miteigentum** am gemeinschaftlichen Eigentum fließen. Da es nach § 18 Abs. 1 WEG Aufgabe der Gemeinschaft der Wohnungseigentümer ist, das gemeinschaftliche Eigentum zu verwalten, verwaltet die Gemeinschaft der Wohnungseigentümer damit auch die sich **aus dem gemeinschaftlichen Eigentum ergebenden Rechte** der Wohnungseigentümer. Die Vorschrift begründet somit eine Ausübungsbefugnis der Gemeinschaft der Wohnungseigentümer für individuelle Rechte und Pflichten der Wohnungseigentümer.[11] Nach dem Gesetzeswortlaut des § 9 a Abs. 2 WEG umfasst die Ausübungsbefugnis der Gemeinschaft der Wohnungseigentümer auch die sich aus dem gemeinschaftlichen Eigentum ergebenden und gegen andere Miteigentümer gerichtete Rechte.[12]

10 Soweit die Gemeinschaft der Wohnungseigentümer nach § 9 a Abs. 1 S. 1 WEG unmittelbar als **Inhaberin** von Rechten und Pflichten berechtigt oder verpflichtet ist und damit selbst Inhaberin des jeweiligen Rechts bzw. der jeweiligen Pflicht ist, scheidet ein Rückgriff auf § 9 a Abs. 2 WEG aus. § 9 a Abs. 2 WEG betrifft

---

6 LG München I 31.3.2011 – 36 S 1580/11, BeckRS 2011, 23726; BeckOGK/*Falkner* WEG § 10 Rn. 481; Riecke/Schmid/*Lehmann-Richter* WEG § 10 Rn. 321; *Hügel/Elzer* WEG § 9 a Rn. 109.

7 BeckOGK/*Falkner* WEG § 10 Rn. 485; Riecke/Schmid/*Lehmann-Richter* WEG § 10 Rn. 323.

8 BeckOGK/*Falkner* WEG § 10 Rn. 486.

9 BeckOGK/*Falkner* WEG § 10 Rn. 490.

10 BeckOGK/*Falkner* WEG § 10 Rn. 490; Riecke/Schmid/*Lehmann-Richter* WEG § 10 Rn. 339.

11 BT-Drs. 19/18791, 46; *Hügel/Elzer* WEG § 9 a Rn. 89.

12 *Hügel/Elzer* WEG § 9 a Rn. 98.

damit ausschließlich den Fall, dass **fremde** Rechte und Pflichten treuhänderisch durch die Gemeinschaft der Wohnungseigentümer geltend gemacht werden.[13]

a) Ausübungsverpflichtung hinsichtlich Rechte und Pflichten aus dem Sondereigentum. § 9 a Abs. 2 **11** WEG begründet eine Ausübungsbefugnis der Gemeinschaft der Wohnungseigentümer lediglich für Rechte und Pflichten der Wohnungseigentümer, die sich aus dem **gemeinschaftlichen Eigentum** ergeben. Die den einzelnen Wohnungseigentümern aus dem Sondereigentum zustehenden Rechte und Pflichten stehen ausschließlich diesen zu und sind von diesen wahrzunehmen.[14]

Auch soweit der aus dem **Sondereigentum** der einzelnen Wohnungseigentümer resultierende Rechts-und **12** Pflichtenkreis zeitgleich mit dem aus dem gemeinschaftlichen Eigentum resultierenden Rechts- und Pflichtenkreis der Gemeinschaft der Wohnungseigentümer betroffen ist, kann die Gemeinschaft der Wohnungseigentümer nach § 9 a Abs. 2 WEG ausschließlich die sich aus dem gemeinschaftlichen Eigentum ergebenden Rechte und Pflichten der Wohnungseigentümer geltend machen, nicht hingegen die Rechte des Wohnungseigentümers, die den Rechts- und Pflichtenkreis des Sondereigentums betreffen. Hinsichtlich der sich aus dem Sondereigentum ergebenden Rechte und Pflichten, steht die Ausübungs- und Prozessführungsbefugnis für die darauf bezogenen Ansprüche allein dem betroffenen Wohnungseigentümer zu. Es gehört zu den unentziehbaren Rechten des Sondereigentümers, solche unmittelbaren Beeinträchtigungen abwehren zu können; dies gilt unabhängig davon, ob und inwieweit sich die Störungsquelle auf andere Bereiche des Hauses auswirkt.[15] Sind beide Bereiche betroffen, besteht eine parallele Zuständigkeit zum Schutz vor den beide Eigentumsbereiche beeinträchtigenden Störungen.

b) Ausübungsverpflichtung hinsichtlich Rechte und Pflichten aus dem Gemeinschaftseigentum. Eine **13** Ausübungskompetenz der Gemeinschaft der Wohnungseigentümer nach § 9 a Abs. 2 WEG liegt bspw. vor bei der Geltendmachung von

- dinglichen Ansprüchen aus §§ 1004, 985 BGB,
- Besitzschutzansprüchen nach §§ 859, 861, 862, 867 und 1007 BGB,[16]
- Schadensersatzansprüchen wegen Verletzung des Gemeinschaftseigentums,[17]
- nachbarschaftlichen Schutzrechten aus §§ 917, 912 BGB,[18]
- Ansprüchen aus §§ 14 , 17 Abs. 1 WEG,[19] bei der Wahrung von Verkehrssicherungspflichten,[20]
- Unterlassungs- und Beseitigungsansprüchen des Grundstücksnachbarn gegen die Eigentümer des Grundstücksnachbarn,[21]

sowie bei der Einhaltung von öffentlich-rechtlichen Pflichten wie dem Einbau von Rauchmeldern, soweit diese nach den jeweils einschlägigen Landesbauordnungen die Gesamtheit der Wohnungseigentümer als Grundstückseigentümer betreffen.[22]

c) Ausübungsverpflichtung hinsichtlich Erfordernisses einheitlicher Rechtsverfolgung. § 9 a Abs. 2 **14** Alt. 2 WEG begründet für die Gemeinschaft der Wohnungseigentümer daneben auch eine Ausübungskompetenz für solche Rechte und Pflichten der Wohnungseigentümer, die eine **einheitliche Rechtsverfolgung** erfordern. Hierzu zählen in erster Linie Rechte und Pflichten, die sich aus Verträgen der Wohnungseigentümer mit Dritten ergeben, die einen Bezug zum gemeinschaftlichen Eigentum aufweisen. Solche Rechte und Pflichten der Wohnungseigentümer lassen eine einheitliche Rechtsverfolgung als geboten erscheinen. Eine gemeinschaftsbezogene Pflicht liegt vor, wenn eine Verpflichtung, die im Außenverhältnis alle Wohnungseigentümer

---

13 *Hügel/Elzer* WEG § 9 a Rn. 93.
14 *Hügel/Elzer* WEG § 9 a Rn. 94.
15 BGH 24.1.2020 – V ZR 295/16, NZM 2020, 664 zur alten Rechtslage; *Hügel/Elzer* WEG § 9 a Rn. 94.
16 *Hügel/Elzer* WEG § 9 a Rn. 97.
17 BGH 7.2.2014 – V ZR 25/13, NJW 2014, 1090.
18 BGH 7.7.2006 – V ZR 159/05, NZM 2006, 820; OLG München 26.10.2010 – 32 Wx 26/10, ZWE 2011, 37.
19 BeckOGK/*Falkner* WEG § 10 Rn. 508.
20 BGH 9. 3.2012 – V ZR 161/11, NJW 2012, 1724; *Hügel/Elzer* WEG § 9 a Rn. 100; aA Riecke/Schmid/*Lehmann-Richter* WEG § 10 Rn. 332.
21 BGH 11.12.2015 – V ZR 180/14, NZM 2016, 360.
22 BGH 8.2.2013 – V ZR 238/11, NJW 2013, 3092; *Hügel/Elzer* WEG § 9 a Rn. 100.

als Eigentümer des gemeinschaftlichen Eigentums gleichermaßen trifft, nach der Interessenlage ein gemeinsames Vorgehen erfordert.[23]

15 Eine Ausübungsermächtigung der Gemeinschaft der Wohnungseigentümer nach § 9 a Abs. 2 Alt. 2 WEG für Rechte und Pflichten, die eine einheitliche Rechtsverfolgung erfordern ist bspw. anzunehmen

- bei gleichgerichteten Ansprüchen sämtlicher Wohnungseigentümer gegenüber dem Bauträger aus den Erwerbsverträgen, die zur Sicherstellung einer einheitlichen Mittelverwendung sowie zum Schutz des Bauträgers vor einer doppelten Inanspruchnahme durch die einzelnen Erwerber die Notwendigkeit einer Gemeinschaftsbindung aufweisen, wie bei der Geltendmachung von Minderung und kleinem Schadensersatz wegen Mängeln am Gemeinschaftseigentum gegen den Bauträger (→ *Bauträgervertrag* Rn. 36). Nicht unter § 9 a Abs. 2 Alt. 2 WEG fällt hingegen das Recht auf Rücktritt, großen Schadensersatz und Abnahme des Gemeinschaftseigentums (→ *Bauträgervertrag* Rn. 21, 28).
- bei der Erfüllung von Aufwendungsersatzansprüchen aus berechtigter Geschäftsführung ohne Auftrag oder Notgeschäftsführung.[24]

16 **3. Grenzen der Ausübungsermächtigung.** Die Ausübungsermächtigung der Gemeinschaft der Wohnungseigentümer umfasst lediglich Rechte und Pflichten aus dem gemeinschaftlichen Eigentum, nicht hingegen sachenrechtliche Verfügungen bezüglich des Gemeinschaftseigentums, Rechte der einzelnen Wohnungseigentümer bezüglich des Sondereigentums sowie individuelle Rechte der einzelnen Wohnungseigentümer.[25]

21. Außenanlagen

Hansen

I. Einführung

1 Der **Begriff** der Außenanlagen kann vielfältige Bezüge, sowohl inhaltlicher als auch rechtlicher Art aufweisen. Verbunden wird damit die Gestaltung des Grundstücks außerhalb des Hauses, etwa in Form des Gartens, der Gemeinschaftsflächen wie zB Zufahrten, Zäune und Spielplätze, aber auch Versorgungsleitungen, wie Wasserrohre oder Stromleitungen. Es stellt sich die Frage, was die Grundlage für die ursprüngliche Ausgestaltung von Außenanlagen ist, ob und wenn ja, unter welchen Voraussetzungen Außenanlagen verändert werden können und wer sie in welcher Art und Weise nutzen darf.

---

23 *Hügel/Elzer* WEG § 9 a Rn. 101, 103 mwN.
24 *Hügel/Elzer* WEG § 9 a Rn. 105 mwN.
25 BeckOGK/*Falkner* WEG § 10 Rn. 503.

II. Rechtsgrundlagen

1. Vereinbarung. a) Anspruch auf ordnungsmäßige Erstherstellung iVm einem Aufteilungsplan (→ 2 *Erstmalige Herstellung eines ordnungsmäßigen Zustands* Rn. 8 ff.). Für die **Abgrenzung** des Sondereigentums vom Gemeinschaftseigentum ist nicht die tatsächliche Bauausführung, sondern der **Aufteilungsplan** (→ *Aufteilungsplan* Rn. 3) maßgeblich. Letzterer soll sicherstellen, dass dem Bestimmtheitsgrundsatz des Sachen- und Grundbuchrechts Rechnung getragen wird, indem er die Aufteilung des Gebäudes sowie die Lage und Größe des Sondereigentums und der im gemeinschaftlichen Eigentum stehenden Gebäudeteile ersichtlich macht, § 7 Abs. 4 S. 1 Nr. 1 WEG.[1]

Sind in einem Aufteilungsplan Gartenflächen (→ *Garten* Rn. 2 ff.) im Außenbereich vom Architekten einge- 3 zeichnet und hierbei Details angegeben, beispielsweise Bäume oder ein Spielplatz (→ *Spielplatz* Rn. 18 ff.), sind Letztere aber tatsächlich vor Ort gar nicht vorhanden, könnte diskutiert werden, ob die Außenanlagen, die in Gemeinschaftseigentum stehen, entsprechend des Aufteilungsplanes herzustellen sind.

Tatsächlich führt die **Abweichung** der tatsächlichen Bauausführung vom Aufteilungsplan grundsätzlich zu 4 einem **Anspruch auf Anpassung** des Gemeinschaftseigentums an den Plan gegen die übrigen Miteigentümer. Jeder Eigentümer hat gem. § 18 Abs. 2 Nr. 1 WEG iVm § 19 Abs. 2 Nr. 2 WEG den Anspruch auf Herstellung eines erstmaligen ordnungsmäßigen und mangelfreien Zustandes der Wohnanlage entsprechend der Teilungserklärung und des Aufteilungsplans.[2]

Dass dem in Hinblick auf die Außenanlagen aber nicht so ist, ergibt sich daraus, dass es für die Abgrenzung 5 von **Sonder- und Gemeinschaftseigentum** im und am Gebäude nicht darauf ankommt, ob im Aufteilungsplan einzelne bauliche Details in den Außenanlagen eingezeichnet sind. Bäume und ein Spielplatz können nicht in Sondereigentum stehen – insoweit spielt der Aufteilungsplan keine Rolle.

Für die Einzelausgestaltung des Gebäudes und der Räume ist der Aufteilungsplan nicht maßgebend, dh er be- 6 sagt nichts Abschließendes über die zulässige Nutzung und etwa, wie sich die Ausstattungsmerkmale der Einheiten im Objekt gestalten.[3] Nicht anders ist es in Bezug auf die Außenanlagen.[4]

b) Anspruch auf ordnungsmäßige Erstherstellung iVm öffentlichem Recht (→ *Erstmalige Herstellung ei-* 7 *nes ordnungsmäßigen Zustands* Rn. 5 ff.). Anders ist dies aber, wenn etwa die Errichtung eines Spielplatzes auf dem Grundstück erforderlich ist, weil das öffentliche Recht dies gebietet, so zur Erfüllung der Voraussetzung an die Baugenehmigung und der Rechtspflichten des Bauherrn oder seines Rechtsnachfolgers nach Erteilung der Baugenehmigung.

Zur erstmaligen Herstellung des Gemeinschaftseigentums gehört auch die Erfüllung öffentlich-rechtlicher An- 8 forderungen an das gemeinschaftliche Eigentum; dies kann von einzelnen Wohnungseigentümern gem. §§ 18 Abs. 2 Nr. 1, 19 Abs. 2 Nr. 2 WEG beansprucht werden.[5]

Die Verpflichtung der Wohnungseigentümer zur Errichtung eines Spielplatzes kann sich somit auch aus dem 9 öffentlichen Baurecht ergeben. Durch eine **Landesbauordnung** kann die Errichtung und Unterhaltung eines Kinderspielplatzes auf dem Baugrundstück vorgeschrieben sein, wobei dessen Art, Größe und Ausstattung sich nach der Zahl, Art und Größe der Wohnungen richtet.[6] In diesem Fall besteht auch für jeden Eigentümer gem. §§ 18 Abs. 2 Nr. 1, 19 Abs. 2 Nr. 2 WEG **Anspruch auf Herstellung** eines Spielplatzes.

2. Sondernutzung. Ein Sondernutzungsrecht ist **definiert** als die Befugnis zur alleinigen Nutzung bestimmter 10 Gemeinschaftsflächen unter Ausschluss der übrigen Miteigentümer. Regelmäßig kommt – unter Beachtung des sachenrechtlichen Bestimmtheitsgrundsatzes[7] – die Zuordnung von Sondernutzungsrechten zugunsten von

---

1 BGH 30.6.1995 – V ZR 118/94, BGHZ 130, 159; BGH 18.7.2008 – V ZR 97/07, BGHZ 177, 338; BGH 16.11.2012 – V ZR 246/11, NZM 2013, 153; BGH 20.7.2018 – V ZR 56/17, ZMR 2019, 47.
2 BGH 20.11.2015 – V ZR 284/14, ZMR 2016, 215; LG Berlin 5.5.2013 – 55 S 52/12, ZWE 2014, 40.
3 OLG Bremen 27.11.2001 – 3 W 52/01, NZM 2002, 610; OLG München 9.2.2017 – 34 Wx 333/16, ZWE 2017, 175.
4 BGH 8.5.2015 – V ZR 163/14, ZMR 2015, 729; OLG Frankfurt a. M. 10.4.2008 – 20 W 119/06, NZM 2008, 736 bzgl. Abstellplätze für Fahrräder.
5 BGH 23.6.2017 – V ZR 102/16, NJW-RR 2017, 1047; BGH 26.2.2016 – V ZR 250/14, NJW 2016, 2181.
6 BayObLG 25.6.1998 – 2Z BR 10/98, ZMR 1998, 647.
7 BGH 20.1.2012 – V ZR 125/11, ZMR 2012, 651.

Eigentümern im Objekt im Hinblick auf Stellplätze oder Gartenflächen, angrenzend an Terrassen in Erdgeschosswohnungen, in Betracht (→ *Sondernutzungsrechte* Rn. 23 ff.).

11 Eine, einem Eigentümer zur Sondernutzung durch Vereinbarung zugewiesene und als Garten bezeichnete Fläche ist regelmäßig mit der Pflicht bzw. dem Recht verbunden, die Fläche allein zu unterhalten, ordnungsgemäß instand zu halten und instand zu setzen wie auch mit der Befugnis, die Fläche gärtnerisch zu gestalten[8] oder zu Erholungszwecken zu benutzen.

12 Diese Befugnis umfasst eine Nutzung etwa in der Form des Anlegens von Gemüsebeeten oder des Einpflanzens von Obstbäumen[9] (→ *Bäume* Rn. 14 f.) und Sträuchern, aber auch das Aufstellen eines Schaukelgeräts (→ *Schaukel* Rn. 7 ff.).[10] Ein Recht des Berechtigten, **bauliche Veränderungen** an der Sondernutzungsfläche vorzunehmen, insbesondere solche, die der Zweckbestimmung widersprechen, ist damit regelmäßig aber nicht verbunden.[11]

13 Sind bei der Begründung des Sondernutzungsrechtes **Zweckbestimmungen** wirksam vereinbart, folgen daraus Beschränkungen in der Nutzung der Fläche. Unter einem Ziergarten wird etwa, abgrenzend von einem Nutzgarten, eine kultivierte Fläche verstanden, die ausschließlich schmückt, dh der optischen Erbauung dient.[12] Die Anlegung von großflächigen Gemüsebeeten auf der Sondernutzungsfläche wäre daher nicht zulässig.

14 An den vorstehenden Ausführungen ändert auch § 3 WEG nichts, der die Sondereigentumsfähigkeit an Freiflächen zulässt. Danach besteht die Möglichkeit, außer an Stellplätzen auch insbesondere an **Terrassen und Gartenflächen Sondereigentum** zu begründen, sofern es sich nicht um die „wirtschaftliche Hauptsache" handelt, § 3 Abs. 2 WEG (→ *Sondereigentum* Rn. 14 ff.). Für die Begründung von Sondereigentum an diesen außerhalb des Gebäudes liegenden Teilen des Grundstücks gelten allerdings die allgemeinen Vorgaben für die Begründung von Sondereigentum an Räumen. Allein die Möglichkeit, an Freiflächen Sondereigentum zu begründen, führt weder dazu, dass bereits vorhandene Sondernutzungsrechte an Gemeinschaftseigentum „automatisch" in Sondereigentum überführt werden, noch besteht nach dem Gesetz die Möglichkeit, Sondernutzungsrechte vereinfacht in Sondereigentum zu überführen. Dies hat zur Folge, dass ein Nebeneinander von Freiflächen in Sondernutzung einerseits und, neu begründet, in Sondereigentum andererseits denkbar ist.

15 Die Freiflächen in Sondereigentum sind nach § 3 Abs. 3 Alt. 3 WEG durch **Maßangaben im Aufteilungsplan** bestimmt. Vor Ort definiert § 5 Abs. 1 WEG den gegenständlichen Bereich des Sondereigentums, wobei nach § 5 Abs. 1 S. 2 WEG die entsprechende Anwendung von § 94 BGB bewirkt, dass die mit der Freifläche **fest verbundenen Sache**n, dh Gebäude und Pflanzen, **wesentliche Bestandteile** des Sondereigentums sind. Ob allerdings ein Sondereigentümer befugt ist, zB ein Gebäude auf der Sondereigentumsfläche zu errichten, richtet sich nach § 13 Abs. 2 WEG.

16 Im Hinblick auf bauliche Veränderungen an einer Freifläche in Sondereigentum, etwa die Errichtung eines Gartenhauses, kann sich nach §§ 13 Abs. 2, 20 Abs. 3 WEG für den bauwilligen Sondereigentümer ein Anspruch auf **Gestattung der baulichen Veränderung** ergeben. Darüber hinaus ist dies der Fall, wenn die bauliche Veränderung nicht über das bei einem geordneten Zusammenleben unvermeidliche Maß hinaus beeinträchtigt. Insoweit benötigt der Sondereigentümer noch nicht einmal einen Beschluss, doch für die Freiflächen in Sondereigentum ist dies nur schwer vorstellbar. Der Maßstab zur Bemessung der Beeinträchtigung entspricht §§ 22 Abs. 1, 14 Nr. 1 WEG aF und ist eher eng zu setzen. Insoweit kann auf die oben zitierte Rechtsprechung verwiesen werden.

17 **3. Beschluss.** Wie stets bei Gemeinschaftseigentum, besteht für die Eigentümer die Möglichkeit, per Beschluss Veränderungen zu realisieren. Auf dem Grundstück vorhandene Außenanlagen unterfallen der Erhaltung gem. § 19 Abs. 2 Nr. 2 WEG (→ *Erhaltungsmaßnahmen* Rn. 3 f.), aber auch der baulichen Veränderung, § 20 WEG, der vermutlich das höhere Konfliktpotential aufweist (→ *Bauliche Veränderungen* Rn. 7 ff.).

---

8 BayObLG 5.3.1987 – BReg 2 Z 50/86, NJW-RR 1987, 846.
9 Aber auch KG 13.7.1987 – 24 W 1752/87, WuM 1987, 397.
10 OLG Düsseldorf 14.8.1989 – 3 Wx 261/89, NJW-RR 1989, 1167.
11 LG Hamburg 20.10.2010 – 318 S 42/10, ZMR 2011, 161 für die Errichtung eines Gartenhauses auf einer Gartenfläche.
12 BayObLG 23.10.2003 – 2Z BR 63/03, ZMR 2005, 132.

Hansen

a) Bauliche Veränderung (§ 20 WEG). Die bauliche Veränderung ist die Maßnahme, die über die ordnungs- 18
mäßige Erhaltung des gemeinschaftlichen Eigentums hinausgeht, § 20 Abs. 1 WEG, und damit der Formulierung in § 22 Abs. 1 S. 1 WEG aF entspricht. Möglich ist es, nach § 20 Abs. 1 WEG den Soll-Zustand des
gemeinschaftlichen Eigentums über eine bauliche Maßnahme neu durch Beschluss mit einfacher Mehrheit zu
definieren.

Der Mehrheitsbeschluss nach § 20 Abs. 1 WEG unterliegt aber der Veränderungssperre des § 20 Abs. 4 WEG. 19
Durch die bauliche Veränderung darf die Wohnanlage nicht grundlegend umgestaltet und kein Eigentümer darf
ohne sein Einverständnis gegenüber anderen unbillig benachteiligt werden.

Während die Eingriffsschwelle der Beeinträchtigung iSd § 14 Nr. 1 WEG aF grundsätzlich von der Rechtspre- 20
chung niedrig gewertet und deren Überschreitung somit schon bei geringfügig baulichen Veränderungen bejaht wird, ist die **Abgrenzung** gerade bei der Veränderung einer Gartenanlage und vor dem Hintergrund des
§ 20 Abs. 4 WEG schwieriger.

Die Veränderung einer vorhandenen gärtnerischen Gestaltung des gemeinschaftlichen Grundstücks ist regel- 21
mäßig eine auf Dauer angelegte gegenständliche Veränderung realer Teile des Gemeinschaftseigentums und
damit eine bauliche Veränderung, soweit sie über die ordnungsgemäße Instandhaltung und Instandsetzung
einer Gartenanlage in Form der üblichen Gartenpflege hinausgeht.[13]

Bei der **ersatzlosen Fällung eines Baumes** ist aber eine bauliche Veränderung iSv § 22 Abs. 1 WEG aF nur 22
dann anzunehmen, wenn der zu fällende Baum für die Gartenanlage prägenden Charakter hat.[14] Die Wertung
dessen obliegt dem Tatrichter.

Durch die Einführung des Begriffs der „**grundlegenden Umgestaltung**" ab 1.12.2020 in § 20 Abs. 4 WEG ist 23
der Spielraum jetzt weiter zu ziehen oder anders formuliert: Die bauliche Veränderung muss starke Auswirkungen auf die Wohnanlage haben, um als Umgestaltung zu gelten, eben etwa dann, wenn ein neues Gepräge
entsteht. Dabei ist die Wohnanlage als Ganzes zu betrachten. Da der Gesetzgeber mit der Reform 2020 auch
das Ziel verfolgt, bauliche Veränderungen, die von der Mehrheit gewünscht werden, einfacher zu realisieren,
wird die Umgestaltung der Anlage eher die Ausnahme darstellen.

Weiter ist mit der Veränderungssperre nach § 20 Abs. 4 WEG zu prüfen ob ein Wohnungseigentümer durch die 24
bauliche Veränderung gegenüber anderen in stärkerem Maße beeinträchtigt wird. Erforderlich ist, dass der die
Benachteiligung reklamierende Eigentümer aufgrund einer eigenen **Rechtsposition** argumentiert. Der Eigen-
tümer muss also sel**b**st betroffen sein, eine Art Sonderopfer bringen und die Benachteiligung darf **nicht alle
Eigentümer gleichermaßen** treffen. Wird daher beispielsweise ein Grillplatz auf dem Gelände gebaut, trifft
die optische Veränderung als Beeinträchtigung alle Eigentümer und ist insoweit keine Benachteiligung des
Einzelnen iSv § 20 Abs. 4 WEG. Da alle Eigentümer der Vergleichsmaßstab im Objekt sind, kann sich die
Benachteiligung des einzelnen Eigentümers, etwa des Bewohners der Erdgeschoßwohnung, aber andererseits
beim Grillplatzbau daraus ergeben, dass dieser vom Lärm einer Grillparty mehr betroffen ist, als der Bewohner in einer Wohnung im obersten Geschoss.

Ferner muss nach § 20 Abs. 4 WEG die Benachteiligung für den einzelnen Eigentümer **unbillig** sein. Dies ver- 25
langt die Überschreitung einer erheblichen Schwelle. Das Sonderopfer, das der beeinträchtigte einzelne Eigentümer erbringt, muss die Vorteile der baulichen Veränderung deutlich überwiegen. Angesichts des jetzt vom
Gesetzgeber verfolgten Zwecks, die bauliche Veränderung in die Hand der Mehrheitseigentümer zu geben und
zu erleichtern, ist aber auch an dieser Stelle bei der Gewichtung der Vorteile, die mit der baulichen Veränderung verbunden sind, ein großzügiger Maßstab anzulegen. Auch die Geräuschentwicklung müsste deutlich
über den Richtwerten liegen, so dass die Benachteiligung für den Bewohner der Erdgeschoßwohnung unbillig
ist, um den Vorteil für alle anderen Bewohner im Haus, künftig einen Grillplatz zu nutzen, zu überwiegen.

Letztlich tritt bei § 20 Abs. 4 WEG noch das Merkmal des fehlenden Einverständnisses des einzelnen, benach- 26
teiligten Eigentümers hinzu. Stimmt damit der Betroffene der baulichen Veränderung zu, ist seine unbillige
Benachteiligung unbeachtlich.

---

13 LG Hamburg 20.10.2010 – 318 S 42/10, ZMR 2011, 161.
14 OLG Düsseldorf 30.4.2003 – 3 Wx 97/03, ZMR 2004, 527; OLG Schleswig 3.5.2007 – 2 W 25/07, WuM 2007,
     587; LG Berlin 2.2.2016 – 53 S 69/15 WEG, ZWE 2017, 47.

27 **b) Modernisierung.** Die **Anwendungsfälle** der Modernisierung nach § 22 Abs. 2 S. 1 WEG aF im Bereich der Außenanlagen konzentrierten sich in erster Linie auf die dauerhafte Verbesserung der allgemeinen Wohnverhältnisse, § 555 b Nr. 5 BGB, wie zB die Errichtung eines Kinderspielplatzes, Stellplätzen oder die Zuwegung, oder auf die nachhaltige Erhöhung des Gebrauchswerts, § 555 b Nr. 4 BGB. Die beschlossene Genehmigung einer Treppe von einer Wohnung in den Garten etwa stellt eine nachhaltige Erhöhung des Gebrauchswertes dar (→ *Modernisierung* Rn. 49 f.).[15]

Die Modernisierungsmaßnahme nach § 22 Abs. 2 WEG aF ist ab 1.12.2020 in der baulichen Veränderung nach § 20 WEG aufgegangen. Auf die Frage der nachhaltigen Erhöhung des Gebrauchswertes bei der baulichen Maßnahme kommt es insoweit nicht mehr an.

28 **4. Mitgebrauch (§§ 16 Abs. 1 S. 3, 14 Abs. 1 Nr. 2 WEG).** Jeder Eigentümer hat Anspruch nach § 16 Abs. 1 S. 3 WEG auf Mitgebrauch der gemeinschaftlichen Flächen nach Maßgabe des § 14 Abs. 1 Nr. 2 WEG. Die Befugnis eines Wohnungseigentümers zum Mitgebrauch ist personenbezogen und unteilbar. Ohne eine nach § 10 Abs. 1 S. 2 WEG vereinbarte oder nach § 19 Abs. 1 WEG beschlossene Benutzungsbeschränkung steht den Wohnungseigentümern damit der Mitgebrauch am gemeinschaftlichen Eigentum unabhängig von der Größe oder Anzahl der ihnen zustehenden Miteigentumsanteile in gleichem Umfange zu (→ *Mitgebrauch* Rn. 1 ff.).

29 Befindet sich zB ein Kinderspielplatz auf der im Gemeinschaftseigentum stehenden Grundstücksfläche, ist dieser zur Nutzung als Spielmöglichkeit allein für in der Anlage wohnende Kinder bestimmt.[16] Befinden sich auf dem Grundstück Stellplätze, stehen auch diese allen Eigentümern zur Nutzung zur Verfügung,[17] soweit daran kein Sondereigentum begründet wurde (→ *Kfz-Stellplatz* Rn. 8 ff.).

30 **5. Gebrauchsregelung (§ 19 Abs. 1 WEG).** Die Nutzung von Außenanlagen, etwa von Gartenflächen oder Stellplätzen, kann in ihrem Gebrauch durch Beschluss geregelt werden (→ *Gebrauchs-/Nutzungsbeschluss* Rn. 5 ff.).[18] Gem. § 19 Abs. 1 WEG können die Wohnungseigentümer durch **Stimmenmehrheit** einen der Beschaffenheit des gemeinschaftlichen Eigentums entsprechenden **ordnungsmäßigen Gebrauch** beschließen, soweit nicht eine Vereinbarung nach § 10 Abs. 1 S. 2 WEG entgegensteht. Ordnungsmäßig ist der Gebrauch, den § 14 Abs. 1 Nr. 2 WEG gestattet, der nicht gegen gesetzliche Vorschriften verstößt und dem Gebot der allgemeinen Rücksichtnahme in Abwägung der allseitigen Interessen entspricht.[19]

31 Eine Regelung gem. § 19 Abs. 1 WEG widerspricht dabei aber ordnungsmäßigem Gebrauch, wenn sie einen Teil der gemeinschaftlichen Fläche einer Gruppe von Wohnungseigentümern zum ausschließlichen Gebrauch zuweist oder den **ordnungsmäßigen Gebrauch** iSd § 14 Abs. 1 Nr. 2 WEG nicht konkretisiert. Eine Regelung, die sogar zu einem vollständigen Entzug von Mitgebrauch des Außenbereichs iSd § 16 Abs. 1 S. 3 WEG führt, ist nichtig – den Wohnungseigentümer fehlt insoweit die Beschlusskompetenz.[20]

III. Einzelfälle

32 **1. Blumenkästen und Pflanzentröge.** Das Anbringen von Blumenkästen an einem Balkon und das regelmäßige Gießen der Blumen ist eine übliche und sozialadäquate Nutzung des Balkons und deshalb von den anderen Wohnungseigentümern grundsätzlich zu dulden und hinzunehmen (→ *Balkon und Bepflanzung* Rn. 2 f.).[21]

33 Die Entfernung von im gemeinschaftlichen Eigentum stehenden Pflanztrögen von einer Terrasse, die ebenfalls gemeinschaftliches Eigentum ist, stellt aber eine bauliche Veränderung iSv § 20 Abs. 1 WEG dar; auch die Entfernung eines Bauteils ist eine bauliche Veränderung, wenn das abzureißende Bauteil dem bisherigen Soll-Zustand entsprach oder zuvor nach § 20 Abs. 1 WEG beschlossen worden war. Dies konnte eine Beeinträchtigung iSv §§ 22 Abs. 1 S. 2, 14 Nr. 1 WEG aF als nachteilige Veränderung des architektonischen Gesamtein-

---

15 AG Hannover 2.10.2007 – 484 C 9807/07, ZMR 2008, 250.
16 BayObLG 9.10.1997 – 2Z BR 90/97, ZMR 1998, 182.
17 BayObLG 30.10.1992 – 2Z BR 88/92, ZMR 1993, 341, wobei das Losverfahren genutzt werden soll, wenn weniger Kfz-Abstellplätze im gemeinschaftlichen Eigentum als Interessenten vorhanden sind.
18 AG Hattingen 23.1.2014 – 28 C 30/13, ZMR 2014, 576 zur Stellplatzordnung.
19 BGH 8.5.2015 – V ZR 163/14, ZMR 2015, 729; BGH 29.6.2000 – V ZB 46/99, BGHZ 144, 386.
20 LG Hamburg 27.1.2016 – 318 S 5/15, ZMR 2016, 562 zum Gebrauch eines Trampolins.
21 LG München 15.9.2014 – 1 S 1836/13, ZWE 2015, 265.

Hansen

drucks der Wohnanlage sein.[22] Ob dies nach § 20 Abs. 4 WEG noch so gesehen werden kann, ist zweifelhaft (→ *Pflanzen* Rn. 8 f.).

2. Carport. Bei einem Carport handelt es sich in der Regel um eine optisch nachteilige bauliche Veränderung des gemeinschaftlichen Eigentums, und auch ein Sondernutzungsrecht an einer im **Gemeinschaftseigentum** stehenden Fläche befreit nicht von der für bauliche Veränderungen erforderlichen Zustimmung nachteilig beeinträchtigter Wohnungseigentümer iSv §§ 22 Abs. 1 S. 2, 14 Nr. 1 WEG aF (→ *Kfz-Stellplatz* Rn. 8 f.).[23]   34

Nach § 20 Abs. 4 WEG wird allerdings in der Errichtung eines Carports auf der Grundlage eines Mehrheitsbeschlusses nach § 20 Abs. 1 WEG, sei es nach der ersten oder zweiten Alternative, keine grundlegende Umgestaltung der Wohnanlage zu sehen sein. Auch bei der Veränderung des optischen Gesamteindrucks ist ein eher **strenger Maßstab** anzulegen, da der Gesetzgeber von der Mehrheit gewünschte bauliche Veränderungen erleichtern wollte. Ebenso ist eine Benachteiligung eines einzelnen Eigentümers nur schwer vorstellbar, da der Carport zunächst einmal alle Eigentümer (optisch) gleichermaßen benachteiligt. Die weitere Prüfung, ob in dieser baulichen Maßnahme eine Unbilligkeit für einen einzelnen Eigentümer liegt, die die geforderte Erheblichkeitsschwelle überschreitet, bleibt eine Frage des Einzelfalls.   35

3. Garten (→ *Garten* Rn. 2 ff.). **a) Erhaltungsmaßnahmen.** Zu den Erhaltungsmaßnahmen im üblichen Rahmen der Gartenpflege gehören Maßnahmen, die der Pflege, Erhaltung oder Bewahrung der Gartenfläche dienen. Hierzu zählen nach gefestigter Rechtsprechung neben der für den Erhalt der Pflanzen notwendigen Bewässerung insbesondere der übliche Baumschnitt, das Auslichten von Bäumen, die Erneuerung abgestorbener Pflanzen sowie das Rasenmähen und Heckenschneiden.[24]   36

Die **zeitlichen Intervalle** der Maßnahmen der Gartenpflege sind am Bedarf auszurichten. Die Bewässerung der Pflanzen richtet sich nach den jeweiligen Witterungsverhältnissen – feste Fristen sind weder praktikabel noch sachdienlich.[25]   37

b) Einzelfälle. Der eigenmächtige Rückschnitt einer im Gemeinschaftseigentum stehenden „mannshohen" Hecke auf weniger als die Hälfte der bisherigen Höhe stellt eine zustimmungsbedürftige bauliche Veränderung iSv §§ 22 Abs. 1 S. 2 14 Nr. 1 WEG aF dar, wenn durch den Rückschnitt die **Sichtschutzfunktion der Hecke** beseitigt und eine nachteilige Veränderung des optischen Gesamteindrucks der Wohnanlage herbeigeführt wird.[26] Auf der Grundlage von § 20 Abs. 1 WEG iVm § 20 Abs. 4 WEG wird dies nur ausnahmsweise dann aufrechterhalten werden können, wenn die Hecke das entscheidende Gepräge für die gesamte Anlage darstellt.   38

Das Sondernutzungsrecht an einer Gartenfläche gibt dem nutzungsberechtigten Wohnungseigentümer grundsätzlich nicht das Recht, ohne Zustimmung der übrigen Eigentümer dort stehende **Bäume zu fällen.** Tut er es trotzdem, ist er grundsätzlich wegen unerlaubter Handlung zur Wiederanpflanzung verpflichtet.[27] Der Anspruch auf Einhaltung aller in der betreffenden Gemeinschaft geltenden Regeln steht gem. § 14 Abs. 1 Nr. 1 WEG allein der Gemeinschaft der Wohnungseigentümer zu.   39

Eine bauliche Veränderung iSv § 20 WEG ist auch die vollflächige Belegung der Gartenfläche mit **Terrassenplatten** aus Marmor, jedenfalls dann, wenn dadurch die pflanzliche Gestaltung der Gartenfläche vollständig aufgehoben und das parkartige Erscheinungsbild des Grundstücks nachteilig unterbrochen wird.[28] Allerdings wird auch hier regelmäßig nicht von einer grundlegenden Umgestaltung gem. § 20 Abs. 4 WEG gesprochen werden können. Allein die architektonische Disharmonie, veranlasst durch die bauliche Maßnahme, ist nicht ausreichend, wenn man bedenkt, dass auch die Fassadengestaltung bei Installation eines Außenaufzuges erheblich geändert wird, dies aber nicht das Merkmal der „grundlegenden Umgestaltung" erfüllt.   40

---

22 BayObLG 3.12.1992 – 2Z BR 63/92, WuM 1993, 207.
23 BayObLG 14.1.2002 – 2Z BR 107/02, ZMR 2003, 363.
24 OLG Köln 27.6.2005 – 16 Wx 58/05, NJW-RR 2005, 1541; LG Hamburg 10.9.2010 – 318 S 24/09, NZM 2011, 589 (593); BGH 10.10.2014 – V ZR 315/13, ZMR 2015, 239.
25 BGH 10.10.2014 – V ZR 315/13, ZMR 2015, 239.
26 LG Hamburg 30.6.2010 – 318 S 105/09, ZMR 2010, 983; OLG München 12.9.2005 – 34 Wx 54/05, NJW-RR 2006, 88.
27 BayObLG 27.7.2000 – 2Z BR 112/99, ZMR 2000, 846.
28 OLG Hamburg 13.2.2001 – 2 Wx 45/99, ZMR 2001, 382.

41 Auch die Errichtung einer **Stützmauer** im Hang, verbunden mit der Einbringung von Pflanztrögen, kann eine bauliche Maßnahme iSv § 20 WEG sein,[29] die sich an § 20 Abs. 4 WEG messen lassen muss.

42 **c) Nachbarrechtliche Vorschiften.** Bei **Streitigkeiten** zwischen Wohnungseigentümern über die Bepflanzung unmittelbar benachbarter Gartenteile, an denen jeweils einem der Eigentümer ein Sondernutzungsrecht zusteht, finden nachbarrechtliche Vorschriften (→ *Nachbarrecht* Rn. 17 ff.) entsprechende Anwendung. Die in dem jeweiligen Bundesland geltenden **nachbarrechtlichen Bestimmungen** über die Grenzabstände von Bäumen und Sträuchern und ihren Rückschnitt sowie über Ausschlussfristen sind für die Geltendmachung von Beseitigungsansprüchen heranzuziehen.[30]

43 Darüber hinaus wurde auch im Verhältnis der Gartenflächen-Sondernutzungsberechtigten untereinander bei überwachsenden Zweigen das **Selbsthilferecht** der Grundstücksnachbarn nach § 910 BGB bejaht.[31]

44 Das Selbsthilferecht nach § 910 Abs. 1 S. 1 BGB schloss auch den **Beseitigungsanspruch** nach § 1004 Abs. 1 S. 1 BGB nicht aus. Der Eigentümer eines Baums muss dafür Sorge tragen, dass dessen Wurzeln nicht in das Nachbargrundstück hinüberwachsen; verletzt er diese Pflicht, ist er hinsichtlich der dadurch hervorgerufenen Beeinträchtigungen des Nachbargrundstücks „Störer" iSv § 1004 Abs. 1 BGB. Der durch vom Nachbargrundstück hinüberwachsende Baumwurzeln gestörte Grundstückseigentümer kann die von dem Störer geschuldete Beseitigung der Eigentumsbeeinträchtigung selbst vornehmen und die dadurch entstehenden Kosten nach Bereicherungsgrundsätzen erstattet verlangen.[32]

45 All dies hat ab 1.12.2020 unter Berücksichtigung dessen, dass der Anspruch auf Einhaltung aller in der betreffenden Gemeinschaft geltenden Regeln gem. § 14 Abs. 1 Nr. 1 WEG allein der Gemeinschaft der Wohnungseigentümer zusteht, keine Grundlage mehr. Das Selbsthilferecht der Grundstücksnachbarn wurde wegen der identischen Interessenlage auf benachbarte Gartenflächen der Sondernutzungsberechtigten übertragen. Die Verhältnisse in einer reihenhausähnlichen Anlage unter Grundstücksnachbarn wurde mit der Situation in einer Wohnungseigentümergemeinschaft und der Sondernutzung an Terrassen mit dem Recht zur gärtnerischen Gestaltung des Gemeinschaftseigentums gleichgesetzt. Dies basiert aber auf dem Recht des einzelnen Eigentümers und Sondernutzungsberechtigten, Störungen auch des Gemeinschaftseigentums aus eigenem Recht zu ahnden, § 1004 BGB. Da jedoch ab 1.1.2020 bei konkreter Beeinträchtigung des gemeinschaftlichen Eigentums die Gemeinschaft der Wohnungseigentümer aufgrund der ihr in § 9 a Abs. 2 WEG zugewiesenen Ausübungsbefugnis die sich hieraus ergebenden sachenrechtlichen Abwehransprüche aus dem gemeinschaftlichen Eigentum ausübt, bleibt für die Durchsetzung des Selbsthilferechts des Sondernutzungsberechtigen nach § 910 Abs. 1 S. 1 BGB wie auch für ein Recht auf Beseitigung nach § 1004 BGB kein Raum mehr.

46 **4. Gartenhaus.** Die Errichtung eines Gartenhauses stellt eine bauliche Veränderung nach § 20 WEG dar.[33] Eine grundlegende Umgestaltung gem. § 20 Abs. 4 WEG wird damit nur ganz ausnahmsweise verbunden sein.

47 **5. Grillen.** Grillen ist – gerade in den Sommermonaten – durchaus üblich und muss, wenn nicht die Wesentlichkeitsgrenze überschritten wird, als **sozialadäquat** grundsätzlich geduldet werden. Maßstab ist hierfür das Empfinden eines Durchschnittsbenutzers des betroffenen Grundstücks und nicht das subjektive Empfinden des Einzelnen (→ *Grillen* Rn. 2 ff.).[34]

48 Mittels einer Haus- und Gartenordnung kann auch eine Regelung über den Gebrauch der gemeinschaftlichen Grundstücksflächen getroffen werden, § 19 Abs. 2 Nr. 1 WEG. In diesem Rahmen steht den Wohnungseigentümern ein Ermessensspielraum zu, was die Notwendigkeit und Zweckmäßigkeit einer Regelung angeht. Hierzu kann auch ein **generelles Grillverbot** mittels offener Flamme gehören.[35]

---

29 LG Hamburg 29.6.2016 – 318 S 102/15, ZMR 2016, 800.
30 OLG Köln 7.6.1996 – 16 Wx 88/96, ZMR 1997, 47; OLG Hamm 21.10.2002 – 15 W 77/02, ZMR 2003, 372; BGH 28.9.2007 – V ZR 276/06, ZMR 2007, 976.
31 KG 13.6.2005 – 24 W 115/04, NZM 2005, 745.
32 BGH 28.11.2003 – V ZR 99/03, NJW 2004, 603.
33 LG München 6.7.2015 – 1 S 22070/14 WEG, ZMR 2016, 61.
34 OLG Oldenburg 29.7.2002 – 13 U 53/02, OLGR Oldenburg 2002, 217; LG München 12.1.2004 – 15 S 22735/03, WuM 2004, 368; AG Westerstede 30.6.2009 – 22 C 614/08, NZM 2010, 336.
35 LG München 10.1.2013 – 36 S 8058/12, ZMR 2013, 475; OLG Zweibrücken 6.4.1993 – 3 W 50/93, WE 1999, 22.

Hansen

6. Hunde- und Katzenhaltung. Bestimmungen in der Hausordnung über die Tierhaltung (→ *Tiere* Rn. 1 ff.) 49
können durch **Mehrheitsbeschluss** festgelegt werden, § 19 Abs. 2 Nr. 1 WEG.[36] In einer Hausordnung kann
grundsätzlich bestimmt werden, dass jeder Wohnungseigentümer verpflichtet ist, Haustiere, insbesondere Katzen und Hunde, so zu halten, dass sie in den Außenanlagen nicht frei herumlaufen sowie Gartenanteile anderer
Wohnungseigentümer nicht betreten können.[37]

Ob die in einem Mehrheitsbeschluss enthaltene, nicht gegen ein gesetzliches Verbot verstoßende Erlaubnis, 50
Hunde auch **unangeleint** auf einer Rasenfläche des Gemeinschaftseigentums spielen zu lassen, ordnungsmäßigem Gebrauch entspricht, kann nicht generell bejaht oder verneint werden, sondern beurteilt sich anhand der
konkreten Umstände des Einzelfalles.[38]

7. Leitungen. Versorgungsleitungen (→ *Rohre* Rn. 2 ff.) lassen sich zwar bautechnisch in viele einzelne Teile 51
zerlegen. Soweit sie sich im räumlichen Bereich des Gemeinschaftseigentums befinden, sind sie rechtlich jedoch als Einheit anzusehen. Sie bilden ein der Bewirtschaftung und Versorgung des Gebäudes dienendes Leitungsnetz und damit eine **Anlage** iSv § 5 Abs. 2 WEG.[39] Dass einzelne Teile des Leitungsnetzes, die sich im
räumlichen Bereich des gemeinschaftlichen Eigentums befinden, nur eine Sondereigentumseinheit versorgen,
bleibt daher für ihre dingliche Zuordnung außer Betracht.[40]

Zu dem im Gemeinschaftseigentum stehenden Versorgungsnetz gehören die Leitungen nicht nur bis zu ihrem 52
Eintritt in den räumlichen Bereich des Sondereigentums, sondern jedenfalls bis zu der ersten für die Handhabung durch den Sondereigentümer vorgesehenen **Absperrmöglichkeit**. Je nach Bauweise kann das schon daraus folgen, dass eine – nicht durch Ventile, Eckverbindungen oder ähnliche Zwischenstücke – unterteilte Leitung eine einheitliche Sache ist, an der nur einheitliches Eigentum bestehen kann. In erster Linie ist allerdings
maßgeblich, dass Wasser- und Heizungsleitungen erst von dem Punkt an ihre Zugehörigkeit zu dem Gesamtnetz verlieren, an dem sie sich durch eine im räumlichen Bereich des Sondereigentums befindliche Absperrvorrichtung hiervon trennen lassen.[41]

8. Regenfallrohr (→ *Regenrinne* Rn. 1 ff.). Der Einbau von Verschwenkungen im Regenfallrohr stellt eine 53
bauliche Veränderung iSd § 20 WEG dar. Die Erhöhung der Gefahr einer Rohrverstopfung und Wartungsanfälligkeit ist eine Beeinträchtigung gem. § 14 Nr. 1 WEG aF,[42] die allenfalls noch nach § 20 Abs. 3 WEG eine
Rolle spielt, nicht aber nach § 20 Abs. 4 WEG.

9. Rollstuhlrampe (→ *Rollator/Rollstuhl* Rn. 10 f.). Eine Rollstuhlrampe ist eine bauliche Veränderung gem. 54
§ 20 WEG. Schon vor dem 1.12.2020 konnte ein Nachteil nach § 22 Abs. 1 WEG aF iVm § 14 Nr. 1 WEG aF
aber zu verneinen sein, wenn der **bauwillige Wohnungseigentümer** oder ein Angehöriger unter einer erheblichen Gehbehinderung leidet. Maßgeblich war eine eingehende, konkrete und einzelfallbezogene Abwägung
der divergierenden grundrechtlich geschützten Interessen.[43] § 20 Abs. 2 S. 1 Nr. 1 WEG gibt dem Bauwilligen
jedoch einen Anspruch auf die privilegierte bauliche Veränderung, die dem Gebrauch durch Menschen mit Behinderung dient. Hierzu zählt auch die Rollstuhlrampe.

10. Stellplätze (→ *Gebrauch des gemeinschaftlichen Eigentums* Rn. 11). Wird einem Wohnungseigentümer 55
das Sondernutzungsrecht an einem „Pkw-Abstellplatz" auf der gemeinschaftlichen Hoffläche eingeräumt, so
ist die nächstliegende Bedeutung, dass darauf **Wohnmobile** nicht abgestellt werden dürfen.[44]

---

36 LG Lüneburg 15.5.2012 – 9 S 73/11, ZMR 2012, 728; zu einer Anleinpflicht im Rahmen einer Gebrauchsregelung
iSd § 15 Abs. 2 WEG aF OLG Hamburg 20.8.2007 – 2 Wx 72/07, ZMR 2008, 151 sowie OLG Köln 28.7.2008 –
16 Wx 116/98, ZMR 2009, 310; für eine generelle Anleinpflicht auch ohne Beschlussfassung AG München
19.9.2011 – 485 C 1864/11, ZMR 2012, 307; AG München 21.3.2013 – 484 C 18494/12, ZMR 2013, 573; siehe
OLG Karlsruhe 20.5.2008 – 14 Wx 22/08, NZM 2008, 776 zu der Anleinpflicht bei einem „großen" Hund.
37 BayObLG 9.2.1994 – 2Z BR 127/93, WuM 1994, 392.
38 BGH 8.5.2015 – V ZR 163/14, ZMR 2015, 729.
39 BGH 10.10.1980 – V ZR 47/79, BGHZ 78, 225.
40 BGH 26.10.2012 – V ZR 57/2012, NZM 2013, 272.
41 BGH 26.10.2012 – V ZR 57/2012, NZM 2013, 272.
42 LG Hamburg 25.9.2013 – 318 S 111/12, ZMR 2014, 307.
43 BGH 13.1.2017 – V ZR 96/16, ZMR 2017, 319; BVerfG 28.3.2000 – 1 BvR 1460/99, NJW 2000, 2658.
44 BayObLG 8.1.1992 – 2Z BR 160/91, WuM 1992, 205.

56 Die Wohnungseigentümer sind nicht daran gehindert, eine durch richterliche Gestaltung vorgenommene Gebrauchsregelung über die Zuteilung von Kfz-Stellplätzen durch eine anderweitige, den Grundsätzen ordnungsmäßiger Verwaltung entsprechende Zuteilungsregelung zu ersetzen. Die Zuteilung von Stellplätzen an Wohnungseigentümer nach einem von der Gemeinschaft beschlossenen und vom Verwalter anzuwendenden und zu kontrollierenden **Punktesystem** kann zu einer gerechteren Platzvergabe führen als die Vergabe nach einem jährlichen Losverfahren. Das durch die Ansammlung von Punkten verbriefte Anwartschaftsrecht eines Wohnungseigentümers auf Zuteilung eines Stellplatzes kann auf den Erwerber von Wohnungseigentum und wie ein Sondernutzungsrecht auch auf einen anderen Wohnungseigentümer übertragen werden.[45]

57 Die Eigentümer sind berechtigt, per Mehrheitsbeschluss die Nutzung einer in Gemeinschaftseigentum stehenden Grundstücksfläche als Parkplatz auch so zu regeln, dass nicht alle Wohnungseigentümer während der Zeit von 18 Uhr bis 8 Uhr dort ein Fahrzeug abstellen dürfen. Es handelt sich um eine zulässige **Gebrauchsregelung** nach §§ 16 Abs. 1 S. 3, 19 Abs. 1 WEG und nicht um die Begründung von Sondernutzungsrechten, die nach der Rechtsprechung des BGH nur durch Vereinbarung begründet werden können.[46]

58 Das Anbringen eines mit einer Warnlackierung versehenen, im Boden verankerten, umklappbaren **Metallsperrbügels**, der unberechtigte Dritte von der Nutzung des Pkw-Stellplatzes abhalten soll, stellt eine bauliche Veränderung dar, § 20 WEG. Ein mit einer Warnlackierung versehener Sperrbügel ist wegen seiner deutlichen Erkennbarkeit zwar geeignet, den ästhetischen Eindruck und das Erscheinungsbild der gesamten Stellplatzanlage nach § 14 Nr. 1 WEG aF zu beeinträchtigen,[47] doch eine grundlegende Umgestaltung der Anlage nach § 20 Abs. 4 WEG liegt nicht vor. Der darin liegende Nachteil gem. § 14 Nr. 1 WEG aF, dass die Rangiermöglichkeiten auf dem Parkplatz deutlich eingeschränkt werden,[48] kann möglicherweise im Rahmen der Billigkeitskontrolle des § 20 Abs. 4 WEG relevant sein. Ein Eigentümer, der durch den Sperrbügel bei eigenen Parkvorgängen erheblich behindert wird, mag die Unbilligkeit mit Erfolg einwenden.

59 **11. Wäschespinne.** Eine nicht fest und dauerhaft installierte Wäschespinne, die nur bei Bedarf in ein im Boden eingelassenes Führungsrohr geschoben wird, ist keine bauliche Veränderung gem. § 20 WEG.[49]

60 **12. Werbung** (→ *Reklame- und Werbeeinrichtungen* Rn. 2 ff.). Bei einer beleuchteten Reklametafel handelt es sich um eine bauliche Veränderung iSd § 20 WEG. Wird das Sondereigentum in zulässiger Weise gewerblich genutzt, dann muss von den übrigen Wohnungseigentümern nicht nur diese Nutzung, sondern auch die Anbringung von Werbeanlagen zur ortsüblichen und angemessenen Werbung für das betreffende Gewerbe geduldet werden.[50]

61 Die Feststellung, ob die bauliche Veränderung hinzunehmen ist, ob es sich also um eine ortsübliche und angemessene Werbung handelt, liegt grundsätzlich beim Tatrichter[51] und ist insoweit im Rahmen des § 20 Abs. 3 WEG zu prüfen.

62 **13. Zaun und Wand.** Eine **Holzwand** ist regelmäßig eine bauliche Veränderung iSd § 20 WEG, deren Errichtung die Zustimmung aller übrigen Eigentümer erfordert, soweit der Bauwillige den Anspruch nach § 20 Abs. 3 WEG geltend macht, § 14 Nr. 1 WEG aF.[52]

63 Auch die seitliche Begrenzung eines offenen **Garagenstellplatzes** durch eine massive und im Gegensatz zur ursprünglichen Abtrennung durch Maschendraht völlig unelastische Holztrennwand stellt regelmäßig eine bauliche Veränderung dar, die zu einer über das bei einem geordneten Zusammenleben unvermeidliche Maß hinausgehenden Beeinträchtigung anderer Wohnungseigentümer führen kann,[53] soweit der Eigentümer die Rechte nach § 20 Abs. 3 WEG reklamiert.

---

45 KG 28.2.1996 – 24 W 8306/94, ZMR 1996, 392.
46 OLG Frankfurt a. M. 19.6.2007 – 20 W 403/05, ZMR 2008, 3989.
47 AA OLG Schleswig 10.10.1996 – 2 W 2/96, DWE 1997, 128.
48 LG Düsseldorf 14.3.2013 – 19 S 55/12, NZM 2013, 427.
49 OLG Zweibrücken 23.12.1999 – 3 W 198/99, ZMR 2000, 256; aA BayObLG München 11.3.1993 – 2Z BR 12/93, WE 1994, 151.
50 BayObLG 6.10.2000 – 2Z BR 74/00, ZMR 2001, 123.
51 OLG Köln 31.5.2006 – 16 Wx 11/06, NZM 2007, 92.
52 OLG Hamburg 4.4.2002 – 2 Wx 91/98, ZMR 2002, 621.
53 OLG München 13.3.2006 – 34 Wx 1/06, ZMR 2006, 641.

Hansen

Dies gilt auch für ähnliche bauliche Maßnahmen im Garten, wie zB für die Einzäunung von Sondernutzungs- 64
flächen,[54] für die Errichtung einer ca. 1,90 m hohen **Sichtschutzwand** an der Grenze zweier in Sondernutzung
befindlicher Gartenflächen der Anlage[55] oder für eine Sichtschutzmatte aus Kunststoff.[56]

Die Frage der Beeinträchtigung spielt jedoch keine Rolle, wenn die bauliche Veränderung mit den Stimmen 65
der einfachen Mehrheit nach § 20 Abs. 1 WEG beschlossen wird oder der Anspruch nach § 20 Abs. 2 S. 1 Nr. 3
WEG geltend gemacht wird, weil in der Errichtung eines Zaunes eine **privilegierte Maßnahme zum Einbruchsschutz** liegt. Die grundlegende Umgestaltung der Anlage nach § 20 Abs. 4 WEG kommt regelmäßig
nicht zum Tragen.

22. Balkon und Bepflanzung

Agatsy

I. Einführung

Beim **Balkon und der Bepflanzung** stellen sich unterschiedliche Rechtsfragen. Klärungsbedürftig ist, ob der 1
Balkon stets eindeutig dem Sondereigentum zuzuordnen ist und die Erhaltungslast (Instandhaltung und Instandsetzung) für die einzelnen baulichen Bestandteile somit die Wohnungseigentümer oder die Gemeinschaft
der Wohnungseigentümer zu tragen haben. Ferner darf ein Balkon nicht unbegrenzt benutzt werden. Dies gilt
auch im Fall der Vermietung, die zwar nach § 13 Abs. 1 WEG grundsätzlich möglich ist. Für die übrigen Wohnungseigentümer darf allerdings keine Störung aufgrund der Nutzung ausgehen. Neben der Benutzung (Gebrauch) des Balkons gilt dies vor allem bei der Anbringung von „Trennwänden", „Katzengittern" oder Bal-
konbepflanzungen oder Blumenkästen, die im Einzelnen als bauliche Änderung gem. § 20 Abs. 1 WEG zu
bewerten sind.

Die **Balkonbepflanzung** ist nicht unbegrenzt und ohne Rücksichtnahme auf andere Wohnungseigentümer 2
möglich. Weder die Nutzung durch einen Wohnungseigentümer noch durch einen Mieter darf die übrigen
Wohnungseigentümer über das in § 14 Abs. 1 Nr. 1 WEG geregelte Maß hinaus stören. Je nach Einzelfall bestehen Beseitigungs- und/oder Unterlassungsansprüche der Wohnungseigentümer, die gegenüber dem jeweiligen Wohnungseigentümer durchzusetzen sind. Bei Verstößen gegen § 14 Abs. 1 Nr. 1 und Abs. 2 Nr. 1 WEG
bestehen im Einzelfall Beseitigungs- und Unterlassungsansprüche gem. § 1004 Abs. 1 S. 2 BGB und § 280
Abs. 1 BGB. Aus der Vorschrift des § 14 Abs. 2 Nr. 1 WEG lässt sich kein Beseitigungsanspruch ableiten.

II. Übersicht über die Begrifflichkeiten beim Balkon

1. Sachenrechtliche Einordnung des Balkons. Ein Balkon konnte bislang nicht ohne Weiteres dem Sonder- 3
eigentum (§ 3 Abs. 1, 2 WEG) zugeordnet sein. Hierzu fehlte es im Regelfall an der Raumeigenschaft eines
Balkons. Auch beim Balkon greift der Grundsatz, dass es sich im Regelfall um einen Teil des gemeinschaftlichen Eigentums handelt, solange nichts anderes in der Teilungserklärung oder im Teilungsvertrag vereinbart
ist. Nach der Rechtsprechung des BGH kann ein Balkon jedoch in einer Teilungserklärung dem Sondereigentum zugeordnet werden.[1] Diese Bewertung widerspricht nicht dem Wortlaut des § 5 Abs. 1 WEG, so dass ein

---

54 KG 23.7.1984 – 24 W 2514/84, ZMR 85, 27.
55 OLG Köln 13.2.1998 – 16 Wx 3/98, NZM 99, 178.
56 BayObLG 20.4.2000 – 2Z BR 9/00, ZMR 2001, 906.
 1 BGH 15.1.2010 – V ZR 114/09, NJW 2010, 2129.

Balkonraum, der einzig durch eine Wohnung zugänglich ist, grundsätzlich als **Sondereigentum** zu bewerten ist. Dies entspricht auch der überwiegenden Sichtweise der Instanzenrechtsprechung.[2] Voraussetzung ist, dass die Balkonfläche als „Luftraum" einem Sondereigentum (→ *Sondereigentum* Rn. 16) zugehörig ist. Der Balkon ist nach zutreffender Begründung dem Sondereigentum zugehörig, wenn dieser ein Bestandteil der ihm vorgelagerten Wohnung ist.[3] Es gibt aber keinen Erfahrungssatz, dass ein Balkon im Hinblick auf § 94 BGB grundsätzlich zwingender Bestandteil des Sondereigentums ist. Der Balkon ist kein „bildlicher Bestandteil" des Sondereigentums.[4]

4 Die Zuordnung zum Sondereigentum erfolgt über die **Teilungserklärung oder den Teilungsvertrag.**[5] Diese sind bei der Auslegung, ob ein Balkon zum Sondereigentum zugehörig ist, zwingend heranzuziehen.[6] Die Einräumung von Sondereigentum richtet sich nach § 3 Abs. 1 WEG bzw. § 8 Abs. 1 WEG. Sie erfordert die Bewilligung bzw. Einigung über die Entstehung von Sondereigentum und deren Eintragung im Grundbuch (→ *Sondereigentum* Rn. 3). Das Sondereigentum an dem Balkon beschränkt sich in der Regel auf den „Luftraum", den Innenanstrich und Bodenbelag.[7] Davon zu differenzieren sind die Bauteile des Balkons. Die konstruktiven Teile (Brüstung sowie das Geländer) stehen zwingend im gemeinschaftlichen Eigentum.[8] Ebenfalls vom gemeinschaftlichen Eigentum (→ *Gemeinschaftliches Eigentum* Rn. 13) umfasst sind **die** Isolierschicht im Balkonbodenaufbau[9] und die Trennwand zum Nachbarbalkon, die Decke und die Abdichtungsanschlüsse.

5 **2. Balkon und Gemeinschaftsordnung.** In der **Gemeinschaftsordnung** können das „Ob" und „Wie" sowie der Umfang der Nutzung des Balkons geregelt werden. In der Gemeinschaftsordnung kann einem Wohnungseigentümer das alleinige Nutzungsrecht an einem Balkon zugeordnet werden.[10] Daraus folgt zugleich, dass an dem Balkon über die Gemeinschaftsordnung kein Sondernutzungsrecht begründet werden kann. In der Gemeinschaftsordnung kann eine Zuordnung der einzelnen Bestandteile erfolgen. Ebenso wenig lässt die Gemeinschaftsordnung eine unbegrenzte Zuordnung des Balkons zum Sondereigentum zu. Daraus folgt nicht, dass an dem Balkon uneingeschränkt bauliche Veränderungen vorgenommen werden können. Somit stellt die Verglasung eines Balkons zwingend eine bauliche Veränderung des gemeinschaftlichen Eigentums dar. Die pauschale Zuordnung zum Sondereigentum umfasst nicht die Teile des Balkons, die von außen sichtbar und somit nicht sondereigentumsfähig sind.[11]

6 Allerdings kann die Erhaltungslast (Instandsetzungs- und **Instandhaltungslast**) auch nach der Neufassung der §§ 18 Abs. 1 und 2 sowie 19 Abs. 1 WEG in einer Gemeinschaftsordnung nicht unbegrenzt auf den Sondereigentümer übertragen werden.[12] Hierfür muss eine klare auslegungsfähige Regelung enthalten sein. Ebenso muss die Übertragung der Verwaltungszuständigkeit durch eine klare Regelung definiert sein (→ *Erhaltungsmaßnahmen* (Instandhaltung und Instandsetzung) Rn. 13). Wenn sich in der entsprechenden Regelung der Gemeinschaftsordnung kein sprachlicher Anhaltspunkt für eine einschränkende Auslegung ergibt, trägt der betroffene Eigentümer die Sanierungskosten, auch im gemeinschaftlichen Eigentum.[13] Die Wohnungseigentümer können eine klare Regelung vereinbaren, dass ein einzelner auf eigene Kosten geschlossene Bereiche – dazu gehören auch Balkone und Dachterrassen – erhalten (instandhalten und/oder instandsetzen) muss.[14]

III. Balkonbepflanzung und Umfang

7 **1. Bepflanzung als zulässige Balkonnutzung.** Die Bepflanzung ist eine typische Form der **Balkonnutzung**. Dabei ist zu differenzieren zwischen der Anbringung von Blumenkästen und dem Umfang der zulässigen Be-

---

2 KG 8.11.2016 – 1 W 493/16, ZWE 2017, 84.

3 OLG München 23.9.2011 – 34 Wx 247/11, ZWE 2012, 37.

4 LG Itzehoe 6.5.2020 – 11 S 46/19, ZMR 2020, 683 (684).

5 Riecke/Schmid/*Schneider* WEG § 5 Rn. 37.

6 LG Itzehoe 6.5.2020 – 11 S 46/19, ZMR 2020, 683 (684).

7 BGH 15.1.2010 – V ZR 114/09, NJW 2010, 2129.

8 Riecke/Schmid/*Schneider* WEG § 5 Rn. 37 mwN.

9 BeckOK WEG/*Weidner* § 5 Rn. 49.

10 OLG München 30.1.2007 – 34 Wx 116/06, NZM 2007, 369 (370).

11 BayObLG 4.9.2003 – 2Z BR 114/03, NZM 2004, 106.

12 BeckOK WEG/*Bartholome* § 16 Rn. 21.

13 BGH 16.11.2012 – V ZR 9/12, NJW 2013, 681.

14 BGH 22.3.2019 – V ZR 145/18, ZWE 2019, 322 Rn. 10; BeckOK WEG/*Elzer* § 19 Rn. 90.

pflanzung. Das Aufstellen von Blumentöpfen und Blumenkübeln auf dem Balkon ist grundsätzlich eine zulässige Balkonnutzung, solange die übrigen Eigentümer nicht in dem über die Grenzen des § 14 Abs. 1 Nr. 1 und Abs. 2 Nr. 1 WEG hinausgehenden Umfang beeinträchtigt werden.[15] Die Balkonnutzung muss im Rahmen der Zweckbestimmung und des Rücksichtnahmegebots erfolgen. Bei der Balkonnutzung ist in zweifacher Hinsicht die Einhaltung von Benutzungsregelungen verpflichtend. Zum einen sind die Sondereigentümer gegenüber der Gemeinschaft der Wohnungseigentümer verpflichtet, die Vereinbarungen, Beschlüsse und gesetzlichen Regelungen (§ 14 Abs. 1 Nr. 1 WEG) einzuhalten. Gegenüber den anderen Wohnungseigentümern besteht die Verpflichtung, sich an die „maßvollen" Grenzen iSd § 14 Abs. 2 Nr. 1 WEG zu halten.[16] Solange eine darüber hinausgehende Nutzung nicht gegeben ist, sind andere Wohnungseigentümer gem. § 14 Abs. 1 Nr. 2 und Abs. 2 Nr. 2 WEG zur Duldung verpflichtet. Für den Fall der Bepflanzung bedeutet dies, dass das Aufstellen einer Bepflanzung im üblichen Rahmen mit unerheblicher Beeinträchtigung von der Duldungspflicht umfasst ist.[17]

Von der **Balkonbenutzung** ist in der Regel das Aufstellen von Pflanzkübeln und Topfpflanzen auf der Balkonfläche umfasst. Daraus folgt nicht, dass die zulässige Dimension der aufgestellten Bepflanzung unbegrenzt sein darf. Das bedeutet insbesondere, dass die auf dem Balkon (Dachterrasse) eingebrachte Bepflanzung weder unbegrenzt „wuchern" noch aufgrund der Größe zu einer teilweisen oder gar vollständigen Verschattung eines anderen Wohnungseigentums führen darf. Bei einem übermäßigen Schattenwurf kann sowohl eine über das Maß des § 14 Abs. 1 Nr. 1 WEG als auch über § 14 Abs. 2 Nr. 1 WEG hinausgehende Beeinträchtigung vorliegen. Bereits nach § 14 Nr. 1 und 2 WEG aF war hier eine Rücksichtnahme auf die übrigen Wohnungseigentümer im Rahmen des Gebrauchs geboten.[18] Darüber hinaus müssen die übrigen Wohnungseigentümer Kletterpflanzen nicht hinnehmen, deren Wurzeln geeignet sind, das Mauerwerk oder Teile des Balkonfußbodenaufbaus zu beschädigen. **8**

Die Einbringung von Bepflanzungen auf Balkonflächen kann gem. § 19 Abs. 2 Nr. 1 WEG in einer **Hausordnung** (→ *Hausordnung* Rn. 36) als eigenständiger Punkt geregelt werden.[19] Die Hausordnung ergänzt die Gemeinschaftsordnung. Unter einem Regelungspunkt Balkonnutzung kann auch über Art und Umfang der Bepflanzung beschlossen werden. Dies umfasst das Vorhandensein von Pflanztrögen. Diese dürfen nur so aufgestellt werden, dass genügend Arbeitsraum für etwaige Sanierungen an gemeinschaftlichen Bauteilen (zum Beispiel Brüstung oder Fassade) verbleibt. Das Gewicht etwaiger Schalen, Tröge und Beete (einschließlich Bepflanzung) darf zu keinen statischen Gefährdungen führen und kein Risiko für die Terrassenunterbodenkonstruktion darstellen; konstruktive Schutzschichten sind gegen aggressives Wurzelwerk zu schützen.[20] **9**

2. Bepflanzung und bauliche Veränderungen. Die Montage von (Außen-)**Blumenkästen** an der Balkonbrüstung stellt eine bauliche Veränderung iSd § 20 Abs. 1 WEG dar. Dies gilt für die Anbringung fest montierter Blumenkästen.[21] Somit ist ein einfacher Mehrheitsbeschluss der Wohnungseigentümer erforderlich. Die Montage von Blumenkästen durch einen Wohnungseigentümer an der Balkonbrüstung ist nicht in jedem Fall von der reinen Nutzung der Sondereigentumsfläche Balkon (→ Rn. 3) umfasst. Durch die Montage von Blumenkästen oder anderen Vorrichtungen zur Einbringung von Bepflanzung sind Bauteile des gemeinschaftlichen Eigentums betroffen. Die Zulässigkeit einer Montage von Blumenkästen für die (Außen-)Bepflanzungen kann über die Hausordnung per Mehrheitsbeschluss der Wohnungseigentümer geregelt werden (→ Rn. 9). **10**

Da die Montage der Blumenkästen am Balkon das äußere **Erscheinungsbild** der Wohnungseigentumsanlage nicht unerheblich beeinträchtigt, kann in der beschlossenen oder geänderten Hausordnung festgelegt werden, dass die Blumenkästen nach „innen" zu befestigen sind.[22] Die Wohnungseigentümer haben die Beschlusskompetenz für eine entsprechende Benutzungsregelung gem. § 19 Abs. 2 Nr. 1 WEG. Diese muss allerdings hinreichend bestimmt sein. Die Eigentümergemeinschaft kann die Blumenkästen an Balkon und Außenfassade untersagen und bestehende Regelungen je nach Einzelfall durch Beschluss abändern. **11**

---

15 BeckOK BGB/*Hügel* WEG § 14 Rn. 6.
16 BT-Drs. 19/18791, 51; BR-Drs. 168/20, 56.
17 Bärmann/*Suilmann* WEG § 14 Rn. 51.
18 OLG Hamm 21.10.2002 – 15 W 77/02, NJW 2003, 230.
19 BT-Drs. 19/18791, 58 f.; BR-Drs. 168/20, 66.
20 FormB-WEG-R/*Fritsch* § 2 Rn. 563.
21 Bärmann/*Merle* WEG § 22 Rn. 43.
22 AG Frankenthal 30.11.2016 – 3 a C 315/16, BeckRS 2016, 119258.

12 **3. Beseitigung und Störungsunterlassung.** Geht von der Bepflanzung oder der Befestigung von Blumenkästen, Pflanztrögen oder der Befestigung von Kletterpflanzen eine über das Maß des § 14 Abs. 1 Nr. 1 WEG hinausgehende Beeinträchtigung für die Wohnungseigentümer aus, bestehen **Beseitigungsansprüche** aus den Anspruchsgrundlagen § 1004 Abs. 1 S. 1 BGB und § 280 Abs. 1 BGB (→ *Beseitigung* Rn. 3) und Unterlassungsansprüche gem. § 1004 Abs. 1 S. 2 BGB sowie § 14 Abs. 1 Nr. 1 und Abs. 2 Nr. 1 WEG (→ *Störungsunterlassung* Rn. 8). Die Vergemeinschaftungsbeschlüsse müssen hinreichend bestimmt sein und dürfen dem Grundsatz der ordnungsgemäßen Verwaltung nicht widersprechen. Die Ansprüche auf die Beseitigung und Störungsunterlassung müssen nach der Neufassung des § 9 a Abs. 2 WEG nicht mehr gem. § 10 Abs. 6 S. 3 Alt. 2 WEG aF im Beschlusswege vergemeinschaftet werden. Es besteht eine geborene Ausübungsbefugnis der Gemeinschaft der Wohnungseigentümer hinsichtlich derjenigen Ansprüche, die auf die Beseitigung der Störungsquelle im gemeinschaftlichen Eigentum gerichtet sind. Bei Ansprüchen der Wohnungseigentümer wegen „spürbarer" Beeinträchtigungen der Wohnungseigentümer untereinander verbleibt es bei der bisherigen BGH-Rechtsprechung.[23] Bei Störungen im Sondereigentum besteht der Beseitigungsanspruch gem. § 14 Abs. 2 Nr. 1 WEG und § 1004 Abs. 1 S. 1 BGB.

IV. Verfahrenshinweise

13 **1. Klage auf Beseitigung und Störungsunterlassung.** Jeder Wohnungseigentümer kann gegen die unzulässige Nutzung des Sondereigentums Balkon, die übermäßige „störende" Bepflanzung und bei einer Beeinträchtigung des Sondereigentums eine Beseitigungsklage einreichen. Befindet sich die beseitigungspflichtige Störungsquelle im gemeinschaftlichen Eigentum, kann nur die Gemeinschaft der Wohnungseigentümer (§ 9 a Abs. 2 WEG), vertreten durch den Verwalter (§ 9 b Abs. 1 WEG) eine **Beseitigungsklage** zum zuständigen Wohnungseigentumsgericht (§ 43 Abs. 2 Nr. 1 WEG) einreichen (→ *Beseitigung* Rn. 59). Bei Störungen Dritter, zB Mieter und Nutzer, ist nicht das Wohnungseigentumsgericht zuständig. Es handelt sich nicht um einen Rechtsstreit iSd § 43 WEG. Wird die Gemeinschaft der Wohnungseigentümer verklagt, ist das Gericht zuständig, in dessen Bezirk das Grundstück liegt.[24] Bestehen Ansprüche gegen einen Mieter, muss die Gemeinschaft der Wohnungseigentümer bei dem allgemeinen Gerichtsstand des Mieters klagen. Ist der vermietende Sondereigentümer aufgrund einer Störung durch den Mieter gegenüber der Gemeinschaft der Wohnungseigentümer verpflichtet, diese Störung abzustellen, muss er die Klage gegen den Mieter bei dem sachlich und örtlich zuständigen Amtsgericht im Bezirk der Mietsache erheben (§ 29 a ZPO).[25]

14 **2. Einstweilige Verfügung.** Im dringenden Einzelfall kann der Erlass einer einstweiligen Verfügung zur Durchsetzung der Beseitigungsansprüche/Störungsunterlassung zum Beispiel wegen der Blumenkästen an der Balkonbrüstung/dem Balkongitter geboten sein. Sowohl hinsichtlich der Beseitigungsansprüche als auch hinsichtlich der Ansprüche auf Störungsunterlassung setzt der Erlass einer einstweiligen Verfügung als Verfügungsgrund das Vorliegen einer **besonderen Eilbedürftigkeit** voraus. Für das Stichwort der einstweiligen Verfügung wird auf die Ausführungen zur Beseitigung (→ *Beseitigung* Rn. 67) verwiesen.

15 **3. Kosten des Rechtsstreits.** Kosten eines Rechtsstreits sind gem. § 16 Abs. 2 WEG Kosten der Verwaltung und entsprechend zu verteilen. Auch die Kosten von Binnenstreitigkeiten sind Kosten der Verwaltung.[26]

23. Barrierefreiheit

Fraatz-Rosenfeld

---

23 BGH 24.1.2020 – V ZR 295/16, FD-ZVR 2020, 429759 mAnm *Elzer* = ZWE 2020, 344 = MietRB 2020, 209 (210) mAnm *Becker.*
24 *Lehmann-Richter/Wobst* WEG-Reform 2020, Rn. 1814.
25 BeckOK ZPO/*Toussaint* ZPO § 29 a Rn. 21.
26 LG München I 13.5.2013 – 1 S 10826/12, ZMR 2013, 832.

I. Einführung

Mit dem Behindertengleichstellungsgesetz des Bundes aus dem Jahre 2002[1] hat der Bundesgesetzgeber das **1** Ziel formuliert, behinderten Menschen eine gleichberechtigte Teilhabe am Leben zu gewährleisten und eine selbstbestimmte Lebensführung zu ermöglichen. Zu einer solchen Lebensführung ist es erforderlich, die Umwelt behinderter Menschen so zu gestalten, dass deren unmittelbare und weitere Lebensbereiche räumlich entsprechend gestaltet sind (§ 4 BBG). Diese Lebensbereiche müssen daher auffindbar, zugänglich und nutzbar sein.[2] Für den Bereich baulicher Anlagen tragen zur Erreichung dieser Ziele die jeweiligen Landesbauordnungen durch Implementation der einschlägigen DIN-Vorschriften in das bauordnungsrechtliche Vorschriftenwerk Rechnung. Im Mietrecht war das BGG durch § 544 a BGB umgesetzt worden, im Wohnungseigentumsrecht ist nunmehr mit § 20 Abs. 2 Nr. 1 WEG eine ähnliche Regelung eingeführt worden.

II. Bauordnungsrechtliche Anforderungen und Wohnungseigentumsanlage

1. Bauordnungsrechtliche Anforderungen. a) Wohnungen. Alle Landesbauordnungen der Bundesländer **2** enthalten unterschiedlich ausdifferenzierte Vorschriften zur Barrierefreiheit von Wohnungen.[3] Überwiegend ist vorgesehen, dass in Gebäuden mit mehr als zwei Wohnungen die Wohnungen eines Geschosses barrierefrei sein müssen (Art. 48 Abs. 1 BayBO, § 35 Abs. 1 LBO BW) oder 20 % der Wohnungen (§ 54 HBO). Vorgeschrieben ist teilweise auch, dass Gebäude mit einer Höhe von mehr als 13 Metern mit einem Aufzug ausgerüstet sein müssen (Art. 37 Abs. 4 BayBO).

Neben Differenzierungen im Detail unterscheiden die Bauordnungen zwischen den Anforderungen an die Bar- **3** rierefreiheit **für öffentlich zugängliche Gebäude** und für **Wohnungen** und hinsichtlich der Ausstattung innerhalb der Wohnungen nach rollstuhlgerecht bzw. nicht rollstuhlgerecht.

Da die Bauordnungen für sich genommen nicht konkrete Handlungsgebote enthalten und keine technischen **4** Details regeln, greift das Bauordnungsrecht auf (normkonkretisierende) technische Verwaltungsvorschriften zurück.[4] Im Falle der **Barrierefreiheit von Wohnungen** haben bis auf NRW[5] alle Bundesländer die **DIN 18040–2** als Technische Baubestimmung eingeführt.[6] Entsprechendes gilt in Hinblick auf öffentlich zugängliche Gebäude, für die die **DIN 18040–1** maßgebend ist.

Die Schutzziele dieser Vorschriften orientieren sich an den Bedürfnissen von Menschen mit Seh- und Hörbe- **5** hinderungen sowie motorischen Einschränkungen und solchen, die Mobilitätshilfen („Rollatoren") oder Roll-

---

1 BGG v. 27.4.2002, BGBl. I 1467.
2 Boeddinghaus/*Radeisen* BauO NRW § 49 Rn. 3.
3 §§ 35, 39 LBO BW, Art. 48 BayBO, § 50 BauO Bln, § 50 Bbg BO, § 50 BremBO, § 54 HessBO, § 52 HBauO, § 50 LBO MV, §§ 3 Abs. 2 S. 2, 49 NdsBauO, § 49 BauO NRW, § 51 LBauO RhPf, § 50 LBO Saarl, § 50 SächsBO, § 49 BauO LSA, § 52 LBO SchlH, § 50 ThürBO.
4 Alexejew/*Harms* HBauO § 3 Rn. 6; BeckOK Bauordnungsrecht BW/*Landel* LBO BW § 39 Rn. 6.
5 Boeddinghaus/*Radeisen* BauO NRW § 49 Rn. 11, Abschnitt 4.2. der Verwaltungsvorschrift Technische Baubestimmungen.
6 Schlotterbeck/*Hager* LBO BW § 39 Rn. 10; siehe dazu bspw. mit ausführlichen Erläuterungen: Bauprüfdienst (BPD) 2019–2, Behörde für Stadtentwicklung und Wohnen der FHH, zu § 52 HBauO (https://www.hamburg.de/baugenehmi gung/152950/start-baupruefdienste/).

stühle benutzen (müssen). Neben den eigentlichen Wohnräumen wird durch die DIN 18040–2 auch die Gestaltung der **Außenanlagen** einbezogen. Unterschieden wird zwischen barrierefrei nutzbaren Wohnungen und solchen, die uneingeschränkt mit einem Rollstuhl befahren werden können.[7] Welches dieser Schutzniveaus – rollstuhlgerecht oder nicht – einzuhalten ist, richtet sich nach der jeweiligen Nutzergruppe.[8]

6 Barrierefrei herzustellen ist zunächst die **Infrastruktur** von der öffentlichen Verkehrsfläche her bis zum Eingang der barrierefreien Wohnung (Gebäudezugang, Aufzüge, Treppen und Flure). Innerhalb einer Wohnung sind entsprechende Bewegungsflächen zu schaffen. Sie müssen gewährleisten, dass Rollstuhlnutzer sich möglichst gradlinig fortbewegen, sich begegnen und die Richtung wechseln können. Um dies zu erreichen, sind bestimmte Maße für quadratische Flächen vorgesehen[9] sowie eine Mindestbreite für Türöffnungen und Durchgänge von 0,9 m.[10] Diese „Rangierflächen" müssen neigungsfrei sein.

Zur besseren Erreichbarkeit gilt ein „Zwei-Sinne-Prinzip": Für Sehbehinderte sollen stärkere Kontraste und für Hörbehinderte eine bessere akustische Wahrnehmbarkeit Erleichterungen schaffen. **Wohnungen** als solche sind insgesamt barrierefrei auszustatten. Das bedeutet eine ausreichende Dimensionierung von Fluren und Türen sowie kontrastierende und rutschhemmende Bodenbeläge. Türen und Durchgänge müssen leicht bedienbar sein, Fenster den Durchblick nach draußen aus der Sitzposition eines Rollstuhls ermöglichen. Alle Räume einschließlich der Küche sind so auszustatten, dass sie durch ausreichende Breite der Bewegungsflächen vor und entlang von Möbeln ein Durchfahren ermöglichen. Einrichtungen von Sanitärräumen müssen einfach zu bedienen und durch Kontrastbildung gut zu erkennen sein sowie durch breite seitliche Abstände zu Wänden mit dem Rollstuhl eine gute Erreichbarkeit der Sanitärobjekte ermöglichen. Nach einigen Bauordnungen müssen Abstellräume bzw. Flächen für Rollstühle und Rollatoren geschaffen werden (→ *Rollator* Rn. 4 ff., → *Rollstuhl* Rn. 4 ff.).[11]

7 Statt der zur Überwindung von Höhenunterschieden in Gebäuden gemäß der DIN-Vorschrift vorgesehenen Aufzüge[12] können Treppenlifte (→ *Treppenlift* Rn. 1 ff.) ersatzweise eingesetzt werden.[13]

8 **b) Teileigentumsbereiche mit öffentlicher Zugänglichkeit.** Während die Anforderungen an die Barrierefreiheit von Wohnungen sich an den konkreten, für den Bewohner erforderlichen Notwendigkeiten orientieren, sind öffentlich zugänglich solche Gebäude, die „von einem vorher nicht bestimmbaren Personenkreis aufgesucht werden können".[14] Daher müssen Wohnungseigentumsanlagen, deren **Teileigentumseinheiten** allgemein zugänglich sind, für diese Bereiche barrierefrei sein. Praktische Bedeutung erlangt dies bei Einzelhandelsgeschäften, Gaststätten und Restaurants sowie Betreuungseinrichtungen für Kinder und Senioren. Allerdings beschränkt sich die Verpflichtung auch nur auf diese Anlagen,[15] da nur diese für die Nutzung durch die Öffentlichkeit vorgesehen sind. Zwar wirken sich diese Verpflichtungen praktisch in erster Linie bei Neubauvorhaben aus,[16] können aber dadurch aktuell Bedeutung gewinnen, dass sie bei Nutzungsänderungen zu beachten sind (→ *Baugenehmigung* Rn. 32). Eine Nutzungsänderung wirft nämlich alle planungsrechtlich und bauordnungsrechtlich abzuprüfenden Fragestellungen neu auf.

9 Grundlegendes Regelwerk für öffentlich zugängliche Anlagen ist die DIN 18040–1 mit dem Schwerpunkt der Sicherung **behindertengerechter Eingangsbereiche**, Treppenhäuser und Flure. Hierher gehören feste Beläge der Verkehrsflächen, sicher und leicht erkennbare Gehwegbegrenzungen und kontrastreiche Eingangsbereiche für Sehbehinderte. Erschließungsflächen müssen stufen- und schwellenlos erreichbar und mit Neigungen unter 4 % versehen sein. Flure müssen ausreichend breit sowie Türen deutlich zu erkennen sein.

---

7 Boeddinghaus/*Radeisen* BauO NRW § 49 Rn. 28, 30.

8 Schlotterbeck/*Hager* LBO BW § 39 Rn. 11.

9 Zwischen 1,8 und 1,2 Metern, je nach zu erwartenden Begegnungen mit Rollstuhlfahrern untereinander und mit anderen Personen.

10 Boeddinghaus/*Radeisen* BauO NRW § 49 Rn. 32.

11 BeckOK Bauordnungsrecht Nds/*Fricke* NBauO § 44 Rn. 22.

12 DIN 18040–1: Ziff. 4.3.8 und 18040–02: Ziff. 4.3.7.

13 BeckOK Bauordnungsrecht BW/*Landel* LBO BW § 39 Rn. 7.

14 Boeddinghaus/*Radeisen* BauO NRW § 49 Rn. 65.

15 Boeddinghaus/*Radeisen* BauO NRW § 49 Rn. 87.

16 Boeddinghaus/*Radeisen* BauO NRW § 49 Rn. 156.

Fraatz-Rosenfeld

Ein besonderes Augenmerk richtet das Regelwerk auf die sichere Begehbarkeit von Treppen durch gerade Lauflinien, Zwischenpodeste und beidseitige Handläufe. Durch (taktil erfassbare) Freiflächen vor dem Beginn der Treppe und durch Stufenmarkierungen ist einer Absturzgefahr entgegenzuwirken. Von den als Technische Baubestimmung vorgesehenen Vorschriften darf idR abgewichen werden, wenn auf andere Weise das Schutzziel erreicht wird.[17] Einschränkend geht die Niedersächsische Bauordnung 2019 davon aus, dass die öffentlich zugänglichen Anlagen (§ 49 NBauO) nur noch „in einem dem Bedarf entsprechenden Umfang" barrierefrei sein müssen.[18]

2. Umsetzung der Barrierefreiheit. a) Bauordnungsrechtliche Relevanz einer nachträglichen Herstellung der Barrierefreiheit. Die Veränderung einer Eigentumswohnung zu einer behindertengerechten Wohnung stellt – da der Nutzungszweck „Wohnen" sich nicht wandelt – keine Nutzungsänderung im Sinne des Bauordnungsrechts dar. Daher wird auch nicht die Frage der Genehmigungspflicht neu aufgeworfen (→ *Baugenehmigung* Rn. 8). Von der ursprünglichen gesetzlichen Zielrichtung her richten sich die Vorschriften über die Barrierefreiheit ohnehin vornehmlich auf Neubauvorhaben.[19] Bei Umgestaltungen im Bestand sind grundsätzlich die allgemeinen Vorschriften des Bauordnungsrechts zu beachten. Dies gilt etwa dann, wenn durch Verbreiterungen von Türen Einfluss auf die Statik des Gebäudes genommen wird oder Fragen des Brandschutzes neu aufgeworfen werden. Allerdings sehen die diesbezüglichen Vorschriften der Landesbauordnungen für die Fälle unverhältnismäßigen Aufwands zur Herstellung der Barrierefreiheit die Zulassung von Abweichungen vor.[20] **10**

b) Herstellung der Barrierefreiheit im Sonder- und Gemeinschaftseigentum. aa) Allgemeine Voraussetzungen. Unabhängig von dem sich aus § 20 Abs. 2 Nr. 1 WEG ergebenden Anspruch eines Eigentümers, für sich oder andere die Gestattung der Herstellung der Barrierefreiheit zu fordern, können die Wohnungseigentümer gem. § 20 Abs. 1 WEG entsprechende bauliche Maßnahmen mit einfacher Mehrheit beschließen. Dabei steht es der Gemeinschaft der Wohnungseigentümer offen, eine solche Maßnahme selbst durchzuführen oder sie Eigentümern zu gestatten. Die eine wie die andere Vorgehensweise unterfällt der allgemeinen Beschlusskompetenz und findet ihre Grenzen ausschließlich in § 20 Abs. 4 WEG. Danach sind nur solche Maßnahmen unzulässig, die die „Wohnanlage grundlegend verändern" oder andere Eigentümer „unbillig benachteiligen" (→ *Bauliche Veränderungen* Rn. 53 ff.). Soweit eine Maßnahme – auch die zur Herstellung der Barrierefreiheit – andere Eigentümer nicht in „in rechtlich relevanter Weise beeinträchtigt", steht den Eigentümern hinsichtlich der Beurteilung dieser Kriterien kein Ermessen zur Seite.[21] **11**

Durch § 20 Abs. 2 S. 1 WEG ist nunmehr darüber hinaus klargestellt, dass sowohl bezüglich des Gemeinschaftseigentums wie auch des Sondereigentums Maßnahmen zur Herstellung der Barrierefreiheit zu den grundsätzlich zulässigen baulichen Veränderungen gehören, bei denen bei Vorliegen der Voraussetzungen ohne die Einschränkungen des § 22 Abs. 1 WEG aF ein individueller Anspruch auf entsprechende Beschlussfassung besteht.[22] Die Zulässigkeit von Maßnahmen zur Herstellung der Barrierefreiheit innerhalb des **Sondereigentums** ergibt sich aus dem allgemeinen und umfassenden Nutzungsrecht gem. § 13 Abs. 1 Alt. 3 WEG („in sonstiger Weise zu nutzen").[23] Je nach Umfang der Herstellung der Barrierefreiheit innerhalb der Eigentumswohnung können aber Veränderungen erforderlich sein, die auch in das **Gemeinschaftseigentum** eingreifen (Verbreiterung von Türen, Veränderung von Zuschnitten von Fluren, Einbau einer veränderten Nasszelle mit Eingriffen in die Statik des Gebäudes). Diese Maßnahmen sind nun durch § 20 Abs. 2 Nr. 1 WEG ausdrücklich gedeckt.[24] Entscheidend ist nunmehr, dass ein individueller Anspruch auf Herstellung der Barrierefreiheit besteht. Lediglich bezüglich der Art und Weise der Umsetzung steht den anderen Wohnungseigentümern ein Ermessen zur Seite.[25]

---

17 BeckOK Bauordnungsrecht BW/*Landel* LBO BW § 39 Rn. 6.
18 BeckOK Bauordnungsrecht Nds/*Fricke* NBauO § 49 Rn. 28.
19 Boeddinghaus/*Radeisen* BauO NRW § 49 Rn. 156.
20 Bspw. § 39 Abs. 3 LBO BW, § 49 Abs. 3 BauO NRW.
21 BR-Drs. 168/20, 72.
22 BT-Drs. 19/18791, RegE WEMoG v. 23.3.2020, S. 62.
23 *Hügel/Elzer*, 3. Aufl. 2021, WEG § 13 Rn. 70; *Dötsch* ZWE 2020, 215 (219) zum Parallelfall: Ladeinfrastruktur.
24 BT-Drs.19/18791 RegE WEMoG v. 13.3.2020, zu § 20 Abs. 2 S. 1 Nr. 1.
25 BT-Drs. 19/18791, RegE WEMoG vom 13.3.2020, zu § 20 Abs. 2 S. 1 allgemein, S. 61.

12   **bb) Anspruch des Sondereigentümers auf behindertengerechte bauliche Veränderungen.** Die gesetzliche Regelung sieht vor, dass „jeder Wohnungseigentümer eine **„angemessene** bauliche Veränderung" zur Herstellung der Barrierefreiheit als Individualanspruch[26] verlangen kann (§ 20 Abs. 2 S. 1 Nr. 1 WEG). Der Gesetzgeber sieht darin einen „gebundenen" Anspruch auf die Beschlussfassung als solche.[27] Den Begriff „angemessen" versteht er als unbestimmten Rechtsbegriff.[28] Durch die einschränkende Voraussetzung soll den Wohnungseigentümern lediglich die Möglichkeit eröffnet werden, „objektiv unangemessene" Forderungen zurückzuweisen.[29]

Zwar geben Gesetzestext und Gesetzesbegründung keine näheren Hinweise auf die Ausfüllung der Begrifflichkeit „angemessen", es ist aber davon auszugehen, dass der Begriff – wie schon im Zusammenhang mit dem Begriff des Nachteils gem. § 14 Nr. 1 WEG aF – anhand der konkreten Umstände unter Einbeziehung der grundrechtlichen geschützten Interessen der Beteiligten fallbezogen auszulegen ist.[30] Allerdings spricht die Schaffung einer besonderen Begrifflichkeit nach einer Reihe von Gesetzesinitiativen,[31] die diese Voraussetzung nicht enthalten haben dafür, dass der Gesetzgeber nun möglichst umfassend und abschließend neben dem Begriff der noch hinzunehmenden Beeinträchtigung (§ 20 Abs. 3 Hs. 3 WEG) einen besonderen – weiten – gesetzlichen Maßstab für die Zulässigkeit der Herstellung der Barrierefreiheit und der anderen privilegierten Maßnahmen schaffen wollte. Zur Begründung des Anspruchs soll allein ausreichen, dass die baulichen Veränderungen „für die Nutzung durch körperlich oder geistig eingeschränkte Personen erforderlich oder auch nur förderlich sind".[32]

13   **cc) Einzelfälle.** Da der Gesetzgeber bereits nach der früheren Rechtslage davon ausging, dass Maßnahmen ohne größere Eingriffe in das Gemeinschaftseigentum ohne Zustimmung der anderen Wohnungseigentümer zulässig sein sollten,[33] können jedenfalls als „angemessen" iSd § 20 Abs. 2 S. 1 WEG angesehen werden:

- der Einbau einer **Rollstuhlrampe**;[34]
- der Einbau eines **Treppenlifts**;[35]
- die Aufstellung einer **Rollatorenbox**;[36]
- die Anbringung eines **Handlaufs**;[37]
- der Einbau einer **Tür**;[38]
- der Einbau von **Steuertechnik** zur automatisierten Öffnung von Türanlagen.[39]

Auch vom BGH sind Maßnahmen dieses Umfangs im Zusammenhang mit seiner Entscheidung zum Einbau eines Personenaufzugs in ein Treppenauge als grundsätzlich zulässig erachtet worden, der Einbau des Aufzugs

---

26   Siehe dazu: Stellungnahme des V. Zivilsenats des BGH zu den Diskussionsentwürfen des BMJV und des Bayerischen Staatsministeriums der Justiz zur Änderung des WEG, ZfIR 2019, 41.

27   BT-Drs. 19/18791, RegE WEMoG v. 23.3.2020, zu § 20 Abs. 2 S. 1 allgemein, S 63.

28   BT-Drs. 19/18791, RegE WEMoG v. 23.3.2020, zu § 20 Abs. 2 S. 1 allgemein, S. 63.

29   BT-Drs. 19/18791, RegE WEMoG v. 23.3.2020, zu § 20 Abs. 2 S. 1 allgemein, S. 63.

30   BVerfG 6.10.2009 – 2 BvR 693/09, NJW 2010, 220; *Zschieschak* ZWE 2019, 238 (239); *Schmid* NJW 2014, 1201.

31   BT-Drs. 18/10256, Barrierefreiheit vorgeschlagen, S. 9 f.; BR-Drs. 340/16, 3 ff.; Einzelheiten zu den Gesetzesvorhaben bei *Dötsch* ZWE 2020, 215.

32   BT-Drs. 19/18791, RegE WEMoG v. 23.3.2020, zu § 20 Abs. 2 Nr. 2, S. 69.

33   BT-Drs. 16/887, 31, B II 9, ausdrücklich genannt mit Hinweis auf die einschlägige Rechtsprechung sind Rollstuhlrampen und Treppenlifte.

34   AG München 5.7.2017 – 482 C 26378/16, ZMR 2018, 88; AG Warendorf 30.9.2014 – 48 C 5/14, ZWE 2015, 56; AG Hamburg-Altona 25.11.2009 – 303 B C 23/09, ZMR 2012, 480; AG Bonn 28.2.2011 – 27 C 202/10, ZWE 2011, 291; AG Bielefeld 3.12.2003 – 5 II (WEG) 52/03, WE 2004, 104; dies dürfte sinngemäß auch für einen Hublift am Eingang gelten.

35   AG Krefeld 9.7.1999 – 38 UR II 88/98 WEG; LG Hamburg 6.6.2001 – 318 T 70/99, NZM 2001, 767; selbst bei Unterschreitung der bauordnungsrechtlichen vorgeschriebenen Mindestbreite des Treppenlaufs, zweifelhaft: OLG München 12.7.2005 – 32 Wx 512/2005, NZM 2005, 707 (708);, aA VG Freiburg 20.3.2001 – 7 K 521/00, NVwZ-RR 2002, 14; VG Gelsenkirchen 26.9.2012 – 5 K 2704/12.

36   LG Bremen 7.10.2016 – 4 S 250/15, ZMR 2017, 83.

37   LG Bremen 20.12.2013 – 4 S 245/12, ZMR 2014, 386; LG Köln 30.6.2011 – 29 S 246/10, ZWE 2012, 277.

38   AG Stuttgart 14.12.2009 – 62 C 5164/09, WuM 2012, 288: Einbau einer Terrassentür statt eines vorhandenen Küchenfensters im Untergeschoss.

39   *Gellwitzki* WM 2018, 330 (335).

aber nicht.[40] Angesichts des nunmehr in das Gesetz implementierten Anspruchs auf Herstellung der Barrierefreiheit wird man davon ausgehen können, dass diese restriktive Rechtsprechung des BGH nicht mehr zu halten ist. Durch die Novellierung des WEG ist allerdings nicht geklärt worden, wie in diesen Fällen die Inanspruchnahme von Gemeinschaftsflächen zu berücksichtigen ist.[41]

Der Anspruch steht nicht nur dem Sondereigentümer selbst zu,[42] sondern auch Dritten, die der Sondereigentümer berechtigt in seine Wohnung aufgenommen hat. Entscheidend ist, dass die Behinderung gerade bei der Person vorliegt, die den Anspruch geltend macht. Zu den berechtigten Dritten sollen nach bisheriger Auffassung regelmäßige Besucher des Sondereigentums gehören.[43]   14

Von wesentlicher Bedeutung für die Entscheidung ist die persönliche Nähe des Behinderten zu dem jeweiligen Sondereigentümer.[44]

dd) Reichweite und Grenzen des Anspruchs auf Beschlussfassung. Gem. § 20 Abs. 2 S. 2 WEG besteht der Anspruch des Sondereigentümers „im Rahmen ordnungsgemäßer Verwaltung". § 18 Abs. 2 Nr. 2 WEG stellt zudem klar, dass eine Verwaltung verlangt werden kann, die den „gesetzlichen Regelungen" entspricht – in diesem Fall sind dies die Barrierefreiheit betreffenden Vorschriften des Bauordnungsrechts einschließlich der in dieses implementierten technischen Regelwerke. Dem im Rahmen der Rechtsgüterabwägung weitgehenden Eingriff in das Gemeinschaftseigentum stehen die Pflicht zum schonenden Umgang mit dem Gemeinschaftseigentum gegenüber und das Gebot der Rücksichtnahme auf die anderen Eigentümer. Es ist daher davon auszugehen, dass auch nach der neuen Gesetzeslage im Vorgriff auf die Beschlussfassung Einzelheiten der beabsichtigten Baumaßnahme darzulegen sein werden, auch ist die bauordnungsrechtliche Unbedenklichkeit nachzuweisen.[45] Darüber hinaus steht den Eigentümern hinsichtlich der Anforderungen an die Ausgestaltung ein weites Ermessen zu: Es kann sich auf die Planung der Maßnahme ebenso richten wie auf Einzelheiten der Materialverwendung und die Abstimmung mit anderen Eigentümern.[46]   15

Neben diesen rechtlichen Restriktionen werden sich bei der Umsetzung in tatsächlicher Hinsicht erhebliche Probleme ergeben, wenn – was idR der Fall sein wird – in erheblichem Maße in das Gemeinschaftseigentum eingegriffen werden muss. Mit der insoweit nötigen Koordination muss sich die Gemeinschaft der Wohnungseigentümer entsprechend auseinandersetzen.[47]

ee) Kosten der Herstellung der Barrierefreiheit. Die gesetzliche Regelung stellt klar, dass die Kosten der Herstellung von dem die Barrierefreiheit beanspruchenden Eigentümer zu tragen sind. Die Verpflichtung besteht unabhängig davon, ob die Maßnahme von dem Eigentümer selbst oder auf seine Veranlassung oder von der Gemeinschaft der Wohnungseigentümer durchgeführt wird (§ 21 Abs. 1 WEG). Beabsichtigt ein anderer Eigentümer die Mitnutzung der herzustellenden barrierefreien Anlage,[48] so ist er an den Kosten „angemessen" zu beteiligen (§ 21 Abs. 4 S. 1 WEG).[49]   16

c) Exkurs: Rechte und Pflichten von Mietern. aa) Anspruch des Mieters auf Herstellung der Barrierefreiheit. Gem. § 554 Abs. 1 S. 1 BGB kann der Mieter vom Vermieter die Erlaubnis zu baulichen Veränderun-   17

---

40 BGH 13.1.2017 – V ZR 96/16, ZWE 2017, 224 Rn. 22; BT-Drs. 16/887, 31.
41 Bärmann/*Emmerich* WEG § 20 Rn. 14.
42 Der Anspruch besteht sogar dann, wenn die Behinderung auf eigenes Fehlverhalten zurückzuführen ist: Schmidt-Futterer/*Eisenschmid* BGB § 554 a Rn. 9, 10.
43 BGH 13.1.2017 – V ZR 96/16, WuM 2017, 227 Rn. 20; *Gellwitzki* WM 2018, 330 (334).
44 *Gellwitzki* WM 2018, 330 (335).
45 LG Bremen 7.10.2016 – 4 S 250/15, ZMR 2017, 83 Ls. 3; AG München 5.7.2017 – 482 C 26378/16, ZMR 2018, 88; *Hogenschurz* jurisPR-MietR 8/2018 Anm. 5.
46 *Dötsch* ZWE 2020, 215 (220); LG Bremen 7.10.2016 – 4 S 250/15, ZMR 2017, 83 Ls. 3; AG München 5.7.2017 – 482 C 26378/16, ZMR 2018, 88; *Hogenschurz* jurisPR-MietR 8/2018 Anm. 5.
47 Stellungnahme RiKG *Elzer* im Gesetzgebungsverfahren, XIII. (http://www.oliverelzer.de/mediapool/61/618300/data/elzer-data.pdf).
48 Ein oder mehrere Eigentümer wollen als Folge einer auftretenden Gehbehinderung den Treppenlift oder den Aufzug im Auge des Treppenhauses nutzen.
49 Eine Regelung, die die Schätzung des „angemessenen Ausgleichs" den Gerichten überbürdet, sieht kritisch der Deutsche Richterbund, s. Stellungnahme Blatt 20 (https://www.bmjv.de/SharedDocs/Gesetzgebungsverfahren/Stellungnahmen/2020/Downloads/02012020_Stellungnahme_DtRichterbund_WEModG.pdf;jsessionid=96489AF05784E36965FB18155521B74A.1_cid334?__blob=publicationFile&v=2; abgefragt am 01.11.2020).

gen verlangen, die für eine behindertengerechte Nutzung der Mietsache oder den Zugang zu ihr erforderlich sind. Der Vermieter seinerseits kann die Erlaubnis bei Unzumutbarkeit gem. § 554 Abs. 1 S. 2 BGB verweigern. Obwohl das WEG 2020 keine ausdrückliche Regelung zu dieser Frage enthält, ist nach wie vor davon auszugehen, dass § 554 BGB auch zwischen dem vermietenden Wohnungseigentümer und dem Mieter unmittelbar Anwendung findet. Wie allerdings dieser Anspruch in der Praxis umzusetzen ist, konnte bisher nicht befriedigend gelöst werden.[50] Da es zwischen Mietern und den übrigen Wohnungseigentümern mit Ausnahme des vermietenden Eigentümers keine vertraglichen Beziehungen gibt, kann sich hieraus ein Anspruch nicht ergeben. Aus § 554 Abs. 1 BGB kann auch nicht eine gemeinschaftsbezogene Pflicht der Gemeinschaft der Wohnungseigentümer hergeleitet werden.[51] Handelt es sich bei der begehrten Maßnahme nicht um eine nur marginale Veränderung des Gemeinschaftseigentums unterhalb der Schwelle des § 20 Abs. 1 WEG, ist ein Gestattungsbeschluss der anderen Wohnungseigentümer erforderlich (→ *Bauliche Veränderungen* Rn. 24).[52] Dies auch deshalb, weil – unabhängig von der Qualität der konkreten Beeinträchtigung – die bauliche Maßnahme von einem Dritten (nämlich dem Mieter) ausgeführt werden soll.[53]

Begehrt der Mieter daher die Herstellung einer besonderen baulichen Maßnahme zur Herstellung der Barrierefreiheit unter Berufung auf § 554 Abs. 1 S. 1 BGB, muss er den Vermieter auf Erlaubnis zu der von ihm beabsichtigten Maßnahme in Anspruch nehmen. Über die gem. § 554 Abs. 1 S. 1 BGB geforderte Erlaubnis zu der Maßnahme kann der Mieter darüber hinaus den Vermieter/Eigentümer auf Herbeiführung einer entsprechenden Beschlussfassung in der Wohnungseigentümerversammlung verklagen.[54] Ergeht ein nicht den Notwendigkeiten des Mieters interessengerechter Beschluss, muss der Wohnungseigentümer diesen anfechten.[55]

18 **bb) Pflichten von Mietern.** Durch § 15 Abs. 2 WEG ist nunmehr klargestellt, dass Mieter – nach dreimonatiger Ankündigung – Maßnahmen zu dulden haben, die über die Erhaltung des Gemeinschaftseigentums und des Sondereigentums hinausgehen. Die Duldungspflicht umfasst nicht nur die in § 15 Abs. 2 WEG enumerativ aufgeführten Maßnahmen, sondern gerade auch die auf Herstellung der Barrierefreiheit.[56]

III. Durchsetzung bzw. Abwehr von Maßnahmen zur Herstellung der Barrierefreiheit

19 **1. Barrierefreiheit zugunsten eines Wohnungseigentümers.** Der Antrag auf Durchführung einer baulichen Maßnahme zur Herstellung der Barrierefreiheit hat sich entweder auf deren Genehmigung zu richten oder auf die Durchführung einer bestimmten Maßnahme durch die Gemeinschaft der Wohnungseigentümer. Er ist in der Wohnungseigentümerversammlung (§ 23 Abs. 1 WEG) oder nach § 23 Abs. 3 WEG durch Zustimmung aller Wohnungseigentümer in Textform in einem Umlaufverfahren zu fassen; im Einzelfall kann ein Mehrheitsbeschluss ausreichen (§ 23 Abs. 3 S. 3 WEG). Durchzuführen ist die Maßnahme durch den beantragenden Eigentümer selbst bzw. von ihm zu veranlassen. Allerdings sind Fälle denkbar, bei denen auch oder nur die Gemeinschaft der Wohnungseigentümer die Maßnahme durchführt (Rückschluss aus § 21 Abs. 1 WEG). Sicher ist, dass weder der Verwalter noch andere einzelne Eigentümer in dieser Hinsicht verpflichtet sind.[57]

20 Da über die Angemessenheit einer baulichen Veränderung nur im Rahmen einer Abwägungsentscheidung befunden werden kann, entbindet die gesetzliche Neuregelung den Sondereigentümer nicht davon, die dafür notwendigen Grundlagen zu schaffen: Aufzunehmen in den Antrag sind die vorgesehenen Maßnahmen, deren Auswirkungen auf die Wohnungseigentumsanlage und die konkret zum Zeitpunkt der Durchführung der Maßnahme (voraussichtlich) entstehenden Kosten; Letztere möglichst sowohl für die Erstellung der Anlage als auch für deren **Beseitigung**. Zwar trägt der Ausführende die eigentlichen Kosten der Maßnahme selbst, da aber sein Anspruch nur die Duldung der Maßnahme umfasst und nicht weiter geht, ist zusätzlich der Rückbau zu sichern. Es geht im Ergebnis um die Kosten der Ersatzvornahme.

---

50 *Suilmann* ZWE 2019, 114 (116).
51 *Suilmann* ZWE 2019, 114 (117).
52 *Hügel/Elzer*, 3. Aufl. 2021, WEG § 13 Rn. 40.
53 *Suilmann* ZWE 2019, 114 (117).
54 BeckOK BGB /*Wiederhold* § 554 a Rn. 27.
55 *Hügel/Elzer* WEG § 22 aF Rn. 53.
56 BT-Drs. 19/18791, RegE WEMoG v. 23.3.2020, zu § 15 allgemein, erster Absatz.
57 *Hügel/Elzer* WEG § 22 aF Rn. 56.

Fraatz-Rosenfeld

Praktische Lösungsmöglichkeit ist der Abschluss eines Vertrages zwischen dem ausbauenden Eigentümer und der Gemeinschaft der Wohnungseigentümer.[58] In diesem sind etwa der Zeitpunkt des Rückbaus, die Übernahme der laufenden Kosten (beispielsweise beim Treppenlift der Stromverbrauch und die Wartungskosten) und die Verkehrssicherungspflicht (Haftpflichtversicherung) zu regeln. Da nicht mit Sicherheit gesagt werden kann, ob die jeweilige Anlage nicht doch rechtlich mit dem Gemeinschaftseigentum verbunden ist und nicht nur Scheinbestandteil, wird auch insoweit Klarstellung empfohlen.[59] Soweit bestimmte Flächen in Anspruch genommen werden, muss berücksichtigt werden, dass (unbeabsichtigt) ein Sondernutzungsrecht entstehen kann.[60] Ob gem. § 21 Abs. 1 WEG neben den Kosten für die Errichtung der Anlage auch Folgekosten im Wege eines Eigentümerbeschlusses überbürdet werden können, ist zweifelhaft.[61] Anders als im Mietrecht (§ 554 a Abs. 2 BGB) kann eine Sicherheitsleistung nicht verlangt werden.[62]

2. Anspruch des Mieters auf Zustimmung zur Schaffung der Barrierefreiheit und dessen Abwehr. Wird   **21**
ein Wohnungseigentümer auf Zustimmung zur Vornahme einer die Barrierefreiheit herstellenden Maßnahme, die auch das Gemeinschaftseigentum berührt, durch den Mieter gerichtlich in Anspruch genommen, ist vorsorglich den Miteigentümern der Streit zu verkünden.[63] Gelingt es nämlich dem Mieter, die Voraussetzungen des § 554 Abs. 1 S. 1 BGB darzulegen und zu beweisen, kann dieser die Herbeiführung der Beschlussfassung erzwingen und gem. § 888 ZPO vollstrecken. Dieser auf § 20 Abs. 2 Nr. 1 WEG beruhende Anspruch soll von dem vermietenden Eigentümer dem Mieter zur Geltendmachung im Wege einer gewillkürten Prozessstandschaft übertragen werden können.[64]

Für den vermietenden Eigentümer – auch einer von der Anspruchsgeltendmachung nicht betroffenen Woh-   **22**
nung – ist es dagegen ohne Auswirkung, wenn der Mieter im Rahmen einer Zustimmungsklage den Eigentümern der Eigentümergemeinschaft den Streit verkündet.[65] Ein solches Vorgehen geht ins Leere, weil zwischen dem Mieter und den anderen Eigentümern der Wohnungseigentumsanlage kein Rechtsverhältnis besteht.[66] Dem Mieter steht lediglich ein Anspruch auf Zustimmung zu der von ihm beabsichtigten Maßnahme zu. Dementsprechend erwächst dem Wohnungseigentümer keine Pflicht zum Tätigwerden.[67]

Dem Vermieter bleibt als Abwehrmöglichkeit die Darlegung der Unzumutbarkeit gem. § 554 Abs. 1 S. 2 BGB.   **23**
Insbesondere soweit Eingangs- und Treppenhausbereiche eingeengt werden, kann auf entgegenstehende **bauordnungsrechtliche Vorschriften** hingewiesen werden, die zwingend einzuhalten sind.[68]

24. Baugenehmigung

Fraatz-Rosenfeld

---

58 AG München 5.7.2017 – 482 C 26378/16, ZMR 2018, 88 Rn. 25.
59 *Hogenschurz* MietRB 2018, 208.
60 *Zschieschak* ZWE 2019, 238 (240).
61 Dagegen: LG Hamburg 4.3.2016 – 318 S 109/15, ZMR 2016, 484; offengelassen durch BGH 28.10.2016 – V ZR 91/16, NJW 2017, 1167; *Sommer* MietRB 2015, 56.
62 *Suilmann* ZWE 2019, 114 (117); aA *Hügel/Elzer* WEG § 22 Rn. 53.
63 *Schmid* NJW 2014, 1201 (1205).
64 *Suilmann* ZWE 2019, 114 (118).
65 *Schmid* NJW 2014, 1201 (1205).
66 *Schmid* NJW 2014, 1201 (1205).
67 *Schmid* NJW 2014, 1201 (1205).
68 VG Freiburg 20.3.2001 – 7 K 521/00, NVwZ-RR 2001, 1724; VG Gelsenkirchen 26.9.2012 – 5 K 2704/12.

I. Einführung

1 Der Begriff „Baugenehmigung" ist ein Begriff des besonderen Verwaltungsrechts und dort wiederum des öffentlichen Baurechts und in dessen Rahmen des Bauordnungsrechts. Durch sie stellt die Bauaufsichtsbehörde fest, dass ein Vorhaben materiell und formell mit den planungsrechtlichen und bauordnungsrechtlichen Vorschriften für diesen Standort übereinstimmt. Mit der Erteilung der Baugenehmigung wird zugleich die Errichtung des genehmigten Vorhabens freigegeben. Als Folge der Verwaltungsvereinfachung ist nur noch ein kleiner Teil aller Bauvorhaben einer umfassenden Baugenehmigungspflicht unterworfen. Alle anderen Vorhaben werden im vereinfachten Baugenehmigungsverfahren beschieden oder sind von der Genehmigungspflicht freigestellt oder ganz verfahrensfrei. Unabhängig hiervon müssen selbstverständlich alle baulichen Anlagen dem materiellen Baurecht entsprechen. Da im Zusammenhang mit bestehenden Wohnungseigentumsanlagen erfahrungsgemäß keine großen Bauvorhaben abgewickelt werden, sondern vornehmlich kleinteiligere bauliche Veränderungen, liegt der Schwerpunkt auf der Beantwortung der Frage, in welchen Fällen überhaupt eine Baugenehmigung zu beantragen ist. Erst in einer weiteren Stufe wird auf die formalen Voraussetzungen eines Baugenehmigungsantrags aus der Sicht von Wohnungseigentümern, der Gemeinschaft der Wohnungseigentümer und von Verwaltern eingegangen.

II. Grundzüge des Baugenehmigungsverfahrens bei einer Wohnungseigentumsanlage

2 **1. Präventive und repressive Kontrolle durch die Bauaufsichtsbehörden.** In der Bundesrepublik herrscht im Zusammenhang mit dem Errichten baulicher Anlagen „Baufreiheit". Diese grundsätzliche Möglichkeit, auf einem Grundstück eine bauliche Anlage zu errichten, wird durch die Normen des formellen und materiellen Baurechts im Rahmen der Bestimmung des Inhalts und der Schranken des Eigentums konkretisiert.[1] Das bedeutet zunächst, dass sich jede bauliche Anlage – unabhängig von der Frage, ob diese genehmigt ist oder genehmigt werden muss, **allen formellen und materiellen Vorschriften** des Bauplanungsrechts und Bauordnungsrechts zu unterwerfen hat.[2] Der jeweilige Prüfungsumfang durch die Bauaufsichtsbehörde ist durch die Deregulierung des baurechtlichen Verfahrensrechts gestaffelt und bewegt sich zwischen vollständiger Verfahrensfreiheit und umfänglichem Genehmigungsverfahren bis hin zu dem nur noch in Hamburg (§ 62 HBauO) durchgeführten Genehmigungsverfahren mit Konzentrationswirkung (es deckt alle öffentlich-rechtlichen Anforderungen ab). Grund für diese Differenzierung ist das unterschiedliche Gefahrenpotenzial verschiedener baulicher Anlagen.[3]

3 Sofern die Absicht besteht, auf Flächen der Wohnungseigentumsanlage ein Gebäude oder eine vom baulichen Umfang her ähnliche Anlage zu errichten (Schwimmbad, Carport, Stützmauer) oder an dem Gebäude der Wohnungseigentumsanlage bauliche Veränderungen vorzunehmen oder die Nutzung innerhalb der Wohnungseigentumsanlage zu ändern, ist zunächst die Frage zu stellen, ob das Vorhaben überhaupt eine **bauliche Anlage** im Sinne des Bauordnungsrechts darstellt.

Während für das eigentliche Hauptgebäude der Wohnungseigentumsanlage die Pflicht zur Einholung einer Baugenehmigung zumindest im „vereinfachten" Baugenehmigungsverfahren außer Frage steht, muss das für alle möglichen Anlagen auf den Freiflächen **vorab geklärt werden**. Der repressiven Kontrolle bzw. der Genehmigungspflicht unterliegen nämlich alle baulichen Anlagen. Bauliche Anlagen sind mit dem Erdboden direkt oder indirekt über ein bestehendes Gebäude verbundene oder auf dem Boden ruhende und aus Bauprodukten wie Beton oder Holz hergestellte Gegenstände.[4] Bauordnungsrechtlich von Bedeutung sind dabei die

---

1 *Hornmann* in Hoppenberg/de Witt BauR-HdB A I Rn. 1.
2 *Hornmann* in Hoppenberg/de Witt BauR-HdB A I Rn. 16.
3 *Hornmann* inHoppenberg/de Witt BauR-HdB A I Rn. 11.
4 Also bspw. auch Fertiggaragen, Werbeanlagen an Gebäuden oder Rankgerüste; *Hornmann* in Hoppenberg/de Witt BauR-HdB A I Rn. 31.

Fraatz-Rosenfeld

Errichtung, Änderung, Nutzungsänderung, Anbringung und Aufstellung sowie der Abbruch baulicher Anlagen.[5]

Ist am oder im Gebäude der Wohnungseigentumsanlage eine Baumaßnahme vorgesehen oder soll auf dem Gelände eine bauliche Anlage im Sinne des Bauordnungsrechts errichtet werden, so ist weiter zu klären, ob diese Maßnahme der Baugenehmigungspflicht unterliegt oder genehmigungs- oder verfahrensfrei ist. Bauaufsichtsbehörden (Landkreis/Stadt mit den Befugnissen einer Bauaufsichtsbehörde) sind verpflichtet, im Rahmen der aus § 25 VwVfG erwachsenden Betreuungspflicht[6] vor der Antragstellung auf richtige Anträge hinzuwirken.[7] Eine verbindliche Feststellung über die Zulässigkeit einer beabsichtigten Bebauung gibt allerdings nur ein Bauvorbescheid (→ Rn. 22).   4

2. Verfahrensfreiheit, Genehmigungsfreistellung, Kenntnisgabe- und Anzeigeverfahren. a) Verfahrensfreiheit. Alle Landesbauordnungen enthalten jeweils unmittelbar oder in einer besonderen Anlage/Verwaltungsvorschrift einen Katalog der Maßnahmen, für die es keines bauaufsichtlichen Verfahrens bedarf; ihre Errichtung ist **verfahrensfrei.**[8] Einige dieser Vorschriften – etwa § 60 Abs. 2 Nr. 1 NBauO – vereinigen Verfahrensfreiheit und Genehmigungsfreiheit in einer Vorschrift.   5

Soweit es um **Grundstücksflächen** des Gemeinschaftseigentums, Sondereigentumsflächen oder solche im Wege von Sondernutzungsrechten eingeräumte Bereiche geht, gehören zu den genehmigungsfreien Anlagen vor allem solche der **Gartengestaltung** wie **eingeschossige Gebäude** mit einer Bruttogrundfläche von bis zu 10 qm, Terrassenüberdachungen, Wasserbecken, Stützmauern, Aufschüttungen, Abgrabungen und Einfriedigungen, deren Errichtung allerdings vielfach nachbarrechtlichen Restriktionen unterliegt (→ *Nachbarrecht* Rn. 14). In und **am Gebäude** der Wohnungseigentumsanlage sind Anlagen der technischen Gebäudeausrüstung, Antennen bis zu einer jeweils bestimmten Höhe sowie Solar- und Photovoltaikanlagen bis zu jeweils bestimmten Größen genehmigungsfrei zulässig.   6

b) Genehmigungsfreistellung, vornehmlich von Nutzungsänderungen. Bis auf Baden-Württemberg (Kenntnisgabeverfahren), Brandenburg (Bauanzeigeverfahren) und Hamburg gibt es in allen anderen Bundesländern eine Genehmigungsfreistellung.[9] Danach bedürfen **eigentlich genehmigungsdürftige** bauliche Anlagen geringeren Umfangs keiner Baugenehmigung. Erfasst von dieser Privilegierung sind – je nach Bundesland – ganz unterschiedliche Gebäudetypen.[10] Bis auf die Bundesländer Brandenburg und Rheinland-Pfalz haben sich alle Bundesländer einem von der Musterbauordnung vorgeschlagenen System angeschlossen, das die Gebäude in fünf Gebäudeklassen unterteilt. Von der Genehmigungsfreistellung erfasst sind in erster Linie Gebäude geringerer Höhe[11] und Gebäude bis zu 13 Meter Höhe.[12]   7

Im Ergebnis ergibt sich daraus, dass bauliche Maßnahmen im Zusammenhang mit typischen Wohnungseigentumsanlagen (Änderungen am Gebäude, Nutzungsänderungen) oft von der Baugenehmigung freigestellt sind. Soweit es bestehende Wohnungseigentumsanlagen angeht, sind damit alle kleineren Um- und Ausbaumaßnahmen weitgehend genehmigungsfrei, ebenso Instandhaltungen.   8

Von praktischer Bedeutung ist die grundsätzliche Genehmigungsfreiheit von **Nutzungsänderungen.** Sie ist regelmäßig dann gegeben, wenn für die neue Nutzung „keine weiteren oder anderen Anforderungen gelten als für die bisherige Nutzung" (§ 50 Abs. 2 Nr. 1 LBO BW), oder durch die Nutzung „neuer zusätzlicher Wohnraum in Wohngebäuden der Gebäudeklasse 1 bis 3 … geschaffen wird". Ähnliche Regelungen enthalten ua § 61 Abs. 2 BauO Bln, § 63 HBO, § 62 Abs. 2 BauO NRW und § 61 Abs. 2, 3 SächsBO).   9

---

5 Jeweils in den §§ 2 Abs. 1 oder Abs. 2 der Landesbauordnungen so definiert.

6 Stelkens/Bonk/Sachs/*Kallerhoff/Fellenberg* VwVfG § 25 Rn. 5.

7 Insbesondere auch in Hinblick auf mögliche Alternativen: Stelkens/Bonk/Sachs/*Kallerhoff/Fellenberg* VwVfG § 25 Rn. 44.

8 *Hornmann* in Hoppenberg/de Witt BauR-HdB A I Rn. 11, 12; § 50 LBO BW nebst Anh.; Art. 57 BayBO, § 61 BauO Bln, § 61 BbgBauO, § 61 BremLBO, Anlage 2 zu § 60 HBauO, Anlage zur § 63 HBO, § 61 LBauO M-V, Anh. zu § 60 NdsBauO, §§ 62 f. BauO NRW (genehmigungsfrei), § 62 LBauO RhPf, § 61 SaarlLBO, § 61 SächsLBO, § 60 BauO LSA, § 63 SchlHLBO, §§ 60, 61 ThürBO.

9 Art. 58 BayBO, § 62 BauOBln, § 62 BremBO, § 64 HBO, § 62 LBauO M-V, § 62 NdsBauO, § 63 BauO NRW, § 67 LBauO RhPf, § 63 SaarlLBO, § 61 BauO LSA, § 68 SchlH LBO, § 61 ThürBO.

10 Zu diesen Differenzierungen: *Hornmann* in Hoppenberg/de Witt BauR-HdB A II Rn. 26 ff.

11 Gebäudeklassen 1–3, bis 7 Meter Höhe.

12 Gebäudeklasse 4.

10 Weitere Voraussetzung ist, dass die Anlage, deren Nutzung geändert werden soll, im Übrigen öffentlich-rechtlichen Vorschriften entsprechen muss,[13] insbesondere im Geltungsbereich eines Bebauungsplans **liegt und dessen** Festsetzungen nicht widerspricht.[14] Daraus ergibt sich, dass gerade bei Nutzungsänderungen immer die **Plankonformität** überprüft werden muss.

11 **3. Anzeigeverfahren, Kenntnisgabeverfahren, Baugenehmigung mit Konzentrationswirkung.** Einige Bauordnungen haben zwischen vollständiger Genehmigungsfreistellung und vollumfänglicher Genehmigungspflicht eine Art „Zwischenstufe" eingeführt, indem sie besondere Anzeigeverfahren (§ 62 BbgBO) bzw. Kenntnisgabeverfahren (§ 51 LBO BW) zwischengeschaltet haben.[15] Beide Verfahren sind dadurch geprägt, dass der Bauherr binnen einer im Gesetz geregelten Frist sein Vorhaben mitteilt und die Bauaufsichtsbehörde dann bei Feststellung formeller und/oder materieller Verstöße das Vorhaben untersagen kann. In Hamburg kann der Bauherr selbst entscheiden, ob er im einfachen Baugenehmigungsverfahren vorgeht oder im (alle öffentlich-rechtlichen Vorschriften abprüfenden) „konzentrierten" Baugenehmigungsverfahren (§§ 61, 70 Abs. 1 HBauO).

12 **4. Genehmigungsbedürftige Vorhaben.** Liegt Verfahrensfreiheit nicht vor und besteht keine Genehmigungsfreistellung, bedarf die Errichtung, Aufstellung, Änderung, der Abbruch und die Nutzungsänderung einer **Baugenehmigung**.[16]

13 Hierher gehörende Maßnahmen sind das eigentliche Errichten einer baulichen Anlage sowie deren **Änderung** einschließlich technischer Vorbereitungsarbeiten wie das Ausheben der Baugrube,[17] das dauerhafte Aufstellen von eigentlich beweglichen Gegenständen wie Wohnwagen oder Fertiggaragen[18] sowie die Inanspruchnahme der Räume für eine andere Nutzung.

14 Vornehmlich die **Nutzungsänderung** innerhalb einer Wohnungseigentumsanlage kann die Grenzen der Verfahrensfreiheit bzw. Genehmigungsfreistellung überschreiten und die Beantragung einer Baugenehmigung erforderlich machen. Nutzungsänderung bedeutet bei Beibehaltung der bisherigen Bausubstanz die Änderung der Funktion oder des Umfanges der Nutzung.[19] Nutzungsänderungen sind sowohl bauplanungsrechtlich wie auch bauordnungsrechtlich relevant.[20] Daher ist die Änderung einer Wohnnutzung in Büronutzung[21] oder in „Terminwohnungen"[22] der Genehmigungspflicht unterworfen.

15 Auch die **Umnutzung** von Gewerbeeinheiten in Wohneinheiten stellt eine grundsätzlich der Genehmigungspflicht unterliegende Nutzungsänderung dar. Das gilt für die Umgestaltung eines Bürogebäudes zur Flüchtlingsunterkunft[23] oder eines sonst gewerblich genutzten Gebäudes in eine Wohnnutzung[24] oder einer Betriebswohnung gem. § 8 Abs. 3 Nr. 1 BauNVO.[25]

16 Ein Schwerpunkt genehmigungsbedürftiger Nutzungsänderungen mit entsprechenden Untersagungsverfügungen der Bauaufsichtsbehörden lag in den letzten Jahren bei der Änderung von Wohnnutzungen zu **Ferienwoh-**

---

13 Beispielsweise: § 50 Abs. 5 LBO BW.

14 § 62 Abs. 2 Nr. 1, 2 LBauO M-V, § 63 Abs. 2 Nr. 1, 2 SächsBO, § 62 Abs. 2 Nr. 1, 2 SächsBO.

15 *Hornmann* in Hoppenberg/de Witt BauR-HdB A II Rn. 14, 17.

16 § 49 Abs. 1 LBO BW, Art. 55 Abs. 1 BayBO, § 59 Abs. 1 BauO Bln, § 59 Abs. 1 S. 1 BbgBO, § 59 Abs. 1 S. 1 BremLBO, § 59 Abs. 1 S. 2 HBauO, § 62 Abs. 1 HBO, § 59 Abs. 1 LBauO M-V, § 59 Abs. 1 NdsBauO, § 60 Abs. 1 BauO NRW, § 61 Abs. 1 LBauO RhPf, § 60 Abs. 1 SaarlLBO, § 59 Abs. 1 SächsBO, § 58 Abs. 1 BauO LSA, § 58 Abs. 1 SchlHLBO, § 59 Abs. 1 ThürBO.

17 *Hornmann* in Hoppenberg/de Witt BauR-HdB A I Rn. 31.

18 *Hornmann* in Hoppenberg/de Witt BauR-HdB A I Rn. 32.

19 VGH Mannheim 11.3.2014 – 9 S 529/11, NVwZ-RR 2014, 752 (753).

20 BeckOK Bauordnungsrecht BW/*Seith* LBO BW § 50 Rn. 12.

21 VGH Kassel 13.2.1998 – 4 TZ 1692/97, ZfBR 1999, 47.

22 VGH München BauR 2008, 1851.

23 BVerwG 28.12.2017 – 3 B 15/16, ZfBR 2018, 375; VGH Mannheim 4.5.2017 – 8 A 11822/16, NVwZ 2017, 91.

24 VG Neustadt 24.2.2005 – 4 K 2743/04.NW, NVwZ-RR 2005, 612.

25 OVG Münster 17.3.2008 – 8 A 929/07, ZfBR 2008, 499.

Fraatz-Rosenfeld

nungsnutzungen.[26] Aber auch bereits die Erhöhung der Bettenzahl eines Ferienhauses wurde als Nutzungsänderung angesehen[27]

Diese Situation ist auch durch die mit § 13 a BauNVO neu eingefügte Vorschrift zur erweiterten Zulassung **17** von Ferienwohnungen nicht nennenswert verbessert worden: Nach dieser Vorschrift werden „Räume oder Gebäude, die einem wechselnden Kreis von Gästen gegen Entgelt zur Verfügung gestellt werden" entweder als nicht störende Gewerbebetriebe (§§ 2 Abs. 3 Nr. 4, 4 Abs. 3 Nr. 2 BauNVO) oder als Gewerbebetriebe (§§ 4 Abs. 2 Nr. 3, 5 Abs. 2 Nr. 6, 6 Abs. 2 Nr. 4, 6 a Abs. 2 Nr. 4 BauNVO) eingestuft.

Sofern diese Räume innerhalb eines Gebäudes eine untergeordnete Nutzung darstellen, können sie als „Beherbergungsbetriebe" bzw. „kleine Beherbergungsbetriebe" angesehen werden. Daraus folgt, dass in Kleinsiedlungsgebieten (§ 2 BauNVO) und allgemeinen Wohngebieten (§ 4 BauNVO) Ferienwohnungsnutzungen dennoch einer städtebaurechtlichen Ausnahme bedürfen. Auch die Nutzungsaufnahme von Ferienwohnungen als untergeordnete Nutzung gem. § 13 a S. 2 BauNVO in reinen Wohngebieten (§ 3 Abs. 3 Nr. 1 BauNVO) und allgemeinen Wohngebieten (§ 4 Abs. 3 Nr. 1 BauNVO) erfordert immer noch die Beantragung einer **Ausnahme.**[28] Strittig ist zudem, ob und inwieweit § 13 a BauNVO überhaupt auf bestehende Bebauungspläne rückwirkend angewendet werden kann.[29]

III. Schnittstellen zwischen formellem Bauordnungsrecht und Wohnungseigentumsrecht

Wird in einer Wohnungseigentumsanlage eine bautechnische Maßnahme am Gebäude selbst oder auf der im **18** Gemeinschaftseigentum stehenden Grundstücksfläche geplant oder soll die Nutzung von Sondereigentum und/ oder Gemeinschaftseigentum geändert werden, ergibt sich folgende Systematik:

1. Bauliche Veränderung iSd § 20 Abs. 1 WEG und Bauordnungsrecht. a) Erforderlichkeit einer Bau- **19** **genehmigung.** Ist durch Gemeinschaftsordnung, Vereinbarung oder unanfechtbar gewordenen Beschluss eine **bauliche Veränderung** (→ *Bauliche Veränderung* Rn. 1 ff.) iSd § 20 Abs. 1 WEG wohnungseigentumsrechtlich erlaubt, ist auf der öffentlich-rechtlichen Seite zunächst zu klären, welche formellen bauordnungsrechtlichen Voraussetzungen zu schaffen sind. Weitergehende Überlegungen erübrigen sich, wenn wohnungseigentumsrechtlich endgültig entschieden ist, dass eine bauliche Veränderung nicht durchgeführt werden darf. Dann fehlt es – unabhängig davon, ob überhaupt eine Baugenehmigung beantragt werden muss – am **Sachbescheidungsinteresse.**[30]

Vorfrage ist zunächst, ob die geplante Maßnahme nicht ohnehin verfahrensfrei ist wie beispielsweise die Er- **20** richtung eines Gebäudes ohne Aufenthaltsräume, Toiletten, Feuerstätten (Anh. Nr. 1 a zu § 50 LBO BW) oder eine Stützmauer.[31] Werden innerhalb des Gebäudes oder am Gebäude Veränderungen vorgenommen, liegt in der Regel Verfahrensfreiheit vor, wenn keine statischen Veränderungen vorgenommen werden, Fenster und Türen eingebaut, Außenwandbekleidung oder Dächer verändert werden.[32] Kann hierüber keine klare Feststel-

---

26 OVG Berlin-Brandenburg 30.5.2016 – OVG 10 S 34/15, NVwZ-RR 2016, 650; VGH Mannheim 19.7.2016 – 5 S 2220/15, BeckRS 2016, 49517; OVG Greifswald 28.12.2007 – 3 M 190/07, NordÖR 2008, 169; 19.2.2014 – 3 L 212/12, NordÖR 2014, 323; 10.6.2015 – 3 M 85/14, NordÖR 2015, 433; 27.7.2015 – 14 A 1107/15, NVwZ 2015, 630; 27.3.2015 – 3 M 38/15, BeckRS 2015, 47459; OVG Lüneburg 18.9.2014 – 1 KN 123/12, ZfBR 2014, 767 („Borkum"); 15.1.2015 – 1 KN 61/14, BauR 2015, 1704; OVG Berlin-Brandenburg 30.5.2016 – 10 S 34/15, NVwZ-RR 216, 650; VG Schleswig 17.8.2016 – 8 A 173/14, BeckRS 2016, 53559; 14.11.2016 – 8 B 42/16, BeckRS 2016, 54551; *Nicolai* NordÖR 2015, 362; *Fraatz-Rosenfeld/Kahrmann* VR 2014, 37.
27 OVG Lüneburg 22.11.2013 – 1 LA 49/13, NVwZ-RR 2014, 255; BayVGH 22.11.2013 – 1 LA 49/13, ZfBR 2014, 160.
28 VG Schwerin 16.1.2020 – 2 A 1308/18 Sn Rn. 49; *Bischopink* in Bönker/Bischopink BauNVO § 13 a Rn. 9; *Fraatz-Rosenfeld* AnwZert MietR 21/2020 Anm. 2; zum Begriff der Ausnahme allgemein: *Fickert/Fieseler* BauNVO Vor §§ 2–9 Rn. 6.1.
29 Ablehnend: OVG Schleswig 16.9.2020 – 1 MB12/20 Rn. 23; OVG Greifswald 6.11.2019 – 3 k 489/15, NordÖR 2020, 509; VG Hannover 23.7.2020 – 4 B 2507/20.
30 Stelkens/Bonk/Sachs/*Schmitz* VwVfG § 9 Rn. 153.
31 § 61 Abs. 1 Nr. 7 SächsBO: Mauern einschließlich Stützmauern und Einfriedigungen.
32 § 63 SchlH LBO, dort Nr. 11 a–d.

lung getroffen werden, ist die Bauaufsichtsbehörde in das weitere Vorgehen einzubeziehen.[33] Im Streitfall wäre darüber ein verwaltungsprozessuales Feststellungsverfahren durchzuführen (→ *Verwaltungsprozess* Rn. 37).

21 Bestimmte Maßnahmen, die die Qualität einer baulichen Veränderung iSd § 20 WEG haben, sind in den Fällen offensichtlicher Legalität in einigen Bundesländern von der **Genehmigungsbedürftigkeit freigestellt** (vornehmlich solche Maßnahmen, die dem Bebauungsplan entsprechen und keiner Ausnahmen oder Befreiungen bedürfen, → Rn. 9).

22 **b) Voraussetzungen für die Erteilung einer Baugenehmigung. aa) Vorbescheid oder Baugenehmigung?** Ist die Beantragung einer Genehmigung erforderlich, muss innerhalb der Gemeinschaft der Wohnungseigentümer geklärt werden, wer als Bauherr auftritt. Die Rechtsstellung des Bauherrn bzw. der Bauherrin ist zunächst keine zwingende Verpflichtung der Gemeinschaft der Wohnungseigentümer, die sich gem. § 9 a Abs. 2 WEG aus dem Gemeinschaftseigentum ergibt bzw. eine „einheitliche Rechtsverfolgung" erfordert. Daher kann entschieden werden, ob die Gemeinschaft der Eigentümer oder einzelne oder alle Eigentümer als Bauherren auftreten (→ Rn. 28).

23 Sieht die Teilungserklärung vor, dass vor Durchführung einer baulichen Maßnahme eine Baugenehmigung einzuholen ist, und geschieht dies nicht vor Beginn der Maßnahme, löst das einen Unterlassungsanspruch anderer Wohnungseigentümer aus.[34]

24 Soll lediglich geklärt werden, ob ein bestimmtes Vorhaben grundsätzlich möglich ist – also beispielsweise die Aufstockung eines Gebäudes um ein weiteres Geschoss –, kann dies als Frage unter Beifügung erforderlicher Bauvorlagen[35] an die Bauaufsichtsbehörde gestellt werden. Einige Bauordnungen fordern dazu allerdings die Einschaltung eines Bauvorlageberechtigten (→ Rn 29).[36] Die Bauaufsichtsbehörde beantwortet dann die Frage in der Form eines Vorbescheids.[37]

25 Der Vorbescheid ist ein Rechtsbehelfen sowohl der Bauherren wie auch der Nachbarn zugänglicher Verwaltungsakt. Wird gegen ihn kein Widerspruch eingelegt, wird er im Umfang der von ihm getroffenen Feststellungen bestandskräftig und auf diese Weise dann auch integraler Bestandteil einer beantragten Baugenehmigung.

26 Ob zunächst ein Vorbescheid beantragt wird und dann erst eine Baugenehmigung, hängt ganz entscheidend davon ab, ob das Vorhaben weitgehend den planungsrechtlichen und bauordnungsrechtlichen Voraussetzungen entspricht oder nicht. Ist die Notwendigkeit von **Befreiungen** oder **Ausnahmen** absehbar, kann ein Antrag auf Vorbescheid sinnvoll sein, da damit unnötige Planungskosten im Rahmen eines aufwendigen Genehmigungsverfahrens vermieden werden können.

27 **bb) Baugenehmigung.** Ist für eine bauliche Maßnahme von Wohnungseigentümern oder der Gemeinschaft der Wohnungseigentümer eine Baugenehmigung erforderlich, bedarf es eines förmlichen Antrags, der nach allen Landesbauordnungen im Wesentlichen gleiche Voraussetzungen zu erfüllen hat. Je nach Art und Umfang des Vorhabens ist dabei entweder ein umfassendes, herkömmliches Verfahren oder ein vereinfachtes Verfahren durchzuführen.[38] Bis auf die HBauO gehen alle Bauordnungen vom „Separationsmodell" aus: Es wird nur geprüft, ob ein Vorhaben mit dem Bauplanungsrecht und dem Bauordnungsrecht übereinstimmt; das außerbaurechtliche Fachrecht wird nicht geprüft. In den **vereinfachten Baugenehmigungsverfahren** läuft ab Einreichung der vollständigen Unterlagen (idR) eine dreimonatige Bearbeitungsfrist. Verstreicht diese, gilt die Genehmigung als erteilt (fiktive Genehmigung).

---

33 Beispielsweise: Einholung einer Auskunft gem. § 25 Abs. 2 VwVfG.

34 BGH 18.1.2013 – V ZR 88/12, ZWE 2013, 131.

35 Nach den entsprechenden Verweisungen in den LBOen werden Mindestanforderungen an die Beibringung von Bauvorlagen gestellt: Art. 71 iVm 64 BayBO; §§ 76 iVm 69 Abs. 2 HBO; siehe auch: Alexejew/*Opitz* HBauO § 63 Rn. 58.

36 Art. 71 S. 4 iVm 64 Abs. 4 S. 1 BayBO; §§ 74 Abs. 1 iVm 69 Abs. 4 BauOBln; §§ 77 Abs. 1 iVm 67 Abs. 1 BauO NRW.

37 § 57 Abs. 1 LBO BW, Art. 71 Abs. 1 BayBO, § 75 Abs. 1 BauO Bln, § 75 Abs. 1 BbgBO, § 75 Abs. 1 BremLBO, § 63 Abs. 1 HBauO, § 75 Abs. 1 LBauO M-V, § 73 Abs. 1 NdsBO, § 77 Abs. 1 BauO NRW, § 72 Abs. 1 LBauO RhPf, § 76 Abs. 1 SaarlLBO, § 75 Abs. SächsBO, § 74 Abs. 1 BauO LSA, § 66 SchlH LBO, § 74 Abs. 1 ThürBO; Einzelheiten bei *Hornmann* in Hoppenberg/de Witt BauR-HdB A I Rn. 402 ff.

38 *Hornmann* in Hoppenberg/de Witt BauR-HdB A I Rn. 45.

Vor Errichtung einer baulichen Anlage ist der **Bauherr** zu benennen. Dabei ist im Verhältnis zur Bauaufsichts-   28
behörde nicht notwendig der Eigentümer auch Bauherr,[39] sondern jeder, der der Bauaufsichtsbehörde gegenüber als Verantwortlicher für den Bau in Erscheinung tritt.[40] Dementsprechend kommen im Außenverhältnis
zur Bauaufsichtsbehörde einzelne Eigentümer, die Gemeinschaft der Wohnungseigentümer und der Verwalter
in Betracht. Die Bauaufsichtsbehörde kann ohne weitere Prüfung davon ausgehen, dass die Person, die den
Bauantrag unterzeichnet, auch als Bauherr anzusehen ist.[41] Entscheidend ist aus bauordnungsrechtlicher Sicht
allein, wer die „Sachherrschaft über den Bau tatsächlich innehat"[42] oder sich sogar nur als ein solcher ge-
riert,[43] ohne dass es auf die Eigentumsverhältnisse ankommt. Da die als BGB-Gesellschaft organisierten Bau-
herrengemeinschaften als Bauherren anerkannt sind,[44] muss auch die Gemeinschaft der Wohnungseigentümer
Bauherr sein können. Dementsprechend ist im Rahmen der Organisation der Wohnungseigentümer untereinander zu klären, wer Bauherr sein soll und ob gegebenenfalls der Verwalter diese Aufgabe übernehmen soll.

Neben der Bestimmung eines Bauherrn als Verantwortlichem für das Vorhaben sind als dessen **Hilfspersonen**   29
zwingend sowohl ein Entwurfsverfasser und ein Unternehmer sowie ein Bauleiter zu benennen. Da die Verfasser von Entwürfen für ein Baugenehmigungsvorhaben entsprechend qualifiziert sein müssen, bestimmen die
Landesbauordnungen, dass dies Personen mit entsprechender Ausbildung (Architekt, Bauingenieur) sein müssen und dass dieser **Bauvorlageberechtigte** neben dem Bauherrn den Bauantrag zu unterschreiben hat. Für
kleinere Baumaßnahmen sind diese strengen Voraussetzungen erleichtert, so dass auch Meister des Maurer-
handwerks, des Zimmerhandwerks und des Betonbauer- und Stahlbetonbauerhandwerks als Bauvorlageberechtigte auftreten können.[45]

Voraussetzung für die Erteilung einer Baugenehmigung im umfassenden wie im vereinfachten Verfahren ist   30
die Stellung eines Antrags **in schriftlicher Form** oder in **elektronischer Form**. Inhaltlich sind beizubringen:
Name und Anschrift des Bauherrn, die Bezeichnung des Grundstücks, eine Beschreibung des Vorhabens und
sowie die Bauzeichnungen. Nicht zuletzt sind dann die Unterschriften des Bauherrn, des Entwurfsverfassers
und ggf. eines Fachplaners erforderlich und nach den meisten Bauordnungen kann auch die Zustimmung des
Eigentümers verlangt werden.[46] Diese Vorschriften dienen ausschließlich zur Klärung des sog. Sachbeschei-
dungsinteresses und damit der Frage, ob nicht zivilrechtliche Hindernisse der Erteilung der Baugenehmigung
entgegenstehen.[47]

2. Nutzungsänderungen ohne bauliche Veränderung iSd § 20 Abs. 1 WEG. Vornehmlich Nutzungsände-   31
rungen können ohne jede bauliche Maßnahme durchgeführt werden und zudem wohnungseigentumsrechtlich
ohne Relevanz sein, etwa wenn diese durch Teilungserklärung oder Vereinbarung zugelassen sind oder eine
Nutzungsänderung im Rahmen des Nutzungszwecks möglich ist. Allgemein als zulässig angesehen wird die
Überlassung an wechselnde Nutzer einer Wohnung. Selbst dann, wenn der Nutzungszweck nicht durch eine
Vereinbarung erweitert ist, kann eine (nicht störende) freiberufliche Tätigkeit in einer Wohnung wohnungsei-
gentumsrechtlich zulässig sein.[48]

Demgegenüber unterliegen Nutzungsänderungen auch ohne jeden bautechnischen Eingriff den formellen Vor-   32
aussetzungen des Bauordnungsrechts und damit grundsätzlich der Genehmigungspflicht. Allerdings können
auch Nutzungsänderungen verfahrensfrei oder genehmigungsfrei sein, wenn sie eine ohnehin verfahrensfreie
Anlage betreffen (§ 60 Abs. 2 Nr. 1 NdsBO) oder „wenn das öffentliche Baurecht an die neue Nutzung weder
andere noch weitergehende Anforderungen stellt". Diese Vergünstigung wird vor allem bei der Nutzungsänderung von Wohnungseigentum nur selten zum Tragen kommen, denn bei Nutzungsänderungen stellen sich
meist Fragen nach der städtebaurechtlichen Zulässigkeit der in Aussicht genommenen Nutzung. In diesem Zusammenhang ist unter Berücksichtigung **der planungsrechtlichen Festsetzungen** und der Vorschriften **der**

39 Schlotterbeck/*Hager* LBO BW § 42 Rn. 7; Boeddinghaus/*Radeisen* BauO NRW § 57 aF Rn 4.
40 Schlotterbeck/*Hager* LBO BW § 42 Rn. 5.
41 *Hornmann* in Hoppenberg/de Witt BauR-HdB A I Rn. 54; Schlotterbeck/*Hager* LBO BW Rn. 5.
42 Große-Suchsdorf/*Wiechert* NBauO § 52 Rn. 10.
43 Boeddinghaus/*Radeisen* BauO NRW § 57 aF Rn. 6.
44 Schlotterbeck/*Hager* LBO BW § 42 Rn. 10; Boeddinghaus/*Radeisen* BauO NRW § 57 aF Rn. 8.
45 Beispielsweise: § 67 Abs. 3 Nr. 2 HBauO.
46 § 69 Abs. 4 S. 2 BlnBO; § 70 Abs. 3 S. 2 BauO NRW.
47 Boeddinghaus/*Radeisen* BauO NRW § 69 aF Rn. 44.
48 Jennißen/*Schultzky* WEG § 15 Rn. 29; Bärmann/*Suilmann* WEG § 15 Rn. 36.

Baunutzungsverordnung zu klären, ob die beabsichtigte Nutzung überhaupt in Betracht kommt. Dabei ist davon ausgehen, dass Wohnungseigentum sich regelmäßig in reinen oder allgemeinen Wohngebieten (§§ 3, 4 BauNVO) und seltener in Misch- oder urbanen Gebieten oder Kerngebieten (§§ 6, 6 a, 7 BauNVO) befindet. Vor allem in den Wohngebieten sind Abweichungen von der Wohnnutzung nur im Ausnahmewege (§§ 3 Abs. 2, 4 Abs. 3 BauNVO) zulässig und damit nur dann, wenn ihnen städtebauliche Gründe nicht entgegenstehen.[49]

33 Ist eine **Genehmigung** für die Nutzungsänderung erforderlich, hat der Sondereigentümer als Bauherr in seinem Namen und auf seine Kosten das Genehmigungsverfahren durchzuführen. Wird die Maßnahme von der Gemeinschaft der Wohnungseigentümer durchgeführt, so ist zu klären, ob diese als Bauherr auftritt, ein einzelner Eigentümer oder der Verwalter. Wird die Beantragung unterlassen, sind die Beteiligten Untersagungsanordnungen der Bauaufsichtsbehörde ausgesetzt.

34 Zum **Nachbarschutz** gegen die einem Dritten erteilte Baugenehmigung außerhalb der Wohnungseigentumsanlage (→ *Nachbarschutz* Rn. 8 ff., 25).

25. Baulast

Fraatz-Rosenfeld

I. Einleitung

1 Öffentlich-rechtliche Baulasten können unter ganz unterschiedlichen Gesichtspunkten für eine Wohnungseigentumsanlage von Bedeutung sein: In den meisten Fällen ermöglichen sie als Voraussetzung für die Erteilung einer Baugenehmigung überhaupt erst die Errichtung einer baulichen Anlage oder deren vorgesehene Nutzung. In den meisten Fällen gehen dabei zugleich gewisse Einschränkungen der Grundstücksnutzung von ihnen aus. Dies erst recht, wenn ausschließlich ein Nachbargrundstück begünstigt ist. In diesen zwei Fallkonstellationen stellt sich die Frage, unter welchen Umständen und auf welchem Wege die Löschung einer Baulast verlangt werden kann.[1] Dies gilt vornehmlich deshalb, weil auch zivilrechtliche Wirkungen von ihnen ausgehen können.[2] Und im Gegensatz dazu gibt es Fallkonstellationen, in denen gerade ein Interesse daran besteht, Nachbarn zum Eingehen einer Baulastverpflichtung zu veranlassen.[3]

II. Die Baulast als bauaufsichtliches Sicherungsinstrument und ihre Begleitwirkungen

2 Baulasten sind durch eine Verpflichtungserklärung der jeweiligen Eigentümer gegenüber der Bauaufsichtsbehörde begründete Sicherungsinstrumente des Bauordnungsrechts und dementsprechend in fast allen Bauord-

---

49 *Fickert/Fieseler* BauNVO Vor §§ 2–9 Rn. 6.7.
 1 OVG Münster 24.11.2017 – 2 A 1393/17, NVwZ-RR 2018, 422.
 2 OLG Hamm 6.7.2017 – 5 U 152/16, MDR 2017, 1356.
 3 BGH 3.7.1992 – V ZR 218/ 91, NJW 1992, 2885.

nungen der Bundesländer vorgesehen.[4] Sie begründen Sicherungen für die Bauaufsichtsbehörde, die sich „für den Bauherrn nicht schon aus den öffentlich-rechtlichen Vorschriften selbst" ergeben,[5] wenn anders die Voraussetzungen für die Erteilung einer Baugenehmigung nicht geschaffen oder sonst auf einem Grundstück öffentlich-rechtlich/baurechtlich einwandfreie Zustände nicht hergestellt werden können.

Klassische Baulasten sind Abstandsbaulasten, mittels derer ein Grundstückseigentümer sich verpflichtet, auf seinem Grundstück eine Fläche im Grenzbereich freizuhalten, um einem Nachbargebäude den notwendigen Grenzabstand zu verschaffen. Oft kommen auch Zuwegungsbaulasten vor: Da Grundstücke nur bebaubar sind, wenn sie in „angemessener Breite" an einer öffentlichen Straße liegen, kann Hinterliegergrundstücken auf diese Weise ein Zugang zur Straße verschafft werden. Eher selten sind Baulasten, die planungsrechtliche Anforderungen an ein Vorhaben sichern oder solche ohne Bezug zu einem konkreten Genehmigungsverfahren (Sicherung naturschutzrechtlicher Ausgleichspflichten). Die Übernahme einer Baulast kann sowohl bauaufsichtliche Anforderungen auf dem eigenen Grundstück wie auch auf einem anderen Grundstück sichern. Wird die Verpflichtung wirksam abgegeben, erfolgt eine Eintragung in ein bei der Bauaufsichtsbehörde geführtes Baulastenverzeichnis.

1. Baulast zulasten des in Wohnungseigentum aufgeteilten Grundstücks. a) Sicherung der Genehmigungsfähigkeit bzw. sonstiger Voraussetzungen („Eigenbaulast"). Im Regelfall wird die Wohnungseigentumsanlage von einem einzelnen Eigentümer – meist einem Bauträger – errichtet mit der Folge, dass dieser als einzelner Eigentümer die Baulastverpflichtung abgeben kann. Denkbar sind aber auch Fälle, in denen die Wohnungseigentumsanlage lediglich auf der Grundlage vorliegender Zeichnungen verkauft wird und sich bei bzw. nach wohnungseigentumsrechtlicher Aufteilung der Anlage herausstellt, dass die Bauaufsichtsbehörde eine Verpflichtungserklärung zur Abgabe einer Baulast fordert. Anders als eine Dienstbarkeit, die auf dem jeweiligen Wohnungsgrundbuch lastet und dort dokumentiert ist, stellt die Baulast immer eine auf das gesamte Grundstück bezogene Belastung dar.[6] Sie kann bei einer sogenannten Vereinigungsbaulast sogar mehrere eigentumsrechtliche Grundstücke umfassen und über das für eine Dienstbarkeit typische Dulden und Unterlassen hinaus auch zu einem „Tun" verpflichten, damit also weiter reichen als die zivilrechtliche Dienstbarkeit.[7]

Nicht zuletzt hat eine Baulast eine einer Dienstbarkeit ähnliche sachenrechtliche Wirkung: Sie ist eine auch für den Rechtsnachfolger des Bauherrn verbindliche dingliche Verpflichtung;[8] ihre Übernahme wird damit zugleich als eine Verfügung über ein Grundstück oder Recht an einem Grundstück verstanden.[9] Jedenfalls im Normalfall – beispielsweise soll für das Grundstück gegenüber der Bauaufsichtsbehörde die Verpflichtung abgegeben werden, durch ein vorderes Gebäude einen Zugang bestimmter Abmessungen zur Sicherung der Erreichbarkeit für die Feuerwehr zu schaffen –, wird man davon ausgehen müssen, dass hierzu von allen Wohnungseigentümern eine entsprechende Erklärung abzugeben ist.[10] Im Ergebnis handelt es sich um eine dingliche Veränderung am gemeinschaftlichen Eigentum und am Sondereigentum, somit um eine „Verfügung" über dieses. Eine solche Verfügung liegt nicht in der Kompetenz der Gemeinschaft der Wohnungseigentümer; sie kann daher auch nicht im Rahmen ordnungsmäßiger Verwaltung im Wege eines Mehrheitsbeschlusses herbeigeführt werden.[11]

Nicht anders wird zu verfahren sein, wenn die Verpflichtung zur Herstellung eines bauordnungsrechtlich einwandfreien Zustands nur einen oder mehrere Sondereigentümer innerhalb der Wohnungseigentumsanlage betrifft. Denkbar ist insoweit beispielsweise der Fall, dass der Eigentümer eines Teileigentums die Verpflichtung gegenüber der Bauaufsichtsbehörde übernimmt, dem Gebot ausreichender Lüftung[12] durch Einbau einer besonderen Entlüftungstechnik Rechnung zu tragen. Angesichts der Tatsache, dass eine solche Maßnahme idR

---

4 § 71 LBO NRW, § 84 BO Bln, § 84 Bbg BO, § 83 BremLBO, § 79 HBauO, § 85 HBO, § 83 LBauO M-V, § 81 NdsBO, § 85 BauO NRW, § 86 LBO RhPf, § 83 LBO Saarl, § 83 SächsBO, § 82 BauOLSA, § 80 LBO SH, § 82 ThürBO.
5 *Hornmann* in Hoppenberg/de Witt BauR-HdB Rn. A I 466; Alexejew/*Opitz* HBauO § 79 Rn. 6.
6 Große-Suchsdorf/*Mann* NBO § 81 Rn. 10.
7 Große-Suchsdorf/*Mann* NBO § 81 Rn. 12.
8 *Hornmann* in Hoppenberg/de Witt BauR-HdB Rn. A I 467.
9 Schlotterbeck/*Schlotterbeck* LBO BW § 71 Rn. 12.
10 BeckOK BauordnungsR Nds/*Otto/Lackner* NBO § 81 Rn. 15 für den insoweit vergleichbaren Fall des Miteigentums.
11 *Hügel/Elzer* WEG § 10 aF Rn. 2.
12 Schlotterbeck/*Hager* LBO BW § 34 Rn. 10.

zugleich in Gemeinschaftseigentum eingreift, lastet eine Baulast ähnlich der Dienstbarkeit letztlich doch auf dem gesamten Grundstück. Es müssen also alle Wohnungseigentümer die Verpflichtungserklärung in der nach der jeweiligen Bauordnung geforderten Form abgeben.[13]

Etwas anderes mag nur dann gelten, wenn die bauordnungsrechtliche Verpflichtung sich **ausschließlich** auf ein Sonder- oder Teileigentum bezieht.[14]

Während früher eine Verpflichtung in der Form einer notariellen Urkunde gefordert wurde, muss die Verpflichtungserklärung der einzelnen Eigentümer heute entweder in der Behörde abgegeben oder in öffentlich beglaubigter Form der Behörde vorgelegt werden. Selbstverständlich ist, dass die Erklärung bestimmt sein muss; eine mit einer Bedingung versehene Baulastverpflichtung soll nur in ganz engem Rahmen zulässig sein.[15]

Je nach landesrechtlicher Ausgestaltung wird die von der Bauaufsichtsbehörde daraufhin vorgenommene Eintragung entweder als deklaratorische Eintragung einer bereits wirksam abgegebenen Willenserklärung verstanden oder als Verwaltungsakt.[16]

Da ein Anspruch auf Abgabe einer Baulastverpflichtung nicht im Rahmen ordnungsgemäßer Verwaltung erzwungen werden, das Fehlen einer Baulast aber zum Scheitern des gesamten Vorhabens führen kann, ist nach dem vom BGH[17] entwickelten Grundsatz eine Verpflichtung zur Abgabe eine Baulasterklärung nur unter dem Gesichtspunkt von **Treu und Glauben** möglich. Insofern weicht die wohnungseigentumsrechtliche Handhabung einer Baulast von der sonstigen Übernahme öffentlich-rechtlich/bauordnungsrechtlicher Pflichten ab: Ist beispielsweise die Pflicht zur Anbringung von Rauchwarnmeldern landesrechtlich für alle Wohnungseigentümer verpflichtend, so löst dies gem. § 9 a Abs. 2 Hs. 1 eine Pflicht der Gemeinschaft der Wohnungseigentümer aus, im Rahmen ordnungsmäßiger Verwaltung entsprechende Beschlüsse zu fassen.[18]

6 **b) Anspruch auf Verzicht gegenüber der Bauaufsichtsbehörde.** Angesichts der Tatsache, dass eine Baulast sowohl von der Begrifflichkeit wie auch der tatsächlichen Wirkung her eine Belastung des Grundstücks darstellt, mit entsprechenden Wirkungen auf den Grundstückswert,[19] muss es im Interesse eines jeden Grundeigentümers und damit auch der Wohnungseigentümer liegen, sich von der Beschränkung durch die Baulast zu befreien. Nach den weitgehend wort- und inhaltsgleichen Vorschriften der Landesbauordnungen besteht ein Anspruch auf Löschung dann, wenn das öffentliche Interesse an ihr entfallen ist.[20] Da „unerkannte" Baulasteintragungen durchaus mit Risiken behaftet sein können, sollte das Baulastenverzeichnis der Bauaufsichtsbehörde zu gegebener Zeit in den Blick genommen werden. Ist im Verzeichnis noch eine nicht mehr benötigte Baulast eingetragen, ist unverzüglich ein Antrag auf Löschung zu stellen. Da die Baulast ein einer dinglichen Belastung ähnliches grundstücksbezogenes Recht ist, liegt die Rechtsmacht zur Durchsetzung des Verzichts hierauf nicht bei der Gemeinschaft der Wohnungseigentümer, sondern auch hier bei den einzelnen Eigentümern.[21]

7 **c) Baulast, die als „Begleitwirkung" aus § 242 BGB eine Duldungspflicht auslöst.** Ein besonderes Interesse an der Löschung der Baulast muss bei den Wohnungseigentümern dann bestehen, wenn sie von zivilrechtlichen **Unterlassungsansprüchen** des Baulastbegünstigten „begleitet" ist. Das ist beispielsweise dann der Fall, wenn ein durch Baulast gesichertes Wegerecht über eine Fläche des Grundstücks der Wohnungseigentümergemeinschaft verläuft. Zwar ist in Literatur und Rechtsprechung unbestritten, dass eine Baulast für sich genom-

---

13 *Hügel/Elzer* WEG § 10 Rn. 209; Jenißen/*Krause* WEG § 6 Rn. 10.

14 BGH 26.10.1990 – V ZR 105/98; darauf nehmen zu undifferenziert Bezug: Boeddinghaus/*Radeisen* BauO NRW aF § 83 Rn. 52; Große-Suchsdorf/*Mann* NBO § 81 Rn. 31; BeckOK BauordnungsR Hessen/*Schulz/Krampetz/Vornholt* HBO § 75 Rn. 33.

15 Große-Suchsdorf/*Mann* NBO § 81 Rn. 38.

16 Stelkens/Bonk/Sachs/*U. Stelkens* VwVfG § 35 Rn. 38.

17 BGH 12.4.2013 – V ZR 103/12, NJW 2013, 1962 Rn. 11.

18 *Hügel*//*Elzer,* 3. Aufl. 2021, WEG § 9 a Rn. 100; Bärmann/*Suilmann* WEG § 10 aF Rn. 325.

19 *Kleiber* ImmoWertVO § 1 Rn. 66.

20 *Weisemann* NJW 1997, 2857.

21 AG Berlin-Charlottenburg 8.12.2010 – 72 C 100/10, ZWE 2011, 103; BeckOK/*Hogenschurz,* 43. Edition 2021, WEG § 9 a Rn. 52.

Fraatz-Rosenfeld

men keine (öffentlich-rechtlichen) subjektiven Rechte der Baulastbegünstigten auslöst.[22] Trotz dieser eindeutigen Feststellung gilt es als treuwidrig, wenn der Baulastverpflichtete ein Grundstück mit einer Baulast erworben hat und dem Baulastbegünstigten eine Wegenutzung verweigert, die weder durch eine Grunddienstbarkeit noch durch einen schuldrechtlichen Vertrag gesichert ist. Als „Anknüpfungspunkt einer Duldungspflicht nach Treu und Glauben kommt hier der Umstand in Betracht, dass … (der Baulastverpflichtete, Anm. des Verf.) das streitgegenständliche Grundstück bereits mit dem situationsbedingten Nachteil der Baulast erworben hat. Die Baulast wirkt nach § 83 Abs. 1 S. 3 BauO NRW auch gegenüber den Klägern als Rechtsnachfolgern mit dem Inhalt, wie er sich aus der Verpflichtungserklärung … ergibt".[23] Fordert der Baulastbegünstigte in einem solchen Fall die Beseitigung blockierender Findlinge oder einer absperrenden Einfriedigung von der Wohnungseigentümergemeinschaft, ist dieser sich gegen die Wohnungseigentümer richtende Anspruch nach § 9 a Abs. 2 WEG von der Gemeinschaft der Wohnungseigentümer zu erfüllen.[24] Angesichts dieser Situation liegt es nahe, dass Verkäufer bzw. der beurkundende Notar eines mit einer sich auch zivilrechtlich auswirkenden Baulast „infizierten" Eigentums eine besondere Hinweispflicht treffen kann – zudem allein das Bestehen einer Baulast als solche als Sachmangel angesehen wird.[25]

d) Sonderfall: Pflicht zur Abgabe einer Baulasterklärung bei gleichgelagerter Dienstbarkeit. Eher selten **8** wird der Fall vorkommen, dass die Gemeinschaft der Wohnungseigentümer sich auf einem Grundstück gründet und bereits bei ihrem Bestehen die einzelnen Wohnungsgrundbücher mit einer Grunddienstbarkeit belastet sind, deren Inhalt ein Nachbargrundstück begünstigt. Sollte dies der Fall sein, so kann „sich als Nebenpflicht aus dem durch die Grunddienstbarkeit geschaffenen gesetzlichen Schuldverhältnis ergeben", dass eine entsprechende Baulastverpflichtung gegenüber der Bauaufsichtsbehörde abzugeben ist.[26]

Das ist nur dann der Fall, wenn die Grunddienstbarkeit gleichgelagerte Zwecke verfolgt – also insbesondere, wenn „Inhalt und Umfang der geforderten Baulast dem Inhalt der Dienstbarkeit entspricht".[27] Da sich der Anspruch aus einer Grunddienstbarkeit herleitet und sich auf die Abgabe einer Baulastverpflichtung und damit auf eine sachenrechtsähnliche Verfügung richtet, trifft die Verpflichtung zur Erfüllung dieser Pflicht die einzelnen Wohnungseigentümer und nicht die Gemeinschaft der Wohnungseigentümer.[28]

2. Baulast zugunsten der Wohnungseigentumsanlage auf einem anderen Grundstück („Fremdbau- 9 last"). a) Abwehransprüche aus Wegerechten und ähnlichen Rechten. Angesichts knappen Baulands wird es zunehmend vorkommen, dass die für eine Bebauung notwendigen Voraussetzungen nur durch Baulast an einem anderen Grundstück geschaffen werden können (so etwa die Zugänglichkeit durch ein Wegerecht).

Dieser Gesichtspunkt gilt erst recht für andere, durch Baulast gesicherte Voraussetzungen wie die Übernahme von Abstandsflächen auf einem anderen Grundstück: Da sich aus Baulasten keine subjektiv-öffentlichen Rechte ergeben, reicht die Rechtsmacht der von der Aufhebung betroffenen Wohnungseigentümer nicht über eine Anhörung hinaus.[29] Etwas anderes soll nur dann gelten, wenn die Baulast zugleich die Einhaltung von nachbarschützenden Normen absichert.[30] Allerdings gilt auch hier: Eine Beeinträchtigung der öffentlich-rechtlichen Baulast löst – allerdings nur unter dem Gesichtspunkt von Treu und Glauben – einen Abwehran-

---

22 BeckOK BauordnungsR Hessen/*Schulz/Krampetz/Vornholt* HBO § 75 Rn. 74 mit Verweis auf VGH Kassel 4.6.1992 – 4 TG 2815/91, NVwZ-RR 1993, 236; OVG Münster 21.11.2017 – 2 A 1393/16, NVwZ-RR 2018, 422; Große-Suchsdorf/*Mann* NBO § 81 Rn. 49; Schlotterbeck/*Schlotterbeck* LBO BW § 71 Rn. 49; Jäde/Dirnberger/*Spiekermann* SächsBO § 83 Rn. 22.

23 OLG Hamm 6.7.2017 – 5 U 12/16, MDR 2017, 1356, die Entscheidung bezieht sich auf § 83 aF BauO NRW, jetzt § 85 BauO NRW.

24 BGH 11.12.2015 – V ZR 180/14, NZM 2016, 360; BGH 22.1.2016 – V ZR 116/15 Rn. 17 (Notwegerecht); *Hügel/ Elzer* WEG § 10 aF Rn. 244, Jennißen/*Abramenko* WEG § 10 aF Rn. 132; aA LG Mannheim 14.4.2011 – 9 O 327/10, ZMR 2011, 902; LG Saarbrücken 4.7.2014 – 5 S 107/13, MietRB 2014, 240.

25 *Masloh* NJW 1995, 1993 (1996); BGH 10.3.1978 – V ZR 69/76, NJW 1978, 1429.

26 BGH 3.7.1992 – V ZR 203/91, NJW-RR 1992, 1484; BGH 26.10.1990 – V ZR 105/89, NJW-RR 1991, 3338; BGH 3.7.1992 – V ZR 218/91, NJW 1992, 2885; BGH 3.2.1989 – V ZR 224/87, NJW 1989, 1607.

27 BGH 3.7.1992 – V ZR 203/91, NJW 1992, 2885.

28 BGH 26.10.1990 – V ZR 5/1989, NJW-RR 1991, 333; *Hügel/Elzer*, 3. Aufl. 2021, WEG § 1 Rn. 45; Jennißen/ *Krause* WEG § 6 aF Rn. 10; BeckOK WEG/*Hogenschurz*, 43. Edition 2021, § 9 a Rn. 52.

29 § 71 Abs. 3 S. 3 LBO BW; § 79 Abs. 3 S. 3 HBauO; § 81 Abs. 3 S. 3 NBauO; § 83 Abs. 3 S. 3 SächsBO.

30 Boeddinghaus/*Radeisen* BauO NRW aF § 83 Rn. 2; VGH Mannheim 30.11.2018 – 5 S 874/17, NVwZ-RR 2019, 669.

spruch aus. Es handelt sich – bei diesen Fallkonstellationen – letztlich um einen nachbarrechtlichen Anspruch auf Störungsbeseitigung auf der Grundlage von § 1004 BGB aus dem Gemeinschaftseigentum, der gem. § 9 a Abs. 2 Hs. 1 WEG von der Gemeinschaft der Wohnungseigentümer durchzusetzen ist.[31] Da allerdings zugleich das Sondereigentum und damit das Miteigentum einzelner Eigentümer beeinträchtigt ist, wird man diesem die solitäre Durchsetzung aus dem Gesichtspunkt des Eigentumsschutzes nicht verwehren können. Anders als in Fällen nur mittelbarer Beeinträchtigung[32] kann die Blockierung eines durch öffentlich-rechtliche Baulast gesicherten Wegerechts im konkreten Fall auch den Stellplatzeigentümer stören (→ *Nachbarrecht* Rn. 21).[33]

Wegen des letztlich nur aus dem Grundsatz von Treu und Glauben hergeleiteten Anspruchs ist dem Bauträger und der werdenden Eigentümergemeinschaft in diesen Fällen dringend zu raten, die öffentlich-rechtlichen Baulasten zugleich durch entsprechende Grunddienstbarkeiten abzusichern (zu den Wirkungen im Zusammenhang mit der Baulast → Rn. 10). Zwar kann unter dem Gesichtspunkt von Treu und Glauben aus einer entsprechenden Baulasteintragung auch zivilrechtlich die Duldung einer Wegenutzung erreicht werden (→ Rn. 7), deren Durchsetzung kann aber mit erheblichem prozessualen Aufwand verbunden sein.

10 **b) Anspruch auf Abgabe einer Baulasterklärung zugunsten der Wohnungseigentumsanlage durch aus einer Grunddienstbarkeit Verpflichtete.** Ebenso, wie den Wohnungseigentümern aus einer Grunddienstbarkeit heraus die Pflicht erwachsen kann, gegenüber der Bauaufsichtsbehörde eine Baulastverpflichtung zugunsten eines anderen Grundstücks einzugehen, besteht ein solcher Anspruch in der entgegengesetzten Richtung (beispielsweise ist im Grundbuch des Nachbargrundstücks ein Wegerecht zugunsten aller Wohnungsgrundbücher des in Wohnungseigentum aufgeteilten Grundstücks dokumentiert). Da es sich hierbei nicht um eine „Verfügung" über das in Wohnungseigentum aufgeteilte Grundstück handelt, sondern um die Ausübung eines Rechts in Bezug auf ein Grundstück außerhalb der WEG, sind hier sinngemäß die im Zusammenhang mit den Ansprüchen aus einer Grunddienstbarkeit zugunsten der Wohnungseigentümer entwickelten Grundsätze anzuwenden: Es handelt sich um eine Geltendmachung eines Anspruchs aus dem gemeinschaftlichen Eigentum gem. § 9 a Abs. 2 WEG.[34] Dafür spricht insbesondere auch der verwaltungsrechtliche Hintergrund: So wie die Baulast an dem gesamten Grundstück des Nachbarn[35] (→ Rn. 3) lastet, begünstigt sie mittelbar das gesamte Grundstück der Wohnungseigentumsanlage.

26. Bauliche Veränderungen

Neumann

---

31 *Hügel/Elzer*, 3. Aufl. 2021, WEG § 9 a Rn. 99.
32 Bspw. Wertverlust oder Vermietungseinschränkungen, dazu: *Elzer* FDVZR 2020, 429759.
33 *Bruns* AnwZert MietRecht 13/2020 Anm. 2 mwN.
34 BGH 17.12.2010 – V ZR 125/10, ZWE 2011, 1123; *Hügel/Elzer* WEG § 10 aF Rn. 243; *Bärmann/Suilmann* WEG § 10 Rn. 289.
35 *Große-Suchsdorf/Mann* NBO § 81 Rn. 10.

I. Überblick § 20 WEG

Das Recht der **baulichen Veränderung** erfährt mit der Reform des Wohnungseigentumsgesetzes eine komplette **Umgestaltung**. Die baulichen Veränderungen werden nun in § 20 WEG geregelt, der § 22 Abs. 1, Abs. 2 (Modernisierungen) aF ersetzt und darüber hinaus eine Legaldefinition enthält. Die Gesetzesbegründung geht davon aus, dass auch die bisher in § 22 Abs. 3 WEG aF geregelten **modernisierenden Erhaltungen** bauliche Veränderungen sind.[1] Nach der hier vertretenen Auffassung handelt es sich dabei jedoch um Erhaltungsmaßnahmen nach § 19 Abs. 2 Nr. 2 WEG, deren Kosten nach den Bestimmungen in § 16 WEG umgelegt werden.[2]

§ 21 WEG trifft Regelungen über die Kosten und Nutzungen. § 22 bestimmt nunmehr ausschließlich den Wiederaufbau. Nach dem Willen des Gesetzgebers sollen die Beschlussfassung über bauliche Veränderungen vereinfacht, die Durchsetzung bestimmter Maßnahmen wie → *Barrierefreiheit* Rn. 1 ff. und → *E-Mobilität – Einbau von Ladestationen* Rn. 1 ff. für den einzelnen Wohnungseigentümer **erleichtert** und im Übrigen sollen durch eine klarere Fassung Auslegungsschwierigkeiten vermieden werden.[3] Darüber hinaus unterscheidet § 20 WEG deutlicher zwischen baulichen Maßnahmen der Gemeinschaft der Wohnungseigentümer und Maßnahmen des einzelnen Wohnungseigentümers (§ 20 Abs. 3 WEG).[4]

Dieses Ziel äußert sich darin, dass zwar jede bauliche Veränderung durch einen **Beschluss legitimiert** werden muss (§ 20 Abs. 3 WEG), aber der Beschluss mit **einfacher Mehrheit** gefasst werden kann.[5] Weiterhin sind Beschlüsse über bauliche Veränderungen nur noch unter den Voraussetzungen des § 20 Abs. 4 WEG anfechtbar. Diese Erleichterungen sollen dazu beitragen, dass der bauliche Zustand der Wohnungseigentumsanlage nicht „versteinert". Bauliche Veränderungen sollen nicht durch das Erfordernis der Einstimmigkeit (bauliche Veränderungen) bzw. eines hohen Quorums (Modernisierungen iSv § 22 Abs. 2 WEG aF) unmöglich werden. Auf die jeweilige Art der Maßnahme sowie auf die Qualifikation der Mehrheit kommt es nicht mehr an. Weiterhin sollen Maßnahmen, die gesamtgesellschaftliche Bedeutung haben und aus Sicht einzelner Wohnungseigentümer von besonderem Gewicht sind, nicht verhindert werden.[6] Die insoweit **schutzbedürftigen** bauunwilligen Wohnungseigentümer werden über die Bestimmungen zur Kostentragung geschützt und müssen nach § 21 Abs. 2 WEG gegen ihren Willen nur die Kosten einer Modernisierung nach den besonderen Voraussetzungen des § 20 Abs. 2 WEG tragen.[7]

Nach dem bis Inkrafttreten des WEMoG geltenden Recht verlangte § 22 Abs. 1 iVm § 14 Nr. 1 WEG aF für jede bauliche Veränderung des gemeinschaftlichen Eigentums die Zustimmung aller Wohnungseigentümer, die durch die Maßnahme über das bei geordneten Zusammenleben unvermeidliche Maß hinaus beeinträchtigt wurden. Da die Voraussetzungen für eine solche Beeinträchtigung nach der Rechtsprechung leicht erfüllt waren, war für einen Beschluss über eine bauliche Änderung überwiegend die Zustimmung aller Wohnungseigentümer notwendig. Solange der einzelne Wohnungseigentümer nur eine Beeinträchtigung seiner Rechte jedenfalls im Rechtssinne geltend machen konnte, konnte er seine Zustimmung auch ohne ernsthaften Grund verweigern.

Zukünftig können Beschlüsse über bauliche Veränderungen nach § 20 Abs. 4 WEG nur noch dann angefochten werden, wenn die Maßnahme die Wohnanlage **grundsätzlich umgestaltet** oder einzelne Wohnungseigentümer ohne ihr Einverständnis gegenüber anderen **unbillig benachteiligt** werden.

Schließlich wurde das **Mietrecht** in § 554 BGB erweitert um den Anspruch eines Mieters gegenüber dem Vermieter auf Erlaubnis der in § 20 Abs. 2 Nr. 1–3 WEG genannten baulichen Maßnahmen und harmonisiert das Wohnungseigentumsrecht und das Mietrecht. Die in § 20 Abs. 2 WEG geschaffene Privilegierung bestimmter baulicher Veränderungen, insbesondere die Förderung der Elektromobilität, dient damit auch dem Erreichen der Klimaziele.

---

1 Gesetzesbegründung BT-Drs. 19/18791, 69.
2 *Hügel/Elzer*, 3. Aufl. 2021, WEG § 21 Rn. 8.
3 Gesetzesbegründung BT-Drs. 19/18791, 61 f.
4 Bärmann/Pick/*Emmerich* Anh. I zu § 20 Rn. 1 WEG-E.
5 *Dötsch* ZfIR 2020, 221 (223).
6 BT-Drs. 19/18791, 26.
7 BT-Drs. 19/18791, 62.

II. § 20 Abs. 1 WEG

7 **1. Legaldefinition der baulichen Veränderung.** § 20 Abs. 1 WEG enthält nun die Legaldefinition der baulichen Veränderung. Danach sind bauliche Veränderungen **alle baulichen Maßnahmen, die über die ordnungsmäßige Erhaltung des gemeinschaftlichen Eigentums hinausgehen**. Die Vorschrift tritt inhaltlich an die Stelle von § 22 Abs. 1 und Abs. 2 WEG aF. Als bauliche Veränderungen gelten daher auch Maßnahmen der bisherigen Modernisierung des Gemeinschaftseigentums. Die komplizierte Unterscheidung in § 22 WEG aF zwischen Modernisierung bzw. Anpassung an den Stand der Technik, modernisierender Instandsetzung und sonstigen baulichen Veränderungen mit den unterschiedlichen Quoren und weiteren Voraussetzungen sollte ausdrücklich vereinfacht werden.[8]

8 Nach der Gesetzesbegründung zu § 20 WEG tritt Abs. 1 „nur" an die Stelle von § 22 Abs. 1 und 2 WEG aF.[9] Im Gegensatz dazu findet sich in der Begründung bei der Erläuterung von § 21 Abs. 2 S. 1 Nr. 2 WEG, wonach alle Wohnungseigentümer die Kosten einer baulichen Maßnahme tragen müssen, wenn sie sich innerhalb eines angemessenen Zeitraums amortisiert, der Hinweis, dass auch eine modernisierende Instandsetzung eine bauliche Veränderung ist.[10] Nach der hier vertretenen Auffassung handelt es sich bei der modernisierenden Instandsetzung um eine → *Erhaltungsmaßnahme* Rn. 1 ff. gem. § 19 WEG. Der Hinweis in der Gesetzesbegründung wird als Redaktionsversehen eingestuft.[11] Zwar können beide Maßnahmen mit einfacher Mehrheit beschlossen werden, haben jedoch – unterstellt, es handele sich um eine bauliche Maßnahme – je nachdem, welcher gesetzliche Umlageschlüssel nach den Absätzen des § 21 WEG zum Tragen kommt, unterschiedliche Kostenfolgen. Die Kosten einer modernisierenden Instandsetzung müssen alle Wohnungseigentümer nach dem Verhältnis des § 16 WEG tragen.

9 **Bauliche Veränderungen** sind auf **Dauer** angelegte, also nicht nur provisorische,[12] gegenständliche **Eingriffe** in die **Substanz** des gemeinschaftlichen Eigentums, die eine Abweichung vom früheren Zustand des Gebäudes nach Fertigstellung oder vom Aufteilungsplan bewirken und über ordnungsmäßige Instandhaltung und Instandsetzung (Erhaltung) oder die erstmalige Herstellung hinaus gehen. Dies setzt voraus, dass die Maßnahmen auf die Schaffung eines **neuen Zustands** gerichtet sind, dadurch dass Gebäudeteile, Gebäude oder die äußere Gestaltung verändert sowie Einrichtungen und Anlagen neu errichtet werden.[13] Das gilt jedoch nicht bei Eingriffen eines Bauträgers in das Gemeinschaftseigentum auf Wunsch eines Erwerbers und künftigen Wohnungseigentümers, der eine Herstellung abweichend vom Plan verlangt. Ggf. können die späteren Wohnungseigentümer dann jedoch in den Grenzen des § 242 BGB die ordnungsmäßige erstmalige Herstellung des Gemeinschaftseigentums voneinander verlangen.[14]

10 Der die Umgestaltung des gemeinschaftlichen Eigentums verursachende Substanzeingriff muss über dessen Benutzung hinaus gehen und daher erheblich sein.[15] Das ist der Fall bei einer Änderung der bei Schaffung der Wohnungseigentumseinheiten vorhandenen Farbpigmentierung durch einen Fassadenanstrich anderer Farbe.[16] Keine bauliche Veränderung sind hingegen trotz Umgestaltung zB das Entfernen einer Fassadenbegrünung, die Anbringung eines Fahnenmastes ohne Eingriff in die Gebäudesubstanz, das lose Verlegen von Gehwegplatten ohne Befestigung, das Anstrahlen der Hauswand mit Licht.[17]

11 **Keine** „baulichen Veränderungen" sind „Maßnahmen der ordnungsmäßigen Instandhaltung und Instandsetzung (Erhaltung)" (§ 13 Abs. 2 WEG), deren Durchführung die Wohnungseigentümer nach §§ 18 Abs. 2 Nr. 1, 19 Abs. 2 Nr. 2 WEG verlangen können. Dazu gehören die → *Erstmalige Herstellung eines ordnungsmäßigen Zustands* Rn. 1 ff., die Erfüllung öffentlich-rechtlicher Auflagen und Vorgaben wie zB die Schaffung eines 2. Rettungswegs als → *Erhaltungsmaßnahmen* Rn. 1ff. im weiteren Sinne sowie zB die Herstellung von Energie-

---

8 Abschlussbericht Bund-Länder-Arbeitsgruppe zur Reform des WEG von August 2019, NZM 2019, 705 (721).
9 BT-Drs. 19/18791, 61.
10 BT-Drs. 19/18791, 69.
11 *Hügel/Elzer*, 3. Aufl. 2021, WEG § 19 Rn. 71 f.
12 LG Bremen 25.3.2011 – 4 S 75/10, ZMR 2011, 657.
13 Jenniße/*Hogenschurz* WEG § 22 Rn. 3; Bärmann/*Merle* WEG § 22 Rn. 7–10; *Hügel*/Elzer WEG § 22 Rn. 14 ff.
14 *Hügel/Elzer*, 3. Aufl. 2021, WEG § 20 Rn. 19.
15 *Hügel/Elzer*, 3. Aufl. 2021, WEG § 20 Rn. 21.
16 OLG Hamburg 17.1.2005 – 2 Wx 103/04, ZMR 2005, 394.
17 *Hügel/Elzer*, 3. Aufl. 2021, WEG § 20 Rn. 23.

Neumann

versorgung, Fernmeldeeinrichtung, Rundfunkanschluss über § 19 WEG als Anspruch aus § 18 Abs. 2 WEG auf → *ordnungsmäßige Verwaltung* Rn. 1 ff.

Der Begriff der **besonderen Aufwendungen** gehört nicht mehr zum Tatbestand der gesetzlichen Bestimmung, weil er nach Auffassung des Gesetzgebers „weder klare Konturen noch praktische Relevanz erlangt hat".[18] Ihm wurde auch vor der Reform des Wohnungseigentumsgesetzes wenig praktische Bedeutung zuerkannt.[19]   12

2. Beschlusskompetenz. § 20 Abs. 1 WEG stellt nunmehr ausdrücklich klar, dass bauliche Veränderungen stets beschlossen werden müssen und räumt der Gemeinschaft der Wohnungseigentümer gleichzeitig eine einheitliche Beschlusskompetenz ein. Die Wohnungseigentümer können entweder einen **Beschluss zur Durchführung** einer baulichen Veränderung durch die Gemeinschaft fassen oder dem einzelnen Wohnungseigentümer die Durchführung einer Maßnahme durch Beschluss **gestatten**.[20]   13

Eine formlose „Zustimmung" zu einer von einem Wohnungseigentümer beabsichtigten baulichen Veränderung genügt nicht. Die Bestimmung der stets erforderlichen Beschlussfassung dient dazu, dem bauwilligen Wohnungseigentümer **Rechtssicherheit** zu verschaffen. Darüber hinaus werden alle Wohnungseigentümer über Veränderungen am gemeinschaftlichen Eigentümer **informiert**.[21]   14

Für das Zustandekommen des Beschlusses einer baulichen Veränderung genügt die **einfache Mehrheit** (Arg. § 25 Abs. 1 WEG). § 20 Abs. 1 WEG sieht kein besonderes Quorum vor. Der Beschluss bedarf nicht mehr der Zustimmung aller Wohnungseigentümer, die durch die bauliche Veränderung beeinträchtigt werden. Den Wohnungseigentümern stehen für die Beschlussfassung über die Durchführung einer baulichen Veränderung nach § 20 Abs. 1 WEG zwei Möglichkeiten zur Verfügung. Sie können mit einem **Vornahmebeschluss** die Durchführung der von einem Wohnungseigentümer verlangten baulichen Veränderung durch die Gemeinschaft der Wohnungseigentümer bestimmen oder sie einem Wohnungseigentümer durch Beschluss gestatten.   15

Beschließt die Gemeinschaft der Wohnungseigentümer, dass sie die bauliche Veränderung selbst durchführt, muss der **Beschluss regeln**, auf welche Art und Weise, durch welches ausführende Unternehmen, aufgrund welcher vertraglichen Grundlagen und mit welchen finanziellen Mitteln die Gemeinschaft der Wohnungseigentümer die bauliche Veränderung vornehmen soll.[22] Verlangt ein Wohnungseigentümer eine bauliche Veränderung nach § 20 Abs. 2 WEG und muss nach § 21 Abs. 1 WEG die Kosten dafür allein tragen, können die Wohnungseigentümer darüber hinaus bestimmen, dass er vor Beginn der Maßnahme einen angemessenen **Vorschuss** zu leisten hat.[23]   16

Gestattet die Gemeinschaft dem bauwilligen Wohnungseigentümer durch Beschluss die Durchführung der baulichen Veränderung, kann er die bauliche Veränderung im **eigenen Namen** beauftragen und muss die Forderungen aus diesen Verträgen erfüllen. Gestattet die Gemeinschaft eine bauliche Veränderung, auf die der Wohnungseigentümer nach § 20 Abs. 2 WEG einen Anspruch hat, kann sie sein – notwendig hinreichend bestimmtes[24] – Konzept ohne Weiteres gestatten bzw. in Bedingungen oder Auflagen bestimmte Vorgaben für die Umsetzung gestalten. Gestattet die Gemeinschaft eine bauliche Veränderung nach § 20 Abs. 3 WEG, erstreckt sich ihre Beschlusskompetenz nicht auf das „Wie" der baulichen Veränderung. Hier hat sie keinen Gestaltungsspielraum.   17

Die Beschlüsse müssen jeweils **hinreichend bestimmt** sein und den Grundsätzen ordnungsmäßiger Verwaltung entsprechen. Ein Beschluss ist hinreichend bestimmt, wenn er die bauliche Veränderung nach Art, Maß und Umfang konkret beschreibt.[25] Geht aus dem Beschluss nicht eindeutig hervor, welches Ausmaß die bauliche Veränderung haben soll – bestimmt ein Beschluss über die Überdachung einer Terrasse nicht Umfang, Neigung und farbliche Gestaltung – kann er auf Antrag für ungültig erklärt werden oder sogar nichtig sein.[26]   18

---

18 BT-Drs. 19/18791, 63.
19 Jennißen/*Hogenschurz* WEG § 22 Rn. 3.
20 *Dötsch*, WEG-Reform 2020, ZfIR 2020, 221 (227).
21 BT-Drs. 19/18791, 62.
22 *Hügel/Elzer*, 3. Aufl. 2021, WEG § 20 Rn. 28.
23 *Hügel/Elzer*, 3. Aufl. 2021, WEG § 20 Rn. 28.
24 *Hügel/Elzer*, 3. Aufl. 2021, WEG § 20 Rn. 29.
25 OLG Düsseldorf 10.3.2006 – I-3 Wx 16/06 ZMR 2006, 624–625.
26 *Hügel/Elzer*, 3. Aufl. 2021, WEG § 20 Rn. 40.

19 An der Umgestaltung der Vorschriften über die baulichen Veränderungen wird kritisiert, dass das Gesetz die Eigentumsposition aller Wohnungseigentümer nicht mehr in hinreichendem Maß schützt. Das Interesse einer einfachen Mehrheit der Wohnungseigentümer an der baulichen Veränderung verdränge das Bestandsinteresse des Einzelnen, was zu einer „Vergesellschaftung" des Gemeinschaftseigentums führe. Die Gemeinschaft der Wohnungseigentümer sei aber gerade keine Gesellschaft, sondern eine **Zweckgemeinschaft**, in der die Beteiligten sich ihre Partner nicht aussuchen könnten.[27]

20 § 20 WEG betrifft nur bauliche Veränderungen des **Gemeinschaftseigentums**. Regelungen zu Maßnahmen am Sondereigentum bestimmt § 13 Abs. 2 WEG.

III. § 20 Abs. 2 WEG

21 **1. Individualansprüche.** § 20 Abs. 2 S. 1 WEG begründet einen **Individualanspruch** des Wohnungseigentümers auf die in den Ziffern 1. bis 4. als Katalog aufgezählten privilegierten Maßnahmen. Danach kann jeder Wohnungseigentümer angemessene bauliche Maßnahmen **verlangen**, wenn die Voraussetzungen der in dem Katalog aufgezählten baulichen Maßnahmen vorliegen. Ist die bauliche Maßnahme angemessen und ist einer der Katalog-Tatbestände erfüllt, steht dem bauwilligen Wohnungseigentümer ein Anspruch auf Beschlussfassung über die von ihm begehrte Maßnahme zu. Der Gesetzgeber erklärt diese baulichen Veränderungen nunmehr ausdrücklich als zulässig. In der Regel dürfen die übrigen Wohnungseigentümer die privilegierten Baumaßnahmen nicht verhindern.

22 Der Individualanspruch auf die bauliche Maßnahme ist nur auf das „**Ob**" gerichtet. Nach § 20 Abs. 1 und Abs. 2 S. 2 WEG entscheiden die Wohnungseigentümer im Rahmen ordnungsmäßiger Verwaltung über das „**Wie**", also die konkrete **Durchführung** der Maßnahme. Ihnen steht ein Entscheidungsermessen zu, wie die Maßnahme durchgeführt werden soll. Damit können sie die Art der Durchführung beeinflussen. Die Wohnungseigentümer können also nicht nur Vorgaben bezüglich der konkreten Ausführung der Maßnahme machen, sondern auch bestimmen, ob die bauliche Veränderung durch den jeweiligen Wohnungseigentümer ausgeführt wird oder ob die Gemeinschaft der Wohnungseigentümer die **Organisation** der Maßnahme auf Kosten des bauwilligen Wohnungseigentümers übernimmt, zB um den Überblick über die (Um)Gestaltung des gemeinschaftlichen Eigentums und insbesondere der äußeren Gestaltung zu behalten. In diesem Fall sollte die Maßnahme erst durchgeführt werden, wenn der bauwillige Wohnungseigentümer einen entsprechenden Kostenvorschuss geleistet hat.

23 Für alle in § 20 Abs. 2 WEG aufgezählten Maßnahmen gilt, dass die bauliche Veränderung **angemessen** sein muss. Diese Anforderung soll es im Einzelfall ermöglichen, objektiv unangemessene Forderungen zurückzuweisen.[28] Die Gesetzesbegründung beschreibt das Merkmal der Angemessenheit als **unbestimmten Rechtsbegriff**. Danach muss stets im Einzelfall unter Berücksichtigung aller Umstände entschieden werden, wann eine Maßnahme angemessen ist.[29] Weitere Auslegungskriterien gibt der Gesetzgeber den Wohnungseigentümern nicht an die Hand. Gleichwohl werden bei der **Einzelfallentscheidung** über die Angemessenheit der ausdrückliche gesetzgeberische Wille der Förderung der privilegierten baulichen Veränderungen einschließlich der Anspruchsberechtigung des Mieters aus § 554 BGB, die Tatbestandsvoraussetzungen des Anspruchs aus § 20 Abs. 3 WEG (→ Rn. 44 ff.) sowie die Schranke in § 20 Abs. 4 WEG (→ Rn. 53 ff.), die auf Seiten der bauunwilligen Wohnungseigentümer zu berücksichtigenden Umständen begrenzen. Mit dem Erfordernis der Angemessenheit räumt der Gesetzgeber den Wohnungseigentümern ausdrücklich kein Entscheidungsermessen und keinen Einschätzungsspielraum ein.[30]

24 Beabsichtigt ein Wohnungseigentümer die Durchführung einer baulichen Veränderung nach § 20 Abs. 2 S. 1 WEG, muss er die **Gestattung** von der Gemeinschaft der Wohnungseigentümer **verlangen**; er muss der Gemeinschaft der Wohnungseigentümer seine Absicht mitteilen, die in der Regel vom → *Verwalter* Rn. 1 ff. vertreten wird. Hat die Gemeinschaft der Wohnungseigentümer einen Verwalter, vertritt er sie nach der Bestimmung in § 9 b Abs. 1 S. 1 WEG bereits qua Gesetz gerichtlich und außergerichtlich (mit Ausnahme bei Ab-

---

27 *Mediger*, Neue Regeln für bauliche Veränderungen im RefE WEModG oder: „weniger ist mehr", NZM 2020, 269 (271).
28 BT-Drs. 19/18791, 63.
29 BT-Drs. 19/18791, 62.
30 BT-Drs. 19/18791, 63.

Neumann

schluss von Grundstückskauf- und Darlehensverträgen) gegenüber Dritten. Der Verwalter muss sodann den **Beschlussvorschlag** in die Tagesordnung der nächsten Versammlung aufnehmen.[31]

§ 20 Abs. 2 WEG **privilegiert** bauliche Maßnahmen zur Errichtung einer Lademöglichkeit für elektrisch betriebene Fahrzeuge, zur Barrierereduzierung, zum Einbruchsschutz sowie zum Glasfaseranschluss. Künftig hat jeder Wohnungseigentümer grundsätzlich einen Rechtsanspruch auf den Beschluss der Durchführung einer solchen Maßnahme. 25

2. Barrierefreiheit. Nach § 20 Abs. 2 Nr. 1 WEG kann ein Wohnungseigentümer Maßnahmen verlangen, die dem Gebrauch durch Menschen mit Behinderung dienen. Dem Gebrauch durch Menschen mit Behinderung dienen alle baulichen Veränderungen, die für die Nutzung durch körperlich oder geistig eingeschränkte Personen erforderlich oder auch nur förderlich sind.[32] Hierzu gehören wohl vor allem bauliche Maßnahmen, die einen **barrierefreien Zugang** ermöglichen, wie zB die Schaffung barrierefreier Stellplätze, einer Rollstuhlrampe, eines Treppenlifts etc. Die einzelnen Maßnahmen werden unter dem Stichwort → *Barrierefreiheit* Rn. 1 ff. dargestellt. 26

§ 20 Abs. 2 Nr. 1 WEG gewährt den **Rechtsanspruch** auf Durchführung der baulichen Maßnahme sowohl am gemeinschaftlichen Eigentum im Bereich des Sondereigentums als auch am übrigen gemeinschaftlichen Eigentum. Für bauliche Veränderungen am Sondereigentum verweist § 13 Abs. 2 WEG auf § 20 WEG, der somit gleichermaßen gilt. In jedem Fall kommt es entscheidend darauf an, dass durch die bauliche Veränderung tatsächlich die Wahrnehmung einer rechtlich bestehenden **Gebrauchsmöglichkeit** gefördert wird.[33] 27

Ob und in welchem Maße der Wohnungseigentümer oder einer seiner Angehörigen auf die Maßnahme angewiesen ist, ist unerheblich; die abstrakte Gestaltung des Anspruchs dient der Vermeidung von Streitigkeiten über die Notwendigkeit im Einzelfall.[34] Damit wird dem Bedürfnis nach **Harmonisierung** des Wohnungseigentumsrechts und des **Mietrechts** Rechnung getragen. Neben den von der Gesetzesbegründung als anspruchsberechtigt genannten Personen, führen so auch Maßnahmen zugunsten anderer Nutzer, wie zB Mieter zu einem Anspruch des Wohnungseigentümers. 28

Denn der Gesetzgeber will auf diesem Weg die Befriedigung des gesamtgesellschaftlichen Bedürfnisses nach **barrierefreiem Wohnraum** fördern. Die Bund-Länder-Arbeitsgruppe formulierte in ihrem Abschlussbericht, dass eine gesetzliche Beschlusskompetenz eingeführt wird, die „sowohl Baumaßnahmen durch die Gemeinschaft der Wohnungseigentümer als auch die Gestattung individueller Baumaßnahmen umfassen soll. Ein nach den Regeln über die baulichen Veränderungen rechtmäßiger Beschluss soll nicht an der fehlenden Beschlusskompetenz für Sondernutzungsrechte scheitern, auch wenn durch die bauliche Veränderung ein „faktisches" Sondernutzungsrecht zugunsten einzelner Wohnungseigentümer geschaffen wird".[35] Ob damit allerdings das in der Entscheidung des Bundesgerichtshofs[36] zum Anspruch auf Beschlussfassung über den Einbau eines Personenaufzugs beschriebene Problem der fehlenden Vereinbarung über ein in solchen Fällen entstehendes faktisches Sondernutzungsrecht ggf. auch über die Neufassung von § 18 Abs. 2 WEG gelöst ist, erscheint jedenfalls offen. Nach einer Entscheidung des LG Hamburg ist ein Mehrheitsbeschluss, der ein Sondernutzungsrecht an Teilen des Gemeinschaftseigentums begründen soll, nichtig.[37] 29

3. Elektromobilität. § 20 Abs. 2 Nr. 2 WEG privilegiert bauliche Veränderungen, die dem Laden elektrisch betriebener Fahrzeuge dienen. Darunter fallen alle baulichen Veränderungen, die es ermöglichen, die Batterie eines Fahrzeugs zu laden. Die einzelnen Voraussetzungen werden unter dem Stichwort → *E-Mobilität – Einbau von Ladestationen* Rn. 1 ff. dargestellt. 30

4. Einbruchsschutz. Nach § 20 Abs. 2 Nr. 3 WEG dienen bauliche Veränderungen dem Einbruchsschutz, wenn sie geeignet sind, den **widerrechtlichen Zutritt** zu einzelnen Wohnungen oder zu der Wohnanlage ins- 31

---

31 BT-Drs. 19/18791, 63.
32 BT-Drs. 19/18791, 63.
33 BT-Drs. 19/18791, 63.
34 BT-Drs. 19/18791, 63.
35 Abschlussbericht der Bund-Länder-Arbeitsgruppe zur Reform des Wohnungseigentumsgesetzes (WEG) von August 2019, NZM 2019, 705 (721).
36 BGH 13.1.2017 – V ZR 96/16.
37 LG Hamburg 19.9.2018 – 318 S 71/17, ZWE 2019, 214, Rn. 57 f.

gesamt zu verhindern, zu erschweren oder auch nur unwahrscheinlicher zu machen.[38] Dazu zählen zum Beispiel einbruchshemmende Schließsysteme an der Hauseingangstür.[39] Weitere Beispiele bzw. eine Beschreibung des Umfangs der unter den Tatbestand fallenden möglichen Maßnahmen enthält die Gesetzesbegründung nicht, so dass der Begriff „Einbruchsschutz" als mehrdeutig kritisiert wird.[40]

32 In Betracht kommen außerdem Gegensprechanlagen, abschließbare Fenstergriffe, verbesserte Türen (ggfs. mit Austausch von Fenstern und Türen, bis zur Vergitterung von Fenstern), Panzerriegel in Türen sowie → *Alarmanlagen* Rn. 1 ff.[41] Sie erschweren jedenfalls bereits der Sache nach den Zutritt Dritter zur Anlage und den einzelnen Wohnungen, zB als die Wohnungseigentümer sich über die Gegensprechanlage vergewissern können, wer Einlass begehrt.

33 Verlangt zB ein Wohnungseigentümer die Installation einer **Videoüberwachungsanlage** (→ *Videoüberwachung* Rn. 1 ff.), dient eine solche Anlage mittelbar dem Einbruchsschutz, weil sie jedenfalls den Zutritt unwahrscheinlicher macht. Gleichwohl kann nach hier vertretener Auffassung eine solche Maßnahme nur dann **angemessen** sein, wenn ein Überwachungsschutz tatsächlich besteht und sie die datenschutzrechtlichen Vorgaben eingehalten werden.[42]

34 **5. Anschluss an ein Telekommunikationsnetz mit sehr hoher Kapazität.** Bauliche Veränderungen dienen dem Anschluss an ein Telekommunikationsnetz mit sehr hoher Kapazität iSv § 20 Abs. 2 S. 1 Nr. 4 WEG, wenn sie dem Wohnungseigentümer in seinem Sondereigentum die Nutzung eines Telekommunikationsnetzes **eröffnen**, das entweder komplett aus Glasfaserkomponenten zumindest bis zum Verteilerpunkt am Ort der Nutzung besteht oder das zu üblichen Spitzenzeiten eine ähnliche Netzleistung in Bezug auf die verfügbare Downlink- und Uplink-Bandbreite, Ausfallsicherheit, fehlerbezogene Parameter, Latenz und Latenzschwankung bieten kann.[43] Dieser Tatbestand lehnt sich an den Begriff „Netz mit **sehr hoher Kapazität**" aus Art. 2 Nr. 2 der Richtlinie (EU) 2018/1972 des europäischen Parlaments und des Rates vom 11.12.2018 über den europäischen Kodex für die elektronische Kommunikation[44] an.[45]

35 Der privilegierte Anspruch der Wohnungseigentümer beschränkt sich auf die Eröffnung der Nutzung eines Telekommunikationsnetz mit sehr hoher Kapazität und gilt nicht entsprechend für die in § 21 Abs. 5 Nr. 6 WEG aF Herstellung der dort genannten Anschlüsse. Diese nicht in § 20 WEG übernommene Duldungspflicht der **erstmaligen Herstellung** der aufgezählten Anschlüsse stellt im Einzelfall einen Anspruch auf ordnungsmäßige Verwaltung und Benutzung dar und ist über §§ 19, 18 Abs. 2 WEG durchzusetzen.[46]

36 **6. Harmonisierung mit dem Mietrecht in § 554 BGB.** In Abstimmung mit § 20 Abs. 2 S. 1 Nr. 1–3 WEG normiert der Gesetzgeber in **§ 554 BGB** den Anspruch des Mieters, vom Vermieter die Erlaubnis für bauliche Veränderungen der **Mietsache** zu verlangen, die dem Gebrauch durch Menschen mit Behinderungen, dem Laden elektrisch betriebener Fahrzeuge oder dem Einbruchsschutz dienen.[47] Der bisherige Tatbestand des § 554 a BGB aF wird erweitert, die Norm wird durch § 554 BGB ersetzt. Die Abstimmung der beiden Vorschriften dient der Harmonisierung des Anspruchs des Mieters auf Erlaubnis der in § 554 BGB geregelten Maßnahmen bei Vermietung einer Eigentumswohnung mit den wohnungseigentumsrechtlichen Vorschriften über bauliche Veränderungen.[48]

37 § 554 BGB erlaubt dem Mieter ausnahmsweise, von seinem Vermieter nach Abschluss des Mietvertrags die Erweiterung des Umfangs des Gebrauchsrechts der Mietsache zum Beispiel durch ihren **Umbau** zu verlangen. Bisher galt eine solche Ausnahme nur in § 554 a BGB für Umbauten, die für eine behindertengerechte Nut-

---

38 BT-Drs. 19/18791, 64.
39 BT-Drs. 19/18791, 88.
40 *Mediger,* Neue Regeln für bauliche Veränderungen im RefE WEModG oder: „weniger ist mehr", NZM 2020, 269 (275).
41 Stellungnahme des Deutschen Notarvereins zum RefE WEMoG.
42 BGH 24.5.2013 – V ZR 220/12, NJW 2013, 3090; BGH 8.4.2011 – V ZR 210/10, NZM 2011, 512 (513).
43 BT-Drs. 19/18791, 65.
44 ABl. L 321/36 vom 17.12.2018, 36.
45 BT-Drs. 19/18791, 64 f.
46 *Dötsch,* WEG-Reform 2020 – Übersicht zum Recht der baulichen Veränderungen nach dem Regierungsentwurf, ZfIR 2020, 221 (229).
47 BR-Drs. 168/20, 97.
48 BR-Drs. 168/20, 97.

Neumann

zung der Mietsache erforderlich sind.[49] Das für die Zustimmung erforderliche berechtigte Interesse des Mieters ist entfallen und ist nur noch im Rahmen der Interessenabwägung von Bedeutung. Der Mieter kann nach dem Wortlaut den Anspruch auch abstrakt geltend machen; der Vermieter muss die bauliche Veränderung erlauben, wenn sie die genannten Tatbestände erfüllt.

Die Begründung des Anspruchs des Mieters auf Erlaubnis der baulichen Veränderung nach § 554 Abs. 1 S. 1 **38** BGB erfordert keine hohen Voraussetzungen. § 554 Abs. 1 S. 2 BGB verschafft dem Vermieter darum ein Abwehrrecht mit hoher Bedeutung. Danach ist der Anspruch des Mieters **ausgeschlossen**, wenn er dem Vermieter auch Würdigung der Interessen des Mieters nicht zugemutet werden kann. Durch eine umfassende Interessenabwägung muss im Einzelfall festgestellt werden, ob der Anspruch des Mieters besteht. Danach kommt es auch auf die Interessen anderer Nutzer in dem Gebäude an.[50]

Im Rahmen der **Interessenabwägung** ist bei einer vermieteten Eigentumswohnung daher zu berücksichtigen, **39** dass eine bauliche Veränderung erst zulässig ist, wenn die Gemeinschaft der Wohnungseigentümer einen entsprechenden Beschluss gefasst hat. Solange die bauliche Veränderung nicht wirksam gefasst wurde, ist dem vermietenden Wohnungseigentümer die Erteilung der Erlaubnis nicht zumutbar. Erteilt der vermietende Wohnungseigentümer die Erlaubnis vor Beschlussfassung, kann der Mieter Mängelrechte einwenden, wenn die Gemeinschaft der Wohnungseigentümer die bauliche Veränderung verweigert.[51]

Bemüht der vermietende Wohnungseigentümer sich nicht um eine dem Interesse des Mieters entsprechende **40** **Beschlussfassung** der Wohnungseigentümer, sondern bleibt **untätig**, kann er die Unzumutbarkeit der Erlaubnis unter Umständen nicht einwenden. Ist der Mieter in einem solchen Fall – ggf. auch durch Urteil – berechtigt, die bauliche Maßnahme durchzuführen, darf er gleichwohl nicht ohne Beschluss der Gemeinschaft der Eigentümer in das gemeinschaftliche Eigentum eingreifen.[52] Der Mieter kann seinen Anspruch auf Erfüllung gegen den vermietenden Wohnungseigentümer gerichtlich so durchsetzen, dass dieser wiederum ggf. verpflichtet sein kann, die Gemeinschaft der Wohnungseigentümer klageweise auf Mitwirkung an der Beschlussfassung in Anspruch zu nehmen.[53]

Beschließt die Gemeinschaft der Wohnungseigentümer, selbst die bauliche Veränderung auf Kosten des ver- **41** mietenden Wohnungseigentümers auszuführen, kann der Vermieter dies dem Anspruch des Mieters auf Selbstvornahme entgegenhalten.[54]

Der Vermieter kann die Zustimmung nicht mehr von der Leistung einer **Sicherheit** abhängig machen. Er hat **42** vielmehr allenfalls auch im Rahmen der Interessenabwägung die Möglichkeit, eine Sicherheit für einen etwaigen Rückbau zu erlangen. Der Gesetzgeber hat die Leistung der Sicherheit als Kann-Vorschrift für den Mieter gestaltet. Durch den Verweis auf § 551 Abs. 1 S. 3 BGB ist der Vermieter verpflichtet, eine vom Mieter geleistete Sicherheit getrennt von seinem Vermögen entweder auf einem Sparkonto mit gesetzlicher Kündigungsfrist oder gemäß der zwischen den Vertragsparteien getroffenen Anlageform anzulegen.[55]

7. Verfahren. Die Wohnungseigentümer können Ansprüche aus § 20 Abs. 2 S. 1 WEG im Wege der Klage **43** auf Beschlussersetzung (→ *Beschlussersetzung* Rn. 1 ff.) nach § 44 Abs. 1 S. 2 WEG durchsetzen. Liegen die Voraussetzungen von § 20 Abs. 2 S. 1 WEG vor, übt das Gericht das Entscheidungsermessen anstelle der Wohnungseigentümer aus. Es genügt daher, im Klageantrag die von dem Wohnungseigentümer gewünschte bauliche Maßnahme zu bezeichnen und die konkrete Art und Weise ihrer Durchführung in das Ermessen des Gerichts zu stellen.[56] Jedoch scheint es geboten, die angenommenen Ausführungsvarianten darzulegen, um die gerichtliche Ermessensentscheidung vorzubereiten.[57]

---

49 BR-Drs. 168/20, 97.
50 BR-Drs. 168/20, 98.
51 BT-Drs. 168/20, 101.
52 BT-Drs. 168/20, 102.
53 BGH 20.7.2005 – VIII ZR 342/03.
54 BT-Drs. 168/20, 102.
55 BT-Drs. 19/18791, 90.
56 BT Drs. 19/18791, 63.
57 *Dötsch*, WEG-Reform 2020 – Übersicht zum Recht der baulichen Veränderungen nach dem Regierungsentwurf, ZfIR 2020, 221 (229).

IV. § 20 Abs. 3 WEG

44 **1. Anspruch unter bestimmten Voraussetzungen.** § 20 Abs. 3 WEG verschafft dem einzelnen Wohnungseigentümer einen **Anspruch** auf die Gestattung einer baulichen Veränderung, wenn entweder kein Wohnungseigentümer in seinen Rechten durch die begehrte bauliche Veränderung über das bei einem geordneten Zusammenleben unvermeidliche Maß hinaus beeinträchtigt wird, oder alle Wohnungseigentümer, bei denen eine solche **Beeinträchtigung** vorliegt, **einverstanden** sind. Die Regelung entspricht dem bisherigen § 22 Abs. 1 WEG aF, soweit dieser auch bauliche Veränderungen des einzelnen Wohnungseigentümers bestimmt. Der Begriff der Beeinträchtigung ersetzt den Begriff des **Nachteils** aus §§ 22 Abs. 1, 14 Nr. 1 WEG aF;[58] die sprachliche Anpassung folgt der geänderten Fassung in § 14 WEG.[59] Das Maß der Beeinträchtigung richtet sich dabei nach dem bisher geltenden Recht.[60] Die Schwelle ist daher niedrig.[61] Allein Kostenbelastungen stellen nach § 20 Abs. 3 WEG keine Beeinträchtigung mehr dar, weil der Bauwillige die Kostenlast (→ *Kosten und Nutzungen der baulichen Veränderungen* Rn. 1 ff.) nach § 21 Abs. 1 WEG trägt.[62]

45 **Nachteil** ist nach dem bisher geltenden Recht jede nicht ganz unerhebliche, vermeidbare und zu vermeidende Beeinträchtigung.[63] Maßgeblich für eine Beeinträchtigung ist ein **objektiver** Maßstab, nur konkrete Beeinträchtigungen können ein Nachteil sein.[64] Entscheidend ist, ob sich nach der Verkehrsanschauung unter Beachtung der Grundrechte, der Wertungen des öffentlichen Rechts und technischer Grenz- und Richtwerte ein Wohnungseigentümer in der entsprechenden Lage verständlicherweise beeinträchtigt fühlen kann.[65] Dabei ist es wegen Art. 14 GG geboten, im Zweifel und bereits bei geringen Beeinträchtigungen einen Nachteil anzunehmen.[66] An eine Beeinträchtigung dürfen keine hohen Anforderungen gestellt werden.[67]

46 Eine Beeinträchtigung durch eine bauliche Veränderung kann **beispielsweise** in der Beeinträchtigung der konstruktiven Stabilität und Sicherheit der Gebäudeteile, Anlagen und Einrichtungen, Erschwerung der Erhaltung des gemeinschaftlichen Eigentums, in der Veränderung des architektonischen Aussehens der Anlage im Inneren wie im Äußeren, zB durch Aufbau einer Gaube oder der festen Installation einer Parabolantenne, in der ernsthaften Möglichkeit einer Minderung des Miet- und Verkaufswerts von Sondereigentum zB aufgrund einer Mobilfunksendeanlage, in der Entstehung oder Verstärkung unwägbarer Immissionen (wie Dämpfe, Gase, Geräusche, Gerüche, Erschütterungen, Wärme, Ruß, Rauch etc), wenn sie dauerhaft stören und Folge der baulichen Veränderung sind, sowie in der Beschränkung der Benutzung des Gemeinschaftseigentums etc. liegen.[68]

47 Liegt eine rechtliche relevante Beeinträchtigung vor, kann der einzelne Wohnungseigentümer die Gestattung der baulichen Veränderung nur verlangen, wenn die beeinträchtigten Wohnungseigentümer ihr **Einverständnis** erteilen.[69] Dieses „Einverständnis" ist eine rechtsgeschäftliche Handlung, weil es nach der Gesetzesbegründung um das Einverstanden-Sein mit einem Rechtseingriff geht.[70] Der Gesetzgeber hat den Begriff der Zustimmung bewusst ersetzt. Das Einverständnis kann **formlos** erteilt werden,[71] insbesondere bedarf es für das Einverständnis als Tatbestandsvoraussetzung für den Anspruch selbst keiner Beschlussfassung.[72] Es emp-

---

58 *Dötsch*, WEG-Reform 2020 – Übersicht zum Recht der baulichen Veränderungen nach dem Regierungsentwurf, ZflR 2020, 221 (229).
59 BT-Drs. 19/18791, 65.
60 BT-Drs. 19/18791, 65.
61 Bärmann/Pick/Emmerich WEG § 14 Rn. 5–9.
62 *Dötsch*, WEG-Reform 2020 – Übersicht zum Recht der baulichen Veränderungen nach dem Regierungsentwurf, ZflR 2020, 221 (229).
63 BGH 7.2.2014 – V ZR 25/13, NZM 2014, 245 Rn. 11; BGH 24.1.2014 – V ZR 48/13, NZM 2014, 201 Rn. 8; *Hügel/Elzer* WEG § 14 Rn. 12; Jennißen/*Hogenschurz* WEG § 22 Rn. 30.
64 BVerfG 6.10.2009 – 2 BvR 693/09, ZMR 2010, 206; BGH 7.2.2014 – V ZR 25/13, NZM 2014, 245 Rn. 11; BGH 24.1.2014 – V ZR 48/13, NZM 2014, 201 Rn. 8.
65 BGH 7.2.2014 – V ZR 25/13, NZM 2014, 245 Rn. 11; BGH 24.1.2014 – V ZR 48/13, NZM 2014, 201 Rn. 8.
66 BVerfG 22.12.2004 – 1 BvR 1806/04, ZMR 2005, 634 (635).
67 BGH 24.1.2014 – V ZR 48/13, NZM 2014, 201 Rn. 12.
68 *Hügel/Elzer* WEG § 22 Rn. 44 ff.; Jennißen/*Hogenschurz* WEG § 22 Rn. 31 ff.
69 BT-Drs. 19/18791, 65.
70 BT-Drs. 19/18791, 65.
71 *Dötsch* „WEG-Reform 2020 – Übersicht zum Recht der baulichen Veränderungen nach dem Regierungsentwurf, ZflR 2020, 221 (229).
72 Bärmann/Pick/*Emmerich* Anh. I zu § 20 Rn. 1–18 WEG-E.

Neumann

fiehlt sich gleichwohl, bestenfalls einen Beschluss über das Einverständnis der beeinträchtigten Eigentümer herbei zu führen, denn die **Beweislast** für das Einverständnis obliegt im Streitfall dem Anspruchsteller.[73]

Wird iSd § 20 Abs. 3 WEG kein Wohnungseigentümer in rechtlich relevanter Weise beeinträchtigt, hat der   48
bauwillige Wohnungseigentümer **Anspruch** auf einen **Gestattungsbeschluss**, der ihn zur Durchführung der baulichen Veränderung am Gemeinschaftseigentum berechtigt.[74] Dieser Beschluss wirkt nach § 10 Abs. 3 S. 2 WEG auch gegenüber den **Rechtsnachfolgern**, ohne dass es einer Eintragung in das Grundbuch bedarf.

Der Anspruch auf den Gestattungsbeschluss richtet sich im Fall des § 20 Abs. 3 WEG nicht nur auf das „Ob"   49
der Maßnahme, sondern auch auf das „Wie". Die Gemeinschaft der Wohnungseigentümer hat kein Ermessen hinsichtlich der Durchführung der Maßnahme und kann nicht beschließen, dass sie die bauliche Veränderung selbst durchführt. § 20 Abs. 2 S. 2 WEG ist nicht anwendbar. Für ein Ermessen der Gemeinschaft ist mangels einer rechtlich relevanten Beeinträchtigung – sei es, weil die Schwelle nicht überschritten ist, sei es, weil die beeinträchtigten Wohnungseigentümer mit der baulichen Veränderung einverstanden sind – kein Raum.[75] Die privilegierten Ansprüche aus § 20 Abs. 2 S. 1 WEG (→ Rn. 21 ff.) bestehen ungeachtet einer Beeinträchtigung der übrigen Wohnungseigentümer. Sie müssen lediglich angemessen (→ Rn. 23) sein.

2. Anspruchskonkurrenz § 20 Abs. 2/§ 20 Abs. 3 WEG. Der Anspruch auf Gestattung in § 20 Abs. 3 WEG   50
besteht unbeschadet der Ansprüche aus § 20 Abs. 2 WEG. Diese Einleitung stellt klar, dass der Anspruch nach § 20 Abs. 3 in **Konkurrenz** zu einem Anspruch nach § 20 Abs. 2 WEG stehen kann.[76] Das ist zB der Fall, wenn eine nach Absatz 2 privilegierte Maßnahme keine relevante Beeinträchtigung verursacht.[77] Liegt eine solche Anspruchskonkurrenz vor, wird der bauwillige Wohnungseigentümer freilich seinen Anspruch in der Regel auf § 20 Abs. 3 WEG stützen. Denn so hat er den Vorteil, frei über die Art der Durchführung der Maßnahme entscheiden zu können.[78]

3. Verfahren. Beabsichtigt ein Wohnungseigentümer die Durchführung einer baulichen Veränderung nach   51
§ 20 Abs. 3 WEG, muss er wie in § 20 Abs. 2 S. 1 WEG die **Gestattung** von der Gemeinschaft der Wohnungseigentümer **verlangen** (→ Rn. 15).[79]

Der Anspruch § 20 Abs. 3 WEG kann im Wege der Klage auf Beschlussersetzung (→ *Beschlussersetzung*   52
Rn. 1 ff.) nach § 44 Abs. 1 S. 2 WEG von den Wohnungseigentümern durchgesetzt werden. Setzt ein Wohnungseigentümer einen Anspruch nach § 20 Abs. 3 WEG mit Hilfe einer **Beschlussersetzungsklage** durch, soll der Klageantrag nach der Gesetzesbegründung die konkrete bauliche Veränderung samt ihrer Art der Durchführung bezeichnen. Denn das Gericht hat bezogen auf die Durchführung ebenso wenig ein Ermessen wie die Gemeinschaft der Wohnungseigentümer.[80]

V. § 20 Abs. 4 WEG

1. Grenzen der Ansprüche auf bauliche Veränderungen. § 20 Abs. 4 WEG setzt baulichen Veränderungen   53
zwei Grenzen. Danach dürfen bauliche Veränderungen nicht beschlossen und können nicht verlangt werden, wenn sie zu einer grundlegenden Umgestaltung der Wohnanlage führen oder einzelne Wohnungseigentümer gegenüber anderen unbillig benachteiligen. § 20 Abs. 4 WEG beinhaltet wesentliche Änderungen der Vorschriften über bauliche Veränderungen. Zum einen wird den Wohnungseigentümern im Bereich der baulichen Veränderungen ein sehr viel größerer Gestaltungsspielraum als nach bisherigem Recht eröffnet. Zum anderen

---

73 BT-Drs. 19/18791, 65; *Dötsch,* WEG-Reform 2020 – Übersicht zum Recht der baulichen Veränderungen nach dem Regierungsentwurf, ZfIR 2020, 221 (229).
74 BT-Drs. 19/18791, 65.
75 BT-Drs. 19/18791, 65; *Dötsch,* WEG-Reform 2020 – Übersicht zum Recht der baulichen Veränderungen nach dem Regierungsentwurf, ZfIR 2020, 221 (229).
76 BT-Drs. 19/18791, 65.
77 *Dötsch,* WEG-Reform 2020 – Übersicht zum Recht der baulichen Veränderungen nach dem Regierungsentwurf, ZfIR 2020, 221 (229).
78 BT-Drs. 19/18791, 65.
79 BT-Drs. 19/18791, 65.
80 BT-Drs. 19/18791, 65.

wird ein Verstoß gegen die in § 20 Abs. 4 WEG normierten Grenzen nicht schon beim Zustandekommen des Beschlusses geprüft, sondern nur bei Erhebung der Anfechtungsklage.[81]

54   Bauliche Veränderungen dürfen die Wohnanlage nicht **grundlegend umgestalten**. Der Begriff der grundlegenden Umgestaltung ist auslegungsbedürftig, denn er kommt bisher im Gesetz nicht vor.[82] Nach der Gesetzesbegründung kann nur im Einzelfall unter Berücksichtigung aller Umstände festgestellt werden, ob eine bauliche Veränderung die Wohnanlage grundlegend umgestaltet, wobei der Bezugspunkt die Anlage als Ganzes sein soll.[83]

55   Die Auslegung muss **enger** sein als bei dem bisher in **§ 22 Abs. 2 S. 1 WEG aF** geltenden Recht. Das Tatbestandsmerkmal der grundlegenden Umgestaltung soll nur im Ausnahmefall und bei den nach § 20 Abs. 2 WEG privilegierten Maßnahmen zumindest typischerweise gar nicht erfüllt sein.[84] Zwar soll sich die Veränderungssperre aus § 20 Abs. 4 WEG an das bisherige geltende Recht in § 22 Abs. 2 S. 1 WEG aF anlehnen. Danach durften auch nach bisherigem Recht privilegierte Modernisierungen gem. § 22 Abs. 2 WEG aF die Eigenart der Anlage nicht ändern. Der Gesetzgeber hatte bei der Reform von 2007 diese Beschlusskompetenz geschaffen und behutsam[85] auf den Umstand reagiert, dass eine Anpassung an die Erfordernisse der Zeit erforderlich ist, um den durch Sanierungsstau verursachten Wertverlust von Wohnungseigentumsanlagen entgegen zu wirken.[86] Die einschränkende Auslegung des Merkmals „Eigenart" wurde im jetzigen Gesetzgebungsverfahren jedoch für nicht überzeugend gehalten und darum durch den Begriff der „grundlegenden Umgestaltung" ersetzt.[87] Bei der Auslegung des Begriffs „grundlegende Umgestaltung" ist als **Erweiterung des Gestaltungsspielraums** der Wohnungseigentümer zu berücksichtigen, dass nicht jede bauliche Veränderung, die nach dem bisherigen Recht aus § 22 Abs. 2 S. 1 WEG aF die Eigenart der Wohnanlage ändert, auch zu einer **grundlegenden Umgestaltung nach § 20 Abs. 4 WEG** führt.[88] Es ist ausdrückliches Ziel der Neufassung der Vorschriften über die bauliche Veränderung, dadurch bauliche Veränderungen von Wohnungseigentumsanlagen zu erleichtern.

56   Die **Eigenart der Anlage iSv § 22 Abs. 2 S. 1 WEG aF** ist das durch Form und Material geprägte charakteristische Aussehen (zB Fachwerkhaus, Plattenbau etc.) oder die typische Nutzung (zB als Ferienanlage, Studentenwohnheim etc.) eines Gebäudes.[89] Eine Änderung der Eigenart liegt jedenfalls dann vor, wenn durch Maßnahme eine vollständige Änderung des charakteristischen Aussehens oder der Nutzungsart herbei geführt wird.[90] Nach der Gesetzesbegründung zu § 22 Abs. 2 S. 1 WEG aF konnte nach bisherigem Recht eine Änderung bereits in einem Anbau liegen, etwa eines Wintergartens, der Aufstockung des Wohnhauses, dem Abriss von Gebäudeteilen oder durch vergleichbare Veränderungen des inneren oder äußeren Bestands.[91] Eine Nutzungsänderung konnte nach den Gesetzesmaterialien bereits in dem Ausbau eines Speichers zu Wohnzwecken oder der Asphaltierung einer die Wohnanlage umgebenden Grünfläche bestehen.[92]

57   Es wird angenommen, dass die Instanzgerichte sich bei der Bestimmung des Begriffs „grundlegende Veränderung" an der Rechtsprechung[93] zu den Grenzen des mietrechtlichen Modernisierungsbegriffs bei § 555 b Nr. 4 und Nr. 5 BGB orientieren.[94] Eine Modernisierung liegt danach nicht vor, wenn die geplante Maßnahme so

---

81 BT-Drs. 19/18791, 66; Bärmann/Pick/*Emmerich* Anh. I zu § 20 Rn. 12 WEG-E.

82 *Mediger*, Neue Regeln für bauliche Veränderungen im RefE WEModG oder: „weniger ist mehr", NZM 2020, 269 (271).

83 BT-Drs. 19/18791, 66.

84 BT-Drs. 19/18791, 66.

85 *Mediger*, Neue Regeln für bauliche Veränderungen im RefE WEModG oder: „weniger ist mehr", NZM 2020, 269 (271).

86 Jennißen/*Hogenschurz* WEG § 22 Rn. 62.

87 Abschlussbericht der Bund-Länder-Arbeitsgruppe zur Reform des Wohnungseigentumsgesetzes (WEG) von August 2019, NZM 2019, 705 (723,722).

88 BT-Drs. 19/18791, 66.

89 Bärmann/Pick/*Emmerich* WEG § 22 Rn. 102; BeckOK WEG/*Elzer*, 42. Ed. 1.8.2020, WEG § 22 Rn. 220.

90 BeckOK WEG/*Elzer*, 42. Ed. 1.8.2020, WEG § 22 Rn. 224.

91 BeckOK WEG/*Elzer*, 42. Ed. 1.8.2020, WEG § 22 Rn. 224.

92 BT-Drs. 16/887, 30.

93 BGH 21.11.2017 – VIII ZR 28/17, NZM 2018, 226, Rn. 16.

94 *Mediger*, Neue Regeln für bauliche Veränderungen im RefE WEModG oder: „weniger ist mehr", NZM 2020, 269 (271).

weitreichend ist, dass ihre Durchführung den Charakter der Mietsache „grundlegend verändern", was der Fall ist, wenn der Grundriss der Mietsache geändert, dem Gebäude neue Räume hinzugefügt und ein Spitzboden ausgebaut werden.[95] Danach läge die Grenze der „grundlegenden Veränderung" bei einer **wesentlichen Änderung der Gebäudesubstanz**, eine Nutzungsänderung stelle keine grundlegende Veränderung dar.[96] Nach anderer Auffassung ist eine umfassende Bewertung aller Umstände des Einzelfalles geboten. Wegen der unterschiedlichen Interessenlage sei beim Zurückgreifen auf die Rechtsprechung zur Duldungspflicht des Mieters bei Modernisierungsmaßnahmen Vorsicht geboten.[97]

Als unklar wird eingestuft, wie sich die durch beschlossene bauliche Maßnahmen verursachte **Änderung der** | 58 **Nutzung** von gemeinschaftlichem Eigentum auswirkt.[98] Die Bund-Länder-Arbeitsgruppe wollte die vom Bundesgerichtshof[99] geäußerten grundlegenden Bedenken an einer Beschlussersetzung über eine Aufzugserrichtung wegen des damit an der „Grundfläche" des Aufzugs so faktisch beschlossenen Sondernutzungsrechts im Gesetz geregelt wissen.[100] Die Gesetzesbegründung stellt lediglich klar, dass der Ausschluss einzelner Wohnungseigentümer von den Nutzungen einer baulichen Veränderung keinen Verstoß gegen ordnungsmäßige Verwaltung darstellt, weil diese Folge alle Eigentümer trifft, die die Kosten der baulichen Veränderung nicht zu tragen haben.[101] Als problematisch wird angesehen, dass offen ist, ob so zB durch Mehrheitsbeschluss die Errichtung eines Carports im gemeinsamen Vorgarten auf Kosten des Bauwilligen mit der Folge eines alleinigen Nutzungsrechts erfolgen kann.[102] Ebenfalls problematisch erscheint die Frage, wenn zB eine Nutzungsänderung durch Umbau des Fahrradkellers und Einbau einer Sauna erfolgt, weil zwar der dagegen stimmende Eigentümer keine Kosten tragen muss und ggf. die Sauna auch nicht nutzen will. Sein Nachteil besteht vor allem darin, dass er den von ihm bevorzugten Fahrradkeller nicht mehr nutzen kann.[103] Die Entwicklung bleibt hier abzuwarten.[104]

Das Verbot der „unbilligen Benachteiligung" entspricht dem in § 22 Abs. 2 WEG aF enthaltenen **Verbot der** | 59 **unbilligen Beeinträchtigung** einzelner Wohnungseigentümer.[105] Nach bisherigem Recht begründete jede nicht nur unerhebliche Veränderung des Erscheinungsbildes der Anlage eine die Zustimmungspflicht nach § 22 Abs. 1 WEG aF auslösende Beeinträchtigung aller Wohnungseigentümer. Danach können nur solche Nachteile unbillig sein, die bei wertender Betrachtung und in Abwägung mit den mit der Modernisierung verfolgten Vorteilen einem verständigen Wohnungseigentümer zumutbarer Weise nicht abverlangt werden dürfen.[106]

Gegen das Verbot der unbilligen Benachteiligung wird nach der Gesetzesbegründung dann verstoßen, wenn | 60 treuwidrig einzelnen Wohnungseigentümern **größere Nachteile zugemutet** werden als anderen – dabei sind insbesondere die Belange behinderter Wohnungseigentümer zu berücksichtigen. Das ist zB der Fall, wenn einzelne Wohnungseigentümer durch Verschattung durch einen Außenaufzug oder Geräusch einer Klimaanlage deutlich stärker, als andere gestört werden.[107] Darüber hinaus liegt eine unbillige Benachteiligung vor, wenn einzelnen Wohnungseigentümern Nachteile zugemutet werden, die bei wertender Betrachtung nicht durch die mit der Maßnahme verfolgten Vorteile ausgeglichen werden.[108] Nachteile, die alle gleichermaßen treffen, wie

---

95 BGH 21.11.2017 – VIII ZR 28/17, NZM 2018, 226, Rn. 16.

96 *Mediger,* Neue Regeln für bauliche Veränderungen im RefE WEModG oder: „weniger ist mehr", NZM 2020, 269 (271).

97 Bärmann/Pick/*Emmerich* Anh. I zu § 20 Rn. 13 WEG-E.

98 Bärmann/Pick/*Emmerich* Anh. I zu § 20 Rn. 14 WEG-E.

99 BGH 13.1.2017 – V ZR 96/16, NZM 2017, 447; siehe auch LG Hamburg 19.9.2018 – 318 S 71/17, ZWE 2019, 214.

100 Abschlussbericht der Bund-Länder-Arbeitsgruppe zur Reform des Wohnungseigentumsgesetzes (WEG) von August 2019, NZM 2019, 705 (721).

101 BT-Drs. 19/18791, 66 f.

102 Bärmann/Pick/*Emmerich* Anh. I zu § 20 Rn. 14 WEG-E.

103 *Mediger,* Neue Regeln für bauliche Veränderungen im RefE WEModG oder: „weniger ist mehr", NZM 2020, 269 (274).

104 Bärmann/Pick/*Emmerich* Anh. I zu § 20 Rn. 15 WEG-E.

105 BT-Drs. 19/18791, 66.

106 Bärmann/Pick/*Emmerich* WEG § 22 Rn. 103.

107 *Mediger,* Neue Regeln für bauliche Veränderungen im RefE WEModG oder: „weniger ist mehr", NZM 2020, 269 (272).

108 BT-Drs. 19/18791, 66.

etwa ungünstige Auswirkungen auf das äußere Erscheinungsbild der Anlage, stellen keinen Verstoß gegen das Verbot dar.[109]

61 Der in § 22 Abs. 2 S. 1 WEG aF verwendete Begriff der Beeinträchtigung wurde allein aus sprachlichen Gründen durch den Begriff der **Benachteiligung** ersetzt.[110]

62 Bauliche Veränderungen, die gegen § 20 Abs. 4 verstoßen, können nicht verlangt werden. Die **Verbote des § 20 Abs. 4 WEG** gelten gleichermaßen für alle Fälle der baulichen Veränderungen. Die Verbote umfassen sowohl Maßnahmen der Gemeinschaft der Wohnungseigentümer als auch Maßnahmen Einzelner. Sie gelten für die Ansprüche nach § 20 Abs. 2 und Abs. 3 WEG.[111] Für eine bauliche Veränderung nach § 20 Abs. 3 WEG dürfte das Verbot nach § 20 Abs. 4 WEG kaum Bedeutung haben. Ein Wohnungseigentümer, der „unbillig benachteiligt" wird, muss auch nach § 20 Abs. 3 WEG einverstanden sein.[112]

63 **2. Rechtsfolge.** Verstößt ein Beschluss über eine bauliche Veränderung gegen § 20 Abs. 4 WEG, kann er nur aufgrund einer **Anfechtungsklage** aufgehoben werden. Ein solcher Beschluss ist **nicht nichtig**; die den Wohnungseigentümern in § 20 Abs. 1 WEG eingeräumte Beschlusskompetenz wird dadurch nicht beschränkt, was sich aus dem Wort „dürfen" in § 20 Abs. 1 WEG ergibt.[113] Damit ist auch ein Beschluss über eine Maßnahme der Gemeinschaft, die zu nicht nur unerheblichen Veränderungen des Erscheinungsbildes der Anlage führt, anders als nach bisherigem Recht nicht schon auf eine Anfechtung hin für ungültig zu erklären, weil nicht alle Wohnungseigentümer zugestimmt haben.[114]

64 Das in § 20 Abs. 4 WEG negativ formulierte Verbot verdeutlicht, dass auch andere Anfechtungsgründe für Beschlüsse über bauliche Veränderungen in Betracht kommen.[115] Die Regelung ist nicht abschließend. Ein Beschluss über eine bauliche Veränderung kann darüber hinaus aufgrund einer Anfechtungsklage aufgehoben werden, wenn er unabhängig von dem Maß der Veränderung oder dem Maß der Beeinträchtigung gegen ordnungsmäßige Verwaltung verstößt.

65 Die **Wertungen** von § 20 Abs. 4 WEG sind bei der Beurteilung eines Verstoßes gegen ordnungsmäßige Verwaltung zu berücksichtigen. Ein Verstoß gegen ordnungsmäßige Verwaltung ist erst dann zu besorgen, wenn die Grenze der grundlegenden Umgestaltung überschritten ist. Die überstimmte Minderheit muss bauliche Veränderungen, zB wie Beeinträchtigungen des optischen Gesamteindrucks der Wohnungseigentumsanlage hinnehmen, wenn die Mehrheit der Wohnungseigentümer sie beschlossen hat und sie die Schwelle der grundlegenden Umgestaltung unterschreiten. Gleiches gilt für mehrheitlich beschlossene bauliche Veränderungen, die andere Wohnungseigentümer beeinträchtigen. Sie können nur gegen ordnungsmäßige Verwaltung verstoßen, wenn die Wohnungseigentümer ohne ihr Einverständnis gegenüber anderen Wohnungseigentümern unbillig beeinträchtigt werden.[116] Werden einzelne Wohnungseigentümer von der Nutzung der baulichen Veränderung ausgeschlossen, kann dies nach der Gesetzesbegründung ebenfalls nicht als Verstoß gegen ordnungsmäßige Verwaltung gewertet werden. Alle Wohnungseigentümer, die die Kosten einer baulichen Veränderung nicht tragen müssen, werden mit dieser Folge belastet.[117]

---

109 Bärmann/Pick/*Emmerich* Anh. I zu § 22 Rn. 16 WEG-E.
110 BT-Drs. 19/18791, 66.
111 BT-Drs. 19/18791, 66; Bärmann/Pick/*Emmerich* Anh. I zu § 22 Rn. 17 WEG-E.
112 Bärmann/Pick/*Emmerich* Anh. I zu § 22 Rn. 17 WEG-E.
113 BT-Drs. 19/18791, 66.
114 Bärmann/Pick/*Emmerich* Anh. I zu § 22 Rn. 18 WEG-E.
115 BT-Drs. 19/18791, 66.
116 BT-Drs. 19/18791, 66.
117 BT-Drs. 19/18791, 67.

Neumann

27. Bäume

Fraatz-Rosenfeld

I. Einführung

Bäume werden botanisch als Gehölze verstanden – also als Pflanzen mit einem verholzten Sprosssystem –, die **1** einen einzigen Stamm ausgebildet haben mit einer Höhe von mehr als sechs Metern.[1] In rechtlicher Hinsicht sind Bäume an einer Schnittstelle zwischen Wohnungseigentumsrecht, Naturschutzrecht und bundes- wie landesrechtlichem Nachbarrecht zu verorten. In der Wohnungseigentumsanlage können Bäume insgesamt zur Disposition stehen, weil sie entweder neu gepflanzt werden sollen oder ganz und gar beseitigt werden sollen oder müssen. Außerdem müssen sie gepflegt werden. In diesem Zusammenhang ergeben sich Bezüge zum Nachbarrecht. Nicht zuletzt unterliegen Bäume vielfach zusätzlich dem Regime des Naturschutzrechts.

II. Pflanzen, Beseitigen und Pflegen von Bäumen in der Wohnungseigentumsanlage

1. Grundannahmen. Bäume sind Pflanzen und damit gem. § 94 Abs. 1 S. 2 BGB wesentliche Bestandteile **2** eines Grundstücks. Daraus ergibt sich zwingend, dass Bäume entweder zu den außerhalb des Gebäudes liegenden Sondereigentumsflächen gehören (§ 5 Abs. 1 S. 2 WEG), oder aber Gemeinschaftseigentum sind.[2] Stehen sie nicht auf einer Sondereigentums- oder einer Sondernutzungsfläche, die dem zugeordneten Sondereigentümer erweiternde Nutzungsbefugnisse einräumt, müssen die Wohnungseigentümer über das Schicksal des Baums entscheiden. Infolgedessen stellt sich die Frage, wie innerhalb der Wohnungseigentumsanlage zu verfahren ist, wenn Bäume gesetzt oder entfernt werden sollen. Wohnungseigentumsrechtlich hängt die Frage nach dem „Ob" der Pflanzung und Entfernung entscheidend davon ab, welche Ursache dieser Entscheidung zugrunde liegt. Richtig dürfte indes sein, dass ein von Größe und Umfang kleines Gehölz von den Wohnungseigentümern ohne weitere Voraussetzungen ein- oder ausgepflanzt werden darf.[3]

2. Bäume auf Gemeinschaftsflächen. a) Pflanzen und Roden oder Fällen aus objektiven Grün- 3 den. Gründe für das Pflanzen und vor allem das Fällen von Bäumen können zunächst vornehmlich objektiver Natur sein: Ein Baum ist biologisch hinfällig, er beeinträchtigt das Wachstum anderer Pflanzen durch Hineinwachsen oder Schattenwurf, er gefährdet mit seinem Wurzelwerk Gartenanlagen oder Gebäude oder durch Totholzabwurf Fußgänger und Gartenbenutzer. Muss der Baum aufgrund einer biologischen Schädigung gefällt werden, so ist das eine Maßnahme ordnungsgemäßer Verwaltung iSd § 18 Abs. 1 iVm Abs. 2 Nr. 2 WEG und jedenfalls keine bauliche Veränderung (§ 20 Abs. 1 WEG), und kann daher mit Stimmenmehrheit beschlossen werden.[4] Von besonderer Dringlichkeit ist die Fällung dann, wenn die Standsicherheit nicht mehr

---

1 *Parey*, Nadel- und Laubbäume nördlich des Mittelmeers, 3. Aufl. 1997, S. 8.
2 BGH 11.12.2015 – V ZR 180/14, NZM 2016, 363.
3 *Weckesser* Grundeigentum 2018, 558 (560); aA KG 13.7.1987 – 24 W 1752/87, Grundeigentum 1987, 1261.
4 BayObLG 21.2.2001 – 2 Z BR 142/00, ZMR 2001, 565.

gewährleistet ist[5] und die Wohnungseigentümer die Entfernung zur Erfüllung ihrer Verkehrssicherungspflicht veranlassen müssen (→ Rn. 13). Ob eine solche Schädigung vorliegt, wird oft nur durch einen Sachverständigen festzustellen sein,[6] der von der Gemeinschaft der Wohnungseigentümer zu beauftragen ist.

4 Stellt sich in diesem Zusammenhang heraus, dass die Fällung nicht zwingend erforderlich ist und Pflegemaßnahmen[7] zur Sicherung ausreichen, sind im Rahmen der Ermessensausübung weniger einschneidende Maßnahme zu erwägen. Erst recht muss das dann gelten, wenn die eigentliche Ursache der beabsichtigten Maßnahme ihrerseits nicht gänzlich objektiven Feststellung zugänglich ist, wie etwa Einschränkungen des Lichteinfalls.[8] Entsprechendes gilt, wenn von Bäumen Beschädigungen verursacht werden[9] oder drohen, wie etwa die Beschädigung des Flachdaches einer Tiefgarage.[10] Soll dann ein Baum als Ersatz für den beseitigten Baum gepflanzt werden, ist das eine Maßnahme der Erhaltung (Instandsetzung) gem. 19 Abs. 2 Nr. 2 WEG.[11] Wird die Neuanpflanzung eines Baumes naturschutzbehördlich angeordnet, ist deren Erfüllung zwingend ordnungsgemäße Verwaltung.[12]

5 **b) Pflanzen und Roden oder Fällen aus gestalterischen Gründen.** Ist ein Baum biologisch **gesund** und gehen von ihm auch **keine Gefahren** aus, stellt sich grundsätzlich die Frage, ob eine Rodung oder Fällung eine Maßnahme ordnungsgemäßer Verwaltung sein kann und daher einem Mehrheitsbeschluss gem. § 19 Abs. 1 WEG zugänglich ist, oder ob unter Umständen die Grenze ordnungsgemäßer Verwaltung überschritten wird. Diese Überlegung lag offenbar älterer Rechtsprechung zugrunde, die auf die Notwendigkeit „sachlicher Gründe" und die Unzulässigkeit „unbilliger Benachteiligung" abstellte.[13] Diese Rechtsprechung ging – jedenfalls für das Pflanzen einer Hecke – zudem explizit davon aus, dass dies keine bauliche Veränderung iSd § 22 Abs. 1 WEG aF sei.[14]

6 Der heute wohl überwiegende Teil der Rechtsprechung vertritt für den Fall einer damit verbundenen Veränderung des Gesamteindrucks der Wohnungseigentumsanlage die Auffassung, es handele sich hierbei um bauliche Veränderungen iSd § 20 Abs. 1.[15] Dies soll vor allem dann gelten, wenn Bäume „prägend für die Gartenanlage" sind[16] oder der **Gesamteindruck** geändert wird.[17] Letzteres ist möglicherweise dann nicht der Fall, wenn in einer Wohnungseigentumsanlage von einer größeren Zahl Bäumen nur einzelne gefällt werden.[18] Werde dagegen eine Gartenanlage einer Wohnungseigentumsanlage durch „radikale Veränderung" mit dem Ergebnis einer Neuanlage umgestaltet, sei dies einer baulichen Veränderung (§ 20 Abs. 1 WEG) gleichzusetzen.

7 Ob diese rechtliche Einordnung als bauliche Veränderung trägt, ist zweifelhaft.[19] Schon begrifflich sind Pflanzen keine bauliche Anlage. Es wird auch nicht bautechnisch in die Gebäude- oder Grundstückssubstanz eingegriffen. Grundsätzlich wird als bauliche Veränderung jede Umgestaltung des Gemeinschaftseigentums verstanden, die von dem Aufteilungsplan oder dem früheren Zustand des Gebäudes abweicht[20] und in die Substanz des Gemeinschaftseigentums eingreift.[21] Das ist beim Pflanzen von Bäumen schon begrifflich fraglich

---

5 LG Berlin 24.6.2011 – 55 S 419/10, Grundeigentum 2011, 1631.

6 LG Berlin 2.2.2016 – 53 S 69/15 WEG, ZWE 2016, 467.

7 ZTV-Baumpflege, Zusätzliche Technische Vertragsbedingungen und Richtlinien für Baumpflege, herausgegeben von der Forschungsgesellschaft Landschaftsentwicklung Landschaftsbau e.V., 53111 Bonn 2017, Ziff. 3 ff., Kronensicherung/Kronenschnitt/Wundbehandlung/Behandlung von Wurzelschäden und Verbesserung des Baumumfelds.

8 LG Dortmund 24.11.2015 – 9 S 41/14, ZMR 2016, 221 Rn. 17.

9 LG Nürnberg-Fürth 28.3.2018 – 14 S 6168 WEG mAnm *Briesemeister* IMR 2018, 467.

10 BayObLG 2.5.1996 – 2 Z BR 24/96, NJW-RR 1996, 1166.

11 BayObLG 21.2.2001 – 2 Z BR 142/00, ZMR 2001, 565.

12 Jennißen/*Heinemann* WEG § 21 Rn. 68.

13 BayObLG 21.11.1989 – 2 Z 123/89, NJW-RR 1990,209.

14 BayObLG 3.7.1991 – 2 Z 29/91, NJW-RR 1991, 1362.

15 Bärmann/*Merle* WEG § 22 aF Rn. 60; LG Berlin 2.2.2016 – 53 S 69/15 WEG, ZWE 2016, 467.

16 LG Hamburg 9.5.2013 – 318 S 5/13, ZWE 2014, 45; AG Braunschweig 29.10.2013 – 116 C 1448/13, ZWE 2014, 283.

17 OLG Köln 29.1.1999 – 16 Wx 208/98, NZM 1999, 623.

18 OLG Düsseldorf NZM 2003, 980 (981).

19 *Hügel/Elzer* WEG § 22 aF Rn. 6 aE.

20 Bärmann/*Merle* WEG § 22 aF Rn. 7.

21 Jennißen/*Hogenschurz* WEG § 22 aF Rn. 3.

und beim Fällen jedenfalls insofern, als ein substantieller Eingriff in das Gebäude und das Gemeinschaftseigentum eigentlich nicht stattfindet.

Dem entspricht die Tatsache, dass der Gesetzgeber bei der Formulierung des § 22 aF WEG ausdrücklich das **8** Gebäude im Blick hatte[22] und der Gesetzgeber hieran nichts geändert hat. Sachgerechter scheint daher eine Beurteilung unter Rückgriff auf die Wertungen zur Ordnungsmäßigkeit des Gebrauchs. Hält man mit der hM das Pflanzen oder Fällen/Entfernen von Bäumen für eine bauliche Veränderung, sind die Kosten hierfür nach den Miteigentumsanteilen zu verteilen, wenn dies mit mehr als zwei Dritteln der abgegebenen Stimmen und der Hälfte aller Miteigentumsanteils beschlossen wurde (§ 21 Abs. 2 Nr. 1 WEG).

Veränderungen im Zusammenhang mit Pflanzen und dann gegebenenfalls auch Bäumen sind als eine bauliche **9** Veränderung anzusehen, wenn diese – etwa als Gebäudebegrünung – Teil des eigentlichen Gebäudes sind.[23]

c) Pflege von Bäumen als ordnungsgemäße Verwaltung. Arbeiten zur Gartenpflege, wie die üblichen Pflege- **10** geschnitte von Bäumen, sind Maßnahmen zur Erhaltung gem. § 19 Abs. 2 Nr. 2 WEG. Dazu gehören alle Maßnahmen vom üblichen, regelmäßigen und sachgerechten Beschneiden eines Baumes bis hin zum Fällen oder zur Rodung, sofern dies erforderlich ist. Einen Hinweis darauf, wie eine sachgerechte Pflege von Bäumen durchzuführen ist, gibt die von den Kommunen für die Auftragsvergabe solcher Arbeiten herangezogene ZTV-Baumpflege.[24] Sie trifft auf der Grundlage der jeweiligen Gehölzart und Baumgröße Aussagen darüber, welche Arten von Leistungen zu erbringen sind. Es geht um Art und Umfang von Untersuchungen des Zustands des Baums, den möglichen und naturschutzfachlich richtigen Umfang einer Kroneneinkürzung,[25] Totholzentfernung[26] oder die Notwendigkeit von Stamm- oder Aststabilisierungen[27] uvm. Dies wird in erster Linie für einen wertvollen Baumbestand gelten. Jedenfalls gehört zur ordnungsgemäßen Verwaltung der übliche Baumschnitt.[28]

Einigkeit besteht darüber, dass eine „tätige Mithilfe" von einzelnen Eigentümern nicht verlangt werden kann.[29]

Während bei Umfang und Intensität der Pflege von Bäumen eine gewisse Bandbreite besteht, gelten bezüglich der **Verkehrssicherungspflich**t strenge Anforderungen: Sie sind im Hinblick auf möglichen Windbruch, Windwurf und Gefährdungen durch fehlende Standsicherheit unter Berücksichtigung forstwissenschaftlicher Erkenntnisse zu überwachen und gegebenenfalls zu untersuchen oder untersuchen zu lassen,[30] und zwar in regelmäßigen Abständen.[31] Hinweise auf die Inhalte und Vorgehensweise bei Baumkontrollen gibt die Baumkontrollrichtlinie.[32]

Ähnliche Grundsätze gelten für den (häufig vorkommenden) Wurzeleinwuchs in Abwasserleitungen: Bei der **11** Beurteilung ist nach den Umständen des Einzelfalls darauf abzustellen, ob sich nach der „räumlichen Nähe des Baumes und seiner Wurzeln zur Abwasseranlage sowie … Art, Gattung, Alter und Wurzelsystem des Baums" Hinweise auf die Verwurzelung der Abwasseranlage ergeben. Ist das nicht der Fall, so bedarf es auch keiner eigenen Überprüfung oder einer Aufforderung des Betreibers der Abwasseranlage zur Überprüfung.[33] Bereits bevor es zum schädigenden Wurzeleinwuchs kommt, besteht im Rahmen der Vorverlagerung des Anspruchs aus § 1004 BGB ein Anspruch auf das Einkürzen eindringender Wurzeln.[34]

---

22 BR-Drs. 75/51, 22, 23.
23 OLG Düsseldorf 17.12.2004 – 3 WX 298/04, ZMR 2005, 304.
24 Zusätzliche Technische Vertragsbedingungen und Richtlinien für Baumpflege, 2017, herausgegeben von der Forschungsgesellschaft Landschaftsentwicklung Landschaftsbau e.V., 53111 Bonn.
25 Ziff. 0.2.3.1 und 3.3.1.
26 Ziff. 0.2.2.4 und 3.2.4.
27 Ziff. 0.2.6 und 3.6.
28 Bärmann/*Merle* WEG § 21 aF Rn. 113.
29 OLG Düsseldorf 26.6.2008 – 3 Wx 77/08, ZWE 2008, 428: Laubfegen.
30 GLS NachbarR-HdB/*Saller* Rn. 5.89.
31 BGH 2.7.2004 – V ZR 33/04, NJW 2004, 3328.
32 Baumkontrollrichtlinien, Richtlinien für Regelkontrollen zur Überprüfung der Verkehrssicherheit von Bäumen, 2010, herausgegeben von der Forschungsgesellschaft Landschaftsentwicklung Landschaftsbau e.V., 53111 Bonn.
33 BGH 24.8.2017 – II ZR 574/16, NVwZ-RR 2018, 8; *Drasdo* NJW-Spezial 2019, 545.
34 LG Hamburg 16.12.2015 – 321 S 24/14, ZMR 2016, 324.

12 **d) Schadensersatz für die Beschädigung von Bäumen auf gemeinschaftlichem Eigentum.** Soweit nicht Bäume im (nunmehr möglichen) flächenmäßigen Sondereigentum gem. § 5 Abs. 1 S. 2 WEG stehen, sind sie infolge der sachenrechtlichen Zuordnung der Bäume Teil des Gemeinschaftseigentums. Die Beschädigung eines Baums löst daher Schadensersatzansprüche hinsichtlich der gemeinschaftlichen Flächen aus als eine von der Gemeinschaft der Wohnungseigentümer geltend zu machende Forderung.[35] Eine Beschädigung liegt bereits dann vor, wenn durch einen radikalen Rückschnitt das Gehölz vollständig verstümmelt wird.[36]

13 Schwierig ist dabei sowohl der Nachweis der Ursächlichkeit des Schadens durch Maßnahmen auf dem Nachbargrundstück in naturschutzfachlicher Hinsicht wie auch die Feststellung des Verursachers. Dem naturschutzrechtlichen Schutz unterliegt ein Baum grundsätzlich hinsichtlich seines Stammes und seiner Krone und hinsichtlich seines Wurzelbereichs in dem Radius des Kronenbereiches zuzüglich 1,5 Meter (DIN 18920). Da Bäume wesentliche Bestandteile des Grundstücks sind, orientiert sich die Bemessung der Schäden – sofern eine gleichwertige Neuanpflanzung aus Gründen der Größe oder anderen Gesichtspunkten[37] nicht möglich ist –, an der Wertminderung des Grundstücks.[38] Nach wie vor wird die **„Kochsche Gehölzwerttabelle"** zur Gewinnung von Anhaltspunkten für die Bemessung des Schadens herangezogen.[39] Ist eine Neupflanzung möglich, richtet sich der Schadenersatz auf den Ersatz der Kosten für diese Maßnahme.[40]

14 **e) Bäume auf Sondereigentums- und Sondernutzungsflächen.** Ist neben dem Sondereigentum innerhalb eines Gebäudes Sondereigentum an einer Fläche außerhalb des Gebäudes begründet (§ 5 Abs. 1 S. 2 WEG), gelten die allgemeinen Grundsätze sowohl hinsichtlich der eigentumsrechtlichen Zuordnung wie auch der nachbarrechtlichen Bindungen (→ *Nachbarrecht* Rn. 6, 10).

Gehören zu Wohnungseigentumsanlagen Gartenflächen, wurde bisher vielfach vereinbart, dass mit dem Sondereigentum ein Sondernutzungsrecht an einer Gartenfläche verbunden ist und dass diese in bestimmter Art und Weise genutzt werden darf. Die Formulierungen in den Teilungserklärungen hierzu sind variantenreich. Vor allem bei Doppelhäusern (→ *Doppelhaus* Rn. 12) und Reihenhäusern (→ *Reihenhaus* Rn. 18) ist oft vorgesehen, dass die Sondernutzungsfläche so genutzt werden darf, als wäre sie katastermäßig abgegrenztes Eigentum. Weniger weitgehende Gemeinschaftsordnungen erlauben jedenfalls die freie Veränderung der Gartenfläche und berechtigen und verpflichten zur Instandhaltung.[41]

15 Unzulässig ist bei einer zur alleinigen Nutzung als Hof- und Ziergarten vorgesehenen Sondernutzungsfläche das Entfernen einer 18 Jahre alten und 6–7 Meter hohen Bepflanzung.[42] Einschränkungen ergeben sich auch aus der Anwendung des bundes- und landesrechtlichen Nachbarrechts zwischen Sondernutzungsflächen (→ *Nachbarrecht* Rn. 17).[43]

16 Gibt es keine nähere Bestimmung der Nutzungsbefugnisse, so ist als Grundlage der Entscheidung über die Zulässigkeit einer Maßnahme die Bezeichnung im Aufteilungsplan heranzuziehen; meist „Gartenfläche", „Garten" oder „Grünfläche" (→ *Garten* Rn. 2 f.). Umfasst ist hiervon die übliche Gartennutzung zu Erholungszwecken und die damit verbundene gärtnerische Gestaltung.[44] Das soll auch die Pflanzung einer Hecke[45] oder die Anpflanzung von 23 Nadelbäumen beinhalten.[46] Darüber hinausgehende, den Gesamteindruck der Gartenanla-

---

35 BGH 13.10.2017 – V ZR 45/17, NJW-RR 2018, 333; siehe dazu nunmehr zu §§ 9 a und 18 WEG: *Bruns* AnwZert MietR 13/2020, Anm. 2.

36 LG Hamburg 30.6.2010 – 318 S 105/09, ZMR 2010, 983; OLG München 12.9.2005 – 34 Wx 054/05, NZM 2006, 828.

37 Bspw. wegen Unzumutbarkeit: LG Berlin 11.1.1994 – 31 O 266/93, VersR 1995, 107.

38 Zuletzt: BGH 27.1.2006 – V ZR 46/05, NJW 2006, 1424 Rn. 16.

39 AG Hagen 21.1.2010 – 14 C 37/09, DWW 2010, 305; LG Dortmund 23.11.2009 – 5 O 229/08, BeckRS 2010, 7505 (auch bei einem Teilschaden); OLG Düsseldorf 18.7.2003 – 7 U 12/03, BeckRS 17879.

40 LG Hamburg 30.6.2010 – 318 S 105/09, ZMR 2010, 983.

41 LG Lüneburg 30.4.2013 – 5 S 111/12, ZMR 2013, 656.

42 OLG Düsseldorf 6.4.1994 – 3 Wx 534/93, NJW-RR 1994, 1167.

43 Jennißen/*Schultzky* WEG § 13 aF Rn. 95.

44 OLG Köln 7.6.1996 – 16 Wx 88/96, NJW-RR 1997, 14; Bärmann/*Suilmann* WEG § 13 aF Rn. 78; Jennißen/*Hogenschurz* WEG § 22 aF Rn. 98; *Schmid* ZWE 2015, 109 (110).

45 BayObLG 4.7.1991 – BReg 2 Z 32/91, WE 1991, 163.

46 BayObLG 4.2.1982 – 2 Z 9/81, BayObLGZ 1982, 69 (76).

ge verändernde Maßnahmen sind dagegen untersagt.[47] Das Fällen eines Baums auf einer Sondernutzungsfläche kann Schadensersatzansprüche auf Wiederherstellung auslösen. Zu deren Geltendmachung ist ausschließlich die Gemeinschaft der Wohnungseigentümer befugt.[48]

f) Exkurs: Bäume und vermietete Eigentumswohnung. Nach § 2 Nr. 10 BetrKV gehören Kosten der Gartenpflege zu den auf die Mieter umzulegenden Maßnahmen und damit grundsätzlich auch die Kosten der Pflege von Bäumen durch regelmäßiges Schneiden. Da es sich hierbei um regelmäßig wiederkehrenden Aufwand handelt und damit ein wesentliches Kriterium der BetrKV erfüllt ist, begegnet ihre Umlegung rechtlich keinen Schwierigkeiten. Vielfach kommt es aber vor, dass Bäume komplett gefällt werden müssen, weil sie „abgängig" sind oder aus Gründen fehlender Standfestigkeit. Diese Kosten sind gerade keine Kosten „laufender Entstehung" iSd BetrKV. Demgegenüber zeigt die Formulierung „Gartenpflege" schon vom Wortlaut her, dass bei dieser Position nicht zwangsläufig das Merkmal der „laufenden" Entstehung vorausgesetzt wird.[49] Kann eine Umlegung der Kosten auf die Mieter stattfinden, ist der Verteilungsschlüssel nunmehr dem zwischen den Wohnungseigentümern geltenden Maßstab zu entnehmen (§ 556 a Abs. 3 BGB).[50] 17

3. Nachbarrechtliche Ansprüche und Verpflichtungen. Bäume sind vielfach Auslöser nachbarrechtlicher Auseinandersetzungen; spezielle Regelungen betreffend Pflanzen und Bäume gibt es sowohl im bundesrechtlichen wie landesrechtlichen Nachbarrecht (→ *Nachbarrecht* Rn. 6, 10). 18

a) Überhang von Zweigen und Eindringen von Wurzeln. Am häufigsten kommt § 910 BGB, Überhang, zur Anwendung. In Verbindung mit dem sich aus den §§ 903, 1004 BGB ergebenden **Eigentumsfreiheitsanspruch**[51] haben Eigentümer nicht nur das Selbsthilferecht aus § 910 Abs. 1 BGB, sondern auch einen Anspruch darauf, dass das Herüberwachsen von Zweigen und der Unterwuchs von Wurzeln unterbleibt, und damit – die naturschutzrechtliche Zulässigkeit vorausgesetzt – grundsätzlich das Recht, die Beseitigung bis zur katastermäßigen Grenze zu verlangen.[52] Dieser Anspruch kann im Wege einer Klage auf Beseitigung geltend gemacht werden. Er besteht allerdings nur dann, wenn gerade von dem Überhang oder dem Unterwuchs eine Beeinträchtigung ausgeht.[53] Entscheidend ist, dass Überhang und Unterwuchs die „Benutzung des Grundstücks beeinträchtigen" (§ 910 Abs. 2 BGB).[54] Zwar enthält der Tatbestand der Norm keine besondere Qualifizierung – es reicht also nach der Gesetzeslage jede Art und Intensität von Beeinträchtigung –, ganz unerhebliche Beeinträchtigungen sollen aber nicht abwehrbar sein. Vielfach wird übersehen, dass beim Überhang die **Beeinträchtigung gerade von diesem** ausgehen muss.[55] Das ist vor allem im Zusammenhang mit Abschattungen oder Laubfall zu beachten, da diese Einflüsse vielfach nicht ausschließlich auf den Überhang zurückzuführen sind, sondern auf die Bäume oder Sträucher in ihrer Gesamtheit. 19

Naturgemäße Beeinträchtigungen durch **Laubfall** sind hinzunehmen, soweit der Bewuchs ordnungsgemäßer Bewirtschaftung entspricht.[56] Die Rechtsprechung sieht solche Ansprüche beispielsweise nicht bei einem Grundstück „in einem begrünten Wohngebiet"[57] und nur im Falle der „Unzumutbarkeit der Beeinträchtigung";[58] vor allem muss „die Benutzung nach der tatsächlichen Zweckbestimmung des Grundstücks" gestört werden.[59] 20

Neben dem Eigentumsfreiheitsanspruch besteht ein (unverjährbares) Selbsthilferecht auf Beseitigung der Zweige und Wurzeln (§ 910 Abs. 1 BGB). Bezüglich der Zweige entsteht dieses Selbsthilferecht entsteht allerdings erst nach Setzen einer angemessenen Frist (§ 910 Abs. 1 S. 2 BGB). 21

---

47 *Elzer* NotBZ 2019, 1 (6).
48 LG München I 22.2.2017 – 1 S 4370/16 WEG mAnm *Klimesch*.
49 AG Hamburg-Wandsbek 4.12.2013 – 715 C 283/13, ZMR 2014, 804; *Schmid/Harsch,* Handbuch der Mietnebenkosten, 13. Aufl. 2016. Rn. 5233 b; *Langenberg/Zehelein* BetrKostR, Rn. A 146 mwN, str.
50 Einzelheiten zu Abrechnungsfragen im Zusammenhang mit der WEG-Reform: *Horst* DWW 2020, 244 ff.
51 *Dehner,* B § 38, I.1: „Eigentumsfreiheitsklage … § 1004 BGB, actio negatoria".
52 Staudinger/*Roth* BGB § 910 Rn. 2.
53 § 910 Abs. 2 BGB; LG Krefeld 20.4.2018 – 1 S 68/17, IMR 2018, 474, Ls. 1.
54 Staudinger/*Roth* BGB § 910 Rn. 2.
55 OLG Köln 22.5.1996 – 11 U 6/96, NJW-RR 1997, 656.
56 Staudinger/*Roth* BGB § 910 Rn. 170.
57 OLG Frankfurt a. M. 13.6.1991 – 1 U 122/89, NJW-RR 1991, 1364.
58 LG Bückeburg 4.2.2011 – 3 S 33/10, BeckRS 2012, 18930.
59 AG München 26.2.2013 – 114 C 31118/12, BeckRS 2014, 2284.

22 Eine vielfach übersehene Besonderheit ergibt sich aus § 923 BGB („**Grenzbaum**"): Wird der Hauptstamm eines Baumes von der Grenze durchschnitten, hat jeder der Nachbarn – die naturschutzrechtliche Zulässigkeit vorausgesetzt – einen Anspruch auf Beseitigung; dieser Gesichtspunkt dürfte auch für die Durchschneidung durch eine Sondernutzungsrechtsgrenze gelten und gilt jetzt jedenfalls für Bäume auf einer Sondereigentumsgrenze (§ 5 Abs. 1 S. 2 WEG, → *Nachbarrecht* Rn. 18).

23 **b) Vorschriften des Landesnachbarrechts.** Soweit in den Bundesländern Nachbarrechtsgesetze bestehen – kein Landesrecht gibt es in Bremen, Hamburg und Mecklenburg-Vorpommern –, enthalten die Nachbarrechtsgesetze der Länder Vorschriften über Grenzabstände von Hecken, Sträuchern und Bäumen und zT von Waldungen.[60]

24 **4. Naturschutzrechtliche Restriktionen.** Der Normhierarchie folgend unterfallen Bäume zunächst als geschützte Landschaftsbestandteile (§ 29 BNatSchG) und als wild lebende Pflanzen (§ 39 Abs. 1 BNatSchG) dem Regime des bundes- und landesrechtlichen Naturschutzrechts. Hieraus folgt ein Verbot aller Handlungen, die zur „Zerstörung, Beschädigung oder Veränderung" von geschützten Landschaftsbestandteilen führen (§ 29 Abs. 2 BNatSchG). Liegt die Wohnungseigentumsanlage in einem solchen Gebiet, ist dies zwingend zu berücksichtigen. Nichts anderes gilt sinngemäß zum Schutz „wild lebender … Pflanzen" (§ 39 Abs. 1 Nr. 2 BNatSchG).

25 Da hier der Schwerpunkt des Schutzregimes auf der Landschaft und deren Bestandteilen liegt, werden diese Vorschriften für Wohnungseigentumsanlagen selten Bedeutung erlangen. Soweit es Bäume außerhalb des Waldes im allgemeinen Bebauungszusammenhang betrifft, sind diese außerhalb unmittelbar gärtnerisch genutzter Flächen gem. § 39 Abs. 5. Nr. 2 BNatSchG im Zeitraum vom 1. März bis zum 30. September vollständig geschützt; in dieser Zeit sind nur schonende Pflegemaßnahmen zulässig. Von praktischer Bedeutung sind darüber hinaus landesrechtliche Vorschriften in Verbindung mit gemeindlichen Satzungen, die das Fällen und Einkürzen von Bäumen auch außerhalb der freien Landschaft erfassen. Dazu sehen die Landesnaturschutzgesetze Ermächtigungen insbesondere für die Gemeinden vor, die – soweit umgesetzt – sehr detailliert die Voraussetzungen für die Erteilung von naturschutzrechtlichen Abweichungen regeln.[61]

III. Ansprüche im Außen- und Innenverhältnis

26 **1. Ansprüche im Verhältnis zu Dritten. a) Ansprüche der Wohnungseigentümer und der Gemeinschaft der Wohnungseigentümer.** Den einzelnen Wohnungseigentümern stehen die Ansprüche aus dem **Eigentumsfreiheitsanspruch** gem. §§ 903, 1004 BGB hinsichtlich der Sondereigentumsflächen gem. § 5 Abs. 2 S. 2 WEG sowie hinsichtlich des Gemeinschaftseigentums der Gemeinschaft der Wohnungseigentümer mit den Einschränkungen zu, wie sie das bundesrechtliche (vor allem § 910 Abs. 2 BGB) und landesrechtliche Nachbarrecht gewähren. Dabei sind nunmehr sowohl die Ansprüche auf Störungsunterlassung wie auch Schadensersatzansprüche im Rahmen der Verwaltung des Gemeinschaftseigentums gem. §§ 9 a Abs. 2, 18 Abs. 1 WEG von der Gemeinschaft der Wohnungseigentümer geltend zu machen.[62]

27 **b) Ansprüche Dritter gegen Eigentümer und die Gemeinschaft der Wohnungseigentümer.** Werden Ansprüche wegen nachbarrechtlicher Verstöße einzelner Eigentümer geltend gemacht, so sind diese Eigentümer unmittelbar Schuldner des Unterlassungsanspruchs. Im Zusammenhang mit Bäumen sind solche Ansprüche nur denkbar, wenn von Bäumen auf einer Sondereigentumsfläche gem. § 5 Abs. 1 S. 2 WEG eine Störung ausgeht oder ein Eigentümer selbst als Handlungsstörer durch Beeinträchtigungen eines Baums einen Schaden verursacht.

---

60 Bspw.: §§ 15, 16 NRG BW, § 37 BbgNRG, § 50 NNachbG, § 41 NachbG NRW, § 37 NachbG SH.
61 Bspw.: Satzung über den Schutz von Bäumen auf dem Gebiet der Stadt Baden-Baden vom 27.6.2016 auf der Grundlage der §§ 23 Abs. 6, 31 Abs. 1, 2 NatSchG BW, https://www.baden-baden.de/mam/files/stadt/haushalt/08 09_baumschutzsatzung_%C3%84nderungsfassung__27_06_2016.pdf; BaumschutzVO Berlin GBl. Bln 791–1–51; Baumschutzverordnung/-satzungen in Brandenburg, http://www.naturschutzbeiraete-brandenburg.de/Downloads/ Baumschutzverordnungen_02.pdf; § 12 Abs. 1 S. 3, Abs. 2 S. 2 HessAGBNatSchG iVm § 29 BNatSchG; § 49 LNatSchG NRW v. 21.7.2000 idF v. 10.4.2019; allgemein: *de Witt* in Hoppenberg/de Witt BauR-HdB Rn. E I 564 ff.; Musterbaumschutzsatzung der Deutschen Gartenamtsleiterkonferenz (GALK), www.galk.de, 30.11.2019; Mustergehölzschutzsatzung des Landesverbandes Brandenburg des NABU, https://brandenburg.nabu.de/imperia/md /content/brandenburg2/gehoelzschutz/nabu-baumschutzsatzung_neu.pdf.
62 *Bruns* AnwZert MietR 13/2020, Anm. 2.

Gehen Beeinträchtigungen von dem Gemeinschaftseigentum als Folge mangelnder Pflege und Überwachung eines Baums aus, ist die Gemeinschaft der Wohnungseigentümer als Zustandsstörerin Schuldnerin des Anspruchs (→ *Störungsunterlassung* Rn. 27, 28).[63] **28**

2. Rechtsverhältnisse innerhalb der WEG. Da Bäume der Verwaltung des Gemeinschaftseigentums gem. § 18 Abs. 1 unterliegen und im Verhältnis der Wohnungseigentümer untereinander Rechte und Pflichten in erster Linie durch §§ 13, 14 WEG bestimmt sind, kommt eine unmittelbare Anwendung anderer Vorschriften, wie etwa des Nachbarrechts, grundsätzlich nicht in Betracht.[64] Anders ist dies allerdings dann zu entscheiden, wenn flächenmäßiges Sondereigentum gebildet ist (§ 5 Abs. 1 S. 2 WEG oder sich Konflikte im Verhältnis nebeneinanderliegender Sondernutzungsflächen ergeben (→ *Nachbarrecht* Rn. 18). **29**

a) Pflanzen, Beseitigen oder Beschädigen von Bäumen. Da Bäume aufgrund der sachenrechtlichen Zuordnung zum Gemeinschaftseigentum gehören, sind Veränderungen an ihrem Bestand eine Maßnahme der Verwaltung gem. § 18 Abs. 1 WEG. Der Anspruch auf ordnungsgemäße Verwaltung umfasst daher die baumschutzfachlich richtige Pflege und gegebenenfalls die Beseitigung abgestorbener Bäume oder von solchen, die aus Gründen der Verkehrssicherungspflicht zu beseitigen sind. Hierbei fallen sowohl die Kosten der regelmäßigen Pflege gem. § 16 Abs. 2 WEG als Kosten des gemeinschaftlichen Gebrauchs der Gemeinschaft zur Last wie auch solche der „gärtnerischen Erstausstattung".[65] Unter welchen Voraussetzungen das Pflanzen von Bäumen einerseits und deren Beseitigung andererseits durch einzelne Eigentümer (noch) zulässig ist, ohne gegen §§ 13 und 14 WEG zu verstoßen, kann nur für den Einzelfall entschieden werden (→ Rn. 13). **30**

b) Nachbarrecht und Sondereigentums- und Sondernutzungsflächen. Sind in einer Wohnungseigentumsanlage gem. § 5 Abs. 1 S. 2 WEG Sondereigentumsflächen gebildet, ist hier das bundes- wie landesrechtliche Nachbarrecht unmittelbar anzuwenden. Entsprechend wird grundsätzlich dann verfahren, wenn es um nebeneinanderliegende Sondernutzungsflächen geht (→ *Nachbarrecht* Rn. 14).[66] Allerdings hat der BGH in einer Entscheidung[67] die Anwendung des § 906 BGB im Verhältnis von Wohnungseigentümern untereinander verneint. Dementsprechend sind auch die beispielsweise zur Abwehr von Laubfall vorliegenden Entscheidungen für das Rechtsverhältnis von Berechtigten nebeneinanderliegender Sondernutzungsflächen nicht ohne Weiteres anwendbar. **31**

28. Bauträgervertrag

Marquardt

---

63 BGH 11.12.2015 – V ZR 180/14, NZM 2016, 360; *Hügel/Elzer* WEG § 10 Rn. 244; Jennißen/*Abramenko* WEG § 10 Rn. 132.
64 *Hügel/Elzer,* 3. Aufl. 2021, WEG § 14 aF Rn. 18.
65 *Hügel/Elzer,* 3. Aufl. 2021, WEG § 16 Rn. 29.
66 BGH 28.9.2007 – V ZR 276/05, DWW 2008, 30 zur Anwendung einer landesrechtlichen Ausschlussfrist.
67 BGH 21.1.2014 – V ZR 48/13, NZM 2014, 201 Rn. 11.

I. Einführung

1 § 650 u Abs. 1 BGB definiert den Bauträgervertrag als einen Vertrag, der die Errichtung oder den Umbau eines Hauses oder eines vergleichbaren Bauwerks zum Gegenstand hat und der zugleich die Verpflichtung des Unternehmers enthält, dem Besteller das Eigentum an dem Grundstück zu übertragen. Der Bauträgervertrag ist damit ein einheitlicher Vertrag, der gegen Zahlung einer einheitlichen Vergütung zum einen die kaufvertragliche Verpflichtung des Bauträgers zur Eigentumsverschaffung zum Gegenstand hat; zum anderen ist der Bauträger als Unternehmer zur Errichtung oder zum Umbau eines Hauses oder eines vergleichbaren Bauwerks verpflichtet (§ 650 u Abs. 1 S. 1 BGB). Der Bauträgervertrag enthält damit sowohl kaufvertragliche als auch werkvertragliche Komponenten. Nach den gesetzlichen Regelungen in § 650 u S. 2 und 3 BGB finden für erstere die Vorschriften des Kaufrechts Anwendung, während für letztere die Bestimmungen des Werkvertragsrechts gelten. Der Erwerb von Wohneigentum vom Bauträger weist insbesondere im Hinblick auf die Abnahme sowie die Geltendmachung von Mängelrechten einige Besonderheiten auf.

II. Grundlagen des Bauträgervertrages

2 **1. Vertragsgegenstand und anwendbare Vorschriften.** Vertragsgegenstand eines Bauträgervertrages ist neben der kaufvertraglichen Verpflichtung zur Übertragung des Eigentums an dem (Bau-) Grundstück entweder die „Errichtung" oder der „Umbau" eines Hauses oder eines vergleichbaren Bauwerks. Der Umfang der werkvertraglichen Herstellungsverpflichtung definiert sich dabei in erster Linie durch die Regelungen des Bauträgervertrages, die Bestimmungen der Baubeschreibung und der Teilungserklärung sowie durch die Baupläne. Die in § 650 u BGB verwendeten Begriffe „Errichtung" und „Umbau" sind nicht gesetzlich definiert. Der Begriff der **Errichtung** bezeichnet den Neubau eines bisher nicht existenten Hauses oder vergleichbaren Bauwerks.[1] Als mit Häusern **vergleichbare Bauwerke** gelten etwa Garagen, Gartenlauben oder technische Anlagen, soweit sie fest mit dem Erdboden verbunden sind, nicht aber Außenanlagen.[2] Unter einem **Umbau** sind entsprechend § 650 a Abs. 2 BGB bzw. § 2 Abs. 5 HOAI Umgestaltungen eines vorhandenen Objekts mit wesentlichen Eingriffen in Konstruktion oder Bestand, also insbesondere grundlegende Modernisierungen und Sanierungen von Altbauten, zu verstehen.[3]

3 Der Erwerb von Wohnungseigentum im Rahmen eines Bauträgervertrages erfolgt in der Regel von dem die Immobilie teilenden Gesamteigentümer (sog. **Ersterwerb**), wobei Vertragsgegenstand eine noch nicht bestehende bzw. noch nicht vollständig fertig gestellte Wohnung sein kann. Daneben kann der Erwerb von Wohnungseigentum vom Bauträger jedoch auch dann erfolgen, wenn das zu errichtende Bauwerk im Zeitpunkt des Erwerbs bereits fertig gestellt ist und es damit im Ergebnis an der werkvertraglichen Herstellungsverpflichtung fehlen würde. Der Anwendungsbereich des § 650 u BGB wäre damit nach dem Gesetzeswortlaut mangels „Errichtungsverpflichtung" nicht eröffnet, so dass auf Verträge über bereits fertiggestellte Bauwerke die Regelungen des Kaufvertragsrechts anzuwenden wären.[4]

4 Nach der Rechtsprechung des BGH kann vom Vorliegen eines Bauträgervertrages und damit von der **Anwendbarkeit der Regelungen des Werkvertragsrechts** jedoch auch dann ausgegangen werden, wenn der Vertragsgegenstand bei Vertragsschluss **bereits fertiggestellt** ist und es damit im Ergebnis ebenfalls an einer werkvertraglichen Herstellungsverpflichtung fehlt. Maßgeblich ist dabei nach Ansicht des BGH, dass sich aus Inhalt, Zweck und wirtschaftlicher Bedeutung des Vertrages sowie aus der Interessenlage der Parteien die Verpflichtung des Veräußerers zur Erstellung des Bauwerks ergibt. Ausreichend danach ist, dass Gegenstand und Umfang der vertraglichen Leistung keine anderen sind, als wenn der Vertrag bereits vor Fertigstellung des Baues geschlossen worden wäre.[5] So haftet der Bauträger gegenüber den sog. **„Nachzüglern"** jedenfalls dann entsprechend der Regelungen des Werkvertragsrechts, wenn der Vertragsgegenstand neu errichtet, also ungebraucht ist. Als neu errichtet gelten nach der Rechtsprechung des BGH zum alten Recht Häuser oder Eigentumswohnungen dann, wenn das Bauwerk in einem Zeitraum von bis zu zwei Jahren vor Vertragsschluss be-

---

1 MüKoBGB/*Busche* § 650 u Rn. 13.
2 MüKoBGB/*Busche* § 650 u Rn. 13.
3 Palandt/*Sprau* BGB § 650 u Rn. 7; MüKoBGB/*Busche* § 650 u Rn. 14 f.
4 So MüKoBGB/*Busche* § 650 u Rn. 14.
5 BGH 29.6.1981 – VII ZR 259/80, NJW 1981, 2344.

reits fertiggestellt gewesen ist.[6] Eine Eigentumswohnung, die zum Zeitpunkt des Erwerbs seit etwa drei Jahren fertiggestellt und bereits vermietet war, ist hingegen nicht mehr als neu errichtetes Bauwerk zu qualifizieren, so dass in diesen Fällen den Bauträgerverträgen unter Berücksichtigung des Vertragszwecks, der wirtschaftlichen Bedeutung und der beiderseitigen Interessenlage im Regelfall keine Errichtungsverpflichtung mehr entnommen werden kann und damit allein Kaufvertragsrecht Anwendung findet.[7] Diese Grundsätze dürften auch nach der Reformierung des Bauvertragsrechts anzuwenden sein.

Für **Verbraucherbauverträge** iSd § 650 i BGB normiert § 650 j BGB iVm Art. 249 EGBGB die Verpflichtung, eine Baubeschreibung in Textform zur Verfügung zu stellen sowie deren inhaltliche Anforderungen. Nach § 650 k Abs. 3 BGB muss der Bauvertrag zudem verbindliche Angaben zum Zeitpunkt der Fertigstellung bzw. zur Dauer der Bauausführung enthalten. Da nach § 650 u Abs. 2 BGB die Vorschrift des § 650 l BGB keine Anwendung findet, steht Verbrauchern bei Bauträgerverträgen ein Widerrufsrecht nicht zu. **5**

Nach der gesetzlichen Definition in § 650 i Abs. 1 BGB handelt es sich um einen **Verbraucherbauvertrag**, wenn der Unternehmer sich zum Bau eines neuen Gebäudes oder zu **erheblichen Umbaumaßnahmen** an einem bestehenden Gebäude verpflichtet. Damit normiert § 650 i BGB im Vergleich zu § 650 u BGB im Hinblick auf Umbaumaßnahmen eine höhere Eingriffsintensität, so dass nicht jeder Bauträgervertrag zugleich ein Verbraucherbauvertrag ist. Der Anwendungsbereich für die Regelungen zum Verbraucherbauvertrag soll nach der Gesetzesbegründung an die Vorgaben der EU-Verbraucherrechterichtlinie 2011/83/EU vom 25.10.2011 über die Rechte der Verbraucher (VRRL) zu den vorvertraglichen Informationspflichten anschließen, da diese auf Verträge über den Bau von neuen Gebäuden und erhebliche Umbaumaßnahmen an bestehenden Gebäuden keine Anwendung finden.[8] Ziel des Gesetzgebers war es dabei, die bei größeren Bauverträgen mit einem erheblich höheren Risiko bestehende Schutzlücke zu schließen. **6**

Der Begriff der „erheblichen" Umbaumaßnahmen wird in den Erwägungsgründen zur VRRL eng gefasst und wurde bisher auch von Rechtsprechung und Literatur im Hinblick auf die bei größeren Bauverträgen bestehende Schutzlücke restriktiv ausgelegt, um den Anwendungsbereich der Verbraucherschutzvorschriften möglichst groß zu halten. Danach sind Umbaumaßnahmen nur dann als „erheblich" anzusehen, wenn sie mit dem Bau eines neuen Gebäudes vergleichbar sind, bspw. Baumaßnahmen, bei denen nur die Fassade eines alten Gebäudes erhalten bleibt. Dagegen sind bauliche Maßnahmen zur Errichtung von Anbauten sowie zur Instandsetzung bzw. Renovierung von Gebäuden nicht als erhebliche Umbauarbeiten angesehen worden. Maßgebliches Abgrenzungskriterium ist mithin Umfang und Komplexität des Eingriffs sowie das Ausmaß des Eingriffs in die bauliche Substanz des Gebäudes. Da das Vorliegen von „erheblichen Umbaumaßnahmen" nunmehr positive Voraussetzung für das Eingreifen der speziellen vorvertraglichen Informationspflichten sowie weiterer Schutzvorschriften nach §§ 650 i BGB ff. ist, bleibt abzuwarten, ob es bei der bisher vertretenen engen Auslegung bleibt.[9] **7**

2. Form. Aufgrund der im Bauträgervertrag ebenfalls enthaltenen kaufvertraglichen Verpflichtung zur Übertragung des Wohnungseigentums ist der Bauträgervertrag einschließlich der Baubeschreibung sowie etwaigen Vereinbarungen zu von der allgemeinen Baubeschreibung abweichenden Sonderwünschen gem. § 311 b Abs. 1 BGB zu beurkunden. **8**

3. Vergütung. Die Fälligkeit der nach dem Bauträgervertrag geschuldeten Vergütung richtet sich gem. § 650 u Abs. 2 BGB nach den §§ 641, 650 g Abs. 4 S. 1 Nr. 1 und Nr. 2 BGB. Danach ist die **vertraglich vereinbarte Vergütung** grundsätzlich zu entrichten, wenn der Besteller das gesamte Werk, mithin Sonder- und Gemeinschaftseigentum, abgenommen hat oder die Abnahme nach § 641 Abs. 2 BGB entbehrlich ist und der Bauträger dem Besteller eine prüffähige Schlussrechnung erteilt hat. Hiervon abweichend kann der Bauträger gem. § 650 v BGB iVm § 1 der Verordnung über Abschlagszahlungen bei Bauträgerverträgen (AbschlagsV) entsprechend § 3 Abs. 2 der MaBV bzw. unter den Voraussetzungen des § 7 MaBV die Leistung von Abschlagszahlungen vertraglich vereinbaren, wobei § 650 m Abs. 2 und 3 BGB Anwendung finden. Einen gesetzlichen Anspruch des Bauträgers auf Abschlagszahlungen besteht hingegen, anders als noch nach § 632 a Abs. 1 BGB aF, nicht. Nach zutreffender Ansicht ist auch im Falle von auf der Grundlage der MaBV vertraglich vereinbar- **9**

---

6   BGH 12.5.2016 – VII ZR 171/15, ZWE 2016, 318; BGH 25.2.2016 – VII ZR 156/13, NZM 2016, 366.

7   BGH 25.2.2016 – VII ZR 156/13, NZM 2016, 366.

8   BT-Drs. 18/8486, 61.

9   IbrOK BauVertrR/*Retzlaff* BGB § 650 i Rn. 6.

ten Abschlagszahlungen für die Fälligkeit der letzten Schlussrate neben dem erforderlichen Leistungsstand auch die Vorlage einer prüfbaren Schlussrechnung erforderlich, da der Gesetzeswortlaut in §§ 650 u, 650 g, 650 v BGB insoweit keine Ausnahme vorsieht.[10]

III. Abnahme

10 Aufgrund der Verweisung in § 650 u Abs. 2 BGB ist der Besteller gem. § 640 Abs. 1 BGB verpflichtet, das vom Bauträger vertragsmäßig hergestellte Werk abzunehmen.

Die Abnahme der werkvertraglichen Bauleistungen, mit der grundsätzlich die Billigung des Werks als **im Wesentlichen vertragsgemäße Leistung** verbunden ist, ist nicht nur Voraussetzung für die Fälligkeit der vertraglich geschuldeten Vergütung, sondern führt im Hinblick auf das Vorhandensein von Mängeln am Bauwerk dazu, dass nunmehr der einzelne Erwerber die Beweislast für das Vorhandensein von Mängeln trägt. Mit der Abnahme beginnt ferner gem. § 634 a Abs. 2 BGB der Lauf der Verjährungsfrist für Mängelrechte. Schließlich geht die Gefahrtragung nach § 644 Abs. 1 BGB auf den Erwerber über.[11] Mit der Abnahme wandelt sich der ursprüngliche Erfüllungsanspruch des Erwerbers aus § 631 Abs. 1 BGB in einen modifizierten Erfüllungsanspruch aus §§ 634 Nr. 1, 635 BGB. Durch die Abnahme wird deshalb die Verpflichtung des Werkunternehmers auf die abgenommene Leistung und ihre Nacherfüllung beschränkt.[12]

11 Im Rahmen von Bauträgerverträgen betreffend die Errichtung von Wohneigentumsanlagen ist damit sowohl die Abnahme des Sondereigentums als auch die Abnahme des Gemeinschaftseigentums erforderlich, wobei die Abnahme des Sondereigentums im Zweifel nicht die Abnahme des Gemeinschaftseigentums umfasst. Soweit die Regelungen im Bauträgervertrag jeweils Teilabnahmen für die Abnahme des Sondereigentums und für die Abnahme des Gemeinschaftseigentums vorsehen, so ist dies nach überwiegender Auffassung auch in AGB grundsätzlich zulässig.[13]

12 **1. Abnahme Sondereigentum.** Die Abnahme des Sondereigentums ist nicht gemeinschaftsbezogen, so dass nur der jeweilige Erwerber zur Abnahme berechtigt und verpflichtet.

13 **2. Abnahme Gemeinschaftseigentum.** Die Abnahme des Gemeinschaftseigentums muss hingegen durch jeden Erwerber, insgesamt also **durch sämtliche Erwerber** erfolgen. Da jeder einzelne Erwerber aus dem Bauträgervertrag einen individuellen Anspruch auf mangelfreie Werkleistung sowohl in Bezug auf das Sondereigentum als auch auf das gesamte Gemeinschaftseigentum hat, liegt es grundsätzlich bei ihm zu entscheiden, ob er das Werk als eine in der Hauptsache dem Vertrag entsprechende Erfüllung gelten lassen will. Der Regelungsort für die Abnahme des Gemeinschaftseigentums ist der jeweilige Erwerbsvertrag.[14]

Die **Erklärung** der Abnahme kann dabei auch durch einen vom Erwerber bevollmächtigten Vertreter erfolgen.[15] Soweit die Bevollmächtigung zur Erklärung der Abnahme nach Abschluss des Bauträgervertrages durch jeden Erwerber selbst erfolgt, ergeben sich im Hinblick auf die Wirksamkeit der Abnahmeerklärung keine Bedenken.

14 **a) Abnahme aufgrund Vollmacht.** Vielfach enthalten Bauträgerverträge im Hinblick auf das Interesse des Bauträgers an einer einheitlichen Abnahme insbesondere des Gemeinschaftseigentums Regelungen, mit denen der jeweilige Erwerber einem Dritten **Vollmacht** erteilt, für ihn das Gemeinschaftseigentum abzunehmen. Derartige Regelungen stellen regelmäßig **Allgemeine Geschäftsbedingungen** dar und unterliegen damit der Inhaltskontrolle gem. den §§ 307 ff. BGB. Soweit die Regelungen in Bauträgerverträgen vorsehen, dass die Abnahme im Namen der Erwerber durch den Bauträger selbst, einen von diesem bestimmten bzw. bestimmbaren Erstverwalter, einem im Lager des Bauträger stehenden Dritten oder durch einen vom Bauträger selbst bestimmten bzw. bestimmbaren Sachverständigen erfolgen soll, halten diese Regelungen einer **Inhaltskontrolle** nicht stand, da in diesen Fällen für die Erwerber die Gefahr besteht, dass der Bevollmächtigte die Vorausset-

---

10 *Karczewski* NZBau 2018, 328; aA *Basty* Bauträgervertrag Rn. 547.
11 BeckOK BGB/*Voit* § 640 Rn. 2.
12 BeckOK BGB/*Voit* § 640 Rn. 1.
13 BGH 30.6.1983 – VII ZR 185/81, BauR 1983, 573; aA *Sterner* BauR 2012, 1160.
14 BGH 12.5.2016 – VII ZR 171/15, ZWE 2016, 318.
15 *Elzer* ZWE 2017, 113.

zungen der Abnahmefähigkeit des Gemeinschaftseigentums nicht neutral prüft, sondern zugunsten des Bauträgers verfährt, wodurch dieser entscheidenden Einfluss auf die Abnahme nehmen könnte.[16]

Auch soweit Regelungen in Bauträgerverträgen vorsehen, dass die Auswahl des zu bevollmächtigenden Verwalters bzw. Sachverständigen allein durch die Erwerber erfolgt, kann eine **unzulässige Einflussnahme des Bauträgers** auf die Abnahmeentscheidung nicht gänzlich ausgeschlossen werden, wenn der Bauträger bei der Beschlussfassung über die Bestellung des Verwalters oder Sachverständigen durch die Gemeinschaft seine noch vorhandene Stimmmehrheit ausnutzt.[17]

Aus Gründen der Transparenz sind Regelungen, die das eigene Abnahmerecht jedes einzelnen Erwerbers verdrängen, sog. **verdrängende Abnahmevollmachten**, nach der Rechtsprechung unwirksam. Es sollte daher nicht nur auf die Möglichkeit des **Widerrufs** hingewiesen werden, sondern es sollte auch klargestellt sein, dass der Erwerber jederzeit selbst die Abnahme erklären kann.[18]

Schließlich wird die Auffassung vertreten, die Bevollmächtigung eines Verwalters oder Sachverständigen zur Erklärung der Abnahme verstoße gegen das Rechtsdienstleistungsgesetz (RDG). **Rechtsdienstleistung** nach § 1 RDG ist jede Tätigkeit in konkreten fremden Angelegenheiten, sobald sie eine rechtliche Prüfung des Einzelfalls erfordert, wobei gem. § 5 Abs. 1 RDG die Erbringung von Rechtsdienstleistungen im Zusammenhang mit einer anderen Tätigkeit erlaubt ist, wenn diese als Nebenleistung zum Berufs- oder Tätigkeitsbild gehören. Ob eine Nebenleistung vorliegt, ist nach ihrem Inhalt, Umfang und sachlichen Zusammenhang mit der Haupttätigkeit unter Berücksichtigung der Rechtskenntnisse zu beurteilen, die für die Haupttätigkeit erforderlich sind. Dies dürfte für den Verwalter zu verneinen sein, da die Erklärung der Abnahme nicht zu den ihm nach den Bestimmungen des WEG übertragenen Aufgaben zählt.[19] Gleiches gilt für den Sachverständigen. Selbst wenn man davon ausgehen würde, dass die Erklärung der Abnahme sich als Annex zu der vom Sachverständigen schwerpunktmäßig vorgenommenen technischen Beurteilung darstellt und damit als erlaubte Nebentätigkeit iSv § 5 RDG zu qualifizieren wäre, bleibt fraglich, ob der Sachverständige überhaupt in der Lage ist, einen Abgleich zwischen dem vertraglich mit jedem einzelnen Erwerber geschuldeten Bau-Soll und dem tatsächlich erbrachten Bau-Ist vorzunehmen und die mit der Abnahmeerklärung verbundenen Rechtsfragen zu beurteilen.[20]

b) Konkludente Abnahme. Eine konkludente Abnahme setzt nach den Umständen des Einzelfalles ein Verhalten des Erwerbers voraus, welches den Schluss rechtfertigt, er billige das Werk als im Wesentlichen vertragsgemäß. Ein typischer Sachverhalt, auf den eine konkludente Abnahme gestützt werden kann, ist der **Einzug und die Nutzung** des Gebäudes.[21] Die Ingebrauchnahme und anschließende Nutzung durch den Erwerber rechtfertigen jedoch nicht ohne Weiteres die Annahme einer konkludenten Abnahme. Zwar kann schlüssiges Verhalten auch dann als Willenserklärung gewertet werden, wenn der Handelnde an die Möglichkeit einer solchen Wertung nicht gedacht hat. Voraussetzung ist jedoch, dass der Handelnde bei Anwendung der pflichtgemäßen Sorgfalt erkennen konnte, dass sein Verhalten als Willenserklärung aufgefasst werden könnte und der andere Teil es tatsächlich auch so verstanden hat. Daran fehlt es dann, wenn die Erwerber von der Wirksamkeit der im Bauträgervertrag enthaltenen Abnahmevollmachten ausgegangen sind. Dann kommt es auf eine Erklärung der Erwerber zu einer bereits erfolgten Abnahme des Gemeinschaftseigentums mithin nicht mehr an, mit der Folge, dass diese in der fraglichen Zeit nicht hätten erkennen müssen, dass ihr Verhalten möglicherweise als stillschweigende Abnahme verstanden werden könnte.[22]

c) Abnahme durch die Wohnungseigentümergemeinschaft. Anstelle einer Abnahme des Gemeinschaftseigentums durch den einzelnen Erwerber wurde bisher mit unterschiedlichen Begründungsansätzen eine **Befug-**

---

16 OLG Brandenburg 13.6.2013 – 12 U 162/12, BeckRS 2013, 12027; BGH 30.6.2016 – VII ZR 188/13, ZWE 2016, 368; OLG Karlsruhe 10.4.2018 – 8 U 19/14, BeckRS 2018, 17599; OLG Karlsruhe 27.9.2011 – 8 U 106/10, NJW 2012, 237; *Ott* ZWE 2013, 253.

17 *Ott* ZWE 2013, 455.

18 LG Hamburg 11.3.2010 – 328 O 179/09, BeckRS 2010, 22122; OLG Brandenburg 13.6.2013 – 12 U 162/12, BeckRS 2013, 12027; OLG Karlsruhe 27.9.2011 – 8 U 106/10, NJW 2012, 237.

19 *Basty* Bauträgervertrag Rn. 1058; im Ergebnis auch *Elzer* ZWE 2017, 113.

20 *Basty* Bauträgervertrag Rn. 1058; *Pauly* ZMR 2011, 532; aA *Vogel* NZM 2010, 377.

21 BGH 10.6.1999 – VII ZR 170–98, NJW-RR 1999, 1246.

22 LG Hamburg 11.3.2010 – 328 O 179/09, BeckRS 2010, 22122; OLG München 15.12.2008 – 9 U 4149/08, BeckRS 2009, 7461.

nis der Wohnungseigentümergemeinschaft zur Abnahme des Gemeinschaftseigentums angenommen. Dabei wurde vereinzelt vertreten, dass es sich bei der Abnahme des Gemeinschaftseigentums um ein gemeinschaftsbezogenes Recht oder um eine gemeinschaftsbezogene Pflicht iSv § 10 Abs. 6 S. 3 Hs. 1 WEG aF handele,[23] so dass eine **geborene Ausübungsbefugnis** der Wohnungseigentümergemeinschaft bestehe und über die Abnahme des Gemeinschaftseigentums daher durch Beschluss zu entscheiden sei. Eine andere Auffassung in Literatur und Rechtsprechung ordnete die Abnahme den sonstigen Rechten und Pflichten der Wohnungseigentümer zu, die im Rahmen der **gekorenen Ausübungsbefugnis** gemeinschaftlich geltend gemacht werden könnten oder zu erfüllen seien.[24] Soweit man danach von einer Beschlusskompetenz der Wohnungseigentümergemeinschaft ausgehen würde und die Abnahme durch Beschluss der Wohnungseigentümer erklärt werden würde, käme es auf die individuellen Erklärungen der einzelnen Eigentümer nicht mehr an. Jeder Eigentümer, auch die überstimmten, sowie etwaige Nachzügler, wären gem. § 10 Abs. 4 S. 1 WEG aF an den Abnahmebeschluss gebunden.

19   Im Ergebnis zutreffend verneinte die hM hingegen mangels Bezugs zur gemeinschaftlichen Verwaltung eine geborene sowie auch eine gekorene Ausübungsermächtigung der Wohnungseigentümergemeinschaft zur Abnahme des Gemeinschaftseigentums.[25] Zur Begründung wird hier im Wesentlichen darauf abgestellt, dass die Abnahme ein ausschließliches individualvertragliches Recht eines jeden einzelnen Erwerbers ist, da nur dieser entscheiden kann, ob sein Individualvertrag erfüllt wurde, zumal Bauträgerverträge aufgrund unterschiedlicher Baubeschreibungen bzw. Leistungsversprechen nicht selten inhaltsverschieden sind.[26]

20   Nach der Rechtsprechung des BGH betrifft die Abnahme eine Verpflichtung des Erwerbers aus dem Erwerbsvertrag, die keinen unmittelbaren Bezug zu einer Aufgabe der gemeinschaftlichen Verwaltung aufweist. Die Abnahme hat zwar Bedeutung für die Geltendmachung der Mängelansprüche, erschöpft sich jedoch darin nicht. Da die Abnahme darüber hinaus insbesondere weitere, ausschließlich das Verhältnis von Erwerber und Bauträger betreffende Wirkungen bezüglich der Fälligkeit der Vergütung und Verzinsung, des Gefahrübergangs sowie des Vorbehalts eines Vertragsstrafenanspruchs habe, betreffe die Abnahme nicht das Verhältnis der Wohnungseigentümer untereinander. Demnach sind Beschlüsse der Wohnungseigentümer über eine Abnahme nicht nur rechtswidrig, sondern **nichtig**.[27] Die vorbezeichnete Entscheidung ist zwar formal gesehen zum alten WEG (vor 2007) ergangen, jedoch kann sie dahin gehend verstanden werden, dass auch nach Gesetzeslage eine Abnahme nicht Gegenstand eines Beschlusses der Wohnungseigentümergemeinschaft sein kann.

21   Die vorstehend beschriebene Streitfrage hat sich mit Einführung des § 9 a Abs. 2 WEG erledigt. Danach übt die Wohnungseigentümergemeinschaft die sich aus dem gemeinschaftlichen Eigentum ergebenden Rechte sowie solche Rechte der Wohnungseigentümer aus, die eine einheitliche Rechtsverfolgung erfordern, und nimmt die entsprechenden Pflichten der Wohnungseigentümer wahr.

Die **Abnahme** ist ein sich aus den jeweiligen Bauträgerverträgen ergebendes individualvertragliche Recht und damit kein Recht iSv § 9 a Abs. 2 Alt. 1 WEG, welches sich aus dem gemeinschaftlichen Eigentum ergibt. Auch ist die Abnahme kein Recht, welches zwingend eine einheitliche Rechtsverfolgung erfordert, so dass auch nach § 9 a Abs. 2 Alt. 2 WEG keine Ausübungsbefugnis der Gemeinschaft der Wohnungseigentümer besteht.

22   Mit den gleichen Erwägungen können auch keine Abnahmeregelungen in der Gemeinschaftsordnung wirksam getroffen werden, weil die Abnahme des gemeinschaftlichen Eigentums nicht das Verhältnis der Wohnungseigentümer zueinander iSd § 10 Abs. 1 S. 2 und § 10 Abs. 3 WEG, sondern ausschließlich das individuelle Verhältnis eines jeden Erwerbers zum Bauträger betrifft.[28]

---

23 *Rapp* MittBayNot 2012, 169; Bärmann/*Klein*, 12. Aufl. 2013, WEG Anh. § 10 Rn. 54 ff.

24 LG München 18.1.2013 – 18 O 1668/11, BeckRS 2013, 9934; AG Tettnang 21.4.2011 – 4 C 1132/10, BeckRS 2015, 17293; AG München 7.7.2010 – 482 C 287/10, BeckRS 2011, 14020; *Elzer* ZWE 2017, 113.

25 OLG Düsseldorf 2.7.2019 – 23 U 205/18, IBRRS 2019, 3175; grundlegend zum Meinungsstand LG München I 7.4.2016 – 36 S 17586/15 WEG, BeckRS 2016, 9470; *Basty* Bauträgervertrag Rn. 1039; Bärmann/*Suilmann* WEG § 10 Rn. 327 ff.; BeckOGK/*Falkner* WEG § 10 Rn. 536 ff.; *Ott* ZWE 2010, 157; BeckOK WEG/*Müller* § 10 Rn. 834.

26 *Ott* ZWE 2010, 157; *Basty* Bauträgervertrag Rn. 1039.

27 BGH 12.5.2016 – VII 171/15, ZWE 2016, 318.

28 *Ott* ZWE 2010, 157.

---

d) Abnahme in den sog. Nachzüglerfällen. Nachdem der BGH die seit der Schuldrechtsreform streitige Fra- 23
ge zur Anwendbarkeit von Werkvertragsrecht auf Nachzüglerverträge entschieden hat (→ Rn. 4), ist damit im
Hinblick auf die erbrachte Bauleistung auch eine Abnahme mit dem Nachzügler erforderlich. Der Nachzügler
kann demnach alle Mängelansprüche auch hinsichtlich des Gemeinschaftseigentums auf die Dauer von fünf
Jahren ab seiner Abnahme geltend machen, unabhängig davon, ob die Ansprüche früherer Erwerber verjährt
sind. Dies hat im Ergebnis eine wesentlich **längere Haftung des Bauträgers** zur Folge. Vor diesem Hintergrund wurde versucht, den Nachzügler durch Aufnahme entsprechender Regelungen in den Bauträgervertrag
an eine bereits früher erfolgte Abnahme des Gemeinschaftseigentums zu binden, um so eine Gleichstellung
mit früheren Erwerbern zu erreichen. Derartige Regelungen sind jedoch nach der Rechtsprechung des BGH
wegen der damit einhergehenden Verkürzung der Verjährungsfrist nach § 309 Nr. 8 b ff. BGB unwirksam.[29]

e) Folgen einer unwirksamen Abnahme. Wie ausgeführt (→ Rn. 10) ist eine wirksame Abnahme gem. 24
§ 634 a Abs. 2 BGB Voraussetzung für den Beginn der Verjährungsfrist für Mängelrechte. Wird die Abnahme
des Gemeinschaftseigentums auf der Grundlage unwirksamer Regelungen erklärt, so wird die Verjährungsfrist
nicht in Gang gesetzt. Dies führt dazu, dass – vorbehaltlich der Verwirkung – eine **zeitlich unbegrenzte** Män-
gelhaftung droht.

Grundsätzlich können die **Mängelrechte** nach §§ 634 ff. BGB erst nach Abnahme geltend gemacht werden.[30] 25
Wird eine Abnahme auf der Grundlage unwirksamer vertraglicher Regelungen zur Abnahme des Gemeinschaftseigentums erklärt, so wäre den jeweiligen Erwerbern mangels Vorliegens einer Abnahme die Geltendmachung von Gewährleistungsansprüchen nach §§ 634 ff. BGB verwehrt. Allerdings kann sich der Bauträger
nach der Rechtsprechung des BGH in derartigen Fällen nicht gem. § 242 BGB mit dem Hinweis auf eine fehlende Abnahme gegen den Anspruch des Wohnungseigentümers auf Mängelbeseitigung verteidigen.[31]

IV. Ausübung von Gewährleistungsansprüchen wegen Mängeln

1. Ausübungsbefugnis. Grundsätzlich ist der Erwerber von Wohnungseigentum berechtigt, seine individuel- 26
len Rechte aus dem Vertrag mit dem Bauträger selbstständig zu verfolgen. Jedem einzelnen **Erwerber** stehen
daher nicht nur wegen Mängeln am Sondereigentum, sondern auch wegen Mängeln am Gemeinschaftseigentum die vertraglichen Ansprüche gegen den Bauträger zu. Dies gilt sowohl für die primären Ansprüche auf
Nacherfüllung, Zahlung eines Vorschusses oder Erstattung der Ersatzvornahmekosten als auch für die sekundären Rechte auf Minderung und „kleinen" Schadensersatz und die Gestaltungsrechte Rücktritt und „großer"
Schadensersatz.

Die alleinige Ausübung dieser Rechte steht den einzelnen Erwerbern wegen der Besonderheiten des Woh- 27
nungseigentums und der Verbindung mehrerer Erwerber in einem Verband bzw. einer Gemeinschaft jedoch
nur insoweit zu, als durch das Vorgehen gemeinschaftsbezogene Interessen der Wohnungseigentümer oder
schützenswerte Interessen des Veräußerers nicht beeinträchtigt sind.[32] Auch kann der Geltendmachung von
Gewährleistungsrechten wegen Mängeln am Gemeinschaftseigentum durch den einzelnen Erwerber das
schutzwürdige Interesse des Bauträgers entgegenstehen, nicht mit unterschiedlichen und unvereinbaren Mängelrechten verschiedener Erwerber konfrontiert zu werden. So soll der Bauträger insbesondere davor bewahrt
werden, von einem Wohnungseigentümer auf Nachbesserung und von einem anderen auf Minderung oder
kleinen Schadensersatz in Anspruch genommen zu werden.[33]

a) Rechtslage bis zum Inkrafttreten des WEMoG. Hinsichtlich der Geltendmachung der einzelnen Män- 28
gelrechte wurde bis zum Inkrafttreten des WEMoG demnach wie folgt zu differenzieren:

In Bezug auf den **Rücktritt** und den „**großen**" **Schadensersatz** statt der Leistung besteht eine individuelle
Durchsetzungsbefugnis des einzelnen Wohnungseigentümers, da diese auf Rückabwicklung des Vertrages gerichteten Mängelrechte nicht gemeinschaftsbezogen sind und für die Wohnungseigentümergemeinschaft inso-

---

29 BGH 12.5.2016 – VII ZR 171/15, ZWE 2016, 318; BGH 25.2.2016 – VII ZR 156/13, ZWE 2016, 215.
30 BGH 19.1.2017 – VII ZR 301/13, NZBau 2017, 211.
31 BGH 30.6.2016 – VII ZR 188/13, ZWE 2016, 368.
32 BGH 27.7.2006 – VII ZR 276/05, NJW 2006, 327.
33 BGH 30.4.1998 – VII ZR 47/97, NJW 1998, 2967.

weit keine Beschlusskompetenz begründen. Denn die Auflösung des Erwerbsvertrages berührt das Gemeinschaftseigentum nicht.[34]

29 Die Ansprüche auf **Nacherfüllung, Selbstvornahme mit Aufwendungsersatz oder Vorschuss**, die ihrem Inhalt nach auf ordnungsgemäße Herstellung des Gemeinschaftseigentums gerichtet sind und deshalb der Gemeinschaft zugutekommen, können als sekundär gemeinschaftsbezogene Rechte sowohl von den einzelnen Wohnungseigentümer geltend gemacht als auch von der Gemeinschaft an sich gezogen werden, sog. **„gekorene" Ausübungsbefugnis**.[35] Dies gilt auch für kaufvertragliche Nacherfüllungsansprüche der Erwerber gem. §§ 437 Nr. 1, 439 BGB betreffend das Gemeinschaftseigentum, wenn diese Ansprüche – wie die werkvertraglichen Erfüllungs- und Nacherfüllungsansprüche – jeweils in vollem Umfang auf Beseitigung der Mängel am Gemeinschaftseigentum und damit auf das gleiche Ziel gerichtet sind.[36] Der einzelne Wohnungseigentümer kann demnach, solange kein abweichender Beschluss der Wohnungseigentümer vorliegt, die Ansprüche grundsätzlich ohne eine Ermächtigung der Wohnungseigentümergemeinschaft geltend machen, muss jedoch dabei Leistung an die Gemeinschaft verlangen.[37] Eine Leistung an sich kann der Wohnungseigentümer nur dann verlangen, wenn er den Mangel bereits selbst auf eigene Rechnung beseitigt hat.[38]

30 Soweit die Wohnungseigentümergemeinschaft diese Ansprüche jedoch durch Beschluss an sich zieht, sind die einzelnen Erwerber gem. § 21 Abs. 1 WEG von der Verfolgung dieser Rechte ausgeschlossen.[39] Die eigenständige Ausübungsbefugnis des einzelnen Wohnungseigentümers kann nur durch einen förmlichen Beschluss der Wohnungseigentümergemeinschaft, mit dem sie die Geltendmachung der sekundär gemeinschaftsbezogenen Rechte wieder aufhebt, erneut aufleben.[40] Die Wohnungseigentümer können den einzelnen Wohnungseigentümer auch ermächtigen, diese Ansprüche im eigenen Namen zur Leistung an den Verwalter bzw. an die Wohnungseigentümergemeinschaft oder den klagenden Miteigentümer selbst geltend zu machen.[41]

31 Der sog. **Ansichziehungsbeschluss** muss ordnungsgemäßer Verwaltung entsprechen und darüber hinaus hinreichend bestimmt sein. Nach der Rechtsprechung ist ein Beschluss, durch den die Gemeinschaft Ansprüche der Wohnungseigentümer an sich zieht, hinreichend bestimmt, wenn er erkennen lässt, welche – tatsächlichen oder vermeintlichen – Ansprüche der Wohnungseigentümer vergemeinschaftet werden sollen.[42] Danach sind die Mängel und die vergemeinschafteten Mängelrechte möglichst genau zu bezeichnen, wobei es ausreichend sein soll, wenn nach dem Beschlusstext „alle" Mängel, die am Gemeinschaftseigentum bestehen, von der Wohnungseigentümergemeinschaft geltend gemacht werden sollen.[43] Für einen Anziehungsbeschluss der Wohnungseigentümergemeinschaft, die Ausübung der Mängelrechte auf die Gemeinschaft zu übertragen, ist ausreichend, wenn das betreffende Mängelrecht nur einem Wohnungseigentümer zusteht.[44]

32 Ebenfalls ohne Ermächtigung durch die Wohnungseigentümergemeinschaft kann jeder Wohnungseigentümer das **Zurückbehaltungsrecht** an dem restlichen Erwerbspreis geltend machen, und zwar auch im Anschluss an einen Ansichziehungsbeschluss.[45] Uneinigkeit besteht allerdings hinsichtlich der Höhe des Zurückbehaltungsrechts.

Jedenfalls solange andere Erwerber wegen eines Mangels kein Leistungsverweigerungsrecht im Hinblick auf Mängel am Gemeinschaftseigentum geltend machen, kann der einzelne Erwerber das Leistungsverweigerungsrecht in vollem Umfang ausüben.[46] Soweit andere Erwerber wegen desselben Mangels ebenfalls

---

34 BeckOK WEG/*Müller* § 10 Rn. 726.
35 BGH 12.4.2007 – VII ZR 236/05, NJW 2007, 1952.
36 BGH 25.2.2016 – VII ZR 156/13, NZM 2016, 366.
37 BGH 12.4.2007 – VII ZR 236/05, NJW 2007, 1952; BeckOK WEG/*Müller* § 10 Rn. 759 ff.
38 BGH 21.7.2007 – VII ZR 304/03, NZM 2005, 792.
39 BGH 12.4.2007 – VII ZR 236/05, NJW 2007, 1952; BGH 27.8.2014 – VII ZB 8/2014, NJW 2014, 3518.
40 OLG Karlsruhe 10.4.2018 – 8 U 19/14, BeckRS 2018, 17599.
41 OLG Karlsruhe 10.4.2018 – 8 U 19/14, BeckRS 2018, 17599; OLG Hamm 7.5.2010 – 19 U 68/09, BeckRS 2012, 1169.
42 BGH 4.7.2014 – V ZR 183/13, ZWE 2014, 398.
43 AG Achim 3.5.2018 – 10 C 347/17, BeckRS 2018, 18782.
44 BGH 25.2.2016 – VII ZR 156/13, NZM 2016, 366.
45 OLG Düsseldorf 2.3.2010 – I-21 W 8/10, ZWE 2010, 267.
46 BGH 10.11.1983 – VII ZR 373/82, NJW 1984, 725; BGH 30.4.1998 – VII ZR 47/97, NZM 1998, 636.

Marquardt

Werklohn zurückhalten, so soll nach zutreffender Ansicht das Zurückbehaltungsrecht nur anteilig, beschränkt auf die Miteigentumsquote, geltend gemacht werden können.[47]

Demgegenüber sind die Rechte auf **Minderung** und **„kleinen" Schadensersatz** wegen behebbarer Mängel am 33 Gemeinschaftseigentum als gemeinschaftsbezogen iSv § 10 Abs. 6 S. 3 Hs. 1 WEG zu qualifizieren, so dass infolgedessen die Befugnis des einzelnen Wohnungseigentümers zur Geltendmachung seiner individualvertraglichen Rechte ausnahmsweise ausgeschlossen ist.[48] Solche Rechte begründen damit eine **geborene Ausübungsbefugnis** der Wohnungseigentümergemeinschaft.[49]

Soweit hingegen die Gefahr einer Beeinträchtigung gemeinschaftsbezogener Interessen der Wohnungseigentümer nicht besteht, ist der jeweilige Wohnungseigentümer auch in diesen Fällen berechtigt, Mängel am Gemeinschaftseigentum gegenüber dem Bauträger allein geltend zu machen. Dies ist insbesondere dann anzunehmen, wenn der Mangel am Gemeinschaftseigentum unbehebbar und damit eine Nacherfüllung unmöglich ist, der Mangel sich nur am Sondereigentum einzelner Wohnungseigentümer auswirkt und auch sonst kein gemeinschaftsbezogener Schaden entstanden ist.[50]

b) Rechtslage seit Inkrafttreten des WEMoG. Im Zuge der Gesetzesreform wurde die Vorschrift des § 10 35 Abs. 6 S. 3 WEG aF vollständig überarbeitet und durch die Regelung des **§ 9 a Abs. 2 WEG** ersetzt. Nach § 9 a Abs. 2 übt die Gemeinschaft der Wohnungseigentümer zum einen die sich aus dem gemeinschaftlichen Eigentum ergebenden Rechte der Wohnungseigentümer aus und zum anderen auch die Rechte der Wohnungseigentümer, die eine einheitliche Rechtsverfolgung erfordern, auch wenn sich diese Rechte nicht aus dem gemeinschaftlichen Eigentum ergeben. Damit wird die innerhalb des § 10 Abs. 6 S. 3 getroffene Unterscheidung zwischen der sog. geborenen Ausübungsbefugnis und der sog. gekorenen Ausübungsbefugnis, die einen Beschluss der Wohnungseigentümer voraussetzt, aufgegeben. Nach § 9 a Abs. 2 übt die Gemeinschaft der Wohnungseigentümer kraft Gesetzes die dort genannten Rechte aus und nimmt die entsprechenden Pflichten wahr. Im Ergebnis wird damit die sog. geborene Ausübungsbefugnis deutlich erweitert, während die auf einem Beschluss beruhende sog. gekorene Ausübungsbefugnis vollständig weggefallen ist.

Wie die Ausführungen (→ Rn. 28 ff.) zeigen, setzen die von der Rspr. entwickelten **Grundsätze** zur Ausübung 36 von **Gewährleistungsrechten** wegen Mängeln am Gemeinschaftseigentum die sog. gekorene Ausübungsbefugnis voraus. Ausweislich der Gesetzesbegründung bleiben die vorstehend bezeichneten Grundsätze jedoch von der Streichung des § 10 Abs. 6 S. 3 WEG aF unberührt, da die insoweit ergangene Rechtsprechung zum Bauträgervertragsrecht, wonach die Gemeinschaft der Wohnungseigentümer nach Beschlussfassung bestimmte Mängelrechte ausüben kann (zusammenfassend BGH,[51] nicht auf § 10 Abs. 6 S. 3 WEG aF beruht, sondern schon zur Rechtslage vor der WEG-Novelle 2007 entwickelt worden ist. Die Streichung der gekorenen Ausübungsbefugnis nach § 10 Abs. 6 S. Alt. 2 hat daher keine Auswirkungen.[52]

2. Befugnis zur Fristsetzung. Voraussetzung für die Geltendmachung von Mängelrechten ist grundsätzlich, 37 dass dem Bauträger erfolglos eine angemessene **Frist zur Mängelbeseitigung** gesetzt wurde. Fraglich ist insoweit, ob die erforderliche Frist vom Wohnungseigentümer oder der Wohnungseigentümergemeinschaft zu setzen ist. Soweit eine Vergemeinschaftung einzelner Mängelrechte nicht erfolgt ist, kann jeder Wohnungseigentümer dem Bauträger eine Frist setzen. Soweit die Wohnungseigentümergemeinschaft jedoch die Geltendmachung einzelner Mängelrechte durch Beschluss an sich gezogen hat, kann die erforderliche Fristsetzung nur noch durch die Gemeinschaft erfolgen.[53] Im Hinblick auf die Geltendmachung von Minderung oder „kleinem" Schadensersatz kann eine Fristsetzung dagegen allein durch die Wohnungseigentümergemeinschaft erfolgen.[54]

Hat die Wohnungseigentümergemeinschaft mit Mehrheitsbeschluss die Ausübung gemeinschaftsbezogener 38 Gewährleistungsrechte wegen Mängeln an der Bausubstanz vergemeinschaftet, ist der einzelne Wohnungsei-

47 *Werner/Pastor* Bauprozess Rn. 482; aA *Basty* Bauträgervertrag Rn. 553.
48 BGH 24.7.2015 – V ZR 167/14, ZWE 2015, 358.
49 BGH 23.2.2006 – VII ZR 84/05, NJW 2006, 2254.
50 Hierzu ausführlich BeckOK WEG/*Müller* § 10 Rn. 780 ff. mwN.
51 BGH 12.7.2007 – VII ZR 236/05 Rn. 15 ff.
52 BT-Drs. 19/18791, 47; Gesetzesbegründung der BReg zum WEMoG-Entwurf vom 13.3.2020, S. 51; vgl eingehend hierzu *Hügel/Elzer* WEG § 9 a Rn. 124.
53 *Hügel/Elzer* WEG § 10 Rn. 271.
54 BGH 24.7.2015 – V ZR 167/14, ZWE 2015, 358.

gentümer jedenfalls dann nicht gehindert, für den Rücktritt oder den großen Schadensersatz eine Frist zur Mängelbeseitigung zu setzen, wenn die fristgebundene Aufforderung zur Mängelbeseitigung mit den Interessen der Wohnungseigentümergemeinschaft nicht kollidiert oder schützenswerte Interessen des Bauträgers nicht beeinträchtigt.[55]

V. Kündigung

39   Die **Kündigungsrechte** nach § 648 und § 648 a BGB bestehen beim Bauträgervertrag nach § 650 u Abs. 2 BGB nicht. Problematisch ist dies insoweit, als es nach alter Rechtslage zulässig war, dass der Erwerber den Bauträgervertrag in Bezug auf die Herstellungsverpflichtung des Bauträgers teilweise aus wichtigem Grund kündigt. Dies soll nach der Gesetzesbegründung[56] wegen der Einheitlichkeit des Bauträgervertrages und der Ausübung der Rechte daraus künftig nicht mehr möglich sein. Im Ergebnis führt die Reform des Baurechts damit zu einer eklatanten Verschlechterung der Rechtsstellung des Erwerbers, insbesondere wenn der Bauträger in wirtschaftliche Schwierigkeiten gerät. Dies insbesondere deshalb, weil der Rücktritt des Erwerbers nicht nur zur Folge hat, dass dem Erwerber lediglich ein nicht werthaltiger Zahlungsanspruch zusteht, sondern auch die zur Sicherheit bestellte Auflassungsvormerkung entfällt. In der Literatur wird deshalb gerade bei (drohender) Insolvenz des Bauträgers die Kündigung des Bauträgervertrages weiterhin für sachgerecht gehalten, um so zumindest die bereits erbrachten Bauleistungen wirtschaftlich nutzen zu können.[57]

VI. Änderungen der Leistungspflichten des Bauträgervertrages

40   Mit Abschluss des Bauträgervertrages sind die von den Vertragsparteien zu erbringenden Leistungen festgelegt. Eine Abweichung hiervon ist grundsätzlich nur in Form einer **Nachtragsvereinbarung** möglich, an der jedoch sämtliche Vertragsparteien zu beteiligen sind. Nicht selten enthalten Bauträgerverträge daher Bestimmungen, die dem Bauträger das Recht einräumen, nach Vertragsschluss einseitig Änderungen vorzunehmen.

Soweit Gegenstand solcher Bestimmungen nachträgliche Änderungen der Herstellungsverpflichtung des Bauträgers oder nachträgliche Modifizierungen der von den einzelnen Erwerbern zu zahlenden Vergütung sind, ist dies unter Berücksichtigung der §§ 307 ff. BGB zulässig.

41   Im Hinblick auf die **Änderung der Leistungspflicht** des Bauträgers ist dabei insbesondere § 308 Nr. 4 BGB zu beachten. Danach sind Regelungen in Allgemeinen Geschäftsbedingungen unwirksam, die das Recht des Bauträgers als Verwender vorsehen, die versprochene Leistung zu ändern oder von ihr abzuweichen, wenn nicht die Vereinbarung der Änderung oder Abweichung unter Berücksichtigung der Interessen des Verwenders für den anderen Vertragsteil zumutbar ist. Dies ist nach der Rechtsprechung nur dann erfüllt, wenn für die Änderung ein triftiger Grund vorliegt und die Klausel – im Hinblick auf die gebotene Klarheit und Verständlichkeit von Allgemeinen Geschäftsbedingungen – die triftigen Gründe für das einseitige Leistungsbestimmungsrecht nennt, so dass für den anderen Vertragsteil zumindest ein gewisses Maß an Kalkulierbarkeit der möglichen Leistungsänderungen besteht.[58]

42   In Allgemeinen Geschäftsbedingungen enthaltene **Preisanpassungsklauseln** halten einer Inhaltskontrolle dann nicht stand, wenn sie es dem Verwender ermöglichen, über die Abwälzung konkreter Kostensteigerungen hinaus den zunächst vereinbarten Preis ohne Begrenzung anzuheben und so nicht nur eine Gewinnschmälerung zu vermeiden, sondern einen zusätzlichen Gewinn zu erzielen. Dementsprechend sind Preisanpassungsklauseln nur zulässig, wenn die Befugnis des Verwenders zu Preisanhebungen von Kostenerhöhungen abhängig gemacht wird und die einzelnen Kostenelemente sowie deren Gewichtung bei der Kalkulation des Gesamtpreises offengelegt werden.[59]

---

55   BGH 19.8.2010 – VII ZR 113/09, NJW 2010, 3089.
56   BT-Drs. 18/8486, 72.
57   BeckOK BGB/*Voit* § 650 u Rn. 12.
58   BGH 11.10.2007 – III ZR 63/07, NJW-RR 2008, 134; BGH 23.6.2005 – VII ZR 200/04, NJW 2005, 3420.
59   BGH 11.10.2007 – III ZR 63/07, NJW-RR 2008, 134.

VII. Änderungen der Teilungserklärung und Gemeinschaftsordnung

Der teilende Bauträger als Alleineigentümer kann Änderungen von Teilungserklärung oder Gemeinschaftsordnung einseitig auch nach Abschluss der einzelnen Bauträgerverträge vornehmen. Die einseitige Gestaltungsmacht endet, sobald für einen der Erwerber eine Auflassungsvormerkung im Grundbuch eingetragen ist. Mit Eintragung der ersten Auflassungsvormerkung zugunsten eines Erwerbers ist dessen Zustimmung nach §§ 876, 877 BGB erforderlich.[60]

Da jeder Erwerber jedoch einen Anspruch auf Errichtung des Bauwerks nach Maßgabe der vertraglichen Bestimmungen und damit auch nach der ursprünglichen Teilungserklärung und Gemeinschaftsordnung hat, können einseitige Änderungen von Teilungserklärung oder Gemeinschaftsordnung durch den Bauträger Vertragsverletzungen gegenüber den einzelnen Erwerbern darstellen und Gewährleistungsansprüche der Erwerber begründen.[61] Daher enthalten Bauträgerverträge häufig Bestimmungen, die den Bauträger dazu berechtigen, das geschuldete Vertragssoll einseitig anzupassen (zu Art und Umfang der Gestaltungsmöglichkeiten von nachträglichen Änderungen → *Teilungserklärung* Rn. 8 ff.).

29. Begehung der Wohnungseigentumsanlage

Agatsy

I. Einführung

In bestimmten Fällen ist die Begehung der Wohnungseigentumsanlage erforderlich, wobei dem **Anspruch auf Begehung** ein bestimmter Anlass zugrunde liegen muss. Anspruchsgrundlagen bilden § 14 Abs. 1 Nr. 1 und Abs. 2 Nr. 2 WEG. Der Gesetzgeber hat die Duldung der Begehung des Sondereigentums als echte Duldungspflicht geregelt. Der Rechtsgrund für die Begehung kann diverse Gründe haben. Beispielsweise können notwendige Erhaltungsmaßnahmen (Instandsetzungs-/Instandhaltungsmaßnahmen) am gemeinschaftlichen Eigentum oder anstehende Modernisierungsmaßnahmen erforderlich sein. Zu differenzieren ist zwischen der Begehung des Gemeinschafts- und des Wohnungseigentums, da im Verhältnis der Sondereigentümer zur Gemeinschaft, im Verhältnis untereinander und zwischen Vermieter und Mieter unterschiedliche Anspruchsgrundlagen zu berücksichtigen sind. Ferner ist zu klären, welcher Direkt- oder Duldungsanspruch zwischen den Eigentümern oder zu dem Nutzer oder Mieter besteht.

Den Ansprüchen auf Begehung können unterschiedliche **Rechtsgrundlagen** zugrunde liegen (§§ 14 Abs. 1 Nr. 2 und 14 Abs. 2 Nr. 2 WEG). Zu prüfen sind die Gemeinschaftsordnung, Beschlüsse und Vereinbarungen. Widersetzt sich ein Wohnungseigentümer gegenüber der Gemeinschaft der Wohnungseigentümer, muss dieser gemeinschaftsbezogene Anspruch auf Duldung der Begehung gerichtlich durchgesetzt werden. Dies gilt insbesondere dann, wenn ein dringender Fall, wie zum Beispiel eine Havarie, eingetreten ist. Bei der Durchsetzung

---

60 BeckOGK/*Falkner* WEG § 10 Rn. 149 f.; BeckOGK/*Müller* WEG § 2 Rn. 530.
61 BeckOGK/*Falkner* WEG § 10 Rn. 151.

des Duldungsanspruchs ist der jeweilige Nutzer/Mieter als Erfüllungsgehilfe des Sondereigentümers (§ 278 BGB) einzubeziehen.

II. Systematische Übersicht

3 **1. Anlassbezogene Besichtigungspflicht des Verwalters und Ankündigung.** Die ordnungsmäßige Erhaltung (Instandhaltung und Instandsetzung) des gemeinschaftlichen Eigentums ist gem. § 18 Abs. 1 und Abs. 2 Nr. 1 WEG (§ 21 Abs. 5 Nr. 2 WEG aF) nach der Neufassung des WEMoG eine **Kernaufgabe der Verwaltung**.[1] Abgesehen von der Durchführung laufender und notwendiger Erhaltungsmaßnahmen (→ *Erhaltungsmaßnahmen* Rn. 11) muss der Verwalter den tatsächlichen Zustand des gemeinschaftlichen Eigentums in unterschiedlichen Zeitabständen prüfen und gegebenenfalls über die Durchführung erforderlicher Notmaßnahmen entscheiden. Der Verwalter hat den erforderlichen Instandhaltungs-/Instandsetzungsbedarf festzustellen, um der Eigentümerversammlung geeignete Maßnahmen vorzuschlagen. Die Wohnungseigentümer haben gem. § 19 Abs. 1 und Abs. 2 Nr. 2 WEG über das „Ob" und „Wie" durch Mehrheitsbeschluss zu beschließen. Dieser Grundsatz hatte auch bereits nach der Rechtslage des § 21 Abs. 5 WEG aF Bestand.[2] Der Verwalter muss Hinweisen der Wohnungseigentümer und Mieter auf Mängel nachgehen. Diese verwalterspezifische Pflicht gilt fort.[3] Der Verwalter darf die Liegenschaft zu diesem Zweck anlassbezogen begehen. Die anlassbezogene Begehung kann je nach Bedarf auch in regelmäßigen zeitlichen Abständen erfolgen. Das bedeutet allerdings nicht, dass der Verwalter eine Begehung – insbesondere des Sondereigentums – nach billigem Ermessen und somit uneingeschränkt durchführen kann. Im Rahmen der Behebung von Mängeln, insbesondere dringlicher Maßnahmen, obliegt ihm eine aus der Vorschrift des § 27 Abs. 1 Nr. 2 WEG resultierende **Besichtigungspflicht** (→ *Verwalter* Rn. 50).

4 Die Erhaltung des gemeinschaftlichen Eigentums ist eine ureigene Angelegenheit, die gem. § 18 Abs. 1 WEG der Gemeinschaft der Wohnungseigentümer zugewiesen ist. Für die Beseitigung der Mängel am gemeinschaftlichen Eigentum sind die Wohnungseigentümer gem. § 18 Abs. 1 WEG grundsätzlich selbst verantwortlich, die per Mehrheitsbeschluss über die erforderlichen Maßnahmen entscheiden können.[4] Jeder Wohnungseigentümer hat gem. § 18 Abs. 2 Nr. 1 WEG einen Anspruch gegen die Gemeinschaft der Wohnungseigentümer auf eine ordnungsgemäße Verwaltung. Davon umfasst ist die Erhaltung des gemeinschaftlichen Eigentums. Die originäre Zuständigkeit, dies gilt insbesondere für **Sofortmaßnahmen**, liegt beim Verwalter (→ *Verwalter* Rn. 50) selbst. Bei einer Begehung kann er entscheiden, ob er zur Durchführung der anstehenden Erhaltungsmaßnahmen eine Fremdfirma als Erfüllungsgehilfe (§ 278 BGB) einschaltet. Der Verwalter darf sich bei fehlender Sachkunde auf die sporadische Mangelanzeige eines Mieters oder eines selbst nutzenden Wohnungseigentümers nicht verlassen. Liegt ein Havariefall und somit eine konkrete Gefahr für das gemeinschaftliche Eigentum vor, ist eine Begehung des Wohnungseigentums – auch der Wohnung des Mieters zwingend erforderlich und es somit nicht zweckmäßig, die Befugnis zu dieser Maßnahme übermäßig einzuschränken.[5] In diesem Fall darf eine Begehung uneingeschränkt erfolgen. Beabsichtigen die Wohnungseigentümer die Durchführung einer Modernisierung oder modernisierenden Instandsetzung kann eine Begehung erforderlich sein, um die Maßnahmen im Bereich des gemeinschaftlichen Eigentums durchzusetzen. Die Anspruchsgrundlage für die Begehung gegenüber dem Wohnungseigentümer folgt auch in diesem Fall aus § 14 Abs. 1 Nr. 2 WEG. Einer Analogie bedarf es nach der neuen Rechtslage nicht mehr. Nach dem Wortlaut des § 14 Abs. 1 Nr. 2 WEG sind die Wohnungseigentümer gegenüber der Gemeinschaft der Wohnungseigentümer verpflichtet, ein Betreten bzw. eine Begehung des Sondereigentums und demnach Wohnungs- oder Teileigentum zu dulden. Dasselbe gilt für die Wohnungseigentümer untereinander, weil § 14 Abs. 2 Nr. 2 WEG entsprechend auf § 14 Abs. 1 Nr. 2 WEG verweist. Die „Einwirkungen" iSd § 14 Abs. 1 Nr. 2 WEG sind somit der Oberbegriff. Darunter ist auch der Fall der notwendigen Begehung und des Betretens gefasst.

5 Die Begehung des gemeinschaftlichen Eigentums setzt nach der hier vertretenen Auffassung eine Ankündigung gegenüber den Wohnungseigentümern voraus. Die **Wohnungseigentümer** müssen sich rechtzeitig darauf einstellen, hinsichtlich welcher Teile des gemeinschaftlichen Eigentums eine Begehung der Wohnungsei-

---

1 FormB-WEG-R/*Scheffler* § 1 Rn. 130.
2 Riecke/Schmid/*Abramenko* WEG § 27 Rn. 31 mwN.
3 AG Hamburg-Wandsbek 3.2.2015 – 750 C 16/14, ZMR 2015, 583 (584).
4 LG Köln 27.1.2011 – 29 S 121/10, ZWE 2011, 375.
5 LG Frankfurt a. M. 12.4.2016 – 2–9 S 26/14, ZMR 2016, 560.

gentumsanlage erfolgen soll. Hat der Verwalter aufgrund seiner eigenen Kontrolle oder Hinweisen Dritter **Handlungsbedarf** ermittelt, muss er die Wohnungseigentümer rechtzeitig in geeigneter Weise hierüber informieren (§ 27 Abs. 1 Nr. 1, 2 WEG).[6] Aus dem Gesetz resultiert nur die Pflicht des Verwalters zur Vorbereitung der geltend zu machenden Ansprüche, der Unterstützung der einzelnen Wohnungseigentümer, deren Information und eine Pflicht zur Feststellung von Mängeln.[7]

Auch die Begehung der allgemein zugänglichen Teile des gemeinschaftlichen Eigentums setzt voraus, dass die   6
Wohnungseigentümer zuvor durch den Verwalter informiert werden. Die **Ankündigung** (→ Rn. 5) ist nach *Zeit und Grund* hinreichend bestimmbar auszusprechen. Der Wohnungseigentümer hat sich darauf einzustellen, ob und in welchem Umfang er die Begehung zu dulden hat. Der Sondereigentümer oder **Mieter** muss in der Lage sein zu entscheiden, ob die Begehung des gemeinschaftlichen Eigentums einschließlich des Sondereigentums zu dulden ist. Im Einzelfall muss der Verwalter auch Lichtbilder von den Mängeln am gemeinschaftlichen Eigentum oder Sondereigentum anfertigen, um den tatsächlichen Zustand für die Wohnungseigentümer zu dokumentieren.[8] Ein umfassendes Zutrittsrecht für beauftragte Handwerker für die Durchführung von Sanierungsarbeiten einschließlich erforderlicher vorbereitender Maßnahmen besteht nicht, wenn von der WEG-Verwaltung noch keine Handwerkeraufträge vergeben worden sind.[9]

2. Begehung des gemeinschaftlichen Eigentums. Bei der Begehung der Wohnungseigentumsanlage ist hinsichtlich des Umfangs der Begehung zu differenzieren. Hinsichtlich der frei zugänglichen **Bestandteile des gemeinschaftlichen Eigentums** (→ *Gemeinschaftliches Eigentum* Rn. 13) ist eine Begehung durch den **Verwalter** und seiner Erfüllungsgehilfen bei berechtigtem Interesse iSd § 27 Abs. 1 Nr. 2 WEG und nach entsprechender Ankündigung (→ Rn. 5) möglich. Dabei handelt es sich um die Gemeinschaftsflächen, zB das Treppenhaus und Kellerräumlichkeiten, sowie Funktionsräume, den Heizungs- oder Technikraum, sofern kein Sondereigentum unmittelbar betroffen ist. Die Pflicht des Verwalters aus § 27 Abs. 1 WEG korrespondiert mit der Pflicht zur Erhaltung des gemeinschaftlichen Eigentums gegenüber der Gemeinschaft der Wohnungseigentümer gem. § 19 Abs. 1 und Abs. 2 Nr. 1 WEG,[10] so dass daraus zugleich die Pflicht resultiert, den Instandsetzungsbedarf festzustellen. Im Hinblick auf das gemeinschaftliche Eigentum ist zwischen allgemein zugänglichen Bestandteilen der Wohnungseigentumsanlage und Bestandteilen, die nur über das Sondereigentum zugänglich sind, zu differenzieren. Diese Begehung unterliegt jedoch Grenzen. Dies gilt zum Beispiel dann, wenn Räumlichkeiten des gemeinschaftlichen Eigentums durch einen Wohnungseigentümer genutzt werden.

3. Begehung des Sondereigentums. Ist die Begehung der Wohnungseigentumsanlage durch den Verwalter   8
und Erfüllungsgehilfen erforderlich, kann diese Teile des Wohnungseigentums umfassen.[11] Die Anspruchsgrundlage der Gemeinschaft der Wohnungseigentümer resultiert aus § 14 Abs. 1 Nr. 2 WEG. Allerdings ist eine Begehung des Sondereigentums ohne Anlass gegen den Willen des Sondereigentümers als **verbotene Eigenmacht** und Verstoß gegen die Vorschrift des § 858 BGB zu bewerten.[12] Entsprechend § 904 S. 1 BGB ist nach § 14 Abs. 1 Nr. 2 und Abs. 2 Nr. 2 WEG das Betreten der im Sondereigentum stehenden Räume zu gestatten, sofern dies zur Erhaltung des gemeinschaftlichen Eigentums erforderlich ist.[13] Dies gilt sowohl für alle Bestandteile des Sondereigentums.

Auch nach der Vorschrift des § 14 Nr. 4 Hs. 1 WEG aF gab es keinen Anspruch auf ein allgemeines Bege-   9
hungsrecht. Nach der Neuregelung WEG liegt die Anspruchsgrundlage für die Duldung der Begehung in der Vorschrift des § 14 Abs. 1 Nr. 2 WEG. Der Regelungszweck korrespondiert dabei mit einer interessengerechten Auslegung der §§ 18 Abs. 1 und 14 Abs. 1 Nr. 2 WEG sowie den Interessen der duldungspflichtigen Wohnungseigentümer (§ 14 Abs. 1 Nr. 2 und Abs. 2 Nr. 2 WEG).[14] Die Wohnungseigentümer können sich diesen Anspruch ohne Beschlussfassung zB zur Durchführung notwendiger Erhaltungsmaßnahmen (Instandsetzungs-/ oder Instandhaltungsmaßnahmen) nicht selbst verschaffen. Hierbei ist unter Abwägung der

---

6   Riecke/Schmid/*Abramenko* WEG § 27 Rn. 32 mwN.
7   OLG Frankfurt a. M. 28.5.2009 – 20 W 115/06, ZWE 2009, 359 (363).
8   *Lehmann-Richter/Wobst* WEG-Reform 2020, Rn. 1321.
9   AG Hamburg-Blankenese 27.2.2013 – 539 C 26/12, BeckRS 2013, 13889.
10 *Hügel/Elzer*, 3. Aufl. 2021, WEG § 27 Rn. 103 ff.
11 *Agatsy* IMR 2018, 443 (445).
12 BeckOGK/*Falkner* WEG § 14 Rn. 46.
13 *Hügel/Elzer* WEG § 14 Rn. 38.
14 SEHR/*Agatsy*, Nutzungs- und Gebrauchsrechte Rn. 49.

Vorschrift des § 14 Abs. 1 Nr. 2 WEG und Art. 13 GG sowie Art. 14 GG zu berücksichtigen, dass das Sondereigentum grundsätzlich als Wohnraum geschützt ist. Dasselbe gilt auch für das nicht zum Wohnzweck genutzte Teileigentum. Der Begriff der „Wohnung" ist dabei interessengerecht und somit „weit" auszulegen,[15] so dass es ein Begehungsrecht ohne konkrete Anlassbezogenheit nicht gibt.

10 In einem weiteren Schritt ist die **Erforderlichkeit** der Begehung gem. § 14 Abs. 1 Nr. 2 WEG zu prüfen. Dies ist eine Frage des Einzelfalls.[16] Dabei sind in der Abwägung widerstreitende Interessen (→ Rn. 9) und der grundsätzliche Schutz der Wohnung zu beachten.[17] Sind die von der Durchführung der Erhaltungsmaßnahmen (Instandsetzung und/oder Instandhaltung) betroffenen Teile des gemeinschaftlichen Eigentums (→ *Erhaltungsmaßnahmen* Rn. 9) anders als mit einer Begehung des Sondereigentums zugänglich, soll diese Möglichkeit vorrangig sein. Erhaltungsmaßnahmen müssen gem. § 555 a Abs. 2 BGB analog erforderlich und geboten sein und ausreichend vorher bekannt gegeben werden (→ Rn. 5). Die Begehung des Sondereigentums muss zu den üblichen Zeiten erfolgen. Übliche Zeiten sind werktags, tagsüber, nicht zur Unzeit, etwa am frühen Morgen oder am späten Abend.[18]

Eine Duldungspflicht des Mieters oder Nutzers des Sondereigentums (§ 13 Abs. 1 WEG) resultiert aus den Anspruchsgrundlagen der Gemeinschaft der Wohnungseigentümer (§ 15 Nr. 1, 2 WEG). Gem. § 15 Nr. 1 WEG steht der Gemeinschaft der Wohnungseigentümer gegenüber dem Mieter oder Nutzer ein Anspruch auf die Duldung von Erhaltungsmaßnahmen zu.[19] Davon ist die Begehung umfasst. Dies gilt gem. § 15 Nr. 2 WEG auch für solche Maßnahmen, die über die gewöhnlichen Erhaltungsmaßnahmen hinausgehen.[20] Der Anspruch auf die erforderliche Begehung kann auch aus dem Rechtsgedanken des § 13 Abs. 2 WEG und der Vorschrift des § 20 Abs. 1 WEG abzuleiten sein. Nimmt ein Sondereigentümer im Bereich des Sondereigentums bauliche Veränderungen vor, die über ein unvermeidliches Maß hinausgehen, müssen sie wegen § 14 Abs. 2 Nr. 1 WEG durch einen Beschluss der Wohnungseigentümer gedeckt sein.[21] Da in vielen Fällen baulicher Veränderungen im Sondereigentum zugleich eine Beeinträchtigung des gemeinschaftlichen Eigentums vorliegen wird (§ 14 Abs. 2 Nr. 1 WEG), ist eine Begehung geboten. Darüber hinaus besteht zwischen den Wohnungseigentümern und der Gemeinschaft der Wohnungseigentümer ein schuldrechtliches Verhältnis iSd § 280 Abs. 1 BGB. Eine Pflicht zur Duldung der Begehung lässt sich daraus auch als Nebenpflicht ableiten (§ 242 BGB).

11 **4. Mietvertrag und Begehung des Sondereigentums.** Sofern das Sondereigentum vermietet und Mieter zur Duldung verpflichtet ist, kann bereits im Mietvertrag ein Begehungs- und Besichtigungsrecht vereinbart werden.[22] Die Anspruchsgrundlage gegenüber dem Mieter für die Begehung des Sondereigentums liegt in den §§ 535 Abs. 1, 241 Abs. 2, 242 BGB.[23] Nach der Rechtsprechung handelt es sich um eine echte Nebenpflicht des Mieters.[24] Nach der hier vertretenen Auffassung kommt es für den Anspruch auf die Begehung und die damit verbundene Besichtigung auf den jeweiligen Einzelfall an. Die Annahme des Anspruchs auf ein periodisches Begehungs- und Besichtigungsrecht ist problematisch. Es ist umstritten, in welchem Umfang dieser Anspruch gegenüber dem Mieter/Nutzer im Sondereigentum zusteht. Hier wird die Auffassung vertreten, dass es **kein periodisches Besichtigungsrecht**, zum Beispiel alle zwei bis fünf Jahre, geben kann.[25] Es sprechen jedoch gute Gründe dafür, die Begehung- und Besichtigung in einem wiederkehrenden zeitlichen Abstand zuzulassen.[26] Beim anlassbezogenen Besichtigungsrecht des Vermieters wie zB nach der E-Installation des Mieters genügt zwar nicht jeder beliebige Anlass. Der Mieter kann sich allerdings nicht darauf beschränken, dass nur schwerwiegende Störungen oder Gefahren ein Besichtigungsrecht rechtfertigen.[27] Dabei kommt es maßgeb-

15 OLG Hamburg 14.3.2000 – 2 Wx 31/98, BeckRS 2000, 10719 Rn. 10.
16 BayObLG 26.2.2004 – 2Z BR 2/04, ZMR 2004, 762.
17 *Hügel/Elzer*, 3. Aufl. 2021, WEG § 14 Rn. 21 mwN.
18 *Hügel/Elzer*, 3. Aufl. 2021, WEG § 14 Rn. 42 mwN.
19 SEHR/*Abramenko*, Bauliche Maßnahmen, Kap. F II Ziff. 4.
20 *Lehmann-Richter/Wobst* WEG-Reform 2020, Rn. 1609 ff.; *Agatsy* IMR 2021, 49 (52).
21 *Lehmann-Richter/Wobst* WEG-Reform 2020, Rn. 1223.
22 *Agatsy* IMR 2018, 443 (445).
23 BeckOGK/*Schmidt* BGB § 535 Rn. 486 f.
24 *Agatsy* IMR 2018, 443 mwN.
25 PWW/*Elzer* BGB § 535 Rn. 61 mwN.
26 *Agatsy* IMR 2018, 443 (444); s. a. BeckOGK/*Schmidt* BGB § 535 Rn. 486 f.
27 AG Hamburg-Blankenese 29.1.2020 – 531 C 180/19, ZMR 2021, 236 mAnm *Agatsy*; AG Hamburg 2.9.2020 – 49 C 173/20, MietRB 2021, 38 (39) mAnm *Siegmund*.

lich auf die Anlassbezogenheit an. Ein Besichtigungsrecht soll nach einer Auffassung in der Rechtsprechung zumindest alle 5 Jahre zulässig sein.[28] Es muss dem Sondereigentümer möglich sein, sich einen Eindruck vom angezeigten Mangel im gemeinschaftlichen Eigentum zu verschaffen und Maßnahmen zur Substanzerhaltung zu ergreifen.

Ein Anspruch auf Begehung und Besichtigung besteht, wenn der vermietende Sondereigentümer gegenüber **12** der Gemeinschaft der Wohnungseigentümer und den übrigen Wohnungseigentümern zur Duldung der Begehung verpflichtet ist. Aus der Verpflichtung des Sondereigentümers gem. § 14 Abs. 1 Nr. 1 und Abs. 2 Nr. 2 WEG sowie § 18 Abs. 1 WEG heraus ist der Mietvertrag (→ *Mieter* Rn.) im Hinblick auf die **Mieterpflichten** auszulegen. Der direkte Duldungsanspruch der Gemeinschaft der Wohnungseigentümer gegenüber dem Mieter folgt aus § 15 Nr. 1 und 2 WEG (→ Rn. 10 f.). Dies ist der Fall, wenn von der Nutzung des Sondereigentums Störungen für andere Wohnungseigentümer ausgehen, ein Havariefall eingetreten ist, oder dringende Erhaltungsmaßnahmen auszuführen sind. Die gesonderte mietvertragliche Durchsetzung des Anspruchs auf die Begehung obliegt dem vermietenden Sondereigentümer selbst.

5. Praktische Fallgruppen der Begehung der Wohnungseigentumsanlage. Es gibt **Fallgruppen**, in denen **13** die Begehung der Wohnungseigentumsanlage erforderlich ist, zum Beispiel bei Leckagen[29] sowie Mängeln am gemeinschaftlichen Eigentum, zum Beispiel am Treppenhaus, den Außenanlagen, Terrassen, Dachflächen und Kellerräumen. Ebenfalls davon umfasst ist die Begehung des Sondereigentums für einen E-Check zur Überprüfung von Lampen,[30] zur Funktionsprüfung von Versorgungsleitungen, Versorgungssträngen und Heizungsanlagen, die nur über das Sondereigentum zugänglich sind.[31] Ein Fall der zulässigen Begehung liegt vor, wenn diese im Rahmen von geplanten Modernisierungsmaßnahmen (§ 20 Abs. 4 WEG) erforderlich ist. Schließlich kann es sich um einen Fall der Durchsetzung eines Zurückbehaltungsrechts wegen Hausgeldschulden gegenüber einem Wohnungseigentümer handeln. Dann ist die Begehung zur Anbringung der Absperreinrichtungen im Wohnungseigentum zur Umsetzung einer Versorgungssperre erforderlich (→ Rn. 17).

III. Regelungsmöglichkeiten und „Versorgungssperre"

1. Gemeinschaftsordnung und Vereinbarung. Die Grundlage für das Begehungsrecht kann in der Gemein- **14** schaftsordnung oder einer Vereinbarung gem. § 10 Abs. 1 WEG festgeschrieben sein. Die Gemeinschaftsordnung bildet die **schuldrechtliche Grundlage** für das rechtliche Verhältnis der Wohnungseigentümer untereinander (→ *Gemeinschaftsordnung* Rn. 3).

Nach einer Auffassung in der Literatur können die Wohnungseigentümer in der Gemeinschaftsordnung eine **15** Regelung treffen, dass dem Verwalter das „Betretungsrecht" einmal pro Jahr gestattet sein soll. Dies liegt darin begründet, dass er sich einen Gesamteindruck über den Instandsetzungsbedarf im Sondereigentum und auf den **Flächen mit Sondernutzungsrecht** (→ *Sondernutzungsrecht* Rn. 31) verschafft.[32] Diese Auffassung ist jedoch zu weitreichend. Ein **jährliches Besichtigungsrecht** verstößt gegen den Kernbereich des Nutzungsrechts. Die Regelung eines periodischen Begehungsrechts wäre im Hinblick auf die Interessen der Gemeinschaft der Wohnungseigentümer und der Wohnungseigentümer unverhältnismäßig. Weder der Wortlaut noch der Regelungszweck des § 14 Abs. 1 Nr. 2 WEG lassen den Rückschluss zu, dass der Gesetzgeber wollte, dass eine unbeschränkte Duldungspflicht besteht.[33]

Allerdings gilt die Regelung in der Gemeinschaftsordnung nur im Verhältnis der Wohnungseigentümer unter- **16** einander und zum Verwalter. Ein Anspruch gegenüber dem Mieter kann daraus nicht abgeleitet werden. Daher hat der jeweilige Sondereigentümer die gemeinschaftlichen Pflichten im Mietvertrag zu regeln. Falls das Begehungsrecht nicht in der Gemeinschaftsordnung geregelt ist, können die Wohnungseigentümer gem. § 10 Abs. 1 WEG eine nachträgliche Vereinbarung treffen. Die getroffene Vereinbarung kann auch ohne Eintragung in das Grundbuch als rein schuldrechtliche Verpflichtung ausgestaltet sein. Sofern keine Regelung zwischen den Wohnungseigentümern existiert, kann der Anspruch auf Begehung aus der grundsätzlich bestehenden

---

28 AG München 8.1.2016 – 461 C 19626/15, BeckRS 2016, 7870.
29 LG Frankfurt a. M. 12.4.2016 – 2–9 S 26/14, ZWE 2016, 275 (276).
30 AG Hamburg-Blankenese 29.1.2020 – 531 C 180/19, ZMR 2021, 236 mAnm *Agatsy*.
31 OLG Bremen 26.4.2016 – 3 W 28/15, ZWE 2016, 324.
32 FormB-WEG-R/*Scheffler* § 1 Rn. 131.
33 BT-Drs. 19/18791, 50; BR-Drs. 168/20, 55.

Treuepflicht aus dem Gemeinschaftsverhältnis der Wohnungseigentümer (→ *Wohnungseigentümergemeinschaft* Rn. 13) untereinander abzuleiten sein.

17 **2. Begehung zur Umsetzung einer Versorgungssperre.** Der „seltene" Fall einer Versorgungssperre tritt ein, wenn ein Wohnungseigentümer seine laufenden **Hausgeldverpflichtungen** nicht erfüllt. In diesem Fall kann eine Begehung des Sondereigentums erforderlich sein, wenn die Absperreinrichtungen für Wasser und Heizung im Bereich des Sondereigentums liegen. Bestehen Wohngeldrückstände, wird überwiegend für zulässig erachtet, im Innenverhältnis einen Mehrheitsbeschluss zu fassen, um gegenüber dem säumigen Wohnungseigentümer eine Versorgungssperre zu verhängen. Die Anbringung der Absperrvorrichtungen setzt eine Begehung der Wohnung voraus und ist notfalls gerichtlich durchzusetzen.[34]

18 Der Tatrichter, der über die Duldung der Begehung des Sondereigentums zu entscheiden hat, ist nicht davon entbunden, Feststellungen zu den tatsächlichen Voraussetzungen des Zurückbehaltungsrechts und zur **Verhältnismäßigkeit der Maßnahmen** zu treffen. Das Zurückbehaltungsrecht ist darin begründet, dass der Wohngeldschuldner sonst Versorgungsleistungen bezieht, ohne faktisch an den Lasten und Kosten des gemeinschaftlichen Eigentums beteiligt zu sein.[35] Es entspricht der zutreffenden Auffassung des BGH, dass bei einer berechtigten Versorgungssperre auch das erforderliche Betreten des Sondereigentums zur Anbringung der Absperreinrichtungen notwendig ist und diese somit keine Besitzstörung iSd § 858 Abs. 1 BGB gegenüber dem Sondereigentümer darstellt.[36]

IV. Beschlussfassung und Duldungspflichten

19 **1. Beschlussfassung als Grundlage für die Begehung.** Die Wohnungseigentümer können gem. § 19 Abs. 2 Nr. 2 WEG mit einfachem **Mehrheitsbeschluss** über erforderliche Maßnahmen im gemeinschaftlichen Eigentum beschließen, wenn die Gemeinschaftsordnung keine vorrangig getroffene Regelung (→ Rn. 16) enthält. Davon umfasst ist dann auch die Begehung der Wohnungseigentumsanlage, wenn dies mit der Durchführung von Erhaltungsmaßnahmen (Instandhaltungs-/ und Instandsetzungsmaßnahmen) im Zusammenhang steht. Der Beschluss gem. § 19 Abs. 2 Nr. 2 WEG kann sich allerdings nur auf das gemeinschaftliche Eigentum beziehen. Ein grundsätzlicher Beschluss zur Regelung eines Begehungsrechts im Sondereigentum ist mangels Beschlusskompetenz nichtig. Die Wohnungseigentümer können aber die Notwendigkeit einer Begehung des Sondereigentums für den Fall beschließen, dass der Beschlussgegenstand in der Erhaltung des gemeinschaftlichen Eigentums liegt. Die Beschlusskompetenz des § 19 Abs. 2 Nr. 2 WEG umfasst alle notwendigen Erhaltungsmaßnahmen (Instandsetzungs- und Instandhaltungsmaßnahmen).[37]

20 **2. Duldungspflicht der Wohnungseigentümer und Ausgleichsansprüche.** Der Wohnungseigentümer schuldet zunächst das Betreten seines Sondereigentums.[38] Daraus folgt bei wortlautgetreuer Auslegung und dem **Regelungszweck** dieser Vorschrift zugleich eine **Duldungspflicht** durch die Wohnungseigentümer. In dem Beschluss über die Erhaltungsmaßnahmen ist gem. §§ 14 Abs. 1 Nr. 2, 19 Abs. 2 Nr. 2 WEG und § 555 a Abs. 1 BGB (→ Rn. 10) entsprechend eine Duldungspflicht aufzunehmen. Die Duldungspflicht begründet einen Anspruch im Verhältnis zur Gemeinschaft der Wohnungseigentümer und der Wohnungseigentümer untereinander (§ 14 Abs. 2 Nr. 2 WEG). Die Begehung der frei zugänglichen Teile des gemeinschaftlichen Eigentums in der Wohnungseigentumsanlage ist uneingeschränkt zu dulden. Haben die Wohnungseigentümer eine Erhaltungsmaßnahme im gemeinschaftlichen Eigentum beschlossen, folgt daraus zugleich eine Duldungspflicht im Verhältnis zu den übrigen Wohnungseigentümern.

21 Allerdings binden weder die Vorschrift des § 14 Abs. 1 Nr. 1 WEG noch ein Beschluss gem. § 19 Abs. 2 Nr. 2 WEG einen das **Sondereigentum** nutzenden Mieter. Die Maßnahme sind diesem durch den jeweiligen Vermieter anzukündigen.[39] Um die **Maßnahmen** im Interesse der Wohnungseigentümer nicht zu verzögern, ist die **Duldung** des Mieters mittels einer mietrechtlichen **Verpflichtung** durchzusetzen (→ Rn. 12). Diese Situation kann für den vermietenden Wohnungseigentümer bei **Baumaßnahmen** am gemeinschaftlichen Eigentum

---

34 OLG München 23.2.2005 – 34 Wx 005/05, ZWE 2005, 332.

35 *Scheidacker* NZM 2005, 281 (284).

36 BGH 10.6.2005 – V ZR 235/04, NJW 2005, 2622 (2623).

37 BeckOK WEG/*Elzer* WEG § 19 Rn. 104.

38 Riecke/Schmid/*Abramenko* WEG § 14 Rn. 45 mwN.

39 Blank/Börstinghaus/*Blank* BGB § 555 a Rn. 44.

durchaus problematisch sein. Der vermietende Wohnungseigentümer ist der Gemeinschaft zur Rücksichtnahme verpflichtet und hat die Begehung mietrechtlich durchzusetzen.[40]

3. Schadensersatz- und Ausgleichsansprüche der Wohnungseigentümer. Die Begehung umfasst nur das 22 Zugänglichmachen der Räumlichkeiten durch den Wohnungseigentümer oder den Mieter. Nach der Vorschrift des § 14 Abs. 3 WEG kann ein Wohnungseigentümer, der eine Einwirkung zu dulden hat, die über das zumutbare Maß hinausgeht, einen angemessenen Ausgleich in Geld verlangen.[41] Der „betroffene" Wohnungseigentümer kann neben dem Ausgleich erlittener Substanzschäden auch den Ersatz entgangenen „(Miet-)Gewinns" ersetzt verlangen. Dies ist der Fall, wenn der Mieter gegenüber einem Wohnungseigentümer aufgrund der Begehung Minderungsansprüche gem. §§ 536 ff. BGB geltend macht, sofern die Nutzung eines Teils der Wohnung beeinträchtigt wurde (→ *Mieter* Rn. 9 f.). Zu erstatten sind nach zutreffender Auffassung auch Umzugs-, Transport,- und Lagerkosten sowie die Kosten für Ersatzwohnraum.[42]

Nach zutreffender Auffassung ist der Anspruch allerdings ausgeschlossen, wenn die Begehung auf ein schuld- 23 haftes Verhalten des Wohnungseigentümers, wie zum Beispiel die Vornahme ungenehmigter baulicher Veränderungen zurückzuführen ist und somit **Schadensersatzansprüche** gem. § 280 BGB gegen den Wohnungseigentümer selbst bestehen.[43] Nach der Rechtsprechung kann der Schadensersatzanspruch dem Grunde nach auf Grundlage einer Vereinbarung (→ Rn. 16) abbedungen werden.[44] Lässt ein Verwalter den vereinbarten Haftungsausschluss unberücksichtigt, macht er sich gegenüber der Gemeinschaft der Wohnungseigentümer schadensersatzpflichtig. Ein Beschluss über die Pauschalabgeltung von Schadensersatz- und sonstigen Ausgleichsansprüchen ist im Ergebnis nichtig.[45]

4. Schadensersatz bei einem verweigerten Zutrittsrecht – Haftung für ein Fehlverhalten Dritter? Die 24 verweigerte Duldung einer Begehung des Wohnungseigentums kann Schadensersatzansprüche der Sondereigentümer gegenüber der Gemeinschaft der Wohnungseigentümer gem. § 280 Abs. 1 BGB begründen.[46] Dieser Fall liegt zB dann vor, wenn ein Wohnungseigentümer den Zugang zum Wohnungs-/Teileigentum verweigert, obwohl er kraft eines Beschlusses dazu verpflichtet ist. Die Duldungspflicht besteht gem. § 14 Abs. 1 Nr. 1 WEG gegenüber der Gemeinschaft der Wohnungseigentümer. Ebenso können im Innenverhältnis Schadensersatz- und Ausgleichsansprüche bestehen, wenn die notwendige Begehung untereinander rechtsgrundlos verweigert wird. Diese Duldungspflicht ist durch den jeweiligen Wohnungseigentümer einzuhalten.

In diesem Zusammenhang haftet ein Wohnungseigentümer gem. § 278 BGB für das Fehlverhalten „Dritter", 25 dh des **Mieters**. Die zuzurechnende Pflichtverletzung liegt darin, dass der Mieter eines gem. § 14 Abs. 1 Nr. 1 und Abs. 2 Nr. 1 WEG verpflichteten Sondereigentümers den Zugang verweigert. Der Wohnungseigentümer ist seinerseits verpflichtet, seinen Mieter zur Duldung der notwendigen Begehung im Sondereigentum aufzufordern. Die Verweigerung durch den Mieter muss er sich nach der Rechtsprechung gem. § 278 BGB zurechnen lassen.[47] Der daraus entstehende Schaden ist gem. § 249 ff. BGB auszugleichen. Den Schadensumfang muss die Gemeinschaft der Wohnungseigentümer gegenüber dem „Schädiger" und Anspruchsgegner als Anspruchsinhaber im Einzelnen darlegen.

V. Verfahrenshinweise

1. Prozessuale Durchsetzung und Einstweilige Verfügung. Den Anspruch auf Begehung (Betreten) ist 26 durch die Gemeinschaft der Wohnungseigentümer geltend zu machen. Der „verweigernde" Wohnungseigentümer ist gem. § 43 Abs. 2 Nr. 1 und 2 WEG in dem **Bezirk des Wohnungseigentumsgerichts** zu verklagen, in dem sich das Wohnungs- oder Teileigentum befindet. Die Gemeinschaft der Wohnungseigentümer ist berech-

---

40 *Hogenschurz* NZM 2014, 501 (504).
41 *Lehmann-Richter/Wobst* WEG-Reform 2020, Rn. 1359.
42 *Hügel/Elzer*, 3. Aufl. 2021, WEG § 14 Rn. 77.
43 OLG Celle 14.1.2004 – 4 W 221/03, ZMR 204, 363 (365).
44 LG München I 16.9.2013 – 1 S 21191/12 WEG, ZWE 2014, 185 (186).
45 *V. Rechenberg* ZWE 2005, 57.
46 OLG Bremen 12.12.2014 – 2 U 54/14, ZWE 2015, 170.
47 AG Hamburg-Wandsbek 1.12.2005 – 715 II 128/04, BeckRS 2005, 32274 Rn. 17.

tigt, den Duldungsanspruch gegenüber dem Wohnungseigentümer durchzusetzen.[48] Die Durchsetzung des Gestattungsanspruchs erfolgt gem. § 890 ZPO.

27 Im Regelfall kann die Begehung nicht mittels einer einstweiligen Verfügung durchgesetzt werden. Etwas anderes gilt aber im „Havarie- oder Gefahrenfall". Dann kann die Begehung der Wohnungseigentumsanlage und des Wohnungseigentums auch durch eine **einstweilige Verfügung** erzwungen werden.[49] Wegen des Verbots der Vorwegnahme der Hauptsache muss der Erlass einer einstweiligen Verfügung allerdings Ausnahmefällen vorbehalten bleiben, etwa bei besonders dringlichen Eilmaßnahmen und drohenden hohen Schäden.[50] Ein typischer Fall ist zB bei einem Leck in einer Gasleitung der Erhalt eines Zugangs zu den Versorgungsleitungen.

28 **2. Gerichtliche Verpflichtung des Mieters.** Der Mieter ist nicht an die binnenrechtlichen Vorschriften der Wohnungseigentümer gegenüber der Gemeinschaft der Wohnungseigentümer oder gegenüber anderen Wohnungseigentümern gebunden, da diese Vorschrift nur im Verhältnis der Wohnungseigentümer untereinander gilt. Ebenso wenig ist eine Bindung an Beschlussinhalte anzunehmen, wenn Wohnungseigentümer dazu verpflichtet sind, auf ihre Mieter einzuwirken und die Duldung der Begehung durchzusetzen (§ 555 a Abs. 1 BGB). Maßgeblich ist die Verpflichtung des Mieters aus § 15 Nr. 1 und 2 WEG. Nach zutreffender Auffassung muss der Vermieter gegenüber dem Mieter bei dem sachlich nach § 24 ZPO zuständigen Gericht die Duldung der Begehung gegenüber dem duldungspflichtigen Mieter/Nutzer des Sondereigentums einklagen. Dafür spricht die Sachnähe zu den Ansprüchen der Gemeinschaft der Wohnungseigentümer aus § 15 Nr. 1 und 2 WEG.[51] Darüber hinaus handelt es sich nach der Vorschrift des § 24 Abs. 1 ZPO um einen ausschließlichen Gerichtsstand. Für die Anwendung des § 24 Abs. 1 ZPO spricht, dass sich den Materialien der Gesetzesbegründung zu § 15 WEG keine Aussage zu dem zuständigen Gerichtsstand entnehmen lässt.[52] Wäre eine Zuweisung an das WEG-Gericht (§ 43 ff. WEG) gewollt gewesen, hätte der Gesetzgeber dies entsprechend geregelt. Da es sich bei dem Duldungsanspruch aus § 15 Nr. 1 und 2 WEG um einen Direktanspruch der Gemeinschaft der Wohnungseigentümer oder eines Wohnungseigentümers gegenüber einem Drittnutzer handelt, liegt nach zutreffender Auffassung ebenso wenig eine mietrechtliche Streitigkeit vor. Für die Bestimmung der sachlichen Zuständigkeit gelten die allgemeinen Bewertungskriterien. Die sachliche Zuständigkeit für die Entscheidung über die Duldungsklage kann – anders als das WEG-Verfahren – aufgrund des Streitwerts von über 5.000 EUR beim Landgericht liegen (§§ 3, 9 ZPO iVm §§ 23 Nr. 1, 71 Abs. 1 GVG). Anders als bei reinen WEG-Streitigkeiten (§ 43 Abs. 2 WEG) liegt die Zuständigkeit für die Berufung bei Duldungsklagen aus § 15 WEG nicht ausschließlich beim Landgericht. Für die Entscheidung über eine Berufung gegen ein Duldungsurteil aufgrund §§ 15 Nr. 1 oder Nr. 2 WEG ist das Land- oder Oberlandesgericht im Gerichtsbezirk zuständig.[53]

Liegt der Zuständigkeitsstreitwert für die Duldungsklage über dem amtsgerichtlichen Zuständigkeitsstreitwert von 5.000 EUR, kommt eine Prozessverbindung nicht in Betracht.

29 **3. Selbstständiges Beweisverfahren.** Ist zwischen den Wohnungseigentümern oder gegenüber Dritten ein selbstständiges Beweisverfahren nach den Vorschriften der §§ 485 ff. ZPO anhängig, ist im Einzelfall eine Begehung des Wohnungseigentums erforderlich. Dies ist der Fall, wenn der **mangelhafte Bestandteil des gemeinschaftlichen Eigentums** nur über das Sondereigentum zugänglich ist (→ *Selbstständiges Beweisverfahren* Rn. 17). Die Begehung muss jedoch verhältnismäßig sein, so dass es auf die Abwägung der jeweiligen Interessen der Beteiligten ankommt.

---

48 *Elzer* WE 2005, 196.
49 LG Berlin 15.6.2010 – 85 S 74/09; ZWE 2011, 181 = ZMR 2010, 978.
50 BeckOK WEG/*Müller* § 14 Rn. 55.
51 BeckOK ZPO/*Toussaint* § 24 Rn. 16.
52 BT-Drs. 19/18791, 52 f.; BR-Drs. 168/20, 58.
53 *Agatsy* IMR 2020, 49 (55).

Agatsy

30. Begründung von Wohnungseigentum

Güther

I. Begründung von Wohnungseigentum

Das Wohnungseigentum (ebenso wie das Teileigentum) ist ein besonders ausgestaltetes Miteigentum nach Bruchteilen, bei dem mit jedem Miteigentumsanteil das Sondereigentum an einer Raumeinheit verbunden ist. Im Gegensatz zum normalen Bruchteilseigentum, bei dem alle Miteigentümer auch Eigentümer aller Gebäudeteile sind (§§ 93, 94 BGB), bewirkt das Sondereigentum, dass der Miteigentümer, mit dessen Miteigentumsanteil es verbunden ist, diese Raumeinheit allein unter Ausschluss der übrigen Miteigentümer nutzen kann, § 13 Abs. 1 WEG.[1]   1

II. Teilungsvertrag nach § 3 WEG und/oder einseitige Teilung nach § 8 WEG

Das Wohnungseigentum kann auf zwei Wegen begründet werden: Durch eine **Teilungserklärung** des Alleineigentümers eines Grundstückes (§ 8 WEG) oder durch einen **Teilungsvertrag** mehrerer Eigentümer eines Grundstückes (§ 3 WEG). Die Teilungserklärung bzw. der Teilungsvertrag regelt die sachenrechtlichen Rechtsbeziehungen der Gemeinschaft der Wohnungseigentümergemeinschaft wie die Festlegung der Miteigentumsanteile und die Zuordnung des Sondereigentums. Die Eintragung im Grundbuch (→ *Wohnungsgrundbuch* Rn. 1 ff.) ist zwingend erforderlich. Daneben wird in der Regel in derselben notariellen Teilungserklärung/Teilungsvertrag die Gemeinschaftsordnung beschlossen. Die Gemeinschaftsordnung betrifft die schuldrechtlichen Rechtsbeziehungen in der Wohnungseigentümergemeinschaft, also den Inhalt des Wohnungseigentums (§ 5 Abs. 4 S. 1 WEG), insbesondere Fragen des zulässigen Gebrauchs sowie der Lasten- und Kostentragung (→ *Gemeinschaftsordnung* Rn. 3 ff.).   2

1. Teilungsvertrag (§ 3 WEG). Die Miteigentümer (gem. § 1008 BGB) an einem Grundstück können durch Vertrag das Miteigentum in der Weise beschränken, dass, statt dem entsprechenden bisherigen Bruchteilseigentum an dem gesamten Grundstück, jedem Miteigentümer Miteigentumsanteile verbunden mit dem Sondereigentum an einer bestimmten Wohnung/an einem bestimmten Teileigentum (§ 3 Abs. 1 WEG) zustehen; bspw. statt dem bisherigen Bruchteilseigentum von A und B zu je ½ an dem Vierparteien-Mehrfamilienhaus   3

---

1 *Schöner/Stöber* GrundbuchR Rn. 2808.

mit Grundstück dann **in Folge des Teilungsvertrages**: A 25/100tel Miteigentumsanteile (MEA) verbunden mit dem Sondereigentum an der Wohnung Nr. 1 und 25/100tel MEA verbunden mit dem Sondereigentum an der Wohnung Nr. 2 zustehen und dem B 25/100tel MEA verbunden mit dem Sondereigentum an der Wohnung Nr. 3 sowie 25/100tel MEA verbunden mit dem Sondereigentum an der Wohnung Nr. 4.

4 Nur **Bruchteilseigentum** (iSd §§ 1008 ff. BGB) kann nach § 3 WEG mit Sondereigentum verbunden werden, **Gesamthandseigentum** nicht. Steht das Grundstück einer Gesellschaft bürgerlichen Rechts, einer Erbenge-meinschaft, einer Gütergemeinschaft oder einem nicht rechtfähigen Verein zu, so scheidet eine Teilung nach § 3 WEG aus[2] (→ *Teilungsvertrag* Rn. 5 f.).

5 Der Gesetzgeber hat den Teilungsvertrag als den **Regelfall** angesehen, der die Einigung der Miteigentümer und die Eintragung im Grundbuch voraussetzt (§ 4 Abs. 1 WEG). Die Einigung bedarf der für die Auflassung von Grundstücken vorgesehenen Form (§ 4 Abs. 2 S. 1 WEG, § 925 Abs. 1 BGB). Gleichwohl ist der Tei-lungsvertrag in der Praxis heute die Ausnahme und die Teilungserklärung gem. § 8 WEG der Regelfall.

6 **2. Teilung nach § 8 WEG.** In der Praxis ist die einseitige Aufteilung nach § 8 WEG (sog. **Teilungserklä-rung**) durch den teilenden Bauträger als Alleineigentümer der Regelfall. Die Teilung nach § 8 WEG (→ *Tei-lungserklärung* Rn. 1 ff.) unterscheidet sich in den Rechtsfolgen von dem Teilungsvertrag nach § 3 WEG. Bei dem Teilungsvertrag erlangt jeder Miteigentümer (allein) das Sondereigentum an einem bestimmten Woh-nungseigentum. Bei einer Teilung nach § 8 WEG setzten sich die Eigentumsverhältnisse spiegelbildlich an je-dem einzelnen Wohnungseigentum fort. Die Teilung nach § 8 WEG dient dazu, die Entstehung der Gemein-schaft der Wohnungseigentümer vorzubereiten und zu erleichtern.[3]

7 Teilender Eigentümer gem. § 8 WEG kann auch eine **Miteigentümergemeinschaft** oder eine **GbR** sein. In dem gewählten Beispiel würden dann A und B als Miteigentümer zu je ½ des Grundstückes jeweils in jedem der vier anzulegenden Wohnungsgrundbuchblättern als hälftige Miteigentümer eingetragen werden, an jeweils 25/100tel MEA, verbunden mit dem Sondereigentum an Wohnung Nr. 1, 2, 3, 4.

8 **3. Unterschiede und Gemeinsamkeiten.** Durch den Teilungsvertrag und die Teilungserklärung werden der **Gegenstand und die Grenzen** des Gemeinschaftseigentums und des Sondereigentums bestimmt. Aus dem re-gelmäßig in der Form von Lage- und Geschossplänen beigefügtem Aufteilungsplan (→ *Aufteilungsplan* Rn. 1, 3 ff.) ergibt sich die räumliche Erstreckung eines jeden Sondereigentums.

9 Der Teilungsvertrag/die Teilungserklärung muss festlegen, welche Flächen, Anlagen, Teile, Einrichtungen und Räume im **Gemeinschaftseigentum** und welche im **Sondereigentum** stehen sollen. Die Sondereigentumsbe-reiche werden durch die ausdrückliche Nennung, Beschreibung und Kennzeichnung im Teilungsvertrag/ Teilungserklärung und Eintragung im Grundbuch aus dem Gemeinschaftseigentum herausgenommen und zum Sondereigentum erklärt. Das kann durch Worte (wie der Beschreibung der Lage der Wohnung) und Kenn-zeichnung im Aufteilungsplan (gem. § 7 Abs. 4 Nr. 1 WEG) geschehen.[4]

10 Der Teilungsvertrag/die Teilungserklärung legen auch fest, ob das Sondereigentum zu **Wohnzwecken oder zu anderen Zwecken** dient. Die Bemessung von **Miteigentumsanteilen** kann durch die Miteigentümer frei ohne Bindung an den Wert oder die Größe des einzelnen Wohnungs-/Teileigentums erfolgen. Es gibt keine gesetzli-chen Vorgaben.[5] Sinnvoll und üblich ist eine Übereinstimmung zwischen dem jeweiligen Miteigentumsanteil und der Wohn-/Nutzfläche oder dem Wohnungswert, da sich die Kostentragungspflicht (§ 16 Abs. 2 WEG) und die anteilige Außenhaftung der Wohnungseigentümer (§ 9 a Abs. 4 S. 1 WEG) nach dem Verhältnis der Miteigentumsanteile zueinander bestimmt. Im Rahmen einer Teilung durch Teilungsvertrag nach § 3 WEG müssen die bisherigen Miteigentumsanteile der jeweiligen Eigentümer mit den nach der Begründung von Wohnungseigentum bestehenden Miteigentumsanteilen übereinstimmen (→ *Teilungsvertrag* Rn. 8 f.). In der Praxis erfolgt regelmäßig eine Aufteilung in 1.000stel Miteigentumsanteilen.[6]

11 Beim Teilungsvertrag gem. § 3 WEG bedarf es einer **Auflassungserklärung** der Beteiligten (§§ 873 Abs. 1, 925 Abs. 1 BGB). Bei einer Teilungserklärung (§ 8 WEG) erfolgt eine einseitige **Bewilligung** der Teilung.

---

2 *Hügel/Elzer*, 3. Aufl. 2021, WEG § 3 Rn. 5.
3 BayObLG 4.3.1969 – 2 Z 97/68, NJW 1969, 883.
4 *Hügel/Elzer*, 3. Aufl. 2021, WEG § 3 Rn. 8.
5 BGH 18.6.1976 – V ZR 156/75, NJW 1976, 1976; BayObLG 12.8.1999 – 2Z BR 80/99, NZM 2000, 301.
6 Für kleinere Wohnungsanlagen 100stel, für größere 10.000stel oder 100.000stel.

Unter **Kosten**gesichtspunkten kann es einen wesentlichen Unterschied machen, ob man nach § 8 WEG oder **12** nach § 3 WEG teilt. Bei einem Teilungsvertrag entstehen beim Notar 2,0 Gebühren (Nr. 21100 KV-GNotKG) über den Geschäftswert, bei einer Teilungserklärung wird eine 1,0 Gebühr (Nr. 21200 KV-GNotKG) über den Geschäftswert ausgelöst. Der Geschäftswert bestimmt sich nach § 42 Abs. 1 GNotKG und ist in beiden Fällen der Wert des bebauten Grundstückes (§ 42 Abs. 1 S. 1 GNotKG).

Der Teilungsvertrag bedarf gem. § 4 Abs. 2 S. 1 WEG aufgrund des Verweises auf die Auflassung der **notari-** **13** **ellen Form** (§ 925 Abs. 1 BGB). Die Teilungserklärung gem. § 8 WEG ist hingegen materiellrechtlich grundsätzlich formfrei möglich, bedarf aber wegen § 29 GBO für die Grundbucheintragung einer notariellen Unterschriftsbeglaubigung. Die Gemeinschaftsordnung bedarf materiellrechtlich keiner Form; nur wegen der Wirkung gegen künftige Sondernachfolger (§ 10 Abs. 3 WEG) wird sie regelmäßig in das Grundbuch eingetragen. Sie bedarf zur Eintragung im Grundbuch der Form des § 29 GBO und wird daher regelmäßig mit dem Teilungsvertrag/der Teilungserklärung mit beurkundet.

Für diverse **Genehmigungserfordernisse** macht es einen Unterschied, ob es sich um eine Aufteilung gem. § 3 **14** WEG oder um eine Aufteilung gem. § 8 WEG handelt. Bei einer Teilung gem. § 8 WEG bedarf es keiner familien- bzw. betreuungsgerichtlichen Genehmigung, keiner Genehmigung gemäß GVO und gem. § 144 BauGB (→ Rn. 82 ff.).

Bei der vertraglichen Einräumung von Sondereigentum durch Teilungsvertrag (§ 3 WEG) liegt ein **grunder-** **15** **werbsteuerbarer Vorgang** vor, auf den allerdings die Befreiungsvorschrift des § 7 Abs. 1 GrEStG anwendbar ist, wenn die wertmäßige Beteiligung der Miteigentümer auch nach der Begründung des Sondereigentums gleich bleibt. Ändert sich die wertmäßige Beteiligung, so fällt für den Mehrerwerb Grunderwerbsteuer an (soweit nicht andere Befreiungstatbestände vorliegen). Für den Grundbuchvollzug ist daher eine steuerliche Unbedenklichkeitsbescheinigung vorzulegen.[7]

Zur **Gliederung** der Urkunde mit dem Teilungsvertrages/der Teilungserklärung empfiehlt sich eine deutliche **16** Trennung der diversen abzugebenden Erklärungen, um die unterschiedlichen Regelungsbereiche klar voneinander abzugrenzen. Häufig wird im Rahmen der abzugebenden Erklärungen (Teilungsvertrag/Teilungserklärung) die Gemeinschaftsordnung aufgestellt und auch der (erste) Verwalter bestellt (§ 26 Abs. 1 und 2 S. 1 WEG), was nach herrschender Meinung möglich ist (→ *Verwalter* Rn. 10, 12). Eine Gliederung könnte wie folgt aussehen:

a) Sachverhalt und Grundbuchstand
b) Teilung gem. § 3 bzw. § 8 WEG
c) Gemeinschaftsordnung
d) Verwalterbestellung
e) Grundbuchanträge

Die Bestellung des **ersten Verwalters** bei Begründung von Wohnungseigentum ist für höchstens eine Zeitdauer von **drei Jahren** möglich (§ 26 Abs. 2 S. 1 WEG).

Es ist davon auszugehen, dass ein **Bauträger** als teilender Eigentümer auch weiterhin den Verwalter in der Urkunde mit der Teilung bestellen wird. Zwingend erforderlich ist das nicht, da die Gemeinschaft der Wohnungseigentümer rechtsfähig ist (§ 9 a Abs. 1 S. 1 WEG) und – bei Fehlen eines Verwalters – durch die Wohnungseigentümer vertreten wird, § 9 b Abs. 1 S. 2 WEG. Bereits aus dem praktischen Grund heraus wird eine Verwalterbestellung erfolgen, da die Verwalterbestellung gleich in notarieller Form erfolgen kann und beim Grundbuchamt hinterlegt wird.

Handelt es sich um eine kleine Wohnungseigentümergemeinschaft aus bspw. vier Wohnungseigentümern, wird (wie in der Zeit vor Inkrafttreten des WEMoG) eher selten ein Verwalter bestellt werden, da die Wohnungseigentümer sich auf kurzem Wege untereinander abstimmen und gemeinsam nach außen auftreten können (§ 9 b Abs. 1 S. 2 WEG, vorher: § 27 Abs. 3 S. 2 WEG aF).

4. Kombination der Teilungsformen. Möglich ist eine Kombination von Teilungsvertrag gem. § 3 WEG und **17** Teilungserklärung gem. § 8 WEG.[8] Das kann sich beispielsweise anbieten, wenn die Miteigentümer eines Grundstückes beabsichtigen, eine größere Anzahl von Wohnungseigentumsrechten zu schaffen als Miteigentü-

---

7 *Schöner/Stöber* GrundbuchR Rn. 2859.
8 KG 7.6.1994 – 1 W 6026/93, NJW 1995, 62 f.

mer eingetragen sind.[9] Zunächst werden dabei mehrere Sondereigentumseinheiten mit einem entsprechenden (großen) Miteigentumsanteil verbunden (§ 3 WEG). Anschließend unterteilt der Miteigentümer seinen Miteigentumsanteil in derselben Urkunde gem. § 8 WEG.[10]

18   **5. Eintragung im Grundbuch.** Neben einem formgerechten Teilungsvertrag/Teilungserklärung ist die Eintragung im Grundbuch eine weitere Voraussetzung für die Begründung von Wohnungseigentum (§§ 4 Abs. 1, 8 Abs. 2 S. 2 WEG). Die Eintragung erfolgt nur auf Antrag (§ 13 GBO) und ist von allen Grundstückseigentümern bzw. dem teilenden Eigentümer zu bewilligen (§§ 19, 29 GBO). Bei der vertraglichen Aufteilung gem. § 3 WEG ist dem Grundbuchamt die sachenrechtliche Einigung in Form des § 20 GBO nachzuweisen, also eine Ausfertigung oder beglaubigte Abschrift des notariell beurkundeten Aufteilungsvertrages vorzulegen.[11]

19   Bei der Ersteinräumung **entsteht** Wohnungseigentum mit der Einigung (§§ 3, 4 WEG) oder Teilung (§ 8 WEG) und der Eintragung sämtlicher Wohnungseigentumsrechte im Grundbuch,[12] selbst wenn das Gebäude noch nicht errichtet ist (= sachenrechtlicher Akt). Dabei handelt es sich zunächst (beim unbebauten Grundstück) um den Miteigentumsanteil an einem Grundstück, welchem bei Bebauung das jeweilige Sondereigentum zuwächst.[13] Für das Rechtsverhältnis der Wohnungseigentümer gelten daher nach Anlegung der Wohnungsgrundbuchbücher auch vor Gebäudeerrichtung die Bestimmungen des WEG, nicht §§ 741 ff. BGB.[14]

20   Wohnungs-/Teileigentum kann nach § 1 Abs. 4 WEG nur an einem **Grundstück im Rechtssinne** entstehen, nicht an mehreren rechtlich selbstständigen Grundstücken. Das heißt, dass mehrere Flurstücke unter einer laufenden Nummer im Bestandsverzeichnis des Grundbuchblattes des Grundstückes gebucht sein müssen. Die einzelnen Katasterparzellen (Flurstücke) als nur vermessungstechnische Teile des einen Grundstückes im Rechtssinne können beibehalten werden (§ 3 Abs. 1 lit. b WGV).

21   Ist jedes Flurstück unter einer eigenen laufenden Nummer im Bestandsverzeichnis gebucht, müssen diese nach § 890 Abs. 1 BGB zu einem Grundstück **vereinigt** bzw. nach § 890 Abs. 2 BGB zugeschrieben werden. Eine unterschiedliche Belastung der vereinigten oder zugeschriebenen Parzellen stellt nach Vollzug der Vereinigung oder Bestandteilszuschreibung kein Hindernis für die Aufteilung nach Wohnungseigentumsgesetz dar.[15]

22   Wohnungs-/Teileigentum kann nur entstehen, wenn die Räume Teil eines zum aufgeteilten Grundstück gehörenden Gebäudes sind, § 1 Abs. 2, 3 WEG. Bei einem **Überbau** ist die Aufteilung in Wohnungs-/Teileigentum nur zulässig, wenn das Gebäude nach den sachenrechtlichen Grundsätzen zum Eigentum des WEG-Grundstückes gehört.

23   Die Aufteilung in Wohnungseigentum kann bereits am **unbebauten Grundstück** erfolgen, wenn das Gebäude lediglich geplant ist und (aufgrund des Bestimmtheitsgrundsatzes) ein Aufteilungsplan gem. § 7 Abs. 3, 4 Nr. 1 WEG vorliegt. Dabei werden Miteigentumsanteile mit dem Sondereigentum an einem noch zu errichtenden Raum verbunden.[16] Das Sondereigentum entsteht als Vollrecht schrittweise mit der Fertigstellung des Gebäudes. Bis dahin besteht eine Anwartschaft auf Erlangung des Sondereigentums.[17]

24   **a) Eintragungsbewilligung (Aufteilungsplan, Abgeschlossenheitsbescheinigung, Lageplan SNR).** Die Eintragungsbewilligung ist die Erklärung des bisherigen Eigentümers gegenüber dem Grundbuchamt, einer bestimmten Eintragung zuzustimmen. Es ist darauf zu achten, dass alle Bestimmungen, die Grundbuchinhalt werden sollen, Gegenstand der Eintragungsbewilligung sind. Gemäß § 7 Abs. 4 Nr. 1 und 2 WEG sind der Eintragungsbewilligung

9   Bärmann/*Armbrüster* WEG § 2 Rn. 12.
10   Beispiel: A ¾ und B ¼ sind Bruchteilseigentümer eines Grundstückes mit einem Vierparteienhauses; Teilung gem. § 3 WEG: in 75/100 Miteigentumsanteil des A verbunden mit dem Sondereigentum an den drei Wohnungen Nr. 1, 2, 3 und 25/100 Miteigentumsanteil des B verbunden mit dem Sondereigentum Wohnung Nr. 4 sowie anschließend Teilung gem. § 8 WEG durch A in je 25/100 Miteigentumsanteil verbunden mit jeweils dem Sondereigentum an der Wohnung Nr. 1, 2, 3.
11   Hügel/*Hügel* GBO § 20 Rn. 28.
12   *Schöner/Stöber* GrundbuchR Rn. 2843.
13   BGH 22.12.1989 – V ZR 339/87, DNotZ 1990, 259.
14   BGH 22.12.1989 – V ZR 339/87, DNotZ 1990, 259 (260).
15   *Schöner/Stöber* GrundbuchR Rn. 2810, 639 ff.
16   BayObLG 7.11.2001 – 2 Z BR 10/01, ZWE 2002, 121; BGH 18.7.2008 – V ZR 97/07, NJW 2008, 2982 Rn. 9 ff.
17   BGH 22.12.1989 – V ZR 339/87, NJW 1990, 1111.

a) ein Aufteilungsplan und
b) eine Abgeschlossenheitsbescheinigung als **Anlagen** beizufügen. Werden Sondernutzungsrechte bestellt, ist
c) ein Plan mit Kennzeichnung der Sondernutzungsrechte nach ihrer Lage und Größe sowie zur Abgrenzung der Sondernutzungsrechte untereinander mit Ziffern beizufügen, wenn diese nicht bereits im Aufteilungsplan gekennzeichnet sind.

Die Eintragungsbewilligung nimmt Bezug auf den **Aufteilungsplan** (§ 7 Abs. 4 Nr. 1 WEG). Aus dem Aufteilungsplan ergeben sich Lage und Aufteilung des Gebäudes und die Zuordnung von Gebäudebestandteilen und Grundstücksflächen zum Sondereigentum bzw. zum gemeinschaftlichen Eigentum. Die jeweiligen Räume und Flächen eines Sondereigentums werden regelmäßig farblich umrandet und mit einer Nummer versehen. Jedes Sondereigentum hat eine eigene Nummer (→ *Aufteilungsplan* Rn. 6 f.). 25

Für **Stellplätze** und **Freiflächen** bedarf es keiner Abgeschlossenheit (§ 3 Abs. 3 WEG). Anstelle dieser sind durch Maßangaben im Aufteilungsplan die Stellplätze und Freiflächen genau zu bestimmen.[18] Die Maßangaben müssen so genau sein, dass sie es im Streitfall ermöglichen, den räumlichen Bereich des Sondereigentums eindeutig zu bestimmen. Sie bestimmen den Umfang des Sondereigentums. Dafür muss sich aus dem Plan in der Regel die Länge und die Breite der Fläche sowie ihr Abstand zu den Grundstücksgrenzen ergeben. Eine Markierungspflicht auf dem Grundstück ist hingegen nicht mehr vorgesehen, auch nicht für Stellplätze. Eine solche kann freiwillig erfolgen, wirkt sich aber nicht auf die Bestimmung des Sondereigentums aus (→ *Aufteilungsplan* Rn. 9 f.).[19]

Um die Selbstständigkeit der Sondereigentumsrechte sicherzustellen, bedarf es neben dem Aufteilungsplan der Abgeschlossenheitsbescheinigung. Eine Abgeschlossenheitsbescheinigung wird auf Antrag des Grundstückseigentümers durch die Baubehörde erteilt. Sie bescheinigt, dass die Voraussetzungen des § 3 Abs. 3 WEG vorliegen, das heißt, dass die zum Sondereigentum erklärten Räume abgeschlossen sind. 26

Stellplätze sowie die außerhalb des Gebäudes liegenden Teile des Grundstücks sind nicht Teil der Abgeschlossenheitsbescheinigung. Sie müssen durch Maßangaben im Aufteilungsplan bestimmt sein und gelten damit als abgeschlossen (→ Rn. 25; → *Abgeschlossenheit* Rn. 18 ff.).[20] Die Maßangaben treten an die Stelle des Abgeschlossenheitserfordernisses, das für Räume gilt. Die Maßangaben müssen die Länge und Breite der jeweiligen Fläche aufzeigen und den Abstand zur Grundstücksgrenze.[21]

Der Aufteilungsplan und die Abgeschlossenheitsbescheinigung sind von der Baubehörde zu unterschreiben und mit einem Stempel zu versehen.

Für **Sondernutzungsrechte** gelten die Vorgaben des § 7 Abs. 4 S. 1 Nr. 1 WEG für den Aufteilungsplan nicht. Als Sondernutzungsrecht wird eine Regelung des Gebrauchs des gemeinschaftlichen Eigentums[22] in der Weise bezeichnet, dass einem oder mehreren Wohnungs-/Teileigentümern ein bestimmter Bereich des gemeinschaftlichen Eigentums, abweichend von §§ 16 Abs. 1 S. 1 und 3, 14 WEG, zur ausschließlichen Benutzung zugewiesen wird (→ *Sondernutzungsrechte* Rn. 1 ff., 7 ff.).[23] Es ist nicht zwingend, dass die Sondernutzungsrechte im Aufteilungsplan gekennzeichnet werden.[24] Gleichwohl kann auf den Aufteilungsplan Bezug genommen werden. Zulässig ist auch ein gesonderter Lageplan, aus dem sich die betroffenen Flächen ermitteln lassen und auf den in der Teilungserklärung Bezug genommen wird[25] oder eine wörtliche Umschreibung in der Teilungserklärung. 27

Sondernutzungsrechte sind **eintragungsfähig**, ohne dass dadurch ein dingliches Recht entsteht. Der Eintragung in das Grundbuch bedürfen sie nur, um die Erstreckungswirkung des § 10 Abs. 3 WEG zu erzielen.[26] 28

---

18 Gesetzesbegründung WEMoG BT-Drs. 19/18791, 38 (39).
19 Gesetzesbegründung WEMoG BT-Drs. 19/18791, 39.
20 *Becker/Ott/Suilmann* Wohnungseigentum Rn. 48.
21 Gesetzesbegründung BT-Drs. 19/18791, 39.
22 § 15 Abs. 1 WEG.
23 *Schöner/Stöber* GrundbuchR Rn. 2910.
24 OLG Düsseldorf 28.6.2010 – I-3 Wx 54/10, ZWE 2010, 368 (369).
25 OLG München 4.2.2016 – 34 Wx 396/15, ZWE 2016, 255.
26 BGH 20.9.2000 – V ZB 58/99, ZMR 2000, 771.

29 **b) Zustimmung dinglicher Berechtigter.** Weitere Wirksamkeitsvoraussetzung für die Begründung von Wohnungseigentum ist gegebenenfalls die Zustimmung dinglich berechtigter Dritter wie beispielsweise Grundschuld- oder Hypothekengläubiger und Dienstbarkeitsberechtigter nach Maßgabe der **§§ 876, 877 BGB**. Regelmäßig ist eine Zustimmung dinglicher Berechtigter nicht erforderlich, sofern die dinglichen Rechte auf dem gesamten Grundstück lasten.[27] Eine Zustimmung ist immer dann erforderlich, wenn der dingliche Berechtigte in seinen Rechten beeinträchtigt wird. Sie ist nicht erforderlich, wenn lediglich wirtschaftliche Nachteile drohen.

30 Ob eine Zustimmungspflicht besteht, hängt vom **Belastungsgegenstand** (das ungeteilte Grundstück oder der ideelle Miteigentumsanteil) ab und von der Art der Begründung des Wohnungseigentums:[28]

31 **aa) Belastungsgegenstand: aufzuteilendes Grundstück.** Ist Belastungsgegenstand eines dinglichen Rechts oder einer Erwerbsvormerkung das gesamte, in Wohnungs- und Teileigentumsrechte aufzuteilende Grundstück, scheidet ein Zustimmungserfordernis aus. Das Haftungsobjekt als Ganzes wird nicht verändert.[29] Das jeweilige dingliche Recht setzt sich nach der Begründung von Wohnungs-/Teileigentum an sämtlichen neu gebildeten Einheiten fort.[30] Der dinglich Berechtigte wird nicht beeinträchtigt. Insbesondere Grundpfandrechte und Reallasten werden zu Gesamtrechten gem. §§ 1132 Abs. 1 S. 1, 1192 Abs. 1, 1200 Abs. 1, 1107 BGB.[31]

32 **bb) Belastungsgegenstand: einzelnes Wohnungseigentum.** Soweit ein dingliches Recht seiner Natur nach an einem einzelnen Wohnungseigentum bestehen kann (zB ein Wohnungsrecht nach §§ 1090, 1093 BGB), werden die übrigen neu gebildeten Einheiten von der Belastung frei. Ein solches Recht besteht nur an dem Wohnungs-/Teileigentumsrecht fort, auf dessen Raumeinheit es sich erstreckt.[32]

33 **cc) Belastungsgegenstand: ideeller Miteigentumsanteil und Teilungserklärung.** Ist der Belastungsgegenstand eines dinglichen Rechts oder einer Erwerbsvormerkung nur ein ideeller Miteigentumsanteil an dem ungeteilten Grundstück, so gilt im Falle der Teilung in Wohnungseigentum mittels Teilungserklärung (§ 8 WEG) nichts anderes. Das dingliche Recht oder die Erwerbsvormerkung setzt sich nach der Begründung von Wohnungs-/Teileigentum an sämtlichen Einheiten fort. In der Summe haftet noch der ursprüngliche Miteigentumsanteil.[33]

34 **dd) Belastungsgegenstand: ideeller Miteigentumsanteil und Teilungsvertrag.** Ist der Belastungsgegenstand eines dinglichen Rechts oder einer Erwerbsvormerkung nur ein ideeller Miteigentumsanteil an dem ungeteilten Grundstück und die Teilung in Wohnungseigentum erfolgt mittels Teilungsvertrag (§ 3 WEG), lastet das dingliche Recht oder die Erwerbsvormerkung infolge der Verbindung des Miteigentumsanteils mit einem Sondereigentum – nach der Begründung von Wohnungseigentum – zwar weiterhin auf diesem – allerdings inhaltlich veränderten – Miteigentumsanteil. Der belastete Miteigentumsanteil ist aber verändert, da ihm Sondereigentum entzogen und mit anderen Miteigentumsanteilen verbunden wurde. Diese Inhaltsänderung macht die **Zustimmung** des dinglich Berechtigten gem. §§ 876, 877 BGB erforderlich.[34]

35 **c) Anlegen von Grundbuchblättern.** Liegen ein formwirksamer Teilungsvertrag bzw. eine Teilungserklärung vor einschließlich Aufteilungsplan und Abgeschlossenheitsbescheinigung sowie die ggf. erforderliche Zustimmung der dinglichen Berechtigten, so wird die Begründung des Wohnungs-/Teileigentums durch das Grundbuchamt mit dem Anlegen der **Wohnungsgrundbuchblätter** vollzogen. Mit der Eintragung im Grundbuch (→ *Grundbuch* Rn. 1 ff., 10 f.) entsteht das Wohnungs-/Teileigentum, das heißt, es kann von diesem Zeitpunkt übertragen werden, selbst wenn das Gebäude noch nicht errichtet ist. Dabei handelt es sich zunächst (beim unbebauten Grundstück) um den Miteigentumsanteil an einem Grundstück, welchem bei Bebauung das jeweilige Sondereigentum zuwächst.[35]

---

27 Jennißen/*Zimmer* WEG § 3 Rn. 11.
28 Durch Teilungserklärung gem. § 8 WEG oder durch Vertrag gem. § 3 WEG.
29 Bärmann/*Armbrüster* WEG § 2 Rn. 23.
30 OLG Frankfurt/M. 3.4.1997 – 20 W 90/97, FGPrax 1997, 139.
31 Bärmann/Seuß WE-Praxis/*Schneider* § 2 Rn. 79.
32 OLG Oldenburg 7.11.1988 – 5 W 60/88, NJW-RR 1989, 273; OLG Frankfurt/M. 22.7.1959 – 6 W 417/58, NJW 1959, 1977.
33 BGH 9.2.2012 – V ZB 95/11, NJW 2012, 1226, Bärmann/Seuß WE-Praxis/*Schneider* § 2 Rn. 80.
34 BGH 9.2.2012 – V ZB 95/11, NJW 2012, 1226, Bärmann/Seuß WE-Praxis/*Schneider* WEG § 2 Rn. 81.
35 BGH 22.12.1989 – V ZR 339/87, DNotZ 1990, 259.

§ 7 Abs. 1 S. 1, 2 WEG sieht vor, dass für jeden Miteigentumsanteil ein **besonderes Grundbuchblatt** anzule- 36
gen ist (→ *Wohnungsgrundbuch* Rn. 1). Zur näheren Bezeichnung des Gegenstandes als auch des Inhalts des
Sondereigentums kann auf die Eintragungsbewilligung Bezug genommen werden (§ 7 Abs. 3 S. 1 WEG). Das
ist der Regelfall in der Praxis. Grundbuchinhalt werden nur die im Bestandsverzeichnis des Grundbuches bezeichneten Bewilligungen und darüber hinaus nur diejenigen Regelungen, die Gegenstand der Bewilligungen
sind (→ *Wohnungsgrundbuch* Rn. 4).[36] Da die Bezugnahme auf die Eintragungsbewilligung auch den ihr als
Anlage beigefügten Aufteilungsplan umfasst, wird auch dieser zum Inhalt des Wohnungsgrundbuchs. Der
Umfang des Gemeinschaftseigentums ergibt sich mittelbar aus dem Aufteilungsplan.

Sondernutzungsrechte sind nur Inhalt des Sondereigentums und mit Wirkung gegenüber den künftigen Woh- 37
nungseigentümern ausgestattet, wenn sie in allen Wohnungsgrundbuchblättern eingetragen sind (§ 10 Abs. 3
S. 1 WEG).

Mit der Anlegung der Wohnungs-/Teileigentumsgrundbücher ist das **bisherige Grundbuchblatt** zum Grund- 38
stück zu schließen, § 7 Abs. 1 S. 3 WEG.

III. Änderung der Teilungserklärung im Gründungsstadium

In der Praxis besteht auf Seiten des **Bauträgers** das Bedürfnis, die Teilungserklärung nachträglich zu ändern, 39
um beispielsweise auf die Änderungswünsche der Käufer eingehen zu können und damit den Abverkauf der
Wohnungen zu fördern oder aber auch, um auf baurechtliche Vorgaben zB betreffend den Brandschutz eingehen zu können. Wenn sämtliche Wohnungen bzw. das Teileigentum abverkauft sind, besteht das Bedürfnis des
Bauträgers nicht mehr.

In wieweit eine einseitige Änderungsbefugnis besteht und wann die Mitwirkung Dritter erforderlich ist, ist 40
eine Frage des **Zeitpunktes**. In der Praxis kommen ab dem ersten Abverkauf Änderungsvollmachten zum Einsatz, um durchgängig einseitige Erklärungen des Bauträgers zur Änderung der Teilungserklärung zu ermöglichen.

1. Ist der **Bauträger selbst Inhaber** sämtlicher Wohnungs-/Teileigentumsrechte, kann er die Teilungserklärung durch einseitige Erklärung[37] gegenüber dem Grundbuch ändern. Das betrifft den Zeitraum von dem
   Erlass der Teilungserklärung über die Anlegung der Wohnungsgrundbuchblätter (= Entstehung der Gemeinschaft der Wohnungseigentümer) bis zur Eintragung der (ersten) Auflassungsvormerkung aufgrund
   Abverkaufs von Wohnungen.
2. Nach der **Veräußerung des ersten Wohnungseigentums** und der darauf folgenden Eintragung einer Auflassungsvormerkung bedarf der aufteilende Bauträger der Zustimmung des Berechtigten der Auflassungsvormerkung und erforderlichenfalls der betroffenen dinglichen Berechtigten.[38] Ab diesem Zeitpunkt verliert der Bauträger die einseitige Befugnis zur Änderung und eine Änderung der Teilungserklärung ist nur
   unter der Mitwirkung aller (werdenden) Wohnungseigentümer möglich.[39] Sie bedarf gem. § 4 Abs. 1 WEG
   einer Einigung in Form der Auflassung, wenn Sondereigentum eingeräumt oder aufgehoben werden soll,
   und der Eintragung im Grundbuch.
3. Davon zu unterscheiden ist der meist **zeitlich nachgelagerte** Fall, das nach dem Entstehen der Gemeinschaft der Wohnungseigentümer und der Errichtung des Bauwerkes die Umwandlung von Wohnungseigentum in Teileigentum (bzw. umgekehrt) gewünscht wird (→ Rn. 61 ff.).

---

36 *Becker/Ott/Suilmann* Wohnungseigentum Rn. 51.
37 Eintragungsbewilligung gem. § 19 GBO in der Form des § 29 GBO.
38 *Schöner/Stöber* GrundbuchR Rn. 2962.
39 BGH 19.9.2019 – V ZB 119/18, NJW 2020, 610, Rn. 12; BayObLG 8.5.2003 – 2 Z BR 36/03; Das von den Gerichten geschaffene Institut der werdenden Wohnungseigentümergemeinschaft (BGH 5.6.2008 – V ZB 85/07, NJW
2008, 2639) ist mit dem WEMoG ab dem 1.12.2020 nicht mehr erforderlich. Die WEG entsteht mit der Anlegung
der Wohnungsgrundbücher (§ 9 a Abs. 1 S. 2 WEG). Ab diesem Zeitpunkt ist das WEG anwendbar. Sogenannter
werdender Wohnungseigentümer ist gem. § 8 Abs. 3 WEG derjenige, der einen Eigentumsübertagungsanspruch gegenüber dem teilenden Eigentümer hat, der durch eine Vormerkung im Grundbuch gesichert ist und dem der Besitz
an den Räumen übergeben wurde. Im Innenverhältnis der Gemeinschaft der Wohnungseigentümer wird derjenige als
Wohnungseigentümer behandelt, ohne bereits als Eigentümer im Grundbuch eingetragen zu sein.

41 Zur praktischen Handhabung der Änderung der Teilungserklärung ab dem Abschluss des ersten wirksamen Erwerbsvertrages bis zum Abverkauf des letzten Wohnungs-/Teileigentums werden in den Bauträgerverträgen regelmäßig **Änderungsvollmachten** vereinbart. Derartige Vollmachten erlauben die Änderung der Teilungserklärung durch den Bauträger unter Berufung auf und zugleich der Vorlage der Vollmachten. Derartige Vollmachten dürfen aber in den Bauverträgen als Allgemeine Geschäftsbedingungen (Formularverträge) nicht gegen das AGB-Recht verstoßen. Das ist beispielsweise der Fall bei einem einseitigen Leistungsbestimmungsrecht des Bauträgers, das zu einer unzumutbaren Beeinträchtigung des Erwerbers führt (§ 308 Nr. 4 BGB).

42 Hinsichtlich der **Zulässigkeit** der Änderung der Teilungserklärung kommt es auf die jeweiligen Umstände des Einzelfalls an. Es muss eine wirksame Änderungsvollmacht vereinbart worden sein und die avisierte Änderung muss sich im Rahmen der Vorgaben aus der Vollmacht halten.

IV. Gründungsmängel

43 Bei der Begründung von Wohnungs-/Teileigentum können Fehler auftreten, die die Wirksamkeit des Teilungsvertrags/der Teilungserklärung insgesamt in Frage stellen, beispielsweise die Nichtigkeit aufgrund der Nichteinhaltung der Form des § 4 WEG oder ein zur Anfechtung berechtigender Irrtum eines Beteiligten (§§ 119, 142 Abs. 1 BGB).

1. Leidet die Begründung von Wohnungs-/Teileigentum an einem **Mangel**, der seine Unwirksamkeit zur Folge hat und wird die Teilung dennoch im Grundbuch eingetragen, wird der gesamte Gründungsakt in dem Moment geheilt, in dem **ein Dritter gutgläubig** eine der gebildeten Eigentumseinheiten erwirbt. Denn Wohnungs-/Teileigentum kann nicht nur an einer Wohnung entstehen.[40] In Folge dessen nehmen alle Rechtsinhaber die Rechtsstellung eines vollwertigen Wohnungseigentümers ein. Die Wohnungseigentümer sind aufgrund der sich aus der Gemeinschaft der Wohnungseigentümer ergebenden Treuepflicht gehalten, Mängel des Gründungsaktes zu beseitigen.[41]

2. Ist der Gründungsakt nichtig und die Nichtigkeit **nicht** durch einen **gutgläubigen Erwerb** überwunden, ist ein Wohnungseigentumsrecht nicht entstanden. Es ist bei dem Rechtszustand vor der Teilung bzw. dem Gründungsvertrag geblieben. Es bleibt bei den Rechten und Pflichten eines Alleineigentümers bzw. von Miteigentümern; wohnungseigentumsrechtliche Vorschriften finden keine Anwendung.[42]

44 Es gibt insoweit aber eine Einschränkung, betreffend den Zeitraum des In-Vollzugssetzens der fehlerhaft gegründeten Wohnungseigentümergemeinschaft und der Geltendmachung des Unwirksamkeitsgrundes: Die Beteiligten müssen sich bis zur Geltendmachung der Unwirksamkeit (trotz mangelnder Entstehung von Wohnungs-/Teileigentum) untereinander so behandeln und behandeln lassen, als ob die Begründung wirksam wäre. Im Verhältnis der Beteiligten sind die Grundsätze der **„fehlerhaften Gesellschaft"** entsprechend anzuwenden.[43]

45 Basierend auf diesen Grundsätzen werden die Fehler bei der Gründung von Wohnungs-/Teileigentum in **diverse Fallgruppen** aufgeteilt und unterschieden.

46 **1. Inhaltsmängel.** Sind sämtliche mit einem bestimmten Miteigentumsanteil verbundenen Räume **nicht sondereigentumsfähig,** ist die Aufteilung teilnichtig. Im Übrigen ist die Aufteilung wirksam und es entsteht ein sogenannter „isolierter" (wohnungseigentumsloser) Miteigentumsanteil.[44] Die Wohnungseigentümer sind aufgrund des Gemeinschaftsverhältnisses verpflichtet, die Aufteilung so zu ändern, dass kein isolierter Miteigentumsanteil verbleibt.[45] Ist eine nachträgliche Verbindung mit Sondereigentum nicht möglich, ist der isolierte Miteigentumsanteil durch entsprechende Vereinbarungen der Wohnungseigentümer auf die anderen Miteigentumsanteile zu übertragen gegen die Gewährung eines Ausgleichs.[46]

47 Der isolierte Miteigentumsanteil ist **verkehrsfähig,**[47] also auch belastbar und veräußerbar.

---

40 BGH 3.11.1989 – V ZR 143/87, NJW 1990, 447 (448).
41 BGH 1.10.2004 – V ZR 210/03, NZM 2004, 876 (878); *Dreyer* DNotZ 2007, 594 (612).
42 *Dreyer* DNotZ 2007, 594 (610).
43 BGH 3.11.1989 – V ZR 143/87, NJW 1990, 447 (448); *Dreyer* DNotZ 2007, 594 (610,611).
44 Hierzu ausführlich *Hügel* ZMR 2004, 549.
45 BGH 3.11.1989 – V ZR 143/87, NJW 1990, 447 (448); BGH 1.10.2004 – V ZR 210/03, NZM 2004, 876 (878).
46 BGH 1.10.2004 – V ZR 210/03, NZM 2004, 876 (878).
47 BGH 5.12.2003 – V ZR 447/01, NJW 2004, 1178.

Güther

Sind **einzelne Räume** einer Einheit **nicht sondereigentumsfähig**, entsteht das Wohnungseigentum entsprechend dem maßgeblichen Parteiwillen (§ 139 BGB) an der betroffenen Einheit und die unwirksame Bestimmung des Sondereigentums ist regelmäßig in die Begründung von Sondernutzungsrechten umzudeuten.[48]   48

Im Falle eines **offensichtlichen Rechenfehlers** – es werden weniger oder mehr als beispielsweise 1.000 Miteigentumsanteile verteilt – sind die Erklärungen an die Summe der addierten Zähler anzupassen. Es ergeben sich dann 999/999 oder 1001/1001, weil immer ein Ganzes zu verteilen ist.[49] Eine Berichtigung im Grundbuch erfolgt im Wege der Grundbuchberichtigung, da der Rechenfehler nachgewiesen werden kann.   49

2. Falsche Zweckbestimmung. Wird in der Teilungserklärung Wohnungseigentum begründet (oder umgekehrt Teileigentum), lautet die Grundbucheintragung aber auf Teileigentum (bzw. umgekehrt Wohnungseigentum), ist kein Wohnungseigentum entstanden. Denn die Eintragung „Wohnungseigentum" ist unzulässig, da sie der in Bezug genommenen Teilungserklärung **widerspricht.** Unzulässige Eintragungen sind unwirksam. Der ursprüngliche Antrag ist insoweit noch nicht erledigt; nach einer Löschung bzw. Schließung des Grundbuchblattes muss die Eintragung im Grundbuch erneut erfolgen.[50]   50

3. Widerspruch zwischen Teilungserklärung und Aufteilungsplan. Besteht zwischen dem ausformulierten, textlichen Teil der Teilungserklärung und dem Aufteilungsplan ein Widerspruch, ist grundsätzlich keine der Erklärungen vorrangig. In diesem Fall entsteht kein Sondereigentum.[51] Die betreffenden Flächen verbleiben im Gemeinschaftseigentum.[52] Es entsteht ein isolierter Miteigentumsanteil nebst ggf. einem Anpassungsanspruch gegen Ausgleichszahlung (→ Rn. 47 f.).   51

4. Abweichung zw. Aufteilungsplan und Baukörper. Weitere Fehler können sich ergeben, in dem die Bauausführung vom Aufteilungsplan in unterschiedlicher Art und Umfang abweicht (→ *Abweichende Bauausführung vom Aufteilungsplan* Rn. 1 ff.).   52

V. Änderung der Aufteilung

Bei der Änderung der Aufteilung sind die **Fälle** zu unterscheiden: 53

- die Umwandlung von Gemeinschaftseigentum in Sondereigentum (und umgekehrt);
- die Unterteilung sowie die Vereinigung von Wohnungs-/Teileigentum;
- die Änderung von Wohnungseigentum in Teileigentum (und umgekehrt).

Während es sich bei den ersten beiden Fällen um sachenrechtliche Änderungen handelt, stellt der dritte Fall eine Änderung der Zweckbestimmung dar. Je nach dem bedarf es teilweise eines neuen Aufteilungsplans und teilweise einer Abgeschlossenheitsbescheinigung.   54

1. Umwandlung von Gemeinschaftseigentum in Sondereigentum (und umgekehrt). Eine nachträgliche Änderung der Teilungserklärung bei einer Umwandlung von Gemeinschaftseigentum in Sondereigentum (oder umgekehrt) ist grundsätzlich nur durch eine Einigung aller Wohnungseigentümer und eine entsprechende Eintragung im Grundbuch möglich (§§ 877, 873 BGB). Die Einigung muss zudem in der Form der Auflassung erklärt werden (§ 4 WEG; → *Umwidmung* Rn. 4 ff.). Als Eintragungsgrundlage sind **Aufteilungsplan und Abgeschlossenheitsbescheinigung** erforderlich (§ 7 Abs. 4 WEG). Die gesonderte Vorlage erübrigt sich, wenn die Raumaufteilung und die Abgeschlossenheit bereits eindeutig belegt sind, zB wenn ein von der Änderung betroffener Raum (zB eine Garage, Kellerraum) in dem beim Grundbuchamt eingereichten Plan (bei Begründung des Sondereigentums) bereits gesondert als „abgeschlossener" Raum ausgewiesen ist.[53]   55

Die **dinglichen Berechtigten** müssen zustimmen, wenn sie von der Rechtsänderung betroffen werden. Bei der Überführung von Gemeinschaftseigentum in Sondereigentum ist die Zustimmung der dinglichen Berechtigten an allen einzelnen Einheiten mit Ausnahme der „gewinnenden" Einheit nötig, nicht aber der Berechtigten am (gesamten) Grundstück oder eines Gesamtgrundpfandrechtes an allen Wohnungs-/Teileigentumseinheiten.[54]   56

---

48 KG 16.9.1998 – 24 W 8886/97, NZM 1999, 258 (259, 260).
49 *Röll* MittBayNot 1996, 175 (176).
50 BayObLG 13.2.1998 – 2Z BR 158/97, 1998, 39 (42); OLG München 22.12.2016 – 34 Wx 306/16, ZWE 2017, 126.
51 BGH 30.6.1995 – V ZR 118/94, NJW 1995, 2851; OLG München 24.9.010 – 34 Wx 115/10, ZWE 2010, 463 (464).
52 BGH 5.12.2003 – V ZR 447/01, NJW 2004, 1798; OLG München 14.7.2008 – 34 Wx 37/08, ZWE 2009, 39.
53 BayObLG 9.12.1997 – 2Z BR 157/97, DNotZ 1999, 208.
54 OLG Frankfurt/M. 3.4.1997 – 20 W 90/97, Rpfleger 1997, 374; *Schöner/Stöber* Rn. 2967.

Bei der Überführung von Sondereigentum in Gemeinschaftseigentum ist nur die Zustimmung der dinglichen Berechtigten des „verlierenden" Sondereigentümers nötig, nicht dagegen diejenigen der anderen Einheiten.[55]

57 **2. Unterteilung und Vereinigung.** Eine Änderung der Teilungserklärung ist erforderlich, wenn eine Unterteilung von Wohnungseigentum in mehrere Wohnungseigentumsrechte erfolgen soll, beispielsweise beim Ausbau eines Dachgeschosses oder einer Remise und deren Unterteilung (→ *Unterteilung* Rn. 1 ff.). Hier bedarf es einer einseitigen Erklärung des Wohnungseigentümers gegenüber dem Grundbuchamt (§ 8 WEG analog). Der Eintragungsbewilligung sind der **Aufteilungsplan** und eine **Abgeschlossenheitserklärung,** die neu gebildeten Einheiten betreffend, beizufügen.[56]

58 Eine **Zustimmung** der übrigen Wohnungseigentümer kann erforderlich sein, wenn zustimmungspflichtige bauliche Veränderungen am Gemeinschaftseigentum iSd § 20 Abs. 1, 3 WEG stattfinden oder durch die Schaffung eines Vorflurs aus dem Sondereigentum als notwendiger Zugang zu zwei neuen Wohnungen weiteres Gemeinschaftseigentum gem. § 5 Abs. 2 WEG entsteht.[57]

59 Eine Änderung der Teilungserklärung ist erforderlich, wenn eine **Vereinigung** von Wohnungseigentumseinheiten erfolgt beispielsweise bei der Zusammenlegung zweier nebeneinanderliegender Einheiten (→ *Vereinigung* Rn. 1ff.). Auch hier ist eine einseitige Erklärung des betroffenen Wohnungseigentümers gegenüber dem Grundbuch erforderlich und zugleich ausreichend (§ 890 BGB). Einer erneuten **Abgeschlossenheitserklärung** bedarf es **nicht.**[58] Einer Mitwirkung der übrigen Wohnungseigentümer bedarf es, wenn damit eine bauliche Veränderung des gemeinschaftlichen Eigentums gem. § 20 Abs. 1, 3 WEG verbunden ist, die einen unzumutbaren Eingriff in deren Rechte darstellen, beispielsweise die Einbeziehung eines Treppenpodestes bei der Vereinigung des Wohnungseigentums.[59]

60 **3. Umwandlung von Wohnungseigentum in Teileigentum (und umgekehrt).** Die Umwandlung von Wohnungseigentum in Teileigentum (und umgekehrt) ist im weiteren Sinne eine **Änderung der Zweckbestimmung.** Die überwiegende Meinung in der Rechtsprechung und der Literatur sehen in der Bezeichnung als Wohnungseigentum und als Teileigentum eine Gebrauchsbeschränkung des Sondereigentums. Wohnungseigentum darf grundsätzlich nur zum Wohnen und Teileigentum darf grundsätzlich nur zu anderen Zwecken genutzt werden.[60] Ihre rechtliche Wirkung entspricht daher einer gewöhnlichen Beschränkung des Gebrauchs, die nach §§ 5 Abs. 4 S. 1, 10 Abs. 1 S. 2, Abs. 3 S. 1 WEG dogmatisch einzuordnen ist. Ebenfalls spricht die historische Auslegung dafür, da im Rahmen der Begriffsbildung kein sprachlicher Oberbegriff für Wohnungs- und Teileigentum gefunden wurde.[61]

61 Die Änderung von Wohnungseigentum in Teileigentum (und umgekehrt) setzt voraus, dass sämtliche Eigentümer eine hierauf gerichtete **Vereinbarung** gem. §§ 5 Abs. 4 S. 1, 10 Abs. 1 S. 2, Abs. 3 S. 1 WEG abschließen. Der Bauträger als Alleineigentümer kann grundsätzlich allein handeln. Er ist jedoch auf die Zustimmung der Vormerkungsberechtigten angewiesen (§§ 877, 876 BGB analog). Die auf Umwandlung gerichtete Vereinbarung sollte durch Eintragung in das Grundbuch zum Inhalt des Sondereigentums gemacht werden. Andernfalls wirkt sie nicht gegenüber Sonderrechtsnachfolgern. Für das Eintragungsverfahren wird grundsätzliche die Bewilligung aller Eigentümer (§§ 19, 29 GBO) und ein Antrag (§ 13 GBO) benötigt (→ *Umwidmung* Rn. 11 f.).

62 Ein aktualisierter Aufteilungsplan ist für die Grundbucheintragung nicht erforderlich, denn die Abgrenzung von Sondereigentum zu Gemeinschaftseigentum ändert sich nicht.[62] Eine neue **Abgeschlossenheitsbescheinigung** muss dem Grundbuchamt in dem Fall vorgelegt werden, wenn Teileigentum in Wohnungseigentum umgewandelt wird.[63] Denn an den Gebrauch zu Wohnzwecken sind höhere Anforderungen als an den nicht zu Wohnzwecken zu stellen und dies dem Grundbuchamt entsprechend nachzuweisen. Der umgekehrte Fall – die

---

55 BayObLG 16.12.1997 – 2Z BR 10/97, DNotZ 1999, 665.
56 OLG München 27.5.2011 – 34 Wx 161/1, ZWE 2011, 267; aA OLG Frankfurt/M. 5.12.2011 – 20 W 70/11, ZWE 2012, 272.
57 BeckOK/*Müller* WEG § 2 Rn. 449 ff.
58 KG 27.6.1989 – 1 W 2309/89, NJW-RR 1989, 1360.
59 KG 19.6.1985 – 24 W 6402/84, MDR 1985, 1031.
60 BGH 27.10.2017 – V ZR 193/16, NZM 2018, 90, Rn. 6; KG 3.12.2007 – 24 U 71/07, MittBayNot 2008, 209.
61 BeckOK/*Müller* WEG § 1 Rn. 140 ff., 146 f.
62 BeckOK/*Müller* WEG § 1 Rn. 172.
63 KG 23.4.2013 – 1 W 343/12, ZWE 2013, 322.

Umwandlung von Wohnungseigentum in Teileigentum – setzt demgegenüber keine Abgeschlossenheitsbescheinigung voraus, da sich die Anforderungen an die Abgeschlossenheit nebst der Ausstattung „nicht zu Wohnzwecken geeignet" nicht verschärfen.[64]

Grundsätzlich ist die **Zustimmung aller Drittberechtigten** erforderlich (§§ 877, 876 BGB analog), aber nicht in den Fällen des § 5 Abs. 4 S. 2 WEG. | 63

VI. Abschnittsweise Begründung von Wohnungseigentum

Von einer abschnittsweisen Begründung von Wohnungseigentum spricht man, wenn auf einem großen Grundstück in mehreren Bauabschnitten eine Wohnungseigentumsanlage errichtet wird, die aus mehreren Gebäuden besteht (→ *Mehrhausanlage* Rn. 1 ff.). | 64

Besteht die Möglichkeit der **Realteilung** des Grundstückes in mehrere kleinere Flurstücke und der Bebauung mit jeweils einem Baukörper, so ist das die vorzugswürdigere Vorgehensweise. | 65

Ist eine Realteilung des Grundstückes gar **nicht möglich** oder nur unter erschwerten Bedingungen (wegen öffentlich-rechtlicher Vorgaben, gemeinsamen Anlagen, zB Heizung, oder komplexer wechselseitig zu bestellender Dienstbarkeiten), so lässt man das Grundstück ungeteilt und errichtet eine Wohnungseigentumsanlage bestehend aus mehreren Häusern. Das führt zu Problemen, wenn der Eigentümer sich zwar über die Gestaltung der Aufteilung des ersten Bauabschnittes (in der Regel des ersten Baukörpers) im Klaren ist, er sich die Gestaltung der weiteren Bauabschnitte aber noch offenhalten möchte, sei es mangels Vorliegen der Baugenehmigung, fehlender Finanzierung, ungewisser Vermarktungssituation. Sobald der Abverkauf des ersten Wohnungseigentums begonnen hat und zugunsten des Käufers eine entsprechende Eigentumsverschaffungsvormerkung im Grundbuch eingetragen wurde, benötigt der Bauträger die Mitwirkung eines jeden einzelnen Vormerkungsberechtigten. | 66

Zur rechtlichen Lösung der Problematik hat die Gestaltungspraxis früher mit **verdinglichten Ermächtigungen** zugunsten des aufteilenden Eigentümers gearbeitet. Der BGH hat dieses Vorgehen für unzulässig erklärt, weil die Gemeinschaftsordnung nicht Regelungen bezüglich des sachenrechtlichen Grundverhältnisses enthalten kann.[65] Vereinbarungen, durch die ein Wohnungseigentümer ermächtigt oder bevollmächtigt wird, Gemeinschafts- in Sondereigentum umzuwandeln, oder nach denen die vorweggenommene Zustimmung zu einer solchen Umwandlung erteilt ist, unterfallen nicht § 10 Abs. 2 WEG aF (§ 10 Abs. 1 WEG). Sie können auf diesem Weg nicht gegenüber Sonderrechtsnachfolgern wirken.[66] | 67

Nunmehr kommen drei Möglichkeiten in Betracht: | 68

- die sogenannte „**große Aufteilung**", bei der der Bauträger bereits das gesamte Grundstück mit allen Bauabschnitten in Wohnungseigentum aufteilt;
- die sogenannte „**kleine Aufteilung**", bei der der Bauträger das große Grundstück bezogen auf den ersten Bauabschnitt komplett aufteilt und die Wohnungseigentümer vor der Errichtung des nächsten Bauabschnittes an den Bauträger Miteigentumsanteile übertragen und bei der Begründung weiterer Wohnungseigentums mitwirken;
- die Lösung über einen sogenannten „**überdimensionierten Miteigentumsanteil**", bei der ein sehr großer Miteigentumsanteil gebildet wird verbunden mit einem kleinen Sondereigentum (Keller, Tiefgaragenstellplatz); später errichtete Räume werden – unter Mitwirkung der Wohnungseigentümer – damit verbunden.

Die Lösungen haben jeweils Vor- und Nachteile:

1. Die große Aufteilung. Der Bauträger teilt das gesamte Grundstück in Wohnungseigentum auf unter **Einbeziehung der späteren Bauabschnitte**. Sämtliche geplanten Gebäude werden in Sonder- und Gemeinschaftseigentum aufgeteilt. Das heißt, es müssen bereits vor Baubeginn des ersten Bauabschnittes auch sämtliche Aufteilungspläne für die weiteren Bauabschnitte vorliegen. Das ist meist nicht der Fall, da auch die Planung der Gebäude abschnittsweise erfolgt, um auf Kundenwünsche und die Vermarktungssituation einzugehen, weil ggf. die Finanzierung der weitern Bauabschnitte noch nicht geklärt ist und/oder die Baugenehmi- | 69

---

64 BeckOK/*Müller* WEG § 1 Rn. 172.
65 BGH 4.4.2003 – V ZR 322/02, NJW 2003, 2156.
66 BayObLG 24.7.1997 – 2Z BR 49/97, BayObLGZ 1997, 233.

gung fehlt. Zu diesem Nachteil kommt ein weiterer Nachteil hinzu, nämlich, dass die große Aufteilung nur dann unproblematisch gelingt, wenn das gesamte Bauvorhaben entsprechend den Aufteilungsplänen auch tatsächlich gebaut wird. Die Übereinstimmung der tatsächlich errichteten Gebäude mit dem Aufteilungsplan dürfte bereits bei kleineren Projekten die Ausnahme sein, bei Großanlagen mit einer Vielzahl von Wohnungen stellt sie sich als theoretische Möglichkeit dar.[67] Der Vorteil der Lösung – wenn so gebaut wird, wie aufgeteilt wurde – besteht darin, dass es keiner weiteren Mitwirkung der Wohnungseigentümer bedarf.

70 **2. Die kleine Aufteilung.** Bei der „kleinen Aufteilung" teilt der Bauträger das große Grundstück bezogen auf den **ersten Bauabschnitt/das erste Gebäude** komplett auf. Vor der Errichtung des nächsten Bauabschnittes übertragen die anderen Wohnungseigentümer an den Bauträger Miteigentumsanteile und wirken bei der Begründung weiteren Wohnungseigentums mit. Diese Vorgehensweise ist kaum praxistauglich, da sie rechtlich kompliziert, schwer abzusichern ist und der Mitwirkung aller Wohnungseigentümer bedarf.

71 **3. Der überdimensionierte Miteigentumsanteil.** In der Praxis wird in der Regel der Weg über die Aufteilung unter der Bildung eines „überdimensionierten Miteigentumsanteils" gewählt. Hierbei wird ein sehr großer Miteigentumsanteil gebildet, der nicht wie im Regelfall der Wohn- oder Nutzfläche der verbundenen Sondereigentumseinheit (Keller, Tiefgaragenstellplatz) entspricht und im Eigentum des aufteilenden Bauträgers verbleibt. Der Bauträger hat damit eine erhöhte Haftung gem. § 9 a Abs. 4 WEG. Er kann den überdimensionierten Miteigentumsanteil später **unterteilen** und mit dem neu entstandenen Sondereigentum in weiteren Gebäuden verbinden.

72 Zu berücksichtigen ist, dass das zunächst nicht weiter aufgeteilte und nicht bebaute Grundstück **Gemeinschaftseigentum** der Wohnungseigentümer ist (§ 1 Abs. 5 WEG). Der Bauträger muss die rechtliche Möglichkeit haben, bei Fertigstellung der weiteren Bauabschnitte/Gebäude (die im Gemeinschaftseigentum stehen), diese teilweise in Sondereigentum umzuwandeln, am besten ohne auf die Mitwirkung der weiteren Wohnungseigentümer angewiesen zu sein.[68]

73 Die entsprechende diesbezügliche Verpflichtung des Erwerbers gegenüber dem Bauträger ist in den Erwerbsvertrag aufzunehmen, verbunden mit einer unwiderruflichen Vollmacht für den Bauträger (Ermächtigung), im Namen des Erwerbers die entsprechenden Erklärungen abgeben zu können. Der Bauträger erhält somit einen **vertraglichen Anspruch.**

74 **a) Sicherung des aufteilenden Eigentümers.** Da auch bei der Aufnahme der vertraglichen Verpflichtung des Erwerbers, diese Verpflichtung samt Vollmachterteilung für den Bauträger bei Weiterveräußerung an den Rechtsnachfolger weiterzugeben, nicht immer erfolgt, sollte eine Sicherung des Bauträgers durch die Eintragung einer **Vormerkung** im Grundbuch vorgenommen werden.[69] Die noch zu überbauende Fläche ist genau zu bezeichnen und weitere Modalitäten wie Anzahl und maximale Höhe der Gebäude, maximale Anzahl der Wohnungen unter Bezugnahme auf die maximale Wohn-/Nutzfläche[70] sind anzugeben. Die Lösung über die Vormerkung ist kostenintensiv und kann für die Erwerber zu Beleihungsproblemen bei der Finanzierung führen.

75 Für die Absicherung des Bauträgers kommt (alternativ oder als zweite Regelungsebene) auch die Möglichkeit in Betracht, die Erteilung der Ermächtigung und insbesondere der Vollmacht an den Bauträger durch den WEG-Verwalter überwachen zu lassen oder selbst zu überwachen. Nach **§ 12 WEG** kann in der Gemeinschaftsordnung vereinbart werden, dass die Zustimmung eines Wohnungseigentümers oder eines Dritten zur Veräußerung des Wohnungseigentums erforderlich ist. Diese Zustimmung kann aus wichtigem Grund versagt werden (§ 12 Abs. 2 WEG). Für das Verhältnis der Wohnungseigentümer untereinander ist die Mitwirkung bei der Realisierung des gesamten Bauvorhabens wichtig. Das ergibt sich in der Regel aus der Gemeinschaftsordnung bzw. sollte dort vorsorglich mit aufgenommen werden. Sofern der Erwerber im Falle der Weiterveräußerung nicht dafür Sorge trägt, dass der Zweiterwerber eine Vollmacht für den Bauträger zur Bildung von neuem Sondereigentum erteilt, kann die Zustimmung zur Veräußerung durch den Zustimmungsberechtigten verweigert werden. Denn der Zweiterwerber gibt zu erkennen, dass er der Pflicht gegenüber den anderen Wohnungs-

---

67 *Hügel* NZM 2010, 8 (16).
68 *Hügel* NZM 2010, 8 (16); ausführlich *Häublein* DNotZ 2000, 442.
69 *Hügel* NZM 2010, 8 (16); *Häublein* DNotZ 2000, 442.
70 DNotI-GA 142812.

eigentümern nicht nachkommen will und verhält sich gemeinschaftsordnungswidrig. Das stellt einen wichtigen Grund iSd § 12 Abs. 2 S. 1 WEG dar.[71]

Diese Alternative zur Vormerkungslösung ist derzeit juristisch noch **nicht gesichert**[72] und bietet im Hinblick   76
auf § 12 Abs. 4 WEG nur teilweise Sicherheit. Rein praktisch ist ein Mehrheitsbeschluss zur Aufhebung dieser Veräußerungsbeschränkung unwahrscheinlich, da der Bauträger noch lange Zeit die Mehrheit in der Wohnungseigentumsanlage hat und auch die übrigen Eigentümer ein Interesse an der gesamten Realisierung des Bauprojektes haben werden.

b) Anforderung an die Vollmacht. Die Vollmachten für den aufteilenden Eigentümer in den Erwerbsverträ-   77
gen sind sorgfältig zu formulieren. Zum einen wird sich der Grund ihres Ausnutzens häufig nicht in grundbuchtauglicher Weise nachweisen lassen, so dass sie im Außenverhältnis unbeschränkt erteilt sein müssen (um verwendet werden zu können). Zum anderen stehen die Vollmachten unter AGB-Kontrolle.[73] Im Innenverhältnis werden die Vollmachten in der Regel insoweit beschränkt, als das Änderungen bei wirtschaftlicher Betrachtung Inhalt und Umfang des (jeweiligen) Sondereigentums oder diejenigen Teile des Gemeinschaftseigentums, die dem Erwerber zur alleinigen Nutzung zugewiesen sind, nicht beeinträchtigen dürfen.

Zwar kann ein Sondernutzungsrecht nicht selbstständig mit einer Dienstbarkeit belastet werden. Der Ausübungsbereich einer an einem Wohnungseigentum (bestehend aus dem Miteigentumsanteil plus Sondereigentum) bestellten Dienstbarkeit kann aber an einem dem Wohnungseigentum zugeordneten (alleinigen) Sondernutzungsrecht bestehen.[74] Das basiert auf der rechtlichen Stellung des Sondernutzungsrechts, das als Gebrauchsvereinbarung den Inhalt der Wohnungseigentumsrechte näher bestimmt, § 5 Abs. 4 WEG. Mit der seit dem WEMoG bestehenden Möglichkeit der Einräumung von Sondereigentum an Grundstücksflächen gem. § 3 WEG (statt der Bestimmung als Sondernutzungsrecht) wird ein teilender Eigentümer zukünftig eher **Sondereigentum an einer Fläche** einräumen und dieses mit einer **Dienstbarkeit** belasten, als auf die Rechtsprechung des BGH zur Belastung von Sondernutzungsrechten[75] zurückzugreifen. Ein Sondereigentum an einer Fläche ist von vornherein – gerade auch bei wirtschaftlicher Betrachtung – den anderen Wohnungseigentümern entzogen und kann – ohne Auswirkung für die anderen Wohnungseigentümer – entsprechend belastet werden, zB mit einer Benutzungsdienstbarkeit.

c) Zustimmung der dinglich Berechtigten. Neben der Vollmacht des (Wohnungseigentums-) Erwerbers ist   78
die Zustimmung der dinglichen Berechtigten des Wohnungs-/Teileigentums erforderlich, §§ 877, 876 BGB.[76]
Die Vollmacht aus dem Erwerbsvertrag wirkt nur zwischen Bauträger und Erwerber. Sie macht die Zustimmung der dinglichen Berechtigten nicht entbehrlich, für die sich das Haftungsobjekt ändert.

Wenn in der Teilungserklärung bereits von Anfang an diejenigen Teile des Gemeinschaftseigentums, die später   79
bebaut werden sollen, dem zum Bau berechtigten Eigentümer insoweit als **Sondernutzungsrecht** zugewiesen worden sind, sollte auch die Gläubigerzustimmung bei der späteren Begründung von Sondereigentum entbehrlich sein.[77]

Die **Rechtsprechung** folgt diesem praxisgerechten Weg nicht.[78] Sie betont, den Unterschied zwischen der   80
Übertragung eines verdinglicht wirkenden (§ 10 Abs. 2 WEG), aber schuldrechtlichen Sondernutzungsrechts und der Schaffung von Sondereigentum als ein Element (§ 1 Abs. 2 WEG) des dinglichen Wohnungseigentumsrechts und die Unterscheidung des Wohnungseigentumsgesetzes zwischen den durch die Vorschriften des 1. Abschnitts von Teil I über die Begründung von Wohnungseigentum geprägten sachenrechtlichen Grundverhältnissen der Wohnungseigentümer und dem durch die schuldrechtlichen Vorschriften des 2. Abschnittes des Teil I geprägten Gemeinschaftsverhältnis der Wohnungseigentümer.[79]

---

71 *Hügel* NZM 2010, 8 (16, 17).
72 Zustimmend: *Hügel* NZM 2010, 8 (16, 17) mit weiteren Nachweisen; ablehnend: *Armbrüster* ZMR 2005, 244 (249).
73 Insbesondere § 308 Nr. 4 BGB; ausführlich mwN *Schöner/Stöber* GrundbuchR Rn. 2967 d.
74 BGH 20.3.2020 – V ZR 317/18, ZWE 2020, 328 (331) Rn. 30, 33 ff.
75 BGH 20.3.2020 – V ZR 317/18, ZWE 2020, 328 (331) Rn. 33 ff.
76 BayObLG 27.10.2004 – 2Z BR 150/04, NJW 2005, 444 (445).
77 MVHdB VI BürgerlR II/*F. Schmidt* VIII 3 Ziff. 5 und in MittBayNot 1996, 30; ähnlich auch BeckNotar-HdB/*Rapp* A III Rn. 39 a und *Rapp* in MittBayNot 1998, 77.
78 BayObLG 12.10.2001 – 2Z BR 110/01, DNotZ 2002, 149; BayObLG 10.8.2000 – 2Z BR 41/00.
79 BayObLG 12.10.2001 – 2Z BR 110/01, DNotZ 2002, 149 (152).

VII. Genehmigung bei der Begründung von Wohnungseigentum

81 Die Aufteilung in Wohnungs- oder Teileigentum kann einer Genehmigung bedürfen. Regelmäßig sollte an eine **Genehmigung** gedacht werden aufgrund

- Milieuschutz (§ 172 Abs. 1 S. 4 BauGB),
- Fremdenverkehrsregion (§ 22 BauGB),
- Sanierungsgebiet (§ 144 BauGB) und
- familien- oder betreuungsgerichtlicher Genehmigung (§§ 1821 Abs. 1 Nr. 1, 1643 Abs. 1, 1908 i Abs. 1 S. 1 BGB).

82 **Weiter Genehmigungspflichten** können sich ergeben aufgrund der Lage des Grundstücks in den neuen Bundesländern (§ 2 Abs. 1 Nr. 1 GVO), für eine Teilung gem. § 3 WEG, nicht aber für eine Teilung gem. § 8 WEG.[80] Ferner kann eine Genehmigungspflicht bestehen nach Maßgabe der Verkehrsbeschränkungen bei Baulandumlegung (§§ 45–84 BauGB), zur Erschließung und Neugestaltung bestimmter Gebiete.

83 **1. Milieuschutz.**[81] Die Aufteilung in Wohnungs- und Teileigentum kann einer Genehmigung nach § 172 Abs. 1 S. 4 BauGB bedürfen, wenn

- die jeweilige Landesregierung eine entsprechende **Rechtsverordnung** erlassen hat (so Baden-Württemberg, Bayern, Berlin, Hamburg, Nordrhein-Westfalen – siehe DNotI „Übersicht zu Erhaltungssatzungen und VO iSv § 172 Abs. 1 S. 4 BauGB" mit Stand Januar 2019 unter www.dnoti.de),[82]
- das Vorliegen einer **Milieuschutzsatzung** (welche die Gemeinde erlassen hat, zur Erhaltung der Zusammensetzung der Wohnbevölkerung in einem Gebiet; vgl. § 172 Abs. 1 BauGB).

84 Die **Genehmigungspflicht** erfasst sowohl die Teilung gem. § 3 WEG als auch gem. § 8 WEG. Genehmigungsbedürftig ist nicht nur die erste Aufteilung in Wohnungs-/Teileigentum, sondern auch die spätere Rechtsbegründung durch Aufteilung in kleinere oder größere Einheiten, die Umwandlung von Gemeinschaftseigentum in Sondereigentum wie der Dachgeschossausbau, nicht jedoch die Umwandlung von Wohnungs- in Teileigentum und umgekehrt.[83]

85 Die Genehmigung zur Bildung von Wohnungs-/Teileigentum darf nur **versagt** werden, wenn die Zusammensetzung der Wohnbevölkerung aus besonderen städtebaulichen Gründen erhalten werden soll und die beabsichtigte Aufteilung dem zuwiderlaufen würde.[84] Ein Rechtsanspruch auf Erteilung einer Genehmigung besteht bei Vorliegen der Tatbestände des § 172 Abs. 4 S. 3 BauGB.

86 **2. Fremdenverkehrsgebiete.**[85] In Fremdenverkehrsgebieten bedarf die Bildung von Wohnungs-/Teileigentum zum Teil der Genehmigung der Baubehörde. Antragsberechtigt ist der Eigentümer des Grundstückes, der Wohnungseigentum durch Teilung (§ 8 WEG) oder durch vertragliche Einräumung von Sondereigentum (§ 3 WEG) bildet.

87 Voraussetzung für den Genehmigungsvorbehalt durch die Gemeinde ist eine mögliche **Beeinträchtigung** des Fremdenverkehrs und der städtebaulichen Entwicklung durch die Bildung von Sondereigentumsrechten (§ 22 Abs. 1 BauGB). Die Gemeinde muss zuvor im Bebauungsplan oder in einer sonstigen Satzung die Grundstücke bezeichnen, für die der Genehmigungsvorbehalt gilt.[86]

88 Die Versagung der Genehmigung ist nur zulässig, wenn durch die Begründung der Rechte nach dem WEG tatsächlich die Fremdenverkehrsfunktion und dadurch die städtebauliche Entwicklung der Gemeinde beeinträchtigt wird, § 22 Abs. 4 S. 1 BauGB. Eine Beeinträchtigung liegt vor, wenn Tatsachen die Annahme rechtfertigen, das mit Bildung der Rechte nach dem WEG eine Nutzung entsteht, die vorhandene oder vorgesehene Beherbergungsmöglichkeiten (also auch auf bisher unbebauten Grundstücken) einem wechselnden Kreis von Feriengästen entzieht oder die Tendenz zu städtebaulich unerwünschten „**Rollladensiedlungen**" gefördert

---

80 *Frenz* DtZ 1994, 57; *Böhringer* BWNotZ 1996, 49.
81 § 172 Abs. 1 BauGB.
82 Abruf: 16.8.2020.
83 *Schöner/Stöber* GrundbuchR Rn. 3846.
84 *Schöner/Stöber* GrundbuchR Rn. 3847.
85 § 22 Abs. 1 BauGB.
86 *Schöner/Stöber* GrundbuchR Rn. 3832 f.

wird.[87] Es sollen Eigentumswohnungen verhindert werden, die als Nebenwohnungen weniger als die Hälfte des Jahres bewohnt werden und somit zu einer Entvölkerung des Gemeindegebiets beitragen.[88]

3. Sanierungsgebiet.[89] In einem Sanierungsgebiet bedarf die Begründung von Wohnungs-/Teileigentum nach § 3 WEG einer Genehmigung gem. § 144 BauGB. Bei einer Teilung gem. § 8 WEG bedarf es keiner Genehmigung, da in der Begründung von Wohnungseigentum keine Veräußerung zu sehen ist.[90]   89

4. Sonstige Genehmigung (familien-/betreuungsrechtliche Genehmigung). Da die Begründung von Wohnungseigentum eine Verfügung über ein Grundstück darstellt (§§ 1821 Abs. 1 Nr. 1, 1643 Abs. 1, 1908 i Abs. 1 S. 1 BGB), bedürfen die Erklärungen des Vertreters eines daran beteiligten **Minderjährigen** oder eines unter **Betreuung** stehenden Beteiligten der familien- bzw. betreuungsgerichtlichen Genehmigung. Bei einer Teilung gem. § 3 WEG ist das unstreitig. Anders bei einer Teilung gem. § 8 WEG: Da sich dort die Berechtigung an dem entstehenden Wohnungseigentum fortsetzt, stellt die Aufteilung bei wertender Betrachtung keine Verfügung iSd § 1821 Abs. 1 Nr. 1 BGB dar.[91]   90

31. Beiladung, Streitgenossenschaft, Nebenintervention und Streitverkündung

Bartels

I. Einführung

Der Zivilprozess betrifft Kläger und Beklagten; zwischen den Parteien besteht das Prozessrechtsverhältnis und tritt die **materielle Rechtskraft** des Urteils ein (§ 325 Abs. 1 Alt. 1 ZPO). § 325 Abs. 1 Alt. 2 ZPO lässt darüber hinaus die Rechtskraft auch gegenüber Personen wirken, die nach Rechtshängigkeit Rechtsnachfolger einer Partei geworden sind oder unmittelbaren Besitz an einer Sache erlangt haben.   1

1. Nebenintervention und Streitverkündung. Einerseits können auch **Dritte** ein rechtliches Interesse daran haben, dass eine Partei einen bereits anhängigen Rechtsstreit gewinnt. Andererseits kann eine **Partei** ein rechtliches Interesse daran haben, dass sie die in einem Prozess gewonnenen Erkenntnisse auch gegenüber einem Dritten verwerten kann. Diese Interessen verwirklichen Nebenintervention und Streitverkündung im Zivilprozess: Der Dritte kann als Streithelfer (Nebenintervenient) einer Partei beitreten (§ 66 ZPO); die Partei kann einem Dritten den Streit verkünden und diesen auffordern, dem Rechtsstreit beizutreten (§ 72 ZPO). Tritt dieser bei, wird er zum Nebenintervenienten. Erstrecken sich die **Urteilswirkungen** wegen materiell- oder prozessrechtlicher Vorschriften (Rechtskraft, Gestaltungswirkung, Vollstreckbarkeit) auf einen Dritten, ist dieser   2

---

87 EZBK/*Söfker* BauGB § 22 Rn. 46.
88 EZBK/*Söfker* BauGB § 22 Rn. 48.
89 § 144 BauGB.
90 VG Köln NVwZ 1985, 516; EZBK/*Kreutzberger* BauGB § 144 Rn. 43; aA BeckOK GBO/*Hügel*, Verfügungsbeeinträchtigungen, Rn. 50.
91 KG 6.1.2015 – 1 W 369/14, ZWE 2015, 118 f.: aA *Schöner/Stöber* GrundbuchR Rn. 2850 und Bärmann/*Armbrüster* WEG § 2 Rn. 30 ff.

streitgenössischer Nebenintervenient mit weitergehender Rechtsstellung (§ 69 ZPO). Grundsätzlich werden die Urteilswirkungen aber nicht auf den Nebenintervenienten erstreckt, ist dieser nur **Gehilfe seiner Partei**, weshalb er nicht die Klage ändern, zurücknehmen, widerklagen oder sich vergleichen kann. Allerdings kann er Angriffs- und Verteidigungsmittel geltend machen, soweit er sich dadurch nicht in Widerspruch zu der von ihm unterstützten Partei setzt (§ 67 S. 1 ZPO), namentlich die Säumnisfolgen abwenden und Rechtsmittel einlegen (§ 66 Abs. 2 ZPO). Auf **Rechtsfolgenseite** ist der Nebenintervenient an die Lage des Hauptprozesses zur Zeit seines Beitritts gebunden (§ 67 ZPO) und es gilt die Kostennorm des § 101 ZPO. In einem Folgeprozess zwischen Streithelfer und Hauptpartei greift die **Interventionswirkung** des § 68 ZPO: Die tatsächlichen und rechtlichen Urteilsfeststellungen wirken im Folgeprozess, wenn und soweit der Nebenintervenient auf den Vorprozess Einfluss nehmen konnte. Es handelt sich um eine Drittwirkung eigener Art, weil sie nicht auf den Streitgegenstand beschränkt ist, sondern neben der im Tenor ausgesprochenen Rechtsfolge auch präjudizielle, aber keine überschießenden, Feststellungen rechtlicher und tatsächlicher Art umfasst. Allerdings kann diese Drittwirkung dem Einwand mangelhafter Prozessführung unterliegen. Damit wirkt die Streitverkündung nur zugunsten der Hauptpartei und zulasten des Nebenintervenienten.

3   Bei der **Streitverkündung** liegt das Interesse bei der Hauptpartei. Die Streitverkündung ist zunächst nur die Benachrichtigung über einem anhängigen Rechtsstreit (§ 72 Abs. 1 ZPO).[1] Der Dritte braucht diesem auf die Benachrichtigung hin nicht beizutreten. Tritt er einer Partei bei, wird er zum Nebenintervenienten (§ 74 Abs. 1 ZPO). Sein rechtliches Interesse iSv § 66 Abs. 1 ZPO folgt aus der Streitverkündung. Hat er ein weitergehendes Interesse daran, dass dieser obsiegt, kann er stattdessen dem Gegner des Streitverkünders beitreten. Unabhängig davon, ob der Dritte beitritt, trifft ihn die Interventionswirkung des § 74 Abs. 3 ZPO. Neben dieser prozessualen Wirkung löst die Streitverkündung auch materiellrechtliche Folgen aus, namentlich hemmt sie die Verjährung (→ *Verjährung* Rn. 11; § 204 Abs. 1 Nr. 6 BGB). Das rechtliche Interesse ist in § 72 Abs. 1 ZPO näher ausgeformt, kommt bei alternativer Schuldnerstellung oder einem Regressanspruch in Betracht, nicht aber bei kumulativer Haftung etwa von Gesamtschuldnern. Im **Folgeprozess** hat das Gericht die Voraussetzungen der Streitverkündungswirkung zu überprüfen, bevor allein zugunsten des Streitverkünders die Interventionswirkung eingreifen kann.

4   **2. Streitgenossenschaft.** Streitgenossenschaft meint den Fall, dass verschiedene Personen auf einer Seite des Rechtsstreits stehen, also auf Kläger- oder Beklagtenseite (subjektive Klagehäufung). Grundsätzlich ist ein Fall **einfacher** (§§ 59 bis 61 ZPO) **Streitgenossenschaft**, ausnahmsweise ein Fall notwendiger Streitgenossenschaft (§ 62 ZPO) gegeben. Jeder Streitgenosse bildet zu der Gegenseite ein eigenes Prozessrechtsverhältnis (§ 61 ZPO).

5   § 62 Abs. 1 ZPO unterscheidet in die **notwendige prozessuale** (Alt. 1) und **materiellrechtliche** (Alt. 2) **Streitgenossenschaft**. Der erste Fall ist gegeben, wenn sich die Rechtskraft einer Entscheidung auf alle Streitgenossen erstreckt, namentlich bei Gestaltungsklagen.[2] Dies ist bei den **Beschlussklagen** nach § 44 Abs. 1 WEG (Anfechtungsklage,[3] Nichtigkeitsfeststellungsklage[4] sowie die Beschlussersetzungsklage)[5] allerdings nicht der Fall. Denn diese sind – vergleichbar § 246 Abs. 2 S. 1 AktG –[6] gegen die Gemeinschaft der Wohnungseigentümer zu erheben (§ 44 Abs. 2 S. 1 WEG), § 44 Abs. 3 WEG ordnet eine Rechtskrafterstreckung gegen alle Wohnungseigentümer an, auch wenn sie nicht Partei sind. Der zweite Fall liegt vor, wenn die Prozessführungsbefugnis nur von allen Streitgenossen gemeinschaftlich wahrgenommen werden kann, namentlich diese nur gemeinschaftlich über ein Recht verfügen können. Dies ist etwa gegeben, wenn ein Dritter, der kein Wohnungseigentümer ist, einen Anspruch geltend macht, über den die Wohnungseigentümer nur gemeinsam zu verfügen vermögen, sofern diese Verpflichtung nicht durch ihre Gemeinschaft wahrzunehmen ist (§ 9 a Abs. 2 WEG).

6   Rechtsfolge der notwendigen Streitgenossenschaft ist es, dass der Prozess einheitlich zu entscheiden ist, mithin keine sich sachlich **widersprechenden Entscheidungen** ausgesprochen werden dürfen, was ein Versäumnis-, Verzichts- oder Anerkenntnisurteil gegen einzelne Streitgenossen ausschließt. Deshalb werden

---

1   FormB-WEG-R/*Lehmann-Richter* § 3 Rn. 199 ff.
2   BeckOK ZPO/*Dressler* § 62 Rn. 12 f.
3   Vgl. BGH 23.10.2015 – V ZR 76/14, NJW 2016, 716 Rn. 13.
4   Vgl. BGH 10.2.2012 – V ZR 145/11, ZWE 2012, 223 Rn. 5.
5   Vgl. BeckOK WEG/*Elzer* § 21 Rn. 418.
6   Hierzu *Jacoby* ZMR 2018, 393 ff.

säumige Streitgenossen nach § 62 Abs. 1 Hs. 2 ZPO durch anwesende notwendige Streitgenossen vertreten. Gibt ein Streitgenosse für andere Streitgenossen ein Anerkenntnis oder eine Verzichtserklärung ab, kann dies von den anderen Streitgenossen in einer weiteren mündlichen Verhandlung widerrufen werden.[7] Hingegen brauchen die Streitgenossen nicht ein einheitliches Rechtsmittel einzulegen, weil auch ein notwendiger Streitgenosse ein ihn beschwerendes Urteil hinnehmen kann; da dieser gleichwohl weiter am Verfahren beteiligt wird, kann eine einheitliche Entscheidung gegenüber den Rechtsmittelführern ergehen.[8]

3. Verfahren mit Bezug zum Wohnungseigentum, insbes. Beschlussklagen. § 44 Abs. 3 WEG erstreckt die   **7** **subjektive Rechtskraft** eines auf eine gegen die Gemeinschaft der Wohnungseigentümer zu erhebende (§ 44 Abs. 2 S. 1 WEG) **Beschlussklage** ergehenden Urteils auf alle Wohnungseigentümer und auch auf deren jeweiligen Sondernachfolger, gleich ob es sich um ein stattgebendes oder abweisendes Urteil handelt.[9] So sollen Rechtssicherheit und Rechtsfrieden innerhalb der Gemeinschaft der Wohnungseigentümer gesichert werden. Eine weiterreichende Rechtskrafterstreckung kennt das geltende WEG nicht mehr, auch wenn gemeinschaftsbezogene Binnenstreitigkeiten iSv § 43 Abs. 2 Nr. 1 bis 4 WEG (→ *Prozess und Prozessgrundsätze* Rn. 45 ff.) die Rechte und Pflichten aller Wohnungseigentümer betreffen können, diese aber nicht von deren Gemeinschaft wahrgenommen werden (vgl. § 9 a Abs. 2 WEG). Erheben mehrere Wohnungseigentümer eine auf dasselbe Ziel gerichtete Beschlussklage, sind diese freilich zur gleichzeitigen Verhandlung und Entscheidung zu verbinden (§ 44 Abs. 2 S. 3 WEG). Das **alte Recht** suchte statt der gesetzlichen Rechtskrafterstreckung für Beschlussklagen über die in der ZPO benannten Möglichkeiten einer Drittbeteiligung hinaus die umfassende und einheitliche Klärung eines Rechtsstreits durch das in § 48 Abs. 1 bis 3 WEG aF geregelte Institut der Beiladung:[10] § 48 Abs. 3 WEG aF erweiterte die Rechtskraftwirkung des § 325 Abs. 1 ZPO für und gegen alle beigeladenen Wohnungseigentümer sowie deren Rechtsnachfolger und den beigeladenen Verwalter. So sollte vermieden werden, dass verschiedene Prozesse über denselben Gegenstand zwischen wechselnden Parteien anhängig gemacht werden. Weiter haben die Personen, deren Rechte betroffen sind, ein Recht auf rechtliches Gehör (Art. 103 Abs. 1 GG). Die Beigeladenen hatten daher die Möglichkeit, den Prozess zu beeinflussen. Diese Rechtskrafterstreckung findet gemäß § 48 Abs. 5 WEG nur noch auf Verfahren Anwendung, die vor Inkrafttreten der WEG-Novelle 2020 anhängig gemacht worden sind. Diese Rechtskrafterstreckung ist auch deshalb nicht mehr notwendig, weil im geltenden Recht viele Begehren als Beschlussklagen iSv § 44 Abs. 1 WEG zu verstehen sind und damit auch ohne eine Beteiligung der Wohnungseigentümer das Urteil für und gegen diese wirkt.

II. Voraussetzungen der Beiladung des alten Rechts

Die Beiladung erfolgte gem. § 48 Abs. 2 S. 1 WEG aF von Amts wegen durch die **Zustellung** (→ *Zustellun-*   **8** *gen* Rn. 1 ff.) der Klageschrift an die Beigeladenen. Diese hatten die Befugnis, dem Rechtsstreit auf einer Seite beizutreten (Satz 2), ohne ein weitergehendes Interesse zu haben.

1. Sachlicher Anwendungsbereich. Eine Beiladung war in jedem **streitigen Verfahren**, das § 43 Nr. 1 u. 3   **9** WEG aF unterfiel, möglich, nicht nur in Aktivprozessen, wie der Wortlaut von § 48 Abs. 1 S. 1 WEG aF suggerierte.[11] In Betracht kam eine Beiladung etwa in Prozessen, in denen ein Wohnungseigentümer Ansprüche auf ordnungsgemäße Verwaltung gegen den Verwalter geltend machte (§§ 21 Abs. 4, 28 Abs. 3, 43 Nr. 3 WEGaF) oder von anderen Wohnungseigentümern verlangte, eine bauliche Veränderung zu beseitigen (§§ 14 Nr. 1, 15 Abs. 3, 22 Abs. 1 S. 1, 43 Nr. 1 WEG aF, § 1004 Abs. 1 BGB). Eine Beiladung war indes nicht notwendig bei Anfechtungsklagen nach § 43 Nr. 4 WEG aF, weil § 46 Abs. 1 S. 1 WEG aF alle Wohnungseigentümer zur Partei erklärte. Analog § 48 Abs. 1 S. 1 Alt. 1 WEG aF waren in Verfahren nach § 43 Nr. 2 WEG aF die übrigen Wohnungseigentümer beizuladen, wenn sie nicht bereits Partei waren.[12] Es handelte sich um eine planwidrige Regelungslücke, weil der Gesetzgeber davon ausgegangen war, die Rechte der nicht beteiligten Eigentümer in Verfahren nach § 43 Nr. 2 WEG aF würden stets von der Gemeinschaft der Wohnungseigentü-

---

7 BGH 23.10.2015 – V ZR 76/14, NJW 2016, 716 Rn. 17.
8 BGH 23.10.2015 – V ZR 76/14, NJW 2016, 716 Rn. 10.
9 BT-Drs. 168/20, 94.
10 Vgl. *Dötsch* ZMR 2011, 779 f.
11 BeckOGK/*Karkmann* WEG § 48 Rn. 3.
12 *Hügel/Elzer* WEG § 48 Rn. 3.

mer ausgeübt, was aber zu klärende Zweifelsfragen, ob die Rechte von den Eigentümern oder ihrer Gemeinschaft ausgeübt wurden, außer Acht ließ.[13]

10 Gemeinschaftsbezogene Rechte oder Pflichten iSv § 10 Abs. 6 WEG aF (→ *Prozessvoraussetzungen* Rn. 23 ff.) waren von § 48 WEG aF **nicht umfasst**, auch dann nicht, wenn ein einzelner Eigentümer von den übrigen Eigentümern zur Geltendmachung als Prozessstandschafter rückermächtigt worden war. Die Wohnungseigentümer waren ebenfalls nicht beizuladen, wenn die Gemeinschaft der Wohnungseigentümer über eigene Rechte oder Pflichten iSv § 10 Abs. 6 S. 2 WEG aF (→ *Prozessvoraussetzungen* Rn. 28) stritt. Nahm die Gemeinschaft als Prozessstandschafter die Rechte und Pflichten der Wohnungseigentümer wahr (§ 10 Abs. 6 S. 3 WEG aF; → *Prozessvoraussetzungen* Rn. 27 ff.), waren die einzelnen Wohnungseigentümer ebenfalls nicht beizuladen. § 48 Abs. 1 S. 1 WEG aF bezog sich schließlich auf die Prozesse einzelner Wohnungseigentümer.[14] Die Rechtskrafterstreckung rechtfertigte sich damit, dass sie im Innenverhältnis der Gemeinschaft der Wohnungseigentümer ihre Interessen wahrnehmen konnten.

11 Auch in einem **selbstständigen Beweisverfahren** (→ *Selbstständiges Beweisverfahren* Rn. 13) nach den §§ 485 ff. ZPO waren die übrigen Wohnungseigentümer beizuladen. Der Wortlaut von § 48 Abs. 1 S. 1 WEG aF war teleologisch zu erweitern, da schließlich der erhobene Beweis die Beweiserhebung im Prozess ersetzte (§ 493 Abs. 1 ZPO; → *Selbstständiges Beweisverfahren* Rn. 25), weshalb das Beweisergebnis auch gegen beigeladene Wohnungseigentümer verwertbar sein musste. Anderenfalls hätte der Antragsteller ein Kostenrisiko auf sich nehmen müssen, indem er den Beweisantrag gegen alle Wohnungseigentümer richtete.[15] Ist ein Beweisverfahren zum alten Recht abgeschlossen worden und wird auf dessen Grundlage Klage erhoben, wirkt der erhobene Beweis gegen die Beigeladenen fort (vgl. § 48 Abs. 5 WEG), wenn sie im streitigen Prozess zur Partei werden oder ihnen der Streit verkündet wird. Darüber hinaus war eine Beiladung auch in einem **Mahnverfahren** möglich (§ 43 Nr. 6 WEG aF → *Mahnverfahren* Rn. 1 ff.), um dem Antragsteller die Möglichkeit zu geben, gegen sämtliche Wohnungseigentümer einen Vollstreckungsbescheid als Titel zu erwirken.[16] Dann war den Beigeladenen die Anspruchsbegründung nach § 697 Abs. 2 S. 1 ZPO zuzustellen (§ 48 Abs. 2 S. 1 WEG aF). Überdies war eine Beiladung in Verfahren über **einstweiligen Rechtsschutz** möglich (→ *Einstweiliger Rechtsschutz* Rn. 1 ff.).[17] Traf das Gericht ohne mündliche Verhandlung und ohne Anhörung eine Entscheidung, hatte der Antragsteller im Parteibetrieb die Zustellungen vorzunehmen (§ 922 Abs. 2 ZPO).

12 **2. Persönlicher Anwendungsbereich.** Es war die Beiladung des Verwalters gem. § 48 Abs. 1 S. 2 WEG aF von der Beiladung der übrigen Wohnungseigentümer nach § 48 Abs. 1 S. 1 WEG aF zu unterscheiden.

13 **a) Übrige Wohnungseigentümer (§ 48 Abs. 1 S. 1 WEG aF).** Die übrigen Wohnungseigentümer waren grundsätzlich beizuladen, wenn ein Wohnungseigentümer klagte. Analog galt die Vorschrift, wenn **gleichartige Individualansprüche** von mehreren, aber nicht allen Eigentümern geltend gemacht wurden.[18] Überdies konnte sich die Klage gegen den Verwalter oder einen oder **einzelne**, nicht aber alle übrigen **Wohnungseigentümer** richten (§ 43 Nr. 1 u. 3 WEG aF).

14 Der Prozess musste das rechtliche Interesse der übrigen Wohnungseigentümer berühren, wovon § 48 Abs. 1 S. 1 WEG aF in der Regel ausging, so dass in **Zweifelsfällen** die Eigentümer beizuladen waren. Rechtliche Interessen der Eigentümer waren tangiert, wenn ihre Rechte und Pflichten im Verhältnis zu anderen Personen betroffen waren. Das war zu bejahen für Verfahren,[19] in denen Störungen am Gemeinschaftseigentum abgewehrt oder beseitigt werden sollten, die Benutzung von Sonder- und Gemeinschaftseigentum zu klären war, Interessen nach § 22 Abs. 1 S. 1 WEG aF gewahrt werden sollten. Auch war dies der Fall, wenn es um die Rechte von Verwalter (→ *Verwalter* Rn. 36 ff.), Verwaltungsbeirat (→ *Verwaltungsbeirat* Rn. 60 ff.) oder Gemeinschaft der Wohnungseigentümer (→ Gemeinschaft der Wohnungseigentümer Rn. 1 ff.) gegen einzelne Wohnungseigentümern ging.

---

13 BeckOGK/*Karkmann* WEG § 48 Rn. 3.
14 AA *Hügel/Elzer* WEG § 48 Rn. 3.
15 LG München I 16.6.2017 – 1 T 3421/17, ZWE 2018, 91 (93); BeckOK WEG/*Elzer* § 48 Rn. 20.
16 *Bärmann/Roth* WEG § 48 Rn. 8.
17 BeckOK WEG/*Elzer* § 48 Rn. 20.
18 BeckOGK/*Karkmann* WEG § 48 Rn. 3.
19 BeckOK WEG/*Elzer* § 48 Rn. 25.

Bartels

Rein wirtschaftliche Interessen oder Interessen ideeller Natur begründeten hingegen keine Beiladungspflicht.[20] 15
Ein allgemeines Informationsinteresse genügte ebenfalls nicht; dieses konnte durch den Verwalter nach § 27
Abs. 1 Nr. 7 WEG aF erfüllt werden.

In einem Prozess über die **Rechte und Pflichten** des **Verwalters** (§ 43 Nr. 3 WEG aF) waren die übrigen Ei- 16
gentümer regelmäßig rechtlich betroffen. Schließlich hatten die Eigentümer gegen den Verwalter einen Anspruch auf ordnungsgemäße Geschäftsführung (→ *Verwalter* Rn. 37 ff.), so dass aus einer etwaigen Pflichtverletzung ein entsprechendes Interesse folgte. Dies war etwa der Fall, wenn über die Wirksamkeit des Verwaltervertrags gestritten wurde.[21] Gleiches galt, wenn die Zustimmung des Verwalters zur Ausübung eines gewerblichen Betriebs verlangt wurde[22] oder ein Wohnungseigentümer begehrte, der Verwalter möge der Veräußerung
seines Wohneigentums zustimmen. Nur für den Fall, dass die übrigen Eigentümer offensichtlich keine Ansprüche gegen den Verwalter hatten, war von einer Beiladung abzusehen.

Rechtliche Interessen wurden nicht berührt, wenn ein **Prozessurteil** wegen Unzulässigkeit der Klage ergehen 17
sollte, sofern es sich um unheilbare Mängel handelte (→ *Prozessvoraussetzungen* Rn. 2 ff.). Konnte der Mangel hingegen geheilt werden, waren die übrigen Personen regelmäßig beizuladen. Weiter war dies etwa der
Fall, wenn nur **Individualansprüche** eines Eigentümers gegen einen anderen, etwa wegen nachbarrechtlicher
Streitigkeiten[23] oder gegen den Verwalter geltend gemacht wurden,[24] so wenn ein Schaden offensichtlich nur
bei einem Eigentümer eingetreten sein konnte (Beschädigung von Sondereigentum, durch die das Gemeinschaftseigentum nicht betroffen ist). Kamen auch Rechtsbeziehungen zu anderen Eigentümern in Betracht,
waren diese im Zweifel beizuladen.[25] Schließlich brauchte das Gericht keine anderen Personen beizuladen,
wenn die Parteien über die **Verfahrenskosten** stritten, nachdem der Kläger die Klage zurückgenommen hatte
(→ *Prozess und Prozessgrundsätze* Rn. 41 f.).[26]

b) Verwalter (§ 48 Abs. 1 S. 2 WEG aF). War der Verwalter nicht Partei, war er in verwalterbezogenen Pro- 18
zessen iSv § 43 Nr. 3 WEG aF und in Prozessen über die **Gültigkeit von Beschlüssen** iSv § 43 Nr. 4 WEG aF
beizuladen. Es kam ausweislich § 48 Abs. 1 S. 2 WEG aF nicht darauf an, ob Interessen des Verwalters betroffen waren. Darüber hinaus konnte auch die Rechtstellung des **ausgeschiedenen Verwalters** berührt sein, insbesondere dann, wenn es um die Entlastung des Verwalters oder die Abwicklung dessen Tätigkeit ging.[27] Waren die Rechte des früheren und des aktuellen Verwalters betroffen, etwa bei einer Anfechtungsklage, waren
beide beizuladen.[28] War der Verwalter **Zustellungsvertreter** nach § 45 Abs. 1 WEG aF, ohne Partei zu sein
(→ *Zustellungen* Rn. 9 ff.), war er ebenfalls beizuladen.[29] Zu einem Rechtsstreit nach § 43 Nr. 1 WEG aF
brauchte der Verwalter grundsätzlich nicht beigeladen zu werden, sofern es nicht um seine rechtlichen Interessen ging, also im Rahmen der ordnungsgemäßen Verwaltung nach § 21 Abs. 4 WEG aF etwa die Bestellung
oder Abberufung des Verwalters beschlossen werden sollte.[30] Eine Beiladung war überdies nicht notwendig,
wenn dem Verwalter nach § 49 Abs. 2 WEG aF die Prozesskosten auferlegt werden sollten:[31] Der Verwalter
war nur dazu anzuhören, was auch außerhalb einer Beiladung geschehen konnte, die schließlich Grund für
eine Rechtskraftwirkung war. Aus der bloßen Beiladung folgte noch nicht die konkrete Anhörung, in der das
Gericht seine Absicht mitteilte, dem Verwalter die Kosten aufzuerlegen.[32]

c) Dritte. § 48 Abs. 1 S. 1 WEG aF war in bestimmten Fällen **analog** anzuwenden auf Dritte: So waren auch 19
die Mitglieder des **Verwaltungsbeirats** (→ *Verwaltungsbeirat* Rn. 8 ff.) beizuladen, wenn der Rechtsstreit

---

20 BeckOK WEG/*Elzer* § 48 Rn. 22.
21 OLG Hamm 19.10.2000 – 15 W 133/00, NJW-RR 2001, 226 (227 f.).
22 OLG Köln 4.7.2006 – 16 Wx 122/06, NJW-RR 2007, 87.
23 BayObLG 14.12.2000 – 2Z BR 60/00, NZM 2001, 769 (770).
24 Vgl. BayObLG 28.1.2003 – 2Z BR 140/02, NZM 2003, 246 Ls.
25 Etwa Beschädigung weiteren Sondereigentums, vgl. BayObLG 5.1.2000 – 2Z BR 85/99, NJW-RR 2000, 1033
   (1034).
26 BeckOK WEG/*Elzer* § 48 Rn. 29.
27 Vgl. BGH 9.10.1997 – V ZB 3/97, NJW 1998, 755 f.; BayObLG 10.7.2003 – 2Z BR 99/02, NZM 2003, 815 (816).
28 BeckOK WEG/*Elzer* § 48 Rn. 34.
29 BGH 5.3.2010 – V ZR 62/09, NJW 2010, 2132 Rn. 13.
30 BeckOK WEG/*Elzer* § 48 Rn. 31.
31 AA *Skrobek* ZMR 2008, 173 (175).
32 *Bonifacio* ZWE 2012, 206 (209).

dessen Rechte oder Pflichten berührte, sofern das Mitglied nicht ohnehin bereits als Wohnungseigentümer beizuladen war. Dies war etwa der Fall, wenn es um die Wahl oder Entlastung des Mitglieds ging.[33] Auch der **Ersatzzustellungsvertreter** (→ *Zustellungen* Rn. 38 ff.) war beizuladen, wenn seine Rechts- oder Pflichtenstellung Prozessgegenstand war.

20 **d) Entbehrlichkeit.** Ausnahmsweise brauchten Personen, deren rechtliche Interessen von dem Verfahren nicht berührt wurden, nicht beigeladen zu werden (§ 48 Abs. 1 S. 1 Hs. 2 WEG aF). Dies konnte mitunter dazu führen, dass einige Eigentümer beizuladen waren, andere nicht.[34]

21 **e) Rechtsnachfolge in die Stellung eines Beigeladenen.** Hatte das Eigentum an der Wohnung eines Beigeladenen während des rechtshängigen Verfahrens gewechselt, war der **neue Eigentümer** ebenfalls beizuladen, weil § 265 Abs. 2 S. 1 ZPO nur auf Parteien anwendbar war und damit nicht auf eine nicht beigeladene Person die Rechtskraft der Entscheidung erstrecken konnte. Nach anderer Auffassung sollte § 265 Abs. 2 S. 1 ZPO analog gelten, da es anderenfalls bei größeren Wohnungseigentumsanlagen einen erhöhten Verwaltungsaufwand bedeuten würde, bei Wechseln die neuen Eigentümer beizuladen.[35] Indes waren die Interessen nicht vergleichbar: Bei einer Partei ist es stets gerechtfertigt, den Rechtsnachfolger ipso iure zur Partei werden zu lassen. Ein Beigeladener musste selbst entscheiden, ob er sich an dem Verfahren beteiligen wollte. Ein **künftiger Eigentümer** kann freilich als Streitgenosse auf Seiten des Veräußerers gem. § 66 ZPO dem Rechtsstreit beitreten.[36]

III. Verfahren

22 Mit der **Zustellung** (§§ 166 ff. ZPO; → *Zustellungen* Rn. 3 ff.) der Klageschrift sowie den prozessleitenden Verfügungen des Vorsitzenden (etwa nach den §§ 216 Abs. 2, 226 Abs. 1, 272 Abs. 2, 273 Abs. 2, 495 a ZPO) an ihn wurde der Dritte beigeladen (§ 48 Abs. 2 S. 1 WEG aF). Die Beiladung der übrigen Wohnungseigentümer konnte an den Verwalter als Zustellungsvertreter (§ 45 Abs. 1 WEG aF; → *Zustellungen* Rn. 9 ff.) oder den Ersatzzustellungsvertreter erfolgen (§ 45 Abs. 2 WEG aF; → *Zustellungen* Rn. 38 ff.). Davon zu unterscheiden war die Beiladung des Verwalters, die ausdrücklich erfolgen musste und nicht bloß durch die Zustellung einer Klageschrift für die übrigen Wohnungseigentümer erfolgen konnte.[37] Wurde ihm also die Klageschrift nur in seiner Eigenschaft als Zustellungsvertreter der Eigentümer zugestellt, war der Verwalter nicht beigeladen.[38]

23 § 44 Abs. 2 S. 1 WEG aF erleichterte die **Bezeichnung** der **beizuladenden Eigentümer**. Grundsätzlich hatte der Kläger diese namentlich zu benennen, da § 48 Abs. 3 WEG aF schließlich diesen gegenüber die Rechtskraftwirkung anordnete. Ohnehin konnte jenen nur dann die Beiladung zugestellt werden, wenn sie namentlich bekannt waren.[39] Um die Beiladung zu erleichtern, reichte zunächst eine **Sammelbezeichnung** (→ *Prozessvoraussetzungen* Rn. 74 ff.), also die Angabe des Grundstücks durch Adresse oder Grundbuchnummer aus. Die namentliche Benennung war indes bis zum Schluss der mündlichen Verhandlung nachzuholen, indem eine Eigentümerliste eingereicht wurde (§ 44 Abs. 2 S. 1, Abs. 1 S. 1 Hs. 1 u. S. 2 WEG aF). Das Gericht vermochte aber zu entscheiden, dass es die übrigen Wohnungseigentümer nicht beilud, weshalb es der Bezeichnung nicht bedurfte, da rechtliche Interessen erkennbar nicht betroffen waren (§§ 44 Abs. 2 S. 2, 48 Abs. 1 S. 1 WEG aF). Wurde bis zum Schluss der mündlichen Verhandlung keine Liste nachgereicht, war die Klage als unzulässig abzuweisen (→ *Prozessvoraussetzungen* Rn. 81).[40]

---

33 BayObLG 3.5.1972 – BR 2 Z 7/72, NJW 1972, 1377 f.
34 BeckOK WEG/*Elzer* § 48 Rn. 28.
35 So BeckOK WEG/*Elzer* § 48 Rn. 42 f.
36 BeckOK WEG/*Elzer* § 48 Rn. 45.
37 BGH 5.3.2010 – V ZR 62/09, NJW 2010, 2132 Rn. 13; BGH 13.5.2011 – V ZR 202/10, NJW 2011, 2660 Rn. 20.
38 BeckOK WEG/*Elzer* § 48 Rn. 37.
39 BeckOK WEG/*Elzer* § 44 Rn. 41.
40 BeckOK WEG/*Elzer* § 44 Rn. 46.

IV. Rechtsfolgen

Grundsätzlich löste die Beiladung keine gesetzlichen Pflichten des Beigeladenen aus.[41] **Trat** der Beigeladene **nicht bei**, wirkte ihm gegenüber nur die Rechtskraft des Urteils nach § 325 Abs. 1 ZPO, der Prozess wurde ohne seine Beteiligung fortgesetzt.[42] Trat er nicht bei, brauchte er nicht zu mündlichen Verhandlungen geladen zu werden, es brauchten ihm keine weiteren Schriftstücke übersandt zu werden.[43] Er brauchte sich nicht außergerichtlich oder gerichtlich zu äußern und, bis auf den Ausnahmefall des § 49 Abs. 2 WEG aF, die Kosten nicht zu tragen. Sein etwaiger Sachvortrag war unbeachtlich. Ein Beigeladener konnte Zeuge sein, weil er nicht Partei war.

24

1. Beitritt. § 48 Abs. 2 S. 2 WEG aF eröffnete dem Beigeladenen die Möglichkeit, dem Rechtsstreit auf Seiten einer Partei beizutreten: Der Beigeladene konnte dem Verfahren auf der Seite einer Partei beitreten, um auf das Verfahren einzuwirken, und so die Rechtsfolgen der **streitgenössischen Nebenintervention** iSv § 61 ZPO auslösen. Die §§ 66 ff. ZPO waren deshalb auf die Beiladung insoweit unmittelbar anwendbar.[44] Trat der Beigeladene hingegen bei, wurde er streitgenössischer Streithelfer der Partei, der er beitrat,[45] und es trafen ihn über die Wirkungen des § 325 Abs. 1 ZPO hinaus noch die **Interventionswirkungen** des § 68 ZPO.[46]

25

Wollte der Beigeladene beitreten, hatte dies durch einen **bestimmenden Schriftsatz** zu geschehen:[47] Er musste erklären, auf welcher Seite er beitreten wollte, und hatte die weiteren Angaben eines bestimmenden Schriftsatzes zu machen (§ 130 ZPO).

26

Das Gericht prüfte die Wirksamkeit des Beitritts nur in einem **Zwischenstreit** durch Zwischenurteil nach § 71 Abs. 1 ZPO, wobei der Beigeladene als Streithelfer grundsätzlich ein rechtliches Interesse an dem Obsiegen der Partei hatte, der er beigetreten war, da das Urteil schließlich auch ihm gegenüber Rechtskraft zeitigte (§ 48 Abs. 3 WEG aF).[48]

27

Der beigetretene Beigeladene war als **streitgenössischer Nebenintervenient** nach § 61 ZPO zu behandeln, weil einerseits die prozessuale Norm als „materiellrechtliche" Vorschrift iSv § 69 ZPO galt.[49] Andererseits wirkte die Rechtskraft auch im Verhältnis zwischen Nebenintervenienten und Prozessgegner. Dies hatte zur Folge, dass der streitgenössische Nebenintervenient zwar nicht über den Streitgegenstand verfügen, aber Prozesshandlungen gegen den Willen der Partei, auf deren Seite er beigetreten war, vornehmen konnte. Der streitgenössische Nebenintervenient konnte daher, anders als ein Streithelfer, den Prozesshandlungen der Partei, der er beigetreten war, widersprechende Prozesshandlungen vornehmen, auf den Anspruch verzichten oder diesen anerkennen, Angriffs- und Verteidigungsmittel selbst vorbringen und Tatsachen bestreiten, nicht jedoch die Klage zurückzunehmen oder für erledigt erklären.[50] Es liefen auch eigenständige Fristen für den Streitgenossen, abhängig von dem Zeitpunkt der Zustellung, etwa die Berufungsfrist nach Zustellung des erstinstanzlichen Urteils. Der Nebenintervenient war als Partei und nicht mehr als Zeuge zu vernehmen. Ihm war das Urteil zuzustellen und er hatte die Möglichkeit, Rechtsmittel (→ *Rechtsmittel* Rn. 1 ff.) einzulegen, wenn er durch das Urteil beschwert worden war.

28

2. Rechtskrafterstreckung. § 48 Abs. 3 WEG aF erstreckte die Rechtskraft des Urteils auch auf den Beigeladenen; dieses wirkte für und gegen diesen. Der Beigeladene unterfiel daher der Rechtskraft des Leistungs-, Festsstellungs- und Gestaltungsurteils so, als wäre er **selbst Partei** des Rechtsstreits gewesen.[51] Die Rechtskraft stand einer eigenen Klage des Beigeladenen entgegen; diese war unzulässig (→ *Prozessvoraussetzungen* Rn. 108), sofern sie sich auf denselben Lebenssachverhalt stützte.

29

---

41 BeckOK WEG/*Elzer* § 48 Rn. 5.

42 Vgl. LG Stuttgart 13.2.2013 – 19 T 250/12, ZWE 2013, 143 (144).

43 BeckOK WEG/*Elzer* § 48 Rn. 6.

44 BeckOK WEG/*Elzer* § 48 Rn. 7; vgl. LG Stuttgart 13.2.2013 – 19 T 250/12, NJW-RR 2013, 649 f.; aA *Schlecht/ Skauradszun* NZM 2013, 57 (59).

45 BeckOK WEG/*Elzer* § 48 Rn. 9.

46 BeckOK WEG/*Elzer* § 48 Rn. 10.

47 BeckOK WEG/*Elzer* § 43 Rn. 8.

48 BeckOK WEG/*Elzer* § 48 Rn. 8.

49 BeckOK WEG/*Elzer* § 48 Rn. 9; aA *Sauren* NZM 2007, 857 (859).

50 BeckOK WEG/*Elzer* § 48 Rn. 12.

51 BeckOK WEG/*Elzer* § 48 Rn. 49.

30   Es erwuchsen in Rechtskraft die für den Streitgegenstand ausgesprochenen Rechtsfolgen, nicht aber einzelne Tatsachen, präjudizielle Rechtsverhältnisse und sonstige Vorfragen.[52] Dies ergab sich aus dem Wortlaut von § 48 Abs. 3 WEG aF, der schließlich die Wirkungen von § 325 ZPO nur in **subjektiver Hinsicht** erweiterte.[53] Der Beigeladene war also nicht an die tatsächlichen und rechtlichen Feststellungen des Vorprozesses gebunden.[54] Dies zeitigte nur die **Interventionswirkung nach Beitritt**. Nach abweichendem Verständnis sollte § 74 Abs. 2 ZPO analog anwendbar sein, um innerhalb der Gemeinschaft Rechtssicherheit und Rechtsfrieden zu fördern, so dass die Beigeladenen an die tatsächlichen und rechtlichen Feststellungen des Vorprozesses zu binden gewesen seien.[55] Auch wurde § 48 Abs. 3 WEG aF so verstanden, dass er eine besondere Bindung an rechtskräftige Entscheidungen auslöste, diese mithin erweitert habe.[56] Beiden Ansichten war entgegenzuhalten, dass sie sich nicht in der gesetzlichen Systematik wiederfanden.

31   Ein **Prozessvergleich** (→ *Prozessvergleich* Rn. 1 ff.) iSv § 794 Abs. 1 Nr. 1 ZPO bindet nur die an ihm beteiligten Personen.[57] § 492 Abs. 1 ZPO gilt analog im selbstständigen Beweisverfahren (→ *Selbstständiges Beweisverfahren* Rn. 13).

32   Im Urteil mussten die Beigeladenen im **Rubrum** bezeichnet werden,[58] wenngleich § 313 Abs. 1 Nr. 1 ZPO den Grundsatz aufstellt, dass nur Parteien im Urteil zu bezeichnen sind. Maßgeblich für die Aufnahme war aber die Rechtskrafterstreckung gegen die Beigeladenen.[59]

33   **3. Verfahrenskosten.** Hinsichtlich der Verfahrenskosten war zu unterscheiden, ob der Beigeladene dem Rechtsstreit **beigetreten** war oder **nicht**.

34   Es wurde zum alten Recht vertreten, analog § 101 ZPO die durch die Beiladung verursachten Kosten dem **Gegner** aufzuerlegen, soweit eine Kostenentscheidung gem. §§ 91 ff. ZPO zu dessen Lasten ergangen sei. Anderenfalls hatte der **Beigeladene** diese selbst zu tragen. Die Interessen seien mit denen der Nebenintervention vergleichbar gewesen; eine § 162 Abs. 3 VwGO entsprechende Regelung kannte das WEG aF nicht, so dass die Voraussetzungen einer Analogie angenommen wurden.[60] Das vermochte nicht zu überzeugen, weil sich der Beigeladene an einem Verfahren beteiligten konnte und es zu einer Anwendung der §§ 100, 101 Abs. 2 ZPO kam. Trat er nicht bei, kam es zu keiner Kostenerstattung (ausführl. → *Gerichtliche und außergerichtliche Kosten* Rn. 19).

35   § 101 Abs. 2 ZPO verweist für die Kosten des streitgenössischen Nebenintervenienten auf § 100 ZPO, weshalb eine **eigenständige Kostenentscheidung** zu treffen ist. Freilich war § 100 Abs. 4 S. 1 ZPO nicht anwendbar, da es zu keiner Verurteilung des Beigetretenen kam: Unterlag die Partei, auf deren Seite der Beigeladene beigetreten war, löste § 100 Abs. 1 ZPO eine Haftung nach Kopfteilen auf. Obsiegte die Partei, trug der Gegner die Kosten der Partei und des Beigetretenen. Eine Kostenerstattung zwischen Partei und Beigetretenen fand nicht statt.

36   **4. Fehler.** Hatte das Gericht Personen, die beizuladen gewesen waren, nicht oder nicht richtig beigeladen, wirkte diesen gegenüber die Rechtskraft nicht und es bestand ein Rechtsschutzinteresse für ein neues Verfahren. Auf diesen **Rechtsfehler** konnte eine Partei oder ein tatsächlich Beigeladener die Berufung und die Revision stützen;[61] in der Berufung konnte die Beiladung nachgeholt werden.[62] Eine rechtswidrig unterlassene Beiladung bedeutete einen absoluten Revisionsgrund nach § 547 Nr. 4 ZPO. Wurde hingegen eine Person beigeladen, obwohl sie nicht hätte beigeladen werden dürfen, trat gleichwohl eine Rechtskrafterstreckung ein.[63]

---

52 BeckOK WEG/*Elzer* § 48 Rn. 49.
53 Vgl. BeckOK WEG/*Elzer* § 48 Rn. 49; BeckOGK/*Karkmann* WEG § 48 Rn. 27.
54 BeckOK WEG/*Elzer* § 48 Rn. 49 gegen *Lehmann-Richter* ZWE 2014, 385 (387); vgl. auch *Dötsch* ZMR 2011, 779 (781).
55 *Lehmann-Richter* ZWE 2014, 385 (387).
56 *Dötsch* ZMR 2011, 779 (781).
57 BeckOK WEG/*Elzer* § 48 Rn. 47.
58 BeckOK WEG/*Elzer* § 48 Rn. 66 f.
59 FormB-WEG-R/*Einsiedler* § 44 Rn. 55.
60 BeckOK WEG/*Elzer* § 48 Rn. 39.
61 BeckOK WEG/*Elzer* § 48 Rn. 39.
62 BeckOK WEG/*Elzer* § 48 Rn. 51.
63 Vgl. *Dötsch* ZMR 2011, 779 ff.

V. Rechtsmittel

Dritte hatten wegen der Rechtskrafterstreckung gem. § 48 Abs. 3 WEG aF ein Interesse an ihrer Beiladung. 37
Lehnte das Gericht diese ab, eröffnete dies die sofortige Beschwerde nach § 567 Abs. 1 Nr. 2 ZPO, wenn die
Parteien zuvor eine Beiladung angeregt hatten.[64] Gegen eine positive **Beiladungsentscheidung** konnten sich
mangels Rechtsschutzinteresses weder die Parteien noch der Beigeladene wehren.[65] § 71 ZPO erlaubte auf Antrag eines Beteiligten ein **Zwischenurteil** über die Frage, ob der Beitritt des Beigeladenen zulässig war. Das
rechtliche Interesse des Beigetretenen iSv § 71 Abs. 1 S. 2 ZPO folgte aus § 48 Abs. 2 S. 2 WEG aF.[66] Wurde
der Beitritt durch Zwischenurteil für unwirksam erachtet, erstreckte § 48 Abs. 3 WEG aF nicht die Rechtskraft
des Urteils auf den Beigeladenen.

Ein Rechtsmittel gegen die Anordnung des Gerichts, die **übrigen Wohnungseigentümer** gem. § 44 Abs. 1 38
S. 2 WEG aF zu bezeichnen, bestand nicht. Nur gegen ein klageabweisendes Urteil war die Berufung möglich;
im Berufungsverfahren war dann zu überprüfen, ob die Beiladung iSv § 512 ZPO rechtmäßig erfolgt war.

32. Belastung

Güther

I. Allgemein, Belastung im Grundbuch

Bei der Belastung des Eigentums gibt der Eigentümer einen Teil seines umfassenden Eigentumsrechts an 1
einen Dritten ab. Der Dritte hat dann – im Vergleich zum Eigentum – ein **beschränktes dingliches Recht** an
dem Grundstück. Die dinglichen Rechte lassen sich unterscheiden in:

1. Nutzungsrechte
   a) Erbbaurecht
   b) Dienstbarkeit (Grunddienstbarkeit, beschränkt persönliche Dienstbarkeit, Nießbrauch)
2. Verwertungsrechte
   a) Grundpfandrechte (Grundschuld, Hypothek, Rentenschuld)
   b) Reallast
3. Erwerbsrechte (Vor-/Ankaufsrecht)

Die Nutzungs- und Erwerbsrechte werden im Grundbuch in **Abteilung II** eingetragen und die Verwertungs- 2
rechte in **Abteilung III**. Die Unterteilung im Grundbuch dient der Übersichtlichkeit des Grundbuchs und hat
darüber hinaus keine inhaltliche Bedeutung (→ *Grundbuch* Rn. 1 ff.).

Für die **Belastung** eines Grundstückes bzw. eines Wohnungs-/Teileigentums wird die **Einigung** des Berechtig- 3
ten und des anderen Teils über den Eintritt der Rechtsänderung (§ 873 BGB) **und die Eintragung** im Grundbuch benötigt. Die Bewilligung des Betroffenen und der Eintragungsantrag benötigen stets die in § 29 GBO
vorgeschriebene Form der notariellen Beurkundung oder Beglaubigung.

Für die **Aufhebung eines Rechts** an einem Grundstück ist nur die Erklärung des Berechtigten, dass er das 4
Recht aufgebe (§ 875 Abs. 1 BGB), sowie die Löschung im Grundbuch erforderlich.

---

64 *Hügel/Elzer* WEG § 48 Rn. 32.
65 *Hügel/Elzer* WEG § 48 Rn. 31.
66 *Hügel/Elzer* WEG § 48 Rn. 20.

5 **1. Grunddienstbarkeit.** Gegenstand einer Grunddienstbarkeit ist nach **§ 1018 BGB** die Belastung eines Grundstückes zugunsten des jeweiligen Eigentümers eines anderen Grundstückes. Der Eigentümer des berechtigten Grundstückes darf das (fremde) Grundstück in einzelnen Beziehungen nutzen (zB Wege- und Leitungsrecht, Anlagenrechte wie Windkraftanlagen, Rohrleitungen). Inhalt einer Grunddienstbarkeit kann auch sein, dass auf dem Grundstück gewisse Handlungen nicht vorgenommen werden dürfen (zB Gewerbebeschränkung, Bebauungsbeschränkung) oder dass ein aus dem Eigentum am belasteten Grundstück herrührendes Recht ausgeschlossen wird.

6 Die Dienstbarkeit kann **nur aus Dulden** des Eigentümers **oder Unterlassen** bestehen. Sie kann nicht aktive Handlungen des Eigentümers des belasteten Grundstückes vorsehen, ausgenommen als Nebenpflicht (zB Unterhaltspflicht, §§ 1021, 1022 BGB).

7 **2. Grundschuld, Hypothek.** Die Belastung des Grundstückes mit einer Hypothek, Grundschuld ist möglich. Bei Begründung von Wohnungseigentum (→ *Begründung von Wohnungseigentum* Rn. 32) entsteht dann ein **Gesamtrecht** (§ 1132 BGB) an den Wohnungs- und Teileigentumsrechten. Auf jedem Wohnungsgrundbuchblatt wird das Gesamtrecht eingetragen. Zur Löschung aus einzelnen Wohnungsgrundbuchblättern bedarf es einer Pfandhaftentlassungserklärung des Gläubigers.

II. Belastung im Wohnungsgrundbuch

8 Eine Belastung des Wohnungs-/Teileigentums folgt den allgemeinen Regelungen zur Belastung von Grundstücken. Allerdings sind Besonderheiten aufgrund des Umstandes, dass der Belastungsgegenstand sowohl ein Miteigentumsanteil (sprich das Sondereigentum) sein kann als auch alle Miteigentumsanteile gemeinsam (sprich das Grundstück insgesamt), zu berücksichtigen.

9 **1. Belastungsgegenstand Miteigentumsanteil.** Der Miteigentumsanteil eines Wohnungs- und Teileigentümers und das mit ihm verbundene Sondereigentum kann mit einer **Hypothek, Grund- und Rentenschulden**, mit einem **Nießbrauch** (§ 1066 BGB) und mit einer **Reallast** (§ 1106 BGB) belastet werden. Auch kann eine **Vormerkung** (§ 883 BGB) zur Sicherung des Anspruchs auf Übertragung des Wohnungseigentums eingetragen werden.

10 Ein **Vorkaufsrecht** kann – auch wenn andere Wohnungs- bzw. Teileigentümer Berechtigte sind – als Belastung des einzelnen Wohnungseigentums bestellt werden (§ 1095 BGB). Ein Vorkaufsrecht kann aber nicht als Inhalt des Wohnungs-/Teileigentums gem. § 5 Abs. 4 WEG vereinbart werden.[1]

11 **2. Besonderheiten bei der Dienstbarkeit.** Regelmäßig stehen Dienstbarkeiten im Rahmen eines in Wohnungs-/Teileigentum geteilten Grundstückes im Fokus. Belastungsgegenstand kann sowohl ein Miteigentumsanteil (sprich das Sondereigentum) sein als auch alle Miteigentumsanteile gemeinsam (sprich das Grundstück insgesamt). Belastungsgegenstand mit einer Dienstbarkeit kann nicht ein Sondernutzungsrecht sein; der Ausübungsbereich einer Dienstbarkeit kann sich aber allein auf die Fläche des Sondernutzungsrechts erstrecken (→ Rn. 23 f.). Auch die Gemeinschaft der Wohnungseigentümer kann Berechtigte aus einer Dienstbarkeit sein (→ Rn. 26).

Vor Beginn einer Wohnungseigentümergemeinschaft bedarf es für die Eintragung einer Dienstbarkeit einer Einigung zwischen dem Verpflichteten (dem Eigentümer des Grundstückes) und dem Berechtigten aus der Dienstbarkeit und der Eintragung in das Grundbuch (§ 873 Abs. 1 BGB). Bei Teilung des Grundstückes in Wohnungs-/Teileigentum wird die Dienstbarkeit in allen Wohnungs-/Teileigentumsgrundbüchern eingetragen. Die Belastung an dem Grundstück wandelt sich nach §§ 1192 Abs. 1, 1132, 1114 BGB in eine **Belastung an allen Miteigentumsanteilen** um.[2] Ein dingliches Wohnrecht am Grundstück besteht aber nur an dem Miteigentumsanteil fort, dem der betroffene Gebäudeteil unterliegt.[3] Der Berechtigte aus der Dienstbarkeit kann der Aufteilung des Grundstückes in Wohnungs-/Teileigentumsrechte nicht widersprechen. Denn das Grundstück als Haftungsobjekt im Ganzen wird durch die Begründung von Wohnungseigentum nicht verändert.[4]

---

1 OLG Celle 7.4.1955 – 4 Wx 1/55, NJW 1955, 953.
2 OLG Oldenburg 17.11.1988 – 5 W 60/88, NJW-RR 1989, 273.
3 OLG Oldenburg 17.11.1988 – 5 W 60/88, NJW-RR 1989, 273.
4 BGH 9.2.2012 – V ZB 95/11, NJW 2012, 1226 Rn. 8.

Nach der Entstehung einer Wohnungseigentümergemeinschaft erfordert die Belastung des aufgeteilten Grundstückes die Einigung des Berechtigten mit allen Wohnungs-/Teileigentümern gem. § 873 Abs. 1 BGB[5] und die Eintragung der Belastung auf dem Grundstück (→ Rn. 15, 16). Gleiches gilt für eine inhaltliche Änderung einer Dienstbarkeit.

Bei Dienstbarkeiten ist weiter zu unterscheiden, ob das Wohnungseigentumsrecht sogenanntes dienendes (das belastete Grundstück) oder herrschendes Grundstück (das aus der Belastung berechtigte Grundstück) ist. Auch das aufgeteilte Grundstück kann aus einer dinglichen Belastung berechtigt sein.[6]   **12**

a) Belastungsgegenstand einzelnes Wohnungs- oder Teileigentumsrecht. Ein einzelnes Wohnungs- oder **13** Teileigentumsrecht kann nur insoweit mit einer Dienstbarkeit belastet werden, als nur diese **einzelne Einheit** von der Belastung betroffen ist.[7] So kann an einem Wohnungseigentum ein Wohnungsrecht (§ 1093 BGB), ein Dauerwohn- oder Dauernutzungsrecht (§ 31 WEG) eingeräumt werden oder beispielsweise über eine Grunddienstbarkeit geschützt werden, dass in einem Teileigentum keine Gaststätte betrieben werden darf (Unterlassungsdienstbarkeit). Es kommt darauf an, dass die durch die Grunddienstbarkeit begründete Duldungsverpflichtung erfüllt werden kann, ohne dass die Einheiten der anderen Eigentümer der Wohneigentumsanlage oder das Gemeinschaftseigentum in einem über die aus dem Wohnungs- und Teileigentum vermittelten Rechte hinausgehenden Maß in Anspruch genommen werden.[8]

b) Belastungsgegenstand gesamtes Grundstück. Kann der Belastungsgegenstand einer Grunddienstbarkeit **14** tatsächlich nur das gesamte Grundstück bzw. gemeinschaftliche Teile des Grundstückes sein (bspw. bei Leitungs-, Geh- und Fahrrechten), ist keine Belastung an nur einzelnen Miteigentumsanteilen möglich. Die Grunddienstbarkeit muss an **allen Miteigentumsanteilen** der Wohnungseigentumsanlage bestellt und in allen Wohnungsgrundbüchern eingetragen werden.

In dem einzelnen Wohnungsgrundbuch ist die Grunddienstbarkeit (die am gesamten Grundstück lastet) gem. **15** § 4 Abs. 1 WGV in der Art und Weise kenntlich gemacht, dass in der Abteilung II die Belastung des gesamten Grundstückes ersichtlich ist. Die Belastung ist in allen Wohnungs- und Teileigentumsgrundbüchern einzutragen und jeweils auf die übrigen Eintragungen zu verweisen. Im Wohnungsgrundbuch kann das beispielsweise wie folgt aussehen:

„Als Grundstücksbelastung: Grunddienstbarkeit (Wegerecht) für den jeweiligen Eigentümer von … zugleich eingetragen für die anderen Miteigentumsanteile angelegten Grundbücher von … Blätter 1001–1009".

Das Fehlen des **Gesamtbelastungsvermerk** hat nicht zur Folge, dass von einer inhaltlich unzulässigen Belas- **16** tung der einzelnen dienenden Sondereigentumseinheit auszugehen ist.[9]

Ist herrschendes „Grundstück"/Berechtigter beispielsweise bei einem Wegerecht nicht ein Nachbargrundstück, **17** sondern ein Sondereigentümer (§ 1009 Abs. 1 BGB), so bedarf es nicht der Eintragung der Grunddienstbarkeit in das Wohnungs-/Teileigentumsgrundbuch der herrschenden Sondereigentumseinheit.[10]

Die Grundstücksbelastung ist Verfügung über den gemeinschaftlichen Gegenstand. Sie erfordert daher materi- **18** ell **Einigung und Eintragung** und formell die Eintragungsbewilligung (§ 19 GBO) aller Wohnungs- und Teileigentümer. Ein Mehrheitsbeschluss ist nicht ausreichend, auch nicht aufgrund Ermächtigung in der Teilungserklärung, da die sachenrechtlichen Grundlagen des Eigentums betroffen sind und nicht das Verhältnis der Wohnungseigentümer untereinander.[11]

Am einfachsten erfolgt das bei Begründung des Wohnungseigentums und der Anlegung der Wohnungsgrund- **19** buchblätter. Denn alle Wohnungs-/Teileigentümer müssen dem **zustimmen.** Stimmen im Rahmen einer bspw.

---

5 BayObLG 10.4.1981 – Breg 2 Z 23/81, MittBayNot 1981, 189.
6 *Rapp* in Staudinger, WEG 2018 § 1 Rn. 5; Überblick bei *Elzer* MietRB 2019, 187 (188 ff.).
7 BGH 19.5.1989 – V ZR 182/87, DNotZ 1990, 493.
8 ZB Recht zur Mitbenutzung eines im Sondereigentum stehenden Speicherraums für eine andere Wohnungs-/Teileigentumseinheit (OLG Zweibrücken 5.1.1993 – 3 W 222/92, MittBayNot 1993, 86) oder ein Kfz-Stellplatz als selbstständiges Teileigentum kann mit einer Benutzungsdienstbarkeit belastet werden (BayObLG 30.10.1986 – Breg. 2 Z 6/86, DNotZ 1987, 223).
9 BGH 17.1.2019 – V ZB 81/18, NJW-RR 2019, 914 (Ls.) Rn. 18, 33.
10 BGH 17.1.2019 – V ZB 81/18, NJW-RR 2019, 914 (Ls.) Rn. 26.
11 *Schöner/Stöber* GrundbuchR Rn. 2948.

bereits seit Jahren bestehenden Wohnungseigentumsanlage mit einer Vielzahl von Mitgliedern nicht alle Eigentümer der Eintragung der Dienstbarkeit zu, so kann diese nicht eingetragen werden. Nach der herrschenden Meinung ist die Eintragung einer Grunddienstbarkeit nur an allen Einheiten möglich und zulässig.[12] In der Praxis ist die Eintragung einer solchen Dienstbarkeit gerade bei großen Wohnungseigentumsanlagen mangels Mitwirkung von 100 % der Wohnungs- und Teileigentümer äußerst schwer. Dazu können erschwerend mit der Zeit eintretende Verfügungsbeschränkungen von einzelnen Wohnungs- und Teileigentümern hinzukommen.

20   Die **Pflichten** aus der Grunddienstbarkeit als Belastung des gesamten Grundstückes treffen alle Wohnungseigentümer.[13] Richtet sich die Pflicht an die Gesamtheit der Wohnungs-/Teileigentümer als Grundstückseigentümer (beispielsweise in Ausübung des Wegerechts den Weg auch benutzen zu können), ist die Gemeinschaft der Wohnungseigentümer gem. § 9 a Abs. 2 WEG (§ 10 Abs. 6 S. 3 Hs. 1 WEG aF) ohne Weiteres befugt, diese Pflicht zu erfüllen. Der BGH stellte nach dem WEG aF auf die „geborene Wahrnehmungsberechtigung" des Verbands ab, die gegeben war, wenn eine Verpflichtung, die im Außenverhältnis alle Wohnungseigentümer gleichermaßen traf, nach der Interessenlage ein gemeinschaftliches Vorgehen erforderte.[14] Der Gesetzgeber hat mit dem neuen WEG ab 1.12.2020 die Unterscheidung zwischen geborener und gekorener Ausübungs- und Wahrnehmungsbefugnis der Gemeinschaft aus § 10 Abs. 6 S. 3 WEG aF aufgegeben. Die Gemeinschaft der Wohnungseigentümer übt die sich aus dem gemeinschaftlichen Eigentum ergebenden Rechte sowie solche Rechte der Wohnungseigentümer aus, die eine einheitliche Rechtsverfolgung erfordern, und nimmt die entsprechenden Pflichten der Wohnungseigentümer wahr (§ 9 a Abs. 2 WEG).

21   **Problematisch** sind die **im Nachhinein eintretenden Fälle**, in denen die Grunddienstbarkeit auf einem Wohnungs-/Teileigentumsgrundbuchblatt (versehentlich) gelöscht wird und das „grunddienstbarkeitsfreie" Eigentum an einen gutgläubigen Dritten übertragen wird. Der betreffende Miteigentumsanteil ist nicht mehr mit der Grunddienstbarkeit belastet und nach der herrschenden Meinung ist die Grunddienstbarkeit insgesamt unwirksam geworden. Sie muss als inhaltlich unzulässig gelöscht werden.[15]

22   Auch die **Löschung der Grunddienstbarkeit** an einem Wohnungseigentumsgrundbuchblatt durch Erteilung des Zuschlags in der Zwangsversteigerung führt zur Unzulässigkeit der Eintragung und Löschung der Grunddienstbarkeit an allen Einheiten.[16]

23   **c) Belastungsgegenstand Sondernutzungsrecht.** Gehört zu dem Wohnungs-/Teileigentum ein Sondernutzungsrecht am Gemeinschaftseigentum, so ist die Belastung des Wohnungs-/Teileigentums mit einer Dienstbarkeit nach einhelliger Auffassung jedenfalls dann **zulässig**, wenn sich der Ausübungsbereich der Dienstbarkeit auf das Sondereigentum beschränkt.[17]

24   Nach der Rechtsprechung des BGH[18] kann ein Sondernutzungsrecht nicht selbstständig mit einer Dienstbarkeit belastet werden. Der Ausübungsbereich einer Dienstbarkeit kann aber eine Sondernutzungsfläche sein, die dem belasteten Sondereigentum zugeordnet ist. Die Sondernutzungsfläche kann auch den **alleinigen Ausübungsbereich** darstellen.[19] Der BGH entscheidet damit einen früheren Streit. Nach der früheren, oberlandesgerichtlichen Rechtsprechung war das unzulässig, da rein formal das Gemeinschaftseigentum betroffen ist.[20] Sondernutzungsrechte sind keine dinglichen Rechte, sondern Vereinbarungen unter den Miteigentümern.

25   **d) Herrschendes oder dienendes Grundstück.** Ein oder mehrere Grundstücke bzw. Wohnungs-/Teileigentumsrechte (deren Miteigentumsanteil) können als sogenannte **dienende Grundstücke** dem wirtschaftlichen

---

12 *Schöner/Stöber* GrundbuchR Rn. 1117.

13 OLG Karlsruhe 2.11.2017 – 13 U 75/17, IMR 2018, 156; *Elzer* MietRB 2019, 187 (188).

14 BGH 17.12.2010 – V ZR 125/10, NJW 2011, 1351.

15 BGH 23.7.2015 – V ZB 1/14, NJW-RR 2015, 1497; BGH 17.1.2019 – V ZB 81/18, NJW-RR 2019, 914.

16 *Schöner/Stöber* GrundbuchR Rn. 2949; OLG Düsseldorf 22.9.2010 – 3 Wx 46/10, RNotZ 2011, 40.

17 ZB Recht zur Mitbenutzung eines im Sondereigentum stehenden Speicherraums für eine andere Wohnungs-/Teileigentumseinheit (OLG Zweibrücken 5.1.1993 – 3 W 222/92, MittBayNot 1993, 86) oder ein Kfz-Stellplatz als selbstständiges Teileigentum kann mit einer Benutzungsdienstbarkeit belastet werden (BayObLG 30.10.1986 – Breg. 2 Z 6/86, DNotZ 1987, 223).

18 BGH 20.3.2020 – V ZR 317/18, ZWE 2020, 328; mAnm *Heinemann* ZWE 2020, 328, 333ff.; hierzu ebenfalls *Elzer* ZNotP 2020, 404 (405).

19 BGH 20.3.2020 – V ZR 317/18, ZWE 2020, 328 LS 2, 3, Rn. 33 f.

20 BayObLG 30.4.1997 – 2Z BR 5/97, DNotZ 1998, 125; OLG Schleswig 3.8.2011 – 2 W 2/11, ZWE 2012, 42; aA: *v. Oefele* DNotZ 2001, 219 (222); Staudinger/*Mayer* BGB § 1018 Rn. 60.

Zweck eines oder mehrerer herrschender Grundstücke bzw. Wohnungs-/Teileigentumsrechte (deren Miteigentumsanteil) unterliegen. Letztere werden dann als sogenannte **herrschende Grundstücke** bezeichnet.

e) Gemeinschaft der Wohnungseigentümer als Berechtigte. Die Gemeinschaft der Wohnungseigentümer 26 kann Berechtigte einer beschränkt persönlichen Dienstbarkeit sein, die an mehreren Sondereigentumseinheiten bestellt wird (Abstellräume, in denen eine Übergabestation für den Anschluss an das Fernwärmenetz installiert wurde).[21]

33. Belege

Leist

I. Einführung

Belege sind die „Hardware", also die Arbeitsgrundlage jedweden Verwaltens einer Wohnungseigentumsanlage. 1

Die einer Wohnungseigentumsanlage zugehörigen Belege werden bei Beginn der Verwaltungstätigkeit unter 2 Berücksichtigung eines treuhänderischen Vertrages des Verwalters zur Ausübung seiner Tätigkeit durch die Gemeinschaft der Wohnungseigentümer zur Verfügung gestellt.[1]

Zu den Belegen/Verwaltungsunterlagen zählen dann selbstverständlich auch alle während der Verwaltungszeit 3 gesammelten Dokumente.

II. Arten von Belegen

Dass Dokumente, die in Papierform errichtet wurden, unter die Begrifflichkeit „Belege" fallen, ist bereits nach 4 dem allgemeinen Sprachgebrauch eine Selbstverständlichkeit.

Hierzu zählen dann namentlich die Gemeinschaftsordnung/Teilungserklärung, jegliche nach § 28 WEG errich- 5 teten Wirtschaftspläne und Abrechnungen, ebenso wie sämtlicher Schriftverkehr, Aufträge/Werkverträge, Versicherungsscheine etc.[2]

Eine Legaldefinition, was unter die Begrifflichkeit „Belege" fällt, gibt es indessen nicht. Ersichtlich haben 6 sich auch die Rechtsprechung und die Literatur bisher nicht veranlasst gesehen, hier einen „Belegkatalog" aufzustellen (→ *Verwaltungsunterlagen* Rn. 2).

Für die Frage, was „Belege" sind, wird man sich an § 667 BGB orientieren dürfen, der die Herausgabe des 7 anlässlich einer Geschäftsbesorgung Erlangtem regelt.

All das, was ein Verwalter am Ende seiner Verwaltungszeit der Gemeinschaft der Wohnungseigentümer bzw. 8 einem neu bestellten Verwalter herausgeben muss, wird letztlich unter die Begrifflichkeit „Belege/Verwaltungsunterlagen" zu subsumieren sein.

---

21 KG 29.09.2015 – 1 W 10–12/15, MittBayNot 2016, 31.
 1 OLG Hamm 22.2.2007 – 15 W 181/06, BeckRS 2007, 06692; OLG Frankfurt a. M. 19.5.1994 – 20 W 488/93, OLGZ 1994, 538.
 2 OLG München 21.2.2006 – 32 WX 14/06, ZMR 2006, 552; LG Hamburg 14.12.2007 – 318 T 222/07, BeckRS 2008, 6972.

9 Damit fallen auch **sämtliche gespeicherten Datensätze**, die ein Wohnungseigentumsverwalter im Zuge seiner Tätigkeit in EDV-Form angelegt bzw. erhalten hat, ebenfalls unter die Begrifflichkeit „Belege/Verwaltungsunterlagen".[3]

10 Dem Umfang nach betrifft daher eine Belegsammlung der Gemeinschaft der Wohnungseigentümer neben den elektronisch gespeicherten Daten alle von Dritten erhaltenen sowie auch selbst für die Geschäftsführung angelegten Urkunden, Belege, Unterlagen, Akten und Notizen, mit Ausnahme rein privater Aufzeichnungen.[4]

11 Zu diesen „**privaten**" Notizen, die keine „Belege" sind, sollen nach dem KG[5] auch die vom Verwalter über den Ablauf der Wohnungseigentümerversammlung und der dort gefassten Beschlüsse gefertigten handschriftlichen Notizen zählen, da diese lediglich der Vorbereitung der Erstellung eines späteren Ablauf- und Beschlussprotokolls dienen.

12 Dies dürfte allerdings kritisch zu betrachten sein, da der Verwalter zum Nachweis der Richtigkeit der Inhalte der Niederschrift im Zweifel auch auf die Notizen zurückgreifen wird, so dass es sich daher auch hier um Geschäftsunterlagen handelt.

13 Auch **Mail-Adressen** von einzelnen Eigentümern – auf welchem Speichermedium auch immer hinterlegt – dürften ebenfalls unter die Begrifflichkeit der „Belege/Verwaltungsunterlagen" fallen.

14 Dies deshalb, weil solche Informationen vom Verwalter iSd § 667 BGB bei Ende seiner Amtszeit herauszugeben wären.

15 Die Überlassung von Mail-Adressen an den Verwalter erfolgt zwar regelmäßig aufgrund der freien Entscheidung eines Eigentümers, eine andere Art der Kontaktmöglichkeit zu ihm herzustellen als über den traditionellen Postweg. Es ist daher grundsätzlich Sache der einzelnen Eigentümer zu entscheiden, ob sie mit einer Verwendung ihrer Mail-Adressen durch andere Personen als den Verwalter einverstanden sind. Denn nach dem im **Datenschutzrecht** geltenden Grundsatz, dass eine Datenverarbeitung nur bei Vorhandensein einer Rechtsgrundlage erfolgen darf („Verbot mit Erlaubnisvorbehalt"), fehlt es bezogen auf die Mail-Adressen jedenfalls während der Amtszeit des Verwalters an einer Rechtsgrundlage für eine Datenverarbeitung in Form der „Weitergabe". Liegt somit dem Verwalter keine Einwilligungen der Eigentümer vor, ihre Mail-Adressen auch an Dritte weiterzugeben, so hat es gemäß dem Grundsatz der Zweckbindung (vgl. Art. 5 Abs. 1 lit. b DS-GVO) dabei zu bewenden.[6]

16 Anders muss es sich aber verhalten, wenn das Verwalteramt endet und der ausscheidende Verwalter zur Herausgabe des während der Verwaltungszeit Erlangten verpflichtet ist. Sind Mail-Adressen der Eigentümer auf ausgedruckten Schreiben oder in Speicherdaten vorhanden, dann folgt die Berechtigung zur **Weitergabe** aus Art. 6 Abs. 1 lit. c DS-GVO (= Erfüllung einer rechtlichen Verpflichtung), da die Weitergabe von Belegen und Verwaltungsunterlagen der Herausgabepflicht des § 667 BGB unterliegt.

17 Dabei muss allerdings der ausscheidende Verwalter den jeweiligen Eigentümer, dessen Mail-Adresse er weitergibt, nach Art. 13 Abs. 3 DS-GVO informieren.

18 Der Empfänger der Belege und Verwaltungsunterlagen ist ohne Einwilligung des betroffenen Eigentümers nicht zur Benutzung der Mail-Adresse berechtigt.

III. Eigentum an Belegen

19 Bei Streitigkeiten über die Herausgabe von Sachen ist eine oft gestellte Frage, wer Eigentümer derselben ist. Diese Frage stellt sich letztlich bei Belegen der Gemeinschaft der Wohnungseigentümer aber nicht.

20 Da die Gemeinschaft der Wohnungseigentümer als Ausfluss von § 9 a Abs. 1 WEG eigenständig Sachen erwerben kann (vormals so ausdrücklich geregelt in § 10 Abs. 7 WEG aF), mithin nach dem Gesetzeswortlaut **Gemeinschaftsvermögen** ihr eigen nennt (§ 9 a Abs. 3 WEG), zu dem auch die Belege zählen, ist es auf der Hand liegend, dass die Belege/Verwaltungsunterlagen, die ein Verwalter zu Beginn seiner Tätigkeiten von der Gemeinschaft der Wohnungseigentümer erhält, Eigentum der Wohnungseigentümergemeinschaft sind.

---

3 LG Itzehoe 22.7.2014 – 11 S 62/13, ZWE 2015, 414.
4 OLG Celle 19.9.2008 – 13 U 125/08, BeckRS 2009, 5822.
5 KG 12.9.1988 – 24 W 2242/88, NJW 1989, 532.
6 AG Düsseldorf 17.1.2018 – 291 a C 62/17; LG Düsseldorf 4.10.2018 – 25 S 22/18.

Auch von Dritten an die Gemeinschaft der Wohnungseigentümer gerichtete Urkunden und Dokumente sind und bleiben originär Eigentum der Gemeinschaft der Wohnungseigentümer. 21

Ob ggf. von dem Verwalter anlässlich seiner Tätigkeiten eigenständig errichtete Urkunden und Dokumente im Eigentum des Verwalters stehen, ist letztlich nur eine akademische Frage. 22

Denn während seiner Tätigkeit als Verwalter stehen auch die von ihm errichteten Urkunden und Dokumente im Rahmen der Verwaltung der Wohneigentumsanlage jedem Eigentümer zur Einsicht zur Verfügung (→ Rn. 29 ff.). Mit Beendigung der Verwaltungstätigkeit hat der Verwalter diese Belege nach § 667 BGB der Gemeinschaft der Wohnungseigentümer herauszugeben, so dass spätestens im **Zeitpunkt der Herausgabe** die Gemeinschaft der Wohnungseigentümer Eigentum an diesen Unterlagen erlangt. 23

Auf die Frage der Eigentumsverhältnisse kommt es demnach hier nicht an.[7] 24

IV. Aufbewahrungsfristen

Besondere Regelungen im WEG bezogen auf die Aufbewahrungsfrist von Belegen gibt es nicht. Die Rechtsprechung zieht daher die in § 257 HGB bzw. § 147 Abgabenordnung geregelten **Aufbewahrungsfristen analog** heran. Soweit durch einen Mehrheitsbeschluss der Gemeinschaft der Wohnungseigentümer zugunsten des Verwalters kürzere Aufbewahrungsfristen eingeräumt werden, kann dies nur dahin gehend ausgelegt werden, dass nach Ablauf dieser Frist die Unterlagen an die Gemeinschaft der Wohnungseigentümer auszuhändigen sind.[8] Nichts anderes wird gelten, wenn in einem (beschlossenen) Verwaltervertrag verkürzte Aufbewahrungsfristen geregelt sind. 25

Beschlüsse der Gemeinschaft der Wohnungseigentümer, die eine Vernichtung von Belegen vor Ablauf der analog anzuwendenden gesetzlichen Aufbewahrungsregelungen ergeben, sind wegen des Verstoßes gegen zwingendes Recht nichtig.[9] 26

Folglich gilt für Abrechnungen, Wirtschaftspläne und Buchungsbelege eine **zehnjährige Aufbewahrungsfrist**. Die sechsjährige Aufbewahrungspflicht gilt für sonstige Korrespondenz.[10] 27

Allerdings unterfallen nicht alle Unterlagen den entsprechenden Aufbewahrungsfristen. Für die Teilungserklärung, Versammlungsprotokolle und die Beschluss-Sammlung gilt, dass diese **dauerhaft aufzubewahren** sind, was sich nachvollziehbar aus dem Zweck dieser Urkunden herleitet. Denn diese Urkunden sollen ja die Publizität ihrer Inhalte auch Dritten gegenüber, insbesondere Rechtsnachfolgern eines Wohnungseigentümers, sicherstellen. 28

V. Einsichtsrechte

1. Wohnungseigentümer. Jeder Wohnungseigentümer hat grundsätzlich Anspruch auf Einsichtnahme in die Belege der Gemeinschaft der Eigentümer. 29

Dabei ist es für das Ergebnis dieser Rechtsstellung ohne Relevanz, ob sich ein solcher Anspruch aus § 28 Abs. 2 WEG (Abrechnungen) oder Rechnungslegungen gem. § 259 BGB ableitet bzw. aus einer analogen Anwendung des § 24 Abs. 7 S. 8 WEG hergeleitet wird.[11] 30

Da die Einsichtnahme auch der **Überprüfung der Verwaltungstätigkeit** dient, besteht dieses Einsichtsrecht auch nach der bestandskräftigen Genehmigung einer Abrechnung und auch nach der Entlastung des Verwalters fort. Hieraus folgt, dass sich ein Verwalter auch bei großen Wohnungseigentumsanlagen zur Abwendung einer Einsichtnahme nicht auf mögliche tatsächliche Schwierigkeiten berufen kann, zum Beispiel mit dem Argument, das Einsichtnahmerecht überfordere eine Verwaltung zeitlich oder personell, wenn jeder Wohnungseigentümer der Wohnungseigentumsanlage sein Einsichtsrecht geltend machen würde.[12] 31

---

7 OLG Frankfurt a. M. 2.9.1998 – 20 W 49/97, BeckRS 1998, 11659.
8 OLG München 20.3.2008 – 34 Wx 46/07, NZM 2009, 548; AG Bad Segeberg 8.12.2011 – 17 C 186/10, BeckRS 2011, 27907.
9 OLG München 20.3.2008 – 34 Wx 46/07, NZM 2009, 548.
10 AG Königstein i.Ts. 16.9.1999 – 3 UR II 29/99, NZM 2000, 876.
11 BGH 11.2.2011 – V ZR 66/10, ZWE 2012, 212.
12 BayObLG 13.6.2000 – 2 Z Br 175/99, NZM 2000, 873.

32 Zur Verweigerung einer Einsichtnahme in die Belege, bzw. Fertigung von Abschriften, kann sich der Verwalter auch nicht auf datenschutzrechtliche Bedenken beziehen, da die Wohnungseigentümer zu einer Gemeinschaft verbunden sind und die Einsichtnahme der Zweckbestimmung des Gemeinschaftsverhältnisses, nämlich unter anderem der Kontrolle des Verwalters, dient.[13]

33 Das Einsichtsrecht des einzelnen Eigentümers unterliegt insofern auch keinen besonderen Voraussetzungen, wie zB ein besonderes rechtliches Interesse.[14]

34 Das Einsichtsrecht des einzelnen Wohneigentümers wird hiernach lediglich durch den Grundsatz von Treu und Glauben (§ 242 BGB) und durch das Schikaneverbot (§ 266 BGB) begrenzt.[15] Die Dauer der Einsichtsgewährung hat dem Umfang der Belege und dem tatsächlichen Informationsbedürfnis zu entsprechen.[16]

35 Der Ort, an dem Einsicht zu nehmen ist, ist der Sitz des Verwalters. Dies folgt aus § 269 Abs. 2 BGB. Danach hat eine Leistung dann, wenn der Leistungsort weder bestimmt noch aus den Umständen zu entnehmen ist, am Wohnsitz des Schuldners bzw. am Ort seiner Niederlassung zu erfolgen.[17]

36 Da der Schwerpunkt der Verwaltertätigkeit nicht am Ort der Wohneigentumsanlage liegt, da dort lediglich zur Instandhaltung und Instandsetzung der Anlage erforderliche Maßnahmen zu ergreifen sind, ist **Ort der Einsichtnahme** der Sitz des Verwalters.[18] Vor diesem Hintergrund ist es unerheblich, wie weit der Sitz des Verwalters von der Wohnungseigentumsanlage entfernt liegt, da letztlich die Eigentümer selbst über ihren Verwalter und damit über den Sitz der Verwaltungsgesellschaft befinden.

37 Fehlt es an einer Verpflichtung, außerhalb von Geschäftsräumen des Verwalters die Einsichtnahme zu gewähren, so besteht auch keine Verpflichtung des Verwalters, Eigentümern Ablichtungen von Unterlagen zu übersenden, auch nicht auf deren Kosten.[19]

38 Allerdings hat der einzelne Wohnungseigentümer wohl grundsätzlich einen Anspruch darauf, gegen Kostenerstattung Ablichtungen der Belege in den Räumlichkeiten des Verwalters zu erhalten, soweit dies ohne nennenswerten Vorbereitungsaufwand und ohne Störung des Betriebsablaufs möglich ist.[20]

39 Nach *Bartholome*[21] kann der Verwalter die Fertigung von Kopien aber auch verweigern, wenn ungebührlich viele Kopien verlangt werden. Dies dürfte allerdings nur insoweit zutreffend sein, wie in dem Verlangen eine **Schikane** eines Wohnungseigentümers zu sehen ist. Gerade bei aufwendigen Instandhaltungen und Instandsetzungen und im Hinblick darauf, dass nach allgemeiner Rechtsansicht bei größeren Instandhaltungs- und Instandsetzungsmaßnahmen mehrere Angebote eingeholt werden müssen, wird man die Antwort auf die Frage, wann „ungebührlich viele Kopien" gefordert werden, auch nur im jeweiligen Einzelfall abschätzen können.

40 Bei der Belegeinsicht sind die Belege **geordnet** vorzulegen. Der Verwalter muss aber die Unterlagen nicht abweichend von der sonstigen Buchführung, Belegsammlung oder Dokumentation ordnen.[22]

41 Auskünfte über Vorgänge bei der Verwaltung der Wohnungseigentumsanlage muss der Verwalter anlässlich der Belegeinsicht eines Wohnungseigentümers in Bezug auf die Aspekte des gemeinschaftlichen Eigentums/der Verwaltung der Wohnungseigentumsanlage nicht geben, da Auskunft darüber grundsätzlich nur in der Wohnungseigentümerversammlung verlangt werden kann. Ausgenommen hiervon sind nur solche Auskünfte für den einzelnen Wohnungseigentümer, wenn sich das Auskunftsverlangen auf eine Angelegenheit bezieht, die ausschließlich ihn betreffen, oder wenn die Wohnungseigentümer von ihrem Auskunftsrecht in der Eigentümerversammlung keinen Gebrauch machen.[23]

---

13 KG 31.1.2000 – 24 W 601/99, ZWE 2000, 226.
14 BGH 11.2.2011 – V ZR 66/10, ZWE 2012, 212.
15 BayObLG 27.7.1978 – Br. 2 Z 83/77, BayObLGZ 1978, 231.
16 BayObLG 27.7.1978 – Br. 2 Z 83/77, BayObLGZ 1978, 231.
17 BGH 11.2.2011 – V ZR 66/06, ZWE 2012, 212.
18 BGH 11.2.2011 – V ZR 66/06, ZWE 2012, 212.
19 BGH 11.2.2011 – V ZR 66/06, ZWE 2012, 212.
20 OLG München 29.5.2006 – 34 Wx 67/06, NZM 2006, 512.
21 BeckOK WEG/*Bartholome* § 24 Rn. 168.
22 *Schmidt* ZWE 2014, 389 (391).
23 BGH 11.2.2011 – V ZR 66/10, NZM 2011, 279.

2. Einsichtsrecht ehemaliger Eigentümer. Nach dem KG[24] steht das Einsichtsrecht auch einem ausgeschie- 42
denen Wohnungseigentümer zu. Nach dem Ausscheiden eines Wohnungseigentümers mit der Umschreibung
seines Wohneigentums auf den Nachfolger bestehen nachwirkende Pflichten und Rechte. So erlischt die Haftung des Wohnungseigentümers für bereits fällig gestellte Wohngeld- und Sonderumlagenforderungen der Gemeinschaft mit dem Ausscheiden aus der Gemeinschaft nicht. Auch kann sich aus dem Vertrag zwischen Veräußerer und Erwerber intern eine Regelung hinsichtlich des Nutzen- und Lastenwechsels ergeben, soweit über
den Ausgleich von Wohngeldverbindlichkeiten und Ergebnissen nachfolgender Abrechnungen vertragliche
Regelungen getroffen wurden. Dem ausscheidenden Wohnungseigentümer kann daher nach dem KG ein Interesse an der Einsichtnahme in die Verwaltungsunterlagen nicht abgesprochen werden.

3. Einsichtsrecht Dritter. a) Bevollmächtigter. Das Einsichtsrecht kann für den Wohnungseigentümer auch 43
ein Dritter ausüben, der mit einer Vollmacht ausgestattet ist.[25]

Dies selbst dann, wenn in einer Teilungserklärung/Gemeinschaftsordnung Vertretungsbeschränkungen auf be- 44
stimmte Personenkreise für Teilnehmer bei Wohnungseigentümerversammlungen geregelt sind.

Grund solcher Vertretungsbeschränkungen für Eigentümerversammlungen ist, dass die Wohneigentümer 45
in der Versammlung auftretende Meinungsverschiedenheiten alleine unter sich austragen wollen und sich deshalb nur durch bestimmte, dem eigenen Kreise nahestehende Person vertreten lassen können.[26]

Die Einsicht in die Belege hat demgegenüber aber keinen Bezug zu dem Aspekt einer Vertreterbeschränkung 46
für Eigentümerversammlungen, da es sich bei der Einsichtnahme alleine um die Kenntniserlangung über Ver-
waltungsvorgänge handelt.

Dass Dritte insoweit mit Vollmacht eines Eigentümers Belegeinsicht nehmen können, lässt sich auch aus § 24 47
Abs. 7 S. 8 WEG ableiten, wonach Wohnungseigentümer einen Dritten ermächtigen können, auf Verlangen in
die Beschluss-Sammlung Einsicht zu nehmen.

Allerdings erfordert das Recht eines Dritten, Einsicht in die Belege zu nehmen, neben einer Ermächtigung ei- 48
nes Eigentümers auch ein **berechtigtes und nachvollziehbares Interesse** in der Person des Eigentümers, gerade einem bestimmten Dritten mit der Wahrnehmung seiner eigenen Rechte zu betrauen, anstatt selbst Einsicht zu nehmen.[27] So wird man das Interesse für die Belegeinsicht ohne Weiteres für einen Kaufinteressenten
einer Sondereigentumseinheit oder des Mieters eines Sondereigentümers zur Kontrolle seiner Betriebskostenabrechnung bejahen können.

b) Mieter. Bei Belegeinsichtnahmen durch Mieter von Sondereigentümern ist der Wohnungseigentumsver- 49
walter nicht gehalten, dem Mieter nur die Belege für die nicht umlagefähigen Kosten zur Einsicht zu geben.
Ganz abgesehen davon, dass im Zweifel ein Wohnungseigentumsverwalter, der keine Sondereigentumsverwaltung zu dem betreffenden Mieter hat, schon keine Kenntnisse zu den Vereinbarungen zwischen Mieter und
Sondereigentümern bezüglich der jeweiligen umlagefähigen Kosten hat, ist die Vorlage des Objektordners gegenüber dem Mieter ausreichend.[28]

Problematisch im Hinblick auf das Belegeinsichtsrecht des Mieters dürfte es alleine sein, wenn der Verwalter 50
seinen Sitz nicht im räumlichen Bereich der Wohneigentumsanlage hat.

Während im wohnungseigentumsrechtlichen Bereich (→ Rn. 36) die Belegeinsicht am Geschäftssitz des Ver- 51
walters vorzunehmen ist, hat der Wohnraummieter Anspruch darauf, dass ihm die Belege **am Ort des Mietobjektes** vorgelegt werden.[29]

In diesem Fall bleibt dem vermietenden Eigentümer keine andere Wahl, als die Belege der Betriebskostenab- 52
rechnung am Ort des Geschäftssitzes des Verwalters zu kopieren und dem Mieter am Ort des Mietobjektes zur
Einsicht vorzulegen.

---

24 KG 31.1.2000 – 24 W 601/99, ZWE 2000, 226.
25 *Schmidt* ZWE 2014, 389 (391).
26 BGH 29.1.1993 – V ZB 24/92.
27 LG Hamburg 5.10.2011 – 318 S 7/11.
28 LG Berlin 28.9.2006 – 67 S 225/06, NZM 2007, 285.
29 LG Freiburg 24.3.2011 – 3 S 348/10, NZM 2012, 23; Schmidt-Futterer/*Langenberg* BGB § 556 Rn. 488.

34. Belegprüfung

Leist

I. Einführung

1   Die Belegprüfung bzw. Rechnungsprüfung ist im Vorgriff zur Beschlussfassung über die Abrechnung gem. § 28 Abs. 2 WEG ein Herzstück der Verwaltungsarbeit der Wohnungseigentümer, dient doch die Rechnungsprüfung der Kontrolle der Mittelverwendungen der von den Eigentümern der Gemeinschaft der Wohnungseigentümer zur Verfügung gestellten Geldmittel.

II. Person des Prüfens

2   Dabei sieht das Gesetz die Prüfung der der Abrechnung zugrunde liegenden Belege im Aufgabenbereich des **Verwaltungsbeirats**, der gem. § 29 Abs. 2 WEG die Belegprüfung vornehmen soll, bevor über die Jahresabrechnung durch die Wohnungseigentümerversammlung beschlossen wird.

3   Obgleich die Belegprüfung in der Praxis zum Zwecke der Kontrolle der Verwalter eine wichtige Aufgabe ist, ist allerdings eine Belegprüfung für den originär hierzu berufenen Verwaltungsbeirat nicht zwingend angeordnet. Denn § 29 Abs. 2 WEG ist als sog. „Soll"-Vorschrift konzipiert. Die fehlende Belegprüfung stellt daher keinen Grund dar, einen gefassten Beschluss zur Jahresabrechnung anzufechten.[1] Insofern gilt auch, dass **weder einzelne Wohnungseigentümer noch die Gemeinschaft der Wohnungseigentümer** gegenüber einem Verwaltungsbeiratsmitglied einen **gerichtlich titulierbaren** und dann mit Zwangsmitteln durchsetzbaren Anspruch auf Belegprüfung haben.[2]

4   Neben dem Verwaltungsbeirat, der nach § 29 Abs. 2 WEG die Belegprüfung vornehmen soll, kann auch **jeder einzelne Eigentümer** aufgrund des ihm zustehenden Einsichtsrechts eigenständig eine Belegprüfung durchführen. Denn das Recht des einzelnen Wohnungseigentümers Einsicht in die der jeweiligen Abrechnung zugrunde liegenden Belege des Verwalters zu nehmen, kann nicht durch einen Mehrheitsbeschluss der Wohnungseigentümer beschränkt oder untersagt werden.[3]

5   Den Wohnungseigentümern ist es insoweit auch freigestellt, einen Dritten mit der Belegprüfung zu betrauen und eine solche Aufgabe auch auf einen **Dritten** außerhalb der Eigentümergemeinschaft zu delegieren. Denn für bestimmte einzelne Aufgaben ist eine solche Übertragung ohne Weiteres zulässig, sofern dadurch nicht dem Wohnungseigentümer, dem Verwaltungsbeirat oder dem Verwalter die ihnen nach dem Gesetz oder durch Vereinbarung zugewiesenen Befugnisse beschnitten werden.[4]

6   Soweit allerdings ein Dritter, der nicht Mitglied der Gemeinschaft der Wohnungseigentümer ist, im Auftrag der Wohnungseigentümer die Belegprüfung vornimmt, stellt sich allerdings das Problem, dass diese Person als Dritter – und damit nicht Mitglied der Gemeinschaft der Wohnungseigentümer – in einer Eigentümerversammlung weder Teilnahmerechte noch Rederechte hat.[5] Dies führt also zum Ausschluss jedweder Möglichkeit einer Nachfrage in der Eigentümerversammlung. Die Eigentümer sind letztlich nur auf einen vor der Eigentümerversammlung gefertigten Prüfbericht beschränkt.

---

1   BayObLG 23.12.2003 – 2 Z Br 185/03, NZM 2004, 261.
2   KG 8.10.1997 – 24 W 7947/95, FGPrax 1997, 173.
3   OLG Hamm 29.10.1987 – 15 W 200/87, NJW-RR 1988, 597.
4   BGH 5.2.2010 – V ZR 126/09, ZWE 2010, 215.
5   *Schmidt* ZWE 2004, 18 (23).

III. Gegenstand der Prüfung

Die Belegprüfung umfasst die Kontrolle der gem. § 28 Abs. 2 WEG abzurechnenden Geschäftsvorgänge der 7
Gemeinschaft der Wohnungseigentümer bezüglich des Abrechnungsjahres.

Dabei bedeutet Prüfung zunächst, dass es lediglich um die **rechnerische Richtigkeit des Zahlenwerkes** geht, 8
dass nämlich zB die Zahlen in der Abrechnung selbst und die zugrunde liegenden Belege übereinstimmen.[6]

Geprüft werden müssen zunächst die Gesamtabrechnung und die der Gesamtabrechnung zugrunde liegenden 9
Belege, dh Kontoauszüge, Rechnungen und Quittungen. Zu prüfen sind im Weiteren die Einzeljahresabrechnungen nebst den diesen beizufügenden Heizkostenabrechnungen. Bei Bedarf – insoweit Unschlüssigkeiten
der Abrechnung auftreten – sind auch die Buchhaltungsunterlagen des Verwalters zum Gegenstand der Prüfung zu machen.

Ob Gegenstand der Prüfung nunmehr auch der mit der Gesetzesänderung neu eingeführte **Vermögensbericht** 10
(§ 28 Abs. 4 WEG) ist, mag skeptisch betrachtet werden. Während noch vor der Gesetzesänderung streitig
war, ob ein Vermögensstatus Bestandteil der Abrechnung war,[7] zeigt jedenfalls die jetzige Gesetzessystematik,
dass die Jahresabrechnung, die vom Verwaltungsbeirat geprüft werden soll (§ 29 Abs. 2 WEG), vollkommen
losgelöst von dem Vermögensbericht in § 28 Abs. 4 WEG geregelt ist.

Insofern der Verwaltungsbeirat also nach § 29 Abs. 2 S. 2 WEG allein die Jahresabrechnung prüfen soll, liegt
es nahe, eine Prüfung des Vermögensberichts nach § 28 Abs. 4 WEG als nicht von der Belegprüfung umfasst
anzusehen.

Rechnet man den Vermögensstatus trotz obiger Bedenken gleichwohl zu dem Bestandteil der Abrechnung, so 11
ist eine Prüfung des Status ebenfalls erforderlich.

Zu prüfen ist nach hier vertretener Ansicht im Weiteren die richtige Darstellung der Erhaltungsrücklage 12
(→ Rn. 36 ff).

IV. Ort der Prüfung

Der Ort der Belegprüfung richtet sich grundsätzlich nach dem **Sitz des Verwalters** und der an seinem Sitz 13
vorgehaltenen Unterlagen gem. § 269 Abs. 1, 2 BGB.[8] Ob der Verwalter zum Zwecke der Einsichtnahme und
Prüfung ggf. auch am Ort der Versammlung die Belegunterlagen zum Zwecke der Prüfung vorhalten muss
oder nicht, ist streitig,[9] spielt im Hinblick auf eine der ordnungsgemäßen Verwaltung entsprechenden Belegprüfung aber wohl eher eine untergeordnete Rolle, da jedenfalls eine umfassende Belegprüfung kurz vor oder
während einer Eigentümerversammlung praktisch auch nicht möglich ist.

Da die umfassende Prüfung unmittelbar vor oder in der Eigentümerversammlung bedeuten würde, dass jedwe- 14
der Beleg überprüft werden dürfte, würde eine solche Prüfung den Rahmen einer Eigentümerversammlung
sprengen und das Begehren auf eine solche Belegprüfung somit unzumutbar sein.[10]

V. Zeitlicher Umfang der Belegprüfung

Die Art und der Umfang sowie die Dauer der Belegprüfung hat nach **Maßgabe des Umfangs der Belege** dem 15
tatsächlichen Informationsbedürfnis zu entsprechen.[11] Hiernach kann – gerade bei größeren Wohnungseigentümergemeinschaften – sich in zeitlicher Sicht eine Belegprüfung auch über mehrere Tage erstrecken, wobei
die Geschäftszeiten des Verwalters zu berücksichtigen sind.

---

6 LG Düsseldorf 2.10.2013 – 25 S 53/13, ZWE 2014, 407.
7 FormB-WEG-R/*Elzer* § 2 Rn. 218; verneinend: BGH 27.10.2017 – V ZR 189/16, NJW 2018, 942.
8 BGH 11.2.2011 – V ZR 66/10, NZM 2011, 279.
9 Vgl. zum Streitstand BGH 11.2.2011 – V ZR 66/10, NZM 2011, 279.
10 LG Itzehoe 9.9.2008 – 11 S 6/08, ZWE 2008, 445.
11 OLG Hamm 29.10.1987 – 15 W 200/87, NJW-RR 1988, 597.

VI. Prüfungsumfang

16 Der Umfang der Prüfung ist gem. § 18 Abs. 2 WEG von den Anforderungen der individuellen Eigentümergemeinschaft und ihrer Verwaltung abhängig.[12]

17 Die Prüfung beinhaltet zumindest eine **stichprobenartige Prüfung der sachlichen Richtigkeit**.[13] Hierzu gehört dann auch die Prüfung der Kontenentwicklung.[14]

VII. Haftung des Prüfers

18 **1. Grundlage der Haftung.** Soweit ein Prüfer im Auftrag der Gemeinschaft der Wohnungseigentümer, bzw. der Verwaltungsbeirat aufgrund seiner übernommenen Aufgabe aus § 29 Abs. 2 WEG, die Rechnungsprüfung vollzieht, ergibt sich die Haftungsgrundlage aus dem Auftragsrecht.

19 Denn zwischen den Wohnungseigentümern und den jeweiligen Mitgliedern des Verwaltungsbeirates besteht ein konkludent mit der Bestellung zum Beiratsmitglied abgeschlossenes Auftragsverhältnis iSd § 662 BGB, das sich auf die in § 29 WEG gesetzlich normierten Aufgaben bezieht, sofern die Beiratsmitglieder unentgeltlich tätig werden.[15] Nichts anderes gilt im Hinblick auf einen (extern) beauftragten Prüfer, wie zB einen Steuerberater.

20 Prüfen einzelne Eigentümer auf Grundlage ihres Rechtes zur Belegeinsicht das Rechenwerk des Verwalters und fallen ihnen hierbei Fehler bzw. Unregelmäßigkeiten auf, kann sich auch hier eine Haftung der prüfenden Eigentümer wegen der Verletzung der **schuldrechtlichen Sonderbeziehung** der Wohnungseigentümer untereinander einstellen.

21 Unter allen Wohnungseigentümern besteht insofern ein gesetzliches Schuldverhältnis, aus dem ua die Pflicht des einzelnen Wohnungseigentümers erwächst, an einer ordnungsmäßigen Verwaltung des gemeinschaftlichen Eigentums mitzuwirken. Sie korrespondiert mit dem Anspruch der anderen Wohnungseigentümer aus § 18 Abs. 2 WEG auf eine ordnungsgemäße Verwaltung.[16]

22 Aus diesem Schuldverhältnis lassen sich vor allem auch (ungeschriebene) Treue- und Rücksichtnahmepflichten iSd § 241 Abs. 2 BGB begründen.[17] Folglich fordert dieses Schuldverhältnis seinem Inhalt nach jeden Teil zur Rücksichtnahme auf die Rechte, Rechtsgüter und Interessen des anderen Teils auf (§ 241 Abs. 2 BGB).

23 Immanent ist diesem Schuldverhältnis dann auch, an einer ordnungsgemäßen Verwaltung mitzuwirken.[18] Daraus lässt sich ableiten, dass iSd § 241 BGB den jeweiligen Eigentümer jedenfalls eine Informations- und Aufklärungspflicht gegenüber den übrigen Eigentümern trifft, sofern er Fehler bei der Behandlung des Vermögens der Gemeinschaft der Wohnungseigentümer durch die Verwaltung bei seiner Belegprüfung erkennt.

24 **2. Haftungsmaßstab.** Für die Frage des Haftungsmaßstabs der im Auftrag handelnden Prüfer wurde bis zur Gesetzesänderung, soweit Fehler der Abrechnung nicht erkannt wurden, der **reguläre Haftungsmaßstab nach § 278 BGB** angelegt. Danach haftete, wer bereits fahrlässig die im Verkehr erforderliche Sorgfalt nicht beachtete.[19]

25 Mit der Neugestaltung des § 29 Abs. 3 WEG ist ein solcher Haftungsmaßstab allerdings nicht mehr allgemeingültig. Denn soweit jedenfalls ein Mitglied des Verwaltungsbeirates die Prüfung vornimmt, gilt, dass dann, wenn der Verwaltungsbeirat unentgeltlich tätig wird, dieser nur Vorsatz und grobe Fahrlässigkeit zu vertreten hat.

Im Umkehrschluss bleibt es dann aber bei der Haftung auch für einfache Fahrlässigkeit, soweit ein entgeltlich tätiger Verwaltungsbeirat, oder eine extern beauftragte Person, zB ein Steuerberater, die Prüfung vornimmt.

---

12 BeckOK WEG/*Munzig* § 29 Rn. 61.
13 OLG Düsseldorf 24.9.1997 – 3 Wx 221/97, NZM 1998, 36.
14 LG Köln 18.12.2014 – 29 S 75/14, ZWE 2014, 418.
15 OLG Düsseldorf 24.9.1997 – 3 Wx 221/97, NZM 1998, 36.
16 BGH 10.2.2017 – V ZR 166/16, NZM 2017, 445.
17 BeckOK WEG/*Müller* § 10 Rn. 91 mwN.
18 BGH 10.2.2017 – V ZR 166/16, NZM 2017, 445.
19 OLG Düsseldorf 9.11.2001 – 3 Wx 13/01, NZM 2002, 2649.

Bei einer Verletzung der Pflichten aus der schuldrechtlichen Sonderbeziehung der Eigentümer untereinander, dürfte demgegenüber als Haftungsmaßstab nur Vorsatz in Betracht kommen. Denn der Sondereigentümer nimmt bei der Belegprüfung nur eigene Interessen wahr, handelt dabei also nicht im Interessenkreis der übrigen Wohnungseigentümer. Die Pflichtverletzung besteht hier allein in der Nichtweitergabe von Erkenntnissen, was damit zwangsläufig Vorsatz des Handelnden voraussetzt.   26

VIII. Einzelne Prüfungsgesichtspunkte

1. Jahresabrechnung, Abrechnung über den Wirtschaftsplan. Bei der Abrechnung der WEG iSd § 28 Abs. 2 WEG handelt es sich im Wesentlichen um eine **reine Einnahmen- und Ausgabenrechnung.**[20]   27

Aufgabe der Jahresabrechnung ist es – anders als wie bisher eine schlichte Abrechnung von Zahlungsvorgängen zu erstellen, aus der sich die sog. Abrechnungsspitze erschloss – nach der Neuregelung nunmehr, die Beschlussfassung über die Einforderung von Nachschüssen oder die Anpassung beschlossener Vorschüsse bzgl. des bisher geltenden Wirtschaftsplanes zu ermöglichen und vorzubereiten, dh Beschlussgegenstand sind nur Zahlungspflichten, die zum Ausgleich einer Unter- oder Überdeckung aus dem bisher geltenden Wirtschaftsplan erforderlich werden.[21]   28

Auch wenn das der Abrechnung zugrunde liegende Zahlenwerk, aus dem der Betrag solcher Zahlungspflichten abgeleitet wird, nicht Gegenstand des Beschlusses zur Anpassung des Wirtschaftsplanes ist, sondern nur seiner Vorbereitung dient,[22] orientiert sich die Belegprüfung bei der Jahresabrechnung an der Abrechnung des Verwalters bezüglich des Wirtschaftsjahres in Sicht des § 28 Abs. 2 WEG.   29

Dabei muss die Jahresabrechnung Auskunft über alle Ein- und Ausgaben der WEG geben, unabhängig davon, ob sie bezogen auf die den Rechnungen zugrunde liegenden Leistungen **das Abrechnungsjahr betreffen** oder nicht. Gleiches gilt bei den Einnahmen.[23]   30

Vor diesem Hintergrund sind zunächst alle der zu prüfenden Abrechnung zugrunde liegenden **Zahlungsvorgänge** für diesen Abrechnungszeitraum beachtlich; egal, ob iSd Leistungsbezogenheit die den Zahlungen zugrunde liegenden Leistungen für das nämliche Abrechnungsjahr erbracht worden sind oder nicht, bzw. Zahlungseingänge auf Konten der Gemeinschaft der Wohnungseigentümer auf Ansprüchen beruhen, deren Entstehen außerhalb des Abrechnungszeitraumes zu verorten ist. Da in die Abrechnung auch solche Ausgaben einzustellen sind, die der Verwalter unberechtigterweise aus Mitteln der Gemeinschaft getätigt hat,[24] ist es für die Belegprüfung hiernach unerheblich, wieso die Ausgaben getätigt wurden.   31

Hierzu erlangte Erkenntnisse sind jedoch im Rahmen eines Prüfberichts den übrigen Eigentümern kenntlich zu machen.[25]   32

Die infolge der Prüfung erkannten Einnahmen und Ausgaben sind dann – um das Ziel des Gesetzes zu erreichen, etwaige Nachschüsse und Anpassungen des maßgeblichen Wirtschaftsplanes des Wirtschaftsjahres zu ermitteln – mit den Werten des bisher gültigen Wirtschaftsplan **abzugleichen.**   33

Die **Differenz** zwischen den konkret ermittelten notwendigen Finanzmitteln gemäß der Jahresabrechnung und den geplanten Finanzmitteln bildet dann den Betrag ab, in dessen Umfange Nachschüsse von den Eigentümern zu fordern sind bzw. sich der bisherige Wirtschaftsplan „nach unten" anpasst.   34

Bei der nach der Rechtsprechung im Wesentlichen geforderten **stichprobenartigen Überprüfung** der jeweiligen Ausgaben, ist darauf zu achten, dass die in der Abrechnung ausgewiesenen Beträge der einzelnen Kostenarten, bzw. die vom Verwalter in der Gesamtjahresabrechnung dargestellten Gesamteinnahmen, als Kontenbewegungen in den Kontoauszügen ersichtlich werden.   35

2. Erhaltungsrücklage. Da nach § 28 Abs. 2 S. 1 WEG nach Ablauf des Kalenderjahres über etwaige Nachschüsse oder die Anpassung bereits beschlossener Vorschüsse zu beschließen ist und gem. § 28 Abs. 1 S. 1   36

---

20 BGH 4.12.2009 – V ZR 44/09, NJW 2010, 2127.
21 BT-Drs. 19/18791, 77.
22 BT-Drs. 19/18791, 77.
23 BGH 4.12.2009 – V ZR 44/09, NJW 2010, 2127.
24 BGH 4.3.2011 – V ZR 156/10, NJW 2011, 1346.
25 OLG Düsseldorf 9.11.2001 – 3 Wx 13/01, NZM 2002, 264.

WEG zu den Vorschüssen des einheitlichen Wirtschaftsplans auch die nach § 19 Abs. 2 Nr. 4 WEG zu bildende Erhaltungsrücklage zählt, wird hier vertreten, dass ob dieser Regelung dann auch die Erhaltungsrücklage **Bestandteil der Jahresabrechnung** ist.

Denn ist die Erhaltungsrücklage integraler Bestandteil der Wirtschaftspläne, kann eine Anpassung iSd § 28 Abs. 2 WEG – sei es nun durch Nachschüsse oder durch Anpassung „nach unten" – nur den gesamten Wirtschaftsplan betreffen und nicht nur die Vorschüsse zur Kostentragung.

37   Mit Blick darauf, dass die Erhaltungsrücklage ebenfalls Inhalt der nach § 28 Abs. 3 WEG zu erstellenden Vermögensübersicht ist, mag demgegenüber aber auch vertreten werden, dass die Darstellung der Erhaltungsrücklage mit der Gesetzesänderung nicht mehr Bestandteil der Jahresabrechnung sein soll. In diesem Fall bedarf es dann einer Belegprüfung im Rahmen einer Jahresabrechnung nicht (zur Prüfung der Vermögensübersicht → Rn. 42 ff.).

38   Nach einer Entscheidung des BGH[26] bedurfte es im Zusammenhang mit den **Zuführungen zur Erhaltungsrücklage keiner gesonderten Abrechnung**. Vielmehr war die Entwicklung der Erhaltungsrücklage gesondert darzustellen, wobei dies einerseits in der Form zu geschehen hatte, dass die geplante Entwicklung der Erhaltungsrücklage (= „Soll"-Rücklage) unter Berücksichtigung der geplanten Einnahmen und Ausgaben darzustellen war. Daneben war die tatsächliche Entwicklung der Erhaltungsrücklage ebenfalls darzustellen (= „Ist"-Rücklage). Differenzen die sich im Unterschied zwischen der „Soll"-Rücklage und der „Ist"-Rücklage ergeben, waren zu erläutern.

39   Da nun nach der Gesetzesbegründung im Bereich des Vermögensberichtes aber nur noch der tatsächliche Ist-Stand der Erhaltungsrücklage anzugeben ist,[27] wird man für die Darstellung der Rücklage – die mit Blick auf die Rechtsprechung des BGH[28] auch weiterhin nicht abzurechnen ist – nicht anderes fordern können, als eine Darstellung der Entwicklung der Ist-Rücklage.

40   Für die Prüfung der Richtigkeit dieses Teils der Abrechnung ist es demnach wichtig, die Höhe der Zuführung zur Erhaltungsrücklage anhand von Kontenbelegen und Belegen der Ausgaben, die aus der Erhaltungsrücklage finanziert wurden, auf Übereinstimmung mit der Darstellung der Erhaltungsrücklage zu prüfen.

41   **3. Kontenentwicklung.** Eine vollständige Jahresabrechnung muss den Stand und die Entwicklung der gemeinschaftlichen Konten, insbesondere der Konten für die Erhaltungsrücklage und für die laufende Verwaltung (Girokonto) enthalten.[29] Die **Darstellung der Kontenentwicklung** in der Abrechnung darf daher **kein anderes Ergebnis** mit sich bringen, als das Ergebnis der Prüfung aller Einnahmen und Ausgaben der Gemeinschaft der Wohnungseigentümer im nämlichen Wirtschaftsjahr bezogen auf die Gesamtjahresabrechnung und ist daher vom Prüfungsumfang bereits bei der Überprüfung der Gesamtjahresabrechnung als Bestandteil mit umfasst.[30]

42   **4. Vermögensbericht.** Wenn auch für die Prüfung der Jahresabrechnung durch den Verwaltungsbeirat nicht zu prüfen, so wird auch der Vermögensbericht des Verwalters nach § 28 Abs. 3 WEG einer Prüfung unterzogen werden dürfen. Denn schließlich soll der Vermögensbericht den Wohnungseigentümern ein Bild über die wirtschaftliche Lage der Gemeinschaft der Wohnungseigentümer geben, wobei jeder Eigentümer hierauf einen Anspruch hat.[31]

43   Der Vermögensbericht muss nach der Gesetzesbegründung zum einen den Stand der Erhaltungsrücklage (§ 19 Abs. 2 Nr. 4 WEG) und etwaiger durch Beschluss vorgesehener Rücklagen enthalten.[32] Anzugeben ist dabei jeweils der Ist-Stand des tatsächlich vorhandenen Vermögens, das für die Erhaltung beziehungsweise andere Zwecke reserviert ist; offene Forderungen oder zur Liquiditätssicherung umgewidmete Mittel sind insoweit nicht anzugeben.[33]

---

26   BGH 4.12.2009 – V ZR 44/09, NJW 2010, 2127.
27   BT-Drs. 19/18791, 77.
28   BGH 4.12.2009 – V ZR 44/09, NJW 2010, 2127.
29   KG 26.9.2007 – 24 W 183/06, BeckRS 2008, 02093.
30   FormB-WEG-R/*Elzer* § 2 Rn. 328.
31   BT-Drs. 19/18791, 77.
32   BT-Drs. 19/18791, 77.
33   BT-Drs. 19/18791, 77.

Weiter muss der Vermögensbericht eine Aufstellung des wesentlichen Gemeinschaftsvermögens enthalten, 44
wobei dies insbesondere alle Forderungen der Gemeinschaft der Wohnungseigentümer gegen einzelne Wohnungseigentümer und Dritte (insbesondere Hausgeldschulden einschließlich offener Forderungen zu Rücklagen), alle Verbindlichkeiten (vor allem Bankdarlehen) und sonstige Vermögensgegenstände (etwa Brennstoffvorräte) umfasst.[34]

Stichtag ist jeweils der Ablauf des Kalenderjahres.

Das Vermögen ist dabei lediglich aufzustellen, also zu benennen, wobei einzelnen Vermögensgegenstände 45
nicht bewertet werden und nur wesentliche Vermögensgegenstände benannt werden müssen.[35] Demgegenüber
sind Geldforderungen und Verbindlichkeiten betragsmäßig anzugeben.[36]

Für die Prüfung der Erhaltungsrücklage, als Bestandteil des Vermögensberichtes, wird sich hier für den Prüfer 46
nichts anderes ergeben als bei der Prüfung der Jahresabrechnung, deren Bestandteil nach § 28 Abs. 1 und 2
WEG ja ebenfalls die Erhaltungsrücklage ist.

Für die Prüfung insbesondere der Forderungen und Verbindlichkeiten sind demgegenüber dem Prüfer die
Rechtsvorgänge anhand von Unterlagen nachzuweisen.

5. Sachliche Zuordnung der Belege. Wesentlich und für jede Belegprüfung von maßgeblichem Gewicht ist, 47
dass die zu prüfenden Belege der Gemeinschaft der Wohnungseigentümer zugeordnet werden können. Nur
eine ausreichende Identifikation der Gemeinschaft der Wohnungseigentümer in den Belegen, bietet nämlich
bei der Prüfung die Gewähr dafür, festzustellen, ob berechtigte oder unberechtigte Ausgaben zulasten der Gemeinschaft der Wohnungseigentümer getätigt wurden. Die Belege sind im Original vorzulegen.[37]

6. Prüfungsablauf unter Besonderheiten der Abrechnung. Im ersten Schritt der stichprobenartigen Über- 48
prüfung wird eine Plausibilitätsprüfung des Rechenwerks erforderlich sein. Dies geschieht durch Abgleich der
Kontenstände zu Beginn des Wirtschaftsjahres, der Addition aller Einnahmen, Subtraktion aller Ausgaben, um
anhand dieser Rechenschritte festzustellen, ob der Jahresendstand der Konten der Gemeinschaft der Wohnungseigentümer mit den Ein- und Ausgaben in Übereinstimmung zu bringen ist.

Eine Besonderheit bietet im Kontext mit der Abrechnung die **Heizkostenverordnung.** 49

Da gem. § 7 Abs. 1 HeizkostenV die Kosten des Betriebs der zentralen Heizungsanlage teilweise verbrauchs- 50
abhängig verteilt werden müssen und die Heizkostenverordnung auch für das Wohnungseigentum gilt (§ 3
HeizkostenV), sind in die **Jahresabrechnung** alle im Abrechnungszeitraum geleisteten Zahlungen, die im Zusammenhang mit der Anschaffung von Brennstoff stehen, aufzunehmen. Das bedeutet, dass ggf. für das Vorjahr erbrachte Zahlungen auf eine Schlussrechnung des Versorgers im Abrechnungsjahr ebenso für die Gesamtabrechnung beachtlich sind, wie die im lfd. Abrechnungsjahr erbrachten Abschlagszahlungen.

Für die **Verteilung in den Einzelabrechnungen** sind nach Auffassung des BGH dagegen die Kosten des Ab- 51
rechnungszeitraums des tatsächlich verbrauchten Brennstoffs maßgeblich.[38] Dies bedeutet, dass in der Summe
aller Heizkostenabrechnungen der Einzelabrechnungen für die Eigentümer andere Kosten zur Verteilung relevant werden als die nach dem Abflussprinzip ermittelten Kosten der Gesamtabrechnung. **Der Unterschiedsbetrag** zwischen Kosten der Gesamtabrechnung und der Summe, die für die Anpassung des anzupassenden
Wirtschaftsplanes relevant wird und zwangsläufig auftritt, ist folglich **in der Abrechnung aufzunehmen und
verständlich zu erläutern.**[39]

In diesem Zusammenhang ist darauf hinzuweisen, dass als Ausfluss der o. g. Rechtsprechung des BGH auch 52
der **Betriebsstrom der Heizung,** unabhängig davon, ob er über Zwischenzähler erfasst wird oder nicht, gegenüber dem einzelnen Eigentümer **nach Maßgabe der Heizkostenverordnung** abzurechnen ist.

Dies ergibt sich bereits daraus, dass entsprechend § 7 Abs. 2 HeizkostenV die Kosten des Betriebsstroms zu 53
den Kosten des Betriebes einer Heizungsanlage gehören.

---

34 BT-Drs. 19/18791, 77.
35 BT-Drs. 19/18791, 77.
36 BT-Drs. 19/18791, 77.
37 FormB-WEG-R/*Elzer* § 2 Rn. 328.
38 BGH 17.2012 – V ZR 251/10.
39 BGH 17.2.2012 – V ZR 251/10.

54 Als Schlussfolgerung aus der Entscheidung des BGH vom 17.2.2012 ergeben sich hierbei ebenfalls zwangsläufig unterschiedliche Werte im Abgleich zwischen der Gesamtjahresabrechnung und der vorzunehmenden Anpassung der Wirtschaftsplanung. Gleiches wird dann auch für die **Kosten der Warmwassererwärmung** zu gelten haben (§ 8 HeizkostenV).

55 Für die Belegprüfung bedeutet diese Besonderheit, dass sich aus den Abrechnungsunterlagen die **jeweilige Differenz eindeutig** ergibt und in der Abrechnung entsprechend abgebildet und erläutert ist.

56 Nimmt man die Rechtsprechung[40] beim Wort, wonach es bei der Prüfung der Belege lediglich um die rechnerische Richtigkeit des Zahlenwerkes geht, nämlich, dass die Zahlen in der Abrechnung selbst und die zugrunde liegenden Belege übereinstimmen, so ist von dem Prüfer jedenfalls nicht zu fordern, dass er die Abrechnung auch auf die richtige Verteilung der Kosten in den Einzeljahresabrechnungen zu prüfen hat.[41]

57 Fordert man bei der Belegprüfung auch die Überprüfung der korrekten Anwendung des **Kostenverteilerschlüssels**, dann ist hierbei auch zu prüfen, ob die angegebenen Verteilerschlüssel den Vereinbarungen, Beschlüssen bzw. – soweit keine besonderen Regeln bestehen – § 16 Abs. 1 WEG entsprechen.[42]

58 Die Prüfung der Einzelabrechnung hat nach hier vertretener Ansicht aber lediglich in dem Umfang zu erfolgen, dass die Summen der umgelegten Kosten aller Einzelabrechnungen (unter Berücksichtigung der Besonderheit der Abrechnung der Heizkosten) identisch mit der Summe der Kosten sind, die sich aus der Gesamtabrechnung ergibt.

35. Beschluss-Sammlung

Hoeck-Eisenbach

I. Überblick

1 Zusätzlich zur Versammlungsniederschrift (→ *Niederschrift* Rn. 1) ist gem. § 24 Abs. 7 und Abs. 8 WEG eine Beschluss-Sammlung zu führen. Diese gibt in lückenloser Reihenfolge in übersichtlicher Form die seit dem 1.7.2007 gefassten maßgeblichen Beschlüsse und die die Wohnanlage betreffenden Gerichtsentscheidungen wieder. Sie soll neben den Wohnungseigentümern selbst und den Verwaltern auch (möglichen) Erwerbern eines Wohnungseigentumsrechtsermöglichen, sich vor einem Kauf umfassend über die **aktuelle Beschlusslage** und alle wichtigen gerichtlichen Entscheidungen zu informieren.[1] Sie entfaltet aber keine Wirkung, wie sie bestimmten öffentlichen Registern zukommt. Auf die Richtigkeit und Vollständigkeit einer Sammlung kann sich der Rechtsverkehr nämlich gerade nicht verlassen.[2] Der „gute Glaube" in einen ggf. unrichtig, unvollständig oder verfälscht eingetragenen Beschluss oder eine Entscheidung ist nicht geschützt.[3] Die Eintragung eines Beschlusses ist nicht konstitutiv und nicht Voraussetzung für eine Wirkung gem. § 10 Abs. 3 S. 2 WEG.[4]

---

[40] LG Rostock 23.1.2015 – 1 S 24/14, ZWE 2015, 462; LG Düsseldorf 1.10.2013 – 25 S 53/13, ZWE 2014, 407.

[41] AA FormB-WEG-R/*Elzer* § 2 Rn. 328; BeckOK WEG/*Munzig* § 29 Rn. 61.

[42] FormB-WEG-R/*Elzer* § 2 Rn. 328.

[1] *Hügel/Elzer* WEG § 24 Rn. 101.

[2] Bärmann/*Merle* WEG vor § 43 Rn. 64.

[3] *Drasdo* ZMR 2007, 501.

[4] BGH 8.4.2016 – V ZR 104/15, MDR 2016, 1009.

II. Einzelheiten

1. Führung. Gem. § 24 Abs. 7 S. 1, Abs. 8 WEG obliegt dem Verwalter das Anlegen, das Eintragen, die Lö- 2
schungen und die mit der Einsicht verbundenen Maßnahmen, einschließlich der Aufbewahrung.[5] Eintragungen, Anmerkungen und gegebenenfalls Löschungen sind originäre Verwalter-Aufgaben (→ *Verwalter*
Rn. 43 f.). Alle Notizen sind – anders als bei der Niederschrift – ausschließlich vom Verwalter zu fertigen.
Eine **Eintragung** darf **vom Verwalter** nicht von der Mitarbeit Dritter abhängig gemacht werden. Auch dann,
wenn über den Wortlaut eines Beschlusses Streit besteht, muss die Eintragung des Wortlauts, den der Verwalter für zutreffend hält, unverzüglich erfolgen.[6] Dem Verwalter steht an der Beschluss-Sammlung kein Zurückbehaltungsrecht zu.[7]

Fehlt ein Verwalter, so ist gem. § 24 Abs. 8 S. 2 WEG der Vorsitzende der Wohnungseigentümerversamm- 3
lung verpflichtet, die Beschluss-Sammlung zu führen, es sei denn, die Wohnungseigentümer haben durch
Stimmenmehrheit einen anderen für diese Aufgabe bestellt. Diese Person muss nicht Mitglied der Gemeinschaft der Wohnungseigentümer sein, zB ein Notar.[8] Ein Verwalter fehlt, wenn er überhaupt nicht bestellt worden ist oder er seine Verwalterstellung durch Zeitablauf, Abberufung, Ungültigerklärung des Bestellungsbe-
schlusses, durch Tod oder durch Niederlegung des Amtes seitens des Verwalters verloren hat. Ein Verwalter
fehlt aber auch, wenn er vorübergehend durch Erkrankung oder Abwesenheit an der Teilnahme gehindert ist
oder er sich weigert, eine Eigentümerversammlung durchzuführen und zu leiten.[9]

Gibt es einen Verwalter, kann ihm die Aufgabe zur Führung der Beschluss-Sammlung nur durch Vereinbarung 4
genommen werden. Ein Beschluss, mit dem in abstrakt-genereller Weise die **Befugnis zur Führung der
Beschluss-Sammlung** einer anderen Person übertragen wird, etwa dem Vorsitzenden des Verwaltungsbeirats,
wäre nichtig. Nur anfechtbar ist hingegen ein Beschluss, mit dem eine konkrete Person ermächtigt wird.[10]

2. Formalien. Eine **Form** der Sammlung ist nicht vorgeschrieben. Sie kann schriftlich (zB als Loseblatt- 5
sammlung im Stehordner) oder auch **elektronisch** geführt werden. Die Wohnungseigentümer können dies
durch Mehrheitsbeschluss gem. §§ 19 Abs. 1, 25 Abs. 1 WEG regeln.[11] Wird die Beschluss-Sammlung elektronisch geführt, muss sichergestellt sein, dass jederzeit Zugriff auf die Daten besteht, zum Beispiel durch
einen Ausdruck mindestens einmal jährlich.[12] Das bloße Abheften der gem. § 24 Abs. 6 WEG gefertigten Niederschriften in einem Ordner als Beschluss-Sammlung dürfte den Anforderungen an eine Beschluss-
Sammlung nicht genügen.[13]

Anders als die Niederschrift ist die Beschluss-Sammlung **nicht zu unterschreiben.**[14] 6

Die Eintragungen sind **fortlaufend** einzutragen und zu nummerieren (§ 24 Abs. 7 S. 3 WEG). Die Nummerie- 7
rung hat versammlungs- und jahresübergreifend zu erfolgen und zwar so, dass weder Eintragungen nachträglich wieder entfernt noch hinzugefügt werden können, Niederschriften über Beschlüsse und Urteile in Beschlussanfechtungsverfahren sind in Textform aufzubewahren.

3. Eintragung. a) Aufzunehmende Entscheidungen. Einzutragen sind im Zweifel gem. § 24 Abs. 7 S. 2 8
WEG alle Entscheidungen, soweit sie in Verfahren gem. § 43 WEG nach dem 1.7.2007 ergangen sind. Aufzu-
nehmen ist jeweils die Urteilsformel iSd § 314 Abs. 1 Nr. 4 ZPO.[15] Gerichtliche Entscheidungen zur Hauptsa-
che, zu den Kosten und zur Vollstreckbarkeit gehören zu den Inhalten.[16] Dies umfasst **gerichtliche End-
Entscheidungen** mit Angabe ihres Datums, auch wenn sie nicht als Urteile ergangen sind, sowie einstweilige
Verfügungen, Beschlüsse gem. § 91 a ZPO und Beschlüsse im Rahmen der Zwangsvollstreckung. Nicht dazu

---

5 Palandt/*Wicke* WEG § 24 Rn. 27.
6 *Hügel/Elzer* WEG § 24 Rn. 117.
7 *Hügel/Elzer* WEG § 24 Rn. 101.
8 Niedenführ/Vandenhouten/*Kümmel/Vandenhouten* WEG § 24 Rn. 96.
9 Bärmann/*Merle* WEG § 24 Rn. 152.
10 Niedenführ/Vandenhouten/*Kümmel/Vandenhouten* WEG § 24 Rn. 97.
11 Palandt/*Wicke* WEG § 24 Rn. 28.
12 *Hügel/Elzer* WEG § 24 Rn. 101.
13 Bärmann/*Merle* WEG § 24 Rn. 150.
14 Palandt/*Wicke* WEG § 24 Rn. 29.
15 Bärmann/*Merle* WEG § 24 Rn. 177.
16 *Hügel/Elzer* WEG § 24 Rn. 104.

gehören nicht eingetragene Vereinbarungen.[17] Einzutragen ist die Urteilsformel der Entscheidung zur Hauptsache, wobei zum Begriff einer „Entscheidung" auch eine **Klageabweisung** gehört. Das Urteil fordert bei einer Klage abweisenden Entscheidung nicht, neben der Urteilsformel den Klageantrag aufzunehmen.[18]

9 Noch nicht entschieden ist, ob es für eine Gerichtsentscheidung auf ihre **Rechtskraft** ankommt oder ob bereits ihr Erlass erreicht. Gegen den Erlass spricht, dass gerichtliche Entscheidungen die Wohnungseigentümer erst mit Eintritt der **Rechtskraft** binden, und § 24 Abs. 7 S. 4 WEG, wonach angefochtene oder aufgehobene Beschlüsse mit einer Anmerkung zu versehen sind.[19] Gegen den Erlass spricht auch, dass ein Beschluss solange gültig ist, solange er nicht durch rechtskräftiges Urteil für ungültig erklärt wurde (§ 23 Abs. 4 S. 2 WEG).

10 Nicht in die Beschluss-Sammlung aufzunehmen sind **Prozessvergleiche**. Weder außergerichtliche noch gerichtliche Vergleiche sind „gerichtliche" Entscheidungen. Vergleiche der Wohnungseigentümer untereinander oder mit Dritten sind Verträge und allenfalls, aber nicht stets, Vereinbarungen iSv § 10 Abs. 1 S. 2 WEG. Vorstellbar ist allerdings, dass ein Prozessvergleich ausnahmsweise auch als Beschluss zu verstehen ist.[20] **Gerichtliche Vergleiche** können als Beschlüsse analog § 24 Abs. 7 S. 1 Nr. 2 WEG aufgenommen werden.[21]

11 **b) Aufzunehmende Beschlüsse.** Beschlüsse sind nach ihrem verkündeten **Inhalt** (Wortlaut) und das **Beschlussergebnis** (Antrag angenommen oder abgelehnt) sowie Ort und Datum der Versammlung bzw. Verkündung zu beurkunden.[22] Der Wortlaut des in die Sammlung einzutragenden Beschlusses muss mit dem in der Niederschrift aufgenommenen Wortlaut übereinstimmen.[23] Besteht ein **Widerspruch** zwischen der Niederschrift und Beschluss-Sammlung, so ist dies trotz der in aller Regel verlässlicheren Niederschrift nach § 286 Abs. 1 ZPO frei zu würdigen.[24]

12 Eintragungspflichtig sind im Zweifel alle **verkündeten Beschlüsse**, also alle positiven wie negativen Beschlüsse. Keine Rolle spielt ferner, ob ein Beschluss ordnungsmäßig ist.[25] Auch Beschlüsse zur Geschäftsordnung, soweit sie sich nicht mit Versammlungsende erledigt haben, sind einzutragen.[26]

13 **aa) Positiver Beschluss.** Einzutragen ist der sog. **positive Beschluss**, dh ein vom Versammlungsleiter verkündetes **positives Beschlussergebnis**, und zwar unabhängig davon, ob die vom Versammlungsleiter getroffene Feststellung richtig ist oder nicht.[27] Falls der Annahmebeschluss nur mit der Bezeichnung „Annahme" ohne Angabe des sachlichen Inhalts verkündet wurde, so muss auch der Wortlaut des Antrags aufgenommen werden.[28]

14 **bb) Negativer Beschluss.** Einzutragen ist grundsätzlich auch die verkündete **Ablehnung eines Beschlussantrages**, und zwar unabhängig davon, ob das negative Beschlussergebnis richtig oder unrichtig festgestellt wurde. Rechtswirkungen eines zu Unrecht festgestellten sog. negativen Beschlusses können nur durch **Beschlussanfechtung** beseitigt werden. Dabei ist auch der Wortlaut des zur Abstimmung gestellten Beschlussantrags (→ *Beschluss* Rn. 6) in die Sammlung aufzunehmen, weil nur diese dann Kenntnis von der aktuellen Beschlusslage der Gemeinschaft gibt.[29]

15 Der teilweise vertretenen Auffassung, dass negative Beschlüsse, die keine Bedeutung für die WEG haben, nicht einzutragen sind, weil diese sogleich anschließend wegen Bedeutungslosigkeit gelöscht werden müssen, kann nicht gefolgt werden. Eine Differenzierung danach, ob ein negativer Beschluss von Bedeutung ist oder nicht, kann vom Führer der Beschluss-Sammlung nicht gewährleistet werden.[30]

---

17 Palandt/*Wicke* WEG § 24 Rn. 26.
18 *Hügel/Elzer* WEG § 24 Rn. 104; aA Bärmann/*Merle* WEG § 24 Rn. 176.
19 *Hügel/Elzer* WEG § 24 Rn. 104.
20 *Hügel/Elzer* WEG § 24 Rn. 104.
21 Palandt/*Wicke* WEG § 24 Rn. 31.
22 Palandt/*Wicke* WEG § 24 Rn. 30.
23 Bärmann/*Merle* WEG § 24 Rn. 164.
24 Bärmann/*Merle* WEG vor §§ 43 Rn. 64.
25 *Hügel/Elzer* WEG § 24 Rn. 102.
26 Palandt/*Wicke* WEG § 24 Rn. 30.
27 Bärmann/*Merle* WEG § 24 Rn. 164.
28 Palandt/*Wicke* WEG § 24 Rn. 30.
29 Bärmann/*Merle* WEG § 24 Rn. 167.
30 *Hügel/Elzer* WEG § 24 Rn. 102; aA Bärmann/*Merle* WEG § 24 Rn. 167.

Hoeck-Eisenbach

cc) Nichtige Beschlüsse/Nichtbeschlüsse. Nichtige und Nichtbeschlüsse sind nicht aufzunehmen. Ist jedoch 16 streitig, ob ein Beschluss nichtig ist, sollte der Beschluss im Zweifel aufgenommen werden. In einer Anmerkung kann dann der zur Führung Verpflichtete seine **Zweifel an der Wirksamkeit beurkunden.**[31]

dd) Bestandskraft/Anfechtung. Bestandskraft ist nicht erforderlich.[32] Seine Anfechtung ist jedoch anzumer- 17 ken.[33]

ee) Anlagen. Einzutragen sind nicht nur die Beschlüsse, sondern auch Anlagen wie Gesamt- und Einzelab- 18 rechnungen, Gutachten und Angebote, sofern sich ein Beschluss darauf bezieht. Ist der Beschluss in der Versammlung verkündet worden, so sind deren Ort und Datum anzugeben.[34] Bei schriftlich gefassten Beschlüssen gem. § 23 Abs. 3 WEG, deren Zustandekommen von einer Ergebnisfeststellung und -mitteilung durch den Zustimmungsempfänger (idR der Verwalter) an alle Wohnungseigentümer abhängt, ist zusätzlich Ort und Datum der Absendung anzugeben.[35] Zulässig ist es auch zur Konkretisierung des gefassten Beschlusses auf ein außerhalb der Beschluss-Sammlung befindliches Dokument Bezug zu nehmen, wenn dieses zweifelsfrei bestimmt ist.[36]

Beispiel für den **Aufbau** einer Beschluss-Sammlung:[37]   19

Lfd. Nr. der Eintragung	Versammlung Datum/Ort/TOP	Beschlüsse/Beschlussergebnis/Datum der Eintragung	Gerichtsentscheidung Az. Gericht/Parteien Datum der Eintragung	Vermerk/ Datum der Eintragung

4. Vermerke. Sind Beschlüsse angefochten oder aufgehoben, so ist dies anzumerken. Im Falle einer Aufhe- 20 bung kann von einer Anmerkung abgesehen und die **Eintragung gelöscht** werden. Eine Eintragung kann auch gelöscht werden, wenn sie aus einem anderen Grund als Eigentümer keine Bedeutung mehr hat.[38] Anders als ein eintragungspflichtiger Beschluss oder ein Urteil ist eine Anmerkung nicht unter einer laufenden Nummer mit Hinweis auf die laufende Nummer der betroffenen Eintragung, sondern ein Vermerk an deren Stelle einzutragen, um den Zusammenhang sofort deutlich zu machen.[39]

5. Löschung. Ist ein Beschluss angefochten oder eine gerichtliche Entscheidung aufgehoben, so ist dies gem. 21 § 24 Abs. 7 S. 4 WEG anzumerken, sofern keine Löschung in Betracht kommt. Der Eintragungstext kann durchgestrichen oder entfernt werden, seine laufende Nummer muss jedoch erhalten bleiben, bei ihr ist die Löschung zu vermerken ("gelöscht am …– Datum –"). Die Löschung muss nicht erfolgen ("kann"). Die Löschung eines Vermerks statt einer **Aufhebungsanmerkung** ist nicht vor Bestandskraft des aufhebenden Wohnungseigentümerbeschlusses bzw. Rechtskraft der aufhebenden Gerichtsentscheidung vorzunehmen, denn erst dann kann die Eintragung bedeutungslos werden.[40]

6. Eintragungszeitpunkt. Eintragungen, Vermerke und Löschungen gem. § 24 Abs. 7 S. 3 bis 6 WEG sind 22 unverzüglich zu erledigen und mit Datum zu versehen (§ 24 Abs. 7 S. 5 und S. 6 WEG). Die Eintragung eines Beschlusses der Gemeinschaft der Wohnungseigentümer in die Beschluss-Sammlung **binnen einer Woche** ist noch als unverzüglich iSd § 24 Abs. 7 S. 7 WEG anzusehen.[41]

7. Einsicht. Jeder Wohnungseigentümer ist berechtigt, die Beschluss-Sammlung **einzusehen** (§ 24 Abs. 7 S. 8 23 WEG). Die Einsicht ist am **Geschäftssitz des Verwalters** zu nehmen. Eine Pflicht zur Übersendung besteht

---

31 *Hügel/Elzer* WEG § 24 Rn. 102.
32 Palandt/*Wicke* WEG § 24 Rn. 30.
33 *Hügel/Elzer* WEG § 24 Rn. 102.
34 Palandt/*Wicke* WEG § 24 Rn. 30.
35 Palandt/*Wicke* WEG § 24 Rn. 30.
36 BGH 8.4.2016 – V ZR 104/15, MDR 2016, 1009.
37 Musterbeispiel für eine Beschluss-Sammlung: Form-WEG-R/*Fritsch/Meier* § 2 Rn. 403.
38 § 24 Abs. 7 S. 5 und S. 6 WEG.
39 Palandt/*Wicke* WEG § 24 Rn. 32.
40 Palandt/*Wicke* WEG § 24 Rn. 33.
41 LG Berlin – 85 S 101/08, ZWE 2010, 224.

ohne entsprechende Vereinbarung nicht,[42] erst recht nicht innerhalb der Anfechtungsfrist.[43] Ein besonderes Interesse an der Einsicht braucht ein Wohnungseigentümer nicht darzulegen.[44] Ein Wohnungseigentümer kann einen Dritten zur Einsicht ermächtigen. Eine solche Ermächtigung ist zulässig, wenn der Dritte ein berechtigtes Interesse an der Einsichtnahme hat (zum Beispiel als Kaufinteressent oder Steuerberater). Das Einsichtsrecht umfasst die Befugnis, sich Abschriften zu fertigen oder von Dritten anfertigen zu lassen.

24 Im Übrigen besteht aus §§ 242, 675, 666 BGB – wie bei Versammlungsniederschrift – die Pflicht zur Unterrichtung **der nicht in der Versammlung anwesenden Wohnungseigentümer**, wenn über einen nicht angekündigten Tagesordnungspunkt ein Beschluss gefasst wurde, durch **Übersendung** der Beschluss-Sammlung.[45]

25 Gewährt der Verwalter die Einsichtnahme nicht freiwillig, kann er nur die Gemeinschaft der Wohnungseigentümer auf Einsichtnahme verklagen, im Einzelfall ist auch eine einstweilige Verfügung (Regelungsverfügung) nach §§ 935, 940 ZPO möglich. Unklar ist derzeit, ob dann eine Vollstreckung nach § 888 ZPO gegen den Verwalter stattfinden kann.[46]

26 **8. Berichtigung/Korrektur.** Der Führer der Beschluss-Sammlung hat **ohne Bindung an Fristen** das Recht, Beurkundungsfehler (Schreibfehler, Löschung unzulässiger oder Ergänzung unvollständiger oder unzutreffende Einträge) selbstständig zu korrigieren.[47]

27 Die **Berichtigung** fehlerhafter Eintragungen gehört zur Führung.[48] Ist eine Einsichtnahme in die zu berichtigende Sammlung noch nicht erfolgt, kann die Berichtigung dadurch erfolgen, dass die fehlerhafte Eintragung beseitigt und durch die korrekte Eintragung ersetzt wird; eines Berichtigungsvermerks bedarf es nicht. *Nach Einsichtnahme* in die fehlerhafte Beschluss-Sammlung hat die Berichtigung entsprechend § 24 Abs. 7 S. 6 WEG zu erfolgen, dh eine zulässige Eintragung wird unter Beibehaltung der laufenden Nummer durchgestrichen oder entfernt und mit einem Löschungsvermerk versehen. Änderungen einer Eintragung sind mittels eines Berichtigungsvermerks vorzunehmen.[49]

28 Werden Fehler nicht berichtigt, können die Wohnungseigentümer als Maßnahmen ordnungsmäßiger Verwaltung gem. § 19 Abs. 1 WEG die **konkrete Berichtigung** der Sammlung **beschließen**.[50] Darüber hinaus steht jedem einzelnen Wohnungseigentümer ein Anspruch auf ordnungsgemäße Verwaltung gem. § 18 Abs. 2 WEG zu, wozu auch die Führung der Beschluss-Sammlung gehört.[51]

29 Führt eine „Berichtigung" dazu, dass die Beschluss-Sammlung fehlerhaft wird oder bleibt, kann die aktuelle Beschluss-Sammlung **erneut** berichtigt werden, und zwar nach den vorgenannten Grundsätzen. Beruht die Fehlerhaftigkeit auf einem **Berichtigungsbeschluss** der Wohnungseigentümer, den der Verwalter nur ausgeführt hat, so stehen weder die Bestandskraft dieses Beschlusses noch eine rechtskräftige Entscheidung über die Gültigkeit dieses Beschlusses einer Berichtigung entgegen, denn die Richtigkeit der Berichtigung ist eine Vorfrage, die weder in Bestandskraft noch in Rechtskraft erwächst.[52]

30 **9. Mängel und ihre Folgen.** Die Pflicht zur Führung der Beschluss-Sammlung besteht als organschaftliche Pflicht des Verwalters gegenüber der Gemeinschaft und auch gegenüber jedem Wohnungseigentümer gem. § 24 Abs. 8 S. 1 WEG. Wird die Beschluss-Sammlung nicht entsprechend den gesetzlichen und vereinbarten Regelungen geführt, stellt dies eine Pflichtverletzung dar, die nach § 280 Abs. 1 BGB eine **Schadensersatzpflicht** zur Folge haben kann.[53] Der Verwalter kann vom Veräußerer einer Wohnung haftbar gemacht werden,

---

42 Bärmann/*Merle* WEG § 24 Rn. 195.
43 AA Niedenführ/Vandenhouten/*Kümmel/Vandenhouten* WEG § 24 Rn. 100, jedenfalls wenn zum Geschäftssitz des Verwalters eine erhebliche Entfernung besteht.
44 Bärmann/*Merle* WEG § 24 Rn. 192.
45 Bärmann/*Merle* WEG § 24 Rn. 195.
46 *Hügel/Elzer* WEG § 24 Rn. 113.
47 *Hügel/Elzer* WEG § 24 Rn. 113.
48 Palandt/*Wicke* WEG § 24 Rn. 36.
49 Bärmann/*Merle* WEG § 24 Rn. 187.
50 Bärmann/*Merle* WEG § 24 Rn. 188.
51 Bärmann/*Merle* WEG § 24 Rn. 189.
52 Bärmann/*Merle* WEG § 24 Rn. 191.
53 *Hügel/Elzer* WEG § 24 Rn. 119 b.

wenn der Erwerber gegen diesen Rechtsmängelansprüche hat.[54] Gegenüber einem künftigen Erwerber, der Einsicht in die Sammlung nimmt, kommt mangels vertraglicher Beziehung allenfalls eine Haftung unter dem Gesichtspunkt des Vertrags mit Schutzwirkung zugunsten Dritter in Betracht.[55]

In der nicht ordnungsgemäßen Führung der Beschluss-Sammlung liegt im Übrigen nach § 26 Abs. 1 S. 4 WEG aF. ein wichtiger Grund zur Abberufung des Verwalters.[56] Mit Inkrafttreten des Wohnungseigentumsmodernisierungsgesetzes kann der Verwalter auch ohne einen wichtigen Grund jederzeit abberufen werden (§ 26 Abs. 3 S. 1 WEG). **31**

36. Beschluss

Hoeck-Eisenbach

I. Einführung

Die **Willensbildung** in einer Gemeinschaft erfolgt grundsätzlich durch Beschlüsse,[1] die durch Stimmabgabe der einzelnen Eigentümer zustande kommen oder abgelehnt werden. Der Beschluss ist ein mehrseitiger, rechtsgeschäftlicher Gesamtakt, durch welchen mehrere gleich gerichtete Willenserklärungen der Wohnungseigentümer gebündelt werden.[2] Beschlüsse haben vor allem die Aufgabe, den gemeinschaftsinternen Willen der Wohnungseigentümer festzulegen und damit eine Sache zu „ordnen".[3] Ein Beschluss unterscheidet sich zwar nicht grundlegend von einer Vereinbarung, wohl aber von einem Vertrag, denn der Beschluss besteht nicht aus gegenseitigen, sondern in Bezug aufeinander abgegebenen, gleichgerichteten Willenserklärungen. Anders als ein Vertrag bindet ein Beschluss auch die überstimmten oder einer Versammlung ferngebliebenen Wohnungseigentümer.[4] **1**

Die Wohnungseigentümergemeinschaft kennt Beschlüsse, die in der Eigentümerversammlung (→ *Eigentümerversammlung* Rn. 1 ff.) gefasst werden (§ 23 Abs. 1 WEG), und Beschlüsse in einem schriftlichen Verfahren (§ 23 Abs. 3 WEG). **2**

II. Überblick

Als **mehrseitiges Rechtsgeschäft eigener Art**, sog. Gesamtakt, erfüllt der Beschluss insoweit die Merkmale eines Rechtsgeschäfts, als sein wesentlicher Bestandteil eine oder mehrere Willenserklärungen sind und er die kollektive und rechtsverbindliche Entscheidung der Gemeinschaft über einen Antrag zum Ausdruck bringt. **3**

---

54 Palandt/*Wicke* WEG § 24 Rn. 26.
55 Bärmann/*Merle* WEG § 24 Rn. 159.
56 Bärmann/*Merle* WEG § 24 Rn. 159.
1 Verschiedene Musterbeispiele für Beschlüsse: FormB-WEG-R/*Fritsch* § 2 Rn. 426 ff.
2 BGH 10.9.1998 – V ZB 11/98, NJW 1998, 3713.
3 *Hügel/Elzer* WEG Vor §§ 23 ff. Rn. 2.
4 BGH 10.9.1998 – V ZB 11/98, NJW 1998, 3713.

Dies gilt jedenfalls dort, wo die Beschlüsse nicht lediglich interne Wirkung haben, sondern auf die Begründung, Änderung oder Aufhebung rechtlicher Befugnisse oder Pflichten gerichtet sind.[5]

4 **1. Entstehungsvoraussetzungen.** Entstehungsvoraussetzungen für einen Beschluss sind die Bedingungen, die vorliegen müssen, damit ein Beschluss zustande kommt. Diese sind ein geeigneter **Ort** zur Beschlussfassung, die **Ladung** der Stimmberechtigten, ein hinreichend bestimmter **Beschlussantrag** und die **Abstimmung** darüber, eine ausreichende Beschlussmehrheit und die Feststellung und die Verkündung des Abstimmungsergebnisses.[6] Fehlt es an einer dieser Voraussetzungen, so wird von einem „Nichtbeschluss" (**Scheinbeschluss** → Rn. 36) gesprochen, denn diese Voraussetzungen müssen mindestens vorliegen, damit wenigstens ein mangelhafter Beschluss zustande kommt.[7] Ein „Nichtbeschluss" (Scheinbeschluss) liegt ferner vor, wenn die wesentlichen formellen Voraussetzungen einer Beschlussfassung fehlen: fehlende Einstimmigkeit, Fehlen einer zumindest werdenden Wohnungseigentümergemeinschaft, eine durch einen beliebigen Dritten einberufene Versammlung, keine Vollversammlung, Beschlussverkündung ohne dass eine Abstimmung stattfand, Abstimmung ohne Beschlussverkündung. Diese Beschlüsse können zur Beseitigung des Rechtsscheins gerichtlich für ungültig erklärt werden.[8]

5 **2. Ort der Beschlussfassung.** Beschlüsse werden gem. § 23 Abs. 1 WEG grundsätzlich in einer Versammlung der Eigentümer gefasst. Außerhalb der Versammlung können die Wohnungseigentümer – wenn es nicht um einen schriftlichen Beschluss (sog. „Umlaufbeschluss") gem. § 23 Abs. 3 WEG handelt – ihre Angelegenheiten nicht im Wege eines Beschlusses fassen.[9]

6 **3. Beschlussantrag.** Ein Beschlussantrag ist auf die Herbeiführung einer bestimmten **Rechtswirkung** gerichtet und ist daher so zu formulieren, dass sein Inhalt **hinreichend bestimmt** ist. In einer Versammlung der Eigentümer kann nur über einen jeweils **gestellten Antrag** abgestimmt werden.[10]

7 **4. Stimmrechtsausübung.** Das Stimmrecht (→ *Stimmrecht* Rn. 6 f.) steht grundsätzlich jedem Wohnungseigentümer zu, es kann im Einzelfall ausgeschlossen sein. Für die Berechnung der Stimmmehrheiten bei Beschlussfassungen kommt es auf „Wertigkeit" des Stimmrechts an (Stimmkraft). Ist in der Gemeinschaftsordnung nichts anderes bestimmt, gilt bei der Stimmkraft das **Kopfprinzip**, wonach jeder Wohnungseigentümer eine Stimme hat (§ 25 Abs. 2 S. 1 WEG). Steht ein Wohnungseigentum mehreren gemeinschaftlich zu, so ist grundsätzlich jeder von ihnen stimmberechtigt. § 25 Abs. 2 S. 2 WEG ordnet allerdings an, dass sie in der Versammlung nur eine Stimme haben und ihr Stimmrecht nur einheitlich ausüben können. Miteigentümer haben bei Geltung des Kopfprinzips auch dann nur eine Stimme, wenn sie mehrere Wohnungseigentumsrechte halten.[11]

8 **5. Abstimmungsverfahren und -vorgang.** Der Beschluss setzt voraus, dass eine Mehrheit (→ *Beschlussmehrheiten* Rn. 8) der anwesenden, stimmberechtigten Wohnungseigentümer für einen Antrag gestimmt haben. Es müssen mehr Ja-Stimmen als Nein-Stimmen vorliegen. Enthaltungen sind neutral und werden nicht gezählt.[12] Die **Stimmabgabe** ist eine **einseitige, empfangsbedürftige Willenserklärung**, die allgemeinen Vorschriften unterliegt und unbedingt sein muss.[13] Der Wohnungseigentümer kann eine in der Versammlung abgegebene Stimme nicht mehr widerrufen, sobald diese beim Versammlungsleiter zugegangen ist.[14] Da die Stimmabgabe als Willenserklärung den allgemeinen zivilrechtlichen Regeln für Willenserklärungen unterliegt, kann ein Wohnungseigentümer, der sich bei Stimmabgabe geirrt hat, diese anfechten.[15] Die Unwirksamkeit einer Stimmabgabe berührt die der anderen nicht, sondern nur die Zahl der abgegebenen Stimmen.[16]

---

5 BGH 10.9.1998 – V ZB 11/98, NJW 1998, 3713.
6 *Hügel/Elzer* WEG Vor §§ 23 ff. Rn. 7.
7 *Hügel/Elzer* WEG Vor §§ 23 ff. Rn. 54.
8 Palandt/*Wicke* WEG § 23 Rn. 21 mwN.
9 *Hügel/Elzer* WEG Vor §§ 23 ff. Rn. 8.
10 *Hügel/Elzer* WEG Vor §§ 23 ff. Rn. 9.
11 *Hügel/Elzer* WEG § 25 Rn. 6.
12 BGH 25.1.1982 – II ZR 164/81, NJW 1982, 1585.
13 BayObLG 7.12.1995 – 2Z BR 72/95, WE 1996, 197; Palandt/*Wicke* WEG § 10 Rn. 19.
14 BGH 13.7.2012 – V ZR 254/11, NJW 2012, 3372.
15 *Hügel/Elzer* WEG § 25 Rn. 23.
16 Palandt/*Wicke* WEG § 10 Rn. 19.

6. Mehrheitsbeschluss. Das Wohnungseigentumsgesetz unterscheidet zwischen Angelegenheiten, die die   9
Wohnungseigentümer durch (Mehrheits-)Beschluss, und solchen, die sie durch **Vereinbarung** (→ *Vereinbarung* Rn. 1 f.) regeln können.

Eigentümer können alle Fragen, die ihr Verhältnis untereinander oder das Gemeinschaftseigentum betreffen,   10
durch eine allseitige Vereinbarung, also einen Vertrag, regeln. Diese Möglichkeit wird nur durch die allgemeinen gesetzlichen Schranken begrenzt. Hingegen sind der Entscheidung durch Mehrheitsbeschluss nicht alle in der Gemeinschaft zu regelnden Fragen unterworfen. Dies erfordert eine sog. **Beschlusskompetenz**. Ein Mehrheitsbeschluss kann von der Mehrheit der Wohnungseigentümer dann gefasst werden, wenn entweder eine **gesetzliche Beschlusskompetenz** oder eine **vereinbarte Beschlusskompetenz** vorgesehen ist. Bei der vereinbarten Beschlusskompetenz (gewillkürten Beschlusskompetenz) spricht man von „Öffnungsklauseln". In der Sache handelt es sich dabei um eine Ermächtigung, mit Mehrheit und Bindungswirkung für alle Wohnungseigentümer und deren Sonderrechtsnachfolger die Angelegenheiten der Gemeinschaft zu regeln. Ein trotz fehlender Beschlusskompetenz (absoluter Beschlussunzuständigkeit) gefasster Beschluss ist nichtig.[17] Denn der Eigentümerversammlung fehlt von vornherein das Recht, durch Mehrheit über eine Angelegenheit zu entscheiden.[18] Die Nichtigkeit einer Beschlussfassung steht insbesondere dann im Raum, wenn durch die Mehrheitsentscheidung das Gesetz oder die Teilungserklärung abgeändert werden sollen.[19]

Eine Beschlusskompetenz selbst kann nicht durch einen Beschluss geschaffen werden, dazu bedarf es einer   11
Vereinbarung (→ *Vereinbarung* Rn. 1 f.).[20]

Zu unterscheiden ist zwischen einem Mehrheitsbeschluss und einem allstimmigen Beschluss. Das Wohnungs-   12
eigentumsrecht kennt verschiedene Beschlussmehrheiten (→ *Beschlussmehrheiten* Rn. 8).

Beschlüsse, die auf der Grundlage einer **allgemeinen Öffnungsklausel** mit der erforderlichen Mehrheit ge-   13
fasst werden, sind im Allgemeinen nur insoweit materiell überprüfbar, als das „Ob" und das „Wie" der Änderung nicht willkürlich sein dürfen; einer weiterreichenden Kontrolle unterliegen dagegen Beschlussgegenstände, die unverzichtbare oder unentziehbare, aber verzichtbare („mehrheitsfeste") Rechte der Sondereigentümer betreffen, wie zB die Zweckbestimmung des Wohnungseigentums.[21]

7. Feststellung und Verkündung. Der Feststellung und Bekanntgabe des Beschlussergebnisses durch den   14
Versammlungsleiter kommt **konstitutive Bedeutung** zu. Diese Auffassung findet ihre gesetzliche Grundlage im Wortlaut des § 24 Abs. 6 WEG, wonach über die in der Versammlung „gefassten Beschlüsse" eine Niederschrift aufzunehmen ist. Das setzt eine Feststellung voraus, dass eine gemeinsame Willensbildung stattgefunden und diese zu einem bestimmten Ergebnis geführt hat.[22] Für das Entstehen des Eigentümerbeschlusses ist hingegen nicht die Aufnahme in die Beschluss-Sammlung oder in die Niederschrift erforderlich.[23]

Beschlüsse bedürfen keiner besonderen Form, sie können sogar konkludent gefasst werden. Allerdings bedarf   15
das Beschlussergebnis einer **förmlichen Feststellung** und Verkündung durch den Versammlungsleiter.[24]

a) Abstimmungsergebnis. Ein positives oder negatives Abstimmungsergebnis muss vom Versammlungslei-   16
ter festgestellt werden. Die Ermittlung der Zahl der zu einem Beschlussantrag von den Wohnungseigentümern abgegebenen Ja- und Nein-Stimmen sowie der Stimmenthaltungen ist Grundlage der Feststellung des Abstimmungsergebnisses, das nach rechtlicher Beurteilung durch den Versammlungsleiter zur **Feststellung und Verkündung des Beschlussergebnisses** führt.[25] Um aus dem bloßen Abstimmungsergebnis das Beschlussergebnis im Sinne einer Annahme oder Ablehnung des Beschlussantrags zu ermitteln, ist das Abstimmungsergebnis durch den Versammlungsleiter an den rechtlichen Erfordernissen (einfache Mehrheit, qualifizierte Mehrheit, Einstimmigkeit) zu messen, die für das Zustandekommen des konkreten Beschlusses gelten. Ist die erforderli-

---

17   BGH 20.9.2000 – V ZB 58/99, NJW 2000,3500.
18   BGH 20.9.2000 – V ZB 58/99, NJW 2000, 3500.
19   BayObLG 14.8.2002 – 2Z BR 38/02, NJW-RR 2002, 1591.
20   OLG Düsseldorf 20.3.2000 – 3 Wx 414/99, ZWE 2000, 368.
21   BGH 12.4.2019 – V ZR 112/18, NJW 2019, 2083.
22   BGH 23.8.2001 – V ZB 10/01, DNotZ 2002, 131; BGH 29.5.2020 – V ZR 141/19.
23   Bärmann/*Merle* WEG § 23 Rn. 53.
24   *Hügel/Elzer* WEG Vor §§ 23 ff. Rn. 5.
25   Bärmann/*Merle* WEG § 23 Rn. 39.

che Mehrheit erreicht, ist der Beschluss angenommen, anderenfalls abgelehnt; dies ist das sog. Beschlussergebnis.[26]

17 Auch einem **negativen Abstimmungsergebnis** kommt **Beschlussqualität** zu. Nicht anders als ein positiver Beschluss kommt auch ein negatives Abstimmungsergebnis in Verwirklichung der Beschlusskompetenz der Wohnungseigentümerversammlung zustande und ist das Resultat einer verbindlichen Willensbildung der Gemeinschaft aus mehreren Einzelwillen.[27] Allein aus dem Fehlen einer Beschlussfeststellung im Protokoll lässt sich nicht schließen, dass ein Beschluss nicht zustande gekommen ist; im Zweifel wird bei einem protokollierten, klaren Abstimmungsergebnis von einer **konkludenten Beschlussfeststellung** auszugehen sein.[28]

18 Ohne Versammlungsleiter kann es einen Beschluss nur geben, wenn sich die Teilnehmer über das Ergebnis der Abstimmung einig sind und das Abstimmungs- und Beschlussergebnis fixieren.[29]

19 Ein Beschlussergebnis kann nicht unter der **Bedingung** festgestellt werden, dass kein Wohnungseigentümer innerhalb einer bestimmten Frist widerspricht; geschieht dies dennoch, ist ein Beschluss nicht zustande gekommen.[30]

20 **b) Verkündung.** Im Anschluss an die Ermittlung des Abstimmungs- und Beschlussergebnisses erfolgt dessen Feststellung und **Verkündung** durch den Versammlungsleiter.[31] Verkündung bedeutet, dass der Versammlungsleiter allen Anwesenden das **Feststellungsergebnis** mündlich oder schriftlich ausdrücklich mitteilt. Nach hM soll eine Verkündung außerdem in „in konkludenter Weise" geschehen können.[32] Die hM misst auch der Aufnahme des Beschlussergebnisses in die Niederschrift (→ *Niederschrift* Rn. 3) eine konkludente Beschlussfeststellung und Beschlussverkündung zu. Eine Protokollierung „ersetzt" jedoch nicht die Verkündung des Abstimmungsergebnisses.[33]

Ist ein Verwalter der Auffassung, dass eine notwendige Mehrheit fehlt, kann er, statt das Zustandekommen des entsprechenden Beschlusses zu verkünden, eine **Weisung** der Wohnungseigentümer im Wege eines **Geschäftsordnungsbeschlusses** (→ *Geschäftsordnung* Rn. 5) einholen. Er ist hingegen nicht berechtigt, ohne weiteres einen Negativbeschluss zu verkünden.[34]

21 **c) Ein-Mann-Versammlung.** Ein besonderes Problem kann entstehen, wenn ausnahmsweise Versammlungsleiter und Abstimmender **personenidentisch** sind (sog. „Ein-Mann-Versammlung"), dh. kein weiterer Wohnungseigentümer anwesend ist. Ausreichend ist hier, dass der Entschluss des einen Abstimmenden als Beschlussfassung den nicht anwesenden Eigentümern angemessen mitgeteilt wird. Die Stimmabgabe muss als „Kundgabe" nach außen manifestiert werden. Unverzichtbar sind auch hier Feststellung und Bekanntgabe Beschlussergebnisses durch den Versammlungsleiter.[35]

22 **d) Fehlerhafte Beschlüsse.** Der Versammlungsleiter ist **befugt**, Beschlüsse, welche, den rechtlichen Erfordernissen nicht entsprechen, also formell oder materiell nicht ordnungsgemäß sind, nicht zu verkünden, weil er für ordnungsgemäße Beschlüsse zu sorgen hat. Er ist daher nicht verpflichtet, rechtswidrige Beschlüsse festzustellen und zu verkünden.[36] Ebenso wenig ist er verpflichtet, formell oder materiell nicht ordnungsgemäße Beschlüsse nicht festzustellen und nicht zu verkünden, denn es nicht die Aufgabe des Verwalters, nicht ordnungsgemäße Beschlüsse zu **verhindern**.[37]

23 **8. Vereinbarte Entstehungsvoraussetzungen.** Wohnungseigentümer können durch Vereinbarung die Wirksamkeit von Beschlüssen an zusätzliche Voraussetzungen knüpfen, zB an die **notarielle Beglaubigung** der Versammlungsniederschrift oder die Eintragung des Beschlusses in die Beschluss-Sammlung. Unklar ist, ob

---

26 Bärmann/*Merle* WEG § 23 Rn. 40.
27 BGH 23.8.2001 – V ZB 10/01, DNotZ 2002, 131.
28 BGH 23.8.2001 – V ZB 10/01, DNotZ 2002, 131.
29 *Hügel/Elzer* WEG Vor §§ 23 ff. Rn. 23.
30 BGH 6.7.2018 – V ZR 221/17, MDR 2018, 1432.
31 Bärmann/*Merle* WEG § 23 Rn. 39.
32 BGH 23.8.2001 – V ZB 10/01, NJW 2001, 3339.
33 *Hügel/Elzer* WEG Vor §§ 23 ff. Rn. 25.
34 BGH 29.5.2020 – V ZR 141/19.
35 *Hügel/Elzer* WEG Vor §§ 23 ff. Rn. 27.
36 Bärmann/*Merle* WEG § 23 Rn. 47.
37 *Hügel/Elzer* WEG Vor §§ 23 ff. Rn. 28.

bei einem Fehlen der Voraussetzungen der Beschluss keinerlei Regelungswirkung im Sinne einer Ungültigkeit entfaltet oder ob der Beschluss lediglich anfechtbar ist.[38] Ein Verstoß gegen die in einer Teilungserklärung enthaltene Bestimmung, dass zur **Gültigkeit** eines Beschlusses die Protokollierung des Beschlusses erforderlich ist und das Protokoll von zwei von der Eigentümerversammlung bestimmten Wohnungseigentümern zu unterzeichnen ist, macht den Beschluss (nur) anfechtbar.[39]

9. Beschlussfassung im schriftlichen Verfahren. Ohne Versammlung kann ein Beschluss im **schriftlichen** 24 **Verfahren** gefasst werden, wenn sich alle Wohnungseigentümer an diesem Verfahren beteiligen und dem Beschluss zustimmen (§ 23 Abs. 3 WEG). Dieses Verfahren benötigt eine **doppelte Zustimmung**. Die Zustimmung muss sich sowohl auf die Form des schriftlichen Verfahrens beziehen als auch auf den Beschlussantrag selbst.[40] Der Beschluss im schriftlichen Verfahren, der sog. Umlaufbeschluss, kommt erst zustande, wenn nach Zustimmung aller Wohnungseigentümer das Zustandekommen des Beschlusses festgestellt und das Beschlussergebnis verkündet, dh allen Wohnungseigentümern mitgeteilt wurde. Der Beschluss ist verkündet – was für die Anfechtung und Aufnahme in die Beschluss-Sammlung wichtig ist –, wenn die Mitteilung über seine Fassung dem letzten Eigentümer zugegangen ist.[41] Nach neuem Recht reicht seit dem 1.12.2020 für die Zustimmung die **Textform** gem. § 126 b BGB (§ 23 Abs. 3 S. 1 WEG).

Bei **einzelnen Beschlussgegenständen** können die Wohnungseigentümer ab dem 1.12.2020 beschließen, dass die einfache Mehrheit genügt (§ 23 Abs. 3 S. 2 WEG). Dieses Verfahren bedarf also einer **dreifachen Abstimmung** der Eigentümer. Wie bisher müssen sich **alle** Eigentümer mit dem „Umlaufverfahren" einverstanden erklären, wobei die Textform (zB E-Mail, Fax) ausreicht. Im zweiten Schritt muss die Mehrheit beschließen, dass über einen einzelnen Gegenstand die Mehrheit der abgegebenen Stimmen ausreichen soll. Im dritten Schritt wird der Beschluss über den einzelnen Beschlussgegenstand selbst gefasst, wozu dann wieder die einfache Mehrheit reicht (§ 25 Abs. 1 WEG). Mit dieser Vorschrift soll eine elektronisch unterstützte Beschlussfassung ermöglicht werden.[42]

10. Wirkung von Rechtshandlungen aufgrund von Beschlüssen. Beschlüsse bedürfen für ihre Wirksam- 25 keit nicht der Eintragung im Grundbuch. Da sie nicht eintragungsbedürftig sind, sind sie grundsätzlich auch nicht eintragungsfähig.[43] Rechtshandlungen auf der Grundlage von Beschlüssen der Wohnungseigentümer wirken gem. § 10 Abs. 5 WEG gegenüber allen Wohnungseigentümern, auch die bei der Beschlussfassung nicht anwesend waren, den überstimmten und den nicht stimmrechtsberechtigten Wohnungseigentümern.[44] Jeder Sonderrechtsnachfolger ist an sie gebunden, gleichgültig ob er sie kennt oder kennen müsste (§ 10 Abs. 3 WEG). Er kann sich durch Einsicht in die Versammlungsniederschriften oder in die Beschluss-Sammlung Kenntnis hiervon verschaffen. Die bisher herrschende Meinung leitete daraus ab, dass Beschlüsse grundsätzlich nicht ins Grundbuch eingetragen werden können. Diese Rechtsauffassung hat nunmehr in § 10 Abs. 3 S. 2 WEG Eingang in den Gesetzeswortlaut gefunden.

Seit dem 1.12.2020 müssen allerdings vereinbarungsändernde Beschlüsse aufgrund von Öffnungsklauseln im Grundbuch eingetragen werden, wenn eine Rechtsnachfolgerbindung erzielt werden soll (§ 5 Abs. 4 S. 1 iVm § 10 Abs. 3 S. 1 WEG).

Mehrheitsbeschlüsse wirken nicht unmittelbar gegen Außenstehende. Rechtshandlungen, die die Verwaltung 26 des gemeinschaftlichen Eigentums betreffen (zB Verwaltervertrag, Wartungsvertrag für das Gemeinschaftseigentum), binden die Gemeinschaft der Wohnungseigentümer als teilrechtsfähigen Verband – unabhängig vom Mitgliederbestand.[45]

11. Fehlerhafte und unterbliebene Beschlussbekanntgabe. a) Auszählungsfehler. Verzählt sich der Ver- 27 walter und liegt keine Mehrheit für einen Beschlussantrag vor, ist das nach hM ein formeller Beschluss und

---

38 Niedenführ/Vandenhouten/*Kümmel/Vandenhouten* WEG § 23 Rn. 64.
39 BGH 3.7.1997 – V ZB 2/97, NJW 1997, 2956.
40 Bärmann/*Merle* WEG § 23 Rn. 110.
41 *Hügel/Elzer* WEG § 23 Rn. 71.
42 BT-Drs.19/18791, 28.
43 BGH 16.9.1994 – V ZB 2/93, NJW 1994, 3230 f.
44 Palandt/*Wicke* WEG § 10 Rn. 24; aA Bärmann/*Merle* WEG § 10 Rn. 197.
45 BGH 2.6.2005 – V ZB 32/05, NJW 2005, 2061; Palandt/*Wicke* WEG § 10 Rn. 25.

hindert die Entstehung des Beschlusses nicht.[46] Eine **Ungültigerklärung** des Beschlusses aufgrund des **Auszählungsfehlers** kommt nur in Betracht, wenn sich bei korrekter Ermittlung des Abstimmungsergebnisses für den zugrunde liegenden Beschlussantrag nicht die erforderliche Mehrheit gefunden hätte.[47] Gegen das fehlerhafte Abstimmungsergebnis ist innerhalb der Frist von § 45 S. 1 WEG Klage zu erheben, mit dem Antrag auf Feststellung, dass der angegriffene Beschluss mit negativem Ergebnis zustande gekommen sei, der Beschlussantrag also abgelehnt wurde.[48] Nach anderer Auffassung entsteht nur der „Rechtsschein" eines Beschlusses, der das von der Mehrheit tatsächlich gewollte Beschlussergebnis nicht verdrängt.[49]

28 **b) Beschlussverkündung wider besseres Wissen.** Unwirksam ist eine Beschlussverkündung, wenn der Versammlungsvorsitzende in **sittenwidriger Weise** wider besseres Wissen einen positiven Beschluss verkündet, obwohl die erforderliche Stimmenmehrheit nicht erreicht wurde. Mangels wirksamer Beschlussverkündung liegt in diesem Fall kein gültiger Beschluss vor.[50] Nach anderer Auffassung soll der Beschluss wegen Verstoßes gegen die guten Sitten nichtig sein.[51]

29 Verkündet der Versammlungsvorsitzende bewusst einen Negativbeschluss, obwohl die erforderliche Mehrheit für den Beschlussantrag gestimmt hat, kann jeder Wohnungseigentümer die fehlende Verkündung im Verfahren gem. § 43 Nr. 4 WEG **durch Gericht ersetzen** lassen.[52]

30 **c) Beschlussfeststellungsantrag.** Lehnt der Versammlungsleiter die Feststellung eines Beschlussergebnisses – pflichtwidrig oder auch weil er sich dazu wegen tatsächlicher oder rechtlicher Schwierigkeiten außerstande sieht – ab, so besteht die Möglichkeit eines **nicht fristgebundenen** (Beschlussfeststellungs-) Antrags gem. § 43 Nr. 4 WEG.[53]

31 **d) Nicht festgestelltes, verkündetes Abstimmungsergebnis.** Hat der Versammlungsleiter versehentlich oder absichtlich das Abstimmungsergebnis nicht festgestellt oder/und nicht verkündet, kann **gegen die anderen Wohnungseigentümer** in einem Verfahren entsprechend auf Feststellung und Verkündung des Abstimmungsergebnisses und mithin des Beschlusses selbst durch das Gericht geklagt werden. Ungeklärt ist, ob neben der Feststellung zugleich auch die Ordnungsmäßigkeit des nicht festgestellten Beschlusses Streitgegenstand wird.[54]

32 **e) Nichtbeschluss.** Ein „Nichtbeschluss", der keiner fristgebundenen Ungültigerklärung unterliegt, liegt vor, wenn einem Beschluss die Feststellung und Verkündung gänzlich fehlen.[55]

33 **12. Fehler der Beschlussfassung.** Das Gesetz unterscheidet fehlerhafte Beschlüsse danach, ob sie **nichtig** oder nur **anfechtbar** sind. Ein unter Verstoß gegen gesetzliche Bestimmungen zustande gekommener Beschluss ist grundsätzlich nur anfechtbar, nicht ungültig. Daher bleibt ein Beschluss bis zu einer rechtskräftigen, gerichtlichen Entscheidung gültig (§ 23 Abs. 4. S. 2 WEG). Der Beschluss bindet sämtliche Wohnungseigentümer und ist vom Verwalter gem. § 27 Abs. 1 WEG unverzüglich durchzuführen. Das gilt auch, wenn eine Beschlussanfechtungsklage anhängig ist.[56] Die Anfechtung ist nur innerhalb eines Monats ab Beschlussfassung möglich.

34 Nichtig ist ein Beschluss, der gegen eine Rechtsvorschrift verstößt, auf deren Einhaltung rechtswirksam nicht verzichtet werden kann, § 23 Abs. 4 S. 1 WEG. Ein Beschluss, der bewusst und gewollt „außerhalb des Protokolls gefasst wird", um so das Anfechtungsrecht nach § 45 WEG möglich zu beschränken und auszuhöhlen, ist sittenwidrig und nichtig.[57] Nichtig sind nicht nur Beschlüsse, die gegen ein gesetzliches Verbot (§ 134 BGB) oder die guten Sitten (§ 138 BGB) verstoßen, sondern auch die, die wegen **inhaltlicher Unbestimmtheit** oder

---

46 BGH 27.3.2009 – V ZR 196/08, NJW 2009, 2132.
47 BGH 13.7.2012 – V ZR 254/11, NJW 2012, 3372.
48 Niedenführ/Vandenhouten/*Kümmel/Vandenhouten* WEG § 23 Rn. 61, Bärmann/*Merle* WEG § 23 Rn. 50.
49 *Hügel/Elzer* WEG Vor §§ 23 Rn. 29.
50 Niedenführ/Vandenhouten/*Kümmel/Vandenhouten* WEG § 23 Rn. 62.
51 Bärmann/*Merle* WEG § 23 Rn. 49.
52 Niedenführ/Vandenhouten/*Kümmel/Vandenhouten* WEG § 23 Rn. 62.
53 BGH 23.8.2001 – V ZB 10/01, DNotZ 2002, 131; Bärmann/*Merle* WEG § 23 Rn. 48.
54 *Hügel/Elzer* WEG Vor §§ 23 Rn. 32.
55 Bärmann/*Merle* WEG § 23 Rn. 52.
56 BGH 28.9.2012 – V ZR 251/11, NJW 2012, 3719.
57 LG München I 21.6.2010 – 1 S 2763/10, ZMR 2010, 876.

Widersprüchlichkeit keine durchführbare Regelung enthalten.[58] Nichtig ist ferner ein Beschluss, wenn den Eigentümern zur Regelung der betreffenden Angelegenheit die Beschlusskompetenz fehlt.[59] Ein nichtiger Beschluss ist von Anfang an unwirksam. Auf die Nichtigkeit kann sich jeder berufen, ohne dass es einer gerichtlichen Entscheidung über die Nichtigkeit bedarf.[60] Gleichwohl kann im Einzelfall ein Rechtsschutzbedürfnis bestehen, im Wege einer Feststellungsklage feststellen zu lassen.[61]

Als Anfechtungs- oder Nichtigkeitsgrund kommen sowohl **formelle** (zB Verletzung der Ladungsfrist, fehlende   35
Beschlussfähigkeit, Zählfehler) als auch **inhaltliche** (zB fehlende Beschlusskompetenz, Verstoß gegen Heizkostenverordnung) Mängel in Betracht.

Die Rechtsprechung kennt darüber hinaus auch „**Nichtbeschlüsse**" (Scheinbeschlüsse) in **Abgrenzung** zu   36
einem sog. **negativen** Beschluss, der zwar wirksam zustande kommt, sich aber in der Ablehnung eines Beschlussantrags erschöpft. Bei einem Nichtbeschluss fehlt bereits an konstitutiven Tatbestandsvoraussetzungen, zB wenn ein Beschluss ohne Einberufung einer Versammlung im Rahmen einer zufälligen Zusammenkunft getroffen wird.[62] Diese Beschlüsse können zur Beseitigung des Rechtsscheins gerichtlich für ungültig erklärt werden.[63]

37. Beschlussersetzung

Hansen

I. Einführung

§ 44 Abs. 1 S. 2 WEG verschafft dem Berechtigten die Möglichkeit, mit gerichtlicher Hilfe eine erforderliche   1
Regelung durchzusetzen, zu der die Wohnungseigentümer alleine nicht in der Lage sind. Das Gericht tritt dabei an die Stelle der Parteien und trifft die Entscheidung im Wege der Beschlussersetzung.

II. Rechtsgrundlagen

1. § 21 Abs. 8 WEG aF. Bislang war es für einen Eigentümer möglich, eine Klage auf Beschlussersetzung   2
nach § 21 Abs. 8 WEG aF gegen die übrigen Wohnungseigentümer zu führen. Nach § 21 Abs. 8 WEG aF konnte das Gericht in einem Rechtsstreit gem. § 43 WEG nach billigem Ermessen entscheiden, wenn die Wohnungseigentümer eine nach dem Gesetz erforderliche Maßnahme nicht treffen, soweit sich diese nicht aus dem Gesetz, einer Vereinbarung oder einem Beschluss ergibt. Der Begriff der Maßnahme umfasst beide Handlungsalternativen, dh auch Vereinbarungen und nicht lediglich Beschlüsse.[1]

§ 21 Abs. 8 WEG aF ist mit der Reform zum 1.12.2020 gestrichen und der Gesetzgeber sieht nun nur noch mit   3
§ 44 Abs. 1 WEG die Möglichkeit der Beschlussersetzungsklage. Eine Vereinbarung kann auf diesem Weg nicht mehr erreicht werden.

---

58 OLG Hamm 22.10.1990 – 15 W 331/90, NJW-RR 1991, 212.
59 BGH 20.9.2000 – V ZB 58/99, NJW 2000, 3500.
60 BGH 18.5.1989 – V ZB 4/89, NJW 1989, 2059.
61 *Hügel/Elzer* WEG § 23 Rn. 88.
62 Bärmann/*Merle* WEG § 23 Rn. 127.
63 Palandt/*Wicke* WEG § 23 Rn. 21 mwN.
 1 BGH 8.4.2016 – V ZR 191/15, NJW 2017, 64.

4 **2. § 44 Abs. 1 S. 2 WEG.** Mit der Beschlussersetzungsklage nach § 44 Abs. 1 S. 2 WEG stellt der Kläger bei Gericht den Antrag, durch das Gericht solle ein Beschluss formuliert werden, den die Eigentümer ihrerseits nicht gefasst haben. Es handelt sich um eine **Gestaltungsklage** mit dem Ziel, dem Anspruch eines Eigentümers auf Beschlussfassung nach materiellem Recht zur Durchsetzung zu verhelfen. Gegenstand der Beschlussersetzungsklage kann daher insbesondere der Anspruch des Eigentümers auf ordnungsmäßige Verwaltung und Benutzung nach § 18 Abs. 2 WEG aber auch auf bauliche Veränderung nach § 20 Abs. 2 WEG oder § 20 Abs. 3 WEG sein.

5 Ist der Beschluss allerdings schon gefasst worden und bestandskräftig, fehlt einer Klage nach § 44 Abs. 1 S. 2 WEG das **Rechtschutzbedürfnis.** Dies gilt auch dann, wenn der Beschluss nicht ordnungsmäßiger Verwaltung entspricht.[2]

III. Anspruchsinhaber

6 Eine Beschlussersetzungsklageklage nach § 44 Abs. 1 S. 2 WEG kann nur von einem aktuellen oder nach § 8 Abs. 3 WEG von einem werdenden **Eigentümer** der Gemeinschaft der Wohnungseigentümer angestrengt werden. Möglich ist auch die **Ermächtigung** eines Erwerbers zur Klageerhebung.[3]

IV. Anspruchsgegner

7 Im Gegensatz zu einer Gestaltungsklage nach § 21 Abs. 8 WEG aF, die gegen alle übrigen Eigentümer zu richten war, ist die Beschlussersetzungsklage nach § 44 Abs. 2 S. 1 WEG gegen die **Gemeinschaft der Wohnungseigentümer** zu erheben. Der Grund liegt darin, dass sich etwa ein Anspruch nach § 18 Abs. 2 WEG bereits nach dem Wortlaut, aber auch nach § 20 Abs. 2 WEG oder § 20 Abs. 3 WEG, stets gegen die Gemeinschaft der Wohnungseigentümer richtet. So verwaltet nach § 18 Abs. 1 WEG allein die Gemeinschaft der Wohnungseigentümer das Gemeinschaftseigentum, wozu auch die baulichen Veränderungen gehören. Die Erfüllung des nach diesen Regelungen begehrten Anspruchs des Eigentümers geschieht wiederum über die Beschlussfassung, die in dem Fall, dass sie bei der Eigentümerversammlung nicht stattfindet, eben mit der Beschlussersetzungsklage nach § 44 Abs. 1 S. 2 WEG verfolgt wird.

8 Hat die Gemeinschaft der Wohnungseigentümer einen Verwalter, wird sie im Prozess von diesem vertreten, § 9 b Abs. 1 S. 1 WEG. Der Umfang der prozessualen Vertretungsmacht ergibt sich nach § 51 Abs. 1 ZPO aus den Regelungen des WEG, hier unbeschränkbar.

V. Verfahrenshinweise

9 **1. Vorbefassung.** Die vorherige Befassung der Eigentümerversammlung mit dem Antrag, den der Wohnungseigentümer gem. § 44 Abs. 1 S. 2 WEG gerichtlich durchsetzen will, ist Voraussetzung für die Zulässigkeit der Ersetzungsklage.

10 **a) Keine Eigentümerversammlung.** Primär **zuständig** für die Beschlussfassung ist die Versammlung der Wohnungseigentümer, § 23 Abs. 1 WEG. Der Kläger muss sich – entsprechend des Selbstorganisationsrechts der Gemeinschaft – vor der Anrufung des Gerichts um die Beschlussfassung der Versammlung bemühen, weil seiner Klage sonst das Rechtsschutzbedürfnis fehlt.[4] Hierfür kann es ausreichen, die übrigen Miteigentümer anzuschreiben und aufzufordern, an einer Eigentümerversammlung teilzunehmen, um wie vom Kläger gewünscht zu beschließen.[5]

11 Allerdings: Eine Klage nach § 44 Abs. 1 S. 2 WEG unter Berufung darauf, dass eine Umsetzung der Vorbefassung in einer Eigentümerversammlung nicht möglich oder gar notwendig war, weil dies eine sog. „reine Förmelei" gewesen wäre,[6] unterliegt regelmäßig einem Risiko.

---

2 BGH 6.5.1993 – V ZB 9/92, ZMR 1993, 421.
3 BGH 21.6.2012 – V ZB 56/12, NZM 2012, 732.
4 BGH 15.1.2010 – V ZR 114/09, NZM 2010, 205.
5 LG Hamburg 23.5.2012 – 318 S 198/11, ZWE 2013, 34 für den Fall der Verwalterbestellung.
6 BGH 15.1.2010 – V ZR 114/09, NZM 2010, 205; BGH 10.2.2012 – V ZR 105/11, ZWE 2012, 221.

Scheitert die Vorbefassung daher etwa schon daran, dass sich der Verwalter weigert, eine Eigentümerver- 12
sammlung einzuberufen oder gibt es gar keinen Verwalter, hat der Kläger die Möglichkeit – und wohl auch
Notwendigkeit – seinen Anspruch nach § 18 Abs. 2 Nr. 1 WEG gegen die Gemeinschaft der Wohnungseigentümer auf Einberufung einer Wohnungseigentümerversammlung zum Zweck der Beschlussfassung, ob positiv
oder negativ, durchzusetzen.[7]

b) Kein Beschluss. Kommt es zur Eigentümerversammlung, bei der über den vom Kläger begehrten Antrag 13
abgestimmt werden soll, wird dieser aber – durch einen Geschäftsordnungsbeschluss – wieder von der Tagesordnung genommen und kommt es so gar nicht zur Abstimmung, hat der Antragsteller zunächst keine Möglichkeit, einen Beschluss, sei es positiv oder negativ, anzufechten. Ein Beschluss wurde nicht gefasst.

Erhebt der Antragsteller in diesem Fall eine Klage auf Beschlussersetzung nach § 44 Abs. 1 S. 2 WEG, wird in 14
der Regel das **Rechtsschutzbedürfnis** nicht bestehen. Der Antragsteller hat die Möglichkeit, seinen Anspruch
nach § 18 Abs. 2 Nr. 1 WEG gegen die Gemeinschaft der Wohnungseigentümer auf Einberufung und Durchführung einer Eigentümerversammlung nach § 24 Abs. 1 WEG einzuklagen, bei der über den Antrag dann tatsächlich beschlossen wird.

Richtig ist aber auch, dass ein solcher Weg mühsam und langwierig ist, zumal die Eigentümer in dem Augen- 15
blick, in dem ein Beschlussantrag per Geschäftsordnungsbeschluss von der Tagesordnung entfernt wird, dies
nicht ausführlich begründen müssen und zudem Geschäftsordnungsbeschlüsse nicht anfechtbar sind.[8]

Entscheidend ist, wie so oft, der Einzelfall. Lässt sich vom Antragsteller und Kläger etwa begründen, dass die 16
Nichtbehandlung eines Beschlussantrags auf offensichtlich **unzutreffenden Rechtsansichten** basiert,[9] mag
die Klage gem. § 44 Abs. 1 S. 2 WEG nicht zu früh sein. Entsprechendes gilt, wenn der Kläger bereits auf eine
längere „Leidensgeschichte" verweisen kann, so, wenn er bereits mehrfach Anträge zur Beschlussfassung gestellt, diese aber immer wieder mit vollkommen unzureichenden Begründungen von der Tagesordnung entfernt worden sind.

c) Negativbeschluss. Entscheiden die Eigentümer über den Antrag des Klägers, dies jedoch negativ, ist der 17
Weg für eine Klage nach § 44 Abs. 1 S. 2 WEG grundsätzlich frei.

aa) Inhalt der Beschlussanträge. Da die Vorbefassung für die Erhebung der Klage nach § 44 Abs. 1 S. 2 18
WEG notwendig ist, sollte der spätere Kläger als Antragsteller bereits zur Eigentümerversammlung darauf
achten, dass von ihm begehrte Verwaltungshandlungen nicht zu sehr auf nur eine Art der Ausführung verengt
werden. Zumindest dann, wenn es – etwa im Fall der Erhaltung – mehrere Varianten gibt (bspw. im Hinblick
auf die technische Art der Ausführung oder den Umfang der Sanierungsmaßnahme) und auch dies ordnungsmäßiger Verwaltung entsprochen hätte, mithin bei Beschlussfassung nach materiellem Recht ein Ermessensspielraum für die Eigentümer bei Beschlussfassung besteht, sollten die **verschiedenen Beschlussanträge** zur
Abstimmung gestellt werden.

Andernfalls unterliegt der spätere Kläger dem Risiko, dass ihm im Rechtsstreit vorgehalten wird, eine Vorbe- 19
fassung zu den alternativen Verwaltungshandlungen sei nicht gegeben und die Klage sei unzulässig.[10]

bb) Materielle Wirkung des Negativbeschlusses. Der Kläger kann, muss aber nicht, in diesem Fall auch 20
den Negativbeschluss anfechten, § 44 Abs. 1 S. 1 Alt. 1 WEG.[11]

Das für die Anfechtung des Negativbeschlusses notwendige **Rechtsschutzbedürfnis** ergibt sich daraus, dass 21
der Antragsteller durch die Ablehnung gegebenenfalls in seinem Recht auf ordnungsmäßige Verwaltung des
Gemeinschaftseigentums verletzt wird.[12]

Dies ist jedoch nur dann anzunehmen, wenn der Anspruch offenkundig und ohne jeden vernünftigen Zweifel 22
begründet ist, so dass ein unnötiger Rechtsstreit mit entsprechendem Kostenrisiko in Kauf genommen würde.

---

7 Zur Rechtslage vor dem 1.12.2020: OLG Zweibrücken 16.9.2010 – 3 W 132/10, NZM 2011, 79.
8 LG Dortmund 11.11.2014 – 1 S 83/14, ZWE 2015, 371.
9 AG Niebüll 18.7.2012 – 18 C 38/10, ZMR 2013, 757.
10 LG Berlin 26.2.2013 – 85 T 189/12 WEG, 85 T 189/12, ZMR 2013, 820; s. a. LG Hamburg 12.11.2014 – 318 S
    74/14, ZMR 2105, 143.
11 AG Norderstedt 27.3.2014 – 42 C 427/12, ZWE 2015, 177.
12 BGH 15.1.2010 – V ZR 114/09, ZMR 2010, 542.

Ob diese Voraussetzungen vorliegen, kann jeder Wohnungseigentümer nach entsprechender Vorbefassung der Eigentümerversammlung mit der Beschlussersetzungsklage gem. § 44 Abs. 1 S. 2 WEG prüfen lassen, da der Negativbeschluss **keine Sperrwirkung** entfaltet.[13]

23 Die Anfechtung des Negativbeschlusses kann geboten sein, wenn er sich nicht nur in der bloßen Ablehnung des Antrags erschöpft, sondern darüber hinaus eine materielle Regelung getroffen werden soll. Ob dies so ist, ist durch **Auslegung** zu ermitteln.[14] Ergibt sich etwa, dass mit dem Negativbeschluss dauerhaft Handlungen abgelehnt werden sollen, die der Kläger beantragt, ist, ungeachtet der ggf. zu bejahenden Nichtigkeit eines solchen Beschlusses, die Anfechtung geboten.

24 Zumindest schließt die Anfechtung des Negativbeschlusses das Risiko aus, dass im Fall der Auslegung des Beschlusses in einem späteren Streit, diesem komme materielle Wirkung zu, dem Antragsteller die Durchsetzung seines Begehrs aufgrund **Bestandskraft** verweigert werden kann, § 23 Abs. 4 S. 2 WEG. Insoweit handelt es sich es aber eher um eine vorsorgliche, nicht jedoch zwingende Anfechtung.

25 **cc) Schadenersatzansprüche.** Da es die Ausnahme ist, dass sich bei der Auslegung eines Negativbeschlusses ergibt, dass die Eigentümer eine **materielle Regelung** über die bloße Ablehnung eines Antrags hinaus treffen wollten, stellt sich in der Regel die Frage nach der Notwendigkeit der Anfechtung des Negativbeschlusses eher vor folgendem Hintergrund:

Die Anfechtung des Negativbeschlusses ist geboten, wenn der Antragsteller, der sich ggf. schon lange vergeblich um einen positiven Beschluss, etwa zu einer Erhaltungsmaßnahme bemüht hat, einen Anspruch auf Schadenersatz aufgrund der verweigerten Beschlussfassung geltend machen will.

26 Entspricht nämlich nur die sofortige Vornahme einer bestimmten Maßnahme ordnungsmäßiger Verwaltung und wird diese von einem Wohnungseigentümer gem. § 18 Abs. 2 WEG verlangt, der andernfalls Schäden an seinem Sondereigentum erleidet, folgte nach der Rechtsprechung auf der Grundlage der Gesetzeslage vor dem 1.12.2020 aus der gegenseitigen Treuepflicht ausnahmsweise eine **Mitwirkungspflicht der übrigen Wohnungseigentümer.** Sie hatten in einem solchen Fall ihr Stimmrecht dergestalt auszuüben, dass die erforderlichen Maßnahmen zur Erhaltung des Gemeinschaftseigentums beschlossen werden. Nach § 280 Abs. 1 BGB waren daher diejenigen Wohnungseigentümer zum Schadensersatz verpflichtet, die sich mit ihrem Abstimmungsverhalten nicht auf die Seite des Anspruchstellers gestellt haben, also schuldhaft entweder untätig geblieben sind oder gegen die erforderliche Maßnahme gestimmt bzw. sich enthalten haben.[15]

27 Diese Treuverpflichtung der Wohnungseigentümer untereinander, sich an der Verwaltung des gemeinschaftlichen Eigentums zu beteiligen, lässt sich ab 1.12.2020 nicht mehr begründen. Die Verwaltung des Gemeinschaftseigentums obliegt (nun) allein der Gemeinschaft der Wohnungseigentümer, § 18 Abs. 1 WEG. Zwischen den einzelnen Wohnungseigentümern gibt es keine unmittelbaren Rechtsbeziehungen, die die Ansprüche auf ordnungsmäßige Verwaltung umfassen.

28 Kommt der Mehrheitsbeschluss, der ordnungsmäßiger Verwaltung entspricht und von einem einzelnen Eigentümer begehrt wird, nicht zustande, haftet die **Gemeinschaft der Wohnungseigentümer** grundsätzlich auf den dem Eigentümer insoweit entstehenden Schaden. Die Gemeinschaft der Wohnungseigentümer hat ihre Pflicht gegenüber dem Eigentümer, etwa aus § 18 Abs. 2 Nr. 1 WEG bezüglich der erforderlichen Beschlussfassung einer Erhaltungsmaßnahme, verletzt.

29 Dies Geltendmachung von Schadenersatz bedingt aber – vorsorglich – ein Tätigwerden des Antragstellers. Der BGH hat entschieden, dass ein Anspruch auf Schadensersatz wegen verzögerter Beschlussfassung über notwendige Instandsetzungsmaßnahmen ausscheidet, wenn der betroffene Wohnungseigentümer vorher gefasste Beschlüsse über die Zurückstellung der Instandsetzung nicht **angefochten** hat.[16]

---

13 BGH 2.10.2015 – V ZR 5/15, ZMR 2016, 122.

14 OLG München 21.3.2006 – 32 Wx 2/06, ZMR 2006, 474.

15 BGH 23.2.2018 – V ZR 101/16, ZMR 2018, 1015; soweit der BGH als Grundlage der Haftung der übrigen Wohnungseigentümer §§ 280 Abs. 1 und 2, 286 BGB angeführt hat (BGH 17.10.2014 – V ZR 9/14, BGHZ 202, 375), hält er daran nicht mehr fest.

16 BGH 13.7.2012 – V ZR 94/11, NJW 2012, 2955; BGH 13.5.2011 – V ZR 202/10, NJW 2011, 2660.

An dieser Systematik ändert sich nichts, auch wenn sich der Schadensersatzanspruch des Eigentümers, der die 30
Beschlussfassung begehrt, nicht mehr gegen die sich verweigernden Wohnungseigentümer, sondern gegen die
Gemeinschaft der Wohnungseigentümer richtet.

Der BGH hat seine Rechtsprechung damit begründet, dass der inhaltlich fehlerhafte Beschluss zwar durch den 31
Eintritt der Bestandskraft nicht fehlerfrei werde. Er bleibe aber nach § 23 Abs. 4 S. 2 WEG gültig und bilde
deshalb gleichwohl die Grundlage für das weitere Handeln der Wohnungseigentümer und der Gemeinschaft
der Wohnungseigentümer. Er müsse wie alle anderen Beschlüsse von dem Verwalter umgesetzt werden. Dass
sich der Verwalter und die Wohnungseigentümer daran hielten, sei nicht pflichtwidrig.[17]

Der Verwalter ist gem. §§ 9 b Abs. 1 S. 1, 27 Abs. 1 WEG für die Gemeinschaft der Wohnungseigentümer 32
nach wie vor das Vollzugsorgan und sein durch einen Negativbeschluss gebotenes Nichthandeln, das zugerechnet wird, ist insoweit keine Pflichtverletzung.

Allerdings: Die **Rechtsprechung des BGH** traf auf ein sehr geteiltes Echo – auch **Kritik** ist laut geworden.[18] 33
Der BGH hat offengelassen, ob an dem grundsätzlichen Vorrang der Anfechtungsklage festzuhalten ist. Jedenfalls werden Schadensersatzansprüche wegen einer verzögerten Sanierung des gemeinschaftlichen Eigentums
nicht dadurch ausgeschlossen, dass der Kläger nachfolgende Vertagungsbeschlüsse nicht anficht. In einem solchen Fall kann ein schutzwürdiges Vertrauen der Wohnungseigentümer in die Bestandskraft eines Vertagungs-
beschlusses von vornherein nicht entstehen.[19] In der Konsequenz ist es für den Antragsteller damit geboten,
zumindest einen (ersten) Negativbeschluss anzufechten, will er Schadensersatz geltend machen.

Inwieweit die Anforderungen aber an die Klage zur Anfechtung eines Negativbeschlusses niedriger sind, weil 34
es vorliegend um die Wahrung der Geltendmachung eines Schadensersatzanspruchs geht und nicht, wie bei
einer auf § 18 Abs. 2 Nr. 1 WEG gestützten Klage, die letztlich nur dann Erfolg zeigen kann, wenn es dem
Kläger gelingt, eine **Ermessensreduzierung auf Null** zu belegen, ist offen. Da Letzteres in der Regel nicht
gelingt – es gibt etwa bei einer begehrten Erhaltungsmaßnahme nicht nur den einen richtigen Weg, der mit der
Anfechtung des Negativbeschlusses verfolgt wird – wird die (erfolglose) Anfechtungsklage damit nur erhoben, um dem späteren Einwand im Schadensersatzprozess zu begegnen, dies sei mangels Anfechtung des Negativbeschlusses nicht möglich. Der Antragsteller wird so aufgrund dieser Rechtsprechung in eine in der Regel wenig aussichtsreiche Anfechtungsklage gedrängt.

2. Klageantrag. § 44 Abs. 1 S. 2 WEG bedeutet dann eine Lockerung des Grundsatzes der Antragsbindung 35
nach § 308 Abs. 1 ZPO, wenn nach materiellem Recht ein Ermessensspielraum des Gerichtes besteht, Entscheidung über den beantragten Beschluss zu treffen. Dann ist es ausreichend, wenn der Kläger sein Rechtsschutzziel angibt. Ein **konkreter Klageantrag** gem. § 253 Abs. 2 ZPO ist nicht erforderlich.[20]

Anders ist dies, wenn nach materiellem Recht kein Entscheidungsermessen besteht, so etwa bei einem Be- 36
schluss nach § 20 Abs. 2 oder 3 WEG. Dann muss der Kläger den genauen Inhalt des von ihm begehrten Beschlusses formulieren, um den Anforderungen des § 253 Abs. 2 Nr. 2 ZPO zu genügen.

Hingegen ist es in jedem Fall notwendig, dass zur Klarstellung des Streitgegenstandes der in der Gemeinschaft 37
der Wohnungseigentümer aufgetretene **Regelungsbedarf** beschrieben wird und Angaben dazu gemacht werden, warum eine Beschlussfassung unterblieben ist.[21] Der Kläger begehrt die Gestaltung eines Sachverhaltes –
daher reicht es auch aus, wenn der Lebenssachverhalt beschrieben wird.

Für die Verwalterbestellung muss der klagende Wohnungseigentümer allerdings **geeignete Personen** vorschla- 38
gen und die jeweiligen Konditionen des Verwaltervertrages nebst der Zustimmung zur Übernahme des Verwalteramtes durch gerichtliche Bestellung darlegen.[22]

Gelingt es dem Antragsteller, im Fall einer nach materiellem Recht möglichen Ermessensentscheidung über 39
verschiedene Arten des Verwaltungshandeln bei der Eigentümerversammlung im Rahmen der notwendigen

---

17 BGH 13.7.2012 – V ZR 94/11, NJW 2012, 2955.
18 S. Nachweise BGH 23.2.2018 – V ZR 101/16, ZMR 2018, 1015.
19 BGH 23.2.2018 – V ZR 101/16, ZMR 2018, 1015.
20 BGH 8.4.2016 – V ZR 191/15, ZMR 2016, 888.
21 BGH 24.5.2013 – V ZR 182/12, NJW 2013, 2271; BGH 26.2.2016 – V ZR 250/14, WuM 2016, 451; LG Berlin
    5.5.2013 – 55 S 52/12 WEG, 55 S 52/12, ZWE 2014, 40.
22 LG Dortmund 25.2.2016 – 1 S 416/15, ZWE 2017, 143.

Vorbefassung beschließen zu lassen – allerdings stets mit negativem Ergebnis –, sollten auch die **verschiedenen Beschlussanträge** ggf. im Verhältnis von Hilfsanträgen die Klageanträge spiegeln, jedoch ergänzt um einen „offen" formulierten Antrag, der in das Ermessen des Gerichts gestellt wird.

40 Bei alldem ist zu unterscheiden, dass die Gestaltungsklage der Beschlussersetzung darauf zielt, eine Leistungsbestimmung, die nach dem Selbstorganisationsrecht der Eigentümer durch Beschluss zu konkretisieren ist, durch Urteil zu fixieren. Mit der Beschlussersetzungsklage wird dem Eigentümer damit der Weg zur Leistungsbestimmung durch Beschluss gegeben.

41 Die Durchsetzung eines solchen Beschlusses auf Leistungsbestimmung, mithin der dem Eigentümer zustehende Anspruch auf Vornahme eines Verwaltungshandelns, erfolgt demgegenüber regelmäßig mit der Leistungsklage.

42 **3. Urteil.** Das Gericht entscheidet durch Gestaltungsurteil. Im Gegensatz zu § 21 Abs. 8 WEG aF formuliert § 44 Abs. 1 S. 2 WEG aber nicht mehr, dass nach billigem Ermessen zu entscheiden ist. Auch das Urteil des Gerichts hat daher nur dann einen Gestaltungsspielraum, wenn das materielle Recht dies erlaubt. Handelt es sich um eine Beschlussersetzungsklage auf der Grundlage des § 18 Abs. 2 WEG, ist dies regelmäßig der Fall.

43 Anders aber, wenn der Kläger beispielsweise eine Beschlussersetzung auf Basis des § 20 Abs. 2 oder 3 WEG verlangt. In diesem Fall ist das Gericht an den Antrag gebunden und es ist etwa im Fall des § 20 Abs. 2 WEG zu prüfen, ob eine privilegierte Maßnahme gegeben und diese angemessen sowie die Veränderungssperre des § 20 Abs. 4 WEG gewahrt ist. Ein Ermessensspielraum ist vom Gericht nicht wahrzunehmen, da dieser auch für die Eigentümer bei dem zu ersetzenden Grundbeschluss nach § 20 Abs. 2 WEG nicht bestanden hätte.

44 Der im Rahmen der Klage aufgrund Antrags des Bauwilligen auch zu ersetzende Ausführungsbeschluss gewährt dem Gericht dagegen wieder die Ausübung des Ermessensspielraums, da die Eigentümer im Fall der Beschlussfassung diesen auch nach dem Wortlaut des § 20 Abs. 2 S. 2 WEG auf der Grundlage ordnungsmäßiger Verwaltung gefasst hätten, § 18 Abs. 2 WEG.

45 **4. Kosten.** § 49 Abs. 1 WEG aF ist seit 1.12.2020 entfallen. Die Kostengrundentscheidung richtet sich nach allgemeinen Regeln. Steht dem Gericht bei der Beschlussersetzung ein Ermessensspielraum zu, kann von § 92 Abs. 2 Nr. 2 ZPO Gebrauch gemacht werden und der Beklagten selbst dann die gesamten Prozesskosten eines Beschlussersetzungsverfahrens auferlegt werden, wenn der Kläger teilweise unterliegt.

38. Beschlussmehrheiten

Hoeck-Eisenbach

I. Einführung

1 Durch die Möglichkeit von Mehrheitsbeschlüssen wird das **Prinzip der Einstimmigkeit** im Interesse der Handlungsfähigkeit einer Gemeinschaft der Wohnungseigentümer abgeschwächt.[1] Die einem Mehrheitsbeschluss zugänglichen Angelegenheiten sind im WEG abschließend aufgeführt.[2] In den Vorschriften des § 25 Abs. 1 und Abs. 2 WEG sind die formellen Voraussetzungen für Beschlüsse, die auf der **gesetzlichen Beschlusskompetenz** beruhen, geregelt. Sie sind grundsätzlich auch für solche Beschlüsse anwendbar, die auf einer Vereinbarung fußen, sofern die Öffnungsklausel nichts anderes bestimmt, etwa ein anderes „Stimmrechtsprinzip" (→ *Stimmrecht* Rn. 6)[3] oder ein anderes Quorum.[4] Ist etwa in der Gemeinschaftsordnung eine Regelung zu finden, wonach es zum Zustandekommen eines Beschlusses einer bestimmten qualifizierten Mehrheit bedarf (zB 2/3 Mehrheit oder Einstimmigkeit), dann kann auch ein Beschluss aufgrund einer gesetzlichen Öffnungsklausel nur unter diesen verschärften Bedingungen zustande kommen. Die Gemeinschaftsordnung kann auch geringere Anforderungen an das Zustandekommen eines Beschlusses vorsehen.

---

1 Bärmann/*Merle* WEG § 25 Rn. 2.
2 Bärmann/*Merle* WEG § 25 Rn. 3.
3 Musterbeispiel für ein Stimmzettel: FormB-WEG-R/*Fritsch/Meier* § 2 Rn. 378.
4 *Hügel/Elzer* WEG § 25 Rn. 1.

II. Formen

Beschlussmehrheiten gibt es als einfache Beschlussmehrheit, qualifizierte Mehrheit, doppelt qualifizierte **2** Mehrheit und als Allstimmigkeit. Mit Inkrafttreten des Wohnungseigentumsmodernisierungsgesetzes am 1.12.2020 entscheidet bei der Beschlussfassung die **Mehrheit der abgegebenen Stimmen** (§ 25 Abs. 1 WEG).

Für die meisten Angelegenheiten in einer Gemeinschaft der Wohnungseigentümer erforderte schon in der Zeit **3** bis zum 1.12.2020 ein positiver Beschluss eine **einfache Beschlussmehrheit**. Das bedeutet eine Mehrheit von „Ja-Stimmen", dh mehr als 50 % aller anwesenden und vertretenen Stimmen, müssen für den Beschluss stimmen (zB Bestellung eines Verwalters, Abschluss eines neuen Versicherungsvertrages, Wahl eines Vorsitzenden in der Eigentümerversammlung, wenn die Leitung einem anderen als dem Verwalter übertragen werden soll). Bei der Auszählung der für und gegen einen konkreten Beschlussantrag abgegebenen Stimmen ist für die Frage, ob die erforderliche einfache Beschlussmehrheit erreicht worden ist, lediglich zu prüfen, ob mehr „Ja-Stimmen" als „Nein-Stimmen" für einen Beschlussantrag abgegeben wurden. **Stimmenthaltungen** gelten als nicht abgegebene Stimmen.[5] Die Mehrheit der Stimmen bestimmt sich gem. § 25 Abs. 2 S. 1 WEG nach Köpfen, sofern kein anderes Stimmrecht vereinbart ist.

Bei einer Abstimmung mit **qualifizierter Mehrheit** müssen mehr als 50 % aller Stimmberechtigten (Kopf- **4** prinzip) für den Beschlussantrag stimmen, damit der Beschlussantrag als angenommen gilt. Eine qualifizierte Mehrheit von 50 % aller Stimmberechtigten wird zB für die Entziehung von Wohnungseigentum benötigt, wobei grundsätzlich das Kopfprinzip gilt.[6]

Bei der Abstimmung mit **doppelt qualifizierter Mehrheit** müssen mehr als 50 % aller anwesenden und ver- **5** tretenen Miteigentumsanteile (Kopfprinzip) und eine Mehrheit aller Miteigentumsanteile (Wertprinzip) für einen Beschluss stimmen. Gemäß § 21 Abs. 2 WEG haben alle Wohnungseigentümer die Kosten einer baulichen Veränderung zu tragen, wenn die Maßnahme mit einer 2/3 Mehrheit und der Hälfte aller Miteigentumsanteile beschlossen wurde, es sei denn die Baumaßnahme ist mit unverhältnismäßig hohen Kosten verbunden oder amortisiert sich nicht innerhalb eines angemessen Zeitraums.

Bei der Abstimmung mit **Allstimmigkeit** müssen alle im Grundbuch eingetragenen Eigentümer zu 100 % dem **6** Beschlussantrag zustimmen. Allstimmigkeit wird zB bei **grundlegenden Veränderungen der Wohnanlage** gefordert (§ 20 Abs. 4 WEG) Auch bei Beschlüssen, die gem. § 23 Abs. 3 WEG im schriftlichen Verfahren gefasst werden sollen (sog. Umlaufbeschluss, → *Beschluss* Rn. 24), wird Allstimmigkeit gefordert.

Der **allstimmige** Beschluss ist zu unterscheiden von **einstimmigen Beschlüssen**. Der Beschluss ist **einstim- 7 mig**, wenn ihm alle in einer Versammlung der Eigentümer anwesenden Stimmberechtigten zugestimmt haben, wobei die Stimmenthaltungen unberücksichtigt bleiben.[7] Wenn also alle Anwesenden, die sich nicht enthalten haben, für einen Antrag stimmen, dann ist dieser Antrag einstimmig. Ein Beschluss ist allstimmig, wenn sämtliche Wohnungseigentümer, die anwesend oder vertreten sind, und sämtliche Stimmberechtigten dem Beschlussantrag zugestimmt haben.[8] Allstimmige Beschlüsse sind von einer Vereinbarung abzugrenzen. Bei Beschlüssen mit Vereinbarungscharakter müssen alle im Grundbuch eingetragenen Eigentümer zu 100 % dem Beschlussantrag zustimmen. Eine Vereinbarung ist nötig, wenn grundlegende und wesentliche Regeln für das Zusammenleben der Wohnungseigentümer generell und auf Dauer getroffen werden sollen, die über den Einzelfall hinaus Bedeutung besitzen, wohingegen Beschlüsse die laufende Verwaltung im konkreten Einzelfall zum Gegenstand haben.[9]

Mehrheitsbeschlüsse sind bis zum Inkrafttreten des Wohnungseigentumsmodernisierungsgesetzes am **8** 1.12.2020 gesetzlich mit folgenden Mehrheiten vorgesehen:

---

5 BGH 8.12.1988 – V ZB 3/88, NJW 1989, 1090.
6 *Hügel/Elzer* WEG § 18 Rn. 18.
7 *Hügel/Elzer* WEG Vor §§ 23 ff. Rn. 55.
8 *Hügel/Elzer* WEG Vor §§ 23 ff. Rn. 56.
9 *Hügel/Elzer* WEG § 10 Rn. 76.

Vorschrift im WEG	Beschlussgegenstand	Mehrheitserfordernis
§ 12 Abs. 4 S. 1 WEG	Aufhebung einer Veräußerungsbeschränkung	Einfache Mehrheit
§ 15 Abs. 2 WEG	Gebrauchsregelung des Gemeinschafts- und des Sondereigentums	Einfache Mehrheit
§ 16 Abs. 3 WEG	Erfassen von und Verteilen von Betriebs- und Verwaltungskosten	Einfache Mehrheit
§ 16 Abs. 4 S. 1 WEG	Kostentragung von baulichen Maßnahmen im Einzelfall	Doppelt qualifizierte Mehrheit: ¾ aller stimmberechtigten Wohnungseigentümer nach dem Kopfprinzip (§ 25 Abs. 2 WEG) und eine Mehrheit aller Miteigentumsanteile
§ 18 Abs. 3 S. 1 WEG	Entziehung des Wohneigentums	Qualifizierte Mehrheit: Mehr als 50 % sämtlicher stimmberechtigter (auch abwesender) Wohnungseigentümer nach dem Kopfprinzip (§ 25 Abs. 2 WEG)
§ 21 Abs. 3 WEG	Ordnungsmäßige Verwaltung	Einfache Mehrheit
§ 21 Abs. 7 WEG	Zahlungsmodalitäten, Nutzungskosten, bes. Verwaltungskosten	Einfache Mehrheit
§ 22 Abs. 1 S. 1 WEG	Bauliche Veränderungen, die über die ordnungsgemäße Erhaltung des Gemeinschaftseigentums hinausgehen, jedoch keine Modernisierung darstellen und Wohnungseigentümer erheblich beeinträchtigen.	Beschränkte Allstimmigkeit: Einfache Mehrheit und Zustimmung aller betroffenen Wohnungseigentümer
§ 22 Abs. 1 S. 2, § 21 Abs. 3 WEG	Bauliche Veränderungen, soweit kein Wohnungseigentümer über das Maß von § 14 Nr. 1 WEG beeinträchtigt ist	Einfache Mehrheit
§ 22 Abs. 2 WEG	Modernisierungsmaßnahmen	Qualifizierte Mehrheit: ¾ aller stimmberechtigten (auch abwesender) Wohnungseigentümer nach dem Kopfprinzip (§ 25 Abs. 2 WEG) und eine Mehrheit aller Miteigentumsanteile
§ 22 Abs. 3 WEG	Modernisierende Instandsetzung	Einfache Mehrheit
§ 26 Abs. 1 WEG	Bestellung und Abberufung eines Verwalters	Einfache Mehrheit
§ 27 Abs. 2 Nr. 3 WEG	Ermächtigung des Verwalters zur Anspruchsdurchsetzung im Namen der Eigentümer	Einfache Mehrheit
§ 27 Abs. 3 S. 1 Nr. 7 WEG	Ermächtigung des Verwalters zur Vornahme sonstiger Rechtsgeschäfte und Rechtshandlungen im Namen der Gemeinschaft der Wohnungseigentümer	Einfache Mehrheit

Vorschrift im WEG	Beschlussgegenstand	Mehrheitserfordernis
§ 27 Abs. 5 S. 3 WEG	Ermächtigung des Verwalters zur Vertretung der Gemeinschaft der Wohnungseigentümer	Einfache Mehrheit
§ 27 Abs. 5 S. 2 WEG	Abhängigkeit der Vermögensverfügung durch den Verwalter von der Zustimmung eines Wohnungseigentümers oder eines Dritten	Einfache Mehrheit
§ 28 Abs. 4 und Abs. 5 WEG	Wirtschaftsplan, Abrechnung und Rechnungslegung	Einfache Mehrheit
§ 29 Abs. 1 S. 1 WEG	Bestellung eines Verwaltungsbeirats	Einfache Mehrheit
§ 45 Abs. 2 S. 1 WEG	Ersatzzustellungsvertreter	Einfache Mehrheit

Mit Inkrafttreten des **Wohnungseigentumsmodernisierungsgesetzes** wird das komplizierte System der Beschlussmehrheiten vereinfacht. Grundsätzlich entscheidet die **Mehrheit der abgegebenen Stimmen** (§ 25 Abs. 1 WEG).

39. Beseitigung

Agatsy

I. Einführung

Im Verhältnis zwischen Wohnungseigentümern zur Gemeinschaft der Wohnungseigentümer (§ 9 a Abs. 1 **1** WEG) sowie im Verhältnis zu Dritten sind **Beseitigungsansprüche** von praktischer Bedeutung (→ Rn. 3). Die Geltendmachung der Beseitigungsansprüche kann zur Durchsetzung individueller Rechtspositionen der Wohnungseigentümer im Hinblick auf das Wohnungseigentum, zur Beseitigung störender Zustände, baulicher Veränderungen, oder der Beseitigungsansprüche der Gemeinschaft der Wohnungseigentümer erfolgen (→ Rn. 7).

Dabei ist zu differenzieren, ob ein binnenrechtswidriges Verhalten vorliegt (§ 14 Abs. 1 Nr. 1 WEG) und somit **2** ein Wohnungseigentümer gem. § 14 Abs. 2 Nr. 1 WEG und § 1004 Abs. 1 S. 1 BGB) für die Beseitigung einer baulichen Anlage oder sonstigen Störungs- oder Gefahrenquelle verantwortlich ist.[1] Der Beseitigungsanspruch kann sich auch gegen Dritte und Nachbarn richten (→ Rn. 4). Nach Prüfung der korrekten Anspruchsgrundlage ist zu erörtern, ob und in welchem Umfang der Beseitigungsverpflichtete in Anspruch zu nehmen und in welchem Umfang die **Wiederherstellung** geschuldet ist. Weitere Problemfelder sind die Verjährung und Verwirkung oder eine Duldungspflicht (→ Rn. 38).

II. Systematische Übersicht

3 **1. Anspruchsgrundlagen der Beseitigung.** Die Beseitigungsansprüche folgen aus verschiedenen Anspruchsgrundlagen. Verändert ein Wohnungseigentümer das gemeinschaftliche Eigentum ohne Berechtigung, verhält er sich pflichtwidrig. Die maßgebliche Norm für den Beseitigungsanspruch stellt § 1004 Abs. 1 S. 1 BGB dar.[2] Ist beispielsweise eine bauliche Veränderung nach § 20 Abs. 1 WEG (§ 22 Abs. 1–3 WEG aF) (→ *Bauliche Veränderung* Rn. 1 ff.) weder kraft Beschlusses oder Vereinbarung legitimiert, besteht ein Beseitigungsanspruch gem. § 1004 Abs. 1 S. 1 BGB.[3] Ferner kann eine unzulässige bauliche Veränderung einen Verstoß gegen das Binnenrecht wie zB eine Vereinbarung oder entsprechende Beschlussfassungen darstellen. Hat ein Wohnungseigentümer die anderen vor vollende Tatsachen gestellt, können diese aus § 1004 Abs. 1 S. 1 BGB, § 14 Abs. 1 Nr. 1 und Abs. 2 Nr. 1 WEG die Beseitigung der nachteiligen Veränderung verlangen.[4]

4 Der Anspruch richtet sich gegen den **Störer**. Der Störerbegriff ist allgemein gefasst und bleibt auch nach der Neufassung der §§ 14 und 20 WEG erhalten.[5] Ein nachteilig betroffener Wohnungseigentümer kann sowohl nach § 14 Abs. 1 Nr. 1 und Abs. 2 Nr. 1 WEG (§ 15 Abs. 3 WEG aF) als auch gem. § 1004 Abs. 1 S. 1 BGB die Beseitigung der Beeinträchtigung verlangen.[6]. Die Einhaltung der gemeinschaftsbezogenen Regeln kann nicht mehr ausschließlich durch einzelne Wohnungseigentümer, sondern nur noch durch die Gemeinschaft der Wohnungseigentümer eingeklagt werden. § 14 Abs. 1 Nr. 1 WEG verpflichtet jeden Wohnungseigentümer gegenüber der Gemeinschaft der Wohnungseigentümer, die gesetzlichen Regelungen, Vereinbarungen und Beschlüsse einzuhalten. § 14 Abs. 2 Nr. 1 WEG verpflichtet den Wohnungseigentümer, „störende" Beeinträchtigungen zu unterlassen. Zugleich folgt daraus eine Anspruchsgrundlage, aufgrund derer eine Einwirkung auf störende Dritte, mithin einen Mieter, verlangt werden kann (→ *Mieter* Rn. 8).[7]

5 Nach § 14 Abs. 1 und 2 WEG kann die rechtliche Anspruchsgrundlage für den Beseitigungsanspruch gegenüber einem Wohnungseigentümer oder Dritten nicht in einer **Beschlussfassung** liegen. Ein „anspruchsbegründender" Beschluss der Eigentümerversammlung ist nichtig.[8] Diese Rechtsauffassung ist zutreffend und gilt auch nach der Neufassung der §§ 23–25 WEG fort. Den Wohnungseigentümern können keine Leistungspflichten per Beschluss auferlegt werden. Gem. § 20 Abs. 1 WEG besteht lediglich ein Individualanspruch auf bestimmte Baumaßnahmen im Beschlussweg.[9] Rechtlich möglich ist allerdings eine „kollektive" Vorbefassung im Beschlussweg als Vorbereitungsmaßnahme. Mit dieser Beschlussfassung wird keine Leistungspflicht, sondern nur die gerichtliche Maßnahme vorbereitet. Im Fall der Beschlussklage (Anfechtungsbeschlussklage) ist durch Auslegung gem. §§ 133, 157 BGB zu klären, ob ein bestimmter Gebrauch (→ *Gebrauch des Sondereigentums* Rn. 20) des Sondereigentums unterbunden wird und somit gerichtlich vorzugehen ist.[10]

---

1 Riecke/Schmid/*Abramenko* WEG § 22 Rn. 104 mwN.
2 Bärmann/*Merle* WEG § 22 Rn. 313.
3 BGH 7.2.2014 – V ZR 25/13, NJW 2014, 1090 (1093) = ZWE 2014, 178–181; FormB-WEG-R/*Lehmann-Richter*, § 3 Rn. 64.
4 Riecke/Schmid/*Abramenko* WEG § 22 Rn. 104; BayObLG 13.7.1995 – 2Z BR 15/95, ZMR 1995, 496 f. = NJWE-MietR 1996, 83–84; KG 13.12.2004 – 24 W 298/03, ZMR 2005, 978.
5 SEHR/*Agatsy* § 4 Nutzungs- und Gebrauchsrecht Rn. 50 f.
6 BGH 27.2.2015 – V ZR 73/14, NZM 2015, 382 = ZWE 2015, 212 = IMR 2015, 237 mAnm *Elzer*; Bielefeld/Christ/Sommer/*Sommer*, Kap. 13.10. S. 278.
7 *Lehmann-Richter/Wobst* WEG-Reform 2020, Rn. 1348 f. *Hügel/Elzer*, 3. Aufl. 2021, WEG § 14 Rn. 65.
8 BGH 9.3.2012 – V ZR 161/11, NJW 2012, 1724 Rn. 11; BGH 18.2.2011 – V ZR 82/10, NJW 2011, 1220 Rn. 15; BGH 15.1.2010 – V ZR 72/09, NZM 2010, 285 Rn. 10; *Schmidt/Riecke* ZMR 2005, 252 (256).
9 *Lehmann-Richter/Wobst* WEG-Reform 2020, Rn. 993 f.
10 BGH 15.1.2010 – V ZR 72/09, NJW 2010, 3093 Rn. 5; BeckOK WEG/*Elzer* § 442 Rn. 192.

Allerdings sind weder die **Wohnungseigentümer** noch die Gemeinschaft der Wohnungseigentümer berech- 6
tigt, die Beseitigung (→ Rn. 7) als persönliche Leistungspflicht zu verlangen.[11] Ebenso wenig kann ein modifizierter **Rückbau** verlangt werden. Das bedeutet, dass ein Umbau zu einer im Interesse des Beeinträchtigten
liegenden Veränderung von dem Schuldner des Beseitigungsanspruchs eingefordert wird.[12] Ein **Beseitigungsanspruch** besteht auch bei jeder unzulässigen Benutzung (**Gebrauch**) iSd § 14 Abs. 1 Nr. 1 und Abs. 2. Nr. 1
WEG (§ 15 Abs. 3 WEG aF; → *Gebrauchs- und Nutzungsvereinbarung* Rn. 15).[13]

2. Anspruchsinhalt der Beseitigungsansprüche. Die Beseitigungsansprüche aus § 1004 Abs. 1 S. 1 BGB 7
iVm § 14 Abs. 1 Nr. 1 und Abs. 2 Nr. 1 WEG (§§ 14 Nr. 1, 15 Abs. 3 WEG aF) sind auf die Beseitigung der
Beeinträchtigung gerichtet und verschuldensunabhängig. Sie richten sich gegen den Handlungs- oder Zustandsstörer. Der **Handlungs- oder Zustandsstörer** (→ *Störungsunterlassung* Rn. 3). hat im Rahmen des Beseitigungsanspruchs zu entfernen, was er unzulässig angebracht oder entfernt hat.[14] Der Beseitigungsanspruch
(→ Rn. 7) ist darauf gerichtet, die Beeinträchtigungen für die Zukunft abzustellen.[15] Eine weitergehende Beeinträchtigung stellt keine Anspruchsvoraussetzung dar. Ebenso kann eine bestimmte Beseitigung nicht verlangt werden. Inhaltlich ist der Anspruch aus § 1004 Abs. 1 S. 1 BGB auf Beseitigung der Beeinträchtigung
und darauf gerichtet, die Beeinträchtigung für die Zukunft abzustellen. Die Auswahl der geeigneten Beseiti-
gungsmaßnahmen obliegt allein dem Schuldner.[16] Die Vorschrift des § 14 Abs. 2 Nr. 1 WEG löst aber nur
einen Anspruch auf Unterlassung zukünftiger Beeinträchtigungen aus. Sie gibt dem Wohnungseigentümer keinen Anspruch auf Beseitigung pflichtwidrig verursachter Beeinträchtigungen.[17] Für diese Sanktion sieht das
Gesetz den Schadensersatzanspruch gem. § 280 Abs. 1 BGB vor.

Nach einer Auffassung ist der Beseitigungsanspruch auf **Wiederherstellung** des früheren Zustandes gerichtet, 8
sofern dies die einzige Möglichkeit darstellt, die Beeinträchtigung zu beseitigen.[18] Dagegen spricht, dass der
Beseitigungsanspruch systematisch vielmehr einem Schadensersatzanspruch gleichstünde. Das Anspruchsziel
des Beseitigungsanspruchs ist demgegenüber nicht auf Kompensation und Wiederherstellung, sondern auf Beseitigung der verbliebenen Beeinträchtigung aus der Störungsbeseitigung gerichtet. In Casu obliegt dem Wohnungseigentümer und Störer, die Störungsquelle spurenlos zu beseitigen (→ *Störungsunterlassung* Rn. 3 ff.).[19]
Nach zutreffender Auffassung ist eine an den Bedürfnissen der Praxis orientierte und wertende Abgrenzung
von beseitigungspflichtigem Eingriff und ersatzpflichtigen Folgen vorzunehmen.

Letztendlich bleibt die dogmatische Abgrenzung zwischen Beseitigungs-/Unterlassungs- und **Schadensersatz- 9
ansprüchen** problematisch. Dass sich die Ansprüche nicht stets trennen lassen und der Beseitigungsanspruch
auch die Verpflichtung zum Ersatz der Aufwendungen zur Feststellung der Störungsursache sowie für die Reparatur beinhaltet, macht ihn dogmatisch nicht zum Schadensersatzanspruch, sondern führt vielmehr zu einer
partiellen Überlappung beider Ansprüche.[20] § 823 Abs. 1 BGB ist insoweit nicht lex specialis zu § 1004 Abs. 1
S. 1 BGB, sondern daneben im Rahmen der Anspruchskonkurrenz anwendbar. Der Beseitigungsanspruch setzt
kein Verschulden voraus. Die Durchsetzung der Beseitigungsansprüche gegenüber der Gemeinschaft der Wohnungseigentümer ist eine Angelegenheit der ordnungsgemäßen Verwaltung des gemeinschaftlichen Eigentums
gem. § 18 Abs. 2 WEG. Nach dieser Vorschrift kann jeder Wohnungseigentümer von der Gemeinschaft der
Wohnungseigentümer eine Verwaltung des gemeinschaftlichen Eigentums und eine Benutzung dieses und des
Sondereigentums verlangen, die den gesetzlichen Regelungen, Vereinbarungen und Beschlüssen und – hilfsweise ordnungsgemäßer Verwaltung (§§ 15 Abs. 3, 21 Abs. 3, 4 WEG aF) entspricht.[21]

---

11 BGH 15.1.2010 – V ZR 72/09, ZWE 2010, 130 = BeckRS 2010, 3140 = IMR 2010, 103 mAnm *Briesemeister*.
12 Riecke/Schmid/*Abramenko* WEG § 22 Rn. 104.
13 Jennißen/*Schultzky* WEG § 15 Rn. 120.
14 *Hügel/Elzer*, 3. Aufl. 2021, WEG § 20 Rn. 170; AG München 23.2.2016 – 483 C 15231/14, ZMR 2016, 405.
15 *Niedenführ*, NZM 2001, 1105, 1110; Bielefeld/Christ/Sommer/*Sommer*, Kap. 13.10, S. 278, 279.
16 KG 19.3.2007 – 24 W 317/06, ZMR 2007, 639 (641); BGH 19.1.1996 – V ZR 298/94, MDR 1996, 579.
17 *Lehmann-Richter/Wobst* WEG-Reform 2020, Rn. 1408.
18 Bärmann/*Merle*, 14. Aufl. 2018, WEG § 22 Rn. 316 mwN.
19 *Hügel/Elzer*, 3. Aufl. 2021, WEG § 20 Rn. 171; *Wenzel* NJW 2005, 242 (243).
20 BGH 7.3.1986 – V ZR 92/85, NJW 1986, 2640 (2642); BGH 21.10.1994 – V ZR 12/94, NJW 1995, 395; *Wenzel*
    NJW 2005, 242 (243).
21 BT-Drs. 19/18791, 57 f.; BR-Drs. 168/19, 63 f.

10 **3. Auskunftsanspruch zur Vorbereitung von Beseitigungsansprüchen.** Zur Vorbereitung eines Beseitigungsanspruchs wegen unzulässiger, in das Gemeinschaftseigentum eingreifender Umbaumaßnahmen (→ *bauliche Veränderung* Rn. 12) kann dem einzelnen Wohnungseigentümer im Einzelfall ein **Auskunftsanspruch** gegen den Wohnungseigentümer zustehen, der die baulichen Veränderungen vorgenommen hat.[22] Dieser Auskunftsanspruch besteht auch nach der Veräußerung des Wohnungseigentums. Im Zweifel kennt nur der potenzielle Störer die Einzelheiten, die zur Beurteilung des Anspruchs aus § 1004 Abs. 1 S. 1 BGB erforderlich sind.[23] Dafür spricht auch, dass die Wohnungseigentümer untereinander und im Verhältnis zu der Gemeinschaft der Wohnungseigentümer wie im Schuldverhältnis miteinander verbunden sind. Die Auskunftspflicht kann hier eine „vertragsimmanente" Nebenpflicht darstellen.

11 **4. Abgrenzung zu Wiederherstellungs- und Schadensersatzansprüchen.** Der Beseitigungsanspruch gem. § 1004 Abs. 1 S. 1 BGB ist von Wiederherstellungs- und Schadensersatzansprüchen (§ 280 Abs. 1 BGB) abzugrenzen. Diese Abgrenzung ist keinesfalls eindeutig möglich. Daher ist das Anspruchsziel anhand des jeweiligen Einzelfalls sorgfältig zu klären (→ Rn. 8). Der Beseitigungsanspruch ist darauf gerichtet, den störenden Zustand, beispielsweise eine unzulässige bauliche Veränderung, zu beseitigen. In Abgrenzung zum **Wiederherstellungsanspruch** umfasst der Beseitigungsanspruch nicht die Wiederherstellung. Die Beseitigung allein führt allerdings nicht dazu, dass auch Substanzschäden beseitigt werden. Ferner bestehen gem. § 14 Abs. 3 WEG Ausgleichsansprüche, zB bei der Beeinträchtigung des Sondereigentums.[24] Beruhen Einwirkungen auf Baumaßnahmen, sind diese nicht laufender Natur. Dann kommt eine Kompensation grundsätzlich in Betracht.[25]

12 Der gesondert bestehende Wiederherstellungsanspruch steht individuell jedem Wohnungseigentümer aus §§ 823 Abs. 1, 249 Abs. 1 BGB zu. Dies setzt voraus, dass die Ansprüche in Anspruchskonkurrenz zum Beseitigungsanspruch gem. § 1004 Abs. 1 S. 1 BGB stehen.[26] Das gilt dann, wenn der Beseitigungsanspruch die Wiederherstellung des Urzustands umfasst. Die restlichen Wohnungseigentümer haben gegen den verändernden Wohnungseigentümer einen Anspruch auf **Rückbau**, wenn dieser schuldhaft handelte. Der Wiederherstellungsanspruch ist im Ergebnis darauf gerichtet, den schadhaften Zustand vollständig zu beseitigen. Der Ausgleichsanspruch unter den Wohnungseigentümern resultiert aus § 14 Abs. 3 WEG.[27] § 14 Abs. 3 WEG gestaltet den Anspruch in diesem Sinne als Aufopferungsanspruch aus. Tatbestandlich genügt deshalb nicht jede Einwirkung, sondern es fallen nur solche Einwirkungen unter die Regelung, die über das zumutbare Maß iS einer Sonderopfergrenze hinausgehen.[28] Nach der bisherigen Auffassung in der Rechtsprechung war die Vorschrift des § 906 Abs. 2 S. 2 BGB in analoger Anwendung unter Wohnungseigentümern anwendbar, so dass Ihnen bei Beeinträchtigungen aus dem benachbarten Wohnungseigentum ein nachbarrechtlicher Ausgleichsanspruch zustand.[29] Die Ausgleichsvorschrift des § 14 Abs. 3 WEG ist unanwendbar, wenn eine Duldungspflicht gem. § 14 Abs. 1 Nr. 2 und Abs. 2 Nr. 2 WEG nicht gegeben ist.[30] Es stellt sich die Frage, ob entsprechend der Problematik der analogen Anwendung des § 906 Abs. 2 S. 2 BGB[31] auch eine analoge Anwendung des § 14 Abs. 3 WEG in Betracht kommt. Dagegen spricht, dass der Gesetzgeber mit der Vorschrift des § 14 Abs. 3 WEG einen deutlichen Regelungszweck verfolgte. Eine planwidrige Regelungslücke liegt nach den Materialien zur Gesetzesbegründung nicht vor.[32]

13 **5. Grenzen der Gebrauchsregelung und Beseitigungsanspruch.** Beseitigungsansprüche von Wohnungseigentümern und der Gemeinschaft der Wohnungseigentümer können neben § 1004 Abs. 1 S. 1 BGB auch auf § 14 Abs. 1 Nr. 1 und Abs. 2 Nr. 1 WEG gestützt werden.[33] Zum einen kommt es darauf an, ob andere Woh-

---

22 OLG Düsseldorf 25.11.1996 – 3 Wx 516/94, NJWE-MietR 1997, 182; *Hügel/Elzer*, 3. Aufl. 2021, WEG § 20 Rn. 170; Bärmann/Seuß WE-Praxis/*Schmidt*, § 12 Rn. 249.
23 OLG Düsseldorf 25.11.1996 – 3 Wx 516/94, NJWE MietR 1997, 182.
24 BT-Drs. 19/18791, 51; BR-Drs. 168/20, 57.
25 *Lehmann-Richter/Wobst* WEG-Reform 2020, Rn. 1379.
26 BGH 26.10.2018 – V ZR 328/17 Rn. 8, 14, ZWE 2019, 2010 mAnm *Sommer*; BeckOK WEG/*Elzer* § 20 Rn. 168.
27 BT-Drs. 19/18791, 51; BR-Drs. 168/20, 51.
28 *Lehmann-Richter/Wobst* WEG-Reform 2020, Rn. 1372 f.
29 BGH 5.7.2019 – V ZR 96/18 NZM 2019, 839 Rn. 35; BGH 30.5.2003 – V ZR 37/02, NJW 2003, 2377.
30 *Lehmann-Richter/Wobst* WEG-Reform 2020, S. 1371.
31 BGH 25.10.2013 – V ZR 230/12, NJW 2014, 458 mAnm *Dötsch*.
32 *Lehmann-Richter/Wobst* WEG-Reform 2020, Rn. 1374 f.
33 BeckOK WEG/*Müller* § 14 Rn. 6 f.

nungseigentümer beseitigungspflichtig beeinträchtigt sind und zum anderen darauf, ob der Beseitigungsanspruch bezüglich des gemeinschaftlichen Eigentums und somit gegenüber der Gemeinschaft der Wohnungseigentümer besteht. Auch binnenrechtliche Vorschriften, dh § 14 Abs. 1 Nr. 1 WEG iVm der **Gemeinschaftsordnung** (→ *Gemeinschaftsordnung* Rn. 10), bilden eine eigene Anspruchsgrundlage. Die Vorschriften der §§ 13 und 14 WEG sind lex specialis zu den allgemeinen nachbarrechtlichen Vorschriften (§ 906 Abs. 1 BGB), deren Anwendbarkeit verdrängt wird. Der **Gebrauch** des Wohnungseigentums ist durch umfassende (Benutzungs-)Gebrauchsregelungen (→ *Gebrauch des Sondereigentums* Rn. 18) geprägt. Diese bilden den rechtlichen Rahmen für den Gebrauch des Wohnungs- oder Teileigentums.

Eine Benutzungsregelung (Gebrauchsregelung) wird aufgrund einer Vereinbarung begründet, die unter Berücksichtigung der Beschaffenheit des Gegenstands und der Verkehrssicherungspflichten dem Gebot gegenseitiger **Rücksichtnahme** und billigem Ermessen entspricht.[34] Der Gesetzgeber geht nach der Neufassung des WEG grundsätzlich von dem Begriff der Benutzung (Gebrauch) aus. Dies hat vorrangig sprachliche Gründe, hängt aber normsystematisch damit zusammen, dass die Verwaltung des gemeinschaftlichen Eigentums nach § 18 Abs. 1 WEG der Gemeinschaft der Wohnungseigentümer obliegt. § 18 Abs. 1 WEG weist die Aufgabe, das gemeinschaftliche Eigentum zu verwalten, der Gemeinschaft der Wohnungseigentümer sowohl im Innenverhältnis gegenüber den Wohnungseigentümern als auch im Außenverhältnis gegenüber Dritten zu.[35] Darüber hinaus kann über die rechtlichen Rahmenbedingungen der Benutzung (Gebrauch) auch per Beschluss entschieden werden, sofern nicht gem. § 19 Abs. 1 Nr. 1 WEG eine Vereinbarung entgegensteht.[36] Die Benutzung (Gebrauch) durch den Wohnungseigentümer darf nicht über die Grenzen der Nutzungsregelungen hinausgehen oder gegen deren Zweck verstoßen. Eigenmächtige Eingriffe der Wohnungseigentümer in die Substanz von Sondereigentum und in das Gemeinschaftseigentum sind unzulässig, wenn andere Wohnungseigentümer nicht unerheblich beeinträchtigt werden. 14

Wohnungseigentümer können gem. §§ 10 Abs. 1, 18 Abs. 2 Nr. 2 (§ 15 Abs. 2 WEG aF) Gebrauchsregelungen vereinbaren oder beschließen (§ 19 Abs. 1 WEG).[37] Besteht eine Gebrauchsregelung iSd § 19 WEG, sind in einem weiteren Schritt weitergehende Beeinträchtigungen zu prüfen. Die Wohnungseigentümer dürfen das Wohnungs- und Teileigentum sowie die im Gemeinschaftseigentum stehenden Flächen nur in dem Umfang benutzen, dass für die anderen Wohnungseigentümer **kein Nachteil** erwächst. Ein Beseitigungsanspruch (→ Rn. 4) resultiert, wenn die **Nutzung über das zulässige und zumutbare Maß hinausgeht**. Die Grenzen des Gebrauchs (Benutzung) bilden gegenüber der Gemeinschaft (§ 14 Abs. 1 Nr. 1 WEG) sowie zwischen den Wohnungseigentümern (§ 14 Abs. 2 Nr. 1 WEG) die Vereinbarungen, Beschlüsse und gesetzlichen Regelungen. Durch § 14 Abs. 1 Nr. 1 und Abs. 2 Nr. 1 WEG wird das „Verbot" einer übermäßigen Beeinträchtigung und somit die Unterbindung von beseitigungspflichtigen Handlungen dahingehend konkretisiert, dass der übermäßige Gebrauch des Sonder-, Teil- oder Gemeinschaftseigentum **Abwehransprüche** (Beseitigungsansprüche) gem. § 14 Abs. 1 Nr. 1, Abs. 2 Nr. 1 WEG und § 1004 Abs. 1 S. 1 BGB begründet, wenn die rechtlich zulässige Grenze des Gebrauchs durch erkennbar unzulässige (insbes. bauliche) Veränderungen des bestehenden Zustandes überschritten wird. Die Beseitigungsansprüche hinsichtlich des gemeinschaftlichen Eigentums sind der Gemeinschaft der Wohnungseigentümer zur Ausübung zugewiesen.[38] Bei Einwirkungen aufgrund von Baumaßnahmen kommt zusätzliche eine Kompensation in Betracht. Solche Einwirkungen sind – anders als die Benutzung – nicht laufender Natur.[39] 15

Bei der Begründung des Beseitigungsanspruchs ist zu differenzieren, ob der beseitigungspflichtige Zustand im gemeinschaftlichen Eigentum (§ 14 Abs. Nr. 1 WEG) oder im Wohnungseigentum (§ 14 Abs. 2 Nr. 1 WEG) vorliegt. Ein Nachteil iSd § 14 Abs. 2 Nr. 1 WEG ist nach dem Wortlaut dieser Vorschrift jede **konkrete und objektive Beeinträchtigung**. Zunächst ist zu prüfen, ob solche den Gebrauch regelnde wirksame Vereinbarungen oder Beschlüsse nach § 19 WEG (→ *Gebrauchs- und Nutzungsvereinbarungen* Rn. 5 f.) existieren. In einem weiteren Schritt ist zu hinterfragen, ob ein Wohnungseigentümer einen widerrechtlichen baulichen oder störenden Zustand verursacht und damit gegen eine Gebrauchsregelung (Benutzungsregelung) verstößt. Jeder 16

---

34 Bärmann/*Suilmann* WEG § 15 Rn. 55; Riecke/Schmid/*Abramenko* WEG § 15 Rn. 9.
35 BT-Drs. 19/18791, 56; BR-Drs. 168/20, 62.
36 *Lehmann-Richter/Wobst* WEG-Reform 2020, Rn. 1347.
37 BT-Drs. 19/18791, 58; BR-Drs. 168/20, 65.
38 *Lehmann-Richter/Wobst* WEG-Reform 2020, Rn. 1519 f.
39 *Lehmann-Richter/Wobst* WEG-Reform 2020, Rn. 1379.

Wohnungseigentümer kann hinsichtlich seines Wohnungseigentums gem. § 14 Abs. 2 Nr. 1 WEG und § 1004 Abs. 1 S. 1 BGB eine Beseitigung verlangen.[40] Bezüglich des gemeinschaftlichen Eigentums ist die Wahrnehmung der Ausübungskompetenz der Gemeinschaft der Wohnungseigentümer zugewiesen. Es muss sich um erhebliche Beeinträchtigung durch andere Eigentümer handeln. Die Vorschriften des § 14 Abs. 1 Nr. 1 und Abs. 2 Nr. 1 WEG konkretisieren den Beseitigungsanspruch.

17 Ob eine Beeinträchtigung der übrigen Wohnungseigentümer vorliegt, hat durch sorgfältige im Rahmen der Einzelfallbetrachtung vorzunehmende Interessenabwägung der beteiligten Wohnungseigentümer zu erfolgen. Ein Beseitigungsanspruch besteht, wenn der Gebrauch des Sondereigentums und der **Mitgebrauch** des gemeinschaftlichen Eigentums gem. § 16 Abs. 1 S. 3 WEG (→ *Gebrauch des gemeinschaftlichen Eigentums* Rn. 5) zu einer unzulässigen Substanzänderung führen. Unzulässige bauliche Änderungen und nachteilige Veränderungen des Sonder- und Gemeinschaftseigentums sind nicht hinzunehmen.[41] Auch der Zweckverstoß in Form einer zweckwidrigen Benutzung (Gebrauch) kann einen Beseitigungsanspruch implizieren. Im Zweifel ist bereits bei geringen Beeinträchtigungen durch einen Wohnungseigentümer ein Nachteil iSd § 14 Abs. 1 Nr. 1 und Abs. 2 Nr. 1 WEG anzunehmen. Maßnahmen ausschließlich im Sondereigentum stellen keine Substanzveränderungen dar, wenn das Gemeinschaftseigentum unbeeinträchtigt bleibt.[42] Gem. § 13 Abs. 2 WEG ist ein Sondereigentümer berechtigt, baulicher Veränderungen vorzunehmen, solange keine anderen Wohnungseigentümer beeinträchtigt werden. Die Vorschrift des § 20 Abs. 1 WEG findet über § 13 Abs. 2 WEG entsprechende Anwendung.[43] Gehen die Beeinträchtigungen über das in § 20 Abs. 3 und 4 WEG geregelte Maß hinaus, kann die bauliche Veränderung unzulässig sein. Ein gefasster Beschluss ist daraufhin anfechtbar. Die Schwelle für das Vorliegen einer relevanten Beeinträchtigung iSv § 20 Abs. 3 WEG ist dabei sehr „niedrig".

18 **6. Einzelne praktische Fallgruppen der Beseitigungsansprüche.** Die Vornahme von unzulässigen nachteiligen **baulichen Veränderungen** am Sondereigentum oder an Teilen des Gemeinschaftseigentum begründet Beseitigungsansprüche. Nach § 20 Abs. 1 WEG setzt die zulässige bauliche Veränderung einen Beschluss der Wohnungseigentümerversammlung mit einfacher Mehrheit voraus. Weder darf das gemeinschaftliche Eigentum noch das Wohnungseigentum eines anderen Wohnungseigentümers erheblich beeinträchtigt sein.

Beispiel: Ein Wohnungseigentümer vergrößert die seinem Sondereigentum zugehörige Terrasse. Damit verursacht er einen beseitigungspflichtigen Zustand. Die Gerichte sind nach zutreffender Auffassung angehalten, bei der sorgfältigen Prüfung der wechselseitigen Interessen das jeweilige Störungspotential zu prüfen.[44] Nach § 14 Abs. 1 Nr. 1 WEG haben die Wohnungseigentümer gegenüber der Gemeinschaft die binnenrechtlichen Vorschriften wie Vereinbarungen, Beschlüsse und gesetzliche Regelungen einzuhalten. Bei Einwirkungen auf das gemeinschaftliche Eigentum ist die Ausübung der Beseitigungsansprüche der Gemeinschaft der Wohnungseigentümer zugewiesen (§ 9 a Abs. 2 WEG). Der Anspruch besteht auch gem. § 1004 Abs. 1 S. 1 BGB. Sofern auch Beeinträchtigungen für die übrigen Wohnungseigentümer bestehen, können diese ihren Beseitigungsanspruch gem. § 1004 Abs. 1 S. 1 BGB geltend machen.[45] Davon umfasst ist ein Rückbau der unzulässig vorgenommen baulichen Veränderung – hier der Rückbau der Terrassenfläche.

Beispiel: Ein Wohnungseigentümer darf den Bodenbelag in seiner Einheit nicht ändern, sofern das bisherige Schallschutzniveau der Wohnungseigentumsanlage nachteilig verändert wird.[46] Daraus folgt, dass eine Ersetzung des bisherigen Bodenbelages durch Fliesen nicht zu einer Beeinträchtigung der übrigen Wohnungseigentümer führen darf. In einer aktuellen Entscheidung hat der BGH entschieden, dass ein Wohnungseigentümer bei der Verlegung die Rahmenbedingungen der DIN 4109 einzuhalten hat. Nach der hier vertretenen Auffassung gilt dies auch dann, wenn die Trittschalldämmung des Gemeinschaftseigentums mangelhaft ist und der

---

40 *Hügel/Elzer*, 3. Aufl. 2021, WEG § 14 Rn. 49 f.
41 Bärmann/*Merle* WEG § 22 Rn. Rn. 11.
42 FormB-WEG-R/*Scheffler* § 1 Rn. 257.
43 BT-Drs. 19/18791, 49; BR-Drs. 168/20, 55.
44 LG Berlin 28.9.2018 – 55 S 1/17, MietRB 2020, 304 mAnm *Sommer*.
45 *Lehmann-Richter/Wobst* WEG-Reform 2020, Rn 1425.
46 BGH 1.6.2012 – V ZR 195/11 Rn. 10, NJW 2012, 2725 = ZWE 2012, 319; *Hügel/Elzer*, 3. Aufl. 2021, WEG § 13 Rn. 83.

Trittschall ohne diesen Mangel den schallschutztechnischen Mindestanforderungen entspräche.[47] Andernfalls besteht ein berechtigter Beseitigungsanspruch.

Das Anbringen von **Blumenkästen** (→ *Balkon und Bepflanzung* Rn. 10) und Außenrolladen ohne Genehmigung begründet ebenfalls einen Beseitigungsanspruch. Umstritten sind Beseitigungsansprüche dann, wenn ein Wohnungseigentümer aus Sicht der übrigen Wohnungseigentümer die Gemeinschaftsflächen „übermäßig" durch das Aufstellen von Blumentöpfen nutzt. In der Rechtsprechung ist anerkannt, dass das „maßvolle" Aufstellen von Blumentöpfen und anderer Dekorationen im gemeinschaftlichen Eigentum Treppenhaus zulässig ist.[48] Dieser Auffassung ist jedoch nicht uneingeschränkt zu folgen. Maß und Umfang der Nutzung des gemeinschaftlichen Eigentums werden dabei sehr weit ausgedehnt. Denkbar ist für diesen Fall eine Nutzungsregelung für das betroffene gemeinschaftliche Eigentum (→ *Hausordnung* Rn. 34 ff.).

Beim eigenmächtigen Einbau von **Dachfenstern** durch einen Wohnungseigentümer besteht unter Umständen ein Beseitigungsanspruch.[49] Dieser kann sich in diesem Fall auf das gemeinschaftliche Eigentum und das Wohnungseigentum beziehen und setzt voraus, dass es sich um eine unzulässige bauliche Veränderung oder eine nicht hinnehmbare optische Veränderung handelt, die nicht im Beschlusswege durch die Wohnungseigentümerversammlung genehmigt wurde und andere Wohnungseigentümer beeinträchtigt.[50] Eine nicht hinnehmbare **optische Veränderung** am Sondereigentum begründet Beseitigungsansprüche.[51] Ein erheblicher Eingriff in die Pigmentierung ist eine neue Farbgestaltung im gemeinschaftlichen Eigentum Treppenhaus. Eine unberechtigt befestigte Parabolantenne ist ebenfalls zu beseitigen.[52] Nach zutreffender Auffassung besteht ein Beseitigungs- und Wiederherstellungsanspruch auch, wenn ein Wohnungseigentümer ohne Genehmigung der Wohnungseigentümer in der zum gemeinschaftlichen Eigentum zugehörigen Terrassentür eine Klimaanlage montiert.[53] Die über das Maß des § 14 Abs. 1 Nr. 1 WEG hinausgehende Beeinträchtigung der übrigen Wohnungseigentümer liegt darin, dass eine Bohrung als Substanzbeschädigung in das gemeinschaftliche Eigentum Balkonfenster vorgenommen wird und eine Verlegung der Anschlusskabel im Bereich der im gemeinschaftlichen Eigentum stehenden Kellerräumlichkeiten erfolgt. Das subjektive Interesse der beklagten Wohnungseigentümer muss in diesem Fall zurücktreten.[54]

Eine bauliche Änderung im **Innenhof** begründet ebenso Beseitigungsansprüche, sofern entgegen einer entsprechenden Regelung widerrechtlich Sportgeräte, zB ein Trampolin, fest installiert werden.[55] Da auch ein Wanddurchbruch (→ *Wanddurchbruch* Rn. 3) oder Deckendurchbruch einen erheblichen Eingriff eines Wohnungseigentümers in das gemeinschaftliche Eigentum darstellt, stehen den übrigen Wohnungseigentümern Beseitigungsansprüche zu.[56] Auch die unzulässige Anbringung einer Werbeanlage kann einen Beseitigungsanspruch gem. § 1004 Abs. 1 S. 1 BGB iVm § 14 Abs. 1 Nr. 1 und Abs. 2 Nr. 1 WEG und § 280 Abs. 1 BGB begründen. Der Rechtsanspruch eines Wohnungseigentümers, an dem Sonder- oder Teileigentum Werbemittel in Form von Werbetafeln, Lichtreklame oder Plakatwänden anzubringen, ist nicht uneingeschränkt. Der Anspruch auf Beseitigung von Werbeanlagen besteht, wenn deren Nutzung nicht im Zusammenhang mit der zulässigen Nutzung eines Teileigentums steht.

7. Anspruchskonkurrenz von Beseitigungs- und Unterlassungsansprüchen. Einem Wohnungseigentümer und der Gemeinschaft der Wohnungseigentümer können neben dem Beseitigungsanspruch gem. § 1004 Abs. 1 S. 1 BGB iVm § 14 Abs. 1 Nr. 1 und Abs. 2 Nr. 1 WEG auch Unterlassungsansprüche zustehen. In Anspruchskonkurrenz bestehen Ansprüche auf Beseitigung und Störungsunterlassung (→ *Störungsunterlassung* Rn. 10) nebeneinander und bilden einen systematischen „Gleichlauf". Verursacht ein Wohnungseigentümer einen stö-

---

47 BGH 26.6.2020 – V ZR 173/19, BeckRS 2020, 16255 = NWB 2020, 2144.
48 LG Frankfurt a. M. 14.3.2019 – 2–13-S 94/18, ZWE 2019, 278 = MietRB 2019, 239 mAnm *Tank* = ZMR 2019, 713.
49 BGH 26.10.2018 – V ZR 328/17, NJW 2019, 1216 = IMR 2019, 116 = ZWE 2019, 210 mAnm *Sommer*.
50 *Lehmann-Richter/Wobst* WEG-Reform 2020, Rn. 975.
51 BGH 18.11.2016 – V ZR 49/16, NJW 2017, 2184 = IMR 2017, 196 mAnm *Elzer*.
52 FormB-WEG-R/*Fritsch*, § 2 Rn. 1070; OLG Köln 31.8.2004 – 16 Wx 166/04, ZMR 2005, 226; OLG Celle 31.7.2001 – 4 W 194/01, WE 2002, 8; AG Hannover 8.12.2003 – 70 II 131/03, ZMR 2004, 786.
53 AG München 26.3.2019 – 484 C 17510/18 WEG, MietRB 2019, 360, 363 mAnm *Agatsy*.
54 AG München 26.3.2019 – 484 C 17510/18 WEG, MietRB 2019, 360 (363) mAnm *Agatsy*.
55 LG Hamburg 27.1.2016 – 318 S 5/15, BeckRS 2016, 15041.
56 KG 19.2.1993 – 24 W 3563/92, NJW-RR 1990, 334 = ZMR 1990, 126.

renden Zustand oder stellt eine unzulässige bauliche Veränderung her, besteht ein Unterlassungsanspruch. Ein Unterlassungsanspruch besteht auch, wenn die begründete Besorgnis eines künftigen Eingriffs besteht.[57]

22 Der Anspruch auf Unterlassung steht wie der **parallel** geltend zu machende Beseitigungsanspruch jedem Wohnungseigentümer individuell zu. Unterlassungsansprüche nach § 1004 Abs. 1 S. 2 BGB stehen dem einzelnen Wohnungseigentümer hinsichtlich seines Sondereigentums zu. In Bezug auf das gemeinschaftliche Eigentum ist die Ausübung der Beseitigungsansprüche der Gemeinschaft der Wohnungseigentümer zugeordnet (→ Rn. 9 f.). Es bedarf keiner Vergemeinschaftung mehr (§ 10 Abs. 6 S. 3 Alt. 2 WEG aF), da in § 9 a Abs. 2 WEG die geborene Ausübungsbefugnis geregelt ist.

III. Anspruchsinhaber der Beseitigungsansprüche

23 **1. Individualansprüche der Wohnungseigentümer.** Der Anspruch auf Beseitigung eines störenden Zustandes und/oder einer baulichen Veränderung steht den Wohnungseigentümern gem. § 1004 Abs. 1 S. 1 WEG **individuell** zu, wenn das Wohnungseigentum beeinträchtigt ist.[58] Daneben resultiert der Beseitigungsanspruch aus § 280 Abs. 1 BGB. Anders liegt der Fall beim beseitigungspflichtigen Zustand im gemeinschaftlichen Eigentum.[59] Dann ist für die Anspruchsausübung die Gemeinschaft der Wohnungseigentümer zuständig. Eine originäre Ausübungsbefugnis kraft Miteigentumsanteil gibt es nicht mehr.

24 Dabei ist jedoch zu differenzieren, ob sich die Beseitigungsansprüche auf einen störenden Zustand bzw. eine bauliche oder **sonstige Veränderung** des Sonder- oder gemeinschaftlichen Eigentums beziehen. Liegen die Voraussetzungen des § § 14 Abs. 1 Nr. 1 und Abs. 2. Nr. 1 WEG WEG vor, hat ohne Weiteres jeder Wohnungseigentümer, auch als Miteigentümer (→ *Gemeinschaftliches Eigentum* Rn. 30), einen Anspruch auf die Durchsetzung der Beseitigungsansprüche.[60]

25 Die Ausübung der **Beseitigungsansprüche** hinsichtlich des Sonder- und/oder Teileigentums ist nicht der Gemeinschaft der Wohnungseigentümer zur Ausübung zugewiesen.[61] Etwas anderes gilt lediglich dann, wenn zB eine zweckwidrige Nutzung erfolgt und der Anspruch auf die Untersagung einen binnenrechtswidrigen Gebrauchs (Benutzung) im Verhältnis zur Gemeinschaft der Wohnungseigentümer gem. § 14 Abs. 1 Nr. 1 WEG geschuldet ist.[62] Gehört die Einheit mehreren Eigentümern, gelten die §§ 1011, 432 BGB,[63] so dass eine Gesamtgläubigerschaft besteht.

26 **2. Ausübungsbefugnis bei Beseitigungsansprüchen.** Es ist **zu differenzieren**, ob Wohnungseigentümer Beseitigungsansprüche im Hinblick auf ihr Sonder- oder Teileigentum, somit untereinander, oder im Hinblick auf das Gemeinschaftseigentum geltend machen. Ferner kommt es darauf an, ob es sich um Ansprüche aus § 1004 Abs. 1 BGB oder § 14 Abs. 2 Nr. 1 WEG handelt.[64] Die einzelnen Wohnungseigentümer bleiben individuell anspruchsberechtigt, können die Ansprüche hinsichtlich des gemeinschaftlichen Eigentums nicht individuell geltend machen.[65] Nach der neuen Rechtslage lässt sich die Vorschrift des § 1004 Abs. 1 S. 1 BGB jedoch nicht universell und ohne systematische Differenzierung anwenden. Ein Sondereigentümer kann seinen Beseitigungsanspruch gegenüber einem anderen Sonder- oder Teileigentümer wie echtes Eigentum geltend machen (→ Rn. 23). Die Ausübungsbefugnis zur Durchsetzung von Beseitigungsansprüchen im Sondereigentum liegt bei den Wohnungseigentümern selbst.[66] Die Beseitigung einer baulichen Veränderung richtet sich grundsätzlich gegen den Sonder- oder Teileigentümer, der diese verursacht hat. Die im „Zwischenverhältnis" bestehenden Beseitigungsansprüche stehen nicht der Gemeinschaft der Wohnungseigentümergemeinschaft zur Ausübung zu. Die systematische Bewertung hat sich mit der Neufassung des § 9 a Abs. 2 WEG vollständig geän-

---

57 *Hügel/Elzer*, 3. Aufl. 2021, WEG § 20 Rn. 120; BayObLG 28.1.1993 – 2 Z BR 110/92.

58 BGH 7.2.2014 – V ZR 25/13, NJW 2014, 1090 Rn. 6 = ZWE 2014, 178 = IMR 2014, 167 mAnm *Briesemeister*; BGH 17.12.2010 – V ZR 125/10, NJW 2011, 1351 Rn. 9 = NZM 2011, 807.

59 *Lehmann-Richter/Wobst* WEG-Reform 2020, Rn. 1454.

60 BGH 18.11.2016 – V ZR 221/15, NZM 2017, 37; LG Hamburg 4.3.2009 – 318 S 93/08, ZMR 2009, 548.

61 BGH 26.1.2007 – V ZR 175/06, GuT 2007, 161; *Hügel/Elzer*, 3. Aufl. 2021, WEG § 14 Rn. 65.

62 *Lehmann-Richter/Wobst* WEG-Reform 2020, Rn. 1512.

63 OLG Hamm 18.2.1999 – 15 W 485/98, ZMR 1999, 507.

64 *Petzold/Zschieschack*, NZM 2019, 220.

65 S. dazu: AG München 26.3.2019 – 484 C 17510/18, MietRB 360, 363 mAnm *Agatsy*.

66 OLG München 3.8.2009 – 21 U 2666/09, BeckRS 2009, 24641 = ZMR 2010, 222; BeckOK BGB/*Fritzsche* § 1004 Rn. 11.

dert. Die Ausübung der Ansprüche hinsichtlich des gemeinschaftlichen Eigentums ist der Gemeinschaft zugeordnet. Während die geborene Ausübungskompetenz des Verbandes Wohnungseigentümergemeinschaft nach allgemeiner Meinung nur bei der Geltendmachung von Schadensersatzansprüchen, nicht hingegen bei Beseitigungsansprüchen bestand, ist dies nach dem neuen Verständnis von der Zuordnung der Gemeinschaft der Wohnungseigentümer nun anders.

Dem Verband Wohnungseigentümergemeinschaft selbst stand keine Ausübungsbefugnis für die Ansprüche 27 aus § 1004 Abs. 1 S. 1 BGB zu.[67] Anders als dies bislang teilweise in der Literatur und Rechtsprechung vertreten wurde, bestand hinsichtlich der Geltendmachung von Beseitigungsansprüchen keine geborene Ausübungsbefugnis.[68]

Um eine Ausübung und Durchsetzung der Beseitigungsansprüche im Wege der gekorenen Ausübungsbefugnis 28 (§ 10 Abs. 6 S. 3 Alt. 2 WEG aF) zu gewährleisten, mussten die Wohnungseigentümer einen Mehrheitsbeschluss fassen. Außergerichtliche Maßnahmen und die Erhebung einer Klage wurden damit zur Aufgabe des Verbandes der Wohnungseigentümer. Mit der **Neufassung des § 9 a Abs. 2 WEG** ist das Rechtsinstitut der **„Vergemeinschaftung" obsolet**. Bei Beseitigungsansprüchen hinsichtlich des gemeinschaftlichen Eigentums ist die Gemeinschaft der Wohnungseigentümer zuständig.[69] Da das Gesetz bei Beseitigungsansprüchen im Hinblick auf das gemeinschaftliche Eigentum eine geborene Ausübungsbefugnis vorsieht, ist der systematische Zwischenschritt der „Vergemeinschaftung" des Anspruchsdurchsetzung nicht mehr erforderlich.[70] Bei Beseitigungsansprüchen der Wohnungseigentümer untereinander bestehen die Beseitigungsansprüche aus § 14 Abs. 2 Nr. 1 WEG und § 1004 Abs. 1 S. 1 BGB direkt im Innenverhältnis.

Bislang war umstritten, ob für eine Durchsetzung von Beseitigungsansprüchen eine Ausübungsbefugnis des 29 Verbandes Wohnungseigentümergemeinschaft, nun der Gemeinschaft der Wohnungseigentümer, gegeben ist, wenn zugleich Schadensersatzansprüche bestehen. Nach der Neufassung des § 9 a Abs. 2 WEG und der klaren Zuweisung der Ausübung gemeinschaftsbezogener Ansprüche durch die Gemeinschaft der Wohnungseigentümer kann die Gemeinschaft neben dem Beseitigungsanspruch (§ 1004 Abs. 1 S. 1 WEG) auch die Schadensersatzansprüche der Gemeinschaft der Wohnungseigentümer (§ 280 Abs. 1 BGB) geltend machen. Die gesetzlichen Ansprüche wegen einer Beeinträchtigung oder rechtswidrigen Benutzung des gemeinschaftlichen Eigentums stehen nach neuem Recht nur noch der **Gemeinschaft der Wohnungseigentümer** zu. Gem. § 14 Abs. 1 Nr. 1 WEG besteht ein entsprechender **schuldrechtlicher Anspruch**.[71]

Der BGH hat die streitige Rechtsfrage des **Zusammentreffens von Beseitigungs- und Schadensersatzan-** 30 **sprüchen** mit Urteil vom 26.10.2018 geklärt.[72] Bei dem Verlangen nach Beseitigung eines rechtswidrigen baulichen Zustandes treten Ansprüche aus § 1004 Abs. 1 BGB und § 823 Abs. 1 BGB nebeneinander, da die Ansprüche auf Beseitigung und Wiederherstellung des ursprünglichen Zustandes sowohl auf § 1004 Abs. 1 BGB als auch auf § 823 Abs. 1 BGB gestützt werden können. Anders hingegen ist die Ausübungsbefugnis zu bewerten. Zwischen Wohnungseigentümern bleiben diese selbst zuständig. Die Gemeinschaft der Wohnungseigentümer hat keine Ausübungsbefugnis, die Beseitigungs-/ und Schadensersatzansprüche einzelner Wohnungseigentümer geltend zu machen. Im Fall der Beeinträchtigung des gemeinschaftlichen Eigentums hingegen ist der Gemeinschaft der Wohnungseigentümer die Ausübung zugewiesen.

Die Problematik der **Prozessführungsbefugnis** ist durch die klare Rechtszuweisung geklärt. Inter partes liegt 31 die Prozessführungsbefugnis bei den Wohnungseigentümern selbst. Bei der Beeinträchtigung des gemeinschaftlichen Eigentums ist gem. § 9 a Abs. 2 WEG die Prozessführungsbefugnis kraft Gesetzes der Gemeinschaft der Wohnungseigentümer zugewiesen. Ein Wohnungseigentümer kann von der Gemeinschaft der Wohnungseigentümer gem. § 18 Abs. 2 WEG eine entsprechende ordnungsgemäße Verwaltung fordern. Davon ist

---

67 OLG München 27.7.2005 – 34 Wx 69/05, NJW 2005, 3006; OLG Köln 3.7.2008 – 16 Wx 51/08, MDR 2009, 136; Jennißen/*Hogenschurz* WEG § 22 Rn. 49 mwN.
68 BGH 26.10.2018 – V ZR 328/17, NJW 2019, 1216 = IMR 2019, 116 f. mAnm *Zschieschack* = ZMR 2019, 358.
69 *Hügel/Elzer*, 3. Aufl. 2021, WEG § 20 Rn. 162; BGH 7.2.2014 – V ZR 25/13, NJW 2014, 1090 Rn. 6; *Elzer*, MietRB 2007, 204.
70 *Lehmann-Richter/Wobst* WEG-Reform 2020, Rn. 1395.
71 *Lehmann-Richter/Wobst* WEG-Reform 2020, Rn. 1456.
72 BGH 26.10.2018 – V ZR 238/17, ZWE 2019, 210 mAnm *Sommer*.

umfasst, dass die Veranlassung der Beseitigung von erheblichen Störungsquellen der Gemeinschaft zugewiesen ist.

32 **3. Beseitigungsansprüche durch Mieter und Dritte.** Auch ein Mieter (→ *Mieter* Rn. 8) kann Beseitigungsansprüche geltend machen. Einem Mieter stehen gegenüber anderen Eigentümern Besitzschutzansprüche gem. § 858 Abs. 1 BGB, zB wegen verbotener Eigenmacht, und Beseitigungsansprüche gem. § 1004 Abs. 1 S. 1 BGB zu. Darüber hinaus kann ein Mieter einen rechtswidrigen störenden baulichen Zustand aufgrund einer **Ermächtigung** durch den Eigentümer beseitigen lassen. Unabhängig von der wohnungseigentumsrechtlichen Lage können dem Mieter auch eigene anspruchsbewehrte Rechte zustehen. Hierzu gehören insbesondere Rechte aus § 1004 BGB, wenn der Mieter selbst beeinträchtigt ist,[73] zB für den Fall eines Eingriffes in das Persönlichkeitsrecht durch Installation einer Überwachungskamera im gemeinschaftlichen Bereich. Dann steht dem Mieter gegen den Zustand- oder Handlungsstörer ein eigener Abwehrspruch aus § 1004 Abs. 1 BGB zu.[74] Dasselbe gilt für Ansprüche auf die Störungsunterlassung. Der Anspruch ist im Innenverhältnis Mieter-Vermieter auf die Duldung der Beseitigung der Störung im Sondereigentum gerichtet.

33 **4. Veräußerung des Wohnungseigentums.** Eine Sonderkonstellation besteht bei Veräußerung des Wohnungseigentums. Hier ist zu problematisieren, in welchem Umfang Beseitigungsansprüche dem jeweiligen Rechtsnachfolger zustehen. Im Falle der Rechtsnachfolge gehen bestehende Beseitigungsansprüche aus einer begangenen oder drohenden Zuwiderhandlung auf den Erwerber über. Sie sind untrennbar mit dem Schutzgegenstand Eigentum verbunden.[75] Eine isolierte Abtretung der Ansprüche ist ausgeschlossen.[76] Denn die Veräußerung der beeinträchtigten Sache lässt diesen während des Prozesses gem. §§ 265, 266 ZPO unberührt. Nach der Eigentumsübertragung kann der Kläger den Prozess gem. § 265 ZPO als Anspruchsinhaber fortsetzen.

IV. Anspruchsgegner der Beseitigungsansprüche und Kostenverteilung

34 **1. Wohnungseigentümer als Anspruchsgegner.** Anspruchsgegner der Beseitigungsansprüche gem. §§ 1004 Abs. 1 S. 1, 280 Abs. 1 BGB und § 14 Abs. 1 Nr. 1 und Abs. 2 Nr. 1 WEG ist der Wohnungseigentümer und **Handlungsstörer**, der den beseitigungspflichtigen Zustand (→ *Störungsunterlassung* Rn. 7) zB in Form einer Baumaßnahme verursacht.[77] Ein Handlungsstörer in diesem Sinne ist, wer einen rechtswidrigen Zustand durch eine Handlung oder pflichtwidriges Unterlassen verursacht.[78] Handeln die Nutzer mit Genehmigung des Wohnungseigentümers, ist Letzterer mittelbarer Handlungsstörer und zur Beseitigung verpflichtet.[79]

35 Eine weitere Fallgruppe stellt die zweckwidrige Beeinträchtigung des überlassenen Wohnungseigentums durch Mieter oder Nießbrauchsberechtigte (Dritte) dar. Bei letzterem Beispiel folgt der **Beseitigungsanspruch** für den gestörten Wohnungseigentümer aus § 1004 Abs. 1 S. 1 BGB und § 280 Abs. 1 BGB. § 14 Abs. 2 Nr. 1 WEG ist keine Anspruchsgrundlage. Erfolgt die beseitigungspflichtige Störung zulasten des gemeinschaftlichen Eigentums, folgen die Beseitigungsansprüche ebenfalls aus § 1004 Abs. 1 S. 1 BGB und § 280 Abs. 1 BGB. § 14 Abs. 1 Nr. 1 WEG gibt der Gemeinschaft keinen Anspruch auf Beseitigung pflichtwidrig verursachter Beeinträchtigungen.[80] Die Beseitigung einer pflichtwidrigen baulichen Veränderung kann nicht gem. § 14 Abs. 1 Nr. 1 WEG verlangt werden. Für die Inanspruchnahme des Wohnungseigentümers spricht, dass er den rechtswidrigen Zustand durch die Überlassung mit seiner Willensbildung verursacht hat.[81] Infolge der adäquaten Verursachung der beseitigungspflichtigen Störung ist er auch „faktisch" dazu in der Lage, diesen Zustand zu unterbinden.

---

73 LG Essen BeckRS 2019, 875; BeckOK WEG/*Müller* § 15 Rn. 120.
74 LG Berlin 2.10.2019 – 65 S 1/19, MietRB 2020, 103 mAnm *Agatsy* = NZM 2020, 53 = ZMR 2020, 190.
75 BGH 18.9.1986 – III ZR 227/84, NJW 1987, 187; BGH 1.2.1994 – VI ZR 229/92, NJW 1994, 999; Palandt/*Herrler* BGB § 1004 Rn. 14.
76 BGH 23.2.1973 – V ZR 109/71, NJW 1973, 703; BeckOK BGB/*Fritzsche* § 1004 Rn. 12.
77 *Hügel/Elzer*, 3. Aufl. 2021, WEG § 20 Rn. 163.
78 BGH 1.12.2006 – V ZR 112/06, NZM 2007, 130 Rn. 9; BGH 4.2.2005 – V ZR 142/04, NJW 2005, 1366.
79 LG Hamburg 5.1.2012 – 318 S 137/11, ZMR 2012, 403; Riecke/Schmid/*Abramenko* WEG § 22 Rn. 107.
80 *Lehmann-Richter/Wobst* WEG-Reform 2020, Rn. 1513.
81 BGH 16.5.2014 – V ZR 131/13, NJW 2014, 2640 Rn. 6 = IMR 2014, 334 mAnm *Elzer*; *Hügel/Elzer*, 3. Aufl. 2021, WEG § 14 Rn. 65.

Ferner kann ein Wohnungseigentümer als **Zustandsstörer** zur Beseitigung und Wiederherstellung verpflichtet 36
sein. Dies ist derjenige, der die Beeinträchtigung zwar nicht selbst verursacht hat, den beeinträchtigenden Zustand aber durch seinen maßgebenden Willen aufrechterhält.[82]

Maßgeblich ist, ob sachliche Gründe vorliegen, dem Eigentümer oder Nutzer der störenden Sache die **Verant-** 37
wortung für ein Geschehen aufzuerlegen, so dass ein auf Einwirkung auf den Dritten zur Beseitigung eines
rechtswidrigen Zustandes gerichteter Anspruch entsteht. Im Rahmen der Einwirkung auf den Zustandsstörer
ist die konkrete Störungsquelle zu beseitigen. Ein Direktanspruch auf die Vornahme der Beseitigungshandlungen besteht hingegen nicht. Demnach schuldet der Zustandsstörer grundsätzlich nur die Duldung der Beseitigung.[83]

Ein **Sonderrechtsnachfolger** ist nicht zur Beseitigung verpflichtet. Das entbindet ihn allerdings nicht davon, 38
die Beseitigung zu dulden.[84] Anders liegt es bei einer Universalsukzession, denn es besteht die Beseitigungspflicht der betreffenden Störungsquelle uneingeschränkt fort.

2. Anspruchsgegner Nutzungsberechtigte Mieter und Nachbarn. Der Beseitigungsanspruch ist direkt ge- 39
gen den **Mieter** gerichtet. Allerdings besteht weder aus Vereinbarungen, Beschlüssen und der Gemeinschaftsordnung gem. § 14 Abs. 1 Nr. 1 WEG ein Direktanspruch, noch ist ein Direktanspruch eines anderen Wohnungseigentümers aufgrund der Vorschrift des § 14 Abs. 2 Nr. 1 WEG zu begründen. Daraus folgt, dass die
Anspruchsgrundlage gegenüber dem Mieter als Nutzungsberechtigtem direkt aus § 1004 Abs. 1 BGB folgt.[85]
Zwar entfalten die unter § 14 Abs. 1 Nr. 1 und Abs. 2. Nr. 1 WEG WEG genannten Gebrauchsregelungen gegenüber dem Mieter keine direkte Wirkung. Handelt er den unter den Wohnungseigentümer geltenden Vereinbarungen oder den gesetzlichen Vorschriften zuwider, kann er auf Beseitigung in Anspruch genommen werden.[86] Der Mieter ist gem. § 1004 Abs. 1 S. 1 BGB verpflichtet, den **Rückbau** zu dulden, da er die Störungsquelle beherrscht.[87] Hat der Mieter eine beseitigungspflichtige Störungsquelle verursacht, ist der Wohnungseigentümer für das pflichtwidrige Nutzungsverhalten verantwortlich. Die Zurechnung der Haftung folgt aus
§ 278 BGB. Da der Gesetzgeber im WEMoG eine dem § 14 Nr. 2 WEG aF entsprechende Vorschrift nicht
übernommen hat, muss der Anspruch auf die allgemeinen Vorschriften (§ 278 BGB) gestützt werden.[88]

Auch **Nachbarn** können Anspruchsgegner von Beseitigungsansprüchen sein. Ein Grundstücksnachbar 40
(→ *Nachbarrecht* Rn. 21) kann auf Beseitigung einer Beeinträchtigung des gemeinschaftlichen Eigentums
aufgrund der übertragenen Ausübungsbefugnis nur durch die Gemeinschaft der Wohnungseigentümer in Anspruch genommen werden. Es handelt sich gem. § 14 Abs. 1 Nr. 1 WEG um gemeinschaftsbezogene Rechte.[89]
In diesem Zusammenhang können beispielsweise die Beseitigung eines rechtswidrigen Überbaus oder die Herausgabe einer rechtswidrig genutzten Grundstücksfläche bei den Ansprüchen auf Beseitigung und Herausgabe – Störungsabwehr – streitgegenständlich sein.[90] Nach zutreffender Auffassung sind Wohnungseigentümer
im Innenverhältnis keine Nachbarn. § 906 Abs. 2 S. 2 BGB ist unanwendbar.[91] Nach der Gesetzesbegründung
zu § 14 Abs. 3 WEG ist diese Vorschrift vorrangig.

3. Anspruchsgegner übrige Wohnungseigentümer und Gemeinschaft der Wohnungseigentümer. An- 41
sprüche auf Beseitigung können sowohl im **Innen- und Außenverhältnis** bestehen. Macht ein Sondereigentümer die Beseitigung eines störenden Zustandes im Bereich des gemeinschaftlichen Eigentums geltend, ist die

---

82 BGH 1.12.2006 – V ZR 112/06, NJW 2007, 432 Rn. 12 = IMR 2007, 50 mAnm *Lehmann-Richter*; FormB-WEG-R/
    Lehmann-Richter § 3 Rn. 72.
83 OLG Düsseldorf 16.11.2009 – I-3 Wx 179/09, ZMR 2010, 386; KG 19.3.2007 – 24 W 317/06, NZM 2007, 845;
    Hügel/Elzer, 3. Aufl. 2021, WEG § 14 Rn. 25; LG München I ZWE 2009, 455; LG München I 9.3.2012 – 36 T
    1621/12, BeckRS 2013, 09845; AG Bremen 18.2.2011 – 29 C 62/10, BeckRS 2011, 8938 = IMR 2011, 1040 mAnm
    Jäger.
84 LG München I 9.3.2012 – 36 T 1621/12, BeckRS 2013, 09845; KG 19.3.2007 – 24 W 317/06, NZM 2007, 845.
85 *Lehmann-Richter/Wobst* WEG-Reform 2020, Rn. 1425.
86 *Hügel/Elzer*, 3. Aufl. 2021, WEG § 13 Rn. 74.
87 BGH 1.12.2006 – V ZR 112/06, NJW 2007, 432 Rn. 18; *Kümmel* ZWE 2008, 273 (277).
88 *Lehmann-Richter/Wobst* WEG-Reform 2020, Rn. 1503 f.
89 OLG München 26.10.2010 – 32 WK 26/10, ZWE 2011, 37; OVG Berlin-Brandenburg 4.8.2011 – OVG 10 S 7.11,
    ZWE 2011, 426; *Elzer* NVwZ 2013, 1626.
90 *Hügel/Elzer*, 3. Aufl. 2021, WEG § 9 a Rn. 92.
91 *Lehmann-Richter/Wobst* WEG-Reform 2020, Rn. 1365.

Gemeinschaft der Wohnungseigentümer in Anspruch zu nehmen. Eine Haftung als Gemeinschaft der Wohnungseigentümer für sämtliche Beseitigungsansprüche scheidet aus.[92] Nach der hier vertretenen Ansicht ist eine Beseitigungspflicht der Gemeinschaft der Wohnungseigentümer bei jeglichen beseitigungspflichtigen Störungen aus dem Gemeinschaftseigentum abzulehnen. Zum einen liegt kein Fall der Nachbarhaftung vor. Im Innenverhältnis der Wohnungseigentümer kommt die Vorschrift des § 14 Abs. 2 Nr. 1 WEG zur Anwendung.

42 Es kommt eine **Störerhaftung der Gemeinschaft der Wohnungseigentümer** in Betracht. Eine (eigene) verbandsbezogene Störerhaftung der Gemeinschaft der Wohnungseigentümer lässt sich ausschließlich bei der Erfüllung von Verwaltungsaufgaben begründen. Eine Haftung der Gemeinschaft der Wohnungseigentümer besteht bei gemeinschaftsbezogenen Ansprüchen (→ Rn. 26). Wird ein Eigentümer auf die Beseitigung eines störenden Zustandes in Anspruch genommen, ist die Gemeinschaft der Wohnungseigentümer aufgrund der systematischen Zuweisung aller auf das gemeinschaftliche Eigentum bezogenen Ansprüche nach § 9 a Abs. 2 WEG passiv prozessführungsbefugt. Das war nach der bisherigen Rechtslage gem. § 10 Abs. 6 S. 3 Alt. 1 WEG der Verband der Wohnungseigentümergemeinschaft.[93]

43 Die Wahrnehmungspflicht der Gemeinschaft der Wohnungseigentümer besteht allerdings nur dann, wenn es sich um eine Maßnahme der ordnungsgemäßen Verwaltung gem. § 18 Abs. 2 WEG handelt. Die **Wahrnehmungspflicht** der Gemeinschaft der Wohnungseigentümer (Ausübungskompetenz der gemeinschaftsbezogenen Ansprüche) ist dabei nicht nur als intern wirkende Erfüllungsübernahme zu verstehen. Gerade aufgrund der Neufassung des § 9 a Abs. 2 WEG soll die Gemeinschaft den in Anspruch genommenen Wohnungseigentümer nicht nur durch die Erstattung seiner Aufwendungen unterstützen, sondern diese Verpflichtung wie eine eigene behandeln.[94]

44 **4. Kostenverteilung bei Beseitigungsansprüchen.** Die den Beseitigungsanspruch begründenden Handlungen verursachen **Kosten** zulasten der Wohnungseigentümer, des Gemeinschaftseigentums oder bei einer Inanspruchnahme durch Dritte. Verursacht ein Wohnungseigentümer im Verhältnis zu einem Miteigentümer einen beseitigungspflichtigen Zustand iSd § 14 Abs. 2 Nr. 1 WEG als Handlungs- oder Zustandsstörer, hat er gem. § 1004 Abs. 1 S. 1 BGB und §§ 280 Abs. 1, 249 Abs. 1 BGB die Kosten der Beseitigung zu tragen.[95] Die Anspruchsgrundlage des § 1004 Abs. 1 S. 1 BGB ist im Innenverhältnis der Miteigentümer anwendbar.[96] Dies gilt vor allem vor dem Hintergrund, dass „individuelle" Beseitigungsansprüche nicht durch die Gemeinschaft der Wohnungseigentümer ausgeübt werden können. Der Begriff der Vergemeinschaftung existiert nicht mehr.

45 Wird das gemeinschaftliche Eigentum beeinträchtigt, haben die Wohnungseigentümer gem. § 16 Abs. 2 S. 1 WEG die Beseitigungskosten zu tragen.[97] Dabei handelt es sich um Kosten der Wiederherstellung des ordnungsgemäßen Zustands, zB die Rückbaukosten einer unzulässigen baulichen Veränderung.[98] Die Kosten sind sonstige Verwaltungskosten und daher wie diese umzulegen (→ *Kosten und Nutzungen der baulichen Veränderungen* Rn. 10). Wird ein Wohnungseigentümer von außen auf Beseitigung in Anspruch genommen, kann er von der Gemeinschaft der Wohnungseigentümer die Freistellung von der **Kostentragung** verlangen.[99] Aus zukünftigen Beseitigungsansprüche folgen Kosten. Auszuschließen ist nicht, dass die übrigen Wohnungseigentümer einen Teil der Last zu tragen haben.

46 In diesem Zusammenhang sind etwaige **Folgekosten** zwecks Tragung der Kostenlast zu erörtern. Bislang hat sich der BGH zu einer Verwahrung gegen die Kostenlast bei Folgekosten nicht geäußert. Nach zutreffender Auffassung spricht vieles dafür, die Verwahrung gegen Folgekosten nicht anzuerkennen,[100] denn eine Umgehung der Vorschrift des § 16 Abs. 2 S. 1 WEG kann nicht gewollt sein. Ein denkbarer Ansatz ist der Abschluss eines Vertrages über die Folgekosten.[101] Beseitigungskosten sind nach der hier vertretenen Auffassung auch

---

92 BeckOK WEG/*Müller* § 14 Rn. 108.
93 BGH 11.12.2015 – V ZR 180/14, ZWE 2016, 252 Rn. 24 = IMR 2016, 200 mAnm *Elzer.*
94 BGH 14.2.2014 – V ZR 100/13 = NVwZ 2014, 605 Rn. 14 mAnm *Elzer.*
95 *Lehmann-Richter/Wobst* WEG-Reform 2020, Rn. 1452.
96 BGH 19.12.1991 – V ZB 27/90, NJW 1992, 978; FormB-WEG-R/*Lehmann-Richter* § 3 Rn. 69–72.
97 BT-Drs. 19/18791, 53; BR-Drs. 168/10, 59.
98 BGH 13.5.2011 – V ZR 202/10, NJW 2011, 2660 Rn. 15; OLG Hamburg 24.1.2006 – 2 Wx 10/05, ZMR 2006, 377 (378); *Hügel/Elzer,* 3. Aufl. 2021, WEG § 16 Rn. 24.
99 BGH 14.2.2014 – V ZR 100/13, NJW 2014, 1093 Rn. 13.
100 *Mediger* ZMR 2019, 475 (477).
101 *Sommer* ZWE 2016, 154 (158).

diejenigen Kosten, die im Zusammenhang mit einer später „berechtigt" geforderten Beseitigung stehen. Mit dem Kostenvertrag ist die spätere Kostenübernahme der Beseitigung – auch wenn unberechtigt – verbunden.

V. Typische Einwendungen

1. Verjährung der Beseitigungsansprüche. Der allgemeine Beseitigungsanspruch (→ Rn. 3) im Wohnungs- 47
eigentumsrecht verjährt nach Entstehung der **Zuwiderhandlung** (§ 199 Abs. 5 BGB) gem. § 195 BGB in drei Jahren.[102] Unabhängig von der Kenntnis eines Miteigentümers verjähren Beseitigungsansprüche gem. § 199 Abs. 4 BGB in 10 Jahren. Die Frist beginnt mit Schluss des Jahres zu laufen, in dem der Anspruch entstanden ist und der Gläubiger von dem störenden Zustand Kenntnis erlangte oder hätte erlangen können.[103] Altansprüche sind nach zutreffender Auffassung deshalb bereits zum Stichtag des 31.12.2004 verjährt.

Bei einer abgeschlossenen Störungshandlung beginnt die **Verjährungsfrist** mit der Beendigung der Störungs- 48
handlung.[104] Eine Ausnahme hiervon bildet § 902 Abs. 1 S. 1 BGB. Diese Vorschrift ist bei einem Beseitigungsanspruch im Zusammenhang mit einem eingetragenen Recht gem. § 1004 Abs. 1 S. 1 BGB iVm § § 14 Abs. 1 Nr. 1 und Abs. 2 Nr. 1 WEG nicht anzuwenden.[105]

Bei einer abgeschlossenen Verletzungshandlung steht das Fortwirken des beseitigungspflichtigen Eingriffs 49
dem Verjährungsbeginn nicht entgegen.[106] Die Verjährung hindert die **Durchsetzung** des Beseitigungsanspruchs aus §§ 1004 Abs. 1 S. 1, 823 Abs. 1 BGB und § 280 Abs. 1 BGB.[107] Der rechtswidrig geschaffene Zustand bleibt auch nach dem Eintritt der Verjährung rechtswidrig. Der Wohnungseigentümer, der in das Gemeinschaftseigentum eingegriffen hat, muss den Rückbau dulden.[108] Er ist nach Eintritt der Verjährung nicht befugt, weitere beseitigungspflichtige Veränderungen vorzunehmen.

2. Einwand der Verwirkung. Dem Beseitigungsanspruch kann gem. § 242 BGB die Verwirkung entgegen- 50
stehen. Die Verwirkung setzt die **bewusste Nichtausübung berechtigter Beseitigungsansprüche** sowie das Vorliegen eines Zeit- und eines Umstandsmoments voraus.[109] Nach der Rechtsprechung des BGH ist ein Recht verwirkt, wenn seit der Möglichkeit der Geltendmachung längere Zeit verstrichen ist (Zeitmoment) und besondere Umstände hinzutreten, die die verspätete Geltendmachung als Verstoß gegen Treu und Glauben erscheinen lassen (Umstandsmoment).

Letzteres ist dann der Fall, wenn der Verpflichtete bei objektiver Betrachtung aus dem Verhalten des Berech- 51
tigten entnehmen durfte, dass dieser sein Recht nicht mehr geltend machen werde. Der Beseitigungsverpflichtete muss sich bereits im Vertrauen auf den geschaffenen Zustand derart eingerichtet haben, dass ihm durch die verspätete Durchsetzung des Rechts ein **unverhältnismäßiger Nachteil** entstünde.[110]

Mit dem Einwand der **Verwirkung** kann den übrigen Eigentümern ein Zustand, zB eine bauliche Verände- 52
rung, entgegengehalten werden, der nach § 14 Abs. 1 Nr. 1 WEG von diesen im Regelfall nicht zu dulden ist. Der Verwirkung unterliegen nicht die dinglichen Rechte, wohl aber die daraus resultierenden Folgeansprüche. Der Tatbestand der Verwirkung ist vom Tatrichter zu prüfen. Daraus folgt, dass das Gericht das Vorliegen des Zeit- und Umstandsmoments festzustellen hat.[111] Die Verwirkung kann sich jedoch nach zutreffender Auffassung nur auf einen bestimmten „störenden" Zustand beziehen. Im jeweiligen Einzelfall können auch erhebliche Ausweitungen einer bislang hingenommenen Beeinträchtigung Anlass sein, den Störer zur Beseitigung zu verpflichten und somit den Tatbestand der Verwirkung auszuschließen.

---

102 BGH 16.3.2007 – V ZR 190/06, NJW 2007, 2183 Rn. 15; BeckOK WEG/*Elzer* § 20 Rn. 174; LG Hamburg 5.8.2015 – 318 S 55/14, ZWE 2016, 227; LG Hamburg 6.9.2011 – 318 S 22/11, ZMR 2012, 128; *Wenzel* NZM 2008, 74.
103 Riecke/Schmid/*Abramenko* WEG § 22 Rn. 116 mwN.
104 LG Frankfurt a. M. 25.6.2014 – 2–13 S 18/13, ZWE 2014, 358.
105 BGH 28.1.2011 – V ZR 141/10, NZM 2011, 327 Rn. 5 = BeckRS 2011, 5426 = IMR 2011, 204 mAnm *Brinkmann*.
106 BGH 17.2.2010 – VIII ZR 104/09 Rn. 9, NJW 2010, 1292.
107 LG Itzehoe 2.6.2015 – 11 S 100/12, ZWE 2016, 40; Riecke/Schmid/*Abramenko* WEG § 22 Rn. 118 mwN.
108 BGH 28.1.2011 – V ZR 141/10, NJW 2011, 1068 Rn. 9 = NZM 2011, 327.
109 Riecke/Schmid/*Abramenko* WEG § 22 Rn. 120–123.
110 BGH 23.1.2014 – VII ZR 177/13, NJW 2014, 1230 Rn. 13; BGH 20.7.2010 – EnZR 23/09 Rn. 20; BeckOK WEG/*Elzer* § 20 Rn. 178.
111 BGH 19.10.2005 – XII ZR 224/03, NJW 2006, 219 Rn. 23.

53 **3. Treu und Glauben und Schikaneverbot.** Ausnahmsweise kann die Geltendmachung des Beseitigungsanspruchs gegen die allgemeinen Grundsätze der Rechtsausübung verstoßen. Das ist dann der Fall, wenn die Geltendmachung des Beseitigungsanspruchs gegen **Treu und Glauben** oder das Schikaneverbot verstößt. Allerdings ist diese Fallgruppe nicht mit der Einrede der Verwirkung identisch. Denkbar ist es allemal dann, wenn die Wohnungseigentümer zB einen baulich hergestellten Zustand zu dulden haben.[112] Ein Verstoß gegen Treu und Glauben liegt allerdings nicht bereits dann vor, wenn die Beseitigung eines rechtswidrigen Zustands mit hohen Kosten verbunden ist und ein Miteigentümer die Veränderungen eigenmächtig vorgenommen hat.

54 Der Beseitigungsanspruch kann dem Grunde nach durch die „willkürliche Rechtsanwendung" und somit das **Schikaneverbot** gem. §§ 226, 242 BGB begrenzt sein.[113] Das ist der Fall, wenn die übrigen Wohnungseigentümer einer eigentlich beseitigungspflichtigen Änderung, zB einer baulichen Veränderung, zugestimmt haben.[114]

55 Ein Sonderfall liegt stets vor, wenn es sich um eine bauliche Veränderung handelt. Wird ein entsprechender Beschluss ohne die **erforderliche Zustimmung** aller beeinträchtigten Wohnungseigentümer gefasst, aber bestandskräftig, schließt dieser wegen nachträglicher Genehmigung der baulichen Veränderung den Beseitigungsanspruch einzelner Wohnungseigentümer aus.[115] Die bauliche Veränderung muss dem Grunde nach allerdings genehmigungsfähig gewesen sein.

56 **4. Duldungspflicht.** Handelt es sich bei den Beeinträchtigungen um duldungspflichtige Einwirkungen, dann sind nach dem Wortlaut des § 14 Abs. 1 Nr. 2 und Abs. 2 Nr. 2 WEG die Wohnungseigentümer zur Duldung verpflichtet.[116] Die Duldungspflicht bedeutet analog zu den Ansprüchen auf Störungsunterlassung, dass der Wohnungseigentümer die Einwirkungen hinnehmen muss.

VI. Verfahrenshinweise

57 **1. Aktiv- und Passivlegitimation.** Jeder Wohnungseigentümer im Wohnungs- und Teileigentum kann hinsichtlich des Beseitigungsanspruchs aktiv- und passivlegitimiert sein. Resultiert die beseitigungspflichtige Störung aus dem Wohnungseigentum eines anderen Wohnungseigentümers, kann jeder Berechtigte auf Beseitigung (→ Rn. 23) klagen. Bei der Ermittlung der Passivlegitimation hingegen ist zwischen der Eigenschaft als Handlungs- und Zustandsstörer zu unterscheiden. Etwas anderes hingegen gilt nur für den Sonderrechtsnachfolger, der nicht auf die Beseitigung in Anspruch genommen werden kann.

58 Die Klagebefugnis für die Durchsetzung der Beseitigungsansprüche ist differenziert zu betrachten. Handelt es sich um Beseitigungsansprüche hinsichtlich des gemeinschaftlichen Eigentums, liegt diese bei der Gemeinschaft der Wohnungseigentümer (§ 9 a Abs. 2 WEG). Bei Beseitigungsansprüchen am Wohnungseigentum liegt diese bei den Wohnungseigentümern selbst. Bislang wurde eine **gekorene Ausübungsbefugnis** (→ Rn. 26) verneint, wenn zugleich Schadensersatzansprüche geltend gemacht wurden. Nach der neuen Rechtslage ist dies anders zu bewerten. Sowohl Beseitigungsansprüche hinsichtlich des gemeinschaftlichen Eigentums als auch Schadensersatzansprüche sind der Zuständigkeit der Gemeinschaft der Wohnungseigentümer zugewiesen. Hinsichtlich des gemeinschaftlichen Eigentums besteht keine Ermächtigung der Wohnungseigentümer selbst.

59 Umstritten ist, wer im Fall des **vermieteten Sondereigentums** aktivlegitimiert ist. Dies kann die Gemeinschaft der Wohnungseigentümer nach zutreffender Auffassung weiterhin nur dann sein, wenn sie selbst Sondereigentum erworben hat.[117]

60 Die Klage auf Beseitigung kann eine Aufgabe der Gemeinschaft der Wohnungseigentümer sein. Eine gekorene Ausübungsbefugnis gibt es aufgrund der systematischen Neuregelung der Gemeinschaft der Wohnungseigentümer nicht mehr. Bei Ansprüchen hinsichtlich des gemeinschaftlichen Eigentums besteht ausschließlich

---

112 Riecke/Schmid/*Abramenko* WEG § 22 Rn. 124.
113 OLG Karlsruhe 18.9.2000 – 14 Wx 45/00, ZMR 2001, 224; *Elzer* IMR 2007, 79.
114 BGH 6.7.2018 – V ZR 221/17, NJW-RR 2019, 73 Rn. 20 = NZM 2019, 94 = IMR 2018, 516 mAnm *Elzer*.
115 AG Friedberg 27.11.2013 – 2 C 1676/12 (23), ZWE 2014, 464; Bärmann/*Merle* WEG § 22 Rn. 312 a.
116 *Lehmann-Richter/Wobst* WEG-Reform 2020, Rn. 1338.
117 *Elzer* ZWE 2009, 13.

eine geborene Ausübungsbefugnis der Gemeinschaft der Wohnungseigentümer.[118] Bei Schadensersatzansprüchen hinsichtlich des gemeinschaftlichen Eigentums ist die Gemeinschaft der Wohnungseigentümer allein **prozessführungsbefugt**.

Bei beseitigungspflichtigen Störungen des Wohnungseigentums aus dem Gemeinschaftseigentum ist die Gemeinschaft der Wohnungseigentümer im Fall des Klageverfahrens gem. § 9 a Abs. 2 Var. 2 WEG **passivlegitimiert**. Dies entspricht dem Fall, dass nach der alten Fassung des § 10 Abs. 6 S. 3 Alt. 1 WEG der Verband Wohnungseigentümergemeinschaft gemeinschaftsbezogene Pflichten wahrgenommen hat und somit auf der Beklagtenseite im Prozess passivlegitimiert war (→ Rn. 44).   61

2. Darlegungs- und Beweislast. Die **Feststellung** eines beseitigungspflichtigen Zustandes ist Sache der Tatsacheninstanzen.[119] Bei einer Klage auf Beseitigung einer baulichen Veränderung oder eines anderweitigen beseitigungspflichtigen Zustandes trägt der Kläger die Darlegungs- und Beweislast für die Unzulässigkeit der Veränderung und die fehlende Verpflichtung zur Duldung. Im Bestreitensfall ist derjenige darlegungs- und beweisbelastet, der gem. § 1004 Abs. 1 S. 1 BGB oder § 280 Abs. 1 BGB iVm § 14 Abs. 1 Nr. 1 und Abs. 2 Nr. 1 WEG (§ 15 Abs. 3 WEG aF) den Beseitigungsanspruch gegen den Störer geltend macht.   62

Die Darlegungs- und Beweislast für den **Ausschluss des Beseitigungsanspruchs** trägt grundsätzlich derjenige, der sich auf eine Einrede oder einen Ausnahmetatbestand beruft. Somit trägt der in Anspruch genommene Wohnungseigentümer die Darlegungs- und Beweislast für die Tatbestandsvoraussetzungen der Einrede der Verjährung, der Verwirkung oder der Duldung. Die Wohnungseigentümer oder die Gemeinschaft der Wohnungseigentümer als aktiv-/passivlegitimierte Klagepartei tragen die Beweislast für deren Ausschluss.   63

Beruft sich der Anspruchsgegner auf die Einrede der Verwirkung, ist er darlegungs- und beweisbelastet. Der auf Beseitigung in Anspruch genommene Wohnungseigentümer trägt die Darlegungs- und Beweislast für den Ausschluss des Beseitigungsanspruchs. Begründet der in Anspruch genommene Wohnungseigentümer den Ausschluss des Anspruchs mit einer Vereinbarung, **Zustimmung oder Genehmigung**, ist er für die Wirksamkeit darlegungs- und beweisbelastet. Der Anspruchsgegner trägt die Darlegungs- und Beweislast für die Einrede der Rechtsmissbräuchlichkeit.   64

Der Anspruchsgegner trägt die Darlegungs- und Beweislast für den Ausschluss des Beseitigungsanspruchs nach **Treu und Glauben** sowie die Voraussetzungen des Vorliegens des Schikaneverbots (§ 226 BGB) (→ Rn. 55 f.). Der betroffene Wohnungseigentümer ist darlegungs- und beweisbelastet für die Tatsache, dass die Wohnungseigentümer einen bestandskräftigen **Beschluss** gefasst haben, nach dem der vormals zu beseitigende und störende Zustand als genehmigt hinzunehmen ist.   65

3. Einstweilige Verfügung. Ein Beseitigungsanspruch kann im dringenden Einzelfall und nach entsprechender Abwägung aller Interessen der Beteiligten mittels einer einstweiligen Verfügung (→ *Einstweiliger Rechtsschutz* Rn. 25) durchgesetzt werden. Dabei ist zwischen einer Regelungs-, Leistungs- und Unterlassungsverfügung zu differenzieren. Voraussetzung für den Erlass einer einstweiligen Verfügung ist das Vorliegen eines **Verfügungsanspruchs** und eines **Verfügungsgrundes**.[120] Die Beseitigungsansprüche können nicht uneingeschränkt im einstweiligen Rechtsschutz durchgesetzt werden. Die Hauptsache darf nicht vorweggenommen werden. Als Verfügungsanspruch kommt zB der Anspruch auf die Beseitigung einer störenden baulichen Anlage gem. § 1004 Abs. 1 S. 1 BGB iVm § 14 Abs. 1 Nr. 1, Abs. 2 Nr. 1 WEG in Betracht, wenn eine deutliche Verschlechterung dringend bevorsteht und die Hauptsache nicht abgewartet werden kann.   66

Der Beseitigungsanspruch ist darauf gerichtet, die Beeinträchtigungen für die Zukunft abzustellen.[121] Nimmt ein Eigentümer Veränderungen am Gemeinschaftseigentum vor und droht eine **Beeinträchtigung** der baulichen Stabilität eines Gebäudes, besteht ein Verfügungsanspruch der Gemeinschaft der Wohnungseigentümer gem. § 1004 Abs. 1 BGB und § 280 Abs. 1 BGB.[122] Aus der Vorschrift des § 14 Abs. 1 Nr. 1 WEG lässt sich nach zutreffender Auffassung kein Beseitigungsanspruch ableiten. Somit kann dieser Anspruch nicht Gegenstand eines Verfügungsanspruchs sein. Wird eine Baugenehmigung dreimal verlängert, wird es bei einer einst-   67

---

118 *Lehmann-Richter/Wobst* WEG-Reform 2020, Rn. 90.
119 Riecke/Schmid/*Abramenko* WEG § 22 Rn. 128 mwN.
120 FormB-WEG-R/*Lehmann-Richter* § 3 Rn. 203.
121 *Niedenführ* NZM 2001, 1105.
122 AG Pinneberg 19.4.2017 – 60 C 8/17, ZMR 2017, 603.

weiligen Verfügung regelmäßig an einem Verfügungsgrund fehlen. Die Wohnungseigentümer hätten ihre Beseitigungs- und Unterlassungsansprüche im Hauptsacheverfahren geltend machen können.

68 Ein Sonderfall ist die Unterbindung des Vollzugs eines Eigentümerbeschlusses mittels einer einstweiligen Verfügung. Dies setzt jedoch voraus, dass eine besondere **Eilbedürftigkeit** besteht und aus dem Vollzug des Beschlusses für den Wohnungseigentümer oder die Gemeinschaft der Wohnungseigentümer ein erheblicher Nachteil resultiert. Ein gefasster Beschluss ist dann im Regelfall sofort vollziehbar.

69 Für betroffene Wohnungseigentümer besteht die Möglichkeit, die **Vollziehung von Beschlüssen** (→ *Beschluss* Rn. 31) mithilfe einer einstweiligen Verfügung zu unterbinden. Die Vollziehung eines Beschlusses kann ausgesetzt werden, wenn unter Abwägung der widerstreitenden Belange bis zum Erlass einer Hauptsacheentscheidung nicht mehr zugewartet werden kann. Der Antrag auf den Erlass der einstweiligen Verfügung muss allerdings binnen der gesetzlichen Monatsfrist erfolgen.

70 **4. Selbständiges Beweisverfahren.** Der beseitigungspflichtige Zustand des Gemeinschaftseigentums kann im Wege des selbstständigen Beweisverfahrens festgestellt werden. Dies setzt voraus, dass ein berechtigtes rechtliches Interesse eines Wohnungseigentümers oder der Gemeinschaft der Wohnungseigentümer an der Feststellung des beseitigungspflichtigen Zustandes im Bereich des Gemeinschaftseigentums besteht (→ Rn. 16). Das selbstständige Beweisverfahren verfolgt das Ziel, den Zustand einer Sache, meist des Gemeinschaftseigentums, durch einen **Sachverständigen** vor Anhängigkeit eines Rechtsstreits zu begutachten. Daher ist bei einem Beseitigungsanspruch zu klären, in welchem Umfang der in Anspruch zu nehmende Wohnungseigentümer in das Gemeinschaftseigentum eingegriffen hat.

71 Für das berechtigte rechtliche Interesse reicht aus, wenn die festzustellende Tatsache die Grundlage eines Beseitigungsanspruchs und somit eines Klageanspruchs in der Hauptsache sein kann.[123] Früher war streitig, ob ein einzelner Wohnungseigentümer ohne **notwendige Vorbefassung** durch die Gemeinschaft der Wohnungseigentümer überhaupt einen Antrag einreichen kann oder nicht. Diese Frage hat der BGH in einer Grundsatzentscheidung geklärt und ein Vorbefassungsgebot verneint. Das Vorbefassungsgebot gilt ausnahmsweise nicht, wenn mit an Sicherheit grenzender Wahrscheinlichkeit davon auszugehen ist, dass der Antrag in der Eigentümerversammlung nicht die erforderliche Mehrheit finden wird, so dass die Befassung der Versammlung eine unnötige „Förmelei" wäre.[124]

72 Die Tatsachen der Anspruchsbegründung, das bedeutet die Eigenschaft des Handlungs- oder Zustandsstörers sowie die Beseitigung des störenden Zustandes und das rechtliche Interesse, hat der Antragsteller mit den allgemeinen Mitteln der Glaubhaftmachung darzulegen. Im selbstständigen Beweisverfahren reicht gem. § 487 Nr. 4 ZPO die Glaubhaftmachung der Tatsachen aus, welche die Zulässigkeit des Verfahrens begründen. Zur **Glaubhaftmachung** des beseitigungspflichtigen Zustandes können die Antragsteller eines Beweisverfahrens Urkunden, Lichtbilder, Aussagen von Sachverständigen, Schriftverkehr und ggf. eine eidesstattliche Versicherung vorlegen.

73 Die Zuständigkeit des Gerichts für die Entscheidung über den Antrag im selbstständigen Beweisverfahrens richtet sich nach dem zuständigen **Wohnungseigentumsgericht der Hauptsache**. Dies hängt davon ab, ob sich der Anspruch gegen einen Wohnungseigentümer richtet oder ob die Gemeinschaft der Wohnungseigentümer einen Beseitigungsanspruch geltend macht. Ist der Beseitigungsanspruch gegenüber einem Dritten streitgegenständlich, ist das allgemeine Streitgericht für die Entscheidung zuständig.

74 Macht ein Wohnungseigentümer den Antrag auf Einleitung des selbstständigen Beweisverfahrens gegenüber einem anderen Wohnungseigentümer geltend, ist der Antrag bei dem Wohnungseigentumsgericht zu stellen, das in der Hauptsache für die Entscheidung über den Beseitigungsanspruch zuständig ist.

75 **5. Statthaftigkeit der Feststellungsklage.** Die Feststellungsklage eines Wohnungseigentümers oder der Gemeinschaft der Wohnungseigentümer gem. § 256 Abs. 1 ZPO kann im Einzelfall zulässig sein. Dies setzt allerdings voraus, dass die Feststellungsklage im Hinblick auf eine statthafte Anfechtungsklage nicht subsidiär ist und nicht das **Rechtsschutzbedürfnis** fehlt.[125] Daraus folgt, dass ein Wohnungseigentümer keine negative Feststellungsklage mit dem Ziel erheben kann, dass er nicht zur Beseitigung eines störenden Zustandes ver-

---

123 FormB-WEG-R/*Lehmann-Richter* § 3 Rn. 220–222.
124 BGH 14.3.2018 – V ZB 131/17, ZWE 2018, 211 = IMR 2018, 213 mAnm *Vogel*.
125 *Hügel/Elzer*, 3. Aufl. 2021, WEG § 20 Rn. 186.

pflichtet ist. Ebenso wenig kann der Wohnungseigentümer eine positive Feststellungsklage mit dem Ziel erheben, dass er zur Herstellung eines bestimmten baulichen Zustandes berechtigt ist.

Jedem Wohnungseigentümer, der eine bauliche Veränderung begehrt, zu der auf einer Eigentümerversammlung die Zustimmung verwehrt wurde, hat das Recht gegen den **Negativbeschluss** Anfechtungsklage zu erheben. Wird diese Möglichkeit nicht ausgeschöpft, so fehlt einer auf Feststellung der Berechtigung zur baulichen Veränderung gerichteten Klage das Rechtsschutzbedürfnis.[126] Auch hier stellt sich die Frage, ob im Einzelfall auf die obligatorische Vorbefassung verzichtet werden kann. 76

6. Obligatorische Streitschlichtung. Im Vorfeld der Geltendmachung von Beseitigungsansprüchen sind die Voraussetzungen der obligatorischen Streitschlichtung zu prüfen. Die obligatorische Streitschlichtung ist zu prüfen, wenn die Verfahrungsordnungen der Länder, dh die **Landesschlichtungsgesetze** gem. § 15 a Abs. 1 S. 1 EGZPO vorsehen, dass eine Schlichtung erfolgen muss. Nach § 15 a Abs. 1 S. 1 EGZPO kann durch Landesgesetz bestimmt werden, dass die Erhebung bestimmter Klagen erst zulässig ist, nachdem von einer durch die Landesjustizverwaltung eingerichteten oder anerkannten Gütestelle versucht wurde die Streitigkeit einvernehmlich beizulegen.[127] 77

Nach zutreffender Auffassung findet die Vorschrift des § 15 a Abs. 1 S. 1 Nr. 2 EGZPO unter Wohnungseigentümern keine Anwendung.[128] Für diese Auffassung spricht, dass der Wortlaut des § 15 a Abs. 1 S. 1 Nr. 2 EGZPO sich auf **nachbarrechtliche Streitigkeiten** bezieht. Das sind Streitigkeiten, bei denen Ansprüche aus den jeweiligen Nachbarrechtsgesetzen der Länder oder Ansprüche aus § 906 Abs. 1 BGB streitgegenständlich sind. Für die Bewertung von Beseitigungsansprüchen der Wohnungseigentümer untereinander sind jedoch § 1004 Abs. 1 S. 1 BGB und § 280 Abs. 1 BGB heranzuziehen. Die Vorschriften der §§ 904 ff. BGB sind im Verhältnis der Wohnungseigentümer nicht analog anwendbar. Eine analoge Anwendung des § 906 Abs. 2 S. 2 BGB scheidet aus, zumal nach zutreffender Auffassung und nach dem Willen des Gesetzgebers ein Rückgriff auf § 14 Abs. 3 WEG vorrangig ist. Zudem würde diese Bewertung zu einer doppelten Analogie auch im Hinblick auf § 15 a Abs. 1 Nr. 2 EGZPO führen. Deshalb vermag die vereinzelt abweichende Auffassung nicht zu überzeugen.[129] 78

7. Vollstreckung der Beseitigungsansprüche. Ein Titel auf Beseitigung des störenden Zustandes muss vollstreckt werden. Haben ein Wohnungseigentümer oder die Gemeinschaft der Wohnungseigentümer einen Beseitigungsanspruch als Vollstreckungstitel iSd § 794 ZPO tituliert, ist fraglich, wie dieser zwangsweise vollstreckt werden kann.[130] Besonderheiten bestehen bei titulierten Beseitigungsansprüchen gegen Wohnungseigentümer allerdings nicht. 79

Die **Vollstreckung** der Beseitigungsansprüche hängt davon ab, ob das Sondereigentum vermietet ist oder durch den Wohnungseigentümer selbst genutzt wird. Je nachdem ob der Wohnungseigentümer selbst oder der Nutzer des Sondereigentums in Anspruch genommen wird, richtet sich die Vollstreckung nach den Vorschriften der §§ 887, 888 ZPO. Zur Klärung der Art und Weise der Zwangsvollstreckung ist nach dem jeweiligen Anspruchsgegner zu differenzieren. 80

Ist das Wohnungseigentum unvermietet, richtet sich die Vollstreckung des Beseitigungsanspruchs nach § 887 ZPO. Erfüllt der in Anspruch genommene Wohnungseigentümer seine Verpflichtung zur Beseitigung nicht, können der anspruchstellende Wohnungseigentümer oder die Gemeinschaft der Wohnungseigentümer bei dem **Vollstreckungsgericht** den Antrag stellen, die Vollstreckungshandlung auf Kosten des Schuldners vornehmen zu lassen.[131] Die „Erzwingung" der Beseitigung der Störquelle, zum Beispiel einer unzulässigen baulichen Veränderung gegen einen Wohnungseigentümer, ist gem. § 887 ZPO zu vollstrecken.[132] Auch gegen den Störer selbst kann der Titel gem. § 887 Abs. 1 ZPO vollstreckt werden. 81

---

126 AG München 28.2.2018 – 481 C 793/17, BeckRS 2017, 147813.
127 BeckOK WEG/*Elzer* § 43 Rn. 24.
128 LG Frankfurt a. M. 15.3.2018 – 2–13 S 102/17, BeckRS 2018, 4155 Rn. 12; *Schultzky* AnwZert MietR 8/2018 Anm. 1; *Drabek* AnwZert MietR 9/2011 Anm. 1; BeckOK WEG/*Elzer* § 43 Rn. 86.
129 AA LG Dortmund 11.7.2017 – 1 S 282/16, ZWE 2017, 426.
130 BeckOK WEG/*Elzer* § 43 Rn. 59.
131 BeckOK WEG/*Elzer* § 43 Rn. 60.
132 OLG Frankfurt a. M. 19.11. 2007 – 20 W 173/07, NZM 2008, 2010 = IMR 2008, 1020 mAnm *Riecke.*

82   Ist das Wohnungs- oder Teileigentum vermietet, richtet sich die Vollstreckung des titulierten Beseitigungsanspruchs nach § 888 ZPO. Sofern ein Nichteigentümer Urheber der beseitigungspflichtigen Störung ist, kann der **Anspruchsinhaber** hinsichtlich der Beseitigung den Titel gem. § 888 Abs. 1 ZPO vollstrecken. Der Wohnungseigentümer ist zur Einwirkung auf den Nutzungsberechtigten verpflichtet.[133] Die Vorschrift des § 888 ZPO findet dann Anwendung, wenn Rückbau- und Beseitigungsansprüche geltend gemacht werden, für die der Zutritt zur Mietwohnung erforderlich ist.[134]

83   **8. Streitwert und Rechtsmittelbeschwer.** Die Ermittlung des Streitwerts richtet sich nach § 48 Abs. 1 GKG oder bei Beschlussklagen nach § 49 GKG (→ *Streitwerte im ABC* Rn. 25). Die Streitwertermittlung ist einzelfallbezogen.[135] Nach zutreffender Auffassung ist zur Ermittlung des Streitwerts zunächst auf das Gesamtinteresse bei den Beteiligten abzustellen. Es ist zu klären, welche Kosten durch die Beseitigung entstehen und mit welchen Kosten der beseitigungspflichtige Eigentümer belastet wird.

84   Das Interesse an der Anfechtung von Beschlüssen, durch welche ein Wohnungseigentümer zu einem Tun oder Unterlassen unter Androhung gerichtlicher Maßnahmen aufgefordert wird, kann aber nicht mit dem Interesse des betroffenen Wohnungseigentümers gleichgesetzt werden, dieser Aufforderung nicht Folge leisten zu müssen und infolgedessen nur ein Bruchteil – hier 1/3 – angesetzt werden.[136] Nach der Rechtsprechung des BGH bemisst sich der Streitwert nach dem (hälftigen) **Klägerinteresse** an der Beseitigung und – mangels Identität der Parteiinteressen aufgrund der unterschiedlichen Zielrichtung – dem (hälftigen) Interesse der Beklagten, keinen Rückbau vorzunehmen.[137]

85   Unabhängig vom Gebührenstreitwert ist die **Rechtsmittelbeschwer** zu prüfen.[138] Diese muss gegeben sein, damit ein statthaftes Rechtsmittel in Form der Berufung oder Revision zulässig ist. Die Beschwer bemisst sich daran, wie der jeweilige Kläger/die Kläger belastet sind. Dabei ist ausschließlich darauf abzustellen, wie der Rechtsmittelführer belastet ist.[139] Die Berufungsbeschwer für die zulässige Berufung muss gem. § 511 Abs. 2 Nr. 1 ZPO bei einem Betrag von mehr als 600 EUR liegen. Der Gebührenstreitwert und die Berufungsbeschwer sind nicht identisch, weshalb die Berufungsbeschwer je nach Einzelfall auch deutlich darüber oder darunter liegen kann.

86   Bei einer Beseitigungsklage richtet sich die Rechtsmittelbeschwer auf Klägerseite danach, in welchem Umfang ein Wertverlust für das Wohneigentum des Klagenden eintritt.[140] Die Kosten der Beseitigung sind für die Bemessung der Beschwer allerdings nur dann von Bedeutung, wenn daraus konkrete Anhaltspunkte für die Bemessung der **Wertminderung** des Wohnungseigentums resultieren. Falls sich aus der Art und Weise der Störung keine Wertminderung ergibt, können die Beseitigungskosten bei der Ermittlung der Rechtsmittelbeschwer angesetzt werden. Wendet sich der Rechtsmittelführer gegen seine Verurteilung zur Beseitigung, zB einer unzulässigen baulichen Veränderung, bemisst sich die Beschwer anhand der Kosten der Ersatzvornahme.

40. Bestandteil, wesentlicher

Tank

---

133 Riecke/Schmid/*Riecke* WEG Anhang zu § 15 Rn. 67.
134 BeckOK WEG/*Müller* § 14 Rn. 98.
135 *Agatsy* ZMR 2019, 394 (397).
136 OLG Stuttgart 14.12.2015 – 3 W 80/15, ZWE 2016, 291.
137 BGH 17.11.2016 – V ZR 86/16, NJW-RR 2017, 584.
138 *Drasdo* NZM 2019, 327 ff.
139 BGH 9.2.2012 – V ZB 211/11, NZM 2012, 838 = ZWE 2012, 224.
140 BeckOK WEG/*Elzer* § 43 Rn. 123.

I. Einführung

Der **Begriff** wesentlicher Bestandteil ist im WEG nicht geregelt. Das Gesetz spricht in § 5 Abs. 1 WEG nur 1
von Bestandteilen. Hierunter sind wesentliche Bestandteile iSd §§ 93, 94 BGB zu verstehen. Diese wesentlichen Bestandteile stehen grundsätzlich im gemeinschaftlichen Eigentum, können aber kraft Gesetzes im Sondereigentum stehen, wenn auch die Räume, zu denen die wesentlichen Bestandteile gehören, Sondereigentum darstellen und wenn es sich nicht um Bestandteile handelt, die zwingend im gemeinschaftlichen Eigentum stehen. Die Zuordnung eines wesentlichen Bestandteils zum Sondereigentum erfolgt kraft Gesetzes, eine Zuordnung in der Teilungserklärung ist unwirksam.

II. Wesentlicher Bestandteil im Sinne von § 5 Abs. 1 WEG

1. Bestandteil. § 5 Abs. 1 WEG regelt – nicht dispositiv – was Gegenstand des wohnungseigentumsrechtli- 2
chen Sondereigentums sein kann und verwendet in Satz 1 den Begriff zu Räumen gehörende Bestandteile. Das WEG spricht dabei nur von Bestandteilen des Gebäudes, an keiner Stelle aber von wesentlichen Bestandteilen. Es besteht jedoch Einigkeit darüber, dass unter Bestandteilen des Gebäudes iSd § 5 Abs. 1 WEG **nur wesentliche Bestandteile iSv §§ 93, 94 BGB** verstanden werden können.[1] Nicht unter diesen Begriff fallen also unwesentliche Bestandteile, Scheinbestandteile und Zubehör, §§ 95, 97 BGB, denn diese sind sondereigentumsfähig und können damit im Alleineigentum eines Wohnungseigentümers stehen,[2] zB Einbauküchen oder Leuchtreklamen. Für die außerhalb des Gebäudes liegenden Teile des Grundstücks an denen nunmehr ebenfalls Sondereigentum (→ *Sondereigentum* Rn. 15 ff.) eingeräumt werden kann, gilt nach § 5 Abs. 1 S. 2 WEG die allgemeine Vorschrift des § 94 BGB entsprechend.

Durch § 1 Abs. 5 WEG wird der Umfang des gemeinschaftlichen Eigentums bestimmt. Das Gesetz geht vom 3
Grundstücksbegriff des BGB aus, so dass das Grundstück mit seinen wesentlichen Bestandteilen iSd §§ 93, 94 BGB eine rechtliche Einheit bildet. Zu diesen wesentlichen Grundstücksbestandteilen gehört das **Gebäude**, welches auf dem Grundstück errichtet worden ist, § 94 Abs. 1 BGB. Zu den wesentlichen Bestandteilen eines Gebäudes gehören die **zur Herstellung des Gebäudes eingefügten Sachen**, § 94 Abs. 2 BGB. Zur Herstellung eingefügt sind alle Teile, ohne die das Gebäude nach der Verkehrsanschauung noch nicht fertiggestellt ist.[3] Eine **feste Verbindung** ist nicht notwendig. Es entscheidet der Zweck und nicht die Art der Verbindung.[4]

Für die wesentlichen Bestandteile iSv § 94 Abs. 2 BGB müssen die weiteren Voraussetzungen der §§ 93, 94 4
Abs. 1 BGB nicht vorliegen, so dass hierunter auch Gebäudeteile fallen, die nur lose in Verbindung mit dem Gebäude stehen,[5] zB Türen, Toiletten oder Waschbecken.

2. Zu Räumen gehörend. Wann wesentliche Bestandteile des Gebäudes, die sich zwar im Bereich des Ge- 5
meinschaftseigentums befinden, aber nur einer Sondereigentumseinheit dienen, iSv § 5 Abs. 1 WEG zu den Räumen (→ *Raum* Rn. 4 ff.) dieser Einheit „gehören", ist **umstritten**. Teils wird ein räumlicher Zusammenhang des Bestandteils zu den Räumen für erforderlich gehalten,[6] teils wird ein rein funktionaler, dienender Zusammenhang für ausreichend erachtet.[7] Der BGH hat dies für eine nur ein Sondereigentum versorgende Wasserleitung, die von der im gemeinschaftlichen Eigentum stehenden Leitung abzweigt, im letztgenannten Sinn entschieden. Das Versorgungsnetz bildet eine untrennbare Einheit, die auch nur insgesamt instandgesetzt und erneuert werden kann, so dass diese Einheit grundsätzlich dem gemeinschaftlichen Eigentum zuzuordnen ist. Etwas anderes gilt erst ab dem Punkt, ab dem eine Sondereigentümer durch ein Absperrventil die Versorgung seiner Einheit selbstständig regeln kann. Nach BGH gehören also zu dem im gemeinschaftlichen Eigentum stehenden Versorgungsnetz die Leitungen nicht nur bis zu ihrem Eintritt in den räumlichen Bereich des Sondereigentums, sondern bis zu der ersten für die Handhabung durch den Sondereigentümer vorgesehenen Absperrmöglichkeit.[8]

---

1 BGH 2.2.1979 – V ZR 14/77, NJW 1979, 2391.
2 BGH 10.10.1980 – V ZR 47/79, NJW 1981, 455.
3 BGH 25.5.1984 – V ZR 149/83, NJW 1984, 2277.
4 BGH 16.3.1978 – VII ZR 145/76, NJW 1978, 1311.
5 Staudinger/*Rapp* WEG § 5 Rn. 1.
6 Jennißen/*Grziwotz* WEG § 5 Rn. 15.
7 Staudinger/*Rapp* WEG § 5 Rn. 22.
8 BGH 26.10.2012 – V ZR 57/12, NJW 2013, 1154.

6 **3. Grundsätzlich Gemeinschaftseigentum, ausnahmsweise Sondereigentum.** In Durchbrechung der in §§ 93, 94 BGB gestalteten Grundsätze können auch wesentliche Bestandteile iSv § 5 Abs. 1 WEG im Sondereigentum (→ *Sondereigentum* Rn. 17) stehen.

7 Dies gilt allerdings nur dann, wenn es sich bei den fraglichen Bestandteilen nicht um solche handelt, die für den Bestand oder die Sicherheit des Gebäudes erforderlich sind, sog. **konstruktive Bestandteile** (→ *Gemeinschaftliches Eigentum* Rn. 11) oder es sich bei den Bestandteilen um Anlagen und Einrichtungen handelt, die dem gemeinschaftlichen Gebrauch der Wohnungseigentümer dienen oder es sich um einen Gebäudebestandteil handelt, der nicht verändert werden kann, ohne dass dadurch auch die äußere Gestalt des Gebäudes verändert werden oder das gemeinschaftliche Eigentum oder ein auf Sondereigentum beruhendes Recht eines anderen Wohnungseigentümers über das bei einem geordneten Zusammenleben Unvermeidbare hinaus beeinträchtigt werden würde. In diesen Fällen bleibt es beim **gemeinschaftlichen Eigentum**.

Entscheidend für die Grenze der hinzunehmenden Veränderung und Beeinträchtigung ist die **Verkehrsauffassung**.[9]

8 **4. Zuordnung zum Sondereigentum kraft Gesetzes.** Ob wesentliche Bestandteile im Sondereigentum stehen, bestimmt sich allein nach den nicht dispositiven **gesetzlichen Regelungen** des §§ 5 Abs. 1–3 WEG, nicht aber durch die Teilungserklärung.[10] Deshalb sind – die in der Praxis häufig – in der Teilungserklärung vorgenommene Zuordnungen von wesentlichen Bestandteilen zu Sondereigentum stets unwirksam (→ *Gemeinschaftliches Eigentum* Rn. 10). Die Teilungserklärung kann die Grenze zwischen dem gemeinschaftlichen Eigentum und dem Sondereigentum stets nur zugunsten des gemeinschaftlichen Eigentums, nicht aber zu dessen Ungunsten verschieben.[11]

41. Bestimmtheit

Küttner

I. Einführung

1 Ein Beschluss widerspricht den Grundsätzen ordnungsmäßiger Verwaltung, wenn das Gewollte aus dem Beschluss nicht hinreichend erkennbar wird. Da Beschlüsse nach **Grundbuchregeln** (objektiv-normativ) auszulegen sind, kann nicht wie bei Willenserklärungen auf die subjektiven Vorstellungen der Abstimmenden (oder auf ihr Sonderwissen) abgestellt oder gar hierüber Beweis erhoben werden. Dies liegt daran, dass Beschlüsse auch **Rechtsnachfolger** (vgl. § 10 Abs. 3 S. 2 WEG) und nicht anwesende Eigentümer binden. Diese eingeschränkten Auslegungsmöglichkeiten erhöhen die Zahl „unbestimmter Beschlüsse".

2 Fehlende Bestimmtheit ist nur dann unschädlich, wenn es sich explizit um einen sog. **Grund-Beschluss** handelt. Hierbei wird nur über das „Ob" einer Maßnahme Beschluss gefasst, dagegen muss nicht exakt über einzelne Maßnahmen und Kosten beschlossen werden. Für jeden Dritten muss deutlich werden, dass das konkrete „Wie" noch der weiteren Konkretisierung und Ausformung überlassen worden ist.[1]

II. Grundsätze

3 Der Feststellung und Bekanntgabe des Beschlussergebnisses durch den Vorsitzenden der Wohnungseigentümerversammlung kommt grundsätzlich **konstitutive Bedeutung** zu. Es handelt sich im Regelfall um eine Voraussetzung für das rechtswirksame Zustandekommen eines Eigentümerbeschlusses.[2]

---

9 BeckOGK/*Schultzky* WEG § 5 Rn. 22 f.
10 BGH 26.10.2012 – V ZR 57/12, NJW 2013, 1154.
11 BGH 26.10.2012 – V ZR 57/12, NJW 2013, 1154.
1 Also noch nicht verbindlich beschlossen wurde; vgl. LG Hamburg 25.5.2011 – 318 S 208/09, ZWE 2012, 189.
2 BGH 23.8.2001 – V ZB 10/01, NJW 2001, 3339.

Ein verkündeter Beschluss ist dann hinreichend bestimmt, wenn er eine **durchführbare Regelung** enthält und 4
auch keine inneren Widersprüche aufweist. Der Beschlussinhalt ist durch Auslegung zu ermitteln. Dabei
kommt es bei der gebotenen **objektiven Auslegung** maßgebend darauf an, wie der Beschluss nach seinem
Wortlaut und Sinn für einen **unbefangenen Betrachter** nächstliegend zu verstehen ist.[3]

In einem Beschluss der Wohnungseigentümer kann zur Konkretisierung der getroffenen Regelung auf ein **au-** 5
ßerhalb der Niederschrift befindliches Dokument Bezug genommen werden, wenn dieses zweifelsfrei bestimmt ist.[4] Dabei sollten die Unterlagen in die Beschluss-Sammlung aufgenommen werden oder als „Anlage
zur Beschluss-Sammlung" geführt werden.

Die **Umstände** außerhalb des protokollierten Beschlusses dürfen im Hinblick auf die objektive und normative 6
Auslegung von Beschlüssen mithin nur herangezogen werden, wenn sie nach den besonderen Verhältnissen
des Einzelfalles für jedermann ohne Weiteres erkennbar sind.

Ein Eigentümerbeschluss, der eine durchführbare Regelung noch erkennen lässt, ist nur **anfechtbar, aber** 7
nicht nichtig. Kann jedoch der Inhalt des Beschlusses auch durch eine Auslegung nach objektiv-normativen
Kriterien nicht eindeutig festgestellt werden, bleibt er vielmehr widersprüchlich, ohne erkennbare vollziehbare
Regelung oder gar bedeutungslos, so ist der Beschluss **nichtig.**

Unbestimmte Beschlüsse mit der Folge der Nichtigkeit sind nicht nur mit der fristgerecht erhobenen und be- 8
gründeten Klage (§ 45 S. 1 WEG) anfechtbar, sondern auch mit der nicht fristgebundenen **Nichtigkeitsklage**
angreifbar. Der unbestimmte Beschluss führt zur Rechtsunsicherheit, da er ggf. auch nach Ablauf der Anfechtungsfrist nicht in Bestandskraft erwächst.

III. Rechtsprechung

In einer Vielzahl von Beschlussanfechtungsverfahren muss sich das Gericht auch mit der Bestimmtheit des 9
streitgegenständlichen Beschlusses befassen. Obwohl jeweils der **Einzelfall** maßgeblich ist, lässt sich anhand
einiger **„Negativbeispiele"** erkennen, wann Beschlüsse unvollständig, unklar oder widersprüchlich sind.

- Der Beschluss: „Das Singen und Musizieren außerhalb von Ruhezeiten ist nur in nicht belästigender Weise und Lautstärke gestattet", ist mangels hinreichender Bestimmtheit unwirksam.[5]
- Formulierungen wie „noch zu verhandelnde" Angebote, eine Obergrenze von „max. ca. … Euro" sind zu
  unbestimmt,[6] ebenso die Ermächtigung des Verwalters, nach „Rücksprache" oder „mit Zustimmung des
  Beirates" einen Auftrag zu erteilen.[7] Insoweit darf auch nicht beschlossen werden: „Die endgültige Entscheidung über die genaue Ausführung der Arbeiten fällt bei einem Treffen zwischen Architekt M, Verw.-
  Beirat/Verwaltung und interessierten ET, die alle vorher informiert werden".[8]
- Ein Beschluss über die Genehmigung der Jahresabrechnung ist mangels Bestimmtheit für ungültig zu erklären, wenn verschiedene Versionen existieren und sich insbesondere für die auf der Eigentümerversammlung nicht anwesenden Eigentümer kaum feststellen lässt, welche der Abrechnungen tatsächlich beschlossen wurde.[9] Das Datum der Erstellung („Druckdatum") ist in den Beschluss aufzunehmen.
- Der Beschluss: „Fahrräder, die weniger häufig benutzt werden, sind im hinteren Bereich (des Fahrradkel-
  lers), häufig genutzte Fahrräder im vorderen Bereich abzustellen", ist nichtig, weil er infolge inhaltlicher
  Unbestimmtheit keine durchführbare Regelung enthält.[10]

---

3 BGH 10.10.2014 – V ZR 315/13, NZM 2015, 88.
4 BGH 8.4.2016 – V ZR 104/15, NJW-RR 2016, 985.
5 BGH 10.9.1998 – V ZB 11/98, NZM 1998, 955.
6 AG Hamburg-Blankenese 27.4.2015 – 539 C 21/14, ZMR 2015, 629.
7 „in Abstimmung mit": AG Hamburg-Blankenese 24.6.2015 – 539 C 31/14, ZMR 2015, 813.
8 LG Dortmund 28.2.2013 – 11 S 232/12, ZMR 2013, 555.
9 AG Hamburg-Altona 15.3.2013 – 303 a C 20/12, ZMR 2013, 568.
10 LG Itzehoe 28.5.2014 – 11 S 58713, ZMR 2014, 912.

42. Betreuung

Bartels

1 Kann eine volljährige Person wegen einer psychischen **Krankheit** oder einer körperlichen, geistigen oder seelischen **Behinderung** ihren Angelegenheiten ganz oder teilweise nicht selbst nachkommen, bestellt das Betreuungsgericht auf Antrag oder von Amts wegen einen Betreuer (§ 1896 Abs. 1 S. 1 BGB). Andere Wohnungseigentümer können bei begründeten Anzeichen einer Betreuungsnotwendigkeit dem Betreuungsgericht eine Mitteilung machen, so dass dieses von Amts wegen die Voraussetzungen der Betreuung zu überprüfen hat.[1]

2 Die Betreuung umfasst alle erforderlichen Tätigkeiten, um die Geschäfte des Betreuten rechtlich zu besorgen (§ 1901 Abs. 1 BGB.). Der Betreuer kann freilich für bestimmte Aufgabenkreise bestellt werden, so für die Personensorge, namentlich Aufenthaltsbestimmung, Wohnungsfürsorge, Umgangsregelungen, Gesundheitssorge sowie die Vermögenssorge.[2] In den ihm zukommenden Aufgaben vertritt der **Betreuer** den Betreuten **gerichtlich und außergerichtlich** (§ 1902 BGB). Das Betreuungsgericht kann auch anordnen, dass die betreute, aber geschäftsfähige[3] Person der Einwilligung ihres Betreuers in eine Willenserklärung benötigt, wenn eine erhebliche Gefahr für die Person oder das Vermögen abzuwenden ist (§ 1903 Abs. 1 S. 1 BGB; sog. **Einwilligungsvorbehalt**).

3 Will der Betreuer das Mietverhältnis des Betreuten über **Wohnraum** kündigen, bedarf er wiederum der Genehmigung des Betreuungsgerichts, was auch für eine Auflösung der Wohnung gilt, wenn sie im Eigentum des Betreuten steht (§ 1907 Abs. 1 S. 1 u. Abs. 2 S. 2 BGB).

4 § 1908 i Abs. 1 S. 1 BGB verweist auf weitere Genehmigungsvorbehalte des Vormundschaftsrechts. Namentlich bedarf es der Genehmigung des Betreuungsgerichts, wenn der Betreuer über ein Grundstück oder Rechte an einem Grundstück (§ 1821 Abs. 1 Nr. 1 BGB), wozu aber nicht Hypothek, Grund- und Rentenschuld gehören (§ 1821 Abs. 2 BGB), verfügt, eine Verpflichtung hierzu eingeht (§ 1821 Abs. 1 Nr. 4 BGB) oder ein Grundstück entgeltlich erwerben will (Nr. 5), wobei hierzu auch die **Eigentumswohnung** gehört.[4] Auch eine „verdinglichte" Vereinbarung (→ *Sondereigentum* Rn. 29) wird gem. § 5 Abs. 4 S. 1 WEG zum Sondereigentumsbestandteil, so dass diese ebenfalls der **Genehmigung** des Betreuungsgerichts bedarf, wie die Abänderung einer Gemeinschaftsordnung.[5] Hingegen bedarf es keiner Genehmigung bei einer Beschlussfassung durch Mehrheitsbeschluss.[6] Gleiches gilt, wenn der Betreuer über das Vermögen als Ganzes verfügen will (§ 1822 Nr. 1 BGB). Ein Entziehungsurteil (§ 17 WEG) mit den Wirkungen des § 894 S. 1 ZPO ersetzt nicht die erforderlichen Erklärungen Dritter, also die Genehmigung des Betreuungsgerichts.

5 Die **Verfahrensvorschriften** zu Betreuungssachen finden sich in den §§ 271 ff. FamFG.

6 Steht ein Wohnungseigentümer unter Betreuung, hat der Betreuer grundsätzlich die **prozessualen Rechte** für diesen wahrnehmen, so dass der Betreute als prozessfähig anzusehen ist (→ *Prozessvoraussetzungen* Rn. 5 ff.).[7] Dadurch wird der Betreuer aber nicht Partei eines Rechtsstreits.[8] Der Betreuer ist zur mündlichen Verhandlung zu laden. Es bietet sich aber an, auch den Betreuten zu laden, außer dieser ist nicht in der Lage, dem Verfahren zielführend zu folgen oder sich in der persönlichen Anhörung nach § 141 ZPO zu äußern. Zu denken ist auch daran, dass das Gericht einen Prozesspfleger nach den §§ 56, 57 ZPO bestellen kann.

7 Für die **Einberufung** der Eigentümerversammlung gelten die §§ 23, 24 WEG (→ *Eigentümerversammlung* Rn. 1 ff.).[9] Zu laden sind alle Personen, die zum Zeitpunkt der Ladung als Eigentümer im Grundbuch eingetragen sind. Ist der Wohnungseigentümer geschäftsunfähig iSv § 104 Nr. 2 BGB, kann er keine Willenserklärung abgeben (§ 105 Abs. 1 BGB) oder entgegennehmen (§ 131 Abs. 1 BGB), so dass sein Betreuer für ihn zu han-

---

1 Vgl. *Deckert* NZM 2011, 648 (652).
2 Ausführl. BeckOGK/*Schmidt-Recla* BGB § 1896 Rn. 158 ff.
3 Vgl. BeckOGK/*Schmidt-Recla* BGB § 1902 Rn. 14 ff.
4 BeckOGK/*Fuchs* BGB § 1821 Rn. 19.
5 OLG Hamm 12.11.2015 – 15 W 290/15, FGPrax 2016, 81 f.
6 Vgl. BeckOGK/*Fuchs* BGB § 1821 Rn. 20.
7 Ausführl. *Drabek* FS Deckert, 2000, 105 ff.
8 BeckOK WEG/*Elzer* § 43 Rn. 110.
9 Ausführl. *Drabek* ZWE 2000, 395 (296).

deln hat. Damit ist der Betreuer zu laden, darüber hinaus aber auch der Betreute, sofern er in der Lage ist, der Eigentümerversammlung zu folgen.[10] War die Betreuung dem Verwalter nicht bekannt, soll die Ladung an den Betreuten wirksam sein.[11] Freilich zählt nur die durch den Betreuer abgegebene Stimme. Ist der betreute Wohnungseigentümer geschäftsfähig, sind er und sein Betreuer zu laden, weil eine Doppelzuständigkeit besteht, soweit der Aufgabenkreis des Betreuers reicht.[12] Umfasst also der Aufgabenkreis des Betreuers nicht den Gegenstand der Versammlung, namentlich dann, wenn der Betreuer nicht für die Vermögenssorge zuständig ist, ist nur der Betreute zu laden.[13] Ist in der Gemeinschaftsordnung eine **Vertretungsbeschränkung** vereinbart worden, umfasst diese nicht den Fall der gesetzlichen Betreuung. Entsprechendes gilt, wenn ein **Einwilligungsvorbehalt** nach § 1903 BGB angeordnet worden ist.

43. Betriebskosten

Brückner

I. Einführung

Die Bewirtschaftung einer Wohnungseigentumsanlage bedarf der **ausreichenden** Finanzierung. Wirtschaftliche Aufwendungen sind erforderlich für den Erhalt des Eigentums und seine Fortentwicklung. Benötigt werden auch wirtschaftliche Mittel, um die laufenden Kosten der Wohnungseigentumsanlage bestreiten zu können.[1] An der Bewirtschaftung sind die Eigentümer mit angemessenen Anteilen zu beteiligen. **1**

Besonderheiten hat der sein Wohnungs- oder Sondereigentum vermietende Eigentümer zu beachten bei der **Weitergabe** der Betriebskosten an seinen Mieter. Eine Brücke baut allerdings § 556 a Abs. 3 BGB. Ist Wohnungseigentum vermietet und haben die Vertragsparteien nichts anderes vereinbart, sind die Betriebskosten danach abweichend von § 556 a Abs. 1 BGB nach dem für die Verteilung zwischen den Wohnungseigentümern jeweils geltenden Maßstab umzulegen. Widerspricht der Maßstab billigem Ermessen, ist allerdings nach § 556 a Abs. 1 BGB umzulegen. **2**

II. Materielles Recht

1. Überblick. Mit den Kosten der Wohnungseigentumsanlage beschäftigt sich im **Kern** die Vorschrift des § 16 WEG. Nur für die Kosten baulicher Veränderungen findet sich in § 21 WEG eine Sondervorschrift (→ *Kosten und Nutzungen der baulichen Veränderungen* Rn. 1 ff.). Nach § 16 Abs. 2 S. 1 WEG hat jeder Wohnungseigentümer die Kosten der Gemeinschaft der Wohnungseigentümer, insbesondere der Verwaltung und der gemeinschaftlichen Benutzung des gemeinschaftlichen Eigentums, nach dem Verhältnis seines Anteils (vgl. § 16 Abs. 1 S. 2 WEG) zu tragen. Die Wohnungseigentümer können für einzelne Kosten oder bestimmte Arten von Betriebskosten eine von § 16 Abs. 2 S. 1 WEG oder von einer Vereinbarung abweichende Verteilung beschließen. **3**

2. Betriebskostenbegriff. Einen eigenen Betriebskostenbegriff bildet das WEG nicht. Die Bundesregierung hat von der Verordnungsermächtigung des Satz 3 Gebrauch gemacht und hat die **Betriebskostenverordnung** **4**

---

10 Vgl. *Hügel/Elzer* WEG § 24 Rn. 5; nur der Betreuer nach *Skauradszun* ZWE 2016, 61 (64).
11 *Skauradszun* ZWE 2016, 61 (64) mit Parallelen zum GmbH-Recht.
12 *Skauradszun* ZWE 2016, 61 (64).
13 *Hügel/Elzer* WEG § 24 Rn. 5.
 1 Jennißen/*Jennißen* WEG § 16 Rn. 10.

erlassen, die am 1.1.2004 in Kraft getreten ist. Dort findet sich in § 1 Abs. 1 die Definition der Betriebskosten wieder und in Abs. 2 eine Abgrenzung zu Kosten der Instandhaltung und Instandsetzung. Die Aufzählung der Verordnung knüpft an die Anlage 3 zu Abs. 2 § 27 II. BV an. Dort waren bereits die einzelnen Kostenpositionen aufgeführt, die als Betriebskosten gelten. **Hierzu gehören** zurzeit

- die laufenden öffentlichen Lasten des Grundstücks,
- die Kosten der Wasserversorgung,
- die Kosten der Entwässerung,
- die Kosten des Betriebs der zentralen Heizungsanlage einschließlich der Abgasanlage, des Betriebs der zentralen Brennstoffversorgungsanlage, der eigenständig gewerblichen Lieferung von Wärme, der Reinigung und Wartung von Etagenheizungen und Gaseinzelfeuerstätten,
- die Kosten des Betriebs der zentralen Warmwasserversorgungsanlage, der eigenständig gewerblichen Lieferung von Warmwasser, der Reinigung und Wartung von Warmwassergeräten,
- die Kosten verbundener Heizungs- und Warmwasserversorgungsanlagen,
- die Kosten des Betriebs des Personen- oder Lastenaufzugs,
- die Kosten der Straßenreinigung und Müllbeseitigung,
- die Kosten der Gebäudereinigung und Ungezieferbekämpfung,
- die Kosten der Gartenpflege,
- die Kosten der Beleuchtung,
- die Kosten der Schornsteinreinigung,
- die Kosten der Sach- und Haftpflichtversicherung,
- die Kosten für den Hauswart,
- die Kosten des Betriebs der Gemeinschafts-Antennenanlage, des Betriebs der mit einem Breitbandnetz verbundenen privaten Verteilanlage,
- die Kosten des Betriebs der Einrichtungen für die Wäschepflege,
- sonstige Betriebskosten, hierzu gehören Betriebskosten iSd § 1, die von den Nr. 1–16 nicht erfasst sind.

5 Bei den genannten Positionen handelt es sich lediglich um die übergeordneten Begriffe. Die Betriebskostenverordnung beschreibt weiterführend diejenigen Kosten, die unter diese Begriffe einzuordnen sind. Die der Gemeinschaft der Wohnungseigentümer entstehenden Kosten gehen jedoch bei Weitem über die in § 2 BetrKV genannten Kostenpositionen **hinaus**. Die Wohnungseigentümer müssen alle in einer Wohnungseigentumsanlage entstehenden Kosten tragen und entsprechende Verbindlichkeiten ausgleichen. Die in den mittlerweile meisten Hausgeldabrechnungen anzufindende Unterteilung zwischen umlagefähigen Betriebskosten und nicht umlagefähigen Betriebskosten hat ausschließlich Bedeutung für den Fall, dass das Sondereigentum vermietet worden ist.

6 **3. Entstehung der Betriebskosten.** Betriebskosten entstehen entweder **unabhängig** vom Willen der Wohnungseigentümer oder **beruhen** auf Entscheidungen der Wohnungseigentümer oder des Verwalters nach § 27 Abs. 1, Abs. 2 WEG. Ist eine Person Miteigentümer einer Wohnungseigentumsanlage, ist sie verpflichtet, die anteiligen Betriebskosten zu tragen. Das gilt sowohl für die Kosten des Sondereigentums als auch die des Gemeinschaftseigentums. Etwas anderes gilt, wenn nach der Gemeinschaftsordnung einzelne Wohnungseigentümer von der Kostentragungspflicht **ausgenommen** sind.

7 **4. Verteilung der Betriebskosten.** § 16 Abs. 2 S. 1 WEG ordnet die Verteilung der in der Wohnungseigentumsanlage anfallenden Kosten auf die Wohnungseigentümer an. Dies kann nach § 8 Abs. 3 WEG auch ein „werdender" sein. Die Verteilung hat sich nach § 16 Abs. 2 S. 1 WEG nach dem **Verhältnis der Miteigentumsanteile** zu richten. Die Verteilung kann sich aber auch aus der Gemeinschaftsordnung ergeben, wenn diese eindeutig und klar ist.[2]

8 Für die Betriebskosten verleiht § 16 Abs. 2 S. 2 WEG den Wohnungseigentümern die **Beschlusskompetenz** zur Abweichung von dem nach § 16 Abs. 2 S. 1 WEG oder in der Gemeinschaftsordnung gebildeten Umlage-

---

2 Jennißen/*Jennißen* WEG § 16 Rn. 16.

schlüssel.[3] Die verliehene Kompetenz gibt jedoch nur die Möglichkeit, einen bereits bestehenden Umlageschlüssel abzuändern, nicht jedoch erstmalig eine Kostentragungspflicht eines Miteigentümers zu begründen.[4]

Um dem Anliegen der Kostengerechtigkeit zu entsprechen, gilt die Beschlusskompetenz für jede einzelne Betriebskostenposition gesondert.[5] Die Beschlusskompetenz ist keine einmalige, sondern kann wiederholt ausgeübt werden, wobei ein sachlicher Grund für einen erneut abändernden Beschluss nicht erforderlich ist;[6] auch die erneute Entscheidung darf nicht willkürlich sein. **9**

Der **Zweitbeschluss** muss sich inhaltlich nicht am Erstbeschluss orientieren; das Ermessen der Gemeinschaft steht im Vordergrund; er darf aber auch nicht zu einer ungerechtfertigten Benachteiligung Einzelner führen[7] und darf nicht willkürlich sein.[8] Der den bisherigen Umlageschlüssel abändernde Beschluss muss **hinreichend bestimmt** sein und ist auf die einzelnen Betriebskostenarten zu beziehen.[9] Der zu wählende Umlageschlüssel muss generell ordnungsmäßiger Verwaltung entsprechen.[10] **10**

Schließlich darf der den Umlageschlüssel abändernde Beschluss **keine rückwirkende Änderung** bedingen, es sei denn, Gesichtspunkte des Vertrauensschutzes stehen dem nicht entgegen.[11] In bereits abgeschlossene Abrechnungszeiträume darf daher nur ausnahmsweise eingegriffen werden; hat sich noch kein Vertrauensschutz gebildet, weil zB für das laufend Wirtschaftsjahr kein Wirtschaftsplan beschossen war, fehlt es an einem schutzwürdigen Interesse. Stellt sich heraus, dass der bisherige Umlageschlüssel unbrauchbar oder unpraktikabel ist oder zu grob unbilligen Ergebnissen führt, kann eine rückwirkende Änderung beschlossen werden.[12] **11**

In Betracht kommen die Verteilung der Betriebskosten nach Miteigentumsanteilen, nach der **Wohn-** bzw. **Nutzfläche**, nach der **ermittelten Verursachen** bzw. dem zu **erfassenden Verbrauch**, die tatsächliche Verursachungs- bzw. Benutzungsmöglichkeit, nach der Anzahl der Wohnungen bzw. Sondereigentumseinheiten, Personenzahlschlüssel.[13] Für die für eine wirksame Beschlussfassung erforderliche Stimmenzahl genügt die einfache Mehrheit. Ein Anspruch des einzelnen Sondereigentümers auf Änderung des Umlageschlüssels kommt nur im Ausnahmefall in Betracht. Hierzu verleiht § 10 Abs. 2 WEG dem einzelnen Eigentümer einen Anspruch. **12**

5. Weitergabe der Betriebskosten an Dritte. Der einzelne Eigentümer hat den auf ihn entfallenden Anteil an den Betriebskosten entsprechend dem Beschluss der Wohnungseigentümer zu tragen. Nutzt der Eigentümer das Sondereigentum nicht selbst, sondern hat er die Benutzung einem Dritten überlassen, hat er ein großes Interesse daran, diesem die Last der Betriebskosten zu **übertragen**. **13**

Wird das Sondereigentum vermietet, ordnet § 535 Abs. 1 S. 3 BGB zunächst an, dass der Vermieter die auf der Mietsache ruhenden Lasten zu tragen hat, zu denen auch die Betriebskosten gehören. Das **gesetzliche Leitbild** ist somit die Mietstruktur der Bruttomiete, bei der der Vermieter die Betriebskosten in die Miete mit einpreisen muss, denn der Gesetzgeber des BGB gibt dem Vermieter keine Möglichkeit, die Betriebskosten gegenüber dem Mieter gesondert zu berechnen und insbesondere auch zu erhöhen. **14**

Die Mietvertragsparteien können **vereinbaren**, dass der Mieter die Betriebskosten trägt (§ 556 Abs. 1. S. 1 BGB). In diesem Fall ist die Mietstruktur einer Nettomiete gegeben. Hierdurch erhält der Vermieter die Möglichkeit, die Betriebskosten gesondert auf den Mieter zu übertragen; gesondert bedeutet, dass die Möglichkeit (und dann auch die Verpflichtung) besteht, die Betriebskosten gesondert auszuweisen. **15**

---

3 Jennißen/*Jennißen* WEG § 16 Rn. 29.
4 BGH 1.6.2012 – V ZR 225/11, NZM 2012, 615; aA Jennißen/*Jennißen* WEG § 16 Rn. 32 a, der jedoch keine hohen Anforderungen an das Vorliegen des sachlichen Grundes stellt, Rn. 39.
5 Jennißen/*Jennißen* WEG § 16 Rn. 31.
6 Jennißen/*Jennißen* WEG § 16 Rn. 34.
7 BGH 1.4.2011 – V ZR 162/10, NZM 2011, 514; Jennißen/*Jennißen* WEG § 16 Rn. 42.
8 Jennißen/*Jennißen* WEG § 16 Rn. 33 und 38; NSV/*Vandenhouten* WEG § 16 Rn. 53.
9 Jennißen/*Jennißen* WEG § 16 Rn. 37.
10 Jennißen/*Jennißen* WEG § 16 Rn. 42.
11 NSV/*Vandenhouten* WEG § 16 Rn. 55.
12 NSV/*Vandenhouten* WEG § 16 Rn. 55.
13 Zu den damit verbundenen Problemen, die den Umlageschlüssel als unzweckmäßig erscheinen lassen, vgl. Jennißen/*Jennißen* WEG § 16 Rn. 47.

16 Eine Vereinbarung, nach der der Mieter die Betriebskosten zu tragen hat, ist nur dann wirksam, wenn die Mietvertragsparteien eine klare, unmissverständliche diesbezügliche **Abrede** treffen. Haben die Mietvertragsparteien vereinbart, dass dem **Mieter** die Betriebskosten zu tragen hat, können Sie vorbehaltlich anderweitiger Vorschriften vereinbaren, dass Betriebskosten als Pauschale oder als Vorauszahlung ausgewiesen werden (§ 556 Abs. 2 S. 1 BGB). Auch dies muss klar und unmissverständlich erfolgen. Es besteht mithin auch als dritte Möglichkeit, weder Vorauszahlungen noch Pauschalen auf die Betriebskosten zu vereinbaren; dies steht einer wirksamen Abrede zur Tragung der Betriebskosten durch die Mieter nicht entgegen.

17 Schließlich haben die Parteien die Möglichkeit, bei der Vereinbarung der Mietstruktur eine **Mischung** von Nettomiete und Bruttomiete vorzunehmen. So kann vereinbart werden, dass der Mieter nur bestimmte Betriebskosten aus dem Katalog des § 2 Betriebskostenverordnung tragen hat. Solche Betriebskostenarten, die sich in der dann notwendigen Aufzählung nicht wiederfinden, sind in der „übrigen" Miete enthalten, wonach es sich um eine Teilinklusivmiete handelt. Auch die zur gesonderten Tragung vereinbarten Betriebskostenpositionen kann dann vereinbart werden, dass für bestimmte Positionen eine Vorauszahlung und auf andere Positionen eine Pauschale und schließlich auf verbleibende Positionen weder eine Vorauszahlung noch eine Pauschale Vermieter zu zahlen sind. Die jeweils gewählte Variante hat dann **Auswirkungen** auf den Umgang mit den Betriebskosten und den darauf an den Vermieter geleisteten Zahlungen.

18 Ist im Mietverhältnis eine **Bruttomiete** vereinbart, hat der Vermieter keine Möglichkeit, die Veränderung der Betriebskosten isoliert an den Mieter weiter zu geben. Es besteht lediglich die Möglichkeit, im Rahmen einer Erhöhung der Bruttomiete auch den darin enthaltenen Anteil der Betriebskosten mit zu erhöhen.

19 Haben die Mietvertragsparteien eine **Nettomiete** mit Zahlungen auf die Betriebskosten als Pauschalen vereinbart, ist der Vermieter berechtigt, die Betriebskostenpauschale anzuheben, wenn dies im Mietvertrag ausdrücklich vereinbart ist und sich die von der Pauschale erfassten Betriebskosten auch tatsächlich erhöht haben (§ 560 Abs. 1 BGB). Ermäßigen sich hingegen die Betriebskosten, so ist der Vermieter verpflichtet, diese ab dem Zeitpunkt der Ermäßigung an den Mieter weiter zu geben und die Pauschale entsprechend herab zu setzen (§ 560 Abs. 3 BGB).

20 Ist neben der Nettomiete eine **Vorauszahlung** auf die Betriebskosten vereinbart, so ist über diese jährlich abzurechnen (§ 556 Abs. 3 S. 1 BGB), was jedoch **nur** bedeutet, dass über einen Zeitraum von 12 Monaten die Abrechnung betreffend die Betriebskosten und die darauf geleisteten Vorauszahlungen zu erstellen ist.

21 Die Abrechnung über die Vorauszahlungen muss innerhalb von 12 Monaten ab Ende des zur Abrechnung stehenden Jahreszeitraums dem Mieter mitgeteilt werden (§ 556 Abs. 3 S. 2 BGB); anderenfalls kann der Vermieter **keine Nachzahlungen** aus der Abrechnung vom Mieter fordern (§ 556 Abs. 3 S. 3 BGB), es sei denn, er hat die verzögerte Erstellung der Betriebskostenabrechnung nicht zu vertreten. Nachzahlungen in diesem Sinne sind solche Beträge, die über die Summe der vereinbarten Vorauszahlungen hinausgehen.

22 Bei vereinbarten Vorauszahlungen auf die Betriebskosten kann jede Mietvertragspartei nach einer Abrechnung die Höhe der Vorauszahlung auf einen angemessenen Betrag **anpassen** (§ 560 Abs. 4 BGB), wonach die Möglichkeit besteht, dass der Vermieter eine Erhöhung oder der Mieter eine Reduzierung der Vorauszahlungen erklärt.

23 Haben die Mietvertragsparteien trotz der Vereinbarung eine Nettomiete keine Vorauszahlungen oder Pauschalen auf die Betriebskosten vereinbart, kann der Vermieter seine Forderungen betreffend die Betriebskosten nur anhand einer nach dem Abrechnungszeitraum zu erstellenden Abrechnung geltend machen. Dabei unterliegt er bezüglich des Forderungsausschlusses bei verspäteter Abrechnung denselben Zeitvorgaben wie bei der Abrechnung über Vorauszahlungen auf die Betriebskosten.

24 Dem Mieter steht bis zum Ablauf des 12. Monats nach Erhalt einer (formell ordnungsgemäß erstellten) Betriebskostenabrechnung das Recht zu, Einwendungen gegen die Abrechnung zu erheben (§ 556 Abs. 3 S. 5 und 6 BGB). Ergibt sich der Grund der Einwendungen nicht aus der dem Mieter mitgeteilten Abrechnung selbst, setzt ein **substanziierter Angriff** der Betriebskostenabrechnung die Einsichtnahme in die der Abrechnung zu Grunde liegenden Abrechnungsunterlagen voraus.

25 Der Mieter hat einen Anspruch auf **Einsichtnahme in die Originalbelege** der Betriebskosten. Diese Unterlagen befinden sich jedoch nicht beim Vermieter (mit Ausnahme derjenigen Betriebskostenarten, für die der Vermieter persönlich verantwortlich ist, wie zB die Grundsteuer für das Sondereigentum), so dass eine Ein-

sichtnahme der Originalbelege beim Wohnungseigentumsverwalter stattfinden muss. Der Mieter hat einen darauf gerichteten Anspruch; der Wohnungseigentumsverwalter ist verpflichtet, die Einsichtnahme in die Unterlagen zu ermöglichen. Auch dem vermietenden Eigentümer steht zum Zwecke der Erstellung der Betriebskostenabrechnung ein Einsichtsrecht in die Abrechnungsunterlagen zu (§ 18 Abs. 4 WEG).

Bei der Festlegung bzw. Vereinbarung des Jahreszeitraums, über den die Abrechnung erfolgen soll, kann zwar 26 der Vermieter frei wählen, wann dieser beginnt. Er muss jedoch hierbei berücksichtigen, dass die für ihn bei der Erstellung der Betriebskostenabrechnung maßgeblichen Jahresabrechnung stets das Kalenderjahr betrifft. Der Vermieter sollte daher nicht zuletzt zu Vereinfachungszwecken im Mietvertragsverhältnis ebenfalls den Abrechnungszeitraum 1.1. bis 31.12. eines jeden Jahres festlegen.

6. Art der Abrechnung. Da das BGB-Mietrecht **keine bestimmte Form** für die Betriebskostenabrechnung 27 vorsieht, ist der Vermieter in der Wahl der Form frei. Das BGB verlangt lediglich die Mitteilung der Betriebskosten(abrechnung). Der Vermieter sollte jedoch eine Abrechnungsart wählen, die er zu einem späteren Zeitpunkt auch beweisen kann, wenn es um die Abrechnung Auseinandersetzungen im Mietverhältnis gibt.

Obwohl die Betriebskostenabrechnung ein Auszug der vom Wohnungseigentumsverwalter gelegten Jahresabrechnung ist, sollte der vermietende Eigentümer eine **eigene** Abrechnung erstellen. 28

7. Inhalt der Abrechnung. Bei der Erstellung der Betriebskostenabrechnung im Mietverhältnis ist zu beachten, dass **nicht alle** in er Jahresabrechnung enthaltenen Kosten im Rahmen der Betriebskostenabrechnung an den Mieter weitergegeben werden können. In einem Wohnraummietverhältnis kann der Vermieter nur die in § 2 BetrKV genannten Kosten sowie über die Öffnungsklausel des § 2 Nr. 17 BetrKV von der Rechtsprechung als umlagefähig anerkannten Kosten dem Mieter in die Betriebskostenabrechnung einstellen. Demnach verbleiben beim Vermieter kostenintensive Positionen wie die der Erhaltung, Aufwendungen für die Eigentumsverwaltung, die Erhaltungsrücklage usw. 29

Jedoch muss der Vermieter auch **andere** auf seine Immobilie entfallenden und von der Wohnungseigentumsverwaltung nicht in die Abrechnung eingestellte Kosten bei der Betriebskostenabrechnung berücksichtigen. Hierbei handelt es sich um die auf das Wohnungs- oder Sondereigentum entfallende **Grundsteuer**. In einem Geschäftsraummietverhältnis können die Vertragsparteien über den Katalog des § 2 BetrKV hinaus noch weitere Kostenpositionen als umlagefähig vereinbaren. 30

Der vermietende Eigentümer hat bei der Erstellung der Betriebskostenabrechnung denjenigen Umlageschlüssel für die Kostenverteilung anzuwenden, den er **im Mietvertragsverhältnis vereinbart** hat. Für die für den Mieter zu erstellende Betriebskostenabrechnung müssen dann gegebenenfalls die Kosten anhand des im Mietverhältnis geltenden Umlageschlüssel umgerechnet werden. Haben die Vertragsparteien allerdings **nichts anderes vereinbart**, sind die Betriebskosten abweichend von § 556 a Abs. 1 BGB nach dem für die Verteilung zwischen den Wohnungseigentümern jeweils geltenden Maßstab umzulegen. Widerspricht der Maßstab allerdings billigem Ermessen, ist nach § 556 a Abs. 1 BGB umzulegen. 31

Die Verwendung eines falschen aber in sich schlüssigen Umlageschlüssels hat **keine Auswirkung** auf die formelle Ordnungsgemäßheit der Betriebskostenabrechnung. Diese unterliegt dann lediglich der Notwendigkeit der Korrektur. Das Gleiche gilt für den Fall, dass der Vermieter Kosten in die Abrechnung einstellt, die nicht umlagefähig sind. Auch das ist ein Fall der materiellen Fehlerhaftigkeit der Abrechnung. Diese muss innerhalb eines vom Gesetzgeber festgelegten Zeitraums mittels Einwendungen angegriffen werden. Anderenfalls tritt ein Einwendungsausschluss für diese konkrete Betriebskostenabrechnung ein. 32

8. Rechtzeitigkeit der Abrechnung. Da bei einem vermieteten Sondereigentum der vermietende Eigentümer nicht über den größten Teil der Abrechnungsunterlagen verfügt, ist er bei der Erstellung der von ihm gegenüber dem Mieter geschuldeten Betriebskostenabrechnung auf die **Zuarbeit des Wohnungseigentumsverwalters** angewiesen, der ihm die erforderliche Informationen zur Verfügung stellen muss. Dies wird nicht vor der Erstellung der Jahresabrechnung für alle Wohnungseigentümer erfolgen. 33

Damit der Vermieter gegenüber seinem Mieter die Abrechnung rechtzeitig erstellen kann und nicht Gefahr 34 läuft, wegen der Überschreitung der Abrechnungsfrist einen Forderungsausschluss zu erleiden, ist der vermietende Eigentümer darauf angewiesen, die Jahresabrechnung vom Wohnungseigentumsverwalter so **rechtzeitig** zu erhalten, damit er seine Abrechnung gegenüber dem Mieter erstellen kann.

35   Der BGH hat hierzu festgestellt, dass der Vermieter einer Eigentumswohnung über die Betriebskostenvorauszahlungen des Mieters grundsätzlich auch dann innerhalb der Jahresfrist des 556 Abs. 3 S. 2 BGB abzurechnen hat, wenn zu diesem Zeitpunkt der Beschluss der Wohnungseigentümer nach § 28 Abs. 2 S. 1 WEG über die Abrechnung des Verwalters noch nicht vorliegt. Ein solcher Beschluss ist keine (ungeschriebene) Voraussetzung für die Abrechnung der Betriebskosten.[14]

36   Der Wohnungseigentumsverwalter ist **kein Erfüllungsgehilfe** des Wohnungseigentümers nach § 278 BGB in Bezug auf dessen mietvertraglichen Pflichten hinsichtlich der Abrechnung der Betriebskosten.

Für die nach 556 Abs. S. 3 Hs. 2 BGB mögliche Entlastung des Vermieters hinsichtlich einer von ihm nicht fristgerecht vorgenommen Betriebskostenabrechnung muss er konkret darzulegen, welche Bemühungen er unternommen hat, um eine rechtzeitige Abrechnung sicherzustellen.[15]

37   Für eine ordnungsgemäße Betriebskostenabrechnung des Vermieters ist es **nicht ausreichend**, dass der Vermieter die ihm vom Wohnungseigentumsverwalter erstellte Betriebskostenabrechnung dem Mieter übermittelt. Da die Jahresabrechnung noch andere als die im Mietverhältnis umlagefähigen Betriebskostenpositionen enthält, dürfte für den Mieter ohne weitergehende Erläuterung nicht nachvollziehbar sein, mit welchen Kosten er **konkret** belastet sein soll. Zudem enthält die Jahresabrechnung des Wohnungseigentumsverwalters die Wohngeldzahlungen des Eigentümers. In der Betriebskostenabrechnung müssen jedoch für eine formell ordnungsgemäße Abrechnung auch die Vorauszahlungen des Mieters auf die Betriebskosten dargestellt werden.

38   Den Anforderungen einer formell ordnungsgemäßen Betriebskostenabrechnung (= geordnete Zusammenstellung der Gesamtkosten, Angabe und Erläuterung des zugrunde gelegten Verteilerschlüssels, Angabe des auf den Mieter entfallenden Anteils, Nennung der auf den Abrechnungszeitraum geleisteten Vorauszahlungen) ist **auch dann nicht genüge getan**, wenn der sich aus der Jahresabrechnung ergebende individuelle Anteil des Sondereigentümers dem Mieter dargestellt wird, ohne dass die auf die Wohnungseigentumsanlage entfallenden Gesamtkosten mit genannt werden.

39   Für die ordnungsgemäße Erstellung der Betriebskostenabrechnung muss daher der Vermieter sowohl die auf die **Wohnungseigentumsanlage** entfallenden Gesamtkosten als auch die auf sein **Sondereigentum entfallenden individuellen Kosten** aufführen. Bei der Erstellung der Betriebskostenabrechnung muss der Vermieter auf die korrekte Anwendung des Umlageschlüssels achten.

40   Beim Abschluss eines Wohnraummietvertrages sollte daher darauf geachtet werden, denjenigen **Umlageschlüssel** für das Mietvertragsverhältnis zu vereinbaren, der auch unter den Wohnungseigentümern anwendbar ist. Ein Umlageschlüssel muss nicht für sämtliche Betriebskostenarten einheitlich vereinbart werden, sondern kann für jede Betriebskostenposition gesondert festgelegt werden.

41   **9. Unterscheidung zwischen kalten und warmen Betriebskosten.** Eine Ausnahme für die Anwendung der Wohnfläche als Umlageschlüssel für die Betriebskostenabrechnung wird durch die Heizkostenverordnung festgelegt. Verfügt die Wohnungseigentumsanlage, in der sich die Mietsache befindet, über eine zentrale Heizung und/oder Warmwasserversorgung, so ist die Abrechnung über die zum Betrieb der Wärmeversorgung erforderlichen Kosten teilweise nach der **Fläche** der Wohnungseigentumsanlage und teilweise nach dem zu **erfassenden Verbrauch** abzurechnen (§§ 6 ff. Heizkostenverordnung).

42   Liegen diese Voraussetzungen vor, können die Mietvertragsparteien keine Bruttowarmmiete vereinbaren, sondern die **Heizkostenverordnung** zwingt die Mietvertragsparteien dazu, über die Kosten der Wärmeversorgung eine gesonderte Abrechnung zu erstellen, wonach der auf diese Kosten entfallende Anteil der Miete zwingend als Vorauszahlung zu behandeln ist.

43   **10. Unterscheidung zwischen einer Wohnraummiete und einer Geschäftsraummiete.** Eine Unterscheidung ist vorzunehmen zwischen Betriebskosten in einem Wohnraummietverhältnis und in einem Geschäftsraummietverhältnis.

---

14   BGH 20.1.2017 – VIII ZR 249/15, NZM 2017, 216.
15   BGH 20.1.2017 – VIII ZR 249/15, NZM 2017, 216; bestätigt durch BGH 14.3.2017 – VIII ZR 50/16, ZMR 2017, 630.

In einem **Wohnraummietverhältnis** sind die Möglichkeiten der Umlage von Betriebskosten auf den Mieter   44
durch die Anwendung der Öffnungsklauseln des § 2 Nr. 17 Betriebskostenverordnung stark eingeschränkt.[16]
Hier dürfen insbesondere keine Verwaltungskosten als sonstige Betriebskosten auf den Mieter umgelegt werden. Auch die Weitergabe von Wartungskosten auf die Wohnraummiete begegnet immer wieder Bedenken, da
es sich bei der Wartung von technischen Anlagen um eine Instandhaltung handelt. Die Kosten der Verwaltung
und die Kosten für Erhaltung werden jedoch durch § 1 Betriebskostenverordnung scharf voneinander getrennt
und der Wohnraum-Mieter darf mit anderen als mit Betriebskosten nicht belastet werden.

In einem **Geschäftsraummietverhältnis** besteht dagegen die Möglichkeit, im Wege der sonstigen Betriebs-   45
kosten bei genauer Bezeichnung in der mietvertraglichen Abrede andere im Zusammenhang mit der Mietsache
stehenden Kosten als Betriebskosten aufzuerlegen. Hierzu gehören insbesondere die Kosten der Verwaltung
und der Erhaltung.[17] Teilweise wird es für ausreichend gehalten, in einem Geschäftsraummietverhältnis für die
Umlagefähigkeit von Betriebskosten auf die Jahresabrechnung Bezug zu nehmen.[18]

III. Prozessuales

Der Beschluss, mit dem der neue Umlagemaßstab festgelegt wird, kann angefochten werden. Die Ermessens-   46
entscheidung der Wohnungseigentümer ist gerichtlich überprüfbar.[19]

44. Blockheizkraftwerk

Maximilian Müller

Der Betrieb eines wärme- oder stromgeführten[1] Blockheizkraftwerks kann sowohl aus ökologischen als auch   1
aus finanziellen Gründen sinnvoll sein.[2]

I. Eigentumsrechtliche Zuordnung

Nicht selten ist ein Bauträger oder ein Drittunternehmen daran interessiert, die Anlage anzuschaffen und ihren   2
Betrieb zu übernehmen, um die erzeugte Energie an die Gemeinschaft der Wohnungseigentümer, die Wohnungseigentümer oder an Außenstehende gewinnbringend zu veräußern.[3] Es stellt sich die Frage, ob eine Gestaltung möglich ist, die es erlaubt, dass das Blockheizkraftwerk nicht im gemeinschaftlichen Eigentum der
Wohnungseigentümer, sondern im alleinigen Eigentum des die Anlage betreibenden Bauträgers oder Drittunternehmens verbleibt.

1. Allgemeine Grundsätze. Gem. § 5 Abs. 1 S. 1 Var. 1 WEG zählen zum Gegenstand des Sondereigentums   3
die hierzu durch Teilungsvertrag „bestimmten" Räume. Daraus folgt, dass Räume nur dann Sondereigentum
sind, wenn ein Rechtsgeschäft dies vorsieht (vgl. auch § 8 Abs. 1 WEG). Anders ist es in Bezug auf Gebäude-

---

16 Beispiele bei LOS Geschäftsraummiete/*Beyerle* Kapitel 11 Rn. 137.
17 Weitere Beispiele bei LOS Geschäftsraummiete/*Beyerle* Kapitel 11 Rn. 138.
18 LOS Geschäftsraummiete/*Beyerle* Kapitel 11 Rn. 51.
19 BGH 10.6.2011 – V ZR 2/10, NZM 2011, 589; Jennißen/*Jennißen* WEG § 16 Rn. 41 b.
1 Zu dieser Unterscheidung s. etwa *Drasdo*, ZWE 2020, 357.
2 Dazu *Greupner* ZMR 2013, 1; *Suilmann* ZWE 2014, 302 (303 f.).
3 Die folgenden Ausführungen basieren auf *M. Müller* AnwZert MietR 25/2017 Anm. 1.

bestandteile. Diese befinden sich dann im Sondereigentum, wenn sie nach Maßgabe von § 5 Abs. 1 S. 1 Var. 2 WEG zu den im Sondereigentum stehenden Räumen „gehören". Die Zuordnung von Gebäudebestandteilen zum Sondereigentum erfolgt mithin ausschließlich durch das Gesetz.[4] Das Sondereigentum an ihnen ist akzessorisch; es ist in Entstehung und Fortbestand abhängig vom Sondereigentum am Raum. Wichtig ist dabei, dass § 5 Abs. 1 S. 1 Var. 2 WEG nur wesentliche Gebäudebestandteile iSv §§ 93, 94 BGB erfasst.[5] Nicht wesentliche Gebäudebestandteile oder Scheinbestandteile können kein Gegenstand von Sondereigentum sein.

4   **2. Eigentum am Blockheizkraftwerk.** Anknüpfend an die gesetzliche Unterscheidung zwischen Räumen und wesentlichen Gebäudebestandteilen, wird im Folgenden zunächst untersucht, welche Regeln für die eigentumsrechtliche Zuordnung eines Blockheizkraftwerks gelten. Dieses steht dann im Sondereigentum, wenn es sich um einen wesentlichen Gebäudebestandteil handelt (→ Rn. 5 ff.), die Voraussetzungen von § 5 Abs. 1 S. 1 Var. 2 WEG erfüllt sind (→ Rn. 8) und die Zuordnung zum Sondereigentum nicht gem. § 5 Abs. 2 WEG ausgeschlossen ist (→ Rn. 9).

5   **a) Blockheizkraft als Gebäudebestandteil. Grundsatz: Gebäudebestandteil iSv § 94 Abs. 2 BGB.** Der BGH hat bereits im Jahre 1970 festgestellt, dass eine Heizungsanlage, die dazu bestimmt ist, die Räume eines Wohngebäudes mit Wärme zu versorgen, in der Regel ein wesentlicher Bestandteil dieses Gebäudes ist.[6] Die Voraussetzungen von § 94 Abs. 2 BGB sind typischerweise erfüllt; dies gilt auch dann, wenn es um ein Blockheizkraftwerk geht. Es existieren jedoch Ausnahmen:

6   **Ausnahme 1: Scheinbestandteil gem. § 95 Abs. 2 BGB.** Besonderheiten gelten zunächst dann, wenn es sich bei dem Blockheizkraftwerk um einen Scheinbestandteil iSv § 95 BGB handelt; dann richten sich die Eigentumsverhältnisse an diesem nicht nach dem WEG, sondern nach den Regeln über bewegliche Sachen.[7] § 95 Abs. 2 BGB setzt voraus, dass die Sache nur zu einem vorübergehenden Zweck in das Gebäude eingefügt wird. Ob dies der Fall ist, beurteilt sich in erster Linie nach dem – im Zeitpunkt der Verbindung gebildeten – Willen des Einfügenden, sofern dieser mit dem nach außen in Erscheinung tretenden Sachverhalt in Einklang zu bringen ist.[8] Handelt jemand in Ausübung eines zeitlich begrenzten Nutzungsrechts (zB Pächter oder Mieter), so greift grundsätzlich die tatsächliche Vermutung, dass er nur im eigenen Interesse und nicht zugleich in der Absicht handelt, das Eigentum an der Sache auf den Vertragspartner zu übertragen.[9] Diese Grundsätze gelten auch hier. Nimmt also der Bauträger oder ein Drittunternehmen den Einbau auf der Grundlage eines befristeten Vertrages mit der Gemeinschaft der Wohnungseigentümer vor und verpflichtet er sich nach Ende der Vertragslaufzeit zur Entfernung der Anlage, so ist das Blockheizkraftwerk regelmäßig als Scheinbestandteil zu qualifizieren. Umstritten ist, ob es der Anwendung von § 95 Abs. 2 BGB entgegensteht, wenn das Blockheizkraftwerk für seine gesamte Lebensdauer im Gebäude verbleiben soll. Für die Praxis hat der BGH[10] die Frage geklärt und entschieden, dass auch in einem solchen Fall eine Verbindung nur zu einem vorübergehenden Zweck iSv § 95 Abs. 1 S. 1 BGB nicht ausgeschlossen ist; entsprechendes muss im Rahmen von § 95 Abs. 2 BGB gelten.

7   **Ausnahme 2: Scheinbestandteil gem. § 95 Abs. 1 S. 2 BGB.** Fraglich ist, ob die Sonderrechtsfähigkeit eines Blockheizkraftwerks auch auf der Grundlage von § 95 Abs. 1 S. 2 BGB erreicht werden kann.[11] Nach dieser Vorschrift gehört ein anderes Werk, das in Ausübung eines Rechts an einem fremden Grundstück von dem Berechtigten mit dem Grundstück verbunden ist, nicht zu den Bestandteilen des Grundstücks. Im Allgemeinen wird insoweit vorausgesetzt, dass die betreffende Sache mit dem Erdboden verbunden wird.[12] So werden etwa

---

4   BGH 26.10.2012 – V ZR 57/12, ZWE 2013, 205 mAnm *M. Müller.*

5   BGH 8.11.1974 – V ZR 120/73, NJW 1975, 688 (689).

6   BGH 13.3.1970 – V ZR 71/67, BGHZ 53, 326 = NJW 1970, 895 (896); aus neuerer Zeit BGH 19.10.2012 – V ZR 263/11, NJW-RR 2013, 652 Rn. 11; LG Itzehoe 14.4.2011 – 11 S 31/10, ZWE 2012, 182 (183).

7   S. etwa BeckOGK/*Mössner*, 1.4.2020, BGB § 95 Rn. 52.

8   BGH 4.7.1984 – VIII ZR 270/83, BGHZ 92, 70 (73 f.) = NJW 1984, 2878 (2879); OLG Schleswig 26.8.2005 – 14 U 9/05, WM 2005, 1909 (1911).

9   BGH 4.7.1984 – VIII ZR 270/83, BGHZ 92, 70 (73 f.) = NJW 1984, 2878 (2879); OLG Schleswig 26.8.2005 – 14 U 9/05, WM 2005, 1909 (1912).

10 BGH 7.4.2017 – I ZR 52/16, NJW 2017, 2099 Rn. 10.

11 Dafür etwa *Suilmann* ZWE 2014, 302 (306).

12 Vgl. BeckOGK/*Mössner*, 1.4.2020, BGB § 95 Rn. 4.

Versorgungsleitungen im Boden erfasst.[13] An einer entsprechenden Verbindung mit dem Boden fehlt es zwar, wenn ein Blockheizkraftwerk in den Räumen eines Gebäudes montiert wird. Dennoch nimmt die wohl einhellige Auffassung[14] an, dass § 95 Abs. 1 S. 2 BGB auch dann anzuwenden ist, wenn die Sache – wie hier – nicht mit dem Grund und Boden, sondern mit einem auf dem Grundstück befindlichen Gebäude verbunden wird. Auch wenn die Frage, ob jene Ansicht überzeugt, hier nicht weiter vertieft werden kann, fällt doch auf, dass sie im Hinblick auf die Systematik des Gesetzes keineswegs selbstverständlich ist. Die Vorschrift stellt nämlich die mit einem Grundstück verbundenen Sachen (§ 95 Abs. 1 BGB) denjenigen gegenüber, die in ein Gebäude eingefügt sind (§ 95 Abs. 2 BGB). Legt man gleichwohl die soeben angesprochene einhellige Auffassung zugrunde, so kann die Eigenschaft als Scheinbestandteil auf der Grundlage von § 95 Abs. 2 BGB durch die **vorherige Bestellung einer beschränkten persönlichen Dienstbarkeit** (§ 1090 BGB) erreicht werden.[15] **Berechtigter** kann ein Wohnungseigentümer, die Gemeinschaft der Wohnungseigentümer[16] oder auch ein außenstehender Dritter sein. Die auf der Begründung der Dienstbarkeit gerichteten Erklärungen kann bereits der teilende Eigentümer abgeben.[17]

b) Voraussetzungen von § 5 Abs. 1 S. 1 WEG. Das Gesetz lässt es nicht zu, einen wesentlichen Bestandteil 8
(§§ 93, 94 BGB) durch Rechtsgeschäft zu Sondereigentum zu bestimmen.[18] Sofern es sich also bei dem Blockheizkraftwerk um einen Gebäudebestandteil iSv § 94 Abs. 2 WEG und nicht nach den oben dargestellten Regeln um einen Scheinbestandteil handelt, richtet sich seine eigentumsrechtliche Zuordnung nach § 5 Abs. 1 S. 1 Var. 2 WEG. Diese Vorschrift setzt voraus, dass der betreffende Gebäudebestandteil zu einem im Sondereigentum stehenden Raum „gehört". Das wird man jedenfalls für solche Anlagen annehmen müssen, die in dem betreffenden **Raum des Sondereigentums** montiert werden. Fraglich ist, ob auch ein Blockheizkraftwerk, das sich **in einem Raum des gemeinschaftlichen Eigentums** befindet, Sondereigentum sein kann. Dies kommt wohl allenfalls dann in Betracht, wenn das Blockheizkraftwerk nur einer einzigen Einheit zu dienen bestimmt ist. Hält man im Rahmen von § 5 Abs. 1 S. 1 Var. 2 WEG eine rein funktionale Betrachtung[19] für maßgebend, so lässt sich für diesen Sonderfall die Auffassung vertreten, dass die in einem gemeinschaftlichen Raum montierte Anlage im Sondereigentum steht. Die weiteren Einzelheiten können hier dahinstehen. Denn der Fall, dass ein Blockheizkraftwerk, welches nur einer Einheit dient, in einem Raum des gemeinschaftlichen Eigentums installiert wird, dürfte eine allenfalls geringe praktische Relevanz haben.

c) Zwingendes gemeinschaftliches Eigentum gem. § 5 Abs. 2 WEG. Sind die Voraussetzungen von § 5 9
Abs. 1 S. 1 Var. 2 WEG erfüllt, so ist weiter zu prüfen, ob § 5 Abs. 2 WEG eingreift. Ist dies der Fall, so verbleibt das Blockheizkraftwerk trotz § 5 Abs. 1 S. 1 Var. 2 WEG im gemeinschaftlichen Eigentum (vgl. auch § 1 Abs. 5 WEG). Allerdings ist die Reichweite von § 5 Abs. 2 WEG noch nicht abschließend geklärt. Die Vorschrift kommt jedenfalls dann zum Zuge, wenn ein Blockheizkraftwerk dafür bestimmt ist, (ausschließlich) sämtliche Einheiten der Wohnungseigentumsanlage mit Energie zu versorgen. Dies gilt auch dann, wenn es bestimmungsgemäß nicht von der Gemeinschaft, sondern von einem einzelnen Wohnungseigentümer betrieben wird.[20] Die Anlage befindet sich in jenen Fällen im gemeinschaftlichen Eigentum. Problematisch ist der Fall, dass das Blockheizkraftwerk nicht alle, sondern lediglich einzelne Einheiten mit Wärme versorgt. Hier stellt sich die grundsätzliche Frage, ob eine Anlage auch dann einem „gemeinschaftlichen Gebrauch" iSv § 5 Abs. 2 WEG dient, wenn zwar mehrere, aber **nicht alle Wohnungseigentümer** sie benötigen. Der BGH hat dies bejaht.[21] Ausreichend sei für die Anwendung von § 5 Abs. 2 WEG, dass mindestens zwei Eigentümer auf die Nutzung der Anlage angewiesen seien. Auf Blockheizkraftwerke kann dies übertragen werden.

---

13 S. etwa BeckOGK/*Mössner*, 1.4.2020, BGB § 95 Rn. 26.1.

14 BeckOGK/*Mössner*, 1.4.2020, BGB § 95 Rn. 5; Erman/*J. Schmidt*, BGB § 95 Rn. 10; Staudinger/*Stieper*, Bearb. 2017, BGB § 95 Rn. 17, 20 a; alle unter Hinweis auf RG, 2.12.1922 – V 162/22, RGZ 106, 49 (51), das allerdings keine Begründung liefert; zudem war die Anwendung von § 95 Abs. 1 S. 2 BGB für die Entscheidung des RG nicht tragend, da im konkreten Fall auch die Voraussetzungen von § 95 Abs. 2 BGB erfüllt waren.

15 Vgl. etwa Staudinger/*Stieper*, Bearb. 2017, BGB § 95 Rn. 20 a.

16 KG 29.9.2015 – 1 W 10–12/15, ZWE 2016, 23 (24).

17 OLG Zweibrücken 10.7.2013 – 3 W 3/12, ZWE 2014, 123.

18 BGH 26.10.2012 – V ZR 57/12, ZWE 2013, 205.

19 Zum Streitstand s. etwa *Hügel/Elzer* WEG § 5 Rn. 12.

20 Vgl. BGH 2.2.1979 – V ZR 14/77, BGHZ 73, 302 = NJW 1979, 2391 (2392 f., betr. Mehrhausanlage); Bärmann/*Armbrüster* WEG § 5 Rn. 42; aA *Weitnauer* MittBayNot 1991, 144.

21 BGH 21.10.2011 – V ZR 75/11, ZWE 2012, 81 (82).

10 Nach überwiegender Auffassung,[22] die auch vom BGH geteilt wird,[23] sind die Voraussetzungen von § 5 Abs. 2 WEG jedoch dann **nicht erfüllt**, wenn eine Heizungsanlage auch dafür bestimmt und ausgelegt ist, über die Einheiten der Wohnungseigentumsanlage hinaus **weitere Gebäude** mit Wärme zu versorgen. In diesem Fall diene sie nicht dem „gemeinschaftlichen Gebrauch". Diese Auffassung ist in Teilen der Literatur[24] zwar auf durchaus beachtliche Kritik gestoßen, für die Praxis ist sie jedoch weiterhin maßgebend. Ist also ein Blockheizkraftwerk darauf ausgelegt, auch solche Gebäude mit Energie zu versorgen, die nicht zur Wohnungseigentumsanlage zählen, unterfällt es nicht § 5 Abs. 2 WEG; es verbleibt unter den Voraussetzungen von § 5 Abs. 1 S. 1 Var. 2 WEG im Sondereigentum. Hierfür wird man es jedoch nicht ausreichen lassen können, dass bei einem Blockheizkraftwerk, das darauf ausgelegt ist, lediglich die Wohnungen der betreffenden Wohnungseigentumsanlage zu versorgen, nur der überschüssige Strom – ggf. auf der Grundlage der in **§ 3 KWKG vorgesehenen Abnahmeverpflichtung** – in das allgemeine Stromnetz eingespeist oder an Dritte veräußert wird.[25] In einem solchen Fall tritt der Umstand, dass die Anlage primär der Versorgung der Wohnungseigentümer dient, nicht hinter dem weiteren Zweck zurück, dass auch Dritte mit Energie versorgt werden. Gerade diese Wertung ist für den BGH jedoch dafür ausschlaggebend, in den genannten Fällen § 5 Abs. 2 WEG nicht anzuwenden.[26]

11 **d) Sonderfälle.** Im Folgenden wird die eigentumsrechtliche Beurteilung in einigen Sonderfällen näher in den Blick genommen.

12 **Eigentumsrechtliche Besonderheiten beim nachträglichen Einbau.** Geht es um den nachträglichen Einbau eines Blockheizkraftwerks, so ist zunächst genau zu prüfen, ob es ein Gebäudebestandteil iSv § 94 Abs. 2 BGB wird. Daran kann es fehlen, wenn das Blockheizkraftwerk nicht die schon bislang vorhandene Heizungsanlage ersetzt, sondern ausschließlich nicht zur Wohnungseigentumsanlage zählende Einheiten versorgen soll, oder wenn nur eine Einheit von der Umstellung betroffen ist.[27] In diesen Fällen wird man – da bereits eine Heizungsanlage existiert – in der Regel nicht annehmen können, dass es „zur Herstellung" des Gebäudes eingefügt ist.[28] Soll demgegenüber das Blockheizkraftwerk die bisherige Heizungsanlage **ergänzen oder ersetzen**, sind die Voraussetzungen von § 94 Abs. 2 BGB typischerweise erfüllt.[29] Die eigentumsrechtliche Zuordnung richtet sich dann grundsätzlich nach § 5 Abs. 1 S. 1 und 2 WEG. Insoweit gelten die oben dargestellten Grundsätze. Das Blockheizkraftwerk ist hiernach ausnahmsweise dann sonderrechtsfähig, wenn es gem. § 95 BGB als Scheinbestandteil zu qualifizieren ist. Insbesondere § 95 Abs. 2 BGB gilt auch bei einem späteren Einbau. Es kommt darauf an, ob das Blockheizkraftwerk nur vorübergehend mit dem Gebäude verbunden werden soll. Auch im Rahmen von § 95 Abs. 1 S. 2 BGB stellen sich beim nachträglichen Einbau keine sachenrechtlichen Besonderheiten, so dass ein Blockheizkraftwerk dann ein Scheinbestandteil ist, wenn es auf der Grundlage eines zuvor bestellten dinglichen Rechts eingefügt wird.

13 **Eigentumsrechtliche Besonderheiten bei nachträglicher Änderung des Nutzungszwecks.** Eine nähere Betrachtung verdienen auch die Fälle, in denen sich der Nutzungszweck des Blockheizkraftwerks nachträglich ändert. Unterfällt ein im Sondereigentum montiertes Blockheizkraftwerk zwar im Zeitpunkt des Einbaus nicht § 5 Abs. 2 WEG, sind die Voraussetzungen jedoch – etwa durch die Erweiterung der Kapazität und den Anschluss weiterer Wohnungen – nachträglich erfüllt, so stellt sich die Frage, ob es fortan zwingend im gemeinschaftlichen Eigentum steht. Dies ist zu bejahen. Denn die Zuordnung von Gebäudebestandteilen zum Sondereigentum ist dynamisch.[30] Entsprechendes gilt im umgekehrten Fall. Sind also in Bezug auf das Blockheizkraftwerk die Voraussetzungen von § 5 Abs. 2 WEG zwar beim Einbau erfüllt, später jedoch nicht mehr, steht es, sofern die weiteren Voraussetzungen von § 5 Abs. 1 S. 1 Var. 2 WEG erfüllt sind, fortan im Sondereigentum. Einer weiteren rechtsgeschäftlichen Abrede bedarf es hierfür nicht. Auf die mit § 5 Abs. 1 S. 1 und 2

---

22 BeckOGK/*Schultzky* WEG § 5 Rn. 33; *Schmid* ZMR 2008, 862.
23 BGH 8.11.1974 – V ZR 120/73, NJW 1975, 688 (689).
24 Bärmann/*Armbrüster* WEG § 5 Rn. 42.
25 Insoweit übereinstimmend *Suilmann* ZWE 2014, 302 (306).
26 Vgl. BGH 8.11.1974 – V ZR 120/73, NJW 1975, 688 (689).
27 *Suilmann* ZWE 2014, 302 (304).
28 Vgl. § 94 Abs. 2 BGB.
29 Vgl. BGH 13.3.1970 – V ZR 71/67, BGHZ 53, 326 = NJW 1970, 895 (896); *Suilmann* ZWE 2014, 302 (304).
30 S. dazu BeckOK BGB/*Hügel* WEG § 5 Rn. 19.

WEG zusammenhängenden Fragen kommt es nur dann nicht an, wenn es sich bei dem Blockheizkraftwerk um einen Scheinbestandteil handelt.

Nachträgliche Schaffung eines Scheinbestandteils. Es wurde bereits gezeigt, dass ein Blockheizkraftwerk 14
unter den Voraussetzungen von § 95 Abs. 2 BGB sonderrechtsfähig ist. Besonderheiten sind zu beachten, wenn der Entschluss, das Blockheizkraftwerk nur vorübergehend in den Räumen zu belassen, erst nach dem Einbau gefasst wird. Das kann etwa dann relevant werden, wenn ein vermietetes Wohngebäude, in dem sich ein Blockheizkraftwerk befindet, nachträglich in Wohnungseigentum überführt wird. Es stellt sich also die Frage, ob ein Gebäudebestandteil iSv § 94 Abs. 2 BGB in einen Scheinbestandteil umgewandelt werden kann. Möglich ist jedenfalls der Weg über § 95 Abs. 2 BGB. Solange der Bauträger noch Alleineigentümer ist, genügt es im Rahmen von § 95 Abs. 2 BGB, dass die Willensänderung – etwa in der Teilungserklärung[31] – hinreichend deutlich nach außen hervortritt. Steht das Eigentum am Grundstück und der Anlage unterschiedlichen Personen zu, so ist für die Umwidmung analog § 929 S. 2 BGB eine darauf gerichtete Einigung erforderlich.[32] Umstritten ist, ob es auch auf der Grundlage einer entsprechenden Anwendung von § 95 Abs. 1 S. 2 BGB möglich ist, durch die nachträgliche Bestellung eines dinglichen Rechts einen bereits eingebauten wesentlichen Gebäudebestandteil in einen Scheinbestandteil zu überführen.[33] Diese Streitfrage kann hier nicht vertieft werden. In jedem Fall ist eine entsprechende Gestaltung mit nicht unerheblichen Risiken verbunden.

Aufhebung der Eigenschaft als Scheinbestandteil. Die Eigenschaft als Scheinbestandteil kann auch **nach- 15
träglich aufgehoben** werden. Insbesondere in den Fällen von § 95 Abs. 2 BGB genügt es hierfür jedoch nicht, dass der Wille des Eigentümers, die Verbindung solle nur vorübergehend sein, später entfällt. Vielmehr ist ein Rechtsgeschäft analog § 929 S. 2 BGB nötig.[34] Etwas anderes gilt nur dann, wenn der Eigentümer der Anlage zugleich der (alleinige) Grundstückseigentümer ist. Dann reicht es, dass die Änderung der Zweckbestimmung ausreichend deutlich nach außen hervortritt.[35]

3. Eigentum am Heizungsraum. Bei der eigentumsrechtlichen Beurteilung von Räumen, in denen ein 16
Blockheizkraftwerk montiert ist, sind einige Besonderheiten zu beachten.

a) Grundlagen. Sind die Voraussetzungen von § 5 Abs. 2 WEG in Bezug auf das Blockheizkraftwerk erfüllt, 17
folgt hieraus nicht zwangsläufig, dass auch der Raum, in dem sich die Anlage befindet, zwingend gemeinschaftliches Eigentum ist. Nicht jeder Raum, der einen von § 5 Abs. 2 WEG erfassten Gebäudebestandteil „beherbergt", fällt ebenfalls unter diese Vorschrift. Entscheidend ist vielmehr, ob der Raum ausschließlich demselben Zweck wie die Anlage dient.[36] Dies wird bei größeren Heizungsanlagen häufig der Fall sein, ist jedoch eine Frage des Einzelfalls. Es kommt darauf an, ob der Raum bei objektiver Betrachtung nach seiner Art, Lage und Beschaffenheit geeignet ist, neben der Unterbringung der betreffenden Anlage noch andere, zumindest annähernd gleichwertige Nutzungszwecke zu erfüllen.[37] Besonderheiten gelten dann, wenn es sich bei dem Blockheizkraftwerk um einen Scheinbestandteil iSv § 95 BGB handelt. In diesem Fall richtet sich seine eigentumsrechtliche Beurteilung nach dem Recht über bewegliche Sachen.[38] Der Raum, in dem sich dieses Blockheizkraftwerk befindet, kann in Sondereigentum überführt oder im gemeinschaftlichen Eigentum belassen werden.

b) Besonderheiten beim nachträglichen Einbau. Wird eine Heizungsanlage, die unter § 5 Abs. 2 WEG fällt, 18
nachträglich in einen Raum eingebaut, der in Sondereigentum überführt worden war, wird dieser Raum durch den Einbau nicht „automatisch" in gemeinschaftliches Eigentum überführt, und zwar auch dann nicht, wenn der Raum fortan ausschließlich dem Betrieb der Anlage dient. Eine Umwandlung kraft Gesetzes sieht das WEG für Räume nicht vor.[39] Die bei der ursprünglichen Teilung getroffene wirksame Zuordnung zum Sondereigentum wird nicht nachträglich unwirksam. Mit dem Interesse an Rechtssicherheit verträgt es sich nicht, für

---

31 *Suilmann* ZWE 2014, 302 (307).
32 Vgl. BGH 2.12.2005 – V ZR 35/05, BGHZ 165, 184 = NJW 2006, 990 Rn. 16.
33 Für eine Analogie etwa MüKoBGB/*Stresemann* BGB § 95 Rn. 34; *Peters* WM 2002, 110 (113); dagegen OLG München 30.9.2011 – 34 Wx 328/11, RNotZ 2012, 44 (46).
34 BGH 2.12.2005 – V ZR 35/05, BGHZ 165, 184 = NJW 2006, 990 Rn. 16.
35 BeckOGK/*Mössner*, 1.4.2020, BGB § 95 Rn. 18.
36 S. etwa OLG Bremen 26.4.2016 – 3 W 28/15, ZWE 2016, 324, *Hügel/Elzer* WEG § 5 Rn. 26.
37 *Hügel/Elzer* WEG § 5 Rn. 26.
38 S. etwa BeckOGK/*Mössner*, 1.4.2020, BGB § 95 Rn. 52.
39 Anders *Gaier*, FS Wenzel, 2005, 145 (153) im Kontext des sog. Vorflurproblems.

die eigentumsrechtliche Zuordnung von Räumen auf Umstände abzustellen, die – wie der Einbau von Sachen – aus der Grundbucheintragung nicht ersichtlich werden.[40] Für die Umwandlung des Raums in gemeinschaftliches Eigentum ist damit stets ein hierauf gerichtetes **Rechtsgeschäft** erforderlich (§ 4 Abs. 1 WEG). Eine davon zu trennende Frage ist die, ob der Sondereigentümer in jenen Fällen dazu verpflichtet sein kann, an der Umwandlung in gemeinschaftliches Eigentum mitzuwirken. Diese Frage lässt sich nicht pauschal beantworten. Ein Anspruch aus § 242 BGB auf Mitwirkung besteht nur in dem Ausnahmefall, dass die Verweigerung an der Änderung der sachenrechtlichen Zuordnung grob unbillig ist.[41] Dies ist eine Frage des Einzelfalls.

19 **4. Folgerungen für die Gestaltung bei Betrieb durch Bauträger oder Drittunternehmen.** Möchte ein Bauträger oder ein Drittunternehmen in einer Wohnungseigentumsanlage ein Blockheizkraftwerk errichten und betreiben, so ist es für ihn in der Regel günstig, wenn die Anlage gem. § 95 Abs. 1 oder 2 BGB als **Scheinbestandteil** zu qualifizieren ist. Die Voraussetzungen von § 95 Abs. 2 BGB sind typischerweise dann erfüllt, wenn der Einbau der Anlage auf der Grundlage eines befristeten Vertrages mit der Gemeinschaft der Wohnungseigentümer vorgenommen wird und der Betreiber sich dazu verpflichtet, das Blockheizkraft nach der Beendigung des Vertrages auszubauen. Sofern es sich bei dem Blockheizkraftwerk um einen Scheinbestandteil handelt, sollte der Bauträger hierauf auch in den Erwerbsverträgen deutlich hinweisen, schon um mögliche Konflikte mit den Erwerbern über die sachenrechtliche Zuordnung von vorherein zu vermeiden. Sollen auch Gebäude mit Wärme versorgt werden, die nicht zur Wohnungseigentumsanlage zählen, sollten die Liefer- und Abnahmepflichten möglichst durch Grunddienstbarkeiten abgesichert werden.[42]

20 Handelt es sich bei dem Blockheizkraftwerk um einen **wesentlichen Gebäudebestandteil**, so richtet sich die eigentumsrechtliche Zuordnung nach § 5 Abs. 1 S. 1 Var. 2, Abs. 2 WEG. Sondereigentum scheidet aus, wenn die Anlage mindestens zwei Wohnungseigentumseinheiten versorgt (§ 5 Abs. 2 WEG). Etwas anderes gilt nach der oben dargestellten Rechtsprechung des BGH allerdings dann, wenn die Anlage darauf ausgelegt ist, auch andere Gebäude, die nicht zur Eigentumsanlage zählen, mit Energie zu versorgen. In diesem Fall befindet sich die Anlage jedenfalls dann im Sondereigentum des Bauträgers oder Drittunternehmens, wenn sie in einem Raum installiert ist, der in dessen Sondereigentum steht. Auch in diesem Fall dürfte es jedoch häufig für den Bauträger oder das Drittunternehmen der bessere Weg sein, eine Gestaltung zu wählen, mit der sichergestellt wird, dass das Blockheizkraftwerk als Scheinbestandteil (§ 95 BGB) zu qualifizieren ist. Dann muss der Betreiber, der auch Eigentümer des Blockheizkraftwerks sein möchte, nicht zugleich Mitglied der Gemeinschaft sein.

II. Beschluss über den nachträglichen Einbau eines Blockheizkraftwerks

21 Wird ein Blockheizkraftwerk nachträglich in ein bestehendes Gebäude integriert, handelt es sich hierbei um eine bauliche Veränderung iSv § 20 Abs. 1 WEG.[43] Der hierauf gerichtete Beschluss bedarf der einfachen Mehrheit. Auf die zum alten Recht diskutierten Fragen dazu, ob es sich hierbei um eine Modernisierung[44] oder um eine modernisierende Instandsetzung[45] handelt, kommt es insoweit nicht mehr an. Ob der Beschluss über den Erwerb und Einbau eines Blockheizkraftwerks den **Grundsätzen ordnungsmäßiger Verwaltung** entspricht, ist eine Frage des Einzelfalls.[46] Es gelten die allgemeinen Regeln.

22 Die Kosten, die durch den Erwerb und den Einbau entstehen, sind allgemeinen Regeln entsprechend zu verteilen. Nur unter den Voraussetzungen von § 21 Abs. 2 WEG können alle Eigentümer belastet werden. Sofern das in § 21 Abs. 2 S. 1 Nr. 1 WEG vorgesehene Quorum nicht erreicht wird, kommt es mithin gem. § 21 Abs. 2

---

40 BeckOGK/*M. Müller*, 1.3.2020, WEG § 2 Rn. 377.1.
41 BGH 11.5.2012 – V ZR 189/11, NZM 2012, 613 Rn. 12.
42 *Drasdo* ZWE 2020, 357 (360).
43 Zum alten Recht s. *Drasdo* ZWE 2020, 357 (358).
44 Modernisierung gem. § 22 Abs. 2 WEG aF iVm § 555 b Nr. 1 BGB, wenn das Gebäude über eine „gewöhnliche" Gas- oder Ölheizungsanlage verfügt hatte: *Derleder* ZWE 2012, 65 (67); *Elzer* MietRB 2018, 284; hierzu tendierend auch *Spielbauer* ZWE 2013, 105 (109); aA LG Koblenz 26.5.2009 – 2 S 52/08, ZWE 2009, 282 für den Fall eines „zuschaltbaren Blockheizkraftwerks".
45 Ablehnend zum erstmaligen Einbau eines Blockheizkraftwerks s. etwa *Elzer* MietRB 2018, 284; insoweit übereinstimmend LG Koblenz 26.5.2009 – 2 S 52/08, ZWE 2009, 282; aA *Greupner* ZMR 2013, 1 (7).
46 *Elzer* MietRB 2018, 284.

S. 1 Nr. 2 WEG darauf an, ob die Kosten der baulichen Veränderung sich innerhalb eines angemessenen Zeitraums amortisieren. Das ist im Einzelfall zu klären.

Die **eigentumsrechtliche Beurteilung** der Anlage richtet sich nach den allgemeinen Grundsätzen (→ Rn. 2 ff.). **23**

III. Fragen der Verwaltung und des Betriebs

Bei dem Betrieb eines im **gemeinschaftlichen Eigentum** stehenden Blockheizkraftwerks handelt es sich um eine Angelegenheit der Verwaltung iSv § 18 Abs. 1 WEG. Hierzu gehört insbesondere, dass die erforderlichen Maßnahmen der **Erhaltung** rechtzeitig beschlossen und durchgeführt werden (§ 19 Abs. 2 Nr. 2 WEG). Allgemeinen Grundsätzen entsprechend werden diejenigen Verträge, die in diesem Zuge mit Handwerkern etc zu schließen sind, von der Gemeinschaft der Wohnungseigentümer geschlossen (vgl. § 9 a Abs. 1 S. 1 WEG). Sofern das Blockheizkraftwerk im **Eigentum der Gemeinschaft der Wohnungseigentümer** steht (dazu → Rn. 7), handelt es sich um Gemeinschaftsvermögen iSv § 9 a Abs. 3 WEG. Die für die Erhaltung erforderlichen Beschlüsse sind auch in diesem Fall von den Wohnungseigentümern zu fassen (§ 9 a Abs. 3 iVm § 19 Abs. 1 WEG). **24**

Von den Verträgen, die im Zuge der Maßnahmen nach § 19 Abs. 2 Nr. 2 WEG geschlossen werden, sind diejenigen zu unterscheiden, welche die **Lieferung von Wärme oder Energie** zum Gegenstand haben. Soweit das Blockheizkraftwerk auch Wärme oder Energie produziert, die über den Bedarf der Wohnungseigentumsanlage hinausgeht, kann diese an Dritte veräußert werden; gem. § 3 KWKG kann der Netzbetreiber zur Abnahme des überschüssigen Stroms verpflichtet sein. Sofern die **Gemeinschaft der Wohnungseigentümer** als Betreiber des Blockheizkraftwerks auftritt, werden die auf die Lieferung von Strom oder Wärme gerichteten Verträge von ihr geschlossen. **25**

Es ist jedoch möglich und in steuerrechtlicher Hinsicht womöglich sinnvoll, dass die Wohnungseigentümer für den Betrieb des Blockheizkraftwerks eine **Gesellschaft** gründen, an die sie das Blockheizkraftwerk – als Teil des gemeinschaftlichen Eigentums – vermieten. In diesem Fall werden die Energielieferungsverträge von dieser Gesellschaft geschlossen. **26**

Ist das Blockheizkraftwerk **sonderrechtsfähig** (→ Rn. 6 f.) und wird es von dem Eigentümer (zB ein einzelner Wohnungseigentümer oder Bauträger) betrieben, so tritt dieser als Vertragspartner gegenüber Dritten auf. **27**

IV. Steuerrechtliche Aspekte

Wird ein Blockheizkraftwerk von der Gemeinschaft der Wohnungseigentümer betrieben, so ist diese grds. als Unternehmerin iSv § 2 UStG anzusehen (→ *Steuerrecht – Gemeinschaft der Wohnungseigentümer* Rn. 29).[47] Die einzelnen Eigentümer sind grds. Mitunternehmer iSv § 15 Abs. 1 S. 1 Nr. 2 EStG.[48] **28**

45. Bodenraum

Rothermel

I. Einführung

Unter Bodenraum werden nachfolgend Räume im Dachgeschoss der Wohnungs-/Teileigentumsanlage verstanden, die nicht zu Wohnzwecken genutzt werden, sondern als Trocken- oder Abstellräume gemäß der Teilungserklärung vorgesehen sind. **1**

---

47 *Drasdo* ZWE 2020, 357 (358 ff.).
48 BFH 20.9.2018 – IV R 6/16, NJW 2019, 387.

II. Einordnung

2 Solche Räume können im **Gemeinschaftseigentum** (→ *Gemeinschaftliches Eigentum* Rn. 6 ff.) stehen, dann steht ihre Nutzung allen Wohnungseigentümern entsprechend der getroffenen **Nutzungsbestimmung** zur Verfügung und sie unterliegen der Verwaltung durch die Gemeinschaft der Wohnungseigentümer, bzw. den Verwalter. Es können auch **Sondernutzungsrechte** (→ *Sondernutzungsrecht* Rn. 7 ff.) zugunsten einzelner Wohnungs-/Teileigentümer vereinbart worden sein. Dies muss in der Teilungserklärung erfolgen und im Grundbuch eingetragen sein.

3 Die **Teilungserklärung** (→ *Teilungserklärung* Rn. 4) kann auch bei Vorliegen der entsprechenden Voraussetzungen **Sondereigentum** (→ *Sondereigentum* Rn. 3) an solchen Räumen vorsehen. Dennoch kann die Nutzungsweise mittels Vereinbarung der Wohnungseigentümer nach §§ 18, 19 Abs. 1 WEG oder mittels Beschluss (→ *Beschluss* Rn. 3 ff.) bei Vorliegen der Beschlusskompetenz nach § 19 Abs. 2 WEG geregelt werden.

4 Eine **abweichende Nutzung**, beispielsweise zu Wohnzwecken, kann dann nur unter folgenden **Voraussetzungen** erfolgen:

5 Zum einen kann bereits die Teilungserklärung selbst vorsehen, dass ein **Ausbau des Bodenraums zu Wohnzwecken** gestattet ist. Wie die Kostenverteilung erfolgt, ist im konkreten Fall anhand der Gemeinschaftsordnung und den getroffenen Vereinbarungen der Wohnungseigentümer zu beurteilen. Zumeist dürfte geregelt sein, dass der Eigentümer, in dessen Sondereigentum der betreffende Raum steht, und der den Ausbau wünscht, auch die anfallenden Kosten hierfür zu tragen hat.

6 Wenn keine entsprechende Befugnis in der Teilungserklärung enthalten ist und die Zweckbestimmung der Bodenräume in „Nutzung zu Wohnzwecken" geändert werden soll, müssen alle Eigentümer dem **zustimmen**. Die Erklärung der Änderung der Teilungserklärung muss dann notariell beglaubigt, § 129 BGB, und im Grundbuch (→ *Grundbuch* Rn. 10 f.) eingetragen werden. Hierfür ist die Unterschriftsbeglaubigung aller Eigentümer erforderlich.

7 Zu beachten ist, dass das Dach der Wohnungseigentumsanlage stets Gemeinschaftseigentum ist, so dass alle baulichen Maßnahmen, die zur Nutzung der Bodenräume als Wohnräume erforderlich sind (zB Einbau von Dachgauben oder -fenstern, Eingriffe in die Dachkonstruktion sowie etwa aus brandschutzrechtlichen Gesichtspunkten erforderlichen Fluchtwege),[1] **baulichen Veränderungen** gem. § 20 Abs. 1 WEG (→ *Bauliche Veränderungen* Rn. 14 ff.) sind und somit der Zustimmung aller Wohnungseigentümer bedürfen. Für solche Maßnahmen ist eine weitere Kostentragungsregelung zu treffen. Bauliche Veränderungen sind aber auch Deckendurchbrüche aus dem unter dem Bodenraum liegenden Sondereigentum. Solche Maßnahmen bedürfen ebenfalls der Zustimmung aller Wohnungseigentümer, auch wenn hier Räume verbunden werden sollen, die im Sondereigentum desselben Eigentümers stehen (→ *Wanddurchbruch* Rn. 5, 8).

8 Ein Ausbau des Bodenraums zu Wohnzwecken durch einen einzelnen Eigentümer, obwohl der Bodenraum Gemeinschaftseigentum ist, sollte unterbleiben, da hier nicht nur die Zustimmung aller Eigentümer erforderlich ist, gleich ob eine bauliche Veränderung erfolgen muss oder nicht, sondern hier Investitionen in „auchfremdes" Eigentum getätigt werden, ohne dass entsprechende vertragliche Regelungen hinsichtlich finanzieller Ausgleichs- oder Nutzungsansprüche bestehen. In solchen Fällen sollte der Bodenraum rechtsgeschäftlich durch die Gemeinschaft der Wohnungseigentümer auf den einzelnen Eigentümer übertragen und Sondereigentum daran begründet werden. Diese vertragliche Regelung ist notariell beurkundungsbedürftig (→ *Notar* Rn. 4).

III. Verfahrenshinweise

9 **1. Klage auf Zustimmung und Beseitigung.** Denkbar ist eine Klage eines Eigentümers auf Zustimmung (Genehmigungsbeschluss) der Gemeinschaft der Wohnungseigentümer zu einer Maßnahme (Einbau Dachfenster, Deckendurchbruch), sofern es sich um eine bauliche Veränderung iSd § 20 Abs. 1 WEG handelt. Die **Beschlusskompetenz** (→ *Beschluss* Rn. 3 ff.; → *Bauliche Veränderungen* Rn. 22) der Eigentümer hierfür folgt aus § 20 Abs. 1 S. 1 Alt. 1 WEG.

---

1 Vgl. dazu BayObLG 10.3.1994 – 2Z BR 1/94, NJW-RR 1994, 718.

Ist die begonnene Maßnahme als bauliche Veränderung unzulässig, können die Wohnungseigentümer die **Beseitigung** (→ *Beseitigung* Rn. 3 ff.) verlangen. Ob ein einzelner Eigentümer einen Anspruch auf das Tätigwerden der Gemeinschaft der Wohnungseigentümer haben kann, ist fraglich. Die Beantwortung der Frage muss sich an den Grundsätzen zum Rechtsschutzbedürfnis orientieren. **10**

2. Einstweilige Verfügung. Gegen eine noch in Herstellung befindliche Maßnahme, die als unzulässige bauliche Veränderung einzuordnen ist (→ *Beseitigung* Rn. 3 ff.), kann mit einer einstweiligen Verfügung vorgegangen werden (→ *Einstweiliger Rechtsschutz* Rn. 7 ff.). Gegenstand der einstweiligen Verfügung ist die Geltendmachung des Unterlassungsanspruchs nach § 1004 Abs. 1 S. 2 BGB, § 18 WEG der Gemeinschaft der Wohnungseigentümer. **11**

Gegen eine der Nutzungsbestimmung widersprechende bestehende Nutzung kann verfahrensrechtlich vorgegangen werden (**Nutzungsuntersagung**). Es bestehen individuelle **Beseitigungs- und Unterlassungsansprüche** gem. § 1004 Abs. 1 S. 1 und S. 2 BGB, § 18 WEG (→ *Beseitigung* Rn. 23). Der Unterlassungsanspruch kann ebenfalls mittels einstweiliger Verfügung, § 940 ZPO, geltend gemacht werden (→ *Einstweiliger Rechtsschutz* Rn. 7 ff.). **12**

46. Brandwand

Fraatz-Rosenfeld

I. Bauordnungsrechtliche Anforderungen

Zu den wichtigsten Schutzzielen des Bauordnungsrechts gehört der Schutz der Bewohner, Nutzer und der baulichen Anlage selbst vor Brandgefahren.[1] Deshalb enthalten alle Landesbauordnungen zunächst allgemeine Vorschriften über den vorbeugenden Brandschutz.[2] Verhindert werden soll in erster Linie die Brandausbreitung. Darüber hinaus sollen Gebäude so eingerichtet werden, dass sowohl ein erster wie auch ein zweiter Rettungsweg vorhanden sind und entsprechende Fluchtmöglichkeiten über Flure und Treppenhäuser. Die allgemeinen Vorschriften werden dementsprechend durch weitere Einzeltatbestände konkretisiert.[3] **1**

Die Brandausbreitung wird vornehmlich durch **Brandwände** und **Trennwände** verhindert (→ *Trennwand* Rn. 1 ff., → *Doppelhaus* Rn. 6, → *Reihenhaus* Rn. 9). Der Unterschied zwischen beiden liegt in dem Schutzzweck und damit in der geforderten Qualität des Schutzniveaus. Während Trennwände innerhalb von Gebäuden angeordnet sind und damit in erster Linie die Ausbreitung des Feuers im Gebäude verhindern, soll durch Brandwände die Brandausbreitung von Gebäude zu Gebäude, innerhalb ausgedehnter Gebäude und zwischen Wohnbereichen und landwirtschaftlicher Nutzung vermieden werden. **2**

Die **Grundanforderungen** an Brandwände sind in der DIN-Vorschrift 4102 und der DIN EN 1305 geregelt. Sie sind als technische Vorschriften in das bauordnungsrechtliche Regelwerk implementiert.[4] Je nach Art des Bauteils und der abschließenden Wand (Trennwand/Brandwand) wird eine bestimmte Feuerwiderstandsdauer nach der folgenden Klassifizierung gefordert: F 90 = feuerbeständig, Feuerwiderstandsdauer 90 Minuten; F 60 **3**

---

1 Simon/Busse/*Nolte* BayBO Art. 12 Rn. 2.
2 § 15 LBO BW, Art. 12 BayBO, § 14 BauO Bln, § 14 BbgBO, § 14 BremLBO, § 17 HBauO, § 14 HBO, § 14 LBauO M-V, § 14 NBauO, § 14 BauO NRW, § 15 RhPf LBauO, § 15 SaarLBO, § 14 SächsBO, § 14 BauO LSA, § 15 SchlHLBO, § 14 ThürBO.
3 Neben den Vorschriften über Brandwände und Trennwände bspw. zu Decken (Art. 29 BayBO, § 34 HBO, § 31 BauO NRW), Dächern (Art. 30 BayBO, § 35 HBO, § 32 BauO NRW) oder Rettungswegen (Art. 32 ff. BayBO, § 36 HBO, § 33 BauO NRW).
4 Simon/Busse/*Hofer* BayBO Art. 81 a Rn. 23, 24, 33, 101.

= hochfeuerhemmend, Feuerwiderstandsdauer 60 Minuten; F 30 = feuerhemmend, Feuerwiderstandsdauer 30 Minuten.[5]

4   Grundsätzlich sind Brandwände als **Gebäudeabschlusswände** erforderlich, wenn Gebäude mit einem geringeren Abstand als 5 Meter gegenüber anderen Gebäuden errichtet werden; wird ein Gebäude weniger als 2,5 Meter von der Grundstücksgrenze gebaut, muss der Abstand von insgesamt 5 Metern zum nächsten Gebäude gesichert und dementsprechend auch das nächste Gebäude wieder mindestens 2,5 Meter von der Grenze entfernt errichtet werden. Ist noch kein Gebäude errichtet, ist der Abstand von 2,5 Meter durch eine Abstandsbaulast zu sichern (→ *Baulast* Rn. 2).

5   Brandwände müssen „kombinierte" Anforderungen erfüllen:[6] Sie müssen aus **nicht brennbaren Baustoffen** bestehen und grundsätzlich – siehe aber sogleich – **feuerbeständig** sein (= F 90), zusätzlich dürfen sie bei mechanischer Belastung die Feuerwiderstandsleistung nicht verlieren. Sie müssen in allen Geschossen übereinander stehen und vom Kellergeschoss bis zur Bedachung durchgehen. Nur ausnahmsweise dürfen sie verspringen, wenn auf andere Weise durch Verwendung entsprechender Baustoffe und weitere Vorkehrungen die Feuerbeständigkeit hergestellt werden kann.[7] Diese hohen Anforderungen sind abgestuft herabgesetzt für Gebäude geringerer Risikoklassen.

6   Welche Feuerwiderstandsanforderungen an die konkrete Gebäudesituation gestellt werden, richtet sich in den Bundesländern, die sich dem in der Musterbauordnung (MBO) 2002 vorgeschlagenen System der Einteilung der Gebäude in Gebäudeklassen angeschlossen haben, nach der **Gebäudeklasse**.[8] Entsprechende Regelungen finden sich in den Bundesländern, die sich diesem System nicht angeschlossen haben.[9]

7   Je nach Gebäudeklasse müssen die Brandwände für die **Gebäudeklassen 1–3**[10] für alle Geschosse F 60-Wände und für die Gebäudeabschlusswände je nach Regel- oder Dachgeschoss F 30- bis F 90-Bauteile aufweisen.[11] Höhere Gebäude der **Gebäudeklasse 4** mit einer Höhe von bis zu 13 Metern müssen Wände der Gruppe F 60/stoßfest und die noch höheren Gebäude der Gebäudeklasse 4 müssen hoch feuerhemmende Wände haben, die zugleich stoßfest sein müssen.[12]

II. Brandwand und Wohnungseigentumsanlage

8   **1. Einbau und Änderungen von Brandwänden.** Da die Einhaltung der brandschutzrechtlichen Voraussetzungen immer bei Errichtung des Gebäudes zu erfüllen und dann im Weiteren dauerhaft einzuhalten sind, werden sie wohnungseigentumsrechtlich einerseits relevant beim Anspruch auf erstmalige Herstellung der Anlage (→ *Erstmalige Herstellung eines ordnungsmäßigen Zustands* Rn. 2), und dann im Zusammenhang mit baulichen Veränderungen oder der Aufnahme anderer Nutzungen, die andere Brandschutzanforderungen stellen. Werden in der Wohnungseigentumsanlage bauliche Veränderungen durchgeführt, sind alle Maßnahmen zu unterlassen, die zur Schwächung von Brandwänden führen können:

9   Brandwände, die innerhalb von Gebäuden angeordnet sind, müssen übereinander angeordnet sein oder bestimmte weitere Kriterien erfüllen.[13] Soll also im Rahmen von baulichen Veränderungen eine Brandwand hin-

---

5   Boeddinghaus/*Radeisen* BauO NRW § 26 Rn. 45; Alexejew/*Munske* HBauO § 28 Rn. 13.

6   Alexejew/*Munske* HBauO § 28 Rn. 31.

7   § 7 Abs. 4 LBOAVO BW, Art. 28 Abs. 4 BayBO, § 30 Abs. 4 BauO Bln, § 30 Abs. 4 BbgBO, § 30 Abs. 4 BremLBO, § 28 Abs. 4 HBauO, § 33 Abs. 4 HBO, § 30 Abs. 4 LBauO M-V, § 30 Abs. 4 BauO NRW, § 30 Abs. 4 RhPflBauO, § 30 Abs. 4 SaarLBO, § 30 Abs. 4 SächsBO, § 29 Abs. 4 BauO LSA, § 31 Abs. 4 SchlHLBO, § 30 Abs. 4 ThürBO.

8   Art. 28 BayBO, § 30 BauO Bln, § 30 BbgBO, § 30 BremLBO, § 28 HBauO, § 33 HBO, § 30 LBauO M-V, § 30 BauO NRW, § 30 RhPflBauBO, § 30 SaarLBO, § 30 SächsBO, § 29 BauO LSA, § 31 SchlHLBO, § 30 ThürBO.

9   § 7 Abs. 3 LBOAVO BW, § 30 NBauO.

10 GK 1: freistehende Gebäude bis zu 7 Metern Höhe mit bis zu zwei Nutzungseinheiten und bis zu 400 qm, GK 2: Gebäude bis zu 7 Metern Höhe mit nicht mehr als zwei Nutzungseinheiten und bis zu 400 qm, aber **nicht** freistehend, GK 3: sonstige Gebäude bis 7 Meter Höhe.

11 Simon/Busse/*Kühnel/Gollwitzer* BayBO Art. 28 Rn. 71, 72.

12 Simon/Busse/*Kühnel/Gollwitzer* BayBO Art. 28 Rn. 67, 68; tabellarischer Überblick bei Alexejew/*Munske* HBauO § 28 Rn. 13; Simon/Busse/*Kühnel/Gollwitzer* BayBO Art. 30 Rn. 1.

13 Verbindung mit feuerbeständigen Decken, Unterstützung durch feuerbeständige Bauteile, Außenwände im Versatzbereich feuerbeständig und brandausbreitungsverhindernd: Art. 28 Abs. 4 S. 1, 2 BayBO; § 28 Abs. 4 S. 1, 2 HBauO; ausführlich Simon/Busse/*Kühnel/Gollwitzer* BayBO Art. 28 Rn. 80 ff.

sichtlich ihres Standortes verändert und die Anordnung übereinander beseitigt werden, müssen diese weiteren Voraussetzungen eingehalten werden.

In Brandwände innerhalb von Gebäuden oder als Gebäudeabschlusswände dürfen nicht **andere** Bauteile hin- 10
eingeführt werden, wenn dadurch die Feuerwiderstandsfähigkeit beeinträchtigt wird (§ 28 Abs. 7 S. 3 HBauO). Werden also Umbauten im Gemeinschaftseigentum oder Sondereigentum vorgenommen, sind nachträgliche Einfügungen von Leitungen, Schornsteinen und Lüftungsschächten einschließlich entsprechender Schwächungen der Wand durch Schlitze zum Aufnehmen der Leitungen verboten. Da Brandwände immer und Trennwände in Gebäuden der Gebäudeklasse 4 (→ *Trennwand* Rn. 8) bis zur Bedachung durchgehen müssen, ist anlässlich von Dachgeschossausbauten zu berücksichtigen, dass die neu errichteten Wände unmittelbar an die oberste Schicht des Daches (Dachziegel, Blechabdeckung, Eternitplatte) bzw. die Rohdecke des jeweiligen Geschosses anschließen müssen.

Verbleibende **Hohlräume** sind mit nicht brennbaren Stoffen zu füllen.[14] Demgemäß können neu errichtete Brandwände oder auch Trennwände nicht auf Flächen gestellt werden, die zur Dachhaut hin durch Dachsparren oder Dämmmaterial unterbrochen sind. Grundsätzlich müssen Brandwände und auch Trennwände (→ *Trennwand* Rn. 10) frei von Öffnungen sein oder diese müssen durch entsprechende Bauteile[15] oder bei inneren Brandwänden durch **feuerbeständiges Glas** gesichert werden.[16]

2. Abwehranspruch gegenüber Veränderungen einer Brandwand? a) Individualanspruch des Sonderei- 11
gentümers? Ob Sondereigentümern ein individueller Anspruch auf Wiederherstellung des ordnungsgemäßen Zustands zusteht, ist nicht endgültig entschieden. Die hM geht davon aus, dass ein Verstoß gegen bauordnungsrechtliche Vorschriften nur dann einen Nachteil iSd § 14 Abs. 2 Nr. 1 Hs. 3 WEG auslöst, wenn **gegen nachbarschützende Vorschriften verstoßen** wird.[17]

Grundsätzlich werden die Brandschutzvorschriften[18] des Bauordnungsrechts und insbesondere die Vorschrif- 12
ten über Brandwände[19] als nachbarschützend angesehen (→ *Nachbarschutz* Rn. 12). Allerdings bezieht sich dieser Nachbarschutz einer Brandwand nur auf Gebäudeabschlusswände und ist damit für die Verhältnisse innerhalb eines Gebäudes ohne Belang.[20] Bedeutung erlangen können diese Vorschriften aber in Mehrhausanlagen (→ *Mehrhausanlage*) und nunmehr im Verhältnis zu einer Sondereigentumsfläche (§ 5 Abs. 1 S. 2 WEG).[21] Einen individuellen **Abwehranspruch** wird man daher nur annehmen können, wenn man der Auffassung folgt, Verstöße gegen Vorschriften des öffentlichen Rechts und vornehmlich des Bauordnungsrechts begründeten stets einen Nachteil iSd § 14 Abs. 2 Nr. 2 Hs. 3 WEG.[22] Für eine solche Sichtweise spricht, dass der verwaltungsrechtlichen Nachbarschutzdogmatik andere Kriterien zugrunde liegen als dem Verhältnis der Wohnungseigentümer untereinander (→ *Nachbarschutz* Rn. 2 ff.).

Allerdings soll in Fällen massiver Eingriffe bzw. der grob bauordnungsrechtswidrigen Errichtung einer Brand- 13
wand wegen der **Gefährdung des Sondereigentums** angrenzender Sondereigentümer ein Anspruch aus

---

14 Simon/Busse/*Kühnel/Gollwitzer* BayBO Art. 28 Rn. 96, 97.

15 Feuerbeständige Abschlüsse, jeweils Abs. 8 der landesrechtlichen Vorschriften.

16 Jeweils Abs. 9 der Landesbauordnungen.

17 OLG Hamm 9.1.2009 – 15 Wx 142/08, Wohnungseigentümer 2009, 66 mAnm *Abramenko* ZWE 2009, 226; OLG Frankfurt a. M. 17.5.2005 – 20 W 132/03; BayObLG 29.3.2000 – 2 ZBR 3/00, NZM 2000, 667; OLG Saarbrücken 26.8.1998 – 5 W 173/98, NZM 1999, 265; BayObLG 23.11.1995 – 2 ZBR 116/95, WE 1996, 471; Bärmann/*Suilman* WEG § 14 Rn. 14; *Jennißen/Hogenschurz* WEG § 13 Rn. 16.

18 Hoppenberg/*Hoppenberg/Paar/Schäfer* H Rn. 404.

19 Alexejew/*Munske* HBauO § 26 Rn. 6.

20 Daher kommt „nachbarschützender Charakter … nur den brandschutzbezogenen Regelungen zu, die auch das Übergreifen von Bränden über das Baugrundstück hinaus auf die Nachbarschaft verhindern sollen": OVG Münster 29.7.2002 – 7 B 583/02, BeckRS 2002, 18188; VGH Mannheim 26.2.1991 – 3 S 2947/91, NVwZ-RR 1992, 611; Boeddinghaus/*Radeisen* BauO NRW § 30 Rn. 6.

21 Zur Grundstücksbezogenheit des öffentlich-rechtlichen Nachbarschutzes ua: Alexejew/*Niere*, HBauO § 71 Rn. 17; Boeddinghaus/*Radeisen*, 108. EL, Juni 2020, BauO NRW § 74 aF Rn. 58; *Schulte Beerbühl* Rn. 19; mit der Schaffung von Sonder*eigentums*flächen stellt sich nunmehr die Frage nach der Anwendung des öffentlich-rechtlichen Nachbarschutzes innerhalb einer Wohnungseigentumsanlage.

22 AG Bonn 30.11.2016 – 27 C 13/16; BVerfG 7.2.2006 – 1 BvR 2304/05, NJW-RR 2005, 726 Rn. 15; *Klimesch* ZMR 2016, 269; *Elzer* ZMR 2006, 453 (455).

§ 1004 Abs. 1 BGB gegeben sein.[23] Einem solchen Unterlassungsanspruch kann der Einwand des Mitverschuldens entgegengehalten werden.[24]

14 **b) Regelhafte Brandwand als ordnungsgemäße Verwaltung.** Neben einem möglichen Individualanspruch eines Sondereigentümers auf Beseitigung einer bauordnungswidrigen Brandwand steht dem Sondereigentümer gegenüber der Gemeinschaft der Eigentümer ein Anspruch gem. § 18 Abs. 2 Nr. 2 Hs. 3 WEG zu, da diese „den gesetzlichen Regeln" zu entsprechen hat. Unter diesem Gesichtspunkt kann die Gemeinschaft der Wohnungseigentümer ihrerseits die Einhaltung des Bauordnungsrechts verlangen (§ 14 Abs. 1 Nr. 1 Alt. 1 WEG).

15 Nicht endgültig geklärt ist, ob auf die Brandwand in der Wohnungseigentumsanlage die Regelungen privaten Nachbarrechts über die gemeinschaftliche Grenzanlage mit einem entsprechenden Anspruch auf Wiederherstellung und Beteiligung an Unterhaltungskosten (§ 922 BGB) anzuwenden sind. Nachdem der BGH die Existenz einer Rechtsfigur „Nachbareigentum" zunächst angenommen hat,[25] hat er dies im Weiteren offengelassen.[26] Da die Anwendung auf eine „nicht tragende Wand zwischen zwei Sondereigentumen" beschränkt ist[27] und eine Brandwand idR zugleich eine tragende Wand sein wird, ergäbe sich dies ohnehin nur im Fall einer nicht tragenden Brandwand.

47. Buchhaltung

Pauli

I. Einführung

1 Jeder Wohnungseigentümer möchte wissen, wie die Vermögenslage der Wohnungseigentümergemeinschaft ist und welche Forderungen der Gemeinschaft der Wohnungseigentümer gegenüber den Wohnungseigentümern bestehen. Auskunft über die Vermögenslage geben dem Wohnungseigentümer die Jahresabrechnung nach § 28 Abs. 2 S. 2 WEG und der Vermögensbericht nach § 28 Abs. 4 WEG. Grundlage einer Jahresabrechnung ist eine ordnungsgemäße Buchführung. Aus der Buchführung heraus müssen sich die **einzelnen Geschäftsvorfälle** – also die Hausgeldzahlungen der Wohnungseigentümer und Zahlungen der Gemeinschaft an Dritte bzw. Eigentümer – in ihrer Entstehung und Abwicklung verfolgen lassen. Hierbei muss die Buchhaltung für den einzelnen Eigentümer nachvollziehbar und nachprüfbar sein.

II. Verpflichtung des Verwalters

2 Die Erstellung eines Wirtschaftsplans nach § 28 Abs. 1 S. 2 WEG oder einer Jahresabrechnung nach § 28 Abs. 2 S. 2 WEG obliegen dem Verwalter als **gesetzliche Aufgaben**. Folglich ist eine ordnungsgemäße Buchhaltung von dem Verwalter zu erstellen, sie ist eine ihm obliegende Amtspflicht.[1] Bei Verletzungen dieser Amtspflicht, also insbesondere bei Fällen nicht ordnungsgemäßer Buchhaltung, können Schadensersatzansprüche bestehen.[2]

---

23 AG Hamburg 26.2.2019 – 18 b C 227/18, nrk/nv.
24 BGH 18.4.1997 – V ZR 28/96, NJW 1997, 2234; KG 15.7.2008 – 7 U 180/07, NZM 2008, 700; LG Frankfurt 14.12.2017 – 2–13-S 133/15, ZMR 2018, 621.
25 BGH 21.12.2000 – V ZB 45/00, NZM 2001, 46.
26 BGH 20.11.2015 – V ZB 284/14, ZWE 2016, 79.
27 So zusammenfassend: *Heinemann* AnwZertMietR 13/2016 Anm. 1.
1 *Hügel/Elzer* WEG § 28 Rn. 242.
2 *Hügel/Elzer* WEG § 28 Rn. 248.

III. Gesetzliche Vorgaben/Arten der Buchführung

Eine **gesetzliche Form** der Buchführung für die Wohnungseigentümergemeinschaft ist **nicht vorgesehen**. Ge- 3
setzliche Regelungen über die Buchführung ergeben sich aus den §§ 238 HGB ff. Diese finden aber mangels
Kaufmannseigenschaft gem. §§ 1 ff. HGB auf die Eigentümergemeinschaft keine Anwendung.[3] In der Praxis
der Verwaltung von Wohnungseigentumsanlagen wird zwischen der einfachen Buchführung und der sogenannten doppelten Buchführung unterschieden.

1. Arten der Buchhaltung. Bei der **einfachen Buchführung** werden alle Einnahmen und Ausgaben chrono- 4
logisch erfasst und nur auf Bestandskonten – also Sachkonten für Ausgaben oder Personenkonten für Haus-
geldeinnahmen – verbucht. Eine Kontrolle durch eine laufende Verbuchung findet nicht statt. Die einfache
Buchführung ist zwar eine wesentliche Erleichterung, da sie mit weniger Aufwand zu erledigen ist; sie ist aber
heute handelsrechtlich nicht mehr zulässig.

Die sog. **doppelte Buchführung** entspricht der kaufmännischen Buchführung iSv § 238 HGB. „Doppelt" be- 5
deutet, dass der Zahlungsvorgang auf einem (Buchungs-)Konto und dem Gegenkonto – also aktiv und passiv –
und somit zweimal verbucht wird. Hierbei muss ein Gleichgewicht zwischen der Aktiv- und Passivseite gewahrt bleiben, was der Kontrolle der Buchhaltung dient.

2. Anforderungen an Verwalter. Nach der älteren Rechtsprechung soll die sog. einfache Buchhaltung aus- 6
reichend sein und eine doppelte Buchführung ist zumindest bei kleinen Anlagen nicht erforderlich.[4] Dieser
Auffassung dürfte heute nicht mehr zu folgen sein. Der Gesetzgeber hat mit der Neufassung des § 34 c Gewerbeordnung 2017 und mit der Neufassung des § 26 a WEG die Anforderungen an die fachliche Qualifikation
des Verwalters erhöht, und es werden für den gewerblich tätigen Verwalter ein Sachkundenachweis und Fort-
bildungsmaßnahmen gefordert. Vor diesem gesteigerten gesetzlichen Anforderungsprofil kann dem gewerblichen Verwalter nicht mehr nachgelassen werden, nur eine einfache, aber schwieriger zu kontrollierende Buchhaltung zu erstellen. Vielmehr ergibt sich nunmehr die **Pflicht**, stets eine **doppelte Buchhaltung** auch bei
kleinen Anlagen zu erstellen. Vorsorglich sollte aber die Gemeinschaft der Wohnungseigentümer im Verwaltervertrag die doppelte Buchführung vereinbaren.

IV. Buchführungsgrundsätze

Bei Erstellung der Buchhaltung hat der Verwalter die folgenden allgemeinen Grundsätze zu beachten: 7

- **Dokumentationsprinzip:** Der Verwalter ist verpflichtet, eine vollständige, richtige, zeitgemäße und un-
veränderliche Dokumentation aller Zahlungs- und Buchungsvorgänge anzulegen. Hierzu muss der Verwalter einen Kontenplan entsprechend den Bedürfnissen der Wohnungseigentümergemeinschaft anlegen. Besonderheiten gelten zum Beispiel bei Mehrhausanlagen mit Untergemeinschaften; hier ist der Kontenplan
entsprechend den einzelnen Untergemeinschaften bzw. der Gesamtgemeinschaft zu bilden. Die Sachkonten aus dem Kontenplan sollten hierbei – zur besseren Nachvollziehbarkeit – der Jahresabrechnung entsprechen. Die Zahlungen der Wohnungseigentümer sind jeweils auf einem eigenen Beitragskonto zu verbuchen.
- **Belegprinzip:** Jeder Buchung muss ein schriftlicher Beleg – zum Beispiel eine Rechnung, eine Quittung
oder ein Kontoauszug – zugrunde liegen. Es gilt der Grundsatz: Keine Buchung ohne Beleg. Aus dem Beleg müssen sich der Geschäftsvorgang, der Geschäftspartner, der Bezug zur Wohnungseigentümergemeinschaft und die Höhe des Betrages ergeben.
- **Aufbewahrungspflicht:** Buchhaltungsunterlagen sind nach handelsrechtlichen bzw. steuerrechtlichen Bestimmungen 6 bzw. 10 Jahre aufzubewahren.

---

3 BGH 7.6.2013 – V ZR 211/12, NZM 2013, 650 Rn. 12.
4 Niedenführ/Vandenhouten/*Niedenführ* WEG § 28 Rn. 171.

48. COVID-19-Pandemie

Elzer

I. Allgemeines

1 Gegenstand dieses Stichworts sind die wichtigsten Auswirkungen der COVID-19-Pandemie auf das Wohnungseigentumsrecht. Die Einzelheiten sind jeweils den Spezial-Stichworten zu entnehmen. Ferner müssen stets die aktuellen öffentlich-rechtlichen Entwicklungen zu Rate gezogen werden (siehe dazu https://lexcorona .de).

II. Stichworte im „ABC"

2 ■ **Belegeinsicht.** Haben die Gemeinschaft der Wohnungseigentümer und der Verwalter keine Vereinbarung getroffen, wo eine Einsichtnahme zu gewähren ist, kann ein Wohnungseigentümer eine Einsichtnahme in die Verwaltungsunterlagen (→ *Verwaltungsunterlagen* Rn. 1 ff.) grundsätzlich nur im Verwalterbüro verlangen (→ *Belege* Rn. 35). Die Einschränkungen aufgrund der jeweiligen landesrechtlichen Corona-Verordnungen und örtlicher, kommunaler Regelungen dürften der Einsichtnahme in der Regel **nicht** entgegenstehen. Ist es im Einzelfall anders und kommt eine Einsichtnahme wegen der aktuellen Rechtslage vor Ort nicht in Betracht, liegen die Voraussetzungen vor, nach denen ein Wohnungseigentümer eine Einsichtnahme ausnahmsweise außerhalb der Geschäftsräume verlangen kann. Der Verwalter ist dann verpflichtet, dem Wohnungseigentümer Kopien bzw. einen Ausdruck aller Belege zu übersenden, derer der Wohnungseigentümer bedarf.

3 ■ **Benutzung (Gebrauch).** Aus Anlass der COVID-19-Pandemie ist eine Reihe von Gebrauchs- und Nutzungsregelungen vorstellbar. Bei keiner ist zum jetzigen Zeitpunkt gesichert, dass sie abstrakt oder konkret ordnungsmäßiger Verwaltung entspricht. Insoweit muss Rechtsprechung abgewartet werden. Beispiele für Benutzungs- und/oder Gebrauchsregelungen sind:
  – Der Beschluss, wie viele Personen einen Personenaufzug gleichzeitig benutzen dürfen.
  – Der Beschluss, welches von mehreren Treppenhäusern zu gebrauchen ist.
  – Der Beschluss, dass beispielsweise im Bereich des gemeinschaftlichen Eigentums ein Mindestabstand einzuhalten sind.
  – Der Beschluss, dass im Personenaufzug und im Treppenhaus Mund-Nasen-Masken zu tragen sind.
  – Der Beschluss, dass man im Treppenhaus nicht grüßen, nicht singen und sich nicht unterhalten darf.
  – Der Beschluss, dass Außenflächen oder ein im gemeinschaftlichen Eigentum stehendes Schwimmbad gesperrt sind.
  – Der Beschluss, wie Außenflächen gebraucht werden dürfen.
  – Der Beschluss, dass in bestimmten Bereichen Desinfektionsmittel einzusetzen sind, zB bei Klinken oder Handläufen.

4 ■ **Bescheinigung nach § 35 a EstG.** Für die Einkommensteuererklärung 2019 reicht die Jahresabrechnung 2018.

5 ■ **Beschluss (schriftlich).** Auch ohne Versammlung ist ein Beschluss nach § 23 Abs. 3 WEG gültig, wenn alle Wohnungseigentümer ihre Zustimmung zu diesem Beschluss schriftlich erklären. Gegenstand des Beschlusses kann jede Maßnahme sein, für die es eine Beschlusskompetenz gibt. Auf den schriftlichen Beschluss kann zurückgegriffen werden, solange Präsenzversammlungen erschwert oder nicht möglich sind. Im Einzelfall hilft ferner § 23 Abs. 3 S. 2 WEG. Nach dieser Bestimmung können die Wohnungseigentümer beschließen, dass für einen einzelnen Gegenstand die Mehrheit der abgegebenen Stimmen genügt.

6 ■ **Bestellung des Verwalters.** Nach § 6 Abs. 1 COVMG bleibt eine Person auch ohne einen Beschluss der Wohnungseigentümer nach § 26 Abs. 1 WEG weiterhin Verwalter der entsprechenden Wohnungseigentumsanlage. Das COVMG zwingt die Person nicht, das Verwalteramt auszuüben. Sie ist daher berechtigt, durch eine einseitige, formlos mögliche und nicht widerrufliche Willenserklärung ihr Amt niederzulegen und es damit sofort zu beenden. § 6 Abs. 1 COVMG hindert die Wohnungseigentümer nicht, den konkreten Verwalter abzuberufen, aber keine neue Person zum Verwalter zu bestellen. § 6 Abs. 1 COVMG soll

nach den Gesetzesmaterialen auch den Fall erfassen, dass die Amtszeit des konkreten Verwalters zum Zeitpunkt des Inkrafttretens der Vorschrift bereits abgelaufen war.

■ **Betriebskostenabrechnung.** Dass es vorübergehend ggf. zu keinen Beschlüssen nach § 28 Abs. 2 S. 1   7
WEG kommen wird, ist für vermietende Wohnungseigentümer bedeutungslos und hat vor allem auf die Frist des § 556 Abs. 3 S. 1 Hs. 1, S. 2 BGB keinen Einfluss. Die Jahresabrechnung ist keine Abrechnung über die Betriebskosten. Die Jahresabrechnung kann für den vermietenden Wohnungseigentümer allerdings eine Art „Steinbruch" sein, bei dem er sich für die Erstellung der Abrechnung über die Betriebskosten bedienen kann. Insoweit kann er auf den Verwalter zugehen. Denn, wie es auch in den Materialien zum COVMG heißt, soweit die Jahresabrechnung als Zahlenwerk insbesondere für steuerliche Zwecke erforderlich ist, ist sie den Wohnungseigentümern schon vor einem Beschluss nach § 28 Abs. 2 S. 1 WEG zur Verfügung zu stellen. Für die Abrechnung über die Betriebskosten gilt nichts anderes. Der vermietende Wohnungseigentümer ist in Bezug auf die Abrechnung über die Betriebskosten auf den Beschluss nach § 28 Abs. 2 S. 1 WEG nicht angewiesen und muss auch dann innerhalb der Frist des § 556 Abs. 3 S. 2 BGB abrechnen und diese Abrechnung dem Mieter mitteilen, wenn ein Beschluss nach § 28 Abs. 2 S. 1 WEG nicht oder noch nicht gefasst ist.

■ **Datenschutz.** Der Verwalter ist nach Art. 6 Abs. 1 c DS-GVO (Erfüllung einer rechtlichen Verpflichtung)   8
berechtigt und verpflichtet, nach § 16 Abs. 2 S. 2 und S. 3 Infektionsschutzgesetz den Beauftragten der zuständigen Behörde und des Gesundheitsamtes das Grundstück, Räume, Anlagen, Einrichtungen sowie sonstige Gegenstände zugänglich zu machen und Auskünfte zu erteilen. Nach Art. 6 Abs. 1 d DS-GVO (Schutz der lebenswichtigen Interessen einer anderen natürlichen Person) ist der Verwalter im besonders gelagerten Einzelfall außerdem wohl auch berechtigt, auf Corona-Fälle in der Wohnungseigentumsanlage unter Nennung des Namens hinzuweisen, zB wenn sich die Person gegenüber dem Schutz Dritter völlig uneinsichtig zeigt. Siehe im Übrigen → *Datenschutz* Rn. 1 ff.

■ **Einkommensteuererklärung.** Für die Einkommensteuererklärung kann der Wohnungseigentümer den   9
Verwalter fragen, welche Mittel aus der Erhaltungsrücklage entnommen wurden.

■ **Erhaltung (dringend).** Nach § 27 Abs. 1 Nr. 2 WEG kann der Verwalter in dringenden Fällen sonstige zur   10
Erhaltung des gemeinschaftlichen Eigentums erforderliche Maßnahmen treffen. In diesem Sinne „dringend" sind Fälle, die wegen ihrer objektiven Eilbedürftigkeit eine vorherige, gegebenenfalls iSv § 24 Abs. 4 S. 2 WEG dringende Einberufung einer Versammlung und die Befassung der Wohnungseigentümer mit „Ob" und „Wie" einer Erhaltungsmaßnahme nicht mehr zulassen. § 27 Abs. 1 Nr. 2 WEG deckt nach Ermessen des Verwalters nur solche Maßnahmen ab, die im Rahmen einer ordnungsmäßigen Verwaltung eine Gefahrenlage für das gemeinschaftliche Eigentum beseitigen, grundsätzlich nicht aber solche, die der dauerhaften Behebung der Schadensursache dienen. § 27 Abs. 1 Nr. 2 WEG erlaubt mithin in der Regel nur Sicherungsmaßnahmen. Hier ist aber eine Abwägung im Einzelfall notwendig. Könnte es, wie jetzt, eine längere Zeit nicht zu Versammlungen kommen, wird sich der Handlungsspielraum der Verwalter notwendig erweitern. Siehe im Übrigen → *Erhaltungsmaßnahmen* Rn. 1 ff.

■ **Erhaltung (laufend).** Nach § 27 Abs. 1 Nr. 1 WEG darf der Verwalter die laufenden Maßnahmen der erforderlichen ordnungsmäßigen Instandhaltung und Instandsetzung treffen. Siehe im Übrigen → *Erhaltungsmaßnahmen* Rn. 1 ff.   11

■ **E-Mail-Verteiler.** Der Verwalter ist berechtigt, E-Mail-Verteiler einzurichten. Wichtig ist, dass alle, die   12
sich dieser Medien bedienen, mit einem Informationsaustausch und/oder Diskurs an diesem Ort einverstanden sind.

■ **Gerichtsverfahren (laufend).** Für laufende Gerichtsverfahren gilt § 27 Abs. 1 Nr. 2 WEG. Danach ist der   13
Verwalter bei Klagen, bei denen die Gemeinschaft der Wohnungseigentümer die Beklagte ist (Passivprozesse), berechtigt, diese im Erkenntnis- und Vollstreckungsverfahren zu führen. § 27 Abs. 1 Nr. 2 WEG begründet für Passivprozesse eine umfassende wegen § 9 b Abs. 1 S. 1 WEG und im Außenverhältnis uneingeschränkte gesetzliche Vertretungsbefugnis des Verwalters. Anders ist es im – jenseits von § 27 Abs. 1 Nr. 1 WEG – im Grundsatz für Aktivprozesse. Hier kann der Verwalter nämlich nur etwas unternehmen, wenn eine Frist zu wahren ist oder ein sonstiger Rechtsnachteil abgewendet werden soll. Siehe im Übrigen → *WEG-Verfahren* Rn. 1 ff.

14 ■ **Hausgeld.** Art. 240 § 1 EGBGB ist auf das Verhältnis zwischen einem Wohnungseigentümer und/oder Teileigentümer und der Gemeinschaft der Wohnungseigentümer nicht anwendbar. Zwar kann ein Wohnungseigentümer ein **Verbraucher** sein. Einen Wohnungseigentümer und die Gemeinschaft der Wohnungseigentümer verbindet aber schon kein Verbrauchervertrag. Der EuGH versteht das von einem Wohnungseigentümer geschuldete Hausgeld zwar als eine Vertragsschuld. Dies gilt aber nur für den Anwendungsbereich von Art. 7 Nr. 1 lit. a Brüssel Ia-VO. Jedenfalls aber handelt es sich bei der Verpflichtung, das Hausgeld zu zahlen, um kein wesentliches Dauerschuldverhältnis iSv Art. 240 § 1 EGBGB. Dies sind nur solche Dauerschuldverhältnisse, die zur Eindeckung mit Leistungen der Daseinsvorsorge erforderlich sind. Und für einen Teileigentümer ist vorstellbar, dass er ein Kleinstunternehmen iSv Art. 240 § 1 Abs. 2 EGBGB ist. Auch hier fehlt es aber an einem wesentlichen Dauerschuldverhältnis iSd Gesetzes. Wesentlich sind nämlich nur solche Dauerschuldverhältnisse, die zur Eindeckung mit Leistungen zur angemessenen Fortsetzung seines Erwerbsbetriebs erforderlich sind, etwa Pflichtversicherungen, Verträge über die Lieferung von Strom und Gas oder über Telekommunikationsdienste, soweit zivilrechtlich geregelt auch Verträge über die Wasserver- und -entsorgung zu solchen Leistungen. Die Regelungen des Art. 240 § 1 EGBGB dürften auch nicht im Verhältnis der Gemeinschaft der Wohnungseigentümer zu einem Dritten anwendbar sein. Zwar soll die Gemeinschaft der Wohnungseigentümer nach der Rechtsprechung des BGH im Interesse des Verbraucherschutzes der in ihr zusammengeschlossenen, nicht gewerblich handelnden natürlichen Personen dann einem Verbraucher gem. § 13 BGB gleichzustellen sein, wenn ihr wenigstens ein Verbraucher angehört und sie ein Rechtsgeschäft zu einem Zweck abschließt, der weder einer gewerblichen noch einer selbständigen beruflichen Tätigkeit dient. Der Gemeinschaft der Wohnungseigentümer dürfte die Erbringung der Leistung aber ohne Gefährdung ihres angemessenen „Lebensunterhalts" jederzeit möglich sein. Denn im Innenverhältnis haften ihr die Wohnungseigentümer unbeschränkt. Für Darlehensverträge, die Art. 240 § 3 EGBGB unterfallen, dürfte nichts anderes gelten. Die Bestimmung des Art. 240 § 2 EGBGB kann auf die Verpflichtung, Hausgeld zu zahlen, nicht entsprechend angewendet werden. Die Voraussetzungen einer Analogie, eine planwidrige Regelungslücke und eine vergleichbare Interessenlage, sind nicht erkennbar. Im Verhältnis zwischen einem Wohnungseigentümer und/oder Teileigentümer und der Gemeinschaft der Wohnungseigentümer ist in Bezug auf die Pflicht, das Hausgeld zu zahlen, nicht vorstellbar, dass die Geschäftsgrundlage iSv § 313 BGB weggefallen ist. Die Verpflichtung, Hausgeld zu zahlen, ist schon kein Entgelt für die Überlassung von Räumlichkeiten.

15 ■ **Infektionsschutz.** Der Verwalter muss dafür Sorge tragen, dass durch Schreiben oder eine E-Mail, aber auch durch Aushänge im Gebäude, auf die elementaren Regeln (Abstandhalten, Händewaschen, Kontakt vermeiden usw) und die aktuellen Bundes- und Landesbestimmungen hingewiesen wird. Hausmeister und Dienstleister, zB für die Außenanlagen oder die Reinigung des Treppenhauses, sind entsprechend anzuweisen, unter anderem beispielsweise die Handläufe und Knäufe besonders zu reinigen. Was im Detail gilt, ist mit den Dienstleistern zu besprechen. Im Einzelfall wird auch zu prüfen sein, vorübergehend die Frequenz und Intensität der Hausreinigung zu erhöhen. Es ist möglich und vorstellbar, dass der Verwalter auch die Wohnungseigentümer anspricht und sie motiviert, vorübergehend auf freiwilliger Basis für eine besondere Reinigung der entsprechenden Stellen zu sorgen. Ein Beschluss wäre insoweit allerdings nicht möglich, da es sich um eine tätige Mithilfe handeln würde, für die keine Beschlusskompetenz besteht. Es ist nicht zu beanstanden und auch hinzunehmen, wenn einzelne Wohnungseigentümer zu solchen Maßnahmen nicht bereit sind. Zu einem Infektionsschutz im Übrigen ist der Verwalter nicht verpflichtet. Er muss also nur die aktuellen Gesetze umsetzen sowie den behördlichen Anforderungen Folge leisten und beispielsweise – soweit landesrechtlich vorgesehen – Spielplätze oder andere Flächen sperren. Aktiv ist hingegen zurzeit nichts zu unternehmen. Kommt es in einer Wohnungseigentumsanlage wegen der Coronapandemie zu Todesfällen, ist es grundsätzlich die Aufgabe der Angehörigen und der Behörden, das Notwendige zu veranlassen. Aufgabe des Verwalters ist es, diese Schritte angemessen zu begleiten und zu fördern. Wird einem Verwalter ein Todesfall bekannt, sollte er, soweit möglich und soweit Adressen bekannt sind und unter Wahrung des Datenschutzes bekannt sein dürfen, die Angehörigen und die Behörden unterrichten.

16 ■ **Jahresabrechnung.** Kommt es zu keiner Versammlung, können Wohnungseigentümer, die Informationen für ihre Abrechnungen oder für das Finanzamt benötigen, sich diese beim Verwalter beschaffen. Siehe im Übrigen → *Jahresabrechnung* Rn. 1 ff.

■ **Liquidität.** Benötigt die Gemeinschaft der Wohnungseigentümer Liquidität, ist dem Verwalter als Not-   17
maßnahme nach § 27 Abs. 1 Nr. 2 WEG die Entscheidung für den Abschluss eines Darlehensvertrages in
der erforderlichen Höhe möglich. Ihm fehlt indes eine Vertretungsmacht.

■ **Mahnverfahren.** Zur raschen Erlangung von Liquidität ist ggf. ein Mahnverfahren oder eine Hausgeld-   18
klage nach § 27 Abs. 1 Nr. 2 WEG ohne Ermächtigung möglich. Freilich dürfte diese Möglichkeit ohnehin
in den meisten Verwalterverträgen vorgesehen sein und/oder § 27 Abs. 1 Nr. 1 WEG unterfallen. Siehe im
Übrigen → *Mahnverfahren* Rn. 1 ff.

■ **Messenger-Dienste.** Der Verwalter kann Messenger-Dienste einsetzen. Es ist ratsam, europäische oder   19
deutsche Messenger-Dienste zu nutzen. Es gibt mittlerweile eine Reihe von Apps, die den datenschutzrechtlichen Anforderungen nahezu gerecht werden. Es können grundsätzlich alle Fragen ausgetauscht werden. Soweit ein Wohnungseigentümer an einem solchen Diskurs nicht teilnehmen möchte oder nicht kann,
ist das – sofern nichts anderes vereinbart ist – zu respektieren und kann auch nicht anders beschlossen
werden. Soweit der Verwalter in den sozialen Medien Informationen zur Verfügung stellt, muss er den Datenschutz beachten und grundsätzlich personenbezogene Daten schwärzen, soweit die davon betroffenen
Wohnungseigentümer ihm keine Ermächtigung erteilt haben, anders zu verfahren.

■ **Öffentliches Recht.** Der jeweilige Träger des Verwalteramts wird im öffentlichen Recht in Bezug auf den   20
allgemeinen Zustand des gemeinschaftlichen Eigentums als ein möglicher Störer angesehen. Denn der
Verwalter kann nach § 27 Abs. 1 Nr. 1 und/oder Nr. 2 WEG teilweise in das gemeinschaftliche Eigentum
eingreifen, ohne die Wohnungseigentümer einschalten zu müssen. Ferner ist es vorstellbar, dass die Wohnungseigentümer dem Verwalter Verwaltungskompetenz übertragen haben. Es ist daher möglich, dass eine
Behörde im Zusammenhang mit der COVID-19-Pandemie den Verwalter als Zustands- und auch als
Handlungsstörer kraft Unterlassens in Anspruch nimmt.

■ **Stundung.** Der Verwalter ist nach § 27 Abs. 1 Nr. 1 WEG berechtigt, im Namen der Gemeinschaft einem   21
Wohnungseigentümer eine Stundung zu gewähren. Bei Abschluss einer Ratenzahlungsvereinbarung, der
eine Stundung zu Grunde liegt, ist Vorsicht geboten. Die mit der Vereinbarung verbundene Stundung entfällt nicht ohne weiteres. In jedem Fall ist es richtig, eine Vorfälligkeitsklausel für den Fall der Nichtzahlung aufzunehmen.

■ **Versammlung:**   22
  – **Überblick.** Aufgrund der durch die COVID-19-Pandemie ausgelösten Situation ist die Durchführung
    von Versammlungen zum Teil nur eingeschränkt und teilweise nicht möglich. Die Situation kann sich
    zum „Ob" einer Versammlung und zum „Wie" von Landkreis zu Landkreis unterscheiden. Ferner
    dürfte die Zulässigkeit in der Regel von der Größe der Wohnungseigentümergemeinschaft abhängen.
    Während es bei kleinen Gemeinschaften keine oder wenige Probleme geben wird, erscheinen Ver-
    sammlungen für große Wohnungseigentümergemeinschaften noch längere Zeit kaum so durchführbar,
    wie es das Gesetz vorsieht.
  – Beraumt der Verwalter eine Versammlung an, obwohl das öffentliche Recht diese nicht zulässt, sind
    alle dort gefassten Beschlüsse jedenfalls anfechtbar. Kein Wohnungseigentümer ist gezwungen, zu
    einer solchen Versammlung zu erscheinen. Ist eine Versammlung möglich, obliegt es dem Ermessen
    des Verwalters, wann, wo, zu welchem Zeitpunkt, zu welchem Ort und zu welcher Stätte die Ver-
    sammlung einberufen wird. Eine Besonderheit ist, dass das Ermessen bei der jeweiligen Auswahl sich
    zurzeit auch vom öffentlichen Recht leiten lassen muss.
  – **Öffentliches Recht.** Die Pflicht, für die Einhaltung des öffentlichen Rechtes während der Versamm-
    lung zu sorgen, ist ein Teil der Versammlungsleitung und Aufgabe des Verwalters. Ihm obliegt es zB,
    für den Mindestabstand zwischen den Teilnehmern zu sorgen und auch auf die Hygiene zu achten.
    Was im Einzelnen gilt, ist eine Frage des Infektionsschutzes und der aktuellen Bestimmungen.
  – **Online-Teilnahme.** Das geltende Recht lässt zwar keine virtuelle Versammlung, wohl aber die
    Online-Teilnahme an Versammlungen zu.
  – Im Übrigen ist es möglich, dass der Verwalter sich mit nur einem Wohnungseigentümer trifft. Dieser
    Wohnungseigentümer und/oder der Verwalter können von den anderen Wohnungseigentümern Voll-
    machten erhalten. Der Wohnungseigentümer, der in der Versammlung anwesend ist, steht mit den an-
    deren Wohnungseigentümern in einem telefonischen Kontakt oder kommuniziert mit ihnen über die
    sozialen Medien oder per E-Mail und holt so gegebenenfalls ihre Weisungen für die Versammlung ein.

Problematisch ist insoweit allerdings die Einberufung. Denn diese müsste bedingt erfolgen. Bedingung wäre, dass nur ein Wohnungseigentümer kommt. Ob dies möglich ist, ist unklar.

– **Versammlungsleitung.** Am Verwalter ist es zu entscheiden, ob eine Versammlung aus hygienischen Gründen unterbrochen, verlegt oder vertagt wird. Die Wohnungseigentümer sind berechtigt, ihm durch Beschluss Weisungen zu erteilen, und können Beschlüsse zur Geschäftsordnung fassen. Insoweit gelten die allgemeinen Regelungen. Die Wohnungseigentümer haben entsprechend ihrem Recht, das Rauchen zu erlauben oder zu verbieten oder Regelungen zum Essen, Trinken und zum Gebrauch von Handys zu treffen, eine Kompetenz, das Tragen von Mund-Nasen-Masken zu beschließen. Auch der Verwalter ist im Rahmen seines Hausrechts berechtigt, diese Anordnung zu treffen. Ist ein Wohnungseigentümer nicht bereit, sich dieser Maßnahme zu unterwerfen, ist als ultima ratio vorstellbar, ihn von der Versammlung zu entfernen. Problematisch ist allerdings, wenn diese Maßnahmen vor der Versammlung nicht als Möglichkeit angekündigt worden waren und der Verwalter auch keine Mund-Nasen-Masken bereithält. Insoweit muss die Versammlung gegebenenfalls unterbrochen oder vertagt werden. Sie fortzusetzen, ohne einem Wohnungseigentümer die Möglichkeit zu geben, eine Mund-Nasen-Maske kurzfristig zu beschaffen, dürfte alle Beschlüsse wenigstens anfechtbar machen.

– **Versammlungsstätte.** Der Verwalter muss eine Versammlungsstätte wählen, die es ermöglicht, dass der notwendige Mindestabstand zwischen den Versammlungsteilnehmern und den Mitarbeitern des Verwalters sowie die weiteren Hygienemaßnahmen wie das Händewaschen und eine Desinfektion eingehalten werden können. Bestimmt der Verwalter eine ungeeignete Versammlungsstätte, dürfte kein Wohnungseigentümer verpflichtet sein, an der Versammlung teilzunehmen, und dürften, wenn Wohnungseigentümer wegen der Ungeeignetheit der Versammlungsstätte der Versammlung ferngeblieben sind, dennoch gefasste Beschlüsse keiner ordnungsmäßigen Verwaltung entsprechen, und zwar nicht nichtig, aber anfechtbar sein.

– **Verzeichnisse.** Es ist möglich, dass der Verwalter nach öffentlichen Regelungen gehalten ist, Namen und Adressen und/oder E-Mail-Adressen der Teilnehmenden, seiner Mitarbeiter und anderer Personen, etwa Kellner, in ein Verzeichnis aufzunehmen.

23 ■ **Verwaltervertrag.** § 6 COVMG äußert sich nicht, was für den Verwaltervertrag gilt. Nach seinem Sinn und Zweck wird man annehmen müssen, dass auch er nicht endet und sich nach einer ergänzenden Vertragsauslegung jedenfalls bis zum Ende der Bestellung fortsetzt. Der konkrete Verwalter sollte sich dennoch bemühen, rasch für Klarheit zu sorgen. Ferner muss er an die Wohnungseigentümer herantreten, wenn er Änderungen des Verwaltervertrages wünscht, zB Sondervergütungen wegen der COVID-19-Pandemie, aber auch andere Änderungen.

24 ■ **Video-Kommunikation.** Im Einzelfall kommt eine Video-Kommunikation in Betracht. Der Verwalter sollte auch hier darauf achten, dass bei der Auswahl des Anbieters die gesetzlichen Vorgaben und deren Einhaltung transparent für den Nutzer dargestellt sind. Weiterhin ist zu klären, ob der Anbieter die Regeln in Bezug auf Privacy Shield und die Standardschutzklauseln (SCC) einhält und sich diesen unterstellt. Sobald ein Videokonferenz-Tool eingesetzt wird, ist zwischen dem Anbieter und dem Unternehmen ein Auftragsverarbeitungsvertrag iSd Art. 28 DS-GVO zu schließen. Viele Anbieter halten einen entsprechenden Vertrag vor. Allerdings muss der Verwalter aktiv den Vertrag anfordern und entsprechend ausfüllen und übersenden. Die Informationspflichten (Datenschutzhinweise) sind dann entsprechend anzupassen.

25 ■ **Wirtschaftsplan.** Nach § 28 Abs. 1 S. 2 WEG hat der Verwalter jeweils für ein Kalenderjahr einen Wirtschaftsplan aufzustellen. Die für das Jahr 2019 beschlossenen Wirtschaftspläne endeten damit regelmäßig mit Ablauf des 31.12.2019. Etwas anderes gilt, wenn die Wohnungseigentümer im Jahr 2019 bereits einen Wirtschaftsplan für das Jahr 2020 mit Wirkung zum 1.1. beschlossen haben. Und etwas anderes gilt, wenn die Wohnungseigentümer beschlossen haben, dass der für das Jahr 2019 aufgestellte Wirtschaftsplan fortgelten soll, bis über einen neuen Wirtschaftsplan beschlossen worden ist. Für den Fall, dass die Wohnungseigentümer keine Fortgeltung beschlossen haben, fingiert § 6 Abs. 2 COVMG, dass der zuletzt von den Wohnungseigentümern durch Beschluss gem. § 28 Abs. 5 WEG aF genehmigte Wirtschaftsplan – das muss nicht unbedingt ein Wirtschaftsplan des Jahres 2019 sein – bis zum Beschluss eines neuen Wirtschaftsplans fortgilt. Das bedeutet, dass ein Wohnungseigentümer auch für Januar bis März 2020, ggf. für das Jahr 2021, ggf. aber auch für das Jahr 2019 rückwirkend Hausgeld schuldet. Eine vereinbarte oder generell von den Wohnungseigentümern beschlossene Verfallklausel greift aber erst, wenn der Wohnungseigentümer nach Inkrafttreten des COVMG mit der vorgesehenen Mindestzahl monatlicher Raten in Verzug

Elzer

gerät. Gab es keinen Wirtschaftsplan, ändert das COVMG daran nichts. Nach Art. 6 Abs. 2 COVFAG tritt das COVMG am 31.12.2021 außer Kraft. Danach könnten die Fiktionen des § 6 COVMG an diesem Tag enden. Es ist indessen nach Sinn und Zweck des COVMG anzunehmen, dass die Regelungen des § 6 CO-VMG erst dann enden, wenn die Wohnungseigentümer durch Beschluss etwas anderes bestimmen.

49. Dach

Breiholdt

I. Einführung

Unter dem Begriff „Dach" wird nachfolgend sowohl der (unausgebaute) Dachstuhl als auch die Dachfläche verstanden. 1

II. Eigentumsrechtliche Zuordnung

Das Dach eines Gebäudes ist als konstruktiver Bestandteil mit gleichzeitiger Schutzfunktion zwingend **Gemeinschaftseigentum**. Dies gilt auch dann, wenn es sich um Dächer von **Reihenhäusern** in der Rechtsform des Wohnungseigentums[1] handelt oder bei Wohnungseigentum, das aus zwei Wohnungseigentumseinheiten gebildet ist, die sich aus zwei zu einem Doppelhaus zusammengefügten Einfamilienhäusern ergeben haben.[2] 2

Dazu gehören auch die Dachbalken[3] und die Dachziegel und -platten.[4] 3

Bei **Flachdächern** handelt es sich um Gemeinschaftseigentum, wenn die oberste Schicht eine schützende und isolierende Funktion hat.[5] 4

Ist eine zum Gebäude gehörige Hoffläche, die allseits von Mauerwerk umfasst ist, komplett mit einem Glasdach überdacht, so dass diese wie ein Raum gegen äußere Witterungseinflüsse geschützt ist, so ist dieses **Glasdach** ebenfalls zwingend Gemeinschaftseigentum.[6] 5

Ein **Dachvorbau** soll hingegen zum Sondereigentum gehören können.[7] Das Gleiche gilt für **Dachterrassen und -gärten**, auch wenn sie nicht von allen Seiten umschlossen sind.[8] Das Sondereigentum beschränkt sich gleichwohl auf den begehbaren Belag, dh konstruktive Teile mit Schutzfunktion (Feuchtigkeit, Wärmedämmung, Absturzsicherung etc) sind auch in diesem Fall Gemeinschaftseigentum. 6

Dachfenster sind zwingend Gemeinschaftseigentum.[9] Eine Unterteilung in Außen- und Innenseite ist unwirksam.[10] 7

Entsteht durch die Anbringung eines **Giebeldaches** anstelle des bisherigen Flachdaches ein zusätzlicher Raum, so steht dieser Raum im Gemeinschaftseigentum.[11] 8

---

1 BayObLG 30.3.2000 – 2Z BR 2/00, NJW-RR 2000, 1179–1180.
2 BGH 25.1.2001 – VII ZR 193/99, NZM 2001, 435.
3 OLG Köln 3.2.1995 – 19 U 131/94, NJW-RR 1995, 910.
4 Bärmann/*Armbrüster* WEG § 5 Rn. 67.
5 OLG Frankfurt a. M. 9.7.1986 – 20 W 357/85, OLGZ 1987, 23.
6 OLG Düsseldorf 11.4.2008 – I-3 Wx 254/07, ZWE 2008, 302.
7 BGH 18.11.2016 – V ZR 49/16 – NZM 2017, 328–331; aA *Hügel/Elzer* WEG § 5 Rn. 40.
8 BGH 18.11.2016 – V ZR 49/16, NZM 2017, 328–331; aA NSV/*Vandenhouten* WEG § 5 Rn. 23.
9 BGH 2.3.2012 – V ZR 174/11, WuM 2012, 395–396.
10 BGH 22.11.2013 – V ZR 46/13, WuM 2014, 159–161.
11 OLG München 5.10.2006 – 32 Wx 121/06, DNotI-Report 2007, 78.

9   Ist eine Wohnung mit Wohnnebenräumen im Dachgeschoss verbunden, so kann es sich bei diesen Nebenräumen um sog. **„unselbstständiges Teileigentum"** handeln. Das ist der Fall, wenn die Räume entweder ausdrücklich oder der Sache nach nicht zu Wohnzwecken genutzt werden dürfen.[12]

10   An **unausgebauten Dachgeschossen** kann Sondereigentum oder ein Sondernutzungsrecht begründet werden. Es sind dann detaillierte Regelungen in der Gemeinschaftsordnung zu Einzelheiten des Ausbaus und/oder der Kostentragungspflicht zu treffen (→ *Dachgeschossausbau* Rn. 41 ff.).

III. Folgen der eigentumsrechtlichen Zuordnung

11   Soweit das Dach im Gemeinschaftseigentum steht (Ausnahmen → Rn. 6), obliegt die Pflicht zur **Erhaltung** der Gemeinschaft der Wohnungseigentümer. In der Gemeinschaftsordnung kann aber bestimmt werden, dass diese Pflicht auf die das Gemeinschaftseigentum nutzenden **Sondereigentümer übertragen** wird. Klassisches Beispiel sind die Außen- bzw. Dachfenster von Sondereigentumseinheiten im Dach. Denkbar ist eine solche Instandhaltungsregelung aber auch für den gesamten Dachstuhl und die Dachkonstruktion im Falle von Doppel- oder Reihenhäusern, bei denen den Eigentümern der Doppel- oder Reihenhäuser die Instandhaltung ihrer jeweiligen Dachkonstruktion obliegt.[13] Entsprechende Regelungen müssen aber bestimmt sein und finden ihre Grenze dort, wo Verzahnungen der Bauteile vorliegen, zB die Kamine eines Eigentümers die Dachflächen der benachbarten Häuser durchstoßen. Eine Sanierung der Kaminköpfe kann dann nur unter Eingriff in die konstruktiven Teile des jeweiligen Nachbardachs erfolgen.[14]

12   Stehen Nebenräume im Dach im Gemeinschaftseigentum und sind gleichwohl **nur durch die darunter liegende Wohnung zu betreten**, so kann sich aus der Gemeinschaftsordnung ergeben, dass sie nicht der gemeinschaftlichen Nutzung aller Eigentümer zugänglich sein und nur zur Durchführung von Instandhaltungs- oder Instandsetzungsarbeiten betreten werden sollen.[15] Diese Auslegung kann sich auch aus der Art des TE ergeben.[16]

13   Handelt es sich bei Räumen, die zu einem darunterliegenden Wohnungseigentum gehören um sog. **unselbstständiges Teileigentum,** so kann der Einbau einer Dusche oder einer Toilette eine unzulässige Wohnnutzung indizieren.[17]

50. Dachgeschossausbau

Hansen

---

12   *„Dachboden"* – OLG Düsseldorf 28.11.2003 – 3 Wx 252/03, ZMR 2004, 610; *„Spitzboden"* – BGH 16.5.2014 – V ZR 131/13, NJW 2014, 2640.

13   BayObLG 18.3.2004 – 2Z BR 264/03, DNotZ 2005, 222–224.

14   Vgl. LG München I 25.11.2013 – 1 S 4911/13 WEG, ZMR 2014, 399–401.

15   OLG Hamm 27.10.2000 – 15 W 210/00, NZM 2001, 239.

16   *„Dachspitz"* – BayObLG 29.7.2004 – 2Z BR 98/04, ZMR 2004, 844.

17   BayObLG 18.12.1998 – 2Z BR 166–98, NZM 1999, 466.

I. Einführung

Ein nicht ausgebautes Dachgeschoss im Objekt, dh Dachboden, Speicher oder sogenannter Spitzboden, reizt, **1** Wohnraum zu schaffen. Neben mitunter komplexen technischen Fragen sind zur Realisierung einige rechtliche Hürden zu nehmen. Das erforderliche Ausbaurecht kann bereits in der **Teilungserklärung** und Gemeinschaftsordnung vorgesehen sein, möglicherweise ist es aber unzureichend ausformuliert. Auslegungsschwierigkeiten sind die Folge. Regelmäßig stellt sich etwa die Frage, wer nach Abschluss eines Ausbaus Folgekosten zu tragen hat und ob der Kostenverteilungsschlüssel zB angepasst werden muss. Erfolgt der Dachgeschossausbau eigenmächtig, ergeben sich gegebenenfalls Bereicherungsansprüche der Miteigentümer.

II. Rechtsgrundlage

1. Sachenrechtliche Grundlage. a) Dachboden regelmäßig Gemeinschaftseigentum. Gegenstand des **2** Sondereigentums sind grundsätzlich die bei Begründung von Wohnungseigentum im Teilungsvertrag oder in der Teilungserklärung gem. §§ 3 Abs. 1, 8 Abs. 1 WEG bestimmten Räume, §§ 5 Abs. 1, 8 Abs. 2 WEG. Zur näheren Bezeichnung des Sondereigentums wird im Wohnungsgrundbuch auf die **Eintragungsbewilligung** Bezug genommen, § 7 Abs. 3 WEG, § 874 BGB. Diese ist als Anlage dem Aufteilungsplan (→ *Aufteilungsplan* Rn. 3 ff.) beigefügt. In dem Aufteilungsplan sind alle zu demselben Wohnungseigentum gehörenden Einzelräume mit der jeweils gleichen Nummer zu kennzeichnen, § 7 Abs. 4 Nr. 1 WEG.

Nach § 3 Abs. 3 WEG soll Sondereigentum nur eingeräumt werden, wenn die Wohnungen oder sonstigen Räu- **3** me in sich abgeschlossen sind. Dadurch soll gewährleistet sein, dass jeder Sondereigentumsbereich von dem anderer Wohnungseigentümer und vom gemeinschaftlichen Eigentum fest abgegrenzt ist,[1] wobei zu einer Wohnung auch eine bestimmte Ausstattung gehört (→ *Abgeschlossenheit* Rn. 21).

Ein vom Treppenhaus eines Hauses zugänglicher Dachraum, Dachboden oder ein Spitzboden (Haus mit Steil- **4** dach) steht insoweit regelmäßig nicht in Sonder-, aber in **Gemeinschaftseigentum.**[2] Dies gilt auch, wenn bei anfänglichen Abweichungen der tatsächlichen Bauausführung von der Teilungserklärung und von dem Aufteilungsplan Zweifel an der Zuordnung eines Spitzbodens bestehen[3] und ferner dann, wenn der betreffende Spitzboden nur von einer bestimmten Wohnung aus zugänglich ist.[4]

Ergibt sich damit aus der Teilungserklärung und Gemeinschaftsordnung und den zugrunde liegenden Auftei- **5** lungsplänen nicht mit hinreichender Klarheit, dass die betreffende Wohnung im obersten Stockwerk zwei Etagen haben sollte, also über der eigentlichen Wohnung noch ein zu Wohnzwecken ausgebauter Spitzboden existiert, entsteht daran **kein Sondereigentum.**[5]

b) Kein Sondernutzungsrecht durch faktische Nutzung. Gleichermaßen ergibt sich aus einer tatsächlichen **6** (faktischen) Nutzung des Spitzbodens kein Sondernutzungsrecht, §§ 10 Abs. 2, 5 Abs. 4 WEG, insbesondere auch nicht etwa „aus der Natur der Sache" deshalb, weil der Spitzboden nur von einer Eigentumswohnung aus zugänglich ist. Der Umstand ersetzt nicht den für ein solches Recht notwendigen rechtsgeschäftlichen Begründungsakt (→ *Sondernutzungsrechte* Rn. 30 f.).[6]

---

1 BayObLG 24.2.1994 – 2Z BR 122/93, NJW-RR 1994, 716.
2 OLG Köln 28.12.2000 – 16 Wx 163/00, ZMR 2001, 570.
3 BGH 5.12.2003 – V ZR 447/01, ZMR 2004, 206; OLG Celle 4.6.2007 – 4 W 108/07, OLGR Celle 2007, 756.
4 OLG Celle 4.6.2007 – 4 W 108/07, OLGR Celle 2007, 756; OLG Celle 10.1.1997 – 4 U 196/95, OLGR Celle 1997, 87.
5 S. BGH 5.12.2003 – V ZR 447/01, ZMR 2004, 206 zum Problem des Erwerbs des isolierten Miteigentumsanteils.
6 OLG Köln 28.12.2000 – 16 Wx 163/00, ZMR 2001, 570.

7 Den übrigen Wohnungseigentümern ist dadurch, dass der Spitzboden nur über eine Wohnung zugänglich ist, das **Mitgebrauchsrecht** iS der §§ 16 Abs. 1 S. 3, 14 WEG nicht entzogen, sondern lediglich dessen Ausübung erheblich eingeschränkt. Weil der Spitzboden Gemeinschaftseigentum ist, sind die übrigen Miteigentümer zum Mitgebrauch des gemeinschaftlichen Spitzbodens dennoch berechtigt. Zumindest einen gelegentlichen Mitgebrauch muss der Eigentümer den anderen Miteigentümern ermöglichen.[7] Allerdings sind auf der anderen Seite die Privatsphäre und der Schutz der Wohnung als Lebensmittelpunkt zu achten, Art. 13 GG. Das **Betretungsrecht** muss daher letztlich nur in den engen Grenzen des § 14 Abs. 1 Nr. 2 WEG gewährt werden.[8]

8 Das wiederum bedeutet, dass der Eigentümer, der aufgrund der baulichen Gegebenheiten ungehindert Zutritt zum Dachraum hat, den Spitzboden (auch) nur so nutzen darf, wie wenn ein Zugang auch für die übrigen Wohnungseigentümer vorhanden wäre, und, wenn eine konkrete Regelung fehlt, wie sie dem Interesse der Gesamtheit der Wohnungseigentümer nach billigem Ermessen entspricht.[9]

9 **c) Inhalt des Sondernutzungsrechts.** Aber auch ein zugunsten eines Wohnungseigentümers wirksam bestelltes Sondernutzungsrecht an den Räumen im Dach berechtigt nur, den entsprechenden Teil des Gemeinschaftseigentums als Speicher zu nutzen, etwa zum Lagern von Gegenständen, jedoch nicht zu Wohnzwecken.

10 Die Einräumung eines Sondernutzungsrechts beinhaltet im Übrigen auch nicht zugleich die Gestattung zur Vornahme **baulicher Veränderungen** an dem fraglichen Gebäudeteil oder der Grundstücksfläche, wenn nicht hierzu eine ausdrückliche Vereinbarung getroffen wurde.[10]

11 Das einem Wohnungseigentümer einer Dachgeschosswohnung eingeräumte Sondernutzungsrecht an dem darüberliegenden Speicherraum (Spitzboden) gibt ihm daher nicht die Befugnis, die Decke zu durchbrechen und eine Treppe sowie Dachflächenfenster einzubauen. Der Deckendurchbruch zu einem Speicherraum und der Einbau von Dachflächenfenstern im Speicherraum ermöglichen eine wohnungsähnliche und damit intensivere Nutzung des Raums; daher können die übrigen Wohnungseigentümer die **Beseitigung** der baulichen Veränderungen verlangen (→ *Unzulässige bauliche Veränderungen und Sanktionen* Rn. 18 ff.).[11]

12 **d) Sondereigentum am Dachraum.** Ist der betroffene Dachraum entsprechend der oben dargestellten Grundsätze jedoch als Sondereigentum zugewiesen, handelt es sich regelmäßig um Teileigentum, § 3 Abs. 1 WEG.

13 Wohnungseigentum setzt nach Nr. 4 S. 1 der Allgemeinen Verwaltungsvorschrift für die Ausstellung von Bescheinigungen gem. § 7 Abs. 4 Nr. 2 WEG und § 32 Abs. 2 Nr. 2 WEG voraus, dass die Räume die Haushaltsführung ermöglichen, dh über eine Küche oder eine Kochgelegenheit sowie Wasserversorgung, Ausguss und WC verfügen. Dies ist regelmäßig bei Dachräumen nicht der Fall.

14 Dies gilt auch dann, wenn die Dachräume als **Nebenräume** Teil einer Wohnung sind und in der Teilungserklärung nicht ausdrücklich als Teileigentum bezeichnet werden (sog. „unselbstständiges Teileigentum"). Ob die Räume tatsächlich zu Wohnzwecken genutzt werden, ist unerheblich.[12]

15 Die Regelung in der Teilungserklärung, nach der ein Dachraum resp. Spitzboden nicht zu Wohnzwecken dient, ist damit eine **Zweckbestimmung** mit Vereinbarungscharakter. Infolgedessen ist die Nutzung eines solchen Raums zu nicht nur vorübergehenden Wohnzwecken nicht gestattet.[13]

16 Für die **Änderung der Zweckbestimmung**, dh die Wandlung von Teileigentum in Wohnungseigentum wiederum bedarf es der Mitwirkung aller Eigentümer. Erforderlich ist eine Änderung der Teilungserklärung/ Gemeinschaftsordnung, die materiellrechtlich durch eine Vereinbarung, ggf. unter den Voraussetzungen von

---

7 BayObLG 14.2.2001 – 2Z B R 3/01, ZMR 2001, 562.
8 OLG Hamburg 20.9.2004 – 2 Wx 122/01, ZMR 2005, 68; OLG München 22.2.2006 – 34 Wx 133/05, ZMR 2006, 388.
9 OLG Köln 28.12.2000 – 16 Wx 163/00, ZMR 2001, 570.
10 OLG Köln 18.1.2002 – 16 Wx 247/01, NZM 2002, 458.
11 BayObLG 8.7.1993 – 2Z BR 51/93, ZMR 1993, 476; aA OLG Karlsruhe 14.1.1985 – 11 W 102/84, ZMR 1985, 209; BayObLG 22.4.1994 – 2Z BR 9/94, WuM 1995, 60, jedenfalls dann, wenn durch eine Verbindungstreppe weder Nachteile in statischer, schalltechnischer oder brandtechnischer Hinsicht entstehen, noch eine wohnungsähnliche Nutzung des Spitzbodens infrage kommt.
12 BGH 4.12.2014 – V ZB 7/13, ZMR 2015, 390.
13 BGH 16.5.2014 – V ZR 131/13, ZMR 2014, 894.

Hansen

§ 10 Abs. 2 S. 3 WEG, auf Verlangen eines Wohnungseigentümers erfolgen kann; grundbuchrechtlich, soweit gewünscht, bedarf es einer Bewilligung gem. §§ 19, 29 GBO der weiteren Wohnungseigentümer.[14]

Dem Eigentümer der Dachgeschosseinheit helfen insoweit auch die Grundsätze der sog. **typisierenden Betrachtungsweise** nicht weiter. Eine nach dem vereinbarten Zweck ausgeschlossene Nutzung kann sich ggf. als zulässig erweisen, wenn sie bei typisierender Betrachtungsweise nicht mehr stört als die vorgesehene Nutzung.[15] Eine Wohnanlage erfährt aber jedenfalls bei einer Vergrößerung um eine weitere Wohneinheit typischerweise eine intensivere Nutzung, mit der eine erhöhte Aus- und Abnutzung verbunden ist.[16] Dies schließt die Nutzung des Dachraums zu Wohnzwecken auch unter Berücksichtigung der Grundsätze der typisierenden Betrachtungsweise aus.[17] 17

Selbst wenn der Eigentümer, dem der Dachraum in Sondereigentum zugeordnet ist, damit die **bauliche Veränderung**, dh die bauliche Herstellung der für die Wohnnutzung erforderlichen Ausstattung bewirken würde, wäre dadurch eine Nutzung zu Wohnzwecken nicht erlaubt und könnte von den anderen Eigentümern per Unterlassung verfolgt werden. 18

Dies gilt entsprechend auch dann, wenn innerhalb der in sich abgeschlossenen Teileigentumseinheit der Eigentümer die Nutzfläche durch Errichtung einer **Galerie**, erreichbar über eine Innentreppe, vergrößert. Die Galerie und damit größere Nutzfläche gehört zwar zum Sondereigentum der Einheit und ist eine zulässige Gestaltung, nicht jedoch eine bauliche Veränderung des Gemeinschaftseigentums.[18] Doch eine zulässige Änderung des Nutzungszwecks, eben von Teileigentum zu Wohnnutzung, ergibt sich daraus nicht. 19

Daran ändert auch die Systematik der §§ 20, 21 WEG nichts. Nach § 21 Abs. 1 WEG kann per Beschluss die Legitimation oder Gestattung zur baulichen Veränderung erteilt werden, etwa des Eingriffs in das Gemeinschaftseigentums zur Errichtung einer Küche zu Wohnzwecken. § 21 Abs. 1–3 WEG ordnen auch jeweils ausdrücklich an, dass denjenigen Wohnungseigentümern, welche die Kosten für eine bauliche Veränderung zu tragen haben, die Nutzungen daran zustehen, worunter auch das Alleingebrauchsrecht zu verstehen ist, doch dies beinhaltet nicht, dass damit der generelle Nutzungszweck von Teileigentum zur Wohnung wirksam gegen die Vereinbarung geändert werden kann. 20

2. Ausbau durch den Veräußerer ohne Legitimation. a) Keine Legitimation für den Erwerber. Erfolgt der Dachgeschossausbau zu Wohnzwecken durch den Veräußerer der Einheit und hatte dieser hierzu keine Legitimation, ergibt sich diese für den Erwerber (selbstverständlich) auch nicht, weder durch den Umstand, dass er das Dachgeschoss faktisch nutzt, noch dadurch, dass ihn der Veräußerer nicht auf die fehlende Legitimation bei Erwerb hingewiesen hat. 21

Die übrigen Eigentümer des Objektes mögen den Erwerber nicht auf Rückbau von nicht erlaubten baulichen Veränderungen (Ausbau) in Anspruch nehmen können, da der Erwerber nicht Handlungsstörer ist, doch die Unterlassung der nicht erlaubten Wohnnutzung der Dachgeschosseinheit können sie vom Erwerber im Ergebnis dennoch fordern. Gleichermaßen können letztlich die anderen Eigentümer den Erwerber als **Zustandsstörer** auf Duldung des Rückbaus einer seinerzeit nicht erlaubten baulichen Veränderung in Anspruch nehmen,[19] wobei das Recht zur Sanktion wegen einer Beeinträchtigung oder rechtswidrigen Nutzung des gemeinschaftlichen Eigentums der Gemeinschaft der Wohnungseigentümer zusteht. 22

Gegebenenfalls kommt für den Erwerber aber ein **schuldrechtlicher Anspruch** gegen die übrigen Wohnungseigentümer auf Abschluss einer Vereinbarung bzw. Zustimmung zu einer Vereinbarung nach § 10 Abs. 2 S. 3 WEG in Betracht, mit der die bestehende Vereinbarung iSd § 10 Abs. 2 S. 2 WEG abgeändert wird.[20] 23

b) Anspruch des Erwerbers gegen den Veräußerer. Der Erwerber kann unabhängig davon gegenüber dem Veräußerer trotz eines im Kaufvertrag regelmäßig vereinbarten Gewährleistungsausschlusses gegebenenfalls **Schadensersatzansprüche** geltend machen, wenn der Veräußerer vorsätzlich falsche Angaben über die Eigen- 24

---

14 BGH 4.12.2014 – V ZB 7/13, ZMR 2015, 390.
15 BGH 16.6.2011 – V ZA 1/11, ZWE 2011, 396.
16 BayObLG 7.7.2004 – 2Z BR 089/04, ZMR 2004, 925; OLG Hamm 28.5.1998 – 15 W 4/98, NZM 1998, 873.
17 BGH 16.6.2011 – V ZA 1/11, ZWE 2011, 396.
18 LG München 22.12.2000 – 6 T 919/97, ZMR 2001, 482.
19 BGH 15.5.2014 – V ZR 181/13, NZM 2014, 766; LG Hamburg 5.8.2015 – 318 S 55/14, ZMR 2016, 129.
20 BGH 22.3.2019 – V ZR 298/16, ZMR 2019, 518.

schaften der Kaufsache gemacht hat, § 444 BGB[21] – hier die fehlende Berechtigung zur Nutzung des Dachbodens als Wohnraum. Die Darlegungs- und **Beweislast** für die Arglist liegt jedoch regelmäßig beim Erwerber.

25 **Aufklärungspflichten** treffen den Veräußerer in diesem Zusammenhang bei Vertragsschluss,[22] wenngleich er nicht ungefragt über alle Umstände aufklären muss.

26 **3. Vereinbarung über Dachgeschossausbau.** Möglich ist es, in der Gemeinschaftsordnung die Befugnis für einen oder mehrere Wohnungseigentümer vorzusehen, Räumlichkeiten mit der Zweckbestimmung als Dachraum, Spitzboden oder Speicher zu einer selbstständigen Eigentumswohnung auszubauen und daran Wohnungs- oder Teileigentum zu bilden.

27 Ist die Vereinbarung als Inhalt des Sondereigentums im **Grundbuch** eingetragen, gilt sie nach § 10 Abs. 3 WEG auch für den Rechtsnachfolger.[23] Denkbar ist es zwar auch, dass eine Vereinbarung formlos und nachträglich geschlossen wird, etwa in Form eines „zwanglosen Zusammentreffens",[24] doch eine Bindung für Rechtsnachfolger ergibt sich dann nicht, sondern allenfalls unter den Eigentümern, die die Vereinbarung auch abgeschlossen haben.

28 **a) Inhalt des Ausbaurechts.** Die Vereinbarung zu einem Ausbaurecht muss eine **klare und eindeutige Regelung** treffen.[25] Maßgebend ist ihr Wortlaut und ihr Sinn, wie sich dies aus unbefangener Sicht als nächstliegende Bedeutung der Eintragung ergibt, weil auch Sonderrechtsnachfolger der Wohnungseigentümer an die Vereinbarung gebunden sind. Umstände außerhalb der Eintragung dürfen nur herangezogen werden, wenn sie nach den besonderen Verhältnissen des Einzelfalls für jedermann ohne Weiteres erkennbar sind.[26]

29 Ergibt sich daher aus der Vereinbarung mit hinreichender Klarheit, dass der Ausbau des Dachgeschosses gestattet wird, hat die Gemeinschaft der Wohnungseigentümer gar nicht die Möglichkeit, dem zu **widersprechen** oder die Zustimmung etwa davon abhängig zu machen, dass die übrigen Eigentümer nicht mit Folgekosten belastet werden.[27] Die Frage nach dem „Ob" des Dachgeschossausbaus stellt sich nicht mehr. Anders ist dies – regelmäßig – im Hinblick auf die konkrete Ausgestaltung des Dachgeschosses.

30 Auch die **Reichweite des Ausbaurechtes** ist im Wege der Auslegung gemäß Wortlaut und Sinn der Vereinbarung zu ermitteln. Finden sich konkrete Vorgaben in der Teilungserklärung und Gemeinschaftsordnung, sind diese zu beachten; Analogien verbieten sich grundsätzlich.[28]

31 Wenn keine konkreten Vorgaben an die Errichtung aus der Vereinbarung ersichtlich sind oder mehrere Möglichkeiten der Gestaltung der Errichtung bestehen, braucht eine Lösung, die die Belange der übrigen Wohnungseigentümer in vermeidbarer Weise wesentlich mehr beeinträchtigt als eine andere iSv § 14 Abs. 2 Nr. 2 WEG, nicht hingenommen zu werden. Den übrigen Wohnungseigentümern bzw. der Gemeinschaft der Wohnungseigentümer steht dann gem. §§ 14 Abs. 1 Nr. 1, 9 a Abs. 2 Var. 1 WEG iVm §§ 1004, 823 BGB ein **Unterlassungs- oder Beseitigungsanspruch** zu.[29]

32 Sind die Vorgaben – wie häufig – in der Vereinbarung nicht ausreichend konkret oder gibt es hartnäckige Opponenten des Ausbaus, die viel Kritik äußern, ist es trotz bereits gegebener Legitimation zum „Ob" notwendig, einen **Beschluss** zu fassen, mit dem die Umsetzung des Ausbaus konkret, etwa unter Beifügung von Plänen und technischen Beschreibungen von Fachleuten, geregelt wird.[30]

33 Nach § 20 Abs. 1 Alt. 2 WEG ist es möglich, diesen Durchführungsbeschluss mit **einfacher Mehrheit** zu fassen. Dem bauwilligen Wohnungseigentümer kann die bauliche Veränderung gestattet und dabei können auch Vorgaben gemacht werden, deren Grenzen sich aus dem Grundsatz ordnungsmäßiger Verwaltung ergeben,

21 BGH 6.11.2015 – V ZR 78/14, NJW 2016, 1815.
22 OLG Schleswig 23.4.2015 – 6 U 20/14, ZMR 2015, 979; s. a. BGH 8.7.2016 – V ZR 35/15, MDR 2017, 144.
23 BGH 22.1.2004 – V ZB 51/03, NJW 2004, 937.
24 OLG Hamm 18.11.2003 – 15 W 395/03, ZMR 2005, 220.
25 BGH 2.3.2012 – V ZR 174/11, NJW 2012, 1722; BGH 22.11.2013 – V ZR 46/13, ZWE 2014, 125.
26 BGH 22.11.2013 – V ZR 46/13, ZWE 2014, 125.
27 OLG Celle 10.10.2006 – 4 W 136/06, ZMR 2007, 55.
28 LG Hamburg 29.2.2012 – 318 S 16/11, ZMR 2012, 574.
29 BayObLG 16.4.1998 – 2Z BR 61/98, NZM 1999, 132.
30 LG Berlin 16.7.2013 – 55 S 171/12 WEG, ZMR 2014, 383 für den Balkonausbau.

§ 19 Abs. 1 WEG. Es ist nicht erforderlich, dass dieser Beschluss nach den Vorgaben des §§ 22 Abs. 1, 14 Nr. 1 WEG aF mit Einstimmigkeit gefasst wird.[31]

Die Berechtigung zum konkreten Ausbau des Dachgeschosses, sei es durch Vereinbarung oder Beschluss, **34** kann bzw. sollte mit weiteren **Auflagen** verbunden werden. In Betracht kommt die Vorlage einer Baugenehmigung, die Einhaltung öffentlich-rechtlicher Vorgaben, der Abschluss einer ausreichenden Versicherung, eine Beweissicherung vor Baubeginn und nach Beendigung der Arbeiten, die Vorlage eines Bauzeitenplans, die Pflicht zur Reinigung der Gemeinschaftsflächen und das Recht und die Pflicht des Verwalters, die Einhaltung der Auflagen zu überwachen.

b) Kontrollrechte der Eigentümer und des Verwalters. Ein Recht der nicht am Ausbau beteiligten Eigentü- **35** mer oder des Verwalters zur umfassenden begleitenden Überprüfung der Baumaßnahme muss sich konkret aus der **Gemeinschaftsordnung** ergeben. Andernfalls besteht keine Berechtigung zur Rechtmäßigkeitskontrolle während der Herstellungsphase, auch dann nicht, wenn ein beauftragter Architekt bereits Mängel an den Ausbauten festgestellt hat. Allenfalls besteht ein Anspruch der Eigentümer auf Beseitigung der festgestellten Mängel, nicht aber auf Vorlage der Bauunterlagen zum Zwecke einer Rechtmäßigkeitsüberprüfung der gesamten Baumaßnahmen.[32]

c) Nutzungsrecht und Zweckbestimmung. Die Vereinbarung muss vorsehen, dass dem ausbauenden Eigen- **36** tümer das Recht zusteht, die – ausgebauten – Dachräume zu Wohnzwecken zu nutzen.

Die Umwandlung von Teil- in Wohnungseigentum bewirkt eine **Inhaltsänderung** des Sondereigentums iSv **37** §§ 873, 877 BGB bei allen Wohnungs- und Teileigentümern.[33] Sie bedarf materiellrechtlich gem. §§ 5 Abs. 4 S. 1, 10 Abs. 2 S. 2 WEG einer Vereinbarung aller Wohnungs- und Teileigentümer und grundbuchrechtlich deren Bewilligung gem. §§ 19, 29 GBO.[34]

Davon kann nur abgesehen werden, wenn die Mitwirkungsbefugnis der übrigen Wohnungs- und Teileigentü- **38** mer durch die im Grundbuch eingetragene Gemeinschaftsordnung mit Bindung für die Sondernachfolger, § 10 Abs. 3 WEG, ausgeschlossen ist.[35]

Ein nach dem Inhalt des Grundbuchs bestehender Änderungsvorbehalt muss dem sachenrechtlichen **Be-** **39** **stimmtheitsgrundsatz** entsprechen, dh nach Inhalt, Zweck und Ausmaß hinreichend bestimmt sein.[36]

Idealerweise wird in der Gemeinschaftsordnung die Umwandlung von Teil- in Wohnungseigentum durch Än- **40** derung der Zweckbestimmung ausdrücklich formuliert. Ist dies nicht der Fall oder ist die Regelung unklar oder widersprüchlich, verbleibt es bei der gesetzlichen Regelung.[37] Eine Nutzung der ausgebauten Dachräume zu Wohnzwecken wäre danach unzulässig.

d) Kosten und Folgekosten. Sofern nichts und auch nichts anderes in der Gemeinschaftsordnung vereinbart **41** ist, hat ein Wohnungseigentümer, dem der Ausbau der in seinem Sondereigentum stehenden Räume gestattet wird, in Abänderung der **Kostenregelung** des § 16 Abs. 2 WEG sowohl die Kosten des Ausbaus als auch die daraus für die Gemeinschaft entstehen Folgekosten zu tragen.[38]

Dieser Grundsatz mag zwar im Einzelfall anders zu sehen sein, wenn nach einer **Kette von Veräußerungen** **42** der Wohnungseigentümer gar nicht mehr erkennen kann, dass sein Wohnungseigentum durch einen Rechtsvorgänger erst nachträglich ausgebaut worden ist. In einem solchen Fall kann – sofern der Ausbau mangelhaft ist

---

31 LG Berlin 16.7.2013 – 55 S 171/12 WEG, ZMR 2014, 383; BGH 28.10.2016 – V ZR 90/16, NJW 2017, 1167.

32 BGH 26.2.2016 – V ZR 131/15, ZWE 2016, 289.

33 BayObLG 6.12.2000 – 2Z BR 89/00, NJW-RR 2001, 1163; BGH 16.6.2011 – V ZA 1/11, ZfIR 2011, 757.

34 BGH 11.5.2012 – V ZR 189/11, NJW-RR 2012, 1036; OLG München 4.2.2014 – 34 Wx 434/13, MittBayNot 2014, 244.

35 OLG München 11.11.2013 – 34 Wx 335/13, NJW-RR 2014, 528; OLG Frankfurt a. M. 31.7.2014 – 20 W 111/14, MittBayNot 2015, 474.

36 OLG München 15.5.2017 – 34 Wx 207/16, ZMR 2017, 820; OLG München 11.11.2016 – 34 Wx 264/16, NZM 2017, 45.

37 BGH 2.3.2012 – V ZR 174/11, NZM 2012, 419.

38 OLG Celle 10.10.2006 – 4 W 136/06, ZMR 2007, 55; BayObLG 16.6.2000 – 2Z BR 20/00, NZM 2000, 1015.

– der Erwerber möglicherweise einen Anspruch darauf haben, dass die Kosten der Beseitigung von Mängeln, die das Gemeinschaftseigentum betreffen, von der Gemeinschaft der Wohnungseigentümer getragen werden.[39]

43   **4. Beschluss. a) Legitimation durch Beschluss.** Ermöglicht die Vereinbarung keinen legitimierten Eingriff in das Gemeinschaftseigentum, um ein Dachgeschoss auszubauen, bleibt der Beschluss nach §§ 20, 21 WEG als Grundlage, der letztlich aber theoretischer Natur ist, um eine legitimierte Wohnnutzung zu erreichen.

44   Die auf Dauer angelegten gegenständlichen Veränderungen realer im Gemeinschaftseigentum stehender Gebäudeteile gehen über eine ordnungsmäßige Erhaltung des gemeinschaftlichen Eigentums gem. § 19 Abs. Nr. 2 WEG hinaus.

45   **aa) Gestattung und Veränderungssperre (§ 20 Abs. 1 Alt. 2 und Abs. 4 WEG).** Nach § 20 Abs. 1 Alt. 2 WEG ist es daher erforderlich aber auch möglich, mit einfacher Mehrheit zu beschließen, dass einem Wohnungseigentümer die bauliche Veränderung gestattet wird. Verbunden werden kann dieses „Ob" der Veränderung mit einem Durchführungsbeschluss über das „Wie" auf der Grundlage von § 19 Abs. 1 WEG. Möglich ist es daher für die Mehrheit, einem oder mehreren Bauwilligen den Dachgeschossausbau zu gestatten. Die bauliche Veränderung erfolgt dann in eigener Verantwortung des Bauwilligen, wobei es der Mehrheit freisteht, die Durchführungserlaubnis durch Vorgaben einzuschränken, was sich für den Ausbau geradezu aufdrängt.

46   Der Beschluss zum „Ob" des Dachgeschossausbaus nach § 20 Abs. 1 Alt. 2 WEG ist der sogenannten Veränderungssperre nach § 20 Abs. 4 WEG unterworfen. Danach darf die bauliche Veränderung nicht zu einer **grundlegenden Umgestaltung** der Wohnanlage führen und es darf kein Eigentümer ohne sein Einverständnis gegenüber anderen **unbillig benachteiligt** werden.

47   Die Merkmale der „grundlegenden Umgestaltung" und der „unbilligen Benachteiligung" des § 20 Abs. 4 WEG lassen die Parallele zu § 22 Abs. 2 WEG aF zu, wonach durch die seinerzeitige Modernisierungsmaßnahme weder die „Eigenart der Anlage" verändert, noch dadurch ein Wohnungseigentümer gegenüber einem anderen unbillig beeinträchtigt werden durfte. Nach der Gesetzesbegründung zur Reform in 2007 war der Spielraum der **Eigenart der Anlage** eng zu sehen – bei einem Anbau war die Anlage regelmäßig verändert.[40] Die Beschlussfassung über den Dachgeschossausbau war danach regelmäßig unwirksam.

48   Dies ist jetzt anders zu sehen, da der Gesetzgeber 2020 den Begriff der „Eigenart" aufgegeben und die **„grundlegende Umgestaltung"** eingeführt hat. Der Spielraum ist jetzt weiter zu ziehen oder anders formuliert: Die bauliche Veränderung muss starke Auswirkungen auf die Wohnanlage haben, um als Umgestaltung zu gelten, etwa dann, wenn ein neues Gepräge entsteht. Dabei ist die Wohnanlage als Ganzes zu betrachten. Da der Gesetzgeber mit der Reform 2020 auch das Ziel verfolgt, bauliche Veränderungen, die von der Mehrheit gewünscht werden, einfacher zu realisieren, wird die Umgestaltung der Anlage eher die Ausnahme darstellen, jedenfalls aber bei dem Dachgeschossausbau allenfalls dann in Betracht kommen, wenn etwa der Charakter des Hauses dadurch vollkommen verändert wird, zB das Dach eine vollständig neue Kubatur erhält. Allein aber der Umstand, dass im Zuge des Ausbaus an der Außenfassade die zuvor bestehende Symmetrie der Anordnung der Fenster unterbrochen wird, wird nicht ausreichend sein. Der **Einzelfall** ist entscheidend. Dabei ist grundsätzlich kein enger Maßstab anzulegen, will man den durch den Gesetzgeber geschaffenen Spielraum nicht unnötig einschränken.[41]

49   Das weitere Merkmal der Veränderungssperre nach § 20 Abs. 4 WEG ist bei der baulichen Veränderung dann zu bejahen, wenn ein Wohnungseigentümer durch die bauliche Veränderung gegenüber anderen in stärkerem Maße beeinträchtigt wird. Erforderlich ist, dass der die Benachteiligung reklamierende Eigentümer aufgrund einer **eigenen Rechtsposition** argumentiert. Der Eigentümer muss also selber betroffen sein, eine Art Sonderopfer bringen und die Benachteiligung darf **nicht alle Eigentümer gleichermaßen** treffen. Der Dachgeschossausbau als optische, beeinträchtigende Veränderung trifft alle Eigentümer und ist insoweit keine Benachteiligung des Einzelnen im Sinne von § 20 Abs. 4 WEG. Da alle Eigentümer der Vergleichsmaßstab im Objekt sind, kann sich die Benachteiligung des einzelnen Eigentümers, etwa des Bewohners der obersten Wohnung, aber andererseits daraus ergeben, dass durch die bauliche Veränderung, etwa einen auskragenden neuen Balkon, in die Wohnung weniger Licht fällt als in eine Wohnung im Erdgeschoss.

---

39   KG 28.2.2000 – 24 W 8820/98, 24 W 2976/99, NZM 2000, 1012.
40   AG Ahrensburg 2.4.2014 – 37 C 23/13, ZMR 2014, 925.
41   BGH 18.2.2011 – V ZR 82/10, NZM 2011, 281.

Hansen

Ferner muss nach § 20 Abs. 4 WEG die **Benachteiligung** für den einzelnen Eigentümer **unbillig** sein. Dies   50
verlangt die Überschreitung einer erheblichen Schwelle. Das Sonderopfer, das der beeinträchtigte einzelne Eigentümer erbringt, muss die Vorteile der baulichen Veränderung deutlich überwiegen. Angesichts des jetzt vom Gesetzgeber verfolgten Zwecks, die bauliche Veränderung in die Hand der Mehrheitseigentümer zu geben und zu erleichtern, ist aber auch an dieser Stelle bei der Gewichtung der Vorteile, die mit der baulichen Veränderung verbunden sind, ein großzügiger Maßstab anzulegen.

Letztlich tritt bei § 20 Abs. 4 WEG noch das Merkmal des **fehlenden Einverständnisses** des einzelnen, benachteiligten Eigentümers hinzu. Stimmt damit der Betroffene dem Dachgeschossausbau zu, ist seine unbillige   51
Benachteiligung unbeachtlich.

bb) Anspruch auf bauliche Veränderung (§ 20 Abs. 3 WEG). Nach § 20 Abs. 3 WEG kann eine bauliche   52
Veränderung des Gemeinschaftseigentums, die niemanden in rechtlich relevanter Weise beeinträchtigt, auch gegen den Willen der Mehrheit verlangt werden. Die Vorschrift ist Anspruchsgrundlage und ersetzt § 22 Abs. 1 WEG aF iVm § 14 Nr. 1 WEG aF. Die Rechtsprechung des BGH zu der Einordnung einer Beeinträchtigung, die über das bei einem geordneten Zusammenleben unvermeidliche Maß hinausgeht, findet weiter Beachtung.

Hierzu ist im Ergebnis daher nach alter wie nach neuer Rechtslage die Zustimmung aller Eigentümer erforderlich. Ein **Nachteil** für die übrigen, nicht an der Nutzung partizipierenden Wohnungseigentümer ist regelmäßig   53
anzunehmen, da durch den Ausbau von Dachbodenräumen zu Wohnzwecken eine intensivere Nutzungsmöglichkeit geschaffen wird.[42] Die Zustimmung aller muss daher grundsätzlich vorliegen, wenn der Bauwillige auf diesem Weg die Berechtigung zum Dachgeschossausbau erreichen will.

Eine **erhebliche optische Veränderung** des Gebäudes durch den Ausbau birgt regelmäßig auch eine Beeinträchtigung.[43] Nachteile können sich ferner durch Eingriffe in das Gemeinschaftseigentum ergeben, die für die   54
Sicherheit und **Statik** von Bedeutung sind.[44] Bei einem Verstoß gegen öffentlich-rechtliche Normen kommt ein Nachteil iSv § 14 Abs. 1 Nr. 1 WEG in Betracht, wenn die Vorschrift den einzelnen Wohnungseigentümer schützen soll, dh **drittschützenden Charakter** hat.[45] Wird durch die bauliche Maßnahme die künftige Instandsetzung oder Schadenserkennung oder Zuordnung von Schäden am gemeinschaftlichen Eigentum erschwert, ist ein Nachteil gegeben.[46] All dies ist bei einem Dachgeschossausbau regelmäßig gegeben.

cc) Keine Änderung der Zweckbestimmung durch Beschluss. Zwar ist für die reine bauliche Veränderung   55
(Ausbau) auch schon ein **Mehrheitsbeschluss** als Legitimation ausreichend, so denn keine Anfechtung erfolgt, § 23 Abs. 4 WEG. Doch per Beschluss kann die Änderung der Zweckbestimmung vom Teil- zum Wohnungseigentum, dh zur Wohnnutzung, nicht wirksam erfolgen. Da die Zuordnung als Wohnungs- bzw. Teileigentum Vereinbarungscharakter hat, ist eine Umwandlung von Wohnungs- zu Teileigentum und umgekehrt eben auch nur durch Vereinbarung, wenngleich ohne Auflassung, möglich,[47] nicht aber durch Beschluss. Ist also in der Teilungserklärung/Gemeinschaftsordnung keinerlei Vorbehalt zum Ausbau und Nutzung einer in Teileigentum stehenden Dachgeschosseinheit zu Wohnzwecken vorgesehen, kann dies über den Weg des Beschlusses, gleich mit welchen Mehrheiten, auch nicht erfolgen. Weder besteht hierfür Beschlusskompetenz, noch könnten Eigentümer im Wege des Beschlusses verpflichtet werden, die Änderung der Zweckbestimmung per Vereinbarung herbeizuführen.[48] Allein der Mehrheitsbeschluss zum Dachgeschossausbau nach § 20 Abs. 1 Alt. 2 WEG oder – ausnahmsweise – ein Anspruch nach § 20 Abs. 3 WEG nützt dem Dachgeschossausbauer nichts, wenn es sich um eine Teileigentumseinheit handelt, die zu Wohnzwecken genutzt werden soll und in der Vereinbarung nicht zumindest hinreichend bestimmt ist, dass der Ausbau zu Wohnzwecken erfolgen darf.

---

42 OLG Köln 18.12.2000 – 16 Wx 163/00, ZMR 2001, 570.
43 BGH 22.1.2004 – V ZB 51/03, ZMR 2004, 438; BGH 18.11.2016 – V ZR 49/16, ZMR 2017, 409.
44 BGH 21.12.2000 – V ZB 45/00, ZMR 2001, 289.
45 OLG Hamm 9.1.2009 – I-15 Wx 142/08, MietRB 2009, 173.
46 BGH 7.2.2014 – V ZR 25/13, ZMR 2014, 554.
47 BGH 4.12.2014 – V ZB 7/13, ZMR 2015, 390.
48 OLG Düsseldorf 23.6.2008 – 3 Wx 77/08, NZM 2009, 162; OLG Zweibrücken 5.6.2006 – 3 W 98/07, ZMR 2007, 646; AG Neukölln 25.1.2005 – 70 II 190/04, ZMR 2005, 315.

56 **b) Kosten (§ 21 WEG).** Wird einem oder mehreren Eigentümern nach § 20 Abs. 1 Alt. 2 WEG der Dachgeschossausbau gestattet, trifft die Kostenfolge nur den oder die den Ausbau verlangenden Eigentümer nach § 21 Abs. 1 S. 1 WEG, die dann auch die einzigen Nutzungsberechtigten sind, § 21 Abs. 1 S. 2 WEG.

57 Die frühere Problematik, dass den Dachgeschossausbauer auch künftig und stets Instandhaltungs- und Instandsetzungskosten nach erfolgtem Ausbau treffen, was zur Beschlussnichtigkeit führte,[49] besteht nicht mehr. Da die Kostentragungspflicht, gleich nach welcher Regelung des § 21 WEG, alle kausal auf der baulichen Veränderung beruhenden Kosten meint,[50] sind für den Fall des Ausbaus sowohl die Errichtungskosten als auch die Folgekosten für den Betrieb und die Erhaltung umfasst.

58 **c) Anspruch gem. § 10 Abs. 2 S. 3 WEG.** Im Zusammenhang mit dem Erfordernis der Änderung der Zweckbestimmung (Teileigentum zu Wohnungseigentum), würde dem ausbauwilligen Eigentümer auch § 10 Abs. 2 S. 3 WEG im Ergebnis nicht weiterhelfen. Für den einzelnen Eigentümer besteht ein schuldrechtlicher Anspruch gegen die übrigen Wohnungseigentümer auf Abschluss einer Vereinbarung bzw. Zustimmung zu einer Vereinbarung, mit der eine bestehende Vereinbarung iSd § 10 Abs. 2 S. 2 WEG abgeändert wird. Voraussetzung ist aber, dass ein Festhalten an der geltenden Regelung aus **schwerwiegenden Gründen unbillig** erscheint. Schwerwiegend sind Gründe, wenn die durch die Gemeinschaftsordnung vorgegebene Zweckbestimmung eine Nutzung einer Sondereigentumseinheit ausschließt, die nach der baulichen Ausstattung der betroffenen Räume möglich ist, und wenn ferner objektive Umstände dafür sprechen, dass dem betroffenen Wohnungseigentümer diese Nutzung eröffnet werden sollte.[51]

59 Ein Anspruch auf Änderung der Gemeinschaftsordnung nach § 10 Abs. 2 S. 3 WEG setzt zwar nicht voraus, dass sich tatsächliche oder rechtliche Umstände nachträglich verändert haben, sondern er kommt auch in Betracht, wenn Regelungen der Gemeinschaftsordnung von Anfang an verfehlt oder sonst unbillig waren (sog. **Geburtsfehler**). Erste Voraussetzung für die Annahme einer idS verfehlten Regelung ist allerdings, dass die erforderliche bauliche Ausstattung der betreffenden Räume entweder schon bei der Aufteilung in Wohnungseigentum vorhanden war oder im zeitlichen Zusammenhang mit der Aufteilung erfolgte und von den übrigen Wohnungseigentümern hingenommen wurde.[52]

60 Soll der Dachgeschossausbau damit erst nachträglich durch Beschluss legitimiert werden, ohne dass der Teilungserklärung/Gemeinschaftsordnung – auch im Wege der Auslegung – ein Hinweis darauf bei Teilung zu entnehmen wäre, oder eben der Dachgeschossausbau bei Teilung oder im zeitlichen Zusammenhang hierzu erfolgt war, hilft dem Ausbauwilligen § 10 Abs. 2 S. 3 WEG nicht weiter.

61 Dies kann anders sein, wenn bei Teilung oder in einem zeitlichen Zusammenhang hierzu der Dachgeschossausbau zwar ohne Legitimation erfolgte, aber von den Wohnungseigentümern hingenommen wurde, wobei allerdings noch weitere Voraussetzungen für die Bejahung des Anspruchs nach § 10 Abs. 2 S. 3 WEG hinzutreten müssen.[53]

III. Beeinträchtigung

62 Erfolgt der Dachgeschossausbau ohne oder ohne ausreichende Legitimation, ergeben sich für die Gemeinschaft der Wohnungseigentümer und damit letztlich die anderen Eigentümer **Ansprüche aus** §§ 14 Abs. 1 Nr. 1, 9 a Abs. 2 Var. 1 WEG iVm §§ 1004, 823 BGB, gerichtet auf Rückbau und Unterlassung.

IV. Anspruchsinhaber

63 **1. Recht zur Sanktion.** Nur die Gemeinschaft der Wohnungseigentümer kann die Beeinträchtigung oder rechtswidrige Nutzung des gemeinschaftlichen Eigentums sanktionieren, § 14 Abs. 1 Nr. 1 WEG. Es handelt sich um einen schuldrechtlichen Anspruch. Die gesetzlichen Ansprüche wegen Beeinträchtigung des gemein-

---

49 LG Hamburg 4.3.2016 – 318 S 109/15, ZMR 2016, 484; LG München 23.6.2014 – 1 S 13821/13, ZMR 2014, 920; aA OLG Itzehoe 12.7.2011 – 11 S 51/10, ZMR 2012, 219; der BGH hat die Frage bislang offengelassen, BGH 28.10.2016 – V ZR 91/16, ZMR 2017, 256.
50 BT-Drs. 19/18791, 69.
51 BGH 22.3.2019 – V ZR 298/16, ZMR 2019, 518.
52 BGH 22.3.2019 – V ZR 298/16, ZMR 2019, 518.
53 BGH 22.3.2019 – V ZR 298/16, ZMR 2019, 518.

schaftlichen Eigentums nach § 1004 BGB und § 823 Abs. 1 BGB werden nach § 9 a Abs. 2 Var. 1 WEG von der Gemeinschaft der Wohnungseigentümer ausgeübt. Im Fall des unberechtigten Dachgeschossausbaus ist daher materieller Inhaber sowohl eines Anspruchs auf Schadenersatz für Beschädigungen des gemeinschaftlichen Eigentums wie auch Unterlassungs- und Beseitigungsansprüche nach § 1004 Abs. 1 BGB, § 823 BGB nicht mehr **jeder Eigentümer**. Ein Beschluss zu einer Vergemeinschaftung kommt nicht in Betracht.[54]

2. Änderung des Kostenverteilungsschlüssels. Erfolgt der Ausbau des Dachgeschosses, gleich auf welcher   64
Legitimationsgrundlage, berechtigt und führt dies dazu, dass der ausbauende Eigentümer im Anschluss über eine größere Nutzfläche verfügt, stellt sich die Frage, ob die gesetzliche Regelung nach § 16 Abs. 2 WEG oder die nach der Vereinbarung geltende Kostenverteilung noch angemessen ist. Für die anderen Eigentümer ergibt sich dann gegebenenfalls ein Anspruch auf Anpassung des Umlageschlüssels der Gemeinschaftsordnung nach § 10 Abs. 2 S. 3 WEG.

Für den **Änderungsanspruch** nach § 10 Abs. 2 S. 3 WEG ist allein die Kostenmehrbelastung desjenigen Woh-   65
nungseigentümers maßgebend, der die Änderung des Kostenverteilungsschlüssels verlangt.[55]

Die geforderten **schwerwiegenden Gründe**, aufgrund derer das von anderen Miteigentümern gewollte Fest-   66
halten an der bisherigen Regelung unbillig erscheint, liegen auf Seiten des die Änderung verlangenden Wohnungseigentümers aber nur dann vor, wenn die Beibehaltung der bisherigen Kostenverteilung für ihn zu einer Kostenmehrbelastung führt. Eine Mehrbelastung von 25 % unter Beibehaltung des bisherigen, nach den Miteigentumsanteilen bemessenen Kostenverteilungsschlüssels bei den verbrauchsunabhängigen Kosten begründet regelmäßig einen Anspruch auf abweichende Kostenverteilung.[56] Die Umstände des Einzelfalls sind jedoch – wie stets – zu beachten und die bis zum 30.6.2007 insoweit geltende Rechtsprechung des BGH ist zu berücksichtigen.[57]

Da die Kostentragungspflicht, gleich nach welcher Regelung des § 21 WEG, aber alle kausal auf die bauliche   67
Veränderung beruhenden Kosten meint,[58] sind für den Fall des Dachgeschossausbaus sowohl die **Errichtungskosten** als auch die **Folgekosten** für den Betrieb und die Erhaltung umfasst. Die Notwendigkeit der Umsetzung eines Anspruchs auf Änderung der Regelungen zur Kostenverteilung in der Gemeinschaftsordnung rückt in den Hintergrund.

Weiterhin lässt sich nach § 21 Abs. 5 S. 1 WEG Rechtssicherheit über die Kostenverteilung für die Zukunft   68
schaffen, indem die Eigentümer, die den Dachgeschossausbau wollen, **namentlich** im Beschluss über die Kostenverteilung **genannt** werden. Die Dokumentation der Eigentümer bzw. Bauwilligen, die für die Realisierung des Dachgeschossausbaus gestimmt haben, obliegt zwar dem den Beschluss protokollierenden Verwalter, doch zum einen mag dieses Protokoll nach Jahren, insbesondere mehreren Verwalterwechseln, nicht mehr auffindbar sein und zum Zweiten ist die namentliche Benennung der Eigentümer, die die Kosten nach § 21 Abs. 5 S. 1 WEG übernehmen, durch die fortzuführende Beschlusssammlung, § 24 Abs. 7, 8 WEG, für die Zukunft besser dokumentiert.

Allerdings ist weder mit dem Verweis auf die Kostentragungslast des § 21 Abs. 1 WEG noch die des § 21   69
Abs. 5 S. 1 WEG die Frage nach der zeitlichen wie inhaltlichen Reichweite der Verpflichtung des Dachgeschossausbaus abschließend beantwortet, Erhaltungsmaßnahmen am Dach auch noch Jahre nach Abschluss des Dachgeschossausbaus in jedem Fall tragen zu müssen. Wollte man den Dachgeschossausbauer aufgrund der ihm gewährten Gestattung nach § 20 Abs. 1 Var. 2 WEG stets daran festhalten, dass er für jegliche Erhaltungsmaßnahme am Dach auf eigene Kosten hafte, würde dies den Umstand ausblenden, dass auch ein vor dem Ausbau vorhandenes Dach grundsätzlich erhaltungsbedürftig geworden wäre und dass das Dach in seiner Schutzfunktion für das Haus allen Eigentümern zugutekommt.

3. Bereicherungsansprüche. Baut ein Wohnungseigentümer, der sich nicht zuvor durch Einblick in die Tei-   70
lungserklärung über die Aufteilungsverhältnisse unterrichtet hat, das einer Wohnung nicht zugeordnete und daher im Gemeinschaftseigentum stehende Dachgeschoss auf eigene Rechnung zu Wohnungen aus und ver-

---

54 BGH 30.3.2006 – V ZB 17/06, ZMR 2006, 457; BGH 26.10.2018 – V ZR 328/17, NZM 2019, 256.
55 BGH 1.6.2010 – V ZR 174/09, ZMR 2010, 778.
56 Vgl. BT-Drs. 16/887, 18, 19; BGH 1.6.2010 – V ZR 174/09, ZMR 2010, 778; LG Nürnberg 26.8.2010 – 14 S 3582/09, ZWE 2010, 145.
57 BGH 7.10.2004 – V ZB 22/04, NJW 2004, 3413.
58 BT-Drs. 19/18791, 69.

mietet dies, so kann er auf Herausgabe des Besitzes sowie der erzielten Mieteinnahmen an die Gemeinschaft der Wohnungseigentümer in Anspruch genommen werden.

71 Die aus der **Vermietung gezogenen Nutzungen** sind an die Gemeinschaft der Wohnungseigentümer zu Händen des Verwalters herauszugeben, §§ 990, 987 BGB. Eine Bösgläubigkeit oder gar Schädigungsabsicht ist nicht erforderlich. Es reicht aus, dass der Ausbauende bei der Besitzerlangung nicht in gutem Glauben war, § 990 BGB, was zu bejahen ist, wenn sich der Ausbauende nicht durch Einblick in die Teilungserklärung oder das Grundbuch über die Eigentumsverhältnisse informiert hat. In diesem Fall ist er zur Herausgabe der gezogenen Mieteinnahmen verpflichtet.[59]

72 Dem Anspruch kann der Ausbauende nicht seinerseits Ansprüche aus Verwendungsersatz oder ungerechtfertigter Bereicherung mit Erfolg entgegenhalten.

73 Als bei der Besitzerlangung bösgläubiger Besitzer kann der Ausbauende auch keinen Ersatz für nützliche Verwendungen beanspruchen, § 996 BGB und **keinen Ausgleich** für eine Wertsteigerung durch die Versetzung des Dachgeschosses in einen vermietbaren Zustand als Verwendung dem Anspruch der Gemeinschaft der Wohnungseigentümer entgegensetzen bzw. mit demselben verrechnen. Für Verwendungen, die nicht nach §§ 994 ff. BGB zu ersetzen sind, kann aber auch nicht Ersatz nach §§ 812 ff. BGB – Verwendungskondiktion – verlangt werden; der Ausschluss erstreckt sich auch auf den Ersatz von Aufwendungen, die nicht Verwendungen iSv §§ 994 ff. BGB sind.[60]

74 Vertreten wird aber auch, dass der Ausbauende die Mieteinnahmen nur teilweise herausgeben muss, weil sie weitgehend eine Folge der von ihm vorgenommenen Investitionen sind und er sie daher auch nur teilweise auf Kosten der Miteigentümer erlangt hat. Herauszugeben ist nach dieser Ansicht nur der Mietwert des unausgebauten Dachgeschosses.[61]

V. Anspruchsgegner

75 **1. Eigentümer.** Der Anspruch gegen den unmittelbaren oder mittelbaren **Handlungsstörer** im Fall des unberechtigten Dachgeschossausbaus seitens der Gemeinschaft der Wohnungseigentümer richtet sich gegen den Miteigentümer und ist gerichtet auf Rückbau der unzulässigen baulichen Maßnahme, Wiederherstellung des ursprünglichen Zustandes, gegebenenfalls Duldung dessen und Unterlassung der Nutzung. Anspruchsgegner ist damit der Eigentümer, dessen Verpflichtung aus § 14 Abs. 1 Nr. 1 WEG, das eigene Sondereigentum nur rechtmäßig zu nutzen, nur gegenüber der Gemeinschaft der Wohnungseigentümer besteht.

76 Im umgekehrten Fall, dh bei einer Weigerung der Eigentümer am Dachgeschossausbau, soweit notwendig, trotz gegebener Legitimation mitzuwirken, richtet sich der Anspruch des Berechtigten gegen die Gemeinschaft der Wohnungseigentümer. Dies würde etwa für den Fall gelten, dass in der Teilungserklärung/Gemeinschaftsordnung das Recht zum Dachgeschossausbau vorgesehen ist, die konkrete Ausgestaltung aber eines Ausführungsbeschlusses bedarf, den die Eigentümer dem Ausbauwilligen verweigern (Negativbeschluss). Für den Ausbauwilligen bliebe dann nur der Weg der Beschlussersetzungsklage nach § 44 WEG, da ihm Eigenmächtigkeiten, etwa die Beauftragung von Handwerkern, um mit den Baumaßnahmen zu beginnen, verwehrt wären. Nach § 44 Abs. 2 S. 1 WEG sind Beschlussersetzungsklagen gegen die Gemeinschaft der Wohnungseigentümer zu richten und nicht mehr, wie zuvor nach § 21 Abs. 8 WEG aF, gegen alle anderen Eigentümer (→ *Beschlussersetzung* Rn. 4 ff.).

77 **2. Rechtsnachfolger.** Verantwortlich für die Rückgängigmachung von der Teilungserklärung widersprechenden baulichen Maßnahmen ist der zum Zeitpunkt der Baumaßnahme eingetragene Wohnungseigentümer als Handlungsstörer. Dessen Haftung geht nicht auf Rechtsnachfolger im Wohnungseigentum über; der Rechtsnachfolger hat allenfalls den Rückbau zu dulden.[62]

---

59 OLG Düsseldorf 3.6.2005 – 3 Wx 13/05, ZMR 2005, 802; ähnlich BGH 19.9.2003 – V ZR 360/02, NZM 2003, 996, betreffend Überbau.
60 OLG Düsseldorf 3.6.2005 – 3 Wx 13/05, ZMR 2005, 802; BGH 29.9.1995 – V ZR 130/94, NJW 1996, 52.
61 KG 1.3.2004 – 24 W 158/02, ZMR 2004, 377.
62 OLG Celle 4.6.2007 – 4 W 108/07, OLGR Celle 2007, 756; KG 10.7.1991 – 24 W 6574/90, WuM 1991, 516.

VI. Einwendungen

1. Verjährung (→ *Verjährung* Rn. 17 ff.). Sieht eine Teilungserklärung/Gemeinschaftsordnung das Recht ei-   78
nes Teileigentümers zum Ausbau des Dachgeschosses zu Wohnzwecken vor, erfolgt dieser Ausbau aber über
Jahre nicht, mögen die Eigentümer, die den Dachgeschossausbau verhindern wollen, gegenüber dem Ausbauwilligen einwenden, der Anspruch sei verjährt.

Ist, wie häufig, das Recht zum Dachgeschossausbau zwar vorgesehen, doch die konkrete Ausgestaltung erfor-   79
dert einen Ausführungsbeschluss, läuft die Einrede der Verjährung zumindest dann ins Leere, wenn der Ausführungsbeschluss ordnungsmäßiger Verwaltung iSv § 19 Abs. 1 WEG entspricht.

Entsprechendes gilt, wenn der Grundlagenbeschluss über das „Ob" des Ausbaus mit Mehrheit gefasst wird,   80
§ 20 Abs. 1 Alt. 2 WEG. Der Bauwillige kann verlangen, dass die bauliche Veränderung durchgeführt, dh der
Dachgeschossausbau realisiert wird. Nach § 18 Abs. 2 Nr. 1 WEG hat jeder Eigentümer einen Anspruch darauf, dass Beschlüsse vollzogen werden.

Der Anspruch des Wohnungseigentümers auf ordnungsmäßige Verwaltung ist grundsätzlich **unverjährbar**. Ist   81
eine Maßnahme im Interesse einer ordnungsmäßigen Verwaltung notwendig, erfordert diese ständig ihre
Durchführung. Dies folgt auch aus Sinn und Zweck der Verjährungsvorschriften. Die Verjährung soll den
Schuldner davor schützen, wegen länger zurückliegender Vorgänge in Anspruch genommen zu werden, die er
nicht mehr aufklären kann, weil ihm Beweismittel für etwa begründete Einwendungen abhandengekommen
oder Zeugen nicht mehr auffindbar sind.[63] Diese Erwägungen treffen aber auf den Anspruch des Wohnungseigen-
gentümers auf ordnungsmäßige Verwaltung nicht zu. Eine Beweisnot der in Anspruch genommenen Wohnungseigentümer ist auszuschließen. Denn der einzelne Wohnungseigentümer will mit der Durchsetzung des
Anspruchs nach § 19 Abs. 1 WEG eine ordnungsmäßige Verwaltung für die Zukunft sicherstellen[64] – hier den
erstmaligen Ausbau des Dachgeschosses.

2. Verwirkung. Der Einwand der anderen Eigentümer, der sich aus der Vereinbarung ergebende Anspruch   82
auf Ausbau des Dachgeschosses sei verwirkt, ist regelmäßig nicht begründet. Nach gefestigter Rechtsprechung
des Bundesgerichtshofs ist neben dem reinen Zeitablauf erforderlich, dass der Berechtigte durch sein gesamtes
Verhalten bei dem Verpflichteten das Vertrauen geschaffen hat, er werde seinen Anspruch nicht mehr geltend
machen und dass dieser sich darauf eingerichtet hat. Der **Vertrauenstatbestand** kann nicht durch bloßen Zeitablauf geschaffen werden.[65] Zu dem Zeitablauf müssen besondere auf das Verhalten des Berechtigten beruhende Umstände hinzutreten, die das Vertrauen des Verpflichteten rechtfertigen, der Berechtigte werde seinen
Anspruch nicht mehr geltend machen.[66] Dies ist eine Frage des Einzelfalls, bedarf aber eindeutiger Belege und
Erklärungen des Berechtigten, seinen Anspruch dauerhaft nicht durchsetzen zu wollen. In der Regel fehlt,
selbst wenn Erklärungen des Berechtigten erfolgen, ein Rechtsbindungswillen.

3. Änderung nach erfolgtem Dachgeschossausbau. Erfolgt ein Dachgeschossausbau auf der Grundlage   83
einer Legitimation in einer Vereinbarung, eines Beschlusses nach § 20 Abs. 1 Var. 2 WEG und weiter auf der
Grundlage eines Ausführungsbeschlusses, ist dies der Rahmen, an den sich der Ausbauwillige zu halten hat.

Grundsätzlich beschränkt sich eine Zustimmung auf die konkret vorgestellte bauliche Veränderung; eine da-   84
von **abweichende Ausführungsweise** oder spätere Änderung ist von der erteilten Zustimmung nicht mehr gedeckt.[67] Ein einmal erteilter Genehmigungsbeschluss beschränkt sich damit auf die konkret vorgestellte bauliche Veränderung bzw. den Dachgeschossausbau. Weder eine abweichende Ausführung noch eine spätere Änderung ist davon gedeckt.

Will der Bauwillige zu einem späteren Zeitpunkt den bereits erfolgten Dachgeschossausbau dennoch einmal   85
ändern, bedarf es zumindest eines **Zweitbeschlusses** im Hinblick auf die ändernde Bauausführung. Voraussetzung ist, dass auch dieser Zweitbeschluss ordnungsmäßiger Verwaltung entspricht, § 19 Abs. 1 WEG.

---

63   BGH 17.2.2010 – VIII ZR 104/09, BGHZ 184, 253.
64   BGH 27.4.2012 – V ZR 177/11, ZMR 2012, 713.
65   BGH 9.10.2013 – XII ZR 59/12, NJW-RR 2014, 195.
66   BGH 15.12.2017 – V ZR 275/16, NZM 2018, 909.
67   BayObLG 8.12.1994 – 2Z BR 116/94, MDR 1995, 569; OLG Zweibrücken 23.12.1999 – 3 W 198/99, NZM 2000,
     293.

51. Darlehensvertrag

Breiholdt

I. Einführung

1 Die Finanzierung der Ausgaben der Gemeinschaft der Wohnungseigentümer erfolgt im Grundsatz über die Wohngeldzahlungen und die Zuführungen zur Instandhaltungsrücklage (→ *Erhaltungsrücklage* Rn. 1 ff.). Daneben steht den Eigentümern als weiteres Finanzierungsinstrument die Sonderumlage (→ *Sonderumlage* Rn. 1 ff.) zur Verfügung. Kennzeichnend ist, dass es sich bei allen drei Finanzierungsquellen um Beiträge handelt, die von den Eigentümern selbst aufgebracht werden. Dagegen bedeutet die Aufnahme des Krediteses, dass ein **Dritter die erforderlichen Mittel zur Verfügung** stellt. Die damit verbundenen Einzelprobleme und Risiken – insbesondere im Hinblick auf die Haftung einzelner Eigentümer für die Rückzahlung – führen dazu, dass an die Zulässigkeit dieses Finanzierungsinstruments höhere Anforderungen gestellt werden, als dies bei den oben genannten Finanzierungsmitteln der Fall ist.

II. Zulässigkeit der Kreditaufnahme

2 Es ist höchstrichterlich geklärt, dass die Gemeinschaft grundsätzlich berechtigt sein kann, ein Darlehen für bestimmte Zwecke zu beantragen und aufzunehmen. Für die Situation vor der WEG Reform 2007 hatte der BGH dies bereits im Jahre 1988 entschieden.[1] In zwei Entscheidungen aus 2012[2] und 2015[3] wurde dies auch für die Situation nach 2007 bejaht.

3 **Voraussetzung** ist jedoch, dass die Kreditaufnahme **ordnungsmäßiger Verwaltung** entspricht. Dabei ist zu beachten, dass der Geldbedarf für die laufende Bewirtschaftung und die Erhaltung einer Wohnanlage im Grundsatz durch das Wohngeld und die Ansammlung einer angemessenen Erhaltungsrücklage (→ *Erhaltungsrücklage* Rn. 2 ff.) aufgebracht werden soll. Davon ausgehend kann es ordnungsmäßiger Verwaltung entsprechen, größere Ausgaben mittels Aufnahme eines Kredits durch die Gemeinschaft der Wohnungseigentümer zu finanzieren. Das Wohnungseigentumsgesetz enthält keine Anhaltspunkte dafür, dass den Wohnungseigentümern diese Möglichkeit nur in besonders gelagerten Ausnahmefällen zu Gebote stehen soll. Nicht jedem Wohnungseigentümer ist es nämlich möglich und zumutbar, bei einem **größeren Finanzbedarf** der Gemeinschaft, der durch den Rückgriff auf die Instandhaltungslage nicht gedeckt werden kann, eine hohe (anteilige) Sonderumlage aufzubringen.[4] Zugleich ist den übrigen Wohnungseigentümern und auch dem Gesetzgeber daran gelegen, dass Wohnanlagen nicht infolge ausbleibender Erhaltungs- und Modernisierungsmaßnahmen verfallen oder erheblich an Wert verlieren.[5] Die Ordnungsmäßigkeit der Kreditaufnahme und damit die Rechtmäßigkeit eines Beschlusses sind daher jeweils im Einzelfall unter Würdigung aller Umstände zu beurteilen.

4 **1. Kriterien.** In erster Linie ist der Zweck des Darlehens zu betrachten. Je **dringlicher** die durch das Darlehen zu finanzierenden Maßnahmen sind, umso mehr treten die Nachteile dieser Finanzierungsart zurück. Bei der **Abwägung** ist weiter zu berücksichtigen, ob die erforderlichen Mittel durch einen Rückgriff auf die Instandhaltungsrücklage oder durch eine Sonderumlage aufgebracht werden können. Droht die Gefahr, dass staatliche Fördermittel verloren gehen, weil die Ansparung einer Sonderumlage (→ *Sonderumlage* Rn. 1 ff) Zeit benötigt, so spricht dies ebenfalls für eine Kreditaufnahme. Bedeutung kann ferner dem Umstand zukom-

---

1 BGH 21.4.1988 – V ZB 10/87, MDR 1988, 765.
2 BGH 28.9.2012 – V ZR 251/11, NJW 2012, 3719.
3 BGH 25.9.2015 – V ZR 244/14, NZM 2015, 821.
4 BGH 25.9.2015 – V ZR 244/14, NZM 2015, 821.
5 BT-Drs. 16/887, 29, 43.

men, dass die Finanzierung der Maßnahme durch eine Sonderumlage einzelne Wohnungseigentümer überfordert. Abzuwägen sind außerdem die **Konditionen des Darlehens** (Höhe der Zinsen, Zusatzkosten, Laufzeit), aber auch, ob der Verband Wohnungseigentümergemeinschaft voraussichtlich in der Lage sein wird, den Kredit zu bedienen. Eine **Laufzeit von mehr als zehn Jahren** wird deshalb eher selten ordnungsmäßiger Verwaltung entsprechen.[6]

Wird eine vorhandene Rücklage nicht zur Finanzierung der Sanierungsmaßnahme eingesetzt, muss es hierfür **triftige Gründe** geben. Solche Gründe können etwa darin liegen, dass aufgrund des Alters der Wohnanlage und ihres Erhaltungszustandes mit weiterem Instandhaltungsbedarf zu rechnen ist, für den die Rücklage ganz oder teilweise vorgehalten werden soll.[7]   5

Relevant kann weiter die **Höhe des Darlehensbetrages** im Verhältnis zu der Anzahl der Wohnungseigentümer sein. Im Hinblick auf die monatliche Belastung der Wohnungseigentümer kann dies ein Indiz für oder gegen die Ordnungsmäßigkeit der Darlehensaufnahme darstellen. Zur Veranschaulichung: Ein Darlehen von 1.300.000 Euro für eine Wohnungsanlage mit 201 Wohnungen bei günstigen Finanzierungskonditionen hält sich für den BGH in diesem Rahmen.[8]   6

Ist angesichts der Höhe der Belastung und bereits bestehender Wohngeldausfälle oder aufgrund anderer Umstände absehbar, dass die Gemeinschaft der Wohnungseigentümer nicht in der Lage ist, den **Kredit sicher zu bedienen**, entspricht eine Darlehensaufnahme aufgrund des Risikos für die übrigen Wohnungseigentümer grundsätzlich nicht ordnungsmäßiger Verwaltung.[9] Anders kann es sich allerdings bei einer unaufschiebbaren Instandhaltungsmaßnahme verhalten, die weder durch die Instandhaltungsrücklage noch die Erhebung einer Sonderumlage kurzfristig zu finanzieren ist.   7

Weitere Aspekte für die Beurteilung der Ordnungsmäßigkeit einer Kreditaufnahme sind die Kreditkonditionen, insbesondere die Höhe der Zinsen und der sonstigen Zusatzkosten, die Laufzeit des Darlehens und die Rückzahlungsbedingungen.[10] Um eine dauerhafte Verschuldung der Gemeinschaft mit den damit verbundenen Risiken für die Gläubiger und für die Wohnungseigentümer zu vermeiden, muss die Rückzahlung so angelegt sein, dass der Kredit am Ende der Laufzeit zurückgezahlt ist.   8

2. Haftungssituation. Im (Außen-)Verhältnis zur kreditgewährenden Bank haftet der **einzelne Wohnungseigentümer** gem. § 9 Abs. 4 WEG nur nach dem Verhältnis seines Miteigentumsanteils. Im **Innenverhältnis** zur Gemeinschaft der Wohnungseigentümer droht dagegen eine Nachschusspflicht. Dies folgt aus der Verpflichtung der Wohnungseigentümer, für einen ausgeglichenen Etat zu sorgen.[11] Kommt es zu Zahlungsausfällen bei Wohnungseigentümern, müssen die daraus resultierenden Fehlbeträge durch höhere Beiträge der übrigen Wohnungseigentümer oder durch eine Sonderumlage ausgeglichen werden. Das gilt nach Auffassung des BGH auch, wenn einzelne Wohnungseigentümer ihren Anteil an den Zins- und Tilgungsleistungen nicht erbringen und dadurch Deckungslücken entstehen; denn auch diese Verbindlichkeiten gehören zu den Ausgaben iSd § 28 Abs. 1 S. 2 Nr. 1 WEG, deren Aufbringung durch den Wirtschaftsplan oder durch dessen Ergänzung in Form einer Sonderumlage sicherzustellen ist.[12] Insbesondere bei langfristigen Darlehen lässt sich das Ausfallrisiko nur schwer absehen.   9

Zwar ist es möglich, im Beschluss über die Finanzierung die Freistellung einzelner Wohnungseigentümer von den Kreditkosten durch eine „gespaltene Finanzierung" baulicher Maßnahmen vorzusehen; die Wohnungseigentümer können durch Beschluss die Kreditaufnahme mit einer **Sonderumlage** verbinden. Ein Teil der zu finanzierenden Maßnahme wird dann durch eine Sonderumlage der leistungsbereiten und leistungsfähigen Sondereigentümer bezahlt (Abwendungsbefugnis), der Rest über den vom Verband Wohnungseigentümergemeinschaft aufzunehmenden Kredit.[13] Der Beschluss erfolgt mit der Maßgabe, dass Sondereigentümer, die mit ihrer anteiligen Beitragsleistung in Verzug sind, die jeweils fälligen Kreditkosten im Verhältnis ihrer Anteile   10

---

6 Jennißen/*Abramenko* WEG § 10 Rn. 162.
7 BGH 25.9.2015 – V ZR 244/14, NZM 2015, 821.
8 BGH 25.9.2015 – V ZR 244/14, NZM 2015, 821.
9 BGH 25.9.2015 – V ZR 244/14, NZM 2015, 821; *Drasdo* NZM 2014, 289.
10 *Elzer* NZM 2009, 57; *Drasdo* NJW-Spezial 2013, 417.
11 BGH 2.6.2005 – V ZB 32/05, BGHZ 163, 154 (175).
12 BGH 25.9.2015 – V ZR 244/14, NZM 2015, 821.
13 *Elzer* NZM 2009, 57.

zu tragen haben; eine entsprechende Beschlusskompetenz folgt aus § 21 Abs. 7 WEG. Diese Freistellung wirkt aber nur im Innenverhältnis. Sie erfasst nicht eine etwaige Nachschusspflicht bei Fehlen liquider Mittel[14] und bietet den auf die Sonderumlage zahlenden Sondereigentümern deshalb keinen endgültigen Schutz vor einer Inanspruchnahme. Anders soll dies allerdings bei **Mehrhausanlagen** sein, bei denen in der Gemeinschaftsordnung eine „wirtschaftliche Trennung" vorgesehen ist.[15] Der Innenausgleich soll dann nur innerhalb der betroffenen Untergemeinschaft stattfinden.

11 Soweit in diesem Zusammenhang die Meinung vertreten wird, dass ein Beschluss über die Kreditaufnahme grundsätzlich nur dann ordnungsmäßiger Verwaltung entsprechen kann, wenn dem einzelnen Wohnungseigentümer eine **Abwendungsbefugnis** eingeräumt wird und er von den Kreditkosten sowie – durch entsprechende Vereinbarung mit dem Kreditinstitut – von der quotalen Haftung des § 9 Abs. 4 WEG befreit wird,[16] hat der BGH dieser Auffassung eine Absage erteilt.[17]

12 Es ist auch nicht zulässig, die an der Kreditaufnahme nicht beteiligten Wohnungseigentümer im Innenverhältnis von etwaigen Nachschusspflichten bei Fehlen liquider Mittel des Verbandes zu befreien. Zum alten Recht hat der BGH entschieden, dass sich ein solcher Beschluss insbesondere nicht auf eine entsprechende Anwendung von § 16 Abs. 4 WEG aF stützen konnte.[18] Das WEMoG hat hieran nichts geändert.

13 Zur Absicherung des Kreditgebers kommen **Grundpfandrechte** in Betracht, die in der Regel aber nur sämtliche Wohnungseigentümer bestellen können. Allerdings ist ein Mehrheitsbeschluss, der den einzelnen Wohnungseigentümer zur Bestellung von Sicherheiten (zB Grundschulden, Schuldanerkenntnisse, Bürgschaften) verpflichtet, mangels Beschlusskompetenz nichtig.[19]

III. Beschluss

14 **1. Vorbereitung.** Der Beschluss bedarf einer umfangreichen Vorbereitung durch den Verwalter. Da die Gemeinschaft der Wohnungseigentümer einem Verbraucher gem. § 13 BGB gleichsteht, wenn ihr wenigstens ein Verbraucher angehört und sie den Kredit zu einem Zweck benötigt, der weder einer gewerblichen noch einer selbstständigen beruflichen Tätigkeit dient,[20] sind die Regeln für einen **Verbraucherdarlehensvertrag** gem. § 491 BGB zu beachten.

15 **a) Einreichung von Unterlagen beim Kreditinstitut.** Nach § 505 a BGB hat der Darlehensgeber vor dem Abschluss eines Verbraucherdarlehensvertrags die **Kreditwürdigkeit** des Darlehensnehmers zu prüfen. Darlehensnehmer ist gem. § 9 a Abs. 1 WEG die Gemeinschaft der Wohnungseigentümer.

16 Soweit die angefragten Banken also Unterlagen zur Prüfung der Bonität verlangen, muss der Verwalter zunächst einen Beschluss herbeiführen, der ihn ermächtigt, diese Informationen herauszugeben. Hinsichtlich der **Unterlagen** ist zu unterscheiden zwischen der **Bonität** der Gemeinschaft der Wohnungseigentümer und der ihrer Mitglieder. Unterlagen, die zur Prüfung der Bonität der Gemeinschaft dienen, können sein: Der aktuelle Wirtschaftsplan einschließlich des aktuell zu zahlenden Gesamthausgeldes, die Zuführung zur Erhaltungsrückstellung, deren gegenwärtiger Bestand, das Gesamtvolumen der Hausgeldrückstände und die Abrechnung.

17 Dass die angeführten Informationen noch nicht individualisierbar sind, steht dem Beschlusserfordernis nicht entgegen. Es liegt keine reine Maßnahme laufender Verwaltung vor, denn die wirtschaftlichen Verhältnisse sind **Interna** des Verbandes.[21]

18 Schwieriger ist es mit der Herausgabe von Daten betreffend die **Bonität** der Mitglieder der Gemeinschaft: Unbedenklich ist der Mehrheitsbeschluss über die Preisgabe der Namen, Wohnadressen und Größe der Miteigentumsanteile der einzelnen Mitglieder.[22]

---

14 BGH 25.9.2015 – V ZR 244/14, NZM 2015, 821.
15 *Schultzky* ZWE 2017, 251.
16 LG Düsseldorf 12.6.2013 – 25 S 152/12 U, ZWE 2014, 44; *Gottschalg* NZM 2007, 8.
17 BGH 25.9.2015 – V ZR 244/14, NZM 2015, 821; ebenso *Elzer* NZM 2009, 57 (62).
18 BGH 25.9.2015 – V ZR 244/14, NZM 2015, 821.
19 *Jennißen/Heinemann* WEG § 21 Rn. 106 c.
20 Vgl. BGH 25.3.2015 – VIII ZR 243/13, NJW 2015, 3228.
21 *Dietrich* ZWE 2017, 3.
22 *Dietrich* ZWE 2017, 3; *Elzer* NZM 2009, 57.

Weiter kann die Preisgabe von Bonitätsinformationen einzelne Mitglieder betreffend mit Mehrheit beschlossen werden, soweit es sich um Informationen handelt, die der Gemeinschaft zur Erfüllung ihrer Aufgaben ohnehin bereits bekannt sind. Dies betrifft insbesondere eine konkrete Zuordnung von Wohngeldzahlungen und -schulden zu bestimmten Eigentümern sowie deren (ggf. ausstehende) Zahlungen auf Sonderumlagen, und dies jeweils aktuell und über eine aussagekräftige Zeit auch rückgreifend.[23]   19

Darüberhinausgehende Informationen, etwa **Selbstauskünfte** mit Angaben zur Einkommens- und Vermögenssituation nebst Vorlage von Steuerbescheiden o. dgl., können nicht durch Mehrheitsentscheidung zur Weiterleitung an die Bank beschlossen werden.[24]   20

b) Einholung von Angeboten. Der BGH hat bisher offengelassen, ob zur ordnungsmäßigen Verwaltung auch die Einholung von **mindestens drei (Kredit-)Angeboten** durch den Verwalter gehört.[25] Das praktische Problem besteht hier darin, dass es derzeit nur eine überschaubare Anzahl von Kreditinstituten gibt, die Darlehen für Wohnungseigentümergemeinschaften anbieten. Gleichwohl besteht kein Grund, aus dem auf die Vorlage von Alternativangeboten verzichtet werden sollte, insbesondere wenn es sich um fünf- oder gar sechsstellige Darlehensbeträge handelt. Anderes mag für die sog. „Förderdarlehen" gelten, die zumeist von öffentlichen Banken wie der KfW angeboten werden. Hier wird man wegen der speziell zugeschnittenen Förderprogramme davon ausgehen müssen, dass keine Alternativangebote vorliegen müssen.   21

2. Beschlussfassung auf der Versammlung. Vor der Beschlussfassung sollte der Verwalter über die aktuelle wirtschaftliche Situation der Gemeinschaft der Wohnungseigentümer, insbesondere über etwaige **Wohngeldausfälle**, informieren. Eine Offenlegung der wirtschaftlichen Verhältnisse jedes Wohnungseigentümers ist dagegen nicht erforderlich.[26]   22

Des Weiteren muss die im Innenverhältnis bestehende **Nachschusspflicht** der Wohnungseigentümer – auch derjenigen, die von einer etwaigen „Abwendungsbefugnis" Gebrauch gemacht haben – in der Wohnungseigentümerversammlung erörtert werden. Die Wohnungseigentümer dürfen nicht dem Irrtum unterliegen, dass sie unter allen Umständen nur für einen ihrem Miteigentumsanteil entsprechenden Anteil für das Darlehen haften. Die entsprechende Unterrichtung der Wohnungseigentümer ist in dem Protokoll der Eigentümerversammlung zu **dokumentieren**.[27]   23

Der Beschluss muss außerdem **hinreichend bestimmt** sein. Erforderlich ist die Festlegung der **wesentlichen Rahmenbedingungen** der Kreditaufnahme. Der Beschluss muss Angaben über die zu finanzierende Maßnahme, die Höhe des Darlehens, dessen Laufzeit, die Höhe des Zinssatzes bzw. des nicht zu überschreitenden Zinssatzes enthalten und erkennen lassen, ob die Tilgungsraten so angelegt sind, dass der Kredit am Ende der Laufzeit getilgt ist, oder ob eine Anschlussfinanzierung erforderlich ist.[28] Die konkrete anteilige Beitragsleistung der einzelnen Wohnungseigentümer muss dagegen nicht ausgewiesen werden.   24

Der Beschluss zur Aufnahme eines Kredites kann mit der **einfachen Mehrheit** gefasst werden – auch dann, wenn für die zu beschließende (Bau-)Maßnahme eine andere Mehrheit erforderlich ist.   25

IV. Durchführung des Beschlusses

Der Verwalter ist ermächtigt und verpflichtet, das von der Gemeinschaft der Wohnungseigentümer beschlossene Angebot für diese anzunehmen. **Verhandlungsspielraum** hat er dabei allenfalls insoweit, als die Konditionen der Kreditaufnahme offensichtlich und eindeutig günstiger gestaltet werden können als in der Beschlussfassung.[29] Eine gesetzliche Vertretungsbefugnis gem. § 9 b Abs. 1 WEG existiert allerdings ausdrücklich nicht. Insoweit verbleibt es hier bei der bisherigen Rechtslage, wonach der Verwalter seine Legitimation zum Abschluss des Kreditvertrages durch Vorlage des Beschlusses nachweisen muss.[30]   26

---

23 *Dietrich* ZWE 2017, 3.
24 *Dietrich* ZWE 2017, 3; *Elzer* NZM 2009, 57.
25 So aber: LG Itzehoe 19.8.2019 – 11 S 64/18, ZMR 2019, 897.
26 BGH 25.3.2015 – VIII ZR 243/13, NJW 2015, 3228.
27 BGH 25.3.2015 – VIII ZR 243/13, NJW 2015, 3228.
28 BGH 25.3.2015 – VIII ZR 243/13, NJW 2015, 3228.
29 *Dietrich* ZWE 2017, 3.
30 BT-Drs. 19/22634, 43.

27   Nach § 27 Abs. 1 Nr. 1 WEG muss der Verwalter nach Aufnahme des Kredits die **Tilgungsbeträge** anfordern, in Empfang nehmen und an das Kreditinstitut abführen.

V. Darstellung im Wirtschaftsplan

28   Die aus dem Darlehensvertrag an die Gemeinschaft der Wohnungseigentümer fließende Geldsumme stellt eine Einnahme dar. Ohne Vorliegen eines bestandskräftigen Beschlusses zur Kreditaufnahme wird man diese geplante Einnahme aber noch nicht in den Wirtschaftsplan des Jahres, in dem das Geld fließen soll, einstellen können.

29   Anders verhält es sich mit der **Rückzahlung**. Hier sind bei Aufstellung eines Wirtschaftsplanes die zu leistenden Kreditraten zu berücksichtigen. Es handelt sich um zwei Positionen, nämlich die jährlich anfallenden Zinsen sowie die jährlich zurückzuzahlenden anteiligen Beträge auf die Darlehensvaluta.[31] Muss die eigentliche Kreditsumme erst am Ende der Laufzeit zurückgezahlt werden, so entspricht es gleichwohl ordnungsmäßiger Verwaltung, diese Summe ratierlich anzusparen und eine entsprechende Rücklage zu bilden.

30   Der **Verteilungsmaßstab** für die Positionen Tilgung und Zinsen richtet sich nach den Festlegungen des Beschlusses über die Aufnahme des Darlehens (Miteigentumsanteile, Wohnungsbezogen etc). Soweit einzelne Eigentümer ihren Anteil der zu finanzierenden Maßnahme im Wege einer Sonderumlage bezahlt haben (Abwendungsbefugnis), sind sie intern an den Kosten des Kredites (Zinsen) und seiner Rückzahlung (Tilgung) nicht zu beteiligen.

VI. Darstellung in der Abrechnung

31   In der **Gesamtabrechnung** ist die Darlehensvaluta im Jahre ihres Zuflusses als Einnahme zu erfassen. Die Ausgaben, die über das Darlehen finanziert werden sollen, sind hingegen erst im Jahr ihrer Verausgabung zu verbuchen, was nicht das Jahr des Geldzuflusses sein muss. Das nicht verbrauchte Darlehen muss der Rücklage zugewiesen werden, weil andernfalls eine Ausschüttung an die Eigentümer droht.[32] Ggf. kann auch eine **Sonderrücklage** für das mit dem Darlehen bezweckte Investitionsvorhaben gebildet werden.

32   Wird der Geldzufluss auf die Erhaltungsrücklage gebucht oder erfolgt der Abfluss des Geldes (für die Investitionsmaßnahme) im gleichen Jahr wie der Zufluss, stellt sich für die **Einzelabrechnungen** kein besonderes Problem. Dieses entsteht erst dann, wenn die Darlehensvaluta auf dem Hausgeldkonto der Gemeinschaft der Wohnungseigentümer eingezahlt wird und dort über das Wirtschaftsjahr hinaus verbleibt. Die Einnahme ist dann nämlich quotal in den Einzelabrechnungen zugunsten der Sondereigentümer auszuweisen. Dadurch entsteht im Jahr des Zuflusses ein falsches Bild von der Vermögenssituation, weil es zwar eine Einnahme, nicht aber die dazugehörige Ausgabe gibt.

33   **Rückzahlung** auf die Darlehensvaluta, gleich ob als Tilgungs- oder Fälligkeitsdarlehen, sind in dem Jahr des Abflusses als Ausgaben zu erfassen. In den Einzelabrechnungen erfolgt eine Belastung nur derjenigen Eigentümer mit anteiligen Beträgen zu den Zins- und Tilgungsbeträgen, die nicht von der Abwendungsbefugnis durch Zahlung auf eine Sonderumlage Gebrauch gemacht haben.

34   Die Rückzahlung der Darlehensforderung (**Tilgung**) ist zwar eine Ausgabe, aber keine Kostenposition. Dagegen stellen die für die Darlehensgewährung zu entrichtenden Zinsen nicht nur Ausgaben sondern auch Kosten dar. Anders als bei der Zurverfügungstellung der Darlehensvaluta steht ihnen nämlich kein unmittelbarer Geldzufluss gegenüber.[33]

---

31   *Drasdo* NZM 2014, 289.
32   *Sauren* NZM 2017, 667.
33   *Drasdo* NZM 2014, 289.

Breiholdt

52. Datenschutz

Okon

I. Accountability – Rechenschaftspflicht

1 Der **Verwalter** hat die Pflicht zu dokumentieren, wie die Hausverwaltung strukturiert ist (Ansprechpartner, Verantwortliche, etc), wie er datenschutzrechtliche Prozesse installiert und organisiert, auf welche Rechtsgrundlagen sich die Verarbeitung stützt (Definitionen in Art. 6 DS-GVO), wie diese eingehalten werden, wo sämtliche Unterlagen auffindbar abgelegt sind und welche Sicherheitsmaßnahmen getroffen werden, um die Sicherheit der Daten (Sicherheitsinformationen) zu gewährleisten.

2 **1. Zweck und Vorgaben.** Die **Rechenschaftspflicht** soll dem Verwalter selbst, als auch der Behörde die Möglichkeit geben, in kurzer Zeit zu erfassen, auf welcher Rechtsgrundlage die Verarbeitung von personenbe-

zogenen Daten durch die Hausverwaltung konkret vorgenommen wird und darüber hinaus, welche Maßnahmen seitens des Verwalters getroffen wurden, um die Verarbeitung nach Vorgaben der DS-GVO sicherzustellen. Weiterhin dient diese Darstellung dazu, einen schnellen Überblick über etwaige Speicherfristen und Löschroutinen zu erlangen.

Merke: die Rechenschaftspflicht ist eine Dokumentation der Umsetzung der DS-GVO der Unternehmung nebst den wichtigen Maßnahmen zur Überprüfung und Aktualisierung sämtlicher datenschutzrechtlicher Vorgänge. 3

2. Dokumentation. Der **Verwalter** muss die Umsetzung der **Vorgaben nach der DS-GVO nachweisen und dokumentieren**. Die DS-GVO beschreibt nicht, wie die Dokumentation auszusehen hat. Zwar können alle Unterlagen in einem geeigneten Ordner nebst Unterteilung der einzelnen Anforderungen aufbewahrt werden, jedoch wird sich so eine einfache Gesamtübersicht für die Behörden nicht darstellen. Daher ist es sinnvoll, die Dokumentation in elektronischer Form vorzunehmen. Es empfiehlt sich zum Beispiel, bei einer Kontrolle durch die Aufsichtsbehörden nicht den gesamten Ordner der Verträge zur Auftragsverarbeitung vorzulegen, sondern eine **Übersicht in Listenform** aller beauftragten Dienstleister (Auftragsverarbeiter). Diese Liste sollte neben dem Namen und der Anschrift des Auftragsverarbeiters auch eine kurze Darstellung der „Kategorien der Verarbeitung" beinhalten. Ein Querverweis auf die laufende Nummer im „Verzeichnis der Verarbeitungstätigkeiten", erleichtert den Behörden einen schnelleren Überblick über die Datenverarbeitung durch einen Auftragsverarbeiter zu erlangen. 4

3. Verarbeitung durch Mitarbeiter. Die Verarbeitung von personenbezogenen Daten durch Mitarbeiter muss ebenfalls in der Dokumentation beachtet werden. Eine Weitergabe von Daten Betroffener ist auch innerhalb des Unternehmens zu beschreiben. Im Allgemeinen wird dies auch **Prozessbeschreibung** genannt. Jedwede Weitergabe an verschiedene interne Abteilungen der Hausverwaltung müssen ebenfalls gesondert dargestellt werden. Die Aufgaben der jeweiligen Abteilungen benötigen stets recht unterschiedliche Datensätze. So benötigt die Wohnungseigentumsverwaltung zum Teil andere Datensätze als die Mietverwaltung. Auch die interne EDV-Abteilung hat idR keine Berechtigung zur regelmäßigen Verarbeitung personenbezogener Daten von Mietern und Eigentümern. 5

4. Übersichtliche Darstellung. Eine Darstellung der datenschutzrelevanten Infrastruktur ist das oberste Gebot der gesamten Dokumentation, gem. Art. 5 Abs. 2 DS-GVO „Rechenschaftspflicht". Weiterhin ist es notwendig, dass etwaige Standorte, welche eine Datenverarbeitung im Sinne der DS-GVO vornehmen, nebst Anschrift und Namen aufgeführt werden. 6

Hier eine Übersicht, welche Informationen innerhalb der Dokumentation gelistet werden müssen: 7

- Software, mit welcher die Datenverarbeitung nach DS-GVO durchgeführt wird;
- Hardware, mit welcher die Datenverarbeitung nach DS-GVO durchgeführt wird (Laptops, Handys, Tablets, Server (Terminal Server), Faxgeräte, Kopierer etc.;
- Datensicherung (Übersicht des Datensicherungsprinzip);
- Datenschutz-Schulungen der Mitarbeiter (Auflistung, aller durchgeführten Schulungen, nebst Webinaren) sowie Unterschriftenliste nach Teilnahme durch die Mitarbeiter;
- Regelung zum Umgang mit Datenpannen gem. Art. 33 DS-GVO;
- Ausgeübte Betroffenenrechte gem. Art. 15 DS-GVO;
- Ausgeführte Tätigkeiten zur Verarbeitung von personenbezogenen Daten im Auftrag eines Verantwortlichen. Dies ist beispielsweise dann der Fall, wenn eine Hausverwaltung nur eine jährliche Abrechnung für eine Wohnungseigentumsanlage vornimmt und sonst keine weiteren Dienstleistungen erfüllt.

5. Organigramm. Die Artikel-29-Datenschutzgruppe sowie auch Aufsichtsbehörden empfehlen den Einsatz eines „Organigramms". In der DS-GVO wird der Begriff Organigramm zwar nicht verwendet, hat sich aber als geeignetes Instrument etabliert, um Behörden eine schnelle Übersicht über die gesamte Firmenstruktur zu ermöglichen. Da die Aufsichtsbehörden im Vorfeld nur sehr wenige Informationen bezüglich der Unternehmensstruktur einer Hausverwaltung haben, wird seitens der Behörden häufig angefordert, eine entsprechende Übersicht (→ Rn. 1 ff.) in Form eines Organigramms vorzuhalten. Die Erstellung einer solchen Dokumentation ist heute mit einfachen Mitteln möglich. Die einfachste Möglichkeit wäre die Nutzung einer Vorlage aus der Softwareanwendung Microsoft Office PowerPoint. 8

II. Auskunft (Auskunftsrecht)

9   Jede betroffene Person hat gem. Art. 15 DS-GVO ein umfangreiches Auskunftsrecht. Der Verwalter muss auf Verlangen des Betroffenen hiernach über den Inhalt und die Zwecke der von ihm erhobenen Daten umfänglich informieren.[1]

III. Anonymisierung

10   Der Begriff[2] „Anonymisierung" wird häufig gleichgesetzt mit dem Begriff „**Pseudonymisierung**". Jedoch sind beide in ihrem Typus unterschiedlich. Bei der Anonymisierung werden Daten in ihrer ursprünglichen Art derart verfälscht/verändert, dass die Wiederherstellbarkeit zum ursprünglichen Datum nur noch mit unverhältnismäßig hohem Aufwand an Zeit und Kosten möglich ist. Dadurch, dass alle personenbezogenen Daten verfälscht und verändert wurden, ist der Datenschutz nicht mehr anwendbar. Anonymisierte Daten sind keine personenbezogenen Daten im Sinne der DS-GVO. Die Anonymisierung wird häufig bei Erstellung von Statistiken und Umfragen (Beispiel Kundenzufriedenheit) angewendet.

IV. Auftragsverarbeiter/Auftragsverarbeitung (Art. 28 DS-GVO)

11   Sobald ein Verwalter (Auftraggeber) einen externen Dienstleister einsetzt, welcher spezielle Aufgaben für ihn übernimmt (Beispiel Heizungsablesung), handelt der Auftragsverarbeiter (Auftragnehmer, Beispiel Messdienstleister) im Sinne und unter der Verantwortung des Auftraggebers. Hierbei wird dem Auftragnehmer die eigentliche Verwaltungsaufgabe nicht übertragen. Sie ist nur als **Hilfstätigkeit** anzusehen. Der Datenherr bleibt stets der Auftraggeber.[3]

12   Die **Rechtmäßigkeit der Datenverarbeitung** bleibt für den Verwalter weiterhin die datenschutzrechtliche Anforderung. Voraussetzung hierfür ist, dass der Auftragsverarbeiter sich grundsätzlich auf die Verarbeitung eines Dienstleisters beschränkt und die Vorgaben des Auftraggebers beachtet und eingehalten werden.[4]

13   Dies bedeutet, dass der Verwalter nur Dienstleister beauftragen darf, die „*hinreichende Garantien dafür bieten, dass geeignete technische und organisatorische Maßnahmen so durchgeführt werden, dass die Verarbeitung im Einklang mit den Anforderungen der DS-GVO gewährleistet sind*" (Art. 28 Abs. 1 DS-GVO).

14   **1. Vereinbarung zur Auftragsverarbeitung (AVV).** Die Verarbeitung durch einen Auftragsverarbeiter (**Auftragnehmer**) darf nur auf Grundlage einer entsprechenden Vereinbarung oder eines anderen Rechtsinstruments nach dem Unionsrecht erfolgen. Diese Vereinbarung bindet beide Parteien und beschreibt unter anderem den Gegenstand und die Dauer, die Art und den Zweck der Verarbeitung sowie die Kategorien betroffener Personen. Weiterhin sind sämtliche Pflichten und Rechte für beide Parteien festzulegen. Sobald also eine regelmäßige Verarbeitung personenbezogener Daten durch einen Auftragnehmer vorgenommen wird, muss eine Auftragsverarbeitung (**AVV**) vereinbart werden.

15   **2. Auswahl des Auftragsverarbeiters (ErwGr. 81).** Gemäß Erwägungsgrund (ErwGr.) Nr. 81 sollte ein Auftraggeber nur Dienstleister beauftragen, die ein entsprechendes Fachwissen, eine Zuverlässigkeit und ausreichende Ressourcen vorweisen können.[5] Dabei steht die Sicherheit der Verarbeitung im Fokus. Der Verwalter ist somit verpflichtet, die Auswahl nach der Sicherheit der Verarbeitung durch den Dienstleister zu beauftragen und nicht nach dessen Preis für seine Dienstleistung.[6]

16   **3. Inhaltsangaben.** Zwischen den Vertragsparteien müssen die Inhalte sorgsam eruiert und ausreichend ausgearbeitet werden. Der Auftragsverarbeiter kann nicht gezwungen werden, Forderungen des Auftraggebers in jeglichem Maße hinzunehmen. Es müssen im Vorfeld umfangreiche Verhandlungen zwischen beiden Parteien stattfinden, um die Eignung der Auftragsverarbeitung durch den Dienstleister festzustellen. Die DS-GVO gibt

---

1 S. Art. 15 DS-GVO „Betroffenenrecht" Auskunftspflicht.
2 § 3 Abs. 6 BDSG aF Definition „Anonymisierung".
3 (Orientierungshilfe AVV des bayerischen DSB) https://www.datenschutz-bayern.de/technik/orient/oh_auftragsverarbeitung.pdf.
4 *Taeger/Gabel* DS-GVO Art. 28 Rn. 2.
5 Art. 29-Datenschutzgruppe, Stellungnahme 1/2010, WP16 9, 32.
6 Erste Hilfe zur Datenschutz-Grundverordnung S. 24 Abs. 2.

nur die **Rahmenbedingungen** für die Auftragsverarbeitung vor.[7] Eine ausführliche Beschreibung der Aufgaben, die der Auftragnehmer erbringen soll, sind eine wichtige Vertragsgrundlage.

4. Vereinbarungspflicht beider Parteien. Da Dienstleister in der Regel mehrere Kunden betreuen, kann davon ausgegangen werden, dass bereits eine Vorlage zur Auftragsverarbeitung durch den Auftragnehmer übersendet werden kann. Kann der Dienstleister diesem nicht nachkommen, ist es ein Indiz dafür, dass eine notwendige Voraussetzung – nämlich die Beachtung datenschutzrechtlicher Vorgaben – möglicherweise nicht gegeben ist. Hat der Auftragnehmer keine Vorlage zur AVV übersendet, muss der Auftraggeber sich aktiv um die Vereinbarung kümmern. Die AVV muss innerhalb von vier Wochen ab dem Zeitpunkt der Aufnahme der Tätigkeit geschlossen werden.   17

5. Form der Vereinbarung. Gem. Art. 28 Abs. 9 DS-GVO ist der Vertrag „schriftlich zu vereinbaren". „Schriftlich" bedeutet aber auch, dass die Textform, also ohne Unterschrift, verwendet werden kann.[8] Ein elektronisches Format ist zulässig.[9]   18

6. Besondere Anforderungen für Dienstleister aus einem Drittland. Wenn der Auftragsverarbeiter in einem Drittland sitzt, hat der Auftraggeber kritisch zu prüfen, ob die konkrete Datenverarbeitung durch den Auftragsverarbeiter ein entsprechendes Datenschutzniveau aufweist. Eine Datenverarbeitung auf Grundlage des „Privacy Shield"[10] kann durch einen Auftragsverarbeiter in einem Drittland nicht mehr vorgenommen werden. Vielmehr hat der Auftraggeber mit dem Auftragnehmer **EU-Standardvertragsklauseln** zu vereinbaren.   19

7. Kontrollrechte des Auftraggebers. Der Auftraggeber hat umfangreiche Kontrollrechte, welche zwingend im Vertrag vereinbart werden müssen. Zwar definiert die DS-GVO nicht, dass der Verwalter selbst durch Vor-Ort-Kontrollen die Einhaltung der datenschutzrechtlichen Vorgaben kontrollieren muss, hierzu kann auch ein **Datenschutzkonzept des Auftragsverarbeiters** als aussagekräftiger Beleg (je nach Ausgestaltung) zulässig sein. Auch steht es dem Auftraggeber frei, hierzu die Überprüfung beim Auftragnehmer entweder durch den Datenschutzbeauftragten (DSB) oder durch einen Sachverständigen vornehmen zu lassen. Zu beachten ist, dass diese Vor-Ort-Kontrollen definitiv in der AVV vereinbart sein müssen.   20

8. Auftragsverarbeiter verweigert die AVV. In der Praxis zeigt sich, dass gerade kleine Unternehmen mit dem Thema der Vereinbarung zur Auftragsverarbeitung (AVV) eher nachlässig umgehen. Beispielsweise verweigern häufig EDV-Dienstleister die Unterschrift zur Vereinbarung. Sobald aber ein beauftragter Dienstleister (Auftragsverarbeiter) die Bedingungen zur Vereinbarung der Auftragsverarbeitung nicht akzeptiert, ist zum einen von einer unzulässigen Verarbeitung durch den Auftragsverarbeiter und zum anderen von einer unzulässigen Datenübermittlung an einen Dritten durch den Auftraggeber auszugehen. Dies ist ein bußgeldbewehrter Tatbestand. Verweigert ein Auftragsverarbeiter die Vereinbarung, so muss der Verwalter entsprechend handeln und einen anderen Dienstleister beauftragen.   21

9. Dokumentationspflichten des Auftraggebers. Sobald ein Auftragsverarbeiter verpflichtet wird, muss das „Verzeichnis der Verarbeitungstätigkeiten" (Art. 30 DS-GVO) angepasst werden. Der Verwalter hat darauf zu achten, dass auch die Tätigkeiten, die durch den Auftragsverarbeiter vorgenommen werden, im Verzeichnis der Verarbeitungstätigkeiten dokumentiert sind. Die Dokumentationspflicht für die Verarbeitung im Auftrag ist Pflicht des Verwalters, da die Verarbeitung allein im Zuständigkeitsbereich des Verwalters liegt.   22

Beispiel: Alle erfassten Verarbeitungstätigkeiten werden in einer Excelliste dargestellt.[11] Mitunter wird eine Rubrik „Auftragsverarbeiter" aufgeführt. Hier ist dann der Verweis zu führen, dass die Verarbeitung durch einen externen Dienstleister (Auftragsverarbeiter) vorgenommen wird.

10. Vertragsbeendigung/Kündigung. Wenn ein Vertrag mit einem Kunden (Mietvertrag, Kaufvertrag, etc) durch den Verantwortlichen oder durch den Betroffenen selbst beendet wurde, so muss der Auftraggeber den Auftragsverarbeiter darüber informieren, dass dieser umgehend sämtliche ihm überlassenen personenbezogenen Daten entweder gänzlich zurückzugeben oder vollständig zu löschen hat (unter Berücksichtigung etwaiger   23

---

7 OH-Auftragsverarbeitung nach DS-GVO der Landesbeauftragte für den Datenschutz Baden-Württemberg.
8 OH-Orientierungshilfe Auftragsverarbeitung des DSB Bayern Dr. Petri.
9 *Plath* DS-GVO Art. 28 Rn. 31.
10 EuGH 16.7.2020 – C-311/18, Schrems II.
11 Siehe Verzeichnis der Verarbeitungstätigkeiten Art. 30 DS-GVO.

Aufbewahrungspflichten). Unterbleibt diese Mitteilung, so stellt dies einem bußgeldbewehrten Tatbestand dar. Nutzt der Auftragsverarbeiter die Daten weiterhin für eigene Zwecke, so wird er als Verantwortlicher nach Art. 28 Abs. 10 DS-GVO angesehen. Automatisch wird auf ihn die volle Verantwortung mit allen rechtlichen Folgen übertragen.[12]

24   **11. Gemeinsame Haftung im Außenverhältnis.** Während nach dem BDSG aF der Auftraggeber allein für die ordnungsmäßige Datenverarbeitung haftbar war, sieht nun der Art. 82 DS-GVO eine gemeinsame Haftung des Auftragsverarbeiters und des Auftraggebers im „Außenverhältnis" gegenüber einer betroffenen Person vor. Dh beide Vertragsparteien (Auftraggeber und Auftragnehmer) **haften gemeinsam** für die volle Schadenssumme, die einem Betroffenen zusteht (Außenverhältnis). Gem. Art. 82 Abs. 2 S. 1 DS-GVO haftet der Auftraggeber für materielle oder immaterielle Schäden, sobald er an einer Verarbeitung von personenbezogenen Daten beteiligt ist, die die Vorgaben der DS-GVO nicht berücksichtigt.

25   **12. Haftung des Auftragnehmers.** Ein Auftragsverarbeiter haftet hingegen nur, wenn er beispielsweise die rechtmäßig erteilten Anweisungen des Auftraggebers nicht beachtet, oder seinen Pflichten aus dem vorher vereinbarten Vertrag nicht nachgekommen ist. Eine sog. **„Haftungsverteilung"** sollte vorher vertraglich geregelt sein, welche grundsätzlich beide Parteien selbst vereinbaren können (**Innenverhältnis**).

26   **13. Keine Einwilligungspflicht des Betroffenen.** Die Auftragsvereinbarung (AVV) ist ein wichtiges Instrument für alle bei der Verarbeitung von personenbezogenen Daten beteiligten Unternehmen. Nur wenn eine ordentliche Vereinbarung zur Auftragsverarbeitung geschlossen wurde, ist es dem Auftragsverarbeiter möglich, ohne gesonderte Einwilligung des Betroffenen tätig zu werden. Der Auftragsverarbeiter muss keine gesonderte datenschutzrechtliche Erlaubnis vorweisen.[13]

V. Aufsichtsbehörde

27   Bundesweit ist gem. Art. 57 DS-GVO in jedem Bundesland (Hoheitsgebiet) eine Aufsichtsbehörde für die Überwachung und Durchsetzung der Anforderungen der DS-GVO zuständig. Weiterhin ist es gem. Art. 57 Abs. 1 lit. b DS-GVO Aufgabe der Behörde, die Verantwortlichen und Auftragsverarbeiter für die ihnen aus dieser Verordnung entstehenden Pflichten zu sensibilisieren. Dies wird zum Teil durch öffentliche Veranstaltungen, Vor-Ort-Besuche und Veröffentlichungen von Pressemitteilungen vorgenommen. Die für den Verwalter anzurufende Aufsichtsbehörde ist immer in dem Bundesland zuständig, in welchem der Hauptsitz des Unternehmens ist und/oder die primäre Verarbeitung von personenbezogenen Daten vorgenommen wird. Wenn sich ein Betroffener aus Bayern beispielsweise über ein Unternehmen aus Niedersachsen beschweren möchte, so ist er nicht verpflichtet dies bei der Aufsichtsbehörde Niedersachsen vorzunehmen, sondern kann die Beschwerde bei der für ihn zuständigen Aufsichtsbehörde (Wohnsitz/Aufenthaltsort/Arbeitsplatz des Betroffenen oder Ort des Verstoßes)[14] einreichen. Die angerufene Aufsichtsbehörde wird dann zur **„betroffenen Aufsichtsbehörde"**. Betroffene können online eine Beschwerde oder **Kontrollanregung** bei einer Aufsichtsbehörde eingeben.

VI. Aufbewahrungspflicht

28   Mitunter gibt es **Ausnahmen** (→ Rn. 125: „Speicherbegrenzung") bei der **Löschpflicht**. Etwa dann, wenn etwaige Aufbewahrungspflichten (beispielsweise aus dem Sozialversicherungsgesetz, Arbeitsgesetz, Handelsgesetz, Abgabenordnung) eine Speicherung vorschreibt. Personenbezogene Daten, die aufgrund etwaiger Aufbewahrungspflichten gespeichert werden müssen, sind ebenfalls in der **Dokumentation** zu beschreiben bzw. zu begründen. Durch Heranziehung eines **„Löschkonzepts"** (→ Rn. 131 „Löschkonzept") kann der Verwalter sowie auch die Behörde nachvollziehen, inwieweit Daten weiterhin gespeichert werden müssen.

VII. Betroffener

29   Ein „Betroffener" wird in der DS-GVO explizit nicht genannt, hat sich aber umgangssprachlich etabliert. Der gesetzmäßige Wortlaut ist gem. Art. 4 Abs. 1 DS-GVO eine „betroffene Person". Bei einem Betroffenen han-

---

12 OH-Orientierungshilfe Auftragsverarbeitung des DSB Bayern Dr. Petri.
13 *Eisenschmid* NZM 2019, 321: Datenschutz im Miet- und Wohnungseigentumsrecht.
14 Kühling/Buchner/*Boehm* DS-GVO Art. 4 Nr. 22 Rn. 6.

delt es sich stets um eine natürliche Person.[15] Nach dem Volksmund auch „**Privatpersonen**" genannt. Hingegen sind Angaben zu einer juristischen Person nicht personenbezogen.[16]

VIII. Betroffenenrechte (Rechte der Betroffenen; Art. 12 ff. DS-GVO)

Datenschutz ist ein Grundrecht. Daher hat jede betroffene Person entsprechende **Rechte an ihren Daten**. Die DS-GVO hat die „Betroffenenrechte" gegenüber dem alten BDSG neu definiert und wesentlich erweitert. Die DS-GVO schreibt Verantwortlichen (Verwalter) vor, welche Rechte er zu beachten hat, wenn er personenbezogene Daten eines Betroffenen verarbeiten möchte.   30

Nach dieser Vorschrift ist der Verwalter verpflichtet, sämtliche Informationen über Betroffene transparent darzustellen und diese jederzeit dem Betroffenen zur Verfügung zu stellen. Hiernach hat der Verwalter darauf zu achten, dass alle Datenschutzinformationen und Mitteilungen stets in präziser, transparenter, leicht verständlicher und zugänglicher Form, sowie in „einer klaren und einfachen Sprache" erfolgen müssen. Die Übermittlung einer solchen Information kann sowohl schriftlich als auch in anderer Form (elektronisch) erfolgen. Auch eine mündliche Information kann erteilt werden, sofern die Identität der betroffenen Person in geeigneter Art und Weise nachgewiesen wurde. Der Art. 12 DS-GVO enthält die Regularien des Art. 13 DS-GVO (**Informationspflichten**).   31

IX. Betroffenenrecht

1. Informationspflichten Art. 13 DS-GVO. Werden personenbezogene Daten direkt bei der betroffenen Person erhoben, so muss diese zum Zeitpunkt der Erhebung informiert werden, in welchem Umfang die Verarbeitung vorgenommen wird. Die Vorschrift stellt sicher, dass die notwendige Transparenz gegenüber dem Betroffenen hergestellt wird.[17]   32

Der Verwalter muss konkret informieren über: 33

- Name und Kontaktdaten des Verantwortlichen (Verwalter)
- Kontaktdaten des Datenschutzbeauftragten (sofern eine gesetzliche Benennung vorliegt)
- Nennung der Rechtsgrundlagen sowie die Verarbeitungszwecke
- berechtigtes Interesse
- Empfänger der Daten
- etwaige Übermittlung in Drittstaaten
- Speicherdauer
- Rechte auf Auskunft, Berichtigung, Löschung, Einschränkung der Verarbeitung, Widerspruch und Datenübertragbarkeit
- Beschwerderecht bei einer Aufsichtsbehörde
- Verpflichtung zur Bereitstellung personenbezogener Daten
- Automatisierte Entscheidungsfindung einschließlich Profiling

Vor jedem Abschluss eines Vertrages (Kaufvertrag, Mietvertrag etc) muss der Verwalter den Betroffenen darüber informieren, welche Daten dann zukünftig wie verarbeitet werden.   34

Weitere Beispiele:

- Mieterselbstauskunft
- Stellenbewerber
- Aufnahmeantrag
- Website (Kontaktformular)
- persönliches Gespräch (mit anschl. Notizen)

a) Formen der Publikation. Die Informationen können **schriftlich oder in anderer Form** (Beispiele: Informationsblatt, Flyer, Aushang, Schild, Bildsymbole, Fax), ggf. auch elektronisch erteilt werden. Falls es die be-   35

---

15 Paal/Pauly/*Ernst* DS-GVO Art. 4 Rn. 4.
16 EuGH EuZW 2010, 939, Rn. 52.
17 *Taeger/Gabel* DS-GVO Art. 13 Rn. 1.

troffene Person verlangt, können Sie auch mündlich übermittelt werden. Für die weitergehenden Informationen kann dann auf die Unternehmens-Website verwiesen werden.

36 **b) Terminvereinbarung am Telefon.** Beschränkt sich der erste Kontakt mit der betroffenen Person auf eine Terminvereinbarung, müssen die Informationen noch nicht übermittelt werden. Wird der Termin dann wahrgenommen, sind die Informationen zu erteilen.

37 **c) Kommunikation per E-Mail.** Bei einer **Kommunikation per E-Mail** kann die Informationspflicht erfüllt werden, indem nach einer kurzen Darstellung der Basisinformationen, ein Link auf eine Webseite mit den vollständigen Informationen verweist. Alternativ kann ein Informationsblatt als Anlage beigefügt werden.

38 ▶ **Muster: Basisinformationen in E-Mail-Kommunikation (Linklösung)**

Datenschutzhinweis: Bitte beachten Sie, dass personenbezogene Daten zur Erfassung und Bearbeitung dieses Vorgangs aufgenommen werden können. Diese werden gemäß den Bestimmungen der DS-GVO und des Bundesdatenschutzgesetzes 2018 (BDSG-neu) streng vertraulich behandelt. Gemäß Art. 13 DS-GVO verweisen wir auf unsere ausführlichen Informationspflichten und Datenschutzhinweise, die Sie jederzeit unter *https://www.meine-firma.de/datenschutz.html* einsehen können. ◀

39 **d) Information an Bestandskunden.** Der Verwalter muss keine rückwirkenden Informationspflichten an Betroffene erteilen, wenn die Betroffenen bereits vor dem Wirksamwerden der DS-GVO am 25.5.2018 Kunden/Beschäftigte/Eigentümer/Mieter waren. Es ist allerdings empfehlenswert, auch den „Bestandskunden" die Informationen nach Art. 13 und 14 DS-GVO, wie vor beschrieben, zukommen zu lassen.

40 **e) Videoüberwachung.** Im Rahmen einer **Videoüberwachung** muss der Verwalter spezielle **Informationspflichten** zur Verfügung stellen.

Bei Objekten, die optisch überwacht werden, ergeben sich nach Art. 13 Abs. 1 und 2 DS-GVO folgende Mindestanforderungen:

- Piktogramm (Kamerasymbol)
- Name des Verantwortlichen (einschließlich dessen Kontaktdaten)
- Kontaktdaten des Datenschutzbeauftragten (sofern Benennungspflicht)
- die Rechtsgrundlage sowie die Verarbeitungszwecke in Schlagworten
- Angabe der Rechtsgrundlage
- Dauer der Speicherung[18]
- Hinweis auf weitere ausführliche Informationspflichten gem. Art. 13 DS-GVO nebst Hinweis zum Beschwerderecht, Auskunftsrecht etc.

41 Die Informationspflichten sind unmittelbar am Ort der Videoüberwachung, an einer für die Betroffenen leicht zugänglichen Stelle, darzustellen (Beispiel Tiefgarage Haupteingang oder Kassenautomat).[19]

42 **f) Website.** Datenschutzhinweise auf der Website entsprechen nicht den Informationspflichten gem. Art. 13 DS-GVO. Die **Datenschutzhinweise** auf der Unternehmens-Website dienen lediglich als Information für den Besucher, in welchem Umfang und Zweck beim Besuch der Website entsprechende Daten zu seiner Person gespeichert und verarbeitet werden. Die Informationspflichten gem. Art. 13 DS-GVO hingegen dienen der Einsicht, in welchem Umfang und Zweck personenbezogene Daten innerhalb der Unternehmung verarbeitet werden.

43 **g) Soziale Medien.** Sobald ein Verwalter **soziale Medien** wie etwa Instagram, Facebook, Xing, etc nutzt, muss dieses entsprechend in den Informationspflichten dargestellt werden. Auch auf der Website ist in den Datenschutzhinweisen der Einsatz von sozialen Medien-Plugins zu benennen. So ist auf der Fanpage von Facebook ein Link darzustellen, der auf die eigenen Datenschutzhinweise auf der Website verweist.

44 **h) Maßnahmen.** Die Informationspflichten sind bei einer Direkterhebung grundsätzlich zum Zeitpunkt der geplanten Verarbeitung von personenbezogenen Daten zu übermitteln:

---

18 In der Regel maximal 72 Stunden.
19 Kurzpapier Nr. 15 der unabhängigen Datenschutzbehörden des Bundes und der Länder, Datenschutzkonferenz (DSK).

- alle neuen Kunden[20]
- am Empfang auslegen oder als gut sichtbarer Aushang
- Auslage im Besprechungszimmer
- Bewerbungen neuer Mitarbeiter
- Bewerbung um Objektverwaltung
- Aushändigen bei Wohnungsbesichtigung
- Übermittlung/Übergabe bei Selbstauskunft

2. Auskunft (Auskunftsrecht; Art. 15 DS-GVO). Betroffene haben das Recht, von dem Verwalter eine Be- **45** stätigung darüber zu verlangen, ob personenbezogene Daten über sie verarbeitet werden. Ist dies ist der Fall, so haben Betroffene ein Recht auf **Auskunft über diese personenbezogenen Daten**. Der Verwalter hat die Pflicht, das Auskunftsersuchen Betroffener nach den Vorgaben der DS-GVO zu erfüllen.

a) Form der Anfrage. Der Verwalter ist verpflichtet, eine Auskunft nur dann zu erteilen, wenn ein konkreter **46** Antrag seitens eines Betroffenen vorliegt. Grundsätzlich kann der Antrag formfrei, in elektronischer oder mündlicher Form erfolgen. Wird das Auskunftsersuchen elektronisch gestellt (E-Mail), so muss der Verwalter die Auskunft auch auf elektronischem Wege, mittels verschlüsselter E-Mail, an eine verifizierte E-Mail-Adresse des Empfängers erteilen.[21] Erfolgt hingegen die Anfrage per Fax oder Brief, sollte die Auskunft postalisch übersendet werden.

b) Keine Begründungspflicht. Grundsätzlich kann jeder Betroffene, ohne Angabe von Gründen, eine Aus- **47** kunft zu seinen personenbezogenen Daten beim Verwalter verlangen. Es ist nicht notwendig, dass der Betroffene eine Erklärung darüber abgibt, warum er die Auskunft erhalten möchte.

c) Zuständigkeit. Grundsätzlich ist immer der **Verantwortliche** (das Unternehmen) zur Auskunft verpflich- **48** tet. Dh aber nicht, dass der Geschäftsführer oder Inhaber selbst die Auskunft erteilen muss. Er kann dies an qualifizierte betriebszugehörige Mitarbeiter delegieren.

d) Frist zur Auskunft. Sobald ein Auskunftsersuchen beim Verwalter z.B. mittels E-Mail, Brief, telefonisch **49** oder Fax eingegangen ist, besteht die Verpflichtung, **innerhalb eines Monats** das Auskunftsersuchen an den Betroffenen zur Erledigung zu bringen.

e) Zwingende Inhaltsangaben. Demnach hat der Verwalter folgende Informationen mitzuteilen: **50**

- Verarbeitungszwecke
- Kategorien personenbezogener Daten, die verarbeitet werden
- Empfänger bzw. Kategorien von Empfängern, die diese Daten bereits erhalten haben oder künftig erhalten werden
- geplante Speicherdauer sowie die Kriterien für die Festlegung der Speicherdauer
- Mitteilung auf die Rechte der Berichtigung, der Löschung oder der Einschränkung der Verarbeitung
- Widerspruchsrecht gegen diese Verarbeitung
- Beschwerderecht bei der zuständigen Aufsichtsbehörde
- Herkunft der Daten, soweit diese nicht bei der betroffenen Person selbst erhoben wurden
- das Bestehen einer automatisierten Entscheidungsfindung einschließlich Profiling

f) Form der Auskunftserteilung. Die DS-GVO bestimmt **keine spezielle Form** der Auskunftserteilung. Das **51** Auskunftsformular als solches kann frei gestaltet werden. Es ist lediglich darauf zu achten, dass alle oben (→ Rn. 50) genannten Angaben enthalten sind, auf die der Auskunftsersuchende einen Anspruch hat. Sollte jedoch die Auskunft unverständlich, unpräzise und nicht ausreichend sein, kann der Betroffene um weitere Auskünfte bitten.

Weitere Auskünfte muss der Verwalter nur dann erteilen, wenn der Anfragende spezifische Daten erfahren **52** möchte. Wird eine große Menge an personenbezogenen Daten verarbeitet, soll der Betroffene präzisieren, auf welche Verarbeitungsvorgänge sich sein Ersuchen bezieht.

---

20 Seit 25.5.2018.
21 BeckOK DatenschutzR/*Schmidt-Wudy* DS-GVO Art. 15 Rn. 46.1, trifft dies auf die Microsoft Office-Produkte zu.

53 **g) Auskunftsersuchen an Auftragsverarbeiter.** Der Auftragsverarbeiter selbst ist nicht zur Auskunft verpflichtet.[22] Geht beim Auftragsverarbeiter ein Auskunftsersuchen eines Betroffenen ein, so hat er dieses an den Auftraggeber (Datenherr) weiterzuleiten. Die Auskunft wird dann durch den Auftraggeber erteilt.

54 **h) Kopie der Daten.** Gem. Art. 15 Abs. 3 DS-GVO hat die betroffene Person das Recht, eine Kopie der **personenbezogenen Daten** zu erhalten. Grundsätzlich muss der Verantwortliche auf Verlangen eine „Kopie" aller Daten zur Verfügung stellen, die durch den Verantwortlichen verarbeitet werden. Hierbei sind jedoch nur die aktuellen Daten gemeint. Eine Auskunftpflicht auf „alte, gelöschte oder anonymisierte" Daten besteht nicht.[23] Daten, die der Betroffene bereits hat, müssen ihm nicht nochmals übermittelt werden.

55 Einige Experten vertreten die Meinung,[24] dass sämtliche – mit dem Betroffenen geführte – E-Mail-Korrespondenz als Kopie auszuhändigen sind. Diese Ansicht ist weit auszulegen, da diese Form der Auskunftserteilung einen unverhältnismäßig hohen Aufwand für den Verantwortlichen bedeuten würde. Nach dem Wortlaut des Art. 15 Abs. 1 DSGVO erstreckt sich der Auskunftsanspruch nur auf die Daten, die Gegenstand der Verarbeitung durch den Verantwortlichen sind. Eine regelmäßige Herausgabe von Dokumenten, E-Mails etc. ist kein Bestandteil des Auskunftsanspruchs.[25]

56 **i) Feststellung der Identität.** Der Verwalter muss sicherstellen, dass das Auskunftsersuchen nicht unbefugten Dritten zur Verfügung gestellt wird. Bestehen Zweifel an der Identität des Auskunftsersuchenden, so ist der Verwalter berechtigt, aussagekräftige Nachweise über die Identität der jeweiligen Person einzuholen. Zu beachten ist, dass die Übersendung eines Personalausweises oder Führerscheins nur im Ausnahmefall, und nicht pauschal, verlangt werden kann.

57 **aa) Bekannte Person.** Ist beispielsweise die E-Mail-Adresse des Auskunftsersuchenden ausreichend verifiziert (es wurde bereits ausführlich über diese E-Mail-Adresse korrespondiert), so kann davon ausgegangen werden, dass die Identität ausreichend gesichert ist. Eine weitere Überprüfung wäre damit nicht notwendig. Meldet sich ein Betroffener per Telefon und verlangt gem. Art. 15 DS-GVO Auskunft über die zu seiner Person gespeicherten Daten, so kann der Verwalter einige bestimmte personenbezogene Daten (Merkmale) erfragen, um die Identität ausreichend zu prüfen. So wäre beispielsweise die Frage nach dem Geburtsdatum, den zweiten Vornamen oder die letzten drei Ziffern der Kontonummer ausreichend. Die Übersendung der Auskunft sollte mittels Postversand erfolgen.

58 **bb) Unbekannte Person.** Bei unbekannten Personen – beispielsweise ein Mieter eines Eigentümers in der Wohnungseigentumsverwaltung – welche eine Auskunft gem. Art. 15 DS-GVO bei der Hausverwaltung anfordern, muss die **Identität** durch den Verwalter ausreichend geprüft werden. Die Hausverwaltung hat nahezu keinen Kontakt mit dem Mieter. Hier bestehen mitunter berechtigte Zweifel an der Identität. Der Verwalter kann also ein aussagekräftiges Identitätsmerkmal des Auskunftsersuchenden einfordern. Mitunter wäre auch die Kopie des Personalausweises oder Führerscheins (mit entsprechender Unkenntlichmachung von nicht notwendigen Daten durch den Betroffenen selbst) zulässig (§ 20 Abs. 2 PAuswG).[26]

59 **j) Negativauskunft.** Begehrt eine natürliche Person Auskunft gem. Art. 15 DS-GVO zu den über sie gespeicherten Daten, obwohl die Hausverwaltung keinerlei Geschäftsbeziehungen zum Betroffenen hat und auch keine personenbezogenen Daten zu der Person verarbeitet oder gespeichert hat, ist der Verwalter dennoch verpflichtet, eine entsprechende Auskunft (Negativauskunft) zu erteilen. Auch wenn der Verwalter bereits „alte" personenbezogene Daten gelöscht oder unumkehrbar anonymisiert hat, ist er zu einer Negativauskunft verpflichtet.[27] Ein „Nichtbeachten" eines Auskunftsersuchens eines „fremden" Betroffenen stellt einen Tatbestand dar, der bußgeldbewehrt sein kann.

---

22 Orientierungshilfe lfd Niedersachsen, „Recht auf Auskunft – Art. 15 DSGVO", Seite 1: Auskunftspflichtige, www.lfd.niedersachsen.de.
23 *Wybitul/Brams* NZA 2019, 672–677: Welche Reichweite hat das Recht auf Auskunft und auf eine Kopie nach Art. 15 Abs. 1 DS-GVO.
24 PWKH/*Haidinger* DS-GVO Art. 15 Rn. 35.
25 8. Tätigkeitsbericht des Bayerischen Landesamt für Datenschutzaufsicht (BayLDA) Seite 46.
26 Gola/*Franck* DS-GVO Art. 12 Rn. 42–45.
27 Vgl. lfdi.bwl Muster Auskunftsanspruch nach Art. 15 DS-GVO Pressestelle 26.7.2018 Aktuelle Meldungen, Datenschutz.

3. Recht auf Berichtigung Art. 16 DS-GVO. Betroffene Personen können eine unverzügliche **Korrektur**   60
unrichtiger personenbezogener Daten beim Verwalter verlangen. Weiterhin hat der Betroffene das Recht, eine
unverzügliche Vervollständigung seiner gespeicherten Daten zu verlangen. Das Interventionsrecht kann der
Betroffene jederzeit geltend machen und bestimmte Verarbeitungsvorgänge seiner personenbezogenen Daten
verhindern.[28]

4. Recht auf Löschung („Recht auf Vergessenwerden"; Art. 17 DS-GVO). Das Löschen von personenbe-   61
zogenen Daten nach Beendigung einer Geschäftsbeziehung hat mit der DS-GVO einen hohen Stellenwert erfahren. Der Betroffene hat das Recht, von dem Verwalter zu verlangen, dass ihn betreffende personenbezogene
Daten gelöscht werden. Der Verwalter ist in Folge dessen dann verpflichtet, **personenbezogene Daten** unverzüglich zu löschen.

a) Definition. Das „Löschen" wird in der DS-GVO nicht genau definiert. Umso mehr hat der Verwalter da-   62
rauf zu achten, dass Daten gänzlich vernichtet werden. Daten gelten als gelöscht, wenn die Verarbeitung von
personenbezogenen Daten einer betroffenen Person durch den Verantwortlichen oder dem Auftragsverarbeiter
nicht mehr möglich ist. Während analoge Daten meist Shreddern zugeführt werden, welche entsprechende
Vernichtungsklassen aufweisen (Beispiel Crosscut) müssen, sind bei der Vernichtung digitaler Daten entsprechende Verfahren vorzuhalten. Das beispielsweise bloße „Löschen über das Kontextmenü" der rechten Maus-
taste bei einem Windows Betriebssystem führt meist nicht zur gänzlichen und endgültigen Löschung des jeweilig ausgewählten Datensatzes. Vielmehr müssen die Regularien zur Löschung von digitalen Daten entsprechend erarbeitet, ausgeführt und dokumentiert werden. Dies kann auch durch eine zertifizierte Software eines
Dritt-Herstellers erfolgen.

b) Erschwertes Löschen. Die Verknüpfungen von digitalen Daten in einem EDV-System – beispielsweise   63
Hausverwalter-Software, Betriebssystem und andere Applikationen – werden parallel zueinander geführt und
verwendet. Dh eine zentrale Verarbeitung personenbezogener Daten funktioniert in den meisten Fällen nicht,
weil die Schnittstellen der einzelnen Applikationen zueinander entweder nicht vorhanden oder nicht kompatibel sind. Das erschwert die Übersicht und führt am Ende zu der unterbleibenden Pflicht zur Löschung von
nicht mehr benötigten personenbezogenen Daten, weil der Verwalter eigentlich nicht weiß, wo und wie Daten
miteinander verknüpft sind.

Dies wird zusätzlich durch ein fehlendes Berechtigungsprinzip erschwert. Wird beispielsweise dem Mitarbei-   64
ter gestattet, Daten sowohl auf einem mobilen Endgerät (Handy, Tablet, Laptop) aber auch auf dem lokalen
Computer zu speichern, so ist es schwer, die Übersicht zur notwendigen Löschung einzuhalten.

c) Pflicht. Konkret sind ua Daten dann zu löschen, wenn: 65

- der Zweck, zu welchem die Daten verarbeitet wurden, weggefallen ist;
- der Betroffene seine Einwilligung widerrufen hat;
- eine Rechtsgrundlage entfallen ist;
- der Betroffene Widerspruch gegen die Datenverarbeitung eingelegt hat;
- wenn Daten unrechtmäßig erhoben wurden;
- wenn der Verwalter zur Löschung nach dem Unionsrecht verpflichtet ist.

d) Ausnahmen. Sobald die Verarbeitung von personenbezogenen Daten erforderlich oder die Verarbeitung   66
zur Erfüllung einer Rechtspflicht oder anderer öffentlichen Aufgaben notwendig ist, kann das Löschen unterbleiben. Auch aus Gründen des öffentlichen Interesses sowie im Bereich der öffentlichen Gesundheit, zu Ar-
chivzwecken im öffentlichen Interesse, Forschungszwecken und statistischen Zwecken, besteht **keine Pflicht
zur Löschung**.

e) Analyse mittels W-Fragen. Um einen vernünftigen Überblick zu bekommen, ist es sinnvoll zuerst zu ana-   67
lysieren, inwieweit Daten wirklich gelöscht werden müssen. Hierbei sollte der Verwalter folgendes beachten:

- **W**elche Daten befinden sich im EDV-System?
- **W**arum sind diese Daten im EDV-System vorhanden?
- **W**o ist der Speicherort der Daten im EDV-System?
- **W**er hat Zugriff auf diese Daten?

---

28 Arbeitskreis Beratungsprozesse Anwendungshilfe für Art. 16: Recht auf Berichtigung: Regelungsinhalte.

■ Wie lange müssen diese Daten gespeichert werden?
■ Warum werden diese Daten benötigt?

Diese Fragen sind die Grundlagen für ein **Löschkonzept**.

68   **f) TOM (technische und organisatorische Maßnahmen) und Löschkonzept.** Das Löschen von Daten wird ebenfalls in den TOM beschrieben. Gem. Art. 5 Abs. 2 DS-GVO (Rechenschaftspflicht) hat der Verwalter darzulegen, wie er eine Datenlöschung innerhalb der Hausverwaltung vornimmt. Durch eine entsprechende Erarbeitung und Gestaltung eines „Löschkonzepts" hat der Hausverwalter eine Grundlage, die Beachtung und Einhaltung etwaiger Löschfristen zu kontrollieren.

69   **g) Leitlinie DIN 66398/Löschkonzept.** Die DIN 66398 bietet eine nahezu perfekte Vorlage zum Einhalten etwaiger Löschvorgaben. Die Struktur ist primär auf das Löschen von personenbezogenen Daten ausgerichtet. Anhand dieser Vorlage lässt sich die wichtige Dokumentation strukturiert darstellen. In ihr sind Vorgehensweisen definiert, die eine datenschutzkonforme Löschung ermöglichen soll. Die Umsetzungsvorgaben werden durch insgesamt vier Anhänge ergänzt, welche unter anderem Vorschläge für die Gestaltung des gesamten Löschkonzepts macht, wichtige Vorgaben zur Anonymisierung von personenbezogenen Daten enthält, eine Übersicht zu den Vorgaben für die Sicherheit der Löschmechanismen darstellt und die Möglichkeit zur Sperrung von Datenbeständen beschreibt.[29]

70   **h) Einhaltung des Löschens von elektronischen Daten.** Um die Einhaltung des Löschens von elektronischen Daten zu gewährleisten, ist es sinnvoll, wenn hierzu beispielsweise ein freigegebener Netzwerkordner installiert wird, in welchem sämtliche zur Löschung vorgesehene Dokumente und Daten durch die Mitarbeiter abgelegt werden können. Alle Mitarbeiter sollten mittels Dienstanweisung dazu verpflichtet werden diesen Vorgang so vorzunehmen und einzuhalten. Das Löschen der enthaltenen Dokumente wird dann von einer berechtigten Person vorgenommen, die das Löschen entsprechend protokolliert. Diese Vorgehensweise wird im Löschkonzept beschrieben.

71   **i) E-Mails.** Je nach EDV-Struktur haben Mitarbeiter mitunter die Berechtigung, E-Mails zu löschen. Dies wiederum ist problematisch, wenn E-Mails einer Aufbewahrungspflicht (AO, HGB, etc) unterliegen. Daher ist es sinnvoll, eine entsprechende Richtlinie im Unternehmen zu installieren, die den Umgang mit E-Mails bezüglich der Aufbewahrungsbestimmungen und der Löschpflicht regulieren.

72   **j) Problem private E-Mails.** Nach Auffassung der Aufsichtsbehörden wird ein Arbeitgeber, der private E-Mail-Korrespondenz der Mitarbeiter zulässt, zum Telekommunikationsanbieter.[30] Automatisch tritt das „Fernmeldegeheimnis" in Kraft und ist auf die gesamte E-Mail Korrespondenz, die ein Mitarbeiter privat führt, anwendbar. Somit ist es notwendig, eine entsprechende Richtlinie mit allen Mitarbeitern zu vereinbaren, die die Nutzung von geschäftlichen E-Mails zu privaten Zwecken reguliert, bzw. verhindert. Aus datenschutzrechtlicher Sicht lässt sich ableiten, dass im Falle einer fehlenden Vereinbarung zur E-Mailnutzung das Postfach des jeweiligen Mitarbeiters für das Unternehmen „tabu" ist. Eine Archivierung von privaten E-Mails, sowie auch das „mitlesen" und die „Stellvertreterregelung" könnten nur sehr schwer oder gar nicht erfolgen und eingesetzt werden. Zwar könnte dies mit einer Einwilligung durch den Mitarbeiter gelöst werden, dies würde aber auch im Umkehrschluss bedeuten, dass Dritte (private E-Mail-Empfänger oder Absender) ebenfalls einwilligen müsste.

73   **Fazit**: Jeder Hausverwalter sollte, ganz gleich welcher Unternehmensgröße, mit seinen Mitarbeitern eine E-Mail-Nutzungsvereinbarung schließen. Sobald die private Nutzung untersagt wird und der Verwalter regelmäßig die Einhaltung dieses Verbots kontrolliert, bleibt ein möglicher Verstoß gegen das Fernmeldegeheimnis aus.[31]

---

29   https://din-66398.de/Ausarbeitung einer Leitlinie zum Löschen von personenbezogenen Daten.
30   Orientierungshilfe „E-Mail und Internet am Arbeitsplatz" der DSK. https://www.datenschutzkonferenz-online.de/media/oh/201601_oh_email_und_internetdienste.pdf Seite 4 lit. b TKG und TMG.
31   White Paper E-Mail-Archivierung und DS-GVO Dr. Axel-Michael Wagner Januar 2019 S. 22.

k) Archivierung von E-Mails. Sobald E-Mails empfangen werden, die einen steuerrelevanten Inhalt aufwei- 74
sen (beispielsweise Rechnung, Handels- oder Geschäftsbrief, Buchungsbelege etc.) sind diese nach den Vorschriften der GoBD in elektronischer Form (Ursprungsformat) aufbewahrungspflichtig.[32]

5. Recht auf Einschränkung der Verarbeitung (Art. 18 DS-GVO). Betroffene haben das Recht, dass die 75
Verarbeitung ihrer personenbezogenen Daten durch den Verwalter **eingeschränkt** wird. Hiermit soll erreicht
werden, dass beispielsweise nur noch notwendige Vertragsdaten verarbeitet werden.

Die Einschränkung zur Verarbeitung von personenbezogenen Daten ist dann anzuwenden, wenn dem Lösch- 76
anspruch des Betroffenen etwaige Aufbewahrungspflichten des Verantwortlichen entgegenstehen. Sie ist eine
Art „Vorstufe" einer anstehenden Löschung von personenbezogenen Daten. Damit soll erreicht werden, dass
eine zwischenzeitliche Verarbeitung vor dem Löschen verhindert wird.

Je nach Anforderung der Einschränkung der Verarbeitung durch den Betroffenen muss der Verwalter berück- 77
sichtigen, dass auch eine Weitergabe an Dritte oder eine Nutzung für eigene Werbezwecke nicht mehr möglich
ist.[33] Hier muss der Verwalter die Daten entsprechend kennzeichnen und gegebenenfalls sperren oder löschen.

6. Widerspruchsrecht (Art. 21 DS-GVO). In der Praxis zeigt sich, dass das **Recht auf Widerspruch zur** 78
Verarbeitung hauptsächlich gegenüber der Übersendung von Werbung ausgeübt wird. Empfängt der Betroffene beispielsweise regelmäßig Werbung auf postalischen Wegen, so kann er grundsätzlich ohne Angabe von
besonderen Gründen die sofortige Einstellung zum Empfang von etwaiger Werbemaßnahmen fordern.

Beruft sich der Betroffene hingegen auf das Widerspruchsrecht gem. Art. 21 DS-GVO auf eine Verarbeitung, 79
die der Verwalter gem. Art. 6 Abs. 1 lit. f DS-GVO vornimmt, so muss der Betroffene plausible Gründe dafür
darlegen (berechtigtes Interesse). Kann der Verwalter allerdings „zwingende schutzwürdige" Gründe für die
weitere Verarbeitung der personenbezogenen Daten des Betroffenen anführen, so darf die Verarbeitung fortgesetzt werden.[34] Dabei ist zu beachten, dass hier ebenfalls eine notwendige Dokumentation gem. Art. 5 Abs. 2
DS-GVO (Rechenschaftspflicht) vorgehalten wird, die die zwingenden und schutzwürdigen Gründe dokumentiert.

X. Bedingungen für die Einwilligung (Art. 7 DS-GVO)

Der Verwalter ist verpflichtet, stets nachweisen zu können, dass ein Betroffener in die Verarbeitung seiner Da- 80
ten formgerecht eingewilligt hat. Der Verwalter hat darauf zu achten, dass die **Einwilligung** stets freiwillig, für
den Betroffenen leicht erkennbar, verständlich und nachvollziehbar ist. Die Einwilligung muss „unmissverständlich" sein.

Art. 7 Abs. 1 DS-GVO stellt keine besonderen Anforderungen zur **Form** der Nachweisbarkeit. Es wird nicht 81
definiert, ob eine Textform oder andere Schriftlichkeit dargelegt werden muss. Dem Verwalter steht frei, welche technischen Mittel er zur Dokumentation installiert.[35] Dies kann ein gewöhnlicher Dokumentenordner mit
abgelegten und ausgefüllten Einwilligungen sein, sowie ein elektronischer Ordner, in welchem eingescannte
Dokumente hinterlegt sind.

1. Eingescanntes Dokument der Einwilligung. Einwilligungen müssen nicht zwingend in ihrem Ursprungs- 82
format (zB Papierform) gespeichert werden. Es empfiehlt sich, hierzu eine entsprechend qualifizierte Hardware und zertifizierte Software einzusetzen, die die Ergebnisse des **gescannten** Dokuments nachvollziehbar
dokumentieren.

2. Widerruf der Einwilligung. Der Betroffene hat das Recht, seine einst erteilte Einwilligung jederzeit und 83
ohne Angabe von Gründen zu widerrufen. Sobald keine andere gesetzliche Erlaubnis vorliegt, sind die erhobenen Daten unverzüglich zu löschen. Auch Dritte (Auftragsverarbeiter) müssen über den **Widerruf** und der
Pflicht zur Löschung sämtlicher personenbezogener Daten informiert werden. Der Auftragsverarbeiter hat so-

---

32 GoBD – Leitfaden für die Unternehmenspraxis 14. Sonderfall E-Mail S. 162 Hrsg. Peters, Schönberger & Partner
    mbB.
33 Erste Hilfe zur Datenschutz-Grundverordnung S. 41.
34 Erste Hilfe zur Datenschutz-Grundverordnung S. 41.
35 *Taeger/Gabel* DS-GVO Art. 7 Rn. 43.

dann dieser Pflicht zur Löschung oder zur vollständigen Rückgabe aller relevanten Daten ebenfalls unverzüglich nachzukommen.[36]

84 **3. Form der Einwilligung.** Die bayerische Aufsichtsbehörde (BayLDA) ist der Auffassung, dass eine Einwilligung nicht zwingend in Schriftform vorliegen muss. Ausreichend ist auch eine **unmissverständliche** abgegebene Willensbekundung in Form einer Erklärung oder einer sonstigen eindeutigen Handlung, mit der die betroffene Person der Verarbeitung ihrer Daten zustimmt.[37] Hier muss zwingend beachtet werden, dass beispielsweise eine mündlich gegebene Einwilligung nur sehr schwer durch den Verantwortlichen nachzuweisen ist. Es empfiehlt sich daher weiterhin eine Einwilligung in **Schriftform** vorzuhalten.

85 **4. Kopplungsverbot.** Es ist darauf zu achten, dass der Abschluss eines Vertrages nicht von der Einwilligung zur Verarbeitung von personenbezogenen Daten abhängig gemacht werden darf (Prinzip: **Leistung gegen Daten**). Grundsätzlich muss jede Einwilligung „freiwillig" erfolgen. So darf beispielsweise ein Mietvertrag nicht an die Bedingung geknüpft werden, die E-Mail-Adresse anzugeben, damit der Verwalter an diese Informationen übersenden kann.

86 **5. Telefonische Einwilligung.** Nach Ansicht der bayerischen Aufsichtsbehörde (BayLDA) darf die Telefonnummer ohne schriftliche Einwilligung weitergegeben werden, wenn die Weitergabe nach „**vernünftigem Ermessen**" notwendig ist, dass der Handwerker mit dem Mieter Kontakt aufnimmt.[38] Die Aufsichtsbehörde Sachsen hat in ihrem 18. Tätigkeitsbericht (2017) 27 des Landesbeauftragten für Datenschutz Sachsen dargelegt, dass der Verwalter weiterhin bestrebt sein solle, eine schriftliche Erklärung des Betroffenen einzuholen, da die Nicht-Nachweisbarkeit gravierende Folgen für die Annahme der Rechtmäßigkeit der Datenverarbeitung haben kann.[39]

87 **6. Anpassung und Prozessbeschreibung.** Nach Auffassung der Aufsichtsbehörde Sachsen[40] ist es notwendig, bei einer telefonischen Einwilligung durch die betroffene Person die entsprechenden Informationspflichten (Art. 13 DS-GVO) anzupassen und das gesamte Verfahren als Prozess in die Dokumentation der Rechenschaftspflicht (Art. 5 Abs. 2 DS-GVO) aufzunehmen. Es ist darauf zu achten, dass die prozessuale Gestaltung innerhalb der Hausverwaltung so ausgerichtet ist, dass etwaige „mündliche" Einwilligungen durch den Mitarbeiter, durch Anfertigen einer entsprechenden Kennzeichnung, dokumentiert werden. Diese in der Form abgegebene Einwilligung ist nur für den konkreten Fall zulässig und somit **nicht** zukünftig und pauschal verwertbar. Voraussetzung für die Weitergabe der Telefonnummer, ohne schriftliche Einwilligung, ist grundsätzlich ein vorhandenes Datenschutzniveau innerhalb der Hausverwaltung.

88 **a) Notwendige Einwilligungen.** Hier einige **Beispiele**, bei welchen in der Regel Einwilligungen notwendig sind:

■ Werbung per E-Mail (Newsletter); hier ist in der Regel eine elektronische Einwilligung (setzen eines Häkchens) und einem entsprechenden „Double-Opt-in-Verfahren" ausreichend
■ Fotos von Mitarbeitern (Portrait) und Betroffenen zur Veröffentlichung auf der Website
■ Videoüberwachung am Arbeitsplatz (auch Datenschutzfolgenabschätzung DSFA)
■ Weitergabe von E-Mail-Adressen an Dritte
■ Video- und Audiomitschnitt (Mitschnitt einer „hybriden" Eigentümerversammlung über Videokonferenzsysteme)
■ Verarbeitung von Gesundheitsdaten

89 **b) Wirksamkeit.** Eine Einwilligung ist **nur** dann wirksam, wenn:

■ der Betroffene die Einwilligung bewusst (willentlich), freiwillig und eindeutig erteilt hat;
■ der Betroffene über die Zwecke ausreichend informiert ist;
■ das Ergebnis der Einwilligung durch den Hausverwalter protokolliert wird;
■ der Betroffene die Einwilligung stets ohne Angabe etwaiger Gründe widerrufen kann;

---

36 *Taeger/Gabel* DS-GVO Art. 7 Rn. 70.
37 BayLDA Informationsblatt IX Einwilligung nach der DS-GVO.
38 FAQ DS-GVO BayLDA.
39 Tätigkeitsbericht 18. Tätigkeitsbericht (2017) 27 des Landesbeauftragten für den Datenschutz Sachsen.
40 E-Mail der Behörde Sachsen (saechsdsb) vom 28.5.2019 an den Autor.

■ der Betroffene dies durch eine eindeutige Handlung (Unterschrift, setzen einen Häkchens etc) bestätigt hat.

c) Unzureichende Form. Ist die Einwilligung in ihrer Form unzureichend oder falsch gestaltet, ist sie unzulässig und kann mit einem Bußgeld geahndet werden. Eine Verarbeitung von personenbezogenen Daten ohne wirksame Einwilligung des Betroffenen darf nicht erfolgen. 90

XI. Benennung eines Datenschutzbeauftragten (Art. 37 DS-GVO und § 38 BDSG nF)

Unternehmen, welche „mindestens **20 Personen** mit der regelmäßigen Verarbeitung personenbezogener Daten" beschäftigen, sind gem. Art. 37 DS-GVO und § 38 BDSG nF verpflichtet einen Datenschutzbeauftragten (DSB) zu benennen. Auch wenn die Benennungspflicht nicht erforderlich ist, bleiben die **Vorgaben zur Umsetzung** der DS-GVO für jedes Unternehmen voll bestehen. 91

1. Interessenkonflikt. Viele Verwalter neigen dazu, einen EDV-Dienstleister (intern oder extern) als Datenschutzbeauftragten zu benennen. Hier würde es zu einem **Interessenkonflikt** kommen, denn nach Ansicht der Behörden müsste der DSB seine Aufgaben als EDV-Dienstleister selbst kontrollieren.[41] Auch die Benennung einer internen Person aus dem Bereich der Unternehmensführung (Prokura, Personalleitung, Geschäftsführung etc.) kann aus Gründen eines Interessenkonfliktes nicht erfolgen. 92

2. Aufgaben. Gem. Art. 39 DS-GVO sind die Aufgaben eines DSB primär überwachender und beratender Natur. Wichtige Kernaufgaben sind hierbei Überwachung der „ordnungsgemäßen Anwendung der Programme", mit welchen personenbezogenen Daten verarbeitet werden, die Schulungen der Mitarbeiter sowie die **beratende Unterstützung** zum Führen des „Verzeichnisses der Verarbeitungtätigkeiten". Der DSB steht stets der Unternehmensführung mit Rat und Tat Seite. Zwar ist der DSB in Ausübung seiner Befugnisse weisungsfrei, jedoch nicht weisungsbefugt. Der DSB ist „unmittelbar dem Leiter des Verantwortlichen oder des Auftragsverarbeiters zu unterstellen".[42] 93

3. Eignung des Datenschutzbeauftragten. Die Zuverlässigkeit, das **Fachwissen** und auch eine charakterliche Eignung eines DSB sind Grundvoraussetzung für diese Amtsbekleidung. Weiterhin sind Verschwiegenheit, Unabhängigkeit und letztendlich die Unparteilichkeit ebenfalls Hauptvoraussetzungen bei der Benennung. Weiterhin muss seitens der Unternehmensführung beachtet werden, dass bei einer internen Benennung eines DSB umfangreiche Investitionen in Ausbildung und Arbeitsplatzgestaltung (Arbeitsmaterialien) getätigt werden müssen. Auch wird gerade in der Anfangszeit der Arbeitsaufwand zur Umsetzung der Vorgaben der DS-GVO größer sein, so dass die eigentliche Verpflichtung seiner Tätigkeit (laut Arbeitsplatzbeschreibung) reduziert werden muss. Die Faustregel besagt, dass in den ersten drei Monaten mindestens 30 % der eigentlichen Arbeitsleistung zur Erfüllung der Aufgaben des DSB investiert werden muss. Weiterhin ist zu beachten, dass der interne DSB einen besonderen Kündigungsschutz genießt. 94

XII. Benachrichtigung der von einer Verletzung des Schutzes personenbezogener Daten betroffenen Person (Art. 34 DS-GVO)

Der Art. 34 DS-GVO ergänzt die Vorgaben des Art. 33 DS-GVO.[43] Hiernach ist der Verwalter verpflichtet, sollte es zu einem hohen Schadensrisiko für die persönlichen Rechte und Freiheiten der betroffenen Person kommen, dass der Betroffene unverzüglich und vollständig (also ohne schuldhaftes Zögern)[44] informiert werden muss. Aufgrund der **Dokumentationspflichten** des Verantwortlichen, sollte die Information an den Betroffenen stets schriftlich erfolgen. Eine mündliche Information an den Betroffenen ist aus „Beweissicherungsgründen" wenig sinnvoll.[45] 95

Es ist seitens des Verwalters darauf zu achten, dass die **Informationen an den Betroffenen** ebenfalls in einer verständlichen und einfachen Sprache, sowie präzise und transparent (s. Art. 12 DS-GVO) erfolgen. Der Betroffene muss schnell erkennen können, welcher Schaden für seine Rechte und Freiheiten anhand dieser Infor- 96

---

41 Erste Hilfe zur Datenschutz-Grundverordnung S. 34 Abs. 4.
42 *Kühling/Klar/Sackmann* DatenschutzR Rn. 749.
43 *Wybitul* DS-GVO DS-GVO Art. 34 Rn. 3.
44 *Taeger/Gabel* DS-GVO Art. 34 Rn. 29.
45 *Taeger/Gabel* DS-GVO Art. 28 Rn. 30.

mationen entstehen könnte oder bereits entstanden ist. Der Verwalter muss stets in der Lage sein zu erkennen, ab wann eine Verletzung des Schutzes personenbezogener Daten vorliegt. Er hat innerhalb des Unternehmens entsprechende Regularien zur Meldung, zum einen innerhalb der Organisation und zum anderen an die Aufsichtsbehörde, zu etablieren. Alle Abteilungen müssen geschult und entsprechend informiert sein. Eine Verzögerung durch „Nichtwissen" ist die derzeit häufigste Verfehlung im Zuge der Einhaltung der **72-Stunden-Frist**. Der Tatbestand ist bußgeldbewehrt.

XIII. Cookies

97 Gemäß dem Urteil des EuGH vom 1.10.2019[46] muss jeder Betreiber einer Website den Einsatz von „Cookies" zum einen darstellen und – je nach „Cookie-Art" – eine aktive Einwilligung des Website-Besuchers einholen. Eine pauschale Aussage zum erlaubten Einsatz von Cookies kann an dieser Stelle nicht gegeben werden. Zu unterschiedlich sind Websites aufgebaut. Der Zweck der Website und deren Architektur ist entscheidend. Der Website-Betreiber sollte auch hier den Grundsatz **Datenminimierung und Datensparsamkeit** stets voranstellen. Nach Ansicht des EuGH ist eine bloße Meldung (beispielsweise Button „OK" oder „Verstanden"), dass Cookies eingesetzt werden, nicht mehr ausreichend. Vielmehr müssen die Website-Besucher *vor* dem eigentlichen Surfen (die Einwilligung muss beim Aufruf der ersten Website erscheinen) auf der Website transparent darüber informiert werden, welche Cookies der Website zwingend notwendig sind und welche dann weiterhin „freiwillig durch den Nutzer" ausgewählt werden können. Erst wenn der Nutzer diese Einwilligungen gegeben hat, dürfen die Cookies „geladen und aktiviert" werden. Weiterhin muss zwingend beachtet werden, dass die **Einwilligung durch eine „aktive Handlung"** durch den Nutzer selbst vorgenommen wird. Dh die ausgewählten Cookies dürfen nicht vorab aktiviert sein (Checkbox mit gesetztem Häkchen). Weiterhin muss darauf hingewiesen werden, dass die Einwilligung jederzeit widerrufbar ist. Außerdem hat der Website-Betreiber darauf zu achten, dass er die Einwilligung zur Nutzung von Cookies jederzeit nachweisen muss. Eine entsprechende Dokumentation ist in der Rechenschaftspflicht gem. Art. 5 Abs. 2 DS-GVO erforderlich. Der DSK hat hierzu eine Orientierungshilfe veröffentlicht, welche den gesetzeskonformen Einsatz von Cookies auf einer Website beschreibt.[47]

XIV. Datenschutz durch Technikgestaltung und durch datenschutzfreundliche Voreinstellungen (Art. 25 DS-GVO)

98 Gemäß dieser Vorschrift ist der Verwalter verpflichtet, bereits vor (rechtzeitig) der Verarbeitung von personenbezogenen Daten **geeignete technische** und **organisatorische Maßnahmen** (**TOM**) vorzuhalten, so dass die Verarbeitung nach den Vorgaben der DS-GVO erfolgen kann. Der Verwalter muss die Grundsätze des Datenschutzes durch Technik (Data Protection by Design) und durch datenschutzfreundliche Voreinstellungen (Data Protection by Default) genüge tun.[48]

99 **1. Datenschutz durch Technikgestaltung (Data Protection by Design).** Diese Regel bedeutet, dass der Verwalter grundsätzlich verpflichtet ist, entsprechende Hardware und Software so einzusetzen, dass alle relevanten Datenschutzvorgaben berücksichtigt werden können.

100 **a) Hardware.** Bei der Anschaffung neuer Hardware muss darauf geachtet werden, dass die Datenverarbeitung und Datensicherheit durch den Einsatz nicht-qualifizierter und minderwertiger Hardwarekomponenten nicht gefährdet wird. So bietet beispielsweise die Ausstattung eines Servers mit nur einer oder zwei Festplatten bei Weitem nicht den entsprechenden **Schutz bei einem Ausfall**. Hier sollte grundsätzlich darauf geachtet werden, dass der Server mit einer entsprechenden Anzahl von Festplatten[49] ausgerüstet und konfiguriert wird.

101 **b) Software Büroanwendungen.** Der Einsatz von **Microsoft 365** wird derzeit von den Aufsichtsbehörden sehr kritisch beurteilt. Die Anwendung kann derzeit nahezu nicht datenschutzkonform eingesetzt werden. Die

---

46 EuGH 1.10.2019 – C-673/17 („Planet 49" Verbraucherzentrale Bundesverband eV gegen Planet49 GmbH).

47 Konferenz der unabhängigen Datenschutzbehörden des Bundes und der Länder DSK Orientierungshilfe für Anbieter von Telemedien / https://www.datenschutzkonferenz-online.de/media/oh/20190405_oh_tmg.pdf.

48 Erwägungsgrund 78: Geeignete technische und organisatorische Maßnahmen DS-GVO.

49 RAID 5 und mehr.

Übertragung von Funktionsdaten, Inhaltsdaten, Diagnosedaten und letztendlich weiteren personenbezogenen Daten entsprechen nicht den Anforderungen der DS-GVO.[50]

c) Verwalter-Software. Die Verwalter-Software muss ebenfalls die datenschutzrechtlichen Vorgaben erfüllen. Die „Pseudonymisierung" (Art. 4 Abs. 5 DS-GVO) ist beispielsweise eine dieser Anforderungen. Wird ein Vertrag gekündigt, so beginnt – nach Ablauf aller Vorbereitungen zur Kündigung – die Aufbewahrungspflicht (→ Rn. 125: „Speicherbegrenzung"). Dh die eigentlichen Daten werden nun durch Pseudonymisierung „verdeckt", so dass nur noch berechtigte Personen auf diese Daten im Bedarfsfall Zugriff haben. Alle Mitarbeiter sehen nur noch, dass der Datensatz zwar vorhanden, aber nicht mehr zur Verarbeitung freigegeben ist. Dies ist ein sehr wichtiger Aspekt, den eine heutige Verwalter-Software bieten muss. Durch die Pseudonymisierung wird gleichzeitig das Prinzip der **Datenminimierung** wirksam umgesetzt. Auch das Löschen von Datensätzen innerhalb der Verwalter-Software sollte stets im Fokus durch den Verwalter stehen. Nur wenn eine Software entsprechende datenschutzkonforme Regularien berücksichtigt, kann dem Prinzip der datenschutzrechtlichen Vorgaben entsprochen werden. Eine Pseudonymisierung während eines laufenden Bearbeitungsprozesses in der Hausverwaltung ist wenig sinnvoll, da die Verarbeitung als solches sonst nicht oder nur sehr schwer erfolgen kann.[51]

2. Datenschutzfreundliche Voreinstellungen (Data Protection by Default). Gem. Art. 25 Abs. 2 DS-GVO wird vom Verwalter gefordert, dass durch entsprechende Voreinstellungen die personenbezogenen Daten von Betroffenen nur dann rechtmäßig verarbeitet werden können, wenn der bestimmte Verarbeitungszweck gegeben ist. Dh der Verwalter hat darauf zu achten, dass die Verarbeitung über die Menge der erhobenen Daten, die Transparenz sowie deren Umfang und Speicherfrist bis hin zu ihrer Zugänglichkeit durch ein Berechtigungsprinzip erfolgt. Der Verwalter sollte weiterhin darauf achten, dass eine entsprechende Software eingesetzt wird, die nur notwendigen Daten erfasst und keinerlei „überflüssige" Kontextfelder (nach dem Prinzip: „nice to have") bietet. Wo kein Formularfeld vorhanden ist, kann auch nichts eingetragen werden.

3. Data Protection by Default vs. Data Protection by Design. Art. 25 DS-GVO beschreibt, welche Vorgaben der Verwalter in der Gestaltung seiner Geschäftsprozesse sowie der Architektur des gesamten EDV-Systems zu beachten hat. Data Protection by Design beschreibt die Verarbeitung von personenbezogenen Daten auf technischen Geräten (Software und/oder Hardware), die so eingesetzt werden müssen, dass datenschutzrechtliche Vorgaben eingehalten werden.

Data Protection by Default beschreibt die Anforderung, dass stets die Privatsphäre und die persönlichen Daten von Betroffenen nur so verarbeitet werden, dass datenschutzrechtliche Vorgaben eingehalten werden.

XV. Eigentümerliste

Grundsätzlich ist jeder Verwalter verpflichtet, eine **Eigentümerliste** zu führen.[52] Weiterhin ist er verpflichtet jedem Mitglied des Verbands Wohnungseigentümergemeinschaft auf Verlangen eine vollständige, aktuelle Eigentümerliste zur Verfügung zu stellen.[53]

1. Inhalte. Inhaltlich müssen (ladungsfähige) postalische Daten (Vorname, Nachname und Adresse) – und wenn erforderlich auch Angaben zu gesetzlichen oder organschaftlichen Vertretern – enthalten sein.[54] Die Anfertigung einer Eigentümerliste mit weiteren Daten, über die ladungsfähigen Daten hinaus, ist zum Zwecke der Weitergabe oder Veröffentlichung an eine Eigentümergemeinschaft unzulässig. Zwar kann diese als internes Dokument für die Hausverwaltung genutzt werden, jedoch sollte sie niemals auf Verlangen einer Eigentümergemeinschaft herausgegeben werden. Der Verwalter ist nicht verpflichtet eine Eigentümerliste mit weiteren Daten, wie etwa Telefonnummer und E-Mail-Adressen den Mitgliedern einer Eigentümergemeinschaft zur Verfügung zu stellen. Der Verwalter darf zur Vertragserfüllung (Art. 6 lit. b DS-GVO) Daten weitergeben. Für die E-Mail benötigt er idR eine Einwilligung (Art. 6 lit. a DS-GVO).

Rn. 102

Rn. 103

Rn. 104

Rn. 105

Rn. 106

Rn. 107

---

50 LfDI BW, Gemeinsame Pressemitteilung zu Microsoft Office 365; https://www.baden-buerttemberg.datenschutz.de/gemeinsame-pressemitteilung-zu-microsoft-office-365/.

51 Schmidt/Schweißguth/Hoffmann/Hummel „Datenschutz in der Wohnungswirtschaft" S. 64 „Pseudonymisierung".

52 BayObLG 8.6.1984 – BReg. 2 Z 7/84, BayObLGZ 1984, 133; siehe auch Redaktion beck-aktuell, Verlag C.H.BECK, 17.1.2019.

53 BGH 14.12.2012 – V ZR 162/11, NZM 2013, 126.

54 *Hügel/Elzer* WEG § 44 Rn. 12.

108 **2. Zwecke.** Die Überlassung der Eigentümerliste ist an datenschutzrechtliche Verpflichtungen gebunden. Die Verarbeitung von personenbezogenen Daten ist, unter Berücksichtigung der Erforderlichkeit zur Verarbeitung, immer von einer **Interessenabwägung** abhängig. Die in einer Eigentümerliste aufgeführten Daten (idR postalische Daten) dienen lediglich zur Verfolgung des Gemeinschaftszwecks eines Verbands Wohnungseigentümergemeinschaft. Mit der Übersendung der Eigentümerliste soll einzelnen Eigentümern die Möglichkeit gegeben werden, etwaige außerordentliche Eigentümerversammlungen einzuberufen. Grundsätzlich ist für die Einberufung einer Eigentümerversammlung die Angabe der postalischen Daten durchweg ausreichend. Die Kontaktdaten müssen jedem Mitglied dieser Gemeinschaft auf Verlangen in schriftlicher Form zur Verfügung gestellt werden.

109 **3. Weitergabe an Immobilienmakler.** Eine Verwendung für andere Zwecke (insbesondere für kommerzielle Zwecke) sowie die Überlassung der Liste, oder einzelner Namen und Kontaktdaten, an außenstehende Dritte (zB Makler für Immobilien, Versicherungen, etc) ist **nicht zulässig**, da eindeutige und legitime Zwecke nicht erkennbar sind (Art. 5 Abs. 1 lit. b DS-GVO). So ist zB eine Nutzung der Liste, oder auch einzelner Namen und Kontaktdaten, für berufliche oder politische Interessen durch Mitglieder der WEG, oder außenstehende Dritte unzulässig.

XVI. Einsichtsrecht

110 Nach § 18 Abs. 4 WEG ist jedes Mitglied eines Verbands Wohnungseigentümergemeinschaft berechtigt, sämtliche Niederschriften und Verwalterunterlagen einzusehen. Da die Eigentümergemeinschaft keine anonyme Gemeinschaft ist, bestehen keine datenschutzrechtlichen Bedenken.[55] Allerdings ist diese Sichtweise eng auszulegen. So gibt es mitunter personenbezogener Daten (beispielsweise körperliche Merkmale, E-Mail-Adressen), die in ihrer Natur schützenswerte personenbezogene Daten sind und den Mitgliedern einer Eigentümergemeinschaft durch den Verwalter **nicht offengelegt** werden müssen.

111 **1. Einzelabrechnungen.** Jeder Verband Wohnungseigentümergemeinschaft muss über die Abrechnung einen Beschluss fassen, welche die Gesamtabrechnung und die Einzelabrechnungen aller Mitglieder des Verbands Wohnungseigentümergemeinschaft beinhaltet. Der Verwalter ist berechtigt, alle Einzelabrechnungen an alle Mitglieder des Verbands Wohnungseigentümergemeinschaft zwecks Abstimmung zu übersenden. Der Datenschutz steht dem nicht entgegen.

112 **2. Einsicht des Mieters in Betriebskostenabrechnung.** Der BGH hat mit seinem Urteil vom 7.2.2018 entschieden,[56] dass grundsätzlich jeder Mieter ein Einsichtsrecht in die Abrechnungen anderer Mieter hat. Datenschutzrechtliche Aspekte hat der BGH nicht beachtet und somit offengelassen.

113 Die Einsicht sollte stets in den Räumlichkeiten des Verwalters stattfinden. Auf einen Versand etwaiger Kopien sollte seitens des Verwalters verzichtet werden. Der Mieter hat das Anrecht auf Einsicht mit der Maßgabe, dass nur die Wohnungsnummern ersichtlich sind. Namen sind kein Bestandteil der Offenlegung. Ein Anrecht auf Nennung der Namen anderer Mieter besteht durch den begehrenden Mieter nicht. Eine generelle Pflicht zum „Schwärzen" der Namen durch den Verwalter besteht allerdings nicht.[57] Würde das Schwärzen von Namen einen unverhältnismäßig hohen Aufwand bedeuten, kann uU darauf verzichtet werden. Der Verwalter hat darauf zu achten, dass die Informationspflichten gem. Art. 13 angepasst werden.

XVII. Gemeinsame Verantwortliche (Art. 26 DS-GVO)

114 Mit dem Urteil hat der europäische Gerichtshof[58] weitreichende Veränderungen für die problematische Auseinandersetzung zwischen der gemeinsamen Verantwortlichkeit (Art. 26 DS-GVO) und Auftragsverarbeiter (Art. 28 DS-GVO) festgelegt.

---

55 OLG München 9.3.2007 – 32 Wx 177/06, ZMR 2007, 720.
56 BGH 7.2.2018 – VII ZR 189/17.
57 Newsletter von „Datenschutzbeauftragter-Info" vom 30.8.2019: „Die Betriebskostenabrechnung unter Anwendung der DS-GVO – Datenschutzbeauftragter INFO".
58 EuGH 29.7.2019 – C-40/17, Fashion ID GmbH & Co. KG gegen Verbraucherzentrale NRW eV.

1. Verantwortliche Stelle. Die Aufsichtsbehörde Rheinland Pfalz (LfDI-RLP) vertritt die Auffassung,[59] dass die Gemeinschaft der Wohnungseigentümer selbst eine verantwortliche Stelle ist, würde sie eigenständig personenbezogene Daten verarbeiten. Wird zwischen beiden Parteien ein Verwaltervertrag geschlossen, ist der Verwalter Verantwortlicher für die Verarbeitung personenbezogener Daten innerhalb seines Geschäftsbetriebs.[60] Die Vorgaben der DS-GVO sind durch ihn zu beachten und umzusetzen. Im September 2019 entschied das AG Mannheim, dass eine „gemeinsame Verantwortlichkeit" iSd Art. 26 DS-GVO zwischen der Gemeinschaft der Wohnungseigentümer und dem Verwalter vorliegt.[61] Demnach ist zwischen dem Verwalter und der Gemeinschaft der Wohnungseigentümer ein Vertrag über die gemeinsame Verantwortlichkeit gem. Art. 26 DS-GVO zu schließen. Vertraglich wird hier vereinbart, wer zB die transparenten Informationen, Kommunikationen und Modalitäten für die Ausübung der Rechte der betroffenen Personen vornimmt (Art. 12 DS-GVO). 115

2. DS-GVO-Umsetzung. Nach Ansicht des Gerichts sind sowohl die Gemeinschaft der Wohnungseigentümer als auch der Verwalter verantwortlich, da beide über die Mittel und Zwecke der Verarbeitung von personenbezogenen Daten entscheiden können. Weiterhin stünde dem Verwalter eine Sondervergütung zu, da er die „Last der Umsetzung der Vorgaben der DS-GVO" im Zuge einer Bestellung/Tätigkeit für jedwede Gemeinschaft der Wohnungseigentümer zu tragen habe.[62] 116

3. Keine gemeinsame Verantwortlichkeit. Diese Rechtslage hat sich geändert.[63] Denn die Verwaltung des gemeinschaftlichen Eigentums ist eine Sache der Gemeinschaft der Wohnungseigentümer (§ 19 Abs. 1 WEG.). Es ist allein an ihnen, über die Zwecke und Mittel der Verarbeitung von personenbezogenen Daten zu entscheiden. Der Verwalter wird für diese nur als Organ tätig. Es liegt mithin weder eine „gemeinsame Verantwortlichkeit" (Art. 26 Abs. 1 S. 2 DSGVO) vor, noch verarbeitet der Verwalter die Daten im Auftrag (Art. 28 DS-GVO der Gemeinschaft der Wohnungseigentümer. Allerdings muss der Verwalter die Gemeinschaft der Wohnungseigentümer informieren, dass etwaige Pflichten aus datenschutzrechtlichen Anforderungen zu erfüllen sind. 117

4. Mandantentrennung/Mandantenfähigkeit. Eine gemeinsame Nutzung von EDV-Systeme durch unterschiedliche Verantwortliche ist nur dann zulässig, wenn hierzu ein „mandantenfähiges" System[64] eingesetzt wird. Die strikte Trennung (**Trennbarkeit**)[65] der Datensätze (Datenbanken) ist einzuhalten. Eine **Vermischung der Datensätze** mehrerer Verantwortlicher ist unzulässig, auch wenn der Vertreter ein und dieselbe Person ist. 118

Viele Verwalter verpflichten etwaige externe Dienstleister (zB Ableseunternehmen, EDV-Dienstleister, Webdesigner etc) mittels Auftragsverarbeitungsvereinbarung auf die Einhaltung datenschutzrechtlicher Erfordernisse und hoffen, dem Datenschutz damit Genüge getan zu haben. Jedoch wird in den seltensten Fällen beachtet, dass unter Umständen keine Auftragsverarbeitung vorliegt. Sobald ein „Auftragsverarbeiter" Daten zu eigenen Zwecken speichert und verarbeitet, liegt keine Auftragsverarbeitung iSd Art. 28 DS-GVO vor. Vielmehr tritt eine „**gemeinsame Verantwortlichkeit**" gem. Art. 26 DS-GVO ein. Nach Art. 4 Abs. 7 DS-GVO kann ein Verantwortlicher auch gemeinsam mit einem anderen Verantwortlichen über die Zwecke und Mittel der Verarbeitung entscheiden. 119

---

59 LfDI BWÜ „Datenschutzrechtliche Verantwortlichkeit von Hausverwaltern" https://www.datenschutz.rlp.de/de/themenfelder-themen/immobilienverwaltung/.
60 LfDI BWÜ „Datenschutzrechtliche Verantwortlichkeit von Hausverwaltern" https://www.datenschutz.rlp.de/de/themenfelder-themen/immobilienverwaltung/.
61 AG Mannheim 11.9.2019 – 5 C 1733/19 WEG.
62 AG Mannheim 11.9.2019 – 5 C 1733/19 WEG.
63 Inkrafttreten des Wohnungseigentumsgesetzes am 1.12.2020.
64 Orientierungshilfe „Mandantenfähigkeit", Technische und organisatorische Anforderungen an die Trennung von automatisierten Verfahren bei der Benutzung einer gemeinsamen IT-Infrastruktur, Version 1.0 vom 11.10.2012, https://www.baden-wuerttemberg.datenschutz.de/wp-content/uploads/2013/04/Mandantenf%C3%A4higkeit.pdf.
65 BeckOK DatenschutzR/Bock, 34. Ed. 1.5.2020, BDSG § 64 Rn. 79.

XVIII. Grundsätze der Verarbeitung (Art. 5 DS-GVO)

120 Wenn personenbezogene Daten verarbeitet werden müssen, finden sich im Art. 5 DS-GVO die Grundlagen dazu, etwa die **Grundregeln zur Verarbeitung**. Deren Beachtung ist unabdingbar, können bei Missachtung bußgeldbewährt werden und lauten wie folgt:

- Treu und Glauben, Rechtmäßigkeit, Transparenz
- Zweckbindung
- Datenminimierung und Datensparsamkeit
- Richtigkeit der Daten
- Speicherbegrenzung
- Vertraulichkeit und Integrität
- Rechenschaftspflicht

121 **1. Treu und Glauben, Rechtmäßigkeit, Transparenz.** Die vom Verwalter erhobenen personenbezogenen Daten werden nur entsprechend der Angaben verarbeitet, wie diese bei der Erhebung angegeben wurden. Der Verwalter darf die Daten weder verändern noch in anderem Maße verarbeiten. Jede betroffene Person darf darauf vertrauen, dass die Verarbeitung seiner Daten stets nach den gesetzlichen Anforderungen durch den Verwalter vorgenommen wird. Zudem wird durch **Transparenz** sichergestellt, dass der Betroffene stets informiert ist, wer die Verarbeitung vornimmt (Identität des Verwalters). So dürfen beispielsweise Angaben in der Mieterselbstauskunft nur zur Beurteilung der wirtschaftlichen Verhältnisse des Interessenten erhoben werden. Dabei muss der Zweck jeweils erkennbar sein (hier die Vermietung).[66]

122 **2. Zweckbindung.** Die Zweckbindung legt fest, dass die vom Verwalter erhobenen Daten auch nur für **eindeutige Zwecke** verarbeitet werden. Um den Mietvertrag erfüllen zu können, müssen Daten erhoben und verarbeitet werden. Sobald Daten an beauftragte Dienstleister (Dritte) weitergegeben werden, bedarf dies entweder einer Rechtsgrundlage (Art. 6 Abs. 1 lit. b DS-GVO) oder einer Einwilligung des Betroffenen (Art. 6 Abs. 1 lit. a DS-GVO).

123 **3. Datenminimierung.** Der Verwalter darf nur so viele Daten erheben, wie diese zur Zweckerreichung (Beispiel Vertragserfüllung) notwendig sind. Daten, die darüber hinausgehen sind idR vom Betroffenen freiwillig zu erteilen. Der Verwalter ist zur „**Datensparsamkeit**" angehalten.

124 **4. Richtigkeit der Daten.** Der Verwalter ist verpflichtet, nur „**richtige**" Daten zu verarbeiten. Er muss die Aktualität der Daten gewährleisten. Unrichtige oder „veraltete" Daten sind entweder zu berichtigen oder unverzüglich zu löschen. Um zu gewährleisten, dass Daten „richtig" sind, ist es zulässig, dass der Verwalter sich den Personalausweis vorlegen lässt, um die Angaben zu überprüfen. Dies bedeutet nicht, dass der Personalausweis in Kopie gänzlich kopiert und gespeichert werden darf.

125 **5. Speicherbegrenzung.** Alle erhobenen Daten dürfen nur so lange gespeichert werden, wie sie zur Erfüllung vorbestimmter Zwecke notwendig sind. Ist der Zweck erreicht, sind die Daten – unter Berücksichtigung etwaiger **Aufbewahrungspflichten** – zu löschen.

126 Hat ein **Mietinteressent** eine Mieterselbstauskunft überreicht und wurde bei der Vergabe der Wohnung nicht berücksichtigt,[67] so ist der Verwalter berechtigt, die Unterlagen unter Berücksichtigung des Allgemeinen Gleichbehandlungsgesetzes §§ 2 Abs. 1, 19 und 21 AGG drei bis maximal sechs Monate aufbewahren. Danach sind die Unterlagen gänzlich zu vernichten.[68]

127 **6. Vertraulichkeit und Integrität.** Der Verwalter ist verpflichtet, nur **Berechtigten** den Zugang zu personenbezogenen Daten zu gewähren. Hierbei muss er geeignete technische und organisatorische Maßnahmen installieren, welche Berechtigungen regeln und überwachen.

128 Das Berechtigungsprinzip sollte so gestaltet sein, dass zum Beispiel angestellte Haustechniker nur auf Daten zugreifen können, die zur Ausübung ihrer Tätigkeit notwendig sind. Einsicht in Personaldaten, Kontodaten oder Verträge mit Eigentümern und Mietern sind ihnen zu verwehren. Alle Arbeitsplätze in einer Hausverwal-

---

66 Orientierungshilfe zur „Einholung von Selbstauskünften bei Mietinteressenten" des ldi-NRW.
67 Orientierungshilfe zur „Einholung von Selbstauskünften bei Mietinteressenten" des ldi-NRW.
68 Schmidt/Schweißguth/Hoffmann/Hummel „Datenschutz in der Wohnungswirtschaft" Kap. 4.1.1.4 Löschung der Interessentendaten S. 121.

Okon

tung, an denen personenbezogene Daten digital verarbeitet werden, sind mit einem komplexen Passwort auszustatten, dessen Eingabe nach zweiminütiger Inaktivität und beim nachfolgenden Start des Bildschirmschoners erneut erforderlich wird. Monitore und mobile Endgeräte sind mit einer **Sichtschutzfolie** auszustatten, wenn für Besucher oder Unberechtigte die Möglichkeit besteht, seitliche Einsicht auf den Bildschirm zu nehmen (zB im Zug, Kundenverkehr im Büro).

Alle Festplatten der zur Verarbeitung von personenbezogenen Daten eingesetzten mobilen Endgeräten (Laptop, USB-Stick, Handy, Tablet) sind **verschlüsselt**, damit bei einem Verlust die Daten Dritten nicht zugänglich gemacht werden.   129

XIX. Haftung und Recht auf Schadenersatz (Art. 82 DS-GVO)

Gegenüber dem § 7 BDSG aF ist es nach der DS-GVO nun möglich, **Schadensersatzansprüche** gegen einen Verantwortlichen und des Auftragsverarbeiters geltend zu machen. Zwar sind bis dato kaum Fälle bekannt, jedoch ist zu erwarten, dass in naher Zukunft Betroffene von diesem Recht Gebrauch machen werden. Schwierigkeiten bereitet wohl eher der Nachweis eines konkreten Schadens.[69]   130

XX. Löschkonzept

Personenbezogene Daten dürfen in der Regel nur so lange gespeichert werden, wie sie für vorher festgelegte Zwecke benötigt werden. Sobald die Zwecke nicht mehr bestehen, müssen die personenbezogenen Daten gelöscht werden. Hierbei sind etwaige Vorgaben aus anderen Gesetzen zu beachten. Sollten hierbei gesetzliche Vorgaben dem Löschen entgegenstehen, so muss dieses entsprechend dokumentiert werden. Grundsätzlich ist eine **Aufbewahrung von personenbezogenen Daten** nicht zulässig.   131

XXI. Meldung von Verletzungen des Schutzes personenbezogener Daten an die Aufsichtsbehörde (Art. 33 DS-GVO)

Kommt es zur Vernichtung, zum Verlust oder zur Veränderung (ganz gleich ob dies unbeabsichtigt oder unrechtmäßig geschehen ist) oder zu einer unbefugten Offenlegung und zum unbefugten Zugang von personenbezogenen Daten (Speicherung, Übermittlung, etc), ist eine „**Verletzung des Schutzes personenbezogener Daten**" (**Datenpanne**) anzunehmen bzw. eingetreten.[70]   132

1. Meldepflicht des Verantwortlichen. Sobald eine Datenpanne vorliegt, sollte der Verwalter „möglichst binnen 72 Stunden"[71] nach **Bekanntwerden** der Panne eine Meldung an die zuständige Aufsichtsbehörde vornehmen. Die Frist von 72 Stunden ist in der Regel ausreichend und kann gut eingehalten werden. Sollte es zur Verzögerung der Meldung kommen, so muss dies der Verwalter gegenüber der Behörde plausibel begründen. Führt die Datenpanne voraussichtlich nicht bzw. nur zu einem geringen Risiko für die Rechte und Freiheiten natürlicher Personen, so besteht keine Meldepflicht.[72]   133

2. Häufigste Fehler. Einer der häufigsten Gründe für eine Datenpanne ist wohl der **Fehlversand** von personenbezogenen Daten. In der Praxis zeigt sich, dass der Versand von Abrechnungen nicht immer an den richtigen Empfänger adressiert wird. Namenverwechslungen entweder durch den Mitarbeiter selbst oder das EDV-System stellen nach dem Wortlaut eine Datenpanne dar. Je nach Gegebenheit ist diese Datenpanne dann meldepflichtig oder nicht.   134

a) Geringes Risiko. Ein Brief mit einer Hausgeldabrechnung wurde versehentlich an den falschen Empfänger geschickt. Dieser hat wiederum den Brief nicht geöffnet, sondern umgehend an den Absender (Hausverwaltung) zurückgeschickt. Nach Bewertung der Aufsichtsbehörde Niedersachsen[73] besteht für diesen Vorfall in der Regel nur ein geringes Risiko für die betroffene Person, den eigentlichen Empfänger. Die Aufsichtsbehör-   135

---

69 Schmidt/Schweißguth/Hoffmann/Hummel „Datenschutz in der Wohnungswirtschaft" S. 186 („Schadensersatz").
70 DSB für Niedersachsen lfd „Meldung von Datenschutzverstößen" Fragen und Antworten zur DS-GVO. https://www .lfd.niedersachsen.de/startseite/datenschutzreform/dsgvo/faq/meldung-von-datenschutzverstoen-167312.html.
71 Erwägungsgrund 85.
72 Erwägungsgründe 86 und 87.
73 DSB für Niedersachsen LfDI „Meldung von Datenschutzverstößen" Fragen und Antworten zur DS-GVO. https://ww w.lfd.niedersachsen.de/startseite/datenschutzreform/dsgvo/faq/meldung-von-datenschutzverstoen-167312.html.

de wertet dies als „nicht meldepflichtig". Gleichwohl ist es aber sinnvoll, diesen Vorfall selbst zu dokumentieren.

136 **b) Mittleres Risiko.** Ein Mitarbeiter möchte im Zuge einer Informationsmail alle Kunden der Hausverwaltung über neue Leistungen seitens der Hausverwaltung informieren. Der Mitarbeiter vergisst alle E-Mail Empfänger auszublenden (**BCC**) und übersendet die E-Mail für alle Empfänger sichtbar im „An-Feld". Zwar mögen in der E-Mail selbst keine personenbezogenen Daten vorhanden sein, jedoch die massenweise Veröffentlichung von personenbezogenen Daten (E-Mail-Adresse) führt zu einer Meldepflicht bei der Aufsichtsbehörde.[74]

137 **c) Geringes bis mittleres Risiko.** Geht ein USB-Stick, eine Festplatte, oder ein Laptop verloren oder wird gestohlen und sind die darauf enthaltenen Daten wirksam verschlüsselt, liegt in der Regel keine Meldepflicht vor. Zu beachten dabei ist, sollte es sich um Daten handeln, die nur auf dem jeweiligen Gerät vorhanden sind (Verlust der Verfügbarkeit), muss eine Meldung zur Datenpanne bei der Aufsichtsbehörde erfolgen.[75] Weiterhin ist zu beachten, dass die „Güte der Verschlüsselung" ein entscheidendes Kriterium ist. Wird hier auf wenig Sicherheit bei der Verschlüsselung geachtet, besteht mitunter ein mittleres Risiko, das meldepflichtig ist.

138 **3. Anforderungen an den Auftragsverarbeiter (Meldepflicht des Auftragsverarbeiters).** Der Auftragsverarbeiter ist gem. Art. 33 Abs. 2 DS-GVO verpflichtet, bei einer Datenpanne unverzüglich den Auftraggeber (Verantwortlicher) zu informieren. Die DS-GVO sieht hier allerdings keine Regelung bezüglich der Meldefrist an den Verantwortlichen. Daher ist der Vertrag zur Auftragsverarbeitung derart zu gestalten, dass die Verpflichtung des Auftragsverarbeiters zur Meldung entsprechend geregelt ist und unverzüglich greift. Denn auch die Tatsache, dass die DS-GVO keine Regelfrist zur Meldung durch den Auftragsverarbeiter vorsieht, entbindet den Verantwortlichen zur Einhaltung der 72-Stunden-Frist nicht. Dieser Tatbestand ist bußgeldbewehrt.

139 **4. Die Meldung an die Aufsichtsbehörde.** Nahezu alle Aufsichtsbehörden der Bundesländer, ermöglichen die Meldung gem. Art. 33 DS-GVO online auf deren Website vorzunehmen. In der Regel sind eine ausführliche Beschreibung des konkreten Vorfalls, sowie Name der Kontaktperson des Verantwortlichen und des Datenschutzbeauftragten (sofern eine Benennungspflicht besteht), die wahrscheinlichen Folgen des Vorfalls, die eingeleiteten Maßnahmen und die weiterführenden Sicherheitsvorkehrungen zu nennen. Außerdem muss angegeben werden, ob Betroffene „wie" und „wann" informiert worden sind.

140 **5. Meldefrist 72 Stunden.** Die Meldung gem. Art. 33 DS-GVO an die Aufsichtsbehörde ist „nicht Aufgabe des Datenschutzbeauftragten". Dieser kann zwar die Meldung vornehmen, ist aber nach der DS-GVO nicht verpflichtet. Dh ist der Datenschutzbeauftragte nicht greifbar, muss auf jeden Fall, unter Beachtung der Meldefrist von 72 Stunden, die Datenpanne durch den Verantwortlichen bei der Behörde gemeldet werden.

141 **6. Meldepflichten. Beispiele zur Meldung einer Datenpanne**
- Wenn Systeme „gehackt" wurden (Hacking)
- Wenn Daten unwiederbringlich vernichtet wurden
- Wenn Daten entwendet wurden
- Wenn Daten irrtümlich an falsche Empfänger versendet wurden
- Wenn Daten durch einen Softwarefehler verändert, vernichtet oder versendet wurden
- Wenn Unbefugte Zugriff auf Daten hatten und haben
- Wenn durch falsche Entsorgung Daten offengelegt werden (keine Datenschutztonne)

142 **7. Löschkonzept. a) Erweiterung zum Verarbeitungsverzeichnis.** Das Löschkonzept versteht sich als Übersicht und Erweiterung zum Verzeichnis von Verarbeitungstätigkeiten. Das Löschkonzept muss beinhalten, wie die Löschung vorgenommen wird, wie die Löschung **protokolliert** wird, welche Verantwortlichkeiten es hierzu gibt und eine Einzelaufstellung aller Löschfristen. Hierbei sind die Angaben der Rechtsgrundlage aus anderen Gesetzen (Beispiel: § 147 AO, oder § 257 HGB) anzugeben. Das Löschkonzept muss mindestens einmal jährlich geprüft und gegebenenfalls aktualisiert werden.

---

74 DSB für Niedersachsen LfDI „Meldung von Datenschutzverstößen" Fragen und Antworten zur DS-GVO. https://www.lfd.niedersachsen.de/startseite/datenschutzreform/dsgvo/faq/meldung-von-datenschutzverstoeen-167312.html.
75 DSB für Niedersachsen lfd „Meldung von Datenschutzverstößen" Fragen und Antworten zur DS-GVO. https://www.lfd.niedersachsen.de/startseite/datenschutzreform/dsgvo/faq/meldung-von-datenschutzverstoeen-167312.html.

b) Aufbau und Gestaltung. Das „Löschkonzept" ist in der DS-GVO nicht definiert. Vielmehr dient es als   143
primärer **Leitfaden** für den Verwalter, um die Vorgaben der DS-GVO zur Löschung gezielt zu erfassen und
vornehmen zu können. Ein Löschkonzept beschreibt inhaltlich die Datenarten und Datenkategorien, Aufbewahrungspflichten, Beschreibung der Löschprozesse, Speicherorte der Daten, Löschmaßnahmen, Verantwortlichkeiten, Startzeitpunkte zur Löschanforderung, Standardfristen, Löschklassen und besondere Verpflichtungen bezüglich etwaiger Ausnahmen. Weiterhin ist es für die Aufsichtsbehörden ein wichtiges Instrument, um
zu erfassen, wie der Verpflichtung zur Löschung durch die Hausverwaltung nachgekommen wird. In der Praxis werden sehr häufig Microsoft Excel-Tabellen angefertigt, die einen guten Überblick ermöglichen und
schnelle Änderungen zulassen.

XXII. Pseudonymisierung

Im Gegensatz zur „**Anonymisierung**" (→ Rn. 10) hat die **Pseudonymisierung** den primären Zweck, etwaige   144
Identifikationsmerkmale (Name, Adresse, Telefonnummer etc) durch ein sogenanntes „Pseudonym" (Nummer, Fantasienamen, etc) zu ersetzen. Damit soll sichergestellt werden, dass die Bestimmung einer Person entweder ausgeschlossen ist oder wesentlich erschwert wird (§ 3 Abs. 6 a BDSG aF). In der Praxis wird dies
meistens so angewendet, dass nur ein kleiner Kreis berechtigter Personen Zugang zu den „Klar-Daten" der
pseudonymisierten Daten hat und gegebenenfalls die Pseudonymisierung aufheben bzw. verändern kann. Die
Pseudonymisierung ist als eine Form der „Verschlüsselung" anzusehen. Nur mithilfe entsprechender Berechtigungen oder technischen Einrichtungen ist der Zugang zu den ursprünglichen Daten möglich.[76]

XXIII. Rechtmäßigkeit der Verarbeitung (Rechtsgrundlagen; Art. 6 DS-GVO)

Grundsätzlich ist die DS-GVO eine Verordnung, die die Verarbeitung von personenbezogenen Daten zunächst   145
verbietet. Man spricht allerdings von einem „Verbot mit Erlaubnisvorbehalt". Die Erlaubnis zur Verarbeitung
findet sich im **Art. 6 DS-GVO**. Hier wird die Rechtmäßigkeit der Verarbeitung definiert und gleichzeitig deren Bedingungen geregelt. Nur wenn die Verarbeitung auf einer der nachfolgenden, dem Art. 6 DS-GVO entsprechenden, Rechtsgrundlage gestützt werden kann und eine der Bedingungen erfüllt wird, ist die Verarbeitung zulässig.

Die **Bedingungen** sind:
- Einwilligung
- Vertragserfüllung
- Rechtliche Bedingungen
- Lebenswichtige Interessen
- Öffentliches Interesse
- Berechtigtes Interesse

1. Einwilligung. Der Betroffene willigt in die Verarbeitung seiner Daten ein. Diese Einwilligung erfolgt **frei-**   146
willig, der Zweck der Verarbeitung ist transparent, gut erkennbar und jederzeit durch ihn widerrufbar. Wobei
die Einwilligung nicht immer als „Allheilmittel" eingesetzt werden sollte. Jede Einwilligung ist widerrufbar
und entzieht somit dem Verwalter die Rechtsgrundlage zur Verarbeitung. Es gibt Auffassungen, dass eine duale Rechtsgrundlage (Einwilligung und berechtigtes Interesse) unzulässig ist. Weder die Einwilligung noch das
berechtigte Interesse sollen als „gegenseitige Stütze" zur Verarbeitung personenbezogener Daten durch den
Verwalter herangezogen werden können. Allerdings scheint diese Auffassung zweifelhaft. Zwar gibt es Aufsichtsbehörden (da die DS-GVO keine Abstufung kennt), die dann in Folge den Grundsatz der Vertragserfüllung oder des berechtigten Interesses akzeptieren würden, jedoch muss die gesamte Dokumentation (Art. 5
Abs. 2 DS-GVO – Rechenschaftspflicht) erneut umfangreich angepasst werden. Weiterhin muss dieses in den
Informationspflichten gem. Art. 13 DS-GVO enthalten sein. Daher sollte der Verwalter immer vorher prüfen,
ob er die Verarbeitung nicht über eine andere Rechtsgrundlage als die der Einwilligung rechtfertigen kann.
Auch die Datenschutzkonferenz (DSK) sieht in ihrer Orientierungshilfe zur „Einholung von Selbstauskünften
bei Mietinteressenten/-innen" die Rechtsgrundlage „Einwilligung" sogar als unzulässig an, wenn der Verwalter die Verarbeitung auf Art. 6 Abs. 1 lit. b oder f. DS-GVO rechtfertigen kann. Damit beispielsweise die

---

76 Erwägungsgrund 28.

E-Mail-Adresse an einen Handwerker weitergeleitet werden darf, ist idR eine Einwilligung erforderlich Auch Beiräte und Miteigentümer sind per se keine berechtigten Empfänger der E-Mail-Adresse, auch wenn sie Mitglieder in einem Verband Wohnungseigentümergemeinschaft sind.[77]

147 **2. Vertragserfüllung.** Bei der Anbahnung zu einem Mietverhältnis ist die Verarbeitung personenbezogener Daten rechtmäßig, da sie den Zweck des Abschlusses eines Mietvertrags zum Ziel hat. Sobald ein Mietvertrag geschlossen wird, ist der Verwalter berechtigt, die Vertragsdaten ohne explizite Einwilligung des Betroffenen zu verarbeiten, wenn die betroffene Person Vertragspartei ist. Dabei muss darauf geachtet werden, dass nur solche Daten verarbeitet werden, wie diese zur Vertragserfüllung „erforderlich" sind. Der Verwalter sollte darauf achten, dass der Vertrag entsprechend gestaltet ist und die Grundsätze zur **Datensparsamkeit und Datenminimierung** beachtet werden.

148 Viele Mietverträge sind derart gestaltet, dass selbst Telefonnummern und E-Mail-Adressen durch den Mietinteressenten angegeben werden müssen. Für die Vertragserfüllung sind diese Daten in der Regel nicht notwendig. Es ist ratsam die Angaben der Telefonnummer und E-Mail-Adresse optional (freiwillig) aufzunehmen. Fragen nach Religion oder Nummern des Personalausweises sind nicht notwendig und unzulässig.[78]

149 **3. Newsletter.** Möchte ein Betroffener beispielsweise einen Newsletter erhalten, so muss der Empfänger über das sog. Double Opt-In-Verfahren seine Einwilligung zum Erhalt des Newsletters erneut bestätigen. Dies ist zwingende Voraussetzung zum Versand von Newslettern an Kunden und Interessenten. Dadurch ist gewährleistet, dass der Empfänger die Einwilligung erteilt hat und nicht versehentlich die Anmeldung zum Empfang von Newsletter erfolgt ist.

Weiterhin ist die Angabe der E-Mail-Adresse zwingend notwendig. Jedoch sind weitere Angaben wie etwa Adresse, Telefonnummer und der Name nicht notwendig. Hier muss ebenfalls das Prinzip der Datensparsamkeit und Datenminimierung beachtet werden. Möchte der Betroffene jedoch einen personalisierten Newsletter empfangen (Ansprache: „Sehr geehrte …"), wäre die Abfrage nach Geschlecht und Nachnamen zulässig. Jedoch muss dieses unter dem Aspekt der Freiwilligkeit zur Angabe beachtet werden.

150 **4. Rechtliche Bedingungen.** Die Verarbeitung personenbezogener Daten ist rechtmäßig, wenn Sie zur Erfüllung einer rechtlichen Verpflichtung erforderlich ist. Hierbei ist nicht die Vertragserfüllung gemeint. Die Verarbeitung ist auch dann zulässig, wenn eine rechtliche Verpflichtung aus anderen Gesetzen gegeben ist.

151 **5. Lebenswichtige Interessen.** Die Verarbeitung ist rechtmäßig, wenn lebenswichtige Interessen einer betroffenen Person zu schützen sind. In einem gesundheitlichen Notfall ist der Verwalter demnach berechtigt, etwaige **„sensible oder sensitive"** personenbezogene Daten von Betroffenen zu verarbeiten.

152 **6. Öffentliches Interesse.** Die Verarbeitung ist rechtmäßig, wenn dem Verwalter beispielsweise eine Aufgabe übertragen wurde, die im öffentlichen Interesse oder in Ausübung öffentlicher Gewalt erfolgt.[79] Wird einem Verwalter die **Videoüberwachung** von öffentlichen Bereichen übertragen, so handelt er im öffentlichen Interesse. Unter Beachtung etwaiger gesetzlicher Anforderungen ist die Verarbeitung dann zulässig.

153 **7. Berechtigtes Interesse.** Das berechtigte Interesse dürfte – neben der Einwilligung – die häufigste Rechtsgrundlage für den Hausverwalter sein, wenn es um die Verarbeitung personenbezogener Daten geht. Das berechtigte Interesse kann dann als Rechtsgrundlage angeführt werden, wenn eine zwingende Rechtfertigung zur Verarbeitung gegeben ist und etwaige Risiken für den Betroffenen als gering einzuordnen sind. Der Verwalter kann allerdings nicht pauschal seine gesamte Verarbeitung auf das berechtigte Interesse stützen. Er ist verpflichtet, den Fall der Verarbeitung entsprechend zu bewerten und zu entscheiden, ob die Datenverarbeitung aufgrund dieser **Rechtsgrundlage** vorgenommen werden kann. Der Verwalter muss also abwägen, ob die verarbeiteten Daten des Betroffenen besonders schützenswert sind oder eben nicht. Kommt er zum Schluss, dass keinerlei schutzwürdigen Interessen des Betroffenen verletzt werden, kann das berechtigte Interesse als zulässige Rechtsgrundlage angenommen werden.

154 **a) Verarbeitung von Mitarbeiterdaten.** Beschäftigte Mitarbeiter müssen damit rechnen, dass Ihre Kontaktdaten (E-Mail-Adresse, Telefonnummer und Name) auf der Unternehmenswebsite der Hausverwaltung veröf-

---

77 AG Düsseldorf 17.1.2018 – 291 a C 62/17, ZMR 2018, 453; LG Düsseldorf 4.10.2018 – 25 S 22/18.
78 Orientierungshilfe zur „Einholung von Selbstauskünften bei Mietinteressenten" des ldi-NRW.
79 *Eisenschmid* NZM 2019, 313: Datenschutz im Miet- und Wohnungseigentumsrecht.

fentlicht werden. Hierzu bedarf es in der Regel keiner Einwilligung, sondern kann auf das **berechtigte Interesse** des Verantwortlichen gestützt werden. Wird das berechtigte Interesse als **Rechtsgrundlage** durch den Verwalter angeführt, so kann auf die Rechtsgrundlage **„Einwilligung"** verzichtet werden. Der Verwalter kann seine Verarbeitung auf die „vernünftigen Erwartungen" des Betroffenen stützen, dass bestimmte Daten ohne Einwilligung verarbeitet werden. Der Betroffene kann also davon ausgehen, dass „seine" Daten im Rahmen des Vertragsverhältnisses verarbeitet werden, ohne hierfür eine gesonderte Einwilligung erteilt zu haben.

Einige Beispiele zur Verarbeitung von personenbezogenen Daten auf Rechtsgrundlage des berechtigten Interesses:

b) Direktmarketing. Werbung eigener Dienstleistung an Eigentümergemeinschaften und Neukunden in Form von Brief, Flyer etc. Der Verwalter kann auch zum Teil einzelne Leistungen per E-Mail an den Verband Wohnungseigentümergemeinschaft anbieten, ohne hierfür eine gesonderte Einwilligung der betroffenen Personen vorweisen zu müssen. Jedoch muss er darauf achten, dass jeder betroffene Eigentümer stets ein Widerspruchsrecht hat und damit jeglicher Form der Verarbeitung (in Bezug auf die Werbemaßnahmen) widersprechen kann. Ist dieses durch den Betroffenen erfolgt, muss der Verwalter das Direktmarketing an den Betroffenen sofort einstellen. Weiterhin kann dieses Direktmarketing nur dann erfolgen, wenn die Produkte und Leistungen durch die Betroffenen auch erwartet werden können. Dh der Verwalter kann eine neue Dienstleistung im Hause (zB Reinigungsservice für Treppenhäuser) an die jeweiligen Betroffenen bewerben. Es liegt eben in den vernünftigen Erwartungen, dass solche Leistungen angeboten werden. Werden Leistungen angeboten, die nahezu keinen Bezug zur erwarteten Aktivität des Verwalters haben (zB Vermietung von Wohnmobilen), ist der Grundsatz des berechtigten Interesses nicht gegeben. Grundsätzlich hat der Verwalter darauf zu achten, dass das Bewerben von eigenen Leistungen in einem überschaubaren Maße stattfindet. Sollte die Werbung als „belästigend" erfolgen, kann ebenfalls nicht das berechtigte Interesse angeführt werden. | 155

c) Videoüberwachung. Die Videoüberwachung kann auf den **Grundsatz des berechtigten Interesses** gestützt werden, wenn dieses entweder ideeller, wirtschaftlicher oder rechtlicher Natur ist,[80] Schutz vor Einbrüchen, Diebstählen oder Vandalismus. Allerdings hat der Verwalter darauf zu achten, dass eine entsprechende Gefahrenlage besteht. Hierzu sollten etwaige Beschädigungen oder Vandalismus im Vorfeld bereits polizeilich angezeigt worden sein. | 156

d) Nachweis/Dokumentation. Das berechtigte Interesse kann nicht grundsätzlich zur Verarbeitung personenbezogener Daten angeführt werden, wenn dieses nicht dokumentiert wird und damit nicht nachweisbar ist. Der Verwalter hat darauf zu achten, dass die Verarbeitung mit der **Rechtsgrundlage des berechtigten Interesses** (→ Rn. 153), vorher einer Bewertung und Abwägung unterzogen wurde. Er muss nachweisen, dass die Verarbeitung von personenbezogenen Daten nicht zum Nachteil des Betroffenen ausgefallen ist. Der Verwalter muss sorgfältig abwägen, dass die Verarbeitung erforderlich ist und zu seinen Gunsten notwendig. Sind diese Voraussetzungen nicht gegeben, so ist die Verarbeitung unzulässig. | 157

In der Praxis zeigt sich, dass der Nachweis und die Wahrung berechtigter Interessen des Verwalters wegen der großen Unbestimmtheit, die am schwierigsten nachzuweisende Rechtsgrundlage ist.[81] Daher muss seitens des Verwalters höchste Aufmerksamkeit auf die ausführliche Beschreibung – Dokumentation – der Verarbeitung von personenbezogenen Daten auf der Rechtsgrundlage des „berechtigten Interesses" gelegt werden. | 158

Die **Aufsichtsbehörden** können die Aushändigung der Dokumentation verlangen. Ist die Dokumentation unvollständig oder eine Verarbeitung aufgrund der Rechtsgrundlage des berechtigten Interesses nicht gegeben, erfüllt dieses den Tatbestand der unzulässigen Verarbeitung und kann mit einem Bußgeld durch die Behörden geahndet werden. | 159

XXIV. Recht auf Beschwerde bei einer Aufsichtsbehörde (Art. 77 DS-GVO)

Jede **betroffene** Person hat das Recht, sich bei der **zuständigen** Aufsichtsbehörde zu beschweren, wenn die betroffene Person der Ansicht ist, dass die Verarbeitung der sie betreffenden personenbezogenen Daten gegen | 160

---

80 *Heydrich*, Datenschutz im Mietrecht, Vortrag am 15.1.2018 in München.
81 Erste Hilfe zur Datenschutz-Grundverordnung S. 22 lit. c Abs. 4: Wahrung berechtigter Interessen des Verantwortlichen.

die Verordnung verstößt.[82] Der Verwalter ist verpflichtet, dieses Recht jederzeit dem Betroffenen transparent darzustellen und mitzuteilen.

XXV. Sicherheit der Verarbeitung (Art. 32 DS-GVO)

161   Art. 32 DS-GVO bildet zusammen mit Art. 25 DS-GVO eine äußerst wichtige Verbindung zwischen dem Datenschutz und den Anforderungen der **IT-Sicherheit**. Auch die enge Verbindung zum „Verzeichnis der Verarbeitungstätigkeiten" gem. Art. 30 DS-GVO stellt somit einen wichtigen Nachweis zur Einhaltung der rechtlichen Voraussetzungen zur Verarbeitung von personenbezogenen Daten dar. Um die Gewährleistung eines angemessenen Schutzniveaus zu erreichen,[83] werden verschiedene Schutzziele definiert und festgelegt. Sinn und Zweck ist es, den wichtigen Anforderungen des Datenschutzes durch die Erreichung einer hohen IT-Sicherheit gerecht zu werden. Nach dem ausdrücklichen Wortlaut dieser Norm soll ein entsprechendes „Schutzniveau erreicht werden, dass insbesondere dem Stand der Technik und dem Risiko angemessen ist".[84]

162   **1. Pflichten des Verantwortlichen.** Der Verwalter muss sich stets mit der IT-Sicherheit auseinandersetzen. Es ist unstrittig, dass die IT das Zentralorgan ist, wenn es um die automatisierte Verarbeitung von personenbezogenen Daten geht. Der Datenschutz fokussiert (aber nicht ausschließlich) zum einen die **Verarbeitung von personenbezogenen Daten**, sowie die Datensicherheit während der Verarbeitung, und zum anderen die Heranziehung etwaiger Dritter bei der Verarbeitung (Auftragsverarbeiter). Der Verwalter sollte sich also die Frage stellen: „Wie sicher sind die Daten während der Verarbeitung, wie sicher sind die Daten bei der Übermittlung und wie sicher werden diese Daten bei einem Dritten verarbeitet?"

163   **2. Definition der Schutzziele.** Diese Schutzziele bilden die Basis für einen effektiven Datenschutz innerhalb eines Unternehmens. Die einzelnen Schutzziele werden wie folgt definiert:

- Vertraulichkeit
- Integrität
- Verfügbarkeit
- Belastbarkeit der Systeme
- Wiederherstellung der Systeme

164   **a) Vertraulichkeit.** Unter dem Schutzziel „Vertraulichkeit" versteht man Zutrittskontrolle, Zugangskontrolle, Zugriffskontrolle, Eingabekontrolle, Trennungsgebot und Pseudonymisierung.

Mit diesem Schutzziel soll erreicht werden, dass Unbefugte keinerlei Einsicht und Erkenntnisse von Informationen erlangen können. Demnach sollte ein Mitarbeiter seinen PC-Monitor auf dem Schreibtisch so platzieren, dass kein Unbefugter beim Besuch die Informationen auf dem Bildschirm einsehen kann. Laptops sollten mit einer Sichtschutzfolie ausgestattet sein. Somit ist gewährleistet, dass Unbefugte keine Einsicht auf den Bildschirm nehmen können.

165   Durch eine entsprechende **Dienstanweisung** sollten sämtliche Mitarbeiter verpflichtet werden, keine Dokumente mit höchst vertrauenswürdigen Daten (Kontoauszüge) offen liegen zu lassen, um unbefugten Dritten (Reinigungskräfte) Zugang zu diesen Informationen zu gewähren.

166   **b) Integrität.** Mit diesem Schutzziel soll erreicht werden, dass zum einen überwacht wird, ob das EDV-System korrekt funktioniert (Systemintegrität) und ob die Daten, die verarbeitet werden, korrekt sind (Datenintegrität). Mit der „**Datenintegrität**" soll sichergestellt werden, dass eine etwaige Manipulation der Daten stets nachvollziehbar überwacht werden kann. Ein besonderer Aspekt dieses Schutzzieles ist es, dass Daten immer vollständig und richtig sein müssen. Durch ein entsprechendes Berechtigungskonzept, in welchem Zugriffe strukturiert und konfiguriert sind, soll ein Verändern, Löschen und Einfügen von Daten seitens nichtberechtigter Personen verhindert werden.

167   **c) Verfügbarkeit.** Ein strukturiertes und übersichtliches **Backup-Konzept** gewährleistet zum einen eine schnelle Erfassung, welche Daten „wann, wie und wo" gesichert wurden. Zum anderen ist es damit möglich, bei einem physischen oder technischen Ausfall personenbezogene Daten gezielt wiederherzustellen.

---

82 Erwägungsgrund 141: Recht auf Beschwerde.
83 *Plath* DS-GVO Art. 32 Rn. 1.
84 *Plath* DS-GVO Art. 32 Rn. 1.

d) Prüfung der Verfügbarkeit. Der Verwalter muss stets folgende **Prüfpunkte** der Verfügbarkeit hinterfragen: 168

- Wer ist für die Datensicherungsmaßnahmen verantwortlich?
- Wurde eine spezielle Sicherungssoftware eingesetzt und ist sie definiert?
- Wurden die Daten bewertet, die gesichert werden sollen?
- Welche Geräte sind zu sichern?
- Sind die Sicherungsmaßnahmen nachvollziehbar und angemessen definiert?
- Gibt es eine Alarmfunktion, wenn die Datensicherung nicht funktioniert?
- Sind die gesicherten Daten auch im Nachhinein nutzbar?
- Gibt es ein Szenario (Testbetrieb), bei welchem die Datenwiederherstellung getestet wurde?
- Gibt es eine klare Definition wo sich der Zielspeicherort der Daten befindet?
- Werden bei einer Datensicherung in einer Cloud die Daten speziell verschlüsselt?
- Wird ein spezielles Datensicherungsprinzip angewendet (Beispiel GVS = Großvater-Vater-Sohn-Prinzip)?
- Ist gewährleistet, dass alte Datensicherungsmedien normgerecht vernichtet werden?

e) Prüfung der Belastbarkeit. Der Verwalter muss stets folgende Prüfpunkte der **Belastbarkeit** hinterfragen: 169

- Wie stabil ist das EDV-System gegenüber Ausfällen oder Angriffen?
- Sind Cloud-Dienste ebenfalls einer Prüfung unterzogen worden?
- Können etwaige Tools zur Prüfung eingesetzt werden?

3. Normadressat. Jeder Verwalter (Normadressat) hat die Pflicht, sich mit den in den Schutzzielen 170 (→ Rn. 163) genannten Fragen (→ Rn. 168) ständig auseinanderzusetzen. Ein funktionierendes und überwachtes **Backup-Prinzip** führt zwangsläufig zur Erfüllung der hohen Ansprüche seitens des Art. 32 DS-GVO. Ein Vernachlässigen dieser Gewichtung und im darauffolgenden Schadensfall lässt sich gegenüber der Aufsichtsbehörde nur schwer rechtfertigen.[85]

XXVI. Sanktionen (Art. 84 DS-GVO)

Gem. Art. 84 DS-GVO müssen **Sanktionen** „wirksam, verhältnismäßig und abschreckend" sein. Seit Einfüh- 171 rung der DSGVO am 25.5.2018 sind insgesamt über 180 Millionen Euro Bußgelder[86] gegen Unternehmen durch Aufsichtsbehörden verhängt worden. Angesichts der Möglichkeit, Bußgelder in Höhe von bis zu 20 Millionen Euro oder 4 % des weltweit erzielten Umsatzes gegen Unternehmen zu verhängen, scheint bezüglich der Erteilung von Bußgeldern durch Behörden – nach einer „Schonzeit" im Jahre 2018 – diese Möglichkeit nun voll ausgeschöpft zu werden.

Die Konferenz der unabhängigen Datenschutzaufsichtsbehörden des Bundes und der Länder (DSK) haben ein 172 Konzept zur Bußgeldbemessung entwickelt. Ziel dieses Konzept ist es, anhand einer Berechnungsformel unter Berücksichtigung definierter Faktoren zu errechnen, wie hoch ein **Bußgeld** gegen ein Unternehmen, bei etwaigen Verstößen gegen die Verordnung, verhängt werden kann.

Folgende Faktoren werden hierzu herangezogen: 173

- das Unternehmen wird in einer „Größenklasse" definiert
- es wird der mittlere Jahresumsatz bestimmt, sowie der Grundwert des Unternehmens
- der Schweregrad des Verstoßes wird bemessen
- Beurteilung der Umstände zum Vorfall des Datenschutzverstoßes

XXVII. Selbstauskunft (Mieterselbstauskunft)

In der Praxis zeigt sich, dass in Formularen zur Mieterselbstauskunft sehr häufig Einwilligungserklärungen be- 174 inhaltet sind. Dies ist nach Ansicht der Datenschutzbehörden nicht als das „richtige Mittel" zur **Datenerhebung** anzusehen. Eine wirksame Einwilligung erfordert eine freiwillige Entscheidung des Betroffenen. Dem Mietinteressenten wird bei einer Mieterselbstauskunft häufig suggeriert, er habe bezüglich der gewünschten Angaben seitens des Verwalters/Vermieters ein Wahlrecht. Wird der Abschluss des Mietvertrags aber von der

---

85 *Plath* DS-GVO Art. 32 Rn. 6.
86 DS-GVO-Strafen, Zusammenstellung, erreichbar unter: https://easygdpr.eu/de/dsgvo-strafen/.

Erhebung bestimmter Angaben abhängig gemacht, entfällt hier die vermeintliche Wahlfreiheit und es entsteht eine Drucksituation, in welcher keine freiwillige Erklärung zustande kommen kann.

175 **1. Datenminimierung.** Häufig wird in den Formularen darauf hingewiesen, dass eine „vollständige und wahrheitsgemäße Auskunft" erforderlich ist, um einen möglichen Vertragsabschluss herbeizuführen. Es ist seitens des Verwalters/Vermieters darauf zu achten, dass Fragen nur auf das erforderliche und datenschutzrechtlich zulässige Maß beschränkt (**Datenminimierung**) sind. Häufig werden Daten vom Mietinteressenten erfragt, die zu Beginn der Mietvertragsverhandlungen (noch) nicht erforderlich sind.

176 **2. Aufteilung in drei Phasen.** Seitens der Behörden wird empfohlen, ein „**dreistufiges Verfahren**" zur formularmäßigen Abfrage von Daten des Mietinteressenten einzusetzen.

Die Phasen teilen sich wie folgt auf:

■ Datenerhebung beim Besichtigungstermin
■ vorvertragliche Phase (Mietinteressent teilt mit, die Wohnung konkret anmieten zu wollen)
■ Entscheidung durch den Vermieter

177 **a) Besichtigung (Phase 1).** Die **Datenerhebung** bei der Besichtigung ist auf das Notwendigste zu beschränken. Somit dürfen im Zuge eines **Besichtigungstermins** – da ein unmittelbarer Abschluss eines Mietvertrages nicht bevorsteht – lediglich Kontaktdaten,[87] Anzahl der einziehenden Personen und etwaiges Vorhandensein größerer Haustiere erfragt werden. Die Kontaktdaten sollten sich auf Name, Anschrift und Telefonnummer beschränken. Eine Angabe einer E-Mail-Adresse sollte immer als „optional" (Freiwilligkeit) gekennzeichnet sein. Auch die Vorlage eines „Wohnberechtigungsscheins" ist zulässig. Eine Kopie darf allerdings erst nach der Erklärung des Mietinteressenten, die Wohnung anmieten zu wollen, vom Vermieter angefertigt werden. Hingegen ist die Vorlage eines Personalausweises oder anderen Identitätsdokuments nur zum Zwecke der Überprüfung der Angaben durch den Mietinteressenten zulässig. Eine Speicherung oder Anfertigung einer Kopie ist nicht erforderlich und somit unzulässig.[88] Eine Abfrage zur Bonität ist zu diesem Zeitpunkt unzulässig.

178 **b) Mieter erklärt, Wohnung anmieten zu wollen (Phase 2).** Sobald der Mietinteressent erklärt, die Wohnung **konkret anmieten** zu wollen, sind dem Vermieter / Verwalter weitere Angaben zu machen. Die Frage nach den im Haushalt lebenden Personen ist zulässig. Schließlich soll der Wohnungsbesitzer die Möglichkeit haben zu ermessen, ob die Wohnung den Ansprüchen des Mietinteressenten gerecht wird.

179 **Fragen** zu einem eröffneten Verbraucherinsolvenzverfahren sind zulässig. Ist ein Insolvenzverfahren noch nicht abgeschlossen, müssen Mietinteressenten der „Offenbarungspflicht" entsprechen.[89] Fragen zu Räumungstiteln und Räumungsklagen, die wegen Mietzinsrückständen in den letzten fünf Jahren eingeleitet oder durchgeführt wurden, sind zulässig.[90]

180 **c) Sensitive Daten gem. Art. 9 DS-GVO (Phase 2).** Gem. Art. 9 DS-GVO ist die Verarbeitung von sensitiven oder sensiblen Daten verboten. Eine „pauschale" Abfrage in einer Mieterselbstauskunft ist nicht zulässig. Jedoch sind Fragen zur ethnischen Herkunft und der Religion ausnahmsweise zulässig, wenn der Wohnungsbesitzer diese aus Gründen zur Erhaltung sozialer und stabiler Wohnstrukturen und Anpassung an das soziale Umfeld beim Mietinteressenten erhebt.[91] Eine Abfrage der **Staatsangehörigkeit** ist nicht zulässig.

181 **d) Unzulässige Fragen (Phase 2).** Fragen zu einem laufenden Ermittlungsverfahren, Heiratsabsichten, Kinderwunsch, derzeitige Schwangerschaft, Zugehörigkeit zu Parteien oder Mitgliedschaft in einem Mieterverein sind **unzulässig**. Auch Fragen nach Gründen, warum die letzte Mietwohnung gekündigt wurde, sind unzulässig. Seitens des Wohnungsbesitzers ist darauf zu achten, dass Angaben, wie etwa die Telefonnummer des Vormieters zu Auskunftszwecken nicht erhoben werden dürfen. Der Mietinteressent muss grundsätzlich keine Gründe nennen, warum die vorherige Wohnung aufgegeben wurde.[92]

---

87 Handreichung des Datenschutzbeauftragten NRW „Mieterfragebögen: was darf gefragt werden?.
88 „Orientierungshilfe zur Einholung von Selbstauskünften bei Mietinteressenten" DSK Datenschutzkonferenz Version 0.6 auf der Sitzung der Sonder-AG „OH Mietauskünfte" am 30.1.2018.
89 AG Bonn 22.9.2005 – 6 C 411/05; LG Bonn 16.11.2005 – 6 T 312/05 und 6 S 226/05.
90 „Orientierungshilfe zur Einholung von Selbstauskünften bei Mietinteressenten" DSK Datenschutzkonferenz Version 0.6 auf der Sitzung der Sonder-AG „OH Mietauskünfte" am 30.1.2018.
91 Siehe „Orientierungshilfe zur Einholung von Selbstauskünften bei Mietinteressenten".
92 *Polenz* VuR 2014, 99: Einholung von Selbstauskünften bei Mietinteressenten für Wohnraum.

e) Arbeitgeber und Beschäftigungsverhältnis (Phase 2). Fragen zum Beruf und Arbeitgeber sind mitunter   182
ein entscheidendes Kriterium für den Vermieter, schon in der vorvertraglichen Phase, um einen Rückschluss
auf die Bonität des Mietinteressenten zu ermöglichen und daher zulässig.[93] Hingegen sind Fragen zur Dauer
des Beschäftigungsverhältnisses **nicht** erforderlich, da diese Informationen keinerlei Rückschlüsse auf die Beständigkeit einer Beschäftigung zulassen.[94]

f) Einkommensverhältnisse (Phase 2). Die Abfrage durch den Vermieter, ob der Mietinteressent sich den   183
Mietzins „leisten kann" ist berechtigt. Allerdings ist der Mietinteressent (noch) nicht verpflichtet dieses anhand einer Vorlage von etwaigen Einkommensnachweisen und Kontoauszügen zu belegen. Vielmehr reicht es
aus, wenn in der Mieterselbstauskunft der Mietinteressent angibt, dass sein Einkommen den geforderten Mietzins übersteigt und er in der Lage ist, diesen monatlich zu leisten. Erst bei einer positiven Entscheidung seitens
des Vermieters und vor **unmittelbarer Vertragsunterzeichnung** (Phase 3) müssen entsprechende Nachweise
durch den Mietinteressenten vorgelegt werden. Dies können Lohn- oder Gehaltsabrechnungen, Kontoauszüge
oder Kopien der Einkommensteuerbescheide sein. Der Mietinteressent ist berechtigt nicht relevante Angaben
unkenntlich zu machen (Schwärzung).

g) Entscheidung und Vertragsabschluss (Phase 3). Der Vermieter ist berechtigt, **vor unmittelbarer** Ver-   184
tragsunterzeichnung etwaige „Bonitätsauskünfte" über den Mietinteressenten einzuholen. Dh der Vermieter
hat sich entschieden, die Wohnung an den Mietinteressenten zu vergeben und der Mieter hat sich konkret dazu
entschieden, die Wohnung anzumieten. Allerdings ist in der Praxis festzustellen, dass viele Vermieter schon in
der vorvertraglichen Anbahnung (Phase 2) etwaige Bonitätsauskünfte beim Mietinteressenten einfordern.
Selbst wenn der Mietinteressent eingewilligt hat, dass die Bonitätsauskunft durch den Vermieter eingeholt
werden kann, ist dies mitunter unzulässig.

h) Bonitätsauskunft (Phase 3). Die Zulässigkeit zur Einholung einer Bonitätsauskunft ergibt sich nur dann,   185
wenn die Anforderungen nach Art. 6 Abs. 1 lit. b oder f. DS-GVO erfüllt sind.[95] Die Bonitätsauskunft stellt
lediglich einen Beleg dafür dar, dass die Angaben, die durch den Mietinteressenten in der Mieterselbstauskunft gemacht wurden, richtig sind. Sind die Informationen, die der Vermieter erlangt hat, ausreichend, ist der
Grundsatz „**Datenminimierung und Datensparsamkeit**" weiterhin zu beachten. So viele Daten wie nötig, so
wenig Daten wie möglich.

XXVIII. Verzeichnis von Verarbeitungstätigkeiten (Art. 30 DS-GVO)

Gem. Art. 30 DS-GVO hat zunächst jeder Verantwortliche (Verwalter) die Pflicht, einen **Nachweis** darüber zu   186
führen, dass die Vorgaben der DS-GVO eingehalten werden. Die Führung dieses Nachweises hat zum weiteren Zweck, dass der Verwalter sich gänzlich mit allen Prozessen innerhalb seines Geschäftsbetriebes, in welchem personenbezogene Daten verarbeitet werden, auseinandersetzt, erfasst, analysiert und dokumentiert. Dieses – zum Teil sehr komplexe – Verzeichnis ist primär für den internen Gebrauch, sowie gem. Art. 30 Abs. 4
DS-GVO auf Verlangen den Aufsichtsbehörden vorzulegen.[96] Die Behörden erlangen mit dem Verzeichnis der
Verarbeitungstätigkeiten einen guten Überblick, inwieweit personenbezogene Daten verarbeitet werden und
ob die gesetzlichen Vorgaben erkannt wurden und somit eingehalten werden können.[97]

1. Pflichten des Auftragsverarbeiters. Mitunter kann die Pflicht zur Erstellung einer Übersicht von Verar-   187
beitungstätigkeiten auch für einen Auftragsverarbeiter zutreffen. Allerdings ist das Verarbeitungsverzeichnis
des Auftragsverarbeiters bei Weitem nicht so komplex. Vielmehr stellt es im **reduzierten Umfang**[98] zwar
nochmals die Anforderungen des Verantwortlichen dar, ist aber in ihrer Übersicht auf die Aufgaben des Auftragsverarbeiters angepasst.[99]

---

93 LG München I 25.3.2009 – 14 S 18532/08, BeckRS 2009, 16692.
94 *Koreng/Lachenmann* DatenschutzR-FormHdB Rn. 2.
95 „Orientierungshilfe zur Einholung von Selbstauskünften bei Mietinteressenten" DSK Datenschutzkonferenz Version
    0.6 auf der Sitzung der Sonder-AG „OH Mietauskünfte" am 30.1.2018 S. 7.
96 *Plath* DS-GVO Art. 30 Rn. 3.
97 Erwägungsgrund 82 Verzeichnis der Verarbeitungstätigkeiten.
98 *Plath* DS-GVO Art. 30 Rn. 9.
99 *Wybitul* DS-GVO DS-GVO Art. 30 Rn. 29.

188 **2. Ausnahmen von kleinen und mittleren Unternehmen (KMU).** Gem. Art. 30 Abs. 5 DS-GVO entfällt die Pflicht zum Führen des Verzeichnisses der Verarbeitungstätigkeiten grundsätzlich für Unternehmen, die **„weniger als 250 Mitarbeiter"** beschäftigen. Mit dieser Regelung soll verhindert werden, dass kleinere Unternehmen keinen „zu hohen bürokratischen Aufwand" bezüglich der Umsetzung der DS-GVO betreiben müssen. Diese Befreiung entfällt jedoch, wenn zum Beispiel „die Verarbeitung personenbezogener Daten nicht nur gelegentlich erfolgt". Für die meisten Unternehmen in der Wohnungswirtschaft ist dies wohl zutreffend. Somit besteht die Pflicht zur Führung eines Verzeichnisses von Verarbeitungstätigkeiten; ganz gleich welcher Unternehmensgröße.

189 **3. Form.** Gem. Art. 30 Abs. 3 DS-GVO ist das Verzeichnis der Verarbeitungstätigkeiten **schriftlich** zu führen. Wobei nach dem Wortlaut dieser Norm auch ein elektronisches Format ausreichend und somit zulässig ist.

190 **4. Inhalte.** Im Wesentlichen sind folgende **Angaben der Verarbeitungsprozesse** anzugeben:
- Name und Zweck der Datenverarbeitung
- Angabe der Rechtsgrundlage
- Beschreibung der Verarbeitung
- Verarbeitung besonderer Daten iSd Art. 9 Abs. 1 DS-GVO
- Angabe der betroffenen Personengruppen/Betroffene
- personenbezogene Daten/Datenkategorien
- Empfänger/Empfängerkategorien
- möglicher Transfer in Drittstaaten
- zugriffsberechtigte Personen
- Regelfristen für die Löschung
- Beschreibung der technischen und organisatorischen Maßnahmen (TOM)
- Datum der Einführung dieses Verarbeitungsprozesses
- Ansprechpartner

191 Des Weiteren müssen die Angaben zum Verantwortlichen sowie die Kontaktdaten des Datenschutzbeauftragten – vorbehaltlich einer etwaigen Benennungspflicht – angegeben werden.

192 **5. Aktualisierung und Überwachung.** Der Verwalter hat die Pflicht, das Verzeichnis der Verarbeitungstätigkeiten stets **aktuell** zu halten. Sobald also neue Verarbeitungsprozesse – dies kann auch die Einführung neuer Hard- und Software sein – entstehen, muss das Verzeichnis entsprechend angepasst werden.

193 Wichtig! Die **Führung des Verzeichnisses** der Verarbeitungstätigkeiten ist nicht Aufgabe des Datenschutzbeauftragten. Die Pflichten des Datenschutzbeauftragten im Hinblick auf das Verzeichnis sind rein überwachender Natur, ob das Verzeichnis normgerecht geführt wird.

XXIX. Verarbeitung

194 **1. Allgemeines.** Gem. Art. 4 Abs. 2 DS-GVO ist die „Verarbeitung" jener Vorgang, welcher im Zusammenhang mit personenbezogenen Daten – unter Zuhilfenahme oder ohne automatisierte Verfahren – durch den Verwalter ausgeführt wird.

195 Die Verarbeitung von personenbezogenen Daten umfasst: Erhebung, Erfassung, Organisation, Ordnen, Speicherung, Anpassung, Veränderung, Auslesen, Abfragen, Verwendung, Offenlegung, Übermittlung, Verbreitung, Bereitstellung, Abgleich, Verknüpfung. Auch die Einschränkung oder das Vernichten von Daten gilt als „Verarbeitung" im Sinne der DS-GVO. Sobald ein Verwalter eine **Verarbeitung** von personenbezogenen Daten vornimmt, muss die DS-GVO in all ihren Anforderungen beachtet und angewendet werden.

196 **2. Verarbeitung besonderer Kategorien personenbezogener Daten (Art. 9 DS-GVO).** Die Verarbeitung von „sensiblen oder sensitiven" Daten ist gem. Art. 9 Abs. 1 DS-GVO **grundsätzlich verboten** (grundsätzliches Verarbeitungsverbot).

Dh folgende Datenkategorien unterliegen einem **Verarbeitungsverbot mit einem sog. Ausnahmevorbehalt.**

Demnach ist die Verarbeitung von Daten, aus denen
- die rassische und ethnische Herkunft,
- politische Meinungen, religiöse sowie weltanschauliche Überzeugungen,

- die Gewerkschaftszugehörigkeit,
- genetische und biometrische Daten,
- Gesundheitsdaten,
- Daten zum Sexualleben oder der sexuellen Orientierung

hervorgehen, verboten.

3. Ausnahmen vom Verarbeitungsverbot. Gem. Art. 9 Abs. 2 DS-GVO ist eine Verarbeitung unter bestimmten Voraussetzungen **erlaubt.** 197

Demnach ist die Verarbeitung erlaubt, wenn ua folgende Umstände vorliegen:

- der Betroffene hat ausdrücklich in die Verarbeitung eingewilligt
- die Verarbeitung erfolgt, um Rechte aus dem Arbeitsrecht oder der sozialen Sicherheit wahrzunehmen
- wenn lebenswichtige Interessen des Betroffenen anstehen und dieser selbst keine Einwilligung geben kann (körperlich, geistig oder anderweitig nicht in der Lage)
- wenn diese Daten von einer gemeinnützigen Organisation ohne Gewinnerzielungsabsicht verarbeitet werden und die Verarbeitung auf Grundlage ausreichender Garantien der Organisationen erfolgen
- der Betroffene diese Daten selbst öffentlich gemacht hat
- um Rechtsansprüche für den Betroffenen vor Gericht zu erstreiten
- öffentliches Interesse

XXX. Videoüberwachung

1. Allgemeines. Um Objekte vor Vandalismus, Sachbeschädigung, Diebstahl oder Belästigung zu schützen, werden zunehmend Videoüberwachungsanlagen in verschiedenen Bereichen von Wohnungseigentumsanlagen installiert. Der Betrieb einer **Videoüberwachungsanlage** stellt in den meisten Fällen einen unerlaubten Eingriff in das allgemeine Persönlichkeitsrecht des Betroffenen dar. Erklärt sich jedoch der Betroffene mit der Videoaufzeichnung einverstanden,[100] kann die Videoaufzeichnung – unter Abwägung der Erforderlichkeit durch den Betreiber der Videoüberwachungsanlage – zulässig sein. Werden allgemein zugängliche Bereiche eines Gebäudes oder Grundstücks per Videoaufzeichnung überwacht, ist es nahezu unmöglich eine Einwilligung der Betroffenen zu erlangen. 198

2. Verhältnismäßigkeit und Abwägung. Die Praxis zeigt, dass eine Videoüberwachung meist als probates Mittel durch den Verband Wohnungseigentümergemeinschaften angesehen wird, um etwaige Sachbeschädigungen, Vandalismus oder Belästigung abzuwehren. Grundsätzlich ist der Betrieb einer Videoüberwachungsanlage über das „berechtigte Interesse" zu rechtfertigen, wenn die Aufzeichnung zum Schutz vor Gefahren dient. Dabei haben Verwalter und der Verband Wohnungseigentümergemeinschaft im Vorfeld zum Einsatz einer Videoüberwachung abzuwägen, ob es nicht andere (mildere) Mittel gibt, um das „Eigentum" zu schützen. Dh der Betreiber der Videoüberwachungsanlage muss nachweisen können, dass zuvor andere eingesetzte Maßnahmen wirkungslos waren,[101] oder einen unverhältnismäßig hohen (Kosten) Aufwand bedeuten würden. Weiterhin muss die umfassende **Abwägung** zum Einsatz einer Videoüberwachung durch den Betreiber so vorgenommen werden, dass die technische Ausgestaltung der Videoaufzeichnung derart konzipiert ist, dass die „Eingriffsintensität" entsprechend niedrig bleibt. Dh Kameras, die als „Ausstattungsfeatures" etwa eine Schwenkbarkeit, Zoomfähigkeit, Nachtsichtfähigkeit, hohe Auflösung, Mikrofone aufweisen, werden durch die Aufsichtsbehörden als besonders „kritisch" angesehen. Hier hat der Betreiber besonders darauf zu achten, dass diese „Features", wenn möglich, nicht gänzlich genutzt werden, oder die Anschaffung einer Anlage ohne diese Eigenschaften bevorzugt wird. 199

3. Erfassung öffentlicher Bereiche. Grundsätzlich ist das Erfassen öffentlicher Bereiche mittels Videoaufzeichnung unzulässig, wenn hierfür keine besonderen Rechtfertigungsgründe angeführt werden können. Jedoch kann eine Teilerfassung öffentlicher Bereiche im Ausnahmefall zulässig sein, wenn die Erfassung unver- 200

---

100 Einwilligung gem. Art. 6 Abs. 1 lit. a DS-GVO.
101 *Fritsch,* „Big Brother is watching you", Videoüberwachung in der WEG-Anlage, Vortrag 37. Düsseldorfer Verwaltertage 2019.

meidbar ist.[102] Eine umfangreichende Dokumentation nebst gesetzeskonformer Beschilderung ist durch den Betreiber anzufertigen und darzustellen.

201 **4. Dokumentation der Videoüberwachung.** Der Betreiber der Videoüberwachung hat, unter Berücksichtigung aller gesetzlichen Vorgaben und Abwägungen, eine „aussagekräftige" Dokumentation zum Betrieb der Videoüberwachung zu erstellen. Auf Verlangen muss diese Dokumentation den Behörden vorgelegt werden.

202 **a) Betreiber der Anlage.** Der Betreiber (verantwortliche Stelle) muss namentlich genannt werden. Auch Postanschrift und Kontaktdaten müssen dargestellt sein.

203 **b) Anzahl der Kameras.** Es sind alle verwendeten Kameras mit eindeutiger Bezeichnung (Beispiel: Kamera 1, Kamera Eingang usw) sowie Marke und Typ aufzulisten.

204 **c) Technische Ausstattung.** Es sind technische Angaben zur technischen Ausstattung der Kamera zu beschreiben. Hiernach sind Eigenschaften, wie etwa Schwenkbarkeit, Zoomfähigkeit, Nachtsichtfähigkeit, hohe Auflösung oder Mikrofone anzugeben.

205 **d) Inbetriebnahme.** Es ist zu beschreiben, seit wann die Videoüberwachungsanlage eingesetzt und betrieben wird. Weiterhin ist darzustellen, wann etwaige Updates und / oder Neuerungen vorgenommen wurden. Ferner ist die Bezugsquelle zu nennen und ob die Installation durch einen Fachbetrieb, nebst Firmenbezeichnung vorgenommen wurde.

206 **e) Erfassung der Bereiche.** Es ist zu beschreiben, welche Bereiche zu welchen Zwecken überwacht werden. Werden mehrere Kameras eingesetzt, so ist die Beschreibung für jede Kamera gesondert und mit eindeutiger Bezeichnung darzulegen.

207 **f) Ort der Installation.** Es ist zu beschreiben, wie und wo die Kameras installiert sind. Bei mehreren Kameras muss dieses für jede Kamera gesondert vorgenommen werden.

208 **g) Blickwinkel.** Es ist zu beschreiben, welcher Blickwinkel in der Grundeinstellung der Kameras eingestellt ist. Wenn Kameras mit einer „Zoomfähigkeit und / oder Schwenkbarkeit" ausgestattet sind, so ist darzustellen, inwieweit dieses vorgenommen werden kann.

209 **h) Darstellung am Video-Monitor.** Aufsichtsbehörden verlangen häufig, dass ein von den Kameras aufgenommenes Bild in Originalauflösung beizulegen und entsprechend der einheitlichen Bezeichnung zu markieren ist. Weiterhin soll ein Screenshot des Videomonitors beigelegt werden, welcher das „Grundbild" beim Einschalten des Monitors aufzeigt.

210 **i) Aufzeichnung oder Live-Bild.** Es ist zu beschreiben, auf welche Art und Weise die Videoüberwachung durchgeführt wird. Hierbei ist insbesondere darzustellen, ob eine reine Beobachtung mittels Monitor, eine Aufzeichnung einer Videosequenz mit/ohne Beobachtung oder eine Aufnahme von Einzelbildern mit/ohne Beobachtung stattfindet.

211 **j) Mobiles Endgerät.** Es ist zu beschreiben, ob die Videoaufzeichnung an mobile Endgeräte übertragen wird bzw. abrufbar ist. Hierbei müssen Angaben zum Hersteller, zum Programmnamen und zum Betriebssystem gemacht werden.

212 **k) Tonaufzeichnung.** Es ist zu beschreiben, ob etwaige Tonaufnahmen und Gesprächsmitschnitte angefertigt werden. In der Regel ist eine Tonaufzeichnung über eine Videokamera nicht notwendig. Die Aufsichtsbehörden sehen eine Tonaufzeichnung über eine Videoüberwachungskamera äußerst kritisch. Es ist zu empfehlen keinerlei Tonaufzeichnungen zusätzlich zu der Videoüberwachung vorzunehmen.

213 **l) Verknüpfung mit weiteren Daten.** Werden die angefertigten Videoaufzeichnung mit weiteren Daten (zum Beispiel zum Zwecke eines Personenabgleichs) verknüpft, muss die Beschreibung der Daten und das Verfahren detailliert beschrieben werden. Weiterhin ist darzustellen, wie in diesem Falle die Benachrichtigung der Betroffenen gem. Art. 13 DS-GVO (Informationspflichten) erfolgt.

214 **m) Zugriff auf die Videoaufzeichnung.** Es ist zu beschreiben, welcher Personenkreis Zugriff auf die Videoaufzeichnung hat.

---

102 FAQ „Videoüberwachung Hauswand mit öffentlicher Gehweg" DSB Rheinland-Pfalz / https://www.datenschutz.rl p.de/de/themenfelder-themen/videoueberwachung/videoueberwachung-von-haus-und-grund/faq-vue-von-haus-und -grund/.

n) Verfahrensverzeichnis. Es ist zu beschreiben, wie die Festlegung zu den Kameras in das Verzeichnis der   215
Verarbeitungstätigkeiten (Art. 30 Abs. 1 DS-GVO) vorgenommen wurde.

o) Archivierte Aufzeichnungen. Es ist zu beschreiben, wie die Datenträger archiviert werden. Weiterhin ist   216
darzustellen, dass ein Zugriff unberechtigter Personen ausgeschlossen wird.

p) Speicherdauer. Es ist zu beschreiben, wie lange die Videoaufzeichnungen gespeichert werden. In der Re-   217
gel sehen hier die Aufsichtsbehörden eine maximale Speicherdauer von 72 Stunden als ausreichend. Eine etwaige längere Speicherdauer muss nachvollziehbar begründet sein.

q) Informationspflichten (Art. 13 DS-GVO). Es ist zu beschreiben, wie die Informationspflichten nach   218
Art. 13 DS-GVO (Hinweisschilder) vorgenommen werden. Es ist darauf zu achten, dass die Informationspflichten nach den Vorgaben und Einsatz gesetzesmäßiger Hinweisschilder (Piktogramme) vorgenommen werden.

5. Kameraattrappe. Da eine Kameraattrappe keine Videoaufzeichnung anfertigt, werden keine personenbe-   219
zogenen Daten verarbeitet. Der Datenschutz findet keine Anwendung. Hingegen kann der Einsatz einer „täu-
schend echten" Kameraattrappe – nebst blinkender LED-Lampe – einen „Überwachungsdruck" auf Betroffene
ausüben und somit eine Verletzung des allgemeinen Persönlichkeitsrechts herbeiführen.

6. Kamera im Klingeltableau. Das bayerische Landesamt für Datenschutzaufsicht (BayLDA) sieht den Ein-   220
satz einer Kamera im Klingeltableau als zulässig an, da die Kamera nur ein Live-Bild bei entsprechender Betätigung auf einem Monitor in der Wohnung darstellt. Es findet keine Aufzeichnung statt. Dies ist insoweit zu
begrüßen, da der Einbau einer Kamera im Klingeltableau gerade den Aspekt der Sicherheit und somit eine
„Wohnwertverbesserung" darstellt. Allerdings bietet der Markt derzeit viele Ausstattungsvarianten von Kameras, die weit mehr bieten als die „bloße „Live-Übertragung" in die Wohnung. Daher sollte darauf geachtet
werden, dass der Einsatz einer Kamera im Klingeltableau nur „anlassbezogen" (Betätigung des Türöffners) erfolgt. Weiterhin sollte die Kamera deutlich sichtbar angebracht sein.

7. Beschilderung. Jedes Unternehmen, das eine Videoüberwachung betreibt, muss über gut sichtbare Hin-   221
weisschilder am Ort der Videoüberwachung informieren. Hierzu reicht es nicht mehr aus, Schilder zu platzieren, die lediglich auf eine Videoüberwachung hinweisen (beispielsweise „Achtung dieser Bereich wird video-
überwacht"). Der Umfang der zu erteilenden Informationen muss auf entsprechenden Schildern / Tafeln dargestellt werden. Der DSK hat hierzu ein Muster veröffentlicht, dass durch den Betreiber der Videoüberwachung
zwingend eingesetzt werden sollte.[103]

8. Beschilderung bei mehreren Kameras. Werden mehrere Videokameras in einem Objekt eingesetzt und   222
durch einen einzigen Verantwortlichen betrieben, so sind mehrere Schilder im Objekt anzubringen. Hierbei
muss das „**Hauptschild**" an einem zentralen Ort (Kassenautomat, Haupteingang, etc) mit den ausführlichen
Informationspflichten angebracht sein. Des Weiteren müssen im Objekt sog. „**vorgelagerte**" Hinweisschilder
angebracht sein, die nur die Basisinformationen, wie etwa Name des Verantwortlichen, Kontaktdaten des Datenschutzbeauftragten Rechtsgrundlage der Datenverarbeitung, Berechtigte Interessen und Speicherdauer, beinhalten.

XXXI. Weitergabe von Kontaktdaten

Die Übermittlung von Kontaktdaten ist zulässig, wenn es für die Begründung, Durchführung oder Beendigung   223
eines rechtsgeschäftlichen oder rechtsgeschäftsähnlichen Schuldverhältnisses mit dem Betroffenen erforderlich ist (§ 28 Abs. 1 S. 1 Nr. 1 BDSG aF).

1. Handwerker. Die Übermittlung von Kontaktdaten eines Mieters an Handwerker, die durch den Vermieter/   224
Verwalter beauftragt wurden, etwaige Instandhaltungsarbeiten vorzunehmen, ist regelmäßig zulässig, da dies
der Durchführung des Mietvertrags dient. Unter Berücksichtigung der Erforderlichkeit zur Datenminimierung
und Datensparsamkeit ist es nach Ansicht der Aufsichtsbehörde Baden-Württemberg in den meisten Fällen
ausreichend, wenn nur die Postanschrift an den Handwerker herausgegeben wird, soweit zwischen den Miet-
parteien nichts anderes vereinbart wurde. Dh die Behörde ist der Ansicht, dass ohne eine gesonderte Vereinbarung eine Weitergabe von Kontaktdaten, die über die postalischen Daten hinausgehen, unzulässig ist. Weiter-

---

103   Muster Informationsblatt Videoaufzeichnung https://www.lda.bayern.de/media/muster/video_infoblatt.pdf.

hin ist die Aufsichtsbehörde der Meinung, dass eine postalische Terminvereinbarung in der Regel ausreicht. Ferner kann auch in Erwägung gezogen werden, dass dem Mieter die Rufnummer des Handwerkers übermittelt wird, damit dieser selbst die Terminvereinbarung vornehmen kann.

225 **2. Keine geheimen Daten.** Die Ansicht der Aufsichtsbehörde greift hier zu kurz. Wenn vom Betroffenen nicht ausdrücklich angegeben, dann sind weitere Kontaktdaten (Telefonnummer, E-Mail-Adresse) keine „geheime Daten".[104] Die Aufgaben einer Hausverwaltung sind über den **Verwaltervertrag** geregelt und sehen ausschließlich Tätigkeiten rund um die Immobilie vor. Es ist grundsätzlich davon auszugehen, dass die Weitergabe einer Telefonnummer durch den Verwalter nur zum Zwecke der Vertragserfüllung aus dem Verwaltervertrag erfolgt. Beide Parteien (Vermieter und Mieter) haben grundsätzlich ein besonderes Interesse daran, dass ein etwaiger Mangel schnellstens und professionell behoben wird.

226 **3. Kontakt per E-Mail.** Die Aufsichtsbehörde Baden-Württemberg unterstreicht nochmals in einer Stellungnahme,[105] dass die Hausverwaltung ein Interesse an kurzen Kommunikationswegen habe und dieses auch verständlich sei. Jedoch muss stets beachtet werden, dass ein Mieter, der per E-Mail mit der Hausverwaltung in Kontakt tritt, nicht ohne Weiteres den Schluss erlaubt, dass er auch seinerseits mit der Kontaktaufnahme durch den Dienstleister auf diesem Wege einverstanden ist. Der Mieter muss grundsätzlich darüber selbst entscheiden können, auf welchen **Kommunikationsweg** er für den Dienstleister erreichbar sein will.

227 **4. Empfehlung der Aufsichtsbehörden.** Nach wie vor gibt es unterschiedliche Auffassungen der Aufsichtsbehörden bezüglich des Umgangs mit weiterführenden Kontaktdaten durch den Hausverwalter. Jedoch ist zu erkennen, dass für die Aufsichtsbehörden die Weitergabe einer Telefonnummer weniger „problematisch" im Sinne der DS-GVO ist als die Weitergabe der E-Mail-Adresse. Daher sollte seitens des Verwalters stets darauf geachtet werden, dass grundsätzlich die Anforderungen der DS-GVO bei der „täglichen" Arbeit gewahrt bleiben. Hiernach müssen Verwalter damit rechnen, dass ein **Datenschutzverstoß** vorliegen kann, sollte sie ohne Verweis auf eine entsprechende Rechtsgrundlage, Daten an Dritte weiterleiten.

XXXII. WhatsApp

228 Der Einsatz von **WhatsApp** in der Hausverwaltung ist mittlerweile eine sehr gängige Plattform zum „schnellen" Austausch von Informationen. Jedoch wird der Einsatz von WhatsApp zur Unternehmenskommunikation durch die Aufsichtsbehörden sehr kritisch gesehen. Grund hierfür dürfte sein, dass zu viele Informationen an Dritte (beispielsweise Facebook) weitergeleitet werden. Zwar ist die Kommunikation selbst relativ hoch verschlüsselt, allerdings lässt sich in den seltensten Fällen nachverfolgen, inwieweit Informationen durch WhatsApp oder Dritten genutzt werden. In den Nutzungsbedingungen von WhatsApp wird sehr deutlich darauf hingewiesen, dass personenbezogene Daten aus dem Adressbuch des Mobilgeräts entnommen werden und durch WhatsApp genutzt werden können. Daher ist der Einsatz aus datenschutzrechtlicher Sicht nicht zu empfehlen. Der Verwalter sollte hierbei auf Alternativen, wie etwa Threema oder Wire, setzen.[106]

53. Dauerwohnrecht

Lambert

---

104 *Härting*, „Keine Panik! Die DS-GVO reguliert den Umgang mit Namen, Telefonnummern, E-Mail-Adressen & Co. weit weniger streng als angenommen.", Vdivaktuell 29.4.2019 Ausgabe: 2/19.

105 Schreiben an den Autor durch die Aufsichtsbehörde Baden-Württemberg lfdl.bw vom 27.2.2019 Beschwerde durch Betroffenen. Grund: Weitergabe einer E-Mail-Adresse an Auftragsverarbeiter ohne Einwilligung.

106 FAQ der BayLDA, https://www.lda.bayern.de/de/faq.html.

I. Einführung

Das Dauerwohnrecht berechtigt dazu, bestimmte Räume eines Gebäudes unter Ausschluss des Eigentümers zu nutzen. Es ist eine dienstbarkeitsähnliche Grundstücksbelastung. Dienen die betroffenen Räume zum Wohnen, spricht man von Dauerwohnrecht, andernfalls von **Dauernutzungsrecht**. Das Dauerwohnrecht und das Dauernutzungsrecht werden gesetzlich gleich behandelt, § 31 Abs. 3 WEG, weshalb die hiesigen Ausführungen gleichermaßen für beides gelten. **1**

In der Praxis führt das Dauerwohnrecht eher ein Schattendasein, tritt meist bei **Genossenschaftsbauten** sowie zur Absicherung von **Baukostenzuschüssen** durch den Nutzer der Räume auf. **2**

Gesetzlich geregelt wird das Dauerwohnrecht im zweiten Teil des Wohnungseigentumsgesetzes durch die §§ 31–42 WEG. **3**

II. Begriffsbestimmung

Der Begriff des Dauerwohnrechts wird in § 31 Abs. 1 WEG **legaldefiniert**. Danach ist das Dauerwohnrecht eine Grundstücksbelastung. Es berechtigt zur Nutzung eines Gebäudes oder Teilen hiervon unter Ausschluss des Eigentümers. **4**

1. Nutzungsgegenstand. Die gesetzliche Regelung des § 31 Abs. 1 WEG gestattet die Nutzung eines Gebäudes, ohne zu regeln, was unter einem Gebäude zu verstehen ist. Nach dem Sinn und Zweck der Vorschrift fällt hierunter jede Baulichkeit, die einer Nutzung zugängliche Räume enthält.[1] Das Dauerwohnrecht kann danach an einem gesamten – auch rein unterirdischen – **Gebäude** begründet werden, als auch an einzelnen, in sich abgeschlossenen Räumen (§ 32 Abs. 1 WEG), selbst wenn diese in verschiedenen Stockwerken belegen sind. **5**

Errichtet sein muss das Gebäude zum Zeitpunkt der Bestellung des Dauerwohnrechts noch nicht. Das Gebäude muss aber geplant sein; § 32 Abs. 2 Nr. 1 WEG verlangt die Vorlage einer Bauzeichnung. Gem. § 31 Abs. 1 S. 2 WEG kann sich das Dauerwohnrecht auch auf einen außerhalb des Gebäudes liegenden Teil des Grundstücks erstrecken, sofern die Wohnung wirtschaftlich die Hauptsache bleibt. Damit darf der Wohnzweck gegenüber der Grundstücksnutzung nicht in den Hintergrund treten, wie es etwa bei landwirtschaftlicher Erbpacht der Fall war. **6**

Das Dauerwohnrecht umschließt analog §§ 1093 Abs. 1, 1031 BGB auch das **Grundstückszubehör**.[2] **7**

2. Nutzungsrecht. Die gesetzliche Regelung des § 31 WEG greift explizit das Recht zur Nutzung zu Wohnzwecken auf, beschränkt aber auch explizit das Nutzungsrecht nicht hierauf. Es umfasst mithin die **Fruchtziehung** nach § 100 BGB, worunter auch Rechtsfrüchte aus Vermietung und Verpachtung fallen.[3] **8**

3. Berechtigter. Aus einem Dauerwohnrecht berechtigt werden kann jede natürliche und juristische Person sowie eine rechtsfähige Personengesellschaft. Mehrheiten von Personen können berechtigt werden zu Bruchteilen, als Gesamthandsgemeinschaft (Bsp. Erbengemeinschaft) oder als Gesamtberechtigte nach § 428 BGB.[4] **9**

Da das Dauerwohnrecht nach § 873 Abs. 1 BGB unter anderem die Eintragung in das Grundbuch erfordert, um zur Entstehung zu gelangen, muss der Berechtigte grundbuchfähig sein.[5] **10**

---

1 LG Frankfurt a. M. 14.12.1970 – 2/9 T 835/70, NJW 1971, 759.
2 Bärmann/*Schneider* WEG § 31 Rn. 27.
3 Bärmann/*Schneider* WEG § 31 Rn. 5.
4 BGH 30.6.1995 – V ZR 184/94, NJW 1995, 2637; BGH 21.12.1966 – V ZB 24/66, WM1967, 95; Timme/*Munzig* WEG § 31 Rn. 30 ff.
5 Zur Grundbuchfähigkeit einer GbR BGH 4.12.2008 – V ZB 74/08, NJW 2009, 594.

11 **4. Grundstücksbelastung.** Das Dauerwohnrecht ist ein dingliches Recht, durch das ein Grundstück belastet wird. Nach § 42 WEG kann auch ein Erbbaurecht belastet werden. Hinzutreten die Möglichkeiten der Belastung eines Wohnungseigentums, eines Wohnungs-/Teilerbbaurechts sowie eines realen Grundstücksteils[6]

12 Ein Dauerwohnrecht kann sich einheitlich über **mehrere Grundstücke** erstrecken. Eines über das Dauerwohnrecht hinausgehenden Bezugs der Grundstücke untereinander, insbesondere im Wege einer Verbindung der Grundstücke, bedarf es nicht.[7]

III. Mehrere Dauerwohnrechte

13 Ob an einem einzelnen Nutzungsgegenstand mehrere Dauerwohnrechte gewährt werden können, ist umstritten. Der BGH ließ diese Frage bislang offen.[8] Mit Blick auf sog. **Time-Sharing-Modelle** (→ *Time-Sharing* Rn. 1 ff.), in welchen dem Berechtigten ein Nutzungsrecht an einer Wohnung für eine kalendermäßig festgelegte Zeit eingeräumt wird, so dass das Dauerwohnrecht anderer Berechtigter für deren festgelegte Nutzungszeiten nicht tangiert werden soll, wird die parallele Existenz mehrerer Dauerwohnrechte für denselben Nutzungsgegenstand teilweise für zulässig erachtet.[9] Zur Umsetzung dieser Time-Sharing-Modelle ist ein Rückgriff auf mehrere parallele Dauerwohnrechte indes nicht zwingend notwendig. Gedacht werden kann auch an eine Unterteilung eines einzelnen Dauerwohnrechts nach Bruchteilen oder an die Vergabe des Dauerwohnrechts an einen Treuhänder, der dann die einzelnen Zeitfenster zur Nutzung über schuldrechtliche Vereinbarungen an die tatsächlichen Nutzer weiterreicht.[10]

IV. Inhalt des Dauerwohnrechts

14 Die Regelung der §§ 31, 33 WEG weisen dem Dauerwohnrecht Inhalte zu, die durch vertragliche Vereinbarung ergänzt und aber nur teilweise abgeändert werden dürfen.

15 **1. Die gesetzlichen Inhalte.** Das Dauerwohnrecht ist veräußerlich und vererblich, § 33 Abs. 1 S. 1 WEG. § 35 S. 1 WEG erlaubt die Einschränkung der Veräußerung lediglich dahin gehend, dass diese der Zustimmung des Eigentümers oder eines Dritten bedarf. Nach § 873 BGB erfolgt die Veräußerung durch Einigung und Eintragung in das Grundbuch. Das der Veräußerung zu Grunde liegende Verpflichtungsgeschäft unterliegt wie auch das Verpflichtungsgeschäft im Rahmen der Entstehung des Dauerwohnrechts nicht der Form des § 311 b BGB (→ Rn. 30). Die Vererblichkeit kann nicht eingeschränkt werden; zulässig ist jedoch eine **Befristung auf Lebenszeit**, was faktisch einem Ausschluss der Vererblichkeit gleichkommt (zur Befristung → Rn. 36).

16 Aus der Veräußerlichkeit folgt die Belastbarkeit des Dauerwohnrechts etwa mit einem Nießbrauch nach § 1068 BGB.[11]

17 Den Dauerwohnberechtigten treffen nach § 33 Abs. 2 WEG vorbehaltlich anderweitiger Vereinbarungen die Pflichten des Wohnungseigentümers gem. § 14 WEG in gleicher Weise (→ *Gebrauch des Sondereigentums* Rn. 5 ff.; → *Gebrauch des gemeinschaftlichen Eigentums* Rn. 3 ff.; → *Erhaltungsmaßnahmen* Rn. 1 ff.).

18 § 33 Abs. 3 WEG gewährt dem Dauerwohnberechtigten die Mitbenutzung der zum gemeinschaftlichen Gebrauch bestimmten Teile, Anlagen und Einrichtungen. Hierzu zählen etwa das Treppenhaus, der Hofraum, die Waschküche, Fahrradkeller, aber auch Versorgungsleitungen, die Sammelheizung, Fahrstuhl und Garten.[12] Soweit diese gemeinschaftlichen Teile für die ordnungsgemäße Nutzung des Nutzungsgegenstandes nicht zwingend erforderlich sind, kann durch Vereinbarung deren Mitbenutzung ausgeschlossen werden.[13]

19 **2. Inhalte aufgrund Vereinbarung.** Das Spektrum der gesetzlich vorgegebenen Inhalte für das Dauerwohnrecht ist übersichtlich. Die Beteiligten sind daher aufgerufen, den Inhalt des Dauerwohnrechts auszugestalten,

---

6 Ausführlich Timme/*Munzig* WEG § 9 Rn. 9 ff.
7 OLG Zweibrücken 24.2.1998 – 3 W 43/98, NZM 1998, 343.
8 BGH 30.6.1995 – V ZR 184/94, NJW 1995, 2637.
9 LG Hamburg 25.10.1990 – 302 O 50/90, NJW-RR 1991,823; aA OLG Stuttgart 28.11.1986 – 8 W 421/85, NJW 1987, 2023.
10 Bärmann/*Pick*, 12. Aufl., WEG § 31 Rn. 53.
11 BGH 6.12.2018 – V ZB 94/16, NZM 2019, 438.
12 NSV/*Vandenhouten* WEG § 33 Rn. 9.
13 BayObLG 3.7.1991 – BReg 2 Z 60/91, Rpfleger 1992, 57.

was das Gesetz ausdrücklich erlaubt, § 33 Abs. 4 WEG. Eine individuelle Ausgestaltung des Dauerwohnrechts ist daher dort und soweit möglich, wo und wie das Gesetz dies vorsieht, und zwar mit der Folge, dass diese Inhalte in das Grundbuch eingetragen werden können und daher auch gegenüber Rechtsnachfolgern gelten. Selbstverständlich bleibt es den Beteiligten möglich, Vereinbarungen auch über weitere Inhalte zu schließen. Solche Regelungsinhalte sind hingegen nicht eintragungsfähig, entfalten daher nur schuldrechtliche Wirkung zwischen den Beteiligten, erstrecken sich daher auch nicht auf deren Rechtsnachfolger (ergänzend → Rn. 54 ff.).[14] Der Inhalt der Vereinbarungen kann durch Änderungsvereinbarungen nachträglich geändert werden, und zwar auch hinsichtlich solcher Vereinbarungen mit dinglicher Wirkung.

Mit dinglicher Wirkung vereinbar sind:

- Regelungen über die Art und den Umfang der Nutzungen, § 33 Abs. 4 Nr. 1 WEG. Ermöglicht werden breit wirkende Regelungen wie der **Zustimmungsvorbehalt des Eigentümers zur Vermietung**[15] ebenso wie detaillierte Regelungen etwa hinsichtlich eines Wettbewerbsverbotes.[16]   20

- Regelungen über die Erhaltung des Nutzungsgegenstandes, § 33 Abs. 4 Nr. 2 WEG.   21
  Da § 33 Abs. 2 WEG auf § 14 WEG verweist, besteht bereits aus dem Gesetz heraus eine Regelung zur Erhaltung. Wegen § 33 Abs. 4 Nr. 2 WEG darf diese Regelung geändert bzw. ergänzt werden. Das macht es möglich, die Erhaltung des Nutzungsgegenstandes vollständig dem Dauerwohnberechtigten oder auch vollständig dem Eigentümer aufzuerlegen, was Mischformen ebenfalls zulässig macht. Möglich ist auch die Verpflichtung zur Erhaltung von zur gemeinschaftlichen Benutzung bestimmten Teilen des Gebäudes, welche der Dauerwohnberechtigte mitbenutzen darf.[17]

- des Weiteren: Vereinbarungen über die Tragung öffentlicher und privatrechtlicher Grundstückslasten, § 33   22
  Abs. 4 Nr. 3 WEG; Vereinbarungen über Versicherung und Wiederaufbau des Gebäudes im Falle seiner Zerstörung, § 33 Abs. 4 Nr. 4 WEG; Vereinbarungen über einen Anspruch auf Sicherheitsleistung, § 33 Abs. 4 Nr. 5 WEG; Vereinbarungen über die Pflichten und Mitbenutzungsrechte des Berechtigten, § 33 Abs. 2 und 3 WEG; Vereinbarungen über die Beschränkung der Veräußerungsbefugnis des Berechtigten, § 35 WEG; Vereinbarungen über die Begründung eines Heimfallanspruchs und die Gewährung einer Entschädigung beim Heimfall, § 36 Abs. 1 und 4 WEG; Vereinbarungen über ein Bestehenbleiben des Dauerwohnrechts im Falle der Zwangsversteigerung, § 39 WEG; Vereinbarungen über die Wirksamkeit von Verfügungen über den Anspruch auf Entgelt gegenüber im Range vorgehender oder gleichgestellte Realgläubiger, § 40 Abs. 2 WEG oder auch Vereinbarungen über das Bestehenbleiben einer Hypothek im Falle ihrer Vereinigung mit dem Eigentum, § 41 Abs. 2 WEG.

V. Mietähnliche Dauerwohnrechte und eigentumsähnliche Dauerwohnrechte

Je nach Laufzeit des Dauerwohnrechts (zur Befristung → Rn. 36) kann zwischen mietähnlichen und eigen-   23
tumsähnlichen Dauerwohnrechten unterschieden werden. Letztere sind solche mit einer unbegrenzten Laufzeit oder einer Dauer von mehr als zehn Jahren. Für sie schafft § 41 WEG besondere Regelungen. Der Dauerwohnberechtigte hat einen Anspruch gegen den Eigentümer eine Eigentümergrundschuld zu löschen und die Eintragung einer Löschungsvormerkung zu bewilligen, § 41 Abs. 2 WEG. Dieser Anspruch trägt dem Umstand Rechnung, dass der Dauerwohnberechtigte in solchen Fällen meist **hohe Investitionen in den Nutzungsgegenstand** erbracht hat, weshalb er die Möglichkeit haben soll, im Rang im Grundbuch nach oben zu klettern.[18] Macht der Eigentümer gegenüber dem eigentumsähnlichen Dauerwohnberechtigten vom Heimfallanspruch Gebrauch, steht dem Berechtigten eine Entschädigung zu, § 41 Abs. 3 WEG.

VI. Entstehung

Das Dauerwohnrecht als solches entsteht durch ein dingliches Rechtsgeschäft. Dieses geht auf ein (meist   24
schuldrechtliches) Verfügungsgeschäft zurück.

---

14 NSV/*Vandenhouten* WEG § 33 Rn. 11 f.
15 Bärmann/*Schneider* WEG § 33 Rn. 126.
16 NSV/*Vandenhouten* WEG § 33 Rn. 13.
17 Bärmann/*Schneider* WEG § 33 Rn. 135 f.
18 NSV/*Vandenhouten* WEG § 41 Rn. 5.

25 **1. Das Dauerwohnrecht als dingliches Rechtsgeschäft.** Anderen dinglichen Rechtsgeschäften wie etwa Dienstbarkeiten oder Nießbrauchrechten gleich entsteht das Dauerwohnrecht gem. § 873 BGB durch Einigung und Eintragung in das Grundbuch. Die Einigung hat zwischen dem Grundstückseigentümer und dem Dauerwohnberechtigten zu erfolgen. Sie ist nach § 33 Abs. 1 S. 2 WEG bedingungsfeindlich. Nach § 36 Abs. 1 WEG kann jedoch die Vereinbarung eines Heimfallanspruchs an bestimmte Voraussetzungen geknüpft werden.

26 Die Einigung ist zwar formlos wirksam. § 29 GBO erfordert jedoch den Nachweis der Eintragungsbewilligung durch öffentliche oder öffentlich beglaubigte Urkunden, weshalb in der Praxis auch die Einigung regelmäßig der von § 29 GBO vorgegebenen Form entspricht.

27 Unter dem Schlagwort „Dauerwohnrecht" erfolgt die Eintragung in Abteilung II des Grundbuchs des belasteten Grundstücks an rangbereiter Stelle, sofern keine **gesonderte Vereinbarung über den Rang des Wohnrechts** unter Mitwirkung der hierdurch im Rang zurücktretenden Berechtigten getroffen ist. Die rangbereite Stelle kann durch Eintragung einer Vormerkung nach § 883 Abs. 1 BGB besichert werden.

28 **2. Eintragungsvoraussetzungen.** Die Voraussetzungen der Eintragung bestimmt § 32 WEG zusammen mit den Vorschriften der GBO. Solcherart bedarf es nach § 13 GBO eines Antrags des Eigentümers oder Berechtigten auf Eintragung, nach §§ 19, 29 GBO der Bewilligung des Eigentümers, wobei eine mit dem Aufteilungsplan übereinstimmende Bezeichnung der Wohnung beizufügen ist. Der Aufteilungsplan ist dem Antrag beizufügen, wobei Lage und Größe des dem Dauerwohnrecht unterliegenden Gebäude- bzw. Grundstücksteils daraus hervorgehen müssen; alle zu demselben Dauerwohnrecht gehörenden Einzelräume sind mit der jeweils gleichen Nummer zu kennzeichnen. Die vom Dauerwohnrecht betroffene Wohnung soll abgeschlossen sein, worüber ein Nachweis zu führen ist (→ *Abgeschlossenheit* Rn. 22). Darüber hinaus hat das Grundbuchamt zu prüfen, ob die Parteien des Dauerwohnrechts von der Möglichkeit Gebrauch gemacht haben, den Inhalt des Dauerwohnrechts durch Vereinbarung auszugestalten. Das betrifft vor allem Art und Umfang der Nutzungen, Regelungen zur Erhaltung und Instandsetzung, Regelungen über die Tragung öffentlicher oder privatrechtlicher Lasten sowie über die Versicherung des Gebäudes, Regelungen über Sicherheitsleistungen, über die Voraussetzungen des Heimfallanspruchs und über die Entschädigung beim Heimfall, § 32 Abs. 3 WEG.

29 **3. Das dem Dauerwohnrecht zugrundeliegende Verpflichtungsgeschäft.** In den ganz überwiegenden Fällen wird das Dauerwohnrecht auf Basis eines **Rechtskauf** nach § 453 BGB oder kaufähnlichen Vertrages vereinbart. Möglich sind auch eine Verpflichtung auf der Basis eines Tauschs, einer Schenkung, eines Vermächtnisses oder einer Einbringung in eine Gesellschaft.[19]

30 Der Abschluss des Kaufvertrages/kaufähnlichen Vertrages ist formfrei möglich. Lediglich für Time-Sharing-Verträge ist die Schriftform nach § 484 Abs. 1 BGB vorgeschrieben. Der Kaufvertrag unterliegt nicht dem **Formzwang des § 311 b BGB**[20] und ist auch nicht zwingend gleichzeitig mit dem Verpflichtungsvertrag über die Einräumung des Dauerwohnrechts abzuschließen.[21]

31 Der Kaufvertrag verpflichtet den Verkäufer, dem Käufer Besitz am Nutzungsgegenstand frei von Sach- und Rechtsmängeln zu verschaffen. Der Käufer ist verpflichtet, den Besitz zu übernehmen, § 433 Abs. 2 Hs. 2 BGB. Als Gegenleistung schuldet der Käufer einen Kaufpreis. Dieser kann als Einmalzahlung, Ratenzahlung oder auch Rentenzahlung vereinbart werden.[22] Die Vereinbarung einer regelmäßigen, wiederkehrenden Zahlpflicht kann nicht dazu führen, das Grundgeschäft als Miet- oder Pachtverhältnis zu werten oder Vorschriften aus dem Miet- oder Pachtrecht im Hinblick auf das Dauerwohnrecht heranzuziehen – soweit es das Gesetz nicht von sich aus tut –, da das Miet- und Pachtrecht gegenüber dem Dauerwohnrecht von grundlegend anderer Rechtsnatur ist.[23] Damit scheiden auch Möglichkeiten einer aus dem Mietrecht bekannten fristlosen Kündigung bei Zahlungsverzug aus. Demgegenüber kann die Kaufpreiszahlung aber zur Sicherheit durch Verpfändung des Dauerwohnrechts an den Eigentümer nach § 1273 BGB verpfändet werden bzw. kann ein Heimfallrecht für den Fall des Zahlungsverzugs vereinbart werden.[24]

---

19 Bärmann/*Schneider* WEG § 31 Rn. 65.
20 BGH 21.10.1983 – V ZR 121/82, NJW 1984, 612.
21 Palandt/*Weidenkaff* BGB § 453 Rn. 12.
22 Palandt/*Weidenkaff* BGB § 453 Rn. 38.
23 LG Frankfurt a. M. 24.3.2000 – 2–25 O 381/99, NZA 2000, 877.
24 Timme/*Munzig* WEG § 31 Rn. 66.

Lambert

Verschafft der Verkäufer dem Käufer das Dauerwohnrecht nicht oder den Besitz am Nutzungsgegenstand 32
nicht, stehen dem Käufer Ansprüche nach Maßgabe des allgemeinen Leistungsstörungsrechts offen, weshalb
die Haftung des Verkäufers dessen Verschulden voraussetzt.[25] Hinzu tritt die Haftung des Verkäufers für Sach-
und Rechtsmängel nach §§ 453 Abs. 1, 433 Abs. 1 S. 2, 453 Abs. 3 BGB. Im Hinblick auf Sachmängel ist zu
beachten, wen die Verpflichtung zur Erhaltung trifft (→ Rn. 21).

Die Verjährung der Ansprüche aus dem Kaufvertrag regeln §§ 453 Abs. 1, 438 BGB. Nach § 438 Abs. 2 BGB 33
beginnt die Verjährung mit der Übergabe des Nutzungsgegenstandes.

4. Die Kosten der Begründung des Dauerwohnrechts. Vorbehaltlich einer anderweitigen ausdrücklichen 34
Vereinbarung zwischen den Parteien des Dauerwohnrechts trägt der Käufer die notwendigen Kosten zu Begründung des Dauerwohnrechts, was vor allem die Kosten der Eintragungsbewilligung und des Grundbuch-
vollzugs umschließt.[26]

VII. Beendigung

§ 875 BGB erlaubt die rechtsgeschäftliche Aufhebung des Dauerwohnrechts durch Erklärung des Berechtig- 35
ten, dass er das Recht aufgibt und die Löschung des Rechts im Grundbuch erfolgt. Die Zustimmung des Eigentümers ist hierzu erforderlich, wenn er sich dieser ein Heimfallrecht gem. § 36 WEG vorbehalten hat.[27]

Das Dauerwohnrecht kann auch durch Zeitablauf enden. § 41 Abs. 1 WEG erlaubt die Befristung. Allerdings 36
kann es durch Änderungsvertrag gem. § 877 BGB verlängert werden. Auf Antrag erfolgt gem. § 22 GBO die
Löschung im Grundbuch.

Ein Dauerwohnrecht, das an einem **Erbbaurecht** bestellt ist, erlischt mit dem Erbbaurecht gem. § 42 Abs. 1 37
BGB, es sei denn der Heimfall des Erbbaurechts wurde gem. § 42 Abs. 2 BGB vereinbart.

Das Dauerwohnrecht endet auch, wenn der Nutzungsgegenstand zerstört wird.[28] 38

Da das Dauerwohnrecht an rangbereiter Stelle in das Grundbuch eingetragen wird, können andere Rechte im 39
Rang vorgehen. Wird aus diesen vorrangigen Rechten die **Zwangsversteigerung** betrieben, erlischt das Dauerwohnrecht gem. § 91 Abs. 1 ZVG. Von diesem Ergebnis abweichend kann jedoch gem. § 39 WEG mit Zustimmung der vorrangig Berechtigten das Dauerwohnrecht dahin gehend vereinbart werden, dass es auch im
Falle der Zwangsversteigerung aus vorrangigen Rechten bestehen bleibt. Gem. § 91 Abs. 2 ZVG ist eine entsprechende Vereinbarung noch in der laufenden Zwangsversteigerung möglich. Erlischt das Dauerwohnrecht
aufgrund der Zwangsversteigerung, hat der Berechtigte einen Anspruch auf Zuteilung aus dem Verteilungser-
lös mit einem festzusetzenden Ersatzwert, § 92 Abs. 1 ZVG.

Durch Kündigung kann das Dauerwohnrecht nicht beendet werden (→ Rn. 31, 47). 40

VIII. Ansprüche des Dauerwohnberechtigten

Macht der Dauerwohnberechtigte **Verwendungen auf die Sache**, trifft den Eigentümer eine Ersatzpflicht nach 41
den Vorschriften der Geschäftsführung ohne Auftrag, § 34 Abs. 1 WEG iVm § 1049 BGB. Eine eingebrachte
Einrichtung darf er wegnehmen, hat dann den früheren Zustand auf eigene Kosten wieder herzustellen.

Beeinträchtigungen seines Dauerwohnrechts **durch Dritte** kann der Dauerwohnberechtigte in ähnlicher Wei- 42
se entgegentreten wie ein Eigentümer, § 34 Abs. 2 WEG. Er kann ua Herausgabe fordern (§ 985 BGB). Er
kann auch die Beeinträchtigung oder Unterlassung einer Störung fordern (§ 1004 BGB).

IX. Ansprüche des Eigentümers

Im Falle von Verschlechterungen oder Veränderungen des Nutzungsgegenstandes gilt das Schadensersatzrecht 43
des allgemeinen Schuldrechts (§ 280 BGB) als auch das Recht der unerlaubten Handlung (§ 823 BGB).[29]

---

25 BeckOK BGB/*Faust* BGB § 453 Rn. 16 f.
26 Timme/*Munzig* WEG § 31 Rn. 68.
27 Bärmann/*Schneider* WEG § 31 Rn. 89.
28 BGH 5.3.1954 – V ZR 17/53, NJW 1952, 1375; aA Palandt/*Wicke* WEG § 31 Rn. 6.
29 Timme/*Munzig* WEG § 34 Rn. 3.

X. Der Heimfallanspruch

44 § 36 Abs. 1 S. 1 WEG erlaubt als Inhalt des Dauerwohnrechts zu vereinbaren, dass der Berechtigte verpflichtet ist, das Dauerwohnrecht beim Eintritt bestimmter Voraussetzungen auf den Grundstückseigentümer oder einen von diesem zu bezeichnenden Dritten zu übertragen, sog. Heimfallanspruch. Aus dem Wortlaut der gesetzlichen Regelung folgt, dass das Dauerwohnrecht im Falle des Eintritts der vereinbarten Voraussetzungen nicht kraft Gesetzes auf den Eigentümer übergeht, sondern der Eigentümer einen Anspruch auf Übertragung hat.

45 Nach § 36 Abs. 1 S. 2 WEG kann der Heimfallanspruch nicht von dem Eigentum an dem Grundstück getrennt werden, was ihn zum **wesentlichen Bestandteil** nach § 96 BGB macht.

46 Ob der Heimfallanspruch einen **vormerkungsgleichen Schutz** mit der Folge bietet, dass er auch gegen den Einzelrechtsnachfolger des Dauerwohnberechtigten durchgesetzt werden kann, ist umstritten[30] und bislang nicht höchstrichterlich entschieden.

47 Die Beteiligten sind in der Vereinbarung von den Heimfallanspruch auslösenden Ereignissen frei. Zum Anlass genommen werden darf jedwedes Ereignis, wobei das Ereignis auch anhand eines unbestimmten Rechtsbegriffs beschrieben werden darf.[31] Dieser weite Spielraum erlaubt aber nicht, den Heimfallanspruch willkürlich verlangen zu dürfen, etwa im Wege eines jederzeitigen, ereignisunabhängigen Verlangens des Eigentümers.[32] Typischerweise werden Ereignisse für den Heimfallanspruch herangezogen, welche sonst außerordentliche Kündigungen begründen.[33] Als Konterpunkt zur Vererbbarkeit des Dauerwohnrechts kann der Heimfallanspruch auch für den Tod des Eigentümers oder den Tod des Dauerwohnberechtigten vereinbart werden.

48 Die Geltendmachung erfolgt durch eine **einseitige, empfangsbedürftige Willenserklärung** des Eigentümers gegenüber dem Dauerwohnberechtigten.

49 Bezieht sich das Dauerwohnrecht auf Räume, die dem Mieterschutz unterliegen, so kann der Eigentümer von dem Heimfallanspruch nur Gebrauch machen, wenn ein Grund vorliegt, aus dem ein Vermieter die Aufhebung des Mietverhältnisses verlangen oder kündigen kann, § 36 Abs. 2 WEG.

50 Der Heimfallanspruch verjährt in sechs Monaten von dem Zeitpunkt an, an dem der Eigentümer von dem Eintritt der Voraussetzungen Kenntnis erlangt, ohne Rücksicht auf diese Kenntnisse in zwei Jahren von dem Eintritt der Voraussetzungen an, § 36 Abs. 3 WEG.

51 Nach § 36 Abs. 4 WEG können die Beteiligten vereinbaren, dass der Eigentümer dem Dauerwohnberechtigten bei Gebrauch des Heimfallanspruchs eine Entschädigung zu gewähren hat. Dabei dürfen Regelungen zur Berechnung, der Höhe der Entschädigung oder der Art ihrer Zahlung getroffen werden.

52 Die gerichtliche Geltendmachung des Heimfallanspruchs richtet sich nach den allgemeinen Vorschriften. § 43 WEG findet keine Anwendung. Die Klage verfolgt das Ziel, durch stattgebendes Urteil die Abgabe der Einigungserklärung nach § 873 BGB sowie die Eintragungsbewilligung nach § 19 GBO zu ersetzen.

XI. Der vermietete Nutzungsgegenstand

53 Für den Fall, dass der Nutzungsgegenstand durch den Dauerwohnberechtigten vermietet ist, hält das WEG in § 37 Regelungen vor, die dem Gedankengut mietrechtlicher Regelungen entsprechen: Hat der Dauerwohnberechtigte die dem Dauerwohnrecht unterliegenden Gebäude- oder Grundstücksteile vermietet oder verpachtet, so erlischt das Miet- oder Pachtverhältnis, wenn das Dauerwohnrecht erlischt, § 37 Abs. 1 WEG. Macht der Eigentümer von seinem Heimfallanspruch Gebrauch, so tritt er oder derjenige, auf den das Dauerwohnrecht zu übertragen ist, in das Miet- oder Pachtverhältnis ein. Die Vorschriften der §§ 566–566 e BGB, die den Fall der Veräußerung eines vermieteten Objektes regeln, gelten entsprechend, § 37 Abs. 2 WEG. Die vorgenannten mietrechtlichen Vorschriften gelten auch für den Fall entsprechend, dass das Dauerwohnrecht freihändig oder im Wege der Zwangsversteigerung veräußert wird, § 37 Abs. 3 WEG. Allerdings steht dem Erwerber im Wege der Zwangsversteigerung das Recht zur Kündigung entsprechend § 57 a ZVG zu.

---

30 Bejahend Timme/*Munzig* WEG § 36 Rn. 6; verneinend Palandt/*Wicke* WEG § 36 Rn. 2.
31 BGH 11.7.2003 – V ZR 56/02, NZM 2003, 774.
32 LG Oldenburg 8.1.1979 – 5 T 212/78, Rpfleger 1979, 383.
33 Timme/*Munzig* WEG § 36 Rn. 12.

Lambert

XII. Die Veräußerung des Dauerwohnrechts

Wird das Dauerwohnrecht veräußert, so tritt der Erwerber nach § 38 Abs. 1 WEG anstelle des Veräußerers in die sich während der Dauer seiner Berechtigung aus dem Rechtsverhältnis zu dem Eigentümer ergebenden Verpflichtungen ein. Die Regelung erinnert an die Vorschrift des § 566 BGB (Kauf bricht nicht Miete). Genau wie dort tritt der Erwerber in das schuldrechtliche Verpflichtungsgeschäft einschließlich weiterer begleitender schuldrechtlicher Vereinbarungen zwischen dem Veräußerer und dem Eigentümer ein.[34] Das soll allerdings nach hM nicht für solche rein schuldrechtlichen Regelungen gelten, die nach den Vorgaben des Gesetzes zum dinglichen Inhalt des Dauerwohnrechts gehören sollten (etwa nach § 33 Abs. 4 WEG), da andernfalls die Verdinglichung weitgehend ohne Bedeutung wäre.[35]   54

Da es auf die Kenntnis des Erwerbers über die schuldrechtlichen Vereinbarungen zwischen Veräußerer und Eigentümer im Hinblick auf den Eintritt in die Rechte und Pflichten nicht ankommt, scheidet ein gutgläubiger Erwerb aus.   55

Der Eintritt erfolgt kraft Gesetzes für die Zukunft und hat anders als § 566 Abs. 2 BGB eine **schuldbefreiende Wirkung** für den Veräußerer.[36] Die schuldrechtliche Vereinbarung über eine auch künftige Mithaftung des Veräußerers ist aber möglich, und zwar auch in der Weise, dass sie zwischen dem Eigentümer und dem Veräußerer vereinbart wird und in der Folge nach § 38 Abs. 1 WEG auch Rechtsnachfolger bindet.[37]   56

XIII. Die Veräußerung des Grundstücks

Veräußert der Eigentümer das mit einem Dauerwohnrecht belastete Grundstück, bestimmt § 38 Abs. 2 WEG den Eintritt des Erwerbers in das Rechtsverhältnis in ähnlicher Weise wie dies bei Veräußerung des Dauerwohnrechts bestimmt ist (→ Rn. 54 ff.). Gleiches gilt für die Veräußerung im Wege der Zwangsversteigerung, sofern das Dauerwohnrecht durch den Zuschlag nicht erlischt, § 38 Abs. 2 S. 2 WEG.   57

XIV. Entgelte als Teil des Haftungsverbandes des Grundstücks

Ähnlich den vorbeschriebenen Konstellationen hält das Gesetz auch in folgender Situation eine dem Mietrecht ähnelnde Rechtsregel vor: Das dem Eigentümer zustehende Entgelt (bspw. Kaufpreis oder Entgelte nach § 33 Abs. 4 WEG) unterliegen dem Haftungsverband des Grundstücks zugunsten Hypotheken, Grundschulden, Rentenschulden und Reallasten, soweit diese dem Dauerwohnrecht vorrangig sind oder gleichstehen sowie zugunsten öffentlicher Lasten, die in wiederkehrenden Leistungen bestehen, wie Mietforderungen dies tun, § 40 Abs. 1 S. 1 WEG. Hiervon darf durch Vereinbarung abgewichen werden, was aber der Zustimmung der Betroffenen bedarf, § 40 Abs. 2 S. 2 WEG.   58

54. Delegiertenversammlung

Ruge

I. Einführung

Nach dem gesetzlichen Leitbild in § 23 Abs. 1 WEG findet die Willensbildung und Beschlussfassung in einer Gemeinschaft nach dem WEG vor allem in Versammlungen statt. Teilnehmende einer solchen Versammlung sind in erster Linie die Wohnungs- und Teileigentümer, daneben auch der Verwalter. Dabei geht das Gesetz zunächst einmal davon aus, dass alle Eigentümer teilnahmeberechtigt und auch teilnahmewillig sind. Durchbrochen wird diese gesetzliche Konzeption beispielsweise bei **Untergemeinschaften**, die eigene Versammlungen durchführen können, in denen nur die Mitglieder der Untergemeinschaft stimmberechtigt sind (→ *Teilversammlung* Rn. 4), sofern dies von einer Vereinbarung gedeckt ist. Jedenfalls im Grundsatz ist die Versamm-   1

---

34 BGH 16.9.2011 – V ZR 236/10, NJW-RR 2012, 27.
35 Bärmann/*Schneider* WEG § 38 Rn. 13; aA Timme/*Munzig* WEG § 38 Rn. 6.
36 Bärmann/*Schneider* WEG § 38 Rn. 40.
37 NSV/*Vandenhouten* WEG § 38 Rn. 13.

lung der Wohnungs- und Teileigentümer deshalb als eine Versammlung angelegt, die sich an alle Eigentümer in einer Gemeinschaft richtet und auf der Angelegenheit der Gemeinschaft insgesamt besprochen und geregelt werden sollen.[1]

2 Allerdings kann diese Konzeption an Grenzen stoßen. Der Grund liegt darin, dass unter dem Dach des Wohnungseigentumsgesetzes ganz unterschiedliche Gestaltungsmöglichkeiten Platz finden. Insbesondere gibt es keine Begrenzung der Größe nach. Je größer jedoch eine Wohnungseigentumsanlage ist, desto schwieriger wird es, die Bedürfnisse und Ansprüche der einzelnen Eigentümer mit einander in Einklang zu bringen. Auch Organisation und Durchführung von Versammlungen können erschwert werden. Die Praxis sucht deshalb nach Lösungsmöglichkeiten.[2] Bei recht großen Wohnungseigentumsanlagen könnte in Betracht kommen, die Meinungsbildung und Entscheidungsfindung vollständig oder zumindest im Hinblick auf bestimmte Angelegenheiten auf ausgewählte Eigentümer zu übertragen. Diese würden dann – mehr oder weniger, abhängig von der Ausgestaltung im Einzelnen – als **Delegierte** der übrigen Eigentümer fungieren und unter sich ausmachen, was in der Gemeinschaft gelten soll. Freilich dürfte damit auf Seiten der delegierenden Eigentümer ein Verlust an Autonomie verbunden sein. Insoweit besteht ein Spannungsverhältnis.

II. Einzelheiten

3 Dass sich Eigentümer in einer Versammlung der Wohnungseigentümer vertreten lassen, begegnet grundsätzlich keinen durchgreifenden rechtlichen Bedenken. Gemeinschaftsordnungen sehen insoweit nicht selten Beschränkungen vor, begrenzen also von vorneherein den Kreis der als Vertreter in Betracht kommenden Personen. Auch das ist in der Regel nicht zu beanstanden.[3] Anders stellt sich die Situation jedoch dar, wenn Vertreter oder – ihnen im Ausgangspunkt nicht unähnlich – Delegierte vorgesehen werden, die **an Stelle der Eigentümer** verbindliche Entscheidungen treffen sollen. Denn in diesem Fall werden die Eigentümer ihrer Teilhabe in Angelegenheiten der Gemeinschaft ganz oder teilweise beraubt. Das ist das grundlegende Problem derartiger Konstruktionen.

4 Nach höchstrichterlich abgesicherter Rechtsprechung existiert ein Kernbereich des Wohnungseigentums, der nicht angetastet werden darf (→ *Kernbereich* Rn. 10). Dazu zählen beispielsweise die Mitgliedschaftsrechte, die das Wohnungs- oder Teileigentum vermittelt. Innerhalb dieses Segmentes des Kernbereichs stechen das Recht auf **Teilnahme** an der Versammlung und das **Stimmrecht** hervor. Diese Rechte erweisen sich als besonders sensibel, weshalb hier die Gestaltungsfreiheit, die grundsätzlich für Gemeinschaftsordnungen und Vereinbarungen besteht, von vorneherein eingeschränkt ist. Sie endet nämlich dort, wo die personenrechtliche Gemeinschaftsstellung der Wohnungseigentümer ausgehöhlt wird. Regelungen, die dies missachten, sind gem. § 134 BGB nichtig. Das gilt insbesondere für solche Regelungen, die einen allgemeinen Ausschluss von Versammlungen der Wohnungseigentümer bewirken oder die Befugnis beeinträchtigen, auf die Willensbildung innerhalb der Gemeinschaft durch Rede und Gegenrede Einfluss zu nehmen.[4]

5 Vor diesem Hintergrund erweist es sich als schwierig, de lege lata wahrscheinlich sogar unmöglich, eine Konstruktion zu finden, die einerseits das Ziel erreicht, und andererseits nicht in den Kernbereich eingreift. Denn bereits ihrer Zielsetzung ist der **Kernbereichsverstoß** immanent. Es geht ja genau darum, die Anzahl der Personen innerhalb einer Gemeinschaft, die teilhaben und entscheiden, zu reduzieren (→ Rn. 2). Dabei wird es keinen Unterschied machen, wie das Konstrukt im Einzelnen aufgebaut oder genannt wird. Jeder Mechanismus, der die Anzahl der Entscheidungsträger verringert, besitzt Kernbereichsrelevanz, weil Eigentümer von wichtigen, das Wohnungs- oder Teileigentum maßgeblich prägenden Prozessen ausgeschlossen werden.[5]

6 Sicherlich gilt das für das Konzept Delegiertenversammlung, sofern man darunter versteht, dass ein oder mehrere Vertreter pro Haus in eine Versammlung entsandt werden, die dort verbindliche Entscheidungen treffen, auch wenn sie dabei „Wünsche" der übrigen Eigentümer berücksichtigen sollen.[6] Die Bezeichnung als „**Vertreterversammlung**" in Anlehnung an § 43 a GenG ändert daran nichts. Wobei in diesem Aspekt durchaus ein

---

1 So wohl auch BGH 10.11.2017 – V ZR 184/16, NJW 2018, 1309.
2 Vgl. zB LG München I 9.12.2010 – 36 S 1362/10, NJW-RR 2011, 375.
3 Vgl. BGH 29.1.1993 – V ZB 24/92, NJW 1993, 1329.
4 BGH 10.12.2010 – V ZR 60/10, NJW 2011, 679.
5 So im Ergebnis wohl auch Jennißen/*Abramenko* WEG § 10 Rn. 69.
6 Vgl. LG München I 9.12.2010 – 36 S 1362/10, NJW-RR 2011, 375.

Ruge

Ansatzpunkt stecken könnte. Die rechtsgeschäftliche Vertretung in einer Versammlung ist an sich rechtlich unbedenklich (→ Rn. 3). Man könnte also erwägen, bereits in der Gemeinschaftsordnung vorzusehen, dass eine bestimmte Anzahl von Eigentümern insoweit regelmäßig durch andere Eigentümer vertreten wird. Diese Bevollmächtigung müsste indes jedenfalls so gestaltet sein, dass Weisungen an den Vertreter möglich sind und zudem eine Widerrufsmöglichkeit besteht.[7] Anderenfalls läge nämlich eine unzulässige **verdrängende Vollmacht** vor.[8] Wenn aber jeder Eigentümer die Berechtigung besitzt, sich jederzeit von „seinem Delegierten" zu distanzieren und an dessen Stelle wieder selbst zu entscheiden, dürfte mit einem solchen Konstrukt kaum etwas gewonnen sein.

Ebenfalls fehlgehen wird letztlich der Versuch, den Verwaltungsbeirat zu einem allgemeinen, aber exklusiven 7 Entscheidungsgremium aufzuwerten. Denn der Verwaltungsbeirat gem. § 29 WEG genießt keine Privilegierung, so dass die Ausführungen zur Kernbereichsrelevanz (→ Rn. 4) auch insoweit vollständig greifen.

55. Denkmalschutz

Fraatz-Rosenfeld

I. Einführung

Seit den 1970er Jahren hat der in der Aufbauphase der Nachkriegszeit unbedeutende Denkmalschutz sowohl 1 in allgemein kultureller Hinsicht wie speziell als verwaltungsrechtliches Spezialgebiet Bedeutung erlangt. Diese Entwicklung verstärkte sich in den Jahren nach der Wiedervereinigung und war zudem verbunden mit einer Erweiterung des Denkmalverständnisses. So werden heute auch Gegenstände aus der jüngeren Vergangenheit für denkmalwürdig gehalten, auch solche von geringerem Wert. Erweitert hat sich auch der räumliche Blickwinkel, der über das Einzelobjekt hinauszunehmend das Ensemble betrachtet.[1] Für die Wohnungseigentumsanlage spielt der Denkmalschutz in verschiedener Hinsicht eine Rolle: Angesichts der Tatsache, dass vielfach auch jüngere Gebäude unter Schutz gestellt werden, sind die praktischen Folgen für die Wohnungseigentümer ebenso von Bedeutung wie die Frage, ob und wie man einer Unterschutzstellung begegnen kann. Gerade unter Wertgesichtspunkten kann es wichtig sein, sich gegen eine Störung des Denkmals durch Anlagen in der Nachbarschaft zu wehren.

II. Denkmalschutz und Wohnungseigentumsanlage

1. Der rechtliche Denkmalbegriff. a) Landesgesetzliche Definitionen des Denkmalbegriffs. Denkmal- 2 recht ist in Deutschland Landesrecht. Daher stellen die Landesdenkmalgesetze Definitionen des Denkmalbegriffs in sehr unterschiedlicher Dichte zur Verfügung. Knapp formuliert § 2 Abs. 1 DSchG BW, dass es sich bei Denkmalen um „Sachen, Sachgesamtheiten und Teile von Sachen handelt, an deren Erhaltung aus wissen-

---

7 Vgl. LG München I 9.12.2010 – 36 S 1362/10, NJW-RR 2011, 375 mwN.

8 Dazu bereits *Weimar* Wohnungseigentümer 1976, 43; s. auch BGH 13.5.1971 – VII ZR 310/69, DNotZ 1972, 229.

1 *Hartleb/Wurster* in Hoppenberg/de Witt BauR-HdB D Rn. 5.

schaftlichen, künstlerischen oder heimatgeschichtlichen Gründen ein öffentliches Interesse besteht." Auch wenn andere Denkmalschutzgesetze[2] ausführlichere Beschreibungen enthalten, ist der Denkmalbegriff von einer dreigliedrigen Grundstruktur geprägt.[3] An erster Stelle steht die Beschreibung der möglichen **Objekte**, an zweiter Stelle die an bestimmten Schutzgründen zu messende **Denkmalwürdigkeit** und an dritter Stelle das **öffentliche Erhaltungsinteresse**. Innerhalb dieser Trias sind die Schutzgründe „geschichtlicher", „künstlerischer" und „wissenschaftlicher" Art von zentraler Bedeutung. Alle Bundesländer außer Baden-Württemberg und Bremen nennen darüber hinaus den Schutzgrund „städtebauliche Bedeutung", der in Hamburg mit dem Begriff „Stadtbild" umschrieben wird (§ 2 DSchG HH).

3 Als **Schutzobjekte** sind unbewegliche und bewegliche Denkmale vorgesehen.[4] Für den Bereich des Wohnungseigentums ist neben dem einzelnen Gebäude („Baudenkmal") der Begriff der Sachgesamtheit („Ensemble") in den Blick zu nehmen.[5] Es muss im letzteren Fall aber nicht jedes einzelne Teilobjekt ein Denkmal darstellen, vorausgesetzt ist vielmehr eine gewisse einheitliche Konzeption oder ein Funktionszusammenhang.[6] Auch eine Teileinheit eines Gebäudes kommt als Schutzobjekt in Betracht.[7]

4 **b) Schutzgründe. aa) Geschichtliche Gründe.** Ein Gebäude wird vornehmlich aus Gründen seiner für die stadthistorische Umgebung herausgehobenen Stellung als Denkmal kategorisiert werden. Denn anders als jeder andere Gegenstand dokumentiert ein Gebäude eine bestimmte historische Periode. Dazu gehört ein **Aussagewert** für bestimmte Epochen bspw. ortsgeschichtlicher Entwicklungen. Das ist dann der Fall, wenn das Objekt frühere Bauweisen und die damit zum Ausdruck kommenden gesellschaftlichen und wirtschaftlichen Verhältnisse dokumentiert oder für die politischen, kulturellen und sozialen Verhältnisse in bestimmten Zeitepochen einen Aussagewert hat.[8] Denkmalwürdig sind auch Gebäude mit einem gewissen **Erinnerungswert**, der einen Bezug zu bestimmten Personen oder Ereignissen hat.[9] Von einem **Assoziationswert** wird dann gesprochen, wenn das Bauwerk einen engen Bezug zu einer bestimmten geschichtlichen Situation (gesellschaftliche Situation, Machtverhältnisse) hat[10] und diese anschaulich macht.[11]

5 **bb) Städtebauliche Gründe.** Ein Bauwerk hat einen besonderen **städtebaulichen Wert**, wenn es für einen bestimmten Siedlungsbereich prägend ist und wenn es durch Anordnung, Lage, Gestaltung oder die Verbindung mit anderen Anlagen den historischen Entwicklungsprozess einer Stadt oder einer Ansiedlung dokumentiert.[12]

6 Auf eine Mehrheit von baulichen Anlagen bezieht sich der Ensembleschutz (je nach Bundesland bezeichnet als Denkmalschutzgebiet, Denkmalbereich oder Gesamtanlage). Vom Gesetzeszweck her geht es in diesen Fällen im Ergebnis um die Stadtbildpflege.[13]

7 **cc) Künstlerische Bedeutung.** Das Merkmal der „künstlerischen Bedeutung" ist regelmäßig nur neben anderen Gesichtspunkten der Schutzwürdigkeit von Bedeutung. Das Merkmal trifft zu auf ein Objekt , das aufgrund seiner Formgebung und der Gestaltungsdetails als ein eigenständig wirksames, nicht alltägliches Werk anzusehen ist.[14] Das soll dann der Fall sein, wenn das Gebäude das ästhetische Empfinden besonders anspricht

---

2 Etwa § 3 Abs. 1 DSchG RhPf oder § 2 Abs. 1 DSchG NRW.
3 *Hartleb/Wurster* in Hoppenberg/de Witt BauR-HdB D Rn. 19.
4 *Hartleb/Wurster* in Hoppenberg/de Witt BauR-HdB D Rn. 89.
5 *Hartleb/Wurster* in Hoppenberg/de Witt BauR-HdB D Rn. 97.
6 OVG Hamburg 16.5.2007 – 2 Bf 298/02, NVwZ 2007, 300; *Davydov* in Martin/Krautzberger Denkmalschutz-HdB/C II Rn. 21.
7 OVG Münster 14.8.1991 – 7 A 1048/89, NVwZ-RR 1992, 531: Treppenhausturm.
8 OVG Schleswig 24.2.2009 – 1 LB 15/08, NordÖR 2010, 114; OVG Berlin 25.4.1995 – 2 B 40/92, LKV 1995, 373; OVG Berlin 11.7.1997 – 2 B 15/93, LKV 1998, 158.
9 VGH Mannheim 29.6.1992 – 1 S 2245/90, ZMR 1993, 240: Historische Turnhalle.
10 VG Hamburg 27.7.2016 – 7 K 4374/14, BeckRS 2016, 54490; *Hartleb/Wurster* in Hoppenberg/de Witt BauR-HdB D Rn. 41.
11 OVG Weimar 14.10.2004 – 2 L 454/00, BeckRS 2004, 18871.
12 OVG Münster 30.7.1993 – 7 A 1038/92, NVwZ-RR 1994, 135; OVG Münster 14.8.1991 – 7 A 1048/89, NVwZ-RR 1992, 531; OVG Schleswig 10.10.1995 – 1 L 27/95; OVG Schleswig 10.3.2006 – 1 LA 11/06, BauR 2006, 2104; OVG Lüneburg 4.6.1982 – 6 A 57/80, NVwZ 1983, 231: Nachkriegssiedlung von 1920.
13 *Hartleb/Wurster* in Hoppenberg/de Witt BauR-HdB D Rn. 100.
14 OVG Schleswig 6.7.2007 – 1 LB 5/06, 270, NordÖR 2008, 270.

oder eine Anlage mit Symbolgehalt ist.[15] Bei Gebäuden wird dies vornehmlich dann der Fall sein, wenn prominente Architekten an der Gestaltung beteiligt waren. Darüber hinaus wird eine „gesteigerte ästhetische oder gestalterische Qualität" für notwendig erachtet.[16]

c) Öffentliches Interesse. Die Erhaltung eines den Schutzgründen unterfallenden Gebäudes ist zudem nur   8
dann anzunehmen, wenn es aus der Sicht der Allgemeinheit **denkmalwürdig** ist. Dieses Tatbestandsmerkmal[17] dient vor dem Hintergrund der Sozialbindung des Eigentums als Korrektiv: Nur solche Gebäude oder Ensembles, an deren Erhaltung ein gesteigertes öffentliches Interesse besteht, sind erhaltenswert. Für die Ermittlung des dahinterstehenden öffentlichen Interesses spielen der Seltenheitswert, das Alter und der Dokumentationswert eine Rolle. Letzterer entfällt jedenfalls dann, wenn das Gebäude schon so weit verändert worden ist, dass der eigentlich beabsichtigte Zweck (Wahrnehmung des historischen Zustands) nicht mehr zu erreichen ist. Nur geringe Bedeutung für die Beurteilung der Denkmalwürdigkeit hat der bauliche Zustand der Anlage, wenn auch nachträgliche Änderungen die Denkmaleigenschaft vereiteln können. Sie schaden dann, wenn die „Bedeutungskategorie" nicht mehr sichtbar ist.[18] Auch ohne Rückgriff auf das öffentliche Interesse kann ausnahmsweise die Denkmalwürdigkeit bejaht werden, wenn sich dem verständigen Betrachter die Geschichtsträchtigkeit der Anlage aufdrängt.[19] Eine Kirche verliert die Denkmaleigenschaft nicht allein durch eine Photovoltaikanlage auf dem Dach.[20]

2. Denkmalrechtliche Unterschutzstellung. Die Unterschutzstellung von Denkmalen erfolgt auf der Grund-   9
lage zweier Prinzipien. Die Mehrheit der Bundesländer verwendet das **Generalklauselprinzip**. Nur noch Bremen (§ 7 DSchG Brem), Nordrhein-Westfalen (§ 3 DSchG NRW) und Schleswig-Holstein (§ 5 DSchG SH) verwenden das **Eintragungsprinzip**. Dabei gilt in Baden-Württemberg das Generalklauselprinzip nicht für Kulturdenkmale von besonderer Bedeutung (Eintragung gem. §§ 12, 13 DSchG BW) und in Schleswig-Holstein bezieht sich das Eintragungsprinzip ausschließlich auf Kulturdenkmale.

a) Denkmalregime. aa) Unterschutzstellung: Verfahren und Folgen. Die Denkmalschutzgesetze der Bun-   10
desländer, die dem Generalklauselprinzip folgen, beschreiben die Objekte und Schutzgüter, die sie dem Denkmalbegriff unterwerfen. Damit ergibt sich unmittelbar aus dem Gesetz, was ein Kulturdenkmal ist. Bei diesem System muss der Eigentümer unmittelbar dem Gesetz entnehmen, ob es sich bei seinem Gebäude um ein Denkmal handelt. Zwar werden auch in diesen Ländern noch Denkmallisten geführt. Es handelt sich dabei allerdings nur um eine nachrichtliche Aufnahme ohne konstitutive Wirkung.[21] Diese Benachrichtigung ist kein Verwaltungsakt und daher nicht unmittelbar angreifbar.[22] Um eine Klärung herbeizuführen, ob ein Gebäude als Denkmal einzustufen ist oder nicht, ist ein verwaltungsgerichtliches Feststellungsverfahren[23] erforderlich (→ *Verwaltungsprozess* Rn. 36 f.).

In den Bundesländern Bremen (§ 7 DSchG Brem), Nordrhein-Westfalen (§ 3 DSchG NRW) und Schleswig-   11
Holstein (§ 5 DSchG SH) gilt das **Eintragungsprinzip**. In diesen Fällen entfalten die Wirkungen des Denkmalregimes sich erst mit der Eintragung in die Denkmalliste. Diese Entscheidung der Denkmalschutzbehörde ist ein Verwaltungsakt.[24]

Mit der Bekanntgabe gegenüber dem Betroffenen wird die Eintragung als dinglicher Verwaltungsakt rechtlich   12
existent mit der Folge, dass der Empfänger und die erlassende Behörde an sie gebunden sind. Für die Wohnungseigentumsanlage kann die durch die Rechtsprechung nicht abschließend geklärte Frage Bedeutung gewinnen, ob im Fall einer Mehrheit von Betroffenen die Eintragung erst dann wirksam wird, wenn sie allen betroffenen Eigentümern gegenüber bekannt gemacht worden ist. Das OVG Münster vertritt dazu die Auffassung, dass die Eintragung bereits mit der erstmaligen Bekanntgabe an eine betroffene Person auch jedem an-

---

15 BVerwG 24.6.1960 – VII C 205/59, MDR 1960, 956.
16 OVG Hamburg 3.5.2017 – 3 Bf 98/15, NordÖR 2017, 499.
17 *Hartleb/Wurster* in Hoppenberg/de Witt BauR-HdB D Rn. 63.
18 OVG Magdeburg 18.2.2016 – 2 L 175/13, NJOZ 2015, 1184.
19 OVG Hamburg 3.5.2017 – 3 Bf 98/15, NordÖR 2017, 499.
20 VGH Mannheim 27.6.2005 – 1 S 1674/04, NJOZ 2006, 750.
21 *Hartleb/Wurster* in Hoppenberg/de Witt BauR-HdB D Rn. 131.
22 OVG Berlin 3.1.1997 – 2 B 10.93, LKV 1998, 152.
23 *Davydov* in Martin/Krautzberger Denkmalschutz-HdB C III Rn. 94.
24 Stelkens/Bonk/Sachs/*Stelkens* VwVfG § 35 Rn. 88.

deren Betroffenen gegenüber Rechtsfolgewirkungen auslöst.[25] Folgt man dieser Auffassung, hätte die Eintragung in die Denkmalliste den Effekt, dass jeder Eigentümer in der Wohnungseigentumsanlage mit Eintragung unmittelbar dem Regime des Denkmalrechts unterliegt – unabhängig davon, ob er eine Eintragungsbenachrichtigung erhält.

13 Die dem Eintragungsprinzip folgenden Denkmalschutzgesetze sehen mit Ausnahme der Normierung in Schleswig-Holstein jeweils vor, dass bis zum Abschluss des Eintragungsverfahrens eine vorläufige Unterschutzstellung möglich ist.[26]

14 **bb) Erhaltungspflicht, Instandsetzungspflicht und Anspruch auf Unterschutzstellung.** Die Hauptpflicht des Gebäudeeigentümers liegt in der Erhaltung und Instandsetzung des denkmalgeschützten Gebäudes.[27]

15 Die **Erhaltungspflicht** richtet sich auf die Erhaltung der Substanz des Denkmals gerade auch im Zusammenhang mit dessen geschichtlichen Bezügen.[28] Es gilt, dieses zu pflegen und schonend zu behandeln, und zwar auch dann, wenn es (nur) Bestandteil eines Ensembles ist.[29]

16 **Instandhaltung** bedeutet über die Erhaltung hinaus die Beseitigung von Schäden an der denkmalgeschützten Substanz des Gebäudes und auch allen anderen Teilen. Eine Pflicht zur Verbesserung oder Verschönerung besteht nicht.[30]

17 In allen Denkmalschutzgesetzen geregelt und von zentraler Bedeutung unter dem Gesichtspunkt der Eigentumsgarantie ist die Frage der **Zumutbarkeit** dieser Maßnahmen. Sie wird einerseits durch die Sozialbindung des Eigentums und andererseits durch das Verbot einer enteignenden Wirkung durch die Unterschutzstellung konkretisiert. Im Rahmen dieser Abwägung ist die Feststellung, die Erhaltung oder Instandsetzung sei unzumutbar, die Ausnahme. Ein Eigentümer muss es grundsätzlich hinnehmen, dass er zu solchen Maßnahmen angehalten wird, auch wenn ihm dadurch eine wirtschaftlich günstigere Nutzung des Grundstücks verwehrt ist.[31]

18 Rechtsprechung und Literatur orientieren sich insoweit zunächst an dem **Gebrauchswert** des Denkmals. Es wird ein Vergleich zwischen den notwendigen Investitionen und den erreichbaren Erträgen bzw. den sonstigen Gebrauchsvorteilen gezogen.[32] Die Feststellung der Unzumutbarkeit geschieht auf der Grundlage eines objektiven Maßstabes mit „subjektiven Einschlägen".[33] Praktisch bedeutet das, dass „von dem Leistungsfähigeren … grundsätzlich größere Anstrengungen in Bezug auf den Erhalt seines Denkmals verlangt werden (können) als von wirtschaftlich schwächeren Personen".[34] Als Basis für derartige Abwägungen wird eine vollständige Wirtschaftlichkeitsberechnung gefordert, die auf der einen Seite die Kosten für die Erhaltung des Denkmals darlegt und auf der anderen Seite alle Erträge und sonstigen Gebrauchsvorteile.[35]

19 Im Gegenzug zu den umfangreichen Pflichten der Gebäudeeigentümer kann diesen auch ein **Anspruch auf Unterschutzstellung** zustehen: Die Unterstellung eines Gebäudes für Eigentümer ist dann von Interesse, wenn sich daraus positive Auswirkungen auf den Wert ergeben, Förderungen aus denkmalbezogenen Förderfonds zu erwarten sind oder steuerliche Gesichtspunkt dies angeraten erscheinen lassen.[36]

---

25 OVG Münster 12.4.2013 – 10 A 671/11, BeckRS 2013, 53685; aA OVG Münster 20.9.2011 – 10 A 2611/09, NJOZ 2012, 1027, zweifelhaft.

26 § 17 DSchG BW, § 8 DSchG Brem, § 4 DSchG NRW.

27 § 6 DSchG BW, Art. 4 Abs. 1 DSchG Bay, § 8 Abs. 1 DSchG Bln, § 7 Abs. 1 DSchG Bbg, § 9 Abs. 1 DSchG Brem, § 7 Abs. 1 DSchG Hmb, § 11 Abs. 1 DSchG Hess, § 6 Abs. 1 DSchG M-V, § 6 Abs. 1, 7 DSchG Nds, § 7 Abs. 1 DSchG NRW, § 2 Abs. 1 DSchG RhPf, § 7 Abs. 1 DSchG Saar, § 8 Abs. 1 DSchG Sachs, § 9 Abs. 2 DSchG LSA, § 11 Abs. 1 DSchG SH, § 7 Abs. 1 DSchG Thür.

28 *Hartleb/Wurster* in Hoppenberg/de Witt BauR-HdB D Rn. 241.

29 *Spennemann* in Martin/Krautzberger Denkmalschutz-HdB D I Rn. 101; BayVGH 3.1.2008 – 2 BV 07.760, BayVBl. 2008, 477.

30 *Spennemann* in Martin/Krautzberger Denkmalschutz-HdB D II Rn. 104.

31 BVerfG 2.3.1999 – 1 BvL 7/91, NJW 1999, 287; *Spennemann* in Martin/Krautzberger Denkmalschutz-HdB D II Rn. 7.

32 OVG Bautzen 10.6.2010 – 1 B 818/06, SächsVBl. 2011, 29; OVG Greifswald 18.3.2009 – 3 L 503/04.

33 *Spennemann* in Martin/Krautzberger Denkmalschutz-HdB F II Rn. 10.

34 VGH München 18.10.2010 – 1 B 06.63, BayVerwBl. 2011, 303 mAnm *Martin*.

35 OVG Magdeburg 15.12.2011 – 2 L 152/06, ZfBR 2012, 387, VG Magdeburg 24.6.2014 – 4 A 167/12, BeckRS 2014, 56116; Beispiele dazu bei *Haaß* NVwZ 2002, 1056.

36 *Kallweit* in Martin/Krautzberger Denkmalschutz-HdB D I Rn. 23.

cc) Durchsetzungsinstrumentarien. Denkmalschutzbehörden steht ein umfassendes Instrumentarium zur Durchsetzung der Pflichten der Denkmaleigentümer zur Seite: [20]

Veränderungen des Denkmals und Nutzungsänderungen sind grundsätzlich zu unterlassen und unterliegen daher einer **Erlaubnispflicht.** Ausführliche Kataloge dazu befinden sich vor allem in den folgenden Denkmalschutzgesetzen: § 11 DSchG Bln, § 9 DSchG Bbg, § 10 DSchG Brem, § 16 DschG Hess, § 7 DSchG M-V, § 10 DSchg Nds, § 9 DSchG NRW, § 13 DSchG RhPf, § 8 DSchG Saar, § 12 DSchG Sachs, § 14 DSchG LSA, § 7 DSchG SH, § 13 DSchG Thür. [21]

Der Begriff der **Veränderung** iSd dieser Vorschrift wird sehr weit gezogen mit der Folge, dass sowohl Substanzänderungen als auch Änderungen des Erscheinungsbildes als ein Eingriff in die Substanz verstanden werden. Hierin einbezogen sind Maßnahmen der Instandsetzung, wenn diese zu solcherlei Veränderungen führen.[37] Eine solche wird wohnungseigentumsrechtlich regelmäßig zusammenfallen mit einer baulichen Veränderung gem. § 20 Abs. 1 WEG.[38] [22]

Adressaten der Unterhaltungspflicht sind vornehmlich die Eigentümer oder dinglich Verfügungsberechtigte oder auch „Nutzungsberechtigte", „Besitzer" oder auch „Unterhaltungspflichtige" (§ 6 Abs. 1 DSchG M-V). Kommen Denkmaleigentümer ihren Erhaltungs- oder Instandsetzungspflichten nicht nach, können die Denkmalschutzbehörden im Wege der **Instandsetzungsverfügung**[39] oder im Wege der **Ersatzvornahme**[40] vorgehen; Letzteres ist auch die Vorgehensweise im Falle der Verweigerung der Erlaubniseinholung. Bisher nicht endgültig beantwortet ist die Frage, wie in diesen Fällen bei einer Mehrzahl von Pflichtigen zu verfahren ist. Soweit es eine als Eigentümerin eingetragene BGB-Gesellschaft betrifft, ist diese in Anspruch zu nehmen.[41] Dies muss hinsichtlich des Gemeinschaftseigentums auch für die Gemeinschaft der Wohnungseigentümer gelten. Zweifelhaft ist es daher, einzelne Eigentümer für die Instandhaltung eines im Gemeinschaftseigentum stehenden Daches in Anspruch zu nehmen.[42] [23]

b) Pflichten der Wohnungseigentümer und des Verwalters. aa) Ordnungsgemäße Verwaltung durch die Wohnungseigentümer. Die Einhaltung öffentlich-rechtlicher Vorschriften und damit auch der des Denkmalschutzes ist im Rahmen der ordnungsgemäßen Verwaltung gem. § 18 Abs. 1 WEG zu beachten.[43] Wird daher ein Beschluss in einer denkmalgeschützten Wohnungseigentumsanlage ohne Einholung der denkmalrechtlichen Erlaubnis gefasst, ist dieser anfechtbar; und zudem sind Rückbauverpflichtungen zu erwarten. Ein Beschluss der Wohnungseigentümer muss daher zunächst die wohnungseigentumsrechtlichen Voraussetzungen erfüllen und hat darüber hinaus unter dem Vorbehalt der denkmalschutzrechtlichen Unbedenklichkeit zu ergehen.[44] [24]

Ob einzelne Eigentümer gegenüber anderen Eigentümern in diesem Zusammenhang einen Anspruch auf Einhaltung denkmalschutzrechtlicher Vorschriften innerhalb der Wohnungseigentumsanlage haben, ist bisher nicht entschieden worden. Rechtsprechung und Literatur gehen davon aus, dass nur nachbarschützende Vorschriften den Nachteilsbegriff des § 14 Abs. 1 Nr. 2 WEG erfüllen und eine insoweit durchsetzbare Verpflichtung zur Mitwirkung im Rahmen der ordnungsgemäßen Verwaltung begründen.[45] Legt man diese Gesichtspunkte und die inzwischen gefestigte Rechtsprechung zum Nachbarschutz bei Beeinträchtigungen eines Denkmals zugrunde, spricht dies für eine entsprechende Anwendung. [25]

bb) Pflichten des Verwalters. Das Generalklauselprinzip verpflichtet vornehmlich den oder die Eigentümer des Gebäudes zur Beobachtung der tatsächlichen Entwicklung, ob das Gebäude in die Denkmalwürdigkeit „hineinwächst". Erweist sich das Gebäude einer Wohnungseigentumsanlage als Denkmal, können mit der Unterstellung des Gebäudes unter das Regime des Denkmalrechts Nachteile verbunden sein (vornehmlich die [26]

---

37 *Hartleb/Wurster* in Hoppenberg/de Witt BauR-HdB D Rn. 218.
38 AG Charlottenburg 26.10.2012 – 73 C 220/10 mAnm *Fodor.*
39 *Viebrock* in Martin/Krautzberger Denkmalschutz-HdB E II Rn. 106.
40 *Viebrock* in Martin/Krautzberger Denkmalschutz-HdB E II Rn. 115.
41 OVG Koblenz 28.10.2009 – 8 A 10285/09, DÖV 2010, 237.
42 VGH Mannheim 25.3.2003 – 1 S 190/03, NZM 2003, 647.
43 AG Köln 1.4.2010 – 202 C 329/09, IMR 2010, 240; Jennißen/*Suilmann* WEG § 21 Rn. 68.
44 AG Leipzig 11.5.2015 – 150 C 3270/14, ZMR 2017, 102.
45 LG München 3.6.2016 – 40 O 11108/14, ZMR 2017, 263; OLG Frankfurt a. M. 17.5.2005 – 20 W 132/03; OLG Hamm 9.1.2009 – 15 Wx 142/08, ZWE 2009, 226 mAnm *Elzer.*

Genehmigungspflicht von Veränderungen). Bisher nicht von der Rechtsprechung erfasst wurde die Frage, ob dies ein „sonstiger Rechtsnachteil" iSd § 27 Abs. 1 Nr. 2 WEG ist mit der Folge, dass dem Verwalter eine Pflicht zur Beobachtung des von ihm verwalteten Immobilienbestands in Hinblick auf eine mögliche Denkmalwürdigkeit obliegen könnte. Nach dem gegenwärtigen Stand von Rechtsprechung und Literatur werden als notwendige Maßnahmen zur Abwendung eines „sonstigen Nachteils" vor allem konkrete Verfahren der Beweissicherung, des Vollstreckungsrechts und die Durchführung von verwaltungsgerichtlichen Eilverfahren angesehen.[46]

27   Berücksichtigt man, welche Aufgaben dem Verwalter anlässlich der Umsetzung der Energieeinsparverordnung auferlegt werden,[47] kann eine Verpflichtung auch zur Klärung einer möglichen Denkmalwürdigkeit nicht gänzlich ausgeschlossen werden. Zu den Organisationsaufgaben des Verwalters gehört jedenfalls die umfassende Sachverhaltsermittlung. Da allerdings die Frage der Denkmalwürdigkeit oftmals nur unter Einholung kunsthistorischen Sachverstands zu klären sein wird, ist zumindest hier wegen der Kostenverursachung die Wohnungseigentümerversammlung zu beteiligen.[48] Erfährt der Verwalter Tatsachen, die auf eine Denkmalwürdigkeit schließen lassen (in der Kommune werden Überlegungen angestellt, die Wohnungseigentumsanlage in ein denkmalgeschütztes Ensemble einzubeziehen), wird er jedenfalls die Eigentümer in analoger Anwendung des § 666 BGB informieren müssen.[49]

28   Beschließen die Wohnungseigentümer die Durchführung einer baulichen Maßnahmen in einem nach dem Generalklauselprinzip „erkannten" oder durch Bescheid festgestellten Denkmal, ohne eine denkmalrechtliche Erlaubnis einzuholen, wird man dem Verwalter eine **ausnahmsweise** Beschlussanfechtungskompetenz zubilligen müssen, da er sich andernfalls einem Ordnungswidrigkeitsverfahren aussetzen würde.[50]

29   **3. Rechtsbehelfe und Rechtsmittel. a) Rechtsbehelfe und Rechtsmittel gegen die Unterschutzstellung.** Rechtsbehelf gegen die Unterschutzstellung und sonstige denkmalrechtliche Anordnungen ist der **Widerspruch** und im Falle der Nichtabhilfe die **Anfechtungsklage** und als Rechtsmittel die Berufung bzw. der Berufungszulassungsantrag (→ *Verwaltungsprozess* Rn. 2 ff., 34 f.). Nur in seltenen Fällen wird die Unterschutzstellung begehrt werden. Dann ist die Verpflichtungsklage die richtige Klageart (→ *Verwaltungsprozess* Rn. 2 ff.). Auch wenn sich die Frage stellt, ob ein Gebäude einer Denkmalschutzsatzung unterfällt, ist eine Feststellungsklage möglich.[51]

30   Gem. § 42 Abs. 2 VwGO ist klagebefugt, wer geltend machen kann, in seinen Rechten verletzt zu sein. Im Falle der denkmalgeschützten Wohnungseigentumsanlage ist zu unterscheiden nach der Zielrichtung der behördlichen Anordnung. Ist also – was bautechnisch nur sehr selten der Fall sein dürfte – ausschließlich **Sondereigentum** betroffen oder erstrebt ein Sondereigentümer einen ihn begünstigenden Verwaltungsakt, ist er ohne Weiteres klagebefugt. Ist dagegen das **Gemeinschaftseigentum** allein oder zusammen mit dem Sondereigentum des Wohnungseigentümers betroffen, fehlt es an der Klagebefugnis bzw. Prozessführungsbefugnis (→ *Verwaltungsprozess* Rn. 10 ff.).[52] Lediglich in Fällen der Notgeschäftsführung gem. § 18 Abs. 3 WEG kann eine Klagebefugnis des Sondereigentümers auch mit Wirkung für bzw. gegen das Gemeinschaftseigentum angenommen werden.[53] Ist das nicht der Fall, fehlt es an der Klagebefugnis. Die Klage ist dann unzulässig.[54]

31   **b) Rechtswidrigkeitsgründe.** Neben den materiellen Tatbestandsmerkmalen der jeweiligen landesrechtlichen Norm – also den einzelnen Voraussetzungen der Denkmaleigenschaft – sind im Rahmen des Verwaltungsver-

---

46   OVG Lüneburg 17.1.1986 – 6 B 1/86, BauR 1986, 648; Bärmann/*Becker* WEG § 27 Rn. 139, 201.
47   Verpflichtung zum Hinweis auf die Anforderungen der Rechtsnorm und Hinwirken auf sachgerechte Beschlüsse einschließlich der Einschaltung eines Sachverständigen, Bärmann/*Becker* WEG § 27 aF Rn. 64 c.
48   *Jacoby* ZWE 2012, 418 (419).
49   *Elzer* MietRB 2014, 312 (315).
50   Siehe bspw.: § 26 Abs. 1 Nr. 2 DSchG M-V: Ordnungswidrig handelt, „... wer Maßnahmen, die ... der Erlaubnis bedürfen", wie das „Verändern oder die Nutzungsänderung gemäß § 7 Abs. 1 Nr. 2 DSchG M-V"; dazu: *Jacoby* ZWE 2012, 418 (421, Nr. 2); NSV/*Niedenführ* WEG § 27 aF Rn. 16.
51   OVG Hamburg 26.4.2018 – 3 Bf 175/15, NordÖR 2018, 385; VG Hamburg 18.3.2015 – 9 K 1021/13, BeckRS 2015, 52596; *Davydov* in Martin/Krautzberger Denkmalschutz-HdB C III Rn. 91.
52   VGH München 26.3.2003 – 8 ZB 02.2918, NVwZ 2004, 629.
53   VGH München 26.3.2003 – 8 ZB 02.2918, NVwZ 2004, 629.
54   VG Schleswig 13.9.2007 – 2 A 273/01, BeckRS 2008, 32094: Eintragung in das Denkmalbuch.

fahrens auch formelle Voraussetzungen zu beachten. Dementsprechend können denkmalrechtliche Verfügungen bereits an **formeller Rechtswidrigkeit** (fehlende oder falsche Zuständigkeit, Verfahrens- und Formfehler) leiden. Dabei hat sich die Auswahl des richtigen Adressaten (des „Störers") an polizeirechtlichen Grundsätzen zu orientieren.[55]

Richtet sich die Maßnahme auf die Herstellung von **Gemeinschaftseigentum**, ist die Verfügung gegen die Gemeinschaft der Wohnungseigentümer zu richten und darf nur in dringenden Fällen in entsprechender Anwendung der Vorschrift über Notmaßnahmen gem. § 18 Abs. 3 WEG an einzelne Eigentümer gerichtet werden[56] oder an den Verwalter.[57] Dass die Anordnung sich an die Gemeinschaft der Wohnungseigentümer richtet, muss sich aus der an den Verwalter als Zustellungsvertreter gerichteten Urkunde ergeben.[58] Insofern dürfte es ermessensfehlerhaft sein, wenn eine Denkmalschutzbehörde – soweit ersichtlich unabhängig von einer Notmaßnahme – im Rahmen einer denkmalrechtlichen Anordnung einen Eigentümer unabhängig von der konkreten Lage seines Sondereigentums in dem Gebäude in Anspruch nimmt.[59] Zwar waren in diesem Fall gem. § 10 Abs. 2 WEG die Nutzungs- und Verfügungsrechte auf einen Teil der Anlage beschränkt, doch ändert dies nichts an der wohnungseigentumsrechtlichen Zuordnung. 32

c) Nachbarschutz. Eingetragenen oder erkannten Denkmalen steht seit einer Entscheidung des BVerwG aus dem Jahre 2009 Nachbarschutz zur Seite.[60] Der Schutz ist ausgeprägt als allgemeiner **Umgebungsschutz**[61] und auch als Schutz des konkreten Denkmalobjekts innerhalb eines größeren denkmalgeschützten Gesamtzusammenhangs[62] sowie innerhalb eines Ensembles.[63] Der in einem Denkmalschutzgesetz eines Bundeslandes geregelte Beeinträchtigungsschutz geht nicht weiter als der allgemein verfassungsrechtlich gebotene Drittschutz.[64] Von untergeordneter Bedeutung neben diesen Hauptfeldern sind Beeinträchtigungen durch Baumaßnahmen in der Umgebung sowie Beeinträchtigungen durch behördliche Maßnahmen oder durch Festsetzungen von Bebauungsplänen.[65] 33

Da in diesen Fällen immer auf die **konkrete Beeinträchtigung** des Denkmals abgestellt wird,[66] kann ein Sondereigentümer öffentlich-rechtlichen Nachbarschutz jedenfalls gegen Beeinträchtigungen im räumlichen Bereich seines Sondereigentums geltend machen. Ob darüber hinaus Nachbarschutz ähnlich dem Gebietsgewährleistungsanspruch (→ *Nachbarschutz* Rn. 4) Sondereigentümern auch in Fällen des Umgebungsschutzes zugebilligt werden kann, in denen zwar das Gebäude mit seinem gesamten Erscheinungsbild und damit im Gemeinschaftseigentum, nicht aber das konkrete Sondereigentum betroffen ist, wurde bisher nicht entschieden. Eine Geltendmachung von Ansprüchen des öffentlich-rechtlichen Nachbarschutzes innerhalb der Wohnungseigentumsanlage ist nach allgemeiner Auffassung ausgeschlossen (*Nachbarschutz* → Rn. 9).[67] 34

---

55 Dazu allgemein im Zusammenhang mit der Wohnungseigentumsanlage: *Rüdiger* ZfIR 2019, 469.

56 VG Hannover 14.5.2018 – 4 A 8334/17, ZWE 2018, 380.

57 OVG Saarlouis 3.9.2014 – 2 B 318/14, NZM 2014, 913.

58 BayObLG 9.1.2009 – 2 Z BR 1/99, NZM 1999, 850.

59 AA VGH Mannheim 25.3.2003 – 1 S 190/03; VG Sigmaringen 8.1.2003 – 2 K 1834/02, BeckRS 2003, 153755.

60 BVerwG 21.4.2009 – 4 C 3/08, NVwZ 2009, 1231; VG Aachen 3.5.2010 – 3 L 37/10.

61 BVerwG 10.6.2013 – 4 B 6.13, BauR 2013, 1671, VG Ansbach 4.8.2014 – AN 9 S 14.00575, BeckRS 2014, 54848; VG München 3.8.2016 – M 1 SN 16.3090, BeckRS 2016, 49905; OVG Lüneburg 23.8.2012 – 12 LB 170/11, ZfBR 2013, 173: „störende Windenergieanlage"; VG Köln 20.7.2011 – 4 K 4146/10, BeckRS 2011, 53555.

62 OVG Koblenz 16.9.2009 – 8 A 10710/09, BeckRS 2009, 39438.

63 BVerwG 16.11.2010 – 4 B 2810, BauR 2011, 657.

64 OVG Hamburg 12.2.2019 – 3 Bf 116/15, NordÖR 2019, 485 (490).

65 *Kallweit* in Martin/Krautzberger Denkmalschutz-HdB D I Rn. 50 (3.4.5.).

66 VG München 3.8.2016 – M 1 SN 16.3090, BeckRS 2016, 49905.

67 VG Berlin 28.5.2019 – 19 K 12/16; BVerwG 12.3.1998 – 4 C 3/97, NVwZ 1998, 954; *Hügel/Elzer* WEG § 13 Rn. 28.

56. Dereliktion

Maximilian Müller

I. Begriff

1 Nach allgemeinen Grundsätzen kann ein Grundstückseigentümer das Eigentum dadurch aufgeben, dass er gem. § 928 Abs. 1 BGB den Verzicht dem Grundbuchamt gegenüber erklärt und der Verzicht in das Grundbuch eingetragen wird. Sofern das Grundstück in Wohnungseigentum aufgeteilt ist, sind insoweit einige Besonderheiten zu beachten.

II. Dereliktion von Wohnungseigentum

2 **1. Dereliktion einzelner Wohnungseigentumsrechte.** Die Frage, ob ein einzelner Wohnungseigentümer auf sein Wohnungseigentum gem. § 928 Abs. 1 BGB verzichten kann, war in Rechtsprechung und Literatur über lange Zeit umstritten. Für die Praxis hat der BGH diese Frage geklärt und entschieden, dass die Eintragung des Verzichts auf das Wohnungseigentum in das Grundbuch **unzulässig** ist.[1] Das überzeugt, in der Literatur ist die Entscheidung ganz überwiegend auf Zustimmung gestoßen.[2] Keinem Wohnungseigentümer sollte es ermöglicht werden, durch einseitige Erklärung aus der Wohnungseigentümergemeinschaft auszuscheiden und sich hierdurch den sich im Innenverhältnis aus der Eigentümerstellung ergebenden Pflichten zu entziehen. Der BGH hebt überzeugend hervor, dass der Verzicht auf das Wohnungseigentum das Erlöschen des Miteigentumsanteils und damit die Aufhebung der Wohnungseigentümergemeinschaft zur Folge hätte.[3] Ein solches Ergebnis würde jedoch einen Wertungswiderspruch mit § 11 Abs. 1 und 2 WEG bedeuten. Nach dieser Vorschrift kann kein Wohnungseigentümer die Aufhebung der Gemeinschaft verlangen, nicht einmal aus wichtigem Grund. Zwar können die Wohnungseigentümer gem. § 11 Abs. 1 S. 3 WEG eine hiervon abweichende Vereinbarung treffen, jedoch nur für den Fall, dass das Gebäude ganz oder teilweise zerstört wird und eine Verpflichtung zum Wiederaufbau nicht besteht. Diese Vorschriften und den sich aus ihnen ergebenden Wertungen würde man nicht hinreichend gerecht, ließe man den Verzicht auf das Wohnungseigentum zu.

3 **2. Dereliktion aller Wohnungseigentumsrechte. a) Dereliktion durch Alleineigentümer.** Von dem Fall, dass auf ein einzelnes Wohnungseigentumsrecht verzichtet werden soll (was unzulässig ist → Rn. 2), ist derjenige zu unterscheiden, dass sich sämtliche Wohnungseigentumsrechte in derselben Hand befinden. In diesem Fall ist es dem Alleineigentümer **möglich**, das Eigentum an sämtlichen Rechten gleichzeitig gem. § 928 Abs. 1 BGB aufzugeben. Diese Konstellation unterscheidet sich bei wertender Betrachtung nicht von derjenigen, in der ein Grundstückseigentümer auf das Eigentum am gesamten Grundstück verzichtet. Die Gründe, die gegen die Zulässigkeit der Dereliktion einzelner Wohnungseigentumsrechte sprechen, greifen nicht durch. Die Rechtsfolge von § 928 Abs. 1 BGB besteht darin, dass sämtliche Wohnungseigentumsrechte erlöschen und das Grundstück herrenlos ist. Nach § 928 Abs. 2 S. 1 BGB steht das Recht zur Aneignung dem Fiskus zu.

4 **b) Dereliktion durch sämtliche Wohnungseigentümer.** Nicht anders als vorstehend ist der Fall zu beurteilen, dass sämtliche Wohnungseigentümer gleichzeitig auf ihre jeweiligen Wohnungseigentumsrechte gem. § 928 Abs. 1 BGB verzichten; auch dies ist **zulässig**.[4] Das Grundstück ist fortan herrenlos.

---

1 BGH 14.6.2007 – V ZB 18/07, BGHZ 172, 338 = NJW 2007, 2547 Rn. 10 ff.
2 Bärmann/*Armbrüster* WEG § 1 Rn. 169; Staudinger/*Rapp*, 2018, WEG § 1 Rn. 50; aA MüKoBGB/*Kanzleiter* § 928 Rn. 4.
3 BGH 14.6.2007 – V ZB 18/07, BGHZ 172, 338 = NJW 2007, 2547 Rn. 14.
4 BGH 14.6.2007 – V ZB 18/07, BGHZ 172, 338 = NJW 2007, 2547 Rn. 20.

III. Dereliktion von Sondereigentum

1. Verzicht auf das gesamte Sondereigentum durch einzelnen Wohnungseigentümer. Gemäß § 1 Abs. 2   5
WEG ist Wohnungseigentum das Sondereigentum an einer Wohnung in Verbindung mit dem Miteigentumsanteil an dem gemeinschaftlichen Eigentum, zu dem es gehört. Hierin kommt zum Ausdruck, dass ein Rechtsgeschäft nicht darauf gerichtet sein darf, einen Miteigentumsanteil zu schaffen, der nicht mit Sondereigentum verbunden ist. Bereits hieraus folgt, dass der Wohnungseigentümer nicht gem. § 928 Abs. 1 BGB auf das gesamte Sondereigentum verzichten kann, das seinem Miteigentumsanteil zugewiesen ist.[5] Die Folge wäre ein isolierter, also ein nicht wirksam mit Sondereigentum verbundener Miteigentumsanteil.

2. Verzicht auf das Sondereigentum an einzelnen Räumen. Vereinzelt wird die Auffassung vertreten, dass   6
der Wohnungseigentümer auf das Sondereigentum an einzelnen Räumen gem. § 928 Abs. 1 BGB verzichten könne, sofern seinem Miteigentumsanteil weiterhin andere in Sondereigentum überführte Räume zugeordnet seien.[6] Verzichte der Eigentümer auf sein Sondereigentum, so stünden die betreffenden Räume fortan im gemeinschaftlichen Eigentum. Diese Sichtweise ist mit der ganz überwiegenden Auffassung abzulehnen.[7] Zum einen führe sie dazu, dass dem einzelnen Wohnungseigentümer die Kraft zukommen würde, den übrigen Eigentümern weiteres gemeinschaftliches Eigentum an einem Raum aufzudrängen. Aus § 4 Abs. 1 WEG folgt jedoch, dass für die Umwandlung von Sonder- in gemeinschaftliches Eigentum die Mitwirkung jedes Wohnungseigentümers erforderlich ist; jene Umwandlung ist nämlich nichts anderes als die dort angesprochene Aufhebung von Sondereigentum. Die allenfalls theoretisch denkbare Rechtsfolge, dass der Verzicht auf das Sondereigentum zu einem herrenlosen Raum führte, lässt das WEG nicht zu. Herrenloses Sondereigentum wäre mit keinem Miteigentumsanteil verbunden; isoliertes Sondereigentum ist jedoch „nicht denkbar".[8]

IV. Dereliktion von gemeinschaftlichem Eigentum

Auch die Dereliktion von gemeinschaftlichem Eigentum ist für sich genommen **unzulässig**. Wollen die Woh-   7
nungseigentümer auf das Eigentum an einer **Teilfläche** des Wohnungseigentumsgrundstücks gem. § 928
Abs. 1 BGB verzichten, so sind sie zunächst gehalten, eine Realteilung des Grundstücks zu betreiben,[9] um in einem weiteren Schritt den Verzicht in Bezug auf die „herausgemessene" Grundstücksfläche zu erklären. Die Realteilung sowie der Verzicht können in derselben Urkunde erklärt werden.

V. Dereliktion von Gegenständen des Gemeinschaftsvermögens

Das Gemeinschaftsvermögen gehört der Gemeinschaft der Wohnungseigentümer. Zu diesem können sowohl   8
bewegliche als auch unbewegliche Sachen zählen. Sofern die Gemeinschaft der Wohnungseigentümer auf das Eigentum an einer solchen Sache verzichten möchte, gelten die allgemeinen Vorschriften. Geht es um das Eigentum an einer beweglichen Sache, ist also § 959 BGB anzuwenden, für Grundstücke gilt § 928 BGB, für den Verzicht auf Wohnungseigentum die oben dargestellten Regeln. Der Verzicht ist gem. § 9 b Abs. 1 S. 1 WEG von dem Verwalter zu erklären; ist kein Verwalter bestellt, greift § 9 b Abs. 1 S. 2 WEG. Im Innenverhältnis bedarf es vorab eines Beschlusses darüber, dass das Eigentum an dem betreffenden Gegenstand aufgegeben werden darf. Ob dieser Beschluss den Grundsätzen ordnungsmäßiger Verwaltung entspricht, ist eine Frage des Einzelfalls.

VI. Zur Abgrenzung: Verzicht auf ein Sondernutzungsrecht

Von dem Verzicht auf das Wohnungs-, Sonder- oder Gemeinschaftseigentum (→ Rn. 2 ff.) ist der Fall zu un-   9
terscheiden, dass ein Wohnungseigentümer auf ein ihm zustehendes Sondernutzungsrecht verzichten möchte. Das Sondernutzungsrecht ist kein Eigentum, sondern ein – ggf. über § 5 Abs. 4 S. 1 iVm § 10 Abs. 1 S. 2, Abs. 3 WEG zum Inhalt des Sondereigentum gemachtes – **schuldrechtliches Benutzungsrecht** (→ *Sondernutzungsrecht* Rn. 1 ff.); § 928 BGB, der sich allein auf das Eigentum an unbeweglichen Sachen bezieht, gilt

---

5 Unstr.; s. etwa Staudinger/*Rapp*, 2018, WEG § 4 Rn. 50 a.
6 So *Gaier* FS Wenzel, 2005, 145 (152 f.).
7 Staudinger/*Rapp*, 2018, § 1 Rn. 50 a; Riecke/Schmid/*Schneider* WEG § 7 Rn. 230.
8 Treffend BayObLG 3.4.2007 – 32 Wx 33/07, DNotZ 2007, 946 (947).
9 Zu dieser BeckOGK/*M. Müller*, 1.3.2020, WEG § 1 Rn. 419 ff.

mithin nicht. Nach Auffassung des BGH kann ein Sondernutzungsrecht zwar schuldrechtlich nicht durch einseitigen Verzicht aufgehoben werden, vielmehr sei hierfür – als *actus contrarius* – eine Vereinbarung gem. § 10 Abs. 1 S. 2 WEG nötig. Allerdings sei der Inhaber für die Löschung der grundbuchmäßigen Verlautbarung des Sondernutzungsrechts nicht auf die Mitwirkung der übrigen Eigentümer angewiesen.[10]

57. Doppelhaus

Fraatz-Rosenfeld

I. Einführung

1 Doppelhäuser sind typischerweise zwei miteinander durch eine Mittelwand verbundene Gebäude. Möglich sind auch Varianten wie etwa die horizontale Aufteilung des Gebäudes oder eine Kubatur mit Haupt- und Seitenflügel. Diese Anlagen werden vielfach als Wohnungseigentumsanlagen nach dem WEG errichtet. In der überwiegenden Zahl der Fälle beschränkt sich die Anlage auf **zwei Wohnungen** und damit auch auf **zwei Eigentümer** (→ *Zweiergemeinschaft* Rn. 2 ff.); zwingend ist das nicht. In den Fällen, in denen ein Doppelhaus mehr als zwei Wohnungen enthält, ergeben sich wohnungseigentumsrechtlich keine Besonderheiten im Verhältnis zu jeder anderen Wohnungseigentumsanlage. Sind tatsächlich nur zwei Wohnungen vorhanden, ist auf die Doppelhaussituation bei der Ausgestaltung der Teilungserklärung, bei der Verwaltung und bei der Vornahme baulicher Veränderungen Rücksicht zu nehmen.

II. Öffentlich-rechtliche Voraussetzungen und wohnungseigentumsrechtliche Grundlagen

2 **1. Öffentliches Baurecht. a) Bauplanungsrecht.** Unter einem Doppelhaus wird eine bauliche Anlage verstanden, die aus zwei aneinandergebauten Gebäuden mit getrennten Eingängen besteht. Dieser verallgemeinernde Begriff ist in verschiedener Hinsicht einzugrenzen. Das Bauplanungsrecht versteht ihn gem. § 22 BauNVO als „stets aus zwei an einer Grundstücksgrenze aneinandergebauten Wohnhäusern".[1] Dagegen ist ein aus zwei aneinandergebauten Häusern bestehendes Gebäude, durch das keine Grundstücksgrenze verläuft, planungsrechtlich ein Einzelhaus.[2] Diese Form des Doppelhauses aus zwei aneinandergefügten Gebäudeteilen ohne eine teilende Grundstücksgrenze ist in der Realität vielfach vorzufinden, denn es ermöglicht die Schaffung von Wohneigentum mit im Verhältnis zu einem gänzlich alleinstehenden Einzelhaus geringerem Aufwand. Außerdem können auf diese Weise restriktive Bebauungsplanfestsetzungen wie Mindestgrundstücksgrößen umgangen werden. Zwar gelten nicht die strengen Voraussetzungen, die durch die städtebaurechtliche Rechtsprechung für die Erstellung und den Erhalt von durch die katastermäßige Grenze geteilten Doppelhäuser vorgegeben sind,[3] dennoch gilt auch hier das Einfügungsgebot des § 34 Abs. 1 BauGB. Dazu gehört der Grundsatz der „Profilgleichheit", nach dem sich die Kubatur eines Reihenhauses – auf ein Doppelhaus sinnge-

---

10 BGH 13.9.2000 – V ZB 14/00, BGHZ 145, 133 = NJW 2000, 3643 (3644); dagegen zu Recht BeckOGK/*Falkner*, 1.3.2020, WEG § 10 Rn. 385; → *Sondernutzungsrecht* Rn. 58.
1 BVerwG 24.2.2000 – 4 C 12/ 98; *Fickert/Fieseler* BauNVO § 22 Rn. 6.3.
2 OVG Greifswald 16.4.2012 – 3 L 156/08, NordÖR 2012, 452.
3 BVerwG 24.2.2000 – 4 C 12/98, NVwZ 2000, 1055.

mäß anzuwenden – an das bisher vorhandene Gebäude linear anzuschließen hat.[4] Jedenfalls darf es nicht dazu kommen, dass die andere Doppelhaushälfte ganztägig verschattet wird.[5] Andererseits wird nicht eine *vollständige* Deckungsgleichheit gefordert.[6]

b) Bauordnungsrecht. aa) Doppelhaus und Gebäudebegriff. Doppelhäuser werden regelmäßig wohnungs- **3** eigentumsrechtlich als Zweiergemeinschaft gestaltet (→ *Zweiergemeinschaft* Rn. 2 ff.), da aus Gründen der Sicherung der Finanzierung durch Grundpfandrechte ein Erwerb nur eines Miteigentumsanteils nicht sinnvoll ist. Dabei erfolgt die Erteilung der Abgeschlossenheitsbescheinigung unabhängig von der Einhaltung bauplanungs- und bauordnungsrechtlicher Vorschriften.[7] Unter bauordnungsrechtlicher Betrachtung ist unter dem Begriff Doppelhaus eine bauliche Anlage zu verstehen, die aus zwei Gebäuden besteht und für die spezifische Anforderungen an Gebäude bestehen. Von **Gebäuden** iSd der Landesbauordnungen wird dann gesprochen, wenn für jede Doppelhaushälfte jeweils ein eigener Eingang vorhanden ist, keine gemeinsamen Räume innerhalb die Anlagenteile verbinden und kein Zugang über eine andere bauliche Anlage besteht.[8] Die Gebäudeeigenschaft wird nicht dadurch ausgeschlossen, dass die Doppelhaushälften durch eine Brandwand (→ *Brandwand* Rn. 1 ff.) oder Trennwand (→ *Trennwand* Rn. 1 ff.) miteinander verbunden sind.[9] Unproblematisch ist auch, wenn eines der Gebäude kleiner ist als das andere oder nur einen Gebäudeflügel des anderen darstellt. Gerade noch als selbstständig werden Gebäude dann angesehen, wenn die verschiedenen Hauseingänge über einen gemeinsamen Windfang erreicht werden.[10]

Auch wenn es sich bei Gebäuden diese Art aufdrängt, kann Sondereigentum nicht an der gesamten Haushälfte **4** einschließlich des Gemeinschaftseigentums begründet werden, sondern nur innerhalb der Haushälfte.[11]

bb) Bauordnungsrechtliche Anforderungen. Doppelhäuser sind als „Hausscheiben" nebeneinander gestell- **5** te Einzelhäuser und damit Gebäude, an die die Landesbauordnungen unter Brandschutz-, Schallschutz- sowie Standsicherheitsgesichtspunkten besondere Anforderungen stellen.

Im Gegensatz zu einzeln stehenden Gebäuden werden hinsichtlich der **Wände zwischen den einzelnen Dop-** **6** **pelhäusern** geringere Anforderungen an deren Ausführung gestellt. Statt der sonst als Gebäudeabschlusswände erforderlichen Brandwände (→ *Brandwand* Rn. 4) reicht es aus, wenn die Zwischenwände lediglich die Anforderungen einer Trennwand erfüllen.[12] Und auch das ist nur dann der Fall, wenn das Doppelhaus eine oberste Fußbodenhöhe von mehr als 7 Metern überschreitet und damit die Privilegierung der Gebäudeklasse 1 bzw. Gebäudeklasse 2 verlässt.[13]

Nur wenn ein besonderes Sicherheitsbedürfnis vorliegt, kann die Bauaufsichtsbehörde auch eine Brandwand **7** fordern.[14]

---

4 VGH München 5.9.2011 – 9 ZB 10.2792, BayKommPrax 2010, 312; aA OVG Hamburg 11.9.2018 – 2 Bf 43/15, NordÖR 2019, 15.
5 VGH Kassel 14.11.2011 – 3 B 992/11, BauR 2011, 1858.
6 BeckOK BauordnungsR NRW/*Kockler* BauO NRW § 6 Rn. 41 mwN.
7 GmS-OBG 30.6.1992 – 1/91, NJW 1992, 3290.
8 BeckOK BauordnungsR BW/*Spannowsky* LBO BW § 2 Rn. 19.1; BeckOK BauordnungsR Hessen/*Spannowsky* HBO § 2 Rn. 17.
9 BeckOK BauordnungsR Hessen/*Spannowsky* HBO § 2 Rn. 17.1.
10 OVG Lüneburg 21.4.1986 – 1 A 56/85.
11 OLG Düsseldorf 2.7.2004 – I-3 Wx 318/03 mAnm *Pfeilschifte* jurisPR-MietR 9/2005 Anm. 6; BGH 3.4.1968 – V ZB 14/67, NJW 1968, 1230.
12 BeckOK BauordnungsR BW/*Zehfuß* LBO BW § 27 Rn. 42.1; BeckOK BauordnungsR NRW/*Saurenhaus* BauO NRW § 30 Rn. 31.
13 § 27 Abs. 3 LBO BW iVm § 6 Abs. 5 LBOAVO, § 27 Abs. 6 BayBO, § 29 Abs. 6 BO Bln, § 29 Abs. 6 BbgBO, § 29 Abs. 6 BremLBO, § 27 Abs. 6 HBauO, § 26 Abs. 6 HBO, § 29 Abs. 6 LBauO M-V, § 29 Abs. 6 BauO NRW, § 29 SaarLBO, § 29 Abs. 6 SächsBO, § 28 Abs. 5 BauO LSA, § 30 Abs. 6 SchlHLBO, § 29 Abs. 6 ThürBO, anders § 29 Abs. 2 RhPflBauO: Trennwände auch für Gebäudeklasse 2.
14 BeckOK BauordnungsR Bayern/*Paliga/Otto/Schulz* BayBO Art. 27 Rn. 2.1; BeckOK BauordnungsR Hessen/*Ruf/Karnes/Gohde* HBO § 32 Rn. 2.1; → *Brandwand* Rn. 3 f.

8 Für **Trennwände** gilt nach der für Doppelhäuser regelmäßig anzuwendenden Gebäudeklasse 2 eine Feuerwiderstandsdauer der Qualität F 30.[15] Diese Anforderungen gelten bei anderer Einteilung der Gebäudeklassen auch für Doppelhäuser in den Bundesländern Brandenburg und Rheinland-Pfalz (→ *Trennwand* Rn. 7).

9 Zwar benötigen Doppelhäuser in bauordnungsrechtlicher Hinsicht grundsätzlich keinen besonderen **Schallschutz** zwischen den einzelnen Gebäuden. Als im Bauordnungsrecht eingeführtes Technisches Regelwerk findet die DIN 4109–1 (Schallschutz im Hochbau) Anwendung. Für Doppelhäuser gelten grundsätzlich die Anforderungen, die allgemein für Geschosshäuser mit Wohnungen gelten.[16] Nach den „allgemein anerkannten Regeln der Technik" gehört für Doppelhäuser eine zweischalige Ausführung mit einer mit Dämmmaterial ausgefüllten Schalen-Trennfuge zum Standard.[17]

Doppelhäuser sind gem. § 17 GEG als „aneinandergereihte Bebauung" anzusehen und werden daher hinsichtlich der Anforderungen des Gesetzes in Hinblick auf Wärmebrücken (§ 12 GEG), den sommerlichen Wärmeschutz (§ 14 GEG), den baulichen Wärmeschutz (§ 16 GEG) sowie des Gesamtenergiebedarfs (§ 15 GEG) wie ein Gebäude behandelt.

10 Da es sich bei der Trennwand zwischen den beiden Doppelhaushälften um eine gemeinsame Wand handelt, ist diese – insbesondere in Fällen der zweischaligen Ausführung – ein gemeinsames Bauteil iSd Bauordnungsrechts. In diesen Fällen muss zur Aufrechterhaltung der **Standsicherheit** Sorge dafür getragen werden, dass beim Abbruch einer Doppelhaushälfte diese gemeinsame Wand bestehen bleibt.[18] Diese Verpflichtung ist durch Baulast zu sichern (→ *Baulast* Rn. 1 ff.).

11 Neben einem Verstoß gegen das bauplanungsrechtliche Einfügungsgebot kann die Errichtung einer Doppelhaushälfte im Verhältnis zu dem bestehenden Gebäudeteil **verunstaltend** sein, wenn sie sich optisch gänzlich unterscheidet.[19] Allgemeine Gestaltungsgesichtspunkte für durch Doppel- und Reihenhäuser geprägte Siedlungsgebiete können dagegen nicht über das Verunstaltungsgebot durchgesetzt werden.[20]

12 **2. Doppelhaus und Wohnungseigentum. a) Vereinbarungen zu Gestaltung und Gebrauch.** Der Anreiz zum Erwerb einer Doppelhaushälfte liegt für die Erwerber regelmäßig in der **freieren Nutzbarkeit** ähnlich einem Einzelhaus. Dies ist bei der Ausgestaltung der Teilungserklärung zu berücksichtigen. Üblicherweise werden in den Teilungserklärungen daher Formulierungen gefunden, die eine möglichst weite Angleichung der für ein Einzelhaus typischen Verhältnisse ermöglichen und/oder in denen die Schaffung der Voraussetzungen des § 20 WEG abbedungen sind.[21] Letzteres ist zulässig; es führt dazu, dass dann im Verhältnis der Eigentümer die allgemeinen nachbarrechtlichen Vorschriften Anwendung finden.[22] Durch die Möglichkeit, Sondereigentumsflächen außerhalb des Gebäudes zu bilden, wird dieser Grundsatz durch die Normlage bestärkt. Die Einfügung von entsprechenden Ausschlussklauseln ist auch deshalb geboten, weil die nach der Gesetzeskonzeption mögliche Mehrheitsentscheidung nicht getroffen werden kann und daher im ungünstigsten Fall eine Beschlussersetzungsklage (§ 44 Abs. 1 S. 2 WEG) unter Nachweis der Voraussetzungen des § 20 Abs. 3, 4 WEG erhoben werden muss.[23] Soweit aber eine Teilungserklärung einer Doppelhausanlage (nur) eine weitestgehend mögliche Trennung der Einheiten vorschreibt, bedeutet das für sich genommen noch keinen gänzlichen Ausschluss von § 20 WEG.[24] Da es sich in diesen Fällen um eine Abweichung von der Gesetzeskonzeption handelt, ist eine genaue Formulierung angeraten, denn solcherlei Abweichungen sind eng auszulegen.[25]

---

15 Große-Suchsdorf/*Kammeyer/Dorn* NBO § 30 Rn. 7: „feuerhemmend".

16 Hornmann HBO/*Hornmann* § 15 Rn. 34.

17 Simon/Busse/*Nolte* BayBO Art. 13 Rn. 73.

18 BeckOK BauordnungsR Nds/*Otto* NBauO § 12 Rn. 6; BeckOK BauordnungsR NRW/*Jaeger* BauO NRW § 12 Rn. 29.

19 Hornmann HBO/*Hornmann* § 9 Rn. 44; VG Frankfurt a. M. 25.8.2009 – 8 K 2609/08 F, BauR 2009, 1937, zugleich zum Denkmalrecht.

20 OVG Berlin 3.7.1981 – 2 B 56.80, NVwZ 1982, 355; BayVGH 29.9.2003 – 1 B 01.2425, NVwZ-RR 2014, 238.

21 *Grziwotz* MietRB 2014, 122 (126).

22 LG Itzehoe 19.4.2011 – 11 S 26/10; BayObLG 14.12.2000 – 2Z BR 60/00, NZM 2001, 362; Jennißen/*Hogenschurz* WEG § 22 aF Rn. 42.

23 So die vom Gesetzgeber vorgesehen Konzeption: BT-Drs.19/18791, RegE WEMoG v. 13.3.2020, zu § 20 allgemein, S. 69, 70.

24 OLG München 31.5.2007 – 34 Wx 112/06, NJW-RR 2007, 1384.

25 AG München 3.3.2016 – 484 C 30422/14 WEG, ZMR 2017, 273.

Fraatz-Rosenfeld

Nicht ausgeschlossen werden können – wie bisher – die wohnungseigentumsrechtlichen Zuordnungen von Sonder- und Gemeinschaftseigentum gem. § 5 Abs. 1, 2 WEG.[26]

Da nach der Intention der Doppelhausanlage regelmäßig eine möglichst weitgehende optische **Einheitlichkeit** **13** der Anlage gewährleistet werden soll, muss auch dies bei der Gestaltung der Teilungserklärung berücksichtigt werden. Eine genaue Beschreibung, welche Anforderungen an die äußere Gestaltung der Anlage gestellt werden, vermeidet spätere Auseinandersetzungen über Fragen des Anbaus von Gebäudeteilen wie Markisen oder Terrassenüberdachungen usw. Entsprechendes gilt dann, wenn vom Bauträger oder den Ersterwerbern die Idee einer gewissen stilistischen Einheitlichkeit (Fassadenfarbe oder Fenster- und Türgestaltung usw) verwirklicht werden soll.

Vielfach wird in Hinblick auf die möglichst weitgehende Vergleichbarkeit mit einem Einzelhaus in der Tei- **14** lungserklärung vorgesehen, dass die jeweiligen Wohnungseigentümer der Doppelhaushälfte berechtigt sind, ihr Sondereigentum zu verändern und die Sondernutzungsflächen zu bebauen, soweit dies bauplanungsrechtlich und bauordnungsrechtlich zulässig ist. Wird die Nutzbarkeit von Sondernutzungsflächen dahin gehend erweitert, dass verfahrensfreie und von einer Baugenehmigung freigestellte Anlagen errichtet werden dürfen, sind trotz der weitgehenden Verfahrensfreiheit bzw. Genehmigungsfreistellung kleinerer Anlagen mögliche Restriktionen der jeweiligen Landesbauordnung in den Blick zu nehmen (→ *Baugenehmigung* Rn. 8 f.). Nicht übersehen werden darf, dass eine Bezugnahme auf Verfahrensfreiheit oder Genehmigungsfreistellung die Errichtung baulicher Anlagen erheblichen Umfangs erlaubt (→ *Baugenehmigung* Rn. 6 f.). In Hinblick auf die Möglichkeit der Schaffung von dem Gemeinschaftseigentum entzogenen Sondereigentumsflächen (§ 5 Abs. 1 S. 2 WEG) wird bei der Gestaltung von Teilungserklärungen ein besonderes Augenmerk auf die Grenzen der Bebaubarkeit zu richten sein.

Zu der typischen Ausprägung einer Doppelhaushälfte gehört üblicherweise die Verbindung mit einem **Garten-** **15** **teil**. Durch § 5 Abs. 1 S. 2 WEG ist nun die Möglichkeit eröffnet, die bisher mit einiger Rechtsunsicherheit[27] verbundenen Sondernutzungsflächen als Sonder**eigentums**flächen zu gestalten. Voraussetzung ist die Vermaßung dieser Flächen im Aufteilungsplan (§ 3 Abs. 3 Hs. 2 WEG). Das hat zur Folge, dass der Eigentumsschutz (→ *Nachbarrecht* Rn. 2), vornehmlich aber die nachbarrechtlichen Vorschriften im Zusammenhang mit Grenzen (*Nachbarrecht* Rn. 4 ff.), den Rechtsverhältnissen von katastermäßig erfassten Grundstücken untereinander angeglichen sind.

Damit ist der Gesetzgeber Vorschlägen gefolgt, die schon für die nur in Sondernutzungsflächen aufgeteilten Doppelhausgärten gegeben wurden: Auch wenn die Doppelhausanlage aus einem katastermäßig ungeteilten Flurstück besteht, sollten die Grundstücksflächen in einem Aufteilungsplan zur Teilungserklärung zeichnerisch dargestellt werden. Da ein mit einem breiten Stift gezogener Strich in der Realität 50 cm breit ist, kann nämlich ein auf einer derart ungenauen Grundlage erstellter Aufteilungsplan der wirksamen Begründung eines Sondernutzungsrechts entgegenstehen.[28] Bei den **„Quasi-Realteilungen"** sollen daher entweder die Sondernutzungsflächen vermessen oder gesonderte (katastermäßige) Flurstücke gebildet werden.[29] Als Mindeststandard wird empfohlen, in Anlehnung an die Vorschriften zur Abgeschlossenheit einen Plan im Maßstab 1:100 mit eindeutigen Grenzlinien beizufügen.[30]

Bleibt es bei der schlichten Zuweisung zur Gartennutzung als Sondernutzungsfläche ohne nähere Beschreibung, kommt es oft zu Auseinandersetzungen darüber, wie weit der Begriff der Gartennutzung zu verstehen ist **16** (→ *Garten* Rn. 2). Vornehmlich die Frage der **Einfriedigung** der Sondernutzungsflächen spielt hier eine Rolle. Sie ist als bauliche Anlage iSd § 20 Abs. 1 WEG anzusehen und kann als optisch nachteilige Veränderung gelten.[31] Da in der Doppelhausanlage ein Konsens oft nicht erreicht werden wird, ist sie grundsätzlich nur mit Zustimmung des Eigentümers der anderen Doppelhaushälfte zu errichten[32] und muss im Streitfall durch Be-

---

26 OLG Schleswig 6.3.2006 – 2 W 13/06, ZMR 2006, 886.
27 BT-Drs.19/18791, RegE WEMoG v. 13.3.2020, A II. 12, S. 31, 32.
28 OLG Hamburg 6.2.2006 – 2 Wx 118/02, ZMR 2006, 468.
29 *Langhein* notar 2008, 11.
30 *Langhein* Notar 2008, 11.
31 Bärmann/*Merle* WEG § 22 aF Rn. 296.
32 AA OLG Hamburg 4.3.2003 – 2 Wx 102/99, ZMR 2003, 524.

schlussersetzungsklage erzwungen werden.[33] Üblich ist in diesen Fällen, in der Teilungserklärung eine „räumliche Trennung durch Einfriedigung oder Bepflanzung" zuzulassen. Aber auch hinsichtlich der Errichtung von Anlagen aller Art (Spielgeräte, Gartenteiche) oder der gärtnerischen Gestaltung ist eine genaue Beschreibung erforderlich.[34]

17   **b) Vereinbarungen zur Instandhaltung, Instandsetzung und Kostentragung.** Für Doppelhäuser in Zweiergemeinschaft sind in der Gemeinschaftsordnung Vereinbarungen dahin gehend üblich, dass jeder Wohnungseigentümer für die Instandhaltung und Instandsetzung des sich im räumlichen Bereich seines Sondereigentums befindliche Gemeinschaftseigentum zuständig ist. Folgerichtig dazu wird die Kostenverteilung idR so vereinbart, dass jeder Wohnungseigentümer für die Kosten aufzukommen hat, die für seine Doppelhaushälfte anfallen. Eine solche Überbürdung ist grundsätzlich auch zulässig.[35] Typisch sind Formulierungen, nach denen „der jeweilige Sondereigentümer das Gemeinschaftseigentum, das seinem Sondereigentum zu dienen bestimmt ist, auf seine Kosten ordnungsgemäß instandzuhalten und instandzusetzen hat".[36] Dabei ist auf die Eindeutigkeit der Formulierung zu achten.[37] Wird bspw. der Begriff „zu unterhalten" verwendet, soll das nicht zur *Instandsetzung* einer Dachterrasse auf einem Garagendach verpflichten.[38] Soweit nunmehr gem. § 5 Abs. 1 S. 2 Eigentum an Flächen außerhalb des Gebäudes als Sondereigentumsflächen ausgewiesen sind, macht dies eine Vereinbarung nicht entbehrlich: Vielfach fallen **untrennbare Kosten** für Gemeinschaftseigentum und Sondereigentum an.[39] Gibt es insoweit keine Vereinbarung, ist die gegenüber Dritten (Versorgungsunternehmen, Gebietskörperschaft) bestehende Verpflichtung im Innenverhältnis der Eigentümer angemessen umzusetzen; im Zweifel in analoger Anwendung des § 16 Abs. 2 S. 1 WEG.[40]

18   Ist bei älteren Teilungserklärungen diesen Besonderheiten nicht Rechnung getragen worden, so gelten die allgemeinen Grundsätze zur **Auslegung** von Teilungserklärungen. So kann eine unwirksame Zuordnung einer Heizungslage zum Sondereigentum beider Wohnungseigentümer dahin gehend umgedeutet werden, dass die Kosten für Betrieb und Wartung hälftig aufgeteilt werden.[41]

19   Vereinzelt wird die Auffassung vertreten, dass die Heizkostenverordnung jedenfalls dann nicht anzuwenden sei, wenn die Doppelhaushälften von den jeweiligen Eigentümern bewohnt werden.[42]

20   **c) Praxishinweise zur Gestaltung von Teilungserklärungen.** Bei der Gestaltung von Teilungserklärungen für Doppelhäuser wird eine Veränderung der gesetzlichen Bestimmungen vorgeschlagen für die Bereiche Gebrauch, Umlageschlüssel, Erhaltungsrücklage, bauliche Veränderungen, Bestimmungen zur Versammlung sowie Abrechnung und Wirtschaftsplan (ähnlich wie → *Mehrhausanlage* Rn. 3 ff.).[43]

21   **3. Verwaltung eines Doppelhauses.** Wie bei jeder Wohnungseigentumsanlage liegt auch bei einem Doppelhaus die Verwaltung gem. § 18 Abs. 1 WEG in der Hand der Wohnungseigentümer. Während bisher die Bestellung eines Verwalters nicht verpflichtend war,[44] kann nunmehr die Bestellung – sofern nicht eine anderslautende Vereinbarung besteht – eines (zertifizierten) Verwalters als ordnungsgemäße Verwaltung gem. § 19 Abs. 2 Nr. 6 WEG verlangt werden. Der Gesetzgeber hat allerdings gesehen, dass eine **professionalisierte Verwaltung für kleinere Wohnanlagen nicht zwingend erforderlich** ist. Er relativiert daher die Voraussetzungen: Die Bestellung eines zertifizierten Verwalters ist nicht geboten, wenn es um eine Anlage mit weniger als neun Sondereigentumseinheiten geht, ein Eigentümer als Verwalter bestellt wird und weniger als ein Drittel der Eigentümer die Bestellung eines zertifizierten Verwalters verlangen. Für die Doppelhausanlage bedeutet das im praktischen Ergebnis, dass bei Widerspruch des anderen Doppelhauseigentümers mehr als ein Drit-

---

33   BT-Drs.19/18791, RegE WEMoG v. 13.3.2020, B zu § 20 allgemein, S. 69, 70.
34   AG Braunschweig 4.8.2006 – 34 II 138/05, ZMR 2007, 403: Zulässigkeit der Errichtung eines Klettergerüstes mit den Maßen von 5 x 3,5 Metern mit Dach in einer Höhe von 3,65 Metern; zweifelhaft.
35   Bärmann/*Becker* WEG § 15 aF Rn. 52.
36   LG Hamburg 22.9.2010 – 318 S 126/09, ZMR 2011, 662.
37   LG München I 25.11.2013 – 1 S 4911/13 WEG, ZMR 2014, 399.
38   KG 25.2.2009 – 24 W 362/08, NJW-RR 2009, 1387.
39   Beispiel: Biotonne für Gartenabfälle, Wasserentnahmestelle zu Bewässerung.
40   BGH 27.9.2007 – V ZB 83/07 Rn. 12, NZM 2007, 886; *Hügel/Elzer* WEG § 16 aF Rn. 6 a.
41   AG Wedding 23.9.2015 – 6 a C 112/15, Grundeigentum 2015, 1543.
42   OLG München 11.9.2007 – 32 Wx 118/07, MietRB 2008, 16.
43   FormB-WEG-R/*Elzer* § 1 Rn. 420; zu Formulierungsvorschlägen auch *Grziwotz* MietRB 2014, 122 (126).
44   Bärmann/*Merle* WEG § 20 aF Rn. 14.

tel der Eigentümer – nämlich die Hälfte – die Bestellung eines zertifizierten Verwalters im Rahmen ordnungs-gemäßer Verwaltung verlangen kann (§ 19 Abs. 2 Nr. 6 WEG iVm § 18 Abs. 2 Nr. 2 WEG).

Sofern das Doppelhaus (noch) keine Verwalter hat, werden die anfallenden Kosten üblicherweise von jedem der Wohnungseigentümer direkt gezahlt, wenn sie für die jeweilige Doppelhaushälfte erhoben werden. Fallen sie dagegen für die Anlage insgesamt an, wird in der Regel der eine oder andere Eigentümer den Betrag aus-gleichen und hälftigen Ersatz von dem anderen Eigentümer erhalten. Geschieht das nicht, soll in diesem Fall die Erstattung ausnahmsweise direkt verlangt werden können. Hergeleitet wird dies aus dem Gesichtspunkt der **Geschäftsführung ohne Auftrag** bzw. § 812 BGB[45] oder direkt ausnahmsweise aus § 16 Abs. 2 WEG aF.[46] Handelt es sich dagegen um eine von der Gemeinschaft der Wohnungseigentümer auszugleichende For-derung, soll ohne gefasste Beschlüsse eine Zahlungspflicht nicht bestehen.[47]

4. Nachteile durch bauliche Veränderungen oder beeinträchtigende Nutzungen. Sofern nicht § 20 WEG 22 durch Teilungserklärung oder Vereinbarung ausgeschlossen ist, stellt sich vornehmlich bei Doppelhäusern die Frage, ob der Doppelhauspartner eine Veränderung der anderen Gebäudehälfte hinzunehmen hat oder diese abwehren kann. Grundsätzlich gelten hier die allgemein zum Begriff der baulichen Veränderung nach dem bis-herigen Recht entwickelten Kriterien (→ *Bauliche Veränderung* Rn. 6, 39).[48] Allerdings ist zu berücksichti-gen, dass gerade die Doppelhausanlage vielfach architektonisch auf eine gewisse **optische Einheitlichkeit** ausgerichtet ist. Sieht eine Teilungserklärung daher vor, dass die Gebäudeteile eines Doppelhauses so zu be-handeln seien, als stünden sie auf rechtlich selbstständigen Grundstücken, führt das nicht zu einer vollständi-gen gestalterischen Freiheit. Gerade noch zulässig soll in einem solchen Fall der Einbau einer Haustür sein, die sich zwar im Stil durch einen Glaseinsatz, nicht aber in Farbe und Größe von der bereits vorhandenen un-terscheidet.[49] Nunmehr wird in diesen Fällen zu klären sein, ob durch eine solche Maßnahme die Wohnungsei-gentumsanlage gem. § 20 Abs. 4 Hs. 1 WEG grundlegend umgestaltet wird (→ *Bauliche Veränderung* Rn. 49).

Gestattet die Teilungserklärung den Anbau einer Garage, so soll dadurch auch der Anbau einer Doppelgarage gedeckt sein sowie die Nutzung des einen Teils als Gerätehaus.[50] Ohne ausdrückliche Vorgaben in der Tei-lungserklärung ist auf die besondere Situation eines Doppelhauses Rücksicht zu nehmen. Daher kann in einem Fall auch ohne die Veränderung der Bausubstanz allein die Änderung der Farbgebung unzulässig sein.[51] Die Umnutzung einer Garage in einem Gebäudezugang auf einem Nachbargrundstück ist in einer aus zwei Dop-pelhäusern bestehenden Wohnungseigentumsanlage mit (bis dahin) vier Wohneinheiten unzulässig.[52]

Ein Rückbauanspruch besteht auch beim Anbau eines Wintergartens an eine Doppelhaushälfte in einer Mehr-hausanlage.[53] Als den optischen Gesamteindruck einer Doppelhausanlage beeinträchtigend ist der Bau einer Gartenmauer aus Steinelementen anzusehen.[54]

Die räumliche Nähe von Doppelhauseigentümern fordert eine besondere Rücksichtnahme auch in Hinblick auf 23 die **Nutzungsintensität.** So entsteht durch das Laufenlassen eines Kampfhundes im Keller eines Doppelhau-ses eine nicht hinzunehmende Beeinträchtigung.[55] Für die Beurteilung des Grillens auf der Terrasse einer Dop-pelhaushälfte sind ua entscheidend die „Lage und Größe des Gartens bzw. der sonstigen Örtlichkeiten"; im konkreten Fall wurde das vier- bis fünfmalige Grillen in der Saison für zulässig gehalten, da ansonsten eine eigentumsrechtlich zu massive Einschränkung der Terrassennutzung entstünde.[56] Bei privatem **Musizieren** ist

---

45 LG Dortmund 3.2.2017 – 17 S 125/16, ZMR 2017, 182; *Hügel/Elzer* WEG § 16 Rn. 9.

46 Bärmann/*Becker* WEG § 28 aF Rn. 58.

47 LG Frankfurt a. M. 19.4.2016 – 2–13 S 204/13, ZWE 2016, 276.

48 Der Begriff der Beeinträchtigung gem. § 20 Abs. 3 WEG ersetzt den Begriff des „Nachteils" aus §§ 22 Abs. 1, 14 Nr. 1 WEG aF: BT-Drs. 18791, 45.

49 OLG Frankfurt a. M. 30.6.2008 – 20 W 222/06.

50 LG Hamburg 17.10.2001 – 318 T 20/01, ZMR 2002, 225, bestätigt durch OLG Hamburg 12.2.2003 – 2 Wx 141/01, ZMR 2003, 445.

51 LG Hamburg 10.4.2013 – 318 S 81/12 mAnm *Schlimme* ZMR 2013, 739.

52 LG Essen 21.6.2005 – 9 T 1/05.

53 OLG München 7.9.2005 – 34 Wx 43/05, OLGR München 2005, 833.

54 AG Hamburg-Blankenese 7.10.2015 – 539 C 4/15, ZMR 2016, 150.

55 KG 22.7.2002 – NZM 2002, 868.

56 OLG Frankfurt a. M. 10.4.2008 – 20 W 119/06, NJW-RR 2008, 1396.

abzuwägen zwischen der Verpflichtung zur Rücksichtnahme und dem Recht auf freie Gestaltung des persönlichen Lebensbereichs (→ *Lärm* Rn. 21 ff.).[57]

24 Streitigkeiten zwischen Wohnungseigentümern, deren Gartenteile unmittelbar nebeneinander liegen, können in entsprechender Anwendung der bundes- und landesrechtlichen Vorschriften des **Nachbarrechts** wie bei Eigentümern real geteilter Grundstücke behandelt werden.[58] Diese für Sondernutzungsflächen entwickelten Grundsätze sind nach der auf Rechtssicherheit gerichteten Intention des Gesetzgebers[59] auch auf die vermaßten Sondereigentumsflächen (§ 3 Abs. 3 Hs. 2, § 5 Abs. 1 S. 2 WEG) anzuwenden. So wurden nachbarrechtliche Vorschriften zur Feststellung der Unterschreitung eines Baumabstands herangezogen.[60] Die Überbauvorschrift des § 912 BGB kann entsprechend zwischen Sondereigentums- und Sondernutzungsflächen angewandt werden (→ *Nachbarrecht* Rn. 19).[61]

25 In Erwägung gezogen – im Ergebnis abgelehnt – wurde die Anwendung des nachbarlichen Gemeinschaftsverhältnisses bis hin zu einer hieraus abgeleiteten Handlungspflicht zum Mitbeheizen der anderen Doppelhaushälfte.[62]

26 Dagegen findet öffentlich-rechtlicher **Nachbarschutz** im Verhältnis zwischen Wohnungseigentümern nicht statt (→ *Nachbarschutz* Rn 9).[63] Dagegen können die Wertungen des öffentlichen Baurechts und auch des Denkmalschutzrechts (→ *Denkmalschutz* Rn. 4 ff.) für den Ausgleich unter Wohnungseigentümern ohne Weiteres herangezogen werden.[64]

III. Realteilung einer Doppelhausanlage

27 **1. Bauplanungs- und Bauordnungsrecht.** Fast immer liegt die Intention der Errichtung eines Doppelhauses darin, eine möglichst weitgehende Angleichung an ein real geteiltes Grundstück zu erreichen und für jede Doppelhaushälfte eine möglichst breite Gestaltungs- und Nutzungssituation zu ermöglichen. Wohnungseigentumsrechtlich ist für eine Realteilung eines Doppelhauses zunächst zwingende Voraussetzung, dass das Sondereigentum in den Doppelhaushälften aufgehoben wird.[65]

28 Um die wohnungseigentumsrechtlichen Schwierigkeiten bei Teilungen von Doppelhäusern zu vermeiden, ist in Teilungserklärungen gelegentlich eine Realteilung prognostisch vorgesehen. Sie formulieren dann beispielsweise, dass „bei einer Veränderung der Umstände" eine Realteilung möglich sein soll. Unter dem Gesichtspunkt des **öffentlichen Baurechts** ist eine Realteilung dann möglich, wenn sich die bauplanungsrechtlichen Voraussetzungen in dem konkreten Baugebiet ändern:

29 Ist bspw. in einem Bebauungsplan bisher eine offene Bebauung gem. § 22 Abs. 2 BauNVO vorgesehen, ist eine Realteilung nicht möglich, da nach § 19 Abs. 2 BauGB keine dem Bebauungsplan widersprechende Zustände entstehen dürfen. Diese Situation kann sich dadurch ändern, dass im Rahmen einer Planaufstellung oder einer Planänderung eine geschlossene Bauweise gem. § 22 Abs. 3 BauNVO festgesetzt wird. Dann bedarf es keines Grenzabstands mehr. Oder hindert bisher eine Mindestgrundstücksgröße aus Gründen fehlender Kanalisation die Teilung, entfällt dieser Hinderungsgrund mit Bau einer öffentlichen Entwässerung.

30 Liegt eine bauplanungsrechtliche Zulässigkeit des Doppelhauses vor, bedarf es zur Realteilung darüber hinaus der Übereinstimmung mit den Normen des **Bauordnungsrechts**. Alle Landesbauordnungen verbieten eine Grundstücksteilung dann, wenn durch diese der jeweiligen Landesbauordnung oder den aufgrund dieser Bauordnung erlassenen Vorschriften widersprechende Zustände entstehen. Dann ist beispielsweise zu prüfen, ob nach einer Realteilung die Anbindung an eine öffentliche Straße noch gegeben und eine ausreichende breite Zufahrt gewährleistet ist (ist zB bei hintereinanderliegenden Doppelhäusern möglicherweise nicht der Fall;

---

57 BGH 26.10.2018 – V ZR 143/17, MDR 2019, 23 (Trompetenspiel im Reihenhaus).
58 BGH 28.9.2007 – V ZR 276/05, DWW 2008, 30.
59 BT-Drs.19/18791, RegE WEMoG v. 13.3.2020, A II. 12, S. 32.
60 BayObLG 4.2.1982 – 2 Z 9/81, BayObLGZ 1982, 69 (76).
61 KG 28.5.1999 – 24 W 9020/97, ZMR 2000, 331.
62 BGH 8.2.2013 – V ZR 56/12, NZM 2013, 873.
63 VG Berlin 28.5.2019 – 19 K 12/ 16; BVerfG 7.2.2006 – 1 BvR 2304/05, NJW-RR 2006, 726; *Hügel/Elzer* WEG § 13 Rn. 28.
64 *Hügel/Elzer*, 3. Aufl. 2021, WEG § 14 Rn. 38.
65 OLG Frankfurt a. M. 1.10.1999 – 20 W 211/97, ZfIR 2000, 285; *Röll* DNotZ 2000, 749.

→ *Zufahrtsweg* Rn. 2 ff.). Gefordert wird dann grundsätzlich auch eine Brandwand als Gebäudeabschluss-wand (→ *Brandwand* Rn. 4) zwischen den Haushälften.

2. Wohnungseigentumsrechtliche Ansätze. Bisher nicht untersucht ist die Frage, ob sich bei Wegfall einer   31
öffentlich-rechtlichen Restriktion ohne entsprechende Bedingung in der Teilungserklärung dennoch ein **An-spruch auf Mitwirkung an einer Realteilung** ergeben kann. Da § 11 Abs. 1 S. 2 WEG grundsätzlich jeder Aufhebung entgegensteht und nur ausnahmsweise für den Fall der teilweisen oder vollständigen Zerstörung eine Vereinbarung (§ 11 Abs. 1 S. 3 WEG) zulässt, bleibt für weitere Konstellationen eigentlich kein Raum. Dennoch werden Fallkonstellationen für möglich gehalten, bei deren Vorliegen die Pflicht zum Festhalten an der Gemeinschaft als grob unbillig empfunden wird; allerdings wird ein Aufhebungsanspruch auf „krasse Fäl-le" beschränkt werden müssen.[66] Als möglicher Maßstab für die Bestimmung dieser Fälle bietet sich der Rückgriff auf die Wertung des § 10 Abs. 2 WEG an, so dass ein Aufhebungsanspruch dann besteht, „... wenn die Verweigerung einer solchen Vereinbarung aus schwerwiegenden Gründen unter Berücksichtigung aller Umstände des Einzelfalls, insbesondere der Rechte und Interessen der anderen Wohnungseigentümer, unbillig erscheint".[67]

58. Duldungspflichten von Drittnutzern

Neumann

I. Überblick zu § 15 WEG

§ 15 WEG verschafft der Gemeinschaft der Wohnungseigentümer und anderen Wohnungseigentümern An-   1
sprüche auf Duldung von Erhaltungsmaßnahmen und baulicher Maßnahmen gegenüber den Nutzern von Woh-nungseigentum, die nicht Eigentümer sind. Damit stellt die Vorschrift sicher, dass Gebrauchsrechte Dritter die Umsetzung dieser Maßnahmen nicht verhindern, und insbesondere die Vermietung oder anderweitige Überlas-sung einer Wohnung (zB durch Einräumung von Nießbrauch) die Durchsetzung von Ansprüchen eines Woh-nungseigentümers nach § 20 Abs. 2 und Abs. 3 WEG nicht erschweren.[1] Das Gesetz stellt mit dieser Regelung klar, dass die Gemeinschaft der Wohnungseigentümer ein **unmittelbares Recht zur Durchsetzung der Dul-dung** gegenüber dem Wohnungsnutzer unabhängig von der vertraglichen Vereinbarung mit dem konkreten Wohnungseigentümer erhält.[2] Die Vorschrift befindet sich systematisch an ungewöhnlicher Position inmitten der Vorschriften der Bestimmungen über das Verhältnis der Wohnungseigentümer untereinander und zur Ge-meinschaft der Wohnungseigentümer.[3]

Anspruchsgegner sind alle Nutzer eines Wohnungseigentums, die nicht Eigentümer sind. Dazu gehören vor-   2
rangig wohl Mieter, aber auch dinglich berechtigte Nießbraucher sowie alle anderen Personen, die gegenüber dem Wohnungseigentümer berechtigt sind, die Wohnung zu nutzen.[4] Voraussetzung für die Fälligkeit der Dul-dungspflicht sind die in § 15 Nr. 1 und Nr. 2 genannten Voraussetzungen, die dem Mietrecht entnommen sind.[5] Nur wenn diese Voraussetzungen vorliegen, besteht der Duldungsanspruch.[6]

---

66 BeckOK WEG/*Dötsch* § 11 aF Rn. 37 ff.
67 NKV/*Kümmel* WEG § 11 aF Rn. 3; *Elzer* ZMR 2007, 797, Anm. zu BGH 14.6.2007 – V ZB 18/07, ZMR 2007, 795.
 1 BT-Drs. 19/18791, 54.
 2 BT-Drs. 19/18791, 54; Abschlussbericht Bund-Länder-Arbeitsgruppe ZWE 2019, 429 (462).
 3 *Hügel/Elzer*, 3. Aufl. 2021, WEG § 15 Rn. 1.
 4 BT-Drs. 19/18791, 54.
 5 BT-Drs. 19/18791, 54.
 6 *Dötsch/Schultzky/Zschieschak* WEG-Recht 2021 Kap. 15 Rn. 46.

3 **Inhaber** des Anspruchs ist bei Maßnahmen am Gemeinschaftseigentum die Gemeinschaft der Wohnungseigentümer bzw. derjenige, der die Maßnahme durchführen will,[7] sowie bei Maßnahmen am Sondereigentum der bauwillige Wohnungseigentümer.[8] § 15 WEG begründet die Duldungspflicht des Wohnungsnutzers nur gegenüber demjenigen, der die zu duldende Maßnahme durchführt. Der die Wohnung überlassende Wohnungseigentümer, typischerweise also der Vermieter des Duldungspflichtigen, erlangt durch § 15 WEG hingegen keinen gesonderten Duldungsanspruch. Denn § 15 WEG dient nicht dazu, in das Rechtsverhältnis des Wohnungseigentümers und des Nutzers gestaltend einzugreifen.[9]

4 **Voraussetzung** für die **Fälligkeit** des Duldungsanspruchs der in § 15 Nr. 1 und Nr. 2 WEG genannten Maßnahmen ist jeweils die Ankündigung der Maßnahmen. Dabei unterscheidet die Norm zwischen der Ankündigung von Erhaltungsmaßnahmen (§ 15 Nr. 1 WEG) sowie der Ankündigung von Maßnahmen, die über die Erhaltung hinausgehen (§ 15 Abs. 2 WEG) und verweist auf die dazu in Titel 5 „Mietvertrag, Pachtvertrag" des BGB vorhandenen mietrechtlichen Vorschriften.[10]

II. Die Duldung der Erhaltung (§ 15 Nr. 1 WEG)

5 § 15 Nr. 1 WEG begründet die Pflicht des **Wohnungsnutzers**, die Erhaltung des gemeinschaftlichen Eigentums und des Sondereigentums, die ihm entsprechend § 555 a Abs. 2 BGB rechtzeitig angekündigt wurde, zu dulden. Maßnahmen der Erhaltung sind entsprechend der Erwähnung in § 13 Abs. 2 WEG die ordnungsmäßige Instandhaltung und Instandsetzung. Instandhaltung sind wie nach dem bisherigen Recht alle Maßnahmen, die übliche und gebrauchsbedingte Abnutzungserscheinungen beseitigen und vor drohenden Schäden schützen können. Unter einer Instandsetzung ist die Wiederherstellung des ursprünglichen ordnungsmäßigen Zustandes zu verstehen.[11]

6 Die Duldungspflicht hängt davon ab, dass dem Wohnungsnutzer die Maßnahme rechtzeitig angekündigt wurde; § 555 a Abs. 2 BGG gilt entsprechend. Danach sind alle Erhaltungsmaßnahmen **rechtzeitig anzukündigen**, es sei denn, sie sind nur mit einer unerheblichen Einwirkung auf die Mietsache verbunden oder ihre sofortige Durchführung ist zwingend erforderlich, § 555 a Abs. 2 BGB. Der Inhalt der Rechtzeitigkeit ist elastisch, um den Bedürfnissen der Praxis gerecht zu werden; es kommt auf die jeweiligen Umstände des **Einzelfalls** an.[12] Wann die Ankündigung rechtzeitig ist, ist nach dem Umfang der Maßnahme, der Dringlichkeit der Maßnahme und den zu erwartenden Beeinträchtigungen des Nutzers zu bestimmen. Der Nutzer muss sich durch organisatorische Vorsorgemaßnahmen auf die Maßnahme einstellen können, wenn nicht die Dringlichkeit einen schnelleren Beginn rechtfertigt.[13] So kann es erforderlich sein, dass der berufstätige Nutzer Urlaub beantragen bzw. mit Dritten abstimmen muss, dass sie während der Abwesenheit den Zutritt zu Wohnung gewähren bzw. die Maßnahmen überwachen.[14] In der Regel sind 2 Wochen ausreichend, aber auch notwendig.[15]

7 Die Ankündigung muss entsprechend § 555 a Abs. 2 BGB den voraussichtlichen Beginn, Umfang und Dauer der geplanten Maßnahme sowie die zu erwartenden Auswirkungen auf genutzte Wohnung in groben Zügen bezeichnen.[16] Sie kann **formfrei** erfolgen. Da die Duldungspflicht erst mit der rechtzeitigen Ankündigung entsteht, sollte sie zu Beweiszwecken schriftlich erteilt und der Zugang beim Nutzer nachvollziehbar sein.

8 Der Anspruchsinhaber und damit derjenige, der die Maßnahme durchführen will, muss die Ankündigung rechtzeitig erteilen. Die Gemeinschaft der Wohnungseigentümer wird dabei nach § 9 b Abs. 1 S. 1 WEG von dem **Verwalter vertreten**. Insofern ist der Verwalter gehalten, sich Kenntnis über die Nutzer der Wohnungen zu verschaffen.[17] Erfolgt die Ankündigung rechtzeitig, ist der Nutzer verpflichtet, die angekündigten Arbeiten

---

7 *Dötsch/Schultzky/Zschieschak* WEG-Recht 2021 Kap. 15 Rn. 50.
8 *Hügel/Elzer*, 3. Aufl. 2021, WEG § 15 Rn. 4.
9 BT-Drs. 19/18791, 54.
10 BT-Drs. 19/18791, 54 f.
11 *Hügel/Elzer*, 3. Aufl. 2021, WEG § 15 Rn. 5.
12 Schmidt-Futterer/*Eisenschmid* BGB § 555 a Rn. 37.
13 *Hügel/Elzer*, 3. Aufl. 2021, WEG § 15 Rn. 8.
14 LG Berlin 30.7.2018 – 65 T 73/18, Grundeigentum 2018, 997.
15 *Hügel/Elzer*, 3. Aufl. 2021, WEG § 15 Rn. 8.
16 Bub/Treier MietR-HdB/*Krämer/Schüller* Kap. III Rn. 2653.
17 *Dötsch/Schultzky/Zschieschak* WEG-Recht 2021 Kap. 15 Rn. 51.

zu dulden. Dazu gehören vorbereitende Maßnahmen wie Besichtigungstermine vor Ort und deren Absprache sowie die Gewährung des Zutritts zur Wohnung. Der Nutzer schuldet nur passives Dulden, keine Mitwirkung. Er darf allerdings die Absprachen von Terminen auch nicht verhindern.[18]

Eine Ankündigung ist entbehrlich, wenn mit der Erhaltungsmaßnahme nur eine unerhebliche Einwirkung verbunden oder ihre **sofortige Durchführung** zwingend erforderlich ist. Das ist zB bei dringenden Reparaturen nach Rohrbrüchen sowie bei gravierenden Unwetter- oder Brandschäden der Fall. Die jeweils betroffenen Interessen sind stets abzuwägen und eine möglichst frühzeitige Information des Nutzers über Art und Umfang der Maßnahmen geboten.[19]

III. Die Duldung baulicher Veränderungen (§ 15 Nr. 2 WEG)

Nach § 15 Nr. 2 WEG muss der Nutzer einer Wohnung, der nicht Eigentümer ist, Maßnahmen, die über die Erhaltung hinausgehen, dulden, wenn sie ihm entsprechend den Vorschriften im BGB über die **Modernisierungsankündigung** in Mietverhältnissen rechtzeitig angekündigt wurden. § 15 Nr. 2 WEG bezieht sich ebenso wie § 15 Nr. 1 WEG sowohl auf das Sondereigentum als auch auf das Gemeinschaftseigentum.[20] Die Vorschrift formuliert die zu duldenden Maßnahmen allgemein, gemeint sind jedoch bauliche Veränderungen. Auf die Verwendung des Begriffs wurde verzichtet, weil der Begriff der baulichen Veränderung nach § 20 Abs. 1 WEG sich auf das Gemeinschaftseigentum beschränkt.[21]

Die Duldungspflicht ist nur fällig, wenn die Maßnahme spätestens drei Monate vor ihrem Beginn in Textform (§ 126 b BGB) angekündigt wurde und die Ankündigung entsprechend der Verweise auf die mietrechtlichen Vorschriften zur Modernisierungsankündigung in § 555 c BGB die Art und den voraussichtlichen Umfang der Modernisierungsmaßnahme sowie ihren voraussichtlichen **Beginn** und ihre voraussichtliche **Dauer** enthält. Darüber hinaus soll die Ankündigung einen Hinweis auf den dem Nutzer möglichen form- und fristgebundenen Härteeinwand nach § 555 d Abs. 3 BGB enthalten. Danach sind Umstände, die eine Härte im Hinblick auf die Duldung oder die Mieterhöhung begründen, bis zum Ablauf des Monats, der auf den Zugang der Modernisierungsankündigung folgt, in Textform mitzuteilen.

Die anzukündigende Art der Maßnahme bezieht sich auf das einzelne Werk, den **Gegenstand** der baulichen Veränderung.[22] Die Gemeinschaft der Wohnungseigentümer bzw. der Wohnungseigentümer müssen gem. § 555 c Abs. 1 S. 2 Nr. 1 BGB ankündigen, welche baulichen Veränderungen geplant sind.[23] Anzugeben ist danach zB der Einbau neuer Heizkörper oder Fenster, die Durchführung von Wärmedämmmaßnahmen oder eine Veränderung des Grundrisses.[24]

Die Ankündigung muss weiterhin den **voraussichtlichen Umfang** der Maßnahmen in wesentlichen Zügen enthalten. Der Nutzer muss aufgrund der Ankündigung einerseits in die Lage versetzt werden, die mit den Bauarbeiten verbundenen Beeinträchtigungen und Störungen zB durch Schmutz, Lärm, Einschränkung der Nutzbarkeit einzelner Bereiche in der Wohnung einzuschätzen. Andererseits sollen die Angaben zum Umfang ihm die mit den Maßnahmen einhergehenden Veränderungen aufzeigen.[25] Die Anforderungen an den Inhalt der Ankündigung dürfen nicht überspannt werden, dass dadurch dem Bauwilligen – Gemeinschaft oder Eigentümer – die Maßnahme erheblich erschwert wird; insbesondere muss kein Bauablaufplan vorgelegt werden.[26] Eine stichpunktartige Beschreibung soll hingegen nicht genügen.[27] Soll zB eine Ofenheizung durch eine Gaseztagenheizung ersetzt werden, soll der Nutzer durch die Ankündigung erkennen können, wo voraussichtlich Heizkörper, Therme und Thermostat angebracht werden. In der Modernisierungsankündigung für eine Maßnahme einer energetischen Modernisierung kann entsprechend § 555 c Abs. 3 BGB in Bezug auf die energeti-

9

10

11

12

13

---

18 *Hügel/Elzer*, 3. Aufl. 2021, WEG § 15 Rn. 11 f.
19 *Hügel/Elzer*, 3. Aufl. 2021, WEG § 15 Rn. 10.
20 BT-Drs. 19/18791, 54.
21 BT-Drs. 19/18791, 54.
22 *Hügel/Elzer*, 3. Aufl. 2021, WEG § 15 Rn. 18.
23 *Hügel/Elzer*, 3. Aufl. 2021, WEG § 15 Rn. 18.
24 Schmidt-Futterer/*Eisenschmid* BGB § 555 c Rn. 31.
25 *Hügel/Elzer*, 3. Aufl. 2021, WEG § 15 Rn. 19.
26 BGH 28.9.2011 – VIII ZR 242/10, NJW 2012, 63 Rn. 31 f.
27 *Hügel/Elzer*, 3. Aufl. 2021, WEG § 15 Rn. 21.

sche Qualität von Bauteilen auf allgemein anerkannte Pauschalwerte Bezug genommen werden. Da es dem Bauherrn unmöglich ist, den konkreten Bauablauf in jedem Einzelschritt voraus zu planen, sich vielmehr erst im Zuge der Ausführung der Arbeiten bestimmte Details ergeben, ist in der Ankündigung der voraussichtliche Umfang anzugeben.[28]

14　Die Ankündigung muss den voraussichtlichen Beginn und die voraussichtliche Dauer der Maßnahme enthalten. Der **voraussichtliche Beginn** soll so genau wie möglich, bestenfalls mit Datum und Uhrzeit, mitgeteilt werden, wenngleich die Angabe einer Kalenderwoche ausreicht.[29] Nicht ausreichend ist die Angabe, wenn der Beginn mit „zwischen Dezember und Januar" oder „im Frühling" bzw. „im Winter" angegeben wird.[30] Es genügt auch nicht, der Angabe eines Zeitraums die Ankündigung beizufügen, dass ein genauer Termin später mitgeteilt werde.[31] **Verzögert** sich der Baubeginn schadet das nicht, wenn noch ein zeitlicher Zusammenhang des tatsächlichen Beginns mit dem ursprünglichen Termin besteht. Die Änderung ist dem Nutzer mitzuteilen, damit er von ihm als notwendig angesehene Vorbereitungen treffen kann,[32] und – ändert sich nur der Termin des Beginns – von ihm hinzunehmen.[33] Eine neue Ankündigung mit Einhaltung der Ankündigungsfrist von drei Monaten ist erforderlich, wenn die Verzögerung mehrere Wochen oder sogar Monate beträgt.[34]

15　Die **voraussichtliche Dauer** der Maßnahme muss so konkret wie möglich, bestenfalls nach Tagen, jedenfalls aber nach Wochen angegeben werden. Die Angabe „zwei bis drei Monate" bzw. „von Januar 2021 bis Juli 2021" ist zu unbestimmt.[35]

16　Die Ankündigung soll entsprechend dem Hinweis auf § 555 c Abs. 2 BGB den Hinweis auf die Form und die Frist des **Härteeinwands** des Nutzers gemäß § 555 d Abs. 3 S. 1 BGB enthalten, ohne dabei durch unnötige Informationen abzulenken oder zu verwirren.[36] Fehlt der Hinweis oder genügt den gesetzlichen Anforderungen nicht, so kann der Nutzer den Härteeinwand form- und fristlos auch noch nach Beginn der Baumaßnahmen geltend machen.[37]

17　Angaben zu einer **Mieterhöhung** muss die Ankündigung gegenüber einem Wohnungsmieter als Drittnutzer nicht enthalten, da § 15 WEG den Anspruch auf Duldung der geplanten baulichen Veränderung entweder der Gemeinschaft der Wohnungseigentümer oder einzelner Wohnungseigentümer unabhängig von einem über die betroffene Wohnung bestehenden Mietverhältnis begründet.[38] Ob ein Vermieter aufgrund der baulichen Veränderung eine Mieterhöhung nach § 559 BGB verlangen kann, richtet sich nach den Bestimmungen über das Wohnraummietrecht. Für die Fälligkeit der Duldungspflicht nach § 15 Nr. 2 WEG kommt es auch nur darauf an, dass die Gemeinschaft der Wohnungseigentümer bzw. der bauwillige Wohnungseigentümer die Ankündigung form- und fristgerecht erteilt hat. Hat der Vermieter der Wohnung gegen seine Ankündigungspflicht verstoßen, wirkt sich das auf die Duldungspflicht gegenüber der Gemeinschaft bzw. dem Wohnungseigentümer nicht aus.[39]

18　Der **Drittnutzer** der betroffenen Wohnung muss entsprechend § 555 d Abs. 3 BGB bis zum Ablauf des auf den Zugang der Ankündigung bei ihm folgenden Monat diejenigen Umstände in Textform mitteilen, die eine Härte im Hinblick auf die Duldung der baulichen Veränderungen begründen. Die Frist beginnt nur zu laufen, wenn die Ankündigung den ordnungsgemäßen Hinweis auf den Härteeinwand enthält. Danach muss der Drittnutzer alle auf ihn, seine Familien- oder Haushaltsangehörigen zutreffenden **Härtegründe** im Kern innerhalb der Frist in Textform (§ 126 b BGB) mitteilen und konkret bezogen auf die bauliche Maßnahme begründen.[40]

28　Schmidt-Futterer/*Eisenschmid* BGB § 555 c Rn. 32.
29　*Hügel/Elzer*, 3. Aufl. 2021, WEG § 15 Rn. 22.
30　Schmidt-Futterer/*Eisenschmid* BGB § 555 c Rn. 38.
31　*Hügel/Elzer*, 3. Aufl. 2021, WEG § 15 Rn. 22.
32　*Hügel/Elzer*, 3. Aufl. 2021, WEG § 15 Rn. 22.
33　Schmidt-Futterer/*Eisenschmid* BGB § 555 c Rn. 39.
34　Schmidt-Futterer/*Eisenschmid* BGB § 555 c Rn. 40.
35　Schmidt-Futterer/*Eisenschmid* BGB § 555 c Rn. 43.
36　LG Berlin 13.1.2015 – 63 S 133/14, Grundeigentum 2015, 323.
37　Schmidt-Futterer/*Eisenschmid* BGB § 555 c Rn. 78; *Dötsch/Schultzky/Zschieschak* WEG-Recht 2021 Kap. 15 Rn. 65.
38　BT-Drs. 19/18791, 55.
39　BT-Drs. 19/18791, 55.
40　*Hügel/Elzer*, 3. Aufl. 2021, WEG § 15 Rn. 27.

Die **Frist** ist nur gewahrt, wenn sie dem Empfänger rechtzeitig nach § 130 BGB zugeht, also so in seinen Machtbereich gelangt, dass er von ihr Kenntnis nehmen kann.

Sind die baulichen Veränderungen nur mit einer **unerheblichen Einwirkung** auf das Wohnungseigentum ver- **19** bunden, ist eine Ankündigung entsprechend § 555 c Abs. 4 BGB entbehrlich. Ob eine Einwirkung unerheblich ist, ist im Einzelfall danach zu bestimmen, welche Härte nach § 555 d Abs. 2 BGB für den Nutzer damit ver- bunden ist, so dass es vorrangig auf die **Intensität** der baulichen Veränderung ankommt.[41] Werden die Maß- nahmen innerhalb der Wohnung ausgeführt wird aufgrund des besonderes Schutzes der Wohnung nach Art. 13 GG in der Regel eine erhebliche Einwirkung vorliegen, es sei denn, sie dauert allenfalls wenige Stunden.[42] Als unerhebliche Einwirkung eingestuft wurde zB die Installation einer Gegensprechanlage, der Einbau von Ther- mostatventilen, Wasserzählern und Rauchwarnmeldern sowie der Anschluss der Wohnung an das Kabelnetz.[43]

Erfüllt die Ankündigung die Anforderungen von § 15 Nr. 2 WEG, muss der Wohnungsnutzer die bauliche Ver- **20** änderung dulden. Die Duldungspflicht fordert ein passives Hinnehmen und es gilt das Vorstehend bei → Rn. 8 Gesagte.

Die Duldungspflicht besteht nach § 15 Nr. 2 WEG iVm 555 d Abs. 2 S. 1 BGB nicht, wenn die bauliche Ver- **21** änderung für den Dritten, seine Familie oder einen Angehörigen seines Haushalts eine vom Dritten zu bewei- sende Härte bedeuten würde, die auch unter Würdigung der berechtigten Interessen des Bauwilligen als auch anderer Wohnungseigentümer in dem Gebäude sowie von Belangen der Energieeinsparung und des Klima- schutzes nicht zu rechtfertigen ist.[44] Danach ist abzuwägen, ob das Veränderungsinteresse des Bauherrn und der übrigen Wohnungseigentümer sowie die Belange der Energieeinsparung und des Klimaschutzes die nega- tiven Auswirkungen auf den Drittnutzer und seine Haushaltsangehörigen überwiegen. **Geschützte Interessen** können

- die sich aus der Bauausführung ergebenden Belastungen wie Lärm, Schmutz, Erschütterungen, fehlende Privatsphäre wegen ständig anwesender fremder Personen (Handwerker),
- die Auswirkungen auf die Lebensführung und -planung wie zB eine Krankheit,
- die negativen Folgen der baulichen Veränderung auf das Gebrauchsrecht wie zB Verlust von Stellfläche bei Heizungseinbau oder Nachrüstung eines Balkons, Verringerung der Fläche

sein.[45]

Ob eine die **Duldungspflicht vernichtende Härte** vorliegt, muss der Tatrichter nach den Umständen des Ein- **22** zelfalls ermitteln.[46] Nach der hier vertretenen Auffassung dürfte das Veränderungsinteresse gerade bei bauli- chen Maßnahmen, mit denen die Klimaschutzziele, aber auch gesamtgesellschaftliche Interessen wie die Barriere- und Schwellenfreiheit verfolgt werden, besonders gewichtig sein und – da der Mieter über § 559 Abs. 4 BGB gegenüber seinem Vermieter vor Mieterhöhungen geschützt ist – nicht durch Interessen des Dritt- nutzers generell verhindert werden können. Möglich erscheint jedoch, dass ein zeitlich befristeter Härtegrund zu einer Verschiebung der Baumaßnahme führt, wie zB der während der Heizperiode beabsichtigte Fenster- austausch.[47] Für das Vorliegen der Härtegründe ist der Drittnutzer darlegungs- und beweispflichtig.[48]

IV. Prozessuale Durchsetzung des Anspruchs

Die Durchsetzung des Duldungsanspruchs ist weder eine Streitigkeit der WEG noch eine mietrechtliche Strei- **23** tigkeit, so dass der **allgemeine örtliche Gerichtsstand** nach § 12 ZPO eröffnet ist.[49] Mieter bzw. wohnender Drittnutzer haben allerdings in der Regel ihren allgemeinen Gerichtsstand nach § 13 ZPO am Ort des Woh- nungseigentums, was auch für den Sitz von juristischen Personen nach § 17 ZPO zutreffen kann, aber nicht muss. Die sachliche Zuständigkeit richtet sich gemäß § 23 Nr. 1 GVG nach dem Streitwert, der nach § 9 ZPO

---

41 *Hügel/Elzer*, 3. Aufl. 2021, WEG § 15 Rn. 30.
42 Schmidt-Futterer/*Eisenschmid* BGB § 555 c Rn. 60 a, 24.
43 *Hügel/Elzer*, 3. Aufl. 2021, WEG § 15 Rn. 30; Schmidt-Futterer/*Eisenschmid* BGB § 555 c Rn. 63.
44 *Lehmann-Richter/Wobst* WEG-Reform 2020 § 15 Rn. 1643 f.; *Hügel/Elzer*, 3. Aufl. 2021, WEG § 15 Rn. 32.
45 *Lehmann-Richter/Wobst* WEG-Reform 2020 § 15 Rn. 1645; *Hügel/Elzer*, 3. Aufl. 2021, WEG § 15 Rn. 34.
46 BGH 24.9.2008 – VIII Zr 275/07 NJW 2008, 3630 Rn. 30.
47 *Lehmann-Richter/Wobst* WEG-Reform 2020 § 15 Rn. 1646.
48 *Hügel/Elzer*, 3. Aufl. 2021, WEG § 15 Rn. 32.
49 *Dötsch/Schultzky/Zschieschak* WEG-Recht 2021 Kap. 14 Rn. 20.

zu bestimmen ist.[50] Der Duldungsantrag muss die zu duldenden Maßnahmen und damit den erzielten Duldungserfolg sowie den Umfang der zu duldenden Arbeiten in ihren wesentlichen Umrissen und Schritten beschreiben[51] und sollte zur zwangsweisen Durchsetzung bereits im Erkenntnisverfahren mit dem Antrag auf Ordnungsgeld oder Ordnungshaft „bei Meidung der gerichtlichen Festsetzung eines der Höhe nach in das Ermessen des Gerichtes gestellten Ordnungsgeldes, ersatzweise Ordnungshaft oder Ordnungshaft bis zu 6 Monaten" verbunden werden.[52]

59. E-Mobilität – Einbau von Ladestationen

Herlitz

I. Allgemeines

1 Durch das **Gesetz zur Förderung der Elektromobilität und zur Modernisierung des Wohnungseigentumsgesetzes** und zur Änderung von kosten- und grundbuchrechtlichen Vorschriften (Wohnungseigentumsmodernisierungsgesetz – WEModG),[1] welches zum 1.12.2020 in Kraft trat, wurde in § 20 Abs. 2 Nr. 2 WEG normiert, dass jeder Wohnungseigentümer **angemessene bauliche Veränderungen** verlangen kann, die dem Laden elektrisch betriebener Fahrzeuge dienen. Eine entsprechende Vorschrift wurde mit § 554 BGB auch im Mietrecht eingeführt. Es handelt sich um ausdrückliche durch den Gesetzgeber genannte Privilegierungen, die nunmehr Eingang in das WEG und in das BGB gefunden haben.

2 Elektrisch betriebene Fahrzeuge dienen dem Klimaschutz und tragen zu einer Reduzierung der CO_2-Belastung bei. Insofern dient die Vorschrift vor allem der Erreichung der Klimaschutzziele.[2] Zwar verzeichnet Deutschland Rekordwerte bei der Anzahl der Neuzulassungen, seit Jahresbeginn 2020 wurden rund 77.200 Exemplare neu zugelassen,[3] jedoch ist es vollkommen klar, dass sich E-Mobilität nur bei einem ausreichenden Angebot von Ladestationen durchsetzt; idealerweise eben auch auf dem **Parkplatz vor der eigenen Haustür**.

3 § 20 Abs. 2 Nr. 2 WEG regelt die **Zulässigkeit baulicher Veränderungen**, die dem Laden elektrisch betriebener Fahrzeuge dienen, allein für das gemeinschaftliche Eigentum. Es ersetzt damit den vormals geltenden § 22 Abs. 1 und 2 aF. Sondereigentum wird nach § 13 WEG behandelt. Für das Mietverhältnis gilt § 554 BGB, der § 554 a BGB aF ablöst.

II. Das Verlangen angemessener baulicher Veränderungen von Ladestationen im Gemeinschaftseigentum

4 § 20 Abs. 2 Nr. 2 WEG normiert für das Gemeinschaftseigentum, dass jeder Wohnungseigentümer angemessene bauliche Veränderungen verlangen kann, die dem Laden elektrisch betriebener Fahrzeuge dienen. Diese zweite Variante des jeweiligen **Individualanspruchs** des einzelnen Wohnungseigentümers für bestimmte in

---

50 *Hügel/Elzer*, 3. Aufl. 2021, WEG § 15 Rn. 41.
51 BGH 28.9.2011 – VIII ZR 242/10 NJW 2012, 63 Rn. 16.
52 *Hügel/Elzer*, 3. Aufl. 2021, WEG § 15 Rn. 42.
1 Vgl. BT-Drs. 19/22634.
2 Vgl. BT-Drs. 19/22634, 1.
3 Vgl. De.Statista.com/Statistik/Daten/Studie/244000/Umfrage/Neuzulassungen-von-Elektroautos-in-Deutschland.

Abs. 2 aufgezählte privilegierte Maßnahmen bezieht sich im Rahmen der Angemessenheit des Verlangens nur auf **das „Ob" der Maßnahme**. Um das „Wie" geht es erst in S. 2, wonach über die Durchführung im Rahmen ordnungsgemäßer Verwaltung zu beschließen ist. Hier gilt nichts anderes wie für die übrigen Privilegierungen in Nr. 2, nämlich bauliche Veränderungen, die dem Gebrauch durch Menschen mit Behinderungen, dem Einbruchsschutz und dem Anschluss an ein Telekommunikationsnetz mit sehr hoher Kapazität dienen.

Der entsprechende Wohnungseigentümer bittet die übrigen Wohnungseigentümer allein darum, die Maßnahme 5
überhaupt durchführen zu können. Im Rahmen der Angemessenheit des Verlangens sollte sich aber der Wohnungseigentümer bereits mit der Frage auseinandersetzen, mit welchen Beeinträchtigungen die Baumaßnahme verbunden ist, ob die technischen Voraussetzungen ausreichen oder etwa noch auszubauen sind und wie mit Haftungs- oder versicherungsrechtlichen Fragen umzugehen ist. Ansonsten nämlich kann nicht überprüft werden, ob das Verlangen „angemessen" ist. **Über das „Wie" entscheiden dann die Wohnungseigentümer** im Rahmen ordnungsmäßiger Verwaltung (vgl. § 20 Abs. 2 S. 2 WEG).[4] Hier steht den Eigentümern ein Ermessensspielraum zu. Bauliche Veränderungen, die die Wohnanlage grundlegend umgestalten oder einen Wohnungseigentümer ohne sein Einverständnis gegenüber anderen unbillig benachteiligen würden, können hingegen nicht beschlossen oder gestattet werden, sie können auch nicht verlangt werden (vgl. § 20 Abs. 4 WEG).

Die **Kostentragung** richtet sich nach § 21 Abs. 1 WEG. Um den Anspruch im Streitfall durchzusetzen, muss 6
der Wohnungseigentümer die Voraussetzungen des § 20 Abs. 2 und 3 WEG darlegen und beweisen; notfalls muss er Beschlussersetzungsklage nach § 44 Abs. 1 S. 2 WEG erheben. Dieses Regelungskonzept hat auch zur Folge, dass ein Beschluss über bauliche Veränderungen im Rahmen einer Anfechtungsklage stets nach dem gleichen Prüfungsmaßstab kontrolliert werden kann. Es spielt keine Rolle, ob er auf dem Willen der Mehrheit beruht oder ob er lediglich gefasst wurde, um einen Anspruch nach § 20 Abs. 2 oder 3 WEG zu erfüllen.[5]

1. Die einzelnen Voraussetzungen des Verlangens. Im Kern sind für das Verlangen folgende Punkte zu prü- 7
fen:

a) Laden elektrisch betriebener Fahrzeuge. Die bauliche Veränderung muss dem Laden elektrisch betriebe- 8
ner Fahrzeuge dienen. Dies ist dann der Fall, wenn **durch die bauliche Veränderung ermöglicht** wird, dass die Batterie des entsprechenden Fahrzeugs aufgeladen werden kann. Der Anspruch beschränkt sich deshalb nicht nur auf die Anbringung einer Ladestation an der Wand (sogenannte Wallbox), sondern betrifft zB auch die Verlegung der Leitungen und diejenigen Eingriffe in die Stromversorgung oder die Telekommunikationsinfrastruktur, die dafür notwendig sind, dass die Lademöglichkeit sinnvoll genutzt werden kann. Das Verlangen beschränkt sich weiter nicht nur auf die Ersteinrichtung einer Lademöglichkeit, sondern betrifft auch deren Verbesserung. Vom Anwendungsbereich erfasst sind Fahrzeuge gem. § 2 Nr. 1 EMoG (Elektromobilitätsgesetz), also elektrisch betriebene Fahrzeuge.

Dazu zählen etwa: 9
- Reine Batterie-Elektrofahrzeuge,
- von außen aufladbare Hybrid-Elektrofahrzeuge oder
- elektrisch betriebene Zweiräder und spezielle Elektromobile für Gehbehinderte, die nicht in den Anwendungsbereich des Elektromobilitätsgesetzes fallen.[6]

b) Angemessenheit der baulichen Veränderung. Es muss sich nach § 20 Abs. 2 S. 1 Hs. 1 WEG um ange- 10
messene bauliche Veränderungen des Gemeinschaftseigentums handeln.

aa) Bauliche Veränderung des Gemeinschaftseigentums. Entsprechend den übrigen Varianten des § 20 11
Abs. 2 WEG muss es sich um eine bauliche Veränderung, also um eine Umgestaltung des Gemeinschaftseigentums handeln, die vom Aufteilungsplan oder früheren Zustand des Gebäudes nach Fertigstellung abweicht und über die ordnungsgemäße Instandhaltung und Instandsetzung hinausgeht.

Gemeint ist eine auf Dauer angelegte gegenständliche Veränderung des Gemeinschaftseigentums, die auf Ver- 12
änderung des vorhandenen Zustandes gerichtet ist und zwar dadurch, dass Gebäudeteile oder das Grundstück verändert, Einrichtungen oder Anlagen neu geschaffen oder eben geändert werden.[7] Wie schon vor der Neu-

---

4 Vgl. BT-Drs. 19/22634, 61.
5 Vgl. BT-Drs. 19/18791, 60.
6 Vgl. BT-Drs. 19/18791, 87.
7 Vgl. Bärmann/*Merle* WEG § 22 Rn. 7.

fassung, können bauliche Veränderung nach dem eindeutigen Wortlaut der Vorschrift nur **eine Umgestaltung des Gemeinschaftseigentums** sein. Nicht erfasst werden bauliche Veränderungen, die sich ausschließlich auf den Bereich des Sondereigentums beschränken. Insofern wird sich das Verlangen zum Einbau einer Ladeeinrichtung vielfach auf das Grundstück, als Teil des Gemeinschaftseigentums, beziehen.[8]

13 Ist **Sondereigentum** betroffen, so dürfte insbesondere die Regelung in § 13 Abs. 2 WEG greifen, wonach es auch für den Einbau einer Ladestation grundsätzlich keiner Gestattung bedarf, soweit keinem der anderen Wohnungseigentümer ein über das bei einem geordneten Zusammenleben unvermeidliche Maß hinausgehender Nachteil erwächst (→ Rn. 33).

14 **bb) Angemessenheit des Verlangens.** Das Verlangen muss **angemessen** sein. Wie bei den übrigen Varianten handelt es sich bei der Frage der Angemessenheit um einen unbestimmten Rechtsbegriff, der es ermöglicht, im Einzelfall unangemessene Forderungen zurückzuweisen.[9]

15 Damit aber die Angemessenheit des Verlangens überhaupt geprüft werden kann, muss sich der Wohnungseigentümer mit der Frage der **Umsetzung seiner baulichen Veränderung** auseinandersetzen. Dass nämlich die begehrte Maßnahme selbst angemessen ist, dürfte aufgrund der Privilegierung durch den Gesetzgeber außer Frage stehen. Also hat sich der begehrende Wohnungseigentümer mit baulichen und **technischen Fragestellungen** auseinanderzusetzen.

16 Damit die bauliche Veränderung auch tatsächlich dem Laden elektrisch betriebener Fahrzeuge dient, muss eine entsprechende **Ladeinfrastruktur** vorgehalten bzw. eingerichtet werden. Es müssen Rohre verlegt werden, die vom Parkplatz bis zum Hausanschluss reichen. Weitere Punkte sind etwa:
- Leistungskapazitäten der Hausanschlüsse oder der Ortsnetze,
- ausreichende Ladeinfrastruktur der Elektroinstallation im Gebäude,
- Unterverteilung etwa in der Tiefgarage,
- Brandschutz und hier die Querung von Brandabschnitten bei der Installation.

17 Für Dauer und Umfang der Maßnahme macht es natürlich einen Unterschied, ob sich der Hausanschluss – von dem der Strom gewonnen wird – in der Nähe des zugewiesenen Parkplatzes befindet, oder aber weiter entfernt.

18 Gleichwohl allerdings stellt der Gesetzgeber an die Angemessenheit des Verlangens selbst dann wiederum **geringe Anforderungen**. So führt der Gesetzgeber in seiner Begründung aus, dass es etwa nicht zulässig sei, den Anspruch aus § 20 Abs. 2 S. 1 Nr. 2 WEG mit Blick auf beschränkte Kapazitäten der gemeinschaftlichen Elektroinstallationen abzulehnen.[10]

19 Das Verlangen ist dann angemessen, wenn die bauliche Veränderung für ein Funktionieren der Ladestation notwendig ist, wie etwa die Verlegung von Leitungen und Eingriffe in die Stromversorgung bzw. Telekommunikationsinfrastruktur.

20 Allerdings aber räumt § 20 Abs. 2 S. 1 Nr. 2 WEG dem Wohnungseigentümer nicht das Recht ein, ein zu ladendes Fahrzeug **für die Zeit des Ladevorgangs im Bereich des gemeinschaftlichen Eigentums abzustellen**. Fehlt es an einem solchen Recht, ist die Herstellung einer Lademöglichkeit nicht angemessen.[11] Daraus folgt, dass dem Wohnungseigentümer das Recht zustehen muss, das zu ladende Fahrzeug im Bereich der begehrten Lademöglichkeit auch abzustellen.

21 **c) Das Verlangen und das Recht zum Mitgebrauch.** § 20 Abs. 2 WEG beschränkt sich nur auf das Verlangen der baulichen Maßnahme selbst. Aus dem Verlangen zum Einbau oder Errichtung der Ladestation allein erwächst noch **kein Anspruch auf den späteren Gebrauch der Ladestation**.

22 Deshalb sollte der Wohnungseigentümer seinen Anspruch aus § 20 Abs. 2 S. 1 Nr. 2 WEG auf bauliche Veränderung (zum Beispiel zur Verlegung von Leitungen und zur Anbringung einer sogenannten Wallbox) mit seinem Recht zum Mitgebrauch nach § 16 Abs. 1 S. 3 WEG (zB der bestehenden Elektroinstallationen) kombinieren.

---

8 *Schmidt* ZWE 2017, 238.
9 Vgl. BT-Drs. 19/18791, 64.
10 Vgl. BT-Drs. 19/18791, 64.
11 Vgl. BT-Drs. 19/18791, 63.

Herlitz

Problematisch wird es, wenn etwa durch den nachträglichen Mitgebrauch durch interessierte Wohnungseigen-   23
tümer **Kapazitätsprobleme bei der Stromversorgung** entstehen. Hier muss dann durch Beschluss geregelt
werden, wann welcher Wohnungseigentümer das gemeinschaftliche Eigentum nutzen kann. So ist es nicht zulässig, die spätere Mitbenutzung mit Blick auf beschränkte Kapazitäten der gemeinschaftlichen Elektroinstallationen abzulehnen (→ Rn. 14). Entweder teilen sich in einem solchen Fall alle an der Nutzung interessierten
Wohnungseigentümer die beschränkten Kapazitäten der bestehenden Elektroinstallationen oder sie rüsten diese gemeinsam auf (zum Beispiel durch die Installation eines Lastmanagementsystems oder die Erweiterung
der Hausanschlussleistung) und tragen die dafür notwendigen Kosten gemeinsam (vgl. § 21 Abs. 1 S. 1 WEG).
Die Nutzung und Kostenbeteiligung durch später hinzutretende Wohnungseigentümer in diesem Fall regelt
§ 21 Abs. 4 WEG.[12]

2. Beschluss über die Durchführung der Maßnahme. Im Rahmen des Verlangens angemessener baulicher   24
Veränderungen, die dem Laden elektrischer Fahrzeuge dienen, eröffnet § 20 Abs. 2 S. 2 WEG den Wohnungseigentümern die Möglichkeit, über die Durchführung der baulichen Maßnahme **im Rahmen ordnungsmäßiger Verwaltung (§ 18 Abs. 2 WEG) zu entscheiden**. Maßstab hier ist das Interesse der Gesamtheit der Wohnungseigentümer nach billigem Ermessen. Das Verlangen nach Abs. 2 S. 1 erfährt hier eine Einschränkung nur
insoweit, als der Wohnungseigentümer keinen Anspruch auf eine bestimmte Durchführung der baulichen Veränderung hat. Bauliche Details oder die Beauftragung von Fachfirmen sind Fragen, die im Rahmen der ordnungsgemäßen Verwaltung zu beantworten sind, dies ergibt sich mittelbar aus der Kostentragungsregelung des
§ 21 Abs. 1 WEG.[13]

Die Wohnungseigentümer können im Rahmen ihres **Ermessensspielraums** durchaus detaillierte Vorgaben für   25
die bauliche Durchführung machen, die dann vom Wohnungseigentümer zu berücksichtigen sind. Die Begründung des Gesetzes nennt als Beispiel die Verwendung bestimmter Materialien oder die Vorgabe, Kabel unter
Putz zu verlegen.

Mit Blick auf den erhöhten Stromverbrauch entspricht es schließlich ordnungsgemäßer Verwaltung, dass diese   26
nach Maßgabe der Heizkostenverordnung teilweise nach Verbrauch verteilt werden; wird der **Betriebsstrom**
nicht über einen Zwischenzähler, sondern über den allgemeinen Stromzähler erfasst, muss geschätzt werden,
welcher Anteil an dem Allgemeinstrom hierauf entfällt.[14]

Aber: Bei der Frage der ordnungsgemäßen Verwaltung spielt eine **Kosten-Nutzen-Analyse** der Baumaßnah-   27
me selbst keine Rolle. So muss der Wohnungseigentümer die Kosten tragen, der die Maßnahme verlangt hat,
vgl. § 21 Abs. 1 WEG.

3. Ausschluss des Anspruchs. Baulichen Veränderungen – also auch dem Einbau einer Ladestation – werden   28
durch § 20 Abs. 4 WEG **zwei Grenzen** gesetzt: Zum einen dürfen sie die Wohnanlage nicht grundlegend umgestalten; zum anderen dürfen sie keinen Wohnungseigentümer ohne sein Einverständnis gegenüber anderen
unbillig benachteiligen.

Die erste Variante dürfte sich allein daraus ergeben, dass der Wohnungseigentümer eben nur angemessene   29
bauliche Veränderungen verlangen kann. Der zweite Punkt ergibt sich aus der erforderlichen Beschlussfassung, sofern kein Fall des § 20 Abs. 3 WEG vorliegt, s. nachfolgend.

4. Anspruch, wenn kein Eigentümer in rechtlich relevanter Weise betroffen ist. § 20 Abs. 3 begründet   30
einen Anspruch auf Gestattung einer baulichen Veränderung, durch die kein Wohnungseigentümer in rechtlich
relevanter Weise beeinträchtigt wird.

Eine Beeinträchtigung ist rechtlich nicht relevant, wenn sie nicht über das bei einem geordneten Zusam-   31
menleben unvermeidliche Maß hinausgeht oder die über dieses Maß hinaus beeinträchtigten Wohnungseigentümer einverstanden sind.[15] Allerdings kann sich die Beeinträchtigung nicht mehr aus den Kosten einer baulichen Veränderung oder ihren Folgekosten ergeben. Denn nach § 21 Abs. 1 WEG sind diese Kosten einschließlich der Folgekosten allein von dem bauwilligen Wohnungseigentümer zu tragen.

---

12 Vgl. insgesamt hierzu BT-Drs. 19/18791, 63.
13 Vgl. BT-Drs. 19/18791, 63.
14 BGH 3.6.2016 – V ZR 166/15.
15 Vgl. BT-Drs. 19/18791, 63.

32 Erforderlich ist das **Einverständnis**, nicht die Zustimmung im Rahmen eines förmlichen Beschlusses. Das Einverständnis ist deshalb auch keine Willenserklärung („Ja, ich stimme zu"), sondern eine rechtsgeschäfts-ähnliche Handlung. Da jedoch das Einverständnis im Streitfall zu beweisen ist, sollte nach einer ausdrücklichen Zustimmung gefragt und diese sodann auch dokumentiert werden.

III. Einbau von Ladestationen im Sondereigentum

33 Für das Sondereigentum ist nunmehr **§ 13 Abs. 2 WEG** anwendbar. Für Maßnahmen, die über die ordnungs-mäßige Instandhaltung und Instandsetzung (Erhaltung) des Sondereigentums hinausgehen, gilt § 20 mit der Maßgabe entsprechend, dass es keiner Gestattung bedarf, soweit keinem der anderen Wohnungseigentümer über das bei einem geordneten Zusammenleben unvermeidliche Maß hinaus ein Nachteil erwächst.

34 Abweichend von § 20 Abs. 3 WEG benötigt ein Wohnungseigentümer für eine Veränderung des Sondereigen-tums aber keine Gestattung, wenn keinem anderen Wohnungseigentümer über das bei einem geordneten Zu-sammenleben unvermeidliche Maß hinaus ein Nachteil erwächst. Denn in diesen Fällen wäre die **Pflicht, eine Gestattung einzuholen**, eine **unangemessene Beschränkung des Sondereigentums**. § 20 Abs. 3 WEG bleibt aber anwendbar, wenn eine solche Beeinträchtigung zwar vorliegt, die betroffenen Wohnungseigentümer aber mit der baulichen Veränderung einverstanden sind; in diesem Fall besteht nach § 20 Abs. 3 WEG ein Anspruch auf die Gestattung durch Beschluss.

35 Einen Anspruch auf Gestattung hat der Wohnungseigentümer auch, wenn es sich um eine nach § 20 Abs. 2 WEG privilegierte Maßnahme handelt. Die Grenzen des § 20 Abs. 4 WEG gelten für Veränderungen des Son-dereigentums ebenso.[16]

IV. E-Ladestation und Mietrecht

36 Parallel zu § 20 Abs. 2 WEG erfährt die E-Mobilität und speziell der Einbau von Ladeeinrichtungen für elek-tronisch betriebene Fahrzeuge auch im Mietrecht eine **Privilegierung**.

37 **§ 554 Abs. 1 S. 1 BGB** bestimmt, dass der **Mieter** verlangen kann, dass ihm der Vermieter bauliche Verände-rungen der Mietsache erlaubt, die dem Gebrauch durch Menschen mit Behinderung, dem Laden elektrisch be-triebener Fahrzeuge oder dem Einbruchschutz dienen. Nach S. 2 der Vorschrift besteht ein solcher Anspruch nicht, wenn die bauliche Veränderung dem Vermieter auch unter Würdigung der Interessen des Mieters **nicht zugemutet werden kann**. Der Mieter kann sich gem. S. 3 im Zusammenhang mit der baulichen Veränderung zur Leistung einer besonderen Sicherheit verpflichten; § 551 Abs. 3 BGB gilt entsprechend. Eine zum Nachteil des Mieters abweichende Vereinbarung wäre nach § 554 Abs. 2 BGB unwirksam.

38 Der Mieter kann also vom Vermieter verlangen, dass dieser ihm bauliche Veränderungen der Mietsache er-laubt, die dem Laden elektrisch betriebener Fahrzeuge dienen.

39 Der Anspruch auf Erlaubnis regelt also auch hier nur das „Ob" der baulichen Veränderungen selbst. Über das „Wie" wird dann im Rahmen der **Angemessenheit** entschieden. Im Zweifel kann der Mieter dem Vermieter entsprechende Sicherheiten etwa für den Rückbau anbieten. Verlangen kann der Vermieter dies – anders als noch bei § 554 a BGB aF für den barrierefreien Ausbau – nicht mehr.

40 Unproblematisch handelt es sich beim Einbau einer Ladestation um eine bauliche Veränderung als jedwede Modifikation der Substanz der Mietsache.[17] Auch hier gilt, dass die bauliche Veränderung dem Laden elek-trisch betriebener Fahrzeuge **dienen** muss. Dies ist der Fall, wenn durch die bauliche Veränderung ermöglicht wird, dass die Batterie des entsprechenden Fahrzeugs aufgeladen werden kann (→ Rn. 8 f.).

41 Bei der Abwägung nach S. 2 sind im Rahmen einer **Interessenabwägung** sämtliche Umstände zu prüfen, die für die Durchführung der Maßnahme von Bedeutung sind. Neben dem Punkt, ob durch den Einbau ein gefahr-trächtiger Zustand geschaffen wird, spielt natürlich auch der bauliche Aufwand und die Beeinträchtigung für die übrigen Wohnungseigentümer eine Rolle. Technische Fragestellungen finden auch hier entsprechende Be-rücksichtigung (→ Rn. 14 ff.).

---

16 Vgl. BT-Drs. 19/18791, 52.
17 Vgl. BT-Drs. 19/18791, 87.

Herlitz

Wesentlich für das WEG-Recht ist aber, das sich die begehrte bauliche Veränderung auf Bereiche des Grundstücks oder des Gebäudes erstrecken muss, die auch **vom Gebrauchsrecht des Mieters umfasst** sind. Andernfalls würde es sich um einen Anspruch auf räumliche Erweiterung des Gebrauchsrechts handeln und damit um eine erweiternde Vertragsänderung.[18]   42

Befindet sich der Parkplatz im Sondereigentum des Wohnungseigentümers und ist dieser Parkplatz an den Mieter vermietet, so dürfte diese Voraussetzung gegeben sein. Bei Gemeinschaftseigentum müsste dem Wohnungseigentümer zumindest Mitbesitz an dem entsprechenden Parkplatz eingeräumt worden sein, welchen dieser dem Mieter dann überträgt oder bereits übertragen hat.   43

Sofern der vermietende Wohnungseigentümer mit dem Bau einer Ladevorkehrung einverstanden ist, dies aber – insbesondere im Rahmen der für Gemeinschaftseigentum geltenden Vorschrift des § 20 Abs. 2 WEG – gegenüber den übrigen Wohnungseigentümern nicht durchsetzen kann, hat der Mieter hieraus keine weitergehenden Befugnisse. Denn die **Durchsetzung der baulichen Maßnahme gelingt nicht ohne Mitwirkung der übrigen Wohnungseigentümer.** Hier wäre dann die Durchsetzung des Verlangens des Mieters dem Wohnungseigentümer faktisch unmöglich und auch nicht zumutbar. Etwas anderes gilt nur dann, wenn sich der Wohnungseigentümer gegenüber seinem Mieter vertraglich verpflichtet hat.   44

V. Fazit

Das Verlangen des einzelnen Wohnungseigentümers auf bauliche Veränderungen, die dem Laden elektrisch betriebener Fahrzeige dient, erfordert in aller Regel Maßnahmen, von denen alle Wohnungseigentümer betroffen sind. Man denke allein an das Verlegen von Rohren, die Sicherstellung der Kapazitäten für Hausanschlüsse und vieles mehr. Für das Gemeinschaftseigentum müssen weiter Regelungen für die Nutzung getroffen werden. Insofern kann nur empfohlen werden, dass sich die Wohnungseigentümer im Rahmen eines Gesamtkonzeptes mit dem Einbau von Ladestationen beschäftigen und dieses sodann umsetzen.   45

60. Eigentum im ABC

Tyarks

I. Einführung

Die wohnungseigentumsrechtliche Abgrenzung von gemeinschaftlichem Eigentum und Sondereigentum ist von erheblicher Relevanz. **Sondereigentum** ist echtes Eigentum iSd § 903 BGB (§ 3 Abs. 1 WEG).[1] Der Wohnungseigentümer hat in Bezug auf das Sondereigentum das alleinige Verfügungsrecht, er trägt die Gefahr des zufälligen Untergangs und hat die Kosten der Erhaltung zu tragen. Das **gemeinschaftliche Eigentum** steht indes sämtlichen Wohnungseigentümern zu.[2] Es wird gem. § 18 Abs. 1 WEG von der Gemeinschaft der Wohnungseigentümer verwaltet. Die Nutzungen gebühren regelmäßig sämtlichen Wohnungseigentümern, sie tragen grundsätzlich gemeinsam die Lasten und Kosten (§ 16 WEG).   1

Das **Miteigentum** (§ 1008 BGB) an einem Grundstück kann gem. § 3 Abs. 1 S. 1 WEG durch Vertrag der Miteigentümer in der Weise beschränkt werden, dass jedem der Miteigentümer abweichend von § 93 BGB das Eigentum an einer bestimmten Wohnung oder an nicht zu Wohnzwecken dienenden bestimmten Räumen in einem auf dem Grundstück errichteten oder zu errichtenden Gebäude (Sondereigentum) eingeräumt wird. Nach § 3 Abs. 1 S. 2 WEG gelten Stellplätze als Räume.   2

Das **WEMoG** bringt weitere erhebliche Neuerungen, wonach das Sondereigentum gem. § 3 Abs. 2 WEG auf einen außerhalb des Gebäudes liegenden Teil des Grundstücks erstreckt werden kann, es sei denn, die Wohnung oder die nicht zu Wohnzwecken dienenden Räume bleiben dadurch wirtschaftlich nicht die Hauptsache. Die Begründung von Sondereigentum an Freiflächen war bisher nach § 1 Abs. 5 WEG aF nicht möglich.

---

18 BT-Drs. 19/18791, 87.
 1 Vgl. Jennißen/*Zimmer* WEG § 3 Rn. 2.
 2 Vgl. Jennißen/*Zimmer* WEG § 3 Rn. 2.

Das Sondereigentum soll nach § 3 Abs. 3 WEG nur eingeräumt werden, wenn die Wohnungen oder sonstigen Räume in sich abgeschlossen sind und Stellplätze sowie außerhalb des Gebäudes liegende Teile des Grundstücks durch Maßangaben im Aufteilungsplan bestimmt sind.

Der **Inhalt des Sondereigentums** wird durch § 5 WEG bestimmt. Gem. § 5 Abs. 1 WEG sind Gegenstand des Sondereigentums die Räume iSd § 3 Abs. 1 WEG sowie die zu diesen Räumen gehörenden Bestandteile des Gebäudes, die verändert, beseitigt oder eingefügt werden können, ohne dass dadurch das gemeinschaftliche Eigentum oder ein auf Sondereigentum beruhendes Recht eines anderen Wohnungseigentümers über das bei einem geordneten Zusammenleben unvermeidliche Maß hinaus beeinträchtigt oder die äußere Gestaltung des Gebäudes verändert wird.

§ 5 Abs. 1 S. 2 WEG ordnet an, dass, soweit sich das Sondereigentum auf außerhalb des Gebäudes liegende Teile des Grundstücks erstreckt, § 94 BGB entsprechend gilt.

Teile des Gebäudes, die für dessen Bestand oder Sicherheit erforderlich sind, sowie **Anlagen** und **Einrichtungen**, die dem gemeinschaftlichen Gebrauch der Wohnungseigentümer dienen, sind gem. § 5 Abs. 2 WEG nicht Gegenstand des Sondereigentums, selbst wenn sie sich im Bereich der im Sondereigentum stehenden Räume oder Teile des Grundstücks befinden. Diese Teile sind also zwingendes gemeinschaftliches Eigentum

Gemeinschaftliches Eigentum sind gem. § 1 Abs. 5 WEG das **Grundstück** und das **Gebäude**, soweit sie nicht im Sondereigentum oder im Eigentum eines Dritten stehen.

Die gesetzlich vorgegebene Unterscheidung unterliegt dem sachenrechtlichen numerus clausus sowie Typenzwang und ist daher **zwingend und unabdingbar**.[3] Lediglich § 5 Abs. 3 WEG enthält eine Ausnahme, wonach die Wohnungseigentümer vereinbaren können, dass Bestandteile des Gebäudes, die Gegenstand des Sondereigentums sein können, zum gemeinschaftlichen Eigentum gehören.

3 Aufgrund dieser gesetzlichen Unterscheidung hat sich eine umfangreiche Kasuistik in Rechtsprechung und Lehre entwickelt. Das nachfolgende „ABC" berücksichtigt neben der umfangreichen Rechtsprechung und Literatur auch die erheblichen sachenrechtlichen Änderungen, die durch das WEMoG eingetreten sind. Bei der nachfolgenden Darstellung ist darauf hinzuweisen, dass die Unterteilung in gemeinschaftliches Eigentum und Sondereigentum nur für die Bestandteile des aufgeteilten Gebäudes gilt.

Soweit sich das Sondereigentum auf **außerhalb des Gebäudes liegende Teile des Grundstücks** erstreckt, stehen regelmäßig sämtliche Bestandteile eines darauf errichteten Gebäudes nach § 94 BGB im Sondereigentum (→ Rn. 75 „Freifläche"; → Rn. 106 „Kfz-Stellplatz"). Eine Aufteilung in Sondereigentum und gemeinschaftliches Eigentum findet bei diesen Gebäuden also grundsätzlich nicht statt (zur Ausnahme vgl. § 5 Abs. 2 WEG). Solche Gebäude sind auch nicht angesprochen, wenn in §§ 1, 3, 5 WEG von „Gebäuden" die Rede ist. Gebäude iSd §§ 1, 3, 5 WEG ist nur das in Sondereigentum und gemeinschaftliche Eigentum aufgeteilte Gebäude, nicht aber das auf einer Sondereigentumsfläche errichtete Gebäude.

II. Eigentum im ABC

4 **Abdichtungsanschluss und Abdichtung:** Der Abdichtungsanschluss zwischen Dachterrasse und Gebäude gehört zum gemeinschaftlichen Eigentum, da er Schäden am Bauwerk durch eindringendes Wasser verhindern soll und damit für die Sicherheit des Gebäudes iSd § 5 Abs. 2 WEG erforderlich ist.[4] Zu den konstruktiven, nicht sondereigentumsfähigen Teilen gehören daher sämtliche Schichten zur Isolierung gegen Feuchtigkeit sowie die entsprechenden Abdichtungsanschlüsse (→ Rn. 101 „Isolierungsschicht").[5]

5 **Abdichtungsbahn:** Abdichtungsbahnen als Bestandteil des Fußbodenaufbaus gehören zum gemeinschaftlichen Eigentum. Mit der Feuchtigkeitsisolierung ist nämlich gerade auch der Schutz anderer Miteigentümer bezweckt. Hierbei ist es in rechtlicher Hinsicht unerheblich, dass sich die Notwendigkeit zur Einbringung einer Abdichtungsbahn in Form einer Isolierfolie aus der Art der Nutzung des Sondereigentums ergibt (→ Rn. 101 „Isolierungsschicht", → Rn. 77 „Fußbodenbelag").[6]

---

3 Vgl. Jennißen/*Grziwotz* WEG § 5 Rn. 6.
4 BayObLG 27.4.2000 – 2Z BR 7/00, NZM 2000, 867.
5 AG Wilhelmshaven 8.4.2014 – 6 C 331/12, ZWE 2014, 449.
6 OLG Köln 21.9.2001 – 16 Wx 153/01, BeckRS 2001, 30207182.

Abflussrohr: → Rn. 10 „Abwasserleitung". 6

Absperrventil: → Rn. 171 „Versorgungsleitung". 7

Abstellplatz: Abstellplätze auf unbebauten Grundstücksflächen standen vor Geltung des WEMoG gem. § 1 8
Abs. 5 WEG aF zwingend im gemeinschaftlichen Eigentum (→ Rn. 106 „KfZ-Stellplatz). Dies hat sich nun
nach § 3 Abs. 2 WEG geändert. Auch an Abstellplätzen kann daher Sondereigentum begründet werden
(→ Rn. 106 „Kfz-Stellplatz").

Abwasserhebeanlage: Sie steht im gemeinschaftlichen Eigentum, soweit sie mehreren Eigentumseinheiten 9
bzw. dem gemeinschaftlichen Gebrauch aller Wohnungseigentümer dient,[7] und zwar selbst dann, wenn sie im
räumlichen Bereich einer Sondereigentumseinheit installiert ist.[8] Wenn die Hebeanlage nur der Entsorgung
einer Sondereigentumseinheit dient, steht sie im Sondereigentum.[9] Das soll auch dann gelten, wenn sie im
räumlichen Bereich des gemeinschaftlichen Eigentum steht.[10] Dies setzt voraus, dass Sondereigentum auch an
wesentlichen Bestandteilen außerhalb der Sondereigentumseinheit begründet werden kann. Hiervon wird teilweise ausgegangen, wenn die wesentlichen Bestandteile in einem funktionalen dienenden Zusammenhang mit
dem Sondereigentum stehen.[11] Der BGH[12] hat zuletzt durchaus die Ansicht favorisiert, dass alle wesentlichen
Bestandteile des Gebäudes, die sich außerhalb der im Sondereigentum stehenden Räume befinden, als gemeinschaftliches Eigentum anzusehen sind, die Entscheidung der Rechtsfrage aber offengelassen.[13]

Abwasserleitung: Innerhalb des Gebäudes verlaufende Abwasserleitungen sind gemeinschaftliches Eigen- 10
tum.[14] Die Rechtsprechung des BGH[15] wonach Versorgungsleitungen (→ Rn. 171 „Versorgungsleitung") jedenfalls bis zu der ersten für die Handhabung durch den Sondereigentümer vorgesehenen Absperrmöglichkeit
gemeinschaftliches Eigentum sind, selbst wenn die Leitungen im Sondereigentum verlaufen und ausschließlich der Entsorgung einer Wohnung dienen, hat auf die Einordnung von Abwasserleitungen keinen Einfluss,
da es für Abwasserleitungen keine Absperrmöglichkeiten geben dürfte.[16]

Alarmanlage: Alarmanlagen, die dem Einbruchschutz mehrerer Einheiten dienen, stehen – sofern überhaupt 11
wesentlicher Bestandteil iSd §§ 93, 94 BGB und nicht nur Zubehör iSd § 97 BGB – im gemeinschaftlichen
Eigentum. Sondereigentum ist begründbar, wenn die Anlage nur einer Wohnungs- oder Teileigentumseinheit
dient und auch die äußere Gestaltung des Gebäudes nicht nach § 5 Abs. 1 WEG verändert wird (vgl. aber zum
räumlichen Bezug → Rn. 9 „Abwasserhebeanlage").[17]

Anbau: Die Errichtung von Räumlichkeiten, die zu Wohnzwecken genutzt werden können, führt nicht 12
zwangsläufig dazu, dass der sie errichtende Wohnungseigentümer Sondereigentum an diesen Räumen erwirbt.
Ohne anderweitige Vereinbarung verbleibt es vielmehr bei dem Grundsatz, dass der geschaffene Raum im Gemeinschaftseigentum steht.[18] Die Tatsache des faktischen Alleingebrauchs, des Fehlens eines gemeinschaftlichen Zugangs[19] sowie der alleinigen Finanzierung durch einen Wohnungseigentümer[20] ändert hieran nichts.

---

7 OLG Schleswig 29.9.2006 – 2 W 108/06, DNotZ 2007, 620; OLG Hamm 23.12.2004 – 15 W 107/04, ZMR 2005,
    806; LG Itzehoe 20.9.2011 – 11 S 66/10, ZWE 2012, 181.
8 Bärmann/Seuß WE-Praxis/*Rampp* § 11 Rn. 66 unter „Hebeanlage".
9 OLG Düsseldorf 30.10.2000 – 3 Wx 276/00.
10 OLG Düsseldorf 30.10.2000 – 3 Wx 276/00; Bärmann/Seuß WE-Praxis/*Rampp* § 11 Rn. 66 unter „Hebeanlage";
    Hügel/Elzer WEG § 5 Rn. 40 unter „Abwasserhebeanlage"; BeckOK WEG/*Gerono* § 5 Rn. 37; aA *Jennißen/
    Grziwotz* WEG § 5 Rn. 62, Fn. 184.
11 Vgl. ua Staudinger/*Rapp* BGB § 5 Rn. 22; aA: Jennißen/*Grziwotz* WEG § 5 Rn. 15, wonach ein räumlicher Zusam-
    menhang erforderlich ist.
12 BGH 26.10.2012 – V ZR 57/12, NJW 2013, 1154.
13 Vgl. hierzu ausführlich *Hügel/Elzer* DNotZ 2013, 487.
14 BeckOK WEG/*Gerono* § 5 Rn. 37; Sauren/*Sauren* WEG § 1 Rn. 10A unter „Abflussrohr"; Bärmann/Seuß WE-
    Praxis/*Rampp* § 11 Rn. 66 unter „Rohre"; aA, sofern die Entsorgung ausschließlich einer Wohnung dient, *Hügel/
    Elzer* WEG § 5 Rn. 40 unter „Abflussrohr".
15 BGH 9.12.2016 – V ZR 124/16, ZWE 2017, 2016; BGH 26.10.2012 – V ZR 57/12, NJW 2013, 1154.
16 AG Heidelberg 21.6.2017 – 45 C 24/17.
17 OLG München 3.7.1979 – 5 U 1851/79, MDR 79, 934; Jennißen/*Grziwotz* WEG § 5 Rn. 64 mwN.
18 OLG München 31.5.2007 – 34 Wx 112/06, NJW-RR 2007, 1384.
19 OLG München 16.11.2007 – 32 Wx 111/07, NJW-RR 2008, 247.
20 OLG Celle 25.8.2009 – 4 W 33/08, ZWE 2009, 128.

Dass das errichtete Gemeinschaftseigentum lediglich über das Sondereigentum erreichbar ist, führt aber auch nicht dazu, dass das Sondereigentum an der betreffenden Wohnung nachträglich unwirksam wird.[21]

Künftig könnte sich die Situation ergeben, in der sich der Anbau auf einer Sondereigentumsfreifläche befindet. Sodann fragt sich, ob dieser Anbau nach § 5 Abs. 1 S. 2 WEG iVm § 94 BGB in das Sondereigentum des Eigentümers der Freifläche fällt.

Gebäude iSd § 5 Abs. 2 WEG ist grundsätzlich nur das in Sonder- und gemeinschaftliches Eigentum aufgeteilte Gebäude („Bestandsgebäude"). Betrachtet man das „aufgeteilte" Gebäude als sachenrechtliche Einheit, muss der Anbau das Schicksal dieses Gebäudes teilen. Damit würde dann aber das Sondereigentum an der Freifläche in sich zusammenfallen, denn nach § 3 Abs. 2 WEG kann Sondereigentum nur auf einen außerhalb des Gebäudes liegenden Teil des Grundstücks erstreckt werden. Selbst wenn man hiervon nicht ausginge, handelt es sich bei einem Anbau wohl zumindest um einen Teil des Gebäudes iSd § 5 Abs. 2 WEG, der § 5 Abs. 1 S. 2 WEG iVm § 94 BGB vorgeht. Danach käme es darauf an, ob es sich bei dem Anbau um einen Teil des (aufgeteilten) Gebäudes iSd § 5 Abs. 2 WEG handelt, der für dessen Bestand oder Sicherheit erforderlich ist.

13 **Anschlussleitungen:** → Rn. 171 „Versorgungsleitung".

14 **Anstrich:** Der Innenanstrich der im Bereich des Sondereigentums befindlichen Wände und Decken steht im Sondereigentum (→ Rn. 130 „Putz", → Rn. 167 „Türen", → Rn. 63 „Fenster").[22] Der Außenanstrich steht hingegen im gemeinschaftlichen Eigentum (→ Rn. 25 „Balkon").[23]

15 **Antennenanlage:** Mobile Antennen, die keine wesentlichen Bestandteile des Gebäudes iSd §§ 93, 94 BGB werden, sind Zubehör iSd § 97 BGB oder Scheinbestandteile iSd § 95 BGB und stehen damit weder im Sonder- noch im Gemeinschaftseigentum.[24] Sie stehen dann im Eigentum desjenigen, der sie angeschafft hat. Antennenanlagen, die der Rundfunkversorgung mehrerer oder aller dienen, und wesentlicher Bestandteil des Gebäudes sind, stehen zwingend im Gemeinschaftseigentum.[25] Einer von einem Sondereigentümer nachträglich installierten Antennenanlagen fehlt häufig die Eigenschaft als wesentlicher Bestandteil.[26] Dient sie ausschließlich dem Sondereigentümer ist die Begründung von Sondereigentum möglich.[27] Ob dies auch gilt, wenn die Antennenanlage außerhalb des Sondereigentums installiert wird, ist fraglich (→ Rn. 9 „Abwasserhebeanlage").[28] Die Begründung von Sondereigentum kommt daher vornehmlich dann in Betracht, wenn die Antennenanlage auf dem sondereigentumsfähigen Balkon installiert wird (→ Rn. 25 „Balkon"). Gemeinschaftseigentum liegt jedenfalls vor, wenn die Antenne die äußere Gestaltung des Gebäudes prägt.[29] Für die Antennenkabel gilt Vorgesagtes entsprechend (→ Rn. 171 „Versorgungsleitung").

16 **Aufzugsanlagen:** Eine Aufzugsanlage ist grundsätzlich nach § 5 Abs. 2 WEG (Anlagen und Einrichtungen) gemeinschaftliches Eigentum,[30] und zwar auch dann, wenn sie nicht von sämtlichen Sondereigentümern genutzt wird[31] oder auch nur der Erreichbarkeit einer Sondereigentumseinheit dient.[32] Eine Aufzugsanlage ist indes Sondereigentum, wenn sich diese ausschließlich in dessen Bereich befindet.[33] Daneben sind sowohl die Aufzugskabine als auch der Aufzugsschacht sondereigentumsfähige Räume, soweit der Aufzug lediglich der

---

21 Vgl. Hügel/Scheel Wohnungseigentum-HdB/*Müller* § 1 Rn. 87 mwN.

22 Vgl. BayObLG 20.11.2002 – 2Z BR 45/02, ZMR 2003, 366; *Hügel/Elzer* WEG § 5 Rn. 40 unter „Innenanstrich".

23 Vgl. Staudinger/*Rapp* BGB § 5 Rn. 25 a; Jenißen/*Grziwotz* WEG § 5 Rn. 65.

24 Bärmann/Seuß WE-Praxis/*Rampp* § 11 Rn. 66 unter „Antenne"; vgl. zu Rauchwarnmeldern BGH 8.2.2013 – V ZR 238/11, ZWE 2013, 358; siehe auch BGH 8.11.1974 – V ZR 120/73, NJW 1975, 688.

25 Bärmann/Seuß WE-Praxis/*Rampp* § 11 Rn. 66 unter „Antenne"; *Hügel/Elzer* WEG § 5 Rn. 40 unter „Antennen".

26 Bspw. als Scheinbestandteil, Riecke/Schmid/*Schneider* WEG § 5 Rn. 34.

27 *Hügel/Elzer* WEG § 5 Rn. 40 unter „Antennen".

28 Verneinend Sauren/*Sauren* WEG § 1 Rn. 10A unter „Antennen".

29 *Hügel/Elzer* WEG § 5 Rn. 40 unter „Antennen"; *Ott* MietRB 2004, 130.

30 BGH 28.4.1999 – VIII ARZ 1–98, NZM 1999, 553; OLG Hamburg 28.11.2005 – 2 Wx 112/04, ZMR 2006, 298; OLG Celle 28.11.2006 – 4 W 241/06, NZM 2007, 217; LG München I 23.6.2014 – 1 S 13821/13 WEG.

31 Riecke/Schmid/*Schneider* WEG § 5 Rn. 35.

32 Bärmann/Seuß WE-Praxis/*Rampp* § 11 Rn. 66 unter „Aufzug".

33 Für einen Lastenaufzug: BayObLG 24.10.2001 – 2Z BR 120/01, ZMR 2002, 285.

Erschließung einer Sondereigentumseinheit dient.[34] Die Zuordnung der weiteren Bestandteile im Schacht und in der Kabine richten sich dann nach § 5 Abs. 1 WEG.[35]

Attika: → Rn. 38 „Dach".   17

Außenfenster: → Rn. 63 „Fenster".   18

Außenverglasung: → Rn. 63 „Fenster".   19

Außenfassade: → Rn. 60 „Fassade".   20

Außenjalousie: → Rn. 102 „Jalousie".   21

Außenputz: → Rn. 130 „Putz".   22

Außenwand: → Rn. 173 „Wände".   23

Bad: Sanitäre Anlagen wie Badewanne, Waschbecken, Dusche, Bidet und WC innerhalb einer Wohnungseigentumseinheit sind Sondereigentum, da sie in der Regel wesentlicher Bestandteil der Sondereigentumseinheit sind.[36]   24

Balkon: Balkone sind nach der Rechtsprechung und herrschenden Lehre sondereigentumsfähig.[37]   25

Ein Balkon kann allerdings nur dann Sondereigentum sein, wenn er in der Teilungserklärung und dem Aufteilungsplan ausdrücklich zu Sondereigentum erklärt wurde. Ansonsten handelt es sich um gemeinschaftliches Eigentum.[38]

Sondereigentum kann vornehmlich nur an dem Luftraum, dem Innenanstrich und dem (nicht isolierenden) Bodenbelag, bspw. Fliesen, begründet werden, während die übrigen konstruktiven und solche Teile, die ohne Veränderung der äußeren Gestalt des Gebäudes nicht verändert werden können, wie Brüstungen und Geländer, Bodenplatte einschließlich der Isolierschicht, Decken, Abdichtungsanschlüsse zwischen Gebäude und Balkon, Außenwände, Stützen und Türen, gemeinschaftliches Eigentum sind (→ Rn. 129 „Pflanztrog").[39]

Eine in der Lehre vertretene Gegenmeinung spricht Balkonen die nach § 3 Abs. 3 S. 1 WEG erforderliche Raumfähigkeit und hiernach mit unterschiedlichen Konsequenzen die eigenständige Sondereigentumsfähigkeit ab (→ *Raum* Rn. 6).[40] Nach *Rapp*[41] ist ein Balkon hiernach zwingend Gemeinschaftseigentum. Nach *Hügel/Elzer*[42] ist der Balkon wesentlicher Bestandteil (§ 94 BGB) der Sondereigentumseinheit und daher zwingendes Sondereigentum.[43]

---

34 Bärmann/*Armbrüster* WEG § 5 Rn. 54; Bärmann/Seuß WE-Praxis/*Rampp* § 11 Rn. 66 unter „Aufzug"; BeckOK WEG/*Gerono* § 5 Rn. 37.

35 Bärmann/*Armbrüster* WEG § 5 Rn. 54.

36 Vgl. BGH 9.12.2016 – V ZR 84/16, ZWE 2017, 177 Rn. 24; *Hügel/Elzer* WEG § 5 Rn. 40 unter „Badeeinrichtung"; Riecke/Schmid/*Schneider* WEG § 5 Rn. 36.

37 BGH 18.11.2016 – V ZR 49/16, NJW 2017, 2184; BGH 15.1.2010 – V ZR 114/09, NZM 2010, 205; BGH 21.2.1985 – VII ZR 72/84, NJW 1985, 1551; OLG München 23.9.2011 – 34 Wx 247/1, FGPrax 2011, 281; BayObLG 1.10.1998 –2Z BR 144–98, NZM 1999, 27; Bärmann/*Armbrüster* WEG § 5 Rn. 58; Bärmann/Seuß WE-Praxis/*Rampp* § 11 Rn. 66 unter „Balkon"; BeckOK WEG/*Gerono* § 5 Rn. 39; MüKoBGB/*Commichau* WEG § 1 Rn. 43 unter „Balkone"; Hügel/Scheel Wohnungseigentum-HdB/*Müller* § 1 Rn. 89 unter „Balkon"; Sauren/*Sauren* WEG § 1 Rn. 10B unter „Balkon".

38 KG 8.11.2016 – 1 W 493/16, ZWE 2017, 84; LG Wuppertal 28.10.2008 – 6 T 223, 225 bis 241/08, RNotZ 2009, 48; Bärmann/*Armbrüster* WEG § 5 Rn. 58; Bärmann/Seuß WE-Praxis/*Rampp* § 11 Rn. 66 unter „Balkon"; BeckOK WEG/*Gerono* § 5 Rn. 39; aA OLG München 23.9.2011 – 34 Wx 247/1, FGPrax 2011, 281 ausgehend von der Sondereigentumsfähigkeit des Balkons nicht überzeugend, vgl. nur *Hügel/Elzer* DNotZ 2012, 4 (9).

39 BGH 15.1.2010 – V ZR 114/09, NZM 2010, 205; BGH 21.2.1985 – VII ZR 72/84, NJW 1985, 1551; vgl. zu **Balkontüren- und schwelle als GE:** OLG Karlsruhe 29.5.2009 – 4 U 160/08, IMR 2012, 163; vgl. zu **Balkonabtrennung als GE:** BayObLG 1.2.2001 – 2Z BR 68/00, NJOZ 2001, 330; siehe ferner ausführlich mit grafischer Darstellung Sauren/*Sauren* WEG § 1 Rn. 10B unter „Balkon".

40 Staudinger/*Rapp* WEG § 5 Rn. 7; *Hügel/Elzer* WEG § 5 Rn. 40; unklar Riecke/Schmid/*Schneider* WEG § 5 Rn. 37.

41 Staudinger/*Rapp* WEG § 5 Rn. 7.

42 *Hügel/Elzer* WEG § 5 Rn. 40 unter „Balkon".

43 Im Ergebnis ebenso Riecke/Schmid/*Schneider* WEG § 5 Rn. 37.

Der hM ist der Vorzug zu geben. Das Gesetz verlangt nach § 3 Abs. 3 S. 1 WEG lediglich einen „in sich abgeschlossenen Raum". Damit der stets dreidimensionale Raum von anderen Räumen abgegrenzt werden kann, fordert der Gesetzgeber dessen Abgeschlossenheit. Er statuiert aber nicht, welche Voraussetzungen an die Abgeschlossenheit zu stellen sind. Der Zweck des Tatbestandsmerkmals der Abgeschlossenheit liegt darin begründet, dass das Herrschaftsrecht des Sondereigentümers dem sachenrechtlichen Bestimmtheitsgrundsatz folgend von dinglichen Herrschaftsrechten Dritter klar abgegrenzt werden kann.[44] Dies ist bei einem Balkon der Fall, denn dieser ist regelmäßig nach allen Seiten hin abgegrenzt. Zwar kann es sein, dass der oberste Balkon (→ Rn. 41 „Dachterrasse") nach oben hin keine Abgrenzung erfährt. Dies ist aber unschädlich, da sich insoweit keine Kompetenzkonflikte mit dinglichen Herrschaftsrechten Dritter einstellen können.

26 **Baum:** Bäume stehen als wesentliche Bestandteile des Grundstücks iSd § 94 BGB im gemeinschaftlichen Eigentum,[45] es sei denn, die Bäume stehen auf einer Grundstücksfläche, die im Sondereigentum eines Wohnungseigentümers steht. Dann sind die Bäume wesentlicher Bestandteil der Sondereigentumsfreifläche nach § 5 Abs. 1 S. 2 WEG iVm § 94 BGB.

27 **Bauzaun:** Ein Bauzaun kann als wesentlicher Bestandteil des Grundstücks gem. § 94 BGB ausnahmsweise gemeinschaftliches Eigentum sein, wenn dieser nicht nur zu einem vorübergehenden Zweck (§ 95 BGB) mit dem im gemeinschaftlichen Eigentum stehenden Grund und Boden fest verbunden ist.[46] In der Regel dürfte es sich – soweit überhaupt mit dem Grundstück fest verbunden – um einen Scheinbestandteil iSd § 95 BGB handeln. Steht der Bauzaun auf einer Sondereigentumsfläche, kann dieser – sofern kein Scheinbestandteil nach § 95 BGB – nach § 5 Abs. 1 S. 2 WEG iVm § 94 BGB auch in das Sondereigentum fallen.

28 **Blitzschutzanlage:** Als sicherheitsrelevanter Gebäudeteil steht sie im gemeinschaftlichen Eigentum.[47]

29 **Blockheizkraftwerk:** Ein sogenanntes Blockheizkraftwerk erzeugt durch Kraft-Wärme-Kopplung gleichzeitig Strom und Wärme und kann daher einzelne Einheiten eines Gebäudes gleichzeitig mit selbst erzeugtem Strom und selbst erzeugter Wärme versorgen. In einem Blockheizkraftwerk treibt ein Kraftstoff (zB Gas, Öl, Diesel, Holz) einen Verbrennungsmotor an, der Energie erzeugt, welche ein Generator in Strom umwandelt. Die bei diesem Prozess anfallende Abwärme wird zur Wärmeversorgung eines Gebäudes genutzt.

Ein Blockheizkraftwerk, das auch der Beheizung der in der Wohnungseigentumsanlage vorhandenen Wohnungen und Büros dient, ist wesentlicher Bestandteil des Gebäudes iSv § 94 Abs. 2 BGB und daher gemeinschaftliches Eigentum.[48] Die Begründung von Sondereigentum ist möglich, wenn die Anlage nur einer Sondereigentumsfläche dient.[49] Ein Blockheizkraftwerk kann indes auch nur Scheinbestandteil iSd § 95 BGB sein und daher dem Eigentum des Anlagebetreibers zuzuordnen sein (→ Rn. 174 „Wärme-Contracting").[50] Ferner gelten die Ausführungen im Zusammenhang mit Heizungsanlagen entsprechend (→ Rn. 93 „Heizungsanlage").

30 **Blumentrog:** → Rn. 129 „Pflanztrog".

31 **Bodenbelag:** → Rn. 77 „Fußbodenbelag".

32 **Bodenplatte:** Die Bodenplatte, aber auch ihre Isolierung, stehen, da sie das Gebäude gegen Durchfeuchtung schützen soll und daher für den Bestand des Gebäudes erforderlich ist, zwingend im gemeinschaftlichen Eigentum (→ Rn. 76 „Fundament").[51]

33 **Brandmauer:** Eine Brandmauer ist gemeinschaftliches Eigentum (→ Rn. 116 „Mauer"; → Rn. 173 „Wände").[52]

---

44 Vgl. Jennißen/*Zimmer* WEG § 3 Rn. 22 mwN.
45 BGH 17.3.2016 – V ZR 185/15, NZM 2016, 363.
46 Vgl. LG München 10.11.2016 – 36 S 5792/16 WEG; AG München 3.3.2016 – 484 C 30422/14 WEG, ZMR 2017, 273.
47 Vgl. Bärmann/Seuß WE-Praxis/*Rampp* § 11 Rn. 47.
48 LG Itzehoe 12.4.2011 – 11 S 31/10, ZWE 2012, 182.
49 Vgl. *Hügel/Elzer* WEG § 5 Rn. 40 unter „Blockheizkraftwerk"; Bärmann/*Armbrüster* WEG § 5 Rn. 62 a; vgl. zum räumlichen Bezug aber BGH 26.10.2012 – V ZR 57/12, NJW 2013, 1154 und unter → Rn. 9 „Abwasserhebeanlage".
50 *Hügel/Elzer* WEG § 5 Rn. 40 unter „Blockheizkraftwerk".
51 OLG Köln 30.3.1998 – 16 Wx 20–98, NZM 1999, 83.
52 BayObLG 19.8.1971 – BReg. 2 Z 99/70, MDR 72, 52; *Müller* Wohnungseigentum Rn. 81 unter „Brandmauer".

Brandmelder: → Rn. 131 „Rauchwarnmelder". 34

Brandschutzanlage: → Rn. 131 „Rauchwarnmelder". 35

Briefkasten: Briefkastenanlagen und einzelne Briefkästen im räumlichen Bereich der gemeinschaftlichen Ei- 36
gentumsfläche, bspw. im Hauseingangsbereich oder vor dem Haus, stehen im gemeinschaftlichen Eigentum.[53]
Teilweise wird angenommen, dass ein Briefkasten auch im Sondereigentum stehen kann, wenn dieser bei
funktioneller Betrachtungsweise (hierzu aber → Rn. 9 „Abwasserhebeanlage") nur einer bestimmten Sondereigentumseinheit dient, bspw. bei Anbringung eines Briefkastens direkt vor der jeweiligen Eingangstür der
Sondereigentumsfläche.[54] Der vor der Eingangstür der Sondereigentumsfläche angebrachte Briefkasten kann
ferner ein Scheinbestandteil iSd § 95 BGB sein.[55] Der Briefkastenschlitz in der Wohnungseingangstür zur
Sondereigentumsfläche ist indes deren wesentlicher Bestandteil und daher gemeinschaftliches Eigentum.[56]

Carport: Einem Carport, dh einem Stellplatz, der nur mit Eckpfosten und einer Bedachung versehen ist, fehl- 37
te bisher die Raumeigenschaft nach § 3 Abs. 2 WEG aF sowie der Gebäudebezug. Er war daher nicht sondereigentumsfähig (→ Rn. 106 „Kfz-Stellplatz").[57] Nunmehr kann der Carport nach § 5 Abs. 1 S. 2 WEG iVm
§ 94 BGB in das Sondereigentum fallen, sofern die Fläche, auf dem der Carport steht, als Stellplatz iSd § 3
Abs. 1 S. 2 WEG ggf. als auch als Sondereigentumsfreifläche iSd § 3 Abs. 2 WEG ausgewiesen ist.

Dach: Dächer stehen nach § 5 Abs. 2 WEG im gemeinschaftlichen Eigentum, da sie für den Bestand und die 38
Sicherheit des Bauwerks notwendig sind.[58]

Dies gilt unabhängig von der Dachform, bspw. ob es sich um ein Flachdach, Giebeldach[59] oder Pultdach pp.
handelt. Auch das Dachmaterial ist nicht entscheidend. So ist auch ein Glasdach[60] oder eine Lichtkuppel[61]
gemeinschaftliches Eigentum. Ebenso irrelevant ist, ob sich das Dach auf dem Hauptgebäude oder auf einem
Nebengebäude wie einer Garage,[62] einem Schuppen oder einem Wintergarten befindet. Ebenso zwingend gemeinschaftliches Eigentum sind Dächer eines Doppelhauses[63] eines Reihenhauses[64] oder eines freistehenden
Hauses, sofern sie zu einer Wohnungseigentumsgemeinschaft gehören.

Sämtliche Bestandteile des Daches stehen im gemeinschaftlichen Eigentum, also insbesondere Dacheindeckung, Dachlattung, Unterspannbahn, Dämmstoff, Sparren, Dampfsperre, Dachrinne und Schneefang
(→ Rn. 127 „Photovoltaikanlage"; → Rn. 145 „Schornstein"; → Rn. 63 „Fenster").[65]

Etwas anderes kann aber gelten, wenn das Dach nicht – wie regelmäßig – das Gebäude nach oben hin abschließt. Dies kann bei **Überdachungen** und **Vordächern** bzw. **Dachvorbauten** bspw. bei einer Terrassenüberdachung der Fall sein, wenn die Terrasse ebenfalls im Sondereigentum steht (→ Rn. 41 „Dachterrasse").[66]
Eine solches Terrassendach wird regelmäßig nicht für den Bestand und die Sicherheit des Gebäudes notwendig sein, so dass kein gemeinschaftliches Eigentum iSd § 5 Abs. 2 WEG vorliegt. Allerdings kann das Terras-

---

53 AG Pforzheim 27.5.1994 – 2 UR II 9/94, WE 1994, 100; Bärmann/*Armbrüster* WEG § 5 Rn. 65; *Hügel/Elzer* WEG
§ 5 Rn. 40 unter „Briefkasten"; MüKoBGB/*Commichau* WEG § 1 Rn. 43 unter „Briefkasten"; Sauren/*Sauren* WEG
§ 1 Rn. 10B unter „Briefkasten".
54 Staudinger/*Rapp* BGB § 5 Rn. 22; einschränkend Sondereigentum nur, wenn keine Beeinträchtigung der optischen
Gestaltung des Treppenhauses: Bärmann/Seuß WE-Praxis/*Rampp* § 11 Rn. 66 unter „Briefkasten"; BeckOK WEG/
Gerono § 5 Rn. 23; aA Riecke/Schmid/*Schneider* WEG § 5 Rn. 34, der Sondereigentum stets ablehnt, da es immer
zu einer optischen Beeinträchtigung käme.
55 Bärmann/Seuß WE-Praxis/*Rampp* § 11 Rn. 66 unter „Briefkasten".
56 *Hügel/Elzer* WEG § 5 Rn. 40 unter „Briefkasten".
57 BayObLG 6.2.1986 – BReg. 2 Z 70/85, NJW-RR 1986, OLG Köln 5.2.1996 – 2 Wx 52/95, MittRhNotK 1996, 61;
Jenni ßen/*Grziwotz* WEG § 5 Rn. 70.
58 BGH 25.1.2001 – VII ZR 193/99, NJW-RR 2001, 800; OLG Düsseldorf 2.7.2004 – 3 Wx 318/03; OLG Koblenz
11.7.2003 – 8 U 977/00, NJOZ 2004, 4354.
59 Vgl. OLG München 5.10.2006 – 32 Wx 121/06, OLGReport München 2007, 39.
60 Vgl. OLG Düsseldorf 11.4.2008 – I-3 Wx 254/07.
61 LG Stuttgart 16.9.2009 – 10 S 10/09, WE 2009, 146.
62 BVerfG 28.7.2014 – 1 BvR 1925/13, NJW 2014, 3147.
63 BGH 25.1.2001 – VII ZR 193/99, NZM 2001, 435.
64 BayObLG 30.3.2000 – 2Z BR 2/00, NZM 2000, 674.
65 Vgl. ua *Heinemann* AnwZert MietR 15/2017 Anm. 1 mwN.
66 BGH 18.11.2016 – V ZR 49/16, NJW 2017, 2184 Rn. 8.

sendach noch nach § 5 Abs. 1 WEG gemeinschaftliches Eigentum sein, wenn es nicht verändert, beseitigt oder eingefügt werden kann, ohne dass dadurch das gemeinschaftliche Eigentum oder ein auf Sondereigentum beruhendes Recht eines anderen Wohnungseigentümers über das nach § 14 WEG zulässige Maß hinaus beeinträchtigt oder die äußere Gestaltung des Gebäudes verändert wird.[67] Ob dies der Fall ist, hängt von den Umständen des Einzelfalls ab.

39 **Dachfenster:** → Rn. 63 „Fenster".

40 **Dachspitz:** → Rn. 150 „Spitzbodenraum".

41 **Dachterrasse:** Die Dachterrasse ist – sofern wie wohl ausnahmslos zu den Seiten begrenzt – ebenso wie der Balkon (→ Rn. 25 „Balkon") sondereigentumsfähig.[68] Sondereigentum kann vornehmlich nur an dem Luftraum und dem (nicht isolierenden) Bodenbelag begründet werden (bspw. an einer Humusschicht.[69] Es gelten die Grundsätze, die auf den Balkon Anwendung finden (→ Rn. 25 „Balkon").

42 **Decke:** Geschossdecken stehen samt Isolierschicht gegen Feuchtigkeit und zur Trittschalldämmung nach § 5 Abs. 2 als konstruktiver Teil des Gebäudes im gemeinschaftlichen Eigentum.[70]

Bei Holzbalkendecken gehören zur Geschossdecke die Balken, die Schüttung, die tragende Schicht auf den Balken, die Schicht unterhalb der Balken, die Trittschalldämmung und die Feuchtigkeitsisolierung.[71] Zwischendecken stehen indes im Sondereigentum.[72] Insoweit ist allerdings Vorsicht geboten, denn die Begriffe Zwischendecke und Geschossdecke werden teils synonym verwendet. Der Begriff der Zwischendecke ist unscharf. Hiervon umfasst wird vornehmlich eine abgehängte Leichtbaudecke, sofern diese nicht die einzige Trennung zu der darüber liegenden Sondereigentumsfläche ist.[73] Darüber hinaus stehen auch **Deckenverkleidungen** im Sondereigentum.[74]

43 **Dielen:** → Rn. 77 „Fußbodenbelag".

44 **Doppelhaushälfte:** → Rn. 49 „Einfamilienhaus".

45 **Doppelparker:** Bei einem Doppelparker (Duplex- bzw. Doppelstock-Garage, Parklift) handelt es sich um eine hydraulische Hebeanlage, mit der auf verschiedenen Ebenen zwei oder auch mehrere Autos übereinander geparkt werden können. Das jeweilige Doppelparkersystem im Ganzen ist sondereigentumsfähig und kann im Teileigentum einer Person stehen.[75]

Wurde das Sondereigentum am Doppelparkersystem im Ganzen mehreren Wohnungseigentümern zugeordnet, entsteht Miteigentum nach Bruchteilen.[76] Das Gemeinschaftsverhältnis der Miteigentümer bestimmt sich nach den §§ 741 ff. BGB sowie den §§ 1009–1011 BGB. Die Miteigentümer können eine Benutzungsregelung nach § 745 Abs. 1 BGB treffen und diese als Belastung nach § 1010 BGB ins Grundbuch eintragen lassen.[77] Dane-

---

67 Vgl. BGH 7.2.2014 – V ZR 25/13, NZM 2014, 245; OLG Stuttgart 23.9.1969 – 8 W 147/69, NJW 1970, 102; *Heinemann* AnwZert MietR 15/2017 Anm. 1; Riecke/Schmid/*Schneider* WEG § 5 Rn. 40; Bärmann/*Armbrüster* WEG § 5 Rn. 67; aA offenbar *Hügel/Elzer* WEG § 5 unter „Dachvorbau".

68 BGH 4.5.2018 – V ZR 163/17, NZM 2018, 953; BGH 18.11.2016 – V ZR 49/16, NZM 2017, 328; OLG München 26.4.2012 – 34 Wx 558/11, ZWE 2012, 316; OLG Hamm 20.11.2006 – 15 W 166/06, ZMR 2007, 296; LG Schwerin 24.7.2008 – 5 T 165/05, ZMR 2009, 35; MüKoBGB/*Commichau* WEG § 1 Rn. 43; Bärmann/*Armbrüster* WEG § 5 Rn. 68; Bärmann/Seuß WE-Praxis/*Rampp* § 11 Rn. 66 unter „Dachterrasse"; BeckOK WEG/*Gerono* § 5 Rn. 39; aA *Hügel/Elzer* WEG § 5 Rn. 40 unter „Dachterrasse"; Staudinger/*Rapp* WEG § 5 Rn. 7.

69 BayObLG 12.9.1991 – BReg 2 Z 111/91, WuM 1991, 610.

70 BGH 9.12.2016 – V ZR 124/16, ZWE 2017, 216 Rn. 12; OLG München 13.8.2007 – 34 Wx 75/07, ZMR 2008, 232; OLG Hamm 13.8.1996 – 15 W 115/96, NJWE-MietR 1997, 114.

71 Vgl. nur Bärmann/Seuß WE-Praxis/*Rampp* § 11 Rn. 66 unter „Geschossdecke".

72 BGH 9.12.2016 – V ZR 124/16, ZWE 2017, 216 Rn. 12; Bärmann/Seuß WE-Praxis/*Rampp* § 11 Rn. 66 unter „Geschossdecke".

73 Vgl. BayObLG 16.10.1997 – 2Z BR 106/97, WE 1998, 355.

74 BGH 9.12.2016 – V ZR 124/16, ZWE 2017, 216.

75 BGH 21.10.2011 – V ZR 75/11, NZM 2012, 422; siehe auch BGH 22.3.2019 – V ZR 145/18, ZWE 2019, 322; BGH 20.2.2014 – V ZB 116/13, ZWE 2014, 211.

76 BGH 21.10.2011 – V ZR 75/11, NZM 2012, 422.

77 Vgl. BGH 20.2.2014 – V ZB 116/13, ZWE 2014, 211; OLG München 4.7.2016 – 34 Wx 119/16, FGPrax 2016, 203.

ben soll auch eine Benutzungsregelung durch Vereinbarung aller Wohnungs- und Teileigentümer gem. § 18 Abs. 2 Nr. 2 WEG zulässig sein.[78]

Das Sondereigentum umfasst sämtliche Bauteile des Doppelparkers, soweit nur eine Wohnungs- oder Teileigentumseinheit auf die Nutzung der Bauteile angewiesen ist.[79] Dies gilt grundsätzlich für die Fahrbleche und Seiten- sowie Mittelträger.[80] Betreibt eine gemeinsame Hebeanlage hingegen mehrere Doppelparker, so steht zumindest die Hebeanlage im gemeinschaftlichen Eigentum.[81]

Umstritten war, ob auch die einzelnen Stellplätze eines Doppelparkersystems sondereigentumsfähig sind.[82] Die Instanzenrechtsprechung verneinte dies.[83] Die gemeinsame Nutzung des Luftraums aufgrund der Beweglichkeit des hydraulischen Systems stehe der Begründung von Sondereigentum entgegen.[84] Teile der Literatur hatten sich dem angeschlossen.[85] Gewichtige Stimmen in der Literatur gingen hingegen davon aus, dass Sondereigentum auch an einem einzelnen Stellplatz des Doppelparkers begründet werden konnte.[86] Da § 3 Abs. 1 S. 2 WEG nun auch die Raumeigenschaft fingiert, ist jetzt auch der einzelne Stellplatz eines Doppelparkersystems sondereigentumsfähig.

Sofern hiernach an einzelnen Stellplätzen eines Dauerparkers Teileigentum eingeräumt wurde, steht nur die Fläche des Stellplatzes im Sondereigentum, die einzelnen Bestandteile des Dauerparkers sind dann zwingend dem gemeinschaftlichen Eigentum zuzuordnen, da sie mehreren Sondereigentümern dienen.

Doppelkastenfenster: → Rn. 63 „Fenster".   46

Doppelstockgarage: → Rn. 45 „Doppelparker".   47

Einbaumöbel: Einbaumöbel in Sondereigentumseinheiten, wie insbesondere **Einbauküchen** und **Einbau- 48 schränke**, stehen im Sondereigentum, sofern sie überhaupt wesentlicher Bestandteil iSd §§ 94, 95 BGB und nicht bloß Zubehör iSd § 97 BGB oder eine sonstige selbstständige Sache sind. Darüber entscheidet die regionale Verkehrsauffassung. Denn zu den wesentlichen Bestandteilen eines Gebäudes gehören gem. § 94 Abs. 2 BGB die „zur Herstellung des Gebäudes" eingefügten Sachen und „zur Herstellung" sind alle Teile eingefügt, ohne die das Gebäude nach der Verkehrsanschauung noch nicht fertiggestellt ist; maßgebend ist insoweit das Fertigsein des Bauwerks.[87] Die Verkehrsanschauung kann regional unterschiedlich sein.[88] Zumindest bei Standardküchen, die ohne bedeutenden Wertverlust aus einem Raum ausgebaut und in eine andere Immobilie wieder eingebaut werden können, handelt es sich nach der Verkehrsanschauung um keine wesentlichen Bestandteile des Hauses bzw. der Wohnung mehr.[89]

Einfamilienhaus: Sondereigentum kann auch an den Räumen freistehender Häuser oder **Doppelhaushälften 49** begründet werden. Die Erstreckung des Sondereigentums auf die nach § 5 Abs. 2 WEG bezeichneten Teile des Gebäudes ist aber ausgeschlossen.[90] Daher gehören Dach- und Balkonbodenplatte sowie sämtliche weiteren konstruktiven Teile des Gebäudes zwingend zum gemeinschaftlichen Eigentum, an denen aber ein Sondernut-

---

78 BGH 20.2.2014 – V ZB 116/13, ZWE 2014, 211 mwN; aA *Hügel/Elzer* DNotZ 2014, 403; *Hügel/Elzer* WEG § 5 Rn. 40 unter „Doppelparker"; BeckOK GBO/*Kral* WEG Rn. 34.

79 BGH 21.10.2011 – V ZR 75/11, NZM 2012, 422.

80 LG München I 5.11.2012 – 1 S 1504/12, ZWE 2013, 165; aA wohl LG Stuttgart 19.11.2014 – 10 S 4/14, ZWE 2016, 44.

81 BGH 21.10.2011 – V ZR 75/11, NZM 2012, 422.

82 Offengelassen BGH 21.10.2011 – V ZR 75/11, NZM 2012, 422.

83 OLG Jena 20.12.2004 – 9 W 654/03, Rpfleger 2005, 309; OLG Düsseldorf 22.3.1999 – 3 Wx 14/99, ZMR 1999, 500; BayObLG 9.2.1995 – 2Z BR 4/95, NJW-RR 1995, 783; LG Dresden 24.6.2010 – 2 T 715/08, ZMR 2010, 979; LG München I 5.11.2012 – 1 S 1504/12, ZWE 2013, 165.

84 Vgl. *Ott* ZWE 2013, 156 mwN.

85 Riecke/Schmid/*Schneider* WEG § 5 Rn. 43; Bärmann/Seuß WE-Praxis/*Rampp* WEG § 11 Rn. 21, 66 unter „Doppelparker"; Jennißen/*Zimmer* WEG § 3 Rn. 24 a; *Ott* ZWE 2013, 156.

86 *Hügel/Elzer* WEG § 5 Rn. 40 unter „Doppelparker"; Bärmann/*Armbrüster* WEG § 5 Rn. 70; Staudinger/*Rapp* WEG § 3 Rn. 20; Sauren/*Sauren* WEG § 3 Rn. 16; BeckOK BGB/*Hügel* WEG § 5 Rn. 11.

87 BGH 1.2.1990 – IX ZR 110/89, NJW-RR 1990, 586.

88 BGH 20.11.2008 – IX ZR 180/07, DNotZ 2009, 380.

89 OLG Bremen 27.10.2017 – 4 UF 86/17, BeckRS 2017, 129670; zum Ganzen: MüKoBGB/*Stresemann* BGB § 94 Rn. 30 f.

90 BGH 25.1.2001 – VII ZR 193/99, NZM 2001, 435; BGH 3.4.1968 – V ZB 14/67, NJW 1968, 1230.

zungsrecht eingeräumt werden kann. Gemeinschaftliches Eigentum liegt ferner an allen weitern Gegenstände vor, sofern diese nicht verändert, beseitigt oder eingefügt werden können, ohne dass dadurch gem. § 5 Abs. 1 WEG das gemeinschaftliche Eigentum beeinträchtigt oder die äußere Gestaltung des Gebäudes verändert wird. Eine Beeinträchtigung der anderen Wohnungseigentümer über das bei einem geordneten Zusammenleben unvermeidliche Maß hinaus ist allerdings oftmals aufgrund der Trennung der Gebäude nicht zu befürchten. Daher können bei einem Einfamilienhaus nach diesseitiger Ansicht auch solche Gegenstände dem Sondereigentum zuzuordnen sein, die dem Schallschutz dienen, bspw. der Estrich (→ Rn. 58) auf dem Boden oder der Putz an der Wand (→ Rn. 130).

50 **Eingangshalle**: Die Eingangshalle der jeweiligen Wohnungseigentumsanlage ist zwingendes gemeinschaftlichen Eigentum nach § 5 Abs. 2 WEG (→ Rn. 164 „Treppenhaus")..[91]

51 **Eingangspodest:** Eingangspodeste außerhalb des Sondereigentumsbereich – auch vor der Haustür des Sondereigentumsbereichs – stehen im gemeinschaftlichen Eigentum.[92]

52 **Einzelgarage:** → Rn. 106 „Kfz-Stellplatz".

53 **Einzelheizung:** → Rn. 93 „Heizungsanlage".

54 **Entlüftungsrohr:** Entlüftungsrohre für den Wrasenabzug stehen im gemeinschaftlichen Eigentum, sofern der Einbau nicht nur zu vorübergehenden Zwecken erfolgt.[93]

55 **Entsorgungsleitung:** → Rn. 10 „Abwasserleitungen".

56 **Estrich:** Nach DIN EN 13318 („Estrichmörtel und Estriche") ist Estrich eine Schicht oder Schichten aus Estrichmörtel, die auf der Baustelle direkt auf dem Untergrund, mit oder ohne Verbund, oder auf einer zwischenliegenden Trenn- oder Dämmschicht verlegt wird, um eine oder mehrere der nachstehenden Funktionen zu erfüllen: eine vorgegebene Höhenlage zu erreichen; einen Bodenbelag aufzunehmen; unmittelbar genutzt zu werden.

Schwimmender Estrich ist nach der DIN EN 13318 ein Estrich, der auf einer schall- und/oder wärmedämmenden Schicht verlegt wird und vollständig von allen aufgehenden Bauteilen, wie zum Beispiel Wänden oder Rohrleitungen, getrennt ist. Im schwimmenden Estrich kann bspw. eine Heizschlange für eine Fußbodenheizung vergossen sein (→ Rn. 78 „Fußbodenheizung"). Daneben gibt es eine Vielzahl weiterer Estricharten.[94]

Der Estrich ist im Regelfall von einer Vielzahl weiterer Schichten umgeben:

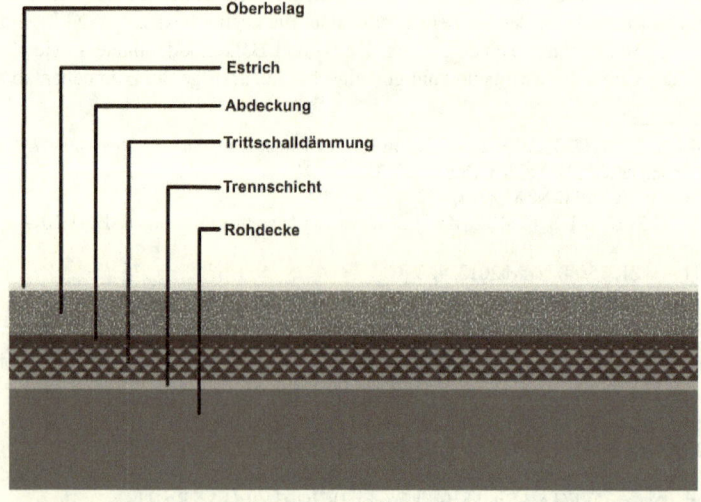

Oberbelag

Estrich

Abdeckung

Trittschalldämmung

Trennschicht

Rohdecke

91 BayObLG 1.10.1980 – BReg 2 Z 43/79, MDR 1981, 145.
92 BayObLG 23.10.1992 – 2Z BR 78/92, WuM 1992, 705.
93 OLG Hamburg 14.3.2003 – 2 Wx 2/00, ZMR 2003, 537.
94 Vgl. DIN EN 13318, DIN 18560–1 („Estriche im Bauwesen").

Tyarks

Estrich im räumlichen Bereich des Sondereigentums ist nach Ansicht des BGH gem. § 5 Abs. 1 WEG gemeinschaftliches Eigentum, sofern er auch der Dämmung und Isolierung dient,[95] da er dann nicht beseitigt werden kann, ohne dass Rechte anderer Wohnungseigentümer über das nach § 14 Abs. 1 Nr. 2 WEG zulässige Maß hinaus beeinträchtigt werden.[96] Ob der Estrich darüber hinaus stets gemeinschaftliches Eigentum ist, hat der BGH offengelassen.[97] Das Schrifttum geht überwiegend davon aus, dass für gemeinschaftliches Eigentum eine Isolierfunktion des Estrichs erforderlich ist.[98]

Da der Estrich nahezu ausnahmslos auch eine Isolierfunktion (Wärme- und Schallschutzfunktion) hat, insbesondere bei Estrichen im Bereich von Wohnflächen, ist er regelmäßig gemeinschaftliches Eigentum (→ Rn. 101 „Isolierungsschicht", → Rn. 165 „Trittschalldämmung", → Rn. 49 „Einfamilienhaus").[99]

Etagenheizung: Versorgt die Etagenheizung nur eine Sondereigentumsfläche kann sie im Sondereigentum   57
stehen (→ Rn. 93 „Heizungsanlage").

Fahrstuhl: → Rn. 16 „Aufzugsanlagen".   58

Fahnenmast: Für einen herausnehmbaren Fahnenmast auf dem Grundstück findet keine wohnungseigentums-   59
rechtliche Zuordnung statt. Einbetonierte Fahnenmasten auf dem Grundstück stehen im gemeinschaftlichen
Eigentum. Ein Fahnenmast auf der Dachterrasse kann im Sondereigentum stehen, sofern dieser nicht die äußere Gestaltung des Gebäudes prägt.

Fassade: Als Teil der äußeren Gestaltung steht die Fassade im gemeinschaftlichen Eigentum.[100]   60

Fallrohr: Außen am Gebäude installierte und von der Regenrinne abgehende Fallrohre stehen im gemein-   61
schaftlichen Eigentum (→ Rn. 132 „Regenrinne").

Fernsehantenne: → Rn. 15 „Antennenanlage".   62

Fenster: Alle Außenfenster – auch solche im Sondereigentumsbereich – stehen gem. § 5 Abs. 2 WEG zwin-   63
gend im Gemeinschaftseigentum.[101] Zu den im gemeinschaftlichen Eigentum stehenden Fenstern gehören
sämtliche Bauteile[102] wie Fensterscheibe, Rahmen, Flügel, Griff,[103] Dichtung, Beschlag pp. Auch der Innenanstrich des Rahmens und Flügels gehört zum gemeinschaftlichen Eigentum (→ Rn. 74 „Französische Fenster").[104]

Auch das Innenfenster samt Rahmen eines echten Doppelfensters mit zwei separat zu öffnenden Fensterrahmen ist gemeinschaftliches Eigentum iSd § 5 Abs. 2 WEG, da das Doppelfenster ohne Innenfenster seine Funktion teilweise einbüßt.[105]

Fensterbank: Außenfensterbank und -sims stehen im gemeinschaftlichen Eigentum, da sie die äußere Gestal-   64
tung des Gebäudes betreffen.[106] Die auf der Innenseite zum Sondereigentumsbereich belegene Innenfensterbank steht hingegen im Sondereigentum[107]

---

95 BGH 16.3.2018 – V ZR 276/16, NJW 2018, 2123.
96 Vgl. auch OLG Karlsruhe 10.4.2018 – 8 U 19/14, ZMR 2019, 523; LG Düsseldorf 29.3.2017 – 25 S 55/16, ZMR 2017, 575.
97 So wohl OLG Hamm 20.11.2006 – 15 W 166/06, ZWE 2007, 296; KG 19.3.2007 – 24 W 317/06, ZWE 2007, 352; OLG Köln 21.9.2001 – 16 Wx 153/01, NZM 2002, 125.
98 *Hügel/Elzer* WEG § 5 Rn. 40 unter „Estrich"; Bärmann/*Armbrüster* WEG § 5 Rn. 74; Bärmann/Seuß WE-Praxis/*Rampp* § 11 Rn. 66 unter „Estrich"; BeckOK WEG/*Gerono* § 5 Rn. 42.
99 Vgl. 5.6. und 5.7. DIN 18560–1.
100 AG Freiburg 21.5.2010 – 57 C 3532/09 WEG, BeckRS 2012, 9795.
101 BGH 14.6.2019 – V ZR 254/17, NZM 2019, 624; BGH 22.11.2013 – V ZR 46/13, ZWE 2014, 126; BGH 2.3.2012 – V ZR 174/11, NZM 2012, 419.
102 Vgl. Bärmann/*Armbrüster* WEG § 5 Rn. 76.
103 AA Riecke/Schmid/*Schneider* WEG § 5 Rn. 46.
104 Vgl. zur Wohnungseingangstür: BGH 25.10.2013 – V ZR 212/12, NJW 2014, 379; ebenso Sauren/*Sauren* WEG § 1 Rn. 10F unter „Fenster nach außen"; aA Bärmann/Seuß WE-Praxis/*Rampp* § 11 Rn. 66 unter „Fenster".
105 BeckOK WEG/*Gerono* § 5 Rn. 43; aA OLG Düsseldorf 15.5.2000 – 3 Wx 80/00; BayObLG 21.12.1999 – 2Z BR 115/99, ZWE 2000, 177; Bärmann/*Armbrüster* WEG § 5 Rn. 76, Hügel/Scheel Wohnungseigentum-HdB/*Müller* § 1 Rn. 89 unter „Fenster"; Riecke/Schmid/*Schneider* WEG § 5 Rn. 46.
106 OLG Frankfurt a. M. 23.9.1975 – 22 U 255/73, NJW 1975, 2297.
107 Bärmann/Seuß WE-Praxis/*Rampp* § 11 Rn. 66 unter „Fensterbank"; Riecke/Schmid/*Schneider* WEG § 5 Rn. 46.

65 **Fenstergitter:** Ein Fenstergitter als Einbruchsicherung steht im gemeinschaftlichen Eigentum.[108]

66 **Fensterladen:** Die nach außen gerichteten Fensterladen stehen im gemeinschaftlichen Eigentum.[109]

67 **Fensterkasten:** Fensterkästen stehen im gemeinschaftlichen Eigentum, da sie die äußere Gestaltung des Gebäudes betreffen.

68 **Fenstersims:** → Rn. 64 „Fensterbank".

69 **Feuchtigkeitsisolierung:** → Rn. 101 „Isolierungsschicht".

70 **Feuerleiter:** → Rn. 134 „Rettungsleiter".

71 **Fettabscheider:** Fettabscheider trennen Fette und Öle vom Abwasser und können auch nachträglich an die bestehenden Abwasserleitungen angeschlossen werden. Überall dort, wo bei betrieblichen Abläufen Fette und Öle als Abwasser anfallen, sind Fettabscheider Pflicht bspw. in der Gastronomie. Der Fettabscheider ist gemeinschaftliches Eigentum.[110] Er kann wohl im Einzelfall nach § 5 Abs. 1 WEG im Sondereigentum stehen, wenn er im räumlichen Bereich einer Sondereigentumseinheit installiert wird und ausschließlich dieser Einheit dient. Hierzu ist aber erforderlich, dass er beseitigt, verändert oder eingefügt werden kann, ohne dass das übrige gemeinschaftliche Eigentum beeinträchtigt wird.[111]

72 **Fliesen:** → Rn. 77 „Fußbodenbelag".

73 **Flur:** Verbindungsflure, die den einzigen Zugang zur gemeinschaftlichen Heizanlage und zu den zentralen Versorgungseinrichtungen des Hauses darstellen, stehen zwingend im gemeinschaftlichen Eigentum (→ Rn. 120 „Nebenraum").[112] Ebenso zwingend gemeinschaftliches Eigentum sind Flure, die den Zugang zu mehr als einer Sondereigentumseinheit ermöglichen (→ Rn. 164 „Treppenhaus").

74 **Französisches Fenster:** Französische Fenster (Balkontür ohne Balkon mit Ziergitter) stehen nach § 5 Abs. 2 im gemeinschaftlichen Eigentum.[113]

75 **Freifläche:** Freiflächen außerhalb von Gebäuden standen bisher nach § 1 Abs. 5 WEG aF zwingend im gemeinschaftlichen Eigentum. Der Gesetzgeber hat dies durch das WEMoG geändert. Das Sondereigentum kann nach § 3 Abs. 2 WEG nun auf einen außerhalb des Gebäudes liegenden Teil des Grundstücks erstreckt werden, es sei denn, die Wohnung oder die nicht zu Wohnzwecken dienenden Räume bleiben dadurch wirtschaftlich nicht die Hauptsache. Errichtet der Sondereigentümer ein Gebäude auf seiner Sondereigentumsfreifläche, wozu er regelmäßig einer Gestattung iSd § 13 Abs. 2 WEG bedarf, fällt dieses nach § 5 Abs. 1 S. 2 WEG iVm § 94 BGB in Gänze in sein Sondereigentum. Das auf der Sondereigentumsfläche errichtete Gebäude ist kein Gebäude iSd §§ 1, 3 und 5 WEG. Das Gebäude iSd Vorschriften ist nur das in Sonder- und gemeinschaftliches Eigentum aufgeteilte Gebäude („Bestandsgebäude").

Von der Anwendung des § 5 Abs. 1 S. 2 WEG iVm § 94 BGB zugunsten des Sondereigentümers einer Freifläche macht § 5 Abs. 2 WEG eine Ausnahme. Hiernach sind Teile des (Bestands-)Gebäudes, die für dessen Bestand oder Sicherheit erforderlich sind, sowie Anlagen und Einrichtungen, die dem gemeinschaftlichen Gebrauch der Wohnungseigentümer dienen, nicht Gegenstand des Sondereigentums, selbst wenn sie sich im Bereich der im Sondereigentum stehenden Räume oder Teile des Grundstücks befinden. Daher bleiben bspw. Versorgungsleitungen, die der Versorgung des Bestandsgebäudes dienen, gemeinschaftliches Eigentum, auch wenn sie unter der Sondereigentumsfreifläche verlaufen.

Die im Sondereigentum stehende, mit einem Gebäude bebaute Grundstücksfläche, kann nicht nach § 8 Abs. 1 WEG (erneut) geteilt werden. Dies würde zu sachenrechtlichen Verwerfungen führen. Der Gesetzgeber dürfte

108 KG 15.12.1993 – 24 W 2014/93, NJW-RR 1994, 401.
109 BayObLG 31.3.2004 – 2Z BR 241/03, WuM 2004, 362.
110 Sauren/*Sauren* WEG § 1 Rn. 10F unter „Fettabscheider".
111 Deckert Eigentumswohnung/*Drabek* Gruppe 5, S. 106, Rn. 276; vgl. aber zu Beeinträchtigungen LG Aurich 7.10.2016 – 4 S 74/16, ZMR 2017, 80.
112 BGH 5.7.1991 – V ZR 222/90, NJW 1991, 2909; OLG München 10.4.2019 – 34 Wx 92/18, ZWE 2019, 263; BayObLG 30.10.2003 – 2Z BR 184/03, MittBayNot 2004, 192; OLG Düsseldorf 12.3.1999 – 3 Wx 72–99, NZM 1999, 772; OLG Saarbrücken 15.4.1998 – 5 W 161/97–57, ZMR 1999, 431.
113 LG Berlin 10.10.2017 – 85 S 293/14 WEG; LG Berlin 16.12.2015 – 85 S 293/14 WEG, Grundeigentum 2016, 1515.

auch vornehmlich die Sondereigentumsfähigkeit von Terrassen- und Gartenflächen ins Auge gefasst haben, nicht aber die Begründung von Schachtelwohnungseigentümergemeinschaften.

Die Grundstücksfläche, auf der das aufgeteilte Gebäude steht, ist nicht sondereigentumsfähig, da § 3 Abs. 2 WEG ausdrücklich regelt, dass das Sondereigentum nur auf einen außerhalb des Gebäudes liegenden Teil des Grundstücks erstreckt werden kann.

Sondereigentum an Freiflächen kann nur als akzessorisches Eigentum bestehen, das in Abhängigkeit zum Wohnungs- bzw. Teileigentum steht. Eine isolierte Veräußerung ist nicht möglich.

Fundament: Das Fundament eines Gebäudes steht gem. § 5 Abs. 2 WEG im gemeinschaftlichen Eigentum.   76

Fußbodenbelag: Der oberste Fußbodenbelag (bspw. Fliesen, Parkett, Teppich, Linoleum) innerhalb einer   77 Sondereigentumseinheit ist Sondereigentum.[114] Der darunter liegende Estrich ist gemeinschaftliches Eigentum, sofern ihm – wie nahezu ausschließlich – auch eine Isolier- und Dämmfunktion zukommt (→ Rn. 56 „Estrich").

Ein Dielenboden aus Massivdielen kann Bestandteil der Decke sein. Er ist dann gemeinschaftliches Eigentum.[115]

Fußbodenheizung: Fußbodenheizungen können im Trocken- oder Nasssystem verlegt werden. Im Trocken-   78 system werden die Heizungsrohre in vorgefertigten Bodenelementen verlegt, wobei diese nicht im Estrich vergossen werden müssen. Die nicht vergossenen Heizungsrohre im Trockensystem können samt sämtlicher weiterer Bestandteile der Fußbodenheizung ab der ersten für die Handhabung durch den Sondereigentümer vorgesehenen Absperrmöglichkeit (→ Rn. 171 „Versorgungsleitungen") im Sondereigentum stehen.

Bei Nasssystemen werden flexiblen Kunststoffrohre verlegt und anschließend mit dem Estrich vergossen. Ob die Heizschlange einer Fußbodenheizung in einer Sondereigentumseinheit, die im Estrich vergossen wird, im gemeinschaftlichen Eigentum oder Sondereigentum steht, ist umstritten. Nach einer Ansicht in Rechtsprechung und Literatur ist die Heizschlange sondereigentumsfähig.[116] Eine andere Ansicht geht hingegen von gemeinschaftlichen Eigentum nach § 5 Abs. 1 WEG aus.[117] Der zuletzt genannten Ansicht ist der Vorzug zu geben, da die Heizschlange im Estrich verlegt wird, der Estrich regelmäßig ebenfalls im gemeinschaftlichen Eigentum steht (→ Rn. 56 „Estrich") und die Heizschlange daher nicht verändert, beseitigt oder eingefügt werden kann, ohne dass dadurch das gemeinschaftliche Eigentum beeinträchtigt wird. Aus der Rechtsprechung des BGH zu den Versorgungsleitungen kann nichts Gegenteiliges entnommen werden, da die Versorgungsleitungen in dem Sachverhalt, welcher der Entscheidung des BGH zugrunde lag, frei zugänglich waren.[118] Regelungsteile, Thermostatventile und sonstige Einrichtungen zur Regelung der Heizungswärme einer Fußbodenheizung sind dann ebenfalls gemeinschaftliches Eigentum.[119]

Garage: → Rn. 106 „Kfz-Stellplatz".   79

Garten: Gärten sind sondereigentumsfähig (→ Rn. 75 „Freifläche").   80

Gasversorgungsleitung: → Rn. 171 „Versorgungsleitung".   81

Geschossdecke: → Rn. 42 „Decke".   82

Gastherme: → Rn. 93 „Heizungsanlage".   83

Gaszähler: → Rn. 170 „Verbrauchserfassungsgeräte".   84

---

114 BGH 1 6.2012 – V ZR 195/11, NJW 2012, 2725 Rn. 5; OLG Düsseldorf 4.7.2001 – 3 Wx 120/01, ZWE 2001, 616; LG Hamburg 12.7.2017 – 318 S 31/16, ZWE 2018, 28; LG Karlsruhe 8.3.2016 – 11 S 66/15, ZWE 2016, 414.
115 Riecke/Schmid/*Schneider* WEG § 5 Rn. 38.
116 OLG Köln 30.3.1998 – 16 Wx 20–98, NZM 1999, 83; AG Mettmann 30.6.2005 – 7 II a 20/05, ZMR 2006, 240; Jennißen/*Grziwotz* WEG § 5 Rn. 85; Bärmann/*Armbrüster* WEG § 5 Rn. 82; Bärmann/Seuß WE-Praxis/*Rampp* § 11 Rn. 66 unter „Fußbodenheizung"; Hügel/Elzer WEG § 5 Rn. 40 unter „Fußbodenheizung"; MüKoBGB/*Commichau* WEG § 1 Rn. 43 unter „Fußbodenheizung"; Sauren/*Sauren* WEG § 1 Rn. 10F unter „Fußbodenheizung".
117 OLG München 4.9.2009 – 32 Wx 44/09, OLG Report Süd 7/2010 Anm. 8; LG Bonn 19.7.1997 – 8 T 27/97, WE 2001, 47; AG Würzburg 20.1.2015 – 30 C 444/14 WEG; Riecke/Schmid/*Schneider* WEG § 5 Rn. 52.
118 BGH 26.10.2012 – V ZR 57/12, ZWE 2013, 205; siehe hierzu AG Würzburg 20.1.2015 – 30 C 444/14 WEG.
119 OLG Stuttgart 13.11.2007 – 8 W 404/07, ZWE 2008, 57.

85 **Gegensprechanlage:** → Rn. 152 „Sprechanlage".

86 **Geländer:** → Rn. 164 „Treppenhaus".

87 **Geräteraum:** → Rn. 120 „Nebenraum".

88 **Gewächshaus:** Ein Gewächshaus bzw. der vom Gewächshaus umschlossene Raum ist sondereigentumsfähig,[120] wenn es Bestandteil eines Gebäudes ist (→ Rn. 180 „Wintergarten") oder selbst ein Gebäude darstellt. Denn nur Räume eines Gebäudes sind sondereigentumsfähig (§ 1 Abs. 1, 3 WEG). Ein Gebäude iSd WEG liegt vor, wenn es gem. der §§ 93, 94 BGB fest mit dem Grund und Boden verbunden ist.[121] Ein Gewächshaus mit Fundament und Stahlkonstruktion kann ein Gebäude iSd §§ 93, 94 BGB sein.[122] Die konstruktiven Bestandteile des Gewächshauses wie Dach und Verglasung stehen hingegen nach § 5 Abs. 2 WEG zwingend im gemeinschaftlichen Eigentum. Ein Gewächshaus kann aber auch bloß ein Scheinbestandteil iSd § 95 BGB sein (→ Rn. 180 „Wintergarten").

Steht das Gewächshaus auf einer im Sondereigentum stehenden Freifläche, so fällt das Eigentum am Gewächshaus nach § 5 Abs. 1 S. 2 WEG iVm § 94 BGB in Gänze in das Eigentum des Sondereigentümers (→ Rn. 75 „Freifläche").

89 **Glasdach:** → Rn. 38 „Dach".

90 **Grundstücksfläche:** → Rn. 75 „Freifläche".

91 **Haussprechanlage:** → Rn. 152 „Sprechanlage".

92 **Hebeanlage:** → Rn. 9 „Abwasserhebeanlage".

93 **Heizungsanlage:** Bei Heizungsanlagen ist zwischen den verschiedenen Heizungsarten und den unterschiedlichen Bauteilen zu differenzieren. Eine Heizungsanlage verfügt über eine Heizstelle und versorgt über Wasser (flüssig oder dampfförmig) als Trägermedium einen oder mehrere Räume eines Gebäudes oder auch mehrere Gebäude mit Wärme. Durch Verbrennung eines Brennstoffs (Öl, Gas, Holzpellets, Stückholz) wird Wasser erwärmt und von einer Pumpe durch Versorgungsleitungen in die einzelnen Einheiten eines Gebäudes in die dort vorhandenen Heizkörper gepumpt. Das Heizungswasser durchströmt die Heizkörper, gibt Wärme ab, und fließt über die Rücklaufleitung zurück; der Heizkreislauf beginnt von neuem.

Wohnungseigentumsanlagen verfügen in der Regel über zentralisierte Heizungen (**Zentralheizung**). Bei einer Zentralheizung befinden sich die zentrale Heizstelle und ihre weiteren Bauteile gewöhnlich in einem gesonderten **Heizungsraum** (→ Rn. 94 „Heizungsraum"). Von dort aus werden in der Regel alle Einheiten der Wohnungseigentumsanlage mit Wärme versorgt. Die zentrale Heizstelle und ihre Bauteile (zB Brenner, Heizkessel, Pumpe, Vorratsbehälter für Brennstoffe) sind als Anlagen iSd § 5 Abs. 2 WEG, die dem gemeinschaftlichen Gebrauch der Wohnungseigentümer dienen, dann zwingend gemeinschaftliches Eigentum,[123] sofern sie nicht nur Scheinbestandteil sind (→ Rn. 174 „Wärme-Contracting").

Sondereigentum an einer Heizungsanlage soll aber dann nicht gem. § 5 Abs. 2 WEG ausgeschlossen sein, wenn die Anlage bestimmungsgemäß nicht von der Gesamtheit der Wohnungseigentümer betrieben wird, sondern von vornherein durch einen Miteigentümer, der die Anlage errichtet hat, betrieben werden soll und die Anlage überdies dafür bestimmt und ausgelegt ist, über die Wohnungen der betreffenden Gemeinschaft der Wohnungseigentümer hinaus eine Anzahl weiterer Gebäude mit Wärme zu versorgen.[124] Nicht ausreichend für die Sondereigentumsfähigkeit der Anlage ist allerdings, wenn die Heizungsanlage zwar von einem Miteigentümer betrieben wird, die Heizungsanlage aber ausschließlich der Versorgung der Gemeinschaft der Wohnungseigentümer dient (→ Rn. 174 „Wärme-Contracting").[125]

---

120 Vgl. LG Hamburg 25.4.2012 – 318 S 138/11, ZMR 2013, 57.
121 OLG Schleswig 19.4.2016 – 2 Wx 12/16, ZWE 2016, 371.
122 BGH 10.2.1978 – V ZR 33/76, NJW 1978, 1311; BGH 16.11.1973 – V ZR 1/72, WM 1974, 126.
123 BGH 8.11.1974 – V ZR 120/73, NJW 1975, 688; BGH 2.2.1979 – V ZR 14/77, BGHZ 73, 302; siehe auch BGH 8.7.2011 – V ZR 176/10, NJW 2011.
124 BGH 8.11.1974 – V ZR 120/73, NJW 1975, 688; zu Recht ablehnend Bärmann/*Armbrüster* WEG § 5 Rn. 42; MüKoBGB/*Commichau* WEG § 5 Rn. 27.
125 BayObLG 21.2.1980 – BReg 2 Z 13/79, ZMR 1980, 185; zum Ganzen Bärmann/*Armbrüster* WEG § 5 Rn. 37 ff. mwN.

Die **Heizkörper** sowie die **Heizungs- und Thermostatventile** innerhalb der einzelnen Sondereigentumsflächen stehen regelmäßig im Sondereigentum.[126] Etwas anderes gilt nur, wenn der einzelne Heizkörper für den Betrieb der gesamten Heizungsanlage unverzichtbar ist (zu Heizkostenverteilern → Rn. 170 „Verbrauchserfassungsgeräte").[127]

Befindet sich hiernach der Heizkörper im Sondereigentum, sind auch die **Anschlussleitungen (Heizungsrohre)** sondereigentumsfähig,[128] und zwar ab der ersten für die Handhabung durch den Sondereigentümer vorgesehenen Absperrmöglichkeit der Leitungen (→ Rn. 171 „Versorgungsleitung").[129] Hierzu ist aber nach § 5 Abs. 1 WEG erforderlich, dass die Leitungen verändert, beseitigt oder eingefügt werden können, ohne das gemeinschaftliche Eigentum zu beeinträchtigen (→ Rn. 78 „Fußbodenheizung").[130] Dies dürfte in der Regel nur bei freiliegenden Leitungen der Fall sein.

Im Schrifttum wird teils abweichend vertreten, dass dem Grundsatz der Einheitlichkeit folgend sämtliche Bestandteile der Heizungsanlage, also auch die Leitungen und Heizkörper, im gemeinschaftlichen Eigentum stehen.[131] Für eine solche Generalisierung bietet § 5 Abs. 1 und 2 WEG aber keine Grundlage.[132]

Die Versorgung mit Wärme kann ferner auch über sogenannte **Einzelheizungen** oder **Etagenheizungen** erfolgen. Die Heizungsanlage ist dann nicht zentralisiert, sondern befindet sich regelmäßig in der jeweiligen Sondereigentumseinheit, bspw. in Flur, Bad oder Küche, und versorgt ausschließlich die Sondereigentumsfläche. In diesem Fall steht die Heizungsanlage im Sondereigentum. Dies soll auch dann gelten, wenn sich die Heizungsanlage außerhalb der Sondereigentumsfläche befindet.[133] Für die Heizkörper und Heizungsrohre gilt das Vorgesagte zu den Zentralheizungen entsprechend. Sogenannte **Nachtspeicherheizungen** werden mit Strom betrieben und stehen, sofern überhaupt wesentlicher Bestandteil iSd §§ 93, 94 BGB, im Sondereigentum, soweit sie sich innerhalb einer Sondereigentumsfläche befinden.

Heizungsraum: Befindet sich im Heizungsraum die zentrale Heizungsanlage und dient der Raum keinem anderen Zweck als dem Betrieb der im gemeinschaftlichen Eigentum stehenden Anlage, soll der Heizungsraum ebenfalls zwingend im gemeinschaftlichen Eigentum stehen.[134]   94

Allerdings kommt auch Sondereigentum an einem Raum in Betracht, der gemeinschaftliches Eigentum beherbergt. Ansonsten ergebe der Hinweis in § 5 Abs. 2 letzter Hs. WEG keinen Sinn. Hierzu ist aber erforderlich, dass der Raum nicht ausschließlich demselben Zweck wie die Anlage dient. Insoweit ist maßgebend, ob der Raum nach seiner Art, Lage und Beschaffenheit, insbesondere auch seiner Größe, objektiv geeignet ist, neben der Unterbringung der Heizungsanlage noch andere, zumindest annähernd gleichwertige Nutzungszwecke zu erfüllen. Untergeordnete oder lediglich periphere Nutzungsmöglichkeiten müssen indes außer Betracht bleiben; sie vermögen den Charakter des Raums als Heizungsraum nicht in Frage zu stellen.[135]

Heizungsrohre: → Rn. 93 „Heizungsanlage".   95

Heizungs- und Thermostatventile: → Rn. 93 „Heizungsanlage".   96

Heizkostenverteiler: → Rn. 170 „Verbrauchserfassungsgeräte".   97

Hobbyraum: → Rn. 120 „Nebenraum".   98

---

126 BGH 8.7.2011 – V ZR 176/10, NJW 2011, 2958 „Heizkörperentscheidung"; vgl. auch Klarstellung BGH 26.10.2012 – V ZR 57/12, NJW 2013, 1154.
127 Offengelassen BGH 8.7.2011 – V ZR 176/10, NJW 2011, 2958 „Heizkörperentscheidung".
128 BGH 8.7.2011 – V ZR 176/10, NJW 2011, 2958 „Heizkörperentscheidung".
129 BGH 9.12.2016 – V ZR 124/16, ZWE 2017, 2016; BGH 26.10.2012 – V ZR 57/12, NJW 2013, 1154.
130 Offengelassen BGH 26.10.2012 – V ZR 57/12, ZWE 2013, 205 Rn. 14.
131 Jennißen/*Grziwotz* WEG § 5 Rn. 52; Riecke/Schmid/*Schneider* WEG § 5 Rn. 52 mwN.
132 Bärmann/*Armbrüster* WEG § 5 Rn. 88.
133 LG Frankfurt a. M. 1.3.1989 – 2/9 T 1212/88; Bärmann/Seuß WE-Praxis/*Rampp* § 11 Rn. 60; *Hügel/Elzer* WEG § 5 Rn. 40 unter „Heizungsanlage"; Sauren/*Sauren* WEG § 1 Rn. 10H unter „Heizungsanlage"; fraglich im Hinblick auf die jüngste BGH-Rechtsprechung → Rn. 9 „Abwasserhebeanlage"; noch weitergehend MüKoBGB/*Commichau* WEG § 5 Rn. 27.
134 BGH 2.2.1979 – V ZR 14/77, NJW 1979, 2391; OLG Dresden 29.3.2017 – 17 W 233/17, NJW-RR 2017, 1225; OLG Schleswig 6.3.2006 – 2 W 13/06, MittBayNot 2008, 45; OLG Bremen 26.4.2016 – 3 W 28/15, ZWE 2016, 324.
135 OLG Schleswig 6.3.2006 – 2 W 13/06, MittBayNot 2008, 45.

99　**Innenanstrich:** → Rn. 14 „Anstrich".

100　**Innenhof:** Ein von allen Seiten mit Mauerwerk umschlossener Innenhof, der ausschließlich durch Gebäudeteile betreten werden kann, ist – auch wenn er nicht überdacht ist – als Raum sondereigentumsfähig.[136]

101　**Isolierungsschicht:** Isolierschichten stehen im gemeinschaftlichen Eigentum (→ Rn. 165 „Trittschalldämmung").[137]

102　**Jalousie:** Bei einer Jalousie handelt es sich um einen Sicht- und Lichtschutz vor einem Fenster oder einer Fenstertür, der mit feststehenden, drehbaren oder beweglichen Lamellen ausgeführt wird. Innenjalousien lassen sich idR sehr einfach montieren. Teilweise gibt es einfache Klicksysteme, die an den Fensterrahmen befestigt werden können. Innenjalousien sind daher in der Regel nur Zubehör iSd § 97 BGB und unterliegen nicht den gesetzlichen Regelungen über Sonder- oder gemeinschaftlichen Eigentum. Sofern sie ausnahmsweise wesentlicher Bestandteil iSd §§ 93, 94 BGB sind, handelt es sich um Sondereigentum. Außenjalousien sind hingegen häufig aufwändiger installiert und elektrisch. Für sie geltend die Ausführungen zu den Rollläden (→ Rn. 136 „Rollladen").

103　**Kamin:** Kamine bestehen in der Regel aus einem Feuerraum, einem Rauchsammler und einer Verbindungsleitung (Kaminzug) zu einem Schornstein. Ein in der Wand (bei Errichtung) fest verbauter Kamin ist gemeinschaftliches Eigentum, wenn dieser nicht verändert, beseitigt oder eingefügt werden kann, ohne dass dadurch das gemeinschaftliche Eigentum beeinträchtigt wird. Dies hängt von den Umständen des Einzelfalls ab. Es kann aber nicht darauf ankommen, ob es sich um einen offenen, also einen Kamin mit offener Feuerstelle, oder geschlossenen Kamin handelt.[138] Der Kaminzug, der zu dem Schornstein führt, ist hingegen gem. § 5 Abs. 2 WEG selbst dann gemeinschaftliches Eigentum, wenn er nur von einer Sondereigentumseinheit genutzt wird.[139] **Kaminöfen** sind in der Regel hingegen nicht fest in der Wand verbaut und können auch nachträglich installiert werden. Diese stehen, sofern sie wesentliche Bestandteile der Sondereigentumseinheit iSd §§ 93, 94 BGB sind, samt der Abgasrohre, die an dem Kaminzug angeschlossen werden, im Sondereigentum.[140]

104　**Kelleraußentreppe:** Die Kelleraußentreppe dient regelmäßig dem Gebrauch der Wohnungseigentümer und steht daher nach § 5 Abs. 2 WEG zwingend im gemeinschaftlichen Eigentum.[141]

105　**Kellerraum:** → Rn. 120 → „Nebenraum".

106　**Kfz-Stellplatz:** Stellplätze gelten nach § 3 Abs. 1 S. 2 WEG als Räume und sind damit sondereigentumsfähig, unabhängig davon, ob sie sich auf der Grundstücksfläche, in einer Tiefgarage, in einem Parkhaus, in einem Carport oder einer Einzelgarage befinden.

Eine Besonderheit besteht bei **Stellplätzen auf Freiflächen**. Denn auf diese Stellplätze finden – wie bei Freiflächen – § 5 Abs. 1 S. 2 WEG iVm § 94 BGB Anwendung. Bebaut der Sondereigentümer folglich seinen Stellplatz auf der Freifläche mit einer Garage, fallen sämtliche Bestandteile dieser Garage unter sein Sondereigentum.

Sodann fragt sich, ob die Sondereigentumsfähigkeit eines Stellplatzes auf einer Freifläche nur nach § 3 Abs. 1 S. 2 WEG begründbar ist oder sich auch durch eine Erstreckung des Sondereigentums auf einen außerhalb des Gebäudes liegenden Teil des Grundstücks nach § 3 Abs. 2 WEG bewerkstelligen lässt. Dies wird mit der Begründung verneint, dass ein Stellplatz ein (fingierter) Raum und damit keine Grundstücksfläche iSd § 3 Abs. 2 WEG sei.[142] Nach diesseitiger Ansicht ist dies aber zweifelhaft, da es den teilenden Eigentümern obliegt, durch Ausweisung im Aufteilungsplan die Fiktion des § 3 Abs. 1 S. 2 WEG erst auszulösen. Wird der Stell-

---

136　OLG Hamm 5.1.2016 – 15 W 398/15, NZM 2016, 590; zustimmend *Ott* DNotZ 2016, 626; differenzierend Bärmann/*Armbrüster* WEG § 5 Rn. 91 mwN; → Rn. 25 „Balkon"; aA Sauren/*Sauren* WEG § 5 Rn. 10I unter „Innenhof"; Riecke/Schmid/*Schneider* WEG § 5 Rn. 54.

137　OLG München 30.1.2007 – 34 Wx 116/06, NZM 2007, 369; LG Karlsruhe 16.12.2014 – 11 S 14/14, ZWE 2015, 421.

138　AA wohl Riecke/Schmid/*Schneider* WEG § 5 Rn. 55; Bärmann/*Armbrüster* WEG § 5 Rn. 94.

139　BayObLG 20.8.1998 – 2Z BR 44/98, NZM 1999, 28; Bärmann/Seuß WE-Praxis/*Rampp* § 11 Rn. 66 unter „Schornstein".

140　AG Hamburg-St. Georg 28.4.2017 – 80 b C 69/16 WEG, ZWE 2018, 140.

141　OLG Düsseldorf 8.9.2015 – I-21 U 160/10; OLG Frankfurt a. M. 30.5.2008 – 25 U 129/07, ZMR 2009, 215.

142　Verneinend *Hügel/Elzer*, 3. Aufl. 2021, WEG § 3 Rn. 59; *Müller* ZWE 2020, 445.

platz indes als Grundstücksfläche iSd § 3 Abs. 2 WEG ausgewiesen, kommt die Fiktion des § 3 Abs. 1 S. 2 WEG von vornherein nicht zum Tragen. Es spricht auch nichts dagegen, den Wohnungseigentümern etwas Gestaltungsfreiheit zu belassen.

Einzelgaragen sind ebenso sondereigentumsfähig. Die Reichweite der Sondereigentumsfähigkeit hängt künftig davon ab, welche Form von Sondereigentum gegeben ist.

Zunächst kann die Einzelgarage von vornherein – wie bisher – mit in gemeinschaftliches Eigentum und Sondereigentum aufgeteilt werden. Die Garage ist dann Gebäude iSd §§ 1, 3 und 5 WEG. § 5 Abs. 1 S. 2 WEG findet keine Anwendung, da der Grundstücksteil, auf dem die Einzelgarage errichtet ist, nicht außerhalb des Gebäudes liegt. Danach fallen die konstruktiven Teile wie Tor, Dach und Mauern weiterhin zwingend in das gemeinschaftlichen Eigentum.[143] Eine abweichende Ansicht würde an dieser Stelle auch dazu führen, dass sich durch Inkrafttreten des WEMoG die Eigentumszuordnung geändert hätte. Dies dürfte nicht beabsichtigt gewesen sein.

Sofern eine Einzelgarage noch nicht errichtet wurde, kann die Grundstücksfläche entweder als Stellplatz iSd § 3 Abs. 1 S. 2 WEG oder als Sondereigentumsfreifläche iSd § 3 Abs. 2 WEG[144] im Aufteilungsplan ausgewiesen werden. In beiden Fällen kann auf der Fläche – ggf. nach Gestattung iSd § 13 Abs. 2 WEG – im Nachhinein eine Garage errichtet werden, deren Bestandteile in Gänze nach § 5 Abs. 1 S. 2 WEG iVm § 94 BGB unter das Sondereigentum fallen.

Ist die Freifläche, auf der die Garage errichtet worden ist, im Aufteilungsplan als Grundstücksfläche iSd § 3 Abs. 2 WEG ausgewiesen, ist das Sondereigentum hieran nicht isoliert verkehrsfähig, denn das Sondereigentum an Freiflächen stellt nur akzessorisches Sondereigentum dar. Sofern hingegen die Freifläche als Stellplatz iSd § 3 Abs. 1 S. 2 ausgewiesen wurde, kann das Sondereigentum isoliert veräußert werden.

Denkbar ist auch, eine bereits mit einer Garage bebaute Grundstücksfläche als Stellplatz iSd § 3 Abs. 1 S. 2 WEG oder Grundstücksfläche iSd § 3 Abs. 2 WEG auszuweisen und so gezielt die Rechtsfolgen des § 5 Abs. 1 S. 2 WEG iVm § 94 BGB auszulösen. Dies setzt allerdings voraus, dass die Einzelgarage nicht in Sondereigentum und gemeinschaftliches Eigentum aufgeteilt wird.

Einzelne Stellplätze in Sammelgaragen bspw. **Tiefgaragen** und **Parkhäusern** sind ebenfalls sondereigentumsfähig, da ihre Raumeigenschaft nach § 3 Abs. 1 S. 2 WEG fingiert wird.

Klingelanlage: Die Klingel an der Wohnungstür steht im Sondereigentum.[145] Die Klingeln im Eingangsbereich der Wohnungseigentumsanlagen stehen hingegen im gemeinschaftlichen Eigentum.[146]   107

Klimaanlage: Eine innerhalb einer Sondereigentumsfläche installierte Klimaanlage, die ausschließlich dieser Einheit dient, ist Sondereigentum. Ist die Klimaanlage indes an der Außenfassade installiert, handelt es sich um gemeinschaftliches Eigentum nach § 5 Abs. 1 WEG, und zwar auch dann, wenn diese lediglich einer Sondereigentumseinheit dient.[147]   108

Ladestation für Elektrofahrzeuge: Ladestationen für Elektrofahrzeuge stellen in der Regel Zubehör iSd § 97 Abs. 1 BGB dar und unterfallen daher nicht der sachenrechtlichen Zuordnung der §§ 3–5 WEG.[148]   109

Laminat: → Rn. 31 „Bodenbelag".   110

Lastenaufzug: → Rn. 16 „Aufzugsanlagen".   111

Laubengänge: Gemeinschaftliches Eigentum.[149]   112

Leitungen: → Rn. 171 „Versorgungsleitung".   113

Loggia: → Rn. 25 „Balkon".   114

---

143 AG Recklinghausen 15.2.2019 – 91 C 21/18, ZMR 2019, 815.
144 AA *Hügel/Elzer*, 3. Aufl. 2021, WEG § 3 Rn. 59; *Müller* ZWE 2020, 445.
145 Vgl. BayObLG 29.4.2004 – 2Z BR 245/03, ZWE 2005, 96.
146 OLG Köln 26.8.2002 – 16 Wx 126/02, NZM 2002, 865.
147 AA Bärmann/Seuß WE-Praxis/*Rampp* § 11 Rn. 66 unter „Klimaanlage", der nur die äußere Verkleidung der Klimaanlage dem gemeinschaftlichen Eigentum zuordnet.
148 *Burgmair* ZWE 2018, 237.
149 BGH 6.6.1991 – VII ZR 372/89, NJW 1991, 2480.

115 **Markise:** Wenn die Markise die äußere Gestaltung des Gebäudes prägt, handelt es sich um gemeinschaftliches Eigentum,[150] sofern sie überhaupt wesentlicher Bestandteil ist.[151] Darauf, wer die Markise installiert hat, kann es nicht ankommen.[152]

116 **Mauer:** Tragende Mauern stehen im gemeinschaftlichen Eigentum nach § 5 Abs. 2 WEG (→ Rn. 173 „Wände").[153]

117 **Müllschacht, -schlucker:** Ein im Gebäude eingebauter Müllschlucker ist gemeinschaftliches Eigentum.[154]

118 **Mülltonnen:** Mülltonnen sind in der Regel Zubehör iSd § 97 BGB und als solches weder Sondereigentum noch gemeinschaftliches Eigentum. Hat die Gemeinschaft der Wohnungseigentümer die Mülltonnen angeschafft, handelt es sich um Gemeinschaftsvermögen iSd § 9 a Abs. 3 WEG. Gemauerte Mülltonnen auf dem Grundstück sind gemeinschaftliches Eigentum.

119 **Nachtspeicherheizung:** → Rn. 93 „Heizungsanlage".

120 **Nebenraum:** Nebenräume (etwa Geräteräume, Abstellkammern, Werkstätten, Hobbyräume, Speicher) sind sondereigentumsfähig.[155] Erforderlich ist indes, dass der Nebenraum nicht dem ständigen Mitgebrauch der Wohnungs- und Teileigentümer dient (→ Rn. 94 „Heizungsraum").[156]

121 **Ofen:** → Rn. 103 „Kamin".

122 **Ofenrohr:** → Rn. 145 „Schornstein".

123 **Parabolantenne:** → Rn. 15 „Antennenanlage".

124 **Parkett:** Als oberer Bodenbelag steht Parkett im Sondereigentum des jeweiligen Wohnungseigentümers (→ Rn. 31 „Bodenbelag").

125 **Parkhaus:** → Rn. 106 „Kfz-Stellplatz".

126 **Parkplatz:** → Rn. 106 „Kfz-Stellplatz".

127 **Photovoltaikanlage:** Sogenannte Aufdach-Solaranlagen stellen keinen wesentlichen Bestandteil des Gebäudes nach den §§ 93, 94 BGB dar.[157] Sie stehen daher weder im gemeinschaftlichen Eigentum noch im Sondereigentum, sondern sind uneingeschränkt nach §§ 929 ff. BGB verkehrsfähig. Wurden sie von der Gemeinschaft der Wohnungseigentümer angeschafft, handelt es sich um Gemeinschaftsvermögen iSd § 9 a Abs. 3 WEG. Eine dachintegrierte Anlage ist hingegen wesentlicher Bestandteil des Gebäudes und daher gemeinschaftliches Eigentum.[158]

128 **Pflanzen:** In das Erdreich des Grundstücks eingepflanzte Pflanzen sind wesentliche Bestandteile des Grundstücks gem. § 94 Abs. 1 S. 2 Hs. 2 BGB und hiernach gemeinschaftliches Eigentum.[159] Befinden sich die Pflanzen hingegen auf einer Freifläche, die im Sondereigentum steht, sind sie ebenfalls Sondereigentum (→ Rn. 75 „Freifläche"). Pflanzen in beweglichen Behältern sind hingegen bewegliche Sachen und als solche weder Sondereigentum noch gemeinschaftliches Eigentum.

---

150 OLG Frankfurt a. M. 17.8.2006 – 20 W 205/05, DNotZ 2007, 469; OLG Zweibrücken 2.2.2004 – 3 W 251/03, NZM 2004, 428; BayObLG 1.6.1995 – 2Z BR 34/95, NJW-RR 1996, 266; Bärmann/*Armbrüster* WEG § 5 Rn. 100.
151 *Hügel/Elzer* WEG § 5 Rn. 40 unter „Markisen".
152 OLG Frankfurt a. M. 17.8.2006 – 20 W 205/05, DNotZ 2007, 469; aA Bärmann/Seuß WE-Praxis/*Rampp* § 11 Rn. 66 unter „Markise".
153 Vgl. LG Berlin 16.12.2015 – 85 S 293/14 WEG, Grundeigentum 2016, 1515.
154 Jennißen/*Grziwotz* WEG § 5 Rn. 93; Bärmann/*Armbrüster* WEG § 5 Rn. 102.
155 Vgl. zum Hobbyraum OLG München 30.7.2008 – 34 Wx 49/08, NZM 2009, 402; siehe auch *Grziwotz* MietRB 2013, 127.
156 Vgl. BGH 5.7.1991 – V ZR 222/90, NJW 1991, 2909.
157 OLG Karlsruhe 19.9.2017 – 12 U 70/17, MDR 2017, 1442; OLG Nürnberg 10.10.2016 – 14 U 1168/15, MDR 2017, 24 (bestätigt durch BGH 12.6.2018 – XI ZR 579/16, BeckRS 2018, 14802); OLG Oldenburg 27.9.2012 – 12 W 230/12, JurBüro 2013, 96.
158 *Welsch/Woinar*, NotBZ 2014, 162; *Hügel/Elzer* WEG § 5 Rn. 40 unter „Photovoltaikanlage".
159 LG Landau 15.4.2011 – 3 S 4/11, NZM 2011, 554.

Pflanztrog: Pflanzentröge auf Balkonen und Terrassen sind – soweit überhaupt wesentliche Bestandteile des Gebäudes – gemeinschaftliches Eigentum.[160] 129

Putz: Der Putz auf den Wänden und Decken der Sondereigentumseinheit soll im Sondereigentum stehen.[161] 130
Teilweise wird unter Fortschreibung der Rechtsprechung zum Estrich (→ Rn. 56 „Estrich") verlangt, dass der Putz nur dann im Sondereigentum steht, wenn ihm keine Schallschutzfunktion zukommt.[162] Allgemeine Putze dienen aber immer auch dem Schallschutz (→ Rn. 49 „Einfamilienhaus").[163]

Gehört hingen die ganze Wand zum Sondereigentum (→ Rn. 173 „Wände") ist hiervon stets auch der Putz umfasst.

Der Außenputz auf der Fassade (→ Rn. 60 „Fassade") steht hingegen im gemeinschaftlichen Eigentum.[164]

Rauchwarnmelder: Rauchwarnmelder können kein Sondereigentum sein, da sie dem Schutz des Gebäudes 131
sowie aller Bewohner und Besucher dienen.[165] Sofern die Rauchwarnmelder hiernach wesentliche Bestandteile des Gebäudes iSd §§ 93, 94 BGB sind, handelt es sich um zwingendes Gemeinschaftseigentum. Sind die Rauchwarnmelder hingegen lediglich Zubehör iSd § 97 BGB, ist Eigentümer derjenige, der sie angeschafft hat. Hat sie die Gemeinschaft der Wohnungseigentümerangeschafft, handelt es sich um Gemeinschaftsvermögen iSd § 9 a Abs. 3 WEG.

Die Einordnung von Rauchwarnmeldern als wesentlicher Bestandteil oder Zubehör ist umstritten. Der BGH[166] hat die Einordnung offengelassen.[167]

Nach einer Ansicht sind Rauchwarnmelder als wesentliche Bestandteile iSv § 94 Abs. 2 BGB anzusehen.[168] Teilweise werden Rauchwarnmelder auch dem gemeinschaftlichen Eigentum zugeordnet, ohne sich mit der Frage der Zubehöreigenschaft überhaupt auseinanderzusetzen.[169] Nach wohl hM sind Rauchwarnmelder grundsätzlich als Zubehör einzuordnen.[170] Die handelsüblichen Rauchwarnmelder werden mit kleinen Schrauben einfach verschraubt oder gar nur verklebt. Die Verbindung zur Decke ist daher derart lose, dass der letztgenannten Ansicht der Vorzug zu geben ist. In vielen Fällen werden die Rauchwarnmelder im Rahmen eines langfristigen Wartungsvertrags auch nur mietweise zur Verfügung gestellt. Dann kann es sich um einen Scheinbestandteil iSd § 95 Abs. 1 BGB handeln.

Regenrinne: → Rn. 38 „Dach". 132

Remise: → Rn. 37 „Carport". 133

Rettungsleiter: Bei einer an der Fassade angebrachten Rettungsleiter handelt es sich um zwingendes gemein- 134
schaftliches Eigentum nach § 5 Abs. 2 WEG,[171] und zwar selbst dann, wenn diese nur von einer Sondereigentumseinheit nutzbar ist.

Rohr: → Rn. 10 „Abwasserleitungen", → Rn. 103 „Kamin". 135

---

160 BayObLG 4.6.1998 – 2Z BR 170/97, NZM 1998, 818.
161 OLG Düsseldorf 11.4.2008 – I-3 Wx 254/07, ZWE 2008, 302; OLG Düsseldorf – 3 Wx 274/04, OLG-Report 2005, 148; BayObLG 20.11.2002 – 2Z BR 45/02, ZMR 2003, 366.
162 BeckOK WEG/*Gerono* § 5 Rn. 55; Jennißen/*Zimmer* WEG § 5 Rn. 68.
163 4.1. DIN V 18550.
164 OLG Düsseldorf 14.5.2004 – 3 Wx 95/04, NZM 2005, 184.
165 BGH 7.12.2018 – V ZR 273/17, NJW-RR 2019, 401; BGH 8.2.2013 – V ZR 238/11, NJW 2013, 3092.
166 BGH 8.2.2013 – V ZR 238/11, NJW 2013, 3092.
167 Ebenso AG Mettmann 14.2.2017 – 26 C 3/16, BeckRS 2017, 149049; AG Bochum 26.1.2016 – 95 C 44/15, BeckRS 2016, 6711; AG Düsseldorf 11.1.2016 – 290 a C 192/15, ZWE 2016, 468.
168 MüKoBGB/*Stresemann* BGB § 94 Rn. 32; *Greupner* ZMR 2012, 497.
169 OLG Frankfurt a. M. 17.7.2008 – 20 W 325/06, ZMR 2009, 864; AG München 8.2.2017 – 482 C 13922/16 WEG; MüKoBGB/*Commichau* WEG § 1 Rn. 43 unter „Rauchwarnmelder"; Jennißen/*Grziwotz* WEG § 5 Rn. 94.
170 LG Hamburg 5.10.2011 – 318 S 245/10, ZWE 2012, 55; AG Heidelberg 22.10.2014 – 45 C 52/14, BeckRS 2015, 18660; Bärmann/*Armbrüster* WEG § 5 Rn. 64; Bärmann/*Seuß* WE-Praxis/*Rampp* § 11 Rn. 66 unter „Rauchwarnmelder"; *Hügel/Elzer* WEG § 5 Rn. 40 unter „Rauchwarnmelder"; Hügel/Scheel/*Müller* Wohnungseigentum-HdB § 1 Rn. 89 unter „Rauchwarnmelder"; Riecke/Schmid/*Schneider* WEG § 5 Rn. 65 a.
171 BGH 8.2.2013 – V ZR 238/11, ZWE 2013, 358.

136 **Rollladen:** Rollläden sollen ebenso wie Außenjalousien gem. § 5 Abs. 1 WEG im gemeinschaftlichen Eigentum stehen, da sie die äußere Gestaltung des Gebäudes betreffen.[172] Sofern die Rollkästen nicht in die Außenmauer fest eingebaut sind, kann es sich allerdings auch um Sondereigentum handeln.[173] Entscheidend ist inwieweit die Rollläden die äußere Gestaltung des Gebäudes prägen. Hierbei ist zu berücksichtigen, dass für eine Veränderung der äußeren Gestalt des Gebäudes iSd § 5 Abs. 2 WEG nicht jede minimale Veränderung ausreicht; es ist vielmehr eine wertende Betrachtung vorzunehmen.[174] Bei Rollläden tritt die Veränderung der äußeren Gestalt des Gebäudes nur mit ihrer Benutzung ein. Diese ist folglich nicht dauerhaft. Daneben könnte sich gemeinschaftliches Eigentum zwar noch aus § 5 Abs. 2 WEG („Teile des Gebäudes, die für dessen Sicherheit erforderlich sind.") ableiten lassen. Grundsätzlich ist aber auch der Einbruchsschutz von Rollläden nur marginal und hiermit von untergeordneter Bedeutung. Sofern man die Rollläden mit der wohl überwiegenden Meinung dem gemeinschaftlichen Eigentum zuordnet, können einzelne Bestandteile dennoch dem Sondereigentum zuzuordnen sein.[175]

137 **Rolltor:** → Rn. 106 „Kfz-Stellplatz".

138 **Rundfunkantenne:** → Rn. 15 „Antennenanlage".

139 **Sanitäreinrichtung:** → Rn. 24 „Bad".

140 **Sauna:** → Rn. 147 „Schwimmbad".

141 **Satellitenanlage:** → Rn. 15 „Antennenanlage".

142 **Schaufenster:** → Rn. 63 „Fenster".

143 **Schließanlage:** Eine Schließanlage für die Wohnungseigentumsanlage ist zwingend gemeinschaftliches Eigentum.[176]

144 **Schneefanggitter:** → Rn. 38 „Dach".

145 **Schornstein:** Der Schornstein steht samt Kaminzug nach § 5 Abs. 2 WEG zwingend im gemeinschaftlichen Eigentum.[177]

146 **Schrank:** → Rn. 145 „Einbaumöbel".

147 **Schwimmbad:** An einem Schwimmbad mit Sauna und Umkleidekabine kann Sondereigentum begründet werden.[178]

148 **Schwimmende Häuser:** Schwimmende Häuser sind Gebäude iSd WEG, wenn sie gem. §§ 93, 94 BGB fest mit dem Grund und Boden verbunden sind.[179] Die einzelnen Räume der schwimmenden Häuser sind hiernach sondereigentumsfähig.

149 **Solaranlage:** → Rn. 127 „Photovoltaikanlage".

150 **Spitzbodenraum:** Gemeinschaftliches Eigentum, wenn er nicht ausdrücklich dem Sondereigentum zugewiesen wurde.[180] Dies gilt auch dann, wenn der Spitzboden erst nachträglich durch Einziehung einer Zwischendecke entsteht.[181]

---

172 OLG Karlsruhe 10.4.2018 – 8 U 19/14, ZMR 2019, 523; OLG Saarbrücken 4.10.1996 – 5 W 286/95–50, ZMR 1997, 31; AG Würzburg 22.1.2015 – 30 C 1212/14, ZMR 2015, 420.
173 Vgl. LG Bamberg 13.10.2015 – 11 S 9/15 WEG; BeckOK WEG/*Gerono* § 5 Rn. 48; Bärmann/*Armbrüster* WEG § 5 Rn. 107.
174 Vgl. Jennißen/*Grziwotz* WEG § 5 Rn. 15.
175 AG Würzburg 12.4.2016 – 30 C 820/15 WEG, ZMR 2016, 818, wonach der **Rollladengurt** im Sondereigentum steht.
176 LG Hamburg 10.3.2016 – 318 S 79/15, ZMR 2016, 394.
177 OLG Frankfurt a. M. 30.5.2008 – 25 U 129/07, NJOZ 2008, 4475; BayObLG 20.8.1998 – 2Z BR 44/98, NZM 1999, 28; Bärmann/Seuß WE-Praxis/*Rampp* § 11 Rn. 66 unter „Schornstein".
178 BGH 10.10.1980 – V ZR 47/79, NJW 1981, 455.
179 OLG Schleswig 19.4.2016 – 2 Wx 12/16, ZWE 2016, 371.
180 BayObLG 14.2.2001 – 2Z BR 3/01, NZM 2001, 384.
181 OLG Hamm 29.10.2018 – 5 U 34/18, ZWE 2019, 173.

Sprinkleranlage: Da sie der Sicherheit aller Wohnungs- oder Teileigentümer dient, stehen Sprinkleranlagen im gemeinschaftlichen Eigentum.[182] 151

Sprechanlage: Sprechanlagen stehen im gemeinschaftlichen Eigentum.[183] Die sich in der jeweiligen Sondereigentumseinheit befindliche Sprechstelle steht hingegen im Sondereigentum, soweit die Sprechstelle zum Betrieb der Sprechanlage im Übrigen nicht erforderlich ist.[184] 152

Steckdose: Steckdosen innerhalb einer Sondereigentumsfläche stehen im Sondereigentum. Zu den Stromleitungen → Rn. 171 „Versorgungsleitung". 153

Stellplatz: → Rn. 106 „Kfz-Stellplatz". 154

Stufen: → Rn. 164 „Treppenhaus". 155

Stromleitung: → Rn. 171 „Versorgungsleitung". 156

Tapete: Die Tapete innerhalb einer Sondereigentumsfläche steht wie der Anstrich (→ Rn. 14 „Anstrich") im Sondereigentum. 157

Teppichboden: → Rn. 77 „Fußbodenbelag". 158

Teppichklopfstange: Soweit es sich um eine im Erdboden des gemeinschaftlichen Grundstücks fest fundamentierte Teppichklopfstange handelt, steht diese im gemeinschaftlichen Eigentum.[185] 159

Terrasse: Ob an einer Terrasse Sondereigentum begründet werden kann, war wie beim Balkon (→ Rn. 25 „Balkon") und der Dachterrasse (→ Rn. 41 „Dachterrasse") umstritten. Weitgehend unstreitig war noch, dass an einer ebenerdigen Terrasse ohne jede Abgrenzung aufgrund des Fehlens eines in sich abgeschlossenen Raumes kein Sondereigentum begründet werden konnte.[186] 160

Eine Ansicht im Schrifttum hielt eine Terrasse jedoch dann für sondereigentumsfähig, wenn diese über eine feste vertikale Begrenzung (bspw. Brüstung, Begrenzungsmauern) verfügt.[187] Auch das OLG Köln[188] verlangte nur eine vertikale Begrenzung.[189] Die Gegenansicht lehnte die Sondereigentumsfähigkeit auch in diesem Fall ab.[190] Die nur vertikale Begrenzung reiche danach nicht aus, um einen in sich abgeschlossenen Raum zu begründen. Eine Terrasse ist nun nach § 3 Abs. 2 WEG auch ohne jegliche Abgrenzung sondereigentumsfähig.

Tiefgarage: → Rn. 106 „Kfz-Stellplatz". 161

Trennwand: → Rn. 173 „Wände". 162

Treppen: Treppen sind Sondereigentum, soweit sie sich im räumlichen Bereich einer Sondereigentumsfläche befinden, andernfalls gemeinschaftliches Eigentum. 163

Treppenhaus: Das Treppenhaus samt seinen Bestandteilen (Geländer, Treppen) steht gem. § 5 Abs. 2 WEG im gemeinschaftlichen Eigentum.[191] Das Treppenhaus, das lediglich einer Sondereigentumseinheit dient, ist 164

---

182 LG Itzehoe – 11 S 17/17, ZMR 2018, 696.
183 BGH 21.12.2000 – V ZB 45/00, NZM 2001, 196; AG Böblingen 4.7.1996 – 11 GR 35/96 WEG, NJW-RR 1996, 1297.
184 OLG Köln 26.8.2002 – 16 Wx 126/02, NZM 2002, 865.
185 LG Karlsruhe 21.4.2009 – 11 S 85/08, ZWE 2009, 327.
186 KG 6.1.2015 – 1 W 369/14, ZWE 2015, 118; OLG Köln 21.4.1982 – 2 Wx 13/82, Rpfleger 1982, 278; LG Hamburg 24.11.2017 – 318 S 67/16, BeckRS 2017, 154293; LG Landau 15.4.2011 – 3 S 4/11, NZM 2011, 554; AG Düsseldorf 5.9.2018 – 291 a C 80/16, ZMR 2019, 74.
187 BeckOK WEG/*Gerono* WEG § 5 Rn. 12; Bärmann/Seuß WE-Praxis/*Rampp* § 11 Rn. 66 unter „Terrasse"; MüKo-BGB/*Commichau* WEG § 1 Rn. 43 unter „Terrasse"; Riecke/Schmid/*Schneider* WEG § 5 Rn. 71; Sauren/*Sauren* WEG § 5 Rn. 10T unter „Terrasse"; *Ott* BWNotZ 2015, 130.
188 OLG Köln 21.4.1982 – 2 Wx 13/82, Rpfleger 1982, 278.
189 Ebenso offenbar KG 6.1.2015 – 1 W 369/14, ZWE 2015; LG Landau 15.4.2011 – 3 S 4/11, NZM 2011, 554.
190 *Hügel/Elzer* WEG § 5 Rn. 40 unter „Terrasse"; Hügel/Scheel/*Müller* Wohnungseigentum-HdB § 1 Rn. 89 unter „Terrasse"; Staudinger/*Rapp* WEG § 5 Rn. 7.
191 BGH 6.6.1991 – VII ZR 372/89, NJW 1991, 2480; OLG München 27.6.2012 – 34 Wx 71/12, ZWE 2012, 487; OLG Celle 28.11.2006 – 4 W 241/06, NZM 2007, 217; BayObLG 6.2.1986 – BReg. 2Z 12/85, BayObLGZ 1986, 26.

indes sondereigentumsfähig.[192] Dies kann bei einer Nebentreppe in Betracht kommen, die für die übrigen Sondereigentümer in Gänze nicht genutzt werden muss, um ihre Einheiten zu erreichen (zu Treppen innerhalb einer Sondereigentumseinheit → Rn. 163 „Treppen"). Der oberste Treppenabschnitt eines einheitlichen Treppenhauses ist aber auch dann nicht sondereigentumsfähig, wenn er nur von dem Eigentümer der obersten Sondereigentumsfläche genutzt wird, da es ihm bereits an der Abgeschlossenheit mangelt.

165 **Trittschalldämmung:** Die Trittschalldämmung wird in der Regel mit Estrichen auf Dämmschicht („schwimmender Estrich") realisiert (→ Rn. 56 „Estrich"). Während der Oberbelag im Sondereigentum steht (Teppich, Fliesen, Laminat etc), ist jedenfalls die Trittschalldämmung gemeinschaftliches Eigentum.[193] Eine Folie, die als Trittschalldämmung direkt unter den im Sondereigentum stehenden Oberbelag eingezogen wird, ist, weil ohne Weiteres bei einem späteren Belagwechsel wieder entfernbar, hingegen dem Sondereigentum zuzuordnen.[194]

166 **Trockenraum:** Bei Trockenräumen handelt es sich um typische Gemeinschaftseinrichtungen, die daher nach § 5 Abs. 2 WEG im gemeinschaftlichen Eigentum stehen (→ *Trockenraum* Rn. 1 ff.).[195]

167 **Türen:** Türen außerhalb von Sondereigentumsflächen, bspw. Hausabschlusstüren, sind gemeinschaftliches Eigentum. Innentüren innerhalb einer Sondereigentumsfläche sind indes Sondereigentum.[196] Etwas anderes gilt für **Wohnungseingangstüren**. Diese stehen vollständig – auch hinsichtlich des Anstrichs auf der Türinnenseite – nach § 5 Abs. 1 und 2 WEG im gemeinschaftlichen Eigentum.[197]

168 **Türschließanlage:** → Rn. 143 „Schließanlage".

169 **Veranda:** Eine Veranda kann sondereigentumsfähig sein (→ Rn. 160 „Terrasse").

170 **Verbrauchserfassungsgeräte:** Verbrauchserfassungsgeräte stehen – sofern sie nicht als Eigentum des Versorgers lediglich Scheinbestandteil iSd § 95 BGB sind – im gemeinschaftlichen Eigentum, da diese die verbrauchsabhängige Kostenverteilung zwischen den Sondereigentümern ermöglichen. Die gilt bspw. für **Gas- und Wasserzähler**.[198] Ein **Wärmemengenzähler** steht ebenfalls im gemeinschaftlichen Eigentum.

Gleiches gilt für den **Heizkostenverteiler**.[199] Heizkostenverteiler sind idR auch fest auf dem Heizkörper montiert, so dass es sich nicht lediglich um Zubehör iSd § 97 BGB handelt. Der BGH hat allerdings in der sog. Heizkörperentscheidung entschieden, dass Heizungs- und Thermostatventile dem Sondereigentum zuzuordnen sind und sich daran nichts ändere, wenn solche Geräte auch zur Steuerung oder Überwachung oder benötigt werden, um den Verbrauch festzustellen.[200] Dementsprechend sollen nach einer im Schrifttum vertretenen Ansicht Heizkostenverteiler sondereigentumsfähig sein.[201] Eine andere Ansicht möchte danach unterschieden, ob die Gemeinschaft oder der Sondereigentümer direkt abrechne,[202] was nicht überzeugen kann, da sich ansonsten allein durch die Änderung der Abrechnungspraxis die eigentumsrechtliche Zuordnung ändern könnte. Im Ergebnis kann das Urteil des BGH[203] nicht herangezogen werden, um die Sondereigentumsfähigkeit von Heizkostenverteilern zu begründen, denn Heizungs- und Thermostatventile sind zwingende Bestandteile des Heiz-

192 OLG Hamm 22.6.1992 – 15 W 252/91, NJW-RR 1992, 1296; offengelassen für eine Nebentreppe, die nur einer Sondereigentumseinheit dient, BayObLG 15.12.1981 – BReg. 2 Z 89/81, DNotZ 1982, 246.

193 BGH 16.3.2018 – V ZR 276/16, ZMR 2018, 689; BGH 6.6.1991 – VII ZR 372/89, NJW 1991, 2480; OLG Saarbrücken 10.4.2006 – 5 W 253/05, ZMR 2006, 802; OLG Hamm 15.3.2001 – 15 W 39/01, ZWE 2001, 389; OLG Hamm 13.8.1996 – 15 W 115/96, ZMR 1997, 193.

194 OLG Hamm 25.1.2018 – 10 U 111/16, NZM 2018, 914.

195 BayObLG 24.9.1998 – 2Z BR 52/98, NZM 1990, 80; LG Berlin 28.9.2010 – 85 S 63/10 WEG.

196 BGH 25.9.2015 – V ZR 246/14, ZMR 2016, 210; BayObLG 21.12.1999 – 2Z BR 115/99, ZWE 2000, 177.

197 BGH 25.9.2015 – V ZR 246/14, ZMR 2016, 210; BGH 25.10.2013 – V ZR 212/12, NJW 2014, 379.

198 OLG Hamburg 30.12.2003 – 2 Wx 73/01, ZMR 2004, 291; AG Bremen-Blumenthal 20.12.2017 – 44 C 2004/17, ZMR 2018, 370.

199 OLG Hamburg 22.4.1999 – 2 Wx 39/99, ZMR 1999, 502; LG München I 14.1.2019 – 1 S 15412/18, ZMR 2019, 445.

200 BGH 8.7.2011 – V ZR 176/10, NJW 2011, 2958.

201 *Briesemeister* Grundeigentum 2012, 230.

202 FormularBibliothek Vertragsgestaltung, Miete/Grundstück/Wohnungseigentum/*Boeckh* WEG § 1 Rn. 44 unter „Heizkostenverteiler".

203 BGH 8.7.2011 – V ZR 176/10, NJW 2011, 2958.

körpers, im Gegensatz zu Heizkostenverteilern. Ferner dienen Heizungs- und Thermostatventile nicht unmittelbar zur Verbrauchserfassung, sondern zur Regulierung der Heizwärme.

Stromzähler stehen in der Regel im Eigentum des Versorgers und sind danach Scheinbestandteile iSd § 95 BGB.

Versorgungsleitung: Zu dem im gemeinschaftlichen Eigentum nach § 5 Abs. 2 WEG stehenden **Versorgungsnetz** gehören die Leitungen nicht nur bis zu ihrem Eintritt in den räumlichen Bereich des Sondereigentums, sondern jedenfalls bis zu der ersten für die Handhabung durch den Sondereigentümer vorgesehenen Absperrmöglichkeit.[204] Fehlt es an einer Absperrmöglichkeit, stehen die Versorgungsleitungen vollständig im gemeinschaftlichen Eigentum. Die Absperreinrichtung selbst steht ebenfalls im gemeinschaftlichen Eigentum.[205] Aber selbst, wenn eine Absperrmöglichkeit besteht, kann die Versorgungsleitungen dennoch vollständig im gemeinschaftlichen Eigentum stehen, nämlich wenn die Leitungen in tragenden und damit im gemeinschaftlichen Eigentum stehenden Wänden (→ Rn. 173 „Wände") unter Putz verlegt sind, weil mit dem Vorgang ihres Einfügens, Veränderns oder Beseitigens iSd § 5 Abs. 1 WEG zwangsläufig das Aufschlagen der Wand verbunden ist.[206]

171

Wasserleitung: → Rn. 171 „Versorgungsleitung"; → Rn. 10 „Abwasserleitungen".

172

Wand: Außenwände (→ Rn. 116 „Mauern") sowie sämtliche **tragende Wände** und **Mauern** auch innerhalb einer Sondereigentumsfläche stellen nach § 5 Abs. 2 WEG gemeinschaftliches Eigentum dar.[207] Dies gilt auch für **Brandmauern** (→ Rn. 33 „Brandmauer"). **Trennwände** zwischen zwei Balkonen stehen ebenfalls im gemeinschaftlichen Eigentum.[208]

173

Bei **nicht tragenden Wänden** ist zu differenzieren. Nicht tragende Wände zwischen Räumen derselben Sondereigentumsfläche stehen im Sondereigentum.[209] Nicht tragende Wände zwischen dem gemeinschaftlichen Eigentum und einer Sondereigentumseinheit stehen indes im gemeinschaftlichen Eigentum.

Die Einordnung einer nicht tragenden Wand zwischen zwei Sondereigentumsflächen ist hingegen umstritten. Der BGH ist zunächst von gemeinsamen Sondereigentum ausgegangen,[210] hat dies in einer späteren Entscheidung aber derart konkretisiert, dass das nur bedeuten kann, dass Nachbareigentum in entsprechender Anwendung der §§ 921, 922 BGB, also vertikal geteiltes Sondereigentum, vorliege, da es Mitsondereigentum nicht gibt.[211] In gleicher Entscheidung hat er im Ergebnis aber offengelassen, ob anstelle von Nachbareigentum die Trennwand nicht doch im gemeinschaftlichen Eigentum stehen könne. Die hM geht von Nachbareigentum in entsprechender Anwendung der §§ 921, 922 BGB, also vertikal geteiltem Sondereigentum, aus.[212]

Andere wiederum lehnen sowohl das rechtliche Institut des Nachbareigentums als auch des Mitsondereigentums ab und gehen daher von gemeinschaftlichem Eigentum aus.[213] Es ist nicht ersichtlich, dass die Voraussetzung für eine analoge Anwendung der §§ 921, 922 BGB, dh eine planwidrige Regelungslücke des Gesetzgebers, vorliegt, so dass der letztgenannten Auffassung Vorzug zu geben ist. Änderungen der Rechtslage sind von dem Gesetzgeber vorzunehmen.

Wandverkleidungen, bspw. aus Holz, innerhalb des Sondereigentumsbereichs stehen im Sondereigentum.

---

204 BGH 9.12.2016 – V ZR 124/16, ZWE 2017, 216; BGH 26.10.2012 – V ZR 57/12, ZWE 2013, 205.

205 AG Bremen-Blumenthal 20.12.2017 – 44 C 2004/17.

206 Offengelassen BGH 26.10.2012 – V ZR 57/12, ZWE 2013, 205; vgl. hierzu AG Würzburg 20.1.2015 – 30 C 444/14 WEG.

207 BGH 21.12.2000 – V ZB 45/00, NJW 2001, 1212; OLG Köln 16.11.1987 – 16 Wx 91/87, DWW 1988, 119.

208 BayObLG 1.2.2001 – 2Z BR 68/00, NJOZ 2001, 330.

209 OLG Hamm 13.2.2006 – 15 W 163/05, NZM 2007, 294; OLG Düsseldorf 11.4.2008 – I-3 Wx 254/07, ZWE 2008, 302; OLG Düsseldorf 3.12.2004 – 3 Wx 274/04, BeckRS 2004, 12509.

210 BGH 21.12.2000 – V ZB 45/00, NZM 2001, 196.

211 BGH 20.11.2015 – V ZR 284/14, NJW 2016, 473.

212 OLG München 13.9.2005 – 32 Wx 71/0, NJW-RR 2006, 297; OLG Schleswig 29.9.2006 – 2 W 108/06, DNotZ 2007, 620; BeckOK WEG/*Gerono* WEG § 3 Rn. 26; Bärmann/*Armbrüster* WEG § 3 Rn. 30 ff.; Jennißen/*Grziwotz* WEG § 5 Rn. 106; Riecke/Schmid/*Schneider* WEG § 5 Rn. 79; *Spielbauer/Then* WEG § 3 Rn. 6; Bärmann/Seuß WE-Praxis/*Rampp* § 11 Rn. 66 unter „Wand"; Sauren/*Sauren* WEG § 1 Rn. 12.

213 *Hügel/Elzer* WEG § 5 Rn. 39; *Heinemann* ZMR 2016, 681 MüKoBGB/*Commichau* WEG § 1 Rn. 43 unter „Wände".

174 **Wärme-Contracting:** Beim Wärme-Contracting stellt der Versorger den Eigentümern der Wohnungseigentumsanlage eine Heizungsanlage zur Verfügung, übernimmt die Anlagenverantwortung und bindet die Eigentümer gleichzeitig über einen längeren Zeitraum an die Wärmelieferung.[214]

Die Heizungsanlage steht grundsätzlich im gemeinschaftlichen Eigentum (→ Rn. 93 „Heizungsanlage"). Dies soll dann nicht gelten, wenn sie über die Wohnungen der Gemeinschaft hinaus weitere Gebäude mit Wärme versorgt, was allerdings wenig überzeugt (→ Rn. 93 „Heizungsanlage"). Die Heizungsanlage, die durch den Contractor eingebaut und betrieben wird, ist aber Scheinbestandteil iSd § 95 BGB,[215] wenn nicht die Wohnungseigentümer die Anlage nach Ablauf des Contracting-Vertrages übernehmen sollen.[216]

175 **Wärmedämmung:** → Rn. 101 „Isolierungsschicht"; → Rn. 165 „Trittschalldämmung".

176 **Waschküche:** Gemeinschaftliches Eigentum, da sie dem gemeinschaftlichen Gebrauch der Eigentümer dient.[217]

177 **Wasserzähler:** → Rn. 170 „Verbrauchserfassungsgeräte".

178 **Waschbecken:** → Rn. 24 „Bad".

179 **Werkstatt:** → Rn. 120 „Nebenraum".

180 **Wintergarten:** Ein Wintergarten bzw. vornehmlich der von dem Wintergarten umfasste Raum ist sondereigentumsfähig.[218] Die konstruktiven Bestandteile des Wintergartens wie Dach und Verglasung stehen hingegen nach § 5 Abs. 2 WEG zwingend im gemeinschaftlichen Eigentum.[219] Ein Wintergarten kann auch dann sondereigentumsfähig sein, wenn er nicht an dem Gebäude angelehnt ist, sondern getrennt auf dem Grundstück errichtet wurde.[220] Hierzu ist aber erforderlich, dass der Wintergarten ein Gebäude iSd WEG darstellt (→ Rn. 88 „Gewächshaus").

Verbindet ein Mieter, Pächter oder ein in ähnlicher Weise schuldrechtlich Berechtigter das Grundstück bzw. Gebäude mit einem Wintergarten, so spricht regelmäßig eine Vermutung dafür, dass dies nur zu einem vorübergehenden Zweck erfolgt und der Wintergarten mithin lediglich ein Scheinbestandteil ist.[221]

Steht der Wintergarten indes auf einer im Sondereigentum stehenden Freifläche, sind sämtliche Bestandteile des Wintergartens nach § 5 Abs. 1 S. 2 WEG iVm § 94 BGB dem Sondereigentum zuzurechnen.

181 **Wohnungseingangs- und Hausabschlusstüren:** → Rn. 167 „Türen".

182 **Zähler:** → Rn. 170 „Verbrauchserfassungsgeräte".

183 **Zentralheizung:** → Rn. 93 „Heizungsanlage".

184 **Zuleitung:** → Rn. 171 „Versorgungsleitung".

185 **Zwischendecke:** → Rn. 42 „Decke".

186 **Zwischenwand:** → Rn. 173 „Wände".

---

214 Vgl. ua *Reymann*, DNotZ 2015, 883.
215 *Hügel/Elzer* WEG § 5 Rn. 40 unter „Wärme-Contracting".
216 *Reymann*, DNotZ 2015, 883 (888).
217 OLG Frankfurt a. M. 30.5.2008 – 25 U 129/07, NJOZ 2008, 4475.
218 AG Bonn 11.9.2000 – 28 II 7/00; Hügel/Scheel Wohnungseigentum-HdB/*Müller* § 1 Rn. 89 unter „Wintergarten".
219 OLG Düsseldorf 4.11.2005 – 3 Wx 92/05, NZM 2006, 109; BayObLG 23.5.2002 – 2Z BR 19/02, ZMR 2002, 846; OLG Celle 4.1.1996 – 4 W 211/95, OLGR Celle 1996, 122.
220 AA offenbar Hügel/Scheel Wohnungseigentum-HdB/*Müller* § 1 Rn. 89 unter „Wintergarten".
221 BGH 23.9.2016 – V ZR 110/15, NJOZ 2017, 1516.

61. Eigentümerliste

Elzer

I. Begriff

Eine Eigentümerliste ist eine schriftliche oder elektronische Übersicht, zB eine Exceltabelle, wer die Eigentü- 1
mer der Wohnungs- und/oder Teileigentumsrechte in einer Wohnungseigentumsanlage sind.

II. Anspruch

1. Wohnungseigentümer. Jeder Wohnungseigentümer hat nach § 18 Abs. 2 Nr. 1 WEG einen **einklagbaren** 2
Anspruch auf eine Eigentümerliste. Einen Grund für sein Verlangen muss er nicht mitteilen. Der Wohnungseigentümer bedarf der Eigentümerliste zB für die Erhebung einer Klage nach § 43 Abs. 2 Nr. 1 WEG gegen
mehrere Wohnungseigentümer. Ferner ist ein Bedarf bspw. zu bejahen, um eine Gesamtvertretung nach § 9 a
Abs. 1 S. 2 WEG sicherzustellen.

2. Drittnutzer und Nicht-Wohnungseigentümer. Drittnutzer und Nicht-Wohnungseigentümer haben keinen 3
Anspruch auf eine Eigentümerliste.

3. Gericht. In einem Prozess kann das Gericht nach bislang hM entsprechend § 142 Abs. 1 ZPO die Vorlage 4
einer Eigentümerliste **anordnen**.[1] Da die Beschlussklagen nach § 44 Abs. 2 S. 1 WEG gegen die Gemeinschaft der Wohnungseigentümer zu richten sind, wird es hierfür im aktuellen Recht aber nur im begründeten
Einzelfall einen Bedarf geben.

III. Verpflichtung

1. Grundsatz. Die Erstellung einer stets aktuellen Eigentümerliste ist eine Verwaltungsaufgabe und wird da- 5
her von der **Gemeinschaft der Wohnungseigentümer** geschuldet.[2] Die Gemeinschaft der Wohnungseigentümer erfüllt ihre Pflicht durch ihre Organe, idR durch den Verwalter.

2. Mitwirkung der Wohnungseigentümer. Zur Erfüllung ihrer Pflicht muss die Gemeinschaft der Woh- 6
nungseigentümer die Wohnungseigentümer zum einen **bitten**, die entsprechenden Daten mitzuteilen. Zum anderen sind die Wohnungseigentümer zu bitten, die Daten bei Bedarf zu aktualisieren. Eine **Beschlusskompetenz**, diese Pflichten zu beschließen, besteht **nicht**. Für die Wohnungseigentümer, zB einen Ersteigerer oder
Erben, besteht aus ihrer Treuepflicht gegenüber der Gemeinschaft der Wohnungseigentümer im Übrigen eine
Obliegenheit, dem Verwalter – sofern es einen gibt, ansonsten den anderen Wohnungseigentümern – einen Eigentümerwechsel unverzüglich mitzuteilen,[3] vor allem einen solchen außerhalb des Grundbuchs. Erfüllen sie
diese nicht, kommt Schadenersatz in Betracht.

3. Wissen verschaffen. Daneben muss sich die Gemeinschaft der Wohnungseigentümer ihr Wissen verschaf- 7
fen. Der Verwalter muss zB wenigstens einmal jährlich die grundbuchrelevanten Daten in Erfahrung bringen
und der Gemeinschaft der Wohnungseigentümer zustehende Auskunftsansprüche oder Informationsrechte gegen Dritte einsetzen.[4]

Verlangt ein Wohnungseigentümer eine Eigentümerliste, muss die Gemeinschaft der Wohnungseigentümer 8
diese Liste **schriftlich oder elektronisch** vorlegen und aus dem Bestand der vorhandenen Daten generieren.

---

1 BGH 4.5.2018 – V ZR 266/16, NJW-RR 2018, 974 Rn. 10; BGH 14.12.2012 – V ZR 162/11, NJW 2013, 1003 Rn. 9.
2 *Hügel/Elzer*, 3. Aufl. 2021, WEG § 18 Rn. 32.
3 BGH 5.7.2013 – V ZR 241/12, NZM 2013, 653 Rn. 18.
4 OLG Saarbrücken 29.8.2006 – 5 W 72/06 Rn. 18.

Ferner hat jeder Wohnungseigentümer nach § 18 Abs. 4 WEG einen Anspruch darauf, die Verwaltungsunterlagen einzusehen.

IV. Inhalt

9 In die Eigentümerliste sind nur die **Namen und Adressen** der Wohnungseigentümer einzutragen. Insoweit sind zwingende datenschutzrechtliche Vorgaben zu beachten.[5]

10 Unter Beachtung des Grundsatzes der Datenminimierung und der Zweckgebundenheit dürfen nur die erforderlichen Daten gestellt werden (→ Rn. 11).[6] Nach hM gehören die E-Mail-Adressen der Wohnungseigentümer nicht dazu.[7] Auch die Bankverbindungen der Miteigentümer sind zB nicht erforderlich.

V. Datenschutz

11 Die Herausgabe einer Eigentümerliste ist nach Art. 6 Abs. 1 Unterabs. 1 Buchst. c DS-GVO rechtmäßig. Die übrigen Eigentümer sind nach Art. 13 DS-GVO allerdings zu informieren. Dies kann gezielt nach der Herausgabe oder vorab geschehen.

62. Eigentümerversammlung

Hoeck-Eisenbach

I. Einführung

1 Für das Wohnungseigentum gilt das Prinzip der **Selbstverwaltung**, die sich im Wesentlichen in der Eigentümerversammlung[1] vollzieht (§ 20 Abs. 1, § 21 Abs. 1, § 23, § 24, § 25 WEG). Die Eigentümerversammlung hat Beratungs- und Kontrollfunktion und gibt den Eigentümern die Möglichkeit, an der Verwaltung des gemeinschaftlichen Eigentums mitzuwirken. Sie ist eine physische Zusammenkunft aller potenziell Stimmberechtigten oder ihrer Vertreter an einem Versammlungsort und an einer Versammlungsstätte. Die Einberufung muss dabei von einem potenziell Berechtigten erfolgt sein und den vorrangigen Zweck haben, sich über die Verwaltung auszutauschen und im Wege des Beschlusses zu ordnen.

Neben dem Alleineigentümer musste es bis zum 30.11.2020 wenigstens einen werdenden Wohnungseigentümer geben.[2] Seit dem 1.12.2020 reicht ein Eigentümer sowie die Anlage der Wohnungsgrundbücher gem. § 9 a Abs. 1 S. 2 WEG.

Das Wohnungseigentumsmodernisierungsgesetz weicht ab dem 1.12.2020 von der Eigentümerversammlung als Präsenzveranstaltung ab, indem die Eigentümer das Recht erhalten, im Wege der elektronischen Kommunikation an einer Beschlussfassung mitzuwirken – ohne Anwesenheit vor Ort (§ 23 Abs. 1 S. 1 WEG nF).

---

5 S. auch BR-Drs. 168/20, 65.
6 S. auch *Beckers* ZWE 2019, 297 (303).
7 LG Düsseldorf 4.10.2018 – 25 S 22/18, NZM 2019, 67 Rn. 14.
1 Checkliste für eine Eigentümerversammlung: FormB-WEG-R/*Fritsch/Meier* § 2 Rn. 382.
2 *Hügel/Elzer* WEG § 23 Rn. 10.

II. Durchführung der Versammlung

1. Versammlungsleitung. Den Vorsitz in der Versammlung führt grundsätzlich der Verwalter, sofern die Versammlung nicht mehrheitlich etwas anderes beschließt (§ 24 Abs. 5 WEG), oder die Gemeinschaftsordnung den Vorsitz einer anderen Person zuweist. Aus dem Vorsitz folgt das **Leitungsrecht**.[3] Der Vorsitzende hat für einen geordneten, gesetzmäßigen, reibungslosen und zügigen Versammlungsablauf zu sorgen. Auf welche Art und Weise er dieser Aufgabe gerecht wird, ist grundsätzlich seine Sache.[4]

Der Versammlungsleiter prüft das **Teilnahmerecht** und die **Stimmrechte** der erschienenen Personen, insbesondere auch die mündlich erklärten oder in Textform vorgelegten Vollmachten.[5] Er eröffnet die Versammlung und trägt Sorge dafür, dass die Tagesordnung abgearbeitet wird. Deren Reihenfolge ist einzuhalten, wenn sie nicht durch einen Geschäftsordnungsbeschluss geändert wird. Der Vorsitzende leitet die Diskussionen und Abstimmungen (Beschlussfassungen). Er hat jedem Wohnungseigentümer, der will, angemessenes Gehör zu verschaffen, ggf. nach einer sinnvollen Beschränkung der Redezeit, und die Stimmabgabe der Teilnehmer zu ermöglichen. Er übt das Hausrecht aus und kann Ordnungsmittel einsetzen. Das Ende der Versammlung erklärt der Verwalter förmlich, wenn alle Tagesordnungspunkte behandelt sind. Nach der Versammlung sorgt der Verwalter für die Anfertigung der Niederschrift und für die Eintragung der Beschlüsse in die Beschlusssammlung. Eine Prüfung der Beschlussfähigkeit der Versammlung wird ab dem 1.12.2020 nicht mehr erforderlich sein, wenn die Versammlung unabhängig vom Anwesenheitsquorum beschlussfähig ist. § 25 Abs. 3 WEG aF ist entfallen (Formalien der Eigentümerversammlung → *Zweitversammlung* Rn. 13).

Dies gilt grundsätzlich auch für den **gerichtlich bestellten Verwalter** (§ 26 Abs. 3 WEG aF), der insofern keine weitergehenden Befugnisse als ein von der Gemeinschaft der Wohnungseigentümer gewählter Verwalter hat.[6]

2. Geschäftsordnung.[7] Zu Beginn einer Versammlung können die Wohnungseigentümer eine Geschäftsordnung mehrheitlich beschließen, mit der etwa Redezeiten begrenzt, die Art und Weise des **Abstimmungsverfahrens** (zB geheim/offen) und die **Reihenfolge** von Redebeiträgen festgelegt werden.[8]

Unterschieden wird zwischen **Geschäftsordnungsmaßnahmen**, deren Regelungsgehalt sich in einer konkreten Versammlung erschöpft, und einem **Geschäftsordnungsbeschluss**, der auch für zukünftige Versammlungen gelten soll, zB ein Rauchverbot oder der Ort, wo die Versammlungen stets stattzufinden haben. Nur der Geschäftsordnungsbeschluss kann einen ggf. anfechtbaren Beschluss im eigentlichen Sinne darstellen.[9] So ist die Wahl des Vorsitzenden, für die die einfache Mehrheit reicht, nicht selbstständig anfechtbar.[10]

3. Grundsatz der Nichtöffentlichkeit. Die Versammlungen der Eigentümer sind nach hM nicht öffentlich.[11] Die Wohnungseigentümer sollen ihre Meinungsverschiedenheiten unter sich austragen und dem **Gebot der Waffengleichheit** soll Rechnung getragen werden. Die Eigentümerversammlung soll frei von fremden Einflüssen gehalten werden.[12]

Gegen diesen Grundsatz wird verstoßen, wenn eine Versammlung in einer öffentlich ungeschützten Gaststätte stattfindet, in der sich weitere Gäste befinden, oder wenn ein nicht teilnahmeberechtigter Dritter anwesend ist. Es besteht **keine Beschlusskompetenz**, über die Frage der Teilnahmeberechtigung und damit die Nichtöffentlichkeit zu entscheiden.[13]

Gäste in der Versammlung sind nur zulässig, wenn alle Versammlungsteilnehmer damit einverstanden sind. Sobald auch nur ein Wohnungseigentümer oder eine sonst stimmberechtigte Person der Anwesenheit des Gas-

---

3 Palandt/*Wicke* WEG § 24 Rn. 15.
4 KG 15.9.2000 – 24 W 3301/00, ZMR 2001, 223.
5 Musterbeispiel für eine Vollmacht: FormB-WEG-R/*Fritsch/Meier* § 2 Rn. 374.
6 KG 16.9.1988 – 24 W 3952/88, NJW-RR 1989, 16.
7 Musterbeispiele für Geschäftsordnungsbeschlüsse: FormB-WEG-R/*Fritsch* § 2 Rn. 412 ff.
8 Niedenführ/Vandenhouten/*Kümmel/Vandenhouten* WEG § 24 Rn. 64.
9 *Hügel/Elzer* WEG § 24 Rn. 68 ff.
10 BayObLGZ 1965, 34.
11 BGH 29.1. 1993 – V ZB 24/92, NJW 1993, 1329.
12 OLG Köln 22.6.2009 – 16 Wx 266,08, NJW 2009, 3245.
13 *Hügel/Elzer* WEG § 24 Rn. 22.

tes widerspricht, ist der Gast von der Versammlung auszuschließen. Der Ausschluss wird vom Vorsitzenden vollzogen.[14]

10 Ein Wohnungseigentümer ist grundsätzlich nicht berechtigt, in Begleitung eines **Beraters** (zB Anwalt, Architekt) zu erscheinen. Dem steht das Gebot der Nichtöffentlichkeit entgegen. Der Wohnungseigentümer kann sich vor der Versammlung beraten lassen oder dem **Berater** Stimmrechtsvollmacht erteilen. Erscheinen zur Versammlung darf dann aber nur der Berater.[15] Die Hinzuziehung eines Beraters im Interesse des Verwalters unterliegt den gleichen Einschränkungen eines Beraters für einen einzelnen Wohnungseigentümer.[16] Etwas anderes gilt, wenn der Berater im Auftrag der Gemeinschaft der Wohnungseigentümer hinzugezogen wird.[17] Die Anwesenheit Dritter, insbesondere **technischer** oder **rechtlicher** Berater (zB Mieter, Hausmeister, Buchprüfer, Rechtsanwälte) im Interesse der Gesamtheit der Wohnungseigentümer verstößt nicht gegen den Grundsatz der Nichtöffentlichkeit, wenn diese in der Versammlung nur zwecks punktueller Anhörung, Befragung oder Beratung zu einzelnen Tagesordnungspunkten anwesend sind und vor deren interner Behandlung die Wohnungseigentümer verlassen.[18]

11 Im Einzelfall gibt es einen Anspruch auf Teilnahme eines **Dritten.** Ein **ausländischer Wohnungseigentümer** ist jederzeit berechtigt, mit einem **Dolmetscher** zu erscheinen.[19]

12 Nur im **Einzelfall** kann ein **besonderes Interesse** eines Wohnungseigentümers ausnahmsweise die Teilnahme einer dritten Person rechtfertigen. Dieses besondere Interesse muss gegenüber dem Interesse der anderen Wohnungseigentümer, unter sich zu bleiben, überwiegen.[20] Das können zum einen persönliche, sachliche Interessen sein (Alter, Krankheit, besonderer Schwierigkeitsgrad eines Beschlussgegenstands). Zum anderen kann es wegen der Bedeutung des Diskussionspunktes für den einzelnen Wohnungseigentümer von besonderer Bedeutung sein, zB wenn ein Beschluss über die Entziehung des Wohneigentums gefasst werden soll.[21] Die bloße Zerstrittenheit der Wohnungseigentümer untereinander reicht für ein besonderes Interesse nicht aus.[22]

13 Der Verwalter gilt nicht als Dritter, ebenso wenig gelten die **Mitarbeiter des Verwalters** als Besucher. Eine **Besucherklausel** erfasst nur von Wohnungseigentümern mitgebrachte Personen.[23]

14 **4. Teilnahmerecht.**[24] **a) Personenkreis.** Den Wohnungseigentümern wird ab dem 1.12.2020 ermöglicht, die Online-Teilnahme an Versammlungen zuzulassen (§ 23 Absatz 1 S. 2 WEG nF). Teilnahmeberechtigt sind alle Personen, die zwingend zu laden waren, und zwar **unabhängig** von ihrer **Stimmrechtsberechtigung.**[25] Ein Teilnahmerecht haben die **gesetzlichen Vertreter** eines Wohnungseigentümers, die auch zur Stimmrechtsausübung berechtigt sind.[26] Teilnahmeberechtigt sind die zur Einberufung Berechtigten.[27] Für juristische Personen oder Personengesellschaften ist das **vertretungsberechtigte Organ** teilnahmebefugt. Bei nicht rechtsfähigen Personenmehrheiten wie etwa Bruchteilsgemeinschaften und Erbengemeinschaften steht das Teilnahmerecht allen **Mitberechtigten** zu.[28] In der Versammlung hat der noch im Grundbuch eingetragene **Aufteiler** allerdings dann kein Teilnahmerecht mehr, wenn sämtliche Wohnungen veräußert und sämtliche Erwerber mit Inbesitznahme Mitglied der werdenden Wohnungseigentümergemeinschaft geworden sind.[29]

15 Der **Verwalter** darf an der Versammlung teilnehmen, er kann jedoch durch Mehrheitsbeschluss von der Teilnahme ausgeschlossen werden. Ein generelles Teilnahmerecht des Verwalters zwecks Erfüllung seiner organ-

---

14 Niedenführ/Vandenhouten/*Kümmel/Vandenhouten* WEG § 24 Rn. 53.
15 Niedenführ/Vandenhouten/*Kümmel/Vandenhouten* WEG § 24 Rn. 50.
16 Bärmann/*Merle* WEG § 24 Rn. 94.
17 *Hügel/Elzer* WEG § 23 Rn. 39.
18 Bärmann/*Merle* WEG § 24 Rn. 90.
19 AG Wiesbaden 27.7.2012 – 92 C 217/11, ZWE 2013, 285.
20 BGH 29.1.1993 – V ZB 24/92, NJW 1993, 1329.
21 AG Wiesbaden 27.7.2012 – 92 C 217/11, ZWE 2013, 285.
22 OLG Hamm 28. 10. 2003–15 W 203/02, ZMR 2004, 699.
23 KG 15.9.2000 – 24 W 3301/00, ZMR 2001, 223.
24 *Hügel/Elzer* WEG § 23 Rn. 26.
25 Niedenführ/Vandenhouten/*Kümmel/Vandenhouten* WEG § 24 Rn. 39, Bärmann/*Merle* WEG § 24 Rn. 65.
26 Bärmann/*Merle* WEG § 24 Rn. 81.
27 *Hügel/Elzer* WEG § 23 Rn. 33.
28 Niedenführ/Vandenhouten/*Kümmel/Vandenhouten* WEG § 24 Rn. 40.
29 OLG Hamm 10.5.2007 – 15 W 428/06, ZMR 2007, 712.

schaftlichen Pflichten ist abzulehnen. Ein **mitgliedschaftliches** Teilnahmerecht steht ihm nicht zu.[30] Etwas anderes gilt nur, wenn der Verwalter selber Wohnungseigentümer ist; dann ist er in seiner Eigenschaft als Wohnungseigentümer zur Teilnahme befugt.

Der **Verwaltungsbeirat**, der nicht zugleich Wohnungseigentümer ist, darf an der Versammlung insoweit teil-   16
nehmen, wie der Aufgabenbereich betroffen ist.[31] Zwar widerspricht die Wahl eines Verwaltungsbeiratsmitglieds, der nicht Wohnungseigentümer ist, ordnungsmäßiger Verwaltung. Ein solcher Beschluss ist jedoch nicht nichtig, so dass er – wenn er nicht gerichtlich angefochten wird – in Bestandskraft erwächst und damit wirksam wird.[32]

Ist eine Wohnung bereits verkauft, die Eigentumsumschreibung aber noch nicht erfolgt, wird eine Vertreter-   17
klausel dahin gehend auszulegen sein, dass eine Vertretung durch den **zukünftigen** oder werdenden Wohnungseigentümer zulässig ist.[33]

b) Stimmvertretung. Die Wohnungseigentümer können sich in der Versammlung vertreten lassen, soweit in   18
der Gemeinschaftsordnung **keine Vertretungsbeschränkung** enthalten ist. Nach hM kann ein Wohnungseigentümer sein Stimmrecht auf einen Dritten übertragen, der dann für ihn an der Versammlung teilnimmt. Das Teilnahme- und Stimmrecht ist also nicht höchstpersönlicher Natur. Möglich ist eine Dauervollmacht oder auch Einzelvollmacht. Die Gemeinschaftsordnung kann vorsehen, dass nur ein bestimmter Personenkreis als Vertreter bestimmt werden darf (sog. **Vertreterklausel**). Gehört ein Bevollmächtigter nicht zu diesem Personenkreis, so ist er weder stimm- noch teilnahmeberechtigt.[34] Der Vertretene hat dann der Versammlung fern zu bleiben. Nimmt er dennoch teil, wird sein Vertreter zu einem nichtteilnahmeberechtigten Dritten und der Grundsatz der Öffentlichkeit wird verletzt.[35]

Erlaubt die Gemeinschaftsordnung nur eine Vertretung durch einen **Ehegatten**, so gehört der **nichteheliche**   19
Lebenspartner nicht zum Vertreterkreis.[36]

Soweit der berechtigte Vertreterkreis „**Haushaltsangehörige**" umfasst, zählen alle volljährigen Personen da-   20
zu, die mit dem Wohnungseigentümer in einem Haushalt leben. Zum Kreis der „**Familienangehörigen**" gehören alle Verwandte und Personen, zu denen ein enges, persönliches Verhältnis besteht, auch ohne verwandtschaftliche Beziehungen, soweit diese im Haushalt des Wohnungseigentümers leben.[37]

Eine Vereinbarung, nach der Wohnungseigentümer sich in der Versammlung nur durch den Ehegatten, einen   21
Wohnungseigentümer oder den Verwalter vertreten lassen können, ist regelmäßig dahin ergänzend auszulegen, dass sie auch für **juristische Personen** gilt, die sich nicht nur durch ihre organschaftlichen Vertreter, sondern auch durch einen ihrer Mitarbeiter vertreten können. Eine solche Vertretungsklausel ist regelmäßig ergänzend dahin gehend auszulegen, dass sich eine juristische Person in der Versammlung jedenfalls auch von einem **Mitarbeiter einer** demselben Konzern gehörenden (weiteren) **Tochtergesellschaft** vertreten lassen darf, wenn diese für die Verwaltung des Wohnungseigentums zuständig ist.[38]

c) Formerfordernisse. Die Bevollmächtigung unterlag bisher keiner **Schriftform**. Da aber die Stimmabgabe   22
ein einseitiges Rechtsgeschäft iSd **§ 174 BGB** darstellte, musste die Vollmachtsurkunde im Original vorliegen, wenn einer der anwesenden Stimmberechtigten dies verlangte. Das galt auch für eine Vertretung durch einen Ehegatten.[39] Wurde die Vollmacht nicht zurückgewiesen, war die Stimmabgabe wirksam.[40] Mit Inkrafttreten

---

30 Bärmann/*Merle* WEG § 24 Rn. 99.
31 OLG Hamm 27.9.2006 – 15 W 98/06, ZMR 2007, 133; aA BayObLG 28.10.1987 – Breg 2 Z 124/87, NJW-RR 1988, 270.
32 Bärmann/*Merle* WEG § 24 Rn. 48.
33 Bärmann/*Merle* WEG § 24 Rn. 76; aA *Hügel/Elzer* WEG § 24 Rn. 7, wonach ein Zweiterwerber erst einzuladen ist, wenn er Wohnungseigentümer ist.
34 BGH 29.1.1993 – V ZB 24/92, NJW 1993, 1329.
35 LG Karlsruhe 21.7.2015 – 11 S 118/14, ZWE 2016, 94.
36 BayObLG 12.12.1996 – 2Z BR 124/96, NJW-RR 1997, 463; aA OLG Köln 8.12.2003 – 16 Wx 200/03, ZMR 2004, 378.
37 Niedenführ/Vandenhouten/*Kümmel/Vandenhouten* WEG § 24 Rn. 45.
38 BGH 28.6.2019 – V ZR 250/18, DNotZ 2020, 31.
39 OLG München 11.12.2007 – 34 Wx 091/07, ZMR 2008, 236.
40 Bärmann/*Merle* WEG § 25 Rn. 76 a.

des Wohnungseigentumsmodernisierungsgesetz am 1.12.2020 bedürfen Vollmachten zu ihrer Gültigkeit der Textform (§ 25 Abs. 3 WEG nF). Der Gesetzgeber hat damit klargestellt, dass zukünftig eine Vollmacht per Fax oder E-Mail ausreichend ist. Unklar bleibt allerdings, ob eine Zurückweisung gem. § 174 BGB weiterhin möglich bleibt, denn § 174 BGB verlangt die Vorlage einer Originalurkunde.

Jeder Wohnungseigentümer hat das Recht auf **Einsicht in die Vollmachtsurkunde**, das auch nicht durch einen Geschäftsordnungsbeschluss abbedungen werden kann. Ein **Einsichtsrecht** kann auch nicht als rechtsmissbräuchlich oder als schikanös zurückgewiesen werden.[41]

23 **5. Beschlussantrags- und Anhörungsrecht.** Jeder Wohnungseigentümer hat grundsätzlich ein Beschlussantragsrecht, wobei sich die Anträge auf den Ablauf der Versammlung beziehen können oder auch darauf, dass der der Wohnungseigentümer eine verbindliche Entscheidung über seinen Antrag wünscht.[42] Er hat auch ein **Rederecht**, das nicht abhängig vom Stimmrecht ist. **Rederecht** bedeutet, dass jeder Wohnungseigentümer grundsätzlich das Recht hat, zu jedem Punkt im Rahmen des Möglichen so lange zu reden, wie er es für notwendig erachtet. Das Rederecht gewährt gleichsam „rechtliches Gehör".[43] Das Rederecht darf daher nur **ausnahmsweise beschränkt** oder entzogen werden, etwa bei Beleidigungen oder wenn ein Wohnungseigentümer völlig unsachlich wird.[44] Eine Beschränkung des Rederechts von Eigentümern auf der Versammlung muss unter Wahrung des Verhältnismäßigkeitsgrundsatzes so schonend wie möglich erfolgen.[45] Eine **Redezeitbeschränkung**, insbesondere bei größeren Wohnungseigentumsanlagen, kann von den anwesenden Wohnungseigentümern beschlossen werden, wenn dies eine ordnungsgemäße Durchführbarkeit der Versammlung gewährleisten soll.[46]

24 Das Rederecht umfasst auch ein **Fragerecht**. Jeder Teilnahmeberechtigte kann eine angemessene Auskunft über die zur Beschlussfassung anstehenden Punkte, aber auch über den Inhalt der Verwaltung verlangen.[47]

25 **6. Ordnungsmaßnahmen.** Ordnungsmaßnahmen zum **Schutz des geregelten Ablaufs**, zB Rauchverbot, Wortentzug, Redezeitbegrenzung oder Ausschluss von der Versammlung nach erfolgloser Abmahnung und Androhung, obliegen in der Regel dem Vorsitzenden, der das Leitungsrechts in der Versammlung ausübt. Geschäftsordnungsbeschlüsse haben jedoch stets Vorrang.[48] Die Ordnungsgewalt des Vorsitzenden beruht nicht auf einem „Hausrecht", sondern ist ein mit der Leitung der Versammlung verbundenes Recht. Obgleich dem Vorsitzenden bei der Ausübung des Ordnungsrechts ein weiter Ermessensspielraum zusteht, unterliegen Ordnungsmaßnahmen, da sie in die Mitgliedschaftsrechte des einzelnen Wohnungseigentümers eingreifen, inhaltlichen Bindungen, die sich aus dem Gleichbehandlungsgrundsatz und aus dem Grundsatz der Verhältnismäßigkeit ergeben.[49] Da das Ordnungsrecht eine von den Eigentümern abgeleitete Befugnis ist, können diese **jederzeit** durch **Mehrheitsbeschluss Ordnungsmaßnahmen** des Versammlungsvorsitzenden beschließen.[50]

26 **7. Abstimmungsverfahren.**[51] Soweit die Wohnungseigentümer keine andere Vereinbarung getroffen haben, entscheidet der Vorsitzende über **offene** oder **geheime Abstimmungen**, ebenso über die Reihenfolge der Fragen.[52]

27 **8. Folge der Tagesordnungspunkte.**[53] Die Folge der Tagesordnungspunkte ist grundsätzlich einzuhalten. Im Zweifel kann der Vorsitzende einen Geschäftsordnungsbeschluss fassen lassen.

28 Die Entscheidung über einen Beschlussantrag kann durch Beschluss mit dem Ziel vertagt werden, diese in einer anderen Versammlung erneut zu beraten. Eine solche **Vertagung** bedarf eines sachlichen Grundes, da

---

41 LG Frankfurt a. M. 5.8.2015 – 2–13S 32/13, WuM 2015, 645.
42 *Hügel/Elzer* WEG § 23 Rn. 29.
43 *Hügel/Elzer* WEG § 23 Rn. 30.
44 OLG Saarbrücken 28.8.2003 – 5 W 11/03–4, ZMR 2004, 67.
45 LG Frankfurt a. M. 7.6.2018 – 2–13 S 88/17, ZWE 2018, 366.
46 OLG Stuttgart 30.4.1986 – 8 W 531/85, NJW-RR 1986, 1277.
47 *Hügel/Elzer* WEG § 23 Rn. 31.
48 Palandt/*Wicke* WEG § 24 Rn. 15.
49 Bärmann/*Merle* WEG § 24 Rn. 116.
50 Niedenführ/Vandenhouten/*Kümmel/Vandenhouten* WEG § 24 Rn. 62.
51 Musterbeispiel für einen Stimmzettel: FormB-WEG-R/*Fritsch/Meier* § 2 Rn. 378.
52 Palandt/*Wicke* WEG § 24 Rn. 16.
53 Musterbeispiel für eine Tagesordnung: FormB-WEG-R/*Fritsch/Meier* § 2 Rn. 376.

Hoeck-Eisenbach

jeder Wohnungseigentümer als Folge des § 19 Abs. 1 WEG einen Anspruch darauf hat, dass die Tagesordnung „abgearbeitet" wird.[54] Ein sachlicher Grund kann darin bestehen, dass Informationen fehlen oder ein Ladungsmangel vorliegt. Ein Antrag auf **Vertagung** kann jederzeit von jedem Wohnungseigentümer gestellt werden.[55]

Auch können die versammelten Eigentümer eine Versammlung **komplett vertagen**. Dieses Recht hat aber 29 nicht der Verwalter. Dieser kann keine ordnungsgemäß einberufene und zusammengetretene Versammlung „auflösen".[56] Beendet der Vorsitzende die Versammlung ohne sachlichen Grund vor Abarbeitung der Tagesordnungspunkte, handelt er **rechtsmissbräuchlich**. Die anwesenden Eigentümer können die Versammlung fortsetzen und einen neuen Versammlungsvorsitzenden wählen. Würde man dem Verwalter das Recht zubilligen, eine ordnungsgemäß einberufene Versammlung aufzulösen, so wäre de facto eine Beschlussfassung gegen den Willen des Verwalters nicht möglich.[57]

9. Unterbrechung. Sowohl die Wohnungseigentümer können durch einen Geschäftsordnungsbeschluss als 30 auch der Versammlungsleiter kraft seiner Leitungsfunktion eine **zeitweise** Unterbrechung der Versammlung bestimmen.[58]

Eine Unterbrechung der Versammlung für ein Mandantengespräch zwischen einem von einem Beschlussan- 31 fechtungsverfahren betroffenen Wohnungseigentümer und seinem Prozessbevollmächtigten entspricht nur bei Vorliegen besonderer Umstände ordnungsmäßiger Durchführung der Versammlung.[59] Eine **Unterbrechung** ist vorher auf einen bestimmten **Zeitraum zu begrenzen**.[60] Ein Ermessensfehler führt ggf. dazu, dass im Anschluss an die Unterbrechung gefasste Beschlüsse zwar nicht nichtig, aber anfechtbar sind.[61]

10. Folge von Verletzungen des Teilnahmerechts. a) Bei Ausschluss. Der unberechtigte Ausschluss eines 32 Eigentümers oder einer anderen teilnahmeberechtigten Person von der Versammlung steht hinsichtlich der Rechtsfolgen der **Nichtladung** gleich.[62] Das gilt auch für den Fall, dass ein Berater durch Beschluss von der Versammlung ausgeschlossen wird, obwohl der begleitete Wohnungseigentümer einen Anspruch auf Begleitung und Beratung hatte.[63] Grundsätzlich gilt, dass ein zu Unrecht erfolgter Ausschluss nur zur Anfechtbarkeit des Beschlusses führt, etwa dann, wenn unabsichtlich oder rechtsirrig ein Wohnungseigentümer nicht eingeladen oder ein Bevollmächtigter wegen fälschlich angenommener Unzulässigkeit bei der Vertretung ausgeschlossen wurde.[64] Nur der **willkürliche** und **gezielte Ausschluss** eines Wohnungseigentümers zur Verhinderung der Rechtsausübung führt zur Nichtigkeit des gefassten Sachbeschlusses.[65] Die in der Versammlung gefassten Beschlüsse sind für ungültig zu erklären, und zwar unabhängig davon, ob sich der Beschlussmangel auf das Abstimmungsergebnis ausgewirkt hat. Denn das Teilnahme- und Mitwirkungsrecht an der Versammlung gehört zum Kernbereich der elementaren Mitgliedschaftsrechte, der bei Ausschluss aus der Versammlung ausgehebelt wird.[66]

b) Teilnahme eines Unbefugten. Die während der Versammlung unbeanstandete Teilnahme eines Unbefug- 33 ten in der Versammlung kann einen Verzicht auf die Nichtöffentlichkeit sein. Jedenfalls sind in Anwesenheit eines Unbefugten gefasste Beschlüsse nicht nichtig, sondern anfechtbar.[67] Wird gegen den Grundsatz der Nichtöffentlichkeit verstoßen, macht dies Beschlüsse aus formellen Gründen anfechtbar, nicht aber unwirksam.[68] Auf eine **„Rüge"** kommt es nicht an.[69] Allerdings sind bei einem Verstoß gegen das Gebot der Nichtöf-

---

54 *Hügel/Elzer* WEG § 24 Rn. 21.
55 BGH 8.12.1988 – V ZB 3/88, NJW 1989, 1090.
56 KG 16.9.1988 – 24 W 3952/88, NJW-RR 1989, 16.
57 OLG Celle 15.1.2002 – 4 W 310/01, ZWE 2002, 276.
58 *Hügel/Elzer* WEG § 24 Rn. 19.
59 BGH 8.7.2016 – V ZR 261/15, NJW 2017, 666.
60 BGH 8.7.2016 – V ZR 261/15, NJW 2017, 666.
61 BGH 8.7.2016 – V ZR 261/15, NJW 2017, 666.
62 Niedenführ/Vandenhouten/*Kümmel/Vandenhouten* WEG § 24 Rn. 57.
63 *Hügel/Elzer* WEG § 23 Rn. 38.
64 Palandt/*Wicke* WEG § 24 Rn. 14.
65 Palandt/*Wicke* WEG § 24 Rn. 15.
66 BGH 10.12.2010 – V ZR 60/19, *Hügel/Elzer* WEG § 23 Rn. 42.
67 Palandt/*Wicke* WEG § 24 Rn. 16.
68 BGH 27.3.2009 – V ZR 196/08.
69 *Hügel/Elzer* WEG § 24 Rn. 24; aA OLG Hamburg 11.4.2007 – 2 Wx 2/2007, ZMR 2007/550.

fentlichkeit Beschlüsse nicht in jedem Falle anfechtbar, sondern nur dann, wenn nicht ausgeschlossen werden kann, dass sich der Fehler auf die Beschlussfassung ausgewirkt hat.[70] Die Kausalität wird widerleglich vermutet und kann nur durch den Nachweis widerlegt werden, dass der Beschluss mit Sicherheit – also nicht nur mit hoher Wahrscheinlichkeit – auch ohne den Verstoß inhaltsgleich gefasst worden wäre.[71]

34 **c) Leitungsrechtsverstöße.** Verstöße im Rahmen des Leitungsrechts, zum Beispiel beim **Vorsitz eines Unbefugten,** führen in der Regel nur zur Anfechtbarkeit der gefassten Beschlüsse.[72]

35 **d) Anfechtbarkeit.** Ordnungsmaßnahmen und Geschäftsordnungsbeschlüsse sind nicht gesondert anfechtbar, soweit sie sich mit Ablauf der Versammlung erledigen. Nicht anfechtbare Beschlüsse sind Feststellungen des Vorsitzenden, zB zur Ordnungsmäßigkeit der Einberufung und zur Beschlussfähigkeit. Unabhängig davon sind **Sachbeschlüsse** aber anfechtbar, wenn die Ordnungsmaßnahme oder der Geschäftsordnungsbeschluss Einfluss auf das Abstimmungsergebnis hatte.[73]

36 **e) Verweigerte Einsichtnahme.** Wird einem Wohnungseigentümer das Recht auf Einsichtnahme in die Vertretungsvollmachten verweigert, so führt dies zu einem Beschlussfehler, der zur **Rechtswidrigkeit des angefochtenen Beschlusses** führt. Auch hier gilt die Vermutung, dass sich der Fehler auf die Beschlussfassung ausgewirkt hat. Nur wenn zweifelsfrei festgestellt wird, dass dieser Beschlussmangel keinen Einfluss auf das Beschlussergebnis hatte, gilt die Vermutung als widerlegt.[74]

63. Eigentümerwechsel

Hofele

I. Einführung

1 Jeder Eigentümer kann sein Sondereigentum veräußern. Das Gesetz spricht in § 10 Abs. 3 WEG[1] vom „Sondernachfolger". Nach § 12 Abs. 1 WEG[2] kann als Inhalt des Sondereigentums vereinbart werden, dass er für die Veräußerung der Zustimmung anderer Wohnungseigentümer oder eines Dritten bedarf (→ *Veräußerungsbeschränkung* Rn. 1 ff.).

---

70 Palandt/*Wicke* WEG § 23 Rn. 20.
71 OLG Hamburg 21.6.2006 – 2 Wx33/05, ZMR 2006, 704.
72 Palandt/*Wicke* WEG § 24 Rn. 15.
73 Palandt/*Wicke* § 23 Rn. 13.
74 LG Frankfurt a. M. 5.8.2015 – 2–13S 32/13, WuM 2015, 645.
1 Die Norm blieb in dieser Hinsicht durch die Reform 2020 unverändert.
2 Die Norm blieb durch die Reform 2020 unverändert.

II. Maßgeblicher Zeitpunkt

Maßgeblich für die Vollendung des Eigentümerwechsels ist die Eintragung im Grundbuch. Im Kaufvertrag 2 zwischen Verkäufer und Käufer wird zwar als „Stichtag" meist die **Übergabe** der Wohnung vereinbart, diese Regelung gilt aber nur im Innenverhältnis der Parteien. Im Verhältnis zur Gemeinschaft der Wohnungseigentümer ist der zeitliche Ansatzpunkt für die Abgrenzung der Beitragspflichten der mit Auflassung und Eintragung in das Grundbuch vollzogene Eigentumswechsel.[3] In der Zwangsversteigerung erwirbt der Ersteher bereits mit Zuschlag Eigentum. Er haftet gem. § 56 S. 2 ZVG für Lasten- und Kostenbeiträge, die nach Erteilung des Zuschlags fällig werden.[4]

III. Kosten und Lasten Beitragspflicht (Wohngeldzahlungen)

Nach § 16 Abs. 2 WEG hat jeder Wohnungseigentümer „die Kosten der Gemeinschaft der Wohnungseigentümer, insbesondere der Verwaltung und des gemeinschaftlichen Gebrauchs des gemeinschaftlichen Eigentums, nach dem Verhältnis seines Anteils (Abs. 1 S. 2) zu tragen".[5] Beim Eigentümerwechsel stellt sich regelmäßig die Frage, wer für welchen Zeitraum gegenüber der Gemeinschaft der Wohnungseigentümer für Lasten und Kosten aufzukommen hat. Konkret geht es um die Frage, wer das monatliche Wohngeld oder eine Sonderumlage schuldet und wer etwaige Nachzahlungen zu leisten hat bzw. wem ein etwaiges Guthaben auszuzahlen ist.

1. Fälligkeitstheorie. Nach der Rechtsprechung des BGH kommt es grundsätzlich darauf an, wann der Zahlungsanspruch fällig geworden ist.[6] Anders ist dies beim Verwalterwechsel (→ *Abrechnung* Rn. 16); hier kommt es darauf an, wann der Anspruch auf Abrechnung entstanden ist.[7] Hieran hat sich m.E. auch durch die Reform nichts geändert.

2. Vorschusszahlungen (Haus- oder Wohngeld). Nach der Fälligkeitstheorie schulden die Wohnungseigentümer diejenigen Lasten- und Kostenbeiträge, die während der Dauer ihrer Mitgliedschaft in der Gemeinschaft aufgrund von beschlossenen **Wirtschaftsplänen** und Sonderumlagen für das Wohnungseigentum fällig werden.

a) Gesetzliche Regelung. Durch die Reform wurden die Regelungen des § 28 WEG zwar insgesamt neugefasst. U.a. sollen die Vorschriften klarer gefasst werden und es soll die Zahl Streitigkeiten über Wirtschaftsplan und Jahresabrechnung verringert werden. Dafür wird der **Beschlussgegenstand** jeweils auf die Zahlungspflichten reduziert. § 28 Abs. 1 WEG (Beschlussfassung über Vorschüsse, Aufstellung des Wirtschaftsplans) und § 28 Abs. 2 WEG (Beschlussfassung über Nachschüsse, Aufstellung der Jahresabrechnung) sind parallel aufgebaut. Es soll klar zwischen Beschlussgegenstand (jeweils Satz 1) und Beschlussvorbereitung (jeweils Satz 2) unterschieden werden.[8]

Nunmehr regelt § 28 Abs. 1 S. 1 WEG die Beschlussfassung über den Wirtschaftsplan. Inhaltlich umfasst der Beschluss die Vorschüsse zur Kostentragung und ggf. zu Rücklagen. Beschlussgegenstand sind ausdrücklich nur die Zahlungspflichten. Erfasst sind sowohl die regelmäßig fällig werdenden Zahlungspflichten auf den Wirtschaftsplan als auch Sonderumlagen, die als Nachtrag zum Wirtschaftsplan beschlossen werden. Es sind auch Beschlüsse möglich, die für mehrere Jahre oder bis zur Beschlussfassung über den nächsten Wirtschaftsplan fortgelten sollen.[9]

Nach wie vor schulden daher bisherige Eigentümer alle fälligen Vorschüsse gem. § 28 Abs. 1 S. 1 WEG bis zum Zeitpunkt der **Eigentumsumschreibung** im Grundbuch bzw. zum Zuschlag bei der Zwangsversteigerung. Die danach fälligen Vorschüsse schuldet der Sondernachfolger. Eine gesamtschuldnerische Haftung von Veräußerer und Erwerber für die im Jahr des Eigentümerwechsels festgelegten Vorschüsse besteht per Gesetz nicht.

---

3 *Hügel/Elzer* WEG § 28 Rn. 152; *Hamdorf* ZWE 2019, 149.
4 Bärmann/*Becker* WEG § 16 Rn. 181, 182.
5 Die Norm wurde durch die Reform für die hier in Rede stehenden Fragen inhaltlich nicht verändert, vgl. BT-Drs. 19/18791, 55 ff.
6 St. Rspr.; vgl. zuletzt BGH 15.12.2017 – V ZR 257/16 NJW 2018, 2044.
7 Zur Begründung der unterschiedlichen Handhabung *Hamdorf* ZWE 2019, 149.
8 BT-Drs. 19/18791, 76.
9 Vgl. BT-Drs. 19/18791, 76.

7 Die Beitragspflicht folgt unmittelbar aus der Mitgliedschaft, die wiederum untrennbar mit dem Wohnungseigentum verbunden ist. Mit **Eigentumswechse**l geht die Mitgliedschaft über, der Sondernachfolger schuldet ab diesem Zeitpunkt aufgrund eigener Eigentümerstellung (nur) die jetzt fälligen Beiträge. Er haftet aber mangels gesetzlicher Schuldübernahme nicht für etwaige Rückstände seines Vorgängers.[10] Hierfür bleibt der Veräußerer zahlungspflichtig.[11] Genauso, wie er Dritten gegenüber nach § 9 a Abs. 4 S. 1 Hs. 1 WEG[12] für alle Verbindlichkeiten haftet, die während seiner Mitgliedschaft fällig wurden, bleibt er der Gemeinschaft der Wohnungseigentümer verpflichtet.

8 Auf den Zeitpunkt der Beschlussfassung kommt es nicht an. Nach § 10 Abs. 3 S. 2 WEG[13] wirken bestandskräftige Beschlüsse gegen den **Sondernachfolger**, auch wenn er daran nicht mitgewirkt hat. Zwar ist der Zeitpunkt der Eintragung zufällig, während der Zeitpunkt der Beschlussfassung feststeht, jedoch spricht dies nicht gegen die Fälligkeitstheorie. Der Erwerber kann (und sollte) vor Erwerb die Beschlüsse einsehen. Er ist daher nicht schutzwürdig und kann sich auch durch Regeln im Kaufvertrag absichern.

9 **b) Abweichende Vereinbarungen.** Eine Erwerberhaftung für Beitragsschulden des Veräußerers kann durch Vereinbarung begründet werden. Ist sie als Inhalt des Sondereigentum im **Grundbuch** eingetragen (§ 10 Abs. 3 S. 1 WEG),[14] haftet der rechtsgeschäftliche Erwerber für Beitragsschulden des Veräußerers neben diesem als Gesamtschuldner.

10 Die Vereinbarung wirkt jedoch beim Erwerb durch **Zuschlag** in der Zwangsversteigerung nicht gegen den Ersteher, da dieser nach § 56 S. 2 ZVG die Lasten erst vom Zuschlag an zu tragen hat.[15]

11 Auch im Kaufvertrag kann im Wege eines echten **Vertrags zugunsten Dritter** – der Gemeinschaft der Wohnungseigentümer – gem. § 328 Abs. 1 BGB vereinbart werden, dass der Käufer das Hausgeld neben dem Verkäufer schuldet.[16]

12 **3. Abrechnung. a) Wirkung des Beschlusses über die Abrechnung und die Einzelabrechnungen.** Gegenstand des Beschlusses nach § 28 Abs 2 S. 1 WEG über die Abrechnung ist die Einforderung von Nachschüssen oder die Anpassung beschlossener Vorschüsse. **Beschlussgegenstand** sind also nur Zahlungspflichten, die zum Ausgleich einer Unter- oder Überdeckung aus dem Wirtschaftsplan erforderlich sind, nicht mehr die Jahresabrechnung als zugrundeliegendes Zahlenwerk. Nach neuem Recht wird zwischen der Unterdeckung („Einforderung von Nachschüssen") und der Überdeckung („Anpassung beschlossener Vorschüsse") unterschieden. Nach wie vor ist der Beschluss über die Jahresabrechnung nur für den „Nachschuss" anspruchsbegründend. Das ist der auf den einzelnen Wohnungseigentümer entfallende Betrag, der die im Rahmen des Wirtschaftsplans **beschlossenen**[17] Vorschüsse übersteigt. Bei der Überdeckung ist über die Anpassung der beschlossenen Vorschüsse und nicht etwa über davon losgelöste Rückzahlungen zu beschließen. Eine Rückzahlung scheidet aus, soweit Vorschüsse nicht erbracht wurden. Insbesondere im Fall der Veräußerung erwirbt der Erwerber deshalb keinen Rückzahlungsanspruch, wenn der Veräußerer die Vorschüsse nicht gezahlt hat.[18]

Die „Abrechnungsspitze" ist nunmehr unter dem Begriff „Unterdeckung" bzw. „Überdeckung" per Gesetz Gegenstand der Jahresabrechnung.[19] Mithin ändert sich hier gegenüber dem bisherigen Recht nichts. Mit dem Beschluss über die Abrechnung ändern die Eigentümer den Wirtschaftsplan nicht, sondern setzen ihn um. Dies ergibt sich jetzt durch die Struktur des § 28 WEG.[20]

13 Der Beschluss über die Einzelabrechnung stellt den Anteil an den tatsächlichen Lasten und Kosten verbindlich fest, den der jeweilige Wohnungseigentümer endgültig zu tragen hat. Er bewirkt, dass in Höhe einer Unterde-

---

10 Bärmann/*Becker* WEG § 28 Rn. 66 a, *Hügel/Elzer*, 3. Aufl. 2021, WEG § 28 Rn. 264 ff.
11 Bärmann/*Becker* WEG § 28 Rn. 66 a.
12 Bisher § 10 Abs. 8 S. 1 Hs. 1 WEG aF.
13 Bisher § 10 Abs. 4 WEG aF; dieser ist in § 10 Abs. 3 S. 2 WEG aufgegangen, BT-Drs. 19/18791, 50.
14 Bisher § 10 Abs. 3 WEG aF.
15 Bärmann/*Becker* WEG § 28 Rn. 66 f.
16 BGH 24.7.2015 – V ZR 275/14 NJW 2015, 2877 Rn. 21; *Hügel/Elzer*, 3. Aufl. 2021, WEG § 28 Rn. 263.
17 Hervorhebung vom Verfasser.
18 BT-Drs. 19/18791, 77 unter Hinweis auf die bisherige Rspr., insbes. BGH 1.6. 2012 – V ZR 171/11 Rn. 20.
19 Immer noch kritisch dazu *Drasdo*, WEG-Reform: Die „Abrechnungsspitze" als alleiniger Gegenstand der Beschlussfassung über die Jahresabrechnung?, NZM 2019, 801.
20 Zum Begründung im bisherigen Recht BGH 4.12.2009 – V ZR 44/09, ZWE 2010, 170.

ckung (bisher: **negative Abrechnungsspitze**) ein Nachzahlungsanspruch begründet wird.[21] Bei einer „Überdeckung" (bisher: **positive Abrechnungsspitze**) hat der Beschluss der Einzelabrechnung anspruchsbegrenzende Wirkung (zur Abrechnungsspitze → *Abrechnung* Rn. 92). Mit der Feststellung der Abrechnungssumme korrigiert der Abrechnungsbeschluss die im Wirtschaftsplan festgesetzten Vorschüsse, indem er diese an die tatsächlich angefallenen Kosten anpasst. Der Abrechnungsbeschluss gewährt einem Eigentümer, der die Soll-Vorauszahlungen nicht vollständig geleistet hat, eine rechtsvernichtende Einwendung. Die Überdeckung (positive Abrechnungsspitze) begrenzt den Vorschussanspruch der Gemeinschaft.[22]

Auch für die Wirkungen des Beschlusses der Abrechnung kommt es auf die Eigentümerstellung an: Er entfaltet nur Wirkungen für und gegen einen Erwerber, der im Zeitpunkt der **Beschlussfassung** (schon) Eigentümer ist. Er gilt nicht für deren Rechtsvorgänger, denn sonst läge insoweit ein – unzulässiger – Gesamtakt zulasten Dritter vor. Umgekehrt rechtfertigt sich die Verpflichtung der aktuellen Wohnungseigentümer im Zeitpunkt der Beschlussfassung aus § 16 Abs. 2 S. 1 WEG.[23]   14

Eine Haftung des Erwerbers für rückständige Beitragsschulden des Veräußerers kann nach wie vor mangels Beschlusskompetenz auch nicht durch Beschluss der Einzelabrechnung begründet werden. § 28 Abs. 1 S. 1 WEG berechtigt die Eigentümer nur, durch Beschluss des **Wirtschaftsplans** Vorschüsse für die Zukunft festzulegen und § 28 Abs. 2 S. 1 WEG dazu, die im abgelaufenen Wirtschaftsjahr angefallenen Kosten abzurechnen. Eine Ermächtigung, bereits für den Veräußerer entstandene Beitragsschulden durch Beschluss dem Erwerber aufzuerlegen, ergibt sich daraus nicht. Soweit rückständige Zahlungspflichten des Veräußerers zulasten des Erwerbers in die Abrechnung aufgenommen werden, ist der Beschluss der Einzelabrechnung teilnichtig.[24] Die Fälligkeitsregelung in § 28 Abs. 3 WEG enthält ebenfalls keine solche Beschlusskompetenz, da sie dem bisherigen § 21 Abs. 7 WEG aF entspricht.[25]   15

In der Teilungserklärung kann aber vorgesehen werden, bzw. gem. §§ 10 Abs. 1 S. 2,[26] 5 Abs. 4 S. 1 WEG vereinbart werden, dass der Erwerber auch für **Hausgeldschulden** des Veräußerers haftet, sog. „Haftungsklausel".[27] Eine entsprechende Vereinbarung wirkt nur dann gegen einen rechtsgeschäftlichen Erwerber, wenn sie als Inhalt des Sondereigentums im Grundbuch eingetragen ist (§ 10 Abs. 3 S. 1 WEG).[28]   16

Keine Wirkung hat eine solche Vereinbarung gegen den Ersteher eines Wohnungseigentums in der Zwangsversteigerung. Nach § 56 S. 2 ZVG hat der Ersteher **vom Zuschlag an** die Lasten zu tragen. Eine Vereinbarung, die den Ersteher mit Beitragsrückständen seines Rechtsvorgängers belastet, wäre wegen Verstoßes gegen § 56 ZVG gem. § 134 BGB nichtig.[29]   17

b)   Unterdeckung (bisher: negative Abrechnungsspitze)

Beispiel 1:[30] Die Soll-Vorauszahlungen betragen laut Wirtschaftsplan für das Jahr 00 monatlich 300 EUR, also 3.600 EUR/Jahr. In der am 31.5.01 beschlossenen Einzelabrechnung sind Kosten von 4.000 EUR festgestellt. Es besteht eine Unterdeckung (negative Abrechnungsspitze) in Höhe von 400 EUR. Zum 30.9.00 war ein Eigentümerwechsel erfolgt.   18

---

21 BGH 10.2.2017 – V ZR 166/16 ZWE 2017, 360 Rn. 6; BGH 1.6.2012 – V ZR 171/11, NJW 2012, 2797 Rn. 20, 23; Bärmann/*Becker* WEG § 28 Rn. 6, 63.

22 Bärmann/*Becker* WEG § 28 Rn. 65 mit Beispiel.

23 Bisher § 16 Abs. 2 WEG aF; die hierzu ergangene Rechtsprechung gilt weiter: BGH 2.12.2011 – V ZR 113/11, BeckRS 2012, 1126; vgl. auch BGH 25.1.2017 – VIII ZR 249/15 NZM 2017, 216; AG Düsseldorf 13.10.2014 – 290 a C 17855/13, BeckRS 2015, 9985; aA AG Kerpen 14.8.2012 – 26 C 74/11, ZWE 2013, 277 mit Anm. *Schmidt* ZWE 2013, 258.

24 BGH 9.3.2012 – V ZR 147/11, BeckRS 2012, 9360.

25 Im Regierungsentwurf war diese noch in § 19 Abs. 3 WEG-E enthalten, vgl. BT-Drs. 19/18791, 61, und wurde durch den Rechtsausschuss an die jetzige Stelle verschoben, da sie im sachlichen Zusammenhang mit den Vorschriften zum Wirtschaftsplan und zur Jahresabrechnung steht, vgl. BT-Drs. 19/22634, 44.

26 §§ 10 Abs. 2 S. 2, 5 Abs. 4 S. 1 WEG aF.

27 BGH 1.6.2012 – V ZR 171/11, NJW 2012, 2797 Rn. 11; BGH 24.2.1994 – V ZB 43/93, ZMR 1994, 271 unter III.1.

28 Norm ist insofern unverändert, 10 Abs. 3 S. 2 WEG tritt inhaltlich an die Stelle des bisherigen § 10 Abs. 4 WEG aF.

29 BGH 22.1.1987 – V ZB 3/86, NJW 1987, 1638 unter 4; KG ZMR 2003, 292 (293); *Hügel/Elzer* WEG § 28 Rn. 155; Bärmann/*Becker* WEG § 16 Rn. 181, 182.

30 Nach *Merle* ZWE 2004, 195 unter Hinweis auf *Demharter* ZWE 2001, 60; vgl. auch Bärmann/*Becker* WEG § 28 Rn. 70 a.

19 **aa) Soll-Vorauszahlungen sind geleistet.** Sind alle Vorauszahlungen geleistet, trifft die Nachzahlungspflicht von 400 EUR aus dem Beispiel 1 in voller Höhe den Erwerber, da er zur Zeit der Beschlussfassung bereits Wohnungseigentümer war. In diesem Fall besteht **keine Nachzahlungspflicht** des Veräußerers.[31] Ein Beschluss, der Beitragspflichten zulasten eines ausgeschiedenen Wohnungseigentümers begründet, ist als unzulässiger Gesamtakt zulasten Dritter nichtig.[32] Der rechnerische Anteil des Erwerbers beträgt nur 100 EUR (3/12 von 400 EUR); ein Ausgleich muss im Kaufvertrag geregelt werden.

bb) Soll-Vorauszahlungen sind nicht vollständig geleistet

20 **Beispiel 2:** Wie Beispiel 1, aber der bisherige Eigentümer hat von den Vorschüssen bis September anstelle der geschuldeten 2.700 EUR nur 2.000 EUR gezahlt; der Erwerber hat ab Oktober „seine" 900 EUR gezahlt. Bei Gesamtkosten von 4.000 EUR für diese Einheit „fehlen" der Gemeinschaft insgesamt 1.100 EUR (4.000 EUR ./. 2.900 EUR). Der neue Eigentümer haftet für die fehlenden Vorschüsse von 700 EUR nicht. Er muss nach wie vor auf Basis des Beschlusses über die Abrechnung nur die 400 EUR bezahlen. Der Veräußerer bleibt aus dem Wirtschaftsplan für das Jahr 00 weiter für die fehlenden 700 EUR zahlungspflichtig.[33]

21 **Beispiel 3:** Der Veräußerer hat nur 2.000 EUR bezahlt und auch der Erwerber hat von seinen geschuldeten Vorauszahlungen iHv 900 EUR nur 300 EUR gezahlt. Bei Kosten von 4.000 EUR fehlen der Gemeinschaft 1.700 EUR (4.000 EUR ./. 2.300 EUR). Der Veräußerer muss wie im Beispiel 2 die Vorschüsse iHv 700 EUR und der Erwerber seine fehlenden Vorschüsse iHv von 600 EUR aufgrund des Wirtschaftsplans zahlen. Wie vorher muss der Erwerber aufgrund der Jahresabrechnung die negative Abrechnungsspitze iHv 400 EUR tragen.[34]

c) Überdeckung (bisher: positive Abrechnungsspitze)

22 **Beispiel 4:** In der Einzelabrechnung aus Beispiel 1 sind Kosten von nur 3.000 EUR festgestellt. Es besteht eine Überdeckung (positive Abrechnungsspitze) iHv 600 EUR.

23 **aa) Soll-Vorauszahlungen sind geleistet.** Haben Veräußerer und Erwerber ihre Vorschusspflichten aus dem Wirtschaftsplan (insgesamt 3.600 EUR) vollständig erfüllt, steht die Überdeckung von 600 EUR dem **Erwerber** zu. Der Veräußerer ist an dem Abrechnungsbeschluss nicht beteiligt, so dass er keine Rechtswirkungen für ihn erzeugt. Rechnerisch würde dem Veräußerer ein Anteil von 450 EUR (9/12 von 600 EUR) zustehen. Veräußerer und Erwerber müssen diesen Ausgleich im Rahmen des Kaufvertrags regeln.

24 **bb) Soll-Vorauszahlungen sind nicht vollständig geleistet.** Bei einem Eigentümerwechsel stellt sich die Frage, ob die Einwendung des säumigen Eigentümers, wonach der **Vorschussanspruch** der Gemeinschaft der Wohnungseigentümer auf die Unterdeckung (negative Abrechnungsspitze) beschränkt ist, auch einem Verkäufer zusteht, der im Zeitpunkt des Beschlusses nicht mehr Eigentümer ist.

25 **Beispiel 5:** In Beispiel 4 hat der Veräußerer statt seiner geschuldeten 2.700 EUR nur 2.000 EUR gezahlt, der Erwerber seine 900 EUR vollständig. Bei Kosten von 3.000 EUR fehlen der Gemeinschaft also 100 EUR. Ohne Eigentümerwechsel wäre der Anspruch der Gemeinschaft der Wohnungseigentümer gegen den säumigen Eigentümer auf 100 EUR begrenzt.

26 Durch den Eigentümerwechsel gilt dies aber nicht mehr: Der Beschluss über die Abrechnung entfaltet auch in diesem Fall keine Rechtswirkungen für den ausgeschiedenen Eigentümer. Die anspruchsbegrenzende Wirkung kommt ihm nicht zugute. Der Veräußerer ist weiterhin zur Zahlung der nach dem Einzelwirtschaftsplan geschuldeten **Vorschüsse** verpflichtet.[35] Die Gemeinschaft der Wohnungseigentümer muss also die rückständigen Vorschüsse aus dem Wirtschaftsplan in voller Höhe (700 EUR) gegen den Veräußerer geltend machen.

27 Ansonsten würde der Veräußerer als säumiger Schuldner besser stehen als er bei ordnungsgemäßer Erfüllung seiner **Vorschusspflicht** stünde. Er müsste nur 100 EUR nachzahlen, während die Gemeinschaft der Wohnungseigentümer die fehlenden 600 EUR gerade nicht vom Erwerber verlangen könnte. Denn dieser hat ja im Gegenteil einen Anspruch auf die 600 EUR aus der Überdeckung.

---

31 *Merle* ZWE 2004, 196, f. unter II.1.
32 BGH 2.12.2011 – V ZR 113/11, BeckRS 2012, 1126.
33 *Merle* ZWE 2004, 196 (197) unter III.1.
34 *Merle* ZWE 2004, 196 (197) unter III.1.
35 Bärmann/*Becker* WEG § 28 Rn. 68, 70 b, 148.

Der Erwerber kann die **Auszahlung** einer Überdeckung auch verlangen, wenn der Veräußerer seine Beitrags-   28
pflicht noch nicht vollständig erfüllt hat. Auch wenn die tatsächlich entstandenen Lasten und Kosten nicht gedeckt sind, die anteilig auf das veräußerte Wohnungseigentum entfallen, steht die Treuepflicht dem Auszah-
lungsanspruch gegen die Gemeinschaft nicht entgegen.[36] Die Gemeinschaft hat es in der Hand, die fehlenden
Beträge zeitnah gegen den Veräußerer geltend zu machen.

Beispiel 6: In Beispiel 4 hat der Veräußerer seine 2.700 EUR bezahlt, aber der Erwerber nur 200 EUR statt   29
der geschuldeten 900 EUR. Es besteht wieder Fehlbetrag von 100 EUR (3.000 EUR ./. 2.900 EUR). Der Erwerber hat den Fehlbetrag aufgrund des Wirtschaftsplanes zu begleichen.

d) Wirtschaftsplan. Hat der Veräußerer seine Vorschusspflicht nicht vollständig erfüllt, und stellt sich der   30
Beschluss über den Wirtschaftsplan als unwirksam heraus, entfällt die Vorschusspflicht aus § 28 Abs. 1 S. 1
WEG[37] rückwirkend.

Ist der säumige Veräußerer ausgeschieden, begründet weder der Beschluss über die Jahresabrechnung noch ein   31
erneuter Beschluss über den Wirtschaftsplan neue Beitragsforderungen gegen ihn. Umgekehrt kann er kann
die **vor seinem Ausscheiden** gezahlten Vorschüsse nicht kondizieren. Denn der Beschluss über die Abrechnung stellt die Höhe der zu leistenden Beiträge endgültig fest, so dass der Veräußerer die gezahlten Vorschüsse
mit Rechtsgrund geleistet hat.[38]

4. Sonderumlage. Der BGH wendet die Fälligkeitstheorie auch hier an: Beschließen die Eigentümer eine   32
→ *Sonderumlage* Rn. 17, und kommt es danach zum Eigentümerwechsel (Eintragung in das Grundbuch), ist
der Erwerber zahlungspflichtig. Es kommt nicht auf den Zeitpunkt der Beschlussfassung, sondern den der **Fälligkeit** an. Grundsätzlich tritt die Fälligkeit gem. § 28 Abs. 2 WEG mit Abruf der Umlage durch den Verwalter
ein. Wollen die Eigentümer die sofortige Fälligkeit, können sie (müssen dann aber auch) dies in dem Beschluss über die Sonderumlage nach § 28 Abs. 3 WEG[39] ausdrücklichen regeln.[40]

Die Fälligkeitstheorie gilt sowohl für den rechtsgeschäftlichen Erwerb als auch für einen Erwerb in der   33
Zwangsvollstreckung. § 56 S. 2 ZVG, wonach der Ersteher von dem Zuschlag an die Lasten der im Wege der
Zwangsversteigerung erworbenen Eigentumswohnung trägt, steht der Zahlungspflicht nicht entgegen.[41]

IV. Eintritt in schuldrechtliche Vereinbarungen

Nach § 10 Abs. 3 S. 1 WEG[42] wirken Vereinbarungen, durch die die Wohnungseigentümer ihr Verhältnis un-   34
tereinander in Ergänzung oder Abweichung von Vorschriften des Gesetzes regeln, die Abänderung oder Aufhebung solcher Vereinbarungen sowie **Beschlüsse, die aufgrund einer Vereinbarung gefasst werden,**[43] gegen den Sondernachfolger eines Wohnungseigentümers nur, wenn sie als Inhalt des Sondereigentums im
Grundbuch eingetragen sind. Die inhaltliche Erweiterung bewirkt, dass auch Beschlüsse, die auf Basis von
Öffnungsklauseln gefasst werden, nur bzw. erst gegenüber Sondernachfolgern wirken, wenn sie im Grundbuch
eingetragen sind. Die Regelung folgt aus § 5 Abs. 4 S. 1 WEG, wonach auch Beschlüsse aufgrund von Öffnungsklauseln zum Inhalt des Sondereigentums gemacht werden können.[44]

Ein Erwerber ist daher nicht an **Änderungen** der Teilungserklärung gebunden, wenn diese nicht in das Grund-   35
buch eingetragen sind.[45]

Eine schuldrechtliche Übernahme durch Vertragsübernahme (§ 415 BGB) ist zwar möglich. Eine einfache Ein-   36
trittsklausel im Kaufvertrag reicht dazu aber nicht. Vielmehr muss der Erwerber **positive Kenntnis** vom Bestehen der Vereinbarung haben und es muss sich zudem sein Wille feststellen lassen, dass er in die Vereinba-

---

36 AA Bärmann/*Becker* WEG § 28 Rn. 70 c.
37 Bisher: § 28 Abs. 2 WEG aF.
38 Bärmann/*Becker* WEG § 28 Rn. 70 d.
39 § 21 Abs. 7 WEG aF.
40 BGH 15.12.2017 – V ZR 257/16, BeckRS 2017, 144104.
41 LG Saarbrücken 27.5.2009 – 5 S 26/08, NJW-RR 2009, 1167.
42 § 10 Abs. 3 WEG aF.
43 Hervorhebung durch den Verfasser; dieser Teil der Regelung ist durch die Reform eingefügt worden.
44 BT-Drs. 19/18791, 50, 40.
45 Vgl. BayObLG 10.1.2002 – 2Z BR 180/01, NZM 2003, 321; BayObLG 2.2.2005 – 2Z BR 222/04, ZWE 2005, 345.

rung eintreten will. Bei der Auslegung von Übernahmeklauseln in Kaufverträgen ist davon auszugehen, dass ein Erwerber in der Regel nicht pauschal auf den Schutz des § 10 Abs. 3 S. 1 WEG verzichten will und ohne Kenntnis im Einzelnen jede für ihn eventuell mit erheblichen Nachteilen verbundene Vereinbarung übernehmen will. Übernahmeklauseln müssen daher im Zweifel eng ausgelegt werden.[46]

V. Beseitigungsansprüche

37 Bestehen Beseitigungsansprüche (→ *Beseitigung* Rn. 1 ff., 34 ff.), stellt sich die Frage, gegen wen sich diese beim Eigentümerwechsel richten.

38 **1. Ansprüche eines Sondernachfolgers.** Durch die Reform wurde § 22 WEG aF durch § 20 WEG ersetzt. Die Regelungen über bauliche Veränderungen wurden insgesamt grundlegend neu geordnet (→ *Bauliche Veränderungen* Rn. 1 ff.).

39 Durch die Neuregelung, insbesondere § 20 Abs. 3 WEG, wird klargestellt, **dass jede bauliche Veränderung** des gemeinschaftlichen Eigentums eines legitimierenden Beschlusses bedarf, auch wenn kein Wohnungseigentümer in rechtlich relevanter Weise beeinträchtigt wird. Auf diese Weise soll sichergestellt werden, dass die Wohnungseigentümer in der Versammlung über alle baulichen Veränderungen des gemeinschaftlichen Eigentums informiert werden. Der bauwillige Wohnungseigentümer gewinnt durch die Bestandskraft des legitimierenden Beschlusses Rechtssicherheit. § 20 Abs. 2 und 3 WEG begründen jeweils einen Individualanspruch des einzelnen Wohnungseigentümers auf Fassung eines Beschlusses nach § 20 Abs. 1 WEG.[47] Die bisher vorgesehene „Zustimmung" (§ 22 Abs. 1 S. 2 WEG aF) ist entfallen. Vordergründig müsste sich künftig die Frage, ob die Zustimmung zur baulichen Veränderung **formlos** oder **konkludent** erteilt werden kann,[48] erledigt haben.[49] Diese Problematik wurde im Gesetzgebungsverfahren, soweit ersichtlich, nicht diskutiert, so dass abzuwarten bleibt, ob mit der Neuregelung tatsächlich ein Problem des bisherigen Rechts – sozusagen als Beifang – gelöst wurde.

Denn nach wie vor kann es sein, dass eine der Teilungserklärung widersprechende äußere Gestaltung der Wohnungseigentumsanlage besteht. Es bleibt dann die Frage, ob der Erwerber die Herstellung der „eigentlich richtigen" Gestaltung verlangen kann. Pragmatische Gründe sprechen dagegen: Der bestehende Zustand wirkt für den **Neuerwerber** wie eine Erstherstellung, deren Änderung er nicht verlangen kann. Dies gilt jedenfalls dann, wenn sich der Vorgänger gegen eine unzulässige Gestaltung nicht gewehrt hat oder diese gar selbst mit Billigung der anderen Eigentümer vorgenommen hat. Aus der Sicht des Neuerwerbers wirkt sich demnach eine zuvor allseits gebilligte Veränderung der Gemeinschaftsanlagen, die auch ins Werk gesetzt worden ist, praktisch so aus, dass im Verhältnis zu ihm keine nachträgliche Veränderung iSd § 20 WEG anzunehmen ist, sondern eine der Errichtung und plangemäßen Erstausstattung der Wohnungseigentumsanlage gleichzusetzende Gegebenheit. Das ist auch deshalb gerechtfertigt, weil der Erwerber überhaupt nur den gegenwärtigen tatsächlichen Zustand der Wohnungseigentumsanlage sieht und regelmäßig nicht auf der Wiederherstellung eines möglicherweise anderen ursprünglichen Zustandes bestehen kann, der längst überholt ist, zumal der Erwerber auch üblicherweise nach dem Erwerbsvortrag das Wohnungseigentum übernimmt, wie es steht und liegt.[50]

40 Stimmte bisher ein Wohnungseigentümer einer baulichen Veränderung zu, waren er und sein Rechtsnachfolger an die **Zustimmung** gebunden.[51] Durch die Neuregelung, die eine Beschlussfassung voraussetzt und keine

---

46 OLG München 6.2.2019 – 32 Wx 147/18, DNotZ 2019, 872.
47 BT-Drs. 19/18971, 62.
48 So BayObLG 28.3.2001 – 2Z BR 1/01, NZM 2002, 127 = ZWE 2001, 609; an die formlose Zustimmung soll grundsätzlich auch ein Rechtsnachfolger gebunden sein, BayObLG 30.1.2003 – 2Z BR 121/02, NZM 2003, 720; aA *Hügel/Elzer* WEG § 22 Rn. 30, 39 mwN; LG München I 6.7.2015 – 1 S 22070/14 WEG, NZM 2016, 209.
49 Der BGH hat diese Frage bisher ausdrücklich offengelassen, vgl BGH 28.10.2016 – V ZR 91/16, NJW 2017, 1167 Rn. 13 mwN.
50 KG 17.5.1989 – 24 W 6092/88, BeckRS 9998, 08603 für die Gartengestaltung; OLG Hamm 12.3.1991 – 15 W 41/90, BeckRS 9998, 08603; aA *Hügel/Elzer*, 3. Aufl. 2021, WEG § 20 Rn. 21 mwN; LG München I 6.7.2015 – 1 S 22070/14 WEG, NZM 2016, 209.
51 BayObLG 4.12.2002 – 2Z BR 40/02 für die dadurch ermöglichten Nutzung eines Spitzbodens als Wohnraum.

Zustimmung mehr vorsieht, kommt es m.E. aber nicht mehr darauf an, ob die bauliche Veränderung im Zeitpunkt der Rechtsnachfolge zumindest teilweise vorgenommen wurde.[52]

2. Ansprüche gegen den Sondernachfolger. Hat ein Eigentümer eigenmächtig, zB bauliche Veränderungen vorgenommen, stellt sich die Frage, ob ggf. der Erwerber diese zurückbauen muss. 41

§ 8 Abs. 3 WEG hat an der sachenrechtlichen Zuordnung nichts geändert: Die Norm regelt nunmehr die 42 Rechtsstellung von Personen, die Wohnungseigentum vom teilenden Eigentümer erwerben. Wegen § 9 a Abs 1 S. 2 WEG bedarf es der Konstruktion der bisherigen „werdenden Gemeinschaft" nicht mehr, um die Anwendbarkeit des WEG vor der Eintragung des ersten Erwerbers als Wohnungseigentümer im Grundbuch zu begründen. Vielmehr ist das WEG bereits mit Anlegung der Wohnungsgrundbücher anwendbar. Das richterrechtlich geschaffene Institut der sogenannten **werdenden Gemeinschaft** wird damit obsolet.[53] Die Rechtsfolge des § 8 Abs. 3 WEG besteht darin, dass der Erwerber im Innenverhältnis als Wohnungseigentümer behandelt wird, obwohl er das vor Eigentumsumschreibung noch gar nicht ist. Der Erwerber tritt damit hinsichtlich der Rechte und Pflichten nach dem WEG an die Stelle des aufteilenden Eigentümers. Die Vorschrift betrifft nur das Innenverhältnis, also das Rechtsverhältnis des Erwerbers gegenüber der Gemeinschaft der Wohnungseigentümer und den anderen Wohnungseigentümern neben dem teilenden Eigentümer. Das Verhältnis gegenüber Dritten bleib von § 8 Abs. 3 WEG unberührt. Das Gleiche gilt für Rechte und Pflichten nach anderen Vorschriften als denen des WEG (etwa Ansprüche wegen Beeinträchtigung des Sondereigentums nach § 1004 BGB).[54]

Nach wie vor gilt daher, dass der Erwerber, der mit dem teilenden Eigentümer eine vom Teilungsplan abweichende bauliche Ausgestaltung vereinbart, in Bezug auf die Veränderungen des Gemeinschaftseigentums nicht Störer und daher gegenüber anderen Wohnungseigentümern nicht zur Beseitigung des planwidrigen Zustands verpflichtet ist.[55]

Sind die planwidrigen Baumaßnahmen vor dem Entstehen einer werdenden Wohnungseigentümergemeinschaft[56] durchgeführt worden, fehlt es an der von § 1004 Abs. 1 BGB vorausgesetzten **Eigentumsbeeinträchtigung**. Der Bauträger ist zu diesem Zeitpunkt Alleineigentümer und kann mit der Sache – auch bei der Bauausführung – nach Belieben verfahren.[57] Wird die Bauausführung erst später durchgeführt oder fertiggestellt, ist der Eigentümer der planwidrig errichtenden Wohnung **kein Störer**.[58] Allerdings können die anderen Wohnungseigentümer auch selbst das gemeinschaftliche Eigentum plangerecht herstellen. Der Anspruch auf plangerechte Herstellung ist allerdings gem. § 242 BGB begrenzt und entfällt, wenn seine Erfüllung den übrigen Wohnungseigentümern nach den Umständen des Einzelfalls nicht zuzumuten ist.[59]

VI. Verwaltervertrag

Ein Eigentümerwechsel hat auf den Verwaltervertrag (→ *Verwaltervertrag* Rn. 1 ff.) keinen Einfluss. Der Ver- 43 trag besteht zwischen der Gemeinschaft der Wohnungseigentümer und dem Verwalter. Veräußerer und Käufer sind nicht sind Partei des Vertrages. Die **Haftung** von Veräußerer und Sondernachfolger für rückständige Vergütungs- oder Aufwendungsersatzansprüche des Verwalters bestimmt sich nach § 9 a Abs. 4 WEG.[60]

VII. Prozess

Bis zur WEG-Novelle 2007 hatten für WEG-Sachen die Regelungen des Verfahrens der freiwilligen Gerichts- 44 barkeit gegolten, danach[61] galten die allgemeinen Vorschriften des Zivilprozessrechts, allerdings mit Sonderregeln in §§ 43 WEG aF. Der Gesetzgeber hat nun erkannt, dass sich die bisherigen §§ 43 WEG aF nicht be-

---

52 So zum bisherigen Recht BayObLG 5.2.1998 – 2Z BR 110–97, NJW-RR 1998, 947; OLG Düsseldorf 11.8.1997 – 3 Wx 227/97, NZM 1998, 79; OLG Hamm 11.11.2004 – 15 W 351/04, BeckRS 2005, 1529.
53 BT-Drs. 19/18791, 44.
54 BT-Drs. 18/18791, 44.
55 BGH 14.11.2014 – V ZR 118/13, NJW 2015, 2027.
56 Nunmehr nach § 8 Abs. 3 WEG: Eintragung der Vormerkung und Besitzübergabe.
57 BGH 14.11.2014 – V ZR 118/13 NJW 2015, 2027 Rn. 10.
58 BGH 14.11.2014 – V ZR 118/13 NJW 2015, 2027 Rn. 12 ff.
59 BGH 14.11.2014 – V ZR 118/13 NJW 2015, 2027 Rn. 21.
60 § 10 Abs. 8 WEG aF; vgl. Bärmann/*Becker* WEG § 26 Rn. 193.
61 Gesetz v. 26.3.2007, BGBl. 2007 I 370.

währt haben und sieht prozessrechtlichen Reformbedarf zudem durch § 18 Abs. 1 WEG ausgelöst, der die Verwaltung des gemeinschaftlichen Eigentums der Gemeinschaft der Wohnungseigentümer zuweist.[62] Die Verfahrensvorschriften wurden vollständig neu gefasst. Allerdings sind die Anpassungen nunmehr dem Umstand geschuldet, dass Klagen gegen die Gemeinschaft der Wohnungseigentümer zu richten sind, so dass zB die Regelungen zur Bezeichnung der Beklagten (§ 44 WEG aF) oder zur Beiladung (§ 48 WEG aF) nicht mehr nötig sind. Der Wohnungseigentumsprozess wird als allgemeiner Zivilprozess in dieser Hinsicht **vereinfacht**.

45 Zunächst gilt nach wie vor, dass die Veräußerung des Wohnungseigentums während eines rechtshängigen Wohnungseigentumsverfahrens gem. § 265 Abs. 2 ZPO auf den Prozess keinen Einfluss hat.

46 Durch die Neufassung wird mE jetzt noch deutlicher, dass es allein auf den **Gegenstand der Streitigkeit** ankommt und nicht darauf, wer die Klage erhebt. Daher kann auch ein ehemaliger – vor Klageerhebung ausgeschiedener – Eigentümer die Gemeinschaft der Wohnungseigentümer verklagen und von ihr verklagt werden, wenn es um Ansprüche aus § 43 Abs. 2 WEG geht.

47 **Exkurs:** Ein Sonderfall liegt vor, wenn eine **GbR** Eigentümerin ist. Scheiden Gesellschafter aus der GbR aus, haften sie dennoch für rückständige Hausgelder. Diese gilt sogar dann, wenn der Beschluss über die Fälligkeit der Zahlungen nach dem Ausscheiden des Gesellschafters geschlossen wurde; der Ausgeschiedene haftet nach § 128 HGB analog, § 736 Abs. 2 BGB iVm § 160 Abs. 1 HGB für die Beitragspflichten der GbR als sogenannte Altschulden fünf Jahre lang.[63] Für die Klage gegen sie gilt § 43 WEG. Denn Grundlage der Auseinandersetzung ist das **Gemeinschaftsverhältnis**. § 43 WEG ist weit auszulegen. Die Norm ist gegenstands- und nicht personenbezogen zu verstehen.[64]

48 Maßgeblich, ob §§ 43 ff. WEG anwendbar sind, ist der **Gegenstand der Streitigkeit,** und nicht, wer die Klage erhoben hat. Daher kann eine Anfechtungsklage nach § 44 Abs. 1 S. 1 Alt. 2 WEG[65] auch vom Gesamtrechtsnachfolger eines Wohnungseigentümers oder als dessen Prozessstandschafter erhoben werden.[66]

49 Auch bei der Geltendmachung von Schadensersatzansprüchen aufgrund einer behaupteten Verletzung der zwischen den Wohnungseigentümern bestehenden **Treue- und Rücksichtnahmepflichten** handelt es sich um eine gemeinschaftsbezogene Streitigkeit der Wohnungseigentümer untereinander. Auch wenn der Kläger zwischenzeitlich aus der Gemeinschaft der Wohnungseigentümer ausgeschieden ist, bleibt das Gemeinschaftsverhältnis die Grundlage der Auseinandersetzung.[67]

50 Weil es auf den Gegenstand der Streitigkeit ankommt, ist auch der **Zustimmungsanspruch** eines Wohnungseigentümers nach § 12 WEG gegen die übrigen Wohnungseigentümer eine Streitigkeit nach § 43 Abs. 2 WEG. Es bleibt auch dann dabei, wenn ein unter diese Vorschrift fallendes Recht von einem Rechtsnachfolger geltend gemacht wird.[68] Daher kann die Klage auch von der Vollstreckungsgläubigerin der Eigentümerin erhoben werden. Der Gegenstand der Streitigkeit – der Anspruch auf Zustimmung zur Veräußerung gem. § 12 Abs. 2 WEG – ändert sich dadurch nicht.[69]

51 Dementsprechend kann ein **ausgeschiedener Wohnungseigentümer** auch Beklagter in einer Wohnungseigentumssache sein: Hat ein Eigentümer Gemeinschaftseigentum beschädigt (eigenmächtiges Fällen von Bäumen auf dem Gemeinschaftsgrundstück), handelt es sich bei einer Schadenersatzklage der anderen Eigentümer um ein Verfahren nach § 43 Abs. 2 Nr. 1, 2 WEG, auch wenn der Schädiger vor Klageerhebung aus der Gemeinschaft ausgeschieden ist.[70]

---

62 BT-Drs. 19/18791, 79.
63 BGH 3.7.2020 – V R 250/19, DStR 2020, 1970.
64 Durch die Neufassung wurde dies noch verstärkt; zum bisherigen § 43 WEG aF BGH 21.1.2016 – V ZR 108/15, NZM 2016, 322 Rn. 5.
65 § 46 WEG aF.
66 BGH 21.6.2012 – V ZB 56/12, NJW-RR 2012, 1359 Rn. 6.
67 BGH 10.5.2012 – V ZR 228/11, BeckRS 2012, 14185 Rn. 3 unter Hinweis auf Beschlussempfehlung zur WEG-Novelle 2007 in BT-Drs. 16/1343, 27.
68 Vgl. Bärmann/*Klein*, 12. Aufl., WEG § 43 Rn. 46.
69 BGH 21.11.2013 – V ZR 269/12, NJW-RR 2014, 710 Rn. 6.
70 BGH 17.3.2016 – V ZR 185/15, NZM 2016, 363 Rn. 6.

64. Einstweiliger Rechtsschutz

Bartels

I. Einführung

Für den einstweiligen Rechtsschutz sieht die ZPO in ihren §§ 916 ff. ZPO Arrest und einstweilige Verfügung 1 vor.[1] Diese sind auch für Verfahren mit Bezug zum Wohnungseigentumsrecht denkbar. Der **Arrest** dient der **Sicherung** der Zwangsvollstreckung wegen einer **Geldforderung** oder eines anderen Anspruchs, der in eine Geldforderung übergehen kann (§§ 916 Abs. 1 ZPO). In **allen anderen Fällen**, in denen nicht die Zwangsvollstreckung wegen einer Geldforderung gesichert werden soll, ist eine **einstweilige Verfügung** statthaft (§§ 935 ff. ZPO).

Es handelt sich um prozessual von der Hauptsache selbstständige Verfahren, die den **Anspruch** in der Hauptsache 2 einstweilig sichern sollen. Eine **Vorwegnahme der Hauptsache** verbietet sich damit grundsätzlich, weshalb nicht die Befriedigung des Hauptsacheanspruchs verlangt werden kann. Eine Ausnahme bildet die sog. **Leistungsverfügung** (→ Rn. 25), mit der ausnahmsweise durch einstweiligen Rechtsschutz die Erfüllung des Hauptsacheanspruchs durchgesetzt werden kann, wenn anderenfalls ein schwerwiegender, irreparabler Schaden droht oder gar die wirtschaftliche Existenz des Anspruchstellers gefährdet wird.

Auf Rechtsfolgenseite wird ein **vollstreckungsfähiger Titel** als Grundlage der Zwangsvollstreckung 3 (→ *Zwangsvollstreckung* Rn. 3) geschaffen. Voraussetzung ist einerseits das Bestehen eines Anspruchs in der Hauptsache, der allerdings bloß summarisch zu prüfen ist (**Arrest-** bzw. **Verfügungsanspruch**). Andererseits muss die gerichtliche Maßnahme eilbedürftig sein (**Arrest-** bzw. **Verfügungsgrund**).

§ 21 Abs. 8 WEG aF eröffnete es dem Gericht nicht, ohne laufendes Hauptsacheverfahren einstweilige Maß- 4 nahmen zu treffen (→ Rn. 34).[2] Maßnahmen der ordnungsgemäßen Verwaltung iSd §§ 18 f. WEG können allerdings Gegenstand einer Regelungsverfügung sein (→ Rn. 12 ff.). Der **Verwalter** ist im Übrigen im Außenverhältnis unbeschränkt und unbeschränkbar dazu in der Lage, eine einstweilige Verfügung oder einen Arrest für die Gemeinschaft der Wohnungseigentümer zu beantragen (§ 9 b Abs. 1 S. 1 Hs. 1 WEG); im Innenverhältnis ist er hierzu grundsätzlich gem. § 27 Abs. 1 Nr. 2 WEG als ermächtigt anzusehen, wenn es sich um eine Maßnahme ordnungsgemäßer Verwaltung handelt und er so einen Nachteil von der Gemeinschaft abwenden kann. Anderenfalls haben die Wohnungseigentümer hierüber zu beschließen (§ 27 Abs. 2 WEG). Für das weitere Verfahren ist eine Beschlussfassung ohnehin angezeigt, wenn durch eine etwaig mit ihr einhergehende Verzögerung kein Nachteil einzutreten droht.

II. Arrest

Ein Arrest kann beantragt werden, wenn die Zwangsvollstreckung in das bewegliche oder unbewegliche Ver- 5 mögen **wegen Geldforderungen** oder wegen eines Anspruchs, der in eine Geldforderung übergehen kann, gesichert werden soll (§ 916 Abs. 1 ZPO). Die Gläubigerbefriedigung wird mit diesem Verfahren also nicht angestrebt.

---

1 Ausführl. *Briesemeister* NZM 2009, 64 ff.; *Hees* ZMR 2001, 14 ff.; *Klimesch* ZMR 2010, 427 ff.; *Schmid* DWE 2009, 85 ff.; *Weber* FS Stürner, 2013, 613 ff.
2 BeckOK WEG/*Elzer* § 43 Rn. 29.

6 Neben dem summarisch zu prüfenden **Arrestanspruch** ist weitere Voraussetzung, dass ein **Arrestgrund** iSv § 917 Abs. 1 ZPO vorliegt, da grundsätzlich der Gläubiger mit der Gefahr, das schuldnerische Vermögen werde sich verschlechtern, leben muss. Ein Arrestgrund ist gegeben, wenn zu besorgen ist, dass ohne die Anordnung des Arrests die Zwangsvollstreckung vereitelt oder wesentlich erschwert werden würde, weil ein Titel erst mit Abschluss des Hauptsacheverfahrens erlangt werden kann. Eine schlechte Vermögenslage des Schuldners allein reicht nicht aus. Erst dann, wenn sich diese weiter zu verschlechtern droht, kann ein Arrestgrund angenommen werden. Dass noch weitere Gläubiger existieren, bedeutet etwa für sich benommen keinen Arrestgrund.[3] So gefährdet der Schuldner, indem er Vermögensgegenstände veräußert, gar beiseiteschafft oder verschleudert, zwar die Zwangsvollstreckung durch eigenes Verhalten, doch reicht eine einmalige strafbare Handlung nicht aus, wenn dadurch nicht eine weitere Vermögensverschlechterung zu befürchten steht.[4] Selbst für den Fall, dass die Gemeinschaft der Wohnungseigentümer auf die **Hausgeldzahlungen** oder **Sonderumlagen** verschiedener Eigentümer wartet und dadurch die Gefahr besteht, eigene Verbindlichkeiten nicht erfüllen zu können, liegt kein Arrestgrund vor.[5]

III. Einstweilige Verfügung

7 Mit der einstweiligen Verfügung wird ein **streitiges Rechtsverhältnis vorläufig geregelt**. Auf die einstweilige Verfügung sind grundsätzlich die Arrestvorschriften entsprechend anwendbar (§ 936 ZPO). Neben dem Verfügungsanspruch muss für den Erlass einer einstweiligen Verfügung ein Verfügungsgrund gegeben sein.

8 **1. Verfügungsgrund (Sicherungs- und Regelungs- sowie Leistungsverfügung).** Ein Verfügungsgrund ist gegeben, wenn aus Sicht eines objektiven und gewissenhaften Menschen zu befürchten ist, dass sich der bestehende **Zustand verändern** und so die **Verwirklichung des Rechts** einer Partei vereitelt oder wesentlich erschwert werden wird oder wesentliche Nachteile oder drohende Gewalt abzuwenden sind oder überhaupt andere Gründe eine vorläufige Regelung notwendig erscheinen lassen.[6] Hierfür ist zwischen Sicherungs- (§ 935 ZPO) und Regelungs- (§ 940 ZPO) sowie Leistungsverfügung zu unterscheiden.

9 Es existiert kein Verfügungsgrund, wenn positive Kenntnis von der Gefährdung der eigenen Rechtsstellung besteht und erst längere Zeit danach eine einstweilige Verfügung beantragt wurde.[7] Bei einer **Beschlussanfechtung** (§ 44 Abs. 1 S. 1 WEG) darf die Anfechtungsfrist nach § 45 S. 1 WEG noch nicht abgelaufen sein.[8]

10 **2. Verfügungsanspruch.** Die §§ 920 Abs. 2, 936 ZPO verlangen einen Verfügungsanspruch, also einen **materiellrechtlichen Anspruch**, der auf eine individuelle Leistung, die keine Geldleistung ist, gerichtet ist, der gesichert oder geregelt werden soll.[9] Gemeint sind Ansprüche auf Herausgabe, Duldung und Unterlassung oder Vornahme einer Handlung. In Verfahren mit Bezug zum Wohnungseigentumsrecht kommt der Regelungsverfügung die größte praktische Bedeutung zu.[10]

11 **a) Sicherungsverfügung.** Eine Sicherungsverfügung nach § 935 ZPO soll den **bestehenden Zustand** erhalten, namentlich wenn Unterlassungs- und Herausgabeansprüche gesichert werden sollen, etwa die Herausgabe von Verwaltungsunterlagen oder die Unterlassung von Immissionen.[11]

12 **b) Regelungsverfügung.** Hingegen soll mit der Regelungsverfügung nach § 940 ZPO vorläufig ein streitiges **Rechtsverhältnis geregelt** werden. Dies verlangt danach, dass wesentliche Nachteile abzuwenden oder drohende Gewalt zu verhindern sind und es dem Antragsteller nicht zuzumuten ist, den Ausgang des Hauptsacheverfahrens abzuwarten, mithin sein Schaden ohne Anordnung größer wäre als der Schaden des Antragsgegners bei Anordnung, gleichsam sein Begehren besonders eilbedürftig erscheint.[12] Die Regelungsverfügung findet ihren Anwendungsbereich namentlich, wenn begehrt wird, die Bindungswirkung eines Beschlusses vorläufig

---

3 BGH 19.10.1995 – IX ZR 82/94, NJW 1996, 321 (324).
4 OLG Düsseldorf 9.6.1986 – 4 U 69/86, NJW-RR 1986, 1192.
5 BeckOK WEG/*Elzer* § 43 Rn. 32.
6 BeckOK WEG/*Elzer* § 43 Rn. 35.
7 Vgl. LG Hamburg 30.6.2010 – 318 S 10/10, ZMR 2010, 985 f.: 3,5 Jahre.
8 BeckOK WEG/*Elzer* § 43 Rn. 36.
9 FormB-WEG-R/*Elzer* § 3 Rn. 122.
10 BeckOK WEG/*Elzer* § 43 Rn. 38.
11 BeckOK WEG/*Elzer* § 43 Rn. 37.
12 BeckOK WEG/*Elzer* § 43 Rn. 38.

außer Kraft zu setzen, bei Bauverboten, der Einberufung oder der Verhinderung einer Eigentümerversammlung oder der Bestellung eines Verwalters.

aa) Beschlussfassung und Eigentümerversammlung. Hat der Antragsteller eine **Anfechtungsklage** gegen   13
einen Beschluss der Eigentümer erhoben, kann er per einstweiliger Verfügung beantragen, die **Bindungswirkung** des Beschlusses bis zu deren rechtskräftigem Abschluss auszusetzen.[13] Hierzu hat der Antragsteller darzulegen, dass seine Interessen an der Außervollzugsetzung diejenigen der übrigen Eigentümer überwiegen, etwa weil irreversible Schäden drohen, die Durchführung schwer oder nicht rückgängig zu machen wäre oder der Beschluss auf unstreitiger Grundlage nach gefestigter Rechtsprechung offenkundig unwirksam ist, weshalb das **Vollziehungsinteresse** grundsätzlich das **Aussetzungsinteresse** überwiegt.[14] Schließlich verliert der Beschluss nach § 23 Abs. 4 S. 2 WEG erst mit der gerichtlichen Entscheidung seine Wirksamkeit.[15] Der Antrag ist gegen die anderen Wohnungseigentümer zu richten. Außerdem muss er in der **Frist** des § 45 S. 1 WEG gestellt werden. Der Beschluss ist, wenn die Verfügung zu erlassen ist, bis zu der rechtskräftigen Entscheidung in der Hauptsache auszusetzen.[16] Ist dies nicht geschehen, kann gem. §§ 927, 936 ZPO die Aufhebung der einstweiligen Verfügung verlangt werden, wenn der Beschluss in der Hauptsache bestandskräftig geworden ist. Ist die Frist versäumt, sind die Voraussetzungen einer Wiedereinsetzung in den vorigen Stand gem. § 45 S. 2 WEG glaubhaft zu machen.

Grundsätzlich hat der Antragsteller zu versuchen, eine **Entscheidung** der **Eigentümer** herbeizuführen, bevor   14
er das Gericht anruft.[17] Davon kann er aber bei besonderer Eilbedürftigkeit, insbesondere bei einer Vielzahl von Eigentümern, absehen oder wenn es ohnehin nur eine unnötige Förmelei wäre.[18] Fehlt es an einem Rechtsschutzbedürfnis, etwa weil die Eigentümer nicht vorbefasst worden sind, ist der Antrag auf einstweiligen Rechtsschutz unzulässig (→ *Prozessvoraussetzungen* Rn. 103 ff.).[19]

Ist die Einberufung einer **Eigentümerversammlung offensichtlich rechtswidrig**, vermag sich der einzelne   15
Eigentümer dagegen zu wenden, etwa wenn eine nicht befugte Person wie ein ehemaliger Verwalter eine Versammlung einberufen hat.[20] Grundsätzlich aber bedeutet das Verbot einer Eigentümerversammlung eine Vorwegnahme in der Hauptsache, zumal gegen Beschlüsse der Rechtsbehelf der Anfechtungsklage zu erheben ist. Auch können in Ausnahmefällen einstweilige Verfügungen hinsichtlich des **Stimmverhaltens** beantragt werden.[21]

bb) Stellung und Aufgaben des Verwalters. Durch eine Regelungsverfügung kann einstweilen ein **Verwal-**   16
ter bestellt werden, etwa wenn keine Wohnungseigentümerversammlung einberufen und so dringende Angelegenheiten nicht geregelt werden können.[22] Das Gericht vermag dies auf eine bestimmte Tätigkeit, etwa bloß die Versammlung einzuberufen, oder auf eine bestimmte Dauer zu beschränken, um nicht die Hauptsache insgesamt, also die Bestellung eines neuen Verwalters, vorwegzunehmen. Nicht das bloße Fehlen eines Verwalters begründet die Eilbedürftigkeit, sondern es ist die besondere Eilbedürftigkeit darzulegen, die bei einer großen Wohnungseigentümergemeinschaft freilich angenommen werden kann.[23] Auch ist es möglich, dass sich ein Eigentümer dazu ermächtigen lässt, eine **Eigentümerversammlung einzuberufen**.[24]

---

13 BeckOK WEG/*Elzer* § 43 Rn. 39; ausführl. *Schmid* DWE 2009, 85 f.; *Weber* FS Stürner, 613 ff.; FormB-WEG-R/ *Scheffler* § 3 Rn. 49 ff.
14 LG Hamburg 30.7.2014 – 318 O 156/14, ZMR 2015, 43 ff.; BeckOK WEG/*Elzer* § 43 Rn. 39 gegen *Weber* FS Stürner, 613, 618 ff.
15 LG Frankfurt a. M. 17.3.2010 – 2–13 S 32/09, ZWE 2010, 279 (280); LG Köln 18.9.2015 – 29 T 99/15, ZWE 2016, 190 f.; LG München I 9.12.2013 – 1 T 25152/13, ZWE 2014, 371 (373).
16 AG München 8.4.2009 – 485 C 330/09, ZMR 2009, 806 f.
17 *Abramenko* ZMR 2009, 429 f.
18 BeckOK WEG/*Elzer* § 43 Rn. 38.
19 *Abramenko* ZMR 2010, 329 (330).
20 KG 27.8.1986 – 24 W 1747/86, NJW 1987, 386 f.; FormB-WEG-R/*Scheffler* § 3 Rn. 48.
21 Ausführl. BeckOK WEG/*Elzer* § 46 Rn. 80.
22 Vgl. BGH 10.6.2011 – V ZR 146/10, NZM 2011, 630 Rn. 10 f.; zur Bestellung eines Verwalters durch eine einstweilige Verfügung ausführl. *Briesemeister* NZM 2009, 64 ff.; FormB-WEG-R/*Scheffler* § 3 Rn. 53 ff.
23 LG Berlin 31.1.2012 – 85 T 31/12, ZMR 2012, 569 f.
24 Vgl. OLG Zweibrücken 16.9.2010 – 3 W 132/10, ZWE 2010, 464 f.

17 Freilich ist dieser Anwendungsbereich der Regelungsverfügung mit der WEG-Novelle 2020 beschnitten worden: So können auch der Vorsitzende des Verwaltungsbeirats dessen Vertreter oder ein besonders ermächtigter Wohnungseigentümer die Wohnungseigentümerversammlung einberufen (§ 24 Abs. 3 WEG). Fehlt ein Verwalter, vertreten die Wohnungseigentümer ihre Gemeinschaft im Rechtsverkehr gemeinschaftlich (§ 9 b Abs. 1 S. 2 WEG). Eine Regelungsverfügung kommt damit nur noch in Betracht, wenn die verschiedenen, zur Einladung befugten Personen sich pflichtwidrig weigern, eine Eigentümerversammlung einzuberufen.

18 Besteht ein wichtiger Grund gegen die Bestellung des Verwalters und ist diese angefochten worden, kann eine einstweilige Verfügung gegen diese beantragt werden, wenn es unzumutbar ist, den **Anfechtungsprozess** abzuwarten (§ 26 Abs. 1 WEG), weil etwa der Beschluss wegen eines Fehlverhaltens des Verwalters offenkundig rechtswidrig ist und irreparable Schäden drohen.[25]

19 Auch können einzelne Eigentümer mithilfe einer einstweiligen Verfügung den Verwalter zu bestimmten Maßnahmen der **ordnungsgemäßen Verwaltung** zwingen, wie einen bestimmten Tagesordnungspunkt auf die Tagesordnung zu nehmen (vgl. § 23 Abs. 2 WEG). Weitere Punkte einer ordnungsgemäßen Verwaltung können durch das Gericht vorgenommen werden wie die Anordnung, dass ein Wirtschaftsplan aufgestellt werde oder einstweilen weitergelte.[26] Ein Wirtschaftsplan kann aber nicht einstweilen außer Kraft gesetzt werden (→ *Wirtschaftsplan* Rn. 80 ff.).[27]

20 Auch soll der **Inhalt** des **Verwaltervertrags** in einem einstweiligen Verfügungsverfahren geregelt werden können.[28]

21 Von dem ehemaligen Verwalter kann mit einer einstweiligen Verfügung verlangt werden, zurückgehaltene **Verwaltungsunterlagen** einstweilen dem neuen Verwalter zur Verfügung zu stellen, namentlich ihm eine befristete Einsichtnahme zu gewähren, etwa damit dieser Kopien fertigen kann.[29]

22 Insbesondere für den Fall, dass der Verwalter die iSv § 44 Abs. 1 S. 2 WEG aF benötigte **Eigentümerliste** nicht herausgeben wollte, konnte er mit einer einstweiligen Verfügung dazu verpflichtet werden (→ *Eigentümerliste* Rn. 1 ff.).[30]

23 **cc) Baustopp.** Namentlich kann begehrt werden, **bauliche Veränderungen** einstweilen zu unterlassen, etwa durch ein gerichtliches Bauverbot oder einen gerichtlichen Baustopp oder das Verbot, Bäume zu fällen.[31] Nicht kann ein **Rückbau** im Wege der einstweiligen Verfügung verlangt werden, da dies die Hauptsache vorwegnimmt.

24 **dd) Versorgungssperre.** Befindet sich der einzelne Eigentümer mit dem **Hausgeld** mehr als sechs Monate in Verzug, kann der Verwalter grundsätzlich eine Versorgungssperre durchsetzen und sich im Wege der einstweiligen Verfügung einen hierfür etwaig notwendigen **Zutritt** zu der Wohnung verschaffen.[32]

25 **c) Leistungsverfügung.** Eine Leistungsverfügung ist nicht gesetzlich geregelt und kommt nur ausnahmsweise in Betracht, nämlich dann, wenn der Antragsteller dringend auf die sofortige Erfüllung seines summarisch zu prüfenden Leistungsanspruchs angewiesen ist und ohne diese erhebliche wirtschaftliche Nachteile erleiden würde, weshalb er nicht auf die spätere Geltendmachung des Erfüllungs- oder dann Schadensersatzanspruchs verwiesen werden kann,[33] was freilich bei einem alsbald in der Hauptsache zu erwartenden Titel zu verneinen ist.[34] Dabei kommt ein **Unterlassungs- oder Beseitigungsanspruch** wegen einer drohenden Verletzung eines absoluten Rechts in Betracht, auch die Aufrechterhaltung von Versorgungsleistungen, nicht aber bei Abschlagszahlungen auf eine Sonderumlage oder Wohngelder, für die nur die Regelungen des Arrests eingreifen.[35] Verlangt ein Eigentümer gem. § 14 Abs. 1 Nr. 2 WEG das Sondereigentum zu betreten, um Schaden von

---

25 LG Frankfurt a. M. 20.3.2014 – 2/13 S 165/13, ZWE 2015, 134 f.

26 AG Fürth 4.11.2008 – 391 C 10212/08, ZMR 2009, 955 ff.

27 BeckOK WEG/*Elzer* § 43 Rn. 39.

28 *Briesemeister* NZM 2009, 64 (68 f.); *Schmid* DWE 2009, 85 (87); aA BeckOK WEG/*Elzer* § 43 Rn. 39.

29 AG Kelheim 19.10.2007 – 5 C 0965/07, ZMR 2009, 83 f.; BeckOK WEG/*Elzer* § 43 Rn. 39.

30 Vgl. LG Stuttgart 14.8.2008 – 19 T 299/08, ZWE 2009, 286.

31 Ausführl. zum Baustopp *Schmid* NZBau 2010, 290 ff.

32 *Scheidacker* NZM 2010, 103 (109 f.).

33 LG Hamburg 30.7.2014 – 318 O 156/14, LSK 2015, 100511 Ls.

34 BeckOK WEG/*Elzer* § 43 Rn. 40.

35 AA BeckOK WEG/*Elzer* § 43 Rn. 40.

dem Gemeinschaftseigentum abzuwenden, wird durch die Anordnung die Hauptsache vorweggenommen, wie etwa bei der Beseitigung eines **Wasserrohrbruchs**, selbst während der sog. COVID-19-Pandemie,[36] so dass ein dringendes Bedürfnis für die Eilmaßnahme vorliegen muss. Auch kann eine Leistungsverfügung gegen einen Bauträger auf Übergabe der bezugsfertigen Wohnung zu Vermietungszwecken angestrebt werden.[37]

IV. Verfahren

Grundsätzlich gelten hinsichtlich des Verfahrens die allgemeinen Vorgaben für den Prozess in der Hauptsache. 26 Allerdings kennen die §§ 916 ff. ZPO den allgemeinen Vorschriften der ZPO und den besonderen Vorschriften des WEG **vorgehende Verfahrensvorschriften** für Arrest und einstweilige Verfügung. Einstweiliger Rechtsschutz kann unabhängig davon begehrt werden, ob ein Hauptsacheverfahren anhängig ist; auch ist die im einstweiligen Rechtsschutz ergangene Entscheidung unabhängig von einem Hauptsacheverfahren anfechtbar.

1. Zuständigkeit. Zuständig ist gemäß den §§ 919, 937, 943 ZPO das **Gericht der Hauptsache**, also gem. 27 § 23 Nr. 2 c GVG und § 43 Abs. 2 WEG ausschließlich das Amtsgericht, in dessen Bezirk das Grundstück belegen ist, in anderen Streitigkeiten – abhängig vom Streitwert – das Amts- oder Landgericht am allgemeinen Gerichtsstand der Grundstücksbelegenheit (§ 43 Abs. 1 WEG, § 23 Nr. 1 GVG; → *Prozess und Prozessgrundsätze* Rn. 45 ff.).[38] Mit Gericht der Hauptsache ist das erkennende erstinstanzliche Gericht oder das Berufungsgericht gemeint (§ 943 Abs. 1 ZPO). Handelt es sich um ein Kollegialgericht, kann in dringenden Fällen der Vorsitzende allein entscheiden (§ 944 ZPO).

Der **Gerichtsstand** des Arrestgerichts in § 919 ZPO (Amtsgericht, in dem der Gegenstand belegen oder die 28 Person anzutreffen ist) geht § 43 Abs. 2 WEG vor.[39] Für einstweilige Verfügungen ist hingegen grundsätzlich das Gericht der Hauptsache zuständig (§ 937 Abs. 1 ZPO). In **dringenden Fällen** kann das Amtsgericht, in dessen Bezirk sich der Streitgegenstand befindet oder eine Grundbucheintragung vorgenommen werden soll, eine einstweilige Verfügung erlassen; es hat dabei eine Frist zu setzen, in der der Gegner zur mündlichen Verhandlung über deren Rechtmäßigkeit bei dem Hauptsachegericht zu laden ist (§ 942 Abs. 1 u. 2 ZPO); nach Fristablauf ist die erlassene Verfügung auf Antrag aufzuheben (§ 942 Abs. 3 ZPO). Das Amtsgericht entscheidet durch Beschluss (§ 942 Abs. 4 ZPO).

2. Antragsschrift. Es ist ein Antrag zu stellen, der den Arrest- bzw. Verfügungsgrund und den Arrest- bzw. 29 Verfügungsanspruch benennt (§ 920 Abs. 1 ZPO) und **glaubhaft** macht (§§ 920 Abs. 2, 294 ZPO). Dafür bedarf es einer überwiegenden Wahrscheinlichkeit, wobei die Versicherung an Eides statt zulässig ist, während die Beweisaufnahme, die nicht sofort erfolgen kann, nach § 294 Abs. 2 ZPO nicht statthaft ist; es müssen also **präsente Beweismittel** vorhanden sein, so dass Urkunden vorgelegt und Zeugen in die mündliche Verhandlung mitgebracht werden müssen. Ist **Sicherheit geleistet** worden, kann auch ohne Glaubhaftmachung der Arrestvoraussetzung der Arrest angeordnet werden (§ 921 ZPO).

Da der Antrag zu Protokoll der Geschäftsstelle erklärt werden kann (§ 920 Abs. 3 ZPO), unterliegt er **nicht** 30 dem **Anwaltszwang** (§ 78 Abs. 3 ZPO; → *Prozessvoraussetzungen* Rn. 16 ff.). Die Antragschrift hat die **Anforderungen** an eine **Klageschrift** iSv § 253 ZPO zu erfüllen (→ *Prozessvoraussetzungen* Rn. 67 ff.). Im einstweiligen Rechtsschutz war § 44 WEG aF hinsichtlich der **Parteibezeichnung** nach § 253 Abs. 2 Nr. 1 ZPO dergestalt anwendbar (Sammelbezeichnung; → *Prozessvoraussetzungen* Rn. 74 ff.), dass bis zum Schluss der mündlichen Verhandlung die namentliche Bezeichnung nachzuholen war (Eigentümerliste), um nicht im Vollstreckungsverfahren klären zu brauchen, gegen wen sich die Zwangsvollstreckung richten sollte.[40] Eine Entscheidung ohne mündliche Verhandlung war daher nicht möglich; in einer solchen war die Eigentümerliste nachzureichen, worauf der Anspruchsteller iSv § 139 Abs. 3 ZPO hinzuweisen war.[41] Waren die Eigentümer hingegen von Anfang an namentlich benannt, konnte das Gericht auch ohne mündliche Verhandlung entscheiden.

---

36 AG München 25.3.2020 – 483 C 4847/20, ZMR 2020, 444.
37 KG 20.8.2019 – 21 W 17/19, NJW-RR 2019, 1231.
38 *Schuschke* NZM 2017, 673 (674).
39 BeckOK WEG/*Elzer* § 43 Rn. 31.
40 BeckOK WEG/*Elzer* § 44 Rn. 14; aA *Abramenko* ZMR 2010, 329 (330).
41 AA *Schuschke* NZM 2017, 673 (674 f.).

31 **3. Verfahren und Entscheidung.** Das Gericht kann im **Arrestverfahren ohne mündliche Verhandlung** durch Beschluss entscheiden (§ 922 Abs. 1 S. 1 Hs. 2 ZPO). Nur in dringenden Fällen oder wenn der Antrag ohnehin zurückzuweisen ist, kann hinsichtlich der **einstweiligen Verfügung** ohne mündliche Verhandlung entschieden werden (§ 937 Abs. 2 ZPO). Der Beschluss ist im Parteibetrieb zuzustellen (§§ 922 Abs. 2, 936 ZPO; → *Zustellungen* Rn. 1). Es gilt die Vollziehungsfrist von einem Monat (§§ 929 Abs. 2, 936 ZPO). Es kam auch im einstweiligen Rechtsschutz die Beiladung anderer Wohnungseigentümer oder des Verwalters iSv § 48 WEG aF in Betracht (→ *Beiladung, Streitgenossenschaft, Nebenintervention und Streitverkündung* Rn. 9).[42]

32 Lehnt das Gericht den Arrest oder den Erlass einer einstweiligen Verfügung ab, vermag sich der Antragsteller mit der **sofortigen Beschwerde** dagegen zu wenden (§ 567 Abs. 1 Nr. 2 ZPO; → *Rechtsmittel* Rn. 18 ff.),[43] nicht aber, wenn dies durch das OLG geschehen ist (§ 567 Abs. 1 ZPO). Auch findet eine Rechtsbeschwerde nicht statt (§§ 542 Abs. 2 S. 1, 574 Abs. 1 S. 2 ZPO). Gegen den stattgebenden Beschluss[44] ist der **Widerspruch** nach den §§ 924, 936 ZPO statthaft. Über diesen ist mündlich zu verhandeln und durch Urteil zu entscheiden.

33 Nach mündlicher Verhandlung wird durch **Urteil** entschieden (§ 922 Abs. 1 S. 1 Hs. ZPO).[45] Dieses wird von Amts wegen zugestellt. Hat das Gericht durch Urteil entschieden, ist dagegen nach allgemeinen Regeln die **Berufung** statthaft (→ *Rechtsmittel* Rn. 4 ff.). Eine Revision findet nicht statt (§ 542 Abs. 2 S. 1 ZPO).

34 Das Gericht bestimmt den **Inhalt** der einstweiligen Verfügung gem. § 938 Abs. 1 ZPO nach **eigenem Ermessen**, ist also nicht an den Antrag gebunden, sofern aus diesem das begehrte Rechtsschutzziel hervorgeht. Innerhalb der Grenzen des Antrags bestimmt das Gericht, wie das Ziel am besten erreicht werden kann (→ Rn. 4).

35 Auf **Antrag** des Gegners hat das Gericht dem Antragsteller eine **Frist** zu setzen, in der er **Klage** in der **Hauptsache** zu erheben hat (§ 926 Abs. 1 ZPO). Kommt der Antragsteller dem nicht nach, ist durch Endurteil die Aufhebung der einstweiligen Maßnahme auszusprechen (Abs. 2.).

36 Der Titel auf Grundlage von Arrest oder einstweiliger Verfügung wird nach den Vorschriften über die **Zwangsvollstreckung** mit den diese modifizierenden Vorschriften der §§ 929 ff. ZPO vollzogen (§§ 928, 936 ZPO; → *Zwangsvollstreckung* Rn. 2 ff.). Ist der angeordnete Arrest oder die einstweilige Verfügung von Anfang an nicht gerechtfertigt oder wird sie wegen § 926 Abs. 2 ZPO oder § 942 Abs. 3 ZPO aufgehoben, eröffnet § 945 ZPO dem Gegner einen **Schadensersatzanspruch**.

65. Einziehungsermächtigung

Pauli

I. Bedeutung

1 Die Wohnungseigentümer konnten bis zum 1.2.2014/1.8.2014 auf Grundlage der Beschlusskompetenz nach § 21 Abs. 7 WEG aF – Art und Weise der Zahlungen – regeln oder etwa im Rahmen der Gemeinschaftsordnung vereinbaren, dass Vorschüsse oder Nachschüsse durch eine Einziehungsermächtigung im Rahmen des sog. Einziehungsermächtigungsverfahren (EEV) zu zahlen waren. Die Einziehungsermächtigung war ein besonderer Fall der Einwilligung nach §§ 182, 184, 185 Abs. 2 BGB. Auf Grundlage der Einziehungsermächtigung war der Verwalter als Zahlungsempfänger berechtigt, das Hausgeld oder die Abrechnungsspitze von der Bank des Eigentümers als Zahlungsverpflichteten einzuziehen.[1] Mit Inkrafttreten des **SEPA-Lastschriftverfahren** am 1.2.2014/1.8.2014 und dem Ende der Übergangsfrist zum 1.2.2016 sind die in

---

42 BeckOK WEG/*Elzer* § 43 Rn. 30; aA *Schuschke* NZM 2017, 673 (676).
43 FormB-WEG-R/*Elzer* § 3 Rn. 140 ff.
44 FormB-WEG-R/*Elzer* § 3 Rn. 125.
45 FormB-WEG-R/*Elzer* § 4 Rn. 124.
1 Zur Herleitung der Einziehungsermächtigung: jurisPK-BGB/*Trautwein* § 182 Rn. 40.

Deutschland bis dahin verwendete Lastschriftverfahren (→ *Lastschriftverfahren* Rn. 1 ff.) und das Einzugser-
mächtigungsverfahren **abgeschafft** worden.[2]

II. Anwendung bei der Verwaltung einer Wohnungseigentumsanlage

Die Einziehungsermächtigung hat heute aus den oben dargelegten Gründen bei der Verwaltung einer Woh-   2
nungseigentumsanlage keine Bedeutung mehr. Zu klären sind nur die **Übergangsfälle**, in denen vor dem
1.2.2014/1.8.2014 auf Grundlage der Beschlusskompetenz nach § 21 Abs. 7 WEG aF – Art und Weise der
Zahlung – die Einzugsermächtigung zur Zahlung des Hausgeldes festgelegt wurde. In der Regel sind aber alle
zum Änderungszeitpunkt bestehenden Einzugsermächtigungen in SEPA-Lastschriftmandate umgewandelt
worden, da Einziehungsermächtigungen nicht mehr ausgeführt werden. Unter Umständen sollte zur Klarstellung bestehender Regelungen oder Vereinbarungen nach § 28 Abs. 3 WEG beschlossen werden, dass die Wohnungseigentümer zur Zahlung des Hausgeldes SEPA-Lastschriftmandate erteilen müssen.

66. Energieausweis

Fraatz-Rosenfeld

I. Einführung

Der Bundestag hat im August 2020 unter der Bezeichnung Gebäudeenergiegesetz (GEG)[1] ein Gesetz verab-   1
schiedet, das mit Blick auf den Klimaschutzplan 2050 die Verbesserung der Energieeffizienz von Gebäuden
zum Ziel hat (→ *Gebäudeenergiegesetz* Rn. 1 f.). Daneben sollen Schwierigkeiten des Nebeneinanders von
EnEV (Energieeinsparverordnung) und EEWärmeG (Erneuerbare-Energien-Wärmegesetz) beseitigt werden.
Mit dem Gesetz werden zugleich die Anforderungen des Europäischen Parlaments[2] und des Rates an die Gesamtenergieeffizienz von Gebäuden[3] erfüllt. Ein ganz entscheidender Unterschied zu den Vorschriften der
EnEV ist die Bezugnahme auf den energetischen Maßstab eines Referenzgebäudes, mit dessen Werten die in
dem GEG vorgeschriebenen Maßnahmen mit vergleichsweise einfachen Berechnungsmethoden abgeglichen
werden können. Das GEG regelt in den §§ 79 ff. GEG die **Anforderungen an Energieausweise**. Im Verhältnis zu den Energieausweisen nach der EnEV sind einige Qualitätsverbesserungen vorgesehen (Notwendigkeit
einer Vor-Ort-Begehung bei Bestandsgebäuden und Erstellung von Bildaufnahmen, Einteilung der Effizienz-
klassen nach dem Primärenergiebedarf bzw. dem Primärenergieverbrauch).

II. Energieausweis und Wohnungseigentum

1. Energieausweis zum Nachweis des Gebäudezustands. a) Ziel der Vorschrift und Anwendungsberei-   2
che. Energieausweise dienen der Information über den energetischen Zustand eines Gebäudes und sollen daher für Käufer, Mieter und andere Interessierte einen Vergleich mit anderen Gebäuden in Hinblick auf deren
energetischen Zustand ermöglichen (§ 79 Abs. 1 GEG). Der Ausweis ist für ein (bestimmtes) Gebäude auszu-

---

2 Erman/*Graf von Westphalen* BGB § 675 f Rn. 85.
1 Gesetz zur Einsparung von Energie und zur Nutzung erneuerbarer Energien zur Wärme- und Kälteerzeugung in Gebäuden (Gebäudeenergiegesetz), erlassen am 8.8.2020, BGBl. I 1728, in Kraft getreten am 1.11.2020.
2 Art. 9 RL 2010/31/EU.
3 ABl. L 153, 3 vom 18.6.2010, Abl. L 155, 61 vom 22.6.2010 – EU-Gebäuderichtlinie.

stellen (§ 79 Abs. 2 S. 1 GEG), bezieht sich immer auf dieses Gebäude und kann bei getrennter Betrachtung von Gebäudeteilen gem. § 106 GEG auch nur für einen Gebäudeteil ausgestellt werden (§§ 79 Abs. 2 S. 1 iVm 106 GEG). Nicht anzuwenden ist die Vorschrift auf „kleine Gebäude", auf Baudenkmale nur teilweise (§ 79 Abs. 4 GEG; → *Gebäudeenergiegesetz* Rn. 3).

3 **b) Arten von Energieausweisen und Anforderungen.** Unterschieden werden Energie*bedarfs*ausweise (§ 81 GEG) und Energie*verbrauchs*ausweise (§ 82 GEG).

4 **Energiebedarfsausweise** werden erstellt auf der Grundlage von Berechnungen des Energiebedarfs, der prognostisch auf der Grundlage eines Referenzgebäudes ermittelt wird, bezogen auf die Gebäudesubstanz des neu errichteten Gebäudes. Berücksichtigt wird dabei der Gesamtenergiebedarf für Wohn- bzw. Nichtwohngebäude (§§ 15, 16 und 18, 19 GEG) unter Einbeziehung der Vorgaben für den baulichen Wärmeschutz iSd §§ 16, 19 GEG. Entfallen sind damit die bisher in § 18 EnEV geforderten Berechnungsmodalitäten. Im Gegensatz zu dem Energieverbrauchsausweis liefert der Energiebedarfsausweis objektive Werte, denn er ist unabhängig von den Zufälligkeiten eines unterschiedlichen Nutzerverhaltens in einem Gebäude und von klimatischen Veränderungen.

5 **Energieverbrauchsausweise** basieren auf der Feststellung der konkreten Verbräuche und sind im Einzelnen nach den Vorgaben des § 82 Abs. 2–5 GEG zu ermitteln. Die zentrale Vorschrift für die Erhebung des Energieverbrauchs von Wohngebäuden und Nichtwohngebäuden (§ 82 Abs. 2 GEG) entspricht in ihren Grundzügen § 19 Abs. 2 EnEV. Danach ist der Endenergieverbrauch für die Heizung und Warmwasserbereitung in Kilowattstunden pro Jahr und Gebäudefläche zu ermitteln. Spezielle Regeln sind vorgesehen für zentrale Warmwasseranlagen, Gebäude mit Raumluftkühlung und Wohngebäude bis zu zwei Wohneinheiten. Darüber hinaus ist eine Witterungsbereinigung durchzuführen (§ 82 Abs. 3 GEG). Die zugrunde zu legenden Verbrauchsdaten sind – wie bisher gem. § 19 Abs. 3 EnEV – den Heizkostenabrechnungen oder anderen geeigneten Quellen wie den Angaben aus der Energielieferung zu entnehmen (§ 82 Abs. 4 Nr. 1, 2 GEG). Referenzzeitraum muss ein zusammenhängender Zeitraum von 36 Monaten sein. Für die Witterungsbereinigung und längere Leerstandszeiten sind „den anerkannten Regeln der Technik entsprechende" Verfahren zu verwenden (§ 82 Abs. 5 GEG). Anerkannte Regel der Technik für die Feststellung der Witterungsbereinigung ist die VDI 3807; herangezogen werden können auch die Verbrauchskennwerte des BMVI, BAnz Nr. 174, S 7526 und S. 7675.[4] Aufgrund der ermittelten Daten wird das Gebäude dann einer **Effizienzklasse** zugeordnet (§ 86 GEG), deren Einordnung sich aus der **Anlage 10 zum GEG** ergibt.

6 Die in den Energieausweis **einzustellenden Daten** sind in § 85 GEG aufgeführt. Dies sind ua die Unterscheidung nach Energiebedarfs- oder Energieverbrauchsausweis (§ 85 Abs. 1 Nr. 2 GEG), Ablaufdatum und Registriernummer (§ 85 Abs. 1 Nr. 3, 4 GEG), Gebäudeart und -typ (§ 85 Abs. 1 Nr. 6–8 GEG), Baujahr des Gebäudes (§ 85 Abs. 1 Nr. 10 GEG), Baujahr des Wärmeerzeugers (§ 85 Abs. 1 Nr. 12 GEG) und der „wesentliche Energieträger" (§ 85 Abs. 1 Nr. 14 GEG). Darüber hinaus ist vor allem die Energieeffizienzklasse eines Wohngebäudes gem. Anlage 10 zum GEG anzugeben (§ 86 GEG).

7 Die Daten sind vom Aussteller bereitzustellen. Er hat für die Richtigkeit Sorge zu tragen (§ 83 Abs. 1 S. 2 GEG). Aus dem Energieausweis können sodann Empfehlungen zur Verbesserung der Energieeffizienz eines Gebäudes hergeleitet werden (§ 84 GEG). Zur Ausstellung berechtigt ist der in § 88 GEG genannte Personenkreis (vornehmlich Architekten und Berufsgruppen verschiedener Ingenieurwissenschaften).

8 **c) Vorlage und öffentlicher Aushang; Angabe in Immobilienanzeigen.** Wie bereits gem. § 16 EnEV sind für die Fälle der Errichtung oder wesentlichen Änderung eines Gebäudes Energiebedarfsausweise zu erstellen; für Bestandsgebäude besteht dann Wahlfreiheit, wie bereits in § 17 Abs. 1 EnEV vorgesehen.[5]

9 Dementsprechend haben der Eigentümer oder der Bauherr dafür Sorge zu tragen, dass ein Energiebedarfsausweis erstellt wird und nach Fertigstellung in die Hände des Eigentümers kommt (§ 80 Abs. 1 S. 1, 2 GEG). Gegenüber der zuständigen Behörde besteht bei entsprechender Anforderung eine Vorlagepflicht (§ 80 Abs. 1 S. 3 GEG). Die Pflicht zur Ausstellung eines Energiebedarfsausweises besteht darüber hinaus bei **Änderungen** des Gebäudes iSv § 48 GEG (§ 80 Abs. 2 GEG).

---

4 Danner/Theobald/*Stock* EnEV § 19 Rn. 18, 19.
5 Danner/Theobald/*Söfker* EnEV § 17 Rn. 1.

Fraatz-Rosenfeld

Liegt kein (gültiger) Energieausweis vor, ist für ein bestehendes Gebäude ein Energieausweis auszustellen in   10
den Fällen einer Änderung der rechtlichen Verhältnisse: Dies gilt für den Verkauf eines bebauten Grundstücks
oder eines **Wohnungs- oder Teileigentums**, für die Begründung oder Übertragung eines Erbbaurechts und für
alle Fälle **der Vermietung, Verpachtung** oder des **Leasings** (§ 80 Abs. 3 S. 1 GEG). Eine Sonderregelung gilt
für Gebäude mit weniger als fünf Wohnungen, für die vor dem 1.11.1977 ein Bauantrag gestellt worden ist;
hier ist idR ein Energiebedarfsausweis zu erstellen (§ 80 Abs. 3 S. 2 GEG). Die Ermittlung der energetischen
Eigenschaften des Wohngebäudes kann in diesen Fällen im Rahmen der Datenerhebung nach § 50 GEG erfolgen.

Eine Pflicht zur **Vorlage** des Energieausweises besteht in den Fällen des Verkaufs und der Bestellung eines   11
Erbbaurechts wie auch der Vermietung, Verpachtung und des Leasings; Adressat der Verpflichtung gegenüber
dem Käufer bzw. Mieter ist der Verkäufer oder Immobilienmakler (§ 80 Abs. 4, 5 GEG). Die Vorlagepflicht
entfällt im Falle eines deutlich sichtbaren Aushangs oder bei einem deutlich sichtbaren Auslegen anlässlich
einer Besichtigung. Eine Pflicht zum öffentlichen Aushang „an gut sichtbarer Stelle" besteht bei Gebäuden
mit „starkem Publikumsverkehr", behördlicher Nutzung und einer Nutzfläche von mehr als 250 qm bzw. mehr
als 500 qm Nutzfläche „mit starkem Publikumsverkehr" ohne behördliche Nutzung (§ 80 Abs. 6, 7 GEG).

Gem. § 87 GEG sind darüber hinaus in Immobilienanzeigen ua zur Art des Energieausweises (§ 87 Abs. 1   12
Nr. 1 GEG), zum Energiebedarf (§ 87 Abs. 1 Nr. 2 GEG) und zum Energieträger (§ 87 Abs. 1 Nr. 3 GEG) Angaben zu machen.

2. Auswirkungen auf das Wohnungseigentumsrecht. a) Ausstellung des Energieausweises. Wird ein **Ge-**   13
bäude errichtet oder geändert (§ 80 Abs. 1, 2 GEG), obliegt die Ausstellung des Energieausweises dem Eigentümer und damit der Gemeinschaft der Wohnungseigentümer.

Der Energieausweis ist für ein „Gebäude" auszustellen.[6] Damit handelt sich um eine „gemeinschaftsbezogene   14
Pflicht" der Gemeinschaft der Wohnungseigentümer gem. § 9 a Abs. 2 WEG.

b) Vorlage und öffentlicher Aushang. Da der Energieausweis in den Fällen des **Verkaufs** und in allen Fäl-   15
len der Begründung von **Dauerschuldverhältnissen**[7] unverzüglich vorzulegen oder bei Besichtigung auszu-
hängen oder auszulegen ist, ist der Adressat dieser Vorlagepflicht der jeweilige Sondereigentümer.[8] Soweit
gem. § 80 Abs. GEG nunmehr in § 80 Abs. 6, 7 GEG unter bestimmten Umständen[9] das für die „Öffentlichkeit
an einer gut sichtbaren Stelle" Aushängen verfügt wird, handelt es sich hierbei um eine auf das gesamte Gebäude bezogene Anordnung. Dies ist eine gem. § 9 a Abs. 2 WEG „einheitlich" wahrzunehmende Pflicht.

c) Anspruch auf Ausstellung? Der einzelne **Sondereigentümer** unterliegt gem. § 80 Abs. 4 GEG im Ver-   16
kaufsfall und Falle des Abschlusses von Miet- oder Pachtverträgen der Verpflichtung zur Vorlage des Energieausweises bzw. der Auslegung oder Aushängung im Rahmen der Besichtigung. Der Sondereigentümer kann
diese Pflicht nur erfüllen, wenn ihm überhaupt ein (gültiger) Energieausweis vorliegt. Da gem. § 80 Abs. 1
GEG der Energieausweis für das „Gebäude" auszustellen ist, liegt zwar grundsätzlich die Pflicht zur Erstellung und Ausstellung bei der Gemeinschaft der Wohnungseigentümer. Da idR lediglich einzelne Eigentümer
im Verkaufs- oder Vermietungsfall den Energieausweis vorlegen müssen,[10] bedarf es dementsprechend eines
Beschlusses der Wohnungseigentümer. Auch die Beauftragung eines zugelassenen Energieberaters zur Beschaffung des Ausweises muss beschlossen werden.[11] Wohnungseigentümer haben sowohl hierauf wie auch
auf Mitwirkung durch Zuverfügungstellung notwendiger Daten im Rahmen ordnungsgemäßer Verwaltung
gem. § 18 Abs. 2 Nr. 1 WEG einen Anspruch. Ein Mieter hat keinen Anspruch darauf, dass die Verwaltungsbehörde die Richtigkeit eines Energieausweises überprüft.[12]

d) Aufgaben des Verwalters. Die Verpflichtung zur Ausstellung des Energieausweises beginnt mit der Er-   17
richtung des Gebäudes. Fallen Bauherr und Eigentümer – wie regelmäßig in den Fällen der Errichtung durch
einen Bauträger – auseinander (§ 80 Abs. 1 S. 2 GEG), ist es Aufgabe des Verwalters, für die Übergabe des

---

6 *Horst* NZM 2008, 145 (150) zur EnEV.
7 Miete, Pacht, Leasing, § 80 Abs. 4 GEG.
8 *Drasdo* NJW-Spezial 2015, 353.
9 Mehr als 250 bzw. 500 qm Nutzfläche, starker Publikumsverkehr, behördliche bzw. nicht-behördliche Nutzung.
10 *Drasdo* NJW-Spezial 2015, 353.
11 *Horst* NZM 2008, 145 (151), zur Beschlussformulierung FormB-WEG-R/*Meier/Fritsch* § 2 Rn. 678.
12 OVG Münster 18.7.2016 – 10 A 2577/15.

Energieausweises an die Eigentümer Sorge zu tragen. In den Fällen der notwendigen Beschaffung eines Energieausweises für ein **Bestandsgebäude** obliegt die Beschaffung dem Verwalter nur im Rahmen der ihm obliegenden Umsetzung eines entsprechenden Beschlusses.[13]

67. Energieversorgungsanschluss

Fraatz-Rosenfeld

I. Einführung

1   Als Energieversorgungsanschluss wird der Anschluss eines Gebäudes an ein Elektrizitätsnetz oder ein Gasleitungsnetz eines Netzbetreibers verstanden. Er ist über einen als „Hausanschluss" bezeichneten Anschlusspunkt im Gebäude mit dem jeweiligen Netz verbunden. Auch der Anschluss eines Sondereigentums innerhalb eines Gebäudes mit einem für das Sondereigentum eingerichteten Zählwerk und einem von einem Verteilerkasten ausgehenden Leitungsnetz innerhalb des Sondereigentums kann als Energieversorgungsanschluss bezeichnet werden. Auf beide Varianten wird im Folgenden eingegangen.

II. Energierechtliche Voraussetzungen eines Energieversorgungsanschlusses

2   **1. Anschluss an das Energienetz eines Netzbetreibers.** Ausgangspunkt für den Anschluss eines Letztverbrauchers an ein Netz der Elektrizitäts- oder Gasversorgung ist § 17 Energiewirtschaftsgesetz (EnWG). Letztverbraucher sind gem. § 3 Nr. 25 EnWG natürliche und juristische Personen, die die jeweilige Energie selbst verbrauchen. Nach § 17 Abs. 1 EnWG sind Netzbetreiber verpflichtet, Letztverbraucher an das Elektrizitäts- oder Gasversorgungsnetz anzuschließen, und zwar – vereinfachend zusammengefasst – zu angemessenen Bedingungen sowie diskriminierungsfrei.[1]

Zwischen dem Netzbetreiber und dem Letztverbraucher besteht ein Anschlussbenutzungsverhältnis, für das sowohl ein **Netzanschlussvertrag** als auch ein **Netzbenutzungsvertrag** geschlossen werden müssen.[2] Während früher in einem Vertrag mit dem (meist örtlichen) Stromversorgungsunternehmen neben dem Netzzugang auch ein Vertrag über die Versorgung mit der jeweiligen Energie (Gas- und/oder Strom) geschlossen wurde, besteht ein solcher Versorgungsvertrag heute meist neben dem Vertrag über den Netzzugang.[3] Der Abschluss dieser Verträge liegt in der Hand des jeweiligen Sondereigentümers.

3   Allerdings ist gerade in einer Wohnungseigentumsanlage möglich, dass der Netzzugang für die gesamte Wohnungseigentumsanlage mit einem Netzbetreiber vereinbart wird und die einzelnen Sondereigentümer oder deren Mieter gesonderte Versorgungsverträge mit unterschiedlichen Gas- oder Stromanbietern abschließen. Diesen Verträgen liegen die **Stromgrundversorgungsverordnung**[4] bzw. die **Gasgrundversorgungsverordnung**[5] zugrunde. Ebenso ist es möglich, dass bei nur einem Hausanschluss im Anwesen einer Wohnungseigentümergemeinschaft durch Entnahme von Gas ein Versorgungsvertrag mit der Gemeinschaft der Wohnungseigentümer zustande kommt.[6]

---

13 *Horst* NZM 2008, 145 (151), zur Beschlussformulierung: FormB-WEG-R/*Fritsch* § 2 Rn. 678.
1   § 17 Abs. 1 S. 2 EnWG; Einzelheiten bei Danner/Theobald/*Hartmann* EnWG § 17 Rn. 77.
2   Danner/Theobald/*Hartmann* EnWG § 17 Rn. 82.
3   Danner/Theobald/*Hartmann* EnWG § 17 Rn. 82.
4   StromGVV v. 26.10.2006, BGBl. I 333.
5   GasGVV v. 26.10.2006, BGBl. I 2391 (2396).
6   OLG Saarbrücken 21.12.2011 – 1 U 2/11, ZWE 2012, 133.

Technische Voraussetzung für die Schaffung eines Energieversorgungsanschlusses ist die Einrichtung eines 4
entsprechenden **Hausanschlusses** in der Wohnungseigentumsanlage. Die technischen Voraussetzungen hierfür
werden in § 20 NAV[7] geregelt. Eine entsprechende Regelung findet sich in § 20 NDAV Gas.[8] Die Netzbetreiber sind berechtigt, zur Herstellung von Anschlüssen die Grundstücke zu nutzen (§ 12 NAV/§ 12 NDAV). Einzelheiten regeln die Technischen Anschlussbedingungen der Energieversorger.

Den Netzbetreibern steht – zB zum Eichen der Zähler, nach entsprechendem Terminvorschlag – ein Anspruch 5
auf Zugang zu.[9]

An Energieversorgungsanlagen können ggf. aus bauordnungsrechtlichen Gründen besondere Sicherheitsanfor- 6
derungen gestellt werden.[10]

2. Energieversorgungsanschluss in der Wohnungseigentumsanlage. a) Neuanschluss. In einer bestehen- 7
den Wohnungseigentumsanlage werden sowohl die Hausanschlüsse als auch die Unterverteilungen in den
Sondereigentumen idR vorhanden sein sowie auch die Leitungen zur Verteilung dieser Medien auf die einzelnen Sondereigentumseinheiten. Die Hausanschlüsse gehören gem. § 8 NAV/§ 8 NDAV zu den Betriebsanlagen
des Netzbetreibers, während die dann in die Wohnungseigentumsanlage hinein verlaufenden Hauptleitungen
grundsätzlich zum Gemeinschaftseigentum gehören. Die **Nebenleitungen** ab den Abzweigungen reichen in
die jeweilige Sondereigentumseinheit hinein und stehen damit im Sondereigentum dieser Einheit.[11]

Ist es erforderlich – etwa im Zusammenhang mit dem Ausbau eines Dachgeschosses –, einen **Zählerkasten** 8
und eine neue **Unterverteilung** in dem neu geschaffenen Sondereigentum einzurichten, wird es idR notwendig sein, dass durch den einrichtenden Eigentümer in Gemeinschaftseigentum eingegriffen wird. Zwar handelt
es sich damit um eine bauliche Veränderung iSd § 20 Abs. 1 WEG, diese löst aber regelmäßig keine „über das
bei einem geordneten Zusammenleben unvermeidliche Maß" hinausgehende Beeinträchtigung aus. Zulässig
ist daher das Verlegen von Kabeln „auf Putz" oder die Durchbohrung einer Geschossdecke.[12] Auch die Anbringung eines Zählerkastens für einen Stromanschluss, der um 20 cm in das Treppenhaus hineinragt, ist
(noch) nicht beeinträchtigend.[13]

Nachdem die Einrichtung einer Ladestation für Elektrofahrzeuge von der Rechtsprechung unter Bezugnahme 9
auf § 22 Abs. 1 WEG aF teilweise für unzulässig erachtet wurde,[14] können nunmehr gem. § 20 Abs. 2 Nr. 2
WEG bauliche Veränderungen „**zum Laden elektrisch betriebener Fahrzeuge**" verlangt werden. Durch diese Regelung ist klargestellt, dass sowohl bezüglich des Gemeinschaftseigentums wie auch des Sondereigentums Maßnahmen zur Anbringung elektrischer Ladeeinrichtungen zu den grundsätzlich zulässigen baulichen
Veränderungen gehören, auf deren Umsetzung im Falle der Angemessenheit dann ein Individualanspruch besteht[15] (→ *Elektromobilität – Einbau von Ladestationen* Rn. 14). Den Begriff „angemessen" versteht der Gesetzgeber als unbestimmten Rechtsbegriff.[16] Nachdem der Gesetzgeber vorausgegangene Gesetzesinitiativen
nicht aufgegriffen[17] und nunmehr die Normierung mit einer besonderen Begrifflichkeit verbunden hat, spricht
etwas für den gesetzgeberischen Willen, die Schwelle für die Hinnahme einer Beeinträchtigung besonders zu
bestimmen und höher zu setzen (→ *Barrierefreiheit* Rn. 12).

7 Niederspannungsanschlussverordnung v. 1.11.2006, BGBl. I 2477.
8 Niederdruckanschlussverordnung v. 1.11.2006, BGBl. I 2477 (2485).
9 AG Dieburg 26.2.2014 – 20 C 1185/13, NZM 2014, 390.
10 BeckOK BauordnungsR BW/*Landel* LBO BW § 38 Rn. 20.
11 *Hügel/Elzer* WEG § 5 Rn. 40, „Stromleitung".
12 AG Hannover 9.7.2013 – 483 C 3961/ 13, Fernsehkabel.
13 BayObLG 26.9.2001 – 2 Z BR 79/01, ZWE 2002, 73.
14 AG Berlin-Mitte 19.3.2018 – 26 C 55/17, ZWE 2019, 52 mAnm *Häublein* MietRB 2019, 51; LG München
   21.1.2016 – 36 S 2041/15 WEG, ZMR 2016, 569; aA AG München 17.12.2014 – 482 C 12592, ZMR 2015, 632,
   Vorinstanz.
15 BT-Drs. 19/18791, ReG WEMoG v. 23.3.2020, S. 70; https://www.bmjv.de/SharedDocs/Gesetzgebungsverfahren/D
   E/WEModG.html (abgefragt am 30.10.2020); begrifflich zu verstehen als „Gestaltungsbeschluss" (Stellungnahme
   RiKG *Elzer* im Gesetzgebungsverfahren, XIII; http://www.oliverelzer.de/mediapool/61/618300/data/elzer-data.pdf);
   Einzelheiten zu rechtlichen und technischen Problemen bei *Hübner* ZfIR 2020, 37.
16 BT-Drs. 19/18791, RegE WEMoG v. 23.3.2020, zu § 20 Abs. 2 S. 1 allgemein, S. 70.
17 BT-Drs. 16/887 und BT-Drs.18/10256, dazu *Dötsch* ZWE 2020, 215.

Unabhängig von dem sich aus § 20 Abs. 2 Nr. 2 WEG ergebenden Anspruch eines Eigentümers, die Herstellung zu fordern, können die Wohnungseigentümer gem. § 20 Abs. 1, 3 WEG entsprechende bauliche Maßnahmen beschließen (→ *Bauliche Veränderungen* Rn. 45) und damit die Anpassung der Wohnungseigentumsanlage an aktuelle Anforderungen in die Hand nehmen. Eine solche Vorgehensweise unterfällt der allgemeinen Beschlusskompetenz und fände ihre Grenzen ausschließlich in § 20 Abs. 4 WEG. Danach sind nur solche Maßnahmen unzulässig, die die „Wohnanlage grundlegend verändern" oder andere Eigentümer „unbillig beachteiligen" (→ *Bauliche Veränderungen* Rn. 48 f.). Davon ist bei den privilegierten Maßnahmen des § 20 Abs. 2 WEG grundsätzlich nicht auszugehen.[18]

10 **b) Unterhaltung eines bestehenden Anschlusses sowie der Leitungsnetze.** Da der Hausanschluss im Eigentum des Energieversorgers steht, obliegen ihm Wartung und notwendige Reparaturen. Elektro(-versorgungs)anlagen **nach dem Hausanschluss** innerhalb eines Gebäudes sind nach den einschlägigen Regeln der Technik zu verlegen und unterliegen gemäß der VDE-Richtlinie 0105 Teil 100 einer regelmäßigen Prüfpflicht. Dieser **E-Check** fällt für die Anlage innerhalb seiner Räume in den Verantwortungsbereich des jeweiligen Sondereigentümers und im Übrigen in den Pflichtenkreis des Verwalters. Da es sich um eine private Norm handelt, fehlt es ihr an einer Allgemeinverbindlichkeit. Ein Verstoß löst daher keine Verkehrssicherungspflichten aus.[19] Literatur und Rechtsprechung haben sich bisher nicht mit der Frage befasst, inwieweit Sondereigentümer im Verhältnis zu den anderen Eigentümern der Wohnungseigentumsanlage verpflichtet sind, solche Maßnahmen auch zum Schutze des Gemeinschaftseigentums bzw. des Sondereigentums der anderen Eigentümer durchzuführen. Im Verhältnis von Vermietern zu Mietern besteht diese Pflicht nicht.[20]

68. Entlastung

Breiholdt

I. Einführung

1 Gegenstand einer ordentlichen Eigentümerversammlung sind regelmäßig auch Beschlüsse zur Entlastung von Verwalter und – soweit vorhanden – Beirat. Bedeutung und Tragweite solcher Beschlüsse sind im Detail umstritten. Im Grundsatz gilt aber Folgendes:

2 In Rechtsverhältnissen, bei denen Rechenschaft über eine längerfristig angelegte Geschäftsbesorgung durch Rechnungslegung zu geben ist, steht dieser Verpflichtung als Korrelat das Institut der Entlastung gegenüber.[1] „Entlastung" ist danach die dem Vereins- und Gesellschaftsrecht entstammende, im WEG nicht normierte, durch Beschluss der Wohnungseigentümer erfolgende **Billigung der zurückliegenden Amtsführung** im jeweils genannten Zeitraum als dem Gesetz, den Vereinbarungen und den vertraglichen Pflichten entsprechend und als zweckmäßig.[2] Die Sondereigentümer sprechen auf diese Weise gleichzeitig für die künftige Tätigkeit ihr Vertrauen aus. Folge dieser Vertrauenskundgabe ist der Eintritt der Wirkungen eines negativen Schuldanerkenntnisses.[3]

---

18 BR-Drs. 168/20, zu § 20 Abs. 3 WEG, S. 77 oben.
19 BGH 15.10.2008 – VIII ZR 321/01, VersR 2009, 265.
20 BGH 15.10.2008 – VIII ZR 321/ 07, NJW 2009, 143; aA OLG Saarbrücken 4.6.1993 – 4 U 199/92, NJW 1993, 3077.
1 BGH 17.7.2003 – V ZB 11/03, ZWE 2003, 365.
2 Bärmann/*Becker* WEG § 28 Rn. 195.
3 BGH 23.2.2018 – V ZR 101/16, NZM 2018, 615.

II. Entlastung des Verwalters

1. Beschlüsse über Entlastung und Abrechnung. Der Beschluss über die Entlastung des Verwalters wird in 3
der Regel in Verbindung mit dem Beschluss über die Abrechnung gefasst. Dabei kommt es immer wieder vor,
dass nicht zwei getrennte Beschlussvorlagen zur Abstimmung gestellt werden, sondern dass die Genehmigung
der Abrechnung und die Entlastung in einem Beschluss verbunden werden. Abrechnung und Entlastung sind
aber rechtlich **zwei getrennte Gegenstände**.[4] Die Frage, ob in der Genehmigung der Abrechnung zugleich
auch konkludent eine Entlastung des Verwalters liegt, ist eine Frage der Auslegung des jeweiligen Beschlusses.[5] In die Abrechnung sind nämlich auch Ausgaben einzustellen, die der Verwalter unberechtigt getätigt hat.[6]
Auch wenn die Abrechnung formal und inhaltlich nicht zu beanstanden ist, können also trotzdem Gründe für
ein zu missbilligendes Verhalten des Verwalters vorliegen. Gleichwohl kann der Beschluss über die Entlastung
des Verwalters zugleich die stillschweigende Billigung der (in diesem Zusammenhang vorgelegten und erörterten) Jahresgesamtabrechnung wie der zugehörigen Einzelabrechnungen enthalten.[7]

Die Beschlüsse sind demgemäß **getrennt anfechtbar**, auch wenn sie in einem Beschluss verbunden wurden.[8] 4
Es ist deshalb wegen der unterschiedlichen Regelungsgegenstände zu empfehlen, **getrennt** über Abrechnung
und Entlastung abzustimmen. Wird der Entlastungsbeschluss für ungültig erklärt, bleibt die Wirksamkeit der
Abrechnung davon unberührt. Umgekehrt lässt die Ungültigerklärung der Abrechnung idR die Voraussetzung
der Entlastung entfallen, weil der Verwalter seine Abrechnungspflicht noch nicht ordnungsgemäß erfüllt hat,
so dass den Sondereigentümern noch Ansprüche gegen ihn zustehen könnten.[9]

2. Anspruch des Verwalters auf Entlastung. Der Verwalter hat, falls sich aus dem Vertragsverhältnis nichts 5
anderes ergibt, **keinen Anspruch** auf die Fassung eines Entlastungsbeschlusses.[10] Das WEG sieht einen solchen Anspruch nicht vor. Es gibt auch kein allgemeines Rechtsinstitut des Inhalts, dass jeder, der fremde Ver-
mögensinteressen treuhänderisch wahrnimmt, in bestimmten Intervallen oder nach Beendigung seiner Tätigkeit einen Rechtsanspruch auf Entlastung hätte.[11] Ein gerichtlich durchsetzbarer Anspruch des WEG-
Verwalters auf Entlastung folgt auch nicht aus der Verpflichtung der Wohnungseigentümer zu ordnungsmäßiger Verwaltung. Eine ordnungsmäßige Verwaltung ist von dem Verwalter gegen die Gemeinschaft der Wohnungseigentümer **nicht einklagbar**. Dieses Recht steht nur den Miteigentümern zu.[12]

Es liegt deshalb im Ermessen der Gemeinschaft der Wohnungseigentümer, ob sie den Verwalter für eine abge- 6
laufene Wirtschaftsperiode entlastet, so dass es auch keinen Verstoß gegen die Grundsätze ordnungsmäßigen
Verwaltungshandelns darstellt, wenn die Eigentümergemeinschaft eine Entlastung verweigert.[13]

3. Entlastungsbeschluss. Wie über die Genehmigung der Abrechnung entscheiden die Miteigentümer über 7
die Entlastung durch Beschluss mit einfacher Stimmenmehrheit. Der Beschluss muss ordnungsmäßiger Verwaltung entsprechen.

Keine ordnungsmäßige Verwaltung liegt insoweit vor, wenn Ansprüche gegen den Verwalter erkennbar in Be- 8
tracht kommen und nicht aus besonderen Gründen Anlass besteht, auf die hiernach möglichen Ansprüche zu
verzichten.[14] Ausreichend ist eine **objektive Pflichtverletzung**. Auf das Verschulden des Verwalters kommt
es nicht an.[15]

Die Vorlage einer fehlerhaften Abrechnung widerspricht ordnungsmäßiger Verwaltung, so dass ein Entlas- 9
tungsbeschluss auf eine erhobene Anfechtungsklage hin für **unwirksam** zu erklären ist.[16] Das kann zB der

---

4 Bärmann/*Becker* WEG § 28 Rn. 195.
5 LG München I 11.9.2014 – 1 T 15087/14, ZWE 2014, 419.
6 BGH 4.3.2011 – V ZR 156/10, NJW 2011, 1346.
7 BayObLG 18.10.1994 – 2Z BR 68/94, ZMR 1995, 41.
8 Bärmann/*Becker* WEG § 28 Rn. 196.
9 Bärmann/*Becker* WEG § 28 Rn. 197 mwN.
10 BGH 17.7.2003 – V ZB 11/03, NJW 2003, 3124.
11 OLG Düsseldorf 19.8.1996 – 3 Wx 581/94, NJW-RR 1997, 525 zum alten Recht.
12 OLG Düsseldorf 19.8.1996 – 3 Wx 581/94, NJW-RR 1997, 525 zum alten Recht.
13 Bärmann/Seuß WE-Praxis/*Wanderer* § 34 Rn. 192.
14 BGH 17.7.2003 – V ZB 11/03, NJW 2003, 3124.
15 OLG Frankfurt a. M. 29.9.2003 – 20 W 115/01, NZM 2003, 980 (red. Ls.).
16 BGH 4. 12. 2009 – V ZR 44/09, NJW 2010, 2127.

Fall sein, wenn eine Übersicht über die Konten der Eigentümergemeinschaft der Abrechnung zu Beginn und Ende des Wirtschaftsjahres nicht beigefügt wurde[17] oder nur der jeweilige Endstand, nicht aber der Anfangsbestand der Konten angegeben wird.[18] Das Gleiche gilt für den Fall der Vorlage eines fehlerhaften Wirtschaftsplanes.[19] An diesen Grundsätzen haben die Änderungen zu Wirtschaftsplan und Jahresabrechnung in § 28 WEG nichts geändert.

10   Die Gemeinschaft der Wohnungseigentümer kann allerdings im Rahmen ordnungsmäßiger Verwaltung im Nachhinein mehrheitlich eigenmächtiges Verwalterhandeln bestätigen und davon absehen, es rückabzuwickeln bzw. Schadensersatz geltend zu machen. In einem solchen Falle kann ein Entlastungsbeschluss ordnungsmäßiger Verwaltung entsprechen.[20]

11   Ist der Verwalter zugleich Wohnungseigentümer, so ist er bei einem Beschluss über seine Entlastung gem. § 25 Abs. 4 WEG **nicht stimmberechtigt**.[21] Das soll auch dann gelten, wenn er von den Beschränkungen des § 181 BGB befreit ist.[22] Ebenso darf er von den ihm erteilten Stimmrechtsvollmachten keinen Gebrauch machen.[23]

12   Ein bestandskräftig gewordener Entlastungsbeschluss kann **nicht** durch einen Mehrheitsbeschluss der Eigentümer **widerrufen** werden, da dies ein Rechtsgeschäft zulasten eines Dritten darstellen würde und deshalb nichtig wäre.[24]

13   **4. Wirkung der Entlastung.** Mit der Entlastung eines Verwalters ist regelmäßig die Folge eines negativen Schuldanerkenntnisses nach § 397 Abs. 2 BGB der Gemeinschaft der Wohnungseigentümer verbunden. Dieses erfasst vor allem etwaige Ersatzansprüche gegen den Verwalter,[25] soweit sie bekannt oder bei zumutbarer Sorgfalt erkennbar waren.[26] Nicht erfasst von der Entlastung sind aber in jedem Fall Ansprüche, die aus einer Straftat herrühren.[27]

14   Ob Ersatzansprüche bekannt oder bei zumutbarer Sorgfalt hätten erkannt werden müssen, obliegt der Beurteilung im Einzelfall. Insoweit ist auf den **Kenntnisstand** aller Wohnungseigentümer abzustellen und nicht auf die Erkenntnismöglichkeiten einzelner Eigentümer mit besonderer Sachkunde.[28] Bezahlt zB der Verwalter über viele Jahre hinweg die Beträge, die dem Bauträger in Grundsteuerbescheiden in Rechnung gestellt sind, und nimmt die Ausgaben unter der Position „Grundsteuer" in die jeweilige Abrechnung auf, sind Schadensersatzansprüche gegen ihn dann ausgeschlossen, wenn ihm im Zusammenhang mit der jeweiligen Abrechnung Entlastung erteilt wurde. Dies hätten die Wohnungseigentümer bei einer Rechnungsprüfung nämlich leicht feststellen können.[29]

15   Für eine etwaige Kenntnis und ein etwaiges **Kennenmüssen** von Vorgängen kommt es normalerweise auf den Kenntnisstand aller Wohnungseigentümer an. Besteht ein Verwaltungsbeirat, auf den die Kontrolle des Verwaltungshandelns delegiert ist, soll aber anderes gelten. In diesem Fall soll es nur auf den Kenntnisstand der für die Gemeinschaft der Wohnungseigentümer Handelnden, also der einzelnen Mitglieder des Verwaltungsbeirats, ankommen. Die Gemeinschaft der Wohnungseigentümer muss sich also die Kenntnis bzw. das Kennenmüssen auch nur eines Mitgliedes des Verwaltungsbeirats, das an der Rechnungsprüfung teilgenommen hat, entsprechend § 166 Abs. 1 BGB zurechnen lassen.[30]

16   Im Übrigen wird differenziert: Erfolgt die Entlastung im Zusammenhang mit der Erläuterung und Genehmigung der Abrechnung, so beschränkt sie sich auf das Verwalterhandeln, welches sich in der Abrechnung nie-

---

17   OLG Düsseldorf 3.12.2004 – I-3 Wx 261/04, ZMR 2005, 720.
18   BayObLG 6.3.1987 – 2 Z 26/86, WuM 1988, 101.
19   BGH 9.7.2010 – V ZR 202/09, NJW 2010, 2654.
20   AG Hamburg 25.6.2015 – 22 a C 223/14, ZMR 2015, 811 zum alten Recht.
21   OLG Karlsruhe 31.7.2007 – 14 Wx 41/06, ZMR 2008, 408.
22   AG Frankfurt 5.7.1991 – 65 UR II 308/90 WEG, WuM 1991, 712.
23   OLG Köln 8.11.2006 – 16 Wx 165/06, ZMR 2007, 715.
24   Bärmann/*Becker* WEG § 28 Rn. 201.
25   BGH 17.7.2003 – V ZB 11/03, ZWE 2003, 365.
26   OLG Köln 27.6.2001 – 16 Wx 87/01, NZM 2001, 862.
27   OLG Celle 20.3.1991 – 4 W 335/90, NJW-RR 1991, 979.
28   NSV/*Niedenführ* WEG § 28 Rn. 381 mwN.
29   BayObLG 12.1.2000 – 2Z BR 166/99, ZMR 2000, 387.
30   OLG Düsseldorf 9.11.2001 – 3 Wx 13/01, ZMR 2002, 294.

dergeschlagen hat. Soll die Wirkung darüber hinaus gehen, so muss es sich um eine „Entlastung im weitesten Sinne" handeln, die auch das übrige Verwalterhandeln miteinschließt.[31]

Von der Entlastung unberührt bleiben auch die **Schadensersatzansprüche** des einzelnen Sondereigentümers 17 (zB Nichtvermietbarkeit seiner Wohnung), da die Entlastung nur Angelegenheiten des Gemeinschaftseigentums betrifft und der Verband Wohnungseigentümergemeinschaft nicht die Beschlusskompetenz hat, individuelle Ansprüche eines Eigentümers zu vernichten.[32]

III. Entlastung des Beirats

Den Mitgliedern des Verwaltungsbeirats kann, ebenso wie dem Verwalter, durch Beschluss Entlastung erteilt 18 werden. Sie richtet sich nach den gleichen Regeln wie die Verwalterentlastung.[33]

Auch die Entlastung des Beirates ist regelmäßig als **negatives Schuldanerkenntnis** anzusehen.[34] Wird der 19 Verwaltungsbeirat entlastet, so sind damit bis zum Entlastungsbeschluss entstandene und der Eigentümerversammlung erkennbare Schadensersatzansprüche ausgeschlossen.

Grundsätzlich gilt, dass die Entlastung des Verwaltungsbeirats einer ordnungsgemäßen Verwaltung wider- 20 spricht, wenn Ansprüche gegen den Verwaltungsbeirat in Betracht kommen und kein Grund ersichtlich ist, auf diese Ansprüche zu verzichten. Dieser Fall ist insbesondere dann anzunehmen, wenn die von dem Beirat geprüfte Abrechnung fehlerhaft ist und geändert werden muss.[35]

Allerdings gelten für die Prüfung nicht dieselben Maßstäbe wie bei dem Verwalter. Wenn der Beirat lediglich 21 die rechnerische Richtigkeit der Abrechnung der Abrechnung prüft, haftet er für weitergehende, strukturelle Mängel der Abrechnung nicht. Denn für eine solche **weitergehende Prüfung**, die einschlägige Kenntnis des Wohnungseigentumsrechts voraussetzt, wäre der Beirat, der sich üblicherweise aus – juristisch nicht vorgebildeten – Wohnungseigentümern zusammensetzt, regelmäßig überfordert.[36] So ist es beispielsweise nicht Aufgabe des Verwaltungsbeirates, die höchstrichterliche Rechtsprechung zur Nichtigkeit von Kostentragungsbeschlüssen zu verfolgen.[37]

Deshalb kann dem Verwalter, der die Jahresrechnung fehlerhaft erstellt hat, die Entlastung versagt und dem 22 Verwaltungsbeirat gleichwohl Entlastung erteilt werden, wenn er seinen Prüfungspflichten ausreichend nachgekommen ist und die Fehler nicht entdecken konnte.[38]

Eine Entlastung kommt selbst dann in Frage, wenn der Verwaltungsbeirat entgegen § 29 Abs. 2 WEG Wirt- 23 schaftsplan und Rechnungslegung etc nicht geprüft hat.[39]

Abzuwarten bleibt, wie die in § 29 Abs. 2 WEG neu eingeführte Überwachungspflicht des Beirates gegenüber dem Verwalter und die Begrenzung der Haftung für unentgeltlich tätige Beiratsmitglieder auf Vorsatz und grobe Fahrlässigkeit gem. § 29 Abs. 3 WEG Einfluss auf die Rechtsprechung zur Beiratsentlastung haben werden.

Wird über die Entlastung beschlossen, sind die Verwaltungsbeiratsmitglieder nach § 25 Abs. 4 WEG **vom** 24 **Stimmrecht ausgeschlossen**.[40]

---

31 LG Hamburg 30.1.2013 – 318 S 127/11, ZMR 2013, 984; aA *Hügel/Elzer* WEG § 28 Rn. 229.
32 Bärmann/Seuß WE-Praxis/*Wanderer* § 34 Rn. 199 mwN.
33 BGH 4.12.2009 – V ZR 44/09, ZWE 2010, 170.
34 BGH 17.1.2019 – V ZB 121/18, MDR 2019, 985.
35 BGH 4.12.2009 – V ZR 44/09, NJW 2010, 2127.
36 LG Rostock 23.1.2015 – 1 S 24/14, ZWE 2015, 462.
37 LG Düsseldorf 2.10.2013 – 25 S 53/13, ZWE 2014, 407.
38 BeckOK WEG/*Timme* § 29 Rn. 138.
39 AG Schwerin 13.12.2013 – 14 C 20/11, ZMR 2014, 410.
40 Bärmann/*Becker* WEG § 29 Rn. 117.

69. Entziehung eines Wohnungseigentums

Tank

I. Einführung

1 Wie Realeigentum auch ist Wohnungseigentum grundsätzlich unentziehbar. Da anders als beim Realeigentum die Wohnungseigentümer durch das Gemeinschaftsverhältnis dauerhaft miteinander verbunden sind, schafft § 17 WEG, der die §§ 18 f. WEG aF zusammenfasst, eine Möglichkeit Miteigentümer unter bestimmten, engen Voraussetzungen **aus der Gemeinschaft auszuschließen**. Die Entziehung des Wohnungseigentums ist wegen der Eigentumsgarantie aus Art. 14 Abs. 1 S. 1 GG ultima ratio.[1] Der Anspruch ist auf Veräußerung des Wohnungseigentums gerichtet, wie sich aus § 17 Abs. 1 WEG ergibt. Die Entziehung des Wohnungseigentums setzt einen Beschluss der Wohnungseigentümer voraus, der nicht bereits die Entziehung des Wohnungseigentums zur Folge hat, sondern eine besondere Prozessvoraussetzung für die Entziehungsklage darstellt. Leistet der Wohnungseigentümer dem Entziehungsbeschluss keine Folge, kann die Gemeinschaft der Wohnungseigentümergemeinschaft ihn mittels Erhebung einer Entziehungsklage (→ *Entziehungsklage* Rn. 1 ff.) auf Veräußerung seines Wohnungseigentums gerichtlich in Anspruch nehmen.

II. Voraussetzungen

2 **1. Generalklausel des § 17 Abs. 1 S. 1 WEG. a) Schwere Pflichtverletzung ohne Verschulden.** Ein Anspruch auf Entziehung des Wohnungseigentums ist gegeben, wenn sich ein Wohnungseigentümer einer so **schweren Verletzung** der ihm gegenüber anderen Wohnungseigentümern oder der Gemeinschaft der Wohnungseigentümer obliegenden Verpflichtungen schuldig gemacht hat, dass diesen die Fortsetzung derselben mit ihm nicht mehr zugemutet werden kann, § 17 Abs. 1 WEG.

3 Auch dem werdenden Wohnungseigentum kann das Wohnungseigentum entzogen werden. Obwohl das WEG bereits mit Anlegung der Wohnungsgrundbücher anwendbar ist und damit die Rechtsfigur der werdenden Gemeinschaft der Wohnungseigentümer obsolet wird,[2] entfällt die Rechtsfigur des **werdenden Wohnungseigentümers** nicht. Vielmehr wurde hier in § 8 Abs. 3 WEG eine ausdrückliche Regelung getroffen.[3] Danach gilt derjenige, der einen Anspruch auf Übertragung von Wohnungseigentum gegen den teilenden Eigentümer hat, durch Vormerkung im Grundbuch gesichert ist und dem der Besitz an den zum Sondereigentum gehörenden Räume übergeben wurde, als Wohnungseigentümer. Er tritt an die Stelle des teilenden Eigentümers, § 8 Abs. 3 WEG. Diesem werdenden Wohnungseigentümer konnte nach alter Rechtslage sein Anwartschaftsrecht analog § 18 Abs. 1 WEG aF entzogen werden, da die §§ 10 ff. WEG aF auf die sog. „werdende Wohnungseigentümergemeinschaft" anwendbar waren.[4] Daran dürfte sich nach neuem Recht nichts ändern.

4 Die Generalklausel des § 17 Abs. 1 WEG setzt zunächst eine **schwere Pflichtverletzung** voraus. Diese braucht nicht gegenüber allen Wohnungseigentümern begangen worden zu sein. Es reicht aus, wenn sie nur gegenüber einem einzigen Wohnungseigentümer, einem Familienangehörigen, Mitbewohner, Besucher oder Mieter begangen wurde.[5] Zusätzlich kann im Vergleich zur alten Rechtslage nunmehr auch eine Pflichtverletzung gegenüber der Gemeinschaft der Wohnungseigentümer den Entziehungsanspruch begründen.

---

1 BGH 18.11.2016 – V ZR 221/15, ZWE 2017, 84.
2 BT-Drs. 19/18791, 43.
3 *Hinz* ZMR 2020, 264 (267).
4 *Schneider* NZM 2014, 498.
5 AG Dachau 16.1.2001 – 3 C 265/00, BeckRS 2006, 406.

Das Recht auf Entziehung kann wegen des Prinzips der Verantwortlichkeit[6] nur auf Umstände gestützt wer- 5 den, die in der Person des Wohnungseigentümers oder in dessen Risikobereich liegen.[7] **Schuldfähigkeit** ist bei einer besonders schweren Pflichtverletzung nicht erforderlich.[8]

Dem Wohnungseigentümer kann das **Fehlverhalten Dritter** zugerechnet werden. Nach alter Rechtslage sollte 6 das dann gelten, wenn der Wohnungseigentümer die Möglichkeit hatte, auf diesen Dritten einzuwirken. Bei der Einhaltung von Instandhaltungs- und Gebrauchspflichten war dies in § 14 Nr. 2 WEG aF ausdrücklich für Personen, die dem Hausstand des Wohnungseigentümers oder dessen Geschäftsbetrieb angehörten, oder für seine **Mieter** geregelt. Diese Vorschrift ist ersatzlos weggefallen, so dass sich die Zurechnung aus §§ 278, 831 BGB analog ergibt.

Entsprechend gilt dies auch für **juristische Personen** oder rechtsfähige Personengesellschaften im Verhältnis 7 zu deren Vertretungsorganen. Bei Bruchteils- oder Gesamthandsgemeinschaften sind die Miteigentümer näm- lich verpflichtet, das pflichtwidrige Verhalten eines einzelnen Miteigentümers zu unterbinden.[9]

Die Pflichtverletzung kann auf **persönlichen Gründen** basieren, wie zB privaten Streitigkeiten oder in der 8 Person des Miteigentümers begründet sein, zB bei Verwahrlosung.[10] Es muss sich stets um eine **Pflicht des Wohnungseigentümers** handeln. Eine Pflichtverletzung als Verwalter oder Verwaltungsbeirat begründen kei- nen Anspruch auf Entziehung des Wohnungseigentums, sondern allenfalls einen Anspruch auf Abberufung oder Verurteilung zu Schadensersatz.[11] Auch eine Verletzung ohne Wiederholungsgefahr rechtfertigt nicht einen Anspruch auf Entziehung.[12] Die Generalklausel des § 17 Abs. 1 WEG setzt **kein Verschulden** voraus. Das war bereits nach altem Recht herrschende Meinung[13] und ändert sich mit dem – insoweit jedenfalls nicht veränderten – § 17 Abs. 1 WEG nicht.

b) Unzumutbarkeit der Fortsetzung. Ob die Fortsetzung der Gemeinschaft mit dem Wohnungseigentümer 9 den übrigen Wohnungseigentümern bzw. der Gemeinschaft der Wohnungseigentümer nicht länger zugemutet werden kann, ist durch **Abwägung der Interessen** der übrigen Wohnungseigentümer bzw. der Gemeinschaft der Wohnungseigentümer an der Entfernung des störenden Miteigentümers und des Interesses des störenden Eigentümers daran, sein Eigentum zu behalten, zu ermitteln.[14] Nur wenn das Interesse an der Entfernung des störenden Wohnungseigentümers überwiegt, greift § 17 Abs. 1 WEG.

Bei der Interessensabwägung ist die Schwere der Pflichtverletzung, Dauer, Wiederholungsgefahr und sonstige 10 Begleitumstände miteinzubeziehen, zB ob die Pflichtverletzung durch Provokationen der übrigen Miteigentü- mer herausgefordert worden ist.[15]

c) Abmahnung. Da die Entziehung des Wohnungseigentums einen schweren Eingriff in das Grundrecht auf 11 Eigentum darstellt, ist der **Grundsatz der Verhältnismäßigkeit** erst gewahrt, wenn der störende Wohnungsei- gentümer zunächst erfolglos **abgemahnt** wurde.[16]

Eine Abmahnung ist ausnahmsweise dann **entbehrlich**, wenn sie der Gemeinschaft der Wohnungseigentümer 12 unzumutbar ist oder offensichtlich keine Aussicht auf Erfolg haben wird.[17] Setzt ein Wohnungseigentümer, ge- gen den ein gerichtliches Verfahren auf Entziehung des Wohnungseigentums anhängig ist, die in der Klage beanstandeten gemeinschaftswidrigen Verhaltensweisen fort, ist hinsichtlich des fortgesetzten Verhaltens eine Abmahnung grundsätzlich entbehrlich.[18]

---

6 BVerfG 14.7.1993 – 1 BvR 1523/92, NJW 1994, 241.
7 Bärmann/*Suilmann* WEG § 18 Rn. 7.
8 BVerfG 14.7.1993 – 1 BvR 1523/92, NJW 1994, 241.
9 Bärmann/*Suilmann* WEG § 18 Rn. 11.
10 Jennißen/*Heinemann* WEG § 18 Rn. 10.
11 LG Berlin 25.7.1995 – 84 S 3/94, GE 1995, 1217.
12 LG Augsburg 25.8.2004 – 7 S 1401/04, BeckRS 2004, 30987952.
13 LG Hamburg 6.4.2016 – 318 S 50/15, ZMR 2016, 487; BeckOGK/*Skauradszun* WEG § 18 Rn. 17.
14 BGH 22.1.2010 – V ZR 75/09, ZWE 2010, 179.
15 BGH 22.1.2010 – V ZR 75/09, ZWE 2010, 179.
16 BGH 8.7.2011 – V ZR 2/11, NZM 2011, 694.
17 BGH 19.1.2007 – V ZR 26/06, DNotI-Report 2007, 52.
18 BGH 25.1.2018 – V ZR 141/17, NJW-RR 2018, 649.

13 **2. Regelbeispiel in § 17 Abs. 2 WEG.** § 17 Abs. 2 WEG nennt nur noch **ein Regelbeispiel** für eine schwere Pflichtverletzung iSv § 17 Abs. 1 WEG, bei deren Vorliegen eine Entziehung in Betracht kommt. Das Regelbeispiel des § 18 Abs. 2 Nr. 2 WEG aF ist mangels eines Bedürfnisses für eine allein auf Hausgeldrückstände gestützte Entziehungsklage weggefallen, denn § 10 Abs. 1 Nr. 2 ZVG ermöglicht es der Gemeinschaft der Wohnungseigentümer sich in diesen Fällen vorrangig aus dem Wohnungseigentum zu befriedigen.[19] Sind die Voraussetzungen eines Regelbeispiels nicht erfüllt, kann gleichwohl die Entziehung aus der **Generalklausel** nach § 17 Abs. 1 WEG noch in Betracht kommen.[20]

14 **a) Gröblicher Verstoß gegen § 14 Abs. 1 und 2 WEG trotz Abmahnung.** Schwere unzumutbare Pflichtverletzungen liegen insbesondere vor, wenn ein Wohnungseigentümer trotz Abmahnung wiederholt **gröblich** gegen die ihm nach § 14 Abs. 1 und 2 WEG obliegenden Pflichten verstößt, § 17 Abs. 2 WEG. Dabei bedeutet gröblich, dass aus **objektiver Sicht eines Dritten** der Verstoß so schwerwiegend sein muss, dass den anderen Wohnungseigentümern der Verbleib des Störers in der Gemeinschaft der Wohnungseigentümer nicht zugemutet werden kann. Nicht gröblich ist demnach ein Verhalten, das lediglich das nach § 14 Abs. 2 Nr. 1 WEG zu beachtende Maß überschreitet.[21]

15 Gröbliche Pflichtverletzungen sind danach **Sachbeschädigungen** zum Beispiel durch Beschmutzung, Brandstiftung mit einhergehender Gefährdung des Gemeinschafts- oder fremden Sondereigentums und Einbrüche in fremdes Sondereigentum.[22] Eine gröbliche Verletzung liegt insbesondere vor, wenn der Ersteigerer einer Wohnung diese erneut an einen zuvor durch Entziehung Ausgeschlossenen zur Nutzung überlässt, wobei es nicht darauf ankommt, ob es in diesem Zusammenhang zu weiteren Störungen kommt.[23] Das Entziehungsurteil bindet auch den **Rechtsnachfolger**, denn aus diesem ergibt sich, dass sich der Voreigentümer gemeinschaftsschädigend verhalten und den Gemeinschaftsfrieden gestört hat. Anderes kann gelten, wenn eine Entziehung wegen Hausgeldrückstands erfolgte.[24]

16 Keine gröblichen Verletzungen sind zB **Geruchsbelästigungen** wie Weihrauch, Wasserpfeifenrauch oder Küchengerüche, sowie **leichte Verstöße** gegen die Hausordnung zB durch häufiges oder längeres Offenstehenlassen der Wohnungseingangstür und das Abstellen von Abfalltüten vor der Wohnungseingangstür.[25]

17 Da § 17 Abs. 2 WEG voraussetzt, dass der Wohnungseigentümer sich trotz Abmahnung wiederholt gröblich gegen die ihm nach § 14 Abs. 1 und 2 WEG obliegenden Pflichten verstößt, sind **mindestens drei Verstöße** erforderlich. Ein Verstoß, der vor der Abmahnung liegt und zwei, die danach liegen.[26] Es muss sich außerdem um gleichartige Pflichtverletzungen handeln.[27]

18 Weitere Voraussetzung ist eine **Abmahnung** des störenden Verhaltens. Sinn und Zweck ist es dabei, dem Störer unmissverständlich klarzumachen, dass sein Verhalten für die anderen Wohnungseigentümer unzumutbar ist und er durch die Abmahnung die letzte Möglichkeit zur Verhaltensänderung erhält.[28] Da das Gesetz die Abmahnung ausdrücklich erwähnt, kann von deren Erfordernis nicht abgesehen werden,[29] und zwar auch dann nicht, wenn sie offensichtlich keine Aussicht auf Erfolg hat. In diesen Fällen kommt aber eine Entziehung nach § 17 Abs. 1 WEG in Betracht.[30]

19 Die Abmahnung ist **formfrei** und kann schriftlich wie auch mündlich erfolgen.[31] Auch die Abmahnung durch Beschluss ist zulässig.[32] Der abzumahnende Wohnungseigentümer darf dabei nicht abstimmen.[33] Das bean-

---

19 BT-Drs. 19/18791, 55.
20 BGH 26.1.2007 – V ZR 26/06, NJW 2007, 1353.
21 LG München I 8.2.2017 – 1 S 5582/16, ZMR 2017, 325.
22 Jennißen/*Heinemann* WEG § 18 Rn. 19 c.
23 BGH 18.11.2016 – V ZR 221/15, NJW-RR 2017, 260.
24 BGH 18.11.2016 – V ZR 221/15, ZWE 2017, 84.
25 LG München I 8.2.2017 – 1 S 5582/16, ZMR 2017, 325.
26 BGH 19.1.2007 – V ZR 26/06, NJW 2007, 1353.
27 Jennißen/*Heinemann* WEG § 18 Rn. 20.
28 BGH 19.1.2007 – V ZR 26/06, DNotI-Report 2007, 52.
29 Jennißen/*Heinemann* WEG § 18 Rn. 21.
30 BeckOGK/*Skauradszun* WEG § 18 Rn. 24.
31 BGH 8.7.2011 – V ZR 2/11, NZM 2011, 694.
32 LG Aurich 12.12.2014 – 4 S 149/14, BeckRS 2016, 13879.
33 *Abramenko* ZMR 2012, 73.

standete Verhalten muss konkret bezeichnet und die Entziehung des Wohnungseigentums unmissverständlich angedroht werden.[34] Die Abmahnung sollte das Verhalten möglichst nach Ort, Zeit und Inhalt auflisten.[35] Die Abmahnung muss zudem zwingend vor dem Entziehungsbeschluss erfolgen und kann nicht mit diesem verbunden bzw. nachgeholt werden.[36]

Möglich ist auch, einen Wohnungseigentümer oder den Verwalter durch Mehrheitsbeschluss zu ermächtigen, 20 die Abmahnung auszusprechen.[37] Dies soll bei der Abmahnung durch einzelne Wohnungseigentümer sogar ohne Beschluss möglich sein. Der Verwalter soll ohne Ermächtigung durch Beschluss nur bei Verstößen gegen die Hausordnung bzw. gegen den Katalog des § 27 WEG abmahnen dürfen, in anderen Fällen jedoch nicht.[38] Da § 17 Abs. 1 WEG von einer Pflichtverletzung gegenüber anderen Wohnungseigentümern, aber auch der Gemeinschaft der Wohnungseigentümer spricht, ist nunmehr auch die Gemeinschaft der Wohnungseigentümer zur Abmahnung **berechtigt**.[39]

b) Hausgeldverzug. Der Hausgeldverzug war nach § 18 Abs. 2 Nr. 2 WEG aF ein weiteres Regelbeispiel für 21 eine schwere unzumutbare Pflichtverletzungen. Dieses Regelbeispiel ist im neuen WEG ersatzlos weggefallen, denn aufgrund der Möglichkeit sich aus § 10 Abs. 1 Nr. 2 ZVG vorrangig aus dem Wohnungseigentum zu befriedigen, besteht kein Anlass mehr für einen gesetzlich besonders geregelten Entziehungsgrund.[40] Der Hausgeldverzug kann aber zudem unter die Generalklausel in § 17 Abs. 1 WEG fallen, denn die Nichtzahlung von Hausgeld stellt klassischer Weise eine Pflichtverletzung gegenüber der Gemeinschaft der Wohnungseigentümer dar.[41] Da die Gesetzesbegründung für die Streichung des Regelbeispiels jedoch anführt, dass § 10 Abs. 1 Nr. 2 ZVG es der Gemeinschaft der Wohnungseigentümer ermögliche, „sich in diesen Fällen vorrangig aus dem Wohnungseigentum zu befriedigen",[42] dürfte eine Entziehung wegen Hausgeldverzuges nur noch in **Ausnahmefällen** in Betracht kommen.

Da § 18 Abs. 2 Nr. 2 WEG aF ersatzlos weggefallen ist, ist auch der **Einheitswert** ist nicht länger zu erfragen. 22 Das zuständige Finanzamt musste diesen nach § 18 Abs. 2 Nr. 2 Hs. 2 WEG aF auf Anfrage des Verbands Wohnungseigentümergemeinschaft oder eines Wohnungseigentümers den Wert mitteilen. Dabei lag ein Verstoß gegen das Steuergeheimnis nach § 30 AO nicht vor.

§ 18 Abs. 2 Nr. 2 WEG aF sanktionierte den Hausgeldverzug, also Hausgeld aufgrund genehmigter Wirt- 23 schaftspläne, Sonderumlagen oder Abrechnungen. Befand sich ein Wohnungseigentümer dagegen mit den Kosten des Hausgeldverfahrens in Verzug oder hat er **andere Schulden**, waren diese für einen Anspruch auf Entziehung nach § 18 Abs. 2 Nr. 2 WEG aF unbeachtlich. Ob dies heute noch so gesehen werden kann, bleibt abzuwarten. § 17 Abs. 1 WEG regelt die Entziehung bei einer schweren Pflichtverletzung gegenüber der Gemeinschaft. Hierunter können m.E. auch der fehlende Ausgleich der Kosten aus einem Hausgeldverfahren oder andere Schulden zu verstehen sein.

3. Entziehungsbeschluss. Die Entziehung des Wohnungseigentumsgesetzes setzt nach wie vor einen **Be-** 24 **schluss** der Wohnungseigentümer voraus, auch wenn § 18 Abs. 3 WEG aF ersatzlos entfallen ist. § 18 Abs. 3 WEG aF hatte nach der WEG-Novelle von 2007 nur noch die Funktion, ein erhöhtes Quorum für den Entziehungsbeschluss anzuordnen, denn die Ausübung der Entziehung war seit der WEG-Novelle von 2007 bereits der Gemeinschaft der Wohnungseigentümer zugewiesen, § 18 Abs. 1 S. 2 WEG aF. Bereits daraus folgte, dass eine Entziehung beschlossen werden konnte und musste.[43] Da die Ausübung der Entziehung weiterhin der Gemeinschaft der Wohnungseigentümer zugewiesen ist und die Regelung über das erforderliche Quorum entfallen ist, ist über die Ausübung des Anspruchs auf Entziehung ein Mehrheitsbeschluss zu fassen.[44] Dieser Be-

---

34 BGH 8.7.2011 – V ZR 2/11, NZM 2011, 694.
35 LG Berlin 15.12.2009 – 55 S 102/01.
36 BGH 19.1.2007 – V ZR 26/06, NJW 2007, 1353.
37 BeckOGK/*Skauradszun* WEG § 18 Rn. 24.
38 BeckOGK/*Skauradszun* WEG § 18 Rn. 24.
39 Nach alter Rechtslage ausgeschlossen, vgl. BeckOGK/*Skauradszun* WEG § 18 Rn. 24.
40 BT-Drs. 19/18791, 55.
41 BT-Drs. 19/18791, 57.
42 BT-Drs. 19/18791, 55.
43 BT-Drs. 19/18791, 55.
44 BT-Drs. 19/18791, 55.

schluss hat nicht die Entziehung des Wohnungseigentums zur Folge, sondern stellt eine **besondere Prozessvoraussetzung** für die Entziehungsklage (→ *Entziehungsklage* Rn. 3) dar.[45]

25 Da § 18 Abs. 3 S. 2 WEG aF entfallen ist, ist für den Entziehungsbeschluss auch kein Quorum erforderlich. Vielmehr gilt § 25 WEG und die **einfache Mehrheit** genügt. Wenn eine Entziehungsgrund besteht, besteht auch ein berechtigtes Interesse daran, den Störer zu entfernen. Es ist nicht gerechtfertigt, die Durchsetzung dieses Interesse durch ein erhöhtes Quorum zu erschweren. Auch der Schutz des Störers rechtfertigt ein erhöhtes Quorum nicht, denn dieser ist bereits durch das gerichtliche Entziehungsverfahren ausreichend geschützt.[46] Der Störer ist von der Abstimmung gem. § 25 Abs. 4 WEG ausgeschlossen, denn das Verlangen auf Veräußerung ist auf die Einleitung eines Rechtsstreits gegen ihn gerichtet.[47] Die **Abstimmung** erfolgt gem. § 25 Abs. 2 S. 1 WEG nach Köpfen, ist also unabhängig von der Höhe der Miteigentumsanteile oder der Anzahl der Einheiten.[48]

26 **Gegenstand** der Beschlussfassung ist die Entscheidung darüber, ob der störende Miteigentümer nach einer erfolgreichen Abmahnungskette sein Wohnungseigentum veräußern soll.[49] Nicht Gegenstand der Beschlussfassung ist damit die Prüfung darüber, ob die materiellen Voraussetzungen für eine Abmahnungskette vorliegen. Das ist ausschließlich Gegenstand der Entziehungsklage.[50]

27 Die Beschlussfassung ist nur in reinen **Zweiergemeinschaften** entbehrlich, da ein einzelner Wohnungseigentümer stets die Mehrheit bildet. Der andere Wohnungseigentümer ist von der Beschlussfassung gem. § 25 Abs. 4 WEG ausgeschlossen.

28 Der Beschluss ist unabdingbare **Prozessvoraussetzung**.[51] Sinnvollerweise sollte der Beschluss auch die Ermächtigung des Verwalters enthalten, die Entziehungsklage (→ *Entziehungsklage* Rn. 1 ff.) unter Beauftragung eines Rechtsanwalts zu erheben. Ob diese Ermächtigung in dem Entziehungsbeschluss nämlich enthalten ist, ist Auslegungsfrage.[52]

III. Abdingbarkeit (§ 17 Abs. 3 WEG)

29 Der Anspruch auf Entziehung des Wohnungseigentums ist insoweit **zwingend**, als dass er weder durch Vereinbarung noch durch – aufgrund wirksamer Öffnungsklausel möglichem – Mehrheitsbeschluss eingeschränkt oder ausgeschlossen werden kann, § 17 Abs. 3 WEG.

30 Erleichterungen oder Erweiterungen des Veräußerungsverlangens sind zulässig.[53] In Betracht kommen zB die Ausdehnung von Entziehungsgründen,[54] Festlegung bestimmter Tatsachen als nicht genügend, erleichterter Verzugsvoraussetzungen durch Verringerung des Betrages oder des Verzugszeitraumes[55] oder erleichterter Beschlussfassung.[56]

IV. Verfahrenshinweise

31 **1. Anfechtung.** Der Beschluss auf Entziehung des Wohnungseigentums kann nach § 44 WEG angefochten werden. Im Rahmen der **Anfechtungsklage** werden nur die **formellen Voraussetzungen** der Beschlussfassung geprüft, also ob die Einberufung der Eigentümerversammlung ordnungsgemäß war, die erforderliche Beschlussmehrheit erreicht und der Beschluss verkündet wurde und ob dem Entziehungsbeschluss eine Abmahnung vorangegangen war.[57]

---

45 BGH 8.7.2011 – V ZR 2/11, NJW 2011, 3026.
46 BT-Drs. 19/18791, 57.
47 BGH 14.7.2017 – V ZR 290/16, NJW 2018, 552.
48 AG Bayreuth 13.6.2016 – 105 C 399/16.
49 BGH 8.7.2011 – V ZR 2/11, NJW 2011, 3026.
50 BGH 8.7.2011 – V ZR 2/11, NJW 2011, 3026.
51 BGH 8.7.2011 – V ZR 2/11, NJW 2011, 3026.
52 BGH 19.1.2007 – V ZR 26/06, DNotI-Report 2007, 52.
53 OLG Düsseldorf 24.3.2000 – 3 Wx 77/00, MittBayNot 2000, 322.
54 OLG Düsseldorf 24.3.2000 – 3 Wx 77/00, MittBayNot 2000, 322.
55 BGH 17.1.2002 – IX ZR 434/00, NJW 2002, 1655.
56 OLG Hamm 1.4.2004 – 15 W 71/04, NJW-RR 2004, 1380.
57 BGH 8.7.2011 – V ZR 2/11, NJW 2011, 3026.

Die **materiellen Voraussetzungen** der Entziehung, also das Vorliegen der Entziehungsgründe werden in der 32
Anfechtungsklage gegen den Entziehungsbeschluss nicht geprüft. Sie sind ausschließlich in einer sich anschließenden **Entziehungsklage** (→ *Entziehungsklage* Rn. 13 ff.) zu prüfen.[58]

2. Entziehungsklage. Ist der Entziehungsbeschluss bestandskräftig geworden, ist der Wohnungseigentümer 33
verpflichtet, sein Wohnungseigentum zu veräußern. Kommt er dem nicht freiwillig nach, kann die Gemeinschaft der Wohnungseigentümer ihn mittels Erhebung einer **Entziehungsklage** (→ *Entziehungsklage* Rn. 1 ff.)
auf Veräußerung seines Wohnungseigentums gerichtlich in Anspruch nehmen, § 17 Abs. 1 WEG.

Erst ein stattgebendes Entziehungsurteil berechtigt nun nur noch die Gemeinschaft der Wohnungseigentümer 34
zur **Zwangsversteigerung** entsprechend den Vorschriften des ZVG, § 17 Abs. 4 WEG.[59]

3. „Entziehung" nach Zahlungstitel. Da nicht gezahlte Hausgelder in einer **Zahlungsklage** tituliert werden 35
können und aus einem obsiegenden Urteil alsdann die Zwangsvollstreckung in das Wohnungseigentum betrieben werden kann, findet § 17 WEG in diesem Bereich selten Anwendung. Der Weg über § 17 WEG ist deutlich aufwendiger (Entziehungsbeschluss erforderlich, bei nicht freiwilliger Veräußerung schließt sich die Entziehungsklage an) und auch kostenintensiver. Der Streitwert der Entziehungsklage (→ *Entziehungsklage*
Rn. 19) bemisst sich nach dem **Verkehrswert** des Wohnungseigentums, bei der Zahlungsklage nach dem Wert
des geltend gemachten Anspruchs.

Bei einem auf Hausgeldzahlung lautenden Urteil kann in der privilegierten Rangklasse 2 **vollstreckt** werden, 36
wobei das Vorrecht die laufenden und rückständigen Beträge aus dem Jahr der Beschlagnahme und den letzten
2 Jahren erfasst und zwar begrenzt auf Beträge in Höhe von nicht mehr als 5 % des nach § 74 a Abs. 5 ZVG
festgesetzten Wertes, § 10 Abs. 1 Nr. 2 ZVG. Das ist bei einem Entziehungsurteil nicht der Fall. Dieses hat
keine Geldforderung zum Gegenstand.

70. Entziehungsklage

Tank

I. Einführung

Macht sich ein Wohnungseigentümer einer so **schweren Pflichtverletzung** gegenüber den anderen Woh 1
nungseigentümern schuldig, dass die Fortsetzung der Gemeinschaft der Wohnungseigentümer mit diesem störenden Wohnungseigentümer nicht zumutbar ist, kann im Wege des § 17 WEG die Veräußerung des Wohnungseigentums verlangt werden (→ *Entziehung eines Wohnungseigentums* Rn. 1 ff.). Kommt der Wohnungseigentümer dem Entziehungsverlangen in Form eines Entziehungsbeschlusses **nicht freiwillig** nach, ist die
Entziehungsklage zu erheben. Das Urteil, durch das ein Wohnungseigentümer zur Veräußerung seines Wohnungseigentums verurteilt wird, berechtigt die Gemeinschaft der Wohnungseigentümer zur Zwangsversteigerung entsprechend den Vorschriften des 1. Abschnittes des ZVG, § 17 Abs. 4 WEG.

---

58 BGH 8.7.2011 – V ZR 2/11, NJW 2011, 3026.
59 BT-Drs. 19/18791, 55.

II. Zulässigkeit

2 **1. Zuständigkeit.** Sachlich und örtlich ausschließlich zuständig für die Entziehungsklage ist das **Amtsgericht**, in dessen Bezirk sich das Wohnungseigentum befindet. Rechtsstreitigkeiten wegen Entziehung des Wohnungseigentums sind **Wohnungseigentumssachen** nach § 43 Abs. 2 Nr. 2 WEG. Auf den Streitwert kommt es daher gem. § 23 Abs. 1 Nr. 2 c GVG nicht an GVG nicht an.[1]

3 **2. Entziehungsbeschluss als Zulässigkeitsvoraussetzung.** Besondere Zulässigkeitsvoraussetzung für die Entziehungsklage ist weiterhin der Entziehungsbeschluss (→ *Entziehung eines Wohnungseigentums* Rn. 3 ff.),[2] auch wenn § 18 Abs. 3 WEG aF ersatzlos weggefallen ist. Diese Vorschrift hatte bereits nach der WEG-Novelle von 2007 nur noch die Funktion, ein erhöhtes Quorum für den Entziehungsbeschluss anzuordnen.[3] Die Ausübung der Entziehung war seit der Novelle von 2007 der Gemeinschaft der Wohnungseigentümer zugewiesen, wie sich aus § 18 Abs. 1 S. 2 WEG aF ergab. Damit konnte § 18 Abs. 3 aF jetzt entfallen, denn an dem danach erforderlichen Quorum soll, da als nicht sachgerecht empfunden, nicht länger festgehalten werden.[4] Da § 17 Abs. 1 WEG die Ausübung der Entziehung auch weiterhin der Gemeinschaft der Wohnungseigentümer zuweist, folgt daraus, dass über die Ausübung dieses Anspruchs ein **Mehrheitsbeschluss** zu fassen ist.[5]

4 Bei einer lediglich aus 2 Wohnungseigentümern bestehenden **Zweiergemeinschaft** (→ *Gemeinschaft der Wohnungseigentümer* Rn. 35 ff.) ist ein vorheriger Beschluss nicht notwendig, da er eine überflüssige und sinnlose Förmelei bedeuten würde.[6]

5 **Bestandskräftigkeit** des Beschlusses ist wegen § 23 Abs. 4 S. 2 WEG nicht erforderlich, wenngleich ratsam, da andernfalls die Gefahr besteht, dass die Entziehungsklage bei nachträglicher Beschlussanfechtung ausgesetzt wird, § 148 ZPO, und bei deren Begründetheit die Entziehungsklage unzulässig wäre.[7]

6 **3. Klagebefugnis.** Klagebefugt ist die **Gemeinschaft der Wohnungseigentümer**, denn ihr steht die Ausübung des Entziehungsrechts zu, § 17 Abs. 1 WEG.

7 Da die einzelnen Wohnungseigentümer nach § 17 Abs. 1 WEG nicht Inhaber des Entziehungsanspruchs sind, ist für eine nach altem Recht noch für zulässig erachtete Rückdelegation der Klagebefugnis auf einen einzelnen Wohnungseigentümer[8] kein Raum mehr.[9]

8 Nach altem Recht klagte in einer **Zweiergemeinschaft** (→ *Gemeinschaft der Wohnungseigentümer* Rn. 35 ff.) der gestörte Wohnungseigentümer allein und in eigenem Namen gegen den störenden Wohnungseigentümer. Das folgte aus § 19 Abs. 1 S. 2 Hs. 2 WEG aF. Mit Inkrafttreten des neuen WEG steht auch bei einer lediglich aus zwei Eigentümer bestehenden Zweiergemeinschaft im Interesse der Rechtsvereinheitlichung der Entziehungsanspruch nur der Gemeinschaft der Wohnungseigentümer zu.[10]

9 **4. Prozessverbindung und Widerklage.** Da der Beschluss auf Entziehung des Wohnungseigentums anfechtbar ist und die Anfechtungsklage keine aufschiebende Wirkung hat, können sowohl Anfechtungsklage als auch Entziehungsklage gleichzeitig rechtshängig sein.

10 Nach altem Recht schied eine **Prozessverbindung nach § 47 WEG** aF aus, da es sich bei der Entziehungsklage nicht um eine Klage auf Erklärung oder Feststellung der Ungültigkeit eines Beschlusses entsprechend § 47 S. 1 WEG handelte.

11 Da die Prozessgegenstände jedoch in einem rechtlichen Zusammenhang stehen und in beiden Verfahren dieselben Parteien beteiligt sind, ist eine **Prozessverbindung nach § 147 ZPO** möglich.[11] Aus beiden Verfahren

---

1 BGH 19.12.2013 – V ZR 96/13, NZM 2014, 247.
2 BGH 8.7.2011 – V ZR 2/11, NZM 2011, 694.
3 BT-Drs. 19/18791, 55.
4 BT-Drs. 19/18791, 55.
5 BT-Drs. 19/18791, 55.
6 BGH 19.12.2013 – V ZR 96/13, NZM 2014, 247.
7 Jennißen/*Heinemann* WEG § 19 Rn. 8.
8 BGH 19.1.2007 – V ZR 26/06, NZM 2007, 290.
9 So schon für das alte Recht *Hügel/Elzer* WEG § 19 Rn. 2.
10 BT-Drs. 19/18791, 55.
11 Jennißen/*Heinemann* WEG § 19 Rn. 12.

Tank

werden Klage und Widerklage. Außerdem kann auf die Anfechtungsklage mit einer Entziehungsklage als **Wi-derklage** reagiert werden und umgekehrt.[12]

5. Aussetzung. Werden die den Entziehungsbeschluss betreffende Anfechtungsklage und die Entziehungskla-ge nicht verbunden, kann das Gericht die Veräußerungsklage bis zur Entscheidung über die Anfechtungsklage nach § 148 ZPO aussetzen,[13] denn Voraussetzung für eine Entziehungsklage ist der Beschluss (→ Rn. 3).[14]   12

III. Begründetheit

1. Prüfungsumfang. Im Gegensatz zur Anfechtungsklage über die Rechtmäßigkeit des Entziehungsbeschlus-ses ist die Entziehungsklage begründet, wenn die **materiellrechtlichen Voraussetzungen** für eine Entziehung nach § 17 Abs. 1 und 2 WEG vorliegen (→ *Entziehung eines Wohnungseigentums* Rn. 2 ff.). Damit ist das Gericht nicht an den Entziehungsbeschluss gebunden. Dieser stellt das Bestehen eines Veräußerungsanspruchs auch dann nicht rechtsverbindlich fest, wenn er unangefochten bleibt.[15]   13

Das Gericht **prüft** also auch das formelle Zustandekommen des Entziehungsbeschlusses.[16] Es prüft, ob sich der beklagte Wohnungseigentümer gegenüber den anderen Wohnungseigentümern oder der Gemeinschaft der Wohnungseigentümer einer so schweren Pflichtverletzung schuldig gemacht hat, dass diesen die Fortsetzung der Gemeinschaft mit dem beklagten Wohnungseigentümer nicht mehr zugemutet werden kann.[17]   14

Eine unbegründete Anfechtungsklage führte wegen § 48 Abs. 4 WEG aF zu einer **Präklusion** etwaiger Nich-tigkeitsgründe, so dass das Gericht, welches über die Entziehungsklage entschied, an die Feststellungen des Gerichts, welches über die Anfechtungsklage entschied, gebunden war.[18] Die Vorschrift des § 48 Abs. 4 WEG aF ist entfallen. Die Urteilswirkungen bestimmen sich jetzt nur noch nach § 44 Abs. 3 WEG und nach der allgemeinen Streitgegenstandslehre.[19] Da der Streitgegenstand einer Anfechtungs- und Nichtigkeitsklage iden-tisch ist,[20] dürfte es auch nach neuem Recht bei der Präklusion bleiben.   15

2. Darlegungs- und Beweislast. Die **Klägerin** hat darzulegen und zu beweisen, dass die von ihr behaupteten Pflichtverstöße vorliegen und deswegen die Fortsetzung des Gemeinschaftsverhältnisses mit dem Beklagten Wohnungseigentümer nicht zumutbar ist.[21]   16

3. Nachschieben von Gründen. Ein Nachschieben von Gründen, die den Anspruch auf Entziehung des Woh-nungseigentums stützen, ist nur unter den Voraussetzungen der §§ 296, 531 ZPO **zulässig**.[22] Wird der Sach-vortrag aber in zulässigerweise eingeführt, ist er vom Gericht zu beachten. Bei Nichtbeachtung liegt eine Ver-letzung des rechtlichen Gehörs vor.[23]   17

IV. Rechtsmittel

Gegen das Urteil auf Veräußerung des Wohnungseigentums ist die **Berufung** statthaft. Zuständig ist das für den Sitz des Oberlandesgerichts zuständige Landgericht als gemeinsames Berufungs- und Beschwerdegericht für den Bezirk des Oberlandesgerichts, in dem das Amtsgericht seinen Sitz hat, § 72 Abs. 2 S. 1 GVG.   18

V. Kosten

1. Streitwert. Der Streitwert einer Klage auf Entziehung des Wohnungseigentums richtet sich nach dem des § 49 a GKG. Gem. § 48 Abs. 2 S. 1 GKG ist für eine Entziehungsklage der volle Verkehrswert maßgeblich   19

---

12 BGH 14.9.2018 – V ZR 138/17, NZM 2018, 1024.
13 OLG Hamburg 23.10.1987 – 13 W 32/87, BeckRS 1987, 30975206.
14 Jennißen/*Heinemann* WEG § 19 Rn. 13.
15 Bärmann/*Suilmann* WEG § 19 Rn. 9.
16 BGH 19.1.2007 – V ZR 26/06, NJW 2007, 1353.
17 KG 22.12.1993 – 24 W 875/93, NJW-RR 1994, 855.
18 BGH 8.7.2011 – V ZR 2/11, NZM 2011, 694.
19 BT-Drs. 19/18791, 78.
20 BGH 16.2.2018 – V ZR 148/17, NZM 2018, 402.
21 AG Dachau 16.1.2001 – 3 C 265/00, BeckRS 2006, 406.
22 Jennißen/*Heinemann* WEG § 19 Rn. 16.
23 BGH 25.1.2018 – V ZR 141/17, NJW-RR 2018, 649.

ist.[24] Die Verfahrenskosten sind gem. § 16 Abs. 2 WEG **von allen Miteigentümern** zu finanzieren. Auch der beklagte Wohnungseigentümer muss sich an diesen Kosten beteiligen.[25]

20 **2. Kostenentscheidung und Kostenerstattung.** Über die **Verfahrenskosten** hat das Gericht gem. §§ 91 ff. ZPO zu entscheiden. Bei einem **Unterliegen des Beklagten** hat er der obsiegenden Gemeinschaft der Wohnungseigentümer die Kosten zu erstatten, was aus § 19 Abs. 2 WEG aF gefolgert wurde.[26] Die Vorschrift ist ersatzlos entfallen, so dass es nur bei den §§ 91 ff. ZPO bleiben kann. Nach altem Recht sollte dies nicht für Anwaltskosten, die die gesetzliche Vergütung aufgrund einer Streitwertvereinbarung nach § 27 Abs. 2 Nr. 4, Abs. 3 Nr. 6 WEG aF überstiegen, gelten. Diese Mehrkosten hatten alle Wohnungseigentümer, auch der unterlegene anteilig als Verwaltungskosten zu tragen, § 16 Abs. 8 WEG aF.[27] Aufgrund des in der Regel auskömmlichen Streitwerts (= Verkehrswert des Wohnungseigentums) war schon nach altem Recht eine Streitwertvereinbarung wenig praxisrelevant, so dass die Frage, ob eine solche nach neuem Recht wegen des Wegfalls der §§ 27 Abs. 2 Nr. 4, Abs. 3 Nr. 6 WEG aF zulässig wäre, an dieser Stelle nicht geklärt zu werden braucht.

21 **Unterliegt** die klagende Gemeinschaft der Wohnungseigentümer ist der obsiegende Beklagte anteilig an den Gerichtskosten zu beteiligen, sein Kostenerstattungsanspruch ist entsprechend zu kürzen, was nach altem Recht daraus gefolgert wurde, dass durch 16 Abs. 7 WEG aF diese Kosten ausdrücklich zu Kosten der Verwaltung erklärt werden.[28] Dazu gehörten auch die Kosten für seinen Anwalt.[29] Dies galt auch für etwaige Mehrkosten infolge einer Streitwertvereinbarung mit dem Anwalt der Klägerin.[30] Hieran dürfte sich nach neuem Recht trotz Wegfalls des § 16 Abs. 7 WEG aF nichts ändern.

VI. Abwendungsbefugnis

22 **1. Verkauf.** Wird ein Wohnungseigentümer zur Veräußerung seines Wohnungseigentums verurteilt, kann er der Zwangsvollstreckung aus diesem Urteil durch eigenhändigen **Verkauf** seines Wohnungseigentums zuvorkommen.

23 **2. Vollständige Zahlung (§ 19 Abs. 2 WEG aF).** Für den Fall der Entziehung des Wohnungseigentums wegen Nichterfüllung der Kosten- und Lastentragungspflicht nach § 18 Abs. 2 Nr. 2 WEG aF sah § 19 Abs. 2 WEG aF vor, dass der Wohnungseigentümer die Wirkung des Urteils dadurch abwenden konnte, dass er die **Verpflichtungen**, wegen deren Nichterfüllung er verurteilt wurde, einschließlich der Kosten des Verfahrens bis zur Erteilung des Zuschlags **erfüllte.** Diese Vorschrift entfällt im neuen WEG, da auch das Regelbeispiel des jetzigen § 18 Abs. 2 Nr. 2 WEG (Hausgeldverzug) entfällt.

24 Dabei waren die rückständigen Hausgelder und sämtliche Verfahrenskosten zu erstatten und zwar einschließlich der Verfahrenskosten für etwaige Zwangsvollstreckungsmaßnahmen.[31] Waren bereits weitere Gläubiger dem Versteigerungsverfahren beigetreten, konnte die Zwangsversteigerung nur durch Befriedigung auch dieser Gläubiger abgewendet werden.[32] Die Vorschrift regelte, dass mit **vollständiger Zahlung** zwar nicht die Rechtskraft, aber die Vollstreckbarkeit des Urteils entfiel. Sie war deshalb erforderlich, weil der verurteilte Wohnungseigentümer nicht den titulierten Anspruch auf Veräußerung seines Wohnungseigentums, sondern seine Zahlungsrückstände erfüllt.[33]

25 Zahlte der Wohnungseigentümer im Falle einer Entziehungsklage nach § 18 Abs. 2 Nr. 2 WEG aF bereits **im laufenden Verfahren,** wurde die Klage unbegründet[34] und konnte für erledigt erklärt werden. Erfolgte die Zahlung erst **nach dem Urteil,** stellte die aus der Erfüllung erwachsende Abwendungsbefugnis eine Einwendung iSv § 767 Abs. 1 ZPO dar, die den durch das Urteil festgestellten Veräußerungsanspruch mit der Folge

---

24 BGH 19.12.2013 – V ZR 96/13, NZM 2014, 247.
25 BGH 10.10.2013 – V ZR 281/12, NJW-RR 2014, 13.
26 BeckOK WEG/*Bartholome* § 16 Rn. 261.
27 BT-Drs. 16/887, 77.
28 OLG Düsseldorf 3.5.1996 – 3 Wx 356/93, NJW-RR 1997, 13; aA Bärmann/*Becker* WEG § 16 Rn. 164.
29 LG Berlin 26.10.2012 – 55 S 342/11, BeckRS 2013, 19876.
30 BT-Drs. 16/887, 77.
31 BGH 14.9.2018 – V ZR 138/17, NZM 2018, 1024.
32 BeckOK WEG/*Hogenschurz* § 19 Rn. 12; aA Jennißen/*Heinemann* WEG § 19 Rn. 51.
33 Jennißen/*Heinemann* WEG § 19 Rn. 52.
34 BeckOK BGB/*Hügel* WEG § 19 Rn. 6.

betraf, dass die Vollstreckung nur noch mit der Vollstreckungsabwehrklage für unzulässig erklärt werden konnte.[35] Da § 19 Abs. 2 WEG im reformierten WEG ersatzlos entfällt, wird der Wohnungseigentümer nach Rechtskraft des Urteils diesen Weg zukünftig nicht mehr beschreiten können.

3. § 19 Abs. 2 WEG aF analog. War die Entziehung wegen fortlaufender, nicht nur geringfügig unpünktli- 26 cher Hausgeldzahlungen erfolgt, kam die Abwendung in analoger Anwendung des § 19 Abs. 2 WEG aF nur in Betracht, wenn nicht nur sämtliche Rückstände beglichen waren, sondern auch davon auszugehen war, dass der verurteilte Wohnungseigentümer **in Zukunft** pünktlich zahlen werde.[36] Durch den Wegfall des § 19 Abs. 2 WEG aF soll sich an dieser Rechtsprechung nichts ändern. Entsprechende Rechtsfolgen sollen im Einzelfall auf § 242 BGB gestützt werden.[37]

War die Entziehung wegen anderer Tatbestände erfolgt, kam die Abwendung ebenfalls in analoger Anwen- 27 dung des § 19 Abs. 2 WEG aF in Betracht, wenn die **Störung endgültig weggefallen** war. Das konnte zB beim Tod des Störers oder Auszug des störenden Mitbewohners der Fall sein.[38] Ein nicht störender Miteigentümer konnte entsprechend § 19 Abs. 2 WEG aF die Wirkungen des Urteils abwenden, indem er den Miteigentumsanteil des störenden Miteigentümers erwarb, diesen dauerhaft und einschränkungslos aus der Wohnungseigentumsanlage entfernte und die dem Verband Wohnungseigentümergemeinschaft entstandenen Kosten ersetzte.[39] Trotz Streichung des § 19 Abs. 2 WEG aF soll die zur anlogen Anwendung des § 19 Abs. 2 WEG ergangene Rechtsprechung nicht in Frage gestellt werden. Vielmehr sollen entsprechende Rechtsfolgen im Einzelfall zukünftig auf § 242 BGB gestützt werden können.[40]

Die Abwendungsbefugnis nach § 19 Abs. 2 WEG aF konnte durch Vereinbarung, also zB in der Gemein- 28 schaftsordnung **abbedungen** sein.[41] Zulässig sollte insoweit eine Regelung sein, die den Wohnungseigentümern zusätzlich das Recht zugesteht, einer von § 19 Abs. 1 WEG aF abweichende Art der Veräußerung nach 10 Abs. 2 S. 2 WEG aF zu vereinbaren.[42] Als nicht abdingbar wurden allerdings die Voraussetzungen für eine Entziehung des Wohnungseigentums angesehen, so dass es nicht möglich war, eine Entziehung ohne Vorliegen eines Titels nach § 19 Abs. 1 bzw. 3 WEG aF zu vereinbaren.[43] Wird zukünftig die Abwendungsbefugnis durch Zahlung aller Rückstände trotz ersatzloser Streichung des §§ 19 Abs. 2 WEG aF als möglich erachtet, kann nichts anderes gelten.

VII. Vergleiche und andere Schuldtitel

Nach § 19 Abs. 3 WEG aF wurden dem Entziehungsurteil ausdrücklich gleichgestellt **gerichtliche** oder vor 29 einer **Gütestelle** (§§ 794 Abs. 1 Nr. 1, 797 a ZPO; § 15 a Abs. 6 EGZPO) geschlossene **Vergleiche**. Damit war die Zwangsvollstreckung auch aus Vollstreckungstiteln iSv § 794 Abs. 1 Nr. 1 ZPO zulässig. Nunmehr ist in § 17 Abs. 4 S. 2 WEG erweiternd geregelt, dass jedweder Schuldtitel iSd § 794 ZPO einem Urteil gleichsteht.

Aus notariellen Vergleichen, Anwaltsvergleichen nach § 796 Abs. 2 ZPO oder Mediationsvereinbarungen 30 kommt eine Zwangsvollstreckung nicht in Betracht. Diese stehen in ihrer Wirkung einem Entziehungsurteil nicht gleich, denn mit dem Vergleich wird eine Willenserklärung, nämlich die Veräußerung abgegeben. Hinsichtlich einer Willenserklärung kann man sich jedoch nicht der sofortigen Vollstreckung unterwerfen, vgl. § 794 Abs. 1 Nr. 5 ZPO.[44]

VIII. Wirkung des Urteils, Zwangsvollstreckung

1. Urteilswirkung. Der Titel, durch den ein Wohnungseigentümer zur Veräußerung seines Wohnungseigen- 31 tums verurteilt bzw. verpflichtet wird, entzieht nicht das Wohnungseigentum, sondern **berechtigt** die Gemein-

---

35 BeckOK BGB/*Hügel* WEG § 19 Rn. 6.
36 BeckOK WEG/*Hogenschurz* § 19 Rn. 12.
37 BT-Drs. 19/18791, 56 f.
38 Jennißen/*Heinemann* WEG § 19 Rn. 54.
39 BGH 14.9.2018 – V ZR 138/17, NZM 2018, 1024.
40 BT-Drs. 19/18791, 55 f.
41 Palandt/*Wicke* WEG § 19 Rn. 3.
42 *Heinemann* MietRB 2012, 29 (31 f.).
43 *Heinemann* MietRB 2012, 29 (31 f.).
44 Jennißen/*Heinemann* WEG § 19 Rn. 56.

schaft der Wohnungseigentümer **zur Zwangsversteigerung** entsprechend den Vorschriften des 1. Abschnittes des ZVG, § 17 Abs. 4 S. 1 WEG.

32 Da nach § 17 Abs. 1 S. WEG nur noch die Gemeinschaft der Wohnungseigentümer zur Zwangsversteigerung berechtigt ist, steht bei **Zweiergemeinschaften** (→ *Gemeinschaft der Wohnungseigentümer* Rn. 35) im Interesse der Rechtsvereinheitlichung der Entziehungsanspruch zukünftig auch nur der Gemeinschaft der Wohnungseigentümer zu.[45]

33 Der **Verwalter** darf entsprechend handeln und den Titel durchsetzen, wenn er nach § 27 Abs. 2 WEG ermächtigt ist.

34 **2. Anwendbare Vorschriften.** Nach § 17 Abs. 4 S. 1 WEG berechtigt das Entziehungsurteil zur Zwangsvollstreckung entsprechend den Vorschriften des Ersten Abschnitts des Gesetzes über die Zwangsversteigerung und die Zwangsverwaltung. Die **Vorschriften des Ersten Abschnitts** des ZVG, also die §§ 1–161 ZVG, sind für die Zwangsversteigerung wegen Geldforderungen konzipiert. Deshalb ist die Anwendbarkeit jeder Vorschrift zu prüfen.[46]

35 Die Vorschriften über die **Zwangsverwaltung** §§ 146–161 ZVG sind nicht anwendbar.[47] § 30 a ZVG, der dem Schuldner unter bestimmten Voraussetzungen erlaubt, einen Antrag auf einstweilige Einstellung des Zwangsversteigerungsverfahrens zu stellen, ist nicht anwendbar.[48]

36 Anwendbar sind aber ua §§ 20 und 23 ZVG, wonach die Anordnung der Zwangsversteigerung gleichzeitig als Beschlagnahme des Grundstücks gilt und zu einem Veräußerungsverbot führt. Uneingeschränkt anwendbar ist auch § 57 a ZVG, der dem Ersteher ein **außerordentliches Kündigungsrecht** gewährt. Dessen Vollstreckung auf **Räumung und Herausgabe** erfolgt aufgrund des Zuschlagsbeschlusses, § 93 Abs. 1 ZVG. Belässt der Ersteher den zur Entziehung verurteilten Wohnungseigentümer in der Wohnung, so kann gegen ihn nach § 15 Abs. 3 WEG oder § 18 WEG vorgegangen werden.[49]

37 Der zur Veräußerung Verpflichtete, muss nach Sinn und Zweck des Entziehungsverfahrens als **Bieter** ausgeschlossen sein, so dass § 81 Abs. 1 ZVG insoweit zu modifizieren ist.[50] Das Verfahren dient nicht der Realisierung einer Geldforderung, so dass der Gemeinschaft der Wohnungseigentümer auch der Versteigerungserlös nicht zukommt. Ein etwaiger Übererlös steht dem ehemaligen Wohnungseigentümer zu.[51]

38 Aus dem Entziehungstitel wird aus der **Rangklasse 5** nach § 10 Abs. 1 Nr. 5 ZVG vollstreckt.[52] Damit sind die Belastungen des Wohnungseigentums im geringsten Gebot zu berücksichtigen, § 44 Abs. 1 ZVG, und vom Ersteher zu übernehmen. Dies kann bei Belastungen mit vorrangigen Rechten, wie zB Grundpfandrechten die Zwangsvollstreckung erschweren bzw. praktisch unmöglich machen.[53] Folglich war das Entziehungsverfahren bei einer allein auf Hausgeldrückständen gestützten Entziehungsklage von geringer praktischer Bedeutung, denn diese konnten mit einem einfachen Zahlungstitel einfacher und schneller im Rang des §§ 10 Abs. 1 Nr. 2 ZVG bevorrechtigt geltend gemacht werden.

71. Erbrechtliche Aspekte

Bartels

---

45 BT-Drs. 19/18791, 55.
46 Jennißen/*Heinemann* WEG § 19 Rn. 25.
47 BeckOK WEG/*Hogenschurz* § 19 Rn. 4.
48 *Schneider* NZM 2014, 498 (499).
49 BGH 18.11.2016 – V ZR 221/15, ZWE 2017, 84.
50 *Schneider* NZM 2014, 498 (500); aA Jennißen/*Heinemann* WEG § 19 Rn. 44.
51 *Schneider* NZM 2014, 498 (500).
52 BT-Drs. 16/887, 26; aA rangloses Versteigerungsrecht, Jennißen/*Heinemann* WEG § 19 Rn. 29.
53 Bärmann/*Suilmann* WEG § 19 Rn. 15.

I. Einführung

Wohnungseigentum ist **vererblich** (§ 1922 Abs. 1 BGB). Der Erbe tritt mit dem Tod des Erblassers, dem Erbfall, ipso iure in alle Rechte und Pflichten, mithin die Rechtsstellung des Erblassers als Wohnungseigentümer ein (§ 1967 BGB). Der Erbe wird Eigentümer, haftet aber für alle Verbindlichkeiten, die zum Zeitpunkt des Erbfalls be- und auch diejenigen, die wegen des Erbfalls entstehen, wie Beerdigungskosten oder Ansprüche aus einem Vermächtnis. Er kann seine Haftung aber insoweit auf den Nachlass beschränken. Nutzt er eine Eigentumswohnung hingegen fortan selbst, begründet er hinsichtlich Abgaben und Lasten eigene Verbindlichkeiten, für die er keine Möglichkeit zur Haftungsbeschränkung hat. Der Erblasser kann in einer **letztwilligen Verfügung** auch **Wohnungseigentum begründen**, etwa wenn er ein ungeteiltes Hausgrundstück mehreren Erben zukommen lassen oder ein **Vermächtnis** auf Verschaffung von Wohnungseigentum verschaffen will. Daneben gilt es zu klären, wer nach dem Erbfall das Stimm- und Anfechtungsrecht im Zusammenhang mit dem Wohnungseigentum ausübt. **1**

II. Grundlagen des Erbrechts im Überblick

Das 5. Buch des BGB gibt genaue Vorgaben, wer mit dem Tod einer Person deren Vermögen erwirbt und für ihre Verbindlichkeiten einzustehen hat. Hiervon vermag der Erblasser in Grenzen privatautonom abzuweichen. **2**

1. Gesetzliche und gewillkürte Erbfolge. Die **gesetzliche Erbfolge** klassifiziert die Erben in verschiedene **Ordnungen**; gibt es einen Erben höherer Ordnung, sind die nachfolgenden Ordnungen von der Erbschaft ausgeschlossen (§ 1930 BGB). Erben erster Ordnung sind die Abkömmlinge des Erblassers (§§ 1924 Abs. 1, 1589, 1591 ff. BGB), Erben zweiter Ordnung die Eltern und deren Abkömmlinge (§ 1925 BGB), Erben dritter Ordnung die Großeltern und deren Abkömmlinge (§ 1926 BGB), Erben vierter Ordnung die Urgroßeltern und deren Abkömmlinge (§ 1928 BGB). Danach bilden die ferneren Verwandten die letzte Ordnung (§ 1929 BGB). Ergänzt wird dies durch die Erbfolge nach **Stämmen**: Dessen Erben treten an die Stelle des Stammvorgängers (§ 1924 Abs. 2 u. 3 BGB). Zudem ist Erbe der **Ehegatte** (§ 1931 BGB), der im Güterstand der Zugewinngemeinschaft einen erhöhten Erbteil erhält (§ 1371 BGB; → *Familienrechtliche Aspekte* Rn. 19). Gibt es keinen Erben, fällt das Erbe dem Fiskus zu (§ 1936 BGB), um einen herrenlosen Nachlass zu verhindern. **3**

Das BGB kennt verschiedene Möglichkeiten, über das Vermögen zu Lebzeiten privatautonom zu bestimmen (gewillkürte Erbfolge), wie **Testament** (§§ 1937, 2064 ff. BGB), namentlich das gemeinschaftliche Testament der Eheleute (§§ 2265 ff. BGB) oder **Erbvertrag** (§§ 1941, 2274 ff. BGB). Mit diesen Mitteln kann bestimmt werden, wer Erbe werden soll, wobei Formvorschriften zu beachten sind; so ist ein Testament grundsätzlich eigenhändig zu errichten und zu unterschreiben (§§ 2064, 2247 BGB). Hierbei kann der Erblasser ein **Vermächtnis** anordnen, das für den Vermächtnisnehmer einen schuldrechtlichen Anspruch gegen den Erben begründet. Der Erblasser ist in seinen Entscheidungen frei, kann aber nicht verhindern, dass Ehegatten, Kinder und auch Eltern einen **Pflichtteilsanspruch** gegen die Personen, die als Erben eingesetzt worden sind, erlangen (§§ 2303 ff. BGB). **4**

2. Gemeinschaft der Miterben. Mehrere Erben bilden die – nicht rechtsfähige – **Miterbengemeinschaft** (§ 2032 BGB). Kinder erben zu gleichen Teilen (§ 1924 Abs. 4 BGB). Jeder Miterbe kann die Auseinandersetzung der Gemeinschaft verlangen (§ 2042 BGB). Gehört ein Grundstück zum Erbe, wird sich dieses regelmäßig ohne sog. Auseinandersetzungsvertrag[1] der Miterben nicht in Wohnungseigentum teilen lassen, da dies nicht zu gleichartigen Gegenständen führt (§§ 752 S. 1, 2042 Abs. 2 BGB).[2] Mit der **Teilungsanordnung** nach § 2048 BGB gibt der Erblasser vor, wie ein oder mehrere Nachlassgegenstände bei der Auseinandersetzung **5**

---

1 Hierzu BeckOGK/*Rißmann/Szalai* BGB § 2042 Rn. 23 ff.
2 Vgl. BeckOK/*Rißmann/Szalai* BGB § 2042 Rn. 54 ff.

unter den Miterben zugewiesen werden sollen. Er kann also etwa vorgeben, welcher Erbe welches bestehende Wohnungseigentum erhalten oder dass Wohnungseigentum an einem ungeteilten Hausgrundstück begründet und bestimmten Erben zugewiesen werden soll. Die Miterben haften für die Kosten und Lasten des **Wohnungseigentums** als Gesamtschuldner (§§ 421, 2058 BGB). Im Innenverhältnis erhält jeder Miterbe einen Ausgleichs- und Befreiungsanspruch gegen die Miterben, der sich nach seinem Erbteil ausrichtet.[3] Zur Bezeichnung nicht namentlich bekannter Erben in der Klageschrift genügt die Angabe der Erbengemeinschaft nach dem Erblasser den Anforderungen des § 253 Abs. 2 Nr. 1 ZPO – sowie des § 44 Abs. 1 S. 2 WEG aF –, solange im Grundbuch der Eigentumswechsel noch nicht eingetragen worden ist.[4] Die Miterben als Erbengemeinschaft sind als Wohnungseigentümer iSv § 43 WEG anzusehen, so dass sich die **Klagebefugnis** für eine Anfechtungsklage aus § 2038 Abs. 1 S. 2 BGB ergibt.[5]

6   **3. Vor- und Nacherbschaft.** Der Erblasser kann in letztwilliger Verfügung anordnen, dass der Nacherbe den Nachlass oder einen Teil zeitlich nach dem Vorerben erhalten soll, so dass ein **Sondervermögen** gebildet wird.[6] Dieses hat der Vorerbe bis zum Eintritt des Nacherbfalls zu verwalten (§ 2139 BGB); er hat nur eine eingeschränkte Verfügungsbefugnis, die durch Anordnungen des Erblassers weiter eingeschränkt werden kann (§§ 2112 ff. BGB). Den Nacherbfall kann der Erblasser bestimmen. Dies kann der Tod des Vorerben sein (vgl. § 2106 Abs. 1 BGB), aber auch eine andere Bedingung, etwa die Volljährigkeit des Nacherben. Ebenfalls tritt der Nacherbfall mit der **Ausschlagung** der Erbschaft durch den Vorerben ein; auch der Nacherbe vermag die Erbschaft auszuschlagen (§ 2142 BGB) und seine Haftung zu beschränken (§ 2145 BGB).

7   Bei der **Vorerbschaft** ist der Vorerbe bis zum Eintritt des Nacherbfalls der Hausgeldschuldner, danach der Nacherbe. Sonderumlagen für Modernisierungen können durch den Vorerben von dem Nacherben nicht ersetzt verlangt werden (§ 2125 Abs. 1 BGB), sofern es sich nicht um außerordentliche Lasten handelt (§ 2126 S. 1 BGB).[7] Bis zum Eintritt des Nacherbfalls übt der Vorerbe das **Stimmrecht** in der Wohnungseigentümerversammlung aus. Dieses geht mit dem Nacherbfall auf den Nacherben über, ohne dass es einer Eintragung des Eigentumswechsels in das Grundbuch bedürfte.[8]

8   **4. Testamentsvollstreckung.** Der Erblasser kann in seinem Testament bestimmen (§ 2197 Abs. 1 BGB), dass ein Testamentsvollstrecker gem. § 2205 S. 1 BGB seine letztwilligen Verfügungen umsetzt (§ 2203 BGB). Die Testamentsvollstreckung kann also den gesamten Nachlass oder nur einzelne Gegenstände betreffen. Der Testamentsvollstrecker hat ein privates Amt inne. Die Testamentsvollstreckung ist im Grundbuch (§ 52 GBO) einzutragen. Der Testamentsvollstrecker vermag auch bei dem Nachlassgericht die Erteilung eines Testamentsvollstreckerzeugnisses zu beantragen (§ 2368 BGB).

9   Der Testamentsvollstrecker verwaltet den Nachlass (§ 2205 BGB), er ist gerichtlich und außergerichtlich **aktiv-** und **passivlegitimiert** ist. Er nimmt auch das Stimm- und Anfechtungsrecht wahr. Gleichwohl kann ebenfalls der Erbe an einer Eigentümerversammlung teilnehmen, weil er kein Dritter ist.[9]

10   Gehört eine Eigentumswohnung zum Nachlass, weil sie der Testamentsvollstrecker für den Erben mit Nachlassmitteln erworben hat (§ 2041 S. 1 BGB), sind die **Hausgeldschulden**, die während der Dauer der Testamentsvollstreckung fällig werden, Nachlasserbenschulden (§ 2213 Abs. 1 S. 1 BGB).[10]

11   **5. Nachweis der Erbschaft.** Das Nachlassgericht erteilt dem Erben zum Nachweis dessen Erbenstellung einen **Erbschein** (§ 2353 BGB). Mit diesem kann der Erbe gegenüber dem Grundbuchamt den Nachweis der Erbfolge erbringen (§ 35 Abs. 1 S. 1 Alt. 1 GBO). § 2365 BGB vermutet im Rechtsverkehr darüber hinaus einerseits positiv, dass das Erbrecht bestehe, andererseits negativ, dass nur die benannten Verfügungsbeschränkungen bestünden. Daraus folgt der öffentliche Glaube bei Verfügungen des Erben über den Nachlass (§ 2366 BGB) und Leistungen an den Erben (§ 2367 BGB).

---

3   *Eichhorn* ZfIR 2017, 223 (226).

4   AG Potsdam 25.4.2019 – 31 C 32/18, ZWE 2019, 507.

5   Vgl. BayObLG 20.5.1998 – 2Z BR 25/98, NZM 1999, 286 (287); aA *Becker* ZWE 2008, 405 (406 f.): § 2039 Abs. 1 BGB; offengelassen bei BeckOK WEG/*Elzer* § 43 Rn. 103.

6   *Hügel* ZWE 2007, 174 (176).

7   Ausführl. *Hügel/Elzer* WEG § 28 Rn. 149 a.

8   Abw. *Eichhorn* ZfIR 2017, 223 (228), der dies nur für den Tod des Vorerben als ausreichend ansieht.

9   *Hügel* ZWE 2006, 174 (178 f.); vgl. AG Essen 14.7.1995 – 95 II 5/95 WEG, NJW-RR 1996, 79.

10   BGH 4.11.2011 – V ZR 82/11, NJW 2012, 316 Rn. 5 ff.

III. Begründung von Wohnungseigentum durch letztwillige Verfügung

Wohnungseigentum kann **durch letztwillige Verfügung begründet** werden: Der Erblasser vermag ein Ver- 12
mächtnis (§ 2147 BGB) dergestalt anzuordnen, dass der Erbe das Grundstück zu teilen (§ 8 WEG) und das
Sondereigentum an einer Wohnung an den Vermächtnisnehmer zu übertragen hat. Auch kann bei einer Mehrheit von Erben der Erblasser durch eine **Teilungs-** oder **Auseinandersetzungsanordnung** (§ 2048 BGB) vorgeben, dass eine bestimmte Wohnung in einem dem Erblasser gehörenden Grundstück dem Begünstigten zugewandt werden soll. Die Teilungsanordnung wirkt nur schuldrechtlich und bindet die Erben und, wenn vorhanden, Testamentsvollstrecker, zeitigt aber keine dinglichen Wirkungen.[11] Auch in diesem Fall ist ein einheitliches Grundstück zu teilen (§ 8 WEG) und das Sondereigentum entsprechend zu übertragen. Im Zuge der
einvernehmlichen Auseinandersetzung einer Erbengemeinschaft (§ 2042 BGB) kann durch die Erben ebenfalls Wohnungseigentum begründet werden. Können sich die Erben nicht einigen, kann die Teilungsversteige-
rung des Eigentums beantragt werden (§ 180 Abs. 1 ZVG).

Die Übertragung im Rahmen einer **Erbauseinandersetzung**, namentlich in Befolgung einer **Teilungsanord-** 13
nung, bedarf der Zustimmung der Wohnungseigentümer oder eines Dritten (§ 12 Abs. 1 WEG),[12] ebenso die
Übertragung von der Erbengemeinschaft auf sämtliche Miterben[13] oder auf einen der Miterben.[14] Keine zu-
stimmungspflichtige Veräußerung des Wohnungseigentums soll bei einem **Erbteilskauf** vorliegen (§§ 2371 ff.
BGB), selbst wenn der Nachlass nur aus dem Wohnungseigentum besteht oder bei der **Übertragung** eines
Miterbenanteils.[15]

IV. Rechtsnachfolge in das Wohnungseigentum

Mit dem Erbfall wird die erbberechtigte Person **ipso iure zum Erben** (Anfall der Erbschaft, § 1942 Abs. 1 14
BGB). Mit dem Erbfall tritt der Erbe in die Rechtsstellung des Erblassers ein, er erhält mithin dessen Rechte,
ihn treffen dessen Pflichten. Einer Eintragung des Eigentümerwechsels in das Grundbuch hierzu bedarf es
nicht, gleichwohl ist dieses iSv § 22 GBO zu berichtigen. Auch können Personen, deren Rechte betroffen sind,
aus § 894 BGB eine **Grundbuchberichtigung** verlangen, etwa wenn die Gemeinschaft der Wohnungseigentümer die Eintragung einer Zwangshypothek zur Sicherung ihrer Forderungen begehrt.[16] Die Erbschaft selbst
verlangt nach **keiner Veräußerungszustimmung** iSv § 12 Abs. 1 WEG.

1. Rechte des Erben. Der Erbe erlangt unmittelbar das Recht, an der Eigentümerversammlung teilzunehmen 15
und sein **Stimmrecht** auszuüben sowie **Beschlüsse anzufechten**, auch solche, die vor dem Erbfall getroffen
wurden.[17]

Werden **mehrere Personen** Erben, kann der Erblasser in seiner Teilungsanordnung bestimmen, dass ein Ver- 16
treter bestellt wird (→ Rn. 12). Auch können die Miterben selbst einen Vertreter bestellen. Geschieht dies
nicht, sind alle Miterben zur **Eigentümerversammlung** einzuladen, wobei sie aber gem. § 25 Abs. 2 S. 2
WEG ihr **Stimmrecht** nur **einheitlich** ausüben können (→ *Stimmrecht* Rn. 12 f.).[18] Verbietet die Gemeinschaftsordnung eine Stimmrechtsübertragung, soll damit in der Regel nur die Bevollmächtigung eines Dritten
ausgeschlossen werden, so dass die Erben einen Vertreter aus ihrem Kreis bestimmen können.[19] Soll ein Beschluss angefochten werden, kann dies auch nur einheitlich geschehen (§ 2038 Abs. 1 S. 1 BGB), sofern nicht
ein Fall der Notgeschäftsführung iSv § 2038 Abs. 1 S. 2 Hs. 2 BGB zu bejahen ist.[20]

Wird die Wohnung vererbt, hat sich der Erbe hinsichtlich des Kenntnisstands nach § 199 Abs. 1 Nr. 2 BGB die 17
Kenntnis des **Erblassers** zurechnen zu lassen (→ *Verjährung* Rn. 5). Der Ablauf der Verjährung wird indes
durch den Erbfall grundsätzlich für sechs Monate gehemmt (§ 211 S. 1 BGB).

---

11 BeckOK BGB/*Rißmann/Szalai* BGB § 2048 Rn. 33.
12 BayObLG 11.1.1982 – BReg 2 Z 96/80, MDR 1982, 496.
13 OLG Karlsruhe 25.6.2012 – 14 Wx 30/11, ZWE 2012, 490 f. mAnm *Schmidt*.
14 OLG Nürnberg 31.8.2015 – 15 W 788/16, ZWE 2016, 20 f.
15 OLG Hamm 13.9.1979 – 15 W 209/79, OLGZ 1979, 419 (423 f.).
16 *Eichhorn* ZflR 2017, 223 (231).
17 *Eichhorn* ZflR 2017, 223 (226).
18 *Eichhorn* ZflR 2017, 223 (226).
19 Vgl. *Hügel* ZWE 2006, 174 (176).
20 Vgl. BeckOK WEG/*Elzer* § 43 Rn. 103; abw. *Becker* ZWE 2008, 405 f.: § 2039 Abs. 1 BGB.

18   **2. Pflichten des Erben.** Nach § 1967 Abs. 1 BGB haftet der Erbe für **Nachlassverbindlichkeiten**. Dies sind
die zum Zeitpunkt des Erbfalls bestehenden sog. **Erblasserschulden** sowie die Verbindlichkeiten, die anlässlich des Erbfalls begründet werden, die sog. **Erbfallschulden**. Für beide vermag der Erbe seine Haftung auf
den Nachlass zu beschränken. Hingegen begründet der Erbe sog. **Nachlasserbenschulden** selbst, was ihm die
Möglichkeit zur Haftungsbeschränkung nimmt.[21] Auch kennt das BGB verschiedene Möglichkeiten für Gläubiger, Ansprüche durchzusetzen, namentlich gegen unbekannte Erben.

19   **a) Verpflichtungen gegenüber der Gemeinschaft der Wohnungseigentümer.** Mit dem Tod des Eigentümers – und nicht erst mit der deklaratorischen Grundbucheintragung – haften dessen Erben für seine Verbindlichkeiten gegenüber der Gemeinschaft der Wohnungseigentümer. Waren **Beitragsverpflichtungen** aus beschlossenen Wirtschaftsplänen, Sonderumlagen oder Jahresabrechnungen vor dem Erbfall fällig, wie alle laufenden und rückständigen Hausgelder, Kosten der Erhaltung, wegen Verwaltung und Benutzung des Gemeinschaftseigentums, stellen diese Verbindlichkeiten **Erblasserschulden** dar.[22]

20   Werden Verbindlichkeiten **nach** dem **Erbfall fällig** oder **begründet**, handelt es sich um **Nachlasserbenschulden** (→ Rn. 18), wenn dem Erben das Halten der Wohnung als ein Handeln bei der Nachlassverwaltung zugerechnet werden kann (§ 1967 Abs. 2 BGB).[23] Hierfür kommt es auf die zumindest konkludent geäußerte Annahme der Erbschaft, jedenfalls auf den **Ablauf** der **Ausschlagungsfrist** nach § 1944 Abs. 1 BGB an.[24] Wird
die Erbschaft ausgeschlagen, ist an das vergleichbare Verhalten der Person, die dann zum Erben wird, anzuknüpfen (§ 1953 Abs. 2 BGB).

21   Fällt eine Eigentumswohnung in den Nachlass und wird der **Fiskus** zum gesetzlichen **Alleinerben** (§ 1936
BGB), sind die nach dem Erbfall fällig werdenden oder durch Beschluss der Wohnungseigentümergemeinschaft begründeten Wohngeldschulden **Nachlassverbindlichkeiten**. Eigenverbindlichkeiten sind sie nur, wenn
der Fiskus die Wohnung für eigene Zwecke nutzen möchte, was regelmäßig nicht der Fall ist, aber etwa angenommen werden kann, wenn bedürftige Personen untergebracht werden.[25]

22   **b) Möglichkeit des Erben zur Haftungsvermeidung.** Erkennt der Erbe, dass die Erbschaft Verbindlichkeiten mit sich bringt, vermag er sie innerhalb von einer Frist von sechs Wochen **auszuschlagen**, nachdem er
zuverlässig Kenntnis von den tatsächlichen und rechtlichen Voraussetzungen der Erbschaft erlangt hat (§ 1944
BGB). Dies geschieht zu Protokoll des Nachlassgerichts oder bei einem Notar, der die öffentlich beglaubigte
Erklärung dem Nachlassgericht übersendet (§ 1945 BGB). Mit der Ausschlagung ist die erbberechtigte Person
so zu behandeln, als ob sie niemals Erbe geworden wäre (§ 1953 Abs. 1 BGB). Erklärt der Erbe hingegen die
Annahme oder läuft die Ausschlagungsfrist ab, verliert er die Möglichkeit zur Ausschlagung (§ 1943 BGB).
Hat der Erbe vor seiner Ausschlagung Geschäfte getätigt, kann er den tatsächlichen **Erben** als **Geschäftsführer ohne Auftrag** in Anspruch nehmen (§§ 677 ff., 1959 Abs. 1 BGB); Verfügungen über Nachlassgegenstände bleiben in bestimmten Fällen wirksam (§ 1959 Abs. 2 u. 3 BGB).

23   Der Erbe kann aber auch, ist ihm dies nicht mehr möglich oder möchte er das Erbe nicht ausschlagen, eine
Beschränkung der Haftung auf den Nachlass herbeiführen, indem er die **Nachlassverwaltung** (§§ 1975 ff.,
1981 Abs. 1 BGB) oder ein **Nachlassinsolvenzverfahren** (§§ 1975 ff., 1980 Abs. 1 BGB, §§ 316, 320 InsO)
beantragt, da hierdurch das Nachlass- von dem Eigenvermögen getrennt wird. Mit der Nachlassverwaltung als
Sonderfall der **Nachlasspflegschaft** sollen die Nachlassgläubiger befriedigt werden.[26] Ein **Nachlassinsolvenzverfahren** iSd §§ 11 Abs. 2, Nr. 2, 315 ff. InsO hingegen wird durchgeführt, wenn der Nachlass zahlungsunfähig oder überschuldet ist. Antragsbefugt sind neben dem Erben Nachlassverwalter, Nachlasspfleger und
Testamentsvollstrecker (→ Rn. 8 ff.). Der Erbe vermag wegen der durch ihn erfüllten Nachlasserbenschulden
den Nachlass gem. § 1978 Abs. 3 BGB auf Erstattung in Anspruch zu nehmen, was eine den übrigen Nach

---

21   BeckOK BGB/*Lohmann* § 1967 Rn. 13.
22   OLG Köln 18.9.1991 – 16 Wx 64/91, NJW-RR 1992, 460 (461); *Eichhorn* ZfIR 2017, 223 (225 f.); ausführl. *Niedenführ* NZM 2000, 641 ff.
23   BGH 5.7.2013 – V ZR 81/12, ZWE 2013, 372 Rn. 15 ff.; *Dötsch* ZMR 2006, 902 (906); *Marotzke* ZEV 2000, 153
      (154); aA *Hügel* ZWE 2006, 174 (179 f.); *Niedenführ* NZM 2000, 641 (642).
24   BGH 5.7.2013 – V ZR 81/12, ZWE 2013, 372 Rn. 16.
25   BGH 14.12.2018 – V ZR 309/17, NJW 2019, 988 Rn. 8 ff.
26   BGH 5.7.2017 – IV ZB 6/17, NJW-RR 2017, 1034; BeckOK BGB/*Lohmann* § 1975 Rn. 4.

lassverbindlichkeiten gegenüber vorrangige Forderung im Insolvenzverfahren auslöst (§ 324 Abs. 1 Nr. 1 InsO; vgl. → *Insolvenzrecht des Wohnungseigentums* Rn. 1 ff.).

Kommt es mangels Masse nicht zur Eröffnung eines Nachlassinsolvenzverfahrens (§ 26 InsO) oder der Anordnung einer Nachlassverwaltung (§ 1982 BGB), vermag der Erbe gegenüber dem Nachlassgläubiger die **Dürftigkeitseinrede** nach § 1990 Abs. 1 BGB zu erheben, was die Zwangsvollstreckung auf den Nachlass beschränkt und dem Erben ebenfalls einen Aufwendungsersatzanspruch aus den §§ 1978, 1979, 1991 Abs. 1 BGB eröffnet. 24

Sowohl die Eröffnung eines Nachlassinsolvenzverfahrens als auch die Anordnung einer Nachlassverwaltung führen zu einer **endgültigen Haftungsbeschränkung** (§ 1975 BGB). Eine **Nachlassverwaltung** kann auf Antrag bis zu zwei Jahre nach Annahme der Erbschaft angeordnet werden, wenn der Nachlass ausreicht, mithin die Kosten des Verfahrens, namentlich für den Nachlassverwalter, gedeckt werden können. Ist eine Nachlassverwaltung angeordnet worden, geht gem. § 1984 Abs. 1 BGB die Verwaltungs- und Verfügungsbefugnis des Erben auf den Nachlassverwalter über, so dass dieser das Stimmrecht in der Wohnungseigentümerversammlung für den Erben ausübt und deshalb zu laden ist. Die Erben sind nicht zu laden.[27] Mit Anordnung der Nachlassverwaltung verliert der Erbe die aktive und passive **Prozessführungsbefugnis**; ein laufender Prozess wird gem. den §§ 241 Abs. 3, 246 ZPO unterbrochen oder auf Antrag eines bereits bestellten Prozessbevollmächtigten ausgesetzt (→ *Prozess und Prozessgrundsätze* Rn. 27).[28] 25

c) Möglichkeiten des Gläubigers zur Haftungsverwirklichung. Ein Gläubiger kann einen Antrag auf Eröffnung eines **Nachlassinsolvenzverfahrens** stellen, wenn der Nachlass überschuldet oder zahlungsunfähig ist (§ 317 Abs. 1 InsO). Wird die Befriedigung durch das Verhalten des Erben verhindert oder gefährdet, besteht auch die Möglichkeit, die Anordnung einer **Nachlassverwaltung** zu beantragen (§ 1981 Abs. 2 S. 1 BGB). 26

Das Nachlassgericht kann zum Schutz des Nachlasses und der berechtigten Interessen des Rechtsverkehrs überdies für begrenzte Zeit einen **Nachlasspfleger** bestimmen (§§ 1960 f. BGB, § 342 Abs. 1 Nr. 2 FamFG). Die Wohnungseigentümer können als Gläubiger nach § 1961 BGB die Bestellung beantragen, wenn sie zur Rechtsverfolgung darauf angewiesen sind, namentlich dann, wenn der Erbe unbekannt ist.[29] 27

Der **Nachlasspfleger** ist **gesetzlicher Vertreter** des Erben, aber nur soweit der Nachlass zu sichern und zu erhalten ist, nimmt mithin auch die Rechte und Pflichten des Wohnungseigentümers iSd §§ 13 f. WEG wahr.[30] Ist die Sach- und Rechtslage eindeutig, vermag er zur Vermeidung von Kosten und Prozessen die Nachlassgläubiger zu befriedigen, was aber nicht grundsätzlich seine Aufgabe ist.[31] Er hat den Nachlass in Besitz zu nehmen (§ 1960 Abs. 1 S. 1 u. Abs. 2 BGB). Eine Wohnung vermag er freilich von dem möglichen Erben nicht herauszuverlangen.[32] Aus den §§ 1958, 1960 Abs. 3 BGB folgt die aktive und passive Prozessführungsbefugnis (→ *Prozessvoraussetzungen* Rn. 23 ff.).[33] Auch vermag er das Stimmrecht in der Wohnungseigentümerversammlung auszuüben sowie Beschlüsse anzufechten.[34] 28

V. Wohnungseigentum als Vermächtnis

Ist eine Person durch letztwillige Verfügung zum **Vermächtnisnehmer** bestimmt worden, hat sie aus den §§ 1939, 2174 BGB einen **schuldrechtlichen Anspruch** gegen den Erben auf Verschaffung des Vermächtnisgegenstands. Mit dem Erbfall wird also der Erbe, nicht aber der Vermächtnisnehmer Inhaber des Gegenstands, es findet gleichsam kein sog. **Vonselbsterwerb** statt, sondern der Erbe hat ihm diesem erst durch Rechtsgeschäft zu verschaffen, so etwa eine Eigentumswohnung. Es handelt sich um einen rechtsgeschäftlichen Erwerb. Sieht also die Teilungserklärung vor, dass eine Zustimmung nach § 12 Abs. 1 WEG für die Übertragung notwendig ist, ist diese einzuholen, bevor es zum Eigentumserwerb kommen kann.[35] 29

---

27 *Drabek* NZM 2014, 492 (495); *Hügel* ZWE 2006, 174 (178); *Skauradszun* ZWE 2016, 61 (63).
28 BeckOK BGB/*Lohmann* § 1984 Rn. 6.
29 *Drabek* NZM 2014, 492 (494).
30 Zu den Rechten und Pflichten ausführl. *Drabek* NZM 2014, 492 (493 f.).
31 BeckOK BGB/*Siegmann/Höger* § 1960 Rn. 14, 17; vgl. *Hügel* ZWE 2006, 174 (180).
32 BGH 22.1.1981 – IVa ZR 97/80, NJW 1981, 2299 f.
33 BeckOK BGB/*Siegmann/Höger* § 1960 Rn. 18.
34 *Eichhorn* ZfIR 2017, 223 (230).
35 *Eichhorn* ZfIR 2017, 223 (228).

30   Bis zum Eigentumsübergang haftet der Erbe für die **Hausgelder**. Erbe und Vermächtnisnehmer können im Innenverhältnis freilich eine abweichende vertragliche Regelung treffen. Gem. § 2185 BGB steht dem Erben gegen den Vermächtnisnehmer auch ein Verwendungs- und Aufwendungsersatzanspruch aus den §§ 994 ff. BGB zu,[36] etwa auf Erstattung der Hausgeldzahlungen, Zahlungen in die Erhaltungsrücklage und Sonderumlagen aus der Zeit zwischen Erbfall und Eigentumsübergang.[37] Der Vermächtnisnehmer kann das Vermächtnis formlos nach § 2180 BGB ausschlagen. Dem Erben steht das **Stimm- und Anfechtungsrecht** bis zum Eigentumsübergang zu, nach diesem dem Vermächtnisnehmer.

72. Erhaltungsmaßnahmen (Instandhaltung und Instandsetzung)

Elzer

I. Allgemeines

1   **1. Überblick.** Instandhaltung und Instandsetzung des gemeinschaftlichen Eigentums (Erhaltungsmaßnahmen) gehören zu einer **ordnungsmäßigen Verwaltung**, die gem. § 19 Abs. 1, Abs. 2 Nr. 2 WEG jeder Wohnungseigentümer verlangen kann. Zu den Erhaltungsmaßnahmen gehören ursprünglich die Erhaltung des gemeinschaftlichen Eigentums sowie seine Reparatur. Neben diesen Erhaltungsmaßnahmen im engeren gibt es aber auch solche im weiteren Sinne. Diese sind die Ersatzbeschaffung „verbrauchter" Teile, eine erstmalige ordnungsmäßige Herstellung des gemeinschaftlichen Eigentums, die Erfüllung öffentlich-rechtlicher Anforderungen, die Verkehrssicherungspflichten und modernisierende Instandsetzungen.

2   **2. Träger der Instandhaltung und Instandsetzung.** Die Pflicht, das gemeinschaftliche Eigentum zu erhalten, ist eine **Pflicht** der Gemeinschaft der Wohnungseigentümer. Etwas anders kann unter den Wohnungseigentümern vereinbart werden (→ Rn. 13 ff.). Die Gemeinschaft der Wohnungseigentümer muss die entsprechenden Arbeiten nicht selbst und in Person durchführen. Die Wohnungseigentümer sind grundsätzlich auch zu keiner tätigen Mithilfe verpflichtet. Den **Verwalter** treffen grundsätzlich keine Erhaltungspflichten. Seine Aufgabe ist es, die Erhaltungspflichten der Wohnungseigentümer durch ein Informationsmanagement nach § 27 Abs. 1 Nr. 1 WEG vorzubereiten sowie die kleinen Erhaltungsmaßnahmen durchzuführen (→ Rn. 21). Eigene Lasten treffen den Verwalter nur nach § 27 Abs. 1 Nr. 2 WEG (→ Rn. 22).

II. Begriff der Instandhaltung und Instandsetzung

3   **1. Überblick.** Bei den Begriffen „Instandhaltung" und „Instandsetzung" handelt sich um weitgehend inhaltsgleiche Begriffe. Ihrer begrifflichen Unterscheidung kommt wegen der identischen Rechtsfolgen idR auch kei-

---

36 Hierzu BeckOK BGB/*Sachs* § 2185 Rn. 11 ff.
37 *Eichhorn* ZflR 2017, 223 (228 f.).

ne praktische Bedeutung zu.[1] Etwas anderes gilt, wenn zB eine Vereinbarung wegen der Kosten zwischen Instandhaltung und Instandsetzung ausdrücklich und bewusst unterscheidet.[2]

2. Instandhaltung. Unter Instandhaltung ist der Inbegriff der Maßnahmen zu verstehen, die geeignet sind, **4** normale und gebrauchsbedingte Abnutzungserscheinungen zu beseitigen und vor drohenden Schäden zu schützen.[3] Es geht um die Beseitigung der durch Abnutzung, Alter und Witterungseinwirkungen entstehenden baulichen und sonstigen Mängel, die an die Substanz des gemeinschaftlichen Eigentums gehen. Die Maßnahmen müssen dazu dienen, den bei der Begründung des Wohnungseigentums bestehenden technisch einwandfreien, gebrauchs- und funktionsfähigen Zustand sowie den bestimmungsgemäßen Gebrauch einer baulichen Anlage aufrechtzuerhalten. Dies geschieht durch pflegende, erhaltende und vorsorgende Maßnahmen.

3. Instandsetzung. Unter einer Instandsetzung ist die Wiederherstellung des ursprünglichen ordnungsmäßi- **5** gen Zustands zu sehen.[4] Unter eine Instandsetzung lässt sich mithin die Beseitigung von **größeren Schäden und Mängeln** fassen, die zB durch Alterung, Abnutzung, Witterungseinflüsse,[5] unterlassene oder unzureichende Durchführungen der laufenden Instandhaltungen oder durch Einwirkung Dritter entstanden sind oder auf außergewöhnlichen Umständen und Ereignissen beruhen.[6]

4. Erhaltungsmaßnahmen im weiteren Sinne. Neben den aufgeführten Erhaltungsmaßnahmen im engeren **6** gibt es Erhaltungsmaßnahmen im weiteren Sinne. Zu diesen gehören: Maßnahmen am gemeinschaftlichen Eigentum, die zu dessen erstmaliger ordnungsmäßiger Erstellung/Herstellung erforderlich sind (→ *Erstmalige Herstellung eines ordnungsmäßigen Zustands* Rn. 1 ff.), öffentlich-rechtlich vorgeschriebene bauliche Veränderungen (→ *Öffentliches Recht des Wohnungseigentums* Rn. 1 ff.),[7] Maßnahmen zur Erfüllung der Verkehrspflichten (Verkehrssicherung) und modernisierende Instandsetzungen (→ *Modernisierende Instandsetzung* Rn. 1 ff.).

III. Entscheidung über Erhaltungsmaßnahmen

1. Überblick. Erhaltungsmaßnahmen können vereinbart oder nach § 21 Abs. 3 WEG mit einfacher Mehrheit **7** beschlossen werden. Ist das gemeinschaftliche Eigentum instandzuhalten oder instandzusetzen, besteht für die Wohnungseigentümer kein Ermessen, einen solchen Beschluss zu fassen oder nicht zu fassen. Für das „ob" ist ihr **Ermessen** auf null reduziert. Für die Entscheidung, welche Maßnahme mit welchen Mitteln auf welche Art und Weise – oder welche von mehreren anstehenden Maßnahmen zuerst – angegangen wird, besteht hingegen Ermessen.[8]

2. Erforderlichkeit. Um zu beurteilen, ob eine Erhaltungsmaßnahme erforderlich oder gar zwingend ist, **8** muss geklärt werden, wie das gemeinschaftliche Eigentum baulich beschaffen sein muss.[9] Maßgeblich hierfür sind nach hM die Vorgaben der Teilungserklärung und der Gemeinschaftsordnung.[10] Das gemeinschaftliche Eigentum müsse so beschaffen sein, wie es die Wohnungseigentümer **vereinbart** hätten. Das gelte auch dann, wenn es sich um anfängliche Mängel handele.[11]

3. Prüfung der Ordnungsmäßigkeit. Bei der Prüfung der Ordnungsmäßigkeit (→ *Ordnungsmäßige Verwal-* **9** *tung* Rn. 1 ff.) eines Erhaltungsbeschlusses ist zu klären, ob die Wohnungseigentümer ermessensfehlerfrei (→ *Ermessen* Rn. 1 ff.) ua folgenden Fragen nachgegangen sind:

- ■ Der Frage, welche von **mehreren notwendigen Maßnahmen** zuerst ansteht.[12] Denn das den Wohnungseigentümern eingeräumte Ermessen erlaubt es, für anstehende Instandsetzungsmaßnahmen eine Prioritä-

---

1 BGH 9.12.2016 – V ZR 124/16, NJW-RR 2017, 527 Rn. 19.
2 BGH 9.12.2016 – V ZR 124/16, NJW-RR 2017, 527 Rn. 19.
3 *Elzer* ZWE 2008, 153.
4 OLG Hamm 18.11.2008 – I-15 Wx 139/08, ZWE 2009, 261; BayObLG 25.9.2001 – 2Z BR 95/01, ZMR 2002, 209.
5 Vgl. auch § 1 Abs. 2 Nr. 2 BetrKV.
6 *Elzer* ZWE 2008, 153.
7 BGH 20.7.2018 – V ZR 56/17, NJW-RR 2018, 1165 Rn. 13.
8 BGH 14.6.2019 – V ZR 254/17, NJW 2019, 3780 Rn. 10.
9 BGH 4.5.2018 – V ZR 203/17, NZM 2018, 611 Rn. 10.
10 BGH 20.7.2018 – V ZR 56/17, NJW-RR 2018, 1165 Rn. 12; BGH 4.5.2018 – V ZR 203/17, NZM 2018, 611 Rn. 10.
11 BGH 4.5.2018 – V ZR 203/17, NZM 2018, 611 Rn. 10 und Rn. 16.
12 BGH 14.6.2019 – V ZR 254/17, NJW 2019, 3780 Rn. 10.

tenliste zu führen und diese abzuarbeiten.[13] In einem solchen Fall wird das Ermessen allerdings nur dann im Sinne ordnungsmäßiger Verwaltung ausgeübt, wenn alle im Laufe der Zeit neu hinzukommenden Erkenntnisse nicht von vornherein ausgeklammert und auf unabsehbare Zeit nach hinten verschoben werden. Im Einzelfall ist es möglich, dass trotz hoher finanzieller Belastung das Verschieben einer konkreten Erhaltungsmaßnahme angesichts einer fortschreitenden Verschlechterung des Bauzustandes nicht mehr in Frage kommt.[14]

- Der Frage, welchen Mängeln im Einzelnen entgegenzutreten ist bzw. welche **Mängel eingetreten** sind.[15]
- Der Frage, welche **Ursachen** die Mängel haben.[16] Unter Berücksichtigung der konkreten Umstände des Einzelfalles und der Höhe der voraussichtlichen Kosten ist zu prüfen, ob hierzu die Beauftragung eines Sachverständigen erforderlich ist. Je nach Fallgestaltung bedarf es eines Sachverständigen oder die Wohnungseigentümer können sich auf die Feststellungen eines mit dem Objekt vertrauten, fachkundigen Handwerkers verlassen.[17]
- Der Frage, ob die geplanten Maßnahmen den allgemein **anerkannten Stand der Technik** sowie die Regeln der Baukunst beachten.[18]
- Der Frage, ob durch Angebote klar ist, welche Möglichkeiten der **Mangelbehebung** in Betracht kommen.[19]
- Der Frage, in welchen **Schritten** vorzugehen ist.[20]
- Der Frage, wie die **Mittel** für die geplante Erhaltungsmaßnahme aufgebracht werden. Der Erhaltungsbeschluss entspricht dabei grundsätzlich nur dann ordnungsmäßiger Verwaltung, wenn die Kostenfrage mitgeregelt ist.[21] Das ist allerdings nicht erst dann der Fall, wenn die erforderlichen Mittel bereits durch die Erhaltungsrücklage (→ *Erhaltungsrücklage* Rn. 1 ff.) aufgebracht sind. Es genügt, dass die Aufbringung der Mittel durch die Wohnungseigentümer gesichert ist.[22]
- Der Frage, ob eine **Kosten-Nutzen-Analyse** vorgenommen worden ist.[23] Es kann danach im Einzelfall ordnungsmäßiger Verwaltung entsprechen, aus wirtschaftlichen Gründen keine Erhaltungsmaßnahme zu ergreifen.[24] Andererseits ist es möglich, dass trotz hoher finanzieller Belastung das Verschieben von Erhaltungsmaßnahmen angesichts einer fortschreitenden Verschlechterung des Bauzustandes nicht mehr in Frage kommt.[25]
- Der Frage, ob die beabsichtigte Maßnahme die einzelnen Wohnungseigentümer in finanzieller Hinsicht **überfordert**.[26] Es kann im Einzelfall ordnungsmäßiger Verwaltung entsprechen, eine nicht zwingende Maßnahme[27] aus wirtschaftlichen Gründen nicht zu ergreifen oder zunächst zurückzustellen.[28]
- Wie jeder Beschluss muss ein Erhaltungsbeschluss für seine Ordnungsmäßigkeit „bestimmt" sein (→ *Bestimmtheit* Rn. 1 ff.).

10   **4. Ermessensreduktion.** Ein Anspruch auf sofortige Durchführung einer sachgerechten Instandsetzung besteht, wenn allein dieses Vorgehen ordnungsmäßiger Verwaltung entspricht.[29]

11   **5. Übertragung der Entscheidung auf den Verwalter.** Die Wohnungseigentümer können die Entscheidung über eine Erhaltungsmaßnahme durch Beschluss nach § 27 Abs. 2 WEG oder durch eine Vereinbarung auf den

---

13   OLG Hamburg 7.10.2009 – 2 Wx 58/09, ZMR 2010, 129.
14   BGH 17.10.2014 – V ZR 9/14, NZM 2015, 53 Rn. 12.
15   BGH 17.10.2014 – V ZR 9/14, NZM 2015, 53 Rn. 10; BGH 13.7.2012 – V ZR 94/11, NJW 2012, 2955 Rn. 8.
16   LG Düsseldorf 22.10.2014 – 25 S 34/14, ZMR 2016, 795; LG Hamburg 5.4.2012 – 318 S 180/11, ZMR 2012, 723.
17   LG Düsseldorf 22.10.2014 – 25 S 34/14, ZMR 2016, 795; LG Hamburg 1.6.2010 – 318 T 154/07, ZMR 2010, 791.
18   BGH 4.5.2018 – V ZR 203/17, NZM 2018, 611 Rn. 23; BGH 24.5.2013 – V ZR 182/12, NJW 2013, 2271 Rn. 25.
19   LG Düsseldorf 22.10.2014 – 25 S 34/14, ZMR 2016, 795; LG Hamburg 5.4.2012 – 318 S 180/11, ZMR 2012, 723.
20   BGH 8.7.2011 – V ZR 176/10, NJW 2011, 2958 Rn. 8.
21   BGH 25.9.2015 – V ZR 246/14, NJW 2016, 1310 Rn. 17; BGH 8.7.2011 – V ZR 176/10, NJW 2011, 2958 Rn. 8.
22   BGH 8.7.2011 – V ZR 176/10, NJW 2011, 2958 Rn. 8.
23   BGH 14.6.2019 – V ZR 254/17, NJW 2019, 3780 Rn. 10; BGH 17.10.2014 – V ZR 9/14, NJW 2015, 613 Rn. 10.
24   *Elzer* ZMR 2018, 166 (167).
25   BGH 17.10.2014 – V ZR 9/14, NJW 2015, 613 Rn. 12.
26   BGH 4.5.2018 – V ZR 203/17, NZM 2018, 611 Rn. 9.
27   BGH 4.5.2018 – V ZR 203/17, NZM 2018, 611 Rn. 9.
28   BGH 4.5.2018 – V ZR 203/17, NZM 2018, 611 Rn. 9.
29   BGH 4.5.2018 – V ZR 203/17, NZM 2018, 611 Rn. 9; BGH 17.10.2014 – V ZR 9/14, NJW 2015, 613 Rn. 10.

Verwalter übertragen, soweit er diese nicht ohnehin nach § 27 Abs. 1 WEG treffen muss (→ Rn. 21) und bei Eilmaßnahmen (→ Rn. 22) .

6. Instandsetzungsplan (Sanierungsplan). Zur Planung und Koordinierung verschiedener Arbeiten können 12 sich die Wohnungseigentümer eines Instandsetzungsplans bedienen.[30] Ein Instandsetzungsplan enthält eine **Prognose**, zu welchen Zeitpunkten welche Instandsetzungsmaßnahmen voraussichtlich erforderlich werden und wie ihnen zu begegnen ist. In einen Instandsetzungsplan sind sämtliche bekannten Mängel des gemeinschaftlichen Eigentums bzw. erwartete Reparaturen einzustellen. Die in den Sanierungsplan aufgenommenen Daten sind bei neuen Erkenntnissen anzupassen. Stehen mehrere Mängel des gemeinschaftlichen Eigentums fest, ist der Plan bei neu erkannten Mängeln zu aktualisieren. Soweit es um die Prognose der anstehenden Maßnahmen im Sinne einer Bedarfsermittlung geht, ist es dabei Aufgabe des Verwalters, einen solchen Plan zu erstellen und zu führen.[31] Einen verbindlichen Instandsetzungsplan haben allerdings die Wohnungseigentümer zu beschließen.[32]

IV. Übertragung der Erhaltungspflicht (Instandhaltungslast)

1. Allgemeines. Die Wohnungseigentümer können trotz § 18 Abs. 1 WEG vereinbaren, dass einzelne Woh- 13 nungseigentümer auf eigene Kosten geschlossene Bereiche (etwa: Wirtschaftseinheiten bei Mehrhausanlagen, Wohnungseigentumsanlagen mit Tiefgaragenbereichen, bei der faktischen Realteilung von Reihenhaus- oder Doppelhausanlagen) oder Teile des gemeinschaftlichen Eigentums (Garagentore, Brandschutzeinrichtungen, Aufzüge, Fenster, Türen, Rollläden, Balkone, Dachterrassen, Loggien, Duplexparker, etc) instandhalten und/ oder instandsetzen müssen.[33] Diese Übertragung der Verwaltungszuständigkeit muss klar und eindeutig sein.[34] Bei einem **Zweifel** bleibt es bei der gesetzlichen Zuständigkeit.[35]

Eindeutig soll es etwa sein, wenn ein Wohnungseigentümer verpflichtet ist, Räumlichkeiten bzw. Flächen auf 14 eigene Kosten zu unterhalten und instandzuhalten.[36] Verpflichtet eine Vereinbarung die einzelnen Wohnungseigentümer zur Instandhaltung und Instandsetzung von im gemeinschaftlichen Eigentum stehenden Türen und Fenstern, ist aber der Farbanstrich der Außenseite jeweils davon ausgenommen, soll das hingegen nicht den Schluss erlauben, dass alle anderen Maßnahmen dem einzelnen Wohnungseigentümer obliegen.[37] Verursacht ein Wohnungseigentümer bei ihm übertragenen Maßnahmen der Instandhaltung/Instandsetzung einen Schaden, haftet er den anderen Wohnungseigentümern nach § 280 Abs. 1 BGB.

2. Anfängliche Mängel. Umstritten ist, ob eine Übertragungsvereinbarung auch auf anfängliche, noch vom 15 Bauträger zu verantwortende Mängel anwendbar ist.[38] Die hM verneint das und nimmt an, dass eine Beseitigung anfänglicher Mängel von sämtlichen Wohnungseigentümern zu leisten ist und dass eine entgegenstehende Vereinbarung nur Fälle nach erstmaliger mangelfreier Herstellung des gemeinschaftlichen Eigentums meint.[39]

3. Sondernutzungsrechte. Grundsätzlich sind alle Wohnungseigentümer und nicht der Sondernutzungsbe- 16 rechtigte für Maßnahmen der Instandhaltung/Instandsetzung und auch die damit im Zusammenhang stehenden Kosten zuständig. Etwas anderes gilt, wenn die Pflicht zur Instandhaltung/Instandsetzung dem Sondernutzungsberechtigten und/oder die damit verbundene Kostenlast im Wege einer **Vereinbarung** übertragen wur-

---

30 BGH 4.5.2018 – V ZR 203/17, NZM 2018, 611 Rn. 27.
31 BGH 9.3.2012 – V ZR 161/11, NJW 2012, 1724 Rn. 5.
32 BGH 9.3.2012 – V ZR 161/11, NJW 2012, 1724 Rn. 5.
33 BGH 26.6.2020 – V ZR 199/19 Rn. 7 ff.; BGH 22.3.2019 – V ZR 145/18, ZWE 2019, 322 Rn. 10; BGH 28.10.2016
      – V ZR 91/16, NJW 2017, 1167 Rn. 19.
34 BGH 26.6.2020 – V ZR 199/19 Rn. 6; BGH 22.3.2019 – V ZR 145/18, ZWE 2019, 322 Rn. 10.
35 BGH 22.3.2019 – V ZR 145/18, ZWE 2019, 322 Rn. 7; BGH NJW 2012, 1722 Rn. 7.
36 BGH 22.3.2019 – V ZR 145/18, ZWE 2019, 322 Rn. 10.
37 BGH 22.11.2013 – V ZR 46/13, NZM 2014, 396 Rn. 13.
38 Siehe auch BGH 26.6.2020 – V ZR 199/19 Rn. 8.
39 OLG München 30.1.2007 – 34 Wx 116/06, NZM 2007, 369; LG Berlin 2.2.2018 – 85 S 88/16 WEG, ZMR 2018,
      426 (427); LG München I 6.7.2017 – ZMR 2017, 923, ZMR 2017, 923; aA OLG München 23.5.2007 – 32 Wx
      30/07, NJW 2007, 2418; LG Koblenz 3.7.2014 – 2 S 36/14 WEG, IMR 2014, 476.

de.[40] Im Einzelfall kann auch eine schlüssige Vereinbarung anzunehmen sein. Wird dem Sondernutzungsberechtigten auferlegt, Terrassenflächen bestimmungsgemäß zu verwenden und „auf eigene Kosten voll zu unterhalten und zu pflegen", wurde zB die Instandhaltung und deren Kosten dem Sondernutzungsberechtigten aufgebürdet. Aus der Regelung soll sich indes nicht ergeben, dass der Sondernutzungsberechtigte auch die Instandsetzung der Terrassenfläche und die dadurch entstehenden Kosten tragen muss.

17 **4. Beschluss.** Ein Beschluss, der einen Wohnungseigentümer zu Maßnahmen der Instandhaltung/Instandsetzung verpflichtete, wäre nichtig.[41] Dies soll auch dann gelten, wenn der Beschluss auf einer **Öffnungsklausel** beruht.[42]

V. Kosten

18 **1. Überblick.** Die Kosten einer Instandsetzung und/oder Instandhaltung sind **von allen Wohnungseigentümern** zu tragen[43] und – wenn vorhanden – dem Gemeinschaftsvermögen, vor allem der Erhaltungsrücklage, zu entnehmen oder durch Sonderumlage oder einen Darlehensvertrag[44] aufzubringen.

19 Bei der **Höhe** der Kosten ist ggf. § 650 m Abs. 2 BGB, vor allem aber § 650 f BGB[45] zu beachten. Die Umlage der Kosten unterfällt grundsätzlich dem § 16 Abs. 2 S. 1 WEG.[46] Die Wohnungseigentümer können eine von dieser Regelung abweichende Umlagevereinbarung treffen[47] oder nach § 16 Abs. 2 S. 2 WEG etwas anderes für einzelne Kosten oder bestimmte Arten von Kosten, zB die Fenster und Wohnungseingangstüren, beschließen. Ferner kann die Gemeinschaft der Wohnungseigentümer mit einem Wohnungseigentümer einen Kostenvertrag schließen. Besitzt ein Wohnungseigentümer am gemeinschaftlichen Eigentum ein Nutzungsrecht, zB ein Sondernutzungsrecht, liegt hierin allein allerdings noch keine Übertragung der Kostentragungspflicht. § 16 Abs. 2 S. 2 WEG erlaubt es allerdings nicht, Schadenersatzansprüche selbst zu titulieren. Hat zB ein Wohnungseigentümer ein Fenster beschädigt, kann von § 16 Abs. 2 S. 2 WEG kein Gebrauch gemacht werden.

20 **2. Eigenmächtige Erhaltungsmaßnahmen.** Dem Wohnungseigentümer, der eigenmächtig Instandhaltungs- und Instandsetzungsarbeiten durchführt, steht kein Ersatzanspruch aus **Geschäftsführung ohne Auftrag** oder Bereicherungsrecht zu.[48] Das gilt auch dann, wenn die von dem Wohnungseigentümer durchgeführte Maßnahme ohnehin hätte vorgenommen werden müssen.[49] Auch wenn der Wohnungseigentümer eine Maßnahme zur Instandhaltung oder Instandsetzung in der irrigen Annahme durchführt, er habe diese als Sondereigentümer auf eigene Kosten vorzunehmen, zB eine Fenstererneuerung, besteht ein solcher Anspruch nicht.[50]

VI. Verwalteraufgaben

21 Der Verwalter muss für eine ordnungsmäßige Erhaltung des gemeinschaftlichen Eigentums Sorge tragen. Er wird durch § 27 Abs. 1 Nr. 1 WEG berechtigt, vor allem aber verpflichtet, die für die ordnungsmäßige Instandhaltung und Instandsetzung erforderlichen Maßnahmen zu treffen (→ *Informationsmanagement* Rn. 1 ff.), aber auch zur laufenden, kleinen[51] Erhaltung, soweit diese **untergeordnete** Bedeutung hat und nicht zu **erheblichen** Verpflichtungen führt. IdR dürften hierzu beispielsweise zählen: die Reparatur kaputter Fensterscheiben, die Entfernung eines Graffito, die Entscheidung, einen defekten Leuchtkörper auszutauschen und seine Neuanschaffung, die Entscheidung, eine abgestorbene Pflanze auszutauschen und eine neue zu erwerben, die Re-

---

40 BGH 22.3.2019 – V ZR 145/18, ZWE 2019, 322 Rn. 10; BGH 28.10.2016 – V ZR 91/16, NJW 2017, 1167 Rn. 18 ff.
41 BGH 9.3.2012 – V ZR 161/11, NJW 2012, 1724 Rn. 11.
42 BGH 13.5.2016 – V ZR 152/15, NJW-RR 2016, 1107 Rn. 15; BGH 10.10.2014 – V ZR 315/13, NJW 2015, 549 Rn. 16.
43 BGH 9.12.2016 – V ZR 124/16, NJW-RR 2017, 527 Rn. 14.
44 BGH NJW 2015, 3651; BGH NJW 2012, 3719 Rn. 6.
45 *Schulze-Hagen*, ZWE 2010, 72 (74).
46 BGH 17.10.2014 – V ZR 9/14, NZM 2015, 53 Rn. 16.
47 BGH 9.12.2016 – V ZR 124/16, NJW-RR 2017, 527 Rn. 14.
48 BGH 14.6.2019 – V ZR 254/17, NJW 2019, 3780 Rn. 10.
49 BGH 14.6.2019 – V ZR 254/17, NJW 2019, 3780 Rn. 11.
50 BGH 14.6.2019 – V ZR 254/17, NJW 2019, 3780 Rn. 20.
51 BT-Drs. 19/22634, 47.

paratur der Außen- und Innenbeleuchtung oder eines Handlaufs. Es ist auch am Verwalter, entsprechende Werkleistungen technisch und rechtlich abzunehmen. Ferner ist der Verwalter grundsätzlich als berechtigt anzusehen, im Vorfeld einer Erhaltungsmaßnahme mit Dritten Verträge über Angebote zu schließen, soweit diese nur bereit sind, gegen ein Entgelt ein Angebot abzugeben. Nicht mehr als „klein" anzusehen sein dürften etwa umfassende Reparaturen der Fassade, des Daches, der Heizungsanlage oder des Belags eines Weges. Daneben folgen Pflichten und Rechte aus § 27 Abs. 1 Nr. 2 WEG (→ Rn. 22). Der Verwalter ist grundsätzlich nicht befugt, aus eigenem Recht einen Sachverständigen zu bestellen.[52] Kommt der Verwalter seinen (Not-)Pflichten nicht nach, schuldet er der Gemeinschaft der Wohnungseigentümer und aus dem Verwaltervertrag den Wohnungseigentümern **Schadenersatz**.[53]

VII. Eilmaßnahmen

Droht dem gemeinschaftlichen Eigentum ein Schaden, ist nach § 18 Abs. 3 WEG jeder Wohnungseigentümer berechtigt, ohne Zustimmung der anderen Wohnungseigentümer die Erhaltungsmaßnahmen zu treffen, die zur Abwendung notwendig sind. Ausnahmsweise darf im Übrigen auch der Verwalter selbständig Maßnahmen treffen. Nach § 27 Abs. 1 Nr. 2 WEG darf er in dringenden Fällen sonstige zur Erhaltung des gemeinschaftlichen Eigentums erforderliche Maßnahmen treffen. Als **„dringend"** sind solche Fälle zu verstehen, die wegen ihrer Eilbedürftigkeit eine vorherige Einberufung einer Versammlung nicht zulassen. Dabei ist die Größe der Eigentümergemeinschaft iSv §§ 741 ff. BGB zu beachten. Entscheidend ist, ob die Erhaltung des gemeinschaftlichen Eigentums gefährdet wäre, wenn nicht umgehend gehandelt werden würde. Dieses ist zB bei einem Leitungsbruch, bei einem Brand, bei einer Explosion, bei einem Wassereinritt etc anzunehmen. § 27 Abs. 1 Nr. 2 WEG deckt dann Maßnahmen, welche die Gefahrenlage beseitigen, nicht aber solche, die der dauernden Behebung der Schadensursache dienen. Soweit der Verwalter nach außen auftreten muss, um entsprechende Aufträge auszulösen, besitzt er nach § 9 b Abs. 1 WEG eine gesetzliche Vertretungsmacht für die Gemeinschaft der Wohnungseigentümer. 22

VIII. Schadenersatz

Kommen die Wohnungseigentümer der Verpflichtung, das gemeinschaftliche Eigentum instandzuhalten und instandzusetzen nicht nach, besitzt ein dadurch einen Schaden erleidender Wohnungseigentümer gegen die Gemeinschaft der Wohnungseigentümer einen Schadenersatzanspruch.[54] Verursacht ein Wohnungseigentümer bei ihm übertragenen Maßnahmen der Instandhaltung/Instandsetzung einen Schaden, haftet er nach § 280 Abs. 1 BGB.[55] Die Gemeinschaft der Wohnungseigentümer kann gegen die Wohnungseigentümer, die schuldhaft nicht mit „ja" gestimmt haben, Regressansprüche haben. 23

IX. Prozessuales

Verlangt ein Wohnungseigentümer eine Instandhaltung und/oder eine Instandsetzung, kann er sich damit jedoch gegen die anderen Wohnungseigentümer nicht durchsetzen und kommt kein Beschluss zustande, ist eine **Beschlussersetzungsklage** zu erheben. 24

---

52 OLG Frankfurt a. M. 28.5.2009 – 20 W 115/06, NJW-RR 2010, 161.
53 LG Hamburg 17.4.2009 – 318 T 12/08, ZMR 2011, 502.
54 Zum alten Recht BGH 23.2.2018 – V ZR 101/16, NJW 2018, 2550 Rn. 36; BGH 13.7.2012 – V ZR 94/11, NJW 2012, 2955 Rn. 9.
55 Zu Ausbaurechten *Lehmann-Richter* ZWE 2017, 193 (198).

73. Erhaltungsrücklage
(Instandhaltungsrückstellung/Instandhaltungsrücklage)

Elzer

I. Allgemeines

1 Nach § 19 Abs. 2 Nr. 4 WEG gehört die Ansammlung einer angemessenen Erhaltungsrücklage zu einer ordnungsmäßigen, dem Interesse der Gesamtheit der Wohnungseigentümer entsprechenden Verwaltung, die durch Stimmenmehrheit beschlossen werden kann (§ 19 Abs. 1 WEG) und auf die jeder Wohnungseigentümer einen Anspruch hat (§ 18 Abs. 2 WEG). Nach § 19 Abs. 2 Nr. 4 WEG können die Höhe des jährlichen Beitrags zur Erhaltungsrücklage, die Art und Weise ihrer Aufbringung sowie die Höhe der Erhaltungsrücklage durch Beschluss festgesetzt und durch (Zweit-) Beschluss geändert werden. Daneben ist jeweils eine Vereinbarung möglich (§ 19 Abs. 1 WEG). § 19 Abs. 2 Nr. 4 WEG hat – wie § 28 Abs. 1 S. 1 WEG zeigt – keinen abschließenden Charakter. Er schließt die Bildung anderer Rückstellungen also nicht aus.[1]

II. Sinn und Zweck

2 **1. Überblick.** Die Erhaltungsrücklage hat im Kern den Zweck, künftige Reparaturen des gemeinschaftlichen Eigentums zu sichern, und soll gewährleisten, dass auch bei plötzlich auftretendem hohem Reparaturbedarf immer die hierfür notwendigen Mittel vorhanden sind und die Wohnungseigentumsanlage nicht wegen fehlender Mittel verwahrlost.[2] Die Erhaltungsrücklage hat ferner den Sinn, dass auch zahlungsschwache Miteigentümer über vertretbare Kleinbeträge Reparaturen langfristig mitansparen, damit sie nicht wegen einer sonst erforderlichen, ggf. hohen Sonderumlage zahlungsunfähig werden.[3]

3 **2. Gesetzlicher Verwendungszweck.** Gesetzlicher Verwendungszweck sind die Kosten, die für Maßnahmen nach § 19 Abs. 2 Nr. 2 WEG anfallen, sowie die Kosten für Ersatzbeschaffungen. Die Erhaltungsrücklage darf ferner zur Behebung anfänglicher Baumängel verwendet werden, wenn deren Beseitigung durch Bauträger oder Bauhandwerker nicht mehr zu erwarten ist, für Maßnahmen der Verkehrssicherung, für die Erfüllung behördlicher oder gesetzlicher Auflagen oder für modernisierende Instandsetzungen und für Gutachter- und andere im Zusammenhang mit einer Erhaltungsmaßnahme stehende Kosten. Die Erhaltungsrücklage darf demgegenüber **nicht eingesetzt** werden für die Finanzierung von baulichen Veränderungen und Modernisierungen, für Anwaltshonorare, für Heizkosten, zur Abdeckung von Hausgeldrückständen in Bezug auf die Betriebs- und Verwaltungskosten oder für den Erwerb von Sachen, etwa einem Grundstück.

4 **3. Zweckbindung.** Die Zweckbindung tritt nach hM bereits mit dem Beschluss über die Einzel-Wirtschaftspläne nach § 28 Abs. 1 S. 1, Abs. 2 S. 1 WEG und der dort vorgesehene Beitragsleistung der Wohnungseigentümer zur Erhaltungsrücklage ein. Sie soll durch Beschluss zum Ende des Jahres „hinausgeschoben" werden können.[4] An der Zweckbindung ändert es nichts, wenn das Hausgeld zunächst auf dem allgemeinen Konto eingeht und die Rückstellung von dort – entsprechend ihrer Zweckbestimmung – erst auf ein davon getrenntes **Rückstellungskonto** weitergeleitet wird.[5]

---

1 Zum alten Recht BayObLG 20.11.2003 – 2Z BR 168/03, NZM 2004, 509; KG 12.8.1994 – 24 W 2762/94, ZMR 1994, 517; *Suilmann* ZWE 2015, 246 (247).

2 OLG München 21.5. 2007–34 Wx 148/06, NZM 2007, 734; OLG Hamm 14.5.2002 – 15 W 300/01, ZWE 2002, 600.

3 AA Staudinger/*Lehmann-Richter*, 2018, WEG § 21 Rn. 141.

4 *Hogenschurz* ZWE 2020, 61 (63).

5 BGH 4.12.2009 – V ZR 44/09, NJW 2010, 2127 Rn. 15.

4. Sonderumlagen. Eine Zweckbindung ist auch für Mittel zu bejahen, die auf eine Sonderumlage gezahlt   5
werden, deren Zweck eine Erhaltungsmaßnahme ist. Entsprechendes gilt für Kreditmittel für Erhaltungsmaßnahmen.

5. Umwidmung (Entwidmung). Die Wohnungseigentümer sind berechtigt, die Mittel der Erhaltungsrücklage   6
„umzuwidmen" und sie als Betriebs- und Verwaltungsmittel oder als Mittel für eine bauliche Veränderung zu
verwenden oder an sich auszukehren.[6] Eine solche Umwidmung entspricht ordnungsmäßiger Verwaltung,
wenn die Mittel der Erhaltungsrücklage die vorgesehene Höhe überschreiten.

Daneben soll eine Umwidmung aber auch dann möglich sein, wenn eine „**eiserne Reserve**" erhalten bleibt.[7]   7
Die Höhe, die verbleiben muss, soll von den Umständen des Einzelfalls[8] und der Instandsetzungsplanung abhängen. Nach hier vertretener Ansicht entspricht eine Umwidmung idR hingegen nur dann einer ordnungsmäßigen Verwaltung, wenn sie nicht zur Unterschreitung der angemessenen Höhe führt.[9] Ein Beschluss, der die
Mittel der Erhaltungsrücklage dauerhaft entwidmet, widerspräche den Grundsätzen ordnungsmäßiger Verwaltung. Streitig ist, ob der Beschluss in diesem Falle anfechtbar[10] oder nichtig ist.[11] Richtig ist, dass der Beschluss nur einen Einzelfall regelt und daher nur anfechtbar ist.

6. Verwalter. Nach hM soll es im Übrigen möglich sein, den Verwalter durch **Beschluss** zu ermächtigen, eine   8
Umwidmung vorzunehmen,[12] sofern dieser Beschluss ausreichend bestimmt ist.[13]

III. Umlageschlüssel

An der Aufbringung der Erhaltungsrücklage hat jeder Wohnungseigentümer nach Maßgabe des § 16 Abs. 2   9
WEG oder des vereinbarten Umlageschlüssels teilzunehmen. Bestehen mehrere Erhaltungsrücklagen, können
mehrere Umlageschlüssel bestehen. Es kann etwa angeordnet sein, dass nur die Wohnungseigentümer, deren
Sondereigentum in einem Haus einer Mehrhausanlage liegt, eine Rückstellung ansammeln müssen.[14] Wollen
die Wohnungseigentümer diesen Umlageschlüssel dauerhaft ändern, bedarf es einer Vereinbarung,[15] sofern
keine Öffnungsklausel vereinbart ist.

IV. Eigentümer der Erhaltungsrücklage

Die Erhaltungsrücklage ist nach § 10 Abs. 7 WEG formal Eigentum der Gemeinschaft der Wohnungseigentü-   10
mer.[16] Die Wohnungseigentümer haben keinen „Anteil" am Gemeinschaftsvermögen, über den sie verfügen
oder in den ihre Gläubiger vollstrecken können.[17] „Wirtschaftlich" steht die Erhaltungsrücklage – ohne dass
§ 771 ZPO anwendbar wäre – freilich den Wohnungseigentümern zu.[18] Auch nach Ansicht des BFH ist daher
jeder Wohnungseigentümer an der Erhaltungsrücklage „beteiligt".[19] Sie vermittele dem Wohnungseigentümer
einen „**geldwerten Anspruch**" auf Bezahlung von Aufwendungen aus der Erhaltungsrücklage. Dieser Anspruch könne übertragen werden.[20]

---

6 OLG München 20.12.2007 – 34 Wx 76/07, NJW 2008, 1679.
7 LG Frankfurt a. M. 27.3.2020 – 2–13 S 56/19; LG Düsseldorf 23.9.2015 – 25 S 18/15, ZMR 2016, 126.
8 OLG München 20.12.2007 – 34 Wx 76/07, NJW 2008, 1679; LG Frankfurt a. M. 16.7.2014 – 2–13 S 91/13, IMR
   2014, 389.
9 Siehe auch LG München 14.7.2016 – 36 S 3310/16 WEG, ZWE 2017, 286; LG Köln 24.11.2011 – 29 S 111/11,
   ZWE 2012, 279 (280).
10 So *Bub/Bernhard* FD-MietR 2017, 387272.
11 So *Abramenko* ZWE 2015, 72 (75).
12 LG München I 14.7.2016 – 36 S 3310/16 WEG, ZWE 2017, 286; LG Frankfurt a. M. 16.7.2014 – 2–13 S 91/13,
   IMR 2014, 389; LG Köln 24.11.2011 – 29 S 111/11, ZWE 2012, 279 (280).
13 LG München I 14.7.2016 – 36 S 3310/16 WEG, ZWE 2017, 286.
14 BGH 10.11.2017 – V ZR 184/16, NJW 2018, 1309 Rn. 19.
15 BGH 1.4.2011 – V ZR 162/10, NJW 2011, 2202 Rn. 13; BGH 9.7.2010 – V ZR 202/09, NZM 2010, 622 Rn. 15.
16 BGH 17.4.2015 – V ZR 12/14, NZM 2015, 544 Rn. 22.
17 BFH 2.3.2016 – II R 27/14, DStR 2016, 1108 Rn. 13.
18 *Elzer* MittBayNot 2014, 532.
19 BFH 5.10.2011 – I R 94/10, NJW-RR 2012, 527 Rn. 10.
20 BFH 5.10.2011 – I R 94/10, NJW-RR 2012, 527 Rn. 10.

V. Höhe der Erhaltungsrücklage

11 Bei der **Bemessung des jährlichen Beitrags** zur Erhaltungsrücklage , für die Art und Weise ihrer Aufbringung (Raten, Sonderumlage, Kredit) und für die Höhe der Erhaltungsrücklage haben die Wohnungseigentümer jeweils ein **Ermessen**.[21] Dieses Ermessen können die Wohnungseigentümer bis zu seiner „oberen"[22] oder „unteren" Grenze ausschöpfen. Nur wesentlich zu niedrige oder wesentlich überhöhte Ansätze sind ermessensfehlerhaft und verstoßen gegen die Grundsätze ordnungsmäßiger Verwaltung.[23] Angemessen und ermessensfehlerfrei ist idR die Höhe, die ein „verständiger und vorausschauender Eigentümer" zurücklegen würde.[24]

12 Die Höhe wird maßgeblich vom **Zustand einer Wohnungseigentumsanlage** geprägt. Prüfsteine können ua der zu erwartende Instandsetzungsbedarf und der dazu erforderliche Kapitaleinsatz[25] sein, die Beschaffenheit/der bauliche Zustand der Wohnungseigentumsanlage, die Größe der Wohnungseigentumsanlage, die Lage der Wohnungseigentumsanlage in der Umwelt, bauliche Besonderheiten der Wohnungseigentumsanlage, das Alter des Gebäudes oder der Gebäude, eine ggf. vorliegende besondere „Reparaturanfälligkeit"[26] und die wirtschaftlichen Verhältnisse der Wohnungseigentümer. Nicht Grenze, allenfalls ein Anhaltspunkt für die Höhe einer Erhaltungsrücklage ist hingegen § 28 der II. Berechnungsverordnung.[27] Einen weiteren Anhaltspunkt für die Berechnung einer angemessenen Höhe der Erhaltungsrücklage bietet die **„Peters'sche Formel"**.[28] Sie geht davon aus, dass im Laufe von ca. 80 Jahren Lebensdauer eines Gebäudes Instandhaltungskosten in Höhe des 1,5-fachen der Herstellungskosten anfallen. Hiervon sollen je nach Ausstattung 65–70 % auf das gemeinschaftliche Eigentum entfallen. Zu beachten ist, dass diese Formel die Erhaltungsrücklage für neuere Wohnungseigentumsanlagen[29] zu hoch ansetzt. Durch die Anknüpfung an früher geltende Baukosten dürfte die Rücklagenzuführung für ältere Objekte idR hingegen eher zu niedrig sein. Probleme bei der Anwendung der Peters'schen Formel sind außerdem die Ermittlung der Herstellungskosten für Altbauten sowie regionale Preisunterschiede.

VI. Anlage der Erhaltungsrücklage

13 Die Erhaltungsrücklage ist vom Verwalter als Organ der Gemeinschaft der Wohnungseigentümer zu verwalten. Über die angemessene „Anlageform" der Mittel der Erhaltungsrücklage können primär die Wohnungseigentümer durch Beschluss nach billigem Ermessen selbst entscheiden. Fehlt es an einer solchen Entscheidung, ist es nach § 27 Abs. 1 Nr. 1 WEG am Verwalter, nach billigem Ermessen zu entscheiden, welche Anlageform gewählt wird. „Spekulative Anlagen", also solche Anlagen, die zu einem Verlust der Mittel der Erhaltungsrücklage führen können, widersprechen ordnungsmäßiger Verwaltung. Was für eine Anlageform die bestmögliche und ermessensfehlerfrei ist, hängt ua von der Höhe der Erhaltungsrücklage und dem zu erwartenden Erhaltungsbedarf ab. Maßgebend für die Anlagedauer ist der zu erstellende Instandsetzungsplan mit Zeit- und Kostenschätzungen. Es bieten sich vor allem Spar-, Festgeldkonten oder Bundesschatzbriefe an.[30]

VII. Entnahmen aus Erhaltungsrücklage

14 Bei der Entnahme von Mitteln aus der Erhaltungsrücklage ist die Zweckbindung (→ Rn. 4) zu beachten. Über die Entnahme entscheiden grundsätzlich die Wohnungseigentümer durch **Beschluss**.[31] Notwendig ist ein ausdrücklicher und transparenter Beschluss. Dem Verwalter ist eine Entnahme erlaubt, sofern er nach § 27 Abs. 1 WEG den Willen der Gemeinschaft der Wohnungseigentümer bildet. Ob größere Reparaturarbeiten aus den bereits vorhandenen Mitteln der hierfür wahrscheinlich ausreichenden Erhaltungsrücklage bezahlt werden sol-

---

21 BGH 1.4.2011 – V ZR 96/10, NZM 2011, 515 Rn. 24.
22 OLG Hamm 18.5.2006 – 15 W 25/06, ZWE 2007, 34 (38).
23 OLG Düsseldorf 21.6.2002 – 3 Wx 123/02, ZWE 2002, 535.
24 OLG Schleswig 19.5.1967 – 2 W 35/67, SchlHA 1968, 70.
25 OLG München 20.12.2007 – 34 Wx 76/07, ZMR 2008, 410.
26 OLG München 20.12.2007 – 34 Wx 76/07, ZMR 2008, 410 f.
27 OLG Düsseldorf 21.6.2002 – 3 Wx 123/02, NZM 2002, 959.
28 *Peters*, Instandhaltung und Instandsetzung von Wohnungseigentum, 1984.
29 Bezugsfertig nach 1990.
30 OLG Celle 14.4.2004 – 4 W 7/04NZM 2004, 426; OLG Düsseldorf 1.12.1995 – 3 Wx 322/95, FGPrax 1996, 51.
31 OLG München 20.12.2007 – 34 Wx 76/07, NJW 2008, 1679; LG München I 14.7.2016 – 36 S 3310/16 WEG, ZWE 2017, 286.

Elzer

len oder ob insoweit eine Sonderumlage erhoben oder ein Darlehen aufgenommen wird, liegt im pflichtgemäßen Ermessen der Wohnungseigentümer.

VIII. Steuerrecht

Beiträge zur Erhaltungsrücklage sind mit ihrer Zahlung aufgrund ihrer Zuordnung zum Gemeinschaftsvermögen aus dem frei verfügbaren Vermögen des einzelnen Wohnungseigentümers abgeflossen. Die Zahlung eines auf die Erhaltungsrücklage geschuldeten Betrags beim einzelnen Wohnungseigentümer kann nach der Rechtsprechung für vermietende Wohnungseigentümer dennoch erst dann als **Werbungskosten** abgezogen werden, wenn der Verwalter sie für die Gemeinschaft der Wohnungseigentümer tatsächlich für die Erhaltung des gemeinschaftlichen Eigentums oder für andere Maßnahmen verausgabt, die durch die Erzielung von Einnahmen aus Vermietung und Verpachtung veranlasst sind.[32]   15

IX. Mehrhausanlagen („Untergemeinschaften")

In einer Mehrhausanlage gelten für die Erhaltungsrücklage grundsätzlich keine Besonderheiten. Die Mittel der   16 Wohnungseigentümer, deren Sondereigentum in einem Gebäude oder Teil einer Mehrhausanlage – etwa einem Gebäudekomplex[33] – liegt, sind weder auf einem separaten Bankkonto noch buchhalterisch zu führen. Die Wohnungseigentümer können nichts anderes beschließen,[34] allerdings etwas anderes **vereinbaren**.[35] Haben die Wohnungseigentümer einer Mehrhausanlage etwa vereinbart, dass sämtliche Lasten und Kosten „soweit möglich für Untergemeinschaften getrennt zu ermitteln und abzurechnen sind", sollen die Wohnungseigentümer der jeweiligen „Untergemeinschaften" bereits aus diesem Grunde zur Ansammlung von buchungstechnisch getrennten Erhaltungsrücklagenverpflichtet sein.[36] Der Verwalter kann ferner angewiesen werden, die Mittel, die die Bewohner eines Mehrhauses angesammelt haben, „separat" anzulegen, in der Abrechnung auszuweisen und zur Bezahlung von diesen Bewohnern ausgelöster Verträge oder von diesen zu tragender Erhaltungsmaßnahmen zu nutzen.[37]

X. Verbuchung (Zahlungen auf die Erhaltungsrücklage)

Zahlungen auf die Erhaltungsrücklage sind vom Verwalter auf einem „Buchhaltungskonto Instandhaltungs-   17 rückstellung" zu buchen.[38] Es können auch mehrere Buchhaltungskonten angelegt werden.[39] Nach Ansicht des BGH ist das sogar zwingend, wenn vereinbart ist, dass die Wohnungseigentümer, deren Sondereigentum in einem Haus einer Mehrhausanlage liegt, die dort anfallenden Kosten allein zu tragen haben.[40]

74. Ermessen

Nissen

---

32 BFH 5.10.2011 – I R 94/10, NJW-RR 2012, 527 Rn. 14.
33 BGH 17.4.2015 – V ZR 12/14, NZM 2015, 544 Rn. 22.
34 LG Frankfurt a. M. 27.3.2020 – 2–13 S 56/19.
35 BGH 10.11.2017 – V ZR 184/16, NJW 2018, 1309 Rn. 19; BGH 17.4.2015 – V ZR 12/14, NZM 2015, 544 Rn. 22.
36 BGH 10.11.2017 – V ZR 184/16, NJW 2018, 1309 Rn. 19.
37 BGH 17.4.2015 – V ZR 12/14, NZM 2015, 544 Rn. 22; siehe auch BGH 10.11.2017 – V ZR 184/16, NJW 2018, 1309 Rn. 27.
38 BGH 4.12.2009 – V ZR 44/09, NJW 2010, 2127 Rn. 15.
39 BGH 10.11.2017 – V ZR 184/16, NJW 2018, 1309 Rn. 19.
40 BGH 10.11.2017 – V ZR 184/16, NJW 2018, 1309 Rn. 19.

I. Einleitung

1 Ermessen meint im Allgemeinen die eingeräumte Rechtsmacht einer Person auf Rechtsfolgenseite, aus einer gewissen Spannbreite rechtlich zulässiger Entscheidungsmöglichkeiten eine Entscheidung auszuwählen und zu treffen.[1] Charakteristisch für eine Ermessensentscheidung ist, dass diese Entscheidung aus Sicht der von ihr betroffenen Personen weder die einzig mögliche, noch die günstigste Entscheidung sein muss, aber dennoch rechtlich zulässig bleibt, solange sie sich innerhalb einer bestimmten Spannbreite hält und bei der Entscheidungsfindung bestimmte Kriterien eingehalten werden.[2] Das WEG räumt einer Reihe verschiedener Adressaten in einer Vielzahl von Normen ein solches Ermessen ein. In erster Linie wird jedoch den **Wohnungseigentümern** selbst ein Ermessen hinsichtlich der Verwaltung des gemeinschaftlichen Eigentums eingeräumt. Dabei handelt es sich letztlich um eine Folgerung aus dem Selbstorganisationsrecht der Wohnungseigentümer. Sie sollen durch Vereinbarungen und Beschlüsse vorrangig selbst bestimmen, welchen Inhalt ihr Eigentum hat und welchen Nutzungen es zugeführt werden soll.[3] Nachfolgend sollen zunächst die gesetzlichen Ermessensnormen und ihre jeweiligen Adressaten kurz dargestellt werden, bevor anhand des Ermessens der Wohnungseigentümer auf die typischen Ermessensfehler eingegangen und daraus eine Ermessensfehlerlehre abgeleitet wird. Im Anschluss sollen die anderen Adressaten von Ermessensnormen unter Einschluss der wesentlichen Fallgruppen kurz dargestellt werden.

II. Grundlagen des Ermessens im WEG

2 Zum Verständnis des Ermessens in seinem Inhalt wie auch seinen Grenzen ist die Kenntnis der durch das WEG geschaffenen Grundstrukturen von besonderer Bedeutung. Im Mittelpunkt von Ermessensentscheidungen stehen die Wohnungseigentümer, denen qua **Selbstorganisationsrecht** ein originäres Ermessen über eine Vielzahl von Verwaltungsentscheidungen zukommt, da es sich letztlich um ihr Eigentum iSd § 13 Abs. 1 WEG

---

1 Vgl. etwa für das Verwaltungsrecht NK-VwVfG/*Schönenbroicher* VwVfG § 40 Rn. 24 ff.
2 NK-VwVfG/*Schönenbroicher* VwVfG § 40 Rn. 1 ff. und 177 f.
3 Instruktiv etwa BGH 25.9.2015 – V ZR 244/14, NJW 2015, 3651; ebenso auch *Hügel/Elzer* WEG § 21 Rn. 46 mwN.

handelt.[4] Das Ermessen anderer Personenkreise richtet sich in seinem Inhalt und seinen Grenzen stets nach eben diesem, originären Ermessen der Wohnungseigentümer. Die anderen Adressaten von Ermessensnormen leiten ihr Ermessen dementsprechend entweder von einer **Delegation** der Wohnungseigentümer ab (Verwalter bzw. Verwaltungsbeirat) oder werden aufgrund einer **gesetzlichen Regelung** zur Ersetzung einer ebensolchen Ermessensentscheidung der Wohnungseigentümer ermächtigt (Gericht). Orientierungspunkt für Inhalt und Grenzen des eigenen Ermessens sind somit auch für die weiteren Adressaten von Ermessensnormen im WEG stets die Wohnungseigentümer.

1. Die verschiedenen Adressatenkreise des Ermessens. Aus den vorstehenden Erwägungen lässt sich bereits ableiten, dass das Gesetz insgesamt drei Personenkreise als Adressaten von Ermessen kennt. In erster Linie wird den **Wohnungseigentümern** durch eine Vielzahl gesetzlicher Regelungen des WEG ein Ermessen eingeräumt. Zum zweiten wird der **Verwalter** bzw. im Falle seiner Bestellung auch dem **Verwaltungsbeirat** ein eigenes Ermessen für diejenigen Entscheidungen eingeräumt, zu denen sie durch die Delegation von Seiten der Wohnungseigentümer ermächtigt worden sind. Abschließend wird auch den **Gerichten** unter bestimmten Voraussetzungen die Befugnis eingeräumt, eine Ermessensentscheidung anstelle der Wohnungseigentümer zu treffen.[5]

2. Die gesetzlichen Ermessensnormen. Die Mehrzahl an Ermessensvorschriften ermächtigen die **Wohnungseigentümer** zur Ausübung von Ermessen. So wird den Wohnungseigentümern in den §§ 17 Abs. 1 S. 1, 20 Abs. 1 S. 1 und Abs. 2 S. 1, 21 Abs. 4, 26 Abs. 1 und 2, 28 Abs. 3 und 29 Abs. 1 WEG Ermessen eingeräumt. Weitergehend enthält § 18 Abs. 2 Nr. 2 WEG sogar eine Legaldefinition des billigen Ermessens. Hiernach lässt sich das Ermessen der Gesamtheit der Wohnungseigentümer definieren als die ordnungsgemäße Benutzung und Verwaltung (→ Rn. 8 ff.). Zugleich stellt § 18 Abs. 2 Nr. 2 WEG auch in seiner neuen Fassung klar, dass die Wohnungseigentümer die Verwaltung des gemeinschaftlichen Eigentums und die Benutzung des gemeinschaftlichen Eigentums sowie des Sondereigentums vorrangig durch Vereinbarungen und Beschlüsse im Wege der Selbstverwaltung regeln dürfen.

Ermessensnormen zugunsten des **Verwalters** finden sich im Zusammenhang mit der Wohnungseigentümerversammlung nach § 24 Abs. 1 und 4 WEG und insbesondere in Form der neu eingefügten – inhaltlich beschränkten – Generalklausel über die Rechte und Pflichten des Verwalters in § 27 Abs. 1 WEG (→ Rn. 42 ff. und → Rn. 51 ff.). Dem **Verwaltungsbeirat** kann bei der Unterstützung des Verwalters nach § 29 Abs. 2 WEG ein eigenes Ermessen zukommen (→ Rn. 57).

Ein **gerichtliches Ermessen** wird nach hier vertretener Auffassung auch unter Geltung des neuen Rechts im Rahmen der Beschlussersetzungsklage durch § 44 Abs. 1 S. 2 WEG für die Beschlussersetzungsklage normiert. (→ Rn. 63 ff.)

III. Ermessen der Wohnungseigentümer

1. Allgemeines. Die Vielzahl gesetzlicher Ermessensregelungen zeigen deutlich auf, dass die Wohnungseigentümer der zentrale Adressat von Ermessensentscheidungen sind. Die Berechtigung, aus mehreren möglichen Entscheidungsvarianten auszuwählen und in bestimmten Grenzen die Modalitäten des Wohnungseigentums frei zu bestimmen, stellt sich als wesentlicher Ausdruck der **Selbstorganisation und Selbstverwaltung** der Wohnungseigentümer dar[6] und folgt letztlich aus dem Eigentumsrecht selbst, wie es in § 13 Abs. 1 WEG normiert wird. Die Wohnungseigentümer bestimmen hiernach selbst, welchen Inhalt ihr (Wohnungs-)Eigentum hat – wenngleich die Gemeinschaftsbezogenheit und damit die Rechte Dritter auch die abstrakten Grenzen des Ermessens bereits deutlich aufzeigen.[7]

Zentrale Ermessensvorschrift ist **§ 18 Abs. 2 WEG**, welcher die Wohnungseigentümer **generalklauselartig** zu einer Verwaltung des gemeinschaftlichen Eigentums und eine Benutzung des gemeinschaftlichen Eigentums sowie des Sondereigentums „nach billigem Ermessen" berechtigt und verpflichtet. In der bisherigen Rechtsprechung und im Schrifttum zu § 21 Abs. 4 WEG wurde der Begriff des „billigen Ermessens" überwiegend

---

4 Vgl. wiederum BGH 25.9.2015 – V ZR 244/14, NJW 2015, 3651.

5 Ausführlich zu den einzelnen Adressaten gesetzlicher Ermessensnormen bereits *Elzer* ZMR 2006, 85 ff. mwN.

6 Siehe BGH 25.9.2015 – V ZR 244/14, NJW 2015, 3651.

7 Ausführlich zum Sinn und Zweck von gesetzlichen Ermessensnormen auch *Elzer* ZMR 2006, 85.

nicht klar vom Begriff der ordnungsmäßigen Verwaltung abgegrenzt oder sogar explizit mit diesem Begriff gleichgesetzt.[8] Diese Einordnung hat der Reformgesetzgeber durch die Legaldefinition in § 18 Abs. 2 WEG nunmehr ausdrücklich bestätigt. In diesem Sinne dürften sich nunmehr auch die weiteren, gesetzlichen Ermessensnormen letztlich als Entscheidungen über Sonderfälle einer ordnungsmäßigen Verwaltung darstellen. Dementsprechend hat sich die Frage, welche Art von Verwaltung und Benutzung billigem Ermessen entspricht, nach der neuen Rechtslage am Maßstab einer ordnungsmäßigen Verwaltung und Benutzung zu orientieren.

Gewisse Bedenken gegen eine Gleichsetzung der Begriffe des billigen Ermessens und der ordnungsmäßigen Verwaltung und Benutzung bleiben indes auch nach der neuen Rechtslage indes bestehen. Auch nach der neuen gesetzlichen Konzeption in § 19 Abs. 1 und 2 WEG betrifft die ordnungsmäßige Verwaltung und Benutzung tendenziell eher den Tatbestand der diesen Begriff verwendenden Normen, während das **Ermessen** bereits begrifflich die **Rechtsfolgenseite** einer Norm beschreibt.[9] Zwar können die ordnungsmäßige Verwaltung und das Ermessen ausnahmsweise zusammenfallen, wenn nur eine **einzige Handlungsalternative** ordnungsmäßiger Verwaltung entspricht und sich das Ermessen ausnahmsweise **auf Null reduziert** (→ Rn. 27). In diesem Fall wäre die Wahl einer anderen, nicht ordnungsmäßiger Verwaltung entsprechenden Handlungsalternative zugleich auch ermessensfehlerhaft. Im (gedachte) Regelfall einer Entscheidung nach billigem Ermessen existieren demgegenüber eine Mehrzahl an möglichen Handlungsalternativen, von denen jede einzelne ordnungsmäßiger Verwaltung entsprechen würde und zwischen denen dementsprechend eine Auswahl nach bestimmten Kriterien zu treffen ist. Dementsprechend wird in diesen Fallkonstellationen nach hier vertretener Auffassung auch unter Geltung der neuen Rechtslage des § 18 Abs. 2 WEG die Ordnungsgemäßheit einer Ermessensentscheidung zwischen mehreren Handlungsalternativen, die jede für sich ordnungsmäßiger Verwaltung und Benutzung entsprechen, anhand bestimmter Kriterien zu treffen sein. Diese Kriterien einer solchen Ermessensentscheidung lassen sich – negativ – anhand einer Ermessensfehlerlehre formulieren (zur Erarbeitung einer solchen Lehre sogleich unter → Rn. 10 ff.).

9 **2. Abgrenzung zwischen Entschließungs- und Auswahlermessen.** Weiterhin gilt es zwischen verschiedenen Arten des Ermessens zu unterscheiden. Regelmäßig kommt den Wohnungseigentümern zunächst ein Ermessen zu, „ob" sie überhaupt eine Maßnahme beschließen wollen (**Entschließungsermessen**) und im zweiten Schritt, welche von mehreren möglichen Maßnahmen auswählen wollen (**Auswahlermessen**).[10] Diese beiden Ermessensentscheidungen sind inhaltlich nicht voneinander abhängig. So kann sich das Entschließungsermessen etwa bei Fragen der Erhaltung durchaus auf null reduzieren und eine Pflicht zum Beschluss von Sanierungsmaßnahmen bestehen.[11] Diese Pflicht zur Beschlussfassung sagt jedoch noch nichts darüber aus, welche von mehreren möglichen Sanierungsmaßnahmen die Wohnungseigentümer im Rahmen ihres Auswahlermessens letzten Endes beschließen.[12]

10 **3. Ermessensfehlerlehre.** Die Kriterien für eine Ermessensentscheidung der Wohnungseigentümer sollen nachfolgend iS einer Ermessensfehlerlehre anhand der bisher durch die Rechtsprechung entschiedenen Fallkonstellationen möglichst allgemein herausgearbeitet werden.[13] Eine solche, abstrahierende Betrachtungsweise ermöglicht es, bisher noch nicht entschiedene Fallkonstellationen durch Anwendung dieser Kriterien prognostisch zu beurteilen und hat zugleich den Vorteil einer möglichst hohen **Rechtsanwendungsgleichheit** für sich. Die nachfolgend entwickelte Ermessensfehlerlehre für die Ermessensausübung der Wohnungseigentümer lässt sich nach hier vertretener Auffassung überdies auf die anderen Adressaten von Ermessensnormen übertragen, da es sich jeweils um Ermessen handelt, das entweder von den Wohnungseigentümern delegiert wurde oder deren Ermessenserwägungen ersetzen soll.

---

8 Diese Begriffe gleichsetzend etwa BGH 17.10.2014 – V ZR 9/14, NZM 2015, 53; ähnlich BeckOGK/*Karkmann* WEG § 21 Rn. 84.

9 Für die bisherige Rechtslage eine Abgrenzung beider Begriffe fordernd auch *Elzer* ZMR 2006, 85 f.

10 Den Terminus des Auswahlermessens verwendend etwa OLG Hamburg 2.1.2003 – 2 Wx 70/02, ZMR 2003, 441; siehe auch Timme/*Elzer* WEG § 21 Rn. 166.

11 Vgl. etwa für den Fall der Unbenutzbarkeit des Sondereigentums BGH 17.10.2014 – V ZR 9/14, NZM 2015, 53; bestätigt durch BGH 4.5.2018 – V ZR 203/17, MietRB 2018, 237 mAnm *Elzer*; siehe auch Bärmann/*Merle* WEG § 21 Rn. 214.

12 Vgl. zu den Auswahlmöglichkeiten bei Sanierungsmaßnahmen etwa BayObLG 28.7.2004 – 2Z BR 43/04, NJW-RR 2004, 1455; siehe auch Hügel/*Elzer* WEG § 21 Rn. 48 mwN.

13 Eine solche Fehlerlehre erarbeitend bereits *Elzer* ZMR 2006, 85 ff.; siehe auch Hügel/*Elzer* WEG § 21 Rn. 47 ff.

a) Vergleich zum Verwaltungsrecht. Der Begriff des „Ermessens" findet sich in einer ganzen Reihe von   11
Rechtsgebieten – besondere Bedeutung er indes im Bereich des öffentlichen (Verwaltungs-)Rechts erlangt.
Daher erscheint es für die vorliegende Untersuchung naheliegend, die für das Verwaltungsrecht entwickelte
Ermessensfehlerlehre zumindest mitzubedenken. Zwar ist es richtig, dass die Begrifflichkeiten und Inhalt des
Verwaltungsrechts nicht unbesehen auf das Wohnungseigentumsrecht übertragen werden können.[14] Allerdings
muss man nach hier vertretener Ansicht zugleich berücksichtigen, dass die Auswahl überhaupt denkbarer Ermessensfehler letztlich begrenzt ist. Bei jeder Ausübung von Ermessen iS einer Entscheidung zwischen mehreren gleichermaßen zulässigen Handlungsalternativen anhand bestimmter Kriterien können **strukturell ähnliche Fehler** begangen werden. Beginnend mit dem gänzlichen Fehlen jeglicher Ermessensentscheidung, über
eine Entscheidung aufgrund eines unvollständigen bzw. fehlerhaften Sachverhaltes sowie die Wahl einer gegen höherrangiges Recht verstoßenden Handlungsalternative bis hin zu einer Ermessensentscheidung, die aus
anderen Gründen als fehlerhaft anzusehen ist. Aufgrund dieser strukturellen Ähnlichkeit der Grenzen und auch
der möglichen Fehler bei jeder Ermessensausübung erscheint ein vorsichtiger Rückgriff auf das Verwaltungsrecht und die in Rechtsprechung und Literatur etablierte Ermessensfehlerlehre durchaus sachgerecht. Dieser
Befund lässt sich erhärten, wenn man andere zivilrechtliche Normen analysiert, die ebenfalls den Begriff des
„billigen Ermessens" beinhalten – etwa § 315 Abs. 1 und 3 BGB. Für die Auslegung dieser Norm hat der BGH
gleichfalls auf eine Ermessensfehlerlehre zurückgegriffen, die sich letztlich an verwaltungsrechtlichen Maßstäben und Kategorien orientiert.[15]

So lassen sich bereits in terminologischer Hinsicht Lehren aus dem Verwaltungsrecht ziehen: In diesem   12
Rechtsgebiet hat sich eine einheitliche **Terminologie** dergestalt herausgebildet, dass ein Beurteilungsspielraum eine eingeschränkte, gerichtliche Überprüfbarkeit von Tatbestandsvoraussetzungen beschreibt, während
der Begriff des Ermessens die eingeschränkt gerichtliche Prüfung einer Auswahl unter mehreren Handlungsalternativen auf Rechtsfolgenseite beschreibt.[16] Diese gefestigte Terminologie liegt auch für das Wohnungseigentumsrecht nahe, spricht das Gesetz auch in der neuen Legaldefinition des § 18 Abs. 2 WEG vom Begriff
des „billigen Ermessens". Daher sollte der Begriff des Ermessens strikt von anderen Begrifflichkeiten unterschieden werden – etwa dem teils synonym verwendeten Beurteilungs- oder Gestaltungsspielraum.[17]

b) Maßstab und Orientierungspunkt für Ermessenserwägungen. Ermessen muss nach § 18 Abs. 2 WEG   13
stets den Interessen der Gesamtheit der Wohnungseigentümer entsprechen. Dabei ist nach der bisherigen
Rechtsprechung des BGH auf die Beschaffenheit und insbesondere die Zweckbestimmung des gemeinschaftlichen Eigentums abzustellen und eine Abwägung unter Berücksichtigung aller Umstände des Einzelfalles vorzunehmen.[18] Selbst wenn es sich also bei der Ermessensentscheidung um eine Mehrheitsentscheidung der
Wohnungseigentümer handelt, so muss die Mehrheit bei der vorangegangenen **Abwägung** gerade die Interessen aller Wohnungseigentümer mit in die Abwägung einstellen.[19] Zudem muss auf den **Sinn und Zweck** des
jeweiligen Regelungsgegenstandes abgestellt werden. So etwa den Zweck einer etwaig zu beschließenden
Sonderumlage[20] oder den Zweck der Einholung von Alternativangeboten[21] oder auch den Telos einer Hausordnung.[22]

Letztlich ist bei einer Ermessensentscheidung mit dem BGH stets eine **Abwägung im Einzelfall** durchzufüh-   14
ren.[23] Für eine solche, umfassende Abwägung müssen in einem ersten Schritt alle relevanten Umstände be-

---

14 Kritisch gegenüber einer Vergleichbarkeit wie auch der Terminologie des „Ermessens" im WEG als solcher *Elzer*
    ZMR 2006, 85 f.
15 Vgl. statt aller BGH 18.10.2007 – III ZR 277/06, NVwZ 2008, 110 mwN.
16 Ausführlich zum Stand im Verwaltungsrecht NK-VwVfG/*Schönenbroicher* VwVfG § 40 Rn. 43 ff.
17 Vgl. zu dieser Terminologie etwa BGH 22.6.2012 – V ZR 190/11, NJW 2012, 3175 „Beurteilungsspielraum" und
    BGH 8.7.2011 – V ZR 176/10, NJW 2011, 2958 „Gestaltungsspielraum".
18 Vgl. etwa BGH 29.6.2000 – V ZB 46/99, NZM 2000, 1010; siehe auch BGH 13.1.2012 – V ZR 129/11, NZM 2012,
    275 und BGH 8.5.2015 – V ZR 163/14, NZM 2015, 595.
19 Ähnlich bereits *Elzer* ZMR 2006, 85 (86).
20 So BGH 13.1.2012 – V ZR 129/11, NZM 2012, 275.
21 In diesem Sinne BGH 22.6.2012 – V ZR 190/11, NJW 2012, 3175.
22 Vgl. BGH 29.6.2000 – V ZB 46/99, NZM 2000, 1010.
23 Vgl. etwa BGH 8.5.2015 – V ZR 163/14, NZM 2015, 595 mwN.

kannt sein, mithin eine hinreichende Tatsachengrundlage bestehen.[24] Sodann muss eine Abwägung stattfinden, die sich innerhalb bestimmter Ermessensgrenzen hält und innerhalb dieser Grenzen nach Sinn und Zweck sowie unter Berücksichtigung der Interessen aller Wohnungseigentümer eine Entscheidung auswählt werden. Der Terminus des „billigem" Ermessens in § 18 Abs. 2 WEG lässt sich dementsprechend nach hier vertretener Ansicht in Anlehnung an das Verwaltungsrecht[25] und auch Regelungen wie § 315 Abs. 1 und 3 BGB als ein **„pflichtgemäßes"** Ermessen verstehen, das sich am Zweck der zugrunde liegenden Normen orientiert.[26]

15 **c) Die einzelnen Ermessensfehler.** Diese Kriterien einer Ermessensentscheidung lassen sich – über die obigen, allgemeinen Ausführungen hinaus – am besten illustrieren, wenn man die Fragestellung umkehrt und sich das Regel-Ausnahme-Verhältnis bei einer Ermessensentscheidung klar macht: Eine Ermessensentscheidung der Wohnungseigentümer ist **grundsätzlich rechtmäßig**, wenn sie nicht **ausnahmsweise** unter einem Ermessensfehler leidet. Diese Ermessensfehler können sich grob an der verwaltungsrechtlichen Ermessensfehlerlehre orientieren, da die Anzahl an überhaupt denkbaren Ermessensfehlern begrenzt ist und sich für das Wohnungseigentumsrecht entsprechend anpassen lassen. Die hiernach denkbaren Ermessensfehler lassen sich in insgesamt vier Untergruppen einteilen, namentlich der Ermessensausfall, die Ermessensunterschreitung, die Ermessensüberschreitung und der Ermessensfehlgebrauch. Der BGH hat sich einer solchen Ermessensfehlerlehre in jüngster Zeit angenähert, indem er einen allgemeinen Maßstab für die Überprüfung von gerichtlichem Ermessen nach § 21 Abs. 8 WEG entwickelt hat. Hiernach darf dieses Ermessen nur dahin gehend überprüft werden „ob alle wesentlichen Umstände Beachtung gefunden haben, die Grenzen der Ermessensausübung eingehalten sind und in einer dem Zweck der Ermächtigung entsprechenden Weise von dieser Gebrauch gemacht wurde".[27] Diese Grundsätze sollen ausweislich der Gesetzesmaterialien auch für die nunmehr in § 44 Abs. 1 S. 2 WEG überführte Beschlussersetzungsklage grundsätzlich fortgelten, da sich das gerichtliche Ermessen nach dem Willen des Gesetzgebers an demjenigen Ermessen der Wohnungseigentümer zu orientieren hat, deren Ermessen ersetzt wird.[28]

16 **aa) Ermessensausfall.** Der erste denkbare Fehler einer Ermessensentscheidung ist das **gänzliche Fehlen** einer solchen Ermessensausübung, mithin ein Ermessensausfall. Denkbar ist ein solcher Fehler etwa, wenn die Wohnungseigentümer der Ansicht sind, dass lediglich eine bestimmte Maßnahme rechtlich zulässig ist und ihnen dementsprechend überhaupt kein Ermessen iS einer Abwägung unter mehreren zulässigen Entscheidungen erlaubt ist. Eine solche, ohne Abwägung aller Umstände des Einzelfalles getroffene Entscheidung wäre nach § 44 Abs. 1 S. 1 WEG anfechtbar. Dem lässt nach hier vertretener Ansicht nicht entgegenhalten, dass es für eine Ungültigerklärung aufgrund der mehrheitlichen Zustimmung an der Kausalität zwischen der Nichtausübung des Ermessens und der Fehlerhaftigkeit der Entscheidung fehle. Vielmehr hatten die Wohnungseigentümer ja gerade keine Kenntnis über die Zulässigkeit mehrerer Handlungsalternativen, so dass das Gericht unzulässigerweise antizipieren müsste, welche Entscheidung die Wohnungseigentümer bei Kenntnis eben dieser Handlungsalternativen getroffen hätten.

17 Denkbar ist auch der umgekehrte Fall, dass hinsichtlich des Entschließungsermessens eine Ermessensreduktion auf null vorlag und die Wohnungseigentümer dennoch jegliche Entscheidung ablehnen und so ihr **Auswahlermessen** zwischen mehreren zulässigen Entscheidungen pflichtwidrig **nicht wahrnehmen**. In dieser Konstellation müsste ein betroffener Wohnungseigentümer über den Weg der Beschlussersetzungsklage nach § 44 Abs. 1 S. 2 WEG eine gerichtliche Entscheidung herbeiführen.[29]

18 **bb) Ermessensunterschreitung.** Eine Ermessensunterschreitung liegt vor, wenn die Wohnungseigentümer sich der in ihrem Ermessen stehenden Handlungsalternativen nicht vollumfänglich bewusst sind und aus diesem Grund zulässige Handlungsalternativen bei der notwendigen Abwägung überhaupt nicht in Betracht ziehen. Der primäre Anwendungsfall einer Ermessensunterschreitung ist eine **unzureichende Tatsachengrund-**

---

24 Siehe hierzu etwa BGH 22.6.2012 – V ZR 190/11, NJW 2012, 3175 und BGH 14.3.2018 – V ZB 131/17, NZM 2018, 399.
25 Vgl. wiederum NK-VwVfG/*Schönenbroicher* VwVfG § 40 Rn. 43 ff.
26 Vgl. etwa BGH 18.10.2007 – III ZR 277/06, NVwZ 2008, 110; ausführlich zur Terminologie auch *Elzer* ZMR 2006, 85 (86).
27 So BGH 8.4.2016 – V ZR 191/15, NJW 2017, 64.
28 Siehe BT-Drs. 168/20, 93.
29 Diesen Fall beschreibend *Hügel/Elzer* WEG § 21 Rn. 46.

lage für die Beschlussfassung der Wohnungseigentümer.[30] Der BGH hat wiederholt ausgesprochen, dass eine Ermessensentscheidung der Wohnungseigentümer nur dann fehlerfrei ist, wenn die Auswahlentscheidung auf einer für diese Entscheidung ausreichenden Tatsachengrundlage getroffen worden ist.[31]

So soll es bei einer Verwalterbestellung an einer solchen Tatsachengrundlage fehlen, wenn die Wohnungseigentümer sich über geäußerte Zweifel an der Bonität des später ausgewählten Verwaltungsunternehmens hinwegsetzten, ohne nähere Informationen einzuholen.[32] Auch kann es nach der Rechtsprechung bei in Rede stehenden Instandsetzungsmaßnahmen erforderlich sein, sich vor der Beschlussfassung umfassend – gegebenenfalls sogar gutachterlich – über den Schadensumfang zu informieren.[33] Außerdem soll eine ausreichende Tatsachengrundlage vor dem Beschluss jeglicher Vergabe von Leistungen in der Regel nur dann vorliegen, wenn vorab **mehrere Alternativangebote** eingeholt worden sind.[34] Weiterhin soll es an einer ausreichenden Tatsachengrundlage fehlen, wenn bei einer Beschlussfassung über die Aufnahme eines Darlehens durch die Gemeinschaft der Wohnungseigentümer nicht auf eine mögliche Nachschusspflicht der einzelnen Wohnungseigentümer hingewiesen wird.[35] **19**

cc) Ermessensüberschreitung. Die Wohnungseigentümer überschreiten die Grenzen des ihnen eingeräumten Ermessens, wenn ihre Entscheidung gegen **höherrangiges (Gesetzes-) Recht** verstößt. Die einzuhaltenden Ermessensgrenzen sind insoweit entgegenstehende Gesetze wie auch vorangegangene Vereinbarungen und Beschlüsse der Wohnungseigentümer – unabhängig von der Möglichkeit eines abändernden Zweitbeschlusses.[36] So soll eine Ermessensüberschreitung vorliegen, wenn einzelnen Eigentümern einseitig eine nicht durch Gesetz vorgesehene Handlungspflicht auferlegt wird.[37] **20**

Eine Ermessensüberschreitung soll nach Rechtsprechung und Literatur auch im Falle eines Verstoßes gegen den **Gleichbehandlungsgrundsatz** aller Wohnungseigentümer iS einer willkürlichen Ungleichbehandlung vorliegen.[38] Insbesondere soll das Selbstorganisationsrecht der Wohnungseigentümer nicht so weit reichen, einzelne Störer gegenüber anderen Störern durch Mehrheitsbeschluss **ohne sachlichen Grund** zu bevorzugen.[39] Argumentativ lässt sich die Geltung des Gleichbehandlungsgrundsatzes als Ermessensgrenze für die Entscheidungsgewalt der Wohnungseigentümer nach hier vertretener Ansicht letztlich auf Art. 3 Abs. 1 GG stützten. Zwar sind die Wohnungseigentümer in aller Regel Privatpersonen. Allerdings ist in der Rechtsprechung anerkannt, dass die wesentlichen Wertungen des Grundgesetzes über eine sog. **mittelbare Drittwirkung** der Grundrechte durch eine entsprechende Auslegung der zivilrechtlichen Generalklauseln auch zwischen Privatpersonen mittelbare Geltung beanspruchen können.[40] Hiernach finden die Wertungen des Art. 3 Abs. 1 GG über die Generalklausel des „billigen Ermessens" Berücksichtigung im Wohnungseigentumsrecht **21**

30 Ausführlich *Elzer* ZMR 2006, 85 (87); in jüngster Zeit siehe auch *Hogenschurz* MietRB 2020, 251 (253).

31 Vgl. etwa BGH 22.6.2012 – V ZR 190/11, NJW 2012, 3175; ebenso BGH 25.9.2015 – V ZR 244/14, NJW 2015, 3651 und BGH 14.3.2018 – V ZB 131/17, NZM 2018, 399; zustimmend auch BayObLG 28.7.2004 – 2Z BR 43/04, NJW-RR 2004, 1455.

32 So BGH 22.6.2012 – V ZR 190/11, NJW 2012, 3175.

33 In diesem Sinne BGH 14.3.2018 – V ZB 131/17, NZM 2018, 399; ähnlich bereits BayObLG 13.8.1998 – 2Z BR 97/98, NJW-RR 1999, 307; zustimmend *Hügel/Elzer* WEG § 21 Rn. 51.

34 Vgl. etwa für die Verwalterbestellung BGH 22.6.2012 – V ZR 190/11, NJW 2012, 3175; für Instandsetzungsmaßnahmen siehe OLG Köln 2.4.2003 – 16 Wx 50/03, ZMR 2004, 148; aus der Literatur *Hügel/Elzer* WEG § 21 Rn. 51 mwN; ausführlich zu diesbezüglichen Besonderheiten → *Angebot* Rn. 2 ff.

35 So BGH 25.9.2015 – V ZR 244/14, NJW 2015, 3651.

36 Zur Grenze der gesetzlichen Vorschriften etwa BGH 29.6.2000 – V ZB 46/99, NZM 2000, 1010; ebenso auch BGH 8.5.2015 – V ZR 163/14, NZM 2015, 595; ausführlich zu dieser Grenze auch *Elzer* ZMR 2006, 85 (86 f.) und *Hogenschurz* MietRB 2020, 251 (253); zum abändernden Zweitbeschluss → *Zweitbeschluss* Rn. 34 ff.

37 Vgl. zu einem Beschluss über eine Streupflicht als Fall der tätigen Mithilfe BGH 9.3.2012 – V ZR 1651/11, NJW 2011, 1724; ebenso OLG Düsseldorf 1.10.2003 – I-3 Wx 393/02, ZMR 2004, 107; auf die fehlende Problematisierung in der Rechtsprechung wegen der gleichsam fehlenden Beschlusskompetenz hinweisend *Elzer* ZMR 2006, 85 (86 f.).

38 In diesem Sinne etwa BGH 10.9.1998 – V ZB 11/98, NJW 1998, 3713; ebenso BGH 30.11.2012 – V ZR 234/11, NJW-RR 2013, 335; zustimmend auch BayObLG 23.10.2003 – 2Z BR 63/03, ZMR 2005, 132; aus der Literatur siehe etwa Timme/*Elzer* WEG § 21 Rn. 175 mwN.

39 So ausdrücklich BGH 10.9.1998 – V ZB 11/98, NJW 1998, 3713.

40 Vgl. etwa BVerfG 19.10.1993 – 1 BvR 567, 1044/89, NJW 1994, 36.

und der Gleichbehandlungsgrundsatz ist als Teil der gesetzlichen Regelungen eine Grenze für das Ermessen der Wohnungseigentümer.

22 Auch andere **Grundrechte** können dem Ermessen der Wohnungseigentümer Grenzen setzten. So hatte ein Hausbewohner bei der Beschlussfassung über die Hydrophobierung der Hausfassade geltend gemacht, dass ihm gesundheitliche Gefahren drohen. Die entsprechende Ermessensentscheidung der Wohnungseigentümer wurde sodann durch eine Abwägung zwischen dem Erhaltungsinteresse der Mehrheit aus Art. 14 Abs. 1 GG und dem Recht auf körperliche Unversehrtheit des unterlegenen Wohnungseigentümers aus Art. 2 Abs. 2 GG überprüft.[41] Weiterhin spielt diese Fallgruppe regelmäßig bei der Überprüfung einer durch die Wohnungseigentümer beschlossenen Hausordnung eine Rolle. So soll es ermessensfehlerhaft sein, wenn eine – im Übrigen ordnungsgemäß aufgestellte – Hausordnung das Musizieren in der eigenen Wohnung derart stark einschränkt, dass die Hausordnung für professionelle Musiker faktisch ein Berufsverbot darstellt.[42]

23 **dd) Ermessensfehlgebrauch.** Der Ermessensfehlgebrauch stellt sich als die wohl am schwersten zu konkretisierende Fallgruppe der Ermessensfehler dar.[43] Ein solcher Ermessensfehlgebrauch ist – abstrakt gesprochen – dann zu bejahen, wenn die Wohnungseigentümer ihr Ermessen auf Basis einer ausreichenden Tatsachengrundlage tatsächlich ausgeübt und sich dabei außerdem den Grenzen der gesetzlichen Regelungen gehalten haben und dennoch zu einem Ergebnis gekommen sind, welches sich außerhalb der Spannbreite zulässiger Entscheidungen nach „billigem Ermessen" bewegt. Letztlich handelt es sich um einen **Auffangtatbestand** für solche Ermessensfehler, die sich keiner der vorgenannten Fallgruppen zuordnen lassen.[44]

24 So soll ein Ermessensfehlgebrauch vorliegen, wenn sich eine Ermessensentscheidung bei der Abwägung nicht am Interesse der Gesamtheit der Wohnungseigentümer ausrichtet.[45] Weiterhin soll ein Fehlgebrauch vorliegen, wenn sich die Ermessensentscheidung auf **sachfremde Erwägungen** stützt. So etwa der Auswahl eines Verwalters allein aufgrund familiärer Beziehungen zu einem Mehrheitswohnungseigentümer oder auch die Ablehnung von Sanierungsmaßnahmen, um einem einzelnen Wohnungseigentümer zu schaden.[46] Auch eine Ermessensausübung aus sonstigen persönlichen Gründen oder reinem Opportunismus würde unter die Fallgruppe der sachfremden Erwägungen fallen.[47] Als weitere Beispielsfälle eines Ermessensfehlgebrauches kommen auch Verstöße gegen das allgemeine Verbot des Rechtsmissbrauches, Treu und Glauben oder auch den Kernbereich des Wohnungseigentums in Betracht.[48]

25 **ee) Sonderfall: Einstimmige Ermessensentscheidung der Wohnungseigentümer.** Einen Sonderfall im Zusammenhang mit der möglichen Fehlerhaftigkeit von Ermessensentscheidungen bilden solche Entscheidungen, die einstimmig durch die Wohnungseigentümer ergangen sind. In der Literatur wird durchaus mit Recht vertreten, dass eine solche, **allstimmige Entscheidung** per se nicht ermessensfehlerhaft sein kann, da die Wohnungseigentümer einstimmig für sich definiert hätten, was für sie der „richtige" Inhalt ihres Eigentums ist.[49]

26 Dieser Auffassung ist im Grundsatz zuzustimmen. Allerdings bedarf es nach hier vertretener Ansicht einer **Einschränkung** im Hinblick auf die Ermessensgrenze der gesetzlichen Regelungen, Vereinbarungen und Beschlüssen. So erscheint es im Grundsatz denkbar, dass mit dem allstimmigen Beschluss einer bestimmten Maßnahme – zumindest konkludent – eine etwaige, entgegenstehende Vereinbarung oder auch ein entgegenstehender Beschluss aufgehoben wird (zur Zulässigkeit eines abändernden Zweitbeschlusses → *Zweitbeschluss* Rn. 36 ff.). Allerdings muss der Wille zur Abänderung zumindest konkludent hervortreten. Als **äußerste Ermessensgrenze** stellen sich jedoch nach hier vertretener Auffassung jedenfalls solche gesetzlichen Regelungen dar, die von Seiten des Gesetzgebers der Disposition durch die Wohnungseigentümer entzogen

41 Vgl. OLG Hamburg 3.1.2007 – 2 Wx 75/06, ZMR 2007, 476.
42 In diesem Sinne BayObLG 28.2.2002 – 2Z BR 141/01, ZMR 2002, 605.
43 Ähnlich bereits *Elzer* ZMR 2006, 85 (87).
44 Den Terminus des Ermessensfehlgebrauch verwendend etwa OLG Düsseldorf 19.4.2000 – 3 Wx 51/00, ZMR 2000, 554; ebenso auch *Elzer* ZMR 2006, 85 (87); weitere Beispiele nennen auch *Hogenschurz* MietRB 2020, 251 (253).
45 So *Hügel/Elzer* WEG § 21 Rn. 52.
46 Diese Beispiele wählend bereits *Elzer* ZMR 2006, 85 (87).
47 Vgl. wiederum *Hügel/Elzer* WEG § 21 Rn. 52.
48 Vgl. Timme/*Elzer* WEG § 21 Rn. 178 mwN.
49 In diesem Sinne insbesondere Timme/*Elzer* WEG § 21 Rn. 173; zu den Besonderheiten eines einstimmigen Beschlusses über Gebrauchsregeln siehe auch BGH 10.9.1998 – V ZB 11/98, NJW 1998, 3713.

sind. Dies gilt umso mehr für übergeordnete Normen und Wertungen des Grundgesetzes, die von vornherein nicht der Disposition der Wohnungseigentümer unterliegen. Allein innerhalb dieser äußeren Grenzen können die Wohnungseigentümer den Inhalt ihres Eigentums iSd Art. 14 Abs. 1 GG definieren und dementsprechend kann auch eine allstimmige Entscheidung allein innerhalb dieser Grenzen ermessensfehlerfrei sein.

d) Ermessensreduktion auf Null. Ein weiterer Ausnahmefall im Zusammenhang mit Ermessensentscheidungen ist eine Reduktion dieses Ermessens auf Null. In dieser Konstellation entspricht nur eine **einzige Handlungsalternative** (bzw. auch das Nichtergreifen einer Handlungsmöglichkeit) dem billigen Ermessen. In einem solchen Fall reduziert und konkretisiert sich das Ermessen hin dementsprechend zu einer Verpflichtung, diese einzig zulässige Entscheidung zu fällen.[50]   27

Dabei gilt es strikt zwischen dem Entschließungsermessen und dem Auswahlermessen zu differenzieren. So hat die Rechtsprechung im Falle notwendiger, sofortiger Instandsetzungsmaßnahmen, die auch das Sondereigentum über längere Zeit unbenutzbar gemacht hatten, mehrfach eine Reduktion des Entschließungsermessens auf null angenommen.[51] Allerdings hat diese Reduktion des Entschließungsermessens iSd „**ob**" einer Sanierung keinen Einfluss auf das Auswahlermessen der Wohnungseigentümer über das „**wie**" und damit über die konkrete Art der Sanierung.[52] Wenn sich die Wohnungseigentümer mit der Frage beschäftigen, ob Verwaltungsmaßnahmen gerichtlich durchgesetzt werden sollen, so soll eine Ermessensreduktion auf null zugunsten einer Klageerhebung allenfalls dann in Betracht kommen, wenn die Rechtsverfolgung Aussicht auf Erfolg hat.[53]   28

4. Maßstab der gerichtlichen Überprüfung von Ermessensentscheidungen. Zur Ermittlung des gerichtlichen Prüfungsmaßstabes für Ermessensentscheidungen der Wohnungseigentümer sind zwei verschiedene Aspekte zu klären. Zum einen ist zu fragen, auf welchen **Zeitpunkt** das erkennende Gericht für die Beurteilung einer Ermessensentscheidung abzustellen hat – denkbar erscheint entweder der Zeitpunkt der Beschlussfassung durch die Wohnungseigentümer oder aber die letzte mündliche Tatsachenverhandlung. Zum anderen ist auch der **Umfang** der Prüfungskompetenz des Gerichts bei Ermessensentscheidungen mit Blick auf das Selbstorganisationsrecht der Wohnungseigentümer zu beleuchten.   29

Maßgeblicher Zeitpunkt für die Beurteilung einer Ermessensentscheidung ist – analog zum Verwaltungsrecht – grundsätzlich die **Beschlussfassung** durch die Wohnungseigentümer.[54] Argumentativ lässt sich insbesondere darauf abstellen, dass die Wohnungseigentümer bei ihrer Beschlussfassung etwaige **nachträgliche Veränderungen** nicht voraussehen konnten und diese Tatsachen ihrer Ermessensabwägung naturgemäß entzogen waren. Eine gerichtliche Überprüfung von Ermessensentscheidungen der Wohnungseigentümer soll indes die Rechtmäßigkeit einer bestimmten Entscheidung zu einem bestimmten Zeitpunkt auf einer bestimmten Tatsachengrundlage klären, nicht aber die Frage, ob sich die Tatsachengrundlage später verändert hat. Eine Berücksichtigung solcher Veränderungen ist wiederum der Selbstorganisation der Wohnungseigentümer im Wege eines möglichen Zweitbeschlusses vorbehalten.[55]   30

Demgegenüber war nach der bisherigen Rechtsprechung im Fall einer Beschlussersetzungsklage nach § 21 Abs. 8 WEG aF ausnahmsweise der Zeitpunkt der **letzten mündlichen Tatsachenentscheidung** maßgeblich.[56] Nach Ansicht des BGH folgte dies aus den allgemeinen prozessualen Grundsätzen, nach denen ein gel-   31

---

50 Vgl. etwa BGH 24.5.2013 – V ZR 220/12, NJW 2013, 3089; für das Entschließungsermessen zu Instandsetzungsmaßnahmen siehe BGH 17.10.2014 – V ZR 9/14, NJW 2015, 613; ebenso BGH 4.5.2018 – V ZR 203/17, NJW 2018, 3238; aus der oberlandesgerichtlichen Rechtsprechung siehe OLG Hamm 4.5.2004 – 15 W 142/03, ZMR 2004, 774 und OLG München 26.10.2010 – 32 Wx 26/10, NJW 2011, 83; aus der Literatur *Hügel/Elzer* WEG § 21 Rn. 52 a mwN.

51 So BGH 17.10.2014 – V ZR 9/14, NJW 2015, 613 und BGH 4.5.2018 – V ZR 203/17, NJW 2018, 3238.

52 Vgl. etwa die entsprechende Auslegung des Klagantrages durch BGH 4.5.2018 – V ZR 203/17, NJW 2018, 3238; siehe auch Timme/*Elzer* WEG § 21 Rn. 126.

53 In diesem Sinne OLG München 26.10.2010 – 32 Wx 26/10, NJW 2011, 83.

54 In diesem Sinne etwa BGH 2.10.2015 – V ZR 5/15, NJW 2015, 3713; ebenso BayObLG 14.8.2003 – 2Z BR 112/03, ZMR 2003, 951; zustimmend Jennißen/*Heinemann* WEG § 21 Rn. 37.

55 Im Ergebnis ebenso BGH 2.10.2015 – V ZR 5/15, NJW 2015, 3713; zustimmend Jennißen/*Heinemann* WEG § 21 Rn. 37; zum Zweitbeschluss → *Zweitbeschluss* Rn. 2 ff.

56 In diesem Sinne etwa BGH 4.5.2018 – V ZR 203/17, mit kritischer Anmerkung *Elzer* MietRB 2018, 237, der das (Zweit-)Befassungsrecht der Wohnungseigentümer unterlaufen sieht.

tend gemachter Anspruch stets im Zeitpunkt der letzten mündlichen Tatsachenverhandlung bestehen muss.[57] Dafür ließ sich nach hier vertretener Ansicht überdies anführen, dass es in dieser Konstellation ja gerade an einem entsprechenden Beschluss der Wohnungseigentümer fehlte und ihr Ermessen im Rahmen einer gerichtlichen Ersetzungsentscheidung „ausgeübt" wurde. Dementsprechend erschien es nur konsequent, wenn für diese „ersetzende" Ermessensentscheidung des Gerichts – analog zur Beschlussfassung der Wohnungseigentümer – mit der letzten mündlichen Tatsachenverhandlung gleichfalls der **letzte zulässige Zeitpunkt** für die **Berücksichtigung von Tatsachen** vor Fällung einer Entscheidung gewählt wurde. Die Wohnungseigentümer wurden durch diese Sichtweise nach hier vertretener Auffassung auch nicht unbillig benachteiligt, da es ihnen bis zu eben diesem Zeitpunkt der letzten mündlichen Verhandlung freisteht, einen eigenen Beschluss zu fassen und der Klage so ihre Begründetheit zu nehmen. Die Beschlussersetzungsklage wurde durch den Reformgesetzgeber in § 44 Abs. 1 S. 2 WEG überführt. In § 44 Abs. 1 S. 2 WEG wird das Erfordernis einer gerichtlichen Entscheidung nach „billigem Ermessen" nicht mehr ausdrücklich erwähnt. Allerdings ergibt sich aus den Gesetzesmaterialien kein Hinweis darauf, dass diese Überführung des § 21 Abs. 8 WEG aF in § 44 Abs. 1 S. 2 WEG mit einer inhaltlichen Änderung verbunden sein soll. Vielmehr dürfte es sich um eine rein systematische Anpassung handeln, um die Beschlussersetzungsklage mit den anderen, bereits vor der Reform im III. Teil des WEG normierten Verfahrensvorschriften des WEG zusammenzuführen. Gegen eine inhaltliche Änderung spricht insbesondere, dass das WEG auch nach der Reform für die Selbstverwaltung in den §§ 13 Abs. 1, 18 Abs. 2 WEG maßgeblich auf die Willensentscheidungen der Wohnungseigentümer abstellt. Dementsprechend erscheint es nach hier vertretener Auffassung naheliegend, dass sich auch ein Gericht bei seiner Entscheidung über eine etwaige Beschlussersetzung nach § 44 Abs. 1 S. 2 WEG maßgeblich an den Vereinbarungen und Beschlüssen bzw. dem mutmaßlichen, billigen Ermessen der Wohnungseigentümer zu orientieren hat.

32 Inhaltlich ist der gerichtliche Prüfungsmaßstab von Ermessensentscheidungen der Wohnungseigentümer im Hinblick auf ihr Selbstorganisationsrecht beschränkt. Das Ermessen der Wohnungseigentümer ist einer gerichtlichen Prüfung weitgehend entzogen.[58] Das Gericht ist allein auf die Prüfung etwaige Ermessensfehler iS einer Kontrolle und Korrektur von **Missbrauchsfällen** verwiesen. Demgegenüber ist ein Gericht nicht berechtigt, seine eigenen Wertungen uneingeschränkt an die Stelle der Wertungen der Wohnungseigentümer zu setzten und eine nach seiner Auffassung zweckmäßigere Lösung durchzusetzen.[59] Vielmehr ist es grundsätzlich Aufgabe der Wohnungseigentümer, im Rahmen ihrer Selbstorganisation für sich die „optimale" Lösung zu definieren. Wenn eine Ermessensentscheidung also keine Ermessensfehler aufweist, sondern sich in der Spannbreite zulässiger Handlungsalternative bewegt, so ist dieses Ergebnis auch im Rahmen einer gerichtlichen Überprüfung als fehlerfrei zu akzeptieren.[60] Auch insoweit ergibt sich aus den Gesetzesmaterialien kein Hinweis dafür, dass der Gesetzgeber durch die WEG-Reform einen anderen, inhaltlichen Prüfungsmaßstab für Ermessensentscheidungen vorgeben wollte.

33 **5. Relevante Fallgruppen.** Nachdem die möglichen Ermessensfehler der Wohnungseigentümer allgemein dargelegt worden sind, sollen nun noch die wichtigsten Fallgruppen im Zusammenhang mit dem Ermessen der Wohnungseigentümer durch Beispiele aus der Rechtsprechung konkretisiert werden.

34 **a) Erhaltungsmaßnahmen.** Im Zusammenhang mit Entscheidungen über die Erhaltung iSd § 13 Abs. 2 S. 1 WEG (Instandhaltung und Instandsetzung) ist einmal mehr zwischen **Entschließungs- und Auswahlermessen** zu differenzieren. Beim Entschließungsermessen besteht die Besonderheit, dass insbesondere bei längerer Unbenutzbarkeit von Sondereigentum aufgrund einer fehlenden Sanierung des Gemeinschaftseigentums eine **Ermessensreduktion** auf null in Betracht kommt.[61]

35 Von dieser Ermessensreduktion auf null bleibt das Auswahlermessen und damit die Frage nach der konkreten Art der Erhaltungsmaßnahme jedoch in aller Regel unberührt. Zwar müssen die Wohnungseigentümer zum Zwecke einer **ausreichenden Tatsachengrundlage** regelmäßig mehrere Vergleichsangebote einholen und ge-

---

57 So die Argumentation von BGH 4.5.2018 – V ZR 203/17.

58 In diesem Sinne etwa BayObLG 25.3.1999 – 2Z BR 105/98, NZM 1999, 504; ebenso OLG Frankfurt a. M. 8.1.2009 – 20 W 384/07, NZM 2009, 440; ausführlich auch *Elzer* ZMR 2006, 85 (93) mwN.

59 In diesem Sinne auch *Elzer* ZMR 2006, 85 (93).

60 In diesem Sinne etwa OLG Hamburg 16.7.2001 – 2 Wx 116/00, ZMR 2001, 997; zustimmend *Elzer* ZMR 2006, 85 (93) mwN.

61 Vgl. etwa BGH 17.10.2014 – V ZR 9/14, NZM 2015, 53.

gebenenfalls den Umfang des Sanierungsbedarfes ermitteln.[62] Sodann sind die Wohnungseigentümer im Rahmen ihrer Ermessensentscheidung jedoch weder verpflichtet das kostengünstigste noch das aufwändigste Angebot auszuwählen.[63]

Besonderheiten sollen bei der Ermessensausübung über Erhaltungsmaßnahmen auch im Zusammenhang mit **DIN-Normen** gelten. So hat der BGH ausgeführt, dass DIN-Normen die Vermutung in sich tragen, den allgemein anerkannten Stand der Technik wiederzugeben. Ein Sanierungsbeschluss der Wohnungseigentümer, welcher von der Einhaltung dieser Normen abweicht, ist nach Ansicht des BGH daher nur dann ermessensfehlerfrei, wenn diese Vermutung der DIN-Norm erfolgreich entkräftet wird – etwa durch Einholung eines Sachverständigengutachtens über neuere Sanierungsmethoden.[64]   36

b) Hausordnung. Das Ermessen der Wohnungseigentümer bei der Ausgestaltung der Hausordnung wird in der Rechtsprechung insbesondere im Zusammenhang mit Haustieren und dem häuslichen Musizieren relevant. Die **Ermessensgrenze** soll nach dem BGH beim Musizieren erreicht sein, wenn die Hausordnung entweder ein vollständiges Verbot oder eine in ihrer praktischen Wirkung gleichzusetzende Regelung getroffen wird.[65] So soll auch eine Regelung, die das Musizieren „auf Zimmerlautstärke" begrenzt, wegen der faktischen Verbotswirkung ermessensfehlerhaft sein.[66] Demgegenüber soll die Aufstellung einer Ruhezeit von 12.00 bis 14.00 Uhr und ab 20.00 Uhr keine verbotsähnliche Wirkung haben und ermessensfehlerfrei sein.[67]   37

Bei der Ermessensausübung zu Haustieren in der Hausordnung sind nach dem BGH im ersten Schritt etwaige **gesetzliche Vorgaben** als Ermessensgrenzen zu beachten – etwa in den jeweiligen Landesgesetzen über die Hundehaltung.[68] Innerhalb dieser Grenzen sollen sich die Wohnungseigentümer durchaus zugunsten einer Nutzung des Gemeinschaftseigentums – etwa der Rasenflächen – für Haustiere entscheiden können, wenn darin keine **unzumutbaren Belastungen** für Wohnungseigentümer oder Dritte liegt. Die Grenzen sind nach dem BGH regelmäßig erreicht, wenn die Tiere andere Personen beispielsweise durch Anspringen belästigen oder es an einer Regelung in der Hausordnung zur Entsorgung von Exkrementen der Tiere vom Gemeinschaftseigentum fehlt.[69]   38

c) Verwalterbestellung und -abberufung. Im Zusammenhang mit der Ermessensentscheidung der Wohnungseigentümer über die Bestellung bzw. Abberufung eines Verwalters übt sich die Rechtsprechung bei ihrer Kontrolle in Zurückhaltung, da es sich um eine der zentralen, ureigensten Aufgaben der Wohnungseigentümer handelt.[70] Zwar sind die Wohnungseigentümer jedenfalls bei der erstmaligen Bestellung eines Verwalters grundsätzlich verpflichtet, mehrere **Alternativangebote** einzuholen, um eine ausreichende Tatsachengrundlage zu erhalten.[71] Auf der Grundlage dieser Angebote ist die Bestellung eines geringfügig teureren Verwalters, mit dem die Wohnungseigentümer jedoch in der Vergangenheit gute Erfahrungen gemacht haben, nach dem BGH nicht ermessensfehlerhaft. Eine Verwalterbestellung soll erst nur dann ermessensfehlerhaft sein, wenn die Bestellung **objektiv nicht mehr vertretbar** ist.[72]   39

---

62 Siehe zum Erfordernis der Vergleichsangebote BGH 22.6.2012 – V ZR 190/11, NJW 2012, 3175 und zur Ermittlung des Sanierungsbedarfes BGH 14.3.2018 – V ZB 131/17, NZM 2018, 399.

63 Vgl. etwa OLG Hamburg 13.3.2000 – 2 Wx 27/98, ZMR 2000, 478; ebenso auch BayObLG 14.8.2003 – 2Z BR 112/03, ZMR 2003, 951 und BayObLG 28.7.2004 – 2Z BR 43/04, NJW-RR 2004, 1455.

64 In diesem Sinne für den Fall einer im Raum stehenden Sanierung wegen eines Befalls mit Holzschädlingen, BGH 24.5.2013 – V ZR 182/12, NJW 2013, 2271; siehe auch FormB-WEG-R/*Fritsch* WEG § 2 Rn. 479 f.

65 So BGH 10.9.1998 – V ZB 11/98, NJW 1998, 3713; ebenso im Spezialfall eines professionellen Musikers BayObLG 28.2.2002 – 2Z BR 141/01, ZMR 2002, 605 mwN.

66 In diesem Sinne BayObLG 23.8.2001 – 2Z BR 96/01, NJW 2001, 3635 = ZWE 2001, 595.

67 Vgl. wiederum BGH 10.9.1998 – V ZB 11/98, NJW 1998, 3713.

68 Vgl. BGH 8.5.2015 – V ZR 163/14, NZM 2015, 595.

69 Ausführlich BGH 8.5.2015 – V ZR 163/14, NZM 2015, 595; weitere Beispiele → *Hausordnung* Rn. 34 ff.

70 In diese Richtung BGH 10.2.2012 – V ZR 105/11, NJW 2012, 1884; deutlich in diesem Sinne OLG Hamburg, ZMR 2001, 997; ausführlich auch *Elzer* ZMR 2011, 418 (421 ff.).

71 Vgl. BGH 22.6.2012 – V ZR 190/11, NJW 2012, 3175; zum Fall der Wiederbestellung eines Verwalters siehe BGH 1.4.2011 – V ZR 96/10, NZM 2005, 515.

72 So BGH 10.2.2012 – V ZR 105/11, NJW 2012, 1884; ebenso BGH 22.6.2012 – V ZR 190/11, NJW 2012, 3175; ähnlich auch *Elzer* ZMR 2011, 418 (422 ff.) und FormB-WEG-R/*Fritsch* WEG § 2, Rn. 5.

40 So etwa bei massiven Pflichtverletzungen, die von der Mehrheit aus bloßer Bequemlichkeit toleriert werden.[73] Auch hat der BGH die Bestellung eines Verwalters als ermessensfehlerhaft angesehen, dessen Bonität auf der Wohnungseigentümerversammlung durch objektive Indizien in Zweifel gezogen wurde, ohne dass die Wohnungseigentümer vor seiner Bestellung weitere Informationen über seine Bonität eingeholt haben.[74] Dabei soll überdies eine Differenzierung zwischen Erst- und Wiederwahl des Verwalters geboten sein: Bei der **erstmaligen Bestellung** eines Verwalters ist notwendigerweise eine Prognoseentscheidung zu treffen ist, die sich insbesondere an den vorhandenen Informationen über die persönliche und fachliche Eignung des potenziellen Verwalters orientiert. Demgegenüber kann bei der Entscheidung über eine **erneute Bestellung** in besonderem Maße auf die Erfahrungen der Wohnungseigentümer mit diesem Verwalter in seiner bisherigen Amtszeit zurückgegriffen werden.[75]

41 Auch die Entscheidung der Wohnungseigentümer über die Abberufung eines Verwalters soll erst dann fehlerhaft sein, wenn eine abweichende Entscheidung **objektiv nicht mehr vertretbar** ist. Ein solcher Fall kann nach dem BGH zu bejahen sein, wenn der Verwalter prognostisch nicht über die erforderlichen finanziellen Mittel verfügt, um eine ordnungsmäßige Aufgabenerfüllung sicherzustellen.[76]

IV. Ermessen des Verwalters

42 Eine weitere, zentrale Person im Zusammenhang mit einer jeden Wohnungseigentümergemeinschaft ist der Verwalter. Er ist Organ der Gemeinschaft der Wohnungseigentümer und Träger eines (privaten) Amtes.[77]

43 **1. Grundlagen des Ermessens beim Verwalter. a) Maßstab des Ermessens.** Aufgrund seiner herausgehobenen Stellung hat auch der Verwalter nach dem WEG verschiedene Ermessensspielräume, wobei eine Unterscheidung in originäre und abgeleitete Ermessensspielräume des Verwalters in Betracht kommt.[78] Das Gesetz weist dem Verwalter zum einen bestimmte Aufgaben originär zur Erfüllung zu – etwa die Einberufung und Durchführung der Wohnungseigentümerversammlung in § 24 Abs. 1 und 4 WEG. Daher lässt sich bei der Erfüllung dieser Aufgaben insoweit von einem originären, eigenen Ermessen des Verwalters sprechen. Zum anderen werden dem Verwalter durch Gesetz bzw. Vereinbarung bestimmte Aufgaben der Wohnungseigentümer zugewiesen, so dass insoweit eher ein **abgeleitetes Ermessen** vorliegt.[79]

44 Allerdings ist der – abstrakte – Maßstab für die Ermessensausübung des Verwalters nach hier vertretener Ansicht stets die **ordnungsmäßige Verwaltung** nach billigen Ermessen iSd § 18 Abs. 2 WEG. Wenn jeder einzelne Wohnungseigentümer schon gegenüber den anderen Wohnungseigentümern einen subjektiven Anspruch auf eine solche, ordnungsmäßige Verwaltung nach billigem Ermessen hat, so muss dieser Anspruch erst recht gegenüber dem Verwalter Geltung haben.[80] Der Verwalter ist nach der gesetzlichen Konzeption eine Hilfsperson zur Unterstützung der Verwaltung als ausführendes Organ mit gesetzlicher Vertretungsmacht gegenüber den Wohnungseigentümern in bestimmten Bereichen.[81] Eine Verringerung der gesetzlich vorgesehen Mindeststandards an eine ordnungsmäßige Verwaltung soll durch das Handeln des Verwalters dementsprechend gerade nicht eintreten. Vielmehr folgt aus dieser unterstützenden Funktion nach hier vertretener Ansicht, dass sich das Ermessen des Verwalters – analog zur Ermessensausübung der Wohnungseigentümer – stets an den **Interessen der Gesamtheit der Wohnungseigentümer** nach billigem Ermessen zu orientieren hat.[82] Diese Auslegung wird durch die Neufassung des § 18 Abs. 2 WEG und die explizite Definition des billigen Ermessens als ordnungsmäßige Verwaltung und Benutzung weiter gestützt.

---

73 Dieses Beispiel anführend BGH 10.2.2012 – V ZR 105/11, NJW 2012, 1884.

74 So BGH 22.6.2012 – V ZR 190/11, NJW 2012, 3175.

75 In diese Richtung BGH 22.6.2012 – V ZR 190/11, NJW 2012, 3175; ausführlich in diesem Sinne *Elzer* ZMR 2011, 418 (420 f.).

76 Ausführlich in diesem Sinne BGH 22.6.2012 – V ZR 190/11, NJW 2012, 3175; ebenso bereits OLG Schleswig 8.11.2006 – 2 W 137/06, WuM 2007, 216.

77 Vgl. etwa BGH NJW 2014, 1294 und *Hügel/Elzer* WEG § 26, Rn. 3; weiterführend → *Verwalter* Rn. 41 f.

78 Ähnlich bereits *Elzer* ZMR 2006, 85 (87 ff.).

79 Vgl. *Elzer* ZMR 2006, 85 (90).

80 Ebenso auch *Hügel/Elzer* WEG § 26 Rn. 51 a.

81 Ausführlich etwa Jennißen/*Schmidt* WEG-Verwalter 1 ff., 120 ff.

82 In diesem Sinne bereits *Elzer* ZMR 2006, 85 (88).

b) Besonderheiten der Ermessensgrenzen. Aus den vorstehenden Erwägungen zum Maßstab des Verwalter- **45** ermessens lässt sich zugleich ableiten, dass grundsätzlich auch die Ermessensgrenzen der Wohnungseigentümer für den Verwalter gelten müssen. Die vorstehend entwickelte Ermessensfehlerlehre für die Wohnungseigentümer lässt sich daher im Grundsatz auf den Verwalter übertragen (zu dieser Lehre → Rn. 10 ff.).[83] Mögliche Ermessensfehler sind dementsprechend auch für den Verwalter der Ermessensausfall, die Ermessensüberschreitung bzw. -unterschreitung und der Ermessensfehlgebrauch.

Als Besonderheit im Zusammenhang mit dem Ermessen des Verwalters ist seine **strikte Bindung** an Be- **46** schlüsse und Vereinbarungen der Wohnungseigentümer zu nennen.[84] Diese Beschlüsse und Vereinbarungen bilden für den Verwalter eine **Ermessensgrenze**, deren Nichteinhaltung einen Fall der Ermessensüberschreitung darstellt. Anders als die Wohnungseigentümer selbst ist der Verwalter nicht berechtigt, Beschlüsse und Vereinbarungen abzuändern. Eine „einstimmige" Ermessensausübung des Verwalters kann somit an der Fehlerhaftigkeit einer gegen Beschlüsse und Vereinbarung verstoßenden Ermessensentscheidung – anders als bei Entscheidungen der Wohnungseigentümer – nichts ändern (zur einstimmigen Ermessensentscheidung der Wohnungseigentümer → Rn. 25 f.).

2. Relevante Fallgruppen. a) Vorbereitung und Durchführung der Wohnungseigentümerversamm- 47 lung. Ein eigenes, originäres Ermessen kommt dem Verwalter insbesondere im Zusammenhang mit der Wohnungseigentümerversammlung zu. Auch nach der durch § 24 Abs. 1 bzw. 2 WEG geschaffenen Rechtslage wird die Versammlung mindestens einmal jährlich durch den Verwalter einberufen, der gemäß § 24 Abs. 5 WEG sodann als Vorsitzender die Versammlungsleitung. Auch die Niederschrift der gefassten Beschlüsse übernimmt der Verwalter, wobei sein diesbezügliches Ermessen durch die Neufassung des § 24 Abs. 6 WEG dahingehend geringer geworden ist als er die Niederschrift der gefassten Beschlüsse nunmehr „unverzüglich" aufzunehmen hat. Somit liegen die **Vorbereitung und Durchführung** der Wohnungseigentümerversammlung weitestgehend im Pflichtenkreis des Verwalters. Mit dieser Aufgabe gehen eine ganze Reihe möglicher Ermessensentscheidungen einher, beginnend mit dem Zeitpunkt der Einberufung, über den Ort und die Tagesordnung einer Versammlung, die Durchführung von Abstimmungen und auch die Bestimmung von Unterbrechungen und Beendigung der Versammlung.[85] Indes unterliegt der Verwalter bei all diesen Ermessenentscheidungen den bereits dargestellten Ermessensgrenzen.

So hat der Verwalter nach hier vertretener Auffassung hinsichtlich der Uhrzeit des **Versammlungsbeginns** **48** trotz einer auch nach § 24 WEG weiterhin fehlenden, gesetzlichen Regelung nach neuer Rechtslage weiterhin die Umstände des Einzelfalles umfassend in seine Ermessensentscheidung einzubeziehen[86] So muss insbesondere bedacht werden, welche Größe die Wohnungseigentümergemeinschaft hat und von welchen Orten die Wohnungseigentümer möglicherweise anreisen müssen. Auch der Umfang der Tagesordnung und damit die voraussichtliche Länge der Versammlung sind zu bedenken, um den Wohnungseigentümern eine mögliche Rückreise ohne das Erfordernis einer Übernachtung am Versammlungsort zu ermöglichen.[87] Demgegenüber dürfen etwaige Praktikabilitätserwägungen des Verwalters selbst – etwa die zeitnahe „Bündelung" von Versammlungen zu verschiedenen betreuten Objekten in näherer Umgebung an bestimmten Tagen zwecks Zeitersparnis – bei der Ermessensabwägung keine Rolle spielen. Maßstab sind allein die Interessen der durch den Verwalter betreuten Wohnungseigentümer.

Auch hinsichtlich des **Versammlungsortes** ist der Verwalter in seinem Ermessen – trotz fehlender gesetzlicher **49** Regelung – nicht frei. Vielmehr muss er sich an der Funktion des Versammlungsortes orientieren iSe Ortes der gemeinschaftlichen Willensbildung der Wohnungseigentümer.[88] Dementsprechend muss der Ort der Versammlung für die Wohnungseigentümer auch vor dem Hintergrund der Funktion einer solchen Versammlung ver-

---

83 In diesem Sinne auch *Hügel/Elzer* WEG § 26 Rn. 51 e.
84 So auch *Elzer* ZMR 2006, 85 (88).
85 Eine ausführliche Auflistung findet sich bei *Elzer* ZMR 2006, 85 (89).
86 Vgl. OLG Köln 13.9.2004 – 16 Wx 168/04, ZMR 2005, 77; siehe auch FormB-WEG-R/*Fritsch/Meier* WEG § 2 Rn. 347.
87 Für den Vormittag an einem Werktag verneinend OLG Frankfurt a. M. 9.8.1982 – 20 W 403/82, OLGZ 1982, 418; ausführlich auch OLG Köln 13.9.2004 – 16 Wx 168/04, ZMR 2005, 77; aus der Literatur *Elzer* ZMR 2006, 85 (89).
88 In diesem Sinne bereits *Elzer* ZMR 2006, 85 (90).

kehrsüblich und zumutbar sein.[89] So kann es nach der Rechtsprechung ermessensfehlerhaft sein, eine Versammlung trotz vorher bekannter Konflikte zwischen einzelnen Wohnungseigentümern auf engstem Raum abzuhalten.[90]

50   Bei der konkreten Durchführung der Versammlungen sind nach der Rechtsprechung **Unterbrechungen** zwar grundsätzlich zulässig. Allerdings müssen sie sich auf ein angemessenes, zeitliches Maß beschränken. Daher hat der BGH eine längere Unterbrechung zur Führung eines Mandantengespräches über einen Rechtsstreit der Wohnungseigentümer auf der Versammlung für ermessensfehlerhaft erachtet, da eine solche Besprechung grundsätzlich vorab erfolgen solle.[91]

51   **b) Ermessen des Verwalters nach der Generalklausel des § 27 Abs. 1 Nr. 1 und 2 WEG.** Die enumerative Auflistung der Rechte und Pflichten des Verwalters nach § § 27 Abs. 1–3 WEG aF wurde im Zuge der WEG-Reform ersetzt durch eine allgemeinere Zuweisung von Rechten und Pflichten in § 27 Abs. 1 Nr. 1 und 2 WEG. Der Verwalter ist nach § 27 Abs. 1 WEG gegenüber der Gemeinschaft der Wohnungseigentümer berechtigt und verpflichtet, die Maßnahmen ordnungsmäßiger Verwaltung zu treffen, die untergeordnete Bedeutung haben und nicht zu erheblichen Verpflichtungen führen (Nr. 1) oder zur Wahrung einer Frist oder zur Abwendung eines Nachteils erforderlich sind (Nr. 2). Auf den ersten Blick könnte man nach dem Wortlaut der Norm annehmen, dass dem Verwalter nach neuer Rechtslage ein sehr viel breiterer Ermessensspielraum zukommt, da er nicht durch einen abschließenden Katalog zu gewissen aufgaben berechtigt wird, sondern durch eine – inhaltlich beschränkte – Generalklausel unter bestimmten Voraussetzungen zu Aufgaben bestimmter Art berechtigt und verpflichtet wird.

52   § 27 Abs. 1 Nr. 1 WEG soll nach den Gesetzesmaterialien dahingehend ausgelegt werden, dass für die Frage der „Erheblichkeit" einer Verpflichtung die Sichtweise eines durchschnittlichen Wohnungseigentümers in der konkreten Wohnungseigentumsanlage maßgeblich sein soll. Je größer diese Anlage im Einzelfall, desto geringer fällt die anteilige, finanzielle Belastung des einzelnen Wohnungseigentümers aus. Daher soll bei größeren Anlagen auch der Kreis derjenigen Maßnahmen wachsen, die der Verwalter eigenverantwortlich treffen kann, mithin also der Umfang seines Ermessens.[92]

53   § 27 Abs. 1 Nr. 2 WEG soll es dem Verwalter nach den Gesetzesmaterialien „unverändert" ermöglichen, in dringenden Fällen die erforderlichen Erhaltungsmaßnahmen zu treffen, so dass mit der Neuregelung nach dem gesetzgeberischen Willen keine Ausweitung der Rechte und Pflichten des Verwalters verbunden sein soll.[93]

54   Überdies hat der Gesetzgeber in den Materialien seinen Willen zum Ausdruck gebracht, dass mit der Neuregelung des § 27 Abs. 1 WEG keine wesentliche Veränderung der bisherigen Rechtslage einher gehen soll.[94] So soll der Verwalter ausweislich der Gesetzesmaterialien auch nach der Neufassung des § 27 Abs. 1 WEG für Durchführung von Beschlüssen der Wohnungseigentümer (§ 27 Abs. 1 Nr. 1 WEG aF) und für Maßnahmen der ordnungsmäßigen Instandsetzung (§ 27 Abs. 1 Nr. 2 WEG aF) verantwortlich sein. Mithin sollen die bisherigen Rechte und Pflichten des Verwalters grundsätzlich auch durch die Generalklausel des § 27 Abs. 1 WEG abgedeckt sein, jedoch auf der anderen Seite auch nicht wesentlich über die bisherige Rechtslage hinausgehen.

55   Aufgrund dieses ausdrücklichen, gesetzgeberischen Willens erscheint es sachgerecht, für die weitere Konkretisierung des Ermessens des Verwalters nach § 27 Abs. 1 WEG auf die bisherige Auslegung der wesentlichen Fallgestaltungen des § 27 Abs. 1 WEG aF zurückzugreifen.

56   **aa) Durchführung von Beschlüssen der Wohnungseigentümer nach § 27 Abs. 1 WEG.** Der Verwalter war nach § 27 Abs. 1 Nr. 1 WEG aF dazu verpflichtet, die Beschlüsse der Wohnungseigentümer unverzüglich durchzuführen. Dies sollte grundsätzlich selbst dann gelten, wenn der Verwalter von der **Anfechtbarkeit** des betreffenden Beschlusses aufgrund formeller oder materiellrechtlicher Mängel überzeugt ist.[95] Somit hatte der

---

89 Vgl. OLG Hamm 12.12.2000 – 15 W 109/00, NJW-RR 2001, 516; ausführlich auch *Elzer* ZMR 2006, 85 (90) und FormB-WEG-R/*Fritsch/Meier* WEG § 2 Rn. 348.
90 So für den Fall einer Versammlung in einem Wohnwagen OLG Hamm 12.12.2000 – 15 W 109/00, NJW-RR 2001, 516.
91 So BGH 8.7.2016 – V ZR 261/15, NJW 2017, 666.
92 Siehe BT-Drs. 19/22634, 46 f.
93 Siehe wiederum BT-Drs. 19/22634, 47.
94 So BT.-Drs. 19/22634, 47.
95 Vgl. etwa BGH 4.4.2014 – V ZR 167/13, ZWE 2014, 265; zustimmend *Hügel/Elzer* WEG § 27 Rn. 9.

Verwalter hinsichtlich des „**Ob**" der Durchführung keinerlei (Entschließungs-)Ermessen. Allerdings hatte der Verwalter ein (Auswahl-)Ermessen bei der Art und Weise der Durchführung von Beschlüssen der Wohnungseigentümer inne. Es handelte sich jedoch um ein **abgeleitetes** Ermessen. Der Verwalter war in seinem Ermessen daher durch den erkennbaren **Willen** der Wohnungseigentümer und etwaige begleitende **Anordnungen** der Wohnungseigentümer begrenzt.[96] So sollte die Umsetzung eines Beschlusses nach der bisherigen Rechtsprechung des BGH ermessensfehlerhaft sein, wenn die Wohnungseigentümer für eine Sanierungsmaßnahme ein Bauvolumen von 4.000 EUR beschlossen hatten und der Verwalter bei der Durchführung dieser Maßnahmen Aufträge mit einem Volumen von 18.000 EUR vergibt.[97]

bb) Erforderliche Maßnahmen nach § 27 Abs. 1 WEG. Ein Ermessen kam dem Verwalter auch hinsicht- 57 lich der in § 27 Abs. 1 Nr. 2 und 3 WEG aF normierten Maßnahmen zu. Allerdings galt es für den Umfang des eingeräumten Ermessens bisher zwischen der Nr. 2 und Nr. 3 des § 27 Abs. 1 WEG aF zu differenzieren:

Nach dem Wortlaut des § 27 Abs. 1 Nr. 2 WEG aF hatte der Verwalter die für die ordnungsmäßige Erhaltung 58 des gemeinschaftlichen Eigentums erforderlichen Maßnahmen zu treffen. Sinn und Zweck der Vorschrift der Vorschrift war indes allein die **Entlastung** der Wohnungseigentümer, indem grundlegende Pflichten im **Vorfeld** der eigentlichen Entscheidung über eine Maßnahme qua Gesetz auf den Verwalter übertragen werden.[98] Dementsprechend beschränkten sich die Aufgaben des Verwalters in erster Linie auf **Kontroll- und Organisationsmaßnahmen** sowie **Hinweispflichten** gegenüber den Wohnungseigentümern, die ihrerseits sowohl die Entscheidung über das „ob" als auch das „wie" einer solchen Maßnahme in der eigenen Hand behielten.[99] Auch das Merkmal der „erforderlichen" Maßnahme wurde nach bisheriger Rechtsprechung objektiv bestimmt.[100] Daher verblieben dem Verwalter im Zusammenhang mit § 27 Abs. 1 Nr. 2 WEG kaum eigenständige Ermessensspielräume. Denkbar erschien ein solcher Spielraum allenfalls hinsichtlich der Frequenz, mit der Informationen über das betreffende Objekt eingeholt werden[101] oder auch der Zeitdauer, bis der Verwalter diese Informationen an die Wohnungseigentümer weiterleitet.[102] Diese Ermessensspielräume sind nach hier vertretener Ansicht auch für die neue Rechtslage des § 27 Abs. 1 WEG in Übereinstimmung mit den **allgemeinen Ermessensanforderungen** auszufüllen, mithin unter Berücksichtigung aller Umstände des Einzelfalles anhand des Zweckes der Ermächtigung und innerhalb der durch Gesetz, Vereinbarungen und Beschlüsse gesteckten Grenzen (→ Rn. 7 ff.).[103]

Demgegenüber wurde dem Verwalter im Zusammenhang mit der Notgeschäftsführung nach § 27 Abs. 1 Nr. 3 59 WEG aF in größerem Umfang ein Ermessen eingeräumt. Zwar kam dem Verwalter auch im Rahmen dieser Norm regelmäßig kein **Entschließungsermessen** zu, da ein „dringender" Fall iSd § 27 Abs. 1 Nr. 3 WEG aF nach hM dann vorlag, wenn objektiv eine Eilbedürftigkeit zu bejahen war, die eine vorherige Beschlussfassung der Wohnungseigentümer nicht mehr zuließ (→ *Notgeschäftsführung des Verwalters* Rn. 1 ff.).[104]

Allerdings kam dem Verwalter hinsichtlich der konkreten Notfallmaßnahme typischerweise ein **Auswahler-** 60 **messen** zwischen verschiedenen Handlungsalternativen zu. So musste eine Notfallmaßnahme iSd § 27 Abs. 1 Nr. 3 WEG aF nicht zwingend in einer Instandhaltungs- oder Instandsetzungsmaßnahme bestehen, sondern konnte beispielsweise auch im Abriss einer einsturzgefährdeten Wand oder dem provisorischen Eindecken eines Daches liegen.[105] Allerdings durfte der Verwalter nach Auslegung des § 27 Abs. 1 Nr. 3 WEG aF durch den BGH keine Maßnahmen anordnen, die der dauerhaften Behebung der Schadensursache selbst dienten.[106]

---

96   Ausführlich BGH 18.2.2011 – V ZR 197/10, NJW-RR 2011, 1093; ebenso auch *Hügel/Elzer* WEG § 27 Rn. 11.

97   So BGH 18.2.2011 – V ZR 197/10, NJW-RR 2011, 1093.

98   Vgl. zu diesem Telos *Hügel/Elzer* WEG § 27 Rn. 17.

99   Ausführlich in diesem Sinne etwa Bärmann//*Becker* § 27 Rn. 44; ähnlich *Hügel/Elzer* WEG § 27 Rn. 19 ff.

100 Vgl. etwa BayObLG WE 1988, 31; ebenso OLG Hamburg, DWE 1993, 164; zustimmend Timme/*Knop* WEG § 27 Rn. 72 und *Hügel/Elzer* WEG § 27 Rn. 19.

101 Für eine jährliche Untersuchungspflicht als Untergrenze etwa Jennißen/*Heinemann* WEG § 27 Rn. 22.

102 Etwa, ob eine außerordentliche Wohnungseigentümerversammlung nötig ist, vgl. etwa Staudinger/*Jacoby* WEG Bd. 2 § 27 Rn. 61.

103 Vgl. allgemein auch BGH 8.4.2016 – V ZR 191/15, NJW 2017, 64.

104 In diesem Sinne etwa OLG Hamm 19.7.2011 – 15 Wx 120/10, ZWE 2011, 415; zustimmend *Elzer* ZWE 2012, 163 (164); Bärmann//*Becker* § 27 Rn. 4.

105 Vgl. etwa Bärmann//*Becker* § 27 Rn. 69 und *Hügel/Elzer* WEG § 27 Rn. 33.

106 So BGH 25.9.2014 – V ZR 246/14, NJW 2016, 1310; zustimmend *Hügel/Elzer* WEG § 27 Rn. 33.

Diese Einschränkung stellte für den Verwalter eine spezielle **Ermessensgrenze** dar. Im Übrigen galt es zu bedenken, dass der Verwalter durch seine Notgeschäftsführung letztlich eine Ermessensentscheidung der Wohnungseigentümer aus Zeitgründen ersetzt, so dass es sich um ein abgeleitetes Ermessen handelte. Daher galten die Ermessengrenzen der Wohnungseigentümer insoweit auch für die Entscheidung des Verwalters.[107] Mithin hatte er sich nach § 21 Abs. 4 WEG aF bei seiner Abwägung an den Interessen der Gesamtheit der Wohnungseigentümer zu orientieren und Ermessensfehler zu vermeiden. Diese so entwickelten Grundsätze lassen sich nach hier vertretener Ansicht grundsätzlich auf § 27 Abs. 1 WEG übertragen. Insbesondere die Verpflichtung des Verwalters, sich bei abgeleiteten Ermessensentscheidungen am Maßstab einer ordnungsmäßigen Verwaltung und Benutzung zu orientieren, wurde durch die gesetzliche Legaldefinition in § 18 Abs. 2 WEG tendenziell sogar nochmals verstärkt (insgesamt lässt sich nach hier vertretener Ansicht auf die allgemeine Ermessensfehlerlehre zurückgreifen, → Rn. 10 ff.).

61 **c) Exkurs: Verpflichtung des Verwalters zur Vorbereitung von Ermessensentscheidungen der Wohnungseigentümer.** Die Pflichten des Verwalters beziehen sich überdies nicht nur auf die eigene Ermessensausübung. Vielmehr war bereits nach bisheriger Rechtslage anerkannt, dass der Verwalter aufgrund seiner Stellung als Hilfsperson auch für die **Ermöglichung einer ermessensfehlerfreien Entscheidung** der Wohnungseigentümer mitverantwortlich ist.[108] So umfassten die erforderlichen Maßnahmen zur Instandhaltung und Instandsetzung als Aufgabe nach § 27 Abs. 1 Nr. 2 WEG aF auch und gerade die Pflicht des Verwalters, eine entsprechende Beschlussfassung der Wohnungseigentümer vorzubereiten. Hierzu gehörten die vorherige Ermittlung des voraussichtlichen Sanierungsbedarfes und die Einholung mehrerer Angebote.[109] Nach den Gesetzesmaterialen soll der Pflichtenkreis des Verwalters durch die Neufassung des § 27 Abs. 1 WEG nicht verringert werden. Dementsprechend kommt dem Verwalter nach hier vertretener Ansicht auch nach neuer Rechtslage die Verpflichtung zu, eine sachgerechte Ermessensausübung und ermessensfehlerfreie Entscheidung der Wohnungseigentümer zu unterstützen.

62 **3. Ermessen des Verwaltungsbeirates.** Ein Verwaltungsbeirat ist nach hM ein **Organ** der Gemeinschaft der Wohnungseigentümer.[110] Wenn die Wohnungseigentümer sich zur Bestellung eines Verwaltungsbeirates entschließen, kommt ihm nach § 29 Abs. 2 WEG die Aufgabe zu, den Verwalter bei der Durchführung seiner Aufgaben zu unterstützen und nach neuer Rechtslage auch zu überwachen (ausführlich → *Verwaltungsbeirat* Rn. 60 ff.). Darüber hinaus können die Wohnungseigentümer nach § 10 Abs. 2 S. 2 WEG weitere Aufgaben durch Vereinbarung an den Verwaltungsbeirat delegieren. Außerdem soll es den Wohnungseigentümern nach hM auch durch Beschluss möglich sein, dem Verwaltungsbeirat zumindest die weitere Konkretisierung von Aufgaben zu übertragen.[111] Beispielsweise soll der Beirat durch Beschluss ermächtigt werden können, im Rahmen einer bereits durch die Eigentümer beschlossenen Sanierungsmaßnahme die konkrete Auswahl der Farbgestaltung von Treppenaufgängen zu treffen.[112] Jedenfalls bei einer solchen „**Konkretisierung**" kommt auch dem Verwaltungsbeirat ein Ermessen zu. Allerdings handelt es sich hierbei um ein **abgeleitetes Ermessen**, das nach allgemeinen Grundsätzen anhand des erkennbaren Willens der Wohnungseigentümer und in Übereinstimmung mit den Interessen der Gesamtheit der Wohnungseigentümer auszuüben ist. Daher gelten auch für den Verwaltungsbeirat die bereits dargestellten Grundsätze der Ermessensfehlerlehre (→ Rn. 10 ff.).[113]

V. Ermessen des Gerichts

63 Schlussendlich kommt auch dem Gericht nach verschiedenen gesetzlichen Bestimmungen des WEG ein Ermessen zu, das sich in ein originäres und ein abgeleitetes Ermessen unterteilen lässt.

107 In diesem Sinne auch *Hügel/Elzer* WEG § 27 Rn. 33; aA offenbar *Timme/Knop* WEG § 27 Rn. 103.

108 Vgl. etwa OLG Celle 12.3.2001 – 4 W 199/00, ZMR 2001, 642; ausführlich *Elzer* ZMR 2006, 85 (90).

109 Vgl. etwa BayObLG 10.3.2004 – 2Z BR 274/03, ZMR 2004, 606; ebenso *Elzer* ZMR 2006, 85 (90).

110 So BGH 2.6.2005 – V ZB 32/05, NJW 2005, 2061; zustimmend *Jennißen/Munzig* WEG § 29 Rn. 2 f.; aA *Hügel/Elzer* WEG § 29 Rn. 4.

111 Vgl. KG 10.9.2003 – 24 W 141/02, ZMR 2004, 622; zustimmend *Bärmann//Becker* § 29 Rn. 87; aA *Hügel/Elzer* WEG § 29 Rn. 42.

112 So KG 10.9.2003 – 24 W 141/02, ZMR 2004, 622.

113 Im Grundsatz ebenfalls für einen Gleichlauf mit den Ermessensgrenzen des Verwalters *Elzer* ZMR 2006, 85, 92 f.

1. Die Beschlussersetzungsklage nach § 44 Abs. 1 S. 2 WEG. Der wohl bedeutendste Fall einer gerichtlichen Ermessensentscheidung im WEG ist die nach der WEG-Reform nunmehr in § 44 Abs. 1 S. 2 WEG geregelte Beschlussersetzungsklage. Es handelt sich nach hier vertretener Auffassung auch nach der neuen Gesetzeslage um eine **abgeleitete Ermessensentscheidung**, da das WEG-Gericht mit seiner Entscheidung letztlich eine durch die Wohnungseigentümer zwingend zu treffende und tatsächlich nicht getroffene Entscheidung ersetzt.[114]

a) Abgrenzung zur Zustimmungsklage nach § 18 Abs. 2 WEG. Nach bisheriger Rechtslage bedurfte die gerichtliche Ermessensentscheidung über eine Maßnahme nach § 21 Abs. 8 WEG aF der Abgrenzung von der mit ihr verwandten Klage nach § 21 Abs. 4 WEG aF auf eine bestimmte Maßnahme. Bei der Beschlussersetzungsklage nach § 21 Abs. 8 WEG aF handelte es sich um eine **Gestaltungsklage**, die ausnahmsweise keinen bestimmten Antrag des Klägers auf eine konkrete Maßnahme iSd § 253 Abs. 2 Nr. 2 ZPO verlangt, sondern vielmehr die Angabe eines hinreichend bestimmten Rechtsschutzziels genügen lässt.[115] Demgegenüber handelte es sich bei der Klage nach § 21 Abs. 4 WEG aF um eine **Leistungsklage**, die auf Durchsetzung des allgemeinen Anspruchs auf eine ordnungsmäßige Verwaltung nach § 21 Abs. 4 WEG aF in Form einer konkret beantragten Maßnahme gerichtet ist.[116]

Anhand dieser Informationen ließen sich die beiden Klagearten voneinander abgrenzen: Die Beschlussersetzungsklage nach § 21 Abs. 8 WEG aF war auf die Erfüllung eines bestimmten **Rechtsschutzziels** gerichtet, das durch die Anordnung (irgend-)einer Maßnahme erfüllt werden soll, wobei die Auswahl der konkreten Maßnahme im billigen Ermessen des Gerichts steht. Bei einer Klage nach § 21 Abs. 8 WEG aF musste somit allein das **Entschließungsermessen** der Wohnungseigentümer auf Null reduziert sein, so dass zwingend (irgend-)eine Maßnahme getroffen werden muss.[117] Demgegenüber richtete sich die Klage nach § 21 Abs. 4 WEG aF auf die gerichtliche Anordnung einer ganz bestimmten Maßnahme. Daher war diese Klage nur dann begründet, wenn sowohl das **Entschließungs- als auch das Auswahlermessen** auf Null reduziert sind, mithin die Wohnungseigentümer zum Handeln verpflichtet waren und überdies nur eine einzige Handlungsoption ermessensfehlerfrei wäre.[118] Dementsprechend kam dem WEG-Gericht nur bei einer Klage nach § 21 Abs. 8 WEG aF überhaupt ein Ermessen zu.

Diese inhaltliche Abgrenzung ist nach hier vertretener Ansicht auch nach der neuen Rechtslage weiterhin von Bedeutung, da der Anspruch jedes einzelnen Wohnungseigentümers auf eine ordnungsmäßige Verwaltung aus § 21 Abs. 4 WEG aF nahezu wortgleich in § 18 Abs. 2 WEG überführt wurde. § 18 Abs. 2 WEG konkretisiert diesen Anspruch sogar noch weiter, indem die Verwaltung nach billigem Ermessen explizit als ordnungsmäßige Verwaltung und Benutzung (legal-)definiert wird. Überdies ist auch die inhaltlich relevante Unterscheidung zwischen dem Entschließungsermessen („ob") und dem Auswahlermessen („wie") notwendiger zu treffen.

b) Inhalt und Grenzen des gerichtlichen Ermessens nach § 44 Abs. 1 S. 2 WEG. Das Ermessen des Gerichts ist auch im Rahmen der Neufassung der Beschlussersetzungsklage in § 44 Abs. 1 S. 2 WEG notwendigerweise ein **abgeleitetes Ermessen**, da die Klage ja gerade darauf abzielt, eine Entscheidung, die die Wohnungseigentümer hätten treffen müssen, durch das Gericht treffen zu lassen (vgl. → Rn. 31). Der Maßstab für das gerichtliche Ermessen stimmt daher nach Ansicht des BGH konsequenterweise mit demjenigen Maßstab überein, der für die **Ermessensentscheidung der Wohnungseigentümer** anzulegen gewesen wäre, die ersetzt werden soll.[119] Das Gericht hat sich bei seiner Ermessensentscheidung somit auch nach der neuen Rechtslage am **Interesse der Gesamtheit der Wohnungseigentümer** iSd § 18 Abs. 2 WEG zu orientieren.[120]

64

65

66

67

---

114 Vgl. etwa BGH 20.11.2015 – V ZR 284/14, NJW 2016, 473. ausführlich auch zu den prozessualen Besonderheiten *Hogenschurz* MietRB 2020, 251 (253 ff.).

115 Instruktiv BGH 26.2.2016 – V ZR 250/14, NZM 2016, 523 mAnm *Elzer*; ausführlich *Elzer* MietRB 2016, 368 (369) und *Kuhla* ZWE 2016, 116 (120) jeweils mwN.

116 Vgl. wiederum BGH 26.2.2016 – V ZR 250/14, NZM 2016, 523 mAnm *Elzer*; ebenso *Kuhla* ZWE 2016, 116 (117).

117 Vgl. etwa BGH 20.11.2015 – V ZR 284/14, NJW 2016, 473; ausführlich auch *Kuhla* ZWE 2016, 116 (117 f.).

118 In diesem Sinne BGH 9.3.2012 – V ZR 161/11, NJW 2012, 1724; ebenso *Kuhla* ZWE 2016, 116 (117 f.).

119 Ausdrücklich in diesem Sinne etwa BGH 8.4.2016 – V ZR 191/15, NJW 2017, 64; zustimmend etwa *Elzer* MietRB 2016, 368 (370) und *Kuhla* ZWE 2016, 116 (122) jeweils mwN.

120 So BGH 8.4.2016 – V ZR 191/15, NJW 2017, 64; zustimmend *Elzer* MietRB 2016, 368 (370) und *Kuhla* ZWE 2016, 116 (122).

68   Bei dieser Ermessensentscheidung hat das Gericht überdies zu berücksichtigen, dass eine Beschlussersetzung stets in das Selbstorganisationsrecht der Wohnungseigentümer eingreift. Dementsprechend dürfen Maßnahmen durch das Gericht nur insoweit angeordnet werden, wie dies zur Gewährung effektiven Rechtsschutzes zugunsten des Klägers **unbedingt erforderlich** ist.[121] Das Gericht hat daher im Zuge seiner Ermessensentscheidung stets zu prüfen, ob und gegebenenfalls in welchem Umfang und auf welche Weise es den Wohnungseigentümern trotz dieser gerichtlichen Entscheidung ermöglicht werden kann, weiterhin eine eigene Entscheidung zu treffen und ihr Selbstorganisationsrecht wahrzunehmen.[122]

69   Auf der anderen Seite darf sich das Gericht auch nicht mit dem bloßen Ausspruch begnügen, dass die Wohnungseigentümer verpflichtet sind (irgend-) einen Beschluss zu fällen. Es ist nach Ansicht des BGH vielmehr ausreichend, aber zugleich auch notwendig, dass das ersetzende Gericht zumindest die **Richtung** für die **weitere Beschlussfassung** der Wohnungseigentümer vorgibt und gegebenenfalls sogar weiter konkretisiert.[123] So hatte der BGH zur alten Rechtslage für den Fall eines Streits über die Art der Sanierung eines mit Hausschwamm befallenen Dachgeschosses ausgesprochen, dass das Gericht bei seiner Entscheidung nach § 21 Abs. 8 WEG aF nicht nur das „ob" der Sanierung, sondern auch die Art der Sanierung – gegebenenfalls nach Einholung weiterer Informationen durch ein Sachverständigengutachten – vorzugeben habe.[124] Für die neue Rechtslage nach § 44 Abs. 1 S. 2 WEG kann nach hier vertretener Ansicht im Hinblick auf das Recht auf effektiven Rechtsschutz nichts anderes gelten.

70   An die Vorstellungen des Klägers ist das Gericht in diesem Zusammenhang nicht gebunden. Auch § 44 Abs. 1 S. 2 WEG stellt insoweit gerade eine Ausnahme zum Erfordernis eines bestimmten Antrages nach § 253 Abs. 2 Nr. 2 ZPO dar und lässt die bloße Angabe des Rechtsschutzziels genügen.[125] Dementsprechend liegt jedoch auch die konkret zu treffende Entscheidung im Ermessen des erkennenden Gerichts, das sich allein am Maßstab der Interessen der Gesamtheit der Wohnungseigentümer und nicht des Klägers zu orientieren hat.[126] Im Übrigen gelten für die Ermessensentscheidung des Gerichts die allgemeinen Ausführungen zum Ermessen der Wohnungseigentümer und insbesondere die oben entwickelte Ermessensfehlerlehre, da das Gericht allein diese Ermessensentscheidung der Wohnungseigentümer ersetzen soll (zur Ermessensfehlerlehre → Rn. 10 ff.).

71   **2. Weitere relevante Fallgruppen. a) Gerichtliches Ermessen bei der Kostenentscheidung im Zusammenhang mit der Beschlussersetzungsklage nach § 44 Abs. 1 S. 2 WEG.** Ein originäres Ermessen stand dem Gericht nach bisheriger Rechtslage bei der Fällung einer Kostenentscheidung nach § 49 Abs. 1 WEG aF zu. Allerdings wurde auch dieses **originäre Ermessen** nach § 49 Abs. 1 WEG aF zumindest indirekt durch den Maßstab der Interessen der Gesamtheit der Wohnungseigentümer beeinflusst, da § 49 Abs. 1 WEG aF letztlich eine Ergänzung zu § 21 Abs. 8 WEG aF dargestellt und konsequenterweise auch die Kostenentscheidung im Rahmen der Beschlussersetzungsklage in das Ermessen des Gerichts gestellt wurde. Telos des § 49 Abs. 1 WEG aF war die Erkenntnis, dass eine Kostenverteilung nach dem Grad des Unterliegens im Zusammenhang mit einer Beschlussersetzungsklage an ihre Grenzen stoßen konnten, da sich nicht exakt klären ließ, in welchem Verhältnis zueinander die Parteien tatsächlich unterlegen waren.[127]

72   Das Gericht hatte sich bei seiner Ermessensentscheidung nach § 49 Abs. 1 WEG aF letztlich an den gesetzlich normierten **Grundsätzen des Kostenrechts** der §§ 91 ff. ZPO zu orientieren.[128] Auch das **prozessuale Verhalten** der Partei sollte in die Ermessensentscheidung einfließen können.[129] In der Rechtsprechung wurde bei

---

121 In diesem Sinne BGH 24.5.2013 – V ZR 182/12, NJW 2013, 2271; bestätigt durch BGH 26.2.2016 – V ZR 250/14, NZM 2016, 523 mAnm *Elzer*; aus der Literatur zustimmend etwa Bärmann/*Merle* WEG § 21 Rn. 214 und Jennißen/*Suilmann* WEG § 21 Rn. 137 f.

122 So ausdrücklich BGH 20.11.2015 – V ZR 284/14, NJW 2016, 473; zustimmend *Hügel/Elzer* WEG § 21 Rn. 156 mwN.

123 So bereits BGH 24.5.2013 – V ZR 182/12, ZMR 2014, 219; ebenso auch BGH 20.11.2015 – V ZR 284/14, NJW 2016, 473; zustimmend *Elzer* MietRB 2016, 368 (370).

124 So BGH 24.5.2013 – V ZR 182/12, ZMR 2014, 219.

125 Vgl. BGH 26.2.2016 – V ZR 250/14, NZM 2016, 523 mAnm *Elzer*; ebenso und mit einem entsprechenden Muster einer Beschlussersetzungsklage FormB-WEG-R/*Scheffler* WEG § 3 Rn. 58 f.

126 So auch *Elzer* MietRB 2016, 368 (370).

127 So die Gesetzesbegründung, siehe BT-Drs. 16/887, 41; zustimmend auch *Hügel/Elzer* WEG § 49 Rn. 2; kritisch demgegenüber Jennißen/*Suilmann* WEG § 49 Rn. 4.

128 So auch *Hügel/Elzer* WEG § 49 Rn. 5.

129 So LG Nürnberg-Fürth 4.6.2013 – 14 T 3027/13 WEG, WuM 2013, 434.

der Kostenentscheidung nach § 49 Abs. 1 WEG aF primär auf den Grad des Unterliegens der Parteien abgestellt. Insbesondere bei Erlass eines ersetzenden Beschlusses wurde den unterliegenden Wohnungseigentümern regelmäßig auch die Kostentragungspflicht auferlegt.[130] Innerhalb dieser Ermessensgrenzen war das Gericht bei seiner Entscheidung insoweit frei, die Kosten gegebenenfalls zu quoteln, gegeneinander aufzuheben oder auch einer Partei insgesamt aufzuerlegen.[131]

§ 49 WEG aF wurde im Zuge der WEG-Reform ersatzlos aufgehoben. Zur Begründung hat der Gesetzgeber in den Materialien ausgeführt, dass es für die Fortgeltung des § 49 WEG aF keine Notwendigkeit gebe, da das Gericht bereits über die allgemeine, zivilprozessuale Norm des § 92 Abs. 2 Nr. 2 ZPO zu einer entsprechenden Ermessensentscheidung ermächtigt sei.[132] Zwar beziehe sich § 92 Abs. 2 Nr. 2 ZPO seinem Wortlaut nach allein auf die Festsetzung des Betrages einer Forderung. Indes sei die Norm bereits in der Vergangenheit durch die Rechtsprechung auf andere Fallgestaltungen richterlichen Ermessens analog angewendet worden.[133] Dementsprechend geht der Gesetzgeber ausweislich seiner Materialien auch für die Kostenentscheidung im Zusammenhang mit einer Beschlussersetzungsklage nach § 44 Abs. 1 S. 2 WEG explizit von der Möglichkeit einer analogen Anwendung des § 92 Abs. 2 Nr. 2 ZPO aus. Diese so geäußerte Auffassung des Gesetzgebers sieht sich indes nach hier vertretener Ansicht erheblichen, methodischen Bedenken ausgesetzt. Methodisch setzt eine Analogie nach bisherigem Verständnis eine Regelungslücke im geltenden Gesetzesrecht vor, die dem Gesetzgeber gerade nicht bewusst war, so dass sich aus diesem fehlenden Willen die Rechtfertigung zur analogen Anwendung der geltenden, durch den Gesetzgeber geschaffenen Normen ergab. In der vorliegenden Konstellation würde die Analogie demgegenüber zur Schließung einer Gesetzeslücke eingesetzt, die der Gesetzgeber durch die ersatzlose Streichung des § 49 WEG aF wissentlich und willentlich geschaffen hat. Eine solche, entsprechende Anwendung würde dementsprechend nicht dem bisherigen Verständnis einer Analogie entsprechen. Überdies erscheint die vom Gesetzgeber postulierte Identität beider Normen auch in der Sache fraglich, da § 49 WEG aF die Kostenentscheidung – also auch bezüglich einer anteiligen Kostentragung – in das gerichtliche Ermessen gestellt hat, während § 92 Abs. 2 Nr. 2 ZPO seinem Wortlaut nach lediglich die gänzliche Kostenauferlegung zulasten einer Partei in das gerichtliche Ermessen stellt.

Indes sollte der klar geäußerte, gesetzgeberische Wille nach hier vertretener Auffassung trotz methodischer Bedenken im Ergebnis beachtet werden. Daher kommt dem Gericht über eine analoge Anwendung des § 92 Abs. 2 Nr. 2 ZPO auch nach neuer Rechtslage für die Kostenentscheidung im Rahmen einer Beschlussersetzungsklage nach § 44 Abs. 1 S. 2 WEG ein Ermessen zu. Inhaltlich hat sich dieses Ermessen an den in Rechtsprechung und Literatur zu § 49 Abs. 1 WEG aF entwickelten Grundsätzen zu orientieren, da § 92 Abs. 2 Nr. 2 ZPO keine anderen Ermessenskriterien vorgibt und sich in den Gesetzesmaterialien überdies kein Anhalt für einen gesetzgeberischen Willen zur inhaltlichen Abänderung dieser Ermessensentscheidung ergibt.

b) Der Antrag auf einstweilige Verfügung nach §§ 935 ff. ZPO. Ein originäres Ermessen kommt dem Gericht auch nach neuer Rechtslage im Falle eines Antrages auf eine einstweilige Verfügung zu. Nach § 938 Abs. 1 ZPO entscheidet das Gericht über den Inhalt einer solchen Verfügung „nach freiem Ermessen". Allerdings wird das Gericht sich auch bei dieser Ermessensentscheidung die allgemeinen Ermessensgrenzen einhalten müssen. Mithin müssen jedenfalls alle wesentlichen **Umstände des Einzelfalles** Beachtung finden, die Grenzen der Ermessensausübung eingehalten werden und in einer dem Zweck der Ermächtigung entsprechenden Weise von dieser Gebrauch gemacht werden.[134] Dafür lässt sich insbesondere anführen, dass eine einstweilige Verfügung – ihrem Sinn und Zweck nach – eine bloß vorläufige Regelung treffen soll, die inhaltlich nicht über eine mögliche Regelung in der Hauptsache hinaus gehen kann. Vielmehr hat das Gericht in diesem Zusammenhang das grundsätzliche Verbot einer Vorwegnahme Hauptsache als eine weitere **Ermessensgrenze** zu beachten.[135] Bedeutung kommt einer einstweiligen Verfügung etwa im Zusammenhang mit der Bestellung

73

---

130 In diesem Sinne etwa BGH 20.11.2015 – V ZR 284/14, NJW 2016, 473.

131 So auch Bärmann/*Roth* WEG § 49 Rn. 9 ff.; ähnlich Jennißen/*Suilmann* WEG § 49 Rn. 9 ff.

132 So BT.-Drs. 168/20, 89 f.

133 So ausdrücklich BT.-Drs. 168/20, 90.

134 Allgemein in diesem Sinne für Ermessensentscheidungen und ihre Prüfung im WEG BGH 8.4.2016 – V ZR 191/15, NJW 2017, 64; für einstweilige Anordnungen in diesem Sinne *Elzer* ZMR 2006, 85 (94).

135 Vgl. für die §§ 935 ff. ZPO etwa BGH 11.7.1960 – II ZR 260/59, NJW 1960, 1997; ausführlich in diesem Sinne Jennißen/*Suilmann* WEG § 21 Rn. 135.

eines Notverwalters nach den §§ 935 ff. ZPO und der Kombination dieser einstweiligen Verfügung mit einer Beschlussersetzungsklage in der Hauptsache zu.[136]

VI. Verfahrenshinweise

74 In prozessualer Hinsicht ergeben sich im Zusammenhang mit dem Ermessen im WEG bestimmte Besonderheiten, sowohl hinsichtlich der Anfechtung von Ermessensentscheidungen als auch mit Blick auf die Herbeiführung einer bestimmten Ermessensentscheidung durch das Gericht.

75 **1. Die Anfechtung von Ermessensentscheidungen nach § 44 Abs. 1 S. 1 WEG.** Bei der Anfechtung von Beschlüssen, hinsichtlich derer ein Entschließungs- und/oder Auswahlermessen besteht, ist nach hier vertretener Auffassung auch für die neue Rechtslage des § 44 Abs. 1 S. 1 WEG stets der **eingeschränkte Prüfungsmaßstab** des angerufenen Gerichts mitzubedenken. Das Ermessen der Wohnungseigentümer ist einer gerichtlichen Prüfung – im Hinblick auf ihr Selbstorganisationsrecht – weitgehend entzogen.[137] Die Prüfung beschränkt sich auf etwaige Ermessensfehler in Form von Ermessensausfall, Ermessensüberschreitung oder -Unterschreitung und eine Ermessensfehlgewichtung (ausführlich → Rn. 10 ff.). Innerhalb dieser Spanne zulässiger Entscheidungen kann eine Anfechtungsklage keinen Erfolg haben, wenn sie sich allein darauf stützt, dass eine andere Entscheidung (subjektiv oder auch objektiv) zweckmäßiger wäre.[138] Dementsprechend sollte sich der Vortrag in der Klageschrift auf die möglichst substantiierte Darlegung etwaiger Ermessensfehler der anzufechtenden Entscheidung konzentrieren.

76 **2. Die Klage auf eine bestimmte Ermessensentscheidung nach § 18 Abs. 2 bzw. 44 Abs. 1 S. 2 WEG.** Besonderheiten sind auch bei der Klage auf Erzwingung einer bestimmten Ermessensentscheidung durch das Gericht zu bedenken.

77 **a) Die gerichtlichen Ermessensentscheidungen nach der bisherigen Rechtslage des § 21 Abs. 4 bzw. Abs. 8 WEG aF.** Nach alter Rechtslage war im Zusammenhang mit einer gerichtlichen Ersetzung von Ermessensentscheidungen zwischen den Klagemöglichkeiten nach § 21 Abs. 4 und Abs. 8 WEG aF zu differenzieren:

78 Eine Beschlussersetzungsklage nach § 21 Abs. 8 WEG aF war nur begründet, wenn das **Entschließungsermessen** ausnahmsweise auf null reduziert war und die Wohnungseigentümer mithin pflichtwidrig keinen Beschluss über ein bestimmtes Thema gefällt hatten, obgleich sie hierzu verpflichtet waren.[139] Erforderlich war somit ein möglichst umfassender Vortrag, weshalb eine Beschlussfassung – unabhängig von ihrem konkreten Inhalt – zwingend erforderlich war. Anerkannt hatte der BGH eine solche Ermessensreduktion auf null beispielsweise für solche **Erhaltungsmaßnahmen**, die zwingend erforderlich waren, um eine längerfristige Unbenutzbarkeit von Sondereigentum zu beenden.[140] Dabei war stets zu bedenken, dass es sich bei einer solchen Ermessensreduktion auf null um einen **Ausnahmefall** handelte, für dessen tatsächliches Bestehen der Kläger nach allgemeinen prozessualen Grundsätzen die Beweislast getragen hat.

79 Eine Klage auf Zustimmung zu einer bestimmten Entscheidung kam demgegenüber als Ausdruck des allgemeinen Anspruches auf eine ordnungsmäßige Verwaltung nach § 21 Abs. 4 WEG aF nur dann in Betracht, wenn sich sowohl das **Entschließungs- als auch das Auswahlermessen** auf Null reduziert hat. Es durfte sich mithin nur eine einzige Handlungsoption als ermessensfehlerfrei darstellen.[141] Vor Erhebung einer solchen Klage war insbesondere die etwaige Reduktion des Auswahlermessens einer eingehenden Prüfung zu unterziehen. Die bisherige Rechtsprechung war bei der Annahme eines auf null reduzierten Auswahlermessens tendenziell **zurückhaltend** – in der Regel blieben den Wohnungseigentümern innerhalb der Spanne ihres Ermessens mehrere zulässige Entscheidungsmöglichkeiten.[142] Angenommen hat der BGH eine solche, umfassende

---

136 Vgl. zu dieser Konstellation BGH 14.7.2017 – V ZR 290/16; siehe zur Kombinationsmöglichkeit von Hauptsache und einstweiligem Rechtsschutz in diesem Zusammenhang auch *Elzer* MietRB 2016, 368 (371); eine Musterentscheidung findet sich bei FormB-WEG-R/*Elzer* WEG § 4 Rn. 165.

137 Vgl. wiederum BayObLG 25.3.1999 – 2Z BR 105/98, NZM 1999, 504; ebenso OLG Frankfurt 8.1.2009 – 20 W 384/07, NZM 2009, 440; ausführlich auch *Elzer* ZMR 2006, 85 (93) mwN.

138 Ebenso bereits *Elzer* ZMR 2006, 85 (93).

139 Siehe etwa BGH 20.11.2015 – V ZR 284/14, NJW 2016, 473.

140 Vgl. BGH 17.10.2014 – V ZR 9/14, NJW 2015, 613.

141 Vgl. etwa BGH 9.3.2012 – V ZR 161/11, NJW 2012, 1724.

142 Ähnlich auch der Befund von *Kuhla* ZWE 2016, 116 (117).

Ermessensreduktion auf null im Zusammenhang mit der Beschlussfassung über einen externen Winterdienst: In diesem Fall folgte die Reduktion des **Entschließungsermessens** aus der Verkehrssicherungspflicht der Wohnungseigentümer bei Schneefall und die Reduktion des **Auswahlermessens** aus der fehlenden Beschlusskompetenz der Wohnungseigentümer, eine alternative Eigenorganisation des Winterdienstes im Beschlusswege ohne Einstimmigkeit herbeizuführen.[143]

b) Fortgeltung dieser Grundsätze unter Geltung der §§ 18 Abs. 2, 44 Abs. 1 S. 2 WEG. Diese in Rechtsprechung und Literatur zu § 21 Abs. 4 und 8 WEG aF entwickelten Grundsätze haben nach hier vertretener Auffassung auch im Rahmen der neuen Rechtslage ihre Berechtigung. Dafür spricht insbesondere, dass der bisher in § 21 Abs. 4 WEG aF geregelte Anspruch auf eine ordnungsmäßige Verwaltung durch den Reformgesetzgeber nahezu wortgleich in § 18 Abs. 2 WEG überführt wurde. Es ist aus den Gesetzesmaterialien nicht ersichtlich, dass mit dieser neuen Nummerierung der Norm auch eine inhaltliche Veränderung verbunden sein sollte. Auch die Überführung der Beschlussersetzungsklage von § 21 Abs. 8 WEG aF in § 44 Abs. 1 S. 2 WEG hat nach hier vertretener Auffassung allein systematische Gründe, namentlich die einheitliche Zusammenführung der bislang verstreuten Verfahrensvorschriften im III. Teil des WEG (ausführlich in → Rn. 31).[144] Für die Fortgeltung dieser Grundsätze spricht überdies, dass auch nach der neuen Rechtslage eine grundsätzliche Unterscheidung zwischen Entschließungs- und Auswahlermessen zu treffen ist. Zudem wird der Selbstverwaltung anhand des Willens der Wohnungseigentümer auch durch den Reformgesetzgeber in den §§ 13 Abs. 1, 18 Abs. 2 WEG ein besonders hoher Stellenwert eingeräumt. Schließlich finden sich in den Gesetzesmaterialien keinerlei Hinweise darauf, dass der Gesetzgeber das bisherige, differenzierte System der Klagemöglichkeiten durch das Reformgesetz in der Sache abändern wollte. Daher bietet sich auch für die neue Rechtslage nach der WEG-Reform eine inhaltliche Differenzierung zwischen der (Leistungs-)Klage nach § 18 Abs. 2 WEG und der (Gestaltungs-)Klage nach § 44 Abs. 1 S. 2 WEG anhand der bislang geltenden und soeben dargestellten Grundsätze an.

80

75. Erstmalige Herstellung eines ordnungsmäßigen Zustands

Mediger

I. Einführung

Nach § 19 Abs. 2 Nr. 2 WEG gehört zu einer ordnungsmäßigen Verwaltung insbesondere die ordnungsmäßige Erhaltung des gemeinschaftlichen Eigentums. Die „Erhaltung" wird in § 13 Abs. 2 WEG definiert als „Instandhaltung und Instandsetzung" (→ *Erhaltungsmaßnahmen* Rn. 1). Über derartige Maßnahmen beschließen die Wohnungseigentümer gem. § 19 Abs. 1 WEG mit einfacher Mehrheit. Die **Instandhaltung und Instandsetzung im engeren Sinn** dienen der Erhaltung eines bestehenden oder der Wiederherstellung eines früher bestehenden ordnungsmäßigen Zustands. Über dieses Begriffsverständnis hinaus hat die Rechtsprechung eine erweiterte Auslegung des Terminus „Instandsetzung" entwickelt, bei der das Objekt der Instandsetzung nicht in den früheren, sondern in den ordnungsmäßigen Zustand versetzt wird.

1

Es handelt sich um eine **Sammelkategorie** ohne präzises dogmatisches Fundament. Ausgangspunkt waren zwei Beschlüsse des BayObLG aus dem Jahr 1980,[1] in denen ohne Begründung die These aufgestellt wurde,

2

---

143   So BGH 9.3.2012 – V ZR 161/11, NJW 2012, 1724.
144   Siehe hierzu auch BT.-Drs. 168/20, 92 f.
  1   BayObLG 1.7.1980 – 2 Z 23/79, ZMR 1980, 381 und 11.12.1980 – 2 Z 74/79, NJW 1981, 690.

dass unter ordnungsgemäßer Instandhaltung und Instandsetzung bei von Anfang an vorhandenen Mängeln auch die erstmalige Herstellung eines einwandfreien Zustands zu verstehen sei. Dem schlossen sich mehrere Obergerichte an, so dass das BayObLG bereits im Jahr 1989 feststellte, es sei „allgemeine Meinung", dass zur Instandsetzung des gemeinschaftlichen Eigentums nicht nur die Beseitigung von Schäden gehöre, sondern auch die **erstmalige Herstellung eines ordnungsmäßigen Zustands**.[2]

3   Die tragenden Prinzipien dieser Rechtsfigur lassen sich nur induktiv herausarbeiten, indem man nämlich die dafür in Betracht kommenden Fallgruppen analysiert. Dabei kommt es darauf an, den jeweils richtigen Maßstab für die Bestimmung des ordnungsmäßigen Soll-Zustands zu finden, in den die Anlage zu versetzen ist. Bei der **Instandsetzung im engeren Sinne** ergibt sich die mangelnde Ordnungsmäßigkeit daraus, dass ein früher funktionsfähiger Teil der Gesamtanlage defekt geworden ist (Heizung fällt aus). Messlatte ist hier der frühere ordnungsmäßige Zustand (leistungsfähige Heizung). Wenn es jedoch um die **erstmalige Herstellung** eines ordnungsmäßigen Zustands geht, kann nicht auf den Status quo ante zurückgegriffen werden. Die Sollbeschaffenheit ist also aus externen Kriterien abzuleiten. Zur dogmatischen Einordnung → Rn. 13–15.

4   Bei den beiden Beschlüssen des BayObLG (→ Rn. 2), welche 1980 die Rechtsprechung zur „erstmaligen Herstellung" begründet haben, ging es um die Anpassung der Anlage an **öffentlich-rechtliche Vorgaben**. Diese Fallgruppe hat auch heute noch erhebliche Bedeutung (→ Rn. 5 ff.). Weitere Anwendungsfälle können sich ergeben aus Verkehrssicherungspflichten (→ Rn. 7), aus der Korrektur einer planwidrigen Errichtung (→ Rn. 8 ff.) und aus anfänglichen Baumängeln des Gemeinschaftseigentums (zB Wärmebrücken in der Fassade, → Rn. 16). Außerdem wird die „erstmalige Herstellung" auch bei dem sog. steckengebliebenen Bau (→ Rn. 17) herangezogen.[3]

II. Anpassung an öffentlich-rechtliche Vorgaben

5   Wenn eine Anlage gegen **Rechtsnormen** verstößt, entspricht es ordnungsmäßiger Verwaltung (→ *Ordnungsmäßige Verwaltung* Rn. 61), diesen rechtswidrigen Zustand zu beseitigen und den gebotenen rechtmäßigen Zustand herzustellen. Die Sollbeschaffenheit der Anlage ergibt sich in diesem Fall unmittelbar aus dem Gesetz oder der Rechtsverordnung. Das betrifft zB die Errichtung eines **Kinderspielplatzes**, der nach der einschlägigen Landesbauordnung erforderlich ist.[4] Um die Anpassung an die jeweilige Landesbauordnung geht es auch bei der **Schaffung von Stellplätzen**[5] und der Errichtung eines **zweiten Rettungswegs**.[6] Öffentlich-rechtliche Vorgaben finden sich auch im Gebäudeenergiegesetz (GEG). Das GEG unterscheidet, ebenso wie die bis zum 31.10.2020 geltende Energieeinsparverordnung (EnEV), zwischen Standards, die bei Neubauten zu beachten sind (§§ 10 ff GEG), und Maßnahmen zur energetischen Modernisierung bestehender Gebäude (§§ 46 ff. GEG). Typisch für Bestandsgebäude ist ein Sachverhalt, den das LG Berlin zu entscheiden hatte.[7] Die Wohnungseigentümergemeinschaft musste aufgrund von Schäden an der Fassade eine Instandsetzung der Fassade durchführen, die mehr als 10 % der Fassade betraf. Eine solche Maßnahme löst gem. § 48 GEG die Verpflichtung aus, eine **Wärmedämmung** zu installieren. Aufgrund der gesetzlichen Verpflichtung ist in solchen Fällen eine Kosten-Nutzen-Analyse nicht erforderlich.[8] Das am 1.11.2020 in Kraft getretene GEG[9] hat nicht nur die EnEV, sondern auch das Energieeinsparungsgesetz (EnEG) und das Erneuerbare-Energien-Wärmegesetz (EE-WärmeG) abgelöst. Das neue Gesetz schreibt im Wesentlichen die bisherigen Anforderungen an den energetischen Standard fort, enthält zT aber auch zusätzliche Vorgaben, zB zum Betrieb von Gas- und Ölheizkesseln.[10]

---

2   BayObLG 27.7.1989 – BReg 2 Z 68/89, NJW-RR 1989, 1293.

3   Staudinger/*Lehmann-Richter* WEG § 21 Rn. 155 f.

4   BayObLG 1.7.1980 – 2 Z 23/79, ZMR 1980, 381; BayObLG 25.6.1998 – 2 Z BR 10/98, NZM 1998, 817; LG Wuppertal 3.3.2006 – 10 T 113/04, ZMR 2006, 725.

5   BGH 26.2.2016 – V ZR 250/14, NJW 2016, 2181 Rn. 10/11.

6   BGH 23.6.2017 – V ZR 102/16, NZM 2017, 677 Rn. 8.

7   LG Berlin 16.6.2017 – 55 S 76/15 WEG, ZMR 2018, 347.

8   LG Berlin 16.6.2017 – 55 S 76/15 WEG, ZMR 2018, 347; OLG Hamm 18.11.2008 – I-15 Wx 139/08, ZWE 2009, 261 zur damals geltenden WärmeschutzVO 95.

9   BGBl. 2020 I 1728 ff.

10 Weitere Beispiele aus der Rechtsprechung zur Erfüllung öffentlich-rechtlicher Vorgaben bei Jennißen/*Heinemann* WEG § 21 Rn. 68 Fn. 8–14.

Die öffentlich-rechtliche Vorgabe kann sich nicht nur aus Gesetzen und Rechtsverordnungen ergeben, sondern auch aus **Verwaltungsakten**.[11] **6**

III. Erfüllung von Verkehrssicherungspflichten

Verkehrssicherungspflichten können ebenfalls einen Soll-Zustand definieren, der die erstmalige Herstellung eines ordnungsmäßigen Zustands erfordert.[12] Beispiele bieten die Entscheidungen des OLG Frankfurt a.M. vom 30.6.2003,[13] des BayObLG vom 17.2.2000[14] und des BayObLG vom 23.3.2000.[15] **7**

IV. Korrektur einer planwidrigen Errichtung

Es kommt vor, dass der in der **Teilungserklärung**, im **Teilungsvertrag**, im **Aufteilungsplan** oder in einer **Vereinbarung** der Wohnungseigentümer nach § 10 Abs. 1 S. 2 WEG festgeschriebene Zustand nicht mit der Realität übereinstimmt. Dann befindet sich die Anlage zwar nicht im Widerspruch zu öffentlich-rechtlichen Bestimmungen oder sonstigen Rechtsnormen (Verkehrssicherungspflicht); sie ist aber nicht vereinbar mit der Grundordnung, die mit verbindlicher Wirkung das Verhältnis der Wohnungseigentümer untereinander regelt. Ein solcher Zustand ist – ebenso wie ein Verstoß gegen Gesetze oder Verwaltungsakte – nicht ordnungsgemäß. Mit der Angleichung an den in der Grundordnung vorgesehenen Status wird die Anlage erstmals in den ordnungsmäßigen Zustand versetzt. Dabei ist zu unterscheiden zwischen Abweichungen, die sich auf die **sachenrechtliche Zuordnung** beziehen, also die Eigentumsgrenzen berühren, und Differenzen zwischen dem planmäßigen und dem tatsächlichen baulichen oder sonstigen **Zustand** der Anlage. **8**

1. Abweichungen hinsichtlich der sachenrechtlichen Zuordnung. Die Abgrenzung zwischen den Sondereigentumseinheiten der einzelnen Wohnungseigentümer sowie zwischen Sondereigentum und Gemeinschaftseigentum richtet sich nach der **Teilungserklärung** iVm dem in § 7 Abs. 4 S. 1 Nr. 1 WEG definierten **Aufteilungsplan**. Der Aufteilungsplan soll sicherstellen, dass dem Bestimmtheitsgrundsatz des Sachen- und Grundbuchrechts Rechnung getragen wird. Insofern hat er dieselbe sachenrechtliche Abgrenzungsfunktion wie das Liegenschaftskataster bei Grundstücken.[16] **9**

Weicht der **Aufteilungsplan** von der **tatsächlichen Bauausführung** ab, können die Wohnungseigentümer mit einfacher Mehrheit die erstmalige Herstellung des im Aufteilungsplan vorgesehenen Zustands beschließen. In der Regel geht die Initiative dazu von einem oder mehreren durch die tatsächliche Bauausführung benachteiligten Wohnungseigentümern aus. So verhielt es sich zB in einem vom BGH kürzlich entschiedenen Sachverhalt, bei dem der Kellerraum eines Wohnungseigentümers um ca. 4 m² gegenüber dem Aufteilungsplan verkürzt worden war, weil die Trennwand zwischen seinem und dem benachbarten Kellerraum an der falschen Stelle angebracht wurde.[17] Der Kläger verlangte von den übrigen Wohnungseigentümern die Mitwirkung an der dem Aufteilungsplan entsprechenden Herstellung – mit Erfolg.[18] Dem Kläger stand nach Auffassung des BGH ein Anspruch auf erstmalige plangerechte Herstellung des gemeinschaftlichen Eigentums zu. Zu den **Grenzen** eines solchen Anspruchs (Verjährung, Verwirkung, Unzumutbarkeit) → Rn. 19 f. Wichtig ist das richtige **prozessuale Vorgehen**. Die Klage richtet sich nicht mehr – wie vor der WEG-Reform – gegen die übrigen Wohnungseigentümer auf Mitwirkung an der Herstellung des ordnungsmäßigen Zustands auf Kosten **10**

---

11 BGH 20.7.2018 – V ZR 56/17, NZM 2018, 794 Rn. 14 f.: zur Auslegung der Baugenehmigung bei nachträglich eingebauten Verschattungsanlagen; LG Frankfurt a.M. 20.11.2018 – 2-09 S 26/18, ZWE 2019, 227 Rn. 15: behördliche Auflage, bestimmte Geräte in einem besonderen Geräteschuppen unterzubringen; OLG München 11.10.2016 – 32 W 129/16 WEG, juris Rn. 57: Baugenehmigung schreibt Fahrradabstellplatz vor unter Bezug auf gemeindliche Fahrradabstellplatz-Satzung; vgl. allgemein zur Bedeutung der Baugenehmigung bei der Bestimmung des Soll-Zustands Staudinger/*Lehmann-Richter* WEG § 21 Rn. 160.
12 BeckOK WEG/*Elzer* § 22 Rn. 37.
13 OLG Frankfurt a.M. 30.6.2003 – 20 W 254/01, juris Rn. 10: Sicherung eines für Kinder gefährlichen Teiches auf dem Gelände der Anlage.
14 BayObLG 17.2.2000 – 2Z BR 180/99, NZM 2000, 513: Errichtung eines Zauns zum Schutz von Kindern vor dem am Rande des Grundstücks verlaufenden Bach.
15 BayObLG 23.3.2000 – 2Z BR 177/99, ZWE 2000, 580: Straßenlampe zur Beleuchtung des Zuwegs.
16 BGH 20.7.2018 – V ZR 56/17, NZM 2018, 794 Rn. 12; BGH 20.11.2015 – V ZR 284/14, NJW 2016, 473 Rn. 10.
17 BGH 20.11.2015 – V ZR 284/14, NJW 2016, 473.
18 BGH 20.11.2015 – V ZR 284/14, NJW 2016, 473 Rn. 18.

der Gemeinschaft, sondern gegen die Gemeinschaft der Wohnungseigentümer (vgl. § 18 Abs. 2 WEG). Verfehlt ist auch die auf § 1004 BGB gestützte Klage gegen den unmittelbar begünstigten Wohnungseigentümer, weil die erstmalige Herstellung eines ordnungsmäßigen Zustands nicht einem einzelnen Wohnungseigentümer obliegt.[19]

11 **2. Abweichungen hinsichtlich des sonstigen Zustands der Anlage.** Differenzen zwischen Teilungserklärung/Aufteilungsplan und Realität können auch außerhalb der sachenrechtlichen Zuordnung auftreten, zB wenn ein in der Teilungserklärung iVm dem Aufteilungsplan vorgesehener **Müllplatz** an anderer Stelle errichtet wird,[20] wenn ein **Aufzug** nicht fertig gestellt wird,[21] wenn **Stellplätze**[22] oder wenn die geplante **Regelanlage für eine Zentralheizung** fehlen.[23] In derartigen Fällen ist die Anpassung an die Errichtungsnormen als erstmalige Herstellung des ordnungsmäßigen Zustands zu bewerten. Probleme ergeben sich nicht selten bei der Frage, ob bestimmte Angaben als verpflichtende Regelung zu verstehen sind oder lediglich als unverbindlicher Nutzungsvorschlag[24] bzw. als Option[25] für eventuelle spätere Ergänzungen.[26]

12 **3. Abweichungen von Baubeschreibungen in den Erwerberverträgen.** Nach einer von gewichtigen Stimmen vertretenen – allerdings strittigen – Ansicht sollen auch **Baubeschreibungen** in den Verträgen zwischen den Erwerbern der Eigentumswohnungen und dem Bauträger geeignet sein, als Maßstab für eine erstmalige ordnungsmäßige Herstellung der Anlage zu dienen.[27] Der BGH hat die Frage bisher offengelassen.[28]

13 Eine fundierte **Stellungnahme** erfordert die Auseinandersetzung mit der Frage, auf welche Weise der Soll-Zustand für die erstmalige Herstellung zu ermitteln ist. Die bisher erörterten Fallgruppen hatten alle eine Gemeinsamkeit: Die mit der erstmaligen Herstellung angestrebte Veränderung entspricht einem Zustand, zu dessen Herstellung alle Wohnungseigentümer in gegenseitiger Verbundenheit verpflichtet sind. Alle Wohnungseigentümer müssen daran mitwirken, dass öffentlich-rechtliche Vorschriften beachtet, dass Verkehrssicherungspflichten erfüllt und dass die Teilungserklärung sowie der Aufteilungsplan umgesetzt werden. Für diese Sachverhalte ist es daher gerechtfertigt, die Rechtsfolgen eintreten zu lassen, die das WEG für Maßnahmen der Erhaltung vorsieht, nämlich die Beschlusskompetenz mit einfacher Mehrheit gem. § 19 Abs. 1 WEG, den Anspruch jedes einzelnen Wohnungseigentümers gegen die übrigen Wohnungseigentümer auf Mitwirkung an einer solchen Maßnahme und die gemeinsame Kostenlast gem. § 16 Abs. 2 WEG. Ob man die erstmalige Herstellung als Instandsetzung bzw. Erhaltung nach § 19 Abs. 2 Nr. 2 WEG im weiteren Sinne bewertet (so die ganz hM) oder als eigenständigen Anwendungsfall der ordnungsmäßigen Verwaltung nach § 19 Abs. 1 WEG,[29] ist nicht von ausschlaggebender Bedeutung. Entscheidend bleibt, dass die Norm, an welche die Anlage angepasst werden soll, eine **Bindungswirkung der Wohnungseigentümer untereinander** erzeugt.

14 Daran fehlt es aber bei der Baubeschreibung im Erwerbervertrag. Diese **verpflichtet** nur den **Veräußerer** gegenüber seinem Vertragspartner. Dadurch entstehen keine gegenseitigen Verpflichtungen der Erwerber untereinander. Deshalb können sie nicht als für alle Wohnungseigentümer verbindlicher Soll-Zustand bewertet werden, auch dann nicht, wenn die Baubeschreibungen in allen Verträgen identisch sein sollten. In der Praxis kommt hinzu, dass häufig abweichende Baubeschreibungen – auch für das Gemeinschaftseigentum – vereinbart werden, welche die Ermittlung eines gemeinsamen Soll-Zustands unmöglich machen. Im Übrigen stehen die Baubeschreibungen in den Erwerberverträgen nur den jeweiligen Vertragspartnern, nicht aber allen Woh-

---

19 BGH 14.11.2014 – V ZR 118/13, NJW 2015, 2027 Rn. 19.

20 LG Hamburg 30.5.2018 – 318 S 100/17, ZWE 2019, 82; LG Berlin 5.5.2013 – 55 S 52/12 WEG, ZWE 2014, 40.

21 LG München II 11.10.2007 – 8 T 7376/07, juris Rn. 21.

22 LG München I 2.5.2019 – 36 S 8087/17 WEG, ZMR 2019, 792.

23 OLG Hamm 22.10.1981 – 15 W 147/81, OLGZ 1982, 260.

24 BGH 15.1.2010 – V ZR 40/09, NZM 2010, 407 Rn. 8 für die Kennzeichnung als „Café".

25 LG Köln 25.2.2016 – 29 S 145/15, ZMR 2017, 503 für die aus den Anlagen zur Teilungserklärung ersichtliche Option, einen Aufzug einzubauen.

26 Zu ausführlichen Hinweisen zur Abgrenzung zwischen verpflichtenden und unverbindlichen Angaben in den Errichtungsnormen bei *J.-H. Schmidt* ZWE 2017, 238 (241 ff.).

27 OLG Hamm 26.3.2007 – 15 W 131/06, ZWE 2007, 491; Jenißen/*Heinemann* WEG § 21 Rn. 67; *Hügel/Elzer* WEG § 21 Rn. 78 a; BeckOK WEG/*Elzer* § 22 Rn. 33; Bärmann/*Merle* WEG § 21 Rn. 118 b; MüKoBGB/*Engelhardt* WEG § 21 Rn. 32; BeckOGK/*Karkmann* WEG § 21 Rn. 72; aA LG Berlin 5.5.2013 – 55 S 52/12 WEG, ZWE 2014, 40; Staudinger/*Lehmann-Richter* WEG § 21 Rn. 161; *J.-H. Schmidt* ZWE 2017, 238 (243).

28 BGH 20.7.2018 – V ZR 56/17, NZM 2018, 794 Rn. 17/18.

29 *J.-H. Schmidt* ZWE 2017, 238 (238 f.).

nungseigentümern zur Verfügung. Deshalb ist sowohl aus grundsätzlichen Erwägungen als auch aufgrund praktischer Umsetzbarkeit die erstmalige Herstellung eines plangerechten Zustands auf solche Errichtungsnormen zu begrenzen, die für alle Wohnungseigentümer gemeinsam gelten wie Teilungserklärung, Aufteilungsplan oder Vereinbarungen nach § 10 Abs. 1 S. 2 WEG.

Aus den gleichen Gründen ist auch die zT in der Literatur vertretene Auffassung abzulehnen, dass die Wohnungseigentümer die Kompetenz besäßen, einen unvollständigen Errichtungszustand durch einen **einfachen Mehrheitsbeschluss** nach § 19 Abs. 1 WEG nachträglich zum **Soll-Zustand** zu erheben.[30] Dem Mehrheitsbeschluss zugänglich ist nur die Art und Weise der Umsetzung der erstmaligen Herstellung im Rahmen des Ermessens bei der Ausübung ordnungsmäßiger Verwaltung, nicht hingegen die Bestimmung des Soll-Zustands selbst. Andernfalls könnten die Wohnungseigentümer mit einfacher Mehrheit Regelungen der für sie verbindlichen Grundordnung verändern.   15

V. Beseitigung anfänglicher Baumängel des Gemeinschaftseigentums

Die Behebung ursprünglicher Mängel des Gemeinschaftseigentums gehört auch zur erstmaligen Herstellung eines ordnungsmäßigen Zustands. Das betrifft zum Beispiel Fälle des von Anfang an mangelhaften **Schallschutzes**[31] sowie Fassaden mit unzureichender **Wärmedämmung**[32] oder mangelhafter Isolierung gegen **Feuchtigkeit**.[33] Liegen Mängel vor, welche die **Funktionsfähigkeit** des Gebäudes beeinträchtigen – zB Durchfeuchtungen –, kommt es nicht darauf an, ob der Zustand des Gebäudes im Zeitpunkt der Aufteilung in Wohnungseigentum den technischen Anforderungen (etwa den damals geltenden DIN) entsprochen hat.[34]   16

VI. Steckengebliebener Bau

Von einem „steckengebliebenen Bau" spricht man dann, wenn die Errichtung des Gebäudes infolge einer Insolvenz des Bauträgers nicht vollendet werden konnte. Die Fertigstellung ist als erstmalige Herstellung eines ordnungsmäßigen Zustands zu qualifizieren. Allerdings setzt der Anspruch auf Fertigstellung in Analogie zu § 22 WEG voraus, dass das Gebäude bereits mindestens zur Hälfte seines Wertes hergestellt worden ist.[35] Zu Einzelheiten → *Steckengebliebener Bau* Rn. 15 ff.   17

VII. Anspruch auf erstmalige Herstellung

Jeder Wohnungseigentümer hat nach § 18 Abs. 2 Nr. 1 iVm § 19 Abs. 2 Nr. 2 WEG einen Anspruch gegen die **übrigen** Wohnungseigentümer auf Mitwirkung bei der Herstellung eines erstmaligen ordnungsmäßigen Zustands.[36] Er kann also von den übrigen Wohnungseigentümern verlangen, dass sie einen **Beschluss** über die erstmalige Herstellung des ordnungsgemäßen Zustands fassen.[37] Weigern sich die übrigen Wohnungseigentümer, ist gegen sie eine Klage nach § 44 Abs. 1 S. 2 WEG zu richten,[38] ggf. iVm einer Anfechtungsklage gegen den Negativbeschluss, wenn die Versammlung der Wohnungseigentümer die von dem einzelnen Wohnungseigentümer beantragte Maßnahme durch Beschluss abgelehnt hat.[39] Die **Kosten** für die Maßnahme der erstmaligen Herstellung tragen alle Wohnungseigentümer nach dem allgemeinen Verteilungsschlüssel gem. § 16 Abs. 2 WEG.[40] Sofern noch durchsetzbare Ansprüche gegen den Bauträger bestehen, entbinden diese die   18

---

30   So BeckOK WEG/*Elzer* § 22 Rn. 34; aA *J.-H. Schmidt* ZWE 2017, 238 (243).

31   OLG Schleswig 5.8.2003 – 2 W 144/02, WuM 2003, 521; vgl. zu den Anforderungen an den Trittschallschutz BGH 26.6.2020 – V ZR 173/19, juris Rn. 6 ff.

32   OLG München 22.12.2009 – 32 Wx 082/09, WuM 2010, 380; AG München 10.1.2018 – 485 C 433/16 WEG, ZWE 2018, 331 Rn. 22.

33   BGH 4.5.2018 – V ZR 203/17, NZM 2018, 611 Rn. 10–13; OLG Düsseldorf 14.5.2004 – 3 Wx 95/04, NZM 2005, 184.

34   BGH 4.5.2018 – V ZR 203/17, NZM 2018, 611 Rn. 14 ff.; Bärmann/*Merle* WEG § 21 Rn. 118 d.

35   BeckOGK/*Karkmann* WEG § 21 Rn. 74.

36   BGH 23.6.2017 – V ZR 102/16, NZM 2017, 677 Rn. 7; OLG München 11.10.2016 – 32 W 129/16, juris Rn. 52.

37   Riecke/Schmid/*Drabek* WEG § 21 Rn. 139.

38   OLG München 11.10.2016 – 32 W 129/16, juris Rn. 63 ff.

39   BGH 23.2.2018 – V ZR 101/16, NZM 2018, 615 Rn. 46.

40   LG Dresden 21.6.2019 – 2 S 575/18, ZMR 2019, 780; AG Pinneberg 18.4.2019 – 60 C 39/18, ZMR 2019, 634; Bärmann/*Merle* WEG § 21 Rn. 118 f.

Wohnungseigentümer grundsätzlich nicht von einer Mitwirkung daran, die erforderliche Instandsetzung selbst in Angriff zu nehmen.[41] Allerdings kann es ordnungsmäßiger Verwaltung entsprechen, dass die Wohnungseigentümergemeinschaft die Ansprüche gegen den Bauträger an sich zieht und zunächst versucht, diese zu realisieren, bevor kostenträchtige eigene Baumaßnahmen in Auftrag gegeben werden.

VIII. Grenzen

19 Der Anspruch auf ordnungsmäßige Verwaltung **verjährt** nicht,[42] weil es sich um eine ständig neu entstehende Dauerverpflichtung handelt. Er kann aber **verwirkt** werden,[43] wenn sich der Schuldner wegen der Untätigkeit seines Gläubigers über einen gewissen Zeitraum hin bei objektiver Beurteilung darauf einrichten darf und eingerichtet hat, dieser werde sein Recht nicht mehr geltend machen, und deswegen die verspätete Geltendmachung gegen Treu und Glauben verstößt.[44]

20 Bei Differenzen zwischen der tatsächlichen Bauausführung und dem Aufteilungsplan ist grundsätzlich die Bauausführung zu korrigieren, um die im Aufteilungsplan vorgesehene **sachenrechtliche Zuordnung** zu gewährleisten (→ Rn. 10). Dieser Anspruch kann durch den Grundsatz von **Treu und Glauben** nach § 242 BGB eingeschränkt werden, wenn seine Erfüllung nicht zumutbar ist.[45] Das ist dann der Fall, wenn die plangerechte Herstellung tiefgreifende Eingriffe in das Bauwerk erfordert oder Kosten verursacht, die auch unter Berücksichtigung der berechtigten Belange der von der abweichenden Bauausführung unmittelbar betroffenen Wohnungseigentümer unverhältnismäßig sind.[46] In einer solchen Situation sind die Wohnungseigentümer verpflichtet, Teilungsvertrag und Aufteilungsplan so zu ändern, dass diese der tatsächlichen Bauausführung entsprechen. Die Interessen der hiervon nachteilig betroffenen Wohnungseigentümer werden dadurch gewahrt, dass sie jedenfalls gravierende Abweichungen zulasten ihres Sondereigentums unter Umständen nur gegen eine Ausgleichszahlung hinnehmen müssen.[47] Diese Rechtsprechung lässt sich nicht auf andere Fallgruppen der erstmaligen Herstellung übertragen, weil anfängliche Baumängel oder Verstöße gegen öffentlich-rechtliche Vorgaben nicht durch eine Anpassung der Teilungserklärung/des Aufteilungsplans korrigierbar sind.[48]

76. Fahrradständer

Küttner

I. Einführung

1 Fahrradständer sind Bauteile, die ein geordnetes Abstellen von Fahrrädern erlauben. Es gibt verschiedene Arten von Fahrradständern, insbesondere überdachte oder nicht überdachte sowie mit oder ohne Anschlussmöglichkeiten. Abzugrenzen vom Fahrradständer im Außenbereich des gemeinschaftlichen Eigentums ist der so gewidmete Fahrradkeller („Zweckbestimmung mit Vereinbarungscharakter") im Innenbereich. Der Fahrradständer **im Außenbereich** wird idR dem gemeinschaftlichen Eigentum zuzuordnen sein, soweit er als Anlage bzw. Einrichtung der gemeinschaftlichen Benutzung dient, § 5 Abs. 2 WEG. Nach § 3 Abs. 2 und 3 WEG kann Sondereigentum nach Inkrafttreten des Wohnungseigentumsmodernisierungsgesetzes aber auch auf außerhalb des Gebäudes liegende (wirtschaftlich untergeordnete) Teile des Grundstücks erstreckt werden, wenn diese durch Maßangaben im Aufteilungsplan bestimmt sind. Insoweit können (etwa behördlich vorgeschriebene) Fahrradständer zB einem Teileigentum als Sondereigentum zugewiesen werden.

---

41 BeckOK WEG/*Elzer* § 22 Rn. 34.
42 BGH 27.4.2012 – V ZR 177/11, NZM 2012, 508 Rn. 10.
43 BGH 20.11.2015 – V ZR 284/14, NJW 2016, 473 Rn. 30.
44 BGH 20.11.2015 – V ZR 284/14, NJW 2016, 473 Rn. 30.
45 BGH 4.5.2018 – V ZR 203/17, NZM 2018, 611 Rn. 18 f.
46 BGH 20.11.2015 – V ZR 284/14, NJW 2016, 473 Rn. 22; BGH 14.11.2014 – V ZR 118/13, NJW 2015, 2027 Rn. 21.
47 BGH 14.11.2014 – V ZR 118/13, NJW 2015, 2027 Rn. 21.
48 BeckOK WEG/*Elzer* § 22 Rn. 35 b.

II. Rechtliche Einordnung

Vor Inkrafttreten des WEG-Reformgesetzes vom 26.3.2007 wurde wegen der rechtlichen Einordnung der Errichtung eines Fahrradständers im Außenbereich auf die Erheblichkeit der daraus resultierenden Störung abgestellt.[1] Es wurde dann eine zustimmungsbedürftige **bauliche Veränderung** angenommen, wenn die Errichtung des Fahrradständers an einer störenden Stelle, etwa im Eingangsbereich der Wohnanlage, erfolgte.[2] Die Errichtung an einer nicht störenden Stelle war mithin zustimmungsfrei.[3]

In der Begründung zum WEG-Reformgesetz 2007 wurde dagegen das Aufstellen eines Fahrradständers beispielhaft als Modernisierungsmaßnahme aufgeführt.[4] Die Mehrheitsmacht erfasste nach dem Wortlaut der Gesetzesbegründung kleinere, mittlere und größere Vorhaben, etwa auch „das Aufstellen eines Fahrradständers". Danach hatten die Wohnungseigentümer die Mehrheitsmacht für Maßnahmen, die über die Instandhaltung oder die Instandsetzung, auch die modernisierende, hinausgingen und der dauerhaften Verbesserung der Wohnverhältnisse dienten, § 22 Abs. 2 WEG aF.

Mit Inkrafttreten des Wohnungseigentumsmodernisierungsgesetzes gilt für die nachträgliche Errichtung von Fahrradständern im gemeinschaftlichen Eigentum § 20 WEG (→ *Bauliche Veränderungen* Rn. 1 ff.). Soweit nach § 20 Abs. 2 Nr. 2 WEG ein jeder Wohnungseigentümer angemessene bauliche Veränderungen verlangen kann, die dem Laden **elektrisch betriebener Fahrzeuge** dient, ist zu differenzieren. Der Begriff „elektrisch betriebene Fahrzeuge" meint zunächst nicht nur Elektroautos, sondern nach der Gesetzesbegründung auch elektrisch betriebene Zweiräder (E-Bikes). Der privilegierte Anspruch bezieht sich dabei sowohl auf das Anbringen einer Ladestation für Fahrräder als auch auf alle dazugehörigen Änderungen wie das Verlegen der Stromleitungen, Eingriffe in die Stromversorgung sowie die Verbesserung bereits vorhandener Ladeeinrichtungen. Ein entsprechender Anspruch besteht hingegen nur, wenn der Wohnungseigentümer bereits das Recht hat, das Fahrrad während des Ladevorgangs im Bereich der gewünschten Lademöglichkeit abzustellen. Er schafft indes nicht ein räumliches Nutzungsrecht und privilegiert somit nicht die erstmalige Errichtung eines Fahrradständers.

Maßgeblich dürfte insoweit (wie vor 2007) sein, ob die erstmalige Errichtung eines Fahrradständers an nicht störender Stelle erfolgt bzw. alle beeinträchtigten Wohnungseigentümer zustimmen, § 20 Abs. 3 WEG. Allerdings gilt der Grundsatz, „kein Bauen ohne Beschluss", weshalb es nunmehr zwingend einer genehmigenden Beschlussfassung (→ *Bauliche Veränderungen* Rn. 3, 13) bedarf.

Ein Fahrradständer im Außenbereich dürfte die Wohnanlage nicht grundlegend iSd § 20 Abs. 4 WEG umgestalten. Im Hinblick auf Ausgestaltung und örtliche Belegenheit sind allerdings die Belange einzelner Wohnungseigentümer als weitere Veränderungssperre zu berücksichtigen, die gegenüber anderen nicht **unbillig beeinträchtigt** werden dürfen, zB durch das Aufstellen eines Fahrradständers direkt vor der Terrasse eines Wohnungseigentümers. Zudem dürfte bei der Errichtung eines Fahrradständers weiterhin zu beachten sein, dass eine entsprechende Umwidmung von bestehenden Grünanlagen bzw. anders gewidmeten Flächen im Beschlusswege nicht möglich ist. So ist etwa die Bezeichnung „Tiefgaragenstellplatz" nach dem Wortlaut und nächstliegendem Sinn dahin gehend zu verstehen, dass diese Flächen als Abstellplatz für Kraftfahrzeuge dienen sollen. Die Erlaubnis zur Nutzung als Fahrradabstellplatz mit einem auf dem Boden befestigten Bügel widerspricht damit (weiterhin) ordnungsmäßiger Verwaltung.[5]

Wird dagegen im bisher nicht zweckbestimmten Außenbereich des gemeinschaftlichen Eigentums ein Fahrradständer aufgestellt, so wird durch dessen Nutzung, selbst wenn einzelne Wohnungseigentümer kein Fahrrad haben, dennoch **kein Sondernutzungsrecht** begründet. Es handelt sich vielmehr um eine Regelung der (Mit-)Benutzung, § 19 Abs. 1 WEG. Die (Mit-)Benutzung darf für einzelne Miteigentümer nur nicht vollständig ausgeschlossen werden.[6] Soweit der Bedarf das Angebot übersteigt, kann eine ausgewogene „Fahrradordnung" beschlossen werden, die inhaltlich bestimmt/bestimmbar sein muss.[7]

---

1 Vgl. Bärmann/*Merle* WEG § 22 Rn. 52.
2 BayObLG 18.7.1991 – 2 Z 64/91, DWE 1991, 142.
3 BayObLG 5.4.1990 – 2 Z 24/90, WE 1990, 612.
4 BT-Drs. 16/887, 30.
5 LG Hamburg 17.6.2015 – 318 S 167/14, NZM 2016, 58.
6 BGH 8.4.2020 – V ZR 191/15, ZWE 2016, 453.
7 LG Itzehoe 28.5.2014 – 11 S 58/13, ZWE 2015, 32.

77. Fälligkeit und Erfüllung des Hausgelds

Pauli

I. Einführung

1 Die Vorschrift des § 28 Abs. 3 WEG verschafft den Wohnungseigentümern die **Beschlusskompetenz**, um die **Geldangelegenheiten** innerhalb der Gemeinschaft durch eine Beschlussfassung in der Eigentümerversammlung zu regeln. Demnach können die Eigentümer durch Beschluss „Regeln über die Fälligkeit" von Geldforderungen und die „Art und Weise ihrer Erfüllung" treffen.[1] Besondere Bedeutung hat diese Beschlusskompetenz für die Regelung der **Fälligkeit des Hausgeldes**. Das Hausgeld wird – ohne besondere Regelung – gem. § 28 Abs. 1 WEG nach Abruf durch den Verwalter und somit in einer Summe fällig, was in der Praxis aber zu einer großen einmaligen Belastung für die Eigentümer führt. Daneben ist es sinnvoll, dem Verwalter Regularien an die Hand zu geben, um rückständiges Hausgeld zeitnah und effektiv beizutreiben.

2 Inhaltlich ist die Bestimmung des § 28 Abs. 3 WEG der alten Regelung des § 21 Abs. 7 WEG aF angepasst. Aus systematischen Gründen befindet sich die Regelung nach Inkrafttreten des WEMoG in der Vorschrift des § 28 WEG, also im sachlichen Zusammenhang mit dem Wirtschaftsplan und der Jahresabrechnung.[2]

II. Regelungsbereiche

3 Nach § 28 Abs. 3 WEG können die Wohnungseigentümer durch Beschluss Regelungen über die „Art und Weise" der Erfüllung von Forderungen der Gemeinschaft der Wohnungseigentümer, also die **Art und Weise der Zahlungen** treffen. Solche Beschlüsse müssen – wie Beschlüsse nach der alten Regelung des § 21 Abs. 7 WEG aF – formal ordnungsgemäß zustande kommen und insbesondere dem Bestimmtheitsgebot entsprechen, der Inhalt muss also hinreichend klar formuliert sein.[3]

4 Von der Beschlusskompetenz können die Wohnungseigentümer auch Gebrauch machen, wenn bereits **Regelungen in der Gemeinschaftsordnung** zum Zahlungsverkehr getroffen worden sind. Diese können durch einen Beschluss nach § 28 Abs. 3 WEG ergänzt oder abgeändert werden.[4] Die Beschlusskompetenz begründet ebenfalls das Recht, **vormalige durch Beschluss gefasste Regelungen** aufzuheben oder zu ändern. Schließlich können auch **gesetzliche Regelungen** zu Geldangelegenheiten durch Beschluss geändert werden.[5] Die Vorschrift ist dispositiv und kann durch eine Vereinbarung erweitert, eingeschränkt oder ausgeschlossen werden.[6]

5 Inhaltlich muss der Beschluss den Vorgaben der **ordnungsgemäßen Verwaltung** entsprechen.[7] Prüfungsmaßstab sind daneben die §§ 138 und 242 BGB[8] sowie die Wertungen der §§ 305 ff. BGB, insbesondere die Regelungen zu § 309 Nr. 4–6 BGB.[9]

6 Mängel bei der Beschlussfassung nach § 28 Abs. 3 WEG können mit der **Beschlussmängelklage** geltend gemacht werden.[10] Die Beschlusskompetenz nach § 28 Abs. 3 WEG begründet keine Beschlusskompetenz für die Einführung von Vertragsstrafen. Folglich sind solche Beschlüsse wegen Fehlens einer Beschlusskompe-

---

1 Gesetzesentwurf der Bundesregierung vom 25.3.2020, zu § 19 Abs. 3, BT-Drs. 19/18791, 61.
2 Beschluss der Bundesregierung vom 16.9.2020, BT-Drs. 19/22634, 47, zu § 28 Abs. 3 WEMoG.
3 *Hügel/Elzer* WEG § 21 Rn. 132 a.
4 Bärmann/*Merle* WEG § 21 Rn. 168; *Hügel/Elzer* WEG § 21 Rn. 132; Rieke/Schmid/*Drabeck-Graf* WEG § 21 Rn. 285.
5 Bärmann/*Merle* WEG § 21 Rn. 168.
6 Bärmann/*Merle* WEG § 21 Rn. 171; Rieke/Schmid/*Drabeck/Graf* WEG § 21 Rn. 288.
7 BGH 1.10.2010 – V ZR 220/09, NJW 2010, 3508 Rn. 6; Jennißen/*Jennißen* WEG § 21 Rn. 112 a; *Hügel/Elzer* WEG § 21 Rn. 132 a.
8 Rieke/Schmid/*Drabeck/Graf* WEG § 21 Rn. 287.
9 Jennißen/*Jennißen* WEG § 21 Rn. 112 a.
10 *Hügel/Elzer* WEG § 21 Rn. 132 a.

tenz nichtig.[11] Die Zulässigkeit von Vertragsstrafen wurde im Gesetzgebungsverfahren des WEMoG diskutiert und der Entwurf des WEMoG sah eine Beschlusskompetenz zur Einführung von Vertragsstrafen vor. Dies war aber auf erhebliche Kritik gestoßen und eine entsprechende Beschlusskompetenz ist durch das WEMoG nicht eingeführt worden.[12]

Ein **Anspruch eines Wohnungseigentümers** auf eine Beschlussfassung einer Regelung nach § 28 Abs. 3 WEG wird anerkannt, wobei aber ein weites Ermessen der Gemeinschaft der Wohnungseigentümer besteht und somit der Anspruch restriktiv zu handhaben ist; er kommt deshalb nur bei einer Ermessensreduzierung „auf Null" in Betracht.[13]   **7**

III. Beispiele

Die Beschlusskompetenz erfasst einerseits die Regelung der **Zahlungsmodalitäten der Wohnungseigentü-**   **8** **mer an die Gemeinschaft Wohnungseigentümer**, etwa der Vorschüsse nach § 28 Abs. 1 WEG oder Nachschüsse nach § 28 Abs. 2 WEG. Andererseits können die Modalitäten der **Zahlungen der Gemeinschaft der Wohnungseigentümer an die Eigentümer** – etwa das Guthaben aus einer Jahresabrechnung – geregelt werden. Keine Regelungskompetenz besteht für Zahlungsansprüche von Wohnungseigentümern untereinander.[14]

Üblicherweise sind Geldschulden nach § 270 Abs. 1 BGB am Geschäftssitz des Gläubigers, also im Fall von   **9** Hausgeldschulden bei dem Verwalter, in bar zu zahlen, was heute nicht mehr zeitgemäß ist. **Verstöße gegen die beschlossenen Zahlungsmodalitäten**, zB durch eine fehlende Einzugsermächtigung eines Wohnungseigentümers, können mit Unkostenpauschalen reguliert werden.[15] Im Rahmen der Beschlusskompetenz können die Wohnungseigentümer daher folgende Regelungen treffen:

- **Verbot der Barzahlung:** Die Barzahlung verursacht heute einen großen Aufwand, da Verwalter in der Regel keine Handkasse mehr führen. Mithin ist es zeitgemäß, diese Art der Zahlung durch Beschluss auszuschließen.[16]
- **Einziehungsermächtigung:** (→ *Einziehungsermächtigung* Rn. 1).
- **Erfüllung Beitragspflicht durch Dauerauftrag:** Der Dauerauftrag ist eine bargeldlose Überweisung, die regelmäßig zu einem vom Auftraggeber festgelegten Zeitpunkt, zB monatlich oder vierteljährlich, von dem Kreditinstitut des Auftrages veranlasst wird.
- **Lastschriftverfahren:** (→ *Lastschriftverfahren* Rn. 1).
- **Verbot der Sammelüberweisung:** Bei einer Sammelüberweisung werden mehrere Teilzahlungen zusammengefasst. Für den Empfänger ist es mitunter schwierig, solche Zahlung wieder zuzuordnen. Dieses Problem tritt insbesondere dann auf, wenn ein Eigentümer mehrere Einheiten hält und den Vorschuss in einer Summe zahlt. Durch ein Verbot von Sammelüberweisungen ist der Eigentümer dann verpflichtet, für jede Einheit den fälligen Betrag separat zu zahlen, und der Verwalter kann diese Zahlungen der entsprechenden Einheit zuordnen.
- **Einschränkung der Aufrechnung:** Die Wohnungseigentümer können beschließen, dass eine Auszahlung des Guthabens der Jahresabrechnung nicht erfolgt und mit Vorschüssen nach dem Wirtschaftsplan verrechnet wird.[17] Die Ankündigung der Auszahlung eines Guthabens in dem Beschluss über die Jahresabrechnung stellt ein Aufrechnungsverbot mit laufendem Hausgeld dar.[18]

---

11 BGH 1.10.2010 – V ZR 220/09, NJW 2010, 3508 Rn. 6.
12 BT-Drs. 19/22634, zu § 19 Abs. 3.
13 Jennißen/*Jennißen* WEG § 21 Rn. 112 b.
14 Bärmann/*Merle* WEG § 21 Rn. 172.
15 Bärmann/*Merle* WEG § 21 Rn. 192.
16 Rieke/Schmid/*Drabeck/Graf* WEG § 21 Rn. 289.
17 Rieke/Schmid/*Drabeck/Graf* WEG § 21 Rn. 289.
18 LG Berlin 16.1.2018 – 55 S 128/17, ZMR 2018, 536 Rn. 9.

78. Fälligkeit und Folgen des Verzugs

Pauli

I. Einführung

1 Die Vorschrift des § 28 Abs. 3 WEG verschafft den Wohnungseigentümern die **Beschlusskompetenz**, um die **Geldangelegenheiten** innerhalb der Gemeinschaft der Wohnungseigentümer durch eine Beschlussfassung in der Eigentümerversammlung zu regeln. Demnach können die Eigentümer durch Beschluss „Regeln über die Fälligkeit" von Geldforderungen und die „Art und Weise ihrer Erfüllung" treffen.[1] Besondere Bedeutung hat diese Beschlusskompetenz für die Regelung der **Fälligkeit des Hausgeldes**. Das Hausgeld wird – ohne besondere Regelung – gem. § 28 Abs. 1 WEG nach Abruf durch den Verwalter und somit in einer Summe fällig, was in der Praxis aber zu einer großen einmaligen Belastung für die Eigentümer führt. Daneben ist es sinnvoll, dem Verwalter Regularien an die Hand zu geben, um rückständiges Hausgeld zeitnah und effektiv beizutreiben.

Inhaltlich ist die Bestimmung des § 28 Abs. 3 WEG der alten Regelung des § 21 Abs. 7 WEG aF angepasst. Aus systematischen Gründen befindet sich die Regelung nach Inkrafttreten des WEMoG in der Vorschrift des § 28 WEG, also im sachlichen Zusammenhang mit dem Wirtschaftsplan und der Jahresabrechnung.[2]

II. Regelungsbereiche

Die Wohnungseigentümer können zur Fälligkeit von Geldforderungen und zur Art und Weise der Erfüllung Folgendes regeln:

2 **1. Fälligkeit des Hausgeldes.** Die Eigentümer können zur Fälligkeit des Vorschusses nach § 28 Abs. 1 WEG eine sogenannte **Vorfälligkeitsklausel** oder eine **Verfallsklausel** vereinbaren.

3 **a) Vorfälligkeitsklausel.** Bei einer Vorfälligkeitsklausel wird der Vorschuss nach § 28 Abs. 1 WEG nicht in einem Betrag, sondern in **periodischen Zeitabschnitten** – zumeist monatlich oder zum Quartal – durch Beschluss fällig gestellt. Gerät der Eigentümer mit der Zahlung der fällig gestellten Raten in Rückstand, wird der noch offenstehende Restbetrag nach dem Wirtschaftsplan sofort zur Zahlung fällig.[3] Diese Klausel erleichtert somit auch die Durchsetzung von Hausgeldansprüchen, da bei einem gewissen Zahlungsrückstand der Gesamtjahresbetrag sofort geltend gemacht werden kann. Diese Klausel bereitet allerdings Probleme bei einem unterjährigen Eigentümerwechsel oder bei Anordnung von Insolvenz- bzw. Zwangsverwaltung und bedarf daher in diesen Fällen einer Einschränkung.[4]

4 **b) Verfallklausel.** Auf Grundlage der Beschlusskompetenz nach § 28 Abs. 3 WEG können die Wohnungseigentümer eine sogenannte Verfallklausel beschließen.[5] Hierbei handelt es sich um eine **besondere Art der Stundung** des Hausgeldes, verbunden mit einer Ratenzahlungsvereinbarung. Eine Verfallklausel ordnet grundsätzlich die Fälligkeit des gesamten Vorschusses nach dem Wirtschaftsplan zu Beginn des Wirtschaftsjahres an. Zugleich wird den Wohnungseigentümern aber die Möglichkeit von Teilzahlungen – zumeist monatlich im Quartal – eingeräumt. Diese Möglichkeit besteht dann so lange, bis die Eigentümer nicht mit einer bestimmten Zahl von Teilzahlungen – zumeist zwei – in Rückstand geraten. In dieser Situation „verfällt" dann

---

1 Gesetzesentwurf der Bundesregierung vom 25.3.2020 zu § 19 Abs. 3, BT-Drs. 19/18791, 61.

2 Beschluss der Bundesregierung vom 16.9.2020, BT-Drs. 19/22634, 47, zu § 28 Abs. 3 WEMoG.

3 Riecke/Schmid/*Drabeck/Graf* WEG § 21 Rn. 294; *Hügel/Elzer* WEG § 21 Rn. 135; zur Beschlussformulierung: FormB-WEG-R/*Fritsch* § 2 Rn. 427.

4 Ausführlich *Hügel/Elzer* WEG § 21 Rn. 135.

5 Zur Beschlussformulierung: FormB-WEG-R/*Fritsch* § 2 Rn. 426.

die Ratenzahlungsmöglichkeit und der noch offene Gesamtbetrag nach dem Wirtschaftsplan ist sofort zur Zahlung fällig.[6]

2. Ratenzahlungsvereinbarung. Die Wohnungseigentümer können durch Beschluss nach § 28 Abs. 3 WEG   5
Regelungen über eine Ratenzahlung hinsichtlich der Zahlungsverpflichtung der Eigentümer treffen.[7] In diesem Zusammenhang besteht die Möglichkeit, eine Regelung für einen konkreten Fall oder allgemeine abstrakte Vorgaben für zukünftige Fälle zu schaffen. Auf Grundlage einer abstrakten Regelung kann der Verwalter ohne Beschluss im Einzelfall eine Ratenzahlungsvereinbarung abschließen.

3. Stundung. Ebenso können die Eigentümer Vorgaben für eine Stundung treffen.[8] Auch hier können konkre-   6
te Regelungen in einem anstehenden Verfahren oder abstrakte, allgemeine Regelungen getroffen werden.

4. Tilgungsbestimmung. Die Tilgungswirkungen von Zahlungen des Schuldners folgen den §§ 366, 367   7
BGB. Zahlungen der Eigentümer, etwa auf das laufende Hausgeld, werden ohne Zahlungsbestimmung nach § 366 Abs. 2 BGB auf die älteste Schuld oder nach § 367 Abs. 1 BGB zunächst auf die Kosten, die Zinsen und sodann auf die Schuld verrechnet. Die Bestimmungen der §§ 366, 367 BGB können grundsätzlich durch eine Vereinbarung – auch in allgemeinen Geschäftsbedingungen – abgeändert werden.[9]

In der Kommentarliteratur ist umstritten, ob die Wohnungseigentümer durch einen Beschluss nach § 28 Abs. 3   8
WEG eine von den gesetzlichen Regelungen bzw. von Vereinbarungen der Wohnungseigentümer **abweichende Tilgungsbestimmung** treffen können. Nach der überwiegenden Auffassung in der Literatur können die Wohnungseigentümer durch Beschluss abweichende Tilgungsbestimmungen für die Fälle treffen, in denen die Zahlung des Eigentümers nicht zu einem vollständigen Erlöschen der Forderungen der Gemeinschaft führt und daher eine Anrechnung auf Kosten, Zinsen und die Hauptschuld erforderlich ist.[10] Diese Regelungskompetenz besteht richtigerweise nur für zukünftige Zahlungsvorgänge. Bereits erfolgte Zahlungen der Eigentümer können nicht nachträglich durch einen Beschluss anderweitig angerechnet werden.[11] Nach einer anderen Auffassung soll den Wohnungseigentümern insgesamt nicht die Beschlusskompetenz zustehen, über § 28 Abs. 3 WEG Regelungen zur Tilgungsbestimmung in Abweichung von den gesetzlichen Vorschriften bzw. von Vereinbarungen der Eigentümer zu treffen.[12]

In diesem Zusammenhang ist richtigerweise auf den Sinn und Zweck der Bestimmung des § 28 Abs. 3 WEG abzustellen. Diese Regelung soll den Wohnungseigentümern die Kompetenz einräumen, die Geldangelegenheiten in der Gemeinschaft durch Beschluss zu regeln. Die Bestimmungen der §§ 366 ff. BGB sind daneben dispositives Recht und können im Rechtsverkehr sogar durch allgemeine Geschäftsbedingungen abgeändert werden. Folglich umfasst die Beschlusskompetenz nach § 28 Abs. 3 WEG die Möglichkeit, die gesetzlichen bzw. vereinbarten Tilgungsbestimmungen umfassend zu regeln.

5. Anteilsmäßige Anrechnung des Hausgeldes. Die Vorschusszahlungen der Wohnungseigentümer auf   9
Grundlage des Wirtschaftsplans nach § 28 Abs. 1 WEG erfolgen anteilig auf die **Kosten** sowie anteilig auf die **Erhaltungsrücklage**. Nach § 28 Abs. 3 WEG soll eine Beschlusskompetenz zur Bestimmung einer Anrechnung von Teilzahlungen bestehen und die Wohnungseigentümer können somit bestimmen, dass Teilzahlungen, die hinter den Forderungen aus dem Wirtschaftsplan zurückbleiben, vorrangig auf die Lasten und Kosten verrechnet werden.[13] In diesem Rahmen können die Wohnungseigentümer allerdings nach der Rechtsprechung nicht beschließen, dass Teilzahlungen zunächst auf die Verpflichtung zur Zahlung der Erhaltungsrücklage nach § 19 Abs. 2 Nr. 4 WEG verrechnet werden. Eine solche Verrechnung birgt die Gefahr, dass eine Kostendeckung und somit eine ordnungsgemäße Bewirtschaftung des Objektes nicht mehr möglich ist und widerspricht daher den Grundsätzen der ordnungsgemäßen Verwaltung.[14]

---

6   LG Köln 20.2.2014 – 29 S 181/13, ZMR 2014, 745.
7   Jennißen/*Heinemann* WEG § 21 Rn. 114.
8   Jennißen/*Heinemann* WEG § 21 Rn. 114.
9   BGH 20.6.1984 – VIII ZR 337/82, NJW 1984, 2404 Rn. 22.
10 Jennißen/*Heinemann* WEG § 21 Rn. 113; Bärmann/*Becker* WEG § 21 Rn. 176.
11 *Hügel/Elzer* WEG § 21 Rn. 136.
12 Staudinger/*Häublein* WEG § 28 Rn. 256.
13 *Hügel/Elzer* WEG § 28 Rn. 136; Staudinger/*Häublein* WEG § 28 Rn. 255.
14 LG Köln 9.2.2012 – 29 S 181/11, ZMR 2012, 662.

10 **6. Regelung des Verzugszinses.** Der **Verzugszins** bestimmt sich nach § 288 BGB. Diese Vorschrift ist dispositiv und kann auf Grundlage der **Beschlusskompetenz** nach § 28 Abs. 3 WEG abgeändert werden.[15] Die Höhe der durch Beschluss festgelegten Zinsen wird durch die Grundsätze der ordnungsgemäßen Verwaltung als Wertungsmaßstab bzw. durch die Sittenwidrigkeit nach §§ 138, 242 BGB begrenzt. Ein Verzugszins von 10 Prozentpunkten über dem aktuellen Basissatz wird als noch zulässig angesehen,[16] während 20 Prozentpunkte über dem Basissatz richtigerweise nicht mehr den Grundsätzen ordnungsgemäßer Verwaltung entsprechen.

11 **7. Ausgeschlossene Regelungsbereiche.** Die Beschlusskompetenz nach § 28 Abs. 3 WEG gibt den Wohnungseigentümern nicht das Recht, folgende Belange im Rahmen der Geldangelegenheiten durch Beschluss zu regeln:

- **Eintritt des Verzugs:** Der Verzugseintritt nach § 286 BGB kann nicht von den Wohnungseigentümern durch Beschluss abweichend geregelt werden, da die §§ 286 ff. BGB nicht dispositiv sind.[17] Die Wohnungseigentümer können daher nicht bestimmen, dass mit Fälligkeit automatisch Verzug eintritt.[18]

- **Vertragsstrafe:** Auf Grundlage des § 28 Abs. 3 WEG können die Eigentümer keine Vertragsstrafe zur Ahndung eines Verstoßes gegen die Gemeinschaftsordnung, insbesondere bei Verstößen gegen Gebrauchsbestimmungen, vereinbaren. Dies sind zum Beispiel Verstöße gegen Vermietungsverbote. Die Zulässigkeit von solchen Vertragsstrafen wurde noch vor Inkrafttreten des WEMoG sowie im Gesetzgebungsverfahren des WEMoG diskutiert und der Entwurf des WEMoG sah eine Beschlusskompetenz zur Einführung von Vertragsstrafen vor. Dies war aber auf erhebliche Kritik gestoßen und eine entsprechende Beschlusskompetenz ist durch das WEMoG nicht eingeführt worden.[19] Bereits vor Inkrafttreten des WEMoG hat der BGH zudem zu der alten Rechtslage klargestellt, dass solche Beschlüsse zur Einführung von Vertragsstrafen nichtig sind, weil eine Beschlusskompetenz nicht aus § 21 Abs. 7 WEG aF hergeleitet werden kann, und den Eigentümern somit die erforderliche Beschlusskompetenz fehlt.[20]

- **Kein Stimmrechtsausschluss:** Die Wohnungseigentümer können nicht beschließen, dass das Stimmrecht eines Wohnungseigentümers im Falle des Zahlungsverzuges ruht. Ein solcher Beschluss greift in die elementare Rechte eines Eigentümers ein und ist daher nichtig.[21]

- **Keine Zinseszinsen:** Die Wohnungseigentümer können ferner nicht beschließen, dass auf Zinsforderungen der Gemeinschaft wiederum Zinsen zu zahlen sind.[22] Die Vorschrift des § 248 Abs. 1 BGB ist nicht dispositiv.[23]

79. Fälligkeitstheorie

Pauli

I. Einführung

1 Die Wohnungseigentümer schulden nach § 28 Abs. 1 WEG auf Grundlage eines beschlossenen Wirtschaftsplans die zumeist monatlich zu zahlenden Vorschüsse. Neben dem Wirtschaftsplan können die Wohnungseigentümer auch Sonderumlagen für einen besonderen Finanzbedarf beschließen. Auf Grundlage eines Beschlusses nach § 28 Abs. 2 S. 1 WEG schulden die Eigentümer daneben die Zahlung von Nachschüssen aus der Jahresabrechnung. Diese Zahlungspflichten knüpfen nach § 16 Abs. 2 S. 1 WEG an die Eigentümerstel-

---

15 *Hügel/Elzer* WEG § 21 Rn. 137.
16 *Hügel/Elzer* WEG § 21 Rn. 137.
17 Jennißen/*Heinemann* WEG § 21 Rn. 115; *Hügel/Elzer* WEG § 21 Rn. 137.
18 Riecke/Schmid/*Drabeck/Graf* WEG § 21 Rn. 295.
19 BT-Drs. 19/22634, zu § 19 Abs. 3.
20 BGH 22.3.2019 – V ZR 105/18, NJW 2019, 1673 Rn. 5.
21 BGH 10.12.2010 – V ZR 60/10, NJW 2011, 679 Rn. 8.
22 Sog. Zinseszinsen gem. § 248 BGB.
23 Bärmann/*Merle* WEG § 21 Rn. 178.

lung an, da hiernach jeder Eigentümer den anderen Eigentümern gegenüber verpflichtet ist, die Lasten des gemeinschaftlichen Eigentums sowie die Kosten der Instandhaltung und Instandsetzung anteilig zu zahlen.[1]

Die Änderung der Eigentümerstellung führt zu einer Verlagerung der Haftung für die Forderungen der Gemeinschaft der Wohnungseigentümer. In dieser Situation stellt sich die grundsätzliche Frage, bis wann der Veräußerer für die Forderungen der Gemeinschaft der Wohnungseigentümer haftet und ab welchem Zeitpunkt der Erwerber für die Verbindlichkeiten einzustehen hat.   2

II. Rechtsprechung des BGH

In seiner älteren Rechtsprechung stellte der BGH noch darauf ab, dass der Erwerber unabhängig von der Beschlussfassung über die Jahresabrechnung für die vor dem Eigentumserwerb angefallenen Kosten der Verwaltung des gemeinschaftlichen Eigentums nicht haften sollte.[2] Diese Rechtsprechung hat der BGH mit Beschluss vom 21.4.1988 aufgegeben und erstmalig die Grundzüge der Fälligkeitstheorie skizziert. Anknüpfungspunkt für die Haftung ist demnach die Eigentümerstellung im **Zeitpunkt** der **Fälligkeit der Forderung**.[3] Im Beschluss vom 30.11.1995 problematisierte der BGH sodann die Haftung eines **ausgeschiedenen Eigentümers**.[4] Der BGH betonte in diesem Zusammenhang, dass der Beschluss über die Jahresabrechnung im Hinblick auf die Forderungen nach dem Wirtschaftsplan eine bestätigende oder rechtsverstärkende Wirkung habe und nur eine neue Anspruchsgrundlage für die **Abrechnungsspitze** schaffe. Für die Abrechnungsspitze hafte demnach nur der Erwerber und nicht der ausgeschiedene Eigentümer.[5]   3

In weiteren Entscheidungen vom 23.9.1999 und 9.3.2012 verneinte der BGH eine Haftung des Erwerbers für **Beitragsrückstände des Voreigentümers** aus Wirtschaftsplänen. Mögliche Beitragsrückstände des Voreigentümers wegen Hausgeld können demnach nicht erneut in einer Jahresabrechnung eingestellt werden, da dies einer **unzulässigen Novation** also Neubegründung der Forderungen gleichkäme. Eine solche Haftung eines Erwerbers könne nur durch eine Vereinbarung begründet werden.Ein dennoch gefasster Beschluss sei daher nichtig.[6]   4

Schließlich hat sich der BGH im Urteil vom 15.12.2017 mit der Haftung des Erwerbes für eine nach Eigentumswechsel fällig gewordene Sonderumlage auseinandergesetzt.[7] Der BGH wendet auch in dieser Situation die Fälligkeitstheorie an; maßgeblich für die Haftung sind demnach die Bestimmungen der Eigentümer zur Fälligkeit der Sonderumlage.   5

Die Grundsätze der Fälligkeitstheorie nach der Rechtsprechung des BGH lassen sich wie folgt zusammenfassen:[8]   6

- Ein Wohnungseigentümer haftet für Vorschüsse, die während der Dauer seiner Mitgliedschaft in der Eigentümergemeinschaft aufgrund wirksam beschlossener Wirtschaftspläne oder Sonderumlagen nach § 28 Abs. 1 WEG fällig werden.
- Die Haftung des Erwerbers umfasst auch Nachschüsse aus Abrechnungen für frühere Jahre, sofern der Beschluss der Wohnungseigentümer, § 28 Abs. 2 WEG, durch den der Nachschuss begründet wurde, erst nach Eigentumserwerb gefasst wurde.
- Eine Haftung des Erwerbers für Verbindlichkeiten, die noch vor seinem Eigentumserwerb begründet und fällig gestellt worden sind, besteht hingegen nicht. Eine solche Haftung kann nur auf Grundlage einer Vereinbarung begründet werden.
- Der Erwerber haftet auch dann für eine nach dem Eigentumserwerb fällig gewordene Sonderumlage, wenn deren Erhebung vor dem Eigentümerwechsel beschlossen wurde.

---

1   *Hamdorf* ZWE 2019, 149 (149).
2   BGH 27.6.1985 – VII ZB 16/84, BGHZ 95, 118.
3   BGH 21.4.1988 – V ZB 10/87, NJW 1988, 1910 Rn. 16.
4   BGH 30.11.1995 – V ZR 16/95, NJW 1996, 725.
5   BGH 30.11.1995 – V ZR 16/95, NJW 1996, 725 Rn. 12.
6   BGH 23.9.1999 – V ZR 17/99, NJW 1999, 3713; BGH 9.3.2012 – V ZR 147/11, ZMR 2012, 642; ebenso BGH 13.2.2020 – V ZR 29/15, ZMR 2020, 524 Rn. 7.
7   BGH 15.12.2017 – V ZR 257/16, NJW 2018, 2044.
8   BGH 15.12.2017 – V ZR 257/16, NJW 2018, 2044 Rn. 8.

III. Meinungsstand

7 Die Fälligkeitstheorie wird in der Literatur **überwiegend anerkannt** und ist inzwischen herrschende Meinung.[9]

8 Nur **vereinzelt** wird die Rechtsprechung des BGH **kritisiert**. Nach einer Auffassung – sog. Aufteilungstheorie — ist die Fälligkeitstheorie abzulehnen, da die Beschlussfassung der Abrechnung zulasten des Veräußerers durch den Erwerber als aktuellen Eigentümer einen unzulässigen Gesamtakt zulasten Dritter darstellen würde.[10] Nach dieser Auffassung müssen somit bei einem Eigentümerwechsel zwei zeitanteilige Abrechnungen erstellt werden.[11] Die Aufteilungstheorie wird aber von der übrigen Literatur abgelehnt, da grundsätzlich für ein Geschäftsjahr auch bei einem Eigentümerwechsel nur eine Abrechnung zu erstellen sei.[12]

9 Eine weitere Auffassung in der jüngeren Literatur kritisiert die Herleitung der Fälligkeitstheorie, da diese für die Haftung allein auf den Zeitpunkt der Fälligkeit der Forderung und nicht auf die Umstände der Entstehung abstelle.[13]

IV. Anwendungsbereich und Ausnahmen

10 Grundsätzlich knüpft die Haftung für Hausgeldverbindlichkeiten der Gemeinschaft nach der oben dargestellten Fälligkeitstheorie an die Eigentümerstellung im Zeitpunkt der Fälligkeit an und folglich haftet, wer aktuell im Grundbuch als Eigentümer- oder Miteigentümer eingetragen ist. Eine **Besonderheit** besteht bei Erwerb von Wohnungseigentum durch **Erbfall** gem. §§ 1922 ff. BGB oder im Rahmen eines Zuschlagsbeschlusses in der Zwangsversteigerung nach § 90 ZVG. Beim Erwerb im Rahmen der **Zwangsversteigerung** ist zeitlich für den Beginn der Haftung auf den Zuschlagsbeschluss abzustellen, auch wenn in diesen Fällen die Eintragung im Grundbuch zumeist mit einiger Verzögerung erfolgt.[14] Der Erwerber haftet im Rahmen eines Erbfalls als Erbe nach §§ 1922 ff. BGB regelmäßig auch für Forderungen, die vor dem Erbfall während der Eigentümerstellung des Erblassers fällig geworden sind.[15]

11 Eine weitere Ausnahme bildete vor Inkrafttreten des WEMoG die **werdende Wohnungseigentümergemeinschaft**, da der Erwerber insbesondere beim Kauf vom Bauträger noch nicht als Volleigentümer im Grundbuch eingetragen war. Voraussetzung für eine Haftung des Erwerbers war in diesen Fällen, dass ein wirksamer, auf Übereignung von Sondereigentum gerichteter Erwerbsvertrag vorlag, der Übereignungsanspruch durch eine Auflassungsvormerkung gesichert war und der Besitz an der Wohnung auf den Erwerber übergegangen war. In dieser Konstellation haftete dann nur der Erwerber allein für die Kosten und Lasten, obgleich er noch nicht im Grundbuch als Eigentümer eingetragen war.[16]

12 Die Rechtsfähigkeit der Gemeinschaft der Wohnungseigentümer beginnt im Geltungsbereich des WEMoG nach § 9 a Abs. 1 S. 2 WEG mit der Anlegung der Wohnungsbücher. Zudem ist nunmehr in § 8 Abs. 3 WEG geregelt, dass der Erwerber eines Sondereigentums gegenüber der Gemeinschaft der Wohnungseigentümer anstelle des teilenden Eigentümers als Eigentümer anzusehen ist, wenn er durch eine Auflassungsvormerkung im Grundbuch gesichert ist und der Besitz an dem Sondereigentum übergegangen ist. Folglich ist ein Rückgriff auf die Rechtsfigur der werdenden Wohnungseigentümergemeinschaft nicht mehr erforderlich. Vielmehr haftet der **werdende Eigentümer** nach § 8 Abs. 3 WEG für die Forderungen der Gemeinschaft der Wohnungseigentümer.

---

9 Bärmann/*Becker* WEG § 28 Rn. 66, 148; Staudinger/*Häublein* WEG § 28 Rn. 202; *Hügel/Elzer* WEG § 28 Rn. 147 a; umfassend zum Meinungsstand *Hamdorf* ZWE 2019, 149 (152).

10 Jennißen/*Jennißen* WEG § 16 Rn. 177.

11 Jennißen/*Jennißen* WEG § 16 Rn. 134.

12 Bärmann/*Becker* WEG § 28 Rn. 149.

13 *Elzer* ZWE 2018, 153 (156).

14 Umfassend: *Hügel/Elzer* WEG § 28 Rn. 147 a.

15 Umfassend: *Hügel/Elzer* WEG § 28 Rn. 148 ff.

16 BGH 11.12.2015 – V ZR 80/15, ZMR 2016, 299 Rn. 7.

80. Familienrechtliche Aspekte

Bartels

I. Einführung

Eine **Eigentumswohnung** kann Gegenstand verschiedener familienrechtlicher Ansprüche sein. So vermag ein **1** Ehegatte bei Trennung oder Scheidung die Überlassung der Wohnung zur (alleinigen) Nutzung zu verlangen. Außerdem ist die Eigentumswohnung Gegenstand des Zugewinnausgleichs. Weiter ist an eine Wohnungsverweisung nach dem Gewaltschutzgesetz zu denken. Schließlich sind verfahrensrechtliche Besonderheiten zu beachten.

Ein **Verwandtschaftsverhältnis** zwischen den Eigentümern, insbesondere bei einer zweigliedrigen Gesell- **2** schaft, kann die Grundsätze der **ordnungsgemäßen Verwaltung** beeinflussen (§§ 18 Abs. 2, 19 WEG), etwa durch die Beistandspflicht von Eheleuten (§ 1353 Abs. 1 S. 2 BGB) oder Eltern und Kindern (§ 1618 a BGB), die einen Wohnungseigentümer bei Alter und Krankheit von der Räum- und Streupflicht im Winter befreien kann, wenn es nicht billig ist, die Kosten für die Beauftragung eines Dritten zu tragen.[1]

II. Überlassung der Ehewohnung bei Getrenntleben und Scheidung

Ausnahmsweise ist es dem Familiengericht zum **Schutz** der Individualinteressen auf Antrag möglich, vor oder **3** nach einer Scheidung eine Wohnung, unabhängig von den Eigentumsverhältnissen, einem Ehegatten zur (alleinigen) Nutzung zuzuweisen.

1. Getrenntleben. Aus § 1361 b BGB kann ein Ehegatte als **vorläufige Maßnahme** von dem anderen Ehe- **4** gatten verlangen, dass ihm die Ehewohnung oder ein Teil der Wohnung zur alleinigen Nutzung überlassen wird, noch bevor ein Scheidungsverfahren anhängig gemacht worden ist. Voraussetzung ist, dass die Ehegatten getrennt leben oder einer der Ehegatten getrennt leben will und dies unter Berücksichtigung der Belange des anderen Ehegatten notwendig ist, um eine **unbillige Härte** zu vermeiden (§ 1361 b Abs. 1 S. 1 BGB). Es muss sich um Ehegatten handeln; eine Lebensgemeinschaft reicht nicht aus. Ein Anspruch besteht auch, wenn ein Ehegatte freiwillig auszieht oder sich die Ehegatten zumindest konkludent über eine Nutzung einigen.[2]

Das Familiengericht weist im **Innenverhältnis** einem der Ehegatten eine bestimmte **Nutzungsmöglichkeit** für **5** die Dauer des Getrenntlebens zu; ein Mietverhältnis wird nicht begründet. In die rechtliche Beziehung im Außenverhältnis wird durch die gerichtliche Entscheidung nicht eingegriffen. Insbesondere folgt aus der Zuweisung kein Recht zum Besitz gegenüber einem Wohnungserwerber analog § 566 BGB.[3] Ein **Veräußerungsverbot** vermag das Familiengericht nicht auszusprechen, weil dies unverhältnismäßig wäre.

Eine **Alleinzuweisung** kann nur letztes Mittel sein; diese Beurteilung richtet sich nach dem Verhältnismäßig- **6** keitsgrundsatz. Ist es im Einzelfall räumlich möglich und den Eheleuten zumutbar, hat das Familiengericht nur einen Teil der Wohnung zur alleinigen Nutzung zuzuweisen.[4]

Eine **unbillige Härte** tritt namentlich dann ein, wenn das Wohl von im Haushalt lebenden **Kindern** betroffen **7** wird (§ 1361 b Abs. 1 S. 2). Hat der eine Ehegatte das Wohnungseigentum oder ein dingliches Wohnrecht an der Wohnung, ist dies zu berücksichtigen (S. 3). Regelmäßig ist die Wohnung insgesamt dem Ehegatten zur alleinigen Nutzung zu überlassen, wenn der andere Ehegatte den Antrag stellenden Ehegatten widerrechtlich und vorsätzlich an **Körper**, **Gesundheit** oder **Freiheit verletzt** oder mit einer solchen Verletzung oder der

---

1 BayObLG 27.5.1993 – 2 Z BR 24/93, NJW-RR 1993, 1361 f.
2 BGH 18.12.2013 – XII ZB 268/13, NJW 2014, 462 Rn. 9.
3 OLG München 7.1.2016 – 13 U 3004/15, NZFam 2016, 859 Ls.
4 Vgl. OLG Düsseldorf 14.3.1998 – 4 UF 38/88, FamRZ 1988, 1058 (1059).

Verletzung des Lebens **gedroht** hat (Abs. 2 S. 1). Dies gilt wiederum nicht, wenn keine weiteren Verletzungen oder Drohungen zu befürchten sind (S. 2 Hs. 1) – wovon wiederum eine Ausnahme zu machen ist, wenn es wegen der Schwere der Tat dem den Antrag stellenden Ehegatten nicht zuzumuten ist, weiterhin mit dem anderen Ehegatten zusammenzuleben.

8   Der Ehegatte, der die Wohnung überlassen muss, hat alles zu **unterlassen**, was geeignet ist, die Ausübung des Nutzungsrechts zu erschweren oder gar zu vereiteln (Abs. 3 S. 1).

9   Es besteht ein Anspruch auf eine **Nutzungsvergütung**, soweit diese der Billigkeit entspricht (S. 2). Dies ist nicht der Fall, wenn bei der Unterhaltsbemessung der Nutzungswert der Wohnung bereits in Ansatz gebracht worden ist. Selbst ein **fiktiver Unterhaltsanspruch** kann der Zahlung einer Nutzungsentschädigung entgegenstehen.[5]

10   Haben sich die Ehegatten getrennt und ist ein Ehegatte aus der Wohnung ausgezogen und hat innerhalb von **sechs Monaten** danach nicht bekundet, ernstlich in die Wohnung zurückkehren zu wollen, wird unwiderleglich vermutet, dass er dem anderen Ehegatten das alleinige Nutzungsrecht an der Wohnung überlassen hat (Abs. 4).

11   **2. Scheidung.** § 1568 a Abs. 1 BGB kennt einen Anspruch für den Fall der rechtskräftigen Endentscheidung in einer **Scheidungssache**, wenn der eine Ehegatte auf die Nutzung unter Berücksichtigung des Wohls der im Haushalt lebenden Kinder und der Lebensverhältnisse stärker auf die Wohnung angewiesen ist als der andere Ehegatte oder die Überlassung der Billigkeit entspricht. Freilich kann in dem Fall, dass dem anderen Ehegatten das Wohnungseigentum jedenfalls zu Miteigentum, durch Nießbrauch, Erbbaurecht oder wegen eines dinglichen Wohnrechts zusteht (§ 1568 a Abs. 2 S. 2 Alt. 1 BGB), die Überlassung nur verlangt werden, wenn es notwendig ist, eine **unbillige Härte** zu vermeiden (Abs. 2 S. 1). Diese liegt vor, wenn das **Kindeswohl** betroffen ist, etwa die Kinder in ihrer vertrauten Umgebung verbleiben sollen, der Ehegatte nur unzureichende Unterhaltsleistungen erhält oder ein Umzug wegen Alters, physischer und psychischer Beeinträchtigungen unzumutbar ist.[6]

12   Beide Eheleute können verlangen, dass ein **Mietverhältnis** zu **ortsüblichen Bedingungen** begründet wird (§ 1568 a Abs. 5 S. 1 BGB), freilich angemessen befristet (S. 2) sowie gegen eine angemessene Miete, im Zweifel die ortsübliche Vergleichsmiete (S. 3). Der Anspruch erlischt nach Rechtskraft der Endentscheidung in dem Scheidungsverfahren, wenn er nicht zuvor rechtshängig geworden ist (Abs. 6).

III. Gewaltschutzgesetz

13   Das GewSchG soll vor Gewalttaten im Allgemeinen und bei **häuslicher Gewalt** im Besonderen schützen.

14   Nach § 1 Abs. 1 S. 3 Nr. 1 GewSchG kann das Gericht zum Schutz des Opfers anordnen, dass der Täter die **Wohnung** des Opfers **nicht betreten** darf; es wird also das Hausrecht geschützt. Parallel kann die Polizei auch nach Landesrecht einen **Platzverweis** und ein **Rückkehrverbot**, in NRW etwa gem. § 34 a Abs. 1 LPolG NRW, aussprechen. In NRW ist das Rückkehrverbot nach § 34 a Abs. 5 S. 1 LPolG zehn Tage wirksam; falls Schutz nach dem GewSchG beantragt worden ist, 20 Tage (§ 34 a Abs. 5 S. 2 LPolG NRW). Das Gericht kann Ausnahmen bei dem Schutz berechtigter Interessen anordnen. Außerdem soll die Anordnung **befristet** werden (§ 1 Abs. 1 S. 2 GewSchG). Die Anordnung setzt einen **Antrag** des Opfers voraus, wobei zwar ein unbestimmter Antrag iSv § 23 Abs. 1 FamFG ausreicht, aber das Opfer durchaus iSv § 253 Abs. 2 Nr. 2 ZPO seine Vorstellungen über die Reichweite der Anordnungen formulieren sollte (→ *Prozessvoraussetzungen* Rn. 67 ff.).

15   § 2 GewSchG regelt die Überlassung einer Wohnung, wenn das Opfer mit dem Täter einen auf Dauer angelegten gemeinsamen Haushalt geführt hat (Abs. 1). Ist eine Verletzung nicht eingetreten, sondern mit ihr gedroht worden, kann nach § 2 Abs. 2 S. 1 Nr. 1 u. Abs. 3 GewSchG eine Überlassung der gemeinsam genutzten Wohnung verlangt werden, wenn dies erforderlich ist, um eine **unbillige Härte** zu vermeiden (§ 2 Abs. 6 S. 1 GewSchG), insbesondere dann, wenn das Wohl von im Haushalt lebenden Kindern beeinträchtigt ist (S. 2). Diese Vorgaben gelten auch für die **Eigentumswohnung** (§ 2 Abs. 2 S. 4 GewSchG). Die Überlassung ist nach Abs. 2 S. 1 zu befristen, wenn dem Opfer und dem Täter die Wohnung gemeinsam gehören oder sie diese ge-

---

5 OLG Frankfurt a. M. 9.5.2012 – 4 UF 14/12, FamRZ 2013, 135 Ls.
6 BeckOGK/*Erbarth* BGB § 1568 a Rn. 54 f.

meinsam gemietet haben. Gehört dem Täter die Wohnung allein oder hat sie dieser allein gemietet, ist die Anordnung auf **sechs Monate** zu befristen (S. 2). Wenn das Opfer innerhalb der Frist angemessenen Wohnraum zu zumutbaren Bedingungen nicht beschaffen konnte, kann die Frist **verlängert** werden, wenn nicht überwiegende Belange des Täters oder Dritter entgegenstehen (S. 3).

Der Anspruch ist nach Abs. 3 **ausgeschlossen**, wenn **weitere Verletzungen** nicht zu besorgen sind (Nr. 1   **16** Hs. 1). Dies gilt allerdings dann nicht, wenn das weitere Zusammenleben mit dem Täter wegen der **Schwere** der Tat dem Opfer nicht zuzumuten ist (Hs. 2). Auch können besonders schwerwiegende Belange des Täters einer Überlassung an das Opfer entgegenstehen (Nr. 3). Der Anspruch ist überdies ausgeschlossen, wenn das Opfer nicht innerhalb von drei Monaten nach der Tat die Wohnungsüberlassung schriftlich von dem Täter verlangt hat. Auf Rechtsfolgenseite hat der Täter nach der Überlassung der Wohnung alles zu unterlassen, was geeignet ist, die Ausübung des Nutzungsrechts zu erschweren oder zu vereiteln (Abs. 4).

Aus Abs. 5 folgt ein Anspruch des Täters auf eine **Nutzungsvergütung**, wenn diese der **Billigkeit** entspricht.   **17** Dies ist in der Regel der Fall, wenn der Täter weiterhin zur Mietzahlung verpflichtet ist, die Wohnung aber nicht nutzen kann.

IV. Zugewinngemeinschaft

Haben die Eheleute **keinen Güterstand vereinbart**, gilt nach § 1363 Abs. 1 BGB der gesetzliche Güterstand der   **18** Zugewinngemeinschaft. Dies hat zur Folge, dass grundsätzlich jeder Ehegatte sein Vermögen selbstständig verwaltet (§ 1364 Hs. 1 BGB). Macht aber etwa die Ehewohnung einen Großteil des Vermögens aus, kann sich ein Ehegatte nur wirksam mit der Zustimmung des anderen Ehegatten zu einer Veräußerung verpflichten (§ 1365 Abs. 1 S. 1 BGB) und die Verpflichtung erfüllen (S. 2), wobei das Familiengericht die Zustimmung ersetzen kann, wenn sie einer ordnungsgemäßen Verwaltung entspricht (Abs. 2). Ein unwirksames Geschäft kann genehmigt werden (§ 1366 Abs. 1 BGB); wird eine **Genehmigung** verweigert, ist der Vertrag unwirksam (Abs. 4).

Wird die Zugewinngemeinschaft durch den **Tod** eines Ehegatten (§ 1371 BGB) beendet, fällt namentlich das   **19** Wohnungseigentum in den Nachlass (→ *Erbrechtliche Aspekte* Rn. 1 ff.). In anderen Fällen, in denen der Güterstand beendet wird, namentlich bei Aufhebung der Ehe durch Scheidung oder dem Abschluss eines Ehevertrags, mit dem ein anderer Güterstand vereinbart wird (§ 1408 BGB), ist ein **Zugewinnausgleich** durchzuführen, dem auch die Eigentumswohnung als Vermögenswert unterfällt.

Nach § 1373 BGB ist der **Zugewinn** der Betrag, um den das Endvermögen eines Ehegatten dessen Anfangs-   **20** vermögen übersteigt. War die Wohnung also schon bei Eheschließung vorhanden, wird sie dem Anfangsvermögen zugerechnet, abzüglich etwaiger Verbindlichkeiten (§ 1374 Abs. 1 BGB). Wird die Wohnung im Zusammenhang mit einem Erbrecht, einer Schenkung oder einer Ausstattung erworben, zählt sie ebenfalls zum Anfangsvermögen (Abs. 2). Wird sie während der Ehe erworben, zählt sie zum **Endvermögen** (§ 1375 Abs. 1 S. 1 BGB), ebenfalls abzüglich etwaiger **Verbindlichkeiten** (S. 2). Übersteigt der Zugewinn des einen Ehegatten den Zugewinn des anderen, steht die Hälfte des Überschusses dem anderen Ehegatten als **Ausgleichsforderung** zu (§ 1378 Abs. 1 BGB). Um Grund und Höhe der Forderung ermitteln zu können, sieht das Gesetz Hilfsansprüche vor (§§ 1376 f. BGB). Aus § 1383 Abs. 1 BGB folgt die Möglichkeit des Zugewinngläubigers, die Übertragung eines bestimmten Gegenstands, namentlich der Eigentumswohnung, durch Entscheidung des Familiengerichts zu verlangen, wenn dies erforderlich ist, um eine **grobe Unbilligkeit** zu vermeiden und für den Schuldner zumutbar. Auch hier ist zu prüfen, ob der Berechtigte oder besonders die gemeinsamen **Kinder** die Familienwohnung zur Aufrechterhaltung der bisherigen Lebensweise benötigen und Ersatzbeschaffung nicht möglich oder nicht zumutbar erscheint.[7]

V. Verfahrensrecht

Familiensachen unterfallen nicht der ZPO, sondern dem FamFG. Familiensachen werden nach den §§ 23 a   **21** Abs. 1 S. 1 Nr. 1, 23 b Abs. 1 GVG vor den bei den Amtsgerichten eingerichteten **Familiengerichten** geführt.

1. Ehewohnungssachen. Ehewohnungssachen sind nach § 111 Nr. 5 Alt. 1 FamFG Familiensachen, also Ver-   **22** fahren nach § 1361 b BGB (§ 200 Abs. 1 Nr. 1 FamFG) und § 1568 a BGB (§ 200 Abs. 1 Nr. 2 FamFG). Wird

---

7 BeckOK BGB/*Cziupka* § 1383 Rn. 11.

für die **Trennungszeit** vorläufig die Überlassung der Wohnung verlangt, kann durch Antrag ein eigenständiges Verfahren nach den §§ 201 ff. FamFG anhängig gemacht werden. Wird für die Zeit nach der **Scheidung** die Überlassung der Ehewohnung begehrt, handelt es sich um eine Folgesache, über die grundsätzlich im Scheidungsverbund zu verhandeln und zu entscheiden ist (§ 137 Abs. 1 u. 2 S. 1 Nr. 3 Alt. 1 FamFG). Die Überlassungsentscheidung wird also erst mit dem Ausspruch der Scheidung getroffen (§ 142 Abs. 1 S. 1 FamFG). Liegt eine **Ehewohnungssache** vor, ist das Familiengericht zuständig.

23 **2. Sonstige Familiensachen.** Liegt eine sonstige Sache im Bezug zum **Wohnungseigentums-** und **Familienrecht** vor, kommt es auf § 266 Abs. 1 FamFG und den Schwerpunkt des Verfahrens an:[8] Handelt es sich um ein Verfahren, das in den Katalog des § 43 Abs. 2 WEG fällt, ist das Familiengericht nicht zuständig (→ *Prozess und Prozessgrundsätze* Rn. 45 ff.).[9] Sonstige Familiensachen nach § 266 Abs. 1 FamFG stellen eine Familiensache dar (§ 111 Nr. 10 FamFG). Da es sich um eine Familienstreitsache handelt (§ 112 Nr. 3 1. Alt. 1 FamFG), sind die Vorschriften der ZPO entsprechend, statt einiger Vorgaben des FamFG, anzuwenden (§ 113 Abs. 1, 2 u. 5 FamFG).

24 Sonstige Familiensachen können vorliegen, wenn Ansprüche geltend gemacht werden, die aus einem **Verlöbnis** (§ 266 Abs. 1 Nr. 1 FamFG), der Ehe (Nr. 2), aus dem **Eltern-Kind-Verhältnis** (Nr. 4) oder dem **Umgangsrecht** herführen (Nr. 5) sowie Ansprüche zwischen (ehemals) **miteinander verheirateten Personen** oder einem **Elternteil** im Zusammenhang mit der Trennung oder Beendigung der Ehe, wenn es sich namentlich nicht um ein Verfahren, das das Wohnungseigentumsrecht betrifft, handelt. Dies ist etwa der Fall, wenn das Wohnungseigentum eine **ehebedingte Zuwendung**, also keine Schenkung, sondern eine Vermögensübertragung zur Ausgestaltung, Erhaltung oder Sicherung der ehelichen (oder nichtehelichen) Lebensgemeinschaft durch einen Ehegatten oder andere Personen,[10] darstellt. Dann ist, weil sich in dem Verfahren die Eheleute gegenüberstehen und besondere wohnungseigentumsrechtliche Kenntnisse nicht erforderlich sind, das Familiengericht zuständig.[11]

25 Schließlich kommt es auf den Sinn und Zweck der **Ausschlussklausel** an, die das Verfahren vor das **sachnähere Gericht** bringen will, was bei einem Schwerpunkt im Familienrecht das Familiengericht ist. Treten sich also die Eheleute als Wohnungseigentümer gegenüber, ist nur dann das Familiengericht nicht zuständig, wenn spezielle Kenntnisse im Wohnungseigentumsrecht notwendig sind. Dies ist etwa der Fall bei Zahlungen aller Art an die Gemeinschaft der Wohnungseigentümer, so bei der Auskehr eines Guthabens von Jahresabrechnungen, bei der Erhaltung des gemeinschaftlichen Eigentums oder der Unterlassung vertragswidriger Benutzung, auch wenn eine bedeutende Vorfrage aus dem Wohnungseigentumsrecht stammt.[12] Hingegen fällt die Auseinandersetzung des Gemeinschaftsverhältnisses in den Zuständigkeitsbereich des Familiengerichts.[13]

26 **3. Gewaltschutzsachen.** Gewaltschutzsachen sind Familiensachen (§ 111 Nr. 6 FamFG), deren Verfahren in den §§ 210 ff. FamFG geregelt ist.

81. Fenster

Marquardt

---

8 Vgl. *Heinemann* MDR 2009, 1026 (1028).
9 BGH 16.9.2015 – XII ZB 340/14, NJW 2016, 503 Rn. 21; ausführl. *Heinemann* NZFam 2015, 1070 ff.; *Roth* NJW 2017, 689 ff.
10 Ausführl. BeckOGK/*Harke* BGB § 516 Rn. 83 ff.
11 BGH 16.9.2015 – XII ZB 340/14, NJW 2016, 503 Rn. 22 ff.
12 Vgl. BGH 16.9.2015 – XII ZB 340/14, NJW 2016, 503 Rn. 21.
13 *Heinemann* MDR 2009, 1026 (1028).

I. Einführung

Nach § 5 Abs. 2 WEG können Gebäudeteile, die für dessen Bestand oder Sicherheit erforderlich sind, nicht 1
Gegenstand des Sondereigentums sein, selbst wenn sie sich im Bereich der im Sondereigentum stehenden
Räume befinden. Aufgrund ihrer **Abschlussfunktion** gehören **Fenster nebst Rahmen**, die sich im räumlichen
Bereich des Sondereigentums befinden und das Gebäude nach außen hin oder zum Gemeinschaftseigentum
hin abgrenzen, damit nach § 5 Abs. 2 WEG zwingend zum **Gemeinschaftseigentum**[1] (hinsichtlich der Einzel-
heiten → *Eigentum im ABC* Rn. 63). Mit der eigentumsrechtlichen Zuordnung ist üblicherweise nicht nur die
Verantwortlichkeit hierfür verbunden, sondern natürlich auch die wirtschaftliche Kostentragungspflicht.

II. Ordnungsgemäße Erhaltung

1. Grundsatz. Die Zuordnung zum Gemeinschaftseigentum hat nach der gesetzlichen Kompetenzzuweisung 2
in §§ 18 Abs. 1, 19 Abs. 2 Nr. 2 WEG zur Folge, dass die Gemeinschaft der Wohnungseigentümer für die ordnungsmäßige Erhaltung der im Gemeinschaftseigentum stehenden Fenster zuständig ist und gem. § 16 Abs. 2
WEG die damit verbundenen Kosten zu tragen hat.[2] Unter Erhaltung sind dabei gem. § 13 Abs. 2 WEG
Instandhaltungs- und Instandsetzungsmaßnahmen zu verstehen, Die Zugehörigkeit der Fenster zum Gemeinschaftseigentum ist nicht durch eine Vereinbarung abdingbar.

Eine dem entgegengesetzte Zuordnung zum Sondereigentum ist nichtig, kann jedoch im Einzelfall im Wege 3
der **Umdeutung** dahin gehend ausgelegt werden, dass die Kostenlast für die jeweilige Maßnahme denjenigen
Wohnungseigentümern aufgebürdet wird, in deren Wohnung sich die zu erneuernden oder instand zu setzenden Fenster befinden. Voraussetzung für eine Umdeutung ist jedoch das Bestehen einer weiteren Bestimmung
in der Gemeinschaftsordnung, dass jeder Wohnungseigentümer sein Sondereigentum auf seine Kosten zu erhalten hat.[3] Nur in diesem Fall kann ein unbefangener Erwerber von Wohnungseigentum der Teilungserklärung als Grundbuchinhalt entnehmen, dass die Gemeinschaft mit solchen Kosten nicht belastet werden soll,
sondern vielmehr die Erneuerung von Fenstern, soweit sie sich in seiner Wohnung befinden, zu dem ihm zugewiesenen Pflichten- und Lastenkreis gehört. Der fehlgeschlagenen sachenrechtlichen Erklärung kann dann entnommen werden, dass die Pflicht zur Unterhaltung bestimmter Bauteile einzelnen Wohnungseigentümern obliegen soll.[4]

2. Abweichende Regelungen. Durch **Vereinbarung** können die Wohnungseigentümer abweichend vom Ge- 4
setz die Pflicht zur Erhaltung von Teilen des gemeinschaftlichen Eigentums und zur Tragung der damit verbundenen **Kosten** einzelnen Sondereigentümern auferlegen, wobei hiervon nicht die Verpflichtung umfasst ist,
erstmals einen ordnungsgemäßen Zustand herzustellen.[5] Eine von der gesetzlichen Kostenverteilung abweichende Regelung muss jedoch klar und eindeutig sein und ist als Ausnahmeregelung eng auszulegen. Im
Zweifel bleibt es bei der gesetzlichen Zuständigkeit.[6]

Soweit bspw. durch Teilungserklärung oder Gemeinschaftsordnung die Pflicht zur Erhaltung der Fenster nebst 5
Rahmen in dem räumlichen Bereich des Sondereigentums den einzelnen Wohnungseigentümern zugewiesen
wird, der Außenanstrich hingegen ausgenommen wird, ist eine vollständige Erneuerung der Fenster im Zweifel Sache der Gemeinschaft.[7]

Ist nach der Teilungserklärung ein Wohnungseigentümer verpflichtet, die seiner alleinigen Nutzung unterlie- 6
genden Gebäudeteile ordnungsgemäß zu erhalten, dh instand zu halten und instand zu setzen, so kann die
Durchführung einer Erhaltungsmaßnahme durch die Gemeinschaft nicht mehrheitlich beschlossen werden.[8]
Enthält die Teilungserklärung hingegen nur eine besondere Kostenregelung für den Unterhalt der Fenster,

---

1 BGH 2.3.2012 – V ZR 174/11, NJW 2012, 1722.
2 BGH 14.6.2019 – V ZR 254/17, ZWE 2019, 488; BGH 2. 3.2012 – V ZR 174/11, ZMR 2012, 641.
3 BGH 2.3.2012 – V ZR 174/11, NJW 2012, 172; Sauren/ *Sauren* WEG § 1 Rn. 10; Jennißen/*Jennißen* WEG § 16
   Rn. 25.
4 LG Dortmund 1.4.2014 – 1 S 178/13, ZWE 2015, 40.
5 BayObLG 20.11.2002 – 2Z BR 45/02, ZWE 2003, 187; Jennißen/*Jennißen* WEG § 16 Rn. 25.
6 KG 22.9.2008 – 24 W 83/07, ZMR 2009, 135; Jennißen/*Hogenschurz* WEG § 22 Rn. 95.
7 BGH 14.6.2019 – V ZR 254/17, ZWE 2019, 488; Bärmann/Seuß WE-Praxis/*Schmidt* § 12 Rn. 31.
8 BayObLG 4.3.2004 – 2Z BR 244/03, BeckRS 2004, 3778.

bleibt es bei der gesetzlichen Kompetenz der Wohnungseigentümergemeinschaft, allerdings unter Berücksichtigung eines besonderen Kostenverteilungsschlüssels.[9]

7 Soweit ein Wohnungseigentümer Erhaltungsmaßnahmen an den im Gemeinschaftseigentum stehenden Fenstern **eigenmächtig** bzw. in der **irrigen Annahme** durchführt, es sei seine Verpflichtung und nicht die der Wohnungseigentümergemeinschaft, war bisher ein **Bereicherungsanspruch** des einzelnen Wohnungseigentümers als Folge von Maßnahmen zur Erhaltung in Form der Instandsetzung oder Instandhaltung des Gemeinschaftseigentums nicht von vornherein ausgeschlossen, wenn die Voraussetzungen der Notgeschäftsführung nach § 18 Abs. 3 WEG oder der berechtigten Geschäftsführung ohne Auftrag nicht vorlagen, die Maßnahme jedoch ohnehin hätte vorgenommen und beschlossen werden müssen.[10]

8 Diese Rechtsprechung gibt der BGH in seiner Entscheidung vom 14.6.2019 nunmehr unter Verweis auf den abschließenden Charakter von § 18 Abs. 3 (§ 21 Abs. 4 WEG aF) auf. Danach soll nunmehr **kein Erstattungsanspruch** nach den allgemeinen Vorschriften mehr bestehen, auch wenn die eigenmächtigen Maßnahmen am Gemeinschaftseigentum zwingend vorgenommen werden mussten. Unerheblich ist dabei nach Ansicht des BGH auch, dass der einzelne Wohnungseigentümer die Erhaltungsmaßnahmen in Form von Instandsetzung oder Instandhaltung am Gemeinschaftseigentum aufgrund **fehlerhafter Auslegung der Teilungserklärung** (auch der übrigen Wohnungseigentümer) durchführte.[11] Nach Ansicht des BGH finde der Gestaltungsspielraum der Wohnungseigentümer hinsichtlich der Durchführung von Erhaltungsmaßnahmen in den Vorschriften der GoA und des Bereicherungsrechts keinen Niederschlag.

9 Der BGH verkennt dabei jedoch, dass sich die Konstellation von irrtümlichen Erhaltungsmaßnahmen am Gemeinschaftseigentum als ein klassischer Anwendungsfall der **aufgedrängten Bereicherung** darstellt und anhand der einschlägigen Verwendungsersatzvorschriften gelöst werden kann. Danach stehen dem gutgläubigen Verwender bereicherungsrechtliche Ersatzansprüche zu, dem bösgläubigen Verwender hingegen nicht. Auch die vom BGH ins Feld geführte Begründung von sich in Irrtumsfällen ergebenden Abgrenzungs- und Beweisschwierigkeiten überzeugt nicht, da eine solche Abgrenzung auch im Rahmen zahlreicher anderer Vorschriften vorzunehmen ist. Schließlich überzeugt auch die Argumentation des BGH nicht, dass es dem jeweiligen Wohnungseigentümer zumutbar sei, in jedem Fall das durch das WEG vorgegebene Verfahren einzuhalten und einen Beschluss der Wohnungseigentümer über die Durchführung der erforderlichen Maßnahme herbeiführen, denn ein gutgläubiger Wohnungseigentümer geht doch gerade von einer eigenen Verpflichtung aus, so dass aus seiner Sicht gerade kein Anlass dazu bestehen würde, einen Beschluss herbeizuführen bzw. die aus seiner Sicht erfolglose Beschlussersetzungsklage nach § 44 Abs. 1 S. 1 WEG zu führen.[12]

III. Modernisierung und Umbau

10 Nach der WEG-Reform ist es nunmehr im Rahmen von § 20 WEG unerheblich, ob es sich um Modernisierungs- und Umbaumaßnahmen handelt, da nunmehr bauliche Veränderungen, die über die ordnungsgemäße Erhaltung des gemeinschaftlichen Eigentums hinausgehen, ebenso wie Erhaltungsmaßnahmen mit einfacher Mehrheit beschlossen oder einem Wohnungseigentümer gestattet werden können. Eine Differenzierung danach, ob es sich bei den jeweiligen Maßnahmen um solche der ordnungsmäßigen Verwaltung, insbesondere der Erhaltung in Form von Instandhaltung und Instandsetzung (→ *Ordnungsmäßige Verwaltung* Rn. 1 ff., 50 ff.), modernisierende Instandsetzungen (→ *Modernisierende Instandsetzung* Rn. 1 ff, 19), Modernisierungen (→ *Modernisierung* Rn. 1 ff., 43) oder sonstige bauliche Veränderungen (→ *Bauliche Veränderungen* Rn. 1 ff.) handelt, ist daher lediglich im Rahmen der jeweiligen Kostentragungspflicht bzw. ggf. bei der Frage, ob ein Anspruch auf Vornahme der baulichen Veränderung besteht, erforderlich.

11 **1. Bauliche Veränderungen durch modernisierende Instandsetzung.** Der Austausch von Holzfenstern durch moderne Fenster mit Isolierverglasung stellt eine **modernisierende Instandsetzung** dar.[13] Gleiches gilt, wenn einfach verglaste Fenster durch Thermofenster ersetzt werden.[14] Keine modernisierende Instandsetzung

---

9 BayObLG 31.3.2004 – 2Z BR 241/03, BeckRS 2004, 5056; Jennißen/*Hogenschurz* WEG § 22 Rn. 95.

10 BGH 25.9.2015 – V ZR 246/14, ZWE 2016, 136; Bärmann/*Merle* WEG § 21 Rn. 23.

11 BGH 14.6.2019 – V ZR 254/17, ZWE 2019, 488.

12 Eingehend hierzu *Gsell* ZWE 2019, 488 (490); *Greiner* ZWE 2020, 2.

13 *Bub* ZWE 2008, 205 (209); BayObLG 25. 5. 1998–2Z BR 22–98, NZM 1999, 34.

14 Bärmann/*Merle* WEG § 22 Rn. 55; aA OLG Köln 30.7.1980 – 16 Wx 67/80, NJW 1981, 585.

liegt hingegen dann vor, wenn der Austausch von Fenstern im Rahmen der ordnungsgemäßen Instandhaltung nicht erforderlich war.[15] Im Hinblick auf bauliche Maßnahmen, die eine modernisierende Instandsetzung darstellen, ist bereits fraglich, ob diese dem Begriff der baulichen Veränderung des § 20 WEG unterfallen. So waren bauliche Maßnahmen, die eine zwischenzeitlich eingetretene technische Entwicklung berücksichtigen, nach bislang hM zu § 22 Abs. 3 WEG aF dem Begriff der Erhaltungsmaßnahmen zuzuordnen.[16] Auch nach der Gesetzesbegründung zum **WEMoG** soll § 20 WEG die Zulässigkeit baulicher Veränderungen des gemeinschaftlichen Eigentums regeln und damit an die Stelle des § 22 Abs. 1 und 2 WEG aF treten.[17] Jedoch lässt die im Zusammenhang mit § 21 Abs. 2 S. 1 Nr. 2 WEG stehende Formulierung in der Gesetzesbegründung *„Eine modernisierende Instandsetzung kann – wie jede bauliche Veränderung – mit einfacher Mehrheit beschlossen werden"* Zweifel an der bisherigen Einordnung von modernisierenden Instandsetzungsmaßnahmen aufkommen.[18] Richtigerweise ist hierin ein **Redaktionsversehen** zu sehen, da eine Abweichung von der grundsätzlich für Erhaltungsmaßnahmen geltenden Kostentragungspflicht nach § 16 Abs. 2 S. 1 WEG nicht sachgerecht wäre, wenn diese gleichzeitig auch ein gewisses Maß an Modernisierung mit sich bringen. Darüber hinaus ist zu berücksichtigen, dass jeder Wohnungseigentümer nach § 18 Abs. 2 Nr. 1 WEG einen Anspruch auf ordnungsgemäße Verwaltung hat. Soweit Reparaturmaßnahmen erforderlich werden und in diesem Zusammenhang mit relativ geringfügigen Aufwendungen eine Anpassung an den technischen Fortschritt erreicht werden kann, widerspräche es dem Wirtschaftlichkeitsgebot den Modernisierungsanteil nicht mit umzusetzen.[19] Es spricht daher vieles dafür, Maßnahmen der modernisierenden Instandsetzung weiterhin den Erhaltungsmaßnahmen zuzuordnen, so dass die Kosten von den Wohnungseigentümern gem. § 16 Abs. 2 S. 1 WEG nach dem Verhältnis ihrer Anteile zu tragen sind.

2. Anspruch auf Modernisierungsmaßnahmen. Auch ohne bestehenden Reparaturbedarf können die Wohnungseigentümer die Erneuerung von Fenstern als Modernisierungsmaßnahme gem. § 20 Abs. 1 WEG nunmehr **mit einfacher Mehrheit** beschließen. | 12

Im Rahmen der Durchführung von Modernisierungsmaßnahmen bleibt abzuwarten, ob und in welchem Umfang ein Anspruch des Wohnungseigentümers in entsprechender Anwendung des § 20 Abs. 2 WEG anzunehmen ist. So könnten insbesondere Modernisierungsmaßnahmen nach § 555 b BGB unter Klimaschutzgesichtspunkten eine Gleichbehandlung mit den unter § 20 Abs. 2 WEG geregelten privilegierten baulichen Veränderungen rechtfertigen.[20]

3. Grenzen baulicher Veränderungen. Bauliche Veränderungen iSv § 20 Abs. 1 WEG sind in der Regel der Einbau, die Vergrößerung und Veränderung von Fenstern[21] sowie der Umbau eines Fensters zur Terrassentür.[22] Das Anbringen von Fenstergittern stellt regelmäßig eine bauliche Veränderung dar.[23] | 13

Die **Grenzen** baulicher Veränderungen werden nunmehr durch § 20 Abs. 4 WEG definiert. Danach dürfen bauliche Veränderungen, die die Wohnanlage **grundlegend umgestalten** oder einen anderen Wohnungseigentümer ohne sein Einverständnis gegenüber anderen **unbillig benachteiligen**, weder beschlossen noch gestattet noch verlangt werden. Ob eine Wohnanlage durch eine bauliche Veränderung grundlegend umgestaltet oder andere Wohnungseigentümer gegenüber anderen unbillig benachteiligt werden, ist im **Einzelfall** zu ermitteln. Allein der Umstand, dass der Einbau/Umbau/Austausch von Fenstern Eingriffe in die Bausubstanz erforderlich macht, reicht nicht aus, um einen Nachteil iSv § 20 Abs. 4 WEG anzunehmen, da sonst jede bauliche Veränderung, die Mauer- und Deckenbrüche erfordert, zwangsläufig alle anderen Wohnungseigentümer über das in § 20 Abs. 4 WEG bestimmte Maß beeinträchtigen würde. Zu fordern ist vielmehr, dass der Eingriff in die bauliche Substanz oder Statik des Gebäudes von einiger **Erheblichkeit** ist, bspw. wenn die Umgestaltung um- | 14

---

15 LG Saarbrücken 28.3.2013 – 5 S 182/12, ZWE 2013, 421.

16 KG 21.12.1988 – 24 W 5369/88, NJW-RR 1989, 463.

17 BT-Drs. 168/20, 66.

18 BT-Drs. 168/20, 76.

19 *Hügel/Elzer* WEG § 20 Rn. 21 f., § 18 Rn. 78.

20 *Hügel/Elzer* WEG § 20 Rn. 103.

21 OLG Düsseldorf 6.12.2000 – 3 Wx 400/00, ZWE 2001, 116; OLG Köln 20.5.1998 – 16 Wx 80–98, NZM 1999, 263; OLG Düsseldorf 14.6.1993 – 3 Wx 129/92, NJW-RR 1994, 277.

22 OLG Düsseldorf 2.11.1998 – 3 Wx 364–98, NZM 1999, 264.

23 OLG Zweibrücken 2.2.2000 – 3 W 12/00, ZWE 2000, 283; KG 17.7.2000 – 24 W 8114/99 und 2406/00, ZWE 2000, 534.

fangreiche Sicherungs- und Ausgleichsmaßnahmen erforderlich macht, um Gefahren für die Standsicherheit des Gebäudes zu vermeiden.[24]

15 **Nachteilige Beeinträchtigungen** im vorgenannten Sinne können beim Einbau eines Dreh-Kipp-Fensters anstelle eine Kippfensters vorliegen, wenn das Fenster nunmehr so zu öffnen ist, dass Wohnungen/Terrassen anderer Wohnungseigentümer einzusehen sind,[25] bei einer Änderung der Rahmenfarbe,[26] bei einer Änderung der Rahmenfluchten,[27] beim Auswechseln von Glasbausteinen durch Fenster,[28] bei einer Anbringung von Fenstergittern, wenn die Installation eines Fenstergitters die Einbruchsgefahr für andere Wohnungen erhöht,[29] aufgrund einer idR erhöhten Wartungs- und Reparaturanfälligkeit ebenfalls beim Einbau von Dachflächenfenstern (Velux-Fenster).[30]

82. Fernsprechteilnehmereinrichtung

Maximilian A. Müller

I. Einführung

1 § 21 Abs. 5 Nr. 6 WEG aF gewährte jedem Eigentümer einen Anspruch auf Herstellung einer Fernsprechteilnehmereinrichtung im Sinne eines Anschlusses an das das öffentliche Telekommunikationsnetz. Die WEG-Reform sieht einen entsprechenden ausdrücklich normierten Anspruch hingegen nicht mehr vor, allerdings soll hiermit keine inhaltliche Änderung verbunden sein. Der Anspruch ergebe sich daher – so die Gesetzesbegründung – aus § 18 Abs. 2 WEG. Naheliegend erscheint indes, § 20 Abs. 2 WEG analog anzuwenden.

II. Inhalt des Anspruches

2 Der Anschluss einer einzelnen Wohnung an einen im Objekt bestehenden **Telekommunikationsanschluss**, wird regelmäßig mit nicht unerheblichen baulichen Maßnahmen verbunden sein. In aller Regel wird die Immobilie mit den erforderlichen technischen Voraussetzungen ausgestattet, die es allen Bewohnern ermöglicht, am öffentlichen Telekommunikationsnetz teilzunehmen. Die hierfür erforderlichen Leitungen werden vom Anbieter bis zum Hausanschluss zur Verfügung gestellt. Ab dem Hausanschlusspunkt ist es indes Sache der Eigentümer, das dort eingehende Signal auch an die einzelnen Wohnungen weiterzuleiten.

3 Notwendig hierfür wird es regelmäßig sein, die hierfür erforderlichen Leitungen durch das Gemeinschaftseigentum hindurch in die einzelnen Wohnungen zu verlegen. Die hiermit einhergehenden **baulichen Maßnahmen** werden grundsätzlich § 20 WEG (→ *Bauliche Veränderungen* Rn. 1) unterfallen. Soweit § 20 Abs. 1 WEG die Durchführung baulicher Veränderungen mit einfacher Mehrheit ermöglicht, hilft dies dem einzelnen Eigentümer bei entsprechenden Mehrheitsverhältnissen nicht zwingend weiter. Allerdings gewährt § 20 Abs. 2 WEG dem einzelnen Eigentümer einen echten Anspruch auf gewisse bauliche Veränderungen, soweit diese gewisse Grundversorgungen der Eigentumseinheit sicherstellen.

4 Eine Fernsprechteilnehmereinrichtung – ebenso wie eine Rundfunkempfangsanlage (→ *Rundfunkempfangsanlage* Rn. 1), sowie ein Energieversorgungsanschluss (→ *Energieversorgungsanschluss* Rn. 1) ist für die Nut-

---

24 Bärmann/*Merle* WEG § 22 Rn. 55; OLG Düsseldorf 14.6.1993 – 3 Wx 129/92, NJW-RR 1994, 277; BayObLG 29.10.1991 – BReg. 2 Z 130/91, NJW-RR 1992, 272.
25 OLG Köln 20.5.1998 – 16 Wx 80–98, NZM 1999, 263.
26 OLG Düsseldorf 23.5.2007 – I-3 Wx 21/07, NZM 2007, 528.
27 OLG Köln 3.7.2008 – 16 Wx 51/08, MDR 2009, 136.
28 BayObLG 11.3.1998 – 2Z BR 3/98, NZM 1998, 339.
29 OLG Zweibrücken 2.2.2000 – 3 W 12/00, ZWE 2000, 283.
30 OLG Düsseldorf 6.12.2000 – 3 Wx 400/00, ZWE 2001, 116.

zung einer Eigentumswohnung unabdingbar. Der Empfang von Rundfunksignalen, die Versorgung mit Strom und die Nutzung des Telekommunikationsnetzes gehören zu den auch grundgesetzlich geschützten **Grundbedürfnissen**.

Der Anspruch beschränkt sich ausschließlich auf den Anschluss einer einzelnen Wohnung an einen bereits bestehenden **Hausanschluss**. Sobald in Frage steht, ob weitere zusätzliche Anschlüsse an die öffentlichen Netze vorgenommen werden sollen, ist nicht mehr die Grundversorgung der Eigentumseinheit betroffen. Daher besteht grundsätzlich auch kein Anspruch darauf, dass ein zusätzlicher Hausgasanschluss geschaffen wird.[1] Auch kann der Eigentümer grundsätzlich nicht verlangen, dass innerhalb seiner Wohnung mehrere Anschlüsse bestehen, erfasst ist nur der grundsätzliche Anschluss an das gemeinschaftliche hausinterne Versorgungsnetz. 5

Ebenfalls besteht kein Recht des einzelnen Eigentümers, einen eigenen Anschluss an öffentliche Netze vorzunehmen. Der einzelne Eigentümer ist vielmehr darauf zu verweisen, die von der Gemeinschaft der Wohnungseigentümer zur Verfügung gestellten Anschlussmöglichkeiten zu nutzen. Daher kann der einzelne Eigentümer auch nicht verlangen, dass ihm die Aufstellung von eigenen Empfangsgeräten oder Einrichtungen gewährt wird, die ihm eine eigenständigen – von den Empfangsmöglichkeiten der Gemeinschaft der Wohnungseigentümer losgelösten – Versorgung ermöglicht. Dies betrifft insbesondere auch das Aufstellen einer **Parabolantenne**. 6

Der **Anwendungsbereich** der früheren Vorschrift war daher gering. Denn in aller Regel werden Wohnungen bereits vom Bauträger mit einer Fernsprechteilnehmereinrichtung ausgestattet, so dass dem Erfordernis eines bestehenden Anschlusses bereits Genüge getan wird. Durch den Wegfall der ausdrücklichen Normierung hat der Gesetzgeber der geringen Bedeutung Rechnung getragen. Eine praktische Relevant ergibt sich dort, wo Eigentumseinheiten noch nicht baulich abgeschlossen sind oder dem einzelnen Eigentümer ein **Ausbaurecht** vorbehalten ist. Betroffen von entsprechenden Regelungen sind meist noch nicht ausgebauten Einheiten im Dachgeschoss (sog. „**Dachgeschossrohlinge**"), welche nach den Landesbauordnungen häufig zu Wohnzwecken ausgebaut werden können. Sofern nach der Teilungserklärung keine besonderen Gebrauchsregelungen entgegenstehen oder entsprechende Rechte sogar in der Teilungserklärung positiv geregelt sind, können die Eigentümer der Dachgeschossrohlinge diese umbauen und können sich hierbei zum Anschluss der Versorgungsanschlüsse auf §§ 18, 20 Abs. 2 WEG (früher § 21 Abs. 5 Nr. 6 aF WEG) berufen. 7

Die übrigen Eigentümer haben sämtliche Maßnahmen zu **dulden**, die für den vorgesehenen Anschluss erforderlich sind. Dies bedeutet indes nicht, dass der einzelnen Eigentümer völlig freie Hand bei der Umsetzung des zu schaffenden Anschlusses hat. Insbesondere ist der Anspruch insoweit beschränkt, als die übrigen Eigentümer nur das zu dulden haben, was auch tatsächlich „**erforderlich**" ist. Maßgeblich ist hierbei die Herstellung eines **Mindeststandards**. Auf besondere Ausführungsarten besteht hingegen kein Anspruch. Sofern mehrere Umsetzungsmöglichkeiten bestehen, obliegt die konkrete Ausgestaltung der Eigentümergemeinschaft. 8

III. Umsetzung des Anspruches durch den einzelnen Eigentümer

Die Gesetzesbegründung leitet den Anspruch des einzelnen Eigentümers aus § 18 Abs. 2 WEG her und geht daher davon aus, dass es sich hierbei um eine **Verwaltungsmaßnahme** handelt, die der einzelne Eigentümer letztlich von der Gemeinschaft der Wohnungseigentümer verlangen kann. 9

Ist diese Herleitung zutreffend, so obliegt die Umsetzung des erforderlichen Anschlusses der Gemeinschaft der Wohnungseigentümer. Die **Kosten** sind sodann auch – vorbehaltlich eines abweichenden Beschlusses gem. § 16 Abs. 2 WEG – von allen Eigentümern gemeinschaftlich zu tragen.

Allerdings ist fraglich, ob dies in dieser Form zutreffend ist, denn der erforderliche Anschluss wird regelmäßig nicht ohne **bauliche Veränderung** geschaffen werden können. Leitet man den Anspruch aus § 20 Abs. 2 WEG her, so wären die Kosten der baulichen Veränderung ausschließlich vom Eigentümer selbst zu tragen – er hätte dann aber auch allein das Nutzungsrecht.

Die Umsetzung der beschlossenen Maßnahmen folgt den allgemeinen Regeln, der Verwalter ist gem. § 9 b WEG zur Vergabe sämtlicher Arbeiten bevollmächtigt. Schon nach altem Recht war gem. § 27 Abs. 1 Nr. 8 10

---

1 BayObLG 12.11.1992 – 2 Z BR 96/92, BeckRS 1992, 1030 für einen zusätzlichen Hausgasanschluss.

WEG aF der **Verwalter** gegenüber den Eigentümern sowie der Gemeinschaft der Wohnungseigentümer dazu berechtigt und verpflichtet, die erforderlichen Arbeiten in Auftrag zu geben und alle hierfür erforderlichen Erklärungen abzugeben. Für das Außenverhältnis gewährte § 27 Abs. 3 Nr. 4 WEG aF dem Verwalter die erforderliche Bevollmächtigung. Es bestand weitestgehend Einigkeit, dass der Verwalter letztlich auch sämtliche **Verträge** schließen kann, die für die erforderlicher Maßnahmen erforderlich sind.[2] Aufgrund dieser gesetzlichen Kompetenzzuweisung an den Verwalter war eine vorherige **Beschlussfassung** der Eigentümer überwiegend als nicht erforderlich angesehen worden.[3] Dies bedeutet, dass im Anwendungsbereich des früheren § 21 Abs. 5 Nr. 6 WEG aF Verträge auch ohne vorherige Beschlussfassung als wirksam anzusehen sind und daher heute die Gemeinschaft der Eigentümer bindet und hieraus folgende Zahlungsverpflichtungen zum Gemeinschaftsvermögen gehören.

Freilich sagt dies noch nichts darüber aus, ob der Verwalter auch im **Innenverhältnis** dazu berechtigt ist, die Umsetzung selbst zu organisieren. Dies mag allenfalls dann der Fall sein, wenn dies durch untergeordnete Maßnahmen möglich ist. Sobald – wie regelmäßig – mit der Umsetzung der baulichen Maßnahmen eine nicht unerhebliche Substanzverletzung einhergeht, wird man dies wohl verneinen müssen. Der Verwalter ist daher gut beraten, in diesen Fällen nur nach Beschlussfassung oder Weisung der Eigentümer zu agieren.

11 Die übrigen Eigentümer müssen hierbei die mit den baulichen Maßnahmen verbundenen Eingriffe hinnehmen und **dulden**. Dies gilt auch dann, wenn hiermit Beeinträchtigungen verbunden sind, jedenfalls solange es keine weniger beeinträchtigende Möglichkeit gibt, den erforderlichen (Standard-)Anschluss herzustellen. Die Duldung der erforderlichen Maßnahmen ergibt sich bereits aus der gesetzlichen Regelung. Es ist daher nicht erforderlich, dass diese erst gerichtlich geltend gemacht werden muss.

12 Auch hiermit verbundene Eingriffe in das **Sondereigentum** sind im Ergebnis in das Sondereigentum hinzunehmen. Begründet wird dies mit dem wechselseitigen Treueverhältnis zwischen den Eigentümern.[4] Dies ist auch richtig: Wenn der Anschluss an die Versorgungseinrichtung unabdingbare Voraussetzung für eine Nutzung der Eigentumseinheiten ist, dann gebietet es das durch das Miteigentum geschaffene Sonderverhältnis es auch, den Anschluss den übrigen Eigentümern zu ermöglichen. Zudem würde anderenfalls die Intention des dem Eigentümer gewährten Anspruches praktisch leerlaufen.

IV. Pflicht zum Schadensausgleich, Inhaber des Anspruchs

13 § 21 Abs. 6 WEG aF sah vor, dass sämtliche **Schäden** auszugleichen sind, die durch die ausgeführte Maßnahme entstehen. Der Schadensersatzanspruch war **verschuldensunabhängig** und erfasste nach Sinn und Zweck sämtliche finanzielle Belastungen und Nachteile, die gerade kausal auf die baulichen Maßnahmen zurückzuführen sind.[5]

14 § 21 Abs. 6 WEG aF hat in der neuen gesetzlichen Regelung keine Entsprechung gefunden. Es gelten daher die allgemeinen Regeln. Eine verschuldensunabhängige Schadensersatzpflicht gibt es daher in der bisherigen Form nicht mehr. Sofern im Zuge der Ausführung der Arbeiten Schäden am Gemeinschaftseigentum oder am Sondereigentum anderer Eigentümer auftreten, folgt eine etwaige Schadensersatzhaftung daher **allgemeinen Regeln**. Sofern die Arbeiten – wie regelmäßig – über den Verwalter von der Gemeinschaft der Wohnungseigentümer ausgeführt werden, wird in der Regel allerdings ein Ausgleichsanspruch gem. § 14 Abs. 3 WEG entstehen, der jedoch nicht auf Schadensersatz, sondern auf einen angemessenen Ausgleich gerichtet ist.[6]

15 Die mit der Ausführung der Arbeiten für die Eigentümergemeinschaft entstehenden Kosten, hat die Gemeinschaft der Wohnungseigentümer zunächst als Vertragspartner gegenüber den Dritten auszugleichen. Hierzu gehört auch ein gegebenenfalls an den Verwalter zu zahlendes **Sonderhonorar**. Die hierauf zurückzuführenden Ansprüche stehen im **Gemeinschaftsvermögen** (→ *Gemeinschaftsvermögen* Rn. 8 ff.). Intern hat die Kosten gem. § 21 Abs. 1 WEG derjenige Eigentümer zu tragen, der den Anschluss angefordert hat (jedenfalls sofern man – wie hier vertreten – den Anspruch aus § 20 Abs. 2 WEG herleitet).

---

2 Hierzu mit ausführlicher Begründung *Elzer* NZM 2014, 394.
3 Bärmann/*Merle* WEG § 21 Rn. 166 b; *Elzer* NZM 2014, 394.
4 ZB BeckOK WEG/*Elzer* 42. Edition WEG § 21 Rn. 361.
5 LG Würzburg 31.7.1985 – 3 T 1952/84, NJW 1986, 66.
6 So zum alten Recht auch BeckOGK/*Karkmann* WEG § 21 Rn. 122.

Maximilian A. Müller

V. Verfahrenshinweise

Nach altem Recht richteten sich die Ansprüche des einzelnen Eigentümers unmittelbar gegen den Verwalter, da dieser zur Umsetzung des Anspruches berechtigt und verpflichtet war. Nach der WEG-Reform wird der Anspruch aus § 18 Abs. 2 WEG oder § 20 Abs. 2 WEG hergeleitet. In beiden Fällen muss der Eigentümer zur Durchsetzung zunächst einen **Beschluss** der Eigentümer herbeiführen und – sofern dieser nicht zustande kommt – Beschlussersetzungsklage gem. § 44 Abs. 1 S. 2 WEG einreichen. 16

Die früher bestehende Problematik, wie Ansprüche auf Duldung gegen andere Sondereigentümer durchzusetzen sind, dürften sich durch die Neufassung erledigt haben. Denn die Ansprüche richten sich letztlich stets gegen die Eigentümergemeinschaft. Diese wiederum müsste dann im Zuge der Umsetzung gegebenenfalls ihrerseits die ihr zustehenden Duldungsansprüche gegen einzelne Sondereigentümer durchsetzen, sofern Maßnahmen in einem fremden **Sondereigentum** erforderlich sind. Duldungsansprüche gegen Nutzer, die nicht zugleich Eigentümer sind, ergeben sich aus § 15 WEG. 17

83. Fernwärme

Fraatz-Rosenfeld

I. Einführung

Fernwärme (oder auch Fernheizung) bezeichnet die Versorgung mit Raumwärme und Warmwasser durch eine zentrale Wärmeerzeugungsanlage – vielfach als Blockheizkraftwerk oder im Zusammenhang mit einer Müllverbrennungsanlage betrieben – und mit fossilen Brennstoffen, Biomasse oder Müll befeuert. Die Wärme wird in Form von erhitztem Wasser durch isolierte Leitungen transportiert und über diese dem jeweiligen Gebäude zugeführt. Im Gebäude befindet sich eine Übergabestation, in der das durch die Fernwärmeleitung herangeführte Wasser wiederum den Wasserkreislauf der Gebäudeheizungsanlage mit Wärme versorgt. Nicht hierher gehören Fälle der Lieferung von „Nahwärme in Anlagen, in denen „Wohnung und Heizungsanlage eine natürliche Wirtschaftseinheit" bilden.[1] 1

II. Fernwärmeversorgung und Wohnungseigentumsanlage

1. Kommunale Satzungen und Versorgungsbedingungen für Fernwärme. Grundlage für die Wärmelieferung ist entweder eine gemeindliche Satzung oder ein privatrechtlicher Vertrag mit dem Versorgungsunternehmen. Rechtliche Eckpunkte eines privatrechtlichen Vertrages sind die Allgemeinen Bedingungen für die Versorgung mit Fernwärme,[2] die ihrerseits gem. § 35 dieser Verordnung entsprechend in Regelungen über die öffentlich-rechtlich organisierte Versorgung aufgenommen werden müssen. Ein Anschluss- und Benutzungszwang kann nach den Gemeindeordnungen der Bundesländer angeordnet werden.[3] Bedient sich die Gemeinde eines privatrechtlich organisierten Trägers, ist zwingende Voraussetzung, dass die Leistungen „wie durch die Gemeinde selbst betrieben" zur Verfügung gestellt werden.[4] Gem. § 310 Abs. 2 BGB und AVB Fernwärme kann ein Fernwärmeversorgungsvertrag über die Beschränkung der Vertragsdauer durch § 309 Nr. 9 lit. a BGB hinaus über eine Laufzeit von über zehn Jahren vereinbart werden. Voraussetzung dafür ist allerdings, dass der 2

---

1 LG Hamburg 5.4.1984 – 2 S 353/83, NJW 1984, 1562.
2 **AVB Fernwärme**, Verordnung aufgrund § 27 des Gesetzes zur Regelung der Allgemeinen Geschäftsbedingungen v. 9.12.1976, BGBl. I 3317.
3 § 11 GemO BW, § 24 Abs. 1 Nr. 2 BayGemO, § 15 BbgGemO, § 21 VerfBrhv, § 19 HGO, § 15 KV M-V/GemO, § 13 NKomVG, § 9 GO NRW, § 26 GemO RhlPf, § 22 KSVG/Teil A/GemO Saarl, § 14 SächsGemO, § 11 KVG LSA, § 17 SchlH GO, § 20 Abs. 2 Nr. 2 ThürKO.
4 OVG Münster 13.3.2018 – 15 A 971/17, NVwZ-RR 2018, 583.

Vertragspartner die Fernwärme nicht nur liefert, sondern auch selbst herstellt.[5] Nach § 1 Abs. 4 AVB Fernwärme sind die Versorgungsbedingungen und die Preisangaben öffentlich bekannt zu geben, was nicht zwingend auf einer Homepage im Internet geschehen muss.[6] Ein privatrechtlicher Vertrag zwischen einem Fernwärmeversorgungsunternehmen und einem Mieter, der aufgrund mietvertraglicher Verpflichtung die Kosten unmittelbar mit dem Leistungserbringer abzurechnen hat, kann durch Inanspruchnahme der Leistung konkludent zustande kommen.[7]

3 **2. Einbindung der Fernwärmeversorgung.** Die Regelungen der AVB Fernwärme enthalten für die Anschlussnehmer einige **Verpflichtungen.** Hierzu gehört die Zurverfügungstellung des Grundstücks für die Herstellung des Anschlusses (§ 8 AVB Fernwärme), das Bereithalten eines geeigneten Raums (§ 11 AVB Fernwärme), der ordnungsgemäße Betrieb der Heizungsanlage hinter der Übergabestation unter Beachtung einschlägiger technischer Regelwerke (§ 12 Abs. 1, 2 AVB Fernwärme), das Verbot von störenden Rückwirkungen auf das Netz (§ 15 AVB Fernwärme) und die Berechtigung des Fernwärmeversorgers, auch die Kundenanlage hinter der Übergabestation zu überprüfen (§ 14 AVB Fernwärme). Der Hausanschluss steht im Eigentum des Fernwärmeversorgungsunternehmens (§ 10 AVB Fernwärme).

4 Nach überwiegender Auffassung steht die hinter dem Hausanschluss beginnende (Fern-)Heizungsanlage im **Gemeinschaftseigentum** (→ *Heizung* Rn. 3);[8] daher muss grundsätzlich auch der Raum, in dem sich die Anlage befindet, im Gemeinschaftseigentum stehen.[9] Etwas anderes kann nur dann gelten, wenn die Fernwärmeübergabestation ausschließlich in einem Sondereigentum liegt und nur diesem dient.[10] Für Fernwärmeanlagen, die von einem Gebäude aus weitere Gebäude einer Mehrhausanlage oder andere Gebäude versorgen, ist davon auszugehen, dass sich der Anlagenraum (Wärmeerzeugungsanlage eines gemeinschaftlichen Blockheizkraftwerks, Übergabestation für mehrere Gebäude auch außerhalb der Wohnungseigentumsanlage) im Sondereigentum befindet.[11] Räumt eine Teilungserklärung einem Eigentümer die Befugnis ein, eine neue Heizungsanlage anzuschließen, ist der Begriff „Heizungsanlage" so auszulegen, dass damit auch der Anschluss an ein Fernwärmenetz seines Teileigentums (Druckerei) und Verlegung der dazu notwendigen Rohrleitungen zulässig ist.[12]

5 Die **Umstellung** einer Heizungsanlage von einer ölgefeuerten Zentralheizungsanlage **auf Fernwärme** soll kein Fall modernisierender Instandsetzung sein (jetzt: § 19 Abs. 2 Nr. 2 bzw. § 20 Abs. 1 iVm § 21 Abs. 2 Nr. 2 WEG).[13] Anders, wenn eine abgängige Ölheizungsanlage durch eine bei langfristiger Betrachtung wirtschaftlichere und umweltverträglichere Fernheizung ersetzt werden soll, (→ *Modernisierende Instandsetzung* Rn. 13). die zudem praktische Vorteile durch eine Vereinheitlichung der Abrechnung mit sich bringt.[14]

6 Der Abschluss eines Fernwärmeversorgungsvertrages geht über die laufende Erhaltung (Instandhaltung und Instandsetzung) des § 27 Abs. 1 Nr. 2 WEG hinaus, damit über die Kompetenzen des Verwalters, so dass hierüber von den Eigentümern zu entscheiden ist.[15]

7 Die Nutzung von Fernwärme bedeutet neben der langfristigen Bindung an ein Fernwärmeversorgungsunternehmen auch die entsprechend lange Zurverfügungstellung eines Raums in dem zu versorgenden Gebäude zur

---

5 LG Landshut 28.7.2017 – 54 O 354/17, ZfIR 2017, 749 = LSK 2017, 118956.
6 OLG Hamm 18.5.2017 – 4 U 150/16, BeckRS 2017, 116330.
7 BGH 25.11.2009 – VIII ZR 235/08, NJW-RR 2010, 516, OLG Saarbrücken 13.11.2014 – 4 U 147/13, BeckRS 2014, 22910.
8 Einzelheiten, auch zur Differenzierung, bei Jennißen/*Griwotz* WEG § 5 Rn. 30, Bärmann/*Armbrüster* WEG § 5 Rn. 45.
9 BGH 2.2.1979 – V ZR 14/77, MDR 1979, 656.
10 OLG Köln 13.3.2006 – 16 Wx 10/06, BeckRS 2006, 05620; BayObLG 24.2.2000 – 2Z BR 155/99, ZWE 2000, 213.
11 BGH 18.10.1974 – V ZR 120/73, NJW 1975, 688; offengelassen von BGH 17.1.2019 – V ZB 81/18, ZWE 2019, 364.
12 OLG Köln 13.3.2006 – 16 Wx 10/06, BeckRS 2006, 05620.
13 OLG Düsseldorf 8.10.1997 – 3 Wx 352/ 97, ZMR 1998, 185; Bärmann/*Merle* WEG § 22 Rn. 125; Jennißen/*Heinemann* WEG § 22 Rn. 71.
14 OLG Hamburg 21.7.2005 – 2 Wx 18/04, ZWE 2006, 93. LG Nürnberg-Fürth 28.7.2010 – 14 S 438/10 WEG, ZWE 2010, 466: langfristiger Vorteil von 60.000 EUR für die folgenden 40 Jahre.
15 KG 31.3.2009 – 24 W 183/07, MietRB 2009, 326; KG 7.7.2010 – 24 W 25/09, ZMR 2010, 974; BGH 7.3.2007 – VIII ZR 125/06, NJW 2007, 2987 Rn. 13: offengelassen; Jennißen/*Heinemann* WEG § 27 Rn. 29.

Einrichtung der Übergabestation (§ 11 AVB Fernwärme). Soll zur Sicherung dieser räumlichen Unterbringung der Übergabestation eine **Grunddienstbarkeit** zugunsten der sie beherbergenden Teileigentumseinheit oder zugunsten der Gemeinschaft der Wohnungseigentümer geschaffen werden, so bedarf es – mangels Fortbestehens des in Wohneigentum aufgeteilten Grundstücks als Ganzem – grundsätzlich der Belastung aller gebildeten, dienenden Wohnungs- bzw. Teileigentume.[16] Selbst wenn aus diesen Eintragungen nicht unmittelbar die Belastung des ganzen Grundstücks erkennbar ist, kann dies im Wege der Auslegung hergeleitet werden.[17] Dabei bedarf es keiner Eintragung der Dienstbarkeit in das Wohnungs- oder Teileigentumsgrundbuch des herrschenden Grundbuchs.[18] Wird eine Fernwärmleitung funktionslos, besteht ein Anspruch auf Beseitigung und auf Ersatz der Beseitigungskosten.[19]

84. Flächen

Ruge

I. Einführung

Die Fläche ist eine zweidimensionale geometrische Figur, Raum (→ *Raum* Rn. 5) hingegen eine dreidimensionale. Der Begriff „Fläche" kommt im Wohnungseigentumsgesetz so gut wie nicht vor; bis zum Inkrafttreten des WEMoG war er immerhin in § 3 Abs. 2 S. 2 WEG aF enthalten. Diese Vorschrift gehörte jedoch nicht zum ursprünglichen Normenbestand des Gesetzes (→ Rn. 7). Hingegen kommt der Begriff „Räume" bereits in den ersten neun Paragrafen mehr als zehn Mal vor. Schon dieser erste Blick auf die Oberfläche der normativen Struktur belegt, dass im Wohnungseigentumsgesetz der Raum deutlich im Vordergrund steht. Daran ändert auch die Erwähnung des Grundstücks in § 1 Abs. 5 WEG nichts. Das Grundstück ist eine Fläche und kein Raum.

II. Einzelheiten

1. Normative Konzeption. Ein genauerer Blick auf die normative Konzeption bestätigt den ersten Befund. § 1 Abs. 1 WEG bestimmt als Grundnorm, dass an Wohnungen das Wohnungseigentum und an nicht zu Wohnzwecken dienenden Räumen eines Gebäudes das Teileigentum begründet werden kann. In beiden Fällen geht es um Räume in einem Gebäude, wobei beim Wohnungseigentum die Räume eben eine Wohnung sind. Der BGH spricht insoweit von dem das Wohnungseigentum typischerweise kennzeichnenden Sondereigentum an Räumen.[1] Deswegen wird als gemeinsamer Oberbegriff von Wohnungseigentum und Teileigentum das **Raumeigentum** vorgeschlagen.[2] § 1 Abs. 2 und 3 WEG greifen diesen Grundgedanken auf und ordnen an, dass das Raumeigentum stets mit einem Miteigentumsanteil am gemeinschaftlichen Eigentum verbunden ist.

Weiter ausgeformt wird die rechtliche Konstruktion dann in § 3 Abs. 1 WEG und in der Parallelnorm § 8 Abs. 1 WEG. Beide betreffen die Begründung von Wohnungseigentum.[3] Sie erfolgt entweder durch Vertrag oder Erklärung. Dabei kommt es darauf an, dass Eigentum an einer bestimmten Wohnung oder an nicht zu Wohnzwecken dienenden bestimmten Räumen in einem auf dem Grundstück errichteten oder zu errichtenden

2

3

---

16 *Elzer* MietRB 2019, 187.
17 BGH 17.1.2019 – V ZB 81/18, ZWE 2019, 364.
18 BGH 17.1.2019 – V ZB 81/18, ZWE 2019, 364; *Grziwotz* MietRB 2019, 139.
19 BGH 24.1.2003 – V ZR 175/02, NJW-RR 2003, 953.
 1 BGH 24.2.1994 – V ZB 43/93, NJW 1994, 2950.
 2 Vgl. BGH 17.1.1968 – V ZB 9/67, BGHZ 49, 250; *Hurst* AcP 181 (1981), 169 ff.; s. auch Weitnauer/*Briesemeister* WEG § 1 Rn. 2.
 3 S. dazu auch *Ruge*, Wohnungseigentum an Bestandsimmobilien, 2009.

Gebäude eingeräumt wird (**Sondereigentum**, § 3 Abs. 1 S. 1 WEG) . Auch hier zeigt sich wieder die Ausrichtung des Gesetzes am Raum.

4 Schließlich ordnet § 5 Abs. 1 WEG noch an, dass die gem. § 3 Abs. 1 WEG bestimmten Räume sowie zu diesen Räumen gehörende gewisse **Bestandteile** des Gebäudes Gegenstand des Sondereigentums sind. Diese Anordnung gilt für die Aufteilung nach § 8 WEG entsprechend (§ 8 Abs. 2 WEG). Sondereigentum ist demnach jedenfalls im Grundsatz immer das Eigentum an einem Raum bzw. an Räumen, daneben eventuell auch noch das Eigentum an Bestandteilen des Raumes.

5 **2. Motive des Gesetzgebers.** Das Wohnungseigentumsgesetz ist ein „Kind der Nachkriegszeit". Erarbeitet wurde es zu einer Zeit, als große Teile der deutschen Städte noch immer in erheblichem Umfang zerstört und von den Kriegsfolgen betroffen waren. Der Gesetzgeber betrachtete deshalb die Förderung des Wohnungsbaus als eine vordringliche Aufgabe der Zeit.[4] Die Instrumente, die das bürgerliche Recht insoweit zur Verfügung stellte, bewertete er allerdings als ungenügend oder jedenfalls unvollständig.[5] Dabei spielte insbesondere der Gedanke der dinglichen Absicherung von Finanzierungsbeiträgen eine Rolle. Vor diesem Hintergrund sind das Wohnungseigentumsgesetz und seine Entstehung zu sehen. Freilich wollte der Gesetzgeber die mit dem neuen Gesetz geschaffenen Möglichkeiten nicht auf den Wohnraum beschränken. Vielmehr sollte auch an Räumen, die nicht zu Wohnzwecken dienen, Sondereigentum begründet werden können.[6] Für diese Art der Räume sah er in Abgrenzung zum Wohnungseigentum den Begriff des Teileigentums vor (§ 1 Abs. 3 WEG).[7] Der heute verbreitete gemeinsame Oberbegriff Raumeigentum (→ Rn. 2) war dem Gesetzgeber noch nicht geläufig. Er kannte aber den Begriff „Gelasseigentum",[8] der in der Sache nichts anderes meint. Sondereigentum an Räumen ist nach der ursprünglichen gesetzgeberischen Vorstellung immer Eigentum an einem **realen Gebäudeteil**. Insoweit handelt es sich um eine Durchbrechung des Grundsatzes der §§ 93, 94 BGB, wonach ein auf einem Grundstück errichtetes Gebäude als wesentlicher Bestandteil im Eigentum des Grundstückseigentümers steht.[9] Gegenstand des Sondereigentums sind in erster Linie die dazu bestimmten Räume.[10]

6 **3. Grundsatz: Sondereigentum nur an Räumen.** Wohnungseigentum und Teileigentum bestehen jeweils aus einem Miteigentumsanteil am gemeinschaftlichen Eigentum und einem Sondereigentum. Diese beiden Komponenten sind untrennbar miteinander verbunden (§ 6 WEG). Sondereigentum ist stets vor allem das Eigentum an Räumen, daneben eventuell auch an deren Bestandteilen. Letzterer Aspekt spielt im Gesetz aber eine untergeordnete Rolle. Der normative Fokus im ersten Abschnitt des WEG liegt insoweit eindeutig bei den Räumen, seien diese nun Wohnungen oder Räume, die anderen Zwecken dienen. Dieses Verständnis entspricht vollständig dem Willen des Gesetzgebers und seinen in diesem Zusammenhang angestellten Erwägungen. Damit ist klar, dass Sondereigentum grundsätzlich nur an Räumen begründet werden kann.

7 **4. Durchbrechungen nach bisherigem und neuem Recht (WEMoG).** Der Grundsatz, dass das Wohnungseigentumsgesetz das Sondereigentum in erster Linie als Eigentum an Räumen, also als Raumeigentum (→ Rn. 2) auffasst, fand bis zum Inkrafttreten des **WEMoG** nur eine einzige Durchbrechung: nämlich in § 3 Abs. 2 S. 2 WEG aF. Danach galten **Garagenstellplätze** als abgeschlossene Räume, wenn ihre Flächen durch dauerhafte Markierungen ersichtlich waren. § 3 Abs. 2 S. 2 WEG aF gehörte nicht zum ursprünglichen Normenbestand, sondern wurde 1973 nachträglich in das Gesetz eingefügt.[11] Der Änderungsgesetzgeber verfolgte dabei die Absicht, die grundbuchmäßige Behandlung von Garagenstellplätzen zu vereinfachen.[12] Die Lösung bestand seiner Meinung nach darin, solche Stellplätze selbst sonderrechtsfähig zu machen.[13] Allerdings hat das WEMoG diese Vorschrift gestrichen.

---

4 BR-Drs. 75/51, Anlage 2, 1.

5 BR-Drs. 75/51, Anlage 2, 1 f.

6 BR-Drs. 75/51, Anlage 2, 2.

7 BR-Drs. 75/51, Anlage 2, 2.

8 BR-Drs. 75/51, Anlage 2, 6 aE.

9 Akzessionsprinzip, s. dazu Schreiber/Ruge/*Ruge* Kap. 9 Rn. 1.

10 BR-Drs. 75/51, Anlage 2, 11 aE.

11 BGBl. 1973 I 910.

12 BT-Drs. 7/62, 6.

13 BT-Drs. 7/62, 6.

Inhaltlich an ihre Stelle getreten ist § 3 Abs. 1 S. 2 WEG, wonach Stellplätze als Räume gelten. Diese neue **8** Bestimmung fingiert für **Stellplätze** jeder Art die Raumeigenschaft.[14] Dabei kommt es auf eine Abgrenzung oder Markierung nicht mehr an. Das bedeutet aber nicht, dass an Stellplätzen in diesem Sinne automatisch Sondereigentum entstünde. Wie der systematische Zusammenhang mit § 3 Abs. 1 S. 1 WEG deutlich macht, bedarf es insoweit eines Bestimmungsaktes, also einer Zuweisung durch den bzw. die Berechtigten. Ohne dieses Bestimmen, das in der Regel bereits im Teilungsvertrag oder der Teilungserklärung erfolgt, gehören Stellplätze zum gemeinschaftlichen Eigentum mit allen daraus folgenden Konsequenzen.

Das WEMoG hat in diesem Kontext noch zu einer zweiten wichtigen Neuerung geführt. Nach bislang allge- **9** meiner Meinung war es nicht möglich, an Teilen der Grundstücksfläche Sondereigentum zu begründen. Das lag unter anderem an der fehlenden Raumeigenschaft. Nunmehr bestimmt jedoch § 3 Abs. 2 WEG, dass Sondereigentum auf einen **außerhalb des Gebäudes** liegenden Teil des Grundstücks erstreckt werden kann, sofern die Wohnung oder die nicht zu Wohnzwecken dienenden Räume wirtschaftlich die Hauptsache bleiben. Auch hier ist ein dem Bestimmen nach § 3 Abs. 1 S. 1 WEG ähnlicher Willensakt erforderlich, ohne den die Erstreckung nicht eintritt. Der Änderungsgesetzgeber hatte dabei die Parallele des § 1 Abs. 2 ErbbauRG vor Augen.[15] Hauptanwendungsfälle sind Terrassen und Gartenanteile, für die bis zum Inkrafttreten des WEMoG auf die Bestellung von Sondernutzungsrechten zurückgegriffen werden musste. Ein räumlicher Zusammenhang ist für die Erstreckungswirkung nicht erforderlich.

III. Schlussfolgerungen für die Praxis

Der Grundsatz lautet, dass Sondereigentum nur an Räumen begründet werden kann. § 3 Abs. 2 S. 2 WEG aF **10** war insoweit eine Ausnahme. Das WEMoG hat diese Ausnahme ausgeweitet, indem es Stellplätze jeder Art als Räume betrachtet. Sondereigentum entsteht auch insoweit aber nur, wenn dies bestimmt wird. Ähnliches gilt für die Erstreckung des Sondereigentums auf Teile der Grundstücksfläche. Die Praxis wird lernen müssen, von diesen neuen Möglichkeiten Gebrauch zu machen. Jedenfalls ist die Begründung von Sondernutzungsrechten hier nicht mehr erforderlich. Ob sie weiterhin zweckmäßig sein kann, wird sich zeigen.

Zulässig bleibt sie als Alternative aber dennoch. Werden Stellplätze nicht zu Sondereigentum bestimmt, gehö- **11** ren sie zum gemeinschaftlichen Eigentum. Deshalb kann insoweit ein Sondernutzungsrecht bestellt werden. Dasselbe gilt für Terrassen und Gärten, sofern eine Erstreckung unterbleibt.

85. Folgenbeseitigungsanspruch

Tank

I. Einführung

Es ist allgemein anerkannt, dass einem Wohnungseigentümer ein **Anspruch auf Folgenbeseitigung** zustehen **1** kann, wenn ein Beschluss nach dessen Ausführung rechtskräftig für ungültig erklärt wird oder der Beschluss nichtig ist.[1] Inhalt des Folgenbeseitigungsanspruches ist die **Wiederherstellung** des Zustands, der ohne die

---

14 BT-Drs. 19/18791, 37.
15 BT-Drs. 19/18791, 37.
 1 LG München I 9.5.2016 – 1 S 13988/15.

Ausführung des aufgehobenen Beschlusses bestehen würde. Ausnahmsweise ist die Rückgängigmachung nicht durchsetzbar.

II. Voraussetzung

2   Es handelt sich um einen Anspruch auf **ordnungsmäßige Verwaltung** gem. § 18 Abs. 2 WEG.[2] Einzige Voraussetzung ist, dass ein Beschluss rechtskräftig für ungültig erklärt wurde oder nichtig ist, ohne dass ein Verschulden gefordert wird.[3]

III. Anspruchsinhalt

3   **1. Beschlüsse gerichtet auf Zahlungen (§ 28 Abs. 2 und 3 WEG).** Werden Beschlüsse über einen Wirtschaftsplan, Sonderumlagen, Jahresabrechnungen usw für ungültig erklärt oder sind nichtig, ist die Rechtsgrundlage für die Zahlungen der Wohnungseigentümer weggefallen. Die **Rückzahlung** kann jeder Wohnungseigentümer nach §§ 812 ff. BGB ohne entsprechende Beschlussfassung verlangen.[4] Wird ein weiterer Beschluss gefasst, liegt hierin eine neue Rechtsgrundlage,[5] so dass eine Rückforderung ausgeschlossen ist.

4   **2. Beschlüsse gerichtet auf Erhaltung und bauliche Veränderungen.** Werden auf bauliche Maßnahmen gerichtete Beschlüsse nach Umsetzung rechtskräftig für ungültig erklärt oder sind nichtig, besteht ein Folgenbeseitigungsanspruch auf Rückgängigmachung, also **Wiederherstellung des früheren Zustands**.[6]

5   Zuständig für die Rückgängigmachung wäre der Verwalter. Da hier aber häufig noch Entscheidungen über das Ob, das Wie und durch wen zu treffen sind, ist der Anspruch auf eine **Beschlussfassung** über die Rückgängigmachung gerichtet.[7]

6   Auch muss trotz der weggefallenen Ermächtigungsgrundlage die Maßnahme nicht unbrauchbar sein.[8] Die Gemeinschaft kann in solchen Fällen den **Beschluss wiederholen** und dabei dessen Fehler vermeiden.[9]

7   Es wird auch vertreten, dass bei Aufhebung eines Beschlusses einer für sich genommenen zulässigen Maßnahme wegen formeller Fehler (zB zu wenig Angebote, unzureichende Information) ein Anspruch auf Rückgängigmachung nicht in Betracht kommt. Hier soll dem erfolgreich anfechtenden Wohnungseigentümer allenfalls ein **Schadensersatzanspruch** zustehen, wenn er einen Schaden der Gemeinschaft der Wohnungseigentümer infolge der fehlerhaften Beschlussfassung nachweisen kann.[10]

8   **3. Verträge.** Sind Verträge aufgrund des Wegfalls des ermächtigenden Beschlusses rückgängig zu machen, hat der einzelne Eigentümer einen Anspruch aus § 18 Abs. 2 WEG gegen die Gemeinschaft der Wohnungseigentümer auf Beendigung der Verträge durch **Kündigung** oder **Aufhebungsvereinbarung**. Die Wohnungseigentümer können den Vertragsschluss erneut unter Vermeidung der Fehler, die zur Aufhebung des Erstbeschlusses führten, beschließen.

9   **4. Zahlungen.** Wurden Zahlungen aufgrund des weggefallenen Beschlusses an Dritte oder Wohnungseigentümer geleistet, besteht der Folgenbeseitigungsanspruch in einer Entscheidung der Wohnungseigentümer darüber, was im konkreten Fall zur Rückgängigmachung zu veranlassen ist.[11] Der Erstbeschluss kann unter Vermeidung der Fehler, die zu seiner Aufhebung oder Nichtigkeit führten, wiederholt werden.

---

2   *Greiner* WohnungseigentumsR § 2 Rn. 78.
3   *Hügel/Elzer* WEG Vor §§ 23 ff. Rn. 40 a.
4   *Elzer* ZMR 2014, 259 (260); KG NZM 1998, 579.
5   BGH 4.4.2014 – V ZR 168/13.
6   *Schmid* ZWE 2013, 111 (112).
7   *Hügel/Elzer* WEG Vor §§ 23 ff. Rn. 40.
8   BGH 13.5.2011 – V ZR 202/10, NZM 2011, 551.
9   *Hügel/Elzer* WEG Vor §§ 23 ff. Rn. 40.
10 *Greiner* WohnungseigentumsR § 2 Rn. 78.
11 LG München I 9.5.2016 – 1 S 13988/15.

IV. Verfahren

1. Anspruchsinhaber und Anspruchsgegner. Anspruchsinhaber ist jeder **Wohnungseigentümer**.[12] Ob der   10
Wohnungseigentümer durch den aufgehobenen Beschluss selbst benachteiligt ist, ist ebenso unerheblich[13] wie
die Frage, ob der Wohnungseigentümer aktiv gegen den aufgehobenen Beschluss vorgegangen ist.[14] Anspruchsgegner ist die **Gemeinschaft der Wohnungseigentümer**, § 18 Abs. 2 WEG.

2. Einwendungen. a) Unmöglichkeit. Ist die Rückgängigmachung des Beschlusses nicht möglich, ist der   11
Folgenbeseitigungsanspruch **ausgeschlossen**, § 275 Abs. 1 BGB. Der anspruchsinnehabende Wohnungseigentümer hat dann die Rechte nach §§ 275 Abs. 4, 280, 283 ff., 311 a, 326 BGB.[15]

b) Unverhältnismäßigkeit. Die Rückgängigmachung des ausgeführten Beschlusses kann verweigert werden,   12
wenn sie einen **Aufwand** erfordert, der unter Beachtung des Inhalts des Schuldverhältnisses und der Gebote
von Treu und Glauben in **grobem Missverhältnis** zum Leistungsinteresse des den Anspruch innehabenden
Wohnungseigentümers steht, § 275 Abs. 2 S. 1 BGB.

Bei der Prüfung der Unverhältnismäßigkeit ist auf die **Umstände des Einzelfalls** abzustellen. Dabei ist § 275   13
Abs. 2 S. 2 BGB zu berücksichtigen. Wird eine bauliche Maßnahme trotz möglicher Ungültigkeitserklärung
durchgeführt, können sich die Wohnungseigentümer in der Regel nicht darauf berufen, dass sie vollendete Tatsachen geschaffen haben. Daran ändert auch nichts, dass Beschlüsse grundsätzlich sofort zu vollziehen sind.[16]
Eine Vollziehung kann nämlich auch aufgeschoben werden, wenn dies beschlossen ist. Insbesondere bei größeren, aufwendigen und/oder kostenintensiven Maßnahmen kann in den Beschluss zB mit aufgenommen werden, dass er erst ausgeführt wird, wenn eine Anfechtungsklage hiergegen nicht eingereicht wurde. Greift der
Einwand der Unverhältnismäßigkeit durch, kommen wiederum die Ansprüche aus § 275 Abs. 4 BGB in Betracht.

c) Treu und Glauben. Der Folgenbeseitigungsanspruch findet seine **Grenze** im Grundsatz von Treu und   14
Glauben in Verbindung mit dem die Wohnungseigentümer verbindenden Gemeinschaftsverhältnis.[17] In der
Regel spricht gegen einen Rechtsmissbrauch, wenn die Wohnungseigentümer sich des Risikos einer Beschlussdurchführung ungeachtet einer Anfechtungsklage bewusst waren. Neben den oben (→ Rn. 12) dargestellten Grundsätzen der Unverhältnismäßigkeit dürften dieser Grenze auf Einschränkung des Folgenbeseitigungsanspruchs keine eigenständige Bedeutung zukommen.[18]

d) Schikaneverbot. Der Folgenbeseitigungsanspruch kann auch durch das Schikaneverbot nach § 226 BGB   15
begrenzt sein.[19] Das ist der Fall, wenn der anspruchsinnehabende Wohnungseigentümer von der Rückgängigmachung des Beschlusses keinerlei Vorteile hat.

3. Verjährung. Da der Folgenbeseitigungsanspruch ein Anspruch auf ordnungsgemäße Verwaltung darstellt,   16
verjährt er **nicht**.[20]

4. Verwirkung. Eine Verwirkung des Folgenbeseitigungsanspruchs ist **möglich**.[21]   17

5. Kosten. Die Kosten der Folgenbeseitigung sind gem. § 16 Abs. 2 WEG von **allen** Wohnungseigentümern,   18
auch dem Anspruchsinhaber, zu tragen.[22] § 21 Abs. 3 WEG ist nicht analog anwendbar.[23]

---

12 *Hügel/Elzer* WEG Vor §§ 23 ff. Rn. 40 a.
13 *Schmid* ZWE 2013, 111 (112 f.); aA *Hogenschurz*, MietRB 2008, 85 (87).
14 *Schmid* ZWE 2013, 111 (112 f.).
15 *Schmid* ZWE 2013, 111 (113).
16 *Schmid* ZWE 2013, 111 (113).
17 *Hügel/Elzer* WEG Vor §§ 23 ff. Rn. 41.
18 *Schmid* ZWE 2013, 111 (113).
19 *Hügel/Elzer* WEG Vor §§ 23 ff. Rn. 41.
20 BGH 27.4.2012 – V ZR 177/11.
21 BeckOK WEG/*Elzer* § 22 Rn. 308.
22 OLG Hamburg 24.1.2006 – 2 Wx 10/05.
23 BGH 13.5.2011 – V ZR 202/10 (zu § 16 Abs. 6 WEG aF).

86. Fördermaßnahmen

Fraatz-Rosenfeld

I. Einführung

1 Die öffentliche Hand fördert **Erwerb, Sanierung und Modernisierung** von Wohneigentum mit verschiedenen Instrumenten, für bestimmte Zielgruppen und unter bestimmten Bedingungen. Instrumente der Förderung sind Zuschüsse, Kredite und steuerliche Entlastung. Die Förderungen beruhen auf Programmen mit sozialpolitischen, städtebaulichen und energiepolitischen Zielen. Breitere Bevölkerungskreise sollen Wohneigentum erwerben können. Bestehende Wohngebäude sollen saniert, energetisch modernisiert und barrierefrei umgebaut werden.

2 Die **Kreditanstalt für Wiederaufbau** (KfW) und das **Bundesamt für Wirtschaft und Ausfuhrkontrolle** (BAFA) stellen bundesweit Fördermittel bereit. Daneben bieten die Bundesländer unterschiedliche Fördermittel an, ebenso einige Kommunen, Letztere insbesondere für den Anschluss an ein Fernwärmenetz.

3 Die Bereitstellung von Fördermitteln ist vielfach zeitlich begrenzt („**Förderperiode**"). Oft sind die Mittel kontingentiert. Dann herrscht das „Windhund-Prinzip" für die Antragstellung.

4 Nicht zu den Fördermitteln im strengen begrifflichen Sinn gehört die **Möglichkeit steuerlicher Entlastung**. Eigentümer können danach Handwerksleistungen gegebenenfalls steuerlich geltend machen und so ihre Steuerschuld verringern. Diese Möglichkeit bringt vielfach größere finanzielle Vorteile als die Inanspruchnahme von öffentlichen Zuschüssen und Krediten. Denn wer Fördermittel für eine Baumaßnahme erhalten will, muss vielfach einen Teil der Maßnahme selbst finanzieren. Nicht alle Bauherren können diesen Eigenanteil aufbringen.

II. Systematik der Förderungen und Zuständigkeiten

5 **1. Förderung des Erwerbs von Wohneigentum. a) „Baukindergeld".** Das Förderprogramm „Baukindergeld", beschlossen mit dem Haushaltsgesetz 2018,[1] galt für die Zeit vom 1.1.2018 – 31.12.2020 und wurde wegen der Pandemie bis 31.3.2021 verlängert.[2] Danach hat eine Familie (mindestens ein Elternteil mit mindestens einem Kind) das Recht auf Zuschuss zum Erwerb einer selbst genutzten Wohnimmobilie (Neubauten und Bestandsimmobilien), wenn sie bisher kein Wohneigentum besitzt und bestimmte Einkommensgrenzen nicht überschreitet. Die Einkommensgrenzen liegen bei 90.000 EUR jährlich für eine Familie mit einem Kind. Für jedes weitere Kind erhöht sich die Summe um 15.000 EUR.

6 Die Familie kann den Zuschuss erst nach Einzug in die Immobilie beantragen. Maßgeblich für den Einzug ist das Datum der Meldebestätigung für sämtliche Familienmitglieder. Der Zuschuss beträgt jährlich pro Kind 1.200 EUR und wird zehn Jahre lang gezahlt. Den Zuschuss muss die Familie nicht zurückzahlen. Für die Vergabe der Fördermittel ist die Kreditanstalt für Wiederaufbau zuständig (Förderung 424).

---

1 Mit Änderungen ab 17.5.2019.
2 Regierungsentwurf zum Bundeshaushalt 2021 (Pressemitteilung vom 23.9.2020, www.bmi. bund.de).

Der Freistaat Bayern **bietet** förderfähigen Familien zusätzliche Leistungen: 300 EUR im Jahr für jedes Kind 7 unter 18 Jahren, maximal zehn Jahre.[3]

b) KfW-Mittel. Die KfW bietet folgende Förderprogramme für den **Neubau von Häusern und Eigentums-** 8 **wohnungen in neu errichteten Wohnungseigentumsanlagen:**[4]

- Förderung 124: Wohnungseigentumsprogramm für Neubau und Kauf (Kredit für Eigennutzer): Kredit bis 100.000 EUR.
- Förderung 153: Energieeffizient bauen für Neubau und Kauf: Kredit bis 120.000 EUR.

Angeboten wird zusätzlich die Förderung 431: Baubegleitung – Zuschuss bis 4.000 EUR für energieeffizientes Bauen und Sanieren.

Die Interessenten müssen die Förderung über das jeweilige Hauskreditinstitut beantragen.

2. Förderung der Modernisierung von Immobilien. a) Förderung energieeffizienter Sanierung und Mo- 9 **dernisierung. aa) Aktuelle Programme.** Die Kreditanstalt für Wiederaufbau (KfW) bietet folgende Förderprogramme:[5]

- Förderung 151/152: Gebäude energieeffizient sanieren: Kredit bis 120.000 EUR,
- Förderung 167: Heizung sanieren, erneuerbare Energien: Kredit bis 50.000 EUR,
- Förderung 430: Häuser und Wohnungen energieeffizient sanieren: Zuschuss bis 48.000 EUR,
- Förderung 433: energieeffizient bauen und sanieren – Brennstoffzellen: Zuschuss bis 28.200 EUR.
- Auch für Modernisierung/Sanierung kommt die Förderung 431 infrage: Baubegleitung energieeffizient bauen und sanieren: Zuschuss bis 4.000 EUR.

Die Förderungen sind an bestimmte Voraussetzungen gebunden. Insbesondere muss die Baumaßnahme zu 10 einem Ergebnis führen, das über den in der bisherigen Energieeinsparverordnung (EnEV) und dem jetzigen GEG (→ *Gebäudeenergiegesetz* Rn. 1 ff.) vorgeschriebenen energetischen Mindeststandard hinausgeht. Ziel ist das „KfW-Effizienzhaus" mit verschiedenen energetischen Standards.[6] Der jeweilige Standard errechnet sich aus dem Primärenergiebedarf und dem Transmissionswärmeverlust (→ *Gebäudeenergiegesetz* Rn. 11) des Gebäudes. Das KfW-Effizienzhaus 100 entspricht den Vorgaben des EnEV, das Effizienzhaus 55 benötigt nur 55 % dieser Vorgaben.[7]

Zu den förderfähigen Maßnahmen zählen nicht nur reine Baumaßnahmen, sondern auch private **Ladestatio-** 11 **nen für Elektrofahrzeuge**.[8]

Die **Höhe der Förderungen** ist bei den einzelnen Programmen unterschiedlich. Durch Zuschüsse werden bis 12 zu 30 % der förderfähigen Kosten aufgefüllt. Kredite gibt es teilweise bis zu 100 % der Investitionssumme, mit unterschiedlichen Laufzeiten.[9] Auf förderfähige Förderanträge erteilt die KfW schriftliche Förderbescheide, zahlt die Fördermittel aber erst nach Durchführung der Maßnahme sowie Einreichung und Prüfung des Verwendungsnachweises aus. Entsprechend verlaufen die Verfahren bei den Förderinstituten der Bundesländer (→ Rn. 23).

Die **Bundesstelle für Energieeffizienz**, angesiedelt im Bundesamt für Wirtschaft und Ausfuhrkontrolle (BA- 13 FA), fördert Energiedienstleistungen und effiziente Techniken, um „die im Energiekonzept der Bundesregierung gesetzten Ziele zur Steigerung der Energieeffizienz zu erreichen." Für Privatpersonen kommen im Hinblick auf Immobilien folgende Förderprogramme in Betracht:

- „Bundesförderung für Energieberatung für Wohngebäude" (bis 80 % der Kosten),
- „Heizen mit Erneuerbaren Energien" (unterschiedlich hohe Förderung je nach Art der Energie, bis 45 % der Kosten für umweltschonende Biomasseanlagen, effiziente Wärmepumpenanlagen oder „Erneuerbare Hybridheizung" – neue Richtlinie ab 1.1.2020!). Dazu gehört auch die sogenannte „Öl-Austauschprämie",

---

3 www.baukindergeld.bayern.de (zuletzt abgerufen 23.8.2020).
4 Stand August 2020.
5 www.baufoerderer.de, abgerufen am 23.8.2020.
6 KfW-Effizienzhaus 55, 70, 85, 100 und 115.
7 Co2online, November 2019.
8 *Apel* vdiv aktuell, 26.
9 Co2online, November 2019.

die gewährt werden kann, wenn eine Ölheizung außer Betrieb genommen und durch „… eine förderfähige Biomasseanlage" ersetzt wird.

- „Bundesförderung für effiziente Gebäude – Heizungsoptimierung" (Austausch von ineffizienten Umwälz-pumpen und Warmwasser-Zirkulationspumpen sowie „Heizungsoptimierung durch einen hydraulischen Abgleich inklusive begleitender Maßnahmen", Förderung bis 20 % der Nettoinvestitionskosten, maximal 25.000 EUR),
- „Kleinserien Klimaschutzprodukte" (Modul 3): „Dezentrale Einheiten zur Wärmerückgewinnung aus Ab-wasser in Gebäuden", Förderung bis 30 % der Kosten.

14 **bb) Vorgesehene Programme nach Gebäudeenergiegesetz (GEG).** Das GEG (→ *Gebäudeenergiesetz* Rn. 32 ff.) sieht die Förderung der Nutzung von erneuerbaren Energien zur Erzeugung von Wärme und Kälte vor, die Errichtung besonders energieeffizienter Gebäude und die Verbesserung der Energieeffizienz bestehen-der Gebäude (§ 89 Nr. 1–4 GEG).

15 In § 90 GEG sind die Techniken aufgeführt, mittels derer erneuerbare Energien zur Wärme- (oder Kälte-)Erzeugung im Wege der Neuerrichtung oder Erweiterung herangezogen werden können. Dies sind so-larthermische Anlagen, Anlagen zur Nutzung von Biomasse, Anlagen zur Nutzung von Geothermie und Um-weltwärme (§ 89 Abs. 1 Nr. 1–3 GEG). Gefördert werden auch Maßnahmen im Zusammenhang mit der Er-richtung und Erweiterung von (Fern-)Wärmenetzen (→ *Fernwärme* Rn. 1 ff.), wenn die von diesen gelieferte Wärme von Anlagen iSv § 90 Abs. 1 Nr. 1–3 GEG erzeugt worden ist.

16 Die Förderung wird zudem abhängig gemacht von konkreten Anforderungen an die eingesetzten Techniken[10] oder bestimmte Wirkungsgrade[11] oder der Richtlinie 2009/28 EG für Wärmepumpen (§ 90 Abs. 2 Nr. 3 GEG).[12] § 91 GEG sieht darüber hinaus eine Reihe von Ausschlussgründen vor, etwa wenn bereits eine ausrei-chende Dämmung vorhanden ist[13] oder anspruchsvollere Techniken eingesetzt werden.

17 **b) Barrierefreier und altersgerechter Umbau, baulicher Einbruchsschutz.** Beim altersgerechten Umbau geht es um die Reduktion von Barrieren (→ *Barrierefreiheit* Rn. 4), also Schwellen und Treppenstufen. Bei-spiele für Maßnahmen zum Einbruchschutz sind einbruchhemmende Türen, Fenster und Garagentore, Licht-schachtabdeckungen, aber auch Gefahrenwarnanlagen und Sicherheitstechnik. Die KfW bietet Förderpro-gramme zum altersgerechten Umbau und zum baulichen Einbruchsschutz:

- Förderung 159: altersgerecht barrierefrei umbauen, Einbruchschutz: Kredit bis 50.000 EUR,
- Förderung 445: altersgerecht umbauen, Einbruchschutz: Zuschuss bis 1.600 EUR.

Wegen der großen Nachfrage für diese Angebote wurden die Fördermittel 2020 erhöht.[14]

18 **3. Zuständigkeiten. a) Bund, Länder und Kommunen.** Der Bund fördert werdende Eigentümer und wer-dende Wohnungseigentümer bei Erwerb und Modernisierung von Immobilien durch die Kreditanstalt für Wie-deraufbau. Zusätzlich fördern die meisten Bundesländer durch ihre Landesbanken oder spezielle Kreditanstal-ten Baumaßnahmen am Gemeinschaftseigentum von Wohnungseigentumsanlagen. Sie bieten die beschriebe-nen KfW-Förderprogramme zu noch besseren Konditionen an, und zwar durch zinsgünstige Kredite, Tilgungs-zuschüsse, oder Landesbürgschaften. Die Fördermöglichkeiten unterscheiden sich teilweise deutlich von Bun-desland zu Bundesland und ändern sich immer wieder.

19 **Antragsberechtigt** ist die Gemeinschaft der Eigentümer durch deren Verwalter. Die Gebäude müssen sich im jeweiligen Bundesland befinden. Oft sind nur geringe Eigenmittel erforderlich. Angeboten werden ua auch Kleinst-Darlehen. Vielfach ist keine Absicherung im Grundbuch erforderlich.

20 Die **Bundesländer** fördern in unterschiedlicher Weise ua Erwerb von Immobilien, energetische Sanierung, barrierefreien/altersgerechten Umbau und Umrüstung auf erneuerbare Energien – teilweise auch Einbruchs-schutz –, in Wohnungseigentumsanlagen bzw. Maßnahmen von einzelnen Eigentümern:

---

10 Solarenergie: Europäisches Prüfzeichen „Solar Keymark", § 90 Abs. 2 Nr. 1 GEG.
11 Biomasse: Umwandlungswirkung von 89 % bei Anlagen mit Heizung/Warmwasserbereitung; 70 % bei Anlagen, die nicht der Heizung oder Warmwasserbereitung dienen, § 90 Abs. 2 Nr. 2 GEG.
12 § 90 Abs. 2 Nr. 3 GEG.
13 § 90 Abs. 2 Nrn. 1–2.
14 www.bauforderer.de, abgerufen am 23.8.2020.

- Baden-Württemberg (Staatsbank für Baden-Württemberg),
- Bayern (Bayerische Landesbodenkreditanstalt),
- Berlin (Investitionsbank Berlin),
- Bremen (Bremer Aufbau-Bank),
- Hamburg (Hamburgische Investitions- und Förderbank),
- Hessen (Wirtschafts- und Infrastrukturbank),
- Niedersachsen (NBank),
- Nordrhein-Westfalen (NRW.Bank),
- Saarland (Saarländische Investitionskreditbank),
- Schleswig-Holstein (Investitionsbank Schleswig-Holstein),
- Brandenburg (Investitionsbank des Landes Brandenburg),
- Mecklenburg-Vorpommern (Landesförderinstitut Mecklenburg-Vorpommern),
- Rheinland-Pfalz (Investitions- und Strukturbank Rheinland-Pfalz),
- Sachsen (Sächsische AufbauBank),
- Sachsen-Anhalt (Investitionsbank Sachsen-Anhalt),
- Thüringen (Thüringer Aufbaubank).

Kommunen, die über ein Nahwärmenetz (→ *Fernwärme* Rn 1 ff.) verfügen, bieten – kommunal sehr unter- 21
schiedlich – bei einem Wechsel des Primärenergieträgers eine Umschluss- oder Anschlussprämie an.[15]

b) Antragstellung durch die Gemeinschaft der Wohnungseigentümer oder durch einzelne Eigentümer? 22
In einer bestehenden Wohnungseigentümergemeinschaft kann im Allgemeinen nur die Gemeinschaft der Wohnungseigentümer Förderungen für Modernisierung oder Sanierung in Anspruch nehmen. Dafür müssen die Eigentümer entsprechende **Beschlüsse** fassen: Ermächtigung und Bevollmächtigung der Verwaltung zur Beantragung von Fördermitteln.

Die Verwaltung wird für diese Leistung eine **Sondervergütung** für ihren Sonderaufwand fordern.[16] Auch da- 23
für ist ein Beschluss der Eigentümergemeinschaft erforderlich. Die Eigentümergemeinschaft sollte in solchen
Fällen abwägen, in welchem Verhältnis die zu erwartende Förderung und die Sondervergütung stehen.

Eigentümer einer Wohnungseigentumsanlage müssen im Zusammenhang mit der Beantragung von Fördermit- 24
teln eine große Menge von Informationen bewältigen. In diesem Zusammenhang kommt es sehr auf das Wissen und die einschlägige Erfahrung des Verwalters der Wohnungseigentumsanlage an. Allerdings muss der
Verwalter nicht den Inhalt aller infrage kommenden Förderprogramme einschließlich der energietechnischen
Voraussetzungen kennen.[17] Vielmehr sollten die Eigentümer die **Fachkompetenz eines Energieberaters** bzw.
eines Kreditinstituts in Anspruch zu nehmen. Es gehört jedoch zu den Pflichten des Verwalters, zumindest auf
die Möglichkeit der Förderung hinzuweisen und eine Beschlussfassung herbeizuführen, ob und in welcher
Form die Eigentümergemeinschaft Fördermöglichkeiten in Anspruch nehmen und durch wen sie sich beraten
lassen will.[18]

Die Antragstellung selbst kann die Verwaltung meistens technisch einfach durchführen. Insbesondere die KfW 25
stellt auf ihrer Online-Plattform dafür die entsprechenden **Formulare** zur Verfügung.

Wohnungseigentumsrechtlich problematisch ist die Inanspruchnahme von Förderungen in Form **zinsgünstiger** 26
Kredite durch die Gemeinschaft der Eigentümer: „Ein entsprechender Beschluss ist nur wirksam, wenn einzelnen Eigentümern die Möglichkeit eingeräumt wird, statt der Inanspruchnahme des Darlehens ihren Anteil
an der Maßnahme durch eine Direkteinzahlung zu begleichen. Auf diese Weise können diese Eigentümer im
Innenverhältnis von der kostenmäßigen Beteiligung (Zins und Tilgung) am Gesamtdarlehen ausgenommen
werden. Zum anderen gilt es zu beachten, dass eine Beschlussfassung über die Verpflichtung des einzelnen
Wohnungseigentümers zur Gestellung von insbesondere dinglichen Sicherheiten oder einer Bürgschaft bzw.

---

15 FormB-WEG-R/*Fritsch/Meier* § 2 Rn. 686.
16 FormB-WEG-R/*Meier/Fritsch* § 2 Rn. 691, 693.
17 Nach FormB-WEG-R/*Fritsch/Meier* § 2 Rn. 685.
18 Nach FormB-WEG-R/*Fritsch/Meier* § 2 Rn. 685.

Schuldübernahme nicht möglich ist."[19] An anderer Stelle wird diese Problematik so nicht gesehen.[20] Dort wird ausdrücklich empfohlen, Kredite aufzunehmen.

27 Denkbar sind Sonderfälle, in denen nur einzelne Eigentümer agieren wollen, zB Wände ihres Sondereigentums versetzen oder ihr Bad behindertengerecht umbauen wollen (→ *Barrierefreiheit* Rn. 4, 6). Wenn durch solche Baumaßnahmen die Statik des Gebäudes nicht beeinträchtigt wird, müssen die anderen Eigentümer idR nicht beteiligt werden.[21] Den entsprechenden Nachweis haben die Eigentümer gegenüber dem Verwalter zu erbringen. In diesen Fällen können die Eigentümer Fördermittel beantragen, insbesondere die Förderungen der Bundesländer und ihrer Förderinstitute, wie oben beschrieben.

28 **4. Steuerliche Entlastung.** Bereits der **Erwerb** einer Eigentumswohnung kann sich steuermindernd auswirken, wenn der Eigentümer die Immobilie vermietet. Er kann dann einen bestimmten Prozentsatz der Anschaffungskosten als Abschreibung über mehrere Jahre geltend machen. Damit mindert sich der Gewinn bzw. erhöht sich der Verlust der Einnahmen aus Vermietung und Verpachtung.

29 Auch für **Umbaumaßnahmen** gewährt der Staat steuerliche Entlastung gem. § 35 a EStG. „Der eigennutzende steuerpflichtige Wohnungseigentümer kann den auf ihn entfallenden berücksichtigungsfähigen Anteil aus den anfallenden Handwerkerleistungen von der Einkommensteuer in Abzug bringen."[22] Bei den Handwerkerleistungen spielt es keine Rolle, ob es sich um energetische Modernisierung, barrierefreien Umbau oder Einbruchsschutz handelt.

30 Abzuwägen ist zwischen den Vorzügen von Fördermitteln einerseits und der steuerlichen Entlastung andererseits. Diese **Abwägung** fällt vielfach gegen die Fördermittel aus. „Besteht die Gemeinschaft bis zu 50 % oder darüber aus eigennutzenden Wohnungseigentümern, dürfte die Zuschussvariante unrentabel werden."[23] Die steuerliche Entlastung ist also „... idR die effizienteste ‚Förderung‘".[24]

31 Eine steuerliche Entlastung kann nur erfolgen, wenn keine Fördermittel in Anspruch genommen worden sind. Beide öffentliche Begünstigungen schließen sich idR gegenseitig aus. Das gilt auch für die Inanspruchnahme zinsgünstiger Kredite. Daher ist das Risiko zu berücksichtigen, dass auch für die Eigentümer, deren Anteil an der Gesamtsanierungssumme durch Sonderumlage erbracht wird, eine steuerliche Berücksichtigung der Aufwendungen gem. § 35 a Abs. 3 EStG nicht möglich ist. Das führt zu erheblichen Kostenfolgen. Je mehr Eigentümer die Kosten einer Sanierung durch Direkteinzahlung tragen, umso höher können die Nachteile aus nicht vorhandener Ansatzmöglichkeit der Kosten von Handwerkerleistungen iSd § 35 a EStG sein.[25]

32 **5. Veränderung der Rechtsgrundlagen.** Am 1.11.2020 ist das Gesetz zur Einsparung von Energie und zur Nutzung erneuerbarer Energien zur Wärme- und Kälteerzeugung in Gebäuden (GEG) in Kraft getreten (→ *Gebäudeenergiegesetz* Rn. 1 ff., zu den Fördermaßnahmen → Rn. 16 ff). Das Gesetz enthält in §§ 89 und 90 GEG einen Katalog von Fördermöglichkeiten (→ *Gebäudeenergiegesetz* Rn. 32 ff.).

33 Am 20.12.2019 hat der Bundesrat dem „**Klimapaket**" zugestimmt. Zum Paket gehört das Gesetz zur Umsetzung des Klimaschutzprogramms im Steuerrecht. Nach § 35 c EStG gibt es künftig „Steuerermäßigung für energetische Maßnahmen bei zu eigenen Wohnzwecken genutzten Gebäuden". Zu den energetischen Maßnahmen gehören: Wärmedämmung (von Wänden, Dachflächen oder Geschossflächen), Erneuerung von Fenstern, Außentüren, Lüftungsanlagen (auch Einbau einer Lüftungsanlage) oder Heizungsanlagen, „Einbau von digitalen Systemen zur energetischen Betriebs- und Verbrauchsoptimierung" sowie Optimierung von Heizungsanlagen, die älter als zwei Jahre sind (§ 35 c Abs. 1 Nr. 1–8 EStG).

34 Die **Steuerentlastung** verteilt sich auf mehrere Jahre und ist auf eine absolute Höhe der Aufwendungen begrenzt (40.000 EUR). Nach § 35 c Abs. 1 EStG „ermäßigt sich ... die tarifliche Einkommensteuer ... im Kalenderjahr des Abschlusses der energetischen Maßnahme und im nächsten Kalenderjahr um je 7 Prozent der

---

19 FormB-WEG-R/*Fritsch/Meier* § 2 Rn. 696.

20 *Schraufstetter* ZWE 2015, 113.

21 *Hügel/Elzer* WEG § 22 Rn. 15.

22 FormB-WEG-R/*Meier* § 2 Rn. 702.

23 FormB-WEG-R/*Meier* § 2 Rn. 703.

24 FormB-WEG-R/*Meier* § 2 Rn. 703.

25 FormB-WEG-R/*Fritsch/Meier* § 2 Rn. 697.

Aufwendungen …, höchstens jedoch um je 14.000 EUR und im übernächsten Kalenderjahr um 6 Prozent der Aufwendungen, höchstens jedoch um 12.000 EUR für das begünstigte Objekt".[26]

87. Formalien der Eigentümerversammlung

Hoeck-Eisenbach

I. Überblick

Eine Eigentümerversammlung erfordert eine an alle Wohnungseigentümer gerichtete **Einberufung.** Hat sich [1] ein Teil der Wohnungseigentümer ohne Einberufung versammelt, so sind gefasste Beschlüsse auch ohne Ungültigerklärung als Nichtbeschluss unwirksam, ebenso ein Beschluss eines Teils der Wohnungseigentümer nach Versammlungsende.[1]

II. Einberufung

1. Einberufungsrecht. a) Verwalter. Das Recht zur Einberufung hat grundsätzlich nur der **amtierende Ver-** [2] **walter** (§ 24 Abs. 1, Abs. 2 WEG). Ist die Bestellungszeit des Verwalters bereits abgelaufen, ist der Verwalter nicht zur Einberufung einer Versammlung berechtigt. Dies gilt auch dann, wenn die Versammlung nur zwecks Wahl eines Verwalters durchgeführt werden soll. Tut er dies dennoch, so kann jeder Wohnungseigentümer die Durchführung der Versammlung durch einstweilige Verfügung verhindern.[2] Steht das Ende der Bestellungszeit kurz bevor, kommt es für den Zeitpunkt der Einberufungsberechtigung des Verwalters auf den **Zeitpunkt der Versendung der Einladung** an, nicht auf den Zeitpunkt des Zugangs der Einladungserklärung oder den Tag der Eigentümerversammlung. Entscheidend ist, ob der Verwalter die Einladung (noch) versenden durfte.[3]

Der Verwalter verliert die Einberufungsbefugnis allerdings nicht nachträglich, wenn seine Bestellung erfolg- [3] reich angefochten und damit rückwirkend entfällt.[4]

b) Beiratsvorsitzende. Der Beiratsvorsitzende oder dessen Stellvertreter können zur Versammlung nur einla- [4] den, **wenn ein Verwalter fehlt** oder pflichtwidrig die Einberufung einer Versammlung verweigert (§ 24 Abs. 3 WEG). Nach dem Wortlaut handelt es sich dabei um eine bloße „Kann-Vorschrift", eine Ladungspflicht des Beirats besteht nicht.[5] Beruft der Verwaltungsbeirat eine Eigentümerversammlung ein, ohne dass der Verwalter die Einberufung rechtswidrig verweigert hat, kann der Verwalter vom Beirat Widerruf der Einladung und Unterlassung der Versammlung verlangen, dies im Regelfall auch im Rahmen eines einstweiligen Verfügungsverfahrens.[6]

---

26 BT-Drs. 514/19.

1 Palandt/*Wicke* WEG § 23 Rn. 2; BayObLG 30.7.1998 – 2Z BR 54/98, NZM 1998, 110.

2 AG Hamburg 4.2.2010 – 102 d C 11/10, ZMR 2010, 477.

3 Niedenführ/Vandenhouten/*Kümmel/Vandenhouten* WEG § 24 Rn. 2.

4 OLG Hamm 13.1.1992 – 15 W 13/91; Bärmann/*Merle* WEG § 23 Rn. 183.

5 Bärmann/*Merle* WEG § 24 Rn. 25; aA AG Charlottenburg 16.7.2009 – 74 C 25/09, GE 2009, 1135.

6 Niedenführ/Vandenhouten/*Kümmel/Vandenhouten* WEG § 24 Rn. 2.

5 **c) Selbsteinberufungsrecht. Einzelne Wohnungseigentümer** haben kein Selbsteinberufungsrecht.[7] Alle Wohnungseigentümer können gemeinsam oder durch einen von allen Ermächtigten eine Versammlung einberufen.[8] Verweigern allerdings alle oder einige Eigentümer diese Ermächtigung, obwohl die Durchführung der Eigentümerversammlung im Interesse der Gesamtheit erforderlich ist und ordnungsmäßiger Verwaltung entspricht, so ist ein Einberufungsverlangen mit Klage (ggf. auch mit einstweiliger Verfügung) gegen den Verwalter oder alle anderen Wohnungseigentümer, die die gemeinsame Einberufung verweigern, geltend zu machen.[9] Gibt es einen Verwalter, so kann der einzelne Wohnungseigentümer den Verwalter im Wege des § 43 Nr. 3 WEG verpflichten lassen, eine Versammlung einzuberufen. Das Urteil ist dann gem. § 887 ZPO vollstreckbar, wobei auch eine **gerichtliche Ermächtigung** des klagenden Eigentümers zur Einberufung einer Versammlung in Betracht kommt.[10] Fehlt ein Verwalter, kann jeder Eigentümer seinen Anspruch auf **Ermächtigung** eines ladungsbereiten Eigentümers zur Einberufung einer Eigentümerversammlung mit konkret bezeichneten Tagesordnungspunkten im Verfahren nach § 43 Nr. 1 WEG gegen die sich weigernden Eigentümer durchsetzen. Wenn ein Eigentümer gem. § 19 Abs. 1 WEG einen Anspruch auf Beschlussfassung über eine bestimmte Angelegenheit hat, dann muss er erst recht von den Wohnungseigentümern verlangen können, dass diese einen Eigentümer zur Einberufung einer Eigentümerversammlung ermächtigen, wenn es auf anderem Wege nicht zu einer Eigentümerversammlung kommen kann. Die Vollstreckung richtet sich nach § 894 ZPO.[11] Nach anderer Auffassung erlaubt der Anspruch eines jeden Wohnungseigentümers auf eine ordnungsmäßige Verwaltung gem. § 19 Abs. 1 WEG nur ein Klageverfahren gem. § 43 Nr. 1 WEG auf **Mitwirkung** an einer gemeinsamen Ladung mit dem Ziel, die entsprechenden Erklärungen gem. § 894 ZPO zu ersetzen und nicht auf eine „Ermächtigung" wie nach dem FGG.[12]

Das Wohnungseigentumsmodernisierungsgesetz eröffnet eine weitere Möglichkeit, wenn es keinen Verwalter gibt oder dieser sich pflichtwidrig weigert: Die Wohnungseigentümer können im Beschlusswege einen Wohnungseigentümer ermächtigen eine Versammlung einzuberufen (§ 24 Abs. 3, letzter Hs WEG nF). Dies erleichtert insbesondere in kleineren Gemeinschaften, die keinen Verwalter und keinen Verwaltungsbeirat bestellt haben, die Organisation von Versammlungen.[13]

6 **2. Einzuladende.** Zu laden sind sämtliche, dem Einladenden zum Zeitpunkt der Ladung bekannten, im Grundbuch **eingetragene Wohnungseigentümer,**[14] einschließlich der nach § 25 Abs. 4 WEG Nichtstimmberechtigten, sowie alle sonstigen Stimm- oder Teilnahmeberechtigten. Anstelle der Eigentümer sind zu laden die Parteien kraft Amtes wie Zwangsverwalter, Insolvenzverwalter, Nachlassverwalter und Testamentsvollstrecker, weil in diesen Fällen die Verwaltungsbefugnis dem Eigentümer bzw. dem Schuldner und den Erben entzogen ist.[15] Steht das Miteigentum mehreren gemeinschaftlich iSd § 25 Abs. 2 S. 2 WEG zu, so sind sämtliche Mitberechtigte zu laden.[16] Da beim Erwerb eines noch zu errichtenden Wohnungseigentums oftmals nach Besitzeinräumung ein längerer Zeitraum bis zur Eigentumsumschreibung vergeht, ist auch der „werdende Eigentümer" zu laden.[17] Soweit der Betreute geschäftsunfähig ist, kann er nur durch seinen Betreuer handeln, der daher zu laden ist. Betreuter und Betreuer sind jedenfalls dann beide zu laden, wenn der Betreute geschäftsfähig ist.[18]

7 Besteht an einem Wohnungseigentum ein Nießbrauch, ein Wohnungsrecht gem. § 1093 BGB oder ein Dauerwohnrecht iSd § 31 WEG, sind die Dinglichberechtigten nicht zu laden, da diesen **kein eigenes Stimmrecht** zukommt.[19]

---

7 *Hügel/Elzer* WEG § 24 Rn. 47.
8 Bärmann/*Merle* WEG § 24 Rn. 27, aA *Hügel/Elzer* WEG § 24 Rn. 48 a.
9 Palandt/*Wicke* WEG § 24 Rn. 4.
10 Bärmann/*Merle* WEG § 24 Rn. 27.
11 Niedenführ/Vandenhouten/*Kümmel/Vandenhouten* WEG § 24 Rn. 4.
12 *Hügel/Elzer* WEG § 24 Rn. 48.
13 BT-Drs. 19/18791, 28.
14 *Hügel/Elzer* WEG § 24 Rn. 3.
15 *Hügel/Elzer* WEG § 24 Rn. 8.
16 Bärmann/*Merle* WEG § 24 Rn. 44.
17 *Hügel/Elzer* WEG § 24 Rn. 7.
18 *Hügel/Elzer* WEG § 24 Rn. 5.
19 BGH 7.3.2002 – V ZB 24/01, ZWE 2012, 369; Bärmann/*Merle* WEG § 24 Rn. 46.

Hoeck-Eisenbach

Der amtierende Verwalter ist zu laden, soweit die Versammlung nicht von ihm, sondern vom Verwaltungsbeirat einberufen wird.[20] Sind Mitglieder des Verwaltungsbeirats keine Wohnungseigentümer, so sind sie in ihrer Eigenschaft als Beiratsmitglieder zu laden, damit sie ihrer Aufgabe zur Unterzeichnung der Niederschrift gem. § 24 Abs. 6 WEG nachkommen können.[21]   8

3. Inhalt des Einberufungsschreibens.[22] a) Einzelheiten. Der Empfänger muss der Einladung entnehmen können, welche Wohnungseigentümergemeinschaft betroffen ist, **wann** und **wo** die Versammlung stattfinden soll und welche Themen Gegenstand der Versammlung sein sollen. Es müssen sämtliche **Beschlussgegenstände** in nach § 23 Abs. 2 WEG ordnungsgemäßer Art und Weise, ggf. bei Unterschreitung der gesetzlichen Frist mit Angaben gem. § 24 Abs. 4 S. 2 Hs. 2 WEG, bezeichnet werden. Falls eine inhaltliche Befassung mit dem Beschlussgegenstand Unterlagen erfordert, so sind diese mit zu versenden.[23] Dazu gehören auch Baubeschreibungen, Leistungsverzeichnisse, umfangreiche Angebote oder Verträge bzw. der Verwaltervertrag. Wird gegen die Pflicht, Unterlagen zu versenden, verstoßen, kann ein dennoch gefasster Beschluss bereits aus diesem Grunde mangelhaft sein.[24] Für die Neubestellung eines Verwalters ist es für eine ordnungsmäßige Beschlussfassung regelmäßig geboten, die Angebote der Bewerber innerhalb der Einladungsfrist des § 24 Abs. 4 S. 2 WEG mit der Einladung zur Eigentümerversammlung zukommen zu lassen.[25] Dies soll den Eigentümern eine inhaltliche Befassung mit dem Beschlussgegenstand und eine ausreichende Vorbereitung auf die Eigentümerversammlung ermöglichen. Das kann etwa bei der Beschlussfassung über eine Jahresabrechnung und den Wirtschaftsplan oder über eine namhafte Sonderumlage für umfangreiche Sanierungsmaßnahmen der Fall sein.[26]   9

b) Tagungsordnung. Eine ordnungsgemäße Einberufung muss immer eine **Tagesordnung**[27] enthalten.[28] Den Inhalt der Ladung zur Versammlung bestimmt in der Regel der Verwalter. Die Tagesordnung (**Inhalt** und **Reihenfolge**) wird vom Einberufenden nach billigem Ermessen festgelegt.[29] Dabei muss er insbesondere berücksichtigen, dass nach § 23 Abs. 2 WEG die genaue Bezeichnung des Beschlussgegenstandes für die Wirksamkeit eines Beschlusses Voraussetzung ist.[30] Die Anforderungen an Einzelheiten an den Beschlusstext sind aber nicht zu überspannen; vielmehr genügt es, dass der Geladene erkennt, was Gegenstand der vorgesehenen Beschlussfassung ist.[31]   10

Unter den Voraussetzungen des § 24 Abs. 3 WEG steht auch dem Vorsitzenden des Verwaltungsbeirats oder seinem Vertreter das Recht zu, bestimmte Punkte auf die Tagesordnung zu setzen. Dies geschieht, indem eine **Ergänzung der Tagesordnung** durch den Verwaltungsbeirat an alle Eigentümer versendet wird.[32]   11

Ein **Ankündigungsrecht** für Beschlussgegenstände hat nur der berechtigterweise Einberufende.[33] Gem. § 19 Abs. 1 WEG hat jeder Wohnungseigentümer – unabhängig vom Quorum nach § 24 Abs. 2 WEG – einen Anspruch auf Aufnahme solcher Tagesordnungspunkte in die Ladung, deren Behandlung ordnungsmäßiger Verwaltung entspricht. Ist die Frist des § 24 Abs. 4 S. 2 WEG bereits abgelaufen, besteht kein Anspruch auf Ergänzung der Tagesordnung.[34]   12

c) Zweitversammlung.[35] Zu einer Zweitversammlung **am gleichen Tage**, zum Beispiel eine halbe Stunde nach dem Termin der Erstversammlung, im Falle der **Beschlussunfähigkeit der Erstversammlung**, konnte in   13

---

20 LG Düsseldorf 3.11.2011 – 19 S 45/11, ZMR 2012, 384.
21 Bärmann/*Merle* WEG § 24 Rn. 48; OLG Hamm 27.9.2006 – 15 W 98/06, ZWE 2007, 58.
22 Musterbeispiel für ein Einberufungsschreiben: FormB-WEG-R/*Fritsch/Meier* § 2 Rn. 371.
23 BGH 13.1.2012 – V ZR 129/11, ZWE 2012, 125.
24 *Hügel/Elzer* WEG § 24 Rn. 58.
25 BGH 24.1.2020 – V ZR 110/19.
26 BGH 20.1.2020 – V ZR 110/19 Rn. 11, GE 2020, 749; BGH 13.1.2012 – V ZR 129/11, NJW-RR 2012, 343.
27 Musterbeispiel für eine Tagesordnung: FormB-WEG-R/*Fritsch/Meier* § 2 Rn. 376.
28 Bärmann/*Merle* WEG § 24 Rn. 40.
29 Niedenführ/Vandenhouten/*Kümmel/Vandenhouten* WEG § 24 Rn. 23.
30 Bärmann/*Merle* WEG § 24 Rn. 40.
31 BGH 13.1.2012 – V ZR 129/11, ZWE 2012, 125.
32 Bärmann/*Merle* WEG § 24 Rn. 40.
33 Palandt/*Wicke* WEG § 24 Rn. 7.
34 Niedenführ/Vandenhouten/*Kümmel/Vandenhouten* WEG § 24 Rn. 24.
35 Musterbeispiel für ein Einladungsschreiben für eine Zweitversammlung: FormB-WEG-R/*Fritsch/Meier* § 2 Rn. 373.

der Vergangenheit schon im Einberufungsschreiben geladen werden. Voraussetzung war eine entsprechende Vereinbarung der Wohnungseigentümer,[36] dass die Eventualversammlung ohne Rücksicht auf die Zahl der dann Erschienenen und Größe der vertretenen Anteile beschlussfähig ist.[37]

Mit Inkrafttreten des Wohnungseigentumsmodernisierungsgesetz am 1.12.2020 bedarf es **keiner Zweitversammlung** mehr, da jede Versammlung unabhängig von der Zahl der vertretenen Miteigentumsanteile beschlussfähig ist. Damit sollen in Zukunft überflüssige Teilnahmen an Eigentümerversammlungen, die wegen eines fehlenden Beschlussfähigkeitsquorums aufgehoben werden mussten, vermieden werden.[38]

14 **4. Einberufungsform.** Soweit die Eigentümer keine abweichende Regelung in einer Vereinbarung oder in der Teilungserklärung getroffen haben, erfolgt die **Einberufung in** Textform (§ 24 Abs. 4 S. 1 WEG). Der Absender und der Abschluss der Erklärung müssen in geeigneter Weise erkennbar sein, entweder in einer Urkunde oder in einer anderen zur dauerhaften Wiedergabe geeigneten Weise (§ 126 b BGB). Eine Versendung als E-Mail, Computerfax oder auch als SMS ist zulässig (also anders als bei der Schriftform). Eine Unterschrift des Verwalters ist nicht erforderlich.[39] Der Ladende muss bislang nicht auf die Notwendigkeit, dass eine schriftliche Vollmacht vorzulegen ist, hinweisen.[40] Da seit Inkrafttreten des Wohnungseigentumsmodernisierungsgesetz am 1.12.2020 Vollmachten zur ihrer Gültigkeit der Textform bedürfen (§ 25 Abs. 3 WEG), wird der Einladende im Einberufungsschreiben darauf hinweisen müssen.

15 Der Verwalter hat seine Einberufungspflicht mit dem Versenden des Einberufungsschreibens erfüllt, deren **Zugang** in der Risikosphäre des einzelnen Wohnungseigentümers liegt.[41] Die Einladung ist an die dem Verwalter zuletzt mitgeteilte Anschrift des Wohnungseigentümers zu versenden.[42] Zeigt ein Wohnungseigentümer seine neue Anschrift nicht an, führt diese Obliegenheitsverletzung dazu, dass er gleichwohl gefasste Beschlüsse anfechten kann.[43]

16 **5. Einberufungsfrist.** Gem. § 24 Abs. 4 S. 2 WEG nF soll die Einberufungsfrist **ab dem 1.12.2020 mindestens drei Wochen** betragen, wenn die Eigentümer keine andere Regelung vereinbart haben. Sie bezweckt, das Teilnahmerecht eines jeden Wohnungseigentümers sicherzustellen. Eine Abkürzung der Frist ist in dringenden Fällen gem. § 24 Abs. 4 S. 2 WEG möglich. Die Frist beginnt mit Bekanntgabe von Zeit/Ort der Versammlung und der Beschlussgegenstände (auch nachgeschobener) mit **Zugang des Einladungsschreibens.**[44] Für die Berechnung der Frist gelten die § 187 Abs. 1, § 188 Abs. 2 Hs. 1 BGB, dh für den Beginn der Einberufungsfrist ist der Tag maßgebend, an dem die schriftliche Einberufung dem Wohnungseigentümer zugeht. Die Drei-Wochen-Frist endet mit dem Ablauf desjenigen Tages, der durch seine Benennung dem Tag entspricht, an dem das fristauslösende Ereignis stattfand. § 193 BGB, der den nächsten Werktag als Fristende bestimmt, ist allerdings nicht anzuwenden.[45]

17 Sieht die Teilungserklärung/Vereinbarung eine rechtzeitige Absendung vor, so gilt das Einberufungsschreiben zwei Tage nach Absendung als zugegangen (**Zugangsfiktion**).[46] Im Fall besonderer Dringlichkeit darf die Einberufungsfrist verkürzt werden. Dieser liegt vor, wenn die Angelegenheit so eilig ist, dass die gesetzliche Einberufungsfrist nicht eingehalten werden kann, ohne dass die Wohnungseigentümer Gefahr liefen, erheblichen Schaden zu erleiden, etwa bei Ausfall der Heizungsanlage in den Wintermonaten.[47]

18 **6. Versammlungsort, Versammlungsraum und Versammlungszeit.**[48] Fehlt es an einer Vereinbarung zu Versammlungsort und Versammlungsstätte, unterfällt Auswahl und Festlegung dem **Ermessen des Einberu-**

---

36 FormB-WEG-R/*Elzer* WEG § 1 Rn. 305.
37 KG 17.5.2000 – 24 W 3651/99, NZM 2001, 105.
38 BT-Drs. 19/18791, 27.
39 *Hügel/Elzer* WEG § 24 Rn. 58.
40 *Hügel/Elzer* WEG § 24 Rn. 57.
41 Bärmann/*Merle* WEG § 24 Rn. 6.
42 Niedenführ/Vandenhouten/*Kümmel/Vandenhouten* WEG § 24 Rn. 16.
43 BGH 5.7.2013 – V ZR 241/12, NJW 2013, 3098.
44 Palandt/*Wicke* WEG § 24 Rn. 9.
45 Bärmann/*Merle* WEG § 24 Rn. 39.
46 Palandt/*Wicke* WEG § 24 Rn. 5.
47 Niedenführ/Vandenhouten/*Kümmel/Vandenhouten* WEG § 24 Rn. 19.
48 Musterbeispiel für ein Einladungsschreiben zur Eigentümerversammlung: FormB-WEG-R/*Fritsch/Meier* § 2 Rn. 371.

fenden. Versammlungsort und Versammlungsstätte müssen verkehrsüblich und zumutbar sein, auch für Berufstätige. Grundsätzlich gilt ein **Ortsbezug**.[49] Im „Normalfall" sollte eine Versammlung an einem Werktag, der nicht Feiertag ist und außerhalb der Ferien liegt, spätestens am 31. Juni, nach 18 Uhr einberufen werden.[50] Eine Einberufung zur „Unzeit", zum Beispiel vormittags oder am frühen Nachmittag eines Arbeitstages, ist im Regelfall nicht zulässig.[51] Wenn sich Wohnungseigentümer schriftlich über den Ort einer Eigentümerversammlung geeinigt haben, so darf der Ort nicht einseitig geändert werden.[52]

7. Einberufungsgründe. Der Verwalter ist zur Einberufung einer Versammlung **mindestens** einmal im Jahr verpflichtet (§ 24 Abs. 1 WEG), auf Verlangen von mehr als einem Viertel der Eigentümer (§ 24 Abs. 2 WEG), wenn nach den Grundsätzen ordnungsgemäßer Verwaltung eine Einberufung geboten ist und in den durch die Gemeinschaftsordnung bestimmten Fällen. **19**

8. Verstoß. Zu den formellen Mängeln von Versammlungsbeschlüssen zählen Fehler bei der Einberufung der Versammlung. Diese sind jedoch nur erheblich, wenn sie sich auf das Beschlussergebnis auswirken.[53] Die Anfechtung hat nur dann Erfolg, wenn der Beschluss auf dem Ladungsmangel beruht.[54] So scheidet eine Ungültigerklärung dann aus, wenn mit Sicherheit – nicht nur mit hoher Wahrscheinlichkeit – feststeht, dass der jeweilige Beschluss auch bei ordnungsmäßigem Verfahren ebenso gefasst worden wäre. Die **Beweislast** liegt hier bei der beklagten Gemeinschaft der Wohnungseigentümer, die darlegen und beweisen muss, dass das Beschlussergebnis nicht auf dem Beschlussmangel beruht.[55] **20**

a) Anfechtbarkeit. Wird ein Stimmrechtsberechtigter versehentlich nicht geladen, ist der entsprechende Beschluss grundsätzlich nicht nichtig, sondern nur anfechtbar.[56] Die Beweislast für die Frage, ob eine **Ladung** zugegangen ist, tragen bei einer Anfechtungsklage die den angefochtenen Beschluss verteidigenden Wohnungseigentümer.[57] Nichtigkeit ist nur in besonders schwerwiegenden Ausnahmefällen anzunehmen, wenn ein Eigentümer böswilliger Weise vorsätzlich von der Teilnahme ausgeschlossen werden soll.[58] Kann die Frage, ob eine **Nichtladung** versehentlich oder vorsätzlich war, nicht aufgeklärt werden, trifft die materielle Feststellungslast den Anfechtenden.[59] Unschädlich ist die Nichtladung des Sondernachfolgers, wenn ein Wohnungseigentümer mittlerweile das Wohnungseigentum veräußert, dies aber nicht dem Verwalter angezeigt hat.[60] **21**

b) Einberufung durch Nichtberechtigten. Wird die Versammlung durch einen **Nichtberechtigten** einberufen, etwa durch den Verwalter nach Ablauf seiner Bestellungszeit, so führt dies lediglich zur Anfechtbarkeit der in der Versammlung gefassten Beschlüsse.[61] Das gilt auch, wenn ein Mitglied des Verwaltungsbeirats die Versammlung einberufen hat, ohne dass die Voraussetzungen des § 24 Abs. 3 WEG vorliegen.[62] Beruft dagegen ein sonstiger beliebiger **Dritter** eine Versammlung ein, so liegt keine Eigentümerversammlung im eigentlichen Sinne vor, in der rechtsverbindliche Beschlüsse gefasst werden können.[63] **22**

c) Weitere Einberufungsmängel. Ein Einberufungsmangel liegt auch vor, wenn die Bezeichnung der Beschlussgegenstände fehlt oder unzureichend ist, die Einberufung zur Unzeit oder nicht in der vorgeschriebenen Textform erfolgt ist.[64] Bei der Regelung der Einberufungsfrist in § 24 Abs. 4 S. 2 WEG handelt es sich nur um eine Soll-Vorschrift, so dass allein ein Verstoß nicht zu Ungültigerklärung dieses Beschlusses führen kann.[65] **23**

---

49 *Hügel/Elzer* WEG § 24 Rn. 15.
50 *Hügel/Elzer* WEG § 24 Rn. 17.
51 OLG Frankfurt a. M. 9.8.1982 – 20 W 403/82, NJW 1983, 305.
52 BGH 10.6.2011 – V ZR 222/19, MDR 2013, 457.
53 Bärmann/*Merle* WEG § 23 Rn. 179.
54 *Hügel/Elzer* WEG § 24 Rn. 10.
55 Bärmann/*Merle* WEG § 23 Rn. 185; LG Berlin 5.2.2013 – 85 S 31/12, ZWE 2013, 458.
56 BGH 20.7.2012 – V ZR 235/11, ZWE 2012, 430.
57 *Hügel/Elzer* WEG § 24 Rn. 10.
58 BGH 20.7.2012 – V ZR 235/11, ZWE 2012, 429.
59 *Hügel/Elzer* WEG § 24 Rn. 11.
60 BGH 5.7.2013 – V ZR 241/12, NJW 2013, 3098.
61 Bärmann/*Merle* WEG § 23 Rn. 180.
62 BayObLG 13.12.2001 – 2Z BR 93/01, ZWE 2002, 360.
63 Bärmann/*Merle* WEG § 23 Rn. 182.
64 Bärmann/*Merle* WEG § 23 Rn. 184.
65 BGH 7.3.2002 – V ZB 24/01, WuM 2002, 277.

Ficht ein Eigentümer einen in der Versammlung gefassten Beschluss wegen **Unterschreitung der Einberufungsfrist** an, so muss er für die Schlüssigkeit der Klage vortragen, dass die Frist für die Einberufung der Versammlung unterschritten wurde, der Kläger an der Eigentümerversammlung nicht teilgenommen hat, er aber daran teilgenommen hätte, wenn ihm die Einladung innerhalb der Einberufungsfrist zugegangen wäre.[66]

88. Formalien zum Anfechtungsprozess

Küttner

I. Einführung

1 Die Anfechtungsklage ist geregelt in § 44 WEG und im dortigen Abs. 1 **legaldefiniert**. Danach kann das Gericht auf Klage eines Wohnungseigentümers einen Beschluss für ungültig erklären. Die Erhebung einer erfolgreichen Anfechtungsklage (→ *Anfechtungsklage* Rn. 1 ff.) ist an strenge Vorgaben gebunden und damit für die klagende Partei höchst fehlerträchtig. Eine Vielzahl von Klagen wird aus **formellen Gründen** abgewiesen.

2 So dienen die **Klage- und Klagebegründungsfrist** insbesondere dem Interesse der Wohnungseigentümer, möglichst zeitnah Gewissheit darüber zu erlangen, ob die von der Eigentümerversammlung gefassten Beschlüsse bestandskräftig werden bzw. in welchem Umfang und aufgrund welcher tatsächlichen Grundlage ein angefochtener Beschluss einer gerichtlichen Überprüfung unterzogen wird. Weitere prozessrechtliche wie auch materiellrechtliche Vorgaben sind beim Anfechtungsprozess zu beachten.

II. Formalien

3 **1. Fristen und Kostenvorschuss.** Die Beschlussanfechtung muss innerhalb eines Monats (nicht vier Wochen!) nach der Beschlussfassung gerichtlich geltend gemacht werden, § 45 S. 1 Hs. 1 WEG. Entscheidend für den Beginn der **Monatsfrist** ist damit das Datum der Beschlussverkündung in einer Eigentümerversammlung oder der Bekanntgabe eines Umlaufbeschlusses. Auf den Zeitpunkt der Übersendung des Beschlussprotokolls kommt es dagegen nicht an. Ausschließlich (örtlich) zuständig für Anfechtungsklagen ist das Gericht, in dessen Bezirk das Grundstück der Gemeinschaft der Wohnungseigentümer liegt, § 43 WEG.

4 Seitdem der Gesetzgeber die Führung einer Beschluss-Sammlung (§ 24 Abs. 7, 8 WEG) vorschreibt, trägt der Anfechtungskläger bei einer vorsorglichen **Blankettanfechtung** auf der Grundlage der Tagesordnung die Verfahrenskosten, wenn er nach Kenntnis der Beschlusslage die Anfechtung (teilweise) wieder zurücknimmt. Vor der Klageerhebung bedarf es mithin einer Ermittlung, welche Beschlüsse wie verkündet worden sind durch Einsicht in die Beschluss-Sammlung. Die dortigen Einträge sind „unverzüglich" nach der Verkündung zu erledigen.

5 Nach § 253 Abs. 1 ZPO erfolgt die Erhebung einer Anfechtungsklage durch Zustellung eines Schriftsatzes (Klageschrift), wobei jedoch gem. § 167 ZPO die rechtzeitige Einreichung der Klageschrift bei Gericht genügt, sofern die Zustellung noch **„demnächst"** erfolgt. Auch bei der Beschlussanfechtungsklage ist das Merkmal „demnächst" iSd § 167 ZPO nur erfüllt, wenn sich die der Partei **zuzurechnenden Verzögerungen** in einem hinnehmbaren Rahmen halten. Dabei wird eine Zustellungsverzögerung von bis zu 14 Tagen regelmäßig hingenommen, um eine Überforderung der Klagepartei auszuschließen.[1]

Die Rechtsprechung legt den Begriff „demnächst" zugunsten der Klagepartei zunehmend großzügig aus. Fordert das Gericht keinen **Gerichtskostenvorschuss** an und bleibt der Kläger untätig, beginnt der ihm im Rah-

---

66 Niedenführ/Vandenhouten/*Kümmel/Vandenhouten* WEG § 24 Rn. 21.
1 BGH 29.9.2017 – V ZR 103/16, NZM 2018, 173.

men der Prüfung der Voraussetzungen des § 167 ZPO zuzurechnende Zeitraum einer Zustellungsverzögerung (sogar erst) frühestens drei Wochen nach Einreichung der Klage bzw. nach Ablauf der durch die Klage zu wahrenden Frist.[2]

Die Anfechtungsklage ist innerhalb von zwei Monaten **zu begründen**, § 45 S. 1 Hs. 2 WEG. Diese Frist ist, wie die Klagefrist, nicht verlängerbar. Eine analoge Anwendung der Verlängerungsregelung des § 520 Abs. 2 ZPO scheidet aus, da es insoweit an einer planwidrigen Regelungslücke fehlt. Eine gerichtlich gewährte Fristverlängerung entfaltet keine Wirkung. 6

Die Klagepartei ist zur Vermeidung eines materiellrechtlichen Ausschlusses gehalten, innerhalb der Begründungsfrist die Gründe vorzutragen, auf die sie die Anfechtung stützt. Dabei muss sich der Lebenssachverhalt, aus dem sich die Anfechtungsgründe ergeben sollen, zumindest in seinem **wesentlichen Kern** aus den innerhalb der Frist eingegangenen Schriftsätzen selbst ergeben. Es genügt nicht, dass er aus Anlagen ersichtlich ist. Ein Nachschieben von Gründen nach Fristablauf ist nicht möglich.[3] 7

2. Aktiv- und Passivlegitimation. Sowohl ein als auch mehrere Wohnungseigentümer können eine Anfechtungsklage erheben. Seit Inkrafttreten des Wohnungseigentumsmodernisierungsgesetzes sieht der gesetzliche Wortlaut kein Anfechtungsrecht des Verwalters vor. Anerkannt (str.) war nach vorheriger Gesetzeslage die Anfechtung durch den Verwalter im Falle seiner Abberufung aus wichtigem Grund. Nach § 26 Abs. 3 WEG kann der Verwalter jederzeit abberufen werden. Seine Abberufung kann nicht mehr beschränkt werden. Insoweit entfällt auch das Bedürfnis, dem Verwalter ein Klagerecht einzuräumen. 8

Die Anfechtungsklage ist seit Inkrafttreten des Wohnungseigentumsmodernisierungsgesetzes gegen die Gemeinschaft der Wohnungseigentümer zu richten (sog. **Verbandsprozess**). Der Gesetzgeber ist damit praktischen und dogmatischen Bedenken gefolgt (→ *Anfechtungsklage* Rn. 6).

Die **Veräußerung des Wohnungseigentums** während eines rechtshängigen WEG-Verfahrens lässt die Verfahrensführungsbefugnis des Veräußerers unberührt.[4] Ein Rechtsschutzbedürfnis der ausgeschiedenen Wohnungseigentümer besteht dann, wenn der Beschluss trotz des Ausscheidens aus der Gemeinschaft noch in die Rechte der Klagepartei eingreift. Das kommt etwa bei der Anfechtung eines Beschlusses über die Verteilung von Kosten in Betracht, wenn die Rechtsfolgen des Beschlusses wegen der Fälligkeitstheorie weiterhin den ausgeschiedenen Wohnungseigentümer persönlich treffen. 9

Die höchstrichterliche Rechtsprechung war bei der **Auslegung der Parteibezeichnung** großzügig. Die Klagefrist des § 46 Abs. 1 S. 2 WEG aF konnte daher auch durch eine Klage gegen den Verband Wohnungseigentümergemeinschaft gewahrt werden, wenn innerhalb der Klagefrist der Verwalter angegeben wurde und die namentliche Bezeichnung der richtigerweise zu verklagenden übrigen Mitglieder der Gemeinschaft bis zum Schluss der mündlichen Verhandlung nachgeholt wurde.[5] Dies dürfte „umgekehrt" gelten, wenn in Unkenntnis der neuen Rechtslage die übrigen Eigentümer verklagt werden, sich aber aus der Klage die Angabe des gemeinschaftlichen Grundstückes und die Vertretung durch den Verwalter ergibt. 10

3. Zustellungsvertreter. Der Verwalter ist **Zustellungsvertreter** der Gemeinschaft der Wohnungseigentümer, die er gerichtlich und außergerichtlich vertritt, § 9 b Abs. 1 WEG. Damit ist er auch zur Entgegennahme sämtlicher gerichtlicher Schriftstücke berechtigt. § 44 Abs. 2 S. 2 WEG schreibt vor, dass der Verwalter den Wohnungseigentümern die Erhebung einer Beschlussklage unverzüglich bekannt zu machen hat. Da die gerichtliche Entscheidung gegenüber allen Wohnungseigentümern wirkt (vgl. § 44 Abs. 3 WEG), müssen die Wohnungseigentümer die Möglichkeit erhalten, sich als Nebenintervenienten an dem Prozess zu beteiligen. Das Gesetz schreibt kein spezielles Verfahren der Bekanntmachung vor. Der Verwalter erfüllt seine Pflicht, wenn er den Wohnungseigentümern die Möglichkeit eröffnet, von der Klageerhebung mit hinreichender Sicherheit Kenntnis zu nehmen, sodass sie von ihren prozessualen Rechten Gebrauch machen können. Weiterhin muss die Information die Eigentümer in die Lage versetzen, am Termin teilzunehmen (vgl. § 27 Abs. 1 Nr. 7 WEG aF). 11

---

2 BGH 25.9.2015 – V ZR 203/14, NZM 2018, 173.
3 BGH 16.1.2009 – V ZR 74/08, NZM 2009, 999.
4 § 265 ZPO – Veräußerung oder Abtretung der Streitsache.
5 BGH 5.3.2010 – V ZR 62/09, NZM 2010, 406.

12 **4. Eigentümerliste.** Da sich die Anfechtungsklage seit Inkrafttreten des Wohnungseigentumsmodernisierungsgesetzes gegen die Gemeinschaft der Wohnungseigentümer richtet, bedarf es zur Bezeichnung der Wohnungseigentümer nicht mehr der Vorlage einer Eigentümerliste. Die Vorgabe in § 44 WEG aF wurde ersatzlos gestrichen.

13 **5. Umfang der Anfechtung.** Nach § 251 Abs. 2 ZPO muss die Klageschrift unter anderem die Angabe eines bestimmten Gegenstandes und des Grundes des erhobenen Anspruchs sowie einen bestimmten Antrag enthalten. Demzufolge muss sich aus dem Klageantrag ergeben, welcher Beschluss angefochten wird. **Unklarheiten** gehen zulasten des Klägers.

14 Ein Beschluss kann auch nur **teilweise** angefochten und für ungültig erklärt werden. Dies betraf zB eine Klage bei einem fehlerhaften Verteilungsschlüssel in einer genehmigten Jahresabrechnung. Denn eine unzutreffende Kostenverteilung wirkt sich in der Regel nicht auf die Gesamtabrechnung, sondern nur auf die Einzelabrechnungen aus, und dies auch nur in dem Umfang der betroffenen Positionen.[6] Soweit nach § 28 Abs. 2 WEG nunmehr die Einforderung von Nachschüssen oder die Anpassung der beschlossenen Vorschüsse genehmigt wird, kann der Beschluss auch teilweise wegen der Umlage einzelner Positionen bzw. deren Kostenverteilung angefochten werden.

15 **6. Negativbeschluss.** Ein sog. Negativbeschluss, mithin die **Ablehnung eines Beschlussantrags** durch die Mehrheit der Wohnungseigentümer, unterliegt nach ständiger höchstrichterlicher Rechtsprechung auch ohne Verbindung mit einem auf die Feststellung eines positiven Beschlussergebnisses gerichteten Antrags der gerichtlichen Anfechtung.[7] Ein Rechtsschutzbedürfnis soll bestehen, wenn der Kläger durch die Ablehnung in seinem Recht auf ordnungsmäßige Verwaltung des gemeinschaftlichen Eigentums verletzt wird. Dies wird zunehmend kritisch gesehen, da ein Negativbeschluss nur eine Momentaufnahme darstellt und der Kläger unter keinen Umständen mit seinem prozessualen Begehren irgendeinen schutzwürdigen Vorteil erlangen kann.[8]

16 Ein Negativbeschluss entspricht zudem ordnungsmäßiger Verwaltung, wenn ein Positivbeschluss anfechtbar wäre.[9] Die Anfechtung eines Negativbeschlusses ist somit nur dann begründet, wenn der Kläger einen Anspruch auf die konkrete mehrheitlich abgelehnte Maßnahme hat. Dies ist nur dann der Fall, wenn das **Ermessen** der Wohnungseigentümer im Rahmen ordnungsmäßiger Verwaltung **auf Null reduziert** ist.[10]

17 **7. Streitwert.** Der **Streitwert** richtet sich seit Inkrafttreten des Wohnungseigentumsmodernisierungsgesetzes nach § 49 GKG. Danach ist der Streitwert in Verfahren nach § 44 Abs. 1 WEG auf das Interesse aller Wohnungseigentümer an der Entscheidung festzusetzen. Er darf den **siebeneinhalbfachen Wert** des Interesses des Klägers und der auf seiner Seite Beigetretenen sowie den Verkehrswert ihres Wohnungseigentums nicht übersteigen.

Sowohl bei der notwendigen Bestimmung des Gesamtinteresses der Wohnungseigentümer als auch bei der Festsetzung des Interesses des Klägers kann grundsätzlich auf die Rechtsprechung zu § 49 a Abs. 1 S. 1 GKG aF zurückgegriffen werden. Bei der Anfechtung des Beschlusses über die Einforderung von Nachschüssen oder die Anpassung der beschlossenen Vorschüsse (§ 28 Abs. 2 WEG) insgesamt wird das Interesse des Klägers grundsätzlich auf das siebeneinhalbfache desjenigen Betrages beschränkt sein, den er als Nachschuss zur Kostentragung bezahlen muss oder um den der Vorschuss zur Kostentragung reduziert wird. Eine weitere Beschränkung kommt nur in Betracht, wenn die Anfechtungsklage auf eine konkrete Teilposition begrenzt wird.

18 **8. Rechtsmittel.** Für Berufungen in WEG-Sachen gelten gem. § 72 Abs. 2 S. 1 GVG Sonderregeln (**Zuständigkeitskonzentration**). Grundsätzlich ist für Berufungen gegen Urteile sämtlicher Amtsgerichte eines OLG-Bezirks dasjenige Landgericht zuständig, in dessen Bezirk sich das OLG befindet. Gem. § 72 Abs. 2 S. 2 und 3 GVG können die Landesregierungen davon abweichend durch Verordnung auch die Zuständigkeit eines anderen Landgerichts bestimmen.

19 Wird die Berufung beim falschen, also einem unzuständigen Berufungsgericht eingelegt, und wird dies nicht innerhalb der Berufungsfrist korrigiert, ist die Berufung grundsätzlich unzulässig. Dies gilt nicht, wenn das

---

6 BGH 15.3.2007 – V ZB 1/06, NZM 2007, 358.
7 BGH 15.1.2010 – V ZR 114/09, NZM 2010, 205.
8 AG Tostedt 28.3.19 – 5 C 141/15, ZMR 2019, 639.
9 LG Bremen 7.10.2016 – 4 S 250/15, ZMR 2017, 83.
10 LG Hamburg 4.9.2015 – 318 S 75/14, ZWE 2016, 226.

erstinstanzlich zuständige Amtsgericht in der **Rechtsmittelbelehrung** auf ein unzuständiges Berufungsgericht verwiesen hat und der Prozessbevollmächtigte des Berufungsklägers darauf vertrauen durfte.[11] Danach unterliegt auch ein Rechtsanwalt als Klägervertreter in aller Regel einem unverschuldeten Rechtsirrtum, wenn er die Berufung in einer Wohnungseigentumssache aufgrund einer unrichtigen Rechtsmittelbelehrung nicht bei dem nach § 72 Abs. 2 GVG zuständigen Berufungsgericht, sondern bei dem für allgemeine Zivilsachen zuständigen Berufungsgericht einlegt.

Dies gilt nicht, wenn die Rechtsmittelbelehrung – ausgehend von dem bei einem Rechtsanwalt vorauszusetzenden Kenntnisstand – nicht einmal den Anschein der Richtigkeit zu erwecken vermochte.[12]

89. Garten

Rothermel

I. Einführung

Oftmals bietet es sich an, bei der Gestaltung des Grundstücks um das Gebäude herum nicht nur Wege, Pkw- und Fahrradstellflächen und wirtschaftliche Nutzflächen wie zum Abstellen von Müllcontainern zu planen, sondern auch Gartenflächen. Diese dienen zum einen den Erholungs- und Freizeitmöglichkeiten der Bewohner (Anlegen eines Grillplatzes, Aufstellen von Kinderspielgeräte, gemeinschaftliche Terrasse etc) und können zum anderen, je nach Art und Umfang der Gestaltung, auch wertsteigernden Charakter haben. 1

II. Garten als Gemeinschaftseigentum?

Bislang fiel gem. § 1 Abs. 5 WEG der Garten zwingend in das **Gemeinschaftseigentum** (→ *Gemeinschaftliches Eigentum* Rn. 2 ff.) und unterlag dann der Verwaltung durch die Gemeinschaft der Wohnungseigentümer bzw. den Verwalter (→ *Verwalter* Rn. 41 ff.). Die Begründung von **Sondereigentum** (→ *Sondereigentum* Rn. 3) hieran war nicht möglich, da Sondereigentum gem. § 3 Abs. 2 WEG aF nur an abgeschlossenen Räumen möglich war. Eine Begründung von **Sondernutzungsrechten** (→ *Sondernutzungsrecht* Rn. 7 ff.) konnte hingegen in der Gemeinschaftsordnung (→ *Gemeinschaftsordnung* Rn. 1 ff.) oder mittels Vereinbarung nach § 10 Abs. 2 WEG erfolgen. 2

Die Eintragung der Sondernutzungsrechte im Grundbuch (→ *Grundbuch* Rn. 10 f.) ist erforderlich. Auch bei Begründung eines Sondernutzungsrechts an Teilen oder dem gesamten Garten können die Wohnungseigentümer weiterhin **Gebrauchsbestimmungen** (im Wege der Vereinbarung nach § 19 Abs. 1 WEG oder mittels Beschlusses gem. § 19 Abs. 2 WEG bei Vorliegen der entsprechenden Beschlusskompetenz wie bspw. zur konkreten Bepflanzung (→ *Pflanzen* Rn. 11 ff.) der Fläche treffen.[1] Eine Nutzung des Gartens ist dann nur im Rahmen des bestimmungsgemäßen Gebrauchs möglich, eine Nutzung als Stellfläche oder Stellplatz oder die Errichtung eines Carports ist dann nicht zulässig.[2]

Gem. § 3 Abs. 2 WEG ist nunmehr eine **Erstreckung von Sondereigentum** auch auf außerhalb des Gebäudes liegende Teilen des Grundstücks möglich. Um Sondereigentum wirksam zu begründen, ist das Sondereigentum in der notariell zu beurkundenden Teilungserklärung entsprechend den Anforderungen zu bezeichnen. Die Pläne müssen das Sondereigentum zwingend als solches ausweisen. Sollte die nachträgliche Begründung von Sondereigentum an solchen Flächen gewünscht werden, ist hierfür die Änderung der Teilungserklärung not- 3

---

11 BGH 28.9.2017 – V ZB 109/16, MDR 2018, 108.
12 BGH 9.3.2017 – V ZB 18/16, NZM 2017, 481.
 1 BayObLG ZMR 1992, 202.
 2 BayObLG 12.11.1998 – 2 Z BR 95/98, DNotI-Report 1999, 41; OLG Hamm 6.5.1998 – 15 W 82/98, NZM 1998, 921; LG Nürnberg-Fürth 28.3.2018 – 14 S 6188/17, IMR 2018, 467.

wendig, die ebenfalls beurkundungsbedürftig ist. Tatbestandliche Voraussetzung ist, dass die Wohnung bzw. die nicht zu Wohnzwecken dienenden Räume (Teileigentum) weiterhin wirtschaftlich die Hauptsache des Sondereigentums bleiben. Damit ist auch die Begründung von Sondereigentum an Gartenteilen möglich. Die entsprechenden Rechtsfolgen (§ 13 WEG) sind dann anwendbar. Ab welcher Größe eines Gartens möglicherweise die wirtschaftliche Bedeutung des Wohnungs-bzw. des Teileigentums als Hauptsache in den Hintergrund tritt, wird die weitere Entwicklung zeigen. Ein ausschließliches Abstellen auf das Verhältnis der Fläche des Gartens oder des sonstigen nicht umbauten Sondereigentums (denkbar Stellflächen, Hof, Terrasse etc.) zum Wohn- bzw. Teileigentum dürfte wohl nicht ausschlaggebend sein, sondern die **wirtschaftliche Bedeutung** der jeweiligen Nutzung. Bei der Nutzung des Gartens zu Erholungszwecken sollten keine Zweifel an der wirtschaftlichen Hauptsache des Wohneigentums bestehen. Im Falle eines bestehenden Teileigentums (zB Speditionsbüros) mit nun zu begründendem Sondereigentum an sehr großen Flächen zum Abstellen und Warten der Betriebsmittel (Lkw) könnten Zweifel an der wirtschaftlichen Hauptfunktion des Teileigentums entstehen.

Sollte die Begründung von Sondereigentum an Garten bzw. Gartenteilen gewünscht sein, muss vergegenwärtigt werden, dass dann auch die gesamten Problemstellungen, die bei der Begründung von Sondereigentum an Gebäudeteilen bestehen, einschlägig sein können. Zu denken ist hierbei insbesondere an die Anforderungen an das **wirksame Entstehen des Sondereigentums** (sachenrechtlicher Bestimmtheitsgrundsatz). Zwar mag durch rechtsgestalterische Maßnahmen („Sollte die Begründung von Sondereigentum nicht möglich sein oder fehlschlagen, so werden stattdessen Sondernutzungsrechte vereinbart.") vermieden werden, dass bei fehlgeschlagener Begründung von Sondereigentum der vermeintliche Sondereigentümer auf das Wohlwollen der Gemeinschaft der Wohnungseigentümer angewiesen ist. Inwieweit ein tatsächlicher rechtlicher oder wirtschaftlicher Mehrwert durch die Begründung von Sondereigentum an Gärten erreicht werden kann, bleibt abzuwarten. Benutzungsregelungen und Kostentragungsverpflichtungen lassen sich durch Sondernutzungsrechte ebenso regeln, wie die bisherige Praxis gezeigt hat.

Nicht kalkulierbar könnte in diesem Zusammenhang auch der **Anspruch auf erstmalige plangerechte Herstellung des Gemeinschaftseigentums** sein, der zugunsten eines jeden Wohnungseigentümers gegen die Gemeinschaft der Wohnungseigentümer bestehen kann, wenn Gemeinschafts- und Sondereigentum nicht plangemäß errichtet wurden.[3] Der Anspruch auf erstmalige Herstellung unterliegt nicht der Verjährung.[4] Inwieweit dies jedoch bei zumeist reversibel umgrenzten Gartenbereichen, die ja gerade nicht mehr umbaut sein müssen, vgl. § 3 Abs. 2 WEG, einschlägig ist, bleibt abzuwarten. In wirtschaftlicher Hinsicht dürfte das Kostenrisiko jedenfalls deutlich überschaubarer sein als bei der planwidrigen Errichtung von Gebäuden.

4   Die Pflege des Gartens ist als **ordnungsgemäße Erhaltung** iSd § 13 Abs. 2, 14 WEG anzusehen; der „übliche" Rahmen ist jedoch einzuhalten.[5] Bei Bepflanzung des Gartens ist darauf zu achten, dass bspw. Bäume nicht zu Schäden am Gebäude (zB durch starke Wurzelbildung) oder zu sonstigen Beeinträchtigungen (Schattenwurf, Laub, Beachtung der örtlichen Baumschutzsatzungen) führt.[6] Gegebenenfalls problematisch ist das Fällen eines Baumes auf dem einem Sondernutzungsrecht unterliegenden Gartenteils. Zu prüfen ist die Erforderlichkeit eine entsprechende Genehmigung nach der jeweiligen kommunalen Baumschutzsatzung. Das Fällen des Baumes muss von der Eigentümergemeinschaft beschlossen werden, da der Baum trotz bestehenden Sondernutzungsrechts im Gemeinschaftseigentum steht. Das Fällen des Baums ist jedoch eine Maßnahme der Erhaltung des Gemeinschaftseigentums, die wegen ihrer Bedeutung für das gemeinschaftliche Eigentum nur von den Wohnungseigentümern in Ausübung ihrer **gemeinschaftlichen Verwaltung** getroffen werden kann. Daher müssen die **Kosten** für das Baumfällen und zur Beseitigung der durch die Baumwurzeln entstandenen Schäden **von allen Eigentümern gemeinsam** getragen werden.[7]

5   Nicht eindeutig geklärt ist, ob und ab welchem Umfang gärtnerische Umgestaltungen eine **bauliche Veränderung** (→ *Bauliche Veränderungen* Rn. 12 ff.) sein können.[8] Eine bauliche Veränderung liegt vor, wenn einseitig in die Bausubstanz eines Bauwerks und somit in das gemeinschaftliche Eigentum eingegriffen wird. Dies

---

3   Vgl. zB BGH 14.11.2014 – V ZR 118/13, NJW 2015, 2027; BGH 23.6.2017 – V ZR 102/16, ZWE 2017, 367 (zweiter Rettungsweg).
4   LG Itzehoe 14.10.2014 – 11 S 13/14.
5   Vgl. OLG Karlsruhe DWE 1994, 43 Ls.; LG Hamburg 10.9.2010 – 318 S 24/09, ZMR 2011, 226.
6   Vgl. dazu näher Bärmann/*Merle* WEG § 22 Rn. 227.
7   OLG Düsseldorf 17.10.2003 – I-3 Wx 227/03, ZMR 2004, 608.
8   Hierzu auch *Hügel* NotBZ 2020, 17.

ist im jeweiligen Einzelfall zu beurteilen und dabei die Besonderheit des Gartens als Außenanlage des Bauwerks zu berücksichtigen. Bejaht wurde eine bauliche Veränderung für Entfernung von Fassadengrün[9] und dauerhafter deutlicher Rückschnitt einer Hecke.[10] Dagegen sind wohl gärtnerische Gestaltungen (Rasenmähen, regulärer Baumschnitt, Entfernen und Erneuern abgestorbener Pflanzen, Heckenschneiden) keine baulichen Veränderungen,[11] sofern keine Wesensveränderung des Gartens, zB durch Anlegen einer Terrasse oder gepflasterten Wegen erfolgt.[12]

Eine bauliche Veränderung darf erfolgen, wenn dem Sondernutzungsberechtigten dies durch Vereinbarung ausdrücklich gestattet ist oder die bauliche Maßnahme nach § 20 Abs. 1 WEG (keine Benachteiligung anderer Wohnungseigentümer) zulässig ist.

Ist die gärtnerische Maßnahme als unzulässige bauliche Veränderung zu bewerten, stehen den Wohnungseigentümern individuelle **Unterlassungs- und Beseitigungsansprüche** zu, die sich gegen den jeweiligen Störer richten. Der Beseitigungsanspruch folgt aus § 1004 Abs. 1 S. 1 BGB (→ *Beseitigung* Rn. 23 ff.). Der Unterlassungsanspruch ergibt sich materiellrechtlich aus § 1004 Abs. 1 S. 2 BGB. Daneben können ggf. Ausgleichs- und Schadensersatzansprüche bestehen. **6**

III. Verfahrenshinweise

1. Klage auf Zustimmung und Beseitigung. Eine Klage auf Zustimmung aller Wohnungseigentümer ist dann denkbar, wenn ein sondernutzungsberechtigter Eigentümer eine **gärtnerische Maßnahme** durchführen möchte, die als bauliche Veränderung einzuordnen ist. **7**

Ist die, bspw. durch den Sondernutzungsberechtigten, begonnene Maßnahme als bauliche Veränderung unzulässig, können die Wohnungseigentümer (individueller Anspruch) die Beseitigung verlangen. Ob ein einzelner Eigentümer einen Anspruch auf das Tätigwerden der Gemeinschaft der Wohnungseigentümer haben kann, ist fraglich. Die Beantwortung der Frage orientiert sich an den Grundsätzen zum Rechtsschutzbedürfnis und muss im Einzelfall entschieden werden. **8**

2. Einstweilige Verfügung. Gegen eine noch andauernde **Maßnahme der Gartengestaltung**, die als unzulässige bauliche Veränderung einzuordnen ist, kann mit einer einstweiligen Verfügung nach § 940 ZPO vorgegangen werden (→ *Einstweiliger Rechtsschutz* Rn. 7 ff.). Gegenstand der einstweiligen Verfügung ist die Geltendmachung eines individuell bestehenden Unterlassungsanspruchs. **9**

90. Gebäudeenergiegesetz

Fraatz-Rosenfeld

---

9 OLG Düsseldorf NZM 2005, 149.
10 BayObLG 18.3.2004 – 2Z BR 249/03, ZWE 2005, 118.
11 Vgl. BGH WuM 2015, 47 Rn. 9.
12 BayObLG 1975, 201 (206).

I. Einführung

1 Am 1.11.2020 ist das Gebäudeenergiegesetz (GEG) in Kraft getreten, das mit Blick auf den Klimaschutzplan 2050 die Verbesserung der Energieeffizienz von Gebäuden zum Ziel hat. Daneben sollten Schwierigkeiten des Nebeneinanders von EnEV (Energieeinsparverordnung) und EEWärmeG (Erneuerbare-Energien-Wärmegesetz) beseitigt werden. Mit dem Gesetz werden zugleich die Anforderungen des Europäischen Parlaments[1] und des Rates über die Gesamtenergieeffizienz von Gebäuden[2] erfüllt. Danach müssen die Mitgliedstaaten vorschreiben, dass ab 2021 alle neuen Gebäude als Niedrigstenergiegebäude ausgeführt werden. Entscheidende Verbesserung für die Praxis dürfte das neue Nachweisverfahren sein. Statt umfangreicher Berechnungen kann bei der Errichtung von Gebäuden auf ein „Modellgebäudeverfahren" zurückgegriffen werden. Da Wohnungseigentumsanlagen idR bereits errichtete Bestandsgebäude sind, beschränkt sich die Darstellung auf diese Teilbereiche des GEG. Die Anforderungen an Energieausweise sind neu gestaltet worden (→ *Energieausweis* Rn. 1 ff.).

II. Grundzüge des Gesetzes

2 **1. Gebäudeenergiegesetz. a) Gesetzessystematik und Begriffsbestimmungen.** Das GEG stellt den besonderen Anforderungen für **neu zu errichtende Gebäude** (Teil 2) und denen für die **Bestandsgebäude** (Teil 3) einen allgemeinen Teil mit Begriffsbestimmungen voran (Teil 1). Im Anschluss beschäftigt es sich mit den technischen Anforderungen an Heizungs- und Klimaanlagen (Teil 4), mit den Energieausweisen (Teil 5) und im Weiteren dann mit der „Finanziellen Förderung der Nutzung erneuerbarer Energien" (Teil 6).

3 Hinsichtlich des Zwecks der Norm entspricht § 1 Abs. 1 GEG sinngemäß § 1 Abs. 1 EnEV. Danach ist Zweck beider Vorschriften der **sparsame Einsatz** von Energie in Gebäuden, die „unter Einsatz von Energie beheizt oder gekühlt werden" (§ 2 Abs. 1 Nr. 1 GEG). Ausgenommen sind atypische Gebäudeformen, die im Bereich des Wohnungseigentums idR kaum vorkommen werden.[3] Praktische Relevanz dürfte für Wohnungseigentumsanlagen lediglich § 1 Abs. 2 Nr. 8 GEG haben: Danach sind von den Verpflichtungen des GEG Wohngebäude ausgenommen, die „für eine Nutzungsdauer von weniger als vier Monaten jährlich bestimmt sind" (lit. a) und solche, die „für eine begrenzte jährliche Nutzung bestimmt" sind und bei denen der zu erwartende Energieverbrauch für diese begrenzte Zeit „weniger als 25 Prozent des zu erwartenden Energieverbrauchs bei ganzjähriger Nutzung beträgt" (lit. b). Während der Anwendungsfall der ersten Fallgruppe selten ist, sollen in dem zweiten Falle vornehmlich Ferienhäuser erfasst werden, die zwar mehr als vier Monate im Jahr genutzt werden, mangels Nutzung im Winter aber kaum Heizenergie verbrauchen.[4]

4 Das GEG übernimmt in abgewandelter Form im Teil 1 die Systematik der EnEV, in dem es in § 3 GEG die **Grundbegriffe** des Gesetzes definiert und dabei auch einige Begriffe übernimmt: Dabei wird unterschieden in **energietechnischer** Hinsicht[5] und in Bezug auf **bautechnische** Begriffe wie „kleines Gebäude" (Nr. 15), „Nutzfläche" bei einem „Wohngebäude" (Nr. 31) oder „Nichtwohngebäude" (Nr. 24) oder „zweiseitig angebautes Wohngebäude" (Nr. 32) oder **rechtliche** Begriffe wie „Baudenkmal" mit der Bezugnahme auf das Landesrecht (Nr. 3) des jeweiligen Bundeslandes. Identisch oder jedenfalls synonym sind ua die Begriffe „Wohngebäude" (§ 3 Abs. 1 Nr. 31 GEG/§ 2 Nr. 1 EnEV), „Baudenkmäler" (§ 3 Abs. 1 Nr. 3 GEG/§ 2 Nr. 3 a EnEV), „beheizter Raum" (§ 3 Abs. 1 Nr. 4 GEG/§ 2 Nr. 4 EnEV), „gekühlter Raum" (§ 3 Abs. 1 Nr. 9 GEG/§ 2 Nr. 5 EnEV), „Brennwertkessel" (§ 3 Abs. 1 Nr. 5 GEG/§ 2 Nr. 11 EnEV) oder „erneuerbare Energien", Letztere aber im Umfang deutlich erweitert (§ 3 Abs. 2 GEG).

5 Das GEG knüpft an das in der EnEV enthaltene Prinzip der Unterscheidung nach unbedingten Anforderungen (§§ 47, 50 GEG) und anlassbezogenen Anforderungen (§§ 48, 51 GEG) an. Erstere sind unabhängig von einem konkreten Aus-, Umbau- oder Erweiterungsvorhaben, für Letztere gelten hinsichtlich der zu erfüllenden Kriterien höhere Maßstäbe. Ausgangspunkt für die Einordnung eines Gebäudes in das Anforderungsprofil der

---

1 Art. 9 RL 2010/31/EU.
2 ABl. L 153, 3 vom 18.6.2010, ABl. L 155, 61 vom 22.6.2010 – **EU-Gebäuderichtlinie.**
3 Etwa Betriebsgebäude für die Tierhaltung, unterirdische Bauten, Traglufthallen und Zelte, provisorische Gebäude, § 2 Abs. 2 GEG.
4 Danner/Theobald/*Stock* EnEV § 1 Rn. 71 f.
5 § 3 Abs. 1 GEG: zB „Aperturfläche" als Lichteintrittsfläche der Solaranlage, Nr. 2, oder „Brennwertkessel" zur Nutzung des im Abgas enthaltenen Wasserdampfes, Nr. 5.

einzelnen Normen des Gesetzes ist ein „Referenzgebäude", das in **der Anlage 1 zum GEG** in technischer Hinsicht beschrieben wird.

Grundaussage des GEG für bestehende Gebäude[6] ist die „**Aufrechterhaltung der energetischen Qualität**" 6 (§ 46 GEG). Damit wird festgeschrieben, dass für bestehende Gebäude keine aufwendige Nachrüstung auf aktuellere Standards als die zum Zeitpunkt des Baus bestehenden Anforderungen notwendig ist. Diese Rechtslage entspricht der EnEV 2014/2016.[7] Sie sah vor, dass unter bestimmten Umständen die obersten Geschossdecken von Wohngebäuden zu dämmen waren (§ 10 Abs. 3 EnEV), dass bei Veränderungen von mehr als 10 % der Außenhülle des Gebäudes (§ 9 Abs. 3 EnEV 2014) diese Flächen nach aktuellen Standards zu dämmen waren und bei vor 1978 bzw. 1985 in Betrieb genommenen Heizungsanlagen (§ 10 Abs. 1 EnEV 2014) bestimmte Nachrüstungen notwendig waren.

b) Anforderungen an bestehende Gebäude und die Heizungs- und Kühltechnik. aa) Anforderungen an 7 **das Gebäude.** In Teil 3 sieht das GEG Verpflichtungen bei Bestandsgebäuden nunmehr wie folgt vor: Im Rahmen der unbedingten Anpassungsanforderungen besteht für alle Gebäudeeigentümer die Pflicht zur **Dämmung der obersten Geschossdecke oder des Daches** (§ 47 Abs. 1 GEG).

Unabhängig von einer baulichen Maßnahme sind die Eigentümer einer Wohnungseigentumsanlage mit einer 8 regelmäßig (jährlich vier Monate) vorzuhaltenden Innentemperatur verpflichtet, eine oberste Geschossdecke, die nicht den Vorgaben der DIN 4108–2:2013–2 entspricht, so zu dämmen, dass der Wärmedurchgangskoeffizient 0,24 Watt pro Quadratmeter und Kelvin nicht überschreitet; ersatzweise reicht eine Dämmung des Daches unter Berücksichtigung dieser Vorgaben (§ 47 GEG). Besondere Voraussetzungen gelten dann, wenn die von den Gebäudevoraussetzungen her höchstmögliche Dämmschichthöhe eingebaut ist; dann ist ein Bemessungswert der Wärmeleitfähigkeit von 0,035 Kelvin einzuhalten (§ 47 Abs. 2 S. 1 GEG). Sonderregelungen gelten auch für das Einblasen von Dämmmaterialien in Hohlräume und bei Verwendung nachwachsender Rohstoffe; dann ist ein Bemessungswert von 0,045 Kelvin einzuhalten (§ 47 Abs. 2 S. 2 GEG). Hiervon ausgenommen sind Gebäude mit nicht mehr als zwei Wohnungen, von denen der Eigentümer am 1.2.2002 eine Wohnung selbst bewohnt hat (§ 47 Abs. 3 GEG).

Strengeren Anforderungen unterliegen **Änderung, Erweiterung und Ausbau** (§§ 48, 51 GEG) eines Gebäu- 9 des: Aus § 9 Abs. 1 EnEV wurde die Nachrüstungsverpflichtung bei Änderungen von mehr als 10 % der Fläche der jeweiligen Bauteilgruppe der Außenhaut übernommen (§ 48 GEG, bisher: § 9 Abs. 3 EnEV). In den Fällen großflächigerer Veränderungen sind für die betroffenen Flächen die Wärmekoeffizienten der Anlage 7 zum GEG einzuhalten. Als Grundlagen für die Berechnung der jeweiligen Wärmedurchgangskoeffizienten verweist § 49 GEG auf eine Reihe zu beachtender DIN-Vorschriften.[8]

Die bisher in § 9 EnEV zusammen mit den Voraussetzungen für die Änderung von Gebäuden zusammenge- 10 fassten Anforderungen **bei Erweiterung und Ausbau** von Gebäuden sind nunmehr in § 51 GEG zusammengefasst worden. Die Transmissionswärmeverluste eines Wohngebäudes sind gem. § 51 Abs. 1 Nr. 1 GEG[9] an einem in der Anlage 1 zum GEG beschriebenen Referenzgebäude zu orientieren.

bb) Anlagen der Heizungs-, Kühl- und Raumlufttechnik. Bestehende Anlagen unterliegen gem. § 57 GEG 11 einem **Veränderungsverbot.** Sie dürfen – mit Ausnahme von abweichenden Anforderungen durch sonstige öffentlich-rechtliche Vorschriften – nicht zu einer Verschlechterung des energetischen Zustands eines Gebäudes führen. Mit dieser Grundaussage gehen die Pflicht zur Aufrechterhaltung der **Betriebsbereitschaft** (§ 58 Abs. 1 GEG), die Pflicht zur sachgerechten **Bedienung** (§ 59 GEG) und die Sorge für fachkundige **Wartung** und Instandhaltung einher (§ 60 Abs. 1, 2 GEG).

Im Gegensatz zu der noch auf andere technische Standards bezugnehmenden EnEV regelt das GEG in Teil 4 12 einige Bereiche der Heizungs- und Klimatechnik anders: So müssen gem. § 61 GEG **Zentralheizungen** so ausgerüstet sein, dass selbsttätig wirkende Einrichtungen zur Abschaltung der Wärmezufuhr und zur Ein- und

---

6 Die nachfolgende Darstellung beschränkt sich darauf, dass Wohnungseigentumsanlagen sich idR in bestehenden Gebäuden befinden.

7 Energieeinsparverordnung vom 1.9.2005 – BGBl. I 2684, idF v. 24.10.2015, BGBl. I 1789.

8 Ua DIN V 18599–2: 2018–09 für die Berechnung der an Erdreich grenzenden Bauteile, DIN 4108–4: 2017–03 für die Berechnung opaker – lichtundurchlässiger – und transparenter Bauteile und Vorhangfassaden; DIN EN ISO 6946: 2008:4 für Dächer mit Gefälle.

9 Ähnlich bisher § 9 Abs. 1 Nr. 1 EnEV.

Ausschaltung elektrischer Antriebe in Abhängigkeit von Außentemperatur und Zeit vorhanden sind; hier ist **bis zum 30.9.2021 nachzurüsten**. Eine Sonderregelung gilt gem. § 62 GEG für Fernheizungsanlagen (→ *Fernwärme* Rn. 1 ff.) Grundsätzlich ist eine raumweise Steuerung der Heizungsanlagen vorzusehen (§ 63 GEG). Umwälzpumpen sind mit einer dreistufigen Regelung auszurüsten (§ 64 Abs. 1 GEG). Besondere Regelungen gelten darüber hinaus für **Klimaanlagen** (§§ 65–68 GEG). Für sie gelten auch spezielle Betreiberpflichten (§§ 74–78 GEG).

13 Werden Wärmeverteilungs- oder Warmwasserleitungen **ersetzt**, muss die **Wärmeabgabe der Rohre** begrenzt werden (§ 69 GEG). Gem. § 71 GEG sind diese Leitungen – abgesehen von nachzuweisender Unwirtschaftlichkeit – auch zu dämmen. Ältere, mit flüssigen oder gasförmigen Brennstoffen beheizte Heizkessel sind ab einem Zeitraum von 30 Jahren – gerechnet ab dem 1.1.1990 – verboten (§ 72 Abs. 1, 2 GEG, Betriebsverbot für Heizkessel, Ölheizungen).

14 **2. Auswirkungen auf die Wohnungseigentumsanlage. a) Unbedingte Nachrüstungspflicht zur Dämmung der obersten Geschossdecke.** Bei den im GEG festgeschriebenen Pflichten (§ 47 GEG: Pflicht zu Nachrüstung der obersten Geschossdecke) handelt es sich wie auch bei der EnEV um gebäudebezogene Pflichten, die den Eigentümern obliegen. Damit handelt es sich um eine Pflicht der Gemeinschaft der Wohnungseigentümer, so dass die Wahrnehmungskompetenz gem. § 9 a Abs. 2 WEG bei dieser liegt.[10]

15 Die Pflichten des GEG sind als öffentlich-rechtliche Pflichten zugleich Inhaltsbestimmung für eine ordnungsgemäße Verwaltung gem. § 21 WEG.[11] Dementsprechend kann jeder Wohnungseigentümer verlangen, dass die notwendigen Dämmmaßnahmen durchgeführt werden.[12]

16 Auch wenn Adressat des GEG (wie auch bisher der EnEV) alle Eigentümer sind und gem. § 9 a Abs. 2 WEG eine Wahrnehmungsbefugnis der Gemeinschaft der Wohnungseigentümer besteht, obliegt dem Verwalter im Rahmen seiner Organisationspflicht die Pflicht, entsprechende Beschlüsse vorzubereiten und in diesem Zusammenhang vorab – da in der Regel bei ihm nicht die notwendige Sachkompetenz vorhanden sein wird – über die Einschaltung eines Sachverständigen entscheiden zu lassen.[13]

17 Eine Besonderheit ergibt sich dann, wenn durch Vereinbarung oder Beschluss Eigentümern **ein Dachgeschossausbau** zugestanden ist. Da in diesem Falle im Hinblick auf § 51 GEG (Ausbau eines bestehenden Gebäudes) idR eine weitergehende Dämmung des Daches erforderlich wird, nimmt der Bauherr des Dachgeschossausbaus zugleich die Ersetzungsbefugnis gem. § 47 S. 1, 2 GEG, § 48 S. 1, 2 GEG in Anspruch (Dämmung des Daches anstelle der obersten Geschossdecke).

18 Da in diesem Fall der ausbauende Sondereigentümer im Ergebnis die Gemeinschaft der Wohnungseigentümer von der unbedingten Verpflichtung zur Dämmung der obersten Geschossdecke befreit, muss dies – sofern nicht ohnehin in der Teilungserklärung/Gemeinschaftsordnung hierüber eine Regelung besteht – bei der Kostenaufteilung Berücksichtigung finden.[14] Entsprechendes gilt für die Kosten im Falle eines Instandsetzungsbedarfs am Dach. Diese können – sofern nicht anders geregelt – weder als solche noch hinsichtlich des zusätzlichen Dämmungsbedarfs nicht allein dem Bauherrn des Dachausbaus überbürdet werden.[15]

19 **b) Änderungen, Erweiterung und Ausbau der Wohnungseigentumsanlage. aa) Änderungen an einem bestehenden Gebäude.** Unter Änderung eines bestehenden Gebäudes versteht § 48 Abs. 1 GEG die Erneuerung, den Ersatz oder den erstmaligen Einbau von Außenbauteilen (§ 48 S. 1 GEG). Die Vorschrift nimmt hinsichtlich des Begriffs „Außenbauteile" Bezug auf die Anlage 7 zum GEG. Dort sind als solche beschrieben bspw. die Außenwände, gegen Außenluft abgegrenzte Fenster, Fenstertüren und Dachfenster, bestimmte Formen von Vorhangfassaden, gegen Außenluft abgegrenzte Glasdächer, Außentüren, Dachflächen und an das Erdreich grenzende Wände. Sie werden von Erweiterungen und Ausbauten dadurch abgegrenzt, dass die Kubatur des Gebäudes erhalten bleibt.[16]

---

10 BGH 8.2.2013 – V ZR 238/11, MDR 2013, 835 zu Rauchwarnmeldern; BGH 9.3.2012 – V ZR 161/11, ZMR 2012, 646; FormB-WEG-R/*Meier/Fritsch* § 2 Rn. 628; *Schmidt* ZWE 2015, 309 (313).
11 Jennißen/*Heinemann* WEG § 21 aF Rn. 68.
12 *Schmidt* ZWE 2015, 309 (313).
13 Bärmann/*Becker* WEG § 27 aF Rn. 64 c.
14 *Schmidt* ZWE 2015, 309 (313).
15 *Schmidt* ZWE 309 (312).
16 Danner/Theobald/*Stock* EnEV § 9 Rn. 121.

Werden an der Gebäudehülle Änderungen an Außenbauteilen von **mehr als 10 %** der Fläche vorgenommen 20
(§ 48 GEG) oder wird die Wohnungseigentumsanlage ausgebaut oder erweitert (§ 51 Abs. 1 Nr. 1 GEG), wird
es sich dabei idR um eine bauliche Veränderung iSd § 20 Abs. 1 WEG handeln, die entweder (Beispiel: Dachgeschossausbau) in der Teilungserklärung/Gemeinschaftsordnung bereits vorgesehen ist oder die nunmehr
gem. § 20 Abs. 1 WEG beschlossen werden kann (→ *Bauliche Veränderungen* Rn. 2). Je nach Umfang der
Maßnahme kann es sich auch (nur) um eine Erhaltungsmaßnahme zur Erfüllung öffentlich-rechtlicher Vorgaben handeln (→ *Bauliche Veränderungen* Rn. 14). Jedenfalls sind auch in diesem Zusammenhang die Vorschriften des GEG als zwingendes Recht einzuhalten.[17]

Von praktischer Bedeutung ist die Ermittlung der **Bagatellgrenze von 10 %**. Hier ist nicht zwingend ein de- 21
tailliertes Aufmaß erforderlich, sondern es kann auf „Vereinfachungen und Erfahrungswerte" zurückgegriffen
werden.[18]

bb) Erweiterung und Ausbau der Wohnungseigentumsanlage. Werden Gebäude erweitert oder ausgebaut 22
(§ 51 Abs. 1 S. Nr. 1 GEG), darf bei Wohngebäuden der auf die Außenfläche („wärmeübertragende Umfas-
sungsfläche") bezogene Transmissionswärmeverlust der neu hinzugekommenen beheizten (gekühlten) Räume
den 1,2-fachen Wert des Referenzgebäudes nicht überschreiten.[19] Unter „**Erweiterung**" wird die Vergrößerung eines Gebäudes um beheizte oder klimatisierte Bereiche verstanden, wobei das Gesetz hierfür den Begriff
„Räume" verwendet.[20]

Erfasst sind von diesen Maßnahmen „bauliche Veränderungen" iSv Aufstockungen oder Anbauten. 23

Anders als bei einem Neubau – auf den die Vorschriften des Teils 2 des GEG anzuwenden wären – bleibt 24
durch diese Maßnahmen die **Identität** des Gebäudes erhalten.[21]

Die Fälle der Erweiterung eines Gebäudes stellen eine „bauliche Veränderung" iSd § 20 Abs. 1 WEG dar. So- 25
weit nicht die Gemeinschaft der Wohnungseigentümer selbst **Bauherr** der Maßnahme ist,[22] ist Bauherr derjenige, der in der Wohnungseigentumsanlage für die bautechnische Durchführung verantwortlich ist (→ *Baugenehmigung* Rn. 22). Eigentümer iSd der Begrifflichkeit des GEG und damit in dessen Sinne Wahrnehmungs-
verpflichteter ist dagegen die Gemeinschaft der Wohnungseigentümer. Werden also durch die Erweiterung erhöhte Anforderungen an den energetischen Zustand des **Gemeinschaftseigentums** des Gebäudes ausgelöst,
ändert das nichts an der energierechtlichen Ordnungspflichtigkeit der Gemeinschaft der Wohnungseigentümer.

Bei einem **Ausbau** des Gebäudes bleibt die Kubatur erhalten. Dementsprechend werden solche Maßnahmen 26
im energierechtlichen Sinn in Abgrenzung zur Änderung und Erweiterung nicht als „bauliche Veränderung"
verstanden.[23] Unter Zugrundelegung wohnungseigentumsrechtlicher Kriterien ist dagegen ein Ausbau – etwa
eines Dachgeschosses zu einer Wohnung oder eines Kellerraums zu einem Büro – ohne Weiteres eine bauliche
Veränderung(→ *Bauliche Veränderung* Rn. 6). Auch in diesem Fall ist Bauherr/Sondereigentümer der für die
Ausführung der Baumaßnahme Verantwortliche, Wahrnehmungsverpflichtete iSd GEG aber die Gemeinschaft
der Wohnungseigentümer.

In allen Fällen der Umgestaltung der Anlage (**Änderung, Erweiterung, Ausbau**) sind im Rahmen der Ver- 27
waltung der Wohnungseigentumsanlage stets die Vorschriften des GEG zu beachten.

Dementsprechend ist ein Beschluss zur Gestattung der Änderung, Erweiterung oder des Ausbaus der Woh- 28
nungseigentumsanlage unzulässig. Lässt der Bauherr das Vorhaben unter Missachtung der einschlägigen Regelwerke durchführen, kann er durch andere Eigentümer auf Einhaltung der Vorschriften und Einsatz entsprechender Dämmungstechnik unter dem Gesichtspunkt des Anspruchs auf ordnungsgemäße Verwaltung in Anspruch genommen werden.

---

17 *Schmidt* ZWE 2015, 309 (311, 313) für die Vorschriften der EnEV.
18 Danner/Theobald/*Stock* EnEV § 9 Rn. 108 mit Verweis auf die „Regeln zur Datenaufnahme und Datenverwendung
   im Wohngebäudebestand bzw. für den Nichtwohngebäudebestand" des BMWI BAnz. AT, 21.5.2015, B3 und B 4,
   www. Bundesanzeiger.de, unter dem Datum des 21.5.2015.
19 Bei Nicht-Wohngebäuden wird als Höchstwert der 1,25-fache Wert der **Anlage 3 des GEG** zugrunde gelegt.
20 Danner/Theobald/*Stock* EnEV § 9 Rn. 118.
21 Danner/Theobald/*Stock* EnEV § 9 Rn. 118.
22 Zur Bauherreneigenschaft der Gemeinschaft der Wohnungseigentümer bzw. des Verbandes nach bisherigem Recht:
   Krampen-Lietzke RNotZ 2013, 575; → *Baugenehmigung* Rn. 28.
23 Danner/Theobald/*Stock* EnEV § 9 Rn. 119.

29 Eine Kostenverteilung der Maßnahmen wird unter Berücksichtigung des Sinngehalts des § 21 Abs. 1, 2, 4 WEG erfolgen müssen: Die auf den Bauherrn entfallenden Kosten und der ihm entstehende Nutzen sind ins Verhältnis zu setzen zu den auf das Gemeinschaftseigentum entfallenden Kosten für die zusätzlichen Dämmungsmaßnahmen und den Nutzungsvorteil für alle Eigentümer.

30 **c) Pflichten des Verwalters.** Der Verwalter ist im Rahmen der Umsetzung des GEG verpflichtet, Hinweise auf die Anforderungen der Rechtsnorm zu geben und auf sachgerechte Beschlüsse hinzuwirken.[24] Zu den Organisationsaufgaben des Verwalters gehört jedenfalls die umfassende Sachverhaltsermittlung. In diesem Zusammenhang wird oft eine **sachverständige Beratung** erforderlich sein. Jedenfalls dann wird wegen der dafür entstehenden Kosten ein Beschluss der Wohnungseigentümer erforderlich sein.[25] Wird ein Gebäude neu errichtet und fallen – wie in den überwiegenden Fällen – Bauherr und Eigentümer auseinander, gehört die Beschaffung des **Energieausweises** zu den originären Pflichten des Verwalters. Für das Bestandsgebäude besteht diese Pflicht nur im Rahmen der Umsetzung eines entsprechenden Beschlusses (→ *Energieausweis* Rn. 17).

31 **3. Fördermittel.** § 89 GEG sieht die Förderung der Nutzung von erneuerbaren Energien zur Erzeugung von Wärme und Kälte vor, die Errichtung besonders energieeffizienter Gebäude und die Verbesserung der Energieeffizienz bestehender Gebäude.

32 In § 90 GEG sind die Techniken aufgeführt, mittels derer erneuerbare Energien zur Wärme- (oder Kälte-)Erzeugung im Wege der Neuerrichtung oder Erweiterung herangezogen werden können. Das sind solarthermische Anlagen, Anlagen zur Nutzung von Biomasse, Anlagen zur Nutzung von Geothermie und Umweltwärme (§ 90 Abs. 1 Nr. 1–3 GEG). Gefördert werden auch Maßnahmen im Zusammenhang mit der Errichtung und Erweiterung von (Fern-)Wärmenetzen (→ *Fernwärme* Rn. 1 ff.), wenn die von diesen gelieferte Wärme von Anlagen iSd § 90 Abs. 1 Nr. 1–3 GEG erzeugt worden ist (§ 90 Abs. 1 Nr. 4 GEG).

33 Die Förderung wird zudem abhängig gemacht von konkreten Anforderungen an die jeweiligen Techniken[26] oder bestimmte Wirkungsgrade[27] oder der Richtlinie 2009/28 EG für Wärmepumpen (§ 90 Abs. 2 Nr. 3 GEG). § 91 GEG sieht darüber hinaus eine Reihe von Ausschlussgründen vor; diese liegen vor allem dann vor, wenn bereits eine ausreichende Dämmung vorhanden ist (§ 91 Abs. 2 Nrn. 1–2 GEG) oder anspruchsvollere Anforderungen bereits erfüllt sind (§ 91 Abs. 2 Nr. 3 GEG).

91. Gebrauch des Sondereigentums

Mehle

---

24 Bärmann/*Becker* WEG § 27 aF Rn. 64 c.
25 *Jacoby* ZWE 2012, 418 (419).
26 Solarenergie: europäisches Prüfzeichen „Solar Keymark", § 90 Abs. 2 Nr. 1 GEG.
27 Biomasse: Umwandlungswirkung von 89 % bei Anlagen mit Heizung/Warmwasserbereitung, 70 % bei Anlagen, die nicht der Heizung oder Warmwasserbereitung dienen, § 90 Abs. 2 Nr. 2 GEG-E.

Mehle

I. Einführung

Den in § 903 BGB enthaltenen Grundsatz, dass der Eigentümer einer Sache mit dieser nach Belieben verfahren und andere von jeder Einwirkung ausschließen kann, soweit nicht das Gesetz oder Rechte Dritter entgegenstehen, hat das WEG für Wohnungseigentümer in Bezug auf sein Sondereigentum in § 13 Abs. 1 WEG wiederholt. Für Teileigentümer gilt dies gem. § 1 Abs. 6 WEG entsprechend. § 13 Abs. 1 WEG berechtigt jeden Wohnungseigentümer, mit seinem Sondereigentum **nach Belieben** zu verfahren, insbesondere dieses zu **bewohnen, vermieten, verpachten** oder **in sonstiger Weise zu nutzen** und andere von Einwirkungen ausschließen soweit nicht das Gesetz entgegensteht.

1

Wohnungseigentum ist bezogen auf das Sondereigentum Alleineigentum und sachenrechtlich **echtes Eigentum** iSv § 903 BGB. Damit ist es durch Art. 14 GG geschützt. Der Eigentumsgarantie aus Art. 14 GG kommt die Aufgabe zu, dem Träger des Grundrechts einen Freiheitsraum im vermögensrechtlichen Bereich zu sichern und ihm dadurch eine eigenverantwortliche Gestaltung seines Lebens zu ermöglichen.[1] Das Wohnungseigentumsrecht lässt den Wohnungseigentümern weitgehend freie Hand, wie sie ihr Verhältnis untereinander ordnen wollen.[2]

2

Das Nebeneinander mehrerer Wohnungseigentümer macht es erforderlich, die Gebrauchsfreiheit der Wohnungseigentümer weitergehend zu regeln und auch einzuschränken, als die des Alleineigentümers eines Hausgrundstücks. Das verdeutlicht auch die gesetzliche Regelung in § 13 Abs. 1 WEG, die lediglich zum „Ausschluss von Einwirkungen" berechtigt und nicht wie § 903 BGB von „jeder Einwirkung". Das Wohnungseigentumsrecht trägt damit der besonderen **Einbindung in die Gemeinschaft** Rechnung.

3

II. Abgrenzung zwischen Gebrauch und Nutzung iSv § 13 Abs. 1 WEG

Der „**Gebrauch**" des Sondereigentums ist von seiner „**Nutzung**" (→ *Nutzung des Sondereigentums* Rn. 1 ff.) zu unterscheiden und umfasst die **selbstnützige, tatsächliche Verwendung** des Wohnungseigentums. Dazu gehören insbesondere das Bewohnen des Sondereigentums mit dem damit einhergehenden Gehen, Laufen, Schlafen, Spielen, Treten.[3] Gleichfalls zählt dazu das Recht, das Sondereigentum iRd § 14 Abs. 1 Nr. 2 WEG nicht zu gebrauchen.

4

In Abgrenzung dazu beinhaltet das Recht des Sondereigentümers, seine im Sondereigentum stehenden Gebäudeteile **zu vermieten, zu verpachten oder in sonstiger Weise zu nutzen,** dass er berechtigt ist, die unmittelbaren und mittelbaren **Sach- und Rechtsfrüchte** des Sondereigentums zu ziehen, vgl. § 99 Abs. 1 und 2 BGB. Dabei handelt es sich um **Nutzungen**. Die Unterscheidung zwischen Gebrauch und Nutzung ergibt sich aus dem Wortlaut von § 13 Abs. 1 WEG, § 16 Abs. 1 S. 1 und S. 3 WEG sowie § 18 Abs. 2 Nr. 2 WEG. § 16 Abs. 1 S. 1 bestimmt, dass jedem Wohnungseigentümer ein seinem Anteil entsprechender Bruchteil der **Früchte** des gemeinschaftlichen Eigentums gebührt. Zum **Mitgebrauch** des gemeinschaftlichen Eigentums hingegen ist jeder Wohnungseigentümer gem. § 16 Abs. 1 S. 3 WEG nach Maßgabe des § 14 WEG berechtigt. Das Ziehen von Sach- und Rechtsfrüchten als Folge der Nutzung des Gemeinschaftseigentums und das Recht zum Mitgebrauch sind als voneinander zu unterscheidende Rechte der Wohnungseigentümer in § 16 Abs. 1 S. 1, 2 sowie S. 3 WEG separat geregelt. Nach § 18 Abs. 2 Nr. 2 hat jeder Wohnungseigentümer einen Anspruch gegen die Gemeinschaft der Wohnungseigentümer darauf, dass das gemeinschaftliche Eigentum und das Sondereigentum entsprechend den gesetzlichen Regelungen, Vereinbarungen und Beschlüssen und, falls solche nicht bestehen, entsprechend dem Interesse der Gesamtheit der Wohnungseigentümer nach billigem Ermessen benutzt wird. Der Begriff „Benutzung" umfasst zum einen den „Gebrauch"[4] und zum anderen auch die „Nutzung". Denn es macht keinen Unterschied, ob ein Wohnungseigentümer bzw. Dritter gegen eine Gebrauchs- oder gegen eine Nutzungsvereinbarung verstößt. Darf ein Teileigentümer sein Sondereigentum beispielsweise nicht als Methadon-Praxis gebrauchen, vermietet er aber die Räume zu diesem Zweck, so ist nicht sein Gebrauch (allein der Mieter übt in diesem Fall den Gebrauch aus), sondern seine Nutzung rechtswidrig.[5]

5

---

1 BVerfG 16.2.2000 – 1 BvR 242/91, NJW 2000, 2573.
2 BGH 13.10.2006 – V ZR 289/05, NJW 2007, 213.
3 *Hügel/Elzer*, 3. Aufl. 2021, WEG § 10 Rn. 88.
4 BR-Drs. 168/20, 64.
5 *Hügel/Elzer*, 3. Aufl. 2021, WEG § 18 Rn. 106 ff.

6   Kein Gebrauch ist zudem die Verwaltung oder Erhaltung des Sondereigentums. Hingegen zählen **bauliche Maßnahmen** am Sondereigentum zum Gebrauch des Sondereigentums.[6]

III. Gebrauchsgrenzen

7   **1. Überblick.** Typischerweise ergeben sich aus der Gemeinschaftsordnung sowie anderweitigen Vereinbarungen und Beschlüssen **gewillkürte Gebrauchsbeschränkungen**:

- In der Praxis wird jeder Teilungserklärung ausnahmslos eine – rechtlich nicht notwendige – Gemeinschaftsordnung (→ *Gemeinschaftsordnung* Rn. 1 ff.) beigefügt. Der teilende Eigentümer bzw. die Miteigentümer nehmen darin grundsätzlich die Festlegung vor, ob eine Sondereigentumseinheit als Wohnungseigentum (→ *Wohnungseigentum und Gebrauch* Rn. 1 ff.) oder als Teileigentum (→ *Teileigentum* Rn. 1 ff.) entsteht. Durch diese Festlegung haben die Miteigentümer bzw. der teilende Eigentümer eine **Zweckbestimmung im weiteren Sinn** getroffen (→ *Zweckbestimmung* Rn. 7 ff.).
- Gelegentlich finden sich in der Gemeinschaftsordnung Gebrauchsregelungen in Form von **Zweckbestimmungen im engeren Sinn**, nach denen das Wohnungseigentum beispielsweise nur für betreutes Wohnen, als Studentenwohnheim, Ferienanlage oder Wohnanlage genutzt werden darf (→ *Gebrauchs- und Nutzungsvereinbarungen* Rn. 13 ff.).[7]
- Zudem können die Wohnungseigentümer die Gebrauchsfreiheit durch **spätere Vereinbarungen** (→ *Gebrauchs- und Nutzungsvereinbarungen* Rn. 1 ff.) oder aufgrund einer Ermächtigung in der Gemeinschaftsordnung durch Beschluss (→ *Gebrauchs-/Nutzungsbeschlüsse* Rn. 1 ff.) der Gemeinschaft der Wohnungseigentümer einschränken.
- Nach § 19 Abs. 1 WEG können die Wohnungseigentümer durch **Beschluss** Benutzungsregelungen treffen (→ *Gebrauchs-/Nutzungsbeschlüsse* Rn. 6 ff.).

8   **Gesetzliche Grenzen** der zulässigen Benutzung ergeben sich aus:

- § 14 Abs. 1 sowie Abs. 2 WEG,
- den Rücksichtnahme- und Treuepflichten iSv § 241 Abs. 2 BGB.

9   **2. Zweckbestimmung als Wohnungs- oder Teileigentum.** Durch die Zweckbestimmung einer Wohneigentumseinheit als Wohnungs- oder Teileigentum – **Zweckbestimmung im weiteren Sinn** – ist im Grundsatz geregelt, ob ein Gebrauch durch Wohnen zulässig ist oder nicht.

10   **a) Wohnungseigentum.** Die Zweckbestimmung, dass eine Sondereigentumseinheit **Wohnungseigentum** nach § 1 Abs. 2 WEG ist, berechtigt den Sondereigentümer nach § 13 Abs. 1 WEG, sein Sondereigentum zu Wohnzwecken zu gebrauchen, dh zu bewohnen. Bewohnen meint vor allem Aufhalten, Ausruhen, Schlafen, Essen, Toilette, Informationsbeschaffung über jegliche Medien, aber auch gelegentliches Feiern und jegliche Ausübung individueller Freiheit und Entfaltung der Persönlichkeit, die in Räumen üblich ist, zB das Musizieren, Malen, Schreiben, aber auch die Religionsausübung. Der maßgebliche Begriff des Wohnens ist im Grundsatz weit zu verstehen.[8] Kein bloßes „Wohnen" ist hingegen das Ausüben eines Berufes oder Gewerbes.[9]

11   Soweit die Gemeinschaftsordnung keine präzisere Zweckbestimmung enthält, muss der tatsächliche Gebrauch des Sondereigentums – auch Grenzfälle – entweder den Wohnzwecken oder den übrigen Zwecken zugeordnet werden.[10] Eine Schnittmenge gibt es gibt es nicht.

12   Aus den erweiterten Treue- und Rücksichtspflichten der Wohnungseigentümer gem. Art. 2, 14 GG iVm § 13 Abs. 1 WEG kann sich – bei typisierender Betrachtungsweise – in Ausnahmefällen das Recht der Wohnungseigentümer ergeben, ihr Wohnungseigentum **ausnahmsweise** auch zu folgenden Zwecken zu gebrauchen:

---

6   *Hügel/Elzer*, 3. Aufl. 2021, WEG § 10 Rn. 83.
7   Vgl. BGH 13.10.2006 – V ZR 289/05, NJW 2007, 213.
8   BGH 27.10.2017 – V ZR 193/16, NJW 2018, 41.
9   *Hügel/Elzer*, 3. Aufl. 2021, WEG § 10 Rn. 88.
10   BGH 27.10.2017 – V ZR 193/16, NJW 2018, 41.

- als Ingenieur-Planungsbüro **ohne Publikumsverkehr;**[11]
- als Patentanwaltskanzlei;[12]
- zum Dauerbewohnen durch eine asylberechtigte Familie;[13]
- als Unterkunft für einen laufend wechselnden Kreis von Aus- und Übersiedlern;[14]
- für die Vermietung an täglich oder wöchentlich wechselnde Feriengäste und vergleichbare Personenkreise.[15]

Entscheidend ist für die Bestimmung, ob der Gebrauch durch einen Wohnungseigentümer **ausnahmsweise zulässig** ist, dass der anderweitige Gebrauch die übrigen Wohnungseigentümer nicht über das Maß hinaus beeinträchtigt, das bei einem Gebrauch von Wohnungseigentum typischerweise zu erwarten ist.[16] **13**

Unzulässig ist jeder typischerweise über einen Wohngebrauch hinausgehender gewerblicher Gebrauch einer Wohnung, wie beispielsweise: **14**

- zur (werk-)täglichen Erbringung von Betreuungsdienstleistungen gegenüber Dritten in Form einer Pflegestelle für bis zu fünf Kleinkinder;[17]
- als Arztpraxis mit typischerweise erheblichem Patientenverkehr;[18]
- als Heim;[19]
- als Laden.[20]

b) Teileigentum. Teileigentum dient nach § 1 Abs. 1, 3 WEG nicht zu Wohnzwecken (→ *Teileigentum* Rn. 1 ff.). Entsprechend darf das Teileigentum grundsätzlich nur zu Zwecken gebraucht werden, die **nicht** dem **Wohnen** zuzuordnen sind.[21] Hauptanwendungsbereich sind der Gebrauch für private Zwecke (Keller, Hobbyraum) sowie gewerbliche und geschäftliche Zwecke, aber auch der sportliche, kulturelle und öffentliche Gebrauch zählen hierzu.[22] Aus Zweckbestimmungen im engeren Sinn können sich insoweit weitere Einschränkungen ergeben,[23] s. dazu **Beispiele** unter (→ *Gebrauchs- und Nutzungsvereinbarungen* Rn. 32). **15**

Allerdings kann sich eine nach dem vereinbarten Zweck ausgeschlossene Nutzung (so auch Wohnen im Teileigentum) als zulässig erweisen, wenn sie bei **typisierender** Betrachtungsweise nicht mehr stört als die vorgesehene Nutzung. Nach Rechtsprechung des BGH soll die **Nutzung einer Teileigentumseinheit zu Wohnzwecken** jedenfalls in einem ausschließlich beruflichen und gewerblichen Zwecken dienenden Gebäude bei typisierender Betrachtung regelmäßig schon deshalb **störender** als die vorgesehene Nutzung sein, weil eine Wohnnutzung mit typischen **Wohnimmissionen** (wie Küchengerüchen, Freizeit- und Kinderlärm oder Musik) sowie einem anderen Gebrauch des Gemeinschaftseigentums (etwa im Flur herumstehenden Gegenständen) einhergeht und zu anderen Zeiten – nämlich **ganztägig** und auch am **Wochenende** – erfolgt.[24] Wie es sich in Wohnungseigentumsanlagen verhält, in denen sowohl Wohnungs- als auch Teileigentumseinheiten vorhanden sind, hat der BGH ausdrücklich offengelassen. Die Rechtsprechung hat insoweit jeweils eine Einzelfallprüfung vorgenommen.[25] **16**

---

11 OLG Zweibrücken 27.5.1997 – 3 W 81/97, NJWE-MietR 1997, 255; BGH 15.1.2010 – V ZR 72/09, NJW 2010, 3093.
12 OLG Köln 15.2.2002 – 16 Wx 232/01, NZM 2002, 258; BGH 15.1.2010 – V ZR 72/09, NJW 2010, 3093.
13 BayObLG 28.11.1991 – BReg. 2 Z 133/91, NJW 1992, 917; BGH 15.1.2010 – V ZR 72/09, NJW 2010, 3093.
14 OLG Stuttgart 13.8.1992 – 8 W 219/92, NJW 1992, 3046; BayObLG NJW 1994, 1662; BGH 15.1.2010 – V ZR 72/09, NJW 2010, 3093.
15 BGH 15.1.2010 – V ZR 72/09, NJW 2010, 3093; BGH 12.4.2019 – V ZR 112/18, NJW 2019, 2083.
16 BGH 13.12.2019 – V ZR 203/18, BeckRS 2019, 32362; BayObLG 20.7.2000 – 2Z BR 50/00, NZM 2001, 137; OLG Saarbrücken 3.2.2006 – 5 W 115/05, NZM 2006, 588; LG Karlsruhe 7.4.2009 – 11 S 56/08, ZMR 2009, 943 = BeckRS 2009, 88443.
17 BGH 13.7.2012 – V ZR 204/11, NJW-RR 2012, 1292.
18 BayObLG 20.7.2000 – 2Z BR 50/00, NZM 2001, 137.
19 BGH 27.10.2017 – V ZR 193/16, NZM 2018, 90.
20 BayObLG 30.1.1991 – BReg. 2 Z 156/90, NJW-RR 1991, 849.
21 BGH 27.10.2017 – V ZR 193/16, NJW 2018, 41.
22 *Hügel/Elzer*, 3. Aufl. 2021, WEG § 1 Rn. 15.
23 BGH 13.12.2019 – V ZR 203/18, BeckRS 2019, 32362.
24 BGH 23.3.2018 – V ZR 307/16, NZM 2018, 754.
25 BayObLG 10.11.2004 – 2Z BR 169/04, FGPrax 2005, 11; *Kanzleiter* DNotZ 2019, 402; LG Frankfurt a. M. 14.3.2019 – 2–13 S 108/18, ZWE 2019, 279, GE 2019, 743.

17 Stehen einem der Zweckbestimmung im weiteren Sinn entsprechenden Gebrauch „schwerwiegende Gründe" entgegen, kann ein **Anspruch auf Änderung der Gemeinschaftsordnung** gem. § 10 Abs. 2 WEG gegeben sein. Danach kann ein Wohnungseigentümer einen Anspruch auf **Änderung** seines Sondereigentums **von Teileigentum in Wohnungseigentum** haben. Einen solchen Anpassungsanspruch muss der betroffene Sondereigentümer aktiv geltend machen. Er kann nicht einer Unterlassungsklage, mit welcher sich ein Wohnungseigentümer gegen eine zweckwidrige Nutzung einer Einheit wendet, im Weg der Einrede entgegengehalten werden. Berechtigte Anpassungsbegehren müssen nämlich in der Gemeinschaftsordnung umgesetzt werden, damit klar und eindeutig ist, welche Vereinbarungen im Verhältnis der Wohnungseigentümer untereinander gelten. Dieses Ziel würde verfehlt, wenn der betroffene Sondereigentümer den Anpassungsanspruch im Weg der Einrede geltend machen dürfte. Die Unterlassungsklage würde zwar wegen des bestehenden Anpassungsanspruchs abgewiesen; die Änderung der Gemeinschaftsordnung unterbliebe aber. Es stünde auch nicht rechtskräftig fest, dass der Anpassungsanspruch besteht, weil sich die Wirkungen der Rechtskraft nicht auf Einreden erstrecken.[26]

18 **3. Gebrauchsvereinbarungen und Gebrauchsbeschlüsse.** Nach § 10 Abs. 1 WEG können die Wohnungseigentümer durch Gebrauchsvereinbarungen (→ *Gebrauchs- und Nutzungsvereinbarungen* Rn. 1 ff.) bestimmen, welcher Gebrauch des Sondereigentums erlaubt ist. Besonders relevant sind **Konkretisierungen**, wie ein Teileigentum gebraucht werden darf. Solche Vereinbarungen können zum „Inhalt des Sondereigentums" gemacht werden, vgl. §§ 10 Abs. 3, 5 Abs. 4 S. 1 WEG. Erforderlich ist zunächst, dass aus der Teilungserklärung und/oder Gemeinschaftsordnung mit der erforderlichen Klarheit hervorgeht, zu welchen Zwecken ein Teileigentum ggf. ausschließlich gebraucht werden darf. Anderenfalls dürfen die Räume zu jedem anderen Zweck als Wohnen gebraucht werden.[27] Eine weitere Voraussetzung für diese Wirkung ist, dass die Vereinbarung (als Inhalt des Sondereigentums) in das **Grundbuch eingetragen** ist. Vereinbarungen, die nicht in das Grundbuch eingetragen sind, entfalten keine Wirkung mehr, wenn eine Sonderrechtsnachfolge im Sondereigentum eintritt.

19 Soweit die Verwaltung des gemeinschaftlichen Eigentums und die Benutzung des gemeinschaftlichen Eigentums und des Sondereigentums nicht durch Vereinbarung der Wohnungseigentümer geregelt sind, **beschließen** die Wohnungseigentümer eine ordnungsmäßige Verwaltung und Benutzung gem. § 19 Abs. 1 WEG (→ *Gebrauchs-/Nutzungsbeschlüsse* Rn. 1 ff.). Üblicherweise geben sich die Wohnungseigentümer auf dem Wege des Beschlusses eine Hausordnung. Diese kann Regelungen zu Ruhezeiten, zur Tierhaltung oder auch zum Musizieren usw enthalten.

20 **4. § 14 Abs. 1, Abs. 2 WEG sowie Rücksichtnahme- und Treuepflichten.** Nach § 14 Abs. 1, Abs. 2 WEG ist jeder Sondereigentümer berechtigt, von seinem Sondereigentum nur in solcher Weise Gebrauch zu machen, dass dadurch keinem der anderen Wohnungseigentümer über das bei einem geordneten Zusammenleben unvermeidliche Maß hinausgehender Nachteil erwächst. § 14 Abs. 1 WEG regelt die Pflichten der Wohnungseigentümer gegenüber der Gemeinschaft der Wohnungseigentümer und § 14 Abs. 2 WEG regelt die Pflichten gegenüber den Wohnungseigentümern. § 14 Abs. 2 Nr. 1 WEG beinhaltet die „goldene Regel" des Wohnungseigentums. Nach dieser soll kein Wohnungseigentümer das Sondereigentum eines anderen Wohnungseigentümers über das bei einem geordneten Zusammenleben unvermeidliche Maß hinaus beeinträchtigen.[28]

21 **a) Nachteil.** Üblicherweise ist der Gebrauch des Sondereigentums durch den Sondereigentümer für die anderen Wohnungseigentümer mehr oder weniger wahrnehmbar. Die Wahrnehmbarkeit des Gebrauchs durch den Sondereigentümer überschreitet für die anderen Wohnungseigentümer erst dann die Grenze zum **Nachteil**, wenn der Gebrauch nach **objektiven Kriterien** zu einer nicht ganz unerheblichen, vermeidbaren und zu vermeidenden **Beeinträchtigung** führt.[29] Entscheidend ist, ob sich ein Wohnungseigentümer nach der Verkehrsanschauung in der entsprechenden Lage verständlicherweise beeinträchtigt fühlen kann.[30] Eine erhebliche Beeinträchtigung ist nicht erforderlich. Nur ganz geringfügige Beeinträchtigungen bleiben hingegen außer Be-

---

26 BGH 23.3.2018 – V ZR 307/16, NZM 2018, 754.

27 BGH 8.3.2019 – V ZR 330/17, NZM 2019, 293, mAnm *Elzer* IMR 2019, 195.

28 *Hügel/Elzer*, 3. Aufl. 2021, WEG § 14 Rn. 47.

29 BVerfG 6.10.2009 – 2 BvR 693/09, NJW 2010, 220; *Hügel/Elzer*, 3. Aufl. 2021, WEG § 14 Rn. 30 ff.

30 BGH 8.3.2019 – V ZR 330/17, NZM 2019, 293, mAnm *Elzer* IMR 2019, 195.

Mehle

tracht.[31] Die Schwelle zum Nachteil ist also insgesamt eher niedrig anzusetzen.[32] Die **bloße Befürchtung** einer Beeinträchtigung kann lediglich in Ausnahmefällen einen nicht hinzunehmenden Nachteil darstellen.[33]

Ein bestehender Nachteil ist unerheblich und hinzunehmen, wenn er für den Wohnungseigentümer **unvermeidbar** ist. Unvermeidbar sind solche Beeinträchtigungen, die nach den besonderen Gegebenheiten der Wohnungseigentumsanlage nicht zu umgehen oder grundsätzlich sozialadäquat sind. Voraussetzung ist, dass sie auf einen nach der jeweiligen Zweckbestimmung erlaubten Gebrauch zurückgehen. Dazu gehört im **Wohnungseigentum** die **Gerüche und Wohngeräusche**, die durch den allgemein üblichen Gebrauch entstehen, wie beispielsweise Baden, Duschen, Bohren, Feiern, Gäste empfangen, Grillen (→ *Grillen* Rn. 1 ff.), Laufen, Fernsehen, Kinderspielen (→ *Tagesmutter* Rn. 1 ff.), Kochen, Musizieren bzw. Musik abspielen (→ *Musik* Rn. 1 ff.), Rauchen (→ *Rauchen* Rn. 1 ff.), Sägen, Streiten, Stühle verrücken, Telefonieren, Tiere halten (→ *Tiere* Rn. 1 ff.) usw. 22

Im **Teileigentum** gehören zu den hinzunehmenden Nachteilen die üblichen Geräusche und Gerüche, die beim zulässigen gewerblichen Gebrauch entstehen. Hält sich ein Gebrauch im Rahmen der Zweckbestimmung, so kann sich seine Unzulässigkeit nicht aus dem Charakter der Wohnungseigentumsanlage und den diesen prägenden örtlichen Verhältnissen ergeben,[34] weil sich beides im Laufe der Zeit verändern kann. Aus einer **typisierenden Betrachtung** kann sich zudem ergeben, dass eine von der Zweckbestimmung abweichende tatsächliche Nutzung die übrigen Wohnungseigentümer nicht über das Maß hinaus beeinträchtigt, das bei einem Gebrauch zu dem vereinbarten Zweck typischerweise zu erwarten ist.[35] 23

Aber auch der grundsätzlich sozialadäquate Gebrauch kann in einen unzulässigen umschlagen und nicht hinzunehmen sein, wenn das im Einzelnen festzustellende Maß des „Üblichen/Normalen" überschritten ist. Immer dann, wenn sich ein Wohnungseigentümer nach der Verkehrsanschauung **verständlicherweise beeinträchtigt** fühlen kann, ist der Nachteil nicht hinzunehmen.[36] 24

In die im Einzelfall gebotene Interessenabwägung sind **die betroffenen Grundrechte** einzubeziehen. Dabei ist jeweils eine fallbezogene Abwägung der beiderseits grundrechtlich geschützten Interessen vorzunehmen.[37] Die Grundrechte sind nach dem **Grundsatz der praktischen Konkordanz** zu einem angemessenen Ausgleich zu bringen.[38] Der Grundsatz der praktischen Konkordanz fordert, dass nicht eine der widerstreitenden Rechtspositionen bevorzugt und maximal behauptet wird und untersagt weitergehende Eingriffe als zur Herstellung eines ungestörten Gebrauchs des Sondereigentums der übrigen Wohnungseigentümer notwendig ist.[39] 25

Auch wenn § 906 BGB und das sonstige **private Nachbarrecht** (→ *Nachbarschutz* Rn. 1 ff.) durch die spezielleren Regelungen der §§ 13 und 14 WEG verdrängt werden, kann der Rechtsgedanke in geeigneten Fällen aufgrund seiner Leitbildfunktion in die gebotene Interessenabwägung mit einbezogen werden.[40] Auch die Vorschriften des öffentlichen Rechts können herangezogen werden. Gleichfalls kann bei der gebotenen Einzelfallabwägung, ob ein Gebrauch (noch) hinzunehmen ist, auf technische Vorschriften wie DIN-Normen, VDI-Richtlinien uÄ zurückgegriffen werden[41] (→ *Trittschall* Rn. 2). Behördliche Genehmigungen, wie etwa Baugenehmigungen, sind für das Verhältnis der Wohnungseigentümer untereinander ohne Bedeutung. 26

b) Beispiele. Einen **nicht hinzunehmenden Nachteil** gem. § 14 Abs. 1 und Abs. 2 WEG hat die Rechtsprechung in folgenden Fällen angenommen: 27

■ bei einer wiederholten Geräuschentfachung (hier: Geschrei, laute Musik, Springen und Trampeln auf der Treppe in der häuslichen Wohnung, Möbelrücken, Türenknallen) einigen Gewichts und/oder nicht uner-

---

31 BGH 24.1.2014 – V ZR 48/13, NZM 2014, 201.
32 BVerfG 22.12.2004 – 1 BvR 1806/04, NJW-RR 2005, 454.
33 BGH 8.4.2011 – V ZR 210/10, ZWE 2011, 259; *Hügel/Elzer*, 3. Aufl. 2021, WEG § 14 Rn. 32.
34 BGH 8.3.2019 – V ZR 330/17, NZM 2019, 293, mAnm *Elzer* IMR 2019, 195.
35 BGH 13.12.2019 – V ZR 203/18, BeckRS 2019, 32362.
36 BGH 21.12.2000 – V ZB 45/00, NZM 2001, 196.
37 BVerfG 22.12.2004 – 1 BvR 1806/04, NZM 2005, 182.
38 BVerfG 6.10.2009 – 2 BvR 693/09, NJW 2010, 220.
39 BVerfG 6.10.2009 – 2 BvR 693/09, NJW 2010, 220.
40 *Hügel/Elzer*, 3. Aufl. 2021, WEG § 14 Rn. 37.
41 *Hügel/Elzer*, 3. Aufl. 2021, WEG § 14 Rn. 39.

heblichen Ausmaßes und/oder einiger Dauer;[42] Eltern sind aufgrund des Rechts und der Pflicht zur Erziehung ihrer **Kinder** gem. § 14 Abs. 1 und Abs. 2 WEG verpflichtet, auf diese einzuwirken, wenn das Maß überschritten ist;

- bei schwerwiegenden, nach dem Empfinden eines verständigen Durchschnittsmenschen nicht mehr hinnehmbaren Störungen durch **Musizieren** (→ *Musik* Rn. 1 ff.); denkbare Beispiele sind Schlagzeugübungen oder Proben einer Band in den Räumen eines Wohnungseigentümers;[43]
- bei der Ausübung der Prostitution im Wohnungs- oder Teileigentum;[44]
- wenn ein stark rauchender Wohnungseigentümer (→ *Rauchen* Rn. 1 ff.) von zwei Balkonen denjenigen wählt, der den Rauch in das Schlafzimmer eines benachbarten Wohnungseigentümers ziehen lässt;[45]
- die Haltung von gefährlichen Tieren (→ *Tiere* Rn. 1 ff.) sowie Schlangen und Ratten, die als Lebendfutter dienen[46] oder eine übermäßige Tierhaltung;[47]
- auch „ortsübliche" Küchengerüche, die durch das geöffnete Fenster ins Freie dringen und die übrigen Miteigentümer nicht unerheblich im Gebrauch ihres Wohnungseigentums beeinträchtigen, sollen nach Rechtsprechung des OLG Köln ggf. vermeidbar sein und den Verursacher zum Einbau einer Dunstabzugshaube verpflichten;[48]
- wenn der geschuldete Trittschallschutz (→ *Trittschall* Rn. 2 ff.) nicht eingehalten ist.

IV. Ansprüche gegen Störer

28 **1. Abwehr. a) Ansprüche des Sondereigentümers gegen den konkreten Störer. aa) § 14 Abs. 2 Nr. 1 WEG.** Erfährt ein Wohnungseigentümer durch die Benutzung fremden Sondereigentums von einen anderen Wohnungseigentümer eine konkrete Beeinträchtigung seines Sondereigentums, dh einen konkreten Nachteil iSv § 14 Abs. 1 Nr. 2 WEG, so ist er nach § 14 Abs. 2 Nr. 1 berechtigt, **selbst** gegen den störenden Eigentümer vorzugehen. Der Rechtsschutz besteht nur bezüglich des jeweiligen Sondereigentums. Der Abwehranspruch ist auf das Unterlassen oder die Beseitigung eines zweckwidrigen oder unzulässigen Gebrauchs gerichtet.

29 Ein zusätzlicher Anspruch des gestörten Eigentümers gegen die Gemeinschaft der Wohnungseigentümer darauf, dass diese für ihn die Beeinträchtigung abwehrt, dürfte nach dem Sinn und Zweck des § 18 Abs. 2 Nr. 2 WEG nicht in Betracht kommen.

30 Der Störer kann als Handlungs- oder Zustandsstörer in Anspruch genommen werden. **Handlungsstörer** ist, wer eine Eigentumsstörung durch positives Tun oder pflichtwidriges Unterlassen adäquat verursacht hat. Ein **Zustandsstörer** ist derjenige, der die Beeinträchtigung zwar nicht verursacht hat, durch dessen maßgebenden Willen der beeinträchtigende Zustand aber aufrechterhalten wird.[49] Die Beeinträchtigung muss wenigstens mittelbar auf den Willen des Eigentümers oder Besitzers der störenden Sache zurückgehen.[50]

31 Der gestörte Wohnungseigentümer kann nach § 14 Abs. 2 Nr. 1 WEG von einem Wohnungseigentümer, der sein Wohnungseigentum ganz oder teilweise **Dritten überlässt**, verlangen, dass dieser auf die Dritten einwirkt. Der Wohnungseigentümer muss auf die Dritten einwirken, damit sie die in § 14 Abs. 2 Nr. 1 WEG bezeichneten Gebrauchspflichten einhalten. Hat der Wohnungseigentümer dem Dritten (beispielsweise einem Mieter) das beanstandete Verhalten vertraglich erlaubt, so muss er, erforderlichenfalls unter Einsatz finanzieller Opfer, alles nur erdenkbar in seiner Macht stehende unternehmen, um die von ihm dadurch mitverursachte Störung effektiv zu beenden.[51]

32 Eine **Verwirkung** des bestehenden Anspruchs kommt nur in ganz seltenen Fällen in Betracht, wenn zu dem erforderlichen Zeitablauf – **Zeitmoment** – besondere Umstände hinzutreten, die das Vertrauen des Verpflich-

---

42 OLG Düsseldorf 19.8.2009 – 3 Wx 233/08, NJW 2009, 3377.
43 BGH 10.9.1998 – V ZB 11–98, NJW 1998, 3713.
44 OLG Zweibrücken 8.1.2008 – 3 W 257/07, ZWE 2009, 142.
45 LG Frankfurt a. M. 28.1.2014 – 2–09 S 71/13, ZWE 2014, 171.
46 OLG Frankfurt a. M. 19.7.1990 – 20 W 149/90, NJW-RR 1990, 1430.
47 KG 3.6.1991 – 24 W 6272/90, NJW-RR 1991, 1116.
48 OLG Köln 12.5.1997 – 16 Wx 67–97, NJW-RR 1998, 83.
49 BGH 1.12.2006 – V ZR 112/06, NJW 2007, 432.
50 BGH 1.12.2006 – V ZR 112/06, NJW 2007, 432.
51 BGH 16.5.2014 – V ZR 131/13, NJW 2014, 2640; *Hügel/Elzer*, 3. Aufl. 2021, WEG § 14 Rn. 68.

Mehle

teten rechtfertigen, dass der Berechtigte seinen Anspruch nicht mehr geltend machen werde – **Umstandsmoment**.[52] Der Einwand, dass der Gebrauch durch andere Eigentümer gleichfalls gegen den erlaubten Gebrauch verstößt, ist in der Regel unbeachtlich. Eine „Aufrechnung unzulässigen Gebrauchs" findet nicht statt. Im Einzelfall kann der Störer einem Anspruch den Einwand der unzulässigen Rechtsausübung aus § 242 BGB oder das Schikaneverbot aus § 226 BGB entgegenhalten.

bb) § 1004 BGB. Die sachenrechtlichen Ansprüche aus § 1004 BGB stehen neben den Ansprüchen aus § 14 33 Abs. 2 Nr. 1 WEG. Ein Anspruch nach § 1004 BGB kommt immer dann in Betracht, wenn ein Wohnungseigentümer, Miteigentümer des Wohnungseigentums oder Sondernutzungsberechtigter die im **Sondereigentum** stehenden Gebäudeteile in einer Weise gebraucht, die gegen die sich aus § 14 Abs. 2 Nr. 1 WEG ergebenden Grenzen verstößt. Zudem kann ein Anspruch gegen Dritte, wie beispielsweise auch Grundstücksnachbarn bestehen.

Die Tatbestandsvoraussetzungen sind insoweit nicht identisch mit § 14 Abs. 2 Nr. 1 WEG, als ein Anspruch 34 nach § 1004 BGB gem. Abs. 1 S. 2 BGB **eine Wiederholungsgefahr voraussetzt**. Es kann wiederum **nur der einzelne Wohnungseigentümer** gegen die Störung vorgehen, nicht hingegen die Gemeinschaft der Wohnungseigentümer.

b) Ansprüche des Sondereigentümers gegen die Gemeinschaft auf ein Vorgehen gegen den „abstrakten 35 **Störer", § 18 Abs. 2 Nr. 2 WEG.** Erfährt ein Wohnungseigentümer durch die Benutzung fremden Sondereigentums von einem anderen Wohnungseigentümer keinen konkreten Nachteil iSv § 14 Abs. 2 Nr. 1 iVm Abs. 1 Nr. 2 WEG, sondern eine „abstrakte Störung", so ist er nicht berechtigt, direkt gegen den Störer vorzugehen. Die von konkreten Beeinträchtigungen losgelöste Pflicht der Wohnungseigentümer, das in der Gemeinschaft geltende Regelwerk einzuhalten, besteht nur gegenüber der Gemeinschaft der Eigentümer.[53] Entsprechend hat ein **abstrakt** gestörter Eigentümer gem. § 18 Abs. 2 Nr. 2 WEG einen Anspruch darauf, dass die Gemeinschaft der Wohnungseigentümer gegen den störenden Wohnungseigentümer oder Drittnutzer vorgeht.

Nach § 18 Abs. 2 Nr. 2 WEG kann jeder Wohnungseigentümer von der Gemeinschaft der Wohnungseigentü- 36 mer eine Benutzung des Sondereigentums verlangen, die dem **Interesse der Gesamtheit der Wohnungseigentümer** nach **billigem Ermessen** und, soweit solche bestehen, den gesetzlichen Regelungen, Vereinbarungen und Beschlüssen entsprechen.

Das Vorgehen der Gemeinschaft gegen den Störer vollzieht sich dann nach § 14 Abs. 1 Nr. 1 WEG bzw. nach 37 § 9 a Abs. 2 WEG iVm § 1004 Abs. 1 BGB, gegebenenfalls aber auch nach §§ 677 ff., 812 ff., 823 ff., 985 ff. BGB.

2. Schadensersatz. Ein Störer ist verpflichtet, einen entstandenen Schaden gem. §§ 280 Abs. 1, 249 ff. BGB 38 zu ersetzen. Zudem können sich Schadensersatzansprüche aus § 823 BGB sowie wegen der Verletzung der Pflichten aus dem Gemeinschaftsverhältnis ergeben.

92. Gebrauch des gemeinschaftlichen Eigentums

Mehle

---

52 BGH 10.7.2015 – V ZR 169/14, NJW 2016, 53.
53 *Hügel/Elzer*, 3. Aufl. 2021, WEG § 14 Rn. 51.

I. Einführung

1 Nach § 16 Abs. 1 S. 3 WEG ist jeder Eigentümer zum Mitgebrauch des gemeinschaftlichen Eigentums nach Maßgabe des § 14 WEG berechtigt. Gemeint dürfte mit diesem Verweis konkret § 14 Abs. 1 Nr. 2 WEG sein. Das Mitgebrauchsrecht am Gemeinschaftseigentum ist jedem Miteigentümer unabhängig von der Größe des Miteigentumsanteils positiv eingeräumt. Die **Früchte** des gemeinschaftlichen Eigentums und des Gemeinschaftsvermögens gebühren hingegen jedem Wohnungseigentümer nur in Höhe seines bestehenden **Miteigentumsanteils** (→ *Nutzungen des gemeinschaftlichen Eigentums* Rn. 2 ff.). Aus § 14 Abs. 1 Nr. 2 WEG, etwaigen Gebrauchsregelungen nach § 10 Abs. 1 S. 2 WEG oder 19 Abs. 1 WEG sowie der Pflicht zur gegenseitigen Rücksichtnahme ergeben sich **Inhalt** und **Grenzen** des Rechts zum Mitgebrauch.

2 Für Teileigentümer gilt dieses Recht gem. § 1 Abs. 6 WEG entsprechend.

II. Recht auf Mitgebrauch und Früchte iSv § 16 Abs. 1 S. 1 WEG

3 Der Wortlaut der neuen Regelung in § 16 Abs. 1 S. 1 und S. 3 WEG verdeutlicht, dass „Mitgebrauch" und „Früchte des gemeinschaftlichen Eigentums und des Gemeinschaftsvermögens" voneinander zu unterscheiden sind. Das Recht zum **Mitgebrauch** umfasst das **Recht jedes Wohnungseigentümers**, das gemeinschaftliche Eigentum tatsächlich selbstnützig zu verwenden. Damit sind insbesondere das Gehen, Laufen, Schlafen, Spielen, Treten und Wohnen in den gemeinschaftlichen Räumen sowie auf den gemeinschaftlichen Flächen gemeint. Nicht dazu zählen die Verwaltung, Instandhaltung und -setzung oder bauliche Maßnahmen am gemeinschaftlichen Eigentum. Mitgebrauch ist aber auch die Vermietung oder Verpachtung der im gemeinschaftlichen Eigentum stehenden Flächen oder Räume.

4 § 16 Abs. 1 S. 1 und S. 2 WEG bestimmen den Umlageschlüssel für die unmittelbaren und mittelbaren **Sach- und Rechtsfrüchte** des Gemeinschaftseigentums. Früchte einer Sache sind gem. § 99 Abs. 1 BGB die Erzeugnisse der Sache und die sonstige Ausbeute, die aus der Sache bestimmungsgemäß gewonnen wird. Rechtsfrüchte sind die Erträge, welche das Recht seiner Bestimmung gemäß gewährt, § 99 Abs. 2 BGB. Früchte des Gemeinschaftseigentums sind beispielsweise die Zinsen aus Bankguthaben, aber auch Verzugszinsen auf Hausgeldrückstände.[1] Gleichfalls stehen der Gemeinschaft auch die Entgelte für die Benutzung des gemeinschaftlichen Eigentums zu, wie beispielsweise für ein Schwimmbad.

III. Inhalt und Grenzen des Rechts zum Mitgebrauch

5 **1. Mitgebrauch.** Das Mitgebrauchsrecht nach § 16 Abs. 1 S. 3 WEG gibt jedem Wohnungseigentümer das Recht, Gebrauchsvorteile aus dem gemeinschaftlichen Eigentum zu ziehen. Mitgebrauch ist das aus der Gemeinschaft der Eigentümer herzuleitende Recht der Eigentümer, persönliche Gebrauchsvorteile aus der gemeinschaftlichen Sache zu ziehen, dh an dieser den Mitbesitz iSd § 866 BGB auszuüben, der seiner Natur nach nicht in Bruchteilen bestehen kann. Das Recht zum Mitgebrauch besteht in natura und steht ohne besondere Vereinbarungen jedem Wohnungseigentümer **unabhängig von der Größe seines Miteigentumsanteils und seiner Wohnung** in gleichem Umfang zu.[2] Jeder Wohnungseigentümer ist befugt, sein Recht zum Mitgebrauch auf Dritte, wie beispielsweise Mieter, zu übertragen. Sollte ein gleichzeitiger Gebrauch durch mehrere Wohnungseigentümer nicht möglich sein, so bedarf es einer Gebrauchsregelung durch die Wohnungseigentümer. Im Einzelfall kann ein Wohnungseigentümer einen Anspruch auf eine Gebrauchsbestimmung nach § 18 Abs. 2 Nr. 2 WEG haben. Oftmals – aber nicht in jedem Fall – dürfte eine Gebrauchsregelung ordnungsgemäß sein, die einen Gebrauch nach dem **Rotationsprinzip** vorsieht.[3]

6 Die **Vermietung oder Verpachtung** von Flächen oder Räumen, die im gemeinschaftlichen Eigentum stehen, ist ebenfalls Mitgebrauch des gemeinschaftlichen Eigentums (→ *Mitgebrauch* Rn. 1 ff.; → *Vermietung des gemeinschaftlichen Eigentums* Rn. 1 ff.). Die Vermietung entzieht den Wohnungseigentümern nicht das Recht zum Mitgebrauch, sondern setzt es weiterhin voraus. Es regelt nur die Art und Weise der Ausübung, indem sie die Möglichkeit des unmittelbaren (Eigen-) Gebrauchs durch die des mittelbaren (Fremd-)Gebrauchs ersetzt und an die Stelle des unmittelbaren Gebrauchs den Anteil an den Früchten (Mieteinnahmen) treten lässt. Über

---

1 *Hügel/Elzer*, 3. Aufl. 2021, WEG § 16 Rn. 5.
2 BGH 8.4.2016 – V ZR 191/15, NJW 2017, 64.
3 BayObLG 30.10.1992 – 2Z BR 88/92, NRW-RR 1993, 205; aber: BGH 8.4.2016 – V ZR 191/15, NJW 2017, 64.

Mehle

die Frage, ob gemeinschaftliches Eigentum vermietet oder verpachtet werden kann, hat der Verband Wohnungseigentümergemeinschaft durch Beschluss zu entscheiden.[4]

2. Unerreichbarkeit des Gemeinschaftseigentums. Ist gemeinschaftliches Eigentum nur erreichbar, indem im Sondereigentum stehende Räume durchquert werden, kann das Mitgebrauchsrecht **faktisch ausgeschlossen** oder zumindest **eingeschränkt** sein. Kein Wohnungseigentümer kann den Mitgebrauch einer tragenden Wand – beispielsweise zum Aufhängen eines Bildes – verlangen, wenn sich diese in fremden Sondereigentum befindet. Das Mitgebrauchsrecht beschränkt sich darauf, dass die tragende Wand des Gebäudes trägt. Das gilt ebenso für gemeinschaftliche Leitungen; das Mitgebrauchsrecht erfasst ausschließlich die Befugnis, die Leitungen zum Transport der vorgesehenen Güter zu gebrauchen.

Etwas anderes gilt hingegen für örtlich isolierte Räume, die allein durch ein Sondereigentum erreicht werden können. Grundsätzlich stellt das Zugangserfordernis des § 5 Abs. 2 WEG sicher, dass solche örtlich isolierten Räume nicht entstehen. Denn Räume, die den einzigen Zugang zu einem im gemeinschaftlichen Eigentum stehenden Raum bilden, stehen grundsätzlich im gemeinschaftlichen Eigentum. Jedoch gilt das ausnahmsweise dann nicht, wenn Räume – wie beispielsweise ein Spitzboden, ein Balkon oder einer abgetrennten und von Gebäuden umschlossenen Hoffläche – nicht zum ständigen Mitgebrauch aller Wohnungseigentümer bestimmt sind.[5] Für solche Räume wird zum Teil angenommen, dass das Mitgebrauchsrecht der anderen Eigentümer **kraft Natur der Sache** ausgeschlossen ist.[6] Das Mitgebrauchsrecht soll mit der **alleinigen Herrschaftsmacht** über das Sondereigentum unvereinbar sein und einen Gebrauch des Gemeinschaftseigentums darstellen, der einen nach § 14 Abs. 1 Nr. 2 WEG nicht hinzunehmenden Nachteil begründet. Überzeugender ist es, davon auszugehen, dass das Mitgebrauchsrecht in den überwiegenden Fällen zwar **eingeschränkt**, jedoch nicht vollständig ausgeschlossen ist.[7] So ist es einem Sondereigentümer, dessen Sondereigentum zum Erreichen eines isolierten Dachbodens durchquert werden muss, durchaus zumutbar, dass ein Miteigentümer sein Sondereigentum gelegentlich durchquert, um Gegenstände auf dem Dachboden abzustellen.[8] Jedoch steht einem Sondereigentümer, zu dessen Wohnung ein im Gemeinschaftseigentum stehender **Balkon** gehört, ein **ausschließliches Gebrauchsrecht** zu.[9] Denn die Wohnungseigentümer schulden sich beim Mitgebrauch des gemeinschaftlichen Eigentums gegenseitige Rücksichtnahme.[10] Der Gebrauch durch die Wohnungseigentümer muss sich innerhalb der Zweckbestimmung bewegen (Beispiele → Rn. 11 ff.).

3. Keine naturgemäße Bestimmung des Mitgebrauchsrechts bei Mehrhausanlagen. Bei Mehrhausanlagen erstreckt sich das Mitgebrauchsrecht der Wohnungseigentümer auf das Gemeinschaftseigentum in **sämtlichen Gebäuden**.[11] Die gegenteilige Auffassung, nach der das Mitgebrauchsrecht naturgemäß nur den Bewohnern des jeweiligen Gebäudes zustehen soll, ist weder aus § 242 BGB noch aus dem Gemeinschaftsverhältnis der Wohnungseigentümer oder § 14 Abs. 1 Nr. 2 WEG herzuleiten.[12]

4. Gesetzliche Grenzen des Gebrauchsrechts gem. § 14 Abs. 1 Nr. 2 WEG. Nach § 14 Abs. 1 Nr. 2 WEG hat jeder Wohnungseigentümer von dem gemeinschaftlichen Eigentum nur im Rahmen der Vereinbarungen und Beschlüsse, sowie in solcher Weise Gebrauch zu machen, dass dadurch **keinem der** anderen **Wohnungseigentümer** über das bei einem geordneten Zusammenleben unvermeidliche Maß hinaus **ein Nachteil erwächst**.

a) Nachteil. Der Mitgebrauch des gemeinschaftlichen Eigentums stellt für die anderen Wohnungseigentümer dann einen Nachteil dar, wenn er zu einer nicht ganz unerheblichen, vermeidbaren und zu vermeidenden **Beeinträchtigung** führt.

---

4 BGH 8.4.2016 – V ZR 191/15, NJW 2017, 64.
5 *Hügel/Elzer*, 3. Aufl. 2021, WEG § 16 Rn. 14.
6 BeckOGK/*Falkner* WEG § 13 Rn. 132.
7 OLG Köln 28.12.2000 – 16 Wx 163/00, NJW-RR 2001, 1094.
8 OLG Köln 28.12.2000 – 16 Wx 163/00, NJW-RR 2001, 1094; BayObLG 14.4.2001 – 2Z BR 3/01; aA OLG Hamm 27.10.2000 – 15 W 210/00, ZWE 2001, 122.
9 BayObLG 17.9.2003 – 2Z BR 179/03, NJW-RR 2004, 1240.
10 *Hügel/Elzer* WEG § 16 Rn. 15.
11 BeckOGK/*Falkner* WEG § 13 Rn. 131.1; aA OLG Frankfurt a. M. 17.7.1997 – 20 W 278/96, BeckRS 1997, 10307.
12 *Hügel/Elzer*, 3. Aufl. 2021, WEG § 16 Rn. 16.

11 **b) Beispiele.** Ein **sozialadäquater Mitgebrauch** der im gemeinschaftlichen Eigentum stehenden Räume und Flächen ist unvermeidbar und damit **grundsätzlich hinzunehmen**. Dazu zählt beispielsweise ein Mitgebrauch durch

- Abstellen von Gegenständen, wie Fahrräder, Kinderwagen, Rollatoren[13] oder auch Motorräder sowie Kfz;[14]
- Gehen, Laufen, Grillen;[15]
- Tiere ausführen (→ *Tiere* Rn. 1 ff.);
- Spielen;[16]
- Türschmuck;[17]
- Wäsche aufhängen.[18]

12 Wird durch diesen Gebrauch das im Einzelnen festzustellende Maß des „Üblichen/Normalen" überschritten, kann auch der grundsätzlich sozialadäquate Gebrauch umschlagen und nicht mehr hinzunehmen sein.

13 **Nachteilig** und damit nicht mehr hinzunehmen ist:

- wenn ein Wohnungseigentümer regelmäßig und notorisch Mülltüten und ähnliche Abfälle vor der Wohnungstür im gemeinschaftlichen Eingangsbereich eines Hauses deponiert;[19]
- wenn ein Eigentümer im gemeinschaftlichen Hausflur planmäßig bis zu fünf Zigaretten raucht;[20]
- wenn Teile des gemeinschaftlichen Treppenhauses verschlossen werden;[21]
- eine im Aufteilungsplan als Kinderspielplatz bezeichnete Grundstücksfläche ist für die in der Wohnungseigentumsanlage wohnenden Kinder bestimmt. Der Gebrauch durch eine größere Anzahl von Kindern, die in einem Teileigentum gegen Entgelt betreut werden, ist von der Zweckbestimmung nicht gedeckt.[22]

14 Der Mitgebrauch des Gemeinschaftseigentums durch einen Wohnungseigentümer darf nicht dazu führen, dass dadurch der Mitgebrauchsrecht der anderen Wohnungseigentümer vollständig ausgeschlossen wird. Sollte ein gleichwertiger Mitgebrauch in Folge mangelnder Kapazitäten nicht möglich sein, ist eine **Gebrauchsregelung** erforderlich, die ggf. auch nach § 18 Abs. 2 Nr. 2 WEG gerichtlich erzwungen werden kann.

15 **5. Gebrauchsregelungen gem. § 10 Abs. 1 S. 2 WEG und 19 Abs. 1 WEG.** Gebrauchsregelungen können durch **Vereinbarung** (→ *Gebrauchs- und Nutzungsvereinbarungen* Rn. 1 ff.), durch **Mehrheitsbeschluss** (→ *Gebrauchs- und Nutzungsbeschluss* Rn. 1 ff.) oder durch **richterliche Anordnung** getroffen werden. § 10 Abs. 1 S. 2 WEG berechtigt die Wohnungseigentümer, von den Vorschriften des WEG abweichende Vereinbarungen zu treffen, soweit nicht etwas anderes ausdrücklich bestimmt ist. Nach § 19 WEG beschließen die Wohnungseigentümer den Inhalt des Gebrauchsrechts, soweit nicht bereits eine Vereinbarung der Wohnungseigentümer besteht. Fehlt es an einem den Gebrauch regelnden Beschluss, so kann jeder Wohnungseigentümer von der Gemeinschaft der Wohnungseigentümer gem. § 18 Abs. 2 Nr. 2 WEG einen solchen Beschluss verlangen.

IV. Ansprüche bei Eingriffen in das Gemeinschaftseigentum

16 In § 9 Abs. 2 WEG ist neu geregelt, dass nunmehr die Gemeinschaft der Wohnungseigentümer die sich aus dem gemeinschaftlichen Eigentum ergebenden Rechte ausübt. Entsprechend kann nur der Verband der Wohnungseigentümer einen **Herausgabeanspruch** nach § 985 BGB geltend machen. Dieser Anspruch ist auf die Verschaffung des unmittelbaren (Mit-)Besitzes gerichtet.

17 Bei Eigentumsstörungen durch einen Miteigentümer kann die **Gemeinschaft der Wohnungseigentümer** von diesem **Unterlassungs- und Beseitigungsansprüche** nach § 14 Abs. 1 Nr. 1 WEG bzw. nach § 9 a Abs. 2

---

13 BGH 10.11.2006 – V ZR 46/06, NJW 2007, 146.
14 *Hügel/Elzer*, 3. Aufl. 2021, WEG § 14 Rn. 33.
15 *Hügel/Elzer*, 3. Aufl. 2021, WEG § 14 Rn. 33.
16 BGH 10.11.2006 – V ZR 46/06, NJW 2007, 146.
17 *Hügel/Elzer*, 3. Aufl. 2021, WEG § 14 Rn. 33.
18 *Hügel/Elzer*, 3. Aufl. 2021, WEG § 14 Rn. 33.
19 OLG Düsseldorf 22.5.1995 – 3 Wx 88/96, BeckRS 9998, 03392.
20 AG Hannover 31.1.2000 – 70 II 414/99, BeckRS 9998, 37022.
21 BayObLG 29.1.2004 – 2Z BR 153/03, BeckRS 2004, 2063.
22 BayObLG 9.10.1997 – 2 Z BR 90/97, BeckRS 1997, 7824.

WEG iVm § 1004 Abs. 1 BGB geltend machen. Beeinträchtigt ein Dritter den Mitgebrauch, so kann die Gemeinschaft der Wohnungseigentümer von diesem nach § 9 a Abs. 2 WEG iVm § 1004 Abs. 1 BGB Beseitigung oder Unterlassung verlangen.[23]

Allein der Verband der Wohnungseigentümer ist berechtigt, Ansprüche auf **Schadensersatz** wegen der Verletzung des gemeinschaftlichen Eigentums geltend zu machen.   **18**

Wird der Mitgebrauch des gemeinschaftlichen Eigentums durch einen Grundstücksnachbarn beeinträchtigt, so sind die nachbarrechtlichen Schutzrechte und Schadensersatzansprüche gem. § 9 Abs. 2 WEG vom Verband der Wohnungseigentümer geltend zu machen. Das gilt gleichfalls für die Geltendmachung einer Verletzung des öffentlich-rechtlichen Nachbarrechts durch Dritte, die das Gemeinschaftseigentum beeinträchtigen. Dazu zählt beispielsweise eine Klage gegen eine Baugenehmigung betreffend das Nachbargrundstück oder ein Normkontrollantrag gegen die Festsetzungen in einem Bebauungsplan.[24]   **19**

93. Gebrauchs- und Nutzungsvereinbarungen

Mehle

I. Einführung

Im Wohnungseigentumsrecht gibt es als wesentliche Regelungsinstrumente der Wohnungseigentümer: **Vereinbarungen** (→ *Vereinbarung* Rn. 1 ff.) und **Beschlüsse** (→ *Beschluss* Rn. 1 ff.). Beide unterscheiden sich grundlegend voneinander. § 10 Abs. 1 S. 2 WEG ermächtigt die Wohnungseigentümer, den **Gebrauch** des Sondereigentums und des gemeinschaftlichen Eigentums durch Vereinbarung zu regeln. Von dieser Ermächtigung ist das Recht, die **Nutzung** des Sondereigentums sowie die sonstigen Nutzungen des gemeinschaftlichen Eigentums zu regeln, mit umfasst. Der Gesetzeswortlaut von § 10 Abs. 1 S. 2 WEG nimmt die Differenzierung zwischen Gebrauch und Nutzung nicht auf.   **1**

Gebrauchs-/Nutzungsregelungsvereinbarungen sind Vereinbarungen iSd § 10 Abs. 1 S. 2 WEG. Sie regeln die Rechte zum Gebrauch/Nutzung des Sondereigentums in Abweichung von §§ 13, 14 Abs. 1 WEG und die Rechte zum Gebrauch/Nutzungen des Gemeinschaftseigentums in Ergänzung zu §§ 14 Abs. 1, 16 Abs. 1 S. 3 WEG. Gebrauchs-/Nutzungsvereinbarungen können grundsätzlich nur durch eine **Vereinbarung** und nicht durch Beschluss abgeändert werden. Etwas anderes gilt nur dann, wenn sich aus dem Gesetz oder einer Vereinbarung eine Beschlusskompetenz ergibt.[1] Zu den allgemeinen Vereinbarungsfragen und -mängeln siehe umfassend (→ *Vereinbarung* Rn. 1 ff.).   **2**

II. Gebrauchs-/Nutzungsvereinbarungen

1. Gebrauch/Nutzung. Die Wohnungseigentümer können den Gebrauch und die Nutzung des Sondereigentums (→ *Gebrauch des Sondereigentums* Rn. 5 ff.) sowie den Gebrauch und die Nutzungen des gemeinschaftlichen Eigentums (→ *Gebrauch des gemeinschaftlichen Eigentums* Rn. 3 f.) regeln.   **3**

---

23 *Hügel/Elzer*, 3. Aufl. 2021, WEG § 16 Rn. 21.
24 *Hügel/Elzer*, 3. Aufl. 2021, WEG § 9 a Rn. 99.
 1 BGH 12.4.2019 – V ZR 112/18, NJW 2019, 2083.

4   **Nicht** zum **Gebrauch/Nutzung** gehören:

- die **Verwaltung** des Sonder- und/oder gemeinschaftlichen Eigentums (→ *Verwalter* Rn. 43 ff.),
- die **Erhaltung** des Sonder- und/oder gemeinschaftlichen Eigentums (→ *Bauliche Veränderungen* Rn. 4),
- **bauliche Maßnahmen** am gemeinschaftlichen Eigentum (→ *Bauliche Veränderungen* Rn. 1 ff.),
- das Einräumen von **Sondernutzungsrechten** (→ *Sondernutzungsrechte* Rn. 7 ff.).

5   **2. Abgrenzung Vereinbarung/Beschluss.** Wollen die Wohnungseigentümer von den Vorschriften des WEG oder abschließenden Vereinbarungen der Wohnungseigentümer abweichen, so müssen Sie eine Vereinbarung treffen, soweit nicht etwas anderes ausdrücklich bestimmt ist. Durch Beschlussfassung können die Wohnungseigentümer lediglich solche Angelegenheiten ordnen, über die nach dem WEG oder nach einer Vereinbarung der Wohnungseigentümer durch Beschluss entschieden werden kann, § 19 Abs. 1 Fall 2 WEG. Eine Beschlussfassung ist nur auf Grundlage einer ausdrücklichen Kompetenzzuweisung zulässig. Vereinbarungen sind grundsätzlich erforderlich, wenn die Wohnungseigentümer **grundlegende** und **wesentliche Regeln** für das Zusammenleben der Wohnungseigentümer **generell** und **auf Dauer** treffen, die über den konkreten Einzelfall hinaus Bedeutung besitzen, wohingegen Beschlüsse die laufende Verwaltung bzw. Regelung des Gebrauchs im konkreten Einzelfall zum Gegenstand haben.[2] In den Fällen, in denen das Gesetz eine Vereinbarung als Instrument erfordert, ist ein Beschluss nichtig.

6   In der Praxis können sich gelegentlich **Abgrenzungsprobleme** zwischen Vereinbarungen und Beschlüssen ergeben. Insbesondere ist dies bei **allstimmigen** Beschlüssen der Fall. Ein Beschluss ist allstimmig, wenn sämtliche Wohnungseigentümer anwesend oder vertreten sind und sämtliche Stimmberechtigten einem Beschlussantrag zustimmen.[3] Eigentümer können im Grundsatz all das vereinbaren, was sie beschließen können. Umgekehrt gilt das hingegen nicht, da eine Kompetenzzuweisung erforderlich ist. Ein dennoch gefasster Beschluss ist nichtig (→ *Gebrauchs-/Nutzungsbeschluss* Rn. 6 ff.). Für eine Abgrenzung, welches Regelungsinstrument die Wohnungseigentümer gewählt haben, ist der **Wille** der Wohnungseigentümer zu erforschen. Üblicherweise wird der Wille der Wohnungseigentümer auf den Inhalt und die Wirkungen gerichtet sein und nicht auf das Regelungsinstrument. In diesen Fällen ist es sachgerecht, zur Bestimmung der Regelungsform auf den **Inhalt der Regelung** abzustellen.[4] Die Beteiligten wollen im Zweifel eine wirksame Regelung treffen. Eine erkennbare und unzweideutige Entscheidung für eine Regelungsform ist jedoch zu akzeptieren, auch wenn die Reglung in Folge des unzulässigen Regelungsinstrumentes unwirksam ist.[5] Eine reine **Falschbezeichnung** ist unschädlich.

7   **3. Vereinbarungen.** Zu Vereinbarungen → *Vereinbarung* Rn. 11 ff.

8   **4. Zweckbestimmungen.** Die Wohnungseigentümer können nach § 10 Abs. 1 S. 2 WEG Gebrauchsvereinbarungen in Form von Zweckbestimmungen (→ *Zweckbestimmung* Rn. 1 ff.) treffen. Bei der Zweckbestimmung handelt es sich um eine besondere Art der Gebrauchsvereinbarung.

9   **a) Zweckbestimmung im weiteren Sinne.** In der Bezeichnung eines Sondereigentums als Wohnungseigentum (→ *Wohnungseigentum und Gebrauch* Rn. 6 ff.) oder Teileigentum (→ *Teileigentum* Rn. 1 ff.) nach § 1 Abs. 2, Abs. 3 WEG liegt eine **Zweckbestimmung im weiteren Sinn** (→ *Zweckbestimmung* Rn. 7 ff.). Mit dieser wird allgemein die Benutzung der Räume eines Sondereigentums als Wohnung oder zu anderen als Wohnzwecken vorgegeben. Die Zweckbestimmung im weiteren Sinn ist als Vereinbarung zu qualifizieren.[6] Die **Umwandlung** von Wohnungseigentum in Teileigentum und umgekehrt erfordert eine Vereinbarung durch alle Eigentümer gem. §§ 5 Abs. 4, 10 Abs. 1 S. 2 WEG.[7] Die Zweckbestimmung darf durch einen auf der Grundlage einer Öffnungsklausel gefassten Mehrheitsbeschluss nur mit der Zustimmung des betroffenen Sondereigentümers geändert oder eingeschränkt werden.[8]

10   **b) Zweckbestimmung im engeren Sinne.** Nach § 10 Abs. 1 S. 2 WEG können die Wohnungseigentümer zum Gebrauch/Nutzung des Sondereigentums und des gemeinschaftlichen Eigentums Vereinbarungen treffen.

---

2 *Hügel/Elzer*, 3. Aufl. 2021, WEG § 10 Rn. 14.
3 *Hügel/Elzer*, 3. Aufl. 2021, WEG Vor §§ 23 Rn. 73.
4 *Häublein*, Sondernutzungsrechte, 179; *Hügel/Elzer*, 3. Aufl. 2021, WEG § 10 Rn. 17.
5 *Hügel/Elzer*, 3. Aufl. 2021, WEG § 10 Rn. 17.
6 *Hügel/Elzer*, 3. Aufl. 2021, WEG § 10 Rn. 87 f.
7 BGH 4.12.2014 – V ZB 7/13; *Hügel/Elzer*, 3. Aufl. 2021, WEG § 1 Rn. 22.
8 BGH 12.4.2019 – V ZR 112/18, NJW 2019, 2083.

Solche Gebrauchs-/Nutzungsregelungen sind **Zweckbestimmungen im engeren Sinn** (→ *Zweckbestimmung* Rn. 12 ff.).

Vereinbarte Gebrauchs-/Nutzungsregelungen werden oftmals als „Zweckbestimmungen mit Vereinbarungscharakter" bezeichnet.[9] Damit soll verdeutlicht werden, dass es sich bei der Zweckbestimmung um eine Vereinbarung und nicht um einen Beschluss handelt. Diese Bezeichnung wird zu Recht kritisiert, weil eine Bestimmung nur eine Vereinbarung oder ein Beschluss sein kann, nicht aber lediglich einen solchen Charakter haben kann. Zur begrifflichen Klarheit sollten Gebrauchsregelungen als **vereinbarte** bzw. als **beschlossene Gebrauchsregelung** bezeichnet werden.[10]   **11**

Üblicherweise finden sich derartige Vereinbarungen gem. § 10 Abs. 1 S. 2 WEG in den **Gemeinschaftsordnungen**. Beispielsweise kann eine **Hausordnung** (→ *Hausordnung* Rn. 12 ff.), in welcher der zulässige Gebrauch/Nutzung des Sondereigentums und des gemeinschaftlichen Eigentums für alle Eigentümer verbindlich geregelt sind, nach § 10 Abs. 1 S. 2 WEG vereinbart werden.[11] Auch in der **Teilungserklärung** (→ *Teilungserklärung* Rn. 1 ff.) können Zweckbestimmungen iSd § 10 Abs. 1 S. 2 WEG getroffen sein.[12] Vereinbarungen können **jederzeit** getroffen und auch durch Vereinbarungen geändert werden. Durch einen Mehrheitsbeschluss kann eine Vereinbarung nur dann geändert werden, wenn eine formelle Kompetenzzuweisung durch Gesetz oder eine Vereinbarung in Form einer **Öffnungsklausel** gegeben ist. Die Zweckbestimmung eines Wohnungseigentums darf auch durch einen auf der Grundlage einer allgemeinen Öffnungsklausel getroffenen Beschluss nur mit Zustimmung des **betroffenen Sondereigentümers** geändert oder eingeschränkt werden.[13] Es gibt unentziehbare Individualrechte, zu welchen die Zweckbestimmung nach § 1 Abs. 2 und 3 WEG zählt. So gehört die Zweckbestimmung seiner Wohnungs- oder Teileigentums zu den unentziehbaren, aber verzichtbaren Rechten eines Sondereigentümers; sie darf durch einen auf der Grundlage einer Öffnungsklausel gefassten Mehrheitsbeschluss nur mit der Zustimmung des Sondereigentümers geändert oder eingeschränkt werden.[14]   **12**

Oftmals wird die erste **Gemeinschaftsordnung** (→ *Gemeinschaftsordnung* Rn. 1 ff.) durch den aufteilenden Bauträger einseitig festgesetzt. Derartige Festsetzungen sind zunächst weder eine Vereinbarung noch ein Beschluss. Jedoch fingiert § 8 Abs. 2 WEG durch seine Verweisung auf § 5 Abs. 4 WEG, dass die festgesetzte Gemeinschaftsordnung ab Entstehen der Gemeinschaft einer Vereinbarung gleichsteht.[15] Der Verweis auf § 5 Abs. 4 WEG verdeutlicht, dass dies allein für Gemeinschaftsordnungen gilt, die durch Eintragung in das Grundbuch zum Inhalt des Sondereigentums geworden sind. Die durch den aufteilenden Bauträger gesetzte Gemeinschaftsordnung ist damit gesetzlich der durch alle Wohnungseigentümer vereinbarten Gemeinschaftsordnung gleichgesetzt.   **13**

5. Sondernutzungsrecht. Die Einräumung eines Sondernutzungsrechts (→ *Sondernutzungsrechte* Rn. 1 ff.) ist keine Gebrauchs-/Nutzungsvereinbarung nach § 10 Abs. 1 S. 2 WEG.[16] In **Abgrenzung** zu Gebrauchs-/Nutzungsregelungen ist für die Begründung eines Sondernutzungsrechts maßgebend, dass die Zuweisung an einen begünstigten Wohnungseigentümer für die übrigen Wohnungseigentümer zum vollständigen Ausschluss vom Mitgebrauch/sonstige Nutzungen des gemeinschaftlichen Eigentums samt der damit verbundenen Gebrauchsvorteile führt. Das gilt auch dann, wenn allen Wohnungseigentümern eine gleichwertige Fläche des Gemeinschaftseigentums zum alleinigen Gebrauch/Nutzung zugewiesen wird. Die Begründung eines Sondernutzungsrechts stellt rechtlich eine **gesetzesändernde Vereinbarung** dar.[17]   **14**

Unterliegen Teile, Räume oder Flächen einem Sondernutzungsrecht, so können die Wohnungseigentümer dennoch Gebrauchsvereinbarungen treffen.[18]

---

9 Zuletzt: BGH 25.10.2019 – V ZR 271/18, BGH BeckRS 2019, 31522.
10 *Hügel/Elzer*, 3. Aufl. 2021, WEG § 10 Rn. 93.
11 MüKoBGB/*Commichau* WEG § 15 Rn. 18.
12 BGH 13.12.2019 – V ZR 203/18, BeckRS 2019, 32362.
13 BGH 12.4.2019 – V ZR 112/18, NJW 2019, 2083.
14 BGH 12.4.2019 – V ZR 112/18, NJW 2019, 2083.
15 *Hügel/Elzer*, 3. Aufl. 2021, WEG § 10 Rn. 29.
16 BGH 8.4.2016 – V ZR 191/15, NJW 2017, 64; *Hügel/Elzer*, 3. Aufl. 2021, WEG § 10 Rn. 119.
17 BGH 28.10.2016 – V ZR 91/16, NJW 2017, 1167.
18 *Hügel/Elzer*, 3. Aufl. 2021, WEG § 10 Rn. 141.

15   **6. Grenzen einer Gebrauchs-/Nutzungsvereinbarung.** Das Wohnungseigentumsrecht lässt den Wohnungs-
eigentümern weitgehend freie Hand, wie sie ihr Verhältnis untereinander ordnen wollen.[19] Ihre Grenze finden
Gebrauchs-/Nutzungsvereinbarungen in den allgemeinen **gesetzlichen Vorschriften** (→ *Vereinbarung*
Rn. 11 ff.). Diese Gestaltungsfreiheit gilt auch dann, wenn der teilende Eigentümer Regelungen einer Gemeinschaftsordnung in der Teilungserklärung vorgibt. Schranken für den Inhalt ergeben sich aus den Grenzen der
Privatautonomie nach §§ 134, 138 BGB. Zudem unterliegen die Bestimmungen einer Inhaltskontrolle.[20] Hierbei ist zu beachten, dass eine Inhaltskontrolle von Gebrauchs-/Nutzungsvereinbarungen nach § 242 BGB als
tiefer Eingriff in die Privatautonomie und Gestaltungsfreiheit der Wohnungseigentümer Ausnahmefällen vorbehalten bleiben muss.[21]

16   Grundsätzlich können Wohnungseigentümer sogar ggf. **grundrechtlich geschützte Positionen** wie beispielsweise die Tierhaltung[22] (→ *Tiere* Rn. 2 ff.), das Musizieren[23] (→ *Musik* Rn. 3 f.) oder Rauchen[24] (→ *Rauchen*
Rn. 2 ff.) mittels Vereinbarung **untersagen**. Da ein Wohnungseigentümer nicht gezwungen ist, von einem
Grundrecht Gebrauch zu machen, kann er sich dazu verpflichten, ein Grundrecht nicht auszuüben.[25] Die Möglichkeit einer solchen privatautonomen Regelung wird durch Art. 2 Abs. 1 GG verfassungsrechtlich gewährleistet.[26]

17   Jedoch kann die Inhaltskontrolle der Gebrauchsvereinbarung nach § 242 BGB ergeben, dass ein **Festhalten an
dem generellen Verbot treuwidrig** sein kann. Das ist zum Beispiel der Fall, wenn Parabolantennen aufgrund
ihrer geringeren Größe und der nun geeigneten Installationsorte das optische Erscheinungsbild einer Wohnungseigentumsanlage nicht beeinträchtigen und auch sonstige berechtigte Interessen der Wohnungseigentümer nicht berührt sind.[27] Ferner kann einem Erwerber nach den allgemeinen Grundsätzen – insbesondere aufgrund nachträglich eintretender Umstände – ein Anspruch auf Änderung der Gemeinschaftsordnung zustehen.
Das ist beispielsweise der Fall, wenn das Verbot von Parabolantennen bei Anlegung eines strengen Maßstabes
nicht sachgerecht erscheint und zu grob unbilligen, mit Treu und Glauben gem. § 242 BGB nicht zu vereinbaren Ergebnissen führt.[28] Gleichfalls kann ein Wohnungseigentümer aus gesundheitlichen Gründen auf einen
Blindenhund angewiesen sein.[29] Eine Vielzahl weiterer Beispiele ist denkbar.

18   Die Gestaltungsfreiheit für Gebrauchs-/Nutzungsvereinbarungen endet dort, wo die personenrechtliche Gemeinschaftsstellung der Wohnungseigentümer ausgehöhlt wird. So verbietet das mitgliedschaftliche Element
des Wohnungseigentums einen allgemeinen **Ausschluss vom Stimmrecht** in Eigentümerversammlungen. Der
allgemeine **Ausschluss von Versammlungen** der Wohnungseigentümer ist unzulässig.[30]

19   **7. Beispiele für Gebrauchs-/Nutzungsvereinbarungen.** Durch Vereinbarung nach § 10 Abs. 1 S. 2 WEG
kann eine an sich erlaubte Benutzung beschränkt werden, aber auch eine solche erlaubt werden, die von Gesetzes wegen nicht erlaubt wäre oder Vorbehalte eingeführt werden. Die Wohnungseigentümer können mit einer
Vereinbarung auch eine Ermessensregelung treffen, nach der es von der **Zustimmung** des Verwalters oder des
Beirates abhängig ist, ob und wie ein durch Vereinbarung festgelegter Gebrauch/Nutzung oder ein anderer als
der vorgesehener Gebrauch/Nutzung zulässig ist.[31] Die Gemeinschaftsordnung, dh eine Vereinbarung, kann
auch vorsehen, dass vom Verwalter eine Hausordnung aufgestellt wird.[32]

---

19   BGH 10.12.2010 – V ZR 60/10, NJW 2011, 679.
20   BGH 10.12.2010 – V ZR 60/10, NJW 2011, 679.
21   *Hügel/Elzer,* 3. Aufl. 2021, WEG § 10 Rn. 58.
22   BGH 4.5.1995 – V ZB 5/95, NJW 1995, 2036.
23   BGH 10.9.1998 – V ZB 11–98, NZM 1998, 955.
24   *Hügel* ZWE 2010, 18.
25   BGH 12.4.2019 – V ZR 112/18, NJW 2019, 2083.
26   BGH 22.1.2004 – V ZB 51/03, NJW 2004, 937.
27   BGH 22.1.2004 – V ZB 51/03, NJW 2004, 937.
28   BGH 22.1.2004 – V ZB 51/03, NJW 2004, 937.
29   *Hügel/Elzer,* 3. Aufl. 2021, WEG § 10 Rn. 98.
30   BGH 10.12.2010 – V ZR 60/10, NJW 2011, 679.
31   BayObLG 31.8.2000 – 2 Z BR 39/00, BeckRS 2000, 30129499; MüKoBGB/*Commichau* WEG § 15 Rn. 4; Jen-
     nißen/*Schultzky* WEG § 15 Rn. 22.
32   BayObLG 23.8.2001 – 2 Z BR 96/01, NJW 2001, 3635.

a) Gemeinschaftliches Eigentum. Für das gemeinschaftliche Eigentum können **feste Nutzerkreise** bestimmt 20
werden. So kann eine Wohnungseigentumsanlage durch eine Gebrauchs-/Nutzungsvereinbarung zum ausschließlichen Gebrauch für betreutes Wohnen, als Ferienwohnung, Boarding-Haus, Studentenwohnheim oder
Hotelanlage dienen.[33] Diesen Gebrauchsformen ist das Vorhalten bestimmter Einrichtungen und Räume zur
optimalen Realisierung des vereinbarten Gebrauchs gemeinsam. Die dadurch entstehenden Vorhaltekosten
können grundsätzlich nur dann in einem vernünftigen Rahmen gehalten werden, wenn sich alle Sondereigentümer an dem Gebrauchs-/Nutzungskonzept beteiligen. Eine solche Gebrauchs-/Nutzungsvereinbarung wird
dadurch umgesetzt, dass der **Gebrauch des Sonder- und des gemeinschaftlichen Eigentums** nur einer **bestimmten Personengruppe** gestattet ist, beispielsweise Personen ab einem bestimmten Alter oder einer bestimmten Pflegebedürftigkeit, Studenten, Hotelgäste ua. Solche ausschließlichen Gebrauchs-/Nutzungsrege-
lungen sind zulässig.[34] Für Wohnungseigentümer, die nicht zu der vereinbarten Nutzergruppe gehören, kann
die Gebrauchs-/Nutzungsvereinbarung eine Vermietungspflicht, ggf. auch an gewerbliche Zwischenvermieter,
bedeuten.[35] Auf durchgreifende Bedenken stößt ein solcher Kontrahierungszwang dann, wenn die Wohnungseigentümer zum Abschluss von Verträgen mit einer Bindung von mehr als zwei Jahren verpflichtet werden
sollen und weder den einzelnen Wohnungseigentümern noch der Gemeinschaft der Wohnungseigentümer
wirkliche Spielräume für die Ausgestaltung der Verträge verbleiben.[36]

Gleichfalls finden sich für das gemeinschaftliche Eigentum Gebrauchs-/Nutzungsvereinbarungen für einzelne 21
Räume, beispielsweise, dass diese lediglich als Abstellraum, Fahrradkeller, Trockenraum oder Wäschekeller
usw dienen sollen (→ *Zweckbestimmung* Rn. 20 ff.; → *Teileigentum* Rn. 1 ff.). Der Gebrauch/Nutzung eines in
der Teilungserklärung als Teileigentum und entsprechend ausgewiesenen Raumes zu (nicht nur vorübergehenden) Wohnzwecken ist unzulässig.[37]

Denkbar sind auch Gebrauchs-/Nutzungsvereinbarungen zu einzelnen **Flächen**, dass diese als Garten, Stellplatz oder Terrasse usw dienen sollen.[38]

Auch für den Gebrauch/Nutzung von **Sondernutzungsrechten** können Gebrauchs-/Nutzungsregelungen vereinbart werden.[39]

Gibt es im Gemeinschaftseigentum **besondere Einrichtungen**, wie beispielsweise gemeinsame Kfz- 22
Stellplätze, ein Schwimmbad, eine Sauna oder einen Fahrstuhl, so bietet es sich an, dafür Gebrauchs-/
Nutzungsregelungen gem. § 10 Abs. 1 S. 2 WEG in der Gemeinschaftsordnung zu treffen. Unter Berücksichtigung des Gebotes der angemessenen Verteilung sollte eine Gebrauchs-/Nutzungsregelung aufgestellt werden,
die jedem Miteigentümer ein angemessenes Mitgebrauchs-/Nutzungsrecht einräumt.[40]

b) Wohnungseigentum. Der Gebrauch/Nutzung von Wohnungseigentum wird seltener durch Gebrauchs-/ 23
Nutzungsvereinbarungen geregelt. Denkbar ist auch für das Wohnungseigentum, dass Nutzerkreise vereinbart
werden und damit Vermietungsgebote und -verbote einhergehen.[41]

Räume, die zum Wohnungseigentum gehören, dürfen nur dann abweichend von ihrem Bestimmungszweck 24
„wohnen" gebraucht werden, wenn der andere Gebrauch nicht mehr stört oder beeinträchtigt als der bestim-
mungsgemäße (→ *Zweckbestimmung* Rn. 20 ff.; → *Wohnungseigentum und Gebrauch* Rn. 8). Zulässig soll
nach Auffassung des BGH eine Vermietung an täglich oder wöchentlich wechselnde **Touristen** sein, sofern
Teilungserklärung oder Gemeinschaftsordnung dieses nicht verbieten.[42] Der Gebrauch einer Wohnung zur
(werk-)täglichen Erbringung von Betreuungsdienstleistungen gegenüber Dritten in Form einer Pflegestelle für

---

33 *Hügel/Elzer*, 3. Aufl. 2021, WEG § 10 Rn. 85.
34 BGH 13.10.2006 – V ZR 289/05, NJW 2007, 213.
35 BayObLG 20.11.1997 – 2Z BR 112/97, BeckRS 1998, 423.
36 BGH 13.10.2006 – V ZR 289/05, NJW 2007, 213.
37 BGH 16.6.2011 – V ZA 1/11, BeckRS 2011, 20719.
38 *Hügel/Elzer*, 3. Aufl. 2021, WEG § 10 Rn. 141.
39 MüKoBGB/*Commichau* WEG § 15 Rn. 10.
40 MüKoBGB/*Commichau* WEG § 15 Rn. 10.
41 BayObLG 20.11.1997 – 2Z BR 112/97, BeckRS 1998, 423.
42 BGH 15.1.2010 – V ZR 72/09, NJW 2010, 3093; BGH 12.11.2010 – V ZR 78/10, BeckRS 2010, 31044.

bis zu fünf Kleinkinder, bei der der Erwerbscharakter im Vordergrund steht, wird vom Wohnzweck nicht mehr getragen.[43]

25 **c) Teileigentum.** Besonders praxisrelevant sind Gebrauchs-/Nutzungsvereinbarungen, die näher ausgestalten, wie ein Teileigentum gebraucht/genutzt werden darf (**Zweckbestimmung im engeren Sinn**). Ohne besondere Gebrauchs-/Nutzungsvereinbarung darf ein Teileigentum für jedes Gewerbe gebraucht/genutzt werden. Diese nahezu uferlose Gebrauchs-/Nutzungsmöglichkeit dürfte überwiegend nicht im Interesse der Wohnungseigentümer sein.

26 Nachfolgend finden sich **beispielhaft** Gebrauchs-/Nutzungsvereinbarungen für Teileigentum und daraus resultierende Gebrauchs-/Nutzungsmöglichkeiten:

- **Apotheke**: es ist unzulässig, eine Gaststätte einzurichten;[44]
- **Arztpraxis**: ein Gebrauch/Nutzung als Gaststätte[45] ist unzulässig;
- **Büro**: der Betrieb einer Arztpraxis ist nicht zulässig;[46]
- **Café**: ein als Café bezeichnetes Teileigentum darf nicht als Gaststätte betrieben werden;[47]
- **Dach- und Spitzboden/Speicher**: darf zu Lagerzwecken gebraucht/genutzt, aber nicht zu Wohnraum umgebaut werden;[48]
- **Eis-Café**: der Gebrauch/Nutzung als Gaststätte ist zulässig,[49] nicht hingegen der Betrieb eines Pilslokals (Pilsbar);[50]
- **Geschäftsraum**: der Betrieb eines Speiserestaurants ist grundsätzlich zulässig;[51]
- **Gewerbe:** in einem als Gewerbe bezeichneten Teileigentum ist die Gebrauchs-/Nutzungsmöglichkeit nahezu uferlos, auch der Betrieb einer Spielothek,[52] Tagesstätte für psychisch Behinderte,[53] der Gebrauch/Nutzung eines ehemaligen Supermarktes als muslimisches Gemeindezentrum;[54] Betrieb einer Zahnklinik[55] oder Methadonabgabestelle[56] fällt unter den zulässigen Gebrauch/Nutzung;
- **Laden**: der Betrieb einer Imbissstube als Verkaufsstelle für warme Speisen ist nicht zulässig;[57] ein Laden darf jedenfalls dann nicht als Gaststätte mit nächtlichen Öffnungszeiten gebraucht/genutzt werden, wenn das maßgebliche Landesrecht die nächtliche Öffnung von Verkaufsstellen untersagt;[58] die tageweise Unterbringung von wohnungslosen Personen in einer Gemeinschaftsunterkunft zur Vermeidung von Obdachlosigkeit ist in der Regel nicht als eine zu Wohnzwecken dienende Nutzung, sondern als heimähnliche Unterbringung anzusehen, die grundsätzlich in einem als „Laden" bezeichneten Teileigentum erfolgen kann;[59]
- **Laden mit Lager**: In einer Teileigentumseinheit, die in der Teilungserklärung als „Laden mit Lager" bezeichnet ist, darf ein Eltern-Kind-Zentrum betrieben werden.[60] Dies beruht darauf, dass sich der Gebrauch nach typisierender Betrachtungsweise als zulässig erweist. Dabei ist, mangels entgegenstehender Vereinbarungen, die Ausstrahlungswirkung des § 22 Abs. 1 a BImSchG auf das Wohnungseigentumsrecht zu beachten. Danach sind Geräuscheinwirkungen, die von Kindertageseinrichtungen, Kinderspielplätzen und

---

43 BGH 13.7.2012 – V ZR 204/11, NJW-RR 2012, 1292.
44 MüKoBGB/*Commichau* WEG § 15 Rn. 12.
45 BayObLG 22.1.2004 – 2Z BR 229/03, BeckRS 2004, 2071.
46 OLG Stuttgart 4.11.1986 – 8 W 357/86, NJW-RR 1987, 206.
47 BayObLG 22.9.2004 – 2Z BR 103/04, BeckRS 2004, 9706; OLG Hamburg 29.7.1998 – 2 Wx 20/98, BeckRS 1998, 10468; *Hügel/Elzer*, 3. Aufl. 2021, WEG § 10 Rn. 105.
48 MüKoBGB/*Commichau* WEG § 15 Rn. 12.
49 OLG Hamm 20.6.1986 – 15 W 177/86, NJW-RR 1986, 1336.
50 OLG München 25.2.1992 – 25 U 3550/91, NJW-RR 1992, 1492.
51 BayObLG 11.1.1982 – BReg. 2 Z 96/80, BayObLGZ 1982, 1.
52 LG Karlsruhe 20.9.2010 – 11 S 200/09, BeckRS 2010, 28357.
53 OLG Zweibrücken 11.8.2005 – 3 W 21/05, NJW-RR 2005, 1540.
54 OLG Frankfurt a. M. 1.11.2012 – 20 W 12/08, NZM 2013, 153.
55 OLG Düsseldorf 19.3.2003 – 3 Wx 249/02, BeckRS 2003, 30312327.
56 OLG Düsseldorf 14.1.2002 – 3 Wx 336/01, NZM 2002, 259.
57 BayObLG 29.9.1999 – 2Z BR 103/99, NZM 2000, 288.
58 BGH 10.7.2015 – V ZR 169/14, NJW 2016, 53.
59 BGH 8.3.2019 – V ZR 330/17, NZM 2019, 293; mit Anm. *Elzer* IMR 2019, 194.
60 BGH 13.12.2019 – V ZR 203/18, BeckRS 2019, 32362.

ähnlichen Einrichtungen, wie beispielsweise Ballspielplätzen, durch Kinder hervorgerufen werden, im Regelfall keine schädliche Umwelteinwirkung;

- **Lagerraum**: in einem Lagerraum ist der Betrieb eines „Gymnastik-/Tanzstudios" unzulässig;[61]
- **„Pkw-"** bzw. **„Kfz-Stellplätze im Freien"** und **„Pkw-Abstellplätze"**: schließt nach dem Wortlaut und Sinn der Vereinbarung die dauerhafte Lagerung beliebiger Gegenstände, die nicht im Zusammenhang mit der Nutzung von Kraftfahrzeugen stehen, aus;[62] (s. auch → Rn. 22);
- **Post**: der Gebrauch/Nutzung einer gemeinschaftlichen Gartenspielfläche durch Kinder einer Kindertagesstätte, die in einem als „Post" bezeichneten Teileigentum betrieben wird, ist unzulässig;[63]
- **Restaurant**: Ob ein zweckbestimmungswidriger Gebrauch/Nutzung von Räumen als Spielhalle (mit Internetcafé) mehr stört als eine der Zweckbestimmung entsprechender Restaurantgebrauch/-nutzung, kann nur aufgrund einer typisierenden Betrachtung des konkreten Einzelfalls geklärt werden;[64]
- **Sauna**: In einem in der Teilungserklärung als Sauna bezeichneten Teileigentum ist der Betrieb eines „Pärchentreffs" oder „Swinger-Clubs" grundsätzlich nicht zulässig;[65] (→ Rn. 22);
- **Weinkeller**: Ist ein Teileigentum in der Teilungserklärung als „Weinkeller, Kegelbahn, Windfang, Abstellraum, Kühlraum, WC, Vorplatz" bezeichnet, ist mit dieser Zweckbestimmung der Betrieb einer Diskothek oder die Führung einer Gaststätte mit Tanzbetrieb nicht vereinbar.[66]

Gelegentlich finden sich Gebrauchs-/Nutzungsvereinbarungen zu **Nebenräumen** eines Wohnungseigentums. 27
Ist ein Nebenraum in der Teilungserklärung als „Verkaufsladen" bezeichnet und nach dem Aufteilungsplan ein Gebrauch/Nutzung als „Abstell-/bzw. Hobbyraum" vorgesehen, so liegen darin eine vereinbarte Gebrauchs-/Nutzungsregelung.[67] Der Gebrauch/Nutzung eines in der Teilungserklärung als Teileigentum und Hobbyraum ausgewiesenen Raumes zu (nicht nur vorübergehenden) Wohnzwecken ist unzulässig.[68]

Für die Entscheidung über die Zulässigkeit eines bestimmten Gebrauchs/Nutzung ist jeweils eine **Einzelfall-** 28
betrachtung vorzunehmen. Maßgeblich für den jeweiligen Inhalt des zur Zweckbestimmung verwendeten Begriffs ist der **Zeitpunkt der Vereinbarung**; ein späterer **Begriffswandel** spielt grundsätzlich keine Rolle.[69]

III. Verfahrensweise: Erzwingen einer Gebrauchs-/Nutzungsvereinbarung

Fehlt es an einer Gebrauchs-/Nutzungsvereinbarung, so kann diese nach § 10 Abs. 2 WEG erstritten werden. 29
Der Anspruch richtet sich auf eine vom **Gesetz abweichende Vereinbarung**, die **Anpassung** einer Vereinbarung oder die **Aufhebung** einer Vereinbarung sowie auf **Zustimmung zur Eintragung der Anpassung in das Grundbuch**. Dieser Antrag ist erforderlich, weil die gerichtlich erzwungene Vereinbarung die Sonderrechtsnachfolger nur bei Eintragung im Grundbuch bindet. Der Anspruch auf Zustimmung zur Eintragung der Abänderung im Grundbuch ist im Prozess ausdrücklich zu beantragen.[70]

Die Klage auf eine Gebrauchs-/Nutzungsvereinbarung bzw. Abänderung einer Gebrauchs-/Nutzungsvereinbarung ist jeweils gegen die **übrigen Wohnungseigentümer** zu richten.[71] **Aktivlegitimiert** ist **jeder Wohnungseigentümer**.[72] 30

---

61 BayObLG 20.1.1994 – 2Z BR 93/93, NJW-RR 1994, 527.
62 LG Hamburg 12.11.2014 – 318 S 107/13, BeckRS 2015, 7501.
63 LG Hamburg 6.1.2016 – 318 S 40/15, ZWE 2016, 260.
64 LG München I 4.4.2011 – 1 S 16861/09, BeckRS 2011, 9362.
65 BayObLG 16.6.2000 – 2Z BR 178/99, NJW-RR 2000, 1323.
66 BayObLG 11.10.1989 – 2 Z 96/89, ZMR 1990, 230.
67 BGH 16.6.2011 – BeckRS 2011, 20719; OLG Frankfurt a. M. 27.7.2011 – 20 W 319/08, BeckRS 2011, 24245.
68 BGH 16.6.2011 – V ZA 1/11 BeckRS 2011, 20719.
69 BayObLG 22.9.2004 – 2Z BR 103/04, BeckRS 2004, 9706; OLG Hamburg 29.7.1998 – 2 Wx 20/98, BeckRS 1998, 10468.
70 *Hügel/Elzer*, 3. Aufl. 2021, WEG § 10 Rn. 186.
71 BGH 18.6.2010 – V ZR 193/09, NJW 2010, 2801; *Hügel/Elzer*, 3. Aufl. 2021, WEG § 10 Rn. 189.
72 *Hügel/Elzer*, 3. Aufl. 2021, WEG § 10 Rn. 188.

94. Gebrauchs-/Nutzungsbeschluss

Mehle

I. Einführung

1 Im Wohnungseigentumsrecht gibt es Angelegenheiten, die die Wohnungseigentümer durch Beschluss (→ *Beschluss* Rn. 1 ff.) und solche, die sie durch Vereinbarung (→ *Vereinbarung* Rn. 9 ff.) regeln können. Die grundsätzliche **Regelungskompetenz** ist zulässig und notwendig, um das tägliche Miteinander der Wohnungseigentümer zu regulieren.

2 Über die **ordnungsgemäße Benutzung des Sondereigentums** und des **gemeinschaftlichen Eigentums** können die Wohnungseigentümer nach § 19 Abs. 1 Fall 2 WEG immer dann beschließen, wenn nicht eine Vereinbarung nach § 10 Abs. 1 WEG entgegensteht. Damit besteht eine ausdrückliche gesetzliche Kompetenzzuweisung für die Wohnungseigentümer, Benutzungsbeschlüsse zu erlassen. Der Begriff „Benutzung" umfasst sowohl den Gebrauch als auch die Nutzung des Sonder- und/oder gemeinschaftlichen Eigentums. Entsprechend beinhaltet § 19 Abs. 1 Fall 2 WEG die Ermächtigung sowohl den Gebrauch als auch die Nutzungen durch Beschluss zu regeln. Eine Differenzierung zwischen Gebrauch und Nutzung nimmt der Gesetzeswortlaut nicht vor.

3 Im Verhältnis zu § 19 Abs. 1 Fall 1 WEG, welcher die Regelung der Verwaltung des gemeinschaftlichen Eigentums durch Beschluss regelt, ist § 19 Abs. 1 Fall 2 WEG die speziellere Vorschrift für Gebrauchs-/Nutzungsbeschlüsse. In der **Hausordnung** (→ *Hausordnung* Rn. 1 ff.) finden sich häufig beschlossene Gebrauchs-/Nutzungsregelungen. § 19 Abs. 2 Nr. 1 WEG stellt ausdrücklich klar, dass das Aufstellen einer Hausordnung zur ordnungsmäßigen Verwaltung und Benutzung des gemeinschaftlichen Eigentums gehört (→ *Ordnungsgemäße Verwaltung* Rn. 1 ff.).

4 Zur Beschlussfassung sowie den allgemeinen Beschlussfragen und -mängeln → *Beschluss* Rn. 4 ff.

II. Abgrenzung Beschluss/Vereinbarung

5 Haben sich die Wohnungseigentümer nicht erkennbar und eindeutig für eine Regelungsform entschieden, so ist für die gebotene **Abgrenzung**, ob die Wohnungseigentümer das Regelungsinstrument Vereinbarung oder Beschluss gewählt haben, der **Wille der Wohnungseigentümer** zu erforschen (→ *Vereinbarung* Rn. 26 ff.).[1]

III. Beschlusskompetenz

6 **1. Gesetzes- und Vereinbarungsvorbehalt.** Eine Gebrauchs-/Nutzungsregelung kann nur dann durch Mehrheitsbeschluss erfolgen, wenn durch das WEG oder durch eine Vereinbarung eine **Beschlusskompetenz** der Wohnungseigentümer gegeben ist. Anderenfalls fehlt der Mehrheit von vornherein jede Beschlusskompetenz und die Wohnungseigentümer sind für eine Beschlussfassung absolut unzuständig. Es gilt der Grundsatz: Was nach WEG zu vereinbaren ist, kann nicht beschlossen werden, solange nicht vereinbart ist, dass dies auch beschlossen werden darf.[2] Die Beschlusskompetenz wächst der Mehrheit auch nicht dadurch zu, dass ein in an-

---

1 *Hügel/Elzer*, 3. Aufl. 2021, WEG § 10 Rn. 16.
2 BGH 20.9.2000 – V ZB 58/99, NJW 2000, 3500.

Mehle

gemäßter Kompetenz gefasster Beschluss bestandskräftig wird und der Beschlussgegenstand damit zukünftig dem Mehrheitsprinzip unterfällt.

Die nach § 19 Abs. 1 Fall 2 WEG eingeräumte Beschlusskompetenz gibt den Wohnungseigentümern nicht das **7** Recht, einen gesetzlich nach §§ 13 Abs. 1, 16 Abs. 1 S. 3 WEG grundsätzlich zulässigen Gebrauch/Nutzung **vollständig zu verbieten**[3] oder einen **verbotenen Gebrauch/Nutzung zu erlauben**.[4] Ein Sondernutzungsrecht kann (in Ermangelung einer Öffnungsklausel) ausschließlich durch Vereinbarung, nicht aber durch bestandskräftig gewordenen Mehrheitsbeschluss begründet werden.[5]

Haben die Wohnungseigentümer in der Gemeinschaftsordnung eine **abschließende Gebrauchs-/Nutzungs-** **8** **vereinbarung** (→ *Gebrauchs- und Nutzungsvereinbarungen* Rn. 1 ff.) getroffen und besteht keine **Öffnungs-** **klausel** für eine Änderung der Vereinbarung durch Mehrheitsbeschluss, so haben sie keine Beschlusskompetenz (mehr), einen abweichenden Beschluss zu fassen. Die vereinbarte Gebrauchs-/Nutzungsregelung steht einer Gebrauchs-/Nutzungsregelung durch Beschluss entgegen, da Vereinbarungen grundsätzlich Vorrang haben.[6] Ein dennoch gefasster vereinbarungsändernder Beschluss ist **nichtig**.[7] Vereinbarungen, die einem Beschluss entgegenstehen könnten, sind bereits **auf Tatbestandsseite auszulegen**. Es ist zu ermitteln, ob die Vereinbarung abschließend ist oder Ergänzungen zulässt. Bei der Auslegung besteht kein Ermessen, sondern die Auslegung hat nach den allgemeinen Grundsätzen zu erfolgen.[8] Gleichfalls kann der Inhalt des Beschlusses ausgelegt werden. Dabei ist im Zweifel eine Auslegung zu bevorzugen, die nicht der Vereinbarung widerspricht. Das basiert auf der Grundannahme, dass die Wohnungseigentümer keine nichtigen Beschlüsse fassen wollten.[9]

Haben die Wohnungseigentümer bzw. der teilende Bauträger eine **Hausordnung** (→ *Hausordnung* Rn. 1 ff.) **9** in der Gemeinschaftsordnung und damit im Wege der Vereinbarung geregelt (→ *Hausordnung* Rn. 12 ff.), müssten Änderungen der Hausordnung konsequenterweise durch Vereinbarung erfolgen. Weil dies oftmals den Interessen der Wohnungseigentümer in keiner Weise entspricht, ist zunächst zu untersuchen, ob es **Ziel** **der Vereinbarung** war, eine Regelung „beschlussfest" zu machen. Soweit die Bestimmung der Hausordnung bezweckte, ihre Inhalte einer Regelung durch Beschluss zu entziehen, muss dies angenommen werden. Die Änderung der Hausordnung ist dann nur durch eine Vereinbarung möglich. Soweit die Bestimmung durch Vereinbarung hingegen eher zufällig erfolgte, muss eine „**Vereinbarung in Beschlussangelegenheiten**" angenommen werden. Dann kann – weil der Sache nach eine **konkludente Öffnungsklausel** besteht – auch eine vereinbarte Hausordnung durch einen Beschluss geändert werden.[10]

Ein Beschluss, der eine vereinbarte Gebrauchs-/Nutzungsbestimmung lediglich **ergänzt** oder **konkretisiert**, **10** bleibt weiterhin möglich.[11]

2. Ordnungsmäßigkeit. Nach § 19 Abs. 1 Fall 2 WEG dürfen die Wohnungseigentümer keinen Gebrauch/ **11** Nutzung beschließen, der über den ordnungsgemäßen Gebrauch/Nutzung hinausgeht. Die Ordnungsgemäßheit ist allerdings **nicht kompetenzbegründend**, so dass ein Beschluss, der über eine ordnungsgemäße Regelung hinausgeht, nicht nichtig, sondern **lediglich anfechtbar** ist.[12] Für eine Zuordnung zur Rechtsfolgenseite sprechen praktische Erwägungen. Beschlüsse nach § 19 Abs. 1 Fall 2 WEG dienen auch dazu, Zweifelsfragen über den Umfang des zulässigen Gebrauchs/Nutzung zu klären. Dieses Ziel kann nur erreicht werden, wenn der Beschluss nach Ablauf der Anfechtungsfrist eine Bestandskraft erhält.[13]

---

3 LG Koblenz 22.8.2016 – 2 S 15/16, NZM 2017, 377; *Hügel/Elzer,* 3. Aufl. 2021, WEG § 15 Rn. 37.
4 LG München I 4.4.2011 – 1 S 16861/09; *Schmid* ZWE 2014, 114.
5 BGH 20.9.2000 – V ZB 58/99, NJW 2000, 3500; *Hügel/Elzer,* 3. Aufl. 2021, WEG § 19 Rn. 23.
6 BGH 12.4.2019 – V ZR 112/18, NJW 2019, 2083.
7 BGH 22.1.2004 – V ZB 51/03, NJW 2004, 937; *Schmid* ZWE 2014, 114; *Müller* ZWE 2005, 303.
8 *Schmid* ZWE 2014, 114.
9 *Schmid* ZWE 2014, 114.
10 *Hügel/Elzer,* 3. Aufl. 2021, WEG § 19 Rn. 41; LG München I 23.11.2017 – 36 S 3100/17, BeckRS 2017, 140555; BayObLG 20.11.1997 – 2Z BR 93–97, NZM 1998, 239.
11 OLG Düsseldorf 10.12.2004 – 3 Wx 311/04, BeckRS 2004, 12699.
12 *Müller* ZWE 2005, 303.
13 *Schmid* ZWE 2014, 114.

12 **3. Regelungsgegenstand.** Die Regelungskompetenz ist auf das **gemeinschaftliche Grundstück** entsprechend seiner durch die Eintragung im Grundbuch entstandenen sachenrechtlichen Zuordnung beschränkt und erstreckt sich nicht auf Nachbargrundstücke.[14]

IV. Grenzen eines Gebrauchs-/Nutzungsbeschlusses

13 **1. Ordnungsmäßigkeit.** Der von den Wohnungseigentümern nach § 19 Abs. 1 Fall 2 WEG beschlossene Gebrauch/Nutzung muss ordnungsgemäß sein. Ordnungsgemäß ist, was dem Interesse sämtlicher Wohnungseigentümer nach billigem Ermessen entspricht. Ein ordnungsgemäßer Gebrauch/Nutzung setzt voraus, dass die Gebrauchs-/Nutzungsregelung die maßgebliche **Zweckbestimmung** beachtet, das **Rücksichtnahmegebot** wahrt, **nicht willkürlich** ist und **gesetzliche Vorschriften** beachtet.[15] Danach kann ein Beschluss jedenfalls nichts erlauben, was andere Wohnungseigentümer nach §§ 14, 16 WEG nicht hinnehmen müssen, und kann nichts verbieten, was einem Wohnungseigentümer in den Grenzen der §§ 14, 16 WEG erlaubt ist.[16] Hält sich ein Gebrauch/Nutzung im Rahmen der Zweckbestimmung, so kann sich seine Unzulässigkeit nicht aus dem Charakter der Wohnungseigentumsanlage und den diesen prägenden örtlichen Verhältnissen ergeben.[17] Es gibt keinen dauerhaften Charakter einer Wohnungseigentumsanlage und kein dauerhaftes Gepräge der örtlichen Verhältnisse. Diese können sich im Laufe der Zeit verändern.

14 Den Wohnungseigentümern ist es **materiell** verwehrt, durch Beschluss in den **Kernbereich des Wohnungseigentums** einzugreifen und den wesentlichen Inhalt des Gebrauchs/Nutzung von Wohnungseigentum einzuschränken.[18] Aus den gesetzlichen Bestimmungen der §§ 134, 138, 242 BGB und den zum Kernbereich des Wohnungseigentumsrechts zählenden Vorschriften, wozu ua unentziehbare und unverzichtbare Individualrechte zählen, ergeben sich fundamentale Schranken. Denn was selbst durch Vereinbarung nicht geregelt werden könnte, entzieht sich auch einer Regelung im Beschlusswege aufgrund einer Öffnungsklausel; ein gleichwohl gefasster Beschluss ist aus materiellen Gründen nichtig.[19] Ist ein solches **Individualrecht** hingegen **verzichtbar**, so ist ein in solche Rechte eingreifender Beschluss nur dann wirksam, wenn die hiervon nachteilig betroffenen Wohnungseigentümer zustimmen, bis dahin ist er nichtig oder jedenfalls anfechtbar.[20] So ist es zB den Wohnungseigentümern untersagt, ein generelles Verbot von Parabolantennen zu beschließen[21] oder den Betrieb einer Waschmaschine und das Trocknen von Wäsche in der Wohnung an der Luft zu untersagen,[22] sowie die Vermietung an täglich oder wöchentlich wechselnde Feriengäste, soweit nicht alle Wohnungseigentümer ihre Zustimmung erteilt haben.[23]

15 Die Wohnungseigentümer besitzen bei dem Beschluss eines ordnungsgemäßen Gebrauchs/Nutzung einen **Ermessensspielraum**.[24] Ordnungsgemäße Gebrauchs-/Nutzungsregelungen müssen sich an den im Wohnungseigentumsrecht geltenden **Gleichbehandlungsgrundsatz** halten.[25]

16 **2. Zweckbestimmung. a) Keine Änderung einer vereinbarten Zweckbestimmung durch Beschluss.** Haben die Wohnungseigentümer ein Sondereigentum als Wohnungseigentum (→ *Wohnungseigentum und Gebrauch* Rn. 1 ff.) oder Teileigentum (→ *Teileigentum* Rn. 1 ff.) nach § 1 Abs. 2, Abs. 3 WEG bezeichnet, liegt darin eine **Gebrauchs-/Nutzungsvereinbarung**, die allgemein den Gebrauch/Nutzung der Räume eines Sondereigentums als Wohnung oder zu anderen als Wohnzwecken vorgibt. Eine solche Gebrauchs-/Nutzungsvereinbarung, die als **Zweckbestimmung im weiteren Sinn** bezeichnet wird, kann nicht durch Beschluss geän-

---

14 Bärmann/*Suilmann* WEG § 15 Rn. 53.
15 BGH 10.9.1998 – V ZB 11–98, NJW 1998, 3713; Bärmann/*Suilmann* WEG § 15 Rn. 55.
16 BGH 8.5.2015 – V ZR 163/14, NJW-RR 2015, 1037; Bärmann/*Suilmann* WEG § 15 Rn. 55.
17 BGH 8.3.2019 – V ZR 330/17, NZM 2019, 293; mit Anm. *Elzer* IMR 2019, 195; *Hügel/Elzer,* 3. Aufl. 2021, WEG § 14 Rn. 39.
18 BGH 12.4.2019 – V ZR 112/18, NJW 2019, 2083; BGH 22.1.2004 – V ZB 51/03, NJW 2004, 937.
19 BGH 12.4.2019 – V ZR 112/18, NJW 2019, 2083.
20 Offengelassen: BGH 12.4.2019 – V ZR 112/18 Rn. 26, NJW 2019, 2083.
21 BGH 22.1.2004 – V ZB 51/03, NJW 2004, 937.
22 OLG Frankfurt a. M. 4.12.2000 – 20 W 414/99, NJW-RR 2002, 82; BeckOK BGB/*Hügel* WEG § 19 Rn. 28.
23 BGH 12.4.2019 – V ZR 112/18, NJW 2019, 2083.
24 BGH 8.5.2015 – V ZR 163/14, NJW-RR 2015, 1037.
25 BGH 1.10.2010 – V ZR 220/09, NJW 2010, 3508.

Mehle

dert werden.[26] Auch durch einen auf Grundlage einer allgemeinen Öffnungsklausel gefassten Beschluss darf sie nur mit Zustimmung des Sondereigentümers geändert oder eingeschränkt werden. Ein entsprechender Beschluss wäre nichtig.[27]

Auch **Zweckbestimmung im engeren Sinn** können grds. nur durch Vereinbarung getroffen oder verändert werden. Die Änderung durch Mehrheitsbeschluss bedarf der formellen Legitimation durch Kompetenzzuweisung, die sich entweder aus dem Gesetz oder aus einer Vereinbarung ergeben kann.[28] Ein ohne Legitimation gefasster Beschluss ist nichtig. Zu beachten ist, dass eine Öffnungsklausel lediglich die Funktion hat, zukünftige Mehrheitsentscheidungen formell zu legitimieren, ohne sie materiell zu rechtfertigen. Ein Änderungsbeschluss, der auf Grundlage einer Öffnungsklausel getroffen ist, ist nicht schon dann rechtmäßig, wenn er die Anforderungen der Ermächtigungsgrundlage erfüllt. So gehört die Zweckbestimmung des Wohnungs- oder Teileigentums zu den unentziehbaren, aber verzichtbaren Rechten eines Sondereigentümers; sie darf durch einen auf der Grundlage einer Öffnungsklausel gefassten Mehrheitsbeschluss nur mit der Zustimmung des Sondereigentümers geändert oder eingeschränkt werden.[29] **17**

b) Beschluss eines zweckbestimmungswidrigen Gebrauchs/Nutzung. Ein Beschluss, der eine Zweckbestimmung ändert (und damit nichtig wäre) ist von einem Beschluss abzugrenzen, der eine zweckbestimmungswidrigen Gebrauch/Nutzung zulässt. Denn ein Beschluss, mit dem ein zweckbestimmungswidriger Gebrauch/Nutzung genehmigt wird, kann **ordnungsgemäß** sein. Das ist der Fall, wenn nach allgemeinen Überlegungen oder nach einer **typisierenden Betrachtungsweise** auch ein anderer als der vereinbarte Gebrauch/Nutzung zulässig wäre. Der Beschluss stellt insoweit nur klar, was ohnehin gilt.[30] Beschließen die Wohnungseigentümer beispielsweise, dass ein Wohnungseigentümer seine Wohnung als Steuerberaterkanzlei vermieten darf, greift der Vereinbarungsvorbehalt des § 19 Abs. 1 WEG nicht. Weil die Benutzung einer Erdgeschosswohnung als Steuerberaterkanzlei mit nur geringem Publikumsverkehr **nicht mehr stört** als ein Wohnraumgebrauch,[31] entspricht der beantragte Beschluss ordnungsgemäßer Nutzung/Gebrauch und der Wohnungseigentümer bedürfte gar nicht der Zustimmung der anderen Wohnungseigentümer. Ein gleichwohl getroffener Mehrheitsbeschluss entspricht dem ordnungsgemäßen Gebrauch/Nutzung und ist insoweit nicht anfechtbar.[32] **18**

Beschließen die Wohnungseigentümer, dass ein Eigentümer seine in der Teilungserklärung als „Laden" ausgewiesene Teileigentumseinheit als Restaurant verpachten darf, liegt darin keine **Änderung der Zweckbestimmung**. Daher steht der Vereinbarungsvorbehalt einem entsprechenden Beschluss nicht entgegen (der Beschluss wäre also nicht in Ermangelung einer Beschlusskompetenz nichtig). Jedoch würde der Beschluss nicht mehr dem ordnungsgemäßen Gebrauch/Nutzung entsprechen[33] und damit anfechtbar sein. Würde ein Teileigentümer hingegen den Beschlussantrag stellen, ihm ab sofort und auf Dauer eine Restaurantnutzung zu gestatten, so läge darin ein Antrag auf Änderung der Zweckbestimmung und ein zustimmender Beschluss wäre mangels Beschlusskompetenz nichtig. **19**

Auch für Gemeinschaftseigentum können die Wohnungseigentümer einen zweckbestimmungswidrigen Gebrauch/Nutzung beschließen. Haben Wohnungseigentümer beschlossen, dass Räume, die in der Gemeinschaftsordnung als Hausmeisterwohnung bezeichnet sind, als Waschraum und Fahrradabstellraum gebraucht/genutzt werden können, liegt darin der Beschluss eines zweckbestimmungswidrigen Gebrauchs/Nutzung.[34] Voraussetzung für eine Wirksamkeit ist, dass der Beschluss künftige Änderungen offenlässt. Eine **endgültige Änderung** der Zweckbestimmung ist nur durch Vereinbarung möglich. **20**

3. Stilllegungsbeschluss. Ein Stilllegungsbeschluss führt zu einem **totalen Gebrauchs-/Nutzungsentzug.** Er ist darauf gerichtet, den zulässigen Mitgebrauch/sonstige Nutzungen dauerhaft zu ändern, zu entziehen. Daher kann eine Stilllegung zwar nach § 10 Abs. 1 WEG vereinbart, aber nicht nach § 19 Abs. 1 Fall 2 WEG beschlossen werden. Ein Beschluss, nach dem ein Fahrstuhl oder ein Müllschlucker dauerhaft stillgelegt wird, **21**

---

26 BGH 12.4.2019 – V ZR 112/18, NJW 2019, 2083.
27 *Müller* ZWE 2005, 303.
28 BGH 12.4.2019 – V ZR 112/18, NJW 2019, 2083.
29 BGH 12.4.2019 – V ZR 112/18, NJW 2019, 2083.
30 *Hügel/Elzer*, 3. Aufl. 2021, WEG § 19 Rn. 15.
31 BayObLG 28.10.1998 – 2Z BR 137–98, NZM 1999, 130.
32 *Müller* ZWE 2005, 303.
33 BGH 10.7.2015 – V ZR 169/14, NJW 2016, 53.
34 OLG Schleswig 3.9.2004 – 2 W 90/03, BeckRS 2005, 02681.

kann nicht mehrheitlich beschlossen werden, er ist nichtig.[35] Etwas anderes gilt, wenn ein Beschluss nur die Umsetzung der Anordnung und die Erfüllung einer gesetzlichen Stilllegungspflicht regelt.[36]

22 **4. Vermietung.** Die Wohnungseigentümer können über die **Vermietung von in Gemeinschaftseigentum** (→ *Vermietung des gemeinschaftlichen Eigentums* Rn. 1 ff.) stehenden Räumen/Flächen einer Wohnungseigentumsanlage im Wege der Gebrauchs-/Nutzungsregelung durch Mehrheitsbeschluss gem. § 19 Abs. 1 Fall 2 WEG entscheiden, soweit nicht eine Vereinbarung entgegensteht und den Wohnungseigentümern kein Nachteil erwächst.[37] Ein entsprechender Beschluss entzieht den Wohnungseigentümern nicht das Recht zum Mitgebrauch/Nutzungen, sondern setzt es weiterhin voraus und regelt nur die Art und Weise der Ausübung, indem er die Möglichkeit des unmittelbaren (Eigen-)Gebrauchs durch die des mittelbaren (Fremd-)Gebrauchs ersetzt und an die Stelle des unmittelbaren Gebrauchs den Anteil an den Mieteinnahmen treten lässt, § 16 Abs. 1 S. 3 WEG.[38] Die Tatsache, dass im Gemeinschaftseigentum stehende Räume durch gestattenden Beschluss vermietet werden können und dadurch einem Wohnungseigentümer zum Eigengebrauch nicht zur Verfügung stehen, begründet keinen Nachteil iSd § 14 WEG. Denn § 13 Abs. 1 S. 3 2 WEG gewährt kein Recht zum Eigengebrauch des gemeinschaftlichen Eigentums, sondern bestimmt nur das **Maß des Mitgebrauchs** bei geregelter Gebrauchsart. Es müssen also besondere Umstände vorliegen, um die Vermietung der im Gemeinschaftseigentum stehenden Räume als nachteilig iSv § 14 WEG erscheinen zu lassen.

23 Ein Beschluss, der die **Vermietung des Sondereigentums** einschränkt, verbietet oder beschränkt, ist mangels Beschlusskompetenz nichtig.[39]

24 **5. Sondernutzungsrecht.** Für die Begründung von Sondernutzungsrechten (→ *Sondernutzungsrechte* Rn. 1 ff.) besteht keine Beschlusskompetenz, da Sondernutzungsrechte **keine Gebrauchs-/Nutzungsregelungen** iSd § 19 Abs. 1 Fall 2 WEG sind.[40] Im Einzelfall kann die Abgrenzung zwischen einer beschlussfähigen Gebrauchsregelung und einem vereinbarungsbedürftigen Sondernutzungsrecht schwierig sein. Sie kann sich an den Kriterien Ausschließlichkeit der Nutzung, Dauer, Gegenleistung oder Kompensation und Widerruflichkeit orientieren.[41]

V. Beispiele für Gebrauchs-/Nutzungsbeschlüsse

25 **1. Sondereigentum. Baden/Duschen:** Die Wohnungseigentümer dürfen je nach den Umständen des Einzelfalls das nach außen wahrnehmbare Baden oder Duschen zur Nachtzeit beschränken.[42]

26 **Beheizen:** Die Wohnungseigentümer können Regelungen hinsichtlich der im Sondereigentum stehenden **Heizkörper** beschließen, soweit die Funktion der Heizkörper für die gemeinschaftliche Heizungsanlage oder das gemeinschaftliche Verbrauchserfassungssystem sichergestellt werden sollen.[43] Auch ein Beschluss zur Heizperiode und den zur Verfügung zu stellenden Temperaturen oder einer Nachtabsenkung ist grundsätzlich zulässig.[44] Die Wohnungseigentümer können nicht beschließen, dass jeder Wohnungseigentümer seinen Abruf an Heizenergie am Durchschnitt des Verbrauchs in der Gemeinschaft zu orientieren hat.[45]

27 **Lärm:** Die Wohnungseigentümer in einer Wohnungseigentumsanlage, die nach der Teilungserklärung als Seniorenwohnanlage mit gesteigertem Ruhebedürfnis ausgestaltet ist, können durch Mehrheitsbeschluss die Errichtung und den Betrieb stationärer, ortsgebundener Klimageräte im jeweiligen Sondereigentum verbieten.[46]

---

35 OLG Saarbrücken 29.11.2006 – 5 W 104/06, BeckRS 2007, 00812; BayObLG 28.2.2002 – 2Z BR 177/01, BeckRS 2002, 30243316.

36 AG Bonn 17.8.2012 – 27 C 218/11, BeckRS 2012, 24875.

37 BGH 29.6.2000 – V ZB 46/99, NJW 2000, 3211.

38 BGH 8.4.2016 – V ZR 191/15, NJW 2017, 64; BGH 29.6.2000 – V ZB 46/99, NJW 2000, 3211.

39 BGH 15.1.2010 – V ZR 72/09, NJW 2010, 3093.

40 BGH 20.9.2000 – V ZB 58/99, NJW 2000, 3500.

41 Hügel/Scheel Wohnungseigentum-HdB/*Hügel* § 6 Ziff. 3 Rn. 3, 9.

42 BayObLG 28.2.1991 – 2 Z 151/90, WuM 1991, 300; *Hügel/Elzer*, 3. Aufl. 2021, WEG § 19 Rn. 34.

43 OLG München 20.3.2008 – 34 Wx 46/07, NJW-RR 2008, 1182; BGH 8.7.2011 – V ZR 176/10, NJW 2011, 2958; Bärmann/*Suilmann* WEG § 15 Rn. 56.

44 BayObLG 26.2.1993 – 2Z BR 117/92, BeckRS 1993, 1642; *Hügel/Elzer*, 3. Aufl. 2021, WEG § 19 Rn. 34.

45 OLG Hamm 31.3.2005 – 15 W 298/04, BeckRS 2005, 12067; Bärmann/*Suilmann* WEG § 15 Rn. 56.

46 BayObLG 20.3.2001 – 2Z BR 45/01, BeckRS 2001, 30168477; *Hügel/Elzer*, 3. Aufl. 2021, WEG § 19 Rn. 34.

Musizieren (→ *Musik* Rn. 1 ff.): Die Wohnungseigentümer können eine Regelung beschließen, nach der Ru- 28
hezeiten festgelegt werden. Eine Überschreitung des grundsätzlich gegebenen Ermessensspielraums ist erst
dann gegeben, wenn ein Beschluss entweder ein völliges Musizierverbot oder eine diesem praktisch gleichzusetzende Reglementierung enthält. Das Musizieren innerhalb der eigenen Wohnung ist Bestandteil eines sozial
üblichen Verhaltens und Element der Zweckbestimmung der Wohnungseigentumsanlage. Es darf zwar auf bestimmte Zeiten und einen bestimmten Umfang beschränkt, nicht jedoch insgesamt verboten werden.[47] Erlaubt
die Gemeinschaftsordnung einer großen im Innenstadtbereich gelegenen Wohnungseigentumsanlage den Ge-
brauch/Nutzung von Wohnungs- und Teileigentum ohne Gebrauchs-/Nutzungsbeschränkung und insbesondere
auch den beliebigen gewerblichen Gebrauch/Nutzung und die Ausübung eines freien Berufes, so entspricht
eine Beschränkung des Musizierens in der Hausordnung, die keine Ausnahme für berufsbedingt musizierende
Bewohner vorsieht, nicht ordnungsmäßiger Verwaltung.[48]

Parabolantenne: Die Wohnungseigentümer können die Benutzung einer mobil aufzustellenden Parabolanten- 29
ne durch Mehrheitsbeschluss nach § 19 Abs. 1 Fall 2 WEG regeln.[49] Ein generelles Verbot von Parabolantennen kann nicht durch Mehrheitsbeschluss angeordnet werden (s. → Rn. 14). Ein solcher Beschluss ist jedoch
grundsätzlich nicht nichtig, sondern nur anfechtbar.[50]

Pflanzen: In einer Wohnungseigentumsanlage auf einem Hausgrundstück zu einem See können die Woh- 30
nungseigentümer mit Stimmenmehrheit beschließen, dass Sondernutzungsflächen nicht in einer Weise bepflanzt sein dürfen, durch die der Blick auf den See jetzt oder in Zukunft beeinträchtigt wird.[51]

Tiere (→ *Tiere* Rn. 1 ff.): Durch Mehrheitsbeschluss können die Wohnungseigentümer eine Tierhaltung nicht 31
generell verbieten, sondern lediglich beschränken.[52] Die Wohnungseigentümer haben eine Beschlusskompetenz nach § 19 Abs. 1 Fall 2 WEG für ein partielles Verbot der Haltung von Kampfhunden und Kampfhund-
mischlingen.[53] Wohnungseigentümer können mit Stimmenmehrheit beschließen, dass die zukünftige Anschaffung von Haustieren von der vorherigen Zustimmung von Verwalter und Beirat abhängt.[54] Das Halten von
Zierfischen, Vögeln oder Hamstern ist nicht geeignet, schützenswerte Interessen der anderen Wohnungseigentümer zu beeinträchtigen. Daher verstoßen einschränkende Regelungen gegen §§ 13 Abs. 1, 16 Abs. 1 S. 3
WEG und sind daher gem. § 134 BGB nichtig.[55]

Vermietung: → Rn. 22 f.; → *Miete (Vermietung des Sondereigentums)* Rn. 1 ff.; → *Vemietung des gemein-* 32
schaftlichen Eigentums Rn. 1 ff.

2. Gemeinschaftseigentum. Abschließen von Türen: Die Wohnungseigentümer können beschließen, eine 33
Haustür zu den üblichen Geschäftszeiten frei zum Öffnen zu halten.[56]

Hausverbot: Es ist den Wohnungseigentümern auf Beschlusswege möglich, Dritten den Zutritt zum Gemein- 34
schaftseigentum zu untersagen.[57] Beschlossene Hausverbote müssen beachten, dass Dritten ggf. das Recht einzuräumen ist, ein Sondereigentum zu erreichen.[58]

Parken: Wohnungseigentümer können beschließen, dass die Parkplätze der Wohnungseigentumsanlage ver- 35
mietet werden.[59] Gleichfalls können die Wohnungseigentümer beschließen, dass die Zuteilung von Parkplätzen nach einem von der Gemeinschaft beschlossenen und vom Verwalter anzuwendenden und zu kontrollierenden Punktesystem erfolgen soll.[60] Ein Mehrheitsbeschluss, der den Gebrauch/Nutzung einer in Gemein-

---

47 BGH 10.9.1998 – V ZB 11–98, NJW 1998, 3713.
48 BayObLG 28.2.2002 – 2 Z BR 141/01, BeckRS 2002, 30243293.
49 *Hügel/Elzer,* 3. Aufl. 2021, WEG § 19 Rn. 34.
50 BGH 22.1.2004 – V ZB 51/03, NJW 2004, 937.
51 BayObLG 6.2.1992 – 2 Z 166/91, BeckRS 1992, 4395; *Bärmann/Suilmann* WEG § 15 Rn. 57.
52 OLG Saarbrücken 2.11.2006 – 5 W 154/06, NJW 2007, 779.
53 KG 23.6.2003 – 24 W 38/03, BeckRS 2003, 30321300.
54 OLG Saarbrücken 7.5.1999 – 5 W 365–98–105, BeckRS 9998, 36877.
55 OLG Saarbrücken 2.11.2006 – 5 W 154/06, NJW 2007, 779.
56 OLG Frankfurt a. M. 8.1.2009 – 20 W 384/07, NJW-RR 2009, 949.
57 OLG München 23.3.2005 – 34 Wx 008/05, 34 Wx 8/05, BeckRS 2005, 3705.
58 BVerfG 6.10.2009 – 2 BvR 693/09, NJW 2010, 220; *Hügel/Elzer,* 3. Aufl. 2021, WEG § 19 Rn. 34.
59 OLG Hamburg 6.2.2003 – 2 Wx 74/99, BeckRS 2004, 699.
60 KG 28.2.1996 – 24 W 8306/94, NJW-RR 1996, 779.

schaftseigentum stehenden Grundstücksfläche als Parkplatz so regelt, dass nicht alle Wohnungseigentümer auch während der Zeit von 18.00 Uhr bis 8.00 Uhr dort ein Fahrzeug abstellen dürfen, ist zulässig.[61] Die Gemeinschaft der Wohnungseigentümer kann durch Mehrheitsbeschluss das Abstellen nicht fahrtauglicher Fahrzeuge auf dem Grundstück der Wohnungseigentumsanlage verbieten.[62]

36 **Rauchen:** Grundsätzlich können die Wohnungseigentümer Regelungen zum Rauchen, insbesondere im Treppenhaus, auf Terrassen und Balkonen treffen.[63]

37 **Rotationsregelung:** Eine Regelung, die im Interesse eines geordneten Gebrauchs/Nutzung des Gemeinschaftseigentums dessen turnusmäßige Nutzung durch einzelne Wohnungseigentümer vorsieht, führt grundsätzlich nicht zu einem (befristeten) Sondernutzungsrecht; sie kann daher durch (Mehrheits-)Beschluss getroffen werden.[64] Die Wohnungseigentümer können daher beschließen, dass bestimmte Flächen, Einrichtungen oder Anlagen zu bestimmten Zeiten nur von einzelnen Wohnungseigentümern genutzt werden dürfen.[65]

38 **Spielen**: Die Wohnungseigentümer können auf Beschlusswege eine Gebrauchs-/Nutzungsregelung treffen, nach der eine im gemeinschaftlichen Eigentum stehende Grünfläche von Kindern grundsätzlich zum Spielen benutzt werden darf, davon aber Ballspiele, wie Fußball, Handball, Völkerball usw ausdrücklich ausnimmt.[66] Generell kann das Spielen nicht durch Beschluss verboten werden.[67]

39 **Tiere** (→ *Tiere* Rn. 1 ff.): Für ein generelles Tierhalteverbot haben die Wohnungseigentümer keine Beschlusskompetenz. Wohnungseigentümer können jedoch Regelungen zum „wie" der Tierhaltung, wie beispielsweise zum Anleinen von Tieren auf Flächen des Gemeinschaftseigentums beschließen.[68]

40 **Treppenhaus:** Das Anbringen einer Garderobe im Treppenhaus bedarf – als Inanspruchnahme des Alleingebrauchs an Teilen des Gemeinschaftseigentums – der Zustimmung sämtlicher Wohnungseigentümer. Ein trotz absoluter Beschlussunzuständigkeit gefasster Beschluss ist nichtig.[69] Jedoch können die Wohnungseigentümer Regelungen dazu vereinbaren, ob und unter welchen Voraussetzungen Gegenstände wie Fahrräder, Kinderwagen, Fußmatten und Schuhe im Treppenhaus abgestellt werden dürfen.[70] Gleichfalls können Wohnungseigentümer beschließen, ob und welcher Schmuck wie lange an den Außenseiten der Wohnungseingangstüren aufgehängt werden darf.[71] Die Abgrenzung zwischen einem zulässigen und einem nichtigen Beschluss zur Benutzung des Treppenhauses ist dort zu ziehen, wo Wohnungseigentümer faktisch ein Sondernutzungsrecht begründen.[72]

41 **Vermietung:** → Rn. 22 f.; → *Miete (Vermietung des Sondereigentums)* Rn. 1 ff.; → *Vemietung des gemeinschaftlichen Eigentums* Rn. 1 ff.

42 **Waschkeller:** Eine durch Mehrheitsbeschluss getroffene Regelung des Inhalts, dass der im Gemeinschaftseigentum stehende Waschkeller auch sonntags in der Zeit von 9 bis 12 Uhr gebraucht werden darf, ist ein zulässige Gebrauchsregelung,[73] (s. auch → Rn. 14).

VI. Verfahrensweise: Erzwingen eines Gebrauchs-/Nutzungsbeschlusses

43 Jeder Wohnungseigentümer kann nach § 18 Abs. 2 Nr. 2 WEG eine **Gebrauchs-/Nutzungsvereinbarung** erstreiten,[74] wenn ein ordnungsgemäßer Gebrauch/Nutzung durch Beschluss geregelt werden kann. Voraussetzung ist, dass nicht bereits das Gesetz oder eine Vereinbarung den Gebrauch/Nutzung regeln, nur die verlangte

61 OLG Frankfurt a. M. 19.6.2007 – 20 W 403/05, NJW-RR 2008, 320.
62 KG 8.9.1995 – 24 W 5943/94, NJW-RR 1996, 586.
63 BayObLG 25.3.1999 –2Z BR 105–98, BeckRS 1999, 3521; *Hügel/Elzer*, 3. Aufl. 2021, WEG § 19 Rn. 34.
64 BGH 8.4.2016 – V ZR 191/15, NJW 2017, 64.
65 Bärmann/*Suilmann* WEG § 15 Rn. 61.
66 OLG Saarbrücken 24.10.1989 – 5 W 187/89, NJW-RR 1990, 24; Bärmann/*Suilmann* WEG § 15 Rn. 59.
67 *Hügel/Elzer*, 3. Aufl. 2021, WEG § 19 Rn. 34.
68 BGH 8.5.2015 – V ZR 163/14, NJW-RR 2015, 1037.
69 OLG München 15.3.2006 – 34 Wx 160/05, NJW-RR 2006, 803.
70 OLG Hamburg 28.10.1992 – 2 Wx 10/91, OLGZ 1993, 310.
71 *Hügel/Elzer*, 3. Aufl. 2021, WEG § 19 Rn. 34.
72 *Leist* NZM 2019, 658.
73 OLG Köln 3.12.1999 – 16 Wx 165/99, BeckRS 9998, 36974.
74 *Hügel/Elzer*, 3. Aufl. 2021, WEG § 18 Rn. 113.

Gebrauchs-/Nutzungsregelung ordnungsmäßiger Verwaltung entspricht und sich das Ermessen der Wohnungseigentümer, den Gebrauch/Nutzung des Sondereigentums oder des gemeinschaftlichen Eigentums zu regeln, auf das Verlangte **verengt** hat.[75]

Die Klage auf einen Gebrauchs-/Nutzungsbeschluss bzw. Abänderung eines Gebrauchs-/Nutzungsbeschlusses ist jeweils gegen die **Gemeinschaft der Wohnungseigentümer** zu richten. **Aktivlegitimiert** ist jeder Wohnungseigentümer.   44

95. Gehweg

Choynacki

I. Begriff

Der Begriff Gehweg ist nicht klar abgegrenzt. IdR ist er ein Fußgängerweg oder ein Fußweg als nur für den Fußverkehr zugelassenes oder geeignetes Bauwerk, ein Bürgersteig, Gangsteig, Gehsteig oder ein Trottoir, der idR mit einem Bordstein/Randstein oder durch einen Grünstreifen von der Hauptfahrbahn abgetrennt ist und parallel zu ihr verläuft.   1

II. Eigentum

Ein Gehweg steht gemeinsam mit seinen wesentlichen Bestandteilen nach § 5 Abs. 2 WEG stets im **gemeinschaftlichen** Eigentum. Dies gilt auch dann, wenn er nur zu einem Haus führt, an dessen Räumen ein Wohnungseigentümer Sondereigentum hat.   2

III. Verwaltung

Ein Gehweg ist nach § 18 Abs. 1 WEG von der **Gemeinschaft der Wohnungseigentümer** zu verwalten.   3

IV. Kosten

Die Erhaltungs- und/oder Betriebskosten bestimmen sich nach § 16 Abs. 2 S. 1 WEG. Die Wohnungseigentümer **können** etwas anderes vereinbaren oder nach § 16 Abs. 2 S. 2 WEG beschließen.   4

V. Benutzung

1. Überblick. Für die Benutzung eines Gehweges gilt § 16 Abs. 1 S. 3 WEG. Jeder Wohnungseigentümer ist also zum **Mitgebrauch** nach Maßgabe des § 14 WEG berechtigt.   5

2. Benutzungsregelungen. Die Wohnungseigentümer können für jeden Gehweg nach § 10 Abs. 1 S. 2 WEG Benutzungsregelungen vereinbaren oder nach § 19 Abs. 1, Abs. 2 Nr. 1 WEG beschließen (→ *Gebrauchs- und Nutzungsvereinbarungen* Rn. 1 ff.).   6

VI. Räum- und Streupflichten

1. Überblick. Die Verkehrssicherung in Bezug auf einen Gehweg ist nach § 9 a Abs. 2 WEG Sache der **Gemeinschaft der Wohnungseigentümer** (→ *Verkehrssicherung* Rn. 1 ff.).   7

---

75 *Hügel/Elzer*, 3. Aufl. 2021, WEG § 18 Rn. 113.

8 **2. Tätige Mithilfe.** Eine **persönliche Verpflichtung** einzelner Eigentümer zur Erfüllung von Räum- und Streupflichten („tätige Mithilfe") ist unzulässig. Entsprechende Beschlüsse sind mangels Beschlusskompetenz nicht nur anfechtbar, sondern nichtig.[1]

96. Gemeinschaft der Wohnungseigentümer

Tank

I. Einführung

1 Unter dem Begriff Gemeinschaft der Wohnungseigentümer wird die Wohnungseigentümergemeinschaft als Rechtssubjekt in Abgrenzung zu der ebenfalls bestehenden Bruchteilsgemeinschaft am gemeinschaftlichen Eigentum nach § 1 Abs. 5 WEG verstanden. Es handelt sich um eine **Rechtsgemeinschaft sui generis**, die nicht durch Vertrag, sondern kraft Gesetzes entsteht, wobei die Mitgliedschaft in der Gemeinschaft der Wohnungseigentümer untrennbar mit der Eigentümerstellung verbunden ist. Die Gemeinschaft der Wohnungseigentümer kann Rechte erwerben oder Pflichten eingehen, klagen und verklagt werden. Ihr obliegt insbesondere die Verwaltung des gemeinschaftlichen Eigentums. Die Gemeinschaft der Wohnungseigentümer entsteht bei der vertraglichen Aufteilung, wenn alle Wohnungseigentumsrechte im Grundbuch eingetragen sind, bei der einseitigen Aufteilung gilt dies nun ebenfalls. Das von der Rechtsprechung geschaffene Institut der „werdenden Wohnungseigentümergemeinschaft" wird damit obsolet. Untergemeinschaften können vorgesehen werden, sie haben jedoch keine eigene Rechtsfähigkeit. Sog. **„Zweiergemeinschaften"**, bei denen es unabhängig von der Anzahl der Wohnungseigentumsrechte lediglich zwei Wohnungseigentümer gibt, werden teilweise vereinfacht behandelt. Vereinigen sich sämtliche Wohnungseigentumsrechte in einer Person, bleibt die Gemeinschaft bestehen, wenn nicht nach § 9 Abs. 1 Nr. 2 WEG die Schließung der Wohnungsgrundbücher beantragt wird. Eine vertragliche Auflösung ist möglich. Im Übrigen ist die Gemeinschaft der Wohnungseigentümer **unauflöslich** und nicht insolvenzfähig. Die Reform des WEG hat in §§ 9 a und b WEG zu umfassenden Neuregelungen zur Rechtsform der „Gemeinschaft der Wohnungseigentümer" geführt.

II. Begriff

2 Das WEG verwendete früher verschiedene Begriffe: „Gemeinschaft der Wohnungseigentümer", „Gemeinschaft" oder „Wohnungseigentümergemeinschaft". Nunmehr wird einheitlich der Begriff Gemeinschaft der Wohnungseigentümer verwendet. Unter dem Begriff „Gemeinschaft der Wohnungseigentümer" wird die Wohnungseigentümergemeinschaft als **Rechtssubjekt**[1] verstanden, welche rechts- und prozessfähig ist, § 9 a Abs. 1 S. 1 WEG.

3 Die Gemeinschaft der Wohnungseigentümer ist nach § 9 a Abs. 1 S. 3 WEG mit „Gemeinschaft der Wohnungseigentümer" oder „Wohnungseigentümergemeinschaft", gefolgt von der bestimmten Angabe des gemeinschaftlichen Grundstücks, **zu bezeichnen**. Unter dieser Bezeichnung klagt die Gemeinschaft der Wohnungseigentümer vor Gericht und kann mit dieser Bezeichnung auch verklagt werden. Dabei darf die Kennzeichnung des Grundstücks entweder durch postalische Anschrift, also Straße und Hausnummer[2] oder auch – in der Praxis unüblich – mit der Grundbuchbezeichnung erfolgen.

---

1 BGH 9.3.2012 – V ZR 161/11, NJW 2012, 1724 Rn. 12.
1 Bärmann/*Suilmann* WEG § 10 Rn. 8.
2 OLG München 4.2.2016 – 34 Wx 396/15, ZWE 2016, 256.

Neben der Gemeinschaft der Wohnungseigentümer besteht eine aus allen Wohnungseigentümern bestehende **4** **Bruchteilsgemeinschaft** am gemeinschaftlichen Eigentum iSv § 1 Abs. 5 WEG.[3] Die Rechte und Pflichten dieser Bruchteilsgemeinschaft sind nunmehr aber auf die Gemeinschaft der Wohnungseigentümer übertragen worden sind, § 9 a Abs. 2 WEG.

Der Gemeinschaft der Wohnungseigentümer und die Bruchteilsgemeinschaft am gemeinschaftlichen Eigentum **5** sind nach der herrschenden **Trennungstheorie**[4] als zwei Gemeinschaften zu verstehen.[5] Dem gegenüber vertreten die Verfechter der sog. **Einheitstheorie**, dass es sich um eine Gemeinschaft handelt, die januskopfartig in zwei unterschiedlichen Begleitungsformen auftrete.[6] Letzterem kann jedoch nicht gefolgt werden, denn das WEG selbst geht auch nach der Reform 2020 in § 1 Abs. 5 WEG und § 9 a Abs. 1 WEG von zwei getrennten Gemeinschaften aus.

III. Rechtsnatur

1. Verband sui generis. Bei der Gemeinschaft der Wohnungseigentümer handelt es sich um einen rechtsfähi- **6** gen Verband sui generis,[7] die ihre rechtlichen Grundlagen in §§ 9 ff. WEG, §§ 741 ff. BGB, der Teilungserklärung und der Gemeinschaftsordnung findet. Die Gemeinschaft der Wohnungseigentümer ist nicht als juristische Person im Sinne einer Gesellschaft, sondern **körperschaftlich** zu verstehen,[8] auch wenn nunmehr durch § 9 a Abs. 1 S. 2 WEG die Ein-Personen-Gemeinschaft eingeführt wurde. Die Gemeinschaft ist nämlich nicht personell geprägt, weil sie **unabhängig vom jeweiligen Mitgliederbestand** ist. Im Gegensatz zu Personengesellschaften werden Entscheidungen häufig durch Mehrheitsbeschluss gefunden, Einstimmigkeit ist also nicht erforderlich. Die Gemeinschaft handelt durch ihren Verwalter, so dass auch das der Personengesellschaft unbekannte Prinzip der Fremdorganschaft gilt.[9] Zudem bleibt die Außenhaftung der Wohnungseigentümer in § 9 a Abs. 4 WEG bestehen, die dem haftungsrechtlichen Trennungsprinzip bei juristischen Personen widerspricht.

Im Gegensatz zu anderen Körperschaften, wie zB dem Verein, **entsteht** die Gemeinschaft der Wohnungseigen- **7** tümer nicht durch einen Vertrag, sondern **kraft Gesetzes** zwischen den dinglich berechtigten Wohnungseigentümern eines Grundstücks.[10] Die **Mitgliedschaft** in der Gemeinschaft der Wohnungseigentümer ist untrennbar mit der **Eigentümerstellung** verbunden;[11] weder ein freiwilliger Eintritt noch ein Austritt oder eine Übertragung der Mitgliedschaft sind ohne Veräußerung des Wohnungseigentums möglich.

Vertretungsbefugt für die Gemeinschaft der Wohnungseigentümer sind der Verwalter, § 9 b Abs. 1 S. 1 WEG **8** und, wenn die Gemeinschaft der Wohnungseigentümer keinen Verwalter hat, die Wohnungseigentümer, § 9 b Abs. 1 S. 2 WEG.

Die Gemeinschaft der Wohnungseigentümer ist zudem unauflöslich, § 11 Abs. 1 WEG und nicht insolvenzfä- **9** hig, § 9 a Abs. 5 WEG. Ihr gesetzlich vorgegebener **Zweck** besteht darin, im Rahmen der gesamten Verwaltung des gemeinschaftlichen Eigentums nach § 18 Abs. 1 WEG gegenüber Dritten und Wohnungseigentümern selbst Rechte zu erwerben und Pflichten einzugehen, § 9 a Abs. 1 S. 1, Abs. 2 WEG.[12]

2. Umfang der Rechtsfähigkeit. Die Gemeinschaft der Wohnungseigentümer ist **rechtsfähig**; der Umfang **10** der Rechtsfähigkeit wird in § 9 a Abs. 1 S. 1 WEG bestimmt. Wegen der in § 10 Abs. 6 S. 1 WEG aF gewählten Formulierung „im Rahmen der gesamten Verwaltung des gemeinschaftlichen Eigentums" sprach der BGH insoweit von **Teilrechtsfähigkeit**.[13]

Praktisch gab es aber schon nach altem Recht **keine Beschränkungen der Rechtsfähigkeit**. Es kam und **11** kommt nicht darauf an, ob eine von der Gemeinschaft der Wohnungseigentümer vorgenommene Maßnahme

---

3 *Hügel/Elzer* WEG § 10 Rn. 22.
4 *Hügel* DNotZ 2005, 757.
5 BGH 15.3.2007 – V ZB 77/06, NZM 2007, 411.
6 *Wenzel* ZWE 2006, 463.
7 BGH 2.6.2005 – V ZB 32/05, NJW 2005, 2061.
8 *Hügel/Elzer* WEG § 10 Rn. 21.
9 BGH 2.6.2005 – V ZB 32/05, NJW 2005, 2061.
10 BGH 25.3.2015 – VIII ZR 243/13, ZMR 2015, 563.
11 *Elzer* ZMR 2013, 768.
12 *Elzer* ZMR 2013, 772; aA MüKoBGB/*Commichau* WEG § 10 Rn. 97.
13 BGH 2.6.2005 – V ZB 32/05, NJW 2005, 2061.

ordnungsmäßiger Verwaltung entspricht.[14] Mit der Reform wurde die Regelung in § 9 a Abs. 1 S. 1 WEG nun klarer gefasst und die Formulierung „im Rahmen der gesamten Verwaltung des gemeinschaftlichen Eigentums" ersatzlos gestrichen, da eine Beschränkung der Rechtsfähigkeit auf den Verbandszweck dem deutschen Recht fremd ist.[15]

12 **3. Beginn. a) Aufteilung nach § 3 WEG.** Bei der **Aufteilung durch Vertrag** gem. § 3 WEG entsteht die Gemeinschaft der Wohnungseigentümer und wird rechtsfähig, wenn alle Wohnungseigentumsrechte im Wohnungsgrundbuch eingetragen sind.[16]

13 **b) Aufteilung nach § 8 WEG.** Bei der **einseitige Aufteilung** nach § 8 WEG (→ *Vorratsteilung* Rn. 1 ff.) entstand nach altem Recht die Gemeinschaft der Wohnungseigentümer, wenn **mindestens zwei Wohnungseigentümer** (der aufteilende und ein weiterer) im Grundbuch eingetragen wurden.[17] Nach § 9 a Abs. 1 S. 2 WEG gilt nunmehr im Falle der einseitigen Aufteilung nach § 8 WEG ebenfalls, dass die Gemeinschaft der Wohnungseigentümer bereits durch Anlegung der Wohnungsgrundbücher entsteht.

14 Nach altem Recht konnte es eine **Ein-Personen-Gemeinschaft**, bestehend allein aus dem aufteilenden Eigentümer, aufgrund der Regelung in § 10 Abs. 7 S. 4 WEG aF nicht gegeben.[18] Dies ändert sich mit der Reform des WEG, denn § 10 Abs. 7 S. 4 WEG aF wurde ersatzlos gestrichen. Damit entsteht auch bei der in der Praxis häufigsten Art der Aufteilung nach § 8 WEG die Gemeinschaft der Wohnungseigentümer, wenn – wie bei der Aufteilung nach § 3 WEG – alle Wohnungseigentumsrechte im Grundbuch eingetragen sind, so dass der aufteilende Eigentümer als zunächst einziges Mitglied der Gemeinschaft die Wohnungseigentumsanlage nach dem WEG verwalten, insbesondere Beschlüsse fassen und anschließend auch im Namen der Gemeinschaft der Wohnungseigentümer Verträge, zB mit Versorgungsträgern abschließen kann.[19] Solche Verträge konnten früher zunächst nur im Namen des aufteilenden Eigentümers abgeschlossen werden und mussten anschließend auf die Gemeinschaft der Wohnungseigentümer transformiert werden. Nunmehr gilt, dass ab Anlage der Wohnungsgrundbücher die Wohnungseigentumsanlage nach den Vorschriften des WEG vom aufteilenden Eigentümer verwaltet werden kann. Die dann rechtsfähige Gemeinschaft der Wohnungseigentümer kann am Rechtsverkehr teilnehmen. Die Vorschriften des WEG sind in vollem Umfang anwendbar. Gegebenenfalls vom aufteilenden Eigentümer gefasste ordnungswidrige Beschlüsse, die regelmäßig aufgrund Fristablaufs von den später hinzukommenden Eigentümern nicht mehr angefochten werden können, können diese durch erneuten Beschluss aufheben. Der teilende Eigentümer hat keinen Anspruch auf dauerhaften Bestand seiner Entscheidungen.[20] Dies soll dem Schutz der später hinzukommenden Eigentümer vor Beschlüssen zB eines Bauträgers, die dieser uU zu seinem eigenen Vorteil gefasst hat, dienen.

15 **c) Werdende Wohnungseigentümergemeinschaft.** Nach altem Recht, das aufgrund der Regelung in § 10 Abs. 7 S. 4 WEG aF die Ein-Personen-Gemeinschaft ausgeschlossen hat, konnte vor der ersten Eintragung eines weiteren Wohnungseigentümers im Grundbuch bei der einseitigen Aufteilung nach § 8 WEG nur eine sog. werdende Wohnungseigentümergemeinschaft existieren. Diese entstand, wenn aufgrund eines gültigen Erwerbsvertrags eine **Eigentumsumschreibungsvormerkung** und die **Inbesitznahme** erfolgte.[21] Dabei reichte es, wenn beim Grundbuchamt ein **Antrag auf Eigentumsverschaffung** gestellt wurde, der ein mit dem späteren Vollrecht vergleichbares Anwartschaftsrecht darstellt.[22]

16 Eine **zeitliche Begrenzung** für die werdende Wohnungseigentümergemeinschaft gab es nicht. War der Erwerbsvertrag vor Entstehung der Gemeinschaft der Wohnungseigentümer geschlossen, war dieser Erwerber als werdender Wohnungseigentümer zu behandeln, selbst wenn dessen gesicherte Rechtsposition erst – wie in der Praxis häufig – nach diesem Zeitpunkt entstanden ist. Entscheidend für das Kriterium „werdender Wohnungseigentümer" war somit der **Erwerb vom aufteilenden Eigentümer** (Bauträger), selbst wenn zu diesem Zeitpunkt

---

14 *Greiner* WohnungseigentumsR § 1 Rn. 20.
15 BT-Drs. 19/18791, 43.
16 *Hügel/Elzer* WEG § 10 Rn. 34.
17 BGH 5.6.2008 – V ZB 85/07, NJW 2008, 2639.
18 BGH 5.6.2008 – V ZB 85/07, NJW 2008, 2639.
19 Abschlussbericht der B-L-Arbeitsgruppe, 2019, S. 13 f.
20 BT-Drs. 19/18791, 43.
21 BGH 11.5.2012 – V ZR 196/11, NJW 2012, 2650.
22 Bärmann/*Suilmann* WEG § 10 Rn. 17.

die Wohnungseigentümergemeinschaft bereits entstanden war.[23] Daraus folgte auch, dass ein Zweiterwerber, also derjenige Wohnungseigentümer, der vom werdenden Wohnungseigentümer gekauft hat, nicht werdender Wohnungseigentümer wurde. Zwischen der Gemeinschaft der Wohnungseigentümer und der werdenden Wohnungseigentümergemeinschaft gab es keinen Unterschied.[24] Auch die werdende Wohnungseigentümergemeinschaft war daher rechtsfähig soweit es um die Verwaltung des gemeinschaftlichen Eigentums ging.[25]

Da § 10 Abs. 7 S. 4 WEG aF ersatzlos gestrichen wurde, entsteht bei der in der Praxis häufigsten Art der Aufteilung nach § 8 WEG die Gemeinschaft der Wohnungseigentümer, wenn – wie bei der Aufteilung nach § 3 WEG – alle Wohnungseigentumsrechte im Grundbuch eingetragen sind, also die Wohnungsgrundbücher angelegt sind. Der aufteilende Eigentümer bildet dann eine Ein-Personen-Gemeinschaft. Das Institut der werdenden Gemeinschaft der Wohnungseigentümergemeinschaft ist damit obsolet geworden.[26]   17

Die Rechtsfigur des **werdenden Wohnungseigentümers** ist hingegen gesetzlich nunmehr ausdrücklich geregelt.[27] § 8 Abs. 3 WEG sieht ausdrücklich vor, dass derjenige, der einen Anspruch auf Übertragung von Wohnungseigentum gegen den teilenden Eigentümer hat, der bereits durch Vormerkung im Grundbuch gesichert ist, gegenüber der Gemeinschaft der Wohnungseigentümer und den anderen Eigentümern anstelle des teilenden Eigentümers als Wohnungseigentümer gilt, jedenfalls sobald ihm der Besitz an den zum Sondereigentum gehörenden Räume übergeben wurde. Wie auch bei dem richterrechtlichen Institut des werdenden Wohnungseigentümers gilt die Vorschrift des § 8 Abs. 3 WEG nur für den **erstmaligen** Erwerb von Wohnungseigentum vom teilenden Eigentümer. Nur insoweit besteht aufgrund der Besonderheit des Bauträgervertragsrechts die Gefahr, dass ein erheblicher Zeitraum zwischen dem Übergang von Lasten und Nutzungen und dem Eigentümer zum Übergang liegt. Voraussetzung ist allerdings nicht, dass der Erwerb im Rahmen eines Bauträgervertrages erfolgte. Vielmehr sind alle Verträge, aus denen sich ein Übertragungsanspruch ergibt, von der Vorschrift umfasst.[28]   18

d) Untergemeinschaft. Selbst wenn in der Praxis bei der wohnungseigentumsrechtlichen Aufteilung Untergemeinschaften vorgesehen werden, so häufig bei Mehrhausanlagen (→ *Mehrhausanlage* Rn. 4), besitzen solche Untergemeinschaften keine eigene rechtliche Existenz. Es gibt nur eine Gemeinschaft der Wohnungseigentümer.   19

Untergemeinschaften sind **nicht rechtsfähig**.[29] Sie haben deshalb auch keine eigene, sondern stets nur eine von der Gemeinschaft der Wohnungseigentümer abgeleitete Satzungs- und Organisationsbefugnisse.[30] Es existiert keine separate Gemeinschaftsordnung, ebenso kann nur **ein Verwalter** insgesamt für die Gemeinschaft der Wohnungseigentümer bestellt werden. Die Bestellung eines Verwalters für eine Untergemeinschaft wäre nichtig (→ *Verwalter* Rn. 4). **Aufträge** können nur für die Gemeinschaft der Wohnungseigentümer vergeben werden. Deren Mitglieder haften dann auch gem. § 9 Abs. 4 S. 1 WEG entsprechend ihrer Miteigentumsanteile. Diese Haftung aller kann allerdings durch eine Vereinbarung dahingehend reduziert werden, dass Verträge, die für eine Untergemeinschaft abgeschlossen werden, unter der Bedingung stehen, dass intern die Mitglieder der Untergemeinschaft die Haftung übernehmen bzw. die finanziellen Mittel vorab per Sonderumlage zur Verfügung stellen.[31]   20

Bei den von der Gemeinschaft der Wohnungseigentümer abgeleiteten Satzungs- und Organisationsbefugnissen handelt es sich um Regelungen in der Gemeinschaftsordnung, die beispielsweise den Eigentümern eines einzelnen Gebäudes einer Mehrhausanlage im Innenverhältnis ein möglichst selbstständiges Agieren ermöglicht.   21

Dabei können den einzelnen Mitgliedern einer Untergemeinschaft **Sondernutzungsrechte** (→ *Sondernutzungsrecht* Rn. 38) am gemeinschaftlichen Eigentum (→ *Gemeinschaftliches Eigentum* Rn. 2 ff.) des einzelnen Gebäudes (zB Fassade, Dach, Treppenhaus, Aufzug) eingeräumt werden.[32] Sondereigentum kann hieran regel-   22

---

23   BGH 11.5.2012 – V ZR 196/11, NJW 2012, 2650.
24   *Hügel* ZWE 2010, 122 (124).
25   BGH 11.12.2015 – V ZR 80/15, ZWE 2016, 169.
26   BT-Drs. 19871, 43.
27   *Hinz* ZMR 2020, 264 (267).
28   BT-Drs. 19/18791, 42.
29   OLG München 14.5.2013 – 9 U 2517/12, BeckRS 2013, 12513.
30   *Wenzel* NZM 2006, 321 (324).
31   *Hügel* NZM 2010, 8 (11).
32   *Hügel* NZM 2010, 8 (11) spricht von Gruppensondernutzungsrecht.

mäßig nicht begründet werden. Zwar lässt § 3 Abs. 2 WEG inzwischen auch die Einräumung von Sondereigentum an außerhalb des Gebäudes liegenden Flächen zu. Dabei bleibt aber immer noch § 5 Abs. 2 WEG zu beachten, wonach sog. konstruktive Teile des Gebäudes, die also für dessen Bestand oder Sicherheit verantwortlich sind bzw. bei Anlagen und Einrichtungen, die dem gemeinschaftlichen Gebrauch der Wohnungseigentümer dienen, nicht Gegenstand von Sondereigentum sein können.

23 Übliche Regelungen im Hinblick auf Untergemeinschaften sind solche über die **Erhaltung** und die Kosten der Erhaltung des gemeinschaftlichen Eigentums, das zu einem einzelnen Gebäude gehört. Ohne solche Regelungen könnten die Eigentümer einer Untergemeinschaft nicht allein über die notwendige Erhaltung oder auch bauliche Veränderungen ihres Gebäudes entscheiden. Die Kosten der Erhaltung werden mangels anderweitiger Regelung grundsätzlich auf alle Wohnungseigentümer nach § 16 Abs. 2 S. 1 WEG verteilt. Da das WEG in diesem Bereich jedoch disponibel ist, kann die Gemeinschaftsordnung eine Regelung enthalten, dass solche Maßnahmen allein von den Mitgliedern einer Untereigentümergemeinschaft beschlossen werden können und auch nur von ihnen zu bezahlen sind.[33]

24 Üblich und zulässig ist also das Einräumen eigener Beschlusskompetenzen bezüglich solcher Gegenstände, die lediglich eines von mehreren Häusern einer Mehrhausanlage betreffen. Die Anfechtungsklage gegen einen solchen Beschluss war bereits nach altem Recht gegen alle Miteigentümer, also nicht nur diejenigen, deren Sondereigentum in der betreffenden Untergemeinschaft liegt, zu richten.[34] Die Beschlussklage ist nunmehr gegen die Gemeinschaft der Wohnungseigentümer zu richten, § 44 Abs. 2 S. 1 WEG.

25 Auch eine lediglich buchhalterisch getrennte Ausweisung von **Erhaltungsrücklagen** je Haus ist möglich.[35] Es bleibt aber bei nur einer **Erhaltungsrücklage**, denn diese steht im Eigentum der Gesamtgemeinschaft.[36]

26 Ebenso zulässig wäre eine Vereinbarung, die eine **getrennte Jahresabrechnung** der einzelnen Häuser, die dann dieselben Anforderungen erfüllen muss, wie sie die Jahresabrechnung der gesamten Gemeinschaft der Wohnungseigentümer vorsieht. Die Jahresabrechnungen für einzelne Häuser bzw. Untergemeinschaften sind allerdings stets **Bestandteil einer Gesamtjahresabrechnung** für die Gemeinschaft der Wohnungseigentümer, denn diese enthalten notwendigerweise stets auch Kosten, die nur die gesamte Gemeinschaft der Wohnungseigentümer treffen können, und für diese haben Mitglieder einer Untergemeinschaft keine Beschlusskompetenz.[37]

27 **Teilversammlungen** nur einzelner Häuser sind zulässig, wenn die Gemeinschaftsordnung dies gestattet und lediglich Beschlussgegenstände betroffen sind, die nur eine Untergemeinschaft betreffen.[38] Eine die Gemeinschaft der Wohnungseigentümer bindende Vereinbarung ist grundsätzlich nur mit Zustimmung aller Wohnungseigentümer möglich.[39]

28 **e) Zweiergemeinschaft.** Eine Zweiergemeinschaft (→ *Zweiergemeinschaft* Rn. 2 f.) liegt dann vor, wenn es unabhängig von der Anzahl der Wohnungseigentumsrechte lediglich **zwei Wohnungseigentümer** gibt. Diese bilden dann den Gemeinschaft der Wohnungseigentümer. Solche Zweiergemeinschaften werden an einigen Stellen des Gesetzes besonders behandelt, weil zB die im WEG vorgesehene Willensbildung durch Beschluss häufig ins Leere läuft, weil beide Eigentümer über gleich viele Stimmen verfügen oder ein Eigentümer die Mehrheit der Stimmen hat.

29 Da § 17 Abs. 1 WEG die Ausübung der Entziehung weiterhin der Gemeinschaft der Wohnungseigentümer zuweist, folgt daraus, dass über die Ausübung dieses Anspruchs ein Mehrheitsbeschluss zu fassen ist[40] (→ *Entziehung eines Wohnungseigentums* Rn 24). Eine solche Beschlussfassung ist bei lediglich zwei Eigentümern entbehrlich, weil die für einen solchen Beschluss erforderliche, nach § 25 Abs. 2 WEG nach Köpfen zu bestimmende Mehrheit nicht erreicht werden kann.[41] Auch eine Vorbefassung, die Zulässigkeitsvoraussetzung

---

33 *Hügel* NZM 2010, 8 (12).
34 BGH 20.7.2012 – V ZR 231/11, ZWE 2012, 494.
35 BGH 17.4.2015 – V ZR 12/14, NZM 2015, 544.
36 BGH 17.4.2015 – VZR 12/14, NZM 2015, 544.
37 BGH 20.7.2012 – V ZR 231/11, ZWE 2012, 494.
38 *Hügel* NZM 2010, 8 (11); aA LG Karlsruhe 16.5.2011 – 11 S 11/10, so dass Beschlüsse mangels Beschlusskompetenz nichtig sind.
39 OLG Düsseldorf 2.4.2003 – 3 Wx 223/02, ZR März 2003, 765.
40 BT-Drs. 19/18791, 55.
41 BGH 22.1.2010 – V ZR 75/09; NZM 2010, 408.

für eine Beschlussersetzungsklage wäre, ist mangels Zumutbarkeit bzw. Aussichtslosigkeit in der Regel nicht erforderlich.[42]

Sofern in einer Zweiergemeinschaft ein Verwalter nicht bestellt und mit einem positiven Abstimmungsergeb- **30** nis nicht zu rechnen ist, kann der Wohnungseigentümer, der gemeinschaftliche Kosten verauslagt hat, vom anderen Wohnungseigentümer die anteilige Erstattung verlangen, ohne dass eine vorherige Beschlussfassung erforderlich wäre.[43]

4. Ende. Ein Verfahren zur Beendigung der Gemeinschaft der Wohnungseigentümer sieht das Gesetz nicht **31** vor. § 10 Abs. 7 S. 4 WEG aF regelte, dass bei einer **Vereinigung sämtlicher Wohnungseigentumsrechte in einer Person** das Verwaltungsvermögen auf den Eigentümer des Grundstücks übergeht. Die Gemeinschaft hatte ab diesem Zeitpunkt keine eigenen Rechte und Pflichten mehr und endete damit faktisch.[44] Da nach neuem Recht die Gemeinschaft der Wohnungseigentümer bereits durch Anlegung der Wohnungsgrundbücher entsteht, § 9 a Abs. 1 S. 2 WEG, und § 10 Abs. 7 S. 4 WEG aF ersatzlos entfallen ist, führt eine Vereinigung aller Wohnungseigentumsrechte in einer Person zu einer nunmehr zulässigen Ein-Personen-Gemeinschaft.[45] § 9 a Abs. 1 S. 2 WEG bringt aber zum Ausdruck, dass die Gemeinschaft der Wohnungseigentümer als solche untrennbar an die Existenz des sachenrechtlichen Wohnungseigentums gebunden ist, dessen Verwaltung sie dient. Die Gemeinschaft der Wohnungseigentümer erlischt deshalb, wenn das Wohnungseigentum infolge der Schließung der Wohnungsgrundbücher untergeht, vgl. § 9 WEG.[46] Zur Liquidation des Gemeinschaftsvermögens fehlen besondere Regelungen, sodass insoweit die allgemeinen Grundsätze gelten.[47] Auch eine **vertragliche Aufhebung** aller Sondereigentumsrechte nach § 4 WEG beendet die Gemeinschaft der Wohnungseigentümer. Es entsteht eine Bruchteilsgemeinschaft gem. §§ 1008 ff., 741 ff. BGB.[48]

Entsteht anschließend durch erneute Teilung eine **neue** Gemeinschaft der Wohnungseigentümer, wäre diese **32** nicht Gesamtrechtsnachfolgerin der ehemaligen Gemeinschaft, so dass auch die früheren vertraglichen Beziehungen nicht zu dieser neuen Gemeinschaft der Wohnungseigentümer bestehen.[49] Grunddienstbarkeiten zugunsten eines Eigentümers erlöschen kraft Gesetzes mit Eintragung der Aufhebung im Grundbuch. Vereinbarungen der Wohnungseigentümer über ihr Verhältnis untereinander, also zB die Gemeinschaftsordnung, entfallen.[50] Eine Umdeutung in Benutzungsregelungen iSv § 741 ff, 1010 BGB ist nicht möglich.[51]

97. Gemeinschaft an einem Wohnungseigentum

Hofele

---

42 BGH 8.4.2016 – V ZR 191/15, ZMR 2016, 888.
43 LG Dortmund 3.2.2017 – 17 S 125/16, ZMR 2017, 424.
44 *Hügel/Elzer* WEG § 10 Rn. 42; aA LG Frankfurt a.M. 25.3.2014 – 2–09 S 63/12, NZM 2014, 438.
45 BT-Drs. 19/18791, 43.
46 BT-Drs. 19/18791, 44.
47 BT-Drs. 19/18791, 44; krit. *Becker/Schneider* ZfIR 2020, 281 (294 f.).
48 *Hügel/Elzer* WEG § 4 Rn. 24.
49 OLG Hamm 22.3.2016 – 15 W 357/15, ZMR 2016, 791.
50 OLG München 27.7.2010 – 34 Wx 070/10, ZWE 2010, 420.
51 Staudinger/*Rapp* § 9 Rn. 10.

I. Überblick

1 Ein Wohnungs- bzw. Teileigentum kann mehreren Personen „gehören". Die in der Praxis wohl häufigste Form dürfte der Erwerb einer Wohnung durch Ehegatten in Form einer **Bruchteilsgemeinschaft** nach §§ 741 ff. BGB sein. Auch eine Personengesellschaft kann Sondereigentum erwerben; denkbar ist etwa, dass eine Freiberuflersozietät ein Teileigentum erwirbt. Im Erbfall kann ein Sondereigentum an eine Erbengemeinschaft gehen. Auch eine Wohnungseigentümergemeinschaft selbst kann Eigentümerin eines Sondereigentums sein.[1]

2 Das WEG kennt keine **Eigentümeruntergemeinschaft**[2] und auch keine Mischform von Bruchteils- und Eigentümergemeinschaft.[3] Es gibt auch keine dinglich verselbständigte Untergemeinschaften an einzelnen Gebäudeteilen.[4] Dies hat sich durch das WEMoG[5] nicht geändert; durch die prozessualen Neuregelungen ergeben sich allerdings einige Änderungen im Prozess (→ Rn. 15).

II. Miteigentum und Bruchteilseigentum

3 Der häufigste Fall dürfte das Bruchteilseigentum (oft von Ehegatten) sein. Das Verhältnis der Bruchteilseigentümer untereinander richtet sich nach §§ 741 ff. BGB.[6]

4 **1. Der „bruchteilsbeschränkte" Wohnungseigentümer.** Miteigentümer eines Sondereigentums bilden eine Bruchteilsgemeinschaft nach §§ 741 ff., 1008 ff. BGB,[7] jedoch keine „Unter-Wohnungseigentümergemeinschaft" → Rn. 31 ff.

5 Umstritten ist, ob ein Bruchteilseigentümer selbst Wohnungseigentümer sein kann.[8]

6 Praxisrelevant wird diese Frage etwa dann, wenn ein Sondernutzungsrecht nur einer von mehreren Personen (genauer gesagt: deren Bruchteil) zugeordnet werden soll. Der BGH hat dies bejaht.[9]

7 § 741 BGB teilt nicht das Recht, sondern die Berechtigung daran. Jeder Teilhaber hat ein durch die Mitberechtigung der anderen beschränktes, ideelles Recht an dem ganzen, ungeteilten Gegenstand.[10] Daher ist jeder Bruchteilseigentümer auch Wohnungseigentümer, wenn auch ein „bruchteilsbeschränkter" Wohnungseigentümer. Spricht man dem Bruchteilseigentümer die Wohnungseigentümerstellung ab, könnte er das Gemeinschaftseigentum nicht „alleine" benutzen. Der **Einordnung** als Wohnungseigentümer steht mE auch nicht § 5 Abs. 2 WEG entgegen,[11] weil sich die Abgrenzung von Sonder- und Gemeinschaftseigentum nach der Art der betreffenden Anlage oder Einrichtung, nach ihrer Funktion und Bedeutung für die Gemeinschaft der Wohnungseigentümer beurteilt. Hierfür genügt nicht schon, dass sich eine Anlage oder Einrichtung zur gemeinsamen Nutzung eignet und anbietet; ihr Zweck muss vielmehr darauf gerichtet sein, der Gesamtheit der Wohnungseigentümer einen **ungestörten Gebrauch** ihrer Wohnungen und der Gemeinschaftsräume zu ermöglichen und zu erhalten.[12] Das Sondereigentum wird durch ein daran bestehendes Bruchteilseigentum aber gera-

---

1 Bärmann/*Armbrüster* WEG § 1 Rn. 11.

2 Bärmann/*Suilmann* WEG § 10 Rn. 22.

3 *Hügel/Elzer*, 3. Aufl. 2021, WEG § 9 a Rn. 47.

4 BGH 20.11.2015 – V ZR 284/14, NJW 2016, 473 Rn. 19; BGH 21.10.2011 – V ZR 75/11, ZWE 2012, 81; BGH 30.6.1995 – V ZR 118/94, NJW 1995, 2851; LG Koblenz 10.3.2014 – 2 S 49/13, ZWE 2015, 120; *Hügel/Elzer Hügel/Elzer*, 3. Aufl. 2021, WEG § 5 Rn. 32.

5 Wohnungseigentumsmodernisierungsgesetz – WEMoG vom 16.10.2020, BGBl. 2020 I 2187.

6 BGH 11.7.2000 – X ZR 78/98, NZM 2000, 1063; OLG Frankfurt a. M. 20.9.2006 – 20 W 241/05, NZM 2007; *Hügel/Elzer*, 3. Aufl. 2021, WEG § 9 a Rn. 47.

7 BGH 20.2.2014 – V ZB 116/13, BeckRS 2014, 7487 Rn. 9; BGH 25.10.2004 – II ZR 171/02, NZM 2005, 238; BGH 11.7.2000 – X ZR 78/98, NZM 2000, 1063; OLG Frankfurt a. M. 20.9.2006 – 20 W 241/05, NZM 2007, 490.

8 Bejahend: BGH 10.5.2012 – V ZB 279/11 BeckRS 2012, 14668 Rn. 10 mit umfangreichen Nachweisen zum Streitstand in Rn. 8 und 9; OLG Nürnberg 3.8.2011 – 10 W 302/11, BeckRS 2011, 23055; *Häublein* DNotZ 2004, 635; Bärmann/*Suilmann* WEG § 10 Rn. 7; verneinend: OLG München 21.11.2011 – 34 Wx 357/11, BeckRS 2011, 27051; *Hügel/Elzer*, 3. Aufl. 2021, WEG § 9 a Rn. 5 f.

9 BGH 10.5.2012 – V ZB 279/11 BeckRS 2012, 14668 Rn. 10 für einen Doppelparker.

10 Palandt/*Sprau* BGB § 741 Rn. 7; BeckOK BGB/*Gehrlein*, 52. Ed. 1.11.2019, BGB § 741 Rn. 1 mwN.

11 So aber *Hügel/Elzer*, 3. Aufl. 2021, WEG § 9 a Rn. 5 f.

12 *Hügel/Elzer*, 3. Aufl. 2021, WEG § 5 Rn. 30.

de nicht geändert. Daher „mutiert" trotz des Wortlautes des § 5 Abs. 2 WEG kein Sondereigentum zum Gemeinschaftseigentum, wenn ein Bruchteilseigentümer als Wohnungseigentümer gilt. Das bedeutet aber umgekehrt auch nicht, dass sich die Anzahl der „echten" Wohnungseigentümer vermehrt.[13]

Eine andere Frage ist es, was dies für die Rechtsstellung des einzelnen „bruchteilsbeschränkten Wohnungseigentümers" bedeutet. Hier herrscht allerdings weitgehend Einigkeit.   8

2. Praktische Folgen. § 742 ff. BGB regeln im Wesentlichen das Innenverhältnis; Außenwirkung entfalten   9 nur die organisationsrechtlichen Regelungen und auch diese nur zum Teil. Das gemeinsame Recht und die daraus fließenden Rechte können ggü Dritten grundsätzlich nur gemeinschaftlich geltend gemacht werden.[14]

a) Innenverhältnis der Bruchteilseigentümer. Die Bruchteilseigentümer bilden keine eigene wohnungseigentumsrechtliche (Unter)eigentümergemeinschaft. Für die **Eigentümergemeinschaft** an der betreffenden Einheit gilt im Innenverhältnis das Recht der Bruchteilsgemeinschaft (§§ 741 ff., 1008 BGB) und nicht das WEG.[15]   10

Problematisch sind in der Praxis nicht Wohnungseigentumseinheiten, sondern die **Garagenstellplätze.** Nach   11 § 3 Abs. 1 S. 2 WEG gelten Stellplätze als Räume.[16] Nach Ansicht des BGH können die Bruchteilseigentümer ihre internen Angelegenheiten sowohl auf der Grundlage von Benutzungsregelungen nach §§ 745 ff., §§ 1008 ff. BGB ausgestalten; allerdings kann über die Nutzung der Stellplätze auch gem. § 15 Abs. 1 WEG eine Vereinbarung durch alle Wohnungseigentümer getroffen werden.[17] Im Einzelnen und zum Streitstand → *Mehrfachparker* Rn. 9.

b) Verhältnis zur Gemeinschaft der Wohnungseigentümer. Bruchteilseigentümer können nur einheitlich   12 abstimmen (§ 25 Abs. 2 S. 2 WEG).

Einigkeit herrscht, dass sämtliche Bruchteilseigentümer **gesondert einzuladen** sind,[18] falls nichts Abweichendes in der Teilungserklärung geregelt ist oder sie einen gemeinsamen Empfangsvertreter bestimmt haben (§ 171 ZPO). Klar ist auch, dass auch ein bloßer Miteigentümer ein eigenes Anwesenheits-, Rede- und ein Antragsrecht hat.[19]   13

Auch das Notverwaltungsrecht (→ *Notgeschäftsführung eines Wohnungseigentümers* Rn. 1 ff.) aus § 18 Abs. 3   14 WEG (§ 21 Abs. 2 aF) steht ihnen gem. § 744 Abs. 2 BGB analog einzeln zu.[20]

c) Prozessuales/Anfechtungsklage. Streitigkeiten, die die internen Rechtsbeziehungen von Bruchteilssondereigentümern betreffen, sind **im Grundsatz keine Wohnungseigentumssachen.**[21] Denn die Bruchteilseigentümer bilden keine Wohnungseigentümergemeinschaft und deren Binnenbeziehungen sind auch nicht Gegenstand des Gemeinschaftsverhältnisses der Wohnungseigentümer. Maßgeblich ist nicht das Wohnungseigentums-, sondern das allgemeine Zivilrecht. Daher sind die allgemeinen Zivilgerichte zuständig, wenn Wohnungseigentum im Bruchteilseigentum mehrerer Personen steht und deren Rechtsbeziehungen untereinander Gegenstand eines Rechtsstreits sind. Eine **Ausnahme** bilden jedoch die internen Beziehungen von Bruchteilseigentümern, in deren Teileigentum eine Doppelstockgarage (bzw. ein → *Mehrfachparker* Rn. 10) steht.[22]   15

Der einzelne Bruchteilseigentümer kann allein eine **Anfechtungsklage** erheben.[23] Wenn ein Einzelner dies tun   16 will, muss aber jeweils sorgfältig geprüft werden, wer für wen gegen wen klagt. Problematisch wird dies, wenn sich die Bruchteilseigentümer uneins sind. Hier stellt sich die Frage, ob der, der „kann", auch „darf":

---

13 So auch *Hügel/Elzer*, 3. Aufl. 2021, WEG § 9 a Rn. 6.
14 Palandt/*Sprau* BGB § 741 Rn. 10.
15 BGH 11.7.2000 – X ZR 78/98, NZM 2000, 1063; OLG Frankfurt a. M. 20.9.2006 – 20 W 241/05, NZM 2007, 490.
16 Nach § 3 Abs. 2 S. 2 WEG aF galten Garagenstellplätze als abgeschlossene Räume, wenn ihre Flächen durch dauerhafte Markierungen ersichtlich waren.
17 BGH 20.2.2014 – V ZB 116/13, BeckRS 2014, 7487, MittBayNot 2014, 442 mAnm *F. Schmidt*; krit. *Hügel/Elzer* DNotZ 2014, 403 (408).
18 In diese Richtung KG 27.3.1996 – 24 W 5414/95, NJW-RR 1996, 844: „Es mag durchaus sein …".
19 *Hügel/Elzer*, 3. Aufl. 2021, WEG § 28 Rn. 8.
20 Bärmann/*Suilmann* WEG § 10 Rn. 7.
21 LG Frankfurt a. M. 18.02.2020 – 2–13 S 140/19, BeckRS 2020, 4874.
22 BGH 20.2.2014 – V ZB 116/13, BeckRS 2014, 7487 Rn. 9 f.
23 OLG Frankfurt a. M. 20.9.2006 – 20 W 241/05, NZM 2007, 490; KG 5.5.1993 – 24 W 3913/92, BeckRS 9998, 12445; *Becker* ZWE 2008, 405.

17 Steht Sondereigentum mehreren zu Bruchteilen zu, ist grundsätzlich jeder Eigentümer berechtigt, eine **Anfechtungsklage** nach § 44 Abs. 1 S. 1 Alt. 1 WEG (§ 46 Abs. 1 WEG aF) zu führen. Die Einzelklagebefugnis ergibt sich aus § 1011 BGB analog. Der klagende Miteigentümer klagt als gesetzlicher Prozessstandschafter.[24]

Da nunmehr nach § 44 Abs. 2 WEG die Anfechtungsklage gegen die Gemeinschaft der Wohnungseigentümer zu richten ist, ist klargestellt, dass die anderen Bruchteilseigentümer **nicht Partei** des Rechtsstreits sind. Die nicht klagenden Mitberechtigten werden damit selbst nicht Partei des Rechtsstreits.[25] Weil der klagende Bruchteilseigentümer das Gestaltungsklagerecht aller Mitberechtigten in gesetzlicher Prozessstandschaft auch mit Wirkung für seine Mitberechtigten geltend macht, darf sich die Klage im Parteiprozess der ZPO schon aus diesem Grund nicht auch gegen seine Mitberechtigten richten.

Die Möglichkeit der **Beiladung**, die als prozessualer Sonderfall in § 48 WEG aF verankert war und in der ZPO nicht vorgesehen ist, ist nunmehr entfallen. Die Beiladung ist auch nicht erforderlich. Denn es ist nach allgemeinen prozessualen Grundsätzen zu prüfen, ob der Anfechtende auch klagebefugt ist. Die Prozessführungsbefugnis ist Prozessvoraussetzung (Zulässigkeitsvoraussetzung) und von Amts wegen zu prüfen.[26]

18 Das gilt auch (und gerade), wenn sich die Bruchteilseigentümer **nicht einig** sind. Denn die Frage, ob ein Beschluss angefochten werden soll, ist vorrangig eine Verwaltungsentscheidung der Mitberechtigten, die diese nach § 745 BGB zu treffen haben. Das Problem der einheitlichen Willensbildung muss aber bei den Bruchteilseigentümern bleiben. Die anderen Wohnungseigentümer müssen vor deren internen Streitigkeiten geschützt werden. In diesem Fall geht die interne Willensbildung der Gemeinschafter der gesetzlichen Prozessstandschaft nach § 1011 BGB vor.[27]

Beispiel: Von den Bruchteilseigentümern A, B und C will nur C den Beschluss anfechten, A und B nicht, sie finden ihn sogar gut. C kann die ablehnende Entscheidung im Innenverhältnis nicht mit einer Anfechtungsklage „umgehen", indem er A und B – neben der Gemeinschaft der Wohnungseigentümer – mitverklagt. Tut er dies, ist seine Anfechtungsklage unzulässig. Denn hier hat er offengelegt, dass er der Anspruch nicht ihm (alleine), sondern der Bruchteilgemeinschaft zusteht.

19 Die gesetzliche Prozessstandschaft erfordert keine **Offenlegung**. Daher kann es sein, dass im Falle der Anfechtungsklage eines Bruchteilsberechtigten übersehen wird, dass er „nur" Prozessstandschafter ist. Auch wenn die Prozessführungsbefugnis von Amts wegen zu prüfen ist, sollte die Gemeinschaft der Wohnungseigentümer routinemäßig prüfen, ob ein Bruchteilseigentümer klagt und ob die Klagebefugnis bestritten werden sollte. Gelingt dem klagenden Bruchteilseigentümer der Nachweis nicht, ist die Klage als unzulässig abzuweisen. Dies gilt auch für den Fall, dass es in der Teilungserklärung eine Regelung über die Vertreterbestellung gibt. Dann ist der bestellte Vertreter zwar schon deshalb zur Erhebung der Beschlussanfechtungsklage für die Bruchteilseigentümer befugt,[28] aber dennoch schließt dies nicht aus, dass die anderen Wohnungseigentümer den Nachweis verlangen können, dass er tatsächlich die Prozessführungsbefugnis hat.

20 Dem steht auch die **kurze Klagefrist** des § 45 WEG nicht entgegen: Ebenso wie die anderen Wohnungseigentümer verlangen können, dass bei der Beschlussfassung nur mit einer Stimme gesprochen wird, müssen sie im Anschluss vor Anfechtungsklagen geschützt werden, die nicht alle Bruchteilseigentümer mittragen. Sind sich die Bruchteilseigentümer über die Anfechtung nicht einig, kann der Anfechtungswillige die Klage zunächst erheben, muss dann aber selbst dafür sorgen, dass seine Miteigentümer ihm folgen. Tun sie dies nicht, bleibt der Beschluss bestandskräftig. Es erscheint sachgerecht, dass der Anfechtungswillige, der ohne Mehrheit der Bruchteilseigentümer handelt, hier das Risiko trägt.

---

24 Palandt/*Herrler* BGB § 1011 Rn. 4 mwN.

25 Nach bisherigem Recht waren sie gem. § 48 Abs. 1 WEG aF analog beizuladen und konnten dem Rechtsstreit (nur) auf Seiten des klagenden Mitberechtigten beitreten; LG München I 12.1.2012 – 36 S 6417/11, ZWE 2012, 142 mit Anm. *Becker*; LG Frankfurt a. M. 8.5.2013 – 2–13 S 70/09, BeckRS 2013, 13634 = ZWE 2013, 469.

26 Zöller/*Althammer* ZPO vor § 50 Rn. 17.

27 Zutreffend LG Frankfurt a. M. 8.5.2013 – 2–13 S 70/09, BeckRS 2013, 13634 = ZWE 2013, 469.

28 *Becker* ZWE 2008, 405 (406).

III. „Gesamthandsbeschränkte" Wohnungseigentümer

Die Personengesellschaft, die Erbengemeinschaft und die eheliche Gütergemeinschaft sind **Gesamthandsge-** 21
meinschaften.

1. Personengesellschaft. Eine GbR kann Eigentümerin eines Sondereigentums sein. Bei der BGB- 22
Gesellschaft gilt grundsätzlich **gemeinschaftliche Geschäftsführung** (§ 709 Abs. 1 BGB), wenn nicht im Gesellschaftsvertrag Mehrheitsbeschlüsse vereinbart sind (vgl. § 709 Abs. 2 BGB). Die GbR hat nur eine Stimme
(§ 25 Abs. 2 Abs. 1 WEG).

ME. müssen die Gesellschafter der GbR – anders als die Bruchteilseigentümer – nicht **gesondert eingeladen**
werden. Allerdings dürfte jeder Gesellschafter ein eigenes Anwesenheits- und Rederecht haben.

Eine andere Fallgestaltung ist es, wenn sich die Eigentümer der Sondereigentumseinheiten entschließen, das 23
Sondereigentum gemeinschaftlich zu vermieten oder zu verpachten, → Rn. 38.

Bei der **Anfechtungsklage** kommt eine Prozessstandschaft aber nicht in Betracht: Die BGB-Gesellschaft ist 24
selbst Eigentümerin und daher anfechtungsbefugt. Die organschaftliche Vertretung richtet sich nach dem Innenverhältnis (vgl. § 714 BGB). Ist nichts geregelt, folgt aus § 709 BGB im Zweifel gemeinschaftliche Vertretung. Bei Einzelvertretungsmacht kann der Vertretungsberechtigte die Klage für die Gesellschaft erheben. Für
eine (gewillkürte) Prozessstandschaft einzelner Gesellschafter ist angesichts der Parteifähigkeit der GbR aber
kein Raum mehr.[29] Will der Gesellschafter im Wege gewillkürter Prozessstandschaft vorgehen, müsste er nicht
nur nach dem Gesellschaftsvertrag zur alleinigen Vertretung der Gesellschaft berechtigt sein, sondern darüber
hinaus von dem Verbot des § 181 BGB befreit sein.[30]

2. (Ungeteilte) Erbengemeinschaft. Bei der Erbengemeinschaft steht die Verwaltung des Nachlasses den Er- 25
ben gemeinschaftlich zu. Jeder Miterbe ist den anderen gegenüber verpflichtet, zu Maßregeln mitzuwirken, die
zur **ordnungsmäßigen Verwaltung** erforderlich sind; die zur Erhaltung notwendigen Maßregeln kann jeder
Miterbe ohne Mitwirkung der anderen treffen (§ 2038 Abs. 1 BGB). § 2033 BGB regelt wie § 747 BGB die
Möglichkeit der Verfügung über den Anteil. Über § 2038 Abs. 2 BGB finden §§ 743, 745, 746, 748 BGB Anwendung. Nach § 2039 S. 1 BGB kann der Verpflichtete nur an alle Erben gemeinschaftlich leisten und jeder
Miterbe nur die Leistung an alle Erben fordern. Daher gilt für die praktischen Auswirkungen dasselbe wie bei
der Bruchteilsgemeinschaft.

Überträgt die Erbengemeinschaft ein Sondereigentum auf alle Miterben zu Bruchteilen, bedarf es hierzu keiner Verwalterzustimmung.[31] Dies gilt aber nicht, wenn das Sondereigentum nur auf einen Miterben übergeht.
Hier ist – soweit vorgesehen – eine Verwalterzustimmung erforderlich.[32]

Der einzelne Erbe kann als Prozessstandschafter **Anfechtungsklage** erheben. Die Erbengemeinschaft besitzt 26
keine eigene Rechtspersönlichkeit und ist als solche und auch sonst nicht rechts- oder im Prozess parteifähig.[33]
§ 2039 S. 1 BGB berechtigt jeden Miterben im Aktivprozess zum Nachlass gehörende Ansprüche in gesetzlicher Prozessstandschaft und damit in eigenem Namen für die Erbengemeinschaft klageweise geltend zu machen.[34] Gehört ein Wohnungseigentum einer Erbengemeinschaft, so kann jeder Miterbe allein einen Eigentümerbeschluss wirksam anfechten.[35] Ist die Erbengemeinschaft aber uneins, gilt dasselbe wie für die Frage der
Prozessführungsbefugnis der Bruchteilsgemeinschaft (→ Rn. 17). Zu Einzelheiten → *Erbrechtliche Aspekte*
Rn. 1 ff.

3. Eheliche Gütergemeinschaft. Dieser Güterstand kommt in der Praxis höchst selten vor. Vereinbaren Ehe- 27
gatten durch Ehevertrag Gütergemeinschaft, wird das jeweilige Vermögen gemeinschaftliches Vermögen beider Ehegatten (Gesamtgut). Zu dem **Gesamtgut** gehört auch das Vermögen, das einer der Ehegatten während

---

29 OLG Brandenburg 14.12.2005 – 4 U 86/05, BeckRS 2006, 3647; vgl. auch OLG Brandenburg 10.8.2017 – 5 U
    25/16, BeckRS 2017, 121798 Rn. 66.
30 Vgl. OLG Düsseldorf 6.3.2013 – I-24 U 204/12 BeckRS 2013, 13412.
31 OLG Karlsruhe 25.6.2012 – 14 Wx 30/11, NZM 2013, 196.
32 BayObLG 29.01.1982 – BReg. 2 Z 50/81, BayObLGZ 1982, 46.
33 Palandt/*Weidlich* BGB § 2032 Rn. 1.
34 Palandt/*Weidlich* BGB § 2039 Rn. 6.
35 BayObLG 20.5.1998 – 2Z BR 25–98, NJW-RR 1999, 164 gestützt auf § 2038 Abs. 1 S. BGB; *Becker* ZWE 2008,
    405 (406 f.) gestützt auf § 2039 Abs. 1 BGB.

der Gütergemeinschaft erwirbt. Die einzelnen Gegenstände werden gemeinschaftlich. Bei eingetragenen Rechten muss der jeweils andere Ehegatte zur Berichtigung des Grundbuchs mitwirken (§§ 1415, 1416 BGB). Nach § 1421 BGB sollen die Ehegatten im Ehevertrag bestimmen, wer das Gesamtgut verwaltet oder ob es von ihnen gemeinschaftlich verwaltet wird. Ohne eine solche Bestimmung verwalten die Ehegatten das Gesamtgut gemeinschaftlich. Daher gilt für die praktischen Auswirkungen dasselbe wie bei der Bruchteilsgemeinschaft. Zu Einzelheiten → *Familienrechtliche Aspekte* Rn. 1 ff.

28   Bei der **Anfechtungsklage** ist zu unterscheiden: Besteht **Alleinverwaltung**, führt der Ehegatte, der das Gesamtgut verwaltet, nach § 1422 S. 1 Hs. 1 BGB Rechtsstreitigkeiten, die sich auf das Gesamtgut beziehen, im eigenen Namen. Er hat eine gesetzliche Prozessstandschaft für das Gesamtgut.[36] Wird das Gesamtgut von den Ehegatten **gemeinschaftlich** verwaltet, so sind die Ehegatten nur gemeinschaftlich berechtigt, Rechtsstreitigkeiten zu führen, die sich auf das Gesamtgut beziehen (§ 1450 Abs. 1 S. 1 BGB). Sie sind hier notwendige Streitgenossen. Ein Ehegatte kann aber mit Zustimmung des anderen im eigenen Namen vorgehen.[37]

IV. Kapitalgesellschaft/Verein

29   Bei der **Kapitalgesellschaft** als juristischer Person stellt sich das Problem nicht. Eine Kapitalgesellschaft wird durch ihre Organe vertreten.[38] Auch der rechtsfähige (eingetragene) Verein wird durch den Vorstand vertreten (§ 26 Abs. 1 S. 2 BGB).

30   Auf den nichts rechtsfähigen Verein finden dagegen die Vorschriften über die Gesellschaft Anwendung (§ 54 S. 1 BGB).

V. Unter-Wohnungseigentümergemeinschaft

31   (Nur) Wenn die Gemeinschaft der Wohnungseigentümer ein Sondereigentum in der eigenen Wohnungseigentumsanlage erwirbt, kann von einer „Unter-Wohnungseigentümergemeinschaft" gesprochen werden.[39] Der Vorgang wird auch „Selbsterwerb" genannt.[40]

32   Nach § 9 a WEG kann die Gemeinschaft der Wohnungseigentümer Rechte erwerben und Verbindlichkeiten eingehen, vor Gericht klagen und verklagt werden. Schon vor der Kodifizierung der Rechtsfähigkeit durch das WEMoG[41] war klar, dass sich die Rechtsfähigkeit der Wohnungseigentümergemeinschaft sich auch darauf erstreckt, als Eigentümerin in Abteilung I des Grundbuchs eingetragen werden zu können.[42] Die Wohnungseigentümer haben Beschlusskompetenz zum Erwerb von Grundstücken, die erworbene Einheit gehört zum **Gemeinschaftsvermögen** nach § 9 a Abs. 3 WEG.[43]

33   Die Gemeinschaft der Wohnungseigentümer ist (k)eine Eigentümerin wie jeder andere.

Die hM bejaht die **Zulässigkeit des Erwerbs** eines eigenen Sondereigentums in der eigenen Wohnungseigentumsanlage.[44] Begründet wird dies mit dem Vergleich zum Erwerb eigener Anteile bei Kapitalgesellschaften. Der Selbsterwerb bringt neben den logischen[45] aber auch rein praktische Schwierigkeiten mit sich. Zum einen muss die Willensbildung in der „Unter-Eigentümergemeinschaft" nach den Regeln des WEG erfolgen. Die hM

---

36   BeckOK BGB/*Siede*, 53. Ed. 1.2.2020, BGB § 1422 Rn. 6 mwN.

37   Palandt/*Brudermüller* BGB § 1450 BGB Rn. 7 mwN.

38   Vgl. § 35 GmbHG, § 78 AktG.

39   Bärmann/*Suilmann* WEG § 10 Rn. 22.

40   *Bonifacio* ZMR 2009, 257; *Abramenko* ZWE 2010, 193.

41   Wohnungseigentumsmodernisierungsgesetz – WEMoG vom 16.10.2020, BGBl. 2020 I 2187.

42   OLG Hamm 20.10.2009 – I-15 Wx 81/09 – BeckRS 2009, 29535.

43   Bisher: Verwaltungsvermögen gem. § 10 Abs. 7 WEG aF; BGH 18.3.2016 – V ZR 75/15 BeckRS 2016, 7519 Rn. 23 ff.

44   *Armbrüster* NZG 2017, 441; *Abramenko* ZWE 2010, 193; wohl auch Bärmann/Seuß WE-Praxis/*Bergerhoff* § 90 Rn. 24; *Weber* ZWE 2017, 68, 70; OLG München 16.11.2016 – 34 Wx 305/16, BeckRS 2016, 19793; aA *Bonifacio* ZMR 2009, 257; zu den Grenzen ordnungsgemäßer Verwaltung bei Erwerb von Sondereigentum OLG Hamm 12.8.2010 – 15 Wx 63/10, BeckRS 2010, 21017.

45   Plastisch *Häublein* ZWE 2007, 474, 479: „Es bereitet schon auf den ersten, nichtjuristischen Blick Schwierigkeiten, diesen Zustand zu erfassen".

löst zB die Frage des Stimmrechts der „Unter-Eigentümergemeinschaft" in der „Ober-Eigentümergemeinschaft" dadurch, dass dieses analog § 71 b AktG ruht.[46] Auch das Anfechtungsrecht ruht.[47]

Der **Selbsterwerb** ist indes **kritisch** zu sehen. Denn die Unter-Eigentümergemeinschaft unterliegt der anteiligen Außenhaftung des § 9 a Abs. 4 S. 1 WEG.[48] Soweit ersichtlich, wird hier von der hM nicht diskutiert, dass diese gesetzlich angeordnete anteilige Außenhaftung des Wohnungseigentümers ein fundamentaler struktureller Unterschied zum Gesellschaftsrecht ist. Eine solche anteilige Außenhaftung des Aktionärs für Verbindlichkeiten der Gesellschaft gibt es im Aktienrecht nicht (vgl. § 1 Abs 1 S. 2 AktG). Da die Außenhaftung der Unter-Eigentümergemeinschaft im WEG gesetzlich angeordnet ist, entfällt sie auch nicht beim Erwerb eines Sondereigentums.[49] Anders als bei den Binnen-Rechten und -Verbindlichkeiten kann hier auch keine Konfusion eintreten. Die Haftung des § 9 a Abs. 4 WEG knüpft an den Miteigentumsanteil.[50] Mithin bleibt es bei der Haftung der Unter-Eigentümergemeinschaft, wobei ein „Durchgriff" auf die einzelnen Eigentümer hier m.E. nicht in Betracht kommt.[51] Denn die Gemeinschaft der Wohnungseigentümer ist nach § 9 a Abs. 1 S. 1 WEG selbst berechtigt und verpflichtet.

Mithin mag es praktische Gründe für den Selbsterwerb geben; ob diese aber die strukturellen Probleme und auch die im Fall des Selbsterwerbs eintretenden Interessenkonflikte überwiegen,[52] erscheint zweifelhaft. Die Gemeinschaft sollte sich allerdings vor der Beschlussfassung über den Erwerb von Wohnungseigentum in der eigenen Wohnanlage über die damit verbundenen Folgeprobleme (bspw. die Frage des Stimmrechts oder die Gestaltung einer Jahresabrechnung) im Klaren sein.[53]

Geht man von der Zulässigkeit des Selbsterwerbs aus, stellten die Kosten des Erwerbes nach bisherigem Recht **34** **besonderen Verwaltungsaufwand** gem. § 21 Abs. 7 WEG aF dar. § 21 Abs. 7 WEG aF wurde in 28 Abs. 3 WEG[54] überführt. Die Norm räumte den Wohnungseigentümern auch die Beschlusskompetenz ein, die Kosten des Erwerbs eines Grundstücks nach dem Maß der Vorteile zu verteilen, die bei den Wohnungseigentümern eintreten.[55] Sie konnten daher durch Mehrheitsbeschluss abweichend vom Kostenverteilungsschlüssel des § 16 Abs. 2 WEG aF (Anteilsprinzip) oder einem sonst für die Gemeinschaft maßgeblichen Schlüssel (§ 16 Abs. 3 aF WEG) verteilt werden.[56]

Zwar wurde durch das WEMoG der Teil der Norm, der die Beschlusskompetenz für Kosten für einen besonderen Verwaltungsaufwand und für eine besondere Nutzung des gemeinschaftlichen Eigentums enthielt, **nicht übernommen**. Dies aber nur deshalb, weil der Gesetzgeber die Norm zutreffender Weise für entbehrlich hielt. Er leitet die Beschlusskompetenz für die Verteilung von Kosten aufgrund des Gebrauchs oder anderer Maßnahmen, bei denen konkrete Kosten anfielen, direkt aus § 16 Abs. 2 S. 2 WEG ab. Einer besonderen Beschlusskompetenz für besonderen Verwaltungsaufwand bedarf es deshalb nicht.[57] Da der Gesetzgeber an der Beschlusskompetenz als solcher nichts ändern wollte, sondern deren Grundlage nunmehr schon in § 16 Abs. 2 WEG sieht, ändert sich in der Sache nichts.

---

46 OLG Hamm 20.10.2009 – I-15 Wx 81/09, BeckRS 2009, 29535; *Armbrüster* NZG 2017, 441 (447); *Abramenko* ZWE 2010, 193 (202); *Hügel/Elzer* WEG § 25 Rn. 5.

47 OLG Hamm 20.10.2009 – I-15 Wx 81/09, BeckRS 2009, 29535; aA *Abramenko* ZWE 2010, 193 (202); *Bonifacio* ZMR 2009, 257 (260); iE wohl auch *Armbrüster* NZG 2017, 441 (448), der in den Raum stellt, die Beschlussanfechtung der überstimmten Minderheit den übrigen Wohnungseigentümern zu überlassen.

48 Bisher: § 10 Abs. 8 S. 1 bis 3 WEG aF, S. 4 WEG aF ist entfallen.

49 A.A. *Abramenko* ZWE 2010, 193, 195.

50 *Bonifacio* ZMR 2009, 257 (259).

51 So wohl auch *Bonifacio* ZMR 2009, 257 (260), der dies nur für die Zwecke seines Rechenbeispiels annimmt.

52 Vgl. *Abramenko* ZWE 2010, 193, 204; *Becker* ZWE 2017, 68 (70).

53 Zutreffend Bärmann/Seuß WE-Praxis/*Bergerhoff* § 90 Rn. 24.

54 19 Abs. 3 WEG-E idF des Regierungsentwurfs sollte zunächst an dessen Stelle treten, vgl. BT-Drs. 19/18791, S. 61, wurde dann aber in § 28 Abs. 3 WEG geregelt, da sie im sachlichen Zusammenhang mit den Vorschriften zum Wirtschaftsplan und zur Jahresabrechnung steht. Die ursprünglich in der Reg-E in Satz 2 vorgesehene Möglichkeit, Vertragsstrafen zu beschließen, wurde gestrichen. BT-Drs. 19/22634, 44, 47.

55 BGH 18.3.2016 – V ZR 75/15, BeckRS 2016, 7519 Rn. 41 ff.

56 *Armbrüster* NZG 2017, 441 (447).

57 BT-Drs. 19/1879, 61.

35 Die laufenden Beiträge haben die Eigentümer nach dem gem. § 16 Abs. 2 S. 2 WEG beschlossenen **Kostenschlüssel** zu tragen. Sie sind Inhaberin derjenigen Rechte und Pflichten, die sich an die Innehabung von Wohnungseigentum knüpfen; dies ergibt sich nunmehr unmittelbar aus § 9 a Abs. 1 S. 1 WEG.

VI. Exkurs: Mehrhausanlagen

36 Nicht unter diese Problematik fallen sog. Mehrhausanlagen. Hier stellt sich weder die Frage, ob ein Sondereigentum mehreren Personen „gehört", noch handelt es sich um eine Unter-Wohnungseigentümergemeinschaft. Zu Einzelheiten → *Mehrhausanlage* Rn. 1 ff.

37 Besteht eine Wohnungseigentumsanlage aus mehreren **separaten Baukörpern**, gibt es keine Besonderheiten. Die Gemeinschaftsordnung kann zwar die Bildung von Untergemeinschaften mit eigenen Beschlussfassungskompetenzen und Kostenverteilungsregelungen in allein sie betreffenden Verwaltungsangelegenheiten vorsehen.[58] Solche Untergemeinschaften sind aber keine selbstständigen Tochterverbände, sondern nur ein Teil der Gesamtgemeinschaft (→ *Mehrhausanlage* Rn. 1 ff.).[59]

VII. Exkurs: „Verpächtergesellschaft"

38 Ebenfalls kein Fall der Gemeinschaft an einem Sondereigentum ist es, wenn sich die Eigentümer entschließen, das Sondereigentum gemeinschaftlich zu vermieten oder zu verpachten. Das ist oftmals in Form von **Hotelapartments** der Fall. Hier kann (muss aber nicht) parallel zur Gemeinschaft der Wohnungseigentümer eine „Verpächtergesellschaft" entstehen, die das gesamte Objekt an einen Betreiber verpachtet;[60] im Einzelnen → *Steuerrecht – Gemeinschaft der Wohnungseigentümer* Rn. 29.

98. Gemeinschaftliches Eigentum

Tank

I. Einführung

1 § 1 WEG enthält seiner amtlichen Überschrift nach Begriffsbestimmungen. Nach § 1 Abs. 5 WEG ist gemeinschaftliches Eigentum im Sinne des WEG das **Grundstück und das Gebäude**, soweit sie nicht im Sondereigentum oder im Eigentum eines Dritten stehen. Grundsätzlich steht neben dem Grundstück auch das gesamte Gebäude im gemeinschaftlichen Eigentum. Erst die Teilungserklärung weist bestimmte Räume und die zu diesen Räumen gehörenden Bestandteile, die verändert, beseitigt oder eingefügt werden können, ohne dass dadurch das gemeinschaftliche Eigentum oder ein auf Sondereigentum beruhendes Recht eines anderen Wohnungseigentümers über das – bei einem geordneten Zusammenleben Unvermeidbare hinaus – beeinträchtigt oder die äußere Gestaltung des Gebäudes verändert wird, dem Sondereigentum zu. Teile des Gebäudes, die für

---

58 Zur Auslegung einer Kostentragungsregelung in der Teilungserklärung s. BGH 26.6.2020 – V ZR 199/19, ZMR 2020, 862 mit kritischer Anmerkung *Elzer* NJW-RR 2020, 959.

59 *Bärmann/Suilmann* WEG § 10 Rn. 26; *Hügel/Elzer*, 3. Aufl. 2021, WEG § 9 a Rn. 51 mwN; ausführlich zu Mehrhausanlagen *Sommer* ZWE 2019, 155.

60 BayObLG 19.2.1999 -2 Z BR 180/98, BeckRS 1999, 2923; zur steuerrechtlichen Behandlung vgl. BFH 20.9.2018 – IV R 6/16, NJW 2019, 387 Rn. 31.

dessen Bestand oder Sicherheit erforderlich sind sowie Anlagen und Einrichtungen, die dem gemeinschaftlichen Gebrauch der Wohnungseigentümer dienen, sind nicht Gegenstand des Sondereigentums, selbst wenn sie sich im Bereich der im Sondereigentum stehenden Räume befinden, § 5 Abs. 2 WEG, sog. **zwingendes Gemeinschaftseigentum**. Nach § 5 Abs. 3 WEG können Bestandteile des Gebäudes, die Gegenstand des Sondereigentums sein können, zum gemeinschaftlichen Eigentum erklärt werden. Das Gemeinschaftsvermögen gehört nicht zum gemeinschaftlichen Eigentum. Die Abgrenzung von gemeinschaftlichem Eigentum und Sondereigentum ist für die Frage der Verwaltungszuständigkeit, der Benutzung und der Kostenlast von Bedeutung. Die Verwaltung des gemeinschaftlichen Eigentums obliegt der Gemeinschaft der Wohnungseigentümer, § 18 Abs. 1 WEG.

II. Gemeinschaftliches Eigentum (§§ 1 Abs. 5, 5 Abs. 2 WEG)

1. Grundstück iSv § 1 Abs. 5 WEG. Zum gemeinschaftlichen Eigentum gehört das Grundstück, dh die überbaute und außerhalb des Gebäudes liegende **Grundstücksfläche**.[1] Grundstück in diesem Sinne ist das Grundstück iSv § 3 Abs. 1 GBO, dh die Fläche muss im Bestandsverzeichnis des Grundbuchs unter einer laufenden Nummer eingetragen sein. Es kann aus mehreren Flurstücken bestehen. Soll auf **mehreren Grundstücken** in diesem Sinne eine Wohnungseigentumsanlage errichtet werden, so sind diese zuvor gem. § 890 Abs. 1 BGB zu vereinigen[2] oder es kann gem. § 890 Abs. 2 BGB ein Grundstück dem anderen als Bestandteil zugeschrieben werden.[3] 2

Bei einem entschuldigten oder rechtmäßigen **Überbau** iSv § 912 Abs. 1 BGB gilt der Überbau als wesentlicher Bestandteil des Stammgrundstücks.[4] Dies gilt nicht bei einem unrechtmäßigen Überbau. In diesem Fall wird das Eigentum am Gebäude auf der Grundstücksgrenze real geteilt mit der Folge, dass der überbaute Gebäudeteil im Eigentum des Nachbargrundstücks steht.[5] 3

Zum Grundstück gehören auch Bäume und andere Anpflanzungen und deren Früchte, ebenerdige Terrassen ohne vertikale Abgrenzung,[6] Stellplätze (→ *Kfz-Stellplatz* Rn. 1 ff.) und zwar auch solche, die unter einem offenen Carport liegen,[7] Garten(-teile), Kinderspielplätze und die wesentlichen Grundstücksbestandteile iSv § 94 Abs. 1 BGB und § 96 BGB.[8] 4

Die Einräumung eines **Sondernutzungsrechts** (→ *Sondernutzungsrecht* Rn. 1 ff.) zB an einer Terrasse oder einem Stellplatz war nach altem Recht die einzige Möglichkeit, die übrigen Eigentümer zumindest von der Nutzung der fraglichen Fläche auszuschließen. Sie änderte an der Zuordnung dieser Grundstücksfläche zum gemeinschaftlichen Eigentum jedoch nichts. Das Sondernutzungsrecht verlieh insoweit lediglich das Recht zum Gebrauch unter Ausschluss der übrigen Miteigentümer.[9] Nunmehr ist die Begründung von Sondereigentum an Freiflächen wie Gärten, Terrassen oder Stellplätzen möglich, § 3 Abs. 2 WEG. Stellplätze (→ *KFZ-Stellplatz* Rn. 1 ff.) gelten außerdem als Räume, § 3 Abs. 1 S. 2 WEG. 5

2. Nicht im Sondereigentum oder Eigentum eines Dritten stehend (§ 1 Abs. 5 WEG). Nach § 1 Abs. 5 WEG sind gemeinschaftliches Eigentum das Grundstück und das Gebäude soweit sie nicht im Sondereigentum oder im Eigentum eines Dritten stehen. Der Umfang des gemeinschaftlichen Eigentums wird negativ durch den Umfang des Sondereigentums definiert.[10] Im Zweifelsfall ist also immer gemeinschaftliches Eigentum gegeben, da alle Anlagen und Gebäudeteile, die nicht ausdrücklich zu Sondereigentum erklärt werden, im gemeinschaftlichen Eigentum stehen. Es besteht also eine **Vermutung für das gemeinschaftliche Eigentum**.[11] 6

---

1 Palandt/*Wicke* WEG § 1 Rn. 9.
2 OLG Saarbrücken 9 2.6.1988 – 5 W 143/88, Rpfleger 1988, 479.
3 MüKoBGB/*Commichau* WEG § 1 Rn. 18.
4 Palandt/*Wicke* WEG § 1 Rn. 7.
5 OLG Karlsruhe 23.10.2012 – 14 Wx 7/11, ZWE 2014, 23.
6 KG 6.1.2015 – 1 W 369/14, MDR 2015, 269.
7 BayObLG 6.2.1986 – BReg. 2 Z 70/85, NJW-RR 1986, 761.
8 Palandt/*Wicke* WEG § 1 Rn. 9.
9 BeckOGK/*M. Müller* WEG § 1 Rn. 112.
10 Bärmann/*Armbrüster* WEG § 1 Rn. 52.
11 BGH 3.11.1989 – V ZR 143/87, NJW 1990, 447.

7   Um den Umfang des gemeinschaftlichen Eigentums zu bestimmen ist es erforderlich, § 5 WEG und seine Regelungen zum **Sondereigentum** (→ *Sondereigentum* Rn. 1 ff.) mit einzubeziehen. Von besonderer Wichtigkeit ist hier § 5 Abs. 2 WEG. Nach dieser Vorschrift können nämlich bestimmte Teile, Anlagen und Einrichtungen nicht im Sondereigentum stehen und sind damit stets gemeinschaftliches Eigentum oder **zwingendes gemeinschaftliches Eigentum**.

8   **Räume** sind außerdem ausdrücklich zu Sondereigentum (→ *Sondereigentum* Rn. 11) zu erklären, andernfalls bleiben sie gemeinschaftliches Eigentum. Stellplätze (→ *KFZ-Stellplatz* Rn. 1 ff.) gelten als Räume, § 3 Abs. 1 S. 2 WEG und können deshalb ebenfalls zu Sondereigentum erklärt werden. Im Übrigen können nur diejenigen **Gegenstände** zum Sondereigentum gehören, die sondereigentumsfähig sind. Bestandteile des Gebäudes iSv § 5 Abs. 1 WEG werden zusammen mit den im Sondereigentum stehenden Räumen, zu denen sie gehören, kraft Gesetzes Sondereigentum (→ *Sondereigentum* Rn. 17).

9   Im **Eigentum Dritter** können nur unwesentliche Bestandteile oder Scheinbestandteile stehen.[12] Hierzu gehören Messgeräte oder elektrische Anlagen sofern das Eigentum des Dritten nicht nach §§ 946, 93 BGB untergegangen ist.[13] Im Eigentum eines Dritten stehend und nicht nach §§ 946, 93 BGB untergegangen ist zB eine aufgrund einer Dienstbarkeit für einen Dritten an der Außenfassade angebrachte Werbung.[14]

10 **3. Teile des Gebäudes nach § 5 Abs. 2 WEG.** Teile des Gebäudes, die für dessen Bestand oder Sicherheit erforderlich sind, sowie Anlagen und Einrichtungen, die dem gemeinschaftlichen Gebrauch der Wohnungseigentümer dienen, sind **zwingendes gemeinschaftliches Eigentum**, § 5 Abs. 2 WEG. Sie können nicht zu Sondereigentum erklärt werden, selbst wenn sie sich im Bereich des Sondereigentums (→ *Sondereigentum* Rn. 25) befinden.

11 Teile des Gebäudes, die für dessen Bestand oder Sicherheit erforderlich sind, sog. **konstruktive oder wesentliche Bestandteile**,[15] die zwingend im gemeinschaftlichen Eigentum stehen, sind die Außenhülle, also die Fassade und das Dach,[16] ebenso wie das Fundament und tragende (Innen- und Außen-)Wände sowie die Geschossdecken[17] und die Bestandteile, die für Brand-, Feuchtigkeits- und Schallschutz erforderlich sind.[18] Bei einer Geschossdecke gehört die Betonüberdeckung und die Bewehrungseisen hierzu.[19] Bei Balkonen, Dachterrassen und Loggien gehören die Bodenplatten und Isolierschichten dazu.[20] Die **Erforderlichkeit** für Bestand und Sicherheit bestimmt sich nach der Verkehrsanschauung und kann durch öffentlich-rechtliche Vorschriften konkretisiert werden.[21]

12 Unter **Anlagen** versteht man technische Einrichtungen, wie zB die hydraulische Hebeanlage einer Doppelstockgarage.[22] Unter **Einrichtung** versteht man in der Regel Räume,[23] in denen gemeinschaftliche Einrichtungen untergebracht sind, wie zB Heizungsräume, Waschküchen oder Gebäudeteile, wie zB Treppenhäuser.

III. Vereinbartes gemeinschaftliches Eigentum (§ 5 Abs. 3 WEG)

13 Wie bereits dargestellt, besteht zunächst am Grundstück und dem Gebäude selbst gemeinschaftliches Eigentum. Es kann aber an Räumen – wegen § 3 Abs. 1 S. 2 WEG also auch an Stellplätzen und wegen § 3 Abs. 2 WEG zudem an Freiflächen – Sondereigentum eingeräumt werden. Nach § 5 Abs. 1 und 2 WEG werden diesem Sondereigentum bestimmte **Bestandteile** zugeordnet, nämlich solche, die verändert, beseitigt oder eingefügt werden können, ohne dass dadurch das gemeinschaftliche Eigentum usw beeinträchtigt wird. Diese Zu-

---

12 Palandt/*Wicke* WEG § 1 Rn. 9.
13 MüKoBGB/*Commichau* WEG § 1 Rn. 43.
14 Jennißen/*Grziwotz* WEG § 5 Rn. 26.
15 BGH 3.4.1968 – V ZB 14/67, NJW 1968, 1230.
16 BGH 25.1.2001 – VII ZR 193/99, NJW-RR 2001, 800.
17 OLG Hamm 13.8.1996 – 15 W 115/96, ZMR 1997, 193.
18 BeckOK WEG/*Gerono* § 5 Rn. 26.
19 OLG München 13.8.2007 – 34 Wx 75/07, NZM 2008, 493.
20 BGH 25.1.2001 – VII ZR 193/99, NJW-RR 2001, 800.
21 Bärmann/*Armbrüster* WEG § 5 Rn. 34.
22 BGH 21.10.2011 – V ZR 75/11, NJW-RR 2012, 85.
23 Palandt/*Wicke* WEG § 1 Rn. 7.

ordnung zum Sondereigentum kann nach § 5 Abs. 3 WEG aufgehoben und durch Vereinbarung in gemeinschaftliches Eigentum umgewandelt werden.

§ 5 Abs. 3 WEG gilt nur für **Gebäudebestandteile**, nicht aber für **Räume**.[24] Zum Sondereigentum erklärte 14
Räume können direkt über § 4 Abs. 1 WEG in Gemeinschaftseigentum zurückgeführt werden.[25] Anderer Auffassung nach soll § 5 Abs. 3 WEG weiter zu verstehen sein und auch Räume umfassen.[26]

Für die Vereinbarung, Bestandteile des Sondereigentums zu gemeinschaftlichem Eigentum zu erklären, ist die 15
in § 4 Abs. 1 und 2 WEG vorgesehene **Form** einzuhalten.[27] Anderer Ansicht nach ist zusätzlich noch § 4
Abs. 3 WEG einzuhalten, also der schuldrechtliche Vertrag nach § 4 Abs. 3 WEG iVm § 311 b BGB zu notariell beurkunden.[28]

IV. Gemeinschaftsvermögen

Der Begriff **Verwaltungsvermögen** wurde durch den Begriff **Gemeinschaftsvermögen** (→ *Gemeinschafts-* 16
vermögen Rn. 1 ff.) ersetzt. Das Verwaltungsvermögen zählte weder zum gemeinschaftlichen Eigentum noch
zum Sondereigentum. Es bildete eine hiervon getrennte Vermögensmasse, deren alleiniger Inhaber gem. § 10
Abs. 7 S. 1 WEG aF der Verband Wohnungseigentümergemeinschaft war.[29] Den Wohnungseigentümern stand
hieran keine Mitberechtigung eigentumsrechtlicher Art zu.[30] Nach § 9 a Abs. 3 WEG, der den Begriff des Gemeinschaftsvermögens als Vermögen der Gemeinschaft legaldefiniert, steht das Gemeinschaftsvermögen weitgehend dem gemeinschaftlichen Eigentum gleich, es handelt sich gleichwohl nach wie vor um eigenes Vermögen.[31]

V. Einzelfälle

- **Abwasserrohre**: (s. hier unter „Leitungen"); 17
- **Anschlussleitungen**: (s. hier unter „Leitungen");
- **Alarmanlage**: gemeinschaftliches Eigentum, sofern diese das gesamte Gebäude sichert; bei Sicherung einer einzelnen Einheit Sondereigentum;[32]
- **Antennen**: gemeinschaftliches Eigentum, sofern sie der Versorgung der Gemeinschaft der Wohnungseigentümer dienen; wenn die Antennen nur der Versorgung eines Sondereigentums dienen, kann Sondereigentum begründet werden;
- **Aufzugsanlagen**: gemeinschaftliches Eigentum, außer bei Erschließung einer einzelnen Sondereigentumseinheit und entsprechender Anordnung in der Teilungserklärung nach Bescheinigung der Abgeschlossenheit;[33]
- **Balkone und Loggien**: gemeinschaftliches Eigentum, soweit nicht ausdrücklich zu Sondereigentum erklärt; Balkonbrüstungen, Balkonpfeiler, Balkontrennwände, Balkonböden und der Estrich auf dem Balkonboden sind notwendiges gemeinschaftliches Eigentum;[34] Fliesenbelag kann grundsätzlich zu Sondereigentum erklärt werden;[35]
- **Briefkastenanlagen**: gemeinschaftliches Eigentum; ebenso Briefkästen in und an der Hauseingangstür, da die Haustür zwingendes gemeinschaftliches Eigentum ist;[36]
- **Carport**: nach altem Recht gemeinschaftliches Eigentum, da auch an überdachten Kfz-Stellplätzen außerhalb abgeschlossener Räume kein Sondereigentum begründet werden konnte; für die einzelnen Woh-

24 Palandt/*Wicke* WEG § 5 Rn. 10.
25 Bärmann/*Armbrüster* WEG § 5 Rn. 136.
26 Jennißen/*Grziwotz* WEG § 5 Rn. 33.
27 Bärmann/*Armbrüster* WEG § 5 Rn. 135.
28 Jennißen/*Grziwotz* WEG § 5 Rn. 34.
29 Palandt/*Wicke* WEG § 10 Rn. 38.
30 *Hügel/Elzer* WEG § 1 Rn. 30.
31 BT-Drs. 19/18791, 45 f.
32 MüKo/*Commichau* WEG § 1 Rn. 43.
33 MüKoBGB/*Commichau* WEG § 1 Rn. 43.
34 OLG München 30.1.2007 – 34 Wx 116/06, NZM 2007, 369.
35 BayObLG 17.9.2003 – 2Z BR 170/03, juris.
36 MüKoBGB/*Commichau* WEG § 1 Rn. 43.

nungseigentümer konnten Sondernutzungsrechte an den Carportflächen begründet werden;[37] nach § 3 Abs. 1 WEG gelten Stellplätze nun als Räume, so dass Sondereigentum begründet werden kann;

- **Dach**: Außendach und Innendach mit Isolation sind zwingendes gemeinschaftliches Eigentum;[38] ebenso sind Glasdächer notwendiges gemeinschaftliches Eigentum;[39]
- **Dachterrassen**: zwingendes gemeinschaftliches Eigentum;
- **Duplex-Stellplätze**: nach altem Recht gemeinschaftliches Eigentum, soweit nicht für den gesamten Doppelparker gem. § 3 Abs. 2 S. 2 WEG ein Teileigentumsgrundbuch angelegt worden ist.[40] Die Hebeanlage ist Sondereigentum, sofern durch diese ein im Sondereigentum stehender Doppelparker und kein weiterer Doppelparker betrieben wird;[41] die Hebeanlage ist zwingendes gemeinschaftliches Eigentum, wenn sie mehr als einem Doppelparker dient;[42] nach § 3 Abs. 1 WEG gelten Stellplätze nun als Räume, so dass Sondereigentum begründet werden kann, wobei auch Duplexparker unter diesen Begriff fallen;[43]
- **Eingangspodest**: zwingendes gemeinschaftliches Eigentum;[44]
- **Estrich**: zwingendes gemeinschaftliches Eigentum, da dieser der Schall- und Wärmeisolation dient;[45]
- **Fenster**: Außenfenster sind zwingendes gemeinschaftliches Eigentum, ebenso Fensterbänke und Fensterläden[46] und Balkontüren; Sondereigentum kann in der Teilungserklärung nur bezüglich konstruktiv selbstständiger und nur noch vereinzelt in alten Häusern anzutreffender Innenfenster vereinbart werden,[47] was aber abzulehnen ist;[48]
- **Flure**: zwingendes gemeinschaftliches Eigentum, wenn ihr Zweck der Zugang zu Wohnungen oder Gemeinschaftsräumen ist;[49]
- **Fußbodenheizung**: im Estrich verlegte Heizschlingen sind dem gemeinschaftlichen Eigentum zuzuordnen, weil sie nur durch einen Eingriff in das gemeinschaftliche Eigentum (Estrich) beseitigt und anders verlegt werden können;[50]
- **Garagen**: gemeinschaftliches Eigentum, wenn nicht Sondereigentum begründet wurde; für Garagenstellplätzen in abgeschlossenen Räumen (Tiefgarage) gilt § 3 Abs. 1 WEG, der für alle Arten von Stellplätzen (→ *Kfz-Stellplatz* Rn. 3 ff) gilt;[51]
- **Geländer**: zwingendes gemeinschaftliches Eigentum;[52]
- **Geschossdecke**: zwingendes gemeinschaftliches Eigentum;[53] dazu gehört auch die aus Brandschutzgründen erforderliche Betonüberdeckung über der Stahlbewehrung, was insbesondere bei Tiefgaragen relevant ist;[54]
- **Hausanschluss**: gemeinschaftliches Eigentum, wenn er die Verbindung der öffentlichen Anschlussstelle zu den einzelnen Versorgungsleitungen darstellt;[55]
- **Haussprechanlage**: gemeinschaftliches Eigentum, soweit mit dieser ein Türöffnungsmechanismus verbunden ist;[56] die einzelnen Sprechstellen in den Wohnungen sind dagegen sondereigentumsfähig, soweit sie nicht zum Funktionieren der Gesamtanlage erforderlich sind;[57]

---

37 MüKoBGB/*Commichau* WEG § 1 Rn. 43.
38 MüKoBGB/*Commichau* WEG § 1 Rn. 43.
39 OLG Düsseldorf 11.4.2008 – I-3 Wx 254/07, ZMR 2009, 53.
40 MüKoBGB/*Commichau* WEG § 1 Rn. 43.
41 BGH 21.10.2011 – V ZR 75/11, NZM 2012, 422.
42 LG Dresden 24.6.2010 – 2 T 715/08, ZMR 2010, 979.
43 BT-Drs. 19/18971, 37.
44 MüKoBGB/*Commichau* WEG § 1 Rn. 43.
45 BGH 15.1.2010 – V ZR 114/09, NJW 2010, 2129.
46 BGH 2.3.2012 – V ZR 174/11, NJW 2012, 1722.
47 BayObLG 21.12.1999 – 2Z BR 115/99, ZMR 2000, 241.
48 OLG Düsseldorf 15.5.2000 – 3 Wx 80/00, ZMR 2001, 214.
49 BayObLG 30.10.2003 – 2Z BR 184/03, DNotZ 2004, 38.
50 OLG München 4.9.2009 – 32 Wx 44/09, juris.
51 BT-Drs. 19/18791, 37.
52 MüKoBGB/*Commichau* WEG § 1 Rn. 43.
53 MüKoBGB/*Commichau* WEG § 1 Rn. 43.
54 OLG München 13.8.2007 – 34 Wx 75/07, NZM 2008, 493.
55 Jennißen/*Grziwotz* WEG § 5 Rn. 84.
56 OLG Köln 26.8.2002 – 16 Wx 126/02, NZM 2002, 865.
57 OLG Köln 26.8.2002 – 16 Wx 126/02, NZM 2002, 865.

- **Hebeanlage** nebst Pumpenschacht: notwendiges gemeinschaftliches Eigentum;[58]
- **Heizungsanlage**: zwingendes gemeinschaftliches Eigentum, wenn die gesamte Gemeinschaft versorgt wird, einschließlich Zugang, da dann eine für die gemeinschaftliche Benutzung notwendige Versorgungseinrichtung gegeben ist.[59] Etwas anderes kann in der Teilungserklärung nur bestimmt werden, wenn eine Heizungsanlage ausschließlich einzelne Sondereigentumseinheiten versorgt.[60] Sofern die Heizungsanlage mehrere Gemeinschaften versorgt, ist richtigerweise ebenfalls zwingendes gemeinschaftliches Eigentum gegeben, da hier dasselbe wie bei der Versorgung nur einer Gemeinschaft gilt;[61]
- **Heizkörper** (innerhalb von Sondereigentumseinheiten): stehen dann im gemeinschaftlichen Eigentum, wenn sie ausdrücklich dem gemeinschaftlichen Eigentum gem. § 5 Abs. 3 WEG zugewiesen werden; ansonsten stellen sie zusammen mit den Temperaturregler Sondereigentum dar, soweit sie nicht mit der Funktion der Gesamtanlage zwingend in Verbindung stehen;[62]
- **Isolierschichten** in Böden und Wänden unabhängig von ihrer Lage im Bauwerk: notwendiges gemeinschaftliches Eigentum;[63]
- **Kamine, Schornsteine**: zwingendes gemeinschaftliches Eigentum, sofern es sich nicht um sondereigentumsfähige offene Kamine handelt, auch wenn Kaminzüge von Sondereigentum umschlossen sind;[64]
- **Laubengang**: gemeinschaftliches Eigentum;[65]
- **Leitungen**: gemeinschaftliches Eigentum, auch wenn sie der Versorgung nur einer Einheit dienen;[66] Leitungen im räumlichen Bereich des Sondereigentums „jedenfalls bis zur ersten für die Handhabung durch den Sondereigentümer vorgesehenen Abstellmöglichkeit", die eine Trennung vom „Leitungsnetz" ermöglicht, stehen im gemeinschaftlichen Eigentum;[67]
- **Lichtkuppeln**: zwingendes gemeinschaftliches Eigentum, da sie Teil der Dachkonstruktion sind;[68]
- **Lüftungsrohre**: gemeinschaftliches Eigentum, sofern der Einbau nicht nur zu vorübergehenden Zwecken erfolgt;[69]
- **Luftschächte**: gemeinschaftliches Eigentum, soweit sie nicht ausschließlich ein Sondereigentum versorgen und diesem zugeordnet sind;[70]
- **Markisen**: gemeinschaftliches Eigentum,[71] jedenfalls wenn diese nicht nachträglich durch einen einzelnen Eigentümer angebracht wurde;
- **Müllbehälter**: gemeinschaftliches Eigentum, sofern diese nicht gem. § 1 Abs. 5 WEG im Eigentum des Versorgungsträgers stehen;[72]
- **Pflanzen**: gemeinschaftliches Eigentum;[73]
- **Putz**: gemeinschaftliches Eigentum, nur der Innenputz innerhalb des Sondereigentums ist Sondereigentum;[74]
- **Rauchwarnmelder**: gemeinschaftliches Eigentum, da nicht sondereigentumsfähig und aufgrund gesetzlicher Anordnung eingebaut (→ *Rauchwarnmelder* Rn. 1 ff.);[75]
- **Rollläden, Jalousien**: (s. hier unter „Markisen", → *Markisen* Rn. 1 ff.);

---

58 LG Itzehoe 20.9.2011 – 11 S 66/10, juris.
59 BGH 8.7.2011 – V ZR 176/10, NJW 2011, 2958.
60 BayObLG 24.2.2000 – 2Z BR 155/99, NZM 2000, 516.
61 Bärmann/*Armbrüster* WEG § 5 Rn. 42; aA BGH 8.11.1974 – V ZR 120/73, NJW 1975, 688.
62 BGH 8.7.2011 – V ZR 176/10, NZM 2011, 750; ausführlich *Lehmann-Richter*, Heizkörper-Urteil, ZWE 2013, 69.
63 LG Karlsruhe 16.12.2014 – 11 S 14/14, juris.
64 MüKoBGB/*Commichau* WEG § 1 Rn. 43.
65 BGH 6.6.1091 – VII ZR 372/89, NJW 1991, 2480.
66 BGH 26.10.2012 – V ZR 57/12, NJW 2013, 1154.
67 BGH 26.10.2012 – V ZR 57/12, NJW 2013, 1154.
68 MüKoBGB/*Commichau* WEG § 1 Rn. 43.
69 OLG Hamburg 14.3.2003 – 2 Wx 2/00, ZMR 2003, 527.
70 MüKoBGB/*Commichau* WEG § 1 Rn. 43.
71 OLG Frankfurt a.M. 17.8.2006 – 20 W 205/05, NJW-RR 2007, 807.
72 MüKoBGB/*Commichau* WEG § 1 Rn. 43.
73 LG Landau 15.4.2011 – 3 S 4/11, NJW-RR 2011, 1029; vgl. auch BGH 7.12.2018 – V ZR 273/17, NJW-RR 2019, 401 zu Rauchwarnmeldern.
74 MüKoBGB/*Commichau* WEG § 1 Rn. 43.
75 BGH 7.12.2018 – V ZR 273/17, NJW-RR 2019, 401.

- **Satellitenschüssel**: (s. hier unter „Antennen", → *Antenne* Rn. 1 ff.);
- **Sauna**: gemeinschaftliches Eigentum, sofern kein Sondereigentum an der Raumeinheit begründet worden ist (→ *Sauna* Rn. 1 ff.);
- **Schloss** (auch einer Schließanlage): sofern das Schloss im gemeinschaftlichen Eigentum eingebaut ist, teilt es dessen Rechtsnatur; Schlüssel dazu stellen gemeinschaftliches Eigentum dar;[76]
- **Schwimmbad**: gemeinschaftliches Eigentum, sofern bei Hallenbad kein Sondereigentum begründet worden ist (→ *Schwimmbad* Rn. 1 ff.);
- **Spitzboden**: gemeinschaftliches Eigentum, sofern kein Sondereigentum begründet worden ist und zwar auch dann, wenn er nur über Sondereigentumsflächen erreichbar ist;[77]
- **Stellplätze im Freien**: gemeinschaftliches Eigentum;[78] nach altem Recht konnten nur Sondernutzungsrechte begründet werden; nunmehr gelten alle Arten von Stellplätzen als Räume und die Begründung von Sondereigentum hieran ist möglich, § 3 Abs. 1 WEG (→ *Kfz-Stellplatz* Rn. 1 ff.);[79]
- Stellplätze im Innern des Gebäudes (**Tiefgarage**): gemeinschaftliches Eigentum, nach altem Recht konnte Sondereigentum gem. § 3 Abs. 2 S. 2 WEG aF begründet werden, wenn die Flächen durch dauerhafte Markierungen ersichtlich sind; nunmehr gelten alle Arten von Stellplätzen als Räume, § 3 Abs. 1 WEG, und die Begründung von Sondereigentum hieran ist möglich (→ *Kfz-Stellplatz* Rn. 1 ff.);[80]
- **Terrasse/Dachterrasse**: ebenerdige Terrassen ohne senkrechte Begrenzungen stehen im gemeinschaftlichen Eigentum, auch wenn sie nach den Aufteilungsplänen einer Sondereigentumseinheit zugeordnet sind;[81] eine Verbindung mit einem Sondereigentum konnte nach altem Recht im allgemeinen nur über die Zuordnung eines Sondernutzungsrechts erreicht werden; aA nach musste auch an ebenerdigen Terrassen wie an Balkonen und Dachterrassen Sondereigentum begründet werden können, sofern diese durch ein Fundament oder Begrenzungsmauern von der übrigen Grundstücksfläche abgegrenzt waren, da anderenfalls Terrassen und Balkonen in einer Wohnungseigentumsanlage nicht einer einheitlichen Rechtsnatur zugeordnet werden können; die Sondereigentumsfähigkeit konnte wegen der räumlichen Abgrenzung aus einer entsprechenden Anwendung des § 3 Abs. 2 S. 2 WEG aF abgeleitet werden.[82] Dachterrassen stehen ebenfalls im gemeinschaftlichen Eigentum, können aber dem Sondereigentum zugewiesen werden;[83] auf die Frage einer Ummauerung oÄ kommt es nicht mehr an, da auch an Freiflächen in begrenztem Maße Sondereigentum begründet werden kann, § 3 Abs. 2 WEG (→ *Sondereigentum* Rn. 2 ff.);
- **Treppenhaus**: gemeinschaftliches Eigentum (→ *Treppenhaus* Rn. 1 ff.);[84]
- **Türen**: Wohnungsabschlusstüren sind zwingendes gemeinschaftliches Eigentum.[85] Das gilt auch für Balkontüren, diese sind wie Außenfenster zu behandeln. Türen innerhalb des Sondereigentums sind Sondereigentum (→ *Türen* Rn. 1 ff.);[86]
- **Wände/Trennwände**: zwingendes gemeinschaftliches Eigentum;[87] nichttragende Innenwände innerhalb eines Sondereigentums sind Sondereigentum; Trennwände zwischen Kellerabteilen sind laut BGH wie gemeinschaftliches Eigentum zu behandeln (→ *Wände* Rn. 1 ff.);[88]
- **Zähler** (Wasser/Heizung): zwingendes gemeinschaftliches Eigentum;[89] im Eigentum eines Dritten stehend sind sie nach § 1 Abs. 5 WEG kein gemeinschaftliches Eigentum (→ *Zähler* Rn. 1 ff.).

---

76 BGH 5.3.2014 – VIII ZR 205/13, NJW 2014, 1653.
77 BayObLG 14.2.2001 – 2Z BR 3/01, NJW-RR 2001, 801.
78 BayObLG 30.4.1987 – BReg. 2 Z 30/87, ZMR 1987, 319.
79 BT-Drs. 19/18791, 37.
80 BT-Drs. 19/18791, 37.
81 KG 6.1.2015 – 1 W 369/14, MDR 2015, 269.
82 MüKoBGB/*Commichau* WEG § 1 Rn. 43.
83 LG Schwerin 24.7.2008 – 5 T 165/05, ZMR 2009, 401.
84 BGH 6.6.1991 – VII ZR 372/89, NJW 1991, 2480.
85 BGH 25.10.2013 – V ZR 212/12, NJW 2014, 379.
86 BeckOGK/*Schultzky* WEG § 1 Rn. 106.
87 *Greiner* WohnungseigentumsR § 1 Rn. 61.
88 BGH 20.11.2015 – V ZR 284/14, NJW 2016, 473.
89 OLG Hamburg 30.12.2003 – 2 Wx 73/01, ZMR 2004, 291.

VI. Regelungen betreffend das gemeinschaftliche Eigentum

Das gemeinschaftliche Eigentum steht sämtlichen Wohnungseigentümern entsprechend ihren Miteigentumsanteilen zu. Seine Verwaltung sowohl im Außenverhältnis gegenüber Dritten als auch im Innenverhältnis gegenüber den Wohnungseigentümern obliegt der Gemeinschaft der Wohnungseigentümer, § 18 Abs. 1 WEG.[90] Es ist eine besonders ausgestaltete Form des Bruchteilseigentums.[91]   18

1. Regelungen über die Zuordnung gemeinschaftlichen Eigentums in der Teilungserklärung. Die in   19 einer **Teilungserklärung** enthaltene Auflistung, welche Gebäudeteile zum Sonder- und welche zum Gemeinschaftseigentum gehören, sind häufig **nichtig** und damit unbeachtlich, denn es können gem. § 5 Abs. 1 WEG nur Räume und die zu diesen Räumen nach § 5 Abs. 1 S. 1 WEG gehörenden Bestandteile, nicht aber einzelne Gebäudebestandteile oder Gegenstände dem Sondereigentum zugewiesen werden.[92] Welche Bestandteile innerhalb der dem Sondereigentum zugewiesenen Räume zum Sondereigentum (→ *Sondereigentum* Rn. 11 ff.) gehören, bestimmt sich allein nach § 5 Abs. 1 WEG.[93] Teile des Gebäudes, die für dessen Bestand oder Sicherheit erforderlich sind, sowie Anlagen und Einrichtungen, die der gemeinschaftlichen Benutzung durch die Wohnungseigentümer dienen, sind **zwingendes gemeinschaftliches Eigentum**, § 5 Abs. 2 WEG. Sie können nicht zu Sondereigentum erklärt werden, selbst wenn sie sich im Bereich des Sondereigentums (→ *Sondereigentum* Rn. 25) befinden. Klassische Beispiele für eine nichtige Zuordnung zu Sondereigentum sind Außenfenster, die als konstruktive Bestandteile des Gebäudes (→ Rn. 11) zwingend im gemeinschaftlichen Eigentum stehen.

Auch wenn diese Auflistungen in der Regel zumindest teilweise nichtig sind, können sie im Hinblick auf eine   20 eventuell unklare Regelung zur Erhaltungs- oder Kostentragungslast zur Auslegung derselben herangezogen werden. Hier kann eine **Umdeutung** nach § 140 BGB in eine Erhaltungs- oder Kostentragungsregelung in Betracht kommen. Dies soll in engen Grenzen dann der Fall sein, wenn sich weitere Ansatzpunkte oder eine Tendenz entnehmen lässt, die Erhaltungspflichten oder die Kostenlast auf die einzelnen Wohnungseigentümer zu verlagern.[94] Anderer Ansicht nach soll in einer nichtigen Zuweisung zu Sondereigentum „ohne Weiteres und zwingend" die Aussage stecken, dass der Sondereigentümer jedenfalls die Kosten der Erhaltung des betreffenden Gebäudeteile zu tragen hat, denn das gehe mit der Eigentümerstellung einher.[95]

2. Regelungen zur Erhaltung und Kostentragungspflicht. Die Erhaltungspflicht für gemeinschaftliches Eigentum obliegt der Gemeinschaft der Wohnungseigentümer, die Kostentragungspflicht für gemeinschaftliches Eigentum obliegt grundsätzlich den Wohnungseigentümern entsprechend der Höhe ihres Miteigentumsanteils, §§ 19 Abs. 2 Nr. 2, 16 Abs. 2 WEG.   21

Von dieser gesetzlichen Regelung kann, da diese nicht zwingend ist, abgewichen werden. In vielen **Gemeinschaftsordnungen** ist deshalb vorgesehen, dass bestimmte Wohnungseigentümer die **Kosten der Erhaltung** für im gemeinschaftlichen Eigentum stehende Gebäudeteile zu tragen haben. Dies ist regelmäßig für die Gebäudeteile der Fall, die sich allein im Nutzungs- bzw. Verantwortungsbereich eines Sondereigentümers befinden (Außenfenster, Balkon- und Wohnungseingangstüren, Balkone, Terrassen usw). Dabei liegt die **Zuständigkeit** der Entscheidung über das Ob und Wie der Erhaltung bei der **Gemeinschaft der Wohnungseigentümer**. Für die Kosten tritt diese in Vorlage und verteilt die Kosten dann in der Abrechnung auf die kostentragungspflichtigen Wohnungseigentümer.[96]   22

Ist darüber hinaus ausdrücklich geregelt ist, dass Erhaltungsmaßnahmen am gemeinschaftlichen Eigentum   23 „Sache des einzelnen Wohnungseigentümers ist" und er insoweit die **Erhaltungslast** trägt oder für die Erhaltung „verantwortlich" sein soll, ist nicht mehr die Gemeinschaft der Wohnungseigentümer, sondern der einzelne Wohnungseigentümer zur Erhaltung bestimmter Gebäudeteile auf seine Kosten verpflichtet. Der Wohnungseigentümer entscheidet dann auch über das Ob und das Wie.[97]

---

90 BT-Drs. 19/18791, 56.
91 BGH 23.6.1989 – V ZR 40/88, NJW 1989, 2354.
92 *Greiner* WohnungseigentumsR § 1 Rn. 35.
93 BGH 25.10.2013 – V ZR 212/12, NJW 2014, 379.
94 LG Dortmund 1.4.2014 – 1 S 178/13, ZMR 2014, 815.
95 *Greiner* WohnungseigentumsR § 1 Rn. 85.
96 *Greiner* WohnungseigentumsR § 1 Rn. 75.
97 *Greiner* WohnungseigentumsR § 1 Rn. 75 f.

24 Wird lediglich geregelt, dass der jeweilige Wohnungseigentümer für die Erhaltung des gemeinschaftlichen Eigentums verantwortlich ist, ohne dass direkt die Frage der Kostenübernahme mitgeregelt ist, wird davon ausgegangen, dass der Wohnungseigentümer im Zweifel auch die ihm dadurch entstehenden Kosten zu tragen hat.[98]

25 Treffen von der gesetzlichen Regelung des §§ 19 Abs. 2 Nr. 2, 16 Abs. 2 WEG abweichende Vereinbarungen jedoch keine **klaren und eindeutigen Regelungen** und sind diese auch nicht durch Auslegung zu ermitteln, bleibt es bei der gesetzlich vorgesehenen Kostentragung aller Wohnungseigentümer gemäß ihrer Miteigentumsanteile.[99] § 16 Abs. 2 S. 2 WEG gibt den Wohnungseigentümern die Kompetenz eine Kostenverteilung zu beschließen, die von der in § 16 Abs. 2 S. 1 WEG geregelten abweicht. Die §§ 16 Abs. 3 und Abs. 4 WEG aF werden durch diese Vorschrift, bis auf die Kosten baulicher Veränderungen, ersetzt.[100] Für die Kosten baulicher Veränderungen gilt § 21 WEG.

26 **3. Regelungen zur Benutzung und Mitgebrauch.** Grundsätzlich ist **jeder Wohnungseigentümer** zum Mitgebrauch des gemeinschaftlichen Eigentums nach Maßgabe des § 14 WEG berechtigt, § 16 Abs. 1 S. 3 WEG. Der Mitgebrauch gilt **unabhängig** von der Größe des Miteigentumsanteils und erstreckt sich auf das gesamte gemeinschaftliche Eigentum sofern es nicht durch Lage und Beschaffenheit auf einzelne Wohnungseigentümer beschränkt, zB bei Mehrhausanlagen, oder nur über ein Sondereigentum, zB Balkone, zugänglich ist.[101] An den Früchten, wie zB einer Miete, ist der einzelne Wohnungseigentümer ebenfalls grundsätzlich nach seinem Miteigentumsanteil beteiligt, § 16 Abs. 1 S. 1 WEG. Die **Gemeinschaftsordnung** kann hierzu abweichende oder ergänzende Bestimmungen enthalten, wie dies zB in einer vereinbarten **Hausordnung** (→ *Hausordnung* Rn. 1 ff.) der Fall sein kann.

27 Die Benutzung des gemeinschaftlichen Eigentums kann auch durch **Beschlüsse** bestimmt werden, § 19 Abs. 1 WEG. ZB wird die, die Benutzung des gemeinschaftlichen Eigentums regelnde Hausordnung häufig erst nach der Teilung beschlossen. Enthalten sein können Regelungen zur Haustierhaltung, zum Musizieren, zum Wäschetrocknen oder zur Gartennutzung. Unabhängig von der Hausordnung ist in Gemeinschaftsordnungen häufig noch die Zulässigkeit der Vermietung, einer unentgeltlichen Nutzungsüberlassung, einer Berufs- oder Gewerbeausübung und gegebenenfalls Regelungen zum Konkurrenzschutz getroffen.

28 Bei der Benutzung des gemeinschaftlichen Eigentums sind also der **Bestimmungszweck** der Gemeinschaftsflächen, gesetzliche und eventuelle Regelungen durch Vereinbarung oder Beschluss zu beachten.

VII. Verfahrenshinweise

29 Beeinträchtigungen des gemeinschaftlichen Eigentums zB durch Alleinnutzung eines Wohnungseigentümers, ohne dass ihm ein Sondernutzungsrecht eingeräumt ist, kann nicht wie nach altem Recht, jeder Wohnungseigentümer geltend machen. Damals handelte es sich um einen eigenen und direkten Individualanspruch auf Unterlassung aus § 15 Abs. 3 WEG aF, § 1004 BGB.[102] Mit der Reform des WEG übt nur noch die **Gemeinschaft der Wohnungseigentümer** diese Rechte aus. Der einzelne Wohnungseigentümer hat aber aus § 18 Abs. 2 Nr. 2 WEG einen Anspruch gegen die Gemeinschaft der Wohnungseigentümer auf deren Tätigwerden.[103]

30 **Anspruchsgegner** ist der Wohnungseigentümer, der die Benutzung überschreitet.

31 Dies gilt auch bei **Verstößen gegen die Hausordnung.** Zwar ist der Verwalter gem. § 27 Abs. 1 WEG berechtigt und verpflichtet, für die Durchführung der Hausordnung zu sorgen (→ *Verwalter* Rn. 45). Davon ist allerdings nicht ein nach außen gerichtetes Tätigwerden umfasst. Der Verwalter kann lediglich durch tatsächliche Maßnahmen wie zB einer Abmahnung des störenden Wohnungseigentümers handeln. Für darüberhinausgehende Schritte (Anwaltsbeauftragung, gerichtliche Klärung) bedarf er einer ausdrücklichen Ermächtigung

---

98 BGH 28.10.2016 – V ZR 91/16, NJW 2017, 1167.
99 BGH 2.3.2012 – V ZR 174/11, NJW 2012, 1722.
100 BT-Drs. 19/18791, 54 f.
101 Palandt/*Wicke* WEG § 13 Rn. 5.
102 BGH 10.7.2015 – V ZR 169/14, NJW 2016, 53.
103 BT-Drs. 19/18791, 57.

durch die Wohnungseigentümer.[104] Er hat also die Störung und ein eventuelles Vorgehen hiergegen als Tagesordnungspunkt zur nächsten Eigentümerversammlung aufnehmen, damit dort über das weitere Vorgehen entschieden werden kann.

99. Gemeinschaftordnung

Tyarks

I. Begriff der Gemeinschaftordnung

Das WEG kennt den Begriff der **Gemeinschaftordnung** nicht; es spricht lediglich von **Vereinbarungen** 1
(→ *Vereinbarung* Rn. 1 ff.) der Wohnungseigentümer (§ 10 Abs. 1 S. 2, Abs. 2, 3 WEG). Dennoch hat sich der Begriff der Gemeinschaftordnung eingebürgert und findet in Rechtsprechung und Literatur rege Verwendung.

Die Gesetzesbegründung zur Novelle des WEG[1] 2007 führt hierzu wie folgt aus: 2

„Die Wohnungseigentümer regeln ihre Angelegenheiten durch Vereinbarungen, soweit sie von den gesetzlichen Vorschriften abweichen oder diese ergänzen wollen und soweit nicht das Gesetz Entscheidungen durch (Mehrheits-)Beschluss zulässt. Für diese Vereinbarungen hat sich in der Praxis auch die Bezeichnung „Gemeinschaftordnung" eingebürgert. Dazu gehören nach der Systematik des Gesetzes (§ 8 Abs. 2 Satz 1 iVm § 5 Abs. 4 WEG) auch die Bestimmungen, mit denen ein Alleineigentümer bei der Begründung von Wohnungseigentum durch Teilung (§ 8 WEG) das Verhältnis der Wohnungseigentümer untereinander festlegt."

Überwiegend wird unter dem Begriff der Gemeinschaftordnung folglich die **Gesamtheit der Vereinbarun-** 3
gen, die das Verhältnis der Wohnungseigentümer untereinander, insbesondere bei Errichtung der Gemeinschaft der Wohnungseigentümer abweichend vom Gesetz, regeln, verstanden.[2] Die Gemeinschaftordnung bildet ähnlich einer Satzung die Grundlage für das Zusammenleben der Wohnungseigentümer.[3]

In der Regel ist die Gemeinschaftordnung Bestandteil der notariellen Urkunde „**Teilungserklärung**", mit der 4
das Wohnungseigentum begründet wird. Diese enthält die sachenrechtlichen Erklärungen iSd § 8 WEG[4] und regelmäßig weitere Regelungen, die rechtlich als Vereinbarungen iSd § 10 Abs. 1 S. 2, Abs. 3 WEG und damit als Gemeinschaftordnung zu qualifizieren sind.[5] Die Teilungserklärung im engeren Sinne, also die sachenrechtlichen Erklärungen, ist von der Gemeinschaftordnung zu trennen.[6] Die Urkunde „Teilungserklärung" muss aber keine Gemeinschaftordnung beinhalten, auch wenn dies in der Praxis wohl nahezu ausnahmslos der Fall ist. Ohne einer Gemeinschaftordnung gelten die §§ 10 ff. WEG. Wird die Gemeinschaftordnung geändert, werden hierzu in der Praxis die entsprechenden Regelungen in der notariellen Urkunde „Teilungserklärung" geändert.

Sofern mit der Teilungserklärung die gesamte notarielle Urkunde bezeichnet wird, die sowohl die sachenrecht- 5
lichen Erklärungen als auch die Gemeinschaftordnung umfasst, wird bisweilen von der **Teilungserklärung im weiteren Sinne** gesprochen.[7]

Vereinzelt wird der Begriff der Gemeinschaftordnung weiter gefasst, so dass hierunter sämtliche Bestimmun- 6
gen des WEG, Vereinbarungen der Eigentümer, die bei Begründung der Gemeinschaft (Teilungserklärung oder

---

104 *Greiner* WohnungseigentumsR § 10 Rn. 241.
  1 BT-Drs. 16/887.
  2 Vgl. BGH 4.4.2003 – V ZR 322/02, ZMR 2003, 748; *Hügel/Elzer* WEG § 10 Rn. 81; Hügel/Scheel Wohnungseigentum-HdB/*Hügel* § 5 Rn. 8.
  3 BGH 11.5.2012 – V ZR 189/11, NZM 2012, 613.
  4 Teilungserklärung im engeren Sinne, vgl. BGH 2.12.2011 – V ZR 74/11, NJW 2012, 676.
  5 *Greiner* ZWE 2012, 410 Fn. 1.
  6 Vgl. ua BGH 28.10.2011 – V ZR 253/10, ZWE 2012, 80; BGH 11.5.2012 – V ZR 189/11, NZM 2012, 613; *Hügel/ Elzer* WEG § 8 Rn. 13.
  7 Vgl. ua BGH 23.3.2018 – V ZR 307/16, NZM 2018, 754; BGH 9.12.2016 – V ZR 124/16, ZWE 2017, 216; vgl. auch Bärmann/*Suilmann* WEG § 10 Rn. 83.

Teilungsvertrag) oder später geschlossen werden, und Beschlüsse im Rahmen einer gesetzlichen oder vertraglichen Beschlusskompetenz, soweit das Innenverhältnis der Eigentümer geregelt wird, fallen.[8]

7 Die grundbuchliche Inbezugnahme der vereinbarten Gemeinschaftsordnung als Bestandteil des Wohnungs- und Teileigentums iSd § 10 Abs. 3 S. 1 WEG wird auch als **Verdinglichung der Gemeinschaftsordnung** bezeichnet.[9] Der Begriff der Gemeinschaftsordnung weist keine scharfen Konturen auf; dies muss er aber auch nicht, da er gesetzlich nicht positiviert ist.

II. Typischer Inhalt einer Gemeinschaftsordnung

8 Eine Gemeinschaftsordnung gestaltet typischerweise ua die folgenden Bereiche näher und abweichend vom Gesetz aus:[10]

- Bauliche Veränderungen (§ 20 WEG)
- Eigentümerversammlungen, Stimmrechte und Beschlussfähigkeit (§§ 23 ff. WEG)
- Gebrauchsregelungen (§ 10 Abs. 1 S. 2 WEG)
- Hausordnung
- Kosten- und Lastenverteilung (§ 16 WEG)
- Öffnungsklauseln
- Sondernutzungsrechte (§ 16 Abs. 1 S. 3 WEG)
- Verwaltungsbeirat (§ 29 WEG)
- Veräußerung von Wohnungs- und Teileigentum (§ 12 WEG)
- Verwalterbestellung, Abberufung, Entlastung (§ 26 WEG)
- Aufgaben und Befugnisse des Verwalters (§ 27 WEG)
- Wiederaufbau (§ 22 WEG)
- Wirtschaftsplan, Jahresabrechnung und Vermögensbericht (§ 28 WEG)

Die Auslegung von Altvereinbarungen, dh solchen Gemeinschaftsordnungen, die vor dem Inkrafttreten des WEMoG am 1.12.2020 abgeschlossen worden, wird in § 47 WEG geregelt (→ Überleitungsvorschriften – WEMoG Rn. 5 ff.).

100. Gemeinschaftsvermögen

Maximilian A. Müller

I. Einführung

1 Spätestens seitdem der Bundesgerichtshof die Rechtsfähigkeit des Verbands Wohnungseigentümergemeinschaft anerkannt hat, steht außer Frage, dass die **Gemeinschaft der Wohnungseigentümer** als solche Träger von Rechten und Pflichten ist und daher auch selbst Vermögen erwerben kann. Eigenes Vermögen des Verbandes wird als Gemeinschaftsvermögen bezeichnet. Es ist strikt vom sonstigen Eigentum der einzelnen Eigentümer, insbesondere dem Eigentum an den gemeinschaftlichen Räumen und Bestandteilen des Gebäudes zu trennen, welches im gemeinsamen Miteigentum aller Eigentümer steht.

2 Gesetzliche Regelungen zum Gemeinschaftsvermögen finden sich hierzu insbesondere in § 9 a Abs. 3 WEG, welcher auf § 18, 19 Abs. 1 und § 27 WEG verweist.

---

8 *Jacoby* ZWE 2013, 61.
9 OLG Hamm 21.12.2016 – 15 W 590/15, RNotZ 2017, 309; MüKoBGB/*Commichau* WEG § 15 Rn. 17; vgl. auch BeckOK GBO/*Kral* WEG Rn. 48.
10 Vgl. ua MüKoBGB/*Commichau* WEG § 10 Rn. 19; Formulare bspw. in BeckFormB WEG-R unter D.

II. Inhaber des Gemeinschaftsvermögens, Zwangsvollstreckungen

Gem. § 9 a WEG ist ausschließlich die **Gemeinschaft der Wohnungseigentümer** als solche alleinige **Inhaberin** des Gemeinschaftsvermögens.[1] Dies bedeutet zugleich, dass der einzelne Eigentümer am Gemeinschaftsvermögen nicht beteiligt ist. Ihm stehen hieran keinerlei Rechte oder Anteile zu. Am Gemeinschaftsvermögen besteht folglich kein Bruchteils- oder Gesamthandseigentum. Dies betrifft sämtliche Vermögensbestandteile, die der Wohnungseigentümergemeinschaft als Gemeinschaftsvermögen zugeordnet sind. Die noch weit verbreitete Praxis, in einer Abrechnung einen (ideellen) Anteil an der Erhaltungsrücklage oder auch anderen gebildeten Sonderumlagen auszuweisen, ist daher seit langem nicht mehr haltbar.[2]

Insbesondere bei der rechtlichen Bewertung von **Zwangsvollstreckungsmaßnahmen** ist die Vermögenszuweisung ausschließlich zur Wohnungseigentümergemeinschaft zu berücksichtigen, da dies für Gläubiger wie Schuldner erhebliche Konsequenzen hat. Festzuhalten ist zunächst, dass die Pfändung eines „Anteils" eines einzelnen Eigentümers am Gemeinschaftsvermögen ausscheidet, da ein solcher Anteil schlicht nicht existiert.[3] Zwangsvollstreckungen aufgrund eines gegen den einzelnen Eigentümer gerichteten **Titels** in das Vermögen der Wohnungseigentümergemeinschaft sind unzulässig. Für eine Vollstreckung in das Gemeinschaftsvermögen bedarf der Gläubiger vielmehr eines gegen die Gemeinschaft der Eigentümer selbst gerichteten Titels.[4]

Noch nicht abschließend geklärt ist, ob sich die Wohnungseigentümergemeinschaft bei gegen ihn gerichteten Zwangsvollstreckungsmaßnahmen auf **Pfändungsschutz** gem. § 811 ZPO berufen kann.[5] § 811 ZPO soll den Schuldner vor Zwangsvollstreckungsmaßnahmen schützen, die nach der Vorstellung des Gesetzgebers per se zu einer nicht hinzunehmenden Beeinträchtigung des Schuldners führen. Soweit daher § 811 ZPO inhaltlich eingreift, ist nicht zu sehen, weshalb die Gemeinschaft der Wohnungseigentümer sich nicht wie andere Schuldner auch auf die Schutzvorschriften berufen können sollte. Dies bedeutet jedoch nicht, dass auch die Eigentümer vom Schutzzweck des § 811 ZPO umfasst sind, vielmehr ist ausschließlich auf die Gemeinschaft als Schuldner abzustellen. In der Regel werden die einzelnen Fallgruppen des § 811 ZPO ohnehin nicht einschlägig sein.

Interne Vereinbarungen der Eigentümer über die Verwendung des Gemeinschaftsvermögens führen nicht zu einer Einschränkung der Zwangsvollstreckungsmöglichkeiten eines Gläubigers. Anderenfalls hätten es die Eigentümer in der Hand, das Gemeinschaftsvermögen durch interne Entscheidungen dem Zugriff Dritter zu entziehen. Dies führt insbesondere dazu, dass die von den Eigentümern angesparte **Erhaltungsrücklage** trotz vereinbarter Zweckbindung dem vollen Gläubigerzugriff unterliegt und auch ohne Weiteres gepfändet werden kann.

Nach wie vor wird regelmäßig in notariellen **Kaufverträgen** ein **Anteil** an der **Rücklage** ausgewiesen. Auch wenn dies genau genommen rechtlich unrichtig ist, da der einzelne Eigentümer nicht über einen Anteil an der Rücklage verfügt und daher auch keinen Anteil „mitverkaufen" kann, war eine Ausweisung im Kaufvertrag weiterhin zulässig und wohl auch sinnvoll – jedenfalls solange die Ausweisung nach der Praxis der Finanzämter zu einer Reduzierung der Grunderwerbssteuer führen kann. Entgegen OLG Köln[6] kann die Darstellung der Rücklage im Kaufvertrag allerdings nicht als eigenständiger Rechtskauf verstanden werden.[7] Auch wenn die WEG-Reform rechtlich hieran nichts geändert hat, sollte die Praxis der Ausweisung der Rücklage aufgrund der gestärkten Vollrechtsfähigkeit der Wohnungseigentümergemeinschaft aufgegeben werden.

III. Gegenstand des Gemeinschaftsvermögens

§ 9 a Abs. 3 WEG definiert entgegen § 10 Abs. 7 WEG das gemeinschaftliche Vermögen nicht mehr. Da die Wohnungseigentümergemeinschaft vollrechtsfähig ist, ist dies aber auch nicht notwendig. Letztlich besteht das Gemeinschaftsvermögen aus allen Vermögenswerten, die der Wohnungseigentümergemeinschaft aufgrund ge-

---

1 Zum alten Recht: BGH 18.3.2016 – V ZR 75/15, NWJ 2016, 2177.
2 *Drasdo* ZWE 2013, 297.
3 BeckOK WEG/*Müller* § 9 a Rn. 303.
4 Ausführlich *Schmidt* ZWE 2012, 341.
5 *Jennißen/Jennißen* WEG Rn. 111; dem folgend *Schmid* ZfIR 2011, 733 und ZMR 2012, 85; für vollen Zugriff wohl hingegen Bärmann/*Seuß/Drasdo* WE-Praxis Kap. F Rn. 851 ff.
6 OLG Köln 19.12.2013 – 19 U 133/13, BeckRS 2014, 10195.
7 So auch kritische Anmerkung *Elzer* ZWE 2014, 254; sowie BeckOK WEG/*Müller* § 9 a Rn. 303.

setzlicher Regelung oder aufgrund ihres privatrechtlichen Vorgehens wie bei anderen Rechtspersönlichkeiten auch zugewiesen sind. Hierzu gehören aber auch sämtliche Ansprüche, die der Gemeinschaft der Eigentümer gegenüber den Eigentümern selbst zustehen.

9 Der **Umfang** des Gemeinschaftsvermögens kann innerhalb einer Wohnungseigentümergemeinschaft sehr unterschiedlich sein, denn es obliegt der Eigentümergemeinschaft gem. § 18 Abs. 1 WEG innerhalb des bestehenden Verwaltungs-Ermessens über den Umgang mit dem Gemeinschaftsvermögen und dessen Verwendung zu entscheiden. So kann beispielsweise auch mit dem Gemeinschaftsvermögen eine Immobilie erworben werden, welche sodann ihrerseits ins Gemeinschaftsvermögen übergeht.[8] Ferner ist auch der Abschluss von Darlehen zur entsprechenden Finanzierung grundsätzlich möglich.

10 Weitere – nicht abschließende – **Beispiele** möglichen Gemeinschaftsvermögens sind:
- Ansprüche gegen den Verwalter (zB auf Herausgabe von Verwaltungsunterlagen),
- Ansprüche aus Vermietung durch den Verband,
- Zinseinnahmen.

Letztlich ist die Möglichkeit, Vermögen zu begründen, unbeschränkt.

11 Erwirbt die Gemeinschaft der Eigentümer **bewegliche Sachen** (Reinigungsmittel, Gartengeräte, Heizöl, etc), so handelt es sich ebenfalls um Gemeinschaftsvermögen. Die durch das Gemeinschaftsvermögen erworbenen Mobiliargegenstände treten an die Stelle der vorhandenen liquiden Finanzmittel und gehen sodann selbst ins Gemeinschaftsvermögen über. Dies gilt auch dann, wenn es sich bei den erworbenen Gegenständen um Zubehör gem. § 97 BGB oder Scheinbestandteile gem. § 95 BGB handelt. Handelt es sich bei den erworbenen Gegenständen hingegen um **wesentliche Bestandteile** iSd § 94 BGB, so werden diese Bestandteil des Grundstückes und gehen damit in das gemeinschaftliche Eigentum aller Eigentümer oder (seltener) ins Sondereigentum eines einzelnen Eigentümer über.[9]

12 Da die Verwaltung gem. § 18 Abs. 1 WEG der Wohnungseigentümergemeinschaft obliegt und der Hausverwalter als Organ eine vollumfängliche Vertretungsberechtigung hat, kommt es für die Wirksamkeit der abgeschlossenen Verträge auch nicht darauf an, ob die Eigentümer durch Beschluss ihre Zustimmung erteilt haben. Auch dort, wo ein Beschluss nicht vorliegt, kommt es zu einem unmittelbaren Erwerb der Wohnungseigentümergemeinschaft und nach den allgemeinen Regeln zu einem Übergang ins Gemeinschaftsvermögen.

Vor der WEG Reform konnten sich Probleme dort ergeben, wo die Anschaffung nicht von einem **Eigentümerbeschluss** umfasst war. Der Eigentumserwerb war – jedenfalls bis dieser nicht von der Eigentümerversammlung genehmigt wird – nicht dem Verband zuzurechnen. Der Verband konnte nicht gegen seinen Willen Eigentümer werden, so dass bei der Beurteilung, was Gegenstand des Verwaltungsvermögens war, auch darauf abzustellen war, ob der Eigentumserwerb von den bestehenden **Verwaltervollmachten** umfasst war. Für privatrechtliche Vorgänge vor der WEG-Reform bleibt die Problematik bestehen, da Rechtshandlungen, die ohne Vollmacht der Verwaltung vorgenommen wurden, durch die nun erfolgte Ausweitung der Verwalterkompetenzen nicht rückwirkend als genehmigt anzusehen sind. Denkbar wäre aber, dass der Verwalter seine neu gewonnene Kompetenz nutzt, um das Rechtsgeschäft nochmals – nun anhand der ihm gesetzlich übertragenen Vertretungskompetenz – nachträglich zu genehmigen.

13 Geht die Gemeinschaft der Wohnungseigentümer **Verbindlichkeiten** ein, was beispielsweise bei jeglicher Auftragsvergabe gegenüber Dritten der Fall sein wird, so treffen diese Verbindlichkeiten das Gemeinschaftsvermögen. Diese Verbindlichkeiten sind von der Wohnungseigentümergemeinschaft zu erfüllen. Die einzelnen Eigentümer haften hierfür als Mitglied der Gemeinschaft nicht gesamtschuldnerisch, sondern nur aufgrund ausdrücklicher gesetzlicher Regelung in § 9 a Abs. 4 WEG in Höhe des eigenen Miteigentumsanteil.

14 **Ansprüche** der Wohnungseigentümergemeinschaft gegen die Eigentümer selbst werden insbesondere durch die Beschlüsse der Eigentümer begründet, mit denen die finanzielle Ausstattung der Gemeinschaft der Wohnungseigentümer gem. § 28 WEG geregelt werden, insbesondere Beschlüsse über Wirtschaftspläne, Abrechnungen, Sonderumlagen etc. Die Beschlüsse führen zu Zahlungsverpflichtungen der Eigentümer gegenüber

---

8 BGH 18.3.2016 – V ZR 75/15, BeckRS 2016, 7519.
9 BGH 8.2.2013 – V ZR 238/11, NJW 2013, 3092, wonach Rauchwarnmelder allenfalls Gemeinschaftseigentum und nicht Sondereigentum sein können.

Maximilian A. Müller

der Wohnungseigentümergemeinschaft, welche damit eigene Ansprüche erwirbt, die dem Gemeinschaftsvermögen zuzuordnen sind.

Nicht jedes Vermögen, welches sich bei der Wohnungseigentümergemeinschaft befindet, ist jedoch automatisch Gemeinschaftsvermögen. Denn die Gemeinschaft der Wohnungseigentümer nimmt gelegentlich auch Gelder entgegen, die nicht für sie selbst bestimmt sind, sondern die ihr nur **stellvertretend** für die **Eigentümer** zufließen.   **15**

Besonders relevant sind hierbei Zahlungen der **Gebäudeversicherung** für Schäden am Sondereigentum. Da Versicherungsnehmer in der Gebäudeversicherung die Wohnungseigentümergemeinschaft als solche ist, stehen ihr die Ansprüche gegen die Versicherung zu. Die Ansprüche der Gemeinschaft der Wohnungseigentümer umfassen hierbei auch die Auszahlung von Versicherungsgeldern, die der Erhaltung des mitversicherten Sondereigentums dienen. Auch wenn die Gemeinschaft Zahlungsempfänger ist, stehen die erhaltenen Zahlungen, jedoch selbstverständlich dem Sondereigentümer zu und sind daher an diesen auszukehren. Auch die vom Bundesgerichtshof vor der WEG-Reform zugelassene „**Kriegskasse**",[10] die eine Art Sonderumlage für die Bestreitung von Kosten für Beschlussanfechtungsverfahren bildete, stand nicht im Verbandsvermögen, da der Verband an dem Beschlussanfechtungsverfahren selbst nicht beteiligt war. Da sich auch Beschlussanfechtungsklagen neuerdings gegen die Gemeinschaft der Eigentümer richten, wird dies zukünftig allerdings nicht mehr erforderlich sein.   **16**

Der Gesetzgeber geht davon aus, dass durch die Neuregelung in § 9 a WEG keine gewillkürte Vergemeinschaftung durch Beschlussfassungen der Eigentümer mehr möglich ist (früher sog. gekorene Ansprüche der Wohnungseigentümergemeinschaft). Ob dies wirklich so ist, scheint jedoch aufgrund der gesetzgeberischen Ausgestaltung offen. Materiellrechtlich verblieb es auch nach der Vergemeinschaft bei der Anspruchsinhaberschaft der einzelnen Eigentümer, während nur die formelle Geltendmachung und Forderungseinziehung dem Verband übertragen wird. Das auf diesem Wege dem Verband zufließende Vermögen stand damit gleichwohl nicht im Gemeinschaftsvermögen. Gleiches dürfte auch heute gelten, sofern die Wohnungseigentümergemeinschaft beispielsweise in gewillkürter Prozessstandschaft für einzelne Eigentümer tätig wird.   **17**

IV. Gemeinschaftsvermögen vor Gründung und nach Beendigung des Verbands

Bereits vor Begründung der Wohnungseigentümergemeinschaft können Rechte und Pflichten begründet werden, die zum Gemeinschaftsvermögen gehören würden, sofern die Gemeinschaft der Wohnungseigentümer bereits existent wäre. Werden allerdings vor der Begründung der Wohnungseigentümergemeinschaft Rechte begründet, können diese zunächst nicht die (noch nicht existierende) Gemeinschaft der Eigentümer treffen.   **18**

Eine gesetzliche Regelung, wonach solche bereits begründeten Rechte und Pflichten automatisch auf die Wohnungseigentumsgemeinschaft nach dessen Gründung übergehen, fehlt allerdings. Für einen solchen **Übergang** ist daher eine **rechtsgeschäftliche Übertragung** (in der Regel durch Vertragsübernahme) erforderlich. Soweit in Teilen der Literatur zum früheren § 10 Abs. 7 WEG aF ein automatischer Übergang der Rechte und Pflichten folgt,[11] so fand dies schon damals im Gesetz keine Stütze und war damit wenig überzeugend. Auch die WEG-Reform hat hierzu keine besonderen Regelungen getroffen. Sofern den Vertragspartnern die bevorstehende Gründung der Gemeinschaft der Wohnungseigentümer bekannt ist, kann man allerdings möglicherweise durch **Auslegung** zu einem automatischen Übergang gelangen. Zumindest aber dürften die Vertragspartner dazu verpflichtet sein, an einer Übertragung der abgeschlossenen Verträge auf die Gemeinschaft mitzuwirken. Regelmäßig wird es sich hierbei ohnehin um **Versorgungsverträge** (Kabelanschluss etc) handeln, die in der Bauphase vom Bauträger abgeschlossen werden, so dass dem Vertragspartner bewusst ist, dass die Verträge auch für die zu gründende Wohnungseigentümergemeinschaft geltend sollen. Sicherer wird es sicherlich gleichwohl sein, die Rechte und Pflichten rechtsgeschäftlich zu übertragen oder bereits im Ausgangsvertrag einen solchen Übergang vorzusehen. Nachdem die Gemeinschaft der Eigentümer nun bereits mit der Anlage der Wohnungsgrundbücher entsteht und daher die „Ein-Mann-Gemeinschaft" bestehend aus dem Bauträger geschaffen wurde, dürfte sich die Problematik deutlich entschärfen. Denn letztlich wird der Bauträger in dieser Zeit bis zum Verkauf allein sämtliche Verträge wirksam für die Gemeinschaft der Eigentümer abschließen   **19**

---

10   BGH 17.10.2014 – V ZR 26/14, NJW 2015, 930.
11   Wohl Riecke/Schmid/*Lehmann-Richter* WEG § 10 Rn. 362.

können – und dies mangels Verbrauchereigenschaft sogar ohne den sonst auch für Wohnungseigentümergemeinschaft bestehenden Verbraucherschutz.

20 Wird die Gemeinschaft der Wohnungseigentümer beendet, stellt sich die Frage, was mit dem noch vorhandenen Gemeinschaftsvermögen geschieht.

21 **Vereinigen** sich alle Eigentumsrechte in einer Person, so dürfte dies nun den Bestand der Wohnungseigentümergemeinschaft als solches unberührt lassen – wenn die Ein-Personen-Gemeinschaft bei der Gründung möglich ist, so kann nichts anderes gelten, wenn sich das Eigentum wieder in einer Hand vereinigt. Nach altem Recht führte dies nach herrschender Auffassung zu einem sofortigen Untergang der Wohnungseigentümergemeinschaft.[12] Mit dem Untergang der Eigentümergemeinschaft gingen dann alle Rechte und Pflichten und damit das gesamte Gemeinschaftsvermögen auf den Alleineigentümer im Wege der **gesetzlichen Universalsukzession** über. Gelangte die Gemeinschaft – zB durch den Weiterverkauf einzelner Einheiten – wieder zur Entstehung, so war allerdings ungeklärt, ob das ehemalige Gemeinschaftsvermögen automatisch auf die neue Wohnungseigentümergemeinschaft übergeht.[13] Diese Auseinandersetzung dürfte nunmehr erledigt sein. Die Gemeinschaft besteht schlicht mit den bisherigen Regeln fort.

22 Wird die Gemeinschaft einvernehmlich **aufgehoben** so erlischt der Verband ebenfalls. Er geht sodann in einer nicht rechtsfähigen **Bruchteilsgemeinschaft** aufgeht. Das Gemeinschaftsvermögen geht im Rahmen eines gesetzlichen Forderungsübergang auf die Mitglieder der Bruchteilsgemeinschaft über. Nach altem Recht war streitig, ob das Gemeinschaftsvermögen hierbei nach einem Kostenverteilungsschlüssel iSd § 16 Abs. 2, 3 WEG aF oder nach dem Miteigentumsanteil zwischen den Eigentümern verteilt werden sollte. § 11 Abs. 3 WEG stellt nunmehr auf das Verhältnis des Wertes der jeweiligen Wohnungseigentümer ab. Maßnahmen, deren Kosten der Eigentümer nicht getragen hat, werden hierbei bei der Wertberechnung nicht berücksichtigt. Dies betrifft insbesondere etwaige wertsteigernde bauliche Veränderungen, an denen sich der Eigentümer nicht beteiligt hat.

101. Gleichbehandlungsgrundsatz

Ruge

I. Einführung

1 Unter Wohnungs- und Teileigentümern ist das Bedürfnis nach Gleichbehandlung – oder jedenfalls nach dem, was bisweilen dafür gehalten wird – erfahrungsgemäß nicht geringer ausgeprägt als in der übrigen Bevölkerung. Dennoch regelt der Normenbestand des Wohnungseigentumsgesetzes Gleichheitsgesichtspunkte allenfalls punktuell. Eine ausdrückliche und ohne Weiteres nachlesbare Anordnung derart, dass innerhalb einer Gemeinschaft alle Wohnungseigentümer (und auch die Teileigentümer) gleich zu behandeln sind, sucht man im Gesetz vergeblich. Was sich allerdings finden lässt, sind einzelne Facetten einfachgesetzlich angeordneter **Gleichheit**. So gibt § 13 Abs. 1 WEG jedem Eigentümer das grundsätzliche **Recht**, mit den im Sondereigentum stehenden Gebäudeteilen nach Belieben zu verfahren und § 16 Abs. 1 S. 3 WEG die Befugnis, das gemeinschaftliche Eigentum mit zu gebrauchen. Insoweit geht es um den Aspekt der grundsätzlichen Gleichheit der Eigentümer im Gebrauch. In ähnlicher Weise bestimmt § 16 Abs. 1 S. 1 WEG, dass jedem Wohnungsei-

---

12 LG Duisburg 11.3.2019 – 1 O 160/18, ZWE 2019, 277.

13 So BT-Drs. 16/887, 63; ebenso Bärmann/*Suilmann* WEG § 10 Rn. 295; wohl auch Riecke/Schmid/*Lehmann-Richter* WEG § 10 Rn. 366; kritisch hierzu BeckOK WEG/*Müller* 42. Edition § 10 Rn. 599.

gentümer ein seinem Anteil entsprechender Bruchteil der Nutzungen des gemeinschaftlichen Eigentums gebührt. Hier ist die Gleichheit aber bereits relativiert, weil der Bruchteil nach dem Miteigentumsanteil berechnet wird, und die Miteigentumsanteile müssen keineswegs alle gleich groß sein. Gem. § 25 Abs. 2 S. 1 WEG hat jeder Eigentümer in der Versammlung der Wohnungseigentümer eine Stimme, was auf den ersten Blick nach perfekter Gleichheit aussieht. Jedoch wird diese Anordnung in der Praxis häufig durch abweichende Gestaltungen bis hin zur Unkenntlichkeit modifiziert.

Das Wohnungseigentumsgesetz kennt in diesem Zusammenhang auch Facetten einer Gleichheit der Eigentü-   2
mer in der **Pflicht**. Gem. § 14 Abs. 2 WEG ist jeder Eigentümer zB verpflichtet, im Sondereigentum stehende Gebäudeteile nur so zu benutzen, dass dadurch keinem anderen Eigentümer ein vernünftigerweise vermeidbarer Nachteil erwächst. Ferner trifft jeden Eigentümer die Verpflichtung, die Lasten des gemeinschaftlichen Eigentums sowie die Kosten der Instandhaltung, Instandsetzung, sonstigen Verwaltung und eines gemeinschaftlichen Gebrauchs mit zu tragen (§ 16 Abs. 2 WEG). Was das Wohnungseigentumsgesetz also anbietet, sind einzelne Momente der Gleichheit der Eigentümer. Aus der Anordnung ihrer Gleichheit, die freilich Modifikationen unterliegen kann (s. § 25 Abs. 2 S. 1 WEG), folgt dann in gewissem Umfang auch die Pflicht zur gleichen Behandlung. Die Addition dieser normativen Gleichheitsmomente ergibt indes keinen allgemeinen wohnungseigentumsrechtlichen Gleichbehandlungsgrundsatz. Denn dafür sind die einzelnen Anordnungen zu speziell zugeschnitten und zu wenig verallgemeinerungsfähig.

Vor diesem Hintergrund mag zunächst überraschen, dass der BGH vor einiger Zeit anlässlich der Beurteilung   3
einer Umzugskostenpauschale ausführte, pauschalierende und typisierende Regelungen entsprächen nur dann ordnungsgemäßer Verwaltung, wenn sie – neben einer angemessenen Ausgestaltung – nicht zu einer ungerechtfertigten Ungleichbehandlung der Wohnungseigentümer führen, und dies mit dem insbesondere bei Mehrheitsbeschlüssen zum Tragen kommenden Gleichbehandlungsgrundsatz begründete.[1] Diese Begründung steht indes durchaus im Einklang mit Stimmen aus der Literatur. Auch dort findet die Existenz eines wohnungseigentumsrechtlichen Gleichbehandlungsgrundsatzes Anerkennung.[2] Erörterungswürdig sind insoweit vor allem drei Aspekte: Nämlich seine Quelle, also die Frage nach der Herleitung angesichts des eher unergiebigen normativen Umfeldes im WEG, die Frage nach dem genauen Inhalt und schließlich die Frage, was sein Anwendungsbereich ist, mithin welche Handlungsformen er erfasst.

II. Einzelheiten

1. Herleitungsmöglichkeiten. a) Gesellschaftsrechtliche Lösung. Die Frage, woher der wohnungseigen-   4
tumsrechtliche Gleichbehandlungsgrundsatz eigentlich stammt, wo genau seine Quelle liegt, wird vor allem in der Rechtsprechung kaum gestellt. Seine Existenz wird hier eher stillschweigend vorausgesetzt als begründet.[3] Dabei liegt es nicht fern, ihn mit der heute wohl hM aus einer gesellschaftsrechtlichen Parallele heraus zu entwickeln. Das Gesellschaftsrecht kennt einen eigenen Gleichbehandlungsgrundsatz, der letztlich auf § 53 a AktG zurückgeht und von dort aus verallgemeinert wird.[4] Für diesen Weg der Herleitung sprechen insbesondere zwei **gesellschaftsrechtliche Elemente** des Wohnungseigentums, nämlich die Bruchteilsgemeinschaft (§ 10 Abs. 1 WEG, §§ 1008, 741 BGB) einerseits und die Gemeinschaft der Wohnungseigentümer andererseits, die in der Vergangenheit bisweilen Verband genannt wurde und mittlerweile in § 9 a WEG kodifiziert ist.

b) Verfassungsrechtliche Lösung; verfassungskonforme Auslegung. In Betracht kommt daneben aber   5
auch, die Geltung unmittelbar aus dem allgemeinen Gleichheitssatz gem. Art. 3 Abs. 1 GG herzuleiten. Nach ständiger Rechtsprechung des BVerfG folgt aus ihm das Gebot, wesentlich Gleiches gleich und wesentlich Ungleiches ungleich zu behandeln; dabei steht Art. 3 Abs. 1 GG nicht jeglicher Differenzierung entgegen, sie bedarf jedoch stets der Rechtfertigung durch Sachgründe, die dem Ziel und dem Ausmaß der Ungleichbehandlung angemessen sind.[5] Für diesen anderen Herleitungsweg spricht, dass der Einfluss der Grundrechte sich auf alle auslegungsfähigen und auslegungsbedürftigen Tatbestandsmerkmale zivilrechtlicher Vorschriften er-

---

1 BGH 1.10.2010 – V ZR 220/09, NJW 2010, 3508; dazu *Schmid* ZfIR 2010, 849.
2 Statt vieler *Elzer* ZWE 2013, 444; Jennißen/*Schultzky* WEG § 15 Rn. 72; *Schmid* ZWE 2011, 70.
3 Vgl. zB BGH 1.10.2010 – V ZR 220/09, NJW 2010, 3508; KG 18.5.2009 – 24 W 17/08, ZMR 2009, 790.
4 *Elzer* AnwZert MietR 8/2013 Anm. 2; dazu auch *Jacobs/Krois*, FS Dieter Reuter, S. 557.
5 BVerfG 10.4.2018 – 1 BvL 11/14, NJW 2018, 1451.

streckt.[6] Beispielsweise das Merkmal „ordnungsgemäße Verwaltung", das bei der Überprüfung von Beschlüssen der Wohnungseigentümer regelmäßig eine Rolle spielt, enthält so betrachtet auch den Prüfungspunkt Verstoß gegen den Gleichbehandlungsgrundsatz. Wird ein solcher Verstoß bejaht, entspricht die betroffene Maßnahme nicht ordnungsgemäßer Verwaltung.[7] Dieser Lösungsweg ist letztlich ein Fall der verfassungskonformen Auslegung.[8]

6 **c) Bewertung.** Die Vertreter der gesellschaftsrechtlichen Lösung beschreiben den wohnungseigentumsrechtlichen Gleichbehandlungsgrundsatz als Gebot, vergleichbare Sachverhalte grundsätzlich gleich zu behandeln, und als Verbot einer willkürlichen, sachlich nicht gerechtfertigten unterschiedlichen Behandlung.[9] Sie bewegen sich damit zumindest in der Nähe dessen, was das BVerfG als Interpretation des allgemeinen Gleichheitssatzes in ständiger Rechtsprechung vertritt. Ähnliches gilt für die höchstrichterliche Rechtsprechung, die darauf abstellt, dass Differenzierungen zwischen Wohnungseigentümern nur zulässig sind, wenn dafür ein ausreichender Sachgrund besteht.[10] Beide Herleitungsmöglichkeiten werden deshalb selten zu unterschiedlichen Ergebnissen führen. Sollte dies jedoch der Fall sein, wird die verfassungsrechtliche Lösung vorzuziehen sein. Denn danach ergibt sich der Gleichbehandlungsgrundsatz letztlich aus höherrangigem Recht, das in die Anwendung einfachen Gesetzesrechts hineinwirkt und diese zu einem **grundrechtskonformen Ergebnis** steuert.

7 **2. Tatbestand des Gleichbehandlungsgrundsatzes und Kasuistik. a) Ungleichbehandlung ohne Rechtfertigung.** Der wohnungseigentumsrechtliche Gleichbehandlungsgrundsatz verlangt, vergleichbare Sachverhalte unter den Wohnungseigentümern grundsätzlich gleich zu behandeln und verbietet eine willkürliche, sachlich nicht gerechtfertigte unterschiedliche Behandlung.[11] Die Fachgerichte wenden diese Formel der Sache nach ebenfalls, allerdings in unterschiedlichen Verdichtungsgraden mit teilweise abweichenden Nuancen an: Der Gleichbehandlungsgrundsatz lässt Differenzierungen zu, wenn dafür ein ausreichender Sachgrund besteht.[12] Gegen ihn wird durch eine willkürliche Ungleichbehandlung verstoßen.[13] Ein sachlicher Grund für eine unterschiedliche Bewertung soll zur Rechtfertigung der Ungleichbehandlung ausreichen.[14] Sofern damit vom herrschenden Verständnis abweichende Positionen ausgedrückt sein sollten, ist dem die Rechtsprechung des BVerfG zu Art. 3 Abs. 1 GG entgegenzuhalten (→ Rn. 5, 6).

8 Zwei Voraussetzungen müssen für einen Verstoß gegen den Gleichbehandlungsgrundsatz also vorliegen, nämlich die **Ungleichbehandlung** gleicher Sachverhalte und das Fehlen einer **Rechtfertigung** dafür. Gänzlich gleich werden Sachverhalte in diesem Sinne selten sein. Deswegen reicht insoweit eine Vergleichbarkeit aus, die sich aus einer Übereinstimmung der wesentlichen Sachverhaltsmerkmale ergibt. Eine „Gleichheit im Unrecht" gibt es nicht. Das bedeutet insbesondere, dass eine Vergünstigung, die einem anderen Wohnungseigentümer zu Unrecht gewährt wurde, nicht unter Verweis auf Gleichbehandlungsaspekte beansprucht werden kann.[15] Eine als solche erkannte Ungleichbehandlung bleibt folgenlos, wenn sie gerechtfertigt ist. Den Maßstab dafür bilden Sachgründe, die dem Ziel und dem Ausmaß der Ungleichbehandlung angemessen sind.[16] Dieser Maßstab hat keine statische Natur, sondern kann, je nach Lage des Falles, variieren.

9 **b) Kasuistik.** Durch hinreichende Sachgründe nicht gerechtfertigt ist die Erhebung einer Umzugskostenpauschale im Falle eines Bewohnerwechsels, wenn selbstnutzende Wohnungseigentümer davon ausgenommen sind.[17] Dasselbe gilt, wenn sich die Eigentümer entschließen, gegen eine rechtswidrige Untervermietung von gemeinschaftlichem Eigentum vorzugehen und dabei nur einen von mehreren Fällen erfassen.[18] Einem Verbot,

---

6 BVerfG 31.5.2016 – 1 BvR 1585/13, NJW 2016, 2247 mwN; *Kulick* NJW 2016, 2236; s. auch Sachs/*Sachs* GG Vor Art. 1 Rn. 32; BerlKommGG/*Enders* GG Vor Art. 1 Rn. 69; *von Mutius* ZMR 2003, 621.
7 So wohl auch *Elzer*, AnwZert MietR 8/2013 Anm. 2.
8 In diese Richtung auch LG Hamburg 11.1.2012 – 318 S 268/10, ZWE 2013, 25.
9 Vgl. *Elzer* AnwZert MietR 8/2013 Anm. 2.
10 BGH 30.11.2012 – V ZR 234/11, NJW-RR 2013, 335.
11 PWW/*Elzer/Riecke* WEG Vor §§ 23–25 Rn. 7; *Elzer* AnwZert MietR 8/2013 Anm. 2.
12 BGH 1.10.2010 – V ZR 220/09, NJW 2010, 3508; LG Hamburg 11.1.2012 – 318 S 268/10, ZWE 2013, 25.
13 OLG München 4.12.2013 – 15 U 4933/12, ZWE 2015, 25.
14 Vgl. KG 18.5.2009 – 24 W 17/08, ZMR 2009, 790.
15 Vgl. OLG Schleswig 2.9.2004 – 2 W 94/04, ZMR 2005, 816.
16 BVerfG 10.4.2018 – 1 BvL 11/14, NJW 2018, 1451.
17 BGH 1.10.2010 – V ZR 220/09, NJW 2010, 3508.
18 BGH 30.11.2012 – V ZR 234/11, NJW-RR 2013, 335.

Ruge

bestimmte Bereiche eines Grundstückes zum Abstellen von Fahrrädern zu nutzen, steht der Gleichbehandlungsgrundsatz jedenfalls dann nicht entgegen, wenn Abstellmöglichkeiten an anderer Stelle bestehen, deren Benutzung durchgesetzt werden soll.[19] Aber nicht immer sind Wohnungseigentumsanlagen und Einrichtungen für den gemeinschaftlichen Gebrauch in ausreichender Anzahl oder Dimensionierung vorhanden. Dann geht es im Rahmen des Gleichbehandlungsgrundsatzes um das Problem der **begrenzten Kapazität**. Insoweit müssen die Eigentümer auf eine Regelung hinwirken, die auch allen Miteigentümern eine Teilhabe ermöglicht. Das Verfahren nach dem „Windhundprinzip"[20] erweist sich hier als gleichheitswidriger Fehlgriff. So verhält es sich zB bei einer Regelung, die allen Eigentümern von Stellplätzen den Anschluss an das Gemeinschaftsstromnetz erlaubt, die Netzkapazität indes nicht für alle ausreicht und Eigentümer, die erst nach Ausschöpfung der Kapazität einen Anschluss verlangen, nicht mehr berücksichtigt werden können.[21]

Kein Verstoß gegen den Gleichbehandlungsgrundsatz ergibt sich daraus, dass die Wohnungseigentümer auf 10 der Grundlage einer landesrechtlichen Verpflichtung den einheitlichen Einbau und die einheitliche Wartung bzw. Kontrolle von Rauchwarnmeldern in allen Wohnungen beschließen, auch wenn Wohnung einbezogen werden, in denen Eigentümer bereits Rauchwarnmelder angebracht haben.[22] Ein Beschluss, nach dem eine beschädigte Wohnungseingangstür dauerhaft nur durch ein Provisorium ersetzt werden soll, verstößt gegen den Gleichbehandlungsgrundsatz.[23]

3. Anwendungsbereich; erfasste Handlungsformen und Rechtsfolge. An sich gilt der Gleichbehandlungs- 11 grundsatz umfassend und erstreckt sich auf sämtliche Handlungsformen innerhalb einer Gemeinschaft. Jedenfalls für **Mehrheitsbeschlüsse** ist dies auch höchstrichterlich anerkannt.[24] Vereinbarungen können an ihm jedoch nicht scheitern. Der Grund besteht darin, dass eine Vereinbarung nur zustande kommt, wenn alle Eigentümer – oder ihre Rechtsvorgänger, vgl. § 10 Abs. 3 WEG – einverstanden sind. Wirkt ein Eigentümer indes an einer Vereinbarung positiv mit, bekundet er damit zugleich sein Einverständnis mit einer darin ggf. enthaltenen Ungleichbehandlung zu seinen Lasten. Dieses Einverständnis rechtfertigt die Ungleichbehandlung und schließt im Ergebnis einen Verstoß aus. Überdies wäre die Berufung auf eine Ungleichbehandlung hier zumindest widersprüchlich und rechtsmissbräuchlich. Entsprechendes gilt für Vorgaben des teilenden Eigentümers im Rahmen einer Gemeinschaftsordnung. Diese werden wohl einhellig und insbesondere von der Rechtsprechung ebenso wie Vereinbarungen behandelt.

Ein Verstoß führt zur **Anfechtbarkeit**, nicht hingegen zur Nichtigkeit eines Beschlusses.[25] Das hat zur Folge, 12 dass rechtzeitig Klage gem. §§ 44 Abs. 1, 45 WEG erhoben werden muss. Geschieht dies nicht, tritt Bestandskraft ein, die den Beschluss insoweit unangreifbar werden lässt.

102. Grillen

Martini

I. Einführung

Das Grillen in der Wohnungseigentumsanlage ist sehr streitanfällig, weil es eine Geruchs- und Rauchbelästi- 1 gung verursachen kann. Daher sollten die Wohnungseigentümer verbindliche Regelungen untereinander finden, um einen unnötigen Streit zu vermeiden.

---

19 LG Hamburg 11.1.2012 – 318 S 268/10, ZWE 2013, 25.
20 Dazu *Dötsch* AnwZert MietR 15/2016 Anm. 2.
21 LG Karlsruhe 23.12.2009 – 11 T 107/08.
22 BGH 7.12.2018 – V ZR 273/17, NJW-RR 2019, 401.
23 LG Dortmund 11.4.2017 – 1 S 473/16, ZWE 2017, 454.
24 Vgl. BGH 30.11.2012 – V ZR 234/11, NJW-RR 2013, 335.
25 Jennißen/*Schultzky* WEG § 15 Rn. 72.

Über die **Zulässigkeit** des Grillens in einer Wohnungseigentumsanlage können Benutzungsregelungen nach §§ 16 Abs, 1 S. 2, 19 Abs. 1 WEG getroffen werden. Die Benutzungsregelungen können durch Vereinbarung oder durch einen Beschluss zustande kommen, aber auch aufgrund der gerichtlichen Durchsetzung eines Einzelanspruchs eines Wohnungseigentümers, welcher sein Recht auf ordnungsmäßige Benutzung geltend macht. Die Grenze des zulässigen Grillens ist regelmäßig in § 14 WEG zu finden.

II. Materielles Wohnungseigentumsrecht

2 Das Grillen auf Balkonen und Dachterrassen (auch mit einem Elektrogrill) kann durch eine **Vereinbarung** grundsätzlich untersagt werden.

3 Über das Grillen auf Balkonen, Terrassen und im gemeinschaftlichen Garten von Wohnungseigentumsanlagen lassen sich keine allgemein gültigen Regelungen aufstellen. Vielmehr hängt dieses vom **konkreten Einzelfall** ab. Dementsprechend unübersichtlich ist die Rechtsprechung hierzu. Dem Grunde nach handelt es sich hier um ein Problem des § 906 BGB analog.[1]

4 Ein Grillverbot auf **Balkonen** kann im Rahmen der Hausordnung wirksam ausgesprochen werden, weil das Grillen regelmäßig die Grenze nach § 14 WEG überschreitet.[2]

Das Verwenden von **elektrischen Tischgeräten** soll regelmäßig zulässig sein, es sei denn, auch diese Nutzung übersteigt in einem speziellen Fall das Maß des § 14 WEG.

Um Geruchs- und Rauchbelastung zu vermeiden, kann das Grillen mit **Holzkohlegrill** auf Terrassen und Balkonen verboten werden (→ Rn. 7).[3] Ein Beschluss über ein generelles Grillverbot mittels **offener Flamme** ist ebenfalls wirksam.[4] Unwirksam ist aber ein Beschluss, der das Grillen nur dann gestattet, wenn dieses „ohne Geruchs- und Rauchbelastung" erfolgt, denn diese generelle Einschränkung wird dem Einzelfall der Wohnungseigentumsanlage nicht gerecht.[5]

5 Die Grenzen ordnungsmäßiger Verwaltung werden durch einen Beschluss der Wohnungseigentümer überschritten, wenn dieser das **Grillen ohne Einschränkungen** gestattet, weil der Beschluss die Brandgefahr sowie die Rauch- und Geruchsimmissionen nicht berücksichtigt.[6] Ein derartiger Beschluss ist rechtswidrig.

6 Ob im **Garten** gegrillt werden darf, hängt ebenfalls vom Einzelfall ab. Wenn keine unzumutbaren Nachteile über die Grenze nach § 14 WEG hinaus vorliegen, ist das Grillen auf Sondernutzungsflächen (Garten) zulässig. Hierbei ist besonders auf die Belastung durch Rauch und Gerüche zu achten.[7] Nach dieser Entscheidung soll das Grillen drei Mal im Jahr zulässig sein. Insgesamt spielen die Lage des Grillorts, die Größe des Gartens, die Häufigkeit des Grillens und die verwendete Grillart (Holzkohle, elektrischer oder Gasgrill, Smoker) für die Entscheidung der Zulässigkeit eine Rolle.

7 Ob das Grillen auf **Holzkohlenfeuer** im Garten wegen eines Verstoßes gegen § 14 WEG uneingeschränkt verboten werden kann, oder vielmehr zeitlich oder örtlich begrenzt zu erlauben oder sogar ohne Einschränkungen zu gestatten ist, hängt von den Gegebenheiten der jeweiligen Wohnungseigentumsanlage ab. Maßgebend für die Beurteilung sind insbesondere Lage und Größe des Gartens, die Häufigkeit des Grillens und der verwendete Grill.[8]

8 Aus dem Gebot der gegenseitigen **Rücksichtnahme** kann ein Anspruch eines Wohnungseigentümers auf Beseitigung eines Grillkamins direkt vor seinem Schlafzimmerfenster begründet sein.[9]

---

1 BayObLG 12.8.2004 – 2 Z BR 148/04, NZM 2005, 69.
2 OLG Zweibrücken 6.4.1993 – 3 W 50/93, Wohnungseigentümer 1994, 44.
3 LG München 10.1.2013 – 36 S 8058/12, ZMR 2013, 475.
4 LG München 10.1.2013 – 36 S 8058/12, ZMR 2013, 475.
5 AG München 21.3.2012 – 482 C 15854/11, ZMR 2013, 842.
6 LG Düsseldorf 9.11.1990 – 25 T 435/90, ZMR 1991, 234.
7 LG Stuttgart 14.8.1996 – 10 T 359/96, ZMR 1996, 624.
8 BayObLG 18.3.1999 – 2 Z BR 6/99, ZMR 1999, 651.
9 BayObLG 20.3.2002 – 2 Z BR 16/02, ZMR 2002, 686.

Martini

Die Errichtung, aber auch die Entfernung eines Grillplatzes oder eines Grillkamins stellt eine **bauliche Verän-** 9
derung nach § 20 WEG da.[10] Näheres unter → *Bauliche Veränderung* Rn. 1 ff.

Hinsichtlich der Abwehr einer Störung durch rechtswidriges Grillen → *Hausordnung* Rn. 87 ff.

III. Verfahrenshinweise

Nach § 44 Abs. 1 S. 2 WEG kann der einzelne Wohnungseigentümer eine **Beschlussersetzungsklage** mit dem 10
Ziel erheben, dass das Gericht nach billigem Ermessen über die Zulässigkeit des Grillens in der Wohnungseigentumsanlage entscheidet. Hierzu ist erforderlich, dass es keine Vereinbarung oder Beschlüsse hierzu gibt.
Das Rechtsschutzbedürfnis besteht aber nur dann, wenn vor der Klage vom Kläger versucht wurde, die Wohnungseigentümer für die Regelung zu gewinnen.[11]

103. Grundbuch

Güther

I. Allgemeines

Jedes Grundstück ist im Grundbuch auf einem Grundbuchblatt eingetragen und verzeichnet (§ 3 Abs. 1 GBO). 1
Das **Grundbuch** wurde früher in Papierfassung als Zusammenfassung loser Blätter geführt. Heute wird es
maschinell geführt (EDV-Grundbuch). Zu jedem Grundbuchblatt gehört eine Grundakte, in der die – den eingetragenen Rechten und Belastungen zugrunde liegenden – Anträge nebst Urkunden aufbewahrt werden.

Liegen Anträge vor, die noch nicht im Grundbuch vollzogen sind, also noch nicht auf dem Grundbuchblatt 2
eingetragen wurden (zB zur Eintragung einer Grundschuld oder einer Eigentumsumschreibung), so befinden
sich die Unterlagen vorne in der papiergeführten Grundakte beim Grundbuchamt und es wird ein Vermerk in
die elektronisch geführte **Markentabelle** aufgenommen, dass ein Antrag mit Datum und UR-Nr. des jeweiligen Notars vorliegt. Die Prüfung, ob einem Antrag entsprechend ein Recht eingetragen, geändert oder gelöscht wird, erfolgt in der **Reihenfolge des Eingangs** beim Grundbuchamt.

Jedes **Grundbuchblatt** gliedert sich in fünf Teile: 3

- **Aufschrift** (Amtsgericht, Grundbuchbezirk, Blattnummer und weitere Informationen wie Wohnungsgrundbuchblatt, Teileigentumsgrundbuchblatt gem. § 4 GBV)
- **Bestandsverzeichnis** (Verzeichnis der Flurstücke, deren Lage und Größe, § 6 GBV)
- **Abteilung I** (Eintragung des Eigentümers und die Grundlage des Erwerbs wie Auflassung, Erbschein usw,
  § 9 GBV)
- **Abteilung II** (Eintragung von Belastungen/Beschränkungen mit Ausnahme von Grundpfandrechten, wie
  zB Grunddienstbarkeiten wie Wege- und Leitungsrechten, Nießbrauch, Vorkaufsrechte, Vormerkungen,
  §§ 10, 12 GBV)
- **Abteilung III** (Eintragung von Grundpfandrechten, wie zB Grundschulden, Hypotheken, § 11 GBV)

Werden Eintragungen im Grundbuch **gelöscht**, so werden diese rot unterstrichen („**gerötet**") und sind somit 4
weiterhin sichtbar. Der chronologische Grundbuchstand ist neben dem aktuellen (nicht geröteten) Grundbuchstand ersichtlich.

Um eine Überfüllung und die Unübersichtlichkeit des Grundbuches zu vermeiden, muss nicht der gesamte In- 5
halt eines Rechtes eingetragen werden, sondern es kann auf die **Eintragungsbewilligung** Bezug genommen
werden (zB zur näheren Bezeichnung des Gegenstandes und Inhalts des Sondereigentums, § 7 Abs. 3 WEG).

Die **Richtigkeitsvermutung** des Grundbuches (§ 891 BGB) und der **öffentliche Glaube** (§ 892 BGB) setzen 6
die Kenntnis des Grundbuchinhaltes voraus.

---

10 Bärmann/*Merle* WEG § 22 Rn. 65.
11 *Hügel/Elzer* WEG § 21 Rn. 56 a.

7   Das **Rangverhältnis** der im Grundbuch eingetragenen Rechte (sog. Belastungen; → *Belastung* Rn. 1 ff.) hat erhebliche wirtschaftliche Bedeutung. Denn in der Zwangsversteigerung werden die Rechte entsprechend ihres Rangverhältnisses befriedigt (§§ 10 ff., 109 Abs. 2 ZVG). Die Rechte, die einem die Zwangsversteigerung betreibenden Gläubiger im Rang vorgehen, bleiben bei der Erteilung des Zuschlags in der Zwangsvollstreckung bestehen (§§ 44, 52 ZVG). Die nachrangigen Rechte (bspw. Grundschulden) erlöschen bei der Zuschlagserteilung in der Zwangsversteigerung. Durch nachrangige Grundschulden abgesicherte Darlehen sind daher regelmäßig teurer infolge einer höheren Zinsbelastung.

8   **Dienstbarkeiten** zur Erschließung des Grundstückes sollten im ersten Rang bzw. im Rang vor eingetragenen Grundpfandrechten eingetragen werden. Das kann auch im Nachhinein erfolgen und durch Rangrücktrittserklärungen von Grundschuldgläubigern abgesichert werden. Bei einer Zwangsvollstreckung aus einer Grundschuld bleiben die (vorrangigen) Dienstbarkeiten bestehen.

9   Es gibt **ein Rangverhältnis** in jedem Grundbuch (bzw. auf jedem Grundbuchblatt) und nicht „einen Rang in Abt. II" und einen „Rang in Abt. III" des Grundbuches. Der Rang eines Rechtes bestimmt sich nach der Reihenfolge seiner Eintragung im Grundbuch. Wird bspw. in ein neu angelegtes Grundbuchblatt (ohne bisherige Eintragungen in Abteilung II und III) im Januar eine Dienstbarkeit (Wege- und Leitungsrecht) in Abt. II eingetragen, im Februar eine Grundschuld (in Abt. III) und zwei Wochen später eine Vormerkung (Auflassungsvormerkung; in Abt. II), so hat die Dienstbarkeit den ersten Rang, die Grundschuld den zweiten Rang und die Vormerkung den dritten Rang im Grundbuch.

II. Teilung in Wohnungseigentum

10   Liegen ein formwirksamer Teilungsvertrag bzw. eine Teilungserklärung vor (nebst Aufteilungsplan, Abgeschlossenheitsbescheinigung, ggf. Zustimmung der dinglichen Berechtigten), so wird die **Begründung des Wohnungs-/Teileigentums** durch das Grundbuchamt mit dem Anlegen der Wohnungsgrundbuchblätter vollzogen (→ *Begründung von Wohnungseigentum* Rn. 18 ff.). Mit der Eintragung im Grundbuch entsteht das Wohnungs-/Teileigentum, das heißt, es kann von diesem Zeitpunkt übertragen werden. § 7 Abs. 1 WEG sieht vor, dass für jeden Miteigentumsanteil ein besonderes Grundbuchblatt anzulegen ist (→ *Wohnungsgrundbuch* Rn. 1 ff.)

11   Mit der Anlegung der Wohnungs-/Teileigentumsgrundbücher wird das **bisherige Grundbuchblatt** zum Grundstück von Amts wegen geschlossen, § 7 Abs. 1 S. 3 WEG. Gleichzeitig wird im sog. Schließungsvermerk im Grundbuch die Blattnummern der neuen Wohnungsgrundbücher vermerkt, die auf diese Weise aufgefunden werden können.[1] Die Schließung des Grundstücksgrundbuchblattes erfolgt dann nicht, wenn auf diesem von der Abschreibung nicht betroffene weitere Grundstücke eingetragen sind (§ 6 S. 2 WGV).

104. Güte- und Schiedsverfahren, Mediation

Bartels

I. Einführung

1   Es kann gesetzlich oder privatautonom vorgesehen sein, dass vor Erhebung einer Klage erst eine **gütliche Einigung** angestrebt werden muss. In einem Güte- und Schiedsverfahren soll eine Entscheidung getroffen werden, in der Mediation sollen die Beteiligten selbst eine Einigung erarbeiten. Auch die ZPO sieht vor, dass das Gericht im Prozess stets auf eine gütliche Einigung bedacht sein soll.

---

1 „Wegen Anlegung von Wohnungsgrundbüchern (Grundbuch von … Blätter …) geschlossen am …".

II. Vorgeschaltetes Güteverfahren nach Landesgesetz (§ 15 a Abs. 1 S. 1 EGZPO)

§ 15 a Abs. 1 S. 1 EGZPO ermöglicht es, durch Landesgesetz als **Zulässigkeitsvoraussetzung** einer Klage zu 2
bestimmen, dass vor einer durch die Landesjustizverwaltung eingerichteten oder anerkannten Gütestelle versucht worden sein muss, den Rechtsstreit gütlich beizulegen. Geschieht dies nicht, ist die Klage unzulässig
(→ *Prozessvoraussetzungen* Rn. 109), und zwar auch dann, wenn ein Antrag, der nicht nach einem **vorgeschalteten Güteverfahren** verlangt, in objektiver Klagehäufung gestellt wird.[1] Eine Klage wird also erst zulässig, wenn versucht worden ist, die Streitigkeit vor einer Gütestelle einvernehmlich beizulegen.[2]

Nur in den **Bundesländern** Bayern, Brandenburg, Mecklenburg-Vorpommern, Niedersachsen, Nordrhein- 3
Westfalen, Rheinland-Pfalz, Saarland, Sachsen-Anhalt und Schleswig-Holstein ist ein Güteversuch für Konflikte im **Nachbarrecht** sowie Ansprüche aus einer **Ehrverletzung** zu versuchen.[3] Namentlich § 53 JustizG
NRW sieht vor,[4] dass in Streitigkeiten nach den §§ 906, 910, 911, 923 BGB (§ 53 Abs. 1 Nr. 1 lit. a bis d JustizG NRW) sowie nach den Vorgaben des Landesnachbarrechtsgesetzes (lit. e) sowie über Ansprüche wegen
der Verletzung der persönlichen Ehre (Nr. 2) ein entsprechendes Verfahren vorzuschalten ist. Die nachbarrechtlichen Vorgaben sind unter Sondereigentümern, nicht aber bei Einwirkungen des Sondereigentums auf
das Gemeinschaftseigentum und umgekehrt anwendbar, weil der Sondereigentümer zugleich Miteigentümer
des Gemeinschaftseigentums ist.[5] Nachbarschaftsbezug kann hingegen gegeben sein, wenn sich ein Nachbar
gegen die Gemeinschaft der Wohnungseigentümer wendet.[6] Es muss das Verfahren auf die nachbarrechtlichen
Ansprüche gestützt werden. Nicht gütepflichtig ist eine Klage, die mit den speziellen Anspruchsgrundlagen
des WEG begründet wird, wie etwa aus § 18 Abs. 2 Nr. 2 WEG wegen der unzulässigen Benutzung von
Sonder- oder Gemeinschaftseigentum.

Kein Bundesland macht hingegen mehr von der Möglichkeit des § 15 a Abs. 1 S. 1 Nr. 1 ZPO Gebrauch, ein 4
vorgeschaltetes Güteverfahren für Streitigkeiten mit einem **Streitwert** bis 750 EUR vorzusehen, was namentlich für **Hausgeldklagen** oder Klagen des Verwalters auf Zahlung dessen Honorars Bedeutung hatte.

Kein Güteverfahren ist durchzuführen, wenn die Klage innerhalb einer gesetzlichen Frist erhoben worden 5
sein muss, wie namentlich die Anfechtungsklage (§§ 44 Abs. 1 S. 1, 45 S. 1 WEG, § 15 a Abs. 2 Nr. 1
EGZPO). Ebenfalls ist kein Güteverfahren nach einem Mahnverfahren durchzuführen (§ 15 a Abs. 2 S. 1 Nr. 5
EGZPO).

III. Vorschaltverfahren nach der Gemeinschaftsordnung

Die Wohnungseigentümer können in ihrer Gemeinschaftsordnung vereinbaren, dass vor Erhebung einer Klage 6
ein sog. **Vorschaltverfahren** durchzuführen ist, mithin deren Zulässigkeit von dessen erfolgloser Durchführung privatautonom abhängig machen.[7] Freilich darf dadurch der gerichtliche Rechtsschutz nicht unangemessen erschwert werden.[8] Auch vor welcher Stelle ein solches Verfahren durchzuführen ist, vermag die Gemeinschaft der Wohnungseigentümer zu bestimmen, so vor dem Verwaltungsbeirat,[9] dem Verwalter oder der Eigentümerversammlung.[10] Ist ein solches Verfahren vorgeschrieben, kann die Wohnungseigentümerversammlung dieses nicht dadurch umgehen, indem sie sich damit befasst und einen entsprechenden Beschluss trifft.[11]

Eine ohne das Verfahren erhobene Klage ist auf **Einrede** der Beklagtenseite als derzeit unzulässig abzuweisen. 7
Ein Vorschaltverfahren stellt damit eine besondere Zulässigkeitsvoraussetzung und – anders als eine Schieds-

---

1 BGH 7.7.2009 – VI ZR 278/08, NZM 2009, 629 Rn. 7 ff.
2 Vgl. BGH 23.11.2004 – VI ZR 336/03, NJW 2005, 437 (438).
3 Überblick der Landesnormen bei *Hügel/Elzer* WEG Vor §§ 43 ff. Rn. 72.
4 Hierzu etwa AG Düsseldorf 30.6.2010 – 291 a C 1995/10, ZWE 2011, 142 (143).
5 BGH 25.10.2013 – V ZR 230/12, NJW 2014, 458 Rn. 15; aA *Hügel/Elzer* WEG Vor §§ 43 ff. Rn. 17.
6 AG Düsseldorf 30.6.2010 – 291 a C 1995/10, ZWE 2011, 142 (143) für die Streitigkeit zweier Verbände.
7 OLG Frankfurt a. M. 11.6.2007 – 20 W 108/07, NZM 2008, 290 (291).
8 BayObLG 30.4.1990 – BR 1 b Z 20/89, NJW-RR 1990, 1105 (1106).
9 BayObLG 16.11.1995 – 2 Z BR 69/95, NJW-RR 1996, 910; OLG Frankfurt a. M. 11.6.2007 – 20 W 108/07, NZM
  2008, 290 (291).
10 BayObLG 30.4.1990 – BR 1 b Z 20/89, NJW-RR 1990, 1105 (1106).
11 BayObLG 16.11.1995 – 2 Z BR 69/95, NJW-RR 1996, 910; OLG Frankfurt a. M. 11.6.2007 – 20 W 108/07, NZM
  2008, 290 (291).

vereinbarung (→ Rn. 10) – keinen Ausschluss der staatlichen Gerichtsbarkeit dar. Eine Klageerhebung ist aber zulässig, wenn offensichtlich ist, dass das Schiedsverfahren nicht erfolgreich sein wird.

8 Nicht zulässig ist ein **Vorschaltverfahren für die Anfechtungsklage** nach § 44 Abs. 1 S. 1 WEG, da dies die Anfechtungsfrist verkürzen würde und sich eine Einwirkung auf eine gütliche Einigung in der Wohnungseigentümerversammlung zur erneuten Beschlussfassung beschränkte.[12]

9 Die Vereinbarung kann Inhalt des **Sondereigentums** sein und es ist möglich, sie im Grundbuch einzutragen, so dass sie auch für den Rechtsnachfolger gilt (§ 10 Abs. 3 S. 1 WEG).

IV. Schiedsverfahren (§§ 1025 ff. ZPO) und Schiedsgutachten

10 Eine Schiedsvereinbarung[13] iSv § 1029 Abs. 1 ZPO kann in der **Gemeinschaftsordnung** festgelegt oder durch Vereinbarung aller Eigentümer begründet werden.[14] Nicht möglich ist es, eine Schiedsvereinbarung in einem Mehrheitsbeschluss zu treffen, da keine entsprechende Beschlusskompetenz gegeben ist,[15] handelt es sich doch um keine Verwaltungsmaßnahme. Auch kann mit dem Verwalter eine Schiedsvereinbarung getroffen werden, was meist im Verwaltervertrag geschieht.

11 Die Schiedsvereinbarung muss das **streitige Rechtsverhältnis** bezeichnen (§ 1029 Abs. 1 ZPO).[16] Auch können Einzelheiten betreffend das Schiedsgericht geregelt werden, wie dessen Besetzung, Bestellung und Vergütung der Richter, sowie die Vorgabe der Verfahrensregeln, sofern es nicht zwingend von der ZPO geregelt ist (§ 1042 Abs. 3 u. 4 ZPO), wie zB den Schiedsort (§ 1043 Abs. 1 S. 1 ZPO). Zur Schiedsstelle kann etwa das Deutsche Ständige Schiedsgericht für Wohnungseigentum bestimmt werden.[17]

12 Besteht eine Schiedsvereinbarung und wird dennoch eine Klage erhoben, kann der Beklagte eine entsprechende Rüge erheben und das Gericht hat die Klage nach § 1032 Abs. 1 ZPO als unzulässig abzuweisen, darf aber nicht von Amts wegen diesen Umstand prüfen (sog. **Schiedseinrede**).[18]

13 **Schiedsfähig** ist nach § 1030 Abs. 1 S. 1 ZPO jeder vermögensrechtliche Anspruch, wonach grundsätzlich alle von § 43 WEG erfassten Verfahren (→ *Prozess und Prozessgrundsätze* Rn. 45 ff.) als schiedsfähig angesehen werden.[19] Handelt es sich nicht um einen vermögensrechtlichen Anspruch, können die Parteien eine Schiedsvereinbarung treffen, wenn es ihnen auch möglich wäre, einen Vergleich über das streitbefangene Recht zu schließen (§ 1030 Abs. 1 S. 2 ZPO; → *Prozessvergleich* Rn. 8 ff.). Auch für eine Beschlussanfechtung nach § 44 Abs. 1 S. 1 WEG kann daher eine Schiedsvereinbarung getroffen werden. Voraussetzung ist jeweils, dass das Verfahren dem gerichtlichen Schutz in nichts nachsteht.[20] Das Schiedsgericht entscheidet durch einen die Parteien bindenden Schiedsspruch.

14 Im Verfahren sind die **Parteien gleich zu behandeln** (§ 1042 Abs. 1 S. 1 ZPO) und ihnen ist rechtliches Gehör (Satz 2) zu gewähren, Rechtsanwälte dürfen nicht von der Vertretung ausgeschlossen werden (Abs. 2). Die Schiedsvereinbarung muss in einem gemeinsamen Dokument oder in wechselseitigen Textstücken getroffen werden (§ 1031 Abs. 1 ZPO).[21] Gegen einen Schiedsspruch, der die Wirkungen eines gerichtlichen Urteils zeitigt (§ 1055 ZPO), kann ein Antrag auf **gerichtliche Aufhebung** nach § 1059 Abs. 1 ZPO gestellt werden, so dass letztlich eine staatliche Kontrolle des Schiedsverfahrens eröffnet wird;[22] diese beschränkt sich freilich auf

---

12 LG München I 14.6.2012 – 36 S 19228/11, ZWE 2013, 185 f.; BeckOK WEG/*Elzer* § 43 Rn. 87; aA *Zwickel* NZM 2014, 18 (19 f.), der für eine Wiedereinsetzung in den vorigen Stand gem. den §§ 233 ff. ZPO mit § 45 S. 2 WEG (§ 46 Abs. 1 S. 3 WEG aF) bei Versäumung der Anfechtungsfrist plädiert.

13 Ausführl. *Elzer* ZWE 2010, 442 ff.

14 *Zwickel* NZM 2014, 18 (19); zur „Schiedsverfügung" des Alleineigentümers vor Teilung *Elzer* ZWE 2010, 442 (445).

15 „Schiedsbeschluss", *Elzer* ZWE 2010, 442 (447).

16 Ausführl. *Elzer* ZWE 2010, 442 (447).

17 *Zwickel* NZM 2014, 18 (19).

18 Vgl. BeckOK ZPO/*Wolf/Eslami* § 1032 Rn. 23.

19 Differenzierend *Elzer* ZWE 2010, 442 (443 ff.).

20 *Zwickel* NZM 2014, 18 (19).

21 Zu Ausnahmen *Elzer* ZWE 2010, 442 (448).

22 *Elzer* ZWE 2010, 442 (448).

die Aufhebungsgründe von § 1059 Abs. 2 u. 3 ZPO, etwa Verfahrensfehler, keine Schiedsfähigkeit des Anspruchs oder einen Verstoß gegen den ordre public.

Ein **Schiedsgutachten** hingegen führt zu der bindenden Feststellung bestimmter Tatsachen eines Rechtsstreits, nicht etwaiger Rechtsfragen. Die Tatsachenfrage muss konkret benannt werden; eine Einigung hierüber werden die streitenden Eigentümer regelmäßig nicht treffen.[23]   15

V. Außergerichtliche Mediation

Ebenfalls kann die Gemeinschaftsordnung als Zulässigkeitsvoraussetzung einer Klage eine Mediation vorsehen;[24] eine solche ist überhaupt jederzeit bei Streitigkeiten unter den Wohnungseigentümern möglich, wenn diese ihr zustimmen. Mit der Mediation wird **keine bindende Entscheidung** durch eine neutrale Stelle gesucht, sondern – gem. Art. 3 lit. a der Richtlinie 2008/52/EG – Mediationsrichtlinie – „ein strukturiertes Verfahren, in dem zwei oder mehr Streitparteien mithilfe eines Mediators auf freiwilliger Basis versuchen, eine Vereinbarung über die Beilegung ihrer Streitigkeiten zu erzielen", eröffnet. Dies bietet sich insbesondere dann an, wenn das Vertrauensverhältnis zwischen den Eigentümern zerstört ist und wiederhergestellt werden muss.[25]   16

VI. Güteverhandlung und Güterichter

Vor der mündlichen Verhandlung findet in der Regel gem. § 278 Abs. 2 S. 1 ZPO eine Güteverhandlung statt, sofern nicht bereits ein Einigungsversuch vor einer Gütestelle (→ Rn. 2 ff.) stattgefunden hat oder erkennbar aussichtslos erscheint, zumal das Gericht in jeder Lage des Verfahrens auf eine gütliche Einigung des **gesamten Rechtsstreits** oder zumindest **einzelner Streitpunkte** bedacht sein soll (Abs. 1; → *Prozess und Prozessgrundsätze* Rn. 20 f.). Einigen sich die Parteien, können sie über den gesamten Rechtsstreit oder zumindest einen Teil einen **Prozessvergleich** schließen (→ *Prozessvergleich* Rn. 1 ff.).   17

Nach § 278 Abs. 5 S. 1 ZPO kann das Gericht die Parteien für die Güteverhandlung und weitere Güteversuche an einen **Güterichter**, gleichsam einen nicht mit der Sache befassten Richter, verweisen. Dieser darf alle Methoden der Streitbeilegung nutzen, also etwa eine gerichtliche Mediation durchführen. Überdies kann das Gericht ihnen eine Mediation oder ein anderes Verfahren der außergerichtlichen Konfliktbeilegung vorschlagen, währenddessen das Gerichtsverfahren ruht (§ 278 a ZPO).   18

105. Hausgeld

Bruns

I. Einleitung

Den **Verwalter** treffen drei wesentliche **Aufgaben**: Er muss sich um Reparaturen und bauliche Maßnahmen kümmern. Er muss die Abrechnungen erstellen. Und er muss Vorsorge treffen, dass die Eigentümergemeinschaft nicht in eine finanzielle Schieflage gerät, muss also das Hausgeldinkasso betreiben (→ *Wohngeld-/ Hausgeldinkasso* Rn. 1); ansonsten ist die Bewegungsfreiheit der Gemeinschaft der Wohnungseigentümer ge-   1

---

23 *Zwickel* NZM 2014, 18 (19).
24 Ausführl. *Schmidt* ZWE 2009, 432 ff.
25 *Zwickel* NZM 2014, 18 (20).

fährdet. Wer von Hausgeld spricht, muss den **Begriff** definieren. Das Gesetz benutzt das Wort Hausgeld nicht. Der BGH verwendet es gleichbedeutend mit dem Begriff des Wohngeldes, obwohl dieser schon einen breiten Anwendungsbereich im Sozialrecht hat.[1] Gemeint sind zumeist periodische Geldzahlungen, die die Wohnungseigentümer aufgrund entsprechender Beschlüsse der WEG schulden. Das Gesetz bezeichnete diese Lasten in §§ 27 Abs. 1 Nr. 4, 28 Abs. 1 Nr. 3 WEG aF als Beiträge. Vielleicht ist die Bezeichnung Beitragsinkasso am genauesten. In der Praxis hat sich für die Beiträge allerdings die Bezeichnung Hausgeld bzw. Wohngeld eingebürgert.[2]

II. Rechtliche Grundlagen

2 **1. Geldbedarf einer WEG.** Eine Wohnungseigentümergemeinschaft ist immer „hungrig". Aus § 28 Abs. 2 S. 1 WEG folgt die Verpflichtung der Wohnungseigentümer, für einen ausgeglichenen Haushalt („Etat") zu sorgen.[3] Die Gemeinschaft der Wohnungseigentümer deckt ihren Geldbedarf für die laufende Bewirtschaftung und Instandhaltung der Wohnanlage durch Aufbringung der Mittel in Form von Vor- und Nachschüssen, Sonderumlagen und die Ansammlung einer angemessenen Erhaltungsrücklage, zur Überbrückung eines nicht nur kurzfristigen Liquiditätsengpasses auch durch langfristige, unter Umständen hohe Kredite, wenn die dadurch entstehenden Belastungen für die Gemeinschaft tragbar sind.[4] Zu den Beiträgen gehören die Zinseingänge, die als Rechtsfrüchte des Verwaltungsvermögens (Früchte des gemeinschaftlichen Eigentums iSd § 16 Abs. 1 S. 1 WEG) ebenfalls der Gemeinschaft zustehen.

3 **2. Forderungen gegen Wohnungseigentümer. a) Entstehungsgrund. aa) Beitragslast des Wohnungseigentümers.** Die Wohnungseigentümer trifft (ebenso wie die Teileigentümer) die Pflicht, ihren Anteil beizutragen, um die Gemeinschaft der Wohnungseigentümer wirtschaftlich im Lot zu halten. Diese Pflicht entsteht nicht schon durch den Anfall der Lasten und Kosten. In § 16 Abs. 2 S. 1 WEG ist sie allgemein formuliert. Ergänzend bedarf es eines Verfahrens, wie die Beiträge festzustellen und auf die Eigentümer umzulegen sind; die Gemeinschaftsordnung regelt nur Letzteres. Zur Konkretisierung bestimmt das WEG für den Fall, dass die Wohnungseigentümer keine Vereinbarung nach § 10 Abs. 1 S. 2 WEG treffen, das Mittel der Beschlussfassung auf Grundlage spezieller gesetzlicher **Beschlusskompetenzen.** Denn die Mehrheitsherrschaft bedarf – so der BGH – „der Legitimation durch Kompetenzzuweisung. Sie ist nach dem Willen des Gesetzgebers nicht die Regel, sondern die Ausnahme. Sie wird vom Gesetz nur dort zugelassen, wo es um das der Gemeinschaftsgrundordnung nachrangige Verhältnis der Wohnungseigentümer untereinander, namentlich um die Ausgestaltung des ordnungsgemäßen Gebrauchs und um die ordnungsmäßige Verwaltung des gemeinschaftlichen Eigentums ... geht".[5] Nur mit dieser Regelungstechnik ist auch die gleichmäßige Behandlung aller Wohnungseigentümer und damit eine dem Interesse der Gesamtheit entsprechende Verwaltung gewährleistet.[6] Erst durch einen nach diesen Vorgaben gefassten Beschluss entsteht die konkrete Beitragspflicht.[7]

4 **bb) Mehrheitsbeschluss.** Beitragspflichten der Wohnungseigentümer werden nach dem Vorgesagten entweder durch **Vereinbarung** iSd § 10 Abs. 1 S. 2 WEG oder durch **Mehrheitsbeschluss** iSd §§ 23 Abs. 1 S. 1, 24, 25 WEG begründet. Ein solcher Beschluss entsteht durch Abstimmung der Wohnungseigentümer und Feststellung (auch Bekanntgabe oder Verkündung genannt)[8] des Ergebnisses durch den Versammlungsleiter. Die in § 24 Abs. 7 S. 2 Nr. 1 WEG genannte Verkündung des Beschlussergebnisses durch den Versammlungsleiter hat konstitutive und inhaltsfixierende Bedeutung; es handelt sich im Regelfall um eine Voraussetzung für das rechtswirksame Zustandekommen eines Beschlusses.[9] Das Feststellungserfordernis wird aus § 24 Abs. 6 S. 1 WEG gefolgert, wonach eine Niederschrift über die „gefassten" Beschlüsse aufzunehmen ist.[10] Das wird in

1   Stichwort Wohngeldgesetz als Grundlage für öffentliche Mietzuschüsse, s. auch § 26 SGB I.
2   BT-Drs. 16/887, 44.
3   BGH 25.9.2015 – V ZR 244/14, BGHZ 207, 99 = NJW 2015, 3651 Rn. 15.
4   Zur Kreditaufnahme s. BGH 25.9.2015 – V ZR 244/14, BGHZ 207, 99 = NJW 2015, 3651 Rn. 13, 27.
5   BGH 20.9.2000 – V ZB 58/99, BGHZ 145, 158 = NJW 2000, 3500 (3502).
6   BGH NJW 1985, 912 (913).
7   BGH 21.4.1988 – V ZB 10/87, BGHZ 104, 197 = NJW 1988, 1910 (1911); BGH 2.10.2003 – V ZB 34/03, NJW 2003, 3550, BGHZ 156, 279 = NJW 2003, 3550 (3553); BGH 2.12.2011 – V ZR 113/11, NJW-RR 2012, 217 Rn. 9.
8   Bedingungsfeindlich gem. BGH 6.7.2018 – V ZR 221/17, NJW-RR 2019, 73 Rn. 16.
9   BGH 29.5.2020 – V ZR 141/19, NZM 2020, 801 Rn. 14.
10 BGH 23.8.2001 – V ZB 10/01, BGHZ 148, 335 = NJW 2001, 3339 (3341).

der Praxis oft übersehen. Allerdings kann die für das Entstehen eines Eigentümerbeschlusses erforderliche Feststellung des Beschlussergebnisses konkludent erfolgen und muss auch nicht in das Versammlungsprotokoll aufgenommen werden. Notfalls lässt sich in einem Verfahren gem. § 43 Abs. 2 Nr. 4 WEG Klage auf Feststellung des Beschlussergebnisses erheben. Die rechtskräftige Feststellung des Beschlussergebnisses durch das Gericht ersetzt die unterbliebene Feststellung des Versammlungsleiters und komplettiert so den Tatbestand für das Entstehen eines Wohnungseigentümerbeschlusses;[11] die Angelegenheit ist dann aber erst mit Rechtskraft des Urteils geklärt.[12] Der Versammlungsleiter (nach § 24 Abs. 5 WEG iZw der Verwalter) sollte daher immer auch die Feststellung des Beschlusses **protokollieren**.

Ist der Beschluss gefasst, bildet er die Grundlage der Zahlungspflicht, sofern er nicht **unwirksam** ist. Ist er nur 5 **rechtswidrig**, kann er durch Gerichtsurteil für ungültig erklärt werden, bleibt gem. § 23 Abs. 4 S. 2 WEG aber zunächst bindend und ist daher sofort umzusetzen. Zweckmäßigerweise wird sich der Verwalter per Geschäftsordnungsbeschluss von den Wohnungseigentümern anweisen lassen, mit der Umsetzung erst nach Ablauf der einmonatigen Beschlussanfechtungsfrist zu beginnen. Gegen den Zahlungsbeschluss kann der Schuldner nicht einwenden, er nutze seine Wohnung nicht oder habe an der Nutzung des Gemeinschaftseigentums kein Interesse.[13] Dies gilt selbst dann, wenn er an der Nutzung durch eine Baumaßnahme der Gemeinschaft gehindert ist.

cc) Ausnahme: Zweier-WEG. In einer zweigliedrigen WEG besteht Pattgefahr. Daher haben beide Woh- 6 nungseigentümer das Recht, hinsichtlich einer Beitragslast in **Vorleistung** zu treten und den anderen sodann direkt auf Zahlung seines Anteils in Anspruch zu nehmen. Grundlage hierfür ist das Recht der Geschäftsführung bzw. Geschäftsführung ohne Auftrag, meistens §§ 683 S. 1, 677, 670 BGB.[14] Einen Beschluss zu fordern, der voraussichtlich nicht gefasst werden würde, wäre unnötige Förmelei; eine Beschlussfassung ist in einer Zweiergemeinschaft daher keine Voraussetzung für eine Beschlussanfechtungsklage, die auch bei Leistungsklagen in solchen Fällen die richtige Klageart ist.[15]

b) Beschlussinhalte (Zahlungsansprüche). aa) Nachschüsse. Gem. § 28 Abs. 2 S. 2 WEG hat der Verwal- 7 ter nach Jahresablauf eine **Abrechnung** zu erstellen. Ist kein Verwalter vorhanden, müssen die Wohnungseigentümer dies selbst tun. Wird nicht abgerechnet, besteht etwa drei Monate nach Ablauf des Wirtschaftsjahres gem. § 18 Abs. 2 Nr. 1 iVm § 28 Abs. 2 S. 1 WEG ein klageweise durchsetzbarer Anspruch des Wohnungseigentümers gegen die Gemeinschaft der Wohnungseigentümer, die Abrechnung zu erstellen. Wirtschaftsjahr ist nach dem Gesetz das Kalenderjahr. Dies kann nur durch Vereinbarung iSd § 10 Abs. 1 S. 2 WEG geändert werden, wenn nicht schon die Gemeinschaftsordnung etwas anderes bestimmt. Zu fertigen sind die Gesamtabrechnung und die auf die Wohnungseigentümer heruntergebrochenen Einzelabrechnungen. Die Einzelabrechnungen bilden die Rechtsgrundlage für den Ausgleich ("Nachschüsse"), sobald sie gem. § 28 Abs. 2 S. 1 WEG beschlossen sind.

Endet die Einzelabrechnung mit einem **Nachzahlungsbetrag** ("Nachschuss" iSd § 28 Abs. 2 S. 1 WEG), muss 8 der betreffende Wohnungseigentümer diesen zahlen. Der Anspruch wird durch eine Anpassung iSd § 28 Abs. 2 S. 1 Alt. 2 WEG nicht beseitigt. Daher bleiben auch Sekundäransprüche, insbes. auf Zahlung von Fälligkeitszinsen, erhalten.[16] Ohne anderslautende Fälligkeitsbestimmung hat die Zahlung gem. § 271 Abs. 1 BGB sofort zu erfolgen. Weist die Einzelabrechnung ein Guthaben aus, wird es nicht im Rahmen einer Anpassung thesauriert, weil eine Anpassung nur für die Zukunft wirkt. Vielmehr wird es durch die Beschlussfassung als Gegenforderung anerkannt und ist daher auszukehren. Eines Rückgriffs auf das Bereicherungsrecht bedarf es dazu nicht.[17] Besteht keine Fälligkeitsanordnung (zB nach § 28 Abs. 3 WEG), gilt auch hierfür § 271 Abs. 1 BGB. Für die Ansicht, das Guthaben müsse nur ausgekehrt werden, wenn die WEG keine Liquiditätsprobleme

---

11 LG Itzehoe 19.1.2016 – 11 S 61/14, ZWE 2016, 462.
12 Jennißen/*Schultzky* WEG, 6. Aufl., § 23 Rn. 68.
13 OLG Hamm 28.2.2000 – 15 W 349/99, NJW-RR 2000, 1181 (1182).
14 LG Dortmund 3.2.2017 – 17 S 125/16, ZWE 2017, 182.
15 So BGH 5.7.2019 – V ZR 149/18, NJW 2020, 42 Rn. 16 für einen Duldungsanspruch.
16 BGH 13.2.2020 – V ZR 29/15, ZWE 2020, 347 Rn. 7. Dies soll sogar dann gelten, wenn sich die Verzugsfolgen aus einem für ungültig erklärten Beschluss ergeben, so BGH 10.7.2020 – V ZR 178/19, NZM 2020, 755 Rn. 31.
17 AA *Lehmann-Richter/Wobst* WEG-Reform 2020, Rn. 860.

hat, gibt das Gesetz nichts her.[18] Nach Auffassung des BGH können die Wohnungseigentümer aber beschließen, dass das Geld in der Kasse bleibt.[19] Die Auszahlung allgemeiner Guthaben, etwa aufgrund von Prozesszinsen, erfolgt von vornherein nicht automatisch, sondern bedarf eines Beschlusses.[20] Wird der Beschluss, mit dem der Anspruch auf Zahlung eines Nachschusses begründet wird, rechtskräftig ganz oder teilweise für ungültig erklärt, können Wohnungseigentümer mit einem Guthaben vom Verwalter aber nur die Erstellung einer neuen Jahresabrechnung für das betroffene Jahr verlangen und von den übrigen Wohnungseigentümern eine entsprechende Beschlussfassung.[21] Dieser „Vorrang der Jahresabrechnung" gilt auch dann, wenn zwischen der Zahlung und der erneuten Beschlussfassung ein Eigentumswechsel stattfindet.[22]

9 **bb) Hausgeld im engeren Sinne.** In die Jahresabrechnung gehen die Vorschüsse ein, die aufgrund eines Wirtschaftsplans beschlossen und gezahlt wurden. Der **Wirtschaftsplan** bildet somit die Vorstufe der Abrechnung. Nach § 28 Abs. 1 S. 2 WEG hat der Verwalter jeweils für ein Kalenderjahr (bei abweichendem Wirtschaftsjahr für diese Zeit) einen Wirtschaftsplan aufzustellen, der mit der anteilmäßigen Verpflichtung der Wohnungseigentümer zur Lasten- und Kostentragung abschließt. Da sich in der Praxis nicht gewährleisten lässt, dass die Eigentümerversammlung, in der der Wirtschaftsplan beschlossen werden soll, vor Beginn des Wirtschaftsjahres stattfindet, weil hierzu zweckmäßigerweise die Abrechnung der vorausgegangenen Wirtschaftsperiode abgewartet wird, die erst im 1. Quartal des folgenden Wirtschaftsjahres vorliegt, wird es zugelassen, dass der Beschluss unterjährig, also mit gewisser Rückwirkung erfolgt.[23] Keinesfalls darf ein Wirtschaftsplan für zurückliegende Wirtschaftsjahre beschlossen werden.[24] Im Gegensatz dazu dürfen die Wohnungseigentümer gem. § 28 Abs. 1 S. 1 Alt. 1 WEG beschließen, dass die sich aus einem Wirtschaftsplan ergebenden Vorschüsse bis zu einem abändernden Beschluss bzw. eine gewisse Zeit lang, die auch mehrere Jahre betragen darf, zu zahlen sind, da § 28 Abs. 1 S. 1 Alt. 1 WEG im Gegensatz zu Satz 2 auf das Kalenderjahr nicht Bezug nimmt.[25] Ist kein Verwalter vorhanden, müssen die Wohnungseigentümer selbst für den Wirtschaftsplan sorgen. Bei Untätigkeit besteht nach Beginn des Wirtschaftsjahrs[26] ein entsprechender, klageweise durchsetzbarer Anspruch jedes Wohnungseigentümers gem. § 18 Abs. 2 Nr. 1 iVm §§ 19 Abs. 2 Nr. 5, 28 Abs. 1 S. 1 WEG gegen die Gemeinschaft der Wohnungseigentümer. Wie die Abrechnung ist auch der Wirtschaftsplan kein Einzelstück. Zu erstellen sind zum einen der **Gesamtwirtschaftsplan**, zum anderen die auf die Wohnungseigentümer heruntergebrochenen **Einzelwirtschaftspläne**. Diese sind zusammen mit dem Gesamtwirtschaftsplan zu beschließen[27] und wie dieser als Anlage zur Niederschrift und in die Beschlusssammlung zu nehmen. Die Einzelwirtschaftspläne enden mit den idR monatlich zu zahlenden Hausgeldvorschüssen („Vorschüsse zur Kostentragung") und bilden gem. § 28 Abs. 1 S. 1, Abs. 2 S. 1 WEG die Rechtsgrundlage für deren Zahlung. Einzelheiten → *Wirtschaftsplan* Rn. 1 ff.

10 Die Vorschüsse sind nach § 271 Abs. 1 BGB im Zweifel mit Beschlussfassung fällig. Um die Wohnungseigentümer aber nicht sofort mit einem großen Betrag zu konfrontieren, werden idR durch Beschluss nach § 28 Abs. 3 WEG oder in der Gemeinschaftsordnung spezielle **Fälligkeitsbestimmungen** getroffen, meistens durch Regelung einer monatlichen Kalenderfälligkeit und oft in Anlehnung an die für das Wohnraummietrecht geltende Bestimmung des § 556 b Abs. 1 BGB.

11 Ein **unbefristeter Fortgeltungsbeschluss** entbindet die Eigentümer nicht von der jährlichen Beschlussfassung über den Wirtschaftsplan.[28] Die Fortgeltung wird nicht dadurch in Frage gestellt, dass die Beschlussfassung über den nächsten Wirtschaftsplan wegen Meinungsverschiedenheiten hinausgezögert wird und neu eingetre-

---

18 OLG Hamm 15.2.2011 – 15 Wx 222/10, ZWE 2011, 414 (415); s. auch BGH 11.10.2013 – V ZR 271/12, NJW 2014, 145 Rn. 15.

19 BGH 11.10.2013 – V ZR 271/12, NJW 2014, 145 Rn. 15.

20 BGH 1.6.2012 – V ZR 171/11, NJW 2012, 2797 Rn. 16.

21 BGH 10.7.2020 – V ZR 178/19, NZM 2020, 755 Rn. 24.

22 BGH 10.7.2020 – V ZR 178/19, NZM 2020, 755 Rn. 24.

23 FA-MietR/*Riecke*, 6. Aufl., Kap. 21 Rn. 27.

24 OLG Schleswig 13.6.2001 – 2 W 7/01, ZWE 2002, 141 (142); s. auch BGH 23.6.2016 – I ZB 5/16, NJW 2016, 3536 Rn. 33; aA Staudinger/*Häublein* WEG § 28 Rn. 160.

25 BT-Drs. 19/18791, 76.

26 BayObLG 15.3.1990 – BReg. 2 Z 18/90, NJW-RR 1990, 659: „in den ersten Monaten"; ähnlich *Lehmann-Richter/ Wobst* WEG-Reform 2020, Rn. 780: nach 3–6 Monaten.

27 BGH 2.6.2005, V ZB 32/05, BGHZ 163, 154 = NJW 2005, 2061 (2068 aE) – Münchener Olympiadorf.

28 *Lehmann-Richter/Wobst* WEG-Reform 2020, Rn. 792.

tene Wohnungseigentümer von der Fortgeltungsklausel betroffen sind.[29] Ein solcher Beschluss entspricht den Grundsätzen ordnungsgemäßer Verwaltung, da er die Zahlungsfähigkeit des Verbandes auch für den Fall sichert, dass der Wirtschaftsplan – was üblich ist – erst nach Beginn des jeweiligen Wirtschaftsjahres beschlossen wird,[30] aber auch für den Fall, dass der Verwalter oder die Wohnungseigentümer ihre Pflichten zur Aufstellung bzw. Beschlussfassung nicht erfüllen.[31] Der Fortgeltungsbeschluss gilt auch dann, wenn eine verlässliche Prognose über die voraussichtlichen Einnahmen und die Ausgaben fehlt oder nicht möglich ist.[32]

Die Hausgelder sind auch dann zu zahlen, wenn (anders bei den Betriebskosten im Mietverhältnis) **keine Abrechnung** erfolgt. Ohne Wirtschaftsplan ist ein Vorschussbeschluss indes zumindest anfechtbar. Gibt es für die Vorschüsse einen Wirtschaftsplan als Maßstab, muss er als „zentrales Finanzierungsinstrument" selbst dann erhalten bleiben, wenn nicht abgerechnet wird.[33] Ohnehin weist die Abrechnung nach dem Einnahmen-Ausgaben-Prinzip anders als der Wirtschaftsplan nicht die geschuldeten Zahlungen und die vorgesehenen Ausgaben, sondern die tatsächlichen Einnahmen und Kosten aus.[34] Der Wirtschaftsplan hingegen soll die Finanzierung der Wohnungseigentümergemeinschaft sichern. Beitragsausfälle erhöhen das Wirtschaftsplanvolumen, Nachschüsse vermindern es. Damit bestehen zwei verschiedene und gesondert einklagbare Ansprüche: zum einen auf Zahlung der Vorschüsse, zum anderen auf Zahlung der Nachschüsse (= Schuldsaldo aus der Einzelabrechnung). 12

cc) Sonderumlagen. Sofern Bedarf besteht, den Wirtschaftsplan zu aktualisieren und zu neuen Vorauszahlungsbeträgen zu gelangen, dürfen die Wohnungseigentümer gem. § 28 Abs. 1 S. 1 Alt. 1 WEG als Nachtrag zum Wirtschaftsplan[35] **zusätzliche Vorschüsse** (Sonderumlagen; → *Sonderumlage* Rn. 1 ff.) beschließen. Da § 28 Abs. 1 S. 1 WEG nicht an das Kalenderjahr anknüpft, müssen solche Vorschüsse keinen periodischen Bezug haben. In diesem Rahmen kommt den Wohnungseigentümer ein weites Ermessen zu. Dieses müssen sie am Zweck ausrichten, der mit der Sonderumlage verfolgt wird, und am dafür bestehenden Kapitalbedarf. Den erforderlichen Umlagebetrag können sie großzügig bemessen.[36] Mit solchen Umlagen wird vor allem ein plötzlich aufgetretener Sanierungsbedarf gedeckt, aber auch eine unerwartet eingetretene Geldnot in der Gemeinschaft, weil nicht alle Wohnungseigentümer ihre Hausgelder gezahlt haben.[37] Eine solche Liquiditätsumlage muss immer unter Einbindung der Säumigen erfolgen und darf das Ausfallrisiko durch Erhöhung des Gesamtbetrags berücksichtigen,[38] womit ein weiterer Ausfall überbrückt werden kann. 13

Beispiel: In einer Wohnanlage zahlen 2 von 10 Eigentümer das Hausgeld nicht, so dass ein Rückstand von 10.000 EUR entstanden ist. Auch wenn mit einem weiteren Forderungsausfall gerechnet werden muss, darf die Gemeinschaft der Wohnungseigentümer nicht einfach beschließen, nur die anderen 8 Miteigentümer zur Deckung heranzuziehen, sondern muss den Gesamtbetrag so erhöhen, dass nachher 10.000 EUR erwirtschaftet werden, vermehrt um einen Puffer von 20 % für den zu erwartenden weiteren Ausfall, hier also 12.500 EUR + 2.000 EUR Puffer, insgesamt also 14.500 EUR, aufgerundet 15.000 EUR, verteilt auf alle Eigentümer. Die Eigentümer dürfen die Deckungslücke mit dem Rücklagebetrag nicht wesentlich überschreiten,[39] können aber einen Puffer festlegen und auch aufrunden. 14

Beschlüsse über Sonderumlagen müssen gem. § 19 Abs. 1 WEG den Grundsätzen ordnungsgemäßer Verwaltung entsprechen. Auch solche Vorschussansprüche werden mit Beschlussfassung **fällig**, wenn der Umlagebeschluss keine Fälligkeitsregelung nach § 28 Abs. 3 WEG vorsieht oder sich die Fälligkeit nicht aus der Gemeinschaftsordnung bzw. einem Dauerbeschluss nach § 28 Abs. 3 WEG ergibt. 15

---

29 KG 27.2.2002 – 24 W 16/02, NJW 2002, 3482.
30 BayObLG 13.12.2001 – 2 Z BR 93/01, ZMR 2002, 525.
31 BayObLG 5.5.1993 – 2 Z BR 29/93, BeckRS 1993, 3615.
32 KG 11.7.1990 – 24 W 3798/90, NJW-RR 1990, 1298.
33 BGH 1.6.2012 – V ZR 171/11, NJW 2012, 2797 Rn. 23.
34 BGH 4.12.2009 – V ZR 44/09, NJW 2010, 2127 Rn. 10; BGH 17.2.2012 – V ZR 251/10, 2012, 1434 Rn. 16; BGH 11.10.2013 – V ZR 271/12, 2014, 145 Rn. 6.
35 BT-Drs. 19/18791, 76.
36 BGH 13.1.2012 – V ZR 129/11, NJW-RR 2012, 343 Rn. 15.
37 BGH 10.2.2017 – V ZR 166/16, NJW-RR 2017, 844 Rn. 15.
38 BGH 15.6.1989 – V ZB 22/88, BGHZ 108, 44 = NJW 1989, 3018 f.; BGH 13.1.2012 – V ZR 129/11, NJW-RR 2012, 343 Rn. 15.
39 LG München I 24.10.2011 – 1 S 24966/10, ZWE 2012, 50 f.

16 **dd) Erhaltungsrücklage.** Über das Wirtschaftsjahr hinaus gibt das Gesetz den Wohnungseigentümern in § 28 Abs. 1 S. 1 Alt. 2 iVm § 19 Abs. 2 Nr. 4 WEG eine Beschlusskompetenz für Beiträge zur Ansammlung einer angemessenen Erhaltungsrücklage. Der Begriff der Erhaltung ist in § 13 Abs. 2 WEG definiert. Hierunter fällt auch Geldbedarf für modernisierende Instandsetzungen. Zwar sind diese Beträge gem. § 28 Abs. 1 S. 2 WEG in den Wirtschaftsplan (Gesamtwirtschaftsplan und anteilig in die Einzelwirtschaftspläne) aufzunehmen. Allerdings handelt es sich dabei nicht um Vorschüsse, die im Kalenderjahr verbraucht und dann entsprechend abgerechnet werden, sondern um eine **Reserve**, die gerade nicht aufgebraucht werden soll. Im Gegensatz zu Sonderumlagen geht es bei der Erhaltungsrücklage nicht um konkret absehbare Aufwendungen, sondern um einen allgemeinen Notbedarf. Deshalb darf sich der Verwalter aus diesem Geld auch nicht für andere Zwecke bedienen, etwa wenn die Kasse leer ist. Den Wohnungseigentümern bleibt es freilich unbenommen, den Zweck zu ändern und aus der Erhaltungsrücklage nunmehr Sanierungsmaßnahmen zu finanzieren, sie also in eine Sonderumlage umzuwidmen.

17 **ee) Individuelle Rücklagen.** § 28 Abs. 1 S. 1 Alt. 3 WEG sieht vor, dass die Wohnungseigentümer weitergehende (allgemeine) Rücklagen beschließen dürfen. Hierbei ist das Belastungsverbot (→ *Leistungspflichten/ Belastungsverbot* Rn. 1 ff.) zu beachten, so dass die Beschlusskompetenz für solche Rücklagen nach § 19 Abs. 1 WEG streng auf Maßnahmen der ordnungsgemäßen Verwaltung und Benutzung beschränkt ist.[40] Beispiele sind Liquiditäts- und Modernisierungsrücklagen. Auch die Gerichtskostenrücklage fällt darunter. Sie hat mit der WEG-Novelle 2020 an Bedeutung gewonnen, da der Verwalter nunmehr auch ohne Ermächtigung im Verwaltervertrag berechtigt sein kann, Hausgelder einzuklagen (→ *Wohngeld-/Hausgeldinkasso* Rn. 33).

106. Hausmeister

Nissen

I. Einführung

1 Das Thema zeichnet sich in erster Linie durch seine **praktische Bedeutung** aus. Insbesondere in größeren Wohnungseigentumsanlagen mit vielfältigen, alltäglichen Aufgaben findet sich regelmäßig die Position eines Hausmeisters – sei es eine Einzelperson, die täglich vor Ort ist oder auch ein größerer Hausmeisterbetrieb, der

---

40 IErg BT-Drs. 19/18791, 76.

eine Vielzahl von Wohnungseigentumsanlagen betreut. Im WEG spiegelt sich diese praktische Relevanz indes nur sehr bedingt wider. Das Gesetz normiert **keine Regelungen**, die sich explizit mit dem Hausmeister einer Wohnungseigentumsgemeinschaft befassen. So sind weder der rechtliche Status des Hausmeisters noch seine Rechte und Pflichten im Verhältnis zu den Wohnungseigentümern durch das WEG normiert worden. Allerdings lassen sich die vielfältigen Fragen im Zusammenhang mit einem Hausmeister in aller Regel durch einen **Rückgriff** auf die allgemeinen Normen des WEG wie auch des BGB beantworten.

II. Abschluss eines Hausmeistervertrages

Die Stellung als Hausmeister ergibt sich nicht aus dem WEG selbst iS eines gesetzlich vorgesehenen Amtes im Zusammenhang mit einer Wohnungseigentümergemeinschaft – anders etwa der Verwalter in § 20 WEG. Vielmehr bedarf es eines entsprechenden Vertragsschlusses, um die Dienste eines Hausmeisters in Anspruch zu nehmen.   2

1. Vertragsparteien. Auf der einen Seite des Vertrags steht – unproblematisch – der Hausmeister bzw. ein Hausmeisterbetrieb, der sich zur Leistung von bestimmten Tätigkeiten verpflichtet. Vertragspartner des Hausmeisters wird typischerweise die Gemeinschaft der Wohnungseigentümer sein, die sich zur Zahlung einer entsprechenden Vergütung für die Dienste verpflichtet. Zwar wird ein Hausmeistervertrag in der Praxis regelmäßig durch den Verwalter abgeschlossen. Allerdings kommen die geleisteten Dienste allein den Wohnungseigentümern zugute und werden letztlich auch von denselben vergütet.[1] Der Verwalter tritt beim Vertragsschluss daher in aller Regel als **Vertreter** im Namen der Wohnungseigentümer auf. Vertragspartner soll die Gemeinschaft der Wohnungseigentümer selbst dann sein, wenn dem Verwalter ein **Delegationsrecht** gegenüber dem Hausmeister eingeräumt wird, da es sich üblicherweise um ein von der Gemeinschaft der Wohnungseigentümer **abgeleitetes Recht** handeln wird.[2] Ein Vertragsschluss des Hausmeisters mit dem Verwalter kann allenfalls in Betracht kommen, wenn der Verwalter den Vertrag ausdrücklich im eigenen Namen abschließt und sich auch aus den Umständen keine Anzeichen für eine Stellvertretung zugunsten der Gemeinschaft der Wohnungseigentümer ergibt.   3

2. Zulässigkeit einer Stellvertretung durch den Verwalter. Die vorgenannten Überlegungen zu den Parteien eines Hausmeistervertrages führen sodann zu der Frage, ob eine Vertretung der Wohnungseigentümer durch den Verwalter zulässig ist und welche Voraussetzungen bejahendenfalls an eine entsprechende Bevollmächtigung des Verwalters zu stellen sind.   4

a) Grundsatz: Zulässigkeit einer Vertretung mangels Höchstpersönlichkeit. Im Grundsatz ist eine solche Vertretung der Gemeinschaft der Wohnungseigentümer durch den Verwalter beim Abschluss eines Hausmeistervertrages nach hier vertretener Ansicht zulässig. Ein Ausschluss der Stellvertretung kommt nach dem BGB allein in den seltenen Fällen einer – gesetzlich angeordneten – Höchstpersönlichkeit bestimmter Rechtsgeschäfte in Betracht – beispielsweise beim Eingehen der Ehe nach § 1311 S. 1 BGB.[3] Ein Hausmeistervertrag wird demgegenüber – je nach konkreter Ausgestaltung – in der Regel als Dienst- oder Werkvertrag zu qualifizieren sein, dessen Abschluss **keinerlei höchstpersönliche Rechte** berührt und daher einer Stellvertretung zugänglich ist.[4]   5

b) Die Voraussetzungen einer Vertretung der Gemeinschaft der Wohnungseigentümer. Allerdings hat die Rechtsprechung eine Reihe inhaltlicher Voraussetzungen für eine zulässige Bevollmächtigung des Verwalters aufgestellt und gewisse Grenzen einer Bevollmächtigung skizziert.   6

aa) Die Art der Bevollmächtigung. Nach der früheren Rechtslage beinhaltete der enumerative Katalog der Rechte und Pflichten des Verwalters nach § 27 Abs. 1–3 WEG aF grundsätzlich keine Berechtigung des Verwalters, einen Hausmeistervertrag abzuschließen. Insbesondere rechtfertigte nach hM allein der Umstand, dass ein Hausmeister typischerweise Aufgaben wahrnimmt, die im Zusammenhang mit der Erhaltung des gemein-   7

---

1 Ähnlich, aber zugleich auf seltene Fälle eines Vertragsschlusses mit dem Verwalter hinweisend *Köhler* WE 1999, 55 f.

2 So BAG 27.9.2012 – 2 AZR 838/11, NZM 2013, 382; zustimmend *Pauli/Dimsic* ZMR 2016, 89; Niedenführ/Vandenhouten/*Niedenführ* WEG § 27 Rn. 31.

3 Vgl. etwa Palandt/*Brudermüller* BGB § 1311, Rn. 5.

4 Auch in der Rechtsprechung wurde die grundsätzliche Zulässigkeit einer Stellvertretung nicht problematisiert, vgl. etwa BAG 27.9.2012 – 2 AZR 838/11, NZM 2013, 382.

schaftlichen Eigentums stehen, noch nicht die Annahme einer Vollmacht nach § 27 Abs. 3 S. 1 Nr. 3 WEG aF, da aus dem **faktischen Aufgabenkatalog** richtigerweise noch keine **rechtliche Befugnis** des Verwalters zur Delegation dieser Aufgaben mittels eines Hausmeistervertrages folgte.[5] Vielmehr war eine diesbezügliche Bevollmächtigung des Verwalters nach früherer Rechtslage allein über die Generalklausel des § 27 Abs. 3 S. 1 Nr. 7 WEG aF mittels einer **Vereinbarung** oder eines **Mehrheitsbeschlusses** der Wohnungseigentümer möglich.

8 Es stellt sich jedoch die Frage, ob die Neufassung des § 27 Abs. 1 WEG dem Verwalter auch ohne entsprechende Vereinbarung bzw. Beschluss der Wohnungseigentümer in bestimmten Fallgestaltungen die Befugnis zum Abschluss eines Hausmeistervertrages einräumt. Durch die WEG-Reform wurde der enumerative Aufgabenkatalog des § 27 Abs. 1–3 WEG aF durch eine Zuweisung der Rechte und Pflichten des Verwalters mittels einer – inhaltlich beschränkten – **Generalklausel** ersetzt. Zwar sollte sich an der Zuweisung der bisherigen Rechte und Pflichten des Verwalters iS einer Mindestzuweisung ausweislich der Gesetzesbegründung durch die Neuregelung keine Änderung ergeben.[6] Allerdings lässt sich aus dieser Feststellung nach hier vertretener Ansicht noch nicht der Umkehrschluss ziehen, dass die Neuregelung keine weitergehende Zuweisung von Rechten und Pflichten an den Verwalter nach sich ziehen kann.

Gemäß § 27 Abs. 1 Nr. 1 WEG ist der Verwalter gegenüber der Gemeinschaft der Wohnungseigentümer berechtigt und verpflichtet, die Maßnahmen ordnungsmäßiger Verwaltung zu treffen, die untergeordnete Bedeutung haben und nicht zu **erheblichen Verpflichtungen** führen. Die Frage der „Erheblichkeit" soll nach dem Willen des Gesetzgebers anhand aller Umstände des Einzelfalles beurteilt werden. Maßgeblich soll die Sichtweise eines durchschnittlichen Wohnungseigentümers der konkreten Anlage sein, wobei es nicht auf die absolute Höhe der finanziellen Verpflichtung, sondern auf die Höhe der anteiligen Verpflichtung des einzelnen Wohnungseigentümers ankommen.[7] Dementsprechend soll der Kreis derjenigen Maßnahmen, die ein Verwalter nach § 27 Abs. 1 Nr. 1 WEG eigenverantwortlich treffen darf, umso umfangreicher sein, je größer die jeweilige Wohnungseigentumsanlage ist.[8] Ausgehend von dieser gesetzgeberischen Intention erscheint es nach hier vertretener Ansicht naheliegend, dass ein Verwalter nach § 27 Abs. 1 Nr. 1 WEG zumindest in einigen Konstellationen bereits qua Gesetz zum Abschluss eines Hausmeistervertrages berechtigt sein dürfte. In Betracht kommt eine solche Berechtigung insbesondere bei einer großen Wohnungseigentumsanlage und einem Hausmeistervertrag, der den Hausmeister nur zu einer kleinen Zahl einfacher Tätigkeiten gegen eine dementsprechend überschaubare Entlohnung verpflichtet – etwa die Durchführung kleinerer Reparaturen wie dem Austausch defekter Leuchtelemente. Demgegenüber dürfte eine solche Berechtigung bei umfangreichen, langfristigen Hausmeisterverträgen auch nach der neuen Rechtslage nicht gem. § 27 Abs. 1 Nr. 1 WEG in Betracht kommen. Problematisch erscheint dies nach hier vertretener Ansicht insbesondere bei weitreichenden Verpflichtungen wie dem Abschluss eines Hausmeistervertrages mit Putz- und Räumpflichten, durch den zugleich entsprechende Verkehrssicherungspflichten der Wohnungseigentümergemeinschaft auf den Hausmeister delegiert werden sollen. Auch der Abschluss eines Hausmeistervertrages, der mit der Bereitstellung einer Hausmeisterwohnung in der Wohnungseigentumsanlage einhergeht, dürfte in aller Regel nicht unerheblich iSd § 27 Abs. 1 Nr. 1 WEG sein, da in diesen Konstellationen zugleich ein Mietvertrag mit erheblichen Haftungsrisiken abgeschlossen wird.

Dementsprechend dürfte auch nach neuer Rechtslage die Bevollmächtigung des Verwalters zum Abschluss eines Hausmeistervertrages **durch entsprechenden Beschluss** nach § 27 Abs. 2 WEG den Regelfall darstellen. Für die generelle Herbeiführung eines solchen Beschlusses spricht nach hier vertretener Ansicht zudem, dass alle beteiligten Parteien durch den Beschluss eine entsprechende Rechts- und Planungssicherheit haben. Überdies können die Wohnungseigentümer auf diesem Wege den Inhalt, aber auch die Grenzen der Vollmacht zum Abschluss eines Hausmeistervertrages nach ihrem Willen gestalten und anpassen. Eine solchen Bevollmächtigung nach § 27 Abs. 2 WEG dürfte sich – analog zur früheren Rechtslage nach § 27 Abs. 3 S. 1 Nr. 7 WEG aF – als eine Form der **rechtsgeschäftlich erteilten Vollmacht** darstellen, so dass die entsprechenden Regelun-

---

5 Jedenfalls bei langfristigen Verträgen idS OLG Köln 26.11.2004 – 16 Wx 184/04, ZMR 2005, 473; ausführlich *Pauli/Dimsic*, ZMR 2016, 89 (90); etwas weitergehend Niedenführ/Vandenhouten/*Niedenführ*, WEG, § 27, Rn. 31 jeweils mwN.

6 So BT-Drs. 19/22634, 47.

7 Siehe BT.-Drs. 19/22634, 47.

8 So BT.-Drs. 19/22634, 47.

gen des BGB über rechtsgeschäftliche Vollmachten Anwendung finden.[9] Weiterhin ist auch eine Bevollmächtigung direkt im Verwaltervertrag grundsätzlich zulässig, da dieser Vertragsschluss seinerseits eines mehrheitlichen Beschlusses einer Wohnungseigentümerversammlung bedarf.[10]

bb) Der notwendige Inhalt einer Vollmacht und ihre Grenzen. Die dem Verwalter erteilte Vollmacht war **9** nach der Rechtsprechung zu § 27 Abs. 3 S. 1 Nr. 7 WEG aF gewissen inhaltlichen Voraussetzungen und Grenzen unterworfen. Im Hinblick auf die inhaltliche Kongruenz von § 27 Abs. 3 S. 1 Nr. 7 WEG aF und § 27 Abs. 2 WEG spricht nach hier vertretener Ansicht viel dafür, dass diese – allgemeinen – Voraussetzungen auch nach der neuen Rechtslage bei einer rechtsgeschäftlichen Bevollmächtigung durch Beschluss einzuhalten sind. Wesentliche Voraussetzung ist hiernach die **hinreichende Bestimmtheit** einer Vollmacht, insbesondere im Falle einer Erteilung durch Beschluss. Es wird mit Recht verlangt, dass den Wohnungseigentümer vor Beschlussfassung die **wesentlichen Vertragsinhalte** bekannt sein müssen. Hierzu werden jedenfalls die Laufzeit des Vertrages, die Aufgaben des Hausmeisters und seine Vergütung gezählt.[11] Dafür spricht auch nach hier vertretener Auffassung, dass die Wohnungseigentümer bei einer Bevollmächtigung ohne umfassende Kenntnis der Vertragsinhalte ein für sie nicht kalkulierbares, **finanzielles Risiko** eingehen würden.[12] Dieses Bestimmtheitserfordernis ist ebenfalls bei einer vorgelagerten Bevollmächtigung direkt im Verwaltervertrag einzuhalten.[13]

Als wesentliche Grenze einer Bevollmächtigung muss der Grundsatz einer **ordnungsmäßigen Verwaltung** **10** nach § 18 Abs. 2 WEG eingehalten werden.[14] Dafür spricht nach hier vertretener Ansicht insbesondere, dass der spätere Abschluss eines Hausmeistervertrages seinerseits ordnungsmäßiger Verwaltung entsprechen muss. Wenn aber dasjenige Rechtsgeschäft, zu dem die Wohnungseigentümer ermächtigen, einer ordnungsmäßigen Verwaltung entsprechen muss, so gilt dies auch für die vorgelagerte Vollmacht zum Abschluss dieses Rechtsgeschäfts. Allein durch die Einschaltung eines Dritten kann der Anspruch eines jeden Wohnungseigentümer auf eine ordnungsmäßige Verwaltung nicht unterlaufen werden. Als Ausfluss ordnungsmäßiger Verwaltung müssen vor der Bevollmächtigung zu einem konkreten Vertragsschluss mindestens drei **Vergleichsangebote** verschiedener Hausmeister eingeholt werden.[15] Weiterhin bedarf die Bevollmächtigung zu einem langfristigen Vertragsschluss über mehr als fünf Jahre **Laufzeit** eines hinreichend bestimmten Eigentümerbeschlusses, um die finanziellen Risiken vorhersehen zu können.[16] Im Übrigen muss sich der Vertragsschluss, zu dem die Vollmacht erteilt werden soll, in den allgemeinen Ermessensgrenzen einer ordnungsmäßigen Verwaltung halten (ausführlich zu diesen Grenzen → *Ermessen* Rn. 10 ff.).

III. Rechtliche Stellung des Hausmeisters und Inhalt eines Hausmeistervertrages

Der Hausmeister hat im WEG keine gesetzliche Regelung gefunden, so dass seine rechtliche Stellung im We- **11** sentlichen durch die individuellen vertraglichen Vereinbarungen der Parteien geprägt werden. Nachfolgend sollen jedoch die Stellung des Hausmeisters anhand typischer und regelmäßig wiederkehrender Inhalte eines Hausmeistervertrages beleuchtet werden.

---

9 Für die alte Rechtslage in diesem Sinne BGH 20.2.2014 – III ZR 443/13, ZMR 2014, 566; Kritik an dieser Entscheidung aus praktischer Sicht üben *Pauli/Dimsic* ZMR 2016, 89 (92 ff.); zu den Konsequenzen ausführlich unter V.2.b.

10 Zur grundsätzlichen Zulässigkeit wie auch den Grenzen siehe OLG München 20.3.2008 – 34 Wx 46/07, ZMR 2009, 64: vgl. auch *Pauli/Dimsic*, ZMR 2016, 89 (90).

11 Instruktiv idS LG Koblenz 21.7.2014 – 2 S 72/13, ZMR 2015, 60; entsprechende Beispiele für wirksame und unwirksame Klauseln finden sich bei Elzer/Fritsch/Meier/*Fritsch* WEG § 2 Rn. 96 f.

12 So auch LG Koblenz 21.7.2014 – 2 S 72/13, ZMR 2015, 60; ähnlich bereits OLG Köln 26.11.2004 – 16 Wx 184/04, ZMR 2005, 473.

13 Auf dieses Erfordernis hinweisend bereits *Pauli/Dimsic* ZMR 2016, 89 (90).

14 So auch OLG Koblenz 2.7.1998 – 5 U 1636/97, ZMR 1999, 583; OLG Köln 26.11.2004 – 16 Wx 184/04, ZMR 2005, 473; LG Koblenz 21.7.2014 – 2 S 72/13, ZMR 2015, 60.

15 In diesem Sinne OLG Köln 26.11.2004 – 16 Wx 184/04, ZMR 2005, 473; ebenso LG Koblenz 21.7.2014 – 2 S 72/13, ZMR 2015, 60.

16 In diesem Sinne etwa OLG Koblenz 2.7.1998 – 5 U 1636/97, ZMR 1999, 583 und OLG Köln 26.11.2004 – 16 Wx 184/04, ZMR 2005, 473; zustimmend etwa Timme/*Knop* WEG § 27 Rn. 63; weitergehend für eine Kopplung der Vertragslaufzeiten von Hausmeister und bevollmächtigtem Verwalter, *Häublein* ZWE 2099, 189 (192 ff.).

12 **1. Das Wechselspiel von Vertragsgestaltung und rechtlicher Stellung des Hausmeisters.** Die rechtliche Stellung des Hausmeisters wird insbesondere durch eine mögliche **Arbeitnehmereigenschaft** in Abgrenzung zu einer selbstständigen Tätigkeit geprägt. Diese Frage wird durch die Rechtsprechung anhand der allgemeinen Normen und Grundsätze des Arbeitsrechts beurteilt.[17] **Arbeitnehmer** ist hiernach, wer aufgrund eines privatrechtlichen Vertrags im Dienste eines anderen zur Leistung weisungsgebundener, fremdbestimmter Arbeit in persönlicher Abhängigkeit verpflichtet ist. Maßgeblich sind die Umstände des Einzelfalles und insbesondere der erkennbare Parteiwille.[18]

13 **a) Der Hausmeister als selbstständiger Unternehmer.** Ein zentrales Merkmal für eine selbstständige Tätigkeit ist die **Freiheit der Zeiteinteilung.** Wenn die konkrete Ausgestaltung des Vertrages es einem Hausmeister erlaubt, seine Zeit selbst frei einzuteilen und somit im Ergebnis noch weiteren, ähnlichen Aufträgen bei anderen Wohnungseigentümergemeinschaften nachzugehen, so spricht vieles für eine selbstständige Tätigkeit.[19] Denkbar erscheint eine solche Selbstständigkeit insbesondere bei Vertragsschluss mit einem **größeren Hausmeisterservice**, der eine Vielzahl von Angestellten beschäftigt und von der jeweiligen Wohnungseigentümergemeinschaft lediglich ein vertraglich festgelegtes Leistungsprogramm in einem bestimmten Zeitraum vorgegeben bekommt.[20]

14 **b) Der Hausmeister als Arbeitnehmer der Gemeinschaft der Wohnungseigentümer.** Ein Hausmeister kann jedoch auch die Stellung eines Arbeitnehmers innehaben, so dass die vertragsschließende Gemeinschaft der Wohnungseigentümer zugleich als Arbeitgeber auftritt. Eine solche **abhängige Beschäftigung** liegt nahe, wenn der Hausmeister als Einzelperson den Vertrag abschließt und in diesem Vertrag festgelegte Präsenzzeiten in der Wohnanlage verankert werden, in denen der Hausmeister sich für bestimmte Arbeitsaufträge der Wohnungseigentümer zur Verfügung zu halten hat.[21] Diese rechtliche Stellung als Arbeitnehmer hat zur Folge, dass die arbeitsrechtlichen Regelungen zugunsten eines Arbeitnehmers Anwendung finden. So hat der Hausmeister nach § 1 MiLoG **Anspruch** auf den gesetzlichen **Mindestlohn.**[22] Problematisch kann unter diesem Gesichtspunkt insbesondere die pauschale Vergütung eines Leistungskataloges sein, dessen Zeitaufwand monatlich wechselt, so dass die Vergütung pro Stunde unter die Schwelle des Mindestlohns fallen kann.[23] Neben der Verpflichtung zur Nachzahlung sieht das MiLoG bei Unterschreiten des gesetzlichen Mindestlohns zudem entsprechende **Ordnungswidrigkeittatbestände** vor, die die Wohnungseigentümergemeinschaft als Arbeitgeber treffen würden.[24] Demgegenüber wird beim Engagement eines selbstständigen Hausmeisterservices, der seinerseits Arbeitnehmer engagiert, eine Nachhaftung des Verbands Wohnungseigentümergemeinschaft nach § 13 MiLoG iVm § 14 AEntG in der Regel ausscheiden, da es an einer gewerblichen Tätigkeit der Gemeinschaft der Wohnungseigentümer fehlen wird.[25]

15 **2. Der Inhalt eines Hausmeistervertrages. a) Begrenzung der Vertragsgestaltung durch das Erfordernis ordnungsmäßiger Verwaltung in § 18 Abs. 2 WEG.** Die wesentliche, gesetzliche Grenze eines Vertrages zwischen einem Hausmeister und einer Gemeinschaft der Wohnungseigentümer ist das Recht eines jeden Miteigentümers auf eine **ordnungsmäßige Verwaltung** aus § 18 Abs. 2 WEG. So müssen vor Vertragsschluss mit einem bestimmten Hausmeister grundsätzlich mehrere **Vergleichsangebote** eingeholt werden.[26] Zudem wird in Rechtsprechung und Literatur regelmäßig die Frage aufgeworfen, ob die Ordnungsmäßigkeit der Inanspruchnahme eines Hausmeisters von einer gewissen **Mindestgröße** der Wohnanlage abhängig ist.[27] In der Rechtsprechung wurde die Ordnungsmäßigkeit eines solchen Vertrages jedenfalls ab einer Größe von ungefähr

---

17 Vgl. etwa BAG 27.9.2012 – 2 AZR 838/11, NZM 2013, 382 unter Anwendung der allgemeinen Abgrenzungsformel zwischen Arbeitnehmer und Selbstständigen; zustimmend auch *Rudkowski* ZWE 2015, 11 mwN.

18 In diesem Sinne wiederum BAG 27.9.2012 – 2 AZR 838/11, NZM 2013, 382.

19 In diesem Sinne bereits LSG Bremen 22.10.2014 – L 2 R 258/14, ZWE 2015, 163; zustimmend Niedenführ/Vandenhouten/*Niedenführ* WEG § 27 Rn. 31.

20 So auch LSG Bremen 22.10.2014 – L 2 R 258/14, ZWE 2015, 163.

21 Vgl. wiederum LSG Bremen 22.10.2014 – L 2 R 258/14, ZWE 2015, 163.

22 Ausführlich zu dieser Rechtsfolge bereits *Rudkowski* ZWE 2015, 11 ff. und *Popella* ZWE 2015, 163 ff.

23 Vgl. zu diesem Beispiel *Popella* ZWE 2015, 163 (165); siehe auch *Rudkowski* ZWE 2015, 11 (13).

24 Vgl. *Popella* ZWE 2015, 163 (167) und *Rudkowski* ZWE 2015, 11 (13).

25 So auch *Popella* ZWE 2015, 163 (166 f.) und *Rudkowski* ZWE 2015, 11 (14).

26 Vgl. wiederum OLG Köln 26.11.2004 – 16 Wx 184/04, ZMR 2005, 473; ebenso LG Koblenz 21.7.2014 – 2 S 72/13, ZMR 2015, 60.

27 Ausführlich etwa Jennißen/Schmidt/*Jennißen* WEG-Verwalter A. Rn. 445 ff.

50 Wohneinheiten in aller Regel bejaht.[28] An dieses Erfordernis einer Mindestgröße sollten nach hier vertretener Ansicht – wenn überhaupt – nur geringe Anforderungen gestellt werden, da auch bei kleineren Wohnanlagen unter 50 Wohneinheiten die Delegation von bestimmten, praktischen Tätigkeiten an einen Hausmeister als **Experten** durchaus sachgerecht erscheint. Jedenfalls steht den Wohnungseigentümern bei der Einhaltung einer ordnungsmäßigen Verwaltung im Zusammenhang mit einem Hausmeistervertrag ein gewisser Ermessensspielraum zu (zu Inhalt und Grenzen → *Ermessen* Rn. 7 ff.).

b) Typische Inhalte eines Hausmeistervertrages. Die individuelle Ausgestaltung der Vertragsinhalte obliegt   16
– innerhalb der benannten Grenzen – grundsätzlich den jeweiligen Parteien. Allerdings beinhalten die in der Rechtsprechung behandelten Hausmeisterverträge insbesondere hinsichtlich der Aufgaben eines Hausmeisters regelmäßig ähnliche Regelungen. Die vertraglichen Aufgabenkataloge eines Hausmeisters lehnen sich in der Regel an die Definition des § 2 Nr. 14 BetrKV an: Dem Hausmeister obliegen hiernach regelmäßig **einfache Erhaltungsaufgaben** (zB das allseits bekannte Wechseln von Glühbirnen), die **Reinigung** der Wohnanlage, die **Vorbereitung** der Müllentsorgung sowie **Kontrollpflichten** hinsichtlich Zustands der Wohnanlage und auch der Einhaltung der Gemeinschaftsordnung.[29] Der vertragliche Aufgabenkatalog des Hausmeisters umfasst somit typischerweise **kleinere Reparaturen** und **alltägliche Dienstleistungen** innerhalb der Wohnanlage. Von Seiten des Verwalters wird überdies regelmäßig an eine Delegation von Aufsichts- und Verkehrssicherungspflichten auf den Hausmeister durch eine entsprechende, vertragliche Gestaltung zu denken sein.[30]

IV. Abrechnung und Umlage der Kosten eines Hausmeisters

Die Fragen nach den Abrechnungsmöglichkeiten für die Kosten eines Hausmeisters und den zulässigen Umlageschlüsseln für diese Kosten sind für die Wohnungseigentümer von besonderem, praktischen Interesse und   17
sollen nachfolgend zumindest kurz dargestellt werden.

1. Umfang und Grenzen der Umlage von Hausmeisterkosten nach § 2 Nr. 14 BetrKV. Die als **Betriebs-**   18
kosten abrechnungsfähigen Hausmeisterkosten werden durch § 2 Nr. 14 BetrKV grundsätzlich „negativ" anhand der Abgrenzung zu den Kosten für Erhaltung, Erneuerung, Schönheitsreparaturen oder die Hausverwaltung definiert.[31] Außerdem sieht § 2 Nr. 14 BetrKV bei typischen Hausmeistertätigkeiten wie Wartung und Pflege der Wohnanlage ein **Verbot** der Doppelverwertung im Hinblick auf die Tatbestände des § 2 Nr. 2–10 und 16 BetrKV vor. In der Literatur wird teilweise eine „positive" Definition von Hausmeisterkosten iSd § 2 Nr. 14 BetrKV vorgenommen iSe Leitbilds von Hausmeistertätigkeiten als eigenhändig ausgeführte Kleinreparaturen und Arbeiten mit einfachsten Werkzeugen und reinen Verbrauchsgütern.[32] Allerdings wird mit Recht bemängelt, dass das Merkmal der „Eigenhändigkeit" in Zeiten größerer Hausmeisterfirmen kaum praktikabel ist.[33] Ein anderer Teil der Literatur nimmt – ausgehend von der Negativdefinition des § 2 Nr. 14 BetrKV – eine Abgrenzung der Hausmeisterkosten von anderen Kostenpositionen im Einzelfall vor.[34] Der BGH führt in diesem Zusammenhang aus, dass § 2 Nr. 14 BetrKV von einem allgemein bekannten Leitbild des Hausmeisterbegriffes ausgehe.[35] Indes erscheint ein solches „Leitbild" des Verordnungsgebers mit Blick auf den Wandel vom einzelnen Hausmeister einer Wohnanlage hin zu einem größeren Hausmeisterservice kaum als zukunftsfähiges Abgrenzungskriterium. Zudem nimmt auch der BGH in der betreffenden Entscheidung eine Abgrenzung der

---

28 Für 52 Appartements und mehrere gewerbliche Einheiten BayObLG 28.2.1991 – BReg 2 Z 144/90, WuM 1991, 310; für 53 Wohneinheiten KG 14.6.1993 – 24 W 5328/92, ZMR 1993, 478; für 47 Wohneinheiten OLG Schleswig 3.9.2004 – 2 W 90/03, NZM 2005, 66.

29 Vgl. zu Instandsetzung siehe etwa BayObLG 28.2.1991 – BReg 2 Z 144/90, WuM 1991, 310; ähnlich AG Neuss 11.12.1990 – 32 C 374/90, NJW-RR 1991, 909; zur Vorbereitung der Müllbeseitigung LG Frankfurt 20.3.2014 – 2– 13 S 165/13, WuM 2015, 451; zu Reinigungsdiensten OLG Frankfurt 27.4.2004 – 20 W 183/02; zu Kontrollpflichten OLG Düsseldorf 12.3.2003 – I-3 Wx 377/02, ZMR 2003, 696; ausführlich auch *Westphal* WuM 1998, 329.

30 Ausführlich zu den Möglichkeiten und Grenzen einer solchen Delegation Elzer/Fritsch/Meier/*Fritsch* WEG § 2 Rn. 737 ff. mwN.

31 Vgl. zu dieser „Negativdefinition" BGH 26.9.2012 – XII ZR 112/10, NJW 2013, 41; ausführlich auch *Westphal* WuM 1998, 329.

32 In diesem Sinne *Westphal* WuM 1998, 329.

33 So Riecke/Schmid/*Schmid/Rieke* WEG BetrKV § 2 Rn. 77.

34 Ausführlich Riecke/Schmid/*Schmid/Rieke* WEG BetrKV § 2 Rn. 77 ff.

35 In diese Richtung gehen die Ausführungen von BGH 26.9.2012 – XII ZR 112/10, NJW 2013, 41.

Hausmeisterkosten zu Erhaltungskosten vor.[36] Dementsprechend ist nach hier vertretener Ansicht in Übereinstimmung mit der negativen Definition des § 2 Nr. 14 BetrKV eine **Abgrenzung im Einzelfall** erforderlich.[37]

19 **2. Zulässige Umlageschlüssel für die Kosten eines Hausmeisters.** Die Umlage von Kosten des gemeinschaftlichen Eigentums unter Einschluss von Hausmeisterkosten erfolgt auch nach neuer Rechtslage gem. § 16 Abs. 2 WEG im Grundsatz nach den jeweiligen **Miteigentumsanteilen**. Eine Änderung des Umlageschlüssels ist nach § 16 Abs. 2 S. 2 WEG durch mehrheitlichen Beschluss der Wohnungseigentümer möglich. Allerdings wurde in der Rechtsprechung verschiedentlich angenommen, dass eine Veränderung des Umlageschlüssels für Hausmeisterkosten hin zur Abrechnung nach Wohneinheiten **willkürlich** und damit anfechtbar sei. Argumentativ wird darauf verwiesen, dass in größeren Wohneinheiten typischerweise mehr Personen wohnen würden, die einen Mehraufwand bei hausmeisterlichen Tätigkeiten gegenüber kleineren Wohneinheiten verursachen. Ein Wechsel von der Abrechnung nach Miteigentumsanteilen hin zu einer Abrechnung nach Wohneinheiten würde daher allein dem Zweck dienen, größere Wohneinheiten ohne sachlichen Grund gegenüber kleineren Wohneinheiten zu privilegieren.[38]

V. Beendigung eines Hausmeistervertrages

20 Nachdem der Abschluss eines Hausmeistervertrages, die typischen Vertragsinhalte und die Abrechnung der Hausmeisterkosten dargestellt worden sind, soll nun auch die Beendigung eines Hausmeistervertrages in den Blick genommen werden, wobei insbesondere die Kündigung des Vertrages von praktischer Relevanz ist.

21 **1. Anwendbarkeit der allgemeinen dienst- und arbeitsrechtlichen Regelungen.** Ein Hausmeistervertrag unterliegt auch im Hinblick auf seine Beendigung durch eine Kündigung den allgemeinen Regelungen des BGB bzw. arbeitsrechtlicher Spezialgesetze. Dabei ist je nach rechtlicher Stellung des Hausmeisters qua vertraglicher Vereinbarung zu differenzieren: Ein Vertrag, nach dessen Inhalt der Hausmeister als **Selbstständiger** tätig wird, lässt sich regelmäßig als Dienst- oder Werkvertrag qualifizieren und nach den Regelungen der §§ 620, 621, 626 BGB bzw. der §§ 648, 648 a BGB kündigen. Arbeitsrechtliche Spezialregelungen finden auf den selbstständigen Hausmeister keine Anwendung.

22 Handelt es sich bei dem Hausmeister nach der vertraglichen Ausgestaltung seiner Tätigkeit demgegenüber um einen **Arbeitnehmer**, so finden nach der Rechtsprechung auch die arbeitsrechtlichen Spezialregelungen zur Kündigung Anwendung.[39] So richten sich die Kündigungsfristen nach § 622 BGB, und auch Spezialgesetze wie das KSchG können grundsätzlich Anwendung finden. Für das KSchG gilt es jedoch die **Kleinbetriebsklausel** in § 23 KSchG zu bedenken, die Betriebe mit weniger als zehn Arbeitnehmern vom Anwendungsbereich des Gesetzes ausnimmt. Diese Ausnahmeregelung wird eine Anwendung des KSchG auf einen Hausmeister regelmäßig ausschließen, da selbst bei größeren Wohnanlagen eine feste Anstellung von mehr als zehn Hausmeistern eher fernliegend erscheint. Die etwaigen Mitarbeiter des Verwalters können in Ermangelung eines gemeinsamen „Betriebes" zwischen dem Verwalter und einem angestellten Hausmeister iSd § 23 KSchG nicht mit eingerechnet werden.[40]

23 **2. Zulässigkeit einer Bevollmächtigung des Verwalters zum Ausspruch einer Kündigung.** Die Gemeinschaft der Wohnungseigentümer als Vertragspartnerin darf ihren Verwalter zur Kündigung des Hausmeistervertrages bevollmächtigen. Eine solche Vollmachterteilung ist grundsätzlich zulässig, da es sich bei der Kündigung eines Hausmeistervertrages – ebenso wie bei seinem Abschluss – nicht um ein höchstpersönliches Rechtsgeschäft handelt (→ Rn. 4 ff.).

24 **a) Art der Bevollmächtigung und Voraussetzungen einer Vollmacht.** Allerdings haben sich in Rechtsprechung über die Art einer solchen Bevollmächtigung und ihre notwendigen Voraussetzungen verschiedene Auffassungen herausgebildet. In der Rechtsprechung wurde teilweise eine Bevollmächtigung zur „Anstellung" ei-

---

36 Vgl. BGH 26.9.2012 – XII ZR 112/10, NJW 2013, 41.
37 Für eine ausführliche Auflistung vgl. wiederum Riecke/Schmid/*Schmid/Rieke* WEG BetrKV § 2 Rn. 77 ff.
38 So LG Nürnberg-Fürth 25.3.2009 – 14 S 7627/08, NJW 2009, 3246; dem folgend AG Nürnberg 20.9.2013 – 16 C 5504/12, ZWE 2014, 35; zustimmend aus der Literatur *Bärmann/Pick* WEG § 16 Rn. 63; differenzierend zwischen Reinigung und sonstigen Tätigkeiten *Schmid* MietRB 2010, 61 (64).
39 Vgl. allgemein BAG 27.9.2012 – 2 AZR 838/11, NZM 2013, 382; speziell zu den Regelungen über Kündigungen siehe LAG Düsseldorf 17.1.2008 – 13 SA 1988/07.
40 Klarstellend LAG Düsseldorf 17.1.2008 – 13 SA 1988/07.

nes Hausmeisters in einer Teilungserklärung zugleich als Bevollmächtigung zur Kündigung des betreffenden Hausmeistervertrages angesehen.[41] Argumentiert wird zum einen, dass die **Kündigungsbefugnis** in der Bevollmächtigung zur „Anstellung" mit **enthalten** sei, da das Risiko der Gemeinschaft der Wohnungseigentümer bei einer Kündigung geringer sei als bei der Einstellung eines Hausmeisters.[42] Außerdem wird auf Praktikabilitätsgründe abgestellt, da ein Beschluss der Wohnungseigentümer gerade bei größeren Wohnanlagen und kurzen Kündigungsfristen kaum praktikabel sei.[43] Dem wird von Teilen der Literatur entgegengehalten, dass vertragliche Regelungen der Gemeinschaft der Wohnungseigentümer mit dem Verwalter allenfalls eine Vollmacht im Außenverhältnis begründen könnten und die **Letztentscheidung** über die Kündigung eines Hausmeisters im Innenverhältnis bei den Wohnungseigentümern liegen solle.[44]

Nach hier vertretener Ansicht ist diese Fragestellung nach der Art der Bevollmächtigung weniger abstrakt, sondern vielmehr anhand der **inhaltlichen Voraussetzungen** einer solchen Vollmacht zu beurteilen. Eine Bevollmächtigung zur Kündigung eines Hausmeistervertrages erfordert grundsätzlich die **Kenntnis** der Gründe, aus denen die Kündigung erfolgen soll.[45] Dementsprechend erscheint eine Bevollmächtigung – insbesondere im Falle einer Kündigung aus verhaltensbezogenen Gründen – kaum zulässigerweise in der Teilungserklärung oder dem Beschluss über den Abschluss des Vertrages möglich, da es in diesem Zeitpunkt naturgemäß an der **Kenntnis** des späteren, **kündigungsbegründenden Verhaltens** des Hausmeisters fehlen muss. Ein „**Vorratsbeschluss**" über die Bevollmächtigung des Verwalters zur späteren Kündigung müsste im Zeitpunkt der Einstellung somit eine Vielzahl möglicher, negativer Verhaltensweisen des Hausmeisters voraussehen und aufzählen.[46] Ein Beschluss bzw. eine solche Vereinbarung wird regelmäßig **zu unbestimmt** und dementsprechend anfechtbar sein.[47] Jedenfalls aus Gründen der **Rechtssicherheit** und auch zur **Vermeidung einer eigenen Haftung** sollte ein Verwalter vor Ausspruch der Kündigung einen Beschluss der Wohnungseigentümer im Wege einer **außerordentlichen Eigentümerversammlung** herbeiführen.[48] Eine solche Versammlung kann auch nach der neuen Rechtslage gem. § 24 Abs. 4 S. 2 WEG mit einer kürzeren Ladungsfrist als der regelmäßigen Frist von nunmehr drei Wochen einberufen werden, wenn ein Fall besonderer Dringlichkeit vorliegt. Nach bisheriger Auslegung der Norm sollte insbesondere bei einer außerordentlichen Kündigung die kurze Kündigungsfrist des § 626 Abs. 2 BGB eine „besondere Dringlichkeit" iSd § 24 Abs. 4 S. 2 WEG aF begründen.[49] Zwar hat der Gesetzgeber die allgemeine Ladungsfrist durch die Neufassung des § 24 Abs. 4 S. 2 WEG von zwei auf drei Wochen verlängert, was für eine Erhöhung der Anforderungen an eine „besondere Dringlichkeit" sprechen könnte. Indes hat der Gesetzgeber diese Erhöhung der Regelfrist in den Gesetzesmaterialien nicht ausschließlich mit der besseren Vorbereitungsmöglichkeit und der größeren Planungssicherheit für die Wohnungseigentümer begründet.[50] Diese gesetzgeberischen Ziele für die Einberufung ordentlicher Wohnungseigentümerversammlungen haben dementsprechend keinen Einfluss auf die Auslegung der „besonderen Dringlichkeit" zur Begründung außerordentliche Wohnungseigentümerversammlungen. Zudem werden diese Versammlungen typischerweise aufgrund eines einzelnen Themenfeldes abgehalten, welches zwar eilbedürftig, aber inhaltlich überschaubar ist. Dementsprechend würde auch das gesetzgeberische Ziel der inhaltlichen Vorbereitung der Wohnungseigentümer auf die Versammlung typischerweise durch die Übersichtlichkeit der Inhalte eingehalten. Bedenkt man weiter, dass die Regelfrist von drei Wochen für die Einberufung einer Eigentümerversammlung durch die Reform nun gerade nicht mehr kongruent zur außerordentlichen Kündigungsfrist des § 626 Abs. 2 BGB verläuft, so spricht nach hier vertretener Auffassung vieles dafür, dass insbesondere in Fallgestaltungen, bei denen eine außerordentliche Kündigung im Raum steht, auch nach neuer Rechtslage regelmäßig von einer besonderen Dringlichkeit iSd § 24 Abs. 4 S. 2 WEG ausgegangen werden kann.

25

---

41 So bereits OLG Köln 31.5.1989 – 16 Wx 25/89; ausführlich auch LAG Düsseldorf 17.1.2008 – 13 SA 1988/07.

42 So OLG Köln 31.5.1989 – 16 Wx 25/89; ähnlich auch LAG Düsseldorf 17.1.2008 – 13 SA 1988/07.

43 So LAG Düsseldorf 17.1.2008 – 13 SA 1988/07.

44 In diesem Sinne zustimmend *Pauli/Dimsic* ZMR 2016, 89 (91).

45 So mit Recht *Pauli/Dimsic* ZMR 2016, 89 (91); ähnlich im Ergebnis LAG Düsseldorf 17.1.2008 – 13 SA 1988/07 mit Blick auf das Verbot einer missbräuchlichen, anlasslosen Kündigung aus § 242 BGB.

46 Ausführlich in diesem Sinne auch *Pauli/Dimsic* ZMR 2016, 89 (91).

47 So auch *Pauli/Dimsic* ZMR 2016, 89 (91).

48 Ebenso *Pauli/Dimsic* ZMR 2016, 89 (91); ähnlich im Ergebnis auch Niedenführ/Vandenhouten/*Niedenführ* WEG § 27 Rn. 31.

49 So bereits *Pauli/Dimsic* ZMR 2016, 89 (91).

50 So BT.-Drs. 168/20, 24 f.

Zusammengefasst bedarf es für die Bevollmächtigung des Verwalters zum Ausspruch einer Kündigung eines Hausmeistervertrages grundsätzlich eines hinreichend bestimmten Beschlusses der Wohnungseigentümer in Kenntnis der konkreten Kündigungsgründe.

26 **b) Exkurs: Kein Erfordernis des Nachweises einer Vollmacht nach § 174 BGB im Hinblick auf § 9 b Abs. 1 S. 1 WEG.** Nach der neuen Rechtslage ist der Verwalter bei Ausspruch einer Kündigung überdies nicht mehr zur Vorlage einer entsprechenden Vollmacht nach § 174 BGB verpflichtet. Vielmehr hat der Gesetzgeber im Zuge der WEG-Reform in § 9 b Abs. 1 S. 1 WEG eine umfassende Vertretungsbefugnis des Verwalters im Außenverhältnis normiert.

Nach der bisherigen Rechtsprechung des BGH war die auf Grundlage des § 27 Abs. 3 S. 1 Nr. 7 WEG aF erteilte Vollmacht als eine rechtsgeschäftlich erteilte Vollmacht anzusehen und auf diese Vollmacht dementsprechend § 174 BGB anzuwenden.[51] Dementsprechend war ein einseitiges Rechtsgeschäft – etwa der Ausspruch einer Kündigung – nach bisheriger Rechtslage unwirksam, wenn keine Vollmachturkunde vorgelegt wurde und das Rechtsgeschäft aus diesem Grund unverzüglich zurückgewiesen wurde.

Dieses Erfordernis ist durch die nunmehr in § 9 b Abs. 1 S. 1 WEG normierte, umfassende Vertretungsmacht des Verwalters im Außenverhältnis nach dem ausdrücklichen Willen des Gesetzgebers obsolet geworden.[52]

VI. Hausmeisterwohnung

27 Eine Hausmeisterwohnung meint eine Wohneinheit innerhalb einer Wohnanlage, die qua ihrer Zweckbindung an den Hausmeister der Wohnanlage vermietet wird. Eine solche Wohnung wird entweder bereits in der Teilungserklärung mit entsprechender Zweckbindung ausgewiesen oder durch Vereinbarung nach § 15 Abs. 1 WEG geschaffen.[53] Eine anderweitige, **zweckfremde Nutzung** der Hausmeisterwohnung – beispielsweise als Fahrradkeller oder Waschküche – bedarf nach der Rechtsprechung selbst dann einer entsprechenden Vereinbarung, wenn die Hausmeisterwohnung über längere Zeit nicht entsprechend ihrem Zweck genutzt wurde.[54]

28 Weitergehend soll eine **Vermietung** der Hausmeisterwohnung an Dritte nach der Rechtsprechung auch durch einen mehrheitlichen Beschluss der Wohnungseigentümer zulässig sein, wenn keine Vereinbarung entgegensteht und den Wohnungseigentümern kein Nachteil aus der Art der Nutzung erwächst.[55] Argumentativ wird darauf verwiesen, dass eine Hausmeisterwohnung auch bei zweckentsprechender Nutzung durch den Hausmeister nicht der unmittelbaren Gebrauchsmöglichkeit der Wohnungseigentümer unterliegen würde und bei der Vermietung an Dritte der erzielte Mietzins an die Stelle der ortsnahen Hausmeisterbetreuung treten, so dass die Wohnungseigentümer insgesamt keinen Nachteil erleiden würden.[56] Eine solche Vermietung kommt insbesondere in Betracht, wenn der aktuell angestellte Hausmeister die Wohnung nicht nutzen möchte. Die Gemeinschaft der Wohnungseigentümer ist in diesem Fall richtigerweise nicht gezwungen, einen **bewährten Hausmeister** allein mit dem Ziel zu entlassen, die Hausmeisterwohnung wieder durch einen Hausmeister bewohnen zu lassen.[57]

VII. Verfahrenshinweise

29 Ein Rechtsstreit ist im Zusammenhang mit einem Hausmeister insbesondere im Falle seiner Kündigung denkbar. Wenn der Hausmeister qua vertraglicher Ausgestaltung seiner Tätigkeit als Arbeitnehmer anzusehen ist, so fällt ein Prozess über seine Kündigung gemäß § 2 Abs. 1 Nr. 3 lit. b ArbGG in die Zuständigkeit der **Arbeitsgerichtsbarkeit**. Die Beweislast richtet sich im Zuge eines solchen Prozesses nach allgemeinen Regeln,

---

51 So BGH 20.2.2014 – III ZR 443/13, ZMR 2014, 566.
52 So ausdrücklich BT.-Drs. 168/20, 51.
53 Vgl. etwa BayObLG 28.7.1988 – 2 Z 50/88, WE 1989, 146 und OLG Düsseldorf 13.6.1997 – 3 Wx 491/96, NJW-RR 1997, 1306; ausführlich auch *Hügel* DNotZ 2005, 753 (771 f.).
54 Ein mehrheitlicher Beschluss soll nicht genügen, vgl. etwa OLG Düsseldorf 13.6.1997 – 3 Wx 491/96, NJW-RR 1997, 1306 für einen Fahrradkeller und OLG Schleswig 3.9.2004 – 2 W 90/03, NZM 2005, 669 für eine Waschküche.
55 So OLG Düsseldorf 21.8.2002 – 3 Wx 388/01, ZMR 2002, 958 für die Errichtung eines Hausmeisterbüros; diese Rechtsprechung auf die Drittvermietung übertragend OLG Hamburg 16.5.2000 – 2 Wx 14/00, NZM 2001, 132.
56 So OLG Hamburg 16.5.2000 – 2 Wx 14/00, NZM 2001, 132.
57 So auch OLG Schleswig 3.9.2004 – 2 W 90/03, NZM 2005, 669.

so dass grundsätzlich jede Partei die für sie günstigen Tatsachen zu beweisen hat.[58] Der Nachweis der Anwendbarkeit des KSchG mit Blick auf die Kleinbetriebsklausel des § 23 KSchG obliegt nach der Rechtsprechung indes – trotz der Ausgestaltung des § 23 KSchG als Einwendung – dem Arbeitnehmer.[59] Der Streitwert eines solche Prozesses bemisst sich nach der **Höhe der Hausmeistervergütung** für denjenigen Zeitraum, den Hausmeister ohne die vorliegend abgelehnte Kündigung weiter tätig wäre.[60]

Ein Rechtsstreit der Wohnungseigentümer über die Nutzung einer Hausmeisterwohnung unterfällt demgegenüber als wohnungseigentumsrechtliche Streitigkeit der ordentlichen Gerichtsbarkeit. Die Beweislast für etwaig streitige Tatsachen – etwa die Nachteilhaftigkeit einer bestimmten Nutzungsart – richtet sich auch bei einem solchen Rechtsstreit nach den allgemeinen Regeln. 30

107. Hausordnung

Martini

I. Einführung

Gem. § 19 Abs. 2 Nr. 1 WEG gehört das Aufstellen einer Hausordnung zu einer **ordnungsmäßigen**, dem Interesse der Gesamtheit der Wohnungseigentümer entsprechenden **Verwaltung**. Hiernach hat jeder Wohnungseigentümer ein Recht zu verlangen, dass eine Hausordnung aufgestellt wird. Dieses Recht kann nach § 44 Abs. 1 S. 2 WEG gerichtlich durch eine Beschlussersetzungsklage durchgesetzt werden. 1

Unter dem **Begriff Hausordnung** wird eine Sammlung von privatrechtlichen Vorschriften verstanden, welche das einträchtige Zusammenleben unter einem Dach, einschließlich der Nebengelasse, gewährleisten soll. In der Hausordnung befindet sich eine Sammlung an Gebrauchs- und Verwaltungsregelungen der Wohnungseigentumsanlage. Diese muss nicht vollständig sein. Daneben können und werden regelmäßig weitere isolierten Regelungen vorhanden sein, zB eine „Gartenordnung" oder „Waschküchenordnung" etc. Zudem können die Wohnungseigentümer durch Beschlüsse weitere Gebrauchs- und Verwaltungsregelungen schaffen. Alle diese Ordnungen haben den Sinn und Zweck, ein geordnetes und harmonisches Zusammenleben der Wohnungseigentümer zu fördern und Interessenkonflikte zu vermeiden. 2

---

58 Vgl. etwa BAG 28.10.2010 – 2 AZR 392/08, MDR 2011, 610; ausführlich auch ErfK/*Oetker* KSchG, § 1, Rn. 57 ff., 179 ff., 206 ff. und 259 ff. mwN.

59 Vgl. etwa BAG 2.3.2017 – 2 AZR 427/16, NZA 2017, 859; ausführlich ErfK/*Kiel* KSchG § 23 Rn. 13 mwN auch zur Kritik.

60 In diesem Sinne bereits *Hügel/Elzer* WEG § 50 Rn. 13.

3   Das WEG selbst enthält keine Vorgaben über den **Inhalt** einer Hausordnung. Bei der Formulierung sind allgemeine Umschreibung an die Verhaltensmaßnahmen der Wohnungseigentümer zu vermeiden. Denn ist die Regelung zu **unbestimmt**, kann aus diesem Grunde die Hausordnung unwirksam werden. Es muss daher unmissverständlich klar geregelt sein, was erlaubt und was verboten ist.

4   Zu kleinteilig sollte aber die Regelung wiederum nicht ausfallen, denn mit der **Beschlusskompetenz** steht den Wohnungseigentümern ein konkretes Regelungsinstrumentarium zur Seite. Jede Wohnungseigentumsanlage ist durch andere Strukturen geprägt, welche sich oftmals nicht vollständig durch eine Hausordnung regeln lassen.

5   Nunmehr fasst § 19 WEG die Regelung durch Beschluss der Wohnungseigentümer für die **Verwaltung** (§ 21 WEG aF) und **Benutzung** (vorher „Gebrauch", § 15 WEG aF) in nur einer Norm zusammen. Wie vor der WEG-Reform ist der Umfang der Verwaltung auf das gemeinschaftliche Eigentum beschränkt, während die Benutzung sich auch auf das Sondereigentum erstreckt.

6   Zur **Prüfung der Rechtmäßigkeit** muss daher zunächst jeder Punkt der Hausordnung dahin eingeordnet werden, ob es sich hierbei um eine Benutzungsregelung nach § 18 Abs. 2 Nr. 1 WEG oder um eine Verwaltungsregelung nach § 18 Abs. 2 Nr. 2 WEG handelt. Die Prüfung der Rechtmäßigkeit erfolgt dann im Rahmen der jeweiligen Nummer der Norm.

7   Muster für eine Hausordnung finden sich bei *Elzer/Fritsch/Meier*[1] und *Müller*.[2]

II. Materielles Wohnungseigentumsrecht

8   Es gibt drei Arten, wie eine Hausordnung aufgestellt werden kann. Sie kann als Vereinbarung bereits Gegenstand der **Gemeinschaftsordnung** sein. Weiterhin ist es auch möglich, eine Hausordnung durch einen **Beschluss** aufzustellen, § 19 Abs. 1, Abs. 2 Nr. 1 WEG. Schließlich kann die Hausordnung durch das **Gericht** nach § 44 Abs. 1 S. 2 WEG erlassen werden.

9   Der Inhalt der Hausordnung sollte an die Besonderheit der jeweiligen Wohnungseigentumsanlage individuell angepasst werden. Es gibt beispielsweise Wohnungseigentumsanlagen als reine Wohnanlagen oder aber mit einer gemischten Nutzung oder schließlich nur mit Gewerbeanteil. Die **Art der Nutzung** der Wohnungseigentumsanlage kann für die Ausgestaltung der Hausordnung von Bedeutung sein, zB bei einer Ferienhausanlage, einem Seniorenheim oder einem Ärztehaus. Schließlich kann es auch darauf ankommen, ob die Wohnungseigentumsanlage überwiegend selbst genutzt oder aber vollständig vermietet wird.

10 Auch die **Ausstattung** der jeweiligen Wohnungseigentumsanlage bestimmt den Regelungsinhalt, zum Beispiel vorhandene Aufzüge, Schwimmbad, Waschküche, Trockenraum, Sauna, Spielplatz, Stellplätze oder Tiefgaragen.

11 Weil die Hausordnung auf Dauer die Regelungen des Zusammenlebens bestimmt, sind an die Bestimmtheit der Regelungen besonders hohe Anforderungen zu treffen.

12 **1. Hausordnung in der Gemeinschaftsordnung und durch Vereinbarung.** Oft wird eine Hausordnung bereits gemeinsam mit der Gemeinschaftsordnung geregelt. In einer Hausordnung in der Gemeinschaftsordnung oder durch Vereinbarung können auch **vollständige Verbote,** zB Verbot der Tierhaltung, Verbot des Musizierens oder ein Verbot des Wäscheaufhängens, wirksam vereinbart werden.

13 Auch die Übertragung von einer sog. „**tätigen Mithilfe**" auf einen Wohnungseigentümer, zum Beispiel Reinigungsarbeiten oder Winterdienst, ist im Rahmen einer Regelung in der Gemeinschaftsordnung oder in einer Vereinbarung möglich.[3]

14 Für eine Abänderung der Hausordnung durch einen Beschluss empfiehlt es sich, eine konkrete **Öffnungsklausel** in die Gemeinschaftsordnung mitaufzunehmen. Denn es ist umstritten, ob eine Hausordnung, welche in der Gemeinschaftsordnung bereits enthalten ist, durch einen Mehrheitsbeschluss abgeändert werden kann, wenn keine Öffnungsklausel vorhanden ist. Es muss zunächst durch Auslegung ermittelt werden, ob die Hausord-

---

1   FormB-WEG-R § 2 Rn. 563, S. 401.
2   Wohnungseigentumsrecht F. I, S. 321; außerdem: Niedenführ/Schmidt-Räntsch/Vandenhouten/*Vandenhouten* Muster 5.30, S. 878.
3   Palandt/*Wicke* WEG § 21 Rn. 16.

nung nicht nur formeller, sondern auch materieller Bestandteil der Gemeinschaftsordnung geworden ist und damit Vereinbarungscharakter besitzt. In diesem Falle wäre die Hausordnung nur durch eine neue Vereinbarung abänderbar. Von einem solchen Vereinbarungsvorbehalt ist regelmäßig aber nicht auszugehen.[4] Nach der wohl hM kann daher eine in der Gemeinschaftsordnung enthaltene Hausordnung durch einen Beschluss abgeändert werden.[5]

Beschlüsse aufgrund einer Öffnungsklausel bedürfen nach § 10 Abs. 3 WEG der Eintragung ins Grundbuch, wenn diese Beschlüsse gegen den Sondernachfolger eines Wohnungseigentümers Wirkung entfalten sollen.

Manchmal weist die Gemeinschaftsordnung dem **Verwalter** (gelegentlich zusammen mit dem **Verwaltungs-** **15** **beirat**) die Kompetenz zu, die Hausordnung zu erstellen. Aufgrund der Satzungsautonomie der Wohnungseigentümer ist diese Übertragung wirksam.[6] Die vom Verwalter erstellte Hausordnung stellt dann eine Ergänzung der Gemeinschaftsordnung nach § 317 BGB dar.[7] Die vom Verwalter aufgestellte Hausordnung kann aber durch einfachen Mehrheitsbeschluss der Wohnungseigentümer wieder abgeändert oder sogar aufgehoben werden.[8]

Die Sanktionierung eines Verstoßes gegen die Hausordnung kann durch eine Vereinbarung wirksam festgelegt **16** werden, zum Beispiel ein Bußgeld etc.[9]

2. Hausordnung durch Beschluss. Die **Beschlusskompetenz** ergibt sich aus § 19 Abs. 2 Nr. 1 WEG. Jeder **17** Wohnungseigentümer kann gegenüber der Gemeinschaft der Wohnungseigentümer verlangen, dass eine Hausordnung aufgestellt wird, § 18 Abs. 2 Nr. 1 WEG. Die Beschlusskompetenz besteht aber nur, soweit die Verwaltung und die Benutzung nicht bereits durch eine Vereinbarung der Wohnungseigentümer geregelt ist, vgl. § 19 Abs. 1 Hs. 1 WEG.

Der Beschluss muss so **klar gefasst** sein, dass für jeden feststellbar ist, was erlaubt und was verboten ist. Beschlüsse, die gegen das Bestimmtheitsgebot verstoßen, sind grundsätzlich anfechtbar, aber nicht nichtig. Eine **18** Ausnahme besteht dann, wenn der Beschluss überhaupt keine vernünftige Regelung mehr hat; dann ist der Beschluss nichtig, zB das Musizieren und Singen ist außerhalb von Ruhezeiten nur in „nicht belästigender Art und Weise der Lautstärke" erlaubt.[10]

Eine durch Beschluss aufgestellte Hausordnung kann durch einen weiteren Beschluss wieder **abgeändert** oder aufgehoben werden.[11] Jedoch sind bei Abänderung schutzwürdige Belange der Wohnungseigentümer zu berücksichtigen.[12]

Im Beschlusswege darf eine Hausordnung nur solche Regeln enthalten, die der ordnungsmäßigen Benutzung **19** und der ordnungsmäßigen Verwaltung dienen. Die Wohnungseigentümer haben einen großen **Ermessensspielraum** bei dem, was notwendig und zweckmäßig zu regeln ist. Eine gerichtliche Prüfung findet nur eingeschränkt statt.[13]

Grundsätzlich ist es möglich, Regelungen in einer Hausordnung auf Bereiche zu erstrecken, die einem **Son-** **20** **dernutzungsrecht** unterliegen.[14]

Allgemeine **Grenzen** der Regelungen einer Hausordnung sind die zwingenden Rechtsvorschriften sowie der **21** Kernbereich des Wohnungseigentums. Außerdem darf die Regelung in der Hausordnung nicht gegen wesentliche Grundgedanken des materiellen Rechts verstoßen.[15]

---

4 Staudinger/*Lehmann-Richter* WEG § 21 Rn. 109.
5 BayObLG 20.11.1997 – 2Z BR 93/97, NZM 1998, 239.
6 BayObLG 23.8.2001 – 2Z BR 96/01, NJW 2001, 3635.
7 *Elzer* ZMR 2006, 733 (735).
8 BayObLG 23.8.2001 – 2Z BR 96/01, NJW 2001, 3635.
9 Jennißen/*Heinemann* WEG § 21 Rn. 61.
10 BGH 10.9.1998 – V ZB 11/98, NJW 1998, 3713.
11 KG 2.7.1990 – 24 W1434/90, NJW RR 1990, 1495.
12 BayObLG 20.11.1997 – 2Z BR 93/97, NZM 1998, 239.
13 OLG Frankfurt a. M. 8.1.2009 – 20 W 384/07, NJW-RR 2009, 949.
14 KG 8.9.1995 – 24 W 5943/94, ZMR 1996, 279.
15 OLG Saarbrücken 2.10.2006 – 5 W 154/06, ZMR 2007, 308.

22 Vollständige **Verbote**, zB des Musizierens, der Hundehaltung oder des Wäschetrocknen, können nicht wirksam beschlossen werden. Dieses ist nur durch eine Vereinbarung möglich.

23 Eine Übertragung von Leistungspflichten, also der **tätigen Mithilfe**, zB zum Winterdienst oder zu Reinigungsarbeiten, auf einen Wohnungseigentümer ist im Wege eines Beschlusses nichtig. Es fehlt an der Beschlusskompetenz, weil eine solche Befugnis nur für die Auferlegung gemeinschaftlicher Kosten und Lasten besteht.[16]

24 Jedoch kann sich ein Wohnungseigentümer **freiwillig** für eine Einzelmaßnahme verpflichten. Dann kann die Wohnungseigentümergemeinschaft ihm diese Tätigkeit übertragen.[17]

25 Strittig ist, ob die Kompetenzzuweisung des Erstellens einer Hausordnung an den **Verwalter** im Beschlusswege erfolgen kann.[18] Bejaht man diese Beschlusskompetenz, werden solche Beschlüsse aber wegen des ganz überwiegenden Interesses an einer Selbstverwaltung typischerweise ordnungsmäßiger Verwaltung widersprechen.

26 Die Vertragsstrafe aufgrund eines Verstoßes gegen die Hausordnung kann nicht durch einen Beschluss wirksam festgelegt werden.[19] Der insoweit im Gesetzesentwurf vorgesehene § 19 Abs. 2 S. 3 WEG-RE hat es nicht in die Endfassung des Gesetzes geschafft.

27 Beschließen die Wohnungseigentümer im Rahmen einer Hausordnung, dass im Falle eines Schadens derjenige haftet, welcher den **Schaden** verursacht hat, ist dieser Beschluss nichtig, weil er von dem gesetzlichen Leitbild der Verschuldenshaftung abweicht.[20]

28 **3. Die gerichtliche Bestimmung der Hausordnung.** Wenn noch keine Hausordnung existiert und ein Versuch durch einen Beschluss, eine solche zu erstellen, gescheitert ist, besteht ein Rechtsschutzbedürfnis, den Erlass einer der ordnungsmäßigen Verwaltung entsprechen Hausordnung durch **Gerichtsurteil** zu beantragen.[21] Das ergibt sich aus dem Recht gem. § 18 Abs. 2 WEG. Es kann eine Beschlussersetzungsklage nach § 44 Abs. 1 S. 2 WEG erhoben werden. Die Klage richtet sich gegen die Gemeinschaft der Wohnungseigentümer.

29 Das Gericht kann vom **Umfang** her nur eine Hausordnung erlassen, die auch die Gemeinschaft der Wohnungseigentümer erlassen könnte. Eine weitergehende Befugnis hat das Gericht nicht.

30 Die vom Gericht erlasse Hausordnung kann durch Beschluss der Wohnungseigentümer wieder **abgeändert** werden.[22]

31 **4. Bindewirkung der Hausordnung.** Die Hausordnung entfaltet nur unter den Wohnungseigentümern eine Wirkung, nicht jedoch gegenüber Dritten. Dritte sind Mieter und **Besucher** einer Wohnungseigentumswohnung, aber auch **Familienangehörige** und alle weiteren Hausbewohner der Wohnungseigentümer. **Mieter** sind an die Hausordnung dann direkt gebunden, wenn die Regelungen der Hausordnung in dem maßgeblichen Mietvertrag enthalten waren und somit aufgrund der mietrechtlichen Vorschriften mit den Mietern ebenfalls vertraglich vereinbart wurden.

32 Unabhängig von der Regelung zur Hausordnung hat der **vermietende Wohnungseigentümer** die Pflicht, gem. § 14 WEG Maßnahmen zu ergreifen, damit die Mieter die Hausordnung einhalten.

33 Gegenüber Mietern und anderen Dritten stehen den Wohnungseigentümern die gesetzlichen **Unterlassungsansprüche** oder Beseitigungsansprüche zur Seite, um gegen Störungen, welche das Sondereigentum betreffen, vorzugehen. Verstößt ein Dritter (zB Besucher oder Mieter) gegen die Hausordnung, löst dieser Verstoß regelmäßig einen Unterlassungsanspruch gem. § 1004 Abs. 1 BGB aus.

---

16 BGH 9.3.2012 – V ZR 161/11, NJW 2012, 1724.
17 KG 10.5.1991 – 24 W 5797/90, ZMR 1991, 355.
18 Dafür: Jennißen/*Heinemann* WEG § 21 Rn. 53; dagegen: Bärmann/*Merle* WEG § 21 Rn. 80 a.
19 BGH 22.3.2019 – V ZR 105/18, NJW 2019, 1673.
20 BayObLG 13.12.2001 – 2Z BR 156/01, NZM 2002, 171.
21 Vgl. Jennißen/*Heinemann* WEG § 21 Rn. 61.
22 Niedenführ/Schmidt-Räntsch/Vandenhouten/*Vandenhouten* WEG § 21 Rn. 59.

Betrifft die Störung das gemeinschaftliche Eigentum, dann ist die Gemeinschaft der Wohnungseigentümer für die Abwehr kraft Gesetzes nach § 9 a Abs. 2 WEG befugt, die Abwehr der Störung durchzusetzen. Einer Vergemeinschaftung bedarf es nicht mehr.

5. Regelungsinhalte der Hausordnung. Weil die Hausordnung auf Dauer die Regelungen des Zusammenlebens bestimmt, sind an die Bestimmtheit der Regelungen besonders hohe Anforderungen zu treffen. Die Regelungen müssen so verständlich sein, dass jeder weiß, was verboten und was erlaubt ist. Die nachstehende Übersicht stellt Beispiele aus der Literatur und Rechtsprechung zu Regelungen, die in einer Hausordnung enthalten sein können, zur Verfügung. Es handelt sich hierbei regelmäßig um **Einzelfallentscheidungen**, welche sich ggf. nicht 1:1 auf andere Wohnungseigentumsanlagen übertragen lassen. Die Regelungsinhalte können als eine einzige zusammenhängende Hausordnung oder aber aus mehreren Einzelteilen, zB einer Garagenordnung, Spielplatzordnung, schließlich auch aus einzelnen Beschlüssen bestehen. **34**

a) Bade- und Duschverbote. Nichtig ist ein Beschluss über ein generelles Bade- oder **Duschverbot**, weil ein Eingriff in den Kernbereich des Wohnungseigentums vorliegt.[23] Es ist sogar strittig, ob eine **zeitliche Begrenzung** des Badens und Duschens in der Zeit von 23.00 Uhr bis 5.00 Uhr morgens wirksam beschlossen werden kann.[24] **35**

b) Balkonbepflanzung. Wenn keine bauordnungsrechtliche Vorschrift dem entgegensteht, kann das Anbringen von **außenhängenden Blumenkästen** am Balkon nicht generell durch Beschluss untersagt werden.[25] Das gilt nicht für außenhängende Blumenkästen über Gehwegen und Einfahrten. In diesem Fall kann ausnahmsweise durch einen Beschluss das Aufhängen untersagt werden, weil hier die Sicherheit der Passanten vorgeht. Hierbei muss eine konkrete Gefährdung der Passanten nicht nachgewiesen werden.[26] **36**

Durch einen Beschluss kann die Art und der Umfang der Bepflanzung geregelt werden, um **Schäden** am gemeinschaftlichen Eigentum zu vermeiden, beispielsweise um das Eindringen von Wurzeln zu verhindern.[27] **37**

c) Brennbare, explosive, giftige oder übelriechende Stoffe. Im Rahmen einer Unfall- und Gefahrenabwehr kann in der Hausordnung bestimmt werden, dass an bestimmten Orten keine brennbaren, explosiven, giftigen oder übelriechenden Stoffe gelagert werden dürfen.[28] **38**

d) Dekorationen. Oster- oder Weihnachtsschmuck, welcher nur saisonal an der Wohnungstür angebracht wird, ist zulässig und kann nicht durch einen Beschluss untersagt werden.[29] Durch einen Beschluss kann aber das dauerhafte Aufhängen von **Bildern** im Treppenhaus oder anderen gemeinschaftlichen Räumen untersagt werden.[30] **39**

e) Fahrräder und Kinderwagen. Ist in der Gemeinschaftsordnung bisher kein **Abstellraum** für Fahrräder oder Kinderwagen bestimmt, können die Wohnungseigentümer durch Beschluss hierfür bestimmte Bereiche zum Abstellen festlegen.[31] Es soll auch zulässig sein, das Kinderwagen vorübergehend im **Treppenhaus** abgestellt werden können, wenn hierfür kein Gemeinschaftsraum besteht.[32] **40**

Das Abstellen von Fahrrädern im Treppenhaus und im **Hausflur** kann gestattet werden, jedoch müssen Fluchtwege frei bleiben. Hierbei sind die landesrechtlichen Vorschriften zu beachten. **41**

Ein Beschluss über eine Bestimmung in der Hausordnung, dass Kinderwagen **vorübergehend** im Hausflur abgestellt werden dürfen, ist nichtig, weil dieser inhaltlich zu unbestimmt ist.[33] **42**

---

23 *Martini* ZMR 2019, 473.
24 Dafür: BayObLG 21.2.1991 – BReg 2 Z 7/91, NJW 1991, 1620; nur dann, wenn die einschlägigen DIN-Norm zum Schallschutz in der Wohnungseigentümeranlage nicht eingehalten werden, BayObLG 18.11.1999 – 2Z BR 77/99, ZMR 2000, 311.
25 LG Hamburg 21.12.1981 – 10 T 13/79, Wohnungseigentümer 1984, 93.
26 BayObLG 25.7.1991 – BReg 2 Z 69/91, WuM 1991, 512.
27 BayObLG 17.12.1993 – 2Z BR 105/93, WuM 1994, 152.
28 OLG Frankfurt a. M. 20.3.2006 – 20 W 430/04, NJW-RR 2007, 377.
29 LG Düsseldorf 10.10.1989 – 25 T 500/89, NJW-RR 1990, 785.
30 LG Hamburg 11.5.1989 – 20 T 17/89, WuM 1989, 653.
31 Staudinger/*Bub* WEG § 21 Rn. 135.
32 OLG Hamm 3.7.2001 – 15 W 444/00, NJW-RR 2002,10; aA OLG Hamburg 28.10.1992 – 2 Wx 10/91, WuM 1993, 78.
33 OLG Hamm 3.7.2001 – 15 W 444/00, NJW-RR 2002, 10.

43 **f) Fahrstuhlregelungen.** Die Wohnungseigentümer können rechtswirksam beschließen, dass **Hunde** nicht mit dem Fahrstuhl befördert werden dürfen.[34]

44 Ein Beschluss, wonach ab einem gewissen Stockwerk kein automatischer **Betrieb** des Fahrstuhls mehr möglich ist, sondern der Wohnungseigentümer diesen mit einem Schlüssel zuvor freischalten muss, entspricht nicht ordnungsmäßiger Verwaltung und ist daher anfechtbar.[35]

45 **g) Flure, Treppenhaus und Gänge.** Bei den Regelungen in einer Hausordnung für das Benutzen des **Hausflures** sind sein Zweck als gemeinschaftliche Einrichtung, die Pflicht der Wohnungseigentümer zur gegenseitigen Rücksichtnahme, öffentlich-rechtliche Bestimmungen, Verkehrssicherungspflichten und besondere Bedürfnisse der Wohnungseigentümer zu berücksichtigen.

46 Ein Beschluss, dass die **Schuhe** im Flur auf der Fußmatte zeitweise abgestellt werden dürfen, verstößt nicht gegen die Verkehrssicherungspflicht und entspricht ordnungsmäßiger Verwaltung.[36]

47 Unwirksam ist ein Beschluss, wonach das **Abstellen** und **Lagern von Gegenständen** im Gemeinschaftseigentum nur an den dazu vorhergesehenen Stellen erlaubt ist, denn dann ist das kurzzeitige Abstellen von Gegenständen an anderen Orten untersagt.[37]

48 **h) Garage.** Eine Garagenordnung kann entweder selbstständig oder als Teil in der Hausordnung erstellt werden. In einer selbstständigen Garagenordnung finden sich meist weitere Regelungen zur Instandhaltung, Instandsetzung und Kostentragungspflichten.

Es kann bestimmt werden, dass nur **Personenkraftwagen** oder kleinere **Motorräder** in der Garage abgestellt werden dürfen. Das Abstellen von **Wohn-** oder **Campingwagen** kann genauso wie das Abstellen von Fahrrädern, Booten, Surfbrettern und sonstigen Freizeitgegenständen auf den Stellplätzen untersagt werden. Auch das Lagern von festen Brennstoffen und Gefahrstoffen kann untersagt werden, ebenso Reparaturarbeiten an den Kraftfahrzeugen innerhalb der Garage.

49 Es können **Halteverbote** auf den Freiflächen sowie Temporegelungen, etwa eine **Schrittgeschwindigkeit** von 10 km/h, als auch Vorfahrtsregelungen in die Garagenordnung aufgenommen werden.[38]

50 **i) Garten.** Gärten im Gemeinschaftseigentum dienen allen Wohnungseigentümern nach § 16 Abs. 1 S. 3 WEG zum **Mitgebrauch.** Ohne Vereinbarungen oder Beschlüsse ist die Grenze des zulässigen Gebrauchs das Maß des § 14 WEG.[39]

51 Ein **FKK-Verbot** kann beschlossen werden, ein genereller Ausschluss des **Sonnenbadens** dagegen nicht.[40] Die Wohnungseigentümer können wirksam beschließen, dass von einer im Gemeinschaftseigentum stehenden Grünfläche nur ein abgegrenzter Teil als **Liegewiese** und **Kinderspielplatz** genutzt werden darf.[41]

52 Unwirksam ist aber ein generelles Verbot, einen „Abfallplatz" für **Laub** in einem Gartenteil zur errichten, denn dann ist auch das Anlegen kleinster Komposthaufen verboten.[42]

53 Ebenfalls unwirksam ist eine Gartenordnung, wonach der Garten als **Ziergarten** zu pflegen ist, eine **Baumschaukel** oder **Hängematte** nicht angebracht werden darf.[43]

54 **j) Grillen.** Um Geruchs- und Rauchbelastung zu vermeiden, kann das Grillen mit Holzkohlegrill auf Terrassen, Balkonen verboten werden.[44] Ein **generelles Grillverbot** auf Sondernutzungsflächen, wie zB Garten oder Terrasse, ist im Beschlusswege unzulässig. Zulässig können Beschränkungen sein, zB das Grillen ist nur fünf

34 LG Karlsruhe 12.12.2013 – 5 S 43/13, ZMR 2014, 394.
35 OLG Köln 25.4.2001 – 16 WX 29/01, ZMR 2002, 75.
36 OLG Hamm 20.4.1988 – 15 W 168–169/88, NJW-RR 1988, 1171.
37 BayObLG 23.10.2003 – 2Z BR 63/03, ZMR 2005, 132.
38 Muster einer Garagenordnung: BeckFormB WEG-R, F II.
39 BayObLG 12.12.1991 – BReg 2 Z 145/91, WuM 1992, 152.
40 Bielefeld/Christ/Sommer/*Bielefeld*, Der Wohnungseigentümer, 10. Aufl. 2017, S. 208.
41 BayObLG 12.12.1991 – BReg 2 Z 145/91, WuM 1992, 152.
42 BayObLG 23.10.2003 – 2Z BR 63/03, ZMR 2005, 132.
43 BayObLG 23.10.2003 – 2Z BR 63/03, ZMR 2005, 132. Muster einer Gartenordnung: BeckFormB WEG-R, F III.
44 OLG Zweibrücken 6.4.1993 – 3 W 50/93.

Mal im Jahr erlaubt und hat in einer Entfernung von 25 Meter vom Haus stattzufinden.[45] Weiteres unter → *Grillen* Rn. 1 ff.

k) Haftung für Schäden. Bestimmt eine Hausordnung, dass die Haftung für Schäden am Gemeinschaftsei- 55
gentum durch den **Verursacher** zu übernehmen ist, verstößt dieses gegen das gesetzliche Leitbild der Verschuldenshaftung. Ein derartiger Beschluss ist nichtig.[46]

l) Hauseingangstür. Eine Wohnungseigentümergemeinschaft kann nicht wirksam beschließen, dass die Ein- 56
gangstür eines Mehrfamilienhauses von 22.00 Uhr abends bis 6.00 Uhr morgens **verschlossen** zu halten ist.
Ein solcher Beschluss ist ermessensfehlerhaft und entspricht nicht den Grundsätzen ordnungsmäßiger Verwaltung, weil im Notfall die Fluchtmöglichkeiten der Hausbewohner eingeschränkt werden.[47]

Auf der anderen Seite widerspricht ein Beschluss, die Haustür **offenzuhalten**, dem Sicherungsinteresse und 57
damit ordnungsmäßiger Verwaltung, gerade wenn eine Gegensprechanlage mit strombetriebenem Türöffner
vorhanden ist.[48] Bei reinen **Teileigentumsanlagen** (zB Ärztehaus) wird ein Beschluss über das Offenlassen
der Haustür zu den üblichen Öffnungszeiten aber ordnungsmäßiger Verwaltung entsprechen.

m) Hausreinigung. Grundsätzlich besteht eine Beschlusskompetenz der Wohnungseigentümer, wenn **Dritte** 58
die Reinigung durchführen sollen. Der Beschluss muss Folgendes regeln:

- Wer hat die Treppenhausreinigung vorzunehmen,
- wann ist diese vorzunehmen,
- in welchem Umfang hat die Reinigung zu erfolgen und
- wie werden die Kosten verteilt.

Das Reinigen des Treppenhauses soll im Einzelfall im Rahmen des Zumutbaren dem Wohnungseigentümer 59
zur **tätigen Mithilfe** durch Beschluss auferlegt werden können.[49]

n) Haustiere. Grundsätzlich kann ein **Verbot** des Haltens von Haustieren nicht durch Beschluss ausgespro- 60
chen werden. Regelungen der Haustierhaltung, welche sicherstellen, dass die Tierhaltung zu keiner **Belästigung** und Beeinträchtigung über das Maß des § 14 WEG hinausgehen, können auch durch einen Beschluss
geregelt werden.[50]

Regelungen in der Hausordnung hinsichtlich eines **Leinenzwangs** bei Hunden und Katzen sind möglich.[51]

Ob die in einem Beschluss enthaltene, nicht gegen ein gesetzliches Verbot verstoßende Erlaubnis, Hunde auch
unangeleint auf einer Rasenfläche des Gemeinschaftseigentums spielen zu lassen, ordnungsmäßigem Gebrauch entspricht, kann nicht generell bejaht oder verneint werden, sondern beurteilt sich anhand der „konkreten Umstände des Einzelfalles“.[52]

Auf der anderen Seite kann nicht durch Beschluss ein generelles Transportverbot für Tiere im **Aufzug** bestimmt werden.[53]

Die **Höchstzahl** der Tiere kann in einem Beschluss im Rahmen eines ordnungsgemäß ausgeübten Ermessens 61
wirksam festgelegt werden, zB dürfen in einer 42 qm großen Ein-Zimmer-Wohnung nicht mehr als 4 Katzen
gehalten werden.[54]

Ein Beschluss über die **Art** der Haustiere kann wirksam sein, wenn zB das Halten von Schlangen oder Ratten
verboten wird.[55] Für die üblichen Haustiere, wie Hund, Katze oder Kaninchen, wird ein solcher Verbotsbeschluss aber nicht der ordnungsmäßigen Verwaltung entsprechen.

---

45 BayObLG 18.3.1999 – 2Z BR 6/99, NZM 1999, 575.
46 BayObLG 13.12.2001 – 2Z BR 156/01, NZM 2002, 171.
47 LG Frankfurt a. M. 12.5.2015 – 2/13 S 127/12, ZMR 2015, 734.
48 BayObLG 11.2.1982 – 2 Z 44/81, Wohnungseigentümer 1982, 99.
49 LG Stuttgart 25.3.2010 – 2 S 43/09, ZMR 2010, 723.
50 OLG Hamburg 20.8.2007 – 2 Wx 72/07, ZMR 2008, 151.
51 LG Frankfurt a. M. 14.7.2015 – 2–09 S 11/15, ZMR 2016, 56.
52 Vgl. BGH 8.5.2015 – V ZR 163/14, NZM 2015, 595.
53 AG Freiburg (Breisgau) 18.4.2013 – 56 C 2496/12, ZMR 2014, 489.
54 KG 3.6.1991 – 24 W 6272/90, ZMR 1992, 201.
55 Zum Verbot des Haltens von Kampfhunden OLG Frankfurt a. M. 18.3.1993 – 2 U 124/92, NJW-RR 1993, 981.

62 Die notwendige **Zustimmung durch den Verwalter** zur Anschaffung eines Haustieres kann beschlossen werden. Jedoch darf der Verwalter die Zustimmung nur aus wichtigem Grund versagen. Eine bereits erteilte Zustimmung kann durch den Verwalter jederzeit widerrufen werden, wenn ein wichtiger Grund vorliegt.

63 **o) Heizungsraum.** Die Wohnungseigentümer können mit einfacher Mehrheit beschließen, dass der **Zutritt** zum gemeinschaftlichen Heizungsraum beschränkt wird. Wenn besondere Umstände vorliegen, können sie ihn sogar vollständig ausschließen.[56]

Die Wohnungseigentümer können zudem mit einfacher Mehrheit beschließen, dass einzelne Wohnungseigentümer nur zusammen mit dem **Verwalter** den Heizungskeller, welcher im Gemeinschaftseigentum steht, betreten dürfen.[57]

64 **p) Heizungsregelungen.** Eine **Nachtabsenkung** der Heizungstemperatur ist eine mögliche Gebrauchsregelung.[58] Mietrechtlich wurde zB entschieden, dass die Heizungsanlage so einzustellen ist, dass in der Wohnung nachts von 22.00 bis 7.00 Uhr eine Raumtemperatur von mindestens 17 Grad erzielt wird.[59]

Das saisonale **Abschalten** der Heizungsanlage widerspricht der ordnungsmäßigen Verwaltung, insbesondere die generelle Abschaltung der Heizungsanlage im Zeitraum 30.4. – 1.10. eines jeden Jahres.[60]

65 **q) Kellerfenster.** Ein Beschluss über das Schließen der Kellerfenster ist wirksam.[61]

66 **r) Kfz-Stellplatz.**[62] Das Verbot des Abstellens eines **Wohnmobils** auf Kfz-Stellplätzen, welche im Gemeinschaftseigentum stehen, kann in einer reinen Wohnungseigentumsanlage mehrheitlich beschlossen werden.[63] Anders ist es bei Parkplätzen, an denen ein Sondernutzungsrecht besteht. Ist genug Platz vorhanden, so verstößt ein Eigentümerbeschluss gegen Grundsätze ordnungsmäßiger Verwaltung, der das Abstellen von Wohnmobilen normaler Größe auf der Fläche verbietet.[64]

67 Stehen mehrere Plätze im gemeinschaftlichen Eigentum und gibt es **mehr Fahrzeuge** als Stellplätze, dann können die Wohnungseigentümer, wenn es keine Vereinbarung gibt, nach § 19 WEG eine entsprechende Verwaltungs- und Benutzungsregelung beschließen. Nach §§ 14, 18 Abs. 2 WEG hat jeder Wohnungseigentümer einen gerichtlich durchsetzbaren Anspruch gegenüber der Gemeinschaft der Wohnungseigentümer, dass eine Regelung getroffen wird, die dem Interesse der Gesamtheit der Wohnungseigentümer nach billigem Ermessen entspricht.

68 Dem billigen Ermessen entspricht ein Beschluss dann nicht, wonach eine unbegrenzte Benutzung durch einzelne Wohnungseigentümer und für die anderen eine **Warteliste** vorgesehen ist. Vielmehr müssen alle Wohnungseigentümer am gemeinsamen Eigentum partizipieren können. Bei einer Mangelsituation muss daher mindestens eine turnusmäßige Beteiligung möglich sein.[65] Möglich ist insofern ein Losverfahren nach einer turnusgemäßen **Neuverteilung**[66] oder die Einführung eines **Punktesystems**.[67]

69 Eine Zugangs- und Benutzungsregelung für Parkflächen, die dem **gewerblich** oder freiberuflich genutzten Sondereigentumseinheiten zugeordnet sind, muss dem Benutzungsinteresse der berechtigten Inhaber entsprechen. Deswegen ist es grundsätzlich unvereinbar, wenn gegen den Widerspruch der Inhaber beschlossen wird, dass die Parkpalette ganztägig verschlossen zu halten ist.[68]

---

56 BayObLG 10.3.1972 – 2 Z 78/71.
57 OLG Köln 8.11.1996 – 16 Wx 215/96, WuM 1997, 696.
58 BayObLG 9.8.1984 – 2 Z 77/83, GE 1984, 969.
59 AG Hannover 22.12.1983 – 514 C 18524/83, WuM 1984, 196.
60 BayObLG 9.8.1984 – 2 Z 77/83, GE 1984, 969.
61 OLG Karlsruhe 21.4.1976 – 3 W 8/76, MDR 1976, 758.
62 Muster hierzu: FormB-WEG-R/*Fritsch* § 2 Rn. 1078.
63 BayObLG 21.9.1984 – 2 Z 112/83, Wohnungseigentümer 1986, 58.
64 KG 20.10.1999 – 24 W 9855/98, GE 2000, 131.
65 KG 2.7.1990 – 24 W 1434/90, NJW-RR 1990, 1495.
66 KG 27.4.1994 – 24 W 7352/93, ZMR 1994, 375.
67 KG 28.2.1996 – 24 W 8306/94, ZMR 1996, 392.
68 KG 18.12.1995 – 24 W 7497/94, ZMR 1996, 216.

Grundsätzlich ist es möglich, Regelungen in einer Hausordnung auf Bereiche, die der Sondernutzung unterlie-   70
gen, zu erstrecken.[69] Daher kann eine Benutzungsregelung für eine **Duplex-Garage** mit zwei Stellplätzen
auch dann getroffen werden, wenn es sich bei der Duplex-Garage um in Miteigentum stehendes Teileigentum
handelt.[70] Deshalb ist auch ein Beschluss jedenfalls nicht nichtig, wenn in diesem die **Ein- und Ausfahrt** zu
Stellplätzen für einen Laden ab 21.00 Uhr beschränkt wird.[71] Die Grenze der Regelungskompetenz der Wohnungseigentümer ist aber dann erreicht, wenn durch Beschluss dem Ladenbesitzer vorgeschrieben wird, dass
er von vier Parkplätzen nur einen nutzen darf.[72]

s) Lautstärkeregelungen. Verschiedene **Geräuschquellen** dürfen in Bezug auf die Ruhezeit nicht unter-   71
schiedlich geregelt werden. Denn aufgrund der Schutzzweckes ist es unerheblich, ob die Wohnungseigentümer
zu der Uhrzeit durch den einen oder den anderen Lärm gestört werden.[73]

t) Lüften. In der Hausordnung können Belüftungsregelungen für Waschkeller, Heizungsräume, Kellerräume   72
und Treppenhäuser wirksam geregelt werden, wenn dadurch das Maß der gegenseitigen Rücksichtnahme aus
§ 14 WEG konkretisiert wird.[74] Ein Beschluss, wonach der Hausmeister die ausschließliche Befugnis zum
Öffnen und Schließen des Hausflurfensters übertragen bekommt, ist aber nichtig, weil das keine Konkretisierung der Benutzung, sondern einen Ausschluss darstellt.[75]

u) Musizieren. Eine Regelung, die das Singen und Musizieren außerhalb von Ruhezeiten nur in „nicht beläs-   73
tigender Weise und Lautstärke" gestattet, ist mangels hinreichender Bestimmtheit unwirksam. Unwirksam ist
auch eine Regelung, welche das Singen und Musizieren ohne sachlichen Grund stärker einschränkt als die
Tonübertragung durch Fernseher, Rundfunkgeräte oder Plattenspieler.[76] Weiteres unter → *Musik* Rn. 1 ff.

v) Rauchen. Ein Rauchverbot kann in einer Hausordnung insbesondere für die gemeinschaftlichen **Flure** und   74
Treppenhäuser angeordnet werden.[77] Weiteres unter → *Rauchen* Rn. 1 ff.

w) Schwimmbad.[78] Verfügt die Wohnungseigentumsanlage über ein Schwimmbad im Gemeinschaftseigen-   75
tum, kann die Schwimmbadordnung als Teil der Hausordnung oder aber selbstständig geregelt werden. In der
Schwimmbadordnung können die Benutzungszeiten, die Benutzungsberechtigten und die Verhaltensregeln geregelt werden.

Benutzungszeiten sollten konkrete Regelungen enthalten, zum Beispiel: „Das Baden ist nur von werktags   76
8.00 bis 13.00 Uhr und 15.00 bis 19.00 Uhr gestattet." Zudem können auch saisonale Benutzungszeiten vereinbart werden, wie zB „Das Schwimmbad im Freien ist vom 1.4. bis 15.10. eines jeden Jahres in Betrieb"
oder „Das Hallenbad ist vom 16.10. bis 31.3. eines jeden Jahres in Betrieb".

Die **Benutzungsberechtigung** für das Schwimmbad kann geregelt werden, zB dass nur die Wohnungseigentü-   77
mer mit ihren im Haushalt lebenden Personen und weiteren Besuchern das Schwimmbad benutzen dürfen.

In den **Verhaltensregeln** können die üblichen Verbote enthalten sein, wie vom Beckenrand springen, FKK-   78
Baden, störende Musikinstrumente zu betreiben, Regelungen zu Lebensmitteln im Badebereich genauso wie
Gebote, etwa das Duschen vor Benutzung des Schwimmbades.

Die Schwimmbadordnung gilt nur unter den Wohnungseigentümern untereinander und nicht für Dritte. Daher   79
empfiehlt es sich, einen gut sichtbaren Aushang der Schwimmbadordnung an den Eingängen zum Schwimmbad anzubringen. Zusätzlich sollte dort eine **Verbindlichkeitsregelung** auch für dritte Personen aufgenommen
werden, dass sie mit dem Betreten und Benutzen des Schwimmbads die Schwimmbadordnung akzeptieren und
einhalten werden. Weiteres unter → *Schwimmbad* Rn. 1 ff.

---

69 KG 8.9.1995 – 24 W 5943/94, ZMR 1996, 279.
70 BayObLG 21.7.1994 – 2Z BR 56/94, NJW-RR 1994, 1427.
71 OLG München 3.4.2007 – 34 Wx 25/07, ZMR 2007, 484.
72 KG 24.4.1991 – 24 W 5388/90, WuM 1991, 513.
73 BGH 10.9.1998 – V ZB 11/98, NJW 1998, 3713.
74 BayObLG 23.10.192 – 2Z BR 87/92, WuM 1992, 707.
75 LG Koblenz 22.8.2016 – 2 S 15/16, NZM 2017, 377.
76 BGH 10.9.1998 – V ZB 11/98.
77 BayObLG 25.3.1999 – 2Z BR 105/98, NZM 1999, 504.
78 Muster in: BeckFormB WEG-R, F V.

80   **x) Spielplatz.**[79] In einer Spielplatzordnung können Gebrauchs- und Verwaltungsregelungen hinsichtlich der **Benutzungszeit** aufgestellt werden, zB „Das Spielen auf dem Spielplatz ist von 8:00 bis 19:00 Uhr erlaubt". Auch das höchstzulässige **Alter** der spielberechtigten Kinder kann festgelegt werden, zum Beispiel bis 14 Jahre. Auch können in einem gewissen Umfang **Verbote** festgelegt werden, zum Beispiel keine Hunde mitzuführen, keine lautstarke Musik abzuspielen, Rauchverbot, Verbot alkoholischer Getränke etc. Zudem können Ordnungsmaßnahmen wie ein **Platzverweis** oder ein Betretungsverbot auf Zeit bei schwerwiegenden wiederholten Verstößen gegen die Spielplatzordnung bereits in dieser festgelegt werden.

81   Die Spielplatzordnung gilt nur unter den Wohnungseigentümern untereinander und nicht für Dritte, wie Besucher oder Nachbarskinder. Daher empfiehlt es sich, einen gut sichtbaren Aushang der Spielplatzordnung an den Eingängen zum Spielplatz anzubringen. Zusätzlich sollte dort eine **Verbindlichkeitsregelung** auch für dritte Personen aufgenommen werden, nämlich dass sie mit dem Betreten und Benutzen des Spielplatzes die Spielplatzordnung akzeptieren und einhalten werden.

82   Der Zusatz **„Eltern haften für ihre Kinder"** ist zwar rechtlich so nicht haltbar, schadet aber nicht. Die Eltern haften nämlich nach § 832 BGB nur, wenn sie ihre elterliche Aufsichtspflicht verletzt haben. Nach § 832 Abs. 1 S. 2 BGB tritt die Ersatzpflicht nicht ein, wenn die Eltern ihrer Aufsichtspflicht genügt haben oder wenn der Schaden auch bei ordnungsgemäßer Aufsichtsführung entstanden wäre. Weiteres unter → *Spielplatz* Rn. 1 ff.

83   **y) Tätige Mithilfe der Wohnungseigentümer.** Ob die Verpflichtung der Wohnungseigentümer etwa zu Reinigungs-, Garten-, Schneeräum- oder Streuarbeiten durch Beschluss möglich ist, ist in der Rechtsprechung und Literatur umstritten. Nach der herrschenden Auffassung sind derartige **Beschlüsse nichtig**. Insbesondere nach der Rechtsprechung des BGH ist außerhalb der gemeinschaftlichen Kosten und Lasten eine konstruktive Begründung von Leistungspflichten durch Eigentümerbeschluss nichtig.[80] Dieser Grundgedanke wird auf die Mitwirkungspflichten übertragen. Die Wohnungseigentümer haben für eine Mitwirkungsverpflichtung von den Wohnungseigentümern keine Beschlusskompetenz.

Zur **Räumungs- und Streupflicht**: BGH 9.3.2012 – V ZR 161/11, ZMR 2012, 646.

Zur **Gartenpflege**: LG Düsseldorf 23.6.2008 – I-3 WX 77/08, NZM 2009, 162.

Zum **Streichen der Fassade**: LG Landshut 14.3.2007 – 64 T 2111/05, ZMR 2007, 493.

84   Das **Reinigen des Treppenhauses** soll aber im Einzelfall den Wohnungseigentümern im Rahmen des Zumutbaren durch Beschluss auferlegt werden können.[81]

85   Natürlich gilt etwas anderes, wenn der Wohnungseigentümer **freiwillig** mithilft. Der Wohnungseigentümer kann sich freiwillig für eine Einzelmaßnahme verpflichten. Dann kann ihm die Gemeinschaft der Wohnungseigentümer nach § 18 Abs. 1 WEG diese Tätigkeit übertragen.[82]

86   **z) Wasch- und Trockenraum.** In einer Benutzerordnung können Regelungen über die **technischen Geräte**, wie Waschmaschine und Trockner, getroffen werden. Zudem können die **Waschzeiten** geregelt werden. Auf berufstätige Wohnungseigentümer ist Rücksicht zu nehmen, so dass auch am späten Nachmittag das Wäschewaschen und -trocknen möglich sein muss.[83] Auch ist ein Beschluss zulässig, dass die Waschmaschinen und Trockner am Sonntag zwischen 9:00 und 12:00 Uhr benutzt werden dürfen.[84]

Es empfiehlt sich weiterhin aufzunehmen, dass mit den Geräten sorgfältig umgegangen werden soll und die **getrocknete Wäsche** im Rahmen der gegenseitigen Rücksichtnahme zügig nach der Trocknung abzuholen ist.

Auch die Benutzungsordnung für den Wasch- und Trockenraum gilt nur unter den Wohnungseigentümern untereinander und nicht für Dritte, wie Mieter oder länger bleibender Besuch. Daher empfiehlt es sich, einen gut sichtbaren **Aushang** der Benutzungsordnung an den Eingang zum Wasch- und Trockenraum anzubringen.

Weiteres unter → *Trockenraum* Rn. 1 ff. und → *Wäschekeller* Rn. 1 ff.

---

79   Muster in: BeckFormB WEG-R, F IV.
80   BGH 18.6.2010 – V ZR 193/09, NJW 2010, 2801.
81   LG Stuttgart 25.3.2010 – 2 S 43/09, ZMR 2010, 723.
82   KG 10.5.1991 – 24 W 5797/90, ZMR 1991, 355.
83   KG 7.1.1985 – 24 W 4631/84, ZMR 1985, 131.
84   OLG Köln 3.12.1999 – 16 Wx 165/99, NZM 2000, 191.

6. Durchsetzung der Hausordnung. a) Durch den Verwalter. Nach § 27 Abs. 1 WEG ist der **Verwalter**   87
berechtig und verpflichtet, dafür Sorge zu tragen, dass die Hausordnung eingehalten wird. Der Verwalter muss
also auf Störungen des Hausfriedens entsprechend reagieren. Hierbei kann er zunächst durch tatsächliches
Handeln den Störer über den Inhalt der Hausordnung informieren, z.B. durch Abmahnschreiben, Rundschrei-
ben, Aushänge oder Verbotsplakate, und dadurch versuchen, die Störung des Hausfriedens zu beseitigen. Bei
Verstößen Dritter, die einem Wohnungseigentümer zuzuordnen sind, richtet sich nach dem Gesetz die Maßnahme des Verwalters gegen den Wohnungseigentümer und nicht gegen den Dritten (zB den Mieter).[85] Gesetzlich verboten ist es aber nicht, dass der Verwalter Maßnahmen auch gegenüber dem Mieter ergreift.

Durch den neu geschaffenen § 27 WEG ist der Verwalter nach § 27 Abs. 1 Nr. 1 WEG berechtigt und verpflichtet, Maßnahmen ordnungsmäßiger Verwaltung selbst zu treffen, wenn diese eine untergeordnete Bedeutung haben und nicht zu erheblichen Verpflichtungen führen. Für den Verwalter stellt sich nunmehr die Frage,
wann die Grenze seiner **Eigenverantwortung** überschritten wird.

Der Gesetzgeber hat sich hierzu insofern positioniert: Gegenüber dem bisherigen Recht ändert sich im Hinblick auf die Aufgaben des Verwalters im Übrigen nichts: Er hat für die Durchführung der Hausordnung zu
sorgen.[86] Demzufolge gilt die bisherige Rechtslage weiter.

Sind die vorstehenden Maßnahmen durch den Verwalter nicht ausreichend, um den Verstoß gegen den Hausfrieden zu beseitigen, hat er nach dem Gesetz keine weiteren Rechte. Vielmehr muss er dann eine Eigentümerversammlung einberufen und das Fehlverhalten auf die Tagesordnung setzen. Nach pflichtgemäßem Ermessen
kann auch die Einberufung einer außerordentlichen Eigentümerversammlung notwendig werden. In der **Wohnungseigentümerversammlung** ist es dann möglich, durch Beschluss nach § 27 Abs. 2 WEG den Verwalter
hinsichtlich weiterer Maßnahmen zu ermächtigen. Regelungen hierzu können auch schon im Verwaltervertrag
geschlossen werden. Fühlt sich nur ein einzelner Wohnungseigentümer gestört, hat der Verwalter wohl auch
das Ermessen, diesen Wohnungseigentümer auf seinen individuellen Unterlassungsanspruch zu verweisen.[87]

b) Durch den Wohnungseigentümer. Bei Verstößen gegen die Hausordnung, zB durch zu laute Musik oder   88
Rauchbelästigung durch Rauchen oder Grillen, kann der Wohnungseigentümer gegen den Störer auch selbst
vorgehen, wenn sein **Sondereigentum** direkt durch die Störung betroffen ist. Dasselbe gilt für die Störung eines Sondernutzungsrechts.

Wird **nur das Gemeinschaftseigentum** gestört, ist nach §§ 14 Abs. 1, 9 a Abs. 2 WEG die Gemeinschaft der
Wohnungseigentümer ausschließlich kraft Gesetzes berechtigt, gegen den Störer vorzugehen. Eine Vergemeinschaftung ist weder notwendig noch weiterhin möglich.

Der Wohnungseigentümer kann also nicht gegen eine Störung vorgehen, durch welche sein Sondereigentum
nicht betroffen ist, beispielsweise bei einem wirksam vereinbarten Musizierverbot, wenn die Musik in seinem
Sondereigentum nicht zu hören ist.

Ist **sowohl das Sondereigentum als auch das Gemeinschaftseigentum** von der Störung betroffen, ist weiterhin der Wohnungseigentümer (neben der Gemeinschaft der Wohnungseigentümer) berechtigt, gegen die Störung vorzugehen. Hierbei ist es aber nicht ausreichend, dass das Sondereigentum nur mittelbar beeinträchtigt
wird.[88] Das ist beispielsweise der Fall, wenn aufgrund einer Störung des Gemeinschaftseigentums das Sondereigentum schwerer vermietbar wird.

Liegt die Ursache der Störung im Sondereigentum, richtet sich der Anspruch gegen den Wohnungseigentümer
des Sondereigentums schuldrechtlich nach § 14 Abs. 2 Nr. 1 WEG und sachenrechtlich nach § 1004 BGB.

Nach dem Wortlaut ist der **Anspruch gegen einen anderen Wohnungseigentümer** bei Störung des Sondereigentums auf Abwehr eines bei einem geordneten Zusammenleben unvermeidlichen Maß hinausgehenden
Nachteils begrenzt. Nach der Gesetzesbegründung sollen auch konkrete Benutzungen nach dieser Norm abgewehrt werden können, die den Vereinbarungen oder Beschlüssen widersprechen.[89] Dies ist dem Wortlaut des
§ 14 Abs. 2 Nr. 1 WEG nicht unmittelbar zu entnehmen. Vielmehr ist nach § 18 Abs. 2 WEG dem Wohnungs-

---

85 *Hügel/Elzer*, 3. Aufl. 2021, WEG § 27 Rn. 98.
86 BT- Drs. 19/18791, 49.
87 *Hügel/Elzer*, 3. Aufl. 2021, WEG § 27 Rn. 100.
88 *Elzer* FD-ZVR 2020, 429759.
89 BR-Drs. 168/20, 56.

eigentümer das Recht eingeräumt worden, eine Benutzung des gemeinschaftlichen Eigentums und des Sondereigentums zu verlangen, die ua der gesetzlichen Regelung, Vereinbarungen und Beschlüssen entsprechen. Der Anspruch nach § 18 Abs. 2 WEG richtet sich aber an die Gemeinschaft der Wohnungseigentümer nach § 18 Abs. 1 WEG.

Nach dem Gesetzeswortlaut wäre daher der Anspruch des Wohnungseigentümers zu trennen: Ist das unvermeidliche Maß überschritten, hat jeder Wohnungseigentümer gegen die übrigen Wohnungseigentümer direkt einen Anspruch, während bei Verstößen gegen gesetzliche Regelungen, Vereinbarungen und Beschlüsse sich der Anspruch des Wohnungseigentümers auf ordnungsmäßige Verwaltung gegen die Gemeinschaft der Wohnungseigentümer richtet. Es bleibt abzuwarten, ob die Gerichte der Auffassung des Gesetzgebers folgen und den **Direktanspruch** von Wohnungseigentümer zu Wohnungseigentümer in § 14 Abs. 2 Nr. 1 WEG „**hineinlesen**".

Nach § 18 Abs. 2 WEG besteht weiterhin ein Recht des Wohnungseigentümers, eine Benutzung des gemeinschaftlichen Eigentums und des Sondereigentums zu verlangen, die dem Interesse der Gesamtheit der Wohnungseigentümer nach billigem Ermessen entsprechen. Das ist die ordnungsmäßige Verwaltung und Benutzung. Vom materiellen Umfang wird § 14 Abs. 2 Nr. 1 WEG insoweit deckungsgleich sein, denn der Nachteil, welcher über das bei einem geordneten Zusammenleben unvermeidliche Maß hinausgeht, kann nicht ordnungsmäßiger Verwaltung und Benutzung entsprechen. Das wirft die Frage auf, ob ein Wohnungseigentümer von der Gemeinschaft der Wohnungseigentümer verlangen kann, dass diese gegenüber einem störenden Wohnungseigentümer nach § 14 Abs. 2 Nr. 1 WEG vorgeht. Vom Wortlaut der Norm ist dieses möglich.[90]

Ist der Störer ein Dritter, zum Beispiel ein **Mieter** einer anderen Sondereigentumseinheit, besteht gegen ihn nur der sachenrechtliche Anspruch nach § 1004 Abs. 1 BGB.

Der vermietende Wohnungseigentümer kann direkt gegen seinen Mieter nach den mietrechtlichen Vorschriften vorgehen und diesem insbesondere eine Abmahnung aussprechen und/oder gegebenenfalls kündigen. Hierbei sind aber die mietvertraglichen Regelungen zu beachten. Sollten hier andere Regelungsinhalte der Hausordnung mit dem Mieter abgeschlossen worden sein, ist der Mieter im Innenverhältnis gegenüber seinem vermietenden Wohnungseigentümer nur nach dem mietvertraglichen Inhalt verpflichtet. Weiteres hierzu unter → *Sondereigentumsverwaltung* Rn. 45 ff.

89 **7. Sanktionen.** Im Wege einer **Vereinbarung** oder in der **Gemeinschaftsordnung** können Sanktionen für Verstöße gegen die Hausordnung wirksam bestimmt werden.[91] Eine **Beschlusskompetenz** der Wohnungseigentümer besteht jedoch nicht, so dass ein derartiger Beschluss nichtig ist.[92] Der im Gesetzesentwurf vorgesehene § 19 Abs. 3 WEG-RG hat es nicht in die Endfassung des Gesetzes geschafft.

III. Verfahrenshinweise

90 Aufgrund des dauerhaften Charakters einer Hausordnung müssen die Regelungen so bestimmt sein, dass nur durch Lesen der Hausordnung jedem klar ist, was erlaubt und was verboten ist. Ist der Beschluss der Wohnungseigentümer zur Hausordnung zu unbestimmt, ist der Beschluss nur **anfechtbar**, aber nicht nichtig, denn die Wohnungseigentümer haben zur Erstellung der Hausordnung eine Beschlusskompetenz nach § 19 Abs. 2 Nr. 1 WEG.

Gegen eine unzulässige Einschränkung der Benutzung kann der betroffene Wohnungseigentümer eine entsprechende **Änderung der Hausordnung** verlangen. Diese kann der betroffene Wohnungseigentümer in einem Verfahren nach § 44 Abs. 1 Nr. 2 WEG gerichtlich durchsetzen. Die Anspruchsgrundlage ergibt sich aus §§ 16 Abs. 1 S. 2, 18 Abs. 2 Nr. 2 WEG. Das gilt auch für **rechtswidrige Verwaltungsregelungen**. Die Anspruchsgrundlage ergibt sich dann aus §§ 18 Abs. 2 Nr. 1, 21 WEG. Begründet ist der Anspruch, wenn durch die Regelung in der Hausordnung Beeinträchtigungen für die Wohnungseigentümer nicht mehr zumutbar sind.[93] Der Anspruch richtet sich gegen die Gemeinschaft der Wohnungseigentümer.

---

90 *Elzer* FD-ZVR 2020, 429759.
91 Jennißen/*Heinemann* WEG § 21 Rn. 61.
92 BGH 22.3.2019 – V ZR 105/18, NJW 2019, 1673.
93 BGH 8.5.2015 – V ZR 163/14, GE 2015, 866.

Kommt ein Beschluss über eine Hausordnung nicht zustande, obwohl dieser Beschluss einer ordnungsmäßi- 91
gen Verwaltung entsprach, kann das Gericht aufgrund einer Klage eines Wohnungseigentümers in einem **Be-
schlussersetzungsverfahren** nach §§ 44 Abs. 1 S. 2 WEG die Hausordnung erlassen. Voraussetzung hierfür
ist aber grundsätzlich, dass die Wohnungseigentümer in der Versammlung sich zuvor damit befasst haben.[94]

108. Hausverbot

Martini

I. Einführung

Ein **Hausverbot** ist das Verbot des Betretens oder Verweilens in einer Wohnung, in Geschäftsräumen oder 1
auf Grundstücken. Es wird formlos erklärt. Oft wird es situativ mündlich erteilt werden. Derjenige, der das
Hausverbot ausspricht, muss das Hausrecht inne haben.

Das **Hausrecht** beruht auf dem Grundstückseigentum oder -besitz (§§ 858 ff., 903, 1004 BGB) und ermöglicht 2
es seinem Inhaber, in der Regel frei darüber zu entscheiden, wem er den Zutritt gestattet und wem er ihn verwehrt.[1] Das Hausrecht schützt aber auch den freien Zugang zum Wohnungseigentum für den Wohnungseigentümer selbst und seiner Mitbewohner, der Besucher und sonstigen Kontaktpersonen.[2]

Weigert sich eine Person nach einem wirksam ausgesprochenen Hausverbot, die Wohnung, das Grundstück 3
oder das Geschäft zu verlassen, liegt der Strafbestand des **Hausfriedensbruchs** gem. § 123 StGB vor. Das
Hausverbot kann notfalls mit Gewalt nach § 32 StGB (**Notwehr**) durchgesetzt werden.

II. Materielles Wohnungseigentumsrecht

Inhaltlich muss für die Wirksamkeit des Hausverbots zwischen Wohnungseigentum und Gemeinschaftseigen- 4
tum differenziert werden.

1. Hausverbote bezüglich des Wohnungseigentums. Das Hausrecht des Wohnungseigentümers ergibt sich 5
aus § 13 Abs. 1 WEG. Das Recht, ein Hausverbot auszusprechen, steht dem **Wohnungseigentümer** allein zu.
Die anderen Wohnungseigentümer haben keine Beschlusskompetenz, über fremdes Wohnungseigentum ein
Hausverbot zu beschließen. Ein derartiger Beschluss ist nichtig.

Das Hausverbot kann vom Berechtigten grundsätzlich beliebig ausgesprochen werden und ist insbesondere 6
nicht an ein **Fehlverhalten** gebunden.[3] Das Recht nach § 14 Abs. 2 Nr. 2 WEG zum Betreten des Sondereigentums, soweit dieses zur Erhaltung des gemeinschaftlichen Eigentums erforderlich ist, kann durch ein Hausverbot nicht ausgeschlossen werden. Weiterhin findet es seine **Grenzen** in dem Gemeinschaftsverhältnis der
Wohnungseigentümer und in den Bestimmungen des allgemeinen Rechts.[4]

Hat der Wohnungseigentümer sein Wohnungseigentum vermietet, ist durch die Verschaffung des Rechtes zum 7
Besitz das Hausrecht auf den **Mieter** übertragen worden. Das Hausrecht des Mieters besteht auch gegenüber
dem vermietenden Wohnungseigentümer und endet erst, wenn der vermietende Wohnungseigentümer wieder
den unmittelbaren Besitz an der Wohnungseigentumseinheit zurückerlangt hat.[5]

---

94 Bärmann/*Merle* WEG § 21 Rn. 82.
 1 BGH 20.1.2006 – V ZR 134/05, NJW 2006, 1054.
 2 Bärmann/*Suilmann* WEG § 13 Rn. 13.
 3 BGH 9.3.2012 – V ZR 115/11, NJW 2012, 1725.
 4 *Hügel/Elzer* WEG § 13 Rn. 6.
 5 KG 15.12.2008 – (4) 1 Ss 316/08 (173/08), NZM 2009, 781.

8 **2. Hausverbot bezüglich des Gemeinschaftseigentums.** Hinsichtlich des Gemeinschaftseigentums steht der Gemeinschaft der Wohnungseigentümer das Hausrecht gem. §§ 903, 741 ff. BGB zu. Die Wohnungseigentümer haben daher grundsätzlich die Möglichkeit, durch einen **Beschluss** ein Hausverbot zu verhängen. Ein solches Hausverbot kann einer ordnungsmäßigen Verwaltung entsprechen, wenn es sich gegen eine Person richtet, bei der kein Wohnungseigentümer ein Interesse hat, dass diese die Wohnungseigentumsanlage betritt, zB Landstreicher, Gaffer etc.[6]

9 Ein Hausverbot **gegen einen anderen Wohnungseigentümer** ist unzulässig. Hier muss der Weg der Entziehung des Wohnungseigentums nach § 17 WEG gegangen werden.

10 Grundsätzlich dürfen die Wohnungseigentümer auch nicht ein Hausverbot hinsichtlich der Gemeinschaftsflächen gegen den **Mieter, Besucher** oder sonst einen vom Wohnungseigentümer berechtigten Nutzer ergreifen. Es ist immer auf den konkreten Einzelfall abzustellen. Hierbei sind im Wege der **praktischen Konkordanz** die widerstreitenden grundrechtlich geschützten Rechtspositionen der Betroffenen gegeneinander abzuwägen und angemessen auszugleichen.[7] Dies gilt erst recht für ein Hausverbot gegenüber **Ehegatten, Kindern** und sonstigen Mitbewohnern des Wohnungseigentümers.

11 Nur ausnahmsweise kann daher zur Abwehr von **Lärmbelästigungen** das Hausverbot gegenüber einem Besucher eines Wohnungseigentümers und nur unter äußerst engen Voraussetzungen wirksam erteilt werden. Denn auch eine störende Nutzung des Wohnungseigentums kann ggf. in Hinblick auf die Eigentumsgarantie des Art. 14 Abs. 1 GG von den übrigen Eigentümern hinzunehmen sein.[8]

12 Deshalb ist auch ein Hausverbot gegenüber einem **ehemaligen Wohnungseigentümer**, der sein Wohnungseigentum nach § 17 WEG verloren hat, unzulässig, wenn ein anderer Wohnungseigentümer diesem eine Wohnungseigentumseinheit zur Nutzung überlässt und für den Zutritt zur Wohnung das Gemeinschaftseigentum betreten werden muss.[9]

III. Verfahrenshinweise

13 Die Gemeinschaft der Wohnungseigentümer kann ein Hausverbot nach § 18 Abs. 1 WEG gegen einen Wohnungseigentümer oder einen störenden Dritten aussprechen.[10] Die materiell-rechtliche Anspruchsgrundlage ist der Unterlassungsanspruch nach § 1004 BGB.

14 Der **Verwalter** ist nach § 27 WEG verpflichtet, das Hausverbot aufgrund eines Beschlusses der Gemeinschaft der Wohnungseigentümer gegenüber der betreffenden Person durchzusetzen.

109. Heim

Küttner

I. Einführung

1 Der Gesetzgeber hatte bei der Gestaltung des WEG in erster Linie **Wohnungen** in Mehrfamilienhäusern im Blick. Das Wohnungseigentumsrecht unterscheidet insoweit zwischen Wohnungs- und Teileigentum. Wohnungseigentum ist das Sondereigentum an einer Wohnung, Teileigentum das Sondereigentum an nicht zu

---

6 Bärmann/*Suilmann* WEG § 13 Rn. 14.
7 BVerfG 6.10.2009 – 2 BvR 693/09, NJW 2010, 220.
8 LG Koblenz 21.6.2011 – 2 S 19/10, NZM 2012, 54.
9 KG 10.9.2015 – 8 U 94/15, ZMR 2015, 956.
10 LG Koblenz 21.6.2011 – 2 S 19/10, NZM 2012, 54.

Wohnzwecken dienenden Räumen, jeweils verbunden mit dem Miteigentumsanteil an dem gemeinschaftlichen Eigentum, zu dem es gehört, § 1 Abs. 2, 3 WEG.

Bei der Nutzung einer Sondereigentumseinheit als **Heim oder heimähnliche Einrichtung** ist anhand objektiver Kriterien abzugrenzen, ob diese (noch) zu Wohnzwecken dient oder nur im Teileigentum zulässig ist. 2

II. Begriff des Heims

Der Begriff des Heims ist nicht einheitlich definiert. Es kann sich um ein Heim im Sinne des **Heimgesetzes** 3 (HeimG) oder der diesem nachfolgenden Landesgesetze sowie des **Wohn- und Betreuungsvertragsgesetzes** (WBVG) handeln. Nach § 1 Abs. 1 S. 2 HeimG sind Heime Einrichtungen, die dem Zweck dienen, ältere Menschen oder pflegebedürftige oder behinderte Volljährige aufzunehmen, ihnen Wohnraum zu überlassen sowie Betreuung und Verpflegung zur Verfügung zu stellen oder vorzuhalten, und die in ihrem Bestand von Wechsel und Zahl der Bewohnerinnen und Bewohner unabhängig sind sowie entgeltlich betrieben werden. Daher werden zu dem Begriff des „Heims" Altenheime, Schwesternaltenheime, Altenwohnheime, Pflegeheime und Behindertenheime sowie Altenkrankenheime gerechnet.

Möglich ist auch, dass die Bezeichnung „Heim" nur **umgangssprachlich** gewählt wird, wogegen es sich tat- 4 sächlich um eine Ansammlung verschiedener selbstständiger Wohnungen und Apartments handelt, etwa bei Studenten- und Jugendwohnheimen iSd § 549 Abs. 3 BGB.[1] Jedenfalls gibt es keinen allgemeinen, auf das Wohnungseigentumsrecht übertragbaren Begriff des Heims.

III. Wohnungseigentumsrechtliche Aspekte

Die mit Wohnungs- und Teileigentum gesetzlich vorgesehenen Grundtypen der **Nutzungsbefugnis** schließen 5 sich – vorbehaltlich anderer Vereinbarungen – gegenseitig aus; jedenfalls im Hinblick auf eine Einheit, an der angesichts ihrer Ausstattung sowohl Wohnungs- als auch Teileigentum begründet werden könnte, gibt es keine Nutzungen, die zugleich als Wohnen und als Nichtwohnen anzusehen sind. Es gibt keine „Schnittmengen".[2]

In Rechtsprechung und Literatur besteht im Ausgangspunkt Einigkeit darüber, dass eine Nutzung als Heim 6 oder heimähnliche Einrichtung **nicht Wohnzwecken** dient.[3] Dabei ist eine Nutzung als Heim dadurch gekennzeichnet, dass

- die Einrichtung einer Vielzahl von Menschen als Unterkunft dient,
- der Bestand der Einrichtung von den jeweiligen Bewohnern unabhängig ist, es also ein „ständiges Kommen und Gehen" gibt, und
- die heimtypische Organisationsstruktur an die Stelle der eigenen Haushaltsgestaltung der Bewohner und des häuslichen Wirkungskreises tritt.

Wird die Nutzung nicht nur durch die schlichte Unterkunft, sondern durch die von der Einrichtung **vorgegebe-** 7 **ne Organisationsstruktur** und – je nach Zweck des Aufenthalts – durch Dienst- oder Pflegeleistungen und/ oder durch Überwachung und Kontrolle geprägt, werden die Grenzen der Wohnnutzung überschritten. Erforderlich ist eine Gesamtschau verschiedener Kriterien. Bei der Beurteilung sind Kriterien wie die Art der Einrichtung und die bauliche Gestaltung und Beschaffenheit der Einheit zu berücksichtigen.

IV. Heim als Spezialimmobilie

Anders als bei der Nutzung (nur) einer Einheit in einer Anlage zu Heimzwecken kann auch eine gesamte An- 8 lage als Heim genutzt werden. Soweit die gesamte Immobilie sodann eine spezielle, **gesamtkonzeptionelle Aufgabe** zu erfüllen hat, ergeben sich weitere Anforderungen an das WEG.[4] Diesen besonderen Anforderungen ist bereits bei der Aufteilung von derartigen Spezialimmobilien in Wohnungseigentum nachzugehen.

So bedarf die Begründung von Wohnungseigentum bei gewollter Errichtung einer Spezialimmobilie der Ein- 9 schränkung iSd § 19 Abs. 1 WEG, dass die Benutzung des gemeinschaftlichen Eigentums und Sondereigen-

---

1 Bärmann/Seuß/*Drasdo* § 7 Rn. 4.
2 BGH 27.10.2017 – V ZR 193/16, NJW 2018, 41.
3 BGH 27.10.2017 – V ZR 193/16, NJW 2018, 41.
4 Dazu ausführlich *Burgmair* ZWE 2020, 313 ff.

tums nur durch einen bestimmten, in der Gemeinschaftsordnung **festgelegten Personenkreis** erfolgen darf. Ebenso kann in der Gemeinschaftsordnung vereinbart und ggf. über Dienstbarkeiten abgesichert werden, dass die Wohnungseigentümer ihr Sondereigentum an bestimmte Personen für ein bestimmtes Vorhaben überlassen müssen.[5] Weiter ist zu bedenken, inwieweit die Wohnungseigentumseinheiten einem Betreiber oder Träger überlassen werden (müssen). Schließlich ist die Betreuungsleistung von den (gesetzlichen) Aufgaben des WEG-Verwalters zu trennen. Hier kann es zu Überschneidungen kommen. Betreuungsdienstleister/Betreiber und Wohnungseigentumsverwalter können auch personengleich sein („Dienstleistungen aus einer Hand"). Das Regelwerk des WEG muss mithin auf das übergeordnete Gesamtkonzept sowie die etwaigen Dienstleistungskomponenten angepasst werden. Hier spielt die Gestaltung der Teilungserklärung und Gemeinschaftsordnung eine gewichtige Rolle.[6]

V. Abgrenzung: Betreutes Wohnen

10 „Betreutes Wohnen" soll die „letzte Stufe eines selbstständigen Wohnens vor dem Altenheim" darstellen.[7] Charakterisiert wird das „Betreute Wohnen" durch die Führung eines **selbstständigen Haushalts**. Die Bildung eines eigenen Haushalts schließt indes einen Heimbetrieb nicht aus. Die Abgrenzung und Einstufung muss sich vielmehr an der Wertigkeit und dem Verhältnis der jeweiligen Betreuungsleistungen orientieren.

11 Geht es in erster Linie um das Pflegen und Betreuen, wohinter dann der Aspekt Wohnen zurücktritt, handelt es sich um eine gewerbliche Nutzung. Danach findet das Heimrecht Anwendung, wenn die Bewohner verpflichtet sind, Verpflegung und weitere Betreuungsleistungen abzunehmen. In Abgrenzung dazu kann davon ausgegangen werden, dass für den Fall, dass der Bewohner ein **Wahlrecht** hat, ob er eine Leistung in Anspruch nimmt, ein „Betreutes Wohnen" vorliegt.[8]

12 Im Bereich der Altenpflege ist es als Wohnnutzung anzusehen, wenn ein pflegebedürftiger Mensch in seinen **„eigenen vier Wänden"** gepflegt wird. Die Pflege eines Menschen in den eigenen vier Wänden an seinem Lebensende gehört – auch wenn sie besonders personal- und pflegeintensiv ist – grundsätzlich zu einer normalen Wohnungsnutzung.

13 Anders wird dagegen die „Pflege-WG" einzuordnen sein, wie zum Beispiel der Betrieb einer sog. Beatmungs-WG. In Abgrenzung zur fortgesetzten privaten Wohnnutzung werden mehrere „Mieter", die aus eigener Kraft nicht mehr atmen können (zB Wachkomapatienten), in einer Wohnung dauerhaft versorgt. Die von dieser Nutzung zu erwartenden Störungen sind letztlich mit Beeinträchtigungen vergleichbar, die regelmäßig bei Betrieb einer Krankenstation auftreten, nicht jedoch in diesem Umfang in einem reinen Wohnhaus. Die Nutzung als Intensiv-Pflegestation lässt bei **typisierender Betrachtungsweise** mehr Beeinträchtigungen erwarten als eine echte Wohnnutzung.[9]

VI. Abgrenzung: Flüchtlingswohnheim

14 Bei der Unterbringung von Flüchtlingen und Asylbewerbern (→ *Asylbegehrende und Geflüchtete* Rn. 1 ff.) dient die Überlassung von Wohnungen von üblicher Größe und Beschaffenheit im Grundsatz Wohnzwecken – und zwar auch dann, wenn die Bewohner **nicht familiär verbunden** sind. Hingegen ist die Unterbringung in einer Gemeinschaftsunterkunft in der Regel als heimähnliche Unterbringung anzusehen, die grundsätzlich nur in Teileigentumseinheiten zulässig ist.

15 Das enge Zusammenleben, die Anzahl und die häufige Fluktuation der Bewohner machen eine **heimtypische Organisationsstruktur** erforderlich. Es fehlt an einer Eigengestaltung der Haushaltsführung, Zimmer und Betten müssen zugewiesen werden, und es gibt Verhaltensregeln, die das gedeihliche Zusammenleben der Be-

---

5 Dazu Bärmann/Seuß/*Drasdo* WE-Praxis § 7 Rn. 11 ff.
6 *Burgmair* ZWE 2020, 317 ff.
7 BFH 19.5.2004 – III R 12/03, DWW 2004, 271.
8 Bärmann/Seuß/*Drasdo* WE-Praxis § 7 Rn. 24.
9 AG Köln 31.7.2012 – 200 2 C 1/12.

wohner gewährleisten sollen. Diese Kriterien gelten auch bei einem Arbeiterwohnheim[10] oder bei der Unterbringung von Obdachlosen.[11]

VII. Abgrenzung: Heim für Kinder und Jugendliche

Ein Heim für Kinder und Jugendliche iSv § 34 Abs. 1 S. 1 Alt. 1 SGB VIII dient in der Regel nicht mehr **16** Wohnzwecken. Dagegen kann bei einer sonstigen betreuten Wohnform[12] jedenfalls ein auf gewisse Dauer angelegtes **familienähnliches Zusammenwohnen** von Kindern und Jugendlichen mit Betreuern, das dem Zusammenleben in einer Pflegefamilie angenähert ist, als Wohnnutzung anzusehen sein.

110. Heizkosten

Breiholdt

I. Einführung

Grundlegend für die Erfassung und Verteilung der Heizkosten sind auch im Bereich des WEG die Vorschriften **1** der **HeizkostenV**. § 3 HeizkostenV bestimmt, dass die Verordnung auf Wohnungseigentum anzuwenden ist, unabhängig davon, ob durch Vereinbarung oder Beschluss andere Regelungen in der Gemeinschaft gelten sollen.

Sinn und Zweck der Verordnung ist die Verminderung des Energieverbrauches. Dieses Ziel soll durch eine **2** weitgehend **verbrauchsabhängige Erfassung und Verteilung** des Verbrauches und der Kosten erreicht werden. Der zugrunde liegende Gedanke besteht darin, dass Nutzer, die sich ihres Verbrauches bewusst sind, energetisch bewusst verhalten, weil eine Einsparung ihnen unmittelbar zugutekommt.

Insoweit statuiert die Verordnung die Pflicht zur Ausstattung eines Gebäudes mit Verbrauchserfassungsgeräten **3** (§ 5 HeizkostenV) und einer verbrauchsabhängigen Kostenverteilung (§ 6 HeizkostenV). Die Verteilung der Kosten muss zu mindestens 50 % und höchstens 70 % nach dem individuellen Verbrauch erfolgen.

Nach § 2 HeizkostenV gehen die Vorschriften der Verordnung rechtsgeschäftlichen Bestimmungen vor, soweit **4** die Verordnung nicht selbst Ausnahmen vorsieht. Im Bereich des WEG knüpft sich daran ua die Frage an, ob **Abrechnungen, die unter Verstoß gegen die HeizkostenV beschlossen werden, lediglich anfechtbar[1] oder nichtig sind.**[2] Nach Auffassung des BGH ist die Nichtigkeit eines Beschlusses die Ausnahme und nur anzunehmen, wenn der Schutzzweck der verletzten Vorschrift dies erfordert. Ein Verstoß gegen die HeizkostenV wirke sich nur auf einen beschränkten Zeitraum aus und sei daher nicht von einem solchen Gewicht, dass das

---

10 BGH 27.10.2017 – V ZR 193/16, NJW 2018, 41.
11 BGH 8.3.2019 – V ZR 330/17, NZM 2019, 293.
12 Vgl. § 34 Abs. 1 S. 1 Alt. 2 SGB VIII.
1 So BGH 22.6.2018 – V ZR 193/17, NZM 2018, 991.
2 So *Langenberg/Zehelein* BetrKostR K Rn. 23.

Vertrauen der Wohnungseigentümer in die Bestandskraft nicht (rechtzeitig) angefochtener Beschlüsse dahinter zurücktreten müsse.[3]

5 Grundsätzlich ist der Anwendungsbereich der Verordnung sehr weitgehend. Lediglich dann, wenn der beabsichtigte Effekt der Energieeinsparung nicht mit einem verhältnismäßigen finanziellen Aufwand erreicht werden kann – etwa für die Ausstattung des Gebäudes mit Verbrauchserfassungsgeräten (§ 11 Abs. 1 b HeizkostenV) – oder die Heizleistung überwiegend aus erneuerbaren Energien gewonnen wird (§ 11 Abs. 3 HeizkostenV), kann auf die Anwendung verzichtet werden.

6 Nicht überall sind die Vorschriften im **Mietrecht und WEG synchron** anzuwenden: Das Kürzungsrecht von 15 % gem. § 12 HeizkostenV im Falle nicht verbrauchsabhängig erstellter Abrechnungen steht nur dem Mieter und ausdrücklich nicht dem Sondereigentümer zu.

II. Anwendungsbereich

7 **1. Grundsatz.** Über §§ 1 Abs. 2 Nr. 3, 3 HeizkostenV erfasst die Verordnung auch das Abrechnungswesen in der Gemeinschaft der Wohnungseigentümer, ohne dass es hierfür eines Beschlusses bedarf.[4] Ausgenommen sind gem. § 2 HeizkostenV lediglich **Gebäude mit nicht mehr als zwei Wohnungen**, von denen eine der Vermieter selbst bewohnt. Die Vorschrift ist deshalb nicht anwendbar, wenn bei einer Anlage mit zwei Wohnungen eine Wohnung von ihrem Eigentümer vermietet wird und die zweite Wohnung einem anderen Eigentümer gehört, der dort selbst wohnt.[5] Eine Ausnahme soll aber dann bestehen, wenn es sich um ein Zweifamilienhaus mit zwei Eigentumswohnungen handelt, die von beiden Eigentümern selbst genutzt werden.[6]

8 Im Übrigen gilt die Verordnung auch für **Teileigentum**, weil der in § 3 S. 1 HeizkostenV verwendete Begriff „Wohnungseigentum" als Sammelbegriff für alle im WEG geregelten Formen des Wohnungseigentums zu verstehen ist.[7]

9 Da eine Verpflichtung zur Erstellung einer verbrauchsabhängigen Heizkostenabrechnung gem. §§ 4 ff. HeizkostenV besteht, muss die Gemeinschaft der Wohnungseigentümer über das „Ob" nicht entscheiden. Ein **Beschluss**, der eine verbrauchsabhängige Kostenverteilung nach Maßgabe der HeizkostenV ablehnt, soll **nichtig** und nicht lediglich anfechtbar sein.[8] Enthält die Teilungserklärung nicht bereits entsprechende Festlegungen, muss die Gemeinschaft aber über das „Wie" entscheiden, dh die Art der Verbrauchserfassung, die Größe des Flächenanteils und wie der Flächenanteil bemessen werden soll.[9]

10 Hält ein Wohnungseigentümer seine Heizkörper dauernd abgesperrt, kann er gleichwohl nicht verlangen, von den „verbrauchsabhängigen" Kosten des Heizbetriebs völlig freigestellt zu werden. In Betracht kommt gem. § 242 BGB allenfalls eine Gleichstellung mit dem Eigentümer einer Wohnung gleicher Größe, bei dem die niedrigsten Verbrauchswerte festgestellt wurden.[10]

11 **2. Ausnahmen. a) Technische Unmöglichkeit oder unverhältnismäßiger Aufwand.** Die Gemeinschaft der Wohnungseigentümer kann von der verbrauchsabhängigen Abrechnung absehen, wenn die Ausstattung des Gebäudes mit Verbrauchserfassungsgeräten technisch nicht möglich oder wirtschaftlich nicht vertretbar ist, § 11 Abs. 1 b HeizkostenV.

12 **Technische Unmöglichkeit** kann bei Fußbodenheizungen gegeben sein, wenn die Heizung mehrere nebeneinander liegende Objekte versorgt oder wenn kleinflächige Fußbodenheizungen im Bad am Rücklauf des Badezimmerheizkörpers angeschlossen sind.[11] Auch Deckenstrahlungsheizungen und horizontale Einrohrheizungen können eine technische Unmöglichkeit begründen.[12]

---

3 BGH 22.6.2018 – V ZR 193/17, NZM 2018, 991.
4 BGH 17.2.2012 – V ZR 251/10, NJW 2012, 1434.
5 OLG München 11.9.2007 – 32 Wx 118/07, ZMR 2007, 1001.
6 AG Hamburg-Blankenese 4.9.2003 – 506 II 34/03, ZMR 2007, 1001.
7 NSV/*Niedenführ* WEG § 14 HeizkostenV Rn. 4.
8 OLG Hamm 12.12.1994 – 15 W 327/94, NJW-RR 1995, 465.
9 Jennißen/*Jennißen* WEG § 16 Rn. 103.
10 BayObLG 7.4.1988 – BReg 2 Z 157/87, WuM 1988, 334.
11 *Langenberg/Zehelein* BetrKostR K Rn. 305.
12 *Langenberg/Zehelein* BetrKostR K Rn. 305, 312.

Wirtschaftliche Unmöglichkeit ist gegeben, wenn die erforderlichen Aufwendungen für die Verbrauchserfassung innerhalb der üblichen Nutzungsdauer durch die eintretenden Einsparungen nicht erwirtschaftet werden können. Dabei ist nach § 11 Abs. 1 Nr. 1 b HeizkostenV von einem 10-Jahres-Vergleich auszugehen. Die voraussichtlichen Einsparungen können naturgemäß nur geschätzt werden, wobei diese mit 15 % pro Jahr = 150 %-Punkte für den 10-Jahres-Vergleich pauschaliert werden können.[13] Der Maßstab von 15 % entstammt dem vom Gesetzgeber in § 12 HeizkostenV festgeschriebenen Kürzungsrecht des Mieters bei nicht verbrauchsabhängig erstellten Abrechnungen. 13

Da es sich um einen langjährigen Vergleichszeitraum handelt, ist eine **Prognose** zu erstellen. Die Annahme einer jährlichen Heizkostensteigerung von 5 % soll realistisch sein.[14] 14

b) Passivhäuser, erneuerbare Energien. Während es sich bei den Ausnahmen in § 11 Abs. 1 b HeizkostenV (technische oder wirtschaftliche Unmöglichkeit) um die nachträgliche Ausstattung bereits bestehender Gebäude handelt, regeln die Ausnahmen in § 11 Abs. 1 Nr. 1 a und Abs. 3 HeizkostenV eher einen in die Zukunft gerichteten Sachverhalt, der sich zumeist auf Neubauten beziehen dürfte. Es geht zum einen um Gebäude, die einen Heizbedarf von weniger als 15 kWh aufweisen (§ 11 Abs. 1 Nr. 1 a). Das sind die sogenannten Passivhäuser. 15

Zum anderen geht es um Gebäude, die „überwiegend" mit Wärme aus bestimmten erneuerbaren Energien (Solaranlagen) oder der Kraft-Wärme- Kopplung bzw. aus Anlagen zur Verwertung von Abwärme versorgt werden (§ 11 Abs. 3 HeizkostenV). „Überwiegend" bedeutet, dass der Anteil der Wärmeerzeugung aus den vorgenannten Quellen über 50 % liegen muss. **Biogasanlagen** fallen nicht unter die Vorschrift.[15] 16

c) Gemeinschaftlich genutzte Räume. Unabhängig von den unter a) und b) beschriebenen Ausnahmen müssen auch bei einer Pflicht zur Verbrauchserfassung gemeinschaftlich genutzte Räume nicht mit Erfassungsgeräten ausgestattet werden, § 4 Abs. 3 HeizkostenV. Dies gilt aber nicht für Gemeinschaftsräume mit nutzungsbedingt hohem Wärmeverbrauch wie Schwimmbäder oder Saunen. 17

III. Kostenpositionen

Zu den Kosten des Betriebs der zentralen Heizungsanlage einschließlich der Abgasanlage gehören die Kosten der verbrauchten Brennstoffe und ihrer Lieferung, die Kosten des Betriebsstromes, die Kosten der Bedienung, Überwachung und Pflege der Anlage, der regelmäßigen Prüfung ihrer Betriebsbereitschaft und Betriebssicherheit einschließlich der Einstellung durch eine Fachkraft, der Reinigung der Anlage und des Betriebsraumes, die Kosten der Messungen nach dem Bundes-Immissionsschutzgesetz, die Kosten der Anmietung oder anderer Arten der Gebrauchsüberlassung einer Ausstattung zur Verbrauchserfassung sowie die Kosten der Verwendung einer Ausstattung zur Verbrauchserfassung einschließlich der Kosten der Eichung sowie der Kosten der Berechnung, Aufteilung und Verbrauchsanalyse. Die Verbrauchsanalyse sollte insbesondere die Entwicklung der Kosten für die Heizwärme- und Warmwasserversorgung der vergangenen drei Jahre wiedergeben, § 7 Abs. 3 HeizkostenV. 18

Nicht zu den Heizkosten gehören die Anschaffungskosten für einen Feuerlöscher, die Prämien für eine Öltankversicherung und die Kosten der Öltankabdichtung.[16] 19

IV. Ausstattung zur Verbrauchserfassung

1. Geeignete Geräte. Die HeizkostenV regelt nicht, welcher Art die Verbrauchserfassungsgeräte sein müssen. Bei der **Auswahl** haben die Wohnungseigentümer daher grundsätzlich nach freiem Ermessen zu entscheiden. Die Geräte müssen jedoch gem. § 5 Abs. 1 HeizkostenV den Regeln der Technik entsprechen. 20

Zulässige Erfassungsgeräte sind Heizkostenverteiler, die entweder auf elektronischer Basis oder nach dem Verdunstungsprinzip arbeiten. Eine eigentliche Verbrauchserfassung erfolgt hier nicht, so dass die Geräte auch 21

---

13 KG Berlin 30.11.1992 – 24 W 3802/92, ZMR 1993, 182.
14 LG Lüneburg 31.5.2011 – 9 S 77/10, ZMR 2011, 829.
15 *Langenberg/Zehelein* BetrKostR K Rn. 326.
16 Jennißen/*Jennißen* WEG § 16 Rn. 124 mwN.

keiner Eichpflicht unterliegen. Sie liefern Vergleichswerte, die die Grundlage für die Aufteilung der Gesamtkosten darstellen.[17]

22 Demgegenüber sind **Wärmemengenzähler** Messgeräte, die den tatsächlichen Energieverbrauch messen und nicht nur den relativen Anteil an der Gesamtmenge dokumentieren.

23 Verschiedene Erfassungsmethoden sind nicht miteinander kombinierbar. Sind die Sondereigentumseinheiten demgemäß mit verschiedenen Systemen oder im Einzelfall überhaupt nicht ausgestattet, muss eine **Abrechnung nach Nutzergruppen** erfolgen, § 5 Abs. 2 S. 1 HeizkostenV. Es ist dann eine Vorerfassung erforderlich. Die Zähler sind abzulesen und nach den unterschiedlichen Gruppen (zB Heizkostenverteiler und Wärmemengenzähler) zu erfassen. Es genügt nicht, nur das Ergebnis einer Nutzergruppe zu ermitteln und deren Gesamtverbrauch vom Gesamtverbrauch des Gebäudes abzuziehen.[18]

24 Bei Verbrauchserfassungsgeräten auf **Funkbasis** muss die Erhebung, Speicherung, Ermittlung, Verarbeitung und Nutzung personenbezogener Daten den Vorgaben der EU-Datenschutz-Grundverordnung (DS-GVO) und des Bundesdatenschutzgesetzes (BDSG) entsprechen. Daten zum Wärmeverbrauch zählen zu den gesetzlich geschützten **personenbezogenen Daten**.[19]

25 **2. Kosten der Anschaffung.** Die Geräte können gekauft, gemietet oder geleast werden. Darüber bestimmt die Gemeinschaft der Wohnungseigentümer mit **Mehrheit**. Gem. § 3 Abs. 3 HeizkostenV sind die Kosten nach dem in der Gemeinschaft für die Verteilung der Verwaltungskosten geltenden Maßstab zu verteilen.

26 Da die Kosten der Anmietung von Verbrauchserfassungsgeräten gem. § 2 Nr. 4 a BetrKV zu den Betriebskosten gehören, können die Eigentümer die Kosten durch Beschluss gem. § 16 Abs. 2 S. 2 WEG abweichend verteilen. Nach altem Recht war umstritten, ob dies auch für den Fall gilt, dass die Geräte von der Gemeinschaft gekauft werden.[20] Durch die Streichung von § 16 Abs. 3 und 4 WEG aF und der Zusammenführung dieser Vorschriften im neuen § 16 Abs. 2 WEG dürfte sich dieser Streit zugunsten einer **einfachen Beschlusskompetenz** erledigt haben.

27 Sollen die Geräte gemietet werden, müssen die vermietenden Sondereigentümer gem. § 4 Abs. 2 S. 2 HeizkostenV ihren Mietern dies vorher unter Angabe der dadurch entstehenden Kosten **ankündigen**. Die Mietkosten sind nur dann umlagefähig, wenn die Ankündigung erfolgt ist und die Mehrheit nicht innerhalb eines Monats nach Zugang der Mitteilung widerspricht. Diese Mehrheit von 50 % bezieht sich auf alle Wohnungsnutzer.[21] In einer Gemeinschaft von Wohnungseigentümern mit mehr als einem Anteil von mehr als 50 % Selbstnutzerquote wird es an dieser Stelle in der Regel deshalb kein Problem geben.

28 Werden die Geräte gekauft, so können die vermietenden Eigentümer eine **Mieterhöhung** wegen Modernisierung gem. § 559 BGB geltend machen.

V. Verteilungsmaßstab

29 Die Kosten der Versorgung mit Wärme sind gem. § 7 Abs. 1 S. 1 HeizkostenV mindestens zu 50 %, höchstens jedoch zu 70 % nach Verbrauch, im Übrigen nach der Wohn- oder Nutzfläche (umbauter Raum) zu verteilen.

30 Eine **Ausnahme** ist in § 10 HeizkostenV geregelt: Der Höchstsatz von 70 % für verbrauchsabhängig abzurechnende Kosten kann überschritten werden, wenn eine rechtsgeschäftliche Bestimmung dies vorsieht. Die Sondereigentümer können daher durch **Vereinbarung** bestimmen, dass die Heiz- und Warmwasserkosten zu 100 % nach Verbrauch verteilt werden.[22]

---

17 *Langenberg/Zehelein* BetrKostR K Rn. 60.
18 BGH 20.1.2016 – VIII ZR 329/14, DWW 2016, 100.
19 Bärmann/*Becker* WEG § 16 Rn. 63 a.
20 So Bärmann/*Becker* WEG § 16 Rn. 64; aA Jennißen/*Jennißen* WEG § 16 Rn. 108, der eine Verteilung nach § 16 Abs. 4 WEG aber für zulässig hält.
21 Jennißen/*Jennißen* WEG § 16 Rn. 107.
22 OLG Hamm 12.1.2004 – 15 W 24/03, NZM 2004, 657.

Nach altem Recht war umstritten, ob § 10 HeizkostenV auch eine entsprechende Änderung des Verteilungs- 31
schlüssels durch Beschluss gem. § 16 Abs. 3 WEG aF gestattete.[23] Dieser Streit ist nach hier vertretener Auffassung durch die Neufassung in § 16 Abs. 2 S. 3 WEG weiter virulent, weil die HeizkostenV dem WEG als
speziellere Regelung vorgeht.

Unabhängig davon stellt sich die Frage, wieweit ein Umlageschlüssel von 100 % der **Billigkeit** entspricht. Be- 32
standteil der Heizkosten ist immer auch ein verbrauchsunabhängiger Teil (Wartung, Reinigung, Ablesung etc).
Es ist kein sachlicher Grund ersichtlich, warum diese Kosten nach gemessenem Verbrauch verteilt werden sollen. Insoweit widerspricht ein Verteilungsmaßstab von 100 % ordnungsmäßiger Verwaltung.

1. Nicht verbrauchsabhängiger Teil. Die nicht verbrauchsabhängig umzulegenden Kosten sind gem. § 7 33
Abs. 1 S. 5 HeizkostenV nach der Wohn- und Nutzfläche oder nach dem umbauten Raum zu verteilen. Dabei
kann auch die Wohn- und Nutzfläche oder der umbaute Raum der beheizten Räume zugrunde gelegt werden.

Die **Wohnfläche** kann sich aus Angaben in der Teilungserklärung ergeben. Ist diese schon älter, und haben in 34
der Zwischenzeit Um- und Anbauten stattgefunden, so werden diese Angaben aber nicht mehr aktuell sein.
Gerade bei umgewandelten Bestandsobjekten wurde im Rahmen der Teilung häufig auf alte Größenangaben
aus der Bauzeit zurückgegriffen, so dass die Flächenangaben uU Jahrzehnte alt sind. Ggf. empfiehlt sich deshalb eine **Neuvermessung** des Objektes auf der Grundlage der seit 2004 geltenden WohnflächenVO betreffend die Wohnungen und der DIN 277 oder nach den Vorschriften der gif für die Teileigentumseinheiten. Haben allerdings nur ein Teil der Wohnungen Balkone oder sonstige nicht beheizbare Flächen, dürfen die nicht
beheizbaren Flächen bei den verbrauchsunabhängigen Kosten nicht berücksichtigt werden.[24] In einem solchen
Fall soll nur der Maßstab „beheizte Räume" der Billigkeit entsprechen.[25]

Ist der Flächenanteil nicht durch Gemeinschaftsordnung oder durch Beschluss definiert worden, ist auf den in 35
der Gemeinschaftsordnung vorgesehenen allgemeinen Verteilungsschlüssel zurückzugreifen und damit im
Zweifel auf Miteigentumsanteile.[26]

2. Verbrauchsabhängiger Teil. a) Grundsatz. Der verbrauchsabhängige Teil der Abrechnung muss grund- 36
sätzlich mindestens 50 % und höchstens 70 % betragen. Dies kann die Gemeinschaft der Eigentümer im Rahmen ordnungsmäßiger Verwaltung durch Beschluss bestimmen. Häufig macht die Teilungserklärung insoweit
bereits Vorgaben, die im Rahmen ordnungsmäßiger Verwaltung aber durch Beschluss gem. § 16 Abs. 2 WEG
geändert werden können.

b) Ausnahmen. Eine Ausnahme bildet zunächst § 7 Abs. 1 S. 2 HeizkostenV: Handelt es sich um ein Gebäu- 37
de, dass die Anforderungen der Wärmeschutzverordnung vom 16.8.1994 nicht erfüllt, das mit einer Öl- oder
Gasheizung versorgt wird und in denen die freiliegenden Wärmeleitungen überwiegend **gedämmt** sind, so
muss der verbrauchsabhängige Teil der Abrechnung zwingend 70 % betragen.

Wann eine Leitung „gedämmt" ist, ist nicht geregelt. Insoweit wird zT vertreten, dass dies nach dem jeweili- 38
gen Rohrdurchmesser gem. § 69 GEG (§ 14 Abs. 5 EnEV 2014 iVm Anlage 5) zu bestimmen ist.[27] Nach anderer Auffassung soll jegliche Art der Rohrdämmung genügen.[28]

„Überwiegend" bedeutet, dass über 50 % der freiliegenden Wärmeleitungen gedämmt sein müssen. Die vorge- 39
nannten Voraussetzungen müssen kumulativ vorliegen. Eine von § 7 Abs. 1 S. 2 HeizkostenV **abweichende
Verteilung** entspricht nicht ordnungsmäßiger Verwaltung.[29]

Des weiteren kann gem. § 7 Abs. 1 S. 3 HeizkostenV in Gebäuden, in denen die freiliegenden Leitungen der 40
Wärmeverteilung überwiegend ungedämmt sind und ein wesentlicher Teil des Verbrauchs deswegen nicht er-

---

23 So *Abramenko* ZWE 2007, 61; *Becker* ZWE 2008, 222; aA Jennißen/*Jennißen* WEG § 16 Rn. 109 a; *Schmid* DWE
   2008, 38.
24 LG Berlin 3.12.2013 – 55 S 127/12, ZMR 2014, 570; LG Frankfurt (Oder) 21.11.2016 – 16 S 85/16, ZMR 2017,
   825.
25 LG Frankfurt 17.5.2018 – 2–13 S 91/16, WuM 2018, 590.
26 LG Itzehoe 23.11.2010 – 11 S 55/09, ZWE 2011, 274.
27 *Langenberg/Zehelein* BetrKostR K Rn. 168.
28 Lützenkirchen/*Lützenkirchen* MietR § 7 HeizkostenV Rn. 30.
29 AG Düsseldorf 21.3.2011 – 292 a C 7251/10, WuM 2011, 438.

fasst wird, der Wärmeverbrauch nach den **anerkannten Regeln der Technik** verteilt werden. Mit den anerkannten Regeln der Technik sind die in der VDI Richtlinie 2077 Blatt 3.5 beschriebenen Verfahren gemeint.[30]

41 „Überwiegend ungedämmt" bedeutet auch hier, dass der Anteil der ungedämmten Leitungen mehr als 50 % betragen muss.[31]

42 „Freiliegend" sind Leitungen, die sichtbar über der Wand verlaufen, also auch nicht im Estrich liegen.[32] Da auch ungedämmt unter Putz oder im Estrich verlaufende Leitungen Wärme abgeben, wurde verschiedentlich die Auffassung vertreten, § 7 Abs. 1 S. 3 HeizkostenV sei in diesen Fällen analog anzuwenden[33] – was dann auch für § 7 Abs. 1 S. 2 HeizkostenV gelten müsste. Dem hat der BGH – zunächst im Bereich des Mietrechts[34] – und später auch für den Bereich des WEG[35] eine Absage erteilt.

43 Liegen die Voraussetzungen von § 7 Abs. 1 S. 3 HeizkostenV vor, so muss die Gemeinschaft der Wohnungseigentümer selbst – nicht der Verwalter – von ihrem Wahlrecht Gebrauch machen und per einfachem **Mehrheitsbeschluss** festlegen, nach welchem der drei zugelassenen Verfahren gem. § 7 Abs. 1 S. 3 HeizkostenV iVm VDI 2077, Beiblatt (Messung der Wärmeabgabe an den Rohren, Bilanzverfahren oder rechnerische Ermittlung), die Heizkosten abgerechnet werden sollen.[36]

44 Die Anwendung von § 7 Abs. 1 Satz 3 HeizkostenV liegt im **Ermessen** der Wohnungseigentümer.[37] In gravierenden Fällen mit einem besonders niedrigen Verbrauchswärmeanteil besteht aber kein Wahlrecht mehr. Es tritt eine Ermessensreduzierung auf Null ein, wenn die Kostenverteilung nach den allgemeinen Vorschriften der Heizkostenverordnung nicht mehr dem billigen Ermessen entspricht. Dann ist die Anwendung der anerkannten Regeln der Technik nach § 7 Abs. 1 Satz 3 HeizkostenV verbindlich.[38] Dies kann der Fall sein, wenn die Erfassungsrate der elektronischen Heizkostenverteiler unter 20 % liegt.[39]

45 **3. Verteilung bei Wärmelieferungsvertrag.** Erfolgt die Beheizung des Gebäudes durch einen Wärmelieferer, so gilt für die Verteilung der Kosten gem. § 7 Abs. 3 HeizkostenV der § 7 Abs. 1 HeizkostenV entsprechend. Die Norm differenziert nicht nach Nah- oder Fernwärme.[40]

46 **4. Mängel der Verbrauchserfassung.** Kann der anteilige Wärmeverbrauch wegen Geräteausfalls oder aus anderen zwingenden Gründen nicht ordnungsgemäß erfasst werden, ist er auf der Grundlage des Verbrauchs in vergleichbaren Zeiträumen oder des Verbrauchs vergleichbarer anderer Räume im jeweiligen Abrechnungszeitraum oder des **Durchschnittsverbrauchs** des Gebäudes oder der Nutzergruppe zu ermitteln. Der so ermittelte anteilige Verbrauch ist bei der Kostenverteilung anstelle des erfassten Verbrauchs zu Grunde zu legen, § 9 a Abs. 1 S. 1 HeizkostenV.

47 Hierunter fällt nicht die Konstellation, dass das Gebäude überhaupt nicht mit Verbrauchserfassungsgeräten ausgestattet ist.[41]

48 Erfasst ist dagegen der Fall, dass in der Vergangenheit **Messröhrchen** nicht ausgetauscht werden konnten.[42]

49 Ist die Eichfrist der Verbrauchserfassungsgeräte abgelaufen, war nach früherer Auffassung nicht zwingend nach Fläche abzurechnen. Der **Ablauf der Eichfrist** bedeutete nicht, dass die Verbrauchswerte per se unstimmig sind. Ihnen fehlte lediglich die Vermutung der Richtigkeit.[43] Seit dem 1.1.2015 gilt das **MessEG** (Gesetz über die Inverkehrbringung von Messgeräten). Dieses Gesetz untersagt die Verwendung von ungeeichten

30 BR-Drs. 570/08, 14; BGH 15.03. 2017 – VIII ZR 5/16, GE 2017, 709.
31 BR-Drs. 570/08, 14.
32 *Langenberg/Zehelein* BetrKostR K Rn. 169 mwN.
33 LG Landau (Pfalz) 18.10.2013 – 3 S 110/12, WuM 2015, 432.
34 BGH 15.3.2017 – VIII ZR 5/16, GE 2017, 709.
35 BGH 15.11.2019 – V ZR 9/19, NSW WEG § 16 (BGH-intern).
36 LG München I 30.11.2015 – 1 S 14998/14 WEG, ZMR 2016, 232.
37 LG Köln 1.2.2018 – 29 S 89/17, ZMR 2018, 440.
38 LG Landau (Pfalz) 4.10.2013 – 3 S 188/12, ZWE 2014, 97.
39 LG Köln 1.2.2018 – 29 S 89/17, ZMR 2018, 440.
40 Unzutreffend insoweit LG Hamburg 9.4.2014 – 318 S 66/13, ZWE 2014, 366, wonach dies entgegen dem Wortlaut nicht für mit Fernwärme versorgte Gebäude gelten soll.
41 *Langenberg/Zehelein* BetrKostR K Rn. 193.
42 OLG Hamburg 12.5.2004 – 2 Wx 103/96, ZMR 2004, 769.
43 *Jennißen/Jennißen* WEG § 16 Rn. 115 mwN.

Messgeräten, so dass die Verwendung ihrer Ablesewerte gegen ein öffentlich-rechtliches Verbotsgesetz verstößt. Daher ist eine reine flächenbezogene Abrechnung zwingend, wenn die Eichfrist der Verbrauchserfassungsgeräte abgelaufen ist.[44]

Die **Auswahl der Schätzmethode** obliegt der Gemeinschaft der Wohnungseigentümer nach billigem Ermessen, wobei die Ermessensentscheidung der gerichtlichen Überprüfung unterliegt.[45] Als Schätzmethode ist das individuelle Vergleichsverfahren in der Heizkostenabrechnung der Schätzung nach Durchschnittsverbrauch des Gebäudes vorzuziehen.[46]   50

Die Gemeinschaft der Wohnungseigentümer kann das Auswahlermessen dem beauftragten Abrechnungsunternehmen überlassen. Diese Auswahl bestätigt sie dann durch den Beschluss über die Abrechnung. Ein vorangegangener Auswahlbeschluss ist daher nicht erforderlich.[47]   51

Die Ersatzverfahren sind gem. § 9 a Abs. 2 HeizkostenV aber dann unzulässig, wenn mehr als 25 % der Gesamtwohn- oder Nutzfläche bzw. des umbauten Raumes der Fläche betroffen sind. Die Kosten sind in diesem Fall verbrauchsunabhängig gem. § 7 Abs. 1 S. 2 HeizkostenV zu verteilen.   52

Kann nicht verbrauchsabhängig abgerechnet werden, steht den Wohnungseigentümern das Kürzungsrecht des § 12 Abs. 1 Satz 1 HeizkostenV nicht zu, was aus Satz 2 der Vorschrift folgt.   53

VI. Änderung des Verteilungsmaßstabes

1. Grundsatz. Gem. § 16 Abs. 2 S. 2 WEG hat die Gemeinschaft der Wohnungseigentümer die Kompetenz, den Verteilungsschlüssel durch **Mehrheitsbeschluss** abweichend von dem in § 16 Abs. 2 S. 1 WEG bestimmten Maßstab, aber auch abweichend von einem durch die Wohnungseigentümer vereinbarten oder beschlossenen Verteilungsschlüssel zu regeln.[48] Diese Beschlusskompetenz konnte bereits nach altem Recht gem. § 16 Abs. 5 WEG aF durch eine Vereinbarung weder eingeschränkt noch ausgeschlossen werden. Entgegenstehende Bestimmungen in Gemeinschaftsordnungen waren unwirksam.[49] Trotz Wegfalls der Bestimmung des § 16 Abs. 5 WEG aF ändert sich hieran nichts, weil der Sinn der Gesetzesänderung gerade in der Erweiterung der Beschlusskompetenzen der Gemeinschaft der Wohnungseigentümer besteht.   54

Bei Änderungen des Umlageschlüssels ist der Gemeinschaft der Wohnungseigentümer ein weiter **Gestaltungsspielraum** eingeräumt. Sie darf jeden nach der Heizkostenverordnung zulässigen Maßstab wählen, der den Interessen der Gemeinschaft und der einzelnen Wohnungseigentümer angemessen ist und nicht zu einer ungerechtfertigten Benachteiligung Einzelner führt.[50] Dabei sind an die Auswahl eines angemessenen Kostenverteilungsschlüssels nicht zu strenge Anforderungen zu stellen, weil sich jede Änderung des Verteilungsmaßstabs zwangsläufig auf die Kostenlast des einen oder anderen Wohnungseigentümers auswirkt.[51]   55

Soweit § 6 Abs. 4 S. 2 HeizkostenV als Voraussetzung für eine Änderung das Vorliegen sachgerechter Gründe fordert, ist dies ebenso wie bei § 16 Abs. 3 WEG aF lediglich eine Ausprägung des Willkürverbotes.[52]   56

Die **Aufgabe eines Verteilungsschlüssels**, welcher nicht der Heizkostenverordnung entspricht, ist insoweit als sachgerecht anzusehen. Soweit der verbrauchsabhängig abzurechnende Kostenanteil geringer ist als vorgeschrieben, folgt dies schon daraus, dass der Abrechnungsmaßstab gegen die Heizkostenverordnung verstößt und damit nicht ordnungsgemäßer Verwaltung entspricht.   57

Umgekehrt begegnet ein verbrauchsabhängig abzurechnender Kostenanteil von mehr als 70 % Zweifel im Hinblick auf die Verteilungsgerechtigkeit. Denn der von der Heizkostenverordnung vorgesehene Festkostenansatz von mindestens 30 % beruht auf der Annahme, dass bis zu 30 % der Gesamtkosten unabhängig vom   58

---

44 Jennißen/*Jennißen* WEG § 16 Rn. 115; Bärmann/*Becker* WEG § 16 Rn. 73.
45 LG Itzehoe 28.6.2013 – 11 S 31/12, ZWE 2014, 91.
46 AG Berlin-Charlottenburg 10.4.2013 – 73 C 174/12, ZWE 2014, 226.
47 Jennißen/*Jennißen* WEG § 16 Rn. 112; Bärmann/*Becker* WEG § 16 Rn. 71; aA OLG Hamburg 12.5.2004–2 Wx 103/96, ZMR 2004, 769.
48 BGH 16.7.2010 – V ZR 221/09, MDR 2010, 1241.
49 BGH 16.7.2010 – V ZR 221/09, MDR 2010, 1241.
50 Vgl. BT-Drs. 16/887, 23.
51 BGH 16.7.2010 – V ZR 221/09, MDR 2010, 1241.
52 NSV/*Niedenführ* WEG § 14 HeizkostenV Rn. 51.

individuellen Verbrauchsverhalten entstehen; zudem werden durch einen solchen Festanteil Vor- und Nachteile einzelner Nutzer nivelliert, welche sich aus der Lage ihrer Wohnung im Haus ergeben. Der Wunsch der Mehrheit, diese Umstände künftig zu berücksichtigen, stellt deshalb einen sachgerechten Grund für die Änderung des Verteilungsschlüssels dar.[53]

59 **2. Zeitpunkt der Änderung.** Eine Änderung des Verteilungsschlüssels ist gem. § 6 Abs. 4 S. 3 HeizkostenV grundsätzlich nur für **zukünftige Abrechnungszeiträume** zulässig. Der BGH sieht diese Vorschrift als ein spezialgesetzlich geregeltes striktes „**Rückwirkungsverbot**" an.[54]

60 Eine rückwirkende Änderung des Heizkostenverteilungsschlüssels ist deshalb unzulässig und verstößt gegen die Grundsätze einer ordnungsgemäßen Verwaltung iSd § 18 Abs. 2 Nr. 2 WEG.[55]

61 § 6 Abs. 4 S. 3 HeizkostenV bezieht sich allerdings nur auf die Abrechnungsmaßstäbe in § 7 Abs. 1 S. 1 HeizkostenV. Dagegen unterliegt die Frage, wie der erfasste Wärmeverbrauch bestimmt wird, nicht dem Rückwirkungsverbot des § 6 Abs. 4 HeizkostenV. Wohnungseigentümer können demnach in Gebäuden, in denen die freiliegenden Leitungen der Wärmeverteilung überwiegend ungedämmt sind, und deswegen ein wesentlicher Anteil des Wärmeverbrauchs nicht erfasst wird, beschließen, dass die Methode zur Ermittlung des Wärmeverbrauchs nachträglich für einen bereits abgelaufenen Abrechnungszeitraum von Heizkostenzählern auf die Verbrauchsermittlung nach den anerkannten Regeln der Technik nach VDI-Richtlinie 2077 umgestellt wird.[56]

62 **3. Anspruch auf Änderung.** Unter den Voraussetzungen des § 10 Abs. 2 S. 3 WEG kann ein einzelner Eigentümer einen Anspruch auf Änderung des Heizkostenverteilungsschlüssels haben.

63 Ein **schwerwiegender Grund** im Sinne von § 10 Abs. 2 WEG liegt jedenfalls dann vor, wenn der geltende Verteilungsmaßstab für den die Änderung begehrenden Sondereigentümer zu einer erheblichen Kostenmehrbelastung von mehr als 25 % gegenüber einer Verteilung nach den Wohn- und Nutzflächen führt. Maßgeblich ist allein die Kostenmehrbelastung des betroffenen Sondereigentümers nach dem geltenden Verteilungsmaßstab im Verhältnis zum begehrten Verteilungsmaßstab, nicht die Relation zu dem Vorteil der anderen Sondereigentümer.[57]

64 Allerdings ist insoweit nicht nur auf eine Rechengröße abzustellen, sondern es sind **alle Umstände des Falles** zu beleuchten. So kann es eine Rolle spielen, dass der Erwerber der betroffenen Einheit die Kostenbelastung bereits vor dem Erwerb kannte. Aus diesem Grund versagte der BGH einen Änderungsanspruch, obwohl sich im konkreten Fall für eine Einheit mit einem MEA von 17,5 % und einer Wohn- und Nutzfläche von nur 10 % eine Kostenmehrbelastung von mehr als 70 % ergab. Ein weiterer Versagungsgrund lag darin, dass das betroffene Sondereigentum eine Teileigentumseinheit war, die aber zu Wohnzwecken genutzt wurde.[58]

65 Zur Durchsetzung seines Anspruches muss der betroffene Sondereigentümer zunächst versuchen, einen **Eigentümerbeschluss** herbeizuführen, soweit eine Beschlusskompetenz der Eigentümer besteht. Erst wenn ein Beschluss über die abweichende Kostenverteilung nicht zustande kommt oder das Zustandekommen von vornherein aussichtslos ist, besteht ein Rechtsschutzbedürfnis für eine Klage auf Abänderung des Verteilungsschlüssels nach § 10 Abs. 2 WEG.[59]

VII. Heizkosten in der Abrechnung

66 Seit der grundlegenden BGH-Entscheidung aus dem Jahr 2012[60] ist geklärt, dass die Heizkosten in der Gesamt- und Einzelabrechnungen verschieden zu behandeln und darzustellen sind. Dies folgt daraus, dass die HeizkostenV als zwingendes Recht eine verbrauchsabhängige Abrechnung vorschreibt, die Abrechnung nach bisher hM aber eine reine Einnahmen- und Ausgabenrechnung sein soll.

---

53 BGH 16.7.2010 – V ZR 221/09, MDR 2010, 1241.
54 BGH 1.4.2011 – V ZR 162/10 – NZM 2011, 514.
55 LG Hamburg 9.4.2014 – 318 S 66/13, ZWE 2014, 366 zu § 21 Abs. 4 WEG aF.
56 LG Nürnberg-Fürth 6.8.2014 – 14 S 9871/12 WEG, ZMR 2016, 399; AG Gera 28.2.2012 – 7 C 1632/11; AG Lichtenberg 14.9.2011 – 119 C 14/11, GE 2011, 1631.
57 BGH 11.6.2010 – V ZR 174/09, ZWE 2010, 330 zu § 10 Abs. 2 S. 3 WEG aF.
58 BGH 17.12.2010 – V ZR 131/10, GE 2011, 553.
59 Bärmann/*Becker* WEG § 16 Rn. 79.
60 BGH 17.12.2012 – V ZR 251/10, NJW 2012, 1434.

1. Gesamtabrechnung. In der Gesamtabrechnung sind die tatsächlichen Zahlungsflüsse zu berücksichtigen, die im Zusammenhang mit der Anschaffung von Brennstoffen stehen. Es gilt – wie bei allen anderen Ausgabenpositionen auch – das „Geld- oder Abflussprinzip". 67

2. Einzelabrechnung. Die Heizkostenabrechnung wird in der Regel von spezialisierten Dienstleistern erstellt, die auf Grundlage der vom Verwalter übermittelten Brennstoffkosten an Hand der Verbrauchsmessgeräte den Einzelverbrauch der Sondereigentümer ermitteln. 68

Die Kosten für die **verbrauchten Brennstoffe** sind nach dem **Umlageschlüssel** in den jeweiligen Einzelabrechnungen umzulegen, der von den Wohnungseigentümern nach Maßgabe der HeizkostenV für die Umlage der Kosten des Betriebs zentraler Heizungsanlagen und zentraler Warmwasserversorgungsanlagen oder der eigenständig gewerblichen Lieferung von Wärme und Warmwasser bestimmt wurde.[61] 69

Ausgaben für angeschaffte, aber noch nicht verbrauchte Brennstoffe sind zunächst nach dem gesetzlichen oder nach einem vereinbarten Schlüssel zu verteilen.[62] Das gilt unabhängig von der Art der Brennstoffe. 70

Werden Kosten für erworbene, aber nicht verbrauchte Brennstoffe in den Einzelabrechnungen nicht verteilt, ist die Abweichung der Einzel- von der Gesamtabrechnung zu erläutern. Die Darstellung muss verständlich und nachvollziehbar sein.[63] 71

Zahlt eine Gemeinschaft **Abschläge für die Wärmelieferung** an einen Energieversorger, die den tatsächlichen Verbrauch im Abrechnungsjahr übersteigen, so gilt nichts anderes: Die Differenz zum Verbrauch ist nach dem allgemeinen Schlüssel umzulegen. Der Unterschiedsbetrag zu den im Abrechnungszeitraum abgeflossenen Zahlungen muss erläutert werden.[64] Es ist dabei unerheblich, welche Brennstoffart verwendet wird. Dass der „Überschuss" gegenüber einem Mieter nicht umlagefähig ist, spricht ebenfalls nicht gegen diese Art der Verteilung, denn dem Mieter gegenüber sind nur die im Sinne der Heizkostenverordnung „verbrauchten" Heizkosten abrechenbar.[65] 72

Verschiedene Auffassungen existieren im Schrifttum zu der Frage, ob durch diese Art der Abrechnung eine **Doppelbelastung** der Eigentümer im Abrechnungs- und im Folgejahr entsteht und wie damit umzugehen ist. Dies rührt daher, dass die im Abrechnungsjahr nicht verbrauchten Vorschüsse für den Brennstoffeinkauf in der Abrechnung nach dem allgemeinen Schlüssel und im Folgejahr noch einmal nach Verbrauch verteilt werden.[66] Dieses Problem kann allerdings nur dann entstehen, wenn die Hausgeldansätze im Folgejahr den bestehenden – und schon bezahlten – Brennstoffvorrat nicht berücksichtigen. 73

111. Heizung

Maximilian Müller

I. Eigentumsrechtliche Zuordnung

Bei der Frage, in wessen Eigentum „die Heizung" eines Gebäudes steht, ist zu differenzieren. 1

1. Heizungsanlage. Bei einer fest installierten Heizungsanlage handelt es sich typischerweise um einen **wesentlichen Gebäudebestandteil** iSv § 94 Abs. 2 BGB (s. aber noch → Rn. 6). Aus diesem Grund steht sie 2

---

61 *Hügel/Elzer* WEG § 28 Rn. 115.
62 BGH 17.12.2012 – V ZR 251/10, NJW 2012, 1434.
63 BGH 17.12.2012 – V ZR 251/10, NJW 2012, 1434.
64 AG Bremen 13.12.2013 – 29 C 88/13, ZMR 2014, 316.
65 AG Bremen 13.12.2013 – 29 C 88/13, ZMR 2014, 316.
66 S. dazu und dem Streitstand *Hügel/Elzer* WEG § 28 Rn. 116.

entweder im gemeinschaftlichen Eigentum oder im Sondereigentum. Ob das eine oder das andere der Fall ist, richtet sich nach § 5 Abs. 1 bis 3 WEG. Insoweit gilt Folgendes:

3 Sofern die Heizungsanlage dazu bestimmt ist, **alle Sondereigentumseinheiten** der Wohnungseigentumsanlage mit Wärme zu versorgen, steht sie gem. § 5 Abs. 2 WEG im gemeinschaftlichen Eigentum. Dasselbe gilt nach überzeugender Auffassung auch dann, wenn sie zwar nicht alle, aber **mehrere Einheiten** bedient;[1] auch in diesem Fall dient sie dem „gemeinschaftlichen Gebrauch". Dabei spielt es keine Rolle, ob der Raum, in dem die Heizung installiert ist, sich im gemeinschaftlichen Eigentum oder im Sondereigentum befindet.[2]

4 Dient eine Heizungsanlage, etwa eine Gastherme, nur der Wärmeversorgung einer Sondereigentumseinheit, so greift § 5 Abs. 2 WEG nicht ein. Als wesentlicher Gebäudebestandteil steht sie im Sondereigentum, wenn die Voraussetzungen von § 5 Abs. 1 S. 1 WEG erfüllt sind. Das ist jedenfalls dann der Fall, wenn sie **in den Räumen** der von ihr versorgten Sondereigentumseinheit installiert ist.[3] Ob eine Heizungsanlage auch dann gem. § 5 Abs. 1 S. 1 WEG dem Sondereigentum zugeordnet ist, wenn sie zwar nur der Versorgung einer Sondereigentumseinheit dient, aber **außerhalb der Sondereigentumseinheit**, etwa im Bereich des gemeinschaftlichen Eigentums[4] oder in den Räumen fremden Sondereigentums,[5] installiert ist, hängt davon ab, ob die Heizungsanlage auch in einem solchen Fall zu der von ihr versorgten Sondereigentumseinheit „gehört". Insoweit ist entscheidend, ob man für dieses Merkmal einen räumlichen Zusammenhang fordert oder eine funktionale Beziehung[6] ausreichen lässt (näher zur Auslegung des Merkmals „gehören" → *Sondereigentum* Rn. 19).

5 Besonderheiten ergeben sich dann, wenn die Heizungsanlage darauf ausgerichtet ist, neben den Sondereigentumseinheiten der Wohnungseigentumsanlage auch **weitere Gebäude** mit Wärme zu versorgen. Verbreitet wird angenommen, auch in diesem Fall diene die Heizungsanlage dem gemeinschaftlichen Gebrauch, so dass sie gem. § 5 Abs. 2 WEG dem gemeinschaftlichen Eigentum zugeordnet sei.[7] Nach der überwiegenden Gegenauffassung,[8] die auch vom **BGH** geteilt wird,[9] greift § 5 Abs. 2 WEG jedenfalls dann nicht ein, wenn die Heizungsanlage bestimmungsgemäß nicht durch die Gesamtheit der Wohnungseigentümer, sondern von vornherein durch einen Miteigentümer, der die Anlage eingerichtet hat, betrieben werden soll und die Anlage überdies dafür bestimmt und ausgelegt ist, außer den Wohnungen der Mitglieder der Wohnungseigentümergemeinschaft eine Anzahl von weiteren Gebäuden mit Wärme zu versorgen. Auf dieser Grundlage steht eine solche Heizungsanlage mithin unter den Voraussetzungen von § 5 Abs. 1 S. 1 Var. 2 WEG im Sondereigentum; sie muss also insbesondere zu einem Raum „gehören", der in Sondereigentum überführt wurde.

6 Sofern es sich bei der Heizungsanlage um einen **Scheinbestandteil** iSv § 95 Abs. 1 oder 2 BGB handelt, steht sie weder im gemeinschaftlichen Eigentum noch im Sondereigentum, sondern im „gewöhnlichen" BGB-Eigentum. Denn Scheinbestandteile zählen nicht zu den wesentlichen Bestandteilen des Grundstücks oder eines Gebäudes; nur an solchen Bestandteilen kann jedoch gemeinschaftliches Eigentum oder Sondereigentum bestehen. Die Eigentumsverhältnisse an der Anlage richten sich vielmehr nach den Regeln über bewegliche Sachen.[10] Um einen Scheinbestandteil handelt es sich gem. § 95 Abs. 2 BGB insbesondere dann, wenn die Sache **nur zu einem vorübergehenden Zweck** in das Gebäude eingefügt ist. In Bezug auf eine Heizungsanlage kommt dies etwa dann in Betracht, wenn ein Bauträger oder ein anderer Unternehmer die Anlage – zB ein Blockheizkraftwerk (→ „*Blockheizkraftwerk*") oder beim Wärme-Contracting[11] – auf der Grundlage eines befristeten Vertrages mit der Gemeinschaft der Wohnungseigentümer einbaut und sich dazu verpflichtet, die An-

---

1 BeckOGK/*Schultzky*, 1.3.2020, WEG § 5 Rn. 77; aA BayObLG 24.2.2000 – 2Z BR 155/99, NZM 2000, 516.
2 LG Koblenz 10.3.2014 – 2 S 49/13, ZWE 2015, 120; LG Landau 31.5.1985 – 4 T 102/84, Rpfleger 1985, 360; aA BayObLG 24.2.2000 – 2Z BR 155/99, NZM 2000, 516.
3 BeckOGK/*Schultzky*, 1.3.2020, WEG § 5 Rn. 77.
4 So der Fall LG Frankfurt a. M. 1.3.1989 – 2/9 T 1212/88, NJW-RR 1989, 1166.
5 So der Fall OLG Köln 8.8.1997 – 16 Wx 144/97, OLGR 1997, 309 = ZMR 1998, 112.
6 So iErg OLG Köln 8.8.1997 – 16 Wx 144/97, OLGR 1997, 309 = ZMR 1998, 112; LG Frankfurt a. M. 1.3.1989 – 2/9 T 1212/88, NJW-RR 1989, 1166; BeckOGK/*Schultzky*, 1.3.2020, WEG § 5 Rn. 77.
7 LG Itzehoe 12.4.2011 – 11 S 31/10, ZWE 2012, 182 (183); Bärmann/*Armbrüster* WEG § 5 Rn. 42; MüKoBGB/*Commichau* WEG § 5 Rn. 27.
8 BeckOGK/*Schultzky*, 1.3.2020, WEG § 5 Rn. 34.
9 BGH 18.10.1974 – V ZR 120/73, NJW 1975, 688 (689).
10 BeckOGK/*Mössner*, 1.4.2020, BGB § 95 Rn. 52.
11 BeckOGK/*Schultzky*, 1.3.2020, WEG § 5 Rn. 76.

lage nach Ablauf der Vertragslaufzeit zu entfernen. Dabei spielt es für die Anwendung von § 95 Abs. 2 BGB keine Rolle, ob die Heizungsanlage für ihre gesamte (wirtschaftliche) Lebensdauer auf dem Grundstück verbleiben soll.[12]

Die Eigenschaft als Scheinbestandteil kann auch gem. § 95 Abs. 1 S. 2 BGB geschaffen werden. Nach dieser **7** Vorschrift gehört ein Gebäude oder ein anderes Werk, das **in Ausübung eines Rechts an einem fremden Grundstück** von dem Berechtigten mit dem Grundstück verbunden worden ist, nicht zu den Bestandteilen des Grundstücks. Nach – soweit ersichtlich – einhelliger Auffassung kommt der von § 95 Abs. 1 S. 2 BGB eröffnete Weg auch dann in Betracht, wenn die Sache nicht mit dem Grund und Boden, sondern mit einem auf dem Grundstück errichteten Gebäude verbunden ist.[13] Die Eigenschaft als Scheinbestandteil kann also insbesondere auch dadurch geschaffen werden, dass vor dem Einbau der Heizungsanlage eine diesen legitimierende beschränkte persönliche Dienstbarkeit (§ 1090 BGB) begründet wird.[14] Diese Dienstbarkeit muss in allen Wohnungsgrundbüchern eingetragen werden.[15] Dabei können die für die Begründung der Dienstbarkeit erforderlichen Erklärungen bereits vom teilenden Eigentümer abgegeben werden.[16] Berechtigter der Dienstbarkeit kann ein einzelner Wohnungseigentümer, die Gemeinschaft der Wohnungseigentümer[17] oder auch ein außenstehender Dritter, etwa der Bauträger, sein.

2. Heizungsraum. Von der Frage, in wessen Eigentum die Heizungsanlage steht, muss diejenige unterschie- **8** den werden, in wessen Eigentum sich der **Raum** befindet, in dem die Anlage **installiert** ist. Dass ein Raum, in dem eine Heizungsanlage montiert ist, die gem. § 5 Abs. 2 WEG im gemeinschaftlichen Eigentum verbleibt, nicht ebenfalls zwingend gemeinschaftliches Eigentum ist, folgt bereits aus dem Wortlaut jener Vorschrift. Die Norm lässt es ausdrücklich zu, dass sich die von ihr erfassten Anlagen und Einrichtungen im Bereich der im Sondereigentum stehenden Räume befinden. Der betreffende Raum ist nur dann nicht sondereigentumsfähig, wenn (auch) in Bezug auf ihn die Voraussetzungen von § 5 Abs. 2 WEG erfüllt sind. Unstreitig ist zunächst, dass die Vorschrift auf Räume anzuwenden ist, auch wenn diese dort nicht ausdrücklich erwähnt werden. Der Raum unterfällt § 5 Abs. 2 WEG dann, wenn er ausschließlich demselben Zweck wie die Anlage dient.[18] Das kommt in Betracht, wenn der gemeinschaftliche Gebrauch einen ständigen Bedienungs-, Kontroll- und Wartungsaufwand erfordert.[19] Dies wird bei größeren Heizungsanlagen häufig der Fall sein, ist jedoch eine Frage des Einzelfalls. Es ist zu prüfen, ob der Raum bei objektiver Betrachtung nach seiner Art, Lage und Beschaffenheit geeignet ist, neben der Unterbringung der betreffenden Anlage noch andere, zumindest annähernd gleichwertige Nutzungszwecke zu erfüllen.[20]

3. Leitungen. Die Fragen zur eigentumsrechtlichen Zuordnung der Hausleitungen, mit denen das erhitzte **9** Wasser zu den Heizkörpern in den Wohnungen zu- und abgeführt wird, sind nicht abschließend geklärt. In der Praxis wird man sich an den vom BGH entwickelten Grundsätzen orientieren müssen. Der BGH steht auf dem Standpunkt, dass sämtliche Versorgungsleitungen, soweit sie sich **im räumlichen Bereich** des gemeinschaftlichen Eigentums befinden, rechtlich als Einheit zu behandeln sind; sie bilden ein **einheitliches Leitungsnetz** und damit eine „Anlage" iSv § 5 Abs. 2 WEG.[21] Nicht entscheidend ist mithin, ob nur ein einzelner Wohnungseigentümer auf den betreffenden Teil der Leitung angewiesen ist, nämlich dieser Teil ausschließlich dazu bestimmt ist, sein Sondereigentum mit Wärme zu versorgen. All dies gilt auch dann, wenn es um Versorgungs-

---

12 Vgl. BGH 7.4.2017 – V ZR 52/16, NJW 2017, 2099 (zu § 95 Abs. 1 S. 1 BGB); OLG Schleswig 26.8.2005 – 14 U 9/05, WM 2005, 1909 (1912); *M. Müller* AnwZert MietR 25/2017 Anm. 1; *Suilmann* ZWE 2014, 302 (307); aA *Ganter* WM 2002, 105 (107).

13 BeckOGK/*Mössner* BGB § 95 Rn. 5; Erman/*J. Schmidt* BGB § 95 Rn. 10; Staudinger/*Stieper* BGB § 95 Rn. 17, 20 a; krit. *M. Müller* AnwZert MietR 25/2017 Anm. 1.

14 Vgl. Staudinger/*Stieper* BGB § 95 Rn. 20 a.

15 Vgl. OLG Zweibrücken 10.7.2013 – 3 W 3/12, ZWE 2014, 123.

16 *Suilmann* ZWE 2014, 302 (306).

17 KG 29.9.2015 – 1 W 10–12/15, ZWE 2016, 23 (24).

18 S. etwa OLG Bremen 26.4.2016 – 3 W 28/15, ZWE 2016, 324; OLG Dresden 29.3.2017 – 17 W 233/17, NJW-RR 2017, 1225.

19 BGH 5.7.1991 – V ZR 222/90, NJW 1991, 2909.

20 Etwa OLG Bremen 26.4.2016 – 3 W 28/15, ZWE 2016, 324 Rn. 13; OLG Dresden 29.3.2017 – 17 W 233/17, NJW-RR 2017, 1225 Rn. 6; krit. *Hügel/Elzer* WEG § 5 Rn. 26 a.

21 BGH 26.10.2012 – V ZR 57/12, ZWE 2013, 205 Rn. 20; bestätigt von BGH 9.12.2016 – V ZR 124/16, ZWE 2017, 216 Rn. 11.

leitungen geht, die in Teilen des Grundstücks verlegt sind, die auf der Grundlage von § 3 Abs. 2 WEG dem Sondereigentum zugeordnet sind; § 5 Abs. 2 WEG steht der Erstreckung gem. § 3 Abs. 2 WEG entgegen.[22]

10 Zu dem einheitlichen Versorgungsnetz, das im gemeinschaftlichen Eigentum steht, zählen nach der Rechtsprechung des BGH auch die Leitungen, die sich zwar im **Bereich des Sondereigentums**, aber noch vor der ersten für die Handhabung durch den **Sondereigentümer vorgesehenen Absperrmöglichkeit** befinden.[23] Nur eine hinter dieser Absperrmöglichkeit liegende Leitungen ist gem. § 5 Abs. 1 WEG dem Sondereigentum zugeordnet, wobei es keinen Unterschied machen kann, ob eine solche Leitung (auch) zwingendes Gemeinschaftseigentum (zB eine tragende Wand) quert oder dort verlegt ist.[24]

11 **4. Heizkörper.** Der einzelne Heizkörper, der im Bereich des Sondereigentums montiert ist, steht grds. gem. § 5 Abs. 1 WEG im **Sondereigentum**. Es kommt nicht darauf an, ob eine solche Zuordnung in der Teilungserklärung vorgesehen ist.[25] Der Heizkörper einer Wohnung steht nur in dem Ausnahmefall gem. § 5 Abs. 2 WEG im gemeinschaftlichen Eigentum, wenn seine Existenz für die Funktionsfähigkeit der Heizungsanlage notwendig ist. Dass die einzelnen Heizkörper einer Heizungsanlage aus technischen Gründen aufeinander abgestimmt sein müssen und aus diesem Grunde heraus **ein in sich geschlossenes System** darstellen, ist demgegenüber nach Auffassung des BGH kein Umstand, der die Anwendung von § 5 Abs. 2 WEG rechtfertigt.[26] In diesem Fall hängt nicht die Funktionsfähigkeit der Heizungsanlage von der Existenz des Heizkörpers ab, sondern – umgekehrt – die Beheizbarkeit der betreffenden Wohnung davon, dass ein passender Heizkörper montiert ist.

12 Die vorstehenden Grundsätze gelten entsprechend für die Heizschleifen einer **Fußbodenheizung**. Auch diese stehen damit grds. im Sondereigentum.[27]

13 **5. Absperrvorrichtung.** Die Frage, ob eine Absperrvorrichtung, die sich im Bereich des Sondereigentums befindet und eine für die Handhabung durch den Sondereigentümer vorgesehene Absperrmöglichkeit bietet, gem. § 5 Abs. 1 WEG dem Sondereigentum zugeordnet oder gem. § 5 Abs. 2 WEG zwingend im gemeinschaftlichen Eigentum steht, ist nicht geklärt.[28] Die besseren Gründe sprechen dafür, in der Absperrvorrichtung den Abschluss des im gemeinschaftlichen Eigentums stehenden Leitungsnetzes zu sehen, so dass auch diese dem gemeinschaftlichen Gebrauch iSv § 5 Abs. 2 WEG dient.[29] Dies gilt auch dann, wenn die Absperreinrichtung nachträglich eingebaut wird.

14 **6. Thermostatventil.** Soweit ein Heizkörper im Sondereigentum steht (→ Rn. 11), befindet sich auch das Thermostatventil gem. § 5 Abs. 1 WEG im **Sondereigentum**.[30] Die Anwendung von § 5 Abs. 2 WEG kann insbesondere nicht unter Hinweis auf eine angebliche „Systemverantwortlichkeit" der Gemeinschaft der Wohnungseigentümer begründet werden.[31] Auch hat eine etwaige Ausstattungsverpflichtung nach § 61 GEG (entspricht § 14 EnEV) keinen Einfluss auf die eigentumsrechtliche Beurteilung.[32] § 5 Abs. 2 WEG greift nach der Rechtsprechung des BGH selbst dann nicht ein, wenn ein Thermostatventil auch der Verbrauchserfassung dient.[33]

---

22 BT-Drs. 19/18791, 40.

23 BGH 26.10.2012 – V ZR 57/12, ZWE 2013, 205 Rn. 21.

24 AA OLG München 4.9.2009 – 32 Wx 44/09, IBRRS 2010, 2883; offengelassen von BGH 26.10.2012 – V ZR 57/12, ZWE 2013, 205 Rn. 14.

25 BeckOGK/*Schultzky*, 1.3.2020, WEG § 5 Rn. 78; insoweit jedenfalls ungenau BGH 8.7.2011 – V ZR 176/10, ZWE 2011, 394.

26 BGH 8.7.2011 – V ZR 176/10, ZWE 2011, 394 (395 f.).

27 *Häublein* ZMR 2016, 935 (936); aA für den Fall, dass die Heizschleifen im zum gemeinschaftlichen Eigentum gehörenden Estrich verlegt sind: LG Bonn 29.7.1997 – 8 T 27/97, WE 2001, 47.

28 Dazu *J.-H. Schmidt*, FS Riecke, 2019, 379 (382).

29 AG Bremen-Blumenthal 20.12.2017 – 44 C 2004/17, ZMR 2018, 370 (betr. Absperrvorrichtung einer Wasserleitung); *Dötsch*, jurisPR-MietR 19/2018, Anm. 5; krit. *J.-H. Schmidt*, FS Riecke, 2019, 379 (382).

30 Vgl. BGH 8.7.2011 – V ZR 176/10, ZWE 2011, 394 (396); anders noch OLG Hamm 6.3.2001 – 15 W 320/00, ZWE 2001, 393.

31 BGH 8.7.2011 – V ZR 176/10, ZWE 2011, 394 (396); anders noch OLG München 20.3.2008 – 34 Wx 46/07, NJW-RR 2008, 1182 (1186).

32 BGH 8.7.2011 – V ZR 176/10, ZWE 2011, 394 (396); aA OLG Hamm 6.3.2001 – 15 W 320/00, ZWE 2001, 393.

33 BGH 8.7.2011 – V ZR 176/10, ZWE 2011, 394 (396).

7. Verbrauchserfassungsgeräte. Für die eigentumsrechtliche Zuordnung eines Verbrauchserfassungsgerätes 15 kommt es zunächst darauf an, ob es sich bei diesem um einen **wesentlichen Gebäudebestandteil** iSv §§ 93, 94 BGB handelt.

Der Qualifikation eines Verbrauchserfassungsgeräts als wesentlicher Gebäudebestandteil wird häufig § 97 16 BGB entgegenstehen.[34] Dann richten sich die Eigentumsverhältnisse nach dem Recht über bewegliche Sachen. Demzufolge werden die in den einzelnen Wohnungen verbauten Verbrauchserfassungsgeräte häufig dann im Eigentum der Gemeinschaft der Wohnungseigentümer stehen (Gemeinschaftsvermögen), wenn dieser den Erwerb organisiert hat; typischerweise wird der Lieferant das Eigentum an seinen Vertragspartner – hier: der Gemeinschaft der Wohnungseigentümer – übertragen. Sofern die Geräte von dem Versorgungsträger nur zu einem vorübergehenden Zweck eingebaut wurden, handelt es sich jedenfalls gem. § 95 Abs. 2 BGB um **Scheinbestandteile** und sie verbleiben in dessen Eigentum.

Gelangt man allerdings ausnahmsweise zu dem Ergebnis, dass es sich bei den Verbrauchserfassungsgeräten 17 um **wesentliche Gebäudebestandteile** iSv §§ 93, 94 BGB handelt, so stehen sie gem. **§ 5 Abs. 2 WEG** im gemeinschaftlichen Eigentum,[35] und zwar unabhängig davon, ob die Eigentümer eine verbrauchsabhängige Abrechnung beschlossen haben.[36] Etwas anders soll offenbar nach Auffassung des BGH dann gelten, wenn ein **Thermostatventil** auch der Verbrauchserfassung dient; es soll das sachenrechtliche Schicksal des Heizkörpers teilen.[37]

II. Erhaltung sowie nachträglicher Einbau

Die **Erhaltung** (Instandhaltung und Instandsetzung, § 13 Abs. 2 WEG) einer im gemeinschaftlichen Eigentum 18 stehenden Heizungsanlage ist gem. §§ 18 Abs. 1, 19 Abs. 2 Nr. 2 WEG eine Aufgabe der Gemeinschaft der Wohnungseigentümer. Es gelten insoweit die allgemeinen Grundsätze (→ *Erhaltung*).

Wird eine Zentralheizungsanlage **nachträglich** eingebaut, so handelt es sich grds. um eine **bauliche Veränderung** iSv § 20 Abs. 1 WEG.[38] Das gilt auch dann, wenn eine Zentralheizungsanlage auf Fernwärme umgestellt wird.[39] Für den Beschluss zur **Durchführung der Maßnahme** genügt mithin die einfache Mehrheit. Es ist allerdings darauf zu achten, dass der Beschluss nicht auch auf den Austausch der Heizkörper gerichtet sein darf, sofern diese – wie typischerweise (→ Rn. 11) – dem Sondereigentum zugeordnet sind. Ein Beschluss, bei dem dies nicht beachtet wird, ist insoweit nichtig.[40]

Die **Kostentragung** für den Einbau richtet sich – allgemeinen Regeln entsprechend – nach § 21 WEG, von 20 allen Wohnungseigentümern sind diese also nur unter den Voraussetzungen von § 21 Abs. 2 WEG zu tragen. Sofern das in § 21 Abs. 2 S. 1 Nr. 1 WEG vorgesehene Quorum mithin nicht erreicht wird, kommt es darauf an, ob die Kosten der baulichen Veränderung sich innerhalb eines angemessenen Zeitraums amortisieren. Das ist eine Frage des Einzelfalls.

III. Heizkosten

Zur Verteilung der Heizkosten → *Heizkosten* Rn. 29 ff. 21

---

34 *Hügel/Elzer* WEG § 5 Rn. 40 „Verbrauchserfassungsgeräte".
35 OLG Hamburg 22.4.1999 – 2 Wx 39/99, ZMR 1999, 502 = BeckRS 1999, 10859; OLG Hamm 6.3.2001 – 15 W 320/00, ZWE 2001, 393 (394); AG Bremen-Blumenthal 20.12.2017 – 44 C 2004/17, ZMR 2018, 370; aA *Jenißen* ZMR 2011, 974 (975).
36 Bärmann/*Armbrüster* WEG § 5 Rn. 125.
37 BGH 8.7.2011 – V ZR 176/10, ZWE 2011, 394 (396).
38 Vgl. Bärmann/*Merle* WEG § 22 Rn. 68.
39 OLG Düsseldorf 8.10.1997 – 3 Wx 352/97, FGPrax 1998, 49 = BeckRS 1997, 09271 für den Fall, dass ein alsbaldiger Ausfall der Heizungsanlage nicht wahrscheinlich und eine sofortige Erneuerung nicht erforderlich ist.
40 BGH 8.7.2011 – V ZR 176/10, ZWE 2011, 394 (395).

112. Hobbyraum

Choynaki

I. Begriff

1   Ein Hobbyraum ist ein Raum, der sich außerhalb des räumlichen Abschlusses einer Wohnung befindet, aber zu dieser gehört. Man spricht insoweit von einem „unselbstständigen Teileigentum". Der Raum kann sich auf jeder Ebene des Gebäudes – auch in einem Nebengebäude – befinden. IdR liegt er im Keller oder im Dachgeschoss.

II. Eigentum

2   Ein Hobbyraum steht grundsätzlich gemeinsam mit seinen wesentlichen Bestandteilen nach § 5 Abs. 1 S. 1 WEG stets im **Sondereigentum**. Etwas anderes kann ausnahmsweise nach einer Benutzungsregelung der Wohnungseigentümer gelten.

III. Verwaltung

3   Ein Hobbyraum ist nach § 13 Abs. 1 WEG von seinem **Eigentümer** zu verwalten. Steht der Hobbyraum ausnahmsweise im gemeinschaftlichen Eigentum (→ Rn. 2), ist es an der Gemeinschaft der Wohnungseigentümer, ihn zu verwalten, zB zu vermieten.

IV. Kosten

4   Die Erhaltungs- und/oder Betriebskosten muss der Eigentümer tragen. Steht er im gemeinschaftlichen Eigentum, bestimmen sich die Erhaltungs- und/oder Betriebskosten nach § 16 Abs. 2 S. 1 WEG. Die Wohnungseigentümer **können** etwas anderes vereinbaren oder nach § 16 Abs. 2 S. 2 WEG beschließen.

V. Benutzung

5   Für die Benutzung eines Hobbyraums gilt § 13 Abs. 1 WEG iVm § 14 Abs. 1 Nr. 1 WEG. Die Wohnungseigentümer können nach § 10 Abs. 1 S. 2 WEG **Benutzungsregelungen** vereinbaren oder nach § 19 Abs. 1, Abs. 2 Nr. 1 WEG beschließen (→ *Gebrauchs- und Nutzungsvereinbarungen* Rn. 1). Ein Wohnungseigentümer darf danach im Hobbyraum seiner Freizeitbeschäftigung nachgehen, zB Basteln, Musizieren, Spielen (zB Tischfußball oder Tischtennis) oder Werken.

6   Obwohl ein Hobbyraum zu einer Wohnung gehört, darf er – auch nach einer typisierenden Betrachtungsweise – **nicht bewohnt** werden.[1] Die Benutzung eines Raums, der nach einer Vereinbarung als „Hobbyraum" zu benutzen ist, zu (nicht nur vorübergehenden) Wohnzwecken ist daher stets unzulässig.

VI. Störungen

7   Gehen von einem Hobbyraum Störungen aus, gelten die allgemeinen Bestimmungen (im Einzelnen → *Gebrauchs- und Nutzungsvereinbarungen* Rn. 1). Wird das Sondereigentum gestört, zB durch Musik oder zu häufiges Feiern, kann dagegen der Wohnungs- als Sondereigentümer gegen den Störer – ob Wohnungseigentümer oder Drittnutzer – nach § 14 Abs. 2 Nr. 1 WEG und/oder § 1004 Abs. 1 WEG vorgehen. Ansonsten muss nach §§ 9 a Abs. 2, 14 Abs. 1, 18 Abs. 2 WEG und/oder § 1004 Abs. 1 BGB die Gemeinschaft der Wohnungseigentümer auf Unterlassung und/oder Beseitigung vorgehen.

---

1   BGH 16.7.2011 – V ZA 1/11, ZWE 2011, 396 unter III. 1.

113. Hotelanlage

Güther

I. Einführung

Wohnungseigentumsanlagen werden zunehmend mit dem Zweck errichtet, Apartments im Rahmen eines **Ho-** **telbetriebs** oder als Ferienwohnungen zu bewirtschaften. Die Nutzung von Wohnungs-/Teileigentum durch einen ständig wechselnden Personenkreis ist typisches Merkmal für einen Hotelbetrieb. Dabei gibt es unterschiedliche **Erscheinungsformen**: 1

- die gesamte Wohnungseigentumsanlage bestehend aus den Apartments (als Sondereigentum) und dem Gemeinschaftseigentum (dies dient dem Hotelbetrieb);
- nur ein Teil der Wohnungseigentumsanlage gehört zum Hotelbetrieb und daneben gibt es weitere Einheiten als Wohn- und Teileigentum; dazu kann beispielsweise auch ein Restaurant oder Schwimmbad gehören, welches ergänzend zum Hotelbetrieb ist, aber nicht zu diesem gehört und zugleich als ergänzende Einrichtungen der Wohnungseigentumsanlage auch von den weiteren, selbstnutzenden Sondereigentümern genutzt werden kann.

Neben der räumlichen Zuordnung in der Wohnungseigentumsanlage als Hotelanlage kommt die **rechtliche** 2 **Gestaltung**:

- zum Teil wird die gesamte Wohnungseigentumsanlage an einen Betreiber verpachtet/vermietet oder
- jeder Sondereigentümer einzeln verpachtet/vermietet sein Sondereigentum an einen gemeinsamen Hotelbetreiber oder
- nur ein Teil der Sondereigentümer verpachtet/vermietet an den Hotelbetreiber und der andere Teil der Sondereigentümer nutzt das Sondereigentum selbst.

Die Hotelanlage als Wohnungseigentumsanlage geht über den üblichen Gebrauch als Wohnungsnutzung hinaus und ist **geprägt durch Merkmale** wie 3

- eher gewerbsmäßige Tätigkeit,
- die überwiegende Nutzung durch Dritte statt der Wohnungseigentümer,
- (regelmäßig) der Wohnungseigentümer als Kapitalanleger,
- die Umlegung von Kosten, die ein typischer Hotelbetrieb mit sich bringt wie Rezeption, gemeinsame Schlossanlage, Hoteltelefonanlage, die aber untypisch für eine normale Wohnungseigentumsanlage sind.

Mehrere **Rechtsbeziehungen** sind zu berücksichtigen und zu regeln: 4

- die Gemeinschaft der Wohnungseigentümer (in der Gemeinschaftsordnung), → Rn. 14 ff.
- die Rechtsbeziehung zwischen Sondereigentümern und Hotelbetreibergesellschaft (Pacht-/Mietvertrag einschließlich Entgelt, Laufzeit, Eigennutzung, Übernahme von Erhaltungsverpflichtungen; → Rn. 29 ff.)
- Verhältnis WEG-Verwalter und Betreibergesellschaft (→ Rn. 17 ff.)

II. Rechtliche Gestaltung

Bei der rechtlichen Ausgestaltung von Wohnungseigentumsanlagen als Hotel gibt es Besonderheiten bezüglich 5 der Klassifizierung als Teil- oder Wohnungseigentum, des Gemeinschaftseigentums und der Regelungen in der Gemeinschaftsordnung.

1. Teileigentum/Wohnungseigentum. Die einzelnen Apartments innerhalb eines Hotels sind in der Regel als 6 **Teileigentum** gem. § 1 Abs. 3 WEG begründet. Werden sie als **Wohnungseigentum** gem. § 1 Abs. 2 WEG klassifiziert, ist in der Gemeinschaftsordnung eine entsprechende gewerbliche Tätigkeit zu erlauben. Unter Apartments ist hierbei mindestens ein Zimmer mit Kochgelegenheit und Bad/WC zu verstehen.

7   Für die wirksame Begründung durch **Grundbucheintragung** ist es unerheblich, dass die Abgeschlossenheitsbescheinigung die Apartments einer Hotelanlage als zu Wohnzwecken dienend bezeichnet, obwohl sie keine eigene Kochgelegenheit haben und kein Wohnungseigentum bilden, sondern nur teileigentumsfähig sind.[1] In einer Hotelanlage, deren Apartments als Teileigentum veräußert werden, können die zum Restaurant gehörenden Räume Gegenstand von Sondereigentum sein.[2]

8   Möglich sind auch **Mischformen**, bei der das Appartement vom Sondereigentümer selbst zum Wohnen genutzt wird unter Nutzung aller Annehmlichkeiten eines Hotels. In dem Fall ist ebenfalls die Begründung von Wohnungseigentum möglich.[3] Regelmäßig handelt es sich dabei um größere 1–3 Zimmer-Apartments.

9   Neben der Frage nach der Klassifizierung als Wohn- oder Teileigentum stellt sich die Frage nach der **Abgeschlossenheit** der Einheiten (→ *Abgeschlossenheit* Rn. 1 ff.). **Hotelapartments** sind selbstständige Einheiten, für die eine Abgeschlossenheitsbescheinigung erteilt werden muss. Dabei ist es unbeachtlich, ob die Apartments als Dauerwohnung oder durch Vermietung an einen wechselnden Personenkreis genutzt werden.[4]

10   An einem einzelnen **Hotelzimmer** (Zimmer mit Bett nebst extra Bad) kann Sondereigentum begründet werden.[5] In der Literatur wurde streitig diskutiert, ob das Hotelzimmer sondereigentumsfähig ist, unter dem Gesichtspunkt der Abgeschlossenheit. Infrage gestellt wurde, ob das Hotelzimmer allein nutzbar wäre, weil der Gast auch weitere Räumlichkeiten wie Frühstücksraum, Restaurant und Aufenthaltsräume benötige. Dass das Hotelzimmer nur im Zusammenhang mit anderen Einrichtungen eines Hotels eine wirtschaftliche und funktionelle Einheit bietet, erscheint zweifelhaft. Jedenfalls steht dies der Annahme von Sondereigentum nicht entgegen, da auch beim klassischen Wohnungseigentum eine notwendige Anbindung zu anderen Eigentumsbestandteilen, insbesondere zum Gemeinschaftseigentum besteht.[6]

11   Regelmäßiger Hintergrund eines Erwerbs eines Hotelapartments ist die Verwendung als **Kapitalanlage**. Hier sollte beachtet werden, dass im Rahmen der Finanzierung über deutsche Banken und Versicherungen die Bewertung und Risikoklassifizierung des Apartments von der einer Finanzierung eines Wohnungseigentums zur Selbstnutzung abweicht, gerade bei einer Ausgestaltung als Teileigentum. Die Bank bietet im Regelfall andere Konditionen an.

12   **2. Gemeinschaftseigentum.** Hinsichtlich der gemeinschaftlichen Bestandteile wie **Treppenhäuser, Hausanschlussraum, Heizungsraum mit Heizungsanlage** kann kein Sondereigentum in Form des Teileigentums begründet werden, da diese Räume zwingend dem Gemeinschaftseigentum zuzurechnen sind (§ 5 Abs. 2 WEG). Andernfalls bestünde die Möglichkeit eigenmächtiger Verfügungen von Sondereigentümern.[7]

13   Regelmäßig werden der **Eingangsbereich mit Foyer**, die **Rezeption**, die **Hotelbar** und das **Treppenhaus** Teile des Gemeinschaftseigentums sein. Die Servicebereiche eines Hotels wie **Restaurant, Küche, Lager, Konferenz-** sowie **Kellerräume** sind nicht zwingend dem Gemeinschaftseigentum zuzuordnen.[8] Sie können im Sondereigentum eines einzelnen Sondereigentümers stehen. Ebenso kann an **Serviceräumen** zur Unterbringung von Putzutensilien, Wäsche und Ähnlichem Sondereigentum begründet werden.

14   Es ist nach der Verkehrsanschauung ohne Weiteres möglich, auch ohne die **Funktionsräume** eines Hotels, die Apartments als Sondereigentum gemeinsam mit dem Gemeinschaftseigentum an Aufgängen, Treppenhäusern, Fluren zweckgerecht im Rahmen eines Hotels zu gebrauchen. Es ist nicht zwangsläufig erforderlich, dass Hotelzimmer und Einrichtungen wie ein Restaurant in der Hand eines Betreibers liegen müssen. Man kann auch allein über schuldrechtliche Vereinbarungen mit dem Betreiber einen Hotelbetrieb ermöglichen.[9]

---

1 OLG München 9.2.2017 – 34 Wx 333/17, ZWE 2017, 175.
2 OLG München 9.2.2017 – 34 Wx 333/17, ZWE 2017, 175.
3 Bärmann/Seuß WE-Praxis/*Drasdo* § 7 Rn. 72.
4 OVG Lüneburg 30.6.1983 – 14 A 6/82, BauR 1984, 278; *Schöner/Stöber* GrundbuchR Rn. 2818 a.
5 OLG Naumburg 14.3.2005 – 9 Wx 5/04, NotBZ 2005, 221; Bärmann/Seuß WE-Praxis/*Drasdo* § 7 Rn. 70, 71 mwN.
6 OLG Naumburg 14.3.2005 – 9 Wx 5/04, NotBZ 2005, 221.
7 BGH 3.11.1989 – V ZR 143/87, NJW 1990, 447; *Schöner/Stöber* GRundbuchR Rn. 2828 f.
8 OLG München 9.2.2017 – 34 Wx 333/16, ZWE 2017, 175.
9 OLG München 9.2.2017 – 34 Wx 333/16, ZWE 2017, 175.

3. Regelungen in der Gemeinschaftsordnung. Die Gemeinschaftsordnung sollte eine ausdrückliche Zweck- | 15
bestimmung für das gesamte Objekt (zB Nutzung als Hotelbetrieb, Ferienpark) als **ausschließliche Gebrauchsregelung** gem. §§ 10 Abs. 3, 5 Abs. 4 S. 1 WEG enthalten. Allgemeine Zweckbestimmungen, insbesondere Benennungen in der Teilungserklärung und in Plänen, genügen nicht. In der Gemeinschaftsordnung
ist festzulegen, dass die einzelnen Sondereigentümer zur Eigennutzung und Selbstvermietung nicht berechtigt
sind bzw. in welchem Umfang eine Eigennutzung (bspw. an 21 Tagen im Kalenderjahr durch den Sondereigentümer und seine Familienmitglieder) möglich ist. Die Nutzungen des Sondereigentums sollten durch Vereinbarung in der Gemeinschaftsordnung geregelt werden (→ *Nutzung des Sondereigentums* Rn. 10 f.). Per
Mehrheitsbeschluss können die Wohnungseigentümer die – hier selbstständige – Vermietung von Wohnungseigentum nicht vollständig ausschließen. Ein Beschluss, der die Vermietung untersagt oder wesentlich einschränkt, ist nichtig;[10] (siehe auch → *Nutzung des Sondereigentums* Rn. 12). Durch eine Vereinbarung können
die Wohnungseigentümer die Pflicht zur Vermietung/Verpachtung bestimmen[11] oder das Recht zur Vermie-
tung/Verpachtung entziehen.[12]

Gleichfalls ist es sinnvoll, Regelungen zum einheitlichen **Erscheinungsbild** der (Hotel-) Anlage in der Ge- | 16
meinschaftsordnung zu treffen, um einen Hotelbetrieb zu ermöglichen (zB zur Anbringung von Balkonen-,
Loggien-, Terrassenverkleidungen, zur Aufstellung von Schildern, Antennen, zur Öffnung der Roll- und Fensterläden nicht ganzjährig bewohnter Einheiten während der Tageszeit, zur Einfriedung und Pflege von Gärten
als Sondernutzungsflächen usw).

Ist in der Gemeinschaftsordnung für die Nutzung des Hotels/Ferienanlage vorgesehen, dass die mit Schwimm- | 17
bad und Solarium ausgestatteten Räume eines Teileigentums nur im **Zusammenhang mit dem Betrieb der
Ferienanlage** genutzt werden dürfen, so ist der Teileigentümer (in dessen Sondereigentum die Räumlichkeiten
Schwimmbad, Sauna, Solarium stehen) nicht berechtigt, den Gästen seines in der Nähe gelegenen Hotels die
Benutzung des Schwimmbads nebst Sauna zu gestatten. Die Rechte als (Teil-)Eigentümer können nur im Rah-
men der Gemeinschaftsordnung ausgeübt werden.[13]

III. Verwalter und Kompetenzabgrenzung

Bei der Planung und Gestaltung einer Wohnungseigentumsanlage als Hotel ist zu berücksichtigen, dass es un- | 18
terschiedliche Interessenlagen und unterschiedliche Rechtsbeziehungen gibt zwischen

- den Sondereigentümern untereinander, ggf. der Sondereigentumsverwaltung,
- der Gemeinschaft der Wohnungseigentümer,
- dem Verwalter und
- der Hotelbetriebsgesellschaft (meist als Externer).

Es sollte auf die **Trennung** zwischen dem Verwalter der Wohnungseigentumsanlage und der Hotelbetreiberge- | 19
sellschaft geachtet werden: Der regelmäßige Verwalter einer Wohnungseigentumsanlage verfügt nicht über die
erforderliche Sachkunde, um ein Hotel zu betreiben. Auch die Beschränkung der Verwalterbestellung auf
höchstens fünf Jahre (§ 26 Abs. 1 S. 2 WEG) ist dem wirtschaftlichen Betrieb eines Hotels nicht dienlich.[14]

Die Verwaltung des gemeinschaftlichen Eigentums durch die Gemeinschaft der Wohnungseigentümer ist strikt | 20
getrennt zu halten von der Geschäftsführung des Hotelbetriebs durch die **Hotelbetreibergesellschaft**. Es handelt sich jeweils um zwei getrennte Bereiche mit unterschiedlichen Interessen und Regelungen. Unabhängig
davon kann es Probleme geben, die die Gemeinschaft der Wohnungseigentümer und zugleich den Hotelbetreiber betreffen.

Vertragspartner der Hotelbetreibergesellschaft sind in der Regel die Sondereigentümer und nicht die rechts- | 21
fähige Gemeinschaft der Wohnungseigentümer. Die Sondereigentümer gewähren dem Hotelbetreiber ein Nut-

---

10 *Hügel/Elzer*, 3. Aufl. 2021,. WEG § 13 Rn. 28.
11 BGH 13.10.2006 – V ZR 289/05, NJW 2007, 213 Rn. 15; *Hügel/Elzer*, 3. Aufl. 2021, WEG § 13 Rn. 29 mwN.
12 BGH 12.4.2019 – V ZR 112/18, NJW 2019, 2083 Rn. 9; BGH 15.1.2010 – V ZR 72/09, NJW 2010, 3093, Rn. 22;
    Hügel/Elzer 3. Aufl. WEG § 13 Rn. 29 mwN.
13 OLG München 23.3.2005 – 34 Wx 8/05, Rn. 27, 25, 26, MDR 2005, 620.
14 *Schmidt* ZWE 2000, 506 (508).

zungsrecht an dem jeweiligen Sondereigentum verbunden mit dem Nutzungsrecht an dem Gemeinschaftseigentum. Möglich ist auch, dass die Sondereigentümer **Gesellschafter** der Hotelbetreibergesellschaft sind.[15]

22 Die bei der Gemeinschaft der Wohnungseigentümer anfallenden Kosten für das Gemeinschaftseigentum betreffend die Verwaltung, den gemeinschaftlichen Gebrauch und den Erhalt (§ 16 Abs. 2 WEG) sind von den **Kosten** des Hotelbetriebs zu trennen. Das folgt bereits aus den Grundsätzen der ordnungsgemäßen Verwaltung im Wohnungseigentumsrecht, die nicht gegeben sind, wenn die Gemeinschaft der Wohnungseigentümer Kosten übernimmt, die nicht mit ihrer Bewirtschaftung im Zusammenhang stehen. Umgekehrt kann die Hotelbetreibergesellschaft Kosten der Gemeinschaft der Wohnungseigentümer übernehmen, bspw. für Erhaltungsmaßnahmen, da mangels gesetzlicher Vorgaben Vertragsfreiheit besteht.[16]

IV. Beschlussfassung im Zusammenhang mit einer Hotelanlage

23 Bei einer Wohnungseigentumsanlage mit Hotelbetrieb kommt es regelmäßig zu der Frage, welche Regelungen, insbesondere zur Kostenverteilung, Erhaltung und Nutzung, die Wohnungseigentümer beschließen können und für welche es hingegen einer Vereinbarung (§ 10 Abs. 2 WEG) bedarf.

24 **1. Verteilungsschlüssel.** Grundsätzlich kann ein von § 16 Abs. 2 S. 1 WEG **abweichender Kostenverteilungsschlüssel** bestimmt werden. Die Wohnungseigentümer können für einzelne Kosten oder bestimmte Arten von Kosten eine von § 16 Abs. 2 S. 1 WEG oder von einer Vereinbarung abweichende Verteilung beschließen (§ 16 Abs. 2 S. 2 WEG), soweit es nicht um die Kosten für bauliche Veränderungen geht (§ 16 Abs. 3 WEG). Es können auch für verschiedene Kostenarten unterschiedliche Kostenverteilungsschlüssel bestimmt werden. Die Kompetenz zur Beschlussfassung kann sich entweder aus dem Gesetz oder aus einer Vereinbarung ergeben (§ 10 Abs. 2 WEG).[17]

25 Wenn die Teilungserklärung keine Öffnungsklausel enthält, die eine Mehrheitsentscheidung zulässt, kommt eine **Kompetenzzuweisung** aufgrund Gesetzes nach § 16 Abs. 2 S. 2 WEG in Betracht.

26 **2. Sonstiges (Mitbenutzung, Erhaltung, Mietenpool).** Es kann nicht mehrheitlich beschlossen werden, dass dem Pächter von Wohnungseigentum ein persönlicher Anspruch [ein eigenes Recht] gegen alle Wohnungseigentümer auf **Mitbenutzung** der gemeinschaftlichen Einrichtungen eingeräumt wird.[18] Hintergrund der Entscheidung war eine überwiegend hotelmäßig genutzten Apartmentanlage, in der einige Wohnungseigentümer die Wohnungen selbst nutzten. Die Hotelgesellschaft befürchtete, in ihrer gewerblichen Nutzung von den selbstnutzenden Wohnungseigentümern behindert zu werden. Die Wohnungseigentümer beschlossen, ihre Anteile am Gemeinschaftseigentum dem Pächter zur hotelmäßigen Nutzung ohne Vergütung zu überlassen.

27 Den Wohnungseigentümern ist es hingegen unbenommen, im Rahmen eines **Miet- oder Pachtvertrages** das Recht zur Mitbenutzung der gemeinschaftlichen Einrichtungen auf den Pächter zu übertragen (§ 13 Abs. 1 WEG). Der Pächter leitet dann sein Nutzungsrecht vom einzelnen Wohnungseigentümer ab. Mit den übrigen Wohnungseigentümern oder der Gemeinschaft der Wohnungseigentümer bestehen dadurch keine unmittelbaren vertraglichen Rechtsbeziehungen.[19]

28 Es kann darüber hinaus nicht mehrheitlich beschlossen werden, dass die **Unterhaltung und Erhaltung** des Gemeinschaftseigentums einem Dritten übertragen wird. Es handelt sich dabei um eine Maßnahme, die der Gemeinschaft der Wohnungseigentümer gem. § 18 Abs. 1 WEG obliegt (nach dem WEG aF oblag es den Wohnungseigentümern gem. § 21 Abs. 5 Nr. 2 WEG aF).[20]

29 Die Wohnungseigentümer können nicht durch einen Beschluss regeln, ob der Eigentümer sein Sondereigentum selbst nutzt oder dritten Personen überlässt, welches Entgelt er für die Überlassung vereinbart oder welchen Inhalt der Mietvertrag haben soll. Sie können nicht durch einen Beschluss festlegen, ob die Wohnungseigentümer einem **Mietenpool** beitreten müssen[21] oder generell die Nutzung ihrer Einheiten zu sonstigen be-

---

15 Hierzu weiterführend und vertiefend Bärmann/Seuß WE-Praxis/*Drasdo* § 7 Rn. 93 ff.
16 Bärmann/Seuß WE-Praxis/*Drasdo* § 7 Rn. 110.
17 Vgl. BGH 10.10.2014 – V ZR 315/13, NJW 2015, 549 Rn. 12.
18 OLG München 18.4.2006 – 32 Wx 41/06, NZM 2006, 587, Leitsatz.
19 OLG München 18.4.2006 – 32 Wx 41/06, NZM 2006, 587.
20 OLG München 18.4.2006 – 32 Wx 41/06, NZM 2006, 587.
21 OLG Düsseldorf 10.1.2001 – 3 Wx 419/00, NZM 2001, 238.

stimmten Zwecken erfolgen soll.[22] Denn diese Beschlüsse greifen in den Rechtskreis der Sondereigentümer ein und stehen nur diesem zur ausschließlichen Disposition.

V. Vermietung/Verpachtung an den Hotelbetreiber

Ist ein Hotelbetrieb in einer Wohnungseigentumsanlage vorgesehen, muss sichergestellt sein, dass dieser **ge-** 30 **winnbringend wirtschaften** kann. Das setzt voraus, dass der Hotelbetreiber die typischen Einrichtungen eines Hotelbetriebes nutzen kann (Rezeption, Bar, Restaurant, Spa), welche teilweise im Gemeinschaftseigentum und teilweise im Sondereigentum stehen können, und dass der Hotelbetreiber Zimmer oder Apartments zur Verfügung hat, die tageweise vermietet werden können, aber regelmäßig im Sondereigentum einer Vielzahl von Wohnungseigentümer stehen.

1. Vermietung/Verpachtung von Sondereigentum an Hotelbetreiber. In der Gemeinschaftsordnung kann 31 geregelt sein, dass jeder Sondereigentümer sein Sondereigentum an den Hotelbetreiber verpachten/vermieten muss, beispielsweise auch unter gleichzeitiger Regelung einer teilweisen Eigennutzung, oder in eine Betriebsgesellschaft einbringen muss.

Die Vermietung/Verpachtung erfolgt dann durch **einzelvertragliche Regelung** zwischen dem jeweiligen Son- 32 dereigentümer und dem Hotelbetreiber. In dem jeweiligen Vertrag ist zu regeln, ob eine Vergütung erfolgt, wenn das jeweilige Sondereigentum mit Gästen belegt wird oder ob unabhängig von einer Belegung ein Entgelt vom Hotelbetreiber gezahlt wird.

Ist in der Gemeinschaftsordnung vereinbart, dass alle Sondereigentümer die Nutzungsmöglichkeit ihres Son- 33 dereigentums in eine ebenfalls von den Wohnungseigentümern zu gründende **Gesellschaft** einzubringen haben, gibt es neben der Gemeinschaft der Wohnungseigentümer noch eine Betriebsgesellschaft als zweites rechtliches Gebilde. Regelmäßig ist die Betriebsgesellschaft eine GbR, KG oder GmbH, und die Rechtsbeziehungen der Sondereigentümer als Gesellschafter richten sich nach der jeweiligen gewählten Rechtsform. Die Betriebsgesellschaft schließt entsprechende schuldrechtliche Nutzungsverträge mit dem Hotelbetreiber ab. Für den Hotelbetreiber bringt das den Vorteil, dass er nur einen Vertragspartner, die (Pool-)Gesellschaft, hat. Andererseits gibt es durch die (Pool-)Gesellschaft noch eine weitere Verwaltungsebene betreffend die Sondereigentümer – dann als Gesellschafter.[23]

Eine GbR mit den Wohnungseigentümern als Gesellschaftern kann auch **konkludent** zustande kommen, wenn 34 die Wohnungseigentumsanlage von vornherein als Hotel mit einer langfristigen Verpachtung an einen Hotelbetreiber konzipiert wurde und die Sondereigentümer über Fragen der Pacht und Pachtverteilung im späteren Verlauf in der Wohnungseigentümerversammlung entschieden haben.[24]

Schließlich gibt es Wohnungseigentumsanlagen, in denen es den Sondereigentümern freisteht, ihr Sonderei- 35 gentum einem Betreiber zu überlassen bzw. aus mehreren Betreibern zu wählen. Hierbei gibt es ein gewisses **Spannungsfeld**, da ein Hotelbetreiber für einen gewinnbringenden Betrieb eine gewisse Anzahl von Zimmern bzw. Apartments benötigt.

Neben der Tatsache, dass Wohnungseigentumsanlagen als Hotelkonzepte über Regelungen in der Gemein- 36 schaftsordnung zur längerfristigen Verpachtung der jeweiligen Sondereigentümer an einen Hotelbetreiber seit Jahrzehnten betrieben werden und entsprechende Regelungen von der Rechtsprechung nicht als unwirksam angesehen wurden,[25] ist rechtlich festzustellen, dass die entsprechenden Regelungen zur Pflicht der längerfristige Verpachtung/Vermietung bei weitem über die **zulässigen Nutzungsregelungen** des früheren § 15 Abs. 1 und 2 WEG aF – heute §§ 19 Abs. 1, 18 Abs. 2 WEG – hinausgehen. Denn die zwischen den Sondereigentümern getroffene Vereinbarung beschränkt sich nicht lediglich auf die Regelung der Benutzung des Gemeinschaftseigentums und des Sondereigentums sämtlicher Miteigentümer, sondern sie bindet die Miteigentümer

---

22 OLG Saarbrücken 3.2.2006 – 5 W 115/05, NZM 2006, 588.
23 Bärmann/Seuß WE-Praxis/*Drasdo* § 7 Rn. 86.
24 OLG München 19.1.2012 – 8 U 1985/11, ZWE 2012, 130; bejahend Anm. *Schmidt* IMR 2012, 245; Anm. *Bub/von der Osten* FD-MietR 2012, 328864.
25 BayObLG 20.2.2003 – 2Z BR 5/03, NZM 2003, 520; BayObLG 19.2.1999 – 2Z BR 180/98, NJW-RR 1999, 739.

für die Zukunft in wirtschaftlicher Art und Weise über das in der Gemeinschaft der Wohnungseigentümer liegende Maß hinaus aneinander durch die Verpachtung des Anwesens an einen Hotelbetreiber.[26]

37   Die **Rechtsprechung** handhabt solche Nutzungsregelungen unterschiedlich: So hat der BFH mit einer solchen Regelung keine Probleme gehabt;[27] allerdings treten steuerrechtliche Folgen auch unabhängig von der zivilrechtlichen Wirksamkeit ein. Der BGH hat in Entscheidungen zum Abschluss von Wohnungsbetreuungsverträgen betreffend eine Wohnungseigentumsanlage im betreuten Wohnen entschieden, dass bei der Verpflichtung von Sondereigentümern zu beachten ist, dass überlange **Laufzeitbindungen** – länger als zwei Jahre – unwirksam sind aufgrund des Verstoßes gegen § 309 Nr. 9 a BGB oder gegen Treu und Glauben gem. § 242 BGB.[28] Wie sich diese Rechtsprechung des BGH auf Hotelanlagen als Gemeinschaft von Wohnungseigentümer auswirkt, bleibt abzuwarten. Unproblematisch sieht der BGH den Erwerb eines Teileigentums, das mit einer unbefristeten beschränkt persönlichen Dienstbarkeit „Ferienparkbetriebsrecht" belastet war, dass dem Teileigentümer diverse Ausübungsrechte aus dem Eigentum entzogen und unbefristet auf den Ferienparkbetreiber übertragen hatte.[29] Allerdings wurde hier gerade nicht § 15 Abs. 1 und 2 WEG aF überstrapaziert, sondern der sachenrechtliche Gestaltungsweg gewählt.

38   Der BGH führt in seiner Rechtsprechung betreffend die Fälle des betreuten Wohnens aus, dass ein Kontrahierungszwang dann unzulässig ist, wenn die Wohnungseigentümer zum Abschluss von Verträgen mit einer Bindung von mehr als zwei Jahren verpflichtet werden sollen und weder dem einzelnen Wohnungseigentümer noch der Gemeinschaft der Wohnungseigentümer wirklich Spielräume für die Ausgestaltung verbleiben.[30] Bei der Konzeption einer Wohnungseigentumsanlage als Hotel verbleibt dem einzelnen Sondereigentümer oder der Betriebsgesellschaft ein **Verhandlungsspielraum** mit dem Hotelbetreiber über die Konditionen der Verpachtung.

39   **2. Vermietung/Verpachtung von Gemeinschaftseigentum an Hotelbetreiber.** Die **Gemeinschaft der Wohnungseigentümer** kann in einer Wohnungseigentumsanlage Gemeinschaftseigentum (bspw. Stellplätze, Dachflächen, Schwimm- und Saunabereich) an eine Hotelbetriebsgesellschaft vermieten.[31] Das hat den Vorteil, dass ein Wechsel im Bestand der Wohnungseigentümer für das Mietverhältnis unproblematisch ist, weil Partei stets die rechtsfähige Gemeinschaft der Wohnungseigentümer ist. Für Schäden haftet die Gemeinschaft der Wohnungseigentümer als Vermieter gegenüber dem Hotelbetreiber als Mieter (vgl. § 536 a Abs. 1 BGB) und nicht die Sondereigentümer persönlich. Die Gemeinschaft der Wohnungseigentümer handelt beim rechtsgeschäftlichen Vertragsschluss durch den Verwalter, §§ 18 Abs. 1, 9 b Abs. 1 S. 1 WEG.

40   Die Gemeinschaft der Wohnungseigentümer kann nicht als **Vermieter des Sondereigentums** Dritter auftreten. Unabhängig davon kann die Gemeinschaft der Wohnungseigentümer Sondereigentum vermieten, deren Eigentümerin sie selber ist. Die Gemeinschaft der Wohnungseigentümer kann in der eigenen oder in einer fremden[32] Wohnungseigentumsanlage Sondereigentum erwerben und Miteigentümer sein.[33]

41   **3. Sonstiges/Kosten.** Im Rahmen der Vertragsgestaltung mit dem Hotelbetreiber sollte der jeweilige Sondereigentümer bzw. die Betriebsgesellschaft Regelungen zur Übernahme von **Kosten** treffen, die typischerweise ein Hotelbetrieb mit sich bringt, beispielsweise die Kosten für die Rezeption/ Pförtner/Empfang, die Kosten der technischen Betreuung der Anlage (elektronische Türschlösser, Fahrstühle, Hotel-TV, WLAN). Übernimmt nicht der Hotelbetreiber die Kosten, so tragen die Sondereigentümer diese entsprechend dem vereinbarten Kostenumlageschlüssel, in der Regel im Verhältnis ihrer Miteigentumsanteile untereinander, § 16 Abs. 2 S. 1 WEG.

---

26 OLG München 19.1.2012 – 8 U 1985/11, ZWE 2012, 130.
27 BFH 10.4.1997 – IV R 73/94, NJWE-MietR 1997, 286 (287).
28 BGH 10.1.2019 – III ZR 37/18, DNotZ 2019, 436; BGH 14.3.2003 – V ZR 304/02, DNotZ 2003, 533.
29 BGH 14.3.2003 – V ZR 304/02, DNotZ 2003, 533.
30 BGH 13.10.2006 – V ZR 289/05, NJW 2007, 213, Rn. 15.
31 *Elzer* ZWE 2009, 12 (14).
32 OLG München 11.5.2016 – 34 Wx 73/15, ZWE 2016, 256.
33 *Elzer* ZWE 2009, 12 (14) unter Verweis auf OLG Celle 26.2.2008 – 4 W 213/07, IMR 2008, 127 mwN.

VI. Verfahrenshinweise

Schreibt die Gemeinschaftsordnung die Verpachtung der gesamten aus einer Betriebseinheit und Apartments bestehenden Hotelanlage an denselben Pächter vor, so ist für den Streit über den zutreffenden **Verteilungsschlüssel** der Gesamtpacht auf die einzelnen Wohnungseigentümer das Wohnungseigentumsgericht zuständig (§ 43 WEG).[34] Bei der Verpachtung sowohl des gemeinschaftlichen wie des gesamten Sondereigentums gelten die für die Verwaltung des gemeinschaftlichen Eigentums bestehenden Zuständigkeiten ausnahmsweise auch für das Sondereigentum, weil eine Trennung der beiden Bereiche nicht durchführbar ist.[35] Dass der einzelne Wohnungseigentümer aus seinem Vertrag mit dem Hotelbetreiber einen individuellen, nicht dem wohnungseigentumsrechtlichen Verfahren zugehörigen Pachtanspruch besitzt, ändert daran nichts.[36] 42

Wird auf einer Wohnungseigentümerversammlung von den dort anwesenden Wohnungseigentümern ein **Beschluss zur Gründung einer Gesellschaft bürgerlichen Rechts** gefasst (zum Abschluss eines Rahmenpachtvertrages mit dem Hotelbetreiber), so ist für die Entscheidung über die Ungültigkeit gem. § 43 Abs. 1 Nr. 4 WEG das Gericht für Wohnungseigentumssachen zuständig. Für die Überprüfung der sich an die Beschlussfassung zur Gründung anschließenden Unterzeichnung des GbR-Vertrages und der dann als Gesellschafter der GbR getroffenen Beschlüsse ist das Prozessgericht und nicht das Wohnungseigentumsgericht zuständig. Denn eine GbR kann nicht durch (Mehrheits-)Beschluss der Wohnungseigentümer gegründet werden, sondern nur durch Vertrag (§ 705 BGB).[37] 43

114. Informationsmanagement

Elzer

I. Einführung

Die Wohnungseigentümer benötigen viele Informationen, um ihren gesetzlichen Pflichten genügen und das gemeinschaftliche Eigentum sachgerecht mitverwalten zu können. Da indes Wohnungseigentümer mit den rechtlichen Grundlagen des gemeinschaftlichen Eigentums in der Regel wenig vertraut und häufig bei seiner Verwaltung überfordert sind und da die Wohnungseigentümer zumeist nicht über technisches Fachwissen verfügen und ihnen nicht sämtliche baulichen und rechtlichen Verhältnisse bekannt sind,[1] hat ihnen das Gesetz zur **Informationsbeschaffung** die Gemeinschaft der Wohnungseigentümer zur Seite gestellt. Für die Gemeinschaft der Wohnungseigentümer handelt grundsätzlich der Verwalter als ihr Organ. Dies drückt zB § 44 Abs. 2 S. 1 WEG so aus, gilt aber auch im Übrigen. 1

---

34 BayObLG 20.2.2003 – 2Z BR 5/03, NZM 2003, 520.
35 BayObLG 26.6.1991 – 2 Z 57/91, WuM 1991, 442.
36 BayObLG 20.2.2003 – 2Z BR 5/03, NZM 2003, 520.
37 BayObLG 19.2.1999 – 2Z BR 180/98, NZM 1999, 420.
 1 BGH 19.7.2019 – V ZR 75/18, NJW-RR 2020, 68 Rn. 10.

2 Welche Informationspflichten auf dem Verwalter als Organ der Gemeinschaft der Wohnungseigentümer genau ruhen und wie weit sie gehen, ist nicht abschließend geregelt und daher idR anhand der gesetzlich bestimmten Pflichten und der Stellung des Verwalters bei der Verwaltung des gemeinschaftlichen Eigentums erst zu entwickeln. Auf eine Unterrichtung darf der Verwalter im Übrigen auch dann nicht verzichten, wenn die Wohnungseigentümer selbst über den Stand der Dinge informiert sind.[2] Er muss nämlich annehmen, dass zB nicht alle Wohnungseigentümer Gutachten lesen und sich an deren Inhalt noch nach mehreren Monaten erinnern.

II. Grundlagen

3 **1. Überblick.** Die Verpflichtung des Verwalters, die Wohnungseigentümer von sich aus als Organ der Gemeinschaft der Wohnungseigentümer zu informieren, hat ihre Grundlage in zwei Quellen: Die eine ist der **Verwaltervertrag**, der den Verwalter mit der Gemeinschaft der Wohnungseigentümer verbindet. Die andere ist das **Verwalteramt**. IdR ist eine genaue Verortung einer Pflicht als „gesetzliche" oder „vertragliche" nicht notwendig. Die Pflichtenkreise überschneiden sich so weit, dass eine Informationspflicht grundsätzlich sowohl auf den Vertrag als auch auf das Amt gestützt werden kann. Auch bei einer Schlechterfüllung gibt es grundsätzlich keine Unterschiede.

4 **2. Verwaltervertrag.** Im Verwaltervertrag kann im **Einzelnen** bestimmt werden, welche Informationspflichten den Verwalter nach dem Willen der Vertragsparteien treffen sollen. In den üblichen Verwalterverträgen finden sich zu diesem Punkt nur selten konkrete Aussagen. In der Regel steht dort nur, dass der Verwalter eine ordnungsmäßige Verwaltung schuldet.

5 Da der Verwaltervertrag ein **Geschäftsbesorgungsvertrag** ist, ist auf diesen subsidiär § 666 BGB anwendbar. Der Verwalter, ein „Beauftragter" im dortigen Sinne, ist daher nach § 666 BGB ua verpflichtet, die erforderlichen Nachrichten zu geben und auf Verlangen über den Stand des Geschäfts Auskunft zu erteilen.

6 Nachrichten sind dann „erforderlich", wenn sie gebraucht werden, um das gemeinschaftliche Eigentum sachgerecht zu verwalten und um die Gemeinschaft der Wohnungseigentümer nach § 18 Abs. 1 WEG und/oder die Wohnungseigentümer nach § 19 Abs. 1 WEG in die Lage zu versetzen, ihre gesetzlichen Rechte wahrzunehmen und ihre Pflichten zu erfüllen. Eine „Rechtsberatung" ist hiermit nicht gemeint. Wohl aber iSv § 2 Abs. 1 RDG eine rechtliche Prüfung des Einzelfalls, also eine Rechtsdienstleistung, die Verwaltern in diesem Zusammenhang nach § 5 Abs. 2 Nr. 2 RDG erlaubt ist.[3] Zu den erforderlichen Nachrichten können beispielsweise Informationen zu alten, vor allem aber zu neuen Gesetzen und Gesetzesänderungen, zu Fördermitteln, aber auch zur Entwicklung der Rechtsprechung gehören.

7 **3. Verwalteramt.** Ist eine Person zum Verwalter bestellt worden, treffen sie eine ganze Reihe von (Amts-)Pflichten. Teil der Amtspflichten sind die Informationspflichten, die das Gesetz an das Verwalteramt knüpft. Diese Pflichten sind sehr reichhaltig. Sie sind allerdings nur zu einem kleinen Teil konkret ausformuliert. IdR sind sie erst aus einer Gesamtschau mehrerer Bestimmungen oder aus § 27 Abs. 1 WEG abzuleiten.

III. Die Informationspflichten des Wohnungseigentumsgesetzes

8 **1. Unterrichtung, Abfassung und Einsichtnahme.** Nach § 24 Abs. 6 S. 1 WEG ist über die in der Versammlung gefassten Beschlüsse eine Niederschrift aufzunehmen. Verfasser – und damit der, der über die Versammlung informiert – ist idR der Verwalter. Dieser Bestimmung Entsprechendes regelt § 24 Abs. 8 S. 1 WEG, wonach der Verwalter die **Beschluss-Sammlung** – die zentrale Sammlung der wichtigen Entscheidungen, die eine Wohnungseigentumsanlage betreffen – zu führen hat. § 24 Abs. 7 S. 8 WEG regelt demgegenüber eine „passive" Informationspflicht. Einem Wohnungseigentümer oder einem Dritten, den ein Wohnungseigentümer ermächtigt hat, ist danach durch den Verwalter auf Verlangen Einsicht in die Beschluss-Sammlung zu geben. Analog § 24 Abs. 7 S. 8 WEG ist einem Wohnungseigentümer oder einem Vertreter auch in andere Verwaltungsunterlagen Einsicht zu geben.

9 **2. Zustellungs- und Willensempfangsvertreter.** Nach § 9 b Abs. 1 S. 1 WEG ist der Verwalter Zustellungs- und Willensempfangsvertreter der Gemeinschaft der Wohnungseigentümer. Im Einzelfall muss der Verwalter

---

2   BGH 19.7.2019 – V ZR 75/18, NJW-RR 2020, 68 Rn. 21.
3   BGH 29.5.2020 – V ZR 141/19, WuM 2020, 522 Rn. 21.

die Wohnungseigentümer darüber informieren, was ihm als Vertreter der Gemeinschaft der Wohnungseigentümer zugesandt oder erklärt wurde.[4] § 44 Abs. 2 S. 1 WEG ist insoweit nur ein Beispiel.

3. Treffen „erforderlicher" Maßnahmen (§ 27 Abs. 1 Nr. 2 WEG) . Der Verwalter muss nach § 27 Abs. 1 **10** Nr. 1 WEG als Organ der Gemeinschaft der Wohnungseigentümer auf Entscheidungen im Zusammenhang mit dem gemeinschaftlichen Eigentum **hinwirken**, soweit diese notwendig sind.[5] Überblick:

- Bevor die Wohnungseigentümer beschließen, muss der Verwalter den Wohnungseigentümern über die Mängel des gemeinschaftlichen Eigentums berichten.[6]
- Bevor die Wohnungseigentümer beschließen, muss ihnen der Verwalter Informationen zu sämtlichen einschlägigen Gesetzen geben. Zu diesen Gesetzen gehören etwa die EnEV (etwa § 9 EnEV), das BGB (etwa §§ 648, 648 a BGB), die Baustellenverordnung (ua Sicherheits- und Gesundheitskoordinator).
- Bevor die Wohnungseigentümer beschließen, muss ihnen der Verwalter Informationen zum WEG geben,[7] zB über die zu erreichenden Beschlussmehrheiten, die Ordnungsmäßigkeit einer Maßnahme, wie die Maßnahme finanziert werden könnte und zum Umlageschlüssel.
- Damit die Wohnungseigentümer einen Mangel beurteilen und sachgerecht entscheiden können, ist es idR erforderlich, dass der Verwalter für die Behebung klar erkannter Mängel inhaltlich vergleichbare und aussagekräftige Angebote einholt (→ *Angebot* Rn. 1 ff.).
- Damit die Wohnungseigentümer einen Mangel beurteilen und sachgerecht entscheiden können, sind vor einer Beschlussfassung der erforderliche Umfang und der zur Mangelbeseitigung erforderliche Aufwand zu ermitteln.[8]
- Zur Vorbereitung der Beschlussfassung muss der Verwalter die verschiedenen Handlungsoptionen aufzeigen.[9]
- Haben sich die Wohnungseigentümer zu einer Erhaltungsmaßnahme oder baulichen Veränderung entschlossen, muss der Verwalter diese als Organ der Gemeinschaft der Wohnungseigentümer „wie ein Bauherr" überwachen.[10] Zudem ist er verpflichtet, wie ein Bauherr sorgfältig zu prüfen, ob die geschuldeten Leistungen erbracht und zB Abschlags- oder Schlusszahlungen gerechtfertigt sind;[11] für ihn erkennbare Mängel muss er hierbei berücksichtigen.[12] Ist für ihn erkennbar, dass beschlossene und beauftragte Arbeiten ganz oder teilweise unerledigt geblieben sind, muss er nach § 27 Abs. 1 Nr. 1 WEG die vollständige Durchführung veranlassen.[13]
- Weiter ist es jedenfalls sachgerecht, wenn auch nicht zwingend, dass der Verwalter eine Bauherrenhaftpflichtversicherung anregt.[14]
- Der Verwalter schuldet den Wohnungseigentümern als Organ der Gemeinschaft der Wohnungseigentümer Informationen über Fördermaßnahmen.[15] Zu beachten ist, dass der Verwalter die Information über die Fördermöglichkeiten organisiert, nicht aber selbst verpflichtet ist, insoweit zu informieren.

4. Informationspflichten aus §§ 18 Abs. 2, 27 Abs. 1 Nr. 1 WEG. a) Allgemeines. Nach § 18 Abs. 2 WEG **11** kann jeder Wohnungseigentümer von der Gemeinschaft der Wohnungseigentümer eine ordnungsmäßige Verwaltung verlangen. Teil einer ordnungsmäßigen Verwaltung sind Handlungen des Verwalters für eine ordnungsmäßige Beschlussfassung sowie eine Vielzahl von Informationen zur Verwaltung.

Zu beachten ist, dass der Verwalter als Organ der Gemeinschaft der Wohnungseigentümer nur die Information **12** als solche schuldet, **keine Rechtsberatung**. IdR reicht es daher aus, dass der Verwalter auf Umstände hin-

---

4 Siehe auch BGH 25.9.1980 – VII ZR 276/79, NJW 1981, 282.
5 BGH 19.7.2019 – V ZR 75/18, NJW-RR 2020, 68 Rn. 9; BGH 23.2.2018 – V ZR 101/16, NJW 2018, 2550 Rn. 77; OLG Frankfurt a. M. ZWE 2009, 359; LG Berlin 2.2.2018 – 85 S 98/16, NZM 2018, 874 Rn. 7.
6 BGH 19.7.2019 – V ZR 75/18, NJW-RR 2020, 68 Rn. 9.
7 LG Berlin 2.2.2018 – 85 S 98/16, NZM 2018, 874 Rn. 7.
8 BGH 19.7.2019 – V ZR 75/18, NJW-RR 2020, 68 Rn. 10; BGH 14.3.2018 – V ZB 131/17, NJW 2018, 1749 Rn. 14.
9 BGH 29.5.2020 – V ZR 141/19, WuM 2020, 522 Rn. 27; BGH 19.7.2019 – V ZR 75/18, NJW-RR 2020, 68 Rn. 10.
10 BGH 18.2.2011 – V ZR 197/10, WuM 2011, 311 Rn. 31.
11 BGH 19.7.2019 – V ZR 75/18, NJW-RR 2020, 68 Rn. 16.
12 BGH 19.7.2019 – V ZR 75/18, NJW-RR 2020, 68 Rn. 16.
13 BGH 8.6.2018 – V ZR 125/17, BGHZ 219, 60 Rn. 7.
14 Dazu *Dötsch* NZM 2014, 296 ff.
15 LG Mönchengladbach 29.9.2006 – 5 T 51/06, NZM 2007, 416; *Slomian* ZWE 2017, 199 (200); aA AG Oberhausen 7.5.2013 – 34 C 79/12, ZWE 2013, 463.

weist, etwa auf eine Gesetzesnovelle oder eine Rechtsprechungsänderung, und dass er aufzeigt, dass diese Einfluss auf die Verwaltung des gemeinschaftlichen Eigentums haben. Wie ein Gesetz genau zu verstehen ist, wie Zweifelsfragen zu beantworten sind, wie ein Urteil genau zu verstehen ist, hierüber muss der Verwalter nicht im Einzelnen berichten. Suchen die Wohnungseigentümer eine detaillierte Information und eine Rechtsberatung, müssen sie bei einem Anwalt Rechtsrat suchen.

13 **b) Sorge für die Beschlussfassung.** Teil des Anspruches der Wohnungseigentümer aus § 18 Abs. 2 WEG ist es, dass der Verwalter als Organ der Gemeinschaft der Wohnungseigentümer die Beschlüsse der Wohnungseigentümer **ordnungsmäßig** vorbereitet. Hierzu gehören Informationen zur Ordnungsmäßigkeit einer Maßnahme, zum erforderlichen Stimmenquorum bei der Abstimmung und zur Frage, wie die notwendige Bestimmtheit eines Beschlusses erreicht werden kann.

14 **c) Übersendung von Unterlagen im Vorfeld einer Eigentümerversammlung.** Eine ordnungsmäßige Beschlussfassung kann es im Einzelfall erfordern, den Wohnungseigentümern unabhängig von der ausreichenden Bezeichnung des Gegenstands der Beschlussfassung in der Einladung und grundsätzlich innerhalb der Ladungsfrist[16] eine Unterlage zur Verfügung zu stellen, um ihnen eine inhaltliche Befassung mit dem Beschlussgegenstand zu ermöglichen.[17] Zu diesen Informationen gehören in der Regel der Entwurf der Gesamtjahresabrechnung, der Entwurf der Einzeljahresabrechnung, der Entwurf des Gesamtwirtschaftsplans und der Entwurf des Einzelwirtschaftsplans.[18] Der Verwalter muss ferner ein ihm vorliegendes Angebot eines Verwaltervertrages übersenden. Dies kann durch Zusendung der Angebote selbst erfolgen. Es reicht aber auch aus, wenn den Wohnungseigentümern – zB bei einer Neubestellung des Verwalters – die Namen der Bewerber sowie die Eckpunkte ihrer Angebote mitgeteilt werden.[19] Zu den mitzuteilenden Eckpunkten der Leistungsangebote gehören dann die vorgesehene Laufzeit des Vertrages und die Vergütung, wobei darzustellen ist, ob eine Pauschalvergütung oder eine Vergütung mit mehreren Vergütungsbestandteilen angeboten wird.[20] Werden die Wohnungseigentümer nicht durch Übersendung der Angebote, sondern durch Bekanntgabe der Eckpunkte der Angebote informiert, ist den Wohnungseigentümern, die dies wünschen, eine Kenntnisnahme der vollständigen Angebote zu ermöglichen.[21] Darüber hinaus sollte der Verwalter alle Unterlagen (Angebote und zB Gutachten) übersenden, die für eine ordnungsmäßige Vorbereitung der Wohnungseigentümer auf die zu treffenden Entscheidungen nützlich sind.

15 **d) Anforderungen der Gesetze und Änderung von Gesetzen.** Nach § 18 Abs. 2 WEG muss die Gemeinschaft der Wohnungseigentümer durch den Verwalter darüber informieren, welche Anforderungen andere Gesetze an das gemeinschaftliche Eigentum richten. Ein Beispiel ist die **Trinkwasserverordnung.** Die Verantwortung für die Trinkwasser-Hausinstallation und deren einwandfreien Betrieb liegt zwar bei den Wohnungseigentümern. Diese können aber erwarten, dass der Verwalter ihnen rechtzeitig mitteilt, dass Betreiber großer Warmwasserbereitungsanlagen verpflichtet sind, diese regelmäßig auf Legionellen zu prüfen. Ein anderes Beispiel sind die **Landesbauordnungen** (→ *Trinkwasser* Rn. 1. ff.; → *Öffentliches Recht des Wohnungseigentums* Rn. 1 ff.). Ordnen diese eine Nachrüstung bei Bestandsgebäuden an, etwa den Einbau von Rauchwarnmeldern, muss der Verwalter auch hierüber rechtzeitig Nachricht geben. Entsprechendes gilt für (neue) Anforderungen, welche das GEG oder die HeizkostenV an das gemeinschaftliche Eigentum richten. Ein letztes Beispiel ist die Weitersendung von Programmsignalen privater Sendeunternehmen ((§ 19 UrhG; → *Weiterleitung von Signalen* Rn. 1 ff.). Nach Ansicht der Verwertungsgesellschaften der privaten Fernseh- und Hörfunksender ist jeder, der Fernseh- und Hörfunksignale innerhalb eines Kabelnetzes bzw. einer Hausverteilanlage eines Mehrparteienhauses weitersendet, nach dem Urheberrechtsgesetz vergütungspflichtig und schuldet den Urheber- und Leistungsschutzberechtigten eine angemessene Beteiligung für die Verwertung der geschützten Leistungen. Der Verwalter muss die Wohnungseigentümer über diese behauptete Pflicht unterrichten.

16 **e) Informationen zur WEG-Rechtsprechung.** Über die WEG-Rechtsprechung müssen sich die Wohnungseigentümer grundsätzlich selbst informieren. Etwas anderes gilt, wenn der BGH elementar **neue Anforderun-**

---

16 BGH 24.1.2020 – V ZR 110/19, ZWE 2020, 284 Rn. 14.
17 BGH 24.1.2020 – V ZR 110/19, ZWE 2020, 284 Rn. 11; BGH 13.1.2012 – V ZR 129/11, NJW-RR 2012, 343 Rn. 12.
18 BGH 24.1.2020 – V ZR 110/19, ZWE 2020, 284 Rn. 11.
19 BGH 24.1.2020 – V ZR 110/19, ZWE 2020, 284 Rn. 14.
20 BGH 24.1.2020 – V ZR 110/19, ZWE 2020, 284 Rn. 14.
21 BGH 24.1.2020 – V ZR 110/19, ZWE 2020, 284 Rn. 14.

gen für die Verwaltung ausgebildet hat. Dies gilt zB für die Frage, wie ein Wirtschaftsplan oder die Abrechnung über diesen gestaltet werden muss, welche Beschlusskompetenzen die Wohnungseigentümer haben oder wie die Vereinbarungen der Wohnungseigentümer im Einzelfall zu verstehen sind.

5. Sonstige Informationspflichten im „ABC". Neben den bereits genannten Informationspflichten kann der 17 Gemeinschaft der Wohnungseigentümer aus § 18 Abs. 2 WEG eine ganze Reihe weiterer Informationspflichten treffen, die sie durch den Verwalter erfüllen muss. Was gilt, ist eine Frage des Einzelfalls. Infrage kommen ua folgende Informationspflichten:

- **Adressen.** Der Verwalter muss den Wohnungseigentümern als Organ der Gemeinschaft der Wohnungseigentümer Auskunft über die Namen und Adressen der anderen Wohnungseigentümer geben (→ *Eigentümerliste* Rn. 1 ff.), nicht aber deren E-Mail-Adressen.[22]

- **Angebote.** Der Verwalter ist als Organ der Gemeinschaft der Wohnungseigentümer verpflichtet, für eine angemessene Vorbereitung der Ermessensausübung der Wohnungseigentümer (→ *Ermessen* Rn. 1 ff.) Angebote einzuholen (→ *Angebot* Rn. 1 ff.).

- **Bauliche Veränderung.** Vor der Abstimmung über eine bauliche Veränderung muss der Verwalter als Organ der Gemeinschaft der Wohnungseigentümer die Wohnungseigentümer nicht nur allgemein, sondern konkret darüber informieren, ob aus seiner Sicht einzelne Wohnungseigentümer (und ggf. welche) ihre Zustimmung erteilen müssen; auf ein bestehendes Anfechtungsrisiko muss er hinweisen.[23]

- **Benutzung.** Der Verwalter schuldet als Organ der Gemeinschaft der Wohnungseigentümer die Information, welche Bestimmungen die Wohnungseigentümer zur Benutzung des gemeinschaftlichen Eigentums oder des Sondereigentums getroffen haben.

- **Darlehen.** Vor einem Darlehensbeschluss muss der Verwalter als Organ der Gemeinschaft der Wohnungseigentümer die Wohnungseigentümer nach hM über die im Innenverhältnis ggf. wegen Hausgeldausfällen bestehende Nachschusspflicht der zahlungsfähigen Wohnungseigentümer – auch derjenigen, die von einer etwaigen „Abwendungsbefugnis" Gebrauch gemacht haben – informieren. Die Wohnungseigentümer dürfen „nicht dem Irrtum unterliegen, dass sie unter allen Umständen nur für einen ihrem Miteigentumsanteil entsprechenden Anteil an Zins- und Tilgungsleistungen für das Darlehen haften".[24] Die entsprechende Unterrichtung ist in der Niederschrift einer Versammlung zu dokumentieren.[25] Vor dem Darlehensbeschluss bietet es sich an, dass der Verwalter die Wohnungseigentümer über die aktuelle wirtschaftliche Situation der Gemeinschaft der Wohnungseigentümer, insbesondere über etwaige Hausgeldausfälle informiert.[26] Eine Offenlegung der wirtschaftlichen Verhältnisse jedes Wohnungseigentümers ist dagegen nicht erforderlich.

- **Gutachten.** Liegt ein Gutachten zum Zustand des gemeinschaftlichen Eigentums vor, muss der Verwalter dieses als Organ der Gemeinschaft der Wohnungseigentümer sorgfältig studieren. Er darf nicht davon ausgehen, dass alle Wohnungseigentümer Gutachten lesen und sich an deren Inhalt noch nach mehreren Monaten erinnern. Ferner ist er verpflichtet, zu überprüfen, ob sämtliche in einem Gutachten festgestellten Mängel, deren Behebung ein Werkunternehmer versprochen hat, entsprechend beseitigt worden sind. Ist es nicht so, muss er auch darauf hinweisen und Handlungsoptionen für das weitere Vorgehen aufzeigen.[27]

- **Hausordnung.** Der Verwalter schuldet als Organ der Gemeinschaft der Wohnungseigentümer eine Information über die Inhalte der Hausordnung als Maßnahme der „Durchführung" der Hausordnung nach § 27 Abs. 1 Nr. 1 WEG.

- **Nachteil (Störung).** Der Verwalter hat die Wohnungseigentümer als Organ der Gemeinschaft der Wohnungseigentümer zu informieren, wenn ein Wohnungseigentümer das Maß des § 14 Abs. 1 Nr. 1 WEG überschreitet, und er hat darzulegen, ob die Voraussetzungen für den Entzug des Eigentums nach § 18 WEG vorliegen. Schließlich hat er auch über das Entzugsverfahren zu informieren.

---

22 LG Düsseldorf 4.10.2018 – 25 S 22/18, NJW 2019, 530 Rn. 13.
23 BGH 29.5.2020 – V ZR 141/19, WuM 2020, 522 Rn. 28.
24 BGH 25.9.2015 – V ZR 244/14, NJW 2015, 3651 Rn. 35; LG Dortmund 5.3.2019 – 1 S 467/16, ZMR 2019, 708.
25 BGH 25.9.2015 – V ZR 244/14, NJW 2015, 3651 Rn. 35; LG Dortmund 5.3.2019 – 1 S 467/16, ZMR 2019, 708.
26 BGH 25.9.2015 – V ZR 244/14, NJW 2015, 3651 Rn. 36.
27 BGH 19.7.2019 – V ZR 75/18, NJW-RR 2020, 68 Rn. 22.

■ **Verträge.** Bevor die Wohnungseigentümer bestimmen, dass die Gemeinschaft der Wohnungseigentümer einen Vertrag schließt, muss der Verwalter als Organ der Gemeinschaft der Wohnungseigentümer die Wohnungseigentümer wenigstens grob über die Inhalte der Vertragsangebote und ihre Vor- und Nachteile informieren.[28] Bestehende Verträge hat der Verwalter auf ihre Aktualität hin zu prüfen, die Wohnungseigentümer über die Ergebnisse zu informieren und ggf. vorzuschlagen, dass ein Vertrag beendet wird. Ferner muss er auf etwaige Gewährleistungs-/Mängelrechte aufmerksam machen.[29]

■ **Verjährung.** Der Verwalter schuldet als Organ der Gemeinschaft der Wohnungseigentümer Informationen über den drohenden Ablauf der Verjährung von Ansprüchen gegen Dritte wegen Mängeln des gemeinschaftlichen Eigentums.[30]

■ **Vermögenslage der Gemeinschaft der Wohnungseigentümer.** Der Verwalter muss die Wohnungseigentümer als Organ der Gemeinschaft der Wohnungseigentümer informieren, wenn die Gemeinschaft der Wohnungseigentümer droht, illiquide zu werden.

■ **Versammlung.** Der Verwalter muss bereits mit der Ladung,[31] aber auch in der Versammlung Hinweise, Auskünfte und Informationen geben, damit die Wohnungseigentümer sachgerecht über den konkreten Gegenstand beschließen können.[32] Dem Verwalter obliegen zwar keine Pflichten, rechtliche Hinweise zu erteilen oder die Wohnungseigentümer zu belehren.[33] Notwendig sind aber Hinweise und Informationen ua zu folgenden Punkten:

– Beschlussanlass (Wunsch der Wohnungseigentümer, behördliche Weisung, Gesetzeserfüllung/-änderung);
– Beschlusskompetenz;[34]
– Beschlussgegenstand;[35]
– zu erreichende Mehrheit;
– Haftungsrisiken einzelner oder aller Wohnungseigentümer bei einer vom Vorgesehenen abweichenden, aber absehbaren Entwicklung;
– Beschlussfolgen (drohende Anfechtung, Folgenbeseitigungsansprüche, Gesetzesverstoß);
– Instandsetzungsbedarf[36] und Folgen für das Sondereigentum;[37]
– Handlungsalternativen im Zwangsversteigerungsverfahren;[38]
– Ordnungsmäßigkeit einer Maßnahme;[39]
– Stellungnahme zu Entwürfen der Wohnungseigentümer und Abfassung eines konkreten Beschlussantrages, der zur Abstimmung gestellt werden kann und bestimmt genug ist (→ *Bestimmtheit* Rn. 1. ff.);
– Stimmrecht (→ *Stimmrecht* Rn. 1 ff.) der Wohnungseigentümer und Irrtümer hierüber;[40]
– abzuwägende Punkte für die Ermessensentscheidung (→ *Ermessen* Rn. 1 ff.);
– Schilderung von Handlungsalternativen;
– Schilderung, was gilt, wenn über einen Gegenstand nicht beschlossen wird;
– Stellungnahme zum Anfechtungsrisiko;
– Erläuterung zur Höhe eines Ansatzes im Wirtschaftsplan;
– Gesetzeslage.

---

28 BGH 19.7.2019 – V ZR 75/18, NJW-RR 2020, 68 Rn. 10.
29 BGH 29.5.2020 – V ZR 141/19, WuM 2020, 522 Rn. 27; BGH 19.7.2019 – V ZR 75/18, NJW-RR 2020, 68 Rn. 10.
30 BGH 29.5.2020 – V ZR 141/19, WuM 2020, 522 Rn. 27; BGH 19.7.2019 – V ZR 75/18, NJW-RR 2020, 68 Rn. 10; OLG München 25.9.2008 – 32 Wx 79/08, ZMR 2009, 629; BayObLG 17.10.2002 – 2Z BR 82/02, ZMR 2003, 216; *Suilmann* ZWE 2017, 61 (64).
31 BGH 23.2.2018 – V ZR 101/16, NJW 2018, 2550 Rn. 77.
32 LG Frankfurt a. M. 20.5.2016 – 2–13 S 1/13, ZWE 2017, 48.
33 BayObLG 23.2.2001 – 2Z BR 36/01, NZM 2001, 537.
34 LG Dresden 4.9.2012 – 2 T 407/12, ZWE 2013, 97.
35 LG Frankfurt a. M. 20.5.2016 – 2–13 S 1/13, ZWE 2017, 48.
36 BGH 19.7.2019 – V ZR 75/18, NJW-RR 2020, 68 Rn. 10.
37 BGH 23.2.2018 – V ZR 101/16, NJW 2018, 2550 Rn. 77.
38 BGH 8.12.2017 – V ZR 82/17, NJW 2018, 1613 Rn. 11.
39 LG Dresden 4.9.2012 – 2 T 407/12, ZWE 2013, 97.
40 BGH 7.7.2016 – V ZB 15/14, NJW-RR 2017, 464 Rn. 17.

Elzer

- **Werkleistung.** Der Verwalter schuldet Informationen über mögliche Ansprüche gegen Dritte wegen Mängeln des gemeinschaftlichen Eigentums.
- **Schadenersatz.** Kann ein Wohnungseigentümer gegen einen Vertragspartner der Gemeinschaft der Wohnungseigentümer einen Schadenersatzanspruch aus einem Vertrag mit Schutzwirkung für ihn haben, ist der Verwalter verpflichtet, den Wohnungseigentümer jedenfalls insoweit zu unterstützen, als er ihm alle erforderlichen Informationen zukommen lässt.[41]

6. Klagen der Gemeinschaft der Wohnungseigentümer. Ein **Rechtsanwalt**, der namens der Gemeinschaft 18
der Wohnungseigentümer gegen einen Hausgeldschuldner ein gerichtliches Mahnverfahren oder eine Hausgeldklage betreiben soll, benötigt für die Führung der Hausgeldklage zahlreiche **Informationen**. Zu Beginn der Tätigkeit des Rechtsanwalts reicht idR ein Auftragsschreiben, in dem die Namen der Gemeinschaft und des Hausgeldschuldners sowie die Nummer seines Wohnungseigentums (nach Aufteilungsplan) mitgeteilt und die beanspruchten Zahlungen aufgelistet werden (Rückstände nach Wirtschaftsplan und/oder Abrechnung, Sonderumlage, Sondervergütungen des Verwalters). Denn mit diesen Informationen kann der Rechtsanwalt einen gerichtlichen Mahnbescheid beantragen.

Für eine **Klage** bedarf der Rechtsanwalt indes weiterer Informationen. Überblick (**Unterlagen und Informa-** 19
tionen für den beauftragten Rechtsanwalt):

- Unbeglaubigter Grundbuchauszug in Bezug auf das Wohnungseigentum des Hausgeldschuldners. Diesen kann der Rechtsanwalt selbst beim Grundbuchamt einholen. Die Kosten muss der Schuldner als notwendige Prozesskosten erstatten. Sie können beim gerichtlichen Mahnverfahren im Antrag auf Erlass des Mahnbescheids unter der Position „Auskünfte" und auch noch im Antrag auf Erlass des Vollstreckungsbescheids unter der Position „weitere Auslagen" geltend gemacht werden.
- Teilungserklärung/Gemeinschaftsordnung.
- Verwaltervertrag und/oder Verwaltervollmacht.
- Niederschrift der Versammlung, in der die Verwalterbestellung beschlossen wurde.
- Einzelabrechnung und/oder Einzelwirtschaftsplan, aus denen sich die geltend gemachten Zahlungsansprüche ergeben.
- Niederschrift der Versammlung, in welcher die Abrechnung und/oder der Wirtschaftsplan beschlossen wurden.

7. Erweiterung des gesetzlichen Pflichtenprogramms. Zum Teil begründen andere Gesetze 20
(Informations-)Pflichten und knüpfen diese an das Amt des Verwalters. Ein Beispiel hierfür war das Gesetz über den registergestützten Zensus im Jahre 2011 (ZensG). Auskunftpflichtig für die Erhebungen nach den §§ 6 und 14 Abs. 3 ZensG sind nach § 18 Abs. 2 S. 1 ZensG Verwalter und Verwalterinnen. Ein anderes Beispiel ist der Rundfunkbeitragsstaatsvertrag. Nach dessen § 9 Abs. 1 S. 4 kann die zuständige Landesrundfunkanstalt vom Verwalter Auskunft über die in § 8 Abs. 4 Rundfunkbeitragsstaatsvertrag genannten Daten verlangen. Ferner können die Wohnungseigentümer nach § 27 Abs. 2 WEG weitere Pflichten bestimmen.

IV. Die vertraglichen Informationspflichten

Die vertraglichen Informationspflichten iVm § 666 BGB decken sich im Wesentlichen mit den gesetzlichen 21
Informationspflichten. Da § 666 BGB abdingbar ist, können die vertraglichen Informationspflichten allerdings über das gesetzliche Maß hinaus erweitert oder eingeschränkt werden. Einen Einfluss auf die gesetzlichen Informationspflichten haben solche Verabredungen nicht. Die Vertragsparteien können über das, was der Verwalter den Wohnungseigentümern von Gesetzes wegen schuldet, nicht disponieren.

V. Haftung

Informiert der Verwalter die Wohnungseigentümer schuldhaft nicht, falsch, unvollständig oder zu spät, verletzt 22
er seine gesetzlichen und vertraglichen Pflichten. Die Gemeinschaft der Wohnungseigentümer kann deshalb nach §§ 280 Abs. 1 S. 1 BGB Ersatz des durch die Pflichtverletzung entstehenden Schadens verlangen.[42] Einen Rechtsirrtum hat der Verwalter aber nur dann iSv § 276 BGB zu vertreten, wenn seine Einschätzung

---

41 BGH 8.6.2018 – V ZR 125/17, NJW 2018, 3305 Rn. 39.
42 BGH 29.5.2020 – V ZR 141/19, WuM 2020, 522 Rn. 29.

offenkundig falsch ist. Der Verwalter hat einen „Beurteilungsspielraum".[43] Es steht ihm auch offen, in der Versammlung auf aus seiner Sicht verbleibende Rechtsunsicherheiten hinzuweisen. Ist er nach sorgfältiger Prüfung der Zustimmungserfordernisse zu einem nicht offenkundig falschen Ergebnis gelangt, kann es ihm nicht angelastet werden, wenn ein Beschluss in einem späteren Anfechtungsverfahren keinen Bestand hat.[44]

VI. Auskunft

23 Informationen muss der Verwalter als Organ der Gemeinschaft der Wohnungseigentümer von sich aus erteilen. Neben dieser Pflicht steht die Pflicht, auf Nachfrage Auskunft zu geben. Die Auskunftsverpflichtung ist die Kehrseite der Informationspflicht. Hätte der Verwalter bereits von sich aus informieren müssen, muss er es jedenfalls auf Nachfrage. Der BGH leitet den Auskunftsanspruch aus §§ 675, 666 BGB iVm dem Verwaltervertrag her.[45]

115. Insolvenzrecht des Wohnungseigentums

Tyarks

I. Einführung

1 Der rechtsfähige Verband „Gemeinschaft der Wohnungseigentümer" muss für die Erfüllung seiner Aufgaben laufend mit Kapital ausgestattet werden, das dem **Gemeinschaftsvermögen** (§ 9 a Abs. 3 WEG) zuzuführen ist. Da der Zweck des Verbandes nicht auf eine unternehmerische Tätigkeit, sondern auf Verwaltungsfunktionen im Innern, insbesondere das Finanz- und Rechnungswesen, und die Erleichterung des Rechtsverkehrs nach außen beschränkt ist,[1] muss er sich vornehmlich durch Zahlungen der Wohnungseigentümer finanzieren. Die Pflicht zur Kapitalausstattung des Verbandes ist folglich originäre Pflicht der Wohnungseigentümer.[2] Hierzu gehört die Pflicht der Wohnungseigentümer, dem Verband die finanzielle Grundlage zur Begleichung der laufenden Verpflichtungen durch Beschlussfassung über einen entsprechenden Wirtschaftsplan, seine Ergänzung (Deckungsumlage) oder die Abrechnung zu verschaffen.[3]

---

43 BGH 29.5.2020 – V ZR 141/19, WuM 2020, 522 Rn. 29.
44 BGH 29.5.2020 – V ZR 141/19, WuM 2020, 522 Rn. 29.
45 BGH 11.2.2011 – V ZR 66/10, NJW 2011, 1137 Rn. 14.
1 Vgl. nur BGH 2.6.2005 – V ZB 32/05, NJW 2005, 2061.
2 Vgl. BGH 25.9.2015 – V ZR 244/14, NJW 2015, 3651.
3 Vgl. nur BGH 2.6.2005 – V ZB 32/05, NJW 2005, 2061.

Die Zahlungsunfähigkeit einzelner Wohnungseigentümer kann die Gemeinschaft der Wohnungseigentümer somit vor erhebliche Probleme stellen. Häufig wird erst reagiert, wenn bereits ein Insolvenzverfahren oder Zwangsversteigerungsverfahren durch einen Drittgläubiger eingeleitet worden ist und erhebliche Hausgeldrückstände aufgelaufen sind.

2

II. Insolvenzunfähigkeit der Gemeinschaft der Wohnungseigentümer

Ein Insolvenzverfahren über das Gemeinschaftsvermögen der Gemeinschaft der Wohnungseigentümer findet nach § 9 a Abs. 5 WEG nicht statt. Die Gemeinschaft ist **insolvenzunfähig** (§ 11 InsO). Ein Antrag auf Eröffnung des Insolvenzverfahrens über das Vermögen der Gemeinschaft der Wohnungseigentümer nach den §§ 13 ff. InsO ist daher ohne weitere Sachprüfung als unzulässig zurückzuweisen.

3

Die Gemeinschaft der Wohnungseigentümer kann somit auch nicht zur Zahlung einer **Insolvenzgeld-Umlage** für die von ihr zur ordnungsgemäßen Erhaltung des gemeinschaftlichen Eigentums Beschäftigten, wie Hausmeister und Reinigungskräfte, herangezogen werden.[4]

4

Mangels Insolvenzfähigkeit kann die Gemeinschaft die aufgelaufenen Außenverbindlichkeiten niemals abschütteln.[5] Da ein Insolvenzverfahren über das Gemeinschaftsvermögen nicht stattfindet, ist die **Nachschusspflicht** der Wohnungseigentümer theoretisch unbegrenzt und trifft auch die Wohnungseigentümer, die den nach dem Verhältnis ihres Miteigentumsanteils zu zahlenden Teil der Außenverbindlichkeit der Gemeinschaft bereits erbracht haben.[6] Die Möglichkeit von Gläubigern der Gemeinschaft der Wohnungseigentümer, deren Anspruch auf ordnungsgemäße Verwaltung zu pfänden und sich überweisen zu lassen, führt zur unbeschränkten Nachschusspflicht der solventen Wohnungseigentümer.[7] Selbst wenn der letzte Wohnungseigentümer insolvent geworden ist und alle Insolvenzverwalter die Aufhebung der WEG-Gemeinschaft durchführen, bleiben die Außenverbindlichkeiten ewig an dem Grundstück(-seigentümer) haften.[8]

5

III. Insolvenz des Wohnungseigentümers

Die **Insolvenzfähigkeit** der einzelnen Wohnungseigentümer bestimmt sich grundsätzliche nach den §§ 11 f. InsO. Insbesondere natürliche und juristische Personen, aber auch Personengesellschaften sind hiernach ohne Weiteres insolvenzfähig. Bei juristischen Personen und bestimmten Personengesellschaften besteht darüber hinaus eine Insolvenzantragspflicht nach § 15 a InsO.

6

Die **Eröffnung** des **Insolvenzverfahren** kann sowohl auf einem Eigenantrag des Insolvenzschuldners als auch auf einem Antrag eines Gläubigers beruhen (§§ 13 ff. InsO). Die Eröffnung des Insolvenzverfahrens setzt gem. § 16 InsO stets voraus, dass ein Eröffnungsgrund gegeben ist. Allgemeiner Eröffnungsgrund ist die Zahlungsunfähigkeit des Schuldners nach § 17 InsO. Bei einer juristischen Person und bestimmten Personengesellschaften ist gem. § 19 InsO auch die Überschuldung Eröffnungsgrund. Beantragt der Schuldner selbst die Eröffnung des Insolvenzverfahrens ist gem. § 18 InsO auch die drohende Zahlungsunfähigkeit Eröffnungsgrund.

7

Unter den Voraussetzungen des § 14 InsO kann auch die Gemeinschaft der Wohnungseigentümer einen Insolvenzantrag gegen einzelne Wohnungseigentümer stellen.

8

IV. Einordnung der Hausgeldansprüche in die Systematik der InsO

Der Gemeinschaft der Wohnungseigentümer geht es in der Insolvenz des Wohnungseigentümers vornehmlich um die Befriedigung rückständiger **Hausgeldansprüche,** also die Zahlungen, die der insolvente Wohnungseigentümer nach einem Beschluss nach § 28 WEG auf einen Wirtschaftsplan, eine Sonderumlage oder eine Abrechnung schuldet. Die Behandlung dieser Ansprüche in einem Insolvenzverfahren über das Vermögen einzelner Wohnungseigentümer hängt von ihrer rechtlichen Einordung in die Systematik der Insolvenzordnung ab.

9

---

4   BSG 23.10.2014 – B 11 AL 6/14 R, ZWE 2015, 230.
5   BGH 7.3.2007 – VIII ZR 125/06, ZWE 2007, 242.
6   BGH 25.9.2015 – V ZR 244/14, NJW 2015, 3651.
7   Vgl. BGH 21.3.2019 – V ZB 111/18, NZM 2019, 445; zum Ganzen: Jennißen/*Abramenko* WEG § 10 Rn. 180 ff.
8   BGH 7.3.2007 – VIII ZR 125/06, ZWE 2007, 242; vgl. § 9 a Abs. 3 WEG.

10   Die Insolvenzordnung unterscheidet zwischen verschiedenen Gläubigern. Die **Insolvenzgläubiger** sind gem. § 38 InsO diejenigen persönlichen Gläubiger, die einen zur Zeit der Eröffnung des Insolvenzverfahrens begründeten Vermögensanspruch gegen den Schuldner haben. Die **Insolvenzmasse** iSd § 35 InsO dient der Befriedigung der vorgenannten Insolvenzgläubiger. Die Insolvenzgläubiger melden ihre Ansprüche zur Insolvenztabelle an (§§ 174 ff. InsO) und erhalten nach der Verwertung der Insolvenzmasse (§§ 148 ff. InsO) durch den Insolvenzverwalter eine quotale Befriedigung (§§ 187 ff. InsO). Die **nachrangigen Insolvenzgläubiger** iSd § 39 InsO werden in der sich aus der Norm ergebenden Rangfolge befriedigt, und zwar erst dann, wenn die „einfachen" Insolvenzforderungen iSd § 38 InsO vollständig befriedigt worden sind. **Aussonderungsberechtigte** sind gem. § 47 InsO solche, die aufgrund eines dinglichen Rechts (bspw. Eigentum) oder persönlichen Rechts (bspw. Herausgabeansprüche) geltend machen können, dass ein Gegenstand nicht zur Insolvenzmasse gehört. Diese Gläubiger können ihre Rechte gegenüber dem Insolvenzverwalter unberührt vom Insolvenzverfahren verfolgen. Sie sind keine Insolvenzgläubiger. Die sogenannten **Absonderungsberechtigten** iSd §§ 49–52 InsO verfügen über bestimmte Sicherungs- und Verwertungsrechte an Vermögenswerten des Schuldners. Die belasteten Gegenstände sind zu verwerten und nach der Verwertung unter Berücksichtigung der gesicherten Forderung abzurechnen (§§ 165 ff. InsO). Sie erhalten so eine bevorzugte Befriedigung aus dem abgesonderten Gegenstand. Absonderungsberechtigte sind gem. § 52 InsO nur dann Insolvenzgläubiger, soweit der Schuldner ihnen gegenüber auch persönlich haftet. Sie erhalten nur dann Befriedigung aus der Insolvenzmasse, soweit sie auf eine abgesonderte Befriedigung verzichtet haben oder diese bei ihr ausgefallen ist. Sie melden ihre persönlichen Ansprüche ebenfalls zur Insolvenztabelle an, und zwar für den Ausfall.

11   **Massegläubiger** iSd §§ 53 ff. InsO sind diejenigen Gläubiger, die außerhalb des Insolvenzverfahrens und vorweg aus der Insolvenzmasse zu befriedigen sind. Sie müssen ihre Ansprüche nicht durch Anmeldung zur Insolvenztabelle verfolgen, sondern können die geschuldete Leistung direkt gegenüber dem Insolvenzverwalter geltend machen. Masseverbindlichkeiten sind Verbindlichkeiten, die mit der Abwicklung des Insolvenzverfahrens zwingend zusammenhängen.

12   Zur rechtlichen Einordnung von Hausgeldansprüchen in der Insolvenz des Wohnungseigentümers führt der BGH 21.7.2011 – IX ZR 120/10, NZI 2011, 732 trefflich wie folgt aus:

„Vor Eröffnung des Insolvenzverfahrens fällig gewordene Wohngeldforderungen sind einfache Insolvenzforderungen nach § 38 InsO […], die grundsätzlich nach den Vorschriften über das Insolvenzverfahren zu verfolgen sind (§ 87 InsO). Nur soweit der Wohnungseigentümergemeinschaft aus § 49 InsO, § 10 I Nr. 2 ZVG wegen bestimmter Wohngeldansprüche ein Absonderungsrecht zusteht, kann sie dieses im Absonderungsstreit gegenüber dem Insolvenzverwalter durchsetzen. Die nach der Insolvenzeröffnung fällig werdenden Wohngeldansprüche sind dagegen Masseschulden gem. § 55 I Nr. 1 Fall 2 InsO […]. Wegen dieser Masseschulden kann die Wohnungseigentümergemeinschaft den Insolvenzverwalter auf Zahlung verklagen und aus einem Zahlungstitel in die Masse vollstrecken, auch aus der Rangklasse 5 des § 10 I ZVG in das zur Masse zugehörige Grundeigentum, sofern die Voraussetzungen des § 90 InsO vorliegen […]."

13   **1. Die abgesonderte Befriedigung von Hausgeldansprüchen nach § 49 InsO.** Gem. § 49 InsO sind Gläubiger, denen ein Recht auf Befriedigung aus Gegenständen zusteht, die der Zwangsvollstreckung in das unbewegliche Vermögen unterliegen, nach Maßgabe des Gesetzes über die Zwangsversteigerung und die Zwangsverwaltung zur abgesonderten Befriedigung berechtigt. Sie können die Verwertung von Grundstücken und grundstücksgleichen Rechten im Wege der Zwangsversteigerung oder Zwangsverwaltung betreiben. Der Insolvenzverwalter ist hierzu nach § 165 InsO ebenso berechtigt.

14   Als Gegenstand im vorgenannten Sinne kommt bei der Insolvenz über das Vermögen eines Wohnungseigentümers vornehmlich sein Wohnungs- bzw. Teileigentum iSd WEG in Betracht (§§ 864, 870 ZPO). Das Recht auf Befriedigung iSd § 49 InsO ergibt sich aus den §§ 10 ff. ZVG.[9]

15   Für das Recht auf Befriedigung iSd § 49 InsO ist erforderlich, dass die Hausgeldansprüche vor Eröffnung des Insolvenzverfahrens fällig waren, also **einfache Insolvenzforderungen** sind.[10] Die nach der Insolvenzeröffnung fällig werdenden Wohngeldansprüche sind dagegen **Masseverbindlichkeiten** gem. § 55 Abs. 1 Nr. 1 Fall 2 InsO (→ Rn. 40 ff.).[11]

---

9   Vgl. aber zur Rangklasse 5, BGH 12.2.2009 – IX ZB 112/06, NJW-RR 2009, 923.

10   BGH 21.7.2011 – IX ZR 120/10, NJW 2011, 3098.

11   Kritisch Bärmann/*Becker* WEG § 16 Rn. 214 ff.

a) Das Befriedigungsrecht aus § 10 Abs. 1 Nr. 2 ZVG. Ein Recht auf Befriedigung iSd § 49 InsO kann sich 16
für die Gemeinschaft der Wohnungseigentümer in der **Rangklasse 2** aus § 10 Abs. 1 Nr. 2 ZVG ergeben
(→ *Zwangsvollstreckung in ein Wohnungseigentum* Rn. 26 ff.).[12]

Das Vorrecht des § 10 Abs. 1 Nr. 2 ZVG bezieht sich auf die aus dem Wohnungseigentum folgenden fälligen 17
Ansprüche auf Zahlung der Beiträge zu den Lasten und Kosten des gemeinschaftlichen Eigentums oder des
Sondereigentums, die nach §§ 16 Abs. 2, 28 Abs. 1 und 2 WEG geschuldet werden, einschließlich der Vorschüsse und Rückstellungen sowie der Rückgriffsansprüche einzelner Wohnungseigentümer. Es erfasst gem.
§ 10 Abs. 1 Nr. 2 S. 2 ZVG die laufenden und die rückständigen Beträge aus dem Jahr der Beschlagnahme und
den letzten zwei Jahren (**Zeitgrenze**) und ist gem. § 10 Abs. 1 Nr. 2 S. 3 ZVG einschließlich aller Nebenleistungen begrenzt auf Beträge in Höhe von nicht mehr als 5 vom Hundert des festgesetzten **Verkehrswertes** iSd
§ 74 a Abs. 5 ZVG des Wohnungseigentums (**Obergrenze**).

Im Rahmen der **Zwangsverwaltung** sind nach § 155 Abs. 2 S. 3 ZVG, 156 Abs. S. 2, 3 ZVG nur die laufen- 18
den Hausgeldansprüche in der Rangklasse 2 vorrangig zu befriedigen.[13]

Das in § 10 Abs. 1 Nr. 2 ZVG statuierte **Vorrecht für Hausgeldansprüche** begründet nach der Rechtspre- 19
chung des BGH allerdings **kein dingliches Recht** der Gemeinschaft der Wohnungseigentümer. Als zentrale
verfahrensrechtliche Norm enthält § 10 Abs. 1 Nr. 12 ZVG nur eine Privilegierung der dort aufgeführten
schuldrechtlichen Ansprüche im Zwangsversteigerungsverfahren.[14] Diese Rechtsprechung ist auf Kritik gestoßen.[15] In dem Abschlussbericht der Bund-Länder-Arbeitsgruppe zur Reform des Wohnungseigentumsgesetzes
wurde eine dingliche Wirkung des § 10 Abs. 1 Nr. 2 ZVG jedoch ebenso abgelehnt.[16]

Die Gemeinschaft der Wohnungseigentümer kann die vorgenannten Ansprüche auch dann im eröffneten Insol- 20
venzverfahren im Wege der abgesonderten Befriedigung verfolgen, wenn vor der Eröffnung des Insolvenzverfahrens noch kein ZVG-Zwangsvollstreckungsverfahren anhängig war.[17] Die Insolvenzeröffnung bewirkt in
diesem Fall die **Beschlagnahme** des zur Insolvenzmasse gehörenden Wohnungseigentums. In zeitlicher Hinsicht besteht das Befriedigungsrecht iSd § 10 Abs. 1 Nr. 2 ZVG dann für diejenigen Hausgeldansprüche, die
die vor Eröffnung des Verfahrens im Jahr der Eröffnung und den letzten zwei Jahren davor fällig geworden
sind.[18]

b) Das Befriedigungsrecht aus § 10 Abs. 1 Nr. 4 ZVG. Hat die Gemeinschaft der Wohnungseigentümer die 21
Hausgeldansprüche vorinsolvenzlich titulieren und sich rechtzeitig (§ 88 InsO) und unanfechtbar (§§ 129 ff.
InsO) im Wege der Zwangsvollstreckung eine **Sicherungshypothek** an dem Wohnungseigentum eintragen
lassen, steht ihr wegen der titulierten und dinglich gesicherten Forderung ferner ein Recht auf Befriedigung
iSd § 49 InsO nach § 10 Abs. 1 Nr. 4 ZVG in der **Rangklasse 4** zu. Dieses Vorgehen bietet sich für die Gemeinschaft an, um ihre Rechtsposition für Ansprüche, die nicht unter § 10 Abs. 1 Nr. 2 ZVG fallen, abzusichern. Der Antrag auf Eintragung ist darauf zu richten, eine Zwangshypothek einzutragen, soweit die zugrunde liegende Forderung nicht dem Vorrecht des § 10 Abs. 1 Nr. 2 ZVG unterfällt. Dies ist zulässig.[19]

c) Das Befriedigungsrecht aus § 10 Abs. 1 Nr. 5 ZVG. Soweit die Hausgeldansprüche der Gemeinschaft der 22
Wohnungseigentümer nicht unter die vorgenannten Ränge fallen, verbleibt ein Befriedigungsrecht in der
Rangklasse 5 aus § 10 Abs. 1 Nr. 5 ZVG. Die Tatsache allein, dass ein persönlicher Gläubiger mit seinem
Anspruch in die Rangklasse 5 eingeordnet ist, verschafft ihm jedoch noch kein Befriedigungsrecht aus dem
Grundstück. Ein Absonderungsrecht nach § 49 InsO besteht nur, wenn das Recht auf Befriedigung aus dem
Grundstück zum Zeitpunkt der Eröffnung des Insolvenzverfahrens bereits entstanden war. Persönliche Gläubi-
ger müssen daher bis zu diesem Zeitpunkt die Beschlagnahme des Grundstücks bewirkt haben, indem sie die

---

12 Vgl. BGH 13.9.2013 – V ZR 209/12, NJW 2013, 3515; BGH 21.7.2011 – IX ZR 120/10, NJW 2011, 3098.

13 Zum Ganzen Böttcher/*Keller* ZVG § 155 Rn. 10 ff.

14 BGH 13.9.2013 – V ZR 209/12, NJW 2013, 3515; BGH 8.12.2017 – V ZR 82/17, NJW 2018, 1613.

15 Vgl. *Schneider* ZWE 2014, 61; Bärmann/*Becker* WEG § 16 Rn. 187 ff.

16 NZM 2019, 705 (741).

17 BGH 21.7.2011 – IX ZR 120/10, NJW 2011, 3098.

18 Vgl. BGH 13.9.2013 – V ZR 209/12, NJW 2013, 3515; BGH 8.12.2017 – V ZR 82/17, NJW 2018, 1613.

19 BGH 20.7.2011 – V ZB 300/10, NZM 2012, 176; vgl. Bärmann/*Roth* WEG Vor §§ 43 ff. Rn. 87 f.

Anordnung der Zwangsversteigerung bzw. Zwangsverwaltung selbst erwirkt haben (§§ 20, 146 Abs. 1 ZVG) oder einem laufenden Verfahren nach den §§ 27, 151 Abs. 2 ZVG beigetreten sind.[20]

23 **d) Verfahren zur abgesonderten Befriedigung nach § 49 InsO.** Absonderungsberechtigte können sowohl vor als auch nach Eröffnung des Insolvenzverfahrens aus dinglichen Titeln die Zwangsvollstreckung in das Wohnungseigentum nach den Vorschriften des ZVG betreiben. Nach Eröffnung des Insolvenzverfahrens ist hierzu ebenso der Insolvenzverwalter nach § 165 InsO berechtigt. Die Verwertungsberechtigung des Insolvenzverwalters tritt neben die Berechtigung der Absonderungsberechtigten. Der Insolvenzverwalter kann das Wohnungseigentum ferner **freihändig veräußern**.

24 **aa) Verwertung durch die Gemeinschaft der Wohnungseigentümer.** Betreibt die Gemeinschaft der Wohnungseigentümer oder ein Dritter bereits **vor Eröffnung des Insolvenzverfahrens** ein ZVG-Verfahren in das Wohnungseigentum, wird dieses durch die Eröffnung des Insolvenzverfahren nicht nach § 240 ZPO unterbrochen.[21] Voraussetzung ist, dass die Beschlagnahme vor Insolvenzeröffnung wirksam geworden ist, wobei die Rückschlagsperre (§ 88 InsO) sowie ein mögliches Verbot der Zwangsvollstreckung im Insolvenzeröffnungsverfahren (§ 21 Abs. 2 Nr. 3 InsO) zu beachten ist.[22]

25 Da die Ansprüche der **Rangklasse 2** nicht aus dem Grundbuch ersichtlich sind, müssen sie gem. der §§ 45 Abs. 1, 114 Abs. 1 ZVG angemeldet werden, um Berücksichtigung zu finden. Die Anmeldung muss bis zur Aufforderung zur Abgabe von Geboten im Versteigerungstermin erfolgen (§ 37 Nr. 4 ZVG), sonst erfolgt der Rangverlust nach § 110 ZVG. Der Verwalter ist zur Anmeldung der Ansprüche verpflichtet. Eines Beschlusses der Wohnungseigentümer bedarf es hierzu nicht.[23] Die Ansprüche sind nach § 45 Abs. 3 ZVG bei der Anmeldung durch einen entsprechenden Titel oder durch die Niederschrift der Beschlüsse der Wohnungseigentümer einschließlich ihrer Anlagen oder in sonst geeigneter Weise glaubhaft zu machen. Eines Titels bedarf es hierzu also nicht zwingend. Die Anmeldung der Ansprüche setzt zwangsläufig voraus, dass das Zwangsvollstreckungsverfahren in das Wohnungseigentum des säumigen Eigentümers bereits betrieben wird.

26 Die Gemeinschaft der Wohnungseigentümer kann unter den allgemeinen Vollstreckungsvoraussetzungen der ZPO (Titel, Klausel, Zustellung) und den zusätzlichen besonderen Vollstreckungsvoraussetzungen des § 10 Abs. 3 ZVG auch selbst die Anordnung der Zwangsversteigerung bzw. Zwangsverwaltung oder den Beitritt zu einem bereits laufenden Verfahren **beantragen**. Ein eigenes Vorgehen der Gemeinschaft der Wohnungseigentümer ist auch – sofern dessen Voraussetzungen vorliegen – stets zu empfehlen, damit sie nicht von einem fremden Zwangsvollstreckungsverfahren abhängig ist.[24] Hierzu muss der Verwalter zuvor allerdings einen Beschluss der Wohnungseigentümer einholen, die er über die Möglichkeit dieses Vorgehens zu informieren hat.[25] Wird im Zeitpunkt der Eröffnung des Insolvenzverfahrens bereits ein Zwangsvollstreckungsverfahren iSd ZVG betrieben, hat das Insolvenzverfahren hierauf grundsätzlich keinen Einfluss. Der Zeitpunkt der Beschlagnahme iSd § 10 Abs. 1 Nr. 2 S. 2 ZVG bestimmt sich dann ausschließlich nach den Vorschriften des ZVG. Der Insolvenzverwalter tritt an die Stelle des Schuldners und muss das bisherige Verfahren gegen sich gelten lassen.[26] Er kann aber die einstweilige Einstellung der Zwangsvollstreckung nach den §§ 30 d, 153 b ZVG unter den dort genannten Voraussetzungen beantragen.

27 Ein **Übererlös** aus der Zwangsversteigerung fällt in die Insolvenzmasse. Verbleibt nach Aufhebung der Zwangsverwaltung ein Überschuss, muss der vormalige Zwangsverwalter diesen Überschuss ebenfalls zur Insolvenzmasse auskehren.[27]

28 Die Gemeinschaft der Wohnungseigentümer kann – wie jeder andere Absonderungsberechtigte – auch noch **nach Eröffnung des Insolvenzverfahrens** eine Zwangsversteigerung oder Zwangsverwaltung beantragen. In diesem Fall wird die Beschlagnahme iSd § 10 Abs. 1 Nr. 2 S. 2 ZVG durch die Eröffnung des Insolvenzverfah-

---

20 BGH 12.2.2009 – IX ZB 112/06, NJW-RR 2009, 923.
21 BGH 10.5.2016 – XI ZR 46/14, NJW-RR 2016, 889; BGH 14.4.2005 – V ZB 25/05, DNotZ 2005, 840; *Frege* NZI 2009, 11; vgl. auch § 80 Abs. 2 S. 2 InsO.
22 Vgl. HmbKommInsR/*Kuleisa* InsO § 80 Rn. 64.
23 BGH 8.12.2017 – V ZR 82/17, NJW 2018, 1613.
24 Vgl. *Alff* ZWE 2010, 105 ff. (107).
25 BGH 8.12.2017 – V ZR 82/17, NJW 2018, 1613.
26 *Storz/Kiderlen* Zwangsversteigerung, B. Allgemeiner Teil 1.1.1.
27 BGH 10.10.2013 – IX ZB 197/11, NJW 2013, 3520.

rens bewirkt (→ Rn. 20). Besteht zugunsten der Gemeinschaft bereits ein Titel, kann sie diesen auf den Insolvenzverwalter entsprechend § 727 ZPO umschreiben lassen.[28] Hat sie sich die vor Insolvenzeröffnung fälligen Hausgeldansprüche noch nicht titulieren lassen, was für einen Antrag erforderlich ist (→ Rn. 26), kann sie sie auch noch nach Eröffnung des Insolvenzverfahrens gegen den Insolvenzverwalter im Wege der **Pfandklage auf Duldung der Zwangsvollstreckung** titulieren lassen.[29] Ebenso verbleibt ihr auch ohne Titulierung die Möglichkeit, die Ansprüche in einem ZVG-Verfahren eines anderen Absonderungsberechtigten anzumelden (→ Rn. 24).

bb) Verwertung durch den Insolvenzverwalter. Gem. § 165 InsO kann der Insolvenzverwalter auch selbst 29
die Zwangsversteigerung oder die Zwangsverwaltung eines unbeweglichen Gegenstands der Insolvenzmasse betreiben. Das Verfahren richtet sich nach den §§ 172 ff. ZVG. Daneben ist der Insolvenzverwalter aber auch zur freihändigen Veräußerung berechtigt, obgleich § 165 InsO diese Möglichkeit nicht anspricht.[30] Die **freihändige Veräußerung** steht im Vordergrund der Verwalterpraxis. Sie ist weniger zeit- und kostenintensiv. Zudem lassen sich regelmäßig höhere Erlöse erzielen. Alternativ kann der Insolvenzverwalter das Wohnungseigentum schließlich an den Schuldner freigeben.

(1) Freihändige Veräußerung des Insolvenzverwalters. Zur freihändigen Veräußerung **unbeweglicher Gegenstände**, 30
also auch des Wohnungseigentums, bedarf der Insolvenzverwalter nach § 160 Abs. 2 Nr. 1 InsO der Genehmigung des Gläubigerausschusses oder der Gläubigerversammlung. Er bedarf bei entsprechenden Vereinbarungen der Wohnungseigentümer ferner die Zustimmung nach § 12 WEG, wie sich aus Abs. 3 S. 2 der Vorschrift ausdrücklich ergibt.

Betreiben Absonderungsberechtigte bereits die Zwangsversteigerung, ist dem Insolvenzverwalter eine freihän- 31
dige Veräußerung verwehrt.[31] Er kann allerdings gem. § 30 d Abs. 1 Nr. 4 ZVG unter Berufung darauf, dass durch die Versteigerung eine angemessene Verwertung der Insolvenzmasse wesentlich erschwert würde, die Einstellung der Zwangsversteigerung erwirken.[32]

In der Regel wird der Insolvenzverwalter im Rahmen des freihändigen Verkaufs versuchen, mit den Absonde- 32
rungsberechtigten eine **Verwertungsvereinbarung**[33] zu erzielen (sog. **kalte Zwangsversteigerung**). Dies gilt selbst dann, wenn die Absonderungsberechtigtem noch keine Zwangsvollstreckungsmaßnahmen iSd ZVG durchführen und der Kaufpreis ausreicht, die Absonderungsberechtigten abzulösen.[34] Für die Verteilung des Erlöses wird im Rahmen der Verwertungsvereinbarung idR der Verteilungsmaßstab des § 10 ZVG zugrunde gelegt. Bei einem mit Grundpfandrechten belasteten Wohnungseigentum ist eine wirtschaftlich sinnvolle, also lastenfreie, Veräußerung ohne Abstimmung mit den Grundpfandgläubigern kaum möglich, weil diese Löschungsbewilligungen abgeben müssen, ohne die sich im Regelfall kaum ein Erwerber für das Wohnungseigentum finden dürfte.[35] Dies gilt jedenfalls dann, wenn das Wohnungseigentum wertausschöpfend belastet ist.[36] Ein durch eine Zwangssicherungshypothek nachrangig gesicherter Gläubiger, dessen Recht bei einer Verwertung des Grundstücks wegen dessen wertausschöpfender Belastung durch im Rang vorgehende Rechte keinen Anteil am Erlös erwarten lässt (sog. „**Schornsteinhypothek**), ist auch nicht verpflichtet, im Insolvenzverfahren über das Vermögen des Grundstückseigentümers zugunsten der vom Insolvenzverwalter beabsichtigten freihändigen lastenfreien Veräußerung des Grundstücks die Löschung seines Sicherungsrechts zu bewilligen.[37]

Soweit die Rechte der Absonderungsberechtigten bei der freihändigen Veräußerung erlöschen, setzen sie sich 33
im Wege der **dinglichen Surrogation** am Verwertungserlös fort.[38] Dies gilt allerdings nicht, wenn die Belastung nach der Veräußerung fortbesteht.

---

28 BGH 14.4.2005 – V ZB 25/05, DNotZ 2005, 840.
29 BGH 21.7.2011 – IX ZR 120/10, NJW 2011, 3098; vgl. hierzu ausführlich Bärmann/Seuß WE-Praxis/*Bergerhoff* § 93 Rn. 14 mwN.
30 BGH 18.2.2010 – IX ZR 101/09, NJW-RR 2010, 1022.
31 *Ganter* NZI 2017, 177.
32 Vgl. *Ganter* NZI 2017, 177.
33 Hierzu *Mitlehner* ZIP 2012, 649.
34 HmbKommInsR/*Büchler/Scholz* InsO § 165 Rn. 12 ff.; vgl. auch FormB-WEG-R/*Keller* § 5 Rn. 356.
35 *Vallender* NZI 2004, 401.
36 Vgl. *Mitlehner* ZIP 2012, 649.
37 BGH 30.4.2015 – IX ZR 301/13, NZI 2015, 550.
38 BGH 11.3.2010 – IX ZR 34/09, NJW-RR 2010, 1519.

34 Das in § 10 Abs. 1 Nr. 2 ZVG statuierte Vorrecht für Hausgeldansprüche begründet nach der Rechtsprechung des BGH allerdings kein dingliches Recht der Gemeinschaft der Wohnungseigentümer, sondern nur eine **Privilegierung** der in § 10 Abs. 1 Nr. 2 ZVG aufgeführten schuldrechtlichen Ansprüche im Zwangsversteigerungsverfahren (→ Rn. 19). Konsequent zu Ende gedacht, bedeutet dies, dass sich die Rechte der absonderungsberechtigten Gemeinschaft nach § 10 Abs. 1 Nr. 2 ZVG bei einer freihändigen Veräußerung des Insolvenzverwalters nicht an dem Verwertungserlös fortsetzen. Die Gemeinschaft wäre dann allerdings gezwungen ein ZVG-Verfahren zu betreiben, um ein Leerlaufen der Rechte aus § 10 Abs. 1 Nr. 2 ZVG zu verhindern.[39] Ob sich die Rechte iSd § 10 Abs. 1 Nr. 2 ZVG daher auch ohne dingliche Wirkung am Verwertungserlös fortsetzen, hat der BGH[40] zuletzt ausdrücklich offengelassen. Dafür spricht sich die überwiegende Meinung aus.[41]

35 Der Insolvenzverwalter kann ebenso eine Verwertungsvereinbarung mit den Absonderungsberechtigten über die Aufteilung von Miet- und Pachtzinsen schließen.[42]

36 **(2) ZVG-Verfahren durch den Insolvenzverwalter.** Der Insolvenzverwalter kann auch selbst eine Zwangsversteigerung (**Verwalterversteigerung**) oder Zwangsverwaltung nach den §§ 172 ff. ZVG beantragen. Die Beantragung einer Zwangsverwaltung ergibt für den Insolvenzverwalter wenig Sinn, da er die Einnahmen aus Vermietung und Verpachtung unmittelbar zur Masse einzieht und kein Interesse an der Zwischenschaltung eines Zwangsverwalters hat.[43] In der Regel überwiegen für den Insolvenzverwalter stets die Vorzüge des freihändigen Verkaufs (→ Rn. 29). Der Möglichkeit eines freihändigen Verkaufs begibt er sich aber durch eine Verwalterversteigerung nicht, da diese keine Beschlagnahme bewirkt (§ 173 ZVG).

37 Die Verwalterversteigerung gem. den §§ 172 ff. ZVG ist unabhängig von sonstigen bereits anhängigen Vollstreckungsversteigerungen. Die Verfahren laufen nebeneinander. Weder der Insolvenzverwalter kann dem Versteigerungsverfahren beitreten, noch können die Vollstreckungsgläubiger der Verwalterversteigerung beitreten.[44] Welchem Verfahren der Vorzug zu geben ist, entscheidet das Gericht.[45] Der Insolvenzverwalter betreibt die Verwalterversteigerung aus der **Rangklasse 5** gem. § 10 Abs. 1 Nr. 5 ZVG.

38 **(3) Freigabeerteilung des Insolvenzverwalters.** Der Insolvenzverwalter ist ferner zur Freigabe von Gegenständen aus der Insolvenzmasse befugt.[46] Durch die Freigabeerklärung erlischt der Insolvenzbeschlag, und der Schuldner erhält die Verfügungsbefugnis zurück. Der Insolvenzverwalter hat das Recht zur Freigabe im Interesse der Insolvenzmasse auszuüben. Grund einer Freigabe ist stets die mangelnde Verwertbarkeit des Wohnungseigentums.[47] Hat der Insolvenzverwalter das Wohnungseigentum freigegeben, ist die Gemeinschaft der Wohnungseigentümer für dessen Veräußerung wieder vornehmlich auf das Verfahren der Zwangsversteigerung angewiesen.[48] Die Freigabe bewirkt, dass die weiteren laufende Hausgelder keine Masseverbindlichkeiten mehr sind. Diese schuldet wieder allein der Schuldner.[49] Noch rückständige Hausgelder behalten ihr Vorrecht aus § 10 Abs. 1 Nr. 2 ZPO und sind von dem Vollstreckungsverbot des § 89 InsO nicht betroffen.[50] Dies gilt für die Ansprüche aus der Rangklasse 5 jedoch nur, sofern das Recht auf Befriedigung aus dem Grundstück zum Zeitpunkt der Eröffnung des Insolvenzverfahrens bereits entstanden war (→ Rn. 22).

---

39 *Weber* DNotZ 2014, 738.
40 BGH 13.9.2013 – V ZR 209/12, NJW 2013, 3515, Rn. 26.
41 LG Landau 17.8.2012 – 3 S 11/12, ZWE 2012, 439 (440); AG Bochum 22.4.2016 – 94 C 12/16, IMR 2016, 345; MüKoInsO/*Kern* InsO § 165 Rn. 304; HmbKommInsR/*Büchler/Scholz* InsO § 165 Rn. 12; *Kreuzer* MittBayNot 2014, 242 (243); *Schneider* ZWE 2014, 61 (74); *Jacoby* ZWE 2015, 297 (298); *Moosheimer* ZMR 2015, 427 (434).
42 Sogenannte kalte Zwangsverwaltung, HmbKommInsR/*Büchler/Scholz* InsO § 165 Rn. 14; FormB-WEG-R/*Keller* § 5 Rn. 358.
43 HmbKommInsR/*Büchler/Scholz* InsO § 165 Rn. 24.
44 HmbKommInsR/*Büchler/Scholz* InsO § 165 Rn. 24 mwN.
45 *Böttcher/Keller* ZVG § 172 Rn. 10.
46 BGH 1.2.2007 – IX ZR 178/05, NJW-RR 2007, 1205.
47 FormB-WEG-R/*Keller* § 5 Rn. 356; zu den Folgen vgl. *Hügel/Elzer* WEG § 28 Rn. 170; *Hintzen* ZWE 2018, 249 (261).
48 Vgl. HmbKommInsR/*Büchler/Scholz* InsO § 165 Rn. 14, 16 ff.
49 Vgl. BGH 14.12.2018 – V ZR 309/17, ZEV 2019, 411; BGH 30.8.2017 – VII ZB 23/14, NZI 2017, 910; AG Halle 8.3.2011 – 120 C 4271/10, ZMR 2011, 999; *Hügel/Elzer* WEG § 28 Rn. 170 mwN.
50 FormB-WEG-R/*Keller* § 5 Rn. 356.

2. Einfache Insolvenzforderungen außerhalb des § 49 InsO. Einfache Insolvenzforderungen, die nicht un- 39
ter § 49 InsO, also die abgesonderte Befriedigung fallen, kann die Gemeinschaft der Wohnungseigentümer
gem. § 87 InsO nur nach den Vorschriften über das Insolvenzverfahren verfolgen, dh regelmäßig nur zur **Insolvenztabelle** anmelden.[51] Einfache Insolvenzforderungen sind gem. § 38 InsO solche, die zur Zeit der Eröffnung des Insolvenzverfahrens begründet waren. Diese sind insbesondere von den Masseverbindlichkeiten
nach § 55 Abs. 1 Nr. 1 Fall 2 InsO abzugrenzen.

3. Hausgeldansprüche als Masseverbindlichkeiten iSd § 55 InsO. Eine Masseverbindlichkeit ist eine Ver- 40
bindlichkeit, die vor anderen Verbindlichkeiten außerhalb des Insolvenzverfahrens und vorweg aus der Insolvenzmasse befriedigt wird (§ 53 InsO). Massegläubiger müssen ihre Ansprüche nicht durch Anmeldung zur
Insolvenztabelle verfolgen, sondern können die geschuldete Leistung direkt gegenüber dem Insolvenzverwalter geltend machen. Die Masseverbindlichkeiten werden in den §§ 54, 55 InsO aufgezählt. Gem. § 55 Abs. 1
Nr. 1 Fall 2 InsO sind Masseverbindlichkeiten solche Verbindlichkeiten, die durch die Verwaltung, Verwertung
und Verteilung der Insolvenzmasse begründet werden, ohne zu den Kosten des Insolvenzverfahrens zu gehören.

Auch **Hausgeldansprüche** sind Masseverbindlichkeiten iSd § 55 Abs. 1 Nr. 1 Fall 2 InsO, wenn diese nach 41
Eröffnung des Insolvenzverfahrens begründet werden und das Wohnungseigentum zur Insolvenzmasse gehört.
Eine Hausgeldforderung ist iSd § 55 Abs. 1 Nr. 1 Fall 2 InsO begründet, wenn sie fällig ist.[52] Dies ist nicht
unumstritten. Einige gehen davon aus, dass der Hausgeldanspruch iSd § 55 Abs. 1 Nr. 1 InsO dann begründet
ist, wenn die durch das Wohngeld zu deckenden Kosten und Lasten tatsächlich angefallen sind.[53] Diese Ansicht ist indes abzulehnen.[54]

Hiernach gehören zu den Masseverbindlichkeiten die aufgrund eines beschlossenen Wirtschaftsplans geschul- 42
deten und nach Eröffnung des Insolvenzverfahrens fällig gewordenen **Hausgeldvorschüsse**.[55]

Ebenso gehören zu den Masseverbindlichkeiten die **Sonderumlagen**, wenn der der Sonderumlage zugrunde 43
liegende Beschluss erst nach Eröffnung des Insolvenzverfahrens gefasst wurde.[56] Der für das Insolvenzrecht
zuständige IX. Zivilsenat hat diese Rechtsauffassung jedenfalls dann in Zweifel gezogen, wenn durch die Sonderumlage Wohngeldausfälle nachfinanziert werden sollen (Ausfalldeckungsumlage), eine Entscheidung hierüber aber offengelassen.[57] Es könne durch Bestimmung des Zeitpunktes über die Beschlussfassung nicht im
Belieben der Wohnungseigentümer gestellt werden, ihre Insolvenzforderung zur Masseforderung aufzuwerten.
Eine andere Abgrenzung als die Fälligkeit scheint aber nicht gerechtfertigt.[58]

Schließlich gehört auch die sich aus der Abrechnung ergebende **Abrechnungsspitze** zu den Masseverbindlich- 44
keiten, sofern der Beschluss über die Abrechnung nach Eröffnung des Insolvenzverfahrens gefasst wurde.[59]
Hausgeldansprüche die im Insolvenzeröffnungsverfahren fällig werden, können durch einen **vorläufigen Insolvenzverwalter** nicht nach § 55 Abs. 2 InsO als Masseansprüche begründet werden.[60]

Die Gemeinschaft der Wohnungseigentümer kann die Masseansprüche im Klageweg gegen den Insolvenzver- 45
walter geltend machen und aus dem titulierten Anspruch die Zwangsvollstreckung in die Insolvenzmasse unter
Beachtung der sechsmonatigen Vollstreckungssperre des § 90 Abs. 1 InsO betreiben. Die Gemeinschaft kann

---

51 Vgl. ausführlich Bärmann/Seuß WE-Praxis/*Bergerhoff* § 93 Rn. 14 mwN.
52 BGH 21.7.2011 – IX ZR 120/10, NJW 2011, 3098; OLG Köln 15.11.2007 – 16 Wx 100/07, NZI 2008, 377; zur
    Frage, ob der Wohnungseigentümer wegen des Hausgeldes gegenüber dem Insolvenzverwalter ersatzpflichtig ist
    vgl. FormB-WEG-R/*Keller* § 5 Rn. 335.
53 *Beutler/Vogel*, ZMR 2002, 802 (804); vgl. zum Ganzen ausführlich *Queisner* S. 152 ff. mwN.
54 Vgl. nur Bärmann/Seuß WE-Praxis/*Bergerhoff* § 93 Rn. 30 mwN.
55 BGH 21.7.2011 – IX ZR 120/10, NJW 2011, 3098; OLG Köln 15.11.2007 – 16 Wx 100/07, NZI 2008, 377;
    BayObLG 5.11.1998 – 2Z BR 92–98, NZM 1999, 74 (75); AG Neukölln 23.5.2005 – 70 II 222/04, ZMR 2005, 659.
56 BGH 15.6.1989 – V ZB 22/88, NJW 1989, 3018; OLG Köln 15.11.2007 – 16 Wx 100/07, NZI 2008, 377; OLG
    München 12.3.2007 – 34 Wx 114/06, NJW-RR 2007, 1025; AG Moers 15.8.2006 – 63 II 13/06, NJW-RR 2007, 236.
57 BGH 5.2.2009 – IX ZR 21/07, NJW 2009, 1674; vgl. auch BGH 18.4.2002 – IX ZR 161/01, NJW-RR 2002, 1198;
    Vallender VIA 2010, 65; *Hintzen* ZWE 2018, 249 (260); *Becker* ZWE 2013, 6 mwN.
58 Vgl. FormB-WEG-R/*Keller* § 5 Rn. 337; *Hügel/Elzer* WEG § 28 Rn. 169.
59 BGH 21.7.2011 – IX ZR 120/10, NJW 2011, 3098; LG Frankfurt/Oder 14.6.2011 – 6 a S 2/11.
60 *Queisner* S. 131 ff. mwN; differenzierend Bärmann/Seuß WE-Praxis/*Bergerhoff* § 93 Rn. 42.

dann auch die Vollstreckung in das Wohnungseigentum betreiben, allerdings nur in der Rangklasse 5 des § 10 Abs. 1 ZVG.[61]

46 Hat der Insolvenzverwalter nach § 208 InsO **Masseunzulänglichkeit** angezeigt, kann die Gemeinschaft der Wohnungseigentümer die Wohngeldforderungen, die nach Insolvenzeröffnung, aber vor Anzeige der Masseunzulänglichkeit entstanden sind (**Altmasseverbindlichkeiten**), weder mit der Zahlungsklage verfolgen noch wegen dieser Ansprüche in die Masse vollstrecken.[62]

47 Hausgeldansprüche, die nach Anzeige der Masseunzulänglichkeit fällig werden, stellen **Neumasseverbindlichkeiten** iSd § 209 Abs. 1 Nr. 2, Abs. 2 Nr. 3 InsO dar.[63]

48 **4. Anfechtungen von Hausgeldzahlungen durch den Insolvenzverwalter.** Der Insolvenzverwalter kann unter den Voraussetzungen der §§ 129 ff. InsO vorinsolvenzliche Rechtshandlungen anfechten und Rückgewähr des aus der Insolvenzmasse Geleisteten verlangen (§ 143 InsO). Aufgabe der Insolvenzanfechtung ist, den Bestand des den Gläubigern haftenden Schuldnervermögens dadurch wiederherzustellen, dass bestimmte (zu missbilligende vorinsolvenzliche) Vermögensverschiebungen rückgängig gemacht werden.[64] Das Insolvenzanfechtungsrecht spielt in der Praxis eine bedeutende Rolle.[65]

49 Die Anfechtung vorinsolvenzlicher Hausgeldzahlungen des Wohnungseigentümers an die Gemeinschaft der Wohnungseigentümer durch den Insolvenzverwalter kommt allerdings nur in Ausnahmefällen in Betracht. Denn § 129 Abs. 1 InsO verlangt für alle Insolvenzanfechtungen eine **Gläubigerbenachteiligung**. Diese scheidet aber aus, wenn ein Absonderungsberechtigter iSd § 49 InsO Zahlungen erhält, die er ohnehin auch während des Insolvenzverfahrens durchsetzen kann.[66] Die Gemeinschaft der Wohnungseigentümer kann sich aber idR auf eine abgesonderte Befriedigung aus § 10 Abs. 1 Nr. 2 ZVG berufen. Nur außerhalb des Anwendungsbereichs des § 10 Abs. 1 Nr. 2 ZVG kann es folglich zu Anfechtungen kommen.[67]

50 Vorgesagtes gilt allerdings nicht für eine zusätzliche **Sicherungshypothek**, die sich die Gemeinschaft der Wohnungseigentümer im Wege der Zwangsvollstreckung zur Absicherung ihrer Wohngeldansprüche eintragen lässt (→ Rn. 21), oder eine ZVG-Vollstreckung in der **Rangklasse 5**. Diese können (ausnahmsweise) der Anfechtung vornehmlich nach § 131 InsO unterliegen.[68] Sofern die Eintragung der Sicherungshypothek oder die Beschlagnahmewirkung iSd ZVG (→ Rn. 24) indes im letzten Monat vor dem Eröffnungsantrag erfolgte, wird diese nach § 88 InsO kraft Gesetzes unwirksam.

V. Hausgeldansprüche im Insolvenzplanverfahren nach den §§ 217 ff. InsO

51 In einem **Insolvenzplanverfahren** nach §§ 217 ff. InsO können die Verfahrensbeteiligten in weitgehender Autonomie vom Regelverfahren **abweichende Vereinbarungen** treffen. Der Insolvenzplan kann gem. § 218 InsO sowohl vom Insolvenzverwalter als auch vom Schuldner vorgelegt werden. Er führt oftmals zu einer erheblichen Verfahrensbeschleunigung.

52 In dem Planverfahren wird das Vermögen des Insolvenzschuldners entsprechend einem ausgearbeiteten Insolvenzplan, der aus einem darstellenden und gestaltenden Teil besteht, auf die einzelnen Gläubiger aufgeteilt (§§ 219 ff. InsO). Bei der Festlegung der Rechte der Beteiligten im Insolvenzplan sind gem. § 222 InsO Gruppen zu bilden, soweit Beteiligte mit unterschiedlicher Rechtsstellung betroffen sind.

53 Der Plan wird nach den §§ 235 ff. InsO erörtert und unter den Beteiligten zur Abstimmung gestellt. Die Abstimmung erfolgt in Gruppen (§ 243 InsO). Zur Annahme des Insolvenzplans sind bestimmte **Mehrheiten**

---

61 BGH 21.7.2011 – IX ZR 120/10, NJW 2011, 3098.
62 BGH 21.7.2011 – IX ZR 120/120, NJW 2011, 3098 mwN.
63 OLG Düsseldorf 28.4.2006 – 3 Wx 299/05; LG Berlin 13.11.2009 – 55 S 118/08; LG Stuttgart 23.4.2008 – 10 S 5/07, NZM 2008, 532; AG Berlin-Schöneberg 11.12.2018 – 772 C 36/18; zum Ganzen *Queisner* S. 208 ff.
64 Vgl. BGH 17.2.2011 – IX ZR 91/10, NJW-RR 2011, 1272.
65 Vgl. Übersicht zu den einzelnen Tatbeständen des Anfechtungsrechts HmbKommInsR/*Rogge/Leptien* InsO Vor §§ 129 ff. InsO.
66 Vgl. BGH 19.12.2013 – IX ZR 127/11, NJW 2014, 1239, Rn. 8 mwN.
67 Vgl. zum Ganzen: *Queisner* S. 240 ff.
68 Vgl. zu Zwangsvollstreckungen innerhalb des Anfechtungsrechts BGH 10.2.2005 – IX ZR 211/02, NJW 2005, 1121; s. auch FormB-WEG-R/*Keller* § 5 Rn. 115.

erforderlich (§ 244 InsO). Auch wenn die erforderlichen Mehrheiten nicht erreicht worden sind, gilt die Zustimmung einer Abstimmungsgruppe unter den in § 245 InsO genannten Voraussetzungen als erteilt. Mit der Rechtskraft der Bestätigung des Insolvenzplans treten die im gestaltenden Teil festgelegten Wirkungen gem. § 254 Abs. 1 InsO für und alle Beteiligten ein. Im Plan vorgesehene Forderungserlasse bzw. -verzichte entfalten ihre Wirkung, indem der plangemäß erlassene Forderungsanteil als erloschen gilt.[69]

Für die Gemeinschaft der Wohnungseigentümer nimmt der Verwalter die Abstimmung nach den §§ 241 ff.   54
InsO vor. Für die **Ausübung des Stimmrechts** bedarf er allerdings eines **ermächtigenden Beschlusses** der Wohnungseigentümer, da der Insolvenzplan idR mit einem Forderungserlass bzw. -verzicht an den Hausgeldansprüchen verbunden ist.

Der Beschluss über die Zustimmung zu einem Insolvenzplan entspricht zumindest dann **ordnungsgemäßer**   55
Verwaltung, wenn die Voraussetzungen des § 245 Abs. 1 Nr. 1 und Nr. 2 InsO vorliegen, also die Gemeinschaft der Wohnungseigentümer durch den Insolvenzplan voraussichtlich nicht schlechter gestellt wird, als sie ohne einen Plan stünde und sie angemessen an dem wirtschaftlichen Wert beteiligt wird, der auf Grundlage des Plans den Beteiligten zufließen soll.[70] Dies beinhaltet eine Prognoseentscheidung der Wohnungseigentümer, denen hierfür ein gewisser Beurteilungsspielraum einzuräumen ist. Ebenso stellt eine ggf. beschleunigte Verfahrensabwicklung einen legitimen Grund dar, einem Insolvenzplan zuzustimmen.

In der Rechtsprechung ist anerkannt, dass ein **Verzicht** bzw. **Erlass von Hausgeldforderungen** ordnungsge-   56
mäßer Verwaltung entsprechen kann, wenn tatsächlich keine Möglichkeit bestanden hat, die offene Forderung auf Zahlung von Wohngeld und Sonderumlage gegen einen Miteigentümer in voller Höhe notfalls auch im Wege der Zwangsvollstreckung beizutreiben.[71]

VI. Die Verwaltung des Wohnungseigentums im Insolvenzverfahren

Mit Eröffnung des Insolvenzverfahrens geht gem. § 80 Abs. 1 InsO das Recht des Schuldners, das zur Insol-   57
venzmasse gehörende Vermögen zu verwalten und über es zu verfügen, auf den Insolvenzverwalter über. Zu der **Insolvenzmasse** iSd § 35 InsO gehört bei der Insolvenz des Wohnungseigentümers vornehmlich sein Wohnungs- bzw. Teileigentum.[72] Dieses besteht aus dem Sondereigentum an den Räumen eines Gebäudes in Verbindung mit einem Miteigentumsanteil an dem gemeinschaftlichen Eigentum (§ 1 Abs. 2, 3 WEG).

Die **Mitgliedschaft** in der Gemeinschaft der Wohnungseigentümer begründet kraft Gesetzes eine schuldrecht-   58
liche Sonderrechtsbeziehung, aus der sich eine Vielzahl von Rechten und Pflichten ergibt, die untrennbar mit dem Sondereigentum an der Wohnung und dem Miteigentumsanteil am gemeinschaftlichen Eigentum verbunden sind.[73]

Zu den wichtigsten Mitgliedschaftsrechten gehören das **Teilnahmerecht** an den Wohnungseigentümerver-   59
sammlungen nach § 24 WEG und das **Stimmrecht** auf derselben, das Recht nach § 18 Abs. 2 WEG eine **ordnungsgemäße Verwaltung** zu verlangen, das **Recht auf Mitgebrauch** am gemeinschaftlichen Eigentum nach § 18 Abs. 2 Nr. 2 WEG sowie das **Abwehrrecht** aus § 14 Abs. 2 WEG.[74]

Fraglich ist, ob die vorgenannten Mitgliedschaftsrechte auf den Insolvenzverwalter nach § 80 InsO mit Eröff-   60
nung des Insolvenzverfahrens übergehen oder dem Wohnungseigentümer verbleiben. Im Rahmen der Insolvenz eines GmbH-Gesellschafters führt der BGH[75] wie folgt aus:

„Der Insolvenzverwalter hat als Teil seines Verwaltungsrechts das Recht zur Ausübung des Stimmrechts in der Gesellschafterversammlung und zur Beschlussanfechtung, jedenfalls soweit der Beschlussgegenstand, wie dies regelmäßig der Fall ist, die Vermögenssphäre betrifft (vgl. BGHZ 190, 45 = NJW-RR 2011, 1117 Rn. 7; OLG Düsseldorf, NJW-RR 1996, Seite 607 = GmbHR 1996, 443 [444]; OLG München, NJW-RR 2010, 1715

---

69 HmbKommInsR/*Thies* InsO § 254 Rn. 5.
70 Ähnlich *Queisner* S. 235 ff.
71 OLG Hamburg 26.10.2007 – 2 Wx 110/02, ZMR 2008, 152.
72 Vgl. ausführlich *Queisner* S. 59 ff.
73 BGH 25.3.2015 – VIII ZR 243/13, NJW 2015, 3228, Rn. 35; BFH 2.3.2016 – II R 27/14, DStR 2016, 1108; Bärmann/*Suilmann* WEG § 10 Rn. 33 ff.; *Hügel/Elzer* WEG § 1 Rn. 10; *Hügel/Elzer* WEG § 10 Rn. 31.
74 Vgl. nur Bärmann/*Suilmann* WEG § 10 Rn. 33 ff.
75 BGH 24.10.2017 – II ZR 16/16, NJW-RR 2018, 39.

= ZIP 2010, 1756; Bergmann in FS Kirchhof, 2003, 15 [20 ff.]; Scholz/K. Schmidt, GmbHG, 11. Aufl., § 45 Rn. 128 mwN). Nach § 80 Absatz I InsO hat der Insolvenzverwalter das zur Insolvenzmasse gehörende Vermögen zu verwalten. Der GmbH-Geschäftsanteil gehört zur Masse (§ 35 I InsO). Zum Mitverwaltungsrecht des Gesellschafters, das auf dem Geschäftsanteil als Vermögensrecht beruht, gehört nicht nur die Ausübung des Stimmrechts, sondern auch die Befugnis, Gesellschafterbeschlüsse auf ihre Rechtmäßigkeit überprüfen zu lassen."

Diese Rechtsprechung lässt sich auf die Gemeinschaft der Wohnungseigentümer übertragen. Dem Insolvenzverwalter steht hiernach jedenfalls dann das Stimm- und Teilnahmerecht auf einer Wohnungseigentümerversammlung zu, soweit der Beschlussgegenstand die Vermögenssphäre betrifft. Dies ist zwingend.

61   Umstritten ist indes, ob darüber hinaus uneingeschränkt **sämtliche Mitgliedschaftsrechte** auf den Insolvenzverwalter übergehen. Die hM im Wohnungseigentumsrecht geht wohl hiervon aus.[76] Nach aA gehen die Mitgliedschaftsrechte nur insoweit auf den Insolvenzverwalter über, als die Vermögenssphäre des Wohnungseigentums betroffen ist.[77] Ebenso umstritten ist, ob nur der Insolvenzverwalter oder stets auch der Wohnungseigentümer zur Versammlung zu laden ist.[78] Der BGH[79] spricht lediglich davon, dass der Insolvenzverwalter als Träger der Rechte und Pflichten des insolvent gewordenen Wohnungseigentümers *weitgehend* in dessen Rechtsstellung einrückt.

62   Der Schuldner bleibt nach Eröffnung des Insolvenzverfahrens zwar Rechtsinhaber, verliert aber nach § 80 Abs. 1 InsO die Befugnis, massezugehörige Vermögensgegenstände zu verwalten und über sie zu verfügen. Es kommt zu einer Trennung von Rechtsinhaberschaft und der Verwaltungs- und Verfügungsbefugnis.[80] § 80 Abs. 1 InsO verlangt für einen Übergang der Verwaltungsbefugnisse lediglich, dass das Vermögen, das die Verwaltungsrechte vermittelt, massezugehörig ist. Eine weitere Aufspaltung der Verwaltungsrechte, danach, ob sie die Vermögenssphäre des Vermögensgegenstandes betreffen, findet hiernach nicht mehr statt. Eine solche Aufspaltung ist daher abzulehnen und wäre in der Praxis auch nur schwer zu handhaben.

VII.   Auswirkung des Insolvenzverfahrens auf Anfechtungsprozesse

63   Nach Eröffnung des Insolvenzverfahrens ist ausschließlich der Insolvenzverwalter berechtigt, etwaige Beschlüsse der Wohnungseigentümer anzufechten.[81] Beschlussanfechtungsklagen sind nach § 240 ZPO stets unterbrochen, da diese das Wohnungseigentum, das zur Insolvenzmasse gehört, betreffen.[82] Die Aufnahme der Prozesse erfolgt nach den §§ 85, 86 InsO.

64   Gibt der Insolvenzverwalter das Wohnungseigentum frei (→ Rn. 37) geht die Ausübungsbefugnis an den Mitgliedschaftsrechten wieder auf den Wohnungseigentümer über. Dann endet auch die **Unterbrechung von Beschlussanfechtungsklagen** nach § 240 ZPO.[83]

---

76   OLG Hamm 15.1.2004 – 15 W 106/03, ZMR 2004, 773; *Vallander* NZI 2004, 401 (403); Bärmann/*Merle* WEG § 25 Rn. 27; *Hügel/Elzer* WEG § 25 Rn. 14; *Gottschalk* NZM 2005, 88 (91); *Lüke* ZWE 2006, 370 (376); *Skauradszun* ZWE 2016, 61 (64); vorsichtiger Jennißen/*Schultzky* WEG § 25 Rn. 37, s. aber auch § 24 Rn. 45; vgl. auch KG 9.11.2005 – 24 W 60–05, ZWE 2006, 99.

77   Bärmann/Seuß WE-Praxis/*Bergerhoff* § 93 Rn. 14; ausführlich *Queisner* S. 75 ff.; wohl ebenso AG Berlin-Charlottenburg 7.4.2010 – 72 C 7/10.

78   Für beide: Jennißen/*Schultzky* WEG § 24 Rn. 45; BeckFormB WEG-R/*Greiner* unter I. II. 1. Rn. 2; nur der Insolvenzverwalter: *Hügel/Elzer* WEG § 24 Rn. 8; *Skauradszun* ZWE 2016, 61 (64) mwN.

79   BGH 26.9.2002 – V ZB 24/02, NJW 2002, 3709.

80   HmbKommInsR/*Kuleisa* InsO § 80 Rn. 9.

81   OLG Hamm 15.1.2004 – 15 W 106/03, ZMR 2004, 773; LG Düsseldorf 5.4.2012 – 19 S 119/11, ZWE 2012, 337; aA Bärmann/Seuß WE-Praxis/*Bergerhoff* § 93 Rn. 14.

82   Jennißen/*Suilmann* WEG § 46 Rn. 155 mwN; aA Bärmann/Seuß WE-Praxis/*Bergerhoff* § 93 Rn. 63.

83   BGH 21.4.2005 – IX ZR 281/03, NJW 2005, 2015 (2017).

116. Isolierung (Abdichtung)

Choynacki

I. Begriff

Unter dem Oberbegriff „Isolierung" versteht man die Abtrennung zwischen zwei Bauteilen oder zwischen 1 einem Bauteil und der Umgebung. Hier soll darunter die **Wärme-** (vor allem an der Außenfassade), eine (etwaig nachträgliche) **Schall-** und eine **Feuchteisolierung** verstanden werden.

II. Eigentum

Eine Wärme-,[1] Schall-[2] oder Feuchteisolierung[3] steht wie jede Abdichtung gem. § 5 Abs. 2 WEG im **gemeinschaftlichen** Eigentum.[4] Dies gilt grundsätzlich auch dann, wenn sie zu einem Haus gehört, an dessen Räumen ein Wohnungseigentümer Sondereigentum hat, oder einem Balkon oder Loggia. In einem solchen Haus kann allerdings der Trittschallschutz ausnahmsweise nach § 5 Abs. 1 S. 1 WEG im Sondereigentum stehen.

III. Verwaltung

Eine Wärme-, Schall- oder Feuchteisolierung ist nach § 18 Abs. 1 WEG von der **Gemeinschaft der Wohnungseigentümer** zu verwalten. Die Wohnungseigentümer können etwas anderes vereinbaren, zB für eine Feuchteisolierung im Bereich des Sondereigentums.

IV. Kosten

Die Erhaltungs- und/oder Betriebskosten bestimmen sich nach § 16 Abs. 2 S. 1 WEG. Die Wohnungseigentümer **können** etwas anderes vereinbaren oder nach § 16 Abs. 2 S. 2 WEG beschließen.

117. Kabelfernsehen

Martini

I. Einführung

Ein herkömmlicher Breitbandkabelanschluss liefert in die Haushalte Fernseh- und Radiosender. Heutzutage 1 gibt es die verschiedensten Angebote, oft auch kombiniert mit einem Internetzugang. Die nachfolgenden Ausführungen beziehen sich ausschließlich auf den Bezug von **Fernseh- und Radioprogrammen**. Inzwischen sind mehr als zwei Drittel aller privaten Haushalte an das Kabelfernsehen angeschlossen. Es gibt aber immer noch die Möglichkeit, per Antenne oder Satellit Radio- und Fernsehprogramme zu empfangen. Relativ neu ist die Übertragung rein über das Internet.

1 OLG Hamm 13.8.1996 – 15 W 115/96, NJWE-MietR 1997, 114 (115).
2 OLG Hamm 13.8.1996 – 15 W 115/96, NJWE-MietR 1997, 114 (115).
3 OLG Hamm 13.8.1996 – 15 W 115/96, NJWE-MietR 1997, 114 (115).
4 BGH 16.3.2018 – V ZR 276/16, NJW 2018, 2123 Rn. 7 (unter Hinweis auf § 5 Abs. 1 WEG); BGH 25.1.2001 – VII ZR 193/99, NJW-RR 2001, 800 unter II. 1.; BGH 21.2.1985 – VII ZR 72/84, NJW 1985, 1551 unter II. 1.; *Steiner/ Steiner* NZM 2020, 578 (579).

2   Nach § 21 Abs. 5 Nr. 6 Alt. 2 WEG aF konnte jeder Wohnungseigentümer die Duldung aller Maßnahmen verlangen, die zur Herstellung einer **Rundfunkempfangsanlage** zu seinen Gunsten notwendig sind (Anschluss an die bestehenden Gemeinschaftsantennen, an ein Breitbandkabel oder an eine vorhandene Gemeinschaftsparabolantenne). Die Einrichtung einer eigenen Parabolantenne durch einen Wohnungseigentümer fiel nicht hierunter.[1]

In den durch die **Reform des Wohnungseigentumsrechts** neu geschaffenen, vom Anwendungsbereich vergleichbaren § 19 Abs. 2 WEG wurde § 21 Abs. 5 Nr. 6 WEG aF nicht übernommen. Die Herstellung einer Rundfunkempfangsanlage hat nach Ansicht des Reformgesetzgebers an praktischer Relevanz verloren, sodass von der Aufnahme abgesehen wurde. Jedoch bestehe im Einzelfall weiterhin ein Anspruch des Wohnungseigentümers unmittelbar aus dem ebenfalls neu geschaffenen § 18 Abs. 2 WEG.[2] Hiernach kann jeder Wohnungseigentümer von der Gemeinschaft der Wohnungseigentümer eine Verwaltung des gemeinschaftlichen Eigentums sowie eine Benutzung des gemeinschaftlichen Eigentums oder Sondereigentums verlangen, die dem Interesse der Gesamtheit der Wohnungseigentümer nach billigem Ermessen entspricht. Die Willensbildung findet nach § 19 Abs. 1 WEG durch Beschluss der Wohnungseigentümer mit einfacher Mehrheit nach § 25 Abs. 1 WEG statt, wenn es keine entgegenstehende Vereinbarung gibt. Nach der Gesetzesbegründung wird die bisherige Rechtsprechung weitgehend auch nach der Reform fortgelten.

3   Jedoch wird dieses nur gelten, wenn **keine bauliche Veränderung** nach § 20 WEG für die Maßnahme nach § 18 WEG notwendig ist. Wird zB erstmalig ein Kabelfernsehen für die Wohnungseigentumsanlage bereitgestellt, wird dies regelmäßig mit Veränderungen, wie das Verlegen der Kabel und den damit einhergehenden Substanzeingriffen, verbunden sein. Dann richtet sich zwingend die Rechtmäßigkeit der Maßnahme als bauliche Veränderung nach § 20 WEG und die dazu gehörigen Nutzen- und Kostentragungspflichten nach § 21 WEG (→ *Bauliche Veränderung* Rn. 9).

Mit dem WEMoG wurde ein Anspruch auf eine bauliche Veränderung neu geschaffen, die den Anschluss an ein **Telekommunikationsnetz mit sehr hoher Kapazität** ermöglicht. Diese Maßnahme kann jeder Wohnungseigentümer nach § 20 Abs. 2 Nr. 4 WEG verlangen.

Die meisten Angebote mit VDSL o.Ä. enthalten Internetfernsehen, das über die Telefonleitung realisiert wird, während das Kabelfernsehen über ein eigenes Kabel in den Haushalt eingespeist wird. Sollte es Angebote geben, dass über den Fernsehkanal auch der Anschluss an ein Telekommunikationsnetz mit sehr hoher Kapazität möglich wird, würde sich das Recht auf diese bauliche Veränderung aus § 20 Abs. 2 Nr. 4 WEG ergeben.

Sollte keine (wie vorstehende) privilegierende bauliche Veränderung vorliegen, gilt nach § 20 Abs. 1, Abs. 3 WEG, dass alle Wohnungseigentümer, deren Rechte durch die bauliche Veränderung über das bei einem geordneten Zusammenleben unvermeidliche Maß hinaus beeinträchtigt werden, einverstanden sein müssen. Die weitere Unterteilung nach einer modernisierenden Instandsetzung, Veränderung auf den Stand der Technik oder instandsetzende Modernisierung wurde mit dem WEMoG aufgegeben.

Weiteres unter → *Bauliche Veränderung* Rn. 1 ff., → *Kosten und Nutzungen der baulichen Veränderungen* Rn. 1 ff. und → *Umlageschlüssel* Rn. 17 ff.

Nach der Rechtsansicht des Gesetzgebers, dass der Anspruch eine Maßnahme nach § 18 WEG darstellt, gilt Folgendes:

II. Erstmalige Herstellung des Fernseh- und Radioempfangs

4   Sollte noch kein Empfangsgerät für Fernseh- und Radioprogramme vorhanden sein, handelt es sich bei der Anschaffung eines Breitbandkabelanschlusses um eine „erstmalige Herstellung des ordnungsgemäßen Zustands" der Wohnungseigentumsanlage. Die Wohnungseigentümer können diese Maßnahme gem. §§ 18 Abs. 1, 19 WEG, beschließen, wenn es keine entgegenstehende Vereinbarung gibt.

5   Einem **ordnungsgemäßen Zustand** entspricht es aber nicht, wenn neben den drei öffentlich-rechtlichen Fernsehprogrammen nur noch Sat1 mit einem verrauchten Bild und RTL empfangen werden können.[3] Auch hier

---

1   Vgl. *Spielbauer/Then* WEG § 21 Rn. 69.
2   BT-Drs. 19/18791, 61.
3   OLG Hamm 9.10.1997 – 15 W 245/9, ZMR 1998, 188.

wird die „erstmalige Herstellung des ordnungsgemäßen Zustandes" zur Anschaffung von Kabelfernsehen mit einfacher Mehrheit beschlossen werden können.

III. Umstellen des Empfangs auf Kabelfernsehen

Auch das Umstellen des Empfangs von einer Antenne des terrestrischen Digitalfernsehens (DVB-T) auf einen rückkanalfähigen Breitbandkabelanschluss können die Wohnungseigentümer beschließen. Wenn keine optische Veränderung der Wohnungseigentumsanlage eintritt, weil zum Beispiel die Antennen stehen bleiben, handelt es sich auch nicht um eine bauliche Veränderung nach § 20 WEG.   6

Der **Verwalter** soll verschiedene Angebote für die konkurrierenden Systeme für Fernseh- oder Radioempfang (Antenne, Kabelanschluss oder Gemeinschaftssattelitenanlage) einholen, wenn die Umrüstung des Fernseh- und Radioempfangs auf ein anderes System erfolgen soll.[4]

IV. Kosten des Kabelfernsehens

Die laufenden Kosten für den Signallieferungsvertrag sind meist monatlich feste Gebühren. Diese können bei Einzelverträgen direkt vom Kabelbetreiber gegenüber den Wohnungseigentümern abgerechnet werden.   7

Ist das nicht der Fall, sind diese Kosten **Betriebskosten** nach § 2 Nr. 15 b BetrKV. Es handelt sich damit um gemeinschaftliche Kosten nach § 16 Abs. 2 S. 1 WEG, die nach Miteigentumsanteilen umgelegt werden.[5] Die Wohnungseigentümer können für einzelne Kosten oder bestimmte Arten von Kosten eine hiervon abweichende Verteilung nach § 16 Abs. 2 S. 2 WEG beschließen. Diese Beschlusskompetenz besteht auch, wenn der Umlageschlüssel durch eine Vereinbarung festgelegt wurde.   8

Die **Kosten der Umrüstung** im Gemeinschaftseigentum (Verteilernetz innerhalb des Hauses) sind grundsätzlich nach § 16 Abs. 2 S. 1 WEG nach Miteigentumsanteilen auf die Wohnungseigentümer zu verteilen. Auch hier besteht eine Beschlusskompetenz für einen abweichenden Umlageschlüssel nach § 16 Abs. 2 S. 2 WEG.   9

Sollte die Maßnahme eine bauliche Veränderung darstellen, gilt hinsichtlich der Kosten § 21 WEG. Weiteres unter → *Kosten und Nutzungen der baulichen Veränderungen* Rn. 1 ff.

Will ein verbleibender Wohnungseigentümer am Kabelfernsehen **nicht mehr teilnehmen**, kann er im **Außenverhältnis** gegebenenfalls gegenüber dem Anbieter den Vertrag kündigen, wenn es eine einzelvertragliche Regelung mit dem Anbieter und dem Wohnungseigentümer gibt.   10

Im **Innenverhältnis** zu den anderen Wohnungseigentümern bleibt der Wohnungseigentümer aber an der bisherigen Kostenverteilung für den laufenden Betrieb der Anlage gebunden. Diese Kosten können beispielsweise allgemeine Bereitstellungskosten bis zum Übergabepunkt an den einzelnen Wohnungseigentümer sowie die Kosten für die Reparatur und Wartung sein. Sollte im Sondereigentum ein Rückbau erforderlich sein, trägt der jeweilige Wohnungseigentümer diese Kosten vollständig selbst.

Wegen der geringen Kostenbelastung wird kein Anspruch nach § 10 Abs. 2 WEG des ausscheidenden Wohnungseigentümers bestehen. Selbst wenn die Kostenlast erheblich wäre, sind dann die Rechte der anderen Wohnungseigentümer ggf. unbillig betroffen, welche die Kostenlast dann anteilig übernehmen müssen und dieses bei Vertragsschluss nicht so vorausgesehen und kalkuliert hatten.

Sollte die Maßnahme hinsichtlich des Kabelfernsehens aber eine bauliche Veränderung nach § 20 WEG darstellen, ist auch hier die Kostenfolge von § 21 WEG maßgeblich. Weiteres unter → → *Kosten, Verteilung und Folgekosten bei baulicher Veränderung* Rn. 1 ff.

Die **Rundfunkgebühren** für die öffentlich-rechtlichen Fernseh- und Radioprogramme werden pro Wohnung berechnet, unabhängig davon, wie viele Radio- oder Fernsehgeräte tatsächlich vorhanden sind. Das bedeutet, dass die Gebühr auch dann zu zahlen ist, wenn kein Fernseh- oder Radiogerät in der Wohnung vorhanden ist.   11

Auch spielt es keine Rolle, wie viele Personen in der Wohnung leben. Bei Gewerbebetrieben im Teileigentum richtet sich die Höhe der Rundfunkgebühren nach der Anzahl der Mitarbeiter und betrieblich genutzten Fahrzeuge.

---

4 BayObLG 10.3.2004 – 2Z BR 274/03, NZM 2004, 385.
5 BGH 27.9.2007 – V ZB 83/07, NJW 2007, 3492.

Hinsichtlich der Lizenzgebühren für den Empfang der privaten Rundfunkanstalten → *Weiterleitung von Signalen* Rn. 1.

V. Duldungsanspruch einzelner Wohnungseigentümer

12 Nach § 18 Abs. 2 WEG kann der einzelne Wohnungseigentümer im Rahmen einer ordnungsmäßigen, den Interessen der gesamten Wohnungseigentümer entsprechenden Verwaltung, die Duldung aller Maßnahmen verlangen, die zur Herstellung einer Rundfunkempfangsanlage erforderlich sind. Der Anspruch richtet sich gegen die Gemeinschaft der Wohnungseigentümer. Regelmäßig werden bereits bei der Errichtung der Wohnungseigentumsanlage die erforderlichen Ausstattungsmerkmale bereits geschaffen werden. Denkbar ist die Anwendung dieser Norm aber beispielsweise durch einen nachträglichen Dachgeschossausbau.

13 Die anderen Wohnungseigentümer sind verpflichtet, die entsprechenden Maßnahmen zu dulden. Einer „**Duldungserklärung**" der übrigen Wohnungseigentümer bedarf es nicht.[6] Hierbei geht die Regelung des § 18 Abs. 2 WEG dem Anwendungsbereich des § 14 Abs. 2 WEG vor.[7]

Die **Duldungspflicht** betrifft aber nur Eingriffe in das **Gemeinschaftseigentum**. Sollten Maßnahmen im Bereich eines **fremden Sondereigentums** notwendig sein, muss sich mit diesem Wohnungseigentümer geeinigt werden. Aus dem Gemeinschaftsverhältnis und nach § 242 BGB folgt aber die Verpflichtung des betroffenen Wohnungseigentümers zur Duldung der notwendigen Maßnahmen, wenn nicht beim betroffenen Wohnungseigentümer des Sondereigentums wiederum wichtige Gründe der Maßnahme entgegenstehen. Diese Wertung kann aus den Vorschriften des § 14 Abs. 2 Nr. 2 WEG abgeleitet werden.[8]

Für den duldenden Wohnungseigentümer, dessen Sondereigentum von der Maßnahme betroffen war, besteht ein Anspruch § 14 Abs. 3 WEG auf einen angemessenen Ausgleichs seines Schadens.

14 Der **Verwalter** ist befugt, nach § 27 Abs. 1 WEG die für die Vornahme der Maßnahme notwendigen Erklärungen mit Wirkung für und gegen der Gemeinschaft Wohnungseigentümer abzugeben. Hierzu ist er berechtigt wie verpflichtet. Dazu bedarf es **keines Beschlusses** der Wohnungseigentümer, vielmehr hat der Verwalter die notwendige Geschäftsführung und Vertretungsbefugnisse, um Verträge zur Herstellung der Maßnahme nach § 18 Abs. 2 WEG in eigener Verantwortung abzuschließen und die sonstigen erforderlichen Erklärungen abzugeben.[9]

VI. Teilnehmergemeinschaft am Kabelanschluss

15 Kommt ein Beschluss nach § 18 Abs. 2 WEG für die Umstellung von einer intakten Gemeinschaftsantenne zu einem Kabelanschluss nicht zustande, können sich die Wohnungseigentümer, die den Kabelanschluss möchten, zu einer sogenannten Teilnehmergemeinschaft **zusammenschließen**.[10] Hierbei müssen die Teilnehmer das Maß des § 14 Abs. 1 Nr. 2 WEG für die anderen Wohnungseigentümer berücksichtigen, wonach diesen über das bei einem geordneten Zusammenleben unvermeidliche Maß hinaus nicht ein Nachteil erwachsen darf. Daher sind die nicht teilnehmenden Wohnungseigentümer von den Kosten freizustellen. Das betrifft sowohl die Kosten der Errichtung der Anlage als auch die laufenden Kosten des Betriebes.

16 Die **Kostenverteilung** in der Teilnehmergemeinschaft erfolgt dann nach den Regeln der **Gesellschaft bürgerlichen Rechts** gem. §§ 705 ff. BGB. Die Teilnehmer bilden zudem auch eine **Bruchteilsgemeinschaft** gem. §§ 741 ff. BGB an der Kabelempfangsanlage. Hier sollte unbedingt ein **Gesellschaftsvertrag** zwischen den Teilnehmern geschlossen werden. Insbesondere kann jeder Teilnehmer nach § 723 BGB jederzeit kündigen, wenn keine Zeitdauer der Gesellschaft vereinbart wurde. Ist eine bestimmte Zeitdauer vereinbart, besteht das Kündigungsrecht nur dann, wenn ein wichtiger Grund vorliegt, vgl. § 723 Abs. 1 S. 2 BGB.

17 Bei der Bruchteilsgemeinschaft gibt es wiederum kein Kündigungsrecht. Die Bruchteilsgemeinschaft kann vielmehr gem. § 749 Abs. 1 BGB jederzeit aufgehoben werden oder, wenn eine Aufhebung auf Zeit ausge-

---

6 *Hügel/Elzer* WEG § 21 Rn. 130.
7 BayObLG 26.9.2001 – 2Z BR 79/01, ZMR 2002, 211.
8 Bärmann/*Merle* WEG § 21 Rn. 166.
9 Bärmann/*Merle* WEG § 21 Rn. 166 b.
10 KG Berlin 4.11.1991 – 24 W 6716/90, GE 1993, 653.

schlossen ist, nach § 749 Abs. 2 BGB vorzeitig aufgehoben werden, wenn ebenfalls ein wichtiger Grund hierfür vorliegt.

Daher sollten mindestens folgende Regelungen im Innenverhältnis der Teilnehmergemeinschaft vereinbart werden: 18

- Für den **Umlageschlüssel** für die einzelnen Teilnehmer hinsichtlich der Kosten der Anschaffung und den Betrieb der Kabelanlage.
- Regeln zur **Neuaufnahme**, wenn weitere Wohnungseigentümer der Teilnehmergemeinschaft beitreten wollen.
- Regeln zur **Rechtsnachfolge**, wenn einzelne Wohnungseigentümer aus der Teilnehmergemeinschaft ausscheiden.
- Die Teilnehmergemeinschaft wird für eine gewisse **Dauer** eingegangen. Diese sollte sich an den Kündigungsmöglichkeiten des Kabelvertrags orientieren.
- Eine ordentliche **Kündigung** der Teilnehmer wird innerhalb der festgelegten Dauer ausgeschlossen.

118. Kamin

Breiholdt

I. Einführung

Zu unterscheiden ist zwischen **Kamin** und **Kaminzug** bzw. dem **Schornstein**. Diese Begriffe werden in der rechtlichen Behandlung häufig nicht klar getrennt, wodurch Verwirrungen entstehen können. 1

II. Eigentumsrechtliche Zuordnung

Der Kamin (die Feuerstätte) in der Wohnung eines Eigentümers kann im Sondereigentum stehen.[1] Das gilt auch für **Abgasrohre**, die von dem Kamin zum Schornsteinzug führen.[2] 2

Dagegen ist der vom Erdgeschoß durch die oberen Stockwerke zum Schornstein führende Kaminzug zwingend Gemeinschaftseigentum, auch wenn er nur für das Teileigentum im Erdgeschoß genutzt wird.[3] 3

III. Nachträglicher Einbau

Der Einbau eines Kamins in ein Sondereigentum wurde nach altem Recht wegen der damit verbundenen Ableitung der Immissionen durch einen bestehenden oder neu einzubauenden Kaminzug in der Regel als **bauliche Änderung** iSd § 22 Abs. 1 WEG aF angesehen.[4] Führte dies dazu, dass andere Sondereigentümer sich nach dem Einbau aus **Kapazitätsgründen** nicht mehr mit eigenen Kaminen an den Kaminzug oder Schornstein anschließen konnten, lag hierin ein Nachteil iSd § 14 Nr. 1 WEG aF, so dass die bauliche Änderung der Zustimmung aller Eigentümer bedurfte. 4

Der Einbau eines Kamins gehört nicht zu den privilegierten Maßnahmen gem. § 20 Abs. 2 WEG. Nach hier vertretener Auffassung ist der Einbau im Lichte des § 20 Abs. 3 WEG zu beurteilen. Der dortige Beurteilungsmaßstab („über das bei einem geordneten Zusammenleben unvermeidliche Maß") entspricht dem des § 22

---

1 LG München I 13.11.2014 – 36 S 28109/1, ZMR 2015, 149.
2 AG Hamburg-St.Georg 28.4.2017 – 80 b C 69/16 WEG, ZWE 2018, 140.
3 BayObLG 20.8.1998 – 2Z BR 44/98, ZMR 1999, 50.
4 Bärmann/*Merle* WEG § 22 Rn. 74.

Abs. 1 WEG aF; der Wortlaut wurde lediglich redaktionell angepasst.[5] Die zu der alten Rechtslage entwickelten Grundsätze gelten deshalb fort.

5 Das Gleiche gilt grundsätzlich bei dem Anbau eines **Außenkamins**, der nicht durch den Kaminzug oder den Schornstein des Hauses entlüftet wird.[6] Die Beeinträchtigung kann sich hier aus dem Eingriff in die Substanz des Hauses oder einer nachteiligen optischen Veränderung ergeben.[7]

6 Eine Beeinträchtigung iSd § 20 Abs. 3 WEG kann sich weiter aus den entweichenden **Immissionen** ergeben (Rauch etc). Strittig ist aber die Schwelle: Nach einer Auffassung ist davon auszugehen, dass eine konkrete und objektive Beeinträchtigung der übrigen Eigentümer jedenfalls darin zu sehen ist, dass diese – je nach Windrichtung – durch den Rauch belästigt werden können; dies gelte unabhängig davon, ob bei Errichtung des Kamins und Anschluss des Ofens alle einschlägigen Nomen eingehalten wurden und bei dem Betrieb die gesetzlichen Grenzwerte eingehalten werden. Die übrigen Eigentümer müssten selbst unterhalb etwaiger Grenzwerte liegende Geruchsbelästigungen nicht hinnehmen.[8] Nach anderer Ansicht bedarf es keiner Zustimmung der übrigen Wohnungseigentümer soweit Immissionen nur in geringer Intensität zu befürchten sind.[9]

IV. Entfernung, Wiederherstellung

7 Die Entfernung eines Kaminzuges und der damit verbundene Abriss der Schornsteine ist als **bauliche Veränderung** iSd § 20 Abs. 1 WEG anzusehen.[10]

8 Die Wiederherstellung von stillgelegten Schornsteinen ist ebenfalls eine bauliche Veränderung, die von den Wohnungseigentümern nach altem Recht als Modernisierungsmaßnahme entsprechend § 559 Abs. 1 BGB mit der qualifizierten Mehrheit nach § 22 Abs. 2 S. 1 WEG aF beschlossen werden konnte.[11] Nunmehr reicht nach hier vertretener Auffassung ein Mehrheitsbeschluss gem. § 20 Abs. 1 WEG aus, da der Anwendungsbereich von § 20 Abs. 4 WEG nicht eröffnet sein dürfte.

V. Kosten der Schornsteinreinigung

9 Bzgl. der Kosten der Schornsteinreinigung können die Wohnungseigentümer gem. § 16 Abs. 2 WEG mit Stimmenmehrheit beschließen, dass ein Teil der Kosten der Schornsteinreinigung, nämlich der Teil, der auf der Reinigung des individuell genutzten Kaminzugs beruht, nicht nach dem vereinbarten oder beschlossenen Schlüssel verteilt wird, sondern alleine dem **begünstigten Wohnungseigentümer** belastet wird, so dass nur die restlichen Kosten nach dem allgemein gültigen Schlüssel zu verteilen sind.[12] Die Frage stellt sich hier allerdings nach der technischen Umsetzbarkeit.

119. Kanalisation

Maximilian A. Müller

---

5 BT-Drs. 19/18791, 65.
6 Zur alten Rechtslage: OLG Köln 11.2.2000 – 16 Wx 9/00, ZWE 2000, 592.
7 Zur alten Rechtslage: NSV/*Niedenführ* WEG § 22 Rn. 54.
8 OLG Köln 11.2.2000 – 16 Wx 9/00, ZWE 2000, 592; LG Karlsruhe 9.1.2012 – 11 S 61/09, ZWE 2012, 138.
9 AG Leipzig 20.8.2008 – 151 URII 113/07, BeckRS 2008, 23650.
10 Zur alten Rechtslage: OLG Köln 7.4.2000 – 16 Wx 32/00, ZWE 2000, 378.
11 BGH 18.2.2011 – V ZR 82/10, NJW 2011, 1221–1222.
12 Zur alten Rechtslage: *Müller* ZWE 2014, 203.

I. Einführung

Die Wohnungseigentumsanlage ist an die öffentliche Kanalisation anzuschließen, um die Ver- und Entsorgung **1** innerhalb des Verband Wohnungseigentümergemeinschaft sicherzustellen. Es ist daher zu klären, wer für das entsprechende **Leitungssystem** zuständig ist und wer für die anfallenden Kosten aufzukommen hat.

II. Eigentumszuordnung

Auf dem Wohnungseigentümergemeinschaftsgrundstück sowie dem errichteten Anwesen finden sich eine **2** Vielzahl von Leitungen und Leitungssystemen, die unterschiedlichen Zwecken dienen. Aufgrund der erheblichen damit verbundenen Konsequenzen muss für jede Leitungen geklärt sein, ob es sich hierbei um **Gemeinschafts-** oder **Sondereigentum** handelt. Dies ist nicht zuletzt deshalb erforderlich, weil hiervon abhängt, wer für die Erhaltung verantwortlich ist und wer die hierfür anfallenden Kosten zu tragen hat.

Außer Frage steht hierbei, dass diejenigen Leitungen, die über das Gemeinschaftsgrundstück einen Anschluss **3** an die öffentliche Kanalisation sicherstellen, im **Gemeinschaftseigentum** stehen.[1] Hiervon betroffen sind diejenigen Leitungen, die zwischen den öffentlichen Versorgungsleitungen über das Grundstück bis in das Haus zum **Hausanschlusspunkt** verlaufen. Dies gilt hierbei auch dann, wenn die Leitungen in einem Grundstücksbereich verlaufen, welcher gem. § 3 Abs. 2 WEG zur Sondereigentumsfläche bestimmt wurde. Ebenso erfasst sind die **Dachrinnen** und deren Anschluss in das Leitungssystem.

Handelt es um **Versorgungsleitungen**, so ist allerdings zu berücksichtigen, dass die Leitungen bis zum Haus- **4** anschlusspunkt häufig nach den zugrundeliegenden Bestimmungen im Eigentum des jeweiligen Versorgers verbleiben. Für Frischwasserleitungen finden sich entsprechende Regelungen in § 10 Abs. 3 AVBWasserV. Für die Fernwärmeleitung ergibt sich dies aus § 10 Abs. 4 AVBFernwärmeV. Gleiches gilt für Strom- und Gasleitungen sowie für Telekommunikationsleitungen.[2]

Abwasserleitungen vom Hausanschluss bis zum öffentlichen Kanal stehen hingegen im gemeinschaftlichen **5** Eigentum. Hierzu gehören neben den Entwässerungsrohren sämtliche weiteren Einrichtungen, die für die ordnungsgemäße Entwässerung in den Kanal erforderlich sind, insbesondere etwaige **Revisionsschächte**.

Etwas anderes kann dann gelten, wenn einzelne Eigentumseinheiten einen eigenen Anschluss an die Kanalisation **6** tion vorgenommen haben. Der Bundesgerichtshof[3] hat für die **Abgrenzung** von Gemeinschafts- und Sondereigentum insbesondere darauf abgestellt, ob die Leitungen Bestandteil eines einheitlichen Leitungssystems sind. Ist dies der Fall, so liegt unabhängig von der Lage der Rohre gemeinschaftliches Eigentum vor – und zwar selbst dann, wenn die Rohre nur einem Eigentümer dienen. Dies gelte hierbei zumindest bis zur ersten Absperrmöglichkeit durch den Eigentümer (→ *Gemeinschaftliches Eigentum* Rn. 20 – Stichwort „Leitungen"). Sind die Rohre hingegen nicht Gegenstand eines einheitlichen Leitungssystems müssten diese auch ins Sondereigentum überführt werden können. In Betracht kommt dies insbesondere bei Reihenhausanlagen, die über ein eigenes Leitungssystem verfügen und die direkt in den Kanal entwässern, auch wenn die konstruktiven Teile auch der Reihenhäuser nach herrschender Auffassung nicht sondereigentumsfähig sind.[4]

Da die Anschlussleitungen demnach Gemeinschaftseigentum sind, sind diese auch von der Gemeinschaft zu **7** erhalten. Es gelten hierbei die allgemeinen Regeln. Sofern für die erforderliche **Erhaltung** auch in das Sondereigentum eingegriffen werden muss, wird der Sondereigentümer regelmäßig zur Duldung verpflichtet sein. In Betracht kommt dies nun auch insbesondere dort, wo Außenflächen zum Sondereigentum erklärt werden,

Gem. § 61 WHG ist der Grundstückseigentümer dazu verpflichtet, „ihren Zustand, ihre Funktionsfähigkeit, **8** ihre Unterhaltung und ihren Betrieb sowie Art und Menge des Abwassers und der Abwasserinhaltsstoffe selbst zu überwachen". Die zugehörige technische DIN 1986–30 geht hierbei davon aus, dass das Leitungssystem alle 20 Jahre bzw. bei Neuanlagen alle 30 Jahre zu prüfen ist. Hierbei ist insbesondere eine **Überprüfung** vorgesehen, die je nach Gebiet durch eine optische oder eine echte Dichtheitsüberprüfung erfolgen kann. Die Regelungen sind in den einzelnen Bundesländern unterschiedlich, insbesondere was die Verbindlichkeit ent-

---

1 BeckOGK/*Monreal* WEG § 5 Rn. 105.
2 Hierzu *Radtke* ZWE 2010, 352 (354).
3 BGH 26.10.2012 – V ZR 57/12, NJW 2013, 1154.
4 ZB BGH 25.1.2001 – VIII ZR 193/99, NJW-RR 2001, 800.

sprechender Prüfungen angeht. Die Verpflichtung trifft hierbei gem. § 61 WHG den „Betreiber der Abwasseranlage". Dies dürfte nicht die Gemeinschaft, sondern sämtliche Eigentümer sein.

9 Sofern die instandsetzungsbedürftigen Abwasserleitungen (erstmals) mit einem **Rückstauventil** oder einer **Hebepumpe** ausgestattet werden, so handelt es sich hierbei regelmäßig um eine Maßnahme, die über eine einfache Erhaltung hinausgeht. Wären entsprechende bauliche Einrichtungen schon zum Zeitpunkt der Errichtung der Wohnungseigentumsanlage technisch erforderlich gewesen und entsprachen bereits damals dem Stand der Technik, um einen ordnungsgemäßen Leitungsfluss zu ermöglichen, so liegt ein anfänglicher Mangel vor, der einen Anspruch auf erstmalige ordnungsgemäße Herstellung nach sich zieht. Anderenfalls werden bauliche Veränderungen an § 20 WEG zu messen sein. Eine Übertragung der Erhaltungsverpflichtung des einzelnen Sondereigentümers kann hier bei entsprechender Bestimmung in der Teilungserklärung grundsätzlich in Betracht kommen.[5]

10 Wurden **Schäden** an den Abwasserleitungen durch einzelnen Bewohner oder Sondereigentümer verursacht, kann sich nach den allgemeinen Regeln ein Schadensersatzanspruch der Gemeinschaft der Wohnungseigentümer ergeben. In Betracht kommt dies insbesondere dort, wo die Abwasserleitungen durch eine unsachgemäße Handhabung verstopften. Ferner kann sich eine Haftung des **Sondernutzungsberechtigten** ergeben, wenn er bei der Gestaltung eines zur Sondernutzung zugewiesenen Gartenbereiches Schäden an den Kanalleitungen – beispielsweise durch Wurzelwerk – verursacht.

III. Kosten des Anschlusses und der Entsorgung

11 Mit dem Anschluss an die Kanalisation sind selbstredend Kosten verbunden. Diese **öffentlich-rechtlichen Lasten** (Beiträge, Gebühren, Abgaben) haben ihre Grundlage im Landesrecht und sind daher im Detail unterschiedlich ausgestaltet.

12 Insbesondere nachdem der Bundesgerichtshof die Rechtsfähigkeit der Gemeinschaft der Wohnungseigentümer bejaht hat, stellte sich hierbei die Frage, wer gegenüber dem Entsorgungsbetrieb als **Gebührenschuldner** anzusehen ist. Maßgeblich hierfür sind die landesrechtlichen Bestimmungen in Verbindung mit den jeweils geltenden Satzungen über die Kanalbenutzungsgebühren. Diese sehen regelmäßig eine Kostentragungspflicht für den Eigentümer des angeschlossenen Grundstückes vor. Stehen die Grundstücke im Eigentum mehrerer Personen, werden diese nach den Satzungen als Gesamtschuldner herangezogen.

13 Auch nach der Rechtsfähigkeit der Gemeinschaft der Wohnungseigentümer hat sich hieran nichts geändert – denn die Gemeinschaft ist nicht Eigentümer des Grundstückes. Vielmehr verbleibt das Eigentum am Grundstück weiterhin bei den einzelnen Teileigentümern. Demnach können die Eigentümer weiterhin direkt in Anspruch genommen werden und haften **gesamtschuldnerisch** für sämtliche Anschluss- und Benutzungsgebühren.[6] Werden einzelne Flächen einem Eigentümer als Sondereigentum gem. § 3 Abs. 2 WEG zugewiesen, so ändert dies nichts daran, dass weiterhin sämtliche an der Gemeinschaft der Wohnungseigentümer beteiligten Personen als Eigentümer am Grundstück beteiligt sind.

14 Die Begleichung der entstehenden Beitragsgebühren ist gem. § 9 a Abs. 2 gleichwohl eine **gemeinschaftsbezogene Pflicht**. Eine den Eigentümern obliegende Pflicht war hierbei nach der alten Fassung des WEG dabei dann „gemeinschaftsbezogen", wenn sie im Interesse der Gesamtheit der Eigentümer und etwaiger Dritter zwingend nur von allen Eigentümern gemeinsam zu erfüllen ist und damit zwingend von der Gemeinschaft wahrgenommen werden soll; mit anderen Worten ein gemeinsames Vorgehen „erfordert".[7] Diese Rechtsprechung soll nach der Gesetzesbegründung ohne Änderung in § 9 a Abs. 2 WEG übernommen worden sein. Die Neufassung des WEG dürfte daher nichts daran geändert haben, dass die Beitragspflicht von der Gemeinschaft der Wohnungseigentümer zu erfüllen ist.

15 Folge hiervon ist, dass die Gemeinschaft zumindest im Innenverhältnis gegenüber den Eigentümern dazu verpflichtet ist, die gemeinschaftsbezogene Pflicht zu erfüllen, mithin die sich aus den Gebührenbescheiden ergebende Kostenlast aus dem Gemeinschaftsvermögen zu bestreiten. Die Gemeinschaft muss die Forderung wie

---

5 BGH 26.6.20 – V ZR 99/19, BeckRS 200, 715; anders aber LG München 6.7.2017 – 36 S 17680/16 WEG, BeckRS 2017, 135161.

6 BGH 14.2.2014 – V ZR 100/13, NJW 2014, 1093; BeckOK WEG/*Bartholome* § 16 Rn. 50.

7 BGH 11.12.2015 – V ZR 180/14, NJW 2016, 1735; BeckOK WEG/*Müller* § 9 a Rn. 126.

eine gegen sich selbst gerichtete Forderung behandeln. Dies ergibt sich insbesondere daraus, dass nur so gewährleistet werden kann, dass der einzelne Eigentümer gem. § 9 a Abs. 4 WEG nur in Höhe seines Anteils in Anspruch genommen werden kann. Anderenfalls würde eine Inanspruchnahme als Gesamtschuldner für die gesamten Benutzungsgebühren drohen, was insbesondere bei größeren Gemeinschaften der Wohnungseigentümer zu einer finanziellen Überforderung des einzelnen Eigentümers führen kann.[8]

Fraglich ist indes, ob aus dieser internen Verpflichtung der Gemeinschaft auch folgt, dass die Gemeinschaft **16** nach außen gegenüber dem Gläubiger dazu verpflichtet ist, die Kosten zu tragen. Folge hiervon wäre, dass der Verband als solcher in Anspruch genommen werden kann und damit sowohl im Prozess **passivlegitimiert** wäre, als auch als **Adressat** des **Beitragsbescheides** in Betracht kommt. Lehnt man hingegen eine solche nach außen gerichtete Verpflichtung ab, so wäre ein an die Gemeinschaft der Wohnungseigentümer adressierter Beitragsbescheid zumindest dann rechtlich problematisch, wenn nach den zugrundeliegenden Satzungen ausschließlich die Eigentümer selbst Gebührenschuldner wären.[9]

Zumindest für privatrechtlich begründete gemeinschaftsbezogene Pflichten hat der Bundesgerichtshof zur al- **17** ten Rechtslage die **Wahrnehmungsverpflichtung** auch für das Außenverhältnis bejaht.[10] Ob dies auch dann gilt, wenn die Leistungsverpflichtung nicht auf einer (freiwilligen) privatrechtlichen Verpflichtung, sondern auf einer gesetzlichen Verpflichtung beruht, ist nicht unumstritten.[11] Handelt es sich jedoch um eine gemeinschaftsbezogene Verpflichtung der Gemeinschaft, so ist diese für die Erfüllung verantwortlich. Hierbei kann es keinen Unterschied machen, ob die Verpflichtung privatrechtlicher oder öffentlich-rechtlicher Natur ist. Entscheidend ist vielmehr, dass die Gemeinschaft an Stelle der Eigentümer die Verpflichtung übernehmen kann und muss. Die WEG-Reform hat hierbei die Stellung der Wohnungseigentümergemeinschaft nochmals deutlich verstärkt, die Rechtsfähigkeit in allen Bereichen zugestanden und die Verwaltung der Gemeinschaft der Wohnungseigentümer übertragen. Richtigerweise ist daher die Gemeinschaft passivlegitimiert – was im Übrigen auch sicherstellen kann, dass nicht einzelne Eigentümer als Gesamtschuldner in Anspruch genommen werden, da die öffentliche Hand regelmäßig auf die Gemeinschaft zugreifen wird, da das Gemeinschaftsvermögen regelmäßig auch einen Forderungsausgleich ermöglichen wird.

Ist die Gemeinschaft passivlegitimiert, kann sie demnach auch als Gebührenschuldner in Anspruch genommen **18** werden. Gleichwohl führt die Bejahung der Passivprozessführungsbefugnis der Gemeinschaft wohl nicht zugleich auch zu einer Verpflichtung des Gläubigers, diesen Weg zu beschreiten. Er kann vielmehr nach wie vor auch – wenn die Satzungsregelungen dies so vorsehen – den einzelnen Eigentümer in Anspruch nehmen.[12]

Ungeklärt ist hierbei allerdings, ob ein Beitragsbescheid, der sich an einzelne Eigentümer richtet, dem Verwalter übersandt werden kann. Nach altem Recht war der Verwalter gem. § 27 WEG aF zum **Empfang berechtigt**. Unter Geltung des neuen § 27 WEG ist eine solche Vertretung der übrigen Eigentümer nicht mehr vorgesehen. Sicherlich wird sich aus den Verwalterverträgen – je nach dortigem Regelungsinhalt – eine Vertretungsbefugnis noch herleiten lassen. Fehlt es hieran ist streitig, ob der Verwalter zum Empfang eines an die Eigentümer gerichteten Bescheides berechtigt ist. Eine solche Empfangszuständigkeit könnte aus § 9 a Abs. 2 hergeleitet werden. Allerdings bedeutet die Verpflichtung, bestehende Pflichten aus dem gemeinschaftlichen Eigentum wahrzunehmen, nicht zwingend, dass die Gemeinschaft der Eigentümer auch dazu verpflichtet und berechtigt ist, Erklärungen, die sich an die einzelnen Eigentümer richten, auch in Empfang zu nehmen. Lehnt man eine solche Empfangszuständigkeit ab, wäre ein Bescheid nicht ordnungsgemäß bekanntgegeben und damit nicht wirksam. Diese Problematik stellt sich ferner auch dann, wenn man die Passivlegitimation der Gemeinschaft ohnehin ablehnt.

In diesen Fällen wird man den Versorgungsbetrieben an sich nur raten können, die Bescheide direkt gegenüber den Eigentümern bekannt zu geben. Dass dies zu Problemen in der Abwicklung führt, dürfte auf der Hand liegen.

---

8   BGH 14.2.2014 – V ZR 100/13, NJW 2014, 1093.
9   VG Halle 24.11.2011 – 4 B 202/11, BeckRS 2012, 51463; OVG Lüneburg 1.7.2010 – 9 ME 15/10, BeckRS 2010, 50661.
10 BGH 11.12.2015 – V ZR 180/14, BeckRS 2016, 5679.
11 Ablehnend: Bärmann/Seuß/*Becker* WE-Praxis § 71 Rn. 19; bejahend BeckOK WEG/*Müller* 42. Edition § 10 Rn. 519 a, 650.2; *Elzer* NVwZ 2014, 607 (608).
12 OVG Bremen 23.11.2018 – 2 B 194/18, BeckRS 2018, 31522.

19   Geht man daovn aus, dass sowohl die Gemeinschaft der Wohnungseigentümer wie auch die Eigentümer selbst passivlegitimiert sind, wird zu diskutieren sein, ob nicht das bestehende **Auswahlermessen** es gebietet, vorrangig die Gemeinschaft in Anspruch zu nehmen.[13]

20   Da die Begleichung der entstehenden Kosten und Lasten demnach eine gemeinschaftsbezogene Pflicht ist, sind diese durch den Verwalter vom **Gemeinschaftsvermögen** zu begleichen. Die Kosten sind wie gewohnt über die Abrechnung als Kosten der Gemeinschaft zu berechnen und nach dem geltenden Verteilungsmaßstab zu verteilen.

21   Da die Gemeinschaft den Eigentümern gegenüber zum Ausgleich der Kosten verpflichtet ist, steht dem einzelnen Eigentümer ein **Freistellungsanspruch** zu. Sofern der einzelne Eigentümer die Gebührenrechnung bereits beglichen hat, steht ihm gegenüber der Gemeinschaft ein **Erstattungsanspruch** zu.[14] Die Gemeinschaft kann hierbei allerdings etwaige Einwendungen gegen die Gebührenforderung auch dem Eigentümer entgegenhalten. Sofern die Zahlung zur Abwendung der Zwangsvollstreckung erfolgte und aufgrund eines eingelegten Rechtsmittels die Rechtmäßigkeit der Forderung noch zu überprüfen ist, kann die Gemeinschaft die Zahlung allerdings davon abhängig machen, dass ihr Zug um Zug etwaige Rückforderungsansprüche abgetreten werden.[15]

IV. Verfahrenshinweise

22   Die im Einzelfall streitige Frage, wer richtigerweise **Adressat** einer Gebührenforderung ist, hat erhebliche Konsequenzen auf die Rechtsverfolgung für den einzelnen Eigentümer.

23   Betroffen ist der einzelne Eigentümer hierbei letztlich in erster Linie dann, wenn er selbst (möglicherweise auch als Gesamtschuldner) in Anspruch genommen wird. Hier wird zunächst zu prüfen sein, ob der einzelne Eigentümer nach den landesrechtlichen Bestimmungen überhaupt noch Gebührenschuldner sein kann oder ob dies nicht schon originär nur die Gemeinschaft ist – in diesem Fall wäre Rechtsschutz unmittelbar gegen den Gebührenbescheid in Anspruch zu nehmen. Hierbei ist auch die aufgeworfene Frage der ordnungsgemäßen Bekanntgabe zu prüfen, sofern der Bescheid über den Hausverwalter dem Eigentümer zugeleitet wurde.

24   Ist der Bescheid hingegen gerechtfertigt, so ist **Rechtsschutz** im internen Verhältnis zur Gemeinschaft zu suchen, welche dem einzelnen Eigentümer gegenüber zur Freistellung verpflichtet ist. Der Eigentümer muss hierbei keine vorherige Beschlussfassung einfordern – vielmehr kann er den Anspruch unmittelbar gegen die Gemeinschaft der Wohnungseigentümer richten.

25   Da die Gemeinschaft jedoch etwaige **Einwendungen** gegen den Bescheid auch im Verhältnis zum einzelnen Eigentümer geltend machen kann, ist zu empfehlen, in Zweifelsfragen zweigleisig vorzugehen und auf der einen Seite das verwaltungsrechtliche Widerspruchsverfahren durchzuführen und zeitgleich die Freistellung von der Gemeinschaft einzufordern.

120. Keller

Rothermel

---

13   Siehe *Elzer* NVwZ 2014, 607 f.; *Elzer* MietRB 2015, 187 f.
14   BGH 14.2.2014 – V ZR 100/13, NJW 2014, 1093.
15   BGH 14.2.2014 – V ZR 100/13, NJW 2014, 1093.

I. Einführung

Zumindest bei in jüngerer Zeit errichteten Gebäuden, insbesondere bei Wohnungseigentumsanlagen mit einer 1
größeren Anzahl von Wohnungs- oder Teileigentumseinheiten, verfügen diese Gebäude auch über Kellerräume. Diese können zu unterschiedlichen Zwecken geplant worden seien, schließlich gilt es sowohl den einzelnen Eigentümern als auch dem Verband Wohnungseigentümergemeinschaft hierdurch **Nutzen** im Hinblick auf Lagerfläche, Unterbringung der Versorgungsanlagen wie Heizung, Sicherungskästen und Übergabestellen der Versorgungsleitungen zu ermöglichen.

II. Systematische Einordnung

Bei Kellerräumen kann es sich zum einen um gemeinschaftliche Kellerräume handeln. 2

Die Begründung von **Sondereigentum** (→ *Sondereigentum* Rn. 3) an Kellerräumen in der Teilungserklärung 3
(→ *Teilungserklärung* Rn. 4) bei Vorliegen den entsprechenden Voraussetzungen (zB → *Abgeschlossenheit* Rn. 14) ist möglich und in der Praxis wohl der Regelfall. Die Keller sind dann Bestandteil des Sondereigentums, wenn sie als solche in der Teilungserklärung und im Grundbuch ausgewiesen sind.

Eine Zuweisung einzelner Kellerräume zu einer Sondereigentumseinheit kann zudem **durch Vereinbarung** 4
der Miteigentümer gem. § 10 Abs. 2 WEG erfolgen; eine **Benutzungsregelung** nach § 19 Abs. 2 WEG ist zudem durch Beschluss der Wohnungseigentümer möglich.

Mit der Bezeichnung als Kellerraum in der Teilungserklärung (→ *Teilungserklärung* Rn. 4) ist zumeist still- 5
schweigend auch eine **Zweckbestimmung** der Räumlichkeiten verbunden;[1] Gleiches gilt auch für Dachboden, bzw. Speicher. Diese Räume dürfen daher nur in dem Maß und Umfang genutzt werden, mit der keine stärkere Störung als der Nutzung als Lager- oder Abstellraum verbunden ist. Eine Nutzung als Wohn- oder Geschäftsraum ist damit unzulässig, ebenso eine Nutzung als gewerbliches Lager.

Sollte zudem eine noch konkretere Nutzungsart vorgegeben sein (zB Fahrradkeller), so ist eine abweichende 6
Nutzung, wie bspw. eine Nutzung als Lagerraum, unzulässig.[2]

Auch eine isolierte Begründung von Sondereigentum an einzelnen oder mehreren Kellerräumen, welches dann 7
gem. § 3 Abs. 1 WEG mit einem Miteigentumsanteil verbunden wird, ist möglich, sog. **Kellereigentum**.[3]

1. Bauliche Veränderungen. Bauliche Veränderungen (→ *Bauliche Veränderungen* Rn. 14 ff.) bedürfen 8
grundsätzlich der **Zustimmung der Wohnungseigentümer**. Die Wertungen des §§ 13 Abs. 2, 20 Abs. 2 und 3 WEG sind dabei zu beachten. Bauliche Maßnahmen am Keller wie zB der Einbau von – anderen – Kellerfenstern, Vergrößerung von Kellerfenstern, Kellerausbau, Durchbrüche (→ *Wanddurchbruch* Rn. 3 f.), stellen zumeist einen Substanzeingriff dar, der der Zustimmung der Wohnungseigentümer bedarf und der die übrigen Wohnungseigentümer nicht über das Maß des § 14 WEG hinaus beeinträchtigen darf. Zumeist wird bei den vorgenannten Maßnahmen das Gemeinschaftseigentum zumindest mitbetroffen sein. Denkbare bauliche Veränderungen im Sondereigentum, zB ein Wanddurchbruch (→ *Wanddurchbruch* Rn. 5) zwischen zwei im Sondereigentum stehenden Kellerräumen, sind nicht uneingeschränkt zulässig. Eine solche bauliche Veränderung darf nicht zu einer nachteiligen Beeinträchtigung fremden Wohnungseigentums führen (→ *Störungsunterlassung* Rn. 14) und keine Änderung an bestehenden Abgrenzungen von Gemeinschafts- und Sondereigentum herbeiführen. Bei einer solchen Änderung der Abgrenzung würde die Rechtsstellung der übrigen Miteigentümer beeinträchtigt (→ *Aufteilung* Rn. 17), bzw. könnte je nach Umfang (Schaffung neuer Zugänge zum Sondereigentum) eine **Inhaltsänderung** nach § 3 Abs. 2 WEG gegeben sein. Hier kann die Änderung der Teilungserklärung ratsam sein, soll einem ggf. bestehenden oder sonst entstehenden Anspruch auf plangerechte Herstellung vorgebeugt werden.

Zudem verändern solche Maßnahmen wie der Einbau von Kellerfenstern den optischen Eindruck des Gebäu- 9
des, bzw. führen zu Eingriffen in die Substanz des Gebäudes[4] und können somit einen **Nachteil** iSd

---

1 OLG Schleswig MDR 2006, 1341.
2 OLG Karlsruhe WuM 1999, 51.
3 OLG Hamm NJW-RR 1993, 1233; BayObLG NJW 1992, 700; jedoch auch Ablehnung in der juristischen Literatur: Staudinger/*Rapp*, 17. Auflage 2017, WEG § 5 Rn. 18.
4 OLG Düsseldorf NJW-RR 1994, 277, OLG Köln MDR 1995, 1211.

§ 20 Abs. 4 WEG darstellen. Auch ohne Eingriff in die Bausubstanz selbst liegt bei Vorliegen einer Änderung der Zweckbestimmung (Wohnung anstatt Lagerraum) eine bauliche Veränderung vor;[5] anders jedoch, wenn Ausbau, bzw. Änderung der Zweckbestimmung bereits in der Teilungserklärung vorgesehen war.

10 **2. Umnutzung zu Wohnzwecken.** Eine Umnutzung von Kellerräumen zu Wohnzwecken ohne Änderung der Teilungserklärung ist grundsätzlich nicht möglich. Anderes kann gelten, wenn die Teilungserklärung selbst nicht eindeutig formuliert ist und eine entsprechende Nutzungsmöglichkeit sich durch **Auslegung** ermitteln lässt. Es muss sich dann jedoch in der Teilungserklärung ein Ansatz zu einer solchen Auslegung finden lassen. Hierzu das Urteil des OLG Karlsruhe:[6] Ein Eigentümer baute zwei Räume im Untergeschoss, die sich in seinem Sondereigentum befanden zu Wohnzwecken um. Die Miteigentümer widersprachen und forderten den Rückbau. Das OLG gelangte zur Ansicht, dass die in der Teilungserklärung verwendeten Begriffe „Hobbyraum" und „Kellerraum" im vorliegenden Fall nur Nutzungsvorschläge seien und zudem eine Umwidmung nicht in der Teilungserklärung untersagt sei. Es empfiehlt sich daher stets eine eindeutige Bezeichnung der Zwecke der Räume.

11 **3. Kellertausch.** Ein Kellertausch wird notwendig, wenn die **tatsächlichen Besitzverhältnisse** an den Kellerräumen nicht den Eigentumsverhältnissen laut Grundbuch bzw. den Sondernutzungsrechten gemäß Teilungserklärung oder der Gebrauchsregelung durch Beschluss entsprechen. Ein Beschluss (→ *Beschluss* Rn. 3 ff.) über einen **Tausch** der im Sondereigentum stehenden Keller ist nichtig. Der Eigentümerversammlung fehlt die Kompetenz, über eine Neuverteilung von Sondereigentum im Beschlussweg zu entscheiden.

12 Wollen die Eigentümer die Sondernutzungsrechte ändern, so hat der Kellertausch durch eine entsprechende Änderung der Teilungserklärung im Wege der Vereinbarung zu erfolgen. Diese ist in das Grundbuch einzutragen, damit sie auch gegenüber Sonderrechtsnachfolgern Wirksamkeit erhält. Eine Änderung der Sondernutzungsrechte durch Beschluss der Eigentümerversammlung ist nicht möglich.

13 Bei einem **freiwilligen Kellertausch** (Eigentumsübertragung) sind die jeweiligen vertraglichen Veräußerungen der Eigentümer (gleich ob Kauf, Tausch, Schenkung) gem. § 311 b Abs. 1 BGB, § 4 Abs. 3 WEG notariell zu beurkunden.

14 **4. Einflussmöglichkeiten der Wohnungseigentümer.** Stehen Kellerräume im Gemeinschaftseigentum, unterliegen sie der Verwaltung durch die Gemeinschaft der Wohnungseigentümer mit allen ihr gesetzlich oder durch Teilungs- bzw. Gemeinschaftsordnung zustehenden Befugnissen, ggf. übertragen an den Verwalter (→ *Ordnungsmäßige Verwaltung* Rn. 32 ff.).

15 Die Genehmigung von baulichen Maßnahmen erfolgt durch Beschluss gem. § 25 Abs. 1 WEG der Wohnungseigentümer. Bei fehlender Genehmigungsbeschluss stehen den Wohnungseigentümern individuelle **Beseitungsansprüche** zu, die aus § 1004 Abs. 1 S. 1 BGB folgen (→ *Beseitigung* Rn. 3 ff., 23 ff.). Daneben besteht ein **Unterlassungsanspruch**, resultierend aus § 1004 Abs. 1 S. 2 BGB, welcher jedem Wohnungseigentümer individuell gegen den Störer zusteht.

16 Befinden sich Kellerräume im Sondereigentum eines Wohnungs-/Teileigentümers, sind sie der Verwaltung durch die Gemeinschaft der Wohnungseigentümer entzogen. Etwaige Gebrauchsregelungen sowie die Gemeinschaftsordnung sind jedoch zu beachten.

III. Verfahrenshinweise

17 **1. Klage auf Zustimmung und Beseitigung.** Denkbar ist eine Klage eines Eigentümers auf Zustimmung (Genehmigungsbeschluss) der Gemeinschaft der Wohnungseigentümer zu einer Maßnahme (Kellerausbau, Wanddurchbruch im Keller, Einbau Kellerfenster), sofern es sich um eine bauliche Veränderung, insbesondere iSd § 20 Abs. 1 WEG, handelt.

18 Ist die begonnene Maßnahme als bauliche Veränderung unzulässig, können die Wohnungseigentümer die Beseitigung verlangen. Ob ein einzelner Eigentümer einen Anspruch auf das Tätigwerden des Verbands der Wohnungseigentümer haben kann ist fraglich. Die Beantwortung der Frage müsste sich an den Grundsätzen zum Rechtsschutzbedürfnis orientieren.

---

5 BayObLG NJW-RR 1988, 589.
6 OLG Karlsruhe 28.10.2016 – 9 U 14/15, ZMR 2017, 174.

2. Einstweilige Verfügung. Gegen eine noch in Herstellung befindliche Maßnahme, die als unzulässige bauliche Veränderung einzuordnen ist (→ *Wanddurchbruch* Rn 24; → *Beseitigung* Rn. 3 ff.), kann mit einer einstweiligen Verfügung gem. § 940 ZPO vorgegangen werden (→ *Einstweiliger Rechtsschutz* Rn. 7 ff.). Gegenstand der einstweiligen Verfügung ist die **Geltendmachung** des Unterlassungsanspruchs nach § 1004 Abs. 1 S. 2 BGB der Gemeinschaft der Wohnungseigentümer. 19

121. Kernbereich

Ruge

I. Einführung

Dem Wohnungseigentumsgesetz ist ein Begriff wie der „Kernbereich des Wohnungseigentums" eigentlich unbekannt. Dennoch ist diese Rechtsfigur vor allem in der Rechtsprechung anerkannt. Aus dem Schrifttum wird Kritik gegen sie ins Feld geführt. Dabei spielt eine Rolle, dass zwar noch Einigkeit über den „Kern des Kernbereichs" erzielt werden mag; die Randbereiche und Grenzen sind jedoch keineswegs eindeutig. Die Rechtsprechung ist geprägt von einer Fülle von Einzelaussagen zu dem, was zum Kernbereich gehören soll und was nicht. 1

II. Die Ursprünge der Kernbereichslehre

Die Kernbereichslehre ist nicht originär im Wohnungseigentumsrecht entstanden. Ihr Ursprung liegt im Gesellschaftsrecht. Dort wurde sie entwickelt, um vertragsändernde Mehrheitsentscheidungen, die in die Rechtsstellung der Gesellschafter eingreifen, für unwirksam zu erklären. Der Kernbereich ist danach ein **unverfügbarer Bereich** von Rechten der Gesellschafter.[1] Daran hat der BGH trotz kritischer Stimmen aus dem Schrifttum lange Zeit festgehalten.[2] 2

Vom Gesellschaftsrecht aus ist die Kernbereichslehre in das Wohnungseigentumsrecht eingewandert. Allerdings erfolgte dies zunächst nur beiläufig und zudem unter Verzicht auf eine nennenswerte dogmatische Begründung.[3] Die ersten Entscheidungen verneinen dann auch jeweils einen Eingriff in den Kernbereich oder lassen diesen Aspekt zumindest offen.[4] 3

Die Instanzgerichte schlossen sich dem BGH weitgehend an und gaben der Kernbereichslehre zusätzliche eigene Entwicklungsimpulse. Eine kritische Auseinandersetzung unterblieb hier jedoch, ebenso der Versuch 4

---

1 Vgl. BGH 19.11.1984 – II ZR 102/84, NJW 1985, 972.
2 Vgl. zB BGH 10.10.1994 – II ZR 18/94, NJW 1995, 194; BGH 4.10.2004 – II ZR 356/02, NZG 2005, 33; s. aber auch BGH 21.10.2014 – II ZR 84/13, NJW 2015, 859; *Risse/Höfling* NZG 2017, 1131.
3 Vgl. BGH 16.9.1994 – V ZB 2/93, NJW 1994, 3230; vgl. auch BGH 4.5.1995 – V ZB 5/95, NJW 1995, 2036.
4 So BGH 20.9.2000 – V ZB 58/99, NJW 2000, 3500.

einer umfassenderen dogmatischen Begründung. Darüber, was genau der Kernbereich ist und wo seine Grenzen im Einzelnen verlaufen, herrscht auch heute noch keine abschließende Klarheit. Das ist zugleich einer der Hauptkritikpunkte des Schrifttums.[5] Im Hinblick auf einzelne **Aspekte des Kernbereichs** lassen sich aber durchaus genauere Konturen erkennen (→ Rn. 16).

III. Die Kernbereichslehre im Wohnungseigentumsrecht

5   **1. Der ursprüngliche Anwendungsbereich.** In Anlehnung an ihre Funktion im Gesellschaftsrecht diente die Kernbereichslehre im Wohnungseigentumsrecht zunächst als Prüfstein für **Mehrheitsbeschlüsse** der Wohnungseigentümer. Griff ein solcher Beschluss in den Kernbereich des Wohnungseigentums ein, war er nichtig, also unbeachtlich, und zwar auch dann, wenn er unangefochten geblieben war.[6] Als die Kernbereichslehre in das Wohnungseigentumsrecht Eingang fand, war indes noch hM, dass alles, was eigentlich vereinbart werden müsste, auch beschlossen werden kann. Sie war von daher im Ausgangspunkt ein Korrektiv für ein Beschlusswesen, das einer Begrenzung bedurfte. Allerdings vollzog die höchstrichterliche Rechtsprechung im Jahr 2000[7] hier eine Wende. Seitdem hat sich die Ansicht durchgesetzt, dass durch Beschluss nur solche Angelegenheiten geregelt werden können, über die die Wohnungseigentümer nach dem Gesetz oder einer Vereinbarung durch Beschluss entscheiden dürfen. Erforderlich ist also stets eine Beschlusskompetenz. Damit wurde neben der Kernbereichslehre eine weitere Korrekturmöglichkeit verfügbar.

6   Freilich war in der älteren Rechtsprechung teilweise eine Verbindung zwischen Kernbereich und Beschlusskompetenz gezogen worden.[8] Dem ist der BGH aber ausdrücklich nicht gefolgt. Seiner Meinung nach handelt es sich um zwei unterschiedliche Rechtsfiguren: Die **Beschlusskompetenz** betrifft die formelle Legitimation eines Beschlusses, die Kernbereichslehre hingegen betrachtet die materiellrechtliche Frage, inwieweit das Wohnungseigentum mehrheitsfest ist.[9]

7   **2. Das Rahmenwerk nach der höchstrichterlichen Rechtsprechung.** Nachdem klargestellt worden war, dass die Kernbereichslehre im Wohnungseigentumsrecht auch neben der Beschlusskompetenz einen eigenen Anwendungsbereich behalten hatte, ergaben sich in der Folgezeit weitere Ausdifferenzierungen. Fortgeführt und präzisiert hat der BGH dabei insbesondere seine Aussagen zu den **Prüfungsgegenständen** und den **Rechtsfolgen** eines Eingriffs in den Kernbereich. Die eigentliche Definition des Kernbereichs ist hingegen unscharf geblieben (→ Rn. 11).

8   **a) Prüfungsgegenstände. Beschlüsse** der Wohnungseigentümer sind seit jeher einer Prüfung am Maßstab der Kernbereichslehre unterworfen. Dabei macht es nach bisheriger Rechtsprechung keinen Unterschied, ob sie rechtzeitig angefochten wurden oder nicht; auch ein bestandskräftiger Beschluss kann an der Kernbereichslehre scheitern.[10] Für einstimmige oder sogar allstimmig gefasste Beschlüsse gilt nichts anderes.

9   **Vorgaben** des teilenden Eigentümers in der Gemeinschaftsordnung können nach dem BGH ebenfalls an der Kernbereichslehre gemessen werden.[11] Gegenüber ihrem ursprünglichen Anwendungsbereich ist das eine Ausweitung. Dies legt die Schlussfolgerung nahe, dass jegliche Form von Vereinbarung insoweit tauglicher Prüfungsgegenstand ist.[12] Denn es ist anerkannt, dass die einseitigen Vorgaben des aufteilenden Eigentümers in der Teilungserklärung bzw. Gemeinschaftsordnung genauso behandelt werden wie Vereinbarungen iSd § 3 Abs. 1 WEG. Ferner macht es keinen Unterschied, ob die Vereinbarung bereits ursprünglich bestand oder erst nachträglich abgeschlossen wurde. Der BGH stellt in diesem Zusammenhang auf die „Gemeinschaftsordnung" ab.[13] Er nimmt demnach gerade keine Differenzierung vor.

---

5   Vgl. *Hügel/Elzer* WEG § 10 Rn. 118 aE; s. auch *Schmid* NJW 2011, 1841.

6   Vgl. BGH 4.5.1995 – V ZB 5/95, NJW 1995, 2036; OLG Düsseldorf 8.5.1996 – 3 Wx 389/95, NJWE-MietR 1997, 81 mwN; OLG Frankfurt a. M. 4.12.2000 – 20 W 414/99, NZM 2001, 1136.

7   BGH 20.9.2000 – V ZB 58/99, NJW 2000, 3500.

8   So zB OLG Düsseldorf 8.5.1996 – 3 Wx 389/95, NJWE-MietR 1997, 81; OLG Düsseldorf 10.1.2001 – 3 Wx 419/00, NJW-RR 2001, 877; s. auch BayObLG 23.4.1998 – 2Z BR 65/97, NZM 1998, 1012.

9   BGH 20.9.2000 – V ZB 58/99, NJW 2000, 3500.

10   Vgl. BGH 22.1.2004 – V ZB 51/03, NJW 2004, 937.

11   BGH 10.12.2010 – V ZR 60/10, NJW 2011, 679.

12   So LG München I 1.6.2015 – 1 S 13261/14, Grundeigentum 2015, 1106; so auch *Schmid* NJW 2011, 1841; aA *Hügel/Elzer* WEG § 10 Rn. 118.

13   BGH 10.12.2010 – V ZR 60/10, NJW 2011, 679.

b) Höchstrichterliche Aussagen zu den Konturen des Kernbereichs. Der BGH spricht heute vom „Kern-   10
bereich des Wohnungseigentums".[14] Die Formulierung „dinglicher Kernbereich" scheint er aufgegeben zu haben. In der älteren, vor allem obergerichtlich geprägten Rechtsprechung war die Terminologie noch uneinheitlich.[15] Teilweise spricht der BGH auch vom Kernbereich elementarer Mitgliedschaftsrechte.[16] Damit ist aber
nur ein Segment des Kernbereichs gemeint.

Der Kernbereich ist berührt, wenn der **wesentliche Inhalt der Nutzung** von Wohnungseigentum einge-   11
schränkt wird.[17] Es liegt auf der Hand, dass diese Umschreibung auf der Suche nach den genauen Umrissen
des Kernbereichs kaum weiterhilft. Tatsächlich ist der BGH bislang auch nicht wesentlich konkreter geworden. Man kann insoweit den Eindruck gewinnen, dass die einschlägigen Entscheidungen nicht von einem
übergeordneten Verständnis des Kernbereichs ausgehen, sondern von einzelfallbezogenen Erwägungen geleitet sind. Immerhin kennt die höchstrichterliche Rechtsprechung aber als nähere Konkretisierung innerhalb des
Kernbereichs Mitgliedschaftsrechte und – als deren Unterfall – Individualrechte.[18] Zu den Individualrechten
zählen jedenfalls das Belastungsverbot, das vor der Aufbürdung neuer Leistungspflichten schützt.[19] Ebenfalls
hierher gehören die Informationsfreiheit[20] und der Änderungsanspruch nach § 10 Abs. 2 WEG,[21] der als Folge
seiner Zugehörigkeit zum Kernbereich nicht vergemeinschaftet werden kann.

Innerhalb des Segmentes der **Mitgliedschaftsrechte** stechen das Recht auf Teilnahme an der Versammlung   12
der Wohnungseigentümer und das Stimmrecht hervor. Diese Rechte erweisen sich als besonders sensibel. Daran scheitert beispielsweise eine Vereinbarung, dass ein Wohnungseigentümer, der mit Zahlungsverpflichtungen in Verzug ist, von einer Versammlung ausgeschlossen werden kann.[22] Allerdings soll die unterbliebene
Ladung eines Wohnungseigentümers nur in besonders schwerwiegenden Ausnahmefällen zur Nichtigkeit der
in einer Versammlung gefassten Beschlüsse führen.[23] Hinsichtlich des Stimmrechts hat der BGH mehrfach betont, dass es ein wesentliches Mittel zur Mitgestaltung der Gemeinschaftsangelegenheiten darstellt und nur
ausnahmsweise unter eng begrenzten Voraussetzungen eingeschränkt werden darf.[24]

Nicht ausdrücklich thematisiert wird vom BGH, ob auch ein Kernbereich des **Teileigentums** existiert. Man   13
muss dies aber wohl schon mit Blick auf § 1 Abs. 6 WEG bejahen.

c) Rechtsfolgen eines Eingriffs in den Kernbereich. Vereinbarungen der Wohnungseigentümer und Bestim-   14
mungen in Teilungserklärungen sind nichtig, wenn sie in den Kernbereich eingreifen.[25]

Für Beschlüsse der Wohnungseigentümer ist nach bislang höchstrichterlicher Rechtsprechung zu differenzie-   15
ren: Bei Eingriffen in unentziehbare aber **verzichtbare Rechte** wurde davon ausgegangen, dass die fehlende
Zustimmung nachteilig betroffener Eigentümer die schwebende Unwirksamkeit des Beschlusses zur Folge
hat.[26] Hingegen führt der Eingriff bei unentziehbaren und **unverzichtbaren Rechten** zur Nichtigkeit.[27] Allerdings zeichnet sich hier möglicherweise eine Rechtsprechungsänderung ab. Der BGH selbst hat jüngst Zweifel
an der Rechtsfigur der schwebenden Unwirksamkeit geäußert[28] und damit auf Kritik aus der Literatur reagiert.
Offen ist im Augenblick aber nicht nur das Schicksal der schwebenden Unwirksamkeit, sondern auch die Frage, was an ihre Stelle treten könnte. In Betracht kommen als Alternativen die Nichtigkeit und die Anfechtbarkeit.[29] Dabei sprechen insbesondere die Konzeption der Kernbereichslehre als effektiver Minderheitenschutz,

---

14 Vgl. BGH 22.1.2004 – V ZB 51/03, NJW 2004, 937; BGH 27.3.2009 – V ZR 196/08, NJW 2009, 2132.
15 ZB „Kernbereich des Sondereigentums", vgl. OLG Düsseldorf 10.1.2001 – 3 Wx 419/00, NJW-RR 2001, 877.
16 BGH 14.10.2011 – V ZR 56/11, NJW 2012, 72; BGH 10.12.2010 – V ZR 60/10, NJW 2011, 679.
17 BGH 4.5.1995 – V ZB 5/95, NJW 1995, 2036; so auch LG Hamburg 5.8.2015 – 318 S 145/14, ZWE 2016, 229.
18 BGH 10.10.2014 – V ZR 315/13, NJW 2015, 549.
19 BGH 10.10.2014 – V ZR 315/13, NJW 2015, 549.
20 BGH 22.1.2004 – V ZB 51/03, NJW 2004, 937.
21 BGH 13.10.2017 – V ZR 305/16, NJW 2018, 1254.
22 BGH 10.12.2010 – V ZR 60/10, NJW 2011, 679.
23 BGH 20.7.2012 – V ZR 235/11, NJW 2012, 3571.
24 BGH 14.7.2017 – V ZR 290/16, NJW 2018, 552.
25 Vgl. BGH 10.12.2010 – V ZR 60/10, NJW 2011, 679; LG Karlsruhe 21.3.2017 – 11 S 88/16, ZWE 2017, 283.
26 Vgl. BGH 22.1.2004 – V ZB 51/03, NJW 2004, 937; BGH 10.10.2014 – V ZR 315/13, NJW 2015, 549.
27 BGH 10.10.2014 – V ZR 315/13, NJW 2015, 549.
28 BGH 12.4.2019 – V ZR 112/18.
29 BGH 12.4.2019 – V ZR 112/18.

die Schwere eines Kernbereichseingriffs und die parallele Situation bei den Vereinbarungen (→ Rn. 14) für die Nichtigkeit.

16 **3. Weitere Konturierung des Kernbereichs und einzelne Segmente.** Das Bild des Kernbereichs wird schärfer, wenn man Entscheidungen der übrigen Rechtsprechung mit einbezieht.[30] Erkennen lassen sich drei unterschiedliche Segmente des Kernbereichs, nämlich der Schutz des **Sondereigentums** (→ Rn. 19), der Schutz **mitgliedschaftlicher Rechte** (→ Rn. 31) und der Schutz von **Strukturprinzipien** (→ Rn. 42).

17 Den Grundrechten kommt zwar auch im Wohnungseigentumsrecht Bedeutung zu, sie bilden aber kein selbstständiges Segment innerhalb des Kernbereichs. Je nach Lage des Einzelfalles können sie jedoch zur Anreicherung der Argumentation genutzt werden.[31]

18 Vereinzelt wurde in der älteren obergerichtlichen Rechtsprechung vertreten, nur eine Dauerregelung sei in der Lage, den Kernbereich zu verletzen.[32] Unter einer Dauerregelung ist ein Beschluss zu verstehen, der über den Einzelfall hinaus Regelungen enthält, die auch für den Sondernachfolger eines Wohnungseigentümers gelten sollen.[33] Warum der Kernbereich nur unter dieser Voraussetzung verletzt sein soll, leuchtet nicht ein. Freilich wird hier das Bemühen erkennbar, eine Erheblichkeitsschwelle einzuziehen, um verhältnismäßig geringfügigen Verstößen die Kernbereichsrelevanz absprechen zu können.[34]

19 **a) Schutz des Sondereigentums und seiner Nutzung.** Weithin anerkannt als Segment des Kernbereichs ist der Schutz des Sondereigentums und seiner Nutzung. Insoweit ist es möglich, nach einzelnen Facetten weiter zu differenzieren.

20 **aa) Benutzung und insbesondere Zugang.** Das Recht auf freien Zugang zum Sondereigentum, das auch für Dritte, denen der Eigentümer die Nutzung der Räumlichkeiten überlässt, und zudem für Besucher gilt, gehört zum Kernbereich des Wohnungseigentums.[35] Daran müssen sich zB Gebrauchsregelungsbeschlüsse messen lassen. Ist der Zugang zu einer Wohnung ohne Nutzung von **Gemeinschaftsflächen** nicht möglich, zählt auch die Nutzung dieser Flächen zum Kernbereich.[36] Unwirksam ist die Vereinbarung eines dinglichen Sondernutzungsrechts, das alle Zugangsmöglichkeiten zur Wohnung eines anderen Wohnungseigentümers erfasst.[37] Ein Mehrheitsbeschluss, der die Schließung eines bei der Aufteilung vorhandenen und im Aufteilungsplan dargestellten Zugangs gegen den Willen des Betroffenen anordnet, greift ebenfalls in den Kernbereich ein.[38] Dasselbe gilt für einen Mehrheitsbeschluss, der einem Eigentümer Teile des gemeinschaftlichen Eigentums endgültig entzieht.[39]

21 Das Verbot, **Fahrräder** in die Wohnung zu transportieren, schränkt einen Wohnungseigentümer zwar in der Nutzung seines Sondereigentums ein; der Kernbereich ist dadurch aber nicht berührt, weil das Unterstellen von Fahrrädern in der Wohnung kein *wesentliches* Element ihrer Nutzung ist.[40]

22 **bb) Mediale Versorgung, insbesondere „Parabolantenne".** Die Wohnung ist regelmäßig der Ort, wo Informationsangebote wie Fernsehen und Hörfunk genutzt werden. Dieser Gebrauch des Wohnungseigentums ist sozial üblich, wesentliches Element der Nutzung[41] und mithin Teil des Kernbereichs. Darin greift ein Mehrheitsbeschluss über das ausnahmslose Verbot von Parabolantennen unzulässig ein, insbesondere wenn er aus-

---

30 S. dazu auch *Martini* AnwZert MietR 6/2019 Anm. 1.
31 S. BGH 22.1.2004 – V ZB 51/03, NJW 2004, 937; OLG Saarbrücken 2.10.2006 – 5 W 154/06, NJW 2007, 779; LG Berlin 23.9.2014 – 55 S 89/13, ZMR 2015, 327.
32 KG 17.1.2001 – 24 W 5898/00, NZM 2001, 294; so wohl auch BayObLG 8.5.2003 – 2Z BR 17/01.
33 BGH 10.9.1998 – V ZB 11/98, NJW 1998, 3713.
34 S. auch OLG Hamburg 4.3.2003 – 2 Wx 148/00, ZMR 2003, 447.
35 KG 10.9.2015 – 8 U 94/15, NJW-RR 2016, 206; aA wohl LG Koblenz 21.6.2011 – 2 S 19/10, ZWE 2011, 460; zu Ein- und Auszügen BGH 1.10.2010 – V ZR 220/09, NJW 2010, 3508.
36 KG 10.9.2015 – 8 U 94/15, NJW-RR 2016, 206 mwN.
37 LG München I 1.6.2015 – 1 S 13261/14, Grundeigentum 2015, 1106; zu einer Garage s. OLG Frankfurt a. M. 23.11.2005 – 20 W 432/03.
38 OLG Düsseldorf 8.5.1996 – 3 Wx 389/95, NJWE-MietR 1997, 81.
39 OLG Karlsruhe 25.1.2000 – U 3/99, NZM 2001, 768.
40 LG München I 23.11.2017 – 36 S 3100/17, ZWE 2018, 176.
41 BGH 22.1.2004 – V ZB 51/03, NJW 2004, 937.

ländischen Wohnungseigentümern unmöglich macht, Sendungen aus ihrer Heimat zu empfangen.[42] Ein Verweis auf die Nutzung des Breitbandkabels kann aber zulässig sein. So betrachtet schützt der Kernbereich nicht den Anspruch auf eine optimale mediale „**Grundversorgung**",[43] sondern nur den Zugang zu Informationsangeboten an sich.

Kein Eingriff in den Kernbereich liegt vor, wenn die Eigentümer bei grundsätzlicher Zulässigkeit der Installation einer Empfangsanlage durch Beschluss bestimmte Vorgaben für die Aufstellung machen.[44] Das gilt auch, wenn die Installation dadurch etwas teurer wird.[45] **23**

cc) Musik und Musizieren. Zumindest im Ausgangspunkt ist anerkannt, dass Musik und Musizieren in der Wohnung zum Kernbereich gehören und somit geschützt sind. Ein vollständiges Verbot wäre unwirksam.[46] Häufig finden sich Regelungen in der Hausordnung einer Gemeinschaft. Musizierverbote zwischen 20 und 22 Uhr sollen keinen unzulässigen Eingriff in den Kernbereich darstellen.[47] Andererseits ist das Bedürfnis nach Ruhe ab 20 Uhr abends noch nicht so hoch zu bewerten, dass die Wohnungseigentümer nicht auch in dieser Zeit eine gewisse Einwirkung durch musikalische Geräusche hinnehmen könnten.[48] Das spricht dafür, Verbote erst ab 22 Uhr und dann bis 8 Uhr am folgenden Tag zuzulassen.[49] Beschränkungen, die über die allgemein anerkannten **Ruhezeiten** 13.00 Uhr bis 15.00 Uhr und 22.00 Uhr bis 8.00 Uhr[50] hinausgehen, sind als unzulässige Kernbereichseingriffe unwirksam. **24**

dd) Haustierhaltung. Nach einer schon älteren höchstrichterlichen Entscheidung soll **Hundehaltung** keine wesentliche Nutzung einer Eigentumswohnung sein und somit nicht zum Kernbereich zählen.[51] Mehrere Obergerichte haben sich dem angeschlossen.[52] Wer dieser Ansicht folgt, ist gezwungen, unerwünschte Ergebnisse zB im Bereich von Art. 3 Abs. 3 S. 2 GG über § 242 BGB zu korrigieren. Demgegenüber gehört nach einer im Vordringen befindlichen Ansicht Haustierhaltung insgesamt durchaus zum Kernbereich.[53] Haustiere in diesem Sinne sind zahme Tiere, die vom Menschen zu seinem Nutzen in seiner Wirtschaft gezogen und gehalten zu werden pflegen, wobei sie durch Erziehung oder Gewöhnung dem beherrschenden Einfluss des Menschen unterstehen.[54] **25**

Das Verbot, Haustiere im Aufzug zu befördern, greift nicht in den Kernbereich des Wohnungseigentums ein.[55] **26**

ee) Vermietung. Unbestritten zählt die Vermietung einer Eigentumswohnung zu den grundsätzlich zulässigen Nutzungen. Das gilt auch bei einer Vermietung an laufend wechselnde **Feriengäste** und vergleichbare Personenkreise.[56] Unzulässig in den Kernbereich greift ein Beschluss ein, mit dem eine solche Nutzung verhindert wird.[57] Aufgrund einer Öffnungsklausel soll dies aber möglich sein.[58] Hingegen kann einem Beschluss, mit dem im Einzelfall eine konkrete und störende Vermietung untersagt wird, die Kernbereichsrelevanz fehlen.[59] **27**

---

42 BGH 22.1.2004 – V ZB 51/03, NJW 2004, 937; LG Stuttgart 11.10.2005 – 19 T 301/05, WuM 2006, 107.
43 LG Hamburg 9.4.2014 – 318 S 111/13, ZWE 2014, 408; zur Substanziierung LG Hamburg 5.8.2015 – 318 S 145/14, ZWE 2016, 229.
44 OLG Frankfurt a. M. 28.10.2010 – 20 W 122/07, ZWE 2011, 407.
45 OLG Frankfurt a. M. 2.12.2004 – 20 W 186/03, NJW-RR 2005, 1034.
46 Vgl. BGH 10.9.1998 – V ZB 11/98, NJW 1998, 3713 mwN.
47 OLG Stuttgart 16.3.1998 – 8 W 68/97, ZMR 1998, 465.
48 BayObLG 28.3.1985 – BReg 2 Z 8/85, MDR 1985, 676.
49 S. auch OLG Zweibrücken 15.8.1990 – 3 W 48/90, MDR 1990, 1121.
50 OLG Zweibrücken 15.8.1990 – 3 W 48/90, MDR 1990, 1121 mwN.
51 BGH 4.5.1995 – V ZB 5/95, NJW 1995, 2036.
52 BayObLG 2.2.1995 – 2Z BR 120/94, ZMR 1995, 167; OLG Düsseldorf 5.5.1997 – 3 Wx 459/96, WE 1997, 422; OLG Zweibrücken 24.8.1999 – 3 W 164/99, ZMR 1999, 853; aA aber KG 13.1.1992 – 24 W 2671/91, NJW 1992, 2577.
53 OLG Saarbrücken 2.10.2006 – 5 W 154/06, NJW 2007, 779; in diese Richtung auch LG Karlsruhe 12.12.2013 – 5 S 43/13, ZWE 2014, 172.
54 Vgl. OLG Frankfurt a. M. 13.9.2005 – 20 W 87/03, ZWE 2006, 80.
55 LG Karlsruhe 12.12.2013 – 5 S 43/13, ZWE 2014, 172.
56 BGH 15.1.2010 – V ZR 72/09, NJW 2010, 3093.
57 AG Berlin-Mitte 6.1.2011 – 22 C 5/10, WuM 2011, 379; so auch OLG Celle 4.11.2004 – 4 W 176/04, NZM 2005, 184.
58 LG Berlin 23.9.2014 – 55 S 89/13, ZMR 2015, 327; aA BGH 12.4.2019 – V ZR 112/18.
59 AG Hamburg-Wandsbek 12.4.2010 – 740 C 43/09, ZMR 2012, 305.

28 Ein Beschluss, der dem Verwalter die Befugnis zuweist, für vermietende Eigentümer Mieten einzuziehen und einen Teil davon der Gemeinschaft zur Verfügung zu stellen, ist als unzulässiger Eingriff in den Kernbereich unwirksam.[60]

29 **ff) Sonstige Nutzungen. (1) Sondernutzungsrechte.** Zumindest dingliche Sondernutzungsrechte werden von der Rechtsprechung als schutzbedürftig betrachtet. Sie verwirklicht diesen Schutz durch eine Einbeziehung in den Kernbereich des Sondereigentums.[61] Teilweise wird auch davon gesprochen, dass das Sondernutzungsrecht einen eigenen Kernbereich habe, in den nicht eingegriffen werden dürfe.[62] Die Herleitung dieses Gedankens bleibt unklar. Kollisionen können sich ergeben, wenn die Wohnungseigentümer Gebrauchsregelungen beschließen. Denn diese bleiben grundsätzlich statthaft, weil der Gegenstand des Sondernutzungsrechts gemeinschaftliches Eigentum ist.[63]

30 **(2) Weitere Facetten.** Zum Kernbereich des Wohnungseigentums gehört ferner die Möglichkeit, täglich anfallende **Wäsche** maschinell reinigen zu können ebenso wie die tägliche Körperhygiene.[64] Dazu wird unzweifelhaft das Duschen zählen. In den Kernbereich wird eingegriffen, wenn einem Eigentümer im Wege eines Mehrheitsbeschlusses ein Bodenbelag aufgezwungen wird, der in der Art des Materials, in Form und Größe sowie in der Verlegeart von dem bisherigen Belag abweicht.[65] Zu den mehrheitsfesten Rechtspositionen zählt schließlich auch die **Zweckbestimmung** des Wohnungs- oder Teileigentums.[66]

31 **b) Schutz mitgliedschaftlicher Rechte.** Das zweite Segment des Kernbereichs betrifft den Schutz mitgliedschaftlicher Rechte. Auch hier ist es möglich, nach einzelnen Facetten weiter zu differenzieren.

32 **aa) Teilnahme an der Versammlung.** Das Recht zur Teilnahme an der Versammlung der Wohnungseigentümer ist das Kernelement der Mitgliedschaft.[67] Denn es gewährt allen Eigentümern die Möglichkeit, auf die Willensbildung in der Gemeinschaft Einfluss zu nehmen. Dieses Recht zu verletzen, stellt einen schwerwiegenden Eingriff in den Kernbereich der mitgliedschaftlichen Rechte dar.[68] Das ist zB der Fall, wenn das Teilnahmerecht eines Wohnungseigentümers bewusst vereitelt wird (zu Beitragsrückständen → Rn. 12).[69] Der BGH hat hier zwei Aspekte klargestellt: Wird eine Versammlung unterbrochen, damit mehrere Eigentümer sich mit ihrem Prozessbevollmächtigten besprechen können, ist eine solche Unterredung nicht Teil der Versammlung; ein Ausschluss einzelner Wohnungseigentümer stellt dann keinen Ausschluss von der Versammlung dar.[70] Die **unterbliebene Ladung** eines Wohnungseigentümers führt nur in ganz besonders schwerwiegenden Ausnahmefällen zur Nichtigkeit der in der Eigentümerversammlung gefassten Beschlüsse. Ein solcher Ausnahmefall liegt nicht vor, wenn die Ladung irrtümlich unterblieben ist.[71] Wenn hingegen eine Versammlung zur Unzeit einberufen wird, berührt dies stets den Kernbereich.[72]

33 Zum Kernbereich des Wohnungseigentums gehört es auch, Interna der Gemeinschaft nicht vor Dritten ausbreiten zu müssen.[73] Damit kollidiert ein Beschluss, nach dem die Versammlungen mehrerer Gemeinschaften zusammen abgehalten werden. Die Bildung von **Untergemeinschaften** – durch oder aufgrund einer Vereinbarung – ist im Grundsatz nicht kernbereichsrelevant.[74] Freilich entsteht diese Relevanz, wenn auch die Kompetenz eingeräumt wird, über Maßnahmen zu entscheiden, die das Grundstück oder nicht sämtlich zu der Unter-

60 OLG Düsseldorf 10.1.2001 – 3 Wx 419/00, NJW-RR 2001, 877.
61 Vgl. LG Hamburg 29.7.2009 – 318 S 138/08, ZMR 2010, 62 mwN.
62 So OLG Frankfurt a. M. 22.6.2006 – 20 W 152/04, NJW-RR 2007, 889.
63 Dazu OLG Frankfurt a. M. 22.6.2006 – 20 W 152/04, NJW-RR 2007, 889.
64 OLG Frankfurt a. M. 4.12.2000 – 20 W 414/99, NJW-RR 2002, 82.
65 Dazu OLG Köln 5.12.2000 – 16 Wx 121/00, NZM 2001, 541.
66 BGH 12.4.2019 – V ZR 112/18.
67 LG Karlsruhe 25.10.2013 – 11 S 16/13, NJW-RR 2014, 197; LG Hamburg 20.10.2010 – 318 S 59/10, ZMR 2014, 313.
68 LG Karlsruhe 21.2.2012 – 11 S 46/11, ZWE 2013, 36; LG Hamburg 2.7.2003 – 318 T 47/03.
69 LG Karlsruhe 17.11.2015 – 11 S 46/15, ZWE 2016, 141.
70 BGH 8.7.2016 – V ZR 261/15, NJW 2017, 666.
71 BGH 20.7.2012 – V ZR 235/11, NJW 2012, 3571.
72 LG Karlsruhe 25.10.2013 – 11 S 16/13, ZWE 2014, 93.
73 OLG Köln 6.6.2002 – 16 Wx 97/02.
74 BGH 10.11.2017 – V ZR 184/16, NJW 2018, 1309.

gemeinschaft gehörende Gebäude bzw. Wohnungseigentumsanlagen betreffen.[75] Die Bestimmung einer Gemeinschaftsordnung, wonach den Wohnungseigentümern Rechte entzogen und auf eine „Delegiertenversammlung" übertragen werden, stellt einen unzulässigen Ausschluss unabdingbarer Mitgliedschaftsrechte dar.[76]

Stört ein Eigentümer den Ablauf einer Versammlung erheblich, kommt ein **Ausschluss** in Betracht. Allerdings ist dies ein schwerwiegender Eingriff und nur gerechtfertigt, wenn die Verhältnismäßigkeit gewahrt ist.[77] 34

bb) Stimmrecht in der Versammlung. Das Stimmrecht gehört nach ständiger höchstrichterlicher Rechtsprechung[78] zum Kernbereich des Wohnungseigentums und kann auch durch Vereinbarung einem Wohnungseigentümer nicht vollständig entzogen werden.[79] Als wesentliches Instrument der Mitgestaltung in Gemeinschaftsangelegenheiten darf es nur ausnahmsweise und zudem nur unter eng begrenzten Voraussetzungen eingeschränkt werden.[80] Die **Stimmrechtsverbote** in § 25 Abs. 4 WEG sind deswegen eng auszulegen. Vor allem bei Analogien ist Zurückhaltung geboten; ausgeschlossen sind sie aber nicht.[81] Wenn die Zwangsverwaltung eines Wohnungseigentums angeordnet wird, tritt der Kernbereich als Schutz des Eigentümers in den Hintergrund.[82] Dann gehen insbesondere das Teilnahmerecht und das Stimmrecht in der Versammlung auf den Zwangsverwalter über. Was dem Eigentümer insoweit noch verbleibt, ist bislang ungeklärt. 35

Ähnlich wie das Stimmrecht gehört auch die **Stimmkraft** zum Kernbereich des Wohnungseigentums.[83] Dies schließt aber nicht aus, dass die Stimmkraft des Eigentümers von „Geisterwohnungen" gem. § 10 Abs. 2 WEG moderat und bis zur Fertigstellung der noch nicht errichteten Sondereigentumseinheiten beschränkt wird.[84] 36

cc) Belastungsverbot. Eine besondere Ausprägung der Kernbereichslehre ist das Belastungsverbot.[85] Es schützt jeden Wohnungseigentümer vor der Aufbürdung neuer Leistungspflichten, die sich weder aus dem Gesetz noch aus der Gemeinschaftsordnung ergeben.[86] Von Bedeutung ist dies insbesondere im Hinblick auf Instandsetzungsarbeiten[87] und die Begründung neuer Zahlungsverpflichtungen. Zur Räum- und Streupflicht s. BGH 9.3.2012 – V ZR 161/11, NJW 2012, 1724. 37

dd) Weitere Facetten. Vertretungsbeschränkungen in Gemeinschaftsordnungen zielen darauf ab, dass nur bestimmte Personen als Vertreter des Eigentümers auftreten dürfen. Darin soll ein Eingriff in den Kernbereich liegen.[88] Die Rechtsprechung teilt diese Ansicht jedoch bisher nicht.[89] 38

Bisweilen haben Eigentümer den Wunsch, sich auch in der Versammlung von qualifiziertem Personal begleiten und beraten zu lassen. Dieses Ansinnen kann nachvollziehbar sein, wird aber nicht durch den Kernbereich geschützt.[90] 39

Unbestritten ist, dass jeder Eigentümer das Recht hat, in der Versammlung das Wort zu ergreifen. Ebenso unbestritten ist, dass dies auf eine geordnete Weise zu geschehen hat. Die Festlegung einer **Höchstredezeit** soll in diesem Zusammenhang unbedenklich sein.[91] Diese Ansicht erscheint freilich zu wenig differenziert. Ähnlich wie der Ausschluss aus der Versammlung (→ Rn. 34) sollte auch eine Begrenzung der Redezeit nach den Grundsätzen der Verhältnismäßigkeit und insbesondere unter Berücksichtigung der Erforderlichkeit beurteilt werden. 40

---

75 BGH 20.7.2012 – V ZR 231/11, ZWE 2012, 494.
76 LG München I 9.12.2010 – 36 S 1362/10, NJW-RR 2011, 375.
77 Dazu AG Offenbach 23.5.2016 – 320 C 9/16, ZMR 2016, 738.
78 Vgl. BGH 18.1.2019 – V ZR 72/18.
79 BayObLG 21.8.2003 – 2Z BR 52/03, ZMR 2004, 598 mwN; s. auch BGH 14.10.2011 – V ZR 56/11, NJW 2012, 72.
80 BGH 6.12.2013 – V ZR 85/13, ZWE 2014, 176.
81 Vgl. BGH 13.1.2017 – V ZR 138/16, ZWE 2017, 220; zum unwirksamen Entzug des Stimmrechts bei schwebendem Rechtsstreit s. OLG Köln 23.4.1999 – 16 Wx 54/99, NZM 1999, 846.
82 Vgl. LG Berlin 19.9.2008 – 85 T 404/07, ZMR 2009, 474.
83 LG Karlsruhe 21.3.2017 – 11 S 88/16, ZWE 2017, 283.
84 BGH 18.1.2019 – V ZR 72/18.
85 Dazu *Bruns* AnwZert MietR 13/2017 Anm. 2.
86 Grundlegend BGH 10.10.2014 – V ZR 315/13, NJW 2015, 549.
87 Vgl. LG Dortmund 24. 4.2018 – 1 S 109/17, ZWE 2018, 363.
88 So *Schmid* NJW 2011, 1841 (1843).
89 Vgl. BGH 29.1.1993 – V ZB 24/92, NJW 1993, 1329.
90 *Schmid* NJW 2011, 1841 (1843).
91 *Schmid* NJW 2011, 1841.

41 Nicht zum Kernbereich des Wohnungseigentums zählt das Minderheitenrecht („Quorum") gem. § 24 Abs. 2 WEG.[92]

42 **c) Schutz von Strukturprinzipien.** Neben den beiden vorstehend beschriebenen Segmenten existiert ein weiterer Bereich, der sich als Schutz von wohnungseigentumsrechtlichen Strukturprinzipien umschreiben lässt. Dieses dritte Segment des Kernbereichs wird bis heute vor allem von obergerichtlichen Entscheidungen beherrscht. Der BGH hat insoweit bislang nicht Stellung genommen, so dass hier keine höchstrichterliche Absicherung vorhanden ist.

43 Zu diesem Teil des Kernbereichs zählt die grundsätzliche Kompetenzverteilung im Verband Wohnungseigentümergemeinschaft zwischen dem Verband, dem Verwalter und den einzelnen Wohnungseigentümern. Zwar ist es möglich, Öffnungsklauseln vorzusehen; der Kernbereich ist aber berührt, wenn dem Verwalter in der Gemeinschaftsordnung eine umfassende Generalvollmacht erteilt wird, die auf eine **Entmachtung** der einzelnen Wohnungseigentümer hinausläuft.[93] Die Einräumung von Sondereigentum durch Beschluss begegnet aus mehreren Gründen erheblichen rechtlichen Bedenken. Insoweit spielt § 4 Abs. 1 WEG eine Rolle. Mehrere Obergerichte haben darin einen Kernbereichseingriff gesehen.[94] Da mit einer Änderung der Miteigentumsanteile in den Kernbereich des Wohnungseigentums eingegriffen wird, ist ein Anspruch auf deren Abänderung jedenfalls dann nicht gerechtfertigt, wenn eine Unbilligkeit bereits durch die Anpassung eines Kostenverteilungsschlüssels behoben werden kann.[95]

44 Vereinzelt wird in der Rechtsprechung darüber hinaus dem Verwalter des gemeinschaftlichen Eigentums ein eigener Kernbereich von Befugnissen und Aufgaben zugesprochen.[96]

IV. Bewertung, praktische Bedeutung und Ausblick

45 Die Kernbereichslehre ist vor allem im Schrifttum nicht unumstritten. Dabei wird zu Recht auf die Unbestimmtheit des Kernbereichs hingewiesen, wobei die Rechtsprechung durch eine Fülle von Einzelaussagen durchaus Beiträge zur Konturierung geleistet hat. Was fehlt, ist in erster Linie ein konsensfähiger Ausgangspunkt im Sinne einer Definition. Hier hat der BGH bislang nicht in genügendem Umfang Impulse gesetzt. Andererseits muss man sehen, dass die Kernbereichslehre in der Rechtsprechung über die Instanzen hinweg verbreitet und anerkannt, letztlich sogar unangefochten ist. Jüngste höchstrichterliche Äußerungen betreffen deswegen lediglich Fragen der Feinabstimmung,[97] nicht hingegen die Rechtsfigur als solche. Dass sie in absehbarer Zeit aus dem Argumentationsarsenal verschwinden könnte, steht nicht zu erwarten. Allerdings hat der BGH kürzlich eine mögliche **Rechtsprechungsänderung** im Hinblick auf die schwebende Unwirksamkeit kernbereichsrelevanter Beschlüsse angedeutet (→ Rn. 15). Insoweit ist zu hoffen, dass er schnell Gelegenheit erhält, diesen Aspekt endgültig zu klären. Dabei sprechen die besseren Argumente dafür, von einer Nichtigkeit solcher Beschlüsse auszugehen. Wären sie lediglich anfechtbar, hätte dies eine nicht unerhebliche Entwertung der Kernbereichslehre zur Folge.

46 Für die Praxis, zumal die anwaltliche, eröffnet die Kernbereichslehre **Argumentations- und Handlungsspielräume**. Das liegt einerseits an der offenen, nicht abschließend geklärten Reichweite des Kernbereichs selbst. Insoweit besteht die Möglichkeit, ausgehend von bisherigen Aussagen der Rechtsprechung neue Felder zu erschließen. Andererseits ergeben sich Möglichkeiten daraus, dass auch Bestimmungen in Gemeinschaftsordnungen bzw. Teilungserklärungen an der Kernbereichslehre gemessen werden können (→ Rn. 14). Zu denken ist dabei insbesondere an **Öffnungsklauseln**. Hält eine solche Bestimmung der Prüfung nicht stand, ist sie nichtig. Einem auf ihr beruhenden Beschluss der Wohnungseigentümer fehlt dann die erforderliche Beschlusskompetenz,[98] er ist ebenfalls nichtig. Dieser Mangel kann unabhängig von einer fristgemäßen Anfechtung gel-

---

92 *Schmid* NJW 2011, 1841 (1842).
93 OLG Frankfurt a. M. 3.11.2014 – 20 W 241/14, NJW-RR 2015, 783.
94 Vgl. OLG Düsseldorf 12.7.1995 – 3 Wx 181/95, NJW-RR 1996, 210; KG 18.7.2001 – 24 W 7365/00, ZWE 2001, 554; BayObLG 30.7.1998 – 2Z BR 9/98, NZM 1998, 973.
95 OLG München 24.4.2008 – 32 Wx 165/07.1, NJW 2008, 1824.
96 Vgl. LG Berlin 8.5.2015 – 55 S 123/14, ZWE 2016, 465; LG Karlsruhe 7.8.2012 – 11 S 180/11, ZWE 2013, 176; LG Frankfurt a. M. 27.9.2017 – 2–13 S 49/16, ZWE 2018, 38.
97 S. BGH 12.4.2019 – V ZR 112/18.
98 S. zB LG Karlsruhe 21.3.2017 – 11 S 88/16, ZWE 2017, 283.

tend gemacht werden. Gerade an diesem Mechanismus zeigt sich, dass dieselbe Rechtsfolge auch für Beschlüsse gelten muss, die direkt und nicht auf der Basis einer Vereinbarung in den Kernbereich eingreifen. Alles andere wäre wertungswidersprüchlich.

122. Kfz-Stellplatz

Tank

I. Einführung

Unter dem Begriff Kfz-Stellplatz werden vorliegend **Stellplätze** in **Einzel- und Sammelgaragen** als auch   1
Kfz-Stellplätze auf **Freiflächen** ebenso wie **Duplex-Stellplätze** behandelt. Unproblematisch möglich war und ist in der Regel die Sondereigentumszuordnung von Kfz-Stellplätzen in (Einzel-)Garagen als auch in Sammelgaragen. An im Freien liegenden Kfz-Stellplätzen und Duplex-Stellplätzen kann nunmehr ebenfalls Sondereigentum gebildet werden, da alle Stellplätzen nach § 3 Abs. 1 S. 2 WEG als Räume gelten.

II. Begriff

Unter Kfz-Stellplatz werden vorliegend Stellplätze in Einzel- und Sammelgaragen und Duplex-Stellplätze als   2
auch Kfz-Stellplätze auf Freiflächen verstanden und behandelt. Auch der Begriff Stellplatz in § 3 Abs. 1 S. 2 WEG umfasst alle Arten von Stellplätzen.[1]

III. Kfz-Stellplätze in Einzel- und Sammelgaragen

Kfz-Stellplätze in (**Einzel-)Garagen** als in sich abgeschlossene Räume iSv §§ 3 Abs. 3, 5 Abs. 1 S. 1 WEG   3
können zweifellos zu **Sondereigentum** (Teileigentum) erklärt und einzelne Teileigentumsgrundbuchblätter angelegt werden. Solchermaßen zu Sondereigentum erklärte Kfz-Stellplätze sind frei veräußerbar, insbesondere auch an außenstehende Dritte.

Den einzelnen Kfz-Stellplätzen in **Sammelgaragen** fehlte an sich die Raumeigenschaft und damit die Abge-   4
schlossenheit (→ *Abgeschlossenheit* Rn. 1 ff.), so dass sie eine **Sonderbehandlung** hinsichtlich der Abgeschlossenheit in § 3 Abs. 2 S. 2 WEG aF erfuhren. Danach galten Kfz-Stellplätze in Sammelgaragen als abgeschlossene Räume, wenn ihre Flächen durch dauerhafte Markierungen ersichtlich waren. Lag eine solche dauerhafte Markierung vor wurde die **Abgeschlossenheit** dieses Stellplatzes **fingiert**.[2] Für einen solchen Kfz-Stellplatz galt also, dass dieser zu Sondereigentum erklärt und für ihn ein Teileigentumsgrundbuchblatt angelegt werden konnte. Dem stand auch nicht entgegen, dass die Verkehrsfläche der Garage nur im Gefahrenfall als 2. Rettungsweg genutzt werden durfte.[3]

Nunmehr gelten Stellplätze in Sammelgaragen als Räume, § 3 Abs. 1 S. 2 WEG, auf die Abgeschlossenheit   5
kommt es nicht länger an;[4] ebenso wenig auf eine **dauerhafte Markierung**. Eine Markierung führt nicht dazu, dass der räumliche Umfang des Sondereigentums genauer bestimmt wird. Dies geschieht allein durch die Maßangaben im Aufteilungsplan.[5]

Dies gilt im Übrigen auch für Kfz-Stellplätze auf einem **Dach**. Auch Kfz-Stellplätze auf dem Dach gelten   6
nach § 3 Abs. 1 S. 2 WEG als Räume und sind also auch nach neuem Recht sondereigentumsfähig. Auf einen

---

1 BT-Drs. 19/18971, 37.
2 Palandt/*Wicke* WEG § 3 Rn. 8.
3 OLG Frankfurt a.M. 19.12.1994 – 20 W 313/93, DNotI-Report 1995, 53.
4 BT-Drs. 19/18791, 37.
5 BT-Drs. 19/18791, 37.

früher geforderten starken Gebäudebezug bei Kfz-Stellplätzen, die auf dem Dach einer Tiefgarage lagen, kommt es ebenso wenig an wie auf eine Markierung. Auch bei Kfz-Stellplätzen auf dem Dach einer Tiefgarage wird der Umfang des Sondereigentums allein durch die Maßangaben im Aufteilungsplan bestimmt.[6]

7 Möglich war und ist, dass der für abgeschlossen erklärte – bzw. nach neuem Recht durch Maßgaben im Aufteilungsplan bestimmte – Kfz-Stellplatz zusammen mit einer Wohnungseigentumseinheit zu einer einheitlichen Sondereigentumseinheit erklärt wird, also nur **ein Grundbuchblatt** besteht. Dieser Stellplatz kann selbstverständlich nur zusammen mit der Wohnung als eine Sondereigentumseinheit veräußert werden. Da Stellplätze nunmehr vollwertiges Sondereigentum und vollständig verkehrsfähig sind, wird diese Variante in der Praxis kaum mehr ausgeübt werden. Im Nachhinein kommt eine Teilung der Einheit in Wohnungs- und Teileigentum in Betracht.

IV. Kfz-Stellplätze im Freien

8 An Kfz-Stellplätzen auf **Grundstücksfreiflächen** konnte nach altem Recht mangels Abgeschlossenheit kein Sondereigentum begründet werden. Das galt sowohl für Kfz-Stellplätze auf der Grundstücksfläche als auch für solche, die unterhalb von **Carports**[7] oder in seitenoffener Garage[8] lagen und für Kfz-Stellplätze, die auf dem ebenerdigen, von der Umgebung nicht abgegrenzten **Dach einer Tiefgarage** eingerichtet wurden.[9] Hier fehlte es am oben (→ Rn. 6) dargestellten Gebäudebezug, den § 3 Abs. 2 S. 2 WEG aF forderte. Mit dem neuen WEG ändert sich dies, da nunmehr alle Stellplätze, also auch die im Freien liegenden,[10] als Räume angesehen werden, § 3 Abs. 1 S. 2 WEG. An Stellplätze kann daher vollwertiges Sondereigentum gebildet werden, so dass sie vollständig verkehrsfähig sind.

9 Da an Kfz-Stellplätzen vollwertiges Sondereigentum begründet werden kann, sind sie damit auch belastbar. Für Teileigentumseinheiten ist nämlich anerkannt, dass diese außer mit Finanzierungsrechten jedenfalls dann mit Dienstbarkeiten, insbesondere Grunddienstbarkeiten und beschränkten persönlichen Dienstbarkeiten belastet werden können, wenn der Ausübungsbereich dieser Rechte sich lediglich auf das Sondereigentum und das sich aus dem Gemeinschaftseigentum ergebende Mitbenutzungsrecht bezieht.[11] Problematisch können sich uU solche dinglichen Rechte bei einer beabsichtigten Änderung oder Aufhebung des Sondereigentums wegen der damit verbundenen Mitwirkungspflicht der Drittberechtigten erweisen.[12]

10 Nach altem Recht konnte bei Kfz-Stellplätzen auf Freiflächen, aber auch bei Kfz-Stellflächen innerhalb einer Garage, für die eine Abgeschlossenheitserklärung nicht abgegeben wurde, die ausschließliche Nutzung durch einen Wohnungseigentümer durch Einräumung eines **Sondernutzungsrechts** (→ *Sondernutzungsrecht* Rn. 1 ff.) herbeigeführt werden. Dies ist nunmehr überflüssig, da Sondereigentum begründet werden kann.

11 Ist ein Sondernutzungsrecht an einem Kfz-Stellplatzes eingeräumt worden, kann der **Sondernutzungsberechtigte** das Sondernutzungsrecht an dem Kfz-Stellplatz nur innerhalb der Gemeinschaft der Wohnungseigentümer veräußern oder zusammen mit seiner Sondereigentumseinheit. Ein Sondernutzungsrecht muss nämlich zwingend mit einem Sondereigentum derselben Gemeinschaft der Wohnungseigentümer verbunden sein. Eine selbstständige Veräußerung des Sondernutzungsrechts an Dritte ist damit nicht möglich. Wie gesehen (→ Rn. 8) ändert sich dies mit dem neuen WEG.

12 Sollte ein Sondernutzungsrecht am gemeinschaftlichen Eigentum eingeräumt sein, kann dieses nicht Gegenstand einer Dienstbarkeit am Wohnungseigentum sein.[13] Die Einräumung einer **Dienstbarkeit** ist nicht zulässig.

---

6 BT-Drs. 19/18971, 37.
7 BayObLG 6.2.1986 – BReg. 2 Z 70/85, NJW-RR 1986, 761.
8 OLG Celle 13.6.1991 – 4 W 61/91, NJW-RR 1991, 1489.
9 OLG Frankfurt a.M. 17.10.1983 – 20 W 648/83, OLGZ 1984, 32.
10 BT-Drs. 19/18971, 37.
11 BGH 19.5.1989 – V ZR 182/87, DNotZ 1990, 493; *Becker/Schneider* ZflR 2020, 281 (284).
12 *Becker/Schneider* ZflR 2020, 281 (286).
13 BayObLG 24.10.1974 – 2 Z 51/74, NJW 1975, 59.

Tank

V. Duplex-Stellplatz

Unter einem Duplex-Stellplatz (auch Doppelstockgarage, Duplexgarage oder Doppelparker genannt) versteht man eine Einrichtung, bei der aufgrund technischer Hebe- oder Klappvorrichtungen in einer bestimmten Raumeinheit **zwei Pkw** abgestellt werden können, wobei jeweils nur ein Fahrzeug eine unmittelbare Einfahrtmöglichkeit hat. **13**

An dem Duplex-Stellplatz insgesamt war nach altem Recht das Einräumen von **Sondereigentum** möglich, nicht aber an den einzelnen zu ihm gehörenden Stellplätzen.[14] Mit dem neuen WEG ändert sich dies, da nunmehr alle Stellplätze, also auch die einzelnen Duplex-Stellplätze, als Räume angesehen werden, § 3 Abs. 1 S. 2 WEG.[15] Die einzelnen Stellplätze eines Doppelparkers können daher vollwertiges Sondereigentum und vollständig verkehrsfähig sein und sind damit auch nicht von einem Wohnungs- oder Teileigentum abhängig. Das gilt auch für sog. Quadruplexparker.[16] **14**

Dient die **Hebeeinrichtung** des Duplex-Stellplatzes ausschließlich diesem einen Duplex-Stellplatz, konnte sie nach altem Recht ebenfalls im **Sondereigentum** stehen.[17] Diente die Hebevorrichtung allerdings mehreren Duplex-Stellplätzen, stand sie zwingend im **gemeinschaftlichen Eigentum** (→ *Gemeinschaftliches Eigentum* Rn. 12), da sie dem gemeinschaftlichen Gebrauch der Wohnungseigentümer iSv § 5 Abs. 2 WEG diente.[18] Wenn an den einzelnen Parkplätzen eines Doppelparkers nach neuem Recht Sondereigentum eingeräumt ist, dient die Hebeeinrichtung der gemeinschaftlichen Benutzung durch die Wohnungseigentümer und kann dann nicht sondereigentumsfähig sein. **15**

Wird an dem Duplex-Stellplatz insgesamt Sondereigentum gebildet und ein Teileigentumsgrundbuch angelegt, umfasst dieses Sondereigentum nach § 5 Abs. 1 WEG alle Teile der Technik, die nur für diesen Doppelparker, aber nicht der aus mehreren Doppelparker bestehenden Gesamtanlagen erforderlich sind;[19] so zB Fahrbleche, Seiten- und Mittelträger.[20] **16**

Wird an dem Duplex-Stellplatz insgesamt Sondereigentum gebildet, kann dieses eine Sondereigentum einem oder auch mehreren Eigentümern gehören. Gehört das Sondereigentum **mehreren Miteigentümern**, so sind die Miteigentümer im **Innenverhältnis Bruchteilseigentümer** und es gelten die Vorschriften der §§ 741 ff. BGB. Damit können die Bruchteilseigentümer die Nutzung der einzelnen Stellplätze nach § 745 Abs. 1 BGB regeln und den jeweiligen Sondernachfolger hieran nach § 1010 BGB binden.[21] **17**

Da die Eintragung einer **Nutzungsvereinbarung** der Bruchteilseigentümer gem. § 1010 BGB durch Auflassungsvormerkung gesichert werden kann, ist anerkannt, dass auch die Einräumung eines **Sondernutzungsrechts** an einem einzelnen Miteigentumsanteil an einem der beiden Stellplätze des Duplex-Stellplatzes möglich ist[22] und dieses Sondernutzungsrecht mit einem Miteigentumsanteil einer Wohnungseigentumseinheit verbunden werden kann. Mit dem neuen WEG sind auch Duplex-Stellplätze als Räume anzusehen, § 3 Abs. 1 S. 2 WEG. Jeder einzelne Duplex-Stellplatz kann daher vollwertiges Sondereigentum und vollständig verkehrsfähig sein, so dass dies die Einräumung von Sondernutzungsrechten überflüssig macht. **18**

Besteht noch Sondereigentum am Duplex-Stellplatz insgesamt, so sind neben einer Nutzungsvereinbarung der Bruchteilseigentümer nach § 745 BGB (→ Rn. 17) auch **Gebrauchsregelungen** nach § 15 WEG aF, nunmehr §§ 18, 19 WEG, die die Benutzung von Duplex-Stellplätzen betreffen, zulässig.[23] Dagegen spricht nicht die Binnenbeziehung von Bruchteilseigentümer, da zu berücksichtigen ist, dass die Eigentümer von Duplex-Stellplätzen anders als Bruchteilseigentümer von Wohnungseigentum typischerweise nicht in einer persönlichen Verbindung zueinanderstehen, sondern eine zufällige Gemeinschaft bilden. Hier können dauerhafte und klare Nutzungsregelungen der Gemeinschaft der Wohnungseigentümer eine Einigung der Bruchteilseigentü- **19**

---

14 BGH 20.2.2014 – V ZB 116/13, NJW 2014, 1879; aA *Hügel/Elzer* DNotZ 2014, 403 (404).
15 BT-Drs. 19/18971, 37.
16 BT-Drs. 19/18791, 37.
17 BGH 21.10.2011 – V ZR 75/11, NJW-RR 2012, 85.
18 BGH 21.10.2011 – V ZR 75/11, ZWE 2012, 81.
19 BGH 26.10.2012 – V ZR 57/12, NJW 2013, 1154.
20 LG München I 5.11.2012 – 1 S 1504/12, ZWE 2013, 165.
21 BGH 20.2.2014 – V ZB 116/13, NJW 2014, 1879.
22 BGH 10.5.2012 – V ZB 279/11, DNotZ 2012, 769.
23 BGH 20.2.2014 – V ZB 116/13, NJW 2014, 1879; aA *Hügel/Elzer* DNotZ 2014, 403 (408 ff.).

mer untereinander entbehrlich machen. Hierin ist noch ein ausreichender Gemeinschaftsbezug zu sehen.[24] Deshalb ist auch ein Streit innerhalb der Bruchteilsgemeinschaft als Wohnungseigentumssache iSd § 43 Abs. 2 Nr. 1 WEG vor dem Wohnungseigentumsgericht zu führen.[25]

VI. Kosten

20 Garagen oder Kfz-Stellplätze wie auch Duplex-Stellplätze können sondereigentumsfähig sein. Dies bedeutet aber nicht, dass auch die tragenden Teile, also der Fundamente, tragende Mauern und des Daches bzw. beim Duplex-Parker, die Teile, die für eine aus mehreren Duplexparken bestehende Gesamtanlage erforderlich sind, zum Sondereigentum des betreffenden Wohnungseigentümers gehören. Die Teile stehen vielmehr im zwingenden gemeinschaftlichen Eigentum (→ *Gemeinschaftliches Eigentum* Rn. 10).

21 Die Erhaltung der im Gemeinschaftseigentum stehenden Teile des Garagengebäudes ist gem. § 19 Abs. 2 Nr. 2 WEG Aufgabe der Gemeinschaft der Wohnungseigentümer. Die **Kosten der Erhaltung** sind nach § 16 Abs. 2 WEG von allen Wohnungseigentümern zu tragen. Es sei denn in der Teilungserklärung, also durch eine Vereinbarung der Wohnungseigentümer oder durch Beschluss, § 19 Abs. 1 WEG, ist eine anderslautende Bestimmung getroffen.[26] Für Kfz-Stellplätze innerhalb von Duplex-Parkern oder auf Freiflächen, an denen Sondereigentum eingeräumt worden ist, gilt nichts anderes. Will man hier die Kostentragung dem Wohnungseigentümer auferlegen, bedarf es zusätzlicher Regelungen in der Gemeinschaftsordnung[27] oder durch Beschluss nach § 16 Abs. 2 S. 2 WEG.[28]

VII. Gestaltungsersatz für Sondernutzungsrechte

22 Die bisherige Gestaltungspraxis der zeitlich gestreckten Begründung von Sondernutzungsrechten durch den aufteilenden Bauträger[29] ist beim Sondereigentum nicht möglich. Würde ein Bauträger vorratsweise Miteigentumsanteile begründen, die jeweils verbunden mit dem Sondereigentum an Stellplätzen wären, würde dies bei Eigentumsübertragung die Gläubigermitwirkung durch Pfandentlassungserklärungen erforderlich machen. Dies wäre mit zusätzlichen Kosten verbunden. Eine nachträgliche Umwandlung von zuvor im gemeinschaftlichen Eigentum verbliebenen Stellplätzen am Grundstück in weiteres Sondereigentum zugunsten des aufteilenden Bauträgers wird in der Praxis wohl regelmäßig an dem damit verbundenen Bewilligungs- und Kostenaufwand scheitern.[30] Damit dürfte es zumindest bei der Aufteilung durch Bauträger aufgrund der flexiblen Begründung und Zuordnung von Sondernutzungsrechten auch noch nach der Bildung von Wohnungseigentum dabei bleiben, dass zumindest an – in Tiefgaragen oder im Freien liegenden – Stellplätzen zunächst Sondernutzungsrechte eingeräumt werden.

123. Kinderwagen

Brückner

I. Einführung

1 Wie im Fall des Abstellens eines Rollators im **Treppenhaus** (→ *Rollator* Rn. 7 ff.) haben Eltern kleiner Kinder das Interesse, ihren Kinderwagen nicht mit in die Wohnung nehmen zu müssen, sondern diesen an einem zentralen Platz im Haus abzustellen, um im Bedarfsfall so schnell und bequem wie möglich darauf zuzugreifen.

---

24 BGH 20.2.2014 – V ZB 116/13, NJW 2014, 1879.
25 BGH 20.2.2014 – V ZB 116/13, NJW 2014, 1879.
26 OLG Düsseldorf 5.11.2003 – I-3 Wx 235+240/03, FG-Prax 2004, 16.
27 *Becker/Schneider* ZfIR 2020, 281 (285).
28 BT-Drs. 19/18791, 54.
29 Ausführlich Bärmann/Seuß WE-Praxis/*Schneider* § 13 Rn. 67 ff.
30 *Becker/Schneider* ZfIR 2020, 281 (284).

Hierfür bietet sich ein von der Gemeinschaft der Wohnungseigentümer **speziell eingerichteter Platz** an. Fehlt 2
es an einer solchen speziellen Einrichtung, werden Hilfsmittel wie Kinderwagen oder Rollatoren gern im
Treppenhaus abgestellt. Hierbei kann es zur Kollision mit Interessen der übrigen Nutzer des Hauses und insbesondere auch mit Rechten anderer Wohnungseigentümer kommen.

II. Materielles Recht

Der Bereich des Treppenhauses steht im **gemeinschaftlichen** Eigentum. Es wird davon ausgegangen, dass das 3
Abstellen von Gegenständen zunächst nicht zur ordnungsmäßigen Nutzung des gemeinschaftlichen Eigentums
gehört, § 14 Abs. 1 Nr. 2 WEG. Für das Abstellen eines Kinderwagens bedarf es somit einer **Entscheidung
durch die Wohnungseigentümer.**

Die Wohnungseigentümer können über den Gebrauch des Treppenhauses eine **Vereinbarung** treffen (§ 19 4
Abs. 1 WEG). Haben die Wohnungseigentümer auf diesem Wege keine Gebrauchsregelung getroffen, steht Ihnen die Möglichkeit der Gebrauchsregelung im **Beschlusswege** offen (§ 19 Abs. 1 WEG).

Ist nicht ausreichend Raum im Treppenhaus vorhanden, so dass ein Abstellen des Kinderwagens ohne **Beein-** 5
trächtigung der übrigen Nutzer des Treppenhauses nicht möglich ist, kann ein das Abstellen gestattender Beschluss durch die Eigentümer nicht gefasst werden.[1] Gleiches muss gelten, wenn Gründe des **Brandschutzes**
dem Aufstellen von Gegenständen entgegenstehen.

124. Konto

Tank

I. Begriff

Mit Konto ist jegliche Kontoart (Girokonto, Festgeldkonto etc) bei einem Kreditinstitut gemeint, nicht aber 1
aus buchhalterischen Gründen geführte Unterkonten, zB für den Ausweis der Erhaltungsrücklage.

II. Offenes Fremdkonto

Nach § 27 Abs. 1 Nr. 1 WEG ist der **Verwalter** (→ *Verwalter* Rn. 42 ff.) im Innenverhältnis im Rahmen der 2
Verwaltung der eingenommenen Gelder berechtigt, Konten zu führen, denn es handelt sich dabei um eine
Maßnahme ordnungsmäßiger Verwaltung, über die eine Beschlussfassung nicht geboten ist. Dazu gehört auch
die **Eröffnung** oder die **Schließung** eines Kontos.[1] Die Gemeinschaft der Wohnungseigentümer kann hierzu
nach § 27 Abs. 2 WEG Weisungen beschließen, zB das Konto bei einem bestimmten Kreditinstitut anzulegen.[2]
Die nach außen gerichtete Vertretungsmacht des Verwalters ist aus Gründen der Rechtssicherheit nach § 9 b
Abs. 1 S. 3 WEG unbeschränkbar.

Nach altem Recht war der Verwalter nach § 27 Abs. 5 S. 1 WEG aF verpflichtet, eingenommene Gelder von 3
seinem Vermögen gesondert zu halten. Infolge dessen durfte der Verwalter die Geldverwaltung nicht über ein
auf seinen Namen lautendes **(Eigen-)Konto** führen.[3] Diese Pflicht ergibt sich nicht mehr aus dem Gesetz,
denn § 27 Abs. 5 WEG ist ersatzlos gestrichen.[4] Ändern wird sich deshalb jedoch insoweit nichts, denn der
Gesetzgeber bezweckte mit der verschlankten Neufassung des § 27 WEG vor allem eine bessere Anpassung
des Gesetzes an die Vielgestaltigkeit der einzelnen Wohnungseigentumsanlagen und ihre daraus resultierenden

---

1 NKV/*Vandenhouten* WEG § 15 Rn. 23; NKV/*Vandenhouten* WEG § 21 Rn. 65.
1 BT-Drs. 19/18971, 73.
2 Jenißen/*Heinemann* WEG § 27 Rn. 110 und 138.
3 LG Frankfurt/Oder 14.7.2014 – 16 S 46/14, ZMR 2014, 1007.
4 BT-Drs. 19/18791, 14.

unterschiedlichen Anforderungen an eine effiziente Verwaltung,[5] nicht aber eine Gefährdung des Gemeinschaftsvermögens.

4 Der Verwalter ist vertretungsberechtigtes Organ der Gemeinschaft der Wohnungseigentümer, § 9 b Abs. 1 S. 1 WEG, und führt deshalb deren Konten, sodass ein **offenes Treuhandkonto**, dessen Inhaber der Verwalter ist, unzulässig ist.[6] Dies gilt aber auch, weil trotz Wegfalls des § 27 Abs. 5 S. 1 WEG aF die mit dieser Vorschrift bezweckte Insolvenz- und Pfandsicherheit der eingenommenen Gelder nicht entfallen sollte. Die Gemeinschaft der Wohnungseigentümer müsste sonst bei einer Zwangsvollstreckung von Gläubigern des Verwalters Drittwiderspruchsklage gem. § 771 ZPO erheben und bei Insolvenz des Verwalters läge nur dann ein Aussonderungsrecht nach § 47 InsO vor, wenn auf dem Konto nachweislich nur Gelder der Gemeinschaft der Wohnungseigentümer eingezahlt worden sind.[7]

5 Die Geldverwaltung hat deshalb ausschließlich auf einem sog. **offenen Fremdkonto**, welches auf den Namen die Gemeinschaft der Wohnungseigentümer lautet und dessen Inhaberin die Gemeinschaft des Wohnungseigentümer ist, zu erfolgen.[8] Nur dies bietet den besten Schutz vor Eigengläubigern des Verwalters[9] und entspricht damit ordnungsmäßiger Verwaltung.

6 Dies gilt selbst dann, wenn die Anlage von Geldern der Gemeinschaft der Wohnungseigentümer auf einem eigenen Konto des Verwalters zu einem **Zinsvorteil** führen würde.[10] Die sichere Anlage auf einem offenen Fremdkonto sollte einer ertragreichen Anlage auf einem Fremdkonto vorgezogen werden, da der Zinsvorteil, so denn ein solcher heute noch zu erzielen ist, das Risiko eines Totalverlusts der angelegten Gelder nicht aufwiegt.[11] Da derzeit Guthabenzinsen, wenn überhaupt dann nur noch in geringer Höhe zu erzielen sind, ist die Frage nach der Anlage auf einem Eigenkonto nur theoretischer Natur.

III. Anspruch auf ordnungsmäßige Verwaltung

7 Die Einrichtung eines der Geldverwaltung dienenden offenen Fremdkontos entspricht **ordnungsmäßiger Verwaltung**. Da ein Anspruch auf ordnungsmäßige Verwaltung besteht, § 18 Abs. 2 Nr. 1 WEG, kann die **Umstellung** eines bislang als Treuhandkonto geführten Kontos auf ein offenes Fremdkonto verlangt werden.[12] Zur Anpassung der Kontoführung soll der Verwalter auch ohne Anweisung durch die Wohnungseigentümer verpflichtet sein, so dass ein Verstoß hiergegen die **Abberufung** rechtfertigen kann.[13]

8 Solange die Gemeinschaft der Wohnungseigentümer kein offenes Fremdkonto eingerichtet hat, sondern Hausgeldzahlungen auf ein auf den Namen des Verwalters lautendes offenes Treuhandkonto verlangt, soll der Wohnungseigentümer mangels Fälligkeit der Hausgeldforderung zur Leistungsverweigerung berechtigt sein. Fälligkeit tritt erst ab dem Zeitpunkt ein, ab dem der Gläubiger die Leistung verlangen kann.[14] Zahlung auf ein Konto kann der Verwalter aber erst dann verlangen, wenn das Konto den gesetzlichen Anforderungen entspricht, so dass dem Wohnungseigentümer ein Zurückbehaltungsrecht zustehe.[15] Dagegen wird vertreten, dass es für den Eintritt der Fälligkeit des Hausgeldes nicht von Bedeutung sei, auf welche Art von Konto (Eigenkonto oder Treuhandkonto) der Wohnungseigentümer leisten solle. Ein Zurückbehaltungsrecht bestehe bei fehlender Einrichtung eines offenen Treuhandkontos nicht.[16]

---

5 BT-Drs. 19/18971, 72 f.
6 LG Saarbrücken 4.5.2018 – 5 S 44/17, NZM 2018, 518.
7 LG Saarbrücken 4.5.2018 – 5 S 44/17, NZM 2018, 518.
8 *Greiner* WohnungseigentumsR § 10 Rn. 258.
9 LG Saarbrücken 4.5.2018 – 5 S 44/17, NZM 2018, 518.
10 Jennißen/*Heinemann* WEG § 27 Rn. 104 a.
11 Jennißen/*Heinemann* WEG § 27 Rn. 104 a.
12 LG Frankfurt/Oder 14.7.2017 – 16 S 46/14, NZM 2015, 309.
13 LG Frankfurt a.M. 20.9.2017 – 2–13 S 9/15, NZM 2018, 825.
14 BGH 11.12.2013 – IV ZR 46/13, NJW 2014, 847.
15 LG Saarbrücken 4.5.2018 – 5 S 44/17, NZM 2018, 518.
16 AG Dortmund 23.5.2019 – 514 C 29/19, ZWE 2019, 423.

125. Kosten der Gemeinschaft der Wohnungseigentümer

Pauli

I. Rechtslage nach WEMoG

Die Vorschrift des § 16 Abs. 2 S. 1 WEG definiert nunmehr abschließend den **Begriff der Kosten** in der Gemeinschaft der Wohnungseigentümer. Anknüpfungspunkte sind – wie aus dem Wortlaut hervorgeht – die „**Kosten der Gemeinschaft der Wohnungseigentümer**". Das Gesetz verweist in diesem Zusammenhang auf die **Verwaltungskosten** und die **Kosten des Gebrauchs des gemeinschaftlichen Eigentums**. Eine weitere Differenzierung – wie bei der alten Vorschrift des § 16 Abs. 2, 3 WEG aF erfolgt nicht mehr. Das WEMoG folgt somit im Gegenteil zu den alten Bestimmungen des WEG einem völlig neuen Ansatz. **1**

1. Gesetzliche Regelung (§ 16 Abs. 1 S. 1 WEG). Nach § 16 Abs. 2 WEG aF waren „Lasten und Kosten" dem gemeinschaftlichen Eigentum zuzuordnen, wenn sie von Gesetz wegen auf dem gemeinschaftlichen Eigentum lasteten oder sich dessen Gebrauch zuordnen ließen.[1] Die Regelung des § 16 Abs. 2 WEG aF differenzierte nach den Lasten des gemeinschaftlichen Eigentums, Kosten der Instandhaltung und Instandsetzung, sonstigen Verwaltungskosten und den Kosten eines gemeinschaftlichen Gebrauchs. Weitere Unterscheidungen hinsichtlich der Kosten fanden sich bei den Beschlusskompetenzen in § 16 Abs. 3 WEG aF und § 21 Abs. 7 WEG aF. Diese sehr unübersichtlichen Begrifflichkeiten erfassten nicht abschließend einzelne Kostentypen und sollten nur eine Abgrenzung der Lasten und Kosten zu Kosten des Sondereigentums herbeiführen.[2] **2**

Die Unterschiede sind durch § 16 Abs. 2 WEG gegenstandslos geworden. Nach § 16 Abs. 2 S. 1 WEG erfolgt keine Differenzierung nach „Lasten" und „Kosten" bzw. einzelnen Kostengruppen und es werden **alle Kosten** erfasst, die bei der Gemeinschaft der Wohnungseigentümer **anfallen**.[3] Die Vorschrift nennt zwar in diesem Zusammenhang die „Kosten der Verwaltung" und „Kosten des gemeinschaftlichen Gebrauch des gemeinschaftlichen Eigentums". Hierbei handelt es sich nach der Gesetzesbegründung allerdings nur um eine exemplarische Darstellung der bedeutsamsten Kosten und nicht um unterschiedliche Kostentatbestände, die eine Differenzierung erfordern.[4] **3**

Der Begriff der Kosten ist nach der Gesetzesbegründung somit **weit zu verstehen** und es ist auf den **konkreten Anfall** der Kosten für die Gemeinschaft der Wohnungseigentümer abzustellen. Einerseits werden regelmäßig wiederkehrende Kosten erfasst, zum Beispiel typische Betriebskosten wie etwa Müllgebühren, Aufzugsbetriebskosten etc. Andererseits werden nunmehr auch unregelmäßig wiederkehrende, aber gleichartige Positionen erfasst. Dies sind zum Beispiel Reparaturkosten von Fenstern. Diese fallen zwar nicht regelmäßig, aber bei allen Eigentümern gleichartig an.[5] **4**

Eine **Ausnahme** gilt nur für Kosten und Lasten, die für die **Verwaltung von Sondereigentum** anfallen. Dies sind zum Beispiel Kosten für eine Sonderverwaltung. Hierbei handelt es sich nicht um „Kosten der Gemeinschaft der Wohnungseigentümer" i.S.v. § 16 Abs. 2 S. 1 WEG. Hier folgt das WEMoG der alten gesetzlichen **5**

---

1 *Hügel/Elzer* WEG § 16 Rn. 6.
2 Staudinger/*Kreuzer* WEG § 16 Rn. 2, 30.
3 Gesetzesentwurf der Bundesregierung vom 25.03.2020 zu 16 (§ 16) zu Buchst. c (Abs. 2), BT-Drs. 19/18791, 55 f.
4 Gesetzesentwurf der Bundesregierung vom 25.03.2020 zu 16 (§ 16) zu Buchst. c (Abs. 2), BT-Drs. 19/18791, 55 f.
5 Gesetzesentwurf der Bundesregierung vom 25.03.2020 zu 16 (§ 16) zu Buchst. c (Abs. 2), BT-Drs. 19/18791, 55 f.

Regelung. Danach war anerkannt, dass Lasten und Kosten des Sondereigentums nicht unter die Vorschrift des § 16 Abs. 2 WEG aF fielen.

6 **2. Neue Beschlusskompetenz zur Kostenverteilung.** Die Kostenverteilung ergibt sich gem. § 16 Abs. 2 S. WEG grundsätzlich – wie auch schon nach § 16 Abs. 2 WEG aF – aus dem Verhältnis der Miteigentumsantei-le. Die neue Vorschrift des § 16 Abs. 2 S. 2 WEG schafft nun eine einheitliche **Beschlusskompetenz** der Wohnungseigentümer, eine Kostenverteilung mit Mehrheit zu beschließen, die von dem gesetzlichen Umlage-schlüssel oder einem vereinbarten Umlageschlüssel abweicht. Diese Beschlusskompetenz zur Änderung des Verteilungsschlüssels erfasst nach § 16 Abs. 3 WEG **alle Kosten** mit Ausnahme der Kosten baulicher Verände-rungen; für diese gilt die Spezialregelung des § 21 Abs. 5 WEG. Hiermit wird das vormals geltende System des § 16 Abs. 2–4 WEG aF mit der Differenzierung nach Kostenarten und unterschiedlichen Anforderungen an Abänderungsbeschlüsse aufgegeben und aus Gründen der Vereinfachung durch die Vorschrift des § 16 Abs. 2 WEG ersetzt.[6]

II. Kosten der Gemeinschaft der Eigentümer

7 Für die Definition ist allein der Anfall der Kosten für die Gemeinschaft der Wohnungseigentümer entschei-dend. Demnach sind alle Aufwendungen, die der Gemeinschaft der Wohnungseigentümer bei der Verwaltung und dem Gebrauch des gemeinschaftlichen Eigentums entstehen, Kosten der Gemeinschaft der Wohnungsei-gentümer. Die neue Regelung besticht durch ihre Einfachheit. Gleichwohl könnte gerade diese Einfachheit in der Praxis Schwierigkeiten verursachen, da der Kostenbegriff bislang durch die komplexen Vorgaben der alten Regelungen des § 16 Abs. 1–4 WEG aF mit unterschiedlichen Kostenbegriffen geprägt war und zur Ermittlung und Verteilung der Kosten Kategorien gebildet wurden. Zum besseren Verständnis sind daher die alten Kos-tenbegriffe unter den neuen Tatbestand des § 16 Abs. 2 S. 1 WEG zu subsumieren:

8 **1. Lasten des gemeinschaftlichen Eigentums.** Der neue Tatbestand der Kosten der Gemeinschaft der Woh-nungseigentümer nach § 16 Abs. 2 S. 1 WEG erfasst nunmehr die Aufwendungen der Gemeinschaft der Woh-nungseigentümer für **privatrechtliche und öffentlich-rechtliche Lasten des gemeinschaftlichen Eigentums.** Privatrechtliche Lasten des gemeinschaftlichen Eigentums iSd § 16 Abs. 2 Alt. 1 WEG aF waren die in der Praxis seltenen, auf dem Grundstück selbst lastenden, schuldrechtlichen Verpflichtungen zur Erbringung einer Leistung aus einem Grundstück,[7] wie etwa eine Gesamthypothek die von allen Eigentümern gem. § 1232 BGB zu tragen war. Öffentlich-rechtliche Lasten des gemeinschaftlichen Eigentums beruhen auf öffentlich-rechtlichen Rechtsgrundlagen und begründen eine Haftung des gemeinschaftlichen Eigentums für wiederkeh-rende oder einmalige Geldleistungen.[8] Ein typisches Beispiel sind Kosten der Bezirksschonsteinfeger, soweit diese nach landesrechtlichen Regelungen als Beliehene ein hoheitliches Amt ausüben und ihre Kosten gegen-über der Gemeinschaft der Wohnungseigentümer durch Gebührenbescheide festsetzen können.

9 Auch in diesem Zusammenhang ist allerdings eine Abgrenzung zu den Lasten des Sondereigentums geboten. Zu den Lasten des Sondereigentums zählten bislang die Erschließungsbeiträge/Ausbaubeiträge nach den Kom-munalabgabengesetzen der Länder bzw. dem BauGB und die Grundsteuer. Diese Kosten fallen nur für die Sondereigentümer an und folglich handelt es sich nicht um Kosten der Gemeinschaft der Wohnungseigentü-mer i.S.v. § 16 Abs. 2 S. 1 WEG.[9] Die Haftung für die Erschließungsbeiträge und Ausbaubeiträge nach den Kommunalabgabengesetzen der Länder bzw. dem BauGB dürfte aber nach Inkrafttreten des WEMoG im Hin-blick auf die rechtliche Stellung der Gemeinschaft der Wohnungseigentümer neu zu bewerten sein, da nach § 9 a Abs. 2 WEG die Gemeinschaft der Wohnungseigentümer die einheitlich auszuübenden Pflichten der Wohnungseigentümer wahrnimmt. Die frühere verwaltungsgerichtliche Rechtsprechung erkannte zwar die Teilrechtsfähigkeit der Gemeinschaft, sah allerdings die akzessorische Haftung der Eigentümer als vorrangig an und leitete hieraus nur eine Haftung der Sondereigentümer her.[10] Diese Argumentation dürfte nunmehr im Hinblick auf die neue Regelung des § 9 a Abs. 2 WEG aber nicht mehr tragfähig sein und für öffentlich-rechtliche Beiträge dürfte nur eine Haftung der Gemeinschaft der Wohnungseigentümer in Betracht kommen.

---

6 Gesetzesentwurf der Bundesregierung vom 25.03.2020 zu 16 (§ 16) zu Buchst. c (Abs. 2), BT-Drs. 19/18791, 55 f.
7 JurisPK-BGB/*Lafontaine* WEG § 16 Rn. 59.
8 *Hügel/Elzer* WEG § 16 Rn. 38.
9 *Hügel/Elzer* WEG § 16 Rn. 39; jurisPK-BGB/*Lafontaine* WEG § 16 Rn. 61.
10 VGH Baden-Württemberg 26.09.2008 – 2 S 1500/06, ZMR 2009, 160 Rn. 26.

Pauli

2. Erhaltungskosten (Kosten der Instandhaltung und Instandsetzung). Der Begriff der Kosten der Ge- 10
meinschaft der Wohnungseigentümer nach § 16 Abs. 2 WEG erfasst die Kosten der Erhaltung des gemeinschaftlichen Eigentums nach § 19 Abs. 2 Nr. 2 WEG.

a) Gesetzliche Vorgaben. Die alte Vorschrift des § 16 Abs. 2 Alt. 2 WEG aF unterschied noch nach den Kos- 11
ten der Instandhaltung und Instandsetzung. Der Begriff der Instandsetzung beschrieb hierbei Maßnahmen, die
zur Wiederherstellung des ursprünglichen, ordnungsgemäßen Zustandes getroffen wurden. Instandhaltungsmaßnahmen waren hingegen solche, die einen ordnungsgemäßen Zustand des Eigentums beibehalten sollten,
wobei eine genaue Abgrenzung der Begriffe nicht erfolgte.[11] Diese Differenzierung wird nunmehr aufgehoben
und der Begriff Kosten der Erhaltung erfasst alle Aufwendungen der Gemeinschaft der Wohnungseigentümer
die für die Erhaltung des Gemeinschaftseigentums entstanden sind. Für die Definition der Kosten ist somit
entsprechend der Gesetzesbegründung auf den Anfall der Kosten abzustellen, wobei eine weite Betrachtungsweise geboten ist. Steht somit eine Maßnahme im Zusammenhang mit der Erhaltung des gemeinschaftlichen
Eigentums, ist der Tatbestand des § 16 Abs. 2 S. 1 WEG erfüllt und es handelt sich um Kosten der Gemeinschaft der Wohnungseigentümer.

Eine **Abgrenzung** ergibt sich einerseits nur aus § 16 Abs. 3 WEG, wonach sich die Kosten einer Baumaßnah- 12
me nach den Vorgaben des § 21 WEG regeln. Andererseits ist wiederum eine Abgrenzung zu Erhaltungsmaßnahmen des Sondereigentums vornehmen. Nach dieser weiten Definition werden somit von dem neuen Kostenbegriff des § 16 Abs. 2 S. 1 WEG alle bislang zu den Begriffen Instandhaltung und Instandsetzung definierten Kosten für die Erhaltung des gemeinschaftlichen Eigentums erfasst. Dies sind insbesondere Wartungskosten, alle Reparaturkosten am gemeinschaftlichen Eigentum, Kosten für die Sacherkundung im Vorfeld von Erhaltungsmaßnahmen durch Einholung von Sachverständigengutachten sowie Kosten zur Erstellung eines ordnungsgemäßen Zustandes, etwa bei unzulässigen Baumaßnahmen, oder der erstmaligen mangelfreien Herstellung des Gemeinschaftseigentums.[12]

b) Erhaltungsrücklage. Nach § 19 Abs. 2 Nr. 4 WEG sind die Eigentümer nunmehr zur Ansparung einer Er- 13
haltungsrücklage verpflichtet (→ *Erhaltungsrücklage* Rn. 1 ff.). Fraglich ist, ob es sich bei der Zahlung auf die
Erhaltungsrücklage um Kosten der Gemeinschaft der Wohnungseigentümer nach § 16 Abs. 2 S. 1 WEG han-
delt. In diesem Fall bestünde nämlich eine Beschlusskompetenz nach § 16 Abs. 2 S. 2 WEG, eine abweichende
Verteilung – z.B. Ermittlung nicht nach Miteigentumsanteilen sondern etwa nach Wohnfläche – zu beschlie-
ßen. Vor Inkrafttreten des WEMoG wurde die Zahlung auf die Instandhaltungsrückstellung zwar als Kosten in
Sinne von § 16 Abs. 2 WEG aF angesehen,[13] allerdings war es den Wohnungseigentümer mangels gesetzlicher
Beschlusskompetenz verwehrt, einen anderen Umlageschlüssel zu bestimmen.[14]

Der **Begriff** der Kosten nach § 16 Abs. 2. S. 1 WEG differenziert nicht mehr nach einzelnen Arten von Kosten 14
und hieraus resultierenden unterschiedlichen Beschlusskompetenzen zur Änderung der Umlage, wie dies bei
der alten Vorschrift des § 16 WEG aF der Fall war. Vielmehr ist nach dem Willen des Gesetzgebers eine weite
Anwendung des Begriffs geboten, die zu einer Vereinfachung führen soll. Die Aufwendungen für die Erhaltungsrücklage fallen für alle Eigentümer an und entstehen im Rahmen der Verwaltung des gemeinschaftlichen
Eigentums, auch wenn sie zunächst nur angespart werden, um spätere Erhaltungsmaßnahmen nach § 19 Abs. 2
Nr. 2 WEG zu finanzieren. Die Aufwendungen der Eigentümer für die Erhaltungsrücklage sind daher als Kosten nach § 16 Abs. 2 S. 1 WEG anzusehen, mit der Folge, dass die Eigentümer nach § 16 Abs. 2 S. 2 WEG
durch Beschluss nunmehr einen neuen Umlageschlüssel bestimmen können.

3. Kosten des gemeinschaftlichen Gebrauchs (Betriebskosten). Das alte WEG definierte in § 16 Abs. 2 Alt 15
4 WEG aF den Begriff **Kosten des gemeinschaftlichen Gebrauch** nicht abschließend und der Verweis in § 16
Abs. 3 WEG aF auf § 556 Abs. 1 BGB legte die Anwendung des **mietrechtlichen Betriebskostenbegriffs**
nahe.[15] Die weiteren Voraussetzungen waren nicht abschließend geklärt. Nach allgemeiner Auffassung war
aber der Anfall der Kosten für die Gemeinschaft entscheidend.[16] Zudem konnte der Umlageschlüssel für Be-

---

11 JurisPK-BGB/*Lafontaine* WEG § 16 Rn. 64.
12 *Hügel/Elzer* WEG § 16 Rn. 41.
13 BGH 15.12.2017 – V ZR 257/16, ZMR 2018, 527 Rn 6.
14 BGH 01.04.2011 – V ZR 162/10, NJW 2011, 2202 Rn. 13.
15 JurisPK-BGB/*Lafontaine* WEG § 16 Rn. 66.
16 *Hügel/Elzer* WEG § 16 Rn. 62.

triebskosten des gemeinschaftlichen Eigentums und des Sondereigentums nach der alten Beschlusskompetenz des § 16 Abs. 3 WEG aF geändert werden, so dass es keine Rolle spielte, ob die Kosten für das Sondereigentum oder das Gemeinschaftseigentum entstanden.[17]

16   Eine Abgrenzung zu **Kosten des Sondereigentümers** erfolgte nach § 16 Abs. 3 WEG aF über das Tatbestandsmerkmal „unmittelbare Abrechnung gegenüber einem Dritten". Demnach konnten nur Regelungen über Betriebskosten getroffen werden, die unmittelbar gegenüber der Gemeinschaft der Wohnungseigentümer abgerechnet wurden oder für die die Gemeinschaft der Wohnungseigentümer aufgrund einer gesetzlichen Regelung haftete.[18] Kosten, die aufgrund eines Vertragsverhältnisses mit einem Sondereigentümer abgerechnet werden – wie etwa Kabelgebühren, Strom oder Gas – oder Kosten, die auf Grundlagen von Bescheiden der Kommunen unmittelbar gegenüber dem Sondereigentümer erhoben werden, waren daher keine Kosten der Gemeinschaft.

17   Die zu dem Tatbestandsmerkmal der Kosten des gemeinschaftlichen Gebrauch entwickelten Grundsätze sind auf den Kostenbegriff nach § 16 Abs. 2 S. 1 WEG im Hinblick auf die Betriebskosten entsprechend anzuwenden. Der Kostenbegriff nach § 16 Abs. 2 S. 1 WEG stellt auf den Anfall der Kosten für die Gemeinschaft der Wohnungseigentümer ab. Demnach sind **alle Betriebskosten** i.S.d. gemeinschaftlichen Gebrauchs als Kosten des gemeinschaftlichen Eigentums nach § 16 Abs. 2 S. 1 WEG anzusehen. In diesem Zusammenhang ist zu berücksichtigen, dass die Gemeinschaft der Wohnungseigentümer nunmehr nach § 9 a Abs. 2 WEG solche Pflichten der Eigentümer wahrnimmt, die eine einheitliche Rechtsverfolgung erfordern. Dies hat im Hinblick auf die Betriebskosten Bedeutung, soweit die Wohnungseigentumsanlage über eine im Bruchteilseigentum stehende Erschließungsanlage (z.B. eine Privatstraße) erschlossen wird oder alle Mitglieder der Wohnungseigentümergemeinschaft Bruchteilseigentümer eines Sondereigentums (Hausmeisterwohnung) sind. Die Sondereigentümer hafteten bislang nach § 748 BGB für die Forderungen der Bruchteilsgemeinschaft. Nunmehr übt die Gemeinschaft der Wohnungseigentümer die entsprechenden Pflichten der Sondereigentümer aus und die Kosten fallen unter den Tatbestand des § 16 Abs. 2 S. 1 WEG.

18   Nach wie vor erfolgt eine Abgrenzung zu Kosten, die nur für das Sondereigentum anfallen. Dies sind alle Kosten, die auf Grundlage vertraglicher Beziehungen oder gesetzlicher Bestimmungen unmittelbar gegenüber dem Sondereigentümer abgerechnet werden.

19   **4. Kosten der Verwaltung/Kosten der sonstigen Verwaltung.** Die Kosten der Gemeinschaft der Wohnungseigentümer nach § 16 Abs. 2 S. 1 WEG erfassen nunmehr, wie aus dem Wortlaut der Vorschrift hervorgeht, auch die Kosten der Verwaltung. Dieser Begriff bzw. der Begriff „Kosten der sonstigen Verwaltung" fanden sich auch schon in der alten Vorschrift des § 16 WEG aF. Die Definition der Verwaltungskosten erfolgte nach § 16 Abs. 2 WEG aF in **Abgrenzung** zu den **Kosten der Instandsetzung und Instandhaltung** sowie in Abgrenzung nach § 16 Abs. 3 WEG aF zu **den Betriebskosten iSv § 556 BGB**. Die Verwaltungskosten erfassten somit alle Kosten des Gemeinschaftseigentums, die keine Betriebskosten iSd Betriebskostenverordnung sind und nicht der Erhaltung unterfielen.[19] Die Verwaltungskosten sind nunmehr typische Kosten der Gemeinschaft der Wohnungseigentümer nach § 16 Abs. 2 S. 1 WEG.

20   Auch hier bleibt eine Abgrenzung zu den Kosten der Verwaltung des Sondereigentums geboten. Typische Verwaltungskosten des Sondereigentums – also insbesondere eine Vergütung für eine Sondereigentumsverwaltung – bilden auch im Geltungsbereich des WEMoG keine Kosten der Gemeinschaft der Wohnungseigentümer iSv § 16 Abs. 2 S. 1 WEG.

21   Eine genaue, abgegrenzte Definition der Begriffe „sonstige Verwaltungskosten" oder „Kosten der Verwaltung" erfolgte nicht. Der Begriff „**Kosten der Verwaltung**" erfasste vornehmlich die Kosten der Verwaltervergütung, während alle anderen Kosten der Verwaltung von dem Begriff „**sonstige Verwaltungskosten**" erfasst wurden.[20] Die Begriffe Verwaltungskosten bzw. sonstige Kosten der Verwaltung waren weit auszulegen. In der Rechtsprechung und Kommentarliteratur fanden sich daher viele Regelungsbereiche:[21]

-    Ausgaben für den Verwaltungsbeirat (zB Aufwandsentschädigung und Kosten für eine Haftpflichtversicherung);

---

17   *Hügel/Elzer* WEG § 16 Rn. 78.
18   *Hügel/Elzer* WEG § 16 Rn. 82.
19   Bärmann/*Becker* WEG § 16 Rn. 94; *Hügel/Elzer* WEG § 16 Rn. 45, 61.
20   So Bärmann/*Becker* WEG § 16 Rn. 94 f.
21   Ausführlich *Hügel/Elzer* WEG § 16 Rn. 45 ff.; Riecke/Schmidt/*Abramenko* WEG § 16 Rn. 70.

- Bankgebühren/Kontoführung;[22]
- Aufwendungen für ein Darlehen der Gemeinschaft, also Zahlungen auf Zinsen und Tilgung;[23]
- Kosten für die Ersatzvornahme von Verwaltungshandeln: etwa Nacherstellung oder Prüfung von Jahresabrechnungen, Rechnungslegungen bzw. Reproduktion von Verwaltungsunterlagen durch Dritte;[24]
- Rechts- und Beratungskosten;[25]
- Kosten der Eigentümerversammlung (zB Saalmiete);
- Aufwendungen für Verwaltungsmaßnahmen, die der Verband nach § 10 Abs. 6 S. 3 WEG aF an sich gezogen hatte;[26]
- Sachverständigenkosten in Verwaltungsangelegenheiten, etwa Einholung eines Rechtsgutachtens;[27]
- Kosten für die Zustimmung nach § 12;[28]
- Kosten für ein im gemeinschaftlichen Eigentum stehendes Sondereigentum;[29]
- Kosten für eine Zwangsversteigerung eines Sondereigentums.[30]

Die Kosten der Verwaltung erfassten nach § 16 Abs. 7 und 8 WEG aF teilweise auch Kosten eines Rechtsstreits.[31]   **22**

Eine Definition der Kosten der Verwaltung bzw. der Verwaltungskosten ist im Geltungsbereich des WEMoG nicht mehr erforderlich. Anknüpfungspunkt ist allein der Anfall der Kosten und der Umstand, dass sie im Rahmen der Verwaltung des gemeinschaftlichen Eigentums entstanden sind. Alle oben dargestellten Kosten fallen nur im Zusammenhang mit der Verwaltung des gemeinschaftlichen Eigentums an und sind somit Kosten der Gemeinschaft der Wohnungseigentümer nach § 16 Abs. 2 S. 1 WEG.   **23**

5. Kosten für einen besonderen Verwaltungsaufwand. Der besondere Verwaltungsaufwand wurde **gesetzlich nicht definiert**. Ein besonderer Verwaltungsaufwand lag nach der Rechtsprechung des BGH vor, wenn das **normale, übliche Maß** der Verwaltung des gemeinschaftlichen Eigentums **überschritten** war.[32] Ein besonderer Verwaltungsaufwand lag daher nicht vor, wenn ein übliches Verwaltungshandeln auf Grundlage gesetzlicher Vorgaben im Raum stand.[33]   **24**

Der besondere Verwaltungsaufwand entstand vornehmlich für den **Verwalter**, konnte aber auch für die Gemeinschaft der Wohnungseigentümer oder **sonstige Personen**, zumeist den **Verwaltungsbeirat** anfallen; es ist daher zu differenzieren: **25**

a) Besonderer Verwaltungsaufwand für den Verwalter. Ein besonderer Verwaltungsaufwand des Verwalters entstand zunächst, wenn er **zusätzliche Leistungen** erbrachte, die über die gesetzlichen Pflichten hinausgingen. Daneben wurde ein besonderer Verwaltungsaufwand auch für die Tätigkeiten des Verwalters anerkannt, in denen er eine Sondervergütung erhielt.[34] In der Literatur und Rechtsprechung sind folgende Fälle eines besonderen Verwaltungsaufwandes anerkannt worden: **26**

- **Ausweisung von haushaltsnahen Dienstleistungen** in der Jahresabrechnung;[35]
- Kosten für die **Ermittlung des Aufenthaltsortes/Anschrift** eines Wohnungseigentums;[36]
- Kosten für eine **Baubetreuung** innerhalb der Wohnungseigentumsanlage;[37]

---

22 LG Hamburg 22.2.2013 – 318 S 32/12, ZMR 2013, 456 Rn. 15.
23 Staudinger/*Kreuzer* WEG § 16 Rn. 30.
24 Bärmann/*Becker* WEG § 16 Rn. 95.
25 LG Hamburg 22.2.2013 – 318 S 32/12, ZMR 2013, 456 Rn. 15.
26 Staudinger/*Kreuzer* WEG § 16 Rn. 33.
27 Bärmann/*Becker* WEG § 16 Rn. 95.
28 Staudinger/*Kreuzer* WEG § 16 Rn. 29.
29 *Hügel/Elzer* WEG § 16 Rn. 61.
30 *Hügel/Elzer* WEG § 16 Rn. 61.
31 Ausführlich *Hügel/Elzer* WEG § 16 Rn. 47 f.
32 BGH 18.3.2016 – V ZR 75/15, ZMR 2016, 476 Rn. 42.
33 Jennißen/*Heinemann* WEG § 21 Rn. 119.
34 Bärmann/*Merle* WEG § 21 Rn. 193; Riecke/Schmid/*Drabeck/Graf* WEG § 21 Rn. 305; Jennißen/*Heinemann* WEG § 21 Rn. 119.
35 Bärmann/*Merle* WEG § 21 Rn. 192; Jennißen/*Heinemann* WEG § 21 Rn. 120.
36 Jennißen/*Heinemann* WEG § 21 Rn. 120; *Hügel/Elzer* WEG § 21 Rn. 147.
37 Jennißen/*Heinemann* WEG § 21 Rn. 120.

- Kosten für die **Geltendmachung von Ansprüchen der Gemeinschaft** aus Jahresabrechnung/Wirtschaftsplänen: Die Vorbereitung eines Klageverfahrens und die Beauftragung eines Anwaltes zur Geltendmachung von rückständigem Hausgeld verursachen für den Verwalter einen zusätzlichen Aufwand. Dieser Aufwand kann durch sogenannter Klagepauschalen abgegolten werden, wenn der Aufwand mit der pauschalen Vergütung nicht abgegolten ist und die Pauschale angemessen ist.[38]
- **Kosten für Erwerb einer Grundstücksfläche** durch die Gemeinschaft;[39]
- **Kopierkosten:** zB Kosten für das Anfertigen von Kopien für die Einsichtnahme in Verwaltungsunterlagen;
- **Mahnkosten für säumige Eigentümer**: Die Mahnkosten dürfen als pauschale Aufwendungen einen Betrag von 15 EUR pro Mahnung nicht übersteigen;[40] Nach einer Auffassung in der Literatur gehört die Mahnung säumiger Eigentümer zu den gesetzlichen Aufgaben des Verwalters und kann daher einen besonderen Verwaltungsaufwand nicht begründen.[41]
- Kosten für Mehraufwand bei **Nichtteilnahme am Lastschriftverfahren**: Die Wohnungseigentümer können nach § 28 Abs. 3 WEG regeln, dass das Vorschüsse per Lastschrift zu zahlen ist. Bei Nichtteilnahme am Lastschriftverfahren entsteht durch die Überprüfung der Verbuchung durch den Verwalter ein Mehraufwand, der pauschal abgegolten werden kann (→ *Lastschriftverfahren* Rn. 1 ff.).[42]
- Kosten der **Zwischenablesung** im Rahmen einer Heizkostenabrechnung nach § 9 b HeizkostenVO;[43]
- **Kosten der Versorgungssperre;**[44]
- **Zustimmung nach § 12.**[45]

27   **b) Besonderer Verwaltungsaufwand für die Gemeinschaft der Wohnungseigentümer.** Ein besonderer Verwaltungsaufwand für die Gemeinschaft der Wohnungseigentümer entstand bei der Tilgung von Sondervergütungen für zusätzliche Leistungen des Verwalters aus dem Verwaltervertrag, die über die gesetzlichen Leistungen – etwa die Pflichten nach § 27 WEG aF – hinaus gingen.[46] Dies waren die oben aufgezählten Fälle des zusätzlichen Aufwandes des Verwalters.

28   Die Sondervergütungen des Verwalters waren von der Gemeinschaft an den Verwalter zu zahlen. Die Zahlungen an den Verwalter waren dann in die **Jahresabrechnung einzustellen** und ohne besondere Regelung nach § 16 Abs. 2 WEG aF oder dem vereinbarten Umlageschlüssel auf alle Eigentümer umzulegen.[47] Die Vorschrift des § 21 Abs. 7 WEG aF eröffnet den Wohnungseigentümern in dieser Situation die Beschlusskompetenz, die Kosten des besonderen Verwaltungsaufwandes **anderweitig zu verteilen**.

29   **c) Besonderer Verwaltungsaufwand für andere Personen.** Aufwendungen oder Kosten für einen besonderen Verwaltungsaufwand könnten auch Eigentümern entstehen, soweit diese besondere Verwaltungsleistungen erbringen, die über ihre gesetzlichen Aufgaben hinausgehen.[48] Dies ist zum Beispiel der Vorsitzende des Verwaltungsbeirates, der im Falle des Fehlens eines Verwalters eine Eigentümerversammlung durchführt und infolgedessen finanzielle Aufwendungen, etwa für die Saalmiete, Porto oder Kopierkosten, hat. Das Gleiche gilt auch für einen Eigentümer, der sich im Falle des Fehlens eines Verwalters und eines Verwaltungsbeirates gerichtlich zur Durchführung einer Eigentümerversammlung ermächtigen lässt.

30   **d) Verbleibender Anwendungsbereich.** Eine Definition der Kosten des besonderen Verwaltungsaufwandes ist im Geltungsbereich des WEMoG nicht mehr erforderlich. Insbesondere ist es nicht mehr erforderlich auf den Umfang oder das Maß der Verwaltung des gemeinschaftlichen Eigentums zur Ermittlung von Kosten abzustellen. Anknüpfungspunkt ist alleine der Anfall der Kosten und der Umstand, dass sie im Rahmen der Verwaltung des gemeinschaftlichen Eigentums entstanden sind.

---

38 Riecke/Schmid/*Drabeck/Graf* WEG § 21 Rn. 305.
39 BGH 18.3.2016 – V ZR 75/15, ZMR 2016, 476.
40 *Hügel/Elzer* WEG § 26 Rn. 158.
41 Bärmann/*Merle* WEG § 21 Rn. 193.
42 Bärmann/*Merle* WEG § 21 Rn. 192.
43 *Hügel/Elzer* WEG § 21 Rn. 147 a.
44 *Hügel/Elzer* WEG § 21 Rn. 147 a.
45 Bärmann/*Merle* WEG § 21 Rn. 192.
46 Bärmann/*Merle* WEG § 21 Rn. 188.
47 Bärmann/*Merle* WEG § 21 Rn. 189.
48 Bärmann/*Merle* WEG § 21 Rn. 197.

Alle zu dem Tatbestandsmerkmal „besonderer Verwaltungswand" dargestellten Kosten fallen nur im Zusam- 31
menhang mit der Verwaltung des gemeinschaftlichen Eigentums an und sind somit Kosten der Gemeinschaft
der Wohnungseigentümer nach § 16 Abs. 2 S. 1 WEG. Dies gilt unabhängig davon, ob die Kosten in der Person des Verwalters, der Gemeinschaft der Wohnungseigentümer oder dem Verwaltungsbeirat entstehen. Eine
Differenzierung ist nur noch geboten, wenn sich die Kosten nicht mehr auf die Verwaltung des Gemeinschaftseigentums sondern z.B. auf die Verwaltung des Sondereigentums beziehen.

126. Kosten für eine besondere Nutzung des gemeinschaftlichen Eigentums

Choynacki

I. Überblick

Nach § 21 Abs. 7 WEG aF konnten die Wohnungseigentümer über die Kosten für eine besondere Nutzung des 1
gemeinschaftlichen Eigentums beschließen (→ *Kosten für einen besonderen Verwaltungsaufwand* Rn. 1 ff.).
Diese Norm, nicht aber die Beschlusskompetenz, ist **entfallen**. Sie findet sich jetzt – systematisch richtig – als
Teil von § 16 Abs. 2 S. 2 WEG. Denn danach können die Wohnungseigentümer für **einzelne Kosten** oder eine
von § 16 Abs. 2 S. 1 WEG oder von einer Vereinbarung abweichende Verteilung beschließen.

II. Einzelne Kosten

Einzelne Kosten iSd Gesetzes sind konkret bestimmbare, **einmalig anfallende Kosten** der Gemeinschaft der 2
Wohnungseigentümer. Welchen Umlageschlüssel die Wohnungseigentümer wählen, steht in ihrem Ermessen.
Häufig bietet sich eine Gebühr an. Ausgesuchte **Einzelfälle**:

- Benutzung der Außenanlagen zum Sport und/oder Spiel; 3
- Benutzung des Kinderwagenkellers;
- Benutzung einer hauseigenen Sauna;
- Benutzung eines hauseigenen Schwimmbades;
- Benutzung des Wäschekellers und von Waschmaschinen, die im gemeinschaftlichen Eigentum stehen oder
  zum Gemeinschaftsvermögen gehören.

127. Gerichtliche und außergerichtliche Kosten

Bartels

I. Einführung

Die Kosten eines Rechtsstreits bestehen aus den **gerichtlichen** Kosten (Gerichtsgebühren und Auslagen) so- 1
wie aus den **außergerichtlichen** Kosten (Rechtsanwaltsgebühren und Auslagen). Ohne eine gerichtliche Entscheidung hat die Partei, die die Kosten verursacht hat, diese zu tragen, also diejenige, die die Klage erhoben

oder Beweis angeboten hat, die gerichtlichen Kosten, und jede Partei die außergerichtlichen Kosten ihres Rechtsanwalts. Mit der **Kostengrundentscheidung** werden diese Kosten (anteilig) der Partei auferlegt, die den Rechtsstreit (insoweit) verloren hat. Dritte, die keine Parteien sind, werden von einer Kostengrundentscheidung grundsätzlich nicht betroffen, außer es handelt sich um die Kosten des Nebenintervenienten (§ 101 Abs. 1 ZPO).

2 Diese gerichtliche Kostengrundentscheidung besagt noch nichts über die Höhe der erstattungsfähigen gerichtlichen und außergerichtlichen Kosten. Diese ist durch den Rechtspfleger im **Kostenfestsetzungsverfahren** zu bestimmen. In diesem werden die außergerichtlichen Kosten, die ein Rechtsanwalt festgesetzt verlangt, aber auch die gerichtlichen Kosten berücksichtigt. Die obsiegende Partei kann allerdings nicht sämtliche Kosten ersetzt verlangen, sondern grundsätzlich nur diejenigen, die eine sachgerechte Interessenverfolgung notwendig gemacht hat. Diesen allgemeinen Grundsatz hält § 44 Abs. 4 WEG für die Rechtswahrnehmung der Wohnungseigentümer als Nebenintervenienten bei Beschlussklagen iSv § 44 Abs. 1 WEG fest, indem er bestimmt, dass grundsätzlich bloß die Kosten einer für eine zweckentsprechende Rechtsverfolgung notwendigen Nebenintervention zu erstatten sind.

3 Maßgeblich für die Höhe der gerichtlichen und außergerichtlichen Gebühren ist der durch das Gericht festzusetzende **Streitwert**, der sich regelmäßig nach dem verfolgten Interesse bestimmt. Es findet sich aber in § 49 GKG eine Sondervorschrift, um das Kostenrisiko bei Beschlussklagen iSv § 44 Abs. 1 WEG abschätzbarer zu machen.

4 Die §§ 91 bis 101 ZPO begründen einen **materiellrechtlichen prozessualen Erstattungsanspruch**, der aufschiebend bedingt durch die noch zu treffende Kostengrundentscheidung bereits mit Rechtshängigkeit entsteht.[1] Neben dem Kostenerstattungsanspruch der ZPO können materiellrechtliche Ansprüche des BGB bestehen, wie Schadensersatzansprüche aus den §§ 280 Abs. 1, 241 Abs. 2 BGB, aus den §§ 280 Abs. 1 u. 2, 286 BGB oder aus den §§ 823 ff. BGB. Ebenfalls ist eine vertragliche Kostenübernahme möglich. Prozessualer und materiellrechtlicher Anspruch brauchen sich inhaltlich nicht zu decken, da mit der gerichtlichen Kostenentscheidung nicht alle Umstände berücksichtigt werden können.[2]

II. Kostengrundentscheidung

5 **1. Voraussetzungen und Rechtsfolgen.** Grundsätzlich hat jede Partei als **Auftraggeber** ihres Prozessbevollmächtigten dessen Rechtsanwaltskosten selbst zu tragen. Deren Höhe kann vereinbart werden (§ 3 a RVG), richtet sich aber grundsätzlich nach dem Gegenstandswert (§ 2 Abs. 1 RVG). Auch seine Aufwendungen kann der Rechtsanwalt ersetzt verlangen. Regelmäßig wird er erst tätig werden, wenn er einen Vorschuss erhalten hat (§ 9 RVG). Er hat dem Auftraggeber eine Berechnung zu übermitteln, wenn er die Vergütung einfordern will (§ 10 Abs. 1 S. 1 RVG).

6 Hingegen bestimmen sich die **Gerichtskosten** nach dem GKG, das gem. § 1 Abs. 1 S. 1 Nr. 1 GKG auf Verfahren nach der ZPO anwendbar ist. Kostenschuldner ist zunächst derjenige, der das Verfahren des Rechtszugs beantragt hat (§ 22 Abs. 1 S. 1 GKG). Kosten sind die Gebühren und die Auslagen des Gerichts (§ 1 Abs. 1 S. 1 GKG). Die Gerichtsgebühren bestimmen sich nach dem Streitwert (§ 3 Abs. 1 GKG). In bürgerlichen Rechtsstreitigkeiten soll die Klage erst nach Einzahlung eines Vorschusses zugestellt werden (§ 12 Abs. 1 S. 1 GKG). Auch eine kostenauslösende Handlung, wie etwa eine Beweisaufnahme, soll nur von der vorherigen Zahlung eines Vorschusses auf die erwarteten Auslagen vorgenommen werden (§ 17 Abs. 1 GKG).

7 Zugleich mit der Entscheidung über die Hauptsache hat das Gericht eine **Kostengrundentscheidung** nach den §§ 91 ff. ZPO zu treffen. Mit dieser wird im Grundsatz bestimmt, ob die Prozesskosten von einer Partei vollständig oder von mehreren Parteien anteilig zu tragen sind (Entscheidungsschuldner). Diese Entscheidung ergeht von Amts wegen (§ 308 Abs. 2 ZPO) in jeder eine Instanz abschließenden Entscheidung, also dem Urteil; bei Teil- oder Grundurteilen wird die Kostenentscheidung im Schlussurteil getroffen. Durch Beschluss ist zu entscheiden, wenn Klage oder Rechtsmittel zurückgenommen worden sind oder das Verfahren übereinstimmend für erledigt erklärt worden ist (§§ 91 a Abs. 1 S. 1, 269 Abs. 4, 516 Abs. 3 S. 2 ZPO). Ist die Kostenentscheidung im Urteilstenor unterblieben, vermag das Gericht diese nach § 321 ZPO zu ergänzen. Trifft das Ge-

---

1 BeckOK ZPO/*Jaspersen* § 91 Rn. 13 f.
2 Vgl. BGH 9.2.2012 – VII ZB 95/09, NJW 2012, 1291 Rn. 6 ff.

richt eine Entscheidung, fällt es etwa ein Urteil, bestimmt es die Partei, die die gerichtlichen und außergerichtlichen Kosten (anteilig) zu tragen hat (§ 29 Nr. 1 Alt. 1 GKG; Entscheidungsschuldner). Streitgenossen (und Beigeladene iSv § 48 WEG aF) haften als Gesamtschuldner (§ 32 Abs. 1 S. 1 u. Abs. 2 GKG). Diese Personen sind Erstschuldner (§ 31 Abs. 2 S. 1 GKG), gleichsam vorrangig in Anspruch zu nehmen, obgleich Kostenschuldner grundsätzlich als Gesamtschuldner haften (§ 31 Abs. 1 GKG).

Mit der Kostengrundentscheidung wird ein Erstattungsanspruch zwischen den Parteien begründet. Das Verhältnis zwischen den Parteien und dem **Justizfiskus** bestimmt sich hingegen nach dem GKG, wo festgelegt ist, wer Kostenschuldner ist. Im Kostenfestsetzungsverfahren der §§ 66 ff. GKG an die Gerichtskasse geleistete Zahlungen werden folglich nicht der obsiegenden Partei erstattet, sondern diese muss von der unterliegenden Partei die Erstattung verlangen.[3]   8

Parteien können sich über die Kosten des Rechtsstreits und eines **Prozessvergleichs** einigen (→ *Prozessvergleich* Rn. 6 f.). Geschieht dies nicht, sind die Kosten als gegeneinander aufgehoben anzusehen (§ 98 ZPO). Sind in einem Vergleich die Kosten verteilt worden, sind die Kosten- ebenfalls Erstschuldner (§ 29 Nr. 2 GKG; Übernahmeschuldner).   9

2. Grundsatz der Kosteneinheit. Grundsätzlich werden die Kosten mit der Kostengrundentscheidung weder beziffert noch einzelne Positionen benannt (**Einheitlichkeit der Kostenentscheidung**); aus der Kostengrundentscheidung muss also die **Kostenquote** hervorgehen, die sich nach dem Verhältnis von Obsiegen und Unterliegen der Parteien ausrichtet (§ 92 Abs. 1 ZPO). Inwieweit eine Partei obsiegt hat oder unterlegen ist, richtet sich danach, wieweit sie mit dem den Streitgegenstand bestimmenden Hauptsachantrag erfolglos geblieben ist.[4] Das Gericht vermag allerdings sein Ermessen dahingehend auszuüben, bei einem verhältnismäßig geringen Anteil des Unterliegens die Kosten einer Partei vollständig aufzuerlegen (§ 92 Abs. 2 Nr. 1 ZPO), der bis etwa 10 % reichen soll.[5] Gleiches gilt, wenn die Klageforderung von einer gegenseitigen Berechnung, einer Sachverständigenermittlung oder richterlichem Ermessen abhängt, wie etwa der unbezifferte Schmerzensgeldantrag nach § 253 Abs. 2 BGB (§ 92 Abs. 2 Nr. 2 ZPO).   10

Allerdings können Kosten, die durch einen bestimmten Umstand ausgelöst worden sind, durch das Gericht von der **Kostengrundentscheidung** ausgenommen und stattdessen einer bestimmten Partei zugewiesen werden. Einer derartigen Kostentrennung bedarf es freilich nur, wenn die Partei, der die Kosten auferlegt werden sollen, nicht ohnehin den Rechtsstreit gänzlich verliert.   11

Nach § 95 ZPO sind die Kosten für eine von einer Partei verursachten **Verfahrensverzögerung** (Termins- (§§ 216, 220 Abs. 2 ZPO) oder Fristversäumnis (§§ 221, 230 ZPO) sowie Verantwortlichkeit für vermeidbaren Termin (§ 227 ZPO) oder Fristverlängerung (§§ 224, 225 ZPO) dieser aufzuerlegen; Verstöße gegen den Beschleunigungsgrundsatz sollen so sanktioniert werden (→ *Prozess und Prozessgrundsätze* Rn. 7).[6] Gleiches gilt für die Kosten der Wiedereinsetzung in den vorigen Stand (§ 238 Abs. 4 ZPO) sowie die durch eine Säumnis veranlassten Kosten (§ 344 ZPO). Nach § 38 GKG hat das Gericht überdies die Möglichkeit, eine Verzögerungsgebühr zu verhängen.   12

Eine weitere Ausnahme kennt § 96 ZPO, der die Parteien zur **Prozesswirtschaftlichkeit** anhalten soll und eine gerechte Kostenverteilung nach sich zieht.[7] Nach dieser Norm können die Kosten eines Angriffs- oder Verteidigungsmittels iSd §§ 146, 282 ZPO der obsiegenden Partei auferlegt werden, wenn es für die Sachentscheidung ohne Einfluss geblieben ist. Werden etwa in einem Bauprozess neue Mängel vorgebracht, um den Rechtsstreit durch eine weitere Beweisaufnahme zu verzögern, können der Partei die Auslagen für den deshalb einzuholenden Sachverständigenbeweis auferlegt werden.[8] Das Gericht entscheidet nach billigem Ermessen; wichtiger Ermessensgesichtspunkt ist die Redlichkeit der Prozessführung.[9]   13

Bei einer **Verweisung wegen Unzuständigkeit** hat auch der obsiegende Kläger die Kosten der Verweisung zu tragen (§ 281 Abs. 3 S. 2 ZPO). Die Kosten eines **erfolglosen Rechtsmittels** sind von der Partei zu tragen, die   14

---

3 BeckOK ZPO/*Jaspersen* § 91 Rn. 49.
4 BeckOK ZPO/*Jaspersen* § 92 Rn. 62.
5 Vgl. BeckOK ZPO/*Jaspersen* § 92 Rn. 32.
6 BeckOK ZPO/*Jaspersen* § 95 Rn. 1.
7 BeckOK ZPO/*Jaspersen* § 96 Rn. 1.
8 BeckOK ZPO/*Jaspersen* § 96 Rn. 4 b.7; ausführl. *Matthies* JR 1993, 181 ff.
9 Vgl. BGH 17.4.2019 – VIII ZR 33/18, NJW 2019, 536 Rn. 46.

es eingelegt hat (§ 97 Abs. 1 ZPO). Die obsiegende Partei hat ausnahmsweise die Kosten zu tragen, wenn dies wegen Vorbringens geschieht, das sie auch schon in einer früheren Instanz hätte geltend machen können (Abs. 2).

15 **3. Kostengrundentscheidung nach billigem Ermessen.** Für eine Kostengrundentscheidung, die den Parteien gänzlich oder zu einem Teil die Kosten auferlegt, fehlt mitunter dem Gericht die Tatsachengrundlage, an der dieses den Anteil von Unterliegen und Obsiegen festmachen kann. Dann muss es möglich sein, eine **Kostengrundentscheidung nach billigem Ermessen** zu treffen. Neben etwa den Fällen der §§ 92 Abs. 2, 96, 100 Abs. 2 ZPO ist dies einerseits bei einer übereinstimmenden Erledigungserklärung oder der Klagerücknahme vor Rechtshängigkeit wegen eines erledigenden Ereignisses der Fall, aber auch in Gestaltungsklagen des Wohnungseigentumsrechts, in denen das Gericht bereits in der Hauptsache nach billigem Ermessen entscheidet.

16 Erklären die Parteien den Rechtsstreit in der **Hauptsache übereinstimmend für erledigt**, hat das Gericht nach § 91 a ZPO eine Kostenentscheidung zu treffen, was auch bei einer Anfechtungsklage der Fall sein kann.[10] Dies ist etwa gegeben, wenn ein weiterer Beschluss getroffen wird und damit der Anfechtungskläger gegen den Erstbeschluss sein Rechtsschutzbedürfnis verliert, weil dieser mit dem neuen Beschluss aufgehoben worden ist.[11] Hingegen stellt es kein erledigendes Ereignis einer Klage dar, mit dem die Bestellung des Verwalters angefochten wird, wenn das Verwalteramt wegen Zeitablaufs endet, da dies die Rechte und Pflichten während des Amts nicht berührt.[12] Eine Billigkeitsentscheidung trifft das Gericht auch nach § 269 Abs. 3 S. 3 ZPO, wenn der Klageanlass vor Rechtshängigkeit weggefallen ist und die Klage daraufhin zurückgenommen wird.

17 Haben die Wohnungseigentümer ihr Selbstorganisationsrecht nicht wahrgenommen und hat das Gericht eine **Hauptsacheentscheidung nach billigem Ermessen** getroffen (Beschlussersetzungsklage nach § 44 Abs. 1 S. 2 WEG; → *Ordnungsmäßige Verwaltung* Rn. 90 ff.), kann es analog § 92 Abs. 2 Nr. 2 ZPO die Prozesskosten ebenfalls nach billigem Ermessen verteilen.[13] Zwar betrifft die Vorschrift nur den Fall, dass ein Betrag durch richterliches Ermessen festgesetzt wird, doch gehen die Gesetzesverfasser davon aus, dass die Vorschrift über ihren Wortlaut hinaus auch in den anderen Fällen, in denen in der Hauptsache richterliches Ermessen ausgeübt wird, anwendbar ist.[14] Für die Kostenentscheidung nach billigem Ermessen kommt es darauf an, wer das Verfahren und die Tätigkeit des Gerichts veranlasst und wie sich eine Partei in einem Verfahren verhalten hat:[15] Das Gericht vermag hierbei eine einheitliche Kostenentscheidung zu treffen und Quoten zu vergeben, aber auch die Kosten zu trennen in gerichtliche und außergerichtliche Kosten oder in bestimmte Kosten. Auch vermag es die Kosten iSv § 92 Abs. 1 S. 1 ZPO gegeneinander aufzuheben.[16] Mit der WEG-Reform 2020 ist § 49 Abs. 1 WEG aF aufgehoben worden. Diese Vorschrift eröffnete dem Gericht eine Kostenverteilung nach billigem Ermessen, wenn dieses eine der heutigen Beschlussanfechtungsklage entsprechende Hauptsachentscheidung auf Grundlage von § 21 Abs. 8 WEG aF – also kein Prozessurteil oder eine Entscheidung nach den §§ 93, 269 ZPO – getroffen hatte.[17] Durch die Aufhebung von § 49 Abs. 1 WEG aF mag der Gesetzgeber das Kostenrecht verschlankt haben; zugleich hat er (ohne Not) jedoch eine planmäßige Regelungslücke geschaffen, die er durch Anwendung des nicht ganz passenden § 92 Abs. 2 Nr. 2 ZPO zu schließen gehofft hat.

18 **4. Subjektive Klagehäufung, Nebenintervention und Beiladung.** § 100 ZPO ergänzt die §§ 91, 92, 97 Abs. 1 ZPO um den Fall, dass auf Kläger- oder Beklagtenseite eines Prozesses mehrere Personen stehen, nämlich als Streitgenossen. Es geht um die Haftung der unterliegenden Streitgenossen gegenüber dem obsiegenden Prozessgegner. Diese richtet sich nach **Kopfteilen** aus (Abs. 1), sofern nicht das Gericht die Kosten nach seinem **Ermessen** anders verteilt (Abs. 2) oder die Beklagten als Gesamtschuldner verurteilt hat (Abs. 4). Für die Kosten eines besonderen Angriffs- oder Verteidigungsmittels, das nur ein Streitgenosse geltend gemacht hat, haften die übrigen Streitgenossen nicht (Abs. 3). Die (gesamtschuldnerische) Haftung mehrerer Streitgenossen

---

10 Ausführl. *Bonifacio* ZMR 2010, 163 ff.; FormB-WEG-R/*Elzer* § 4 Rn. 146 ff.
11 BeckOK WEG/*Elzer* Vor § 43 Rn. 28.
12 Ausführl. BeckOK WEG/*Elzer* Vor § 43 Rn. 29.
13 Beispiel bei FormB-WEG-R/*Elzer* § 4 Rn. 83.
14 BT-Drs. 168/20, 89 f. unter Verweis auf OLG Brandenburg 13.10.2004 – 4 U 68/04, juris Rn. 42 für eine Grenzentscheidungsklage aus § 920 Abs. 2 BGB.
15 Vgl. LG Nürnberg-Fürth 4.6.2013 – 14 T 3027/13, BeckRS 2013, 10067.
16 *Schmid* DWE 2011, 114 (116).
17 Abw. BeckOK WEG/*Elzer* § 49 Rn. 16, nach dem § 49 Abs. 1 WEG aF die speziellere Vorschrift gewesen sei.

gegenüber dem Justizfiskus hingegen folgt aus § 32 GKG.[18] Der Ausgleich zwischen den Streitgenossen im Innenverhältnis ist nicht nach § 100 ZPO zu bestimmen, weil zwischen diesen Prozessbeteiligten kein Prozessrechtsverhältnis besteht.

Grundsätzlich können einem **Dritten**, also einer Person, die keine Partei ist, keine Kosten auferlegt werden.   19 Dies galt auch für die Kosten der Beiladung, die nicht in § 48 WEG aF geregelt waren, verwies die Norm insbesondere nicht auf § 162 Abs. 3 VwGO. Es wurde indes vertreten, § 101 Abs. 1 ZPO analog anzuwenden, da die Interessen des Beigeladenen mit einem Nebenintervenienten übereinstimmten (→ *Beiladung, Streitgenossenschaft, Nebenintervention und Streitverkündung* Rn. 2 ff.).[19] Allerdings war eine planwidrige Regelungslücke nicht zu erkennen: Der Beigeladene konnte sich an einem Verfahren beteiligen und gem. den §§ 100, 101 Abs. 2 ZPO zum Streitgenossen werden, so dass sich die Kostenerstattung nach § 100 ZPO richtete. Trat er nicht bei, konnte er keine Kostenerstattung verlangen und es griff § 50 WEG aF nicht, weil er keine Rechte verfolgte und sich nicht verteidigte.[20] Trat er hingegen bei, war § 50 WEG aF zumindest ab dem Beitritt anwendbar, so dass er grundsätzlich nicht die Kosten für einen noch zu beauftragenden Rechtsanwalt bei Obsiegen erstattet verlangen konnte. War indes bereits ein Anwalt beauftragt, brauchte der Anwaltsvertrag nicht gekündigt zu werden.[21]

5. Kostenentscheidung zulasten des nicht am Prozess beteiligten Verwalters. Eine Kostenentscheidung   20 zulasten des nicht an einem Prozess beteiligten Verwalters, etwa weil dieser einen Beschlussmangel, der zu einer Klage nach § 44 Abs. 1 S. 1 WEG geführt hat, zu vertreten hat, kennt das WEG nicht mehr, um das Kostenrecht zu vereinfachen. Allerdings können der Gemeinschaft der Wohnungseigentümer materiellrechtliche Schadensersatzansprüche gegen den Verwalter zustehen,[22] die ggf. mit einer Leistungsklage gegen den Verwalter durchzusetzen sind. Das alte Recht eröffnete durch § 49 Abs. 2 WEG aF dem Gericht eine Ermessensentscheidung: In den von § 43 WEG aF erfassten Verfahren (→ *Prozess und Prozessgrundsätze* Rn. 45 ff.)[23] konnten dem Verwalter die Prozesskosten auch dann ganz oder teilweise auferlegt werden, wenn er nicht Partei, Streithelfer oder Beigeladener war, sofern der Prozess auf dessen schuldhaftes Verhalten zurückzuführen war.[24] Zweck dieser Norm war es, dass der betroffene Wohnungseigentümer aus Gründen der Prozessökonomie keinen neuen Prozess gegen den Verwalter auf Kostenerstattung zu führen brauchte.[25] Dieser Zweck ist nunmehr hinter das Ziel, das Kostenrecht zu vereinfachen, zurückgetreten. § 49 Abs. 2 WEG aF war nur anwendbar, wenn der **Verwalter nicht Partei** war; ihm konnten also nicht die Kosten auferlegt werden, wenn er den Prozess gewonnen hatte; dies ließ sich zwar durchaus mit dem Wortlaut, nicht aber mit der Normhistorie in Einklang bringen.[26] Wortlaut, Historie und Telos der Norm geboten es überdies nicht, sie auf Binnenstreitigkeiten zu beschränken.[27]

Voraussetzung der Kostenentscheidung nach § 49 Abs. 2 WEG aF war einerseits ein (auch nach dem reformierten Recht weiterhin grundsätzlich existenter) materiellrechtlicher **Schadensersatzanspruch** des unterlegenen Wohnungseigentümers gegen den Verwalter, weil dieser die ihm obliegenden Pflichten bei der Verwaltung des gemeinschaftlichen Eigentums grob verletzt hatte. Anderseits musste der Verwalter dadurch das Verfahren veranlasst haben.[28]   21

In Betracht kam namentlich die Verletzung einer Pflicht mit Schutzwirkung zugunsten des einzelnen Wohnungseigentümers aus dem **Verwaltervertrag** (§§ 280 Abs. 1, 675, 241 Abs. 2 BGB; → *Verwalter* Rn. 68 ff.). Diese Verletzung musste feststehen, also unstreitig, zugestanden oder bewiesen sein. War dies nicht der Fall,   22

---

18 BeckOK ZPO/*Jaspersen* § 100 Rn. 1.
19 BeckOK WEG/*Elzer* § 49 Rn. 5.
20 Ausnahmen für nicht benannte Einzelfälle denkbar nach BeckOK WEG/*Elzer* § 50 Rn. 10.
21 LG München I 12.12.2013 – 36 T 22885/13, ZWE 2014, 143; BeckOK WEG/*Elzer* § 50 Rn. 10.
22 BT-Drs. 19/18791, 80.
23 BeckOK WEG/*Elzer* § 49 Rn. 27; aA *Jennißen/Suilmann* WEG § 49 Rn. 16.
24 Zum Ganzen *Bonifacio* ZWE 2012, 206 ff.; *Hogenschurz* ZflR 2015, 599 ff.; *Lehmann-Richter* ZWE 2016, 72 ff.; vgl. auch § 81 Abs. 4 FamFG.
25 *Staudinger/Lehmann-Richter* WEG § 49 Rn. 17.
26 *Drasdo* FS Bub, 2007, 59, 65; *Skrobek* ZMR 2008, 173 (175); aA *Niedenführ* ZWE 2009, 69 (71).
27 *Bonifacio* ZWE 2012, 206 (208); aA *Niedenführ* ZWE 2009, 69 (72).
28 BGH 7.7.2016 – V ZB 15/14, NJW-RR 2017, 464 Rn. 8 f.

durfte das Gericht keine Entscheidung nach § 49 Abs. 2 WEG aF zulasten des Verwalters treffen.[29] Verwalter iSd Norm war nicht nur die zum Verwalter bestellte Person, sondern auch ein ehemaliger oder sogar faktischer Verwalter.[30] Gegen andere Personen war ohnehin ein Schadensersatzprozess auf Erstattung anzustreben, da § 49 Abs. 2 WEG aF eine Ausnahmevorschrift war.[31]

23 § 49 Abs. 2 WEG aF war ebenfalls anwendbar, wenn die **Klage zurückgenommen** oder der **Rechtsstreit** in der Hauptsache übereinstimmend für **erledigt** erklärt worden war, auch in zweiter Instanz.[32] Das Berufungsgericht hat eine eigene Kostenentscheidung zu treffen und konnte deshalb im Verfahrensgang erstmals auf § 49 Abs. 2 WEG aF abstellen.[33]

24 Auf Rechtsfolgenseite hatte das Gericht zunächst sein Ermessen dahingehend auszuüben, dass es den Verwalter mit den Kosten (zum Teil) belastete oder nicht. Hierbei waren alle **Umstände des Einzelfalls** zu berücksichtigen, da das Gericht sein Ermessen rechtlich gebunden und pflichtgemäß auszuüben hatte; eine Beweisaufnahme konnte stattfinden.[34] Zu berücksichtigen waren etwa das Prozessverhalten der Partei und des Verwalters, die Prozessökonomie oder Rechtssicherheit und Rechtsklarheit.

25 Der Wohnungseigentümer musste durch eine Pflichtwidrigkeit des Verwalters dazu veranlasst worden sein, ein Verfahren iSv § 43 WEG aF anzustrengen, etwa durch Klageerhebung oder Beantragung einer einstweiligen Verfügung,[35] wenn die Pflichtverletzung auch (nicht: allein) kausal für das Verfahren geworden war.[36] Da das Gericht aber auch eine **Kostentrennung** vorzunehmen vermochte, reichte es aus, wenn durch das Verwalterverhalten besondere Kosten ausgelöst worden waren, etwa diejenigen für eine Beweisaufnahme.[37]

26 Wichtigster Anwendungsbereich von § 49 Abs. 2 WEG aF war die Anfechtungsklage.[38] Es waren deshalb verschiedene **Veranlassungsgründe** denkbar:[39] So konnte ein von dem Verwalter zu vertretender Beschlussmangel, der zu einer Kostenentscheidung in einer Anfechtungsklage geführt hatte,[40] (wie etwa formell die Erstellung einer mangelhaften Tagesordnung, Ladungsfehler, eine mangelhafte, etwa öffentliche Durchführung, ein unrechtmäßiger Ausschluss eines Wohnungseigentümers, Missachtung von Grundsätzen des Stimmrechts), eine für diesen nachteilige Kostenentscheidung nach sich ziehen. Materielle Beschlussmängel beruhten etwa auf einer ordnungswidrigen oder falschen Abrechnung, der falschen Vorbereitung eines Beschlusses, etwa eines Erhaltungsbeschlusses, oder die Verkündung eines nicht rechtmäßigen Beschlusses, wobei der Verwalter dies erkannt haben musste, was etwa bei einer nicht erreichten Mehrheit der Fall war.[41]

27 Der Verwalter musste die auf sein Verhalten zurückzuführende gerichtliche Tätigkeit **grob verschuldet** haben, wobei vergleichbar § 309 Nr. 7 lit. b BGB damit Vorsatz und grobe Fahrlässigkeit gemeint waren; der Verwalter musste also die im Verkehr erforderliche Sorgfalt in einem ungewöhnlich hohen Maß verletzt haben, indem er dasjenige unbeachtet gelassen hatte, was im konkreten Fall jedem hätte einleuchten müssen.[42] Dies konnte eine schlechthin unentschuldbare Pflichtverletzung sein, mit der das Maß in § 276 Abs. 2 BGB erheblich überschritten wurde.[43] Ein professioneller Verwalter hatte sich dabei an einem fachgerechten Verwaltungshandeln messen zu lassen, während dies bei einem Laien nicht grundsätzlich gefordert werden konnte.[44]

---

29 BGH 7.7.2016 – V ZB 15/14, NJW-RR 2017, 464 Rn. 9.
30 *Bonifacio* ZWE 2012, 206 (208); aA *Niedenführ* ZWE 2009, 69 (71).
31 *Drasco* FS Bub, 2007, 59 (63).
32 BGH 7.7.2016 – V ZB 15/14, NJW-RR 2017, 464 Rn. 11; aA *Hogenschurz* ZfIR 2015, 599 (603).
33 *Bonifacio* ZWE 2012, 206 (211); abw. Staudinger/*Lehmann-Richter* WEG § 49 Rn. 71.
34 BeckOK WEG/*Elzer* § 49 Rn. 34.
35 *Bonifacio* ZWE 2012, 206 f.; *Skrobek* ZMR 2008, 173 (175).
36 BGH 7.7.2016 – V ZB 15/14, NJW-RR 2017, 464 Rn. 14.
37 BeckOK WEG/*Elzer* WEG § 49 Rn. 40 f.
38 Staudinger/*Lehmann-Richter* WEG § 49 Rn. 24.
39 Übersichten bei *Drasco* FS Bub, 2007, 59 (61 f.); *Drasco* NZM 2009, 257 (261); BeckOK WEG/*Elzer* § 49 Rn. 42 ff.; *Lehmann-Richter* ZWE 2016, 72 (74 f.).
40 *Greiner* ZWE 2011, 118 ff.
41 Zum Meinungsstand BeckOK WEG/*Elzer* § 49 Rn. 45.
42 BGH 7.7.2016 – V ZB 15/14, NJW-RR 2017, 464 Rn. 23.
43 BeckOK WEG/*Elzer* § 49 Rn. 49.
44 *Bonifacio* ZWE 2012, 206 (208); *Lehmann-Richter* ZWE 2016, 72 (73).

Bartels

Der Verwalter war vor der Kostengrundentscheidung zu seinen Lasten **anzuhören**, wofür die bloße Beiladung 28 nicht ausreichte (→ *Beiladung, Streitgenossenschaft, Nebenintervention und Streitverkündung* Rn. 18).[45] Das Gericht hatte seine Ermessensausübung und die Gründe hierfür in seinem Beschluss darzulegen, dabei auch den Vortrag des angehörten Verwalters in den Tatbestand aufzunehmen.[46]

6. Rechtsmittel gegen die Kostengrundentscheidung. Gegen die Kostenentscheidung kann sich nach dem 29 allgemeinen Rechtsgedanken der §§ 91 a Abs. 2 S. 1, 99 Abs. 2 S. 1 ZPO eine Partei nur dann isoliert mit einer sofortigen Beschwerde (→ *Rechtsmittel* Rn. 18 ff.) wenden, wenn ein **Angriff der Hauptsacheentscheidung** nicht zielführend oder ihr nicht möglich ist.[47] Das Beschwerdegericht nach den §§ 567 ff. ZPO vermag die Entscheidung nur auf Ermessensfehler (Nichtgebrauch, Überschreitung, Missbrauch) hin zu überprüfen[48] – anders als das Berufungsgericht, das eine neue Kostenentscheidung zu treffen und daher auch (vgl. § 92 Abs. 2 Nr. 2; → Rn. 17) eigenes Ermessen auszuüben hat.[49]

Analog den §§ 91 a Abs. 2 S. 1, 99 Abs. 2 S. 1 ZPO stand dem Verwalter die (isolierte) sofortige Beschwerde 30 nach den §§ 567 ff. ZPO gegen die **erstinstanzliche Entscheidung** offen, wenn ihm nach § 49 Abs. 2 WEG aF die Kosten auferlegt worden waren (→ *Rechtsmittel* Rn. 18 ff.).[50] Auch gegen die erstmalige Entscheidung des **Berufungsgerichts** war eine sofortige Beschwerde denkbar, da schließlich § 567 Abs. 1 ZPO wegen der Analogie zu den §§ 91 a Abs. 2 S. 1, 99 Abs. 2 S. 1 ZPO nicht griff und anderenfalls die – wenig sachgerechte – Anhörungsrüge nach § 321 a ZPO statthafter Rechtsbehelf gewesen wäre.[51] Weil der Verwalter nicht Partei war und es deshalb nicht auf die Rechtsmittel in der Hauptsache ankam, war analog § 567 Abs. 2 ZPO nur an die Beschwer in Höhe von 200 EUR, nicht auch noch analog den §§ 99 Abs. 2 S. 2, 511 Abs. 2 Nr. 1 ZPO an die Beschwer in Höhe von 600 EUR anzuknüpfen.[52] Beschwerdegegner war die Partei, die ohne Anwendung von § 49 Abs. 2 WEG aF die Kosten zu tragen gehabt hätte.[53] Das Beschwerdegericht konnte die Entscheidung nur auf Ermessensfehler überprüfen.[54] Die Beschwerde wurde nicht durch die Berufung der Parteien unzulässig, war aber sachgerecht analog § 147 ZPO mit dieser zu verbinden.[55]

Die **Wohnungseigentümer** können isoliert gegen die Kostenentscheidung vorgehen, wenn sie durch diese unabhängig von der Hauptsache beschwert sind, was nicht der Fall ist, wenn das Gericht eine Kostentragung des Verwalters entweder abgelehnt oder nicht erörtert hat.[56] 31

III. Wertfestsetzung

Das Gericht hat nach § 63 Abs. 2 S. 1 GKG mit seiner Endentscheidung oder dann, wenn sich das Verfahren 32 anderweitig erledigt hat, etwa durch Klagerücknahme oder Vergleich, den **Streitwert** festzusetzen, der grundsätzlich gem. § 32 Abs. 1 RVG zugleich als Gegenstandswert die Grundlage für die Berechnung der Rechtsanwaltsgebühren bildet. Denn die Erhebung der Gebühren richtet sich für Verfahren der ordentlichen Gerichtsbarkeit iSv § 1 Abs. 1 S. 1 GKG nach dem Streitwert, also dem Wert des prozessualen Streitgegenstands. Die-

---

45 *Bonifacio* ZWE 2012, 206 (209).

46 BeckOK WEG/*Elzer* WEG § 49 Rn. 58.

47 So für § 49 Abs. 1 WEG LG Nürnberg-Fürth 4.6.2013 – 14 T 3027/13, BeckRS 2013, 10067; *Skrobek* ZMR 2008, 173 (175); aA BeckOGK/*Karkmann* WEG § 49 Rn. 2; Staudinger/*Lehmann-Richter* WEG § 49 Rn. 9.

48 KG 14.10.2005 – 11 W 8/04, ZWE 2006, 203 Ls.; BeckOK WEG/*Elzer* § 49 Rn. 23, 35; vgl. auch BeckOK ZPO/ *Jaspersen* § 91 a Rn. 39.

49 Staudinger/*Lehmann-Richter* WEG § 49 Rn. 10.

50 BGH 7.7.2016 – V ZB 15/14, NJW-RR 2017, 464 Rn. 6; LG Nürnberg-Fürth 4.6.2013 – 14 T 3027/13, BeckRS 2013, 10067; BeckOK WEG/*Elzer* § 49 Rn. 21 ff.; *Skrobek* ZMR 2008, 173 (175); aA BeckOK WEG/*Karkmann* § 49 Rn. 2; Staudinger/*Lehmann-Richter* WEG § 49 Rn. 9.

51 BeckOK WEG/*Elzer* § 49 Rn. 60; aA BGH 7.7.2016 – V ZB 15/14, NJW-RR 2017, 464 Rn. 6; Staudinger/ *Lehmann-Richter* WEG § 49 Rn. 69.

52 LG München I 29.4.2014 – 1 T 18206/12, ZWE 2015, 57 (58); BeckOK WEG/*Elzer* § 49 Rn. 62; Jenißen/*Suilmann* WEG § 49 Rn. 37; aA *Bonifacio* ZWE 2012, 206 (212); Staudinger/*Lehmann-Richter* WEG § 49 Rn. 70.

53 Zum Meinungsstand BeckOK WEG/*Elzer* § 49 Rn. 63 ff.

54 BeckOK WEG/*Elzer* § 49 Rn. 66.

55 LG München I 27.4.2009 – 1 S 19129/08, NJW-RR 2009, 1671 (1672); BeckOK WEG/*Elzer* § 49 Rn. 69 gegen *Dötsch* NZM 2011, 97 (100).

56 BGH 18.8.2010 – V ZB 164/09, NZM 2010, 748 Rn. 5 ff.

ser ist unabhängig von dem **Zuständigkeitsstreit** (§ 1 ZPO und § 23 Nr. 1 GVG) und dem **Rechtsmittelstreitwert** (§ 511 Abs. 2 Nr. 1 ZPO) zu verstehen (→ *Streitwerte im ABC* Rn. 5).[57]

33   Gegen die Streitwertfestsetzung ist die **Streitwertbeschwerde** nach den §§ 66, 68 GKG zum höheren Gericht zulässig. Für diese gilt ebenfalls die Zuständigkeitskonzentration gem. § 72 Abs. 2 GVG.[58] Die Partei ist nur beschwert, wenn sie eine niedrigere Streitwertfestsetzung begehrt. Ein Rechtsanwalt hat ein eigenes Beschwerderecht aus § 33 Abs. 3 S. 1 RVG.

34   **1. Wertvorschriften.** Der Streitwert wird nach den §§ 39 ff. GKG berechnet, wobei über § 48 Abs. 1 S. 1 GKG die §§ 3 bis 9 ZPO auf **bürgerliche Rechtsstreitigkeiten** subsidiär anwendbar sind (ausführlich → *Streitwerte im ABC* Rn. 5 ff.). Die §§ 39 ff. GKG kennen allgemeine, die §§ 48 ff. GKG besondere Wertvorschriften. Der Wert mehrerer Ansprüche ist zu addieren (§ 39 Abs. 1 Hs. 1 GKG), wobei es Ausnahmen bei Haupt- und Nebenforderungen (§ 43 GKG) und einer Stufenklage (§ 44 GKG) gibt. Ein einheitliches Interesse wird verfolgt, wenn Streit über eine Sanierungsmaßnahme und deren Finanzierung besteht.[59] Herrscht Streit über ein alleiniges Nutzungsrecht, kommt es auf die Wertsteigerung des Sondereigentums an, wenn diesem das Nutzungsrecht tatsächlich zugehörig ist.[60] Hingegen kommt es bei einer baulichen Veränderung auf den Wertverlust am Sondereigentum an.[61] Das Gericht hat den Wert der Interessen auf Grundlage des Parteivortrags zu schätzen; ein Sachverständigenbeweis ist nicht möglich.[62] Die Höhe der Wertgebühren bestimmt sich nach § 34 GKG und der Anlage 2 zu § 34 Abs. 1 S. 3 GKG. Maßgeblicher Zeitpunkt ist gem. § 40 GKG derjenige der Antragstellung.

35   Etwa kommt es bei Streitigkeiten über das Bestehen oder die Dauer eines **Miet- oder Pachtverhältnisses** auf das Entgelt für den streitbefangenen Zeitraum, allenfalls aber das einjährige Entgelt an (§ 41 Abs. 1 S. 1 GKG). Für die begehrte Räumung wegen Beendigung des Verhältnisses ist das Jahresentgelt maßgebend (§ 41 Abs. 2 GKG). Für **Wohnungseigentumssachen** kannte § 49 a GKG aF eine Sondervorschrift (→ *Streitwerte im ABC* Rn. 6 ff.).[63] Mit dieser Norm sollte ein reduzierter Streitwert das Kostenrisiko kalkulierbar machen und damit den Justizgewähranspruch des Staates erfüllen.[64] Weil namentlich die Beiladung entfallen ist (→ *Beiladung, Streitgenossenschaft, Nebenintervention und Streitverkündung* Rn. 8), ist mit der WEG-Reform § 49 a GKG aF abgeschafft worden, sodass auf die allgemeine Regel des § 48 Abs. 1 S. 1 GKG zurückzugreifen ist.[65]

36   § 49 a GKG aF war auf die in § 43 Nr. 1 bis 5 WEG aF genannten Streitigkeiten anwendbar,[66] wenn es sich **nicht** um einen **Zahlungsanspruch** handelte. Anderenfalls griff § 49 a GKG aF aus seinem Sinn und Zweck, das Kostenrisiko abschätzbarer zu machen, nicht ein, so stets bei Leistungsanträgen iSv § 43 Nr. 6 WEG aF. Der bezifferte Wert bildet iSv § 48 Abs. 1 S. 1 GKG den Gebührenstreitwert.[67]

37   **2. Interesse.** Grundsätzlich ist das Interesse von Kläger, Widerkläger oder Rechtsmittelführer maßgeblich, um den Streitwert zu bestimmen (→ *Streitwerte im ABC* Rn. 5 ff.). In unbezifferten **Beschlussklagen** des § 44 Abs. 1 WEG[68] bestimmt sich der Wert nach dem Interesse der an dem Rechtsstreit beteiligten Personen, also der Parteien.[69] Gem. § 49 GKG bildet hingegen das Interesse aller Wohnungseigentümer, also auch wenn sie wegen § 44 Abs. 2 S. 1 u. Abs. 3 WEG nicht Partei des Rechtsstreits sind, die Grundlage der Streitwertberech-

---

57   Beispiele zur Nichtzulassungsbeschwerde in WEG-Sachen bei *Brückner* NJW 2017, 3185 (3187 ff.).

58   LG Frankfurt a. M. 4.12.2019 – 2–13 T 111/19, ZMR 2020, 327.

59   LG Stuttgart 6.8.2019 – 19 T 390/18, ZWE 2020, 304.

60   BGH 20.2.2020 – V ZR 198/19, NZM 2020, 610 Rn. 3 ff.

61   Vgl. BGH 20.2.2020 – V ZR 167/19, BeckRS 2020, 4811 Rn. 4.

62   BGH 6.12.2018 – V ZR 239/17, NJW-RR 2019, 462 Rn. 6; etwa für die Herausgabe von Verwalterunterlagen LG Frankfurt a. M. 2.3.2020 – 2–09 T 52/20, ZWE 2020, 309 f.

63   Beispiele bei LG Lüneburg 16.9.2019 – 3 T 74/19, ZMR 2020, 685 für die Jahresabrechnung und Verwalterbestellung.

64   Vgl. BGH 9.2.2017 – V ZR 188/16, NJW-RR 2017, 913 Rn. 11; OLG Frankfurt a. M. 11.3.2019 – 2 W 3/19, NJW-RR 2019, 1033 Rn. 18.

65   BT-Drs. 19/18791, 92.

66   BeckOK WEG/*Elzer* § 43 Rn. 210; aA BeckOK KostR/*Toussaint* GKG § 49 a Rn. 11.1 ff.

67   LG Frankfurt a. M. 30.4.2018 – 13 S 42/17, ZMR 2019, 62.

68   Vgl. BeckOK WEG/*Elzer* § 43 Rn. 212.

69   Überblick bei BeckOK WEG/*Elzer* § 43 Rn. 223 f.

nung (→ *Anfechtungsklage* Rn. 20): Es sind die Werte der gegenläufigen Interessen auf Kläger- und Beklagtenseite samt beigetretener Personen zu addieren, soweit das wirtschaftliche Interesse nicht identisch ist.[70] Höchststreitwert ist allerdings das siebeneinhalbfache dieses Werts. Damit ist das Interesse des Beklagtenvertreters, der nicht mehr für eine Mehrheit von Wohnungseigentümern, sondern die Gemeinschaft der Wohnungseigentümer (§ 44 Abs. 2 S. 1 WEG) auftritt und so keine Mehrvertretungsgebühr mehr abzurechnen vermag, in das Gesetz geschrieben worden.[71] Nach dem **alten Recht** war – jedenfalls bei Binnenstreitigkeiten gem. § 43 Nr. 1 bis 4 WEG –[72] die Wertfestsetzung nach § 49 a GKG aF komplizierter: Es war das Gesamtinteresse zunächst zu halbieren (§ 49 a Abs. 1 S. 1 GKG aF). Dieser Nominalstreitwert wurde nach unten begrenzt durch das Interesse des Klägers und aller auf seiner Seite Beigetretenen (Mindeststreitwert) und nach oben durch den fünffachen Wert deren Interesses (Satz 2) sowie den Verkehrswert deren Wohnungseigentums (S. 3; Höchststreitwert). Bei Klagen gegen einzelne Wohnungseigentümer durfte der Streitwert das Fünffache des Werts ihres Interesses sowie das Interesse der auf ihrer Seite Beigetretenen nicht übersteigen (Abs. 2 S. 1), wobei auch hier der Verkehrswert des Wohnungseigentums die obere Grenze bedeutete (S. 2 mit Abs. 1 S. 3). Gehörten einem Wohnungseigentümer mehrere Wohnungen, waren deren Verkehrswerte zusammenzurechnen.[73]

IV. Kostenfestsetzung

Aus den abstrakten Vorgaben der gerichtlichen Kostengrundentscheidung ist im eigenständigen Kostenfestsetzungsverfahren nach den §§ 103–107 ZPO zu ermitteln, ob die von den Beteiligten geltend gemachten Kostenpositionen ihre Richtigkeit haben und die Höhe der Erstattungsforderungen festzulegen (**Kostenfestsetzungsentscheidung**). 38

1. Verfahren. Die Kosten werden nach § 104 Abs. 1 S. 1 ZPO mit § 21 Nr. 1 RPflG durch Beschluss des Rechtspflegers auf Antrag nach Anhörung der Gegenseite festgesetzt. Statthaftes **Rechtsmittel** ist die sofortige Beschwerde (§§ 104 Abs. 3 S. 1, 567 ff. ZPO mit § 11 Abs. 1 RPflG), die eine Abhilfemöglichkeit des Rechtspflegers kennt (§ 572 Abs. 1 S. 1 Hs. 2 ZPO). Wenn der Beschwerdewert des § 567 Abs. 2 ZPO in Höhe von 200 EUR nicht erreicht wird, ist nach § 567 Abs. 2 ZPO mit § 11 Abs. 2 S. 1 RPflG die Erinnerung statthaft; hilft der Rechtspfleger dieser nicht ab, ist der Richter abschließend zur Entscheidung berufen. 39

Auch hat das Gericht auf **Antrag des Rechtsanwalts** dessen Vergütung festzusetzen (§ 11 Abs. 1 S. 1 RVG). Erhebt der Antragsgegner Einwendungen oder Einreden, die nicht im Gebührenrecht ihren Grund haben, hat der Rechtspfleger die Festsetzung abzulehnen (§ 11 Abs. 5 S. 1 RVG). Der Vergütungsfestsetzungsbeschluss ist nach § 11 Abs. 2 S. 3 RVG mit § 794 Abs. 1 Nr. 2 ZPO ein Vollstreckungstitel, vor dessen Vollstreckung freilich nach § 798 ZPO eine zweiwöchige Wartefrist einzuhalten ist. 40

2. Begriff der Kosten. Der Begriff der „Kosten des Rechtsstreits" umfasst die **gerichtlichen** (Gebühren und Auslagen, § 1 Abs. 1 GKG) und die **außergerichtlichen Kosten**. Letztere sind zum Teil im Gesetz benannt wie die Zeitversäumnis durch Reisen und Wahrnehmung eines Termins (§ 91 Abs. 1 S. 2 ZPO), die Rechtsanwaltskosten (§ 91 Abs. 2 ZPO), die Gebühren eines Güteverfahrens (§ 91 Abs. 3 ZPO) und die Zahlungen der obsiegenden an die unterlegene Partei während des Rechtsstreits (§ 91 Abs. 4 ZPO). Die Kosten vor- und nebengelagerter Verfahren gehören nicht zu den Kosten des Hauptverfahrens, wenn die Verfahrensvorschriften eine eigenständige Kostenentscheidung vorsehen,[74] also etwa nicht in den Verfahren über einstweiligen Rechtsschutz oder dem selbstständigen Beweisverfahren, wenn es zu keiner Klageerhebung kommt (→ *Selbstständiges Beweisverfahren* Rn. 26). Hingegen gehören die Kosten eines Mahnverfahrens, (→ *Mahnverfahren* Rn. 26), die des Prozesskostenhilfeprüfungsverfahrens und die des Güterichters (§ 278 Abs. 5 S. 1 ZPO) zu den Prozesskosten. 41

Erstattungsfähig sind nur die **notwendigen Aufwendungen** einer Partei. Dies sind zunächst nicht diejenigen Kosten, die einen allgemeinen Prozessaufwand darstellen, weil sie dem Pflichtenkreis der Partei zuzurechnen sind, wie der für die Bearbeitung einer Rechtssache benötigte Zeitaufwand, um den Prozessstoff zu sichten, 42

70 Zum alten Recht BGH 17.11.2016 – V ZR 86/16, NJW-RR 2017, 584 Rn. 5.
71 BT-Drs. 19/22634, 48.
72 BeckOK KostR/*Toussaint* GKG § 49 a Rn. 11.2.
73 BGH 6.12.2018 – V ZR 239/17, NJW-RR 2019, 462 Rn. 5.
74 BeckOK ZPO/*Jaspersen* § 91 Rn. 78.

Beweismittel zu suchen, Informationen mit dem Prozessbevollmächtigten auszutauschen, Schriftsätze zu verfassen und die rechtlichen Grundlagen zu ermitteln.[75]

43   Aus dem Prozessrechtsverhältnis folgt die Pflicht jeder Partei, die **Kosten** ihrer Prozessführung, die sie im Falle ihres Obsiegens vom Gegner erstattet verlangen will, so **niedrig** zu halten, wie sich dies mit der Wahrung ihrer berechtigten Belange vereinbaren lässt.[76] Hierbei kommt es auf eine verobjektivierte Sicht ex ante an, mithin darauf, ob eine verständige und wirtschaftlich denkende Partei die Maßnahme, mit der weitere Kosten ausgelöst werden, im Zeitpunkt deren Vornahme als sachdienlich ansehen durfte.[77] Die Maßnahme muss also geeignet sein, das begehrte Ziel zu erreichen, darüber hinaus noch die kostengünstigste und in einem angemessenen Verhältnis zum Streitwert, zur Bedeutung der Sache für die Partei sowie der Erfolgsaussichten der Maßnahme stehen und zudem in den Prozess eingebracht worden sein.[78]

44   Die **Sondervergütung** des **Verwalters** für die gerichtliche Vertretung kann nicht im Kostenfestsetzungsverfahren festgesetzt werden, weil Kostenschuldner die Gemeinschaft der Wohnungseigentümer ist.[79] Die Kosten des die Gemeinschaft vertretenden Verwalters für die Zeitversäumnis wegen der Wahrnehmung eines Termins sind erstattungsfähig, nicht aber dessen allgemeine Kosten.[80] Nicht zu den Kosten gehörten die Verfahrenskosten des Ersatzzustellungsvertreters des alten Rechts (→ *Zustellungen* Rn. 50).[81]

45   **3. Gebühren und Auslagen des Prozessbevollmächtigten.** Gebühren und Auslagen eines **Rechtsanwalts** stellen nach § 91 Abs. 2 S. 1 ZPO grundsätzlich notwendige Prozesskosten dar. Hinsichtlich der Höhe können nur die gesetzlichen Gebühren und Auslagen nach dem RVG ersetzt verlangt werden; darüber hinaus vereinbarte Vergütungen (§ 3 a RVG) sind nicht zu erstatten.[82] Zu diesen Kosten gehören nach § 91 Abs. 2 S. 1 Hs. 2 ZPO auch die Reisekosten des Rechtsanwalts, bei einem auswärtigen Rechtsanwalt zumindest die Reisekosten gedeckelt auf die Entfernung vom Gericht bis zur weitest entfernt liegenden Gerichtsbezirksgrenze,[83] darüber hinaus nur dann, wenn sie notwendigerweise angefallen sind.[84] Letzteres ist etwa zu bejahen, wenn der Verwalter an seinem Sitz, der in einem anderen Gerichtsbezirk als das Grundstück liegt, einen Rechtsanwalt beauftragt und dieser gegen einen Wohnungseigentümer Klage erhebt.[85] Bei einem Anwaltswechsel sind die dadurch entstehenden Kosten nur bei einem in der Person des Rechtsanwalts liegenden Umstand zu ersetzen (§ 91 Abs. 2 S. 2 Alt. 2 ZPO), bei mehreren Rechtsanwälten nur die Kosten, soweit sie die Kosten für einen Rechtsanwalt nicht übersteigen (§ 91 Abs. 2 S. 2 Alt. 1 ZPO). Schließlich kann ein Rechtsanwalt, vertritt er mehrere Wohnungseigentümer, nicht aber die Gemeinschaft der Wohnungseigentümer, eine Mehrvertretungsgebühr nach Nr. 1008 VV RVG verlangen.

46   Nicht notwendig ist es etwa, wenn ein Rechtsanwalt für **mehrere Wohnungseigentümer** verschiedene Beschlussklagen erhebt, da diese ohnehin nach § 44 Abs. 2 S. 3 WEG miteinander verbunden werden müssen, so dass wie bei einer anfänglichen subjektiven Klagehäufung nur eine Verfahrensgebühr, die Mehrvertretungsgebühr sowie eine Gerichtsgebühr notwendig sind.[86] Gleiches gilt, wenn rechtsmissbräuchlich mehrere Hausgeldklagen gegen den Eigentümer mehrerer Wohnungen erhoben werden, obgleich diese zusammen in einer Klage hätten geltend gemacht werden können.[87]

47   § 44 Abs. 4 WEG schützt den Kläger vor einem unkalkulierbaren **Kostenrisiko** bei gegen die Gemeinschaft der Wohnungseigentümer gerichteten Beschlussklagen (§ 44 Abs. 2 S. 1 WEG), indem Kosten der Nebenintervention nur dann als notwendige Kosten angesehen werden, wenn die Nebenintervention geboten gewesen

---

75   BeckOK ZPO/*Jaspersen* § 91 Rn. 118.
76   BGH 2.5.2007 – X II ZB 158/96, NJW 2007, 2257 Rn. 12.
77   BGH 23.5.2019 – V ZB 196/17, NJW 2019, 2698 Rn. 6 f. mit Anm. *Möller.*
78   BeckOK ZPO/*Jaspersen* § 91 Rn. 120 ff.
79   BGH 17.11.2011 – V ZB 134/11, NJW 2012, 1152 Rn. 9; BeckOK WEG/*Elzer* Vor § 43 Rn. 34.
80   BGH 7.5.2014 – V ZB 102/13, NJW 2014, 3247 Rn. 5 ff.
81   BGH 2.11.2011 – XII ZB 458/10, NJW 2012, 459 Rn. 35; BGH 11.5.2017 – V ZB 52/15, NJW 2017, 2766 Rn. 15; aA BeckOK WEG/*Elzer* § 45 Rn. 74.
82   BGH 24.1.2018 – VII ZB 60/17, NJW 2018, 1477 Rn. 19 ff.
83   BGH 4.12.2018 – VIII ZB 37/18, NJW 2019, 681 Rn. 9 ff.
84   Vgl. BeckOK ZPO/*Jaspersen* § 91 Rn. 168 b ff.
85   LG Aurich 28.3.2011 – 4 T 53/11, NJW-RR 2011, 1029 f.
86   BGH 8.7.2010 – V ZB 153/09, NJW-RR 2011, 230 Rn. 14.
87   BGH 18.10.2012 – V ZB 58/12, NJW-RR 2013, 337 Rn. 14.

ist.[88] Denn der Kläger kann bei Klageerhebung nicht absehen, welche Personen dem Rechtsstreit auf Seiten der Gemeinschaft beitreten und hätte bei einem Prozessverlust die Kosten der Nebenintervenienten zu tragen (§ 100 Abs. 1 ZPO). Im **alten Recht** war die Klage gegen sämtliche (übrigen) Wohnungseigentümer und damit eine Vielzahl von Parteien zu richten: § 50 WEG aF verringerte folgerichtig die Gefahr des Gegners von Wohnungseigentümern, der in die Kostenlast verurteilt worden war, grundsätzlich mehr als für die Kosten eines Rechtsanwalts aufkommen zu brauchen.[89] Die Vorschrift war nur in den von § 43 WEG aF genannten Verfahren anwendbar (→ *Prozess und Prozessgrundsätze* Rn. 45 ff.),[90] auch wenn zu den Kosten des Rechtsstreits diejenigen eines selbstständigen Beweisverfahrens gehörten.[91] Sie war überdies nur anwendbar, wenn auf Kläger- und/oder Beklagtenseite **alle Wohnungseigentümer** standen, also nicht, wenn bloß einzelne Wohnungseigentümer am Prozess beteiligt waren oder es die Gemeinschaft der Wohnungseigentümer war, da in diesen Fällen kein besonderes Kostenrisiko erkennbar war.[92]

Der Verwalter vermag im Außenverhältnis wirksam eine **Honorarvereinbarung** mit einem von ihm beauftragten Rechtsanwalt zu treffen (§ 9 b Abs. 1 S. 1 WEG). Im Innenverhältnis muss er aber, will er sich nicht gegenüber der Gemeinschaft der Wohnungseigentümer schadensersatzpflichtig machen, hierzu durch Beschluss gesondert bevollmächtigt worden sein (§ 27 Abs. 2 WEG), sofern es sich nicht um eine untergeordnete Maßnahme ordentlicher Verwaltung handelt, die zu keiner erheblichen Verpflichtung führt (§ 27 Abs. 1 Nr. 1 WEG), oder eine zur Wahrung einer Frist oder Abwendung eines Nachteils erforderlichen Maßnahme (§ 27 Abs. 1 Nr. 2) handelt. Dies scheint ohne weitere Ermächtigung nur in Massenverfahren in großen Wohnungseigentumsanlagen, etwa die Durchsetzung von Hausgeldforderungen, denkbar. Nach § 27 Abs. 2 Nr. 4, Abs. 3 S. 1 Nr. 6 WEG aF konnte der Verwalter hingegen mit Wirkung für die Gemeinschaft der Wohnungseigentümer sowie alle Wohnungseigentümer in Rechtsstreitigkeiten gem. § 43 Nr. 1, 2, 4 u. 5 WEG aF vereinbaren, dass sich die Gebühren nach einem höheren als dem gesetzlichen Streitwert, höchstens nach einem gem. § 49 a Abs. 1 Satz 1 GKG aF bestimmten Streitwert, bemäßen. **48**

128. Kosten und Nutzungen der baulichen Veränderungen

Neumann

I. Überblick (§ 21 WEG)

§ 21 WEG bestimmt die **Kosten** und **Nutzungen** bei baulichen Veränderungen am **Gemeinschaftseigentum**. Die Kosten baulicher Maßnahmen am Sondereigentum trägt nach § 13 Abs. 2 WEG jeder Wohnungseigentümer selbst. **1**

§ 21 WEG stellt ein Korrektiv zu dem weiten Anwendungsbereich des § 20 WEG dar und geht als lex specialis den Bestimmungen in § 16 WEG vor.[1] Die Vorschriften über die Kostentragung und Nutzungsziehung, auf **2**

---

88 BT-Drs. 19/18791, 84.
89 BGH 14.7.2011 – V ZB 171/10, NJW 2011, 3165 Rn. 8.
90 BeckOK WEG/*Elzer* § 50 Rn. 3.
91 BGH 14.12.2016 – VII ZB 29/16, NJW 2017, 1399 mit Anm. *Fuhrmann*.
92 LG München I 12.12.2013 – 36 T 22885/13, ZWE 2014, 143; BeckOK WEG/*Elzer* § 50 Rn. 4 f.; aA Bärmann/*Roth* WEG § 50 Rn. 11.
1 *Zschieschack* „Das neue Wohnungseigentumsrecht", NZM 2020, 897.

die § 16 Abs. 3 WEG verweisen, sollen einem angemessenen Ausgleich für die bauunwillige Minderheit der Wohnungseigentümer dienen, die grundsätzlich die bauliche Veränderung als solche nicht verhindern kann.[2]

3 Die Vorschrift unterscheidet in den ersten drei Absätzen zwischen **drei Arten** von baulichen Veränderungen, nämlich

- bauliche Veränderungen, die ein Wohnungseigentümer mit einer Gestattung nach § 20 Abs. 2 S. 1 WEG bzw. § 20 Abs. 3 WEG selbst durchführt oder die nach § 20 Abs. 2 S. 2 WEG auf sein Verlangen durch die Gemeinschaft der Wohnungseigentümer durchgeführt werden (§ 21 Abs. 1 WEG);
- bauliche Veränderungen, die mit qualifizierter Mehrheit beschlossen werden und nicht mit „unverhältnismäßigen Kosten verbunden" sind bzw. deren Kosten sich nicht innerhalb eines angemessenen Zeitraums amortisieren (§ 21 Abs. 2 WEG);
- andere bauliche Veränderungen (§ 21 Abs. 3 WEG).

4 Sie bestimmt, wer jeweils die **Kosten** zu tragen hat, und berechtigt ist, die **Nutzungen** zu ziehen.[3] Diese **Umlageschlüssel** in den einzelnen Absätzen sind jeweils subsidiär zueinander; ist die jeweils speziellere Vorschrift erfüllt, ist die nachfolgende Kostenregelung nicht mehr zu prüfen.[4] § 21 Abs. 3 WEG enthält den sog. „Auffangtatbestand, wonach derjenige Wohnungseigentümer für die baulichen Veränderungen zahlt, der für sie gestimmt hat. Die § 21 Abs. 4 WEG gewährt bisher von den Nutzungen ausgeschlossenen Wohnungseigentümern nachträglich einen Anspruch auf Teilhabe und stattet die Wohnungseigentümer mit der Beschlusskompetenz aus, dem Wohnungseigentümer diese Teilhabe gegen einen angemessenen Ausgleich durch Beschluss zu einzuräumen. § 21 Abs. 5 WEG enthält die Beschlusskompetenz der Wohnungseigentümer, die Verteilung der Kosten und Nutzungen abweichend zu beschließen, ohne jedoch eine gesetzlich nicht vorgesehene Kostentragungspflicht für nicht betroffene Wohnungseigentümer zu schaffen.

§ 21 WEG ist nicht zwingend. Die Wohnungseigentümer können von allen Absätzen etwas Abweichendes vereinbaren.[5]

II. Verteilung der Kosten und Nutzungen baulicher Veränderungen zugunsten einzelner Wohnungseigentümer (§ 21 Abs. 1 WEG)

5 Nach § 21 Abs. 1 WEG hat **grundsätzlich** derjenige Wohnungseigentümer die Kosten der Maßnahme zu tragen, auf dessen **Verlangen** die bauliche Maßnahme durchgeführt wird. Seine Kostentragungspflicht besteht unabhängig davon, ob er die Maßnahme selbst ausführt (§ 20 Abs. 1 Alt. 2 WEG) oder ob die Gemeinschaft die bauliche Veränderung in seinem Interesse durchführt (§ 20 Abs. 1 Alt. 1 WEG). Von der weit zu verstehenden Kostentragungspflicht sind sowohl die Baukosten, als auch die Folgekosten wie Betriebs- und Verwaltungskosten als Kosten der Benutzung sowie der Erhaltung (§ 19 WEG) erfasst.[6] Diese Pflicht geht stets auf den Sondernachfolgers des Wohnungseigentümers über, auch wenn er an der baulichen Veränderung, wie zB einem Personenaufzug, kein Interesse hat.[7]

6 Wurde dem bauwilligen Wohnungseigentümer die Ausführung der Maßnahme durch Beschluss gestattet, begleicht er die Verbindlichkeiten der von ihm beauftragten Unternehmen. In der Regel werden die kostenauslösenden Maßnahmen bei ihm direkt anfallen. In anderen Fällen stellt § 21 Abs. 1 S. 1 Alt. 1 WEG gleichzeitig Anspruchsgrundlage und unmittelbar anzuwendender **Kostenverteilungsschlüssel** dar.[8]

7 Hat die Gemeinschaft der Wohnungseigentümer die bauliche Maßnahme auf Verlangen des Wohnungseigentümers durchgeführt, trägt zunächst sie die Kosten und legt sie in der Jahresabrechnung auf den bauwilligen Wohnungseigentümer um. § 20 Abs. 1 WEG stellt den gesetzlichen Verteilungsschlüssel dar.[9] Der von der Gemeinschaft der Wohnungseigentümer nach § 20 Abs. 1 WEG gefasste Vornahmebeschluss sollte neben der Ge-

---

2 BT-Drs. 19/18791, 67.
3 BT-Drs. 1918791, 67; BT-Drs. 19/22634, 44.
4 Lehmann-Richter/Wobst „WEG-Reform 2020, § 11 Rn. 1046.
5 *Hügel/Elzer*, 3. Aufl. 2021, WEG § 21 Rn. 78.
6 BT-Drs. 19/18791, 67 f.; *Hügel/Elzer*, 3. Aufl. 2021, WEG § 21 Rn. 10.
7 *Hügel/Elzer*, 3. Aufl. 2021, WEG § 21 Rn. 13.
8 Dötsch/Schultzky/Zschieschack WEG-Recht 2021 S. 168.
9 *Hügel/Elzer*, 3. Aufl. 2021, WEG § 21 Rn. 11.

stattung und Ausführung der baulichen Veränderung darüber hinaus bestimmen, dass der bauwillige Wohnungseigentümer einen **Vorschuss** als Sonderumlage zu leisten hat und der Beginn der Maßnahme von der vollständigen Einzahlung abhängt.[10]

Werden mehreren Wohnungseigentümern bauliche Maßnahmen gestattet, haben sie die Kosten nach dem **Verhältnis der Miteigentumsanteile** entsprechend § 16 Abs. 2 WEG zu tragen bzw. werden die Kosten in diesem Verhältnis auf sie umgelegt.[11]   8

Nach § 21 Abs. 1 S. 2 WEG gebühren nur dem Wohnungseigentümer die Nutzungen an der baulichen Veränderung, der auch ihre Kosten trägt. Das Recht der Nutzung umfasst die Fruchtziehung, wie zB das Vereinnahmen von Miete, Pacht bzw. Nutzungsentgelten, sowie den alleinigen Gebrauch der baulichen Veränderung unter Ausschluss der anderen Wohnungseigentümer. Voraussetzung für die ausschließliche Nutzung ist, dass der Gebrauch überhaupt exklusiv darstellbar ist. Das kann zB bei einer Ladestation oder einer (zusätzlichen) Rollstuhlrampe der Fall sein. Anderes gilt für einen neu errichteten Zaun, einen überdachten Eingangsbereich oder eine besonders gesicherte Eingangstür, die auch diejenigen Wohnungseigentümer rechtmäßig nutzen dürfen, ohne die Kosten zu tragen, die der Maßnahme nicht zugestimmt haben.[12]   9

III. Verteilung der Kosten und Nutzungen baulicher Veränderungen auf alle Wohnungseigentümer (§ 21 Abs. 2 WEG)

§ 21 Abs. 2 WEG bestimmt vorbehaltlich § 21 Abs. 1 WEG, dass in den in Satz 1 Nr. 1 und 2 genannten Fällen alle Wohnungseigentümer die Kosten einer baulichen Veränderung im **Verhältnis ihrer Miteigentumsanteile** gem. § 16 Abs. 1 S. 2 WEG tragen, und nach § 16 Abs. 1 WEG zur Fruchtziehung und zum (Mit)Gebrauch berechtigt sind. Das gilt für bauliche Veränderungen, die mit mehr als zwei Dritteln der Stimmen und der Hälfte der Miteigentumsanteile beschlossen wurden (§ 21 Abs. 1 S. 1 Nr. 1 WEG) oder deren Kosten sich innerhalb eines angemessenen Zeitraums amortisieren, die jedoch nicht auch die Voraussetzungen von § 21 Abs. 1 WEG erfüllen.[13] Nur wenn die bauliche Veränderung auf dem freien Entschluss der Mehrheit beruht, ist die Kostentragung durch alle Wohnungseigentümer gerechtfertigt.[14] Der **Kostenbegriff** ist ebenfalls **weit** zu verstehen und beinhaltet die Baukosten sowie die Kosten der Benutzung (Betriebs- und Verwaltungskosten) und der Erhaltung (Instandhaltung und Instandsetzung).[15]   10

Die ursprüngliche Fassung, wonach die Kosten von allen Wohnungseigentümern bereits dann getragen werden sollten, wenn die bauliche Maßnahme der Anpassung der Anlage an einen Zustand, der bei vergleichbaren Anlagen in der Umgebung üblich ist, wurde aufgrund der erheblichen Bedenken des Ausschusses für Recht und Verbraucherschutz ersetzt. Der Rechtsausschuss befürchtete, die Vorschrift könne einerseits zu weitgehende Folgen haben (in einer Umgebung mit sehr hohem baulichem Standard), andererseits die Entwicklung der konkreten Wohnanlage behindern (in einer Umgebung mit sehr niedrigem baulichen Standard).[16]   11

1. Kostenverteilung aufgrund des Quorums (§ 21 Abs. 2 S. 1 Nr. 1 WEG). § 21 Abs. 2 S. 1 Nr. 1 WEG bestimmt, dass alle Wohnungseigentümer die Kosten einer baulichen Veränderung nach dem Verhältnis ihrer Anteile zu tragen haben, wenn   12

- sie mit zwei Dritteln der abgegebenen Stimmen und
- mehr als der Hälfte aller Miteigentumsanteile beschlossen wurden,
- es sei denn, die bauliche Veränderung ist mit unverhältnismäßigen Kosten verbunden.

Der Wortlaut des Gesetzes verlangt mehr als zwei Drittel der abgegebenen Stimmen, nach der Gesetzesbegründung genügt es jedoch, wenn zwei Drittel der Stimmen erreicht sind.[17] Gleichwohl ist nach der hier vertretenen Auffassung für einen Beschluss nach § 21 Abs. 2 S. 1 Nr. 1 WEG erforderlich, dass **mehr als zwei**   13

---

10 Dötsch/Schultzky/Zschieschack WEG-Recht 2021 S. 168; *Hügel/Elzer*, 3. Aufl. 2021, WEG § 21 Rn. 14.
11 BT-Drs. 19/18791, 68.
12 BT-Drs. 19/18791, 67.
13 Dötsch/Schultzky/Zschieschack WEG-Recht 2021 S. 169.
14 BT-Drs. 19/18791, 68.
15 BT-Drs. 19/18791, 68.
16 BT-Drs. 19/22634, 44 (Vorabfassung).
17 BT-Drs. 19/22634, 44 (Vorabfassung).

Drittel der Stimmen abgegeben werden.[18] Das qualifizierte Mehrheitserfordernis von mehr als zwei Dritteln der abgegebenen Stimmen soll ausschließen, dass die bauliche Veränderung unter den Wohnungseigentümern stark umstritten ist; dass mindestens die Hälfte sämtlicher Miteigentumsanteile iSv § 16 Abs. 2 WEG den Beschluss repräsentieren, soll gleichzeitig sicherstellen, dass sie von einem Großteil der Wohnungseigentümer akzeptiert wird.[19] Die Wohnungseigentümer können ein **abweichendes Stimmrechtsprinzip vereinbaren**.[20]

14 § 21 Abs. 2 S. 1 Nr. 1 WEG wird von dem Gedanken getragen, dass eine bauliche Veränderung, die von einem so großen Teil der Wohnungseigentümer befürwortet wird, typischerweise sinnvoll und angemessen ist und darum von allen Wohnungseigentümern bezahlt werden sollte.[21] Diese Vermutung kann widerlegt werden, wenn die bauliche Veränderung mit unverhältnismäßigen Kosten verbunden ist. Die Formulierung „es sei denn" soll verdeutlichen, dass derjenige, der sich auf die Unverhältnismäßigkeit beruft und seine Kostentragungspflicht verweigert, die begründenden Tatsachen beweisen muss.[22]

15 Die zu erwartenden Baukosten sowie die Folgekosten für Benutzung und Erhaltung sind bei einer wertenden Betrachtung anhand eines objektiven, auf die konkrete Anlage bezogenen Maßstabs in das Verhältnis zu den Vorteilen zu setzen, die die bauliche Maßnahme verspricht.[23] Dabei kommt es entscheidend auf die Bedürfnisse und finanziellen Mittel der Gesamtheit der Wohnungseigentümer an, nicht auf die des Einzelnen. Die vorzunehmende Bewertung kann je nach Charakter und der Alters- und Sozialstruktur der Wohnungseigentümer unterschiedlich ausfallen.[24] Danach ist eine **Unverhältnismäßigkeit** bei besonders hohen Kosten, zB bei Maßnahmen, die über den Neubaustandard vergleichbarer Anlagen hinausgehen, auch dann nicht ausgeschlossen, wenn alle Wohnungseigentümer sich die Maßnahme „leisten könnten".[25]

16 Die Beurteilung ist wie bei § 21 Abs. 2 S. 1 Nr. 2 WEG ex-ante anhand der zu erwartenden Kosten vorzunehmen; auf die erst später feststehenden tatsächlichen Kosten kommt es hingegen nicht an.[26] Die insofern zu treffende **Prognoseentscheidung** muss einen objektiven Maßstab nach dem Stand von Wissenschaft und Technik anlegen; in der Regel werden sich die Wohnungseigentümer die Verhältnismäßigkeit durch Einholung eines Gutachtens eines öffentlich bestellten Sachverständigen bestätigen lassen.[27] Denn sind die zu erwartenden Kosten unverhältnismäßig hoch, scheidet eine Kostentragungspflicht der überstimmten Minderheit aus.

17 Dem Problem, dass die individuelle Kostentragungspflicht erst nach der Beschlussfassung feststeht, kann durch eine geeignete Gestaltung des **Abstimmungsverfahrens** begegnet werden.[28] So kann jedenfalls in kleineren Gemeinschaften nach dem Subtraktionsverfahren abgestimmt und im Rahmen der Abstimmung nach den „Nein"-Stimmen, statt nach den „Ja"-Stimmen gefragt werden. So kann jeder Wohnungseigentümer die Hand auch noch heben, wenn er feststellt, dass das Quorum nicht erreicht werden kann, weil die Zahl der „Nein"-Stimmen ein Drittel übersteigt.[29] Darüber hinaus können die Wohnungseigentümer den Beschluss über die bauliche Veränderung – nicht die Stimme[30] – unter die Bedingung stellen, dass er nur wirksam wird, wenn es nach dem Stimmverhalten zu einer entsprechenden Kostentragungspflicht aller Wohnungseigentümer kommt.[31] Jeder Wohnungseigentümer, der die Baumaßnahme befürwortet, sich aber höchstens entsprechend seinem Miteigentumsanteil an den Kosten beteiligen möchte, kann in diesem Fall bedenkenlos mit „Ja" stimmen.[32]

---

18 Dötsch/Schultzky/Zschieschack WEG-Recht 2021 S. 170; *Hügel/Elzer*, 3. Aufl. 2021, WEG § 21 Rn. 23.
19 Lehmann-Richter/Wobst WEG-Reform 2020 S. 264.
20 *Hügel/Elzer*, 3. Aufl. 2021, WEG § 21 Rn. 23.
21 BT-Drs. 19/22634, 44 (Vorabfassung).
22 BT-Drs. 19/22634, 44 (Vorabfassung).
23 BT-Drs. 19/22634, 44 (Vorabfassung).
24 BT-Drs. 19/22634, 44 (Vorabfassung).
25 BT-Drs. 19/22634, 44 (Vorabfassung); Lehmann-Richter/Wobst WEG-Reform 2020 S. 265.
26 BT-Drs. 19/22634, 44 (Vorabfassung).
27 *Hügel/Elzer*, 3. Aufl. 2021, WEG § 21 Rn. 28.
28 BT-Drs. 19/22634, 45 (Vorabfassung).
29 BT-Drs. 19/22634, 45 (Vorabfassung).
30 *Hügel/Elzer*, 3. Aufl. 2021, WEG § 21 Rn. 31.
31 BT-Drs. 19/22634, 45 (Vorabfassung).
32 BT-Drs. 19/22634, 45 (Vorabfassung).

2. Amortisation (§ 21 Abs. 2 S. 1 Nr. 2 WEG). Nach § 21 Abs. 2 S. 1 Nr. 2 WEG haben alle Wohnungseigen- **18**
tümer die Kosten einer baulichen Veränderung zu tragen, deren Kosten sich in einem angemessenen Zeitraum
amortisieren. Kosten amortisieren sich, wenn die Aufwendungen für die bauliche Veränderung durch Einsparungen wieder ausgeglichen werden.[33] Gemeint sind allein **gebäudebezogene Kosten** einer baulichen Veränderung; sonstige Kosten (zB erhöhte Kraftstoffpreise im Bereich der Ladeinfrastruktur) kommen nicht Betracht.[34] Nur diejenigen Aufwendungen, die anderenfalls nicht entstehen würden, müssen sich amortisieren.[35]
Kosten, die sowieso für eine Erhaltungsmaßnahme hätten aufgewendet werden müssen, gehören entsprechend
§ 559 Abs. 2 BGB nicht zu diesen Kosten;[36] es müssen sich nur die Mehrkosten für die bauliche Veränderung
amortisieren.

Überwiegen die Kosten für die Erhaltungsmaßnahme, liegt keine bauliche Veränderung, sondern eine **moder-** **19**
nisierende Instandsetzung vor.[37] Nach den Gesetzesmaterialien zu § 21 Abs. 2 WEG sollen sich die Fälle der
modernisierenden Instandsetzung nahtlos in dieses System einfügen und als bauliche Veränderung mit einfacher Mehrheit nach § 20 Abs. 1 WEG (der danach § 22 Abs. 3 WEG aF ersetzen soll) beschlossen werden
können.[38] Allerdings wird die Frage, ob § 20 Abs. 1 WEG auch die sog. modernisierenden Instandsetzung regelt, unterschiedlich beantwortet. Nach der hier vertretenen Auffassung stellt die modernisierende Instandsetzung eine Erhaltungsmaßnahme iSv § 19 WEG dar, deren Kosten gemäß dem gesetzlichen Umlageschlüssel in
§ 16 Abs. 2 WEG umgelegt werden.[39]

Maßgeblich ist eine **ex-ante-Beurteilung zum Zeitpunkt der Beschlussfassung**. Es kommt nicht darauf an, **20**
ob die Amortisierung später tatsächlich auch eintritt.[40] Da es sich auch hier (wie vorstehend → Rn. 12) um
eine Prognoseentscheidung handelt, die zu unterschiedlichen Kostentragungspflichten nach § 20 Abs. 2 WEG
bzw. § 20 Abs. 3 WEG führen kann, müssen die Wohnungseigentümer wiederum einen objektiven Maßstab
nach dem Stand von Wissenschaft und Technik anlegen; in der Regel werden sich die Wohnungseigentümer
auch in diesem Fall die Verhältnismäßigkeit durch Einholung eines Gutachtens eines öffentlich bestellten
Sachverständigen bestätigen lassen.[41]

Wann ein Zeitraum angemessen ist, wird weder im Gesetz noch in seiner Begründung präzisiert. Die Gesetzes- **21**
begründung will den von der Rechtsprechung des Bundesgerichtshofs zur modernisierenden Instandsetzung
entwickelten Zehnjahreszeitraum[42] nicht statisch übertragen. Denn um etwas sinnvolle Maßnahmen der energetischen Sanierung auf Kosten aller Wohnungseigentümer zu ermöglichen, kann der Zeitraum in Abhängigkeit der konkreten Maßnahme auch überschritten werden.[43] Diese Ausführungen erschienen dem Rechtsausschuss zu weitgehend. Von einer gesetzlichen Präzisierung des Amortisationszeitraums wurde gleichwohl abgesehen, um im Einzelfall sachgerechte Ergebnisse zu erzielen.[44] Dennoch sollte in jedem Fall der Zehnjahreszeitraum, auf den auch die Rechtsprechung abstellt, ein wichtiger Anhaltspunkt sein.[45] An dieser Unklarheit wird kritisiert, dass sie die Verwirklichung des mit der Gesetzesreform verfolgten Hauptzwecks, zu Erreichung der Klimaziele die energetische Sanierung von Bestandsgebäuden zu fördern, erschwert.[46] Empfohlen
wird eine kreative Auslegung durch die Rechtsprechung[47] sowie zur klaren Abgrenzung des Tatbestands des
§ 20 Abs. 3 WEG die Amortisation innerhalb einer halben Generation und damit längstens innerhalb von 15
Jahren zu vollziehen.[48]

---

33 *Hügel/Elzer*, 3. Aufl. 2021, WEG § 21 Rn. 32.
34 Dötsch/Schultzky/Zschieschack WEG-Recht 2021 S. 173.
35 BT-Drs. 19/18791, 69.
36 *Hügel/Elzer*, 3. Aufl. 2021, WEG § 21 Rn. 34.
37 *Hügel/Elzer*, 3. Aufl. 2021, WEG § 21 Rn. 34.
38 BT-Drs. 19/18791, 69.
39 *Hügel/Elzer*, 3. Aufl. 2021, WEG § 21 Rn. 34.
40 BT-Drs. 19/18791, 69.
41 *Hügel/Elzer*, 3. Aufl. 2021, WEG § 21 Rn. 28.
42 BGH 14.12.2012 – V ZR 224/10 Rn. 10.
43 BT-Drs. 19/18791, 69.
44 BT-Drs. 19/22634, 43 (Vorabfassung).
45 BT-Drs. 19/22634, 43 (Vorabfassung).
46 Dötsch/Schultzky/Zschieschack WEG-Recht 2021 S. 172.
47 Dötsch/Schultzky/Zschieschack WEG-Recht 2021 S. 172.
48 *Hügel/Elzer*, 3. Aufl. 2021, WEG § 21 Rn. 37.

22 **3. Rechtsfolgen.** Liegen die Tatbestandsvoraussetzungen vor, haben **alle** Wohnungseigentümer die Kosten einer baulichen Veränderung gem. § 16 Abs. 1 S. 2 WEG nach dem **Verhältnis ihrer Miteigentumsanteile** zu tragen. Besteht zwischen den Wohnungseigentümern Streit, ob sich die Kostentragungspflicht nach § 21 Abs. 2 WEG oder § 21 Abs. 3 WEG richtet, können sie den Verwalter anweisen, wie er die Kosten umlegen soll bzw. einen Beschluss nach § 21 Abs. 5 WEG mit den dortigen Beschränkungen fassen.

23 § 21 Abs. 2 S. 2 WEG verweist auf § 16 Abs. 1 WEG und berechtigt alle Wohnungseigentümer nach dem Verhältnis ihrer Miteigentumsanteile zur Fruchtziehung sowie zum Mitgebrauch.

IV. Auffangtatbestand (§ 21 Abs. 3 WEG)

24 § 21 Abs. 3 WEG bestimmt, dass die Kosten anderer als der in § 21 Abs. 1 und § 21 Abs. 2 WEG bezeichneten baulichen Veränderungen von den Wohnungseigentümern zu tragen sind, die sie **beschlossen** haben, also mit „Ja" gestimmt haben.[49] Die Umlage der Kosten erfolgt nach dem Verhältnis ihrer Anteile nach § 16 Abs. 1 S. 2 WEG, die Nutzungen gebühren ihnen entsprechend § 16 Abs. 1 WEG.[50]

25 Um festzustellen, welche Wohnungseigentümer für die bauliche Veränderung gestimmt haben, muss das **Abstimmungsverhalten** namentlich in der Niederschrift dokumentiert werden.[51]

26 Die Kostentragungspflicht gilt für alle durch die bauliche Veränderung verursachten Kosten einschließlich der Betriebs-, Verwaltungs- und Erhaltungskosten.[52] Die Kostentragungspflicht geht unabhängig von dessen Interesse an der baulichen Veränderung auf den Sondernachfolger des zur Kostentragung verpflichteten Wohnungseigentümers über.[53]

27 Die betroffenen Wohnungseigentümer tragen die Wohnungseigentümer nach dem Verhältnis ihrer Miteigentumsanteile (§ 16 Abs. 1 S. 2 WEG). Nach § 21 Abs. 3 S. 2 WEG gilt für ihre **Nutzungen** § 16 Abs. 1 WEG entsprechend. Danach gebühren ihnen die Früchte (zB Einnahmen aus Nutzungsverhältnissen, Entgelt für Strom) nach dem Anteil ihrer Miteigentumsanteile und sie sind zum Mitgebrauch (zB Personenaufzug, Ladestation) berechtigt.[54] Da die Wohnungseigentümer, die die bauliche Veränderung nicht beschlossen haben und mit ihren Kosten nicht belastet werden dürfen, von der Nutzung ausgeschlossen sind, handelt es sich der Sache nach um ein **Gruppensondernutzungsrecht**.[55] Voraussetzung ist, dass ein ausschließlicher Gebrauch möglich ist. Ist die bauliche Veränderung so gestaltet, dass ein Ausschluss der übrigen Wohnungseigentümer nicht möglich ist (zB Vordach im Eingangsbereich, besondere Sicherung der Hauseingangstür, Errichtung einer Beleuchtung), sind sie ebenfalls zum Mitgebrauch berechtigt.[56]

28 Es wird befürchtet, dass die Bestimmung des § 21 Abs. 3 WEG bei baulichen Veränderungen, an denen kein exklusiver Gebrauch möglich ist, zu Spannungen innerhalb der Gemeinschaft der Wohnungseigentümer führen kann, weil sie es „Trittbrettfahrern" ermöglicht, ohne Kostentragung in den Genuss bestimmter baulicher Veränderungen zu gelangen, ohne die Kosten hierfür tragen zu müssen.[57]

V. Nachträgliche Teilhabe (§ 21 Abs. 4 WEG)

29 Nach § 21 Abs. 4 WEG können Wohnungseigentümer, die gesetzlich nach § 21 Abs. 1, Abs. 2 oder Abs. 3 WEG bzw. aufgrund eines Beschlusses nach § 21 Abs. 5 WEG von der Nutzung einer baulichen Veränderung ausgeschlossen sind, die nachträgliche Gestattung nach billigem Ermessen gegen angemessenen Ausgleich verlangen. Die Regelung beinhaltet gleichzeitig **Anspruchsgrundlage** für den (werdenden) Wohnungseigentümer und **Beschlusskompetenz** der Wohnungseigentümer. Insbesondere einem Wohnungseigentümer, der et-

---

49 BT-Drs. 19/18791, 69.
50 BT-Drs. 19/18791, 69.
51 *Hügel/Elzer*, 3. Aufl. 2021, WEG § 21 Rn. 46.
52 BT-Drs. 19/18791, 69.
53 *Hügel/Elzer*, 3. Aufl. 2021, WEG § 21 Rn. 47.
54 *Hügel/Elzer*, 3. Aufl. 2021, WEG § 21 Rn. 49.
55 *Hügel/Elzer*, 3. Aufl. 2021, WEG § 21 Rn. 49.
56 *Hügel/Elzer*, 3. Aufl. 2021, WEG § 21 Rn. 49.
57 *Mediger*, Neue Regeln für bauliche Veränderungen im RefE WEModG oder: „weniger ist mehr", NZM 2020, 269 (273 f.).

wa aus finanziellen Gründen zunächst gegen eine bauliche Veränderung gestimmt hat, bzw. seinem Rechts-nachfolger soll ermöglicht werden, seine Meinung nachträglich zu ändern und von Vorteilen baulicher Ver-änderungen zu profitieren.[58] Den Anspruch kann jeder (werdende) Wohnungseigentümer geltend machen. Es er-scheint nicht ausgeschlossen, dass ein Mieter im Rahmen seines Anspruchs nach § 554 BGB gegenüber einem Wohnungseigentümer die nachträgliche Teilhabe an einer baulichen Veränderung zu verlangen.[59]

Weitere Voraussetzung des Anspruchs ist, dass die Teilhabe an den Nutzungen, vor allem am Mitgebrauch, 30 billigem Ermessen entspricht und nicht aufgrund besonderer Umstände des Einzelfalls ausgeschlossen ist.[60] Das wird in der Regel der Fall sein.[61] Kapazitätsprobleme sollen für sich genommen den Anspruch regelmäßig nicht verhindern, weil die Billigkeit eine **Gleichbehandlung** der Wohnungseigentümer verlangt.[62] Die zu-nächst berechtigten Wohnungseigentümer haben grundsätzlich kein besseres Recht als ein Nachzügler; denn ungeachtet der zeitlichen Abfolge geht es um die Benutzung des gemeinschaftlichen Eigentums.[63]

Der Anspruch ist auf die Fassung eines Beschlusses gerichtet, der dem Wohnungseigentümer die Teilhabe an 31 den Nutzungen gegen angemessenen Ausgleich gestattet.[64] Der Beschluss unterfällt § 25 Abs. 1 WEG, weil er das gemeinschaftliche Eigentum betrifft. Er ist darum durch alle Wohnungseigentümer zu fassen.[65] Kommt der Beschluss nicht zustande, kann der Anspruch im Wege einer **Beschlussersetzungsklage** nach § 44 Abs. 1 S. 2 WEG durchgesetzt werden.[66]

Verursacht der nachträgliche Mitgebrauch eines Wohnungseigentümers **Kapazitätsprobleme**, müssen diese 32 nach allgemeinen Regeln, zum Beispiel durch den Beschluss einer Benutzungsregelung, gelöst werden.[67] Macht das Verlangen eines Wohnungseigentümers nach Mitgebrauch eine Aufrüstung und/oder eine weitere bauliche Veränderung erforderlich, müssen die Wohnungseigentümer dies entsprechend § 20 Abs. 1, Abs. 2 S. 2 WEG diese Aufrüstung bzw. bauliche Veränderung ebenso durch Beschluss gestatten, wie sie gegenüber dem ersten Verlangen beschlossen haben.[68]

Die Wohnungseigentümer müssen in dem Gestattungsbeschluss einen angemessenen **Ausgleich in Geld** be- 33 stimmen, den der begünstigte Wohnungseigentümer leisten muss.[69] Der Ausgleich bezieht sich nach den Ge-setzesmaterialien auf alle bis zur Beschlussfassung angefallenen Kosten. Das sind dem Grunde nach die Bau-kosten sowie die bisherigen Betriebs- und Erhaltungskosten.[70] Laufende Betriebskosten sind regelmäßig nicht auszugleichen und zwischenzeitliche Verschlechterungen sind beim Ausgleich der angefallenen Herstellungs-kosten zu berücksichtigen. Denn der Maßstab der Angemessenheit gebietet es regelmäßig, den Wohnungsei-gentümer nur an solchen Kosten der Vergangenheit zu beteiligen, die sich zumindest auch mittelbar auf seine zukünftigen Nutzungen auswirken.[71]

Der Ausgleich ist an die Gemeinschaft der Wohnungseigentümer zu leisten und wird im Rahmen der **Jahres-** 34 **abrechnung** den Wohnungseigentümern gutgebracht, die ursprünglich die Kosten der baulichen Veränderung getragen haben.[72] Es erscheint jedoch zulässig, als Zahlungsempfänger die Wohnungseigentümer zu bestim-men, auf die der Ausgleich in der Jahresabrechnung umgelegt wird.[73] Der Ausgleichbetrag wird mit der Be-schlussfassung fällig.[74]

---

58 BT-Drs. 19/18791, 69 f.
59 *Hügel/Elzer*, 3. Aufl. 2021, WEG § 21 Rn. 53.
60 BT-Drs. 19/18791, 70.
61 *Hügel/Elzer*, 3. Aufl. 2021, WEG § 21 Rn. 56.
62 BT-Drs. 19/18791, 70.
63 BT-Drs. 19/18791, 70.
64 BT-Drs. 19/18791, 70.
65 *Hügel/Elzer*, 3. Aufl. 2021, WEG § 21 Rn. 59.
66 *Hügel/Elzer*, 3. Aufl. 2021, WEG § 21 Rn. 60.
67 BT-Drs. 19/18791, 70.
68 *Hügel/Elzer*, 3. Aufl. 2021, WEG § 21 Rn. 58.
69 *Hügel/Elzer*, 3. Aufl. 2021, WEG § 21 Rn. 61.
70 BT-Drs.19/18791, 70.
71 BT-Drs.19/18791, 70.
72 BT-Drs.19/18791, 70.
73 *Hügel/Elzer*, 3. Aufl. 2021, WEG § 21 Rn. 62.
74 *Hügel/Elzer*, 3. Aufl. 2021, WEG § 21 Rn. 62.

35 Nach § 21 Abs. 4 S. 2 WEG gilt für die Beteiligung des Wohnungseigentümers an den Nutzungen und Kosten § 21 Abs. 3 WEG entsprechend. Mit der Beschlussfassung ist der Wohnungseigentümer darum verpflichtet, sich entsprechend § 21 Abs. 3 WEG an den **zukünftigen Kosten** der baulichen Veränderung nach § 16 Abs. 1 S. 2 WEG zu beteiligen.

36 Wird eine Aufrüstung oder eine weitere bauliche Veränderung notwendig, stellen § 21 Abs. 1 und Abs. 4 WEG sicher, dass die Kosten in derartigen Fällen angemessen auf alle betroffenen Wohnungseigentümer verteilt werden:[75] Die Wohnungseigentümer müssen in einem solchen Fall entsprechend § 20 Abs. 1, Abs. 2 S. 2 WEG in Bezug auf diese Verbesserung bzw. **neue bauliche Veränderung** so beschließen, wie sie es bereits in Bezug auf das ursprüngliche Verlangen nach baulicher Veränderung mussten.[76] Will ein Wohnungseigentümer zB nachträglich eine Ladevorrichtung mitbenutzen, deren Kapazitäten erschöpft sind, muss er gemeinsam mit den Wohnungseigentümern, die die Ladevorrichtung weiter benutzen wollen, die Kosten der Aufrüstung zu tragen. Machen später weitere Wohnungseigentümer den Anspruch auf Teilhabe an der Ladevorrichtung geltend, haben sie zwar einen Anspruch darauf, das verbesserte Gemeinschaftseigentum nutzen zu dürfen (§ 21 Abs. 4 S. 1 WEG), müssen sich aber zugleich an den Kosten der Verbesserung beteiligen (§ 21 Abs. 4 S. 2 WEG).[77]

37 Für die Nutzungen gilt über § 21 Abs. 3 WEG § 16 Abs. 1 WEG entsprechend: Der Wohnungseigentümer ist entsprechend seiner Miteigentumsanteile an Einnahmen zB aus Miete oder Pacht beteiligt und darüber hinaus zum Mitgebrauch berechtigt.

38 Den Wohnungseigentümern steht es frei, die Verteilung der Kosten und Nutzungen abweichend von den gesetzlichen Bestimmungen durch einen Beschluss nach § 21 Abs. 5 WEG zu regeln und den **nachträglich** hinzutretenden Wohnungseigentümer in diese Regelung mit einzubeziehen.[78]

VI. Abweichende Verteilung der Kosten und Nutzungen durch Beschluss (§ 21 Abs. 5 WEG)

39 § 21 Abs. 5 gestattet den Wohnungseigentümern, eine abweichende Verteilung der Kosten und Nutzungen zu beschließen. § 21 Abs. 5 S. 2 WEG beschränkt die Beschlusskompetenz dahin, dass durch einen solchen Beschluss einem bisher nicht kostentragungspflichtigen Wohnungseigentümer keine Kosten auferlegt werden. Die Wohnungseigentümer können danach nur unter den bereits zur Kostentragung verpflichteten von dem gesetzlichen Verteilungsschlüssel abweichen und die Verteilung der Kosten und Nutzungen abweichend von den Bestimmungen in den Absätzen 1 bis 4 des § 21 WEG beschließen.[79] Dabei kommt es nicht darauf an, aus welchem Absatz des § 21 WEG die gesetzliche Kostentragungspflicht folgt.

40 Ein Verstoß gegen § 21 Abs. 5 S. 2 WEG führt nach dem Wortlaut des Gesetzes („dürfen") nur zu einer Anfechtbarkeit des Beschlusses; er führt nicht zur Nichtigkeit.[80] Die Beschlusskompetenz soll den Wohnungseigentümern dazu dienen, **Klarheit** über die Verteilung der Kosten und Nutzungen einer baulichen Veränderung zu schaffen.[81] Ist zwischen den Wohnungseigentümern umstritten, ob die Kosten einer baulichen Veränderung nach § 21 Abs. 2 WEG von allen Wohnungseigentümern oder nach § 21 Abs. 3 WEG nur von den mit „Ja" stimmenden Wohnungseigentümern zu tragen sind, kann dafür ein Bedürfnis bestehen.[82] Denn liegt tatsächlich ein Fall des § 21 Abs. 3 WEG vor, weil weder die erforderliche Mehrheit des § 21 Abs. 2 S. 1 Nr. 1 WEG erreicht wird, noch die Kosten sich innerhalb eines angemessenen Zeitraums nach § 21 Abs. 2 S. 1 Nr. 2 WEG amortisieren, beschließen die Wohnungseigentümer aber nach § 21 Abs. 5 WEG, dass alle Wohnungseigentümer die Kosten tragen müssen,[83] erhalten sie **Rechtssicherheit** entweder, weil der Beschluss in Bestandskraft erwächst, oder weil der Beschluss durch Urteil nach Erhebung einer Anfechtungsklage aufgehoben wird.[84]

---

75 BT-Drs.19/18791, 70.
76 BT-Drs. 19/18791, 70; *Hügel/Elzer*, 3. Aufl. 2021, WEG § 21 Rn. 58.
77 BT-Drs. 19/18791, 71.
78 BT-Drs. 19/18791, 70.
79 BT-Drs. 19/18791, 71.
80 BT-Drs. 19/18791, 71.
81 BT-Drs. 19/18791, 71.
82 BT-Drs. 19/18791, 71.
83 BT-Drs. 19/18791, 71.
84 *Hügel/Elzer*, 3. Aufl. 2021, WEG § 21 Rn. 74.

Der Beschluss muss hinreichend bestimmt regeln, wie die Kosten abweichend vom Gesetz verteilt werden sollen und was für die Nutzungen gelten soll.[85] Den Wohnungseigentümern steht insofern **Ermessen** im Rahmen ordnungsmäßiger Verwaltung zu.[86] Da er § 25 Abs. 1 WEG unterfällt, muss der Beschluss von allen Wohnungseigentümern mit einfacher Mehrheit gefasst werden.[87]   41

129. Kosten, allgemein

Lambert

I. Einführung

Den Begriff der Kosten verwendet das WEG an verschiedenen Stellen und in verschiedenen Richtungen. Kosten des Gemeinschaftseigentums stellt das Gesetz Kosten des Sondereigentums gegenüber, § 16 Abs. 2 WEG. An anderer Stelle geht es um Kosten aus und für Streitigkeiten, also ggf. auch um Kosten im Verhältnis zu Dritten, was etwa in §§ 49 und 50 WEG aF anklang. Meist jedoch dient der Begriff dazu, die Kosten der Bewirtschaftung einer Wohnungseigentumsanlage im Innenverhältnis auszudrücken.   1

II. Materielles Recht

1. Begriffsbestimmung. Die zentrale Anlaufstelle für den Umgang mit Kosten liegt auch nach der WEG-Reform 2020 in **§ 16 Abs. 2 WEG**. Dort schafft das Gesetz einen grundlegenden Schlüssel, einen **„natürlichen Maßstab"**, wie die Verantwortlichkeit zur Bewirtschaftung unter den Miteigentümern aufzuteilen ist.[1] Eine Definition des Begriffs der Kosten bietet das Gesetz jedoch nach wie vor nicht. Das Gesetz zählt in § 16 Abs. 2 WEG wie auch an anderen Stellen lediglich beispielhaft[2] einzelne Kostenarten auf. Sind nur Beispiele genannt, kann der Begriff der Kosten nicht abschließend beschrieben sein. Eine Annäherung an den Begriff der Kosten gelingt über die Funktion der Jahresabrechnung iSd § 28 Abs. 2 WEG. Diese berichtet über Einnahmen und Ausgaben, die für das Gemeinschaftseigentum und seine Verwaltung tatsächlich aufgewandt wurden. Setzten sich Ausgaben bis zur WEG-Reform 2020 noch aus den Lasten und Kosten zusammen,[3] ist der Begriff der Lasten und damit eine Abgrenzung solcher von Kosten entfallen.[4] Kosten sind also Ausgaben. Da der Begriff der Kosten aber auch solche des Sondereigentums umschließt, sind anders als in der Jahresabrechnung nicht nur diejenigen Kosten, die auf das Gemeinschaftseigentum aufgewandt wurden, einzubeziehen, sondern auch solche, die auf Sondereigentum aufgewandt wurden.   2

Der Begriff der Kosten kann mithin wie folgt **definiert** werden: Kosten sind die Ausgaben, die auf das Gemeinschaftseigentum oder das Sondereigentum aufgewandt werden.   3

2. Kosten des Sondereigentums und Kosten des Gemeinschaftseigentums. Die Kosten des Sondereigentums sind von den Kosten des Gemeinschaftseigentums abzugrenzen. Denn Kosten des Gemeinschaftseigentums sind auf sämtliche Wohnungseigentümer nach einem Umlageschlüssel (→ *Umlageschlüssel* Rn. 25 ff.) aufzuteilen, während das für Kosten des Sondereigentums nur dann gilt, wenn die Gemeinschaft der Woh-   4

---

85 *Hügel/Elzer*, 3. Aufl. 2021, WEG § 21 Rn. 73.

86 *Hügel/Elzer*, 3. Aufl. 2021, WEG § 21 Rn. 73.

87 *Hügel/Elzer*, 3. Aufl. 2021, WEG § 21 Rn. 72.

 1 BGH 27.9.2007 – V ZR 83/07, NJW 2007, 3492.

 2 BT-Drs. 19/18791, 54.

 3 Bärmann/*Becker* WEG § 28 Rn. 118.

 4 BT-Drs. 19/18791, 55.

nungseigentümer diese Kosten – meistens aufgrund der vertraglichen Ausgestaltung – trägt,[5] wie es bspw. für Wasserkosten oder Kosten der Kabelversorgung häufig der Fall ist. Kosten des Sondereigentums sind solche, die durch die **Benutzung des Sondereigentums** entstehen. Hierzu zählen etwa die individuellen Wasser- und Abwasserkosten, die Gas- und Stromkosten, die Kosten der Kabelversorgung, die Grundsteuer. Die übrigen Kosten sind solche des Gemeinschaftseigentums.

5 Der BGH schuf in seiner **Kaltwasserentscheidung**[6] folgende Abgrenzung am Beispiel der Kaltwasserkosten:

„Ob in einer Wohnungseigentumsanlage anfallende Kosten dem Gemeinschaftseigentum oder dem Sondereigentum zuzuordnen sind, hängt allein von dem jeweiligen Gegenstand der Verwaltung oder des Gebrauchs ab. Das Verhalten eines außerhalb der Wohnungseigentümergemeinschaft stehenden Dritten ist insoweit ohne Belang. Insbesondere kann die Kostenverteilung innerhalb der Gemeinschaft nicht von dem in rechtlicher Hinsicht zufälligen Umstand abhängen, ob sich ein Versorgungsunternehmen – wie etwa für die Belieferung mit Strom – zum Vertragsschluß mit jedem einzelnen Wohnungseigentümer oder – wie regelmäßig für die Versorgung mit Wasser und die Abwasserentsorgung – nur zu einem Vertragsschluß mit der Gemeinschaft bereit findet. Daß im letztgenannten Fall aufgrund der vertraglichen Konstruktion eine gemeinschaftliche Schuld der Wohnungseigentümer entsteht, sagt nichts darüber aus, ob diese Verbindlichkeit auf den Gebrauch des Gemeinschaftseigentums oder des Sondereigentums zurückzuführen ist. Der Vergleich mit den regelmäßig individuell abzurechnenden Stromkosten zeigt zudem, daß dem Gesichtspunkt der Verteilung einer Leistung über das gemeinschaftliche Leitungsnetz keine ausschlaggebende Bedeutung zukommen kann. Die Kosten, um deren Verteilung es geht, entstehen in keinem Fall durch den Gebrauch des Leitungsnetzes, sondern sind das Entgelt für die Leistung des Versorgungsunternehmens. Da der individuelle Wasserverbrauch ausschließlich dem Gebrauch der jeweiligen Sondereigentumseinheit dient, sind auch die hierdurch verursachten Kosten – mit der in der Literatur im Vordringen begriffenen Auffassung – als solche des Sondereigentums anzusehen und mithin von § 16 Abs. 2 WEG nicht erfaßt."

6 **3. Die wesentlichen Kostenarten.** Die wesentlichen Kostenarten sind:

- Kosten der Erhaltung (Instandsetzung und Instandhaltung): (→ *Erhaltungsmaßnahmen* Rn. 18 ff.), Beispiel: Reparaturkosten, Wartungskosten, auch Modernisierungskosten (→ *Umlageschlüssel* Rn. 22)
- Verwaltungskosten: (→ *Verwaltungskosten* Rn. 1 ff.) Beispiel: Verwaltergebühren, Kosten der Eigentümerversammlung, Kontoführungsgebühren
- Kosten für besonderen Verwaltungsaufwand: (→ *Kosten für einen besonderen Verwaltungsaufwand* Rn. 1 ff.) Beispiel: Kosten für Baubetreuung, Kosten der Zwischenablesung
- Betriebskosten: (→ *Betriebskosten* Rn. 5 ff.) Beispiel: Kosten der Sach- und Haftpflichtversicherungen, Hausmeisterkosten, Kosten des Betriebs eines Aufzugs.
- Kosten baulicher Veränderung: (→ *Kosten Verteilung und Folgekosten baulicher Veränderungen* Rn. 1 ff.) Beispiel: Einbau Videokamera, Terrassenüberdachung, Werbeanlage
- Kosten für außergerichtliche und gerichtliche Streitigkeiten: (→ *gerichtliche und außergerichtliche Kosten* Rn. 1 ff.) Beispiel: Gerichtskosten, Rechtsanwaltsgebühren

7 **4. Umlage von Kosten.** s. → *Umlageschlüssel* Rn. 25 ff.

130. Kündigungssperre

Bruns

---

5 BGH 27.9.2007 – V ZB 83/07, NJW 2007, 3492.
6 BGH 25.9.2003 – V ZB 21/03, NJW 2003, 3476.

I. Einführung

§ 577 a BGB schützt den Wohnraummieter für mindestens drei Jahre vor Eigenbedarfs- und Verwertungskün-   1
digungen, wenn das Mietobjekt zwischenzeitlich in Wohnungseigentum umgewandelt und als solches veräußert wurde, oder aber der vermietete Wohnraum (unabhängig von einer Umwandlung in Wohnungseigentum)
an eine GbR oder Personenmehrheit veräußert bzw. zu deren Gunsten mit einem Recht belastet wird, durch
dessen Ausübung dem Mieter der vertragsgemäße Gebrauch entzogen wird, es sei denn, die Gesellschafter
oder Erwerber gehören derselben Familie oder demselben Haushalt an, oder es wurde Wohnungseigentum angemietet. Spiegelbildlich dazu gewährt § 577 BGB dem Mieter ein Vorkaufsrecht, falls seine Wohnung nach
geplanter oder vollzogener Umwandlung in Wohnungseigentum an eine Person verkauft wird, die dem Vermieter nicht nahesteht (→ *Mieter* Rn. 25). Der Kündigungsschutz aus § 577 a BGB knüpft an den typischen
Ablauf des Umwandlungsvorgangs an. **Erforderlich** ist

- ein Wohnraummietvertrag,
- die Überlassung des Wohnraums,
- die Umwandlung des Mietgegenstands in Wohnungseigentum und
- die Veräußerung des Wohnungseigentums.

Nach § 577 a Abs. 1 a BGB reicht für die Kündigungssperre die Veräußerung oder Belastung des vermieteten   2
Wohnraums zugunsten einer dem Veräußerer nicht nahestehenden GbR oder Personenmehrheit. Alle Tatbe-
standsmerkmale wie auch die Rechtsfolgenseite werfen Auslegungsprobleme auf. § 577 a Abs. 2 BGB lässt
Erweiterungen der dreijährigen Kündigungssperre auf bis zu 10 Jahren zu, wenn die örtlichen Verhältnisse
Versorgungsengpässe aufweisen und dies durch Rechtsverordnung festgehalten wird. § 577 a Abs. 2 a BGB
ergänzt Abs. 1 a dahingehend, dass die Sperrfrist mit Veräußerung bzw. Belastung beginnt. Nach § 577 a
Abs. 3 BGB ist die Kündigungssperre nicht zulasten des Mieters einschränkbar.

II. Sinn und Entstehung der Vorschrift

§ 577 a BGB dient dem Schutz vor Vertreibung aus der Mietwohnung. Vor allem in den Ballungsräumen der   3
Großstädte wurden und werden Wohnungen häufig aus spekulativen Gründen in Eigentumswohnungen umgewandelt und sodann verkauft; einzelne Wohnungen lassen sich besser vermarkten als ganze Häuser. Dies gefährdet in besonderer Weise den Bestandsschutz für die Mieter, weil solche Umwandlungen regelmäßig zur
Befriedigung eigenen Wohnbedarfs der Erwerber erfolgen und so ein bisher nicht vorhandener Eigenbedarf
erzeugt wird.[1] Mit der Kündigungssperre soll der kapitalkräftige Käufer den Mieter nicht so schnell aus der
Wohnung hinausdrängen dürfen. Zu weit gehen dürfte aber die Annahme, die Vorschrift solle den wirtschaftlichen Anreiz zur Umwandlung von Miet- in Eigentumswohnungen eindämmen.[2] Denn die Schaffung von
Wohnungseigentum ist ein Ziel, das der Gesetzgeber schon seit den 1950er-Jahren verfolgt.[3]

Für **öffentlich geförderten** (preisgebundenen) **Wohnraum** gilt ergänzend § 32 Abs. 3 S. 2 WoFG. Hiernach   4
darf sich der Vermieter, der eine Wohnung erworben hat, an der nach der Überlassung an einen Mieter Wohnungseigentum begründet worden ist, dem Mieter ggü. auf berechtigte Interessen an der Beendigung des Mietverhältnisses iSd § 573 Abs. 2 Nr. 2 BGB nicht berufen, solange die Wohnung Belegungs- oder Mietbindun-
gen aus der Förderzusage (§ 13 Abs. 2 WoFG) unterliegt.[4] Die Wartefrist nach § 577 a BGB und die in der
Förderzusage ggf. festgelegte Nachwirkungsfrist (vgl. § 29 Abs. 11 WoFG) sind nicht zusammenzurechnen;[5]
es gilt die jeweils längere Frist.[6]

---

1 BT-Drs. VI/2421, 3; BT-Drs. VII/2011, 7; BT-Drs. 11/6374, 5; *Schilling/Meyer* ZMR 1994, 497 (503).
2 So aber BGHZ 126, 357 = NJW 1994, 2542 (2544).
3 BT-Drs. 13/4712, 2; so auch der Koalitionsvertrag v. 26.10.2009, 42, zitiert bei *Emmerich* WuM 2013, 323 (328):
   „Wir wollen die Wohneigentumsquote in Deutschland erhöhen".
4 Auch wenn nicht der Mieter, sondern der Eigentümer wohnberechtigt ist: LG Tübingen NJWE-MietR 1996, 234 f.
5 Spielbauer/Schneider/*Krenek* BGB § 577 a Rn. 9.
6 Bub/Treier MietR-HdB/*Schüller* Kap. II. Rn. 189; ebenso *Gramlich* Mietrecht BGB § 577 a Rn. 1.

III. Tatbestand (§ 577 a Abs. 1 BGB)

5 **1. Überlassung von Wohnraum zur Miete.** Voraussetzung der Kündigungssperre ist ein **wirksamer Wohnraummietvertrag.** Die Wohnräume müssen gerade aufgrund eines Mietvertrags überlassen worden sein. Eine andere, mit dem Gesetzeswortlaut („an vermieteten Wohnräumen") nicht zu vereinbarende Konzeption vertritt *Blank*,[7] der die faktische Überlassung des Wohnraums ausreichen lässt und so auch § 577 BGB und § 573 c Abs. 1 S. 2 BGB auslegt. Der Schutz fällt mit dem Vertragsbeginn zusammen, setzt nach dem Gesetzeszweck aber eine tatsächliche Nutzung durch den Mieter voraus. Da die Kündigungssperre denjenigen schützen soll, der in der Wohnung seinen Lebensmittelpunkt hat, ist derjenige nicht geschützt, der die Wohnung[8] untervermietet oder nur als Ferienwohnung nutzt.[9] Der **Untermieter** ist von vornherein **nicht geschützt**,[10] auch nicht ersatzweise. Nicht erfasst sind auch die Mieter von Wohnraum iSd § 549 Abs. 2 BGB[11] sowie die Bewohner von Studenten- und Jugendwohnheimen,[12] wohl aber die Mieter von Werkwohnungen iSd §§ 576 ff. BGB.

6 Erforderlich ist sodann die **Überlassung** der Wohnung an den Mieter. Der Kündigungsschutz nach § 577 a BGB beginnt, sobald Vertragsschluss und Überlassung vorliegen. Der Begriff der Überlassung ist wie in §§ 535 Abs. 1 S. 2, 549 Abs. 2 Nr. 2, 566 Abs. 1, 573 c Abs. 1 S. 2, 576 Abs. 1 BGB regelmäßig als Übergabe des Wohnraums an den Mieter durch Verschaffung des unmittelbaren Besitzes iSd § 854 Abs. 1 BGB zu verstehen.[13] Wird die Überlassung vertragswidrig verweigert, ist auf den Zeitpunkt abzustellen, in dem der Vermieter in Annahmeverzug gerät.

7 **2. Umwandlung in Wohnungseigentum.** Der Wohnraum muss **nach Überlassung** an den Mieter **in Wohnungseigentum umgewandelt** worden sein. Bislang konnte der Eigentümer über die Umwandlung frei entscheiden. In Zukunft soll durch einen neuen § 250 Abs. 1 BauGB die Bildung von Wohnungseigentum in Gebieten mit angespannten Wohnverhältnissen einem **Genehmigungserfordernis** unterzogen werden.[14] Hat der Mieter eine bereits in Wohnungseigentum umgewandelte Wohnung angemietet, darf der Vermieter wegen Eigenbedarfs kündigen, ohne die Wartefrist einzuhalten, auch wenn er die Wohnung erworben hat, als das Mietverhältnis schon bestand. An einen früheren Zeitpunkt knüpft der Schutz nicht an, da § 577 a BGB gerade den Gefahren begegnen will, die durch die Umwandlung in Wohnungseigentum entstehen. Allerdings ist der Mieter schon dann geschützt, wenn bei seinem Einzug das Wohnungseigentum zwar noch nicht begründet, das Verfahren zur Begründung aber schon eingeleitet wurde.[15] Auf die Kenntnis des Mieters von der (bevorstehenden) Veräußerung bzw. Umwandlung kommt es nicht an.[16] Die Aufteilung von Wohnungseigentum in weitere Einheiten fällt ebenfalls unter § 577 a BGB, wenn sich erst diese Aufteilung konkret auf die geschützte Wohnung bezieht.[17] Für den Bereich des § 577 BGB hat der BGH den Mieterschutz auf den 1. Vorkaufsfall beschränkt und dies mit Erwägungen zum Vertreibungsrisiko begründet.[18] Diese Rspr. lässt sich auf den Fall der weiteren Aufteilung des Wohnungseigentums nicht erstrecken, da die Vertreibungsgefahr in einem solchen Fall genauso besteht wie bei erstmaliger Begründung von Wohnungseigentum. Erstreckt sich die Aufteilung auf mehrere Wohnungen (auch im Wege eines en bloc-Verkaufs), ist das Kriterium der Umwandlung für alle betroffenen Wohnungen erfüllt.[19] Umgekehrt reicht es aus, wenn die Umwandlung nur einen Teil der Wohnung erfasst. Für Ausweitungen des Tatbestands besteht nach Einführung des § 577 Abs. 1 a BGB praktisch kein Raum mehr.

7   Schmidt-Futterer/*Blank* Mietrecht BGB § 577 a Rn. 10.
8   Als Ganzes, gleich ob in nicht gewerblicher Weise oder im Wege der Zwischenvermietung nach § 565 BGB.
9   AA Spielbauer/Schneider/*Krenek* BGB § 577 a Rn. 8.
10   Arg. §§ 540, 546 Abs. 2 BGB.
11   § 549 Abs. 2 BGB.
12   § 549 Abs. 3 BGB.
13   Vgl. BGHZ 65, 137 = NJW 1976, 105 (106).
14   BR-Drs. 686/20, 9.
15   LG Mannheim WuM 1975, 212; LG Duisburg NJW-RR 1989, 1166; aA Lützenkirchen/*Dickersbach* BGB § 577 a Rn. 26.
16   LG Berlin GE 1990, 1039.
17   LG Mönchengladbach ZMR 1990, 460 f.; LG Berlin BeckRS 2014, 09330.
18   BGHZ 167, 58 = NJW 2006, 1869 Rn. 12 ff.; NJW 2007, 2699 Rn. 8.
19   BeckOGK/*Klühs* BGB § 577 a Rn. 29.

Wohnungseigentum ist auch dann iSd Abs. 1 „nach der Überlassung an den Mieter" begründet, wenn der Mieter zur Zeit der Umwandlung in Wohnungseigentum als **Familienangehöriger** in der Wohnung lebte und erst nach dessen Tod gem. § 563 BGB in das Mietverhältnis eintritt;[20] für die Überlassung ist damit auf den Rechtsvorgänger abzustellen. Anders ist die Rechtslage, wenn der Nutzer vor der Umwandlung aufgrund eines Untermietvertrags dort gewohnt hat und anschließend zum Hauptmieter geworden ist. Das BGB schützt den Untermieter nicht. Überlassen wird der Wohnraum in diesem Fall erst dann, wenn der Untermieter zum Hauptmieter wird.[21]

Die Umwandlung kann gem. § 2 WEG auf **zwei Arten** erfolgen, zum einen gem. § 8 WEG durch den Eigentümer selbst, der das bebaute oder sanierte Grundstück als Bauträger parzelliert weiterverkaufen will (Fall des § 8 WEG, sog. Achter- oder Vorratsteilung), ansonsten gem. § 3 WEG über eine Aufteilung durch die Miteigentümer (Fall des § 3 WEG). Maßgeblich ist bei der konsensualen Umwandlung die Eintragung der Rechtsänderung im Wohnungsgrundbuch, bei der Achterteilung die Anlage der Wohnungsgrundbücher iSd § 8 Abs. 2 S. 2 WEG. Der Vermieter muss an der Umwandlung nicht beteiligt sein.[22]

Übersehen hat der Gesetzgeber, dass die Parzellierung nicht nur durch Schaffung von Wohnungseigentum erfolgen kann, sondern auch dadurch, dass ein vermietetes Reihenhaus durch **Realteilung** Bestandteil eines selbstständigen Grundstücks wird. Da der Schutzbedarf des Mieters hier in gleicher Weise besteht, hat der BGH diesen Fall ebenfalls unter § 577 a BGB gezogen.[23]

3. Veräußerung. Die Wohnung muss anschließend, nunmehr als Wohnungseigentum und damit Gegenstand eigener Rechte (arg. § 6 Abs. 1 WEG), an einen Dritten **veräußert** worden sein. Wandelt erst der Erwerber sein Mietshaus in Wohnungseigentum um, kommt die Kündigungssperre für die übernommenen Mieter somit nicht zur Geltung. Auf der anderen Seite entsteht sie auch dann, wenn der Verkauf erst viele Jahre nach der Umwandlung in Wohnungseigentum erfolgt; zu berücksichtigen ist nur, dass die Vorschrift Anfang der 1970er Jahre eingeführt wurde und somit nicht für Umwandlungen gilt, die vorher stattgefunden haben. Die Veräußerung muss auch nicht gerade durch denjenigen erfolgen, der die Umwandlung betrieben hat. So besteht die Kündigungssperre auch dann, wenn zB die Erben veräußern.[24] Anders als im Anwendungsbereich des § 577 BGB spielt es auch keine Rolle, ob das zur Veräußerung führende Schuldgeschäft vor oder nach der Umwandlung in Wohnungseigentum erfolgte, da § 577 a BGB in Abs. 1 ebenso wie in Abs. 1 a auf die Veräußerung und nicht auf den Verkauf abstellt.[25]

Die Veräußerung setzt einen **Eigentümerwechsel** voraus. Der Begriff der Veräußerung ist wie in § 566 Abs. 1 BGB zu verstehen, nur dass § 566 Abs. 1 BGB schon bei der Begründung von Wohnungseigentum nach § 3 WEG greift (Grund: Rechtsträgerwechsel durch Überführung in Sondereigentum), nach § 577 a BGB aber die Überführung in fremdes Eigentum nötig ist.[26] Der bloße Teilungsfall nach § 8 WEG reicht erst recht nicht aus, da es dadurch nicht einmal zu einer Rechtsänderung auf Vermieterseite kommt.[27]

Erwerber iSd § 577 a Abs. 1 BGB kann **auch** ein **früherer (Mit-)Eigentümer** sein. Erfasst sind ferner Veräußerungen an Familien- und Haushaltsangehörige, weil es bis auf die Fälle des § 577 a Abs. 1 a BGB[28] keinen Vorbehalt zugunsten dieses Personenkreises gibt. Die Veräußerung muss nicht entgeltlich erfolgt sein. Anders als bei § 577 BGB bedarf es hierfür keiner kaufvertraglichen Grundlage. Eine Schenkung reicht aus, ebenso der Erwerb zur Erfüllung eines Vermächtnisses.[29] Erfasst sind zudem Übertragungen, mit denen sich der vermietende Verkäufer einen Nießbrauch einräumen lässt, auch wenn er gem. §§ 567, 566 Abs. 1 BGB seine Ver-

8

9

10

11

12

13

---

20 BGH NJW 2003, 3265 (3266).
21 LG Frankfurt a.M. BeckRS 1997, 15239 Rn. 10; ebenso wohl BGH NJW 2003, 3265 (3266), wonach diejenigen nicht in den Genuss der Wartefrist kommen, die den Wohnraum bei Begründung des Wohnungseigentums „auf Grund eines anderen Rechtsverhältnisses" genutzt haben.
22 Staudinger/*Rolfs*, 2018, BGB § 577 a Rn. 12, 14.
23 BGH NJW 2008, 2257 Rn. 9; 2010, 3571 Rn. 14; nach BVerfG NJW 2011, 1723 Rn. 33, ist diese Auslegung verfassungsrechtlich nicht zu beanstanden; s. auch BT-Drs. 17/10485, 26.
24 Lützenkirchen/*Dickersbach* BGB § 577 a Rn. 30.
25 DNotI-Report 2016, 127; ebenso BayObLG NJW 1982, 451 (452) zur inhaltsgleichen Vorgängernorm.
26 BGHZ 126, 357 = NJW 1994, 2542 (2543).
27 BGHZ 126, 357 = NJW 1994, 2542 (2543).
28 S. dazu § 577 a Abs. 1 a S. 2 BGB sowie BeckOK MietR/*Bruns*, Stand 1.8.2020, BGB § 577 a Rn. 15 ff.
29 BayObLG NZM 2001, 747 (748).

mieterstellung behält.[30] Ebenso führt die Einräumung eines dinglichen Nutzungsrechts (Wohnrecht, persönliche Dienstbarkeit nach § 1093 BGB, Wohnungserbbaurecht nach § 30 WEG oder Dauerwohnrecht nach § 31 WEG) zur Kündigungssperre, weil dieses gem. § 567 S. 1 BGB wie Eigentum und damit wie Wohnungseigentum zu behandeln ist.[31]

14 Der Begriff der Veräußerung ist als Transitivum handlungsorientiert und deckt grds. nur Erwerbsvorgänge, die **rechtsgeschäftlich** veranlasst sind (§§ 873, 925 Abs. 1 BGB). Die Veräußerung kann auch auf einer Ermächtigung (§ 185 Abs. 1 BGB) oder einem gutgläubigen Erwerb (§ 892 Abs. 1 BGB) beruhen.[32] Nach Auffassung des BGH[33] soll der Veräußerungsbegriff in Abs. 1 indes weitergehen und auch **gesetzliche Eigentumswechsel,** zB im Wege der Zwangsversteigerung (durch Zuschlagsbeschluss gem. § 90 Abs. 1 ZVG), erfassen; das Sonderkündigungsrecht aus § 57 a ZVG gilt dann nicht.[34] Der BGH hat diese Auffassung nicht erklärt. Sie liegt nicht einmal nahe. Bestimmte Vorschriften, die auf eine Veräußerung abstellen, lassen eine solche Erstreckung zu, zB § 566 Abs. 1 BGB[35] oder § 265 ZPO,[36] andere wiederum nicht, zB § 12 Abs. 1 WEG.[37] Für ein Verständnis des Abs. 1 als „eng auszulegende Ausnahmevorschrift"[38] über den Wortlaut hinaus sind jedenfalls triftige Gründe notwendig. Da der Gesetzgeber speziell die Gefährdungslage regeln wollte, die aufgrund eines Eigentümerwechsels nach Umwandlung in Wohnungseigentum entsteht, wird man eine Rechtfertigung immerhin darin sehen können, dass es dann unerheblich ist, auf welche Weise der Eigentumsübergang erfolgt.

15 Beides, die Aufteilung in Wohnungseigentum und die Veräußerung, muss zeitlich **nach Vermietung bzw. Überlassung des Wohnraums** an den Mieter **abgeschlossen,** also im Grundbuch eingetragen worden sein (§ 873 Abs. 1 BGB). Die Wartefrist schützt also nur den Mieter, der die Umwandlung und Veräußerung seines Wohnraums als Mieter selbst erlebt hat. Darin wird das Anliegen des Gesetzes deutlich, den Kündigungsschutz von unnötigem Formalismus freizuhalten; ist zum Vermietungs- bzw. Überlassungszeitpunkt mit der Veräußerung oder Umwandlung bereits begonnen worden, kann die Kündigungssperre somit noch eingreifen.[39] Da das Gesetz nicht zwischen Mietvertragsschluss und Überlassung des Wohnraums unterscheidet, kommt die Kündigungssperre auch dann zum Tragen, wenn die Aufteilung in Wohnungseigentum und die Veräußerung zeitlich **nach Mietvertragsabschluss, aber vor Überlassung des Wohnraums** erfolgen, **oder** zu einem Zeitpunkt abgeschlossen sind, in dem zwar der **Wohnraum überlassen** ist, aber **noch kein Mietvertrag vorliegt.**[40]

IV. Rechtsfolge: Mindestens dreijährige Kündigungssperre

16 **1. Schutz gegen Eigenbedarfs- und Verwertungskündigungen.** § 577 a Abs. 1 BGB gewährt (ebenso wie § 577 a Abs. 1 a BGB) einen zeitlich begrenzten Schutz des Wohnraummieters vor Erwerberkündigungen. Der Erwerber bzw. Inhaber eines gebrauchsentziehenden Rechts tritt gem. § 566 BGB in den Mietvertrag ein und darf ihn nur kündigen, wenn er dazu einen qualifizierten, vom Gesetz zugelassenen Grund hat. Selbst dies wird durch § 577 a BGB für mind. 3 Jahre unterbunden. Abs. 1 erfasst aber ausdrücklich nur **Eigenbedarfskündigungen** nach § 573 Abs. 2 Nr. 2 BGB und **Verwertungskündigungen** nach § 573 Abs. 2 Nr. 3 BGB, keine anderen Kündigungen wie etwa nach § 573 a BGB[41] oder § 573 b BGB,[42] in denen sich die Gefahr, der § 577 a BGB begegnen will, regelmäßig nicht manifestiert. Erst recht außen vor bleiben Sachverhalte, die eine fristlose Kündigung des Mietverhältnisses rechtfertigen; eine fristlose Kündigung lässt sich ohnehin niemals

---

30 LG Berlin NJW-RR 1992, 1165.
31 AA LG Hamburg ZMR 2010, 528 (529); Staudinger/*Rolfs*, 2018, BGB § 577 a Rn. 12.
32 Staudinger/*Rolfs*, 2018, BGB § 577 a Rn. 13.
33 BGHZ 141, 194 = NJW 1999, 2044 (2046).
34 Soergel/*Heintzmann* BGB § 577 a Rn. 4; Spielbauer/Schneider/*Krenek* BGB § 577 a Rn. 23.
35 BGH NJW 2008, 2773 Rn. 10.
36 Musielak/Voit/*Foerste* ZPO § 265 Rn. 5.
37 Jennißen/*Grziwotz* WEG § 12 Rn. 6.
38 BGH NJW 2010, 3571 Rn. 20.
39 LG Duisburg NJW-RR 1989, 1166 f.
40 Spielbauer/Schneider/*Krenek* BGB § 577 a Rn. 29; aA LG Berlin GE 1995 495; Schmidt-Futterer/*Blank* BGB § 577 a Rn. 7 für die Abfolge Vermietung – Umwandlung – Überlassung; zustimmend für die Abfolge Überlassung – Umwandlung – Vermietung hingegen in Rn. 10.
41 BGH NJW 2010, 3571 Rn. 15 ff.
42 BeckOGK/*Klühs* BGB § 577 a Rn. 66.

verbieten. Entgegen der Auffassung des BGH[43] wird man jedoch eine Ausnahme für **betriebsbedingte Kündigungen** nach § 573 Abs. 1 S. 1 BGB[44] machen müssen, die wertungsmäßig zwischen der Eigenbedarfs- und der Verwertungskündigung stehen.[45] Aufgrund der engen Beziehung zwischen Eigen- und Betriebsbedarf scheitert die Analogie auch nicht daran, dass es sich bei der betriebsbedingten Kündigung um einen Ausnahmetatbestand handelt.

2. Dreijährige Sockelfrist. Die **Begründung und Veräußerung von Wohnungseigentum nach Überlassung der Mietwohnung** führt gem. **Abs. 1** zu einer mindestens **dreijährigen Kündigungssperre** für den Erwerber. Zeitmietverträge nach § 575 BGB enden ohne Kündigung und werden von der Regelung daher nicht erfasst. Ein solcher Vertrag lebt auch nicht wieder auf, wenn die Sperrfrist bei Befristungsende noch nicht abgelaufen ist. Wird der Vertrag unbefristet fortgesetzt, weil etwa der Befristungsgrund nach der Veräußerung entfallen ist (vgl. § 575 Abs. 3 S. 2 BGB), findet die Wartefrist für die Vertragsverlängerung Anwendung, jedoch nur für die nach Veräußerung verbleibende Zeit. Für Aufhebungsverträge hat die Sperrfrist ebenfalls keine Bedeutung, auch nicht unter Umgehungsaspekten, da sie den Mieter nicht benachteiligen. [17]

Die Kündigungssperrfrist läuft im Fall des **Abs. 1** mit der **Veräußerung des Wohnungseigentums** an („drei Jahre seit der Veräußerung"). Durch die Bezugnahme auf den Erwerbsvorgang gibt der Gesetzgeber zu erkennen, dass dem Erwerber, der kündigen will, eine in der Person seines Rechtsvorgängers angelaufene Wartefrist zugutekommt.[46] Wird das Wohnungseigentum ein weiteres Mal veräußert, beginnt damit keine neue Wartefrist; anders formuliert, **beginnt die Wartefrist mit dem ersten Erwerb.** Da es nicht nur um den Schutz vor Eigenkündigungen geht, ist ein Ersterwerb auch dann nicht neutral zu stellen, wenn der Ersterwerber keinen Eigenbedarf geltend machen kann.[47] Auf der anderen Seite endet dadurch auch nicht einfach die ursprüngliche Frist. Hat ein Angehöriger des Mieters zur Zeit der Begründung des Wohnungseigentums in der Wohnung gelebt und ist mit dem **Tod des Mieters** (kraft Gesetzes) in das Mietverhältnis eingetreten, rückt er auch bezüglich der Wartefrist, die der Vermieter für die Kündigung zu beachten hat, in die Rechtsposition des Verstorbenen ein.[48] Ihm kommt daher nicht die volle Schutzfrist zugute. [18]

Die **Sperrfrist endet** gem. §§ 187 Abs. 1, 188 Abs. 2 BGB mit Ablauf desjenigen Tages des letzten Monats, welcher durch seine Benennung oder seine Zahl dem Tag entspricht, in den das Ereignis, mithin der Grundbucheintrag, fällt; § 193 BGB spielt keine Rolle.[49] [19]

3. Wirkung der Sperrfrist. Die Kündigungssperrfrist hat zur **Folge,** dass der Erwerber, der nach § 566 BGB die Vermieterstellung eingenommen hat, das Mietverhältnis nicht vor (auch nicht zum) Ablauf der Schutzfrist unter Berufung auf Eigenbedarf oder ein Verwertungsinteresse kündigen darf. Entscheidend ist der Zugang der Kündigung. Eine während der Wartezeit zugegangene Eigenbedarfs- oder Verwertungskündigung ist unwirksam (§ 134 BGB) und lässt sich auch nicht in eine Kündigung zum nächst zulässigem Kündigungstermin umdeuten.[50] Entsteht dem Mieter durch die unwirksame Kündigung ein Schaden (zB in Form von Anwaltskosten für ein Abwehrschreiben), muss der Vermieter hierfür unter dem Gesichtspunkt eines Nebenpflichtverstoßes aus dem Mietvertrag (§ 280 Abs. 1 BGB) aufkommen.[51] Eine vor Veräußerung ausgesprochene Kündigung bleibt wirksam, wenn der Kündigungsgrund in der Person des Erwerbers fortbesteht.[52] Kündigt der Erwerber nach Ablauf der Sperrfrist, gelten die zu diesem Zeitpunkt maßgeblichen Kündigungsschutzvorschriften, so auch die nach § 573 c Abs. 1 S. 2 BGB verlängerte Kündigungsfrist. [20]

4. Fristverlängerung (§ 577 a Abs. 2 BGB). Die dreijährige Kündigungssperre ist als **Mindestfrist** ausgestaltet. Durch § 577 a Abs. 2 BGB werden die Landesregierungen ermächtigt, die Schutzfrist durch Rechtsverordnung auf bis zu zehn Jahre für bestimmte, in der Verordnung anzugebende Gemeinden oder Gemeindeteile auszuweiten, wenn die ausreichende Versorgung der Bevölkerung mit Mietwohnungen zu angemessenen Be- [21]

---

43 NJW 2009, 1808 Rn. 17 – Pflegekraft.
44 Dazu BGH NJW-RR 2007, 1460; NJW 2011, 993; 2012, 2342; 2017, 2018 Rn. 24; NJW-RR 2017, 976 Rn. 37.
45 BGH NJW 2017, 2018 Rn. 24, 43; NJW-RR 2017, 976 Rn. 36.
46 BT-Drs. 14/4553, 73; BayObLG NJW 1982, 451 (452).
47 So aber AG Fürstenfeldbruck BeckRS 2019, 32581 Rn. 16.
48 BGH NJW 2003, 3265 (3266).
49 Bsp.: Grundbucheintrag am 20.9.2012, Fristende am 20.9.2015 um 24:00 Uhr, obwohl das ein Feiertag war.
50 BGHZ 126, 357 = NJW 1994, 2542; NJW 2003, 3265 (3267).
51 BGHZ 89, 296 = NJW 1984, 1028 (1029 f.); NZM 1998, 718; NJW 2005, 2395 (2396); NJW 2011, 914 Rn. 8.
52 OLG Hamm NJW-RR 1992, 1164 f.; Palandt/*Weidenkaff* BGB § 577 a Rn. 7.

dingungen dort besonders gefährdet ist. **Rechtsverordnungen** nach Abs. 2 bestehen derzeit in sieben Bundesländern:

- **Baden-Württemberg:** KSpVO BW (Kündigungssperrfristverordnung Baden-Württemberg v. 16.6.2020, BWGBl. 409): Verlängerung auf fünf Jahre für 44 Städte und Gemeinden (§§ 1, 2 KSpVO BW), gilt bis 30.6.2025 (§ 3 KSpVO BW).
- **Bayern:** MiSchuV (Mieterschutzverordnung v. 16.7.2019, BayGVBl. 458, 552; geändert durch Verordnung v. 16.6.2020, BayGVBl. 312): Verlängerung auf zehn Jahre in praktisch allen größeren Kommunen (§ 1 MiSchuV mit Anlage: 133 Städte und Gemeinden), gilt bis 31.12.2021 (§ 2 Abs. 1 MiSchuV).
- **Berlin:** KünSchKlVO (Kündigungsschutzklausel-Verordnung v. 13.8.2013, BlnGVBl. 448; dazu Beuermann GE 2013, 1240): Verlängerung auf zehn Jahre für das gesamte Land (§ 2 KünSchKlVO), gilt bis 30.9.2023 (§ 3 Abs. 2 KünSchKlVO).
- **Hamburg:** KündSchFristVO (Verordnung zur Verlängerung der Kündigungsschutzfrist für Wohnraum v. 12.11.2013, HmbGVBl. 458): Verlängerung auf zehn Jahre für das gesamte Land (§ 1 KündSchFristVO), gilt bis 31.1.2024 (§ 2 Abs. 2 KündSchFristVO).
- **Hessen:** HesKaGrKüBeVO (Kappungsgrenzen- und Kündigungsbeschränkungsverordnung v. 23.9.2019, HessGVBl. 277): Verlängerung auf acht Jahre in 31 Gemeinden, wenn das Wohnungseigentum vor dem 31.8.2019 veräußert wurde (§§ 1, 2 Abs. 2 HesKaGrKüBeVO), auf fünf Jahre in sieben weiteren Gemeinden, wenn das Wohnungseigentum vor dem 1.9.2019 veräußert wurde (§ 2 Abs. 3 HesKaGrKüBeVO) und in Kronberg am Taunus sowie Rüsselheim, wenn die Veräußerung des Wohnungseigentums vor dem 8.10.2020 erfolgte (§ 2 Abs. 1 HesKaGrKüBeVO), gilt bis 26.11.2020 (§ 4 Abs. 1 HesKaGrKüBeVO).
- **Niedersachsen:** NdsMiSchuVO (Mieterschutzverordnung v. 8.11.2016, Nds. GVBl. 252): Verlängerung auf fünf Jahre in 19 Gemeinden (§ 3 NdsMiSchuVO), gilt bis 30.11.2023 (§ 4 S. 2 NdsMiSchuVO).
- **Nordrhein-Westfalen:** KSpVO NRW (Kündigungssperrfristverordnung v. 24.1.2012, GV. NRW. 82): Verlängerung auf acht Jahre in den Städten Köln, Bonn, Düsseldorf und Münster (§ 1 KSpVO NRW), auf fünf Jahre in weiteren ausgewählten Städten und Gemeinden (zB Dortmund, Aachen, Paderborn, s. § 2 KSpVO NRW), gilt bis 31.12.2021 (§ 3 KSpVO NRW).

22 Nach dem Gesetzestext reicht nicht schon jeder Gefährdungsaspekt. Erforderlich ist eine „besondere", also herausragende, nicht nur latente Bedrohung.[53] Nach Staudinger/*Rolfs*, 2018, BGB § 577 a Rn. 38, muss dazu eine akute Notlage herrschen, die es für den gekündigten Mieter nahezu unmöglich macht, Ersatzwohnraum zu finden.[54] Auch wenn diese Auffassung zu weit geht, stimmt doch die Richtung. Im Gesetzgebungsverfahren wurde die ursprüngliche Formulierung, die auf „Gebiete mit erhöhtem Wohnungsbedarf" abstellte, zugunsten der heute geltenden schärferen Fassung aufgegeben.[55] Entscheidend ist eine **allgemeine Verknappung,** nicht nur eine Verengung des Marktzugangs für bestimmte Nutzergruppen wie etwa kinderreiche Familien oder Arbeitslose.[56] Ausweislich der Gesetzesbegründung[57] werden die Landesregierungen durch die Formulierung „bis zu zehn Jahre" angehalten, die Dauer der Kündigungssperrfrist wegen des damit verbundenen erheblichen Eingriffs in die Eigentumsrechte des Vermieters auf das nach dem Gesetzeszweck – Schutz des Mieters bei Umwandlung von Miet- in Eigentumswohnungen in Gebieten mit besonders gefährdeter Wohnungsversorgung – zwingend erforderliche Maß zu beschränken. Daneben wird die ohnehin bestehende Verpflichtung der Landesregierungen, laufend zu überprüfen, ob die Voraussetzungen für die Einbeziehung bestimmter Gemeinden oder Gemeindeteile in solchen gefährdeten Gebieten noch gegeben sind, dadurch unterstrichen, dass nach spätestens zehn Jahren ein förmlicher Neuerlass der Verordnung erforderlich ist.[58] Dabei kommt dem Verordnungsgeber eine weitgehende **Einschätzungsprärogative** zu.[59] Sofern die Verordnungen in Hamburg und Berlin das gesamte Land erfassen und dazu sogar die Höchstfrist von zehn Jahren bestimmen, spricht jedoch eine tatsächliche Vermutung dafür, dass sie den Ermächtigungsrahmen deutlich überschreiten

---

53 S. auch BGHZ 207, 246 = NJW 2016, 476 Rn. 73.

54 Ebenso BeckOGK/*Klühs* BGB § 577 a Rn. 71.1.

55 Einerseits BT-Drs. 11/6374, 6, andererseits BT-Drs. 11/7258, 4.

56 MüKoBGB/*Häublein* § 577 a Rn. 11; BeckOGK/*Klühs* BGB § 577 a Rn. 71.1; aA Schmidt-Futterer/*Blank* BGB § 577 a Rn. 19 a.

57 BT-Drs. 14/4553, 73.

58 BT-Drs. 14/4553, 73.

59 Ebenso BGHZ 207, 246 = NJW 2016, 476 Rn. 62, 64, für den Parallelfall des § 558 Abs. 3 S. 3 BGB.

und damit mangels Rechtsgrundlage unwirksam sind.[60] Hinzu kommt, dass die Sperrfristverordnungen ebenso wie Zweckentfremdungsverordnungen eine Mangellage auf dem Wohnungsmarkt zum Gegenstand haben. Für solche Regelwerke hat das BVerfG strenge Anforderungen aufgestellt. So darf die Ermächtigung nicht dazu führen, Ziele städtebaulicher Art (Erhaltung von geschlossenen Wohnvierteln oder einer bestimmten Bevölkerungsstruktur, Denkmalschutz, Sanierungsvorhaben und dgl.) zu verfolgen bzw. allgemein unerwünschte oder schädliche Entwicklungen auf den Grundstücks-, Wohnungs- und Baumärkten zu verhindern oder einzudämmen, wenn und solange die ausreichende Versorgung mit Wohnraum zu angemessenen Bedingungen gesichert ist.[61] Indizien für eine solche Mangellage sind[62] das Vorliegen eines Gebietes mit erhöhtem Wohnbedarf gem. § 5 a S. 1 WoBindG,[63] ein Nachfrageüberhang bei öffentlich geförderten Wohnungen, ein hohes Mietpreisniveau, eine vergleichsweise hohe Zahl an Wohnungsnachfragen und ein hoher Anteil von am Wohnungsmarkt benachteiligten Gruppen (zB einkommensschwache Haushalte). Diese Kriterien sind ohne Quantifizierung allerdings kaum brauchbar. Außerdem treten solche Verordnungen auch ohne ausdrückliche Aufhebung außer Kraft, wenn ein Ende der Mangellage auf dem Wohnungsmarkt insgesamt klar in Erscheinung getreten und die Rechtsverordnung daher offensichtlich entbehrlich geworden ist.[64] Dies zeigt, dass die Bundesländer auch bei Rechtsverordnungen nach Abs. 2 eine **strenge Begründungspflicht** trifft, die sie nur mit belastbaren Recherchen und fundierten Prognosen, auch zur Dauer des Wohnungsmangels, erfüllen können.[65] Dabei haben sie den Umstand zu berücksichtigen, dass durch die Eigenbedarfskündigung des Erwerbers in der Regel seine bisherige Mietwohnung frei wird.[66]

Diese Rechtsverordnungen unterliegen der **verwaltungsgerichtlichen Normenkontrolle** nach § 47 Abs. 1 Nr. 2 VwGO in den Bundesländern, die von der Öffnungsklausel in § 47 Abs. 1 Nr. 2 VwGO Gebrauch gemacht haben.[67] Unabhängig davon ist es **Sache der Mietgerichte,** sie **inzident,** etwa in einem Räumungsprozess, **zu überprüfen,** wenn es etwa um die Rechtmäßigkeit einer Mieterhöhung geht.[68] Aufgrund der Einschätzungsprärogative des Verordnungsgebers führt dies letztlich nur zu einer **Missbrauchskontrolle.**[69] **23**

Für die Entscheidung darüber, ob die allgemeine oder die verlängerte Sperrfrist gilt, kommt es auf den **Zeitpunkt des Zugangs der Kündigung** an (Art. 171 EGBGB analog); anders könnte sich die Verordnung auf das Kündigungsrecht nicht auswirken.[70] Damit kann eine vor Inkrafttreten der Verordnung erfolgte Umwandlung oder Veräußerung die Anwendung der verlängerten Frist nicht verhindern. Der Verordnung kommt insoweit **24**

---

60 Vgl. AG Mannheim WuM 2005, 467 (468 ff.).
61 BVerfG NJW 1975, 727 (728).
62 Nach Lützenkirchen/*Dickersbach* BGB § 577 a Rn. 42; ähnlich Schmidt-Futterer/*Blank* BGB § 577 a Rn. 20.
63 Das sind nach BVerwG NJW 1989, 181 (182) Gebiete, in denen die Nachfrage nicht oder nicht angemessen mit Wohnraum versorgter Wohnberechtigter innerhalb angemessener Frist weder aus dem Bestand oder der Neubaurate an öffentlich geförderten Mietwohnungen noch mit erschwinglichen Mietwohnungen aus dem Altbaubestand oder dem frei finanzierten Wohnungsbau gedeckt werden kann.
64 BVerwG NZM 2003, 606; Soergel/*Heintzmann* BGB § 577 a Rn. 6; aA Staudinger/*Rolfs*, 2018, BGB § 577 a Rn. 38; *Lammel* MietR BGB § 577 a Rn. 20.
65 IErg Lützenkirchen/*Dickersbach* BGB § 577 a Rn. 43; BeckOGK/*Klühs* BGB § 577 a BGB Rn. 69: „umfangreiche Tatsachenermittlung"; gegen die Verwendung bloß statistischen Materials BVerwG NJW 1983, 2893 (2894).
66 MüKoBGB/*Häublein* § 577 a BGB Rn. 11.
67 Bub/Treier/*Drasdo* MietR-HdB Kap. VII Rn. 330; ebenso BGHZ 207, 246 = NJW 2016, 476, für den Parallelfall des § 558 Abs. 3 S. 3 BGB; dies ist nur in Nordrhein-Westfalen, Berlin und Hamburg nicht der Fall, s. *Derleder* NZM 2015, 413 (415).
68 AG Frankfurt a.M. BeckRS 2014, 01093; s. auch *Derleder* NZM 2015, 413 (416); ebenso für Kappungsgrenzen VO-en nach § 558 Abs. 3 S. 3 BGB BVerfG NJW 2015, 3024 Rn. 11; BGHZ 207, 246 = NJW 2016, 476 Rn. 22 f.; ferner BGHZ 223, 30 = NJW 2019, 2844 Rn. 15; zum Fall einer verwaltungsgerichtlichen Inzidentkontrolle s. BVerwG NVwZ 2013, 1298 Rn. 15.
69 AG Frankfurt a.M. BeckRS 2014, 01093.
70 BT-Drs. 11/6374, 7; BayObLG NJW-RR 1995, 1034 (1036); *Gramlich* Mietrecht § 577 a BGB Rn. 3; Soergel/*Heintzmann* Rn. 6 zu § 577 a BGB.

unechte Rückwirkung zu, die nicht zur Verfassungswidrigkeit der Norm führt.[71] Der Mieter muss auch nicht davor geschützt werden, dass der Vermieter kurz vor Inkrafttreten der Verordnung eine Eigenbedarfskündigung ausspricht, um die verlängerte Sperrfrist zu umgehen, da dies nur relevant wird, wenn die Veräußerung schon 3 Jahre zurückliegt. Gleiches gilt für Verordnungen, mit denen die Sperrfrist erneuert oder geändert wird. Ist eine Kündigung (nur) wegen Verstoßes gegen eine Sperrfristverordnung unwirksam und wird diese Rechtsnorm hernach aufgehoben, bleibt es bei der Nichtigkeitsfolge.[72]

25 Tritt eine Sperrfristverordnung außer Kraft und wird sie nicht durch eine neue ersetzt,[73] gilt ab sofort wieder die Grundsperrfrist, so dass der Ablauf der bis dahin maßgeblichen erhöhten Sperrfrist nicht abgewartet werden muss.[74] Die verlängerte Sperrfrist gilt somit für alle Kündigungen, die zwischen dem Inkrafttreten und dem Außerkrafttreten der Verordnung ausgesprochen werden.

26 **5. Flankierender Schutz in § 573 Abs. 2 Nr. 3 Hs. 3 BGB.** Nach § 573 Abs. 2 Nr. 3 Hs. 3 BGB darf sich ein Vermieter von Wohnraum bei Ausspruch einer Verwertungskündigung nicht darauf berufen, dass er die Mieträume im Zusammenhang mit einer beabsichtigten oder nach Überlassung an den Mieter erfolgten Begründung von Wohnungseigentum veräußern will. Mit dieser Vorschrift soll die Regelung in § 577 a BGB abgesichert werden.[75]

V. Zwingendes Recht (§ 577 a Abs. 3 BGB)

27 Der durch die Kündigungssperre bewirkte Mieterschutz ist **einseitig zwingend** (§ 577 a Abs. 3 BGB), lässt sich also nur verstärken, zB durch Verlängerung der Sperrfrist. Unzulässig sind etwa eine Verkürzung der Sperrfrist, die Beschränkung auf einen der Kündigungsgründe oder die Festlegung einer mieterfeindlichen Auslegung, zB dass die Versorgung mit Wohnungen am Mietort nicht gefährdet ist.[76]

131. Lärm

Fraatz-Rosenfeld

---

71 LG Berlin FD-MietR 2016, 377243; *Blank/Börstinghaus* in Blank/Börstinghaus BGB § 577 a Rn. 3 a; BeckOGK/*Klühs* BGB § 577 a Rn. 9; aA Lützenkirchen/*Dickersbach* BGB § 577 a Rn. 45 a; nach BGHZ 146, 49 = NJW 2001, 1421 (1424 f.) hält eine entsprechende Regelung aus dem SozialklG verfassungsrechtlicher Prüfung stand; zur Zulässigkeit rückwirkender Gesetze s. Maunz/Dürig/*Grzeszick* GG Art. 20 Rn. 80, mit Erörterung hier nicht einschlägiger Ausnahmen.
72 BGH NJW 2003, 3265 (3267).
73 S. dazu Soergel/*Heintzmann* BGB § 577 a Rn. 5, wonach eine Zeitspanne von etwa einem Jahr zur Evaluierung der Verhältnisse berücksichtigt werden sollte.
74 BT-Drs. 11/6374, 7; Palandt/*Weidenkaff* BGB § 577 a Rn. 6.
75 NK-BGB/*Hinz* § 573 Rn. 88; MüKoBGB/*Häublein* § 573 Rn. 117.
76 BeckOGK/*Klühs* BGB § 577 a Rn. 78.

I. Einführung

Lärm ist die am häufigsten vorkommende Beeinträchtigung der menschlichen Umgebung. Dieser Erkenntnis 1
folgend stellen die Rechtsordnung und auch private Organisationen ein umfassendes Normenwerk zur Bekämpfung des Lärms zur Verfügung. Eine unmittelbare Anwendung im Verhältnis des Beeinträchtigten zu
dem Lärmerzeuger findet ausschließlich im Rahmen des BImSchG und der auf ihm beruhenden Verordnungen
und Verwaltungsvorschriften statt. Entsprechendes gilt (nur) dann, wenn diese Vorschriften über § 823 Abs. 2
BGB als Schutzgesetze zugunsten des Lärmgeschädigten aktiviert werden können. In allen anderen Fällen und
damit insbesondere innerhalb der Wohnungseigentumsanlage kommt dagegen nur eine sinngemäße Anwendung in Betracht.[1]

II. Grundlagen der Lärmbekämpfung

Zur Bekämpfung des Lärms steht ein umfangreiches Normenwerk sowohl internationalen wie nationalen 2
Rechts zur Verfügung.[2] Für den Bereich des Wohnungseigentumsrechts sind mittelbar oder unmittelbar die
Normen, untergesetzlichen Vorschriften und private Regelwerke relevant, die sich mit dem Einwirken von
Lärm auf die Wohnungseigentumsanlage von außen sowie mit Lärmwirkungen innerhalb des Gebäudes befas-
sen.

1. BImSchG, untergesetzliche Normen und private Regelwerke. a) Bundesimmissionsschutzge- 3
setz. Zentraler Begriff des Immissionsschutzrechts ist der der **schädlichen Umwelteinwirkungen und deren**
Erheblichkeit (§ 3 Abs. 1 BImSchG); er gilt für alle Anlagen (§§ 5 Abs. 1, 22 Abs. 1 Nr. 1, 2 BImSchG):
Rechtliche Bedeutung erlangt der Lärm damit, wenn er schädlich ist, also eine definierte Schädlichkeitsgrenze
übersteigt. Das ist dann der Fall, wenn der Lärm ein Maß erreicht, das „**Gefahren, erhebliche Nachteile oder**
erhebliche Belästigungen für die Nachbarschaft" herbeizuführen geeignet ist. Anders als im öffentlichen
Baurecht (→ *Nachbarschutz* Rn. 8) beschränkt sich der Kreis der Berechtigten nicht auf Eigentümer und Inhaber dinglicher Rechtspositionen, sondern umfasst alle diejenigen, die von einer schädlichen Umwelteinwirkung betroffen werden. Mit § 22 Abs. 1 a BImSchG hat der Kinderlärm eine besondere Privilegierung erfahren.

b) Verwaltungsvorschrift gem. § 48 BImSchG: TA Lärm. aa) Technische Anleitung Lärm. Von heraus- 4
ragender Bedeutung ist die gem. § 48 BImSchG als Verwaltungsvorschrift erlassene „Technische Anleitung
Lärm", die zwar in erster Linie der Beurteilung von Gewerbelärm dient, deren Grundsätze zur Beurteilung von
Lärm aber auch in anderen Regelwerken verwendet werden und daher weitgehend verallgemeinerungsfähig
sind. Sie kann also schwerpunktmäßig zur Bestimmung der **Schädlichkeitsgrenze** herangezogen werden, soweit es die hier relevante Beurteilung von Bauvorhaben oder andern emittierenden Anlagen in der Nachbarschaft angeht.[3] Die TA Lärm gibt für bestimmte, den Baugebieten der BauNVO entsprechende Bereiche
Richtwerte (Beurteilungspegel) vor, die an dem maßgeblichen Einwirkungsort[4] zu ermitteln sind (A.1.3 des
Anhangs zur TA Lärm). Dies sind für Wohnungseigentumsanlagen in urbanen Gebieten (§ 6 a BauNVO) tags
63 dB(A) und nachts 45 dB(A), in Kerngebieten, Dorfgebieten und Mischgebieten tags 60 dB(A) und nachts
45 dB(A), in allgemeinen Wohngebieten tags 50 dB(A) und nachts 40 dB(A) sowie in reinen Wohngebieten
tags 50 dB(A) und nachts 35 dB(A). Wenn auch der Schwerpunkt der Anwendung der TA Lärm vornehmlich
im Verhältnis eines Gebäudes zur emittierenden Nachbarschaft liegt, kann sie als grundlegendes Regelwerk
verstanden werden und gibt daher gewichtige Anhaltspunkte für die Beurteilung von Lärm innerhalb einer
Wohnungseigentumsanlage.[5] Zudem beschränkt die auf den Gewerbelärm zugeschnittene TA Lärm unter Be-

---

1 *Hügel/Elzer*, 3. Aufl. 2021, WEG § 14 Rn. 38.
2 Popp/*Kupfer*, Lärmschutz in der Verkehrs- und Stadtplanung, 2017, S. 107 ff.
3 *Fickert/Fieseler* BauNVO § 15 Rn. 17.
4 Bei bebauten Flächen 0,5 Meter vor der Mitte des geöffneten Fensters des vom Geräusch am stärksten betroffenen
Raums.
5 LG München 3.6.2016 – 40 O 11108/14, ZMR 2017, 263.

zugnahme auf die DIN 4109 (Schallschutz im Hochbau) die Lärmeinwirkungen von Gewerbeanlagen auf Wohnräume (TA Lärm Nr. 6.2).

5 **bb) Grundbegriffe der Lärmberechnung und Lärmwirkungen.** Zentraler Begriff zur Beurteilung von Lärm ist gem. Nr. 2.6 TA Lärm der Schalldruckpegel mit der Frequenzbewertung A = dB(A). Der A-bewertete **Schalldruckpegel** ist eine international anerkannte Größe und berücksichtigt die unterschiedliche Empfindlichkeit des menschlichen Ohrs bezogen auf verschiedene Frequenzbereiche. Da das menschliche Gehör gegenüber tiefen Frequenzen besonders empfindlich ist, setzt dort die A-Bewertung entsprechend geringere Werte an.

6 Aus dem sich im zeitlichen Verlauf des Lärmereignisses ändernden Schalldruckpegel wird der für eine bestimmte Zeit zu ermittelnde **Mittelungspegel** berechnet (Nr. 2.7 TA Lärm). Dieser wiederum ist abhängig von dem Zeitraum, der ihm zugrunde gelegt wird. Gem. Nr. 6.4 TA Lärm wird unterschieden zwischen Tag- und Nachtzeiten und etwa auf die Tageszeit von 6 Uhr bis 22 Uhr mit insgesamt 16 Stunden Bezug genommen. Kommt es also beispielsweise an nur zwei Stunden zu einer Überschreitung der zulässigen Werte, wird dies durch Bezugnahme auf die ganze Tageszeit relativiert (Beispiel: Aus den nur wenigen, sehr lauten Überflügen von Flugzeugen, die die Höchstwerte jeweils für sich weit überschreiten, wird ein Durchschnittswert mit den sonst geringen Werten über den Tag gebildet, so dass der zulässige Einwirkungswert dennoch unterschritten ist). Zur Beurteilung besonders impulshaltiger Schallereignisse wird der Schalldruck während einer Taktzeit von 5 Sekunden gesondert ermittelt; er konkretisiert insoweit den Mittelungspegel zusätzlich (Nr. 2.9 TA Lärm). Aus diesen Messungen und gegebenenfalls durch Zuschläge für Ton-, Informations- und Impulshaltigkeit bzw. für Tageszeiten mit erhöhter Empfindlichkeit wird dann der **Beurteilungspegel** gebildet (Nr. 2.10 TA Lärm).

7 Der **Beurteilungspegel** ist der Immissionsrichtwert, der außerhalb von Gebäuden – orientiert an den Baugebieten der BauNVO – einzuhalten ist, beispielsweise in „allgemeinen Wohngebieten" tags (6 bis 22 Uhr) 55 dB(A) und nachts 40 dB (A) oder in „reinen Wohngebieten" tags 50 dB(A) und nachts 35 dB(A). Dabei dürfen einzelne Geräuschspitzen die Immissionsrichtwerte am Tage nicht mehr als 30 dB(A) und nachts als 20 dB(A) überschreiten (Nr. 6.1 TA Lärm). Ein wichtiger Anhaltspunkt für die Zulässigkeit von Geräuschen innerhalb von Gebäuden sind die durch Nr. 6.2. TA Lärm vorgegebenen Werte von 35 dB(A) tags und 25 dB(A) nachts; einzelne Geräuschspitzen dürfen um 10 dB(A) darüber liegen.

8 Zwar stehen damit zur Beurteilung von Immissionen verschiedenster Art entsprechende Regelwerke zur Verfügung, dennoch ist die Heranziehung der Richtwerte im Einzelfall nicht zwingend. Dies ergibt sich zunächst aus § 906 Abs. 1 BGB selbst, denn nach dessen S. 2 liegt eine „unwesentliche Beeinträchtigung … in der Regel" dann vor, wenn die Grenz- oder Richtwerte der Normen eingehalten werden. Damit ist dem Tatrichter bereits hier eine auf den Einzelfall bezogene **Wertungsmöglichkeit** an die Hand gegeben; es kommt hinzu, dass die Regelwerke ihrerseits Abweichungsmöglichkeiten enthalten.[6]

9 **c) Verordnungen zum BImSchG und private Regelwerke.** Weitere Regelwerke, die die Außeneinwirkung von Lärm auf Menschen und Gebäude betreffen, sind die Sportanlagenlärmschutzverordnung (18. BImSchV), die Geräte- und Maschinenlärmschutzverordnung (32. BImSCHV), die LAI-Freizeitlärmrichtlinie, die Verkehrslärmschutzverordnung (16. BImSchV) und das Gesetz zum Schutz gegen Fluglärm. Als privates Regelwerk steht die VDI-Richtlinie 2058 (Beurteilung von Arbeitslärm in der Nachbarschaft) zur Verfügung, deren Richtwerte für die einzelnen Baugebiete denen der TA Lärm entsprechen.

10 Befinden sich in einer Wohnungseigentumsanlage bspw. ein Schwimmbad, ein Tennisplatz oder ein Kinderspielplatz, so sind diese Regelwerke wegen Vorrangs der speziellen Regelungen der §§ 13, 14 WEG nicht unmittelbar anwendbar.[7]

11 **d) Landesrechtliches Immissionsschutzrecht.** Ein großer Teil der Bundesländer hat Lärmschutzgesetze erlassen, die über das BImschG hinausgehende Regelungen enthalten (Bayerisches Immissionsschutzgesetz, BayImSchG, vom 8.10.1974, BayRS III S. 472; Landesimmissionsschutzgesetz des Landes Brandenburg, LImSchG, in der Fassung der Bekanntmachung vom 22.7.1999, GVBl. I/99, S. 386, zuletzt geändert am 8.5.2018; Landesimmissionsschutzgesetz, LImSchG, des Landes Rheinland-Pfalz vom 20.12.2000, GVBl.

---

6 ZB Nr. 6.7 TA Lärm, die für Gemengelagen die Bildung von Zwischenwerten ermöglicht.
7 *Hügel/Elzer*, 3. Aufl. 2021, WEG § 14 Rn. 38.

Fraatz-Rosenfeld

2000, 578; Hamburgisches Gesetz zum Schutz gegen Lärm, HambLärmSchG, vom 30.11.2010, GVBl. 2010, 621; Landesimmissionsschutzgesetz des Landes Schleswig-Holstein vom 6.1.2009.[8]

2. Normen und Regelwerke des Lärmschutzes in Gebäuden. Abgesehen von den hier nicht zu behandeln- 12 den genehmigungsbedürftigen Anlagen gem. § 5 BImSchG dienen die auf dem BImSchG beruhenden Normen und Regelwerke vornehmlich dem repressiven Schutz vor Lärm. Daneben ist die Vermeidung von Lärm inner- halb des Gebäudes sowohl bei der **Errichtung** als auch bei der **Nutzung** von Gebäuden von Bedeutung.

a) Implementation in bauordnungsrechtliche Vorschriften. Alle Landesbauordnungen enthalten Vorschrif- 13 ten über die bei Errichtung und Nutzung von Gebäuden an den Lärmschutz gestellten Anforderungen.[9] Die in diesen Vorschriften genannten Tatbestandsmerkmale werden zusätzlich ausgefüllt durch Technische Baube- stimmungen und/oder Verwaltungsvorschriften, die in die Landesbauordnungen als deren Bestandteile einge- führt sind[10] und damit durch die Bauaufsichtsbehörden unmittelbar durchsetzbares Recht sind. Zentrale Vor- schrift für den Schutz vor Lärm innerhalb des Gebäudes ist die **DIN 4109** (Schallschutz im Hochbau).

b) Regelwerke privater Organisationen. Hinweise zur Lärmminderung sind über die DIN 4109 hinaus 14 mehreren Richtlinien des Verbandes Deutscher Ingenieure zu entnehmen, nämlich der VDI 2566 (Lärmminde- rung von Aufzugsanlagen), VDI 2081 (Lärmminderung in raumlufttechnischen Anlagen), VDI 2715 (Lärm- minderung an Warm- und Heißwasseranlagen), VDI 2719 (Schalldämmung von Fenstern und deren Zusatzein- richtungen), VDI 3726 (Schallschutz bei Gaststätten und Kegelbahnen), VDI 3728 (Schalldämmung bewegli- cher Raumabschlüsse). Für die Beurteilung des Nachteils iSd § 14 § 14 Abs. 1 Nr. 2 WEG bzw. § 20 Abs. 4 WEG wird der DIN 4109 (Schallschutz im Hochbau) mit ihrem „Empfehlungscharakter"[11] eine „prägende" Eigenschaft zugesprochen.[12]

Hilfreich für die Argumentation in Verfahren sind einige VDI-Richtlinien (VDI 2714:Schallausbreitung, VDI 3770: Sport- und Freizeitanlagen, Studie: Geräusche von Trendsportanlagen),[13] mittels derer prognostisch Schlüsse auf zu erwartenden Lärmeinwirkungen gezogen werden können.

III. Lärm innerhalb der Wohnungseigentumsanlage und Ansprüche gegenüber Dritten

1. Verhältnisse innerhalb der Wohnungseigentumsanlage. a) Gebrauchsbestimmungen zur Begrenzung 15 **von Schallimmissionen.** Inhalt und Umfang der Gebrauchsrechte des Wohnungseigentums können durch Vereinbarungen und Beschlüsse gem. § 10 Abs. 1 S. 2 WEG ausgestaltet werden. Das betrifft auch den Schutz vor erheblichem Lärm in der Wohnungseigentumsanlage iSd § 14 Abs. 2 Nr. 1 WEG. Allgemeingültige Aussa- gen zur Reichweite solcher Regelungen sind nicht möglich, weil die konkreten Verhältnisse in einer Woh- nungseigentumsanlage in den Blick zu nehmen sind. Sachgerecht und zulässig sind Regelungen in Hinblick auf die Nutzung technischer Geräte (Waschmaschinen, Fitnessgeräte usw) durch die Hausordnung.[14] Auch die Festlegung von Ruhezeiten für das Musizieren ist in Grenzen möglich.[15] Da allerdings hausmusikalische Betä- tigung zum üblichen Nutzungsumfang einer Eigentumswohnung gehört,[16] ist ein vollständiges Musizierverbot unzulässig. Nicht ordnungsgemäßer Verwaltung entspricht auch ein Beschluss, der verschiedenen Geräusch- quellen unterschiedliche Ruhezeiten zuordnet.[17]

b) Anspruch auf schalltechnisch regelkonforme Ausstattung? Sofern nicht die Teilungserklärung oder 16 Vereinbarungen bestimmte technische Standards der Lärmvermeidung vorsehen, sind grundsätzlich die Werte

---

8 GVOBl. 2009, 2.
9 § 14 Abs. 1 LBO BW; Art. 13 Abs. 1 BayBO; § 15 Abs. 2 BO Bln; § 13 Abs. 2 BgbBO; § § 15 Abs. 2 BremLBO; § 18 Abs. 2 HBauO; § 14 Abs. 2 HBO; § 15 Abs. 2 LBO M-V, § 15 Abs. 1 NBauBO; § 15 Abs. 2 BauO NRW; § 16 Abs. 2 RhPflBauO; § 16 SaarLBO; § 15 Abs. 2 SächsBO; § 15 Abs. 2 BauO LSA; § 16 Abs. 2 SchlHLBO, § 18 Abs. 2 ThürBO.
10 Bspw. § 3 Abs. 2 S. 2 BauO NRW; Simon/Busse/*Dirnberger* BayBO Art. 3 Rn. 178, 179.
11 *Hügel/Elzer*, 3. Aufl. 2021, WEG § 14 Rn. 39.
12 BGH 14.5.1998 – VII ZR 184/97, MDR 1998, 1026.
13 Projektstudie 2301 des Bayerischen Landesamtes für Umwelt.
14 *Hügel/Elzer*, 3. Aufl. 2021, WEG § 15 Rn. 34, Stichwort: Lärm/Ruhezeiten.
15 *Blank* MDR 2019, R 6–R 7.
16 BGH 10.9.1998 – V ZB 11/98, MDR 1999, 28.
17 LG Frankfurt 4.10.2017 – 2–13 S 131/16, ZWE 2017, 457 mAnm *Lehmann* MietRB 2018, 112.

der **DIN 4109 (Schallschutz im Städtebau)** einzuhalten. Zwar sind derartige private Regelwerke keine verbindlichen Rechtsnormen,[18] sie können aber eine gewisse Allgemeingültigkeitswirkung beanspruchen.[19] Daher werden insbesondere die Richtwerte der DIN 4109 als Kriterien für die durch Luft- bzw. Trittschall durch Wohnungseigentümer zu duldenden Beeinträchtigungen herangezogen (Einzelheiten bei → *Trittschall* Rn. 9 ff.).[20]

17 Ist die Wohnungseigentumsanlage nicht nach diesen Vorschriften hergestellt worden, bleibt es grundsätzlich bei diesem Zustand. Ein Anspruch auf Nachrüstung eines jeweiligen Sondereigentums besteht nicht.[21] Auch wenn sich der ursprüngliche Zustand durch allgemeine Abnutzung verschlechtert, besteht kein Anspruch darauf, dass dann eine Sanierung unter Beachtung dieses Regelwerks durchgeführt wird.[22] Allerdings kann ein Anspruch auf technische Änderungen wie etwa der Verbesserung der Bodenstruktur und des Unterbaus (Estrich, Betondecke) im Rahmen ordnungsgemäßer Verwaltung bestehen.[23]

18 Erneuern Sondereigentümer den Fußbodenbelag ohne Eingriff in das Gemeinschaftseigentum, so sind sie nicht verpflichtet, die im Zeitpunkt des Bodenbelagswechsels aktuelle DIN 4109 zu berücksichtigen, sondern die zum Zeitpunkt der Gebäudeerrichtung geltende Fassung.[24] Werden dagegen substanziell eingreifende Umbauten vorgenommen oder die Schaffung neuen Sondereigentums durch einen Dachausbau, sind (zumindest) die aktuellen Werte zu berücksichtigen.[25]

19 Unabhängig davon besteht ein Anspruch gem. § 1004 Abs. 1 BGB iVm § 14 Abs. 2 Nr. 1 iVm Abs. 1 Nr. 2 WEG, wenn nach dem Umbau beeinträchtigende Lärmbelästigungen auftreten.[26] So kann etwa die Vergrößerung einer Terrasse eine unzulässige Zunahme von Lärm auslösen.[27] Wird im Rahmen einer Modernisierungsmaßnahme ein Aufzug eingebaut, so sind die sich daraus ergebenden Lärmwirkungen hinzunehmen.[28]

20 **c) Lärm als Nachteil iSd § 14 Abs. 1 Nr. 2 Hs. 3 WEG.** Aus der Pflicht zur schonenden Nutzung von Sonder- und Gemeinschaftseigentum entspringt auch eine entsprechende Pflicht zur Vermeidung von beeinträchtigendem Lärm und bindet die Wohnungseigentümer untereinander enger als gegenüber außerhalb der Anlage stehenden Dritten.

21 **aa) Lärmstörungen aus Wohnungseigentum.** Aus der umfänglichen Rechtsprechung zu Lärmbeeinträchtigungen als Nachteil iSd § 14 Nr. 1 aF WEG lassen sich einige Grundzüge zur wohnungseigentumsrechtlichen Bewertung von Lärmbeeinträchtigungen ableiten. Da in § 14 Abs. 1 Nr. 2 WEG der Nachteilsbegriff der bisherigen Gesetzesfassung übernommen wurde, hat diese Rechtsprechung weiterhin Aussagekraft. Als Anhaltspunkt der noch zulässigen Nutzung des Sondereigentums gelten die **Beurteilungspegel der TA Lärm**.[29] Als weitere Maßstäbe dienen darüber hinaus die **Lage** der Wohnungseigentumsanlage und deren **Charakter**. Handelt es sich um eine reine Wohnungseigentumsanlage ohne Teileigentumseinheiten, dann können lärmintensive Nutzungen außerhalb des unmittelbaren Nutzungszwecks „Wohnen" unzulässig sein. Das gilt – vornehmlich unter dem Gesichtspunkt der unzulässigen gewerblichen Nutzung – trotz der Privilegierung des Kinderlärms durch § 22 Abs. 1 a BImSchG für eine Tätigkeit als Tagesmutter.[30]

18 BGH 14.5.1998 – VII ZR 184/97, MDR 1998, 1026.
19 *Hügel/Elzer*, 3. Aufl. 2021, WEG § 14 Rn. 39.
20 BGH 24.1.2014 – V ZR 48/13, MDR 2014, 399.
21 OLG München 9.5.2005 – 32 Wx 030/05, ZMR 2005, 650; Jennißen/*Hogenschurz* WEG § 22 Rn. 105.
22 BGH 1.6.2012 – VZ 195/11, MDR 2012, 898.
23 Jennißen/*Hogenschurz* WEG § 22 aF Rn. 105.
24 BGH 6.7.2018 – V ZR 221/17, MDR 2018, 432; LG Hamburg 12.7.2017 – 318 S 31/16, ZMR 2017, 828: Ersatz von Laminat ua durch Eichenparkett, aA: OLG Frankfurt a. M. 28.6.2004 – 20 W 95/01, ZMR 2005, 68; OLG München 9.1.2008 – 34 Wx 114/07, NJW 2008, 592.
25 KG 23.5.2017 – 55 S 36/16 mAnm *Hogenschurz* jurisPR 1/2018 Anm. 6.
26 Jennißen/*Hogenschurz* WEG § 22 aF Rn. 106 c.
27 AG München 29.8.2018 – 485 C 5290/18.
28 LG Hamburg 19.9.2018 – 318 S 71/17, ZWE 2019, 214 Rn. 44.
29 LG München 3.6.2016 – 40 O 11108/14, Rn. 93, Jennißen/*Hogenschurz* WEG § 14 aF Rn. 5; *Hügel/Elzer* WEG § 14 aF Rn. 20.
30 BGH 13.7.2012 – V ZR 2014/11; LG Köln 11.8.2011 – 29 S 225/10, MDR 2012, 457; aA AG Bonn 25.1.2018 – 27 C 111/17, ZWE 2018, 212; dagegen sind die Belästigungen durch ein Eltern-Kind-Zentrum in einem als „Laden mit Lager" bezeichneten *Teil*eigentum wegen der Ausstrahlungswirkung des § 22 Abs. 1 a BImSchG hinzunehmen, → Rn. 26.

Soweit es um die reine Wohnnutzung des Sondereigentums mit seinen verschiedenen Ausprägungen geht, ist anhand des jeweiligen Einzelfalls zu entscheiden. Ausgangspunkt ist, dass übliche **Nutzungsgeräusche**[31] in älteren Wohngebäuden hinzunehmen sind.[32] Zu den noch hinzunehmenden sozialadäquaten Beeinträchtigungen gehören die typischen Geräuschbelästigungen durch ein schwerstbehindertes Kind[33] oder von Kindern allgemein; dies gilt nicht für Stampfen, Poltern und Schreien.[34] Lautes Rufen und Brüllen eines psychisch gestörten Wohnungseigentümers, das zu Schlafstörungen bei anderen Eigentümern führt, muss dagegen nicht hingenommen werden.[35]

22

Gegen belästigendes **Musizieren** besteht grundsätzlich ein Abwehranspruch auf Vornahme geeigneter Maßnahmen.[36] Ebenso wie im Zusammenhang mit einer Gebrauchsbestimmung können aber nicht solche Maßnahmen verlangt werden, die im Ergebnis einen völligen Ausschluss jeden Musizierens bewirken. So gehört das (freizeitmäßige) Trompetenspiel zu den „sozialadäquaten und üblichen Formen" der Freizeitbeschäftigung.[37] Dabei ist nicht in erster Linie auf technische Regelwerke abzustellen;[38] vielmehr sei der Tatrichter zur Feststellung der Beeinträchtigung zu einem Termin vor Ort angehalten. Trotz dieser Entscheidung wird man den Grundsatz beibehalten können, dass die Beurteilungspegel der TA Lärm als wesentlicher Anhaltspunkt heranzuziehen sind.[39]

23

Unzulässige Lärmbelästigungen können sich auch durch **Tierhaltung** ergeben. Gerade bei der Haltung mehrerer Hunde kann – auch ohne konkret dargelegte Beeinträchtigung[40] und ohne Beweisaufnahme[41] eine Lärmbelästigung prognostisch unterstellt werden. Die von der Tierhaltung und insbesondere Hundehaltung ausgehenden Beeinträchtigungen – speziell Lärmbeeinträchtigungen – können Anlass für einen vereinbarungsersetzenden Beschluss zum Ausschluss der Hundehaltung sein.[42]

24

Auslöser von abwehrbaren Störeffekten können zudem **technische Anlagen** sein, wie eine Klimaanlage an der Außenfassade,[43] eine Dunstabzugshaube mit einem Außenwanddurchlass,[44] ein Whirlpool auf einer Dachterrasse[45] oder Lärmemissionen eines Blockheizkraftwerks.[46]

25

bb) Lärmstörungen aus Teileigentumseinheiten. Weitergehend als im Bereich des Wohnungseigentums ist der Nachteilsbegriff im Bereich des Teileigentums zunächst an der Zweckbestimmung des Teileigentums zu orientieren.[47] Daher kann eine Nutzung mit der Zweckbestimmung „Freikirche" jedenfalls dann einen Abwehranspruch auslösen, wenn durch Veranstaltungen (Live-Musik) wiederholt Störungen auftreten.[48] Auch eine Musikanlage einer im Teileigentum stehenden Gaststätte kann nicht hinnehmbare Lärmbelästigungen verursachen;[49] ebenso ist die Umnutzung eines Ladens zu einem Restaurant unzulässig, wenn dadurch nachteilige Lärmeinwirkungen durch Gäste in einem Innenhof entstehen.[50]

26

d) Durchsetzung von Ansprüchen gegen Lärmbeeinträchtigungen. aa) Ansprüche innerhalb der Wohnungseigentumsanlage. Wohnungseigentümern stehen Abwehransprüche gegen einen anderen, ausschließ-

27

31 *Hügel/Elzer*, 3. Aufl. 2021, WEG § 14 Rn. 33.
32 BGH 22.8.2017 – VIII ZR 226/16, ZMR 2018, 19; AG Bonn 24.1.2018 – 27 C 115/18; *Nierhauve* ZMR 2018, 298.
33 AG Braunschweig 11.9.2006 – 34 II 10/04, ZMR 2008, 224.
34 BGH 22.8.2017 – VIII ZR 226/16, ZMR 2018, 19.
35 AG Pinneberg 18.9.2018 – 60 C 3/17, ZMR 2019, 85 mAnm *Dötsch* ZMR 2019, 250.
36 BGH 26.10.2018 – V ZR 143/17, MDR 2019, 20; *Blank*, MDR 2019, R 6–R 7.
37 BGH 26.10.2018 – V ZR 143/17, MDR 2019, 20 Ls. 1.
38 BGH 26.10.2018 – V ZR 143/17, MDR 2019, 20 Rn. 23.
39 LG München 3.6.2016 – 40 O 11108/14 Rn. 93.
40 OLG Zweibrücken 24.8.1999 – 3 W 164/99, ZMR 1999, 853: Haltung von vier Schäferhunden.
41 OLG Celle 31.1.2003 – 4 W 15/03, NZM 2003, 242.
42 BGH 4.5.1995 – V ZB 5/95, NJW 1995, 203.
43 OLG Düsseldorf 16.11.2009 – I-3-Wx 179/09, ZMR 2010, 385.
44 LG Itzehoe 10.4.2018 – 11 S 129/15, ZMR 2018, 628 mAnm *Elzer* IMR 2018, 376.
45 LG Stuttgart 11.5.2016 – 19 S 66/15, ZWE 2016, 416.
46 AG Lahnstein 4.4.2018 – 21 C 2/17 WEG, ZMR 2018, 962.
47 BGH 13.12.2019 – V ZR 203/18, DWW 2020 zur Ausstrahlungswirkung von § 22 Abs. 1 a BImSchG ins WEG; LG Stuttgart 12.3.2019 – 19 S 31/18.
48 LG Berlin 22.5.2018 – 55 T 15/18, ZWE 2018, 450.
49 BayObLG 2.9.1993 – 2 Z BR63/93, NJW-RR 1994, 337.
50 LG München 15.1.2018 – 1 S 1401/17 WEG, ZMR 2018, 443 Rn. 8.

lich ihr **Sondereigentum** störenden Eigentümer gem. § 14 Abs. 2 Nr. 1 iVm Abs. 1 Nr. 2 WEG unter Einbeziehung des sachenrechtlichen Abwehranspruchs aus § 1004 BGB zu.

Dagegen steht hinsichtlich des **Gemeinschaftseigentums** dieser Abwehranspruch nunmehr ausschließlich der Gemeinschaft der Wohnungseigentümer zu (§ 9 a Abs. 2 WEG). Da gerade bei Lärmbelästigungen eine Trennung der Rechtssphären nicht möglich ist und andernfalls Sondereigentümer unter dem Gesichtspunkt des Eigentumsschutzes aus Art. 14 Abs. 1 GG und der Privatautonomie aus Art. 2 Abs. 1 GG[51] in der Wahrung ihrer Rechte unzulässig beschränkt würden, muss trotzdem eine Abwehr von Lärmbeeinträchtigungen unabhängig vom Agieren der Gemeinschaft möglich sein.[52]

Entscheidend für die solitäre Geltendmachung von Ansprüchen einzelner Sondereigentümer ist allerdings, dass es sich um unmittelbare Störungen des Sondereigentums handelt; ausgeschlossen sind mittelbare Einflüsse wie Wertminderungen des Wohnungseigentums durch die Lärmbeaufschlagungen oder Einschränkungen bei der Vermietung.[53]

Dabei reicht für die Geltendmachung des Anspruchs auf der Grundlage des § 14 Abs. 2 Nr. 1 WEG allein die Störung aus, ohne dass es auf die für die Anwendung des § 1004 BGB vorausgesetzte Wiederholungsgefahr ankäme.[54]

Vom **Umfang** her findet innerhalb der Wohnungseigentumsanlage § 1004 BGB mit den Einschränkungen Anwendung, wie sie durch die §§ 13, 14 WEG beschrieben sind (→ Rn. 20, → *Störungsunterlassung* Rn. 27).[55]

28 Durch § 15 WEG ist nunmehr klargestellt, dass bei Vorliegen der dort genannten Voraussetzungen Mieter und andere Nutzer in der Wohnungseigentumsanlage die sich aus Erhaltungsnahmen (§ 15 Nr. 1 WEG) oder solchen Maßnahmen, die darüber hinausgehen (§ 15 Nr. 2 WEG), entstehenden Beeinträchtigungen zu dulden haben. Damit sind auch solche Lärmbeaufschlagungen hinzunehmen, die mit diesen Maßnahmen verbunden sind und die die Grenze des üblicherweise Zumutbaren nicht übersteigen (→ Rn. 21).

Der Gesetzgeber hat die in § 14 Nr. 2 WEG aF normierte Pflicht zur Einwirkung auf Dritte fallengelassen. Dennoch kann davon ausgegangen werden, dass nach wie vor aus der Pflicht zu wohnungseigentumsrechtlicher Rücksichtnahme[56] ein Anspruch auf Einwirkung auf durch Lärm störende Dritte (Familienangehörige, Mieter, sonstige dauerhaft aufgenommene Personen oder Mitarbeiter) besteht.

Der überlassende Wohnungseigentümer als mittelbarer Handlungsstörer hat alle notwendigen und zumutbaren Maßnahmen zu ergreifen, um die Störung zu beseitigen. Da § 14 Abs. 2 Nr. 1 iVm Abs. 1 Nr. 2 WEG nicht unmittelbar eigene Rechte auslöst, muss der Eigentümer schon bei Abfassung von Überlassungsverträgen die Einhaltung der wohnungseigentumsrechtlichen Verpflichtungen einfließen lassen. Kommt es zur Störung, sind alle denkbaren Maßnahmen zu ergreifen, um von dem Störer die Unterlassung bzw. Beseitigung der Störung zu erreichen. Hierher gehören neben den rechtsförmlichen Maßnahmen wie mietvertraglicher Abmahnung und Kündigung auch nichtförmliche Versuche der Einigung unter Anbietung von Ausgleichszahlungen.[57] Neben dem Einwirkungsanspruch besteht ein unmittelbarer Anspruch auf Unterlassen der Lärmbeeinträchtigung gegen den Störer.[58]

29 **bb) Entziehung des Wohnungseigentums.** In seltenen Fällen können Lärmstörungen einen Entziehungsanspruch gem. § 17 Abs. 1, 2 WEG auslösen (→ *Entziehungsanspruch* Rn. 22).[59] In allen Fällen, die die Rechtsprechung in diesem Zusammenhang entschieden hat, wurde der Entziehungsanspruch nicht allein durch Lärmvorfälle ausgelöst, vielmehr wurden diese von anderen Verstößen begleitet.[60] Reine Lärmbeeinträchti-

---

51 BGH 24.7.2015 – V ZR 145/14 Rn. 12, ZMR 2015, 951.
52 *Bruns* AnwZert MietR 13/2020 Anm. 2; *Elzer* FDVZR 2020, 429759: „Mitstörung".
53 *Elzer* FDVZR 2020, 429759.
54 *Hügel/Elzer* WEG § 15 aF Rn. 66, 67; aA *Jennißen/Schultzky* WEG § 15 aF Rn. 212.
55 Ausführlich: *Bruns* AnwZert MietR 13/2020 Anm. 2.
56 *Hügel/Elzer*, 3. Aufl. 2021, WEG § 14 Rn. 59; *Bärmann/Emmerich* WEG § 14 Rn. 4 (pauschal); herzuleiten aus einer entsprechenden Anwendung der Tatbestandsmerkmale des § 14 Abs. 1 Nr. 2 Hs 3 iVm Abs. 2 Nr. 1 WEG bzw. §§ 280 Abs. 1, 241 Abs. 2 BGB.
57 BGH 16.5.2013 – V ZR 131/13, NJW 2014, 2640 Rn. 16. *Hügel/Elzer*, 3. Aufl. 2021, WEG § 14 Rn. 68.
58 *Hügel/Elzer*, 3. Aufl. 2021, WEG § 14 Rn. 72.
59 *Jennißen/Heinemann* WEG § 18 aF Rn. 16.
60 AG Tübingen 28.9.2010 – 3 C 331/10, ZMR 2011, 919: Ruhestörung durch lautstarke Beschimpfungen.

gungen können dann gem. § 17 Abs. 2 WEG zur Entziehung führen, wenn Lärmprotokolle vorliegen und auf deren Grundlage abgemahnt wird; fehlt es an der Abmahnung, scheitert ein solcher Anspruch schon daran.[61]

2. Ansprüche gegenüber Dritten außerhalb der Wohnungseigentumsanlage. Sowohl hinsichtlich des **30** Sondereigentums als auch des Gemeinschaftseigentums besteht ein Anspruch auf Unterlassung von Beeinträchtigungen durch Lärm aus dem Eigentumsfreiheitsanspruch gem. §§ 1004, 906 BGB bzw. § 14 Abs. 2 Nr. 1 iVm Abs. 1 Nr. 2 WEG (→ *Störungsbeseitigung* Rn. 28). Einschränkungen ergeben sich aus dem bundesrechtlichen wie auch landesrechtlichen Nachbarrecht im Zusammenspiel mit den immissionsschutzrechtlichen Vorgaben (→ *Nachbarrecht* Rn 8).

Ergeben sich bei der Nutzung konkrete Lärmbelästigungen (→ *Störungsunterlassung* Rn. 15 f.), steht den Eigentümern hinsichtlich des Sondereigentums und der Gemeinschaft der Wohnungseigentümer hinsichtlich des Gemeinschaftseigentums der Abwehranspruch aus § 14 Abs. 2 Nr. 1 iVm Abs. 1 Nr. 2 WEG und § 1004 BGB zu. Dies ist hinsichtlich des Sondereigentums zunächst selbstverständlich dann, wenn – was idR kaum der Fall sein dürfte – ausschließlich Sondereigentum betroffen ist. Zwar stehen nach der neuen Gesetzeslage Störungsbeseitigungsansprüche hinsichtlich des Gemeinschaftseigentums gem. § 9 a Abs. 2 Hs. 1 WEG nur der Gemeinschaft der Wohnungseigentümer zu.[62] Da vornehmlich bei Lärmbelästigungen eine Trennung der Rechtssphären nicht möglich ist und andernfalls Sondereigentümer unter dem Gesichtspunkt des Eigentumsschutzes aus Art. 14 Abs. 1 GG und der Privatautonomie aus Art. 2 Abs. 1 GG in der Wahrung ihrer Recht unzulässig beschränkt würden, muss eine Geltendmachung unabhängig voneinander möglich sein (wie auch im Innenbereich der Wohnungseigentumsanlage, → Rn. 27).[63]

132. Lasten

Güther

I. Definition, Änderung durch die WEG-Reform 2020

Lasten sind gemeinsame **schuldrechtliche Verpflichtungen der Wohnungseigentümer** zu einer Leistung, **1** für die alle Wohnungseigentumseinheiten – und nicht nur das Wohnungseigentum eines einzelnen Eigentümers – dinglich haften. Sie gewähren dem Gläubiger einen dinglichen Anspruch gegen die Wohnungseigentümer, die Zwangsvollstreckung in das Wohnungseigentum zu dulden. Die Lasten des Gemeinschaftseigentums ruhen analog § 1132 Abs. 1 BGB als Gesamtlast auf sämtlichen Wohnungs-/Teileigentumsrechten.[1]

§ 16 Abs. 2 WEG aF unterschied zwischen Lasten und Kosten des gemeinschaftlichen Eigentums, was ohne **2** große praktische Auswirkung war, wenn sowohl für die Lasten als auch für die Kosten derselbe Verteilungsschlüssel galt. In Folge der WEG-Reform werden seit dem 1.12.2020 die Lasten des gemeinschaftlichen Eigentums nicht mehr zusätzlich erwähnt und gehen in den Kosten gem. § 16 Abs. 2 WEG auf (→ *Kosten* Rn. 2).

In Abgrenzung zu Lasten handelte es sich um **Kosten** iSd § 16 Abs. 2 WEG aF bei allen Aufwendungen, die **3** durch die Instandhaltung, Instandsetzung und sonstige Verwaltung entstanden sowie bei Aufwendungen, die der Gebrauch des gemeinschaftlichen Eigentums verursachte (→ *Umlageschlüssel* Rn. 1).

---

61 LG Berlin 15.12.2009 – 55 S 102/09, ZWE 2010, 217.
62 Zum alten Recht und zur Klagebefugnis der Gemeinschaft der Wohnungseigentümer im Falle von nächtlichen Lärmstörungen durch ein Vereinshaus in der Nachbarschaft: LG Hamburg 13.12.2017 – 321 S 65/16, ZMR 2018, 391.
63 *Bruns* AnwZert MietR 13/2020 Anm. 2; *Elzer* FDVZR 2020, 429759.
1 *Becker* ZfIR 2012, 403 (406).

II. Lasten des Sondereigentums

4   Jeder Wohnungseigentümer trägt die Lasten seines Sondereigentums selbst. Hierzu zählen beispielsweise die auf dem Sondereigentum ruhenden **Grundpfandrechte** wie Grundschulden, Hypotheken und Reallasten.

III. Lasten des Gemeinschaftseigentum (§ 16 Abs. 2 WEG)

5   Bei den Lasten des Gemeinschaftseigentums kann man in private und öffentliche Lasten unterscheiden. Zu den **privaten Lasten** gehören Grundschuld- und Hypothekenzinsen oder Renten, soweit alle Wohnungseigentumseinheiten belastet sind. Dazu kommen Entschädigungen für einen Überbau oder für ein Notwegerecht zu zahlende Geldrenten (§§ 912 Abs. 2, 917 Abs. 1 BGB).

6   Zu den **öffentlichen Lasten** gehören Leistungspflichten, die nach öffentlich-rechtlichen Vorschriften auf dem Grundstück ruhen insbesondere Abgaben wie Erschließungs- und Anliegerbeiträge, Abwassergebühren, Müllabfallgebühren, Straßenreinigungsgebühren.

7   Öffentliche Lasten des **Gemeinschaftseigentums** sind:

- Kommunale Beiträge und Gebühren (zB Abfall- und Wassergebühren), soweit die kommunale Beitrags- oder Gebührensatzung aufgrund einer landesgesetzlichen Ermächtigung anordnet, dass Beiträge oder Gebühren als öffentliche Lasten auf dem Grundstück ruhen und mehrere Grundstückseigentümer als Gesamtschuldner haften (zB § 6 Abs. 5 KAGNW; § 7 Abs. 7 RhPflKAG);[2]
- Gebühren der Schornsteinfeger (§ 20 Abs. 2 SchfHwG).

8   **Keine öffentliche Last** des Gemeinschaftseigentums sind:

- die Grundsteuer (da Wohnungseigentum gem. § 93 Abs. 1 S. 1 BewG als selbstständiger Steuergegenstand anzusehen ist);
- Erschließungsbeiträge gem. §§ 127 ff. BauGB (da die Last gem. § 134 Abs. 2 BauGB auf einzelnem Wohnungseigentum ruht);
- Kommunale Beiträge und Gebühren, soweit die kommunale Beitrags- oder Gebührensatzung bestimmt, dass einzelne Wohnungs-/Teileigentümer bereits im Außenverhältnis nur entsprechend ihrer Miteigentumsanteile beitrags- oder gebührenpflichtig sind (zB Art. 5 Abs. 6, 7 BayKAG).[3]

9   Die Lasten des gemeinschaftlichen Eigentums hat jeder Wohnungseigentümer nach dem **Verhältnis seines Anteils** iSv § 16 Abs. 2 S. 1 iVm Abs. 1 S. 2 WEG zu tragen (nach der Größe seines Anteils am Gemeinschaftseigentum). § 16 Abs. 2 WEG entspricht damit der Regelung des § 748 BGB, der auch für die normale Bruchteilsgemeinschaft diese Rechtsfolgen anordnet und einen Rückgriff auf §§ 683, 812 BGB entbehrlich machen soll.

10   Nach dem WEG aF und nach dem neuen WEG haftet der einzelne Wohnungseigentümer als Gesamtschuldner nach außen (§ 9 a Abs. 4 S. 1 WEG; § 10 Abs. 8 WEG aF). Wer als Wohnungseigentümer nach dem WEG aF von einem Dritten in Anspruch genommen wurde, hatte gegen die Gemeinschaft der Wohnungseigentümer einen **Freistellungs-** bzw. **Erstattungsanspruch,**[4] wenn er intern keine Lasten tragen musste.

11   Dabei bleibt es auch nach dem neuen WEG ab dem 1.12.2020. Zwar obliegt die Verwaltung des gemeinschaftlichen Eigentums der Gemeinschaft der Wohnungseigentümer (§ 18 Abs. 1 WEG) als rechtsfähigem Verband (§ 9 a Abs. 1 S. 1 WEG). Bei einem Vorgehen eines Dritten aufgrund Lasten auf dem Gemeinschaftseigentum ist ein Durchgriff auf den Wohnungseigentümer als dinglich Haftender möglich.

12   Im Falle der **Veräußerung** von Wohnungs-/Teileigentum haftet der Veräußerer für Beiträge zur Lasten- und Kostentragung, die bis zur Eigentumsumschreibung im Grundbuch fällig geworden sind. Für Beiträge, die nach der Umschreibung fällig werden, hat der Erwerber einzustehen.[5] Im Rahmen des Wohnungseigentumskaufvertrages kann der Zeitpunkt der Lastentragungsverpflichtung vertraglich bestimmt werden. In der Regel wird der sog. Lasten-/Nutzenwechsel zusammen mit dem Besitzübergang im Anschluss an die Zahlung des Kaufpreises festgelegt und liegt dann vor dem Zeitpunkt der Eigentumsumschreibung im Grundbuch.

---

2 Bärmann/*Becker* WEG § 16 Rn. 28.
3 Bärmann/*Becker* WEG § 16 Rn. 28.
4 BGH 14.2.2014 – V ZR 100/13, NJW 2014, 1093.
5 BGH 23.9.1999 – V ZB 17/99, NJW 1999, 3713.

                Güther

133. Lastschriftverfahren

Pauli

I. Einführung

Die Wohnungseigentümer können auf Grundlage der **Beschlusskompetenz nach § 28 Abs. 3 WEG** die Art 1 und Weise der Zahlungen regeln bzw. im Rahmen des § 10 Abs. 1 S. 2 WEG vereinbaren, dass Vorschüsse nach § 28 Abs. 1 WEG oder die Jahresabrechnung nach § 28 Abs. 2 WEG durch Lastschrift zu zahlen sind. Danach kann der Zahlungsempfänger von dem Zahlungspflichtigen – also der Verwalter für die Gemeinschaft der Wohnungseigentümer von dem Eigentümer – im Rahmen des bargeldlosen Zahlungsverkehrs Forderungen einziehen. Bis zum 1.2.2014/1.8.2014 war in Deutschland das sog. **Lastschriftverfahren** üblich. Ab diesem Zeitpunkt werden die Lastschriften bei allen europäischen Kreditinstituten als **SEPA-Lastschrift** ausgeführt. Die SEPA-Lastschrift weist ein europaweites einheitliches Dateiformat für die im Zahlungsverkehr übermittelte Informationen auf. Die SEPA-Lastschrift ist durch die Erteilung des sogenannten SEPA-Mandates geprägt. Dieses ähnelt der in Deutschland früher genutzten **Einzugsermächtigung** (→ *Einzugsermächtigung* Rn. 1 ff.). Es ermächtigt zum einen den Zahlungsempfänger, den fälligen Betrag vom Konto des Zahlenden einzuziehen, sowie zum anderen die Bank des Zahlungspflichtigen, die Einlösung vorzunehmen.

Rechtsgrundlage der SEPA-Lastschrift sind materiellrechtlich die Vorschriften des Zahlungsdienstrechts gem. 2 §§ 675 c ff. BGB, die SEPA-VO[1] sowie das SEPA-Begleitgesetz.[2] Die SEPA-Lastschrift verschafft dem **Gläubiger** gewichtige **Vorteile**. Der Hauptvorteil besteht in der pünktlichen Zahlung, da der Einzug der Forderung durch den Gläubiger veranlasst wird. Hierdurch entstehen für den Gläubiger Zins- und Liquiditätsvorteile.[3] Insbesondere die Liquiditätsvorteile werden für die Wohnungseigentümer die Motivationsgrundlage bilden, das SEPA-Lastschriftverfahren in der Gemeinschaft zu vereinbaren.

II. (SEPA-)Lastschrift bei der Verwaltung des Wohnungseigentums

Nach Vereinbarung des SEPA-Lastschriftverfahrens ergeben sich für den Verwalter und für die Eigentümer 3 verschiedene Pflichten.

1. Pflichten des Eigentümers. Zunächst ist der **Wohnungseigentümer** verpflichtet, das sog. SEPA-Mandat 4 zu erteilen. Hierbei ist in der Regel die Schriftform zu beachten.[4] Problematisch sind die Fälle, in denen sich ein Eigentümer hierzu weigert. In dieser Situation könnte daran gedacht werden, die Erteilung des Mandates gerichtlich durch die Gemeinschaft der Wohnungseigentümer zu erzwingen. Zweckmäßigerweise sollte daher die Nichtteilnahme an dem Lastschriftverfahren mit einer Gebühr für einen besonderen Verwaltungsaufwand sanktioniert werden. Die Nichtteilnahme verursacht durch die Überprüfung der Verbuchung einen **Mehraufwand des Verwalters**, der pauschal abgegolten werden kann.[5] Eine Gebühr von 2,50 EUR pro Zahlungsvorgang entspricht zurzeit dem zusätzlichen Aufwand und somit den Grundsätzen der ordnungsgemäßen Verwaltung. Der Eigentümer hat weiterhin die Pflicht, auf seinem Konto für eine ausreichende Deckung zu sorgen, damit die SEPA-Lastschriften eingelöst werden können.[6]

2. Pflichten und Rechte der Gemeinschaft der Wohnungseigentümer. Nach Vereinbarung des SEPA- 5 Lastschriftverfahrens ist das Hausgeld zur Hohlschuld geworden und die Gemeinschaft der Wohnungseigentümer ist verpflichtet, von der Einzugsermächtigung Gebrauch zu machen und das Hausgeld **rechtzeitig einzuziehen**.[7] Die Gemeinschaft der Wohnungseigentümer wird hierbei durch den Verwalter gem. §§ 9 b Abs. 1, 27

---

1 VO (EU) 260/2012.
2 Erman/*Graf von Westphalen* BGB § 675 f Rn. 85.
3 Erman/*Graf von Westphalen* BGB § 675 f Rn. 89.
4 Erman/*Graf von Westphalen* BGB § 675 f Rn. 92.
5 Bärmann/*Merle* WEG § 21 Rn. 193.
6 BGH 29.1.2016 – V ZR 97/15, ZMR 2016, 472 Rn. 11.
7 BGH 29.1.2016 – V ZR 97/15, ZMR 2016, 472 Rn. 11.

Abs. 1 WEG vertreten. Der Wohnungseigentümer gerät daher nicht in Zahlungsverzug nach § 286 BGB, wenn der Verwalter etwa vergisst, dass Hausgeld rechtzeitig zur Fälligkeit einzuziehen.

6 Die Gemeinschaft der Wohnungseigentümer ist grundsätzlich an die vereinbarte Lastschriftabrede gebunden und kann diese nur **einseitig aufkündigen**, wenn ein sachlicher Grund vorliegt. Dies ist etwa dann der Fall, wenn ein Wohnungseigentümer sich nicht mehr an die Lastschriftabrede halten möchte und weitere Konflikte drohen.[8] Ein solcher Konflikt kann etwa darin bestehen, dass die Gemeinschaft der Wohnungseigentümer mit Kosten für Rücklastschriften nach erfolglosen Einzügen belastet wird. In diesem Zusammenhang wurde früher einschränkend gefordert, dass für die Kündigung der Lastschrift durch den Verwalter wiederum eine Ermächtigung nach § 27 Abs. 3 Nr. 7 WEG aF vorliegen müsste.[9] In der Kündigung der Lastschriftabrede ist im Geltungsbereich des WEG eine Maßnahme der ordnungsgemäßen Verwaltung von untergeordneter Bedeutung iSv § 27 Abs. 1 Nr. 1 WEG zu sehen, die nunmehr eine besondere Ermächtigung nicht mehr erfordert. Mithin kann der Verwalter, etwa bei Rücklastschriften die Lastschriftabrede für die Gemeinschaft der Wohnungseigentümer aufkündigen und die Forderungen der Gemeinschaft anderweitig beitreiben. Vorsorglich sollte aber bei einem Beschluss über die Einführung einer Lastschriftabrede nach § 28 Abs. 3 WEG klargestellt werden, dass der Verwalter bei drohenden Konflikten über den Lastschrifteinzug und insbesondere bei einem drohenden Anfall von Bankgebühren zur Kündigung berechtigt ist.

134. Leerstand

Brückner

I. Einführung

1 Gemeinschaftliches Eigentum und Sondereigentum sind zum Gebrauch und zur Benutzung geschaffen. Innerhalb der Zweckbestimmung ist jeder Eigentümer berechtigt, das Sondereigentum und das Gemeinschaftseigentum nach seinen Vorstellungen zu nutzen.

2 Sagt die von den Wohnungseigentümern festgelegte **Zweckbestimmung** nichts darüber aus, ist kein Miteigentümer verpflichtet, das Eigentum, insbesondere das Sondereigentum, auch zu nutzen.

3 Das Nutzungsrecht erlaubt es dem Eigentümer auch, das Eigentum nicht zu nutzen, es mithin leer stehen zu lassen. Eine **Betriebspflicht** für Wohnungseigentum besteht nicht. Auch für Teileigentum soll eine Betriebspflicht nur dann gegeben sein, wenn diese vereinbart worden ist.[1]

II. Einzelheiten

4 **1. Erhaltungspflicht.** Dennoch ist der Miteigentümer **nicht berechtigt**, mit seinem Eigentum nichts zu tun, wenn ein solches Nichtstun negative Auswirkungen auf andere Sondereigentümer oder auf das gemeinschaftliche Eigentum mit sich bringt. Den einzelnen Eigentümer trifft eine entsprechende Erhaltungspflicht, an der er den Gebrauch des Eigentums ausrichten muss. Der Leerstand darf mithin nicht zu einer Gefährdung des Eigentums führen.

5 **2. Kosten der Gemeinschaft der Wohnungseigentümer.** Bei den auf das Sondereigentum entfallenden Betriebskosten wird der Leerstand bei solchen Kostenpositionen, die nicht verbrauchs- bzw. verursachungsabhängig abgerechnet werden, keine Auswirkungen haben.[2] Ein Umlageschlüssel „genutztes Sondereigentum" wird an keiner Stelle vorgeschlagen. Auch dürfte die Herausnahme nicht genutzten Eigentums aus der Be-

---

8 BGH 29.1.2016 – V ZR 97/15, ZMR 2016, 472 Rn. 11; *Hügel/Elzer* WEG § 21 Rn. 134.
9 *Hügel/Elzer* WEG § 21 Rn. 135.
1 NSV/*Vandenhouten* WEG § 14 Rn. 19.
2 BayObLG 23.8.2001 – 2Z BR 114/01, ZWE 2001, 597; *Greiner* WohnungseigentumsR § 8 Rn. 960.

triebskostenverteilung unbillig sein, da Kosten unabhängig vom Verbrauch entstehenden oder zumindest mit einer verbrauchsunabhängigen Grundgebühr belastet sind. Die Beteiligung an den **Kosten der Gemeinschaft der Wohnungseigentümer** entspricht der solidarischen Kostentragungspflicht.[3]

Dies zeigt sich auch beim **Umlageschlüssel** für die Versorgung mit Wärme und/oder Warmwasser. §§ 6–8 der Heizkostenverordnung schreiben vor, dass die Kosten mindestens zu 30 % anhand der versorgten Fläche umzulegen sind. Dies wird der Überlegung gerecht, dass die Versorgungsanlage in vollem Umfang auch für diejenigen Personen vorgehalten werden muss, die das Versorgungsangebot lediglich eingeschränkt oder gar nicht nutzen. 6

Ein **Anspruch** auf Nichtberücksichtigung des Leerstandes bei der Kostenverteilung kommt nur dann in Betracht, wenn dem Eigentümer dauerhaft die Nutzungsmöglichkeit am Sondereigentum fehlt, was zB bei einem noch nicht ausgebautem Dachgeschoss der Fall ist.[4] 7

Führt das Unterlassen des Miteigentümers zu einer **Beeinträchtigung** anderen Sondereigentums oder Miteigentums, haben die einzelne Sondereigentümer oder die Gemeinschaft einen Anspruch auf Vornahme der erforderlichen Maßnahmen, um die Gefährdung des übrigen Eigentums zu vermeiden. Welche Maßnahmen zu ergreifen sind, bleibt zunächst dem einzelnen verpflichteten Eigentümer überlassen. 8

Der Leerstand von Wohneigentum über einen bestimmten Zeitraum hinaus kann in den Kommunen, in denen **Zweckentfremdungsverbote** bestehen, zu einer Ordnungswidrigkeit mit nicht unerheblicher Bußgeldandrohung führen (→ *Zweckentfremdung* Rn. 1 ff.). Der Verstoß gegen öffentlich-rechtliche Vorschriften hat jedoch dann keine Bedeutung für das Verhältnis der Wohnungseigentümer untereinander, wenn diese Normen keinen drittschützenden Charakter haben, was bei den Regelungen zum Zweckentfremdungsverbot nicht der Fall ist. 9

135. Leistungspflichten/Belastungsverbot

Bruns

Das Rechtsgebilde Wohnungseigentümergemeinschaft wurde in Anlehnung an die Bruchteilsgemeinschaft entwickelt. Anders als bei der Bruchteilsgemeinschaft, die nicht Träger von Rechten und Pflichten sein kann,[1] wurde für den Verband Wohnungseigentümergemeinschaft von Beginn an eine gemeinsame Zweckverfolgung geregelt. 2005 vertrat der BGH die Auffassung, dass es sich bei einer Wohnungseigentümergemeinschaft – bei aller sachenrechtlicher Bedeutung – um einen teilrechtsfähigen Verband handelt.[2] Dies schrieb der Gesetzgeber mit der WEG-Novelle 2007 in das Gesetz (§ 10 Abs. 6 WEG aF) und regelte mit der WEG-Novelle 2020, dass der Gemeinschaft **uneingeschränkte Rechtsfähigkeit** zukommt (§ 9 a Abs. 1 S. 1 WEG). 1

Bei einem Verband erfolgt die Willensbildung durch Bündelung einer Mindestzahl von Willenserklärungen der Mitglieder. Deshalb kommt dem Minderheitenschutz besondere Bedeutung zu. Für Verbände gilt daher als allgemeiner, aus der **Kernbereichslehre**[3] abgeleiteter Grundsatz, dass einem Mitglied (hier: Wohnungseigentümer) gegen seinen Willen ohne spezielle Rechtsgrundlage **keine Leistungspflichten auferlegt werden dürfen.**[4] Schon in § 190 I 17 ALR (1794) heißt es: „Zu mehreren Beyträgen aber, als wozu ein jeder Mitgenosse sich ausdrücklich verbunden hat, kann derselbe, auch unter veränderten Umständen, von den übrigen nicht angehalten werden." Dieses Verbot gilt für alle Gesellschaften, für Personen- wie für Kapitalgesellschaften[5] und 2

---

3 Jennißen/*Jennißen* WEG § 16 Rn. 127.
4 Jennißen/*Jennißen* WEG § 16 Rn. 127.
1 Palandt/*Sprau* BGB § 741 Rn. 8.
2 BGH 2.6.2005 – V ZB 32/05, BGHZ 163, 154 = NJW 2005, 2061 (2066).
3 Seit BGH 14.5.1956 – II ZR 229/54, BGHZ 20, 363 = NJW 1956, 1198 (1199 f.); s. etwa BGH 5.3.2007 – II ZR 282/05, NJW-RR 2007, 757 Rn. 14; *K. Schmidt*, Gesellschaftsrecht, 4. Aufl. 2002, S. 135, 473 f.; *Löffler* NJW 1989, 2656; in BGH 21.10.2014 – II ZR 84/13, BGHZ 203, 77 = NJW 2015, 859 ist der BGH zu diesem Grundsatz nur scheinbar auf Distanz gegangen, s. etwa *Goette/Goette* DStR 2016, 74 (84).
4 *Wiedemann* ZGR 1977, 692: „mitgliedschaftliches Grundrecht"; s. auch *Bruns* NZM 2012, 737 (739).
5 Vgl. §§ 706 Abs. 3, 707 BGB, §§ 54, 55, 179 Abs. 3, 180 Abs. 1 AktG, § 53 Abs. 3 GmbH, im Genossenschaftsrecht gem. § 16 Abs. 3 S. 1 GenG aufgelockert.

den eingetragenen Verein (vgl. § 35 BGB). Belastungen, die dem nicht entsprechen, sind nicht rechtmäßig (sog. **Belastungsverbot**). Ein Beschluss, der dagegen verstößt, ist materiell unwirksam.[6]

3 **Nicht erfasst** vom Belastungsverbot sind **mittelbare Leistungspflichten**,[7] die etwa entstehen, wenn die Gemeinschaft der Wohnungseigentümer ihr Gemeinschaftsvermögen durch Erwerb eines Grundstücks vergrößert[8] oder ein langfristiges, hohes Darlehen aufnimmt.[9]

4 Soll ein Wohnungseigentümer auch gegen seinen Willen zu einem bestimmten Verhalten (Leistung, Duldung oder Unterlassung) verpflichtet werden, ist zwischen einer formellen und einer materiellen Komponente zu unterscheiden.[10]

5 In **formeller** Hinsicht bedarf es dazu einer Bestimmung entweder (1.) im Gesetz (zB § 18 Abs. 2 WEG oder die Pflicht zu verbandsrechtlicher Treue), (2.) in der Gemeinschaftsordnung, (3.) in einer Ad-hoc-Vereinbarung oder (4.) in einem Beschluss.

6 Im WEG-Bereich ist Grundlagenordnung die **Gemeinschaftsordnung** (regelmäßig als 2. Teil der Teilungserklärung), in der alles Wesentliche für das Innenverhältnis der Wohnungseigentümer steht. In dieser dürfen Leistungspflichten begründet sein, zB Instandsetzungs- oder Instandhaltungspflichten hinsichtlich einer Sondernutzungsfläche.[11]

7 Im selben Umfang wie die Gemeinschaftsordnung können Leistungspflichten durch **Ad-hoc-Vereinbarungen**, mithin ebenfalls in einvernehmlicher Weise, begründet werden.[12]

8 Ein **Beschluss**, durch den eine Leistungspflicht auferlegt werden soll, bedarf entweder einer gesetzlichen Grundlage, oder er muss aufgrund einer Öffnungsklausel in der Teilungserklärung zugelassen sein.[13] Das folgt schon daraus, dass die Gemeinschaft der Wohnungseigentümer nur über Angelegenheiten beschließen darf, die von einer Beschlusskompetenz gedeckt sind (§ 23 Abs. 1 S. 1 WEG). **Gesetzliche Beschlusskompetenzen** zur Begründung von Leistungspflichten ergeben sich aus §§ 16 Abs. 2 S. 2, 19 Abs. 1, 20 Abs. 1 sowie § 28 Abs. 3 WEG, nämlich

- für die Verteilung einzelner oder bestimmter Arten von Kosten (§ 16 Abs. 2 S. 3 WEG);
- für Regelungen zur ordnungsgemäßen Verwaltung und Benutzung des Gemeinschaftseigentums (einschließlich der Sondernutzungsbereiche) und des Sondereigentums (§ 19 Abs. 1);
- für bauliche Maßnahmen, die über die ordnungsmäßige Erhaltung des Gemeinschaftseigentums hinausgehen (§ 20 Abs. 1 WEG);
- zur Regelung der Fälligkeit von Forderungen und deren Erfüllungsmodalitäten (§ 28 Abs. 3 WEG, entspricht § 21 Abs. 7 WEG aF).

9 Nach diesen Vorgaben sieht das Gesetz einen **numerus clausus** von Leistungspflichten vor, nämlich in Form von

- allgemeinen finanziellen Beiträgen (§ 28 Abs. 1 S. 1, 2 WEG: Vorschüsse aus Wirtschaftsplan; § 28 Abs. 1 S. 1 iVm § 19 Abs. 2 Nr. 4 WEG: Erhaltungsrücklagen; § 28 Abs. 2 S. 1, 2 WEG: Abrechnungsspitzen);
- Baugeld (§ 20 Abs. 1 WEG: für bauliche Veränderungen (Sonderumlagen);
- tätiger Mithilfe (§§ 19 Abs. 1, 16 Abs. 2 S. 2, 21 Abs. 5 S. 1 WEG), vor allem für die herkömmlichen Regelungsgegenstände einer Hausordnung iSd § 19 Abs. 2 Nr. 1 WEG (= § 21 Abs. 5 Nr. 1 WEG aF), nicht

---

6 BGH 10.10.2014 – V ZR 315/13, BGHZ 202, 346 = NJW 2015, 549 Rn. 15 – Gartenfron; 13.5.2016 – V ZR 152/15, NJW-RR 2016, 727 Rn. 15 – Sauna-Einheit.

7 So zum GmbH-Recht bereits RGZ 93, 253; RGZ 122, 163; aA für die GbR Palandt/*Sprau* BGB § 707 Rn. 2.

8 Dazu BGH 18.3.2016 – V ZR 75/15, NJW 2016, 2177.

9 Dazu BGH 25.9.2015 – V ZR 244/14, BGHZ 207, 99 = NJW 2015, 3651; allg. zur Darlehensaufnahme BGH 28.9.2012 – V ZR 251/11, BGHZ 195, 22 = NJW 2012, 3719 Rn. 7.

10 Grundlegend *Becker/Strecker* ZWE 2001, 569.

11 BGH 28.10.2016 – V ZR 91/16, NJW 2017, 1167; in diesem Fall sind auch Folgekosten von baulichen Veränderungen erfasst, ebda. Rn. 22.

12 BGH 9.3.2012 – V ZR 161/11, NJW 2012, 1724 Rn. 11.

13 BGH 10.10.2014 – V ZR 315/13, BGHZ 202, 346 = NJW 2015, 549 Rn. 15; BGH 13.5.2016 – V ZR 152/15, NJW-RR 2016, 1107 Rn. 17.

jedoch aufgrund der Räum- und Streupflicht, weil Verkehrssicherungspflichten allein vom Verband zu erfüllen sind.[14]

In **materieller** Hinsicht dürfen die Leistungspflichten nicht in den Kernbereich des Wohnungseigentums eingreifen. Diese Ansicht vertrat der BGH auch schon vor der WEG-Reform im Jahr 2007. Hiernach ist es den Wohnungseigentümern etwa versagt, einen wesentlichen Inhalt der Nutzung von Wohnungseigentum durch Mehrheitsbeschluss einzuschränken. Ein solch gefasster Beschluss ist nichtig, soweit nicht ein Individualrecht betroffen ist, auf den der beeinträchtigte Wohnungseigentümer wirksam verzichtet hat. Bei einer solchen nicht schlechthin unentziehbaren, wohl aber mehrheitsfesten Position hat die fehlende Zustimmung des betroffenen Wohnungseigentümers zunächst lediglich die schwebende Unwirksamkeit des Beschlusses zur Folge; dieser wird insgesamt nichtig, sobald die Zustimmung verweigert wird.[15] Im Hinblick darauf, dass das Belastungsverbot die Regel darstellt, sind die gesetzlich zugelassenen Ausnahmen **eng auszulegen**. Dies lässt sich auch durch die verbandsrechtliche Treuepflicht nicht aushebeln, wie das im Gegensatz dazu bei der gesellschafterlichen Treuepflicht in engen Grenzen der Fall sein kann.[16] Die WEG ist nicht körperschaftlich (mit Allzuständigkeit ihrer Mitglieder) ausgestaltet, sondern ist einer Bruchteilsgemeinschaft nachgebildet. Daher haften die Wohnungseigentümer im Außenverhältnis zwar anteilig, der Höhe nach aber unbeschränkt (§ 9 a Abs. 4 S. 1 WEG). Die Satzung einer Körperschaft kann mit qualifizierter Mehrheit geändert werden (§ 33 Abs. 1 S. 1 BGB, § 179 Abs. 2 S. 1 AktG, § 53 Abs. 2 S. 1 GmbHG), was die Neueinführung von Leistungspflichten einschließen kann. Nach dem WEG wäre dies schlichtweg undenkbar. | 10

Werden Leistungspflichten der Wohnungseigentümer in der **Gemeinschaftsordnung** begründet, gilt ein eingeschränkter Prüfmaßstab. § 10 Abs. 1 S. 2 WEG lässt den Wohnungseigentümern weitgehend freie Hand, wie sie ihr Verhältnis untereinander ordnen wollen. Diese Gestaltungsfreiheit gilt auch dann, wenn der teilende Eigentümer die Gemeinschaftsordnung vorgibt. Schranken für ihren Inhalt ergeben sich nur aus den Grenzen der Privatautonomie nach §§ 134, 138 BGB.[17] Darüber hinaus unterliegen von dem teilenden Eigentümer einseitig vorgegebene Bestimmungen einer Inhaltskontrolle, bei der lediglich streitig ist, ob die für Formularregelungen geltenden Vorschriften der §§ 307 ff. BGB entsprechend anzuwenden sind, oder ob sich diese Kontrolle unter Berücksichtigung der Besonderheiten des Einzelfalls am Maßstab von Treu und Glauben (§ 242 BGB) auszurichten hat.[18] Die Gestaltungsfreiheit endet dort, wo die personenrechtliche Gemeinschaftsstellung der Wohnungseigentümer ausgehöhlt wird.[19] Solche fundamentalen Schranken ergeben sich aus den gesetzlichen Bestimmungen der §§ 134, 138, 242 BGB und den zum Kernbereich des Wohnungseigentumsrechts zählenden Vorschriften, wozu ua unentziehbare und unverzichtbare Individualrechte gehören.[20] Hiergegen verstoßende Regelungen sind nach § 134 BGB nichtig.[21] | 11

Die Grenzen gelten auch für einen Mehrheitsbeschluss, der durch eine **Öffnungsklausel** in der Gemeinschaftsordnung zugelassen wird.[22] Eine Öffnungsklausel hat nur die Funktion, künftige Mehrheitsentscheidungen formell zu legitimieren, ohne sie materiell zu rechtfertigen.[23] Leistungspflichten, die auf solchen Mehrheitsbeschlüssen beruhen, bedürfen daher der Zustimmung des belasteten Wohnungseigentümers; bis dahin sind sie (schwebend) unwirksam.[24] Deren Nichtigkeit ist damit zwar auf Heilung angelegt, vermag diese Wir- | 12

---

14 BGH 9.3.2012 – V ZR 161/11, NJW 2012, 1724 Rn. 12 – Winterdienst – mit krit. Anm. *Bruns* NZM 2012, 737 (739).
15 BGH 22.1.2004 – V ZB 51/03, BGHZ 157, 322 = NJW 2004, 937 (941) – Parabolantenne.
16 Etwa BGH 26.3.2007 – II ZR 22/06, NJW-RR 2007, 1477 Rn. 7.
17 BGH 10.12.2010 – V ZR 60/10, NJW 2011, 679 Rn. 7 – Stimmrechtsausschluss.
18 Dazu BGH 20.6.2002 – V ZB 39/01, BGHZ 151, 164 = NJW 2002, 3240 (3244 f.).
19 ZB BGH 10.12.2010 – V ZR 60/10, NJW 2011, 679 Rn. 7: durch einen allgemeinen Ausschluss des Wohnungseigentümers vom Stimmrecht.
20 BGH 12.4.2019 – V ZR 112/18, BGHZ 222 = NJW 2019, 2083 Rn. 7 – Touristenvermietung.
21 BGH 10.12.2010 – V ZR 60/10, NJW 2011, 679 Rn. 7; 12.4.2019 – V ZR 112/18, BGHZ 222 = NJW 2019, 2083 Rn. 7.
22 BGH 10.10.2014 – V ZR 315/13, BGHZ 202, 346 = NJW 2015, 549 Rn. 15; 13.5.2016 – V ZR 152/15, NJW-RR 2016, 1107 Rn. 17.
23 BGH 10.10.2014 – V ZR 315/13, BGHZ 202, 346 = NJW 2015, 549 Rn. 14; 12.4.2019 – V ZR 112/18, BGHZ 222 = NJW 2019, 2083 Rn. 7.
24 BGH 10.10.2014 – V ZR 315/13, BGHZ 202, 346 = NJW 2015, 549 Rn. 20, ohne Auseinandersetzung mit der Gegenposition im Gesellschaftsrecht, dazu Scholz/*Priester*, GmbHG, 11. Aufl. 2015, GmbHG § 53 Rn. 51.

kung aber nicht allein durch Zeitablauf zu erzielen; Rechtssicherheit kann hier nur über die Fristsetzung nach § 177 Abs. 2 BGB oder durch Widerruf gem. § 178 BGB, ggf. also erst geraume Zeit später eintreten; eine Verwirkung scheidet in aller Regel aus.[25]

13 Seine Hauptbedeutung findet das Belastungsverbot bei Mehrheitsbeschlüssen, mit denen gem. § 18 Abs. 2 Nr. 2 WEG iVm § 1004 Abs. 1 S. 1 BGB **Nutzungsexzesse** von Wohnungseigentümern bekämpft werden sollen. Nutzt ein Wohnungseigentümer sein Sondereigentum in einem Ausmaß, der die übrigen Wohnungseigentümer in einem nach § 14 WEG nicht hinzunehmendem Maß beeinträchtigt,[26] oder führt er eigenmächtig Baumaßnahmen durch, die nicht nur sein Sondereigentum betreffen,[27] ist die Gemeinschaft berechtigt und verpflichtet, den Störer auf Unterlassung in Anspruch zu nehmen (§ 9 a Abs. 2 WEG). Das Belastungsverbot verbietet den Wohnungseigentümern jedoch, diesen Anspruch als Anweisung zu beschließen. Dies wäre nur durch eine Vereinbarung möglich, mit der die gesetzlichen Vorgaben nach § 10 Abs. 1 S. 2 WEG abbedungen werden.[28] Andernfalls dürfen sie nur die Verfolgung des Anspruchs beschließen, also festlegen, ob und in welchem Umfang der ihrer Meinung nach bestehende Anspruch gerichtlich geltend gemacht und ggf. durchgesetzt werden soll.[29] Ein Beschluss, der sich nicht an diese Vorgaben hält, ist nicht erst für ungültig zu erklären, sondern schlicht unwirksam.[30] Eine **Umdeutung** in einen isolierten Kostentragungsbeschluss (etwa gem. § 16 Abs. 2 S. 2 WEG) ist im Einzelfall zwar denkbar, setzt aber voraus, dass dem tatsächlichen oder hypothetischen Parteiwillen zweifelsfrei zu entnehmen ist, dass der Beschluss auch als Kostenregelung beschlossen worden wäre,[31] was praktisch nicht vorkommt.

14 Das Belastungsverbot ist auch dort zu berücksichtigen, wo eine Öffnungsklausel in der Gemeinschaftsordnung eine Mehrheitsentscheidung zulässt. Es schränkt allerdings nicht den Anspruch aus § 10 Abs. 2 WEG ein, die Anpassung der Gemeinschaftsordnung verlangen, soweit ein Festhalten an der geltenden Regelung aus schwerwiegenden Gründen unter Berücksichtigung aller Umstände des Einzelfalles, insbesondere der Rechte und Interessen der anderen Wohnungseigentümer, unbillig erscheint. Durch die scharfen Anforderungen und die Notwendigkeit eines gerichtlichen Urteils ist sichergestellt, dass das Belastungsverbot nur so weit zurücktritt wie unbedingt nötig.[32]

136. Loggia

Choynacki

I. Begriff

1 Unter einer Loggia versteht man einen sogenannten Freisitz, der jedoch **im Einklang mit der Kubatur** des Hauses steht, daher in die Fassade sozusagen integriert ist, im Gegensatz zu Balkonen, die als eigenständige Bauelemente aus der Fassade herausragen.

---

25 MüKoBGB/*Schubert* § 177 Rn. 19.
26 Vgl. BGH 15.1.2010 – V ZR 72/09, NJW 2010, 3093 Rn. 23 – Feriengäste.
27 Vgl. BGH 18.6.2010 – V ZR 193/09, NJW 2010, 2801 Rn. 10 – Gitterbox; 18.2.2011 – V ZR 82/10, NJW 2011, 1220 Rn. 15 – Schornsteinaktivierung.
28 BGH 18.6.2010 – V ZR 193/09, NJW 2010, 2801 Rn. 10.
29 BGH 18.6.2010 – V ZR 193/09, NJW 2010, 2801 Rn. 10; 18.2.2011 – V ZR 82/10, NJW 2011, 1220 Rn. 15.
30 BGH 18.6.2010 – V ZR 193/09, NJW 2010, 2801 Rn. 10.
31 BGH 10.10.2014 – V ZR 315/13, BGHZ 202, 346 = NJW 2015, 549 Rn. 21.
32 BGH 13.5.2016 – V ZR 152/15, NJW-RR 2016, 1107 Rn. 17.

Aufgrund der architektonischen Besonderheit **der Integration in die Gebäudestruktur** stellen sich die typi- 2
schen Rechtsfragen zu nachträglich angebrachten Balkonen hier nicht (→ *Balkon und Bepflanzung* Rn. 1 ff.),
da Loggien nicht nachträglich angebracht werden können.

II. Eigentum

Loggien stehen konstruktionsbedingt nach § 5 Abs. 1 S. 1 WEG im **Sondereigentum**. Das sind der Raum und 3
der Bodenbelag, also die oberste begehbare Schicht des Aufbaus, sowie der Putz oder Anstrich auf der Innenseite der Brüstung (→ *Gemeinschaftliches Eigentum* Rn. 1 ff.). Die **konstruktiven Bestandteile**, etwa die Bodenplatte, die Decke und die tragenden Wände, die Isolierung (Feuchtigkeits-, Wärme- und Trittschalldämmung), grundsätzlich der Estrich und ein etwaiger Außenanstrich stehen dagegen im **gemeinschaftlichen Eigentum**.

III. Verwaltung

Eine Loggia verwaltet nach § 13 Abs. 1 WEG der Wohnungs- als **Sondereigentümer**. 4

IV. Kosten

Die Erhaltungs- und/oder Betriebskosten trägt der Wohnungs- als **Sondereigentümer**. 5

V. Benutzung

1. Überblick. Für die Benutzung einer Loggia gilt § 13 Abs. 1 BGB. Insoweit ist § 14 Abs. 1 Nr. 2 WEG maß- 6
geblich.

2. Benutzungsregelungen. Die Wohnungseigentümer können für Loggien nach § 10 Abs. 1 S. 2 WEG Benut- 7
zungsregelungen vereinbaren oder nach § 19 Abs. 1, Abs. 2 Nr. 1 WEG beschließen (→ *Gebrauchs- und Nutzungsvereinbarungen* Rn. 1 ff.).

VI. Bauliche Veränderungen

Die (nachträgliche) **Verglasung** einer Loggia stellt eine bauliche Veränderung iSv § 20 Abs. 1 WEG dar. Im 8
Einzelfall besteht auf sie nach § 20 Abs. 3 WEG ein Anspruch. Die Kosten und die Nutzung bestimmt § 21
Abs. 1 WEG.

Ob die Anbringung von **Katzen- und/oder Taubennetzen** eine bauliche Veränderung darstellen, richtet sich 9
danach, ob diese wesentlicher Gebäudebestandteil geworden sind oder nicht. Im zweiten Fall handelt es sich
um eine **Benutzung**.

VII. Störungen

Gehen von einer Loggia Störungen aus, gelten die allgemeinen Bestimmungen (im Einzelnen → *Gebrauchs-* 10
und Nutzungsvereinbarungen Rn. 1 ff.). Wird das Sondereigentum gestört, zB durch Musik oder zu häufiges
Feiern, kann dagegen der Wohnungs- als Sondereigentümer gegen den Störer – ob Wohnungseigentümer oder
Drittnutzer – nach § 14 Abs. 2 Nr. 1 WEG und/oder § 1004 Abs. 1 WEG vorgehen. Ansonsten muss nach
§§ 9 a Abs. 2, 14 Abs. 1, 18 Abs. 2 WEG und/oder § 1004 Abs. 1 BGB die Gemeinschaft der Wohnungseigentümer auf Unterlassung und/oder Beseitigung vorgehen.

137. Mahnung

Agatsy

I. Einführung

1 Beim Einzug von Forderungen wie **fälligen Hausgeldforderungen**, Sonderumlagen und sonstigen Verbindlichkeiten kann beim Zahlungsverzug eines Wohnungseigentümers eine Mahnung geboten sein. In diesem Zusammenhang ist zu klären, ob die Kompetenz für eine Mahnung und die Ausfertigung von Mahnschreiben beim Verwalter oder der Gemeinschaft der Wohnungseigentümer liegt (→ Rn. 13). Ferner ist zu prüfen, welches Mahngericht zuständig ist, wenn der Sitz der Wohnungseigentumsverwaltung nicht im Bezirk der Wohnungseigentumsanlage liegt (→ *Wohngeld-/Hausgeldinkasso* Rn. 67). Die Hausverwaltung muss ermächtigt sein, das Mahnverfahren gegen säumige Wohnungseigentümer einzuleiten. Dies war bislang nicht ohne Weiteres möglich.

2 Wird ein Rechtsanwalt mit einer außergerichtlichen Mahnung beauftragt, ist zu klären, ob die Kosten erforderlich und geboten sind, und ob die Wohnungseigentümer einen Beschluss über dessen Mandatierung fassen müssen oder ob die Reichweite des Verwaltervertrages ausreicht.[1] Der Gesetzgeber hat mit den Neuregelungen des WEMoG die Vorschrift über die Verwalterbefugnisse (§ 27 Abs. 1, 2 WEG) neu geregelt und mit § 27 Abs. 1 Nr. 1, Abs. 2 WEG eine Neuregelung der Verwalterkompetenzen aufgenommen (§ 27 Abs. 1 Nr. 2 WEG). Die Einzelheiten sind in einem Verwaltervertrag zu regeln (→ *Verwaltervertrag* Rn. 9 ff.). Schließlich muss die Umlage der Kosten einer Mahnung erfolgen, damit diese nicht zulasten der Gemeinschaft der Wohnungseigentümer anfallen. Vor diesem Hintergrund stellt sich die Frage, ob ein Anspruch auf die außergerichtlichen Kosten im Klageweg durchgesetzt werden kann und wie die entstandenen Kosten auf die Wohnungseigentümer verteilt werden, § 16 Abs. 2 WEG (→ *Besonderer Verwaltungsaufwand* Rn. 8).

II. Systematische Übersicht

3 **1. Gebotenheit und Entbehrlichkeit einer Mahnung.** Eine Mahnung ist erforderlich und geboten, wenn sich der Schuldner in Verzug befindet. Der normative Anknüpfungspunkt für den Verzugsbegriff und somit den Begriff der Mahnung ist in § 286 BGB geregelt. Der die Mahnung begründende **Schuldnerverzug** tritt ein, wenn die geforderte Leistung nicht zum Zeitpunkt der Fälligkeit bewirkt ist. Sie ist keine Willenserklärung und kein Rechtsgeschäft, sondern eine geschäftsähnliche Willensäußerung.[2]

4 Für **Form und Inhalt einer Mahnung** gelten im Wohnungseigentumsrecht die inhaltlichen und formalen Anforderungen an die Vorschrift des § 286 BGB. Die Gläubiger, mithin die Gemeinschaft der Wohnungseigentümer oder einzelne Wohnungseigentümer müssen klar zum Ausdruck bringen, dass sie die geschuldete Leistung ernsthaft fordern.[3] Die Leistung muss in einem bestimmbaren zeitlichen Rahmen geschuldet oder durch den Schuldner ernsthaft und endgültig verweigert worden sein. Gem. § 286 Abs. 2 Nr. 1–3 BGB kann eine Mahnung jedoch entbehrlich sein. Haben die Parteien eine bestimmte Leistungszeit vereinbart, ist eine Mahnung entbehrlich.

5 Es bedarf auch dann keiner Mahnung, wenn der Verzug kraft der Vorschrift des § 286 Abs. 2 Nr. 4 BGB eingetreten ist, wenn beiderseitige Interessen den Eintritt des Verzugs rechtfertigen.[4] Dies ist der Fall, wenn die **dringende Abwehr einer Gefahr** für ein Bauwerk ein weiteres Zuwarten nicht zulässt. Die Duldung von „Notmaßnahmen" besteht gegenüber der Gemeinschaft der Wohnungseigentümer und gegenüber den übrigen Wohnungseigentümern. Der Verzug eines Wohnungseigentümers tritt spätestens dann ein, wenn ein rechtskräftiger Beschluss der Wohnungseigentümerversammlung mit konkreten Leistungspflichten vorliegt. In die-

---

1 SEHR/*Fritsch* § 2 Der Verwaltervertrag Rn. 55 ff.
2 MüKoBGB/*Ernst* BGB § 286 Rn. 49.
3 BGH 17.10.2008 – V ZR 31/08, NJW 2009, 1813 (1816) Rn. 29.
4 BeckOK BGB/*Lorenz* BGB § 286 Rn. 38.

sem Zusammenhang geht der BGH in einer Entscheidung zur Sanierung von Schwammschäden im gemeinschaftlichen Eigentum von der Möglichkeit einer **Selbstmahnung** aus.[5] Nach § 14 Abs. 1 Nr. 1 und Abs. 2 Nr. 1 WEG haben die betroffenen Wohnungseigentümer die Pflicht, sich gegenüber der Gemeinschaft der Wohnungseigentümer „regelkonform" zu verhalten, um weitergehende Schäden für das gemeinschaftliche Eigentum auszuschließen.[6] Gem. § 14 Abs. 1 Nr. 2 WEG sind die Wohnungseigentümer gegenüber der Gemeinschaft der Wohnungseigentümer verpflichtet, ein Zugänglichmachen des Sondereigentums zu dulden.[7] In diesem Fall wussten die betroffenen Wohnungseigentümer spätestens seit dem selbstständigen Beweisverfahren, dass die Wohnung infolge der beschlossenen Maßnahmen zugänglich zu machen war. In dem Sanierungsbeschluss gem. § 19 Abs. 2 Nr. 2 WEG (§ 21 Abs. 5 Nr. 2 WEG aF) haben die Wohnungseigentümer zum Ausdruck gebracht, die Sanierung nach Maßgabe des gerichtlich bestellten Sachverständigen auszuführen. Die Aufforderungen zur Zugänglichmachung hat dabei den Charakter einer Selbstmahnung. Der Verzug trat nach zutreffender Auffassung spätestens mit der formellen Rechtskraft des Beschlusses ein.

Eine Mahnung kann auch dann zwingend erforderlich sein, wenn dies in der **Gemeinschaftsordnung** vorgesehen ist. Sieht eine Regelung in der Gemeinschaftsordnung vor, dass der Verwalter erst nach einer außergerichtlichen schriftlichen Mahnung zur außergerichtlichen oder gerichtlichen Geltendmachung von Hausgeldrückständen berechtigt ist, hat vorab eine Mahnung durch den Verwalter zu erfolgen.[8]

2. Praktische Fallgruppen der Mahnung. Gegenstand einer Mahnung im Wohnungseigentumsrecht können Hausgeldforderungen, Forderungen auf die **Zahlung einer fälligen Sonderumlage** (→ *Sonderumlage* Rn. 17) und/oder Schadensersatzforderungen sein. Eine Mahnung kann ebenso erforderlich sein, wenn der Verwalter mit der fristgerechten Erstellung des Wirtschaftsplans, der Jahresabrechnung oder des Vermögensberichts gem. § 28 Abs. 1 S. 2 und Abs. 4 WEG (→ *Jahresabrechnung* Rn. 16) in Verzug gerät. Dieses Instrument wird auch dann praktiziert, wenn keine Mahnung nötig ist, weil Kalender- oder Ereignisfälligkeit vorliegt.[9] Daher wird die Mahnung aus Sicht vieler Verwalter als gebotenes Mittel bewertet, die Zahlung durch den säumigen Wohnungseigentümer zu „beschleunigen". Eine Mahnung kann ein zulässiges „Druckmittel" sein, um säumigen Wohnungseigentümern die Fälligkeit der Zahlungsschuld „vor Augen" zu führen. Im Hinblick auf das Hausgeldinkasso oder die Forderung einer bereits beschlossenen Sonderumlage ist keine Mahnung erforderlich, weil für diesen Fall definierte Fälligkeitszeitpunkte vorgesehen sind (→ *Sonderumlage* Rn. 17). | 6

Eine besondere Fallkonstellation liegt vor, wenn ein Wirtschaftsplan gem. § 28 Abs. 1 WEG rückwirkend für unwirksam oder nichtig erachtet wird. Ein für nichtig gehaltener, rückwirkender **Wirtschaftsplan** ist jedenfalls für das nach der Abstimmung liegende Wirtschaftsjahr (→ *Wirtschaftsplan* Rn. 12 f.) wirksam, weil die Wohnungseigentümer nicht anders entschieden hätten; für diesen Zeitraum schuldet der Wohnungseigentümer in jedem Fall das Hausgeld. Dies ist jedem Wohnungseigentümer aufgrund der Umstände ohne Weiteres erkennbar, da sie über einen Wirtschaftsplan mit monatlich fällig werdenden Vorschüssen abgestimmt haben.[10] | 7

Eine weitere Fallgruppe der Mahnung liegt darin, dass der Verwalter mit der Erstellung der Abrechnung in Verzug gerät. Nach § 28 Abs. 4 WEG hat der Verwalter nach Ablauf eines Wirtschaftsjahres einen **Vermögensbericht** aufzustellen (→ *Jahresabrechnung* Rn. 17). Der Verwalter ist an die Mindestanforderungen des § 28 Abs. 4 WEG gebunden und verpflichtet, die Abrechnungen innerhalb der nächsten 12 Monate zu vollziehen.[11] Die durch die Rechtsprechung geprägte Rechenschaftspflicht (Nachschüsse und Vorschüsse) bleibt erhalten und wird gem. § 28 Abs. 4 WEG konkretisiert.[12] Ist für die Erstellung der Abrechnung kein konkretes Datum vereinbart, gerät der Verwalter nach einer Mahnung in Verzug.[13] Die Mahnung an den Verwalter ist in diesem Fall erforderlich und geboten, weil der Wohnungseigentümer ansonsten nicht mit dem Mieter abrechnen kann. Im Verhältnis zu dem Vermieter gilt die 12-monatige Abrechnungsfrist. Der Abrechnungsbeschluss | 8

---

5 BGH 13.7.2012 – V ZR 94/11, NJW 2012, 2955 (2957) Rn. 22.
6 *Lehmann-Richter/Wobst* WEG-Reform 2020 Rn. 1310.
7 *Lehmann-Richter/Wobst* WEG-Reform 2020 Rn. 1339 f.
8 AG Potsdam 12.12.2019 – 31 C 11/19, MietRB 2020, 201 mAnm *Agatsy* = IMR 2020, 215 = NJW-Spezial 2020, 162; *Sauren*, FS für Olaf Riecke, 2019, 373 ff.
9 *Bruns* ZWE 2017, 347 (355).
10 AG Mannheim 15.5.2009 – 4 C 18/09, BeckRS 2009, 12715.
11 BT-Drs. 19/18791, 75; BR-Drs. 168/20, 86 f.; BT-Drs. 19/22634, 22.
12 BGH 9.3.2005 – VIII ZR 57/04, NJW 2005, 1499 (1501).
13 Bärmann/*Becker* WEG § 28 Rn. 106.

gem. § 28 Abs. 2 WEG entfaltet gegenüber einem Mieter keine rechtliche Bindung.[14] Dieser Grundsatz gilt nach zutreffender Auffassung nach der Neufassung der Beschlusskompetenz gem. § 28 Abs. 2 WEG fort. Um eine verspätete Abrechnung zu vermeiden, ist dem Verwalter durch die Gemeinschaft der Wohnungseigentümer eine Frist mit der Androhung einer Ersatzvornahme (§ 281 BGB) zu setzen.

9   **3. Mahnung des Verwalters und Sondervergütung als Aufwandspauschale.** Die Mahnkosten können als **Sondervergütung** erstattungsfähig sein.[15] Diese Frage wird in der Literatur und Rechtsprechung jedoch nicht einheitlich bewertet. Nach einer Ansicht sind Kosten für die Mahnung durch einen Verwalter nicht erstattungsfähig.[16] Dafür spricht, dass die hierbei zu entfaltende Tätigkeit einer Mahnung mithin zu den klassischen Verwaltertätigkeiten (→ *Verwalter* Rn. 52) gehört, die mit der vereinbarten Vergütung grundsätzlich abgegolten sind. Das Honorar deckt die gesamte Tätigkeit ab. Für einzelne Arbeitsschritte wie die Mahnung kann auch ein Inkassounternehmen keine separate Gebühr verlangen. Nach dem Wortlaut des § 27 Abs. 1 Nr. 1 WEG entspricht es der originären Pflicht eines Verwalters, im Interesse der Wohnungseigentümer offene Forderungen ua aus Hausgeldforderungen einzuziehen (→ *Verwaltervertrag* Rn. 26). Es ist kein Grund ersichtlich, die Verwaltung und die Gemeinschaft der Wohnungseigentümer gegenüber anderen Gläubigern zu privilegieren. Die Anforderung der Lasten- und Kostenbeiträge, Tilgungsbeiträge und Hypothekenzinsen umfasst alle außergerichtlichen Tätigkeiten, die in diesem Zusammenhang anfallen. Dazu gehören Zahlungsaufforderungen und Mahnungen ebenso wie die Überwachung von Zahlungseingängen.[17]

10   Nach der Neufassung der §§ 18 und 27 WEG ist die Erhebung einer Sondervergütung für eine außergerichtliche Mahnung durch den Verwalter zulässig. Sofern nichts anderes in dem durch die Wohnungseigentümer per Beschluss genehmigten Verwaltervertrag geregelt ist, gehört eine außergerichtliche Mahnung nicht per se zu den klassischen Verwaltungsaufgaben. Dies setzt allerdings voraus, dass dem Verwalter infolge der Mahnung ein „messbarer" **Mehraufwand** entsteht. Der Gemeinschaft der Wohnungseigentümer und dem Verwalter als Vertragsparteien steht es frei, auch für die Erfüllung von gesetzlichen, aber nicht regelmäßig anfallenden Aufgaben eine Zusatzvergütung zu vereinbaren.[18] Diese Vereinbarung entspricht gem. § 18 Abs. 1, 2 Nr. 1 WEG den Grundsätzen der ordnungsgemäßen Verwaltung des gemeinschaftlichen Eigentums.[19] Hier ist die Anforderung von Mahnkosten für die außergerichtliche Mahnung angemessen.[20] Für diese außergerichtlichen Mahnungen werden in der Regel bis zu 15 EUR pro Mahnung als pauschale Vergütung als angemessen angesehen.[21] Die Pauschale für eine Mahnung wird in der Rechtsprechung teilweise auf nicht mehr als 2,50 EUR „gedeckelt". Eine Vergütungspauschale in Höhe von 60 EUR wurde als unverhältnismäßig bewertet. Die Sondervergütung kann allerdings nach zutreffender Auffassung in der Rechtsprechung nicht unabhängig vom Gegenstandswert der Forderungshöhe festgelegt werden. Eine von der Forderungshöhe unabhängige Sondervergütung entspricht nicht dem Grundsatz der ordnungsgemäßen Verwaltung.[22] Da die Höhe der Vergütung in den Beurteilungsspielraum der Gemeinschaft fällt, muss erst recht dann eine Korrektur erfolgen, wenn die Höhe „unverhältnismäßig" ist.

11   **4. Anwaltsvertretung bei der außergerichtlichen Mahnung.** Zahlt ein Wohnungseigentümer sein Hausgeld nicht, befindet er sich in der Regel bereits ohne Mahnung in Verzug (§ 286 Abs. 2 BGB), wenn die Wohnungseigentümer einen Beschluss gem. §§ 19 Abs. 2 Nr. 5 iVm 28 Abs. 1 S. 1 WEG über die Fälligkeit gefasst haben.[23] Eine Mahnung ist gem. § 27 Abs. 1 Nr. 1 WEG die Aufgabe eines Verwalters und er hat die Befugnis, ein einfaches Mahnschreiben aufzusetzen. Demnach ist die Erstattung von **Rechtsanwaltskosten** problematisch. § 27 Abs. 3 S. 1 Nr. 4 WEG aF umfasste bisher keine Vertretungsmacht zur Einschaltung „Dritter".[24]

---

14 BGH 25.1.2017 – VIII ZR 249/15, NJW 2015, 2608 (2610) Rn. 24.
15 *Hügel/Elzer*, 3. Aufl. 2021, WEG § 26 Rn. 319 mwN.
16 Bärmann/*Becker* WEG § 26 Rn. 167.
17 BeckOK WEG/*Elzer* § 27 Rn. 154.
18 Bärmann/Seuß WE-Praxis/*Först* § 28 Rn. 163.
19 BT-Drs. 19/18791, 73; BR-Drs. 168/20, 83; BT-Drs. 19/22634, 46 f.
20 LG Düsseldorf 22.9.1987 – 19 T 181/87, FHZivR 34 Nr. 4476.
21 LG Düsseldorf 14.10.1998 – 3 Wx 169/98, NZM 1999, 267; LG München I 17.12.2009 – 36 S 4853/09, ZWE 2010, 219 (220).
22 LG Köln 29.11.2018 – 29 S 48/18, IMR 2020, 30 mAnm *Federenko* = ZfIR 2019, 322 = ZMR 2019, 70.
23 *Elzer*, Forderungsmanagement für WEG-Verwalter, 2019, Kap. 7.4.4 S. 88.
24 AG Frankenthal 9.11.2016 – 3 a C 234/16, BeckRS 2016, 110437; *Elzer*, Forderungsmanagement für WEG-Verwalter, Kap. 7.5 S. 90.

§ 27 Abs. 1 Nr. 1 WEG bildet nach der Neufassung eine Grundlage für die Einziehung von Hausgeldern. Will der Verwalter einen Rechtsanwalt beauftragen, kann er dies nach zutreffender Auffassung grundsätzlich nur im eigenen Namen tun.[25] § 27 Abs. 3 S. 1 Nr. 7 WEG aF bildete ihrem Regelungszweck nach keine Ermächtigungsgrundlage für die Beauftragung „Dritter".[26] Einen anderen Rückschluss lässt auch § 27 Abs. 1 Nr. 1 WEG zu.

Etwas anderes hingegen galt jedenfalls, wenn der Verwalter von den Wohnungseigentümern nach § 27 Abs. 3 S. 1 Nr. 7 WEG ermächtigt wurde, Dritte im Namen der Gemeinschaft einzuschalten.[27] Bei der Prüfung der Erforderlichkeit der anwaltlichen Vertretung kommt es auf eine sorgfältige Ex-ante-Betrachtung an.[28] Es besteht grundsätzlich die gem. § 254 Abs. 2 BGB gebotene **Schadensminderungspflicht**. Ist die Mahnung ein einfacher Fall, kann der Verwalter diese auch selbst durchführen. Ist der Verwalter gem. § 27 Abs. 1 Nr. 1 WEG (§ 27 Abs. 3 S. 1 Nr. 7 WEG aF) ermächtigt, einen Rechtsanwalt einzuschalten, kann die Gemeinschaft der Wohnungseigentümer aus Schadensminderungsgründen (§ 254 Abs. 2 BGB) dennoch angehalten sein, in einfach gelagerten Fällen eine außergerichtliche Geltendmachung nicht – kostenverursachend – durch Dritte betreiben zu lassen.[29] Dies gilt vor allem, wenn es sich um einen gewerblichen Verwalter handelt. Eine Ausnahme gilt nur dann, wenn die Sache „äußerst kompliziert" ist. Dies ist lediglich in solchen Fällen denkbar, in denen das Hausgeld bereits seit Jahren verzögert gezahlt wird oder dem Wohnungseigentümer bereits mit einer Zwangsversteigerung gedroht werden musste. Die einfache Anmahnung laufender Hausgeldrückstände hingegen bleibt im Regelfall als einfache Angelegenheit zu bewerten. **12**

III. Kompetenzfragen (Ausübungsbefugnis) und aktuelle Entwicklungen

1. Vertretung im Mahnverfahren und Verwaltervertrag. Der Verwalter kann die Wohnungseigentümer bei einer außergerichtlichen Mahnung vertreten. Es handelt sich nicht um eine gerichtliche **Vertretung im Aktivprozess** (→ *Mahnverfahren* Rn. 13), für die eine gesonderte Beschlussfassung oder die Regelung in einer Vereinbarung notwendig ist. Die außergerichtliche Mahnung bildet im Regelfall die Vorstufe zur außergerichtlichen Vertretung. Die Vertretungsmacht iSd § 27 Abs. 2 Nr. 3 WEG aF konnte dem Verwalter bisher nicht im Verwaltervertrag erteilt werden.[30] Aufgrund der Neufassung des § 9 b Abs. 1 WEG ist der Verwalter befugt, die Gemeinschaft der Wohnungseigentümer außergerichtlich und gerichtlich nach außen zu vertreten. Die Vertretungsmacht des Verwalters für die Gemeinschaft der Wohnungseigentümer nach außen ist nicht beschränkbar.[31] **13**

2. Vereinbarung oder Beschlussfassung als Grundlage. Die Grundlage einer Tätigkeit des Verwalters im Mahnverfahren und Forderungseinzug für die Gemeinschaft der Wohnungseigentümer ist entweder eine Vereinbarung oder ein Beschluss gem. § 27 Abs. 2 WEG. Damit kann die **Ermächtigung des Verwalters** begründet werden. Zu diesem Punkt wird auf die Ausführungen zum Mahnverfahren verwiesen (→ *Mahnverfahren* Rn. 15). Die Möglichkeit zur Bestellung eines Vertreters im Beschlusswege (§ 27 Abs. 3 S. 3 WEG aF) ist nicht mehr im Gesetz vorgesehen. **14**

IV. Verfahrenshinweise

1. Verwaltervollmacht und Umfang der Vertretungsmacht. Die **Verwaltungsvollmacht des Verwalters** resultiert aus § 9 b Abs. 1 WEG. Damit kann die Ermächtigung des Verwalters begründet werden, die Gemeinschaft der Wohnungseigentümer im gerichtlichen Mahnverfahren nach „außen" zu vertreten (→ *Mahnverfahren* Rn. 13). Auf die Ausführungen zur Vertretung im Mahnverfahren wird auch hinsichtlich der Mahnung verwiesen. **15**

---

25 *Eichhorn* NZM 2010, 688 (690).
26 *Agatsy* AnwZert MietR 15/2020 Anm. 1.
27 *Elzer*, Forderungsmanagement für WEG-Verwalter, Kap. 7.5 S. 90; BayObLG 17.4.2003 – 2 Z 32/03, ZMR 2003, 947.
28 *Agatsy* IMR 2018, 133 (136).
29 AG Bremen 16.9.2015 – 28 C 26/15, ZMR 2016, 145.
30 BGH 17.11.2011 – V ZB 134/11, NJW 2012, 1152 Rn. 9.
31 *Bärmann/Pick* Anh. I zu § 9 b WEG Rn. 1 f.

16 **2. Materieller Kostenerstattungsanspruch.** Die Kosten der außergerichtlichen Mahnung können gem. §§ 280 Abs. 1 und 2, 286 BGB Gegenstand eines materiellen Kostenerstattungsanspruchs sein. Ist die außergerichtliche Mahnung erforderlich und geboten, können die entstanden Mahnkosten von dem Schuldner/den Schuldnern als Verzugsschaden eingefordert werden (→ Rn. 13). Der Gemeinschaft der Wohnungseigentümer steht ein Anspruch auf die Erstattung der Mahnkosten gem. §§ 280 Abs. 1 und 2, 286 BGB zu, wenn sich der jeweilige Schuldner in Verzug befindet.[32]

17 Kommt es nicht zu einem Rechtsstreit, können die Mahnkosten als außergerichtlicher Kostenerstattungsanspruch geltend gemacht werden.[33] Ein Anspruch auf die Erstattung der außergerichtlichen Mahnkosten kommt insbesondere dann in Betracht, wenn der säumige Wohnungseigentümer gegenüber der Gemeinschaft der Wohnungseigentümer berechtigten Anlass zur Mahnung gegeben hat. Dabei ist zu differenzieren und zu klären, auf welcher Grundlage die Mahnkosten geltend gemacht werden können.

18 Nach neuer Rechtsprechung des BGH sind Sondervergütungen, die dem Verwalter aufgrund vertraglicher Abreden für die Durchführung eines Verfahrens zustehen, nicht im Kostenfestsetzungsverfahren geltend zu machen.[34] Daraus folgt, dass es sich bei den außergerichtlichen Mahnkosten nicht um erstattungsfähige Kosten iSd §§ 91 ff. ZPO handelt. Etwas anderes gilt für die Geltendmachung im Rahmen eines materiellrechtlichen Kostenerstattungsanspruchs. Dieser ist dann separat im Verfahren geltend zu machen. Bei den vorgerichtlichen Mahnkosten handelt es sich im Allgemeinen um eine Geschäftsgebühr (VV 2300 RVG) für ein vorgerichtliches Anwaltsschreiben oder um eine Gebühr für ein Schreiben einfacher Art nebst Pauschale.[35]

19 **3. Mahnung als „Vorstufe" zum gerichtlichen Mahnverfahren.** Die „einfache" Mahnung kann eine **Vorstufe zum gerichtlichen Mahnverfahren** sein. Das gerichtliche Mahnverfahren ist geboten, wenn sich der Wohnungseigentümer oder Dritte in Verzug befindet. Die Notwendigkeit einer vorherigen einfachen Mahnung kann in der Gemeinschaftsordnung geregelt werden.[36] Dies gilt auch nach der neuen Rechtslage und der Neufassung des § 18 Abs. 1 WEG. Die Notwendigkeit einer Mahnung ist damit gleichzusetzen, dass der Schuldner Anlass zur Klage gegeben hat (→ *Mahnverfahren* Rn. 20). Ist eine Mahnung erforderlich und geboten, kommt im späteren Verlauf und für den Fall eines notwendigen gerichtlichen Mahnverfahrens ein sofortiges Anerkenntnis iSd § 93 ZPO nicht mehr in Betracht. Der Schuldner hat bereits „Anlass zur Klage" gegeben, wenn es erforderlich wurde, die offene Forderung anzumahnen.[37] An einer Klageveranlassung fehlt es grundsätzlich dann, wenn der Schuldner weder in Verzug war noch den Anspruch bestritten hat.[38]

138. Mahnverfahren

Agatsy

---

32 *Agatsy* IMR 2018, 133 (134) mwN.
33 AnwHdB MietR/*Lützenkirchen/Monschau* Kap. M Abschnitt XI Rn. 659 ff.
34 BGH 7.5.2014 – V ZB 102/13, ZWE 2014, 333.
35 BeckOK ZPO/*Jaspersen* ZPO § 91 Rn. 39; Nr. 2300 VV und 7002 VV RVG.
36 AG Potsdam 12.12.2019 – 31 C 11/19, MietRB 2020, 201 mAnm *Agatsy*.
37 MüKoZPO/*Schulz* ZPO § 93 Rn. 7.
38 KG 12.12.2007 – 12 W 87/07, ZMR 2008, 447 (448).

I. Einführung

Beim Einzug von fälligen Hausgeldforderungen, Sonderumlagen und sonstigen Verbindlichkeiten durch die   1
Gemeinschaft der Wohnungseigentümer gegenüber säumigen Wohnungseigentümern ist das Mahnverfahren
ein schneller Weg zum Titel. In diesem Zusammenhang ist zu klären, ob die Kompetenz zur **Einleitung eines**
Mahnverfahrens grundsätzlich beim Verwalter liegt (→ Rn. 13). Ferner ist zu prüfen, welches Mahngericht
zuständig ist, wenn der Sitz der Wohnungseigentumsverwaltung nicht im Bezirk der Wohnungseigentumsanlage liegt (→ *Wohngeld-/Hausgeldinkasso* Rn. 67). Der Verwalter muss bevollmächtigt sein, das Mahnverfahren
gegen säumige Wohnungseigentümer einzuleiten. Nach einer Vereinbarung kann eine vorherige Mahnung erforderlich sein.

Der Gesetzgeber hat in § 27 Abs. 1 Nr. 1 und Nr. 2 WEG die Verwalterkompetenzen (→ *Verwaltervertrag*   2
Rn. 26) geregelt. Diese können gem. § 27 Abs. 2 WEG durch Beschluss eingegrenzt werden.[1] Dies wirkt sich
auf die notwendige Durchführung von gerichtlichen Mahn- und Klageverfahren aus. Eine weiterhin bestehende Notwendigkeit einer **Beschlussfassung** (§§ 9 b Abs. 2, 27 Abs. 2 WEG) ist ebenso zu klären, wie die Tragung der Gerichts- und Anwaltskosten. Ferner muss die Durchführung eines Mahnverfahrens erforderlich und
geboten sein. Einem Verwalter muss es im Zweifel möglich sein, offene Forderungen eigenverantwortlich zur
Abwendung von Nachteilen und somit ohne vorherige Beschlussfassung einzuziehen oder einen Rechtsanwalt
zu beauftragen.

II. Systematische Übersicht

1. Zuständigkeit im Mahnverfahren. Vor der Durchführung des Mahnverfahrens ist die **Zuständigkeit** zu   3
klären. In diesem Zusammenhang ist zu prüfen, ob gegenüber der Gemeinschaft der Wohnungseigentümer, gegenüber einzelnen Wohnungseigentümern oder gegenüber Dritten als Anspruchsgegner Forderungen im
Mahnverfahren geltend zu machen sind. Das Mahnverfahren wird gem. § 689 ZPO grundsätzlich maschinell
durchgeführt.[2] Zunächst ist zu prüfen, in welchem Bezirk das für die Wohnungseigentumsanlage und die Geltendmachung des Klageanspruchs örtlich zuständige Gericht der Hauptsache liegt. Auf das Mahnverfahren
sind besondere Zuständigkeitsregelungen nicht anwendbar. Soweit jedoch die Bundesländer von der in § 689
Abs. 3 ZPO enthaltenen Ermächtigung Gebrauch gemacht haben, bleibt die Zuständigkeit des zentralen Mahngerichts unberührt.[3] Wird mittels des nationalen Mahnverfahrens ein unter § 43 Abs. 2 Nr. 2 WEG fallender
Zahlungsanspruch geltend gemacht, ist das Mahngericht, in dessen Bezirk das Grundstück liegt, bzw. das ggf.
bestehende zentrale Mahngericht, gem. § 703 d ZPO auch international zuständig.[4]

Es bedarf keines ausschließlichen Gerichtsstands gem. § 43 Nr. 6 WEG aF mehr. Auch für das Mahnverfahren   4
ist der allgemeine Gerichtsstand maßgeblich.[5] Für den Fall, dass die rechtsfähige Gemeinschaft gegen Dritte
im Mahnverfahren vorgeht, gelten für die ausschließliche örtliche und sachliche **Zuständigkeit des Mahnge-**
richts ebenfalls § 689 Abs. 1, 2 ZPO, § 43 Abs. 2 Nr. 2 WEG, wobei auch hier die Errichtung eines zentralen
Mahngerichts zu beachten ist (→ Rn. 3). Bei sonstigen Prozessen, in denen von der rechtsfähigen Gemeinschaft der Wohnungseigentümer (→ *Gemeinschaft der Wohnungseigentümer* Rn. 13) oder von einzelnen Wohnungseigentümern gegenüber Dritten Ansprüche erhoben werden, etwa Unterlassungs- oder Schadensersatzansprüche wegen Verletzung der im Gemeinschaftsvermögen gem. § 9 a Abs. 3 WEG stehenden Sachen oder
des Sondereigentums (→ *Störungsunterlassung* Rn. 40), sind die allgemeinen Regeln zur gerichtlichen Zuständigkeit im Zivilprozess anzuwenden, da diese Verfahren keinen spezifischen Bezug zum WEG haben. Unter die Vorschrift des § 43 Abs. 1 S. 1 WEG fallen somit auch gerichtliche Mahnverfahren der Gemeinschaft
der Wohnungseigentümer auf die Rückzahlung eines überzahlten Werklohns am Gericht des Grundstücksbe-
zirks bzw. dem für den Gerichtsbezirk zuständigen Mahngerichts. Ausführungen zu § 43 Nr. 6 WEG aF sind
somit obsolet.[6]

---

1 BT-Drs. 19 /18791, 73; BR-Drs. 168/20, 83 f.; BT-Drs. 19/22634, 47.
2 BeckOK ZPO/*Dörndorfer* § 689 Rn. 1.
3 FormB-WEG-R/*Scheffler* § 3 Rn. 135.
4 Bärmann/Seuß WE-Praxis/*Bergerhoff* § 89 Rn. 5.
5 *Bärmann/Pick* Anh. I zu § 43 WEG Rn. 3 f.
6 Bärmann/Seuß WE-Praxis/*Bergerhoff* § 89 Rn. 2.

5 **2. Mahnverfahren mit Auslandsbezug.** Handelt es sich um Forderungen mit Auslandsbezug ist bei der Zuständigkeit des Mahn- oder späteren Streitgerichts die **internationale Zuständigkeit** zu klären. Die internationale Zuständigkeit für Klagen der Gemeinschaft der Wohnungseigentümer gegen säumige Wohnungseigentümer ist dann zu bestimmen, wenn die beklagten Eigentümer nicht in dem Staat ansässig sind, in dem das Wohnungseigentum liegt, sondern in einem anderen Staat ihren gewöhnlichen Aufenthalt haben.[7] Der Wortlaut des § 43 Abs. 1 S. 1 WEG lässt auch eine Anwendbarkeit dieser Vorschrift auf das europäische Mahnverfahren zu. Die Regeln des autonomen deutschen Rechts sind allerdings nur anzuwenden, wenn die internationale Zuständigkeit nicht durch vorrangige Bestimmungen in internationalen Vereinbarungen oder im Unionsrecht geregelt wird.[8] Bei EU-Sachverhalten ist allerdings die Verordnung über die Anerkennung und Vollstreckung von Entscheidungen in Zivil- und Handelssachen v. 12.12.2012 – Nr. 1215/1212 (EuGVVO, „Brüssel-Ia") zu beachten.

6 Für das Mahnverfahren gelten dabei grundsätzlich dieselben Erwägungen wie im normalen Klageverfahren. Deshalb lassen sich die Rechtsgrundsätze eines aktuellen EuGH-Urteils auf solche Sachverhalte übertragen, bei denen die **Zuständigkeit** streitig ist.[9] Der EuGH hat nun eine Grundsatzentscheidung darüber getroffen, welches Gericht für die Einziehung einer Hausgeldforderung sowie weiterer Forderungen, wie zB einer Forderung auf die Zahlung einer Sonderumlage eines außerhalb von Deutschland lebenden Schuldner, zuständig ist. An welchem Ort die jeweilige Zahlungsverpflichtung zu erfüllen ist, entscheidet das auf den Vertrag anwendbare Recht. Bei einem Dienstleistungsvertrag ist der Sachverhalt nach Art. 4 Abs. 1 lit. b Rom I-VO zu bewerten. Legt man dies zugrunde, ist das Recht des Staates anzuwenden, in dem die betreffende Liegenschaft liegt. Den Urteilsgründen ist jedoch nicht zu entnehmen, wer genau als Dienstleister zu bewerten ist.[10] Eine abweichende Bewertung ist auch nach der Neufassung des § 43 WEG nicht geboten. Die Begründung der Gesetzesmaterialien zu § 43 Abs. 1 und 2 WEG enthält zur Frage, welches Gericht bei europäischen Sachverhalten zuständig ist, keine abweichenden Ausführungen oder die Zuweisung einer Sonderzuständigkeit.[11]

7 **3. Antragsteller im Mahnverfahren.** Im Mahnverfahren gilt **der formale Bestimmtheitsgrundsatz.** Dies gilt sowohl für die präzise Bezeichnung der Antragstellerin als auch für die Bezeichnung des konkreten Forderungsgegenstandes. Im Mahnbescheid ist die Gemeinschaft der Wohnungseigentümer als WEG „Wohnungseigentümergemeinschaft", gefolgt von der bestimmten Angabe des gemeinschaftlichen Grundstücks zu bezeichnen, meist die Straßenanschrift, wie zB WEG Musterstraße 70, 10789 Musterstadt.[12]

Sofern ein Verwalter der Gemeinschaft der Wohnungseigentümer existiert, muss dieser als gesetzlicher Vertreter (§ 9 b Abs. 1 WEG) angegeben werden. Das Verwaltungsmonopol liegt grundsätzlich bei der Gemeinschaft der Wohnungseigentümer (§ 18 Abs. 1 WEG).[13] Der Verwalter vollzieht die erforderlichen Verwaltungshandlungen für die Gemeinschaft der Wohnungseigentümer (→ *Verwalter* Rn. 43 f.). Nach § 27 Abs. 1 Nr. 1 WEG darf der Verwalter alles Erforderliche tun, um offene Hausgeldforderungen der Gemeinschaft der Wohnungseigentümer zu realisieren.[14] Das für eine Prozessstandschaft erforderliche eigene schutzwürdige Interesse an der Prozessführung resultiert aus § 27 Abs. 1 Nr. 1 WEG.[15]

8 **4. Antragsgegner im Mahnverfahren.** Im Mahnverfahren können einzelne Wohnungseigentümer, die Gemeinschaft der Wohnungseigentümer oder Dritte Antragsgegner sein. Der Antragsgegner bestimmt sich danach, wem gegenüber Forderungen geltend gemacht werden. Die Wohnungseigentümer können auf Zahlungs- und/oder Schadensersatzforderungen in Anspruch genommen werden. Gem. § 9 a Abs. 1 WEG ist die Gemeinschaft der Wohnungseigentümer **rechtsfähig** und kann somit im Mahnverfahren bei Ansprüchen von Wohnungseigentümern und Dritten Antragsgegnerin (Anspruchsgegnerin) sein.[16] Darüber hinaus können auch

---

7 *Schwartze* ZWE 2019, 480 mwN.
8 BGH 17.4.2013 – XII ZR 23/12, NJW 2013, 2597 Rn. 13; BGH 18.1.2011 – X ZR 71/10, NJW 2011, 20156, Rn. 13; Beck OK WEG/*Elzer* § 43 Rn. 99.
9 EuGH 8.5.2019 – C-25/18, ZWE 2019, 503.
10 *Schwartze* ZWE 2019, 480 (481).
11 BT-Drs. 19/18791, 79; BR-Drs. 168/20, 90; BT-Drs. 19/22634, 23.
12 *Gräve* MietRB 2007, 304 f.
13 SEHR/*Skauradszun* § 1 Verbandsrecht Rn. 24 ff.
14 BT-Drs. 19/18791, 73; BR-Drs. 168/20, 83; BT-Drs. 19/22634, 46 f.
15 *Lehmann-Richter/Wobst* WEG-Reform 2020, Rn. 482.
16 *Skauradszun* ZMR 2020, 905; SEHR/*Skauradszun* § 1 Verbandsrecht Rn. 40.

Dritte Antragsgegner sein, wenn der Gemeinschaft der Wohnungseigentümergemeinschaft die gemeinschaftsbezogenen Ansprüche zustehen. Das Mahnverfahren ist nach der neuen Rechtslage eine „**Unterform**" des
Verbandsprozesses.[17] An der Frage, wer genau der Antragsgegner ist, bestimmt sich auch die Abgabe an das
jeweilige Streitgericht.

Bei Zahlungsansprüchen, zB auf Hausgeld, ist Antragsgegner der Gemeinschaft der Wohnungseigentümer der
säumige Wohnungseigentümer. Bei Ansprüchen gegen die Gemeinschaft der Wohnungseigentümer ist diese
gem. § 44 Abs. 2 WEG Anspruchsgegnerin.[18] Die **Passivlegitimation** der Gemeinschaft der Wohnungseigentümer entspricht dem geltenden Recht übriger Verbände und ist rechtsdogmatisch stringent, da die Verwaltung
des gemeinschaftlichen Eigentums gem. § 18 Abs. 1 WEG der Gemeinschaft der Wohnungseigentümer obliegt
und diese nach § 18 Abs. 2 WEG alleiniger Anspruchsgegner der Wohnungseigentümer betreffend die ordnungsmäßige Verwaltung des gemeinschaftlichen Eigentums und die ordnungsmäßige Benutzung des gemeinschaftlichen Eigentums und des Sondereigentums ist.[19] Der Verwalter hat gem. § 9 b Abs. 1 S. 1 die gesetzliche Vertretungsmacht nach außen. Gem. § 27 Abs. 2 Nr. 3 WEG aF war der Verwalter nur dann zur Geltendmachung von Ansprüchen im Mahnverfahren berechtigt, wenn er durch Mehrheitsbeschluss ermächtigt wurde.
In solch einem Beschluss lag auch eine Vergemeinschaftung gem. § 10 Abs. 6 S. 3 WEG aF.[20] Nach der Neufassung des § 9 b Abs. 1 S. 1 WEG ist diese Sichtweise überholt. Der Verwalter vertritt gem. § 9 b Abs. 1 S. 1
Hs. 1 WEG die Gemeinschaft der Wohnungseigentümer sowohl gerichtlich als auch außergerichtlich nach außen.[21]

5. Prozessstandschaft im Mahnverfahren. Die Geltendmachung eines gerichtlichen Mahnverfahrens setzt
eine Prozessstandschaft voraus. Die Prozessstandschaft konnte bisher beim Verwalter, bei den Wohnungseigentümern oder bei dem Verband Wohnungseigentümergemeinschaft liegen. Nunmehr liegt die Prozessstandschaft **bei der Gemeinschaft der Wohnungseigentümer**. Im Zweifel erfolgt die Ausübung der verbandsspe-
zifischen Rechte (§ 18 Abs. 1 WEG) durch die Gemeinschaft der Wohnungseigentümer.[22] Die **Durchführung
des Mahnverfahrens** in Wohnungseigentumssachen unterscheidet sich nicht von einem normalen Mahnverfahren. Als Antragsteller tritt im Regelfall stets die Gemeinschaft der Wohnungseigentümer auf, die durch den
Verwalter vertreten wird.[23] Im Innenverhältnis gilt die Vorschrift des § 27 Abs. 1 Nr. 1 WEG. Davon zu differenzieren ist die Vertretung der Gemeinschaft der Wohnungseigentümer nach „außen". Der Verwalter kann die
Wohnungseigentümer im Mahnverfahren gem. § 9 b Abs. 1 WEG nach außen vertreten. Sofern kein Verwalter
bestellt ist, sind die Wohnungseigentümer gem. § 9 b Abs. 1 S. 2 WEG zur gemeinschaftlichen Vertretung berechtigt.[24] Der Verwalter (→ *Verwalter* Rn. 58) hat gem. § 27 Abs. 1 Nr. 1 WEG seine ihm obliegenden Aufgaben ordnungsgemäß zu erfüllen.

Die Prozessstandschaft können auch **einzelne Wohnungseigentümer** wahrnehmen.[25] Ein Wohnungseigentü-
mer kann nach hM für die anderen Wohnungseigentümer oder die Gemeinschaft der Wohnungseigentümer ohne Weiteres Prozessstandschafter sein.[26] Einzelne Wohnungseigentümer können die Gemeinschaft der Woh-
nungseigentümer allein vertreten.[27] Nach zutreffender Auffassung ist bei der **Prozessstandschaft** jedoch danach zu differenzieren, ob die Gemeinschaft der Wohnungseigentümer gemeinschaftsbezogene Rechte wahrnimmt. Die Vergemeinschaftung (§ 10 Abs. 6 S. 3 Alt. 2 WEG aF) gibt es nach § 9 a Abs. 2 WEG nicht mehr.
Der Gesetzgeber hat in § 9 a Abs. 2 WEG die Zuständigkeit für den Einzug gemeinschaftsbezogener Forderungen als geborene Ausübungsbefugnis geregelt.[28] Eine Prozessstandschaft ist nach zutreffender Auffassung

9

10

---

17 *Skauradszun* ZMR 2020, 905 (906).
18 SEHR/*Elzer/Riecke* § 9 Verfahrensrecht Rn. 41 ff.; SEHR/*Skauradszun* § 1 Verbandsrecht Rn. 111.
19 *Skauradszun* ZMR 2020, 905 (908).
20 zu Beschlusskompetenzen für Prozesshandlungen: *Rüscher* FS für Olaf Riecke 2019, 359 (366).
21 *Lehmann-Richter/Wobst* WEG-Reform 2020, Rn. 181.
22 SEHR/*Skauradszun* § 1 Verbandsrecht Rn. 27.
23 FormB-WEG-R/*Scheffler* § 3 Rn. 133.
24 *Bärmann/Pick* Anh. I § 9 b WEG-E Rn. 3.
25 *Hügel/Elzer*, 3. Aufl. 2021, WEG Vor §§ 43 ff. Rn. 14.
26 BGH 17.3.2016 – V ZR 185/15, NZM 2016, 363 Rn. 6; BGH 24.7.2015 – V ZR 167/14, NJW 2015, 2874 Rn. 7;
    BGH 27.2.2015 – V ZR 128/14, NJW 2015, 2425 Rn. 7.
27 *Hügel/Elzer*, 3. Aufl. 2021, WEG Vor §§ 43 ff. Rn. 14 f.
28 *Lehmann-Richter/Wobst* WEG-Reform 2020, Rn. 131.

vorstellbar, wenn es um eigene Rechte der Gemeinschaft der Wohnungseigentümer geht.[29] Zur Geltendmachung bedarf der Wohnungseigentümer allerdings einer ausdrücklichen Ermächtigung, die nur durch einen Beschluss erfolgen kann. Die bisherige Rechtsprechung ist nach der neuen Rechtslage anwendbar.[30] Die Prozessstandschaft eines einzelnen Eigentümers für die Gemeinschaft der Wohnungseigentümer bildet hier einen absoluten Ausnahmefall.

11 Anders liegt der Fall bei *Forderungen* der Gemeinschaft der Wohnungseigentümer. Dann kam auch bisher eine Prozessstandschaft nicht in Betracht.[31] Aufgrund des neuen Verständnisses von der Rechtsfähigkeit des Verbandes sind Forderungen im Regelfall gemeinschaftsbezogen. Eine Vergemeinschaftung durch Beschluss im Sinne des § 10 Abs. 6 S. 3 Hs. 1 WEG aF gibt es nicht mehr. Überholt ist somit auch das Verständnis von der Vergemeinschaftung, wenn dies im Interesse der Wohnungseigentümer oder aus Gründen des Schuldnerschutzes eine einheitliche **Rechtsverfolgung** erforderte.[32] Nach dem Regelungszweck des § 9 a Abs. 2 WEG (§ 10 Abs. 6 S. 3 Hs. 1 WEG aF) steht die gemeinschaftsbezogene Rechtsverfolgung (des Verbandes) im Vordergrund.[33] Vor diesem Hintergrund kann eine individuelle Rechtsverfolgung nur noch in dem Fall bejaht werden, wenn schutzwürdige Belange der Wohnungseigentümer oder des Schuldners an einer einheitlichen Rechtsverfolgung das grundsätzlich vorrangige Interesse des Rechteinhabers, seine Rechte selbst und eigenverantwortlich auszuüben, deutlich überwiegen.[34]

12 Werden ein Wohnungseigentümer oder die Gemeinschaft der Wohnungseigentümer im gerichtlichen Mahnverfahren in Anspruch genommen, ist § 9 b Abs. 1 S. 1 Hs. 1 WEG von praktischer Bedeutung. Hiernach ist der Verwalter mit einer umfassenden Vertretungsmacht ausgestattet.[35] Der Regelungszweck spricht dafür, dass der Verwalter dafür Sorge zu tragen hat, dass Ansprüche gegen die Gemeinschaft der Wohnungseigentümer insgesamt abgewehrt werden. Dies bedeutet für den Fall des Mahnverfahrens, dass der Verwalter gem. § 9 b Abs. 1 S. 1 WEG befugt ist, **Widerspruch gegen den Mahnbescheid** einzulegen (→ Rn. 23). Dabei handelt es sich um eine erforderliche fristwahrende Maßnahme. Eine Beschränkung der Verwalterbefugnisse im Innenverhältnis ist hingegen unerheblich.[36]

III. Kompetenzfragen und aktuelle Entwicklungen

13 **1. Vertretung im Mahnverfahren und Verwaltervertrag.** Gem. § 9 b Abs. 1 S. 1 Hs. 1 WEG kann ein Verwalter im Rahmen eines Mahnverfahrens die Wohnungseigentümer nach „außen" auftreten. Der Verwalter ist im Mahnverfahren als Unterfall des gerichtlichen Klageverfahrens der gesetzliche Vertreter nach außen. Inhaber der Ansprüche, wie zum Beispiel Hausgeldforderungen, ist die Gemeinschaft der Wohnungseigentümer (vormals der Verband Wohnungseigentümergemeinschaft). Insoweit besteht seit Anerkennung der Rechtsfähigkeit der Gemeinschaft der Wohnungseigentümer kein Bedürfnis, dass der Verwalter die Beitragsansprüche als Prozessstandschafter für die Gemeinschaft geltend macht.[37] Bislang war der Verwalter gem. § 27 Abs. 3 S. 1 Nr. 2 WEG aF von Gesetzes wegen nicht berechtigt, gegen einen Hausgeldschuldner ein gerichtliches Mahnverfahren zu führen.[38] Dies hat sich nach der Neufassung der Vorschriften § 27 Abs. 1 S. 1 Nr. 1 WEG und § 9 b Abs. 1 S. 1 WEG geändert. Die Vertretungsmacht des Verwalters ist unbeschränkbar (§ 9 b Abs. 1 S. 3 WEG).[39] Allerdings vertritt der Verwalter nicht die Wohnungseigentümer nach außen, sondern die Gemeinschaft der Wohnungseigentümer.

---

29 BGH 19.7.2013 – V ZR 109/12, NZM 2014, 81 Rn. 9; *Elzer* ZMR 2005, 886 (887).

30 BGH 7.2.2014 – V ZR 25/13, NJW 2014, 1090 Rn. 18.

31 *Hügel/Elzer,* 3. Aufl. 2021, WEG § 43 Rn. 55.

32 BGH 24.7.2015 – V ZR 167/14, NJW 2015, 2874 Rn. 12.

33 *Skauradszun,* ZMR 2020, 905 (906).

34 *Hügel/Elzer,* 3. Aufl. 2021, WEG § 9 a Rn. 106; BGH 24.7.2015 – V ZR 167/14, NJW 2015, 2874 Rn. 13.

35 Zu § 27 WEG aF: Riecke/Schmid/*Abramenko* WEG § 27 Rn. 81.

36 *Lehmann-Richter/Wobst* WEG-Reform 2020, Rn. 1900 f.

37 FormB-WEG-R/*Scheffler* § 3 Rn. 129.

38 BGH 1.6.2012 – V ZR 171/11, NZM 2012, 562 Rn. 6 aA OLG Düsseldorf 18.4.2000 – 24 U 29/99, NZM 2001, 290 (292).

39 *Lehmann-Richter/Wobst* WEG-Reform 2020, Rn. 1901.

Allerdings berechtigte den Verwalter bisher nicht bereits die Vollmacht, für die Wohnungseigentümer gericht- 14 lich tätig zu werden,[40] weil die Vertretungsmacht im Sinne des § 27 Abs. 3 S. 1 Nr. 2 WEG aF dem Verwalter nicht im Verwaltervertrag erteilt werden konnte.[41] In diesem Zusammenhang vertritt die Rechtsprechung, dass im **Genehmigungsbeschluss** gegenüber dem Verwaltervertrag auch eine beschlussweise Ermächtigung liegt (→ *Wohngeld-/Hausgeldinkasso* Rn. 77). Fehlt solch eine Ermächtigung, ist die durch einen beauftragten Rechtsanwalt erhobene Zahlungsklage als unzulässig abzuweisen.[42] Für die Kosten haften dann der Verwalter und der beauftragte Rechtsanwalt.[43] Auch für die Vertretung im Zwangsvollstreckungsverfahren reicht eine Ermächtigung des Verwalters über einen reinen „Verwaltervertrag" nicht aus. Ob der Verwalter letztendlich einen Rechtsanwalt mit der Durchführung des gerichtlichen Mahnverfahrens beauftragen darf, ist eine Frage des Umfangs der jeweils erteilten Vertretungsmacht und daher im Einzelfall zu beantworten. Diese folgt grundsätzlich aus § 9 b Abs. 1 S. 1 WEG, wonach der Verwalter die Gemeinschaft der Wohnungseigentümer nach außen vertritt.[44]

2. Vereinbarung oder Beschlussfassung als Grundlage. Die Grundlage einer Tätigkeit des Verwalters im 15 Mahnverfahren und somit im Forderungseinzug für die Gemeinschaft der Wohnungseigentümer liegt in einer Vereinbarung oder einem Beschluss (→ *Verwaltervertrag* Rn. 42). Es ist zwischen dem Innenverhältnis (§ 27 WEG) und dem Außenverhältnis (§ 9 b WEG) zu differenzieren. Es ist keine **Ermächtigung** des Verwalters mehr erforderlich, die Gemeinschaft der Wohnungseigentümer im gerichtlichen Mahnverfahren nach „außen" zu vertreten.[45] Die Wohnungseigentümer können die Ermächtigung im laufenden Mahnverfahren nachholen. In einer Vereinbarung können die Wohnungseigentümer auch regeln, dass eine außergerichtliche Maßnahme oder ein gerichtliches Mahnverfahren erst nach einer schriftlichen Abmahnung durch den Verwalter durchzu- führen sind.[46] Dieser Grundsatz hat bei entsprechenden Vereinbarungen weiterhin Fortbestand. Ob der Verwal- ter über das Mahnverfahren als Vorstufe der Klageerhebung selbst entscheiden darf, bleibt somit auch weiter- hin eine Frage des Umfangs der Ermächtigung.[47]

Der Umfang der Vertretungsmacht muss stets einzelfallbezogen bewertet werden.[48] Ermächtigt die Gemein- 16 schaftsordnung den Verwalter, Beitragsansprüche gegen säumige Wohnungseigentümer in Prozessstandschaft geltend zu machen, kann die Vereinbarung im Wege der ergänzenden Auslegung als Ermächtigung angesehen werden, die Ansprüche gerichtlich geltend zu machen.[49] Nach zutreffender Auffassung muss allerdings eine klare **Willensbildung der Wohnungseigentümer** in Beschlussform vorliegen. Wird der Abschluss des Ver- waltervertrages delegiert, muss die Delegation zur Ermächtigung berechtigen. Alle Wohnungseigentümer müssten einen Mehrheitsbeschluss fassen. Auch aus einem solchen Beschluss erwächst nicht ohne Weiteres die Rechtsmacht des Verwalters, weitgehende Ermächtigungen zu erteilen.[50] Etwas anderes hingegen gilt dann, wenn der Verwalter für die Wohnungseigentümer als „gewillkürter Prozessstandschafter" auftreten will. Dies ist nicht mehr zulässig. Enthält die Gemeinschaftsordnung beruhend auf der früheren Rechtslage noch die Ermächtigung des Verwalters als Prozessstandschafter im eigenen Namen Wohngelder gegenüber säumi- gen Eigentümern gerichtlich geltend zu machen, ist im Wege der ergänzenden Vertragsauslegung hierin auch die Ermächtigung zur Beitreibung der Wohngelder im Namen der teilrechtsfähigen Gemeinschaft zu sehen.[51]

3. Praktische Fallgruppen der Durchführung des Mahnverfahrens. Es gibt zahlreiche Fallgruppen des 17 Mahnverfahrens in Wohnungseigentumsangelegenheiten. Sachlich betrifft das Mahnverfahren alle Geldforde- rungen im Sinne des § 688 ZPO.[52] Ein klassischer Fall ist der **Einzug von Hausgeldforderungen**. In diesem Fall ist die Gemeinschaft der Wohnungseigentümer Gläubiger. Mit einem Mahnverfahren kann die Gemein-

---

40 BeckOK WEG/*Elzerr* § 27 Rn. 143.
41 BGH 17.11.2011 – V ZB 134/11, NJW 2012, 1152 Rn. 9.
42 LG Berlin 24.8.2018 – 55 S 86/17, ZWE 2019, 89.
43 AG Berlin-Mitte 28.5.2018 – 26 C 13/18, ZWE 2019, 97; BeckOK WEG/*Baer* § 27 Rn. 105.
44 *Bärmann/Pick* Anh I zu § 9 b WEG-E Rn. 1 f.
45 *Hügel/Elzer,* 3. Aufl. 2021, WEG § 27 Rn. 131.
46 AG Potsdam 12.12.2019 – 31 C 11/19, MietRB 2020, 201 mAnm *Agatsy*.
47 *Elzer,* Forderungsmanagement für WEG-Verwalter, 9.1.4.1.
48 *Elzer* ZMR 2009, 649 (650).
49 Bärmann/*Becker* WEG § 27 Rn. 259.
50 *Agatsy* AnwZert MietR 15/2020 Anm. 1.
51 AG München 9.6.2017 – 481 C 3768/17 WEG, BeckRS 2017, 128601.
52 BeckOGK/*Karkmann* WEG § 43 Rn. 32.

schaft der Wohnungseigentümer die Titulierung einer Forderung beschleunigen.[53] Ein weiterer Fall ist der Einzug einer festgestellten Sonderumlage, die Forderung von negativen Abrechnungsspitzen (→ *Wohngeld-/Hausgeldinkasso* Rn. 59), Sonderumlagen, Schadenersatz- und andere Geldforderungen. Davon umfasst sind auch solche Forderungen, die gegen „Dritte" gerichtet sind.[54]

18 **4. Verwalterermächtigung im Hausgeldinkasso.** Der Verwalter war nach der alten Rechtslage im Rahmen des § 27 Absatz 1 Nr. 4 WEG aF nur ermächtigt, Hausgeldforderungen außergerichtlich geltend zu machen. Die gerichtliche Vertretung war somit auch für das Mahnverfahren ausgeschlossen.

19 Aufgrund der Neufassung des § 27 Abs. 1 und 2 WEG wird nicht nur eine Kompetenzerweiterung des Verwalters vorgenommen, sondern auch eine vorherige Beschlussfassung „obsolet, damit der Verwalter ein Mahnverfahren einleiten kann.

IV. Verfahrenshinweise

20 **1. Gebotenheit des Mahnverfahrens.** Die **Durchführung des Mahnverfahrens** ist geboten, wenn der Schuldner zugleich Anlass zur Durchführung eines gerichtlichen Streitverfahrens gegeben hat. Das Mahnverfahren bietet sich vor allem für ausstehende Hausgelder im weiteren Sinne an. Dies sind das Hausgeld gem. Einzelwirtschaftsplan, Abrechnungsspitze oder Sonderumlagen.[55] Ein Mahnverfahren ist vor allem dann geboten, wenn nicht zu erwarten ist, dass sich der Wohnungseigentümer und Schuldner gegen die Forderung zur Wehr setzen wird. Die Durchführung des Mahnverfahrens bedeutet gleichwohl nicht, dass es sich um eine zu erwartende Forderung handelt, sondern dass die Forderung fällig ist und durch einen Hausgeldschuldner nicht beglichen wird. Etwas anderes gilt nur dann, wenn das Mahnverfahren rechtsmissbräuchlich betrieben wird.

21 Ein Mahnverfahren ist in der Regel auch deshalb geboten, weil die Gemeinschaft der Wohnungseigentümer hinsichtlich einer konkreten Forderung den **Eintritt der Verjährungshemmung** beabsichtigt. Eine Berufung auf die kraft Zustellung (→ Rn. 24) eines Mahnbescheids eingetretene Verjährungshemmung kann rechtsmissbräuchlich sein, wenn der Antrag auf Erlass des Mahnbescheids die bewusst wahrheitswidrige Erklärung enthält, dass die Gegenleistung bereits erbracht sei.[56] Diese Grundsätze sind nach der hier vertretenen Auffassung auch auf das Mahnverfahren im Wohnungseigentumsrecht gem. § 43 Abs. 2 Nr. 2 WEG anzuwenden. Die Gebotenheit eines Mahnverfahrens kann rückwirkend für den Fall entfallen, dass die Angaben in dem Mahnantrag falsch sind. Dann steht der Einwand der Rechtsmissbräuchlichkeit entgegen und der Mahnbescheid kann keine inhaltliche Wirksamkeit entfalten.

22 **2. Rechtsanwalt im Mahnverfahren.** Besonderheiten ergeben sich bei der Mandatierung eines Rechtsanwalts im Mahnverfahren. Es ist allgemein anerkannt, dass der Vertragspartner des Rechtsanwalts nicht der Verwalter im Sinne des § 27 WEG ist (→ *Wohngeld-/Hausgeldinkasso* Rn. 77). Allerdings unterzeichnet der Verwalter gem. 9 b Abs. 1 WEG die Vollmacht der Gemeinschaft der Wohnungseigentümer. Bei der **Mandatierung** ist danach zu differenzieren, ob der Rechtsanwalt mit der Einleitung oder Abwehr eines Mahnverfahrens beauftragt wird. Ein Verwalter, der durch Vereinbarung oder Beschluss zur gerichtlichen Geltendmachung von Ansprüchen der Wohnungseigentümergemeinschaft ermächtigt ist, ist auch ermächtigt, einen Rechtsanwalt mit der Prozessführung zu beauftragen.[57]

23 Wird ein **Mahnverfahren gegen die Gemeinschaft der Wohnungseigentümer** eingeleitet und der Mahnbescheid beim Verwalter zugestellt, darf der Verwalter als Vertreter der Gemeinschaft der Wohnungseigentümer den Rechtsanwalt im Rahmen der Passivlegitimation mit dem Widerspruch und notwendigen Erklärungen nach außen beauftragen. Der Vertrag für einen Anwalts- oder Parteiprozess wird unmittelbar zwischen dem Rechtsanwalt und der Gemeinschaft der Wohnungseigentümer geschlossen.[58] Die Möglichkeit einzelner Woh-

---

53 *Greiner* ZWE 2015, 149 (154).
54 *Gottschalg* ZWE 2007, 71 (72).
55 BeckPFormB/*Elzer*, Form. II. J. 17. Rn. 1–14.
56 BGH 16.7.2015 – III ZR 238/14, NJW 2015, 3162 Rn. 18.
57 LG München I 12.7.2017 – 1 S 15254/16 WEG, ZWE 2017, 417 (418); Bärmann/*Becker* WEG § 27 Rn. 274.
58 Riecke/Schmid/*Abramenko* WEG § 27 Rn. 86.

nungseigentümer, selbst aufzutreten oder einen eigenen Prozessbevollmächtigten zu bestellen, wird hierdurch nicht berührt.[59]

3. Zustellung im Mahnverfahren. Die Zustellung eines Mahnbescheides erfolgt im Regelfall beim Verwalter. Zustellungen sind nach § 9 b Abs. 1 S. 1 WEG gegenüber dem Verwalter zu bewirken. Unter den Begriff der „Zustellungen" fallen sämtliche gerichtliche Zustellungen, somit auch im Mahnverfahren (→ *Zustellungen* Rn. 1 ff.). Allerdings hat der Gesetzgeber die Vorschrift des § 45 Abs. 1 WEG aF nicht übernommen, die den Ausschluss des Verwalters als Zustellungsvertreters anordnete.[60] Wird der Mahnbescheid ausdrücklich an den Verwalter als Zustellungsvertreter adressiert, dann ist die Zustellung wirksam bewirkt. Nach § 9 b Abs. 1 S. 1 WEG ist der Verwalter von Gesetzes wegen zustellungsbevollmächtigt. Etwas anderes hingegen gilt dann, wenn es eine Interessenkollision gibt. Dies ist der Fall, wenn der Verwalter als „Gegner" in einem Verfahren selbst beteiligt ist.[61] Fehlt ein Verwalter, muss die Zustellung an die jeweiligen Wohnungseigentümer selbst erfolgen.

4. Obligatorisches Schlichtungsverfahren. Ein Mahnverfahren kann unter Umständen unzulässig sein, wenn **von Gesetzes wegen** ein obligatorisches Schlichtungsverfahren vorgesehen ist. § 15 a Abs. 1 EGZPO gibt den Landesgesetzgebern die Möglichkeit, die Zulässigkeit einer Klage in bestimmten Fällen von der erfolglosen Durchführung eines Schlichtungsverfahrens abhängig zu machen. Ein obligatorisches Schlichtungsverfahren ist allenfalls bei Hausgeldforderungen oder Forderungen auf Verwalterhonorar denkbar, wenn der Streitwert den Betrag von 750 EUR unterschreitet.[62] Allerdings ist ein streitwertbezogenes Schlichtungsverfahren derzeit in keinem der Schlichtungsgesetze der Länder vorgesehen (→ *Güte- und Schiedsverfahren, Mediation* Rn. 4).

5. Verfahrenskosten. Bei den Verfahrenskosten im Mahnverfahren gelten auch im Wohnungseigentumsrecht keine Besonderheiten gegenüber einem „normalen" Mahnverfahren. In WEG-Mahnsachen gelten keine Besonderheiten mehr, weil sie nicht mehr als Verfahren der freiwilligen Gerichtsbarkeit zählen.[63] Die Kosten des Mahnverfahrens **gehören zu den Kosten des nachfolgenden Rechtsstreits**. Das ergibt sich im Grundsatz aus §§ 696 Abs. 1 S. 5, 281 Abs. 3 S. 1 ZPO[64] und ist in dem Fall unproblematisch, wenn das Mahnverfahren in das streitige Verfahren mündet.[65] Für das Mahnverfahren entstehen Gerichtskosten gemäß GKG. Die Verfahrensgebühr Nr. 3100, 3101 VV RVG entsteht nach zutreffender Ansicht,[66] sobald der Antragsgegner mit der Verfahrensdurchführung rechnen muss. Mit der Einreichung des Mahnantrags (§ 690 ZPO) entsteht die Verfahrensgebühr für das Mahnverfahren (KV 1100) und wird nach § 6 Abs. 1 Nr. 1 sogleich fällig; Kostenschuldner ist nach § 22 Abs. 1 S. 1 GKG der Mahnantragsteller.[67]

Die Kosten des Mahnverfahrens gegen die Wohnungseigentümer und für die Wohnungseigentümer werden nach der Vorschrift des **§ 16 WEG** verteilt. In Rechtsstreitigkeiten der Wohnungseigentümer nach § 43 Abs. 1 Nr. 1 und 2 WEG gehören die Mehrkosten aus einer Streitwertvereinbarung zu den Kosten der Verwaltung, die alle Wohnungseigentümer nach dem allgemeinen Verteilungsschlüssel zu tragen haben.[68] Vielmehr sind Prozesse, die die Verwaltung des Gemeinschaftseigentums zum Gegenstand haben, Angelegenheiten der Verwaltung und die damit einhergehenden Kosten notwendige Verwaltungskosten.[69] Diese Kosten des Rechtsstreits sind gem. § 16 Abs. 2 WEG **nach dem vereinbarten allgemeinen Kostenverteilungsschlüssel** zu verteilen.[70] Dieser Grundsatz gilt auch nach der Neufassung des § 16 Abs. 2 WEG, wonach die Kosten entsprechend dem Schlüssel nach Miteigentumsanteilen verteilt werden.

24

25

26

27

---

59 BGH 5.7.2013 – V ZR 241/12, ZWE 2013, 368; LG Hamburg 20.9.2017 – 318 S 92/16, ZWE 2018, 181 (182) Rn. 22.
60 *Lehmann-Richter/Wobst* WEG-Reform 2020, Rn. 1908.
61 *Hügel/Elzer*, 3. Aufl. 2021, WEG § 27 Rn. 169 f.
62 FormB-WEG-R/*Lehmann-Richter* § 3 Rn. 7.
63 BDZ/*Zimmermann* GKG § 12 Rn. 23.
64 OLG Dresden 10.8.2005 – 8 W 831/05, BeckRS 2007, 04007.
65 BeckOK ZPO/*Jaspersen* § 91 Rn. 80.
66 KG 9.3.2007 – 1 W 378/05, NJOZ 2007, 3640.
67 BeckOK KostR/*Toussaint* GKG § 12 Rn. 30.
68 Bärmann/*Becker* WEG § 16 Rn. 169.
69 BeckOK WEG/*Bartholome* § 16 Rn. 26.
70 LG München I 13.5.2013 – 1 S 10826/12, ZWE 2013, 406 (407).

28 **6. Übergangsvorschriften.** Das verfahrensrechtliche Übergangsrecht ist in § 48 Abs. 5 WEG geregelt. Bei solchen gerichtlichen Mahnverfahren, die bereits vor dem 1.12.2020 rechtshängig waren, sind die Vorschriften in der bislang gültigen Form anzuwenden.[71] Bei der Ermittlung des Gebührenstreitwerts gilt die allgemeine Übergangsregel des § 71 Abs. 1 GKG (→ *Streitwerte im ABC* Rn. 12). Für die vor dem 1.12.2020 rechtshängig gewordenen Verfahren gilt die alte Vorschrift des § 49 a GKG.

139. Majorisierung

Ruge

I. Einführung

1 Nicht wenige Wohnungs- und Teileigentümer gehen davon aus, dass jeder Eigentümer bei Abstimmungen in Versammlungen ihrer Gemeinschaft ohne Weiteres eine Stimme hat. Diese Vorstellung kann mit der rechtlichen Realität übereinstimmen, muss sie aber nicht. Das gesetzliche Leitbild ist in der Tat dementsprechend gestaltet und wird auch als **Kopfprinzip** bezeichnet. Normativ verankert ist es in § 25 Abs. 2 S. 1 WEG. Danach steht auch einem Eigentümer, dem mehrere Wohnungen oder Teileigentumseinheiten innerhalb einer Gemeinschaft gehören, nur eine Stimme in der Versammlung zur Verfügung. Abweichende Gestaltungen sind jedoch möglich und in der Praxis auch üblich, weshalb stets die konkrete Gemeinschaftsordnung im Blick behalten werden muss. Sie kann beispielsweise an Stelle der gesetzlichen Regelung das **Objektprinzip** vorsehen. In diesem Fall vermittelt jedes Wohnungseigentum und jede Teileigentumseinheit ihrem Eigentümer ein Stimmrecht, das seinem Gewicht nach freilich unterschiedlich bemessen sein kann. Anders als beim Kopfprinzip kann es hier also dazu kommen, dass sich Stimmrechte in der Person eines einzelnen Eigentümers häufen. Gleichwohl lässt sich die Verankerung des Objektprinzips gut rechtfertigen. Für seine Anwendung spricht eine Gerechtigkeitserwägung. Denn die Kosten der Gemeinschaft und des gemeinschaftlichen Eigentums werden grundsätzlich nach Miteigentumsanteilen verteilt (§ 16 Abs. 2 WEG). Mehrere Objekte zu haben, bedeutet somit zugleich, in einem größeren Umfang an den gemeinschaftlichen Kosten teilzunehmen. Ohne Zweifel ist es da jedenfalls vertretbar, einem Eigentümer, der für mehrere Objekte bezahlt, auch mehrere Stimmen in der Versammlung zu gewähren.

2 Allerdings ist auch das Objektprinzip nicht völlig frei von Nachteilen. Quasi als Kehrseite der gesteigerten Teilhabeberechtigung kann es nämlich bewirken, dass einzelne Eigentümer oder eine Gruppe von ihnen kraft ihrer Stimmen die Beschlussfassung innerhalb der Gemeinschaft unter Umständen sogar erheblich beeinflussen. Solche Situationen entstehen beispielsweise, wenn nach einer Aufteilung mit beabsichtigtem Abverkauf zunächst noch mehrere Wohnungen in der Hand des Aufteilers verbleiben oder wenn ein finanzkräftiger Eigentümer sukzessive Wohnungen in der Wohnungseigentumsanlage erwirbt. Man spricht dann von einer **Majorisierung** der übrigen Eigentümer und meint damit die Stimmübermacht Einzelner. Sie kann sich als eine beständige Quelle von Streit erweisen. Der Grund liegt darin, dass eine Stimmübermacht geeignet ist, bei den anderen Eigentümern Misstrauen hervorzurufen. Dabei geht es zumindest im Ausgangspunkt häufig nicht um juristisch nachvollziehbare Tatsachen, sondern mehr um ein Gefühl der strukturellen Unterlegenheit. Wenn sich dieses Gefühl nach Niederlagen in Abstimmungen über konkrete Angelegenheiten zur Gewissheit verdichtet, steht plötzlich der Vorwurf des Missbrauchs der Majorität im Raum. Indes wird nicht jeder Einsatz einer Stimmübermacht von der Rechtsordnung missbilligt werden können. Da das Gesetz in § 25 Abs. 2 S. 1

---

71 *Lehmann-Richter/Wobst* WEG-Reform 2020, Rn. 1993 f.

WEG leitbildweise vom Kopfprinzip ausgeht, unter dessen Geltung die Entstehung einer Majorisierung ausgeschlossen ist, gibt es jedoch im WEG keine ausdrücklichen Regelungen zu diesem Aspekt.

II. Einzelheiten

1. Voraussetzungen einer rechtlich zu missbilligenden Majorisierung. a) Stimmenübergewicht als strukureller Rechtsmissbrauch. In der älteren, vor allem obergerichtlich geprägten Rechtsprechung wurde teilweise vertreten, dass bereits ein Stimmenübergewicht als solches ausreiche, um einen Rechtsmissbrauch zu begründen.[1] Man könnte insoweit von einem in der Majorität strukturell angelegten Rechtsmissbrauch sprechen. Derartiges solle insbesondere Fälle der **Verwalterbestellung** betreffen. **3**

b) Weitergehendes rechtsmissbräuchliches Moment. Wie Wohnungs- und Teileigentümer abstimmen, ob sie einem Beschlussantrag zustimmen, ihn ablehnen oder sich der Stimme enthalten, obliegt grundsätzlich ihrer freien Entscheidung. Das ist eigentlich eine Selbstverständlichkeit in dem demokratisch verfassten Verband Wohnungseigentümergemeinschaft. Die **neuere Rechtsprechung** geht deshalb davon aus, dass ein beherrschendes Stimmenübergewicht eines einzelnen Eigentümers oder einer Gruppe von Eigentümern für sich genommen noch nicht ausreicht, um eine rechtliche Missbilligung zu rechtfertigen.[2] Die Majorität allein führt nicht zur rechtlich missbilligten Majorisierung.[3] Hinzukommen muss nach heute herrschender Meinung ein weitergehendes rechtsmissbräuchliches Moment. Dieses liegt vor, wenn Umstände hinzutreten, die sich als Verstoß gegen die Pflicht zur Rücksichtnahme auf die Interessen der Gemeinschaft darstellen.[4] Normativer Ansatzpunkt ist insoweit § 242 BGB in Verbindung mit § 226 BGB.[5] Anders gewendet muss das Abstimmungsverhalten zu einem für die Gemeinschaft nachteiligen und mit Rücksicht auf ihre Belange **treuwidrigen Ergebnis** führen. Bejaht hat die Rechtsprechung dies insbesondere dann, wenn sich ein Eigentümer unangemessene Vorteile verschafft oder wenn die Bestellung eines persönlich ungeeigneten oder fachlich unfähigen Verwalters beschlossen wird.[6] Bisweilen wird Derartiges zugleich als Verstoß gegen den Grundsatz ordnungsmäßiger Verwaltung betrachtet.[7] **4**

c) Stellungnahme. Die Ansicht der neueren Rechtsprechung überzeugt. Sie berücksichtigt nämlich, dass nicht jede unter Einsatz eines Stimmenübergewichts zustande gekommene Entscheidung für die Gemeinschaft nachteilig und mit Rücksicht auf ihre Belange treuwidrig ist. Ein derartiges **Korrektiv** ist sachgerecht, um das Dreiecksverhältnis zwischen dem grundsätzlich zulässigen Objektprinzip und der aus ihm folgenden Möglichkeit einer Majorität, dem freien Stimmrecht der Eigentümer sowie den berechtigten Interessen der Gemeinschaft insgesamt aufzulösen. Dabei kann einem Eigentümer, dem mehrere Objekte in einer Gemeinschaft gehören, ein anerkennenswertes Interesse an einer stärkeren Einflussnahme auf die Willensbildung innerhalb der Gemeinschaft nicht schlechthin abgesprochen werden. Die ältere Rechtsprechung steht insoweit vor dem Problem, dass sie entscheiden muss, wie der mit einer Majorität ausgestattete Eigentümer „eingehegt" werden soll. Verliert er seine Stimmrechte oder werden diese auf einem bestimmten Niveau gekappt und, wenn ja, auf welchem? Mit der insbesondere von der höchstrichterlichen Rechtsprechung gezogenen Grenze stehen demgegenüber gut handhabbare Kriterien mit einer eindeutigen Rechtsfolge zur Verfügung. Daraus ergibt sich für die Minderheitseigentümer ein ausreichender Schutz. Denn solange der Gemeinschaft kein Nachteil entsteht, der sich vor dem Hintergrund von Treu und Glauben als nicht hinnehmbar erweist, besteht auch kein Anlass, in das Abstimmungsverhalten eines Mehrheitseigentümers korrigierend einzugreifen. **5**

2. Majorisierung und insbesondere Verwalterbestellung. Bezogen auf eine Beschlussfassung zur Verwalterbestellung bedeutet dies, dass erst dann von einem rechtsmissbräuchlichen Abstimmungsverhalten gesprochen werden kann, wenn die Majorität zur Bestellung eines persönlich **ungeeigneten** oder fachlich **unfähigen** **6**

---

1 OLG Hamm 6.2.1978 – 15 W 345/77, Rpfleger 1978, 182; OLG Karlsruhe 1.9.1983 – 11 W 48/83; in diese Richtung auch OLG Celle 27.6.1989 – 4 W 79/89, ZMR 1989, 436; LG Berlin 24.5.1985 – 91 T 96/84; aA aber KG 5.11.1986 – 24 W 1558/86, WuM 1987, 102.

2 Statt vieler BGH 19.9.2002 – V ZB 30/02, NJW 2002, 3704 mwN.

3 *Ruge* AnwZert MietR 17/2016 Anm. 2.

4 BGH 19.9.2002 – V ZB 30/02, NJW 2002, 3704; so auch BayObLG 3.5.2005 – 2Z BR 143/04, ZMR 2006, 139.

5 *Ruge* AnwZert MietR 17/2016 Anm. 2.

6 BGH 19.9.2002 – V ZB 30/02, NJW 2002, 3704.

7 BGH 19.9.2002 – V ZB 30/02, NJW 2002, 3704; BayObLG 13.12.2001 – 2Z BR 93/01, ZMR 2002, 525; OLG Düsseldorf 16.4.1999 – 3 Wx 77/99, NZM 1999, 844; LG Karlsruhe 23.6.2010 – 11 S 60/09, ZWE 2011, 44.

Verwalters führt.[8] Dazu bedarf es freilich nachvollziehbarer Tatsachen. Die Darlegungs- und Beweislast liegt insoweit bei den in der Abstimmung unterlegenen Eigentümern. Vor allem muss insoweit dargelegt werden können, was konkret den Bestellten als ungeeignet oder unfähig erscheinen lässt. Das kann beispielsweise völlig fehlende berufliche Erfahrung im Umgang mit Immobilien sein. Auch früheres strafrechtlich relevantes Verhalten kommt in Betracht, wenn ein Bezug zur Verwaltung von Immobilien oder zumindest erheblichen Vermögenswerten besteht. Der zeitliche Abstand zu einschlägigen Verfehlungen in der Vergangenheit und eine längere Wohlverhaltensperiode können eine mildere Bewertung zugunsten des Bestellten rechtfertigen.

7 **3. Gruppenbildung mit kollusivem Abstimmungsverhalten.** Nicht immer verfügt ein Eigentümer allein über eine Stimmmacht, die eine Majorisierung zulässt. Denkbar ist ebenso, dass sich mehrere Eigentümer zu diesem Zweck zusammenfinden und erst gemeinsam durch gleichgerichtetes Abstimmungsverhalten eine Majorität erlangen. In diesem Fall lässt sich von einer Gruppenbildung sprechen. Insoweit gelten die vorstehend herausgearbeiteten Grundsätze (→ Rn. 4) entsprechend. Das Abstimmungsverhalten muss also auch hier zu einem für die Gemeinschaft nachteiligen und treuwidrigen Ergebnis führen.[9]

8 Darüber hinaus ist aber noch ein **kollusives Zusammenwirken** der abstimmenden Eigentümer erforderlich. Dieses Merkmal grenzt Fälle des Rechtsmissbrauchs von denjenigen Fällen ab, in denen ein Abstimmungsergebnis regulär nach Erörterung im Rahmen der Versammlung der Wohnungseigentümer zustande gekommen ist. Denn grundsätzlich ist nicht zu beanstanden, dass Eigentümer gleichgerichtet abstimmen. Tatsächlich geschieht dies sogar recht häufig, ohne dass darin ein zu missbilligender Verstoß gegen demokratische Prinzipien gesehen werden könnte. Kollusiv wird ein Abstimmungsverhalten, wenn mehrere Wohnungs- oder Teileigentümer ihre Stimmen bewusst und gewollt gleichgerichtet einsetzen, um ein bestimmtes Abstimmungsergebnis herbeizuführen, das sie jeder für sich genommen nicht erreichen können. Die hierauf bezogene Verabredung der Abstimmenden kann ausdrücklich oder auch stillschweigend getroffen werden. Die **Beweislast** für ein kollusives Zusammenwirken und die dahinterstehende Verabredung trifft denjenigen, der sich gegen das Abstimmungsergebnis wehren möchte. Eine Beweislastumkehr findet nicht statt, ebenso kein Anscheinsbeweis.[10] Nicht selten werden Indizien und Indizienketten bemüht werden müssen, um ein kollusives Zusammenwirken zu belegen.

9 **4. Die Rechtsfolgenseite.** Unterschiedliche Auffassungen bestehen in der Rechtsprechung auch darüber, was die Rechtsfolge eines rechtsmissbräuchlichen Abstimmungsverhaltens ist. Einige Gerichte haben insoweit eine Stimmenbegrenzung zulasten des Mehrheitseigentümers angenommen.[11] Auf diese Weise könne einerseits ein völliger Stimmrechtsausschluss vermieden und andererseits eine demokratische Gesamtwillensbildung ermöglicht werden. Überzeugend ist diese Ansicht dennoch nicht, denn sie findet im Gesetz keine Stütze. Vielmehr geht § 25 Abs. 4 WEG davon aus, dass jedenfalls bei bestimmten Interessenkollisionen ein **Stimmrechtsausschluss** die Folge ist. Hier verliert also der betroffene Eigentümer seine Berechtigung zur Stimmabgabe, was bewirkt, dass seine gleichwohl abgegebene Stimme nicht mitgezählt wird. Wenn aber schon Interessenkollisionen zu einem vollständigen Stimmrechtsausschluss führen, dann muss dasselbe erst recht gelten, wenn Stimmen rechtsmissbräuchlich zum Nachteil der Gemeinschaft eingesetzt werden.[12] Deswegen sind die durch einen Mehrheitseigentümer oder eine kollusiv zusammenwirkende Gruppe von Eigentümern rechtsmissbräuchlich eingesetzten Stimmen **unwirksam** und folglich auch nicht bei der Ermittlung des Abstimmungsergebnisses zu berücksichtigen.[13]

10 **5. Rechtsschutzmöglichkeiten.** Verschiedene Konstellationen können in der Praxis vorkommen. In Betracht kommt in erster Linie, dass ein Beschlussantrag aufgrund der Gegenstimmen des Mehrheitseigentümers abgelehnt wird. Das ist dann ein sogenannter **Negativbeschluss.** Wenn die unterlegenen Eigentümer der Meinung sind, die Stimmen des Mehrheitseigentümers hätten wegen eines rechtsmissbräuchlichen Abstimmungsverhaltens nicht mitgezählt werden dürfen (→ Rn. 9), besteht für sie die Möglichkeit, den Negativbeschluss anzu-

---

8 *Ruge* AnwZert MietR 17/2016 Anm. 2.

9 *Ruge* AnwZert MietR 17/2016 Anm. 2.

10 *Ruge* AnwZert MietR 17/2016 Anm. 2.

11 Sogenannte Sperrminorität, vgl. OLG Hamm 6.2.1978 – 15 W 345/77, Rpfleger 1978, 182: 25 % der Gesamtstimmenzahl; OLG Karlsruhe 1.9.1983 – 11 W 48/83; in diese Richtung auch OLG Celle 27.6.1989 – 4 W 79/89, ZMR 1989, 436.

12 *Ruge* AnwZert MietR 17/2016 Anm. 2.

13 BGH 19.9.2002 – V ZB 30/02, NJW 2002, 3704.

fechten und darüber hinaus feststellen zu lassen, dass der Beschluss mit seinem zur Beschlussfassung gestellten Inhalt positiv zustande gekommen sei.[14] Umgekehrt soll dasselbe gelten, wenn ein Beschluss aufgrund der Stimmen eines rechtsmissbräuchlich handelnden Mehrheitseigentümers zustande kommt. Sofern eine rechtsmissbräuchliche Majorisierung vorgelegen hat, führt dies im Rahmen der Anfechtungsklage gem. § 44 Abs. 1 S. 1 WEG zur Aufhebung des angefochtenen Beschlusses und damit zu seiner vollständigen Beseitigung. Einem Feststellungsantrag fehlt deshalb in dieser Konstellation jedenfalls das Rechtsschutzbedürfnis.[15]

Aus der Perspektive des Mehrheitseigentümers betrachtet, ergeben sich ebenfalls zwei relevante Konstellationen. Beide beruhen darauf, dass die Versammlungsleitung ein rechtsmissbräuchliches Abstimmungsverhalten annimmt und deswegen seine Stimmen bei der Ermittlung des Abstimmungsergebnisses nicht berücksichtigt (→ Rn. 9). Wenn der Mehrheitseigentümer infolgedessen mit einem eigenen Antrag unterlegen ist, steht ihm gegen den Negativbeschluss der Versammlung die Anfechtungsklage zur Verfügung, die mit einem Antrag auf positive **Feststellung** des Beschlussinhaltes verbunden werden kann. Wurde hingegen ohne Berücksichtigung seiner Gegenstimmen das Zustandekommen eines Beschlusses verkündet, ist die Anfechtungsklage das allein in Betracht kommende prozessuale Mittel. 11

140. Makler (Verwalter)

Tyarks

I. Einführung

Der WEG-Verwalter ist Vertretungsorgan der Gemeinschaft der Wohnungseigentümer (§ 9 b WEG).[1] Daneben kann er aber sowohl gegenüber den Wohnungseigentümern als auch gegenüber Dritten weitere Leistungen erbringen, die im Zusammenhang mit der Wohnungseigentumsanlage stehen. Auch die Tätigkeit des WEG-Verwalters als **Makler** iSd § 652 BGB, der Teile der Wohnungseigentumsanlage nachweist oder vermittelt, ist in gewissem Umfang zulässig. 1

II. Einzelheiten

1. Vermittlung von Mietverträgen über Wohnräume nach dem WoVermG. Gem. § 2 Abs. 2 Nr. 2 WoVermG steht dem **Wohnungsvermittler** ein Anspruch auf Entgelt für die Vermittlung oder den Nachweis der Gelegenheit zum Abschluss von Mietverträgen über Wohnräume nicht zu, wenn der Mietvertrag über Wohnräume abgeschlossen wird, deren Eigentümer, Verwalter, Mieter oder Vermieter der Wohnungsvermittler ist. 2

Der (gewöhnliche) WEG-Verwalter ist nach der Rechtsprechung des BGH indes nach Sinn und Zweck des § 2 Abs. 2 Nr. 2 WEG WoVermG nicht als Verwalter über Wohnräume anzusehen.[2] Der WEG-Verwalter, der lediglich das gemeinschaftliche Eigentum verwaltet, steht grundsätzlich nicht in einer solchen Nähe zum Wohnungseigentümer, dass der Provisionsausschluss nach der vorbeschriebenen gesetzgeberischen Zielrichtung gerechtfertigt wäre. 3

Etwas anderes kann gelten, wenn der WEG-Verwalter für seinen Maklerkunden, der zugleich Wohnungseigentümer ist, **zusätzliche Leistungen außerhalb des (gewöhnlichen) WEG-Verwaltervertrages (typische Hausverwaltungsleistungen)** erbringt. Ein Wohnungsvermittler wird hiernach zugleich als Wohnungsverwal- 4

---

14 BGH 19.9.2002 – V ZB 30/02, NJW 2002, 3704; OLG München 21.2.2007 – 34 Wx 100/06, NJW-RR 2007, 1096.

15 *Ruge* AnwZert MietR 17/2016 Anm. 2.

1 Vgl. bereits BGH 8.6.2018 – V ZR 125/17, NZM 2018, 719; BGH 15.12.1988 – V ZB 9/88, NJW 1989, 1091.

2 BGH 13.3.2003 – III ZR 299/02, NJW 2003, 1393; BGH 9.3.2006 – III ZR 151/05, NZM 2006, 387.

ter tätig, wenn sich seine Tätigkeit über einen längeren Zeitraum erstreckt und einen Umfang hat, dass weder von einer maklertypischen Serviceleistung noch von einer gelegentlich ausgeführten Gefälligkeit gesprochen werden kann. Dafür genügt es etwa, wenn der Wohnungsvermittler über mehrere Monate hinweg ausdrücklich als ausschließlicher Ansprechpartner auf Vermieterseite aufgetreten ist, in dieser Zeit mit den Mietern über Instandsetzungsmaßnahmen korrespondiert und deren Mängelrügen entgegengenommen und bearbeitet hat, dazu Mängellisten weitergeleitet oder an Ort und Stelle aufgenommen hat oder für den Vermieter bei Terminen mit Handwerkern zugegen war. Entsprechendes gilt, wenn der Wohnungsvermittler den Mietern bei der Vermietung und Übergabe der Wohnung mitteilt, sie sollten sich bei Fragen oder Problemen hinsichtlich der Wohnung ausschließlich an ihn wenden, und zu diesem Zweck ausschließlich in seinem Büro erreichbar ist.[3] **Reine Hausmeisterleistungen** sind indes provisionsunschädlich, da der Hausmeister einem Verwalter nicht gleichsteht.[4]

5 Sofern die Voraussetzungen des § 2 Abs. 2 Nr. 2 WoVermG erfüllt sind, entfällt ein Provisionsanspruchs des WEG-Verwalters für seine Maklerdienste nach § 652 BGB. Da abweichende Vereinbarungen nach § 2 Abs. 5 WEG unwirksam sind, kann eine Provision auch nicht durch ein sog. **selbstständiges Provisionsversprechen**[5] vereinbart werden.

6 **2. Anwendung der Verflechtungsrechtsprechung.** Die Aufgabe eines Maklers besteht darin, Angebot und Nachfrage innerhalb der Marktwirtschaft optimal zusammenzubringen. Der Makler selbst ist niemals Marktpartei, sondern nimmt stets die Stellung eines Dritten ein. Im Hinblick auf diese Grundstruktur des Maklervertrages steht dem Makler kein Maklerlohn nach § 652 Abs. 1 BGB zu, wenn der Hauptvertrag mit dem Vertragsgegner des Kunden zustande kommt, mit dem der Makler wirtschaftlich verflochten ist.[6] Eine sog. **echte** Verflechtung liegt vor, wenn der Makler an dem Vertragsgegner seines Kunden oder andersherum wesentlich beteiligt ist oder ihn beherrscht.[7] Eine sog. **unechte** Verflechtung ist anzunehmen, wenn der Makler zum Vertragsgegner seines Kunden in einer solchen Beziehung steht, dass er sich im Streitfall bei regelmäßigem Verlauf auf die Seite des Vertragsgegners stellen wird.[8]

7 **a) Verflechtungsrechtsprechung im Anwendungsbereich des WoVermG.** Die allgemein gültige Verflechtungsrechtsprechung des BGH ist auch auf einen Wohnungsvermittler anwendbar, und zwar entweder neben § 2 WoVermittG oder in analoger Anwendung der Vorschrift.[9] Denn das WoVermG wollte die Rechte des Mieters nicht beschneiden, sondern erweitern.

8 Eine provisionsschädliche echte Verflechtung liegt hiernach vor, wenn der WEG-Verwalter als Makler an dem Vertragsgegner seines Kunden oder andersherum wesentlich beteiligt ist oder ihn beherrscht.[10] Ebenso, wenn Verwalter und Makler juristische Personen sind, deren Geschäftsführer ein- und dieselbe natürliche Person ist.[11]

9 Zwischen dem gewöhnlichen wohnungsvermittelnden WEG-Verwalter und dem Wohnungseigentümer besteht aber keine derartige Verflechtung, wie sie nach der Rechtsprechung des BGH für den Makler einen „**institutionalisierten Interessenkonflikt**" im Rahmen einer unechten Verflechtung begründet.[12]

10 **b) Verflechtungsrechtsprechung außerhalb des WoVermG.** Daneben kommt die Verflechtungsrechtsprechung außerhalb des WoVermG zur Anwendung, also wenn der WEG-Verwalter Mietverträge über Geschäfts-

---

3 BGH 22.2.2018 – I ZR 38/17, NZM 2018, 875; vgl. auch LG Düsseldorf 18.3.2005 – 20 S 167/04, NZM 2006, 28; LG Hamburg 31.1.2001 – 304 S 86/00, NZM 2001, 489; LG Wuppertal 10.2.2000 – 9 S 234/99, NZM 2000, 352; LG Paderborn 15.6.2000 – 1 S 57/00, NJW-RR 2000, 1611; LG Hagen 26.2.1998 – 10 S 409/97, WuM 1998, 294; LG Konstanz 14.12.1984 – 1 S 191/84, MDR 1986, 235; AG Münster 11.12.2015 – 55 C 2667/15.

4 AG Neuss 11.12.1990 – 32 C 374/90, NJW-RR 1991, 909.

5 Vgl. hierzu *Hamm/Schwerdtner* MaklerR Rn. 220, 724 ff.

6 Sog. Verflechtungsrechtsprechung: BGH 24.1.2019 – I ZR 160/17, NJW 2019, 1596; BGH 1.3.2012 – III ZR 213/11, NJW 2012, 1504; BGH 19.2.2009 – III ZR 91/08, NJW 2009, 1809; BGH 28.4.2005 – III ZR 387/04, NJW-RR 2005, 1033; BGH 26.3.1998 – III ZR 206/97; BGH 24.4.1985 – Iva ZR 211/83, NJW 1985, 2473.

7 BGH 24.1.2019 – I ZR 160/17, NJW 2019, 1596.

8 BGH 24.1.2019 – I ZR 160/17, NJW 2019, 1596, sog. „institutionalisierter Interessenkonflikt".

9 OLG Schleswig 22.1.2010 – 14 U 81/09, ZMR 2012, 494; siehe auch BGH 22.2.2018 – I ZR 38/17, NZM 2018, 875; BGH 13.3.2003 – III ZR 299/02, NJW 2003, 1393.

10 BGH 24.1.2019 – I ZR 160/17, NJW 2019, 1596.

11 LG Münster 21.9.2016 – 01 S 160/15, BeckRS 2016, 19667.

12 BGH 13.3.2003 – III ZR 299/02, NJW 2003, 1393.

räume oder Kaufverträge über Wohnungs-, Teileigentum oder gemeinschaftliches Eigentum nachweist oder vermittelt. Für eine provisionsschädliche **echte** Verflechtung gelten die Ausführungen unter → Rn. 8 entsprechend.

Eine provisionsschädliche **unechte** Verflechtung liegt vor, wenn von der Zustimmung des WEG-Verwalters **11** gem. § 12 WEG zugleich die Gültigkeit des Wohnungsverkaufs abhängt.[13] Daneben ist von einer unechten Verflechtung auszugehen, wenn der WEG-Verwalter, der als Makler tätig ist, gemeinschaftliches Eigentum nachweist oder vermittelt.[14]

Außerhalb des Anwendungsbereichs des WoVermG ist es ohne weitere Anhaltspunkte für eine unechte Ver- **12** flechtung allerdings nicht ausreichend, wenn der WEG-Verwalter auch **typische Hausverwalterleistungen** für den Maklerkunden erbringt.[15] Eine analoge Anwendung des § 2 Abs. 2 Nr. 2 WoVermG auf vorgenannte Fälle kommt nicht in Betracht.[16] Allerdings kann die Provisionsschädlichkeit der Verflechtung außerhalb des WoVermG durch ein **selbstständiges Provisionsversprechen** (→ Rn. 5) überwunden werden.[17]

141. Markise

Choynacki

I. Begriff

Eine Markise ist eine am Gebäude befestigte Gestellkonstruktion mit Bespannung, die unter anderem als **1** Sonnen-, Wärme-, Blend- und Objektschutz dient. Sie kann, je nach Art und Ausrüstung, auch als Sicht- und Regenschutz dienen.

II. Bauseitig vorhandene Markisen

Eine Markise ist grundsätzlich ein **wesentlicher** Gebäudebestandteil und steht deshalb mit ihren wesentlichen **2** Bestandteilen, etwa einem Stellmotor, nach § 5 Abs. 2 WEG im gemeinschaftlichen Eigentum.[1] Auf ihre „Sichtbarkeit" kommt es nicht an (arg.: „äußere Gestaltung des Gebäudes").

Die Markise ist nach § 18 Abs. 1 WEG von der Gemeinschaft der Wohnungseigentümer zu verwalten. Die **3** Erhaltungskosten bestimmen sich nach § 16 Abs. 2 S. 1 WEG. Die Wohnungseigentümer können etwas anderes vereinbaren oder nach § 16 Abs. 2 S. 2 WEG beschließen.

III. Nachträglich angebaute Markisen

Der nachträgliche Anbau einer Markise ist eine bauliche Veränderung.[2] Der Anbau ist **nur** nach einem Be- **4** schluss nach § 20 Abs. 1 WEG **rechtmäßig**.

Die **Kosten und Folgekosten** für die Erhaltung hat nach § 21 Abs. 1 S. 1 WEG der Wohnungseigentümer zu **5** tragen, dem der Anbau gestattet wurde. Er ist nach § 21 Abs. 1 S. 2 WEG aber auch allein befugt, die Markise

---

13 BGH 6.2.2003 – III ZR 287/02, NZM 2003, 284; auch für den Verkäufermakler: OLG Köln 10.9.2002 – 24 U 32/02, NJW-RR 2003, 516; aA MüKoBGB/*Roth* BGB § 652 Rn. 123.
14 Vgl. zur Veräußerung von gemeinschaftlichen Eigentum BGH 12.4.2013 – V ZR 103/12.
15 BGH 28.4.2005 – III ZR 387/04, NJW-RR 2005, 1033; siehe auch OLG Schleswig 19.3.2015 – 16 U 117/14, NZM 2015, 901.
16 BGH 28.4.2005 – III ZR 387/04, NJW-RR 2005, 1033.
17 BGH 6.2.2003 – III ZR 287/02, NZM 2003, 284.
 1 Siehe auch OLG Frankfurt a.M. 17.8.2006 – 20 W 205/05, NJW-RR 2007, 807.
 2 Siehe auch OLG Zweibrücken 2.2.2004 – 3 W 251/03, NZM 2004, 428; BayObLG 11.9.1985 – BReg. 2 Z 63/85, NJW-RR 1986, 178.

zu nutzen. Die Markise ist auch in diesem Falle nach § 18 Abs. 1 WEG von der Gemeinschaft der Wohnungs-eigentümer zu verwalten.

6 Beschlüsse über das nachträgliche Anbringen von Markisen sind grundsätzlich nur für den **Einzelfall** zulässig. Beschlüsse, die gestalterische und/oder technische Vorgaben für eine Vielzahl von Fällen treffen, sind als ver-einbarungsersetzende Beschlüsse grundsätzlich wegen fehlender Beschlusskompetenz nichtig. Dieses Ergeb-nis ist jedoch insofern überdenkenswert, dass die Wohnungseigentümergemeinschaft zumindest bei gestalteri-schen Entscheidungen die **gestalterische Entscheidungsbefugnis** haben sollte. Insofern wären nach hier ver-tretener Sondermeinung vereinbarungsersetzende Beschlüsse für eine Vielzahl von Fällen bei Vorgaben zu ge-stalterischen Elementen an der Außenfassade nicht nichtig, sondern ggf. nur anfechtbar. Auch hätten somit Ei-gentümer, die nachträglich eine Markise anbringen wollten, klare Vorgaben und die Sicherheit, wenn sie sich an diese halten, unkompliziert solche Maßnahmen durchführen zu können.

142. Mehrfachparker

Maximilian Müller

I. Begriff

1 Ein Mehrfachparker (auch Stapelparker oder – bei zwei Stellplätzen – Doppelstockgarage oder Duplexparker genannt) zeichnet sich dazu aus, dass die Fahrzeuge nicht nebeneinander, sondern **übereinander geparkt** werden. Die Parkebenen werden durch eine hydraulische Hebebühne bewegt. Der praktische Vorteil eines Mehrfachparkers besteht – gerade in Ballungsgebieten – darin, auf begrenztem Platz eine höhere Anzahl an Stellplätzen zu schaffen. Bei der eigentumsrechtlichen Zuordnung der Stellplätze und der Hebebühne muss differenziert werden. Dabei kommt es auch auf die Gestaltung der Teilungsurkunde an.

II. Sondereigentum an den einzelnen Stellplätzen

2 In Betracht kommt zunächst eine Gestaltung, wonach die einzelnen Stellplätze eines Mehrfachparkers in Son-dereigentum überführt werden.

3 **1. Sondereigentumsfähigkeit der einzelnen Stellplätze.** Nach der Rechtslage vor der WEG-Reform von 2020 war die Frage, ob die einzelnen Stellplätze eines Mehrfachparkers sondereigentumsfähig sind, umstrit-ten,[1] überzeugender Auffassung zufolge war dies zu bejahen. Diese Frage hat der Gesetzgeber nunmehr ent-schieden. In der Regierungsbegründung zum Wohnungseigentumsmodernisierungsgesetz (WEMoG) heißt es ausdrücklich, dass die Stellplätze eines Mehrfachparkers (jedenfalls) von § 3 Abs. 1 S. 2 WEG erfasst sein sol-len.[2] Die einzelnen Stellplätze sind damit sondereigentumsfähig und können demgemäß den Wohnungseigen-tumsrechten zugeordnet werden (sog. unselbständiges Teileigentum) oder aber den Gegenstand selbständiger Teileigentumsrechte bilden; es gelten die allgemeinen Grundsätze.

4 **2. Eigentumsverhältnisse an der Hebebühne.** Sofern die Stellplätze eines Mehrfachparkers in Sondereigen-tum überführt sind, stellt sich die Frage, in wessen Eigentum sich die hydraulische Hebebühne befindet. Rich-

---

1 Gegen Sondereigentumsfähigkeit: BayObLG 9.2.1995 – 2Z BR 4/95, NJW-RR 1995, 783; LG Dresden 24.6.2010 – 2 T 715/08, ZMR 2010, 979 = BeckRS 2010, 29626; aus der Lit. BeckOGK/*Schultzky*, 1.3.2020, WEG § 5 Rn. 102; Riecke/Schmid/*Schneider* WEG § 3 Rn. 71; für Sondereigentumsfähigkeit: Bärmann/*Armbrüster* WEG § 5 Rn. 70; *Hügel/Elzer* WEG § 3 Rn. 62; Hügel/Scheel/*M. Müller*, Wohnungseigentum-HdB, § 1 Rn. 62.
2 BT-Drs. 19/18791, 39.

Maximilian Müller

tigerweise greift § 5 Abs. 2 WEG (nur) in Bezug auf die **konstruktiven und für die Funktionsfähigkeit nötigen Teile der Anlage** ein; diese dienen dem gemeinschaftlichen Gebrauch mehrerer Sondereigentümer.[3] Sie stehen im **gemeinschaftlichen Eigentum** aller Wohnungseigentümer der Wohnungseigentumsanlage, und nicht etwa im Miteigentum nur derjenigen Eigentümer, denen das Sondereigentum an den von der Hebebühne bedienten Stellplätzen zusteht. Sofern gewollt ist, dass nur diese Eigentümer die Kosten der Erhaltung (Instandhaltung und Instandsetzung) tragen sollen, bedarf es hierfür einer eindeutigen **Kostentragungsregelung** in der Gemeinschaftsordnung.

Von der Hebebühne können insbesondere die **Fahrbleche** unterschieden werden. In der Rechtsprechung wird **5** angenommen, die Fahrbleche seien gem. § 5 Abs. 1 S. 1 WEG dem Sondereigentum zugeordnet.[4] Das überzeugt allerdings nur dann, wenn man annimmt, dass es sich bei den Fahrblechen um wesentliche Gebäudebestandteile (§§ 93, 94 BGB) handelt; allein für diese gilt § 5 Abs. 1 S. 1 WEG. Lehnt man es ab, die Fahrbleche als wesentliche Gebäudebestandteile zu qualifizieren, so richten sich die Eigentumsverhältnisse nach den allgemeinen Regeln über bewegliche Sachen. Die vorstehenden Überlegungen gelten entsprechend für **andere Bestandteile der Hebebühne**, die weder konstruktiv noch für ihre Funktionsfähigkeit nötig sind.

III. Teileigentum an dem Mehrfachparker im Ganzen

Eine alternative Gestaltung kann darin bestehen, eine „Doppelstockgarage im Ganzen" in Sondereigentum zu **6** überführen und auf diese Weise ein selbstständiges Teileigentumsrecht zu begründen.

1. Zulässigkeit der Gestaltung; Eigentum an der Hebebühne. Nach heute allgemeiner Auffassung bildet **7** eine Garage, die mithilfe einer Hebebühne für mehrere Fahrzeuge genutzt werden kann, einen Raum im wohnungseigentumsrechtlichen Sinne; dieser kann zum Gegenstand von **Teileigentum** gemacht werden, welches mehreren Personen in **Bruchteilseigentum** zustehen kann.[5] Das gilt nicht nur dann, wenn es sich um eine Garage handelt, die ausschließlich einen Mehrfachparker beherbergt, sondern auch in dem Fall, dass dort – etwa in einer Sammelgarage – mehrere Mehrfachparker installiert sind.

Fraglich ist, in wessen Eigentum die **Hebebühne** steht. In der Rechtsprechung ist teilweise die Auffassung **8** vertreten worden, die Hebebühne befinde sich als konstruktiver Bestandteil gem. § 5 Abs. 2 WEG im gemeinschaftlichen Eigentum.[6] Dabei wird nicht hinreichend berücksichtigt, dass die Hebebühne bei der hier betrachteten Gestaltung **nur einer Teileigentumseinheit** zu dienen bestimmt ist. § 5 Abs. 2 WEG greift demgegenüber nur dann ein, wenn die Eigentümer mehrerer Sondereigentumseinheiten auf die in Rede stehende Anlage oder Einrichtung angewiesen sind;[7] das ist hier gerade nicht der Fall, und zwar auch dann nicht, wenn an der Sondereigentumseinheit eine Bruchteilsgemeinschaft besteht. Die Hebebühne ist damit – vorbehaltlich einer abweichenden Gestaltung gem. § 5 Abs. 3 WEG – gem. § 5 Abs. 1 S. 1 WEG dem Sondereigentum zugeordnet. Das ist insbesondere für die **Kostentragung** von Bedeutung. Die Kosten der Erhaltung sind mithin nach dem Gesetz allein von den Miteigentümern der betreffenden Teileigentumseinheit zu tragen.

2. Benutzungsregelungen. Sofern das Teileigentum im Miteigentum steht, ist es zweckmäßig, die Benutzung **9** der einzelnen Stellplätze durch die Miteigentümer zu regeln. Es war lange Zeit umstritten, ob die Miteigentümer ihre internen Angelegenheiten lediglich auf der Grundlage von Benutzungsregelungen nach § 1010 Abs. 1 BGB ausgestalten können oder ob der Gebrauch der Stellplätze auch durch Vereinbarung iSv § 10 Abs. 1 S. 2, Abs. 3 WEG geregelt werden kann. Der BGH hat die Streitfrage für die Praxis geklärt und sich dafür ausgesprochen, dass beide Wege offenstehen.[8] Die Miteigentümer können also die Benutzung der einzelnen Stellplätze entweder gem. §§ 745 Abs. 1, 1010 BGB regeln; zulässig ist es aber auch, die Benutzung der Stellplätze durch Vereinbarung der Wohnungs- und Teileigentümer zu steuern. Wählt man den Weg über eine Vereinbarung, so ist zu bedenken, dass an einer späteren Änderung **sämtliche Wohnungs- und Teileigentümer** der

3 *Häublein* MittBayNot 2000, 112 (113 f.).
4 LG München I 5.11.2012 – 1 S 1504/12, RNotZ 2013, 177 (181).
5 BGH 21.10.2011 – V ZR 75/11, NJW-RR 2012, 85 Rn. 7; LG München I 5.11.2012 – 1 S 1504/12, RNotZ 2013, 177 (178); AG Rosenheim 29.5.2008 – 9 C 446/08, ZMR 2008, 923 = BeckRS 2009, 4956; Bärmann/*Armbrüster* WEG § 5 Rn. 70; BeckOGK/*Schultzky*, 1.3.2020, WEG § 5 Rn. 102; Riecke/Schmid/*Schneider* WEG § 3 Rn. 70.
6 OLG Düsseldorf 22.3.1999 – 3 Wx 14/99, MittBayNot 2000, 110 (111) mablAnm *Häublein.*
7 BGH 21.10.2011 – V ZR 75/11, NJW-RR 2012, 85 Rn. 10; *Häublein* MittBayNot 2000, 112 (113).
8 BGH 20.2.2014 – V ZB 116/13, MittBayNot 2014, 442 mAnm *F. Schmidt*; krit. *Hügel/Elzer* DNotZ 2014, 403 (408).

Wohnungseigentumsanlage mitwirken müssen, was in der Praxis zu Schwierigkeiten führen kann. Aus diesem Grunde sollte der Fall bei der Gestaltung der Teilungsurkunde bereits berücksichtigt werden. Insbesondere sollte deshalb in der Gemeinschaftsordnung die Befugnis platziert werden, dass die Bruchteilseigentümer abweichende Benutzungsvereinbarungen ohne die Mitwirkung der übrigen Eigentümer treffen können und deshalb insbesondere dazu befugt sind, die Gebrauchsbefugnisse an den jeweiligen Stellplätzen zu **tauschen**.[9] Der **teilende Bauträger** sollte sich in der Gemeinschaftsordnung das Recht vorbehalten, den Gebrauch des Doppelparkers durch einseitige Erklärung gegenüber dem Grundbuchamt festzulegen.[10]

10 **3. Streitigkeiten zwischen den Miteigentümern der Teileigentumseinheit.** Kommt es zwischen den Miteigentümer zum Streit über Benutzung der Stellplätze, so handelt es sich um einen Fall von **§ 43 Abs. 1 Nr. 1 WEG**. Dabei spielt es keine Rolle, ob die Benutzung durch Vereinbarung iSv § 10 Abs. 1 S. 2, Abs. 3 WEG oder gem. § 1010 Abs. 1 WEG geregelt ist.[11]

IV. Mehrfachparker im gemeinschaftlichen Eigentum

11 Eine weitere Gestaltungsvariante besteht darin, den Mehrfachparker im gemeinschaftlichen Eigentum zu belassen und an den einzelnen Stellplätzen jeweils Sondernutzungsrechte zu begründen.[12] Es gelten die allgemeinen Regeln, die stets dann zu beachten sind, wenn es um die Begründung von Sondernutzungsrechten geht; Besonderheiten ergeben sich insoweit nicht. In jedem Fall sollte auf eine klare und eindeutige Regelung dazu geachtet werden, wer die **Kosten für die Erhaltung der Hebeanlage** zu tragen hat.[13]

143. Mehrhausanlage

Gast

I. Einleitung

1 Für Grundstücke, die in Wohnungseigentum aufgeteilt wurden und mit mehreren Gebäuden oder Gebäudekomplexen – typischerweise freistehenden Häusern – bebaut sind, hat sich in der wohnungseigentumsrechtlichen Rechtsprechung und Literatur der Begriff der **Mehrhausanlage** eingebürgert.[1] Bei solchen Wohnungseigentümergemeinschaften mit Mehrhausanlagen sehen die Gemeinschaftsordnungen häufig vor, die Wohnungseigentümergemeinschaft in „**Untergemeinschaften**" aufzuteilen. Die Eigentümer der Einheiten eines einzelnen Hauses bilden dann jeweils eine Untergemeinschaft.

---

9 *Hügel/Elzer* DNotZ 2014, 403 (412); ein Formulierungsvorschlag findet sich bei Hügel/Scheel/*M. Müller*, Wohnungseigentum-HdB, § 1 Rn. 60.

10 Näher *Hügel/Elzer* DNotZ 2014, 403 (411).

11 BGH 20.2.2014 – V ZB 116/13, MittBayNot 2014, 442.

12 *Hügel/Elzer* DNotZ 2014, 403 (404).

13 Zur Auslegung einer Kostenverteilungsregelung bei Mehrfachparkern s. etwa BGH 22.3.2019 – V ZR 145/18, ZWE 2019, 322.

1 Vgl. nur BGH 10.11.2017 – V ZR 184/16, NZM 2018, 340; *Hügel/Elzer*, 3. Aufl. 2021, WEG § 9 a Rn. 49 ff.; Bärmann/*Becker* WEG § 16 Rn. 55.

II. Grundsatz

Für Wohnungseigentümergemeinschaften in Mehrhausanlagen gelten nach dem Gesetz zunächst **keine Beson-** 2 **derheiten**. Wenn etwas vom Gesetz Abweichendes gelten soll, müssen die Wohnungseigentümer etwas anderes vereinbaren.[2]

III. Zulässigkeit der Bildung von Untergemeinschaften

Nach § 10 Abs. 1 S. 2 WEG können die Wohnungseigentümer vom Gesetz **abweichende Vereinbarungen** 3 **treffen**. Dies ist Ausdruck der Privatautonomie der Wohnungseigentümer und lässt ihnen bei der Ordnung des Gemeinschaftsverhältnisses weitgehend freie Hand. Unzulässig sind allenfalls Regelungen, die die personenrechtliche Gemeinschaftsstellung der Wohnungseigentümer aushöhlen oder in den Kernbereich elementarer Mitgliedschaftsrechte eingreifen.[3]

Danach kann den Mitgliedern der für einzelne Gebäude oder Gebäudekomplexe gebildeten Untergemeinschaf- 4 ten beispielsweise die Kompetenz eingeräumt werden, unter Ausschluss der anderen Eigentümer die Durchführung von Erhaltungsmaßnahmen zu beschließen, die ein zu einer Untergemeinschaft gehörendes Gebäude betreffen, wenn zugleich bestimmt wird, dass die durch diese Maßnahmen verursachten Kosten im Innenverhältnis allein von den Mitgliedern der betroffenen Untergemeinschaft zu tragen sind.[4] Es können dann auch buchungstechnisch getrennte Erhaltungsrücklagen gebildet werden.[5]

Entsprechende Vereinbarungen zur Bildung von Untergemeinschaften, die vor dem 1.12.2020 getroffen wur- den, dürften regelmäßig nicht von den Vorschriften abweichen, die durch das WEMoG geändert wurden. Wenn diese sogenannten **Altvereinbarungen** nicht im Widerspruch zu den Vorschriften stehen, die durch das WEMoG geändert wurden, gelten sie auch nach dem 1.12.2020 unverändert fort (§ 47 WEG).

IV. Stimmrecht und „Teilversammlung"

Teilweise wird die Ansicht vertreten, dass für Angelegenheiten, die sich ausschließlich auf ein eindeutig abge- 5 grenzten oder abgrenzbaren Teil einer Mehrhausanlage – also beispielsweise ein Haus – beziehen und von denen nur einzelne Wohnungseigentümer betroffen sind, nur die „betroffenen" Wohnungseigentümer stimmberechtigt sind.[6] Da das Gesetz jedoch jedem Wohnungseigentümer eine Stimme verleiht (vgl. § 25 Abs. 2 S. 1 WEG) und nicht danach differenziert, ob der Wohnungseigentümer von der Angelegenheit „betroffen" ist, **sind alle Wohnungseigentümer grundsätzlich in allen Angelegenheiten stimmberechtigt**, auch wenn sich der Gegenstand der Beschlussfassung nur auf ein Haus der Mehrhausanlage beziehen sollte.[7]

Wie bereits (→ Rn. 3) ausgeführt, kann die **Gemeinschaftsordnung** jedoch in einem bestimmten Umfang 6 vorsehen, dass bestimmte Wohnungseigentümer über bestimmte Angelegenheiten, die nur sie betreffen, **allein stimmberechtigt** sind, also unter Ausschluss der übrigen Wohnungseigentümer.[8] Dies kommt beispielsweise in Betracht, wenn es um Erhaltungsmaßnahmen geht, die nur an einem Haus durchgeführt werden sollen, und dessen Kosten auch nur die Wohnungseigentümer des betroffenen Hauses tragen sollen.

Wenn die Gemeinschaftsordnung für bestimmte Angelegenheiten ein Stimmrechtsausschluss für bestimmte 7 Wohnungseigentümer vorsieht, jedoch nicht zugleich bestimmt, dass in diesen Angelegenheiten auch „**Teilversammlungen**" der stimmberechtigten Wohnungseigentümer durchgeführt werden dürfen, dürfte es auch nicht zulässig sein, nur eine Teilversammlung für die stimmberechtigten Wohnungseigentümer durchzuführen.

---

2 Vgl. nur *Hügel/Elzer*, 3. Aufl. 2021, WEG § 9 a Rn. 50; *Sommer*, Verwaltungsprobleme bei Mehrhausanlagen, ZWE 2019, 155 (156 f.).

3 BGH 10.11.2017 – V ZR 184/16, NZM 2018, 340, Rn. 23 mwN.

4 BGH 26.6.2020 – V ZR 199/19, NZM 2020, 715 Rn. 10; BGH 10.11.2017 – V ZR 184/16, NZM 2018, 340 Rn. 21.

5 BGH 17.4.2015 – V ZR 12/14, ZWE 2015, 335.

6 Vgl. OLG München 13.12.2006 – 34 Wx 109/06, OLGR München 2007, 73 Rn. 33; BayObLG 25.9.2003 – 2Z BR 161/03, BayObLGZ 2003, 254 Rn. 16 mwN.

7 *Sommer* ZWE 2019, 155 (157).

8 BGH 20.7.2012 – V ZR 231/11, NZM 2012, 766 Rn. 10 mwN.

V. Wirtschaftsplan und Jahresabrechnung

8 Wenn nichts anderes vereinbart ist, sind auch in Wohnungseigentümergemeinschaften in Mehrhausanlagen nur *ein* Wirtschaftsplan und *eine* Jahresabrechnung iSv § 28 Abs. 1 und 2 WEG zu erstellen, der oder die jeweils alle (geplanten bzw. tatsächlichen) Einnahmen und Ausgaben der gesamten Wohnungseigentümergemeinschaft mit allen Häusern erfasst.

9 Wenn die Gemeinschaftsordnung hingegen bestimmt, hausbezogene Wirtschaftspläne oder Abrechnungen zu erstellen, ist die Erstellung deutlich aufwändiger und komplizierter.

10 Über die Einnahmen und Ausgaben ist zunächst eine **Gesamtjahresabrechnung** zu erstellen, die nicht nur die Einnahmen und Ausgaben einzelner Häuser, sondern aller Häuser betrifft, einschließlich der Einnahmen und Ausgaben, die das Grundstück insgesamt und gemeinschaftliche Anlagen betreffen oder einzelnen Häusern nicht abgrenzbar zugeordnet werden können.[9] Spätestens im Rahmen der **Einzeljahresabrechnungen**, die die gesamten Kosten auf die jeweiligen Wohnungseigentümer verteilen, muss dann nach Kosten, die von allen Wohnungseigentümern anteilig zu tragen sind, und den Kosten **differenziert** werden, die nur die Mitglieder einzelner Untergemeinschaften (anteilig) tragen sollen.[10] Entsprechendes gilt für die Erstellung der Gesamt- und Einzelwirtschaftspläne.

VI. Verwalter und Verwaltungsbeirat

11 Da etwa vereinbarte Untergemeinschaften nicht zu „selbstständigen" Wohnungseigentümergemeinschaften werden, verbleibt es dabei, dass auch nur **ein Verwalter** für die gesamte Wohnungseigentumsanlage bestellt werden kann.[11] Wenn die Gemeinschaftsordnung dies vorsieht, ist es jedoch gem. § 29 Abs. 1 S. 1 WEG möglich, für jede Untergemeinschaft jeweils einen **Verwaltungsbeirat** (oder mehrere) zu bestellen.[12] Man wird jedoch davon ausgehen müssen, dass sich der Pflichtenkreis dieser Verwaltungsbeiräte nicht nur auf „ihre" jeweilige Untergemeinschaft beschränkt, sondern sich auch auf solche Belange erstreckt, die die gesamte Wohnungseigentümergemeinschaft betreffen. Hierzu könnten gem. § 29 Abs. 2 S. 2 WEG beispielsweise der Gesamtwirtschaftsplan und die Gesamtjahresabrechnung gehören (→ Rn. 10).

VII. Prozessuales

12 Eine Klage, mit der ein Beschluss einer Untergemeinschaft der Wohnungseigentümer angefochten oder für nichtig erklärt werden soll, kann auch von Wohnungseigentümern, die nicht zu der Untergemeinschaft gehören, erhoben werden[13] und ist gem. § 44 Abs. 2 S. 1 WEG stets gegen die Gemeinschaft der Wohnungseigentümer zu richten. Das Urteil wirkt dann für und gegen alle Wohnungseigentümer aller Untergemeinschaften (vgl. § 44 Abs. 3 WEG).

144. Miete (Vermietung des Sondereigentums)

Brückner

---

9 *Sommer* ZWE 2019, 155 (165).
10 *Sommer* ZWE 2019, 155 (165 f.).
11 *Sommer* ZWE 2019, 155 (163 f. mwN).
12 *Sommer* ZWE 2019, 155 (164 mwN).
13 BGH 10.11.2017 – V ZR 184/16, NZM 2018, 340 Rn. 9.

I. Einführung

Der Sondereigentümer ist **nicht verpflichtet**, die Benutzung am Sondereigentum höchstpersönlich auszuüben. Es ist ihm gestattet, die Benutzung des Sondereigentums auch einem Dritten zu überlassen. Dieser muss sich dann aber an die Regeln der Wohnungseigentümer halten. Unter bestimmten Voraussetzungen steht dem Dritten das Recht zu, in die Gemeinschaft einzutreten. 1

II. Materielles Recht

1. Überblick. Den Miteigentümern steht **keine Beschlusskompetenz** für die Verwaltung des Sondereigentums zu.[1] Diese hat der Sondereigentümer eigenverantwortlich wahrzunehmen. Er muss sich hierbei an die Regelungen und Beschlüsse der Gemeinschaft der Wohnungseigentümer halten. 2

Die Benutzung des Sondereigentums und des gemeinschaftlichen Eigentums darf **nur** in solcher Weise erfolgen, dass dadurch keinem der anderen Wohnungseigentümer über das bei einem geordneten Zusammenleben unvermeidliche Maß hinaus ein **Nachteil** erwächst (§ 14 Abs. 1 Nr. 2 WEG). Als Nachteil ist jede nicht ganz unerhebliche Beeinträchtigung zu verstehen.[2] 3

Der Sondereigentümer ist im Rahmen einer zweckentsprechenden Nutzung des Sondereigentums **berechtigt**, dieses zu vermieten. 4

Dabei ist der **vermietende Eigentümer** verpflichtet, für die Einhaltung der in § 14 Abs. 1 Nr. 2 WEG bezeichneten Pflichten durch diejenigen Personen zu sorgen, denen er die Nutzung der in seinem Sondereigentum und Miteigentum stehenden Grundstücks- oder Gebäudeteile überlässt. 5

2. Pflichtenüberwachung/Pflichtenerfüllung. Der vermietende Eigentümer hat nicht nur darauf zu **achten**, dass sein Mieter nicht zum Nachteil der übrigen Eigentümer iSd § 14 Abs. 1 Nr. 2 WEG handelt, sondern ist darüber hinaus auch verpflichtet, den Mieter über die das Zusammenleben der Wohnungseigentümer regelnden Vorschriften zu **informieren**. 6

Diese **Informationspflicht** des Eigentümers hat dabei eine Doppelfunktion sowohl gegenüber den Eigentümern als auch gegenüber dem Mieter. 7

Haben die Wohnungseigentümer Regelungen erlassen, die ihr Zusammenleben innerhalb der Wohnungseigentumsanlage organisieren, so hat der vermietende Eigentümer dem Mieter im Einzelnen mitzuteilen, welches Verhalten der Nutzer in der Gemeinschaft nicht zulässig ist, damit der Mieter sein Verhalten **danach ausrichten** kann. Die Information über bestimmte Verhaltensweisen stellt sich als Konkretisierung des dem Mieter aufgrund des Mietvertrages zustehender vertragsgemäßen Benutzung dar. Versäumt der Vermieter den Mieter entsprechend zu informieren, kann er sich zu einem späteren Zeitpunkt nicht auf das Bestehen bestimmter Regeln berufen. So kann beispielsweise der vermietende Eigentümer dem Mieter das Betreten der Grünfläche der Wohnungseigentumsanlage nicht versagen, wenn er den Mieter bei Abschluss des Mietvertrages nicht ausdrücklich darauf hingewiesen hat, dass die auf dem Grundstück befindliche aber nicht eingefriedete Grünfläche im Rahmen eines Sondernutzungsrechts einem einzelnen Miteigentümer zugewiesen ist und damit alle anderen Nutzer von der Benutzung dieser Fläche ausgeschlossen sind. 8

Bestehen seitens der Gemeinschaft der Wohnungseigentümer in Bezug auf das gemeinschaftliche Eigentum oder der Miteigentümer **Unterlassungsansprüche** gegenüber dem Mieter (§ 1004 Abs. 1 S. 2 BGB), kann dieser gegenüber dem Vermieter aufgrund der gegebenen Unmöglichkeit der Vertragserfüllung durch den Vermieter diesem gegenüber ein Minderungsrecht (§ 536 BGB) geltend machen oder sogar die fristlose Kündigung des Mietverhältnisses (§ 543 Abs. 2 Nr. 1 BGB) erklären. 9

Kommt es aufgrund des Verhaltens des Mieters zu Nachteilen der übrigen Miteigentümer, so können diese oder die Gemeinschaft der Wohnungseigentümer in Bezug auf das gemeinschaftliche Eigentum vom **vermietenden Eigentümer** ein entsprechendes Unterlassen des Dritten einfordern. Welche konkrete zumutbare Maßnahme zum Zwecke der Unterlassung des unzulässigen Verhaltens anzuwenden ist, bleibt zunächst dem vermietenden Eigentümer überlassen. 10

---

1 NSV/*Vandenhouten* WEG § 23 Rn. 32.
2 BGH – V ZR 224/11, NJW 2013, 1439.

11   In Betracht kommen auch **Schadensersatzansprüche** der übrigen Eigentümer, wenn das die Eigentümer störende Verhalten zu einer Vermögenseinbuße der übrigen Eigentümer führt.

12   Der Mieter ist **nicht der Vertreter** des vermietenden Wohnungseigentümers, es sei denn, dieser hat den Mieter ausdrücklich bevollmächtigt. Eine solche Bevollmächtigung bedarf einer entsprechenden Vollmachterklärung, die nicht im Mietvertrag begründet ist. Der Mieter ist somit **nicht Empfänger** für Erklärungen der Wohnungseigentumsverwaltung oder anderer Miteigentümer. Der Mieter ist auch nicht berechtigt ohne entsprechende Vollmacht für seinen Vermieter an einer Versammlung der Wohnungseigentümer teilzunehmen.[3]

13   **3. Mietvertrag mit dem Mieter.** Beim Abschluss des Mietvertrages hat der vermietende Eigentümer nicht nur darauf zu achten, dass er den Mieter über bestimmte Gebrauchsregelungen der Gemeinschaft der Wohnungseigentümer informiert, sondern auch andere mietvertragliche Regelungen auf die **Besonderheiten des Wohnungseigentums** ausrichtet. Hierzu gehören insbesondere die Regelungen der Gemeinschaft der Wohnungseigentümer betreffend die Verteilung der Betriebskosten (→ *Betriebskosten* Rn. 47).

14   Eine von den Wohnungseigentümern beschlossene **Hausordnung** ist zum Gegenstand des abzuschließenden Mietvertrages zu machen; lediglich eine Verweisung auf eine bestehende Hausordnung reicht nicht aus, um den Mieter auf die in der Hausordnung festgelegten Regelungen zu verpflichten.

15   **4. Umwandlung der Mietwohnung in eine Eigentumswohnung.** In Ballungsgebieten, in denen Wohnraum stark nachgefragt ist, nimmt die Umwandlung von Mietwohnungen in Eigentumswohnungen zu. Die Umwandlung in Wohnungseigentum hat für den Eigentümer ua den Vorteil, dass er im Falle der Beabsichtigung einer Veräußerung nicht die gesamte Immobilie verkaufen muss, sondern die Möglichkeit hat, diese Stück für Stück an den Markt zu bringen. Zudem dürfte die Veräußerung der einzelnen Wohnungen bei entsprechender Nachfrage einen höheren Verkaufserlös erzielen als die Veräußerung des gesamten Gebäudes.

16   Die Umwandlung in Wohnungseigentum löst zugunsten des Mieters bestimmte im BGB-Mietrecht vorgesehene **Schutzmechanismen** aus, die beim Hinzutreten des Umstandes der Veräußerung zum Tragen kommen.

17   **5. Kündigungsbeschränkung.** § 577 a BGB ordnet eine **Beschränkung der Möglichkeit der Kündigung** eines Wohnraummietvertragsverhältnisses an, wenn an vermieteten Wohnräumen nach der Überlassung an den Mieter Wohnungseigentum begründet und das Wohnungseigentum veräußert worden ist. Der Erwerber kann sich dann für mindestens 3 Jahre nicht auf ein berechtigtes Interesse iSd § 573 Abs. 2 Nr. 2 BGB (Eigenbedarf) berufen. Die Frist beginnt mit der Eintragung des Erwerbers im Grundbuch.

18   Eine während der Ausschlussfrist abgegebene Kündigungserklärung ist **unwirksam**. Es ist daher nicht möglich, während der laufenden Ausschlussfrist frühzeitig eine Kündigungserklärung mit Wirkung zum Ende der Frist abzugeben. Viel mehr kann eine wirksame Erklärung erst nach Ablauf der Frist des § 557 a Abs. 1 BGB abgegeben werden.

19   Die Ausschlussfrist zur Kündigung **beträgt bis zu 10 Jahre**, wenn eine Landesregierung von der Öffnungsklausel des § 573 Abs. 2 BGB Gebrauch gemacht hat. Hiernach besteht für Gebiete, in denen die ausreichende Versorgung der Bevölkerung mit Mietwohnungen zu angemessenen Bedingungen besonders gefährdet ist, diese Gebiete besonders auszuweisen und eine Verlängerung der Ausschlussfrist zu regeln.

20   Diese **Ausnahmevorschrift** ist nur dann anzuwenden, wenn der vom Gesetzgeber dargestellte Zeitablauf eingehalten ist. Das Überlassungsverhältnis (Mietvertrag) muss demnach bereits vor der Umwandlung bestanden haben. Danach muss die Veräußerung stattfinden.

21   Findet die Gebrauchsüberlassung erst **nach der Umwandlung** in eine Eigentumswohnung statt, kommt die den Mieter privilegierende Vorschrift nicht zur Anwendung.

22   Die den Mieter schützende Wirkung kommt nur **einmalig** zum Tragen und wird mit der ersten Veräußerung der nach der Gebrauchsüberlassung umgewandelten Eigentumswohnung ausgelöst. Eine Unterbrechung, Aussetzung oder Hemmung der Frist ist nicht vorgesehen. Die Frist läuft auch dann aus, wenn der Erwerber beim Erwerb oder zu einem späteren Zeitpunkt seines Eigentums nicht vorhatte, eine Kündigung wegen Eigenbedarfs auszusprechen.

---

3 NSV/*Vandenhouten* WEG § 25 Rn. 5.

Die **Frist** wird auch nicht neu ausgelöst im Falle einer Weiterveräußerung der Eigentumswohnung (gleich ob 23 noch während des Fristenlaufs oder nach bereits abgelaufener Frist).

Mit der Veräußerung der Eigentumswohnung, die dem Mieter aufgrund seiner durch die Umstände begründe- 24 ten Stellung auch mitgeteilt wird, muss ihm daher bewusst sein, dass das Mietverhältnis aufgrund eines zu einem späteren Zeitpunkt auszusprechenden Eigenbedarfs des Vermieters gefährdet ist.

6. Vorkaufsrecht des Mieters. Werden vermietete Wohnräume, an denen nach der Überlassung an den Mie- 25 ter Wohnungseigentum begründet worden ist oder begründet werden soll, an einen Dritten verkauft, so ist der Mieter zum Vorkauf berechtigt, es sei denn, die Veräußerung findet an einen Familienangehörigen oder an einen Angehörigen des Hausstands des Veräußerers statt (§ 557 Abs. 1 S. 1, 2 BGB).

Der Mieter erhält damit die Möglichkeit, im Falle der Veräußerungsbereitschaft des vermietenden Eigentü- 26 mers den Erwerb an sich zu ziehen und mit seiner Vorkaufsentscheidung einen **Kaufvertrag** zwischen ihm und dem Vermieter zustande kommen zu lassen mit dem zwischen dem Vermieter und dem Dritten vereinbar- ten Vertragsinhalt.

Auch hier muss die **zeitliche Abfolge eingehalten** sein, damit der Mieter privilegiert ist (Gebrauchsüberlas- 27 sung, sodann Umwandlung und schließlich Veräußerung).

III. Prozessuales

Wird der vermietende Eigentümer von den übrigen Eigentümern und/oder der Gemeinschaft der Wohnungsei- 28 gentümer auf Unterlassen einer vom Mieter begangenen Handlung in Anspruch genommen oder der Mieter von den übrigen Wohnungseigentümern unmittelbar, sollte der anderen zunächst am Verfahren nicht beteilig- ten Mietvertragspartei der **Streit verkündet** werden, damit das Ergebnis des ersten – wohnungseigentums- rechtlichen – Verfahrens auch Wirkung im Mietvertragsverhältnis entfaltet.

145. Minderheitenschutz

Maximilian A. Müller

I. Einführung

Entscheidungen innerhalb der Gemeinschaft der Eigentümer werden überwiegend in Eigentümerversammlun- 1 gen getroffen. Die Vielzahl unterschiedlicher Interessen zwischen den Eigentümern birgt daher das **Risiko**, dass eine sich findende Mehrheit andere Eigentümer majorisiert, um eigene – auch sachfremde – Interessen durchzusetzen. Für einen Wohnungseigentümer kann dies zu erheblichen Einschränkungen bei der Nutzung der eigenen Immobilien führen und damit auch die Werthaltigkeit des Eigentums negativ beeinflussen.

Die **Eigentumsgarantie** gem. § 14 GG gebietet es, zu gewährleisten, dass eine Wohnung durch nachträgliche 2 Veränderungen des gemeinschaftlichen Zusammenlebens innerhalb der Gemeinschaft der Wohnungseigentü- mer oder durch Mehrheitsentscheidungen nur in engen Grenzen nachträglich entwertet wird.

Das WEG sieht daher verschiedene Mechanismen vor, um Minderheiten zu schützen, was insbesondere bei 3 der Beurteilung von **Beschlüssen** erforderlich ist.

II. Minderheitenschutz im Beschlussrecht

4 Mechanismen zum Schutz der Minderheit sind insbesondere bei der Entscheidungsfindung der Eigentümer im Rahmen einer **Beschlussfassung** vorzusehen. Mehrheitsentscheidungen ist es hierbei immanent, dass es bei Abstimmungen auch „Unterlegene" gibt, die letztlich die gefundene Entscheidung der Mehrheit zu akzeptieren haben. Es kann daher nicht darum gehen, Mehrheitsentscheidungen grundsätzlich zum Schutze einer Minderheit einzuschränken, sondern nur darum, Grenzen festzulegen, die auf der einen Seite eine funktionierende Entscheidungsfindung innerhalb der Gemeinschaft ermöglichen, gleichzeitig jedoch verhindern, dass Rechte Einzelner über Gebühr beschnitten werden.

5 **1. Abstimmungsverhalten.** Minderheitenschutz wird zunächst bereits im Rahmen der Abstimmung bei der Bestimmung des maßgeblichen Stimmrechts gewährt:

6 **a) Auswirkungen des Stimmrechts gem. § 25 Abs. 2 WEG.** Minderheitenschutz ist insbesondere dort erforderlich, wo sich Stimmrechte bei einzelnen Eigentümern vereinen und daher das Ergebnis von Beschlüssen von einigen wenigen maßgeblich beeinflusst werden können. Besonders hoch ist das Risiko daher in kleineren Gemeinschaften, aber auch in der Anfangsphase von neu errichteten Wohnungseigentumsanlagen, in denen häufig der **Bauträger** noch nicht alle Wohnungen veräußert hat und damit maßgeblichen Einfluss auf die Geschicke der Gemeinschaft der Wohnungseigentümer nehmen kann.

7 Gem. § 25 Abs. 2 S. 1 WEG steht jedem Eigentümer eine Stimme zu (sog. „**Kopfprinzip**"). Das Kopfprinzip reglementiert das Stimmrecht und verhindert weitestgehend eine Majorisierung, da einzelne Eigentümer durch den Erwerb von Eigentumseinheiten oder auch das Halten von mehreren Eigentumseinheiten das ihnen zustehende Stimmrecht nicht erhöhen können. Das Kopfprinzip leistet daher einen gewissen Beitrag zum Schutz von Minderheiten gegen beherrschende Eigentümerstellungen einzelner Eigentümer, auch wenn der BGH betont hat, dass das Kopfprinzip nicht per se als Mittel zum Minderheitenschutz anzusehen ist.[1]

8 Regelmäßig sehen Teilungserklärung allerdings in Abweichung von dem gesetzlichen Modell ein anderes Stimmrecht vor. Folgt das Stimmrecht – wie meistens – den **Miteigentumsanteilen**, so wird die Schaffung maßgeblicher Mehrheiten gefördert und vereinfacht. Dies kann auch dazu führten, dass ein einzelner Eigentümer allein für die für eine positive Beschlussfassung erforderlichen Mehrheitsverhältnisse sorgen kann (→ *Stimmrecht* Rn. 2).

9 **b) Vollmachtserteilungen bei der Stimmabgabe.** Einem Wohnungseigentümer ist es unbenommen, Dritte mit der Vertretung bei einer Eigentümerversammlung zu **bevollmächtigen**. Das Gebot der Nichtöffentlichkeit der Eigentümerversammlung wird hierdurch nicht unterlaufen, da der Vertretene anstelle des eigentlichen Eigentümers in Ausübung dessen Eigentümerrechte an der Versammlung teilnimmt.

10 Sofern die **Teilungserklärung** keine Einschränkungen für die Bevollmächtigung vorsieht, kann der Eigentümer nach seiner Wahl jeden Dritten beauftragen und bevollmächtigen. Gerade bei Eigentümergemeinschaften, die überwiegend aus Kapitalanlegern bestehen, wird hiervon häufig auch Gebrauch gemacht, was schlicht darauf zurückzuführen ist, dass viele vermietende Eigentümer nicht selbst in der Nähe der Immobilie wohnen und sich daher den mit der Wahrnehmung einer Eigentümerversammlung verbundenen Aufwand nicht zumuten möchten. Vollmachten werden in der Regel der Verwaltung oder dem Verwaltungsbeirat erteilt, was zu einer Stimmrechtskonzentration bei einigen wenigen Personen führt.

11 Verstärkt wird dies zusätzlich, wenn die Teilungserklärung – wie häufig – **Einschränkungen** für die Bevollmächtigung vorsieht und den Kreis der potenziell Bevollmächtigten beschränkt (häufig: Ehegatten, andere Familienangehörige, andere Eigentümer). Die mit einer sehr hohen Anzahl an Bevollmächtigungen verbundenen Risiken der Stimmrechtsmajorisierung durch einzelne sind letztlich hinzunehmen. Der einzelne Eigentümer ist jedoch berechtigt, schon in der Eigentümerversammlung die Existenz einer Vollmacht zu prüfen und deren Fehlen gegebenenfalls zu rügen. Nachdem Vollmachten nunmehr auch in Textform erteilt werden können, dürfte sich die früher bestehende Problematik, dass Vollmachten teilweise nicht im Original vorgelegen hatten und daher zurückgewiesen werden konnten, jedoch erledigt haben.

12 **c) Stimmrechtsausschluss und Stimmrechtsmissbrauch.** Gem. § 25 Abs. 4 WEG ist das Stimmrecht eines Eigentümers ausgeschlossen, wenn die Beschlussfassung die **Vornahme eines Rechtsgeschäftes** mit dem be-

---

1 BGH 10.7.2015 – V ZR 198/14, NJW 2015, 3371.

Maximilian A. Müller

troffenen Eigentümer oder die Einleitung oder Erledigung eines Rechtsstreites mit ihm betrifft (→ *Stimmrecht* Rn. 17).

Der von § 25 Abs. 4 WEG gewährte Schutz gegen eine von sachfremden Erwägungen gestützte Beschlussfassung wird allerdings als unzureichend angesehen, da der Stimmrechtsausschluss nur dort eingreifen kann, wo gerade aufgrund einer unmittelbaren Betroffenheit von einem per se bestehenden **Interessenkonflikt** auszugehen ist. Allerdings gibt es auch außerhalb des § 25 Abs. 4 WEG eine Vielzahl von Ermessensentscheidungen, bei denen private Interessen eines einzelnen Sondereigentümers ebenso über die Interessen der Gemeinschaft gestellt werden können. So kann ein einzelner Eigentümer ein (subjektives) Interesse haben, Handwerkeraufträge stets an einen befreundeten Betrieb zu vergeben, auch wenn es gewichtige (objektive) Gründe gibt, die für einen anderen Handwerker sprechen mögen. **13**

Über den gesetzlich normierten Stimmrechtsausschluss hinaus kann sich ein Stimmrechtsausschluss daher auch daraus ergeben, dass die Stimmrechtsabgabe im konkreten Einzelfall als **rechtsmissbräuchlich** anzusehen ist. **14**

Diskutiert wird ein solcher Rechtsmissbrauch bei Stimmabgaben eines **Mehrheitseigentümers**, der allein durch sein Abstimmungsverhalten das Zustandekommen eines Beschlusses herbeiführen oder auch verhindern kann. Auf der anderen Seite darf aber auch nicht verkannt werden, dass gegen jede Beschlussfassung im Rahmen einer Beschlussanfechtungsklage ohnehin Rechtsschutz besteht und hierdurch die inhaltliche Überprüfung eines Beschlusses erzwungen werden kann. Ein Beschluss, der ordnungsgemäßer Verwaltung entspricht, kann daher auch nicht wegen eines angeblichen Stimmrechtsmissbrauches als unwirksam anzusehen sein. **15**

Mit der Entscheidung vom 14.7.17[2] hat der Bundesgerichtshof seine Rechtsprechung konkretisiert und hierbei zunächst klargestellt, dass eine **Blockadehaltung** eines einzelnen Mehrheitseigentümers nicht dazu führt, dass seine Stimmabgabe als rechtsmissbräuchlich anzusehen ist. Verhindert ein Mehrheitseigentümer eine – an sich erforderliche – Beschlussfassung, so können die Minderheitseigentümer Anfechtungsklage in Verbindung mit einer **Beschlussersetzungsklage** gem. § 44 Abs. 2 S. 1 WEG erheben. Der hierdurch gewährte Rechtsschutz ist – wie der Bundesgerichtshof zu Recht betont hat – ausreichend. **16**

Führt das Abstimmungsverhalten des Mehrheitseigentümers jedoch zu einer positiven Beschlussfassung, so kann im Einzelfall eine **rechtsmissbräuchliche Stimmabgabe** ergeben. Dies ist dann der Fall, wenn durch die Stimmabgabe die übrigen Eigentümer **17**

- offenkundig
- ohne jeden Zweifel
- in treuwidriger Art und Weise

benachteiligt werden. Die Voraussetzungen sind hierbei eng zu verstehen, das rechtsmissbräuchliche Stimmverhalten muss derart **offenkundig** sein, dass der Ausgang eines gerichtlichen Verfahrens nicht abgewartet werden kann.[3] Es genügt daher sicherlich nicht, dass die Beschlussfassung für den beherrschenden Eigentümer vorteilhaft ist, denn es ist selbstverständlich nicht zu beanstanden, dass ein Eigentümer seine Stimmenmehrheit auch dafür einsetzt, von ihm gewünschte Beschlüsse herbeizuführen.[4] Es ist stets legitim, dass Stimmrecht auch zum eigenen Vorteil auszuüben. In der Rechtsprechung wurde – allerdings vor der BGH-Entscheidung – eine rechtsmissbräuchliche Stimmabgabe ua angenommen, als ein Mehrheitseigentümer seine Tochter ohne jegliche Berufungserfahrung für 5 Jahre zur Verwalterin bestellte[5] oder aber die eigene Ehefrau gewählt wurde und nach den Feststellungen des Gerichtes der Mehrheitseigentümer entschlossen war, „die Geschickte der Wohnungseigentümergemeinschaft allein nach seinem Gutdünken zu bestimmen".[6]

Ist eine Stimmrechtsabgabe rechtsmissbräuchlich, so ist die Stimme schon bei der **Ergebnisfeststellung** nicht zu berücksichtigen – das Beschlussergebnis ist dann ohne die rechtsmissbräuchlich abgegebene Stimme zu ermitteln. **18**

---

2 BGH 14.7.17 – V ZR 290/16, NJW 2018, 552.
3 BGH 14.7.2017 – V ZR 290/16, NJW 2018, 552.
4 LG Itzehoe 18.5.2018 – 11 S 17/17, BeckRS 2018, 18781.
5 AG Hannover 6.5.2014 – 483 C 12045/13, IMR 2015, 163.
6 LG Karlsruhe 4.11.2014 – 5 S 107/13, ZWE 2015, 187.

19 Die Aufgabe, die Stimmrechtsabgabe zu bewerten, obliegt dem **Versammlungsleiter**, regelmäßig also dem gewählten Verwalter der Wohnungseigentümergemeinschaft.

20 Zunächst – also vor der Stimmabgabe – muss er entscheiden, ob ein **Stimmrechtsverbot** nach § 25 Abs. 4 WEG vorliegt. Es ist dann ohne den ausgeschlossenen Eigentümer abzustimmen. Ist der Eigentümer zur Abstimmung zuzulassen, das Stimmrecht mithin nicht per se ausgeschlossen, ist in einem zweiten Schritt nach der Stimmabgabe zu überprüfen, ob das Stimmrechtsverhalten „offenkundig ohne jeden Zweifel" als rechtsmissbräuchlich anzusehen ist, sofern durch die abgegebene Stimme ein positiver Beschluss gefasst wurde. In diesem Fall darf die Stimme nicht berücksichtigt werden und das Ergebnis ist nur aus den übrigen Stimmen zu ermitteln. Die Minderheit der Eigentümer wird hierdurch vor offensichtlich rechtsmissbräuchlichen Beschlussfassungen geschützt. Aufgrund der hohen Anforderungen wird es in der Praxis jedoch selten dazu kommen, dass ein Verwalter unmittelbar in einer Versammlung die Voraussetzungen für eine rechtsmissbräuchliche Stimmabgabe bejahen wird – den unterlegenen Eigentümern steht dann der Weg der Anfechtungsklage frei.

21 **d) Beschlussmehrheiten.** Die WEG-Reform hat dazu geführt, dass Entscheidungen nahezu in allen Bereichen durch einfache Stimmrechtsmehrheiten getroffen werden können und keine besonderen Beschlussmehrheiten mehr erforderlich sind. Dies schafft eine höhere Flexibilität im Verwaltungshandeln, führt jedoch gleichzeitig zu einem deutlichen geringen Schutz der Minderheitseigentümer.

22 **2. Nichtigkeit und Anfechtbarkeit von Beschlüssen.** Der Schutz der Minderheiten wird im Wesentlichen nunmehr dadurch sichergestellt, dass jeder Eigentümer Mehrheitsentscheidungen **gerichtlich überprüfen** lassen kann.

23 **a) Anfechtbarkeit.** Fasst die Eigentümergemeinschaft einen Beschluss, kann der betroffene Eigentümer im Rahmen einer Beschlussanfechtungsklage eine Überprüfung des Beschlusses erzwingen. Beschlüsse, die hierbei nicht ordnungsgemäßer Verwaltung entsprechen, können daher gerichtlich aufgehoben werden. Auch wenn den Eigentümern bei der Verwaltung ein weit verstandenes Ermessen zugebilligt wird, hat auch die Eigentümermehrheit bei ihren Entscheidungen die Grenzen **ordnungsgemäßer Verwaltung** zu beachten. Eine Verwaltung ist hierbei dann ordnungsgemäß, wenn sie im Einklang mit dem Gesetz, den Vereinbarungen und den Beschlüssen steht und dem Interesse der Gesamtheit der Wohnungseigentümer entspricht, wobei hierbei eine objektiv vernünftige Betrachtungsweise maßgeblich ist. Durch die objektivierte Betrachtungsweise wird dem einzelnen Eigentümer eine Überprüfung ermöglicht, die von der subjektiven Einschätzung einzelner (Mehrheits-)Eigentümer losgelöst ist.

24 Spiegelbildlich zur Möglichkeit, durch eine Beschlussanfechtungsklag einen gefassten Beschluss für unwirksam erklären zu lassen, steht dem Eigentümer die Möglichkeit offen, gem. § 44 Abs. 1 S. 2 WEG eine **gerichtliche Regelung** zu erreichen, wenn die Eigentümer einen von dem Eigentümer begehrten Beschluss ablehnen und eine erforderliche Maßnahme verweigern. Der Eigentümer kann in diesem Fall eine gerichtliche Beschlussersetzung verlangen und eine Verwaltungsmaßnahme auch gegen den Willen der Mehrheit durchsetzen.

25 Faktisch kann daher die **Mehrheit** weder einen Beschluss durchsetzen noch einen erforderlichen Beschluss ablehnen, wenn sich die Mehrheitsentscheidung außerhalb ordnungsgemäßer Verwaltung bewegt, jedenfalls sofern der betroffene Minderheitseigentümer rechtzeitig Rechtsschutz sucht.

26 **b) Nichtigkeit.** Der **Schutz** des einzelnen Eigentümers wird weiter dadurch erweitert, dass Beschlüsse über eine Anfechtbarkeit hinaus, nichtig sein können.

27 Die rechtlichen Beziehungen zwischen den Eigentümern sind nicht vollständig durch Beschlussfassungen zu regeln. Vielmehr können die Eigentümer nur dort durch Beschluss Entscheidungen auch zulasten einzelner Eigentümer herbeiführen, wo der Gesetzgeber hierfür eine **Beschlusskompetenz** geschaffen hat. Wesentliche Veränderungen der rechtlichen Beziehungen zwischen den Eigentümern sind hierbei einer Mehrheitsentscheidung entzogen und bedürfen zur rechtlichen Wirksamkeit einer Vereinbarung der Eigentümer.

28 **Wesentliche Beschlusskompetenzen** (→ *Beschluss* Rn. 10) finden sich zum Beispiel hier:

§ 12 WEG:	Veräußerungszustimmung
§ 16 WEG:	Veränderung des Verteilungsschlüssels der entstehenden Kosten
§ 19 WEG:	Regelungen zur Verwaltung und Nutzung des Eigentums
§ 20 WEG:	Genehmigung von baulichen Veränderungen

§ 26 WEG: Bestellung und Abberufung des Verwalters

Die WEG-Reform hat hierbei die Kompetenzen neu ausgestaltet.

Der einzelne Eigentümer wird daher allein hierdurch davor geschützt, dass die grundlegenden Spielregeln innerhalb der Gemeinschaft zu seinen Lasten verändert werden.

Fehlt es an einer Beschlusskompetenz sind gleichwohl gefasste Beschlüsse **nichtig** und damit per se nicht zu beachten, ohne dass es einer hierauf bezogenen Anfechtungsklage bedarf. Wesentlich zum Minderheitenschutz trägt hierbei bei, dass die Nichtigkeit von Beschlüssen **von Amts wegen** zu berücksichtigen ist. Unabhängig vom konkreten Sachvortrag des Eigentümers hat daher ein Gericht bei der Beurteilung der maßgeblichen Rechte und Pflichten inzident die Nichtigkeit von in Bezug genommenen Beschlüssen zu überprüfen. 29

Die Eigentümer können im Rahmen der Gemeinschaftsordnung durch Vereinbarung den Kreis möglicher Beschlussfassungen im Rahmen einer **Öffnungsklausel** erweitern und daher zusätzliche über das Gesetz hinausgehende Kompetenzen begründen. Die Öffnungsklauseln können hierbei einen sehr unterschiedlichen Inhalt haben und spiegeln häufig den Charakter der Wohnungseigentumsanlage wider. Öffnungsklausel sind jedoch ebenfalls nicht grenzenlos möglich. Auch durch Öffnungsklauseln können daher keine Voraussetzungen geschaffen werden, die es einer Mehrheit ermöglichen würde, unentziehbare Mitgliedsrechte zu entziehen. Dies gilt beispielsweise für das **Belastungsverbot**, wonach den Eigentümern keine originäre Leistungspflichten übertragen werden können.[7] 30

Ebenfalls nichtig sind Beschlüsse, die gegen **Rechtsvorschriften** verstoßen, auf deren Einhaltung nicht rechtswirksam verzichtet werden kann (§ 23 Abs. 4 WEG). Die Rechtsvorschriften ergeben sich hierbei nicht nur aus dem WEG, sondern aus sämtlichen Regelungen auch anderer Rechtsgebiete. Nichtig wäre beispielsweise ein Beschluss über die Vergabe von Schwarzarbeit.[8] 31

Im Wohnungseigentumsrecht werden insbesondere folgenden Vorschriften als **unabdingbar** angesehen: §§ 5 Abs. 2, 6, 11, 12 Abs. 1, 17 Abs. 3, 20 Abs. 4, 26 Abs. 1–3 WEG. 32

Nichtig sind ferner Beschlüsse und Vereinbarungen, die in den **Kernbereich** des Eigentumsrechts eingreifen (→ *Kernbereich* Rn. 14). 33

Ebenfalls nichtig sind ferner Beschlüsse, die eine verbindliche **Auslegung** der **Teilungserklärung** anstreben. Häufig wird innerhalb der Gemeinschaft der Wohnungseigentümer über einzelne Klauseln in der Teilungserklärung gestritten, insbesondere im Zusammenhang mit der Übertragung von Erhaltungsmaßnahmen oder sonstigen Kostentragungsregeln. Auch hier ist festzustellen, dass ein besonderes Interesse der Mehrheit besteht, die von ihr favorisierte Auslegung der Teilungserklärung zu perpetuieren, um andere Interpretationen der Teilungserklärung zu verhindern. Beschlüsse, die die Teilungserklärung verbindlich auslegen möchten, führen jedoch faktisch dazu, dass eine gerichtliche Auslegung der Teilungserklärung ausgeschlossen werden soll, so dass mit entsprechenden Beschlüssen faktisch eine Änderung der Teilungserklärung verbunden sein kann. Entsprechende Beschlüsse sind daher mangels Beschlusskompetenz nicht.[9] Dem einzelnen Eigentümer ist es daher stets unbenommen, seine Auslegung der Teilungserklärung zu vertreten und letztlich einer gerichtlichen Überprüfung zuzuführen. 34

3. Rechtsschutz gegen Vergemeinschaftung. Der Schutz einzelner Eigentümer kann insbesondere durch die Zubilligung eigener, individueller Ansprüche gewährleistet werden, die der einzelne Eigentümer selbst in eigener Rechtsmacht verfolgen kann, ohne auf die Mitwirkung der übrigen Eigentümer angewiesen zu sein. 35

Demgegenüber ist die Rechtsverfolgung dort erheblich erschwert, wo nur eine **gemeinschaftliche Rechtsverfolgung** möglich ist. Können Rechte nur von der Wohnungseigentümergemeinschaft selbst geltend gemacht werden, ist der einzelne Eigentümer zur Durchsetzung dieser Ansprüche darauf angewiesen, die Gemeinschaft der Wohnungseigentümer zu einer Mitwirkung zu bewegen und in einer Eigentümerversammlung eine Beschlussfassung über die Verfolgung der Ansprüche zu erwirken. Da jedoch bei sämtlichen Eigentümerentscheidungen ein recht weit verstandenes Ermessen der Eigentümer besteht, ist keineswegs gewährleistet, dass 36

---

7 BGH 10.10.2014 – V ZR 315/13, BeckRS 2014, 22578.
8 LG Berlin 8.5.2015 – 55 S 123/14 WEG, ZWE 2016, 465; weitere Beispiele bei BeckOK WEG/*Bartholome* § 23 Rn. 123.
9 BeckOK WEG/*Müller* § 10 Rn. 112; AG Potsdam 1.3.2018 – 31 C 34/17, BeckRS 2018, 4272.

Ansprüche, die der Wohnungseigentümergemeinschaft zustehen, von dieser auch tatsächlich verfolgt werden (müssen).

37   Ansprüche, die Ihrer Natur nach nur von der Wohnungseigentümergemeinschaft geltend gemacht werden können, sind hierbei von Anfang an dem einzelnen Eigentümer entzogen. Diese Ansprüche stehen materiell sowie formell gem. § 9 a Abs. 2 WEG nur der Wohnungseigentümergemeinschaft selbst zu. Möchte der einzelne Eigentümer diese Ansprüche durchsetzen, ist er darauf angewiesen, die ihm innerhalb der Gemeinschaft zustehenden rechtlichen Möglichkeiten auszuschöpfen. Er muss daher einen Beschluss herbeiführen, wonach die Gemeinschaft der Wohnungseigentümer, die ihm aus seiner Sicht zustehenden Ansprüche tatsächlich verfolgt und notfalls auch gerichtlich geltend macht. Wird eine hierauf zielende Beschlussfassung abgelehnt, ist hiergegen Beschlussanfechtungsklage einzureichen und mit einer **Beschlussersetzungsklage** nach § 44 Abs. 2 S. 1 WEG vorzugehen. Sofern (nur) die Verfolgung der Ansprüche ordnungsgemäßer Verwaltung entspricht, wird der Eigentümer notfalls auch gegen den Willen der übrigen Eigentümer die Durchsetzung der der Gemeinschaft zustehenden Rechte erzwingen können. Häufig scheitert eine entsprechende Durchsetzung allerdings daran, dass den Eigentümern auch bei der Verfolgung eigener Ansprüche ein **Ermessen** zusteht, insbesondere können Eigentümer auch vor dem Hintergrund der mit der Rechtsverfolgung verbundenen Kosten entscheiden, von einer Geltendmachung von Forderungen abzusehen. Je geringer das rechtliche Risiko, je eher wird die Gemeinschaft der Eigentümer allerdings zur Durchsetzung der Ansprüche verpflichtet sein.

38   Demgegenüber können eigene Ansprüche vom Eigentümer grundsätzlich aus eigenem Recht unabhängig von den übrigen Eigentümern geltend gemacht werden. § 10 Abs. 6 WEG aF sah die Möglichkeit vor, auch einzelne Rechte der Eigentümer zu vergemeinschaften, diese mithin zur gemeinsamen Geltendmachung auf die Gemeinschaft zu übertragen.

39   Nach dieser sog. **Vergemeinschaftung** oblag die Durchsetzung der Ansprüche nur noch der Gemeinschaft – dem einzelnen Eigentümer war seine Prozessführungsbefugnis entzogen, eine gleichwohl eingereichte Klage mangels Aktivlegitimation als unzulässig abzuweisen. (→ *Vergemeinschaftung* Rn. 5).

40   Die Vergemeinschaftung stellte damit eine effektive Möglichkeit der Mehrheit dar, durch einen einfachen Mehrheitsbeschluss Individualverfahren eines einzelnen Eigentümers zu verhindern. Während die Vergemeinschaft als solche nicht problematisch ist, wurden hierbei jedoch **Missbrauchsgefahren** gesehen. Problematisch wurde die Vergemeinschaftung nämlich dann, wenn die Gemeinschaft die Ansprüche zwar formal an sich zieht, diese jedoch in der Folge dennoch nicht ernsthaft weiterverfolgen möchte, da dem einzelnen Eigentümer hierdurch jegliche Prozessführungsmöglichkeit genommen wurde.

41   Der Bundesgerichtshof hat daher im Urteil vom 26.10.2018[10] zu den Möglichkeiten, den einzelnen Eigentümer gegen einen **Entzug** seiner **Prozessführungsbefugnis** durch einen mit einfacher Stimmenmehrheit zu fassenden Eigentümerbeschluss zu schützen, Stellung bezogen.

42   Ein Beschluss über die **Vergemeinschaftung** kann daher nichtig – und damit unbeachtlich – sein kann, wenn die Beschlussfassung als solche **rechtsmissbräuchliche Zwecke** verfolgt. Dies ist beispielsweise der Fall, wenn

- ein einzelner Eigentümer seinen Individualanspruch bereits geltend gemacht hat,
- eine Rechtsverfolgung durch die Gemeinschaft der Wohnungseigentümer nicht beabsichtigt ist,
- die Beschlussfassung nur dazu dient, den laufenden Prozess zu beenden.

Im laufenden Individualprozess ist eine etwaige Nichtigkeit des Vergemeinschaftungsbeschlusses von Amts wegen zu prüfen.

43   Die beschriebene Rechtsprechung hat der Gesetzgeber in der WEG-Reform aufgegriffen und nach der Gesetzesbegründung nunmehr die Möglichkeit einer Vergemeinschaftung abgeschafft. Nach dem Willen des Gesetzgebers soll es daher zukünftig **keinerlei Vergemeinschaftung** mehr geben, da dies zu stark in die Rechte der einzelnen Eigentümer eingreift. Sämtliche Rechte, die eine gemeinsame Rechtsverfolgung erfordern sowie sämtliche Rechte, die unmittelbar aus dem gemeinschaftlichen Eigentum folgen, sollen zukünftig per se der Wohnungseigentümergemeinschaft zustehen. Sämtliche anderen Rechte sind Individualansprüche der Woh-

---

10   BGH 26.10.2018 – V ZR 328/17, BeckRS 2018, 35506.

Maximilian A. Müller

nungseigentümer, die auch allein von ihnen zu verfolgen sind. Ein Ansichziehen dieser persönlichen Ansprüche durch Beschluss soll ausgeschlossen sein.

Die Rechtsprechung zum Schutz gegen Vergemeinschaftungsbeschlüsse bleibt angesichts der Vielzahl der in der Vergangenheit gefassten Beschlüsse auch nach der WEG-Reform relevant. Sind Beschlüsse hiernach als nichtig anzusehen, ist eine Geltendmachung durch die Wohnungseigentümergemeinschaft ausgeschlossen, während der einzelne Eigentümer (wieder) zur Verfolgung der Ansprüche berechtigt ist. Gleiches gilt auch, wenn das vom Gesetzgeber in der Gesetzesbegründung enthaltene Postulat, dass alle früheren Vergemeinschaftungsbeschlüsse mit Inkrafttreten der WEG-Reform unwirksam werden, zutreffend sein sollte, was jedoch mangels Stütze im Gesetzestext zumindest in Frage gestellt werden kann. 44

4. Gleichbehandlungsgrundsatz. Der Gleichbehandlungsgrundsatz, der zuvor bereits im Vereins- und Gesellschaftsrecht für ähnliche Fragestellungen entwickelt wurde, gilt auch im Wohnungseigentumsrecht. Auch er trägt zu einem gewissen Maße zum Schutze einzelner Minderheiteigentümer bei (→ *Gleichbehandlungsgrundsatz* Rn. 1 ff.). 45

Die aus Art. 3 GG hergeleiteten Grundsätze sind zu Grunde zu legen. Hierzu gehört zunächst, dass im Rahmen des gemeinschaftlichen Verhältnisses jedes Mitglied gleich zu behandeln ist, sofern nicht sachliche Gründe eine Differenzierung ermöglichen. Ein Eigentümer kann hierbei jedoch nicht unter Berufung auf den **Gleichheitsgrundsatz** verlangen, dass er – wie andere Eigentümer – gegen rechtliche Vorgaben verstoßen oder auch für sich unzulässige Sonderleistungen verlangen[11] kann; der Grundsatz „Keine Gleichheit im Unrecht" ist auch im Wohnungseigentumsrecht uneingeschränkt anwendbar. 46

Eine Ungleichbehandlung kann hierbei nur dann in Betracht kommen, wenn Entscheidungen gegen den Willen eines betroffenen Eigentümers getroffen werden. **Vereinbarungen**, die der Zustimmung aller Eigentümer bedürfen, können daher nicht gegen den Gleichbehandlungsgrundsatz verstoßen. 47

Relevant ist der Gleichbehandlungsgrundsatz daher insbesondere bei **Beschlussfassungen**. Beschlüsse, die gegen den Gleichbehandlungsgrundsatz verstoßen, widersprechen ordnungsgemäßer Verwaltung[12] und sind damit zumindest anfechtbar. Relevant werden kann dies insbesondere dann, wenn die Gemeinschaft bei vergleichbarer Sachlage gegen einzelne Störer innerhalb der Gemeinschaft der Wohnungseigentümer vorgeht, andere in gleicher Weise störende Eigentümer jedoch unbehelligt lässt. Wenn daher die Gemeinschaft zB gegen unberechtigte Untervermietungen vorgeht, dann muss grundsätzlich auch gegen alle Untervermietungen vorgegangen werden.[13] Stets ist hierbei jedoch zu berücksichtigen, ob es konkrete sachliche Gründe gibt, die für ein differenziertes Vorgehen sprechen (→ *Gleichbehandlungsgrundsatz* Rn. 7). 48

III. Rechtsschutz gegen Vereinbarungen

Minderheitenschutz spielt bei der Beurteilung von Vereinbarungen eine deutlich **geringere Rolle**, wie dies bei der Beurteilung von Beschlüssen der Fall ist. Dies ist darauf zurückzuführen, dass Vereinbarungen der Zustimmung aller Eigentümer bedürfen und daher ohnehin nur dann wirksam sein können, wenn alle Eigentümer zugestimmt haben. Der Eigentümer ist daher grundsätzlich nicht schutzbedürftig. 49

Gleichwohl können Situation eintreten, die eine Überprüfung der Teilungserklärung und Gemeinschaftsordnung zum Schutz einzelner Eigentümer erfordern. Beispielsweise kann es erforderlich sein, **Vertretungsregelungen** der Teilungserklärung zugunsten einzelner Eigentümer zu erweitern, wenn die in der Gemeinschaftsordnung vorhandene Klausel dazu führt, dass der Eigentümer keinen Vertreter beauftragen und damit seine mitgliedschaftlichen Rechte nicht wahrnehmen kann. Treu und Glauben gebietet es daher, Regelungen der Teilungserklärung in besonderen Einzelfällen zu einem angemessenen Interessenausgleich zu führen. 50

Führt die Gemeinschaftsordnung zu einer nicht hinnehmbaren Belastung einzelner Eigentümer, so billigt § 10 Abs. 2 WEG dem einzelnen Eigentümer einen **Anpassungsanspruch** zu. Auch hier gilt daher, dass der einzelne Eigentümer gegen den Willen der übrigen Eigentümer nicht nur eine Beschlussfassung (§ 44 Abs. 1 S. 2 WEG) durchsetzen kann, sondern sogar in die Vereinbarung aller Eigentümer eingreifen kann und daher gegen den Willen der übrigen Eigentümer Änderungen der Teilungserklärung / Gemeinschaftsordnung erreichen 51

---

11 BayObLG 5.5.1993 – 2 Z BR 115/93, DWE 1993, 37.
12 BGH 18.6.2010 – V ZR 164/09, ZWE 2010, 362.
13 BGH 30.11.2012 – V ZR 234/11, NZM 2013, 195.

kann. Freilich muss dies auf besondere Einzelfälle beschränkt werden, da hiermit zugleich ein Eingriff in die Privatautonomie der übrigen Eigentümer zu sehen ist. Möglich ist eine Anpassung der Teilungserklärung hierbei auch dann, wenn die Teilungserklärung schon von Beginn an anpassungswürdig gewesen ist (sog. „Geburtsfehler").[14]

IV. Minderheitenschutz durch das Gemeinschaftsverhältnis

52 Das besondere Verhältnis zwischen den Eigentümern und der Gemeinschaft führt zur Entstehung einer schuldrechtlichen Sonderbeziehung.[15] Hieraus folgen verschiedene **Treue- und Rücksichtnahmepflichten**, die zugunsten von einzelnen Eigentümern weitere Rechte begründen und Beeinträchtigungen durch andere verhindern.

53 Die Treuepflichten bestehen hierbei zwischen den Eigentümern untereinander, aber auch im Verhältnis der Eigentümer zur Gemeinschaft und umgekehrt.[16]

54 Aus dem Gemeinschaftsverhältnis wird hierbei zunächst der Anspruch hergeleitet, neben dem Anpassungsanspruch gem. § 10 Abs. 2 WEG nicht nur einzelne Regelungen der Gemeinschaftsordnung anzupassen, sondern auch eine Änderung der sachenrechtlichen Grundlagen der WEG zu verlangen. Denkbar ist das vor allem da, wo es um eine Änderung der **sachenrechtlichen Grundlagen** der Gemeinschaft geht, etwa um eine Anpassung der Miteigentumsanteile,[17] bei der Behebung von isoliertem Miteigentum wegen Gründungsfehlern[18] oder bei der Zustimmung zum Verkauf von Flächen im Gemeinschaftseigentum.[19] Die Änderung der sachenrechtlichen Grundlagen kann allerdings allenfalls in krassen Ausnahmefällen verlangt werden.[20]

55 Relevanter sind allerdings die aus dem Gemeinschaftsverhältnis hergeleiteten **ungeschriebenen Treue- und Rücksichtnahmepflichten**. Beispielsweise wird diskutiert:

- ob aufgrund der besonderen Beziehung zwischen den Eigentümern etwa **nachbarrechtliche Ausschlussfristen** oÄ entsprechend gelten;[21]
- inwieweit eine Verpflichtung besteht, seine Rechte so auszuüben, dass weiterer Streit vermieden wird[22] bzw. sogar ganz auf **Rechte** zu **verzichten**[23] oder sich nicht auf die fehlende Bindungswirkung einer Vereinbarung zu berufen.[24] Im Einzelfall kann auch verlangt werden, einem Dritten die **Teilnahme** an der **Eigentümerversammlung** zu gestatten, obwohl ein Verstoß gegen die Nichtöffentlichkeit vorliegt;[25] im Gegenzug kann aber auch das **Verlassen** einer **Eigentümerversammlung** und eine dadurch herbeigeführte Beschlussunfähigkeit treuwidrig sein;[26]
- ob eine Verpflichtung besteht, eine eigentlich **zweckbestimmungswidrige Nutzung** gleichwohl – beispielsweise aufgrund bestehender Treuepflichten der Eigentümer zueinander – zu **dulden**;[27]
- ob **Aufklärungs- und Informationspflichten** bei baulichen Veränderungen bestehen;[28] ggf. auch die Pflicht zur Mitwirkung an gemeinschaftlichen Erhaltungsmaßnahmen;[29]

---

14 Hierzu BGH 22.3.2019 – V ZR 298/16, BeckRS 2019, 6979.
15 Hierzu BGH 10.2.2017 – V ZR 166/16, NJW-RR 2017, 844.
16 BGH 2.6.2005 – V ZB 32/05, NJW 2005, 2061.
17 BayObLG 27.8.1998 – 2Z BR 35–98, NJW-RR 1999, 523.
18 BeckOK WEG/*Müller* § 11 Rn. 36 ff.
19 BGH 12.4.2013 – V ZR 103/12, NJW 2013, 1962.
20 BeckOK WEG/*Müller* § 10 Rn. 36 f.
21 BeckOK WEG/*Müller* 42. Edition § 15 Rn. 375.
22 BayObLG 26.5.2004 – 2Z BR 56/04, BeckRS 2004, 07240.
23 OLG Düsseldorf 5.12.2008 – 3 Wx 158/08, BeckRS 2009, 3621.
24 OLG Düsseldorf 20.1.1997 – 3 Wx 432/96, BeckRS 9998, 3622.
25 OLG Hamburg 24.1.2007 – 2 Wx 96/06, BeckRS 2007, 10531; *Drasdo* WEG-Eigentümerversammlung C Rn. 35, D Rn. 6 ff.
26 Nur im Ausnahmefall, vgl. LG Nürnberg-Fürth 5.7.2016 – 14 S 6933/15 WEG, ZWE 2017, 289; sa *Dötsch* ZWE 2015, 427.
27 BeckOK WEG/*Müller* 42. Edition § 15 Rn. 200.
28 BayObLG 2.8.2011 – 2 Z BR 144/00, NZM 2001, 1037; instr. AG Aachen 8.1.2014 – 118 C 13/13, ZMR 2015, 400.
29 BeckOK WEG/*Müller* 42. Edition § 14 Rn. 45.

Maximilian A. Müller

■ geboten sein kann es auch, sich im Einzelfall nicht auf die **Bestandskraft** eines **Beschlusses** zu berufen, wenn dessen Inhalt mit den Grundzügen ordnungsgemäßer Verwaltung in keinem Fall in Einklang zu bringen ist[30] bzw. eine Vereinbarung im Einzelfall unangewendet zu lassen.[31]

Weitere Beispiele.[32]

Gegenüber der Wohnungseigentümergemeinschaft besteht insbesondere die Verpflichtung, eine ausreichende **finanzielle Grundlage** zur Begleichung der laufenden Verbindlichkeiten durch eine hierauf zielende Beschlussfassung zu schaffen.[33] Auch gegenüber der Wohnungseigentümergemeinschaft sind Rechte nur subsidiär geltend zu machen. Zunächst sind etwaige Dritte (Mieter, Handwerker etc) in Anspruch zu nehmen, sofern die Rechte dort gleichwertig verfolgt werden können. Die praktische Bedeutung ist indes gering, da die Verwaltungsentscheidungen regelmäßig allein mit Blick auf die Gemeinschaft getroffen und ausgeführt werden. Im Einzelfall kann aus der Treuepflicht sogar der **Verzicht** auf die **Verjährungseinrede** geboten sein.[34]   56

V. Rechtsschutz gegen bauliche Veränderung

Während **bauliche Veränderungen** nach § 22 WEG aF stark reglementiert waren, eröffnet § 20 Abs. 1 WEG   57 nunmehr die Möglichkeit, durch einfache Stimmenmehrheit auch bauliche Veränderungen zu beschließen. Der einzelne Eigentümer wird daher weitaus mehr als bisher auch bauliche Änderungen am Gemeinschaftseigentum hinzunehmen haben, wenn dies mehrheitlich gewünscht wird.

Allerdings sind zum Schutze des einzelnen Eigentümers gem. § 20 Abs. 4 WEG solche baulichen Veränderungen nicht möglich, die die Wohnanlage **grundlegend** umgestalten oder einen Eigentümer ohne sein Einverständnis gegenüber anderen **unbillig** benachteiligen. Zudem ist der einzelne Eigentümer in der Regel von einer Kostentragung ausgeschlossen, § 21 WEG (→ *Kosten und Nutzungen der baulichen Veränderungen* Rn. 5 ff.).

146. Miteigentum (an mehreren Grundstücken)

Hofele

Nach § 1 Abs. 4 WEG[1] können Wohnungseigentum und Teileigentum nicht in der Weise begründet werden,   1 dass das Sondereigentum mit Miteigentum an mehreren Grundstücken verbunden wird. Die Norm gilt seit 1973. Für die Zeit davor enthält Art. 3 § 1 des Gesetzes zur Änderung des Wohnungseigentumsgesetzes und der Verordnung über das Erbbaurecht[2] mehrere Übergangsvorschriften. Diese Regelung gehört systematisch in den Kontext der Begründung von Wohnungseigentum.[3]

---

30 *Bub* ZWE 2000, 194; vgl. auch OLG Düsseldorf 1.12.2006 – 3 Wx 194/06, NZM 2007, 525.
31 Auch BeckOK WEG/*Müller* 42. Edition § 15 Rn. 26.
32 Bei BeckOK WEG/*Müller* § 10 Rn. 99 f. oder *Elzer* MDR 2015, 1050.
33 BeckOK WEG/*Müller* § 10 Rn. 652 f.; zur Frage der Haftung siehe auch BGH 10.2.2017 – V ZR 166/16, BeckRS 2017, 109303.
34 OLG Düsseldorf 5.12.2008 – 3 Wx 158/08, NZM 2009, 362; ebenso LG München I 6.2.2014 – 36 S 9481/13 WEG, BeckRS 2014, 16190; krit. *Schmid* DWE 2012, 92.
1 Durch das Wohnungseigentumsmodernisierungsgesetz – WEMoG vom 16.10.2020, BGBl. 2020 I 2187, unverändert geblieben.
2 Vom 30.7.1973, BGBl. I 1973 910.
3 Bärmann/*Armbrüster* WEG § 1 Rn. 51.

I. Überblick

2   Jede Gemeinschaft der Wohnungseigentümer kann nur „auf" einem Grundstück gegründet werden, umgekehrt gilt aber auch: Für jedes Grundstück kann es nur eine Gemeinschaft der Wohnungseigentümer geben.[4] Die **Teilfläche** eines Grundstücks kann nicht Wohnungseigentumsgrundstück sein.[5]

Also gilt: „Eines für Eine, Eine für Eines" (frei nach *Alexandre Dumas*) und auch: „Ganz oder gar nicht".

II. Grundstück

3   Wohnungseigentum kann nur an einem Grundstück im Rechtssinne begründet werden.[6] Ein **Grundstück** im Rechtssinne ist – unabhängig von der Nutzungsart – ein räumlich abgegrenzter Teil der Erdoberfläche, der im Bestandsverzeichnis eines Grundbuchblattes unter einer besonderen Nummer oder nach § 3 Abs. 5 GBO gebucht ist.[7]

4   Mehrere Grundstücke müssen vereinigt (§ 890 Abs. 1 BGB) bzw. ein Grundstück einem anderen zugeschrieben werden (§ 890 Abs. 2 BGB), bevor daran Wohnungs- bzw. Teileigentum gebildet werden kann.[8]

5   An selbstständigem Gebäudeeigentum (nach dem ZGB der DDR) ist Wohnungseigentum nicht begründbar.[9]

6   Die Erklärung der Teilung nach § 8 WEG[10] setzt aber nicht voraus, dass das Grundstück im grundbuchrechtlichen Sinne schon besteht. Es genügt, dass sich die Erklärung auf einen bestimmten räumlich abgegrenzten Teil der Erdoberfläche (ein „Wirtschaftsgrundstück") bezieht, der als Grundstück im grundbuchrechtlichen Sinn eingetragen werden kann und soll.[11]

III. Sonderfall: Überbau

7   Bei einem Grenzüberbau sind mehrere Grundstücke betroffen. Reicht zum Beispiel der Platz auf dem (Stamm-)Grundstück nur für die Einfahrt für eine Tiefgarage, kann der Eigentümer mit dem Nachbarn vereinbaren, dass dieser gestattet, die Tiefgarage auf dem Nachbargrundstück zu bauen. Es liegt dann ein rechtmäßiger, anfänglich gestatteter Überbau vor. Beide Bauteile bilden ein **einheitliches Gebäude**. Die Tiefgarage wird zum wesentlichen Bestandteil des Stammgrundstücks bzw. Scheinbestandteil des überbauten (Nachbar-)Grundstücks (§ 95 Abs. 1 S. 2 BGB). Unerheblich sind dabei Größe und wirtschaftliche Bedeutung des überbauten Grundstücks im Verhältnis zum Stammteil.[12] Der Eigentümer des Stammgrundstückes kann Teileigentum an der Tiefgarage begründen.

8   Das Gleiche gilt bei einem nach § 912 Abs. 1 BGB entschuldigten Überbau.[13]

9   Ein Überbau liegt indes nicht vor, wenn ein einheitliches Bauwerk sich ausschließlich auf einem benachbarten Grundstück befindet.[14]

10   Beim „überhängenden Überbau" ist die Begründung von Wohnungseigentum ohne Weiteres möglich, weil der überhängende Bauteil – etwa ein Erker oder Balkon – demjenigen gehört, von dessen Gebäude der Überhang ausgeht, da er nur mit dessen Grund und Boden **fest verbunden** ist (§ 94 Abs. 1 BGB); dass sich der betreffen-

---

4   *Hügel/Elzer* WEG § 1 Rn. 32.
5   *Hügel/Elzer* WEG § 1 Rn. 32 mwN.
6   Bärmann/*Armbrüster* WEG § 3 Rn. 12.
7   Palandt/*Herrler* BGB Überbl. Vor § 873 Rn. 1 mwN.
8   OLG München 20.9.2011 – 34 Wx 373/11 BeckRS 2011, 24206; OLG Frankfurt a. M. 12.12.2005 – 20 W 304/05, BeckRS 2006, 12460.
9   OLG Jena 8.11.95 – 6 W 215/95, DtZ 1996, 88 mwN zum Hintergrund und Meinungsstand.
10   Insoweit hat sich durch das WEMoG nichts geändert. § 8 Abs. 1, Abs. 2 S. 1 WEG aF wurden nur (u.a. sprachlich) angepasst; § 8 Abs. 2 S. 2 WEG aF wurde aufgehoben, weil sich der Wirksamkeitszeitpunkt der Aufteilung nunmehr aus § 9 a Abs. 1 S. 2 WEG ergibt, BT-Drs. 19/18791, 43.
11   OLG Saarbrücken 8.7.1971 – 5 W 59/71 BeckRS 9998, 60937.
12   OLG Stuttgart 5.7.2011 – 8 W 229/11, BeckRS 2011, 19281; kritisch dazu *Wagner* IMR 2011, 428; Bärmann/*Armbrüster* WEG § 1 Rn. 58.
13   Bärmann/*Armbrüster* WEG § 1 Rn. 58.
14   Bärmann/*Armbrüster* WEG § 1 Rn. 57.

Hofele

de Bauteil nicht über dem aufzuteilenden Grundstück befindet, ist hier unerheblich.[15] Das gilt unabhängig davon, ob der Grenzüberbau rechtmäßig oder entschuldigt ist.[16]

IV. Eigengrenzüberbau

Überbaut ein Eigentümer zwei seiner Grundstücke (sog. Eigengrenzüberbau), ist § 912 Abs. 1 BGB analog anwendbar. Welches der beiden Grundstücke als **Stammgrundstück** iSv § 912 BGB anzusehen ist, richtet sich grundsätzlich nach den Absichten des Erbauers.[17] Der Nachweis über die Zuordnung zum Stammgrundstück kann durch Bestellung einer Grunddienstbarkeit erfolgen. Alternativ steht es dem Eigentümer offen, eine Erklärung in der Form des § 29 GBO beim Grundbuchamt einzureichen.[18]

Auch in diesem Fall steht § 1 Abs. 4 WEG einer Begründung von Sondereigentum nicht entgegen: Errichtet der Eigentümer auf zwei benachbarten Grundstücken zwei Wohnhäuser mit einer gemeinsamen Tiefgarage, die nur über ein Grundstück zu erreichen ist, hindert das nicht die Begründung von Sondereigentum an den Stellplätzen. Nicht notwendig ist nämlich, dass **Sondereigentum** und Gemeinschaftseigentum über das gleiche Grundstück erreichbar sein müssen; es reicht vielmehr auch ein Zugang vom Nachbargrundstück aus. Es ist wohnungseigentumsrechtlich unbedenklich, wenn der Zugang zu den Stellplätzen über eine durch das Nachbargrundstück gehende Tiefgarage führt. Auch die einheitliche gemeinsame Versorgung zweier Grundstücke (zB Strom, Wasser) steht dem Erfordernis der Abgeschlossenheit nicht entgegen. Dies ist über die Bestellung von Grunddienstbarkeiten zu regeln. Maßgeblich ist aber, dass sich der Stellplatz unter genauer Einhaltung der Grundstücksgrenze auf dem Grundstück befindet, auf welches sich die Teilungserklärung bezieht.[19]

V. Sonderfall: Nachbarwand

Eine Nachbarwand (Kommunmauer, Giebelmauer oder halbscheidige Giebelwand) stellt einen besonderen Fall des Überbaus dar. Die Kommunmauer dient den Gebäuden auf beiden Grundstücken zum Anbau. Dies ist kein Fall des § 1 Abs. 4 WEG.

Die Nachbarwand ist eine Mauer, welche von einem Grundstückseigentümer – nicht notwendig genau zur Hälfte – auf seinem und auf dem Nachbargrundstück errichtet wurde und dazu bestimmt ist, von jedem der beiden Nachbarn in Richtung auf sein eigenes Grundstück benutzt zu werden. Mit dem Anbauen von dem überbauten Grundstück aus wird die Mauer eine **gemeinschaftliche Grenzeinrichtung** iSv § 921 BGB. Es entsteht – in Umwandlung einer eventuell bisher anderen Eigentumslage – Miteigentum beider Grundstückseigentümer an der Mauer. Das gilt sowohl im Fall des entschuldigten (nicht vorsätzlich oder grob fahrlässigen) Überbaus als auch im Fall des unentschuldigten Überbaus.[20]

Das Gemeinschaftseigentum erstreckt sich hier nur auf die Mauer und nicht auf den fremden Grundstücksstreifen, auf dem sie (auch) steht. Ein Widerspruch zu § 1 Abs. 4 WEG ergibt sich daher nicht.[21]

VI. Nachträgliche Veränderungen am aufgeteilten Grundstück

1. Veräußerungen. Wie jeder Eigentümer kann auch die Gemeinschaft der Wohnungseigentümer eine Teilfläche des gemeinschaftlichen Grundstücks gem. §§ 873, 925 Abs. 1 BGB veräußern. Die Veräußerung eines Teils des gemeinschaftlichen Grundstücks ist eine Veränderung der sachenrechtlichen Grundlagen der Gemeinschaft, die keine Verwaltung iSv § 19 Abs. 1 WEG[22] darstellt. Für die Begründung einer schuldrechtlichen Pflicht zur **Mitwirkung** der Wohnungseigentümer an einer solchen Änderung besteht keine Beschluss-

11

12

13

14

15

16

---

15   OLG Karlsruhe 23.10.2012 – 14 Wx 7/11, BeckRS 2013, 14506.

16   KG 23.7.2015 – 1 W 759/15 BeckRS 2015, 13639.

17   BGH 23.2.1990 – V ZR 231/88 NJW 1990, 1791.

18   Bärmann/*Armbrüster* WEG § 1 Rn. 60, kritisch zum vorgenannten Urteil.

19   LG München I 5.8.1988 – 1 T 11 893/88, MittBayNot 1988, 237.

20   BGH 17.1.2014 – V ZR 292/12, BeckRS 2014, 4356.

21   Bärmann/*Armbrüster* WEG § 1 Rn. 63.

22   Bisher § 21 Abs. 3 WEG aF. § 19 Abs. 1 WEG Vorschrift entspricht hinsichtlich der Verwaltung inhaltlich dem § 21 Abs. 3 WEG aF, hinsichtlich der Benutzung dem bisherigen § 15 Abs. 2 WEG aF, BT-Drs. 19/18791, 60.

kompetenz und sie kann auch nicht Gegenstand einer – den Sondernachfolger bindenden – Vereinbarung iSv § 10 Abs. 2 S. 1 WEG[23] sein.[24] Mithin müssen alle Eigentümer in der Form des § 4 WEG mitwirken. Etwaige Vollmachten müssen dem Handelnden in der Form des § 29 GBO von allen anderen Eigentümern erteilt werden.[25]

17　Davon abzugrenzen ist aber die Frage, ob Maßnahmen, die eine Änderung der sachenrechtlichen Grundlagen **vorbereiten sollen**, zur Verwaltung im Sinne des Wohnungseigentumsgesetzes gehören und mehrheitlich beschlossen werden können. Dies ist möglich.[26]

18　**2. Hinzuerwerb von Flächen.** Auch bei Hinzuerwerb einer Fläche müssen alle Wohnungs- und Teileigentümer in ihrer Eigenschaft als künftige gemeinschaftliche Miteigentümer mitwirken.[27] Soll diese Fläche dem Grundstück gem. § 890 BGB hinzugefügt werden, muss der Erwerb durch alle Wohnungseigentümer im Verhältnis ihrer Miteigentumsanteile erfolgen.[28] Falls erforderlich, müssen zunächst **gleiche Eigentumsverhältnisse** hergestellt werden.[29] Unterbleibt die Vereinigung oder Zuschreibung nach § 890 BGB, erlangen die Wohnungseigentümer Miteigentum nach § 1008 ff. BGB, aber kein Gemeinschaftseigentum nach § 1 Abs. 5 WEG.[30] Solange das erworbene Grundstück nicht mit dem ursprünglich von der Teilungserklärung betroffenen Grundbesitz vereinigt und die Teilungserklärung entsprechend geändert worden ist, gehört es einer anderen Bruchteils- oder Miteigentümergemeinschaft. Bis dahin können die Eigentümer keine Gebrauchsregelung nach §§ 10 Abs. 1 S. 2, 19 WEG[31] hierfür fassen.[32]

19　Erwirbt die Gemeinschaft der Wohnungseigentümer ein Grundstück,[33] kommt eine Vereinigung oder Zuschreibung nicht in Betracht. Denn es handelt sich nicht um denselben Eigentümer.[34]

147. Mitgebrauch

Mehle

I. Einführung

1　Das Recht der Sondereigentümer zum Mitgebrauch des gemeinschaftlichen Eigentums ergibt sich direkt aus dem Gesetz. Nach § 16 Abs. 1 S. 3 WEG ist **jeder Eigentümer** zum **Mitgebrauch** des gemeinschaftlichen Eigentums (→ *Gemeinschaftliches Eigentum* Rn. 1 ff.) nach Maßgabe des § 14 WEG berechtigt, wozu selbstverständlich auch die gemeinschaftlichen Flächen gehören. Dieses Recht besteht für jeden Sondereigentümer unabhängig von der Größe seines Miteigentumsanteils (→ *Gebrauch des gemeinschaftlichen Eigentums* Rn. 1).

23　Bisher 10 Abs. 2 S. 3 WEG aF.

24　BGH 20.9.2019 – V ZR 258/18, BeckRS 2019, 28810 Rn. 12; BGH 12.4.2013 – V ZR 103/12, BeckRS 2013, 9267 Rn. 8; BGH 18.3.2016 – V ZR 75/15, BeckRS 2016, 7519 Rn. 17.

25　*Hügel/Elzer* WEG § 1 Rn. 38.

26　BGH 20.9.2019 – V ZR 258/18 BeckRS 2019, 28810; kritisch, aber für den konkreten Fall zustimmend: *Elzer* IMR 2020, 23; zustimmend: *Bub/Pramataroff* FD-MietR 2019, 422592.

27　*Hügel/Elzer* WEG § 1 Rn. 40.

28　OLG Zweibrücken 8.2.1990 – 3 W 163/89 BeckRS 9998, 09283.

29　*Hügel/Elzer* WEG § 1 Rn. 42.

30　Insofern durch das WEMoG unverändert.

31　Der bisherige § 15 Abs 1 WEG aF ist in § 10 WEG aufgegangen, BT-Drs. 19/18791, 50. § 19 WEG betrifft die Regelung der Verwaltung und Benutzung durch Beschluss und tritt hinsichtlich der Verwaltung an die Stelle des § 21 WEG aF und hinsichtlich der Benutzung an die Stelle des § 15 Abs. 2 WEG aF, BT-Drs. 19/18791, 60.

32　OLG Frankfurt a. M. 30.11.2005 – 20 W 449/02, BeckRS 2006, 12465.

33　Zur Beschlusskompetenz hierfür BGH 18.3.2016 – V ZR 75/15, BeckRS 2016, 7519.

34　*Hügel/Elzer* WEG § 1 Rn. 44.

II. Grundsatz

Das Recht zum **Mitgebrauch** umfasst das **Recht jedes Wohnungseigentümers**, persönliche Gebrauchsvorteile aus dem gemeinschaftlichen Eigentum zu ziehen. Dazu zählt primär das Recht, das gemeinschaftliche Eigentum tatsächlich selbstnützig zu verwenden. Damit sind insbesondere das Gehen, Laufen, Schlafen, Spielen, Treten und Wohnen in den gemeinschaftlichen Räumen sowie auf den gemeinschaftlichen Flächen gemeint. Nicht dazu zählen die Verwaltung, Instandhaltung und -setzung (Erhaltung) oder bauliche Maßnahmen am gemeinschaftlichen Eigentum.

III. Vermietung/Verpachtung

Zum Mitgebrauch des gemeinschaftlichen Eigentums zählt allerdings auch die **Vermietung** oder **Verpachtung** von Flächen oder Räumen, die im gemeinschaftlichen Eigentum stehen (→ *Vermietung des gemeinschaftlichen Eigentums* Rn. 1 ff.). Das gemeinschaftliche Eigentum, das zum Gebrauch des Sondereigentums notwendig ist, ist auch ohne besondere Erwähnung im Mietvertrag über ein Sondereigentum **stets mitvermietet**.[1] Der Mieter nimmt mit dem Gebrauch des Gemeinschaftseigentums das Miteigentum der anderen Wohnungseigentümer in Anspruch. Hierzu ist der Mieter berechtigt, weil jeder Sondereigentümer – vorbehaltlich abweichender Vereinbarungen[2] – nach § 13 Abs. 1 WEG zur Vermietung seines Sondereigentums befugt ist und diese Befugnis auch die Übertragung der Berechtigung zum Mitgebrauch des gemeinschaftlichen Eigentums nach § 16 Abs. 1 S. 3 WEG umfasst. Der Mieter übt in Bezug auf das Gemeinschaftseigentum eine von seinem Vermieter als Miteigentümer abgeleitete Befugnis zur Inanspruchnahme des auch fremden Miteigentums an dem Grundstück aus. Diese reicht allerdings nicht weiter als die Befugnis des Eigentümers, der sie dem Mieter im Rahmen des Mietverhältnisses einräumt.[3] Weil das Recht des Sondereigentümers zum Mitgebrauch des gemeinschaftlichen Eigentums gem. § 16 Abs. 1 S. 3 WEG nur nach Maßgabe des § 14 WEG besteht, kann er dieses Recht auch seinem Mieter nur in dem Maße übertragen.

Verstößt der Mieter gegen eine für das Gemeinschaftseigentum getroffene Gebrauchsregelung, überschreitet er seine Befugnis zu dessen Nutzung und beeinträchtigt – selbst wenn ihm der vermietende Eigentümer **diese Nutzung gestattet** haben sollte – unmittelbar das Eigentum aller anderen Eigentümer.[4] Die Gemeinschaft der Wohnungseigentümer kann von dem Mieter nach § 9 a Abs. 2 WEG iVm § 1004 Abs. 1 BGB Beseitigung oder Unterlassung verlangen.[5]

Hat ein Sondereigentümer (Vermieter) sein Recht auf Mitgebrauch des gemeinschaftlichen Eigentums auf einen Mieter übertragen, so darf er **selbst** das **Gemeinschaftseigentum nicht zusätzlich gebrauchen**, wenn durch den Doppelgebrauch die Rechte der anderen Wohnungseigentümer beeinträchtigt werden.[6] So kann ein Sondereigentümer beispielsweise nicht sein Gebrauchsrecht an einer im Gemeinschaftseigentum stehenden Sauna/Schwimmbad an seinen Mieter übertragen und die Sauna dennoch selbst weiter gebrauchen. Etwas anderes gilt, wenn der vermietende Sondereigentümer selbst eine andere Sondereigentumseinheit der Wohnungseigentumsanlage gebraucht und dadurch ein Mitgebrauchsrecht hat.

IV. Verfahrensweise

Für Ansprüche der Wohnungseigentümer bei Eingriffen in das Mitgebrauchsrecht → *Gemeinschaftliches Eigentum* Rn. 29 ff.

---

1 *Hügel/Elzer,* 3. Aufl. 2021, WEG § 13 Rn. 21 f.
2 Vgl. hierzu BGH 12.4.2019 – V ZR 112/18, NJW 2019, 2083.
3 Vgl. *Jacoby* ZWE 2012, 70.
4 BGH 25.10.2019 – V ZR 271/18, BeckRS 2019, 31522; mit Anm. *Elzer* IMR 2020, 2115.
5 *Hügel/Elzer,* 3. Aufl. 2021, WEG § 16 Rn. 21.
6 *Hügel/Elzer,* 3. Aufl. 2021, WEG § 13 Rn. 24.

148. Modernisierende Instandsetzung

Mediger

I. Einführung

1 Die „modernisierende Instandsetzung" ist eine von der Rechtsprechung entwickelte Kategorie, die der Gesetzgeber ohne inhaltliche Änderung mit der WEG-Reform 2007 in § 22 Abs. 3 WEG aF aufgenommen hat. Mit der WEG-Reform 2020 wurden die baulichen Veränderungen in §§ 20 und 21 WEG neu geregelt (→ *Bauliche Veränderungen* Rn. 1). In diesem Zusammenhang ist § 22 Abs. 3 WEG aF entfallen. Dennoch sollte die Kategorie der „modernisierenden Instandsetzung" weiterhin als Maßnahme der ordnungsmäßigen Erhaltung gem. § 19 Abs. 2 Nr. 2 WEG eingestuft werden und nicht als bauliche Veränderung iSd § 20 WEG (→ *Bauliche Veränderungen* Rn. 1).[1] Der Begriff der Instandsetzung wurde **erweitert**. Während die Instandhaltung und Instandsetzung im engeren Sinn der Erhaltung eines bestehenden oder der Wiederherstellung eines früher bestehenden ordnungsmäßigen Zustands dient, darf die modernisierende Instandsetzung Maßnahmen umfassen, die darüber hinaus gehen, wenn die Neuerung eine **technisch bessere** oder **wirtschaftlich sinnvollere** Lösung darstellt.[2] Obwohl die WEG-Reform 2020 die Begriffe „Instandhaltung und Instandsetzung" nunmehr durch den neuen zusammenfassenden Terminus „Erhaltung" ersetzt (§ 13 Abs. 2, § 19 Abs. 2 Nr. 2 WEG), soll im Folgenden weiterhin von der „modernisierenden Instandsetzung" die Rede sein, weil die hier zu erörternde Rechtsfigur unter diesem Namen entstanden ist.

2 Sinn und Zweck der modernisierenden Instandsetzung ist die **Werterhaltung**.[3] Wären die Wohnungseigentümer gezwungen, veraltete technische Anlagen immer wieder zu reparieren oder durch eine Anlage gleicher Bauart, jedoch mit überholtem technischem Standard, zu ersetzen, bestünde die Gefahr, dass ein Gebäude, welches zum Zeitpunkt der Errichtung einen mittleren Wohnwert aufwies, allmählich zu einer Anlage mit unterem Wohnkomfort absinkt mit negativen Auswirkungen auf den Wohn- und Verkehrswert der einzelnen Wohnungen. Insofern trägt die modernisierende Instandsetzung einem ähnlichen Anliegen Rechnung wie die Modernisierung (→ *Modernisierung* Rn. 2) iSd vor der WEG-Reform 2020 geltenden § 22 Abs. 2 WEG aF. Letztere erfordert jedoch eine qualifizierte Mehrheit (→ *Modernisierung* Rn. 80), während für die modernisierende Instandsetzung nur die einfache Mehrheit benötigt wird. Zum Ausgleich für die geringeren Anforderungen an die Beschlussmehrheit unterliegt die modernisierende Instandsetzung allerdings bestimmten Restriktionen: Sie setzt einen **Instandsetzungsbedarf** voraus (→ Rn. 3 ff.) und sie muss Einschränkungen hinsichtlich Art und Umfang der zulässigen Modernisierung beachten (→ Rn. 7 ff.), insbesondere eine **Amortisation** der Aufwendungen innerhalb eines angemessenen Zeitraums ermöglichen.

Mit der WEG-Reform 2020 hat sich das Verhältnis zwischen **modernisierender Instandsetzung** und **baulicher Veränderung** verschoben. Beide Maßnahmen können künftig mit der Mehrheit der abgegebenen Stimmen beschlossen werden, § 19 Abs. 1, Abs. 2 Nr. 2 und § 20 Abs. 1 WEG. Unterschiedliche Regelungen gelten jedoch für die Nutzungen und Kosten. Während diese bei Maßnahmen der ordnungsmäßigen Verwaltung, zu denen auch die modernisierende Instandsetzung gehört, auf alle Wohnungseigentümer nach dem Verhältnis ihres Miteigentumsanteils entfallen, trifft das bei baulichen Veränderungen nur dann zu, wenn entweder die in § 21 Abs. 2 Nr. 1 oder die in § 21 Abs. 2 Nr. 2 WEG genannten Voraussetzungen vorliegen. Das ist der Fall, wenn der Beschluss mit mehr als zwei Dritteln der abgegebenen Stimmen und der Hälfte aller Miteigentumsanteile beschlossen wurde und die bauliche Veränderung nicht mit unverhältnismäßigen Kosten verbunden ist (§ 21 Abs. 2 Nr. 1 WEG) oder wenn sich die Kosten innerhalb eines angemessenen Zeitraums amortisieren

---

1 *Hügel/Elzer*, 3. Aufl. 2021, WEG § 19 Rn. 71 ff.
2 BGH 14.12.2012 – V ZR 224/11, ZWE 2013, 172 Rn. 10; *Bärmann/Merle* WEG § 21 Rn. 123 mwN.
3 BGH 14.12.2012 – V ZR 224/11, ZWE 2013, 172 Rn. 10; *Sauren* WEG § 22 Rn. 17.

(§ 21 Abs. 2 Nr. 2 WEG). In allen anderen Fällen tragen nur die Wohnungseigentümer die Kosten, welche die bauliche Veränderung verlangt (§ 21 Abs. 1 WEG) oder beschlossen (§ 21 Abs. 3 WEG) haben. Nur ihnen stehen die Nutzungen zu. Wegen der Differenzen bei den Bestimmungen zu Kosten und Nutzungen bleibt daher die zutreffende Abgrenzung zwischen der modernisierenden Instandsetzung und der baulichen Veränderung nach wie vor von Bedeutung.[4]

II. Instandsetzungsbedarf

Ebenso wie bei der Instandsetzung im engeren Sinne ist auch bei der modernisierenden Instandsetzung nach ganz herrschender Meinung erforderlich, dass ein **Instandsetzungsbedarf** bestehen muss.[5] In der Literatur wird zT die Auffassung vertreten, dass über die hM hinaus auch ohne Vorliegen eines Instandsetzungsbedarfs die **Schaffung eines zeitgemäßen Standards** ordnungsmäßiger Instandsetzung entspreche, wenn sich dieser als üblicher Standard durchgesetzt habe, wie etwa der Anschluss an das Breitbandkabelnetz.[6] Das LG Frankfurt a.M. hat Sympathie für diese Ansicht gezeigt, die Frage aber letztlich offengelassen.[7] **3**

Der Instandsetzungsbedarf muss ein gewisses **Gewicht** aufweisen.[8] So rechtfertigen zB Feuchtigkeitsschäden in 5 von 81 Wohnungen, die „lokal" beseitigt werden können, nicht die umfassende Sanierung der gesamten Fassade im Wege der modernisierenden Instandsetzung.[9] Das gilt auch für den Ersatz sämtlicher Glasbausteinfelder durch Fenster, wenn von 10 Glasbausteinfeldern nur 2 defekt sind.[10] **4**

Der Instandsetzungsbedarf setzt nicht voraus, dass die Anlage bereits ausgefallen oder funktionsunfähig geworden ist; es genügt vielmehr, dass der Schadenseintritt „absehbar" ist.[11] Allerdings reicht der bloße Hinweis auf das **„Alter"** der Anlage nicht aus.[12] Dazu kommen müssen konkrete Anhaltspunkte für den baldigen **Erneuerungsbedarf** wie zB gestiegene Reparaturanfälligkeit oder die in Kürze bevorstehende Notwendigkeit, den Heizungskessel auszutauschen, um die Vorgaben der EnEV (seit 1.11.2020 abgelöst durch das Gebäudeenergiegesetz – GEG) zu erfüllen.[13] **5**

Der die Instandsetzung auslösende Mangel muss das **Gemeinschaftseigentum** betreffen. Zutreffend hat daher das OLG Hamm die Umstellung von reparaturbedürftigen Nachtspeicherstromanlagen, die sich im Sondereigentum der einzelnen Wohnungseigentümer befanden, auf eine neue zentrale Heizanlage nicht als modernisierende Instandsetzung bewertet.[14] **6**

III. Art und Umfang der zulässigen Modernisierung

Die Maßnahme muss eine technisch bessere oder wirtschaftlich sinnvollere Lösung darstellen, wobei der Maßstab eines vernünftigen, wirtschaftlich denkenden und erprobten Neuerungen gegenüber aufgeschlossenen Hauseigentümers nicht zu eng an dem bestehenden Zustand ausgerichtet werden darf.[15] Damit kommen grundsätzlich alle Modernisierungen iSd § 22 Abs. 2 WEG aF in Betracht, jedoch nur mit einer wesentlichen Einschränkung: Bei § 22 Abs. 2 WEG aF muss die Maßnahme lediglich eine **sinnvolle Neuerung** sein,[16] wobei der erzielbare Vorteil nicht notwendigerweise **finanzieller Natur** zu sein hat (→ *Modernisierung* Rn. 77).[17] Bei der modernisierenden Instandsetzung spielen hingegen wirtschaftliche Aspekte eine weit größe- **7**

4 *Hügel/Elzer*, 3. Aufl. 2021, WEG § 19 Rn. 72.
5 BGH 14.12.2012 – V ZR 224/11, ZWE 2013, 172 Rn. 10; BeckOK WEG/*Elzer* § 22 Rn. 269.
6 Bärmann/*Merle* WEG § 22 Rn. 367; *Bub* ZWE 2008, 205 (207).
7 LG Frankfurt a.M. 3.11.2011 – 2–13 S 43/10, WE 2012, 37.
8 BeckOK WEG/*Elzer* § 22 Rn. 269.
9 OLG Schleswig 8.12.2006 – 2 W 111/06, NZM 2007, 650.
10 LG Saarbrücken 28.3.2013 – 5 S 182/12, ZWE 2013, 421.
11 LG Hamburg 17.12.2008 – 318 S 91/08, ZMR 2009, 314; LG Nürnberg-Fürth 28.7.2010 – 14 S 438/10 WEG, ZWE 2010, 466; Bärmann/*Merle* WEG § 22 Rn. 367.
12 OLG Düsseldorf 8.10.1997 – 3 Wx 352/97, ZMR 1998, 185: bei einer 13 Jahre alten Heizungsanlage.
13 LG Nürnberg-Fürth 28.7.2010 – 14 S 438/10 WEG, ZWE 2010, 466.
14 OLG Hamm 26.5.1994 – 5 U 220/93, NJW-RR 1995, 909.
15 BGH 14.12.2012 – V ZR 224/11, ZWE 2013, 172 Rn. 10.
16 BGH 18.2.2011 – V ZR 82/10, NZM 2011, 281 Rn. 9.
17 BGH 14.12.2012 – V ZR 224/11, ZWE 2013, 172 Rn. 18.

re Rolle; von besonderer Bedeutung ist hier eine **Kosten-Nutzen-Analyse**.[18] Nur dann, wenn sich die Mehraufwendungen innerhalb eines angemessenen Zeitraums (→ Rn. 8) amortisieren, halten sich die Maßnahmen noch im Rahmen der modernisierenden Instandsetzung. Bei einer Kosten-Nutzen-Analyse ist zunächst zu ermitteln, welche Kosten die bloße Wiederherstellung des früheren Zustands – zB Reparatur oder Ersatz des defekten Heizkessels – verursachen würde. Dem sind die Kosten für die geplante neue Anlage (zB Umstellung von Öl- auf Gasheizung oder Anschluss an das Fernwärmenetz) gegenüber zu stellen. Die Differenz zwischen beiden Varianten ergibt die Höhe der investiven Mehrkosten. Anschließend ist zu untersuchen, welche sonstigen Parameter sich bei den zu analysierenden Varianten positiv oder negativ unterscheiden, zB der Aufwand für **Wartung und Unterhaltung** sowie die Einsparung von **Energiekosten**. Ergibt sich innerhalb eines angemessenen Zeitraums ein positiver Saldo, sind die Anforderungen an die Wirtschaftlichkeit der modernisierenden Instandsetzung erfüllt. Beispiele für solche Berechnungen finden sich in den Urteilen des LG Nürnberg-Fürth[19] und des LG Bremen.[20] Da die Aufwendungen und die Einsparungen idR zu unterschiedlichen Zeitpunkten anfallen, müsste eine betriebswirtschaftlich exakte Analyse eigentlich sämtliche Posten vergleichbar machen durch Abzinsung auf einen einheitlichen Zeitpunkt. In den Entscheidungen der Gerichte spielt dieser Aspekt allerdings keine Rolle, so dass er in der Praxis eher zu vernachlässigen sein dürfte. Dafür spricht auch, dass die Zinssätze aktuell sehr gering sind und dass der Abzinsungseffekt für Einsparungen zB von Energie, die erst in späteren Jahren anfallen, durch Preissteigerungen kompensiert werden dürfte. Im Zweifel empfiehlt sich die Einschaltung eines Sachverständigen.

8 Die Frage, was als **angemessener Zeitraum** für die **Amortisation** anzusehen ist, wird unterschiedlich beantwortet. Überwiegend wird ein Zeitraum von **10 Jahren** genannt,[21] zT versehen mit dem Zusatz „in der Regel",[22] was im Einzelfall auch längere Zeiträume zulässt.[23] Einige Autoren halten die Begrenzung auf 10 Jahre für zu eng und plädieren für eine Spanne von 10 bis 15 Jahren[24]oder sogar 10 bis 20 Jahren.[25] Dieser Meinungsstand ist unbefriedigend, weil keine Kriterien für die richtige Bemessung des Amortisationszeitraums im Einzelfall erkennbar sind. Ein sinnvoller Anknüpfungspunkt für Differenzierungen könnte die **voraussichtliche Nutzungsdauer** der neuen Anlage sein. Liegt diese bei 20 Jahren oder darunter, sollte es bei der maximalen Amortisation innerhalb von 10 Jahren bleiben, damit sich für die Gesamtrechnung noch ein spürbarer Vorteil ergibt. Überschreitet die voraussichtliche Nutzungsdauer 20 Jahre, sollte die Amortisation innerhalb der Hälfte der Nutzungszeit erfolgen, maximal in 15 Jahren. Eine solche Obergrenze ist zweckmäßig, weil die Daten, welche in die Amortisationsrechnung einfließen (Energiepreise, Handwerkerlöhne) mit jeder Ausdehnung der Betrachtungsspanne immer unsicherer werden.[26]

Im Rahmen der WEG-Reform 2020 hat sich der Gesetzgeber auch mit dem Thema „**Amortisation**" befasst, und zwar in § 21 Abs. 2 Nr. 2 WEG. Bei baulichen Veränderungen, deren Kosten sich innerhalb eines angemessenen Zeitraums amortisieren, sollen die Kosten von allen Wohnungseigentümern anteilig getragen werden und die Nutzungen allen gemeinsam zustehen. In der Regierungsbegründung wird dazu ausgeführt, dass der in der Rechtsprechung zur modernisierenden Instandsetzung entwickelte Zeitraum von in der Regel 10 Jahren „nicht statisch zu übertragen" sei.[27] Der Zeitraum könne in Abhängigkeit von der konkreten Maßnahme auch überschritten werden, etwa um sinnvolle Maßnahmen der energetischen Sanierung auf Kosten aller Wohnungseigentümer zu ermöglichen. Eine solche Privilegierung bestimmter ökologischer Maßnahmen durch Ausdehnung des Zeitraums der angemessenen Amortisation ist jedoch mit Skepsis zu bewerten, denn das Kri-

---

18 BGH 14.12.2012 – V ZR 224/11, ZWE 2013, 172 Rn. 10.

19 LG Nürnberg-Fürth 28.7.2010 – 14 S 438/10 WEG, ZWE 2010, 466: Umstellung Ölheizung auf Fernwärme.

20 LG Bremen 10.7.2015 – 4 S 318/10, ZMR 2015, 776: Ersatz hölzerner Balkonbrüstungen durch solche aus Stahl und Glas.

21 BGH 14.12.2012 – V ZR 224/11, ZWE 2013, 172 Rn. 10, 17; LG Bremen 10.7.2015 – 4 S 318/10, ZMR 2015, 776; LG Saarbrücken 28.3.2013 – 5 S 182/12, ZWE 2013, 421; Bärmann/*Merle* WEG § 21 Rn. 124; Staudinger/*Lehmann-Richter* WEG § 22 Rn. 126; *Sauren* WEG § 22 Rn. 17 b.

22 BGH 14.12.2012 – V ZR 224/11, ZWE 2013, 172 Rn. 10.

23 BeckOK WEG/*Elzer* § 22 Rn. 267; *Elzer* ZMR 2018, 166 (168).

24 Spielbauer/Then/*Spielbauer* WEG § 21 Rn. 54.

25 *Hügel/Elzer* WEG § 22 Rn. 103.

26 Aufschlussreich die umfangreichen Berechnungen in LG Nürnberg-Fürth 28.7.2010 – 14 S 438/10 WEG, ZWE 2010, 466.

27 BT-Drs. 19/18791, 69.

terium Amortisation stellt zum Schutz von Wohnungseigentümern, die die Maßnahme ablehnen, auf wirtschaftliche Aspekte ab. Es soll vermieden werden, dass eine knappe Mehrheit unwirtschaftliche Maßnahmen beschließt, die dann von allen Wohnungseigentümern zu finanzieren sind. Dieser Schutzmechanismus sollte nicht aufgeweicht werden durch Vermischung mit Zielen, die an dieser Stelle sachfremd sind. Wer auf Kosten aller Wohnungseigentümer eine energetische Sanierung anstrebt, die sich wirtschaftlich nicht rechnet, sollte sich um die in § 21 Abs. 2 Nr. 1 WEG definierte breite Mehrheit von mehr als zwei Dritteln der abgegebenen Stimmen bemühen.

Eine Kosten-Nutzen-Analyse ist nicht erforderlich, wenn die betreffende Maßnahme – zB Wärmedämmung **9** im Zusammenhang mit einer Fassadensanierung – nach dem GEG (früher EnEV) oder anderen **öffentlich-rechtlichen Bestimmungen vorgeschrieben** ist.[28] Das liegt daran, dass die Maßnahme in einem solchen Fall als erstmalige Herstellung eines ordnungsmäßigen Zustands zu qualifizieren ist (→ *Erstmalige Herstellung eines ordnungsmäßigen Zustands* Rn. 5).

Eine modernisierende Instandsetzung kann nach verbreiteter Ansicht auch dann vorliegen, wenn der ursprüng- **10** liche Zustand des Gebäudes, einschließlich des **äußeren Erscheinungsbildes**, verändert wird,[29] zB bei der Ersetzung eines Flachdachs durch ein Walmdach.[30] Ähnlich äußert sich der BGH im Fall der Veränderung eines Dachvorbaus.[31] Fragen der **Optik** spielen auch in einigen Entscheidungen zu Maßnahmen an der Außenhülle des Gebäudes (→ Rn. 17), an Balkonen (→ Rn. 18), Fenstern (→ Rn. 20) und Solaranlagen (→ Rn. 22) eine Rolle. Unbefriedigend ist, dass die Gerichte bei der Beschäftigung mit den Auswirkungen einer modernisierenden Instandsetzung auf das äußere Erscheinungsbild keine Aussage dazu treffen, welche Norm sie als Prüfkriterium heranziehen.

Bei Modernisierungen iSd § 22 Abs. 2 WEG aF, die eine qualifizierte Mehrheit benötigen, darf die **Eigenart** **11** **der Wohnanlage** nicht geändert werden. Eine nachteilige Veränderung des optischen Gesamteindrucks kann dabei eine erhebliche Bedeutung erlangen (→ *Modernisierung* Rn. 54 ff.). Unterhalb der Schwelle des § 22 Abs. 2 WEG aF gelten gem. § 22 Abs. 1 iVm § 14 Nr. 1 WEG aF deutlich schärfere Anforderungen an die Zulässigkeit von optischen Eingriffen in das Gemeinschaftseigentum. Nach § 14 Nr. 1 WEG aF ist eine wesentliche oder deutlich sichtbare Änderung des optischen Erscheinungsbildes eines Gebäudes stets nachteilig, unabhängig von der Verkehrsanschauung und dem Zeitgeschmack.[32] Die modernisierende Instandsetzung ist weder eine bauliche Veränderung iSd § 22 Abs. 1 WEG aF noch eine Modernisierung iSd § 22 Abs. 2 WEG aF. Für sie ist daher keine dieser Bestimmungen direkt anwendbar. Dennoch muss die Optik auch im Rahmen der modernisierenden Instandsetzung als Kriterium in das Prüfraster aufgenommen werden. Würde man dabei auf § 14 Nr. 1 WEG aF abstellen, wären klassische Maßnahmen der modernisierenden Instandsetzung wie zB nachträgliche Wärmedämmung, Veränderungen am Dach (→ Rn. 17) und Ersatz von hölzernen Balkonbrüstungen durch solche aus Stahl und Glas (→ Rn. 18) nicht mehr als Maßnahme der ordnungsmäßigen Erhaltung iSd § 19 Abs. 2 Nr. 2 WEG möglich. Daher bietet es sich an, in **Analogie zu § 22 Abs. 2 WEG** aF auf das weniger einschneidende Kriterium „Veränderung der Eigenart der Wohnanlage" abzustellen.

IV. Anspruch auf modernisierende Instandsetzung

Bei einem Reparaturbedarf oder sonstigem Mangel hat jeder Wohnungseigentümer gem. § 18 Abs. 2 Nr. 1 **12** WEG einen Anspruch auf Behebung des Mangels im Rahmen ordnungsmäßiger Verwaltung. Das kann auch einen **Anspruch auf modernisierende Instandsetzung** umfassen.[33] Voraussetzung für einen solchen Anspruch ist aber, dass das **Verwaltungsermessen** der Wohnungseigentümer in der Weise reduziert ist, dass allein die begehrte Verbesserung – und nicht die bloße Reparatur oder eine andere Form der Erneuerung – ordnungsmäßiger Verwaltung entspricht.[34]

---

28 LG Berlin 16.6.2017 – 55 S 76/15 WEG, ZMR 2018, 347; OLG Hamm 18.11.2008 – I-15 Wx 139/08, ZWE 2009, 261.
29 BeckOGK/*Karkmann* WEG § 21 Rn. 81.
30 BayObLG 12.3.1998 – 2Z BR 4/98, NZM 1998, 338; KG 22.12.1993 – 24 W 914/93, NJW-RR 1994, 528.
31 BGH 18.11.2016 – V ZR 49/16, NZM 2017, 328 Rn. 19, 20.
32 BeckOGK/*Karkmann* WEG § 22 Rn. 30 mwN.
33 OLG Schleswig 5.8.2003 – 2 W 144/02, ZMR 2003, 876; *Hügel/Elzer* WEG § 22 Rn. 108.
34 Staudinger/*Lehmann-Richter* WEG § 22 Rn. 127.

V. Beispiele aus der Rechtsprechung

13 **1. Heizungs- und Warmwasseranlagen.** Die Umstellung einer veralteten **Ölzentralheizung**, deren Ausfall bereits absehbar ist, auf **Erdgas**, ist eine modernisierende Instandsetzung,[35] ebenso wie der Wechsel zu **Fernwärme**.[36] Das gilt jedoch nicht, wenn ein alsbaldiger Ausfall der Heizungsanlage nicht wahrscheinlich und eine sofortige Erneuerung der 13 Jahre alten Anlage nicht erforderlich ist.[37] Der Ersatz einer 15 Jahre alten reparaturbedürftigen Heizung durch eine neue Anlage unter Verwendung der sog. **Brennwerttechnik** kann als modernisierende Instandsetzung mit einfacher Mehrheit beschlossen werden.[38] Wenn in einer Wohnanlage bisher keine gemeinschaftliche Heizung vorhanden war, ist die Umstellung der Wärmeversorgung von **Nachtspeicherstrom** auf Gas keine Maßnahme der Instandhaltung des gemeinschaftlichen Eigentums, sondern eine bauliche Veränderung.[39]

14 Der Austausch von **Warmwasserboilern** durch **Frischwassertanks** stellt eine modernisierende Instandsetzung dar.[40] Allerdings sind dabei bestimmte Anforderungen an die Einholung von Vergleichsangeboten zu beachten.[41] Fehlt es an einer Kosten-Nutzen-Analyse, so darf die Umstellung auf zentrale Wasserversorgung nicht als modernisierende Instandsetzung erfolgen.[42]

15 Die Errichtung eines **Blockheizkraftwerks** ist keine modernisierende Instandsetzung.[43]

Zur Frage, ob Blockheizkraftwerke als Modernisierung iSd § 22 Abs. 2 WEG aF zu qualifizieren sind → *Modernisierung* Rn. 23.

16 **2. Fassade, Dach, Kelleroberdecke.** Die Sanierung der Fassade wird häufig mit einer **Wärmedämmung** verbunden. Das ist ein klassisches Anwendungsgebiet für die modernisierende Instandsetzung.[44] Die grundsätzlich auch hier erforderliche **Kosten-Nutzen-Rechnung**[45] entfällt, wenn die Wärmedämmung aufgrund öffentlich-rechtlicher Bestimmungen (GEG; früher EnEV, WärmeSchutzVO) zwingend vorgeschrieben ist.[46] Der energiesparende Effekt ist besonders ausgeprägt bei dem Einsatz eines Wärmedämmverbundsystems, sog. „Thermohaut".[47] Dabei werden im Idealfall neben der Fassade auch die **Kellerdecke**[48] und das **Dach**[49] einbezogen, um Wärmebrücken zu vermeiden. Allerdings steigen bei einem Wärmedämmverbundsystem die Kosten, so dass die modernisierende Instandsetzung an der zu langen Amortisationszeit scheitern kann.[50]

17 Bei Maßnahmen an der Außenhülle des Gebäudes stellt sich die Frage nach den Auswirkungen auf den optischen Gesamteindruck der Anlage. Wie bereits erwähnt (→ Rn. 10) ist die Rechtsprechung insoweit jedenfalls

---

35 LG Koblenz 26.5.2009 – 2 S 52/08, juris Rn. 23; LG Köln 26.11.2009 – 29 S 63/09, ZWE 2010, 278; AG Schöneberg 28.11.2018 – 771 C 47/18, ZMR 2019, 551.

36 OLG Hamburg 21.7.2005 – 2 Wx 18/04, NZM 2006, 27; LG Nürnberg-Fürth 28.7.2010 – 14 S 438/10 WEG, ZWE 2010, 466.

37 OLG Düsseldorf 8.10.1997 – 3 Wx 352/97, ZMR 1998, 185; anders AG Schöneberg 28.11.2018 – 771 C 47/18, ZMR 2019, 551 bei einer funktionsfähigen, aber 28 Jahre alten Ölheizung.

38 AG Ludwigsburg 9.2.2009 – 20 C 2872/08, WuM 2009, 251.

39 OLG Hamm 26.5.1994 – 5 U 220/93, NJW-RR 1995, 909; zur Abgrenzung zwischen Gemeinschaftseigentum und Sondereigentum bei der Gesamterneuerung der Zentralheizung einschließlich der Heizkörper BGH 8.7.2011 – V ZR 176/10, NJW 2011, 2958 Rn. 18–21.

40 LG Itzehoe 5.1.2018 – 11 S 1/17, NZM 2018, 574 Rn. 11; OLG Düsseldorf 27.5.2002 – 3 Wx 40/02, NZM 2002, 705.

41 LG Itzehoe 5.1.2018 – 11 S 1/17, NZM 2018, 574 Rn. 13 ff.

42 BayObLG 27.11.2003 – 2Z BR 176/03, ZMR 2004, 442.

43 LG Koblenz 26.5.2009 – 2 S 52/08, juris Rn. 24/25; aA AG Pinneberg 26.4.2013 – 60 C 40/10, ZMR 2014, 159 bei Erneuerungsbedürftigkeit der Altanlage.

44 LG Berlin 16.6.2017 – 55 S 76/15 WEG, ZMR 2018, 347; OLG Frankfurt a.M. 15.11.2010 – 20 W 138/08, NZM 2011, 37; BayObLG 25.9.2001 – 2Z BR 95/01, NZM 2002, 75.

45 KG 2.2.1996 – 24 W 7880/95, ZMR 1996, 282.

46 LG Berlin 16.6.2017 – 55 S 76/15 WEG, ZMR 2018, 347; OLG Hamm 18.11.2008 – I-15 Wx 139/08, ZWE 2009, 261.

47 OLG Düsseldorf 8.11.2002 – I-3 Wx 258/02, NJW-RR 2003, 79.

48 OLG Hamm 18.9.2006 – 15 W 88/06, ZMR 2007, 131.

49 LG Braunschweig 24.8.2018 – 6 S 15/18, ZMR 2019, 139.

50 LG München I 18.7.2007 – 1 T 15543/05, ZMR 2012, 903.

bei der Veränderung der Dachkonstruktion relativ großzügig.[51] Kriterien, an denen die noch zulässige Modifizierung der Optik gemessen werden könnte, sind nicht ersichtlich (eigener Vorschlag dazu → Rn. 10 f.).

3. Balkon. Die Instandsetzung von Balkonen kann grundsätzlich als modernisierende Instandsetzung beschlossen werden.[52] Dabei sind auch Veränderungen an der Balkonaußenverkleidung möglich.[53] Auch in diesem Zusammenhang werden Fragen der **Optik** erörtert, ohne dass dafür ein dogmatischer Aufhänger genannt wird;[54] → Rn. 10. Wird statt einer Instandsetzung von abgängigen Altbalkonen ein Balkonneubau im Regalsystem (sog. Ständerbauweise) gewählt, kann das eine modernisierende Instandsetzung sein.[55]   **18**

4. Fenster. Der Austausch einfach verglaster **Holzfenster** gegen **Kunststofffenster** mit **Isolierverglasung** ist ein typischer Fall der modernisierenden Instandsetzung.[56] Dabei ist allerdings nicht auf den Gesamtzustand der Fenster abzustellen, sondern darauf, ob das einzelne Fenster reparaturbedürftig ist bzw. ausgetauscht werden muss.[57] Ein alle Fenster umfassender Austausch im Wege der modernisierenden Instandsetzung kann sich jedoch dann ergeben, wenn eine so hohe Zahl von Fenstern austauschbedürftig ist, dass die verbleibenden Fenster nicht ins Gewicht fallen und zum Zeitpunkt der Notwendigkeit ihres Austauschs erheblich höhere Kosten anfallen würden, als dies bei einer Miterledigung im Rahmen des Großauftrags der Fall wäre.[58]   **19**

Die Rechtsprechung zum zulässigen **Umfang** einer modernisierenden Instandsetzung von Fenstern ist uneinheitlich. Das LG Aachen bewertet das Anbringen von **Außenjalousien** zum Wärmeschutz als modernisierende Instandsetzung,[59] das OLG Köln als Beschwerdeinstanz gelangt im gleichen Fall zu dem Ergebnis, es handele sich um eine bauliche Veränderung iSd § 22 Abs. 1 WEG aF.[60] Das LG Itzehoe hat großzügig sogar den Einbau zusätzlicher Fenster im Rahmen von Instandsetzungsarbeiten an einem Dach zugelassen.[61] Das OLG Düsseldorf prüft, ob eine **optische Beeinträchtigung** vorliegt,[62] während die übrigen hier zitierten Entscheidungen zur modernisierenden Instandsetzung von Fenstern diesem Aspekt keine Bedeutung beimessen.   **20**

5. Medienversorgung (Kabel, Antennen, Breitband). Die Frage, unter welchen Voraussetzungen eine Gemeinschaftsantenne durch eine modernere und leistungsfähigere Medienversorgung im Rahmen einer modernisierenden Instandsetzung ersetzt werden konnte, war lange Zeit ein wichtiges Thema. Bei einer reparaturdürftigen **Gemeinschaftsantenne** hat die Rechtsprechung die Umstellung auf ein anderes System (zB Anschluss an Breitbandkabel) als modernisierende Instandsetzung bewertet.[63] Unterschiedliche Auffassungen finden sich zu der Frage, ob das auch dann gilt, wenn die vorhandene Gemeinschaftsantenne nicht reparaturbedürftig ist.[64] Das Problem dürfte heute nur noch selten aktuell sein, da aufgrund der Abschaffung des analo-   **21**

---

51 Austausch eines Flachdachs gegen ein Pultdach aus Kupferblech: BayObLG 6.2.1990 – BReg 2 Z 104/89, WuM 1990, 234; Umwandlung eines Flachdachs in ein Walmdach: KG 22.12.1993 – 24 W 914/93, NJW-RR 1994, 528; ebenso BayObLG 12.3.1998 – 2 Z BR 4/98, ZMR 1998, 364.

52 LG Hamburg 25.5.2011 – 318 S 208/09, BeckRS 2011, 25688.

53 Installation von Leichtmetallgeländern anstelle von massiven Balkonbrüstungen: OLG München 14.11.2005 – 34 Wx 105/05, ZMR 2006, 302; Ersatz gemauerter Balkonbrüstungen durch Balkongeländer: OLG Hamburg 4.8.2003 – 2 Wx 30/03, ZMR 2003, 866; Ersatz von sanierungsbedürftigen, aus Holz gefertigten Balkonbrüstungen durch solche aus Stahl und Glas: BGH 14.12.2012 – V ZR 224/11, ZWE 2013, 172 Rn. 10; zum gleichen Fall LG Bremen 10.7.2015 – 4 S 318/10, ZMR 2015, 776.

54 OLG München 14.11.2005 – 34 Wx 105/05, ZMR 2006, 302.

55 LG Itzehoe 23.6.2017 – 11 S 54/16, ZMR 2019, 442; aA AG Pinneberg 12.6.2018 – 60 C 41/17, ZWE 2018, 465 Rn. 40–43.

56 OLG Köln 18.9.1997 – 16 Wx 219/97, NZM 1998, 821; OLG Düsseldorf 5.12.2008 – 3 Wx 158/08, ZMR 2009, 303.

57 OLG München 2.7.2008 – 32 Wx 91/08, BeckRS 2009, 25708; LG Itzehoe 19.1.2016 – 11 S 61/14, ZWE 2016, 462; LG Saarbrücken 28.3.2013 – 5 S 182/12, ZWE 2013, 421.

58 OLG München 2.7.2008 – 32 Wx 91/08, BeckRS 2009, 25708; LG Itzehoe 19.1.2016 – 11 S 61/14, ZWE 2016, 462.

59 LG Aachen 6.3.2003 – 2 T 199/02, WuM 2003, 474.

60 OLG Köln 11.4.2003 – 16 Wx 89/03, WuM 2003, 474; ebenso LG Bamberg 11.11.2009 – 2 S 3/09 WEG, juris Rn. 7–10.

61 LG Itzehoe 12.7.2011 – 11 S 51/10, ZMR 2012, 219.

62 OLG Düsseldorf 5.12.2008 – 3 Wx 158/08, ZMR 2009, 303.

63 OLG Hamm 9.10.1997 – 15 W 245/97, ZMR 1998, 188.

64 Überblick bei *Sauren* WEG § 22 Rn. 23 mwN.

gen Fernsehens ohnehin eine Umstellung erforderlich ist;[65] (vgl. allerdings: Keine modernisierende Instandsetzung, wenn eine funktionsfähige Kupferverkabelung durch ein leistungsfähigeres Glasfasernetz ersetzt werden soll).[66] Erfordert die Installation eines neuen **Kabelnetzes** Eingriffe in das Sondereigentum – zB für neue Kabelkanäle oder Verteilerdosen – ist die Zustimmung der betroffenen Wohnungseigentümer notwendig.[67]

22 **6. Sonnenkollektoren.** Sonnenkollektoren zur Unterstützung von Heizung und Warmwasseraufbereitung können eine Modernisierung iSd § 22 Abs. 2 WEG aF sein (→ *Modernisierung* Rn. 21). Wenn die bisherige Heizungsanlage defekt ist und eine Kosten-Nutzen-Analyse zu einer angemessenen Amortisation der Sonnenkollektoren führt, kommt daher auch eine modernisierende Instandsetzung in Betracht. Problematisch kann allerdings die bei Sonnenkollektoren besonders ausgeprägte Auswirkung auf das **äußere Erscheinungsbild** der Anlage sein. Sogar bei einer – mit qualifizierter Mehrheit – beschlossenen Modernisierung nach § 22 Abs. 2 WEG aF tendiert die Mehrheitsmeinung in der Literatur dazu, im Fall von **Sonnenkollektoren** eine Änderung der Eigenart der Wohnanlage anzunehmen (→ *Modernisierung* Rn. 61). Eine unmittelbar einschlägige Rechtsprechung gibt es zu dieser Frage noch nicht. Anhaltspunkte liefern allenfalls zwei Entscheidungen des BayObLG und des OLG München, die Sonnenkollektoren auf dem Dach eines Wohnhauses als bauliche Veränderung qualifiziert und wegen der optischen Beeinträchtigung einen Nachteil iSd § 14 Nr. 1 WEG aF angenommen haben, so dass die Zustimmung aller Wohnungseigentümer erforderlich war.[68] In einer weiteren Entscheidung hat das BayObLG zwar ebenfalls eine bauliche Veränderung bejaht, aber wegen der besonderen Umstände – Fotovoltaikanlage von nur 0,8 m² auf dem Dach einer Garage – keinen Nachteil für die anderen Wohnungseigentümer gesehen.[69] Aus dieser Judikatur lässt sich entnehmen, dass Sonnenkollektoren in der Regel einen Nachteil iSd § 14 Nr. 1 WEG aF darstellen. Das reicht jedoch nach der hier vertretenen Ansicht nicht aus, um eine modernisierende Instandsetzung auszuschließen; vielmehr kommt es in Analogie zu § 22 Abs. 2 WEG aF darauf an, ob die optische Beeinträchtigung so weit geht, dass sie die **Eigenart der Wohnanlage** verändert (→ Rn. 11).

23 **7. Sonstiges.** Der Austausch eines auf dem gemeinschaftlichen Grundstück vorhandenen **Jägerzauns** durch eine Zaunanlage mit integrierter Überwachungstechnik in einer geplanten Höhe von 2 Metern mit Übersteige- und Untergrabschutz stellt keine Maßnahme der modernisierenden Instandsetzung, sondern eine bauliche Veränderung dar.[70] Bei der Neugestaltung einer **Fahrstuhlkabine** handelt es sich um eine modernisierende Instandsetzung , wenn durch diese Maßnahme vorhandene Einrichtungen wegen bereits notwendiger oder absehbarer Reparaturen technisch auf einen aktuellen Stand oder durch eine wirtschaftlich sinnvollere Lösung ersetzt werden.[71]

VI. Kosten

24 Ordnungsmäßiger Verwaltung entspricht eine Instandsetzung nur, wenn auch die **Kostenfrage** geregelt ist.[72] Das ist aber nicht erst dann der Fall, wenn die erforderlichen Mittel bereits aufgebracht sind. Es genügt, dass die Aufbringung der Mittel durch die Wohnungseigentümer gesichert ist.[73] Die **Kostenverteilung** richtet sich gem. § 16 Abs. 2 S. 1 WEG grundsätzlich nach dem Verhältnis der Miteigentumsanteile; abweichende Regelungen sind nach § 16 Abs. 2 S. 2 WEG möglich.[74]

---

65 LG Frankfurt a.M. 3.11.2011 – 2–13 S 43/10, WE 2012, 37.
66 AG Pinneberg 26.2.2019 – 60 C 32/ 18, ZMR 2019, 460.
67 LG Itzehoe 2.8.2019 – 11 S 2/19, ZMR 2019, 988.
68 BayObLG 30.3.2000 – 2Z BR 2/00, NZM 2000, 674; OLG München 19.9.2005 – 34 Wx 76/05, NZM 2005, 825.
69 BayObLG 17.10.2001 – 2Z BR 147/01, NZM 2002, 74.
70 AG Charlottenburg 14.1.2011 – 73 C 145/10, ZWE 2011, 189.
71 LG Hamburg 17.12.2008 – 318 S 91/08, ZMR 2009, 314.
72 BGH 8.7.2011 – V ZR 176/10, NJW 2011, 2958 Rn. 8.
73 BGH 8.7.2011 – V ZR 176/10, NJW 2011, 2958 Rn. 8.
74 Ausführlich *Elzer* ZWE 2008, 153 (161 ff.).

149. Modernisierung

Mediger

I. Anwendbarkeit des alten Rechts

Der in § 22 Abs. 2 WEG aF enthaltene Begriff „**Modernisierung**" taucht im WEG nach der **Reform 2020** **1** nicht mehr auf. Der Reformgesetzgeber hat für bauliche Veränderungen (§ 20 WEG) sowie Nutzungen und Kosten bei baulichen Veränderungen (§ 21 WEG) ein neues System geschaffen, in dem die Frage, ob eine Modernisierung vorliegt, keine Rolle mehr spielt (→ *Bauliche Veränderungen* Rn. 1 ff.). Allerdings gilt das bisherige Recht weiterhin für Beschlüsse, die vor dem Inkrafttreten des Reformgesetzes am 1.12.2020 gefasst worden sind.

Nach den in § 48 WEG vorgesehenen Übergangsregelungen ist das neue Recht nur auf bestimmte, dort explizit genannte Beschlüsse aus der Zeit vor dem 1.12.2020 anwendbar. Die hier interessierenden Beschlüsse über bauliche Veränderungen gehören nicht dazu. Das bedeutet, dass das **WEG in der Fassung vor der Reform**

2020 nach wie vor für solche Beschlüsse maßgeblich ist. Das betrifft alle **Folgewirkungen** dieser Beschlüsse. Auch wenn ein auf § 22 Abs. 2 WEG aF gestützter Modernisierungsbeschluss noch nicht durchgeführt worden ist, bleibt er als Rechtsgrundlage für die Umsetzung der Maßnahme bestehen.

Die **Kostentragung und die Nutzung** richten sich ebenfalls nach wie vor nach dem Recht, das zum Zeitpunkt der Beschlussfassung galt. Denn der neue § 21 WEG knüpft an die in § 20 WEG neu geregelten Beschlusstatbestände an, die es in dieser Form in der früheren Fassung des WEG nicht gab. Das Stimmverhalten jedes einzelnen Wohnungseigentümers hängt wesentlich davon ab, mit welchen Kostenfolgen er als Konsequenz seiner Stimmabgabe rechnet. Daher muss das WEG auf einen bestimmten Lebenssachverhalt **einheitlich** entweder in der bisherigen Fassung oder in der Fassung der WEG-Reform angewendet werden.

Vor diesem Hintergrund wird in der nachstehenden Kommentierung **das alte Recht dargestellt** (gekennzeichnet mit „aF"), das für Beschlüsse aus der Zeit vor dem 1.12.2020 weiterhin Gültigkeit besitzt.

II. Einführung

2 Gebäude müssen immer wieder an veränderte Erwartungen der Nutzer, an rechtliche, ökonomische und gesellschaftliche **Entwicklungen angepasst** werden. Andernfalls ist ein **Wertverlust** zu befürchten. Über den Zeitpunkt und die Art der zu ergreifenden Maßnahmen entscheiden die Eigentümer. Bei einer Anlage, die mehreren Wohnungseigentümern gehört, können Konflikte entstehen, die auf der jeweiligen Interessenlage der einzelnen Wohnungseigentümer beruhen. Lebensalter, Finanzkraft, Nutzergewohnheiten etc mögen zu unterschiedlichen Einstellungen führen, wenn es zB um die Installation eines Fahrstuhls (→ Rn. 42), den Anbau von Balkonen (→ Rn. 44), die behindertengerechte Ausgestaltung (→ Rn. 35 ff.) oder Ähnliches geht. Ist lediglich das Sondereigentum (→ *Sondereigentum* Rn. 1) betroffen, darf darüber gem. § 13 Abs. 1 WEG aF jeder Wohnungseigentümer nach Belieben verfügen, soweit nicht das Gesetz oder Rechte Dritter entgegenstehen. So kann er zB innerhalb seiner Wohnung Barrierefreiheit (→ *Barrierefreiheit* Rn. 1) herstellen, indem er Schwellen entfernt, ein behindertengerechtes WC einbaut und Haltegriffe anbringt. Anders verhält es sich bei Veränderungen des gemeinschaftlichen Eigentums (→ *Gemeinschaftliches Eigentum* Rn. 1), zB Rollstuhlrampe im Eingangsbereich (→ Rn. 35–40). Hier sind die Interessen der anderen Wohnungseigentümer berührt. Deshalb bedarf es möglichst klarer Bestimmungen darüber, nach welchen Regeln über **Eingriffe in das Gemeinschaftseigentum** zu entscheiden ist.

Handelt es sich um eine Maßnahme der ordnungsmäßigen Verwaltung (→ *Ordnungsmäßige Verwaltung* Rn. 1 ff.), insbesondere der Instandhaltung und Instandsetzung (→ *Erhaltungsmaßnahmen* Rn. 1 ff.), beschließen darüber die Wohnungseigentümer nach § 21 Abs. 3, Abs. 5 Nr. 2 WEG aF mit **einfacher Mehrheit** (→ *Beschlussmehrheiten* Rn. 3). Die bloße Erhaltung des bestehenden Zustands bzw. die Wiederherstellung eines früher bestehenden Zustands (Instandhaltung und Instandsetzung im engeren Sinn) reichen aber nicht aus, um den Anforderungen an eine sachgemäße Bewirtschaftung gerecht zu werden. Deshalb hat die Rechtsprechung schon seit längerem den Begriff der Instandsetzung extensiv ausgelegt. „Instandsetzung" ist danach nicht nur die Wiederherstellung eines früheren ordnungsmäßigen Zustands, sondern auch die erstmalige Herstellung eines ordnungsmäßigen Zustands (→ *Erstmalige Herstellung eines ordnungsmäßigen Zustands* Rn. 1) durch Anpassung an gesetzliche Vorschriften oder an den in der Teilungserklärung festgelegten Zustand sowie durch Beseitigung ursprünglich vorhandener Baumängel. Zusätzliche Möglichkeiten eröffnet auch die modernisierende Instandsetzung (→ *Modernisierende Instandsetzung* Rn. 1), die ebenfalls von den Gerichten entwickelt und in § 22 Abs. 3 WEG aF kodifiziert worden ist. Danach können die Eigentümer dann, wenn ein Mangel behoben werden muss, statt der Reparatur oder des Ersatzes der mangelhaften Anlage auch eine modernere Lösung (zB Umstellung einer abgängigen Ölzentralheizung auf Gas) mit einfacher Mehrheit beschließen, wenn diese wirtschaftlich ist.

3 **Bauliche Veränderungen** (→ *Bauliche Veränderungen* Rn. 1) des Gemeinschaftseigentums und Aufwendungen, die über die ordnungsmäßige Instandhaltung oder Instandsetzung des gemeinschaftlichen Eigentums, hinausgehen, bedürfen gem. **§ 22 Abs. 1 S. 1 WEG aF** der **Zustimmung** aller Wohnungseigentümer, deren Rechte durch die Maßnahme über das in § 14 Nr. 1 WEG aF bestimmte Maß hinaus beeinträchtigt werden. Die Schwelle für die Annahme einer Beeinträchtigung ist relativ niedrig (→ *Bauliche Veränderungen* Rn. 4). Daher ist in der Regel die Zustimmung zumindest einiger Wohnungseigentümer, bei größeren Maßnahmen fast immer die Zustimmung aller Wohnungseigentümer erforderlich. Das bedeutet, dass eine Anpassung des Ge-

meinschaftseigentums an veränderte Umstände nach § 22 Abs. 1 WEG aF häufig nicht zu erreichen ist, weil es an der notwendigen Allstimmigkeit fehlt.

Seit 1.7.2007 können gem. **§ 22 Abs. 2 WEG aF** bauliche Veränderungen, die der **Modernisierung** entsprechend § 555 b Nr. 1–5 BGB (früher § 559 Abs. 1 BGB) oder der Anpassung des gemeinschaftlichen Eigentums an den **Stand der Technik** dienen, durch eine **qualifizierte Mehrheit** beschlossen werden. Die Mehrheit muss drei Viertel aller stimmberechtigten Wohnungseigentümer iSd § 25 Abs. 2 WEG aF und mehr als die Hälfte aller Miteigentumsanteile umfassen (→ *Beschlussmehrheiten* Rn. 8). Diese Beschlusskompetenz setzt voraus, dass die Maßnahme nicht die **Eigenart der Wohnanlage** ändert (→ Rn. 54) und keinen Wohnungseigentümer gegenüber anderen **unbillig beeinträchtigt** (→ Rn. 65). 4

Dies stellt eine **Erweiterung** der bereits bestehenden Optionen dar.[1] Daneben bleiben alle davor schon vorhandenen Ermächtigungsnormen erhalten. Da deren Voraussetzungen teilweise leichter zu erfüllen sind als die des § 22 Abs. 2 WEG aF (einfache Mehrheit statt qualifizierter Mehrheit), empfiehlt sich in jedem Fall einer Modernisierung, neben § 22 Abs. 2 WEG aF auch die anderen potenziellen Handlungsmöglichkeiten zu prüfen. Im Übrigen kann auch ein nicht mit qualifizierter Mehrheit gem. § 22 Abs. 2 WEG aF zustande gekommener Modernisierungsbeschluss gem. **§ 22 Abs. 1 WEG aF bestandskräftig** werden, wenn er verkündet wurde und die Anfechtungsfrist verstrichen ist.[2] Der früher so beliebte „Zitterbeschluss" wurde durch § 22 Abs. 2 WEG aF nicht aus der Welt geschafft.[3] Näheres zur Einordnung des § 22 Abs. 2 WEG aF in das System der übrigen Ermächtigungsnormen → Rn. 81, 82. 5

Die Beschlusskompetenz nach § 22 Abs. 2 S. 1 WEG aF kann gem. § 22 Abs. 2 S. 2 WEG aF durch Vereinbarung der Wohnungseigentümer nicht **eingeschränkt** oder **ausgeschlossen** werden. Jedoch kann die Gemeinschaftsordnung eine Kompetenzerweiterung, wie zum Beispiel eine Reduzierung der Anforderungen an die qualifizierte Mehrheit, zulassen.[4] 6

III. Modernisierung entsprechend § 555 b Nr. 1–5 BGB

1. Der mietrechtliche Modernisierungsbegriff. **Modernisierungsmaßnahmen** sind nach § 555 b BGB bauliche Veränderungen, 1. durch die in Bezug auf die Mietsache Endenergie nachhaltig eingespart wird (energetische Modernisierung), 2. durch die nicht erneuerbare Primärenergie nachhaltig eingespart oder das Klima nachhaltig geschützt wird, sofern nicht bereits eine energetische Modernisierung nach Nr. 1 vorliegt, 3. durch die der Wasserverbrauch nachhaltig reduziert wird, 4. durch die der Gebrauchswert der Mietsache nachhaltig erhöht wird, 5. durch die die allgemeinen Wohnverhältnisse auf Dauer verbessert werden. § 22 Abs. 2 WEG aF verweist nur auf die hier zitierten Nr. 1–5 des § 555 b BGB, nicht auf die beiden weiteren Nr. 6 und 7. Daraus lässt sich entnehmen, dass die in Nr. 7 genannte Schaffung neuen Wohnraums keine Modernisierung iSd § 22 Abs. 2 WEG aF darstellt.[5] 7

2. „Entsprechende" Anwendung des mietrechtlichen Modernisierungsbegriffs. Der Gesetzgeber knüpft an diese **mietrechtliche Legaldefinition** auch im Bereich des Wohnungseigentumsrechts an. Die Verwendung des Ausdrucks **„entsprechend"** deutet darauf hin, dass eine sinngemäße Übertragung der Legaldefinition geboten ist. Der BGH hat dazu ausgeführt, dass die entsprechende Heranziehung der mietrechtlichen Regelung Raum gebe für eine **großzügigere Handhabung** des Modernisierungsbegriffs.[6] Deshalb genüge es, dass die Maßnahme aus der Sicht eines verständigen Wohnungseigentümers eine **sinnvolle Neuerung** darstelle, die voraussichtlich geeignet sei, den Gebrauchswert der Sache nachhaltig zu erhöhen.[7] Ergänzend hat der BGH zu dem Tatbestandsmerkmal „sinnvolle Neuerung" in einem späteren Urteil[8] folgende Erläuterung gegeben: An einer solchen sinnvollen Neuerung werde es unter anderem dann fehlen, wenn die entstehenden **Kosten** außer 8

---

1 BeckOK WEG/*Elzer* § 22 Rn. 190, 192; BT-Drs. 16/887, 29.
2 Riecke/Schmid/*Drabek* WEG § 22 Rn. 124, 134.
3 Jennißen/*Hogenschurz* WEG § 22 Rn. 62, 63 a.
4 Riecke/Schmid/*Drabek* WEG § 22 Rn. 155.
5 Spielbauer/Then/*T.Spielbauer* WEG § 22 Rn. 16.
6 BGH 18.2.2011 – V ZR 82/10, NZM 2011, 281 Rn. 9; Bärmann/*Merle* WEG § 22 Rn. 342; aA Staudinger/*Lehmann-Richter* WEG § 22 Rn. 98: Rechtsunsicherheit bei „großzügiger Handhabung".
7 BT-Drs. 16/887, 30.
8 BGH 14.12.2012 – V ZR 224/11, ZWE 2013, 172 Rn. 12 und Rn. 18.

Verhältnis zu dem erzielbaren **Vorteil** stünden. Deshalb seien Feststellungen zu dem erzielbaren Vorteil erforderlich, der nicht notwendigerweise **finanzieller Natur** sein müsse

9 **3. Bauliche Veränderung. a) Einführung.** Nach § 555 b BGB setzt die Modernisierung eine „bauliche Veränderung" voraus. Auch das WEG verwendet den Terminus *„bauliche Veränderung"* in § 22 Abs. 1 WEG aF. Da § 22 Abs. 2 WEG aF auf Abs. 1 Bezug nimmt, muss eine Modernisierungsmaßnahme nach § 22 Abs. 2 WEG aF eine bauliche Veränderung sowohl iSd **Mietrechts** als auch iSd **Wohnungseigentumsrechts** sein.

10 **b) Unterschiede zwischen dem Wohnungseigentumsrecht und dem Mietrecht. aa) Maßnahmen am Sondereigentum.** Modernisierungen nach § 555 b BGB können sich sowohl auf das Innere der Wohnung (also den typischen Bereich des Sondereigentums) als auch auf das Gemeinschaftseigentum erstrecken.[9] Modernisierungen iSd § 22 Abs. 2 WEG aF betreffen hingegen nach dem Wortlaut des Gesetzes nur Veränderungen des Gemeinschaftseigentums, da § 22 Abs. 2 WEG aF auf bauliche Veränderungen iSd Abs. 1 verweist, der wiederum auf Veränderungen des Gemeinschaftseigentums abhebt. Der BGH wendet aber auf bauliche Maßnahmen am Sondereigentum, die nur wegen ihrer Ausstrahlung auf den **optischen Gesamteindruck** des Gebäudes für andere Wohnungseigentümer einen Nachteil darstellen, die Vorschriften des § 22 Abs. 2 und 3 WEG aF entsprechend an:[10] Handele es sich bei der Maßnahme am Sondereigentum um eine Modernisierung oder modernisierende Instandsetzung, genüge es daher, wenn die in den genannten Vorschriften jeweils bestimmte Mehrheit der Wohnungseigentümer zustimme. In dem betreffenden Fall hatte ein Wohnungseigentümer auf seinem Dachgarten, der nach der Teilungserklärung zum Sondereigentum gehörte, einen Vorbau errichtet. Die vom BGH vorgenommene analoge Anwendung des § 22 Abs. 2 und 3 WEG aF auf einen solchen Sachverhalt entspricht dem Gesetzeszweck, denn es wäre widersinnig, an Modernisierungen des Sondereigentums strengere Anforderungen zu stellen als an Modernisierungen des Gemeinschaftseigentums. In der Praxis dürfte die Entscheidung vor allem Bedeutung haben für Baumaßnahmen an **Balkonen**, soweit diese in der Teilungserklärung dem Sondereigentum zugewiesen worden sind.

11 **bb) Maßnahmen allein der Instandhaltung und Instandsetzung.** Solche Maßnahmen sind sowohl im Mietrecht als auch im Wohnungseigentumsrecht keine Modernisierung. Das folgt für das Wohnungseigentumsrecht aus dem Wortlaut des § 22 Abs. 1 iVm § 22 Abs. 2 WEG aF, für das Mietrecht aus der Abgrenzung zwischen § 555 a und § 555 b BGB.[11] Allerdings wird im Mietrecht die Instandhaltung und Instandsetzung restriktiver definiert als im Wohnungseigentumsrecht. Im Mietrecht geht es nämlich um die Sicherstellung der vom Vermieter gem. § 535 BGB geschuldeten Aufrechterhaltung des vertragsgemäßen Gebrauchs,[12] also um die Instandhaltung und Instandsetzung im engeren Sinne (→ Rn. 2). Im Wohnungseigentumsrecht wird demgegenüber auch die modernisierende Instandsetzung (→ *Modernisierende Instandsetzung* Rn. 1) und die erstmalige Herstellung eines ordnungsmäßigen Zustands (→ *Erstmalige Herstellung eines ordnungsmäßigen Zustands* Rn. 1) in den Bereich der Instandhaltung und Instandsetzung einbezogen, also Maßnahmen, deren primäres Ziel nicht die **Erhaltung oder Wiederherstellung** eines bestehenden bzw. früher vorhandenen Zustands ist, sondern die **Verbesserung.**

12 **cc) Kombination von Erhaltung und Modernisierung.** Nicht selten werden Maßnahmen kombiniert, die unterschiedlichen Charakter haben, zB die Sanierung von Dach und Fassade bei gleichzeitigem Einbau einer Wärmedämmung. Der BGH hat solche Maßnahmen mietrechtlich als Modernisierung eingestuft mit der Maßgabe, dass der Vermieter bei der Berechnung der Mieterhöhung die gesparten Instandhaltungskosten abziehen muss.[13] Wohnungseigentumsrechtlich kann es sich dabei um eine mit einfacher Mehrheit zu beschließende modernisierende Instandsetzung (→ *Modernisierende Instandsetzung* Rn. 1) handeln, wenn die spezifischen Voraussetzungen dieses Rechtsinstituts vorliegen. Lassen sich beide Maßnahmen voneinander trennen, so ist jede für sich nach den dafür anwendbaren Kriterien zu beurteilen. So hatte der BGH über einen mehrheitlichen Beschluss der Wohnungseigentümer zu entscheiden, mit dem die Sanierung des gemeinschaftlichen Schwimmbads und zugleich dessen Erweiterung um einen Ruheraum unter Einbeziehung eines Teils der ehemaligen Hausmeisterwohnung befunden wurde.[14] Ebenso wie die Vorinstanzen bewertete der BGH die Sanie-

---

9 *Bub* ZWE 2008, 205, (205 f.).
10 BGH 18.11.2016 – V ZR 49/16, NZM 2017, 328 Rn. 19 ff.
11 Palandt/*Weidenkaff* BGB § 555 b Rn. 2.
12 Schmidt-Futterer/*Eisenschmid* Mietrecht BGB § 555 a Rn. 2.
13 BGH 17.12.2014 – VIII ZR 88/13, NJW 2015, 934 Rn. 17, 23, 29.
14 BGH 11.11.2011 – V ZR 65/11, NZM 2012, 174.

Mediger

rung des Schwimmbads als Instandsetzungsmaßnahme und die Erweiterung als bauliche Veränderung gem. § 22 Abs. 1 WEG aF.[15]

dd) Folgerung. Der Begriff „bauliche Veränderung" in § 555 b BGB ist weiter als der gleiche Terminus in 13 § 22 Abs. 1 und 2 WEG aF, denn § 555 b BGB umfasst auch Maßnahmen am Sondereigentum, während § 22 WEG aF – abgesehen von besonderen Ausnahmefällen (→ Rn. 10) – nur für Veränderungen des Gemeinschaftseigentums gilt; außerdem können im Mietrecht Maßnahmen als bauliche Veränderung und damit als Modernisierung bewertet werden, die im Wohnungseigentumsrecht keine bauliche Veränderung darstellen, weil sie als modernisierende Instandsetzung oder als erstmalige ordnungsmäßige Instandsetzung zu qualifizieren sind. Bei der Subsumtion von Fällen aus der Rechtsprechung zu § 555 b BGB (bzw. zur Vorgängernorm § 559 BGB) unter § 22 Abs. 2 WEG aF ist demnach darauf zu achten, dass nur solche Modernisierungen die Rechtsfolge des § 22 Abs. 2 WEG aF auslösen, welche die engeren Tatbestandsvoraussetzungen der baulichen Veränderung iSd § 22 Abs. 1 iVm § 22 Abs. 2 WEG aF erfüllen.

c) Auswirkung der Modernisierung nur auf einzelne Einheiten. Nach Auffassung einzelner Instanzgerich- 14 te muss sich eine Maßnahme, die der Modernisierung iSd § 22 Abs. 2 WEG aF dient, auf die gesamte Wohnungseigentumsanlage beziehen und nicht nur auf eine einzelne Sondereigentumseinheit.[16] Diese Einschränkung findet jedoch im Gesetz keine Stütze.[17] Sie steht auch im Widerspruch zur Rechtsprechung des BGH, der § 22 Abs. 2 WEG aF auf den Ausbau eines nur von einem einzelnen Wohnungseigentümer genutzten Dachgartens anwendet.[18]

4. Modernisierungszwecke. a) Einsparung von Endenergie (§ 555 b Nr. 1 BGB) . aa) Überblick. Nach 15 § 555 b Nr. 1 BGB sind Modernisierungsmaßnahmen bauliche Veränderungen, durch die in Bezug auf die Mietsache **Endenergie** nachhaltig eingespart wird (energetische Modernisierung). Die Regierungsbegründung zum MietRändG 2013 definiert diesen Begriff wie folgt:[19] „Endenergie … ist die Menge an Energie, die der Anlagentechnik eines Gebäudes … zur Verfügung stehen muss, um die für den ‚Endverbraucher'… erforderliche **Nutzenergie** sowie die **Verluste der Anlagentechnik** bei der Übergabe, der Verteilung, der Speicherung und der Erzeugung im Gebäude zu decken. Die zur Versorgung eines Gebäudes benötigte Endenergie wird an der Schnittstelle‘ **Gebäudehülle** gemessen und dort in Form von Heizöl, Erdgas, Braunkohlenbriketts, Holzpellets, Strom, Fernwärme etc übergeben." **Nutzenergie** ist die Menge an Energie, die für eine bestimmte Energiedienstleistung **am Ort des Verbrauchs** (zB erwärmter Raum, warmes Wasser etc) erforderlich ist.[20] Da die Endenergie die Summe aus Nutzenergie und Verlusten der Anlagetechnik darstellt, kann man Endenergie dadurch einsparen, dass man entweder die Nutzenergie reduziert, also den Verbrauch vor Ort verringert, oder die Verluste der Anlagentechnik minimiert, also den Bedarf für die Erzeugung und Weiterleitung des für die Nutzung benötigten Produkts (Wärme, Licht) optimiert.

bb) Reduzierung der Nutzenergie. Das größte Potenzial für die Reduzierung des Bedarfs an Nutzenergie bei 16 Gebäuden besteht in der **Wärmedämmung** der Gebäudehülle, also der Fassade, des **Daches** und der **Kelleroberdecke** sowie in dem Einbau von **Isolierfenstern.** Im Bereich des Mietrechts finden sich zahlreiche Urteile, die belegen, dass dort die Wärmedämmung einen Schwerpunkt der energetischen Modernisierung bildet.[21] Auch im Wohnungseigentumsrecht spielt die Wärmedämmung in ihren verschiedenen Ausprägungen eine bedeutende Rolle. Allerdings werden die betreffenden Maßnahmen dort in der Regel nicht als Modernisierung iSd § 22 Abs. 2 WEG aF abgehandelt, sondern entweder als modernisierende Instandsetzung[22] oder als erstmalige Herstellung eines ordnungsmäßigen Zustands. Letzteres kommt vor allem dann in Betracht, wenn bei

---

15 BGH 11.11.2011 – V ZR 65/11, NZM 2012, 174 Rn. 4, 5; vgl. auch BeckOK WEG/*Elzer* § 22 Rn. 194.

16 LG Frankfurt a. M. 13.1.2017 – 2–13 S 186/14, NZM 2017, 331; AG Nürnberg 16.8.2013 – 30 C 6675/12 WEG, ZWE 2014, 51.

17 BeckOK WEG/*Elzer* § 22 Rn. 195; *Hügel/Elzer* WEG § 22 Rn. 66.

18 BGH 18.11.2016 – V ZR 49/16, NZM 2017, 328 Rn. 19–22.

19 BT-Drs. 17/10485, 19.

20 BT-Drs. 17/10485, 19.

21 BGH 17.12.2014 – VIII ZR 88/13, NJW 2015, 934 Rn. 23: Dämmung des Dachs und der Kellerdecken, Erneuerung der Fenster; LG Berlin 19.8.1997 – 64 S 268/97, ZMR 1998, 167: Fassade; AG Lichtenberg 17.6.2003 – 6 C 116/03, NZM 2003, 759: Fassade und Keller.

22 LG Braunschweig 24.8.2018 – 6 S 15/18, ZMR 2019, 139: Dach; OLG Frankfurt a. M. 15.11.2010 – 20 W 138/08, NZM 2011, 37: Fassade.

einer Fassadenrenovierung aufgrund öffentlich-rechtlicher Vorschriften eine Wärmedämmung gesetzlich vorgeschrieben ist gem. § 9 Abs. 3 EnEV[23] (→ *Erstmalige Herstellung eines ordnungsmäßigen Zustands* Rn. 5) oder gem. der Vorgängernorm § 8 Abs. 2 WärmeschutzVO 1995[24] oder wenn anfängliche Baumängel (Wärmebrücken) beseitigt werden müssen.[25]

17 Zur Nutzenergie ist auch der **Strom** zu rechnen, welcher für die Beleuchtung der Gemeinschaftsflächen (Treppenhaus, Keller, Tiefgarage), für den Aufzug, das Tiefgaragentor und die Video- oder Gegensprechanlage benötigt werden.[26] Die Gesetzesbegründung zum Mietrechtsreformgesetz 2001[27] nennt als Beispiele für die **Einsparung von Strom** den Einbau von drehzahlbegrenzten Aufzugs- und Ventilatorenmotoren oder Pumpen wie auch den Einbau von Energiesparlampen. Weitere Ansätze zur Reduzierung des Stromverbrauchs können zB Zeitschaltuhren, Bewegungsmelder o. ä. sein. Bei der Mehrzahl derartiger Maßnahmen dürfte es sich aber nicht um bauliche Veränderungen iSd § 22 Abs. 1 WEG aF und damit auch nicht um Modernisierungen gem. § 22 Abs. 2 WEG aF handeln, sondern um Instandsetzungen.

18 Im Ergebnis ist festzuhalten, dass § 22 Abs. 2 WEG aF iVm § 555 b Nr. 1 BGB im Kernbereich der energetischen Modernisierung, nämlich bei der Einsparung von **Nutzenergie** am Ort des Verbrauchs, praktisch kaum eine Bedeutung besitzt. Hier dominieren im Wohnungseigentumsrecht nach wie vor die traditionellen Instrumente der **modernisierenden Instandsetzung** und der **erstmaligen Herstellung eines ordnungsmäßigen Zustands**.

19 **cc) Optimierung der Bereitstellung von Nutzenergie innerhalb des Gebäudes.** Bildet die in → Rn. 16–18 dargestellte Reduzierung des **Verbrauchs** von Nutzenergie das erste Element der energetischen Modernisierung, so tritt daneben als zweites Element die Optimierung der **Bereitstellung** von Nutzenergie. Dazu gehören insbesondere Verbesserungen bei der **Produktion** (Heizungsanlage) und **Verteilung** von Wärme (Leitungsnetze) sowie bei der für den Betrieb der Anlagentechnik erforderlichen **Hilfsenergie**, zB Pumpenstrom.[28] Bei diesen klassischen Erscheinungsformen der Effizienzsteigerung der Anlagentechnik innerhalb des Gebäudes bietet sich das gleiche Bild wie bei der Wärmedämmung: Im Bereich des Mietrechts werden derartige Maßnahmen als Modernisierung bewertet,[29] im Wohnungseigentumsrecht gelten sie als modernisierende Instandsetzung.[30] Als **Modernisierung** iSd § 22 Abs. 2 WEG aF werden sie nur dann eingestuft, wenn es an einer der speziellen Tatbestandsvoraussetzungen der modernisierenden Instandsetzung fehlt, zB weil die alte Heizanlage noch nicht reparaturbedürftig war.[31] Das dürfte in der Praxis aber eher selten vorkommen.

20 **dd) Produktion von Wärme und Strom außerhalb der Gebäudehülle.** Da bei der Definition des Begriffs „Endenergie" auf die Gebäudehülle als Schnittstelle abgestellt wird (→ Rn. 15), dürften Prozesse, die sich außerhalb der Gebäudehülle abspielen, streng genommen keine Auswirkungen auf die Endenergie haben. Maßnahmen in diesem Bereich betreffen vielmehr bei strikter Interpretation ausschließlich die sog. **„Primärenergie"** (→ Rn. 27). Die Einsparung nicht erneuerbarer Primärenergie ist eine Modernisierung nach § 555 b Nr. 2 BGB. Die Regierungsbegründung zum MietRÄndG 2013, die Rechtsprechung und Teile der Literatur zeigen aber – wie im Einzelnen noch zu erläutern sein wird (→ Rn. 21–25) – die Tendenz, den Regelungsbereich von § 555 b Nr. 1 BGB zulasten der Nr. 2 auszudehnen. Als Stichworte seien genannt **Sonnenkollektoren, Fernwärme, Blockheizkraftwerke, Fotovoltaikanlagen und Windkraftanlagen.** Für die Rechtmäßigkeit einer Modernisierungsmaßnahme nach § 22 Abs. 2 WE aF G ist die Frage, ob solche Maßnahmen nach § 555 b Nr. 1 oder Nr. 2 BGB zu beurteilen sind, nicht relevant. Es handelt sich in jedem Fall um eine Modernisierung iSd § 22 Abs. 2 WEG aF. Die Zuordnung solcher Maßnahmen zu § 555 b Nr. 1 oder Nr. 2 BGB kann jedoch für

---

23 LG Berlin 16.6.2017 – 55 S 76/15 WEG, ZMR 2018, 347; seit 1.11.2020 gilt das Gebäudeenergiegesetz (BGBl. 2020 I 1728).

24 OLG Hamm 18.11.2008 – I-15 Wx 139/08, ZWE 2009, 261.

25 AG München 10.1.2018 – 485 C 433/16 WEG, ZWE 2018, 331 Rn. 21 ff.

26 *Spielbauer* ZWE 2013,105 (108).

27 BT-Drs. 14/4553, 49.

28 BT-Drs. 17/10485, 19.

29 LG Berlin 15.1.2007 – 67 S 85/06, GE 2007, 985: Umstellung von Koksheizung auf Gasheizung; AG Rheine 3.2.1987 – 14 C 744/85, WuM 1987, 127: Umstellung Ölheizung auf Gasheizung.

30 OLG München 20.3.2008 – 34 Wx 46/07, NZM 2009, 548; LG Koblenz 26.5.2009 – 2 S 52/08, juris Rn. 23: Umstellung Öl auf Gas.

31 AG Pinneberg 26.4.2013 – 60 C 40/10, ZMR 2014, 159.

Mediger

den **vermietenden Wohnungseigentümer** von Bedeutung sein. Denn der Vermieter darf gem. § 559 Abs. 1 BGB eine Mieterhöhung nur für Modernisierungen gem. § 555 b Nr. 1 BGB verlangen, nicht für Maßnahmen iSd Nr. 2. Diese Differenzierung strahlt auch auf das Wohnungseigentumsrecht aus, da ein vermietender Wohnungseigentümer seine Zustimmung zu einer Modernisierung idR davon abhängig machen wird, ob er die Kosten auf seine Mieter abwälzen kann.[32] Deshalb ist es erforderlich, in → Rn. 21–25 auf die primär mietrechtlichen Aspekte der Reichweite von § 555 b Nr. 1 BGB (in Abgrenzung zu Nr. 2) näher einzugehen.

(1) Sonnenkollektoren. Die Regierungsbegründung zum MietRändG 2013 enthält die Aussage,[33] dass auch 21 am Gebäude befindliche Anlagen zur Nutzung von Sonnen- oder Windenergie Auswirkungen auf den Endenergiebedarf haben könnten: Werde ein Gebäude mit einer solchen Anlage ausgestattet und die hiermit erzeugte Energie zur Deckung des Energiebedarfs des Gebäudes selbst eingesetzt (zB Erzeugung von Warmwasser mithilfe von Solarkollektoren), so bleibe zwar die benötigte Nutzenergie unverändert. Es müsse nach der Modernisierung jedoch an der „Schnittstelle" Gebäudehülle weniger **„zu bezahlende" Endenergie** beschafft werden (also etwa weniger Heizöl zugekauft werden). Der Energiebedarf des Gebäudes sinke also. Diese These, mit der die Einsparung von Endenergie gleichgesetzt wird mit der Reduzierung der „zu bezahlenden" Endenergie, hat zwar im Gesetzestext keinen Niederschlag gefunden,[34] wird aber in der neueren Literatur weitgehend geteilt.[35] Zur Frage, ob Sonnenkollektoren die **Eigenart der Wohnanlage verändern** → Rn. 61.

(2) Fernwärme. Der BGH hat in einem Fall, in dem es um die Duldungspflicht des Mieters nach § 554 Abs. 2 22 S. 1 BGB aF ging, den Anschluss einer mit einer Gasetagenheizung ausgestatteten Mietwohnung an das Fernwärmenetz als Maßnahme zur Einsparung von Energie bewertet.[36] Der BGH begründet diese Entscheidung mit der Entstehungsgeschichte und dem Gesetzeszweck: Nach der Vorgängervorschrift § 4 Abs. 3 ModEnG sei der Anschluss an die Fernwärmeversorgung, die überwiegend aus Anlagen der Kraft-Wärme-Kopplung gespeist werde, ausdrücklich als Einsparung von Heizenergie benannt worden. An dieser Einordnung habe sich im Zuge späterer Gesetzesänderungen (Übernahme in das BGB) nichts geändert. Das gleiche Ergebnis lässt sich auch damit begründen, dass bei der Erzeugung von Wärme durch Kraft-Wärme-Kopplung ein geringerer Anteil an Energie auf die Produktion der Wärme entfällt, weil zugleich Strom generiert wird. Der Primärenergiefaktor (→ Rn. 27) betrug nach den Feststellungen des Berufungsgerichts[37] bei Fernwärme 0,7, bei einer Gasetagenheizung 1,1. Damit ist die „zu bezahlende Endenergie" niedriger, weil ein Teil der für die Erzeugung von Wärme aufgewendeten Energie von den Abnehmern des Stroms bezahlt wird und damit nicht mehr den Abnehmern der Wärme zuzurechnen ist. Die Entscheidung des BGH hat in Rechtsprechung und Literatur Zustimmung erhalten.[38]

(3) Blockheizkraftwerk. Das LG Koblenz hat den Einbau eines Blockheizkraftwerks nicht als Modernisie- 23 rung iSd § 22 Abs. 2 WEG aF angesehen:[39] Der zusätzliche Einbau eines Blockheizkraftwerkes diene nicht der Einsparung von Energie, sondern von Kosten der Energiebeschaffung, so dass dieses nicht unter § 22 Abs. 2 WEG aF falle. Diese Auffassung ist spätestens seit dem Inkrafttreten des MietRändG 2013 überholt, denn ein Blockheizkraftwerk führt zu einer Einsparung von Primärenergie und entspricht damit auf jeden Fall zumindest den Anforderungen des § 555 b Nr. 2 BGB. Da jedoch Blockheizkraftwerke ebenso wie Anlagen zur Erzeugung von Fernwärme mit Kraft-Wärme-Kopplung arbeiten, ist ihre Errichtung aus den gleichen Gründen wie der Anschluss an Fernwärme (→ Rn. 22) als **Modernisierung iSd § 555 b Nr. 1 BGB** zu qualifizieren,[40] so dass § 555 b Nr. 2 BGB wegen der Subsidiarität zu Nr. 1 nicht mehr zum Zuge kommt. Zu der Frage, ob die

---

32 *Breiholdt* AnwZert MietR 17/2014 Anm. 2.

33 BT-Drs. 17/10485, 19.

34 *Spielbauer* ZWE 2013, 105 (109).

35 Bärmann/*Merle* WEG § 22 Rn. 343 e; BeckOK WEG/*Elzer* § 22 Rn. 204; *Breiholdt* ZWE 2014, 297 (299); *Hügel/Elzer* WEG § 22 Rn. 71; skeptisch Riecke/Schmid/*Drabek* WEG § 22 Rn. 140; Spielbauer/Then/*T.Spielbauer* WEG § 22 Rn. 17.

36 BGH 24.9.2008 – VIII ZR 275/07, NJW 2008, 3630 Rn. 22.

37 BGH 24.9.2008 – VIII ZR 275/07, NJW 2008, 3630, juris Rn. 6.

38 LG Berlin 28.7.2010 – 67 S 180/10, GE 2010, 1273; *Derleder* ZWE 2012, 65 (67); Palandt/*Weidenkaff* BGB § 555 b Rn. 3.

39 LG Koblenz 26.5.2009 – 2 S 52/08, juris Rn. 29.

40 Ebenso im Ergebnis AG Pinneberg 26.4.2013 – 60 C 40/10, ZMR 2014, 159; *Derleder* NZM 2013, 441 (443); *Greupner* ZMR 2013, 1 (5); offengelassen wegen fehlender qualifizierter Mehrheit AG Bremen-Blumenthal 16.3.2011 – 44 C 1197/10, juris Rn. 49.

Wirtschaftlichkeit einer solchen Maßnahme Einfluss auf das Ergebnis haben kann → Rn. 77; zu den rechtlichen Rahmenbedingungen für Blockheizkraftwerke (sachenrechtliche Zuordnung, Verwaltung der Einkünfte, Finanzierung).[41]

24 **(4) Fotovoltaik- und Windkraftanlagen zur Einspeisung von Strom in das allgemeine Stromnetz.** Derartige Anlagen fallen nicht unter § 555 b Nr. 1 BGB, weil der für Nr. 1(im Gegensatz zu Nr. 2) erforderliche Bezug zum Gebäude (Mietsache bzw. Wohnungseigentum) fehlt.[42] Das gilt jedenfalls dann, wenn der erzeugte Strom ausschließlich in das allgemeine Stromnetz eingespeist wird.[43] Anders ist zu entscheiden, wenn die betreffende Anlage Strom sowohl für das Gebäude selbst als auch für das allgemeine Stromnetz produziert. Bei diesen sog. Mieterstrommodellen[44] liegt eine Einsparung von „zu bezahlender" Endenergie vor, ähnlich wie bei den Sonnenkollektoren.[45] Dass daneben auch noch Strom für externe Abnehmer erzeugt wird, hindert die Zuordnung solcher Anlagen zu § 555 b Nr. 1 BGB ebenso wenig wie die entsprechende Behandlung von Anlagen der Kraft-Wärme-Kopplung (→ Rn. 22 f.).

25 **(5) Zusammenfassende Bewertung.** Das MietRändG 2013 hat die Auseinandersetzungen darüber, wie der Begriff der Einsparung von Energie zu verstehen ist, nicht beendet.[46] Sie wurden lediglich verlagert in die Abgrenzung zwischen § 555 b Nr. 1 und 2 BGB. In diesem Rahmen tauchen alle in → Rn. 21–24 diskutierten früheren Streitpunkte wieder auf. Zwar ist die Relevanz der Debatte etwas entschärft, weil es für die Duldungspflicht des Mieters und für die Beschlusskompetenz der Wohnungseigentümer nicht darauf ankommt, ob eine Modernisierung nach § 555 b Nr. 1 oder Nr. 2 vorliegt. Wegen der zT unterschiedlichen Rechtsfolgen der beiden Varianten (Mieterhöhung gem. § 559 BGB bei Nr. 1 möglich, bei Nr. 2 nicht) ist die richtige Zuordnung aber nicht gleichgültig. Für eine weite Auslegung der Einsparung von Endenergie (und damit eine Ausdehnung des Anwendungsbereichs von § 555 b Nr. 1 BGB) sprechen der Gesetzeszweck, die Gesetzesbegründung und nicht zuletzt die Überlegung, dass andernfalls Maßnahmen, die nach fast einhelliger Auffassung vor dem MietRändG als Einsparung von Energie und folglich als Modernisierung betrachtet wurden (zB Anschluss an Fernwärme) heute nicht mehr der privilegierten Variante § 555 b Nr. 1 BGB, sondern nur der für Vermieter und Wohnungseigentümer weniger attraktiven Variante § 555 b Nr. 2 BGB unterfallen würden. Beabsichtigt war aber mit dem MietRändG 2013 eine Erleichterung energiesparender Maßnahmen und nicht das Gegenteil.

26 **ee) Nachhaltigkeit.** Nachhaltig ist die Einsparung schon dann, wenn überhaupt eine messbare Einsparung an Heizenergie erzielt wird und diese dauerhaft ist. Für den Begriff der Nachhaltigkeit ist nicht die Feststellung einer bestimmten Mindestenergieeinsparung erforderlich.[47]

27 **b) Einsparung nicht erneuerbarer Primärenergie oder Klimaschutz (§ 555 b Nr. 2 BGB).** § 555 b Nr. 2 BGB ist ein Auffangtatbestand, der nur dann eingreift, wenn nicht bereits eine energetische Modernisierung nach Nr. 1 vorliegt. **Primärenergie** ist der gesamte Energiebedarf, also zusätzlich zur an der Gebäudehülle übergebenen Endenergie noch die Energiemenge, die durch vorgelagerte Prozesse außerhalb des Gebäudes zur Gewinnung, Umwandlung und Verteilung benötigt wird.[48] Dieser vorgelagerte Aufwand wird durch den Primärenergiefaktor ausgedrückt, der seinerseits aus dem Verhältnis von Primär- und Endenergie ermittelt wird.[49] Für Steinkohle, Öl und Gas beträgt dieser sogenannte Primärenergiefaktor 1,1, für Braunkohle 1,2, für Fernwärme gewonnen aus Kohle oder Gas mit Kraft-Wärme-Kopplung 0,7.[50]

28 § 555 b Nr. 2 BGB privilegiert nur die Einsparung **nicht erneuerbarer** Primärenergie, also der fossilen Energieträger. **Erneuerbar** sind zum einen Energieträger, die unerschöpflich sind (Sonne, Wind), zum anderen reproduzierbare Energieträger wie etwa Holz oder Biomasse.[51] Eigenständige Bedeutung kommt § 555 b Nr. 2

---

41 *Elzer* MietRB 2018, 284.
42 BT-Drs. 17/10485, 20.
43 Schmidt-Futterer/*Eisenschmid* Mietrecht BGB § 555 b Rn. 67; MüKoBGB/*Artz* § 555 b Rn. 7.
44 Ausführlich *Gratz* AnwZert MietR 3/2018 Anm. 2.
45 AA Schmidt-Futterer/*Eisenschmid*, Mietrecht BGB § 555 b Rn. 67; *Gratz* AnwZert MietR 3/2018 Anm. 2.
46 Ausführlich zum Streitstand vor dem MietRändG 2013: *Mediger*, Die ökologische Modernisierung von Eigentumswohnungen, 161 ff.
47 BGH 10.4.2002 – VIII ARZ 3/01, NZM 2002, 519.
48 BT-Drs. 17/10485, 19.
49 BT-Drs. 17/10485, 19.
50 *Derleder* NZM 2013, 441 (444).
51 BT-Drs. 17/10485, 19.

BGB in den Fällen zu, bei denen ein nicht erneuerbarer Energieträger (Öl, Gas, Kohle) durch einen erneuerbaren Energieträger (Holzpellets) ersetzt wird ohne dass dadurch die benötigte Energie vermindert wird. In einer solchen Situation greift § 555 b Nr. 1 BGB mangels Einsparung von Endenergie nicht ein, wohl aber Nr. 2, da der Bedarf an nicht erneuerbarer Energie verringert wird. Ein weiterer Anwendungsbereich für Nr. 2 ergibt sich dort, wo eine Anlage zur Nutzung von Sonne oder Wind nicht der Versorgung des Gebäudes dient, sondern nur der Einspeisung von Strom in das allgemeine Netz, weil bei dieser Ausgestaltung der Bezug zum Gebäude fehlt, so dass Nr. 1 nicht anwendbar ist.

§ 555 b Nr. 2 BGB betrifft auch bauliche Maßnahmen, die das **Klima** nachhaltig schützen. Die Formulierung **29** ist bewusst weit ausgestaltet, um auch künftige technische Entwicklungen abdecken zu können.[52] In Betracht kommen Maßnahmen zur Verringerung des Ausstoßes von Treibhausgasen, etwa der Einbau von Filteranlagen[53] oder die Ersetzung eines fossilen Energieträgers durch einen anderen mit gleichem Primärenergiefaktor, aber für das Klima günstigerem CO^2-Ausstoß.[54] Ein wichtiges Thema dürfte in Zukunft die Einrichtung von Ladestationen für **Elektroautos** in der Tiefgarage sein. Die Förderung der Elektromobilität dient dem Klimaschutz und erfüllt damit die Anforderungen des § 555 b Nr. 2 Hs 2. Es kann sich also um eine Modernisierung iSd § 22 Abs. 2 WEG aF handeln. Allerdings hat der einzelne Eigentümer, der einen entsprechenden Antrag an die Wohnungseigentümerversammlung richtet, nach § 22 WEG aF **keinen Anspruch** auf Zustimmung zu einer solche Maßnahme;[55] zur Rechtslage für die **Elektromobilität** nach der WEG-Reform 2020 → *E-Mobilität – Einbau von Ladestationen* Rn. 1 ff., 5).[56]

c) Reduzierung des Wasserverbrauchs (§ 555 b Nr. 3 BGB). Die nachhaltige Einsparung von Wasser wurde **30** bereits nach § 559 BGB aF als Modernisierung anerkannt. Insofern hat sich also durch das MietRändG 2013 keine Änderung ergeben. Die Einsparung von Wasser kann erreicht werden durch die Installation von Durchlaufbegrenzern, also Spareinrichtungen bei der Toilettenspülung[57] oder bei der Dusche, durch den Einbau von Kaltwasserzählern, Regenwassersammelanlagen oder Einrichtungen zur Verwendung von Brauchwasser zur Gartenbewässerung oder zur Toilettenspülung.[58] Diese Anwendungsfälle von § 555 b Nr. 3 BGB sind allerdings für § 22 Abs. 2 WEG aF überwiegend nicht relevant, weil sie entweder das Sondereigentum betreffen oder als Maßnahme der Instandsetzung qualifiziert werden.[59] Daher bleiben von den genannten Beispielen nur die Installation von Sammelbehältern für Niederschlagswasser oder Brauchwasser zur Toilettenspülung und zur Gartenbewässerung übrig. Derartige Sammelbehälter und die dazugehörigen Leitungen sind Gemeinschaftseigentum, so dass eine solche Maßnahme eine Modernisierung iSd § 22 Abs. 2 WEG aF iVm § 555 b Nr. 3 BGB darstellt.

d) Erhöhung des Gebrauchswerts der Mietsache und Verbesserung der allgemeinen Wohnverhältnisse 31 (§ 555 b Nr. 4 und 5 BGB). aa) Überblick. Die beiden letzten Varianten des § 555 b BGB, auf die § 22 Abs. 2 WEG aF verweist, sind Nr. 4 (nachhaltige Erhöhung des Gebrauchswerts der Mietsache) und Nr. 5 (Verbesserung der allgemeinen Wohnverhältnisse auf Dauer). Beide waren ebenso wie Nr. 3 (Reduzierung des Wasserverbrauchs) bereits vor dem MietRändG 2013 in gleicher Form in § 559 BGB aF enthalten. Die Varianten Nr. 4 und 5 lassen sich grob dadurch unterscheiden, dass Nr. 4 stärker auf die Wohnung selbst abhebt, während Nr. 5 eher die Umgebung der Wohnung betrifft (Spielplätze, Grünflächen, abschließbare Müllanlage).[60] Eine präzise Abgrenzung ist schwierig. So werden nicht selten bestimmte Beispielsfälle (Fahrstuhl, Balkon, Gegensprechanlage) bei der Kommentierung sowohl von Nr. 4 als auch von Nr. 5 aufgeführt.[61] Da die Rechts-

---

52 BT-Drs. 17/10485, 20.
53 *Breiholdt* ZWE 2014, 297 (300).
54 Umstellung von Heizöl auf Erdgas, *Derleder* NZM 2013, 441 (444).
55 LG München 21.1.2016 – 36 S 2041/15 WEG, ZMR 2016, 569; AG Düsseldorf 18.10.2017 – 291 a C 45/17, ZMR 2018, 374; AG Berlin-Mitte 19.3.2018 – 26 C 55/17, ZWE 2019, 52.
56 Vgl. zum früheren Rechtszustand und zu Reformüberlegungen *Häublein* ZWE 2015, 255; *Sommer* ZWE 2017, 75 (81); *Dötsch* jurisPR-MietR17/2018 Anm. 4; *Dötsch* ZMR 2018, 477; *Burgmair* ZWE 2018, 237; *Schultzky* ZWE 2019, 305.
57 LG Berlin 5.11.2002 – 64 S 170/02, juris Rn. 15.
58 Schmidt-Futterer/*Eisenschmid* Mietrecht BGB § 555 b Rn. 70.
59 So BGH 25.9.2003 – V ZB 21/03, NJW 2003, 3476 für den Einbau von Kaltwasserzählern.
60 BGH 17.12.2014 – VIII ZR 88/13, NJW 2015, 934 Rn. 22.
61 Bärmann/*Merle* WEG § 22 Rn. 344 a und 345; Palandt/*Weidenkaff* BGB § 555 b Rn. 7 und 8: Treppen.

folgen bei beiden Varianten identisch sind und die Bewertungskriterien für eine modernisierende Verbesserung übereinstimmen, werden Nr. 4 und Nr. 5 hier gemeinsam abgehandelt.

32 **bb) Definition.** In Anlehnung an ein Urteil des Kammergerichts[62] wird eine Erhöhung des Gebrauchswerts einer Wohnung angenommen, wenn das Wohnen durch die Maßnahme objektiv bequemer, angenehmer, sicherer, gesünder oder weniger arbeitsaufwendig wird.[63] Nach der Rechtsprechung des BGH ist „der Maßstab, nach dem beurteilt werden muss, ob der Wohnwert verbessert wird, … nicht die Wertung des **derzeitigen Mieters**, sondern die **Verkehrsanschauung**; entscheidend ist, ob allgemein in den für das Mietobjekt in Betracht kommenden Mieterkreisen der Maßnahme eine Wohnwertverbesserung zugemessen wird, so dass der Vermieter damit rechnen kann, dass die Wohnung nach Durchführung der Maßnahme von künftigen Mietinteressenten – bei im Übrigen gleichen Konditionen – eher angemietet würde als eine vergleichbare Wohnung, bei der diese Maßnahme nicht durchgeführt worden ist".[64] Eine Modernisierung iSv § 555 b Nr. 4 oder Nr. 5 BGB liegt nicht vor, wenn die Maßnahmen so weitreichend sind, dass ihre Durchführung den **Charakter der Mietsache grundlegend verändern** würde.[65] Das hat der BGH anlässlich eines Sachverhalts entschieden, bei dem ua geplant war, neue Räume hinzuzufügen (Wintergarten, Ausbau des Spitzbodens) unter Veränderung des Grundrisses, eine Terrasse anzulegen und eine Veranda abzureißen.

33 Der inzwischen aufgehobene **§ 4 Abs. 1 ModEnG** enthielt einen Katalog, der als Indikator auch heute noch herangezogen werden kann.[66] Danach sind bauliche Maßnahmen, die den Gebrauchswert der Wohnungen erhöhen, insbesondere Maßnahmen zur Verbesserung des Zuschnitts der Wohnung, der Belichtung und Belüftung, des Schallschutzes, der Energieversorgung, der Wasserversorgung und der Entwässerung, der sanitären Einrichtungen, der Beheizung und der Kochmöglichkeiten, der Funktionsabläufe in Wohnungen und der Sicherheit vor Diebstahl und Gewalt. Bei der Übertragung dieser mietrechtlichen Beispielsfälle auf das Wohnungseigentumsrecht ist jedoch jeweils zu prüfen, ob es sich wirklich um eine **bauliche Veränderung** iSd § 22 Abs. 2 iVm Abs. 1 WEG aF handelt. Mehrere der in § 4 ModEnG genannten Maßnahmen sind für § 22 Abs. 2 WEG aF nicht relevant, weil sie sich nur auf das **Sondereigentum** auswirken. Modernisierungen der Heizungsanlage, der Fassade und der Wärmedämmung führen häufig zu einer Erhöhung des Gebrauchswerts der Wohnung, haben aber ihren Schwerpunkt bei der **Einsparung von Energie** (→ Rn. 16 ff.) Die folgende Darstellung konzentriert und beschränkt sich daher auf die Analyse von Sachverhalten, die besonders für den Modernisierungsbegriff iSd § 22 Abs. 2 WEG aF iVm § 555 b Nr. 4 und 5 BGB von Bedeutung sind.

34 **cc) Strukturierung der einschlägigen Fallgruppen.** Die Darstellung orientiert sich in den nachstehenden Abschnitten nicht am Alphabet, sondern an den Funktionsbereichen des Gebäudes und des Grundstücks: Zusammenfassend betrachtet werden bauliche Veränderungen im **Eingangsbereich** (→ Rn. 41) im **Treppenhaus/Fahrstuhl** (→ Rn. 42) an **Fassade/Fenster** (→ Rn. 43), an **Balkonen/Dachterrassen/Wintergärten/ Markisen** (→ Rn. 44 ff.) an **Dach/Keller/Kamin** (→ Rn. 47), **Leitungen/Kabel/Internet** (→ Rn. 48) und im **Außenbereich** (→ Rn. 49). Die Bildung von Fallgruppen anhand funktionaler Kriterien ermöglicht es, für verwandte Sachverhalte Gemeinsamkeiten, aber auch Binnendifferenzierungen herauszuarbeiten. Vorab wird eine spezielle Zielgruppe vor die Klammer gezogen, die aufgrund der demographischen Entwicklung zunehmende Bedeutung gewinnen wird, nämlich Baumaßnahmen zur Herstellung von **Barrierefreiheit** (→ Rn. 35 ff.). für ältere oder behinderte Menschen.

35 **dd) Barrierefreiheit.** Baumaßnahmen am Gemeinschaftseigentum zur Herstellung der Barrierefreiheit sollen den Zugang behinderter Menschen zu ihrer Wohnung erleichtern. Dafür kommen in Betracht Veränderungen an der Pflasterung des Weges von der Straße zum Gebäude (verbesserte Befahrbarkeit mit Rollstühlen oder Rollatoren), rollstuhlgerechte Rampen zum Hauseingang, Haltegriffe oder Treppenlifte im Treppenhaus sowie der nachträgliche Einbau eines Fahrstuhls. Da Fahrstühle auch nicht behinderten Menschen Gebrauchsvorteile verschaffen, erfolgt die Erörterung dieser besonders teuren und konflikträchtigen Maßnahme als spezielles Thema in → Rn. 42.

---

62 KG 6.1.1966 – 8 U 1274/65, OLGZ 66, 149.

63 Bärmann/*Merle* WEG § 22 Rn. 344.

64 BGH 20.7.2005 – VIII ZR 253/04, NJW 2005, 2995 unter Verweis auf KG 27.6.1985 – 8 RE-Miet 874/85, NJW 1985, 2031.

65 BGH 21.11.2017 – VIII ZR 28/17, MZM 2018, 226 Rn. 16.

66 Schmidt-Futterer/*Eisenschmidt* Mietrecht BGB § 555 b Rn. 71.

Bauliche Veränderungen der hier beschriebenen Art sind **Modernisierungen** iSd § 22 Abs. 2 WEG aF iVm 36
§ 555 b Nr. 4/5 BGB, weil sie den Gebrauchswert der Wohnungen in dem Gebäude erhöhen.[67] Ob das für alle
Wohnungen gilt,[68] oder nur für die Wohnungen, in denen tatsächlich ein Behinderter wohnt,[69] kann dahingestellt bleiben, weil die Erhöhung des Gebrauchswerts für eine einzige Wohnung ausreicht für § 22 Abs. 2
WEG aF (→ Rn. 14). Daher können solche Maßnahmen mit qualifizierter Mehrheit beschlossen werden.

In der Praxis geht die Initiative in der Regel von **einzelnen Wohnungseigentümern** aus, welche einen Be- 37
schluss der Wohnungseigentümerversammlung herbeiführen möchten, der ihnen gestattet, die betreffende
Maßnahme **auf eigene Kosten** durchführen zu dürfen.[70] Eine qualifizierte Mehrheit gem. § 22 Abs. 2 WEG aF
kommt in solchen Fällen meist nicht zustande. Deshalb prüfen die Gerichte § 22 Abs. 2 WEG aF entweder
überhaupt nicht oder allenfalls am Rande mit der Bemerkung, dass § 22 Abs. 2 WEG aF nur eine Beschlusskompetenz begründe, aber keine individuellen Ansprüche auf die Vornahme von Modernisierungen.[71] Stattdessen wird auf **§ 22 Abs. 1 WEG aF** abgestellt. Danach kann der Beschluss über eine bauliche Veränderung
verlangt werden, wenn alle Wohnungseigentümer zustimmen, deren Interessen über das in § 14 Nr. 1 WEG aF
bestimmte Maß hinaus beeinträchtigt werden. Wenn keine Beeinträchtigung vorliegt, hat der behinderte Wohnungseigentümer also einen Anspruch auf Gestattung der Durchführung der Maßnahme. Erforderlich ist eine
Abwägung der Interessen des behinderten Wohnungseigentümers einerseits und der übrigen Wohnungseigentümer andererseits. Im Rahmen dieser Abwägung ist die Wertentscheidung in Art. 3 Abs. 3 S. 2 GG zu
berücksichtigen, nach der niemand wegen seiner Behinderung benachteiligt werden darf.[72] Im Ergebnis hat
somit der behinderte Wohnungseigentümer gegenüber den anderen Wohnungseigentümern eine ähnliche Position wie der Mieter gem. § 554 a BGB gegenüber dem Vermieter. Das Resultat der Interessenabwägung hängt
im Einzelfall von der Intensität der Behinderung des antragstellenden Wohnungseigentümers und dem durch
die geplante Maßnahme zu erwartenden Ausmaß der Beeinträchtigung für die übrigen Wohnungseigentümer
ab.

Beeinträchtigung iSd § 14 Nr. 1 WEG aF verneint: OLG München 12.7.2005 – 32 Wx 051/05, NZM 2005, 38
707: **Treppenlift**; LG Karlsruhe 13.7.2012 – 11 S 242/11, ZWE 2013, 37: **Treppenlift**; AG Bonn 28.2.2011 –
27 C 202/10, ZWE 2011, 291: **Rampe**; LG Köln 30.6.2011 – 29 S 246/10, ZWE 2012, 277: Handlauf im
Treppenhaus.

Beeinträchtigung bejaht: BGH 13.1.2017 – V ZR 96/16, NZM 2017, 447 Rn. 23: **Fahrstuhl;** OLG München 39
22.2.2008 – 34 Wx 66/07, NZM 2008, 848: **Treppenlift**; AG Warendorf 30.9.2014 – 48 C 5/14, ZWE 2015,
56: **Rampe**.

Die Privilegierung nach Art. 3 Abs. 3 S. 2 GG bei der Interessenabwägung kommt dem Wohnungseigentümer 40
nicht nur dann zugute, wenn er selbst behindert ist, sondern auch dann, wenn die Behinderung einen **Familienangehörigen** oder sonstigen **Mitbewohner** betrifft oder wenn ein vergleichbarer Sachverhalt bei dem **Mieter** eines vermietenden Wohnungseigentümers vorliegt. Das AG München hat einen Anspruch auf Duldung
des Einbaus einer **Auffahrtsrampe für Kinderwagen** abgelehnt.[73] Da Kinder nicht behindert sind iSd Art. 3
Abs. 3 S. 2 GG, ist das Urteil formaljuristisch nachvollziehbar, aber rechtspolitisch fragwürdig. Aus dem Rahmen fällt ein Urteil des AG Hamburg-Altona,[74] bei dem über einen Beschluss über den Umbau einer Treppe
zu einer Rampe zu entscheiden war. Das hatte die Wohnungseigentümerversammlung „vorsorglich" beschlossen, obwohl in der Anlage **kein Behinderter** wohnte. Eine solche Maßnahme hätte nicht nach § 22 Abs. 1
WEG aF gegen den Widerspruch des Klägers beschlossen werden dürfen, weil mangels aktuellen Bedarfs die
Privilegierung nach Art. 3 Abs. 3 S. 2 GG nicht hätte in die Interessenabwägung einfließen dürfen. Derartige
vorsorgliche Maßnahmen zur Herbeiführung der Barrierefreiheit können nur als **Modernisierung** nach § 22
Abs. 2 WEG aF mit der dafür erforderlichen Mehrheit beschlossen werden.

---

67 *Barfknecht* WuM 2012, 252 (254); *Horst* WuM 2014, 454 (458).
68 So *Barfknecht* WuM 2012, 252 (254); *Horst* WuM 2014, 454 (458).
69 So Schmidt-Futterer/*Eisenschmid* Mietrecht BGB § 555 b Rn. 109 b.
70 Typisch OLG München 12.7.2005 – 32 Wx 51/05, NZM 2005, 707: Treppenlift; LG Karlsruhe 13.7.2012 – 11 S
    242/11, ZWE 2013, 37: Treppenlift; AG Bonn 28.2.2011 – 27 C 202/10, ZWE 2011, 291: Rampe.
71 BGH 13.1.2017 – V ZR 96/16, NZM 2017, 447 Rn. 9; LG München 23.6.2014 – 1 S 13821/13, ZWE 2015, 139.
72 BGH 13.1.2017 – V ZR 96/16, NZM 2017, 447 Rn. 22 mwN.
73 AG München 9.8.2013 – 481 C 21932/12 WEG, ZMR 2013, 1002.
74 AG Hamburg-Altona 25.11.2009 – 303B C 23/09, ZMR 2010, 480.

41 **ee) Eingangsbereich.** Vorkehrungen zur Einlasskontrolle wie **Gegensprechanlagen**[75] oder **Videoeinlagen** zählen zu den Modernisierungen iSd § 22 Abs. 2 WEG aF, ebenso wie **einbruchshemmende Maßnahmen,**[76] zB Einbau einer einbruchshemmenden Eingangstür.[77] Zu den rechtlichen Rahmenbedingungen für den Einbau einer **Videoanlage** (ua **Datenschutz**).[78]

42 **ff) Treppenhaus/Fahrstuhl.** Zu Treppenlift und Handlauf → Rn. 37–39. Die nachträgliche Installation eines Fahrstuhls wird als Modernisierungsmaßnahme anerkannt, sowohl beim Einbau eines Innenfahrstuhls als auch beim Anbau eines Außenfahrstuhls.[79] Probleme können sich ergeben bei der Frage, ob der Fahrstuhl im konkreten Fall die Eigenart der Wohnanlage verändert (→ Rn. 57 ff.) oder einzelne Wohnungseigentümer unbillig benachteiligt (→ Rn. 79). Ein behinderter Wohnungseigentümer hat keinen Anspruch gem. § 22 Abs. 1 WEG aF, einen Fahrstuhl auf seine Kosten einbauen zu dürfen.[80]

43 **gg) Fassade/Fenster.** Soweit es um **Wärmedämmung** der Fassade oder um Isolierfenster geht, sind derartige Maßnahmen Modernisierungen nach § 555 b Nr. 1 BGB oder modernisierende Instandsetzungen (→ Rn. 16). Der **Austausch von Fenstern** kann aber auch der Verbesserung des Gebrauchswerts der Wohnung dienen und somit eine Modernisierung nach § 555 b Nr. 4 darstellen. Das ist zB dann der Fall, wenn Holzfenster durch Kunststofffenster ersetzt werden.[81]

44 **hh) Balkone/Dachterrassen/Wintergärten/Markisen.** Der Einbau eines bisher **nicht vorhandenen Balkons** wird allgemein als Maßnahme der Wohnwertverbesserung und damit als Modernisierung angesehen.[82] Das gilt auch für die Errichtung eines zusätzlichen **zweiten** Balkons, jedenfalls dann, wenn dieser in eine andere Himmelsrichtung weist.[83] Die **Vergrößerung** eines vorhandenen Balkons von 2,80 m² auf 10,06 m² hat das Landgericht Frankfurt a. M. zwar als Erhöhung des Gebrauchswerts bewertet, diese aber nicht als hinreichend nachhaltig für eine Modernisierung angesehen.[84] Diese Einschätzung dürfte jedoch die Anforderungen an eine Modernisierung überspannen[85] Ob die **Verglasung** von Balkonen eine Modernisierung darstellt, ist umstritten.[86] Der **Ersatz** von hölzernen Betonbrüstungen durch solche aus Stahl und Glas kann eine Modernisierung sein, wenn es sich dabei aus der Sicht eines verständigen Wohnungseigentümers um eine sinnvolle Neuerung handelt, die voraussichtlich geeignet ist, den Gebrauchswert des Wohnungseigentums nachhaltig zu erhöhen. Daran fehlt es, wenn die entstehenden Kosten außer Verhältnis zu dem erzielbaren Vorteil stehen.[87] Auch bei Vorliegen einer Modernisierung kann die Beschlusskompetenz nach § 22 Abs. 2 WEG aF im Einzelfall daran scheitern, dass die **Eigenart der Wohnanlage** verändert wird (→ Rn. 51 ff.).

45 Der **Umbau** eines Balkons in einen **Wintergarten** oder der Austausch eines Balkons gegen eine **Terrasse** ist nicht als Verbesserungsmaßnahme iSd § 555 b Nr. 4 BGB aufzufassen, sondern als Veränderung der Mietsache.[88] Auch der Umbau einer **Dachterrasse zu einem Wintergarten** gilt nicht als Modernisierung, da ein Wintergarten nur eine andere Art der Nutzung der entsprechenden Fläche ermöglicht, jedoch nicht notwendig eine Verbesserung darstellt.[89] Soll der Wintergarten nicht durch Umbau eines vorhandenen Balkons entstehen,

---

75 LG Berlin 21.12.2010 – 65 S 318/09, juris Rn. 39.

76 Bärmann/*Merle* WEG § 22 Rn. 344 a.

77 LG Berlin 5.11.2002 – 64 S 170/02, GE 2003, 122.

78 BGH 8.4.2011 – V ZR 210/10, NZM 2011, 512 Rn. 7/8 mAnm *Hogenschurz* AnwZertMietR 13/2011 Anm. 2; BGH 24.5.2013 – V ZR 220/12, NZM 2013, 618 Rn. 9 ff. mit Anm. *Hogenschurz* jurisPR-MietR 15/2013 Anm. 5.

79 LG Hamburg 19.9.2018 – 318 S 71/17, juris Rn. 31; AG Ahrensburg 2.4.2014 – 37 C 23/13, ZWE 2015, 38.

80 BGH 13.1.2017 – V ZR 96/16, NZM 2017, 447 Rn. 23.

81 LG Itzehoe 19.1.2016 – 11 S 61/14, ZWE 2016, 462; LG Düsseldorf 6.6.2012 – 25 S 8/12, ZMR 2012, 805; LG München 27.4.2009 – 1 S 20171/08, ZWE 2009, 318.

82 BGH 28.9.2011 – VIII ZR 242/10, NZM 2011, 849 Rn. 25.

83 LG Frankfurt a. M. 12.11.2018 – 2–09 S 34/18, WuM 2019, 96.

84 LG Frankfurt a. M. 19.4.2012 – 2–11 S 348/11, NZM 2012, 760.

85 Vgl. allgemein zur Balkonvergrößerung nach § 22 Abs. 1–3 WEG *J.-H. Schmidt* AnwZert MietR 13/2011 Anm. 1.

86 Dafür: AG Hamburg- Wandsbek 22.12.2010 – 740 C 47/10, ZMR 2012, 227; dagegen: AG Charlottenburg 26.10.2012 – 73 C 220/10, juris Rn. 17.

87 BGH 14.12.2012 – V ZR 224/11, ZWE 2013, 172, Rn. 12, 18: Ergebnis im konkreten Fall vom BGH offengelassen; Modernisierung bejaht in dem anschließenden Urteil des LG Bremen zum gleichen Fall 10.7.2015 – 4 S 318/10, ZMR 2015, 776.

88 LG Lübeck 1.3.2018 – 14 S 161/16, WuM 2018, 511.

89 AG Konstanz 13.3.2008 – 12 C 17/07, juris Rn. 87.

sondern durch **Hinzufügung** eines neuen Raums in Form eines **Anbaus**, so ist diese Maßnahme so weitreichend, dass ihre Durchführung den Charakter der Mietsache grundlegend verändern würde mit der Folge, dass eine Modernisierung schon aus diesem Grund entfällt.[90]

Die Anbringung von **Markisen** oder anderen **Verschattungselementen** (zB **Rollläden** oder **Jalousien**) kann eine Modernisierung gem. § 22 Abs. 2 WEG aF sein.[91] Daneben kommt aber auch in Betracht, dass es sich um eine modernisierende Instandsetzung gem. § 22 Abs. 3 WEG aF oder eine erstmalige Herstellung eines ordnungsmäßigen Zustands handelt, so dass die Maßnahme mit einfacher Mehrheit beschlossen werden kann. Außerdem ist jeweils zu prüfen, ob der an der Markise interessierte einzelne Wohnungseigentümer verlangen kann, dass ihm die Anbringung der Markise auf eigene Kosten als bauliche Veränderung gem. § 22 Abs. 1 WEG aF gestattet wird, wenn dadurch kein anderer Wohnungseigentümer über das in § 14 Nr. 1 WEG aF bestimmte Maß hinaus beeinträchtigt wird. Die oben erwähnte Entscheidung des BGH[92] ist besonders lesenswert, weil sie das gesamte Spektrum der Möglichkeiten „schulmäßig" durchdekliniert und die einzelnen Varianten gegeneinander abgrenzt. **46**

ii) Dach/Keller/Kamin. Der **Ausbau** von bisher nicht zu Wohnzwecken genutzten Nebenräumen, zB eines Speichers auf dem Dachboden, zu **Wohnräumen** kann nicht nach § 22 Abs. 2 WEG aF mit qualifizierter Mehrheit beschlossen werden. Dabei mag dahingestellt bleiben, ob eine solche Maßnahme wegen der grundlegenden Veränderung des Gebäudes bereits an dem Tatbestandsmerkmal „Modernisierung" scheitert[93] oder zwar als Modernisierung zu bewerten ist, aber trotzdem aus dem Anwendungsbereich von § 22 Abs. 2 WEG aF ausscheidet, weil sie die Eigenart der Wohnanlage ändert.[94] Auch die **Aufstockung eines Reihenhauses um ein Vollgeschoss** fällt nicht unter § 22 Abs. 2 WEG aF.[95] Der BGH hatte einen Fall zu beurteilen, bei dem ein vorhandenes **Schwimmbad** um einen Ruheraum **erweitert** werden sollte durch Umwandlung einer bisherigen Hausmeisterwohnung. Der BGH hat entschieden, dass sich die Einschätzung des Berufungsgerichts, wonach dieses Vorhaben keine gebrauchswerterhöhende Maßnahme darstelle, „in den Grenzen des revisionsrechtlich nur eingeschränkt nachprüfbaren tatrichterlichen Ermessens" halte.[96] Das dürfte jedoch – wie die etwas distanzierte Formulierung des BGH nahelegt – ein Grenzfall sein, der sich nicht auf jegliche Nutzungsänderung übertragen lässt. So führt etwa die Umwandlung eines bisher für die Aufbewahrung von Gegenständen bestimmten **Kellerraums** in einen **Hobbyraum** oder einen **Partykeller** zu einer Erhöhung des Gebrauchswerts,[97] die nicht die Eigenart der Anlage verändert und folglich gem. § 22 Abs. 2 WEG aF mit qualifizierter Mehrheit beschlossen werden kann. Die Wiederinbetriebnahme eines stillgelegten Schornsteins für einen **Kamin** ist eine Modernisierungsmaßnahme iSd § 22 Abs. 2 WEG aF.[98] **47**

jj) Leitungen/Kabelanschluss/Internet. Maßnahmen zur **Ertüchtigung der Leitungen** für die Versorgung mit **Strom** und **Trinkwasser** sowie die Entsorgung von **Abwasser** fallen in der Regel unter die Rubrik modernisierende Instandsetzung oder – falls damit die Vorgaben öffentlich-rechtlicher Vorschriften erfüllt werden sollen – unter die erstmalige ordnungsmäßige Herstellung. Kompliziert ist die Rechtslage beim Empfang von **TV-Programmen** und der Verbindung zum **Internet**. Der BGH hat den Anschluss an das Breitbandkabelnetz im Jahr 2005 als Modernisierungsmaßnahme eingestuft, weil er im Verhältnis zu der in dem Gebäude vorhandenen Satellitenanlage den Empfang von deutlich mehr Fernseh- und Hörfunkprogrammen ermöglichte.[99] Seitdem hat sich die technische Entwicklung beschleunigt. Der vom BGH angelegte Maßstab gilt aber nach wie vor: Es kommt darauf an, ob die neue Lösung für TV mehr Programme und bessere Qualität (HD) und für Internet eine schnellere Verbindung mit größerer Datenmenge erlaubt als die bisher vorhandene Anlage. Ist das der Fall – und handelt es sich um eine bauliche Veränderung und nicht bloß um eine neue Software -, so liegt eine Modernisierung iSd § 555 b Nr. 4 BGB, § 22 Abs. 2 WEG aF vor.[100] UU kann die Maßnahme – **48**

---

90 BGH 21.11.2017 – VIII ZR 28/17, NZM 2018, 228 Rn. 16.
91 BGH 20.7.2018 – V ZR 56/17, NZM 2018, 794 Rn. 29 mAnm *Hogenschurz* AnwZert MietR 22/2018 Anm. 2.
92 BGH 20.7.2018 – V ZR 56/17, NZM 2018, 794.
93 So *Bub* ZWE 2008, 205 (210); Bärmann/*Merle* WEG § 22 Rn. 353.
94 So LG München 18.7.2013 – 36 S 20429/12, ZWE 2014, 189.
95 LG Hamburg 16.12.2009 – 318 S 49/09, ZWE 2010, 374.
96 BGH 11.11.2011 – V ZR 65/11, NZM 2012, 174 Rn. 5.
97 MükoBGB/*Engelhardt* WEG § 22 Rn. 46.
98 BGH 18.2.2011 – V ZR 82/10, NZM 2011, 281 Rn. 8 ff.
99 BGH 20.7.2005 – VIII ZR 253/04, NJW 2005, 2995.
100 Zu näheren Einzelheiten s. die Tabelle bei Schmidt-Futterer/*Eisenschmidt* Mietrecht BGB § 555 b Rn. 92 ff., 99.

insbesondere bei Reparaturbedarf der vorhandenen Anlage – als modernisierende Instandsetzung (→ *Modernisierende Instandsetzung* Rn. 21) mit einfacher Mehrheit beschlossen werden.

49 **kk) Außenbereich.** Als Beispiele für Modernisierungen im Außenbereich nennt der inzwischen außer Kraft getretene § 4 Abs. 2 ModEnG **Kinderspielplätze, Grünanlagen, Stellplätze** und sonstige **Verkehrsanlagen.**[101] Darüber hinaus sind Maßnahmen zur Herstellung der **Barrierefreiheit** wie etwa **Rampen** im Eingangsbereich (→ Rn. 35–40), die Errichtung eines **eingezäunten und abschließbaren Müllplatzes**[102] und die Installation einer **Zaunanlage mit integrierter Überwachungstechnik**[103] zu erwähnen.

50 **ll) Nachhaltig/auf Dauer/Wirtschaftlichkeit.** Die Erhöhung des Gebrauchswerts gem. § 555 b Nr. 4 BGB muss „nachhaltig" sein, die Wohnverhältnisse müssen gem. § 555 b Nr. 5 BGB „auf Dauer" verbessert werden. Ein sachlicher Unterschied ist mit diesem Wechsel der Formulierung nicht verbunden.[104] Das Merkmal der „Nachhaltigkeit" hat ebenso wie die „Dauer" eine **zeitliche Komponente**: Die Gebrauchswerterhöhung darf nicht nur vorübergehenden Charakter haben. Teilweise wird darüber hinaus gefordert, dass die Gebrauchswerterhöhung einen gewissen **Umfang** erreichen müsse.[105] Diese Interpretation des Merkmals „nachhaltig" steht jedoch nicht im Einklang mit der Rechtsprechung des BGH. Im Zusammenhang mit der Prüfung einer „nachhaltigen" Energieeinsparung hat der BGH festgestellt, dass ein Mindestprozentsatz der Einsparung nicht erforderlich sei. Das Merkmal der Nachhaltigkeit sei erfüllt, wenn überhaupt eine messbare Energiemenge eingespart werde und wenn diese Einsparung dauerhaft sei.[106] Auf den Umfang der Einsparung kommt es also nicht an. Da der Begriff der Nachhaltigkeit in § 555 b Nr. 1 BGB den gleichen Wortlaut hat wie in den folgenden Nr. 2–4, sollte er auch bei diesen Varianten auf die zeitliche Komponente beschränkt werden. Andernfalls gäbe es im Übrigen einen Wertungswiderspruch zu § 555 b Nr. 5 BGB. Dort ist mit dem Begriff „auf Dauer" eindeutig nur die zeitliche Komponente gemeint. Andererseits fordert der BGH, dass die Maßnahme eine **sinnvolle Neuerung** darstelle; daran werde es unter anderem dann fehlen, wenn die entstehenden Kosten **außer Verhältnis** zu dem erzielbaren **Vorteil** stünden (→ Rn. 77). Dieses aus dem Grundsatz der ordnungsmäßigen Verwaltung abzuleitende Prinzip führt dazu, dass die Erhöhung des Gebrauchswerts zwar keinen **absoluten Mindestumfang** erreichen muss, wohl aber **in Relation zu den entstehenden Kosten** noch als angemessen zu bewerten sein muss. Indirekt beeinflusst somit die **Wirtschaftlichkeit** die Zulässigkeit der Maßnahme, wobei der erzielbare Vorteil nicht notwendig **finanzieller Natur** sein muss (→ Rn. 77).

IV. Anpassung an den Stand der Technik

51 Mit „Stand der Technik" ist das Niveau einer anerkannten und in der Praxis bewährten, fortschrittlichen technischen Entwicklung gemeint.[107] Die Gesetzesbegründung (aaO) ordnet den „Stand der Technik" auf einem Niveau zwischen den „anerkannten Regeln der Technik" und dem „Stand von Wissenschaft und Technik" ein. Damit soll eine Überforderung der Wohnungseigentümer vermieden werden. Konkrete Beispiele für die Anpassung an den Stand der Technik finden sich in der Regierungsbegründung nicht. Sie verweist lediglich darauf, dass im Unterschied zum Mietrecht den Wohnungseigentümern auch alle die Veränderungen zugutekommen, die im Mietrecht nur den Vermieter, nicht aber den Mieter treffen, so insbesondere **technische Verbesserungen** des Hauses. Die bisherigen Versuche in der Literatur, für diese Tatbestandsvariante praktische Anwendungsfälle aufzuzeigen, sind wenig überzeugend, da sich die genannten Beispiele über die Tatbestandsvariante „Modernisierung" lösen lassen.[108] Die Anpassung an den Stand der Technik ist daher praktisch kaum von Bedeutung.[109]

---

101 BeckOK WEG/*Elzer* § 22 Rn. 213.
102 BGH 17.12.2014 – VIII ZR 88/13, NJW 2015, 934 Rn. 22.
103 AG Berlin-Charlottenburg 14.1.2011 – 73 C 145/10, ZWE 2011, 189.
104 Schmidt-Futterer/*Eisenschmid* Mietrecht BGB § 555 b Rn. 78.
105 LG Frankfurt a. M. 19.4.2012 – 2–11 S 348/11, NZM 2012, 760; BeckOK WEG/*Elzer* § 22 Rn. 212.
106 BGH 10.4.2002 – VIII ARZ 3/01, NZM 2002, 519.
107 BT-Drs. 16/887, 30.
108 *Mediger*, Die ökologische Modernisierung von Eigentumswohnungen, 178 ff.
109 Jennißen/*Hogenschurz* WEG § 22 Rn. 71.

V. „Dienen"

Die Maßnahme muss der Modernisierung oder der Anpassung an den Stand der Technik „dienen". Damit soll 52
nach der Regierungsbegründung[110] zum Ausdruck gebracht werden, dass die Maßnahme nicht geboten sein
muss. Es reicht vielmehr aus, dass sie sinnvoll ist und sich voraussichtlich für die Erreichung des angestrebten
Ziels **eignet**.[111]

VI. Schranken

§ 22 Abs. 2 WEG aF gewährt die Kompetenz zur Beschlussfassung über Maßnahmen der Modernisierung oder 53
der Anpassung an den Stand der Technik nur mit bestimmten Einschränkungen. Die betreffenden Maßnahmen
dürfen die Eigenart der Wohnanlage nicht verändern und keinen Wohnungseigentümer gegenüber anderen unbillig beeinträchtigen.

1. Änderung der Eigenart der Wohnanlage. a) Regierungsbegründung. Die Interpretation dieses negati- 54
ven Tatbestandsmerkmals des § 22 Abs. 2 WEG aF in Rechtsprechung und Literatur wird stark geprägt durch
die Regierungsbegründung.[112] Sie bezeichnet als Änderung der Eigenart der Wohnanlage insbesondere einen
Anbau, etwa eines Wintergartens, eine Aufstockung oder einen Abriss von Gebäudeteilen oder vergleichbare
Veränderungen des inneren oder äußeren Bestandes, etwa dann, wenn ein Wohnhaus einfacher Wohnquali-
tät gleichsam luxussaniert oder wenn ein bisher nicht zu Wohnzwecken genutzter Speicher zu Wohnungen
ausgebaut oder wenn eine die Wohnanlage umgebende größere Grünfläche weithin zum Abstellen von Autos
asphaltiert werden solle. Entsprechendes gelte, wenn der optische Gesamteindruck nachteilig verändert werde,
auch, wenn ein uneinheitlicher Gesamteindruck entstehe, so wenn nur einzelne Balkone an der Front eines
Hauses, nicht aber alle verglast würden oder wenn beim Bau von Dachgauben in einer vorhandenen Dachgeschosswohnung die Symmetrie des Hauses nicht eingehalten werde. Das Vertrauen des Erwerbers auf den wesentlichen inneren und äußeren Bestand der Eigentumsanlage, das in der Regel Grundlage seiner Entscheidung
für den Erwerb der Wohnung war, sei nämlich ebenso schützenswert wie das auf den Fortbestand der Gemeinschaftsordnung.

b) Auslegung nach dem Sinn und Zweck. Schon kurz nach Inkrafttreten der WEG-Reform 2007 meldeten 55
sich kritische Stimmen in der Literatur, die vor der Anlegung zu strenger Maßstäbe warnten.[113] Außerdem
wurde zutreffend bemängelt, dass einige der in der Regierungsbegründung genannten Beispiele schon gar
nicht unter den Modernisierungsbegriff fallen.[114] In der Tat hat die betont kasuistische Darstellung in der Regierungsbegründung Anlass zu mancherlei Missverständnissen gegeben, die teilweise zu verfehlten Entscheidungen von Instanzgerichten geführt haben. Darauf wird im Einzelnen noch einzugehen sein (→ Rn. 59 ff.).
Will man über die bloße Kasuistik hinausgelangen und ein für die Entscheidungsfindung handhabbares System entwickeln, ist es erforderlich, auf den Grundgedanken des **Reformansatzes** bei der Schaffung von § 22
Abs. 2 WEG aF zurückzugreifen.

§ 22 Abs. 2 WEG aF soll eine Anpassung des Gemeinschaftseigentums an veränderte Umstände ermöglichen, 56
um einen **Wertverlust zu vermeiden**. Es geht darum, neue Standards, die im Laufe der Nutzungszeit eines
Gebäudes aufgrund des technischen Fortschritts oder der Änderungen in den Lebensgewohnheiten eingetreten
sind, angemessen Rechnung zu tragen, um ein Absinken des Gebäudes hinsichtlich seines Nutz- und Verkehrswerts zu verhindern.[115] Wenn § 22 Abs. 2 WEG aF dieser Zielsetzung gerecht werden soll, dann muss sich das
auch auf die Interpretation des negativen Tatbestandsmerkmals „Änderung der Eigenart der Wohnanlage" auswirken. Umstände, die zwangsläufig mit der Modernisierung verbunden sind, können für sich allein nicht zur
Konsequenz haben, dass die Modernisierung wegen einer Veränderung der Eigenart der Wohnanlage oder un-

---

110 BT-Drs. 16/887, 30.
111 BGH 18.2.2011 – V ZR 82/10, NZM 2011, 281 Rn. 9; LG München I 27.4.2009 – 1 S 20171/08, ZWE 2009, 318;
     LG Düsseldorf 6.6.2012 – 25 S 8/12, ZMR 2012, 805; aA Staudinger/*Lehmann-Richter* WEG § 22 Rn. 96: voraus-
     sichtliche Eignung reicht nicht, erforderlich ist, dass objektiv eine Modernisierung erfolgt.
112 BT-Drs. 16/887, 30.
113 *Häublein* ZMR 2007, 409 (421); *Abramenko,* Das neue WEG, 172.
114 Staudinger/*Lehmann-Richter* WEG § 22 Rn. 104.
115 *Mediger,* Die ökologische Modernisierung von Eigentumswohnungen, 184.

billiger Nachteile unterbleiben muss.[116] Die in § 22 Abs. 2 WEG aF integrierten immanenten Schranken greifen folglich nur dann ein, wenn die Veränderung **zusätzliche**, nicht zwangsläufig mit der Modernisierung verbundene **Nachteile** mit sich bringt oder wenn die Nachteile zwar als zwangsläufige Folge der Modernisierung zu werten sind, aber eine solche Intensität aufweisen, dass sie die durch die Modernisierung erhoffte Wertsteigerung der Anlage ganz oder zumindest weitestgehend beseitigen. Dann wird nämlich – wie die Regierungsbegründung insoweit zu Recht ausführt – das Vertrauen des Erwerbers auf den wesentlichen inneren und äußeren Bestand der Eigentumsanlage, das in der Regel Grundlage seiner Entscheidung für den Erwerb der Wohnung war, nicht ausreichend geschützt.

57 **c) Anwendung auf die maßgeblichen Fallgruppen. aa) Aufzug.** Die Bewertung von Aufzügen bzw. Fahrstühlen hat sich in den vergangenen Jahrzehnten gewandelt. Während sie früher eine Ausnahme darstellten, die im Wesentlichen für Hochhäuser in Betracht kam, sind heute Wohnungen in Mehrfamilienhäusern ohne Aufzug ab dem 4., spätestens ab dem 5. Stock nur noch eingeschränkt verkehrsfähig. Diese Tendenz wird verstärkt durch die zunehmende Nachfrage nach barrierefreiem Zugang zur Wohnung aufgrund der demographischen Entwicklung. Der Fahrstuhl wird deshalb zu Recht in der Regierungsbegründung an vorderer Stelle als Beispiel für eine Modernisierung genannt.[117] Jeder nachträgliche Einbau eines Fahrstuhls bedeutet einen beträchtlichen Eingriff in die vorhandene Bausubstanz. Beim Innenfahrstuhl, der nur in Häusern mit entsprechend großzügigem Treppenhaus möglich ist, wird der Zuschnitt des Treppenhauses deutlich reduziert, beim Außenfahrstuhl verändert sich nicht nur das Innere des Gebäudes, sondern sogar die Außenansicht.

58 Das LG Hamburg hat in einer sorgfältigen Abwägung einen nachträglichen **Innenfahrstuhl** selbst bei einem **Jugendstilhaus** nicht als Änderung der Eigenart der Wohnanlage eingestuft.[118] Die Entscheidung ist zu begrüßen, weil das gehobene Niveau eines solchen Hauses durch den Verzicht auf einen Fahrstuhl absinken würde. Die mit dem Fahrstuhl zwangsläufig verbundenen Einschränkungen bei der Weitläufigkeit des Treppenhauses sind eine nicht vermeidbare Nebenfolge, deren Wirkungen im Verhältnis zur Werterhöhung durch den Fahrstuhl nicht ins Gewicht fallen. Insofern ändert sich die Eigenart der Wohnanlage (Mehrfamilienhaus gehobenen Standards) durch den Einbau des Fahrstuhls gerade nicht. Sie würde im Gegenteil eher leiden, wenn man diese notwendige Anpassung an den veränderten Zeitgeist unterlassen würde.

59 Anders haben das AG Konstanz und das AG Ahrensburg im Fall von **Außenfahrstühlen** geurteilt.[119] Diese sollen nach Ansicht der genannten Gerichte generell zu einer Veränderung der Eigenart der Anlage führen, weil es sich um „Anbauten" handele. Dabei orientieren sich diese Urteile an der Regierungsbegründung, die in der Tat einen „Anbau" als Beispiel für eine Veränderung der Eigenart der Anlage nennt. Fraglich ist aber, ob die Regierungsbegründung mit „Anbau" auch den Außenfahrstuhl gemeint hat oder nur den Anbau zusätzlicher Gebäude. Unabhängig davon ist die Auffassung des AG Konstanz und des AG Ahrensburg aus grundsätzlichen Erwägungen abzulehnen. Außenfahrstühle sind typische Modernisierungsmaßnahmen bei Nachkriegsbauten in Westdeutschland oder Plattenbauten in Ostdeutschland, die damals aus Kostengründen als 5-stöckige Mehrfamilienhäuser ohne Fahrstuhl errichtet wurden. Bei diesen eher schlichten Gebäuden erlaubt das Treppenhaus keinen Innenfahrstuhl. Würde man hier den Außenfahrstuhl prinzipiell an der Hürde der Veränderung der Eigenart der Wohnanlage scheitern lassen, würde man das Ziel der Anpassung an moderne Anforderungen ohne Not konterkarieren. Wenn der Außenfahrstuhl an einer Stelle angebracht wird, die das äußere Erscheinungsbild möglichst wenig beeinträchtigt (also zB vorzugsweise an der Hofseite) und die nicht einzelne Wohnungen unbillig benachteiligt, zB durch Verschattung (→ Rn. 69), dann handelt es sich um eine Modernisierungsmaßnahme, deren zwangsläufige Begleitumstände keine Änderung der Eigenart der Anlage darstellen.

60 **bb) Balkone.** Balkone beeinflussen den Wert von Wohnungen bei der Vermietung oder Veräußerung beträchtlich. Sie gehören inzwischen zum Standard schon bei Wohnungen mittleren Niveaus, da der nachträgliche Einbau von Ständerkonstruktionen üblich und bautechnisch relativ einfach realisierbar ist. Sie sind daher allgemein als Modernisierung anerkannt (→ Rn. 44). Deshalb sollte bei der Auslegung des Merkmals „Änderung der Eigenart der Anlage" kein strenger Maßstab angelegt werden, wenn man den durch den Gesetzgeber ge-

---

116 BGH 18.2.2011 – V ZR 82/10, NZM 2011, 281 Rn. 12.
117 BT-Drs. 16/887, 30 linke Spalte.
118 LG Hamburg 19.9.2018 – 318 S 71/17, juris Rn. 32 ff.
119 AG Konstanz 13.3.2008 – 12 C 17/07, ZMR 2008, 494; AG Ahrensburg 2.4.2014 – 37 C 23/13, juris Rn. 31; Riecke/Schmid/*Drabek* WEG § 22 Rn. 148.

schaffenen Modernisierungsspielraum nicht unzulässig einengen will.[120] Allerdings darf der **optische Gesamteindruck** nicht erheblich nachteilig beeinträchtigt werden.[121] Das kann der Fall sein, wenn ein **uneinheitlicher Gesamteindruck** entsteht.[122] Einen solchen uneinheitlichen Gesamteindruck hat das AG Lübeck zu Recht bejaht bei einem Beschluss, der die konkrete Gefahr mit sich brachte, dass die Balkone zukünftig von den Wohnungseigentümern in völlig unterschiedlichem Maße mit Windschutzelementen ausgestattet werden konnten.[123] Zu weit geht jedoch das LG Lüneburg, das eine Änderung der Eigenart der Anlage angenommen hat in einem Fall, in dem durch Beschluss den einzelnen Wohnungseigentümern freigestellt worden war, ob sie einen Balkon vor ihrer Wohnung in die Ständerkonstruktion einhängen lassen wollten oder nicht.[124] Da der Kläger für seine Wohnung keinen Balkon wünschte, entstand nach Auffassung des LG Lüneburg ein uneinheitlicher Gesamteindruck. Die Entscheidung ist abzulehnen, da das Gebäude in dem konkreten Fall ein schlichter Nachkriegsbau war, auf dessen Hofseite die Ständerkonstruktion angebracht werden sollte. Bei einem solchen Gebäude wird der Gesamteindruck durch das Fehlen eines einzelnen Balkons auf der Hofseite nicht so nachhaltig gestört, dass man von einer Änderung der Eigenart der Wohnanlage sprechen könnte.[125]

cc) Sonnenkollektoren, Fotovoltaikanlagen, Windkraftanlagen und Blockheizkraftwerke. Solche Anlagen zur Produktion von Strom bzw. Wärme sollen durch § 555 b Nr. 1 und 2 BGB iVm § 22 Abs. 2 WEG aF privilegiert werden, weil es sich dabei um Modernisierungen handelt (→ Rn. 20 ff.). Es wäre ein gravierender Widerspruch innerhalb der gesetzlichen Systematik, wenn derartige Anlagen über das negative Tatbestandsmerkmal „Änderung der Eigenart der Anlage" regelhaft aus dem Anwendungsbereich von § 22 Abs. 2 WEG aF ausgeschlossen würden. Genau das ist aber angesichts der bisherigen restriktiven Judikatur zu diesem Tatbestandsmerkmal bei Aufzügen und Balkonen zu befürchten. Rechtsprechung speziell zur Änderung der Eigenart der Anlage bei Sonnenkollektoren etc gibt es bisher noch nicht. Die Literatur tendiert dazu, bei solchen Einrichtungen eine Änderung der Eigenart der Anlage zu bejahen.[126] Endgültige Klarheit wird voraussichtlich erst eine Entscheidung des BGH bringen. Bis dahin empfiehlt es sich, statt eines Beschlusses nach § 22 Abs. 2 WEG aF nach Möglichkeit eine Vereinbarung aller Wohnungseigentümer anzustreben, um Risiken aus dem Weg zu gehen. **61**

dd) Sonstige Fälle. Der BGH hat die Wiederinbetriebnahme eines stillgelegten Schornsteins für einen Kamin als Modernisierung bewertet, welche nicht die Eigenart der Wohnanlage ändert.[127] Treppen mit fünf Stufen, die von den Balkonen im Erdgeschoss in den Garten führen, beeinträchtigen das optische Erscheinungsbild des Hauses nur unwesentlich, so dass es in seiner Eigenart nicht verändert wird.[128] Der Austausch alter Holzfenster gegen Kunststofffenster ändert die Eigenart der Wohnanlage nicht.[129] Dagegen kann der Ersatz von Holzbrüstungen an Balkonen zu einem uneinheitlichen Gesamteindruck führen, wenn die in der Umgebung befindlichen Gebäude einheitlich mit Holzbalkonen gestaltet sind.[130] **62**

Festzuhalten ist, dass es stets nicht nur auf die Art der Veränderung ankommt, sondern auch auf ihre **Intensität**. Deshalb sind die in der Regierungsbegründung genannten Beispiele (→ Rn. 54)[131] mit Vorsicht zu betrachten. So ist zB nicht jeder „Anbau" zwangsläufig eine Änderung der Eigenart der Anlage, etwa beim Anbau eines unauffälligen Geräteschuppens. Auch bei der Umwandlung von Gartenflächen in Parkplätze kommt es auf das Ausmaß des Eingriffs an. Die großflächige Umgestaltung eines parkartigen Gartens ist anders zu bewerten als die Abtrennung bestimmter Teile eines Gartens üblicher Dimensionen. **63**

---

120 LG Frankfurt a. M. 12.11.2018 – 2–09 S 34/18, WuM 2019, 96.
121 *Niedenführ/Vandenhouten* WEG § 22 Rn. 176.
122 BT-Drs. 16/887, 30.
123 AG Lübeck 24.1.2014 – 35 C 45/13 WEG, ZWE 2014, 465.
124 LG Lüneburg 31.5.2011 – 9 S 75/10, BeckRS 2011, 14818 m. krit. Anm. *Hogenschurz* jurisPR-MietR 23/2011 Anm. 4.
125 So auch die Vorinstanz AG Hannover 26.10.2010 – 483 C 3145/10, ZWE 2011, 145.
126 *Bärmann/Merle* WEG § 22 Rn. 353 b; *Wilhelmy* NZM 2014, 569 (570).
127 BGH 18.2.2011 – V ZR 82/10, NZM 2011, 281 Rn. 11.
128 AG Hannover 2.10.2007 – 484 C 9807/07, ZMR 2008, 250.
129 LG Itzehoe 19.1.2016 – 11 S 61/14, ZWE 2016, 462.
130 BGH 14.12.2012 – V ZR 224/11, ZWE 2013, 172 Rn. 19; im konkreten Fall vom BGH offengelassen.
131 BT-Drs. 16/887, 30.

64   In der Literatur wird als Änderung der Eigenart der Anlage auch der Fall diskutiert, dass ein Wechsel in der **Nutzungseigenart** der Anlage stattfindet.[132] Zur Nutzungseigenart gehört zB die Nutzung als Studentenwohnheim, als Anlage für betreutes Wohnen, als Ferienanlage, als Hotel, als Anlage für gehobene Ansprüche, als Geschäftsgebäude etc.[133] Dem ist zuzustimmen. Allerdings dürfte ein Nutzungswechsel hinsichtlich der kompletten Anlage, zB eine Umwandlung einer unrentablen Ferienanlage in eine Anlage für betreutes Wohnen,[134] bei WEG-Anlagen in der Praxis eher selten sein. Die in der Regierungsbegründung erwähnte **Luxusmodernisierung** ist vom BGH als Beispiel für eine Veränderung der Eigenart der Anlage übernommen worden,[135] jedoch nur als obiter dictum. Bisher sind die Gerichte, die im Zusammenhang mit einer Modernisierung nach § 22 Abs. 2 WEG aF das Merkmal „Luxusmodernisierung" geprüft haben, jeweils zu einem negativen Ergebnis gelangt.[136]

65   **2. Unbillige Beeinträchtigung gegenüber anderen. a) Entstehungsgeschichte.** Die Maßnahme darf keinen Wohnungseigentümer gegenüber anderen unbillig beeinträchtigen. Im Regierungsentwurf hieß es noch, dass kein Wohnungseigentümer erheblich beeinträchtigt werden dürfe. Die im geltenden Gesetz verwendete Formulierung geht auf einen Änderungsvorschlag des Rechtsausschusses des Bundestages zurück.[137] Das führt dazu, dass die Regierungsbegründung zu diesem Tatbestandsmerkmal[138] nur noch eingeschränkt verwertbar ist.

66   **b) Allgemeine Hinweise zur Interpretation der Unbilligkeit. aa) Abstand zu § 22 Abs. 1 iVm § 14 Nr. 1 WEG aF.** Die Schwelle für eine unbillige Beeinträchtigung ist bei § 22 Abs. 2 WEG aF erheblich höher anzusetzen als bei § 22 Abs. 1 iVm § 14 Nr. 1 WEG aF.[139] Unbillig können nur solche Nachteile sein, die über einen Nachteil iSd § 22 Abs. 1 iVm § 14 Nr. 1 WEG aF hinausgehen und bei wertender Betrachtung und in Abwägung mit den mit der Modernisierung verfolgten Vorteilen einem verständigen Wohnungseigentümer zumutbarer Weise nicht abverlangt werden dürfen.[140]

67   **bb) Zwangsläufig mit der Modernisierung verbundene Nachteile.** Umstände, die zwangsläufig mit der Modernisierung verbunden sind, führen für sich alleine nicht zur Bejahung eines unbilligen Nachteils.[141] Hinzunehmen sind daher zB die erhöhte Wartungs- und Reparaturanfälligkeit einer neuen Anlage oder auch die mit dem Einbau eines Aufzugs verbundenen Geräusche sowie die Einschränkung der Gebrauchsmöglichkeit des Treppenhauses.[142]

68   **cc) Beeinträchtigung „gegenüber anderen".** Die Relativität der Unbilligkeit – nämlich die Beeinträchtigung gegenüber anderen – war in dem ursprünglichen Gesetzentwurf noch nicht enthalten. Sie ist erst durch den Rechtsausschuss des Bundestags in das Gesetz eingefügt worden (→ Rn. 65). Danach ist also jeweils zu prüfen, ob und in welcher Intensität ein oder mehrere Wohnungseigentümer stärker belastet werden als andere. Ein Nachteil, der alle Wohnungseigentümer mehr oder weniger gleichmäßig trifft, kann daher nicht unbillig iSd § 22 Abs. 2 WEG aF sein. Nur die „überschießende Härte" repräsentiert das potenzielle Sonderopfer, das hinsichtlich der Unbilligkeit zu überprüfen ist.[143]

69   **c) Typische Fallgruppen. aa) Immissionen, Verschattungen.** Wenn ein Außenfahrstuhl so geplant ist, dass der Fahrstuhlschacht direkt vor den Wohnungsfenstern bestimmter Wohnungseigentümer verläuft und damit die jeweiligen Wohnungen verdunkelt und die Aussicht aus den betroffenen Fenstern versperrt, liegt eine un-

---

132 BeckOK WEG/*Elzer* § 22 Rn. 220, 226; *Sauren* WEG § 22 Rn. 38 a.

133 BeckOK WEG/*Elzer* § 22 Rn. 220.

134 BeckOK WEG/*Elzer* § 22 Rn. 226.

135 BGH 18.2.2011 – V ZR 82/10, NZM 2011, 281 Rn. 11.

136 Keine Luxusmodernisierung im konkreten Fall: AG Brandenburg 31.8.2018 – 31 C 298/17, juris Rn. 26–28: Aufzug; LG Düsseldorf 6.6.2012 – 25 S 8/12, juris Rn. 69: neue Fenster; LG Hamburg 25.5.2011 – 318 S 208/09, ZWE 2012, 189: Balkone.

137 Zur Entstehungsgeschichte *Mediger*, Die ökologische Modernisierung von Eigentumswohnungen, S. 186 ff.

138 BT-Drs. 16/887, 30 f.

139 BeckOK WEG/*Elzer* § 22 Rn. 229; *Abramenko*, Das neue WEG, 171.

140 BGH 18.2.2011 – V ZR 82/10, NZM 2011, 281 Rn. 12 f.; BGH 20.7.2018 – V ZR 56/17, NZM 2018, 794 Rn. 29.

141 BGH 18.2.2011 – V ZR 82/10, NZM 2011, 281 Rn. 12; LG Düsseldorf 6.6.2012 – 25 S 8/12, ZMR 2012, 805.

142 *Bub* ZWE 2008, 205 (2011); Bärmann/*Merle* WEG § 22 Rn. 354.

143 Staudinger/*Lehmann-Richter* WEG § 22 Rn. 108.

billige Beeinträchtigung vor.[144] Das gilt aber nur dann, wenn tatsächlich nur einzelne Wohnungseigentümer benachteiligt werden, während andere Wohnungen davon nicht betroffen sind. Verdunkelt der Außenfahrstuhl in gleicher Weise alle Wohnungen, kommt lediglich eine Änderung der Eigenart der Wohnanlage in Betracht. Gleiches gilt für Geräuschbelästigungen oder störende Gerüche. Auch in derartigen Fällen ist maßgeblich, ob sich diese Immissionen in besonderem Maße auf einzelne Wohnungen auswirken. So kann zB eine unbillige Benachteiligung vorliegen, wenn die mit dem Betrieb einer Klimaanlage verbundenen Geräusche vornehmlich in der Wohnung eines Wohnungseigentümers zu vernehmen sind.[145]

bb) Erscheinungsbild. Umgestaltungen des äußeren Erscheinungsbildes der Anlage haben in der Regel mit dem Merkmal „unbillige Beeinträchtigung gegenüber anderen" nichts zu tun, weil sie alle Wohnungseigentümer gleichmäßig treffen.[146] Nachteilige optische Effekte sind nach der Schranke der Eigenart der Anlage zu beurteilen. 70

cc) Kosten der Modernisierung. Die Kosten der Modernisierung (→ Rn. 83) können im **Ausnahmefall** uU zu einer unbilligen Beeinträchtigung führen. In der **Regierungsbegründung**[147] werden dazu zwei Kriterien genannt, die in Literatur und Rechtsprechung weitgehend übernommen worden sind: 71

Als erstes Kriterium führt die Regierungsbegründung auf: Die Kosten der Maßnahme seien nur im Ausnahmefall eine Beeinträchtigung, nämlich dann, wenn sie das Maß der **Aufwendungen übersteigen**, die dazu dienen, das gemeinschaftliche Eigentum in einen Zustand zu versetzen, wie er **allgemein üblich** sei, etwa zur Energieeinsparung oder zur Schadstoffminderung.[148] 72

Dieses Tatbestandsmerkmal wird in der Regierungsbegründung durch ein zweites Kriterium ergänzt: Im Einzelfall könne sich eine erhebliche Beeinträchtigung dann ergeben, wenn ein Wohnungseigentümer wegen der Kosten von Modernisierungsmaßnahmen gezwungen würde, sein Wohnungseigentum zu **veräußern**.[149] 73

Über die beiden in der Regierungsbegründung aufgeführten Kriterien hinaus wird vereinzelt die These vertreten, dass die Grenzen der Unbilligkeit bereits dann erreicht seien, wenn keine **Amortisierung** innerhalb von 10 Jahren wie bei der modernisierenden Instandsetzung erreicht werde.[150] 74

Bei näherer Betrachtung vermag keines der drei Kriterien zu überzeugen. 75

Die nach § 22 Abs. 2 WEG aF zulässigen Modernisierungsmaßnahmen beschränken sich nicht auf die Aufwendungen, die dazu dienen, das gemeinschaftliche Eigentum in einen „allgemein üblichen Zustand" zu versetzen. Gerade die energetische Modernisierung nach § 555 b Nr. 1 und 2 BGB dürfte nicht selten darüber hinaus gehen. Es wäre verfehlt, über das Merkmal „Unbilligkeit" eine ganze Gruppe von typischen Modernisierungsmaßnahmen generell aus § 22 Abs. 2 WEG aF auszuklammern. Außerdem kommt als unbillige Beeinträchtigung nur eine Maßnahme in Betracht, die den einzelnen Wohnungseigentümer „gegenüber anderen" benachteiligt. Die Regierungsbegründung kannte diese Relativität der Unbilligkeit, die erst im Laufe des Gesetzgebungsverfahrens Eingang in § 22 Abs. 2 WEG aF fand (→ Rn. 68), noch nicht. Sie darf deshalb nicht als Beleg für eine Interpretation herangezogen werden, welche das Erfordernis der relativen Unbilligkeit außer Acht lässt. 76

Auch die Forderung nach einer Amortisierung in 10 Jahren ist abzulehnen. Ein derartiger Wirtschaftlichkeitsmaßstab für Modernisierungen findet im Gesetz keine Stütze. Der BGH verlangt lediglich, dass die Maßnahme aus der Sicht eines verständigen Wohnungseigentümers eine **sinnvolle Neuerung** darstelle, die voraus- 77

---

144 AG Ahrensburg 2.4.2014 – 37 C 23/13, ZWE 2015, 38.

145 MüKoBGB/*Engelhardt* WEG § 22 Rn. 51.

146 *Hügel/Elzer* WEG § 22 Rn. 91.

147 BT-Drs. 16/887, 31.

148 Ähnliche Formulierungen bei LG Itzehoe 19.1.2016 – 11 S 61/14, ZWE 2016, 462; LG München I 27.4.2009 – 1 S 20171/08, ZWE 2009, 318; Jenißen/*Hogenschurz* WEG § 22 Rn. 74 a; Bärmann/*Merle* WEG § 22 Rn. 356; BeckOK WEG/*Elzer* § 22 Rn. 233.

149 Ebenso LG Itzehoe 19.1.2016 – 11 S 61/14, ZWE 2016, 462; Bärmann/*Merle* WEG § 22 Rn. 356; BeckOK WEG/ *Elzer* § 22 Rn. 233.

150 AG Konstanz 31.1.2013 – 12 C 620/12, ZMR 2013, 753; *Häublein* ZMR 2007, 409 (420 f.); *Abramenko,* Das neue WEG, 176; aA LG Itzehoe 19.1.2016 – 11 S 61/14, ZWE 2016, 462; LG München I 27.4.2009 – 1 S 20171/08, ZWE 2009, 318.

sichtlich geeignet sei, den Gebrauchswert der Sache nachhaltig zu erhöhen.[151] An einer solchen sinnvollen Neuerung werde es unter anderem dann fehlen, wenn die entstehenden **Kosten** außer Verhältnis zu dem erzielbaren **Vorteil** stünden.[152] Deshalb seien Feststellungen zu dem erzielbaren Vorteil erforderlich, der **nicht** notwendigerweise **finanzieller Natur** sein müsse.[153] In dem konkreten Fall (Ersatz hölzerner Balkonbrüstungen durch solche aus Stahl) hat der BGH auch optisch/ästhetische Vorteile gelten lassen. Für eine rein finanziell ausgerichtete Amortisierungsrechnung ist daher im Rahmen von § 22 Abs. 2 WEG aF kein Platz. Im Übrigen bedeutet auch die fehlende Amortisierung einen Nachteil, der **alle Wohnungseigentümer gleichmäßig** trifft und folglich nicht zu einer unbilligen Beeinträchtigung einzelner Wohnungseigentümer gegenüber anderen führen kann.

78   Allein das Kriterium des **Veräußerungszwangs** für einzelne Wohnungseigentümer geht zumindest methodisch in die richtige Richtung, weil es auf die **subjektive finanzielle Situation** bestimmter Wohnungseigentümer ("Rentner") abhebt, die sich im Unterschied zur Mehrheit die Modernisierungsmaßnahme nicht leisten können und damit wegen des Verlustes des Wohnungseigentums gegenüber anderen Wohnungseigentümern unbillig beeinträchtigt werden. Jedoch dürfte die Grenze der Unbilligkeit **zu weit hinausgeschoben** werden, wenn man Unbilligkeit erst dann annähme, wenn der betroffene Eigentümer zur Veräußerung gezwungen wäre.[154] Als Maßstab für die Unbilligkeit bietet es sich an, die Grundsätze analog heranzuziehen, nach denen der Mieter gem. § 559 Abs. 4 S. 1 BGB die Übernahme von Modernisierungskosten aus wirtschaftlichen Härtegründen ablehnen kann. Das ist dann der Fall, wenn der Mieter (bzw. bei analoger Anwendung der Wohnungseigentümer) aufgrund der Kostenbelastung nicht mehr über die Mittel verfügen würde, die ihm eine **Lebensführung wie bisher** erlauben.[155] Allerdings ist dabei zu berücksichtigen, dass jeder Wohnungseigentümer in gewissem Umfang mit Investitionen in die Anlage rechnen und dafür **Rücklagen** bilden oder **Darlehen** aufnehmen muss.[156] Nur soweit ihm dies nicht möglich oder zumutbar ist, kann er sich auf Unbilligkeit berufen.

79   Unabhängig von der finanziellen Situation der einzelnen Wohnungseigentümer kann die Kostenbelastung auch dann eine unbillige Benachteiligung gegenüber anderen mit sich bringen, wenn die Modernisierungsmaßnahme bestimmten Wohnungseigentümern **keinen oder nur einen geringfügigen Nutzen** verschafft.[157] Das betrifft zB den Eigentümer der **Erdgeschoßwohnung** beim nachträglichen Einbau eines **Aufzugs**.[158] Wenn die Eigentümer keine Sonderregelung über die Kostenverteilung nach § 16 Abs. 4 WEG aF treffen, bleibt der Eigentümer der Erdgeschoßwohnung in der anteiligen Kostenpflicht für den Aufzug gem. § 16 Abs. 2 WEG aF (→ Rn. 83). Das wiederum benachteiligt ihn unbillig gegenüber anderen Wohnungseigentümern, so dass er einen solchen Modernisierungsbeschluss ohne die flankierende Kostenregelung nach § 16 Abs. 4 WEG aF anfechten kann.[159] Danach können die Wohnungseigentümer für eine nachträglich einzubauende Fahrstuhlanlage bestimmte Miteigentümer, die sich nicht an den Kosten beteiligen wollen, nur von den Errichtungskosten (durch einen Beschluss gem. § 16 Abs. 4 WEG aF) und den laufenden Betriebskosten (durch einen Beschluss gem. § 16 Abs. 3 WEG aF) befreien, nicht aber für irgendwann in der Zukunft in Bezug auf die Fahrstuhlanlage anfallende Instandhaltungs- und Instandsetzungskosten. Dies kann nur durch eine Vereinbarung aller Wohnungseigentümer erfolgen.

VII. Qualifizierte Mehrheit

80   Modernisierungsmaßnahmen iSd § 22 Abs. 2 WEG aF müssen durch eine Mehrheit von drei Viertel aller stimmberechtigten Wohnungseigentümer iSd § 25 Abs. 2 WEG aF und mehr als der Hälfte aller Miteigentumsanteile beschlossen werden (→ *Beschlussmehrheiten* Rn. 8).

---

151 BGH 18.2.2011 – V ZR 82/10, NZM 2011, 281 Rn. 9.
152 BGH 14.12.2012 – V ZR 224/11, ZWE 2013, 172 Rn. 12 und Rn. 18.
153 BGH 14.12.2012 – V ZR 224/11, ZWE 2013, 172 Rn. 18.
154 *Abramenko*, Das neue WEG § 4, 176; *Häublein* ZMR 2007, 409 (421 f.); *Sauren* WEG § 22 Rn. 40K.
155 Palandt/*Weidenkaff* BGB § 559 Rn. 7; Schmidt-Futterer/*Börstinghaus* Mietrecht BGB § 559 Rn. 105.
156 BT-Drs. 16/887, 31; Jennißen/*Hogenschurz* WEG § 22 Rn. 74 a.
157 BeckOGK/*Karkmann* WEG § 22 Rn. 196; Niedenführ/Vandenhouten WEG § 22 Rn. 179.
158 Staudinger/*Lehmann-Richter* WEG § 22 Rn. 114.
159 Zur Reichweite eines von § 16 Abs. 2 WEG aF abweichenden Beschlusses LG Hamburg 19.9.2018 – 318 S 71/17, juris Rn. 71.

VIII. Das Verhältnis zwischen § 22 Abs. 1 WEG aF und § 22 Abs. 2 WEG aF

Der Tatbestand des § 22 Abs. 2 WEG aF baut auf dem Grundtatbestand des § 22 Abs. 1 WEG aF auf, denn von **81** Abs. 2 werden nur „Maßnahmen gemäß Abs. 1 Satz 1" erfasst. § 22 Abs. 2 WEG aF **erweitert** den Anwendungsbereich der Generalklausel des § 22 Abs. 1 WEG aF, ohne ihn zu **verdrängen**.[160] Daher kann auch dann, wenn eine Modernisierung vorliegt, auf § 22 Abs. 1 WEG aF zurückgegriffen werden. Das bietet sich insbesondere in den Fällen an, bei denen kein Eigentümer durch die Maßnahme über das in § 14 Nr. 1 WEG aF bezeichnete Maß hinaus beeinträchtigt wird, also zB bei Baumaßnahmen zur Herstellung der Barrierefreiheit wie etwa Rollstuhlrampen oder Treppenlifte (→ Rn. 35 ff.). Hier genügt die einfache Beschlussmehrheit nach § 22 Abs. 1 WEG aF, obwohl es sich – auch – um eine Modernisierung iSd § 22 Abs. 2 WEG aF handelt.

IX. Das Verhältnis zwischen § 22 Abs. 2 WEG aF und § 22 Abs. 3 WEG aF

Die in § 22 Abs. 3 WEG aF geregelte modernisierende Instandsetzung unterscheidet sich von der Modernisie- **82** rung iSd § 22 Abs. 2 WEG aF dadurch, dass sie mit einfacher Mehrheit beschlossen werden kann. Diese Privilegierung hinsichtlich des Beschlussquorums ist aber an zwei Tatbestandsvoraussetzungen gebunden, die bei § 22 Abs. 2 WEG aF nicht erforderlich sind, nämlich an das Vorliegen eines Instandsetzungsbedarfs (→ *Modernisierende Instandsetzung* Rn. 3 ff.) und an die Amortisierung innerhalb eines bestimmten Zeitraums von in der Regel 10 Jahren (→ *Modernisierende Instandsetzung* Rn. 3 ff.).

X. Kosten der Modernisierung

Das allgemeine Prinzip des § 16 Abs. 2 WEG aF, nach dem die Wohnungseigentümer Lasten und Kosten des **83** Gemeinschaftseigentums grundsätzlich im Verhältnis der Miteigentumsanteile tragen, gilt auch für die Kosten der Modernisierung iSd § 22 Abs. 2 WEG aF.[161] Zwar werden diese Kosten in der Aufzählung des § 16 Abs. 2 WEG aF nicht erwähnt; maßgeblich ist aber der Umkehrschluss aus § 16 Abs. 4 WEG aF, der für Modernisierungen eine Kostenverteilungsregelung „abweichend von Absatz 2" zulässt.[162] Die **Kostenbefreiung** gem. § 16 Abs. 6 S. 1 Hs. 2 WEG aF für den Wohnungseigentümer, der einer Maßnahme nicht zugestimmt hat, gilt nur für die Fälle des § 22 Abs. 1 S. 1 WEG aF, nicht aber für § 22 Abs. 2 WEG aF.[163]

XI. Vermietete Eigentumswohnung

Der Vermieter einer vermieteten Eigentumswohnung ist darauf angewiesen, dass die Wohnungseigentümer bei **84** ihren Beschlüssen auf die **mietrechtlichen Bindungen** des Vermieters gegenüber seinem Mieter Rücksicht nehmen. So muss zB der Terminplan dem Vermieter ermöglichen, die Modernisierungsmaßnahmen rechtzeitig, dh spätestens drei Monate vor ihrem Beginn gem. § 555 c BGB anzukündigen. Das liegt im eigenen Interesse auch der anderen Wohnungseigentümer, weil andernfalls die Duldungspflicht des Mieters gem. § 555 d BGB entfällt. Es ist aber zugleich ein Gebot **ordnungsmäßiger Verwaltung**, um zu vermeiden, dass für den vermietenden Wohnungseigentümer die Möglichkeit der Mieterhöhung gem. § 559 BGB gefährdet wird.[164] Zu den Auswirkungen der Abgrenzung zwischen § 555 b Nr. 1 und 2 BGB auf die Möglichkeit der Mieterhöhung → Rn. 20.

---

160 BeckOK WEG/*Elzer* § 22 Rn. 192; LG Hamburg 29.12.2010 – 318 S 206/09, ZWE 2011, 133.

161 BeckOGK/*Falkner* WEG § 16 Rn. 80; aA *Hügel/Elzer* WEG § 22 Rn. 101.

162 Bärmann/*Becker* WEG § 16 Rn. 32.

163 BGH 11.11.2011 – V ZR 65/11, NZM 2012, 174 Rn. 4; Staudinger/*Lehmann-Richter* WEG § 22 Rn. 93; aA *Hügel/Elzer* WEG § 22 Rn. 101.

164 Ausführlich zu dem Thema „vermietete Eigentumswohnung" Jennißen/*Hogenschurz* WEG § 22 Rn. 68 ff.; Staudinger/*Lehmann-Richter* WEG § 22 Rn. 117 f.

150. Mülltonne

Maximilian A. Müller

I. Einführung

1 Die gemeinschaftliche Nutzung der Mülltonnen durch die Wohnungseigentümer erfordert eine **eigentumsrechtliche Zuordnung** sowie die Festlegung eines Standorts für die Mülltonnen. Art und Umfang der aufzustellenden Tonnen kann sich aus gesetzlichen Regelungen einschließlich zugehöriger Verordnungen ergeben.

II. Eigentumsrechtliche Zuordnung

2 Regelmäßig werden die Mülltonnen vom **Versorgungsunternehmen** zur Verfügung gestellt. Sie verbleiben hierbei Eigentum des Versorgungsbetriebes und werden lediglich den Eigentümern zur entgeltlichen Nutzung zur Verfügung gestellt. Sofern das Versorgungsunternehmen das Eigentum überträgt, ist bislang ungeklärt und in der Literatur streitig, ob es sich um gemeinschaftliches Eigentum der Wohnungseigentümer[1] oder aber um Eigentum der Gemeinschaft der Wohnungseigentümer[2] handelt. Entscheidend hierfür ist letztlich, ob es sich bei den Mülltonnen um **wesentliche Bestandteile** des Grundstückes gem. §§ 93, 94 BGB handeln kann. Es scheint allerdings wenig dafür zu sprechen, Mülltonnen als Grundstücksbestandteil anzusehen, was für die Bejahung von **Gemeinschaftseigentum** spricht.[3] Werden die Mülltonnen jeweils ausschließlich von einem Sondereigentümer allein genutzt, was insbesondere in Reihenhauswohnungseigentümergemeinschaften denkbar ist, so handelt es sich folglich mangels Grundstücksbestandteil auch nicht um Sondereigentum, sondern um schlichtes **(Mobiliar-)Alleineigentum** des jeweiligen Eigentümers.[4]

III. Kosten der Müllentsorgung

3 Die Kosten der gemeinsamen Müllentsorgung sind gem. § 16 Abs. 2 WEG grundsätzlich nach Miteigentumsanteilen zu verteilen. Regelungen der Teilungserklärung sind wie gewohnt vorrangig zu berücksichtigen. Gem. § 16 Abs. 2 S. 2 WEG kann ein hiervon abweichender **Verteilungsmaßstab** durch Beschluss getroffen werden. Hierbei wird die Kostenverteilung regelmäßig nicht nach einer konkreten Verursachung erfolgen können, da die Müllverursachung des einzelnen Eigentümers meist nicht konkret erfasst werden kann. **Pauschalierungen** der anfallenden Kosten dürften hierbei regelmäßig nicht ordnungsgemäßer Verwaltung entsprechen, da es an hinreichenden Sachkriterien fehlt, die eine pauschale Verteilung rechtfertigen würde. Auch eine Unterscheidung zwischen Gewerbeeinheiten und Wohneinheiten dürfte kein ausreichendes Kriterium für eine Pauschalierung sein.[5]

4 In Betracht kommt allerdings insbesondere eine Kostenverteilung nach **Personenanzahl** bzw. **Personentage**.[6] Bei einer entsprechenden Beschlussfassung sollte jedoch zur Vermeidung späterer Streitigkeiten und zur Vermeidung eines zu unbestimmten – und damit (mindestens) anfechtbaren – Beschlusses festgelegt werden, nach welchen Maßstäben die zu berücksichtigenden Personen gezählt werden. Streitig ist hierbei häufig, ab welchem Alter Personen zu berücksichtigen sind und ob die Meldung beim Einwohnermeldeamt allein maßgeblich ist oder ob es vielmehr auf den tatsächlichen Aufenthalt (wie lange?) ankommt. Sinnvollerweise wären diese Parameter schon im Beschluss festzulegen. Ob im Einzelfall ein Eigentümer einen **Anspruch auf eine Abänderung des Kostenverteilungsschlüssels** hat, ist streitig und wird unter Berücksichtigung des weit verstandenen Ermessens der Eigentümer unter Berücksichtigung des jeweiligen Einzelfalls zu entscheiden sein.

---

1 So Bärmann/*Armbrüster* WEG § 5 Rn. 102.
2 So BeckOK WEG/*Schultzky* 42. Edition § 5 Rn. 88.
3 So auch *Schneider*, Wohnungseigentumsrecht für Anfänger, P, Kapitel C.
4 Hügel/Scheel/*Müller* Wohnungseigentum-HdB WEG § 1 Rn. 51.
5 So aber wohl BeckOGK/*Falkner* WEG § 16 Rn. 151.1.
6 AG Recklinghausen 17.2.2009 – 90 C 89/08, ZMR 2010, 242.

Regelmäßig wird ein Eigentümer die für ihn mit einem bestimmten Kostenverteilungsschlüssel verbundenen finanzielle Nachteile jedoch hinzunehmen haben, sofern die Kostenverteilung nicht willkürlich erscheint.

Umstritten ist, ob einem einzelnen Eigentümer ein „Recht an der eigenen Mülltonne" zusteht[7] mit der Folge, dass er einen **eigenen Versorgungsvertrag** abschließen und anschließend auch von den Kosten der gemeinsam anfallenden Müllgebühren befreit werden kann. Dies ist indes abzulehnen. Eine Kostenbefreiung kommt allein deshalb nicht in Betracht, weil die Beteiligung an den Kosten und Lasten nach dem beschlossenen Verteilungsschlüssel gerade unabhängig von der konkreten Nutzung ist.[8] So kann sich ein Obergeschosseigentümer auch nicht deshalb die Kosten für den Aufzug ersparen, weil er sich entschließt, fortan die Treppen zu nutzen. Zudem ist gerade bei größeren Wohnungseigentumsanlagen auch Müll vom Gemeinschaftsgrundstück zu entsorgen.[9] Ferner ist zu berücksichtigen, dass ein Recht auf eine eigene Mülltonne allein deshalb schon nicht praktikabel wäre, da allein die Anzahl der dann erforderlichen Mülltonnen zu einer nicht hinzunehmenden Inanspruchnahme der gemeinschaftlichen Flächen führen würde. **5**

Die Abfallgebühren werden regelmäßig auf der Grundlage der kommunalen und landesrechtlichen **Abgabenordnungen** festgesetzt. Hierbei ist auf die konkreten – durchaus unterschiedlichen – Bestimmungen abzustellen, um zu ermitteln, ob **Kostenschuldner** die Gemeinschaft der Wohnungseigentümer als solche oder aber die einzelnen Eigentümer als Miteigentümer des erschlossenen Grundstückes sind. Für Rheinlandpfalz ist das VG Neustadt von einer – dann gesamtschuldnerischen – Haftung sämtlicher Eigentümer ausgegangen.[10] Für Berlin kam der Bundesgerichtshof zu einem anderen Ergebnis.[11] Maßgeblich ist daher auf die Auslegung der zugrundeliegenden Abgabenregelungen abzustellen. Im Zweifelfall scheint es naheliegender, eine Verpflichtung der Eigentümer anzunehmen, da diese als Grundstückseigentümer grundsätzlich Adressat eines bestehenden Anschlusszwangs sind. Geht man davon aus, dass sich die Zahlungsverpflichtung an die Eigentümer richtet, so ist die Gemeinschaft der Wohnungseigentümer gleichwohl zur Zahlung der Kosten verpflichtet, da insofern eine gemeinschaftlich zu erfüllende Verpflichtung iSd § 9 a Abs. 2 WEG vorliegt (→ *Kanalisation* Rn. 14 ff.). **6**

IV. Standort der Mülltonnen

Der **Standort** der Mülltonnen muss der Gesamtheit der Wohnungseigentümer unter Berücksichtigung des billigen Ermessens im Einzelfall entsprechen (§ 18 Abs. 2 WEG). Die Festlegung eines geeigneten Standorts unterliegt hierbei dem bestehenden Ermessen der Wohnungseigentümer, welches durch Beschlussfassung zu konkretisieren ist. Enthält der Aufteilungsplan Vorgaben zur Aufstellung der Mülltonnen, ist zunächst nach allgemeinen Grundsätzen zu entscheiden, ob es sich hierbei um eine **verbindliche Zweckbestimmung** handelt, die eine abweichende Beschlussfassung ausschließen würde oder ob lediglich ein unverbindlicher Nutzungsvorschlag vorliegt (→ *Zweckbestimmung* Rn. 15 ff.). **7**

Bei der Festlegung des Standorts sind **Bestimmungen** der **Landesbauordnungen** vorrangig zu berücksichtigen. Diese bestimmen zum Teil – mit länderrechtlichen Besonderheiten – insbesondere **Mindestabstände** der Mülltonnen zu Öffnungen von Aufenthaltsräumen (beispielsweise § 43 LBauO Hamburg). Beschlüsse, mit denen der Standort unter Verstoß gegen die bauordnungsrechtlichen Vorgaben festgelegt werden, widersprechen ordnungsgemäßer Verwaltung und sind anfechtbar.[12] Verstößt der bestehende Standort hingegen gegen öffentlich-rechtliche Vorgaben steht jedem Eigentümer ein Anspruch auf Verlegung zu, da Verstöße gegen öffentlich-rechtliche Regelungen vom Eigentümer nicht hingenommen werden müssen. Gegebenenfalls wird aber zu prüfen sein, ob öffentlich-rechtliche Abweichungsansprüche bestehen können, die die Gesamtheit der Wohnungseigentümer für sich in Anspruch nehmen können. Auch die Größe und Anzahl der erforderlichen Mülltonnen wird regelmäßig durch die geltenden Satzungen vorbestimmt. Sofern hierdurch bestimmte Gefäße verpflichtend sind, hat die Gemeinschaft der Wohnungseigentümer diese auch vorzuhalten. **8**

---

7 So *Greiner* ZMR 2004, 319.
8 LG Itzehoe 15.4.2014 – 11 S 32/13, BeckRS 2014, 21783.
9 LG Frankfurt a. M. 27.4.2017 – 2–13 S 168/16, BeckRS 2017, 109639.
10 VG Neustadt 11.12.2014 – 4 K 777/14.NW, BeckRS 2015, 40194.
11 BGH 22.3.2013 – VII ZR 102/11, NJW 2012, 1948.
12 LG Hamburg 23.7.2014 – 318 S 78/13, BeckRS.

9   Bei der Auswahl eines geeigneten Standorts ist nicht nur auf die Nähe zu einzelnen Eigentumseinheiten zu berücksichtigen, sondern eine **Gesamtschau** vorzunehmen. Zu berücksichtigen sind insbesondere:[13]

- Sichtbarkeit der Mülltonnen,
- Nähe zu einzelnen Eigentumseinheiten,
- Erreichbarkeit für die Eigentümer.

10 Die Wahl des Standorts darf einzelne Eigentümer nicht einseitig deutlich mehr als andere Eigentümer belasten.[14] Auch wenn § 18 Abs. 2 Nr. 2 auf das Interesser der Gesamtheit der Wohnungseigentümer abstellt, werden bei der Ermittlung eines geeigneten Standorts auch konkrete Einzelinteressen bei der Ausgestaltung des Beschlusses angemessen zu berücksichtigen sein.

11 Führt ein bestehender Standort zu **Geruchsbeeinträchtigungen** einzelner Eigentümer, welche über das gem. § 14 Abs. 1 Nr. 2 WEG hinzunehmende Maß hinausgehen, so führt dies nicht zwingend zu einem Anspruch auf Verlegung des Mülltonnenstandorts; eine solche Verlegung wäre nämlich grundsätzlich als bauliche Veränderung gem. § 20 WEG anzusehen. Allerdings hat die Gemeinschaft geeignete Maßnahmen zu ergreifen, um die vom Mülltonnenplatz ausgehenden Beeinträchtigungen zu vermeiden; denkbar wären hier insbesondere besondere Einhausungen oder sonstige Gestaltungen oder Nutzungsregelungen, die zu einer Reduzierung der Beeinträchtigungen führen können.[15]

12 Sofern die Eigentümergemeinschaft die Errichtung einer **Einhausung** für die Mülltonnen beabsichtigt, so stellt dies regelmäßig eine bauliche Veränderung dar, die an § 20 WEG zu messen ist.[16] Dies gilt hierbei auch, wenn der bisherige Müllplatz in seiner Lage, Gestaltung oder Größe verändert werden soll. Durch die Vergrößerung des Mülltonnenstandorts ist regelmäßig mit einer Intensivierung der hiervon ausgehenden Geruchs- und Geräuschkulisse zu rechnen,[17] so dass eine Beeinträchtigung iSd § 20 Abs. 3 regelmäßig vorliegen wird, zumal auch die vom Mülltonnenplatz vereinnahmte Fläche einer anderweitigen Nutzung durch die Eigentümer entzogen wird.

V. Nutzung der Mülltonnen

13 Die Mülltonnen müssen für alle Eigentümer zugänglich sein. Die Beschränkung des Zugangs zum **Müllraum** ist daher grundsätzlich unzulässig.[18]

14 Sollen die Mülltonnen im **turnusmäßigen Wechsel** von den Eigentümern zur Abholung an die Straße verbracht werden, so handelt es sich um eine „tätige Mithilfe", die nach herrschender Auffassung nicht wirksam beschlossen werden kann, da hiermit – neben zulässigen Zahlungsverpflichtungen gem. § 16 WEG – auch weitergehende Leistungspflichten begründet werden sollen (→ *Hausordnung* Rn. 94).

15 Vorschriften zur Nutzung der Mülltonnen sind von den Eigentümern zu beachten – insbesondere Vorgaben zur **Mülltrennung**. Bei einem Verstoß kommen Unterlassungsansprüche der Gemeinschaft in Betracht.[19] Ob die Gemeinschaft durch Beschluss eine Pflicht zur Mülltrennung fassen kann, ist streitig; letztlich jedoch aufgrund der bereits öffentlich-rechtlich bestehenden Mülltrennungspflicht wohl praktisch ohne Bedeutung.

VI. Verfahrenshinweise

16 Rechtsschutz des einzelnen Eigentümers gegen beeinträchtigende Beschlüsse, die Veränderungen am Mülltonnenstandort oder der Kostenverteilung vorsehen, wird über die **Beschlussanfechtungsklage** (§ 44 Abs. 1 WEG) gewährt werden. Bei der Anfertigung der Klagebegründung wird insbesondere auf die mit dem gewählten Standort verbundenen Beeinträchtigungen abzustellen sein. Zudem wird häufig auch zu problematisieren sein, ob der Beschluss den Standort und die Gestaltung des Mülltonnenplatzes hinreichend konkret dargestellt hat, da anderenfalls der Beschluss auch mangels Bestimmtheit aufzuheben wäre.

---

13   Hierzu AG Itzehoe 30.1.17 – 97 C 12/16, BeckRS 2017, 107493.
14   AG Hamburg-Altona 5.9.2017 – 303 a C 20/16, BeckRS 2017, 151152.
15   LG München 7.12.2017 – 1 S 5856/17 WEG, IMR 2018, 297.
16   ZB AG Jever 10.2.2017 – 5 C 532/15, BeckRS 2017, 115765.
17   AG Charlottenburg 10.10.2018 – 75 C 50/18, ZMR 2019, 550.
18   AG Aachen 17.7.2002 – 12 UR II 53/02, ZMR 2004, 70.
19   BeckOK WEG/*Müller* 42. Edition § 15 Rn. 91.2.

Beansprucht der einzelne Eigentümer eine Verlegung eines ihn beeinträchtigenden Mülltonnenstandorts oder   17
einer bestehenden Kostenregelung so ist darauf zu achten, dass einer Klage eine **Vorbefassung** der Eigentümer vorausgehen muss (§ 44 Abs. 1 S. 2 WEG). Zunächst wird daher ein Antrag zur Eigentümerversammlung
zu formulieren sein. Die Klage richtet sich gegen die Wohnungseigentümergemeinschaft.

151. Musik

Martini

I. Einführung

Das Musizieren in einer Wohnung ist ein **sozialübliches Verhalten** und somit ein Element der Zweckbestim-   1
mung des Wohnens in den eigenen Räumen.[1]

Musik, Singen und Musikabspiel steht, wie jede Tätigkeit ab einer gewissen **Lautstärke**, in dem Spannungs-   2
verhältnis, dass auf der einen Seite jeder Wohnungseigentümer grundsätzlich nach § 13 Abs. 1 WEG in seinem
Sondereigentum nach Belieben verfahren darf, auf der anderen Seite aber nach § 14 Abs. 1 Nr. 2 WEG davon
nur so weit Gebrauch gemacht werden darf, dass dadurch keinem der anderen Wohnungseigentümer – über
das bei einem geordneten Zusammenleben unvermeidbare Maß hinaus – ein Nachteil erwächst. Daher können
nach § 19 WEG Benutzungs- und Verwaltungsregelungen für das Musizierens im Wohnungseigentum beschlossen werden.

II. Regelungen durch Vereinbarung

Durch eine Vereinbarung gem. § 10 Abs. 1 S. 2 WEG kann ein generelles **Musizierverbot**, auch schon in der   3
Gemeinschaftsordnung, wirksam festgelegt werden. Das Musizieren wird nicht dem Kernbereich des Sondereigentums zugeordnet. Es ist vielmehr ein Freiheitsrecht im Rahmen der Entfaltung der freien Persönlichkeit nach Art. 2 Abs. 1 GG, auf welches rechtswirksam verzichtet werden kann.[2]

Beseht kein Musizierverbot, ist Hausmusik in der Wohnungseigentumsanlage grundsätzlich zulässig, soweit   4
sie **sozialadäquat** ist. Die Grenze des zulässigen Gebrauchs bestimmt sich nach § 14 Nr. 1 Nr. 2 WEG. Kann
Musik außerhalb der Wohnung gar nicht wahrgenommen werden, ist keine Grenzsetzung möglich.

III. Regelungen durch Beschluss

Ein generelles **Musizierverbot** kann nicht durch Beschluss bestimmt werden. Ein solcher Beschluss ist aber   5
nicht nichtig, sondern nur anfechtbar.[3]

Eine **zeitliche Begrenzung** des Musizierens ist aber zulässig, wenn diese auf einer angemessenen Interessen-   6
abwägung beruhen. Bei dieser Interessenabwägung sind bauliche und örtliche Gegebenheiten, wie zum Beispiel die Schalldämmung, ebenso zu berücksichtigen wie die Art und Lautstärke der Instrumente.[4]

Der Beschluss muss eine **konkrete Regelung** enthalten. Nicht konkret genug ist ein Beschluss, wonach das   7
Singen und Musizieren außerhalb von Ruhezeiten nur in „nicht belästigender Weise und Lautstärke" gestattet
ist.[5]

Zudem dürfen **keine sachfremden Differenzierungen** erfolgen. Enthält eine Hausordnung bereits Ruhezei-   8
ten, dann ist ein Beschluss, welcher darüberhinausgehende weitere Einschränkungen zum Musizieren enthält,

1 BGH 10.9.1998 – V ZB 11/98, NJW 1998, 3713.
2 Bärmann/*Suilmann* WEG § 10 Rn. 102.
3 OLG Frankfurt a. M. 6.8.2003 – 20 W 22/02, NZM 2004, 31.
4 BGH 10.9.1998 – V ZB 11/98, NJW 1998, 3713.
5 BGH 10.9.1998 – V ZB 11/98, NJW 1998, 3713.

ein Verstoß gegen die ordnungsmäßige Verwaltung.[6] Denn, dass für unterschiedliche Geräuschquellen unterschiedliche Zeiten und Differenzierungen beschlossen werden, ist eine sachfremde **Ungleichbehandlung**. Daher ist eine Regelung durch Beschluss unwirksam, die das Singen und das Musizieren ohne sachlichen Grund stärker einschränkt als die Lautstärke durch Fernseh-, Rundfunkgeräte oder der Hifi-Anlage.[7]

9   In **Seniorenanlagen** soll für die Einschränkung des Musizierens eine größere Rücksichtnahme von den musizierenden Bewohnern zu erwarten sein.[8] Daher sind hier weitergehende Einschränkungen des Musizierens möglich als in anderen Wohnungseigentumsanlagen.

10   In größeren Wohnungseigentumsanlagen mit Wohn- und Teileigentum, welche beliebig genutzt werden können, soll ein großzügiger Maßstab für das erlaubte Musizieren gelten, denn es könnten im Teileigentum auch **Berufsmusiker** oder Musikschulen ihrer Tätigkeit nachkommen. So entspricht bei einer Anlage mit 200 Wohnungseigentumseinheiten, welche gemischt aus Wohnungs- und Teileigentumseinheiten besteht, eine Beschränkung des Musizierens in der Hausordnung, die keine Ausnahme für berufsbedingt musizierende Bewohner vorsieht, nicht ordnungsmäßiger Verwaltung.[9]

11   Die zeitliche Beschränkung darf aber auch nicht zu einem **faktischen Musizierverbot** führen. Von der Rechtsprechung für unzulässig befunden wurden beispielsweise folgende Regelung:

12   ■ Ausschließlich erlaubtes Musizieren an **Sonn- und Feiertagen** oder nur auf bestimmte Tage oder Tageszeiten beschränkt.[10]
     ■ Beschränkung des Musizierens auf **bestimmte Zeiten** von 10.00 bis 12.00 Uhr und 15.00 bis 17.00 Uhr.[11]
     ■ Das Musizieren nur in **Zimmerlautstärke**.[12]

13   Zulässig sind Regelungen im Rahmen einer angemessenen Interessenabwägung, die das Musizieren auf etwa 2–3 Stunden täglich innerhalb eines bestimmten **zeitlichen Rahmens** unter Wahrung der Mittags- und Nachtruhe beschränkt.[13]

14   Eine solche Beschränkung ist auch gegenüber einem **Berufsmusiker** oder **Musikstudenten** wirksam.[14]

15   Zulässig ist ein Musizierverbot für bestimmte **Ruhezeiten**,[15] beispielsweise in der Zeit zwischen 20.00 und 8.00 Uhr,[16] oder Ruhezeiten in den Mittagszeiten von 12.00 bis 14.00 Uhr und abends ab 20.00 bis 8.00 Uhr morgens.[17]

Zur Abwehr einer Störung durch rechtswidriges Musizieren → *Hausordnung* Rn. 87 ff.

IV. Verfahrenshinweise

16   Gegen eine unzulässige Einschränkung des Musizierens kann der betroffene Wohnungseigentümer eine entsprechende **Änderung der Hausordnung** verlangen. Diese kann der betroffene Wohnungseigentümer in einem Verfahren nach § 44 Abs. 1 S. 2 WEG gerichtlich durchsetzen. Die Anspruchsgrundlage ist §§ 13 Abs. 1, 16 Abs. 1 S. 3, 18 Abs. 2 Nr. 2 WEG. Der Anspruch richtet sich gegen die Gemeinschaft der Wohnungseigentümer.

---

6 LG Frankfurt a. M. 4.10.2017 – 2–13 S 131/16, NZM 2018, 49.
7 BGH 10.9.1998 – V ZB 11/98, NJW 1998, 3713.
8 BGH 10.9.1998 – V ZB 11/98, NJW 1998, 3713.
9 BayObLG 28.2.2002 – 2Z BR 141/01, ZMR 2002, 605.
10 OLG Hamm 10.11.1980 – 15 W 122/80, NJW 1981, 465.
11 OLG Zweibrücken 15.8.1990 – 3 W 48/90, ZMR 1990, 427.
12 OLG Hamm 10.11.1980 – 15 W 122/80, NJW 1981, 465.
13 OLG Hamm 10.11.1980 – 15 W 122/80, NJW 1981, 465.
14 BayObLG 28.3.1985 – 2 Z 8/85, GE 1986, 275.
15 OLG Hamburg 7.9.1998 – 2 Wx 48/95 ZMR 1998, 798.
16 OLG Frankfurt a. M. 6.8.2003 – 20 W 22/02, NZM 2004, 31.
17 BGH 10.9.1998 – V ZB 11/98, NJW 1998, 3713.

152. Nachbarrecht

Fraatz-Rosenfeld

I. Einleitung

Die nachbarrechtlichen Beziehungen der Wohnungseigentumsanlage können aus zwei Richtungen betrachtet **1** werden: Im **Außenverhältnis** steht die Wohnungseigentumsanlage in einem nachbarrechtlichen Verhältnis zu Grundstücken außerhalb des in Wohnungseigentum aufgeteilten Grundstücks wie jedes andere Grundeigentum auch. Das hat zur Folge, dass die Vorschriften des bundesrechtlichen und landesrechtlichen Nachbarrechts direkt Anwendung finden. Im Gegensatz dazu kommen nachbarrechtliche Ansprüche **innerhalb** der Wohnungseigentumsanlage lediglich im Verhältnis von räumlich aneinandergrenzenden Sondereigentums- oder Sondernutzungsflächen in Betracht; auch hier gelten dann die allgemeinen nachbarrechtlichen Vorschriften des bundes- und landesrechtlichen Nachbarrechts.[1] Alle anderen Ansprüche von Wohnungseigentümern untereinander unterfallen dagegen der Normierung der §§ 13, 14 WEG, wobei die Rechtsgedanken des bundes- wie landesrechtlichen Nachbarrechts zur Wertung im Einzelfall herangezogen werden können.[2] Nicht behandelt werden an dieser Stelle Ansprüche des öffentlich-rechtlichen Nachbarschutzes (→ *Nachbarschutz* Rn. 1 ff.). Im Folgenden werden die Grundzüge des privaten Nachbarrechts und ihre Bezüge zum WEG dargestellt.[3]

II. Ansprüche und Pflichten im Außen- und im Binnenverhältnis der Wohnungseigentümer untereinander

1. Verhältnis zu Nachbarn außerhalb der Wohnungseigentumsanlage. a) Bundesrechtliches Nachbar- 2 recht. aa) Eigentumsfreiheitsanspruch. Wie bei einer beweglichen Sache steht Eigentümern eines kastermäßig eingegrenzten Grundstücks der Abwehranspruch aus §§ 903, 1004 BGB zur Seite; er wird schlagwortartig und treffend als „Verbietungsanspruch"[4] oder „Eigentumsfreiheitsanspruch" und die ihn durchsetzende Klage als „Eigentumsfreiheitsklage" bezeichnet,[5] im wohnungseigentumsrechtlichen Kontext auch als „Entstörungsanspruch".[6] Er schützt das kastermäßige Grundstück im Bereich seiner Oberfläche wie auch unterhalb der Oberfläche und darüber, soweit ein Nutzungsinteresse besteht (§ 905 BGB). Durch § 5 Abs. 2 WEG kann nunmehr Freiflächen außerhalb des Gebäudes der Wohnungseigentumsanlage eine ähnliche Qualität zugewiesen werden.[7] Der Anspruch aus §§ 903, 1004 BGB ist ein reiner Abwehranspruch mit der Folge, dass

---

1 BGH 28.9.2007 – V ZR 276/05, DWW 2008, 30.
2 Bärmann/*Suilmann* WEG § 13 aF Rn. 28; *Hügel/Elzer,* 3. Aufl. 2021, WEG § 14 Rn. 37.
3 Für die Detaildarstellung sei verwiesen auf Grziwotz/Lüke/Saller, Praxishandbuch Nachbarrecht, 2. Aufl. 2013, und Staudinger/*Roth* BGB §§ 905–924.
4 GLS NachbarR-HdB/*Lüke* Rn. 1.25.
5 *Dehner* B § 38 I, 1; GLS NachbarR-HdB/*Lüke/Saller* Rn. 5.17.
6 *Bruns* AnwZert MietR 13/2020 Anm. 2.
7 BT-Drs. 19/18791 RegE WEMoG, Seite 31.

sogenannte negative Immissionen wie etwa Lichtentzug durch Abschattungen oder auch ideelle Beeinträchtigungen nur im Ausnahmefall abgewehrt werden können.[8]

3 **bb) Grenze, Grenzeinrichtungen und Grenzbeeinträchtigungen.** Als Folge der technischen Entwicklung[9] spielen Grenzscheidungsklagen um die Feststellung der Grenze iSd § 920 BGB keine Rolle mehr; eine gewisse praktische Bedeutung hat noch der Anspruch auf Mitwirkung an einer **Abmarkung** gem. § 919 BGB.[10] Fehlt eine solche Abmarkung (landläufig „Grenzstein") oder befindet sie sich nicht mehr an dem katastermäßig richtigen Standort, kann die Herstellung einer Abmarkung verlangt werden; die Kosten hierfür sind dann zwischen den Nachbarn zu teilen (§ 919 Abs. 3 BGB). Da gem. § 3 Abs. 3 Hs. 2 WEG Sondereigentum an Freiflächen schon dann eingeräumt werden kann, wenn ein bemaßter Aufteilungsplan zugrunde liegt, kommt ein Anspruch auf Abmarkung nicht in Betracht;[11] mangels digitaler Dokumentation werden Grenzscheidungsklagen notwendig werden.

4 Von praktischer Relevanz sind die Vorschriften über die **gemeinschaftlichen Grenzanlagen**, zu denen nunmehr auch **solche im Bereich von Sondereigentumsgrenzen gem. § 5 Abs. 2 WEG** gehören (§§ 921 ff. BGB). Als Grenzanlagen kommen insbesondere Zäune, Mauern, Gräben und ähnliche Anlagen in Betracht. Sie werden zu Grenzanlagen durch eine zumindest konkludente Zustimmung der beteiligten Nachbarn zu ihrer Einrichtung und dadurch, dass sie – zumindest in Teilabschnitten[12] – von der Grenze durchschnitten werden. An diesen Anlagen besteht ein Nutzungsrecht beider Nachbarn (§§ 921, 922 BGB). Zugleich besteht das Verbot der einseitigen Veränderung oder Beseitigung. Ihm steht ein Anspruch auf gleichmäßige Beteiligung an den Unterhaltungskosten gegenüber (§ 922 S. 2 BGB). Als Folge eines Verstoßes gegen dieses Verbot kann die Unterlassung der Beeinträchtigung der Mitbenutzung aus § 1004 BGB verlangt werden[13] sowie die Wiederherstellung einer beschädigten oder beseitigten Grenzanlage.[14]

5 Wird ein Gebäude im Sinne eines **Überbaus** über die Grenze gebaut, so besteht ein Anspruch des beeinträchtigten Nachbarn auf Beseitigung nur dann, wenn er „vor oder sofort nach der Grenzüberschreitung Widerspruch erhoben hat" (§ 912 Abs. 1 S. 2 BGB, → Rn. 23 ff.). Andernfalls ist der vorhandene Überbau zu dulden und eine sich an dem Verkehrswert der überbauten Fläche zu errechnende Bodenrente zu zahlen.[15] Soweit nicht ausdrücklich landesgesetzlich geregelt,[16] ist der Überbau durch eine Wärmedämmung nicht zu dulden.[17]

6 Zu den praxisrelevanten Vorschriften des bundesrechtlichen Nachbarrechts gehört die Vorschrift über den **Überhang** (§ 910 BGB; zugleich behandelt sie den „Unterwuchs" von Wurzeln). Systematisch handelt es sich um eine Einschränkung des Eigentumsfreiheitsanspruchs dahin gehend, dass der von einem Überhang betroffene Nachbar einen Abwehranspruch dann hat, wenn von dem Überhang eine Beeinträchtigung ausgeht (§ 910 Abs. 2 BGB). Entgegen vielfacher (falscher) Handhabung kommt es auf eine bestimmte Qualifizierung der Beeinträchtigung nicht an – sie muss weder erheblich noch dauerhaft sein. Entscheidend ist allein, dass die „**Benutzung des Grundstücks**" beeinträchtigt ist.[18] Hierher gehören alle negativen Auswirkungen wie die Hinderung des Begehens (etwa zum Mähen des Rasens) oder Verschattungen mit der Folge verkümmernder Pflanzen, aber auch die unterirdische Einschränkung des Grundstücks bei Errichtung einer Tiefgarage durch eindringende Wurzeln. Die Beeinträchtigungen muss gerade durch Überhang oder Unterwuchs entstanden sein. So ist die Beanstandung von Verschattungen eben nur dann Erfolg versprechend, wenn sie kausal durch den Überhang entsteht – entsprechendes gilt für Laub- oder Nadelfall. In Abweichung von der allgemeinen

---

8 GLS NachbarR-HdB/*Lüke* Rn. 3.59 f.
9 Automatisiertes Liegenschaftsbuch, automatisierte Liegenschaftskarte (https://de.wikipedia.org/wiki/Automatisierte _Liegenschaftskarte).
10 Soweit nicht ohnehin bereits durch eine öffentlich-rechtliche Abmarkungspflicht obsolet geworden: Staudinger/*Roth* BGB § 919 Rn. 2.
11 Eine verpflichtende Abmarkung ist ausschließlich in landesrechtlichen Vermessungsgesetzen nach Feststellung der Grenzen vorgesehen, s. bspw. § 14 Hessisches VermG (HVG) v. 6.9.2007, GVBl. I 2007, 548; § 20 VermKatG NRW v. 1.3.2005 idF v. 18.11.2020; Sächsisches Vermessungsgesetz v. 12.5.2003, SächsGVBL. 121.
12 Staudinger/*Roth* BGB § 921 Rn. 6.
13 Staudinger/*Roth* BGB § 922 Rn. 5.
14 Staudinger/*Roth* BGB § 922 Rn. 10.
15 Staudinger/*Roth* BGB § 912 Rn. 47.
16 Bspw. § 6 Abs. 6 Nr. 3 HBauO.
17 BayObLG 1.10.2019 – 1 ZR 4/19.
18 Staudinger/*Roth* BGB § 910 Rn. 18.

Systematik steht dem beeinträchtigten Eigentümer nicht nur der gerichtlich im Wege der Leistungsklage durchsetzbare Unterlassungsanspruch zu, sondern ein Selbsthilfeanspruch, der bei der Beseitigung von Überhang an eine vorherige Fristsetzung gekoppelt ist (§ 910 Abs. 1 S. 2 BGB). Folge ist, dass nach Fristsetzung Kostenersatz für die Ersatzvornahme durch einen Unternehmer gefordert werden kann.[19]

cc) Einwirkungen auf das Grundstück und deren Begrenzungen. Einen Schwerpunkt nachbarrechtlicher   **7** Auseinandersetzungen bildet der Anspruch auf Abwehr von Einwirkungen bzw. der Verpflichtung, diese zu dulden (**§ 906 BGB**). Nach der Gesetzeslage ist eine unwesentliche Beeinträchtigung zu dulden (§ 906 Abs. 1 S. 1 Hs. 2 BGB) und eine wesentliche dann, wenn sie „durch eine ortsübliche Benutzung des anderen Grundstücks herbeigeführt wird und nicht durch Maßnahmen verhindert werden kann" (§ 906 Abs. 2 S. 1 BGB). Dementsprechend konzentriert sich die überwiegende Zahl nachbarrechtlicher Auseinandersetzungen auf die Frage, ob die **Wesentlichkeitsgrenze** überschritten ist. Der Gesetzgeber hat durch die nachträgliche Einfügung des S. 2 in Abs. 1 des § 906 BGB und den Folgesatz klargestellt, dass jedenfalls dann die Wesentlichkeitsgrenze in der Regel nicht überschritten ist, wenn die Voraussetzungen der dort genannten öffentlich-rechtlichen Vorschriften[20] eingehalten worden sind. In allen anderen Fällen wird diese Grenze bezogen auf den jeweiligen Einzelfall festgestellt. Es gibt neben den in § 906 Abs. 1 S. 2 BGB genannten Normen eine Reihe von untergesetzlichen Vorschriften und privaten Regelwerken, die jedenfalls als Hilfe für die Beurteilung herangezogen werden können. Grundsätzlich indiziert auch in diesen Fällen die Überschreitung der jeweiligen Grenz- oder Richtwerte die Wesentlichkeit.[21]

In der nachbarlichen Praxis sind die folgenden **Immissionen relevant**:[22]   **8**

- Beeinträchtigungen der Luft durch **Gase/Gerüche/Rauch** sind in der nachbarrechtlichen Praxis vor allem im Zusammenhang mit kleineren Gewerbetrieben und Abgasen von Fahrzeugen und Heizungsanlagen von Bedeutung. Dagegen haben als Folge der hohen Genehmigungsanforderungen bei der Errichtung von Industrieanlagen oder Anlagen für die Massentierhaltung nach dem BImSchG und aufgrund der gem. § 48 BImSchG ergangenen Verwaltungsvorschrift **„Technische Anleitung Luft"** (TA Luft) solcherlei Auseinandersetzungen kaum noch Bedeutung. Von praktischer Relevanz sind hier Ansprüche gegen die Beeinträchtigung durch Abgase von Fahrzeugen (typischerweise ausgehend von Stellplätzen oder Garagenanlagen), durch Gerüche von Restaurants, durch Rauch von Heizungen oder Gartengrillanlagen.[23]

- **Erschütterungen** sind mechanische Schwingungen fester Körper, die durch niederfrequente Stöße verursacht werden. Die Wesentlichkeitsgrenze wird in einer Reihe von Regelwerken definiert, von denen die Erschütterungs-Richtlinie des Länderausschusses für Immissionsschutz, die DIN 4150, die VDI-Richtlinie 2057 und die DIN ISO 10816 die wichtigsten sind.[24] Entscheidend für die Beurteilung ist die Frequenz der auf ein Gebäude einwirkenden Stöße, die in der Einheit „Hertz" (hz) gemessen und gem. Tabelle 1 der Erschütterungsrichtlinie – differenziert nach kurzzeitigen und Dauererschütterungen – jeweils bezogen auf Fundament und Decken ermittelt werden.

- **Geräusche (Gewerbelärm, Freizeitlärm einschließlich Sportlärm, → *Lärm* Rn. 3 ff.)** sind aufgrund der erst im Jahre 1994 in das BGB eingefügten Ergänzung des § 906 Abs. 1 S. 2 BGB weitgehend durch öffentlich-rechtliche Vorschriften erfasst mit der Folge, dass sich die Wesentlichkeitsgrenze anhand der dort vorgegebenen Werte feststellen lässt. Vornehmlich zu nennen als Verordnungen bzw. Verwaltungsvorschriften sind für Industrielärm die **Technische Anleitung Lärm (TA Lärm)**, für Baulärm die 15. BImSchVO (**Geräte- und MaschinenschutzVO**) sowie die **Sportanlagenlärmschutzverordnung**; (18. BImSchV). Hervorzuheben ist die Privilegierung des Kinderlärms durch § 22 Abs. 1 a BImSchG.[25] Neben diesen Normen bzw. Regelwerken gibt es noch eine Reihe von untergesetzlichen oder privaten Regelwerken wie die **Freizeitlärmrichtlinie** des Länderausschusses für Immissionsschutz sowie die **VDI-Richtlinie 2058** zur Beurteilung des Arbeitslärms in der Nachbarschaft. Bemessen wird die Lärmeinwirkung mittels eines bewerteten Schalldruckpegels A = db(A). Er berücksichtigt bestimmte Besonderheiten

---

19 Staudinger/*Roth* BGB § 910 Rn. 27.
20 Gesetze, Verordnungen, Verwaltungsvorschriften gem. § 48 BImSchG.
21 BGH 14.5.1998 – VII ZR 184/97, NJW 1998, 2814; GLS NachbarR-HdB/*Lüke* Rn. 3.73.
22 Einzelheiten bei GLS NachbarR-HdB/*Lüke* Rn. 3.104 ff.; Staudinger/*Roth* BGB § 906 Rn. 187 ff.
23 Staudinger/*Roth* BGB § 906 Rn. 135, 137, 139.
24 Fundstellen bei GLS NachbarR-HdB/*Lüke* Rn. 3.108.
25 Siehe dazu im Anwendungsbereich des WEG: BGH 13.12.2019 – V ZR 203/18, DWW 2020, 103.

der Wahrnehmung des Schalls durch das menschliche Ohr – und wird daher unter Verknüpfung mit der Abkürzung für den technischen Begriff für Schalldruck „Dezibel" als dB(A) bezeichnet (→ *Lärm* Rn. 5 ff.).

Zwar stehen damit zur Beurteilung von Immissionen verschiedenster Art entsprechende Regelwerke zur Verfügung, dennoch ist die Heranziehung der Richtwerte im Einzelfall nicht zwingend. Dies ergibt sich zunächst aus § 906 Abs. 1 BGB selbst, denn nach dessen S. 2 liegt eine „unwesentliche Beeinträchtigung … in der Regel" dann vor, wenn die Grenz- oder Richtwerte der Normen eingehalten werden. Damit ist dem Tatrichter bereits hier eine auf den Einzelfall bezogene Wertungsmöglichkeit an die Hand gegeben; hinzu kommt, dass die Regelwerke ihrerseits Abweichungsmöglichkeiten enthalten.[26]

■ Abwehrfähig sind nach dem Gesetzeswortlaut auch **ähnliche Einwirkungen** (§ 906 Abs. 1 S. 1 BGB). In der nachbarrechtlichen Praxis ist hier vor allem die Beaufschlagung eines Grundstücks durch Laub, Samen- und Nadelabwurf von Bedeutung. IdR werden diese Beeinträchtigungen als naturbedingt und daher nicht wesentlich beurteilt und selbst bei Wesentlichkeit als ortsüblich. Nur in seltenen Fällen kommt man zu einer übermäßigen Beeinträchtigung mit der Folge der Verpflichtung zur Zahlung einer „Laubrente".[27]

■ Zu den im weitesten Sinne als Immissionen abwehrbaren Einflüssen gehört auch die Ableitung von **Wasser** auf das Nachbargrundstück, entweder ausgehend von einem Gebäude („Traufwasser") oder als „wild abfließendes" Wasser von einer Grundstücksfläche. Während sich die Unzulässigkeit des Übertritts von Traufwasser auf das Nachbargrundstück schon aus § 903 BGB ergibt und zusätzlich in landesrechtlichen Vorschriften geregelt ist, ergibt sich für das wild abfließende Wasser ein Abwehrrecht aus § 37 WHG.

■ Von den Vorschriften über gefahrdrohende Anlagen (§ 907 BGB), den drohenden Gebäudeeinsturz (§ 908 BGB) und die **unzulässige Vertiefung** (§ 909 BGB) ist vornehmlich die Letztere von Bedeutung, weil durch die präventive bauaufsichtliche Kontrolle direkte Gefahren von Gebäuden idR nicht mehr ausgehen. Angesichts intensiver Verdichtung in städtischen Bereichen sind dagegen Fälle der Bodenvertiefung beim Bau von tiefen Kellern und Tiefgaragen häufig. Dabei sind nach der Gesetzeslage Vertiefungen nicht generell unzulässig, sondern es muss eben die „erforderliche Stütze" hergestellt werden.[28]

■ Einschränkungen der Nutzung eines Grundstücks können sich durch die Belastung mit einem **Notwegerecht**[29] ergeben sowie durch Dienstbarkeiten verschiedener Art. Letztere ergeben sich nicht aus dem Gesetz, sondern müssen entsprechend vereinbart sein. Während sich die Voraussetzungen für das Bestehen eines Notwegerechts im „Normalfall" leicht erschließen – dem Grundstück fehlt eine Verbindung mit einem öffentlichen Weg bzw. einer Straße –, findet die Vorschrift auch dann Anwendung, wenn diese Verbindung zwar besteht, aber nur mit unverhältnismäßigem Aufwand hergestellt werden kann.[30] Ein Anspruch auf Nutzung eines Weges kann unter dem Gesichtspunkt von Treu und Glauben auch aus einer gleichgelagerten öffentlich-rechtlichen Baulast entstehen (→ *Baulast* Rn. 7).

9 **b) Landesrechtliches Nachbarrecht.** Die bis auf Hamburg und Mecklenburg-Vorpommern in allen Bundesländern geltenden speziellen Nachbarrechtsgesetze ergänzen die bundesrechtlichen Vorschriften um einige Regelungsbereiche. Bezüglich der Grenzsituation sind das vornehmlich die Vorschriften über die Rechte und Pflichten an einer **Grenzwand**[31] und der **Nachbarwand**.[32] Die Vorschriften regeln die Errichtung, Veränderung und Beseitigung dieser Wände und insbesondere deren Unterhaltung. Ergänzt werden diese Vorschriften durch Regelungen über die **Höherführung** von Schornsteinen, Lüftungsrohren und ähnlichen Anlagen sowie **Fenster- und Lichtrechte**, die ihrerseits wiederum bauordnungsrechtliche Abstandsflächen ergänzen. Da Baugenehmigungen nach üblicher Diktion „unbeschadet privater Rechte Dritter" ergehen, sind diese Vorschriften unabhängig vom Verwaltungsverfahren durchzusetzen. Zu den hiermit zusammenhängenden Rege-

---

26 Ein Beispiel ist die Nr. 6.7 der TA Lärm, die für Gemengelagen die Bildung von Zwischenwerten ermöglicht.

27 BGH 4.11.2003 – V ZR 102/03, NJW 2004, 1037 (1040).

28 Grundlage hierfür als technisches Regelwerk sind die DIN 4123 und 4124 sowie hinsichtlich möglicher Verankerungen die DIN EN 1537.

29 § 917 BGB; ein Notwegerecht entsteht nicht durch Gewohnheitsrecht: BGH 24.1.2020 – V ZR 155/18, DWW 2020, 186.

30 Staudinger/*Roth* BGB § 917 Rn. 23.

31 Wand, die direkt *an* eine Grenze gesetzt ist: GLS NachbarR-HdB/*Grziwotz* Rn. 2.167.

32 „Kommunmauer": Wand, die *auf* einer katastermäßigen Grenze steht und von dieser durchschnitten wird; GLS NachbarR-HdB/*Grziwotz* Rn. 2.99.

lungsbereichen gehört auch das **Hammerschlags- und Leiterrecht**, das unter bestimmten Umständen – Durchführung von Bau, Instandsetzungs- und Unterhaltungsmaßnahmen – nach entsprechender Ankündigung die Inanspruchnahme eines Nachbargrundstücks ermöglicht.[33]

Praktisch bedeutsam sind darüber hinaus Vorschriften über **Einfriedigungen**[34] nebst Verteilung der Kosten für deren (verpflichtende) Errichtung und die Unterhaltung. Relevant sind außerdem die Vorschriften über den **Abstand von Pflanzen** zur Grenze.[35]   10

2. Ansprüche und Pflichten innerhalb der Wohnungseigentumsanlage. a) Vorrang einer Vereinbarung   11
und der §§ 13, 14 WEG. Das Verhältnis von Sondereigentümern bzw. Teileigentümern untereinander ist vielfach durch entsprechende Vereinbarungen geregelt. Vor allem in Doppelhausanlagen (→ *Doppelhaus* Rn. 12), Reihenhausanlagen (→ *Reihenhaus* Rn. 14 f.) und in solchen Anlagen, in denen Teileigentum vornehmlich gewerblich genutzt ist (→ *Restaurant* Rn. 12) sind entsprechende Regelungen vorgesehen.[36]

Gibt es keine Vereinbarung oder keine Gebrauchsregelung gem. § 19 Abs. 1 WEG, steht Wohnungseigentü-   12
mern hinsichtlich ihres Sondereigentums einschließlich der nunmehr gem. § 5 Abs. 1 S. 2 iVm § 3 Abs. 3 Hs. 2 WEG abgegrenzten Sondereigentumsflächen und hinsichtlich der ihnen als Sondernutzungsrecht zugewiesenen Flächen grundsätzlich ein Verbietungsrecht und der Eigentumsfreiheitsanspruch in dem Maße zu, wie dem Eigentümer eines katastermäßig abgegrenzten Grundstücks.[37] Allerdings wird die Reichweite dieses Anspruchs **durch §§ 13, 14 WEG konkretisiert**; sie verdrängen andere, nachbarliche Sachverhalte betreffende Vorschriften[38] und schließen deren unmittelbare Anwendung aus.[39] Da nachbarrechtliche Vorschriften einem Interessenausgleich benachbarter Eigentümer katastermäßiger Grundstücke dienen und eine solcher Interessenlage zwischen Wohnungseigentümern innerhalb einer Wohnungseigentumsanlage jedenfalls in der Geschosswohnungsanlage fehlt, können sich nachbarrechtliche Ansprüche innerhalb der Wohnungseigentumsanlage nicht auf das Gemeinschaftseigentum richten.[40]

Weiter einschränkend besteht Einigkeit darüber, dass Verstöße gegen öffentlich-rechtliche Vorschriften keinen   13
Nachteil iSd § 14 Abs. 2 WEG auslösen. Anders nur dann, wenn diese nachbarschützenden Charakter iSd öffentlich-rechtlichen Nachbarschutzes haben. Nunmehr kann § 14 Abs. 1 Nr. 1 WEG dahingehend verstanden werden, dass jedenfalls der Gemeinschaft der Wohnungseigentümer gegenüber einzelnen Eigentümern ein Anspruch auf Einhaltung der Gesetze unabhängig von einer subjektivrechtlichen (nachbarschützenden) Anreicherung zusteht (→ *Nachbarschutz* Rn. 9).[41]

b) Anwendung bundes- und landesrechtlichen Nachbarrechts. In entsprechender Anwendung des § 907   14
BGB steht Sondereigentümern ein Abwehranspruch gegen den Einbau von Anlagen zu, von denen eine Gefahr ausgeht. Dies gilt beispielsweise für Anlagen, von denen chemische Gefahren ausgehen oder Röntgenanlagen, wie sie in Arztpraxen verwendet werden.[42] Entsprechendes soll für die selten heranzuziehende Vorschrift zum „drohenden Gebäudeeinsturz" gelten (§ 908 BGB). Grundsätzlich wird § 906 BGB auch im Innenbereich der Wohnungseigentumsanlage entsprechend angewendet. Ein Eigentümerbeschluss, der eine zeitliche Begrenzung des (abendlichen) Betriebs eines Biergartens vorsieht, entspricht daher ordnungsgemäßer Verwaltung.[43] Nicht verallgemeinerungsfähig dürfte eine Entscheidung des BGH zur Errichtung eines Mobilfunksen-

---

33 Tabellarische Übersicht: GLS NachbarR-HdB/*Saller* Rn. 4.120.
34 Tabellarische Übersicht: GLS NachbarR-HdB/*Grziwotz* Rn. 2.65.
35 Ua § 35 NachbG Bln, § 43 NachbG Bbg, § 41 NachbG NRW, § 50 NachbG Nds, § 24 NachbG LSA; GLS NachbarR-HdB/*Grziwotz* Rn. 2.338.
36 *Grziwotz* MietRB 2014, 122 (126) zu Doppel- und Mehrhausanlagen.
37 *Hügel/Elzer*, 3. Aufl. 2021, WEG § 10 Rn. 151; *Bärmann/Suilmann* WEG § 13 aF Rn. 54.
38 *Hügel/Elzer*, 3. Aufl. 2021, WEG § 14 Rn. 37.
39 BayObLG 20.3.2002 – 2 Z BR 109/01, ZMR 2002, 610.
40 *Grziwotz* MietRB 2014, 122 (123).
41 *Bärmann/Suilmann* WEG § 14 Rn. 14; *Jennißen/Hogenschurz* WEG § 13 Rn. 16; NSV/*Kümmel/Niedenführ* WEG § 14 Rn. 4; LG München 3.6.2016 – 40 O 11108/14, ZMR 2017, 263; OLG Hamm 9.1.2009 – 15 Wx 142/08, ZWE 2009, 226 mAnm *Elzer*; aA AG Bonn 30.11.2016 – 27 C 13/16, ZWE 2011, 291.
42 *Bärmann/Suilmann* WEG § 13 aF Rn. 29.
43 BayObLG 11.4.2001 – 2Z BR 119/00, ZWE 2001, 606.

ders auf dem Dach einer Wohnungseigentumsanlage sein, in der trotz erwiesener Unwesentlichkeit § 906 BGB nicht herangezogen wurde.[44]

15 Im Falle der Veränderung einer gemeinsamen Trennwand zwischen zwei Wohnungseigentumen ist die Vorschrift über die Unterhaltungspflicht einer gemeinschaftlichen Grenzanlage (§ 922 S. 2 BGB) entsprechend heranzuziehen.[45]

16 Als besondere Rechtsfigur war „Nachbareigentum" angenommen worden für eine in einer Wand liegende und zwei Sondereigentumen dienende Abflussleitung.[46] Differenzierend hat das OLG Schleswig für den Fall einer in eine Wand integrierten Abwasserhebeanlage (→ *Abwasserhebeanlage* Rn. 8) klargestellt, dass diese Rechtsfigur nur dann in Betracht kommt, wenn eine nicht tragende Mauer zwei Sondereigentumseinheiten voneinander oder eine Sondereigentumseinheit vom Gemeinschaftseigentum trennt und darin eine Abwasserhebeanlage installiert ist.[47] Nachdem der BGH die Existenz einer Rechtsfigur Nachbareigentum zunächst bestätigt hat,[48] hat er dies jetzt offengelassen.[49]

17 **c) Nachbarrecht und Sondereigentums- und Sondernutzungsgrenzen.** Weil in den großstädtischen Randgebieten aufgrund städtebaurechtlicher Notwendigkeiten vielfach Doppel- und Reihenhausanlagen (→ *Doppelhaus* Rn. 1 ff., → *Reihenhaus* Rn. 1 ff.) oder Mehrhausanlagen (→ *Mehrhausanlage* Rn. 1 ff.) in der Rechtsform der Wohnungseigentumsanlage mit jeweils zugeordneten Sondernutzungsflächen errichtet worden sind und zukünftig gem. § 5 Abs. 1 S. 2 WEG Sondereigentumsflächen geschaffen werden können, hat die Anwendung nachbarrechtlicher Vorschriften erhebliche praktische Bedeutung. Trotz ihrer sachenrechtlichen Zuordnung zum Gemeinschaftseigentum steht nach der Rechtsprechung Sondernutzungsflächen der Eigentumsfreiheitsanspruch zu.[50] Folgerichtig ergibt sich, das erst recht Sondereigentumsflächen gem. § 5 Abs. 1 S. 2 WEG der Anwendung des allgemeinen Nachbarrechts unterliegen. Da die Grenzen nicht bemaßter Sondernutzungsflächen nicht immer mit der notwendigen Sicherheit **bestimmbar** sind, muss durch Auslegung festgestellt werden, wo genau die Sondernutzungsfläche ihre Grenze hat[51] und ob sich wegen der Überschreitung der Grenze durch einen Überbau ein Beseitigungsanspruch ergibt.[52] Ist letztlich eine Sondernutzungsgrenze nicht feststellbar, entsteht Gemeinschaftseigentum.[53] In der Absicht, solchen Unsicherheiten entgegenzuwirken, hat der Gesetzgeber in § 3 Abs. 3 Hs. 2 WEG die Verpflichtung zur Vermaßung der nunmehr möglichen Sonder**eigentums**flächen vorgesehen.[54]

18 Streitigkeiten zwischen Wohnungseigentümern unmittelbar nebeneinander liegender Sondernutzungsflächen können in entsprechender Anwendung der bundes- und landesrechtlichen Vorschriften wie bei Eigentümern real geteilter Grundstücke behandelt werden;[55] erst recht muss dies hinsichtlich der nunmehr gem. § 5 Abs. 1 S. 2 WEG normierten Sonder**eigentums**flächen gelten. So wurde verfahren hinsichtlich eines Grenzzauns,[56] in Hinblick auf Abstandsflächen, Grenzabstände und Lichtrechte.[57] Für die Frage der Zulässigkeit einer Beeinträchtigung durch eine Rotbuche wurde das Nachbarrechtsgesetz Berlin in Bezug genommen.[58] Auch das Selbsthilferecht des § 910 Abs. 1 S. 1 BGB kann entsprechend angewendet werden.[59]

---

44 BGH 24.1.2014 – V ZR 48/13, ZWE 2014, 124.
45 OLG München 13.9.2005 – 32 Wx 071/05, 32 Wx 71/05, NZM 2006, 344; Bärmann/Seuß/*Schmidt* WEG § 22 Rn. 21.
46 OLG Zweibrücken 7.11.1986 – 3 W 152/86, ZMR 1987, 102.
47 OLG Schleswig 29.9.2006 – 2 W 108/06, DNotZ 2007, 602 (622).
48 BGH 21.12.2000 – V ZB 45/00, NZM 2001, 46.
49 BGH 20.11.2015 – V ZB 284/14, ZWE 2016, 79; *Heinemann* AnwZertMietR 13/ 2016 Anm. 1.
50 *Hügel/Elzer*, 3. Aufl. 2021, WEG § 10 Rn. 151; Bärmann/*Suilmann* § 13 aF Rn. 131, 118.
51 BayObLG 24.2.2000 – 2 Z BR 147/99, NJW-RR 2000, 966.
52 KG 28.5.1999 – 24 W 9020/97, ZMR 2000, 331.
53 OLG Hamburg 6.2.2006 – 2 Wx 118/02, ZMR 2006, 468.
54 BT-Drs. 19/18791 RegE WEMoG, Seite 31.
55 BGH 28.9.2007 – V ZR 276/05, DWW 2008, 30 zur Anwendung einer landesrechtlichen Ausschlussfrist.
56 BayObLG 4.2.1982 – 2 Z 9/81, BayObLGZ 1982, 69.
57 BayObLG 21.2.2001 – 2 Z BR 104/00, ZMR 2001, 563.
58 KG 8.11.1995 – 24 W 3046/95, ZMR 1996, 149.
59 KG 13.6.2005 – 24 W 115/04, NZM 2005, 745.

Auch die Überbauvorschrift des § 912 Abs. 1 BGB ist im Verhältnis von Sondernutzungsflächen bzw. Sonder- **19** eigentumsflächen zueinander grundsätzlich anwendbar.[60] § 912 Abs. 1 BGB findet ausschließlich auf „Gebäude" Anwendung (zur Verfahrensweise bei dem Überbau in das Grundstück einer Wohnungseigentumsanlage hinein bzw. durch das Gebäude einer Wohnungseigentumsanlage in ein fremdes Grundstück → Rn. 22). Gebäude ist ein durch ein Dach und Wände gebildetes und mit dem Erdboden durch eigene Schwere verbundenes Bauwerk.[61] Was leicht versetzbar ist, fällt daher nicht unter den Gebäudebegriff.[62] Es muss sich dabei nicht um vollständig umschlossene Räume handeln.[63] Daher fallen Gartengerätehäuser, Pavillons und Fahrradgaragen in den Anwendungsbereich des § 912 BGB.

Die Vorschrift ist nicht anwendbar, wenn Mieter oder andere Nutzer des Grundstücks ein Nachbargrundstück **20** überbauen; dann besteht unmittelbar ein Beseitigungsanspruch. § 912 BGB ist sinngemäß anwendbar bei einem Verstoß gegen bauordnungsrechtliche oder landesrechtliche Abstandsvorschriften, was nunmehr vornehmlich bei aneinandergrenzenden Sondereigentumsflächen relevant werden kann.[64]

3. Verjährung und Ausschlussfristen. Die Ansprüche aus dem Eigentumsfreiheitsanspruch der §§ 903, 1004 **21** BGB verjähren in drei Jahren (→ *Verjährung* Rn. 19).[65] Der Beginn der Verjährung hängt davon ab, ob der Rechtsverstoß auf einer dauerhaften Beeinträchtigung oder einer wiederkehrenden beruht.[66] Das Herüberwachsen von Zweigen iSd § 910 BGB ist keine solche Dauerbeeinträchtigung, so dass der **Beseitigungsanspruch** verjährt.[67] In einigen Landesnachbarrechtsgesetzen sind Ausschlussfristen für Verstöße gegen das Abstandsgebot von Pflanzen vorgesehen[68] oder auch längere Verjährungsfristen.[69] Da das Selbsthilferecht des § 910 Abs. S. 1 BGB kein Anspruch iSd § 194 BGB ist, kann es nicht verjähren, sondern allenfalls bei Vorliegen eines Umstandsmoments neben dem Zeitmoment verwirken.[70]

III. Anspruchsinhaber und Schuldner nachbarrechtlicher Ansprüche

1. Ansprüche im Verhältnis zu Dritten außerhalb der Wohnungseigentumsanlage. a) Ansprüche der **22** **Wohnungseigentümer und der Gemeinschaft der Wohnungseigentümer.** Den einzelnen Wohnungseigentümern stehen die Ansprüche aus dem **Eigentumsfreiheitsanspruch** aus §§ 903, 1004 BGB zunächst ausschließlich bezüglich des Sondereigentums innerhalb des Gebäudes (§ 5 Abs. 1 S. 1 WEG) einschließlich ausgewiesener Sondereigentumsflächen außerhalb des Gebäudes (§ 5 Abs. 1 S. 2 WEG) zu.[71] Wird dagegen ausschließlich das Gemeinschaftseigentum beaufschlagt, ist die Geltendmachung dieser Abwehransprüche der Gemeinschaft der Wohnungseigentümer vorbehalten (§ 9 a Abs. 2 WEG). Da von Dritten außerhalb der Wohnungseigentumsanlage ausgehende Beeinträchtigungen sowohl das Gemeinschaftseigentum als auch das Sondereigentum betreffen und eine Aufspaltung dieser Rechtssphären nicht möglich ist, wird man dem einzelnen Sondereigentümer in diesen Fällen sowohl aus dem Gesichtspunkt des Eigentumsschutzes[72] wie auch der durch Art. 2 Abs. 1 GG garantierten Privatautonomie[73] die eigenständige Anspruchsdurchsetzung gewähren müssen.[74] Diese Ansprüche hinsichtlich des Sondereigentums sowie hinsichtlich des Gemeinschaftseigentums bestehen dann in dem Umfang, wie es das bundesrechtliche (→ Rn. 2 ff.) und das landesrechtliche Nachbarrecht (→ Rn. 9) vorsieht (→ *Störungsunterlassung* Rn. 5, → *Beseitigung* Rn. 7).

60 KG 28.5.1999 – 24 W 9020/97, ZMR 2000, 331; offengelassen von BGH 5.12.2003 – V ZR 447/01, NJW 2002, 1798.
61 Staudinger/*Roth* BGB § 908 Rn. 3.
62 Staudinger/*Roth* BGB § 912 Rn. 6.
63 Staudinger/*Roth* BGB § 912 Rn. 6.
64 BeckOK BGB/*Fritsche* § 912 Rn. 26.
65 BGH 22.2.2019 – V ZR 136/18, NZM 2019, 350.
66 GLS NachbarR-HdB/*Saller* Rn. 5.55.
67 BGH 22.2.2019 – V ZR 136/18, NZM 2019, 350.
68 § 32 NachbG Bln: 5 Jahre, § 47 NachbG NRW: 4 Jahre, § 40 NachbG SchlH: 2 Jahre.
69 § 26 NachbG BW.
70 Staudinger/*Roth* BGB § 910 Rn. 28.
71 BT-Drs. 19/18791 RegE WEMoG, S. 51.
72 *Bruns* AnwZert MietR 13/2020 B. II. 2.
73 BGH 24.7.2015 – V ZR 167/14, Rn. 12.
74 Zum Gesichtspunkt der „Mitstörung": *Elzer* FDVZR 2020, 429759.

23 Zu den nachbarrechtlichen Fallkonstellationen, auf die wohnungseigentumsrechtlich ein besonderes Augenmerk zu richten ist,[75] gehören die Fälle, in denen ein Nachbareigentümer mit einem Gebäude in das Grundstück der Wohnungseigentumsanlage hinein baut oder umgekehrt (**§ 912 BGB: Überbau**).

Es wird unterschieden zwischen dem entschuldigten unrechtmäßigen Überbau und dem unentschuldigten rechtswidrigen Überbau.[76] Im Fall der Zustimmung des Nachbarn wird von einem im Gesetz nicht geregelten rechtmäßigen Überbau gesprochen.[77]

24 Die erste und häufigste der drei Fallkonstellationen betrifft die Fälle, in denen der Überbauende nur leicht fahrlässig[78] unter falscher Einschätzung der Grenzsituation **auf das Grundstück** der Wohnungseigentumsanlage überbaut. Ein Beseitigungsanspruch der beeinträchtigten Wohnungseigentümer besteht in diesem Fall nur, wenn sie „sofort" widersprochen haben. Widerspruchsberechtigt ist nach der Gesetzesformulierung der Nachbar und damit ein Eigentümer oder auch eine Mehrheit von Eigentümern.[79] Der Widerspruch muss so rechtzeitig erhoben werden, dass die bereits überbauten Gebäudeteile ohne erhebliche Beschädigung wieder beseitigt werden können.[80] In entsprechender Anwendung des § 1011 BGB genügt es, wenn einer der Wohnungseigentümer widerspricht.[81] Nicht ausreichend ist ein Widerspruch des Verwalters, sofern nicht dieser aufgrund einer im Beschlusswege erteilten Bevollmächtigung zur Vertretung für diese Erklärung tätig wird oder er aufgrund einer sich abzeichnenden Eilsituation gem. § 27 Abs. 1 Nr. 2 WEG tätig werden muss.[82] Die bisher bestehende Vertretungsbefugnis gem. § 27 WEG aF ist entfallen.

25 Wird der Widerspruch unterlassen, steht den Wohnungseigentümern gem. § 912 Abs. 2 BGB (nur noch) ein Anspruch auf eine Überbaurente zu. Die Geltendmachung dieser Geldforderung ist eine gemeinschaftsbezogene Pflicht mit der Folge, dass über deren Höhe auch Vereinbarungen zwischen der Gemeinschaft der Wohnungseigentümer und dem Nachbarn herbeigeführt werden können.

26 Wird rechtzeitig Widerspruch eingelegt oder hat der Nachbar grob fahrlässig oder vorsätzlich überbaut (§ 912 Abs. 1 Hs. 2 BGB), löst dies einen gemeinschaftsbezogenen Beseitigungsanspruch aus, den gem. § 9 a Abs. 2 WEG nur die Gemeinschaft der Wohnungseigentümer geltend machen kann. Auf Durchsetzung dieses Rechts besteht ein unmittelbarer Anspruch einzelner Eigentümer gegenüber der Gemeinschaft der Eigentümer.[83]

27 Kein Anwendungsfall des § 912 Abs. 1 BGB ist der **rechtmäßige Überbau**. Er setzt eine Zustimmung des Nachbareigentümers voraus.[84] Wird von einem Nachbarn **auf das Grundstück** der Wohnungseigentümer übergebaut und wollen die Wohnungseigentümer auf ihre Rechte auf Beseitigung oder Überbaurente verzichten, müssen alle Eigentümer einzeln zustimmen. Es ist weder § 1011 BGB anwendbar und auch ein Beschluss wäre nicht möglich, weil die Eigentümer jeweils selbst über Miteigentum und Sondereigentum verfügen müssen und jede Form von Verfügung über das Eigentum den Rahmen ordnungsmäßiger Verwaltung überschreitet.[85]

28 **b) Ansprüche gegen Sondereigentümer oder die Gemeinschaft der Wohnungseigentümer.** Werden nachbarrechtliche Ansprüche wegen nachbarrechtlicher Verstöße einzelner Eigentümer geltend gemacht (wenden sich beispielsweise Nachbarn gegen Lärmbelästigungen, die von einer im Teileigentum stehenden Gaststätte ausgehen), so sind diese (Teil-)Eigentümer unmittelbar **Schuldner der Unterlassungsverpflichtung**. Gehen dagegen Beeinträchtigungen vornehmlich von dem Gemeinschaftseigentum aus, ist wiederum die Gemein-

---

75 Ausführlich *Elzer* NotBZ 2020, 201 ff.
76 Staudinger/*Roth* BGB § 912 Rn. 5 ff., 73 ff.
77 Staudinger/*Roth* BGB § 912 Rn. 66 ff.
78 Staudinger/*Roth* BGB § 912 Rn. 22.
79 Staudinger/*Roth* BGB § 912 Rn. 31.
80 BGH 5.12.2003 – V ZR 447/01, NZM 2004, 103.
81 Staudinger/*Roth* BGB § 912 Rn. 31.
82 § 27 Abs. 2 Alt. 2 WEG („erweitern"); der Widerspruch ist keine Maßnahme von untergeordneter Bedeutung gem. § 27 Abs. 1 Nr. 1 WEG, kann aber Eilmaßnahme gem. § 27 Abs. 1 Nr. 2 WEG sein.
83 OLG München 26.10.2010 – 32 Wx 26/10, MietRB 2011, 150 mAnm *Becker.*
84 BGH 2.6.2017 – V ZR 196/16, NZM 2017, 855 Rn. 18; Staudinger/*Roth* BGB § 912 Rn. 66 ff.
85 *Elzer* MietRB 2017, 88 (89).

schaft der Wohnungseigentümer in Anspruch zu nehmen.[86] Wird die Gemeinschaft der Wohnungseigentümer in Anspruch genommen, vertritt der Verwalter diese gem. § 9 b Abs. 1 Hs. 1 WEG.[87]

Nachbarrechtliche **Ansprüche gegen die Gemeinschaft der Wohnungseigentümer** können sich ergeben, wenn die Wohnungseigentümer oder ein Bauträger ein Gebäude auf ein Nachbargrundstück überbaut. Der Nachbar hat diesen Überbau nur zu dulden, wenn den Wohnungseigentümern weder Vorsatz noch grobe Fahrlässigkeit zur Last fällt. Auf wessen Kenntnis es insoweit ankommt – auf die Kenntnis aller Wohnungseigentümer oder nur einzelner oder mehrerer oder des Verwalters –, ist nicht endgültig geklärt. Soweit es die Wohnungseigentümer angeht, wird man unter Bezugnahme auf Grundsätze zum Widerspruch[88] die Kenntnis eines einzelnen Eigentümers ausreichen lassen müssen.

Offen ist auch, ob die Wohnungseigentümer sich ein mögliches Wissen des Verwalters von der Überbausituation zurechnen lassen müssen. Wenn der Verwalter gem. § 27 Abs. 1 Nr. 2 WEG im Eilfall tätig werden muss bzw. die Wohnungseigentümer ihn iSd § 27 Abs. 2 WEG durch Beschluss ermächtigt haben, kommt eine **Wissenszurechnung** gem. § 166 Abs. 2 BGB in Betracht (→ *Wissenszurechnung* Rn. 1 ff.).[89] Nicht zuletzt kann sich eine Informationspflicht des Verwalters aus den Umständen ergeben.[90] Der Überbau über ein anderes Grundstück – vielfach bereits durch den Bauträger vor Eigentumserwerb zu verantworten – verhindert nicht die Bildung von Wohnungseigentum, wenn der überbaute Gebäudeteil wesentlicher Bestandteil des Gebäudes ist.[91] Beabsichtigen die Wohnungseigentümer, den Überbau zu entfernen – was grundsätzlich möglich ist[92] –, so kann dies wegen der damit verbundenen Verfügung über gemeinschaftliches Eigentum und Sondereigentum nur mit Zustimmung aller Wohnungseigentümer geschehen.[93]

2. Ansprüche innerhalb der Wohnungseigentumsanlage. Da die bundes- wie landesrechtlichen Vorschriften des Nachbarrechts nicht unmittelbar anwendbar sind, sondern durch die §§ 13, 14 WEG verdrängt werden, kommt als Anspruchsgrundlage für Beseitigungsverlangen oder solche auf Störungsbeseitigung **§ 1004 BGB** nur unter Berücksichtigung der entsprechenden Einschränkungen in Betracht (→ Rn. 11, 14 ff.). Soweit aber dieser Anspruch reicht, steht er zunächst dem einzelnen Sonder- oder Teileigentümer zu; darüber hinaus gem. § 9 a Abs. 2 WEG der Gemeinschaft der Wohnungseigentümer in den Fällen der ausschließlichen Störung von Gemeinschaftseigentum (zu der Fallkonstellation „Mitstörung" → Rn. 21). 29

Nicht endgültig geklärt ist, ob die Vorschriften über den Überbau (§ 912 BGB) auch **innerhalb der Wohnungseigentumsanlage anwendbar** sind.[94] Grundsätzlich ist auch hier davon auszugehen, dass bei fehlendem rechtzeitigen Widerspruch eine Duldungspflicht besteht.[95] Besteht dagegen entsprechend den Voraussetzungen des § 912 Abs. 1 Hs. 2 BGB ein Anspruch auf Beseitigung, ergäbe sich daraus eine wohnungseigentumsrechtlich unzulässige (dingliche) Rechtsänderung der Eigentumsverhältnisse.[96] Aus einer Entscheidung zum Fehlen einer Trennwand innerhalb des Gebäudes kann geschlossen werden, dass der BGH die analoge Anwendung (wohl) ablehnt.[97]

---

86 BGH 11.12.2015 – V ZR 180/14, NZM 2016, 360; KG 19.8.2014 – 4 W 35/14, GE 2014, 1465 Ls. 3; *Hügel/Elzer* WEG § 10 aF Rn. 244; Jennißen/*Abramenko* WEG § 10 aF Rn. 132.
87 KG 19.8.2014 – 4 W 35/14, GE 2014, 1465 Ls. 3.
88 Staudinger/*Roth* BGB § 912 Rn. 31.
89 *Hügel/Elzer*, 3. Aufl. 2021, WEG § 9 b Rn. 25.
90 § 666 BGB anlog, *Elzer* MietRB 2014, 312 (315).
91 KG 23.7.2015 – 1 W 759/15, ZWE 2015, 361; OLG Stuttgart 5.7.2011 – 8 W 229/11, ZWE 2011, 410.
92 BGH 23.9.1988 – V ZR 231/88 NJW 1989, 221, I 2.
93 *Elzer* ZWE 2011, 16 (17 f.).
94 Dafür bspw.: KG 28.5.1999 – 24 W 9020/97, ZMR 2000, 331.
95 BGH 5.12.2003 – V ZR 447/01 Rn. 22, 24, NJW 2004, 1798.
96 BGH 11.5.2012 – V ZR 189/11 Rn. 16, ZMR 2012, 793.
97 BGH 20.11.2015 – V ZR 284/14, NJW 2016, 473 Rn. 16.

153. Nachbarschutz

Fraatz-Rosenfeld

I. Einleitung

1 Die Grundzüge des Nachbarschutzes im **öffentlichen Baurecht** sind in dogmatischer Hinsicht bis auf einige Randbereiche weitgehend geklärt.[1] Als grundsätzlich nachbarschützend gelten die städtebaurechtlichen Vorschriften über die Art der baulichen Nutzung (Gebietsgewährleistungsanspruch) und ein kleinerer Kreis bauordnungsrechtlicher Vorschriften wie die über Abstandsflächen, Brandschutz oder solche mit immissionsschutzrechtlichem Einschlag. Da die materielle Anspruchssituation in einem Wechselverhältnis zur verwaltungsprozessualen Prozessführungsbefugnis (→ *Verwaltungsprozess* Rn. 17 f.) steht, ist im Kontext mit dem Wohnungseigentumsrecht von herausragender Bedeutung, wem materiell Ansprüche zustehen – dem einzelnen Sondereigentümer oder der Gemeinschaft der Wohnungseigentümer. Der **immissionsschutzrechtliche Nachbarschutz** dagegen stellt sich aus wohnungseigentumsrechtlicher Sicht vergleichsweise unproblematisch dar. Wegen des Vorrangs der §§ 13, 14 WEG findet öffentlich-rechtlicher Nachbarschutz unter Wohnungseigentümern selbst nicht statt (→ Rn. 9).

II. Nachbarschutz des Sondereigentums und der Gemeinschaft der Wohnungseigentümer

2 **1. Bauplanungsrechtlicher und bauordnungsrechtlicher Nachbarschutz. a) Rechtsentwicklung.** Ansprüche von Nachbareigentümern auf Aufhebung einer Baugenehmigung oder auf Einschreiten gegen eine illegale Anlage in der Nachbarschaft (→ *Verwaltungsprozess* Rn. 33) haben ihre Grundlage in der aus Art. 14 GG hergeleiteten Schutznormtheorie.[2] Für den Bereich des Städtebaurechts hat das BVerwG diese Theorie auf einfachgesetzlicher Grundlage aus § 35 Abs. 2 BauGB[3] für den Außenbereich, aus § 34 Abs. 1 BauGB für unbeplante Innenbereiche[4] und aus der Befreiungsvorschrift des § 31 Abs. 2 BauGB weiterentwickelt. Erst sehr viel später ist, beginnend mit einer Entscheidung des BVerwG aus dem Jahre 1993,[5] ein Gebietsgewährleistungsanspruch anerkannt worden. Auf diesen Grundlagen fußend wird heute unterschieden einerseits zwischen solchen Rechtspositionen, bei denen bereits auf der Ebene einer Rechtsnorm – in der Regel des Bebauungsplans – der nachbarliche Interessenausgleich abstrakt-generell bestimmt worden ist und andererseits solchen Vorschriften, bei denen noch anhand des Einzelfalls konkret-partiell die konkrete Betroffenheit zu prüfen ist.[6] Letzterer Bereich des Nachbarschutzes wird auch als Rücksichtnahmegebot umschrieben. Diese Systematik hat das BVerwG später ausdrücklich noch einmal bestätigt.[7]

3 Die generell formulierten Anforderungen an eine bauliche Anlage sind allseits einzuhalten und lösen bei Nachbareigentümern Abwehransprüche aus, ohne dass es der Darlegung einer spürbaren Eigentumsbeein-

---

1 *Mampel* DVBl. 2000, 1830.
2 *Mampel*, Nachbarschutz im öffentlichen Baurecht, 1994, Rn. 133; allgemein: Eyermann/*Happ* VwGO § 42 Rn. 89.
3 BVerwG 25.2.1977 – IV C 22/75, DVBl. 1977, 722.
4 BVerwG 13.3.1981 – 4 C 1/78, MDR 1981, 785.
5 BVerwG 16.9.1993 – 4 C 28/91, DVBl 1994, 284.
6 *Mampel*, Nachbarschutz, Rn. 259, 260.
7 BVerwG 13.5.2002 – 4 B 86/01, NVwZ 2002, 1384.

trächtigung bedarf. Hat beispielsweise der gemeindliche Satzungsgeber im Bebauungsplan festgelegt, dass eine gem. § 18 Abs. 1 BauNVO festgesetzte Firsthöhe dazu dienen soll, den Ausblick in eine Tallage zu gewährleisten, ist dort jedes diese Höhe überschreitende Vorhaben unzulässig.[8] Dabei ist es nicht zwingend notwendig, dass der Plangeber die nachbarschützende Wirkung der Festsetzung (schon) „im Zeitpunkt der Planaufstellung … in seinen Willen aufgenommen hatte".[9]

Hauptanwendungsfall des generellen Nachbarschutzes ist die gegenseitige Verpflichtung zur Einhaltung der **4** Baugebietsfestsetzungen in einem Bebauungsplan. Die diese konkretisierende BauNVO beschreibt die Zulässigkeit einzelner baulicher Anlagen in dem von dem jeweiligen Bebauungsplan überplanten Baugebiet, definiert also, welche Anlagen in einem reinen Wohngebiet (§ 3 BauNVO) oder einem Dorfgebiet (§ 5 BauNVO) usw zulässig sind. Der Anspruch wird daher als **Gebietsgewährleistungsanspruch** oder Gebietserhaltungsanspruch bezeichnet. Dogmatisch hergeleitet wird dies aus der in dem Baugebiet zwischen den Eigentümern bestehenden Schicksalsgemeinschaft und dem zwischen den Grundstücken bestehenden Austauschverhältnis.[10] Der Gebietserhaltungsanspruch entfaltet seine Wirkung in mit einem Bebauungsplan überplanten Gebieten und in solchen unbeplanten Gebieten, die von der Struktur her einem der Baugebiete der BauNVO entsprechen (§ 34 Abs. 2 BauGB). Das BVerwG hat nochmals bestätigt, dass in diesen Fällen ein Abwehranspruch ohne konkrete Beeinträchtigung besteht.[11]

Kann der Gebietsgewährleistungsanspruch für Nachbareigentümer nicht nutzbar gemacht werden und sind die **5** Maßfestsetzungen über die Höhe der baulichen Anlage (§ 18 BauNVO), über die Zahl der Geschosse (§ 20 Abs. 1 BauNVO) oder Baugrenzen oder Baulinien (§ 23 Abs. 2, 3 BauNVO) nicht im Baubauungsplan als nachbarschützend beschrieben, wird der nachbarliche Interessenausgleich im Rahmen des **Rücksichtnahmegebotes** erst auf der Ebene der Situation vor Ort entschieden. Hier kommt es also immer zusätzlich auch auf die konkrete Beeinträchtigung an.

Häufiger Anwendungsfall ist das Einfügungsgebot des § 34 Abs. 1 BauGB: Danach muss sich ein Vorhaben nach „Art und Maß der baulichen Nutzung … und der Grundstücksfläche, die überbaut werden soll" einfügen. Es ist ein Rahmen zu ermitteln, der in der näheren Umgebung vorgefunden wird: Ist etwa eine straßenparallele Randbebauung prägend, so fügt sich ein Gebäude im Hinterland nicht ein. Treten in diesem Fall Beeinträchtigungen des Gartenruhebereichs ein und kommt eine Vorbildwirkung hinzu, kann ein Abwehranspruch der betroffenen Nachbareigentümer bestehen.[12]

Eine nachbarschützende Wirkung wird ebenfalls einer Reihe bauordnungsrechtlicher Vorschriften beigemessen. Unterschieden wird auch hier zwischen solchen Vorschriften, die einen Anspruch ohne Darlegung einer **6** konkreten Beeinträchtigung auslösen und solchen, bei denen deren Nachweis notwendig ist. Zu den Vorschriften, denen ein genereller beeinträchtigungsunabhängiger Nachbarschutz zugesprochen wird, gehören vornehmlich die Vorschriften des **Abstandsflächenrechts**. Um ein Gebäude herum ist eine Fläche von 40 % der Wandhöhe[13] freizuhalten und auch an die katastermäßige Grenze darf es nicht näher heranrücken. Im Sinne der Schutznormtheorie sind entweder diese Abstandsflächen als solche[14] oder ausdrücklich mit Nachbarschutz ausgestattete Mindestabstandsflächen einzuhalten.[15]

Stellt die jeweilige Rechtsnorm auf das Vorliegen bestimmter Beeinträchtigungen ab – soll sie bspw. vor Immissionen schützen wie die Vorschriften über die Errichtung von Stellplätzen[16] – setzt der Anspruch eine konkrete Feststellung dieser Beeinträchtigungen voraus. **7**

---

8 VG Köln 28.8.2015 – 2 K 6969/14, zu einer Baugrenze gem. § 23 Abs. 3 BauNVO.
9 BVerwG 9.8.2018 – 4 C 7/17, NVwZ 2018, 1808, Ls. 2; Übersicht über die kritischen Stimmen hierzu: *Kiefer* NVwZ 2019, 1340.
10 BVerwG 16.9.1993 – 4 C 28/9, DVBl 1994, 284.
11 BVerwG 24.2.2000 – 4 C 23/98, NVwZ 2000, 1054; BVerwG 13.5.2002 – 4 B 86/01, NVwZ 2002, 1384 Rn. 7.
12 VGH München 3.3.2016 – 15 ZB 14.1542 BeckRS 2016, 44346.
13 In den Landesbauordnungen unter Bezugnahme auf die Gebäudehöhe von 1,0 H bezeichnet als 0,4 H.
14 Simon/Busse/*Dhom* BayBO Art. 6 Rn. 607; Schlotterbeck/*Busch* LBO BW § 5 Rn. 115.
15 Bspw. § 71 Abs. 2 Nr. 1 HBauO.
16 § 37 Abs. 8 S. 2 LBO BW; § 48 Abs. 1, 4 HBauO; § 44 HBO; § 46 Abs. 1 NBauO; § 51 Abs. 7 BauO NRW; § 47 Abs. 7 RhPfLBO; § 50 Abs. 9 SchlHLBO.

8 **b) Nachbarbegriff des öffentlich-rechtlichen Baunachbarrechts.** Eine normative Bestimmung des **Begriffs** „Nachbar" gibt es nicht,[17] wenn auch einige Normen des öffentlichen Baurechts das Wort „Nachbar" oder begriffliche Ableitungen davon nennen (§ 31 Abs. 2 BauGB: „nachbarliche Interessen"). Der Begriff ist ein relativer Begriff, weil der Schutzbereich der Norm und damit auch diejenigen, denen dieser Schutz zugutekommen soll, jeweils aus der Norm selbst und den konkreten Umständen entnommen werden muss.[18] Dabei ist in persönlicher Hinsicht und in räumlicher und zeitlicher Hinsicht zu differenzieren. Einigkeit besteht darüber, dass ausschließlich dinglich Berechtigte als mögliche Anspruchsinhaber von Nachbarschutzansprüchen in Betracht kommen.[19] Sie repräsentieren „das Grundstück".[20] Dinglich berechtigt sind Eigentümer, Miteigentümer, Erbbauberechtigte und Nießbraucher[21] und Eigentümer eines hälftigen Sondereigentumsanteils.[22] Bei einer Mehrheit von Grundstücksberechtigten „... bestimmt sich nach bürgerlichem Recht, wer als Nachbar in Betracht kommt und Rechte nach dem Baurecht geltend machen kann".[23] Daher können auch Miteigentümer jeweils für sich subjektive Rechte des öffentlich-rechtlichen Nachbarschutzes geltend machen; und zwar sogar dann noch, wenn bei den Miteigentümern gegenläufige Interessen vorliegen.[24] Dementsprechend sind Wohnungseigentümer als Sondereigentümer grundsätzlich Nachbarn im Verhältnis zu baulichen Anlagen außerhalb der Wohnungseigentumsanlage.[25] Welchen Umfang und welche räumliche Reichweite der Anspruch im Einzelnen hat, richtet sich dann nach der jeweiligen öffentlich-rechtlichen Schutznorm.[26] So können sich im Zusammenhang mit planungsrechtlichen Vorschriften Abwehransprüche aus dem Gebietsgewährleistungsanspruch auch hinsichtlich weiter abgelegener Grundstücke ergeben,[27] während auf eine konkrete Beeinträchtigung abstellende Vorschriften sich nur unmittelbar betroffenen Nachbarn zu eigen machen können.[28]

9 **Innerhalb der Wohnungseigentumsanlage** sind Wohnungseigentümer keine Nachbarn iSd öffentlich-rechtlichen Nachbarschutzes.[29] Dies gilt grundsätzlich auch dann, wenn Sondereigentümer eine Rechtsverletzung wegen möglicher Gesundheitsgefahren durch eine gefährdende Nutzung innerhalb der Wohnungseigentumsanlage geltend machen.[30] Nicht endgültig geklärt ist allerdings, bei Vorliegen welcher Voraussetzungen Wohnungseigentümer untereinander einen Anspruch auf Einhaltung öffentlich-rechtlicher Normen haben. Nach hM ist das nur der Fall, wenn Normen des Verwaltungsrechts nachbarschützenden Charakter haben.[31] Weitergehend als diese Auffassung könnte aus § 14 Abs. 1 Nr. 1 WEG hergeleitet werden, dass jedenfalls gegenüber der Gemeinschaft der Wohnungseigentümer stets ein Anspruch besteht, unabhängig von einer öffentlich-rechtlichen Subjektivierung „die gesetzlichen Regelungen" einzuhalten.

10 **c) Sondereigentum/Gemeinschaft der Wohnungseigentümer und Nachbarschutz. aa) Bauplanungsrechtlicher Nachbarschutz aus dem Sondereigentum.** Anerkannt ist, dass einzelnen Sondereigentümern je-

---

17 *Schulte Beerbühl*, Öffentliches Baunachbarrecht, Rn. 17.
18 *Schulte Beerbühl* Rn. 19; *Hoppenberg/Paar/Schäfer* in Hoppenberg/de Witt BauR-HdB H Rn. 36.
19 *Hoppenberg/Paar/Schäfer* in Hoppenberg/de Witt BauR-HdB H Rn. 37.
20 *Schulte Beerbühl* Rn. 21.
21 *Schulte Beerbühl* Rn. 21.
22 OVG Münster 20.11.2013 – 7 A 2341/ 11, ZWE 2014, 144.
23 Simon/Busse/*Dirnberger* BayBO Art. 66 Rn. 91.
24 OVG Saarlouis 8.1.1996 – 2 W 46/95, Ls. 1; *Hoppenberg/Paar/Schäfer* in Hoppenberg/de Witt BauR-HdB H Rn. 38, str.
25 VGH Mannheim 13.7.2017 – 5 S 2602/15, ZWE 2017, 469; Simon/Busse/*Dirnberger* BayBO Art. 66 Rn. 94.
26 *Schulte Beerbühl* Rn. 19, 20.
27 *Schulte Beerbüh*, Rn. 20, 161 ff.; *Hoppenberg/Paar/Schäfer* in Hoppenberg/de Witt BauR-HdB H Rn. 72 ff.
28 *Schulte Beerbühl* Rn. 20, 707 ff.
29 VG Berlin 28.5.2019 – 19 K 12/ 16; VGH München 30.9.2019 – 9 Cs 19.967, Anm. *Ott* MietRB 2020, 12–13, Anm. *Redecker* IMR 2020, 37; VGH München 17.8.2017 – 9 CE 17.362, ZWE 2017, 425; BVerfG 7.2.2006 – 1 BvR 2304/05, NJW-RR 2006, 726; BVerwG 12.3.1998 – 4 C 3/97, NVwZ 1998, 954; *Hügel/Elzer* WEG § 13 Rn. 28; diff. *Fricke* ZfBR 2013, 2018.
30 OVG Koblenz 26.2.2019 – 8 A 11076/18.OVG, NVwZ-RR 2019, 801; aA OVG Münster 3.5.2007 – 7 A3350/06, BeckRS 2007, 24635 mit Verweis auf BVerwG 4.10.1988 – 4 C 1/86, NVwZ 1989, 250; VGH Mannheim 21.9.1993 – 10 S 1735/91, VBlBW 1994, 238.
31 Bärmann/*Suilman* WEG § 14 Rn. 14; Jennißen/*Hogenschurz* WEG § 13 Rn. 16; LG München 3.6.2016 – 40 O 11108/14, ZMR 2017, 263; OLG Hamm 9.1.2009 – 15 Wx 142/08, ZWE 2009, 226 mAnm *Elzer*; BayObLG 29.3.2000 – 2 Z BR 3/00, ZWE 2000, 525; aA AG Bonn 30.11.2016 – 27 C 13/16; *Fraatz-Rosenfeld* AnwZertMietR 6/2018.

weils für sich Ansprüche des öffentlich-rechtlichen Nachbarschutzes zur Seite stehen, wenn diese als Folge des Verstoßes gegen nachbarschützende städtebauliche Normen konkret in ihrem Sondereigentum durch **Beeinträchtigungen** wie Lärmbelastungen oder Luftverschmutzungen als Folge einer Genehmigung eines Gewerbebetrieb betroffen sind.[32] Die sich daraus ergebende Möglichkeit der Rechtsverletzung generiert damit zugleich eine alleinige Klagebefugnis iSd § 42 Abs. 2 VwGO (→ *Verwaltungsprozess* Rn. 17).

Nicht endgültig geklärt ist dagegen die Anspruchsberechtigung von Sondereigentümern aus generell nachbarschützenden Bebauungsplanfestsetzungen und dem **Gebietsgewährleistungsanspruch**. Hier wurde bisher die Meinung vertreten, dass ein Verstoß gegen die in einem Plangebiet festgesetzte Nutzungsart dem einzelnen Sondereigentümer keinen öffentlich-rechtlichen Abwehranspruch eröffnet. Begründet wurde dies damit, dass an dem durch das BVerwG dogmatisch dem Gebietsgewährleistungsanspruch unterliegenden Austauschverhältnis nur das Gemeinschaftseigentum teilnähme.[33]   **11**

Demgegenüber wird – mit zunehmender Tendenz – die Auffassung vertreten, dass der Gebietsgewährleistungsanspruch einzelnen Sondereigentümern auch jenseits einer unmittelbaren Beeinträchtigung ihres Sondereigentums solitär zur Seite steht.[34] Als dingliches Recht unterfällt es dem Nachbarbegriff des öffentlich-rechtlichen Nachbarschutzes[35] und fällt in diesem konkreten Fall in den Schutzbereich der öffentlich-rechtlichen Schutznorm.[36] Abgesehen von der rein formalen Betrachtung des Sondereigentums als Miteigentum und damit als echtem Volleigentum[37] ergibt sich das aus der Notwendigkeit, einen aus Art. 14 Abs. 1 GG herzuleitenden Mindestschutz des Sondereigentümers zu gewährleisten.[38] Nicht zuletzt spricht hierfür auch das Verständnis des BVerwG vom Gebietsgewährleistungsanspruch: Es ist nicht einsichtig, warum ein Wohnungseigentümer einen andersgelagerten Anspruch auf Gebietserhaltung haben sollte als ein Einzeleigentümer, denn die dogmatische Grundlage des Anspruchs – also die Grundlage der Schutznorm – ist das Austauschverhältnis der Grundstücke untereinander mit dem Ziel, eine schleichende Umwandlung des Baugebietes zu verhindern.

Bisher offengeblieben ist, wie Verstöße gegen das dem Rücksichtnahmegebot unterfallende **Einfügungsgebot** des § 34 Abs. 1 BauGB in diesem Zusammenhang zu behandeln sind. Geht es beispielsweise um die Veränderung des Gartenruhebereichs durch eine erstmalige Hinterlandbebauung mit einer unzulässigen Vorbildwirkung, so kann dies unabhängig von der räumlichen Lage einer Wohnung in der Wohnungseigentumsanlage auch ohne konkrete Beeinträchtigung wertbeeinflussend sein. Auch insoweit wird man davon auszugehen müssen, dass das Sondereigentum ohne Bindung an das Gemeinschaftseigentum dem Schutzbereich der Norm unterfällt.[39] Dem folgt aus der Verknüpfung mit dem Verfahrensrecht, dass dem Sondereigentümer insoweit auch die Prozessführungsbefugnis zustehen muss (→ *Verwaltungsprozess* Rn. 17).   **12**

bb) Bauordnungsrechtlicher Nachbarschutz aus dem Sondereigentum. Wie auch im Zusammenhang mit dem Bauplanungsrecht (→ Rn. 10) stehen dem Sondereigentümer Nachbarschutzansprüche aus bauordnungsrechtlichen Vorschriften zu, wenn diese subjektive Rechte auslösen und der Sondereigentümer **konkret beeinträchtigt** ist.[40] Typische Anwendungsfälle sind Vorschriften über den Schutz gegen Feuchtigkeit und schädliche chemische, physikalische und biologische Einflüsse,[41] die Anordnung und Unterhaltung insbesondere von Abwasser- und Kleinkläranlagen,[42] Abfallbeseitigungsanlagen[43] und Stellplätzen[44] sowie Stallanlagen und   **13**

---

32 *Hoppenberg/Paar/Schäfer* in Hoppenberg/de Witt BauR-HdB H Rn. 40; s. nachfolgende Fn.

33 VGH München 8.7.2013 – 2 CS 13.807, NVwZ 2013, 1622; OVG Münster 20.11.2013 – 7 A 2341/11, ZWE 2014, 144.

34 OVG Bremen13.2.2015 – 1 B 355/14, NordÖR 2015, 209 (210).

35 *Hoppenberg/Paar/Schäfer* in Hoppenberg/de Witt BauR-HdB H Rn. 37.

36 Im Sinne eines „relativen" Nachbarbegriffs des öffentlichen Rechts: *Schulte Beerbühl* Rn. 19, 20.

37 *Elzer* Anm. zu VGH München – 2 CS 13.807, NVwZ 2013, 1622 (1625).

38 *Bruns* AnwZert MietR 13/2020 Anm. 2, S. 2.

39 AA VG Neustadt 26.3.2019 – 5 K 1482/18.NW, BeckRS 2019, 10296.

40 *Hoppenberg/Paar/Schäfer* in Hoppenberg/de Witt BauR-HdB H Rn. 40.

41 Bspw. § 14 Abs. 2 LBO BW, Art. 11 BayBO, § 12 HBO, § 16 BauO NRW, § 14 SächsBO.

42 Bspw. § 33 Abs. 2 LBO BW, Art. 42 BayBO, § 44 BauO NRW, §§ 43–46 SächsBO.

43 Bspw. § 33 Abs. 2 LBO BW, §§ 42, 43 HBO, § 43 Thür.BO.

44 Soweit diese den Schutz gegen Beeinträchtigungen durch Lärm und Luftverschmutzungen enthalten, bspw. § 37 Abs. 8 LBO BW, § 44 HBO, § 46 Abs. 1 NBauO, § 51 Abs. 7 BauO NRW.

Dungstätten.[45] Eine konkrete Beeinträchtigung wurde auch angenommen, wenn die Abstandsflächenverletzung einer Gebäudeseite zugewandt ist, in der sich das Sondereigentum des antragstellenden Eigentümers befindet.[46]

14 Auch im Bereich des Bauordnungsrechts besteht dagegen Uneinigkeit darüber, ob Sondereigentümern auch Ansprüche aus solchen bauordnungsrechtlichen Vorschriften zur Seite stehen, die nur **generell ohne** Vorliegen einer **Beeinträchtigung** Nachbarschutz auslösen. Es geht um die Fälle, in denen das einzelne Sondereigentum nicht unmittelbar durch die Folgen des Rechtsverstoßes beeinträchtigt ist (Eigentumswohnung liegt auf der von der Abstandsflächenverletzung nicht betroffenen Gebäudeseite). Da auch in diesen Fällen neben dem Sondereigentum immer Miteigentum betroffen ist, stellt sich die Frage, ob durch die wohnungseigentumsrechtliche Bindung eine andere Beurteilung als in den Fällen des § 1008 BGB geboten ist. Für die Fallgruppe der Abstandsflächenverstöße wurde dazu zunächst die Auffassung vertreten, dass in diesen Fällen ausschließlich Gemeinschaftseigentum betroffen sei und daher mangels Betroffenheit des jeweiligen Sondereigentums auch keine Rechtsverletzung vorliege.[47]

15 Diese Auffassung verkennt, dass das Miteigentum echtes Eigentum ist und daher dem verfassungsrechtlichen Eigentumsschutz unterfällt. In welchem Umfang in einem solchen Fall der öffentlich-rechtliche Nachbarschutz das Eigentum schützt, richtet sich zunächst nach der Reichweite der jeweiligen Schutznorm.[48] **Schutzziel** des Abstandsflächenrechts ist eine ausreichende Belichtung, der Schutz vor Überschlag von Feuer und allgemein die Sicherung eines Sozialabstands.[49] Diese Schutzziele beziehen sich auf das gesamte Gebäude und damit auch auf alle im Sondereigentum wie im Miteigentum stehende Gebäudeteile.[50]

16 Genauso muss dies für alle anderen Vorschriften gelten, die explizit das gesamte Gebäude im Blick haben wie die Vorschriften über den Brandschutz oder die Standsicherheit.[51]

17 In neuerer verwaltungsgerichtlicher Rechtsprechung wurde dieser Erkenntnis immerhin insoweit Rechnung getragen und dem Sondereigentümer ein eigenes Klagerecht jedenfalls so lange eingeräumt, wie der Anspruch nicht von der Gemeinschaft der Wohnungseigentümer vergemeinschaftet worden sei.[52] Da nunmehr die Unterscheidung zwischen geborenen und gekorenen Rechten durch den Gesetzgeber fallen gelassen wurde,[53] liegt die Geltendmachung von Ansprüchen aus dem Gemeinschaftseigentum gem. § 9 a Abs. 2 WEG **ausschließlich bei der Gemeinschaft der Wohnungseigentümer**; unbeantwortet gelassen hat der Gesetzgeber, wie in den Fällen zu verfahren ist, in denen – untrennbar – sowohl Sondereigentum wie auch Gemeinschaftseigentum betroffen sind. Würde daraus geschlossen, dass dem Sondereigentümer in den Fällen der generellen, beeinträchtigungsfreien Betroffenheit keine Ansprüche zustünden, käme das einem **Ausschluss des Eigentumsrechts** unter Verstoß gegen Art. 14 Abs. 1 GG gleich und kann daher nicht angenommen werden.[54] Zudem würde der damit verbundene Entzug der Klagebefugnis einen Verstoß gegen die Privatautonomie bedeuten[55] (→ *Verwaltungsprozess* Rn. 17).

---

45 *Hoppenberg/Paar/Schäfer* in Hoppenberg/de Witt BauR-HdB H Rn. 424 ff.

46 OVG Münster 20.11.2013 – 7 A 2341/11, Rn. 61 f., ZWE 2014, 144; VG München 9.8.2011 – M 8 SN 11.2301, zitiert nach *Schweinoch* ZWE 2014, 237 (242), systemwidrig, weil Abstandsflächenverletzungen bereits beeinträchtigungsfrei Nachbarschutz auslösen.

47 OVG Münster 20.11.2013 – 7 A 2341/11, Rn. 61 f., ZWE 2014, 144; VG München 27.1.2014 – M 8 K 13.681, Rn. 54, ZWE 2014, 234 (235); mit der Folge, dass auch die Prozessführungsbefugnis gem. § 9 a Abs. 2 WEG ausschließlich der Gemeinschaft läge (→ *Verwaltungsprozess* Rn. 21).

48 *Schulte Beerbühl* Rn. 19.

49 Alexejew/*Niere* HBauO § 6 Rn. 2.

50 *Fraatz-Rosenfeld* AnwZert MietR 18/2019 Anm. 2, *Elzer* Anm. zu VGH München 8.7.2013 – 2 Cs 13.807, NVwZ 2013, 1632 (1636), str.

51 Brandschutz, bspw. § 15 LBO BW, Art. 12 BayBO, § 17 BauO NRW, § 14 SächsBO; Standsicherheit, bspw. § 13 LBO BW, Art. 10 BayBO, § 12 BauO NRW, § 12 SächsBO.

52 VGH Mannheim 13.7.2017 – 5 S 2602/15, ZWE 2017, 469; VG Koblenz 5.2.2019 – 1 K 870/18 KO; VG Neustadt/Weinstraße 26.3.2019 – 5 K 1482/18 NW, BeckRS 2019, 10296; zu allem ausführlich *Bantlin* NVwZ 2019, 1839 (1842 f.).

53 BT-Drs. 19/18791 RegEntw WEMoG zu § 9 a Abs. 2, S. 50.

54 *Bruns* AnwZert MietR 13/2020, Anm. 2, B II 2.

55 BGH 24.7.2015 – V ZR 167/14, NZM 2015, 700 Rn. 12; *Bruns* AnwZert MietR 13/2020, Anm. 2, B II 2.

cc) Nachbarschutz des Gemeinschaftseigentums. Wird ausschließlich Gemeinschaftseigentum ohne jeden 18
Bezug zum Sondereigentum durch planerische Maßnahmen betroffen oder soll eine bauordnungsrechtlichen
Schutznorm nur diesen Bereich betreffen, – ist beispielsweise der auf dem gemeinschaftlichen Grundstück angelegte Kinderspielplatz durch die Abgase der Autos auf der benachbarten Stellplatzanlage nachbarschützend
unzulässig beaufschlagt (§ 37 Abs. 8 S. 2 LBO BW) –, so handelt es sich um solche Ansprüche, für die das das
Gesetz mit §§ 9 a Abs. 2, 18 Abs. 1 WEG der Gemeinschaft der Wohnungseigentümer die notwendigen Handlungsoptionen zur Seite stellt.[56]

Da ein Sondernutzungsrecht zum Gemeinschaftseigentum gehört, ergibt sich hieraus kein Anspruch einzelner 19
Eigentümer gegenüber der Bauaufsichtsbehörde aus dem Genehmigungsabwehranspruch.[57]

2. Immissionsschutzrechtlicher Nachbarschutz. Im Gegensatz zum Nachbarschutz des öffentlichen Bau- 20
rechts bildet das Immissionsschutzrecht einen anderen Nachbarbegriff. Es knüpft an die **schädliche Umwelteinwirkung** an (§ 3 Abs. 1 BImSchG) und verbietet daher den Betrieb von Anlagen, von denen „Gefahren,
erhebliche Nachteile oder erhebliche Belästigungen" für die Nachbarschaft ausgehen.

Anders als im Bauplanungsrecht und im Bauordnungsrecht gibt es keine Form einer bereits auf der Ebene der 21
Rechtsnorm getroffenen Entscheidung über einen (beeinträchtigungslosen) generellen Nachbarschutz. Dementsprechend wird der Kreis der Nachbarn danach bestimmt, wer von den Immissionen über das zulässige
Maß hinaus qualifiziert betroffen ist. Berechtigt sind natürliche Personen wie auch Inhaber dinglicher Grund-
stücksrechte[58] und damit zweifellos auch Wohnungseigentümer. Abwehrrechte können sich in diesem Fall nur
dann ergeben, wenn das Grundstück sich auch im Einwirkungsbereich der emittierenden Anlage befindet.[59] Je
nach der Qualität der von der Anlage ausgehenden Emissionen (Lärm, Luftverunreinigungen) ist dieser Bereich ganz unterschiedlich weit zu ziehen.

Wie beim baurechtlichen Nachbarschutz verdrängen die §§ 13, 14 WEG die Vorschriften des bundes- wie lan- 22
desrechtlichen Immissionsschutzrechtes. Öffentlich-rechtlicher Nachbarschutz ist daher auch im Zusammenhang mit immissionsschutzrechtlich relevanten Einwirkungen auf das Sondereigentum ausgeschlossen.[60]

Die Beurteilung einer Einwirkung gem. § 3 BImSchG richtet sich nach einer der Verordnungen zum BImSchG 23
oder den gem. § 48 BImSchG erlassenen Verwaltungsvorschriften „**Technische Anleitung Lärm**" (→ *Lärm*
Rn. 4) oder „**Technische Anleitung Luft**" (→ *Nachbarrecht* Rn. 8).

Im Fall einer gegen Immissionsschutzrecht verstoßenden **Beeinträchtigung des Sondereigentums** stehen die 24
Abwehransprüche des Immissionsschutzrechtes dem jeweiligen Sondereigentümer solitär zu. Dies schließt
auch solche Beeinträchtigungen ein, die zugleich das Gemeinschaftseigentum im räumlichen Bereich des jeweiligen Sondereigentums beaufschlagen. Wird dagegen auch oder ausschließlich Gemeinschaftseigentum betroffen, stellt das Gesetz mit § 9 a Abs. 2, 18 Abs. 1 WEG das Instrumentarium zur Geltendmachung durch die
Gemeinschaft der Wohnungseigentümer zur Verfügung.[61] Folgerichtig ist diese prozessführungsbefugt zur
Geltendmachung öffentlich-rechtlichen Nachbarschutzes gegenüber einer baulichen Erweiterung einer Verkehrsanlage gem. § 41 BImSchG.[62]

III. Verfahrensfragen

1. Baurechtlicher Nachbarschutz. a) Rechtsschutz gegen eine bauaufsichtliche Zulassung. Hauptanwen- 25
dungsfall des baurechtlichen öffentlich-rechtlichen Nachbarschutzes ist der **Genehmigungsabwehranspruch**.
Er richtet sich auf die Aufhebung der dem Nachbarn erteilten Baugenehmigung oder – sofern ein solcher vorausgegangen ist – auf Aufhebung des Vorbescheids. Je nach verfahrensrechtlicher Lage in dem jeweiligen
Bundesland ist gegen diese Genehmigung Widerspruch einzulegen oder unmittelbar Anfechtungsklage zu er-

---

56 *Elzer* Anm. zu VGH München 8.7.2013 – 2 CS 13.807, NVwZ 2013, 1622 (1626); § 9 Abs. 2 WEG entbindet die
    Wohnungseigentümer nicht von dem Erfordernis einer Beschlussfassung, *Bruns* AnwZert MietR 13/2020, Anm. 2,
    S. 4.
57 VG Dresden 3.5.2019 – 12 K 4870/17.
58 *Hoppenberg/Paar/Schäfer* in Hoppenberg/de Witt BauR-HdB H Rn. 441.
59 *Hoppenberg/Paar/Schäfer* in Hoppenberg/de Witt BauR-HdB H Rn. 444.
60 VG Berlin 28.5.2019 – 19 K 12/16: Beeinträchtigungen durch eine Bäckerei in der Wohnungseigentumsanlage.
61 *Elzer* Anm. zu VGH München 8.7.2013 – 2 CS 13.807, NVwZ 2013, 1622 (1626).
62 BVerwG 10.4.2019 – 9 A 24/18 mAnm *Dieterich* jurisPR-BVerwG 25/2019 Anm. 4.

heben (→ *Verwaltungsprozess* Rn. 6, 9). Von taktisch begründeten Ausnahmefällen abgesehen ist in Baugenehmigungsfällen zugleich an das Verwaltungsgericht ein Antrag auf Herstellung der aufschiebenden Wirkung des Widerspruchs zu stellen (§§ 80 Abs. 5 S. 1, 80 a Nr. 2 VwGO), um zu verhindern, dass durch die Freigabe des Vorhabens durch die Baugenehmigung (→ *Baugenehmigung* Rn. 1) und die Ausführung des Vorhabens vollendete Tatsachen geschaffen werden (→ *Verwaltungsprozess* Rn. 32).

26 Da es nach § 42 Abs. 2 VwGO auf die Möglichkeit einer Rechtsverletzung ankommt, orientiert sich die Klagebefugnis bzw. Prozessführungsbefugnis und Antragsbefugnis an der materiellen Rechtslage (→ *Verwaltungsprozess* Rn. 16).

27 **b) Anspruch auf bauaufsichtliches Einschreiten.** Da eine große Zahl von baulichen Anlagen der Genehmigungsfreistellung unterliegt (→ *Baugenehmigung* Rn. 7) oder – seltener – schlicht unter Verstoß gegen die Genehmigungspflicht errichtet wird, muss bei Nachbarschutzansprüchen ein Antrag auf Einschreiten der Bauaufsichtsbehörde gestellt werden. Nachbarn haben einen Anspruch auf ermessensfehlerfreie Entscheidung zu ihren Gunsten. Der Antrag auf Einschreiten ist an die Bauaufsichtsbehörde zu stellen und – sofern ein Widerspruchsverfahren stattfindet – durch Widerspruch und dann durch Verpflichtungsklage weiter zu verfolgen (→ *Verwaltungsprozess* Rn. 2, 10).

28 **2. Immissionsschutzrechtliche Ansprüche.** Gegen emittierende Anlagen gerichtete Ansprüche werden im Wege des Genehmigungsabwehranspruchs für die seltenen Fälle der gem. § 4 BImSchG genehmigungsbedürftigen Anlagen oder im Wege eines Antrags auf Erlass von Anordnungen (§ 24 BImSchG) oder Untersagung des Anlagenbetriebs (§ 25 BImSchG) geltend gemacht. Die Vorgehensweise entspricht insoweit der des Nachbarschutzes im öffentlichen Baurecht (→ *Verwaltungsprozess* Rn. 2 ff.).

154. Nachtabsenkung

Maximilian A. Müller

I. Einführung

1 Regelmäßig wird in den Abend- und Nachtstunden wesentlich weniger Heizenergie benötigt als über den restlichen Tagesverlauf. Es kann daher für die Eigentümer aus finanziellen – aber auch ökologischen – Erwägungen heraus eine **Regulierung der Heizleistung** in Betracht kommen. Gerade bei modernen Heizungsanlagen sind die Steuerungs- und Einstellmöglichkeiten vielfältig und können zum Teil erheblichen Einfluss auf die Leistung der Heizungsanlage und damit die zur Verfügung stehenden Beheizungsmöglichkeiten einerseits und die entstehenden Kosten andererseits haben.

II. Rechtliche Grundlage der Nachtabsenkung

2 Eine Nachtabsenkung liegt vor, wenn die **Solltemperatur** der Heizungsanlage für die Nachtstunden – üblicherweise zwischen 22.00 Uhr bis 6.00 Uhr – reduziert werden. Dies hat einen direkten Einfluss auf die zur Verfügung gestellte Heizenergie, was dazu führen kann, dass die einzelnen angeschlossenen Heizkörper – sowie je nach technischer Gestaltung auch das Warmwasser – nicht mehr auf die sonst üblichen Temperaturen erhitzt werden können. Generell führt die Nachtabsenkung damit zu einer Einschränkung der Leistungsfähigkeit der Heizungsanlage.

3 Die gemeinschaftliche Heizungsanlage, die regelmäßig alle angeschlossenen Sondereigentumseinheiten versorgt, steht im **Gemeinschaftseigentum** und unterliegt damit der gemeinschaftlichen Verwaltung, die der Wohnungseigentümergemeinschaft obliegt. Gem. § 19 Abs. 1 WEG können die Eigentümer daher im Rahmen

des ihnen zugestandenen Ermessens die Einstellungen der Heizungsanlage durch **Beschlussfassung** regeln.[1] Sieht eine Heizungsanlage daher aus technischer Sicht verschiedene Betriebsarten und Modifikationen bei der Heizleistung vor, obliegt es grundsätzlich der Eigentümerversammlung, über die Art und Weise des Betriebes der Heizungsanlage zu entscheiden. Hieraus folgt zudem, dass es nicht der **Hausverwaltung** zusteht, die bestehenden Einstellungen der Heizungsanlage **eigenmächtig** zu verändern.[2] Soweit die Hausverwaltung daher das Bedürfnis sieht, die bestehenden Einstellungen zu optimieren, wird der Verwalter dies über eine Eigentümerversammlung den Eigentümern vorzulegen haben.

III. Entscheidungsermessen der Eigentümer und Grenzen

Es obliegt damit allein den Eigentümern, die **konkreten Einstellungen** festzulegen, mit denen die Heizung betrieben werden soll. 4

Es liegt hierbei auf der Hand, dass die Interessenlagen der einzelnen Eigentümer sehr unterschiedlich sind. 5 Diejenigen Bewohner, die auf eine Nutzung der Wohnung auch in der Nacht angewiesen sind, werden auch in den Nachzeiten eine ausreichende Beheizung der Wohnung erwarten. Betroffen von der **Problematik** sind hierbei meist Bewohner, die Schichtarbeit leisten müssen. Die übrigen Eigentümer legen hierbei meist wenig Wert auf einen durchgehenden (vollen) Betrieb der Heizungsanlage und streben durch eine Leistungsreduktion eine Kostenersparnis an, welche sich bei Anwendung der Heizkostenverordnung schlicht daraus ergibt, dass über den Grundkostenanteil der Heizkosten von 30 % – 50 % jeder Eigentümer auch für den von einem anderen Eigentümer verursachten Verbrauch anteilsmäßig mit eigenen Kosten belastet wird.

Allerdings sind – nach den üblichen Regeln des § 19 WEG – nicht nur die Interessen an einer Kostenersparnis 6 zu berücksichtigen. Auch die Interessen einzelner Eigentümer müssen in die **Ermessensabwägung** einfließen. Insbesondere muss die Nutzung jeder einzelnen Wohnung im üblichen Rahmen auch nach einer Nachtabsenkung gewährleistet sein.

1. Versorgung mit Warmwasser. Grundsätzlich ist eine **Wassertemperatur** von 40–60 Grad zu erreichen.[3] 7 Das Warmwasser muss hierbei in **angemessener Zeit** auch zur Verfügung stehen. Was hierbei „angemessen" ist, ist nicht höchstrichterlich geklärt.[4] Die baulichen Gegebenheiten sind selbstverständlich zu berücksichtigen, so dass grundsätzlich kein Anspruch auf Einbau einer Zirkulationspumpe besteht. Der Einbau wäre an § 20 WEG zu messen.

Die Nachtabsenkung kann zunächst dazu führen, dass Warmwasser nur noch eingeschränkt zur Verfügung 8 steht.

Die Zulässigkeit der **Einschränkung der Warmwasserversorgung** ist streitig. Zu weitgehend erscheint es 9 hierbei, wenn die Versorgung mit Warmwasser zu den Nachzeiten vollständig ausgeschlossen wird.[5] Eine Wohnnutzung ohne Warmwasser ist nicht vorstellbar. Es wird daher für den mietrechtlichen Bereich überwiegend vertreten, dass die Versorgung mit Warmwasser zu jeder Zeit aufrecht erhalten bleiben muss.[6] Dies gilt auch außerhalb der Heizperiode.[7]

Nicht zu beanstanden dürfte es gleichwohl sein, wenn in den Nachtstunden eine vorhandene Zirkulationspumpe außer Betrieb genommen wird. Dies führt nicht zu einer Einschränkung der Warmwasserversorgung, sondern lediglich zu einer längeren **Vorlaufzeit**.[8] Ob ein solcher Beschluss allerdings tatsächlich sinnvoll ist und damit ordnungsgemäßer Verwaltung entsprechen kann, hängt entscheidend davon ab, inwiefern die Einsparungen an Stromkosten für den Betrieb der Zirkulationspumpe den zusätzlichen Wasserverbrauch überwiegen. Im Hinblick darauf, dass die Stromkosten von der Gemeinschaft zu tragen sind, während die Wasserkosten unmit-

---

1 BayObLG 26.2.1993 – 2 Z BR 117/92, BeckRS 1993, 1642.

2 AG Remscheid 4.5.2017 – 7 C 152/16, BeckRS 2017, 120440.

3 Schmidt-Futterer/*Eisenschmid* BGB § 536 Rn. 259.

4 Hierzu AG München 26.10.11 – 463 C 4744/11, BeckRS 2012, 23003, wonach 42 Minuten für eine Badewanne sicherlich zu lang ist.

5 So noch AG Remscheid 22.2.2016 – 7 C 132/15, BeckRS 2016, 124412; später dann korrigiert durch LG Wuppertal 2.9.2016 – 16 T 126/16, BeckRS 2016, 124148.

6 LG Wuppertal 2.9.2016 – 16 T 126/16, BeckRS 2016, 124148; Schmidt-Futterer/*Eisenschmid* BGB § 535 Rn. 260.

7 LG Fulda 5.1.2018 – 5 T 200/17, BeckRS 2018, 51.

8 AG Remscheid 4.5.2017 – 7 C 152/16, IMR 2017, 415.

telbar beim Verursacher berechnet werden können, dürfte sich hier allerdings ein weites Ermessen der Eigentümer ergeben.

11   Die mietrechtliche Rechtsprechung wird auf die Frage zu übertragen sein, ob durch Beschluss die **Verfügbarkeit von Warmwasser** eingeschränkt werden kann. Richtigerweise ist dies zu verneinen, da hiermit die Gebrauchsmöglichkeit der Wohnung zu stark eingeschränkt wird.

12   **2. Versorgung mit Heizenergie.** Auch bei Betrachtung der Frage, inwieweit die Beheizungsmöglichkeiten der Wohnung in den **Nachtstunden** reduziert werden können, ist zunächst die hierzu vorliegende mietrechtliche Judikatur zu betrachten.

13   Üblicherweise wird angenommen, dass der Vermieter zur **Beheizung der Wohnung** in der Heizperiode von Oktober bis Ende April verpflichtet ist. Hierbei muss in den Räumen eine „behagliche" **Temperatur** erreichbar sein, die überwiegend für Wohnräume bei 20 Grad, für Bäder und Duschen eher 22 Grad gesehen wird.[9]

14   Nach herrschender Auffassung sind hierbei – auch nachts – Mindesttemperaturen durchgehend zu erreichen – was die Möglichkeit einer Nachtabsenkung deutlich einschränkt.

15   Überwiegend wird hierbei vertreten, dass die **Mindesttemperaturen** in der Zeit von 6.00 Uhr bis 23.00 Uhr einzuhalten sind.[10] In den Nachtzeiten kann zwar eine Reduzierung erfolgen, gleichwohl ist eine Temperatur von 18 Grad noch zu erreichen.[11]

16   Hiermit ist allerdings noch nicht zwangsläufig etwas darüber gesagt, in welchem Rahmen die Eigentümer gem. § 19 Abs. 1 WEG abweichende **(Gebrauchs-)Regelungen** fassen können. Mehrheitlich wird hierbei unter Bezugnahme auf eine alte Entscheidung des BayObLG vertreten, dass die Eigentümer dazu befugt sind, die zur Verfügung zu stellenden Temperaturen sowie eine Nachtabsenkung zu beschließen.[12] Zum Teil wird die Möglichkeit einer Nachtabsenkung allerdings auch generell abgelehnt.[13]

17   Ungeklärt scheint jedoch, in welchem Rahmen die Nachtabsenkung vorgenommen werden kann. Die mietrechtliche Betrachtungsweise ist hierbei nicht ungesehen auf das wohnungseigentumsrechtliche Verhältnis zwischen den Eigentümern zu übertragen, da dies grundlegend unterschiedliche Aspekte betrifft – auf der einen Seite steht die Frage, inwieweit der Vermieter gem. § 535 BGB dem Mieter gegenüber einen bestimmten Gebrauch gewähren muss, auf der anderen Seite steht die Frage, inwieweit eine Mehrheit den bestehenden **Ermessensspielraum** bei der Nutzung der Immobilie ausschöpfen kann, um Nutzungsregelungen vorzugeben.

18   Nach hier vertretener Auffassung liegt es gleichwohl nahe, die mietrechtliche Rechtsprechung zu übernehmen. Es ist wenig nachvollziehbar, wenn einem Mieter gegenüber eine bestimmte Mindesttemperatur bei einer Wohnnutzung vorzusehen ist, während einem anderen Eigentümer größere Einschnitte zuzubilligen wären. Wenn man die von der mietrechtlichen Rechtsprechung entwickelten Temperaturen als **unabdingbare Mindesttemperatur** für eine Wohnnutzung versteht, so müssen diese auch die Grenzen für ein Gebrauchsregelung gem. § 19 WEG darstellen, da anderenfalls auch zulasten des einzelnen Eigentümers die Wohnnutzung über die Grenzen des Zumutbaren hinaus beeinträchtigt wird.[14]

19   Eine Nachtabsenkung bleibt daher zwar grundsätzlich möglich – dies jedoch nur solange, wie hiermit die Mindesttemperaturen – regelmäßig 18 Grad – weiterhin erreicht werden können und auch durchgehend Warmwasser zur Verfügung steht. Auf Besonderheiten der betroffenen Wohnungseigentümer oder auch Sonderinteressen einzelner Eigentümer ist hierbei gegebenenfalls Rücksicht zu nehmen, so beispielsweise das AG Hamburg-Blankenese[15] für den Fall einer „Luxus-WEG", deren Mitglieder nicht wie sonstige Arbeitnehmer den üblichen Bettgehzeiten folgen würden und alleine deshalb eine Absenkung ab 23.00 Uhr gegen ordnungsgemäße Verwaltung verstoßen würde. Es besteht daher ausreichend Raum, konkrete **Einzelinteressen** einzelner Eigentümer zu berücksichtigen. In Betracht kommt dies letztlich insbesondere dort, wo Arbeitnehmer auf-

---

9 MüKoBGB/*Häublein* BGB § 535 Rn. 78.

10 MüKoBGB/*Häublein* BGB § 535 Rn. 78; Bub/Treier/*Bub* MietR-HdB Kapitel II Rn. 1402.

11 LG Berlin 26.5.1998 – 64 S 266/97, BeckRS 9998, 36726; AG Köln 5.7.2016 – 205 C 36/16, IMR 2017, 1093.

12 BayObLG 26.2.1993 – 2Z BR 117/92, BeckRS 1993, 1642; *Hügel/Elzer* WEG § 15 Rn. 48.

13 *Klimesch* Anmerkung zu AG München 26.10.2011 – 463 C 4744/11, BeckRS 2012, 23003.

14 So auch *Klimesch* Anmerkung zu AG München 26.10.2011 – 463 C 4744/11 in IMR 2013, 59.

15 AG Hamburg-Blankenese 2.1.2013 – 539 C 25/12, BeckRS 2014, 16193.

grund Schichtarbeit einen vom üblichen Rhythmus abweichenden Tagesablauf haben und daher auf eine intensivere Nutzung der Wohnung in den Nachtstunden angewiesen sind.

Diese Betrachtungsweise vermeidet auch einen sonst kaum aufzulösenden Konflikt zwischen Mietrecht und 20
Wohnungseigentumsrecht. Würde man in diesem essentiellen Bereich die Grenzen der Gebrauchsregelung gem. § 19 WEG weiter fassen und daher eine Nachtabsenkung über das mietrechtlich verbindliche Maß hinaus ermöglichen, wo wäre der Eigentümer einerseits gegenüber seinen Miteigentümer verpflichtet, die Nachtabsenkung zu dulden, andererseits wäre er gegenüber dem Mieter zur **Gebrauchsgewährung** gem. § 535 BGB verpflichtet. Da die Rechtsprechung überwiegend auch vertragliche (Formular-)Klauseln im Mietvertrag, die eine Reduzierung der Beheizung der Wohnung vorsehen, als unwirksam gem. §§ 307 ff. BGB angesehen hat, stünde dem Eigentümer noch nicht einmal die Möglichkeit zu, sich zuvor vertraglich abzusichern. Dies wäre jedoch mit Rechtsstaatsprinzipien schwer zu vereinbaren.

IV. Prozessuales sowie Beschlussfassung

Beschlussfassungen der Eigentümer, die sich mit der Einstellung der Heizungsanlage und einer etwaigen 21
Nachtabsenkung befassen, müssen – um hinreichend bestimmt zu sein – die erforderlichen **Einstellungsparameter** möglichst genau vorgeben und beschreiben, damit diese von dem Verwalter auch umgesetzt werden können.[16] Unzulässig ist es ferner, einen Eigentümer oder den Verwalter zu ermächtigen, durch unbestimmte steuertechnische Maßnahmen eine bestimmte Vorlauftemperatur zu erreichen, da dies auf die Gestattung von **Experimenten** an der **Heizung** hinausläuft.[17] Die Beschlüsse müssen daher aus sich heraus erkennen lassen, welche Einstellungen vorzunehmen sind.

Begehrt der einzelne Eigentümer Veränderungen an der Heizungsanlage, so hat er zunächst einen Antrag zur 22
Eigentümerversammlung zu stellen. Sofern die Mindesttemperaturen unterschritten sind, dürfte auch ein Anspruch auf eine außerordentliche Eigentümerversammlung bestehen. Nach erfolgter **Vorbefassung** ist eine Regelungsklage gem. § 44 Abs. 1 S. 2 WEG möglich. Nach der hier vertreten Auffassung hat der Wohnungseigentümer hierbei einen Anspruch auf eine Gebrauchsregelung, die zumindest die beschriebenen Mindesttemperaturen gewährleistet. Beschlüsse, die dies missachten, wären anfechtbar. Ungeklärt ist, ob ein Eigentümer eine vorläufige Gebrauchsregelung auch im Rahmen einer einstweiligen Verfügung durchsetzen könnte. Legt man auch hier die mietrechtliche Rechtsprechung zugrunde, die bei einer unzureichenden Beheizung, wegen der damit verbundenen Gesundheitsgefahren recht weitgehend Eilverfahren für zulässig erachtet, wäre auch dem Eigentümer Eilrechtsschutz zu gewähren.

Nimmt der Verwalter (oder ein einzelner Eigentümer) eigenmächtig ohne vorherigen Eigentümerbeschluss 23
Veränderungen an der Heizungsanlage vor, so bestand vor der WEG-Reform ein direkter Anspruch gegen den Verwalter oder den störenden Eigentümer. Nunmehr dürften sich auch hier Ansprüche gegen die Gemeinschaft der Wohnungseigentümer richten, welche möglicherweise ihrerseits Regressansprüche geltend machen kann.

155. Nichtöffentlichkeit

Küttner

---

16 ZB Sauren/*Sauren* WEG § 21 Rn. 12 h; AG Hamburg 2.1.2013 – 539 C 25/12, BeckRS 2014, 16193.
17 KG 17.11.1986 – 24 W 5517/86, NJW-RR 1987, 205.

I. Grundsatz

1 Für die „Versammlung der Wohnungseigentümer" (§ 23 Abs. 1 WEG) gilt der Grundsatz der Nichtöffentlichkeit. Dies folgt nach hM aus dem Wortlaut des Gesetzes. Danach dürfen Dritte auf der Versammlung grundsätzlich nicht anwesend sein. Der Grundsatz der Nichtöffentlichkeit soll gewährleisten, dass die Willensbildung unbeeinflusst von externen Einwirkungen erfolgen kann. Diskussionen, Auseinandersetzungen und Beschlussfassungen innerhalb der Eigentümergemeinschaft sollen eine **interne Angelegenheit** sein und nicht nach außen getragen werden.

II. Vertreter und Vertretungsbeschränkungen

2 Soweit die Gemeinschaftsordnung nichts anderes regelt, kann sich ein Wohnungseigentümer von jeder beliebigen Person in der Versammlung vertreten lassen. „Vertretung" bedeutet dabei aber, dass der Eigentümer **selbst nicht anwesend** ist.

3 § 25 Abs. 3 WEG, der seit dem Inkrafttreten des Wohnungseigentumsmodernisierungsgesetzes gilt und an § 47 Abs. 3 GmbHG angelehnt ist, erleichtert die Erteilung und den Nachweis von Vollmachten. § 25 Abs. 3 WEG geht als Sondervorschrift § 174 S. 1 BGB vor. Vollmachten, die die in § 126 b BGB bestimmte Textform wahren, können damit nicht nach § 174 S. 1 BGB zurückgewiesen werden. Eine Vollmacht kann damit künftig auch per E-Mail, SMS oder anderer elektronischer Nachricht und auch noch während der Versammlung erteilt werden.

4 Häufig enthält die Gemeinschaftsordnung sog. **Vertreterklauseln**, welche die Vertretungsbefugnisse beschränken. Danach soll es zB nur zulässig sein, sich in der Wohnungseigentümerversammlung von dem Verwalter, einem Miteigentümer oder dem Ehegatten vertreten zu lassen. Solche Vertreterklauseln in der Gemeinschaftsordnung sind zulässig. Selbst eine Vertreterklausel in einer Teilungserklärung, die eine Vertretung (auch) durch den Verwalter ausschließt, ist wirksam.[1]

5 Dagegen ist eine Bestimmung in der Teilungserklärung, nach der Wohnungseigentümer sich in der Wohnungseigentümerversammlung nur durch den Ehegatten, einen Wohnungseigentümer oder den Verwalter vertreten lassen können, regelmäßig dahin **ergänzend auszulegen**, dass sie auch für juristische Personen gilt und dass diese sich nicht nur durch ihre organschaftlichen Vertreter, sondern auch durch einen ihrer Mitarbeiter oder gar von einem Mitarbeiter einer zu demselben Konzern gehörenden (weiteren) Tochtergesellschaft vertreten lassen darf, wenn diese für die Verwaltung der Sondereigentumseinheiten zuständig ist.[2]

6 Dem Verwaltungsbeirat, der nicht Wohnungseigentümer ist, steht im Rahmen der Wohnungseigentümerversammlung nur ein **begrenztes Teilnahmerecht** zu, nämlich soweit sein spezifischer Aufgabenbereich im Hinblick auf Wirtschaftsplan und Jahresabrechnung betroffen ist. Nimmt er über diesen Bereich hinaus an der Versammlung teil, sind die dann gefassten Beschlüsse wegen eines Verstoßes gegen den Grundsatz der Nichtöffentlichkeit anfechtbar.[3]

III. Berater der Wohnungseigentümergemeinschaft oder eines Wohnungseigentümers

7 Der Grundsatz der Nichtöffentlichkeit der Wohnungseigentümerversammlung hindert den Verwalter nicht daran, im Interesse der Gesamtheit der Wohnungseigentümer zu bestimmten Tagesordnungspunkten einen Berater (zB Rechtsanwalt, Architekt, Energieberater) zur Information und Meinungsbildung hinzuziehen, solange nicht ein konkreter **Interessengegensatz** zwischen einem einzelnen Wohnungseigentümer und der Gesamtheit der übrigen Wohnungseigentümer hervorgetreten ist und kein Wohnungseigentümer der Anwesenheit des Dritten widerspricht. Notwendig, aber auch ausreichend, für die Hinzuziehung ist, dass der Beratungsbedarf gerade in der Versammlung besteht, nur hier sachgerecht erfüllbar ist und die Beratung bei objektiver Betrachtung allen anwesenden Eigentümern zugutekommt.

8 Der Berater (nur) eines Wohnungseigentümers nimmt im Unterschied zu einem Vertreter nicht anstelle des Wohnungseigentümers an der Versammlung teil, sondern hat lediglich passive, beratende Funktion. Die Hin-

---

1 LG Hamburg 21.9.2016 – 318 S 51/16, ZMR 2016, 983.
2 BGH 28.6.2019 – V ZR 250/18, NJW 2019, 8.
3 AG Idstein 9.7.2015 – 32 C 7/15, ZMR 2016, 318.

zuziehung eines Beraters bedarf eines **berechtigten Interesses**. Ein solches kann sich aus der Komplexität der in der Versammlung zu entscheidenden Sachverhalte ergeben oder aber aus der Tatsache, dass der Wohnungseigentümer sich aus einem in seiner Person liegenden beachtlichen Grund (zB Schwerhörigkeit, keine ausreichenden Deutschkenntnisse, Alter) nicht in der Lage sieht, seine Rechte in der Versammlung ausreichend wahrzunehmen.

IV. Verstoß gegen den Grundsatz der Nichtöffentlichkeit

Spricht sich auch nur ein Eigentümer in der Versammlung gegen die Teilnahme eines Dritten aus, sollte der Dritte von der Teilnahme ausgeschlossen werden, da das Recht auf Einhaltung der Nichtöffentlichkeit **nicht zur Disposition der Mehrheit** steht. 9

Verstöße gegen den Grundsatz der Nichtöffentlichkeit begründen einen **Verfahrensverstoß**. Solche Verstöße lassen die Wirksamkeit der auf der Versammlung gefassten Beschlüsse zunächst unberührt, können aber einen **Anfechtungsgrund** darstellen. Eine Anfechtung wird indes dann erfolglos sein, wenn sich der Mangel nicht auf den Beschluss ausgewirkt hat. Nach der **Kausalitätstheorie** ist dies der Fall, wenn der Verstoß unbemerkt geblieben ist und daher keinen Einfluss auf den Ablauf der Versammlung gehabt hat.[4] Nach der **Relevanztheorie** wird dagegen abgestellt auf die Relevanz des Verstoßes für die rechtlich geschützte Eigentümerposition.[5] Noch weitergehender wird vertreten,[6] dass bei einem behaupteten Verstoß gegen das Nichtöffentlichkeitsgebot der Anfechtungskläger darzulegen hat, dass 10

- an der Versammlung eine Person teilgenommen hat, die kein Recht zur Teilnahme hatte,
- der Kläger selbst oder ein Vertreter des Klägers in der Eigentümerversammlung anwesend war und
- der Kläger bzw. sein Vertreter sich durch die Anwesenheit des Gastes in seiner Meinungsbildung oder in seinem Rederecht beeinflusst gefühlt hat.

Auf die Einhaltung der Nichtöffentlichkeit der Eigentümerversammlung kann (auch) stillschweigend verzichtet werden, indem die Anwesenheit Dritter **nicht gerügt** wird.[7] 11

Soweit § 23 Abs. 1 S. 2 WEG eine Beschlusskompetenz schafft, Wohnungseigentümern die Möglichkeit zu geben, an Eigentümerversammlungen auch im Wege der elektronischen Kommunikation teilzunehmen (sog. **Hybrid-Versammlung**), muss der Grundsatz der „abwesenden Nichtöffentlichkeit" – zumindest im Rahmen eines etwaigen Anfechtungsprozesses – neu definiert werden. Dies umso mehr, als weder den Eigentümern in der Versammlung möglich sein wird, zu beweisen, dass auch Dritte der Versammlung zugeschaltet waren noch der Online-Teilnehmer den Negativbeweis wird erbringen können, dass ausschließlich er an der Versammlung „teilgenommen" hat (→ *Online-Teilnahme* Rn. 1 ff.).

Soweit der Grundsatz der Nichtöffentlichkeit bezweckt, die Versammlung selbst von externen Einflüssen freizuhalten, dürften regelmäßig der Ablauf der Versammlung und damit die Willensbildung der Eigentümer durch eine etwaige **Anwesenheit Dritter** im „virtuellen Raum" kaum gestört werden. Dies gilt jedenfalls dann, wenn der Nicht-Eigentümer keinen direkten Einfluss auf die Versammlung (etwa durch Wortbeiträge) nimmt. Soweit die Nichtöffentlichkeit ebenso die Vertraulichkeit der Versammlung schützen soll, muss dieses Ziel der nunmehr gesetzlich legitimierten Online-Teilnahme angepasst werden. Anderenfalls würde die Möglichkeit der Online-Teilnahme nahezu leerlaufen. Zudem dürfte die „Geheimhaltung" nur nachrangiger Schutzzweck des Grundsatzes der Nichtöffentlichkeit sein.[8] Auch kann die Anwesenheit Dritter selbst in der Präsenzversammlung zugelassen werden (→ Rn. 12). Schließlich eröffnen ebenfalls Vertreterklauseln Nicht-Eigentümern den Zugang zur Eigentümerversammlung und damit zu Insiderwissen.

Im Übrigen besteht die Beschlusskompetenz nicht nur zum „Ob", sondern auch zum „Wie" der Online-Teilnahme. Dies ermöglicht im Rahmen der Ordnungsmäßigkeit, den Online-Teilnehmer nur als „**Teilnehmer zweiter Klasse**"[9] zuzulassen und etwa bei sensiblen Themen oder bei Abstimmungsvorgängen auszuschließen

---

4 Jennißen/*Schultzky* WEG § 24 Rn. 110.
5 Staudinger/*Häublein* WEG § 24 Rn. 179.
6 NSV/*Kümmel/Vandenhouten* WEG § 24 Rn. 58.
7 OLG Hamburg 11.4.2007 – 2 Wx 2/07; LG München I 29.1.2015 – 36 S 2567/14.
8 Dazu Staudinger/*Häublein* WEG § 24 Rn. 168.
9 AA *Zschieschack* NZM 2020, 297 (301).

(„abzuschalten"). So ist jedenfalls der ausdrückliche Gesetzeswortlaut, wonach einschränkend beschlossen werden kann, dass die Online-Teilnehmer nur „einzelne ihrer Rechte" und diese nur „teilweise" im Wege elektronischer Kommunikation ausüben können. Die Eigentümer können die Nichtöffentlichkeit auch bei der Hybrid-Versammlung mithin weitestgehend „absichern".

Jedenfalls bei der Frage der Kausalität der Teilnahme Dritter im „virtuellen Raum" dürfte eine darauf gestützte Anfechtungsklage unter Beachtung der o. g. Grundsätze (→ Rn. 10) regelmäßig scheitern.

V. Abdingbarkeit

12 Der Grundsatz der Nichtöffentlichkeit ist **disponibel**. Abweichende Vereinbarungen der Eigentümer (in der Gemeinschaftsordnung) sind grundsätzlich zulässig. So können etwa Ehegatten oder Angehörige als Begleiter ebenso zugelassen werden wie Berater. Dagegen ist ein vollständiger Ausschluss Dritter, also eine Verstärkung des Grundsatzes der Nichtöffentlichkeit, insoweit problematisch, als Eigentümer auf die Anwesenheit solcher Personen angewiesen sein können, um ihre Rechte auszuüben. Entsprechende Regelungen sind mithin restriktiv auszulegen.[10]

156. Niederschrift

Hoeck-Eisenbach

I. Einführung

1 Über die in der Versammlung[1] **gefassten Beschlüsse** ist eine Niederschrift aufzunehmen.[2] Dabei ist der genaue Wortlaut der Beschlüsse zu beurkunden.[3] Der Verwalter hat die Beschlüsse aufzunehmen und für die Eigentümer aufzubewahren. Die Niederschrift dient dazu, Beschlüsse für die Zukunft zu sichern und Wohnungseigentümern, die nicht an der Versammlung teilgenommen haben, über deren Inhalte zu informieren.[4] Von der Niederschrift ist die Beschluss-Sammlung gem. § 24 Abs. 7, 8 WEG (-→ *Beschluss-Sammlung* Rn. 1 ff.) zu unterscheiden.

II. Bestandteile

2 **1. Inhalt und Anfertigung der Niederschrift. a) Pflicht.** Nach dem WEG besteht die Verpflichtung über die in der Versammlung gefassten Beschlüsse eine Niederschrift anzufertigen, wobei das Gesetz nicht vorgibt, **wer** dies zu tun hat. Jedenfalls dürfte die Anfertigung der Niederschrift in den Verantwortungsbereich des

---

10 Staudinger/*Häublein* WEG § 24 Rn. 171.
1 Musterbeispiel für ein Versammlungsprotokoll: FormB-WEG-R/*Fritsch/Meier* § 2 Rn. 377.
2 § 25 Abs. 6 S. 1 WEG.
3 *Hügel/Elzer* WEG § 24 Rn. 75.
4 *Hügel/Elzer* WEG § 24 Rn. 74.

Versammlungsleiters fallen. Per Mehrheitsbeschluss können die Wohnungseigentümer eine andere Person dazu bestimmen.[5]

b) Mindestinhalt. Der reine Gesetzeswortlaut fordert nur eine **Ergebnisniederschrift,** was aber angesichts seiner Funktion zur Sicherung von Beschlüssen und zur effektiven Kontrolle nicht ausreichend ist. Es steht grundsätzlich im **freien Ermessen** des die Niederschrift Verfassenden, ob er über den gesetzlichen Mindestinhalt hinaus auch noch andere Inhalte der Wohnungseigentümerversammlung aufnimmt. Der Umfang des Ermessensspielraums hängt von der rechtlichen Bedeutung der Äußerungen der Teilnehmer ab, so dass idR **rechtserhebliche Erklärungen** aufgenommen werden müssen.[6] **Mindestinhalte** sind neben den gefassten Beschlüssen, die Bezeichnung der Eigentümergemeinschaft, Tag der Versammlung, Aussagen zur Beschlussfähigkeit, Anzahl der gültigen Ja- und Nein-Stimmen sowie das verkündete Beschlussergebnis.[7] Auch die zum Verständnis notwendigen Anträge, Erklärungen und Ergebnisse sind aufzuführen.[8] Sinnvoll ist die namentliche Aufzählung der in der Versammlung **anwesenden Personen** und die Beifügung der **Vollmachtserklärungen** im Original, da dies Rückschlüsse auf die Beschlussfähigkeit der Versammlung ermöglicht.[9] 3

2. Unterschrift. a) Verpflichtete. Wer die Niederschrift unterzeichnet, regelt das Gesetz. Die Niederschrift ist vom **Vorsitzenden** und von einem Wohnungseigentümer und, falls ein Verwaltungsbeirat bestellt ist, auch von dessen Vorsitzenden oder dem Vertreter des **Beiratsvorsitzenden** zu unterzeichnen (§ 24 Abs. 6 WEG). Ausreichend ist die Unterschrift eines werdenden Wohnungseigentümers.[10] Diese Personen bestätigen durch ihre Unterschrift die **inhaltliche Richtigkeit** und Vollständigkeit der Niederschrift; daher müssen die Unterzeichnenden in der Versammlung anwesend gewesen sein und dürfen sich nicht vertreten lassen. Unzulässig ist auch eine Mehrfach-Unterzeichnung zB als Verwaltungsbeiratsvorsitzender und als Wohnungseigentümer oder als Geschäftsführer mehrerer Gesellschaften, da ansonsten die Gegenkontrolle fehlt.[11] Es müssen verschiedene Personen unterzeichnen.[12] 4

Bei Abwesenheit des Vorsitzenden des Verwaltungsbeirates, wie auch seiner Vertreter in der Versammlung, ist **keine Unterschrift** dieser Personen erforderlich.[13] 5

Lassen sich alle an der Beschlussfassung teilnehmenden Wohnungseigentümer durch den Verwalter vertreten, so kann der Nachweis der Verwalterbestellung durch Vorlage einer Niederschrift der Eigentümerversammlung geführt werden, die **allein** vom Verwalter unterzeichnet ist.[14] 6

Es muss sich aus der Niederschrift ergeben, wer Versammlungsleiter und wer Anwesender war, sowie die **Funktion des** jeweils **Unterzeichnenden.** Dies eröffnet dem Grundbuchamt die Möglichkeit zur Prüfung, ob Unterschriften der genannten Personen vorliegen.[15]Wenn sich aus der Niederschrift nicht ergibt, ob es einen Verwaltungsbeiratsvorsitzenden gibt oder welcher Eigentümer in welcher Funktion unterzeichnet hat, so **reicht** die **Niederschrift nicht** als Nachweis für die Bestellung des Verwalters. Für das Grundbuchamt muss die jeweilige Funktion der unterzeichnenden Person feststellbar sein. Bei einem mehrköpfigen Verwaltungsbeirat genügt die der Unterschrift beigefügte Bezeichnung „Verwaltungsbeirat" diesen Anforderungen nicht.[16] 7

Ist in der Versammlung ein Verwaltungsbeirat gewählt worden, **ohne** einen **Vorsitzenden** zu bestimmen, dann ist keine Unterschrift erforderlich, wenn ein Beiratsmitglied dies durch Unterschrift bestätigt. Zum Zwecke der Vermeidung von Kompetenzstreitigkeiten sollen gerade nicht alle Verwaltungsbeiratsmitglieder die Niederschrift unterzeichnen.[17] 8

---

5 Bärmann/*Merle* WEG § 24 Rn. 123.
6 Bärmann/*Merle* WEG § 24 Rn. 121.
7 Niedenführ/Vandenhouten/*Kümmel/Vandenhouten* WEG § 24 Rn. 66.
8 Checkliste zu den Kann-Inhalten der Niederschrift: Elzer/Fritsch/Meier/*Elzer* WEG § 1 Rn. 325.
9 Niedenführ/Vandenhouten/*Kümmel/Vandenhouten* WEG § 24 Rn. 67.
10 KG Berlin 11.9.2018 – 1W 233/18, Grundeigentum 2018, 1401, MDR 2018, 1367.
11 BGH 30.3.2012 – V ZR 178/11, NJW 2012, 2512, Grundeigentum 2012, 1107.
12 Bärmann/*Merle* WEG § 24 Rn. 122.
13 Niedenführ/Vandenhouten/*Kümmel/Vandenhouten* WEG § 24 Rn. 68.
14 OLG Hamm 21.12.2012 – 15 W 395/12, ZMR 2013, 648.
15 Bärmann/*Merle* WEG § 24 Rn. 123 a.
16 OLG München 30.5.2016 – 34 Wx 17/16, MietRB 2016, 263.
17 KG 27.2.2018 – 1 w 38/18, MietRB 2018, 238, MDR 2018, 587.

9 **b) Fehlende/Fehlerhafte Unterschrift.** Fehlt eine Unterschrift oder wurde die Niederschrift von einer nicht berechtigten Person unterzeichnet, so führt dies nicht zur Nichtigkeit oder Anfechtbarkeit von Beschlüssen. Dies ist jedenfalls dann der Fall, wenn die Teilungserklärung **keine qualifizierte Protokollierungsklausel** enthält, die den Kreis der zur Unterschrift Berechtigten erweitert und das Zustandekommen eines Beschlusses von der Protokollierung abhängig macht.

10 Das **Fehlen einer Unterschrift** führt nicht zur Unwirksamkeit der Beschlüsse. Ein Verstoß gegen § 24 Abs. 6 S. 2 WEG mindert den **Beweiswert** der Niederschrift, die als **Privaturkunde** iSv § 416 ZPO zu qualifizieren ist.[18] Die Niederschrift ist eine Privaturkunde, für deren Inhalt keine erhöhte Beweiskraft zukommt.[19]

11 **c) Öffentlich beglaubigte Urkunde.** Soweit die Verwaltereigenschaft durch eine öffentlich beglaubigte Urkunde nachgewiesen werden muss, genügt die Vorlage einer Unterschrift über den Bestellungsbeschluss, bei der die **Unterschriften** der in § 24 Abs. 6 WEG bezeichneten Personen **öffentlich beglaubigt** sind.

12 **d) Nachholbare Unterschrift?** Ein Verstoß gegen die qualifizierte Protokollierungsklausel wird als **heilbar** angesehen. Die Unterschrift kann daher noch im gerichtlichen Verfahren nachgeholt werden.[20]

13 **3. Frist.** Im Gesetz ist keine Frist für die Erstellung der Niederschrift bestimmt. Ab dem 1.12.2020 ist klargestellt, dass die Niederschrift **unverzüglich** aufzunehmen ist (§ 24 Abs. 6 S. 1 WEG). Sie muss so rechtzeitig erstellt werden, dass ein Einsichtsrecht ausgeübt werden kann.[21] Die Auffassung, dass die Niederschrift spätestens eine Woche vor Ablauf der Anfechtungsfrist erstellt sein, hat sich mit der Gesetzesänderung zum 1.12.2020 erledigt.[22]

14 Das Fehlen oder Mängel der Niederschrift tangiert nicht die Gültigkeit der gefassten Beschlüsse, es sei denn, dies ist als **Wirksamkeitsvoraussetzung** vereinbart.[23]

15 Eine Pflicht des Verwalters, die Niederschrift innerhalb der Frist zu vervielfältigen und an die Wohnungseigentümer zu versenden, besteht grundsätzlich nicht, da durch § 24 Abs. 6 S. 3 WEG den Wohnungseigentümern lediglich ein **Einsichtsrecht** gewährt wird.[24]

16 **4. Folgen fehlerhafter Erstellung.** Unterbleibt die Erstellung oder weist die Niederschrift **Mängel auf,** so bleiben die Beschlüsse gültig.[25] Allerdings können daraus Schadensersatzansprüche gegen den Verpflichteten (idR den Verwalter) entstehen. Ist die Niederschrift mangelhaft und macht dieser Protokollierungsmangel den Beschluss anfechtbar, so trägt der protokollierende Verwalter ein erhöhtes Kostenrisiko, denn die Eigentümer können insoweit Schadensersatz wegen der Kosten der Beschlussanfechtungsklage fordern.

17 Ist die Feststellung oder Bekanntgabe eines Beschlussergebnisses in der Eigentümerversammlung unterblieben, während die Niederschrift einen möglichen Beschlussinhalt unter der Überschrift des Tagesordnungspunktes irreführend wiedergibt, kann die Anfechtung durch einen Wohnungseigentümer insofern Erfolg haben, als dass die Nichtigkeit eines eventuell ergangenen Beschlusses festzustellen ist.[26]

18 **5. Folgen fehlender Unterzeichnung.** Wird eine Unterschrift **verweigert**, kann jeder Wohnungseigentümer den sich Weigernden gem. § 24 Abs. 4 WEG auf Unterzeichnung der Niederschrift in Anspruch nehmen.[27] Die Gemeinschaft der Wohnungseigentümer kann die Geltendmachung dieses Anspruchs gem. § 10 Abs. 6 S. 3 WEG durch Beschluss an sich ziehen. Eine **Verurteilung zu Unterschriftsleistung** ist als unvertretbare Handlung nach § 888 ZPO zu vollstrecken.[28] Andere Auffassung: Verweigert ein zur Unterschrift Verpflichteter nach seinem Gewissen die Unterschrift, so ist dies hinzunehmen.[29]

---

18 BGH 3.7.1997 – V ZB 2/97, NJW 1997, 2956.
19 BayObLG 10.4.2002 – 2Z BR 97/01, ZWE 2002, 469.
20 OLG München 7.8.2007 – 34 Wx 3/09, NJW 2008, 156.
21 Palandt/*Wicke* WEG § 24 Rn. 24.
22 Bärmann/*Merle* WEG 24 Rn. 122.
23 KG 9.1.2002 – 24 W 91/01, ZWE 2002, 179.
24 Bärmann/*Merle* WEG § 24 Rn. 126.
25 Bärmann/*Merle* WEG § 24 Rn. 129.
26 AG Pinneberg 12.6.2018 – 60 C 41/17, ZMR 2018, 809.
27 Bärmann/*Merle* WEG § 24 Rn. 124 a.
28 Bärmann/*Merle* WEG § 24 Rn. 124 a.
29 *Hügel/Elzer* WEG § 24 Rn. 85.

6. Berichtigung der Niederschrift. a) Jederzeitige Berichtigung. Die Unterzeichner der Niederschrift kön- 19
nen analog § 164 ZPO bei Unrichtigkeiten die Niederschrift **jederzeit** berichtigen.

b) Gegenstand der Berichtigung. Gegenstand der Berichtigung sind in erster Linie Angaben über Be- 20
schlussinhalt und Beschlussergebnis. Jedem Wohnungseigentümer steht gem. § 21 Abs. 4 WEG ein Anspruch
auf Berichtigung zu, wenn die Niederschrift Fehler, Unrichtigkeiten oder Ungenauigkeiten enthält, sie unvollständig ist oder unverhältnismäßig viel Überflüssiges beurkundet wurde bzw. sie **unzulässige Inhalte** aufweist.[30] Wird ein Wohnungseigentümer diffamiert, beleidigt, durch den Inhalt der Niederschrift rechtswidrig
beeinträchtigt oder werden rechtlich erhebliche Erklärungen falsch wiedergegeben, so besteht für ihn aus
§§ 1004, 823 Abs. 1 BGB ebenfalls ein Anspruch auf Berichtigung.[31]

Dabei führt nicht jede Kritik zu einem **Berichtigungsanspruch**, der nur dann besteht, wenn die in der Nieder- 21
schrift enthaltenen Ausführungen einen sachlichen Bezug vermissen lassen und zur bloßen **Schmähung eines
Wohnungseigentümers** herabsinken.[32]

Dem die Niederschrift Verfassenden steht ein **Ermessensspielraum** bei der Abfassung der Niederschrift zu. 22
Erst wenn die unrichtige Passage rechtliche Bedeutung hat, ist die Unrichtigkeit zu berichtigen.[33] Nicht festgehalten werden muss der Diskussionsverlauf.[34]

Kein Rechtsschutzbedürfnis für eine Niederschriftberichtigung besteht, wenn sich durch die begehrte Ände- 23
rung die Rechtsposition des Klägers nicht rechtlich erheblich verbessern würde, zB bei Mitteilungen über den
Verlauf der Sitzung. Eine Niederschriftberichtigung könne nämlich nur dann verlangt werden, wenn die begehrten Berichtigungen eine gewisse rechtliche Bedeutung erlangen können oder zumindest geeignet sind, die
Position des Antragstellers zu verbessern.[35]

Kein **Rechtsschutzinteresse** für eine Niederschriftberichtigungsklage besteht, wenn unstreitig protokollierte 24
Beschlüsse mit bestimmtem Inhalt verkündet und diese nicht mit der Anfechtungsklage angegriffen wurden,
sondern **bestandskräftig** sind.[36]

c) Keine Beschlusskompetenz. Ein Beschluss, mit dem eine Niederschrift genehmigt oder berichtigt wird, 25
widerspricht ordnungsgemäßer Verwaltung.[37] Für einen Genehmigungs-/Berichtigungsbeschluss besteht keine
Beschlusskompetenz.[38]

Etwas anderes gilt nur dann, wenn in der Gemeinschaftsordnung eine **Genehmigung der Niederschrift** 26
durch Mehrheitsbeschluss vorgesehen ist. Ist eine solche Genehmigung erfolgt, so schließt dies nicht das
Recht der überstimmten oder den nicht anwesenden Wohnungseigentümern, einen Berichtigungsanspruch
vor Gericht geltend zu machen. Solange die Genehmigung nicht erfolgt ist, fehlt für einen Berichtigungsanspruch das Rechtsschutzbedürfnis.[39]

d) Anspruchsgegner. Anspruchsgegner eines Berichtigungsanspruchs ist **nicht die Gemeinschaft der Woh-** 27
nungseigentümer, sondern nur die Personen, die mit ihrer Unterschrift für die Richtigkeit der Niederschrift
einzustehen haben und im Nachhinein die Berichtigung verweigern.[40]

e) Klageverfahren. Gerichtlich kann dieser Anspruch in einem Verfahren nach § 43 Nr. 1, 3 WEG auf Be- 28
richtigung in Anspruch genommen werden. Umstritten ist, ob es für die Klage auf Berichtigung der Versammlungsniederschrift die **materiellrechtliche Ausschlussfrist** des § 46 Abs. 1 S. 2 WEG analog gilt.[41] Dafür
spricht der Schutz des Vertrauens in das protokollierte Beschlussergebnis. Diese Ansicht verkennt aber, dass

---

30 BayObLG 3.12.2003 – 2Z BR 188/03, ZMR 2004, 443.
31 *Hügel/Elzer* WEG § 24 Rn. 96.
32 Bärmann/*Merle* WEG § 24 Rn. 139.
33 Niedenführ/Vandenhouten/*Kümmel/Vandenhouten* WEG § 24 Rn. 80.
34 BayObLG 3.12.2003 – 2Z BR 188/03, ZMR 2004, 443.
35 BayObLG 5.12.1989 – BReg 2 Z 121/89, WuM 1990, 173.
36 LG Frankfurt 23.12.2016 – 2–13 S 100/15, ZMR 2017, 261.
37 BayObLG 12.9.2002 – 2Z BR 28/02, NJW-RR 2002, 1667 = NZM 2002, 1000.
38 Palandt/*Wicke* WEG § 24 Rn. 25.
39 Bärmann/*Merle* WEG § 24 Rn. 142.
40 *Hügel/Elzer* WEG § 24 Rn. 97.
41 Dies bejahend AG Bensheim 22.5.2015 – 6 C 107/15, ZMR 2017, 930; aA Bärmann/*Merle* WEG § 24 Rn. 143 a.

Rechtssicherheit unabhängig von der Niederschrift erreicht werden kann, weil für den Inhalt und das Zustandekommen eines Beschlusses allein die Feststellung der Abstimmung durch den Versammlungsvorsitzenden und nicht der Inhalt des Protokolls maßgeblich ist.[42] Wird die Berichtigung einer inhaltlich unrichtigen Niederschrift begehrt, so muss eine entsprechende Klage **nicht innerhalb der Frist des § 46 Abs. 1 WEG** erhoben werden, da ansonsten der Niederschrift eine rechtsgestaltende Wirkung zukäme.[43] Die übrigen Wohnungseigentümer sind gem. § 48 Abs. 1 WEG beizuladen.

29 Die Beklagten werden vom Gericht verurteilt, die Niederschrift einer bestimmten Eigentümerversammlung in einer **konkret bezeichneten Art und Weise** zu berücksichtigen.[44]

Der Niederschrift kommt eine Indizwirkung dafür zu, dass die Beschlüsse wie protokolliert gefasst worden sind. Es hat insoweit die Beweiskraft von Privaturkunden, so dass Hausgeldrückstände im Urkundsprozess gem. §§ 592 ZPO ff. darauf gestützt werden können.[45]

30 **7. Wiedereinsetzung.** Die verspätete Erstellung einer Versammlungsniederschrift nach Ablauf der Anfechtungsfrist bei gleichzeitiger Nichtfortführung der Beschluss-Sammlung stellt für einen in der Versammlung nicht anwesenden Wohnungseigentümer ein objektives Hindernis für eine sachgerechte Ausübung des Anfechtungsrechts dar mit der Folge, dass einem anfechtungswilligen Wohnungseigentümer gem. § 45 S. 2 WEG iVm §§ 233–238 ZPO die Wiedereinsetzung in den vorigen Stand zu gewähren ist. Hingegen ist Wohnungseigentümern, die in der Versammlung anwesend waren, zuzumuten, dass sie auch ohne Niederschrift etwaige Beschluss-Anfechtungsanträge fristwahrend stellen.[46]

31 **8. Einsichtsrecht.** Jeder Wohnungseigentümer ist berechtigt, die Niederschrift **einzusehen** (vgl. § 24 Abs. 6 S. 3 WEG). Mit Inkrafttreten des Wohnungseigentumsmodernisierungsgesetzes am 1.12.2020 wird ausdrücklich klargestellt, dass jedem Eigentümer das Recht auf Einsichtnahme in Verwaltungsunterlagen zusteht (§ 18 Abs. 4 WEG). Die Einsicht ist am **Geschäftssitz des Verwalters** zu nehmen. Ein besonderes Interesse an der Einsicht braucht ein Wohnungseigentümer nicht darzulegen.[47] Ein Wohnungseigentümer kann einen Dritten zur Einsicht ermächtigen. Eine solche Ermächtigung ist zulässig, wenn der Dritte ein berechtigtes Interesse an der Einsichtnahme hat (zum Beispiel als Kaufinteressent oder Steuerberater). Das Einsichtsrecht umfasst die Befugnis, sich Abschriften zu fertigen oder von Dritten anfertigen zu lassen. Der Verwalter ist aber ohne eine entsprechende Vereinbarung grundsätzlich nicht dazu verpflichtet. Ausnahmsweise kann es gem. §§ 242, 675, 666 BGB eine **Pflicht zur Unterrichtung** der nicht in der Versammlung anwesenden Eigentümer geben, wenn ein Beschluss über einen nicht angekündigten Tagesordnungspunkt gefasst wurde. Gewährt der Verwalter die Einsichtnahme nicht freiwillig, kann nur gegen die Gemeinschaft der Eigentümer Klage erhoben werden.

32 **9. Abweichungen.** Die Wohnungseigentümer können von den gesetzlichen Vorgaben des § 24 Abs. 6 WEG abweichen. Sie können **strengere Anforderungen** an die Form vereinbaren und sogar ihre notarielle Beurkundung vorsehen.[48] Falls sich eine solche Abweichung nicht aus der Teilungserklärung ergibt, ist hierfür eine **Vereinbarung** notwendig, der sämtliche im Grundbuch eingetragenen Wohnungseigentümer zugestimmt haben müssen.

33 Sind die Niederschrift oder die Unterschrift unter der Niederschrift durch die gesetzlich oder durch die Teilungserklärung vorgesehenen Personen oder einen Beschluss-Sammlungseintrag zu Gültigkeitsvoraussetzung eines Beschlusses gemacht, dann sind Verstöße durch eine **Anfechtungsklage** geltend zu machen.[49]

34 **10. Aufbewahrungspflicht.** Anders als bei der Beschluss-Sammlung (§ 24 Abs. 7 S. 1 WEG) enthält das Gesetz keine Regelung über die Aufbewahrung von Niederschriften. Da die Niederschrift die gefassten Beschlüsse wiedergibt, die auch gegenüber möglichen Rechtsnachfolgern dauerhaft bindend sind, müssen die Nieder-

---

42 BGH 23.8.2001 – V ZB 10/01, NJW 2001, 3339.
43 Bärmann/*Merle* WEG § 24 Rn. 143.
44 Niedenführ/Vandenhouten/*Kümmel/Vandenhouten* WEG § 24 Rn. 76.
45 LG Frankfurt a. M. 11.12.2019 – 2–13 T 106/19, Beck RS 2019, 31880.
46 Niedenführ/Vandenhouten/*Kümmel/Vandenhouten* WEG § 24 Rn. 72.
47 Bärmann/*Merle* WEG § 24 Rn. 135.
48 Bärmann/*Merle* WEG § 24 Rn. 132.
49 Palandt/*Wicke* WEG § 24 Rn. 21 mwN.

schriften vom Verwalter grundsätzlich auch **dauerhaft** aufbewahrt werden. Nichts anderes gilt auch für die Beschlüsse, die gem. § 23 Abs. 3 WEG ohne Versammlung der Wohnungseigentümer gefasst werden.[50]

Es entspricht ordnungsmäßiger Verwaltung, wenn die Wohnungseigentümermehrheit einen Beschluss fasst, dass nach zehn Jahren (nur) Rechnungen und Bankauszüge vernichtet werden dürfen. Ohne zeitliche Begrenzung aufzuheben sind die Teilungserklärung mit Gemeinschaftsordnung und deren Änderungen, Planbeilagen sowie Niederschriften; die übrigen Belege müssen analog den Vorschriften der Abgabenordnung längstens für zehn Jahre aufbewahrt werden.[51]

157. Notar

Rothermel

I. Einführung

Der Notar als Träger eines öffentlichen Amtes und Teil der vorsorgenden Rechtspflege trägt mit der Erfüllung seiner ihm übertragenen Aufgaben zur Gewährleistung des grundgesetzlich verankerten allgemeinen Justizgewährungsanspruches bei. Ihm obliegt dabei als unabhängiges und unparteiisches Organ der Rechtspflege insbesondere die Beurkundung von Rechtsgeschäften und Tatsachenfeststellungen sowie die öffentliche Beglaubigung in den vom Gesetz vorgeschriebenen Fällen. **1**

Durch die Wahrung des Formerfordernisses in den gesetzlich vorgesehenen Fällen, sorgt der Notar mit der Erfüllung der notariellen Amtspflichten (wie bspw. der Belehrungspflicht) für einen höheren **Schutz** der Beteiligten vor übereilten und unüberlegten vertraglichen Vereinbarungen. Es ist eine seiner vornehmlichen Aufgaben, die vom Gesetzgeber beabsichtigten Warn- und Schutzfunktionen der unterschiedlichen Formerfordernisse (wie zB § 311 b Abs. 1 BGB) effektiv umzusetzen. **2**

II. Berührungspunkte mit dem Notar

Mit dem Notar kommt der Eigentümer eines Grundstücks bzw. die Gemeinschaft der Wohnungseigentümer sowie der Verwalter (→ *Verwalter* Rn. 41 ff.) in unterschiedlicher Weise in Kontakt. **3**

1. Beurkundung der Teilungserklärung. So besteht nach § 4 Abs. 2 WEG, welcher auf die Form der Auflassung nach § 925 BGB verweist, bei der Begründung von Wohnungseigentum durch die Miteigentümer eines Grundstückes bzw. durch den alleinigen Eigentümer gem. § 3 bzw. § 8 WEG eine **Beurkundungspflicht**. Klargestellt wird durch § 4 Abs. 3 WEG, dass Verträge, durch die sich eine Partei verpflichtet Sondereigentum einzuräumen, zu erwerben oder aufzuheben entsprechend § 311 b Abs. 1 BGB der Beurkundungspflicht unterliegen. **4**

---

50 Bärmann/*Merle* WEG § 24 Rn. 134.
51 AG Lichtenberg 15.12019 – 19 C 22/18, GE 2020, 130.

5   So kommt der/kommen die teilenden Eigentümer bei Begründung des Wohnungs- bzw. Teileigentums (→ *Aufteilungsplan* Rn. 1 f.; → *Teilungserklärung* Rn. 2 ff.) mit einem Notar in Kontakt. Die Teilung durch den Alleineigentümer gem. § 8 WEG stellt in der Praxis die verbreitete Form der Teilung dar. Teilungen durch Miteigentümer nach § 3 WEG (Teilungsvertrag, → *Teilungserklärung* Rn. 2) können insbesondere bei Grundstücken im Eigentum mehrerer Familienmitglieder eine Alternative zum reinen Miteigentum nach BGB sein, wenn Finanzierungen durch Kreditinstitute erforderlich werden oder eine Absicherung des – selbstständigen – Eigentums auf den Todesfall (mit der Problematik der Erbfolge) eines Miteigentümers erfolgen soll; so zB denkbar bei ehemaligen Höfen, deren Gebäude im Laufe der Zeit zu Wohngebäuden ausgebaut werden sollen und einzelnen Familienmitgliedern gehören, eine tatsächliche Vermessung und Vermarkung kaum oder nicht möglich ist.

6   Somit erfordert auch jede Änderung der Teilungserklärung eine Beurkundung sowie jede Form des Erwerbs von Wohnungs- oder Teileigentum, unabhängig von einer eventuellen Gegenleistung (Kauf oder Schenkung sowie Mischformen dieser Vertragstypen).

7   **2. Beurkundung der Veräußerung von Wohnungs- und Teileigentum.** Zu beachten ist, dass sich bei Veräußerungen, insbesondere beim Verkauf von Wohnungs- bzw. Teileigentum (→ *Teileigentum* Rn. 2 ff.), die Beurkundungspflicht nach § 311 b Abs. 1 BGB auf **mitverkauftes Inventar** erstreckt, sofern mindestens eine Vertragspartei das eine Rechtsgeschäft nicht ohne das andere Rechtsgeschäft vorgenommen hätte, sog. **Koppelgeschäft**; bzw. **zusammengesetzter Vertrag**.[1] Eine Nichtbeachtung der erstreckten Beurkundungspflicht führt zur Formnichtigkeit des Grundstücksgeschäfts, vgl. § 125 BGB. Dieser Formmangel wird nach § 311 b Abs. 1 S. 2 BGB mit Eintragung der Auflassung geheilt. Eine jedoch zuvor eingetragene Auflassungsvormerkung erfüllt nicht die tatbestandlichen Voraussetzungen des § 883 Abs. 1 S. 1 BGB (Bestehen eines sicherungsfähigen Anspruchs) und ist somit trotz Eintragung im Grundbuch nicht entstanden. Trotz erfolgter Eintragung entfaltet diese Vormerkung aufgrund der Akzessorietät der Vormerkung keine Schutzwirkung zugunsten des Käufers. Es bestünde dagegen ein Anspruch des eingetragenen Eigentümers bzw. einer durch die Eintragung der Vormerkung in seinen Rechten belasteten Person (zB ein späterer Käufer, zu dessen Gunsten eine Vormerkung im Rang nach der bereits eingetragenen Vormerkung eingetragen wurde) auf Grundbuchberichtigung gem. § 894 BGB dahin gehend, die Vormerkung zu löschen, da der Inhalt des Grundbuches (→ *Grundbuch* Rn. 3) nicht mit der tatsächlichen Rechtslage übereinstimmt.

8   **3. Anträge und Bewilligungen betreffend grundbuchliche Belastungen.** Zudem müssen alle **Anträge** auf Eintragung einer Rechtsänderung in das Grundbuch, zB Löschung von Eintragungen wie Belastungen in Abteilung II und III des Grundbuches, sowie die dazugehörenden **Bewilligungen** zur Löschung von ggf. eingetragenen Belastungen im Grundbuch aufgrund von § 29 GBO in öffentlich beglaubigter Form vorliegen, so dass auch hier regelmäßig der Notar aufzusuchen ist. Als Belastungen kommen hier regelmäßig Grundpfandrechte, die in Abteilung III des jeweiligen Grundbuchblattes eingetragen werden in Betracht sowie alle Formen von Belastungen, die in Abteilung II (beschränkte persönliche Dienstbarkeiten, Grunddienstbarkeiten, Vorkaufsrechte etc) eingetragen werden. Auch der Nachweis der Verwaltereigenschaft muss gegenüber dem Grundbuchamt mittels Vorlage des Originals oder (zumeist) der beglaubigten Abschrift der Versammlungsniederschrift der Wohnungseigentümerversammlung, in der der Verwalter für den dort bestimmten Zeitraum bestellt wurde, geführt werden.

Hinsichtlich des **neu gefassten § 9 Abs. 1 WEG** ist darauf hinzuweisen, dass Nr. 2 ersatzlos aufgehoben wurde und die bisherige Nr. 3 die neue Nr. 2 wird. Daher ist die Schließung der Wohnungsgrundbücher auf Antrag aller Wohnungseigentümer bei völliger Zerstörung nebst entsprechender Bescheinigung der Baubehörde nicht mehr möglich. Regelungen für den Fall der Zerstörung des Gebäudes finden sich in § 22 WEG, worin sich auch die tatbestandlichen Voraussetzungen des Anspruchs auf Wiederaufbau des Gebäudes finden.

Der praktisch häufigste Fall dürfte die Schließung der Wohnungsgrundbücher im Falle der **Vereinigung des Eigentums bei einem Eigentümer** (idR Investor) gem. § 9 Abs. 1 Nr. 2 WEG sein, der das Objekt in anderer Form nutzen will. Der entsprechende Antrag des (Gesamt-) Eigentümers ist gem. § 29 GBO in öffentlich beglaubigter Form beim zuständigen Grundbuchamt zu stellen.

---

1   BGHZ 76, 43 (48); BGHZ 101, 393 (396); BGH NJW 2000, 951; BGH NJW 2004, 3330 (3331).

Als mögliche Belastungen in Abteilung II kommen in Bezug auf die Besonderheiten des Wohnungseigentums- **9** rechts insbesondere dingliche **Vorkaufsrechte** zugunsten einzelner oder aller Miteigentümer in Betracht. Diese dürften vor allem dann vereinbart werden, wenn sichergestellt werden soll, dass die einzelnen Sondereigentumseinheiten nicht ohne Zugriffmöglichkeit der – zumeist ursprünglichen – Miteigentümer an Dritte veräußert werden sollen. Je nach Bedarf des Einzelfalls kann hier jede Form der Veräußerung (entgeltlich oder unentgeltlich) erfasst sein. Hinsichtlich der weiter möglichen Belastungen in Abteilung II bestehen hinsichtlich des Rechts des Wohnungseigentums keine Besonderheiten gegenüber den Regelungen des BGB. Auch an Wohnungseigentum ist die Bestellung von Wohnungsrechten gem. § 1093 BGB oder eines Nießbrauchs gem. § 1030 BGB möglich.

4. Formerfordernis bei Vollmachten. Vollmachten, die zur Vertretung von Berechtigten in allen vorgenann- **10** ten Bereichen berechtigen, müssen aufgrund der strengen Regelungen des § 29 GBO in mindestens öffentlich beglaubigter, besser jedoch beurkundeter, Form vorgelegt werden können. Teilweise sehen einzelne landesrechtliche Regelungen besondere Zuständigkeiten zur Beglaubigung vor, die dann der öffentlich beglaubigten Form genügen. Als Beispiel für eine Sonderzuständigkeit sei hier die Zuständigkeit der Betreuungsbehörde genannt, die aufgrund von § 6 BtBG – Betreuungsbehördengesetz – befugt ist, Unterschriften (ausschließlich) unter Vorsorgevollmachten und Betreuungsverfügungen öffentlich zu beglaubigen.

5. Veräußerungsbeschränkung als Inhalt des Sondereigentums. Weiter kann Inhalt des Sondereigentums **11** gem. § 12 Abs. 1 WEG sein, dass eine Veräußerungsbeschränkung dahin gehend besteht, dass zur Veräußerung des Wohnungseigentums eine **Zustimmung** des Verwalters (→ *Verwalter* Rn. 43), der Gemeinschaft der Wohnungseigentümer (→ *Gemeinschaft* der *Wohnungseigentümer* Rn. 1 ff.) selbst oder eines anderen, eindeutig bestimmten oder bestimmbaren, Dritten benötigt wird. Mit einer solchen Veräußerungsbeschränkung soll den Wohnungseigentümern die Möglichkeit gegeben werden, sich gegen unerwünschte Änderungen im Personenkreis der Gemeinschaft der Wohnungseigentümer zu schützen (→ *Veräußerungsbeschränkung* Rn. 1). Der **Umfang** der Veräußerungsbeschränkung kann in der Teilungserklärung bestimmt werden, zB kein Zustimmungserfordernis bei Veräußerung durch den teilenden Eigentümer, Veräußerung an Ehegatten oder Abkömmlinge in gerader Linie etc.

Da hier die Veräußerungsbeschränkung bereits Inhalt des Sondereigentums ist, erfolgt die Eintragung nicht in **12** Abteilung II des Grundbuches, sondern bereits beim **Bestandsverzeichnis**, also der grundbuchlichen Bezeichnung des Wohnungs- oder Teileigentums selbst.

Der Begriff der **Veräußerung** nach § 12 Abs. 1 WEG erfasst ausschließlich die rechtsgeschäftliche Übertra- **13** gung des Wohnungs- bzw. Teileigentums unter Lebenden.[2] In letzter Zeit wurde die Veräußerung bejaht bei Übertragung eines Teils eines Wohnungseigentums,[3] bei Veräußerung eines Wohnungseigentums durch eine Erbengemeinschaft an einen der Miterben[4] sowie bei Auflösung einer Gesellschaft bürgerlichen Rechts mit Übertragung eines Wohnungseigentumsrechts von einer GbR auf einen ihrer Gesellschafter.[5]

Die Wohnungseigentümer können gem. § 12 Abs. 4 WEG beschließen, dass es keine Veräußerungsbeschrän- **14** kung mehr geben soll (→ *Beschluss* Rn. 3 ff.). Eine Vereinbarung gem. § 10 Abs. 1 WEG sind ebenfalls möglich (→ *Vereinbarung* Rn. 36 ff.).

Sollte kein Verwalter bestellt sein, jedoch diese Veräußerungsbeschränkung vereinbart worden sein, so ist die **15** Zustimmung aller Wohnungseigentümer erforderlich,[6] wobei jedoch das Recht zur Verweigerung auf **wichtige Gründe** beschränkt ist, die in der Person des Erwerbers begründet sind.[7] Wird die Zustimmung ohne Vorliegen eines wichtigen Grundes verweigert, steht dem veräußernden Wohnungseigentümer ein Anspruch auf Zustimmung gegen den/die Zustimmungspflichtigen zu.[8]

---

2 OLG Saarbrücken 10.7.2018 – 5 W 49/18, NotBZ 2019, 156; jüngst auch *Elzer* NotBZ 2019, 370 (371 f.).
3 OLG Schleswig MDR 2018, 239.
4 OLG Nürnberg 31.8.2015 – 15 W 788/15, NJW-RR 2016, 205.
5 KG 26.5.2014 – 1 W 55/14, DNotZ 2014, 700 (701); KG 18.10.2011 – 1 W 566–571/11, ZWE 2012, 41.
6 Vgl. BGH 20.7.2012 – V ZR 241/11, NJW 2012, 3232.
7 BayObLG 14.3.1990 – 1 b Z 7/89, NJW-RR 1990, 657; OLG Zweibrücken 8.11.2005 – 3 W 142/05, DNotZ 2006, 295.
8 LG Köln ZMR 2009, 317.

16 Ein **wichtiger Grund** wurde verneint bei einer möglichen „Übernahmeabsicht" des Erwerbers hinsichtlich der gesamten Wohnungseigentumseinheiten,[9] bei einem Verein, der offensiv für den römisch-katholischen Glauben missioniere und bereits seit mehreren Jahren Mieter der nun veräußerten Einheit war.[10] Bei einer erwerbenden GmbH darf bei Beurteilung der Frage eines wichtigen Grundes auf den Geschäftsführer dieser GmbH abgestellt werden.[11]

17 Wann bzw. ob sich eine Veräußerungsbeschränkung überhaupt „erledigen" kann, ist im Zweifel nur durch Auslegung der Vereinbarung in der Teilungserklärung zu ermitteln. Es sollte jedenfalls nicht von einer Erledigung durch Tod der persönlich berechtigten Personen ausgegangen werden. Im konkreten Fall hatte die Veräußerungsbeschränkung folgenden Inhalt: *„Zustimmung durch die Eheleute M und F bzw. durch den Längstlebenden ist erforderlich."* Die Eheleute waren zwischenzeitlich beide verstorben. Das Grundbuchamt war der Ansicht, dass die Veräußerungsbeschränkung durch den Tod der Eheleute nicht entfallen sei, sondern durch das Erfordernis einer Zustimmung aller Wohnungseigentümer ersetzt würde. Dieser Ansicht hat sich im Beschwerdeverfahren auch das OLG Saarbrücken angeschlossen.[12] Eine Änderung oder Beseitigung einer Veräußerungsbeschränkung müsse durch Beschluss gem. § 12 Abs. 4 WEG oder durch Vereinbarung der Wohnungseigentümer erfolgen. Weitere Erlöschensgründe sehe das Gesetz nicht vor.

III. Notarielle Vollzugstätigkeit bei erforderlicher Verwalterzustimmung

18 **1. Verwalterzustimmung als grundbuchliche Eintragungsvoraussetzung.** Wie bereits erwähnt kann in der Teilungserklärung durch den/die teilenden Eigentümer als Inhalt des Sondereigentums gem. § 12 Abs. 1 WEG vereinbart werden, dass ein Wohnungseigentümer zur Veräußerung des Wohnungs- bzw. Teileigentums die Zustimmung einer bestimmten Person, in der Praxis zumeist des Verwalters benötigt. Diese Zustimmung des Verwalters ist dann für das Grundbuchamt **zwingende Eintragungsvoraussetzung** bei Eintragung des Käufers als neuem Eigentümer.

19 Zudem wird die Zustimmungserklärung des Verwalters nebst Nachweis seiner Verwaltereigenschaft in grundbuchtauglicher Form gem. § 29 GBO auch vereinbarte Fälligkeitsvoraussetzung des notariellen Kaufvertrages für den zu zahlenden Kaufpreis sein, dh vor deren Vorliegen wird der beurkundende Notar keine Fälligkeitsmitteilung an die Vertragsbeteiligten übersenden. Insofern liegt es auch im eigenen Interesse des Veräußerers des Wohnungs- bzw. Teileigentums, dass die Verwalterzustimmung zügig erfolgt.

20 **2. Nachweis der Verwaltereigenschaft.** Der Nachweis der Verwaltereigenschaft kann gegenüber dem Grundbuchamt bzw. vorgeschaltet dem Notar mittels Vorlage des Originals der Niederschrift der Versammlung der Wohnungseigentümer, in der die Bestellung des Verwalters erfolgte vorgenommen werden (→ *Niederschrift* Rn. 2 f.). Die jeweils benötigten **Unterschriften**, vgl. § 24 Abs. 6 WEG (Versammlungsleiter, Wohnungseigentümer und ggf., sofern vorhanden, Verwaltungsbeirat, → *Verwaltungsbeirat* Rn. 3 f.) unter der Niederschrift des Versammlungsprotokolls müssen öffentlich beglaubigt sein, gem. § 26 Abs. 4 WEG. Es genügt grundsätzlich, wenn eine Person in Doppelfunktion nur einmal unterschreibt (beachte hierzu jedoch die Differenzierung bei Wohnungseigentümer in Doppelfunktion: Wohnungseigentümer und Beirat).[13] Um dem Grundbuchamt die Prüfung zu ermöglichen, ob die richtigen Personen unterschrieben haben, muss die Unterschrift erkennen lassen, in welcher Funktion die jeweilige Unterschrift geleistet wurde.

21 Zumeist fertigt der beglaubigende Notar zudem hiervon eine **beglaubigte Ablichtung**, die dem Verwalter zu Nachweiszwecken seiner Verwaltereigenschaft (bspw. bei Zustimmungserklärungen bei Veräußerungen von Wohnungs- bzw. Teileigentumseinheiten) ausgehändigt wird.

22 Eine **Hinterlegung** des Originals des Versammlungsprotokolls beim Grundbuchamt der verwalteten Immobilie ist zwar zu Nachweiszwecken gegenüber dem Grundbuchamt ausreichend, jedoch nur bedingt praktikabel, da zumindest der die Zustimmungserklärung beglaubigende Notar in diesem Fall nicht die Verwaltereigenschaft überprüfen kann, wie bspw. ob die Bestellung noch aktuell ist oder der Bestellungszeitraum bereits abgelaufen ist. Aufgrund der berufsrechtlichen Prüfungspflicht des Notars soll er ohne vorliegende beglaubigte

---

9 LG München I 5.6.2018 – 36 S 19440/17 WEG, IMR 2019, 120.
10 AG Düsseldorf 18.7.2017 – 292 a C 12/17.
11 LG Düsseldorf 16.1.2017 – 25 T 107/16, ZMR 2016, 978.
12 OLG Saarbrücken 10.7.2018 – 5 W 49/18, NotBZ 2019, 156; s. a. *Elzer* NotBZ 2019, 370.
13 OLG Düsseldorf 22.2.2010 – I-3 WX 263/0.

Ablichtung des Versammlungsprotokolls keine Zustimmungserklärung des (vermeintlichen) Verwalters beglaubigen.

3. Rechtliche Wirkung fehlender Verwalterzustimmung. Bis zur Erteilung der Verwalterzustimmung ist 23 der beurkundete Vertrag (sowohl der schuldrechtliche als auch der dingliche Vertrag) **schwebend unwirksam**,[14] § 12 Abs. 3 S. 1 WEG. Zwar kann die Zustimmung vorbehaltlich anderer getroffener Regelungen durch die Eigentümergemeinschaft formfrei erteilt werden. Jedoch muss der Nachweis der erteilten Zustimmung gegenüber dem Grundbuchamt zwingend in der Form des § 29 GBO geführt werden, mithin die Zustimmungserklärung öffentlich beglaubigt sein. Die Zustimmungserklärung kann zweckmäßigerweise erst nach Beurkundung des entsprechenden Vertrages erteilt werden, so dass die Einholung dieser Genehmigung, vgl. § 184 BGB, zu den typischen Vollzugsaufgaben des beurkundenden Notars im Rahmen des Kaufvertrags gehört.

In einer Vielzahl von Fällen wird die Beglaubigung der Zustimmungserklärung nicht durch den Notar vorgenommen, der den Veräußerungsvertrag beurkundet hat und den Vollzug dieses Vertrages überwacht. Dies geschieht zumeist aufgrund der größeren räumlichen Distanz des Verwalters zum beurkundenden Notar

4. Kosten der Beglaubigung der Verwalterzustimmung. a) Kostentragung. Somit stellt sich insbesondere 25 in den Fällen, in denen der beurkundende Notar und der Notar, der die Verwalterzustimmung beglaubigt, nicht identisch sind, zwangsläufig die Frage danach, von wem die **Kosten der Beglaubigung der Verwalterzustimmung** zu tragen sind.

Grundsätzlich trägt gem. § 29 Nr. 1 GNotKG derjenige die Kosten, der den Notar mit der Beglaubigung der 26 Unterschrift beauftragt, dh grundsätzlich der **Verwalter**, dessen Unterschrift auch beglaubigt wird.

Regelmäßig wird dieses Ergebnis in der Praxis durch die Verwalter nicht gewünscht, auch wenn es sich bei der 27 Abgabe der Zustimmungserklärung durch den Verwalter um eine Aufgabe der Verwaltung gem. § 27 WEG (→ *Ordnungsmäßige Verwaltung* Rn. 32 ff.) handelt. Sofern hierdurch Kosten beim Verwalter persönlich entstehen, hat dieser die Möglichkeit, die entstandenen Kosten bei der Gemeinschaft der Wohnungseigentümer, in deren Sinne er prüft, ob die Zustimmungserklärung ggf. aus wichtigem Grund zu versagen ist, im Rahmen seiner Abrechnung gem. §§ 675, 670 BGB zurückfordern.[15] Dies sind **Kosten der Verwaltung des gemeinschaftlichen Eigentums** und sind nach § 16 Abs. 2 WEG nach dem allgemeinen Umlageschlüssel auf alle Wohnungseigentümer zu verteilen.

b) Höhe der Kosten. Die Höhe der **Notarkosten** für die Beglaubigung der Verwalterzustimmung sollen mit- 28 tels folgender Beispielsrechnung erläutert werden:

Bei einer Beglaubigung der Zustimmungserklärung fällt gem. Nr. 25100 KV GNotKG eine 0,2 Gebühr von 29 mindestens 20 EUR und maximal 70 EUR an. Hierzu kommen noch neben angefallenen Auslagen eine Gebühr für die Übermittlung der Zustimmungserklärung an den beurkundenden Notar in Höhe von 20 EUR nach Nr. 22124 KV GNotKG.

Fertigt der den Kaufvertrag beurkundende Notar den Entwurf der Zustimmungserklärung, so ist dies durch die 30 Vollzugsgebühr gemäß Vorbemerkung 2.2.1.1 Abs. 1 S. 2 Nr. 5 KV GNotKG für das Anfordern und Prüfen der Zustimmungserklärung bereits abgegolten.[16] Bei Fertigung der Zustimmungserklärung durch den beglaubigenden Notar fällt gemäß Nr. 24101 KV GNotKG eine 1,0 Gebühr aus dem halben Wert des Kaufvertrags an. Bei einem Kaufpreis von 100.000 Euro bedeutet dies Kosten mit Entwurf der Zustimmungserklärung von 165 EUR[17] zzgl. der gesetzlichen Umsatzsteuer. Aus Kostengründen sollte die Zustimmungserklärung daher immer vom beurkundenden Notar entworfen werden.

5. Notarielle Vollzugspraxis. a) Problemeinführung. Bislang bereits als problematisch angesehen wurde 31 die verbreitete Praxis, dass die öffentlich beglaubigte Zustimmung des Verwalters dem beurkundenden und vollziehenden Notar unter der Auflage (**Treuhandauftrag**) übersandt wurde, erst nach Begleichung der Kosten (zumeist durch den Erwerber des Wohnungseigentums) von der Zustimmungserklärung Gebrauch zu machen.

---

14 Beispielhaft BGH NJW 1960, 2093; OLG Köln NJW-RR 1996, 1296.
15 OLG Hamm NJW-RR 1989, 974 (975).
16 Vgl. Vorbemerkung 2.2 Abs. 2 KV GNotKG.
17 1,0 Gebühr aus dem halben Kaufpreis, hier 50.000 EUR.

32 Teils wurde zudem noch die Kostenrechnung des beglaubigenden Notars mit der Bitte um Zahlungsvermittlung mitübersandt. Problematisch ist hieran insbesondere, dass vom Grundsatz der Kostentragungspflicht gem. § 29 Nr. 1 GNotKG für die Beglaubigung der Zustimmungserklärung des Verwalters nur abgewichen werden kann, wenn eine Pflicht des Käufers zu Tragung dieser Kosten besteht.

33 Zwar übernimmt der **Erwerber** im beurkundeten Kaufvertrag regelmäßig alle Kosten, die mit diesem Vertrag und seiner Durchführung verbunden sind. Dadurch begründet sich jedoch keine unmittelbare Haftung gegenüber dem beglaubigenden Notar. Es handelt sich um eine separate Urkunde und damit auch um separat entstehende Kosten. Denkbar wäre eine Kostenübernahme gem. § 29 Nr. 2 GNotKG durch den Erwerber. Damit eine solche Kostenübernahmeerklärung unmittelbar gegenüber dem beglaubigenden Notar wirkt, müsste sie auch diesem gegenüber abgegeben worden sein.[18] Dies ist gerade nicht der Fall, da die Kostentragungsregelung im beurkundeten Kaufvertrag getroffen wird und damit ausschließlich das Innenverhältnis zwischen den Beteiligten betrifft.

34 Die Beglaubigungskosten können vom beglaubigenden Notar auch nicht gem. § 30 Abs. 3 GNotKG beim Erwerber direkt erhoben werden, da auch hier die Kostenübernahmeerklärung in der betreffenden Urkunde (hier Beglaubigung der Zustimmungserklärung) erfolgen müsste. Dies erfolgt nur im beurkundeten Kaufvertrag, womit sich die anfallenden Kosten nur aus Kosten des Beurkundungsverfahren und der hierzu anfallenden Kosten des Vollzugs und Betreuungstätigkeit zusammensetzen können.[19] Kosten, die bei einem anderen, als dem beurkundeten Notar anfallen, sind nicht von § 30 Abs. 3 GNotKG erfasst.[20]

35 **b) Anforderungen an Kostenrechnung. Notarielle Kostenrechnungen** müssen den Anforderungen des §§ 7 a, 19 Abs. 1 S. 1 GNotKG entsprechen. Danach muss die Kostenrechnung dem Kostenschuldner mitgeteilt, vom Notar unterschrieben und mit einer Rechtsbehelfsbelehrung versehen sein. Bei den anfallenden Beglaubigungskosten für die Verwalterzustimmung ist die Rechnung daher stets auf den Verwalter[21] und mitnichten auf den Erwerber des Wohnungseigentums auszustellen.

36 Denkbar ist, dass der Verwalter den beglaubigenden Notar bittet, die Rechnung auf die Gemeinschaft der Wohnungseigentümer auszustellen. In dieser Bitte kann eine Kostenübernahmeerklärung nach § 29 Nr. 2 GNotKG liegen, so dass die Ausstellung der Kostenrechnung auf den Verband Wohnungseigentümergemeinschaft erfolgen kann. Die Befugnis des Verwalters zu einer solchen Erklärung mit Wirkung für die Eigentümergemeinschaft folgt aus §§ 9 b, 27 WEG.

37 Die Eigentümergemeinschaft könnte die im Einzelfall entstehenden Beglaubigungskosten auf den veräußernden Eigentümer **abwälzen**, wenn die Gemeinschaftsordnung diese Möglichkeit, entweder nach § 10 Abs. 2 S. 2 WEG oder durch Mehrheitsbeschluss gem. § 25 Abs. 1 WEG vorsieht,[22] was in der Praxis jedoch – bislang – selten vorkommt. Mit dieser Variante kann jedoch keine Kostentragungspflicht des Erwerbers begründet werden, da die Gemeinschaft der Wohnungseigentümer in der Gemeinschaftsordnung oder mittels Mehrheitsbeschlusses ihm noch keine Pflichten auferlegen kann, da er zum Zeitpunkt der Entstehung des Erstattungsanspruchs des Verwalters noch nicht Teil der Eigentümergemeinschaft ist.

38 **c) Notarielles Berufsrecht.** Die verbreitete Praxis der Übersendung der beglaubigten Zustimmungserklärung unter Treuhandauflage und die Bitten um Zahlungsvermittlung beim Erwerber des Wohnungs-/Teileigentums führte in den vergangenen Jahren wiederholt zu Unstimmigkeiten zwischen Notarinnen und Notaren und wurde von den Kritikern als mit der notariellen Berufspflicht des § 14 Abs. 3 S. 2 BNotO unvereinbar angesehen.

39 Nach § 14 Abs. 3 S. 2 BNotO hat der Notar jedes Verhalten zu vermeiden, dass den Anschein eines Verstoßes gegen die ihm gesetzlich auferlegten Pflichten erzeugt, insbesondere den **Anschein der Abhängigkeit und der Parteilichkeit**. Das Gebot der Unparteilichkeit und daraus folgend der Unabhängigkeit prägt ausnahmslos alle Amtstätigkeiten des Notars und resultiert aus seiner der Stellung als Hoheitsträger. In der Annahme einer Treuhandauflage, die der Absicherung einer nicht bestehenden Leistungspflicht des Erwerbers dient, sowie ggf. der Übermittlung einer – fälschlicherweise – auf den Erwerber ausgestellten notariellen Kostenrechnung,

---

18 OLG Hamm 25.7.2018 – 15 W 427/17, BeckRS 2018, 17903, Rn. 20.

19 Bormann/Diehn/Sommerfeldt/*Neie* GNotKG, 2. Auflage 2016, § 30 Rn. 13.

20 OLG Hamm 25.7.2018 – 15 W 427/17, BeckRS 2018, 17903.

21 OLG Hamm 25.7.2018 – 15 W 427/17, BeckRS 2018, 17903, Rn. 17.

22 *Hügel* MittBayNot 2016, 109 (115) noch zu § 21 Abs. 7 WEG aF.

erweckt der beurkundende Notar möglicherweise den Anschein einer Parteilichkeit, was es zwingend zu vermeiden gilt.

Diese Ansicht setzt sich mehr und mehr unter den Notarinnen und Notaren durch, so dass dieses Vorgehen mit Stellung von Treuhandauflagen und Zahlungsvermittlungsschreiben an den Erwerber des Wohnungseigentums nur noch vereinzelt auftreten sollte. **40**

d) Möglichkeit der vertraglichen Kostenübernahme des Erwerbers. Es besteht eine Möglichkeit einer **41** wirksamen vertraglichen Kostenübernahme im notariell beurkundeten Kaufvertrag, wenn folgende **Voraussetzungen** vorliegen:

- die Kostentragungspflicht für die Beglaubigung der Verwalterzustimmung wurde vor der Beurkundung des Kaufvertrages in der Gemeinschaftsordnung oder mittels Mehrheitsbeschlusses auf den veräußernden Wohnungseigentümer abgewälzt und
- eine entsprechende Kostentragungsvereinbarung wurde zwischen Veräußerer und Erwerber abgeschlossen.

Erst nach Vorliegen der Abwälzung auf den Veräußerer handelt es sich bei den vom Erwerber vertraglich übernommenen Kosten auch um Kosten, zu deren Tragung der Veräußerer verpflichtet war. Nur solche Kosten können aufgrund der „inter-partes-Wirkung" im schuldrechtlichen Vertrag vom Erwerber übernommen werden. **42**

Aufgrund des § 448 Abs. 2 BGB, der eine gesetzliche Regelung hinsichtlich der Kostenverteilung trifft, würde **43** nur dann eine Kostentragungspflicht des Erwerbers bestehen, wenn eine Abwälzung der Kosten der Beglaubigung der Verwalterzustimmung erfolgt ist (→ Rn. 25 ff.) und der notarielle Kaufvertrag keine ausdrückliche Regelung zur Kostenverteilung vorsieht.

In der alltäglichen **Praxis** dürfte es bislang jedoch insbesondere an der Voraussetzung der Regelung in der Gemeinschaftsordnung bzw. der Kostenüberwälzung auf den veräußernden Wohnungseigentümer mittels Mehrheitsbeschluss scheitern, so dass es bis auf Weiteres dabei verbleibt, dass der beglaubigende Notar seine Kostenrechnung weiterhin auf den Verwalter bzw. auf die Gemeinschaft der Wohnungseigentümer auszustellen und die Kosten auch bei diesen zu erheben hat. **44**

IV. Verfahrenshinweise

1. Kostenbeschwerde. Notarielle Kostenrechnungen müssen den Anforderungen des § 19 GNotKG entsprechen **45** und müssen insbesondere mit einer Rechtsbehelfsbelehrung versehen sein, vgl. § 7 a GNotKG. Falls im Rahmen einer notariellen Kostenberechnung Unklarheiten oder Differenzen auftreten, die nicht einvernehmlich geklärt werden können, steht dem Kostenschuldner ein gerichtliches Verfahren zur **Überprüfung der notariellen Kostenberechnung** zur Verfügung. Zur Überprüfung der Kostenberechnung des Notars kann jeder Kostenschuldner die Entscheidung des Landgerichts beantragen, in dessen Bezirk der Notar seinen Amtssitz hat, § 127 Abs. 1 GNotKG. Es handelt sich hierbei um ein Verfahren der Freiwilligen Gerichtsbarkeit. Der Antrag kann gem. § 25 Abs. 1 FamFG gegenüber dem zuständigen Gericht schriftlich oder zur Niederschrift der Geschäftsstelle gestellt werden und ist gem. § 23 Abs. 1 FamFG zu begründen.

Das Verfahren erfolgt gerichtskostenfrei. Kosten können entstehen für die Beauftragung eines Rechtsanwaltes, **46** Anwaltszwang besteht jedoch nicht.

2. Notarieller Vorbescheid. Verweigert der Notar seine Urkundstätigkeit ohne ausreichenden Grund, **47** § 15 Abs. 1 S. 1 BNotO, so findet dagegen die Beschwerde statt. Zuständig ist das Landgericht, in dessen Bezirk der Notar seinen Amtssitz hat. Es handelt sich um eine Angelegenheit der Freiwilligen Gerichtsbarkeit. Ein streitiges Verfahren betrifft die Beschwerde nach § 15 Abs. 2 BNotO schon deshalb nicht, weil an ihr nicht notwendigerweise mehrere Parteien mit widerstreitenden Interessen beteiligt sind; dabei ist insbesondere zu berücksichtigen, dass der Notar nicht Antragsgegner des Verfahrens ist.[23]

Gleiches gilt, wenn der Notar mittels sog. **Vorbescheid** den Urkundsbeteiligten eine notarielle Tätigkeit ankündigt.[24] Bei Erlass eines Vorbescheides durch den Notar stellt dieser nunmehr die 1. Instanz des Rechtszu- **48**

---

23 BGH 5.4.2001 – III ZB 48/00, NJW 2001, 2181 (2182).
24 BGH 31.1.2013 – V ZB 168/12, NJW-RR 2013, 697; BGH 1.10.2015 – V ZB 171, NJW-RR 2016, 695.

ges dar.[25] Daher kann die Entscheidung des Notars (Vorbescheid) dogmatisch nur noch mit der Rechtsbeschwerde angegriffen werden.[26]

49 Gegen die im Vorbescheid angekündigte notarielle Tätigkeit (gleich ob eine Verweigerung einer Urkundstätigkeit oder die Ankündigung einer Vollzugstätigkeit) steht den Beteiligten die Möglichkeit der **Beschwerde** nach § 15 Abs. 2 S. 1 BNotO offen. Bei Erfolg der Beschwerde wird der Notar durch das Landgericht angewiesen, die angekündigte Tätigkeit zu unterlassen bzw. eine angekündigte Unterlassung vorzunehmen.

50 Als Verfahren der Freiwilligen Gerichtsbarkeit besteht im Beschwerdeverfahren kein Anwaltszwang. Für den durch den Beteiligten beauftragten Rechtsanwalt fällt eine 0,5-Verfahrensgebühr nach Nr. 3500 VV RVG an.[27]

158. Notgeschäftsführung des Verwalters

Hofele

I. Die Norm nach der Reform

1 Nach § 27 Abs. 1 Nr. 2 WEG ist der Verwalter gegenüber der Gemeinschaft der Wohnungseigentümer berechtigt und verpflichtet, die Maßnahmen ordnungsmäßiger Verwaltung zu treffen, die zur Wahrung einer Frist oder zur Abwendung eines Nachteils erforderlich sind. Der Wortlaut des § 27 Abs. 1 Nr. 2 WEG wurde gegenüber § 27 Abs. 1 Nr. 3 WEG aF verändert, anders als beim Notgeschäftsführungsrecht des Eigentümers aus § 18 Abs. 3 WEG (§ 21 Abs. 2 WEG aF; → *Notgeschäftsführung eines Wohnungseigentümers* Rn. 1).

2 § 27 WEG regelt allein die Entscheidungsbefugnisse und Handlungspflichten im **Innenverhältnis**. Die **Vertretungsmacht des Verwalters** wird abschließend durch **§ 9 b WEG** geregelt. Anders als das bisherige Recht verzichtet [die Reform] darauf, die einzelnen Aufgaben und Befugnisse des Verwalters in einem abschließenden Katalog aufzuzählen.[1] Der Gesetzgeber verspricht sich hiervon eine effiziente Verwaltung, die den Bedürfnissen der konkreten Anlage gerecht wird. Über Maßnahmen, die nicht nach § 27 Abs. 1 oder 2 dem Verwalter zugewiesen sind, entscheiden die Wohnungseigentümer durch Beschluss (vgl. § 19 Abs. 1 WEG).[2] Die Entscheidungs- und Vertretungsbefugnisse des Verwalters werden erweitert, wobei aber insgesamt sichergestellt bleiben soll, dass die Wohnungseigentümer stets die Herren der Verwaltung ihres gemeinschaftlichen Eigentums bleiben.[3] Der ursprüngliche Gesetzentwurf hatte in § 27 Abs. 1 Nr. 1 WEG vorgesehen, dass der Verwalter eigenverantwortlich Maßnahmen durchführen können sollte, „über die eine Beschlussfassung nicht geboten" sei.[4] Dies wurde als zu weitgehend kritisiert. Der Rechtsausschuss sah die Formulierung als zu unbestimmt an, so dass in Nr. 1 die Formulierung einging, dass der Verwalter ohne Beschlussfassung über Maßnahmen entscheiden kann, die „untergeordnete Bedeutung haben und nicht zu erheblichen Verpflichtungen führen".[5] Auch wenn durch die endgültige Gesetzesfassung die Formulierung in § 27 Abs. 1 Nr. 1 WEG geändert wurde, bleibt es dabei, dass im Hinblick auf die Notgeschäftsführung – bzw. für eilbedürftige Maßnahmen – keine gravierende Änderung der Rechtslage im Hinblick auf die bislang nach § 27 Abs. 1 WEG [aF] bestehen-

---

25 BGH NJW 2001, 2181.
26 OLG Hamm DNotZ 1985, 56 – jedoch noch zu § 28 FGG.
27 BGH 7.10.2010 – V ZB 147/09, NJW 2010, 10.
1 BT-Drs. 19/18791, 74 f.
2 Vgl. BT-Drs. 19/18791, 75.
3 BT-Drs. 19/18791, 30.
4 Vgl. BT-Drs. 19/18791, 16, zur Begründung 74 f.
5 BT-Drs. 19/22634, zur Begründung 46 f.

den Kompetenzen des Verwalters verbunden ist.[6] Auch nach der Auffassung des Rechtsausschusses hat der Verwalter unverändert in dringenden Fällen sonstige zur Erhaltung des gemeinschaftlichen Eigentums erforderliche Maßnahmen zu treffen. Für diese Maßnahmen ist zwangsläufig eine vorherige Beschlussfassung durch die Wohnungseigentümer nicht erforderlich, denn es liegt im Wesen der **Notgeschäftsführung**, dass der Verwalter sofort handeln können muss.[7]

§ 27 Abs. 1 Nr. 2 WEG erfasst die Maßnahmen, über die eine Beschlussfassung durch die Wohnungseigentümer zwar an sich geboten iSv Nr. 1 ist, die aber eine **rasche Entscheidung** verlangen, um einen Nachteil zu verhindern. Der Nachteil kann ein rechtlicher oder ein tatsächlicher sein. Die Wahrung einer Frist ist nur deshalb genannt, weil es sich um den praktisch häufigsten Fall handelt, in dem ein Rechtsnachteil verhindert werden soll. Nr. 2 erfasst damit insbesondere auch die Führung eines Prozesses für die Gemeinschaft der Wohnungseigentümer, soweit eine Befassung der Versammlung der Wohnungseigentümer aufgrund der einzuhaltenden Fristen nicht möglich ist.[8]

Durch den geänderten Wortlaut und auch die von der Reform bewusst geänderte Stellung des Verwalters ist davon auszugehen, dass sich – zwar nicht grundsätzlich, aber doch im Detail – Änderungen gegenüber der bisherigen Handhabung bzw. Rechtsprechung ergeben können. Insbesondere sind mE **Abgrenzungsfragen** im Hinblick auf Maßnahmen am Gemeinschaftseigentum und/oder Sondereigentum und auch auf die Eilbedürftigkeit zu erwarten, da diese keine ausdrücklichen Tatbestandsmerkmale mehr sind.

II. Überblick

Den Verwalter trifft auch nach der Neufassung im Rahmen des § 27 Abs. 1 Nr. 2 WEG eine Pflicht zur Notgeschäftsführung, im Gegensatz zur → *Notgeschäftsführung eines Wohnungseigentümers* Rn. 2. Auch ist das Notgeschäftsführungsrecht des Wohnungseigentümers gegenüber dem des Verwalters insofern **subsidiär**, als der Wohnungseigentümer nur tätig werden darf, wenn er durch Einschaltung des Verwalters die Behebung der Notlage nicht erreichen kann.[9] Ein weiterer Unterschied liegt darin, dass der Verwalter aufgrund seiner Verpflichtung zum Handeln in dringenden Fällen iSv § 27 Abs. 1 Nr. 2 WEG die Gemeinschaft der Wohnungseigentümer ohne vorherige Beschlussfassung durch Verträge verpflichten kann.[10] Die **Vertretungsmacht des Verwalters** ergibt sich jetzt unmittelbar aus § 9 b WEG. Die Gesetzesbegründung postuliert ausdrücklich, dass § 27 WEG die grundlegenden Aufgaben und Befugnisse des Verwalters regelt. Dabei geht es allein um die Entscheidungsbefugnisse und Handlungspflichten im Innenverhältnis. Die Vertretungsmacht des Verwalters wird abschließend durch § 9 b WEG geregelt.[11]

Der Gesetzeswortlaut sieht – anders als beim Wohnungseigentümer – keinen unmittelbar drohenden Schaden voraus. Es genügt vielmehr, dass das Abwarten einer Entscheidung durch die Eigentümerversammlung zu einer **Gefahr** für das Gemeinschaftseigentum führen würde.[12] § 27 Abs. 1 Nr. 2 WEG berechtigt den Verwalter aber nur zu einem Tätigwerden ohne vorherigen Beschluss der Wohnungseigentümer in einer Situation, in der sofortiges Handeln geboten ist. Er ist auch dann nur zu Maßnahmen berechtigt, welche die **Gefahrenlage beseitigen**. Er darf aber nicht Arbeiten vornehmen oder beauftragen, die einer dauerhaften Beseitigung der Schadensursache dienen können.[13]

III. Tatbestandsvoraussetzungen

1. Maßnahmen ordnungsmäßiger Verwaltung. Wie eingangs (→ Rn. 1) dargestellt, hat der Gesetzgeber bewusst auf einen abschließenden Katalog von Maßnahmen **verzichtet**. Er stellt allerdings das gesamte Handeln

---

6 Vgl. BT-Drs. 19/18791, 30.
7 So ausdrücklich BT-Drs. 19/22634, 47.
8 BT-Drs. 19/18791, 75.
9 BGH 25.9.2015 – V ZR 246/14, NJW 2016, 1310 Rn. 7.
10 Zum bisherigen Recht siehe *Bärmann/Becker* WEG § 27 Rn. 70.
11 BT-Drs. 19/18791, 74.
12 Insoweit unverändert; vgl. zum bisherigen Recht Jennißen/*Heinemann* WEG § 27 Rn. 31 mwN.
13 BGH 25.9.2015 – V ZR 246/14, NJW 2016, 1310 Rn. 7; BGH 18.2.2011 – V ZR 197/10, NZM 2011, 454 Rn. 27 zur Kreditaufnahme durch den Verwalter.

des Verwalters unter die Maßgabe, dass der Verwalter „die" „Maßnahmen ordnungsmäßiger Verwaltung" zu treffen hat.

§ 18 Abs. 2 WEG begründet nunmehr Individualansprüche jedes Wohnungseigentümers gegen die Gemeinschaft der Wohnungseigentümer. In diesem Zusammenhang wird auch der **Begriff** der ordnungsmäßigen Verwaltung und Benutzung im Einklang mit dem geltenden Recht (vgl. §§ 15 Abs. 3, 21 Abs. 3 und 4 WEG aF) legaldefiniert als eine Verwaltung und Benutzung, die dem Interesse der Gesamtheit der Wohnungseigentümer nach billigem Ermessen entspricht.[14] In § 19 WEG wurden die Regelung der Verwaltung und Benutzung durch Beschluss parallel geregelt. Die Vorschrift tritt damit hinsichtlich der Verwaltung an die Stelle des § 21 WEG aF und hinsichtlich der Benutzung an die Stelle des § 15 WEG aF.[15] Nach § 19 Abs. 2 Nr. 2 WEG gehören zur ordnungsmäßigen Verwaltung und Benutzung insbesondere die ordnungsmäßige Erhaltung des gemeinschaftlichen Eigentums.

Durch die **Legaldefinition** in § 18 Abs. 2 WEG, der Präzisierung in § 19 Abs. 2 Nr. 2 WEG und die Aufnahme des Begriffs „ordnungsmäßige Verwaltung" in § 27 Abs. 1 ist auch nach neuem Recht klargestellt, dass sich die Maßnahmen des Verwalters – auch die Eilmaßnahmen – jedenfalls grundsätzlich nur auf das Gemeinschaftseigentum bzw. das Gemeinschaftsvermögen gem. § 9 a Abs. 3 WEG beziehen können.

8 **2. Wahrung einer Frist oder Abwendung eines Nachteils.** Nach dem bisherigen Wortlaut galt die Norm nur für Maßnahmen zur Erhaltung des → *Gemeinschaftlichen Eigentums* Rn. 2 ff. Nunmehr betrifft die Berechtigung bzw. die Pflicht lediglich die Wahrung einer Frist oder die Abwendung eines Nachteils.

Nach der Gesetzesbegründung erfasst § 27 Abs. 1 Nr. 2 WEG die Maßnahmen, über die eine Beschlussfassung durch die Wohnungseigentümer zwar an sich geboten iSv Nr. 1 ist, die aber eine rasche Entscheidung verlangen, um einen Nachteil zu verhindern. Der Nachteil kann ein rechtlicher oder ein tatsächlicher sein:[16]

- **Wahrung einer Frist**
  Die Wahrung einer Frist ist nur deshalb genannt, weil es sich um den praktisch häufigsten Fall handelt, in dem ein Rechtsnachteil verhindert werden soll.[17] Insofern ist hiermit eine Klarstellung verbunden, da es nicht mehr des Rückgriffes § 27 Abs. 2 Nr. 2 und Abs. 3 Nr. 2 WEG aF bedarf.[18]

- **Abwendung eines Nachteils – Prozessführung**
  Unter „Nachteil" ist ausweislich der Gesetzesbegründung nunmehr ausdrücklich auch die Führung eines Prozesses für die Gemeinschaft der Wohnungseigentümer gefasst, soweit eine Befassung der Versammlung der Wohnungseigentümer aufgrund der einzuhaltenden Fristen nicht möglich ist.[19]

- **Abwendung eines Nachteils – Gemeinschaftseigentum**
  Auch wenn der Wortlaut der Norm nunmehr nicht mehr ausdrücklich die Erhaltung des gemeinschaftlichen Eigentums voraussetzt, besteht – wie soeben ausgeführt (→ Rn. 7) – für den Verwalter das Recht und die Pflicht, die „Maßnahmen ordnungsmäßiger Verwaltung" zu treffen. Diese werden in aller Regel nur Maßnahmen des Gemeinschaftseigentums oder des Gemeinschaftsvermögens nach § 9 a Abs. 3 WEG betreffen.
  Mithin dürfte auch nach § 27 Abs. 1 Nr. 2 WEG das Notverwaltungsrecht nur gegeben sein, wenn das Gemeinschaftseigentum gefährdet ist, wenn nicht umgehend gehandelt wird. Daran fehlt es, wenn die Gefahrenlage „nur" ein Sondereigentum betrifft, auch wenn diese ein sofortiges Einschreiten erfordert.[20] Durch den weiten Wortlaut scheint es aber künftig nicht aufgeschlossen, dass sich Abgrenzungsprobleme ergeben, wenn aus einem Sondereigentum mittelbar ein „Nachteil" für das Gemeinschaftseigentum erwachsen kann.

---

14 BT-Drs. 19/18791, 59.
15 BT-Drs. 19/18791, 60.
16 BT-Drs. 19/18791, 75.
17 BT-Drs. 19/18791, 75.
18 Zum alten Recht siehe *Hügel/Elzer* WEG § 27 Rn. 31.
19 BT-Drs. 19/18791, 75.
20 BGH 18.2.2011 – V ZR 197/10, NZM 2011, 454 Rn. 25.

■ **Abwendung eines Nachteils – Gemeinschaftsvermögen**

Durch die weite Fassung des „Nachteils" ist nunmehr das Notverwaltungsrecht auch für das Gemeinschaftsvermögen gem. § 9 a Abs. 3 WEG gegeben.[21]

3. „Eilbedürftigkeit". Die Norm spricht jetzt nicht mehr von „dringenden Fällen". Die Eilbedürftigkeit lässt   9
sich nunmehr nur noch mittelbar durch den Wortlaut „Wahrung einer Frist" und die Gesetzesbegründung ableiten. Nach dem gesetzgeberischen Willen soll der Verwalter durch die Neufassung für diejenigen Maßnahmen zuständig sein, die eine Entscheidung durch die Wohnungseigentümer aus objektiver Sicht nicht erfordern. Dies soll auch für **eilbedürftige Maßnahmen** gelten (§ 27 Abs. 1 WEG). Eine gravierende Änderung der Rechtslage im Hinblick auf die bislang nach § 27 Abs. 1 WEG bestehenden Kompetenzen des Verwalters und unter Berücksichtigung der diese oft erweiternden Regelungen in den Verwalterverträgen soll damit nicht verbunden sein.[22]

Nach wie vor spricht § 18 Abs. 3 WEG von einem „unmittelbar drohender Schaden" während § 27 Abs. 1 Nr. 2 WEG nur vom Nachteil spricht. Mithin bleibt es nach wie vor dabei, dass das Recht bzw. die Pflicht für den Verwalter Eilmaßnahmen zu treffen, viel früher greift als das Recht zur Notgeschäftsführung des Eigentümers.

Dringende Fälle sind solche, die wegen ihrer **Eilbedürftigkeit** eine vorherige Einberufung einer Wohnungsei-   10
gentümerversammlung nicht zulassen.[23]

Mithin dürfte für die Frage, ob ein Nachteil iSd § 27 Abs. 1 Nr. 2 WEG vorliegt auf die bisherige Rechtsprechung zurückgegriffen werden können. Entscheidend ist danach, ob die Erhaltung des gemeinschaftlichen Eigentums gefährdet wäre, wenn nicht umgehend gehandelt würde.[24] Dringende Fälle entstehen in der Regel durch Zufall oder höhere Gewalt.[25] Sie sind meist nicht eine notwendige und normale Folge des Gebrauchs und der Nutzung, also etwa Brand, Sturm, Rohrbruch uÄ.[26]

Das Auftreten eines dringenden Falls ist allerdings nicht auf plötzlich auftretenden Umstände beschränkt, son-   11
dern kann auch im Rahmen einer **geplanten Maßnahme** auftreten. Wird etwa im Rahmen einer geplanten Baumaßnahme ein unerwartetes Schadenbild entdeckt, kann dies zu einer Dringlichkeit führen, weitere Maßnahmen als die geplanten zu veranlassen.[27]

Die Dringlichkeit muss objektiv vorliegen.[28] An die Entscheidung, ob eine Maßnahme dringend ist, sind dieje-   12
nigen **Sorgfaltsmaßstäbe** anzulegen, deren Einhaltung von einem sorgfältigen und erfahrenen Wohnungseigentumsverwalter erwartet werden können.[29] Dieser Maßstab ist auch nicht zu streng,[30] weil es dem Verwalter zugemutet werden kann, sich bei den herangezogenen Unternehmen darüber zu informieren, welche unmittelbar notwendigen Maßnahmen zur vorläufigen Lösung des aufgetretenen Problems erforderlich sind und das weitere Vorgehen dann abzuwägen. Der Verwalter ist dadurch geschützt, dass ihm etwaige Fehlinformationen der Unternehmen nicht zuzurechnen sind, wenn sie ihn zu weitergehenden Maßnahmen veranlasst haben.

Der Verwalter muss auch in eilbedürftigen Fällen möglichst einen Beschluss der Wohnungseigentümer herbei-   13
führen, ggf. auch unter Verkürzung der Ladungsfrist.[31] Das gilt jetzt umso mehr, da der Verwalter durch die Neufassung (nur) für diejenigen Maßnahmen zuständig sein soll, die eine Entscheidung durch die Wohnungs-

---

21 Nach altem Recht bedurfte es hierfür einer analogen Anwendung von § 27 Abs. 1 Nr. 3 WEG aF; s. dazu *Hügel/Elzer* WEG § 27 Rn. 31.

22 BT-Drs. 19/18791, 30.

23 Zu ausdrücklich die Gesetzesbegründung, BT-Drs. 19/18791, 30.

24 BayObLG 26.2.2004 – 2Z BR 266/03, BeckRS 2004, 3786.

25 BayObLG 27.3.1997 – 2Z BR 11/97 BeckRS 1997, 3169 Rn. 14.

26 *Bärmann/Becker* WEG § 27 Rn. 68; vgl. zum Gasleck: LG Frankfurt a. M. 12.4.2016 – 2–09 S 26/14, BeckRS 2016, 8687.

27 Vgl. KG 4.2.1998 – 24 U 8280/96, ZWE 2001, 278 für eine Dachsanierung; anders aber OLG Hamm 19.7.2011 – 15 Wx 120/10, BeckRS 2011, 20355 für Arbeiten an der Außenisolierung im Kellerbereich.

28 *Hügel/Elzer* WEG § 27 Rn. 32; aA Jennißen/*Heinemann* WEG § 27 Rn. 31.

29 OLG Hamm 19.7.2011 – 15 Wx 120/10 BeckRS 2011, 20355 unter II. 5.

30 So aber Jennißen/*Heinemann* WEG § 27 Rn. 31.

31 LG Frankfurt/Oder 2.10.2012 – 16 S 11/12, BeckRS 2013, 4174.

eigentümer aus objektiver Sicht nicht erfordern.[32] Nach wie vor zu berücksichtigen ist aber auch die **Größe der Eigentümergemeinschaft**; bei kleinen Gemeinschaften sollte es meist ohne größere Schwierigkeiten möglich sein, eine Versammlung einzuberufen.[33]

Das Drängen einzelner Wohnungseigentümer stellt für sich genommen keine Dringlichkeit dar und kann die Befugnisse des Verwalters nicht erweitern.[34]

14 **4. Erforderliche Maßnahmen.** Nach wie vor darf der Verwalter im Rahmen der Notgeschäftsführung nur „erforderliche" Maßnahmen durchführen. Der Verwalter ist ohne vorherigen Beschluss der Wohnungseigentümer nur in einer Situation zu einem Tätigwerden berechtigt, in der **sofortiges Handeln** geboten ist und auch dann nur zu Maßnahmen, die die Gefahrenlage beseitigen. Er ist jedoch nicht zur Vornahme oder Beauftragung von Arbeiten berechtigt, die einer dauerhaften Beseitigung der Schadensursache dienen.[35]

15 Es sind ihm daher grundsätzlich **nur vorläufige Maßnahmen** erlaubt. Da der Aufgabenkatalog mit unterschiedlichen Maßnahmen weggefallen ist,[36] kommen alle Maßnahmen ordnungsmäßiger Verwaltung in Betracht. Inhaltlich unverändert gehören dazu Erhaltungsmaßnahmen (bisher: Instandhaltung oder Instandsetzung),[37] nach wie vor erlaubt § 27 Abs. 1 Nr. 2 WEG nur Sicherungsmaßnahmen.[38] So ist zB der Abbruch einer Wand bei Einsturz- oder Brandgefahr von beiden Aspekten gedeckt, ebenso auch die provisorischen Eindeckung des Daches oder das Auspumpen des überfluteten Kellers.[39] Zur Durchführung der nach § 27 Abs. 1 Nr. 2 WEG erforderlichen Maßnahmen darf auch in das Sondereigentum eingegriffen werden (§ 14 Abs. 1 Nr. 2 WEG – bisher § 14 Abs. 4 WEG aF), wenn sonst die Erhaltung des gemeinschaftlichen Eigentums nicht möglich wäre, wie etwa bei Wasserrohrbrüchen im Sondereigentum.[40]

IV. Vertretungsmacht

16 Während die Notgeschäftsführungsbefugnis dem Wohnungseigentümer (→ *Notgeschäftsführungsbefugnis eines Wohnungseigentümers* Rn. 14) keine Vertretungsmacht verleiht,[41] kann der Verwalter die Gemeinschaft der Wohnungseigentümer ohne vorherige Beschlussfassung durch Verträge verpflichten, wenn die Voraussetzungen des § 21 Abs. 1 Nr. 3 WEG vorliegen.[42] Allerdings gilt dies nach wie vor nur für die erforderlichen Maßnahmen. Eine Auftragserteilung, die über die notwendigen vorläufigen Maßnahmen hinaus eine **umfassende Sanierung** enthält, ist nicht mehr von der Notgeschäftsführungsbefugnis des Verwalters gedeckt.[43] Dies gilt mE weiterhin unabhängig davon, ob der Verwalter nach dem Vertrag berechtigt ist, Verträge für Reparaturen bis zu einem bestimmten Betrag auszulösen.[44]

---

32 BT-Drs. 19/18791, 30.
33 BayObLG 26.2.2004 – 2Z BR 266/03, BeckRS 2004, 3786.
34 Bärmann/*Becker* WEG § 27 Rn. 6.
35 BGH 25.9.2015 – V ZR 246/14, NJW 2016, 1310 Rn. 7.
36 § 27 Abs. 1 Nr. 2 WEG aF: die für die ordnungsmäßige Instandhaltung und Instandsetzung des gemeinschaftlichen Eigentums erforderlichen Maßnahmen;
§ 27 Abs. 1 Nr. 2 WEG aF: in dringenden Fällen sonstige zur Erhaltung des gemeinschaftlichen Eigentums erforderliche Maßnahmen.
37 Zum alten Recht: Bärmann/*Becker* WEG § 27 Rn. 69 mwN.
38 Zum alten Recht: *Hügel/Elzer* WEG § 27 Rn. 33.
39 *Hügel/Elzer* WEG § 27 Rn. 33.
40 Bärmann/*Becker* WEG § 27 Rn. 69.
41 AG Offenbach 30.5.2016 – 320 C 50/15, BeckRS 2016, 18711 mwN.
42 Bärmann/*Becker* WEG § 27 Rn. 70.
43 OLG Hamm 19.7.2011 – 15 Wx 120/10 BeckRS 2011, 20355.
44 Vgl. dazu LG München I 5.8.2010 – 36 S 19282/09, BeckRS 2010, 20790 (zur Beauftragung eines Architekturbüros), das wohl bei Einhaltung der Kostengrenze im Rahmen einer individualvertraglichen Vereinbarung eine Ermächtigungsgrundlage sieht.

Hofele

159. Notgeschäftsführung eines Wohnungseigentümers

Hofele

I. Überblick

Die Regelung über Notgeschäftsführungsrecht ist durch die WEG-Reform wortgleich an eine andere Stelle gerückt, inhaltlich aber unverändert geblieben. § 18 Abs. 3 WEG übernimmt die Vorschrift des bisherigen § 21 Abs. 2 WEG aF. Er enthält die Befugnis jedes einzelnen Wohnungseigentümers, Notmaßnahmen vorzunehmen.[1] Die Übernahme in einen neuen Paragrafen ergab sich lediglich durch die veränderte Struktur des Gesetzes. Ein inhaltlicher Änderungsbedarf wurde im Gesetzgebungsverfahren nicht diskutiert und wurde auch und den Anhörungen nicht angemahnt.[2] Daher kann im Wesentlichen auf die bisherige Rechtsprechung und Literatur zurückgegriffen werden. Soweit sich aufgrund von Änderungen des Gesetzes an anderen Stellen Veränderungen ergeben haben, wurde dies berücksichtigt. 1

Nach § 18 Abs. 3 WEG ist jeder Wohnungseigentümer berechtigt, ohne Zustimmung der anderen Wohnungseigentümer die Maßnahmen zu treffen, die zur Abwendung eines dem gemeinschaftlichen Eigentum **unmittelbar drohenden Schadens** notwendig sind. Diese Voraussetzungen schränken das Handeln der Eigentümer weitgehend ein. Das Notgeschäftsführungsrecht des Wohnungseigentümers geht vor allem nicht weiter als das korrespondierende Notgeschäftsführungsrecht des Verwalters (→ *Notgeschäftsführung des Verwalters* Rn. 5 ff.) aus 27 Abs. 1 Nr. 2 WEG.[3] Im Gegenteil ist es insofern subsidiär, als der Wohnungseigentümer nur tätig werden darf, wenn er durch Einschaltung des Verwalters die Behebung der Notlage nicht erreichen kann.[4] 2

Eine **Pflicht** der Eigentümer zur Schadenabwehr am gemeinschaftlichen Eigentum kann nur aus dem Gemeinschaftsverhältnis abgeleitet werden.[5]

II. Tatbestandsvoraussetzungen

1. Gemeinschaftliches Eigentum. Die Norm gilt nur für Maßnahmen am gemeinschaftlichen Eigentum (→ *Gemeinschaftliches Eigentum* Rn. 2 ff.). Da der Wortlaut der Norm unverändert geblieben ist, gilt diese Einschränkung weiter. Sie gilt entsprechend bei einer Gefährdung des → *Gemeinschaftsvermögen* Rn. 8 nach § 9 a Abs. 3 WEG.[6] 3

Wird ein Eigentümer im Hinblick auf ein Sondereigentum tätig, hat er nur Ansprüche aus **Geschäftsführung ohne Auftrag** und ggf. **Bereicherungsrecht**.[7] 4

2. Unmittelbar drohender Schaden. Der Wohnungseigentümer ist nur in einer Situation zu einem Tätigwerden berechtigt, in der sofortiges Handeln geboten ist und er insbesondere die **Behebung der Notlage** nicht 5

---

1 BT/Drs. 168/20, 64, BT-DRs. 19/18791, 61. Auch die Beschlussempfehlung des Ausschusses für Recht und Verbraucherschutz vom 16.9.2020 (BT-Drs. 19/22634) erwähnt keinen Änderungsbedarf.

2 § 18 Abs. 3 wurde lediglich in der Anhörung am 25.5.2020 vom Verband WiE erwähnt, aber im Zusammenhang damit, dass geklärt werden solle, ob ein Eigentümer im Rahmen der Notgeschäftsführung eine einstweilige Verfügung gegen einen Störer soll beantragen können, vgl. Protokoll-Nr. 19/96 des Ausschusses für Recht und Verbraucherschutz vom 27.5.2020 S. 116.

3 Die bisherige Regelung des § 27 Abs. 1 Nr. 3 aF ist zwar entfallen, geht aber inhaltlich in § 27 Abs. 1 Nr. 2 auf; Einzelheiten siehe unter dem Stichwort *Notgeschäftsführungsrecht des Verwalters*.

4 BGH 25.9.2015 – V ZR 246/14, NJW 2016, 1310 Rn. 7.

5 *Bärmann/Merle* WEG § 21 Rn. 5; *Hügel/Elzer* WEG § 21 Rn. 22; str. aA OLG Hamm WE 1989, 102 (103).

6 *Bub* ZWE 2009, 245, (246 unter III.2).

7 *Hügel/Elzer* WEG § 21 Rn. 13.

durch Einschaltung des Verwalters erreichen kann.[8] Umgekehrt ausgedrückt: Solange einem verständigem Wohnungseigentümer ein Zuwarten noch zumutbar ist, liegt kein unmittelbar drohender Schaden vor.

6 In Betracht kommen idR **Gefahrenlagen**, die durch Sturm, Starkregen, Hagel, Feuer oder Rohrbrüche uÄ auftreten. Voraussetzung ist aber auch hier, dass weder der Verwalter noch andere Eigentümer erreichbar sind.

Beispiel: Allein der Umstand, dass ein Eigentümer eine feuchte Stelle in der Wand entdeckt und einen Wasserschaden vermutet, berechtigt ihn zB nicht, unmittelbar selbst einen Handwerker mit der Reparatur zu beauftragen.[9]

Auch rechtliche Maßnahmen sollen zulässig sein, etwa wenn Verjährung eines Anspruchs der Gemeinschaft der Wohnungseigentümer droht.[10]

7 Auch wenn die Problemlage schon länger bekannt ist, reicht dieser Umstand für sich genommen nicht aus, eine Notgeschäftsführungsbefugnis anzunehmen. Das Gleiche gilt, falls sich der Verwalter weigert, etwas zu unternehmen. Auch in diesen Fällen darf der Wohnungseigentümer nicht allein nach dem Motto entscheiden, „dass jetzt endlich was geschehen muss". Er darf erst auf eigene Faust tätig werden, wenn eine Situation eingetreten ist, in der ein **verständiger** Wohnungseigentümer nicht länger abwarten würde.

8 Der Schaden muss **noch drohen**, er darf noch nicht eingetreten sein. In diesem Falle dürfen im Rahmen der Notgeschäftsführung nur noch Maßnahmen ergriffen werden, um weitere Schäden zu verhindern.

III. Notwendige Maßnahmen

9 Der Wohnungseigentümer darf – ebenso wie der Verwalter – nur „notwendige" Maßnahmen durchführen. Das sind nur solche Maßnahmen, die die **Gefahrenlage beseitigen**. Er ist nicht zur Vornahme oder Beauftragung von Arbeiten berechtigt, die einer dauerhaften Beseitigung der Schadensursache dienen.[11] Welche Maßnahmen notwendig sind, ist vom Standpunkt eines vernünftig und wirtschaftlich denkenden Wohnungseigentümers, bezogen auf den Zeitpunkt des Handelns, zu beurteilen. Sie müssen den Grundsätzen ordnungsmäßiger Verwaltung entsprechen und dürfen zu keiner baulichen Veränderung iSd § 20 Abs. 1 WEG[12] führen.[13]

10 **1. Tatsächliches Handeln.** Es sind daher grundsätzlich nur **vorläufige** Maßnahmen erlaubt.

Beispiel: Bei einem Rohrbruch sind das zB das Absperren des Haupthahns oder das Rufen eines Handwerkernotdienstes zum provisorischen Abdichten des Rohrs, um weiteren Wasseraustritt zu verhindern. Wenn sich aber im Einzelfall die endgültige Reparatur des Rohres als effektiv erweist (etwa, wenn das fehlerhafte Rohrstück ausgewechselt statt geflickt wird) schließt das mE die Einordnung als notwendige Maßnahme nicht aus.

11 In Betracht kommt auch die Zahlung der Gebäudeversicherungsprämie, um die Kündigung seitens der Versicherung **unwirksam** zu machen.[14]

12 **2. Rechtliches Handeln.** Im Rahmen der Notgeschäftsführung sollen rechtliche Maßnahmen zulässig sein, wenn den Wohnungseigentümern oder der Gemeinschaft der Wohnungseigentümer **Rechtsverluste** drohen, etwa wenn Ansprüche zu verjähren drohen.[15] Rechtsgestaltende Maßnahmen (etwa Kündigungen) sind dagegen ausgeschlossen, da sie die Rechtslage unmittelbar ändern. Auch eine Klageerhebung für die Gemeinschaft scheidet aus.[16]

13 In allen Fällen rechtlicher Maßnahmen stellt sich aber immer die Frage, ob der handelnde Eigentümer auch **Vertretungsmacht** hatte. Dies ist grundsätzlich zu verneinen.

---

8 BGH 25.9.2015 – V ZR 246/14 NJW 2016, 1310 Rn. 7 mwN.

9 Anschaulich *Greiner* NZM 2013, 481 (483).

10 *Bub* ZWE 2009, 245 (247 unter III. 1).

11 BGH 25.9.2015 – V ZR 246/14 NJW 2016, 1310 Rn. 7.

12 Die bisherige Regelung des § 22 Abs. 1 S. 1 ist nach hiesiger Meinung für die Frage der Reichweite des Notgeschäftsführungsrechts unverändert geblieben.

13 *Bub* ZWE 2009, 245 (246 unter III. 1).

14 BGH 26.10.2018 – V ZR 279/17, BeckRS 2018, 40661.

15 *Bub* ZWE 2009, 245 (247 unter III. 1).

16 AG Offenbach 30.5.2016 – 320 C 50/15 – BeckRS 2016, 18711.

Hofele

IV. (Keine) Vertretungsmacht

Die Notgeschäftsführungsbefugnis verleiht keine Vertretungsmacht.[17] Durch die „Einführung" der Gemein- 14
schaft der Wohnungseigentümer in das Gesetz in § 9 a WEG ergibt sich nichts anderes. Im Gegenteil postuliert
§ 9 b Abs. 1 S. 1 WEG, dass die Gemeinschaft durch den Verwalter vertreten wird. Fehlt ein Verwalter, wird
nach § 9 b Abs. 1 S. 2 WEG die Gemeinschaft der Wohnungseigentümer (Verband Wohnungseigentümer)
durch die Wohnungseigentümer gemeinschaftlich vertreten. In diesem Rahmen können einzelne Wohnungseigentümer nicht durch Beschluss anstelle oder neben dem Verwalter zu Vertretern der Gemeinschaft der Wohnungseigentümer gekürt werden.[18] Daher dürfte eine Vertretungsmacht eines Eigentümers für die Gemeinschaft der Wohnungseigentümer in keinem Falle in Betracht kommen.

Daher darf – und kann – der handelnde Eigentümer Verträge nur **im eigenen Namen** abschließen. § 18 Abs. 3 15
WEG verleiht ihm keine Kompetenz, die Gemeinschaft der Wohnungseigentümer oder die anderen Wohnungseigentümer zu vertreten und schuldrechtlich oder sachenrechtlich durch Vertrag zu binden.[19] Auch Verfügungen über Gegenstände des Gemeinschaftsvermögens oder über gemeinschaftliche Gegenstände sind dem
Notgeschäftsführer nicht möglich.[20] Handelt der Eigentümer dennoch „für die" Gemeinschaft Wohnungseigentümer, hängt die Wirksamkeit des Vertrags gem. § 177 Abs. 1 BGB von der Genehmigung der Gemeinschaft ab. Einseitige Rechtsgeschäfte dürften schon an § 174 BGB scheitern.

Aus der Notgeschäftsführungsbefugnis ergibt sich auch keine gesetzliche **Prozessstandschaft**.[21] 16

V. Ansprüche des Handelnden

1. Berechtigte Notgeschäftsführung. Sind dem – berechtigterweise – handelnden Eigentümer **Aufwendun-** 17
gen entstanden, hat er einen auf Geldzahlung gerichteten **Ersatzanspruch**. Er richtet sich gem. § 9 a Abs. 1
WEG gegen die Gemeinschaft Wohnungseigentümer.[22] Ausgleichsansprüche der Eigentümer untereinander
bestehen nicht.[23] Dies ergibt sich nunmehr daraus, dass der Anspruch nur aus Maßnahmen für das Gemeinschaftseigentum besteht und die Gemeinschaft der Wohnungseigentümer unmittelbarer Anspruchsgegner ist.
Der Anspruch gegen die Gemeinschaft unterliegt der Regelverjährung des § 195 BGB.[24]

Die **Notgeschäftsführung** gibt – ebenso wie die Geschäftsführung ohne Auftrag nach §§ 683, 670 BGB – kei- 18
nen Anspruch auf Vorschuss für die voraussichtlichen Aufwendungen. Es kann nur der Ersatz bereits getätig-
ter Aufwendungen verlangt werden.[25]

2. Unberechtigte Notgeschäftsführung. Weil das Gesetz ein eigenmächtiges Handeln nur ausnahmsweise 19
unter den engen Grenzen der Notgeschäftsführung zulässt, bestehen praktisch kaum Ansprüche des unberechtigt Handelnden. Meist liegen die die Voraussetzungen der Anspruchsnormen nicht vor.

Ein Wohnungseigentümer, der eigenmächtig Instandsetzungs- und Instandhaltungsarbeiten am Gemeinschafts- 20
eigentum durchführt, kann sich nicht auf § 18 Abs. 2 WEG[26] berufen. Ihm stehen keine Ersatzansprüche aus
Geschäftsführung ohne Auftrag oder Bereicherungsrecht zu. Auch nach neuem Recht, gilt dies auch dann,
wenn die von dem Wohnungseigentümer durchgeführte Maßnahme ohnehin hätte vorgenommen werden müssen. Auch in den Fällen der **Ermessensreduzierung auf Null** bleibt den Eigentümern regelmäßig ein Gestaltungsspielraum. Es ist insbesondere ihre Sache zu entscheiden, ob sie die Maßnahme isoliert oder zusammen

---

17 AG Offenbach 30.5.2016 – 320 C 50/15, BeckRS 2016, 18711 mwN.
18 BT-Drs. 19/18791, 49.
19 Bärmann/*Merle* WEG § 21 Rn. 8; aA *Bub* ZWE 2009, 245 (246).
20 *Hügel/Elzer* WEG § 21 Rn. 18.
21 OLG Hamm 6.12.2011 – I-19 U 89/11, BeckRS 2013, 5808 unter II. 1. b aa.
22 So zum alten Recht schon BGH 18.2.2011 – V ZR 197/10, NZM 2011, 454 Rn. 23 mwN; dies ergibt sich jetzt mE
   unmittelbar aus § 9 a WEG.
23 Zum bisherigen Recht s. BGH 26.10.2018 – V ZR 279/17, BeckRS 2018, 40661 Rn. 6. Eines Rückgriffes auf den
   bisherigen § 10 Abs. 8 WEG aF bedarf es nicht mehr, da die Gemeinschaft der Wohnungseigentümer gem. § 9 a
   WEG unmittelbar Anspruchsgegner ist.
24 OLG Hamm 8.10.2007 – 15 W 385/06, BeckRS 2007, 17893 unter II.2. b.
25 LG Karlsruhe 14.3.2016 – 11 T 635/14, ZWE 2016, 282.
26 Bisher: § 21 Abs. 4 WEG aF; für die Frage der Notgeschäftsführung ist mit der Neuformulierung und Umstellung
   mE keine Änderung verbunden.

mit anderen Arbeiten durchführen und welche Handwerker sie beauftragen. Deshalb müssen die Wohnungseigentümer auch über eine zwingend gebotene und keinen Aufschub duldende (Instandsetzungs- oder Instand-) Erhaltungsmaßnahme einen Beschluss fassen.[27]

21 **a) (Kein) Anspruch aus Geschäftsführung ohne Auftrag.** Das Notgeschäftsführungsrecht schließt einen Anspruch aus Geschäftsführung ohne Auftrag gem. §§ 677, 683 S. 1, 670 BGB nicht aus. Der Anspruch besteht aber nur, wenn die Vornahme der Maßnahme dem **tatsächlichen oder mutmaßlichen Willen** der Gemeinschaft der Wohnungseigentümer entspricht.[28] Daran fehlt es dann, wenn die Wohnungseigentümer beschlossen haben, die vorgenommene Maßnahme vorerst zurückzustellen und abzuwarten, ob sie ganz entbehrlich ist.[29]

22 Ist eine Maßnahme nicht von § 18 Abs. 3 WEG gedeckt, spricht eine Vermutung dafür, dass die Gemeinschaft der Wohnungseigentümer selbst von ihrer Entscheidungsbefugnis Gebrauch machen wollen. Daher entspricht die Übernahme der Geschäftsführung im Zweifel nicht dem mutmaßlichen Willen der Wohnungseigentümer.

23 Daran ändert sich auch dann nichts, wenn der Wohnungseigentümer einen Anspruch auf Durchführung dieser konkreten, einzig in Betracht kommenden Maßnahme gehabt hätte, weil nur diese Maßnahme ordnungsgemäßer Verwaltung entsprochen hätte. Auch dann steht ihm kein Anspruch zu.[30] Denn Ausgangspunkt für einen Anspruch muss immer die Vorläufigkeit der getroffenen Maßnahme sein. Ist sie es, steht dem Eigentümer der Anspruch zu. Schafft er aber durch seine Maßnahme endgültig Tatsachen, setzt er sich über die Willensbildung der Eigentümer hinweg. Da den Wohnungseigentümern stets ein **Gestaltungsspielraum** bleibt, kann der Eigentümer die „konkrete, einzig in Betracht kommende Maßnahme" nicht vorhersehen und daher auch nicht vorwegnehmen. Es wäre mithin reiner Zufall, wenn die **ganz konkret** vorgenommene Maßnahme dem Interesse und dem wirklichen oder dem mutmaßlichen Willen des Geschäftsherrn entspricht. Ihm unter diesen Voraussetzungen einen – ggf. einklagbaren – Anspruch zuzubilligen, erscheint nicht sachgerecht.

24 **b) (Kein) Anspruch aus ungerechtfertigter Bereicherung.** Ein Bereicherungsanspruch bei Maßnahmen zur Erhaltung (Instandsetzung oder Instandhaltung) des Gemeinschaftseigentums ist nicht von vornherein ausgeschlossen.[31] Ähnliches gilt für Mängelbeseitigungsmaßnahmen.[32]

25 Die Entscheidung des BGH vom 14.6.2019[33] ist zu Recht allgemein als „hart" kommentiert worden, weil sich im konkreten Sachverhalt der handelnde Eigentümer „wirklich" geirrt hat. Für den exzessiven Notgeschäftsführer ist die **Versagung des Bereicherungsanspruches** aber richtig: Denn die Notgeschäftsführung besteht nur unter engen Voraussetzungen. ME konnte schon nach der bisherigen Rechtsprechung einem Notgeschäftsführer, der die Voraussetzungen des § 18 Abs. 3 WEG nicht einhielt, eine Ermessensreduzierung auf Null nicht zugutekommen, weil die Notgeschäftsführung nur vorläufige Maßnahmen zulässt. Erforderliche Notmaßnahmen sind gerade nicht vorhersehbar, sondern richten sich nach dem konkreten drohenden Umstand. Notmaßnahmen müssen daher nicht „ohnehin" vorgenommen werden. Durch den Wegfall dieser Einschränkung ist der exzessive Notgeschäftsführer nicht schlechter gestellt. Dem handelnden Eigentümer ist es im Rahmen des § 18 Abs. 3 WEG zuzumuten, genau zu prüfen, ob die Voraussetzungen hierfür vorliegen. Auch und gerade in den Fällen, in denen ein Eigentümer meint, „das muss sowieso gemacht werden", kann er die anderen Eigentümer nicht übergehen.

---

27 BGH 14.6.2019 – V ZR 254/17, BeckRS 2019, 12923 unter ausdrücklicher Aufgabe von BGH 25.9.2015 – V ZR 246/14, NJW 2016, 1310 Rn. 12 f; s. dazu – teilweise kritisch – *Schnellbacher* ZWE 2019, 484; *Bub/ Pramataroff* FD-MietR 2019, 420749; *Zühlsdorff* LMK 2019, 421239; *Elzer* IMR 2019, 325; *Greiner* ZWE 2020, 23; *Gsell* ZWE 2019, 490.

28 BGH 25.9.2015 – V ZR 246/14, NJW 2016, 1310 Rn. 8.

29 BGH 25.9.2015 – V ZR 246/14, NJW 2016, 1310.

30 So aber OLG Frankfurt a. M. 4.9.2008 – 20 W 347/05, BeckRS 2009, 12141.

31 BGH 25.9.2015 – V ZR 246/14, NJW 2016, 1310 Rn. 10.

32 BGH 24.7.2015 – V ZR 167/14, NJW 2015, 2874 Rn. 24.

33 BGH 14.6.2019 – V ZR 254/17, BeckRS 2019, 12923.

Hofele

160. Notverwalter

Hofele

I. Einführung

Bis 2007 sah der damals geltende § 26 Abs. 3 WEG vor, dass ein Verwalter in dringenden Fällen auf Antrag **1** eines Wohnungseigentümers oder eines Dritten (mit berechtigtem Interesse), durch den Richter zu bestellen war. Diese Norm entfiel mit der WEG-Reform 2007.[1] Durch die Reform 2020[2] wurde meines Erachtens durch § 19 Abs. 2 Nr. 6 WEG ein ähnlicher Anspruch für die Eigentümer (nicht aber für Dritte) wieder eingeführt.

II. WEG-Reform 2020

1. Verwalterbestellung als ordnungsgemäße Verwaltung. § 18 Abs. 2 WEG begründet nunmehr Individual- **2** ansprüche jedes Wohnungseigentümers gegen die Gemeinschaft der Wohnungseigentümer. In diesem Zusammenhang wird auch der Begriff der ordnungsmäßigen Verwaltung und Benutzung im Einklang mit dem vorher geltenden Recht (§§ 15 Abs. 3, 21 Abs. 3 und 4 WEG aF) **legaldefiniert** als eine Verwaltung und Benutzung, die dem Interesse der Gesamtheit der Wohnungseigentümer nach billigem Ermessen entspricht.[3] In § 19 WEG wurde die Regelung der Verwaltung und Benutzung durch Beschluss parallel geregelt. Die Vorschrift tritt damit hinsichtlich der Verwaltung an die Stelle des § 21 WEG aF und hinsichtlich der Benutzung an die Stelle des § 15 WEG aF.[4]

In diesem Rahmen sieht § 19 Abs. 2 Nr. 6 WEG[5] nunmehr ausdrücklich vor, dass zur ordnungsmäßigen Ver- **3** waltung und Benutzung „insbesondere" die **Bestellung eines zertifizierten Verwalters** nach § 26 a WEG gehört, es sei denn, es liegen die dort weiter genannten Ausnahmefälle vor. Die Regelung wurde erst durch die Beschlussempfehlung des Rechtsausschusses eingefügt. Nach der Begründung des Rechtsausschusses erhöhen sich durch die Reform die Anforderungen an eine qualifizierte Verwaltung von Wohnungseigentumsanlagen. Daher soll zur ordnungsmäßigen Verwaltung deshalb künftig die Bestellung eines zertifizierten Verwalters nach § 26 a WEG gehören. Jedem Wohnungseigentümer soll ein Anspruch darauf eingeräumt werden, dass ein solcher Verwalter bestellt wird. Unberührt bleiben soll die Möglichkeit, dass auch mit einem nicht zertifizierten Verwalter, der das Vertrauen aller Wohnungseigentümer besitzt, weiterhin zusammengearbeitet wird. Die Bestellung eines zertifizierten Verwalters soll in kleineren Anlagen für Fälle der sogenannten Eigenverwaltung nicht zur ordnungsgemäßen Verwaltung gehören, da dort der Verwaltungsaufwand typischerweise einen geringeren Umfang einnimmt. Unabhängig von der Größe der Anlage soll aber ein Anspruch auf Bestellung des qualifizierten Verwalters bestehen, wenn mindestens ein Drittel der Wohnungseigentümer dies verlangt.[6]

---

1 Art. 1 G. v. 26.3.2007, BGBl. I 370.
2 Wohnungseigentumsmodernisierungsgesetz (WEMoG) vom 16.10.2020 (BGBl. I 2187).
3 BT-Drs. 19/18791, 59.
4 BT-Drs. 19/18791, 60.
5 § 19 Abs. 2 Nr. 6 WEG ist nach § 48 Abs. 4 S. 1 WEG erst zwei Jahre nach Inkrafttreten des Gesetzes anwendbar, um die Entwicklung und Umsetzung der notwendigen Zertifizierungsverfahren zu ermöglichen, BT-Drs. 19/22634, 44.
6 Vgl. BT-Drs. 19/22634, 43 f.

4 Aus meiner Sicht wurde bei der Einführung des zertifizierten Verwalters nach § 26 a WEG und der daraus resultierenden Folgeänderung in § 19 Abs. 2 Nr. 6 WEG vom Rechtsausschuss übersehen, dass nunmehr **offenbleibt**, ob ein Anspruch nur auf die Bestellung eines qualifizierten Verwalters oder – a majore ad minus – auch Anspruch auf Bestellung „jedenfalls irgendeines" Verwalters besteht.

Es spricht einiges dafür, dass nunmehr ein Verwalter bestellt werden **muss**, wenn ein Eigentümer dies verlangt.[7] Die Begründung, dass in Kleinanlagen kein qualifizierter Verwalter benötigt wird, weil der Verwaltungsaufwand einen geringen Umfang einnimmt,[8] überzeugt nicht, wenn gleichzeitig davon ausgegangen wird, dass sich durch die Reform die Anforderung an die Verwaltung erhöht haben. Denn komplexe Fragen können sich unabhängig von der Größe der Gemeinschaft ergeben. Der Verwaltungsaufwand hängt meines Erachtens weniger von der Anzahl der Einheiten ab – der reine laufende „handwerkliche" Verwaltungsaufwand im Hinblick auf Erstellung von Abrechnungen usw. lässt sich heutzutage durch entsprechende Programme handhaben – sondern vom Umfang der konkret anstehenden Aufgaben: Die Vorbereitung und Durchführung von größeren Sanierungsmaßnahmen oder generell die Vorbereitung zur Fassung von rechtssicheren Beschlüssen ist unabhängig von der Größe der Gemeinschaft. Wenn man also davon ausgeht, dass durch die Reform die **Anforderung an die Verwaltung erhöht** werden, so gilt dies für alle Wohnungseigentumsanlagen. Im Übrigen lässt sich meines Erachtens beobachten, dass in manchen kleineren Wohnungseigentumsanlagen mit Selbstnutzern Auseinandersetzungen hartnäckiger und kleinteiliger geführt werden, als in größeren Wohnungseigentumsanlagen, in denen etwa viele Kapitalanleger Eigentümer sind. Und das stellt ganz besondere Anforderungen an den Verwalter.

5 **2. Vertretung der Gemeinschaft der Wohnungseigentümer im Außenverhältnis.** Zur Vertretung im Außenverhältnis bedarf es nach wie vor keines Verwalters. Nach § 9 b Abs. 1 S. 2 WEG wird die Gemeinschaft der Wohnungseigentümer durch die **Wohnungseigentümer gemeinschaftlich** vertreten, wenn sie keinen Verwalter hat. Mithin sind in einer verwalterlosen Gemeinschaft die Wohnungseigentümer gemeinschaftlich zur Vertretung berechtigt. Sind sich alle Wohnungseigentümer einig, können sie nach den allgemeinen Grundsätzen der Gesamtvertretung auch einen oder mehrere von ihnen ermächtigen. Eine Ermächtigung durch Mehrheitsbeschluss scheidet dagegen aus (vgl. auch die Begründung zu § 9 b Abs. 2). Ist eine Willenserklärung gegenüber der verwalterlosen Gemeinschaft der Wohnungseigentümer abzugeben, so genügt nach allgemeinen Grundsätzen die Abgabe gegenüber einem Wohnungseigentümer.[9]

6 Nach § 26 Abs. 5 WEG sind Abweichungen von den Vorschriften des § 26 Abs. 1 bis 3 WEG unzulässig.[10] Durch den Rechtsausschuss wurde § 26 WEG in Fassung des Regierungsentwurfs[11] komplett neu gefasst. Schon der Regierungsentwurf sah vor, dass die Neuregelung jeglicher Beschränkung der Bestellung oder Abberufung des Verwalters entgegensteht. Demnach darf die Bestellung eines Verwalters erst recht nicht generell ausgeschlossen sein. Einer zusätzlichen Vorschrift, die dies – wie der geltende § 20 Abs. 2 WEG – besonders anordnet, bedarf es nicht, so die Gesetzesbegründung.[12] Die Neuregelung ändert nichts daran, dass eine Verwalterbestellung nach wie vor **nicht zwingend** ist. Solange sich alle Eigentümer einig sind, keinen Verwalter zu haben, kann die Bestellung unterbleiben. Eine Bestellung von Amts wegen kommt nicht in Betracht.[13]

7 **3. Begriff Notverwalter.** Daher ist ein „Notverwalter" **im Bedarfsfall** auf Antrag unter den Voraussetzungen des § 18 Abs. 2 WEG[14] zu bestellen.[15] Von einem „Notverwalter" sollte mE aber nach wie vor nur gesprochen werden, wenn aufgrund von Streitigkeiten unter den Eigentümern die Bestellung durch einstweilige Verfügung erfolgen muss.

---

7 So zutreffend *Hügel/Elzer*, 3. Aufl. 2021, WEG § 21 Rn. 117.

8 BT-Drs. 19/22634, 43 f.

9 Vgl. BGH 14.12.1974 – II ZB 6/73; BT-DRs. 19/18791, 49.

10 BT-Drs. 19/22634, 46.

11 BT-Drs. 19/18791.

12 BT-Drs. 19/18791, 74.

13 Zum alten Recht s. Bärmann/*Merle* WEG § 20 Rn. 14.

14 § 21 Abs. 4 WEG aF.

15 Nach wie vor instruktiv zum vor 2007 und bis 2020 geltenden Recht OLG Düsseldorf 31.8.2007 – 3 Wx 85/07, NZM 2008, 452.

III. Jederzeitiger Anspruch auf Bestellung

Allerdings kann jeder Eigentümer gem. §§ 18 Abs. 2, 19 Abs. 2 Nr. 6, 26 Abs. 1 WEG **jederzeit** die Bestellung 8 eines Verwalters verlangen. Weigern sich die anderen Eigentümer, kann die Bestellung eines Verwalters gem. §§ 18 Abs. 2, 19 Abs. 2 Nr. 6; 43 Abs. 2 Nr. 1 WEG als Maßnahme ordnungsmäßiger Verwaltung durchgesetzt werden.[16] Dies gilt nach wie vor auch bei einer **Zweier-Gemeinschaft**.[17] Als Anspruch auf ordnungsgemäße Verwaltung kann dieser Anspruch nicht verjähren (→ *Verjährung* Rn. 17).[18]

IV. Anspruch auf Bestellung einer geeigneten Person

Das Fehlen eines Verwalters beruht meist auf sonstigen Problemen in der Gemeinschaft der Wohnungseigentü- 9 mer oder zwischen den Eigentümern untereinander. Oftmals entzündet sich der Streit an der Person des Ver- walters oder erstreckt sich auf dessen Bestellung. Jeder Wohnungseigentümer kann nach § 18 Abs. 2 Nr. 1 WEG die **Abberufung** eines untauglichen Verwalters und die Bestellung eines tauglichen Verwalters verlan- gen; dies kann auch im Wege der einstweiligen Verfügung erfolgen.[19]

Nach § 19 Abs. 2 Nr. 6 WEG besteht nunmehr nach hiesiger Ansicht in **jeder Gemeinschaft** ein Anspruch auf 10 Bestellung eines Verwalters, wenn ein Eigentümer dies verlangt.

Liegen die Ausnahmen in § 19 Abs. 2 Nr. 6 Hs. 2 WEG nicht vor, muss schon nach dem Wortlaut ein zertifi- zierter Verwalter nach § 26 a WEG als Notverwalter bestellt werden, da nur dies der ordnungsgemäßen Ver- waltung entspricht.

Aber auch in allen anderen Gemeinschaften muss nunmehr stets ein zertifizierter Verwalter gem. § 26 a WEG 11 gestellt werden. Den Ausgangspunkt für das Begehren der Bestellung des „Notverwalters" ist, dass kein Ver- walter vorhanden ist. Und es liegt auch in der Natur der Sache, dass das Begehren nur von einem oder jeden- falls wenigen Eigentümern ausgeht. Denn ansonsten dürften die Eigentümer in der Lage sein, im normalen Beschlusswege einen Verwalter zu bestellen. Mithin greifen die **Ausnahmen**, wonach auch ein nicht zertifi- zierter Verwalter im Rahmen der ordnungsgemäßen Verwaltung gestellt werden kann, im Falle des Notverwal- ters nicht.

V. Ansprüche bei Weigerung zur Bestellung eines Verwalters

Unterbleibt die Bestellung, und kommen die Wohnungseigentümer, deren Mitwirkung an der Verwalterbestel- 12 lung verlangt wird, in Verzug, kann dies einen **Schadensersatzanspruch** im Verhältnis der Wohnungseigentü- mer untereinander begründen.[20]

VI. Prozessuales

Durch die Reform 2020 wurde auch das **Verfahrensrecht** vollständig neu gefasst. Die bisherigen, von der 13 ZPO abweichenden Regelungen haben sich nach Ansicht des Gesetzgebers in weiten Teilen in der Praxis nicht bewährt und zudem schwierige rechtliche Fragen aufgeworfen. Auch § 18 Abs. 1 WEG löst prozessrechtlichen Reformbedarf aus.[21]

§ 43 Abs. 2 Nr. 4 WEG enthält den (neuen) Begriff der **Beschlussklagen**. Er entspricht inhaltlich dem bisheri- gen § 43 Nr. 4 WEG aF. Beschlussklagen gem. § 44 WEG sind Anfechtungs-, Nichtigkeits- und Beschlusser- setzungsklagen.[22] Allerdings ergeben sich auch nach der Reform Unklarheiten.

---

16 Prozessual hat sich durch die Reform insofern nichts geändert, zum alten Recht s. Bärmann/*Merle* WEG § 20 Rn. 15.
17 Zum alten Recht LG Frankfurt a. M. 7.3.2017 – 2–13 S 4/17 ZWE 2017, 231.
18 LG Hamburg 23.5.2012 – 318 S 198/11, ZWE 2013, 34; BGH 27. 4.2012 – V ZR 177/11, NZM 2012, 508.
19 Auch dies dürfte unverändert weiter möglich sein, zum bisherigen Recht s. BGH 10.6.2011 – V ZR 146/10, NJW 2011, 3025 Rn. 11; OLG Düsseldorf 31.8.2007 – 3 Wx 85/07, NZM 2008, 452; LG Hamburg 23.5.2012 – 318 S 198/11, ZWE 2013, 34; *Hügel/Elzer* WEG § 26 Rn. 70.
20 Bärmann/*Merle* WEG § 20 Rn. 15.
21 BT-Drs. 19/18791, 79.
22 BT-Drs. 19/18791, 82.

14   **1. Klageart.** Das Begehren, einen Notverwalter zu bestellen, ist durch eine **Beschlussersetzungsklage**[23] gem. § 44 Abs. 1 S. 2 WEG (§ 21 Abs. 8 WEG aF) geltend zu machen.

In der Praxis dürfte die Bestellung durch das Gericht nur notwendig werden, wenn es schon **erhebliche Streitigkeiten** gibt. Umso mehr muss eine entsprechende Klage und noch mehr ein Antrag auf Einstweilige Verfügung sorgfältig vorbereitet werden. Im Rahmen eines anhängigen Hauptsacheverfahrens über die Abberufung eines Verwalters ist auch die zeitlich begrenzte Einsetzung eines „Notverwalters" möglich. Auf Antrag kann dies auch unter den Voraussetzungen des § 940 ZPO im Rahmen einer Regelungsverfügung erfolgen.[24]

15   Vor Klageerhebung ist grundsätzlich eine **Vorbefassung** erforderlich.[25] Dies betrifft nicht nur die Frage der Bestellung, sondern auch die des Verwaltervertrages. Denn auch wenn die (organschaftliche) Bestellung durch das Gericht erfolgen kann, ist fraglich, ob das Gericht ohne Weiteres den Vertrag für die Gemeinschaft der Wohnungseigentümer mit dem Dritten abschließen kann. Insofern sollte der Kläger schon im Vorfeld mit in Betracht kommenden Personen geklärt haben, ob und zu welchen Konditionen sie das Amt übernehmen. Dadurch lassen sich gerade bei einer einstweiligen Verfügung viele Probleme vermeiden.[26] Ohnehin sollte im Klageverfahren ausreichend vorgetragen werden, auch zum Verwaltervertrag (→ Rn. 25).

16   **2. Parteien. Jeder** Wohnungseigentümer kann aufgrund seines Anspruches gem. § 18 Abs. 2, 19 Abs. 2 Nr. 6 WEG die Klage erheben. Die Klage ist nach § 44 Abs. 2 S. 1 WEG gegen die Gemeinschaft der Wohnungseigentümer zu richten.[27]

17   **3. Zustellung der Klage.** § 44 WEG aF (Bezeichnung der Wohnungseigentümer in der Klageschrift), § 45 WEG aF (Zustellung, insbesondere Ersatzzustellungsvertreter) und § 47 bis § 50 WEG sind ersatzlos entfallen, da diese nach Ansicht des Gesetzgebers nicht mehr erforderlich sind.[28]

Als Beschlussersetzungsklage ist sie gegen die Gemeinschaft der Wohnungseigentümer zu richten. Nach § 44 Abs. 2 S. 2 WEG hat der Verwalter hat den Wohnungseigentümern die Erhebung der Klage unverzüglich bekanntzumachen. Das Gesetz geht nunmehr also ersichtlich davon aus, dass die Zustellung an einen **Verwalter** erfolgt und dieser die Eigentümer zu informieren hat.

18   Allerdings soll (und kann) die Zustellung an den Verwalter kein Wirksamkeitserfordernis sein, jedenfalls dann, wenn ein Verwalter fehlt. Fehlt ein Verwalter, soll nach der Gesetzesbegründung die Informationspflicht wie bei anderen verbandsrechtlichen Gestaltungsklagen auch, gegebenenfalls dem **Gericht** obliegen.[29]

Der Hinweis auf die Übertragung der Informationspflicht auf das Gericht erscheint allerdings nicht durchdacht und praxisfremd. Denn wenn die Klage an die Gemeinschaft der Wohnungseigentümer zu richten ist und es keinen Verwalter gibt, muss die Zustellung zwingend an jeden einzelnen Wohnungseigentümer erfolgen. Nach § 9 b Abs. 1 S. 2 WEG wird die Gemeinschaft durch die Wohnungseigentümer gemeinschaftlich vertreten, sodass mithin die Zustellung an die Eigentümer wirksam erfolgen kann. Sie muss dann aber an **jeden Eigentümer** erfolgen. Denn erst die wirksame Zustellung der Klage (§ 271 ZPO) zur Rechtshängigkeit der Klage (§ 261 ZPO) mit deren prozessualer (§ 167 ZPO) und materiellrechtlicher Wirkung (§ 262 ZPO).[30] Daher geht der Hinweis auf die Informationspflicht durch das Gericht ins Leere; zumal das Gericht bei jeder Klage den Kläger stets nach der ladungsfähigen Anschrift fragen wird.

19   **4. Anträge. a) Person des Verwalters.** Der Kläger kann einen Vorschlag für die Bestellung einer bestimmten Person machen und beantragen, dass die Beklagten diesem Vorschlag zustimmen. Voraussetzungen für die Verurteilung der anderen Eigentümer ist grundsätzlich, dass der verlangte Beschluss dem Interesse der Gesamtheit der Wohnungseigentümer nach billigem Ermessen entspricht und es keine andere Möglichkeit gibt,

---

23 Bisher ergab sich diese aus § 21 Abs. 8 WEG aF, insoweit unverändert vgl. LG Frankfurt a. M. 7.3.2017 – 2–13 S 4/17, ZWE 2017, 231.
24 BGH 10.6.2011 – V ZR 146/10, NJW 2011, 3025 Rn. 11.
25 Bisher ergab sich diese aus § 21 Abs. 8 WEG aF, insofern sind die Voraussetzungen unverändert; st. Rspr, vgl. LG Frankfurt a. M. 7.11.2019 – 2–13 T 82/19, BeckRS 2019, 29243 (insbesondere zur Kostentragungspflicht nach Hauptsacheerledigung).
26 Instruktiv *Briesemeister* NZM 2009, 64.
27 Zum Meinungsstand zum Recht bis 2020 siehe *Hügel/Elzer* WEG § 26 Rn. 74.
28 BT-Drs. 19/18791, 79.
29 BT-Drs. 19/18791, 83; vgl. BVerfG 9.2.1982 – 1 BvR 191/81.
30 *Zöller/Krieger* ZPO § 271 Rn. 2.

dem Interesse der Wohnungseigentümer zu genügen. Es muss also im Prinzip eine **Ermessensreduktion auf Null** vorliegen.[31] Die Zustimmung wird dann nach § 894 ZPO fingiert. Eine Entscheidung nach dem Motto „Es kann nur Einen geben" dürfte aber nur in Ausnahmefällen möglich sein. Hinzu kommt, dass eine Klage auf richterliche Gestaltung subsidiär ist. Stets muss das Selbstorganisationsrecht der Eigentümer beachtet werden. Der Kläger kann daher nur solche Maßnahmen verlangen – und das Gericht kann nur solche Maßnahmen anordnen –, die zu Gewährleistung eines effektiven Rechtsschutzes unbedingt notwendig sind. Es ist daher stets zu prüfen, ob und ggf. auf welche Weise es den Wohnungseigentümern ermöglicht werden kann, ganz oder teilweise noch selbst und in eigener Regie eine Entscheidung zu treffen.[32]

Daher sollte die Auswahl des **konkreten** Verwalters in das Ermessen des Gerichts gestellt werden. **20**

Allerdings muss meines Erachtens stets ein **zertifizierter** Verwalter iSd § 26 a WEG vorgeschlagen werden. Bei einer Klage auf Bestellung eines Verwalters muss das Gericht nicht selbst einen geeigneten Verwalter und die Vertragskonditionen ermitteln, sondern muss nur auf entsprechenden Tatsachenvortrag der Parteien hinwirken.[33] Daher ist – gerade in den hochgradig streitigen Fällen – für eine Ermessensentscheidung im Sinne des Klägers ein möglichst guter Vortrag erforderlich. Ohne einen dahin gehenden Antrag kann das Gericht wegen § 308 ZPO die gesetzlichen und gewillkürten Rechte und Pflichten des Verwalteramtes nicht verändern.

Nach bisherigem Recht konnte zB die Abberufung des Verwalters nach § 26 Abs. 1 S. 3 WEG aF beschränkt **21** werden. Das konnte das Gericht aber nicht von sich aus tun, diese Einschränkung musste beantragt werden.[34]

Die Reform hat die Beschlussersetzungsklage inhaltlich nicht verändert. Die Kunst liegt also nach wie vor darin, die Anträge so zu fassen, dass ein Risiko der Klageabweisung möglichst gering ist, auch falls das Gericht im Rahmen seines Ermessens anders entscheidet.[35]

Man kann die Anforderungen an die Antragstellung etwa wie folgt zusammenfassen: **So weit wie möglich** (damit das Gericht noch Ermessen hat), aber **so genau wie nötig** (damit man bekommt, was man erreichen möchte).

Wegen des **Beibringungsgrundsatzes** hat der Kläger dem Gericht die zur Ermessensausübung erforderlichen **22** Tatsachen beizubringen, um es in die Lage zu versetzen, nach **billigem Ermessen** zu entscheiden. Daher müssen eine oder mehrere geeignete Personen vorgeschlagen und die jeweiligen Konditionen des Verwaltervertrages dargelegt werden.[36] Auch muss dargelegt werden, dass die vorgeschlagenen Personen bereit sind, bei gerichtlicher Bestellung der Übernahme des Verwalteramtes zuzustimmen.[37] Es ist daher sinnvoll, mit der Klage Vorschläge für die Bestellung eines Verwalters zu unterbreiten, der sein Einverständnis unter bestimmten Konditionen bekundet hat.[38] Auch sollte der Kläger hinreichend dazu vortragen, dass der in Aussicht genommene Verwalter geeignet ist, die Aufgabe wahrzunehmen. Dies gilt insbesondere vor dem Hintergrund, dass es sich meist um verfahrene Situationen handeln wird. Den Beklagten muss gem. § 139 ZPO Gelegenheit zur Stellungnahme gegeben werden,[39] so dass es auch unter diesem Gesichtspunkt im Interesse des Klägers ist, dem Gericht Argumente für die Auswahl zu liefern.

b) Dauer der Bestellung und Vergütung. Der Kläger kann und sollte zur **Dauer** der Bestellung vortragen. **23** Sagt er hierzu nichts, kann der Verwalter für bis zu fünf Jahre bestellt werden (vgl. § 26 Abs. 2 S. 1 WEG).[40] Ähnliches gilt für die **Vergütung**. Da der in Aussicht genommene Verwalter der Bestellung zustimmen muss, sollte dies im Vorfeld geklärt werden.

---

31 *Hügel/Elzer* WEG § 26 Rn. 74.
32 *Hügel/Elzer* WEG § 21 Rn. 156 mwN.
33 Bärmann/*Merle* WEG § 21 Rn. 210.
34 *Hügel/Elzer* WEG § 26 Rn. 71.
35 *Bonifacio* mietrb 2007, 21.
36 LG Dortmund 10.11.2015 – 1 S 308/15 BeckRS 2016, 9857 Rn. 18; LG Hamburg 20.1.2016 – 318 S 99/15, ZMR 2016, 724.
37 LG Dortmund 10.11.2015 – 1 S 308/15 BeckRS 2016, 9857 Rn. 22.
38 FormBib-Z MietR/*Bruns* Teil 2 § 6 Rn. 602.
39 *Briesemeister* NZM 2009, 64 unter II.5.e.
40 Bisher § 26 Abs. 1 S. 2 WEG aF.

24 **c) Bestellungsakt.** Die Bestellung wird mit **Rechtskraft** des Urteils[41] und **Zustimmung** des zu bestellenden Verwalters wirksam.

25 **5. Verwaltervertrag.** Auch beim gerichtlich bestellten Verwalter ist zwischen der **Bestellung** als Organ und dem schuldrechtlich zu schließendem **Vertrag** (→ *Verwaltervertrag* Rn. 1) zu unterscheiden.[42] Der in Aussicht genommene Verwalter wird in der Regel Vorstellungen zu einem Verwaltervertrag, vor allem zu einer etwaigen Vergütung haben.[43]

26 Der BGH meint – ausdrücklich auch aus praktischen Überlegungen –, dass das Gericht bei der Bestellung oder ggf. nachträglich festlegen muss, ob und ggf. in welcher Höhe eine Vergütung geschuldet ist.[44] Da vor Klageerhebung ohnehin eine **Vorbefassung** (→ Rn. 15) erforderlich ist, sollte im Verfahren auch zum Abschluss eines Verwaltervertrages vorgetragen werden.

VII. Stellung des gerichtlich bestellten Verwalters

27 Der rechtskräftig gerichtlich bestellte Verwalter hat in jeder Hinsicht die **gleiche** Rechtsstellung wie ein von den Wohnungseigentümern bestellter Verwalter.[45] Er kann also auch wieder jederzeit von den Wohnungseigentümern nach § 26 Abs. 3 S. 1 WEG (bisher § 26 Abs. 1 S. 1 WEG aF) abberufen werden.[46]

161. Nutzung des Sondereigentums

Mehle

I. Einführung

1 § 13 Abs. 1 WEG differenziert zwischen dem Recht eines Wohnungseigentümers, die in seinem Sondereigentum stehenden Gebäudeteile nach seinem Belieben zu gebrauchen (→ *Gebrauch des Sondereigentums* Rn. 5 ff.) und dem Recht, sie **zu vermieten, verpachten in sonstiger Weise zu nutzen** (vgl. Abgrenzung zwischen Gebrauch und Nutzung iSv § 13 Abs. 1, → *Gebrauch des Sondereigentums*, Rn. 5 f.). Das Recht zur Nutzung des Sondereigentums umfasst die Berechtigung der Wohnungseigentümer, die im Sondereigentum stehenden Räume und die zu diesen gehörenden wesentlichen Bestandteile **zu vermieten, verpachten in sonstiger Weise zu nutzen** und iRd § 14 Abs. 1 Nr. 2 WEG nicht zu nutzen. Jeder Wohnungseigentümer kann also die unmittelbaren und mittelbaren **Sach- und Rechtsfrüchte** des Sondereigentums zu ziehen, vgl. § 99 Abs. 1 und 2 BGB. Dabei handelt es sich um **Nutzungen**. Die Unterscheidung zwischen dem Gebrauch und der Nutzung folgt aus dem Gesetz, vgl. § 13 Abs. 1 WEG, § 16 Abs. 1 S. 1 und S. 3 WEG sowie § 18 Abs. 2

---

41 Insofern unverändert, vgl. LG Hamburg 23.5.2012 – 318 S 198/11, ZWE 2013, 34.
42 Insofern durch die Reform unverändert, vgl. etwa BT-Drs. 198791, 74.
43 *Briesemeister* NZM 2009, 64 unter III. 6 8.
44 BGH 11.5.2017 – V ZB 52/15, NJW 2017, 2766 zum Ersatzzustellungsvertreter, mit guten Argumenten aA *Hügel/Elzer* WEG § 26 Rn. 72 und *Bärmann/Roth* WEG § 45 Rn. 53.
45 BGH NJW 1993, 1924 unter III. 1. b aa; *Bärmann/Merle* WEG § 20 Rn. 15.
46 *Hügel/Elzer* WEG § 26 Rn. 73 mwN.

Nr. 2 WEG (vgl. zur Abgrenzung zwischen Gebrauch und Nutzung iSv § 13 Abs. 1 WEG → *Gebrauch des Sondereigentums* Rn. 6). Gem. § 1 Abs. 6 WEG gilt dieses Recht für Teileigentümer entsprechend.

Dem Wohnungseigentümer ist ein solch umfassendes Nutzungsrecht eingeräumt, weil das Wohnungseigentum **2** – bezogen auf das Sondereigentum – Alleineigentum und sachenrechtlich „echtes Eigentum" iSv § 903 BGB ist. Wohnungseigentum unterfällt der **Eigentumsgarantie** aus Art. 14 GG. Diese sichert dem Träger des Grundrechts einen Freiheitsraum im vermögensrechtlichen Bereich und ermöglicht ihm dadurch eine eigenverantwortliche Gestaltung seines Lebens.[1]

Das üblicherweise enge Mit- und Nebeneinander der Wohnungseigentümer macht es erforderlich, die **Nut-** **3** **zungsfreiheit** der Wohnungseigentümer weitergehend zu regeln und auch einzuschränken, als es bei Alleineigentümern von Hausgrundstücken erforderlich ist. Das verdeutlicht auch die gesetzliche Regelung in § 13 Abs. 1 WEG, die lediglich vom „Ausschluss von Einwirkungen" und nicht wie § 903 BGB davon spricht, andere von „jeder Einwirkung" auszuschließen. Das Wohnungseigentumsrecht trägt damit der besonderen Einbindung in die Gemeinschaft Rechnung.

Die in der Praxis bedeutsamste Nutzung von Wohnungseigentum ist **das Vermieten** (→ *Miete (Vermietung* **4** *des Sondereigentums)* Rn. 1 ff.). Der Mieter selbst gebraucht allerdings die Mietsache. Die Vermietung von Wohnungseigentum ist weder im BGB noch im WEG näher geregelt. Lediglich in § 15 WEG finden sich nunmehr Regelungen zu Pflichten Dritter. Daher greifen oftmals Wohnungseigentumsrecht und Mietrecht ineinander. Weil beide Rechtsgebiete nach wie vor nur bedingt aufeinander abgestimmt sind, gestaltet sich die Rechtslage oftmals als problematisch.

Im Rahmen der durch die **Zweckbestimmungen im weiteren und im engeren Sinn** (→ *Gebrauch des Son-* **5** *dereigentums* Rn. 8 ff.) sowie den in § 14 Abs. 1 und 2 WEG vorgegebenen Grenzen ist eine Vermietung des Sondereigentums grundsätzlich in beliebigem Umfang erlaubt. Der vermietende Eigentümer ist berechtigt, seinem Mieter auch das Recht zum Mitgebrauch des gemeinschaftlichen Eigentums zu übertragen. Die Mietsache umfasst neben dem Recht zum Gebrauch des Sondereigentums notwendig auch das Recht zum Mitgebrauch des gemeinschaftlichen Eigentums.[2]

II. Nutzungsgrenzen

1. Gesetzliche und gewillkürte Grenzen der zulässigen Nutzung. Typischerweise ergeben sich aus der Ge- **6** meinschaftsordnung sowie anderweitigen Vereinbarungen und Beschlüssen neben gewillkürten Gebrauchsbeschränkungen auch **gewillkürte Nutzungsbeschränkungen**:

- Die Gemeinschaftsordnung (→ *Gemeinschaftsordnung* Rn. 1 ff.) beinhaltet grundsätzlich die Festlegung, ob eine Sondereigentumseinheit als Wohnungseigentum (→ *Wohnungseigentum und Gebrauch* Rn. 1 ff.) oder als Teileigentum (→ *Teileigentum* Rn. 1 ff.) entsteht. Mit dieser Zweckbestimmung im weiteren Sinn ist festgelegt, zu welchem Gebrauchszwecke eine Nutzung (beispielsweise durch Vermietung oder Verpachtung) erfolgen kann.
- Gelegentlich finden sich in der Gemeinschaftsordnung auch weitergehende Nutzungsregelungen (→ *Gebrauchs- und Nutzungsvereinbarungen* Rn. 11 ff.; → *Gemeinschaftsordnung* Rn. 1 ff.), Zweckbestimmungen im engeren Sinn.
- Die Wohnungseigentümer können die grundsätzlich bestehende Nutzungsfreiheit durch spätere Vereinbarungen (→ *Gebrauchs- und Nutzungsvereinbarungen* Rn. 1 ff.) oder aufgrund einer Ermächtigung in der Gemeinschaftsordnung durch Beschluss (→ *Gebrauchs-/Nutzungsbeschluss* Rn. 1 ff.) der Eigentümergemeinschaft einschränken.
- In den in § 19 Abs. 1 WEG geregelten Fällen können die Wohnungseigentümer auch durch Beschlüsse Nutzungsregelungen treffen (→ *Gebrauchs-/Nutzungsbeschluss* Rn. 6 ff.).

Gesetzliche Nutzungsbeschränkungen ergeben sich aus: **7**
- § 14 Abs. 1 sowie Abs. 2 WEG;
- den Rücksichts- und Treuepflichten iSv § 241 Abs. 2 BGB.

---

1 BVerfG 16.2.2000 – 1 BvR 242/91, NJW 2000, 2573.
2 *Hügel/Elzer*, 3. Aufl. 2021, WEG § 13 Rn. 21 f.

8 **2. Beschränkungen der zulässigen Vermietung. a) Zweckbestimmung als Wohnungs- oder Teileigentum.** Durch die Zweckbestimmung einer Wohneigentumseinheit als Wohnungseigentum (→ *Wohnungseigentum und Gebrauch* Rn. 1 ff.) oder Teileigentum (→ *Teileigentum* Rn. 1 ff.) ist im Grundsatz geregelt, ob eine Vermietung/Verpachtung zu Wohnzwecken zulässig ist.

9 Aus den erweiterten Treue- und Rücksichtspflichten der Wohnungseigentümer gem. Art. 14 GG iVm § 13 Abs. 1 WEG kann sich in Ausnahmefällen ergeben, dass ein Sondereigentümer sein **Wohnungseigentum** auch zu weitergehenden Zwecken vermieten/verpachten darf, als den alleinigen Wohngebrauch (→ *Gebrauch des Sondereigentums* Rn. 11). Teileigentum darf grundsätzlich nicht zu Wohnzwecken vermietet/verpachtet werden (→ *Gebrauch des Sondereigentums* Rn. 16 ff.).

10 **b) Nutzungsvereinbarungen und Nutzungsbeschlüsse. aa) Nutzungsvereinbarung.** Die Wohnungseigentümer können das Recht zur Vermietung/Verpachtung des Sondereigentums im Wege einer Vereinbarung (→ *Gebrauchs- und Nutzungsvereinbarungen* Rn. 15 ff.) – beispielsweise in der Gemeinschaftsordnung – grundsätzlich untersagen.[3] Gleichfalls können die Wohnungseigentümer das grundsätzlich gegebene Recht zur Vermietung/Verpachtung durch Vereinbarung **beschränken**, indem sie bestimmte Formen der Vermietung/Verpachtung untersagen, wie beispielsweise eine Ferienvermietung.[4] Auch eine ausdrückliche Verpflichtung zur Vermietung/Verpachtung können die Eigentümer vereinbaren.[5] Ferner können die Wohnungseigentümer vereinbaren, dass eine Vermietung/Verpachtung nur zugunsten einer **bestimmten Altersgruppe** bzw. nur zugunsten von betreuungsbedürftigen Menschen erfolgen darf.[6]

11 Die Wohnungseigentümer können vereinbaren, dass ein Wohnungseigentümer zur Vermietung/Verpachtung einer Wohnung an einen Dritten der **Zustimmung des Verwalters** oder **der Gemeinschaft der Wohnungseigentümer** bedarf.[7] Die Zustimmung kann nur aus wichtigem Grund versagt werden.[8] Es ist darauf zu achten, dass ein vereinbarter Zustimmungsvorbehalt keinen diskriminierenden Charakter hat. Insbesondere sind die Vorschriften des Allgemeinen Gleichbehandlungsgesetzes (AGG) zu beachten. Auch ein ohne die erforderliche Zustimmung abgeschlossener Mietvertrag ist grundsätzlich **wirksam**.[9] Die Gemeinschaft der Eigentümer kann jedoch nach § 18 Abs. 2 Nr. 2 WEG Unterlassungsansprüche gelten machen, wenn der vermietende Eigentümer keinen Anspruch auf eine Zustimmung zur Vermietung hat, § 242 BGB. Zudem kommen Schadensersatzansprüche nach § 280 BGB in Betracht.

12 **bb) Nutzungsbeschluss.** Per **Mehrheitsbeschluss** (→ *Gebrauchs-/Nutzungsbeschluss* Rn. 23) können die Wohnungseigentümer die Vermietung/Verpachtung von Wohnungseigentum nicht **vollständig ausschließen**. Ein Beschluss, der die Vermietung/Verpachtung untersagt oder wesentlich einschränkt, ist **nichtig**.[10] Der Gemeinschaft der Wohnungseigentümer fehlt die Beschlusskompetenz.

13 **c) § 14 Nr. 1 Hs. 2 WEG sowie Rücksichtsnahme- und Treuepflichten.** Jeder Wohnungseigentümer darf seinem **Mieter nur den Gebrauch gestatten**, der ihm **selbst** gem. § 14 Abs. 1 Nr. 2 **möglich** wäre, sog. Einheitslösung.[11] Dieser darf den Vereinbarungen gem. § 10 Abs. 1 S. 2 WEG und Beschlüssen gem. § 19 Abs. 1 WEG nicht widersprechen. Nach § 14 Abs. 1 Nr. 2 WEG ist jeder Wohnungseigentümer verpflichtet dafür zu sorgen, dass Personen, denen er den Gebrauch seines Sondereigentums überlässt, sich an die Grenzen des Gebrauchs halten. Der vermietende Wohnungseigentümer sollte dies bereits bei der Erstellung des Mietvertrages beachten. Es gehört zum Risikobereich des Vermieters, dass die mietvertraglichen Ansprüche seines Mieters mit der Gemeinschaftsordnung/Beschlusslage vereinbar sind. Bei Nichtvereinbarkeit besteht **kein wichtiger Grund zur Kündigung** des Mietverhältnisses.

---

3   *Hügel/Elzer,* 3. Aufl. 2021, WEG § 10 Rn. 96; BGH 12.4.2019 – V ZR 112/18, NJW 2019, 2083; BayObLG 24.6.1975 – BReg. 2 Z 41/75, BayObLGZ 1975, 233; aA *Fritz/Schacht* NZM 2008, 155.
4   *Hügel/Elzer,* 3. Aufl. 2021, WEG § 10 Rn. 96; BGH 12.4.2019 – V ZR 112/18, NJW 2019, 2083.
5   Vgl. BGH 13.10.2006 – V ZR 289/05, NJW 2007, 213.
6   BGH 13.10.2006 – V ZR 289/05, NJW 2007, 213.
7   BGH 15.6.1962 – V ZB 2/62, NJW 1962, 1613.
8   BayObLG 14.9.1987 – Breg. 2 Z 38/87, NJW-RR 1988, 17.
9   BGH 29.11.1995 – XII ZR 230/94, NJW 1996, 714.
10 *Hügel/Elzer,* 3. Aufl. 2021, WEG § 19 Rn. 22.
11 Vgl. *Jacoby* ZWE 2012, 70; BGH 25.10.2019 – V ZR 271/18, BeckRS 2019, 31522; Anm. *Elzer* IMR 2020, 2115.

Ein Mieter ist nur dann direkt an die Hausordnung der Gemeinschaft der Wohnungseigentümer gebunden, 14
wenn diese Bestandteil des Mietvertrages geworden ist.[12] Widersprüche zwischen dem Mietvertrag und der
Gemeinschaftsordnung bzw. der Beschlusslage können nicht durch mietvertragliche **Formularklauseln** vermieden werden, nach denen ein Mieter die Gemeinschaftsordnung, die Hausordnung und sonstige Beschlüsse
der Wohnungseigentümer als für sich verbindlich anerkennt.[13] Eine solche Regelung verstößt gegen § 305 c
BGB. Weil die Wohnungseigentümer die Hausordnung auch gegen den Willen des vermietenden Eigentümers
während des laufenden Mietverhältnisses durch Beschluss verändern können, muss der Vermieter mögliche
Änderungen bereits im Vorfeld des Mietvertragsschlusses erkennen und entsprechende Vorbehalte aufnehmen.
Diese Gesetzeslage ist für den vermietenden Eigentümer unbefriedigend, aber hinzunehmen.

III. Ansprüche gegen den vermietenden Wohnungseigentümer und den Mieter

1. Abwehransprüche gegen den Mieter. Verstößt ein Mieter gegen eine mietvertragliche Gebrauchsrege- 15
lung, so stehen dem **vermietenden Wohnungseigentümer** die **mietvertraglichen Ansprüche** zu. Aus § 541
BGB ergibt sich ein Unterlassungsanspruch des Vermieters gegen seinen Mieter, den er nach Ausspruch einer
Abmahnung auch gerichtlich geltend machen kann.

Jeder **Wohnungseigentümer** kann bei konkreten Beeinträchtigungen seines Sondereigentums selbst und un- 16
mittelbar gegen den Mieter vorgehen, wenn dieser das Sonder- oder Gemeinschaftseigentum in einer Weise
gebraucht, die gegen § 14 Abs. 2 Nr. 1 WEG verstößt.[14] Die Rechte der anderen Wohnungseigentümer können
nicht durch schuldrechtliche Vereinbarungen zwischen dem vermietenden Sondereigentümer und dem Mieter,
beispielsweise im Rahmen des Mietvertrages, eingeschränkt oder ausgeschlossen werden.[15]

2. Schadensersatzansprüche gegen den Mieter. Der **vermietende Wohnungseigentümer** hat gegen seinen 17
Mieter einen Anspruch auf Schadensersatz nach § 548 Abs. 1 BGB, wenn dieser Sondereigentum oder Ge-
meinschaftseigentum beschädigt. Im Verhältnis der anderen Wohnungseigentümer zu dem Mieter gilt diese
Vorschrift nicht.

Den **anderen Wohnungseigentümern** schuldet der Mieter Schadensersatz nach den Voraussetzungen des 18
§ 823 BGB.

3. Abwehransprüche gegen den vermietenden Wohnungseigentümer. Gebraucht ein Mieter das Sonderei- 19
gentum in einer Weise, die gegen § 14 Abs. 2 Nr. 1 WEG verstößt, so kann der gestörte Wohnungseigentümer
nach § 14 Abs. 2 Nr. 1 WEG von dem Wohnungseigentümer, der sein Wohnungseigentum ganz oder teilweise
dem Dritten überlassen hat, verlangen, dass dieser auf die Dritten einwirkt. Der Wohnungseigentümer muss
auf die Dritten einwirken, damit sie die in § 14 Abs. 2 Nr. 1 WEG bezeichneten Gebrauchspflichten einhalten. Hat der Wohnungseigentümer dem Dritten (beispielsweise einem Mieter) das beanstandete Verhalten vertraglich erlaubt, so muss er, erforderlichenfalls unter Einsatz finanzieller Opfer, alles nur erdenkbar in seiner
Macht stehende unternehmen, um die von ihm dadurch mitverursachte Störung effektiv zu beenden.[16] Selbst
bei einem unkündbaren Gebrauchsüberlassungsverhältnis ist es nicht ausgeschlossen, dass sich der Eigentümer mit den Mietern gütlich einigt und sie – erforderlichenfalls unter finanziellen Opfern – zu einer Aufgabe
der zu unterlassenden Nutzung veranlasst.[17]

Erfährt ein Wohnungseigentümer durch die Benutzung fremden Sondereigentums von einem Dritten keinen
konkreten Nachteil iSv § 14 Abs. 2 Nr. 1 iVm Abs. 1 Nr. 2 WEG, sondern eine „abstrakte Störung", so ist er
nicht berechtigt, direkt gegen den Dritten vorzugehen.[18] Die von konkreten Beeinträchtigungen losgelöste
Pflicht der Wohnungseigentümer, das in der Gemeinschaft geltende Regelwerk einzuhalten, besteht nur gegenüber der Gemeinschaft der Eigentümer.[19] Entsprechend hat ein **abstrakt** gestörter Eigentümer gem. § 18

---

12   BGH 12.12.2003 – V ZR 180/03, NJW 2004, 775; Bub/Treier MietR-HdB/*Drasdo* Kap. VII Rn. 58 ff.
13   Riecke/Schmid/*Riecke* WEG § 13 Rn. 49.
14   *Hügel/Elzer*, 3. Aufl. 2021, WEG § 14 Rn. 72; BGH 25.10.2019 – V ZR 271/18, BeckRS 2019, 31522; BGH
     29.11.1995 – XII ZR 230/94, NJW 1996, 714.
15   *Hügel/Elzer*, 3. Aufl. 2021, WEG § 14 Rn. 68.
16   BGH 16.5.2014 – V ZR 131/13, NJW 2014, 2640; *Hügel/Elzer*, 3. Aufl. 2021, WEG § 14 Rn. 68.
17   *Hügel/Elzer*, 3. Aufl. 2021, WEG § 14 Rn. 68; BGH 16.5.2014 – V ZR 131/13, NJW 2014, 2640.
18   *Hügel/Elzer*, 3. Aufl. 2021, WEG § 13 Rn. 44.
19   *Hügel/Elzer*, 3. Aufl. 2021, WEG § 14 Rn. 51.

Abs. 2 Nr. 2 WEG einen Anspruch darauf, dass die Gemeinschaft der Wohnungseigentümer gegen den störenden Drittnutzer vorgeht.

20 **4. Schadensersatzansprüche gegen den vermietenden Wohnungseigentümer.** Hat ein Wohnungseigentümer seinem Mieter das beanstandete Verhalten mietvertraglich gestattet, so kann **der Mieter** seinerseits von dem vermietenden Eigentümer Schadensersatz wegen Nichterfüllung des Mietvertrages fordern.[20]

21 Der oder die **Gestörten** können den vermietenden Eigentümer aus § 280 BGB in Verbindung mit dem Gemeinschaftsverhältnis und § 278 BGB auf Schadensersatz in Anspruch nehmen. Ein Wohnungseigentümer haftet den übrigen Miteigentümern nach § 278 BGB für das Verschulden seiner Mieter und Untermieter.[21]

162. Nutzungen des gemeinschaftlichen Eigentums

Mehle

I. Einführung

1 § 16 WEG trägt die im Rahmen der WEG-Reform angepasste Überschrift „Nutzungen und Kosten". In § 16 Abs. 1 S. 1 WEG ist sodann geregelt, dass jedem Wohnungseigentümer ein seinem Anteil entsprechender Bruchteil der Früchte des gemeinschaftlichen Eigentums und des Gemeinschaftsvermögens gebührt. Der Anteil bestimmt sich gem. § 16 Abs. 1 S. 2 WEG nach dem gem. § 47 der Grundbuchordnung im Grundbuch eingetragenen Verhältnis der Miteigentumsanteile. Damit ist klargestellt, dass es sich bei den Früchten des gemeinschaftlichen Eigentums um Nutzungen handelt.

II. Nutzungen

2 Der Begriff Nutzungen iSv § 16 Abs. 1 S. 1 und 2 WEG (vgl. Abgrenzung Mitgebrauch zu Nutzungen des gemeinschaftlichen Eigentums, → *Gebrauch des gemeinschaftlichen Eigentums* Rn. 3) erfasst die unmittelbaren und mittelbaren **Sach- und Rechtsfrüchte** des Gemeinschaftseigentums sowie des Gemeinschaftsvermögens. Es ergibt sich aus dem WEG, dass von der Regelung nur „aufteilbare Nutzungen" erfasst sind.

3 **Unmittelbare Sachfrüchte** sind alle natürlichen Erzeugnisse des Gemeinschaftseigentums, wie beispielsweise Obst, Gemüse, Pflanzen und Bäume/Holz. **Mittelbare Sachfrüchte** sind Erträge aus dem Gemeinschaftseigentum. Dazu zählt beispielsweise die **Nutzungsentschädigung** aus unrechtmäßiger Bereicherung. Eine Nutzungsentschädigung ist geschuldet, wenn ein Sondernutzungsberechtigter in Überschreitung seines Sondernutzungsrechts ein Gebäude errichtet und vermietet hat[1] oder wenn ein Wohnungseigentümer seine Dachgeschosswohnung durch Erweiterung auf Gemeinschaftsfläche ausgebaut hat.[2] Die Nutzungsentschädigung steht gem. § 16 Abs. 1 S. 1 WEG den Wohnungseigentümern und nicht der Gemeinschaft der Wohnungseigentümer zu. Sie ist jedoch als ein Recht aus dem gemeinschaftlichen Eigentum gem. § 9 a WEG **von der Gemeinschaft der Wohnungseigentümer geltend zu machen.**[3] Entsprechendes gilt für **Entgelte** für die Benutzung des gemeinschaftlichen Eigentums, wie beispielsweise ein Schwimmbad eine Sauna, einen Tennisplatz oder eine im Gemeinschaftseigentum stehende Maschine.

4 Der **Erlös aus dem Verkauf** von Gemeinschaftseigentum ist keine Frucht, sondern das Surrogat der verkauften Sache, welches den Wohnungseigentümern entsprechend ihrem Miteigentumsanteil zusteht.[4]

---

20 BGH 29.11.1995 – XII ZR 230/94, NJW 1996, 714.
21 BGH 5.3.2014 – VIII ZR 205/13, NJW 2014, 1653.
 1 OLG Düsseldorf 20.5.1987 – 3 Wx 66/87, BeckRS 9998, 06308.
 2 KG 1.3.2004 – 24 W 158/02, BeckRS 9998, 05248; *Hügel/Elzer*, 3. Aufl. 2021, WEG § 16 Rn. 4.
 3 *Hügel/Elzer*, 3. Aufl. 2021, WEG § 9 a Rn. 97 f.
 4 Bärmann/*Suilmann* WEG § 13 Rn. 18.

Mehle

Erlangt die Gemeinschaft der Wohnungseigentümer durch die Nutzung des gemeinschaftlichen Eigentums 5
Miet- und Pachteinnahmen, stehen – seit der Anerkennung der Rechtsfähigkeit der Gemeinschaft der Wohnungseigentümer und deren Ausübungskompetenz für gemeinschaftsbezogene Rechte nach § 9 a Abs. 2 WEG – als Gewinn unmittelbar **der Gemeinschaft** und nicht anteilig den einzelnen Wohnungseigentümern zu.[5] Bei **Zinsen** aus Bankguthaben oder anderen Erträgen aus der Anlage des Gemeinschaftsvermögens sowie Verzugszinsen auf Hausgeldrückstände handelt es sich nicht um Nutzungen des gemeinschaftlichen Eigentums, sondern ebenfalls um einen Gewinn der Gemeinschaft der Wohnungseigentümer. Dieser Gewinn steht nicht den einzelnen Wohnungseigentümern anteilig, sondern der **Wohnungseigentümergemeinschaft** zu. Die Wohnungseigentümer können als Gemeinschaftsmitglieder durch Beschluss bestimmen, wie der Gewinn verwendet wird.[6] Insoweit gebührt jedem Wohnungseigentümer als Gemeinschaftsmitglied analog § 121 Abs. 1 HGB, § 29 Abs. 1 S. 1 GmbHG ein Anteil. In Ermangelung einer Vereinbarung ist die Höhe des Anteils analog § 16 Abs. 1 S. 2 WEG zu bestimmen.

III. Anteil an den Nutzungen

An den Nutzungen des gemeinschaftlichen Eigentums gebührt jedem Wohnungseigentümer gem. § 16 Abs. 1 6
S. 2 WEG ein **Anteil** nach Maßgabe des in § 47 der Grundbuchordnung im Grundbuch eingetragenen Verhältnisses der Miteigentumsanteile.

Es obliegt grundsätzlich den Wohnungseigentümern, die Art und Weise der Fruchtziehung nach § 19 Abs. 1 7
WEG zu regeln. Die Wohnungseigentümer sind grundsätzlich nicht berechtigt, den ihnen im Innenverhältnis zustehenden Anteil selbst einzuziehen. Zieht ein Nichtberechtigter oder ein ermächtigter Wohnungseigentümer Früchte ein, ist er verpflichtet, Rechnung zu legen und die Nutzungen nach Abzug der Lasten und Kosten entsprechend § 755 Abs. 1 BGB an alle Wohnungseigentümer **anteilig** zu verteilen. Erzeugnisse sind in Ermangelung besonderer Regelungen zu veräußern und der Reinerlös anteilig zu verteilen.

Die Ansprüche aus dem gemeinschaftlichen Eigentum sind gem. § 9 a WEG von der **Gemeinschaft der Woh-** 8
nungseigentümer gerichtlich durchsetzen. Der Anspruch aus Aufstellung einer Gesamt- und Einzelabrechnung, in der die Verteilung der Früchte erfolgt, richtet sich gegen die Gemeinschaft der Wohnungseigentümer. Der Anspruch auf Genehmigung der Abrechnung richtet sich gegen die anderen Wohnungseigentümer.

163. Öffentliches Recht des Wohnungseigentums

Maximilian Müller

I. Überblick

Öffentlich-rechtliche Fragen mit Bezug zum Wohnungseigentumsrecht stellen sich in vielen Fallgestaltungen. 1
Besonders praxisrelevant ist dabei die Problematik, ob ein einzelner Wohnungseigentümer dazu befugt ist, sich auf die nachbarschützenden Vorschriften des öffentlichen Baurechts zu berufen (→ Rn. 2 ff.). Nicht weni-

---

5 *Hügel/Elzer*, 3. Aufl. 2021, WEG § 9 a Rn. 142.
6 *Hügel/Elzer*, 3. Aufl. 2021, WEG § 16 Rn. 8.

ger bedeutsam ist die Frage, wer als Adressat polizei- oder ordnungsrechtlicher Verfügungen in Betracht kommt (→ Rn. 19 ff.) oder wer öffentlich-rechtliche Abgabenlasten zu erfüllen hat (→ Rn. 25 ff.).

II. Öffentlich-rechtlicher Nachbarschutz

2 Einige Vorschriften des öffentlich-rechtlichen Bauplanungsrechts und des Bauordnungsrechts gewähren Nachbarschutz.[1] Aus den nachbarschützen Vorschriften kann sich insbesondere ein Anspruch des Nachbarn ergeben, dass eine Baugenehmigung aufgehoben wird oder dass die Behörde gegen eine illegal errichtete Wohnungseigentumsanlage einschreitet. Bei der Antwort darauf, ob diese öffentlich-rechtlichen Ansprüche auch den Wohnungseigentümern zustehen und – soweit dies der Fall ist – von wem sie geltend gemacht werden können (Eigentümer oder Gemeinschaft der Wohnungseigentümer), ist zu differenzieren.

3 **1. Öffentlich-rechtlicher Nachbarschutz innerhalb der Gemeinschaft.** Weitgehend geklärt ist heute, dass ein öffentlich-rechtlicher Nachbarschutz zwischen den Wohnungseigentümern nicht stattfindet.[2] Die Eigentümer sollen vielmehr ihre sich aus der Benutzung des Sondereigentums oder des gemeinschaftlichen Eigentums ergebenden Konflikte auf der Grundlage des wohnungseigentumsrechtlichen Instrumentariums lösen. Etwaige Ansprüche des öffentlich-rechtlichen Nachbarschutzes werden insoweit durch das Zivilrecht überlagert und verdrängt. Den Wohnungseigentümern oder der Gemeinschaft der Wohnungseigentümer steht mithin insbesondere kein öffentlich-rechtlicher Anspruch darauf zu, dass die Behörde gegen eine nach **öffentlich-rechtlichen Vorschriften unzulässige Nutzung** des Sondereigentums oder des gemeinschaftlichen Eigentums einschreitet. Sie sind vielmehr dazu gehalten, die sich insoweit ggf. aus §§ 14 Abs. 1 und 2, 18 Abs. 2 WEG sowie § 1004 Abs. 1 BGB ergebenden Ansprüche geltend zu machen.

4 Entsprechendes gilt dann, wenn es um eine bauliche Veränderung geht. Es ist den Wohnungseigentümern und der Gemeinschaft der Wohnungseigentümer verwehrt, sich unter Hinweis auf den öffentlich-rechtlichen Nachbarschutz gegen eine **Baugenehmigung** zu wenden, die einem anderen Wohnungseigentümer oder der Gemeinschaft zur Umgestaltung des Sondereigentums oder des gemeinschaftlichen Eigentums erteilt wurde, sofern es sich um ein Vorhaben auf dem Wohnungseigentumsgrundstück handelt.[3]

5 Die vorstehenden Grundsätze schließen es freilich nicht aus, dass die **Behörde** aus eigenem Antrieb heraus gegen eine rechtwidrige Nutzung einschreitet; nur steht dem einzelnen Wohnungseigentümer oder der Gemeinschaft kein öffentlich-rechtlicher Anspruch zur Seite, mit dem sie dieses Einschreiten erzwingen könnten.

6 Problematisch ist, ob jene Grundsätze auch dann gelten, wenn nicht der Eigentümer, sondern **ein nicht zur Gemeinschaft gehörender Dritter** einer Sondereigentumseinheit (zB ein Mieter) die Einheit unter Verstoß gegen Vorschriften des öffentlichen Baurechts nutzt.[4] Der BayVGH hat einen öffentlich-rechtlichen Abwehranspruch verneint.[5] Ein Sondereigentümer hatte seine Teileigentumseinheit an einen Dritten vermietet, der dort eine Diskothek betreiben wollte. Nach Auffassung des Gerichts steht den übrigen Eigentümern kein subjektives öffentliches Recht darauf zu, dass die Behörde einschreitet.

7 Im Rahmen der Entscheidungsgründe verweist das Gericht auf eine Entscheidung des BVerwG[6] aus dem Jahre 1988. Dort vertritt das BVerwG die Auffassung, dass der Ausschluss öffentlich-rechtlicher Ansprüche unabhängig davon ist, ob die Baugenehmigung einem anderen Eigentümer oder einem Dritten erteilt wird. Entscheidend sei, dass das WEG den Inhalt des Sondereigentums und damit zugleich auch die auf ihm beruhende Abwehrbefugnis gegenüber allen Beeinträchtigungen besonders ausgestalte, die ihren Ursprung auf dem gemeinschaftlichen Grundstück hätten. Soweit eine Nutzungsart nicht vom Inhalt des Sondereigentums getragen

---

1 Zu den Grundzügen aus wohnungseigentumsrechtlicher Perspektive s. *Fraatz-Rosenfeld* AnwZert MietR 18/2019, Anm. 2.

2 BVerwG 12.3.1998 – 4 C 3/97, NVwZ 1998, 954 (955); BVerwG 4.5.1988 – 4 C 20/85, NJW 1988, 3279; OVG Koblenz 26.2.2019 – 8 A 11079/18, NZM 2019, 421 Rn. 32; VGH München 30.9.2019 – 9 CS 19.967, BeckRS 2019, 27418 Rn. 22; *Bärmann/Suilmann* WEG § 13 Rn. 35; diff. *Fricke/Wolter* ZfBR 2013, 218 (221); *Trautmann*, FS Merle, 2010, 357 (372).

3 Vgl. BVerwG 4.5.1988 – 4 C 20/85, NJW 1988, 3279.

4 Dazu *M. Müller* AnwZert MietR 23/2014, Anm. 2.

5 BayVGH 5.1.2012 – 1 C 11.2006, ZWE 2012, 381; ebenso OVG Koblenz 26.2.2019 – 8 A 11079/18, NZM 2019, 421 Rn. 32.

6 BVerwG 4.5.1988 – 4 C 20/85, NJW 1988, 3279.

werde, würden die anderen Miteigentümer in ihrem dinglichen Eigentumsrecht verletzt und hätten einen dinglichen Abwehranspruch aus § 1004 BGB mit absoluter Wirkung gegen jeden zweckwidrig Nutzenden.

Das BVerwG stellt mithin entscheidend darauf ab, dass ein zivilrechtlicher Anspruch gegen den Dritten besteht, wenn die Benutzung des Sondereigentums in wohnungseigentumsrechtlicher Hinsicht unzulässig ist. Ob dies im Anschluss an die WEG-Reform von 2020 der Fall ist, erscheint zweifelhaft. Den Fall, dass die Benutzung gegen das Binnenrecht verstößt, regelt nunmehr § 14 Abs. 1 Nr. 1 WEG. Dieser Anspruch, der allein **der Wohnungseigentümergemeinschaft** zusteht, besteht aber nicht gegen Dritte, da als Schuldner dort nur der Wohnungseigentümer genannt wird. Fraglich ist, ob ein solcher Abwehranspruch den **Eigentümern** zusteht. § 14 Abs. 2 Nr. 1 WEG begründet im Verhältnis der Wohnungseigentümer untereinander keinen Anspruch auf die Einhaltung des Binnenrechts, sondern knüpft den Anspruch an eine (konkrete) Beeinträchtigung. Ein Wohnungseigentümer kann also nicht unmittelbar von einem anderen Eigentümer verlangen, dass dieser sich an die Benutzungsgrenzen hält. Konsequenterweise wird man deshalb auch einen solchen Anspruch **gegen den Dritten** verneinen müssen, sofern der binnenrechtswidrige Gebrauch nicht zu einer konkreten Beeinträchtigung führt. 8

Da mithin ein zivilrechtlicher Abwehranspruch gegen den Dritten bei einem **bloßen Verstoß gegen das für das Sondereigentum getroffene Binnenrecht** nicht besteht, lässt sich seit der WEG-Reform von 2020 auf der Grundlage der Argumentation des BayVGH ein öffentlich-rechtlicher Abwehranspruch nicht mehr ohne Weiteres ausschließen. Zwar verbleibt ein Anspruch aus § 1004 Abs. 1 BGB gegen den Dritten, wenn der Wohnungseigentümer darlegen und beweisen kann, dass von dem Gebrauch eine **konkrete Beeinträchtigung** ausgeht. Diesem allgemeinen eigentumsrechtlichen Abwehranspruch kann aber wohl nicht die Kraft zukommen, ein subjektives öffentliches Recht auszuschließen. 9

Zur Abgrenzung: **Andere öffentlich-rechtliche Ansprüche**, also solche, die nicht auf den öffentlich-rechtlichen Nachbarschutz gestützt werden, sind demgegenüber nicht ausgeschlossen. So liegt es, wenn von der unzulässigen Nutzung **konkrete Gesundheitsgefahren** oder Gefahren für **andere besonders wichtige Rechtsgüter** ausgehen. In diesem Fall wird man es zulassen müssen, dass dem gefährdeten Eigentümer ein subjektives Recht – und damit gem. § 42 Abs. 2 VwGO auch die Klagebefugnis – darauf zusteht, dass die Behörde gegen die unzulässige Nutzung vorgeht.[7] 10

2. Öffentlich-rechtlicher Nachbarschutz im Verhältnis zu Dritten. Wohnungseigentumsrechtliche Besonderheiten sind auch dann zu beachten, wenn einem Dritten für ein Vorhaben auf dem Nachbargrundstück unter Verstoß gegen nachbarschützende Vorschriften eine Baugenehmigung erteilt wurde. Dann stellt sich die Frage, ob die Gemeinschaft der Wohnungseigentümer oder die einzelnen Wohnungseigentümer klagebefugt sind (§ 42 Abs. 2 VwGO). Vergleichbare Probleme stellen sich dann, wenn der Dritte auf dessen Grundstück eine Nutzung ausübt, die öffentlich-rechtlich unzulässig ist. 11

a) Grundlagen. Inhaber der aus dem öffentlichen Recht folgenden nachbarschützenden Ansprüche sind die Wohnungseigentümer. Da die Gemeinschaft der Wohnungseigentümer – abgesehen von dem Ausnahmefall, dass sie selbst Wohnungseigentum in der Wohnungseigentumsanlage erworben hat – weder Inhaberin des Sondereigentums noch des gemeinschaftlichen Eigentums ist, können ihr keine originären Ansprüche auf der Grundlage des öffentlich-rechtlichen Nachbarschutzes, der letztlich im Eigentum wurzelt, zustehen. 12

Allerdings liegt in den Fällen, in denen § 9 a Abs. 2 WEG eingreift, die Ausübungsbefugnis bei der Gemeinschaft der Wohnungseigentümer. Allgemein lässt sich sagen, dass der Anwendungsbereich von § 9 a Abs. 2 WEG im hier interessierenden Kontext nur dann eröffnet ist, wenn das **gemeinschaftliche Eigentum** betroffen ist. Geht es demgegenüber um eine Beeinträchtigung des **Sondereigentums**, so verbleibt es dabei, dass der einzelne Wohnungseigentümer die sich aus dem öffentlich-rechtlichen Nachbarschutz ergebenden Ansprüche geltend machen kann und deshalb gem. § 42 Abs. 2 VwGO klagebefugt ist.[8] 13

---

7 VGH Mannheim 21.9.1993 – 10 S 1735/91, VBlBW 1994, 238 (zu §§ 24, 25 BImSchG); offengelassen von BVerwG 4.5.1988 – 4 C 20/85, NJW 1988, 3279; OVG Münster 3.5.2007 – 7 A 3350/06, BeckRS 2007, 24635; VG München 22.5.2017 – M 8 K 15.5396, ZWE 2017, 339 Rn. 15.

8 Vgl. BVerwG 20.8.1992 – 4 B 92.92, BeckRS 1992, 31262402; VGH Mannheim 27.7.2017 – 5 S 2602/15, ZWE 2017, 469 Rn. 31.

14 **b) Bauplanungsrecht. aa) Verstoß gegen bauplanungsrechtliches Rücksichtnahmegebot.** Probleme bereiten insbesondere die Fälle, in denen es um einen Verstoß gegen das bauplanungsrechtliche Rücksichtnahmegebot (§ 15 Abs. 1 S. 2 BauNVO) geht. Dem Gebot der Rücksichtnahme kommt nach allgemeinen Grundsätzen drittschützende Wirkung zu, soweit in qualifizierter und zugleich individualisierter Weise auf schutzwürdige Interessen eines erkennbar abgegrenzten Kreises Dritter Rücksicht zu nehmen ist.[9] Dieser Dritte kann auch ein **Sondereigentümer** sein. Sofern also das Rücksichtnahmegebot unmittelbar das Sondereigentum des Wohnungseigentümers betrifft, ist es überzeugend, wenn dieser den sich hieraus ergebenden Drittschutz selbst geltend machen kann.[10] Das kann insbesondere bei vom Bauvorhaben ausgehenden Lärmeinwirkungen[11] oder bei Geruchseinwirkungen[12] relevant werden, und zwar dann, wenn – in Bezug auf die Einheit des Sondereigentümers – die maßgeblichen Grenzwerte überschritten werden. § 9 a Abs. 2 WEG greift in einem solchen Fall nicht ein. Es geht insbesondere nicht um Ansprüche aus dem gemeinschaftlichen Eigentum; maßgebend sind vielmehr die individuellen, im Sondereigentum wurzelnden Interessen des Sondereigentümers.

15 **bb) Verletzung des allgemeinen Gebietserhaltungsanspruchs.** Bei einer Verletzung des sog. allgemeinen Gebietserhaltungsanspruchs ist für die Geltendmachung des öffentlich-rechtlichen Nachbarschutzes demgegenüber nicht der einzelne Eigentümer zuständig. Da der Gebietshaltungsanspruch im wechselseitigen Austauschverhältnis der Grundstückseigentümer wurzelt, ist er **grundstücksbezogen** und findet seine Grundlage im gemeinschaftlichen Eigentum.[13] Es greift mithin § 9 a Abs. 2 WEG, zuständig ist die **Wohnungseigentümergemeinschaft**. Dabei ist es unerheblich, dass seit der WEG-Reform von 2020 fortan auch Teile des Grundstücks im Sondereigentum stehen können.

16 Allerdings soll nach Auffassung des VG Berlin die Klagebefugnis beim **einzelnen Eigentümer** liegen, wenn der Behörde bei ihrer Entscheidung in besonderer Weise der Schutz der nachbarlichen Interessen des Sondereigentümers deshalb aufgetragen ist, weil sich die in Betracht kommenden Abwehrrechte gerade und in erster Linie auf das Sondereigentum beziehen.[14] In diesen Fällen wird allerdings zugleich ein Verstoß gegen das Rücksichtnahmegebot in Betracht kommen; dann folgt die Klagebefugnis des einzelnen Eigentümers schon hieraus.

17 Die vorstehenden Überlegungen lassen sich auf die Fälle übertragen, in denen der Nachbarschutz aus dem **Einfügungsgebot** in § 34 Abs. 1 BauGB abgeleitet wird; auch diese werden von § 9 a Abs. 2 WEG erfasst.

18 **cc) Rückblick: Rechtslage vor der WEG-Reform von 2020.** Soweit in den oben genannten Fällen der Anwendungsbereich von § 9 a Abs. 2 WEG eröffnet ist, war vor der WEG-Reform der Anwendungsbereich von § 10 Abs. 6 S. 3 WEG aF eröffnet. Nach altem Recht stellte sich die weitere Frage danach, ob es sich jeweils um einen Anwendungsfall von § 10 Abs. 6 S. 3 Hs. 1 WEG (sog. **geborene Ausübungsbefugnis**) oder von § 10 Abs. 6 S. 3 **Hs. 2** WEG (sog. **gekorene Ausübungsbefugnis**) handelte. Der Unterschied bestand darin, dass im letzteren Fall der Verband erst dann ausübungsbefugt war, wenn die Eigentümer einen Beschluss über die Vergemeinschaftung des betreffenden Anspruchs gefasst hatten; der einzelne Eigentümer verlor erst ab diesem Zeitpunkt seine Befugnis, das Recht selbst geltend zu machen. Die Rechtsprechung dazu, ob § 10 Abs. 6 S. 3 Hs. 1 WEG aF oder § 10 Abs. 6 S. 3 Hs. 2 WEG aF anzuwenden waren, fiel unterschiedlich aus; einige Gerichte haben sich für eine geborene Ausübungsbefugnis ausgesprochen,[15] andere, unter anderem das **BVerwG**, wendeten § 10 Abs. 6 S. 3 Hs. 2 WEG aF an.[16] Auch wenn die soeben zitierte Entscheidung des

---

9 S. nur *Schweinoch* ZWE 2014, 237 (238).

10 BayVGH 8.7.2013 – 2 CS 13, NVwZ 2013, 1622 (1624); *Elzer* NVwZ 2013, 1622 (1626).

11 Vgl. dazu BayVGH 8.7.2013 – 2 CS 13, NVwZ 2013, 1622 (1624) (Rn. 9) m. krit. Anm. *Elzer*; *Schweinoch* ZWE 2014, 237 (244); vgl. auch VGH München 24.11.2016 – 1 CS 16.2011, BeckRS 2016, 55754 Rn. 7.

12 *Schweinoch* ZWE 2014, 237 (244).

13 OVG Koblenz 26.2.2019 – 8 A 11079/18, NZM 2019, 421 Rn. 34; VGH München 8.7.2013 – 2 CS 13.873, BeckRS 2013, 54525 Rn. 7; vgl. auch OVG Münster 20.11.2013 – 7 A 2341/11, ZWE 2014, 144; aA OVG Bremen 13.2.2015 – 1 B 355/14, ZWE 2015, 471 Rn. 24; *Fraatz-Rosenfeld* AnwZert MietR 18/2019, Anm. 2.

14 VG Berlin 8.12.2011 – 13 K 205/11, BeckRS 2012, 47516; in dieser Richtung offenbar auch BayVGH 8.7.2013 – 2 CS 13, NVwZ 2013, 1622 (1624) m. krit. Anm. *Elzer.*

15 OVG Koblenz 26.2.2019 – 8 A 11079/18, NZM 2019, 421 Rn. 32 (betr. Gebietserhaltungsanspruch); aus der Lit.: *Elzer* NVwZ 2013, 1625 (1626).

16 BVerwG 10.4.2019 – 9 A 24.18, NZM 2019, 826 Rn. 13 (betr. Klage gegen Planfeststellungsbeschluss); VGH Mannheim 27.7.2017 – 5 S 2602/15, ZWE 2017, 469 Rn. 37; VG Neustadt 26.3.2019 – 5 K 1482/18, BeckRS 2019, 10296 Rn. 29; aus der Lit.: *Bantlin* NVwZ 2018, 1838 (1843); *Drasdo* NJW-Spezial 2020, 161.

BVerwG für die Rechtspraxis, soweit sie noch vor der WEG-Reform von 2020 geltendes Recht anzuwenden hat, zu beachten sein wird, überzeugte zum alten Recht die erstgenannte Sichtweise, wonach § 10 Abs. 6 S. 3 Hs. 1 WEG aF einschlägig war, die Ausübungsbefugnis des Verbands also nicht von einem Beschluss über die Vergemeinschaftung abhängig gewesen ist. Für eine geborene Ausübungsbefugnis sprach entscheidend, dass der Gemeinschaftsbezug bei im Gemeinschaftseigentum wurzelnden öffentlich-rechtlichen Abwehransprüchen ein solches Gewicht hatte, dass eine gemeinschaftliche Rechtsverfolgung als zwingend erschien. Nach dem **neuen Recht** haben sich diese Abgrenzungsschwierigkeiten zwischen geborener und gekorener Ausübungsbefugnis erledigt. **§ 9 a Abs. 2** ordnet – wie oben ausgeführt –sämtliche aus dem gemeinschaftlichen Eigentum folgenden Ansprüche der Wohnungseigentümergemeinschaft zur Ausübung zu.

c) Bauordnungsrecht. Um einen Verstoß gegen das Bauordnungsrecht geht es insbesondere dann, wenn die Vorschriften über die **Abstandsflächen** verletzt werden. Der einzelne Wohnungseigentümer ist dann klagebefugt, wenn eine Beeinträchtigung des **Sondereigentums** möglich ist, was etwa dann in Betracht kommt, wenn das Sondereigentum an das Bauvorhaben grenzt.[17] Denn es gehört zum Recht des Nachbarn, nicht durch bauliche Anlagen beeinträchtigt zu werden, die in rechtswidriger Weise die Belichtung, Belüftung oder Besonnung seines Grundstücks beeinflussen oder durch ihre Nähe das gedeihliche Zusammenleben stören.[18] Sofern eine entsprechende Beeinträchtigung des Sondereigentums möglich ist, ist der betreffende Wohnungseigentümer klagebefugt; der Anwendungsbereich von § 9 a Abs. 2 WEG ist insoweit nicht eröffnet. Demgegenüber ist der einzelne Eigentümer nicht klagebefugt, wenn sich der Verstoß nicht auf sein Sondereigentum auswirkt, was etwa dann der Fall ist, wenn ein Verstoß gegen die Abstandsflächenvorschriften ausschließlich **gemeinschaftliche Flächen** berührt.[19] In diesem Fall greift § 9 a Abs. 2 WEG ein, die Wohnungseigentümergemeinschaft ist für die Ausübung zuständig.[20]

19

Die vorstehenden Grundsätze gelten auch bei Verstößen gegen Bestimmungen zum **Brandschutz** oder **anderen Vorschriften des Bauordnungsrechts**. Es ist im Rahmen der Klagebefugnis (§ 42 Abs. 2 VwGO) zu prüfen, ob die betreffende Vorschrift drittschützende Wirkung hat. Soweit dies der Fall ist, muss weiter geprüft werden, ob eine Beeinträchtigung des **Sondereigentums** möglich ist. Ist dies zu bejahen, folgt die Klagebefugnis aus dem Sondereigentum; scheidet eine Beeinträchtigung des Sondereigentums aus, geht es also um Rechte aus dem gemeinschaftlichen Eigentum, steht gem. § 9 a Abs. 2 WEG (nur) der Gemeinschaft die Ausübungsbefugnis zu.[21] In jedem Fall ist der einzelne Eigentümer klagebefugt, wenn von dem Bauvorhaben **relevante Gesundheitsgefahren** ausgehen. § 9 a Abs. 2 WEG greift insoweit nicht ein (dazu bereits → Rn. 10).

20

III. Adressat polizei- oder ordnungsrechtlicher Verfügungen

Nach allgemeinen Grundsätzen des öffentlichen Polizei- und Ordnungsrechts kann sich eine Ordnungsverfügung gegen den Handlungsstörer oder gegen den Zustandsstörer richten. Bei mehreren Störern steht der Behörde ein Auswahlermessen zu, gegenüber welchem Störer sie die Ordnungsverfügung erlässt. Die Frage, welche Person als **Handlungsstörer** herangezogen werden kann, beurteilt sich nach allgemeinen Regeln.[22] Im Ausgangspunkt gilt nichts anderes für die Prüfung, welche Personen als **Zustandsstörer** zu qualifizieren sind. Geht die Gefahr nur vom Sondereigentum aus, ist Zustandsstörer allein der betreffende Wohnungseigentümer.[23]

21

---

17 VGH Mannheim 27.7.2017 – 5 S 2602/15, ZWE 2017, 469 Rn. 31; VGH München 24.11.2016 – 1 CS 16.2011, BeckRS 2016, 55754 Rn. 4; VGH München 22.3.2010 – 15 CS 10.352, BeckRS 2010, 31197; VG München 19.5.2014 – M 8 K 13.1111, ZWE 2014, 382.

18 VGH München 22.3.2010 – 15 CS 10.352, BeckRS 2010, 31197.

19 OVG Münster 20.11.2013 – 7 A 2341/11, ZWE 2014, 144; VG München 27.1.2014 – M 8 K 13.681, ZWE 2014, 234 (235); aA *Fraatz-Rosenfeld* AnwZert MietR 18/2019, Anm. 2.

20 So bereits zu § 10 Abs. 6 S. 3 Hs. 1 WEG aF: OVG Berlin-Brandenburg 5.10.2012 – OVG 2 N 111.10, ZWE 2013, 99; nach aA war § 10 Abs. 6 S. 3 Hs. 2 WEG aF anzuwenden: VGH Mannheim 27.7.2017 – 5 S 2602/15, ZWE 2017, 469 Rn. 33 ff.; VG Koblenz 5.2.2019 – 1 K 870/18, BeckRS 2019, 5539 Rn. 24; *Bantlin* NVwZ 2018, 1838 (1843).

21 So zu § 10 Abs. 6 S. 3 Hs. 1 WEG aF bereits OVG Berlin-Brandenburg 15.10.2012 – OVG 2 N 111.10, ZWE 2013, 99; aA VGH Mannheim 27.7.2017 – 5 S 2602/15, ZWE 2017, 469 Rn. 37 ff.; *Bantlin* NVwZ 2018, 1838 (1843).

22 Zu Anwendungsfällen mit Bezug zum Wohnungseigentum s. *Dötsch* NZM 2020, 121 (124).

23 *Bärmann/Becker* WEG § 27 Rn. 64.

22 **1. Wohnungseigentümer als Zustandsstörer.** Probleme wirft allein der Fall auf, dass die Störung von dem **gemeinschaftlichen Eigentum** ausgeht. In diesem Fall sind zunächst die einzelnen **Wohnungseigentümer** als Zustandsstörer anzusehen.

23 **2. Verwalter als Zustandsstörer.** Insbesondere in der verwaltungsgerichtlichen Rechtsprechung wurde zum Recht vor der WEG-Reform von 2020 angenommen, bei vom gemeinschaftlichen Eigentum ausgehenden Störungen könne auch der Verwalter Zustandsstörer sein. Voraussetzung sei, dass er auf der Grundlage von § 27 Abs. 1 Nr. 2, Abs. 3 S. 1 Nr. 3 WEG aF (laufende Erhaltungsmaßnahme) oder § 27 Abs. 1 Nr. 3 WEG aF (Notmaßnahmen) die Befugnis habe, die im gemeinschaftlichen Eigentum wurzelnde Gefahr **ohne vorangehende Beschlussfassung** der Wohnungseigentümer zu beseitigen.[24] Auf dieser Grundlage hat das OVG Saarlouis[25] den Verwalter für die behördliche Anordnung, bis zur Herstellung eines aus Brandschutzgründen gebotenen zweiten Rettungsweg Nottreppenräume im Wege des „Gerüstbaus" zu errichten, als richtigen Adressaten angesehen.

24 Diese Sichtweise überzeugte schon zum alten Recht nicht. Der Verwalter ist kein Zustandsstörer. Allein die rechtliche Möglichkeit dazu, eine polizeirechtlich relevante Gefahr zu beseitigen, begründet jene Eigenschaft nicht;[26] dies gilt auch dann, wenn – wie im Fall des OVG Saarlouis – die jeweilige Maßnahme eilig ist.

25 **3. Verwalter als Handlungsstörer.** Eine andere Frage ist, ob der Verwalter als Handlungsstörer ordnungsrechtlich verantwortlich sein kann. Das ist dann der Fall, wenn er die Gefahr durch eine selbstständige Entscheidung, also **aktiv**, verursacht hat, was zB in Betracht kommt, wenn er Rettungswege versperrt oder ohne vorherige Beschlussfassung im Namen der Wohnungseigentümergemeinschaft die Durchführung von Erhaltungsmaßnahmen beauftragt hat, durch die ein bauordnungswidriger Zustand geschaffen wurde.[27] Handlungsstörer **durch Unterlassen** kann er dagegen richtigerweise nicht sein, da weder § 9 b Abs. 1 WEG noch § 27 Abs. 1 WEG dazu in der Lage sind, eine polizei- oder ordnungsrechtliche Garantenstellung zu schaffen.[28]

26 **4. Wohnungseigentümergemeinschaft als Zustandsstörer.** Fraglich ist, ob die Wohnungseigentümergemeinschaft nicht nur Handlungsstörer,[29] sondern auch Zustandsstörer sein kann. Das ist umstritten,[30] im Ergebnis aber zu bejahen. Zwar gehört das gemeinschaftliche Eigentum nicht der Gemeinschaft; dessen Inhaber sind vielmehr die einzelnen Wohnungseigentümer. Man wird aber davon ausgehen müssen, dass es sich bei der polizei- oder ordnungsrechtlichen Pflicht, eine relevante Gefahr, die im gemeinschaftlichen Eigentum wurzelt, zu beseitigen, um eine gemeinschaftsbezogene Pflicht iSv § 9 a Abs. 2 WEG handelt; diese Pflicht hat die Wohnungseigentümergemeinschaft wahrzunehmen.[31]

27 Eine an die Gemeinschaft der Wohnungseigentümer gerichtete Ordnungsverfügung kann gem. § 9 b Abs. 1 S. 1 WEG dem Verwalter zugestellt werden. Insoweit kann sich die Frage stellen, ob ein Verwaltungsakt, der sich an die Gemeinschaft richtet, auch dann wirksam bekanntgegeben wird, wenn die Verfügung an die persönliche Anschrift des Hausverwalters zugestellt wird. Der VGH München bejaht hier eine wirksame Bekanntgabe, sofern sich aus dem Inhalt des Verwaltungsakts sicher entnehmen lässt, dass die Gemeinschaft als Inhaltsadressatin der in der Verfügung ausgesprochenen Pflichten in Anspruch genommen werden soll.[32]

---

24 OVG Saarlouis 3.9.2014 – 2 B 319/14, ZWE 2014, 468 mit abl. Anm. *Lehmann-Richter* ZWE 2014, 448; OVG Münster 28.1.2011 – 2 B 1495/10, ZWE 2011, 166; *Becker* ZfIR 2011, 205 (206).

25 OVG Saarlouis 3.9.2014 – 2 B 319/14, ZWE 2014, 468 mit abl. Anm. *Lehmann-Richter* ZWE 2014, 448.

26 Bärmann/*Becker* WEG § 27 Rn. 64; *Lehmann-Richter* ZWE 2012, 105 (108); *Lehmann-Richter* ZWE 2014, 448; *Rüdiger* ZfIR 2019, 469 (475).

27 Vgl. *Dötsch* NZM 2020, 121 (126); *Lehmann-Richter* ZWE 2012, 105 (109).

28 Vgl. zu § 27 WEG aF: *Dötsch* NZM 2020, 121 (126); *Lehmann-Richter* ZWE 2012, 105 (109); *Rüdiger* ZfIR 2019, 469 (475); vgl. auch OVG Saarlouis 3.9.2014 – 2 B 319/14, ZWE 2014, 468; aA OVG Münster 28.1.2011 – 2 B 1495/10, ZWE 2011, 166.

29 Zu Anwendungsfällen *Dötsch* NZM 2020, 121 (125).

30 Zum Streitstand *Lehmann-Richter* ZWE 2012, 105 (110).

31 Bärmann/*Becker* WEG § 27 Rn. 64.

32 VGH München 26.7.2019 – 15 CS 19.1050, Beck RS 2019, 17728 = ZWE 2020, 58.

IV. Öffentlich-rechtliche Abgabenlasten

Die Abgabengesetze einiger Länder knüpfen die Haftung für öffentliche Abgaben (Gebühren und Beiträge) an die Stellung als Grundstückseigentümer; mehrere Grundstückseigentümer haften hiernach als Gesamtschuldner. Der BGH hat bereits im Jahre 2009 entschieden, dass weder die Rechtsfähigkeit der Wohnungseigentümergemeinschaft noch die für Verbindlichkeiten der Gemeinschaft vorgesehene teilschuldnerische Haftung der Eigentümer (§ 9 a Abs. 4 S. 1 WEG; entspricht § 10 Abs. 8 WEG aF) einer durch Landesgesetz **angeordneten gesamtschuldnerischen persönlichen Haftung der Wohnungseigentümer** in ihrer Eigenschaft als Miteigentümer des Grundstücks für die Entgelte für Abfallentsorgung und Straßenreinigung entgegenstehen;[33] nichts anderes gilt für Entwässerungsgebühren.[34] Voraussetzung ist freilich, dass das jeweilige Landesrecht insoweit die Haftung des Grundstückseigentümers begründet. Anders ist es deshalb, wenn die landesrechtlichen Regelungen – etwa zum Anschluss- und Benutzungszwang hinsichtlich Abfallentsorgung und Straßenreinigung – dahin auszulegen sind, dass die Inanspruchnahme der Leistungen privatrechtlich ausgestaltet ist und sich die **Realofferte an die Wohnungseigentümergemeinschaft** richtet; dann ist diese Entgeltschuldnerin.[35] Die einzelnen Wohnungseigentümer haften in einem solchen Fall im Außenverhältnis nur nach Maßgabe von § 9 a Abs. 4 WEG. Soweit das Landesrecht eine gesamtschuldnerische persönliche Haftung der Wohnungseigentümer anordnet, handelt es sich bei der Abgabenlast um eine Pflicht iSv § 9 a Abs. 2 WEG; sie ist mithin von der Gemeinschaft aus dem Gemeinschaftsvermögen zu erfüllen.[36]

28

Im **Innenverhältnis** folgt hieraus die Pflicht der Wohnungseigentümergemeinschaft, den durch Leistungsbescheid in Anspruch genommenen Wohnungseigentümer von der Abgabenschuld freizustellen. Hat der in Anspruch genommene Eigentümer die Abgabenforderung aus eigenen Mitteln erfüllt, so hat er gegenüber der Gemeinschaft – auch nach der WEG-Reform von 2020 – einen **Erstattungsanspruch**.[37] Dieser Erstattungsanspruch besteht grds. auch dann, wenn der Wohnungseigentümer die Forderung aus dem Leistungsbescheid begleicht, ohne dies mit der Gemeinschaft zuvor abzustimmen. Insbesondere berechtigen Einwendungen gegen die Rechtmäßigkeit des Bescheides die Gemeinschaft grds. nicht dazu, die Erfüllung des Erstattungsanspruchs zu verweigern, wenn der Wohnungseigentümer die Möglichkeit offengehalten hat, die Rechtmäßigkeit des Bescheides verwaltungsgerichtlich überprüfen zu lassen.[38]

29

Ungeklärt ist bislang, welche Auswirkungen sich für das **Außenverhältnis** ergeben. Fraglich ist insbesondere, ob die Behörde in jenen Fällen dazu berechtigt ist, den **Leistungsbescheid gegenüber der Gemeinschaft der Wohnungseigentümer** zu erlassen oder hierzu verpflichtet ist. Hiergegen kann sprechen, dass § 9 a Abs. 2 WEG der Behörde keine Befugnis dazu verleihen könne, von den landesrechtlichen Vorgaben über die Schuldnereigenschaft abzuweichen.[39] Richtigerweise kommt gem. § 9 a Abs. 2 WEG auch die Gemeinschaft als Adressat des Leistungsbescheids in Betracht.[40] Sofern man dem folgt, stellt sich die weitere Frage, ob die Behörde nicht nur berechtigt, sondern sogar dazu verpflichtet ist, vorrangig die Gemeinschaft der Wohnungseigentümer in Anspruch zu nehmen, im Grundsatz also daran gehindert ist, den Leistungsbescheid gegenüber einem einzelnen Eigentümer zu erlassen. Dafür wird angeführt, dass die Behörde bei ihrer Entscheidung, wen sie in Anspruch nimmt, die finanzielle Leistungsfähigkeit des Adressaten zu berücksichtigen habe, was dazu führe, dass allein die Inanspruchnahme der typischerweise leistungsfähigeren Gemeinschaft ermessensfehlerfrei sei.[41]

30

---

33 BGH 18.6.2009 – VII ZR 196/08, NJW 2009, 2521; s. auch BGH 14.2.2014 – V ZR 100/13, ZWE 2014, 165. Aus der Lit. *Hügel/Elzer*, 3. Aufl. 2021, WEG § 9 a Rn. 117.

34 Vgl. Bärmann/*Suilmann* WEG § 10 Rn. 314.

35 So der Fall BGH 22.3.2012 – VII ZR 102/11, ZWE 2012, 264.

36 BGH 14.2.2014 – V ZR 100/13, ZWE 2014, 165 Rn. 11.

37 Vgl. BGH 14.2.2014 – V ZR 100/13, ZWE 2014, 165 Rn. 14.

38 BGH 14.2.2014 – V ZR 100/13, ZWE 2014, 165 Rn. 14.

39 So zu § 10 Abs. 6 S. 3 WEG aF: Bärmann/*Suilmann* WEG § 10 Rn. 316; *Sauren* ZMR 2006, 750 (752).

40 Vgl. *Elzer* NVwZ 2014, 605 (608).

41 *Elzer* NVwZ 2014, 605 (608); aA Bärmann/*Suilmann* WEG § 10 Rn. 316.

164. Online-Teilnahme

Neumann

I. Einführung

1 Bisher hielt das Wohnungseigentumsgesetz keine Bestimmungen über die Möglichkeit einer **virtuellen Teilnahme** der Wohnungseigentümer an der Wohnungseigentümerversammlung bereit. Es wurde jedoch in der Literatur zum Teil für zulässig erachtet, dass Wohnungseigentümer die Online-Teilnahme an einer Präsenzveranstaltung im Wege der Vereinbarung gestatten können.[1] § 23 Abs. 1 S. 2 WEG ermächtigt nunmehr in Anlehnung an den Wortlaut des § 118 Abs. 1 S. 2 AktG die Eigentümer, durch **Beschluss** die **Online-Teilnahme** von Wohnungseigentümern an der Wohnungseigentümerversammlung einzuführen und zu gestalten.

II. Online-Teilnahme

2 Danach verschafft § 23 Abs. 1 S. 2 WEG den Wohnungseigentümern zunächst die **Beschlusskompetenz**, die Teilnahme ohne Anwesenheit am Versammlungsort und damit zB online sowie die Ausübung sämtlicher oder einzelner Rechte in der Versammlung ganz oder teilweise im Wege **elektronischer Kommunikation** einführend zu erlauben. Die Beschlusskompetenz erstreckt sich dabei grundsätzlich nur auf die Online-Teilnahme einzelner Wohnungseigentümer an einer ansonsten am Versammlungsort durchgeführten sog. Präsenzveranstaltung. Sie beinhaltet nicht, dass die Wohnungseigentümer beschließen, die Versammlung ausschließlich online durchzuführen und damit abzuschaffen. Die Mehrheit der Wohnungseigentümer kann dem einzelnen nicht durch Beschluss das Recht entziehen, körperlich an der Versammlung teilzunehmen.[2] Vorstellbar ist gleichwohl, dass eine Versammlung vollständig online stattfindet, wenn die Eigentümer die Möglichkeit der Teilnahme wirksam beschlossen haben und alle Eigentümer von der Möglichkeit Gebrauch machen.

3 Der Gesetzgeber hat mit Blick auf künftige **technische Entwicklungen** in § 23 Abs. 1 S. 2 WEG keine konkrete Regelung zur Ausgestaltung der Online-Teilnahme vorgegeben. Vielmehr müssen die Eigentümer alle für die Online-Teilnahme notwendigen Maßnahmen und Regelungen, insbesondere die technische Ausgestaltung, wirksam beschließen. Diese Beschlüsse müssen wie sonst auch den Grundsätzen ordnungsmäßiger Verwaltung entsprechen.[3]

4 Sollte – wie zurzeit – der weitere Pandemieverlauf unabsehbar sein und die behördlich angeordneten Kontaktbeschränkungen andauern, ist fraglich, wie ein solcher ordnungsmäßiger Verwaltung entsprechender **Organisationsbeschluss** gefasst werden soll. Einerseits steht den Wohnungseigentümern für die Beschlussfassung der Umlaufbeschluss im schriftlichen Verfahren nach § 23 Abs. 3 S. 1 WEG zur Verfügung. Allerdings müssen qua Gesetz alle Wohnungseigentümer zustimmen, damit der Beschluss wirksam gefasst wird. Andererseits könnten jedenfalls bei kleineren Wohnungseigentümergemeinschaften die Wohnungseigentümer sich im Vorfeld einer – natürlich nach behördlichen Bestimmungen über den Infektionsschutz zulässigen – Versammlung zB in einer Telefonkonferenz über den Beschlussgegenstand verständigen und während der Versammlung unter Umständen im Wege der Vollmachtserteilung an den Verwalter oder an diejenigen Wohnungseigentümer, die zu der Versammlung erscheinen, die Online-Teilnahme beschließen. Der Bundesgerichtshof hält es für zulässig, dass sich die Wohnungseigentümer außerhalb einer Versammlung abstimmen, wenngleich sie bei dieser Gelegenheit keine Beschlüsse fassen können.[4]

5 Die Wohnungseigentümer müssen zB darüber beschließen, wie auch den online teilnehmenden Wohnungseigentümern die Teilnahme an der Versammlung, also der **technische Zugang** ermöglicht wird. Insofern muss der Organisationsbeschluss Regelungen dazu enthalten, welche **technischen Voraussetzungen** am Versammlungsort erfüllt sein müssen und zB über welches Programm Eigentümer sich zuschalten können sollen. So muss der Beschluss bestimmen sowie angemessen und verständlich beschreiben, welche Technik die Gemein-

---

1 *Hügel/Elzer* WEG § 23 Rn. 17; *Gündel*, Wohnungseigentümerversammlung und Digitalisierung, ZWE 2019,199.
2 BR-Drs. 168/20, 79; *Zschieschack*, Eigentümerversammlung in Zeiten des Coronavirus, NZM 2020, 297 (300 f.).
3 BR-Drs. 168/20, 79.
4 BGH 18.10.2019 – V ZR 286/18 NZM 2020, 326 Rn. 22; *Zschieschack* NZM 2020, 297 (301).

Neumann

schaft der Wohnungseigentümer verwenden soll, und welche Anforderungen an die Hardware sowie an die Software der elektronisch teilnehmenden Wohnungseigentümer damit einher gehen.[5]

Der Beschluss kann weiterhin Bestimmungen enthalten, dass sich ein Wohnungseigentümer zur Teilnahme **6** und/oder zur Stimmabgabe legitimieren muss. Der **Zugangsweg** zu der Versammlung und ggf. die Form der **Legitimation** sind sämtlichen Wohnungseigentümern mit der Ladung mitzuteilen.[6] Eine Teilnahme ist zB zulässig per Video und Ton, über dafür besonders zur Verfügung gestellte Dienste oder ein soziales Netzwerk, aber auch nur per Ton, per E-Mail oder über einen Messengerdienst. Denn der Begriff der **„elektronischen Kommunikation"** erfasst alle sprach- und bildbasierten elektronischen Kommunikationsmittel und elektronische Textkommunikation.[7]

Der Beschluss muss weiterhin bestimmen, welche **Rechte** die Wohnungseigentümer in der Versammlung und **7** in welchem Umfang ganz oder teilweise mittels elektronischer Kommunikation ausüben können. Bestimmen die Wohnungseigentümer hierzu nichts, ist davon auszugehen, dass der Regelfall gilt und beschlossen ist, wonach dann jeder Wohnungseigentümer sämtliche Versammlungsrechte im Wege elektronischer Kommunikation ausüben können soll.[8]

Der Gesetzgeber hat bewusst darauf **verzichtet**, wie im Aktienrecht in § 243 Abs. 3 Nr. 1 AktG den weitge- **8** henden **Ausschluss** der **Anfechtbarkeit** von Beschlüssen bei technischen Störungen zu bestimmen.[9] Dort kann die Anfechtung von Beschlüssen der Hauptversammlung nicht auf die durch eine technische Störung verursachte Verletzung von Rechten gestützt werden, die bei einer Online-Teilnahme nach § 118 Abs. 1 S. 2, Abs. 2 S. 1 und § 134 Abs. 3 AktG wahrgenommen worden sind, es sei denn der Gesellschaft ist grobe Fahrlässigkeit oder Verschulden vorzuwerfen. Die Wohnungseigentümer müssen darum die **technischen Voraussetzungen** der Online-Teilnahme beschließen sowie, ob und ggf. welche Auswirkungen eine etwaige technische Störung während der Versammlung oder im Rahmen einer Beschlussfassung haben soll. Allerdings wird nur das Verfahren zu regeln sein, wenn die Gemeinschaft der Wohnungseigentümer für eine technische Störung verantwortlich ist mit der Folge, dass zB ein Wohnungseigentümer seine Versammlungsrechte nicht mehr wahrnehmen kann (zB keine Kommunikation mit den Präsenzteilnehmern möglich ist). Stammt die technische Störung aus dem Bereich des elektronisch teilnehmenden Wohnungseigentümers, (zB unzureichende Internetverbindung, defekter Bildschirm), ist er allein dafür verantwortlich, vergleichbar zB mit einer unverschuldeten oder verschuldeten Verspätung / Fernbleiben bei einer Präsenzveranstaltung.[10]

Es liegt nahe, § 234 Abs. 3 Nr. 1 AktG entsprechend auf die Anfechtbarkeit von Beschlüssen bei technischen **9** Störungen anzuwenden.[11]

Zu bedenken ist bei der Beschlussfassung über die Online-Teilnahme, wie die **Nichtöffentlichkeit** der Woh- **10** nungseigentümerversammlung sichergestellt werden soll. Nach herrschender Meinung finden Wohnungseigentümerversammlungen unter Ausschluss der Öffentlichkeit statt, es dürfen nur die dazu **Berechtigten** teilnehmen.[12] In einer gegen dieses Erfordernis verstoßenden Versammlung gefasste Beschlüsse sind aus formellen Gründen nichtig und können angefochten werden[13] (→ *Wohnungseigentümerversammlung* Rn. 1 ff.).

Jeder Versammlungsteilnehmer, der Versammlungsrechte außerhalb der Präsenzversammlung im Wege elek- **11** tronischer Kommunikation wahrnimmt, muss die Nichtöffentlichkeit wahren.[14] Es ist gleichwohl nicht ausgeschlossen, dass online teilnehmende Wohnungseigentümer zB entweder außerhalb des Aufnahmebereichs der Kamera oder im virtuellen Raum nicht zur Teilnahme berechtigte „Dritte" Zugang zu der Versammlung verschaffen, zB um sich bei Diskussionen unterstützen zu lassen. Ebenso besteht die Möglichkeit der heimlichen Aufzeichnung der Versammlung. Der **Versammlungsleiter** muss nur bei **begründeten Zweifeln** das Vorlie-

---

5 *Elzer* MietRB 2020, 371 (374).
6 *Elzer* MietRB 2020, 371 (375).
7 *Elzer* MietRB 2020, 371 (373).
8 *Elzer* MietRB 2020, 371 (375).
9 BR-Drs. 168/20, 79.
10 *Elzer* MietRB 2020, 371 (375).
11 *Elzer* MietRB 2020, 371 (375).
12 BGH 29.1.1993 – V ZB 24/92, NJW 1993, 1329 unter III.; *Hügel/Elzer* WEG § 24 Rn. 22.
13 *Hügel/Elzer* WEG § 24 Rn. 24; Bärmann/Pick/*Emmerich* WEG § 23 Rn. 117.
14 *Elzer* MietRB 2020, 371 (374).

gen der technischen und rechtlichen Voraussetzungen für die Nichtöffentlichkeit im Bereich des Wohnungseigentümers prüfen.[15]

12   Der Lösungsmöglichkeit wie zB die Übertragung von einem besonders geschützten Ort steht entgegen, dass es den Wohnungseigentümern nach dem Willen des Gesetzgebers gerade unter dem Eindruck der besonderen Bedingungen der Corona-Krise aufgrund zB von Ausgangsbeschränkungen, der Zugehörigkeit zu einer Risikogruppe etc. ermöglicht werden soll, von zuhause aus elektronisch an der Versammlung teilzunehmen.

13   Es ist auch nicht erkennbar, dass die Beschlusskompetenz in § 23 Abs. 1 S. 2 WEG soweit reichen sollte, dass der Organisationsbeschluss über die Möglichkeit der Online-Teilnahme grundsätzlich die Nichtöffentlichkeit der Wohnungseigentümerversammlung dauerhaft ausschließen kann. Zwar können die Wohnungseigentümer nach herrschender Meinung im Einzelfall stillschweigend auf die Nichtöffentlichkeit der Versammlung verzichten.[16] Das setzt jedoch voraus, dass den einzelnen Teilnehmern bewusst ist, dass die Versammlung nicht öffentlich stattfindet, also Dritte teilnehmen. Eine Beschlusskompetenz außerhalb von § 23 Abs. 1 S. 2 WEG wird abgelehnt.[17]

165. Ordnungsmäßige Verwaltung

Hansen

I. Einführung

1   Das Wohnungseigentumsgesetz (WEG) unterscheidet zwischen Angelegenheiten, die die Wohnungseigentümer durch Beschluss regeln können, und solchen Angelegenheiten, über die nur durch allseitige Vereinbarung befunden werden darf.[1] Die gesetzlich vorgesehenen **Beschlussangelegenheiten** betreffen das der Gemeinschaftsordnung nachrangige Verhältnis der Wohnungseigentümer untereinander, dh die Ausgestaltung der ordnungsmäßigen Benutzung und die ordnungsmäßige Verwaltung des gemeinschaftlichen Eigentums, § 18 Abs. 2 WEG. § 18 Abs. 2 Nr. 1 WEG gibt dabei jedem Eigentümer einen Anspruch auf eine ordnungsmäßige

---

15 *Elzer* MietRB 2020, 371 (374).
16 Hanseatisches OLG 11.4.2007 – 2 Wx 2/07, ZMR 2007, 550–553; LG Düsseldorf 16.3.2011 – 25 S 56/10, ZMR 2011, 898–901.
17 *Hügel/Elzer* WEG § 23 Rn. 35.
 1 BGH 11.7.1991 – V ZB 24/90, ZMR 1991, 398.

Verwaltung. Ferner kann jeder Eigentümer eine Verwaltung verlangen, die, soweit solche bestehen, den gesetzlichen Regelungen, Vereinbarungen und Beschlüssen entspricht.

II. Rechtsgrundlage (18 Abs. 2 Nr. 1 WEG)

Nach § 18 Abs. 2 Nr. 1 WEG kann jeder Eigentümer von den übrigen Eigentümern eine Verwaltung verlangen, **2** die dem Interesse der Gesamtheit der Wohnungseigentümer nach **billigem Ermessen** entspricht, dh den Grundsätzen ordnungsmäßiger Verwaltung. Ordnungsmäßig sind dabei alle Maßnahmen, die im Interesse aller Wohnungseigentümer – nicht nur Einzelner – auf die Erhaltung, Verbesserung oder den der Zweckbestimmung des gemeinschaftlichen Eigentums entsprechenden Gebrauch gerichtet sind.[2]

Maßnahmen, die das Sondereigentum betreffen, sind von vornherein nicht von § 18 Abs. 2 WEG gedeckt.[3] **3** Allerdings sind die Grenzen fließend (→ Rn. 8 f. zur Gebrauchsregelung).

1. Verwaltungsbegriff. Der Begriff der Verwaltung iSv § 18 WEG ist, ebenso wie nach § 21 Abs. 4 WEG aF, **4** **weit** zu verstehen.[4] Unterschieden werden Verwaltungsentscheidungen und Verwaltungsmaßnahmen. Die **Verwaltungsentscheidungen** werden in erster Linie durch die Eigentümer nach § 10 Abs. 1 S. 2 WEG durch eine Vereinbarung oder nach § 19 Abs. 1 WEG durch einen Beschluss getroffen. **Verwaltungsmaßnahmen** sind sämtliche Maßnahmen, die in tatsächlicher oder rechtlicher Hinsicht auf eine Änderung des bestehenden Zustands des gemeinschaftlichen Eigentums abzielen oder sich als Geschäftsführung darstellen. Verwaltungsmaßnahmen dienen der Vorbereitung oder Umsetzung der Verwaltungsentscheidungen.

Gegenstand der gemeinschaftlichen Verwaltung ist auch das **Gemeinschaftsvermögen**, das gem. § 9 a Abs. 3 **5** WEG der Gemeinschaft der Wohnungseigentümer gehört.

Die Beschlusskompetenz der Wohnungseigentümer hinsichtlich des Erwerbs von Gemeinschaftsvermögen der Gemeinschaft der Wohnungseigentümer reicht so weit, wie § 9 a Abs. 3 WEG der Gemeinschaft die Rechtsfähigkeit zuerkennt. In diesem Rahmen kann die Gemeinschaft der Wohnungseigentümer auch **Immobiliareigentum** erwerben.[5]

Es liegt auch in der Kompetenz der Wohnungseigentümer, die Aufnahme eines **Kredits** durch die Gemein- **6** schaft der Wohnungseigentümer zu beschließen. Sowohl ein Beschluss zur Aufnahme eines Kredits zur Deckung eines kurzfristigen Finanzbedarfs in überschaubarer Höhe[6] als auch ein langfristiges Darlehen in erheblicher Höhe kann, jedenfalls unter Berücksichtigung der besonderen Haftungsrisiken, ordnungsmäßiger Verwaltung iSd § 18 Abs. 2 Nr. 1 WEG entsprechen.[7]

Im Hinblick auf den **weiten Verwaltungsbegriff** und das Erfordernis des Schutzes des Rechtsverkehrs wird es **7** an der Beschlusskompetenz der Wohnungseigentümer nur fehlen, wenn es sich offenkundig nicht um eine Verwaltungsmaßnahme handelt.[8]

2. Keine Verwaltungsmaßnahme. a) Gebrauchsregelung. Keine Verwaltungsmaßnahme nach Ansicht des **8** BGH iSv § 21 Abs. 3 WEG aF war ein Beschluss zum Gebrauch des Gemeinschaftseigentum. Beschließen die Eigentümer etwa einen Raum im Keller an einen Eigentümer zu vermieten, war dies eine Regelung des **Gebrauchs des Gemeinschaftseigentums** iSv § 15 Abs. 2 WEG aF. Mit der Verwaltung des gemeinschaftlichen Eigentums nach §§ 20 ff. WEG aF war grundsätzlich nicht der Gebrauch des gemeinschaftlichen Eigentums geregelt. Die §§ 13 ff. WEG aF waren insoweit einschlägig – dies ergab sich aus dem Nebeneinander von §§ 13 ff. und §§ 20 ff. WEG aF. Für Gebrauchsregelungen war § 15 WEG aF die speziellere Vorschrift.[9]

Jetzt verweist § 16 Abs. 1 S. 3 WEG auf § 14 Abs. 1 WEG. Jeder Eigentümer ist danach verpflichtet, vom **9** gemeinschaftlichen Eigentum nur den Mitgebrauch zu machen, der den Vereinbarungen oder Beschlüssen entspricht, § 14 Abs. 1 Nr. 1 WEG. Möglich ist es daher, den Gebrauch zu regeln, entweder durch Vereinbarung

---

2 LG Berlin 1.11.2013 – 55 S 184/11 WEG, ZMR 2014, 467.
3 OLG Hamburg 4.8.2003 – 2 Wx 30/03, ZMR 2003, 866.
4 BGH 2.10.2015 – V ZR 5/15, NJW 2015, 3713.
5 BGH 18.3.2016 – V ZR 75/15, ZMR 2016, 476; OLG München 11.5.2016 – 34 Wx 73/15, ZMR 2016, 792.
6 BGH 28.9.2012 – V ZR 251/11, ZMR 2013,127.
7 BGH 25.9.2015 – V ZR 244/14, ZMR 2016, 49.
8 BGH 18.3.2016 – V ZR 75/15, ZMR 2016, 476.
9 BGH 29.6.2000 – V ZB 46/99, ZMR 2000, 845.

oder einen Beschluss nach § 19 Abs. 1 WEG. Insoweit ist auch nicht erkennbar, warum in einem Beschluss zur Gebrauchsregelung keine Verwaltungsentscheidung liegen sollte.

10   Regelungen in einer **Hausordnung** etwa mussten auch ordnungsmäßiger Verwaltung iSd § 21 Abs. 3 WEG aF oder einem ordnungsmäßigen Gebrauch iSd § 15 Abs. 2 WEG aF entsprechen. Die Hausordnung konnte und kann sich daher sowohl auf die Verwaltung oder Nutzung des gemeinschaftlichen Eigentums (etwa: Nutzungszeiten für den Spielplatz) als auch des Sondereigentums (etwa Musizierverbot in den Wohnungen für bestimmte Zeiten) beziehen.[10]

11   Die Entscheidung zeigt, dass die Grenzen zwischen einer Verwaltungsmaßnahme und einer Gebrauchsregelung nicht immer einfach zu ziehen sind, wie auch jedenfalls eine Gebrauchsregelung mit unmittelbarem Bezug für das **Sondereigentum** beschlossen werden kann (→ *Gebrauch des Sondereigentums* Rn. 4 ff.).

12   **b) Sachenrechtlicher Bezug.** Eine **Veräußerung** von Teilen des gemeinschaftlichen Grundstücks betrifft die sachenrechtlichen Grundlagen der Gemeinschaft und stellt schon aus diesem Grund keine Verwaltung iSv § 18 Abs. 2 WEG dar.[11]

13   Dies betrifft auch den Fall, dass ein Eigentümer sein Wohnungseigentum aufteilen möchte. Einer **Zustimmung** der übrigen Wohnungseigentümer bedarf es hierzu nicht. Ein diesbezüglicher Beschluss, mit dem die anderen Eigentümer auf die Teilung Einfluss nehmen möchten, ist keine Verwaltungsmaßnahme nach § 18 Abs. 2 WEG, sondern es fehlt es an einer Beschlusskompetenz. Der Beschluss ist nichtig.[12]

14   **c) Leistungspflichten.** Durch Beschluss kann dem einzelnen Wohnungseigentümer gegen seinen Willen keine Leistungs- oder Unterlassungspflicht auferlegt werden, die ihm nicht ohnehin nach dem Gesetz, nach der **Teilungserklärung** oder Vereinbarungen der Wohnungseigentümer bereits obliegt.[13] Auch für solche Beschlüsse besteht keine Kompetenz – es handelt sich nicht um Verwaltungsmaßnahmen oder Verwaltungsentscheidungen.

15   Für Ansprüche, mit denen die Beseitigung einer baulichen Veränderung gefordert wird, gilt nichts anderes. Zwar sind Angelegenheiten, die die Regelung des Gebrauchs, § 16 Abs. 1 S. 3 WEG, § 14 Abs. 1 WEG, der Verwaltung, § 18 Abs. 2 WEG und der Erhaltung des gemeinschaftlichen Eigentums, § 19 Abs. 2 Nr. 2 WEG, betreffen, dem **Mehrheitsbeschluss** zugänglich.[14] Die genannten Kompetenzen begründen jedoch nicht die Befugnis, den Wohnungseigentümern außerhalb der gemeinschaftlichen Kosten und Lasten Leistungspflichten aufzuerlegen. Ein Beschluss zur Verpflichtung der Eigentümer zur tätigen Mithilfe bei der Reparatur eines beschädigten Gebäudes etwa wäre nichtig.[15]

16   **3. Verwaltung durch Mehrheitsbeschluss.** Ein Beschluss nach § 18 Abs. 2 Nr. 1 WEG, § 19 Abs. 1 WEG wird mit Stimmenmehrheit gefasst, § 25 Abs. 1 WEG.

17   **a) Ordnungsmäßige Verwaltung.** Ordnungsmäßig iSv § 18 Abs. 2 Nr. 1 WEG sind alle Maßnahmen, die im Interesse aller Wohnungseigentümer auf die Erhaltung, Verbesserung oder den der Zweckbestimmung des gemeinschaftlichen Eigentums entsprechenden Gebrauch gerichtet sind. Dabei erfolgt eine Maßnahme **im Interesse der Gesamtheit** der Wohnungseigentümer, wenn sie bei objektiver Betrachtungsweise, unter Berücksichtigung der besonderen Umstände des Einzelfalles, **nützlich** ist.[16]

18   **b) Beurteilungsspielraum.** Kommen im Rahmen ordnungsmäßiger Verwaltung mehrere Maßnahmen in Betracht, so ist es Sache der Wohnungseigentümer, durch Beschlussfassung in der Eigentümerversammlung eine **Auswahl** zu treffen.

19   **aa) Grundsatz.** Die Wohnungseigentümer besitzen einen **Beurteilungsspielraum**, ob sie überhaupt eine Entscheidung treffen möchten (**Entschließungsermessen**) und, für welche sie sich zwischen mehreren möglichen Alternativen entscheiden (**Auswahlermessen;** → *Ermessen* Rn. 8 ff.). Dabei müssen sie weder zwangsläufig

10 LG München 10.1.2013 – 36 S 8058/12, ZMR 2013, 475.
11 BGH 12.4.2013 – V ZR 103/12, ZMR 2013, 730.
12 BayObLG 6.3.2003 – 2Z BR 90/02, ZMR 2003, 689.
13 BGH 15.1.2010 – V ZR 72/09, ZMR 2010, 378; LG Frankfurt a. M. 17.5.2018 – 2–13 S 31/16, NZM 2018, 628.
14 BGH 20.9.2000 – V ZB 58/99, BGHZ 145, 158.
15 BGH 18.6.2010 – VR ZR 193/09, ZMR 2010, 777.
16 OLG Hamburg 4.8.2003 – 2 Wx 30/03, ZMR 2003, 866; BayObLG 28.4.2004 – 2Z BR 043/04, NZM 2004, 746.

die aufwändigste noch die kostengünstigste wählen.[17] Vertretbare Mehrheitsentscheidungen sind hinzunehmen. Es kommt nicht darauf an, ob eine Regelung in jeder Hinsicht notwendig und zweckmäßig ist.[18] Es kann damit genauso ordnungsmäßiger Verwaltung entsprechen, einen Beschluss nicht zu fassen, auch wenn er rechtmäßig wäre. Es liegt in der **Verwaltungsautonomie** bzw. dem Beurteilungsspielraum der Mehrheit der Wohnungseigentümer, Prioritäten zu setzen und zB bei Instandsetzungsmaßnahmen einen Plan aufzustellen, nach dem dringendere Instandsetzungsarbeiten vorgezogen, andere aber zurückgestellt werden.[19]

Im Hinblick auf die Inanspruchnahme der Wohnungseigentumsverwaltung wegen – vermeintlicher – **Schadensersatzansprüche** verhält es sich nicht anders. Auch insoweit steht es grundsätzlich im **Ermessen** der Gemeinschaft, ob solche geltend gemacht werden, in welchem Umfang und durch wen. Der Gemeinschaft der Eigentümer steht im Rahmen ordnungsmäßiger Verwaltung des gemeinschaftlichen Eigentums ein weitreichendes Ermessen zu, und zwar sowohl hinsichtlich des „Ob" einer Maßnahme als auch hinsichtlich des „Wie".[20] Dieser den Eigentümern zustehende Beurteilungsspielraum ist einer Überprüfung durch das Gericht weitgehend entzogen.[21] **20**

bb) Grenzen des Ermessens. Voraussetzung für eine ordnungsmäßige Ermessensentscheidung der Eigentümer bei der ihnen gem. § 18 Abs. 2 WEG obliegenden Verwaltung des gemeinschaftlichen Eigentums ist jedoch, dass sie über die **wesentlichen Entscheidungsgrundlagen** verfügen und diese in die Abwägung bei der Beschlussfassung auch einbeziehen.[22] **21**

Ferner ist bei Mehrheitsbeschlüssen grundsätzlich der **Gleichbehandlungsgrundsatz** zu beachten. Differenzierungen sind möglich. Nicht alles muss gleichbehandelt werden, doch für die Ungleichbehandlung bedarf es eines **ausreichenden Sachgrundes**.[23] **22**

Das Ermessen kann auch durch den Grundsatz der Wirtschaftlichkeit,[24] die finanziellen Möglichkeiten der Eigentümer und eine vorzunehmende Kosten-Nutzen-Analyse begrenzt sein.[25]

cc) Reichweite. Problematisch ist die Reichweite des Ermessensspielraums der Eigentümer aber vor dem Hintergrund der Entscheidung des BGH zur Verwalterabwahl.[26] Danach führt ein wichtiger Grund iSv § 26 Abs. 1 S. 3 und 4 WEG aF nicht zwingend dazu, dass ein einzelner Wohnungseigentümer gegen den Willen der Mehrheit die Abberufung des Verwalters durch das Gericht erreichen kann. Es bestehe ein **Beurteilungsspielraum** der Wohnungseigentümer, der nur dann überschritten werde, wenn eine andere Entscheidung als die Abberufung nicht mehr vertretbar sei.[27] **23**

Der Begriff der mangelnden Vertretbarkeit zielt auf ein Willkürverbot: Danach ist bei der Frage, ob ein Beschluss den Grundsätzen einer ordnungsmäßigen Verwaltung entspricht, den Wohnungseigentümern aufgrund ihres **Selbstorganisationsrechts** ein weiter – lediglich durch das Willkürverbot beschränkter – Gestaltungsspielraum eingeräumt. **24**

Willkürlich ist ein Beschluss jedoch erst dann, wenn er unter keinem Gesichtspunkt rechtlich vertretbar, sondern schlechthin unhaltbar, offensichtlich sachwidrig oder eindeutig unangemessen ist.[28] Zieht man aber den Rahmen des Beurteilungsspielraums der Eigentümer bei Fassung eines Mehrheitsbeschlusses so weit, ist es für **25**

---

17 BGH 5.7.2019 – V ZR 278/17, ZMR 2020, 206; BGH 22.6.2012 – V ZR 190/11, ZMR 2012, 885; BayObLG 14.8.2003 – 2Z BR 112/03, ZMR 2003, 951; OLG Düsseldorf 18.1.1999 – 3 Wx 394/98, NZM 1999, 766.
18 OLG Düsseldorf 18.1.1999 – 3 Wx 394/98, NZM 1999, 766.
19 BGH 9.3.2012 – V ZR 161/11, NJW 2012, 1724.
20 LG Hamburg 25.5.2011 – 318 S 208/09, ZMR 2012, 290; LG Köln 20.2.2014 – 29 S 180/13, ZMR 2014, 745, sog. „Verzeihungsinteresse".
21 LG München 22.4.2013 – 1 S 5114/12 WEG, ZMR 2014, 748; BGH 10.9.1998 – V ZB 11/98, NZM 1998, 955.
22 LG München 22.4.2013 – 1 S 5114/12 WEG, ZMR 2014, 748.
23 BGH 1.10.2010 – V ZR 220/09, NJW 2010, 3508; BGH 30.11.2012 – V ZR 234/11, ZMR 2013, 288; LG Itzehoe 21.12.2018 – 11 S 86/16, ZMR 2019, 294.
24 BGH 5.7.2019 – V ZR 278/17, ZMR 2020, 206.
25 LG Köln 12.4.2010 – 29 T 72/09, ZMR 2010, 793.
26 BGH 10.2.2012 – V ZR 105/11, ZMR 2012, 565.
27 BGH 10.2.2012 – V ZR 105/11, ZMR 2012, 565; OLG Celle 14.2.2002 – 4 W 6/02, ZWE 2002, 474; OLG Schleswig 8.11.2006 – 2 W 137/06, ZMR 2007, 485.
28 LG Köln 15.4.2015 – 29 S 121/14, ZMR 2015, 790.

die Minderheit nahezu ausgeschlossen, einen Ermessensfehlgebrauch im Fall der Anfechtungsklage erfolgreich durchzusetzen.

26 **c) Zweitbeschluss.** Die Wohnungseigentümer sind grundsätzlich berechtigt, über eine schon geregelte gemeinschaftliche Angelegenheit erneut zu beschließen (→ *Zweitbeschluss* Rn. 4 ff.). Die Befugnis dazu ergibt sich aus der **autonomen Beschlusszuständigkeit** und es spielt keine Rolle, aus welchen Gründen eine erneute Beschlussfassung erfolgt. Erforderlich ist jedoch, dass auch der Zweitbeschluss aus sich heraus einwandfrei ist. Dazu gehört nach § 18 Abs. 2 WEG, dass der neue Beschluss **schutzwürdige Belange** aus Inhalt und Wirkungen des Erstbeschlusses berücksichtigt.[29]

27 Nach § 10 Abs. 1 S. 2 WEG können die Wohnungseigentümer von den Vorschriften dieses Gesetzes abweichende Vereinbarungen treffen, soweit nicht etwas anderes bestimmt ist. Diese Regelung ist Ausdruck der **Privatautonomie** der Wohnungseigentümer und lässt ihnen und dem teilenden Eigentümer bei der Ordnung des Gemeinschaftsverhältnisses weitgehend freie Hand.[30] Schranken ergeben sich aus den §§ 134, 138 BGB und unzulässig sind jedenfalls Regelungen, die die personenrechtliche Gemeinschaftsstellung der Wohnungseigentümer aushöhlen oder in den Kernbereich elementarer Mitgliedschaftsrechte eingreifen.[31]

28 Jedenfalls aber von den Vorgaben des § 18 WEG kann durch eine Vereinbarung punktuell abgewichen werden. Nicht möglich ist es, § 18 Abs. 2 WEG durch Vereinbarung gänzlich außer Kraft zu setzen.

29 Zulässig ist etwa, von den Stimmrechtsregelungen für die **Beschlüsse** über Wirtschaftspläne und Jahresabschlüsse **abzuweichen** und in der Gemeinschaftsordnung zu bestimmen, dass allein die Mitglieder der Untergemeinschaft anstelle aller Wohnungseigentümer über die auf das jeweilige Haus entfallenden Kostenpositionen zu entscheiden haben.[32] Nichts anderes gilt für die den Untergemeinschaften durch Vereinbarung eingeräumte Kompetenz, unter Ausschluss der anderen Eigentümer die Durchführung von Erhaltungsmaßnahmen zu beschließen, die ein zu der jeweiligen Untergemeinschaft gehörendes Gebäude betreffen.[33]

III. Anspruch

30 Wie nach § 21 Abs. 4 WEG aF auch, kann gem. § 18 Abs. 2 Nr. 1 WEG jeder Wohnungseigentümer eine Verwaltung verlangen, die den Vereinbarungen und Beschlüssen und, soweit solche nicht bestehen, dem Interesse der Gesamtheit der Wohnungseigentümer nach **billigem Ermessen** – mit anderen Worten ordnungsmäßiger Verwaltung[34] – entspricht. Der Anspruch richtet sich aber nicht mehr gegen die anderen Eigentümer oder den Verwalter, sondern **gegen die Gemeinschaft der Wohnungseigentümer**. Nach § 18 Abs. 1 WEG obliegt Letzterer allein und umfassend die Verwaltung des gemeinschaftlichen Eigentums.

31 Wird die Gemeinschaft der Wohnungseigentümer trotz Notwendigkeit nicht tätig, dh wird die Verwaltungsentscheidung nicht getroffen oder die Verwaltungsmaßnahme nicht durchgeführt, kommt für den Eigentümer, der dadurch einen Schaden erleidet, ein Anspruch auf Schadensersatz nach § 18 Abs. 2 Nr. 1, Abs. 1 WEG iVm § 280 BGB in Betracht.[35] Auch dieser Schadensersatzanspruch (→ *Schadensersatz* Rn. 45 ff.) richtet sich gegen die Gemeinschaft der Wohnungseigentümer, die ihrerseits aber gegebenenfalls Regress beim Verwalter oder den Eigentümern nehmen kann, die sich einem Beschluss auf ordnungsmäßige Verwaltung verweigert haben, sei es durch Enthaltung oder eine Nein-Stimme.

IV. Einzelfälle

32 **1. Bauliche Veränderung.** Ein einzelner Eigentümer hat keinen Anspruch (mehr) auf Beseitigung von baulichen Veränderungen des gemeinschaftlichen Eigentums und Wiederherstellung des vorherigen Zustands gem. § 1004 Abs. 1 BGB. Dieser Anspruch steht in seiner Durchsetzung allein der Gemeinschaft der Wohnungseigentümer zu (→ *Unzulässige bauliche Veränderungen und Sanktionen* Rn. 18 ff.).

---

29 BGH 20.12.1990 – V ZB 8/90, ZMR 1991, 146; LG München 24.10.2016 – 36 S 6557/16 WEG, ZMR 2017, 187.
30 BGH 10.7.2015 – V ZR 198/14, NJW 2015, 3371.
31 BGH 10.12.2010 – V ZR 60/10, ZMR 2011, 397; BGH 10.7.2015 – V ZR 198/14, ZMR 2015, 876.
32 BGH 20.7.2012 – V ZR 231/11, ZWE 2012, 494.
33 BGH 10.11.2017 – V ZR 184/16, ZMR 2018, 234.
34 BGH 10.2.2012 – V ZR 105/11, ZWE 2012, 221.
35 BGH 23.2.2018 – V ZR 101/16, NZM 2018, 615.

Hansen

Wird der Mehrheitsbeschluss zur Verfolgung und Durchsetzung der Rückbauansprüche nicht gefasst, kann ein 33 auf eine entsprechende Beschlussfassung gerichteter Anspruch einzelner Wohnungseigentümer gem. § 18 Abs. 2 Nr. 1 WEG bestehen, der im Wege der **Beschlussersetzungsklage** geltend zu machen ist, § 44 Abs. 1 Nr. 2 WEG.

Eine Beschlussersetzungsklage kann aber nur dann Erfolg haben, wenn allein die **Beseitigung und Wieder-** 34 **herstellung** eines ordnungsmäßigen Zustands ordnungsmäßiger Verwaltung entspricht. Davon kann nicht ohne Weiteres ausgegangen werden. Es kann je nach den Umständen des Einzelfalls auch ordnungsmäßiger Verwaltung entsprechen, von der Durchsetzung eines Rückbaus auf Kosten der Gemeinschaft der Wohnungseigentümer abzusehen.[36]

2. Durchsetzen von Rechten. Steht der Gemeinschaft der Wohnungseigentümer das Recht zur gerichtlichen 35 Durchsetzung eines Anspruchs zu, kann über die Klageerhebung nicht willkürlich entschieden werden. Es handelt sich bei der Rechtsdurchsetzung um eine **Verwaltungsmaßnahme** iSd § 18 Abs. 2 Nr. 1 WEG, die dem Interesse der Gesamtheit der Wohnungseigentümer nach billigem Ermessen zu entsprechen hat.

Dabei ist es für die Ausübung des billigen Ermessens vor allem entscheidend, ob die Rechtsverfolgung **Aus-** 36 **sicht auf Erfolg** hat[37] oder der von dem Beschluss in Bezug genommene Anspruch offenkundig nicht in Betracht kommt oder die von der Mehrheit vertretene Rechtsposition offensichtlich unhaltbar ist.[38]

Zu den weiter anzulegenden Maßstäben bei der zu treffenden Ermessensentscheidung zählt auch, die querula- 37 torisch gefärbte Geltendmachung offensichtlich unbegründeter oder solcher Ansprüche auszuschließen, die **Bagatellbeträge** betreffen.[39]

Ferner gehört auch das bei einer gerichtlichen Geltendmachung von der Gemeinschaft der Wohnungseigentü- 38 mer zu tragende **Prozesskostenrisiko** dazu. Die Mehrheit der Wohnungseigentümer kann nicht gezwungen werden, gegen ihren Willen erhebliche Mittel für die Prozessführung mit jeweils hohem Kostenrisiko für die Geltendmachung von Ansprüchen aufzuwenden, auf die sie selbst keinen Wert legt.[40]

Es kann aber demgegenüber dem Interesse der Gesamtheit der Wohnungseigentümer entsprechen, das Beste- 39 hen von Ansprüchen **gerichtlich klären** zu lassen, auch wenn hinsichtlich der Erfolgsaussicht einer Klage durchaus Zweifel bestehen,[41] aber die Geltendmachung zumindest vertretbar erscheint.[42]

Das Absehen von der Geltendmachung von Ansprüchen widerspricht jedenfalls ordnungsmäßiger Verwaltung, 40 wenn die Voraussetzungen eines Anspruchs schlüssig dargelegt sind und begründet erscheinen.[43]

Weiter spricht nichts Grundsätzliches dagegen, dass die Wohnungseigentümer im Rahmen ordnungsmäßiger 41 Verwaltung nach § 18 Abs. 2 Nr. 1 WEG wirksam beschließen, gerichtliche Verfahren nicht unter allen Umständen bis zu einer rechtskräftigen gerichtlichen Entscheidung – möglicherweise durch mehrere Instanzen – zu Ende zu führen, sondern durch **Vergleich** abzuschließen (→ *Prozessvergleich* Rn. 10 ff.). Der Vergleich muss aber seinem Inhalt nach unter Berücksichtigung aller Umstände als angemessen, zumindest aber als vertretbar anzusehen sein.[44]

3. Hausordnung. Zu einer ordnungsmäßigen, dem Interesse der Gesamtheit der Wohnungseigentümer nach 42 billigem Ermessen entsprechenden Verwaltung, die jeder einzelne Wohnungseigentümer verlangen kann, § 18 Abs. 2 Nr. 1 WEG, gehört grundsätzlich auch die Aufstellung einer **Hausordnung**, § 19 Abs. 2 Nr. 1 WEG (→ *Hausordnung* Rn. 8 ff.).

Dabei steht den Wohnungseigentümern im Rahmen des **Selbstorganisationsrechts** bei der Aufstellung von 43 Gebrauchsregelungen hinsichtlich der Notwendigkeit und der Zweckmäßigkeit einer Regelung ein Ermessens-

---

36 BGH 5.7.2019 – V ZR 149/18, ZMR 2020, 43.
37 OLG München 26.10.2010 – 32 Wx 26/10, ZWE 2011, 37; LG Itzehoe 5.8.2014 – 11 S 45/13, ZWE 2015, 417.
38 OLG Frankfurt a. M. 30.9.2008 – 20 W 9/08, ZMR 2009, 462.
39 BGH 15.12.1988 – V ZB 9/88, ZMR 1989, 182.
40 OLG Hamm 22.12.2003 – 15 W 396/03, NJW-RR 2004, 805.
41 OLG Frankfurt a. M. 30.9.2008 – 20 W 9/08, ZMR 2009, 462.
42 OLG Düsseldorf 19.2.2003 – I-3 Wx 8/03, NZM 2003, 643.
43 OLG Düsseldorf 25.8.1999 – 3 Wx 270/99, ZMR 2000, 243.
44 BayObLG 2.7.1981 – BReg 2Z 53/80, NJW-RR 2000, 379; BayObLG 10.7.2003 – 2Z BR 17/03, NZM 2003, 807.

spielraum zu. Sie haben grundsätzlich einen großzügigen Ermessensspielraum, unter mehreren möglichen Regelungen eine solche zu treffen, die ihren Bedürfnissen entspricht.[45]

44 Derartige Entscheidungen der Wohnungseigentümer – auch im Hinblick auf die Änderung bzw. Ergänzung einer bestehenden Hausordnung – sind gerichtlich nur auf **Ermessensfehler** hin überprüfbar.[46]

45 **4. Hausrecht.** Ein Beschluss, der es Eigentümern oder deren Besuchern oder Mietern generell verbietet, das Haus zu betreten (→ *Hausverbot* Rn. 4 ff.), weil sie durch erhebliche Störungen aufgefallen sind, widerspricht ordnungsmäßiger Verwaltung nach § 18 Abs. 2 Nr. 1 WEG. Bei der Frage eines **Unterlassungsanspruchs** der übrigen Wohnungseigentümer gegen Störungen ist auch das Eigentumsrecht zu berücksichtigen. Diese – gegenläufigen – Interessen sind nach den Grundsätzen der praktischen Konkordanz zu einem für alle möglichst schonenden Ausgleich zu bringen, ohne dass eine der widerstreitenden Rechtspositionen bevorzugt und maximal behauptet wird.[47] Gerade weil durch die Verwehrung des Zutritts zu dem Gemeinschaftseigentum in den Kernbereich des Eigentumsrechts eingegriffen wird, kann dabei nicht auf die Störung des Eigentums allein durch das Betreten abgestellt werden, sondern nur auf die konkrete, hierüber hinausgehende Störung, jedenfalls nicht generell für jede Form der Störung, sondern nur für im Kern gleichartige Verletzungsformen.[48]

46 Ein abstraktes, umfassendes **Besuchsverbot** kann allenfalls mit Zustimmung aller Wohnungseigentümer, zB in der Gemeinschaftsordnung, vereinbart werden. Ein konkretes Besuchsverbot für einen ganz bestimmten, insbesondere erhebliche Störungen verursachenden Besucher kann dagegen im Einzelfall ordnungsmäßiger Verwaltung entsprechen und durch Mehrheitsbeschluss angeordnet werden.[49]

47 **5. Immobilienerwerb und sachenrechtlicher Bezug.** Die Gemeinschaft der Wohnungseigentümer kann auch im Rahmen von § 18 Abs. 2 Nr. 1 WEG **Immobiliareigentum** erwerben,[50] sowohl eine Einheit im Objekt als auch etwa ein Nachbargrundstück. Anders liegt es nur dann, wenn der Erwerb eines Grundstücks durch die Wohnungseigentümer vorbereitet werden soll und jeder Zusammenhang mit dem gemeinschaftlichen Eigentum fehlt.[51]

48 Ein **Mehrheitsbeschluss**, der Vorbereitungsmaßnahmen zum Gegenstand hat, verändert weder die sachenrechtlichen Grundlagen noch begründet er darauf bezogene schuldrechtliche Verpflichtungen. Der Begriff der Verwaltung iSv § 18 Abs. 2 WEG ist weit zu verstehen[52] und umfasst daher regelmäßig auch Maßnahmen, die eine Veränderung der sachenrechtlichen Grundlagen der Gemeinschaft vorbereiten soll, damit die Wohnungseigentümer diese anschließend aus eigenem Entschluss umsetzen können; solche Maßnahmen können mehrheitlich beschlossen werden.[53]

49 Aber: Eine Veränderung der sachenrechtlichen Grundlagen der Gemeinschaft – etwa durch Veräußerung eines Teils des gemeinschaftlichen Grundstücks – ist keine Verwaltung iSv § 18 Abs. 2 Nr. 1 WEG; für die Begründung einer schuldrechtlichen Pflicht zur Mitwirkung der Wohnungseigentümer an einer solchen Änderung besteht **keine Beschlusskompetenz**,[54] und sie kann auch nicht Gegenstand einer – den Sondernachfolger bindenden – Vereinbarung iSv § 10 Abs. 1 S. 2 WEG sein. Denn die vertragliche Regelung der sachenrechtlichen Zuordnung ist von der inhaltlichen Ausgestaltung des Gemeinschaftsverhältnisses zu unterscheiden.[55]

50 **6. Erhaltung.** Zur ordnungsmäßigen, dem Interesse der Gesamtheit der Wohnungseigentümer entsprechenden Verwaltung gem. § 18 Abs. 2 Nr. 1 WEG gehört gem. § 19 Abs. 2 Nr. 2 WEG insbesondere die Erhaltung des gemeinschaftlichen Eigentums (→ *Erhaltungsmaßnahmen* Rn. 1 ff.).

---

45 LG München 23.11.2017 – 36 S 3100/17 WEG, ZWE 2018, 176.
46 OLG Frankfurt a. M. 6.8.2003 – 20 W 22/02, NZM 2004, 31; LG Itzehoe 28.5.2014 – 11 S 58/13, ZMR 2014, 912.
47 BVerfG 6.10.2009 – 2 BvR 693/09, ZWE 2009, 438.
48 BGH 16.2.1989 – I ZR 76/87, NJW 1989, 1545; KG 10.9.2015 – 8 U 94/15, ZMR 2015, 956.
49 LG Koblenz 21.6.2011 – 2 S 19/10, ZWE 2011, 460.
50 BGH 18.3.2016 – V ZR 75/15, ZMR 2016, 476; OLG München 11.5.2016 – 34 Wx 73/15, ZMR 2016, 792.
51 BGH 20.9.2019 – V ZR 258/18, ZMR 2020, 197.
52 BGH 2.10.2015 – V ZR 5/15, NJW 2015, 3713; BGH 18.3.2016 – V ZR 75/15, NZM 2016, 387.
53 BGH 20.9.2019 – V ZR 258/18, ZMR 2020, 197.
54 BGH 12.4.2013 – V ZR 103/12, NJW 2013, 1962; BGH 18.3.2016 – V ZR 75/15, NZM 2016, 387.
55 BGH 4.4.2003 – V ZR 322/02, NJW 2003, 2165; BGH 11.5.2012 – V ZR 189/11, NJW-RR 2012, 1036.

Die Wohnungseigentümer haben insoweit einen Gestaltungsspielraum;[56] sie müssen das **Gebot der Wirt-** **schaftlichkeit** beachten und im Grundsatz auf die **Leistungsfähigkeit** der Wohnungseigentümer Rücksicht nehmen. Deshalb sind sie berechtigt, Kosten und Nutzen einer Maßnahme gegeneinander abzuwägen und nicht zwingend erforderliche Maßnahmen ggf. zurückzustellen. **51**

Ist jedoch die sofortige Erhaltung zwingend erforderlich, so entspricht nur ihre Vornahme billigem Ermessen; in diesem Fall hat ein einzelner Wohnungseigentümer einen Anspruch auf Durchführung gem. § 18 Abs. 2 Nr. 1 WEG. **52**

Entspricht nur die sofortige Vornahme der zur Erhaltung des gemeinschaftlichen Eigentums erforderlichen Sanierungsmaßnahme ordnungsmäßiger Verwaltung, ist auch für die Berücksichtigung finanzieller Schwierigkeiten oder des Alters einzelner Wohnungseigentümer kein Raum.[57] **53**

Die **Übertragung** der den Eigentümern zustehenden **Kompetenz** auf die Wohnungseigentumsverwaltung, selbst nach Maßgabe von § 21 Abs. 3, 5 Nr. 2 WEG aF über die Vornahme („Ob") und den Umfang („Wie") von Erhaltungsarbeiten am gemeinschaftlichen Eigentum zu entscheiden, war grundsätzlich unzulässig.[58] **54**

§ 27 Abs. 2 WEG lässt ab 1.12.2020 zwar eine Erweiterung der Verwalterkompetenzen durch Beschluss zu. Gleichwohl dürfte dennoch keine Beschlusskompetenz bestehen, dem Verwalter Entscheidungen ohne jegliche Vorgaben oder Einschränkung zu übertragen, die Erhaltungsmaßnahme nach § 19 Abs. 2 Nr. 2 WEG betreffen (→ *Verwalter* Rn. 46). Mit der Katalogisierung des § 19 Abs. 2 WEG wird deutlich, dass der Gesetzgeber einige Regelungstatbestände herausgestellt hat, die als ordnungsmäßige Verwaltung im Wege des Beschlusses von den Eigentümern entschieden werden sollen. Diese in § 19 Abs. 2 Nr. 1–6 WEG aufgezählten besonderen Tatbestände gehen damit über die Generalklausel des § 19 Abs. 1 WEG hinaus. Eine bedingungslose Übertragung der Entscheidungen auf den Verwalter, ob und wenn ja, in welchem Umfang welche dieser Verwaltungsmaßnahmen umgesetzt wird, vernachlässigt das Recht der Eigentümer zu sehr. **55**

7. Erhaltungsrücklage. Nach § 19 Abs. 2 Nr. 4 WEG gehört die Ansammlung einer angemessenen Erhaltungsrücklage zu einer ordnungsmäßigen, dem Interesse der Gesamtheit der Wohnungseigentümer entsprechenden Verwaltung, die durch **Stimmenmehrheit** beschlossen werden kann, § 18 Abs. 2 WEG. Jeder Wohnungseigentümer hat darauf einen Anspruch, vorbehaltlich einer abweichenden oder ergänzenden Regelung in der Gemeinschaftsordnung.[59] **56**

8. Kreditaufnahme. Sowohl ein Beschluss zur Aufnahme eines Kredits zur Deckung eines **kurzfristigen Finanzbedarfs** in überschaubarer Höhe[60] als auch ein langfristiges Darlehen in erheblicher Höhe kann, jedenfalls unter Berücksichtigung der besonderen Haftungsrisiken und einer Vielzahl von Vorgaben, ordnungsmäßiger Verwaltung iSd § 18 Abs. 2 Nr. 1 WEG entsprechen (→ *Darlehensvertrag* Rn. 2 ff.).[61] **57**

9. Öffentlich-rechtliche Pflichten. Die Umsetzung der durch behördlichen Bescheid als öffentlich-rechtlicher Anforderungen gebotenen **Brandschutzmaßnahmen** zu beschließen, entspricht der Erhaltung des gemeinschaftlichen Eigentums, § 19 Abs. 2 Nr. 2 WEG und damit auch § 18 Abs. Nr. 1 WEG.[62] Insgesamt → *Öffentliches Recht des Wohnungseigentums* Rn. 20. **58**

Auch der Erhaltungsbeschluss für eine Heizungsanlage entspricht einer ordnungsmäßigen, der Gesamtheit der Wohnungseigentümer dienenden Verwaltung, § 18 Abs. 2 Nr. 1 WEG, § 19 Abs. 2 Nr. 2 WEG, wenn sie in einem Zustand ist, in dem jederzeit wesentliche Teile unbrauchbar werden können und die Anpassung eines vorhandenen Bestands an rechtliche Anforderungen, zB an das **Gebäudeenergiegesetz** (vormals: Energieeinsparverordnung), eine Erhaltungsmaßnahme darstellt und zur ordnungsmäßigen Verwaltung gehört.[63] **59**

---

56 BGH 13.7.2012 – V ZR 94/11, NJW 2012, 2955; BGH 9.3.2012 – V ZR 161/11, NJW 2012, 1724.
57 BGH 17.10.2014 – V ZR 9/14, ZMR 2015, 241.
58 AG Hamburg 15.11.2019 – 980 b C 21/18 WEG, ZMR 2020, 153.
59 BayObLG 22.9.2004 – 2Z BR 142/04, NZM 2005, 747.
60 BGH 28.9.2012 – V ZR 251/11, ZMR 2013,127.
61 BGH 25.9.2015 – V ZR 244/14, ZMR 2016, 49.
62 BayObLG 25.6.1998 – 2Z BR 10/98, NZM 1998, 817; OLG Hamm 22.10.1981 – 15 W 147/81, OLGZ 1982, 260; OLG Celle 5.4.1986 – 4 W 30/86, OLGZ 1986, 397; BGH 19.9.2002 – V ZB 37/02, NZM 2002, 992.
63 OLG München 20.3.2008 – 34 Wx 46/07, NJW-RR 2008, 1182.

60   Ein Anspruch aus § 18 Abs. 2 Nr. 1 WEG kann sich ergeben, wenn bestimmte bauliche Einrichtungen öffentlich-rechtlich zwingend vorgeschrieben sind.[64] Dies ergibt sich, soweit die entsprechenden **öffentlich-rechtlichen Bestimmungen** bereits bei der Bildung des Wohnungseigentums in Kraft waren, grundsätzlich aus der Pflicht zur erstmaligen Herstellung eines ordnungsmäßigen Zustandes. Aber auch wenn die maßgebenden Vorschriften später erlassen oder verändert worden sind, kann sich ein Anspruch des einzelnen Miteigentümers aus § 18 Abs. 2 Nr. 1 WEG auf Einhaltung dieser Vorschriften ergeben, wenn und soweit diese sich ihrem Inhalt nach auch auf den bereits vorhandenen Baubestand erstrecken.[65]

61   **10. Plangerechte Erstherstellung.** Zu den Erhaltungsmaßnahmen iSv § 19 Abs. 2 Nr. 2 WEG gehört nach bisheriger Rechtslage auch die Herstellung eines erstmaligen **ordnungsmäßigen und mangelfreien Zustands** der Wohnungseigentumsanlage entsprechend der Teilungserklärung und dem Aufteilungsplan, vor allem also die Beseitigung von Baumängeln und Planungsfehlern (→ *Erstmalige Herstellung eines ordnungsmäßigen Zustands* Rn. 1 ff.).[66] Da sich nach dem Wortlaut des § 18 Abs. 2 Nr. 1 WEG aber der Verweis auf den Anspruch auf Umsetzung einer Vereinbarung, also auch der Realisierung des Soll-Zustandes, der ursprünglich vereinbart worden ist, ergibt, ist die Herleitung des Anspruchs nach § 19 Abs. 2 Nr. 2 WEG nicht notwendig. Grundsätzlich kann jeder Wohnungseigentümer gem. § 18 Abs. 2 Nr. 1 WEG von den übrigen Eigentümern verlangen, dass das Gemeinschaftseigentum plangerecht und mangelfrei hergestellt wird. Ein solcher Beschluss entspricht damit regelmäßig ordnungsmäßiger Verwaltung.

62   **11. Rechtsberatung.** Die Beauftragung eines Rechtsanwalts zur **außergerichtlichen Wahrnehmung der Rechte** der Wohnungseigentümer gegenüber der Stadt und den Eigentümern eines weiteren Grundstücks ist als Maßnahme ordnungsmäßiger Verwaltung nicht zu beanstanden.[67] Dies gilt jedenfalls dann, wenn es sich rechtlich um einen komplexen Gegenstand handelt und auch eine öffentlich-rechtliche Beurteilung der Angelegenheit erforderlich ist, so dass fachkundiger externer Rechtsrat einzuholen ist.[68]

63   Beschließen die Wohnungseigentümer, einen Rechtsanwalt zur Durchführung von gerichtlichen Maßnahmen gegen einen Wohnungseigentümer oder Dritte zu beauftragen, so entspricht dies nicht nur dann ordnungsmäßiger Verwaltung gem. § 18 Abs. 2 Nr. 1 WEG, wenn tatsächlich ein Anspruch besteht, sondern bereits dann, wenn die Eigentümerversammlung das **Bestehen des Anspruchs** für plausibel halten darf, da nur so die Rechte der Gemeinschaft gewahrt werden können.[69]

64   Anders ist dies, wenn der Verwaltungsbeirat seine Kompetenzen überschreitet und aus eigener Initiative Kosten auslöst. Möglich ist es zwar, dass durch die Gemeinschaft der Wohnungseigentümer eine pauschale **Erstattung von Aufwendungen** beschlossen werden kann, die den Mitgliedern des Beirates entstanden sind, doch dann muss es um solche aus der Tätigkeit als Verwaltungsbeirat handeln. Andernfalls widerspricht der Beschluss über die Erstattung den Grundsätzen ordnungsmäßiger Verwaltung.[70]

65   Der entgeltlichen **Beiziehung eines rechtlichen Beraters** zu den Eigentümerversammlungen auf Kosten der Eigentümer stehen gesetzliche Bestimmungen nicht grundsätzlich entgegen, doch es sind Vorgaben einzuhalten. Wenn die Gemeinschaft der Wohnungseigentümer rechtlichen Rat auch im Rahmen der Eigentümerversammlung sucht, um die Anfechtbarkeit der dort gefassten Beschlüsse zu beschränken bzw. auszuschließen, ist hierfür ein sachlich hinreichender Grund erforderlich. Allein der Umstand, dass die Gemeinschaft zerstritten ist, stellt für sich keinen solchen Grund dar.[71]

66   **Ausreichender Grund** iSv § 18 Abs. 2 Nr. 1 WEG für die Hinzuziehung eines Beraters zur einer Eigentümerversammlung kann sein, dass die Bedeutung des Beschlussgegenstandes in einem angemessenen Verhältnis zu den zu erwartenden Kosten steht. Weiter muss der Beratungsbedarf gerade in der Versammlung bestehen und nur hier sachgerecht zu erfüllen sein.[72]

---

64   OLG Hamm 6.3.2001 – 15 W 320/00, ZMR 2001, 839.
65   OLG Hamm 23.12.2004 – 15 W 107/04, ZMR 2005, 806.
66   BGH 15.1.2010 – V ZR 80/09, WuM 2010, 172; LG Karlsruhe 16.12.2014 – 11 S 14/14, ZWE 2015, 421.
67   OLG Köln 20.11.1996 – 16 Wx 217/96, NZM 1998, 870.
68   OLG München 25.1.2006 – 34 Wx 114/0 5, ZMR 2006, 311.
69   OLG München 9.2.2010 – 32 Wx 114/09, ZMR 2010, 469.
70   KG 19.7.2004 – 24 W 349/02, ZMR 2005, 224.
71   OLG Hamm 28.10.2003 – 15 W 203/02, NZM 2005, 185.
72   OLG Hamm 28.10.2003 – 15 W 203/02, NZM 2005, 185.

Soll aber die Entscheidung über die Beiziehung eines juristischen Beraters zu einer konkreten Versammlung **67** durch **Mehrheitsbeschluss** generell dem Verwalter, ggf. in Absprache mit dem Beirat übertragen werden, handelt es sich nicht um eine Maßnahme der laufenden Verwaltung. Die Eigentümer können nicht von ihrer Regelungskompetenz durch bloßen Mehrheitsbeschluss Gebrauch machen.[73] Allerdings lässt § 27 Abs. 2 WEG ab 1.12.2020 eine Erweiterung der Verwalterkompetenzen durch Beschluss zu, so dass auf diesem Weg dem Verwalter die Legitimation übertragen werden kann, auch regelmäßig Berater im Interesse der Gemeinschaft der Wohnungseigentümer hinzuziehen.

12. Veranstaltung. Die Veranstaltung eines Brunnenfestes durch die Gemeinschaft der Wohnungseigentümer **68** mit der gesetzlichen Kostenfolge des § 16 Abs. 2 WEG ist keine Maßnahme, die im Interesse aller Wohnungseigentümer ist, gerichtet auf die Erhaltung, Verbesserung oder den der Zweckbestimmung des **Gemeinschaftseigentums** entsprechenden Gebrauch iSd § 18 Abs. 2 Nr. 1 WEG.[74]

13. Telefon, Rundfunk, Energieversorgung. Die Wohnungseigentümer können **Beschlüsse** zur Herstellung **69** eines Telefon-, Telefaxanschlusses, einer Rundfunk- oder Fernsehempfangsanlage oder eines Energieversorgungsanschlusses fassen. Auch dies entspricht ordnungsmäßiger Verwaltung (→ *Fernsprechteilnehmereinrichtung* Rn. 9).

§ 20 Abs. 2 Nr. 4 WEG sieht einen Anspruch und daraus folgend eine **Duldungspflicht** der Miteigentümer für **70** den Anschluss einer Einheit vor, wobei ein gewisser Mindeststandard der Wohnungen entsprechend dem Stand der Technik ermöglicht werden soll.

14. Verbrauchserfassung. Soweit die Gemeinschaftsordnung keine Regelung zur Verteilung der Kosten der **71** Wasserversorgung der Sondereigentumseinheiten und der damit verbundenen **Kosten der Abwasserentsorgung** enthält, können Wohnungseigentümer über diese Frage gem. § 18 Abs. 2 Nr. 1 WEG durch Mehrheitsbeschluss entscheiden. Der Einbau von Kaltwasserzählern, wenn er zur Umsetzung der beschlossenen oder vereinbarten verbrauchsabhängigen Verteilung der Wasserkosten erfolgt, ist keine § 20 Abs. 1 WEG unterfallende bauliche Veränderung, sondern eine Maßnahme ordnungsmäßiger Verwaltung iSv § 18 Abs. 2 Nr. 1 WEG. Insoweit gilt nichts anderes als bei der durch §§ 3, 4 HeizkostenV vorgeschriebenen Ausstattung einer Wohnungseigentumsanlage mit Geräten zur Erfassung des Warmwasserverbrauchs (→ *Umlageschlüssel* Rn. 53 ff.).[75]

15. Vereinsbeitritt. Wenn es die Satzung eines Haus- und Grundeigentümervereins zulässt, kann auch die **72** Gemeinschaft der Wohnungseigentümer dessen Mitglied werden. Wenn die Wohnungseigentümer die Mitgliedschaft in dem Verein beschließen, begegnet dies keinen rechtlichen Bedenken. Für einen entsprechenden Beschluss nach § 18 Abs. 2 Nr. 1 WEG besteht **Beschlusskompetenz**.[76]

16. Versicherung. Gem. § 19 Abs. 2 Nr. 3 WEG, § 18 Abs. 2 Nr. 1 WEG gehört der Abschluss einer Feuer- **73** versicherung und Grundbesitzerhaftpflichtversicherung zu den Maßnahmen ordnungsmäßiger Verwaltung (→ *Versicherung* Rn. 17 ff.).

17. Vertragsabschluss. Maßnahmen der ordnungsmäßigen Verwaltung nach § 18 Abs. 2 Nr. 1 WEG können **74** wirtschaftlicher Art, wie etwa die in § 19 Abs. 2 WEG beispielhaft aufgezählten Maßnahmen, oder rechtlicher Art sein, wie etwa der Abschluss von Verträgen mit Handwerkern, Mietern oder Pächtern.

Allgemein gültige Regeln lassen sich aber nicht aufstellen. Es ist jeweils eine Frage des **Einzelfalls**, ob eine **75** beabsichtigte Maßnahme ordnungsmäßiger Verwaltung entspricht.

Eine Maßnahme erfolgt im **Interesse der Gesamtheit** der Wohnungseigentümer, wenn sie bei objektiv ver- **76** nünftiger Betrachtungsweise unter Berücksichtigung der besonderen Umstände des Einzelfalls nützlich ist. Die Erweiterung der Aufgaben des Wohnungseigentumsverwalters durch Beschluss um die Verpflichtung, die Abrechnung so zu erstellen, dass die Wohnungseigentümer damit bestimmte Ausgaben als Steuerermäßigung iSv § 35 a EStG geltend machen können, und jedem Wohnungseigentümer eine entsprechende Bescheinigung auszustellen, fällt darunter.[77]

---

73 OLG Hamm 28.10.2003 – 15 W 203/02, NZM 2005, 185.
74 AG München 31.10.2014 – 418 C 14044/14, NZM 2015, 259.
75 BGH 25.9.2003 – V ZB 21/03, ZMR 2003, 937; s. a. KG 24.5.2004 – 24 W 83/03, ZMR 2005, 223.
76 AG Hannover 31.3.2008 – 484 C 10329/07, ZMR 2008, 743.
77 KG 16.4.2009 – 24 W 93/08, ZMR 2009, 709.

77 Dies gilt auch für den Beschluss zum Abschluss eines Hausmeistervertrages durch den Verwalter bzw. sonstige Dritte wie zB den Beirat. Die **Delegierung der Vertragsunterzeichnung** durch Beschluss der Wohnungseigentümer auf die Hausverwaltung entspricht aber nur dann ordnungsmäßiger Verwaltung nach § 18 Abs. 2 Nr. 1 WEG, wenn die wesentlichen Vertragsinhalte den Wohnungseigentümern bekannt waren und vom Ermächtigungsbeschluss mit umfasst sind. Hierzu zählen mindestens die Laufzeit des Vertrages, die Aufgaben des Hausmeisters und seine Vergütung (→ *Verwalter* Rn. 47 ff.).[78]

78 Im Interesse der Gewinnung von Wohnungseigentümern für die Aufgaben des Verwaltungsbeirats entspricht es regelmäßig ordnungsmäßiger Verwaltung gem. § 18 Abs. 2 Nr. 1 WEG, im Zusammenhang mit der konkreten Bestellung eines Verwaltungsbeirats als nähere Ausgestaltung des Beiratsvertrags den Abschluss einer Vermögensschadenshaftpflichtversicherung für den Beirat auf Kosten der Gemeinschaft der Wohnungseigentümer zu beschließen (→ *Verwaltungsbeirat* Rn. 145 ff.).[79]

79 **18. Verwalterentlastung.** Ein Eigentümerbeschluss über die Entlastung auch eines ausgeschiedenen Verwalters widerspricht nur dann ordnungsmäßiger Verwaltung nach § 18 Abs. 2 Nr. 1 WEG, wenn die Entlastung dazu führt, dass den Eigentümern mögliche Ansprüche gegen den – früheren – Verwalter verloren gehen und für einen solchen „Verzicht" auch nicht aus besonderen Gründen ein Anlass besteht (→ *Entlastung* Rn. 3 ff.).[80]

80 **19. Verwalterwahl.** Der Beschluss der Wohnungseigentümer über die Bestellung des Verwalters ist am Maßstab einer ordnungsmäßigen Verwaltung zu messen. Die Wohnungseigentümer haben nach § 18 Abs. 2 Nr. 1 WEG nicht nur einen Anspruch darauf, dass die Tätigkeit der Verwaltung diesen Grundsätzen entspricht, sondern auch darauf, dass der Verwalter selbst diesen Anforderungen genügt.[81] Die Kompetenz zur Verwalterbestellung folgt aus § 26 Abs. 1 WEG. Der Anspruch auf Bestellung eines zertifizierten Verwalters folgt aus § 19 Abs. 2 Nr. 6 WEG, § 26 a WEG (→ *Verwalter* Rn. 10 ff.).

81 **20. Videoerfassung.** Ein Beschluss zur Installation einer Videoüberwachung von Teilen des Gemeinschaftseigentums ist in erster Linie eine Maßnahme zur Verwaltung des Gemeinschaftseigentums, nämlich zum **Schutz der Wohnungseigentumsanlage** und ihrer Bewohner. Sie muss deshalb nach § 18 Abs. 2 Nr. 2 WEG den Grundsätzen ordnungsmäßiger Verwaltung entsprechen, unabhängig davon, dass ein Anspruch auf Beschlussfassung nach § 20 Abs. 2 S. 1 Nr. 3 WEG zum Schutz vor Einbruch bestehen kann. Daneben sind auch die Anforderungen des § 6 b BDSG zu beachten (→ *Videoüberwachung* Rn. 22 ff.).[82]

82 Die Videoüberwachung darf nicht in beliebigem Umfang und zu beliebigen Bedingungen durchgeführt werden. Der **Umfang** muss sich auf das Notwendige beschränken. So kann eine Überwachung des Eingangsbereichs zur Vermeidung von Straftaten zulässig sein, eine Überwachung des gesamten Treppenhauses einschließlich der Wohnungstüren aber nicht.[83] Entsprechende Beschränkungen gelten für den Umfang der Aufzeichnungen, die Dauer ihrer Aufbewahrung und den Zugriff hierauf.[84]

83 **21. Wirtschaftsplan.** Die Aufstellung des neuen Wirtschaftsplans und die Beschlussfassung über diesen wie auch die gerichtliche Durchsetzung wurde früher aus § 21 Abs. 4, 5 Nr. 5 WEG aF, jetzt § 18 Abs. 2 Nr. 1 WEG, § 19 Abs. 2 Nr. 5 WEG, hergeleitet[85] und folgt nach heutiger Rechtslage unmittelbar aus § 28 Abs. 1 WEG (→ *Wirtschaftsplan* Rn. 68).[86]

V. Verfahrenshinweise

84 **1. Anfechtungsklage (§ 44 Abs. 1 S. 1 Alt. 1 WEG).** Angelegenheiten, die die Verwaltung nach § 18 Abs. 2 Nr. 1 WEG betreffen, sind – wie Regelungen des Gebrauchs des Gemeinschaftseigentums nach § 16 Abs. 1

---

78 LG Koblenz 21.7.2014 – 2 S 72/13, ZMR 2015, 59.
79 KG 19.7.2004 – 24 W 203/02, ZMR 2004, 780.
80 BGH 10.7.2003 – 5 ZB 11/03, ZMR 2003, 942.
81 BGH 10.6.2011 – V ZR 146/10, NJW 2011, 3025; BGH 22.6.2012 – V ZR 190/11, ZMR 2012, 885.
82 BGH 24.5.2013 – V ZR 220/12, ZWE 2013, 363.
83 Vgl. LG München 11.11.2011 – 1 S 12752/11 WEG, ZWE 2012, 233.
84 BGH 24.5.2013 – V ZR 220/12, ZWE 2013, 363; s. a. zur Videokamera: BGH 21.10.2010 – V ZR 265/10, NZM 2012, 239; LG Berlin 23.7.2015 – 57 S 215/14, NJW-RR 2016, 366; LG Düsseldorf 28.11.2013 – 19 S 25/13, ZMR 2014, 472; BGH 8.4.2010 – V ZR 210/10, ZWE 2011, 259.
85 BGH 24.6.2005 – V ZR 350/03, NJW 2005, 3146.
86 BGH 8.6.2018 – V ZR 125/17, NJW 2018, 3305; BGH 14.12.2018 – V ZR 2/18, ZMR 2019, 416.

S. 3 WEG, § 14 Abs. 1 WEG und der Erhaltung des gemeinschaftlichen Eigentums nach § 19 Abs. 2 Nr. 2 WEG auch – einer Mehrheitsentscheidung zugänglich, sofern es um eine ordnungsmäßige Maßnahme geht.

Ein Beschluss, der nach § 18 Abs. 2 Nr. 1 WEG nicht ordnungsmäßiger Verwaltung entspricht, kann gericht- **85** lich durch die **Anfechtungsklage** überprüft werden, § 44 Abs. 1 S. 1 Alt. 1 WEG. Die Überprüfung zielt in erster Linie auf die Rechtswidrigkeit des Beschlusses, sei es, dass die Mängel formeller oder materieller Natur sind. Rechtswidrig ist damit ein Beschluss, der gegen das Gesetz oder die Vereinbarungen der Eigentümer verstößt.

Die Eigentümer sind also nicht von vornherein für eine Beschlussfassung absolut unzuständig, sondern sie **86** dürfen nur keine Beschlüsse fassen, die über die Ordnungsmäßigkeit der Verwaltung – wie auch der Benutzung und Erhaltung – hinausgehen.

Da dies aber von den Umständen des Einzelfalles abhängt und die Frage der Abgrenzung vielfach nicht leicht **87** zu entscheiden ist, kann die Beschlusszuständigkeit nicht davon abhängen, ob eine Maßnahme ordnungsmäßig ist. Die Ordnungsmäßigkeit ist aus Gründen der **Rechtssicherheit** somit nicht kompetenzbegründend, so dass für Verwaltungsregelungen in diesen Angelegenheiten bestandskräftige Mehrheitsbeschlüsse gültig sind, auch wenn der Regelungsgegenstand den Abschluss einer Vereinbarung oder Einstimmigkeit erfordert hätte.[87]

Auch der rechtswidrige Beschluss ist zu vollziehen.[88] **88**

Erst die **absolute Beschlussunzuständigkeit** macht einen Beschluss dagegen nicht nur anfechtbar, sondern **89** **nichtig**, § 23 Abs. 4 S. 1 WEG.[89] Nichtige Beschlüsse sind auch ohne Anfechtungsklage unwirksam und können unbefristet geltend gemacht werden.[90]

2. Beschlussersetzungsklage (§ 44 Abs. 1 S. 2 WEG). Weil § 18 Abs. 2 Nr. 1 WEG einen Anspruch auf ord- **90** nungsmäßige Verwaltung normiert, kann jeder Wohnungseigentümer auch eine entsprechende Beschlussfassung verlangen und gerichtlich durchsetzen. Verweigert die Mehrheit der Eigentümer die Beschlussfassung (Negativbeschluss), geschieht dies in Form einer Beschlussersetzungsklage nach § 44 Abs. 1 S. 2 WEG, bei der es sich um eine **Gestaltungsklage** handelt.[91] Insgesamt → *Beschlussersetzung* Rn. 4 ff.

Nur dann, wenn sich die Ermessensreduzierung auf Null ergibt, besteht grundsätzlich ein Anspruch gem. § 18 **91** Abs. 2 Nr. 1 WEG.[92] Ein Eigentümer, der eine Beschlussersetzung beantragt, bei der es – seiner Ansicht nach – nur einen einzigen richtigen Weg gibt, zielt auf eine **ermessensfreie Leistungsklage**. Wegen der gesetzlichen Regelung der Beschlussersetzungsklage ist eine Leistungsklage gegen die Gemeinschaft der Wohnungseigentümer auf Fassung eines bestimmten Beschlusses aber unzulässig. Vorrangig ist § 44 Abs. 1 S. 2 WEG.

In der Mehrzahl der Fälle gibt es nicht nur eine einzige Maßnahme, die ordnungsmäßiger Verwaltung ent- **92** spricht. Der Antragsteller muss davon ausgehen, dass, etwa im Fall der Erhaltung des Gemeinschaftseigentums (zB Sanierung des Dachs), **mehrere Varianten** in Betracht kommen. Selbst wenn Sachverständige eingeschaltet werden, sind unterschiedliche technische Konzepte keine Seltenheit und den Eigentümern verbleibt in der Regel zB die Entscheidungshoheit darüber, ob nur ein Teil einer komplexen Sanierungsmaßnahme umgesetzt wird oder wie viel Geld wann investiert werden soll.

Ist all dies unsicher, ist die Beschlussersetzung nach § 44 Abs. 1 S. 2 WEG der richtige Weg. Es genügt – **93** anders als nach der allgemeinen Vorschrift des § 253 Abs. 2 Nr. 2 ZPO – die **Angabe des Rechtsschutzziels**.[93]

---

87 BGH 20.9.2000 – V ZB 58/99, ZMR 2000, 771.
88 LG Frankfurt a. M. 17.3.2010 – 2–13 S 32/09, ZMR 2010, 787.
89 BGH 20.9.2000 – V ZB 58/99, ZMR 2000, 771.
90 BGH 1.6.2012 – V ZR 225/11, ZMR 2012, 709.
91 BGH 24.5.2013 – V ZR 182/12, NZM 2013, 582.
92 BGH 17.10.2014 – V ZR 9/14, BGHZ 202, 375; BGH 4.5.2018 – V ZR 203/17, ZMR 2018, 835.
93 BGH 24.5.2013 – V ZR 182/12, NZM 2013, 582.

94 Als Maßnahmen gem. § 44 Abs. 1 S. 2 WEG kommen zB in Betracht die Herbeiführung allgemeiner Verwaltungsmaßnahmen,[94] die Erhaltung von Gemeinschaftseigentum,[95] die Zuweisung von Flächen, wie Stellplätze und Gärten[96] oder die Abänderung des Stimmrechts.[97]

166. Pergola

Breiholdt

I. Einführung

1 Die Pergola ist ein raumbildender **Pfeiler- oder Säulengang**, der ursprünglich im Übergangsbereich zwischen Haus und Terrasse als Sonnenschutz diente. Heute wird oft auch eine Überdachung zwischen Haus und Garage als Pergola bezeichnet. Häufig wird sie verwendet, um eine Terrasse abzugrenzen, teils werden einige der Seiten mit Holz winddicht gestaltet.

II. Eigentumsrechtliche Zuordnung

2 Eine Pergola ist eine bewegliche Sache und fällt damit nicht in die wohnungseigentumsrechtlichen Kategorien von Sonder- oder Gemeinschaftseigentum.

III. Errichtung

3 Kein spezielles wohnungseigentumsrechtliches Problem besteht, wenn die Pergola im Zusammenhang mit dem Bau der Wohnungseigentumsanlage errichtet wird. Schwierigkeiten bereiten aber der Austausch einer vorhandenen Anlage oder die nachträgliche Errichtung.

4 **1. Bauliche Änderung.** Bei der – nachträglichen – **Errichtung** einer Pergola handelte es sich nach altem Recht um eine bauliche Veränderung nach § 22 Abs. 1 WEG aF, die über die ordnungsmäßige Instandhaltung und Instandsetzung hinausging[1] und deshalb der Zustimmung aller der Eigentümer bedurfte, die davon einen Nachteil iSd § 14 Nr. 1 WEG aF hatten.

Da der nachträgliche Bau einer Pergola nach hier vertretener Ansicht nicht unter § 20 Abs. 4 WEG fällt, kann einem Wohnungseigentümer die Errichtung nunmehr durch Mehrheitsbeschluss gem. § 20 Abs. 1 WEG gestattet werden. Soweit der betroffene Eigentümer hingegen die Gestattung gem. § 20 Abs. 3 WEG verlangt, gelten die zu dem alten Recht entwickelten oben dargestellten Grundsätze.

5 **2. Nachteil.** Wegen der mit der **Veränderung des optischen Gesamteindrucks** einhergehenden Veränderung der Wohnungseigentumsanlage haben in der Regel alle übrigen Eigentümer einen Nachteil.[2] Eine Beeinträchtigung liegt insoweit nur dann nicht vor, wenn die Veränderung lediglich aus einer ganz ungewöhnlichen Perspektive, wie etwa aus der Luft oder von einer für Wohnungseigentümer und der gewöhnlich nicht zugänglichen Dachfläche zu erkennen ist.[3] Dass das Gesamtbild der Anlage aufgrund von bereits vorhandenen unterschiedlichen Markisen, Blumenkästen, Katzengitter uÄ bereits uneinheitlich ist, spielt jedenfalls dann keine Rolle, wenn diese Veränderungen optisch weniger ins Gewicht fallen und der Eindruck der Uneinheitlichkeit

---

94 AG Freising 8.5.2008 – 4 UR II 13/06, ZMR 2008, 836.
95 BGH 24.5.2013 – V ZR 182/12, NJW 2013, 2271.
96 BGH 8.4.2016 – V ZR 191/15, ZWE 2016, 453.
97 BGH 18.1.2019 – V ZR 72/18, ZMR 2019, 616.
1 OLG München 10.7.2006 – 34 Wx 33/06, 34 Wx 033/06, ZMR 2006, 800–802.
2 OLG Frankfurt a. M. 28.7.1988 – 20 W 216/88, Wohnungseigentümer 1989, 70.
3 LG Frankfurt a. M. 30.4.2014 – 2–13 S 38/13, 2/13 S 38/13, ZWE 2014, 327–328.

durch die Pergola letztlich noch verstärkt wird.[4] Auch die nachträgliche Überdachung einer Pergola stellt eine bauliche Veränderung dar.[5]

3. Ausnahmen vom Genehmigungserfordernis. Ist einem Wohnungseigentümer das Sondernutzungsrecht 6 an einem Teil des gemeinschaftlichen Gartens eingeräumt und ist weiter vereinbart, dass er den Garten „orts- üblich nutzen" darf, so kann ihm damit – je nach den örtlichen Verhältnissen – auch das Recht eingeräumt sein, auf der Sondernutzungsfläche bauliche Veränderungen vorzunehmen, etwa eine Pergola als offenes Rankgerüst für Schling- und Kletterpflanzen zu errichten.[6]

Haben die Wohnungseigentümer in der Gemeinschaftsordnung die gesetzliche Regelung über bauliche Verän- 7 derungen abbedungen, sind für die Frage, ob ein Wohnungseigentümer die Beseitigung einer solchen Pergola verlangen kann, die **nachbarrechtlichen Vorschriften** maßgebend.[7] Den Bestimmungen der Bayerischen Bauordnung über die Einhaltung von Abstandsflächen kommt insoweit zwar nachbarschützende Wirkung zu. Eine ebenerdig als offenes Rankgerüst errichtete Pergola ist jedoch nicht abstandsflächenpflichtig.[8]

4. Erneuerung einer Pergola. Das Ersetzen einer altersbedingt erneuerungsbedürftigen Pergola durch eine 8 dem Stand der Technik entsprechende Konstruktion stellt eine Maßnahme ordnungsgemäßer Verwaltung dar.[9]

Wird eine Pergola ohne einen Genehmigungsbeschluss der Eigentümer errichtet und ist der Beseitigungsan- 9 spruch verjährt, so haben die übrigen Eigentümer aber einen „neuen" Beseitigungsanspruch für den Fall, dass die alte Pergola durch eine neue Pergola ersetzt wird.[10]

167. Pflanzen

Maximilian A. Müller

I. Einführung

Wohnungseigentumsrechtliche Probleme im Umgang mit Pflanzen ergeben sich insbesondere im Zusammen- 1 hang mit der Gestaltung der gemeinschaftlichen Außenflächen.

II. Eigentumsrechtliche Zuordnung

Die auf dem gemeinsamen Grundstück vorhandenen **Gartenflächen** werden meist überwiegend im **Gemein-** 2 **schaftseigentum** stehen, nachdem § 5 Abs. 1 WEG aF die Zuordnung von Sondereigentum an reinen Außen- flächen nicht zugelassen hatte. Für die Zukunft wird zu erwarten sein, dass vermehrt auch Sondereigentum an Außenflächen begründet wird, was nunmehr durch § 3 Abs. 2 WEG ermöglicht wird.

Für die eigentumsrechtliche Zuordnung der Pflanzen kommt es entscheidend darauf an, ob diese gem. § 94 BGB als **wesentliche Bestandteile** des Grundstückes oder nach § 95 BGB lediglich als Scheinbestandteile an- zusehen sind.

Unstreitig ist zunächst, dass solche Pflanzen, die nicht mit dem Grundstück verbunden werden, im alleinigen 3 (Mobiliar-)Eigentum des Sondereigentümers verbleiben. Werden die Pflanzen hingegen von der Gemeinschaft

---

4 OLG München 10.7.2006 – 34 Wx 33/06, 34 Wx 033/06, ZMR 2006, 800–802.
5 BayObLG 6.7.1989 – BReg 2 Z 111/88, Grundeigentum 1990, 155.
6 BayObLG 19.3.1998 – 2Z BR 131–97, NZM 1998, 443.
7 Für Reihenhausanlage: BayObLG 14.12.2000 – 2Z BR 60/00, NZM 2001, 769.
8 BayObLG 14.12.2000 – 2Z BR 60/00, NZM 2001, 769.
9 AG Bensheim 18.1.2013 – 6 C 419/12 (15), BeckRS 2014, 18838.
10 LG Frankfurt a. M. 30.4.2014 – 2–13 S 38/13, 2/13 S 38/13, ZMR 2014, 821–822.

der Wohnungseigentümer erworben, so gehen die Pflanzen in das **Gemeinschaftsvermögen** über (→ *Gemeinschaftsvermögen* Rn. 1 ff.). Denkbar ist dies insbesondere bei aufgestellten Topfpflanzen oder Hängepflanzen.

4 Werden die Pflanzen hingegen **eingepflanzt** oder neu ausgesät, so werden diese regelmäßig wesentliche Bestandteile des Grundstückes iSd § 94 BGB. Diese Pflanzen stehen daher im **gemeinschaftlichen Eigentum** sämtlicher Grundstückseigentümer,[1] sofern nicht an der betroffenen Fläche nunmehr Sondereigentum begründet wurde. Ausnahmen sind dort zu machen, wo es sich um einjährige Nutzpflanzen handelt, deren Zweck primär im Verzehr besteht (Tomaten etc.). Diese Pflanzen dürften lediglich Scheinbestandteile gem. § 95 BGB darstellen.[2] Hierbei ist es auch nicht von Bedeutung, ob die betroffene Gartenfläche einem **Sondernutzungsrecht** unterliegt, da dies nichts an der eigentumsrechtlichen Zuordnung der betroffenen Gartenfläche ändert. Auch vom Sondernutzungsberechtigten eingesetzte Pflanzen gehen daher, sofern sie als wesentliche Bestandteile anzusehen sind, ins gemeinschaftliche Eigentum über.

III. Mietrechtliche Besonderheiten

5 Streitig ist die rechtliche Beurteilung, wenn die Bepflanzung durch den **Mieter** und nicht durch den Eigentümer selbst erfolgte. Grundsätzlich besteht eine Vermutung, dass Einrichtungen des Mieters lediglich zu einem vorübergehenden Zweck eingebracht werden. Dies soll jedoch bei Bepflanzungen zumindest dann nicht gelten, wenn diese nach einigen Jahren nicht mehr ohne Schwierigkeit und ohne Risiko für den Bestand entfernt werden können.[3] Regelmäßig dürfte es daher für die eigentumsrechtliche Einordnung keinen Unterschied machen, ob die Pflanzen vom Eigentümer oder vom Mieter stammen.

6 Pflanzen, die beschädigungslos umgepflanzt werden können, sollen mietrechtlich als Einrichtung iSd § 539 BGB angesehen werden.[4] Diese Pflanzen unterliegen damit dem **Wegnahmerecht** des Mieters. Mit der Wegnahme eignet sich der Mieter damit das gemeinschaftliche Eigentum (wieder) an.

7 Dies ist grundsätzlich unproblematisch, da der Sondernutzungsberechtigte auch dazu berechtigt ist, selbst über die Gestaltung des Gartens zu entscheiden, so dass er im Verhältnis zu den übrigen Wohnungseigentümern auch dazu berechtigt ist, über die Anpflanzung und Entfernung von Pflanzen zu entscheiden.[5] Ein Konflikt zum Wegnahmerecht des Mieters ist jedoch dort vorstellbar, wo die Entfernung der Bepflanzung zugleich eine **bauliche Veränderung** iSd § 20 WEG darstellen würde. Der Vermieter wäre daher auf der einen Seite gegenüber dem Mieter verpflichtet, das Wegnahmerecht zu gewähren, auf der anderen Seite wäre die Entfernung wohnungseigentumsrechtlich zumindest problematisch, sofern nicht die Voraussetzungen des § 20 WEG vorliegen. Regelmäßig dürfte in diesen Fällen bereits den Pflanzen der Charakter einer „Einrichtung" fehlen, da die Pflanzen nicht mehr beschädigungslos umgepflanzt werden können. Sollte man eine „Einrichtung" im Einzelfall doch bejahen, so wäre zu überlegen in diesen Fällen das Wegnahmerecht einzuschränken und den Mieter auf einen finanziellen Entschädigungsanspruch zu verweisen.

IV. Abwägung zwischen gärtnerischer Gestaltung und baulicher Veränderung

8 Im Rahmen ordnungsgemäßer Verwaltung iSd § 19 WEG obliegt der Eigentümergemeinschaft die **gärtnerische Gestaltung** und die Vergabe der erforderlichen **Gartenpflegearbeiten**. Gleichwohl kann nicht jedwede Umgestaltung der gärtnerischen Flächen mit einfacher Stimmenmehrheit mehrheitlich beschlossen werden. Führen die geplanten Maßnahmen zu einer „gegenständlichen Veränderung" (zB Anlegung von Plattenwegen oder Terrassen),[6] so stellen diese eine bauliche Veränderung iSd § 20 WEG dar und sind an dessen Maßstäben zu messen.

9 Gleiches gilt demnach auch dann, wenn es zu einer „radikalen Beseitigung der vorhandenen Bepflanzung"[7] kommt, die maßgeblich auf den **Charakter der Außenanlage** einwirkt. Sollen einzelne Pflanzen entfernt oder

---

1 BeckOGK/*Schultzky* WEG 42. Edition § 5 Rn. 73; LG Landau 15.4.2011 – 3 S 4/11, NJW-RR 2011, 1029.

2 *Schmid* ZWE 2015, 109.

3 LG Detmold 26.3.2014 – 10 S 218/12, NJW-RR 2014, 712 für eine Thuja-Hecke und OLG Düsseldorf 3.4.1998 – 22 U 161/97, NJW-RR 1999, 160 für Rhododendronsträucher.

4 *Lindner* WohnraummietR Rn. 1486.

5 OLG Köln 7.6.1996 – 16 Wx 88/96, NJW-RR 1997,14.

6 BayObLG 9.6.1975 – Breg. 2 Z 35/75, BayObLGZ 1975, 201.

7 OLG Düsseldorf 6.4.1994 – 3 Wx 534/93, NJW-RR 1994, 1167.

Bäume gefällt werden, so ist darauf abzustellen, ob die Entfernung für den Gesamteindruck der Gartenanlage nachhaltige Auswirkung haben wird. Sind die Pflanzen in diesem Sinne als „**prägend**" anzusehen, so ist auch hier eine bauliche Veränderung zu bejahen.

In der Rechtsprechung wurde neben der Fällung eines („prägenden") Baumes,[8] auch der deutliche Rückschnitt einer vorhandenen Hecke[9] oder die Entfernung des Fassadengrüns[10] als bauliche Veränderung angesehen. **Pflegearbeiten** im normalen Umfang, zu denen ua der übliche Baumschnitt, das Auslichten von Bäumen, die Erneuerung von abgestorbenen Pflanzen, Rasenmähen usw gehört[11] sind nach § 19 Abs. 2 WEG zu beschließen und stellen keine bauliche Veränderung dar. Maßgeblich ist hierbei stets die Beurteilung des Einzelfalls, insbesondere im Hinblick auf die Frage, welche gärtnerischen Eingriffe nachhaltig auf den Gesamtcharakter der Außenanlage einwirken. **10**

V. Besonderheiten bei einem Sondernutzungsrecht

Vorstehende Ausführungen gelten sinngemäß auch für Gartenarbeiten, die ein Sondernutzungsrechtsberechtigter ausführt. Generell umfasst das Sondernutzungsrecht über § 13 Abs. 1 WEG die Befugnis, die in Rede stehende Fläche gärtnerisch zu gestalten[12] oder zu Erholungszwecken zu benutzen. **11**

Der Inhaber des Sondernutzungsrechtes ist jedoch gehalten, bei der Bepflanzung auch auf die Interessen der übrigen Eigentümer **Rücksicht** zu nehmen. Er darf daher keine schnellwachsenden Bäume pflanzen, wenn diese zu einer Verschattung führen. Ist dem Sondernutzungsrechtsinhaber nach der Teilungserklärung die Gestaltung des Gartens übertragen, so werden hiermit regelmäßig gleichwohl keine Maßnahmen genehmigt sein, die nach den obigen Ausführungen als bauliche Veränderung anzusehen wären.[13] **12**

Trotz Übertragung eines Sondernutzungsrechts ist es den Eigentümern unbenommen, im Rahmen einer **Benutzungsregelung** auch dem Sondernutzungsrecht-Inhaber gewisse Vorgaben zu machen, wenn dies erforderlich ist, um Beeinträchtigungen der übrigen Eigentümer zu vermeiden. So ist es denkbar, die Höhe der Bepflanzung zu regulieren, um Schäden durch Wurzelwerk an der darunterliegenden Tiefgarage zu vermeiden.[14] Einschränkungen durch die übrigen Eigentümer sind aber nur dort möglich, wo hierdurch konkrete Einzelinteressen der übrigen Eigentümer zu berücksichtigen sind und das Sondernutzungsrecht als solches sich seinem Inhalt nach nicht ändert und auch nicht ausgehöhlt wird.[15] Ein Beschluss, wonach ein Garten nur als Ziergarten genutzt werden kann, widerspricht daher ordnungsgemäßer Verwaltung.[16] **13**

Die Maßnahmen der **Erhaltung** (Instandsetzungs- und Instandhaltungslast) verbleibt – wenn nicht konkrete Zuweisungen in der Teilungserklärung enthalten sind – bei der Gemeinschaft der Wohnungseigentümer. Regelmäßig dürfte die Erhaltungsverpflichtung einhergehend mit der Nutzungsbefugnis jedoch in der Teilungserklärung übertragen sein. In diesem Fall trifft den Sondernutzungsberechtigten auch die Verkehrssicherungspflicht, die insbesondere die regelmäßige Prüfung des Baumbestandes beinhaltet. Fehlt es an einer entsprechenden Regelung in der Teilungserklärung könnten gem. § 16 Abs. 2 WEG nunmehr nachträglich zumindest die Kosten der Erhaltungsmaßnahmen dem Sondernutzungsberechtigten übertragen werden. **14**

Dem Sondernutzungsrecht-Berechtigten sind **Störungen**, die von den Bepflanzungen ausgehen, zuzurechnen, da er und nicht die übrigen Miteigentümer die unmittelbare Einwirkungsmöglichkeit hat.[17] Ihn trifft daher neben der Verkehrssicherungspflicht[18] auch die Verpflichtung, jedenfalls im Innenverhältnis zu den übrigen Eigentümern etwaige **nachbarrechtliche Ansprüche**, die aufgrund der Bepflanzung erhoben werden, zu erfüllen. **15**

---

8   OLG Schleswig 3.5.2007 – 2 W 25/07, WuM 2007, 587.
9   BayObLG 18.3.2004 – 2 Z BR 249/03, ZWE 2005, 118.
10 OLG Düsseldorf 17.12.2004 – 3 Wx 298/04, NZM 2005, 149.
11 BGH 10.10.2014 – V ZR 315/13, NJW 2015, 549.
12 BayObLG 5.3.1987 – Breg. 2 Z 50/86, NJW-RR 1987, 846.
13 AG München 28.2.2018 – 481 C 793/17 WEG, BeckRS 2017, 147813.
14 BayObLG 14.1.1993 – 2Z BR 123/92, BeckRS 1993, 1804.
15 *Hügel/Elzer* WEG § 15 Rn. 15.
16 BayObLG 23.10.2003 – 2 Z BR 63/03, BeckRS 2003, 30331428.
17 OLG München 3.8.2009 – 32 Wx 8/09, BeckRS 2009, 23985.
18 Bärmann/Seuß/*Schneider* WE-Praxis WEG § 13 Rn. 159, 160.

VI. Aufstellen „eigener" Pflanzen

16   Das Aufstellen von eigenen Pflanzen im **Treppenhaus** oder anderen gemeinschaftlichen Flächen zur Dekoration durch einzelne Miteigentümer ist nicht per se unzulässig. Maßgeblich ist insoweit, ob mit dem Aufstellen der Pflanzen eine Beeinträchtigung verbunden ist. Dies wird insbesondere dann der Fall sein, wenn die erforderliche Durchgangsbreite nicht mehr eingehalten wird oder das Treppenhaus nicht mehr gefahrfrei begangen werden kann.[19]

17   Konkrete Regelungen, können als **Benutzungsregelung** gem. § 19 Abs. 1 WEG beschlossen werden. Hierbei können sämtliche Fragen einer Beschlussfassung zugeführt werden. Hierzu gehört insbesondere der Aufstellungsort, die Art der Pflanzen sowie die Frage, wer diese aufstellt und pflegt. Möglich ist ohne Weiteres aber auch ein vollständiges Verbot des Aufstellens von Pflanzen.

18   Ob außen am Balkon hängende Blumenkästen im Zweifel zulässig und herabfallende Blätter dann grds. hinzunehmen sind[20] ist nicht gesichert, weil oft auch eine Fassadenverschmutzung droht. Daher wird oft angenommen, dass **Blumenkästen** richtigerweise innen hängen müssen;[21] nicht zulässig ist jedenfalls eine substanzbeschädigende Bepflanzung.[22] Das LG München I[23] hat in lebensnaher Betrachtung das Aufhängen außen aber als sozialadäquat angesehen, wenn nicht weitere Umstände hinzutreten – wie beispielsweise eine Beeinträchtigung anderer Gäste oder Bewohner durch herunterfließendes Gießwasser (→ *Balkon und Bepflanzung* Rn. 10 ff.).

168. Pflegeheim

Maximilian A. Müller

I. Einführung

1   Der Betrieb eines Pflegeheims in der Struktur einer Wohnungseigentümergemeinschaft wirft vielfältige Fragen auf. Hierbei führt insbesondere der Umstand, dass einzelne **Verwaltungsangelegenheit** einer Mehrheitsentscheidung entzogen sind und über die bestehende Gemeinschaft unveränderlich sind, zu Problemen bei der konkreten Gestaltung der für das Pflegeheim erforderlichen Strukturen. Erschwerend kommt die individuelle Ausübung und Entscheidungskompetenz der Eigentümer hinzu, sobald das eigene Sondereigentum betroffen ist.

II. Pflegeheim im Wohn- oder Teileigentum

2   Im Wohnungseigentumsrecht findet sich keine nähere Definition, was unter einem Pflegeheim zu verstehen ist. Eine **Legaldefinition** findet sich in § 1 WBVG. Demnach ist für einen Heimbetrieb charakteristisch, dass sich ein Heimbetreiber sowohl zur Überlassung von Wohnraum als auch zur Erbringung von Pflege- oder Betreuungsleistungen verpflichtet, welche der Bewältigung eines durch Alter oder Pflegebedürftigkeit bedingten

---

19 LG Frankfurt a. M. 14.3.2019 – 2–13 S 94/18, BeckRS 2019, 6989; ebenso AG Neuss 20.12.2017 – 91 C 150/17, ZWE 2018, 222.

20 So LG Heidelberg DWE 1984, 93; gegen generelles Verbot in Gebrauchsregelungen Deutsches St. Schiedsgericht 16.10.2012 – 12/04/071, ZWE 2013, 446; für das Mietrecht AG Charlottenburg ZMR 2013, 446; enger bei darunter stehenden Autos LG Berlin 3.7.2012 – 65 S 40/12, BeckRS 2012, 18304.

21 *Schmid* ZAP Fach 7, 421; sa AG Köln WE 1990, 36.

22 Allg. auch BeckOK WEG/*Müller* 42. Edition § 15 Rn. 91.1.

23 LG München I 15.9.2014 – 1 S 1836/13 WEG, BeckRS 2015, 7218.

Hilfsbedarfs dienen. Den Bewohnern ist Verpflegung vorzuhalten oder zu liefern. Ein Pflegeheim wird entgeltlich betrieben und ist unabhängig von den jeweiligen Bewohnern.[1]

Entscheidend ist also die konkrete vertragliche Ausgestaltung.

Sofern das Objekt nicht bereits vom teilenden Eigentümer als Pflegeheim vorgesehen wurde, wird die **Teilungserklärung** regelmäßig keine besonderen Regelungen zum Betrieb eines Pflegeheims bzw. einer Pflegeeinrichtung enthalten. Hier kann es daher allein schon wegen den unterschiedlichen Interessen der Eigentümer nicht darum gehen, wie der Betrieb eines Pflegeheims in der gesamten Wohnungseigentümergemeinschaft gemeinschaftlich organisiert werden kann. Den Eigentümern ist es hierbei nicht möglich, durch nachträgliche Beschlussfassungen die für den einheitlichen Betrieb eines Pflegeheims erforderlichen Bindungen für alle Eigentümer mehrheitlich zu beschließen. Ist die Nutzung der Eigentumseinheiten in der Teilungserklärung nicht eingeschränkt, kann eine solche Einschränkung nicht durch Mehrheitsbeschluss erfolgen. Insbesondere ist es nicht möglich, eine einheitliche Vermietung zu beschließen.[2]

Fehlen daher besondere Regelungen in der Teilungserklärung, steht vielmehr die Frage im Vordergrund, inwieweit ein einzelner Eigentümer allein in seiner Eigentumseinheit **Pflegeleistungen** selbst in Anspruch nehmen oder aber auch (gewerblich) für Dritte anbieten – und damit ein Pflegeheim betreiben – kann.

Die Nutzung einer Eigentumseinheit zum Betrieb eines Pflegeheims ist hierbei grundsätzlich nur im **Teileigentum** möglich – nicht aber im Wohneigentum. Demgegenüber zulässig sind im Wohneigentum sämtliche Formen von „Wohnen", wozu auch besondere Wohnformen zu zählen sind. Es ist daher eine Grenze zu bestimmen, wann eine **Wohnnutzung**, die mit pflegerischen Elementen verbunden wird, einen Pflegeheimcharakter annimmt und damit im Wohneigentum unzulässig wird.

Unproblematisch ist zunächst, wenn in der Eigentumseinheit eine Vielzahl von Personen wohnen, auch wenn zwischen diese keine besonderen persönlichen oder familiären Beziehungen und Verbindungen bestehen. Auch eine reine **Wohngemeinschaft** ohne nähere Bindungen unterfällt dem Wohnungsbegriff.[3] Auch die durchgehende Anwesenheit einer Pflegeperson in den Räumlichkeiten vermag eine Wohnnutzung nicht auszuschließen, denn natürlich ist ein Wohnungseigentümer dazu berechtigt, in seiner Wohnung auch **Personal** zu beschäftigen und dieses auch dauerhaft bei sich aufzunehmen. Für eine **Pflegekraft** kann insofern nichts anderes gelten. Der Bundesgerichtshof hat ferner entgegen einigen Stimmen in der Literatur auch deutlich gemacht, dass auch die **Anzahl der Personen** kein geeignetes Unterscheidungskriterium darstellt – ob eine Wohnung überbelegt ist oder nicht, sagt über die Art und Weise der Nutzung letztlich nichts aus.[4]

Maßgeblich für die abschließende Beurteilung, die stets nur einzelfallbezogen sein kann[5] muss sein, ob eine Unterkunft in einer für eine Vielzahl von Menschen bestimmten Einrichtung erfolgt, deren Bestand von den jeweiligen Bewohnern unabhängig ist und in der eine „**heimtypische Organisationsstruktur**" an die Stelle der Eigengestaltung der Haushaltsführung und des häuslichen Wirkungskreises tritt. In die Abwägung einzubeziehen ist neben der **Art der Einrichtung** auch die **bauliche Gestaltung** und **Beschaffenheit** der betroffenen Eigentumseinheit.[6]

Überschritten wird eine zulässige Wohnnutzung demnach regelmäßig dann, wenn die Nutzung durch eine vorgegebene Organisationsstruktur sowie durch eine **Überwachung** und **Kontrolle** geprägt ist. Der BGH betont hierbei, dass Formen des betreuten Wohnens als Wohnnutzung anzusehen sind. Dies gilt auch dann, wenn in der Wohnung selbst eine durchgehende Intensivpflege erfolgt. Keine Wohnnutzung liegt jedoch mehr vor,

---

1 Bärmann/Seuß/*Drasdo* WE-Praxis § 7 Rn. 7.
2 OLG Düsseldorf 10.1.2001 – 3 Wx 419/00, NZM 2001, 238, der bei einem „Zwangsmietenpool" einen Eingriff in den Kernbereich sieht.
3 AG Charlottenburg 5.4.2019 – 73 C 64/18, BeckRS 2019, 17268.
4 BGH 27.10.2017 – V ZR 193/16, BeckRS 2017, 132177.
5 Zu einer solchen Gesamtschau siehe AG Charlottenburg 5.4.2019 – 73 C 64/18, BeckRS 2019, 17268, welches sich ausführlich mit verschiedenen gegen eine Wohnnutzung vorgebrachten Argumenten bei einer Alten-Wohnungseigentümergemeinschaft auseinandersetzt.
6 BGH 27.10.2017 – V ZR 193/16, BeckRS 2017, 132177.

wenn die Pflege- und Betreuungsleistungen deutlich im Vordergrund stehen, wie dies vor allem bei stationären Pflegeeinrichtungen oder ausgelagerten Pflegestationen der Fall ist.[7]

9   Zusammenfassend ist festzuhalten, dass der Betrieb eines Pflegeheims nur im **Teileigentum** möglich ist. Sämtliche Formen betreuten Wohnens, auch verbunden mit einer Intensivpflege, sind als Wohnnutzung anzusehen – und damit nur im Wohneigentum zulässig.

III.   Rechtliche Rahmenbedingungen für den Betrieb eines Pflegeheims

10 Die konzeptionelle Ausrichtung einer Wohnungseigentumsanlage zum Betrieb eines Pflegeheims muss gewährleisten, dass die Pflegedienstleistungen sämtlichen Eigentümern und Bewohnern gewährt werden können. Für einen wirtschaftlichen Betrieb eines Pflegeheims reicht es jedoch allein noch nicht aus, dass dem **Betreiber** die Möglichkeit gegeben wird, seine Leistungen allen Bewohnern anzubieten. Vielmehr müssen Regelungen geschaffen werden, die dem Betreiber eine gewisse **Planungssicherheit** gewähren und die sicherstellen, dass die einzelnen Bewohner die angebotenen Leistungen auch tatsächlich in Anspruch nehmen (müssen).

11 **1. Zulässige Regelungen in der Teilungserklärung.** Es steht dem teilenden Eigentümer frei, Benutzungsregelungen in der Teilungserklärung zu schaffen. Es ist daher auch möglich, innerhalb der Teilungserklärung eine Nutzung der Eigentumseinheiten nur zum Zwecke des betreuten Wohnens zuzulassen. Eine Nutzung setzt dann voraus, dass die Bewohner ein bestimmtes **Mindestalter** erreicht haben oder zumindest **betreuungsbedürftig** sind. Für Eigentümer, die demnach von einer Nutzung ausgeschlossen wären, kann die Teilungserklärung eine **Vermietungspflicht** vorsehen.[8]

12 Allein hierdurch kann jedoch noch keine **einheitliche Betreuung** sichergestellt werden. Hierfür ist erforderlich, dass die Eigentümer auch dazu verpflichtet sind, einen bestimmten Betreuungsvertrag abzuschließen, damit die Betreuungsleistungen gebündelt werden und der Anbieter der Betreuungsleistungen daher sämtliche Bewohner versorgen kann. Eine entsprechende Verpflichtung zum Abschluss eines bestimmten Pflegevertrages bereits in der Teilungserklärung hat der Bundesgerichtshof als wirksam angesehen.[9]

13 **2. Grenzen der Vereinbarungen.** Während der teilende Eigentümer ein Interesse an einer weitgehenden Bindung an den Pflegeanbieter haben mag, so widerspricht eine solche Bindung der Privatautonomie und der grundsätzlichen Entscheidungskompetenz der WEG sowie der einzelnen Sondereigentümer. Hierbei ist insbesondere zu berücksichtigen, dass **Pflegeleistungen** in höchstem Maße vom subjektiven Vertrauen der betreuten Personen zu den Pflegern geprägt sind. Ein jahrelanges Festhalten an Pflegeleistungen, mit denen der Betreute nicht zufrieden ist, ist daher mit der rechtlichen Stellung des Wohnungseigentümers nicht vereinbar.

14 In der Entscheidung vom 13.10.2006,[10] hat der Bundesgerichtshof daher deutlich gemacht, dass innerhalb einer Teilungserklärung in analoger Anwendung des § 309 Nr. 9 a BGB allenfalls eine **verbindliche Vertragslaufzeit** von **maximal zwei Jahren** vorgesehen werden kann. Sofern die Eigentümer dazu verpflichtet werden sollen, längere Vertragslaufzeiten zu akzeptieren, so ist dies unwirksam, Verträge mit längerer Vertragslaufzeit daher kündbar. Dies gilt insbesondere dann, wenn den Eigentümern faktisch jede Möglichkeit genommen ist, auf den Inhalt des abzuschließenden Vertrages maßgeblich einzuwirken.

15 Die Rechtsprechung ist als gesichert anzusehen, nachdem der Bundesgerichtshof mit Urteil vom 10.1.19[11] erneut jegliche **Bindung** über zwei Jahre hinaus abgelehnt hat. Es wurde nochmals deutlich gemacht, dass die Interessen des Eigentümers zum Schutz vor einer überlangen Bindung den wirtschaftlichen Interessen des Pflegeunternehmens vorgehen. Das Pflegeunternehmen selbst werde durch die zu vereinbarende Mindestdauer von zwei Jahren geschützt und müsse mögliche Kündigungen kalkulatorisch bei der Bemessung der Pflegeentgelte einpreisen.

---

7   So für den Fall einer „Beatmungs-WG" : AG Köln 31.7.2012 – 202 C 1/12, ZWE 2013, 129; ebenso LG Bochum 16.7.2018 – 1 O 318/17, BeckRS 2018, 25198.
8   Hügel/Scheel/*Hügel* Wohnungseigentum-HdB § 6 Rn. 26; OLG Karlsruhe MietRB 2004, 206; BayObLG WE 1988, 202.
9   BGH 13.10.2006 – V ZR 289/05, BeckRS 2006, 14806.
10 BGH 13.10.2006 – V ZR 289/05, BeckRS 2006, 14806.
11 BGH 10.1.2019 – III ZR 37/18, BeckRS 2019, 674.

Nach dem AG Spaichingen[12] soll es möglich sein, eine Kündigung des Pflegevertrages durch den Eigentümer 16 von einer **Mehrheitsentscheidung** der **Gemeinschaft der Wohnungseigentümer** abhängig zu machen. Dies wird unter anderem damit begründet, dass diese Gemeinschaft auch selbst Vertragspartner werden könne (hierzu sogleich → Rn. 17) und auch dann eine Mehrheitsentscheidung zur Kündigung erforderlich sei. Dies scheint hingegen wenig überzeugend. Es ist ein deutlicher Unterschied, ob die Eigentümer mehrheitlich über den Abschluss eigener Verträge und damit eigener Zahlungsverpflichtung der Gemeinschaft der Wohnungseigentümer entscheiden können oder ob die Mehrheit letztlich den Sondereigentümer zum Abschluss – oder zur Beibehaltung – eines Vertrages zwingt, für den im Ergebnis er alleine haftet und den er auch alleine erfüllen muss. Gerade aufgrund des höchstpersönlichen Charakters eines Pflegevertrages ist es zudem fraglich, ob die Kündigung eines solchen Vertrages einer Ermessensentscheidung der Eigentümermehrheit überlassen werden kann.

3. Abschluss der Verträge durch die WEG. Lassen sich keine Modelle entwickeln, eine vorzeitige und ein- 17 seitige **Kündigung** der Pflegeverträge zu verhindern, wird der Betrieb eines Pflegeheims in Form einer Wohnungseigentümergemeinschaft kaum lebensfähig sein. Pflegedienstleister werden die mit der Einrichtung verbundenen Investitionskosten regelmäßig scheuen, wenn eine hinreichende Kalkulation und Gewinnperspektive nicht geboten werden kann.

Es sind daher Mechanismen zu finden, die eine längere Bindungswirkung ermöglicht. 18

Der BGH hat in der Entscheidung vom 10.1.19,[13] ausdrücklich offengelassen, ob eine weitergehende Bindung 19 zumindest dann möglich wäre, wenn der **Betreuungsvertrag** als solcher von der Gemeinschaft der Wohnungseigentümer abgeschlossen werde. Die Revision hatte hierbei damit argumentiert, dass bei entsprechenden Modellen eine interessengerechte Auslegung ergebe, dass der Betreuungsvertrag nicht durch den einzelnen Eigentümer, sondern nur durch die Gemeinschaft gekündigt werden könne. Nur so könne die dauerhafte Inanspruchnahme des Gemeinschaftseigentums durch den Pflegebetrieb sowie der wirtschaftliche Pflegebetrieb sichergestellt werden. Eine solche Auslegung kam im konkreten Fall jedoch nicht in Betracht, da die vertragliche Gestaltung ausdrücklich Kündigungsmöglichkeiten des einzelnen Eigentümers vorsah und daher kein Zweifel daran bestehen konnte, dass der Pflegevertrag nur mit dem einzelnen Sondereigentümer geschlossen wurde.

Zu einem von der Gemeinschaft der Wohnungseigentümer abgeschlossenen Vertrag kann man demnach regel- 20 mäßig nicht durch **Auslegung** gelangen. Vielmehr wäre eine eindeutig hierauf bezogene Regelung in der Teilungserklärung sowie ein hierauf fußender tatsächlicher Vertragsschluss mit dem Betreiber erforderlich.

Es erscheint allerdings fragwürdig, ob ein von der Wohnungseigentümergemeinschaft abgeschlossener Vertrag 21 die vom Bundesgerichtshof geschilderten Bedenken wirklich beseitigen kann. Da die Wohnungseigentümer als solche regelmäßig auch **Verbraucher** iSd § 13 WEG ist,[14] sind die Vorschriften der §§ 307 ff. BGB ebenfalls unmittelbar anwendbar. § 309 Nr. 9 a BGB, der für den BGH als wesentliches Argument gegen eine über zwei Jahre hinausgehende Vertragsdauer herangezogen wurde, gilt daher auch zugunsten der Gemeinschaft der Wohnungseigentümer.[15] Eine andere Bewertung wäre daher nur dann gerechtfertigt, wenn die Gemeinschaft der Eigentümer unter Berücksichtigung der konkreten Ausgestaltung entgegen der Rechtsprechung des Bundesgerichtshofes im konkreten Fall nicht mehr als Verbraucher anzusehen ist.[16] Hierfür wäre erforderlich, dass die Wohnungseigentümergemeinschaft selbst gewerblich auftritt. Auch wenn die Gemeinschaft der Eigentümer insofern als Vertragspartner des Pflegeunternehmens auftritt, wird sie jedoch nicht selbst Betreiber der geschaffenen Pflegeeinrichtung, so dass sie hierdurch nicht selbst zum Unternehmer iSd § 14 wird.[17] Vielmehr bleibt die Eigentümergemeinschaft hierbei weiterhin nur Vertragspartner des Betreibers und nimmt dessen Leistungen letztlich für seine Mitglieder an, die für die dann auftretenden Kosten gem. § 16 WEG eintreten müssen. Eine gewerbliche Tätigkeit würde hingegen voraussetzen, dass die Gemeinschaft die Leistungen

---

12 AG Spaichingen 30.2.2018 – 2 C 453/08, BeckRS 2008, 142457.
13 BGH 10.1.2019 – III ZR 37/18, BeckRS 2019, 674.
14 BGH 25.3.2015 – VIII ZR 243/13, NJW 2015, 3228.
15 So auch *Bub* Anmerkung zu BGH 10.1.2019 – III ZR 37/18 in FD-MietR 2019, 415133.
16 Hierzu ausführlich: *Drasdo*, Die Wohnungseigentumsverwaltung bei alten- und pflegegerechten Wohnformen, NZM 2020, 129 (133).
17 Kritisch hierzu *Drasdo* LMK 2019, 414481.

einerseits vom Betreiber durch einen entsprechenden Vertrag sicherstellt, diese Leistungen dann durch getrennte Verträge wieder an die Eigentümer weitergeben würde. Eine solche Konstruktion, bei der die Wohnungseigentümergemeinschaft quasi als „Zwischenhändler" auftritt, würde jedoch an der grundsätzlichen Problematik nichts verändern. Der Vertrag zwischen der Wohnungseigentümergemeinschaft und dem Betreiber würde zwar möglicherweise nicht dem besonderen Verbraucherschutz unterliegen, die anschließenden Verträge mit den Bewohnern jedoch gleichwohl. Die Probleme würden daher nur auf eine andere Ebene verlagert.

Denkbar erscheint seit der WEG-Reform jedoch, die Verträge unmittelbar nach Gründung der Gemeinschaft der Wohnungseigentümer abzuschließen. Zu diesem früheren Zeitpunkt wird lediglich der Bauträger Eigentümer sein. Da dieser Unternehmer ist, könnte zu diesem Zeitpunkt die Wohnungseigentümergemeinschaft auch als Unternehmer anzusehen sein. Demnach wären zu diesem Zeitpunkt geschlossene Verträge nicht den strengen AGB-rechtlichen Prüfungen unterworfen und könnten weitgehender wirksam sein – und blieben dies auch, sobald einzelne Eigentumseinheiten an Verbraucher veräußert werden. Der Gesetzgeber geht in der Gesetzesbegründung jedoch davon aus, dass die Wohnungseigentümergemeinschaft auch zu diesem Zeitpunkt Verbraucher ist, sofern die Veräußerung an einen Verbraucher beabsichtigt ist. Die Behandlung von Verträgen in diesem früheren Gründungsstadium scheint daher noch offen zu sein.

22 Grundsätzlich möglich ist ferner, dass die Vermietung durch den Eigentümer in der Art und Weise erfolgt, dass der Mieter mit Abschluss des Mietvertrages verpflichtet wird, **Betreuungsleistungen** eines Dienstleisters in Anspruch zu nehmen. Allerdings kann hierdurch kein Pflegeheim geschaffen werden, da es – selbst, wenn eine Vielzahl von vermietenden Eigentümern in entsprechender Art und Weise verfahren – an einem einheitlichen Träger fehlt.[18] Mietvertrag und Dienstleistungsvertrag sind zudem selbstständig kündbar.[19] Im Übrigen gilt auch dort, dass die verbindliche Laufzeit nicht mehr als zwei Jahre betragen kann.

23 **4. Anwendung des WBVG.** Das WBVG setzt voraus, dass in einem Pflegeheim vom Betreiber **Wohnraum** zur Verfügung gestellt wird. Wird das Teileigentum daher vom Eigentümer selbst genutzt, so kann schon begrifflich kein „Wohnheim" iSd WBVG vorliegen, so dass die Regelungen zumindest nicht direkt anwendbar sind. Dies ist insofern unzufriedenstellend, als das WBVG verschiedene Vorschriften enthält, die gerade dem Schutz des einzelnen Bewohners dienen. Inwiefern einzelne Vorschriften aufgrund der in vielen Punkten vergleichbaren Interessenlage analog angewendet werden können, ist offen. Umso wichtiger ist es daher, die Teilungserklärung so zu gestalten, dass auf der einen Seite der Betrieb des Pflegeheims wirtschaftlich tragfähig, gleichzeitig aber ausreichend Rechte für die einzelnen Eigentümer verbleiben.

24 Um zu einer **direkten Anwendbarkeit** des WBVG zu gelangen müsste daher der Betreiber des Pflegeheims vom Eigentümer die Teileigentumseinheit anmieten, um sie ihm dann im Rahmen des Betreuungsvertrages wiederum zur Wohnnutzung zur Verfügung zu stellen.

25 Um eine einheitliche Gestaltung innerhalb des Pflegeheims zu ermöglichen, kann – allerdings nur in der Teilungserklärung und nicht durch Beschluss – die **Gemeinschaft der Eigentümer** als **Vermieter** auch für das Sondereigentum auftreten und insofern die Verwaltung an sich ziehen.[20] Ist die Gemeinschaft hierzu berechtigt, so obliegt die Vermietung der Gemeinschaftsflächen aber auch der Sondereigentumseinheiten der Wohnungseigentümergemeinschaft, was eine einheitliche Gestaltung des Mietvertrages ermöglicht und ferner sicherstellt, dass nicht einzelne Eigentumseinheiten dem Betreiber für den zukünftigen Betrieb verloren gehen. Tritt die Gemeinschaft der Eigentümer als Vermieter der Sondereigentumseinheiten auf, so wird der Betreiber Inhaber der Nutzungsrechte an den Eigentumseinheiten. Werden diese anschließend einzelnen Personen zur Nutzung überlassen, so sind die Voraussetzungen des § 1 WBVG erfüllt. Dies gilt auch dann, wenn der Eigentümer selbst die Räumlichkeiten nutzt.

26 **5. Sonstige wohnungseigentumsrechtliche Besonderheiten.** Es begegnet grundsätzlich keinen Bedenken, wenn der Betreiber des Pflegeheims zugleich **Verwalter** des Anwesens ist. Allerdings gelten auch für ihn die Beschränkungen des § 26 WEG. Auch der Betreiber kann daher bei der erstmaligen Bestellung für maximal 3, bei der Wiederbestellung für maximal fünf Jahre zum Verwalter bestellt werden.

---

18 Hierzu LG Lüneburg 18.7.2001 – 2 S 24/01, ZMR 2001, 805.
19 BGH 13.10.2006 – V ZR 289/05, NJW 2007, 213.
20 Hierzu BeckOGK/*Falkner* WEG § 13 Rn. 43 ff.

Maximilian A. Müller

Die Pflege- und sonstigen Dienstleistungen des Betreibers kommen zunächst den Bewohnern bzw. Eigentü- 27
mern zu Gute und sind daher regelmäßig keine **Kosten** gem. § 16 WEG, da sie nicht der Bewirtschaftung der
Wohnungseigentümergemeinschaft dienen. Diese Kosten können daher nicht dem Gemeinschaftsvermögen
entnommen werden und sind daher auch nicht Bestandteil der Abrechnung. Die Kosten sind vom Betreiber
unmittelbar mit den Bewohnern abzurechnen.[21] Eine einheitliche Abrechnung wäre daher allenfalls denkbar,
wenn neben der Wohnungseigentümergemeinschaft weitere Gesellschaften gegründet werden, wie dies beispielsweise auch bei einem Vermietungspool der Fall ist.

169. Prostitution

Tyarks

I. Einführung

Unter **Prostitution** wird gewöhnlich die Vornahme sexueller Handlungen gegen Entgelt bezeichnet.[1] Ein 1
Großteil der sexuellen Handlungen bei Ausübung der Prostitution findet in abgeschlossenen Bereichen, also in
Unterkünften jeglicher Art, statt. Je nach Art und Umfang der Tätigkeit wird zwischen **Bordelle, bordellarti-
ge Einrichtungen** und **Wohnungsprostitution** unterschieden.[2]

II. Einzelheiten

Die Frage der Zulässigkeit der Prostitutionsausübung in Wohnungseigentumsanlagen kann sich stellen, wenn 2
die Gemeinschaft der Wohnungseigentümer oder ein einzelner Wohnungseigentümer einen **Abwehranspruch**
nach § 14 WEG (→ *Störungsunterlassung* Rn. 1 ff.) gegen die Prostitutionsausübung in einer anderen Sondereigentumsfläche geltend macht. Sie kann sich ferner im Zusammenhang mit der **Entziehung des Wohnungseigentums**[3] oder der **Zustimmung zur Veräußerung** iSd § 12 WEG[4] stellen.

1. Zulässigkeit der Prostitutionsausübung bei ausdrücklicher Regelung in der Gemeinschaftsordnung. Die Wohnungseigentümer sind gem. § 19 Abs. 1 WEG grundsätzlich frei darin, den Gebrauch des Son- 3
dereigentums und des gemeinschaftlichen Eigentums durch Vereinbarung zu regeln. Sie können auch Rege-
lungen treffen, die keinen ordnungsgemäßen Gebrauch darstellen oder störend sind.[5]

Da die Prostitution nicht generell verboten ist (vgl. aber §§ 176 ff. StGB, §§ 119 f. OWiG) sollen die Woh- 4
nungseigentümer durch Vereinbarung auch die Nutzung des Sondereigentums zur Prostitution zulassen können.[6] Die **Vertragsfreiheit** der Wohnungseigentümer findet allerdings ihre Grenzen in den §§ 134, 138 BGB
und § 242 BGB.[7] Hiergegen verstoßende Regelungen in der Gemeinschaftsordnung sind folglich nichtig.[8]

---

21 Bärmann/Seuß/*Drasdo* WE-Praxis Teil A Rn. 1025.
 1 Vgl. § 1 ProstG, § 2 Abs. 1 ProstSchG, vgl. auch Begr. zum ProstSchG, BT-Drs. 18/8556, 59 ff.
 2 Vgl. ua *Rhein/Zitzen* NJOZ 2009, 267; vgl. auch Begr. zum ProstSchG, BT-Drs. 18/8556, 59 ff.; ferner § 180 Abs. 2
    StGB aF „Kuppelei“.
 3 Vgl. AG Bamberg 16.3.2015 – 0104 C 1210/13 WEG; Hügel/Scheel Wohnungseigentum-HdB/*Elzer* § 16 Rn. 17;
    Hügel/Elzer WEG § 18 Rn. 1; Sauren/*Sauren* WEG § 18 Rn. 3B unter „Bordell“; Bärmann/*Suilmann* WEG § 18
    Rn. 17; MüKoBGB/*Engelhardt* WEG § 18 Rn. 7.
 4 KG 20.6.1978 – 1 W 31/78, ZMR 79, 51; Bärmann/*Suilmann* WEG § 12 Rn. 39; Bärmann/Seuß WE-Praxis/*Basty*
    § 14 Rn. 61.
 5 Vgl. Jennißen/*Schultzky* WEG § 15 Rn. 11; BeckOGK/*Falkner* WEG § 15 Rn. 92.
 6 Vgl. Jennißen/*Schultzky* WEG § 15 Rn. 11, 33; BeckOGK/*Falkner* WEG § 15 Rn. 96.
 7 BGH 10.12.2010 – V ZR 60/10, NJW 2011, 679.
 8 Bärmann/*Suilmann* WEG § 10 Rn. 104.

5 Es scheiden sich auch nach Einführung des ProstG weiterhin die Geister, ob ein Rechtsgeschäft über die Erbringung sexueller Leistungen gegen Entgelt iSd § 138 Abs. 1 BGB nichtig ist; eine einheitliche **Rechtsprechung** der obersten Gerichte existiert nicht. Das BSG hat die Frage offengelassen aber dennoch angemerkt, dass sich aus dem ProstG gerade nicht entnehmen lasse, dass der Gesetzgeber die entsprechende Beschäftigung umfassend legalisiert habe.[9] Der erste und der dritte Strafrechtssenat des BGH halten ein solches Rechtsgeschäft weiterhin für nichtig.[10] Der dritte Zivilsenat geht hingegen davon aus, dass der Einwand der Sittenwidrigkeit nach Einführung des ProstG nicht mehr gelte.[11] Dies ergebe sich aus der dem Gesetz zugrunde liegenden Wertung und dem Wandel der Anschauungen in der Bevölkerung. Der erste Zivilsenat des BGH vertritt die gleiche Auffassung.[12] Ebenso sieht es das BVerwG.[13] Auch der BFH[14] hat sich geäußert. Die vor Inkrafttreten des ProstG ganz hM, wonach das geschlechtliche Verhalten betreffende Verpflichtungsverträge sittenwidrig seien, sei gegenstandslos geworden. Schließlich hat auch das BVerfG seine Meinung kundgetan.[15] Der Gesetzgeber hat zwar keine ausdrückliche gesetzliche Regelung dahin gehend getroffen, dass das Ausüben der Prostitution nicht sittenwidrig sei. Er ging ausweislich der Gesetzesbegründung jedoch davon aus, dass die Vereinbarung über ein Entgelt für sexuelle Leistungen und auch die Tätigkeit selbst nicht gegen die guten Sitten verstoßen.[16] Der Europäische Gerichtshof erkennt die Prostitution letzlich als selbstständige Erwerbstätigkeit und Teil des gemeinschaftlichen Wirtschaftslebens an.[17]

Im **Schrifttum** ergibt sich auch kein klares Bild. Die einen verweisen auf die Menschenwürde.[18] Teilweise wird der Vertrag daher lediglich als einseitig verpflichtender Vertrag erachtet.[19] Die anderen auf die Berufsfreiheit.[20] Die Literatur und Rechtsprechung zu diesem Thema sind kaum mehr zu überblicken. Letztlich ist nach diesseitiger Ansicht der Werteentscheidung des Gesetzgebers zu folgen, der ausweislich der Gesetzesbegründung zum ProstG davon ausging, dass die Vereinbarung über ein Entgelt für sexuelle Leistungen und auch die Tätigkeit selbst nicht gegen die guten Sitten verstoßen.[21] Ansonsten besteht die Gefahr, dass das jeweilig entscheidende Gericht, seine eigenen Wertevorstellung der Entscheidung zugrunde legt.

Sofern man Prostitution indes generell unter das **Sittenwidrigkeitsverdikt** stellt, spricht Vieles dafür, dass auch entsprechende Gebrauchsregelungen in der **Gemeinschaftsordnung**, die die Prostitutionsausübung zulassen, stets nach § 138 Abs. 1 BGB nichtig sind.

6 Daneben kann sich die Nichtigkeit der ausdrücklichen Zulassung der Prostitutionsausübung in der Gemeinschaftsordnung aus einem Verstoß gegen § 134 BGB iVm den §§ 176 ff. StGB oder den **Sperrbezirksverordnungen**, die von den Landesregierungen gem. Art. 297 EGStGB erlassen werden, ergeben, wenn sich die Wohnungseigentumsanlage in einem Sperrbezirk befindet und die Wohnungsprostitution hiernach unzulässig ist.[22]

7 **2. Fehlen einer ausdrücklichen Regelung in der Gemeinschaftsordnung.** In der Regel enthalten die Gemeinschaftsordnungen keine ausdrückliche Aussage darüber, ob die Ausübung der Prostitution in der Wohnungseigentumsanlage zulässig ist. Oftmals findet sich in der Gemeinschaftsordnung lediglich die Unterscheidung zwischen Wohnung und Gewerbe. Fehlen konkrete Zweckbestimmungen ist auf die Unterteilung in Wohnungs- und Teileigentum abzustellen.[23] Sofern die Gemeinschaftsordnung die Prostitution nicht ausdrück-

---

9 BSG 6.5.2009 – B 11 AL 11/08 R, NJW 2010, 1627.

10 BGH 2.2.2016 – 1 StR 435/15, NStZ 2016, 283 Rn. 23; BGH 18.1.2011 – 3 StR 467/10, NStZ 2011, 278 = juris Rn. 4.

11 BGH 8.11.2007 – III ZR 102/07, NJW 2008, 140.

12 BGH 13.7.2006 – I ZR 241/03, NJW 2006, 3490 Rn. 24.

13 BVerwG 23.3.2009 – 8 B 2/09, NVwZ 2009, 909.

14 BFH 15.3.2012 – III R 30/10, BStBl. II 2012, 661.

15 BVerfG 28.4.2009 – 1 BvR 224/07, NVwZ 2009, 905 Rn. 19 f.

16 Vgl. BT Drs. 14/5958, 4, 6.

17 EuGH 20.11.2001 – C-268/99, NVWZ 2002, 326 – Jany.

18 Vgl. *Majer* NJW 2018, 2294.

19 Vgl. MüKoBGB/*Armbrüster* ProstG § 1 Rn. 7 mwN.

20 *Caspar* NVwZ 2002, 1322 mwN.

21 Vgl. BT Drs. 14/5958, 4, 6.

22 Vgl. MüKoBGB/*Armbrüster* BGB § 134 Rn. 62.

23 Staudinger/*Kreuzer* WEG § 15 Rn. 7; Jennißen/*Schultzky* WEG § 15 Rn. 25.

lich zulässt, werden verschiedene Ansichten zur Zulässigkeit der Prostitution in Wohnungseigentumsanlagen vertreten.

a) Meinungsstand in Rechtsprechung und Literatur. Teilweise wird davon ausgegangen, dass die Aus- 8 übung der Prostitution in ihren unterschiedlichen Erscheinungsformen generell unzulässig sei, unabhängig davon, ob die Nutzung nur zu Wohnzwecken oder auch zu gewerblichen Zwecken zulässig sei.[24] Zum Teil wird die Ausübung der Prostitution jedenfalls in reinen Wohnanlagen oder Mischanlagen generell als unzulässig erachtet.[25]

Andere erachten die Ausübung der Prostitution nur grundsätzlich als unzulässig.[26] Entscheidend seien mit un- 9 terschiedlicher Gewichtung die konkreten Umstände des Einzelfalls unter Berücksichtigung der Umstände vor Ort. Einige differenzieren weiter ausdrücklich danach, ob die Ausübung der Prostitution im Wohnungs- oder Teileigentum stattfindet.[27]

Als Argument für die Unzulässigkeit der Prostitution in Wohnungseigentumsanlagen wird in der Rechtspre- 10 chung häufig angeführt, dass diese in signifikanten Bevölkerungsschichten mit einem **sozialen Unwerturteil** behaftet sei.[28] Durch Einführung des ProstG habe sich hieran nichts geändert. Ferner mindere sich der **Miet- und Verkaufswert** der Wohnungseigentumsanlage.[29] Dies stelle einen Nachteil iSv § 14 Abs. 1 Nr. 2 WEG dar, den die übrigen Wohnungseigentümer nicht hinnehmen müssten. Eine Beweisaufnahme über konkrete Störungen und Wertminderung erübrige sich.

Schließlich wird vertreten, dass die Ausübung der Prostitution grundsätzlich zulässig sei und sich die Unzuläs- 11 sigkeit nur aufgrund von konkret nachgewiesenen Störungen iSd § 14 Abs. 1 Nr. 2 WEG ergebe.[30]

b) Stellungnahme. Nach diesseitiger Ansicht ist die Ausübung der Prostitution zumindest im Wohnungsei- 12 gentum grundsätzlich unzulässig. Denn diese ist unabhängig von ihrem konkreten Ausmaß regelmäßig gewerblich geprägt[31] und kann damit nicht unter dem Begriff „wohnen" gefasst werden. Darüber hinaus kann sich zwar eine nach dem vereinbarten Zweck ausgeschlossene Nutzung als zulässig erweisen, wenn sie bei **typisierender Betrachtungsweise** nicht mehr stört als die vorgesehene Nutzung.[32] Dies dürfte aber allein aufgrund der Begleiterscheinungen in Wohnanlagen nicht der Fall sein. Ausnahmen sind lediglich im Rahmen der sogenannten Gelegenheitsprostitution denkbar. Auf die Randständigkeit der Bewohner und der Lage abzustellen[33] erscheint problematisch.[34]

---

24 Für einen bordellartigen Betrieb: KG 20.3.2002 – 24 W 56/01, ZWE 2002, 322 „Sado/Maso-Studio"; OLG Karlsruhe 29.6.2000 – 14 Wx 98/00, ZMR 2002, 151; BayObLG 16.6.2000 – 2Z BR 178/99 ZWE 2000, 405 „Swinger Club"; BayObLG 22.4.1994 – 2Z BR 19/94, ZMR 1994, 423 „Saunaclub"; LG Hamburg 3.6.2008 – 318 T 87/07, ZMR 2008, 828 „Massagestudio"; für Prostitution im Allgemeinen: OLG Hamburg 14.3.2005 – 2 Wx 19/05, ZMR 2005, 644 „Call-Girls"; Jennißen/*Schultzky* WEG § 15 Rn. 29, 33; Sauren/*Sauren* WEG § 14 Rn. 8.

25 OLG Zweibrücken 30.1.2009 – 3 W 182/08; OLG Zweibrücken 8.1.2008 – 3 W 257/07, ZWE 2009, 142 „Hausfrauensex"; OLG Düsseldorf 12.3.2003 – 3 Wx 369/02, ZMR 2004, 447; OLG Düsseldorf 9.7.1986 – 24 W 2741/86, NJW-RR 1986, 1072; MüKoBGB/*Commichau* WEG § 15 Rn. 12 unter „Bordell" und „Prostitution"; jurisPK-BGB/ *Lafontaine* WEG § 13 Rn. 60.

26 OLG Köln 25.8.2008 – 16 Wx 117/08, ZMR 2009, 387; OLG Frankfurt a. M. 7.6.2004 – 20 W 59/03, NZM 2004, 950; OLG Frankfurt a. M. 5.2.2002 – 20 W 508/01, ZMR 2002, 616; LG Bamberg 12.4.2016 – 11 S 21/15 WEG; *Hügel/Elzer* WEG § 14 Rn. 26 unter „Prostitution"; BeckOGK/*Falkner* WEG § 14 Rn. 35; BeckOK WEG/*Müller* § 15 Rn. 20; Sauren/*Sauren* WEG § 15 Rn. 12B.

27 BayObLG 8.9.2004 – 2Z BR 137/04, NZM 2004, 949; LG Nürnberg 18.4.1990 – 14 T 214/90, NJW-RR 1990, 1355; Bärmann/*Pick* WEG § 14 Rn. 12; MüKoBGB/*Commichau* WEG § 15 Rn. 12; Sauren/*Sauren* WEG § 15 Rn. 12B.

28 Ua OLG Zweibrücken 30.1.2009 – 3 W 182/08; OLG Hamburg 14.3.2005 – 2 Wx 19/05, ZMR 2005, 644; LG Bamberg 12.4.2016 – 11 S 21/15 WEG.

29 Ua OLG Hamburg 14.3.2005 – 2 Wx 19/05, ZMR 2005, 644.

30 Für Teileigentum vgl. AG Wiesbaden 27.5.2011 – 92 C 5055/10 (81); offenbar ebenso AG Berlin-Mitte 13.5.2014 – 29 C 31/13; für Teil- und Wohnungseigentum gleichermaßen offenbar *Armbrüster* ZWE 2008, 361.

31 Vgl. BVerwG 28.6.1995 – 4 B 137/95, NVwZ-RR 1996, 84.

32 BGH 23.3.2018 – V ZR 307/16 mwN.

33 OLG Köln 25.8.2008 – 16 Wx 117/08, ZMR 2009, 387.

34 Vgl. nur jurisPK-BGB/*Lafontaine* WEG § 13 Rn. 60.

13 Etwas anderes gilt für **Teileigentumsflächen**, die gerade nicht zu Wohnzwecken dienen (§ 1 Abs. 3 WEG). Die These des sozialen Unwerturteils ist abzulehnen.[35] Das Unwerturteil kann sich letztlich nur aus einem Verstoß gegen die guten Sitten isd § 138 BGB ableiten.[36] Unterstellt man die Prostitution weiterhin dem Sittenwidrigkeitsverdikt, ist ihre generelle Unzulässigkeit in Wohnungseigentumsanlagen zwar folgerichtig. Denn §§ 13 Abs. 1, 18 Abs. 2 Nr. 2 WEG verlangen ausdrücklich einen Gebrauch, der dem Gesetz entspricht. Es sprechen indes die besseren Gründe gegen das Sittenwidrigkeitsverdikt (→ Rn. 6).

14 Gesetz isd § 13 Abs. 1 WEG ist ferner § 14 WEG. **Nachteil** isd § 14 Abs. 1 Nr. 2 WEG soll dabei grundsätzlich auch eine **Wertminderung** der Wohnungseigentumsanlage sein können.[37] Es darf aber bezweifelt werden, dass eine gesetzlich erlaubte Nutzung durch eine mutmaßliche Wertminderung vollständig unzulässig werden kann.[38] Zu bedenken ist hierbei auch, dass es eine Reihe von gesellschaftspolitisch zu unterstützenden Nutzungen gibt, die ebenfalls den Wert der Wohnungseigentumsanlage mindern können.

15 Die Unzulässigkeit der Prostitutionsausübung kann sich bei Teileigentumsflächen hiernach grundsätzlich nur aus konkret nachzuweisenden Störungen ergeben, die sich ebenfalls als **unzumutbarer Nachteil** isd § 14 Abs. 1 Nr. 2 WEG erweisen können, sofern der vereinbarte Nutzungszweck die Prostitution nicht von vornherein ausschließt. Hierbei kann auch die Lage der Wohnungseigentumsanlage berücksichtigt werden. Liegt diese beispielsweise in einem Rotlicht- oder Vergnügungsviertel, sind höhere Anforderungen an den unzumutbaren Nachteil isd § 14 Abs. 1 Nr. 2 WEG zu stellen. Dieser kann sich dabei zB aus Belästigungen der übrigen Eigentümer oder deren Kundschaft, milieubedingter Unruhe, dem Ansprechen Unbeteiligter, dem Anfahren und Abfahren der Freier als sichtbare Begleiterscheinungen der Prostitution[39] oder sonstigen Lärmbelästigungen ergeben. Zu berücksichtigen ist, dass die Wohnungseigentümer solche Nutzungen durch (frühzeitige) Regelungen in der Gemeinschaftsordnung ausdrücklich ausschließen können.

16 Darüber hinaus kann sich die Unzulässigkeit der Prostitutionsausübung noch aus einem Verstoß gegen die §§ 176 StGB ff. und **weiteren öffentlich-rechtlichen Vorschriften** mit drittschützendem Charakter ergeben,[40] beispielsweise aus Sperrbezirksverordnungen (→ Rn. 7) oder aus dem Baurecht.[41]

170. Prozess und Prozessgrundsätze

Bartels

---

35 AG Wiesbaden 27.5.2011 – 92 C 5055/10 (81); Sauren/*Sauren* WEG § 15 Rn. 12P unter „Prostitution"; zweifelnd jetzt auch BayObLG 8.9.2004 – 2Z BR 137/04, NZM 2004, 949.

36 Vgl. bereits BGH 6.7.1976 – VI ZR 122/75, NJW 1976, 1883.

37 Vgl. im Allgemeinen: Jenißen/*Hogenschurz* WEG § 14 Rn. 3 b mwN; im Speziellen: OLG Zweibrücken 30.1.2009 – 3 W 182/08; OLG Hamburg 14.3.2005 – 2 Wx 19/05, ZMR 2005, 644.

38 BeckOK WEG/*Müller* § 15 Rn. 216; Sauren/*Sauren* WEG § 15 Rn. 12P unter „Prostitution".

39 Vgl. BVerfG 28.4.2009 -1 BvR 224/07, NVwZ 2009, 905 Rn. 25.

40 Hierzu Jenißen/*Schultzky* § 13 Rn. 16, § 15 Rn. 118 mwN.

41 Hierzu ua *Rhein/Zitzen* NJOZ 2009, 267.

I.   Einführung

Der Wohnungseigentumsprozess ist als bürgerliche Rechtsstreitigkeit ein **Zivilprozess**, für den zunächst die   1
Vorgaben der ZPO gelten (§ 3 Abs. 1 EGZPO). Mit der WEG-Reform 2020 sind die Besonderheiten des
WEG-Verfahrensrechts, die ihren Ursprung in den Verfahren der freiwilligen Gerichtsbarkeit fanden, weiter
zurückgedrängt worden.[1] § 43 WEG regelt die gerichtliche Zuständigkeit, § 44 WEG befasst sich mit den Beschlussklagen, § 45 WEG mit der Frist der Anfechtungs- als besonderer Beschlussklage. Die §§ 43 ff. WEG aF
kannten weitreichendere Spezialvorschriften. Diese waren freilich nur anwendbar, wenn es sich um eine
Rechtsstreitigkeit handelte, die in dem Zuständigkeitskatalog des § 43 WEG aF aufgeführt war.[2]

Besonderheiten des WEG-Prozesses des bisherigen Rechts waren die in § 44 WEG aF vorgesehene Sammel-   2
bezeichnung, die Zustellung an den Verwalter, Ersatzzustellungsvertreter oder dessen Vertreter (§ 45 WEG aF;
→ *Zustellungen* Rn. 2 ff.), die Anfechtungs- als besondere Gestaltungsklage (§§ 46, 47 WEG aF; → *Anfechtungsklage* Rn. 1 ff.) sowie Regelungsstreitigkeiten (§ 21 Abs. 8 WEG aF), die Rechtskraftwirkung eines Urteils gegenüber Beigeladenen (§ 48 WEG aF; → *Beiladung, Streitgenossenschaft, Nebenintervention und
Streitverkündung* Rn. 29 ff.) und schließlich besondere Vorgaben für die Verfahrenskosten (§§ 49, 50 WEG aF
sowie § 49 a GKG aF). Diese Vorschriften sind auf nach § 48 Abs. 5 WEG vor dem Inkrafttreten des aktuellen
Rechts anhängig gewordene Verfahren weiterhin anwendbar.

Im Folgenden sind der Verfahrensgang des Zivilprozesses – um einen solchen handelt es sich schließlich bei   3
sämtlichen Streitigkeiten aus dem WEG – und dessen Grundsätze im Überblick darzustellen. Dieser beginnt
mit der Klageerhebung und endet im Grundsatz mit einem Urteil.

II.   Prozessgrundsätze

Die Verfahrensgrundsätze des Zivilprozesses gelten in sämtlichen Verfahren im Zusammenhang mit Woh-   4
nungseigentum.

Dies ist zunächst der **Dispositionsgrundsatz**, wonach die Parteien Beginn, Inhalt und Ende eines Verfahrens   5
bestimmen. Der Prozess wird nur durch Klageerhebung eingeleitet, das Gericht ist an die Anträge gebunden
und es kann auch durch Vergleich (§ 794 Abs. 1 S. 1 ZPO), Verzicht (§ 306 ZPO) oder Anerkenntnis (§ 307
ZPO) der Prozess anders als durch eine streitige gerichtliche Entscheidung beendet werden.

Der nächste Grundsatz ist der **Beibringungsgrundsatz**, wonach das Gericht in seiner Entscheidung nur den   6
von den Parteien beigebrachten Prozessstoff zu bewerten hat. Das Gericht darf grundsätzlich keine Tatsachen
berücksichtigen, die die Parteien nicht selbst vorgebracht haben. Es können nicht nur die Parteien, sondern
auch Dritte, nämlich Nebenintervenienten und damit beigetretene Streitverkündete (§§ 66 ff. ZPO), nach altem
Recht überdies iSv § 48 WEG aF beigetretene Beigeladene (→ *Beiladung, Streitgenossenschaft, Nebenintervention und Streitverkündung* Rn. 8 ff.), den Prozessstoff beibringen.

Das Gericht und die Parteien sind weiter gehalten, den Prozess zügig zu führen, da das Recht nur in angemes-   7
sener Zeit verwirklicht und der Rechtsfrieden hergestellt werden kann (**Beschleunigungsgrundsatz** oder Kon-
zentrationsmaxime). Angriffs- und Verteidigungsmittel sind frühzeitig anzugeben (§ 282 ZPO), so dass der
Termin zur mündlichen Verhandlung umfassend vorbereitet ist. Anderenfalls können die Angriffs- und Verteidigungsmittel grundsätzlich zurückgewiesen werden (§ 296 Abs. 2 ZPO), namentlich nach einer Fristsetzung
durch das Gericht (§ 296 Abs. 1 ZPO). Dieser Grundsatz geht einher mit dem Grundsatz der **Prozessökonomie**.

Aus Art. 103 Abs. 1 GG und Art. 6 Abs. 1 EMRK folgt das **Recht auf rechtliches Gehör**: Jede Partei hat   8
einen Anspruch darauf, über alle maßgeblichen Gesichtspunkte, die der Entscheidung und dem Verfahren zugrunde liegen sollen, unterrichtet und zu ihrer Sicht der Dinge angehört zu werden. Dies sind insbesondere die
Behauptungen und Beweisangebote der gegnerischen Partei, das Ergebnis einer Beweisaufnahme und die

---

1   Vgl. BT-Drs. 168/20, 88 f.; ausführlich zum Reformbedarf *Jacoby* ZMR 2018, 393 ff.
2   Vgl. BGH 4.4.2014 – V ZR 110/13, NJW-RR 2014, 903 Rn. 13.

rechtlichen Gesichtspunkte, die das Gericht seiner Entscheidung zugrunde zu legen beabsichtigt. Aus dem Verbot einer Überraschungsentscheidung (§ 139 Abs. 2 ZPO) folgt so die Möglichkeit, sich zu den entscheidungserheblichen Tatsachen zu äußern.

9   Grundsätzlich ist das Verfahren **mündlich** zu führen (§ 128 Abs. 1 ZPO). Ausnahmen finden sich in § 495 a ZPO für das Verfahren vor den Amtsgerichten mit einem Streitwert von unter 600 EUR sowie in § 128 Abs. 2 ZPO. Nur dasjenige, was Gegenstand der mündlichen Verhandlung geworden ist, ist Entscheidungsgrundlage für das Urteil (§§ 286 Abs. 1 S. 1, 309, 310 Abs. 1 ZPO). Freilich können die Parteien in der mündlichen Verhandlung auf ihre vorbereitenden Schriftsätze Bezug nehmen (§§ 129, 137 Abs. 3 S. 1, 297 Abs. 2 ZPO). Auch ist die Beweisaufnahme durch den Richter unmittelbar vorzunehmen (§§ 355 Abs. 1 S. 1, 286 ZPO). Das Verfahren ist öffentlich zu führen (§§ 169 ff. GVG und Art. 6 Abs. 1 EMRK); der **Öffentlichkeitsgrundsatz** umfasst alle Verhandlungen, Ortstermine, Beweisaufnahmen und Verkündungen von Entscheidungen wie Urteilen und Beschlüssen.

III.   Verfahrensgang im Überblick

10   Ein Zivilprozess wird **anhängig** mit Einreichen der Klageschrift bei Gericht (§ 253 Abs. 1 ZPO). Die Klageschrift hat bestimmte notwendige Voraussetzungen zu erfüllen. Vor der Zustellung der Klageschrift hat das Gericht diese daraufhin zu überprüfen, ob tatsächlich Klage erhoben werden soll, sie also nicht etwa eine Eingabe oder ein versehentlich übersandtes Schriftstück darstellt. Wird dieses dennoch als Klage zugestellt, ist an die Niederschlagung von Kosten wegen unrichtiger Sachbehandlung zu denken (§ 21 GKG). Ist etwa die Parteiangabe offensichtlich fehlerhaft, hat das Gericht zunächst von einer Zustellung abzusehen und dem Kläger die Möglichkeit zu geben, die Klageschrift zu berichtigen. Fehlen die notwendigen Voraussetzungen, können diese nach gerichtlichem Hinweis (vgl. § 139 Abs. 2 ZPO) nachgeholt werden, etwa die Unterschrift mit Wirkung ex nunc. Wird der Mangel nicht behoben, ist die Klage als unzulässig abzuweisen selbst dann, wenn der Beklagte sich rügelos eingelassen hat (→ *Prozessvoraussetzungen* Rn. 96). Der Verwalter ist im Außenverhältnis nach § 9 b Abs. 1 S. 1 Hs. 1 WEG in der durch die Wohnungseigentümer unbeschränkbaren Lage, eine Klage (ggf. durch einen von ihm wirksam beauftragten Rechtsanwalt) wirksam zu erheben. Im Innenverhältnis macht er sich indes grundsätzlich schadensersatzpflichtig, wenn die Wohnungseigentümer ihn dazu nicht allgemein oder für die besondere Klage ermächtigt haben (§ 27 Abs. 2 WEG). Etwas anderes gilt allerdings, wenn es sich bei der Klage um eine Maßnahme der ordnungsgemäßen Verwaltung handelt, die entweder eine untergeordnete Bedeutung hat (§ 27 Abs. 1 Nr. 1 WEG). Um zu bestimmen, ob dies der Fall ist, ist auf die Streitwertgrenzen des Zivilprozesses zurückzugreifen: Eine Streitigkeit hat untergeordnete Bedeutung, wenn es sich um ein amtsgerichtliches Verfahren iSv § 495 a S. 1 ZPO handelt (Streitwert bis 600 EUR); in großen Wohnungseigentumsanlagen mag dies bis zur Streitwertgrenze des § 23 Nr. 1 GVG (bis 5.000 EUR) reichen. Daneben darf der Verwalter Klage erheben, wenn er mit ihr eine Frist einhält oder einen Nachteil abwendet (§ 27 Abs. 1 Nr. 2 WEG), was der Fall bei drohender Verjährung der durchzusetzenden Forderung sein kann. Allerdings macht sich der Verwalter ggf. deshalb schadensersatzpflichtig, weil er die Frist bis zum Schluss ausgereizt hat.

11   Fehler bei Angaben zu dem **nicht notwendigen Inhalt** einer Klageschrift (§ 253 Abs. 3 ZPO) ändern an der Zulässigkeit der Klage nichts, können aber insbesondere wegen gerichtlicher Nachfragen zum Streitwert zu einer Verzögerung der Klagezustellung führen.

12   Will der Kläger eine Geldforderung durchsetzen, kann er (zunächst) das **Mahnverfahren** der §§ 688 ff. ZPO betreiben. Der ausschließliche Gerichtsstand des § 43 Nr. 6 WEG aF bei durch die Gemeinschaft der Wohnungseigentümer betriebenen Mahnverfahren ist im allgemeinen Gerichtsstand des § 43 Abs. 1 S. 1 WEG aufgegangen (→ *Mahnverfahren* Rn. 4).

13   **1. Rechtshängigkeit.** Die Klage wird rechtshängig, wenn sie durch das Gericht (§ 166 Abs. 2 ZPO) dem Beklagten zugestellt worden ist (§ 261 Abs. 1 ZPO; → *Zustellungen* Rn. 1 ff.). Die Rechtshängigkeit einer Klage begründet zwischen den Parteien und dem Gericht das sog. **Prozessrechtsverhältnis**, löst materiell- (§ 262 ZPO) und prozessrechtliche Rechtsfolgen aus (§ 261 Abs. 3 ZPO). Materiellrechtlich etwa wird die Verjährung gehemmt (§§ 204 Abs. 1 Nr. 1, 209 BGB), es tritt Verzug ein (§ 286 Abs. 1 S. 2 BGB), es werden Prozesszinsen geschuldet (§ 291 BGB), es endet ein Vertrauensschutz (etwa § 407 Abs. 2 BGB) und tritt eine Haftungsverschärfung ein (§§ 292, 818 Abs. 4, 987 Abs. 2, 988, 989, 991, 994 Abs. 2, 996, 1007 Abs. 3, 2023 BGB). Auch prozessrechtlich ist die Rechtshängigkeit von Bedeutung: Mit Rechtshängigkeit kann der Antrag nur

noch eingeschränkt geändert werden (§ 263 ZPO), es wird die gerichtliche Zuständigkeit perpetuiert (§ 261 Abs. 3 Nr. 2 ZPO), es kann der Anspruch nicht mehr anderweitig geltend gemacht werden (§ 261 Abs. 3 Nr. 1 ZPO) und es bleibt der Kläger auch nach Veräußerung der Streitsache sachlegitimiert (§ 265 ZPO). Das Prozessrechtsverhältnis ändert damit seine Identität grundsätzlich nicht bis zur vollständigen Beendigung des Rechtsstreits. Aus ihm ergeben sich auch Pflichten und Obliegenheiten der Parteien, wie Mitwirkungspflichten, die Prozessförderungs- und Wahrheitspflicht (§ 138 Abs. 1 ZPO), aber auch des Gerichts, wie etwa die Hinweispflicht aus § 139 Abs. 2 u. 3 ZPO.

Mit Einreichung der Klageschrift fällt gem. § 6 Abs. 1 S. 1 Nr. 1 GKG die **Gerichtsgebühr** nach Nr. 1210 des Kostenverzeichnisses der Anlage 1 zu § 3 Abs. 2 GKG an (→ *Gerichtliche und außergerichtliche Kosten* Rn. 1). Die Klage soll gem. § 12 Abs. 1 GKG erst **nach** Einzahlung der Gebühren zugestellt werden. Die Einzahlungspflicht gilt auch für Beschlussklagen nach § 44 WEG.[3] Das Gericht hat einen Kostenvorschuss unter den Voraussetzungen von § 14 GKG nicht zu erheben, insbesondere dann, wenn das Gericht Prozesskostenhilfe bewilligt hat (Nr. 1; → *Prozesskostenhilfe* Rn. 24 ff.) oder der Kläger den Vorschuss nicht zahlen kann oder ihm durch die Zeit, die die Einzahlung notwendig macht, ein schwer zu ersetzender Schaden entstünde (Nr. 3 lit. a u. b).   14

Da **Verzögerungen** auf das Gericht oder den Postlauf zurückgehen können, lässt § 167 ZPO die Wirkungen bereits mit dem Eingang der Klageschrift bei Gericht eintreten, wenn die Zustellung „demnächst" erfolgt, wofür sich die der Partei zurechenbaren Verzögerungen in einem engen zeitlichen Rahmen halten müssen, der in der Rechtsprechung etwa auf 14 Tage festgelegt wird. Geht etwa keine Streitwertanforderung ein, darf der Kläger nicht untätig bleiben, sondern muss sich innerhalb einer angemessenen Frist, die mit drei Wochen bewertet werden kann, bei Gericht erkundigen.[4]   15

2. Verfahrensgang. Über die Klage ist grundsätzlich nach mündlicher Verhandlung (§ 128 ZPO, mit Ausnahmen in den §§ 128 Abs. 2, 307 S. 2, 331 Abs. 3, 495 a ZPO) durch Urteil (§§ 300 ff. ZPO) zu entscheiden. Der Rechtsstreit ist möglichst in einem Haupttermin, also einem umfassend vorbereiteten Termin zur mündlichen Verhandlung zu erledigen (§ 272 Abs. 1 ZPO). Diesen Termin hat das Gericht nach Maßgabe des § 273 ZPO vorzubereiten. Das Gericht hat die Wahl, ob es einen **frühen ersten Verhandlungstermin** (§ 275 ZPO)[5] bestimmt oder ein **schriftliches Vorverfahren** (§ 276 ZPO)[6] anordnet (§ 272 Abs. 2 ZPO). Zugleich wird das Gericht dem Beklagten eine Frist zur schriftlichen Klageerwiderung setzen (§ 275 Abs. 1 S. 1 ZPO). Überschreitet der Streitwert nicht den Betrag von 600 EUR, kann das Amtsgericht das Verfahren ohnehin nach billigem Ermessen bestimmen (§ 495 a ZPO).   16

Ist das **schriftliche Vorverfahren** angeordnet worden, hat der Beklagte innerhalb einer Notfrist von zwei Wochen dem Gericht anzuzeigen, dass er sich gegen die Klage verteidigen will (§ 276 Abs. 1 ZPO). Anderenfalls ergeht, sofern gem. § 331 Abs. 3 S. 2 ZPO ein entsprechender Antrag gestellt worden ist, bei einer schlüssigen Klage ein Versäumnisurteil (§ 331 Abs. 3 S. 1 ZPO). Da der Verwalter gem. § 27 Abs. 1 Nr. 2 WEG im Innenverhältnis fristwahrende Maßnahmen zu ergreifen hat, darf er im Außenverhältnis (§ 9 b Abs. 1 S. 1 Hs. 1 WEG) die Verteidigungsanzeige für die Gemeinschaft der Wohnungseigentümer (→ *Prozessvoraussetzungen* Rn. 55) abgeben oder einen Rechtsanwalt beauftragen und diesen die Verteidigungsanzeige abgeben lassen. Gleiches galt nach altem Recht, wenn die Gesamtheit der Wohnungseigentümer verklagt wurde (§ 43 Nr. 1, 4 u. 5 WEG aF; → *Prozessvoraussetzungen* Rn. 45 ff.) aus § 27 Abs. 2 Nr. 2 WEG aF. Mit der Zustellung der Klageschrift hat das Gericht dem Beklagten zugleich eine Frist von mindestens zwei weiteren Wochen zur schriftlichen Klageerwiderung zu setzen (§ 276 Abs. 1 S. 2 ZPO).   17

In der **Klageerwiderung** hat der Beklagte seine Verteidigungsmittel vorzubringen und dabei zu berücksichtigen, dass auch er dazu verpflichtet ist, das Verfahren durch vollständigen Vortrag zu fördern (§§ 138 Abs. 1, 277 Abs. 1 S. 1 ZPO). Auf die Klageerwiderung erhält der Kläger die Möglichkeit zur Replik (§ 277 Abs. 4 ZPO), auf die Replik der Beklagte grundsätzlich die Möglichkeit zur Duplik.   18

3. Widerklage. Mit der Widerklage begehrt der Beklagte die Verurteilung des Klägers. Die Widerklage kennt besondere Prozessvoraussetzungen (allgemein → *Prozessvoraussetzungen* Rn. 1 ff.). Es muss eine Klage in   19

---

3 Vgl. zur Anfechtungsklage LG Nürnberg-Fürth 1.10.2008 – 14 S 4986/08, NZM 2008, 897.
4 BGH 25.9.2015 – V ZR 203/14, NJW 2016, 568 Rn. 13; BGH 17.5.2019 – V ZR 34/18, NJW-RR 2019, 976 Rn. 7.
5 FormB-WEG-R/*Einsiedler* § 4 Rn. 37.
6 FormB-WEG-R/*Einsiedler* § 4 Rn. 39.

demselben Rechtsweg und derselben Prozessart anhängig sein. Der Beklagte darf nicht bloß die Negation der Klage verlangen, sondern muss darüber hinaus Leistung, Feststellung oder Gestaltung begehren. Nach der Rechtsprechung muss zwischen Klage und Widerklage im weiteren Sinn ein **rechtlicher Zusammenhang** bestehen, so dass § 33 Abs. 1 ZPO nicht nur eine bloße Zuständigkeitsregelung ist. Wert von Klage und Widerklage sind nach § 5 Hs. 2 ZPO gesondert zu betrachten; übersteigt der Wert der Widerklage den Zuständigkeitsstreitwert des Amtsgerichts, hat dieses das gesamte Verfahren an das Landgericht zu verweisen (§ 506 Abs. 1 ZPO). Die Widerklage wird nach den §§ 261 Abs. 2, 297 ZPO erhoben. Über sie wird zusammen mit der Klage entschieden, wenn nicht das Gericht gem. § 145 Abs. 2 ZPO eine getrennte Verhandlung anordnet; es besteht die Möglichkeit zum Teilurteil (§ 301 Abs. 1 ZPO). Wird die Klage zurückgenommen, ist über die Widerklage zu entscheiden und es hat eine einheitliche Kostengrundentscheidung zu ergehen.

20 **4. Güteverhandlung, Prozessverbindung und -trennung.** Kommt es zu einer mündlichen Verhandlung, gleich ob als früher erster Termin oder nach Anordnung des schriftlichen Vorverfahrens, kann klageabweisendes Versäumnisurteil gegen den Kläger (§ 330 ZPO) oder stattgebendes Versäumnisurteil gegen den Beklagten ergehen (§ 331 Abs. 1 ZPO), wenn dieser jeweils nicht erschienen ist oder nicht verhandelt hat (§ 333 ZPO). Das Gericht kann – wenn dies angezeigt ist – mehrere bei ihm anhängige Prozesse derselben oder verschiedener Parteien zur gleichzeitigen Verhandlung und Entscheidung verbinden, wenn die Ansprüche, die den Gegenstand dieser Prozesse bilden, in rechtlichem Zusammenhang stehen oder in einer Klage hätten geltend gemacht werden können (§ 147 ZPO). § 44 Abs. 2 S. 3 WEG schreibt die Verbindung verschiedener Anfechtungsklagen zwingend vor. Das Gericht vermag – wenn Gründe dazu vorliegen – die Verbindung aufzuheben (§ 150 S. 1 ZPO), ebenso anzuordnen, dass mehrere in einer Klage erhobene Ansprüche in getrennten Prozessen verhandelt werden (§ 145 Abs. 1 S. 1 ZPO), namentlich bei einer Widerklage (Abs. 2) und einer Prozessaufrechnung (Abs. 3).

21 Zunächst hat das Gericht eine Güteverhandlung durchzuführen (§ 278 Abs. 2 ZPO), in der das Gericht auf eine vergleichsweise Beendigung des Verfahrens hinzuwirken hat (→ *Prozessvergleich* Rn. 19 ff.). Die Pflicht des Gerichts, auf einen Vergleich hinzuwirken, gilt darüber hinaus in jedem Stadium des Verfahrens (§ 278 Abs. 1 ZPO). Die **mündliche Verhandlung** schließt sich unmittelbar an die Güteverhandlung an und wird durch das Stellen der Anträge eingeleitet (§§ 279 Abs. 1, 137 Abs. 1 ZPO). Das Gericht hat Hinweise zu erteilen und die Parteien haben ihre Streitfragen zu erörtern sowie im Parteivortrag entsprechende Nachfragen des Gerichts zu beantworten und etwaige Unklarheiten zu beseitigen.

22 **5. Beweisaufnahme.** Hat noch eine Beweisaufnahme über die streitigen Tatsachen (§ 284 ZPO) stattzufinden, soll sich diese gem. § 279 Abs. 2 ZPO an die streitige Verhandlung anschließen. Sind zu diesem Zeitpunkt die Beweismittel nicht präsent, ist ein Termin zur Fortsetzung der mündlichen Verhandlung und Beweisaufnahme zu bestimmen (§ 370 ZPO). Nach Abschluss der Beweisaufnahme ist erneut mündlich zu verhandeln (§ 285 Abs. 1 ZPO).

23 Aus dem **Beibringungsgrundsatz** folgt, dass über unstreitige Tatsachen kein Beweis zu erheben ist. Das Gericht hat nur darauf hinzuweisen, wenn die von dem Kläger vorgetragenen Tatsachen nicht die begehrte Rechtsfolge stützen. Hat die Gegenpartei eine Behauptung bestritten (§ 138 Abs. 3 ZPO) oder sich zulässigerweise zu dieser mit Nichtwissen erklärt (§ 138 Abs. 4 ZPO), hat das Gericht über diese Beweis zu erheben (§§ 355 ff. ZPO). Beweismittel sind der gerichtliche Augenschein (§§ 371 ff. ZPO), Zeugen (§§ 373 ff. ZPO) und Sachverständige (§§ 402 ff. ZPO)[7] sowie Urkunden (§§ 415 ff. ZPO), ferner die Parteivernehmung (§§ 445 ff. ZPO).

24 Grundsätzlich hat derjenige, der aus einer Norm Rechte herleitet, deren tatsächliche Voraussetzungen darzulegen und, wenn der Gegner deren Vorliegen zulässigerweise bestritten oder sich dazu mit Nichtwissen erklärt hat, zu beweisen. Der Kläger trägt grundsätzlich die **Darlegungs- und Beweislast** zu den rechtsbegründenden Tatbestandsmerkmalen, der Beklagte zu den rechtsvernichtenden, rechtshindernden und rechtshemmenden Tatbestandsmerkmalen.[8]

25 Als **Zeuge** kommt nicht in Betracht, wer im Prozess als Partei vernommen (§§ 445 ff. ZPO) werden kann. In einem Wohnungseigentumsverfahren können mitunter alle Wohnungseigentümer Partei sein, so dass sie nicht

---

7 Beweisbeschluss bei FormB-WEG-R/*Einsiedler* § 4 Rn. 43 f.
8 Ausführl. *Dötsch/Hogenschurz* NZM 2010, 297 ff.

Zeuge sein können.[9] Gleiches gilt, wenn der Verwalter als deren Organ für die Gemeinschaft der Wohnungseigentümer als Partei des Rechtsstreits handelt (→ *Prozessvoraussetzungen* Rn. 7). Ein Beweis durch **Parteivernehmung** kommt nur unter den engen Voraussetzungen der §§ 445 ff. ZPO in Betracht. Allerdings sind Parteien nach § 141 Abs. 1 ZPO anzuhören. Wohnungseigentümer, die nicht als Partei an einem Verfahren beteiligt sind, können als Zeuge auftreten, namentlich dann, wenn sie nach § 48 WEG aF beigeladen worden waren (→ *Beiladung, Streitgenossenschaft, Nebenintervention und Streitverkündung* Rn. 24). Dies ist auch der Fall, wenn der Wohnungseigentümer gem. § 9 b Abs. 1 S. 2 WEG (§ 27 Abs. 3 S. 2 WEG aF) potenziell die Gemeinschaft der Wohnungseigentümer vertreten darf,[10] nicht aber, wenn es keinen Verwalter gibt und die Wohnungseigentümer keine Person aus ihrer Mitte zur Vertretung ermächtigt haben (§ 9 b Abs. 2 WEG; § 27 Abs. 3 S. 3 WEG aF).[11]

Niederschriften über die Beschlussfassung in einer Eigentümerversammlung (§ 24 Abs. 6 S. 1 WEG; → *Niederschrift* Rn. 11) stellen eine **Privaturkunde** nach § 416 ZPO dar.[12] Privaturkunden erbringen nach § 416 ZPO vollen Beweis dafür, dass die in ihnen enthaltenen Erklärungen von den Ausstellern abgegeben worden sind, wenn diese die Urkunde unterschrieben oder mittels notariell beglaubigten Handzeichens unterzeichnet haben (vgl. § 24 Abs. 6 S. 2 WEG). Damit erbringen sie nicht den Beweis dafür, dass die protokollierten Beschlüsse in der Wohnungseigentümerversammlung tatsächlich so gefasst worden sind, sondern nur, dass die Aussteller dies so festgestellt haben. Allerdings folgt aus der Niederschrift die auf einem **Erfahrungssatz** beruhende Vermutung, dass ihr Inhalt richtig und vollständig sei.[13] Dieser Erfahrungssatz greift aber nicht, wenn eine Unterschrift fehlt, die Niederschrift korrigiert wurde, eine der Personen, die unterschrieben hat, nicht an der Versammlung teilgenommen hat, sie inhaltlich widersprüchlich ist oder zumindest eine der Personen, die unterschrieben haben, einer der Prozessparteien nahesteht und so nicht die Gewähr dafür bietet, dass der Inhalt vollständig und richtig sei, sowie der in der Beschluss-Sammlung vorhandene Beschluss der Niederschrift widerspricht, etwa weil er laut dieser nicht gefasst worden sein soll.[14] Zu diesen Voraussetzungen hat die Partei, die den Erfahrungssatz angreift, vorzutragen. Allerdings braucht die Partei diesen Erfahrungssatz nicht zu widerlegen, da die objektive Beweislast durch einen Erfahrungssatz nicht umgekehrt wird.[15] Auch die **Beschluss-Sammlung** (§ 24 Abs. 7 WEG; → *Beschluss-Sammlung* Rn. 1 ff.) kann, da es sich um eine Privaturkunde handelt, die Vermutung auslösen, dass sie inhaltlich richtig und vollständig sei. Ist also ein Beschluss in der Sammlung nicht vorhanden, kann vermutet werden, dass er nie gefasst worden sei. Umgekehrt kann diese Vermutungswirkung widerlegt sein, wenn in der Niederschrift ein anderer Beschlussinhalt oder kein Beschluss aufgeführt wird.

6. Unterbrechung, Aussetzung und Ruhen des Verfahrens. Ist eine **Anfechtungsklage** (§ 44 Abs. 1 S. 1 Alt. 1 WEG) gegen einen Beschluss anhängig und eine Leistungsklage von dem Ausgang des Anfechtungsprozesses abhängig, bietet es sich an, ggf. auf Antrag der Parteien den Rechtsstreit über die Leistungsklage nach den §§ 148, 248 f. ZPO auszusetzen. Das Verfahren wird durch den **Tod** einer Partei (§ 239 Abs. 1 ZPO), durch Eröffnung des Insolvenzverfahrens über deren Vermögen (§ 240 ZPO)[16] oder Eintritts der Prozessunfähigkeit (§ 241 Abs. 1 ZPO) unterbrochen, in den Fällen der §§ 239, 241 ZPO bei Vertretung durch einen Prozessbevollmächtigten auf Antrag ausgesetzt. Mit Unterbrechung und Aussetzung enden Fristenläufe, die bei deren Beendigung neu zu laufen beginnen (§ 249 Abs. 1 ZPO); die in einem unterbrochenen oder ausgesetzten Verfahren vorgenommenen Prozesshandlungen sind unwirksam (Abs. 2). Auf Antrag beider Parteien ordnet das Gericht, wenn dies zweckmäßig ist, das Ruhen des Verfahrens an (§ 251 S. 1 ZPO), was auf den Lauf der in § 233 S. 1 ZPO genannten Fristen freilich keinen Einfluss hat (S. 2).

7. Verfahrensbeendigung. Neben dem Urteil als **Endentscheidung**, als Prozess- oder Sachurteil, kann ein Prozess beendet werden durch Anerkenntnis- (§ 307 ZPO) oder Verzichtsurteil (§ 306 ZPO), Klagerücknahme

26

27

28

---

9 Hierzu *Dötsch* NZM 2015, 473 ff.

10 Vgl. AG Lichtenberg 8.11.2007 – 12 C 240/07, ZMR 2008, 576 f.; *Dötsch* NZM 2015, 473 (375).

11 Vgl. *Dötsch* NZM 2015, 473 (475).

12 Vgl. BGH 3.7.1997 – V ZB 2/97, NJW 1997, 2956; *Becker* ZWE 2016, 2.

13 *Becke* ZWE 2016, 2; aA *Bonifacio* ZMR 2006, 583 (587).

14 Zum Ganzen *Becker* ZWE 2016, 2 (3).

15 *Elzer* JR 2006, 447 ff.; aA BGH 15.5.1991 – VIII ZR 38/90, NJW 1991, 1750 (1753).

16 Etwa bei einer Störungsabwehrklage gegen den Betrieb einer Pension in einer gemieteten Eigentumswohnung, BGH 16.5.2019 – V ZR 295/16, NJW-RR 2019, 1032.

(§ 269 Abs. 1 ZPO), (ein- oder beidseitiger) Erklärung seiner Erledigung (§ 91 a Abs. 1 S. 1 ZPO), durch Rücknahme eines Rechtsmittels und schließlich durch einen Prozessvergleich (§ 794 Abs. 1 Nr. 1 ZPO).

29   **a) Urteil.** Ist die Klage **entscheidungsreif**, erlässt das Gericht ein Endurteil (§ 300 Abs. 1 ZPO). Denkbar sind Prozess- und Sachurteil, Besonderheiten bestehen bei Verzichts- und Anerkenntnisurteil.

30   **aa) Prozessurteil.** Das Endurteil kann ein klageabweisendes Prozessurteil sein, nämlich dann, wenn die Klage unzulässig ist, mithin die Prozessvoraussetzungen nicht gegeben sind (→ *Prozessvoraussetzungen* Rn. 1 ff.).

31   **bb) Sachurteil.** Ist die Klage zulässig, hat sich das Gericht mit der Begründetheit auseinanderzusetzen. Es ergeht ein klagezusprechendes oder -abweisendes Sachurteil.[17] Die zulässige Klage hat Erfolg, soweit sie begründet ist. Dieses enthält die Entscheidung über den Antrag, also die Hauptsacheentscheidung, zudem von Amts wegen noch die Entscheidung über die Kosten (§ 308 Abs. 2 ZPO) sowie über die vorläufige Vollstreckbarkeit (§§ 708 ff. ZPO). Weiter wird das Gericht den Streitwert des Rechtsstreits festsetzen.

32   Für ein Sachurteil muss die Klage zunächst schlüssig sein. Das ist der Fall, wenn der Tatsachenvortrag (als richtig unterstellt) geeignet ist, den Klageantrag sachlich zu rechtfertigen. Der Kläger hat sich nach § 138 Abs. 1 ZPO vollständig und wahrheitsgemäß zu erklären. Insbesondere muss die Klage schlüssig sein, damit ein **Versäumnisurteil** ergehen kann (§ 331 Abs. 2 ZPO). Ist die Klage unschlüssig, etwa weil nicht alle Tatsachen für die Tatbestandsvoraussetzungen vorgetragen worden sind, hat das Gericht darauf hinzuweisen (§ 139 Abs. 2 ZPO). Räumt der Kläger die gerichtlichen Bedenken auf den Hinweis hin nicht aus, kann die Klage als unbegründet abgewiesen werden. Es kommt auf den Vortrag zum Schluss der mündlichen Verhandlung an. Auch dessen für den Kläger ungünstiges Vorbringen ist zu berücksichtigen. Trägt der Beklagte Günstiges für den Kläger vor, kann sich der Kläger dies (hilfsweise, konkludent) zu Eigen machen.

33   Der Kläger ist **aktivlegitimiert**, wenn er aus materiellem Recht in eigener Person den Anspruch geltend machen kann, was auch mit dem Ziel der Leistung an Dritte, im Fall der Prozessstandschaft (§ 265 ZPO; → *Prozessvoraussetzungen* Rn. 27 ff.) geschehen kann. Fehlt es an der Sachlegitimation, die nicht mit der verfahrensrechtlichen Prozessführungsbefugnis zu verwechseln ist, ist die Klage unbegründet.

34   Erwidert der Beklagte mit **detailliertem Sachvortrag**, muss der Kläger aus § 138 Abs. 2 ZPO entsprechend detailliert vortragen. Insbesondere pauschale Behauptungen vermögen keinen Sachvortrag zu ersetzen. Etwa reicht es nicht aus, die Erhöhung des Verwalterhonorars in einem Eigentümerbeschluss damit anzugreifen, dass diese zu weit gehe und der Verwalter falsch abgerechnet habe, wenn nicht vergleichbare Vergütungsregeln und einzelne Abrechnungsfehler dargelegt werden.[18]

35   Die Klage ist **begründet**, wenn das Gericht nach der Durchführung des Erkenntnisverfahrens zum Schluss der mündlichen Verhandlung davon ausgeht, dass der behauptete Sachverhalt tatsächlich zutrifft und die klägerseits begehrte Rechtsfolge stützt. Erlischt der Anspruch bis zum Schluss der mündlichen Verhandlung, ist die Klage unbegründet; ist er zu diesem Zeitpunkt noch nicht fällig, ist die Klage zurzeit unbegründet.

36   Neben seiner Entscheidung über die Hauptsache hat das Gericht von Amts wegen über die **Kosten** (§§ 90 ff. ZPO) und die **vorläufige Vollstreckbarkeit** des Urteils (§§ 704 ff. ZPO) zu entscheiden. Bestimmte Urteile, namentlich das amtsgerichtliche Urteil, haben überdies nach § 232 S. 1 ZPO eine **Rechtsmittelbelehrung** zu enthalten.[19] Zudem wird das Gericht den Streitwert festsetzen.

37   **cc) Anerkenntnisurteil.** Gibt der Beklagte als Prozesshandlung ein **Anerkenntnis** ab, ist er antragsgemäß zu verurteilen, ohne dass es einer mündlichen Verhandlung bedarf (§ 307 S. 1 u. 2 ZPO). Das Urteil braucht keinen Tatbestand und keine Entscheidungsgründe zu enthalten, ist aber als Anerkenntnisurteil zu bezeichnen (§ 313 b Abs. 1 S. 1 u. 2 ZPO). Handelt es sich um eine notwendige Streitgenossenschaft, etwa weil die Klage gegen mehrere Eigentümer gerichtet ist, müssen alle Beklagten das Anerkenntnis gemeinsam erklären (→ *Beiladung, Streitgenossenschaft, Nebenintervention und Streitverkündung* Rn. 5 f.).[20] Freilich vermag bei Säumnis eines notwendigen Streitgenossen ein anderer Streitgenosse diesen zu vertreten und so auch ein Anerkenntnis abzugeben (§ 62 Abs. 1 ZPO). Nach der höchstrichterlichen Rechtsprechung können die übrigen Streitge-

---

17   Beispiele bei FormB-WEG-R/*Einsiedler* § 4 Rn. 54 ff., 162 ff.
18   LG Lüneburg 4.12.2008 – 5 S 40/08, ZMR 2009, 636 f.
19   FormB-WEG-R/*Einsiedler* § 4 Rn. 57.
20   LG München 30.11.2009 1 S 23229/08, ZWE 2010, 138.

nossen in teleologischer Reduktion von § 62 ZPO in nachfolgenden mündlichen Verhandlungen die Rechtshandlungen des anwesenden Streitgenossen widerrufen.[21]

Der **Verwalter** ist aus § 27 Abs. 1 WEG (§ 27 Abs. 2 Nr. 2 u. Abs. 3 S. 1 Nr. 2 WEG aF) grundsätzlich ohne **38** besondere Ermächtigung im Innenverhältnis nicht berechtigt, den geltend gemachten Anspruch für die Gemeinschaft der Wohnungseigentümer oder die Eigentümer anzuerkennen.[22] Etwas anderes gilt nur, wenn es sich um eine untergeordnete Maßnahme ordnungsgemäßer Verwaltung handelt und diese nicht zu erheblichen Verpflichtungen führt (§ 27 Abs. 1 Nr. 1 WEG; → Rn. 10). An der rechtlichen Handlungsmacht im Außenverhältnis ändert dies nichts (§ 9 b Abs. 1 S. 1 Hs. 1 WEG), sodass sich der Verwalter bei wirksamer Prozesserklärung ggf. gegenüber der Gemeinschaft der Wohnungseigentümer schadensersatzpflichtig macht.

dd) Verzichtsurteil. Spiegelbildlich zum Anerkenntnisurteil kann nach § 306 ZPO ein **klageabweisendes** **39** **Verzichtsurteil** ergehen. Der Verwalter darf (kann es wegen § 9 b Abs. 1 S. 1 WEG gleichwohl) nicht auf Grundlage seiner gesetzlichen Vertretungsmacht, also ohne besondere Bevollmächtigung, aus § 27 Abs. 1 Nr. 1 WEG (§ 27 Abs. 2 Nr. 2 u. Abs. 3 S. 1 Nr. 2 WEG aF) auf einen klageweise geltend gemachten Anspruch zu verzichten. Hierzu bilden die Streitwertgrenzen von § 495 a S. 1 ZPO und § 23 Nr. 1 GVG einen Anhaltspunkt (→ Rn. 10).

b) Klagerücknahme. Der Kläger kann seine Klage **(teilweise) zurücknehmen**, so dass die Rechtshängigkeit **40** rückwirkend entfällt (§ 269 Abs. 3 S. 1 ZPO) und der Kläger (insoweit) die Kosten des Rechtsstreits zu tragen hat (§ 269 Abs. 3 S. 2 ZPO). Ein bereits ergangenes Urteil wird wirkungslos, die Verjährungshemmung endet (§ 204 Abs. 2 S. 1 BGB; → *Verjährung* Rn. 11). Weil die Klagerücknahme eine erneute Klage nicht hindert (→ *Prozessvoraussetzungen* Rn. 108), muss der Beklagte einwilligen, wenn er bereits zur Klage verhandelt hat. Er kann bis zur Kostenerstattung die Einlassung zur Hauptsache in einem weiteren Verfahren verweigern (§ 269 Abs. 6 ZPO). Verweigert der Beklagte seine Zustimmung und verhandelt der Kläger nicht, ergeht gegen ihn Versäumnisurteil (§§ 330, 333 ZPO). Der Kläger kann aber auch die Klage für erledigt erklären. Entfällt der Klageanlass nach Anhängigkeit, aber vor Rechtshängigkeit, hat das Gericht auf Antrag über die Verfahrenskosten nach billigem Ermessen zu entscheiden (§ 269 Abs. 3 S. 2 ZPO).

c) Erledigung der Hauptsache. Erledigt sich die Hauptsache nach Rechtshängigkeit, weil die Klage unzuläs- **41** sig und oder unbegründet geworden ist, kann der Kläger den Rechtsstreit **für erledigt erklären**. Dies kann in der mündlichen Verhandlung oder durch Schriftsatz erfolgen. § 91 a ZPO normiert, dass das Gericht, stimmt der Beklagte zu, nach billigem Ermessen unter Berücksichtigung des bisherigen Sach- und Streitstands über die **Kosten** durch Beschluss zu entscheiden hat. Darüber hinaus entfällt die Rechtshängigkeit der Klage, ein bereits ergangenes Urteil wird hinfällig; allerdings hindert die übereinstimmende Erledigung nicht eine erneute Klageerhebung (→ *Prozessvoraussetzungen* Rn. 108).

Stimmt der Beklagte der Erledigungserklärung nicht zu, kann der Kläger seine Klage ändern und nunmehr die **42** **Feststellung** begehren, dass die ursprünglich zulässige und begründete Klage durch ein Ereignis nach Rechtshängigkeit unzulässig und oder unbegründet geworden ist. Hierzu zählt auch die Aufrechnung, obgleich diese nach § 389 BGB materiellrechtlich zurückwirkt.

d) Prozessvergleich. Der Prozessvergleich weist eine **Doppelnatur** auf. Er bildet einen materiellrechtlichen **43** Vergleichs-, aber auch einen den Prozess beendenden Prozessvertrag (→ *Prozessvergleich* Rn. 2).

8. Rechtsmittel. Gegen gerichtliche Entscheidungen, also Urteile und Beschlüsse, stehen den Parteien **44** Rechtsmittel offen (→ *Rechtsmittel* Rn. 1 ff.). Ist die Rechtsmittelbelehrung falsch, entfaltet dies Vertrauensschutz, sodass auch bei anwaltlicher Vertretung eine Wiedereinsetzung in den vorigen Stand zu gewähren ist, wenn das Rechtsmittel wegen der – nicht offenkundig falschen – Rechtsmittelbelehrung nicht ordnungsgemäß eingelegt worden ist.[23]

---

21 BGH 23.10.2015 – V ZR 76/14, NJW 2016, 716 Rn. 17 ff.
22 BayObLG 6.9.2001 – 2 Z BR 107/01, ZWE 2001, 593 (594); *Elzer* ZMR 2009, 649 (652); *Schmid* ZMR 2010, 781 (784 f.); aA *Bergerhoff* NZM 2007, 425 (428).
23 BGH 21.1.2020 – V ZR 17/19, NJW 2020, 1525 Rn. 14 ff.

IV. Überblick über besondere Verfahrensbestimmungen (§§ 43 ff. WEG; §§ 43 ff. WEG aF)

45   Das WEG kennt besondere Verfahrensbestimmungen. Die Bestimmungen der §§ 44 ff. WEG aF greifen nur in Verfahren nach § 43 WEG aF ein, die bis zum Inkrafttreten der WEG-Reform 2020 anhängig gemacht worden sind (§ 48 Abs. 5 WEG). In diesen Verfahren kam § 43 WEG aF nicht nur eine Zuständigkeitsregelung zu, sondern er eröffnete die Anwendbarkeit der §§ 44 ff. WEG aF. Um eine sachnahe Beurteilung zu ermöglichen, waren die Tatbestände in § 43 WEG aF weit auszulegen.[24] Es kam dabei auf den Gegenstand und nicht die beteiligten Personen an, sodass es grundsätzlich unerheblich war, ob ein Prozessbeteiligter sein Wohnungseigentum bereits veräußert hatte.[25] Anders als im alten Recht kommt § 43 WEG nicht mehr die Rolle zu, den Anwendungsbereich der ihm folgenden Vorschriften zum WEG-Verfahren zu eröffnen; vielmehr handelt es sich nur noch um eine Zuständigkeitsvorschrift (→ *Prozessvoraussetzungen* Rn. 99 f.). Das **neue Recht** kennt in § 43 Abs. 1 S. 1 WEG nur noch den allgemeinen Gerichtsstand der Gemeinschaft der Wohnungseigentümer (§ 17 Abs. 1 S. 1 ZPO) sowie den besonderen Gerichtsstand des einzelnen aus § 9 a Abs. 4 S. 1 WEG in Anspruch genommenen Wohnungseigentümers. In § 43 Abs. 2 WEG sind ausschließliche Gerichtsstände niedergelegt, die Streitigkeiten über die Rechte und Pflichten der Wohnungseigentümer untereinander (Nr. 1) sowie zwischen Wohnungseigentümern und deren Gemeinschaft (Nr. 2) und über Rechte und Pflichten des Verwalters, auch wenn nur einzelne Wohnungseigentümer gegen diesen gerichtlich vorgehen (Nr. 3), sowie Beschlussklagen (Nr. 4) betreffen. Besondere Bestimmungen für Beschlussklagen iSv § 44 Abs. 1 WEG finden sich in § 44 Abs. 2–3 WEG, die Frist der Anfechtungsklage ist in § 45 WEG normiert (→ *Anfechtungsklage* Rn. 1 ff.).

46   **1. Wohnungseigentümer untereinander (§ 43 Abs. 2 Nr. 1 WEG; § 43 Nr. 1 WEG aF).** § 43 Abs. 2 Nr. 1 WEG eröffnet eine ausschließliche Zuständigkeit des Amtsgerichts für Streitigkeiten der **Wohnungseigentümer untereinander**. Die Einschränkung des § 43 Nr. 1 WEG aF, dass es sich bei dem Streitgegenstand um ihre Rechte und Pflichten aus der Gemeinschaft (§§ 741 ff. BGB) und aus der Verwaltung des gemeinschaftlichen Eigentums (§§ 10 bis 29 WEG aF) handeln musste,[26] ist mit der WEG-Reform 2020 aufgegeben worden.[27] Für die Anwendung von § 43 Nr. 1 WEG aF kam es dabei nicht auf die Rechtsgrundlage an, mit der die Klage begründet wurde, sondern darauf, ob das von einem Wohnungseigentümer in Anspruch genommene Recht oder die diesen treffende Pflicht in einem inneren Zusammenhang mit einer Angelegenheit stand, die aus dem Gemeinschaftsverhältnis folgte.[28] Macht die Gemeinschaft der Wohnungseigentümer einen Anspruch für die Eigentümer als Prozessstandschafter geltend, unterfällt dieses Verfahren § 43 Abs. 2 Nr. 1 WEG (§ 43 Nr. 1 WEG aF; → *Prozessvoraussetzungen* Rn. 27 ff.).[29]

47   Von § 43 Abs. 2 Nr. 1 WEG (§ 43 Nr. 1 WEG aF) umfasst sind Streitigkeiten[30] wegen der Beeinträchtigung des Sondereigentums,[31] zur Zulässigkeit der Benutzung[32] oder eines Sondernutzungsrechts,[33] namentlich dessen **Geltungsbereich**,[34] zwischen Wohnungseigentümern. Dazu zählen auch die Unterlassungs- und Beseitigungsansprüche aus § 1004 BGB mit § 15 Abs. 3 WEG aF, ebenso Ansprüche auf Schadensersatz wegen der Verletzung von Rücksichtnahmepflichten unter den Wohnungseigentümern (§ 14 Abs. 2 WEG mit den §§ 280 Abs. 1 S. 1, 241 BGB). Der Zahlungsanspruch aus § 14 Abs. 3 WEG wegen Duldungspflichten aus § 14 Abs. 2 WEG ist ebenfalls umfasst. Folgt ein Schadensersatzanspruch aus dem Gemeinschaftsverhältnis der Eigentümer, greift ebenfalls § 43 Abs. 2 Nr. 1 WEG (§ 43 Nr. 1 WEG aF) ein.[35] Weiter zu nennen sind Streitigkeiten über die Auslegung, den Umfang, den Inhalt sowie die Reichweite einer Vereinbarung, die Klage auf Zustimmung zur Veräußerung durch bestimmte andere Wohnungseigentümer nach § 12 Abs. 1 WEG, die Einräumung von

---

24   Vgl. BGH 17.11.2016 – V ZB 37/16, NJW-RR 2017, 525 Rn. 7; BGH 10.10.2013 – V ZR 281/12, NJW-RR 2014, 13 Rn. 4.
25   BGH 13.12.2019 – V ZR 313/16, ZWE 2020, 300 Rn. 6.
26   BeckOK WEG/*Elzer* § 43 Rn. 132.
27   BT-Drs. 19/18791, 81.
28   Vgl. BGH 17.11.2016 – V ZB 37/16, NJW-RR 2017, 525 Rn. 7.
29   BeckOK WEG/*Elzer* § 43 Rn. 140.
30   Vgl. BeckOK WEG/*Elzer* § 43 Rn. 138.
31   BGH 8.7.2010 – V ZB 220/09, NJW 2011, 384 Rn. 5.
32   BGH 12.11.2015 – V ZB 36/15, NJW-RR 2016, 255 Rn. 9.
33   BGH 17.3.2016 – V ZR 185/16, NJW-RR 2016, 587 Rn. 7.
34   BGH 8.7.2010 – V ZB 220/09, NJW 2011, 384 Rn. 7.
35   BGH 23.4.1991 – VI ZR 222/90, NJW-RR 1991, 907 (908).

Mitbesitz gem. § 13 Abs. 1 WEG, ebenfalls das Verfahren, wie die Kosten und Lasten des gemeinschaftlichen Eigentums aufgeteilt werden, namentlich, ob der Umlageschlüssel richtig erstellt worden ist oder geändert werden muss (§§ 16 Abs. 2 u. 3, 21 WEG; § 16 Abs. 3 u. 4 WEG aF). Ebenso sind unter diese Norm einzuordnen Klagen auf Einberufung einer Versammlung (wenn nicht gegen den Verwalter zu erheben, § 24 Abs. 2 u. 3 WEG). Wegen der Sachnähe und wegen der Prozessökonomie betrifft § 43 Abs. 2 Nr. 1 WEG nunmehr auch Streitigkeiten über die sachenrechtlichen Grundlagen des Wohnungseigentums, etwa die Frage, ob bestimmte Räume zum Sondereigentum gehören oder dieses herausgegeben werden soll (→ Rn. 48).[36] Auch eine Entziehungsklage nach § 17 Abs. 1 WEG (§ 18 Abs. 1 S. 1 WEG aF) fällt damit unter § 43 Abs. 2 Nr. 1 WEG.[37] Weiter gehören hierzu Fragen der ordnungsgemäßen Verwaltung des Eigentums aus § 18 Abs. 1 WEG (§§ 20 bis 29 WEG aF), namentlich diejenigen, die aus den §§ 18 Abs. 2 Nr. 1, 19 Abs. 1 WEG (§ 21 Abs. 4 WEG aF) hergeleitet werden, etwa über die Hausordnung (§ 19 Abs. 2 Nr. 1 WEG), Erhaltung des gemeinschaftlichen Eigentums (Nr. 2), dessen Versicherung (Nr. 3) sowie über bauliche Veränderungen und Benutzungsregeln (§ 20 Abs. 1 WEG). Gleiches gilt für die Rechte und Pflichten des Verwaltungsbeirats (§ 29 Abs. 2 WEG). Ist die Klage aber darauf gerichtet, die bestehende Beschlusslage zu ändern, unterfällt die Beschlussersetzungsklage gem. § 44 Abs. 1 S. 2 WEG der Zuständigkeitsnorm des § 43 Abs. 2 Nr. 4 WEG.

Nicht unter § 43 Abs. 2 Nr. 1 WEG (§ 43 Nr. 1 WEG aF) fallen Streitigkeiten, bei denen sich die Beteiligten 48 wie Dritte gegenüberstehen, etwa zwischen Käufer und Verkäufer einer Wohnung oder zwischen dem Bauträger und dem Käufer.[38] Gleiches gilt bei Streitigkeiten zwischen zwei Wohnungseigentümergemeinschaften etwa über die Benutzung eines Treppenhauses, oder zwischen Wohnungseigentümern wegen der Beschädigung von Sondereigentum[39] sowie eine Streitigkeit zwischen den Eigentümern und dem Mieter von Sondereigentum hinsichtlich der Nutzung gemeinschaftlichen Eigentums[40] wie ein Blockheizkraftwerk.[41] Die Vorschrift greift ebenfalls nicht ein, wenn der Streit zwischen den Wohnungseigentümern auf einer allgemeinen vertraglichen Grundlage beruht, etwa Ansprüche aus einem Kauf- oder Dienstvertrag.[42] Schließlich unterfällt ihr ein Streit über den Bestand oder die Übertragung eines Sondernutzungsrechts nicht.[43] § 43 Nr. 1 WEG aF betraf insbes. nicht Streitigkeiten über die sachenrechtlichen Grundlagen des Wohnungseigentums, etwa die Frage, ob bestimmte Räume zum Sondereigentum gehörten[44] oder dieses herausgegeben werden sollte.[45] Diese Einschränkung ist in § 43 Abs. 2 Nr. 1 WEG wegen der Sachnähe und wegen der Prozessökonomie aufgegeben worden.[46] Ist es doch sachgerecht, den ortsansässigen und mit der Rechtsmaterie des Wohnungseigentumsrechts vertrauten Richter entscheiden zu lassen.

2. Wohnungseigentümer und ihre Gemeinschaft (§ 43 Abs. 2 Nr. 2 WEG; § 43 Nr. 2 WEG aF). § 43 49 Abs. 2 Nr. 2 WEG (§ 43 Nr. 2 WEG aF) kennt als ausschließliche Sonderzuständigkeit des Amtsgerichts die Streitigkeiten über die Rechte und Pflichten zwischen der **Gemeinschaft der Wohnungseigentümer** (§ 9 a Abs. 2 WEG; § 10 Abs. 6 S. 5 WEG aF) und den **einzelnen Wohnungseigentümern**. Die WEG-Reform 2020 hat damit keine Änderungen zum bisherigen Recht gebracht.[47] Es muss sich um Ansprüche aus diesem Verhältnis handeln und nicht aus einer vertraglichen Sonderrechtsbeziehung, etwa aus der Vermietung gemeinschaftlichen Eigentums an einen Wohnungseigentümer. Macht die Gemeinschaft der Wohnungseigentümer einen Anspruch für die Eigentümer als Prozessstandschafter geltend, unterfällt dieses Verfahren § 43 Abs. 2 Nr. 1 WEG (§ 43 Nr. 1 WEG aF; → *Prozessvoraussetzungen* Rn. 27 ff.).[48]

---

36 BT-Drs. 19/18791, 81.

37 BGH 10.10.2013 – V ZR 281/12, NJW-RR 2014, 13 Rn. 4.

38 LG Frankfurt a. M. 10.10.2013 – 13 S 42/12, ZWE 2014, 141 f.

39 Vgl. BGH 17.3.2016 – V ZR 185/15, NJW-RR 2016, 587 Rn. 5.

40 BGH 10.7.2015 – V ZR 194/14, NJW 2015, 2968 Rn. 7.

41 LG Hamburg 5.12.2019 – 321 O 24/19, ZMR 2020, 229.

42 OLG München 4.5.2011 – 7 U 189/11, ZWE 2011, 261 (262).

43 LG Frankfurt a. M. 15.10.2019 – 2–13 S 72/19, ZMR 2020, 220.

44 BGH 12.11.2015 – V ZB 36/15, NJW-RR 2016, 255 Rn. 9.

45 Ausführl. BeckOK WEG/*Elzer* § 43 Rn. 139.

46 BT-Drs. 19/18791, 81.

47 BT-Drs. 19/18791, 81.

48 BeckOK WEG/*Elzer* § 43 Rn. 140.

50   Unter § 43 Abs. 2 Nr. 2 WEG fallen etwa die Verpflichtung des Wohnungseigentümers, Hausgeldforderungen, den Saldo der Jahresabrechnung oder eine Sonderumlage zu zahlen.[49] Auch Ansprüche auf Schadensersatz wegen der Verletzung von Treuepflichten (§ 14 Abs. 1 WEG mit den §§ 280 Abs. 1 S. 1, 241 BGB), auf Nutzungsentschädigung und Aufwendungsersatz sind umfasst, und zwar von der Gemeinschaft der Wohnungseigentümer gegen die Eigentümer und umgekehrt. Gleiches gilt, wenn zu klären ist, welche Rechte und Pflichten die Gemeinschaft treffen, welche Ansprüche der Eigentümer aus § 14 Abs. 1 Nr. 2 WEG hat oder wenn er Ansprüche aus Notgeschäftsführung gegen die Gemeinschaft geltend macht. Der Zahlungsanspruch aus § 14 Abs. 3 WEG wegen Duldungspflichten aus § 14 Abs. 1 WEG ist ebenfalls umfasst, wenn sich diese gegen die Gemeinschaft richten. Gleiches gilt für den Aufwendungsersatzanspruch des Wohnungseigentümers bei drohenden Schäden am Gemeinschaftseigentum gegen dessen Gemeinschaft aus § 18 Abs. 3 WEG.[50] Auskunfts- und Einsichtnahmeansprüche sind nicht gegen den Verwalter, sondern gegen die Gemeinschaft der Wohnungseigentümer zu richten (vgl. § 18 Abs. 4 WEG).

51   **3. Rechte und Pflichten des Verwalters (§ 43 Abs. 2 Nr. 3 WEG; § 43 Nr. 3 WEG aF).** § 43 Abs. 2 Nr. 3 WEG (§ 43 Nr. 3 WEG aF) umfasst Streitigkeiten über die Rechte und Pflichten des Verwalters, wobei der Verwalter auch bereits abberufen worden sein kann, selbst dann, wenn er nie wirksam bestellt worden war.[51] Es darf sich aber nicht um eine Beschlussklage iSv § 44 WEG handeln; diese unterfällt § 43 Abs. 2 Nr. 4 WEG. Auch Streitigkeiten über die Vertretungsbefugnis des Verwalters fallen unter diese Vorschrift. Die Pflicht muss in einem inneren Zusammenhang mit der Verwaltung des gemeinschaftlichen Eigentums, nicht des Sondereigentums, stehen,[52] kann gesetzlicher oder vertraglicher Natur sein. § 43 Abs. 2 Nr. 3 WEG bringt zum bisherigen Recht keine inhaltlichen Änderungen, da aus § 43 Nr. 3 WEG aF die bereits in dem Tatbestandsmerkmal „Verwalter" enthaltene Wendung „bei der Verwaltung des gemeinschaftlichen Eigentums" nur aus sprachlichen Gründen gestrichen worden ist.[53] Überdies stellt § 43 Abs. 2 Nr. 3 Hs. 2 WEG klar, dass nicht nur Ansprüche der Gemeinschaft der Wohnungseigentümer, sondern auch solche des einzelnen Wohnungseigentümers gegen den Verwalter erfasst sind, etwa wegen der Beschädigung von Sondereigentum.[54]

52   Als Streitigkeiten kommen in Betracht[55] solche über den Inhalt, den Abschluss und die Beendigung des Verwaltervertrags, über Vergütungs- und Aufwendungsersatzansprüche. Streiten aber die Wohnungseigentümer um die Wirksamkeit der Verwalterbestellung, kann der Streit unter § 43 Abs. 2 Nr. 1 WEG oder, wird ein entsprechender Bestellungsbeschluss angefochten, unter Nr. 4 fallen (§ 26 Abs. 1 WEG). Insbesondere gilt es in Verfahren nach Nr. 3 zu klären, ob der Verwalter eine ordnungsgemäße Verwaltung iSv § 27 Abs. 1 WEG vornimmt, also er Beschlüsse ausführt oder darauf achtet, dass die Hausordnung eingehalten wird (vgl. § 27 Abs. 1 Nr. 1 WEG aF). Er hat einen Wirtschaftsplan zu erstellen und über diesen abzurechnen (§ 28 Abs. 1 S. 2 WEG; Jahresabrechnung in § 28 Abs. 2 S. 2 WEG mit den §§ 666, 675 BGB). Zudem hat er einen Vermögensbericht zu er- und den Wohnungseigentümern zur Verfügung zu stellen (§ 28 Abs. 4 WEG). Auch hat er die Versammlung der Eigentümer einzuberufen (§ 24 Abs. 1 WEG). Zudem hat er Einsicht in Verwaltungsunterlagen zu gewähren (§ 18 Abs. 4 WEG),[56] nach § 12 Abs. 1 WEG (wenn als Dritter so vereinbart) einer Veräußerung oder ggf., wenn vereinbart, einer baulichen Veränderung zuzustimmen oder diese abzulehnen (vgl. § 20 WEG). Wird hingegen Sondereigentum verwaltet, richtet sich der Streit nach allgemeinen Vorgaben, ebenso der Streit zwischen dem ehemaligen und dem aktuellen Verwalter über die Unterlassung bestimmter Äußerungen.[57] Schließlich gehörten Streitigkeiten über Rechte und Pflichten eines Ersatzzustellungsvertreters (§ 45 Abs. 2 u. 3 WEG aF) in den Anwendungsbereich von § 43 Nr. 3 WEG aF.

53   **4. Beschlussklagen (§ 43 Abs. 2 Nr. 4 WEG; § 43 Nr. 4 WEG aF).** Beschlussklagen, also Streitigkeiten über die Gültigkeit (**Anfechtungsklage**, § 44 Abs. 1 S. 1 Alt. 1 WEG) oder zur Feststellung der Nichtigkeit (**Nich-**

---

49   BGH 12.4.2010 – V ZB 224/09, NJW-RR 2010, 1096 Rn. 10.
50   Überblick bei BeckOK WEG/*Elzer* § 43 Rn. 145.
51   OLG Köln 22.4.2005 – 16 Wx 59/05, NJW-RR 2005, 1096.
52   BGH 5.6.1972 – VII ZR 35/70, NJW 1972, 1318 (1319).
53   BT-Drs. 19/18791, 81.
54   BT-Drs. 19/22634, 48.
55   Vgl. BeckOK WEG/*Elzer* § 43 Rn. 153.
56   Vgl. BGH 28.9.2017 – V ZB 109/16, NJW 2018, 164 Rn. 7; OLG Hamm 20.12.2007 – 15 W 41/07, NZM 2008, 850 (851).
57   Vgl. OLG München 18.10.2005 – 32 Wx 104/05, FGPrax 2006, 14.

tigkeitsklage, § 44 Abs. 1 S. 1 Alt. 2) von Beschlüssen sowie auf Beschlussfassung durch das Gericht (§ 44 Abs. 1 S. 2 WEG) sind von § 43 Abs. 2 Nr. 4 WEG umfasst.[58] § 43 Abs. 2 Nr. 4 WEG entspricht, wenngleich sein Wortlaut erheblich erweitert wird, inhaltlich § 44 Nr. 4 WEG aF.[59]

5. Klagen Dritter (§ 43 Nr. 5 WEG aF). § 43 Nr. 5 WEG aF normierte die Zuständigkeit für Klagen Dritter, **54** die sich gegen die Gemeinschaft der Wohnungseigentümer oder die Wohnungseigentümer richteten und die auf das gemeinschaftliche Eigentum, dessen Verwaltung oder das Sondereigentum bezogen waren. Dritte iSd dieser Vorschrift waren Personen, die nicht Eigentümer oder Verwalter sind und es auch nicht waren. Umfasst war zudem, dass sich Rechte oder Pflichten nicht aus dem Innenverhältnis ergaben, so wenn ein Eigentümer vertragliche Ansprüche oder Ansprüche Dritter geltend machte.[60] Der Verwalter war Dritter iSv § 43 Nr. 5 WEG aF, wenn der Streitgegenstand nicht § 43 Nr. 3 WEG unterfiel.[61] Eine Klage der Gemeinschaft der Wohnungseigentümer oder der Wohnungseigentümer gegen Dritte richtete sich hingegen nach allgemeinen Regeln, auch bei negativen Feststellungsklagen, da es nicht notwendig war, eine einheitliche örtliche Zuständigkeit zu begründen, die bei mehreren in Anspruch genommenen Eigentümern und der Gemeinschaft auseinanderfallen konnte.[62] Wegen des nunmehr in § 43 Abs. 1 S. 1 WEG geschaffenen allgemeinen Gerichtsstands der Gemeinschaft der Wohnungseigentümer und des in § 43 Abs. 1 S. 2 WEG geschaffenen besonderen Gerichtsstands für Haftungsklagen aus § 9 a Abs. 4 S. 1 WEG hat es einer § 43 Nr. 5 WEG aF entsprechenden Vorschrift nicht mehr bedurft, sodass diese ersatzlos gestrichen worden ist.[63]

§ 43 Nr. 5 Var. 1 WEG aF umfasste Klagen, die mit dem gemeinschaftlichen Eigentum in Zusammenhang **55** standen, etwa Vergütung für dessen Reparatur oder Modernisierung. Die Var. 2 nannte Klagen, die aus **Verwaltungsaufgaben** hinsichtlich des gemeinschaftlichen Eigentums folgten, unabhängig davon, ob es eine Aufgabe der Gemeinschaft der Wohnungseigentümer, des Verwalters, des Verwaltungsbeirats oder einzelner Eigentümer, wie etwa eine Verkehrssicherungspflichtverletzung oder Klagen nach den §§ 906 ff. BGB,[64] aus Vertrag, wie etwa einem Mietvertrag über gemeinschaftliches Eigentum betraf. Die Var. 3 umfasste sämtliche Klagen Dritter in Bezug auf das Sondereigentum, namentlich Vergütungsansprüche des Sondereigentumsverwalters, Ansprüche über einen Kaufvertrag über das Sondereigentum, Werk- und Dienstverträge mit einem Sondereigentümer sowie Versorgungsverträge.[65]

Für Klagen gegen den **Wohnungserbbauberechtigten** galt § 43 Nr. 5 WEG aF entsprechend (§ 30 Abs. 3 S. 2 **56** WEG). Klagen gegen einen Dauerwohn- oder Dauernutzungsberechtigten unterfielen hingegen nicht § 43 Nr. 5 WEG aF.[66] Nunmehr gelten die allgemeinen und besonderen Gerichtsstände der ZPO.

6. Mahnverfahren (§ 43 Nr. 6 WEG aF). Das Mahnverfahren gegen die Gemeinschaft der Wohnungseigentümer ist bei dem Amtsgericht an dem allgemeinen Gerichtsstand des Antragstellers (§ 689 Abs. 2 S. 1 ZPO) **57** anhängig zu machen. Freilich ist die Zuständigkeit des zentralisierten Mahngerichts nach § 689 Abs. 3 ZPO zu beachten. Ein von der Gemeinschaft der Wohnungseigentümer angestrebtes Mahnverfahren ist folgerichtig bei dem Amtsgericht an deren Belegenheitsort anhängig zu machen (§ 43 Abs. 1 S. 1 WEG). In Betracht kommen für ein Mahnverfahren insbesondere Zahlungsansprüche gegen einen Wohnungseigentümer aus den §§ 16 Abs. 2, 28 WEG[67] oder gegen den Verwalter, etwa weil dieser Pflichten aus dem Verwaltervertrag verletzt hat, aber auch Zahlungsansprüche der Gemeinschaft der Wohnungseigentümer gegen Dritte. Da das bisherige Recht keinen Sitz des Verbands Wohnungseigentümergemeinschaft iSd §§ 17 Abs. 1 S. 1, 689 Abs. 2 S. 1 ZPO und damit keinen allgemeinen Gerichtsstand kannte, galt für den Fall, dass der **Verband Wohnungseigentümergemeinschaft Antragsteller** in einem **Mahnverfahren** war, § 43 Nr. 6 S. 1 WEG aF.[68]

---

58 Vgl. BeckOK WEG/*Elzer* § 43 Rn. 155 ff.
59 BT-Drs. 19/18791, 82.
60 LG Nürnberg-Fürth 20.3.2008 – 8 O 7516/07, NZM 2008, 494 f.
61 *Schmid* WE 2010, 81.
62 Vgl. BeckOK WEG/*Elzer* § 43 Rn. 158.
63 BT-Drs. 168/20, 91.
64 AG Bonn 3.11.2009 – 27 C 44/09, ZWE 2010, 292.
65 Vgl. BeckOK WEG/*Elzer* § 43 Rn. 168; aA *Schmid* WE 2010, 81: nur sachenrechtlicher Bezug.
66 BeckOK WEG/*Elzer* § 43 Rn. 169.
67 BeckOK WEG/*Elzer* § 43 Rn. 173.
68 BeckOK WEG/*Elzer* § 43 Rn. 170.

58 Ein Mahnverfahren des Verwalters oder des Wohnungseigentümers ist an dessen **allgemeinen Gerichtsstand** einzuleiten (§ 689 Abs. 2 S. 1 ZPO).

59 **7. Verfahrensrechtlicher Begriff des Wohnungseigentümers.** Vor dem Hintergrund der besonderen wohnungseigentumsrechtlichen Verfahren muss feststehen, welche Person als Wohnungseigentümer anzusehen ist.[69] Wohnungseigentümer ist grundsätzlich, wer zu Recht im **Wohnungsgrundbuch** als solcher eingetragen worden ist, auch Miteigentümer.[70] Ist die Grundbucheintragung falsch, ist Wohnungseigentümer iSv § 43 WEG der tatsächliche **dingliche Berechtigte**.[71] Dies kann auch der Erbe,[72] der Erwerber in der Zwangsversteigerung[73] oder ein neuer Rechtsträger nach Umwandlung sein. § 9 a Abs. 4 S. 1 Hs. 2 WEG sieht so auch die Haftung eines ehemaligen Wohnungseigentümers vor, was für einen weiten Eigentümerbegriff des WEG-Verfahrens spricht.

60 Können Ansprüche aus dem Gemeinschaftsverhältnis auch gegen einen **ehemaligen Wohnungseigentümer** geltend gemacht werden[74] oder leitet dieser aus dem Gemeinschaftsverhältnis eigene Ansprüche her, ist auch derjenige Wohnungseigentümer als von § 43 WEG umfasst anzusehen, der vor Rechtshängigkeit aus der Gemeinschaft ausgeschieden war.[75] Bei einem Wechsel des Eigentums nach Rechtshängigkeit greift die Prozessstandschaft des § 265 Abs. 2 S. 1 ZPO.

61 Ein **Zweiterwerber**, also eine Person, die Wohnungseigentum von einem Wohnungseigentümer und nicht einem Bauträger oder Alleineigentümer erworben hat, wird Wohnungseigentümer, wenn er in das Grundbuch eingetragen worden ist. Der bisherige Wohnungseigentümer kann von dem Erwerber ermächtigt werden, den Prozess zu führen.[76] Erwirbt der Neu-Eigentümer sein Wohnungseigentum hingegen von dem **Alleineigentümer** oder **Bauträger** vor oder nach Entstehung der Gemeinschaft der Wohnungseigentümer, ist er als Wohnungseigentümer zu behandeln, wenn er aufgrund einer rechtlich verfestigten Erwerbsposition ein berechtigtes Interesse daran erlangt hat, die Rechte eines Wohnungseigentümers iSv § 43 Abs. 2 WEG auszuüben, was der Fall ist, wenn ein schuldrechtlicher Vertrag besteht, der Übereignungsanspruch durch eine Vormerkung gesichert ist und der Erwerber den Besitz an der Wohnung erlangt hat (sog. **werdender Eigentümer**).[77]

62 Ebenfalls Wohnungseigentümer iSv § 43 WEG sind schließlich **Parteien kraft Amtes** wie der Insolvenz-, Zwangs- und Nachlassverwalter sowie der Testamentsvollstrecker,[78] obgleich sie nicht Eigentümer der Wohnung im Sinne des materiellen Rechts sind.

171. Prozesskostenhilfe

Bartels

---

69 Vgl. auch BeckOK WEG/*Elzer* § 43 Rn. 99 ff.
70 BGH 10.5.2012 – V ZB 279/11, NJW-RR 2012, 1157 Rn. 11.
71 BGH 20.7.2012 – V ZR 241/11, NJW 2012, 3232 Rn. 8.
72 Vgl. BGH 5.7.2013 – V ZR 81/12, NJW 2013, 3446 Rn. 13 ff.
73 Vgl. BayObLG 3.4.2004 – 2Z BR 232/03, ZWE 2004, 282 Ls.
74 BGH 21.1.2016 – V ZR 108/15, NJW-RR 2016, 463 Rn. 5.
75 BGH 26.9.2002 – V ZB 24/02, NJW 2002, 3709 (3710 f.); BGH 13.12.2019 – V ZR 313/16, ZWE 2020, 300 Rn. 8.
76 Vgl. KG 18.2.2004 – 24 W 126/03, NJW-RR 2004, 878 (879).
77 BGH 11.5.2012 – V ZR 196/11, NJW 2012, 2650 Rn. 5; BGH 14.2.2020 – V ZR 159/19 NJW-RR 2020, 840 Rn. 8 ff.
78 BeckOK WEG/*Elzer* § 43 Rn. 108 f.

I. Einführung

Ist eine Partei wegen ihrer **wirtschaftlichen und persönlichen Verhältnisse** nicht in der Lage, die Prozess- 1
kosten (Gerichts- und Rechtsanwaltsgebühren sowie Auslagen; → *Gerichtliche und außergerichtliche Kosten*
Rn. 1 ff.) aus ihrem Vermögen zu erbringen, erhält sie Prozesskostenhilfe, wenn die angestrebte Rechtsverfol-
gung oder Rechtsverteidigung erfolgsversprechend und nicht mutwillig erscheint (§ 114 Abs. 1 S. 1 ZPO).
Prozesskostenhilfe ist nicht nur natürlichen Personen (Wohnungseigentümern) zu gewähren, sondern auch der
Gemeinschaft der Wohnungseigentümer und zwar unter den engen Voraussetzungen des § 116 S. 1 Nr. 2 ZPO.
Damit wird der Justizgewähranspruch aus den Art. 2 Abs. 1, 20 Abs. 3 GG erfüllt.

II. Voraussetzungen

Die Bewilligung von Prozesskostenhilfe setzt einen Antrag, Bedürftigkeit des Antragstellers sowie ein erfolg- 2
reiches Rechtsschutzziel voraus; dessen Begehren darf ferner nicht mutwillig erscheinen. Prozesskostenhilfe
kann für einen streitigen Prozess, aber auch im **einstweiligen Rechtsschutz** und für ein **selbstständiges Beweisverfahren** bewilligt werden.

1. Antrag. Prozesskostenhilfe wird nur auf Antrag[1] bewilligt, der bei dem **Prozessgericht** zu stellen ist (§ 117 3
Abs. 1 S. 1 Hs. 1 ZPO), was schriftlich oder zu Protokoll der Geschäftsstelle geschehen kann. In dem Antrag
ist das Streitverhältnis unter Angabe der Beweismittel darzulegen (S. 2). Darüber hinaus müssen die persönlichen und wirtschaftlichen Verhältnisse dargestellt werden (Abs. 2 S. 1). Zu den persönlichen Verhältnissen gehören die Angaben zu den Familienverhältnissen, Beruf, Vermögen, Einkommen und Lasten. Dies hat durch
entsprechende Formulare nach der Prozesskostenhilfeformularverordnung (PKHFV) zu geschehen (Abs. 3 u.
4). Daneben sind entsprechende Belege beizufügen (Abs. 2 S. 1). Der Antragsteller kann zugleich mit der Klage Prozesskostenhilfe beantragen, so dass er bei Ablehnung die Gerichtskosten einzuzahlen hat (→ *Prozess
und Prozessgrundsätze* Rn. 14). Beantragt er „isoliert" Prozesskostenhilfe, wird das Gericht nur bei Bewilligung die Klage zustellen. Der Antragsteller hat daher klarzustellen, was er begehrt, etwa indem er nur einen
Entwurf der Klageschrift und den Antrag einreicht.

Die Frist der Anfechtungsklage wird nicht durch Einreichung eines isolierten Antrags auf Prozesskostenhilfe 4
gewahrt; es kommt aber bei späterer Bewilligung eine Wiedereinsetzung in Betracht, wenn die **Anfechtungsfrist versäumt** worden ist (§ 44 S. 2 WEG).[2]

2. Einsatz von Einkommen und Vermögen. Die Partei hat ihr Einkommen abzüglich berücksichtigungsfähi- 5
ger Ausgaben (§ 115 Abs. 1 S. 1 ZPO) sowie grundsätzlich ihr Vermögen einzusetzen (§ 115 Abs. 3 S. 1 ZPO).
Für die Gemeinschaft der Wohnungseigentümer gelten Besonderheiten (§ 116 S. 1 Nr. 2 ZPO).

a) Einkommen. Zum Einkommen gehören **alle Einkünfte** in Geld oder Geldeswert, also etwa Lohn, Gehalt, 6
Urlaubs- und Weihnachtsgeld, Einkünfte aus Kapitalvermögen, Sozialleistungen, Unterhaltszahlungen, Ar-
beitslosengeld, Altersrenten. Bezieht der Wohnungseigentümer aus der Wohnung Mieteinnahmen, sind diese
ebenfalls anzusetzen.

Von dem addierten monatlichen Gesamteinkommen sind aber **Abzüge** zu machen, und zwar über § 115 Abs. 1 7
S. 3 Nr. 1 lit. a ZPO die in § 82 Abs. 2 S. 1 SGB XII genannten Beträge, also Einkommens- und Kirchensteu-
ern (Nr. 1), Beiträge, die von Gesetzes wegen an die Kranken-, Pflege-, Renten-, Unfall- und Arbeitslosenver-
sicherung zu zahlen sind (Nr. 2), gesetzlich vorgeschriebene oder angemessene Versicherungsbeiträge (Nr. 3)
sowie Werbungskosten (Nr. 4).

§ 115 Abs. 1 S. 3 Nr. 2 ZPO kennt **Freibeträge**, deren monatliche Höhe sich nach der jährlich aktualisierten 8
Bekanntmachung zu § 115 ZPO (PKHB) richtet: Für 2021 sind dies etwa nach Nr. 1 PKHB ein Erwerbstäti-
genfreibetrag in Höhe von 223 EUR, nach Nr. 2 für die Partei und den Ehe- oder Lebenspartner ohne eigenes
Einkommen ein Grundfreibetrag jeweils in Höhe von 491 EUR, gem. Nr. 3 für weitere Personen, gegenüber
denen eine gesetzliche Unterhaltspflicht besteht, namentlich Kinder, gestaffelt nach Alter zwischen 311 EUR
und 410 EUR.

---

1 Beispiel bei FormB-WEG-R/*Lehmann-Richter* § 3 Rn. 212 ff.
2 BeckOK WEG/*Elzer* § 46 Rn. 163 ff.; *Niedenführ* FS Merle, 2000, 23 (271); vgl. *Dötsch* NZM 2008, 309 (311 ff.).

9 Hinzukommen die Kosten für **Unterkunft** und **Heizung** in der Höhe, in der sie tatsächlich entstehen (§ 115 Abs. 1 S. 3 Nr. 3); umfasst sind die weiteren verbrauchsunabhängigen Nebenkosten, nicht aber die Kosten für Strom und Gas, da diese in dem Grundfreibetrag enthalten sind. Für Personen in besonderen Lebenssituationen sind **Mehrbedarfe** (Nr. 4) und **besondere Belastungen** berücksichtigungsfähig (Nr. 5), wenn diese angemessen sind, etwa die Tilgung von Darlehen, nicht aber Geldstrafen.

10 Die Einkünfte abzüglich der abzugsfähigen Ausgaben sowie der Freibeträge bilden das **einzusetzende Einkommen** (§ 115 Abs. 2 S. 1 ZPO), dessen Hälfte als monatliche Rate, abgerundet auf ganze Eurobeträge, festzusetzen ist, sofern die Ratenhöhe nicht geringer als 10 EUR ist (S. 2). Ist das einzusetzende Einkommen höher als 600 EUR, sind 300 EUR zuzüglich den gesamten die Grenze von 600 EUR überschreitenden Betrag als monatliche Raten festzusetzen (S. 3). Es sind höchstens 48 Raten zu erbringen (S. 4).

11 **b) Vermögen.** Nach § 115 Abs. 3 S. 1 ZPO ist das **Vermögen** einzusetzen, soweit dies **zumutbar** ist. Vermögen sind Bargeld, Ansprüche, Kontoguthaben, Immobilien, werthaltige Gegenstände. Zu dem Vermögen gehört auch der Anspruch auf Prozesskostenvorschuss zwischen Eheleuten, wenn der Prozess eine persönliche Angelegenheit betrifft und eine Zahlung der Billigkeit entspricht (§ 1360 a Abs. 4 S. 1 BGB).

12 § 90 SGB XII gilt entsprechend (§ 115 Abs. 3 S. 2 ZPO), weshalb weitere Einschränkungen greifen, etwa zählen nicht zu dem einzusetzenden Vermögen die Gegenstände eines angemessenen Hausrats (§ 90 Abs. 2 Nr. 4 SGB XII), die zur Berufsausbildung oder der Erwerbstätigkeit unentbehrlich sind (Nr. 5) oder künstlerischen oder wissenschaftlichen Bedürfnissen dienen (Nr. 7), weiter Familien- und Erbstücke, wenn die Veräußerung eine unbillige Härte bedeuten würde (Nr. 6). Auch sind kleinere **Barbeträge** und Geldwerte nicht einzusetzen, wobei sich die Höhe nach § 1 S. 1 der Durchführungsverordnung zu § 90 Abs. 2 Nr. 9 SGB XII richtet (BarbetrV) und zurzeit **pro** berücksichtigungsfähiger **Person** 5.000 EUR beträgt, für jede unterhaltsberechtigte Person jeweils weitere 500 EUR.

13 Die Partei darf ein **Darlehen** oder andere Verbindlichkeiten nur zurückführen, wenn diese fällig sind, ohne dass es auf den Entstehensgrund ankommen würde. Sind Verbindlichkeiten noch nicht fällig, hat die Partei das dafür vorgesehene Geld stattdessen zur Prozessfinanzierung einzusetzen. Laufende Raten, die sie zu bedienen hat, müssen hingegen von ihrem Einkommen abgezogen werden.

14 Als Vermögensbestandteil kommen namentlich die **Eigentumswohnung** in Betracht sowie der Erlös, den eine Veräußerung erbracht hat. Wird aber eine Eigentumswohnung selbst genutzt und ist sie angemessen, ist sie nach Maßgabe von § 90 Abs. 2 Nr. 8 SGB XII mit § 115 Abs. 3 S. 2 ZPO nicht für die Prozessfinanzierung einzusetzen. Hingegen sind einzusetzen das Geld, das für den bloß geplanten Erwerb einer Eigentumswohnung zurückgelegt worden ist[3] mit Ausnahme bei Personen, die der Nr. 3 unterfallen wie blinden oder pflegebedürftigen Menschen, oder wenn die Wohnung vermietet ist.[4] Ob die Wohnung angemessen ist, richtet sich nach § 90 Abs. 2 Nr. 8 SGB XII. Kriterien sind nach dieser Vorschrift die Größe, die Zahl der Bewohner, Zuschnitt und Ausstattung sowie Grundstückswert. Auch die Verwertung von **Bausparguthaben** kann eine unbillige Härte bedeuten, die von dem Antragsteller freilich darzulegen ist.[5]

15 Hat die Partei ihr Vermögen einzusetzen, hat sie dies durch Zahlung an den Justizfiskus zu tun; Vermögenswerte sind daher zu veräußern oder zu beleihen, sofern dies nicht wegen erheblicher Vermögenseinbußen eine **unzumutbare Härte** bedeuten würde.

16 **c) Gemeinschaft der Wohnungseigentümer.** Unter den engeren Voraussetzungen des § 116 S. 1 Nr. 2 ZPO vermag die Gemeinschaft der Wohnungseigentümer für Rechtsverfolgung und Verteidigung selbst Prozesskostenhilfe zu erlangen,[6] wenn die übrigen Voraussetzungen von § 114 Abs. 1 S. 1, letzter Hs., Abs. 2, 116 S. 2 ZPO gegeben sind. Voraussetzung ist, dass die Kosten weder von der Gemeinschaft noch von den Wohnungseigentümern aufgebracht werden können[7] und die Unterlassung der Rechtsverfolgung oder Verteidigung allgemeinen Interessen zuwiderlaufen würde. Die Wohnungseigentümer haben also grundsätzlich für den Prozess die **Finanzierung ihrer Gemeinschaft** sicherzustellen. Freilich folgt aus ihrer (grundsätzlichen) Unaufheb-

---

3 Vgl. BGH 18.7.2007 – XII ZA 11/07, NJW-RR 2008, 144 Rn. 16.

4 Vgl. OLG Koblenz 6.5.2002 – 5 W 220/02, MDR 2002, 904.

5 OLG Koblenz 10.8.2015 – 13 WF 765/15, FamRZ 2016, 253 f.

6 Ausführl. *Ghadban* ZfIR 2010, 781 ff.; *Krumbügel* NZM 2010, 810 ff.

7 BGH 21.3.2019 – V ZB 111/18, NJW-RR 2019, 723 Rn. 11 ff.

barkeit (§ 11 WEG) und Insolvenzunfähigkeit (§§ 9 a Abs. 5 WEG), dass die Gemeinschaft der Wohnungseigentümer auch dann eine rechtliche Existenzberechtigung hat, wenn sie und die wirtschaftlich an ihr beteiligten Eigentümer finanziell nicht in der Lage sind, einen Rechtsstreit zu führen.[8]

3. Hinreichende Erfolgsaussicht. § 114 Abs. 1 S. 1 ZPO verlangt weiter eine **hinreichende Erfolgsaussicht** 17
für die beabsichtigte Rechtsverfolgung oder Verteidigung. Schließlich soll die Allgemeinheit nicht von vornherein aussichtslose Prozesse finanzieren. Erfolgsaussicht hat das Gericht zu bejahen, wenn der Parteivortrag für die Klage schlüssig bzw. für die Rechtsverteidigung erheblich ist und die Möglichkeit einer Beweisführung besteht. Das Gericht vermag daher ausnahmsweise im Prozesskostenhilfeprüfungsverfahren eine vorweggenommene Beweiswürdigung vorzunehmen. Für die Möglichkeit der Beweisführung müssen konkrete und nachvollziehbare Anhaltspunkte dafür vorliegen, dass eine Beweisaufnahme mit großer Wahrscheinlichkeit den Vortrag des Antragstellers bestätigen wird.

4. Keine Mutwilligkeit. Die Prozessführung **darf nicht mutwillig** sein. Nach der Legaldefinition des § 114 18
Abs. 2 ZPO ist die Rechtsverfolgung oder Verteidigung mutwillig, wenn eine verständige Partei, die die Prozesskosten selbst zu zahlen hätte, zum Zeitpunkt der Antragstellung ihre Rechte nicht verfolgen würde. Das ist etwa der Fall, wenn die Partei bei zwei gleich Erfolg versprechenden Wegen den für sie kostspieligeren gewählt hat, der Gegner offensichtlich vermögenslos ist, die Vollstreckung dauerhaft aussichtslos erscheint oder die Partei eine Verurteilung Zug um Zug anstrebt, aber die ihr obliegende Leistung nicht erbringen können wird.

III. Verfahren

Das Gericht hat dem **Antragsgegner** grundsätzlich Gelegenheit zur Stellungnahme zu geben, bevor über den 19
Antrag entschieden wird (§ 118 Abs. 1 S. 1 ZPO),[9] sofern dies nicht unzweckmäßig erscheint. Die Erklärung über die persönlichen und wirtschaftlichen Verhältnisse darf dabei dem Antragsgegner grundsätzlich nur mit Zustimmung des Antragstellers zur Verfügung gestellt werden, wenn jener keinen materiellrechtlichen Anspruch auf Zurverfügungstellung hat (§ 117 Abs. 2 S. 2 Hs. 2 ZPO). Erwartet das Gericht eine Einigung, kann es einen mündlichen **Erörterungstermin** anberaumen (§ 118 Abs. 1 S. 3 ZPO).

Das Gericht kann von dem Antragsteller die **Glaubhaftmachung** seiner tatsächlichen Angaben zur Sache und 20
zur Bedürftigkeit einfordern (§§ 294, 118 Abs. 2 S. 1 Hs. 1 ZPO), wobei es auch eine eidesstattliche Versicherung zu verlangen vermag (Hs. 2). Das Gericht kann Erhebungen zu den persönlichen und wirtschaftlichen Verhältnissen anstellen, aber auch zu den Tatsachen (S. 2 Hs. 1). Dabei kann das Gericht die Vorlage von Urkunden anordnen und ebenfalls selbst Auskünfte bei Behörden oder Privatpersonen einholen (Hs. 2). Überdies vermag das Gericht im Ausnahmefall bereits Zeugen und Sachverständige zu hören (S. 3). Kommt der Antragsteller den gerichtlichen Aufforderungen nicht innerhalb einer ihm von dem Gericht gesetzten **Frist** nach, lehnt das Gericht die Bewilligung der Prozesskostenhilfe insoweit ab (S. 4).

War in **vorangegangener Instanz** der Antragsteller bereits erfolgreich, prüft das Gericht nicht, ob die Rechts- 21
verfolgung oder Rechtsverteidigung bezüglich des Rechtsmittels Aussicht auf Erfolg hat oder mutwillig erscheint (§ 119 Abs. 1 S. 2).

Das Gericht entscheidet ohne mündliche Verhandlung durch **Beschluss** (§ 127 Abs. 1 S. 1 ZPO). Zuständig ist 22
das Gericht, bei dem die Hauptsache anhängig oder anhängig zu machen ist (§ 127 Abs. 1 S. 2 ZPO).

Die **Staatskasse** kann sich binnen einer Notfrist von einem Monat gegen die Bewilligung mit der sofortigen 23
Beschwerde wenden, wenn weder Monatsraten noch Beiträge aus dem Vermögen festgesetzt worden sind, dies nach den persönlichen und wirtschaftlichen Verhältnissen aber angezeigt ist (§ 127 Abs. 2 S. 1, 2 u. 3 ZPO). Der **Antragsteller** kann sich binnen einer Notfrist von einem Monat mit der sofortigen Beschwerde gegen die Ablehnung wenden, wenn er hinsichtlich Erfolgsaussichten oder Mutwilligkeit beschwert ist (→ *Rechtsmittel* Rn. 18 ff.) oder das Gericht nur wegen seiner persönlichen oder wirtschaftlichen Verhältnisse die Bewilligung abgelehnt hat (§ 127 Abs. 2 S. 2 ZPO). Für den Gegner ist eine sofortige Beschwerde nicht statthaft (vgl. § 127 Abs. 2 S. 1 ZPO).

---

8 BGH 17.6.2010 – V ZB 26/10, NJW 2010, 2814 Rn. 11.
9 FormB-WEG-R/*Einsiedler* § 4 Rn. 175.

IV. Rechtsfolgen

24 Das Gericht bewilligt für seinen **Rechtszug** Prozesskostenhilfe (§ 119 Abs. 1 S. 1 ZPO). Die Bewilligung sollte mit Wirkung ex nunc ausgesprochen werden, weil zuvor geleistete Zahlungen oder entstandene Ansprüche dem Antragsteller nicht rückwirkend durch die Staatskasse ersetzt werden sollen.

25 Mit der Bewilligung hat das Gericht zu zahlende **Monatsraten** und die aus dem Vermögen zu leistenden Beiträge festzusetzen (§ 120 Abs. 1 S. 1 ZPO), wobei auch zukünftige Entwicklungen berücksichtigt werden (§ 120 Abs. 1 S. 2 ZPO). Prozesskostenhilfe ist nicht zu bewilligen, wenn die Prozesskosten die Höhe von vier Monatsraten oder des einzusetzenden Vermögensteils nicht übersteigen werden (§ 115 Abs. 4 ZPO). Die Zahlungen sind grds. an die Landeskasse zu erbringen (§ 120 Abs. 2 ZPO).

26 Wird der Partei Prozesskostenhilfe bewilligt, sind rückständige und künftige **Gerichtskosten** (Gebühren und Auslagen, etwa für die Beweisaufnahme) zunächst nicht einzuzahlen (§ 122 Abs. 1 Nr. 1 ZPO). Auch der Gegner des Antragstellers, wenn er Beklagter ist, wird zunächst von der Einzahlungspflicht befreit, wenn dem Antragsteller ohne Leistungspflicht aus dem Vermögen oder dem Einkommen Prozesskostenhilfe bewilligt worden ist (§ 122 Abs. 2 ZPO); namentlich Auslagen für Sachverständige braucht der Gegner nicht zur Gerichtskasse einzuzahlen.

27 Dem Antragsteller wird ein **Rechtsanwalt beigeordnet**, wenn die Vertretung durch einen solchen vorgeschrieben ist (§ 121 Abs. 1 ZPO; → *Prozessvoraussetzungen* Rn. 16 ff.), dies erforderlich erscheint oder der Gegner anwaltlich vertreten ist (§ 121 Abs. 2 ZPO). Der Rechtsanwalt kann seine Partei nicht auf Vergütung in Anspruch nehmen (§ 122 Abs. 1 Nr. 3 ZPO), sondern hat sich an die Staatskasse zu wenden (§ 45 Abs. 1 RVG).

28 **Gewinnt** der Antragsteller den Prozess (teilweise), kann die Staatskasse die Gerichtskosten von dem Gegner (anteilig) einziehen (§ 125 ZPO). **Verliert** die Partei den Prozess (teilweise), hat sie (anteilig) die dem Gegner entstandenen Kosten **zu** erstatten (§ 123 ZPO), trägt also weiterhin ein Kostenrisiko. Der Rechtsanwalt kann seine Kosten von dem Gegner im eigenen Namen beitreiben (§ 126 ZPO).

29 Das Gericht kann entscheiden, dass die Zahlungen eingestellt (§ 120 Abs. 3 ZPO) sowie bei einer **Änderung** der **wirtschaftlichen** oder **persönlichen Verhältnisse** angepasst werden (§ 120 a ZPO). Auch soll die Bewilligung aufgehoben werden, wenn die Partei falsche Angaben gemacht (§ 124 Abs. 1 Nr. 1 u. 2 ZPO), Änderungen nicht angezeigt hat (§ 124 Abs. 1 Nr. 4 ZPO) oder länger als drei Monate mit der Zahlung eines Betrags aus ihrem Vermögen oder einer Monatsrate in Rückstand ist (§ 124 Abs. 1 Nr. 5 ZPO). Gegen die Entscheidung ist die **sofortige Beschwerde** statthaft.

30 Nach § 124 Abs. 2 ZPO kann die Bewilligung teilweise **aufgehoben** werden für Beweisantritte, die mutwillig oder nicht erfolgsversprechend erscheinen, weil eine vermögende Partei an der Stelle des Antragstellers einen entsprechenden Beweis nicht begehren würde. Gegen die als Beschluss ergehende Entscheidung des Gerichts ist ebenfalls die sofortige Beschwerde statthaft.

172. Prozessvergleich

Bartels

I. Einführung

Die **Prozessautonomie** eröffnet es den Beteiligten grundsätzlich, einen Prozessvergleich iSv § 794 Abs. 1 Nr. 1 ZPO zu schließen (→ *Prozess und Prozessgrundsätze* Rn. 5). Ein Prozessvergleich beendet den Prozess und stellt einen Titel für die Zwangsvollstreckung hinsichtlich der in ihm übernommenen Leistungspflichten dar.[1]   **1**

Der Prozessvergleich hat eine „**Doppelnatur**":[2] Die Vergleichserklärung ist einerseits eine Prozesshandlung, die sich nach den prozessualen Vorgaben richtet. Diese kann in der mündlichen Verhandlung (§§ 160 Abs. 3 Nr. 1, 162 Abs. 1 ZPO) oder im schriftlichen Verfahren (§ 278 Abs. 6 S. 1 ZPO) abgegeben werden. Andererseits stellt der Prozessvergleich ein materiellrechtliches Rechtsgeschäft dar, nämlich einen Vergleichsvertrag (§ 779 BGB). Beide Wirkungen sind voneinander abhängig; fehlt es an einer Voraussetzung, liegt kein Prozessvergleich vor.   **2**

II. Voraussetzungen

Der Vergleich ist Vertrag und Prozesshandlung der Prozessparteien, aber keine gerichtliche Entscheidung, wenngleich er im Zwangsvollstreckungsrecht einer **gerichtlichen Entscheidung gleichgesetzt** wird (§ 794 Abs. 1 Nr. 1 ZPO; → *Zwangsvollstreckung* Rn. 2 ff.). Ein Vergleich ist wirksam, wenn er die Vorgaben einerseits des Verfahrensrechts, andererseits des materiellen Rechts (§ 779 BGB) erfüllt.   **3**

1. Anhängiges Verfahren. Das Gericht soll den Beteiligten aktiv in jeder Lage des Verfahrens und in einem möglichst frühen Verfahrensstadium die Möglichkeiten (ggf. Klage- oder Rechtsmittelrücknahme, Beendigungserklärungen) und **Vorteile einer konsensualen Streitbeilegung** (Zeitgewinn, Rechtsfrieden, Kosten) darstellen und – falls möglich – einen Vergleichsvorschlag unterbreiten (§ 278 Abs. 1 ZPO).   **4**

Ein anhängiges Verfahren stellt auch dasjenige auf Gewähr von **Prozesskostenhilfe** (→ *Prozesskostenhilfe* Rn. 19 ff.) und dasjenige im Einstweiligen Rechtsschutz dar (→ *Einstweiliger Rechtsschutz* Rn. 1 ff.). Der Vergleich kann vor dem Spruchkörper, aber auch einem beauftragten (§ 361 ZPO) oder ersuchten (§ 362 ZPO) Richter geschlossen werden.   **5**

Den Beteiligten steht es frei, über den Verfahrensgegenstand hinaus bislang nicht in das Verfahren einbezogene Streitgegenstände zu regeln (**Mehrvergleich**) oder mehrere Verfahren durch einen Vergleich (**Gesamtvergleich**) zu beenden. Umfasst der Vergleich den gesamten Verfahrensgegenstand und die Kosten, handelt es sich um einen sog. **Erledigungsvergleich**; betrifft die Regelung nur Teile des Verfahrens, stellt sie einen sog. **Teilvergleich** dar.   **6**

Es ist den Beteiligten möglich, sich über bloße Rechtsfragen zu vergleichen, etwa eine Übereinkunft zu treffen, wie materielles Recht ausgelegt werden soll. Ein bloßer **Verfahrensvergleich** ist hingegen nicht zulässig, wohl aber ein Vergleich zu einem bestimmten Tun innerhalb des Verfahrens, etwa die Verpflichtung, eine Prozesshandlung vorzunehmen, wie die Rücknahme eines Antrags, eines Rechtsmittels, auf den Klagegrund zu verzichten oder eine Vereinbarung zu den Verfahrenskosten.   **7**

2. Verfügungsbefugnis. Ein Vergleich kann grundsätzlich nur zwischen den – dispositionsbefugten – Prozessbeteiligten geschlossen werden. Das Rechtsverhältnis muss also privatautonomer Regelung überhaupt zugänglich sein. Ein nicht am Verfahren beteiligter **Dritter** kann mit seinem Willen in den Vergleich einbezogen werden und diesem „beitreten". Der Dritte wird freilich nicht zur Partei, vermag daher in Verfahren, die dem Anwaltszwang unterliegen, ohne anwaltliche Vertretung dem Vergleich zuzustimmen. Besteht im Verfahren allerdings für die Parteien Anwaltszwang (→ *Prozessvoraussetzungen* Rn. 16 ff.), gilt dieser ebenfalls für den Vergleichsschluss.   **8**

---

1 Ausführl. *Dötsch* NZM 2013, 625 ff.; *Elzer* ZMR 2009, 649 ff.
2 BGH 6.4.2011 – XII ZR 79/09, NJW 2011, 2141 Rn. 10.

9 Ein Vergleich kann auch auf Grundlage einer **Anfechtungsklage** (§ 44 Abs. 1 S. 1 WEG; → *Anfechtungsklage* Rn. 1 ff.) geschlossen werden.[3] Eine gerichtliche Entscheidung ist in einem Beschlussanfechtungsverfahren, anders als im Aktienrecht, nicht notwendig, sondern die Eigentümer können einen Vergleich über Fortbestand, Inhalt oder die Durchführung des angefochtenen Beschlusses schließen.[4]

10 **3. Abschlussbefugnis. Verwalter und Eigentümer** können für sich selbst einen Vergleich schließen. Darüber hinaus umfasst die gesetzliche Vertretungsmacht des Verwalters zwar den Abschluss eines Prozessvergleichs; im Innenverhältnis fehlt es aber grundsätzlich ohne besonderen Beschluss an einem „rechtlichen Dürfen" des Verwalters (§ 27 Abs. 2 WEG). Überdies müssen sich bestimmte Personen wie **Betreuer und Eltern** den Vergleichsschluss erst gerichtlich genehmigen lassen.

11 **a) Gesetzliche Vertretungsmacht und -befugnis des Verwalters.** Der Verwalter hat im **Außenverhältnis** umfassende und unbeschränkbare gerichtliche und außergerichtliche Vertretungsmacht (§ 9 b Abs. 1 S. 1 Hs. 1 WEG), vermag also einen Vergleich wirksam abzuschließen.[5] Bezieht sich der Vergleich auf einen Rechtsstreit hinsichtlich eines bestehenden Grundstückskauf- oder Darlehensvertrags, bedarf der Verwalter ebenfalls keines Beschlusses der Wohnungseigentümer, da der Wortlaut von § 9 b Abs. 1 S. 1 Hs. 2 WEG nur dessen Abschluss, nicht aber dessen Abwicklung in Bezug nimmt.[6] Im **Innenverhältnis** ist der Verwalter gemäß § 27 Abs. 1 WEG zum Vergleichsschluss aber nur berechtigt, wenn es sich um eine Maßnahme ordnungsgemäßer Verwaltung handelt, die eine untergeordnete Bedeutung hat und nicht zu einer erheblichen Verpflichtung führt (§ 27 Abs. 1 Nr. 1), oder zur Wahrung einer Frist oder eines Rechtsnachteils erforderlich ist (§ 27 Abs. 1 Nr. 2). Wird **gegen** die Gemeinschaft der Wohnungseigentümer geklagt, hat der Verwalter von Gesetzes wegen Vertretungsmacht für die Klageverteidigung als Notkompetenz.[7] Zwar kann er hierfür einen Rechtsanwalt mandatieren,[8] erlangt aber grundsätzlich keine Vertretungsmacht, einen Vergleich abzuschließen[9] oder einen Rechtsanwalt mit einem Vergleichsschluss zu beauftragen.[10] Etwas anderes gilt nur, wenn es sich um eine unbedeutende Streitigkeit handelt. Vielmehr ist der Verwalter für einen Vergleichsschluss gem. § 27 Abs. 2 WEG gesondert zu ermächtigen,[11] was erst recht für die Klageerhebung gilt. Die §§ 81, 83 ZPO betreffen das Prozessrechtsverhältnis, das unabhängig von den internen Kompetenzen des Verwalters ist, die hinsichtlich des Vergleichsschlusses ohnehin beschränkt werden können (§ 83 Abs. 1 ZPO). Sie begründen im Innenverhältnis keine entsprechende Vertretungsbefugnis des Verwalters.[12] Überdies enthält der Vergleich auch ein materielles Rechtsgeschäft (→ Rn. 2, 30 ff.), das der Verwalter außerhalb des Prozesses nicht abschließen darf,[13] sofern es sich nicht um eine Maßnahme ordnungsgemäßer Verwaltung von untergeordneter Bedeutung handelt. Der Verwalter tritt bei einem Vergleichsschluss zwar nicht als Vertreter ohne Vertretungsmacht auf. Er macht sich aber ggf. gegenüber der Gemeinschaft der Wohnungseigentümer schadensersatzpflichtig.

12 **b) Gewillkürte Vertretungsmacht des Verwalters.** Die Eigentümer können dem Verwalter aus § 27 Abs. 2 WEG eine weitergehende Vertretungsbefugnis durch **Beschluss** einräumen. Ob diese ebenfalls die Prozessführung mitumfasst, ist, wenn nicht ausdrücklich geregelt, durch Auslegung zu ermitteln. Die Vertretungsmacht kann durch einen Beschluss erteilt werden, wenn die Eigentümer einen Beschluss in der Sache treffen kön-

---

3 *Dötsch* NZM 2013, 65 (626 f.).
4 *Dötsch* NZM 2013, 625 (626).
5 BT-Drs. 19/18791, 48 f.
6 BT-Drs. 19/22634, 43.
7 Dies berücksichtigt BGH 18.10.2019 – V ZR 286/18 NJW 2020, 1134 Rn. 12 f. nicht hinreichend.
8 BGH 1.6.2012 – V ZR 171/11, NZM 2012, 562 Rn. 7 ff.; vgl. BGH 18.10.2019 – V ZR 286/18 NJW 2020, 1134 Rn. 13.
9 Vgl. AG Düsseldorf 30.11.2015 – 290 a C 152/15, BeckRS 2016, 4761; *Dötsch* NZM 2013, 625 (628); *Elzer* ZMR 2009, 649 (652); *Hügel/Elzer* WEG § 27 Rn. 83; *Staudinger/Jacoby* WEG § 27 Rn. 141; *Schmid* ZWE 2010, 305 (306); *Schmid* MDR 2010, 781 (784); *Schmid* ZWE 2012, 168; aA BGH 18.10.2019 – V ZR 286/18 NJW 2020, 1134 Rn. 13; *Bergerhoff* NZM 2007, 425 (428 f.); BeckOGK/*Greiner* WEG § 27 Rn. 72; *Zschieschack* ZWE 2018, 391 (392).
10 Vgl. *Dötsch* NZM 2013, 625 (628).
11 Vgl. *Dötsch* NZM 2013, 625 (627 f.).
12 AA *Bergerhoff* NZM 2007, 425 (428 f.).
13 Vgl. *Elzer* ZMR 2009, 649 (652); *Schmid* ZWE 2010, 305 (306).

nen.[14] Der Mehrheitsbeschluss wirkt gegenüber allen Eigentümern (vgl. § 25 Abs. 1 WEG).[15] Ist aber eine einstimmige Entscheidung notwendig, etwa wenn die sachenrechtlichen Grundlagen der Gemeinschaft oder ein Sondernutzungsrecht betroffen sind, ist die Ermächtigung einstimmig durch alle betroffenen Eigentümer (§§ 164 ff. BGB) zu beschließen.[16]

c) Prozessbevollmächtigter (§§ 81, 83 ZPO). Die **Vollmacht** des Prozessbevollmächtigten umfasst iSd 13 §§ 81, 83 ZPO vorbehaltlich anderer Abreden im Innenverhältnis den Vergleichsschluss, wenn sie ihm von der berechtigten Person unmittelbar erteilt worden ist. Eine Änderung der sachenrechtlichen Grundlagen ist deshalb nicht umfasst. Auch kann der Anwalt zwar im Außenverhältnis einen wirksamen Vergleich schließen, ist aber im Innenverhältnis ggf. Haftungsgefahren ausgesetzt, wenn ihn etwa der insoweit vollmachtlose Verwalter beauftragt hat (→ Rn. 11).[17] Einzelne Eigentümer konnten bei einer gegen die Gesamtheit der Wohnungseigentümer gerichteten oder von dieser erhobenen Klage auch die Vertretung durch einen von dem Verwalter beauftragten Rechtsanwalt ablehnen, so dass dieser keinen wirksamen Vergleich zu schließen vermochte.[18] Dann war der Vergleichsschluss gem. den §§ 177 ff. BGB schwebend unwirksam.[19]

d) Eigentümer und Gemeinschaftseigentum. Einzelne Wohnungseigentümer sind nicht befugt, Vereinba- 14 rungen mit dem **Bauträger** über Mängelrechte am Gemeinschaftseigentum zu treffen. Gleichwohl geschlossene Vereinbarungen sind der Gemeinschaft der Wohnungseigentümer gegenüber unwirksam.[20] Die Gemeinschaft kann den Vergleich aber iSv § 816 Abs. 1 S. 1 BGB genehmigen und etwaige Zahlungen kondizieren.[21]

e) Sonstige Personen. Der **Vormund** bedarf zum Vergleichsschluss der Genehmigung des Familiengerichts 15 (§ 1822 Nr. 12 BGB), der **Pfleger** derjenigen des Betreuungsgerichts (§ 1915 Abs. 1 S. 1 BGB). **Eltern** bedürfen der Genehmigung des Familiengerichts nur, soweit der Vergleich genehmigungspflichtige Geschäfte für das Kind enthält, namentlich über ein Grundstück und damit auch über das Wohnungseigentum (§ 1643 Abs. 1 BGB). Ferner benötigt der **Insolvenzverwalter** im Innenverhältnis für den Abschluss eines Vergleichs zur Beilegung oder Vermeidung eines Rechtsstreits mit erheblichem Streitwert der Genehmigung des Gläubigerausschusses (§ 160 Abs. 2 Nr. 3 InsO).

4. Aufschiebende und auflösende Bedingung (Widerrufsvergleich). Die Wirksamkeit des Vergleichs kann 16 von dem Eintritt einer Bedingung abhängig gemacht werden (Widerrufsvergleich, § 158 BGB), es sei denn, die Bedingung ist gesetzlich verboten, zB nach § 925 Abs. 2 BGB. Streitig ist, ob die Möglichkeit eines Widerrufs eine aufschiebende (§ 158 Abs. 1 BGB) oder eine auflösende Bedingung (§ 158 Abs. 2 BGB) oder einen Rücktrittsvorbehalt darstellt. Die Rechtsprechung nimmt eine **aufschiebende Bedingung** an.[22] Tatsächlich handelt es sich um eine Auslegungsfrage im Einzelfall: Den Beteiligteninteressen wird freilich in der Regel die Annahme einer aufschiebenden Bedingung gerecht, da der Vergleich seine Wirksamkeit erst ab dem Zeitpunkt erlangen soll, zu dem kein Beteiligter ihn mehr einseitig widerrufen kann; erst dann ist er tauglicher Vollstreckungstitel. Bedingung ist, dass der Vergleich nicht fristgerecht widerrufen wird. Denkbar ist im Einzelfall aber auch, den Widerruf als eine **auflösende Bedingung** iSv § 158 Abs. 2 BGB aufzufassen, was einen Schwebezustand bedeutet; in der Regel entspricht dies dem Willen der Beteiligten bei einer sog. **Verfallklausel**.[23] Die Widerrufserklärung ist Prozesshandlung, die selbst nicht widerruflich ist. Wegen Versäumung der Widerrufsfrist ist eine Wiedereinsetzung in den vorigen Stand nicht möglich, da es sich nicht um eine Notfrist handelt.

Der Verwalter oder der Rechtsanwalt können einen **Widerrufsvergleich** schließen und die Eigentümer um 17 Genehmigung bitten, um die Vertretungsmacht für den materiellrechtlichen Vertrag im Außenverhältnis zu er-

---

14 BeckOK WEG/*Müller* § 10 Rn. 369; aA *Becker* ZWE 2002, 429 (433); *Zwickel* NZM 2014, 18 (22): nach allgemeinen Grundsätzen der §§ 164 ff. BGB alle Eigentümer.
15 Vgl. *Dötsch* NZM 2013, 625 (628).
16 *Dötsch* NZM 2013, 625 (628).
17 BeckOK WEG/*Müller* § 10 Rn. 367.
18 BeckOK WEG/*Müller* § 10 Rn. 367.1; vgl. LG Hamburg 20.9.2017 – 318 S 92/16, ZWE 2018, 181 (182 f.).
19 Vgl. BeckOK WEG/*Müller* § 10 Rn. 369; BeckOK ZPO/*Piekenbrock* § 83 Rn. 10.
20 OLG Hamm 18.6.2001 – 17 U 167/99, NZM 2001, 1144 f.
21 KG 7.1.2004 – 24 W 210/02, NZM 2004, 303; krit. BeckOK WEG/*Müller* § 10 Rn. 798.
22 BGH 3.11.1971 – VIII ZR 52/70, NJW 1972, 159 f.
23 OLG München 14.1.1998 – 3 U 3479/97, NJW-RR 1998, 1663 (1664).

halten (§§ 177 Abs. 1, 182, 184 BGB), im Innenverhältnis nicht gegenüber den Eigentümern zu haften und auch eine Bindung von Dritten herbeizuführen.[24]

III. Vergleichsschluss

18 Der Vergleich kann in einem Termin zur mündlichen Verhandlung, aber auch schriftlich geschlossen werden.

19 **1. Im Termin zur mündlichen Verhandlung.** Kommt der Vergleich in einem Termin zustande, ist er zu **protokollieren**,[25] damit er seine Wirkung als **Vollstreckungstitel** entfalten kann (→ *Zwangsvollstreckung* Rn. 2 ff.). Die Niederschrift des Vergleichs ist für das Gericht verpflichtend, wenn sich dieser auf den Verfahrensgegenstand bezieht, darüber hinaus steht sie im pflichtgemäßen Ermessen des Gerichts.

20 Der Vergleichstext ist im **vollen Wortlaut** wiederzugeben. Auf beigefügte und verlesene Schriftstücke als Anlage zum Protokoll darf nach § 160 Abs. 5 ZPO Bezug genommen werden. Im Hinblick auf eine mögliche Zwangsvollstreckung sind die Beteiligten und ggf. Dritte im Eingang der Vergleichsniederschrift vollständig aufzuführen. Der Vergleich muss den Beteiligten und ggf. Dritten vorgelesen, vorgespielt oder zur Durchsicht vorgelegt und genehmigt werden (§§ 162 Abs. 1 S. 1 u. 2, 160 Abs. 3 Nr. 1 ZPO). Bei vorläufiger Aufzeichnung der Vergleichsniederschrift genügen das Vorlesen oder Abspielen der Aufzeichnung (§ 162 Abs. 1 S. 1 u. 2 ZPO). Hierüber sowie über die Genehmigung des Vergleichs durch die Beteiligten ist ein Vermerk in die Niederschrift aufzunehmen (§ 162 Abs. 1 S. 3 ZPO). Das Protokoll ist von dem Vorsitzenden und dem Urkundsbeamten der Geschäftsstelle zu unterschreiben (§ 163 ZPO).

21 Ist die **Protokollierung** des Vergleichs **fehlerhaft**, was auch wegen versehentlich falscher Angaben der Beteiligten der Fall sein kann, die richtig protokolliert wurden, kann die Protokollierung nach Gewährung rechtlichen Gehörs (§ 164 Abs. 2 ZPO) durch Berichtigungsvermerk gem. § 164 Abs. 3 S. 1 ZPO berichtigt werden. Dies ist jederzeit (§ 164 Abs. 1 ZPO) von Amts wegen, aber auch auf Antrag hin möglich. Die Berichtigung ist auf dem Protokoll oder dem Beschluss zu vermerken; dabei kann auf eine mit dem Protokoll zu verbindende Anlage verwiesen werden (§ 164 Abs. 3 S. 1 ZPO). Die Berichtigung ist überdies von dem Richter und dem Urkundsbeamten der Geschäftsstelle zu unterschreiben (S. 2). Eines Beschlusses bedarf es nicht; ein solcher ist aber unschädlich. Ist nicht die Protokollierung, sondern die Willensbildung eines Beteiligten fehlerhaft, etwa wenn die Beteiligten sich verrechnet haben, gelten die §§ 119 ff. BGB. Ist die Anfechtung erfolgreich und der Vergleich iSv § 142 Abs. 1 BGB materiellrechtlich als von Anfang an nichtig anzusehen, wird das Verfahren fortgesetzt (→ Rn. 37).

22 Gegen die Berichtigung ist grundsätzlich kein **Rechtsmittel** gegeben. Die Verantwortlichkeit für den Protokollinhalt ist schließlich den Teilnehmern der Sitzung übertragen. Lehnt das Gericht einen Berichtigungsantrag durch einen zu begründenden Beschluss ab, ist diese Entscheidung hingegen gem. § 567 Abs. 1 Nr. 2 ZPO mit der sofortigen Beschwerde angreifbar (→ *Rechtsmittel* Rn. 18 ff.).

23 **2. Feststellung eines Vergleichsschlusses.** Ein gerichtlicher Vergleich kann gem. § 278 Abs. 6 S. 1 ZPO dadurch geschlossen werden, dass entweder die Beteiligten dem Gericht einen **schriftlichen Vergleichsvorschlag** unterbreiten oder die Beteiligten einen schriftlichen Vergleichsvorschlag des Gerichts durch Schriftsatz gegenüber dem Gericht annehmen. Weil ein Vergleich eine richterliche Entscheidung ersetzt, ist der Vergleichsvorschlag eines Kollegialgerichts durch Beschluss, nicht durch bloße Verfügung des Vorsitzenden den Beteiligten zu unterbreiten.

24 Für die Annahme des Vergleichsvorschlags, gleich ob eines Beteiligten oder des Gerichts, gelten die §§ 145 ff. BGB. Namentlich bestimmt sich die **Annahmefrist** nach den §§ 147 Abs. 2, 148 BGB. Die Annahme erfolgt durch (bestimmenden) Schriftsatz gegenüber dem Gericht. Es müssen getrennt voneinander zwei Erklärungen gegenüber dem Gericht abgegeben werden; eine mit Zustimmung des anderen Beteiligten abgegebene Erklärung nur eines Beteiligten reicht nicht aus.

25 Einigen sich die Beteiligten, stellt das Gericht Zustandekommen und Inhalt des Vergleichs gem. § 278 Abs. 6 S. 2 ZPO durch einen **deklaratorischen Beschluss** fest. Das Gericht ist hierzu verpflichtet, sofern nicht nach materiellem Recht der Vergleich der notariellen Form bedarf. Mit der Feststellung des Zustandekommens er-

---

24 *Elzer* ZMR 2009, 649 (652 f.); BeckOK WEG/*Müller* § 10 Rn. 366; Formulierungsbeispiel bei *Dötsch* NZM 2013, 625 (629).
25 Protokollbeispiel in FormB-WEG-R/*Einsiedler* § 4 Rn. 166 f.

langt das materielle Rechtsgeschäft die Qualität eines **Vollstreckungstitels**, stellt eine das Verfahren beenden- de Handlung dar. Deshalb hat das Gericht eine Wirksamkeitskontrolle durchzuführen, insbesondere dergestalt, ob tatsächlich ein Vertrag zustande gekommen ist und dieser im Falle eines von den Beteiligten dem Gericht mitgeteilten Vergleichs namentlich nicht gegen Gesetz (§ 134 BGB), gute Sitten (§ 138 BGB) oder den ordre public (Art. 6 EGBGB) verstößt.

Der Beschluss ist **unanfechtbar**. Es besteht aber die Möglichkeit, ihn durch das Gericht berichtigen zu lassen 26 oder sich gegen seine materielle Wirksamkeit zu wenden (→ Rn. 21).

IV. Wirkungen

Der gerichtliche Vergleich beendet unmittelbar das Verfahren, ändert die materielle Rechtslage, hat Beurkun- 27 dungswirkung und bildet einen Vollstreckungstitel.

1. Vollstreckungstitel (§ 794 Abs. 1 Nr. 1 ZPO). Durch die Protokollierung oder Feststellung wird der Ver- 28 gleich zum Vollstreckungstitel nach § 794 Abs. 1 Nr. 1 ZPO, sofern er einen vollstreckbaren Inhalt hat. Er be- darf einer Vollstreckungsklausel, die durch den Urkundsbeamten der Geschäftsstelle (§ 724 Abs. 2 ZPO), bei Widerrufsvergleichen durch den Rechtspfleger (§ 20 Abs. 1 Nr. 12 RPflG mit § 726 Abs. 1 ZPO) zu erteilen ist. Hat der Vergleich keinen vollstreckungsfähigen Inhalt, kann dies einen bloßen materiellen Vertrag bedeu- ten.[26]

Entstehen **Streitigkeiten nach Vergleichsschluss**, etwa darüber ob eine vereinbarte Vertragsstrafe verwirkt 29 worden ist, kommt es für die Zuständigkeit iSv § 43 Abs. 2 WEG darauf an, ob die Forderung, die mit der Vertragsstrafe durchgesetzt oder gesichert werden soll, in einem inneren Zusammenhang mit den Vorausset- zungen des § 43 Abs. 2 WEG steht (→ *Prozess und Prozessgrundsätze* Rn. 45 ff.).[27] Dies gilt allgemein auch für Rechtsbehelfe in der Zwangsvollstreckung aus einem Vergleich.[28]

2. Materielle Rechtslage. Mit dem Vergleich ändern die Beteiligten die materielle Rechtslage ab. Die Proto- 30 kollform ersetzt für das im Vergleich getroffene materiellrechtliche Rechtsgeschäft die notarielle Beurkundung (§ 127 a BGB), etwa die der Auflassung (§ 925 Abs. 1 S. 3 BGB). Sind im Vergleich nicht in das Verfahren einbezogene Streitgegenstände geregelt (**Mehrvergleich**), gilt § 127 a ZPO hinsichtlich der außerhalb des Ver- fahrensgegenstands liegenden Streitigkeiten nur, wenn wenigstens ein sonstiger innerer Zusammenhang des weiteren Vergleichsgegenstands mit dem Verfahren besteht.

a) Ersetzung der notariellen Beurkundung des Vergleichs nach § 278 Abs. 6 ZPO (§ 127 a BGB). Nach 31 der höchstrichterlichen Rechtsprechung ersetzt ein Vergleich in der Form des § 278 Abs. 6 ZPO (→ Rn. 23 ff.) die notarielle Beurkundung nach § 127 a BGB.[29] Das ist abzulehnen.[30] Eine notwendige Beratung und War- nung durch den Richter ist ohne mündliche Verhandlung nicht ausreichend möglich, vgl. auch § 17 BeurkG. Ferner ist ein nach § 278 Abs. 6 S. 2 ZPO „festgestellter" Vergleich kein iSv § 127 a BGB „protokollierter" Vergleich. Mit diesem wird nur der Wille der Beteiligten protokolliert. Dies gilt ebenfalls, wenn das Gericht den Beteiligten einen Vergleichsvorschlag unterbreitet hat. Denn es kann nicht ohne Weiteres davon ausgegan- gen werden, dass das Gericht diejenigen Punkte, über die es in einer von gemeinsamer Erörterung geprägten mündlichen Verhandlung belehrt hat oder hätte, bei seinem Vorschlag berücksichtigt hat, zumal daraus weder eine Belehrung folgt, anhand derer die Beteiligten über die Annahme des Vorschlags nachdenken könnten, noch berücksichtigt ist, dass sich in der mündlichen Verhandlung durchaus Abweichungen von einem dort un- terbreiteten Vorschlag ergeben können.[31] Vielmehr kommt diesem nur die Beweisfunktion der notariellen Be- urkundung zu. Jedenfalls ist dies unstreitig bei der Auflassung, da § 925 Abs. 1 S. 3 BGB die Vertragspartner

---

26 OLG Frankfurt a. M. 30.9.2008 – 20 W 398/05, BeckRS 2011, 22165.

27 BGH 10.12.2009 – V ZB 67/09, NJW 2010, 1818 Rn. 7.

28 Vgl. LG Kassel 1.7.2010 – 3 T 272/10, NJW-RR 2011, 304.

29 BGH 1.2.2017 – XII ZB 71/16, NJW 2017, 1946 Rn. 25 ff.; zust. BeckOK WEG/*Müller* § 10 Rn. 362.1; auch bereits *Deckenbrock/Dötsch* MDR 2006, 1325 ff.

30 Etwa OLG Düsseldorf 28.8.2006 – 3 Wx 137/06, NJW-RR 2006, 1609 (1610 f.); Staudinger/*Hertel* BGB § 127 a Rn. 48; *Knauer/Wolf* NJW 2004, 2857 (2859): fehlendes „Funktionsäquivalent" der notariellen Beurkundung; *Zim- mer* NJW 2013, 3280 ff.

31 Vgl. auch OLG Celle 14.6.2013 – 4 W 65/13, NJW 2013, 2979 f.

weiterhin zur gleichzeitigen Anwesenheit bei der Urkundsperson verpflichtet.[32] Nach der höchstrichterlichen Rechtsprechung kommt es hingegen nicht „auf die Formalitäten der Beurkundung" an, sondern auf diejenigen eines gerichtlichen Vergleichs, der auch im schriftlichen Verfahren einen – sogar besseren – Schutz vor Übereilung biete und zudem durch die gerichtliche Feststellung seines Zustandekommens einer Prüfung seiner Wirksamkeit unterliege.[33] Allerdings vermag, unabhängig von der materiellrechtlichen Wirksamkeit, der den Vergleich feststellende Beschluss als **öffentliche Urkunde** iSd § 29 Abs. 1 GBO den Nachweis für die eine Eintragung in das Grundbuch erforderlichen Erklärungen zu erbringen.[34]

32 **b) Beschluss-Sammlung.** Da es sich nicht um eine gerichtliche Entscheidung handelt (§ 24 Abs. 7 S. 2 Nr. 3 WEG), ist ein Prozessvergleich nicht in die Beschluss-Sammlung aufzunehmen. Hingegen ist er aufzunehmen, wenn er zugleich einen Beschluss der Eigentümer (§ 24 Abs. 7 S. 2 Nr. 1, 2 WEG) oder eine Vereinbarung iSv § 10 Abs. 3 WEG darstellt (→ *Beschluss-Sammlung* Rn. 10).[35]

33 **c) Nachträgliche Änderungen.** Der **überstimmte Eigentümer** hat, wenn kein Mehrheitsbeschluss erforderlich ist, keine Möglichkeit, den Vergleich zu widerrufen, sondern hat den Beschluss anzufechten. Schließlich wirkt der Mehrheitsbeschluss auch ihm gegenüber (vgl. § 25 Abs. 1 WEG).[36] Die Beschlussanfechtung wird meist erst nach Ablauf einer Widerrufsfrist möglich sein; es besteht aber grundsätzlich die Möglichkeit zum einstweiligen Rechtsschutz (→ *Einstweiliger Rechtsschutz* Rn. 13 ff.).[37] Es ist auch an Folgenbeseitigungsansprüche zu denken.[38] Es besteht die Möglichkeit, den Vergleich an die auflösende Bedingung zu knüpfen, dass der Genehmigungsbeschluss rechtskräftig aufgehoben wird.[39]

34 Wollen die Wohnungseigentümer den **Vergleich ändern**, haben die an diesem beteiligte Personen eine neue Vereinbarung zu schließen; der Vergleich kann nicht durch einen Beschluss geändert werden.[40] Auch ein Rücktritt ist nicht möglich.[41]

35 **3. Verfahrensbeendigung und Fortführung.** Das Verfahren wird durch den gerichtlichen Prozessvergleich, soweit er sich mit dem Verfahrensgegenstand deckt, unmittelbar beendet. Die **Rechtshängigkeit** erlischt ex nunc ohne Gerichtsentscheidung. Sind vor einem Vergleich gerichtliche Entscheidungen ergangen, etwa weil dieser in der Rechtsmittelinstanz geschlossen wird, werden sie wirkungslos.

36 Das Verfahren, in dem der gerichtliche Vergleich geschlossen worden ist, ist grundsätzlich fortzusetzen, wenn die Wirksamkeit des Vergleichs angegriffen und seine das **Verfahren beendigende Wirkung** infrage gestellt wird oder er widerrufen worden ist. Will sich der Schuldner gegen eine unzulässig gewordene Vollstreckung wehren, besteht die Möglichkeit, im Wege der Klage nach den §§ 795, 767 ZPO dagegen vorzugehen. Ggf. kommt außerdem ein **Wegfall der Geschäftsgrundlage** (§ 313 BGB) in Betracht.

37 Weist der Vergleich formelle Fehler auf, ist er etwa nicht vorgelesen und genehmigt worden, endet das Verfahren nicht und muss fortgesetzt werden; der Vergleich kann unter Umständen aber als **außergerichtlicher Vergleich** nach Umdeutung iSv § 140 BGB Bestand haben.[42] Fällt der Vergleich wegen materieller Voraussetzungen ex tunc weg – sei es aufgrund einer Anfechtung, sei es weil er von vornherein nichtig war (Verstoß gegen Gesetz oder gute Sitten) – oder liegen sowohl Gründe für eine Aufhebung ex tunc als auch ex nunc vor, entfaltet der Vergleich **keine prozessualen Folgen**. Der alte Prozess wird also fortgesetzt. Entfällt der Vergleich ex nunc, etwa wegen Abschlusses eines Aufhebungsvertrags oder eines Rücktritts, ist die Rechtsfolge umstritten: Nach dem BGH[43] entfaltet der Vergleich in diesem Falle seine prozessuale Wirkung. Es müssen Unwirksam-

---

32 OLG Düsseldorf 28.8.2006 – 3 Wx 137/06, NJW-RR 2006, 1609 (1610 f.).
33 BGH 1.2.2017 – XII ZB 71/16, NJW 2017, 1946 Rn. 37 ff.; OLG München 28.9.2010 – 12 UF 1153/10, BeckRS 2010, 23468.
34 OLG München 28.1.2014 – 34 Wx 318/13, FGPrax 2014, 107 f.
35 BeckOK WEG/*Elzer* § 24 Rn. 106.
36 Vgl. *Elzer* ZMR 2008, 82; aA BeckOK WEG/*Müller* § 10 Rn. 372: analog § 315 BGB.
37 Formulierungsbeispiel bei *Dötsch* NZM 2013, 625 (637 f.).
38 BeckOK WEG/*Müller* § 10 Rn. 372; vgl. LG Frankfurt a. M. 8.4.2015 – 13 S 35/13, NJW 2015, 1767 f.; zur Erhaltung ausführl. *Drabek* ZWE 2015, 385 f.
39 *Elzer* ZMR 2008, 81 (82); BeckOK WEG/*Müller* WEG § 10 Rn. 373.
40 OLG Frankfurt a. M. 30.9.2008 – 20 W 398/05, BeckRS 2011, 22165.
41 BeckOK WEG/*Elzer* § 43 Rn. 44.
42 Vgl. BGH 7.3.2002 – III ZR 73/01, NJW 2002, 1503 f.
43 BGH 6.6.1966 – II ZR 4/64, NJW 1966, 1658 f.

keitsgründe mithin in einem neuen Verfahren geltend gemacht werden. Das BAG geht hingegen davon aus, dass ein Vergleich auch bei einer ex-nunc-Wirkung keine prozessualen Wirkungen zeitigt.[44] Dem ist zuzustimmen: Die Unterscheidung in eine Unwirksamkeit ex nunc und ex tunc wird dem Willen der Beteiligten nicht gerecht. Auch bei einem Rücktritt oder dem Abschluss eines Aufhebungsvertrags haben die Beteiligten in der Regel das Interesse, aus Zeit und Kostengründen dasselbe Verfahren fortzusetzen. Nur für den Fall, dass sie kein Interesse an einer Verfahrensfortsetzung haben, wozu der Vergleich als Auslegungshilfe dient, ist das Verfahren weiterhin als beendet anzusehen.

4. Wirkung auf Dritte, insbes. Sonderrechtsnachfolger. Der Vergleichsschluss bindet nur die an ihm beteiligten Personen, zeitigt keine Rechtskraft, somit auch nicht gegenüber Dritten,[45] insbesondere nicht gegenüber einem Sonderrechtsnachfolger iSv § 325 ZPO (→ *Beiladung, Streitgenossenschaft, Nebenintervention und Streitverkündung* Rn. 24 ff.).[46] Eine Bindungswirkung folgte nicht aus § 10 Abs. 4 S. 1 Alt. 1 WEG aF und folgt damit auch nicht aus den §§ 10 Abs. 3 S. 2, 44 Abs. 3 WEG, weil diese Normen voraussetzen, dass Verfahrensregeln eingehalten werden.[47] Auch handelt es sich bei einer gerichtlichen Protokollierung nicht um eine schriftliche Beschlussfassung.[48]   38

Treffen die Parteien einen Vergleichsschluss **zulasten Dritter**, ist dieser unwirksam. Hingegen ist es möglich, mit dem Vergleich einem Sonderrechtsnachfolger Rechte einzuräumen.[49] Ist den Personen, die den Vergleich schließen, etwa bekannt, dass eine Wohnung veräußert werden soll, und einigen sie sich über Unterlassungsansprüche aus § 1004 BGB mit § 18 Abs. 2 Nr. 2 WEG, geht ihr Wille regelmäßig dahin, dem Sonderrechtsnachfolger ebenfalls diese Ansprüche zuzubilligen.[50] Auch die Wohnungseigentümer, die nicht an dem Vergleichsschluss beteiligt sind, werden durch diesen nicht gebunden.   39

a) „Verdinglichung". Die Wohnungseigentümer können aber die in dem Vergleich getroffenen Regelungen „**verdinglichen**" (§§ 10 Abs. 3 S. 1, 5 Abs. 4 WEG; → *Sondereigentum* Rn. 29),[51] indem sie eine entsprechende Vereinbarung treffen, sofern dies nicht durch Beschluss zu geschehen hat.[52] Sind bei Vergleichsschluss alle Wohnungseigentümer beteiligt, sind der Antrag auf Grundbucheintragung und die Eintragungsbewilligungen in das **Vergleichsprotokoll** aufzunehmen, um die nach § 29 GBO erforderliche Form zu ersetzen.[53] Allerdings ist eine erneute Änderung jederzeit möglich.[54] Diese kann in der Eigentümerversammlung beschlossen werden, wenn die Gemeinschaft der Wohnungseigentümer eigene Rechte und Pflichten wahrnimmt, nicht aber, wenn nicht alle Eigentümer den Vergleich abgeschlossen haben.[55]   40

b) Genehmigungs- und Bindungsherstellungsbeschluss. Einigen sich die Eigentümer über die Wirksamkeit eines Beschlusses im **Anfechtungsprozess**, brauchen sie keinen neuen Beschluss zu fassen (vgl. → *Beschluss* Rn. 1 ff.).[56] Ändern die Wohnungseigentümer aber den Beschlussinhalt, vermag dies die Sondernachfolger nicht zu binden. Haben die Wohnungseigentümer eine **Mehrheitskompetenz**, können sie einen weiteren Beschluss über die in dem Vergleich enthaltenen Regelungen treffen.[57] Es muss daraus hervorgehen, dass der materiellrechtliche Vertrag und die Prozesshandlung gebilligt werden und die Wohnungseigentümer den Vergleichsinhalt für sich als bindend erachten. Es ist freilich in der Regel nicht notwendig, aus Klarstellungsgründen zwei Beschlüsse zu fassen, namentlich **Genehmigungs- und Bindungsherstellungsbeschluss**.[58] Denn bei sachgerechter Auslegung wollen die Eigentümer mit Genehmigung des Vergleichs auch eine Bindungswir-   41

---

44   BAG 23.11.2006 – 6 AZR 394/06, NJW 2007, 1831 Rn. 15.
45   Vgl. OLG Zweibrücken 11.6.2001 – 3 W 218/00, OLGR 2001, 484 (487).
46   BGH 22.12.1982 – V ZR 89/90, NJW 1983, 996 (997).
47   *Dötsch* NZM 2013, 625 (631); aA *Becker* ZWE 2002, 429 ff.; vgl. BT-Drs. 19/18791, 52 f., 94.
48   *Dötsch* NZM 2013, 625 (632); *Hügel/Elzer* WEG § 10 Rn. 199.
49   BeckOK WEG/*Elzer* § 43 Rn. 41.
50   Vgl. BGH 20.12.2015 – VII ZB 79/05, BeckRS 2006, 1089 Rn. 13.
51   BeckOK WEG/*Elzer* § 43 Rn. 42; Formulierungsbeispiel bei *Dötsch* NZM 2013, 625 (630 f.).
52   *Hügel/Elzer* WEG § 10 Rn. 198.
53   *Dötsch* NZM 2013, 625 (630); vgl. OLG München 28.1.2014 – 34 Wx 318/13, ZWE 2014, 167 (168).
54   BeckOK WEG/*Müller* § 10 Rn. 363.
55   *Dötsch* NZM 2013, 625 (633 f.).
56   *Hügel/Elzer* WEG § 10 Rn. 197.
57   *Dötsch* NZM 2013, 625 (634); *Elzer* ZMR 2009, 649 (653).
58   *Hügel/Elzer* WEG § 10 Rn. 198.

kung herstellen.[59] Eine derartige Genehmigung ist ebenfalls in der mündlichen Verhandlung vor Gericht möglich, wenn alle Eigentümer anwesend sind und in Kenntnis des Einberufungsmangels einen Beschluss fassen wollen.[60]

42 Fehlt die Beschlusskompetenz für den Vergleichsgegenstand, können die Eigentümer den Vergleich nicht genehmigen.[61] Setzt die Beschlusskompetenz eine **qualifizierte Mehrheit** voraus, kann der Vergleich nur mit einer solchen genehmigt werden (s. § 21 Abs. 2 S. 1 Nr. 1 WEG).[62] Grundsätzlich bedarf ein Beschluss aber nur einer **einfachen Mehrheit** (§ 25 Abs. 1 WEG).[63]

43 **c) Verwirkung.** Hat der Rechtsvorgänger sich über Abwehransprüche oder bauliche Maßnahmen verglichen, kann dies im Einzelfall auch eine **Verwirkung** gegenüber dem neuen Eigentümer bedeuten (§ 242 BGB; → *Verwirkung* Rn. 6).[64]

173. Prozessvoraussetzungen

Bartels

---

59 BeckOK WEG/*Müller* § 10 Rn. 374.

60 *Hügel/Elzer* WEG § 10 Rn. 198; BeckOK WEG/*Müller* § 10 Rn. 364; Formulierungsbeispiele bei *Dötsch* NZM 2013, 625 (632 f.).

61 *Elzer* ZMR 2009, 649 (653 ff.).

62 *Hügel/Elzer* WEG § 10 Rn. 200.

63 *Hügel/Elzer* WEG § 10 Rn. 200.

64 BeckOK WEG/*Müller* § 10 Rn. 376; krit. *Dötsch* NZM 2013, 625 (633).

I. Einführung

Bis zum Schluss der mündlichen Verhandlung müssen die **Prozess- oder Sachurteilsvoraussetzungen** gegeben sein, damit das Gericht über das Klagebegehren entscheiden kann. Die mündliche Verhandlung wird geschlossen, wenn das Gericht ausdrücklich oder konkludent äußert, keine weiteren mündlichen Erörterungen für erforderlich zu halten. Bei den Prozessvoraussetzungen handelt es sich um die sachlichen, persönlichen und formellen Voraussetzungen der Klage. Liegen diese nicht vor, führt ein Prozessurteil, meist nach gerichtlichem Hinweis (§ 139 Abs. 2 u. 3 ZPO), zu einer Abweisung der Klage als unzulässig. Das Urteil hat hinsichtlich des Streitgegenstands keine Rechtskraftwirkung. Das Gericht hat die Prozessvoraussetzungen, da sie dem öffentlichen Interesse einer funktionierenden Rechtspflege dienen, von Amts wegen zu prüfen. Der Beklagte kann nicht auf das Vorliegen der Voraussetzungen verzichten, sich aber hinsichtlich bestimmter Voraussetzungen rügelos einlassen. **1**

Entfällt eine Prozessvoraussetzung, ist dies **bis zum Schluss** der mündlichen Verhandlung beachtlich, sofern das Gesetz nichts anderes normiert, etwa bei Umständen, die den Rechtsweg (§ 17 Abs. 1 S. 1 GVG) oder die Zuständigkeit begründen (§ 261 Abs. 3 Nr. 2 ZPO). Der Kläger vermag seine Klage für erledigt zu erklären (→ *Prozess und Prozessgrundsätze* Rn. 41 f.). **2**

II. Persönliche Prozessvoraussetzungen

Persönliche Prozessvoraussetzungen sind die Partei- (§ 50 ZPO) und Prozessfähigkeit (§§ 51 ff., 56 ZPO) für die ordnungsgemäße Vertretung sowie die Prozessführungsbefugnis der Parteien. **3**

1. Parteifähigkeit. Parteifähig ist, wer **Subjekt eines Prozessverhältnisses** sein kann; parteifähig ist damit, wer rechtsfähig ist (§ 50 Abs. 1 ZPO). Dies sind natürliche und juristische Personen (§ 1 Abs. 1 S. 1 AktG; § 21 BGB; § 17 Abs. 1 GenG; § 13 Abs. 1 GmbHG) sowie Personenhandelsgesellschaften (§§ 124 Abs. 1, 161 HGB) und die sog. Außengesellschaft bürgerlichen Rechts (§ 705 BGB). Die Gemeinschaft der Wohnungseigentümer ist nach § 9 a Abs. 1 S. 1 WEG rechts- und damit parteifähig. Sie kann also klagen und verklagt werden, ohne dass es auf die Person der einzelnen Wohnungseigentümer ankommt. Dies gilt sowohl gegenüber Dritten als auch, wie etwa § 43 Abs. 2 Nr. 2 WEG zeigt, im Innenverhältnis gegenüber den einzelnen Wohnungseigentümern. Eine werdende Gemeinschaft der Wohnungseigentümer ist ebenfalls rechtsfähig (§ 9 a Abs. 1 S. 2 WEG).[1] Nicht rechts- und damit nicht parteifähig ist hingegen die Bruchteilsgemeinschaft der Wohnungseigentümer am Gemeinschaftseigentum iSd §§ 741 ff., 1008 ff. BGB; in einem Rechtsstreit aller oder einzelner Wohnungseigentümer sind diese jeweils als Wohnungseigentümer parteifähig. Nicht parteifähig ist eine „Untergemeinschaft", etwa wenn Klage durch die Eigentümer eines bestimmten zur Wohnungseigentumsanlage gehörenden Hauses erhoben wird; es kommt aber eine Rubrumsberichtigung in Betracht.[2] **4**

2. Prozessfähigkeit. Prozessfähig ist, wer **Prozesshandlungen selbst** oder **durch** einen **Vertreter** vornehmen lassen kann (§§ 51 Abs. 1, 52 ZPO). Prozessunfähige Personen müssen sich durch ihren gesetzlichen Vertreter vertreten lassen (§ 53 ZPO); anderenfalls hat das Gericht in Notsituationen einen Prozesspfleger zu bestellen (§ 57 Abs. 1 ZPO). Juristische Personen und rechtsfähige Personengesellschaften handeln durch ihre Organe oder bestellten Vertreter. **5**

a) Grundsatz. Das WEG eröffnet dem **Verwalter** in § 9 b Abs. 1 S. 1 WEG für die Gemeinschaft der Wohnungseigentümer unbeschränkte und unbeschränkbare Prozessvertretungsmacht im Außenverhältnis. Darüber hinaus können die Eigentümer im Innenverhältnis (§ 27 Abs. 2 WEG) den Verwalter durch Beschluss zur Prozessvertretung ermächtigen. **6**

---

1 BGH 11.12.2015 – V ZR 80/15, NJW-RR 2016, 461 Rn. 7.
2 OLG Brandenburg 21.1.2020 – 2 U 81/18, ZWE 2020, 202.

7 Die **Gemeinschaft der Wohnungseigentümer** handelt durch ihren Verwalter (§ 9 b Abs. 1 S. 1 WEG), subsidiär durch die Eigentümer gemeinschaftlich (§ 9 b Abs. 1 S. 2 WEG). Der gesetzliche und gem. § 9 b Abs. 1 S. 3 WEG im Außenverhältnis nicht beschränkbare Umfang der Vertretungsmacht für die Gemeinschaft der Wohnungseigentümer ergibt sich im Innenverhältnis für den Verwalter aus § 27 Abs. 1 WEG. In § 27 Abs. 2 WEG wird klargestellt, dass der Verwalter durch Beschluss der Wohnungseigentümer eine weiterreichende Vertretungsbefugnis eingeräumt bekommen oder diese eingeschränkt werden kann (→ *Verwalter* Rn. 56 ff.). Im Rahmen einer Wohnungseigentümerversammlung vermögen die Eigentümer dem Verwalter durch Mehrheitsbeschluss Weisungen für die Prozessführung zu erteilen.[3] Fehlt in Aktiv- oder Passivprozessen ein Verwalter, vertreten alle Wohnungseigentümer ihre Gemeinschaft (§ 9 b Abs. 1 S. 2 Alt. 1 WEG). Gegenüber dem Verwalter selbst wird die Gemeinschaft der Wohnungseigentümer nach § 9 b Abs. 2 Alt. 1 WEG durch den Verwaltungsbeirat oder dessen Vorsitzenden (vgl. § 29 Abs. 1 S. 1 u. 2 WEG) oder einzelne Wohnungseigentümer, wenn sie zur Vertretung durch Beschluss ermächtigt worden sind (§ 9 b Abs. 2 Alt. 2), vertreten, damit auch in Prozessen, in denen sich die Gemeinschaft der Wohnungseigentümer und der Verwalter gegenüberstehen, etwa bei Streit über dessen Bestellung oder eine Pflichtverletzung.

8 Im alten Recht kam dem Verwalter neben der Vertretung des Verbands der Wohnungseigentümer zudem eine nicht beschränkbare (§ 27 Abs. 4 WEG aF) gesetzliche Vertretungsmacht für die Gesamtheit der **Wohnungseigentümer** im Rechtsverkehr zu (§ 27 Abs. 2 WEG aF).

9 **b) Aktivprozesse.** Nur ausnahmsweise darf der Verwalter, ohne von der Gemeinschaft der Wohnungseigentümer besonders ermächtigt worden zu sein, eine Klage erheben, also einen Aktivprozess führen: Es muss sich um eine **Maßnahme ordnungsgemäßer Verwaltung** handeln, die entweder von untergeordneter Bedeutung ist und nicht zu erheblichen Verpflichtungen führen kann (§ 27 Abs. 1 Nr. 1 WEG), oder die objektiv zur Wahrung eines Rechts oder zur Abwendung eines Nachteils erforderlich ist (§ 27 Abs. 1 Nr. 2 WEG). Erhebt der Verwalter Klage, hat er unverzüglich (vgl. § 27 Abs. 1 Nr. 7 WEG aF) die Eigentümer über den anhängigen Rechtsstreit zu unterrichten.[4] Anders als § 27 Abs. 2 Nr. 2 u. Abs. 3 S. 1 Nr. 2 WEG aF ist die Vertretungsmacht des Verwalters im Innenverhältnis nicht mehr auf das Führen von reinen Passivprozessen beschränkt. Damit kann der Verwalter ohne weitere Beschlussfassung Klage erheben in Rechtsstreitigkeiten iSd § 495 a ZPO (Streitwert bis 600 EUR), bei größerer Wohnungseigentümergemeinschaft auch iSd §§ 495 ff. ZPO (Streitwert bis 5.000 EUR; zu den Wertgrenzen → *Prozess und Prozessgrundsätze* Rn. 10), wenn es sich jeweils um eine Maßnahme der ordnungsgemäßen Verwaltung handelt. Die Klageerhebung ist dem Verwalter darüber hinaus nur ausnahmsweise bei Eilbedürftigkeit möglich, wenn die Eigentümer zuvor keinen Beschluss fassen könnten und eine materielle oder prozessuale Frist wie eine Verjährungs- oder Rechtsmittelfrist, aber auch eine Kündigungs- oder Ausschlussfrist, abzulaufen oder ein anderer Rechtsnachteil einzutreten droht. Insbesondere vermag der Verwalter daher eine einstweilige Verfügung zu erwirken (→ *Einstweiliger Rechtsschutz* Rn. 4).[5] Die Vertretungsmacht erstreckt sich nicht auf den gesamten Prozess, sondern nur darauf, die erforderliche Handlung vorzunehmen.[6] Namentlich kann der Verwalter einen Rechtsanwalt beauftragen, der dann den Prozess führt.[7] § 27 Abs. 2 Nr. 2 WEG aF eröffnete dem Verwalter darüber hinaus auch die Vertretung aller Wohnungseigentümer.

10 Ist der Verwalter durch einen **Beschluss** der Eigentümer zur Prozessführung bevollmächtigt worden (§ 27 Abs. 2 WEG) und wird gegen diesen Anfechtungsklage erhoben (§ 44 Abs. 1 S. 1 Alt. 1 WEG), bleiben die bis zu dem Zeitpunkt, zu dem ein Gericht den Beschluss für ungültig erklärt, wirksam.[8] Gleiches gilt, wenn die Eigentümer beschließen, dass die Prozessführung enden solle. Dann kann freilich § 87 Abs. 1 ZPO eingreifen.

11 **c) Passivprozesse.** Der Verwalter ist berechtigt, einen Prozess, der gegen die Gemeinschaft der Wohnungseigentümer durch einen Wohnungseigentümer oder einen Dritten gerichtet ist, zu führen, sofern es sich dabei um eine Maßnahme ordnungsgemäßer Verwaltung und es sich entweder um einen Prozess untergeordneter Bedeutung handelt, der nicht zu erheblichen Verpflichtungen führen kann (§ 27 Abs. 1 Nr. 1 WEG; es können Streitwertgrenzen beachtet werden, → Rn. 9), oder eine Frist zu wahren oder ein Nachteil abzuwenden ist (§ 27

---

3 BGH 18.10.2019 – V ZR 286/18, NJW 2020, 1134 Rn. 10 ff.
4 Vgl. *Abramenko* ZWE 2020, 253 (258).
5 Vgl. OLG Karlsruhe 28.4.2011 – 11 S 71/11, BeckRS 2011, 14577.
6 BeckOK WEG/*Baer* 39. Ed. 2019, § 27 Rn. 189.
7 Ausführl. BeckOGK/*Greiner* WEG § 27 Rn. 63 ff.
8 BGH 23.10.2015 – V ZR 76/14, NJW 2016, 716 Rn. 6.

Abs. 1 Nr. 2 WEG). Entspricht die Vertretung **ordnungsgemäßer Verwaltung**, ist der Verwalter zu dieser auch verpflichtet. Handelt es sich also um einen Prozess von nicht untergeordneter Bedeutung (Nr. 1), vermag der Verwalter nur etwa die Verteidigungsbereitschaft anzeigen zu lassen, wenn Erfolgsaussichten bestehen, es sich mithin um eine Maßnahme der ordnungsgemäßen Verwaltung handelt (Nr. 2). Die weitere Prozessführung haben die Eigentümer zu beschließen (§§ 18 Abs. 1, 27 Abs. 2 WEG). § 27 Abs. 2 Nr. 2 WEG aF eröffnete dem Verwalter darüber hinaus auch die Vertretung der Wohnungseigentümer. Allerdings waren wegen § 43 Nr. 1 u. 5 WEG aF nicht nur Prozesse gegen alle Wohnungseigentümer betroffen, sondern auch Klagen umfasst, bei denen sich die Eigentümer auf Kläger- und Beklagtenseite gegenüberstanden. Einschränkend musste der Prozess freilich eine Gemeinschaftsangelegenheit zum Gegenstand haben, weshalb der Verwalter keine Vertretungsmacht in Prozessen hatte, die gegen Sondereigentümer gerichtet waren.[9] Etwa unterfiel eine Klage Dritter auf Werklohn wegen Arbeiten an dem Sondereigentum zwar § 43 Nr. 5 WEG aF, eröffnete aber keine gesetzliche Prozessführungsbefugnis des Verwalters aus § 27 Abs. 2 Nr. 2 WEG aF.

Es ist anzunehmen, dass die Führung eines Passivprozesses stets dazu dient, Nachteile von der Wohnungs- **12** eigentümergemeinschaft abzuwenden, weil es aus Gründen der Rechtssicherheit nicht im Einzelfall durch das Gericht und die Eigentümer überprüft werden kann, ob die Prozessführung tatsächlich einen Nachteil abzuwenden hilft.[10] Der Verwalter erhält daher eine **umfassende Prozessführungsbefugnis**,[11] die freilich auf die Prozesshandlungen beschränkt ist, die geeignet sind, Rechtsnachteile abzuwenden.[12] Dies folgt aus dem Wortlaut der Norm, die schließlich die Prozessführung als Sonderfall der Maßnahmen, die zur Wahrung einer Frist oder zur Abwendung eines sonstigen Rechtsnachteils erforderlich sind, einordnet. Hierzu gehört es, einen Rechtsanwalt mit der Prozessführung zu beauftragen.[13] Auch darf der Verwalter Schriftsätze fertigen, mündlich verhandeln und Anträge stellen sowie Rechtsmittel und Rechtsbehelfe einlegen[14] oder Zurückbehaltungsrechte geltend machen.[15]

Wegen der auf die Abwendung von Rechtsnachteilen beschränkten Vertretungsmacht erlangt der Verwalter **13** keine umfassende Rechtsstellung eines Prozessbevollmächtigten iSv § 81 ZPO, zumal er keine rechtsgeschäftliche Vertretungsmacht, sondern die eines **Organs der Gemeinschaft** innehat.[16] Die Eigentümer können dem Verwalter gem. § 27 Abs. 2 WEG eine derartige Befugnis aber durch Vereinbarung oder Beschluss einräumen. Dies stellt in der Regel eine Maßnahme der ordnungsgemäßen Verwaltung dar, kann also auch wiederum im Streitverfahren verfolgt werden (§§ 18 Abs. 2 Nr. 1, 19 Abs. 1, 44 Abs. 1 S. 2 WEG).

Ist dem Verwalter **keine Prozessvollmacht** iSv § 81 ZPO (§ 27 Abs. 2 WEG) eingeräumt worden, darf er nur **14** die notwendigen prozessualen Maßnahmen vorzunehmen, nicht aber den gesamten Rechtsstreit führen, insbesondere dann nicht, wenn er materielle Erklärungen abgibt. Ein Vergleichsschluss ist dem Verwalter daher möglich, aber grundsätzlich nicht erlaubt (→ *Prozessvergleich* Rn. 11),[17] ebenso wenig wie Gestaltungsrechte auszuüben, etwa mit einer Gegenforderung der Eigentümer aufzurechnen.[18] Auch darf er keine Widerklage erheben; hierfür muss er nach § 27 Abs. 2 WEG ermächtigt worden sein, wenn nicht die Voraussetzungen des Abs. 1 gegeben sind. Anerkenntnis und Verzicht scheiden grundsätzlich gleichfalls aus (→ *Prozess und Prozessgrundsätze* Rn. 37 ff.). Der Verwalter erlangte durch § 27 Abs. 2 Nr. 2 u. Abs. 3 S. 1 Nr. 2 WEG aF ebenfalls keine materiellrechtliche Ermächtigung, über Rechte der Eigentümer zu verfügen, bloß weil er einen Pro-

---

9 *Hügel* ZMR 2008, 1 (7 ff.).

10 Vgl. BeckOK WEG/*Baer* § 27 Rn. 194.

11 Vgl. BGH 5.7.2013 – V ZR 241/12, NJW 2013, 3098 Rn. 13; BGH 18.10.2019 – V ZR 286/18, NJW 2020, 1134 Rn. 12.

12 BeckOK WEG/*Baer* § 27 Rn. 197; aA BGH 18.10.2019 – V ZR 286/18, NJW 2020, 1134 Rn. 11 ff.

13 Ausführl. BeckOGK/*Greiner* WEG § 27 Rn. 63 ff.; diff. *Hügel/Elzer* WEG § 27 Rn. 135.

14 Etwa Einspruch, BGH 9.3.2012 – V ZR 170/11, NJW 2012, 2040 Rn. 10.

15 *Schmid* MDR 2010, 781 (784); zum Ganzen *Hügel/Elzer* WEG § 27 Rn. 82.

16 BeckOGK/*Greiner* WEG § 27 Rn. 72.

17 AG Düsseldorf 30.11.2015 – 290 a C 152/15, BeckRS 2016, 4761; *Dötsch* NZM 2013, 625 (628); *Elzer* ZMR 2009, 649 (652); *Hügel/Elzer* WEG § 27 Rn. 83; Staudinger/*Jacoby* WEG § 27 Rn. 141; *Schmid* ZWE 2010, 305 (306); *Schmid* MDR 2010, 781 (784); *Schmid* ZWE 2012, 168; aA BGH 18.10.2019 – V ZR 286/18 NJW 2020, 1134 Rn. 13; *Bergerhoff* NZM 2007, 425 (428 f.); BeckOGK/*Greiner* WEG § 27 Rn. 72; *Zschieschack* ZWE 2018, 391 (392).

18 *Elzer* ZMR 2009, 649 (652); *Schmid* MDR 2010, 781 (784).

zess führte, zumal die Prozessführungsbefugnis schon nicht so weit reichte.[19] Im geltenden Recht hat sich die Reichweite von rechtlichem Können und Dürfen umgekehrt: im Außenverhältnis gilt § 9 b Abs. 1 S. 1 Hs. 1 WEG, im Innenverhältnis nur § 27 Abs. 1 WEG.

15 Die gesetzlichen Rechte des Verwalters und damit auch seine Prozessvertretungsmacht können im Außenverhältnis nach § 9 b Abs. 1 S. 3 WEG nicht beschränkt werden (→ *Verwalter* Rn. 72). Der Verwalter hat freilich in gegen ihn gerichteten Passivprozessen nach allgemeinen Vorgaben keine Vertretungsmacht, in Prozessen der Gemeinschaft der Wohnungseigentümer ihm gegenüber ausdrücklich in § 9 b Abs. 2 WEG normiert.

16 **d) Exkurs: Postulationsfähigkeit.** Postulationsfähig ist, wer selbst eine Prozesshandlung gegenüber dem Gericht vornehmen kann. Damit ist die Postulationsfähigkeit keine Prozess-, sondern eine **Prozesshandlungsvoraussetzung**. Die Postulationsfähigkeit muss bei Vornahme der Prozesshandlung vorliegen. Grundsätzlich ist im Parteiprozess postulationsfähig, wer prozessfähig ist (§ 79 Abs. 1 S. 1 ZPO). Im Anwaltsprozess hingegen ist grundsätzlich nur ein Rechtsanwalt im Sinne der BRAO postulationsfähig (§ 78 Abs. 1 S. 1 ZPO).

17 Vor dem Landgericht sowie dem Oberlandesgericht, dem Bayerischen Obersten Landesgericht und dem Bundesgerichtshof herrscht nach § 78 Abs. 1 ZPO **Anwaltszwang**, so dass eine Partei nur durch ihren Rechtsanwalt Prozesshandlungen vornehmen kann (Anwaltsprozess). An Amtsgerichten hingegen können die Parteien selbst auftreten (§ 79 Abs. 1 S. 1 ZPO, Parteiprozess). Handelt es sich um einen Parteiprozess, vermag grundsätzlich auch ein Verwalter, der nicht als Rechtsanwalt zugelassen ist, Prozesshandlungen für die Wohnungseigentümer vorzunehmen.

18 Ob das Amts- oder das Landgericht zuständig ist, bestimmt sich grundsätzlich nach dem **Streitwert** (§§ 23 Nr. 1, 71 Abs. 1 GVG; → Rn. 100 f.). Für die Streitigkeiten nach § 43 Abs. 2 WEG ist das **Amtsgericht ausschließlich** sachlich zuständig (§ 23 Nr. 2 lit. c GVG; → *Prozess und Prozessgrundsätze* Rn. 45 ff.).

19 Herrscht hingegen Anwaltszwang (§ 78 Abs. 1 S. 1 ZPO), hat der nicht als solcher zugelassene Verwalter einen **Rechtsanwalt** für die Führung des Rechtsstreits zu beauftragen, was von den nach §§ 27 Abs. 1 WEG umfassten Klagen gedeckt ist;[20] anderenfalls haben die Wohnungseigentümer das weitere Vorgehen nach den §§ 18 Abs. 1, 19, 27 Abs. 2 WEG zu beschließen oder gerichtlich durchzusetzen (§ 44 Abs. 1 S. 2 WEG).

20 Für den **Parteiprozess** gibt § 79 Abs. 1 S. 1 ZPO vor, dass die Parteien den Rechtsstreit selbst führen können. Satz 2 kennt aber eine Ausnahme für den Fall, dass eine fremde oder der Partei zum Zweck der Einziehung auf fremde Rechnung abgetretene Geldforderung geltend gemacht wird; auch dann gilt der Anwaltszwang vorbehaltlich der Ausnahmen in § 79 Abs. 2 S. 2 ZPO. Diese erlauben ua Beschäftigten (Nr. 1), volljährigen Familienangehörigen sowie Streitgenossen (Nr. 2; → *Beiladung, Streitgenossenschaft, Nebenintervention und Streitverkündung* Rn. 4 ff.) oder Inkassodienstleistern (Nr. 4) das Auftreten vor Gericht. § 79 ZPO hindert das Auftreten des Verwalters vor dem Amtsgericht in Angelegenheiten der Wohnungseigentümer grundsätzlich nicht.[21]

21 Dies gilt einerseits für die Gemeinschaft der Wohnungseigentümer, die schließlich durch den Verwalter als Organ handelt, so dass diese den Rechtsstreit iSv § 79 Abs. 1 S. 1 ZPO selbst führt, auch dann, wenn es sich um einen Fall der **gesetzlichen Prozessstandschaft** nach § 9 a Abs. 2 Var. 2 WEG (§ 10 Abs. 6 S. 3 WEG aF) handelt, so dass nicht über eine fremde Forderung iSv § 79 Abs. 1 S. 2 ZPO gestritten wird (→ Rn. 27 ff.).[22]

22 Andererseits greift § 79 Abs. 1 S. 2 ZPO, wenn der Verwalter oder ein Wohnungseigentümer als **gewillkürter Prozessstandschafter** auftritt (→ Rn. 55 ff.). § 79 Abs. 1 S. 2 Hs. 1 ZPO hindert den Prozessstandschafter damit grundsätzlich daran, eine fremde Geldforderung geltend zu machen, ohne sich von einem Rechtsanwalt vertreten zu lassen, so dass es an der aus § 79 Abs. 1 S. 1 ZPO folgenden Postulationsfähigkeit fehlt. § 79 Abs. 2 mit Abs. 1 S. 2 Hs. 2 ZPO macht davon wiederum eine Ausnahme, wenn der Prozessstandschafter den Gläubiger vertreten darf: So stellt die Nebenleistung der Haus- und Wohnungsverwaltung eine erlaubte Tätigkeit iSd §§ 2 Abs. 1 u. 2, 5 Abs. 1 S. 1 u. Abs. 2 Nr. 2 RDG dar, weshalb der Verwalter Eigentümer im Parteiprozess nach § 79 Abs. 2 S. 2 Nr. 4 ZPO selbst vertreten kann, ohne als Rechtsanwalt zugelassen sein zu brau-

---

19 *Hügel/Elzer* WEG § 27 Rn. 83; aA BeckOGK/*Greiner* WEG § 27 Rn. 72; vgl. BeckOK ZPO/*Elzer* § 306 Rn. 7 f., § 307 Rn. 37 ff.
20 Vgl. BGH 5.7.2013 – V ZR 241/12, NJW 2013, 3098 Rn. 7 ff.; ausführl. BeckOGK/*Greiner* WEG § 27 Rn. 63 ff.
21 *Elzer* ZMR 2008, 772 ff.
22 Vgl. *Elzer* ZMR 2008, 772 ff.

chen,[23] etwa wenn der Verwalter den Eigentümer bei einer Werklohnklage in Bezug auf dessen Eigentum vertritt.[24] Ist der Verwalter als Rechtsanwalt zugelassen, ist die Vertretung ohnehin zulässig (§ 79 Abs. 1 S. 1 ZPO).

3. Prozessführungsbefugnis. Prozessführungsbefugnis meint das Recht, einen Prozess im **eigenen Namen** 23 zu führen. Prozessführungsbefugt ist die Partei, die entweder ein behauptetes Recht für sich in Anspruch **nimmt** oder auf Grundlage eines solchen in Anspruch genommen wird. Daneben ist aber auch eine Partei prozessführungsbefugt, die durch Gesetz, Hoheitsakt, Verwaltungs- oder Verfügungsrecht ein fremdes Recht im eigenen Namen geltend machen darf. Zu unterscheiden ist also in die Fälle, in denen das Gesetz eine Prozessstandschaft vorschreibt oder ermöglicht (gesetzliche Prozessstandschaft), oder in denen der tatsächliche Rechtsinhaber oder Verpflichtete den Prozessstandschafter dazu ermächtigt hat (gewillkürte Prozessstandschaft). Die Rechtskraft des für oder gegen den Prozessstandschafter ergangenen Urteils iSv § 325 Abs. 1 ZPO wirkt für und gegen den Rechtsinhaber.[25]

Die **gesetzliche Prozessstandschaft** in Verfahren in Bezug auf Wohnungseigentum ist in Aktiv- und Passiv- 24 prozessen eröffnet (§ 9 a Abs. 2 Var. 1 WEG; § 10 Abs. 6 S. 3 WEG aF). Die Gemeinschaft der Wohnungseigentümer macht die Rechte der Wohnungseigentümer geltend, wenn sich diese aus dem gemeinschaftlichen Eigentum ergeben oder die einheitliche Rechtsdurchsetzung erforderlich ist; Entsprechendes gilt für die Pflichten der Wohnungseigentümer. Weitere Fälle einer gesetzlichen Prozessstandschaft sind zu finden bei Parteien kraft Amtes wie dem Insolvenzverwalter (§ 80 InsO), dem Nachlassverwalter (§§ 1984, 1985 BGB; → *Erbrechtliche Aspekte* Rn. 23), dem Testamentsvollstrecker (§ 2212 BGB; → *Erbrechtliche Aspekte* Rn. 8 ff.) oder dem Zwangsverwalter (§ 152 ZVG). Schließlich kennt § 265 ZPO eine Prozessstandschaft der Person, die das streitbefangene Recht veräußert hat, für den Erwerber.

Der Rechtsinhaber kann eine andere Person ermächtigen (**gewillkürte Prozessstandschaft**), für ihn einen Ak- 25 tivprozess zu führen. Voraussetzung ist, dass es sich bei dem verfolgten Recht um ein abtretbares Recht handelt und der Prozessstandschafter ein nachvollziehbares Interesse an der Prozessführung im eigenen Namen hat, so dass diese nicht missbräuchlich erscheint.[26] Diese Voraussetzung muss bis zum Schluss der mündlichen Verhandlung dargelegt worden und auch tatsächlich gegeben sein.[27] Ob die Prozessstandschaft wirksam ist, hat das Gericht von Amts wegen zu prüfen. In einem Passivprozess hingegen ist eine gewillkürte Prozessstandschaft ausgeschlossen.

Die **Prozessführungsbefugnis** kann in Aktiv- und Passivprozessen gesetzlich auf eine andere Person übertra- 26 gen worden sein, so in § 9 a Abs. 2 Var. 2 WEG (§ 10 Abs. 6 S. 3 WEG aF), der die Prozessführungsbefugnis in bestimmten Fällen der Gemeinschaft der Wohnungseigentümer auferlegt. Schwierigkeiten bei der Zwangsvollstreckung bereitet dies nicht, weil die Gemeinschaft der Wohnungseigentümer durch die Vorschrift so behandelt wird, als würde sich die Zwangsvollstreckung gegen sie selbst richten. Materiellrechtlich für die Verbindlichkeit haftende Eigentümer können sich nach Treu und Glauben (§ 242 BGB) nicht gegen die Zwangsvollstreckung in ihr Vermögen mit der Drittwiderspruchsklage nach § 771 ZPO zur Wehr setzen, so dass diese nicht bei Klagen gegen die Gemeinschaft der Wohnungseigentümer im Rubrum aufzuführen sind[28] (sofern, nach altem Recht, die Eigentümer nicht ohnehin beigeladen waren; → *Beiladung, Streitgenossenschaft, Nebenintervention und Streitverkündung* Rn. 24 ff.).

a) Prozessstandschaft durch die Gemeinschaft der Wohnungseigentümer. Rechte und Pflichten der Woh- 27 nungseigentümer, die eine gemeinschaftliche Rechtsverfolgung auf Aktiv- oder auf Passivseite erfordern, werden von der Gemeinschaft der Wohnungseigentümer wahrgenommen (§ 9 a Abs. 2 Var. 2 WEG). Mit der WEG-Novelle 2020 ist damit der Bereich, in dem die Gemeinschaft der Wohnungseigentümer als gesetzliche Prozessstandschafterin der Wohnungseigentümer auftritt, eingeschränkt worden: **Gemeinschaftsbezogene Rechte und Pflichten** der Wohnungseigentümer wurden gem. § 10 Abs. 6 S. 3 Hs. 1 WEG aF von dem Verband Wohnungseigentümergemeinschaft ausgeübt und wahrgenommen. Auch sonstige Rechte und Pflichten

---

23 Vgl. BGH 20.2.2014 – III ZR 443/13, NJW 2014, 1587 Rn. 14 ff.
24 Vgl. OLG Düsseldorf 17.6.2014 – 20 U 16/14, NJW-RR 2014, 1387 f.; BeckOK RDG/*Hirtz* § 5 Rn. 215.
25 Vgl. BGH 5.12.2014 – V ZR 5/14, NJW 2015, 2010 Rn. 16.
26 LG Hamburg 29.5.2013 – 318 S 6/13, ZWE 2015, 224.
27 LG Hamburg 29.5.2013 – 318 S 6/13, ZWE 2015, 224.
28 BeckOK WEG/*Müller* § 10 Rn. 500.

der Wohnungseigentümer, die gemeinschaftlich geltend gemacht oder erfüllt werden konnten, wurden von dem Verband ausgeübt (Hs. 2), wenn dies durch eine Vereinbarung oder einen Beschluss der Eigentümer geregelt worden war („Vergemeinschaftung"; → *Vergemeinschaftung* Rn. 1 ff.).[29] Daraus folgte die gesetzliche Prozessstandschaft des Verbands Wohnungseigentümergemeinschaft bei Aktiv- und Passivprozessen.[30] Diese Unterscheidung in eine „geborene" und eine „gekorene" Ausübungsbefugnis ist mit der WEG-Reform 2020 aufgegeben worden: Entweder hat die Gemeinschaft der Wohnungseigentümer ipso iure Rechte auszuüben und Pflichten wahrzunehmen oder dies hat durch die einzelnen Wohnungseigentümer zu geschehen, handelt es sich doch um deren Rechte und Pflichten. Die Gesetzesverfasser gehen aber davon aus, dass die Wohnungseigentümer beschließen können, sämtliche ihnen gegen den Bauträger zustehende Mängelrechte durch ihre Gemeinschaft wahrnehmen zu lassen (→ Rn. 47).

28 Handelt es sich hingegen bereits um **eigene Rechte oder Pflichten der Gemeinschaft der Wohnungseigentümer** iSv § 9 a Abs. 2 Alt. 1 WEG (§ 10 Abs. 6 S. 2 WEG aF), liegt keine Prozessstandschaft vor, da durch die Gemeinschaft kein fremdes Recht geltend gemacht und keine fremde Pflicht erfüllt wird. Keine gemeinschaftsbezogenen Pflichten sind daher solche, die die Gemeinschaft der Wohnungseigentümer originär treffen, wie etwa solche auf Aufwendungsersatz aus einer Notgeschäftsführung (§ 18 Abs. 3 WEG) oder einer Geschäftsführung ohne Auftrag über einen Gegenstand der Verwaltung gemeinschaftlichen Eigentums, Schadensersatz aus § 14 Abs. 3 WEG.[31] Auch tritt keine gesetzliche Prozessstandschaft ein bei individuellen Rechten und Pflichten der Wohnungseigentümer, namentlich in Bezug auf deren Sondereigentum.

29 **aa) Rechte und Pflichten der Wohnungseigentümer aus dem gemeinschaftlichen Eigentum sowie Rechte und Pflichten, die eine einheitliche Rechtsverfolgung erfordern (§ 9 a Abs. 2 WEG; gemeinschaftsbezogene Rechte und Pflichten nach § 10 Abs. 6 S. 3 Hs. 1 WEG aF).** Die Gemeinschaft der Wohnungseigentümer ist selbst rechtsfähig, kann damit eigene Rechte und Pflichten haben, die sie im eigenen Namen ausübt (§ 9 a Abs. 1 S. 1 WEG). Daneben übt sie zudem die für sie fremden Rechte und Pflichten ihrer Wohnungseigentümer aus, die diesen entweder aus ihrem gemeinschaftlichen Eigentum erwachsen (§ 9 a Abs. 2 Alt. 1 WEG) oder die eine einheitliche Rechtsverfolgung oder Verteidigung erfordern (Alt. 2). Die Gemeinschaft der Wohnungseigentümer ist sowohl im Aktiv-,[32] als auch im Passivprozess[33] gesetzlicher Prozessstandschafter der Wohnungseigentümer, die weiterhin Träger ihrer Rechte und Pflichten sind. Dieses Konzept entspricht demjenigen des bisherigen Rechts, differenziert aber in seinem Wortlaut hinsichtlich Rechten und Pflichten, die den gemeinschaftlichen Eigentum anhaften, und solchen, deren einheitliche Wahrnehmung durch die Gemeinschaft der Wohnungseigentümer notwendig ist.[34] Damit soll das bislang als „konturlos" geltende Recht klarer werden: Nach § 10 Abs. 6 S. 3 Hs. 1 WEG aF war der Verband Wohnungseigentümergemeinschaft dafür zuständig, **gemeinschaftsbezogene Rechte** durchzusetzen (Alt. 1) und **gemeinschaftsbezogene Pflichten** zu erfüllen (Alt. 2). Die Zuständigkeit hierfür lag also **originär** bei dem Verband, weshalb dies „geborene" Ausübungsbefugnis und „geborene" Wahrnehmungsverpflichtung genannt wurde.

30 Hat die Gemeinschaft der Wohnungseigentümer die Prozessführungsbefugnis inne, vermag der **einzelne Wohnungseigentümer** selbst nicht den Prozess zu führen, sondern die von ihm oder gegen ihn erhobene Klage ist unzulässig. Übt die Gemeinschaft der Wohnungseigentümer ihre Prozessführungsbefugnis nicht aus, kann der einzelne Wohnungseigentümer dies von ihr verlangen (§§ 18 Abs. 2 Nr. 1, 19 Abs. 1 WEG), schließlich auch auf Ausübung der Prozessführungsbefugnis klagen (Beschlussersetzungsklage des § 44 Abs. 1 S. 2 WEG), wenn nur diese einer ordnungsgemäßen Verwaltung entspricht (→ *Ordnungsgemäße Verwaltung* Rn. 90 ff.).[35] Freilich kann die Gemeinschaft den einzelnen Wohnungseigentümer zur Führung eines Aktivprozesses „rückermächtigen" (gewillkürte Prozessstandschaft; → Rn. 58 ff.). Ein Wohnungseigentümer vermag ebenfalls

---

29 Vgl. BeckOK WEG/*Müller* § 10 Rn. 493; aA *Lehmann-Richter* ZWE 2012, 463 (469).

30 Ausführl., auch zur WEG-Reform, *Becker* ZWE 2020, 209 ff.

31 Vgl. BGH 25.9.2015 – V ZR 246/14, NJW 2016, 1310 Rn. 11 ff.; aA, da aus § 10 Abs. 6 S. 3 WEG folgend, *Hügel/Elzer* WEG § 10 Rn. 244.

32 Vgl. BGH 25.2.2016 – VII ZR 156/13, NJW 2016, 1575 Rn. 17; *Pause/Vogel* ZMR 2007, 577 (578); *Wenzel* ZWE 2006, 109 (118).

33 Vgl. BGH 11.12.2015 – V ZR 180/14, NJW 2016, 1735 Rn. 24.

34 Vgl. BT-Drs. 168/20, 48.

35 OLG München 26.10.2010 – 32 Wx 26/10, NJW 2011, 83 (84).

selbst Klage zu erheben, wenn etwa durch eine Störung **zugleich** das **Gemeinschaftseigentum** und sein **Sondereigentum** beeinträchtigt sind.[36]

(1) Rechte und Pflichten aus dem gemeinschaftlichen Eigentum (Var. 1). Rechte aus dem Gemein- **31** **schaftseigentum** (vgl. § 1011 BGB) sind diejenigen, die sich aus dem Miteigentum an dem gemeinschaftliche Eigentum ergeben,[37] etwa Abwehransprüche aus § 1004 BGB wegen einer Beeinträchtigung des gemeinschaftlichen Eigentums,[38] weiter vertragliche oder gesetzliche Schadensersatzansprüche wegen dessen Beschädigung,[39] auch gegen den Verwalter.[40] Überdies sind gemeinschaftsbezogene Rechte die nur gemeinsam auszuübenden Rechte auf Minderung und Schadensersatz statt der Leistung (sekundäre Mängelrechte)[41] wegen Mängeln am Gemeinschaftseigentum, wenn sich diese gegen den Bauträger richten (zu primären Mängelrechten wie Nacherfüllung, Aufwendungs- und Vorschussanspruch → Rn. 47), nicht aber, wenn um die kaufrechtliche Mängelgewährleistung für eine „gebrauchte" Eigentumswohnung gestritten wird (→ *Vergemeinschaftung* Rn. 14 f.).[42] Denn dann werden Ansprüche in der Regel nicht gemeinschaftlich gegen einen Vertragspartner verfolgt, so dass Schadensersatz oder Minderung nur anteilig auf die Wohnung bezogen verlangt werden kann.[43] Weiter zu nennen sind Entschädigungsansprüche wegen Inanspruchnahme des Gemeinschaftseigentums (etwa aus § 1020 S. 1 BGB),[44] dessen Beeinträchtigung analog § 906 Abs. 2 S. 2 BGB, überhaupt die Durchsetzung nachbarrechtlicher Schutzrechte der §§ 906 ff. BGB, namentlich des Notwegerechts aus § 917 BGB,[45] sowie der Anspruch auf Beseitigung eines Überbaus gegen den Grundstücksnachbarn.[46]

Auf das **Gemeinschaftseigentum bezogene Pflichten** sind etwa[47] Verkehrssicherungspflichten (§§ 836 ff. **32** BGB), namentlich Räum- und Streupflicht, die Beseitigung oder Unterlassung von Störungen durch das Gemeinschaftseigentum (§ 1004 Abs. 1 BGB) gegenüber nicht zu der Gemeinschaft gehörenden Dritten, denen Wohnungseigentümer bei bestimmten Ansprüchen gleichgestellt werden können,[48] die Ausgleichspflicht analog § 906 Abs. 2 S. 2 BGB, Verpflichtungen aus einer das Gemeinschaftseigentum belastenden Grunddienstbarkeit,[49] öffentlich-rechtliche Pflichten aus dem Gemeinschaftseigentum, wie die Ausstattung mit Rauchwarnmeldern,[50] die Überprüfung der Trinkwasseranlage[51] sowie die Abgabenlast des Grundstücks.[52]

(2) Rechte und Pflichten, die eine einheitliche Rechtsverfolgung erfordern (Var. 2). Überdies werden **33** Rechte und Pflichten durch die Gemeinschaft der Wohnungseigentümer wahrgenommen,[53] wenn im Interesse der Wohnungseigentümer oder zum Schuldnerschutz eine **einheitliche Rechtsverfolgung** erforderlich ist.[54] Weil die Rechtsfolge des § 9 a Abs. 2 Var. 2 WEG (§ 10 Abs. 6 S. 3 WEG aF) einen Eingriff in die Rechtsstellung des einzelnen Wohnungseigentümers, der Rechtsinhaber bleibt, aber seine Prozessführungsbefugnis verliert, bedeutet, darf dies nur zurückhaltend bejaht werden:[55] Der BGH erkennt dies – zum alten Recht – für den Fall an, dass schutzwürdige Belange der Wohnungseigentümer oder des Schuldners an einer einheitlichen Rechtsverfolgung[56] das grundsätzlich vorrangige Interesse des Rechtsinhabers, seine Rechte selbst und eigen-

---

36 Vgl. BGH 5.12.2014 – V ZR 5/14, NJW 2015, 2010 Rn. 19.
37 BT-Drs. 168/20, 48.
38 BT-Drs. 168/20, 48 f.; nach bisherigem Recht fiel dieser Anspruch unter die „gekorene Ausübungsbefugnis".
39 BGH 7.2.2014 – V ZR 25/13, NJW 2014, 1090 Rn. 17.
40 LG Hamburg 25.2.2015 – 318 S 110/14, ZWE 2016, 24 (25).
41 BeckOGK/*Falkner* WEG § 10 Rn. 526 f., Auflistung in Rn. 521.
42 BGH 24.7.2015 – V ZR 167/14, NJW 2015, 2874 Rn. 8 ff.
43 BGH 24.7.2015 – V ZR 167/14, NJW 2015, 2874 Rn. 15 ff.
44 BGH 17.12.2010 – V ZR 125/10, NZM 2011, 807 Rn. 10.
45 *Schmid* NZM 2009, 721 (722).
46 OLG München 26.10.2010 – 32 Wx 26/10, NJW 2011, 83 (84).
47 Ausführl. BeckOK WEG/*Müller* § 10 Rn. 522 ff.
48 Vgl. BeckOK WEG/*Müller* § 10 Rn. 519 b.
49 OLG Hamm 27.4.2006 – 15 W 92/05, BeckRS 2006, 11316.
50 Vgl. BGH 8.2.2013 – V ZR 238/11, NJW 2013, 3092 Rn. 9 ff.
51 §§ 3, 14 Abs. 3 TrinkwV; LG Saarbrücken 18.12.2015 – 5 S 17/15, ZWE 2016, 187 f.
52 BGH 14.2.2014 – V ZR 100/13, NJW 2014, 1093 Rn. 11.
53 Ausführl. BeckOK WEG/*Müller* § 10 Rn. 506 ff.
54 BGH 24.7.2015 – V ZR 167/14, NJW 2015, 2874 Rn. 12; BeckOK WEG/*Müller* § 10 Rn. 505.
55 BT-Drs. 168/20, 49.
56 BGH 23.2.2006 – VII ZR 84/05, NJW 2006, 2254 Rn. 15.

verantwortlich auszuüben und prozessual durchzusetzen, deutlich überwiegen.[57] Aus Gründen der Rechtsklarheit kann dies nicht einzelfallbezogen ermittelt werden, sondern es ist eine typisierende Betrachtung geboten.[58] Gemeinschaftsbezogene Rechte sind etwa solche des WEG, namentlich die Ausübung und Durchsetzung des Rechts auf Entziehung des Wohnungseigentums nach § 17 WEG[59] oder der Anspruch auf Duldung des Zugangs zu einem Sondereigentum aus § 14 Abs. 1 Nr. 2 WEG.[60]

34 Trifft eine Verpflichtung im **Außenverhältnis alle Wohnungseigentümer** und gebieten die Interessen der Wohnungseigentümer oder dritter Personen eine gemeinsame Erfüllung, handelt es sich um eine gemeinschaftsbezogene Pflicht iSv § 9 Abs. 2 Var. 2 WEG (§ 10 Abs. 6 S. 3 Hs. 1 Alt. 2 WEG aF).[61] Dies stellt also nicht bloß eine Pflicht der Gemeinschaft der Wohnungseigentümer im Innenverhältnis zu den einzelnen Eigentümern dar,[62] sondern bedeutet eine passive Prozessführungsbefugnis und eine unmittelbare Verpflichtung der Gemeinschaft:[63] Im Außenverhältnis kann der Gläubiger eine gemeinschaftsbezogene Pflicht gegen die Gemeinschaft der Wohnungseigentümer außergerichtlich und gerichtlich durchsetzen.[64]

35 **(3) Innenverhältnis zwischen den Wohnungseigentümern und deren Gemeinschaft.** Die einzelnen Wohnungseigentümer können von dem Gläubiger **neben** der Gemeinschaft der Wohnungseigentümer weiterhin in Anspruch genommen werden, weil § 9 Abs. 2 WEG (§ 10 Abs. 6 S. 3 WEG aF) einen **gesetzlichen Schuldbeitritt** der Gemeinschaft der Wohnungseigentümer anordnet und damit eine Gesamtschuld begründet, innerhalb derer der in Anspruch genommene Eigentümer von der Gemeinschaft Freistellung im Außenverhältnis verlangen kann.[65] Würde die Gemeinschaft der Wohnungseigentümer allein für diese Verbindlichkeiten einzustehen haben, würde dies zum Nachteil der Gläubiger, deren Rechtsdurchsetzung vereinfacht werden soll, im Ergebnis eine befreiende Schuldübernahme bedeuten.[66]

36 Die Gemeinschaft der Wohnungseigentümer ist im **Innenverhältnis** gegenüber ihren Wohnungseigentümern verpflichtet, die gemeinschaftsbezogene Pflicht im Außenverhältnis zu erfüllen, etwa einen Wohnungseigentümer, der als Schuldner einer Abgabe in Anspruch genommen wird, von dieser Verpflichtung freizustellen, soweit die Forderung berechtigt ist, ansonsten diese abzuwehren.[67] Hat ein einzelner Eigentümer die Verpflichtung, auch ohne Absprache mit den anderen Eigentümern, erfüllt, erlangt er einen Rückgriffsanspruch gegen die Gemeinschaft der Wohnungseigentümer, gegen den diese allerdings bestehende Einwendungen erheben kann.[68]

37 **bb) Sonstige („vergemeinschaftete") Rechte und Pflichten (§ 10 Abs. 6 S. 3 Hs. 2 WEG aF).** Die Wohnungseigentümer haben grundsätzlich keine Möglichkeit mehr zu beschließen, sonstige Rechte und Pflichten durch ihren Verband wahrnehmen zu lassen. Eine derartige „Vergemeinschaftung" ist abgeschafft worden, da mit dieser die Gemeinschaft zu tief in die Privatautonomie des einzelnen Wohnungseigentümers eingreifen konnte und eine erhebliche Unsicherheit für den Rechtsverkehr bestand, der oftmals nur schwer in Erfahrung bringen konnte, ob die Wohnungseigentümer die Wahrnehmung eines Rechts oder auch einer Pflicht „vergemeinschaftet" hatten.[69] Die Gesetzesverfasser gehen aber davon aus, dass die Wohnungseigentümer beschließen können, sämtliche ihnen gegen den Bauträger zustehende Mängelrechte durch ihre Gemeinschaft wahrnehmen zu lassen (→ Rn. 47). Konnten **sonstige gemeinschaftliche Rechte** der Wohnungseigentümer gemeinschaftlich geltend gemacht werden oder waren **sonstige Pflichten** der Wohnungseigentümer gemeinschaftlich zu erfüllen, ordnete § 10 Abs. 6 S. 3 Hs. 2 WEG aF an, dass dies durch den Verband Wohnungs-

57 BGH 24.7.2015 – V ZR 167/14, NJW 2015, 2874 Rn. 13.
58 BGH 24.7.2015 – V ZR 167/14, NJW 2015, 2874 Rn. 13.
59 Vgl. BGH 19.12.2013 – V ZR 96/13, NJW-RR 2014, 452 Rn. 8.
60 Vgl. LG Berlin 15.6.2010 – 85 S 74/09, ZWE 2011, 181; *Schmid* NZM 2009, 721 (722).
61 BGH 17.10.2014 – V ZR 9/14, NJW 2015, 613 Rn. 22; BGH 11.12.2015 – V ZR 180/14, NJW 2016, 1735 Rn. 18.
62 AA *Becker* ZWE 2014, 14 (16 f.).
63 BGH 11.12.2015 – V ZR 180/14, NJW 2016, 1735 Rn. 21.
64 BGH 11.12.2015 – V ZR 180/4, NJW 2016, 1735 Rn. 9 ff.
65 BGH 14.2.2014 – V ZR 100/13, NJW 2014, 1093 Rn. 7 f.; *Hügel/Elzer* WEG § 10 Rn. 253; für die Verkehrssicherungspflicht *Dötsch/Greiner* ZWE 343, 344 ff.; aA *Becker* ZWE 2016, 252 (254 f.) in Anm. zu BGH 11.12.2015 – V ZR 180/14, NJW 2016, 1735 Rn. 22, dort freilich offengelassen.
66 *Elzer* ZMR 2005, 628; BeckOK WEG/*Müller* § 10 Rn. 520; aA *Rühlicke* ZWE 2007, 261 (769).
67 BGH 14.2.2014 – V ZR 100/13, NJW 2014, 1093 Rn. 10 ff.
68 BGH 14.2.2014 – V ZR 100/13, NJW 2014, 1093 Rn. 15.
69 BT-Drs. 168/20, 48 f.

eigentümergemeinschaft geschah, wenn die Eigentümer dies beschlossen hatten: Es konnten Rechte und Pflichten „**vergemeinschaftet**", also die Durchsetzung oder Erfüllung durch den Verband, beschlossen werden, wenn dies für die Ausübung des Rechts förderlich war (→ *Vergemeinschaftung* Rn. 1 ff.).[70]

Die Verfolgung des sonstigen Rechts durch den Verband Wohnungseigentümergemeinschaft musste sinnvoll   38
oder förderlich sein, was eine **wertende** – somit für Rechtsunsicherheit sorgende – **Betrachtung** eröffnete.[71]
Daher brauchte der Anspruch nicht sämtlichen Wohnungseigentümern zuzustehen oder die Pflicht sämtliche
Wohnungseigentümer zu treffen, ausreichend war, dass er einem Wohnungseigentümer zustand oder von sie
einem Wohnungseigentümer zu erfüllen war.[72]

(1) „**Vergemeinschaftungsakt**". Anders als bei der „geborenen" Wahrnehmungsberechtigung und Aus-   39
übungsverpflichtung war eine Ausübung oder Wahrnehmung der durch die Vergemeinschaftung „gekorenen"
Rechte und Pflichten grundsätzlich nicht zwingend.[73] Wurde eine solche gekorene Ausübungsbefugnis des
Verbands Wohnungseigentümergemeinschaft beschlossen, waren die **einzelnen Eigentümer nicht mehr prozessführungsbefugt**.[74] Es handelte sich trotz des für die Vergemeinschaftung notwendigen Akts um eine gesetzliche und keine gewillkürte Prozessstandschaft,[75] weil der sog. „Vergemeinschaftungsakt" bloße Tatbestandsvoraussetzung der gesetzlichen Prozessstandschaft, nicht aber die Ermächtigung selbst war.[76]

Ausübung und Wahrnehmung von Recht oder Pflicht musste durch **Mehrheitsbeschluss** der Wohnungseigen-   40
tümer auf den Verband Wohnungseigentümergemeinschaft übertragen worden sein. Hierfür bestand eine ungeschriebene Beschlusskompetenz.[77]

Der **Beschluss** musste hinreichend bestimmt die Rechte und Pflichte bezeichnen und es musste auch aus ihm   41
hervorgehen, dass es sich um eine Ausübung durch den Verband Wohnungseigentümergemeinschaft handeln
sollte, wovon freilich im Zweifel auszugehen war.[78] Außerdem musste der Beschluss ordnungsgemäßer Verwaltung entsprechen; war dies nicht der Fall, war der Beschluss anfechtbar, aber nicht nichtig. Stellte ausnahmsweise allein die Wahrnehmung durch den Verband eine ordnungsgemäße Verwaltung dar, hatte der einzelne Wohnungseigentümer aus § 21 Abs. 4 WEG aF einen Anspruch auf entsprechende Beschlussfassung.[79]
Mit Wirkung für die Zukunft sind „Vergemeinschaftungsakte" mit Inkrafttreten der WEG-Novelle 2020 unwirksam geworden (Ausnahme → Rn. 47).[80]

(2) **Rechtsfolgen.** Beschlossen die Wohnungseigentümer, dass das Recht durch den Verband Wohnungseigen-   42
tümergemeinschaft durchgesetzt werden sollte, war dieser mit Wirksamkeit des Beschlusses allein befugt, das
Recht als **gesetzlicher Prozessstandschafter** der Wohnungseigentümer wahrzunehmen, so dass die bereits erhobene Klage eines einzelnen Wohnungseigentümers unzulässig wurde, eine weitere Klage des Wohnungseigentümers von Anfang an unzulässig war („Durchsetzungssperre").[81] Verlor der einzelne Eigentümer die Prozessführungsbefugnis, vermochte ihm nicht analog den §§ 265, 325 ZPO deren Fortbestand zugebilligt zu werden.[82] Vielmehr konnte der einzelne Wohnungseigentümer den Rechtsstreit für erledigt erklären, allerdings mit
der Kostenfolge einer Feststellungsklage oder bei Zustimmung des Gegners nach § 91 a ZPO (→ *Prozess und*

---

70 BGH 5.12.2014 – V ZR 5/14, NJW 2015, 1020 Rn. 7; ausführl. *Becker* ZWE 2007, 437 ff.; *Dötsch* ZfIR 2015,
    328 ff.; *Suilmann* ZWE 2013, 307 ff.; *Wenzel* NZM 2008, 76 ff.; „gekorene Wahrnehmungsberechtigung und Aus-
    übungsverpflichtung".
71 BT-Drs. 168/20, 48 f.; vgl. BGH 5.12.2014 – V ZR 5/14, NJW 2015, 1020 Rn. 7; BGH 24.7.2015 – V ZR 167/14,
    NJW 2015, 2874 Rn. 13.
72 Vgl. BGH 15.1.2010 – V ZR 80/09, NJW 2010, 933 Rn. 8.
73 BeckOK WEG/*Müller* § 10 Rn. 545.
74 BGH 10.7.2015 – V ZR 169/14, NJW 2016, 53 Rn. 6.
75 BGH 5.12.2014 – V ZR 5/14, NJW 2015, 1020 Rn. 16; aA *Becker* ZWE 2007, 432 (436).
76 BeckOK WEG/*Müller* § 10 Rn. 546.
77 BeckOK WEG/*Müller* § 10 Rn. 545.
78 Vgl. BGH 10.7.2015 – V ZR 169/14, ZWE 2015, 402 Rn. 5.
79 *Hügel/Elzer* WEG § 10 Rn. 246.
80 Vgl. BT-Drs. 168/20, 49.
81 Vgl. BGH 5.12.2014 – V ZR 5/14, NJW 2015, 1020 Rn. 14; BGH 24.1.2020 – V ZR 295/16, NZM 2020, 664
    Rn. 14; vgl. BeckOK WEG/*Müller* § 10 Rn. 549.
82 AA OLG Hamm 5.11.2009 – 15 Wx 15/09, ZWE 2010, 44 (45); vgl. BeckOK WEG/*Müller* § 10 Rn. 552.

Prozessgrundsätze Rn. 41 f.).[83] Es bot sich freilich ein gewillkürter Parteiwechsel auf den Verband Wohnungs-eigentümergemeinschaft an, der sachdienlich und gem. den §§ 263, 533 ZPO möglich war.[84] Der prozessfüh-rende Eigentümer konnte aus § 21 Abs. 4 WEG aF im Innenverhältnis die Übernahme verlangen, wenn der Prozess im Einzelfall erfolgversprechend war, da nur dies einer ordnungsgemäßen Verwaltung entsprach.[85]

43 Auch wenn die Eigentümer beschlossen hatten, sonstige Pflichten durch den Verband Wohnungseigentümer-gemeinschaft wahrnehmen zu lassen, blieben die einzelnen Wohnungseigentümer weiterhin im **Außenver-hältnis** verpflichtet, trat also mit dem Beschluss eine kumulative Verpflichtung der Wohnungseigentümer und des Verbands Wohnungseigentümergemeinschaft ein (Schuldbeitritt), da anderenfalls eine befreiende Schuld-übernahme durch den Verband zum Nachteil des Gläubigers hätte beschlossen werden können.[86] Es entstand vielmehr im Innenverhältnis ein Freistellungs- bzw. Erstattungsanspruch des einzelnen Wohnungseigentümers gegen den Verband Wohnungseigentümergemeinschaft.[87] Wie bei einer gemeinschaftsbezogenen Pflicht führte der Beschluss zu einer gemeinschaftlichen Verpflichtung mit den einzelnen Wohnungseigentümern[88] und einer Prozessstandschaft (→ Rn. 35). War bereits ein Prozess gegen einen Wohnungseigentümer auf Durchsetzung der Pflicht anhängig, konnte die Klage grundsätzlich erweitert werden, blieb aber zulässig.

44 War die Vergemeinschaftung der sonstigen Rechte und Pflichten nicht beschlossen worden, verblieb die **Zu-ständigkeit** zur Prozessführung bei den einzelnen Eigentümern. Wurde ein Beschluss getroffen, nach dem die Eigentümer wieder zuständig sein sollen, **fiel** die Zuständigkeit an die Eigentümer zurück.

45 Freilich konnte ein einzelner Eigentümer weiterhin Klage erheben, etwa wenn durch eine Störung **zugleich** das **Gemeinschaftseigentum** und sein **Sondereigentum** beeinträchtigt waren; der Verband Wohnungseigentü-mergemeinschaft nahm – wenn nichts anderes beschlossen worden war – grundsätzlich nur die vergemein-schafteten Rechte hinsichtlich der Störung des Gemeinschaftseigentums wahr (→ *Vergemeinschaftung* Rn. 11).[89] Dies gilt weiterhin, wenn die Wohnungseigentümer beschlossen haben, Mängelrechte gegen den Bauträger durch ihre Gemeinschaft wahrnehmen zu lassen, daneben aber einzelne Wohnungseigentümer auch Ansprüche wegen Mängeln an ihrem Sondereigentum geltend machen (→ Rn. 47).

46 War ein Beschluss zur Rechtsdurchsetzung getroffen worden, nahm der Verband Wohnungseigentümerge-meinschaft aber die Rechte nicht wahr, hinderte dies dennoch den einzelnen Wohnungseigentümer an der Durchsetzung seiner Rechte. Stattdessen hatte er im Innenverhältnis nach § 21 Abs. 4 WEG aF seinen An-spruch **auf ordnungsgemäße Verwaltung** durchzusetzen oder vermochte den Verwalter gem. § 27 Abs. 1 Nr. 1 WEG aF daran zu erinnern, die gefassten Beschlüsse ordnungsgemäß durchzuführen (→ *Ordnungsmä-ßige Verwaltung* Rn. 90 ff.).[90]

47 **(3) Sonstige Rechte (Alt. 1), insbes. Mängelrechte gegen den Bauträger.** Zu den **Rechten**, deren **Wahr-nehmung** durch die Gemeinschaft der Wohnungseigentümer **förderlich** war, gehörten etwa[91] Ansprüche auf Beseitigung und Unterlassung einer Störung des gemeinschaftlichen Eigentums gegen den einzelnen Woh-nungseigentümer aus § 1004 Abs. 1 BGB,[92] bspw. bei einer Benutzung des Gemeinschaftseigentums, die nicht der vereinbarten oder beschlossenen Benutzungsregelung entsprach,[93] nicht bei Störung von Sondereigen-tum,[94] auch aus § 15 Abs. 3 WEG aF, wenn ein Wohnungseigentümer dem Eigentümer, dem das Eigentum

---

83 BGH 24.1.2020 – V ZR 295/16, NZM 2020, 664 Rn. 14; *Dötsch* ZWE 2016, 149 (152); *Skauradszun* MDR 2015, 515 (519); vgl. aber *Briesemeister* ZMR 2014, 951 (952).
84 *Dötsch* ZWE 2016, 149 (152); *Ott* ZWE 2017, 106 (112); BeckOK WEG/*Müller* § 10 Rn. 552 a.
85 *Dötsch* ZWE 2016, 149 (152); *Ott* ZWE 2017, 106 (112).
86 BGH 14.2.2014 – V ZR 100/13, NJW 2014, 1093 Rn. 4 ff.; *Dötsch/Greiner* ZWE 2014, 343 (345); *Hügel/Elzer* WEG § 10 Rn. 253.
87 BeckOK WEG/*Müller* § 10 Rn. 558.
88 AA *Becker* ZflR 2012, 403 (410 f.): interne Erfüllungsübernahme.
89 Vgl. BGH 5.12.2014 – V ZR 5/14, NJW 2015, 2010 Rn. 19.
90 Vgl. BGH 5.12.2014 – V ZR 5/14, ZWE 2015, 122 Rn. 18; BGH 24.1.2020 – V ZR 295/16, NZM 2020, 664 Rn. 18; *Schmid*, ZWE 2015, 203 (204).
91 Ausführl. BeckOK WEG/*Müller* § 10 Rn. 548.
92 BGH 5.12.2014 – V ZR 5/14, NJW 2015, 1020 Rn. 7; BGH 5.7.2019 – V ZR 149/18, NJW 2020, 42 Rn. 5.
93 BGH 25.10.2019 – V ZR 271/18, NJW 2020, 921 Rn. 6 ff.
94 Vgl. Anm. *Ott* zu BGH 5.12.2014 – V ZR 5/14, ZWE 2015, 122 (125).

nach § 18 Abs. 2 S. 2 Nr. 1 WEG aF entzogen worden war, dieses wieder überlassen hatte.[95] Es wurde freilich vorgeschlagen, etwa individuelle Abwehransprüche danach aufzuteilen, wo sich die Störungen auswirkten, etwa im Gemeinschafts- oder Sondereigentum,[96] was aber in der Regel nicht zu bewerkstelligen war, so dass eher von einer Gemeinschaftsbezogenheit ausgegangen werden konnte.[97] Ebenso zu nennen sind Mitwirkungsansprüche gegen den einzelnen Eigentümer aus dem Gemeinschaftsverhältnis.[98] Die **plangerechte Erstherstellung** durch den Bauträger vermag jeder Wohnungseigentümer bis zur „Vergemeinschaftung" im eigenen Namen zu verlangen, so auch Erfüllung und Nacherfüllung sowie Vorschuss und Ersatz der Selbstvornahmekosten, jeweils mit Leistung an seine Gemeinschaft (sog. primäre Mängelrechte; zu sekundären Mängelrechten → Rn. 31; → *Vergemeinschaftung* Rn. 13).[99] Die Wohnungseigentümer sind nach geltendem Recht weiterhin befugt zu beschließen, die plangerechte Herstellung auf ihre Gemeinschaft zu übertragen, sodass diese auch die Primäransprüche geltend machen kann.[100] Dies folgt aus den §§ 18, 19 Abs. 1 u. 2 Nr. 2 WEG, da auch die plangerechte Herstellung eine Maßnahme der Instandsetzung und Instandhaltung des Gemeinschaftseigentums, also der Erhaltung (vgl. die Legaldefinition des § 13 Abs. 2 WEG), ist.[101] Die „Vergemeinschaftung" beruhte in diesem Fall also nicht auf § 10 Abs. 6 S. 3 Hs. 2 WEG aF. Beschließen die Wohnungseigentümer die Durchsetzung durch ihre Gemeinschaft, ist der einzelne Wohnungseigentümer hiervon ausgeschlossen.[102]

(4) Sonstige Pflichten (Alt. 2). Die Erfüllung sonstiger Pflichten durch den Verband Wohnungseigentümergemeinschaft musste für die Pflichterfüllung **förderlich** sein, wobei es sich nicht um eine Pflicht zu handeln brauchte, die sämtliche Wohnungseigentümer traf.[103] Eine solche Pflicht ist etwa die Bereitstellung von Geldern für eine Beschlussanfechtungsklage gegen bestimmte Eigentümer.[104]   48

cc) Individualrechte und gewillkürte Prozessstandschaft. Es gibt neben den § 9 a Abs. 2 WEG unterfallenden Rechten und Pflichten noch Rechte und Pflichten der einzelnen Eigentümer **ohne Gemeinschaftsbezug**. Beschließen die Eigentümer eine „Vergemeinschaftung" ihrer Rechte, ist der Beschluss mangels Beschlusskompetenz nichtig,[105] was seit Inkrafttreten der WEG-Novelle 2020 ohnehin grundsätzlich für „Vergemeinschaftungsbeschlüsse" gilt (Ausnahme → Rn. 47).[106]   49

Handelt es sich um das Recht oder die Pflicht der Gemeinschaft der Wohnungseigentümer selbst (§ 9 a Abs. 1 S. 1 WEG), wird diese **nicht** als **Prozessstandschafterin** tätig, sondern nimmt ihre eigenen Rechte und Pflichten war. Dies sind etwa Ansprüche auf Hausgeldzahlung sowie Ansprüche aus dem Verwaltervertrag, da die Gemeinschaft Vertragspartnerin des Verwalters ist.[107] Die Wohnungseigentümer vermögen grundsätzlich durch Beschluss einen Eigentümer zur Prozessführung für ihre Gemeinschaft zu ermächtigen.[108]   50

Hingegen sind die **individuellen Rechte** der einzelnen Eigentümer durch diese durchzusetzen und ihre **individuellen Pflichten** durch sie zu erfüllen.   51

Namentlich **Mitgliedsrechte** der Eigentümer sowie das Recht zur **Beschlussanfechtung** (§ 44 Abs. 1 S. 1 WEG) sowie auf Beschlussersetzung (§ 44 Abs. 1 S. 2 WEG) sind deren reine Individualrechte.[109] Die **interne Willensbildung** der Gemeinschaft der Wohnungseigentümer unterfällt nicht § 9 a Abs. 1, 2 WEG, so die indi-   52

---

95 BGH 18.11.2016 – V ZR 221/15, NJW-RR 2017, 260 Rn. 10.
96 Lärm in der Wohnung oder im Treppenhaus, *Wenzel* ZWE 2009, 165 (166).
97 BeckOK WEG/*Müller* § 10 Rn. 564; vgl. auch BGH 24.1.2020 – V ZR 295/16, NZM 2020, 664 Rn. 18.
98 BGH 12.4.2013 – V ZR 103/12, NJW 2013, 1962 Rn. 6.
99 BeckOGK/*Falkner* WEG § 10 Rn. 522 ff., Begriffe in Rn. 521.
100 BT-Drs. 168/20, 49 unter Verweis auf BGH 12.4.2007 – VII ZR 236/05, NJW 2007, 1954 Rn. 15 ff.
101 Vgl. BGH 12.4.2007 – VII ZR 236/05, NJW 2007, 1954 Rn. 16.
102 Vgl. BGH 12.4.2007 – VII ZR 236/05, NJW 2007, 1954 Rn. 21.
103 BGH 12.4.2014 – V ZR 100/13, NJW 2014, 1093 Rn. 6; BGH 8.2.2013 – V ZR 238/11, NJW 2013, 1092 Rn. 12.
104 BGH 17.10.2014 – V ZR 26/14, NJW 2015, 930 Rn. 13.
105 *Dötsch* ZWE 2013, 354; *Elzer* ZMR 2013, 769 (773); *Skauradszun* ZMR 2015, 515 (516); aA *Ott* ZWE 2017, 106 (107).
106 BT-Drs. 168/20, 49.
107 Vgl. KG 28.1.2010 – 24 W 43/09, ZWE 2010, 183 (185).
108 BGH 19.7.2013 – V ZR 109/12, NJW-RR 2014, 326 Rn. 9; vgl. auch BGH 12.4.2007 – VII ZR 236/05, NJW 2007, 1955 Rn. 22.
109 BeckOK WEG/*Müller* § 10 Rn. 560.

viduellen Rechte der einzelnen Eigentümer, mit denen die Gemeinschaft der Wohnungseigentümer zur ordnungsgemäßen Verwaltung angehalten werden soll (§§ 18 Abs. 1 u. 2, 19 Abs. 1 WEG).[110]

53   Ansprüche, die das **Sondereigentum** oder das **sonstige Vermögen** des Eigentümers betreffen, stellen ebenfalls Individualrechte dar.[111] Das sind etwa Ansprüche gegen den Verwalter in Bezug auf das Sondereigentum, etwa weil wegen der Verletzung einer Pflicht aus dem Verwaltervertrag mit Schutzwirkung zugunsten des Eigentümers ein Schaden an dessen Sondereigentum eingetreten ist.[112] Gleiches gilt für Mängelansprüche aus einem Bauträgervertrag, die auf das Sondereigentum bezogen sind, wobei eine Fristsetzung des einzelnen Eigentümers unwirksam ist, wenn diese mit den Interessen der Gemeinschaft der Wohnungseigentümer kollidiert.[113]

54   Die Wohnungseigentümer können die **Gemeinschaft der Wohnungseigentümer** grundsätzlich ermächtigen, ihre Rechte gerichtlich durchzusetzen (gewillkürte Prozessstandschaft; → Rn. 49 ff.),[114] sofern diese in einem engen rechtlichen und wirtschaftlichen Zusammenhang mit der Verwaltung des gemeinschaftlichen Eigentums stehen. Klagt die Gemeinschaft der Wohnungseigentümer wegen Mängeln am Gemeinschaftseigentum (→ Rn. 31, 47; → *Vergemeinschaftung* Rn. 13 f.), kann in diesem Zusammenhang zugleich eine gewillkürte Prozessstandschaft wegen Mängeln am Sondereigentum der Wohnungseigentümer erfolgen.[115] Denkbar ist auch eine Abtretung.[116] Überdies ist eine Prozessstandschaft im Rahmen eines selbstständigen Beweisverfahrens möglich (→ *Selbstständiges Beweisverfahren* Rn. 10).

55   **b) Prozessstandschaft durch den Verwalter.** Der Verwalter handelt grundsätzlich nicht als gesetzlicher Prozessstandschafter, weder für die Wohnungseigentümer noch für deren Gemeinschaft. Er kann auch nicht als gewillkürter Prozessstandschafter der Gemeinschaft auftreten, da er wegen der Rechtsfähigkeit der Gemeinschaft der Wohnungseigentümer nach den §§ 9 a Abs. 1 S. 1, 9 b Abs. 1 S. 1 WEG als deren Organ grundsätzlich kein schutzwürdiges eigenes Interesse daran hat.[117] Ein Interesse ist nur in **Ausnahmefällen** denkbar, etwa wenn sich der Verwalter selbst der Gemeinschaft der Wohnungseigentümer gegenüber schadensersatzpflichtig gemacht hat und nunmehr zur Schadensminderung selbst einen Anspruch gegen einen Dritten verfolgt, dem aber nur geringe Erfolgsaussichten zugebilligt werden.[118] Es ist schließlich denkbar, die Prozessführungsbefugnis zu widerrufen, insbes. wenn der Verwalter abberufen worden ist (→ *Verwalter* Rn. 31 ff.).[119]

56   Hingegen vermag der Verwalter nach allgemeinen Grundsätzen für einzelne **Wohnungseigentümer** als **Prozessstandschafter** aufzutreten.[120]

57   **c) Prozessstandschaft durch einzelne Wohnungseigentümer.** Einzelne Eigentümer können grundsätzlich als Prozessstandschafter für die Gemeinschaft der Wohnungseigentümer, aber auch für andere Eigentümer auftreten.

58   **aa) Für die Gemeinschaft der Wohnungseigentümer.** Ein einzelner Wohnungseigentümer kann insbesondere dann zur Prozessstandschaft für die Gemeinschaft der Wohnungseigentümer ermächtigt werden, wenn er allein oder besonders betroffen ist und es sich anbietet, das **Kostenrisiko** bei diesem zu verankern. Der einzelne Eigentümer kann die Rechte der Gemeinschaft geltend machen, aber auch solche Rechte, für die die Gemeinschaft wiederum selbst Prozessstandschafterin ist (§ 9 a Abs. 2 WEG); insofern lässt die Prozessautonomie eine Rückübertragung zu.[121] Nach der Gegenauffassung soll nur der einzelne Eigentümer zur Prozessfüh-

---

110   Vgl. zu § 21 Abs. 4 u. 8 WEG aF hingegen BGH 17.10.2014 – V ZR 9/14, NJW 2015, 613 Rn. 22.
111   BeckOK WEG/*Müller* § 10 Rn. 561.
112   LG Hamburg 25.2.2015 – 318 S 110/14, ZWE 2016, 24 (25); LG Hamburg 8.6.2016 – 318 S 18/15, ZWE 2017, 48 (49).
113   BGH 6.3.2014 – VII ZR 266/13, NJW 2014, 1377 Rn. 38 ff.
114   BT-Drs. 168/20, 49.
115   BGH 12.4.2007 – VII ZR 236/05, NJW 2007, 1952 Rn. 24; aA *Hügel/Elzer* WEG Vor § 43 Rn. 15.
116   Vgl. BGH 25.2.2016 – VII ZR 49/15, NJW 2016, 1572 Rn. 24.
117   BGH 28.1.2011 – V ZR 145/10, NJW 2011, 1361 Rn. 6 ff.; *Hügel/Elzer* WEG Vor § 43 Rn. 13; vgl. *Abramenko* ZWE 2020, 253 (254 f.).
118   BGH 28.1.2011 – V ZR 145/10, NJW 2011, 1361 Rn. 15.
119   BGH 20.1.2012 – V ZR 55/11, NJW 2012, 1207 Rn. 11 ff.
120   Vgl. *Dötsch* ZfIR 2011, 419 (420); *Hügel/Elzer* WEG Vor § 43 Rn. 14.
121   BGH 12.4.2007 – VII ZR 236/05, NJW 2007, 1955 Rn. 22; BGH 19.7.2013 – V ZR 109/12, NJW-RR 2014, 326 Rn. 9; *Müller* ZMR 2015, 665 (667 f.).

rung für die Gemeinschaft hinsichtlich dessen eigener Rechte, nicht aber den § 9 a Abs. 2 WEG unterfallenden Rechten der Wohnungseigentümer ermächtigt werden können, weil nun einmal eine einheitliche Interessenwahrnehmung und Rechtsverfolgung erforderlich sei (→ *Vergemeinschaftung* Rn. 2 ff.).[122]

Das anerkennungswürdige **Eigeninteresse** des einzelnen Wohnungseigentümers begründet sich mit den von diesem erwarteten rechtlichen oder wirtschaftlichen Auswirkungen des für die Gemeinschaft der Wohnungseigentümer geführten Prozesses,[123] etwa wenn ein einzelner Eigentümer bereit ist, das Prozessrisiko auf sich zu nehmen.[124]   59

Der einzelne Wohnungseigentümer muss durch einen hinreichend bestimmten **Beschluss** zur Prozessführung ermächtigt worden sein.[125] Es ist aber auch eine andere Art der Ermächtigung denkbar, etwa die Zustimmung des anderen Wohnungseigentümers in einer zweigliedrigen Gemeinschaft.[126] Steht der Beschluss zu einer Regelung der Gemeinschaftsordnung im Widerspruch, ist der Beschluss trotz der konkurrierenden Zuständigkeit nicht nichtig, sondern bloß anfechtbar.   60

Die Ermächtigung kann grundsätzlich, sofern nicht unwiderruflich erteilt, widerrufen werden. Ist der Beklagte allerdings schutzwürdig, weil er bereits zur Hauptsache mündlich verhandelt hat, führte der Widerruf der Ermächtigung zu einem **Prozessurteil** wegen Unzulässigkeit. Daher wird seine Zustimmung analog § 269 Abs. 1 ZPO verlangt; stimmt er nicht zu, wird der Prozess mit dem Prozessstandschafter bis zu einem Urteil in der Sache fortgesetzt. Denkbar ist auch eine subjektive Klageänderung.[127] Ist noch nicht mündlich verhandelt worden, besteht die Möglichkeit zum Parteiwechsel; kommt es nicht zu einem Parteiwechsel, ist die Klage als unzulässig abzuweisen.[128]   61

bb) Für andere Personen, insbes. Wohnungseigentümer. Nach den **allgemeinen Grundsätzen** können einzelne Wohnungseigentümer auch für andere Eigentümer auftreten, etwa wenn der Verkäufer von Wohnungseigentum vor dem Eigentumsübergang den Käufer ermächtigt, das Stimmrecht in der Eigentümerversammlung auszuüben, was auch für eine Anfechtungsklage die Prozessführungsbefugnis bedeutet.[129]   62

d) Gesetzliche Prozessstandschaft nach der Veräußerung von Wohnungseigentum. Wird das Wohnungseigentum während eines rechtshängigen Verfahrens veräußert, eröffnet § 265 Abs. 1 ZPO eine Prozessstandschaft für den **Erwerber** (gleich ob der Veräußerer im bisherigen Recht Partei oder Beigeladener war, § 48 Abs. 2 S. 3 WEG aF; → *Beiladung, Streitgenossenschaft, Nebenintervention und Streitverkündung* Rn. 29 ff.). Ein Parteiwechsel setzt die Zustimmung des Gegners voraus. Das Urteil wirkt nach § 325 Abs. 1 Alt. 1 ZPO für und gegen den Rechtsnachfolger, sofern der Erwerber von dem Nichtberechtigten das Eigentum gutgläubig erworben hat und dabei gutgläubig davon ausgegangen ist, dass kein Prozess rechtshängig ist („doppelte Gutgläubigkeit").[130]   63

e) Keine Actio pro socio. Der einzelne Wohnungseigentümer kann grundsätzlich **nicht im eigenen Namen** mit dem Ziel der Leistung an diese **Sozialansprüche** der Gemeinschaft der Wohnungseigentümer geltend machen,[131] da dies den Gesamtwillen der Wohnungseigentümer unterlaufen würde.[132] Denkbar ist aber eine rechtliche Notmaßnahme, etwa im einstweiligen Rechtsschutz oder eine Klageerhebung wegen drohender Verjährung oder die Rechtsmitteleinlegung vor Fristablauf.[133]   64

---

122   Zu § 10 Abs. 6 S. 3 WEG aF *Elzer* ZMR 2014, 948; *Hügel/Elzer* WEG Vor § 43 Rn. 12.

123   Vgl. LG Frankfurt a. M. 8.6.2011 – 13 S 33/10, ZWE 2012, 179.

124   Vgl. *Hügel/Elzer* WEG Vor § 43 Rn. 12.

125   LG Hamburg 3.2.2010 – 318 S 84/08, ZWE 2010, 337 (338 f.).

126   BGH 27.2.2015 – V ZR 128/14, NJW 2015, 2425 Rn. 13.

127   BGH 27.2.2015 – V ZR 128/14, NJW 2015, 2425 Rn. 28 f.

128   BGH 27.2.2015 – V ZR 128/14, NJW 2015, 2425 Rn. 30 f.

129   KG 18.2.2004 – 24 W 126/03, NJW-RR 2004, 878 f.

130   BGH 14.9.2018 – V ZR 267/17, NJW 2019, 310 Rn. 32; vgl. BeckOK ZPO/*Gruber* § 325 Rn. 27.

131   BT-Drs. 168/20, 48.

132   BGH 20.4.1990 – V ZB 1/90, NJW 1990, 2386 f.; aA *Bärmann/Roth* WEG Vor § 43 Rn. 32; vgl. auch BT-Drs. 168/20, 48.

133   OLG Frankfurt a. M. 4.9.2008 – 20 W 347/95, ZWE 2009, 123 (125); *Hügel/Elzer WEG* § 21 Rn. 17.

III. Sachliche Prozessvoraussetzungen

65 Die sachlichen Prozessvoraussetzungen lassen sich in die **allgemeinen,** für **jede Klageart** notwendigen Voraussetzungen, sowie die besonderen Voraussetzungen aufteilen. **Besondere Prozessvoraussetzungen** sind die Voraussetzungen für eine Widerklage (§§ 33, 595 Abs. 1 ZPO; → *Prozess und Prozessgrundsätze* Rn. 19), eine Feststellungsklage (§ 256 ZPO), eine Abänderungsklage (§ 323 ZPO), eine Wiederaufnahmeklage (§§ 578 ff. ZPO), eine Klage im Urkundsprozess (§§ 592 ff. ZPO), aber auch die Beschlussklagen nach § 44 Abs. 1 WEG (→ *Anfechtungsklage* Rn. 1 ff.; → *Beschlussersetzung* Rn. 9 ff.). Ebenfalls gibt es besondere Sachvoraussetzungen im Zwangsvollstreckungsrecht, wie die Vollstreckungsgegenklage (§ 767 ZPO) oder die Drittwiderspruchsklage (§ 771 ZPO).

66 Zu den **allgemeinen Prozessvoraussetzungen** gehören neben der ordnungsgemäßen Klageerhebung die Zulässigkeit des Rechtswegs, die internationale, örtliche und sachliche Zuständigkeit des angerufenen Gerichts, das Rechtsschutzbedürfnis, die Klagbarkeit des Anspruchs, das **Fehlen** einer anderweitigen Rechtshängigkeit oder Rechtskraft des Streitgegenstands sowie das Nichtvorliegen prozesshindernder Einreden. Letzteres sind namentlich die nicht eingezahlte Prozesskostensicherheit (§ 113 S. 2 ZPO), die fehlende Kostenerstattung nach Klagerücknahme (§ 269 Abs. 6 ZPO) sowie die Rügen, dass eine Schiedsvereinbarung getroffen worden (§ 1032 Abs. 1 ZPO) oder eine Einigung vor einer **Gütestelle** zu versuchen sei (§ 15 a EGZPO; → *Güte- und Schiedsverfahren, Mediation* Rn. 2 ff.).

67 **1. Ordnungsgemäße Klageerhebung.** Für die Klage in Bezug auf Wohnungseigentum gelten die allgemeinen Anforderungen.[134] Es handelt sich bei dem Schriftsatz um eine **bestimmende Prozesshandlung.** Sie muss grundsätzlich schriftlich bei Gericht eingereicht[135] und insbesondere unterschrieben werden (§§ 130, 253 Abs. 4 ZPO). Ausreichend ist die Übersendung des Originaldokuments als Fax oder als Anhang einer E-Mail. Etwas anderes gilt für den elektronischen Rechtsverkehr (§§ 130 a, 253 Abs. 4 ZPO). Auch muss die Person, die die Klage einreicht, mithin die Prozesshandlung vornimmt, postulationsfähig sein. Die Postulationsfähigkeit ist keine Prozess-, sondern Prozesshandlungsvoraussetzung dafür, dass eine Prozesshandlung überhaupt wirksam vorgenommen werden kann.

68 Von Amts wegen zu prüfen ist der in § 253 Abs. 2 ZPO genannte **notwendige Inhalt** der Klageschrift. Bestehen Mängel, können diese nach gerichtlichem Hinweis iSv § 139 Abs. 3 ZPO behoben werden; geschieht dies nicht, ist die Klage unzulässig.

69 **a) Parteibezeichnungen (§ 253 Abs. 2 Nr. 1 ZPO).** Aus § 253 Abs. 2 Nr. 1 ZPO folgt, dass die Parteien des angestrebten Rechtsstreits so genau wie möglich bezeichnet werden müssen. Da dies bei einer **Vielzahl von Wohnungseigentümern** praktisch schwierig sein kann, kannte § 44 Abs. 1 S. 1 Hs. 1 WEG aF Erleichterungen für den Kläger, entband diesen aber nicht davon, schon wegen der sich dem Erkenntnisverfahren ggf. anschließenden Zwangsvollstreckung, die namentliche Benennung bis zum Schluss der mündlichen Verhandlung nachzuholen (S. 2). § 44 Abs. 2 S. 1 WEG aF beschränkte diese Pflicht auf die übrigen Wohnungseigentümer, wenn nicht alle Wohnungseigentümer an dem Rechtsstreit beteiligt waren, erlaubte aber dieselbe Erleichterung (S. 2). Diese Besonderheiten bedarf es nicht bei Prozessen, an denen nur einzelne Eigentümer oder die Gemeinschaft der Wohnungseigentümer beteiligt sind. Da namentlich Beschlussklagen gem. § 44 Abs. 2 S. 1 WEG nunmehr gegen die Gemeinschaft der Wohnungseigentümer zu richten sind, ist die Möglichkeit, die einzelnen Wohnungseigentümer nicht in der Klageschrift aufführen zu brauchen, abgeschafft worden.[136] Sie gilt aber noch für bis zum Inkrafttreten der WEG-Novelle 2020 anhängig gemachte Verfahren fort (§ 48 Abs. 5 WEG).

70 **aa) Grundsatz, insbesondere bei Klagen durch oder gegen einzelne Eigentümer.** Bei einem **Aktivprozess** hat der klagende einzelne Eigentümer seine eigene Anschrift anzugeben. Dies hat auch bei einem **Passivprozess** gegen einzelne Eigentümer, entweder durch Dritte oder einen Eigentümer zu geschehen: Um die Zustellung der Klageschrift zu ermöglichen und auch später die Zwangsvollstreckung durchführen zu können, muss sich die Identität des Beklagten aus der Klageschrift ergeben. Die in § 130 Nr. 1 ZPO genannten Angaben für vorbereitende Schriftsätze sind für eine Klageschrift zwar nicht zwingend.[137] Gleichwohl muss namentlich die

---

134 Beispiele für Klageschriften bei FormB-WEG-R/*Scheffler* § 3 Rn. 37 ff.
135 Ausnahme: mündlich zu Protokoll der Geschäftsstelle des Amtsgerichts, §§ 129 a Abs. 1, 496 Abs. 1 ZPO.
136 BT-Drs. 168/20, 89.
137 BeckOK ZPO/*Bacher* § 253 Rn. 45.

Adresse des Beklagten genannt werden, sofern dies dem Kläger ohne Weiteres möglich ist und kein schützenswertes Interesse (etwa auf Geheimhaltung) entgegensteht.[138] Sind mehrere Personen mit dem gleichen Namen unter der Adresse wohnhaft, sind weitere individualisierende Merkmale aufzuführen, etwa ein Geburtsdatum. Bestehen dennoch Unklarheiten, vermag das Gericht die Klageschrift als Prozesshandlung insoweit auszulegen und kann dabei auf den gesamten Inhalt der Klageschrift nebst Anlagen zurückgreifen. Maßgeblich ist, welche Person aus Sicht des sog. verobjektivierten Empfängerhorizonts von der Parteibezeichnung gemeint sein soll.[139]

Ist die Partei prozessunfähig, soll deren **gesetzlicher Vertreter** angegeben werden, wenn dies für eine Zustellung erforderlich ist (§ 170 Abs. 1 S. 1 ZPO; → *Zustellungen* Rn. 4). Dies ist freilich nur in § 130 Nr. 1 ZPO vorgeschrieben und gehört nicht zum zwingenden Inhalt einer Klageschrift nach § 253 Abs. 2 ZPO. § 170 Abs. 2 ZPO kennt eine Erleichterung für die Zustellung an juristische Personen; hier genügt die Zustellung an den Leiter, der aber nicht namentlich bezeichnet zu werden braucht.[140]   **71**

bb) Klagen durch oder gegen die Gemeinschaft der Wohnungseigentümer. Klagt die Gemeinschaft der Wohnungseigentümer oder wird sie beklagt, ist die Bezeichnung in der Klageschrift ohne Schwierigkeiten möglich: Da die Gemeinschaft der Wohnungseigentümer rechtsfähig ist, ist sie selbst Partei und durch Angabe der Adresse oder der Grundstücksnummer zu bezeichnen. Im Rechtsverkehr und somit auch im Prozess muss nach § 9 a Abs. 1 S. 3 WEG die Gemeinschaft der Wohnungseigentümer die **Bezeichnung „Wohnungseigentümergemeinschaft"** oder **„Gemeinschaft der Wohnungseigentümer"** führen. Überdies ist das gemeinschaftliche Grundstück konkret zu bezeichnen, durch Angabe der Adresse oder der Grundbuchnummer. Werden die einzelnen Eigentümer neben der Gemeinschaft benannt, ist dies als bloße Mitteilung an das Gericht ohne Rechtsfolgen. Ist kein Verwalter bestellt, ist zumindest ein Wohnungseigentümer zu bezeichnen (§ 9 b Abs. 1 S. 2 WEG), damit diesem die Klage zugestellt werden kann (§ 170 Abs. 3 ZPO).[141] Handelt es sich um eine Klage, bei der auf der Gegenseite der Verwalter beteiligt ist, ist der Verwaltungsbeirat oder dessen Vorsitzender (vgl. § 29 Abs. 1 S. 1 u. 2 WEG) oder der durch Beschluss zur Prozessführung ermächtigte Wohnungseigentümer als Vertreter anzugeben (§ 9 b Abs. 2 WEG). Der die Bezeichnung erleichternde § 44 WEG aF war für Klagen der oder gegen die Gemeinschaft der Wohnungseigentümer nicht anwendbar, da die Klage nicht gegen alle (übrigen) Wohnungseigentümer erhoben wurde.   **72**

cc) Klagen durch oder gegen alle (übrigen) Wohnungseigentümer (Sammelbezeichnung nach § 44 WEG aF). § 44 WEG aF bestimmte für alle § 43 Nr. 1 bis 5 WEG aF unterfallenden, aber keine anderen Verfahren (→ *Prozess und Prozessgrundsätze* Rn. 45 ff.), Besonderheiten für den **Inhalt** der **Klageschrift**.[142] Die Norm war im selbstständigen Beweisverfahren (→ *Selbstständiges Beweisverfahren* Rn. 4) sowie im einstweiligen Rechtsschutz ohnehin nur eingeschränkt anwendbar (→ *Einstweiliger Rechtsschutz* Rn. 30). Hauptanwendungsfall war die Anfechtungsklage nach § 46 Abs. 1 S. 1 WEG aF (→ *Anfechtungsklage* Rn. 1 ff.). Da Beschlussklagen nunmehr gegen die Gemeinschaft der Wohnungseigentümer gerichtet werden müssen (§ 44 Abs. 2 S. 1 WEG), bedarf es dieser sog. Sammelbezeichnung nicht mehr,[143] sofern die Klage nicht bereits anhängig ist (§ 48 Abs. 5 WEG).   **73**

(1) Sammelbezeichnung. Wurde eine Klage gegen alle (Passiv-) oder von allen (Aktivprozess)[144] Wohnungseigentümern erhoben, erleichterte § 44 Abs. 1 S. 1 Hs. 1 WEG aF abweichend von § 253 Abs. 2 Nr. 1 ZPO die **Bezeichnung der Beteiligten** in der **Klageschrift**, um die Klageerhebung zunächst nicht wegen einer unvollständigen oder nicht erreichbaren Liste der Wohnungseigentümer zu verzögern. Ausreichend war zunächst die bestimmte Angabe des gemeinschaftlichen Grundstücks, die sog. **Sammelbezeichnung**.   **74**

§ 44 Abs. 1 Hs. 1 WEG aF erlaubte es nur, **vorübergehend** den Namen der Partei nicht zu nennen; der Kläger wurde mithin nicht von dem Erfordernis der Parteibezeichnung befreit.[145] Der Kläger musste damit angege-   **75**

---

138 BGH 9.12.1987 – IV ZR 4/87, NJW 1988, 2114 f.
139 BGH 27.11.2007 – X ZR 144/06, NJW-RR 2008, 582 Rn. 7.
140 BeckOK ZPO/*Bacher* § 253 Rn. 47.
141 Vgl. LG Karlsruhe 11.12.2012 – 11 S 231/11, ZWE 2013, 189; *Merle* ZWE 2006, 365 (369 f.).
142 BeckOK WEG/*Elzer* § 44 Rn. 1, 8.
143 BT-Drs. 19/18791, 79 f.
144 Krit. BeckOK WEG/*Elzer* § 44 Rn. 19.
145 BGH 4.3.2011 – V ZR 190/10, NJW 2011, 1738 Rn. 11.

ben, wer überhaupt verklagt werden sollte, es musste also erkennbar sein, dass nicht ein Dritter, der Verband Wohnungseigentümergemeinschaft oder der Verwalter, sondern alle (übrigen) Wohnungseigentümer mit der Klage gemeint waren.[146]

76 Erhoben mehrere Wohnungseigentümer Klage, konnten sie nicht sowohl auf Aktiv- als auch auf Passivseite die Parteibezeichnung zunächst unterlassen, weil nicht klar geworden wäre, zwischen welchen Eigentümern das Prozessrechtsverhältnis zustande kommen sollte. Allerdings konnten sie, wenn sie **entweder auf Aktiv- oder auf Passivseite** die Parteien namentlich benannt hatten, für die Gegenseite wiederum auf die **Sammelbezeichnung** zurückgreifen.

77 Wurden nur **einzelne Eigentümer** an dem Prozess als Partei beteiligt, hatte der Kläger die Liste ebenfalls iSv § 44 Abs. 1 S. 2 WEG aF bis zum Schluss der mündlichen Verhandlung vorzulegen (§ 44 Abs. 2 S. 1 WEG aF); anderenfalls wurde die Klage[147] als unzulässig abgewiesen. Schließlich musste die Reichweite der Rechtskraft des Urteils feststehen. Lud das Gericht die **nicht beteiligten Eigentümer** bei (§ 48 Abs. 1 S. 1 WEG aF), war die Liste ebenfalls einzureichen (→ *Beiladung, Streitgenossenschaft, Nebenintervention und Streitverkündung* Rn. 23).

78 **(2) Eigentümerliste.** War in der Klageschrift die **Sammelbezeichnung** angegeben worden, waren bis spätestens zum Schluss der mündlichen Verhandlung erster Instanz[148] die Wohnungseigentümer mit Hilfe der Eigentümerliste zu bezeichnen (§ 44 Abs. 1 S. 2 WEG aF). Erhob ein Dritter Klage gegen die Wohnungseigentümer, hatte er sämtliche Eigentümer in der Liste zu nennen (→ *Eigentümerliste* Rn. 1 ff.). Erhob ein Wohnungseigentümer Klage, hatte er alle übrigen Eigentümer anzugeben. Erhoben einige Wohnungseigentümer Klage, konnten sie entweder auf Aktiv- oder auf Passivseite die Sammelbezeichnung verwenden und hatten die Liste für die Eigentümer, die der Sammelbezeichnung unterfielen, nachzureichen.

79 Die **mündliche Verhandlung** wird durch Anordnung des Vorsitzenden geschlossen (§ 136 Abs. 4 ZPO). Im schriftlichen Verfahren (§ 128 Abs. 2 ZPO bzw. iSv § 495 a ZPO) ist der Zeitpunkt maßgeblich, bis zu dem Schriftsätze eingereicht werden können. Hatte der Kläger bis zu diesem Zeitpunkt versehentlich die Liste nicht eingereicht, hatte das Gericht darauf hinzuweisen (§ 139 Abs. 3 ZPO),[149] bevor es entscheiden konnte. Hatte der Kläger aber bereits in der Klageschrift angekündigt, eine Liste nachzureichen, bedurfte es keines gerichtlichen Hinweises.[150] Hatte es das Gericht dem Kläger nachgelassen, noch Schriftsätze nach Schluss der mündlichen Verhandlung einzureichen, konnte er dies freilich nicht dazu nutzen, um die Liste vorzulegen. Denn § 296 a ZPO lässt nur das Vorbringen von Angriffs- und Verteidigungsmitteln trotz des Schlusses der mündlichen Verhandlung iSd §§ 283, 139 Abs. 5 ZPO weiterhin zu; bei der Parteibezeichnung handelte es sich aber nicht um eine derartige Konstellation.[151] Eine analoge Anwendung von § 283 ZPO scheiterte an einer planwidrigen Regelungslücke.[152] Allerdings kam die Wiedereröffnung der geschlossenen Verhandlung in Betracht, die an eine Verletzung der Hinweis- und Aufklärungspflicht anknüpft, aber nicht, wenn der Kläger bereits darauf hingewiesen worden war (§ 156 Abs. 1 u. 2 Nr. 1 ZPO). Er hätte sich vielmehr darauf einstellen müssen, die Liste bis zu dem Schluss der mündlichen Verhandlung einzureichen. Gleiches galt, wenn die Liste fehlerhaft war. Konnte sich der Kläger nicht darauf einstellen, war die Verhandlung zu vertagen (§ 227 Abs. 1 S. 1 ZPO) oder wiederzueröffnen (§ 156 Abs. 1 u. 2 Nr. 2 ZPO).[153]

80 Genannt werden mussten die Personen, die im **Zeitpunkt**, zu dem die Klage rechtshängig geworden war, der Gemeinschaft angehörten.[154] Denn mit diesen Personen entstand zum Zeitpunkt der Rechtshängigkeit das Prozessrechtsverhältnis. Nach diesem Zeitpunkt war ein Parteiwechsel schließlich nicht mehr ohne Weiteres möglich. Versehentlich in der Liste vergessene Personen waren an dem Prozess ebenfalls beteiligt,[155] nicht aber

---

146 BeckOK WEG/*Elzer* § 44 Rn. 21 gegen BGH 6.11.2009 – V ZR 73/09, NJW 2010, 446 Rn. 7; BGH 21.1.2011 – V ZR 140/10, NJW 2011, 2050 Rn. 6.

147 Ggf. erst nach gerichtlichem Hinweis, § 139 Abs. 3 ZPO.

148 BGH 20.5.2011 – V ZR 99/10, NZM 2011, 779 Rn. 8.

149 FormB-WEG-R/*Einsiedler* § 4 Rn. 31.

150 LG Karlsruhe 25.1.2011 – 11 S 30/10, NJOZ 2011, 1843 f.

151 *Schreiner* NZM 2011, 761 (762); BeckOK WEG/*Elzer* § 44 Rn. 17.

152 LG Karlsruhe 25.1.2011 – 11 S 30/10, NJOZ 2011, 1843 f.; aA BeckOK WEG/*Elzer* § 44 Rn. 17.

153 BeckOK WEG/*Elzer* § 44 Rn. 17.

154 BGH 8.7.2011 – V ZR 34/11, NZM 2011, 782 Rn. 8.

155 BGH 8.7.2011 – V ZR 34/11, NZM 2011, 782 Rn. 8.

aufgeführte Personen, die tatsächlich nicht Eigentümer waren.[156] Die Liste war bloß deklaratorisch, so dass Änderungen und punktuelle Unrichtigkeiten analog § 319 Abs. 1 ZPO berichtigt werden konnten.[157]

Wurde die Liste **nicht rechtzeitig** eingereicht, war die Klage als **unzulässig** abzuweisen.[158] Allerdings sollte dieser Zulässigkeitsmangel noch in der Berufung geheilt werden können.[159] Es kam dann eine Zurückverweisung nach § 538 Abs. 2 S. 1 Nr. 3 ZPO durch das Berufungsgericht in Betracht, was freilich den Antrag einer Partei voraussetzte.   **81**

Versäumnis- (§ 331 Abs. 1 S. 1 ZPO) oder **Anerkenntnisurteil** (§ 307 S. 1 ZPO) konnten erst ergehen, wenn die Wohnungseigentümer bezeichnet worden waren (→ *Prozess und Prozessgrundsätze* Rn. 17, 20, 32, 37).   **82**

Reichte die **Gegenseite** selbst eine Liste ein, war dies ausreichend.[160] Der Kläger verwies dann (konkludent) auf diese Liste, wenn deren Inhalt unstreitig war.[161] Wurde die Liste in einem anderen Verfahren eingereicht, reichte der Verweis auf diese indes nicht aus, sondern war ihr Inhalt zur Akte zu bringen.   **83**

(3) Exkurs: Ansprüche bezüglich der Liste. Die Partei hatte einen **materiellrechtlichen Anspruch** gegen den Verwalter auf Aushändigung einer Liste. Dies galt sowohl für einzelne Eigentümer als auch Dritte. Der Verwalter ist gegenüber der Gemeinschaft der Wohnungseigentümer und Wohnungseigentümern verpflichtet, eine aktuelle Eigentümerliste zu führen (→ *Eigentümerliste* Rn. 5).[162] Dementsprechend hatte der einzelne Eigentümer auch einen Anspruch auf Herausgabe einer aktuellen und vollständigen Abschrift,[163] ohne dass es einer eigenständigen Ermächtigung, namentlich eines Beschlusses, bedurfte, zumal kein „Geheimhaltungsinteresse" bestand.[164] Ein Anspruch konnte mit einer einstweiligen Verfügung nach den §§ 935, 940 ZPO durchgesetzt werden, wenn die Liste vor Ablauf der Frist in § 44 Abs. 1 S. 2 WEG aF nicht anders erlangt werden konnte (→ *Einstweilige Verfügung* Rn. 22).[165] Die einzelnen Eigentümer hatten aus ihren Treuepflichten gegenüber der Gemeinschaft der Wohnungseigentümer und den übrigen Eigentümern die Verpflichtung, einen Eigentumswechsel unverzüglich anzuzeigen.[166] Dritte hatten gegen die Gemeinschaft einen Anspruch aus § 10 Abs. 8 S. 1 Hs. 1 WEG aF mit den §§ 280 Abs. 1, 241 Abs. 2 BGB darauf, dass die Daten der Wohnungseigentümer genannt wurden.[167]   **84**

Analog § 142 ZPO konnte das Gericht dem Verwalter aufgeben, eine **Liste einzureichen**; die Interessen auf Herausgabe einer vorhandenen, beweiserheblichen Urkunde im Besitz eines Dritten lagen gleich.[168] Analog den §§ 142 Abs. 2 S. 2, 390 Abs. 1 S. 2 ZPO konnte dem Verwalter ein **Ordnungsgeld** angedroht und ihm gegenüber auch verhängt, nicht aber Ordnungshaft angeordnet werden, da es insoweit an einer ausdrücklichen Regelung iSv Art. 104 Abs. 1 S. 1 GG fehlte. Konnte der Beteiligte von dem Verwalter keine Angaben erhalten oder war diesem eine Auskunft unzumutbar, erwuchs dem Beteiligten ein rechtliches Interesse iSv § 12 Abs. 1 S. 1 GBO in das **Wohnungsgrundbuch** einzusehen, um die Liste selbst zu erstellen.   **85**

dd) Verwalter und Ersatzzustellungsvertreter. Wurde eine Klage gegen die Wohnungseigentümer erhoben, mussten nach § 44 Abs. 1 S. 1 Hs. 2 WEG aF der **Verwalter** und der gem. § 45 Abs. 2 S. 1 WEG aF **bestellte Ersatzzustellungsvertreter** ebenfalls benannt werden. Diese Angaben waren freilich keine Voraussetzung davon, ob die Sammelbezeichnung verwandt werden konnte oder nicht.[169] Wurden im Prozess gegen die Wohnungseigentümer diese Angaben nicht gemacht, konnte die Klage nicht zugestellt werden, sofern das Gericht   **86**

---

156 LG Frankfurt a. M. 26.4.2013 – 13 T 60/12, ZWE 2014, 58 f.

157 LG Nürnberg-Fürth 11.8.2010 – 14 S 3003/10, NJOZ 2011, 1039; *Schreiner* NZM 2011, 761 (763).

158 Vgl. BGH 20.5.2011 – V ZR 99/10, NJW 2011, 3237 Rn. 8; BGH 4.5.2018 – V ZR 266/16, NJW-RR 2018, 974 Rn. 5.

159 BGH 20.5.2011 – V ZR 99/10, NJW 2011, 3237 Rn. 8; BGH 28.10.2011 – V ZR 39/11, NJW 2012, 997 Rn. 10; BGH 4.5.2018 – V ZR 266/16, NJW-RR 2018, 974 Rn. 6.

160 BGH 4.3.2011 – V ZR 190/10 NJW 2011, 1738 Rn. 12; BGH 20.5.2011 – V ZR 99/10, NJW 2011, 3237 Rn. 9.

161 BeckOK WEG/*Elzer* § 44 Rn. 35.

162 Hierzu BGH 4.5.2018 – V ZR 266/16, NJW-RR 2018, 974 Rn. 10.

163 BGH 4.5.2018 – V ZR 266/16, NJW-RR 2018, 974 Rn. 12.

164 BeckOK WEG/*Elzer* § 44 Rn. 23, 27.

165 LG Stuttgart 14.8.2008 – 19 T 299/08, ZWE 2009, 286; *Schreiner* NZM 2011, 761 (762).

166 BGH 5.7.2013 – V ZR 241/12, NJW 2013, 3098 Rn. 18.

167 BeckOK WEG/*Elzer* § 44 Rn. 28.

168 BGH 14.12.2012 – V ZR 162/11, NJW 2013, 1003 Rn. 9 ff.; aA *Schreiner* NZM 2011, 761 (762).

169 BeckOK WEG/*Elzer* § 44 Rn. 22.

nicht auf § 45 Abs. 3 WEG aF zurückgriff und selbst einen Ersatzzustellungsvertreter be- und an diesen oder an einen Wohnungseigentümer zustellte (→ *Zustellungen* Rn. 46). Fristen liefen weiter; eine Wiedereinsetzung in den vorigen Stand war nicht möglich (§§ 233 ff. ZPO mit § 46 Abs. 1 S. 3 WEG aF für die Anfechtungsklage); die Klage wurde nicht demnächst zugestellt (§ 167 ZPO).

87   Erhebt hingegen die Gemeinschaft der Wohnungseigentümer eine Klage, gibt es bereits eine namentlich benannte Person als **Zustellungsvertreter** auf Aktivseite, nämlich deren Organ, also der Verwalter. An diesen oder an den Prozessbevollmächtigten gem. § 172 Abs. 1 S. 1 ZPO ist zuzustellen, so dass es der Angabe eines Zustellungsvertreters schon zum alten Recht nicht bedurfte (§ 44 Abs. 1 S. 1 Hs. 2 WEG aF).

88   **b) Gerichtsbezeichnung (§ 253 Abs. 2 Nr. 1 Alt. 2 ZPO).** Das Gericht ist als solches anzugeben, nicht der Spruchkörper. Ein eigenständiges Wohnungseigentumsgericht vergleichbar etwa dem Familiengericht (§ 23 b GVG) gibt es nicht.[170]

89   **c) Gegenstand und Grund des Anspruchs (§ 253 Abs. 2 Nr. 2 Alt. 1 ZPO).** Der Kläger hat Gegenstand und Grund des Anspruchs, also den **Sachverhalt**, zu bezeichnen, weil diese zusammen mit dem **Antrag** (seinem **Rechtsschutzbegehren**) den **Streitgegenstand** bilden.[171] Spätere Änderungen des Streitgegenstands sind schließlich nur nach den §§ 263, 264 ZPO möglich. Der Kläger muss den **Lebenssachverhalt** darlegen, aus dem er seinen Anspruch herleitet. Der Sachverhalt ist so **konkret** darzustellen, dass er den Anspruch individualisiert und von anderen Ansprüchen abgrenzt; etwa sind bei wiederkehrenden Leistungen die Zeiträume anzugeben. Er braucht aber nicht vollständig zu sein oder eine schlüssige oder gar substantiierte Darstellung der Geschehnisse zu bedeuten; dies ist schließlich eine Frage der Begründetheit. Mit „Gegenstand" meint das Gesetz eine schlagwortartige Angabe des Rechtsschutzbegehrens, die in der Praxis bedeutungslos ist, weil sich dieses letztlich aus dem Antrag ergibt.[172]

90   **d) Bestimmter Antrag (§ 253 Abs. 2 Nr. 2 Alt. 2 ZPO).** Der Kläger hat die Art und den Umfang seines Rechtsschutzbegehrens anzugeben, mithin einen **konkreten Antrag** zu stellen.[173] Dadurch wird das **Gericht gebunden** (§ 308 ZPO – „ne ultra petita"), obwohl der Antrag ausgelegt werden kann.[174] Der Erfolg oder der Nichterfolg des Antrags ist Maßstab der Kostenfolge (§§ 91 ff. ZPO) und klärt die Beschwer für Rechtsmittel (→ *Rechtsmittel* Rn. 8). Der Antrag ist hinreichend bestimmt, wenn er den erhobenen Anspruch beziffert oder gegenständlich so konkret beschreibt, dass er dem Gericht eine klar abgegrenzte Entscheidungsbefugnis eröffnet (§ 308 ZPO), Inhalt und Umfang der materiellen Rechtskraft der begehrten Entscheidung feststehen (§ 322 ZPO) und eine Zwangsvollstreckung möglich ist.

91   Ein **Zahlungsantrag** etwa muss grundsätzlich die geforderte Summe benennen, sofern die Berechnung nicht auf Grundlage allgemeinkundiger Daten möglich ist, wie etwa Umsatzsteuer- oder Basiszinssatz. Eine weitere Ausnahme ist es, wenn der Betrag gerichtlich geschätzt werden kann (§ 287 ZPO) oder im billigen Ermessen des Gerichts steht; allerdings hat der Kläger seine Berechnungs- und Schätzungsgrundlagen sowie die Größenordnung seiner Vorstellungen, namentlich einen Mindestbetrag, anzugeben. Ein **Unterlassungsantrag** muss deutlich machen, worauf sich das angestrebte Verbot erstrecken soll. Insbesondere dürfen keine auslegungsbedürftigen Begriffe verwandt werden. Wird die Beseitigung einer Störung verlangt, ist diese konkret zu benennen, dabei ist der begehrte Erfolg anzugeben, so dass der Schuldner zwischen geeigneten Mitteln zur Beseitigung der Störung wählen kann, wenn nicht ausnahmsweise nur eine bestimmte Beseitigungsmaßname erfolgreich und zumutbar erscheint. Auch die **Nebenforderungen**, insbesondere Zinsen, sind konkret zu beantragen (vgl. § 308 Abs. 1 S. 2 ZPO), also Beginn der Zinspflicht und (berechenbare) Höhe der Zinsen. Soll eine Willenserklärung abgegeben werden, ist diese im Klageantrag vorzuformulieren.

92   Macht der Kläger einen **Anspruch auf ordnungsgemäße Verwaltung** geltend (§§ 18 Abs. 2 Nr. 1, 19 Abs. 1, 44 Abs. 1 S. 2 WEG), bestehen regelmäßig verschiedene Möglichkeiten, diesen Anspruch zu erfüllen, die im Ermessen der **Wohnungseigentümer** stehen. Dieses Ermessen wird durch das Gericht ausgeübt, wenn die Wohnungseigentümer nicht tätig werden und sich die Maßnahme nicht aus dem Gesetz, einer Vereinbarung oder einem Beschluss der Wohnungseigentümer ergibt (vgl. § 21 Abs. 8 WEG aF). Die Vorschrift ist nicht nur

170   Vgl. FormB-WEG-R/*Einsiedler* § 4 Rn. 6.
171   BGH 3.3.2016 – IX ZB 33/14, NJW 2016, 1818 Rn. 27.
172   Vgl. BeckOK ZPO/*Bacher* § 253 Rn. 52.
173   Beispiele bei FormB-WEG-R/*Scheffler* § 3 Rn. 37 ff.
174   BGH 24.4.2018 – XI ZR 207/17, NJW 2018, 3098 Rn. 10.

Bartels

auf nach dem Gesetz erforderliche, sondern auf alle Maßnahmen, die für eine ordentliche Verwaltung erforderlich sind, anzuwenden. Der Kläger kann daher eine Entscheidung des Gerichts nach billigem Ermessen beantragen und braucht nur das Regelungsziel, nicht aber konkrete Maßnahmen anzugeben.[175] Freilich hat der Kläger hinreichende Tatsachen vorzutragen, die eine entsprechende Entscheidung des Gerichts ermöglichen, da das Gericht nicht von Amts wegen die Tatsachengrundlage ermittelt (→ *Prozess und Prozessgrundsätze* Rn. 6). Das Gericht vermag eine bestimmte Maßnahme **anzuordnen**. Dies hindert den Kläger aber nicht daran, das Gericht zu binden und tatsächlich nur die Verurteilung der beklagten Wohnungseigentümer zu der Zustimmung zu einer bestimmten Maßnahme zu beantragen.

Ein **Prozessstandschafter** kann nur Leistung an den Rechtsinhaber beantragen, weil er nicht der materiell Berechtigte ist (→ Rn. 23 ff.). Gegenrechte vermögen nur dann geltend gemacht zu werden, wenn sie gegen den Rechtsinhaber bestehen können, nicht dann, wenn sie sich gegen den Prozessstandschafter richten, etwa die Aufrechnung mit Schadensersatzansprüchen gegen den einzelnen Wohnungseigentümer, obwohl die Gemeinschaft der Wohnungseigentümer als Kläger auftritt. Auch eine Widerklage ist nur gegen den Kläger denkbar; freilich aber auch in Ausnahmefällen eine isolierte Drittwiderklage gegen den Rechtsinhaber. **93**

e) Weitere Angaben (§ 253 Abs. 3 ZPO). § 253 Abs. 3 ZPO sieht als Sollvorschrift die weiteren Angaben einer **außergerichtlichen Konfliktbeilegung** (Nr. 1; → *Güte- und Schiedsverfahren, Mediation* Rn. 1 ff.), die Angabe des Streitwerts (Nr. 2) und ferner die Gründe, die einer Entscheidung durch den Einzelrichter entgegenstehen könnten (Nr. 3), vor. **94**

2. Rechtsweg. Für **bürgerliche Rechtsstreitigkeiten** sind nach § 13 GVG die ordentlichen Gerichte zuständig. Ist der Rechtsweg nicht eröffnet, hat das Gericht den Rechtsstreit an das zuständige Gericht des zulässigen Rechtswegs zu verweisen (§ 17 a Abs. 2 S. 1 GVG). **95**

3. Zuständigkeit. Die Klage muss vor dem international, örtlich und sachlich zuständigen Gericht erhoben werden.[176] Eine **fehlende Zuständigkeit** ist nur dann von Amts wegen zu beachten, wenn das Gesetz dies anordnet in Form einer ausschließlichen Zuständigkeit, wie etwa in § 43 Abs. 2 WEG (→ *Prozess und Prozessgrundsätze* Rn. 45 ff.), den §§ 23 Nr. 2 lit. c, 71 Abs. 2 u. 3 GVG, § 122 FamFG oder den §§ 24, 29 a, 802 ZPO. Eine **Gerichtsstandsvereinbarung** ist nicht möglich (§ 40 Abs. 2 S. 2 ZPO). Nur außerhalb des Anwendungsbereichs von § 43 Abs. 2 WEG ist also eine **rügelose Einlassung** denkbar, weil die Zuständigkeit keine ausschließliche ist. Stellt der Kläger einen Verweisungsantrag, hat das unzuständige Gericht nach § 281 ZPO den Rechtsstreit an das zuständige Gericht zu ver-,[177] anderenfalls die Klage als unzulässig abzuweisen. Er kann mit seiner Rüge auch präkludiert sein (§ 39 ZPO). **96**

Ein besonderes Gericht für Wohnungseigentumssachen gibt es nicht. Freilich vermag der gerichtliche **Geschäftsverteilungsplan** iSv § 21 e Abs. 1 GVG vorsehen, dass Wohnungseigentumsprozesse vor einer bestimmten Abteilung (Amtsgericht) oder Kammer (Landgericht) geführt werden, um die Einheitlichkeit der Rechtsprechung und Spezialisierung der Spruchkörper zu fördern. **97**

a) Internationale Zuständigkeit. Abweichend von Art. 4 Abs. 1 EuGVVO (Wohnsitz des Beklagten) bestimmt Art. 24 Nr. 1 EuGVVO für Streitigkeiten im Zusammenhang mit **Wohnungseigentum** (§ 43 WEG) die internationale Zuständigkeit des Gerichts, in dessen Bezirk das Grundstück liegt:[178] Ist das Wohnungseigentumsrecht als dingliches Recht Prozessgegenstand, sind deutsche Gerichte zuständig, wenn das Grundstück im Inland belegen ist (Art. 24 Nr. 1 EuGVVO). Dies gilt namentlich für die gegen die Gemeinschaft der Wohnungseigentümer zu richtenden **Beschlussklagen** (§ 44 Abs. 1 u. 2 S. 1 WEG). Die **Beitragsansprüche** beruhen auf einer Vereinbarung oder Beschlussfassung, die den ortsbezogenen Erfüllungsort nach Art. 7 Nr. 1 lit. a EuGVVO eröffnet.[179] Ansprüche aus **unerlaubter Handlung** sowie **Abwehransprüche** unterfallen Art. 7 Nr. 2 EuGVVO.[180] **98**

b) Örtliche Zuständigkeit. Die örtliche Zuständigkeit des Gerichts bestimmt sich grundsätzlich nach den §§ 12 ff. ZPO. Allerdings kennt § 43 Abs. 2 WEG bestimmte **ausschließliche Zuständigkeiten**. Ausschließli- **99**

---

175 Vgl. für die Auslegung BGH 26.2.2016 – V ZR 250/14, NJW 2016, 2181 Rn. 18 ff.
176 Vgl. FormB-WEG-R/*Einsiedler* § 4 Rn. 11.
177 FormB-WEG-R/*Einsiedler* § 4 Rn. 18; vgl. zur falschen Verweisung FormB-WEG-R/*Einsiedler* § 4 Rn. 14.
178 Vgl. OLG Stuttgart 19.1.2005 – 8 W 411/04, NJW-RR 2005, 814 f.
179 Ausführl. *Schwartze* ZWE 2019, 480 ff.
180 Zum Ganzen BeckOGK/*Karkmann* WEG § 43 Rn. 4.

che Zuständigkeiten sind nicht disponibel (§ 40 Abs. 2 S. 1 Nr. 2 ZPO); auch vermag sich der Beklagte nicht rügelos einzulassen und so die Zuständigkeit des Gerichts zu begründen (§ 40 Abs. 2 S. 2 ZPO). Diese ausschließliche Zuständigkeit weisen die sog. **Binnenstreitigkeiten** auf, also Streitigkeiten, die innerhalb einer Wohnungseigentümergemeinschaft oder mit deren Verwalter geführt werden (§ 43 Abs. 2 WEG; → *Prozess und Prozessgrundsätze* Rn. 45). Für diese ist nach § 43 Abs. 2 WEG mit § 23 Nr. 2 lit. c GVG das Amtsgericht ausschließlich zuständig, in dessen Bezirk das Grundstück liegt. Andererseits gibt es für **wohnungseigentumsbezogene Drittklagen** nach § 43 Abs. 1 S. 1 WEG einen allgemeinen Gerichtsstand der Gemeinschaft der Wohnungseigentümer: Zuständig ist ebenfalls das Gericht, in dessen Bezirk das Grundstück liegt. Für Haftungsklagen aus § 9 a Abs. 4 S. 1 WEG gegen Wohnungseigentümer eröffnet § 43 Abs. 1 S. 2 WEG einen besonderen Gerichtsstand neben den allgemeinen Gerichtsständen der §§ 13, 17 Abs. 1 S. 1 ZPO.

100 **c) Sachliche Zuständigkeit.** Die sachliche Zuständigkeit folgt aus den §§ 23 Nr. 2 lit. c, 71 Abs. 1 GVG. Demnach sind Amtsgerichte streitwertunabhängig zuständig für die sog. **Binnenstreitigkeiten** des § 43 Abs. 2 WEG. Bei den sog. **Drittklagen** sowie die Haftungsklage aus § 9 a Abs. 4 S. 1 WEG gem. § 43 Abs. 1 S. 1 u. 2 WEG richtet sich die sachliche Zuständigkeit nach den allgemeinen Vorgaben, mithin nach dem Streitwert (§§ 23 Nr. 1, 71 Abs. 1 GVG; zum Ganzen → *Prozess und Prozessgrundsätze* Rn. 45 ff.). Für **Familiensachen**, die einen wohnungseigentumsrechtlichen Bezug aufweisen, also namentlich in Ehewohnungssachen, kann das Familiengericht zuständig sein (→ *Familienrechtliche Aspekte* Rn. 21 ff.).

101 **4. Rechtsschutzbedürfnis.** Der Kläger braucht ein berechtigtes Interesse an der Inanspruchnahme eines Gerichts (Rechtsschutzbedürfnis). Fehlt ein solches, bleibt es bei der **Subsidiarität gerichtlicher Entscheidungen** und die Klage ist als unzulässig abzuweisen.[181]

102 **a) Allgemeines.** Kann der Kläger sein **Rechtsschutzziel einfacher, billiger oder schneller** als mit der erhobenen Klage erreichen, fehlt es an seinem Rechtsschutzbedürfnis. Auch einer **offensichtlich sinnlosen Klage** fehlt das Rechtsschutzbedürfnis, etwa dann, wenn die Berichtigung einer Niederschrift begehrt wird aus dem Grund, dass Stimmen falsch ausgezählt worden seien, dies aber auf das Ergebnis keinen Einfluss haben kann (→ *Beschluss* Rn. 27).[182] Gleiches gilt, wenn das Rechtsschutzbedürfnis nachträglich entfallen ist, etwa bei Veräußerung der Wohnung.[183]

103 **b) Beschlussersetzungsklagen (§ 44 Abs. 1 S. 2 WEG).** Die Gemeinschaft der Wohnungseigentümer hat nach § 18 Abs. 1 WEG das gemeinschaftliche Eigentum zu verwalten. Namentlich in Beschlussersetzungsklagen (§ 44 Abs. 1 S. 2 WEG) liegt daher ein Rechtsschutzbedürfnis nur dann vor, wenn der Wohnungseigentümer, der eine Regelung verlangt, die anderen Wohnungseigentümer um Zustimmung gebeten und eine solche nicht erhalten hat; das **Selbstorganisationsrecht** der Wohnungseigentümer verlangt, dass diese zunächst privatautonom eine Entscheidung finden.[184] Ist dies nicht versucht worden, ist die Klage des einzelnen Wohnungseigentümers unzulässig.[185] Denkbar ist eine Regelung des Gemeinschaftsverhältnisses wegen der Benutzung des gemeinschaftlichen oder des Sondereigentums (§§ 18 Abs. 2 Nr. 2, 19 Abs. 1 WEG), wegen der Kostentragung (§ 28 Abs. 1 S. 1, Abs. 2 S. 1, Abs. 3 WEG) oder der Verwaltung des gemeinschaftlichen Eigentums (§ 18 Abs. 2 Nr. 1, 19 Abs. 1 WEG).[186]

104 Der Kläger hat für einen derartigen Regelungsstreit nur dann ein Rechtsschutzbedürfnis, wenn er zuvor alles ihm Mögliche und Zumutbare unternommen hat, eine privatautonome Entscheidung der Wohnungseigentümer selbst herbeizuführen. Verlangt ein Eigentümer nach einer bestimmten Maßnahme, muss er iSd §§ 18 Abs. 2, 19 Abs. 1 WEG eine **Beschlussfassung** der Eigentümerversammlung anstreben.[187] Ohnehin ist die **gerichtliche Ermessensentscheidung** (vgl. § 21 Abs. 8 WEG aF) nur subsidiär zu der privatautonomen Beschlussfassung der Wohnungseigentümerversammlung.[188] Der Kläger muss darlegen, weshalb eine Befassung der Eigentümerversammlung nicht notwendig war: So kann sein Antrag in der Eigentümerversammlung abgelehnt

181 BeckOK WEG/*Elzer* § 43 Rn. 69.
182 BayObLG 28.2.1991 – BR 2 Z 144/90, WE 1991, 126 Ls.
183 Vgl. KG 31.1.2000 – 24 W 7323/98, NZM 2000, 830.
184 Grundsatz der Vorbefassung, BeckOK WEG/*Elzer* § 43 Rn. 70.
185 BGH 15.1.2010 – V ZR 114/09, NJW 2010, 2129 Rn. 14.
186 BeckOK WEG/*Elzer* § 43 Rn. 70.
187 BGH 27.4.2012 – V ZR 177/11, NJW-RR 2012, 910 Rn. 10.
188 Vgl. BGH 20.11.2015 – V ZR 284/14, NJW 2016, 473 Rn. 32.

worden sein; denkbar ist aber auch ein Beschluss in Textform iSv § 23 Abs. 3 S. 1 WEG oder ein informelles Ablehnen aller anderen Eigentümer.[189]

Hingegen soll es nicht an einem Rechtsschutzbedürfnis fehlen, wenn der Eigentümer eine **Vereinbarung anstrebt** und dafür aus § 10 Abs. 2 WEG gegen die anderen Eigentümer klagt.[190] Gleiches gilt, wenn er aus § 242 BGB und dem Gemeinschaftsverhältnis der Wohnungseigentümer einen Anspruch auf Veränderung der **sachrechtlichen Grundlagen** erhebt.   105

Überdies kann ein Rechtsschutzinteresse angenommen werden, wenn eine Sache **eilbedürftig** ist und eine Beschlussfassung zu spät käme oder davon ausgegangen werden darf, dass der Antrag in der Eigentümerversammlung **ohnehin abgelehnt** worden wäre, mithin dessen Stellung nur eine bloße Förmelei bedeuten würde,[191] was namentlich in einer sog. Zweiergemeinschaft der Fall sein kann (→ *Zweiergemeinschaft* Rn. 27).[192] Dies ist etwa zu bejahen bei einer tiefgreifenden Zerstrittenheit der Parteien[193] oder wenn bereits Ablehnung signalisiert worden ist.[194] Nicht ausreichend ist es hingegen, wenn ein Antrag in anderer Sache bereits abgelehnt wurde, weil daraus nicht ohne Weiteres geschlossen werden kann, dass der Kläger mit einem weiteren Antrag ebenfalls nicht durchdringen wird.[195]   106

c) Anfechtungsklagen. Für Anfechtungsklagen hat der Kläger in der Regel ein Rechtsschutzbedürfnis (→ *Anfechtungsklage* Rn. 1 ff.).[196] Einer Anfechtungsklage gegen einen sog. **Negativbeschluss** fehlt aber wegen des Selbstorganisationsrechts grundsätzlich ein Rechtsschutzbedürfnis.[197] Etwas anderes gilt nur, wenn dem Negativbeschluss eine eigenständige Regelungswirkung über die Feststellung, dass der Antrag abgelehnt worden ist, hinaus zukommt.   107

5. Keine andere Rechtshängigkeit oder Rechtskraft. Als negative Prozessvoraussetzung darf die Streitsache nicht bereits bei einem anderen Gericht rechtshängig sein (§ 17 Abs. 1 S. 2 GVG, § 261 Abs. 3 Nr. 1 ZPO), dürfen also nicht **dieselben Parteien über denselben Gegenstand** streiten. Ist über denselben Gegenstand zwischen den Parteien bereits rechtskräftig entschieden worden, ist die Klage wegen entgegenstehender Rechtskraft ebenfalls unzulässig („ne bis in idem").   108

6. Klagbarkeit des Anspruchs. Die Klagbarkeit des Anspruchs, also dessen gerichtliche Geltendmachung, kann durch Versäumen einer Ausschlussfrist, namentlich bei der **Anfechtungsklage** (§ 45 S. 1 WEG; → *Anfechtungsklage* Rn. 1 ff.) oder durch eine **Prozessvereinbarung** ausgeschlossen sein. Der „Ausschluss des Rechtswegs" kann vertraglich vereinbart werden, wenn er sich auf ein bestimmtes Rechtsverhältnis bezieht. Dies wird insbesondere durch eine **Verhandlungs-, Schlichtungs- oder Mediationsabrede** erzielt. Überdies kann das Gesetz den Versuch einer gütlichen Einigung voraussetzen (§ 15 a EGZPO; → *Güte- und Schiedsverfahren, Mediation* Rn. 2 ff.).   109

174. Rauchen

Martini

---

189 BeckOK WEG/*Elzer* § 43 Rn. 70.
190 BGH 18.1.2019 – V ZR 72/18, NJW-RR 2019, 909 Rn. 13; BGH 15.1.2010 – V ZR 114/09, NJW 2010, 2129 Rn. 17; vgl. BeckOK WEG/*Elzer* § 43 Rn. 70.
191 BGH 17.10.2014 – V ZR 9/14, NJW 2015, 613 Rn. 7.
192 Vgl. LG Frankfurt a. M. 2.9.2009 – 13 T 53/09, ZMR 2010, 396.
193 BGH 8.4.2016 – V ZR 191/15, NJW 2017, 64 Rn. 8.
194 BGH 17.10.2014 – V ZR 9/14, NZM 2015, 53.
195 BGH 15.1.2010 – V ZR 114/09, NJW 2010, 2129 Rn. 15.
196 Vgl. BGH 2.10.2015 – V ZR 5/15, NJW 2015, 3713 Rn. 8; Ausnahme etwa, wenn Zweitbeschluss bestandskräftig geworden.
197 LG Itzehoe 14.10.2016 – 11 S 3/16, ZWE 2017, 263.

I. Einführung

1   Rauchen ist grundsätzlich in der Wohnung erlaubt, denn es ist Ausdruck des **allgemeinen Persönlichkeits-rechts** nach Art. 2 GG. Ein grundsätzliches Verbot des Rauchens auf dem Balkon oder in einer Wohnung wür-de die Handlungsfreiheit des rauchenden Wohnungseigentümers unzulässig einschränken. Jedoch darf durch die Belästigungen des Rauchens für die anderen Wohnungseigentümer über das unvermeidliche Maß des § 14 Abs. 1 Nr. 2 WEG hinaus kein Nachteil erwachsen.

II. Rauchen im Sondereigentum

2   Das Rauchen in der eigenen Wohnung oder auf dem Balkon ist grundsätzlich erlaubt. Ein generelles **Rauch-verbot** ist aber durch eine Vereinbarung[1] und damit auch in der Gemeinschaftsordnung möglich. Ein vollstän-diges Verbot des Rauchens in der Wohnung oder auf Terrassen und Balkonen durch einen Beschluss schränkt die Handlungsfreiheit des rauchenden Wohnungseigentümers zu sehr ein.[2]

3   Besteht aber eine **Geruchsbelästigung** durch das Rauchen für andere Wohnungseigentümer, zum Beispiel beim Lüften, können die betroffenen Wohnungseigentümer verlangen, dass der Raucher Maßnahmen trifft, um eine Geruchsbelästigung der anderen Wohnungseigentümer nach Möglichkeit zu vermeiden.[3]

4   Der Umfang des zulässigen Rauchens ergibt sich aus einer Einzelfallabwägung zwischen den verschiedenen Interessen und Belangen.[4] Zur Vermeidung von Geruchsbelästigungen kann das Rauchen **zeitlich beschränkt** werden.[5]

5   Für Streitigkeiten des Rauchens im Sondereigentum ist der **Verwalter** grundsätzlich unzuständig.

III. Rauchen im Gemeinschaftseigentum

6   Ein generelles Rauchverbot im Gemeinschaftseigentum, zum Beispiel im Flur oder im Treppenhaus, kann wirksam vereinbart, aber auch beschlossen werden. Umgekehrt ist auch eine **Erlaubnis** des Rauchens möglich und entspricht der ordnungsmäßigen Verwaltung.[6] Liegt eine solche Erlaubnis nicht vor, ist das Rauchen im Treppenhaus aber grundsätzlich unzulässig. Es reicht schon aus, dass sich ein Wohnungseigentümer oder ein Mieter durch die zweckbestimmungswidrige Benutzung des Treppenhauses beeinträchtigt fühlt.[7]

IV. Rauchverbot in der Hausordnung

7   Ein Rauchverbot kann in einer Hausordnung, insbesondere in den gemeinschaftlichen **Fluren** und **Treppen-häusern**, angeordnet werden.[8]

V. Rauchverbot in der Eigentümerversammlung

8   Durch einen Geschäftsordnungsantrag kann in einer Eigentümerversammlung über ein **Rauchverbot** be-schlossen werden. Unterlässt der Versammlungsleiter die Abstimmung über den Antrag und verlässt dann der beantragende Wohnungseigentümer die Versammlung, sind alle weiteren zu Stande gekommenen Beschlüsse anfechtbar, weil diese an einem formellen Mangel, nämlich des Beschneidens des Teilnahmerechtes des ver-lassenden Wohnungseigentümers, leiden.[9] Die Ursächlichkeit eines formellen Mangels ist in diesem Sinne nur dann zu verneinen, wenn unter Anlegen eines strengen Maßstabes bei tatrichterlicher Würdigung ausgeschlos-sen werden kann, dass der Antragsteller auf den Diskussionsverlauf und das Abstimmungsverhalten in der Ei-gentümergemeinschaft Einfluss genommen hätte.

---

1   Jennißen/*Schultzky* WEG § 15 Rn. 62.
2   AG München 28.4.2014 – 485 C 28018/13 WEG, ZMR 2014, 838.
3   Jennißen/*Schultzky* WEG § 15 Rn. 105.
4   LG Frankfurt a. M. 28.1.2014 – 2–09 S 71/13, ZMR 2014, 572.
5   LG Dortmund 8.6.2017 – 1 S 451/15, NZM 2018, 251.
6   Jennißen/*Schultzky* WEG § 15 Rn. 105.
7   AG Hannover 31.1.2000 – 70 II 414/99, NZM 2000, 520.
8   BayObLG 25.3.1999 – 2Z BR 105/98, NZM 1999, 504.
9   OLG Köln 16.8.2000 – 16 Wx 87/00, NZM 2000, 1017.

VI. Verfahrenshinweise

Ein Verstoß gegen **Geschäftsordnungsanträge** in einer Wohnungseigentümerversammlung ist selbstständig   9
nicht anfechtbar.[10]

Hinsichtlich der Abwehr einer Störung durch rechtswidriges Rauchen → *Hausordnung* Rn. 87 ff.

Ein Rauchverbot kann grundsätzlich nicht als **gerichtliche Benutzungsregelung** nach § 18 Abs. 2 Nr. 2 WEG
verlangt werden.[11] Das Spannungsverhältnis zwischen Art. 2 GG und § 14 Abs. 1 Nr. 2 WEG besteht auch
nach der WEG-Reform unverändert weiter.

175. Rauchwarnmelder

Hansen

I. Einführung

Rauchwarnmelder **bezwecken** in erster Linie den **Schutz der Bewohner** vor toxischen Gasen; die Personen   1
sollen durch den im Fall einer Rauchentwicklung ausgelösten akustischen Alarm zum Verlassen der Wohnung
angehalten werden. Die Pflicht zur Installation bei Neubauten bzw. eine Nachrüstungspflicht für Rauchwarnmelder im Bestandsbau ergibt sich aus landesrechtlichen Vorschriften in allen Bundesländern. Für Sachsen
gibt es für den Bestandsbau bislang noch keine Regelung.

Bei der **Installation** von Rauchwarnmeldern stellen sich einige Fragen, so, ob diese im Gemeinschaftseigen-   2
tum stehen und wie eine öffentlich-rechtliche Verpflichtung zum Einbau umzusetzen ist, dh durch wen der
Einbau erfolgt und wer die Kosten trägt.

II. Rechtliche Grundlage

1. Sachenrechtlicher Bezug. Die Frage, ob **Rauchwarnmelder** im Gemeinschafts- oder Sondereigentum   3
stehen, ist für die Praxis nach der Rechtsprechung des BGH zumindest insoweit zu beantworten: es handelt
sich nicht um **Sondereigentum**.[1] Tatsächlich lässt sich wie folgt differenzieren:

a) Rauchwarnmelder bei Errichtung des Gebäudes vorhanden. Waren die Rauchwarnmelder schon bei   4
Errichtung des Gebäudes vorhanden, sind sie als **Zubehör nach § 97 BGB** zu qualifizieren. Bei den Rauchwarnmeldern handelt es sich nicht um Bestandteile, ohne die das Gebäude nach der Verkehrsanschauung noch
nicht fertiggestellt ist, weil sie dem Baukörper weder besonders angepasst sind und mit ihm eine Einheit bilden noch dem Gebäude ein besonderes Gepräge oder eine besondere Eigenart geben. Rauchwarnmelder pflegen üblicherweise nicht dem Gebäude angepasst zu werden und bilden mit diesem keine Einheit, da sie zerstö-
rungsfrei und ohne Weiteres demontiert werden können.[2]

---

10 OLG Köln 16.8.2000 – 16 Wx 87/00, NZM 2000, 1017.
11 BayObLG 25. 3.1999 – 2Z BR 105/98, NZM 1999, 504.
 1 BGH 8.2.2013 – V ZR 238/11, ZMR 2013, 642.
 2 LG Hamburg 2.3.2011 – 318 S 193/11, ZMR 2011, 387.

5 Genauso wie nicht wesentliche Bestandteile und Scheinbestandteile eines Gebäudes ist auch Zubehör kein Gegenstand des Sondereigentums. Zubehör ist nach § 97 BGB sonderrechtsfähig und unterliegt nicht der Eigentumsordnung des WEG. Der Rauchwarnmelder steht in diesem Augenblick im **Eigentum desjenigen**, der den **Einbau veranlasst** hat.

6 War der Rauchwarnmelder also bereits bei Begründung der Gemeinschaft der Wohnungseigentümer vorhanden, handelt es sich um **Gemeinschaftsvermögen** nach § 9 a Abs. 3 WEG und damit auch um Eigentum der Gemeinschaft der Wohnungseigentümer.

7 Die Qualifizierung von Rauchwarnmeldern als Gemeinschaftseigentum, auch wenn diese in den Räumen des Sondereigentums angebracht werden, wird aber auch anders begründet: Ein Rauchwarnmelder, der nach seiner technischen Ausführung **wesentlicher Gebäudebestandteil iSv § 94 Abs. 2 BGB** ist, ist Gemeinschaftseigentum. In § 5 Abs. 2 WEG heißt es, dass alle Einrichtungen, die für den Bestand oder die Sicherheit des Gebäudes erforderlich sind, auch dann nicht Gegenstand des Sondereigentums sind, selbst wenn sie sich im Bereich der im Sondereigentum stehenden Räume befinden.[3]

8 **b) Rauchwarnmelder nachträglich durch die Eigentümer installiert.** Werden die Rauchwarnmelder zu einem späteren Zeitpunkt, etwa auf der Grundlage eines Beschlusses der Wohnungseigentümer angeschafft und installiert, sind sie ebenfalls als **Gemeinschaftsvermögen** nach § 9 a Abs. 3 WEG zu qualifizieren und damit auch Eigentum der Gemeinschaft der Wohnungseigentümer.

9 **c) Rauchwarnmelder nachträglich durch einen Sondereigentümer installiert.** Schafft jedoch ein einzelner Eigentümer in seiner Wohnung Rauchwarnmelder an und installiert sie, werden sie auch zu seinem **Sondereigentum**.

10 Handelt es sich bei Rauchwarnmeldern nicht um wesentliche Bestandteile, sondern um **Zubehör**, stehen diese regelmäßig im Eigentum dessen, der die Anschaffung und Installation veranlasst hat. Rauchwarnmelder, die ein Wohnungseigentümer in seinen Räumen bereits selbst angebracht hat, stehen bei einer Einordnung als Zubehör in dessen Eigentum.[4]

11 **d) Ansicht des BGH.** Der BGH lässt die Frage, ob es sich bei den Rauchwarnmeldern um wesentliche Gebäudebestandteile iSv § 94 Abs. 2 BGB oder Zubehör nach § 97 BGB handelt, offen[5] und stellt zur Einordnung der Rauchwarnmelder als **Gemeinschaftseigentum** vielmehr auf Folgendes ab:

12 Teile des Gebäudes, die für dessen **Bestand oder Sicherheit** erforderlich sind, sind nicht Gegenstand des Sondereigentums, selbst wenn sie sich im Bereich der im Sondereigentum stehenden Räume befinden, § 5 Abs. 2 WEG. Zu solchen Teilen zählen Rauchwarnmelder jedenfalls dann, wenn sie gesetzlich vorgeschrieben sind.[6]

13 Der Sicherheit des Gebäudes dienen nämlich nicht nur Vorrichtungen, die es selbst vor Schaden bewahren, sondern vor allem auch Bestandteile, die Leib und Leben im Gebäude befindlicher Personen schützen, wie etwa eine **Rettungstreppe** oder -leiter.

14 Da in einer Wohnung angebrachte Rauchwarnmelder zudem alle Bewohner des Gebäudes vor den Folgen giftiger Gase zu schützen vermögen und damit die **Sicherheit des gesamten Gebäudes erhöhen**, kann ihnen die Zuordnung zum Gemeinschaftseigentum auch nicht unter Hinweis darauf abgesprochen werden, dass keine Pflicht bestehe, Rauchwarnmelder im Bereich des Gemeinschaftseigentums anzubringen.[7]

15 **2. Beschlusskompetenz.** Die Einordnung der Rauchwarnmelder als Gemeinschaftseigentum oder auch Eigentum des Sondereigentümers, der den Einbau des Melders als Zubehör nach § 97 BGB veranlasst hat, führt zu der Frage, auf welcher Grundlage die Eigentümer die **Kompetenz** haben, Beschlüsse zur Installation von Rauchwarnmeldern in Wohnungen zu fassen.

16 **a) Begründung der Beschlusskompetenz.** Im Ergebnis kann die Entscheidung der Streitfrage, ob sich die Beschlusskompetenz der Gemeinschaft aus § 9 a Abs. 2 WEG (§ 10 Abs. 6 S. 3 Hs. 2 WEG aF) ergibt, weil die Gemeinschaft eine öffentlich-rechtliche Pflicht zum Einbau aus **Landesvorschrift** trifft, oder die Kompetenz

---

3 AG Ahrensburg 25.9.2008 – 37 C 11/08, ZMR 2009, 78; AG Rendsburg 30.10.2008 – 18 C 545/08, ZMR 2009, 239.
4 BGH 8.2.2013 – V ZR 238/11, ZMR 2013, 642.
5 BGH 8.2.2013 – V ZR 238/11, ZMR 2013, 642.
6 BGH 8.2.2013 – V ZR 238/11, ZMR 2013, 642.
7 BGH 8.2.2013 – V ZR 238/11, ZMR 2013, 642.

aus § 19 Abs. 1 WEG (§ 21 Abs. 3 WEG aF) iVm § 5 Abs. 2 WEG folgt, weil es sich bei Rauchmeldern zwingend um **Gemeinschaftseigentum** handelt, aber dahinstehen. Nach beiden in der Rechtsprechung vertretenen Ansichten ist die Beschlusskompetenz gegeben.

Teilweise wird zur Begründung der Beschlusskompetenz § 9 a Abs. 2 WEG (§ 10 Abs. 6 S. 3 WEG aF) herangezogen, da es sich bei der **öffentlich-rechtlichen Verpflichtung** (→ *Öffentliches Recht des Wohnungseigentums* Rn. 20) **zum Einbau** von Rauchwarnmeldern um eine von der Gemeinschaft der Wohnungseigentümer wahrzunehmende gemeinschaftsbezogene Pflicht der Wohnungseigentümer handele[8] oder jedenfalls um eine Pflicht, deren Wahrnehmung auf die Gemeinschaft der Wohnungseigentümerübertragen werden könne. **17**

Teilweise wird die Beschlusskompetenz aus § 19 Abs. 1 WEG (§ 21 Abs. 3 WEG aF) iVm § 5 Abs. 2 WEG hergeleitet, da Rauchwarnmelder der **Sicherheit des Gebäudes** dienten und sie daher zwingend zum Gemeinschaftseigentum zu rechnen seien.[9] **18**

Vertreten wird in Differenzierung dazu auch, dass der nachträgliche Einbau von Rauchwarnmelder in Erfüllung der landesgesetzlichen Anforderungen eine Maßnahme der **erstmaligen Herstellung eines ordnungsgemäßen Zustandes** und damit eine Erhaltungsmaßnahme darstellt (→ *Erstmalige Herstellung eines ordnungsmäßigen Zustands* Rn. 5). Die Wohnungseigentümer können den Einbau von Rauchmeldern auch in den Wohnungen beschließen und zwar unabhängig davon, ob sich die öffentlich-rechtliche Pflicht an die Gemeinschaft der Wohnungseigentümer, an die Mitglieder der Gemeinschaft als Mitberechtigte oder an die einzelnen Wohnungseigentümer richtet. Die Beschlusskompetenz folgt aus §§ 19 Abs. 2 Nr. 2, 9 a Abs. 2 WEG (§§ 21 Abs. 5 Nr. 2, 10 Abs. 6 S. 3 WEG aF).[10] **19**

b) Entscheidung des BGH. Der BGH hat ausdrücklich die Beschlusskompetenz der Gemeinschaft der Wohnungseigentümer bzgl. der Installation von Rauchwarnmeldern angenommen, wenn das Landesrecht eine entsprechende eigentumsbezogene Pflicht vorsieht, dh eine **öffentlich-rechtliche Einbaupflicht** besteht.[11] **20**

Das gilt unabhängig davon, ob sich die öffentlich-rechtliche Pflicht an die Gemeinschaft der Wohnungseigentümer als Verband, an die Mitglieder der Gemeinschaft als Mitberechtigte an dem bebauten Grundstück oder an den einzelnen Wohnungseigentümer richtet. **21**

Richtet sich die Pflicht an die Gesamtheit der Wohnungseigentümer als Grundstückseigentümer, ist die Gemeinschaft der Wohnungseigentümer gem. § 9 a Abs. 2 WEG (§ 10 Abs. 6 S. 3 Hs. 1 WEG aF), nach dem die Gemeinschaft die **gemeinschaftsbezogenen Pflichten** der Wohnungseigentümer wahrnimmt, ohne Weiteres befugt, diese Pflicht zu erfüllen. **22**

Soweit der BGH dies mit der sog. **geborenen Wahrnehmungsberechtigung** der Gemeinschaft der Wohnungseigentümer begründet hat, wonach eine Verpflichtung, die im Außenverhältnis alle Wohnungseigentümer gleichermaßen trifft, nach der Interessenlage ein gemeinschaftliches Vorgehen erfordert,[12] ist dies insoweit überholt, als dass das Konzept der geborenen und gekorenen Ausübungsbefugnis aufgegeben wurde. Nach § 9 a Abs. 2 WEG gibt es nur noch die geborene Ausübungsbefugnis. Nach dieser Vorschrift gibt es keine Möglichkeit mehr, Rechte per Beschluss zur vergemeinschaften. **23**

Nach § 9 a Abs. 2 WEG ist die Gemeinschaft der Wohnungseigentümer damit bei der Wahrnehmung von **Verkehrssicherungspflichten** verantwortlich,[13] aber auch dann, wenn die Wohnungseigentümer aufgrund **öffentlich-rechtlicher Vorschriften** als Bruchteileigentümer verpflichtet sind, das Grundstück oder das darauf befindliche Gebäude in einer bestimmten Weise auszustatten, sofern es dabei – was bei dem Einbau von Rauchwarnmeldern nicht der Fall ist – nicht zu einem unzulässigen Eingriff in das Sondereigentum kommt.[14] **24**

---

8 LG Hamburg 2.3.2011 – 318 S 193/11, ZMR 2011, 387.

9 AG Ahrensburg 25.9.2008 – 37 C 11/08, ZMR 2009, 78; AG Rendsburg 30.10.2008 – 18 C 545/08, ZMR 2009, 239; AG Kiel 15.9.2010 – 118 C 175/10, ZMR 2011, 842; OLG Frankfurt a. M. 17.7.2008 – 20 W 325/06, ZMR 2009, 864 für Brandmelder.

10 AG Düsseldorf 11.1.2016 – 290 a C 192/15, ZMR 2016, 575.

11 BGH 8.2.2013 – V ZR 238/11, ZMR 2013, 642; BGH 7.12.2018 – V ZR 273/17, ZMR 2019, 291.

12 BGH 17.12.2010 – V ZR 125/10, NJW 2011, 1351.

13 BGH 9.3.2012 – V ZR 161/11, ZMR 2012, 646.

14 LG Karlsruhe 30.6.2015 – 11 S 109/14, ZMR 2016, 59.

25   Ist Adressat der Einbauverpflichtung der einzelne Wohnungseigentümer, besteht eine **geborene Wahrnehmungskompetenz** der Gemeinschaft der Wohnungseigentümer allerdings nur, wenn die Verpflichtung sämtliche Mitglieder betrifft.

26   Da die Bauordnungen nur die Ausstattung von Wohnungen, nicht aber auch von anderweitig genutzten Räumen mit Rauchwarnmeldern vorschreiben, **fehlt** es an dieser Voraussetzung, sobald eine Anlage **auch Teileigentumseinheiten** umfasst.

27   Entsprechend der ursprünglichen Unterscheidung zwischen geborenen und gekorenen Ausübungsrechten waren nach Ansicht des BGH die Wohnungseigentümer in diesem Fall aber berechtigt, von ihrem Zugriffsermessen Gebrauch zu machen, das ihnen nach § 10 Abs. 6 S. 3 Hs. 2 WEG aF zustand, sog. gekorene Ausübungs- bzw. Wahrnehmungsbefugnis.[15]

28   Die für das Bestehen der ursprünglichen gekorenen Wahrnehmungsbefugnis notwendige weitere Voraussetzung, dass die Pflichterfüllung durch die Gemeinschaft der Wohnungseigentümer **förderlich** ist,[16] wurde bei dem Einbau von Rauchwarnmeldern in Wohnungen bejaht.

29   Diese Förderlichkeit ist – auch nach wie vor – zu bejahen. Rauchwarnmelder bezwecken – im Gegensatz zu Brandmeldern – zwar nicht unmittelbar den Schutz des Gebäudes, sondern in erster Linie den **Schutz der Bewohner** vor toxischen Gasen; die Personen sollen durch den im Fall einer Rauchentwicklung ausgelösten akustischen Alarm zum Verlassen der Wohnung angehalten werden. Sie dienen aber nicht nur dem Schutz des jeweiligen Sondereigentümers, sondern aller Bewohner und Besucher der Wohnungseigentumsanlage. Regelmäßig ist nämlich zu erwarten, dass Personen, die durch den Alarm eines in ihrer Wohnung angebrachten Rauchwarnmelders auf einen Brand aufmerksam geworden sind und deshalb ihre Wohnung verlassen, unverzüglich die Feuerwehr rufen und zudem vor deren Eintreffen versuchen werden, die übrigen Bewohner von außen, etwa durch Klingeln oder Rufen, zum Verlassen des Gebäudes zu bewegen.[17]

30   Notwendig ist diese Herleitung aber nicht, um den Einbau von Rauchwarnmeldern durch die Gemeinschaft der Wohnungseigentümer zu begründen, auch wenn die Verpflichtung hierzu nicht alle Eigentümer gleichermaßen trifft, weil auch Teileigentumseinheiten im Objekt sind. Da § 9 a Abs. 2 WEG nur noch sogenannte geborene Wahrnehmungsrechte kennt, ist die Gemeinschaft der Wohnungseigentümer auch in diesem Fall für den Einbau zuständig.

31   **3. Beschluss zum Einbau von Rauchwarnmeldern.** Die Frage, ob die Wohnungseigentümer **berechtigt** sind, die Ausstattung der Wohnungen mit Rauchwarnmeldern zur Angelegenheit der Gemeinschaft der Wohnungseigentümer zu machen, oder ob sie darüber hinaus dazu **verpflichtet** sind, stellt sich nicht mehr.

32   Verpflichten die **landesrechtlichen Bestimmungen** die Gemeinschaft der Wohnungseigentümer zum Einbau von Rauchmeldern, folgt die Beschlusskompetenz aus § 9 a Abs. 2 WEG (§ 10 Abs. 6 S. 2 WEG aF). Dies gilt aber letztlich auch, wenn Adressat der Einbauverpflichtung der einzelne Wohnungseigentümer ist. Auch dann folgt die Ausübungsbefugnis aus § 9 a Abs. 2 WEG – eines Beschlusses zur Vergemeinschaftung bedarf es nicht.

33   Der Einbau der Rauchwarnmelder kann, nach Vorbereitung durch den Verwalter (Angebote, gegebenenfalls technische Stellungnahme, etc) durch einen Mehrheitsbeschluss nach § 19 Abs. 1 WEG seitens der Gemeinschaft der Wohnungseigentümer, vertreten durch den Verwalter, realisiert werden.

34   Damit geht aber auch die **Ausstattungspflicht** mit Rauchwarnmeldern gemäß dem Landesrecht einher, so wie dies auch bei der Erfüllung von Verkehrssicherungspflichten gegeben ist.[18] Den Einbau hat nicht der einzelne Eigentümer, sondern die Gemeinschaft der Wohnungseigentümer sicherzustellen. Ein Beschluss, der die Realisierung dieser Verpflichtung ablehnen würde, widerspricht ordnungsmäßiger Verwaltung.[19] Begründet wird dies mit einer **Ermessensreduzierung auf Null.**

---

15 BGH 17.12.2010 – V ZR 125/10, NJW 2011, 1351.
16 BGH 17.12.2010 – V ZR 125/10, NJW 2011, 1351.
17 BGH 8.2.2013 – V ZR 238/11, ZMR 2013, 642.
18 BGH 9.3.2012 – V ZR 161/11, ZMR 2012, 646.
19 LG Karlsruhe 30.6.2015 – 11 S 109/14, ZMR 2016, 59.

Der **BGH** sieht eine entsprechende Beschlussfassung im Sinne einer „Gemeinschaftslösung", also Pflichtener- 35
füllung durch die Gemeinschaft der Wohnungseigentümer als „förderlich". Die „**Förderlichkeit**" wird als derart „intensiv" angesehen, dass von einer Ermessensreduzierung auszugehen ist. Die Gemeinschaft der Wohnungseigentümer hat die **Verkehrssicherungspflicht** und kann diese hinreichend effektiv nur dadurch erfüllen, dass sie selbst Fachfirmen beauftragt. Die Obliegenheiten gegenüber der **Gebäudeversicherung** können
nur durch die „Gemeinschaftslösung" zuverlässig erfüllt werden.[20]

Gem. §§ 19 Abs. 1, 18 Abs. 2 Nr. 1 WEG können die Eigentümer daher die Zustimmung zum Einbau von 36
Rauchwarnmeldern nach den landesrechtlichen Vorschriften verlangen, wobei sie unter mehreren geeigneten
Maßnahmen grundsätzlich nach billigem Ermessen auswählen können. Ein Anspruch auf eine bestimmte
Maßnahme entsteht lediglich dann, wenn allein diese ordnungsmäßiger Verwaltung entspricht.[21] Es entspricht
aber ordnungsmäßiger Verwaltung, wenn die Eigentümer zunächst einen **Grundlagenbeschluss** über das
„Ob" des Einbaus von Rauchwarnmeldern herbeiführen und ihre konkrete Ausgestaltung einer gesonderten
Beschlussfassung vorbehalten.[22]

Denkbar ist auch, den **Einbau** der Rauchwarnmelder den **Eigentümern** zu überlassen, die zum einen (sowie- 37
so) nach den Vorschriften des Landesrechtes zuständig sind und, zum Zweiten, dies auch umsetzen möchten.

Allerdings stellt sich dann die Frage, wie der **Vollzug** dessen sichergestellt und kontrolliert werden soll. Auch 38
wenn der bauwillige Eigentümer, etwa zur Niederschrift in der Versammlung erklärt, er werde einen Rauchwarnmelder einbauen, folgt daraus regelmäßig noch keine belastbare, dh gerichtlich durchsetzbare, Verpflichtung. Die Gemeinschaft der Wohnungseigentümer hätte daher keine Kontrolle darüber, ob der Einzelne seiner
Ankündigung, Rauchwarnmelder einzubauen, nachkommt.

Noch weniger möglich wäre es, den bauwilligen Eigentümer zur Umsetzung durch Beschluss zu verpflichten 39
– ein solcher Beschluss wäre nichtig. Die Gemeinschaft der Wohnungseigentümer hat keine Beschlusskompetenz dem Einzelnen eine **Handlungspflicht** aufzugeben, sondern könnte allenfalls eine Kostentragungspflicht
beschließen.[23]

4. Einbau trotz eines bereits vorhandenen Rauchwarnmelders. Rauchwarnmelder, die ein Wohnungsei- 40
gentümer in seinen Räumen bereits selbst angebracht hat, stehen bei einer Einordnung als Zubehör in dessen
Eigentum. Die Wohnungseigentümer sind hierdurch aber nicht gehindert, den Einbau von **neuen Rauchwarnmeldern** zu beschließen.[24]

Inwieweit sie bei der Beschlussfassung darauf Rücksicht nehmen müssen, dass einzelne Eigentümer ihrer Ein- 41
baupflicht bereits nachgekommen sind, ist eine Frage der ordnungsmäßigen Verwaltung. Wird der Einbau von
Rauchwarnmeldern in allen Wohnungen jedoch mehrheitlich beschlossen, haben die überstimmten Wohnungseigentümer keinen Anspruch darauf, dass sie von der Regelung ausgenommen werden, weil sie eine individuelle Lösung vorziehen.[25]

a) Einheitliches Vorgehen. Im Rahmen der ordnungsmäßigen Verwaltung iSv § 19 Abs. 1 WEG besteht für 42
die Wohnungseigentümer ein **weiter Ermessensspielraum**, in welcher **Art und Weise** und zu welchen **Kosten** ein Einbau der Rauchwarnmelder erfolgen soll. Bei einer Neuausstattung sämtlicher Wohnungen mit
Rauchwarnmeldern begegnet es daher keinen Bedenken, wenn sich die Wohnungseigentümer für den gesetzlich geforderten Mindeststandart und eine kostengünstige Variante entscheiden.[26]

Vertreten wird in diesem Zusammenhang, dass auch dann, wenn ein Sondereigentümer in seiner Wohnung be- 43
reits Rauchwarnmelder fachgerecht installiert hat und diese ausreichend wartet, die Gemeinschaft der Wohnungseigentümer nicht gehalten ist, die Wohnung des Eigentümers von der Maßnahme auszunehmen. Den Ei-

---

20   AG Wuppertal 30.9.2015 – 91 b C 58/15, ZMR 2016, 64; s. a. AG Ratingen 18.11.2014 – 11 C 121/14, ZMR 2015,
     643.
21   BGH 9.3.2012 – V ZR 161/11, ZMR 2012, 646.
22   LG Karlsruhe 30.6.2015 – 11 S 109/14, ZMR 2016, 59.
23   BGH 9.3.2012 – V ZR 161/11, ZMR 2012, 646.
24   BGH 7.12.2018 – V ZR 273/17, ZMR 2019, 291; AG Hannover 12.12.2014 – 484 C 7688/14, ZMR 2015, 585.
25   BGH 7.12.2018 – V ZR 273/17, ZMR 2019, 291; AG Rendsburg 30.10.2008 – 18 C 545/08, ZMR 2009, 239.
26   AG Rendsburg 30.10.2008 – 18 C 545/08, ZMR 2009, 239.

gentümern steht vielmehr ein Ermessensspielraum zu, ob und inwieweit sie eine einheitliche Ausrüstung und Wartung beschließen oder nicht.

44 Zwar ist denkbar, dass der Eigentümer im Einzelnen nachweist, welche Geräte er installiert hat und Protokoll über seine Wartung führt. Der einheitliche Einbau von Rauchwarnmeldern und deren einheitliche Wartung durch eine Fachfirma stellt gegenüber einer Lösung, in dem die Wohnung des Eigentümers hiervon ausgenommen wird, aber ein höheres Maß an Sicherheit dar. Durch die einheitliche Anschaffung und die einheitliche Regelung der Frage der Wartung stellt die Gemeinschaft der Wohnungseigentümer sicher, dass die vorhandenen Rauchwarnmelder von einer guten Qualität sind, den einschlägigen DIN-Normen entsprechen und durch qualifiziertes Fachpersonal installiert und gewartet werden.[27] Für ein zentralisiertes Vorgehen des Verwalters unter Ignorierung bereits installierter Geräte spricht die Gewährleistung des Brandschutzes und die Sicherheit der Bewohner.[28] Auch für das Mietrecht hat der BGH entschieden, dass sich der Mieter gegen den vermieterseitigen Einbau nicht deshalb wehren kann, weil er selbst bereits einen Rauchwarnmelder eingebaut hat.[29]

45 Es widerspricht somit nicht den Grundsätzen ordnungsmäßiger Verwaltung, die Wohnung des Eigentümers in die Maßnahme mit einzubeziehen, auch wenn dort bereits Rauchwarnmelder vorhanden sein sollten.[30]

46 **b) Individuelle Lösung.** Nach anderer Ansicht sprechen keine durchgreifenden Gründe für eine Ausstattung sämtlicher Wohnungen mit einheitlichen Rauchwarnmeldern.[31]

47 Die Argumente der Gegenansicht überzeugen nicht. Der Einwand etwa, dass der betroffene Eigentümer sein Sondereigentum möglicherweise mit Rauchwarnmeldern ausgestattet hat, die höherwertig sind zu denen, die neu zum Einbau kommen sollen, und der so durch den Beschluss gezwungen wäre, die Räume mit mehrheitlich gewünschten, aber minderwertigen Rauchwarnmeldern auszustatten, ist zu vernachlässigen. Zum einen dürften die Investitionskosten regelmäßig gering sein und zum anderen überwiegt der mit einem **einheitlichen Konzept** gegebene **Sicherheitsaspekt**.

48 Die Gemeinschaft der Wohnungseigentümer hat zudem ein schutzwürdiges Interesse daran, durch eine **Regelung „aus einer Hand"** versicherungsrechtliche Risiken zu minimieren. Überlässt sie es einzelnen Wohnungseigentümern, Rauchwarnmelder zu installieren, läuft sie Gefahr, dass bei einem Verstoß gegen die Einbauverpflichtung im Schadensfall Leistungen aus der **Feuerversicherung** für das Gebäude gekürzt werden.[32]

49 Entgegen der mit der Gegenmeinung vertretenen Ansicht, kann die gesetzmäßige Ausrüstung des Gebäudes mit Rauchwarnmeldern nicht so gut sichergestellt werden, wenn man bereits installierte Rauchwarnmelder in das Gesamtkonzept integriert.[33]

50 Unabhängig davon, ob die technischen Voraussetzungen überhaupt eingehalten werden können und ob etwa allein ein in einer Wohnung installierter **separater Rauchwarnmelder** den Aufwand der Integration und damit verbundenen Untersuchungen wie auch Kosten rechtfertigt, kann sich der Verwalter nicht ohne Weiteres davon überzeugen, ob die bereits vorhandene Ausrüstung ausreichend ist und funktioniert. Eine Fachfirma muss regelmäßig hinzugezogen werden und ungewiss ist, ob der betroffene Eigentümer bei der Kontrolle der Ausrüstung mit Rauchwarnmeldern kooperiert.

51 **5. Duldungspflicht.** Befestigt werden die Rauchwarnmelder an den nach § 5 Abs. 2 WEG zwingend im Gemeinschaftseigentum stehenden Zimmerdecken. Dass Zutritt zur Wohnung gewährt werden muss und dass durch den Einbau Sondereigentum, zB eine Tapete berührt sein kann, hat der Wohnungseigentümer hinzunehmen, § 14 Abs. 1 Nr. 2 WEG; ein hierdurch entstehender **Schaden** ist ihm zu ersetzen, **§ 14 Abs. 3 WEG**.[34]

---

27 LG Dortmund 5.8.2016 – 1 S 80/16, ZWE 2017, 138; AG Bochum 26.1.2016 – 95 C 44/15, WuM 2016, 242.

28 AG Singen 25.11.2014 – 7 C 20/14, ZMR 2015, 416; AG Hannover 12.12.2014 – 484 C 7688/14, ZMR 2015, 585; AG Ratingen 18.11.2014 – 11 C 121/14, ZMR 2015, 643.

29 BGH 17.6.2015 – VIII ZR 216/14, NZM 2015, 580.

30 BGH 7.12.2018 – V ZR 273/17, ZMR 2019, 291; AG Düsseldorf 11.1.2016 – 290 a C 192/15, ZMR 2016, 575.

31 LG Braunschweig 7.2.2014 – 6 S 449/13, ZMR 2014, 813; LG Karlsruhe 17.11.2015 – 11 S 38/15, NZM 2016, 240.

32 BGH 7.12.2018 – V ZR 273/17, ZMR 2019, 291; BGH 8.2.2013 – V ZR 238/11, NZM 2013, 512.

33 S. aber LG Braunschweig 7.2.2014 – 6 S 449/13, ZMR 2014, 813; LG Karlsruhe 17.11.2015 – 11 S 38/15, NZM 2016, 240; LG Karlsruhe 18.12.2015 – 11 S 49/15, ZWE 2016, 179.

34 BGH 8.2.2013 – V ZR 238/11, ZMR 2013, 642.

6. Erhaltungsmaßnahmen (§ 19 Abs. 2 Nr. 2 WEG). Die Beschlusskompetenz (→ Rn. 15 ff.) umfasst auch 52
Entscheidungen über eine regelmäßige Kontrolle und Wartung der Rauchwarnmelder.[35]

Dies ist selbst dann der Fall, wenn aus den öffentlich-rechtlichen Normen, aus denen sich die Verpflichtung 53
zum Einbau ergibt, folgt, dass die **Betriebsbereitschaft** der Rauchwarnmelder durch den **unmittelbaren Besitzer** und nicht durch den Eigentümer sicherzustellen ist. Auch dann besteht eine Beschlusskompetenz aus
§ 19 Abs. 1 WEG bzw. aus § 9 a Abs. 2 WEG.

Denn die nach öffentlichem Recht zu installierenden Rauchwarnmelder dienen der **Sicherheit** des Gebäudes 54
und sind damit gem. § 5 Abs. 2 WEG zwingendes Gemeinschaftseigentum, bzw. die Rauchwarnmelder sind in
der Erfüllung einer öffentlich-rechtlichen Verpflichtung zum Einbau zu installieren.[36]

Auch wenn das öffentliche Recht dem unmittelbaren Besitzer die Pflicht auferlegt, für die Betriebsbereitschaft 55
der Rauchwarnmelder zu sorgen, bedeutet dies nicht, dass nicht auch die Eigentümer für die **Betriebssicherheit** sorgen können. Eine **Wartung** der Rauchwarnmelder durch ein von der Gemeinschaft der Wohnungseigentümer beauftragtes Unternehmen ist in diesem Zusammenhang sogar sinnvoll, weil auf diese Weise eher
sichergestellt wird, dass die Wartungsarbeiten tatsächlich durchgeführt werden, als wenn die Wartung dezentral im Verantwortungsbereich des jeweiligen unmittelbaren Besitzers stattfindet, was auch kaum zu überprüfen und nachzuweisen wäre.[37]

7. Kosten. Sowohl für die **Kosten des Einbaus** der Rauchwarnmelder als auch deren **Wartung** gilt grund- 56
sätzlich § 16 Abs. 2 WEG – die Verteilung erfolgt nach dem gesetzlichen Schlüssel (Miteigentumsanteile), soweit die Gemeinschaftsordnung keine anderweitige Verteilung vorsieht.

Möglich ist es aber, dass die Eigentümer mit Stimmenmehrheit beschließen, dass die Kosten für die Installati- 57
on und Wartung der Rauchmelder nicht nach Miteigentumsanteilen gem. § 16 Abs. 2 WEG, sondern zB entsprechend der Anzahl an Rauchmeldern, die sich im jeweiligen Sondereigentum des Eigentümers befinden,
verteilt werden, § 16 Abs. 2 S. 2 WEG.

Bei den Kosten für die Wartung von Rauchmeldern handelt es sich um **Betriebskosten gem. § 556 Abs. 1** 58
BGB. Die Kosten für die Wartung können gem. § 556 Abs. 1 BGB auf die **Mieter** umgelegt werden, weil es
sich um regelmäßig anfallende Kosten für den bestimmungsmäßigen Gebrauch des Gebäudes handelt.[38]

III. Verfahrenshinweise, Beschlussersetzung nach § 44 Abs. 1 WEG

Gem. §§ 19 Abs. 1, 18 Abs. 2 WEG kann jeder Wohnungseigentümer eine Verwaltung verlangen, die den 59
Vereinbarungen und Beschlüssen und, soweit solche nicht bestehen, dem Interesse der Gesamtheit der Wohnungseigentümer nach billigem Ermessen entspricht. Im Rahmen des insoweit bestehenden Anspruchs auf
ordnungsmäßige Verwaltung haben die Wohnungseigentümer einen **Gestaltungsspielraum**.[39] Eine Abwägung der Interessen ist erforderlich und die Entscheidung muss **billigem Ermessen** entsprechen.

Verweigert die Mehrheit der Eigentümer einen Beschluss zur Installation von Rauchwarnmeldern (Grundbe- 60
schluss), wenn es landesrechtliche Vorschriften gibt, die die Gemeinschaft der Wohnungseigentümer oder die
Eigentümer verpflichten, die Installation vorzunehmen, besteht für den einzelnen Eigentümer ein begründeter
Anspruch auf entsprechende **Beschlussersetzung** nach § 44 Abs. 1 WEG (→ *Beschlussersetzung* Rn. 4 ff.).

In der Mehrzahl der Fälle gibt es aber nicht nur eine einzige Maßnahme, die ordnungsmäßiger Verwaltung 61
entspricht.

Der Antragsteller muss davon ausgehen, dass im Fall der Installation der Rauchwarnmelder **mehrere Varian-** 62
ten in Betracht kommen. Unterschiedlich können die Produkte sowohl im Hinblick auf die technischen Voraussetzungen als auch den **Preis** sein, wie es auch dem Ermessen der Wohnungseigentümer obliegt, ob sie sich
für den einen oder anderen **Fachunternehmer** zur Umsetzung des Einbaus der Rauchwarnmelder entscheiden.

---

35 BGH 8.2.2013 – V ZR 238/11, ZMR 2013, 642; BGH 7.12.2018 – V ZR 273/17, ZMR 2019, 291.
36 BGH 8.2.2013 – V ZR 238/11, ZMR 2013, 642; LG Dortmund 19.4.2016 – 1 S 437/15, ZMR 2016, 642.
37 LG Dortmund 19.4.2016 – 1 S 437/15, ZMR 2016, 642.
38 AG Bochum 26.1.2016 – 95 C 44/15, WuM 2016, 242.
39 BGH 13.7.2012 – V ZR 94/11, NJW 2012, 2955; BGH 9.3.2012 – V ZR 161/11, NJW 2012, 1724.

63 Ist all dies nicht genau geklärt, ist die **Beschlussersetzung nach § 44 Abs. 1 WEG** – unter Berücksichtigung des Vorbefassungsgebotes – der richtige Weg. Das grundsätzlich den Wohnungseigentümern zustehende Ermessen wird dann im Prozess von dem Richter ausgeübt und deshalb genügt – anders als nach der allgemeinen Vorschrift des § 253 Abs. 2 Nr. 2 ZPO – die Angabe des **Rechtsschutzziels**.[40] Dies gilt allerdings nur dann, wenn das konkrete materielle Gestaltungsrecht des Klägers den Wohnungseigentümern, an deren Stelle das Gericht entscheidet, ein solches Ermessen eingeräumt hätte. § 18 Abs. 2 WEG eröffnet dieses Ermessen, das damit im Fall der Geltendmachung des Anspruchs auf Beschlussfassung seitens eines Eigentümers zum Einbau von Rauchwarnmeldern durch das Gericht auszuüben ist.

176. Raum

Ruge

I. Einführung

1 Der Begriff Raum bzw. Räume kommt allein in den ersten neun Paragrafen des Wohnungseigentumsgesetzes mehr als zehn Mal vor. Schon dieser allererste Befund belegt, dass dem Raum vom Gesetz eine besondere Bedeutung beigemessen wird. Ein genauerer Blick auf die normative Konzeption bestätigt dies. § 1 Abs. 1 WEG bestimmt als Grundnorm, dass an Wohnungen das Wohnungseigentum und an nicht zu Wohnzwecken dienenden Räumen eines Gebäudes das Teileigentum begründet werden kann. In beiden Fällen geht es um Räume in einem Gebäude, wobei beim Wohnungseigentum die Räume eben eine Wohnung sind. Der BGH spricht insoweit von dem das Wohnungseigentum typischerweise kennzeichnenden Sondereigentum an Räumen.[1] Deswegen wird als gemeinsamer Oberbegriff von Wohnungseigentum und Teileigentum das **Raumeigentum** vorgeschlagen.[2] § 1 Abs. 2 und 3 WEG greifen diesen Grundgedanken auf und ordnen an, dass das Raumeigentum stets mit einem Miteigentumsanteil am gemeinschaftlichen Eigentum verbunden ist.

2 Weiter ausgeformt wird die rechtliche Konstruktion dann in § 3 Abs. 1 WEG und in der Parallelnorm § 8 Abs. 1 WEG. Beide betreffen die Begründung von Wohnungs- bzw. Teileigentum. Dabei kommt es darauf an, dass Sondereigentum – nunmehr legaldefiniert in § 3 Abs. 1 WEG – an einer bestimmten Wohnung oder an nicht zu Wohnzwecken dienenden bestimmten Räumen in einem auf dem Grundstück errichteten oder zu errichtenden Gebäude eingeräumt wird. Auch hier zeigt sich wieder die Ausrichtung des Gesetzes am Raum. Schließlich ordnet § 5 Abs. 1 WEG noch an, dass die gem. § 3 Abs. 1 WEG bestimmten Räume sowie zu diesen Räumen gehörende gewisse Bestandteile des Gebäudes Gegenstand des **Sondereigentums** sind. Entsprechendes gilt für die Aufteilung nach § 8 WEG (§ 8 Abs. 2 WEG). Sondereigentum ist demnach immer das Eigentum an einem Raum bzw. an Räumen in einem Gebäude, daneben auch noch das Eigentum an Bestandteilen des Raumes. Was hingegen unter einem Raum in diesem Sinne zu verstehen ist, wird im Wohnungseigentumsgesetz nicht ausdrücklich definiert.

---

40 BGH 24.5.2013 – V ZR 182/12, NZM 2013, 582.

 1 BGH 24.2.1994 – V ZB 43/93, NJW 1994, 2950.

 2 Vgl. BGH 17.1.1968 – V ZB 9/67, BGHZ 49, 250; *Hurst* AcP 181 (1981), 169 ff.; s. auch Weitnauer/*Briesemeister* WEG § 1 Rn. 2.

II. Einzelheiten

1. Grundsatz: Sondereigentum nur an Räumen. Wohnungseigentum und Teileigentum bestehen jeweils 3 aus einem Miteigentumsanteil am gemeinschaftlichen Eigentum und einem Sondereigentum. Diese beiden Komponenten sind untrennbar miteinander verbunden (§ 6 WEG). Sondereigentum ist stets vor allem das Eigentum an Räumen. Daraus folgt, dass Sondereigentum grundsätzlich auch nur an Räumen begründet werden kann. Als lange Zeit einzige Ausnahme von dieser Regel ließ § 3 Abs. 2 S. 2 WEG aF die Begründung von Sondereigentum an Garagenstellplätzen zu, wenn ihre Flächen durch dauerhafte Markierungen ersichtlich waren. Nach der Novelle durch das **WEMoG** ist diese Ausnahme ausgeweitet worden. Nunmehr ist es möglich, an Stellplätzen jeder Art Sondereigentum zu begründen, weil § 3 Abs. 1 S. 2 WEG insoweit eine Raumeigenschaft gesetzlich fingiert. Zudem kann das Sondereigentum jetzt auch auf einen außerhalb des Gebäudes liegenden Teil des Grundstücks erstreckt werden, sofern die Wohnung oder die nicht zu Wohnzwecken dienenden Räume wirtschaftlich die Hauptsache bleiben (§ 3 Abs. 2 WEG). Das WEMoG hat damit noch eine weitere Ausnahme geschaffen.

2. Raumeigenschaft. a) Ausgangspunkt: Der „umbaute Raum". Sondereigentum kann entstehen an Räumen 4 in einem bereits errichteten oder noch zu errichtenden Gebäude.[3] Damit ist das gesetzliche Erfordernis der **Raumeigenschaft** angesprochen. Zu unterscheiden ist davon die Frage nach der Abgeschlossenheit (→ *Abgeschlossenheit* Rn. 6). Das lässt sich unmittelbar aus dem Gesetz selbst entnehmen, weil § 3 Abs. 2 S. 1 WEG von *in sich abgeschlossenen* Räumen spricht. Bisweilen wird die Notwendigkeit bestritten, Klarheit über die Konturen der Raumeigenschaft schaffen zu müssen.[4] Raum sei ein allgemein gebräuchlicher Begriff, der sich quasi von selbst verstehe. Das mag in ganz regelmäßigen Fällen zutreffen, schließt aber das Auftreten von schwierigen Grenzfällen nicht aus und trägt zu deren Lösung nichts bei.[5]

Die hM insbesondere in der Rechtsprechung geht deswegen von folgendem Standpunkt aus: Unter einem 5 Raum versteht das Gesetz den **umbauten**, das heißt von Fußboden, Decke und Wänden umschlossenen lichten Raum.[6] Von dieser Basis aus werden Konkretisierungen, Ergänzungen und einzelfallbezogene Korrekturen in unterschiedliche Richtungen vorgenommen. Dabei achtet man freilich auch in der Rechtsprechung nicht immer genügend auf die im Gesetz angelegte Differenzierung zwischen Raumeigenschaft einerseits und Abgeschlossenheit andererseits.[7]

b) Balkone und Loggien. Im Hinblick auf Balkone herrscht die Ansicht vor, dass diese aufgrund der Begren- 6 zung durch jedenfalls eine Brüstung (noch) als Raum aufgefasst werden könnten.[8] Letztlich ist das aber eine **Raumfiktion**. Die Argumentation erweist sich als ergebnisgesteuert, weil die Zugehörigkeit zum gemeinschaftlichen Eigentum – das wäre die Konsequenz der fehlenden Raumeigenschaft – wegen der in der Regel ausschließlichen Zugangsmöglichkeit vom Sondereigentum aus als nicht wünschenswert betrachtet wird.[9] Folgerichtig wird alsdann die Begründung eines Sondernutzungsrechts nicht zugelassen; sie ist danach auch unnötig, weil Sondereigentum begründet werden kann.

Für eine Loggia gilt nichts anderes. 7

c) Terrassen und Dachterrassen. Ebenerdig gelegenen Terrassen fehlt jedenfalls die eindeutige Abgrenzung 8 nach oben, also die Decke[10] und in der Regel auch die seitliche Begrenzung.[11] Infolgedessen kam ihnen nach bislang hM keine Raumeigenschaft zu. Das gilt auch weiterhin. Die WEG-Novelle durch das **WEMoG** hat zwar dazu geführt, dass Sondereigentum auf einen außerhalb des Gebäudes liegenden Teil des Grundstücks erstreckt werden kann (§ 3 Abs. 2 WEG), sofern die Wohnung oder die nicht zu Wohnzwecken dienenden

---

3 Speziell zum Gebäudebegriff s. OLG Schleswig 19.4.2016 – 2 Wx 12/16, ZWE 2016, 371; *Heinemann* AnwZert MietR 9/2017 Anm. 2.

4 So Jennißen/*Grziwotz* WEG § 5 Rn. 9.

5 S. zB OLG Hamm 5.1.2016 – I-15 W 398/15, ZWE 2016, 167.

6 OLG München 22.2.2006 – 34 Wx 133/05, NZM 2006, 635; OLG Hamm 5.1.2016 – I-15 W 398/15, ZWE 2016, 167; BayObLG 9.2.1995 – 2Z BR 4/95, NJW-RR 1995, 783.

7 Vgl. OLG Hamm 5.1.2016 – I-15 W 398/15, ZWE 2016, 167.

8 OLG München 23.9.2011 – 34 Wx 247/11, ZWE 2012, 37 mwN; aA *Rapp* RNotZ 2012, 42.

9 Vgl. OLG München 23.9.2011 – 34 Wx 247/11, ZWE 2012, 37.

10 So LG München I 4.2.2013 – 1 S 26400/11, ZMR 2013, 477.

11 So LG Landau 15.4.2011 – 3 S 4/11, ZWE 2011, 272.

Räume wirtschaftlich die Hauptsache bleiben. Allerdings ist damit keine gesetzlich fingierte Raumeigenschaft verbunden. Das ergibt sich bereits aus dem Wortlaut und einem Vergleich mit der rechtlichen Situation bei Stellplätzen (§ 3 Abs. 1 S. 2 WEG). An sich müsste das für Dachterrassen genauso gelten. Sie sind übrigens kein Teil des Grundstücks, so dass § 3 Abs. 2 WEG von vornherein nicht anwendbar ist. Die fehlende Abgrenzung nach oben spricht gegen eine Raumeigenschaft. Stimmen in der Rechtsprechung sehen das jedoch anders.[12] Danach soll – ähnlich wie bei Balkonen (→ Rn. 6) – die ausschließliche **Zugangsmöglichkeit** vom Sondereigentum aus das Fehlen jedenfalls der räumlichen Begrenzung nach oben überbrücken können; wiederum zeigt sich Raumfiktion statt wirklicher Raumeigenschaft.

9 **d) Flachdach.** Einer Flachdachfläche, die einer Wohnung vorgelagert ist, kommt keine Raumeigenschaft zu.[13]

10 **e) Abstellmöglichkeiten für Kraftfahrzeuge.** Im Hinblick auf Abstellmöglichkeiten für PKW, Motorräder und Ähnliches kommen verschiedene Gestaltungsvarianten in der Praxis vor. **Einzelgaragen**, die mit einem Tor versehen sind, und Zusammenfassungen solcher Garagen zu Blöcken (Garagenhof) erweisen sich weithin als unproblematisch. Hier ist die einzelne Garage jeweils für sich ein Raum. Auf der anderen Seite des Spektrums liegt der schlichte Abstellplatz ohne jede bauliche Umfassung, der bisweilen zwar als „Laternengarage" bezeichnet wird, aber dennoch keine Raumeigenschaft besitzt. Die Möglichkeiten zwischen diesen beiden Polen sind vielfältig. Für schlichte Stellplätze, die keinerlei Verbindung zu einem Gebäude aufweisen, hat das **WEMoG** eine Fiktion der Raumeigenschaft geschaffen. Gem. § 3 Abs. 1 S. 2 WEG gelten sie als Räume.[14]

11 **aa) Carports.** Charakteristisch für Carports ist, dass sie zwar über eine **Überdachung** verfügen, aber nach bis zu vier Seiten hin offen sein können. Gänzlich ohne Wände kommt eine solche Konstruktion aus, wenn ein Dachelement auf vier oder sechs Pfosten errichtet wird.[15] In allen diesen Fällen fehlte es bislang an der Raumeigenschaft, weil diese einen vollständigen baulichen Abschluss voraussetzt (→ Rn. 5). Die Neufassung durch das **WEMoG** wendet sich davon ab. § 3 Abs. 1 S. 2 WEG gilt auch für Carports; die Raumeigenschaft wird nunmehr gesetzlich fingiert.

12 **bb) Duplex-Parker.** Als Duplex-Parker werden Einrichtungen bezeichnet, die vermittels einer Hebebühne oder einer ähnlichen Vorrichtung das Abstellen von zwei Fahrzeugen übereinander ermöglichen. Auch die Bezeichnung als **Doppelstockgarage** ist gebräuchlich. Insoweit wird heute nicht mehr bezweifelt, dass jedenfalls die Einheit insgesamt durchaus Raumeigenschaft haben kann.[16] Für die darin enthaltenen einzelnen Stellplätze galt das jedoch nicht. In der Rechtsprechung wurde dazu ausgeführt: Bei einer Doppelstockgarage ist der lichte Raum nicht getrennt. Er wird von beiden Parkern gemeinsam benutzt und die Konstruktion schafft in der lichten Höhe nicht zwei in sich begrenzte Räume. Vielmehr bewirkt die Kippvorrichtung, dass beide Parker den Raum zwischen Boden und Decke in einem bestimmten Bereich abwechselnd für sich in Anspruch nehmen.[17] Damit fehlt eine klare Trennung zwischen Boden und Decke, die die Raumeigenschaft des einzelnen Stellplatzes bislang ausschloß. Aber auch insoweit gilt **§ 3 Abs. 1 S. 2 WEG** mit seiner gesetzlichen Fiktion einer Raumeigenschaft. Davon sind insbesondere Stellplätze auf oder unter einem Gebäude sowie einzelne Stellplätze in einer Mehrfachparkanlage (sogenannte Duplex- oder Quadruplexparker) erfasst.[18]

13 **cc) Stellplätze in Sammelgaragen (§ 3 Abs. 2 S. 2 WEG aF).** Gem. § 3 Abs. 2 S. 2 WEG aF galten Garagenstellplätze als abgeschlossene Räume, wenn ihre Flächen durch dauerhafte Markierungen ersichtlich waren. Diese Vorschrift gehörte nicht zum ursprünglichen Normenbestand, sondern wurde 1973 nachträglich in das Gesetz eingefügt.[19]

---

12 ZB LG Schwerin 24.7.2008 – 5 T 165/05, ZMR 2009, 401.
13 OLG Karlsruhe 16.5.2008 – 14 Wx 55/07, ZWE 2008, 398; speziell zum Thema Dach s. *Heinemann* AnwZert MietR 15/2017 Anm. 1.
14 Dazu BT-Drs. 19/18791, 37.
15 Vgl. BayObLG 6.2.1986 – BReg 2 Z 70/85, NJW-RR 1986, 761.
16 Vgl. BGH 21.10.2011 – V ZR 75/11, ZWE 2012, 81 mwN.
17 BayObLG 9.2.1995 – 2Z BR 4/95, NJW-RR 1995, 783.
18 BT-Drs. 19/18791, 37.
19 BGBl. 1973 I 910.

Das **WEMoG** hat § 3 Abs. 2 WEG erheblich umgestaltet. An die Stelle der gesetzlichen Doppelfiktion alter 14
Fassung ist die Fiktion einer Raumeigenschaft für Stellplätze jeder Art getreten (§ 3 Abs. 1 S. 2 WEG).[20] Sie
gilt gleichermaßen für Plätze in einem Gebäude wie für solche unter freiem Himmel. Eine Art von Abgrenzung oder Markierung spielt für die Fiktion der Raumeigenschaft keine Rolle mehr.

3. Sonderproblem Innenhof. Im Zusammenhang mit der Raumeigenschaft hat in jüngerer Vergangenheit ein 15
Fall mehr Aufmerksamkeit auf sich gezogen als andere: Ein Eigentümer zweier Wohnungen will Wohnungseigentum nach § 8 Abs. 1 WEG begründen. Hinsichtlich der ersten Wohnung besteht die Besonderheit, dass zu
ihr auch ein Innenhof gehört, der **nicht überdacht** ist. Vollständig umgeben ist er jedoch von Räumen, die alle
zu der Wohnung zählen. Das Grundbuchamt weigert sich, die Aufteilung zu vollziehen, der Innenhof sei kein
Raum.[21]

Das **OLG Hamm** hat diese Position nicht bestätigt. Der Innenhof sei als Raum zu betrachten, auch wenn dies 16
nicht dem natürlichen Wortsinn entspreche. Ausschlaggebend müsse sein, dass die unmittelbare räumliche Zuordnung des Innenhofes diesen bei lebensnaher Betrachtung ohne Weiteres als Bestandteil des Sondereigentums der ihn umgebenden Räume erscheinen lasse. Die räumliche Zuordnung zum Bereich des Sondereigentums sei bei einem so gestalteten Innenhof sogar noch näher als bei Balkonen oder vertikal abgegrenzten
Dachterrassen. Sei diese eindeutige räumliche Zuordnung bei Balkonen und Dachterrassen der maßgebliche
Anlass, von der vollständigen Raumausbildung als Voraussetzung der Sondereigentumsfähigkeit abzusehen,
bestehe kein überzeugender Grund, einen umschlossenen Innenhof abweichend zu bewerten.[22]

Die Entscheidung hat Zustimmung[23] aber mehrheitlich wohl Kritik[24] hervorgerufen. Sie greift auf den in der 17
Rechtsprechung verbreiteten Gedanken der Zugehörigkeit zu Räumen zurück. Ähnlich wird dort im Hinblick
auf Balkone und teilweise auch Dachterrassen argumentiert. Das begegnet vor allem im Schrifttum schon beinahe traditionell Bedenken: Wenn ein Gebäudeteil offensichtlich kein Raum ist, was in den einschlägigen Entscheidungen nicht selten sogar zugestanden wird, wie kann dann die bloße Tatsache, dass sich in der Nähe
Räume befinden, eine Umkehr des Ergebnisses bewirken? Diese Frage hat die Rechtsprechung bislang nicht
befriedigend beantwortet. Sie folgt an dieser Stelle einer **Raumfiktionslehre**, freilich ohne dass dies notwendig wäre. Denn mithilfe eines Sondernutzungsrechts lassen sich wirtschaftlich vergleichbare und wider-
spruchsfreie Lösungen erzielen. Das gilt für den Innenhof-Fall wie auch für Balkone und Dachterrassen. Mit
Inkrafttreten des **WEMoG** ergibt sich die Möglichkeit, das Sondereigentum auf Teile der Grundstücksfläche
zu erstrecken (§ 3 Abs. 2 WEG). Wird davon Gebrauch gemacht, stellt sich die Frage nach der Raumeigenschaft nicht mehr.

III. Schlussfolgerungen für die Praxis

Die berechtigte Kritik an der Rechtsprechung zur Raumeigenschaft von insbesondere Balkonen und Dachter- 18
rassen (→ Rn. 6, 17) darf nicht darüber hinwegtäuschen, dass eine Gefahr darin besteht, von den etablierten
Wegen abzuweichen. Der Grund liegt vor allem darin, dass an Gegenständen des Sondereigentums keine Sondernutzungsrechte begründet werden können. Wird dies dennoch versucht, entsteht ein **Eintragungshindernis**, das den Vollzug verzögern kann.[25] Dort, wo die Rechtsprechung auf der Basis der auch hier kritisierten
Raumfiktionslehre eine Raumeigenschaft annimmt, die zur Sondereigentumsfähigkeit führt, sollte deshalb
nach dem Grundsatz des sichersten Weges dennoch die Begründung von Sondereigentum angestrebt werden.

Ob das auch für den **Innenhof-Fall** (→ Rn. 15) gilt, ist erörterungswürdig. Die dortige Konstellation dürfte in 19
der Praxis eher selten anzutreffen sein. Die Entscheidung steht insoweit bisher als Unikat da. Andererseits
folgt sie durchaus der für die Rechtsprechung typischen Argumentationslinie. Von daher wird die Praxis auch
ihr im Zweifel besser folgen, um Verzögerungen beim Vollzug eines Eintragungsantrages möglichst zu vermeiden.

---

20 BT-Drs. 19/18791, 37.
21 Vgl. OLG Hamm 5.1.2016 – I-15 W 398/15, ZWE 2016, 167.
22 OLG Hamm 5.1.2016 – I-15 W 398/15, ZWE 2016, 167.
23 ZB *Ott* DNotZ 2016, 626.
24 ZB *Rapp* MittBayNot 2016, 399; *Schneider* ZMR 2016, 303; *Weber* IMR 2016, 216.
25 Vgl. OLG München 23.9.2011 – 34 Wx 247/11, ZWE 2012, 37.

20 Im Zusammenhang mit der Raumeigenschaft hat das **WEMoG** zwei Änderungen bewirkt, die sich nun in der Praxis bewähren müssen. Vor allem die Erstreckung von Sondereigentum auf Teile der Grundstücksfläche ist ein Systembruch und gewöhnungsbedürftig. Andererseits ergeben sich insoweit aber auch Perspektiven. Das betrifft insbesondere Terrassen und Stellplätze auf der freien Grundstücksfläche.

177. Rechnungslegung

Pauli

I. Die Rechnungslegung

1 Die Rechnungslegung dient einerseits der **Kontrolle des Verwalters** durch die Gemeinschaft der Wohnungseigentümer und andererseits der Kontrolle eines **ausgeschiedenen Verwalters** sowie der Vorbereitung der Übernahme der Verwaltung durch den neuen Verwalter.

2 **1. Historie.** Die Rechnungslegung war vor Inkrafttreten des WEMoG in § 28 Abs. 4 WEG aF normiert. Demnach konnte die Wohnungseigentümergemeinschaft von dem Verwalter jederzeit Rechnungslegung verlangen. Zum 1.12.2020 ist das WEMoG in Kraft treten und die Vorschrift des § 28 WEG wurde neu gefasst. Die Ziele der Neufassung des § 28 WEMoG liegen nach der Begründung im Gesetzesentwurf der Bundesregierung in der klareren Fassung der Vorschrift, Reduzierung der Streitigkeiten über die Abrechnung und den Wirtschaftsplan sowie in der Stärkung der Kenntnis der Eigentümer über die wirtschaftliche Lage durch Einführung des Vermögensberichtes.[1] Im Zuge der Normierung des § 28 WEG wurde die Vorschrift des § 28 Abs. 4 WEG durch das WEMoG **ersatzlos aufgehoben**. Eine Begründung für die Aufhebung findet sich nicht in der Gesetzesbegründung.

3 Im Gesetzgebungsverfahren ist der ersatzlose Wegfall kritisiert worden, da hierdurch der Schutz der Eigentümer und der Eigentümergemeinschaft eingeschränkt werden würde.[2] Diese Einwendungen sind aber bei der Verabschiedung des Gesetzes durch den Bundestag nicht berücksichtigt worden. Der ursprüngliche Entwurf des § 28 WEG wurde nur im Hinblick auf die Einführung der Beschlusskompetenz in § 28 Abs. 3 WEG für die Fälligkeit von Forderungen und die Art und Weise der Erfüllung geändert.

4 **2. Rechtliche Grundlagen.** Nach Aufhebung der Vorschrift des § 28 Abs. 4 WEG aF durch das WEMoG verbleibt nur ein **Anspruch auf Rechnungslegung** nach den allgemeinen Bestimmungen gem. §§ 666, 259 BGB. Dieser Anspruch kann allerdings nicht jederzeit – wie nach § 28 Abs. 4 WEG aF– sondern nur nach „Ausführung des Auftrages" geltend gemacht werden, wie sich aus § 666 BGB ergibt.[3] Der allgemeine Anspruch auf Rechnungslegung entsteht nach dieser Bestimmung in der Regel mit der vertragsgemäßen Beendigung des Auftrages, oder bei unvollständiger Ausführung mit der vorzeitigen Beendigung, also der Kündigung des Auftragsverhältnisses.[4]

---

1 Gesetzentwurf der Bundesregierung vom 25.03.2020, zu § 28 Abs. 2, BT-Drs. 19/18791, 76.

2 Entschließungsantrag zum WEMoG vom 16.09.2020, BT-Drs. 19/22643, zu Nr. 6 a.

3 *Elzer*, Stellungnahme für die öffentliche Anhörung des Ausschusses für Recht und Verbraucherschutz des Deutschen Bundestages am Mittwoch, den 27.5.2020, 14.00 Uhr zum: Entwurf eines Gesetzes zur Förderung der Elektromobilität und zur Modernisierung des Wohnungseigentumsgesetzes und zur Änderung von kosten- und grundbuchrechtlichen Vorschriften (Wohnungseigentumsmodernisierungsgesetz – WEMoG), abrufbar unter www.bundestag.de/resource/blob/697080/1ee7dc749d54bc403edda32f56698aeb/elzer-data.pdf.

4 BGH 3.11.2011 – III ZR 105/11, NJW 2012, 58 Rn. 28 = NZM 2012, 43.

Im Geltungsbereich des WEMoG können die Eigentümer im laufenden Wirtschaftsjahr von dem Verwalter im 5 Gegensatz zu § 28 Abs. 4 WEG aF **keine jederzeitige Rechnungslegung** mehr verlangen. Vielmehr muss hierfür der Verwalter erst abberufen werden, um so die Tatbestandsvoraussetzungen des §§ 666, 259 BGB zu schaffen. Durch die Rechnungslegung sollen aber Bedenken an der Ordnungsgemäßheit der Verwaltertätigkeit ausgeräumt werden, um die Verwalterbestellung fortzuführen und eine Abberufung nebst hieraus resultieren Streitigkeiten zu vermeiden. Um einen solchen Konflikt zu verhindern, verbleibt nach Inkrafttreten des WEMoG nur die Möglichkeit einer **vertraglichen Lösung**. Die Gemeinschaft der Wohnungseigentümer muss **daher im Verwaltervertrag** mit dem Verwalter eine jederzeitige Rechnungslegungspflicht – entsprechend dem Inhalt des vormaligen § 28 Abs. 4 WEG aF – vereinbaren.

Der Anspruch auf Rechnungslegung kann auch gegen den **faktischen Verwalter** geltend gemacht werden. 6 Eine Anspruchsgrundlage folgt auch in diesem Fall nach §§ 666, 259 BGB.[5]

3. Inhalt der Rechnungslegung. Inhaltlich orientiert sich die Rechnungslegungspflicht im Geltungsbereich 7 des WEMoG nach den allgemeinen gesetzlichen Bestimmungen gem. §§ 666, 259 BGB.[6] Die Rechnungslegung muss somit eine **Zusammenstellung sämtlicher Zahlungseingänge und Ausgänge** im Sinne einer chronologischen Gegenüberstellung im Abrechnungszeitraum enthalten. Ferner ist die **Angabe der Bankkonten** der Gemeinschaft erforderlich. Der Inhalt der Rechnungslegung ist demnach mit einer Gesamtabrechnung nach § 28 Abs. 2 WEG vergleichbar.[7] Die Rechnungslegung unterscheidet sich aber von der Jahresabrechnung nach § 28 Abs. 2 WEG, da eine Umlage der Ausgaben auf die Eigentümer – wie im Rahmen der Einzelabrechnung – nicht erfolgt. Die Rechnungslegung enthält daher auch keine Ermittlung von Heizkosten bzw. die Entwicklung der Erhaltungsrücklage als Soll- bzw. Ist-Entwicklung.[8]

Die Rechnungslegung ist zeitlich eingeschränkt und erfasst nur Zeiträume, über die **noch keine beschlossene** 8 **Jahresabrechnung** vorliegt bzw. dem **Verwalter die Entlastung** erteilt wurde.[9] Ausnahmsweise kann auch nach Vorlage einer Abrechnung noch ein Anspruch auf Rechnungslegung bestehen, wenn die vorgelegte Abrechnung erhebliche Mängel aufweist und insbesondere Zweifel an der Vollständigkeit bestehen.[10] Mit Entstehen der Fälligkeit der Jahresabrechnung kann die Rechnungslegung in der Regel nicht mehr verlangt werden.[11]

4. Angabe von Forderungen und Verbindlichkeiten sowie Vorlage von Belegen. Inhaltlich ist umstritten, 9 ob der Verwalter Forderungen und Verbindlichkeiten ausweisen muss. Ein Teil der Rechtsprechung verlangt – anders als bei der Abrechnung –, auch Forderungen gegen Wohnungseigentümer und Verbindlichkeiten, etwa von Lieferanten der Gemeinschaft, anzugeben.[12] Nach einer differenzierenden Auffassung sollen Forderungen und Verbindlichen aber nicht ausgewiesen werden, da sich diese aus der Buchhaltung ergäben.[13]

Die Pflicht zur **Vorlage der Belege** mit der Rechnungslegung wird ebenfalls nicht einheitlich beantwortet. Ein 10 Teil der Rechtsprechung fordert mit der Vorlage der Rechnungslegung auch die Beifügung der den einzelnen Buchungen zugrunde liegenden Belege.[14] Nach einer anderen Auffassung soll die Vorlage von Belegen nicht erforderlich sein, da neben dem Anspruch auf Rechnungslegung weiterhin Auskunfts- und Einsichtsrechte der Wohnungseigentümer bestünden und ggf. geltend gemacht werden können.[15]

Abzustellen ist in diesem Zusammenhang auf den Sinn und Zweck der Rechnungslegung. Diese dient der 11 Kontrolle des Verwalters. Eine **effektive Kontrolle** wird aber nur gewährleistet sein, wenn neben der reinen Rechnungslegung eine Darstellung der Forderungen und Verbindlichkeiten erfolgt und zugleich auch zur

---

5 Staudinger/*Häublein* WEG § 28 Rn. 295.
6 LG Frankfurt 1.11.2018 – 2–13 S 114/17, ZMR 2019, 434 Rn. 13; Bärmann/*Becker* WEG § 28 Rn. 189.
7 Jennißen/*Jennißen* WEG § 28 Rn. 12.
8 *Hügel/Elzer* WEG § 28 Rn. 211.
9 *Hügel/Elzer* WEG § 28 Rn. 211.
10 LG Frankfurt 1.11.2018 – 2–13 S 114/17, ZMR 2019, 434 Rn. 13; Jennißen/*Jennißen* WEG § 28 Rn. 12, 195.
11 Jennißen/*Jennißen* WEG § 28 Rn. 12.
12 OLG München 26.7.2007 – 32 Wx 93/07, ZMR 2007, 814 Rn. 20; AG München 18.8.2017 – 481 C 26687/16, ZMR 2018, 275 Rn. 16.
13 Riecke/Schmidt/*Abramenko* WEG § 28 Rn. 192.
14 LG Frankfurt 1.11.2018 – 2–13 S 114/17, ZMR 2019, 434 Rn. 13; Bärmann/*Becker* WEG § 28 Rn. 189; Staudinger/ *Häublein* WEG § 28 Rn. 311.
15 Jennißen/*Jennißen* WEG § 28 Rn. 193.

Überprüfung die Belege vorlegt werden. Nur wenn alle diese Information im Rahmen der Rechnungslegung nachvollziehbar dargestellt werden, können die Wohnungseigentümer erkennen, ob der Verwalter seine Pflichten ordnungsgemäß erfüllt hat.

12 **5. Anspruchsinhaber.** Anspruchsinhaber der Rechnungslegung ist die Gemeinschaft der Wohnungseigentümer nach § 9 a Abs. 2 WEG. Ein Anspruch eines einzelnen Eigentümers gegenüber dem Verwalter auf Rechnungslegung besteht nicht. Innerhalb der Wohnungseigentümergemeinschaft setzt die Rechnungslegung einen Beschluss der Wohnungseigentümer nach § 19 Abs. 1 WEG voraus.

13 Der Beschluss über die Geltendmachung der Rechnungslegung entspricht der ordnungsgemäßen Verwaltung nach § 18 Abs. 2 WEG, wenn Zweifel an der Ordnungsgemäßheit der Finanzverwaltung des Verwalters erkennbar sind. In diesem Fall besteht ein Anspruch eines einzelnen Wohnungseigentümers nach § 18 Abs. 2 Nr. WEG gegenüber der Gemeinschaft der Wohnungseigentümer, dass diese den Anspruch auf Rechnungslegung gegenüber dem Verwalter geltend macht. Unterbleibt ein Beschluss der Miteigentümer, muss der einzelne Wohnungseigentümer sein Begehren im Rahmen einer Beschlussersetzung nach § 44 Abs. 1 S. 2 WEG geltend machen.

14 **6. Durchsetzung der Rechnungslegung.** Ein Beschluss über die Rechnungslegung nach Vorlage durch den ehemaligen Verwalter erfolgt anders als nach § 28 Abs. 4 WEG aF nicht mehr. Die Gemeinschaft der Wohnungseigentümer muss vielmehr prüfen, ob die vom ehemaligen Verwalter erstellte Rechnungslegung vollständig und ordnungsgemäß ist und der Anspruch erfüllt wurde. Anderenfalls kann der Anspruch auf Rechnungslegung unmittelbar im Verfahren nach § 43 Abs. 2 Nr. 3 WEG im Rahmen einer **Leistungsklage** gerichtlich geltend gemacht werden. Die Vollstreckung erfolgt als vertretbare Handlung nach § 887 ZPO.[16]

15 Daneben kann die Gemeinschaft der Wohnungseigentümer nach erfolglosen Setzen einer Nachfrist gem. §§ 280, 281 BGB gegenüber dem Verwalter die Rechnungslegung durch einen Dritten durchführen lassen und die hieraus entstehenden Kosten als **Schadensersatz** gegenüber dem Verwalter geltend machen.[17] Die Gemeinschaft der Wohnungseigentümer wird über eine Ersatzvornahme häufig deutlich schneller an eine Rechnungslegung gelangen, um etwa Schadensersatzansprüche gegenüber dem vormaligen Verwalter zu prüfen. Allerdings setzt die Ersatzvornahme voraus, dass die Gemeinschaft auf die Verwaltungsunterlagen zugreifen kann. Verweigert der Verwalter die Herausgabe, so muss zunächst der Herausgabeanspruch gerichtlich durchgesetzt werden.

II. Rechnungslegung nach § 28 Abs. 4 WEG aF

16 Inhaltlich entspricht die Rechnungslegung im Geltungsbereich des WEMoG den für § 28 Abs. 4 WEG aF entwickelten Vorgaben. Allerdings war die Rechtsposition der Gemeinschaft der Wohnungseigentümer nach § 28 Abs. 4 WEG aF weitergehend. Neben dem jederzeitigen Verlangen dieses Anspruchs konnte die Gemeinschaft der Wohnungseigentümer nach Vorlage der Rechnungslegung hierüber nach § 28 Abs. 4 WEG aF einen **Beschluss fassen**. Der Inhalt eines solchen Beschlusses war umstritten. Nach einem Teil der Literatur stand mit Bestandskraft eines solchen Beschlusses nur fest, dass der Anspruch auf Rechnungslegung, welcher zuvor von dem Verband geltend gemacht wurde, erfüllt wurde. Der Beschluss enthielt somit keine materiellen Feststellungen zu der inhaltlichen Richtigkeit, insbesondere zur ordnungsgemäßen Mittelverwendung durch den Verwalter.[18] Nach einer anderen Auffassung in der Literatur führte der Beschluss über die Rechnungslegung zu einer Genehmigung der Geschäftsführung des Verwalters und bewirkt eine **Entlastung** für alle erkennbaren Tatsachen.[19]

III. Übergangsfälle

17 Abschließend sind noch die Übergangsfälle zu klären. Das WEMoG trat am 1.12.2020 in Kraft, und ab diesem Zeitpunkt ist die Vorschrift des § 28 Abs. 4 WEG aF aufgehoben worden. Folglich kann ab diesem Zeitpunkt

---

16 Jennißen/*Jennißen* WEG § 28 Rn. 182 c.
17 OLG Düsseldorf 4.11.2002 – 3 Wx 194/02, ZMR 2003, 230 Rn. 7; *Hügel/Elzer* WEG § 28 Rn. 217; Riecke/Schmid/*Abramenko* WEG § 28 Rn. 195.
18 *Hügel/Elzer* WEG § 28 Rn. 216; Riecke/Schmid/*Abramenko* WEG § 28 Rn. 196.
19 Bärmann/*Becker* WEG § 28 Rn. 192.

die jederzeitige Rechnungslegung – also insbesondere gegen einen noch bestellten Verwalter – nicht mehr verlangt werden. Soweit der Anspruch auf Rechnungslegung vor dem Zeitpunkt des Inkrafttretens des WEMoG gerichtlich geltend gemacht wurde, ist in der Änderung der Gesetzeslage ein erledigendes Ereignis nach § 91 a Abs. 1 ZPO zu sehen. Die Gemeinschaft der Wohnungseigentümer müsste dann prüfen, ob unter Umständen ein Anspruch auf die allgemeine Rechnungslegung nach §§ 259, 666 BGB besteht und der Anspruch auf dieser Grundlage weiter geltend gemacht werden kann oder anderenfalls den Rechtsstreit in der Hauptsache für erledigt erklären.

Anders verhält es sich aber, wenn die Gemeinschaft der Wohnungseigentümer Schadensersatz für eine Ersatzvornahme der Rechnungslegung nach §§ 280, 281 BGB bereits vor Inkrafttreten des WEMoG geltend gemacht hat. Maßgeblicher Zeitpunkt für die Beurteilung des Zurechnungszusammenhangs ist der konkrete Erfüllungszeitpunkt,[20] also der Zeitpunkt zu dem die Rechnungslegung durch den Verwalter hätte erfolgen müssen. Hatte die Gemeinschaft der Wohnungseigentümer im Geltungsbereich des § 28 Abs. 4 WEG aF eine Rechnungslegung erfolglos verlangt, kann der hieraus nach §§ 280, 281 BGB resultierende Schadensersatzanspruch auch noch nach Inkrafttreten des WEMoG geltend gemacht werden. 18

178. Rechte der Wohnungseigentümer

Hofele

I. Überblick

Wohnungseigentum ist das Sondereigentum an einer Wohnung in Verbindung mit dem Miteigentumsanteil an dem gemeinschaftlichen Eigentum, zu dem es gehört (§ 1 Abs. 2 WEG, entsprechendes gilt für Teileigentum gem. § 1 Abs. 3 WEG). § 3 Abs. 1 WEG enthält nunmehr eine Legaldefinition des Sondereigentums: Das Miteigentum (§ 1008 BGB) an einem Grundstück kann durch Vertrag der Miteigentümer in der Weise beschränkt werden, dass jedem der Miteigentümer abweichend von § 93 BGB das Eigentum an einer bestimmten Wohnung oder an nicht zu Wohnzwecken dienenden bestimmten Räumen in einem auf dem Grundstück errichteten oder zu errichtenden Gebäude (Sondereigentum) eingeräumt wird. Damit soll verdeutlicht werden, dass Sondereigentum Eigentum iSd BGB ist; eine **inhaltliche Änderung** des Sondereigentumsbegriffs ist damit nicht bezweckt.[1] Zur → *Gemeinschaft an einem Wohnungseigentum* Rn. 1 ff. 1

Wohnungs- und Teileigentum sind verfassungsrechtliches Eigentum iSd Art. 14 Abs. 1 S. 1 GG[2] und zivilrechtliches Eigentum iSd § 903 BGB.[3] Mit seinem Sondereigentum kann jeder Wohnungseigentümer nach 13 Abs. 1 WEG nach Belieben verfahren, insbesondere dieses bewohnen, vermieten, verpachten oder in sonstiger Weise nutzen, und andere von Einwirkungen ausschließen – soweit nicht das Gesetz entgegenstehen. 2

Die Bezugnahme auf entgegenstehende „Rechte Dritter" in § 13 Abs. 1 WEG wurde durch das WEMoG gestrichen. Damit soll klargestellt werden, dass § 13 WEG lediglich die Rechte des Wohnungseigentümers gegenüber anderen Wohnungseigentümern regelt. Die Rechtsstellung des Wohnungseigentümers gegenüber Drit- 3

---

20 Erman/*Ulber*, 16. Aufl. 2020, BGB § 281 Rn. 76.
 1 BT-Drs. 19/18791, 38.
 2 BVerfG 6.10.2009 – 2 BvR 693/09 NJW 2010, 220, Rn. 15; umfassend *Froese* ZWE 2015, 255.
 3 BGH 2.6.2005 – V ZB 32/05, NJW 2005, 2061; *Hügel/Elzer* WEG § 1 Rn. 8.

ten ergibt sich dagegen bereits aus § 903 BGB, da Sondereigentum Eigentum im Sinne des BGB ist. Ansonsten ist § 13 Abs. 1 WEG inhaltlich unverändert geblieben.[4]

4   Der Sondereigentümer ist nach § 16 Abs. 1 S. 3 WEG[5] zum Mitgebrauch des gemeinschaftlichen Eigentums nach Maßgabe der §§ 14 WEG berechtigt, und ihm gebührt an den sonstigen Nutzungen des gemeinschaftlichen Eigentums ein Anteil nach Maßgabe des § 16 Abs. 1 S. 1, 2 WEG.

II.   Rechte als Sondereigentümer

5   Zur Abgrenzung von Sonder- und Gemeinschaftseigentum s. → *Sondereigentum* Rn. 2, 13, → *Gemeinschaftliches Eigentum* Rn. 2, 6 ff., → *Eigentum im ABC* Rn. 1, und dort die einzelnen Stichworte.

6   **1. Rechte in Bezug auf sein Sondereigentum.** Dem Sondereigentümer stehen **alle Rechte eines Eigentümers** zu.

7   § 18 Abs. 2 und § 19 Abs. 2 WEG verwenden den Begriff „Benutzung" anstatt „Gebrauch". Die Begriffe entsprechen sich, die unterschiedlich Wortwahl hat allein sprachliche bzw. grammatikalische Gründe.[6]

8   In „aktiver" Hinsicht umfasst § 13 Abs. 1 WEG alle Gebrauchs- und Nutzungsrechte. Über das Sondereigentum kann der Eigentümer aber nur zusammen mit dem Anteil am Gemeinschaftseigentum verfügen. Dennoch kann er es – ggf. nach Maßgabe von § 12 WEG – unterteilen,[7] veräußern oder belasten.

9   Die von § 13 Abs. 1 WEG postulierte Nutzung zu Wohnzwecken ist aber nur im Wohnungseigentum erlaubt. Umgekehrt ist im Wohnungseigentum nur Wohnen erlaubt. Die mit Wohnungs- und Teileigentum gesetzlich vorgesehenen Grundtypen der Nutzungsbefugnis schließen sich gegenseitig aus, wenn nichts anderes vereinbart ist. Jedenfalls im Hinblick auf eine Einheit, an der angesichts ihrer Ausstattung sowohl Wohnungs- als auch Teileigentum begründet werden könnte, gibt es keine Nutzungen, die zugleich als Wohnen und als Nicht-Wohnen anzusehen sind.[8]

10 Aus dem allgemeinen Gebrauchs- und Nutzungsrecht folgt das Recht jedes Sondereigentümers, seine Räume wie ein Alleineigentümer nach Gutdünken auszustatten und instand zu halten und die Ausstattung zu beseitigen, zu verändern oder zu ergänzen, wenn und solange das Gemeinschaftseigentum nicht betroffen ist.[9] § 13 Abs. 2 WEG erleichtert nunmehr die **bauliche Umgestaltung** des Sondereigentums, die über dessen Instandhaltung und Instandsetzung hinausgehen. Der Begriff der baulichen Veränderung wird nur deshalb nicht verwendet, weil dieser nach § 20 Abs. 1 WEG auf das gemeinschaftliche Eigentum begrenzt ist.[10] Der Wohnungseigentümer benötigt keinen gestattenden Beschluss gem. § 20 Abs. 3 WEG, wenn durch die Veränderung seines Sondereigentums keinem anderen Wohnungseigentümer über das bei einem geordneten Zusammenleben unvermeidliche Maß hinaus ein Nachteil erwächst.

11 Erlaubt ist darüber hinaus jedes sozial übliche Verhalten. Bei Wohnungen betrifft dies z.B. das Musizieren (→ *Musik* Rn. 2), grundsätzlich z.B. auch das Grillen (→ *Grillen* Rn. 1 ff., → *Rundfunkempfangsanlage* Rn. 1). Zu weiteren Beispielen → *Hausordnung* Rn. 1 ff.).

12 Er hat selbstverständlich auch ein Recht auf ungehinderten Zugang (→ *Gehweg* Rn. 5, → *Aufzug* Rn. 58, → *Rollator* Rn. 6 ff., → *Treppenlift* Rn. 56, s. auch → *Treppenhaus* Rn. 5 ff., → *Schließanlage* Rn. 6 ff., → *Schlüssel* Rn. 8 ff., → *Zufahrtsweg* Rn. 7), ebenso wie zB auf die Nutzung von → *Mülltonnen* Rn. 13 und der → *Außenanlagen* Rn. 27 ff. Zu → *Balkone und Bepflanzung* Rn. 7 ff. Zur → *Tierhaltung* Rn. 1. Zum Abstellen eines Kinderwagens → *Kinderwagen* Rn. 4 und → *Treppenhaus* Rn. 5 ff. Zur Nutzung eines → *Schwimmbad* Rn. 5. Zur Nutzung eines Abstellraumes → *Abstellraum* Rn. 3.

---

4   BT-Drs. 19/18791, 51.
5   Bisher: § 13 Abs. 2 WEG aF. § 13 WEG regelt nur noch die Rechte des Wohnungseigentümers aus seinem Sondereigentum. Soweit bisher § 13 Abs. 2 WEG aF Rechte im Hinblick auf das gemeinschaftliche Eigentum enthielt, finden sich diese jetzt in § 16 Abs. 1 (Früchte) sowie in § 16 Abs. 1 S. 3 (Mitgebrauch), BT-Drs. 19/18791, 51.
6   BT-Drs. 19/18791, 59 zu § 18 Abs. 2 WEG und S. 60 zu § 19 Abs. 2 WEG.
7   S. dazu Bärmann/*Armbrüster* WEG § 2 Rn. 93.
8   BGH 27.10.2017 – V ZR 193/16 BeckRS 2017, 132177 Rn. 8.
9   Vgl. § 14 Abs. 1, 22 WEG; zum Ausbau einer → *Loggia* Rn. 4, zum → *Wintergarten* Rn. 3 ff.
10 BT-Drs. 19/18791, 52.

Hofele

Siehe insgesamt auch → *Nutzung des Sondereigentums* Rn. 1 ff. mwN.   13

Neben den Rechten aus § 903 BGB, § 13 WEG stehen ihm auch alle anderen eigentumsrechtlichen Ansprüche   14
wie zB Abwehr-, Schutz- oder Herausgabeansprüche zu. Er hat als Eigenbesitzer gem. § 872 BGB[11] auch alle
Besitzrechte. Der Schutz des Art. 14 Abs. 1 GG steht den Wohnungseigentümern auch untereinander zu.[12]

Die Rechte des Wohnungseigentümers gehen nur soweit, wie § 903 BGB, § 13 WEG reichen; sie sind also   15
gesetzesimmanent **eingeschränkt**. Nach § 14 Abs. 1 Nr. 2 und Abs. 2 Nr. 2 WEG muss der Wohnungseigentümer bestimmte Einwirkungen auf sein Sondereigentum zu dulden. § 14 Abs. 2 Nr. 1 WEG verpflichtet ihn, im
Rahmen seines Gebrauchs bestimmte Einwirkungen auf fremdes Sondereigentum zu vermeiden, und § 14
Abs. 1 Nr. 1 WEG verpflichtet den Wohnungseigentümer, beim Gebrauch die gesetzlichen Regelungen, Vereinbarungen und Beschlüsse einzuhalten.

Der Eigentümer hat alle **Abwehrrechte**: Er kann Einwirkungen auf sein Sondereigentum gem. §§ 906 § 1004   16
BGB abwehren und hat die Rechte aus dem Eigentümer-Besitzerverhältnis sowie alle Besitzschutzansprüche.
Während allerdings der Eigentümer nach § 903 BGB „andere von jeder Einwirkung ausschließen" kann, darf
der Wohnungseigentümer nach § 13 Abs. 1 WEG andere nicht von jeder, sondern nur „von Einwirkungen"
ausschließen.[13] Zum → *Lärm* Rn. 27. Er hat auch das Hausrecht an seinem Sondereigentum, welches aber
durch § 14 Abs. 1 Nr. 2, Abs. 2 Nr. 2 WEG[14] eingeschränkt ist.[15]

2. Rechte im Hinblick auf das Gemeinschaftseigentum. Nach § 16 Abs. 1 S. 3 WEG[16] ist jeder Wohnungs-   17
eigentümer zum Mitgebrauch des gemeinschaftlichen Eigentums nach Maßgabe des § 14 WEG berechtigt.
Hinsichtlich des Gemeinschaftseigentums schließt § 16 Abs. 1 S. 3 an § 743 Abs 2 BGB an.[17] Der Wohnungseigentümer ist Mitbesitzer (§ 866 BGB) hinsichtlich des Grundstücks und des gemeinschaftlichen Eigentums.[18]

§ 16 Abs. 1 S. 3 WEG schränkt das Mitgebrauchsrecht nach seinem Wortlaut durch § 14 WEG ein. Der Woh-   18
nungseigentümer muss nach § 14 Abs. 1 Nr. 1 WEG die gesetzlichen Regelungen, Vereinbarungen und Beschlüsse einhalten. Soweit diese das Gemeinschaftseigentum betreffen, trifft ihn hier eine Pflicht zum Tun
oder Unterlassen. Nach § 14 Abs. 1 Nr. 2 WEG trifft ihn eine **Duldungspflicht**: Er muss bestimmte ordnungsgemäße oder nicht nachteilhafte Einwirkungen auf das gemeinschaftliche Eigentum dulden. Im Ergebnis gilt
hier ähnliches wie bei den Einschränkungen beim Sondereigentum.

Zu **Einzelheiten** der Rechte und ihren Einschränkungen des Wohnungseigentümers, vor allem auch im Zu-   19
sammenhang mit der Mitbenutzung von Gemeinschaftseigentum s. zunächst → *Gebrauch des gemeinschaftlichen Eigentums* Rn. 1 ff. und zu weiteren Einzelheiten folgende Stichworte:

- → *Abwasserhebeanlage*
- → *Alarmanlage*
- → *Antenne*
- → *Bäume*
- → *Balkon und Bepflanzung*
- → *Barrierefreiheit*
- → *Beseitigung*
- → *Bodenraum*
- → *Fahrradständer*
- → *Fernsprechteilnehmereinrichtung*
- → *Folgenbeseitigungsanspruch*
- → *Garten*

---

11 Bärmann/*Suilmann* WEG § 13 Rn. 3.
12 BVerfG 6.10.2009 – 2 BvR 693/09 NJW 2010, 220, Rn. 15 mwN.
13 Bärmann/*Suilmann* WEG § 13 Rn. 5.
14 § 14 Nr. 4 WEG aF.
15 Zum → *Hausverbot* Rn. 8 und → *Videoüberwachung* Rn. 19 f.; weitere Nachweise zu Einzelfragen auch bei Bär-
    mann/*Suilmann* WEG § 13 Rn. 9, 10; *Hügel/Elzer* WEG § 13 Rn. 4 ff.
16 § 13 Abs. 2 S. 1 WEG aF.
17 Bärmann/*Suilmann* WEG § 13 Rn. 3.
18 Bärmann/*Suilmann* WEG § 13 Rn. 4.

- → *Grillen*
- → *Kabelfernsehen*
- → *Keller*
- → *Kfz-Stellplatz*
- → *Markise*
- → *Nachbarrecht*
- → *Nachbarschutz*
- → *Pflanzen*
- → *Rundfunkempfangsanlage*
- → *Rauchen*
- → *Spielplatz*
- → *Störungsunterlassung*
- → *Tiere*
- → *Trampolin*
- → *Trockenraum*
- → *Wäschekeller*

20 Nach § 16 Abs. 1 S. 1 WEG gebührt jedem Wohnungseigentümer ein seinem Anteil entsprechender Bruchteil der Früchte[19] des gemeinschaftlichen Eigentums und des Gemeinschaftsvermögens.[20] Durch die Erwähnung des **Gemeinschaftsvermögens** ist nunmehr klargestellt, dass auch dessen Früchte nach dieser Vorschrift zu verteilen sind.[21] Auf die Frage, wem[22] Rechtsfrüchte des **Gemeinschaftsvermögens,** zB Zinserträge auf Hausgeldrückstände zustehen, kommt es daher nicht an.

21 § 13 Abs. 2 S. 2 WEG aF sprach von „sonstige Nutzungen". Diese waren schon nach bisherigem Recht die unmittelbaren und mittelbaren Sach- und Rechtsfrüchte (§ 99 BGB) des gemeinschaftlichen Eigentums (die Erträge).[23] Weil schon der bisherige § 16 Abs. 1 S. 1 WEG aF nicht die Gebrauchsvorteile meinte, sondern nur andere Nutzungen erfasste, wurde im Interesse einer einheitlichen Terminologie der Begriff der Nutzungen durch den Begriff der Früchte ersetzt. Inhaltliche Änderungen ergeben sich dadurch nicht.[24]

22 § 16 Abs. 1 S. 3 WEG gilt nicht für das **Gemeinschaftsvermögen**. Es gibt daher keinen Mitgebrauch am Gemeinschaftsvermögen. Denn ansonsten könnten Individualrechte einzelner Wohnungseigentümer auf Mitgebrauch und bauliche Maßnahmen in Bezug auf Sachen entstehen, die sich im Gemeinschaftsvermögen befinden. Solche Rechte sind schon in Anbetracht der bloßen Hilfsfunktion des Gemeinschaftsvermögens für die Verwaltung des gemeinschaftlichen Eigentums nicht gerechtfertigt. Sie könnten zudem eine wirtschaftlich sinnvolle Verwertung des Gemeinschaftsvermögens behindern.[25]

23 Im Hinblick auf **Abwehrrechte** ist folgende Einschränkung praxisrelevant: Nimmt ein Eigentümer in unzulässiger Weise Gemeinschaftseigentum in Anspruch, können die anderen Wohnungseigentümer nach Verjährung des Beseitigungsanspruchs keine Duldung der Selbstvornahme verlangen. § 1004 BGB gibt dem einzelnen Wohnungseigentümer kein Selbstbeseitigungsrecht, weil es um die Ausübung der in § 903 S. 1 BGB geregelten Rechtsmacht geht. Dazu haben einzelne Wohnungseigentümer grundsätzlich keine Befugnis, sondern dies muss beschlossen werden.[26]

24 **3. Sondernutzungsrechte.** § 5 Abs. 4 S. 2 WEG erwähnt Sondernutzungsrechte, definiert sie aber nicht.[27] Sondernutzungsrechte sind dadurch gekennzeichnet, dass einem oder mehreren Wohnungseigentümern unter

---

19 Der bisherige § 16 Abs. 1 S. 1 WEG aF sprach von „Nutzungen" und § 13 Abs. 2 S. 2 WEG aF von „sonstigen Nutzungen". BT-Drs. 19/18791, 55.
20 § 9 a Abs. 3 WEG, bisher Verwaltungsvermögen, § 10 Abs. 7 WEG aF.
21 BT-Drs. 19/18791, 55.
22 Den Eigentümern gemeinschaftlich: BGH 11.10.2013 – V ZR 271/12, NJW 2014, 145 Rn. 7, der Gemeinschaft der Eigentümer: *Hügel/Elzer* WEG § 13 Rn. 43.
23 *Hügel/Elzer* WEG § 13 Rn. 39.
24 BT-Drs. 19/18791, 55.
25 BT-Drs. 19/18791, 55, 47 f.
26 BGH 5.7.2019 – V ZR 149/18, BeckRS 2019, 23072.
27 Auch das WEMoG hat darauf verzichtet, eine Legaldefinition bzw. eine gesetzliche Regelung dafür zu schaffen, BT-Drs. 19/18791, 32.

Ausschluss der übrigen (negative oder entziehende Komponente) das Recht zur Nutzung von Teilen des Gemeinschaftseigentums zugewiesen wird (positive oder zuweisende Komponente).[28] Weil ein Sondernutzungsrecht den anderen Eigentümern die der Befugnis zum Mitgebrauch nach § 16 Abs. 1 S. 3 WEG[29] entzieht, kann es nur durch Vereinbarung nach § 10 Abs. 1 S. 2 WEG[30] oder durch den teilenden Eigentümer nach §§ 8 Abs. 2, 5 Abs. 4 iVm § 10 Abs. 2 WEG begründet oder geändert werden.[31] Das Sondernutzungsrecht lässt die sachenrechtliche Zuordnung des Nutzungsgegenstands zum Gemeinschaftseigentum unverändert.[32] Wirtschaftlich steht ein Sondernutzungsrecht dem Sondereigentum nahe. Bestehende Sondernutzungsrechte unterfallen ebenso wie Sondereigentum durch ihre absolute Ausschluss- und Zuweisungsfunktion der Eigentumsgarantie des Art. 14 Abs. 1 S. 1 GG.[33] Welchen Inhalt es hat, welche Rechte und Pflichten der Sondernutzungsberechtigte hat, muss vereinbart werden. Das Recht des Sondernutzungsberechtigten reicht deshalb grundsätzlich so weit, wie es ihm eingeräumt ist. Die Wohnungseigentümer können eine Gebrauchsbestimmung, zB Gebrauch einer Fläche als „Garten" oder „Stellplatz", vereinbaren, grundsätzlich aber nicht beschließen.[34] Dementsprechend hat der Berechtigte – soweit ihm das Sondernutzungsrecht eingeräumt ist – im Wesentlichen ähnliche Rechte wie ein Sondereigentümer. Das Sondernutzungsrecht genießt eigentumsrechtlichen Schutz. Der Berechtigte kann daher entsprechend § 985 BGB zB Herausgabe der seinem Recht unterliegenden Flächen verlangen.[35]

III. Rechte als Mitglied der Gemeinschaft der Wohnungseigentümer

Bisher postulierte § 10 Abs. 1 WEG aF ausdrücklich, dass die Wohnungseigentümer Inhaber der Rechte und Pflichten nach den Vorschriften dieses Gesetzes, insbesondere des Sondereigentums und des gemeinschaftlichen Eigentums, soweit nicht etwas anderes ausdrücklich bestimmt ist. Die Norm ist ersatzlos gestrichen worden. Weil das Gesetz in der Regel den Wohnungseigentümer als solchen adressiert, wenn es dessen Rechte und Pflichten regelt, bedarf es dieser allgemeinen Vorschrift nicht.[36] | 25

Neben seinen Rechten in Bezug auf sein Sondereigentum und der Mitbenutzung von Gemeinschaftseigentum als Ausfluss seines Sondereigentums hat jeder Wohnungseigentümer Mitgliedschaftsrechte: Mit dem dinglichen Rechtserwerb wird jeder Wohnungseigentümer kraft Gesetzes (zwingend) Mitglied der Gemeinschaft der Wohnungseigentümer.[37] | 26

1. Gemeinschaftliche Verwaltung und Selbstorganisationsrecht. Das Gesetz gibt den Wohnungseigentümern bei der Verwaltung des gemeinschaftlichen Eigentums ein Selbstorganisationsrecht.[38] Hieran hat sich durch das WEMoG nichts geändert, auch wenn die Rechtsbeziehungen innerhalb der Eigentümer und zur Gemeinschaft der Wohnungseigentümer weitgehend umgestaltet wurden und die Gemeinschaft der Wohnungseigentümer im Außenverhältnis auftritt. Berechtigt und verpflichtet im Hinblick auf die gesamte Verwaltung ist jetzt die Gemeinschaft der Wohnungseigentümer, die durch ihre Organe das gemeinschaftliche Eigentum verwaltet. | 27

§ 21 WEG aF war bisher die zentrale Norm zur Verwaltung des gemeinschaftlichen Eigentums. Die Norm gibt es in dieser Form nicht mehr. Die Regelungsgegenstände wurden – teilweise verändert – in folgende Normen überführt: | 28

§ 21 Abs. 1 WEG aF	§ 18 Abs. 1 WEG
§ 21 Abs. 2 WEG aF	§ 18 Abs. 3 WEG

---

28 Vgl. statt aller *Hügel/Elzer* WEG § 13 Rn. 44.
29 § 13 Abs. 2 S. 1 WEG aF.
30 § 10 Abs. 2 S. 2 WEG aF.
31 BGH 28.10.2016 – V ZR 91/16, BeckRS 2016, 115082, Rn. 9.
32 BGH 10.10.2014 – V ZR 315/13, BeckRS 2014, 22578 Rn. 19.
33 *Hügel/Elzer* WEG § 13 Rn. 44.
34 *Hügel/Elzer* WEG § 13 Rn. 67 f.
35 LG München I 29.3.2010 – 1 S 17989/09, ZMR 2010, 794.
36 BT-Drs. 19/18791, 49.
37 BGH 25.3.2015 – VIII ZR 243/13, BeckRS 2015, 8868 Rn. 35.
38 BGH 25.9.2015 – V ZR 244/14 NJW 2015, 3651 Rn. 14; BGH 10.10.2014 – V ZR 315/132015, 549 Rn. 14.

§ 21 Abs. 3 WEG aF	§ 19 Abs. 1 WEG
§ 21 Abs. 4 WEG aF	§ 18 Abs. 2 Nr. 1 WEG
§ 21 Abs. 8 WEG aF	§ 44 Abs. 1 S. 2 WEG

29 Nach § 18 Abs. 1 WEG[39] obliegt die Verwaltung des gemeinschaftlichen Eigentums den Wohnungseigentümern. Dies gilt nunmehr auch im Innenverhältnis der Wohnungseigentümer, nicht nur im Außenverhältnis gegenüber Dritten. Der Gesetzgeber sah angesichts widersprüchlicher Urteile des BGH Handlungsbedarf, um Rechtssicherheit zu schaffen: Ansprüche im Zusammenhang mit der Verwaltung des gemeinschaftlichen Eigentums richten sich auch im Innenverhältnis stets gegen die Gemeinschaft der Wohnungseigentümer.[40] Die Gemeinschaft der Wohnungseigentümer erfüllt die ihr in § 18 Abs. 1 WEG zugewiesene Aufgabe, das gemeinschaftliche Eigentum zu verwalten, durch ihre Organe. Zu einen treffen die Eigentümer in ihrer Gesamtheit als Willensbildungsorgan gem. § 19 Abs. 1 WEG die Verwaltungsentscheidungen. Der Verwalter ist nur in untergeordneten Fragen selbst entscheidungsbefugt ist (vgl. § 27 WEG). Der Verwalter als Ausführungs- und Vertretungsorgan setzt die Entscheidungen der Eigentümer um (vgl. § 9 b WEG für die Vertretung) und wird dabei durch den Verwaltungsbeirat unterstützt (vgl. § 29 Abs. 2 WEG).[41]

30 In § 18 Abs. 2 WEG ist der **Begriff** der ordnungsmäßigen Verwaltung und Benutzung legaldefiniert. § 19 Abs. 1 WEG regelt die Beschlusskompetenz zur Regelung der Verwaltung und Benutzung durch Beschluss. Aus der Formulierung „beschließen" statt wie bisher „können beschließen" folgt eine Pflicht gegenüber der Gemeinschaft der Wohnungseigentümer zur Mitwirkung an einer Beschlussfassung.[42]

31 Mithin können die Wohnungseigentümer nach wie vor – nunmehr im Rahmen des § 19 WEG – durch Beschlüsse bestimmen, was nach billigem Ermessen unter ihnen „Recht" ist (Staatsfreiheit).[43] Inwieweit sich aus der Verpflichtung der Eigentümer zur Mitwirkung an der Beschlussfassung künftig neue Streitigkeiten unter den Eigentümern entstehen, wird sich zeigen. Denn nach wie vor dürfte es genügend Eigentümer geben, die sich um nichts kümmern (wollen).

32 Unverändert können die Wohnungseigentümer nach § 10 Abs. 1 S. 2 WEG[44] vom Gesetz **abweichende Vereinbarungen** treffen, soweit nicht etwas anderes ausdrücklich bestimmt ist. Nach § 10 Abs. 2 WEG[45] kann jeder Wohnungseigentümer eine vom Gesetz abweichende Vereinbarung oder die Anpassung einer Vereinbarung verlangen, soweit ein Festhalten an der geltenden Regelung aus schwerwiegenden Gründen unter Berücksichtigung aller Umstände des Einzelfalles, insbesondere der Rechte und Interessen der anderen Wohnungseigentümer, unbillig erscheint.

33 Kommen die Eigentümer ihrer Aufgabe zur gemeinschaftlichen Verwaltung im Rahmen ihres Selbstorganisationsrechts nicht nach, kann das Gericht nach § 44 Abs. 1 S. 2 WEG[46] auf Klage eines Wohnungseigentümers durch eine **Beschlussersetzungsklage** entscheiden, dh den Beschluss fassen. Im Unterschied zum bisherigen Recht ist aber nicht mehr vorgesehen, dass das Gericht „nach billigem Ermessen entscheidet". Der Gesetzgeber geht davon aus, dass sich nach materiellem Recht entscheidet, ob dem Gericht ein **Ermessen** zusteht. Eine „Vereinbarungsersetzungsklage" gibt es nicht. Ein solcher Anspruch ist genauso wie ein Anspruch auf Anpassung eines sonstigen Vertrags (etwa nach § 313 Abs. 1 BGB) – im Wege der Leistungsklage zu verfolgen.[47]

34 **2. Anspruch auf ordnungsmäßige Verwaltung und Benutzung.** Nach § 18 Abs. 2 Nr. 1 WEG[48] hat jeder Eigentümer das Recht auf die – dort legaldefinierte – ordnungsmäßige Verwaltung und Benutzung des ge-

---

39 Bisher oblag dies gem. § 20 Abs. 1 Hs. 1 WEG aF „den Wohnungseigentümern".
40 BT-Drs. 19/18791, 58.
41 BT-Drs. 19/18791, 58; vgl auch BT-Drs. 19/22634, 46 zur Einschränkung bzw. „Präzisierung" der Befugnisse des Verwalters gegenüber dem RegE.
42 BT-Drs. 19/18791, 60.
43 *Hügel/Elzer* WEG § 21 Rn. 46.
44 § 10 Abs. 2 S. 2 WEG aF.
45 § 10 Abs. 2 S. 3 WEG aF.
46 §§ 21 Abs. 8, 43 WEG aF.
47 BT-Drs. 19/18791, 82.
48 § 21 Abs. 4 WEG aF.

Hofele

meinschaftlichen Eigentums bzw des Sondereigentums. § 19 Abs. 2 WEG[49] zählt beispielhaft („insbesondere") auf, was zu einer ordnungsgemäßen Verwaltung gehört.

Jeder Eigentümer hat Anspruch darauf, dass bestehende Regelungen durchgeführt werden und sich alle Eigentümer, die Gemeinschaft der Wohnungseigentümer und der Verwalter daran halten.   35

Umgekehrt kann er grundsätzlich nicht verlangen, dass ein bestandskräftiger Beschluss nicht oder nicht mehr   36
ausgeführt wird. Er kann aber die **Änderung** eines solchen Beschlusses verlangen, wenn schwerwiegende Gründe – etwa eine erhebliche Änderung der tatsächlichen Verhältnisse – das Festhalten an dem Beschluss als treuwidrig erscheinen lassen[50] oder wenn sich die höchstrichterliche Rechtsprechung geändert hat.[51]

Wenn die beschlossene Regelung nur „nicht optimal" (aber sich trotzdem noch im Rahmen der Ordnungsmä-   37
ßigkeit hält) ist, kann eine Änderung nicht verlangt werden. Die Rechtssicherheit und der Rechtsfrieden gebieten es, den Anspruch zu begrenzen. Es gibt daher grundsätzlich keinen Anspruch auf einen → *Zweitbeschluss* Rn. 2 ff.[52]

Der Anspruch ist durch das **Schikaneverbot** (vgl. § 226 BGB) und den Grundsatz von Treu und Glauben be-   38
grenzt.[53]

Der Anspruch des Wohnungseigentümers auf ordnungsmäßige Verwaltung ist grundsätzlich **unverjährbar**. Es   39
handelt sich um eine ständig neu entstehende Dauerverpflichtung.[54]

Fehlen Regeln, kann der Eigentümer die Herbeiführung einer solchen – idR durch Beschluss – verlangen. Die   40
Vornahme konkreter Maßnahmen kann er dagegen nur verlangen, wenn sich das grundsätzlich bestehende Ermessen bei der Entscheidung auf null reduziert.[55] Dies spiegelt sich nunmehr auch in § 44 Abs. 1 S. 2 WEG wider, wonach das Gericht nicht mehr nach billigem Ermessen entscheidet. Bei Ansprüchen auf eine konkrete Beschlussfassung (zB nach § 20 Abs. 3 WEG) hat auch das Gericht bei der Beschlussersetzungsklage kein Ermessen.

3. Einzelne Mitverwaltungsrechte. Diese ergeben sich zB aus und im Zusammenhang mit der Versammlung   41
der Wohnungseigentümer. Zu den → *Formalien der Eigentümerversammlung* Rn. 2 ff., und zur → *Nichtöffentlichkeit* Rn. 1 ff.

Jeder Wohnungseigentümer hat das Recht auf Einberufung einer Eigentümerversammlung. Insbesondere muss   42
sie der Verwalter einberufen, wenn dies von mehr als einem Viertel der Wohnungseigentümer in Textform unter Angabe des Zweckes und der Gründe verlangt wird (§ 24 Abs. 2 HS 2 WEG).

Jeder Eigentümer hat ein Recht auf Teilnahme und das Stimmrecht (hierzu → *Beschluss* Rn. 7).   43

Jeder Eigentümer hat nach § 18 Abs. 4 WEG ein allgemeines **Einsichtsrecht** in alle Verwaltungsunterlagen.[56]   44

4. Notgeschäftsführung. Nach § 18 Abs. 3 WEG[57] ist jeder Wohnungseigentümer berechtigt, ohne Zustim-   45
mung der anderen Wohnungseigentümer die Maßnahmen zu treffen, die zur Abwendung eines dem gemeinschaftlichen Eigentum unmittelbar drohenden Schadens notwendig sind. Zu den Einzelheiten → *Notgeschäftsführung eines Wohnungseigentümers* Rn. 1 ff.

---

49 Vgl. bisher § 21 Abs. 5 WEG aF.
50 BGH 24.5.2013 – V ZR 220/12, NJW 2013, 3089 Rn. 22; BGH 28.9.2012 – V ZR 251/11, NJW 2012, 3719 Rn. 17; BGH 3.2.2012 – V ZR 83/11, BeckRS 2012, 6152, Rn. 9.
51 *Hügel/Elzer* WEG § 21 Rn. 36.
52 *Hügel/Elzer* WEG § 21 Rn. 36 mwN.
53 *Hügel/Elzer* WEG § 21 Rn. 29, 30.
54 BGH NZM 2012, 508 Rn. 10 unter Hinweis auf *Schmid* WuM 2010, 655 (657).
55 Zur Instandsetzung oder Instandhaltung: BGH 8.7.2011 – V ZR 176/10, NJW 2011, 2958 Rn. 8; BGH 13.7.2012 – V ZR 94/11, NJW 2012, 2955 Rn. 8; BGH 25.9.2015 – V ZR 246/14, NJW 2016, 1310, Rn. 13.
56 Dieses erfasst auch die Niederschriften der Eigentümerversammlung, so dass § 24 Abs. 6 S. 3 WEG aF als überflüssig aufgehoben wurde, BT-Drs. 19/18791.
57 § 21 Abs. 2 WEG aF.

46   **5. Mitwirkung bei Bestellung oder Abberufung des Verwalters.** Nach § 26 Abs. 1 WEG[58] beschließen die Wohnungseigentümer über die Bestellung und Abberufung des Verwalters. Bei der Abstimmung hat jeder Wohnungseigentümer ein Stimmrecht, auch wenn es um seine eigene Bestellung zum Verwalter geht.[59] Für einen zum Verwalter bestellten Wohnungseigentümer besteht bei der Beschlussfassung über seine Abberufung auch bei gleichzeitiger Entscheidung über die Beendigung des Verwaltervertrags ein Stimmverbot nur bei Vorliegen eines wichtigen Grunds.[60]

47   Nach § 19 Abs. 2 Nr. 6 WEG gehört nunmehr zur ordnungsmäßigen Verwaltung des gemeinschaftlichen Eigentums die Bestellung eines zertifizierten Verwalters gem. § 26 a WEG. Weitere Einzelheiten → *Verwalter* Rn. 11 ff. und 32 ff.

48   **6. Informationsrechte gegenüber der Gemeinschaft der Wohnungseigentümer.** § 18 Abs. 4 WEG enthält nunmehr einen **Individualanspruch** jedes Wohnungseigentümers auf Einsicht in die Verwaltungsunterlagen. Dieser Anspruch ist ein zentraler Teil der Informationsrechte der Wohnungseigentümer und wird aus diesem Grund im Gesetz besonders erwähnt. Das Einsichtsrecht umfasst alle Dokumente, die für die Verwaltung des gemeinschaftlichen Eigentums relevant sind, etwa Verträge, Kontoauszüge und Pläne, wobei freilich zwingende datenschutzrechtliche Vorgaben einzuhalten sind. Auf ihre Verkörperung kommt es nicht an. Erfasst sind deshalb sowohl Papierdokumente als auch digitale Dokumente. Der Anspruch richtet sich gegen die Gemeinschaft der Wohnungseigentümer. Zur Erfüllung des Anspruchs ist der Verwalter als Organ berufen, so dass die Nennung eines ausdrücklichen Auskunftsrechtes gegenüber dem Verwalter nicht erforderlich ist.[61] Zu den Einzelheiten → *Informationsmanagement* Rn. 11 ff.

49   **7. Minderheitenschutz.** Zwar hat der Eigentümer das Recht zur Teilnahme an den Versammlungen und zur Abstimmung. Dennoch besteht das Risiko, dass eine Mehrheit von Eigentümern die Minderheit majorisiert, um ihre Interessen durchzusetzen. Der neugeschaffene § 9 b Abs. 2 WEG enthält aus Gründen des Minderheitenschutzes keine Beschlusskompetenz der Wohnungseigentümer für die Vertretung. Insbesondere können einzelne Wohnungseigentümer nicht durch Beschluss anstelle oder neben dem Verwalter zu Vertretern der Gemeinschaft der Wohnungseigentümer gekürt werden.[62] Durch das WEMoG erfolgte eine weitreichende Umgestaltung bei den Nutzungen und Kosten bei baulichen Veränderungen (§§ 20, 21 WEG), damit die „nicht bauwillige Minderheit" bestimmte Projekte nicht mehr ohne weiteres verhindern kann; die Vorschriften über die Kostentragung und die Nutzungsziehung sollen aber zu einem angemessenen Interessenausgleich führen.[63] Zum → *Minderheitenschutz* Rn. 1 ff.

50   **8. Gleichbehandlung.** Ähnlich wie der → *Minderheitenschutz* Rn. 1 ff. im Rahmen der Beschlussfassung besteht auch ein Bedürfnis nach Gleichbehandlung. Dieser Grundsatz kommt insbesondere bei Mehrheitsbeschlüssen über das Gemeinschaftsverhältnis zum Tragen. Er lässt Differenzierungen zu, dies aber nur, wenn für die Unterscheidung ein ausreichender Sachgrund besteht.[64] Durch die neugefassten Kostenverteilungsregelung in § 16 Abs. 2 S. 2 WEG soll auch der Frage der Gleichbehandlung Rechnung getragen werden.[65] § 20 Abs. 4 WEG berücksichtigt den Gesichtspunkt der Gleichbehandlung, wenn er vorsieht, dass bauliche Veränderungen einen Wohnungseigentümer nicht unbillig benachteiligen dürfen.[66] § 21 Abs. 4 WEG verlangt ebenfalls eine Gleichbehandlung aller Wohnungseigentümer.[67] Zu den Einzelheiten → *Gleichbehandlungsgrundsatz* Rn. 1 ff.

---

58 Insofern unverändert, der Hinweis auf die Stimmenmehrheit wurde als überflüssig gestrichen, BT-Drs. 19/22634, 45.
59 *Hügel/Elzer* WEG § 26 Rn. 56.
60 BGH 19.9.2002 – V ZB 30/02, NJW 2002, 3704 Ls. 3.
61 BT-Drs. 19/18791, 60.
62 BT-Drs. 19/18791 49; die Änderungen des § 9 b Abs. 2 WEG durch den Rechtausschuss betrafen diesen Aspekt nicht, vgl. BT-Drs. 19/22634, 43.
63 BT-Drs. 19/18791, 62, 66, 67.
64 BGH 1.10.2010 – V ZR 220/09 NZM 2010, 868 Rn. 12.
65 BT-Drs. 19/18791, 56.
66 BT-Drs. 19/18791, 66.
67 BT-Drs. 19/18791, 70.

179. Rechtsmittel

Bartels

I. Einführung

Gegen diese beschwerenden Entscheidungen des erstinstanzlichen Gerichts (→ *Prozess und Prozessgrundsätze* Rn. 28 ff.) stehen den Parteien Beschwerde und Berufung offen, gegen die Entscheidungen des Berufungs- oder Beschwerdegerichts Revision und Rechtsbeschwerde. Durch ein Rechtsmittel wird die Entscheidung in eine höhere Instanz gebracht (**Devolutiveffekt**) und die Rechtskraft gehemmt (**Suspensiveffekt**). 1

Abzugrenzen von Rechtsmitteln sind **Rechtsbehelfe**, wie der Einspruch gegen ein Versäumnisurteil (§ 338 ZPO), die Gehörsrüge (§ 321 a ZPO)[1] und Wiederaufnahmeklagen (§§ 578 ff. ZPO). 2

Jede Partei hat grundsätzlich selbst zu bestimmen, ob sie ein Rechtsmittel einlegen will. Diese Frage ist durch jeden an dem Verfahren beteiligten Wohnungseigentümer selbst zu entscheiden; sie kann nicht im Beschlusswege durch alle Eigentümer entschieden werden.[2] Etwas anderes gilt, wenn deren Gemeinschaft Partei ist: Der **Verwalter** (→ *Verwalter* Rn. 41 ff.) ist nach § 27 Abs. 1 Nr. 2 WEG befugt, Rechtsmittel namens der beklagten Gemeinschaft der Wohnungseigentümer einzulegen; er kann nicht durch Beschluss zu einem bestimmten Verhalten angewiesen werden,[3] jedenfalls wegen § 9 b Abs. 1 S. 1 Hs. 1 WEG nicht bindend im Außenverhältnis.[4] Legen nicht alle **notwendige Streitgenossen** (→ *Beiladung, Streitgenossenschaft, Nebenintervention und Streitverkündung* Rn. 5) ein Rechtsmittel ein, sind sie nach § 62 Abs. 2 ZPO in der Rechtsmittelinstanz als Partei hinzuziehen und zu Terminen zu laden (§ 63 ZPO), wenn zumindest ein notwendiger Streitgenosse das Rechtsmittel eingelegt hat. Da der jeweilige Streitgenosse als Partei hinzuzuziehen ist, kann er auch Rechtsmittel einlegen und ist als Partei zu vernehmen. 3

II. Berufung (§§ 511 ff. ZPO)

Gegen **erstinstanzliche Urteile** ist die Berufung statthaft (§ 511 Abs. 1 ZPO). Den Inhalt der Berufungsschrift nennt § 519 Abs. 2 ZPO. Allerdings führt die Berufung zu keiner (vollen) neuen Tatsacheninstanz (§ 513 Abs. 1 ZPO). Die von dem Ausgangsgericht festgestellten Tatsachen bilden daher ebenfalls die Grundlage des Berufungsurteils, wenn nicht konkrete Zweifel daran dargelegt werden, dass diese richtig oder vollständig sind (§ 529 Abs. 1 Nr. 1 ZPO). Darüber hinaus lassen die §§ 529 Abs. 1 Nr. 2, 531 Abs. 2 S. 1 ZPO nur unter weiteren Voraussetzungen neuen Tatsachenvortrag zu. Daneben vermag der Berufungsführer die Berufung auch darauf zu stützen, dass die erstinstanzliche Entscheidung auf einem Rechtsfehler beruht (§§ 546, 513 Abs. 1 ZPO). 4

1. Zuständigkeit. Erstinstanzliches Gericht ist gem. § 23 Nr. 2 lit. c GVG für die Streitigkeiten nach § 43 Abs. 2 WEG das Amtsgericht (→ *Prozess und Prozessgrundsätze* Rn. 45 ff.), so dass **Berufungs- und Beschwerdegericht** das Landgericht ist (§ 72 Abs. 2 S. 1 GVG; → Rn. 19). Übersteigt bei nicht § 43 Abs. 2 WEG unterfallenden Streitigkeiten der Streitwert die Grenze von 5.000 Euro, ist erstinstanzliches Gericht das Landgericht (§§ 23 Nr. 1, 71 Abs. 1 GVG) und Berufungsgericht daher das Oberlandesgericht (§ 119 Abs. 1 Nr. 2 GVG), anderenfalls das Landgericht (§ 72 Abs. 1 S. 1 GVG). Es kommt für die Beurteilung des Instanzenzugs auf die objektive Rechtslage an und nicht darauf, als welche Sache das erstinstanzliche Gericht die 5

---

1 FormB-WEG-R/*Lehmann-Richter* § 3 Rn. 230.
2 AG Erfurt 19.9.2013 – 2 C 46/12, LSK 2014, 200360 Ls.
3 AG Berlin-Charlottenburg 11.9.2015 – 73 C 17/15, LSK 2016, 030860 Ls.; BeckOK WEG/*Elzer* § 43 Rn. 185.
4 Vgl. BGH 5.7.2013 – V ZR 241/12, NJW 2013, 3098 Rn. 13; LG Frankfurt a. M. 5.8.2015 – 13 S 32/13, ZWE 2016, 223 (224).

Sache entschieden hat.[5] Dies gilt auch, wenn bei einer objektiven Klagehäufung nur einer der Ansprüche § 43 Abs. 2 WEG unterfällt.[6]

6 § 72 Abs. 2 S. 1 GVG erklärt, dass grundsätzlich für Verfahren nach § 43 Abs. 2 WEG (→ *Prozess und Prozessgrundsätze* Rn. 45 ff.) als **Berufungs- und Beschwerdegericht** das Landgericht am Sitz des Oberlandesgerichts, in dessen Bezirk das Amtsgericht seinen Sitz hat, zuständig ist. Freilich sind die Landesregierungen ermächtigt, durch Rechtsverordnung ein anderes Gericht zu bestimmen (§ 72 Abs. 2 S. 2 GVG).

7 Diese Zuständigkeiten gelten ebenfalls für die Berufung gegen Entscheidungen im **einstweiligen Rechtsschutz** (→ *Einstweiliger Rechtsschutz* Rn. 27).[7] Auch greifen sie für verklagte Streitgenossen, die nicht dem Anwendungsbereich von § 43 Abs. 2 WEG unterfallen, um eine einheitliche Entscheidung sicherzustellen.[8] Dies gilt zudem, wenn bereits alle nach § 43 Abs. 2 WEG beklagten Streitgenossen vor der angefochtenen Entscheidung ausgeschieden und fortan keine Streitgenossen mehr nach § 43 Abs. 2 WEG beklagt sind (→ *Prozess und Prozessgrundsätze* Rn. 45 ff.).[9]

8 **2. Zulässigkeit.** Die Zulässigkeit ist von dem Berufungsgericht von Amts wegen zu prüfende Prozessvoraussetzung.[10] Eine Berufung ist zulässig, wenn die **Beschwer** 600 EUR übersteigt (§ 511 Abs. 2 Nr. 1 ZPO)[11] oder das Gericht des ersten Rechtszugs die **Berufung zugelassen** hat (Nr. 2). Das Gericht lässt die Berufung unter den Voraussetzungen von § 511 Abs. 4 S. 1 ZPO bindend für das Berufungsgericht (S. 2) zu. Die Berufung ist zuzulassen, wenn die Rechtssache grundsätzliche Bedeutung hat oder die Fortbildung des Rechts oder die Sicherung einer einheitlichen Rechtsprechung die berufungsgerichtliche Entscheidung erforderlich macht. Schweigt sich das Urteil dazu aus, ist davon auszugehen, dass das Gericht die Berufung nicht hat zulassen wollen, zumal das Gericht ohne Antrag auf Berufungszulassung nicht über den Antrag zu entscheiden braucht.[12]

9 Der Berufungsführer muss beschwert sein.[13] Maßstab hierfür ist das **individuelle vermögenswerte Interesse** an der Änderung der angefochtenen Entscheidung.[14] Ist dem Kläger dasjenige zuerkannt worden, was er mit seiner Klage begehrt hat, hat er kein schutzwürdiges Interesse daran, das erstinstanzliche Urteil abzuändern.[15] Es kommt nicht auf die Erfolgsaussichten des Rechtsmittels an.[16] Der Wert mehrerer Anträge ist zu addieren.[17]

10 Die Berufung ist **fristwahrend** bei dem Berufungsgericht einzulegen.[18] Es gilt eine Berufungsfrist von einem Monat, innerhalb derer die Berufung eingelegt werden muss (§§ 517, 519 ZPO). Wird sie bei einem unzuständigen Gericht eingelegt und dann an das zuständige Gericht abgegeben, muss dies innerhalb der Berufungsfrist geschehen. Anderenfalls ist die Berufung als unzulässig zu verwerfen. Auch eine Wiedereinsetzung in den vorigen Stand (§§ 233 ff. ZPO)[19] kommt grundsätzlich nicht in Betracht, weil der Rechtsanwalt sorgfältig das richtige Rechtsmittelgericht auszuwählen hat.[20] Etwas anderes gilt nur, wenn die Frage, ob eine Streitigkeit iSv § 43 Abs. 2 WEG vorliegt, für bestimmte Fallgruppen noch nicht höchstrichterlich geklärt ist und man über deren Beantwortung mit guten Gründen unterschiedlicher Auffassung sein kann; dann kommt eine Ver-

5 BGH 12.11.2015 – V ZB 36/15, NJW-RR 2016, 255 Rn. 10.
6 BGH 21.2.2020 – V ZR 17/19, NJW 2020, 1525 Rn. 8.
7 *Hogenschurz* NJW 2015, 1990 (1992).
8 BGH 3.7. 2014 – V ZB 26/14, NJW-RR 2014, 1107 Rn. 5.
9 *Elzer* ZfIR 2014, 703 (704); vgl. BGH 3.7. 2014 – V ZB 26/14, NJW-RR 2014, 1107 Rn. 7.
10 BGH 10.2.2011 – III ZR 338/09, NJW 2011, 926 Rn. 7.
11 Etwa BGH 2.7.2020 – V ZR 2/20, BeckRS 2020, 17329 Rn. 5 für die Finanzierung einer baulichen Maßnahme.
12 BGH 10.2.2011 – III ZR 338/09, NJW 2011, 926 Rn. 15.
13 Ausführl. *Brändle* ZfIR 2017, 553 ff.; *Brückner* NJW 2017, 3185 ff.; *Drasdo* NZM 2019, 327 ff.; *Zschieschack* NZM 2016, 20 ff.; zum Beschwerdewert auch BeckOK WEG/*Elzer* § 43 Rn. 187.3.
14 BGH 17.11.2016 – V ZR 86/16, NJW-RR 2017, 584 Rn. 2.
15 BGH 20.5.2011 – V ZR 175/10, NJW-RR 2011, 1232 Rn. 7.
16 BGH 9.7.2015 – V ZB 198/14, NJW-RR 2015, 1492 Rn. 11.
17 BGH 9.7.2010 – V ZR 202/09, NJW 2010, 2654 Rn. 5.
18 FormB-WEG-R/*Lehmann-Richter* § 3 Rn. 226.
19 FormB-WEG-R/*Einsiedler* § 4 Rn. 172 ff.
20 BGH 15.5.2014 – V ZB 172/13, NJW 2014, 2503 Rn. 9.

weisung nach § 281 ZPO in Betracht (→ *Prozess und Prozessgrundsätze* Rn. 45 ff.).[21] Eine Wiedereinsetzung in den vorigen Stand ist ferner denkbar, wenn im Urteil eine falsche Rechtsmittelbelehrung erteilt worden ist (§§ 233 ff. ZPO):[22] Ist die Rechtsmittelbelehrung falsch, entfaltet dies Vertrauensschutz, sodass auch bei anwaltlicher Vertretung eine Wiedereinsetzung in den vorigen Stand zu gewähren ist, wenn das Rechtsmittel wegen der – nicht offenkundig falschen – Rechtsmittelbelehrung nicht ordnungsgemäß eingelegt worden ist.[23]

Die Berufung ist innerhalb von zwei Monaten zu **begründen** (§ 520 Abs. 1 u. 2 ZPO).[24] Diese Frist beginnt 11
mit Zustellung des in vollständiger Form abgefassten Urteils, spätestens mit Ablauf von fünf Monaten nach der Verkündung. Sie kann ohne Zustimmung des Gegners um bis zu einen Monat, mit dessen Zustimmung auch darüber hinaus, verlängert werden (§ 520 Abs. 2 S. 3 ZPO). Den Inhalt der Berufungsbegründungsschrift gibt § 520 Abs. 3 ZPO vor.

3. Anschlussberufung. § 524 Abs. 1 S. 1 ZPO eröffnet dem Berufungsbeklagten, sich der Berufung anzu- 12
schließen. Diese verliert aber ihre Wirkung, wenn die Berufung zurückgenommen, verworfen oder im Beschlusswege zurückgewiesen worden ist (Abs. 4).

4. Entscheidung. Hat die Berufung **keine Aussicht auf Erfolg**, kann das Berufungsgericht nach Anhörung 13
unter weiteren Voraussetzungen die Berufung durch Beschluss zurückweisen (§ 522 Abs. 2 S. 1 ZPO), wogegen sich der Berufungsführer mit dem Rechtsmittel wehren kann, das bei einer Entscheidung durch Urteil zulässig wäre (§ 522 Abs. 3 ZPO). Ist dies nicht der Fall, hat das Berufungsgericht grundsätzlich selbst Beweis zu erheben und zu entscheiden (§ 538 Abs. 1 ZPO). Den Inhalt des **Berufungsurteils** gibt § 540 ZPO vor. Unter den Voraussetzungen von § 538 Abs. 2 ZPO kann das Berufungsgericht auf Antrag einer Partei den Rechtsstreit an das erstinstanzliche Gericht zurückverweisen.

III. Revision (§§ 542 ff. ZPO)

Gegen ein Berufungsurteil[25] ist nach § 542 Abs. 1 ZPO die Revision statthaft. Diese ist innerhalb eines Monats 14
bei dem Revisionsgericht einzulegen und innerhalb von zwei Monaten zu begründen (§§ 548, 549, 551 ZPO). Mit der Revision vermag der Revisionsführer nur **Rechtsverletzungen** geltend zu machen (§ 545 Abs. 1 ZPO). Freilich gibt es **absolute Revisionsgründe** (§ 547 ZPO).

Revisionsgericht gegen die Berufungsentscheidung von Land- und Oberlandesgericht ist der BGH (§ 133 15
GVG). Die Revision muss nach § 543 Abs. 1 Nr. 1 ZPO bindend (Abs. 2 S. 2) durch das Berufungsgericht zugelassen worden sein, was der Fall ist, wenn die Rechtssache grundsätzliche Bedeutung hat (§ 543 Abs. 2 S. 1 Nr. 1 ZPO) oder eine revisionsgerichtliche Entscheidung zur Fortbildung des Rechts oder zur Sicherung einer einheitlichen Rechtsprechung erforderlich ist (Nr. 2).

Gegen die Nichtzulassung steht nach § 543 Abs. 1 Nr. 2 ZPO die **Nichtzulassungsbeschwerde** offen (§ 544 16
ZPO). Für diese muss die Beschwer aber einen Wert von 20.000 EUR übersteigen (Nr. 1). Die Partei vermag sich, hat sie in den Vorinstanzen keine Einwendungen gegen die Streitwertfestsetzung vorgebracht, nicht darauf zu berufen, dass der Streitwert für das Nichtzulassungsbeschwerdeverfahren höher liege.[26] Eine Nichtzulassungsbeschwerde ist innerhalb einer Notfrist von einem Monat nach Zustellung des in vollständiger Form abgefassten Urteils, spätestens sechs Monate nach Verkündung bei dem Revisionsgericht einzulegen (§ 544 Abs. 3 S. 1 ZPO) und innerhalb von zwei Monaten nach Zustellung, spätestens bis zum Ablauf von sieben Monaten zu begründen (Abs. 4 S. 1). Der Gegner kann Stellung nehmen (Abs. 5). Das Revisionsgericht entscheidet sodann durch Beschluss (Abs. 6 S. 1). Die Beschwerde hemmt die Rechtskraft des Berufungsurteils (Abs. 7 S. 1); wird der Nichtzulassungsbeschwerde stattgegeben, gilt sie als form- und fristgerechte Einlegung der Revision, so dass die Revisionsbegründungsfrist mit ihrer Zustellung läuft (Abs. 8 S. 2 u. 3).

Das Revisionsgericht kann einen **Zurückweisungsbeschluss** erlassen (§ 552 a ZPO). Ist die Revision begrün- 17
det, ist das Urteil aufzuheben (§ 562 Abs. 1 ZPO) und rechtlich bindend (§ 563 Abs. 2 ZPO) an das Berufungs-

---

21 BGH 12.4.2010 – V ZB 224/09, NJW-RR 2010, 1096 Rn. 9.
22 BeckOK WEG/*Elzer* § 43 Rn. 193 a.
23 BGH 21.2.2020 – V ZR 17/19, NJW 2020, 1525 Rn. 14 ff.
24 FormB-WEG-R/*Lehmann-Richter* § 3 Rn. 288.
25 FormB-WEG-R/*Elzer* § 4 Rn. 136 ff.
26 BGH 20.2.2020 – V ZR 167/19, BeckRS 2020, 4811 Rn. 6; ausführl. *Brückner* NJW 2017, 3185 ff.

gericht zurückzuweisen (Abs. 1 S. 1), wenn das Revisionsgericht nicht selbst in der Sache entscheiden kann (Abs. 3).

IV. Sofortige Beschwerde (§§ 567 ff. ZPO)

18 Mit der sofortigen Beschwerde werden **erstinstanzliche (Neben-) Entscheidungen**, die keine Urteile sind, namentlich Beschlüsse, angefochten. Es gilt eine Beschwerdefrist von grundsätzlich zwei Wochen (§ 569 Abs. 1 S. 1 ZPO).[27] Die sofortige Beschwerde ist einzulegen bei dem Gericht, das die Entscheidung erlassen hat, oder dem Beschwerdegericht. Sie wird mit einer begründeten (§ 571 Abs. 1 ZPO) Beschwerdeschrift (§ 569 Abs. 2 ZPO) eingelegt, wobei, anders als in der Berufung (→ Rn. 4), auch neuer Vortrag zulässig ist (§ 571 Abs. 2 S. 1 ZPO). Das Ausgangsgericht vermag in einem sog. **Abhilfeverfahren** seine Entscheidung abzuändern (§ 572 Abs. 1 ZPO).

19 Für die sofortigen Beschwerden in Verfahren nach § 43 Abs. 2 WEG ist ebenfalls das gem. § 72 Abs. 2 S. 1 GVG **zuständige Gericht** berufen. In sonstigen Verfahren richtet sich die Zuständigkeit nach der Zuständigkeit des erstinstanzlichen Gerichts (§ 43 Abs. 1 WEG; → *Prozess und Prozessgrundsätze* Rn. 45 ff.).[28]

20 Für die sofortige Beschwerde gilt in § 569 Abs. 3 Nr. 1 ZPO eine Ausnahme vom **Anwaltszwang** (§ 78 Abs. 3 S. 2 ZPO; → *Prozessvoraussetzungen* Rn. 16 ff.), wenn der erstinstanzliche Rechtsstreit nicht dem Anwaltszwang unterfiel.

V. Rechtsbeschwerde (§§ 574 ff. ZPO)

21 Rechtsbeschwerden sind statthaft, wenn dies im Gesetz ausdrücklich angeordnet wird oder das Beschwerde-, Berufungs- oder Oberlandesgericht im ersten Rechtszug die Rechtsbeschwerde zugelassen hat (§ 574 Abs. 1 S. 1 ZPO). Mit der Rechtsbeschwerde können nur **Rechtsverletzungen** geltend gemacht werden (§ 576 Abs. 1 ZPO).[29]

180. Regenrinne

Tank

1 Regenrinnen gehören zu den konstruktiven Teilen des Daches. Sie sind für den Bestand und die Sicherheit des Gebäudes erforderlich und dienen darüber hinaus auch dem gemeinschaftlichen Gebrauch, da sie das Gebäude vor herablaufendem Regenwasser schützen. An ihnen kann Sondereigentum nicht begründet werden, sie stehen deshalb im zwingend im **gemeinschaftlichen Eigentum** (→ *Gemeinschaftliches Eigentum* Rn. 10), § 5 Abs. 2 WEG.

2 **Erhaltungsmaßnahmen** sind daher grundsätzlich Sache der Gemeinschaft der Wohnungseigentümer, § 19 Abs. 1 iVm § 19 Abs. 2 Nr. 2 WEG. Die Kosten tragen grundsätzlich alle Wohnungseigentümer entsprechend ihrer Miteigentumsanteile, § 16 Abs. 2 S. 1 WEG. Das gilt auch beim nachträglichen Ausbau eines Dachgeschosses zu Wohnzwecken, es sei denn, es ist etwas anderes in der Gemeinschaftsordnung geregelt.[1]

3 Wird eine Regenrinne **nachträglich** montiert oder ersatzlos entfernt, handelt es sich im Regelfall um eine **bauliche Veränderung** nach § 20 Abs. 1 WEG, so dass ein Beschluss erforderlich ist. Die Kostentragung ergibt sich aus § 21 Abs. 3 WEG.

---

27 FormB-WEG-R/*Lehmann-Richter* § 3 Rn. 231 ff.
28 Vgl. für die Streitwertbeschwerde LG Frankfurt a. M. 4.12.2019 – 2–13 T 111/19, ZMR 2020, 327.
29 Beispiel bei BGH 7.5.2020 – V ZB 14/19, BeckRS 2020, 10166.
 1 AG Berlin-Tempelhof-Kreuzberg 11.12.2009 – 72 II 73/07, BeckRS 2010, 02044.

181. Reihenhaus

Fraatz-Rosenfeld

I. Einführung

Der Begriff „Reihenhaus" ist ein landläufiger Alltagsbegriff, der weder in bundesrechtlichen noch landesrechtlichen Normierungen unmittelbar Niederschlag gefunden hat. In bautechnischer Hinsicht handelt es sich um aneinandergereihte, durch eine gemeinsame oder zwei aneinandergefügte Mauern verbundene Einzelhäuser. Nur mittelbar hat diese Bauform Niederschlag gefunden in § 22 Abs. 2 BauNVO; diese Regelung ermöglicht in der offener Bauweise – also mit Abstandsfläche zur Grundstücksgrenze – Hausgruppen mit einer Länge von bis zu 50 Metern. Da aber diese Festsetzungsmöglichkeit eine Zeile von Gebäuden auf jeweils einzelnen Grundstücken betrifft, ist sie auf wohnungseigentumsrechtlich aufgeteilte Reihenhausanlagen nicht anwendbar. Auch wenn es auf den ersten Blick nicht so erscheint, sind wohnungseigentumsrechtlich aufgeteilte Reihenhausanlagen daher Einzelhäuser iSd Bauplanungsrechts. 1

II. Öffentliches Baurecht

1. Städtebaurecht. Reihenhausanlagen, die nach den Vorschriften des Wohnungseigentumsrechts aufgeteilt sind, unterfallen nicht dem Begriff der Hausgruppen iSd § 22 Abs. 2 S. 2 BauNVO und werden daher **planungsrechtlich wie Einzelhäuser** behandelt. Sie sind nur dort zulässig, wo diese Hausform im Bebauungsplan festgesetzt ist. Denn bei einer „Hausgruppe" handelt es sich um „mindestens drei auf mehreren Reihenhausgrundstücken ohne Grenzabstand aneinandergebaute Häuser".[1] Dieser Begrifflichkeit steht nicht entgegen, dass sich in dieser als Einzelhaus bezeichneten baulichen Anlage mehrere Gebäude im bauordnungsrechtlichen Sinne befinden. 2

Gebäude in diesem Sinne sind selbstständig benutzbare bauliche Anlagen, die ihrerseits mit dem Erdboden verbunden sein müssen.[2] Zwischen den Vorschriften der Landesbauordnungen und § 3 Abs. 2 S. 1 WEG besteht insoweit eine Konkordanz, als zur Schaffung von Sondereigentum innerhalb eines solchen Gebäudes eine in sich abgeschlossene Einheit geschaffen werden kann. Dem Begriff des Einzelhauses widerspricht es nicht, dass sich innerhalb dieser Hülle der baulichen Anlage mehrere Gebäude befinden, also auch nach Wohnungseigentum geteilte Reihenhäuser. Es ist ausschließlich die nach den Festsetzungen des Bebauungsplans zulässige Grund- und Geschossflächenzahl zu beachten; auch die für die Hausgruppen vorgesehene Begrenzung auf 50 Meter spielt hier keine Rolle.[3] Da es sich bei diesen Festsetzungen nicht um Festsetzungen der Nutzungsart handelt (→ *Nachbarschutz* Rn. 4), lösen dementsprechend Reihenhausanlagen in solchen Gebieten, in denen die Festsetzung „Einzelhäuser" besteht, auch keine Nachbarschutzansprüche von außenstehenden Dritteigentümern aus. Auch in Gebieten, in denen eine Begrenzung der Wohnungszahl festgesetzt ist, ergeben sich solche Ansprüche in der Regel nicht (→ *Nachbarschutz* Rn. 5).[4]

Zwar können innerhalb einer Wohnungseigentumsanlage Ansprüche des öffentlich-rechtlichen Nachbarschutzes nicht geltend gemacht werden,[5] seine Wertungen aber innerhalb der Wohnungseigentumsanlage trotzdem Platz greifen. Daher ist daran zu denken, die Grundsätze des Einfügungsgebots gem. § 34 Abs. 1 BauGB in 3

---

1 *Fickert/Fieseler* BauNVO § 22 Rn. 6.4.
2 Bspw.: § 2 Abs. 1, 2 LBO BW; § 2 Abs. 1, 2 HBauO; § 2 Abs. 1, 2 NBauO; § 2 Abs. 2, 3 BauO NRW.
3 *König/Roeser/Stock/Petz* BauNVO § 22 Rn. 22.
4 OVG Hamburg 27.2.2018 – 2 Bs 278/17.
5 *Hügel/Elzer*, 3. Aufl. 2021, WEG § 14 Rn. 38.

einer Reihenhausanlage analog anzuwenden. Dies gilt zunächst für die „Profilgleichheit", nach der sich die Kubatur eines Reihenhauses an die bisher vorhandenen Gebäude linear anzuschließen hat[6] oder auch für die unzulässige Aufstockung eines Mittelreihenhauses.[7] Andererseits ist nicht vollständige Deckungsgleichheit gefordert.[8]

4 **2. Bauordnungsrecht und Gebäudeenergiegesetz.** Ein Reihenhaus innerhalb einer dem Regime des Wohnungseigentumsrechts unterliegenden Reihenhauszeile ist genauso ein Gebäude iSd **Bauordnungsrechts**[9] wie jedes andere. Neben den allgemeinen bauordnungsrechtlichen Vorschriften sind einige gesetzliche und untergesetzliche Normierungen der Landesbauordnungen gerade für Reihenhausanlagen von Bedeutung. Sie spielen nicht nur bei der Errichtung der Anlagen eine Rolle, sondern sind auch Maßstab für bauliche Veränderungen iSd § 20 Abs. 1 WEG und für die Verwaltung iSd § 18 WEG. Droht nämlich infolge eines Verstoßes gegen die Vorschriften ein Einschreiten der Verwaltungsbehörde, kann sich hieraus ein Nachteil iSd § 14 Abs. 1 Nr. 2 WEG ergeben. Außerdem widerspräche ein solcher Beschluss ordnungsgemäßer Verwaltung und wäre anfechtbar.[10]

Reihenhäuser sind gem. § 17 GEG als „aneinandergereihte Bebauung" anzusehen und werden daher hinsichtlich der Anforderungen des Gesetzes in Hinblick auf Wärmebrücken (§ 12 GEG), den sommerlichen Wärmeschutz (§ 14 GEG),den baulichen Wärmeschutz (§ 16 GEG) sowie den Gesamtenergiebedarf (§ 15 GEG) wie ein Gebäude behandelt.

5 **a) Zufahrtswege, Wohnwege.** Vielfach werden Reihenhausanlagen nicht straßenparallel angeordnet, sondern in schrägen oder rechten Winkeln zu der öffentlichen Straße. Die Erschließung der Gebäude erfolgt dann durch Wohnwege. Diese müssen nicht zwingend befahrbar sein. Allerdings muss in diesen Fällen gesichert sein, dass die einzelnen Gebäude der Reihenhausanlage einen für die Zwecke des Brandschutzes ausreichenden **Zugang zur Vorder- und Rückseite** haben.[11] Die diesbezüglichen Normen formulieren dann bspw., dass „auf die Befahrbarkeit verzichtet werden kann, wenn keine Bedenken wegen des Brandschutzes bestehen" (§ 4 Abs. 1 LBO BW), oder wenn „der für den Brandschutz erforderliche Einsatz von Feuerlösch- und Rettungsgeräten jederzeit ordnungsgemäß und ungehindert möglich ist" (§ 4 Abs. 1 Hs. 2 NBauO). Das ist jedenfalls dann der Fall, wenn der Einsatz von Lösch- und Rettungsgeräten ohne größere Schwierigkeiten möglich ist.

Als längste Länge eines solchen nur begehbaren Wohnwegs werden bis zu 80 Metern für möglich gehalten.[12] Einige Bundesländer normieren bereits im Gesetzestext, dass ab einer Entfernung von der öffentlichen Straße von mehr als 50 Metern eine Zufahrt (→ *Zufahrtsweg* Rn. 5) zu schaffen ist.[13] Besteht keine gesetzliche Vorgabe, werden die entsprechenden Anforderungen durch Verwaltungsvorschriften gleichen oder ähnlichen Inhalts sichergestellt.[14] Da die Bauordnungen nicht sämtliche Anforderungen an Zufahrten in allen Einzelheiten regeln, bedient sich das Bauordnungsrecht des Rückgriffs auf (normkonkretisierende) technische Regelwerke.[15] Zentrale Vorschrift ist hier die „Musterrichtlinie über die Flächen für die Feuerwehr" der ARGEBAU.

6 **b) Erreichbarkeit von Stellplätzen.** Befindet sich bei einem Reihenhaus ein Stellplatz, müssen zur Sicherung der Erreichbarkeit auf von der Straße entfernteren Grundstücksflächen die landesrechtlichen Garagen- bzw. Stellplatzverordnungen eingehalten werden. Diese Vorschriften regeln neben den für jeden Stellplatz und jede Garage einzuhaltenden Vorschriften (in allen Bundesländern mit Ausnahme von Hamburg gilt eine Pflicht zur Herstellung sogenannter „notwendiger Stellplätze") die Anforderungen für die Zufahrt zu den Stellplätzen.

---

6 VGH München 5.9.2011 – 9 ZB 10.2792, BayKommPrax 2010 312; aA OVG Hamburg 11.9. 2018 – 2 Bf 43/15, NordÖR 2019, 15.

7 OVG Hamburg 29.5.2001 – 2 Bs 98/01, NordÖR 2001, 399.

8 BeckOK BauordnungsR NRW/*Kockler* BauO NRW § 6 Rn. 41 mwN.

9 Große-Suchsdorf/*Mann* NBauO § 2 Rn. 6.

10 Jennißen/*Hogenschurz* WEG § 22 aF Rn. 34.

11 § 4 Abs. 1 S. 2 LBO BW; Art. 4 BayBO; § 4 BauO Bln; § 4 BbgBO; § 4 BremLBO; § 5 HBauO; § 4 HBO; § 4 LBauO M-V; § 4 NBauO; § 4 BauO NRW; § 6 RhPflBO; § 5 SaarLBO; § 4 SächsBO; § 4 BauO LSA; § 4 SchlHLBO; § 4 ThürB.

12 Schlotterbeck/*Schlotterbeck* LBO BW § 4 Rn. 7.

13 § 4 Abs. 1 LBO BW, § 2 Abs. 3 S. 2 LBOAWVO zur LBO BW; § 5 Abs. 3 HBauO, § 4 Abs. 1 S. 2 BauO NRW.

14 § 2 Abs. 3 S. 2 LBOAWVO zur LBO BW; Große-Suchsdorf/*Breyer* NBauO § 4 Rn. 1 mit Verweis auf § 1 Abs. 2 DVO-NBauO.

15 Alexejew/*Harms* HBauO § 3 Rn. 6; BeckOK BauordnungsR BW/*Landel* LBO BW § 39 Rn. 6.

Fraatz-Rosenfeld

Da Stellplätze in Reihenhausanlagen oftmals nicht separat, sondern an den einzelnen Gebäuden vorgesehen sind und damit entfernt von der Straße, muss dementsprechend die Anforderung an die Erreichbarkeit gesichert werden. Ein möglicher Maßstab sind die „Empfehlungen für die Anlage des ruhenden Verkehrs" der Forschungsgesellschaft für das Straßenwesen bzw. die „Richtlinien für die Anlage von Stadtstraßen" (RAST 06). Diese Regelwerke unterstellen eine durchschnittliche Breite eines PKW von 1,75 bzw. 1,76 Metern zzgl. gewisser Bewegungsspielräume (0,125 Meter) sowie einen Sicherheitsabstand von 0,25 Metern. Daraus ergibt sich, dass mindestens eine Fläche von rund 2,15 Meter zur Verfügung stehen muss.[16] Diese oder ähnliche Werte werden von verschiedenen landesrechtlichen Stellplatz- und Garagenverordnungen übernommen.[17]

Da die Regelungen über Zufahrten keine subjektiven Abwehrrechte auslösen (es fehlt an einer entsprechenden subjektiven Anreicherung wie bspw. im Falle des Abstandsflächenrechts, → *Nachbarschutz* Rn. 6) und innerhalb der Wohnungseigentumsanlage Ansprüche aus dem öffentlich-rechtlichen Nachbarschutz nicht geltend gemacht zu machen sind, (→ *Nachbarschutz* Rn. 9), könnten sich Abwehransprüche einzelner Eigentümer nur aus den § 14 Abs. 2 Nr. 1 iVm Abs. 1 Nr. 2 Hs. 3 WEG bzw. § 1004 BGB ergeben. Insoweit ist es möglich, Wertungen des öffentlich-rechtlichen Rechtskreises analog heranzuziehen.[18] Dies ist etwa dann der Fall, wenn die Zufahrtsanlage zwar öffentlich-rechtlichen Vorgaben zur Ausstattung und Breite entspricht, aber beeinträchtigend genutzt wird.[19] Zumindest als weitergehend im Sinne eines gebundenen Anspruchs auf Einhaltung von Rechtsvorschriften kann dagegen § 14 Abs. 1 Nr. 1 verstanden werden, der Wohnungseigentümer gegenüber der Gemeinschaft der Wohnungseigentümer zur Einhaltung der Gesetze verpflichtet.[20] **7**

c) Brandschutz, Schallschutz und Standfestigkeit. Vereinfacht gesagt sind Reihenhäuser als „Hausscheiben" nebeneinander gestellte Einzelhäuser. An die Trennung der Gebäude untereinander werden daher unter Brandschutzgesichtspunkten sowie unter solchen des Immissionsschutzes und der Standsicherheit grundsätzlich die Anforderungen gestellt, die auch für freistehende Gebäude gelten. Sie bleiben auch dann einzelne Gebäude im bauordnungsrechtlichen Sinne, wenn sie aufgrund älterer Brandschutzvorschriften noch durch eine gemeinsame Brandwand verbunden sind.[21] **8**

Im Gegensatz zu einzeln stehenden Gebäuden werden geringere Anforderungen an die Ausführung der Wände zwischen den einzelnen Reihenhäusern gestellt. Statt der als Gebäudeabschlusswände erforderlichen Brandwände (→ *Brandwand* Rn. 1 ff.) reicht es aus, wenn die Zwischenwände lediglich die Anforderungen einer **Trennwand** erfüllen (→ *Trennwand* Rn. 4).[22] Das ist auch nur dann der Fall, wenn das Reihenhaus eine oberste Fußbodenhöhe von mehr als 7 Metern überschreitet und damit die Privilegierung der Gebäudeklasse 1 bzw. Gebäudeklasse 2 verlässt.[23] **9**

Die brandschutztechnischen Anforderungen an Bauteile und damit an Trennwände richten sich in den Bundesländern, die sich dem in der Musterbauordnung (MBO) 2002 vorgeschlagenen System der Einteilung in Gebäudeklassen angeschlossen haben (Bayern, Baden-Württemberg, Berlin, Bremen, Hamburg, Hessen, Mecklenburg-Vorpommern, Nordrhein-Westfalen, Niedersachsen, Saarland, Sachsen, Sachsen-Anhalt, Schleswig-Holstein, Thüringen),nach der jeweiligen Gebäudeklasse. Reihenhäuser fallen danach in die Gebäudeklasse 2[24] oder (selten) in die Gebäudeklasse 4.[25] Je nach Art des Bauteils und der abschließenden Wand (Trennwand/Brandwand) wird eine bestimme Feuerwiderstandsdauer nach der folgenden Klassifizierung gefordert: F 90 = feuerbeständig, Feuerwiderstandsdauer 90 Minuten; F 60 = hochfeuerhemmend, Feuerwider- **10**

---

16 OVG Münster 30.10.2009 – 7 A 2548/08, BauR 2010, 446; Boeddinghaus/*Radeisen* LBO NRW § 5 Rn. 20.

17 § 3 Abs. 1 GarVO Nds v. 4.9.1989, GVBl. 157: 2,75 Meter; § 2 GarVO BW v. 7.7.1997, GBl 99, 114.

18 *Hügel/Elzer*, 3. Aufl. 2021, WEG § 14 Rn. 38.

19 Beispielsweise durch schikanöses Hin- und Herfahren mit einem Fahrzeug oder die Einengung eines Stellplatzes durch eine Müllboxanlage: AG Jever 10.2.2017 – 5 C 53/16, ZMR 2017, 683 Rn. 25.

20 *Fraatz-Rosenfeld* AnwZert MietR 23/2020 Anm. 3.

21 BeckOK BauordnungsR BW/*Uechtritz* LBO BW § 2 Rn. 19.1.

22 BeckOK BauordnungsR Bayern/*Paliga* BayBO Art. 27 Rn. 2.1; BeckOK BauordnungsR BW/*Zehfuß* § 27 Rn. 42.1; BeckOK BauordnungsR NRW/*Saurenhaus* § 30 Rn. 31.

23 § 27 Abs. 3 LBO BW iVm § 6 Abs. 5 LBOAVO; Art. 27 Abs. 6 BayBO; § 29 Abs. 6 BauO Bln; § 29 Abs. 6 BbgBO; § 29 Abs. 6 BremLBO; § 27 Abs. 6 HBauO; § 26 Abs. 6 HBO; § 29 Abs. 6 LBauO M-V; § 29 Abs. 6 BauO NRW; § 29 SaarLBO; § 29 Abs. 6 SächsBO; § 28 Abs. 5 BauO LSA; § 30 Abs. 6 SchlHLBO; § 29 Abs. 6 ThürBO; anders § 29 Abs. 2 RhPflBauO: Trennwände auch für Gebäudeklasse 2.

24 „Nicht freistehende Gebäude mit einer Höhe bis zu 7 Metern und nicht mehr als zwei Nutzungseinheiten".

25 „Gebäude mit einer Höhe bis zu 13 Metern".

standsdauer 60 Minuten; F 30 = feuerhemmend, Feuerwiderstandsdauer 30 Minuten.[26] Für **Trennwände** zwischen Reihenhäusern ist regelmäßig eine Feuerwiderstandsdauer der Qualität F 30 gefordert.[27] Diese Anforderungen gelten bei anderer Einteilung der Gebäudeklassen auch für Reihenhäuser in den Bundesländern Brandenburg und Rheinland-Pfalz. Liegt ein besonderes Sicherheitsbedürfnis vor, kann die Bauaufsichtsbehörde auch eine **Brandwand** fordern.[28] Sollen bereits bei Errichtung der Anlage die **Voraussetzungen für eine Realteilung** geschaffen werden oder ist der Gebäudekomplex mehr als 40 Meter lang[29] müssen Brandwände (→ *Brandwand* Rn. 1, 3) geschaffen werden. Hier sind die Anforderungen entsprechend höher. Diese Wände müssen mindestens feuerhemmend sein (Gebäudeklasse 2) oder feuerbeständig bzw. hochfeuerhemmend (Gebäudeklasse 4).

11 Zwar bedürfen Reihenhäuser in bauordnungsrechtlicher Hinsicht grundsätzlich keines besonderen **Schallschutzes** zwischen den einzelnen Gebäuden. Als im Bauordnungsrecht eingeführtes Technisches Regelwerk findet die DIN 4109–1 (Schallschutz im Hochbau) Anwendung. Für Reihenhäuser gelten grundsätzlich die Anforderungen, die allgemein für Geschosshäuser mit Wohnungen gelten.[30] Allerdings wird unter Bezugnahme auf die „allgemein anerkannten Regeln der Technik" für Reihenhäuser eine **zweischalige Ausführung** mit einer mit Dämmmaterial ausgefüllten „Schalen-Trennfuge" gefordert.[31]

12 Da es sich bei der Trennwand zwischen den einzelnen „Reihenhausscheiben" um eine gemeinsame Wand handelt, ist diese – insbesondere in Fällen der zweischaligen Ausführung – ein gemeinsames Bauteil iSd Bauordnungsrechts. In diesen Fällen muss zur Aufrechterhaltung der Standsicherheit Sorge dafür getragen werden, dass im Falle des Abbruchs einer der Reihenhausscheiben diese gemeinsame Wand bestehen bleibt.[32] Diese Verpflichtung ist durch Baulast zu sichern (→ *Baulast* Rn. 3).

13 **d) Verunstaltung.** Die Anforderungen an eine bauaufsichtliche Anordnung wegen Verunstaltung sind hoch; eine solche kommt daher nur in Ausnahmefällen in Betracht.[33] Soll aber ein Reihenhaus aus einer Reihe von fünf Reihenhäusern einen zweigeschossigen Anbau erhalten, kann das verunstaltend sein (→ *Profilgleichheit* Rn. 3).[34]

III. Wohnungseigentumsrechtliche Besonderheiten einer Reihenhausanlage

14 **1. Reihenhaus und Teilungserklärung.** Die Ausgestaltung einer Reihenhauslage als Wohnungseigentum hat ihre Ursache meist im Fehlen der planungsrechtlichen Voraussetzungen zur Bildung katastermäßig aufgeteilter Einzelgrundstücke. Die sich daraus ergebende Notwendigkeit zur Aufteilung in Wohnungseigentum und damit der Bestimmung der Freiflächen bedarf einer entsprechenden Teilungserklärung/Gemeinschaftsordnung. Den in diesem Zusammenhang immer wieder auftretenden Unsicherheiten ist der Gesetzgeber nun durch fakultative Schaffung von Sondereigentum an Freiflächen entgegengetreten (§§ 5 Abs. 1 S. 2 iVm 3 Abs. 3 Hs. 2 WEG. Ist das (noch nicht) der Fall, sollte sie so gestaltet werden, als wäre real geteiltes Eigentum entstanden.[35] In diesem Falle bilden die Innenräume der „Reihenhausscheibe" das Sondereigentum, an den sonstigen Teilen des Gebäudes besteht Gemeinschaftseigentum, an den anschließenden Gartenflächen und anderen Bereichen idR ein Sondernutzungsrecht.

Für die Nutzung des Sondernutzungsrechts erhält der Eigentümer dann eine weitgehende Entscheidungsfreiheit; Entsprechendes gilt vornehmlich für die Gartenflächen. Die Sondernutzungsflächen an Gartenflächen unterliegen grundsätzlich (zu der nicht endgültig geklärten Anwendung der Überbauvorschrift des § 912 BGB → *Nachbarrecht* Rn. 29) dem bundes- und landesrechtlichen Nachbarrecht in entsprechender Anwendung.[36] Diesen Gegebenheiten sollte in der Teilungserklärung eine entsprechende Instandhaltungs- und Instandset-

---

26 Boeddinghaus/*Radeisen* LBO NRW § 26 Rn. 45.
27 Große-Suchsdorf/*Kammeyer*/*Dorn*, NBauO § 30 Rn. 7,„feuerhemmend".
28 BeckOK BauordnungsR Hessen/*Paliga*/*Otto*/*Schulz* HBO § 32 Rn. 2.1.
29 „Innere Brandwand zur Unterteilung ausgedehnter Gebäude", § 28 Abs. 2 Nr. 2 HBauO.
30 Hornmann HBO/*Hornmann* § 15 Rn. 34.
31 Simon/Busse/*Nolte* BayBO Art. 13 Rn. 73.
32 BeckOK BauordnungsR NRW/*Jaeger* BauO NRW § 12 Rn. 29.
33 Keine Durchsetzbarkeit einheitlicher Einfriedigungen in einer aus 80 Reihenhäusern bestehenden Reihenhausanlage: BeckOK BauordnungsR Nds/*Lackner* NBauO § 10 Rn. 32.
34 BeckOK BauordnungsR Nds/*Lackner* NBauO § 10 Rn. 23.
35 *Hügel/Elzer*, 3. Aufl. 2021, WEG § 10 Rn. 115.
36 BGH 26.10.2018 – V ZR 143/17, MDR 2019, 20; BGH 28.9.2007 – V ZR 276/06, DNotZ 2008, 378.

zungspflicht für das dem Gebäude zugeordnete Gemeinschaftseigentum entgegengestellt werden sowie die Pflicht zur Tragung der trennbaren Kosten.[37] Eine Abweichung von den gesetzlichen Bestimmungen wird vorgeschlagen für die Bereiche Gebrauch, Umlageschlüssel, Erhaltungsrücklage, bauliche Veränderungen, Bestimmungen zur Versammlung sowie Abrechnung und Wirtschaftsplan (einige sinngemäß anzuwendende Vorschläge bei → *Mehrhausanlage* Rn. 8 ff.).[38]

Über diese notwendigen Eckpunkte für die Gestaltung der Teilungserklärung hinaus ist angeraten, die **Ent-** 15 **scheidungsbefugnisse** der Eigentümer möglichst weitgehend zu konkretisieren. Dies gilt zunächst für die äußere Gestaltung der „Reihenhausscheibe" selbst. Liegt der gesamten Anlage ein bestimmtes architektonisches Konzept zugrunde, so sind gestalterische Festlegungen (Fassadenmaterial und deren farbliche Gestaltung, Fensterformen und -farben usw) notwendig.

Befindet sich die Anlage in einem Sanierungsgebiet oder ist sie Teil eines denkmalgeschützten Ensembles, sind Hinweise hierauf aufzunehmen. Hinsichtlich des Gebäudes selbst und der Gartenfläche/n kann eine Beschränkung des Umfangs bei Anbau und Errichtung baulicher Anlagen sinnvoll sein. Dies gilt insbesondere für die Gestaltung von Einfriedigungen nach Art und Umfang. Sind nach der Teilungserklärung dem öffentlichen Baurecht entsprechende bauliche Anlagen zulässig, ist zu berücksichtigen, dass diese Maßnahmen (beispielsweise die Errichtung von Gartenhäusern) vielfach verfahrensfrei und in der Regel als Nebenanlagen gem. § 14 BauVNO zulässig sind. Zwar sind einzelnen Eigentümer in der Anlage damit weite Spielräume eingeräumt, diese aber nunmehr durch § 20 Abs. 3 Hs. 2 WEG begrenzt (→ *Bauliche Veränderung* Rn. 40).

2. Bauliche Veränderungen in Reihenhausanlagen. a) Konformität mit dem öffentlichen Baurecht. Die 16 besonderen Anforderungen des Bauordnungsrechts an Reihenhäuser sind zwar im Verhältnis der Wohnungseigentümer kein unmittelbar wirkendes Recht, prägen aber von ihrer Wertung her die Pflichten der Eigentümer.[39] Verstöße gegen diese Vorschriften stellen jedenfalls dann einen Nachteil iSd § 14 Abs. 2 Nr. 1 iVm Abs. 1 Nr. 2 Hs. 3 WEG dar, wenn bauordnungsbehördliche Anordnungen drohen.[40] Unter Umständen ist im Falle von Umbaumaßnahmen am Gebäude bspw. ein Anspruch auf nachträglichen Einbau einer „biegeweichen Vorsatzschale" in den Räumen und im Treppenbereich zur Durchsetzung eines Abwehranspruchs gegen Lärm denkbar,[41] sofern relevante Lärmbelästigungen feststellbar sind (→ *Lärm* Rn. 16, → *Trittschalldämmung* Rn. 9 f.).

Ein allgemeiner Anspruch auf Einhaltung bauordnungsrechtlicher Vorschriften ist nach hM auf den Verstoß gegen nachbarschützende Vorschriften beschränkt[42] (→ *Nachbarschutz* Rn. 9). § 14 Abs. 1 Nr. 1 WEG kann dahingehend verstanden werden, dass jedenfalls für die Gemeinschaft der Wohnungseigentümer gegenüber einzelnen Eigentümern einen Anspruch auf Einhaltung der Gesetze unabhängig von einer subjektivrechtlichen (nachbarschützenden) Anreicherung besteht.

b) Wohnungseigentumsrechtliche Beschränkungen. Sieht die Teilungserklärung keine besonderen Vorga- 17 ben für die Gestaltung vor, gelten für Veränderungen an der Reihenhausanlage grundsätzlich die allgemeinen wohnungseigentumsrechtlichen Grundsätze (→ *Bauliche Veränderung* Rn. 1 ff., 40).

Da allerdings oft die Errichtung von Reihenhauslagen in Wohnungseigentum mit der Zielrichtung möglichst 18 weitgehender Angleichung an Realteilungsverhältnisse geschieht, kann im Einzelfall dem einzelnen Eigentümer eine vergleichsweise weite Gestaltungsmöglichkeit zugebilligt werden.[43]

---

37 *Hügel/Elzer*, 3. Aufl. 2021, WEG § 10 Rn. 115.
38 FormB-WEG-R/*Elzer* § 1 Rn. 420; zu Formulierungsvorschlägen auch: *Grziwotz* MietRB 2014, 122 (126).
39 *Hügel/Elzer*, 3. Aufl. 2021, WEG § 14 Rn. 38.
40 Jennißen/*Hogenschurz* WEG § 22 aF Rn. 34.
41 Zu diesem technischen Standard: Simon/Busse/*Nolte* BayBO Art. 13 Rn. 73.
42 Bärmann/*Suilman* WEG § 14 aF Rn. 14; Jennißen/*Hogenschurz* WEG § 13 aF Rn. 16; LG München 3.6.2016 – 40 O 11108/14, ZMR 2017, 263; OLG Frankfurt a. M. 17.5.2005 – 20 W 132/03; OLG Hamm 9.1.2009 – 15 Wx 142/08, ZWE 2009, 226 mAnm *Elzer*; BayObLG 29.3.2000 – 2 Z BR 3/00, ZWE 2000, 525; aA AG Bonn 30.11.2016 – 27 C 13/16.
43 BayObLG 18.3.2004 – 2 Z BR 264/03, DNotZ 2005, 222: Veränderung eines Reihenhausdaches bei einer Dämmungsmaßnahme und Ersatz von Bitumen durch Eternit bzw. Naturschiefer.

19   Da in einer Reihenhausanlage mit Gebäude und Gartenfläche die Möglichkeiten zur individuellen optischen Veränderung deutlich vielfältiger sind als in einer Geschosswohnungsanlage, gibt es zum Nachteil iSd § 14 Abs. 1 Nr. 2 Hs. 3 WEG im Einzelfall zu berücksichtigende Rechtsprechung:

20   Wird die **äußere Gestaltung** des Reihenhauses aus Gründen der Energieersparnis und der umweltfreundlichen Energiegewinnung durch Sonnenkollektoren auf dem Dach eines Reihenhauses verändert, handelt es sich um eine bauliche Veränderung,[44] die nunmehr beschlossen werden, aber – je nach Gestaltung – zu einer grundlegenden Umgestaltung der Anlage führen kann (→ *Bauliche Veränderung* Rn. 49).

21   Ist in der Teilungserklärung vorgesehen, dass Baumaßnahmen im Rahmen der „baupolizeilichen Vorschriften" und wenn „zwingende Gesetzesvorschriften nicht entgegenstehen" zulässig sind, besteht ein Beseitigungsanspruch, wenn eine **bauplanungsrechtliche Baugrenze** durch eine Markise um 1,5 Meter überschritten wird.[45] Auch der Anbau einer Terrassenüberdachung als solcher stellt jedenfalls dann einen Nachteil iSd § 14 Abs. 2 Nr. 1 iVm Abs. 1 Nr. 2 Hs. 3 WEG dar, wenn dadurch die Instandsetzung der Anlage erschwert wird, selbst wenn ein finanzielles Ausgleichsangebot gemacht wird.[46] Die nachträgliche Dämmung einer Wand in einer Reihenhausanlage ist (nachbarrechtlich) unzulässig, wenn die neue Dämmung nicht mehr als die zum Zeitpunkt der Gebäuderichtung ohnehin vorhandene Energieeinsparung erreicht.[47] Will ein Reihenhauseigentümer eine **Einbruchssicherungsanlage** einbauen, besteht hierauf ein Anspruch bei Übernahme der Kosten[48] (nunmehr geregelt in §§ 21 Abs. 1 S. 1 iVm § 20 Abs. 2 Nr. 3 WEG, → *Bauliche Veränderung* Rn. 25 ff.).

22   Durch § 5 Abs. 1 S. 2 WEG ist den Wohnungseigentümern die Möglichkeit eingeräumt, vermaßte (§ 3 Abs. 3 Hs. 2 WEG) **Sondereigentumsflächen** außerhalb des Gebäudes zu schaffen. Neben der sich daraus ergebenden Beseitigung von Rechtsunsicherheiten[49] folgt hieraus über § 94 BGB eine weitergehende sachenrechtliche Einbindung der Gegenstände auf dieser Fläche als dies bei dem zum Gemeinschaftseigentum gehörenden Sondernutzungsrecht der Fall ist. Angesichts der Tatsache, dass auch den Sondernutzungsflächen weitgehend eigentumsgleiche Abwehrrechte zugesprochen werden,[50] sind die Auswirkungen im Verhältnis der räumlichen Beziehung der Wohnungseigentümer untereinander gering (→ *Nachbarrecht* Rn. 12).

Sind in einer Reihenhausanlage in der Teilungserklärung **Sondernutzungsrechte am Garten** eingeräumt, überschreitet eine **Terrassenüberdachung** die übliche Nutzung einer Gartenfläche.[51] Räumt die Teilungserklärung ein Sondernutzungsrecht für die Geländeoberfläche des Gartens ein, stellt der Einbau eines **Swimmingpools** mit einer Größe von 4,5 x 5,5 Metern in einer 2 Meter tiefen Grube eine nicht hinzunehmende Beeinträchtigung dar; es besteht ein Rückbauanspruch der anderen Wohnungseigentümer.[52] Sieht eine Teilungserklärung vor, dass auf den Sondernutzungsflächen der Gärten Teiche bis zu einer Fläche von 10 qm zulässigerweise errichtet werden dürfen, so ist diese Obergrenze nicht zwingend. Dies jedenfalls dann, wenn die Teilungserklärung auch in anderer Hinsicht (Höhe von Anpflanzungen, teilweise Ausschluss nachbarrechtlicher Ansprüche) Erweiterungen enthält.[53]

23   Eine steinerne **Beeteinfassung** in einer aus vier Reihenhauseinheiten (und zwei Einzelhäusern) bestehenden Wohnungseigentumsanlage übersteigt den Umfang der Nutzungsmöglichkeit und ist zu beseitigen.[54] Eine auf Betonfundament mit Plattenbelag neu errichtete **Terrassenanlage** ist auf den Ursprungszustand (Anlage aus Holz) zurückzubauen.[55] Die optische Veränderung einer Reihenhausanlage durch die Errichtung einer Pergola ist nicht **hinzunehmen**.[56] Auch wenn die Teilungserklärung für eine Reihenhausanlage vorsieht, dass die einzelnen Gebäude wie ein Einzelhaus genutzt werden können, deckt dies nicht die **Videoüberwachung** des Zu-

---

44   BayObLG 30.3.2000 – 2 Z BR 2/00, NJW-RR 2000, 1179.
45   LG Hamburg 20.9.2017 – 318 S 77/16, BeckRS 2017, 137112.
46   BGH 7.2.2014 – V ZR 25/13, NZM 2014, 245.
47   BGH 2.6.2017 – V ZR 196/16, MDR 2017, 996.
48   KG 17.7.2000 – 24 W 8114/99 und 2406/00, Beck RS 9998, 37148.
49   BT-Drs. 19/18791 RegE WEMoG B zu § 3 Abs. 2, S. 41.
50   *Hügel/Elzer* WEG § 13 aF Rn. 75.
51   BGH 7.2.2014 – V ZR 25/13, NZM 2014, 245.
52   AG München 18.8.2015 – 484 C 5329/15, ZMR 2016, 813.
53   BayObLG 18.3.2005 – 2 Z BR 233/04, NZM 2005, 744.
54   KG 10.1.1994 – 24 W 3851/93, NJW-RR 1994, 526.
55   OLG Hamburg 24.10.2008 – 2 Wx 115/08, ZMR 2009, 306.
56   LG Frankfurt a. M. 30.4.2014 – 2–13 S 38/13, ZWE 2014, 327.

gangsbereichs der Anlage.[57] Kann nicht geklärt werden, wo eine Sondernutzungsgrenze liegt, entsteht Gemeinschaftseigentum und ein Beseitigungsanspruch hinsichtlich einer Steinmauer.[58]

c) Besonderheiten bei der Verwaltung. Wie bei jeder Wohnungseigentumsanlage liegt auch bei Reihenhäusern die Verwaltung gem. § 18 Abs. 1 WEG in der Hand der Wohnungseigentümer. Während bisher die Bestellung eines Verwalters nicht verpflichtend war, kann nunmehr die Bestellung – sofern nicht eine anderslautende Vereinbarung besteht – eines (zertifizierten) Verwalters als ordnungsgemäße Verwaltung gem. § 19 Abs. 2 Nr. 6 WEG verlangt werden. Der Gesetzgeber hat festgelegt, dass eine professionalisierte Verwaltung für kleinere Wohnanlagen nicht zwingend erforderlich ist. Er relativiert daher die Voraussetzungen: Die Bestellung eines zertifizierten Verwalters ist nicht geboten, wenn es um eine Anlage mit weniger als neun Sondereigentumseinheiten geht, ein Eigentümer als Verwalter bestellt wird und weniger als ein Drittel der Eigentümer die Bestellung eines zertifizierten Verwalters verlangen. Für eine Reihenhausanlage bedeutet das im praktischen Ergebnis, dass bei Widerspruch von mehr als einem Drittel der Eigentümer – nämlich mindestens vier von neun Eigentümern – im Rahmen ordnungsgemäßer Verwaltung die Bestellung eines zertifizierten Verwalters verlangt werden kann (§§ 19 Abs. 2 Nr. 6 iVm 18 Abs. 2 Nr. 2 WEG). 24

Sofern ein Verwalter nicht bestimmt ist, werden in diesen Fällen die für die Anlage anfallenden gemeinschaftlichen Kosten von jedem der Wohnungseigentümer direkt gezahlt, sofern sie für das jeweilige Gebäude direkt anfallen. Entstehen sie dagegen für die Anlage insgesamt, wird in der Regel der eine oder andere Eigentümer den Betrag ausgleichen und anteiligen Ersatz von den anderen Eigentümer ersetzt erhalten. Dieser Fall tritt insbesondere dann ein, wenn eine kommunale Satzung entgegen § 9 a Abs. 4 S. 1 Hs. 1 WEG eine **gesamtschuldnerische Haftung** vorsieht. Wird dem auslegenden Eigentümer nichts erstattet, kann in diesem Fall ausnahmsweise die Erstattung direkt verlangt werden. Hergeleitet wird dies aus dem Gesichtspunkt der Geschäftsführung ohne Auftrag bzw. § 812 BGB[59] oder direkt ausnahmsweise aus § 16 Abs. 2 S. 1 WEG.[60]

Ist die Erhaltung von im Gemeinschaftseigentum stehenden Anlagen zu organisieren, gelten – mangels einer Regelung in der Teilungserklärung – die allgemeinen Vorschriften des WEG. Typischerweise handelt es sich bei solchen Maßnahmen um die Verwaltung gemeinsamer Wegeflächen oder Leitungsanlagen. Ist die ordnungsgemäße Verwaltung durch einen Verwalter gem. § 19 Abs. 2 Nr. 6 noch nicht umgesetzt und lässt sich zur Durchführung entsprechender Maßnahmen eine Versammlung aus Verweigerungsgründen eines oder mehrerer Miteigentümer nicht erreichen, muss die Befugnis zur Einladung unter Angabe des Beschlussgegenstands durch das Gericht ersetzt werden.[61] 25

Liegt die Wegeanlage mit oder ohne Leitungsanlagen auf einem besonderen, nicht zur Wohnungseigentumsanlage gehörenden Flurstück, gilt das Recht der Gemeinschaft gem. § 741 ff. BGB auf Durchführung der zur Erhaltung notwendigen Maßnahmen durch einzelne Gemeinschafter (744 Abs. 2 BGB) und ein Anspruch auf Verwaltung nach billigem Ermessen (745 Abs. 2 BGB; → *Zufahrtsweg* Rn. 12). 26

IV. Anspruch auf Realteilung?

Zum Anspruch auf Realteilung → *Doppelhaus* Rn. 27 ff. 27

182. Reklame- und Werbeeinrichtungen

Choynacki

---

57 BGH 21.10.2011 – V ZR 265/10, NJW-RR 2012, 140.
58 OLG Hamburg 6.2.2006 – 2 Wx 118/02, ZMR 2006, 468.
59 LG Dortmund 3.2.2017 – 17 S 125/16, ZMR 2017, 182; *Hügel/Elzer* WEG § 16 Rn. 9.
60 Bärmann/*Becker* WEG § 28 aF Rn. 58.
61 Bärmann/*Merle*, WEG § 24 aF Rn. 27; Jennißen/*Schultzky* WEG § 24 Rn. 33.

I. Begriff

1   Reklame- und Werbeeinrichtungen sind einerseits Hinweise auf Gewerberäume im Gebäude, zB ein Nasenschild, eine Neonbeleuchtung, ein Praxisschild oder ein an der Fassade angebrachter Kasten, in dem die Speisekarte einer Gaststätte aushängt. Anderseits kann es sich um selbstständige Einrichtungen handeln, zB Werbekästen auf dem Gehweg.

II. Eigentum

2   Eine Reklame- oder Werbeeinrichtung ist grundsätzlich ein **wesentlicher** Gebäudebestandteil und steht deshalb mit seinen wesentlichen Bestandteilen nach § 5 Abs. 1 S. 1 WEG im **gemeinschaftlichen Eigentum**.[1]

3   Anders ist es, wenn eine Reklame- oder Werbeeinrichtung nur zu einem **vorübergehenden** Zweck mit dem Grund und Boden verbunden ist. Dann steht die Reklame- oder Werbeeinrichtung im Alleineigentum. Ob ein Wohnungseigentümer oder Teileigentümer berechtigt ist, die Fläche, an der eine solche Reklame- oder Werbeeinrichtung angebracht oder aufgestellt ist, richtet sich nach § 16 Abs. 1 S. 3 WEG iVm § 14 Abs. 1 Nr. 2 WEG oder nach den Bestimmungen der Wohnungseigentümer. Es kann sich anbieten, dass der Wohnungs- oder Teileigentümer die Fläche anmietet. Im Einzelfall bedarf es einer Sondernutzungsrechtsvereinbarung.

III. Verwaltung

4   Eine Reklame- oder Werbeeinrichtung ist nach § 18 Abs. 1 WEG von der Gemeinschaft der Wohnungseigentümer zu verwalten.

5   Steht eine Reklame- oder Werbeeinrichtung im Sondereigentum (→ Rn. 3), verwaltet der Wohnungs- als Sondereigentümer die Reklame- und Werbeeinrichtung.

IV. Kosten

6   Die Erhaltungs- und/oder Betriebskosten bestimmen sich nach § 16 Abs. 2 S. 1 WEG. Die Wohnungseigentümer **können** etwas anderes vereinbaren oder nach § 16 Abs. 2 S. 2 WEG beschließen. Steht die Reklame- oder Werbeeinrichtung im Sondereigentum (→ Rn. 3), trägt der Wohnungs- als Sondereigentümer die Kosten.

V. Benutzung

7   **1. Überblick.** Für die Benutzung einer Reklame- oder Werbeeinrichtung im gemeinschaftlichen Eigentum (→ Rn. 2) gilt § 16 Abs. 1 S. 3 WEG. Jeder Wohnungseigentümer ist also zum **Mitgebrauch** nach Maßgabe des § 14 WEG berechtigt. Steht die Reklame- oder Werbeeinrichtung im Alleineigentum (→ Rn. 3), gilt § 903 BGB. Auch hier ist § 14 Abs. 1 Nr. 2 WEG maßgeblich.

8   **2. Benutzungsregelungen.** Die Wohnungseigentümer können für Reklame- oder Werbeeinrichtung nach § 10 Abs. 1 S. 2 WEG Benutzungsregelungen **vereinbaren oder** nach § 19 Abs. 1, Abs. 2 Nr. 1 WEG **beschließen** (→ *Gebrauchs- und Nutzungsregelungen* Rn. 1 ff.).

VI. Errichtung/Anbau

9   Würde eine Reklame- oder Werbeeinrichtung durch eine Errichtung oder einen Anbau ein wesentlicher Gebäude- und/oder Grundstücksbestandteil werden, handelt es sich um eine bauliche Veränderung iSv § 20 Abs. 1 WEG (ggf. ist § 13 Abs. 2 WEG zu beachten).[2] Im Einzelfall besteht hierauf ein Anspruch nach § 20 Abs. 2 und/oder Abs. 3 WEG. Die Kosten und Nutzungen bestimmt § 21 WEG, idR dessen Absatz 1.

VII. Störungen

10 Gehen von einer Reklame- und Werbeeinrichtung Störungen aus, gelten die allgemeinen Bestimmungen (im Einzelnen → *Gebrauchs- und Nutzungsregelungen* Rn. 1 ff.). Wird das Sondereigentum gestört, zB durch ein

---

1   KG Berlin 19.6.1985 – 24 W 4020/84, ZMR 1985, 344.
2   Siehe auch BayObLG 6.10.2000 – 2 ZBR 74/2000, WuM 2000, 686.

blinkendes Licht, kann dagegen der Wohnungs- als Sondereigentümer gegen den Störer – ob Wohnungseigentümer oder Drittnutzer – nach § 14 Abs. 2 Nr. 1 WEG und/oder § 1004 Abs. 1 WEG vorgehen. Ansonsten muss nach §§ 9 a Abs. 2, 14 Abs. 1, 18 Abs. 2 WEG und/oder § 1004 Abs. 1 BGB die Gemeinschaft der Wohnungseigentümer auf Unterlassung und/oder Beseitigung vorgehen.

183. Restaurant

Fraatz-Rosenfeld

I. Einführung

Der Begriff „Restaurant" ist in der Alltagssprache gebräuchlich; in der deutschen Rechtssprache findet er seine Entsprechung in der im GastG definierten Speisewirtschaft (§ 1 Abs. 1 S. 1 GastG). Diese wird unterschieden von der Schankwirtschaft, die vornehmlich dem Getränkeausschank dient. Gaststätten im Teileigentum sind vielfach Gegenstand wohnungseigentumsrechtlicher Gerichtsentscheidungen. Dabei geht es einerseits um die Reichweite der Nutzung aufgrund der Zweckbestimmung des Teileigentums im engeren wie weiteren Sinne sowie um die Möglichkeiten der Abwehr von Beeinträchtigungen durch diese Restaurationsanlagen. **1**

II. Grundlagen und Schnittstellen zum Wohnungseigentumsrecht

1. Betrieb eines Restaurants als Gaststättengewerbe. Ein Restaurant unterfällt im gewerberechtlichen Sinne dem Gaststättengewerbe (§ 1 Abs. 1 S. 1 GastG), denn es ist entweder eine Schankwirtschaft (§ 1 Abs. Nr. 1 GastG), eine Speisewirtschaft (§ 1 Abs. 1 Nr. 2 GastG) oder eine Kombination aus beiden.[1] Entscheidendes Kriterium für die Unterscheidung zu anderen Erscheinungsformen der Verköstigung sind vor allem die Gewinnerzielungsabsicht[2] und die Zugänglichkeit für die Öffentlichkeit oder jedenfalls einen bestimmten Personenkreis (§ 1 Abs. 1 Hs. 2 GastG). Die Vorschriften gelten entsprechend auch für gastronomische Einrichtungen in Vereinen (§ 23 GastG). Aufgrund gesetzlicher Ermächtigung durch §§ 4, 18, 30 GastG haben alle Bundesländer Verordnungen erlassen, die Einzelheiten hinsichtlich der Anforderungen an die Räume, die Sperrzeiten (§ 18 GastG) und das Verwaltungsverfahren (§ 30 GastG) regeln (abgedruckt bei *Metzner*, GastG Anhang II). **2**

a) Kontrollmechanismen. aa) Erlaubnispflicht. Das Gaststättengewerbe unterliegt allgemein der präventiven Kontrolle im Rahmen der in § 2 GastG normierten Erlaubnispflicht. Nicht der Erlaubnispflicht unterliegt insbesondere der Verkauf von Speisen und nicht alkoholischen Getränken während der Ladenöffnungszeiten in Verbindung mit einem Ladengeschäft des Einzelhandels ohne Sitzgelegenheiten (§ 2 Abs. 3 GastG). **3**

bb) Versagung und nachträgliche Rücknahme. § 4 GastG enthält eine Auflistung von Versagungsgründen, von denen neben der fehlenden Zuverlässigkeit und den fehlenden lebensmittelrechtlichen Kenntnissen vor- **4**

---

1 *Metzner* GastG § 1 Rn. 30.
2 *Metzner* GastG § 1 Rn. 12.

nehmlich die **Ungeeignetheit der Betriebsräume** (§ 4 Abs. 1 Nr. 2 GastG) und die **immissionsschutzrechtliche Unverträglichkeit** (§ 4 Abs. 1 Nr. 3 GastG) wohnungseigentumsrechtliche Auswirkungen haben können. Der Versagungsgrund der **Unzuverlässigkeit** (§ 4 Abs. 1 Nr. 1 GastG) betrifft in erster Linie nur die Person des Gewerbetreibenden unmittelbar, kann aber mittelbar wichtig werden, wenn der Gastwirt selbst Teileigentümer ist, seine wirtschaftliche Leistungsfähigkeit infrage gestellt wird und die Gewerbeuntersagung droht.[3] Im Zusammenhang mit einer Wohnungseigentumsanlage ist auch das Tatbestandsmerkmal „der Unsittlichkeit Vorschub leisten" von praktischer Bedeutung: Dieser Begriff umfasst Aktivitäten wie die Gestattung der Prostitution,[4] das Betreiben von „Swinger-Clubs"[5] und „Live-Shows",[6] nunmehr jedoch nicht mehr Striptease-Vorstellungen[7] oder das Zeigen pornografischer Filme.[8]

5 **Ungeeignet sind die Betriebsräume,** wenn sie von ihrer Beschaffenheit, der Ausstattung und ihrer Aufteilung für den Betrieb nicht die nötigen Voraussetzungen aufweisen.[9] Einzelheiten hierzu regeln landesrechtliche Verordnungen, zu denen § 4 Abs. 3 GastG die Ermächtigung enthält; hier geht es etwa um die bautechnische Ausstattung der Räume, die Anforderungen an Küchen, Toilettenanlagen, Sozialräume sowie die barrierefreie Zugänglichkeit (→ *Barrierefreiheit* Rn. 8) und den Nichtraucherschutz.

6 Die Anlage darf darüber hinaus nicht dem **öffentlichen Interesse** widersprechen. Neben der bauplanungsrechtlichen Zulässigkeit unterliegen Gaststätten als nicht genehmigungsbedürftige Anlagen (§ 22 BImSchG) dem Regime des Immissionsschutzrechts. Soweit es die Lärmeinwirkungen angeht, werden auch hier die einschlägigen Regelwerke wie die „Technische Anleitung Lärm" (TA Lärm), die VDI-Richtlinie 2058 „Beurteilung von Arbeitslärm in der Nachbarschaft" oder die LAI-Freizeitlärmrichtlinie („Hinweise zur Beurteilung von Freizeitlärm") des Länderausschusses für Immissionsschutz bzw die VDI-Richtlinie 3726 wirksam (→ *Lärm* Rn. 14).

7 **cc) Auflagen und Sperrzeit.** Die Erlaubnis nach § 2 GastG kann als begünstigender Verwaltungsakt mit Auflagen versehen werden (§ 36 VwVfG). Nachträglich können ergänzende Anordnungen ergehen. Es ist das gesamte verwaltungsverfahrensrechtliche Instrumentarium anwendbar.[10] Von praktischer Relevanz für die Gaststätte in der Wohnungseigentumsanlage und deren Umgebung ist vornehmlich die Möglichkeit, zum „Schutze gegen **erhebliche Nachteile, Gefahren oder Belästigungen** für die Bewohner des Betriebsgrundstücks oder deren Nachbargrundstücke" Auflagen zu erlassen (§ 5 Abs. 1 Nr. 3 GastG). Neben den regelmäßig auftretenden Lärmbelästigungen durch Musik und lärmende Gäste gehören hierher auch die Belästigungen durch an- und abfahrende Kraftfahrzeuge (Hinweise zu der Intensität dieser Lärmemissionen gibt die **„Parkplatzlärmstudie"** des Bayerischen Landesamtes für Immissionsschutz.[11]

8 **§ 18 GastG** sieht vor, dass für Gaststätten eine **Sperrzeit** festzusetzen ist, und stellt dafür den Bundesländern eine (besondere) Verordnungsermächtigung zur Seite. Die Festsetzung einer Sperrzeit – also eines unbedingten Betriebsschlusses – ist damit zwingend. Zweck der Vorschrift ist vornehmlich der Schutz der Nachtruhe neben allgemeinen, sozialpolitischen Erwägungen.[12] Besteht ein besonderes öffentliches Bedürfnis oder liegen besondere örtliche Verhältnisse vor, kann die Sperrzeit sowohl verkürzt wie verlängert werden. Der Begriff des öffentlichen Bedürfnisses kommt dem der öffentlichen Sicherheit nahe und erfasst vor allem den Konflikt zwischen lärmbeeinträchtigender Anlage und Nachbarschaft.[13] Ähnliche Überlegungen gelten für die besonderen örtlichen Verhältnisse, die vornehmlich auf „atypische Gebietsverhältnisse" abstellen.[14]

---

3 *Metzner* GastG § 4 Rn. 163.
4 *Metzner* GastG § 4 Rn. 75; aA VG Berlin 1.12.2000 – 35 A 570.99, NJW 2001, 983.
5 *Metzner* GastG § 4 Rn. 79.
6 *Metzner* GastG § 4 Rn. 87.
7 *Metzner* GastG § 4 Rn. 86.
8 *Metzner* GastG § 4 Rn. 89; zur Unzulässigkeit von „Pärchenparties" in einem Teileigentum in den Jahren vor 1996: VGH München 9.8.1996 – 22 CS 9624.38, GewArch 1996, 474.
9 *Metzner* GastG § 4 Rn. 183–185.
10 *Metzner* GastG § 5 Rn. 16 f., 20 f.
11 Bayerisches Landesamt für Immissionsschutz, Materialien zur Parkplatzlärmstudie, www.bestellen.bayern.de.
12 *Metzner* GastG § 18 Rn. 12.
13 *Metzner* GastG § 18 Rn. 40.
14 VGH Mannheim 20.7.2000 – 14 S 237/99, NVwZ-RR 2001, 462 Rn. 41.

b) Nachbarschutz. Gegenüber einem außerhalb der Wohnungseigentumsanlage liegenden Restaurant stehen   9
den Wohnungseigentümern bzw. der Gemeinschaft der Wohnungseigentümer die Normen des privaten Nachbarrechts (→ *Nachbarrecht* Rn. 8) und des öffentlichen-rechtlichen Nachbarschutzes zur Seite (→ *Nachbarschutz* Rn. 20).

Als **nachbarschützend** iSd GastG gelten zunächst die Versagungsgründe des **§ 4 Abs. 1 Nr. 3 GastG**, dessen   10
Tatbestand auf das BImSchG Bezug nimmt. Einer dennoch erteilten Erlaubnis ist mit der Anfechtungsklage
und gegebenenfalls mit einem Eilantrag gem. § 80 Abs. 5 VwGO zu begegnen (→ *Verwaltungsprozess*
Rn. 32). Wird ein eigentlich erlaubnisbedürftiges Restaurant ohne Erlaubnis betrieben, ist ein Verpflichtungsantrag auf behördliches Einschreiten zu stellen einschließlich uU notwendiger Eilanträge nach § 123 VwGO
(→ *Verwaltungsprozess* Rn. 33). Entsprechend ist bei der Durchsetzung von einschränkenden Auflagen gemäß
der (nachbarschützenden) Vorschrift des **§ 5 Abs. 2, 3 GastG** oder beim Vorgehen gegen Sperrzeitverkürzun-
gen nach **§ 18 Abs. 1 S. 2 GastG** zu verfahren.[15]

Keine Nachbarn iSd öffentlich-rechtlichen Nachbarschutzes sind Wohnungseigentümer innerhalb der Woh-   11
nungseigentumsanlage.[16] Dies gilt selbst dann, wenn Sondereigentümer eine Rechtsverletzung durch mögliche
Gesundheitsgefahren infolge einer gefährdenden Nutzung innerhalb der Wohnungseigentumsanlage geltend
machen.[17] Auch eine **gaststättenrechtliche Erlaubnis** kann unter diesem Gesichtspunkt nicht erfolgreich angefochten werden.[18] Immerhin kann einem Sondereigentümer ein (eingeschränkter) Anspruch auf **Aktenein-
sicht** bezüglich der Erlaubnisakten betreffend eine Gaststätte innerhalb einer Wohnungseigentumsanlage zustehen.[19] Hier gehen §§ 13, 14 WEG als spezielle Regelungen vor.

2. Wohnungseigentumsrecht. a) Begrenzung der Restaurantnutzung durch Zweckbestimmun-   12
gen. aa) Restaurants im Teileigentum mit Zweckbestimmung im weiteren Sinn. Da sich die Nutzungen
„Wohnungseigentum" und „Teileigentum" ausschließen,[20] sind Restaurants immer zwingend dem Teileigentum zuzuordnen und können nur darin betrieben werden. Sie unterfallen unter keinem Gesichtspunkt – auch
wenn sie mit einem (gewerblichen) Beherbergungsbetrieb iSd § 1 Abs. 2 Nr. 3 GastG verbunden sind – dem
Begriff des Wohnens.[21] Bezeichnet – systemwidrig – die Teilungserklärung eine Sondereigentumseinheit als
„Wohnungs- und Teileigentum", soll unter diesen Umständen der Betrieb einer „Wurstbude" von anderen Eigentümern hingenommen werden müssen.[22]

bb) Zweckbestimmung mit Vereinbarungscharakter. Zweckbestimmungen in Teilungserklärungen/   13
Gemeinschaftsordnungen oder auf Grundlage von Vereinbarungen gem. § 5 Abs. 4 S. 1 WEG enthalten nur in
seltenen Fällen Konkretisierungen einer Restaurantnutzung. Auch in einem solchen Fall gilt der Grundsatz,
dass eine Teilungserklärung der **Auslegung** zugänglich ist.[23]

Wurde eine Bestimmung dahin gehend getroffen, dass in einer Teileigentumseinheit ein „Restaurant" zulässig   14
ist, wird davon als „Unterform" auch der Betrieb eines Schnellrestaurants umfasst.[24] Unter einem „Cafe" ist
eine Gaststätte mit dem Schwerpunkt auf der Darreichung von Kaffee und Kuchen zu verstehen.[25] Die Vermietung eines in der Teilungserklärung als „Gaststätte" bezeichneten Teileigentums als Versammlungsraum
für die Religionsgemeinschaft „Zeugen Jehovas" ist in einer Ferienwohnungsanlage auf Sylt unzulässig.[26]

---

15 *Metzner* GastG § 18 Rn. 88.
16 VGH München 17.8.2017 – 9 CE 17.362, ZWE 2017, 425; BVerfG 7.2.2006 – 1 BvR 2304/05, NJW-RR 2006, 726;
    BVerwG 12.3.1998 – 4 C 3/97, NVwZ 1998, 954; *Hügel/Elzer* WEG § 13 Rn. 29.
17 OVG Koblenz 26.2.2019 – 8 A 11076/18.OVG, NVwZ-RR 2019, 801; VG München 10.1.2011 – M 8 K 10.3187,
    ZWE 2011, 294.
18 VG München 15.10.2019 – M 16 K 18.126; VG München 14.1.2016 – M 16 S 15.5399, ZWE 2017, 59.
19 VGH München 22.9.2015 – 22 CE 15.1478, GewArch 2016, 80.
20 KG 14.9.2018 – 55 S 201/13 WEG, ZWE 2019, 42 Rn. 24; BGH 27.10.2017 – V ZR 193/16, NZM 2018, 90.
21 *Hügel/Elzer* WEG § 15 aF Rn. 20; *Jennißen/Schultzky* WEG § 15 Rn. 29.
22 LG Berlin 11.9.2018 – 55 S 130/17, ZWE 2019, 39 mAnm *Schultzky* ZWE 2019, 77.
23 *Hügel/Elzer*, 3. Aufl. 2021, WEG § 10 Rn. 41, 43.
24 LG Stuttgart 12.3.2019 – 19 S 31/18, Rn. 12 mAnm *Hogenschurz* IMR 2019, 286.
25 OLG Hamburg 29.7.1998 – 2 Wx 20/98, ZMR 1998, 714.
26 LG Itzehoe 22.3.2019 – 11 S 40/18, ZMR 2019, 441.

15 **Keine Zweckbestimmung** enthalten dagegen reine Funktionsbezeichnungen in einem Aufteilungsplan.[27] Sind solche Funktionsbezeichnungen wie „Gaststube" oder „Vorratsraum" in der Teilungserklärung enthalten, liegt der Schwerpunkt auf der Abgrenzung des Sondereigentums zu sonstigen Nutzungen.[28] Eine Nutzungseinschränkung gerade auf diese Begriffe käme einer unzulässigen Beschneidung der Eigentümerrechte gleich.[29] Dementsprechend ist es zulässig, statt eines „kleinen Gastraums" eine iSd § 14 Abs. 2 Nr. 1 iVm Abs. 1 Nr. 2 WEG nicht beeinträchtigende Küche einzurichten. Beschreibt die Teilungserklärung eine Teileigentumseinheit als „nicht zu Wohnungszwecken bestimmt", sind damit grundsätzlich alle denkbaren Nutzungen zulässig. Kommt dann allerdings eine Funktionsbeschreibung „Laden" hinzu, ist im Rahmen der typisierenden Betrachtungsweise die Nutzung als Gaststätte unzulässig.[30]

16 Aufgrund der Entwicklung im Einzelhandelsbereich zu großflächigen Betrieben hin werden vielfach in der Teilungserklärung als „Laden" bezeichnete (kleinteiligere) Ladengeschäfte als Restaurant betrieben. Geht man entsprechend der allgemeinen Auffassung von einer typisierenden Betrachtungsweise aus[31] und damit von der durchschnittlichen Störintensität eines Ladens, ist der Betrieb von gastronomischen Einrichtungen in den verschiedenen Varianten in solchen Räumen unzulässig.[32]

17 Enthält die Teilungserklärung über die Bezeichnung als „Laden" hinaus im Aufteilungsplan eine Funktionsbeschreibung „Schankwirtschaft", ist eine Nutzung als Gaststätte/Restaurant nicht abwehrbar.[33]

18 **cc) Unterlassungsanspruch bei Überschreitung des Nutzungszwecks.** Verstößt die durchgeführte Nutzung gegen den Nutzungszweck im engeren oder weiteren Sinn, steht einzelnen Sondereigentümern oder der Gemeinschaft der Wohnungseigentümer ein Anspruch auf Unterlassung dieser **Nutzung** zu (§ 1004 BGB).[34]

19 **b) Grenzen der Restaurantnutzung aus § 14 Abs. 2 Nr. 1 iVm Abs. 1 Nr. 2 Hs. 3 WEG. aa) Nachteil gem. § 14 WEG.** Wird die Nutzungsbreite der Zweckbestimmung nicht überschritten, ist die Nutzung als Restaurant grundsätzlich zulässig und es sind auch die üblichen Beeinträchtigungen der dann ausgeübten Nutzung hinzunehmen.[35] Gehen die **Beeinträchtigungen über diesen Rahmen hinaus**, kann immer noch ein Fall der Gebrauchsbeeinträchtigung iSd § 14 Abs. 1 Nr. 2 Hs. 3 WEG vorliegen. Da das WEG unmittelbar keinen Maßstab für die Überschreitung über die zulässige Nutzung hinaus vorgibt, ist auf die Wertungen vor allem der Grenz- und Richtwerte des Immissionsschutzrechts zurückzugreifen.[36] Gegenüber der beeinträchtigenden Nutzung stehen Sondereigentümern und – sofern vergemeinschaftet – der Gemeinschaft der Wohnungseigentümer die Abwehransprüche aus § 14 Abs. 2 Nr. 1 iVm Abs. 1 Nr. 2 WEG, § 1004 BGB auf Unterlassung der Beeinträchtigungen zu (→ *Störungsunterlassung* Rn. 7).

20 **bb) Nachteil durch Verstoß gegen nachbarschützende Normen des GastG?** Nicht endgültig geklärt ist die Frage, ob und in welchem Umfang Sondereigentümern oder – im Falle der Vergemeinschaftung – der Gemeinschaft der Wohnungseigentümer ein Anspruch allein auf Einhaltung öffentlich-rechtlicher Vorschriften durch das Teileigentum „Restaurant" auch **ohne eine konkrete Beeinträchtigung** – also bspw. ohne Lärmstörungen oder Geruchseinwirkungen – zusteht. Die hM hierzu geht davon aus, dass ein Nachteil iSd § 14 Abs. 1 Nr. 2 WEG (nur) dann vorliegt, wenn die öffentlich-rechtlichen Vorschriften nachbarschützenden Charakter ha-

---

27 *Hügel/Elzer,* 3. Aufl. 2021, WEG § 10 Rn. 106; *Jennißen/Schultzky* WEG § 15 aF Rn. 15.
28 LG Berlin 14.9.2018 – 55 S 201/13 WEG, ZWE 2019, 42.
29 LG Berlin 14.9.2018 – 55 S 201/13 WEG, ZWE 2019, 42 mAnm *Schultzky* ZWE 2019, 77.
30 LG Karlsruhe 21.7.2009 – 11 S 9/09, BeckRS 2010, 11570.
31 *Hügel/Elzer,* 3. Aufl. 2021, WEG § 10 Rn. 101 f.
32 AG Tempelhof-Kreuzberg 19.3.2018 – 72 C 69/17, ZWE 2019, 79: „Restaurant"; LG München 15.1.2018 – 1 S 1401/17, ZMR 2018, 443; LG Frankfurt 27.9.2018 – 2–13-S138/17, ZWE 2019, 178; AG Bremen 17.5.2017 – 28 C 81/15, ZMR 2017, 673: „Bistro"; BGH 15.12.2017 – V ZR 275/16, NZM 2018, 909: „Erweiterung um Außengastronomie"; LG Lüneburg 16.3.2016 – 9 S 64/15, ZWE 2017, 38: unzulässiger Beschluss der Gestattung einer „Außengastronomie vor einem als Laden bezeichneten Teileigentum".
33 AG Heidelberg 5.12.2008 – 467 C 77/08, BeckRS 2017, 11571.
34 *Hügel/Elzer* WEG § 15 aF Rn. 64, 67.
35 LG Berlin 11.9.2018 – 55 S 130/17, ZWE 2019, 39 mAnm *Schultzky* ZWE 2019, 77 (78).
36 *Hügel/Elzer* WEG § 14 aF Rn. 19.

ben.[37] Nunmehr kann § 14 Abs. 1 Nr. 1 WEG dahingehend verstanden werden, dass jedenfalls die Gemeinschaft der Wohnungseigentümer gegenüber einzelnen Eigentümern einen Anspruch auf Einhaltung der Gesetze unabhängig von einer subjektivrechtlichen (nachbarschützenden) Anreicherung besitzt.

Überträgt man die Überlegungen der hM zur Ausfüllung des Nachteilsbegriffs durch nachbarschützende Vorschriften auf Restaurants im Teileigentum, so ergäbe sich auch ein Anspruch auf Nutzungsuntersagung oder Nutzungseinschränkung aus der sich **nur in dem Gesetzesverstoß realisierenden Beeinträchtigung**. Dies betrifft die Fälle gem. § 4 Abs. 2 Nr. 3 GastG, die prognostisch Unzuträglichkeiten für die Nachbarschaft ausschließen wollen, wenn der Betrieb bereits „im Hinblick auf seine örtliche Lage" (§ 4 Abs. 2 Nr. 3 Hs. 1 GastG) „Gefahren oder Belästigungen befürchten lässt" (ohne dass es zu diesen schon gekommen ist). Ähnliche Überlegungen müssen für die Tatbestandsvoraussetzungen der Sperrzeitverkürzung iSv § 18 Abs. 1 S. 2 GastG bei „Vorliegen eines öffentlichen Bedürfnisses" oder „besonderen örtlichen Verhältnissen" gelten; auch hier kommt es nicht auf die Realisierung einer Einwirkung auf das Sondereigentum an.

184. Rohre

Tyarks

I. Rohrleitungsnetze in Gebäuden

Die Wohngebäude der Wohnungseigentumsanlagen durchzieht ein Rohrleitungsnetz, das der Versorgung des gemeinschaftlichen Eigentums und des Sondereigentums dient. Hierbei kann vornehmlich zwischen folgenden Rohrleitungsnetzen unterschieden werden:

- Wasserleitungen für die Trinkwasserversorgung (→ *Trinkwasser* Rn. 1 ff.);
- Heizungsleitungen (Heizwasserkreislauf) für die Wärmeversorgung (→ *Heizung* Rn. 1 ff.);
- Gasleitungen für den Betrieb von Gasheizungen oder Gasherden (→ *Energieversorgungsanschluss* Rn. 1 ff.) sowie
- Abwasserleitungen für die Entsorgung von Abwasser.

II. Eigentumsrechtliche Zuordnung

Nach der Rechtsprechung des BGH stehen **Versorgungsleitungen** nicht nur bis zu ihrem Eintritt in den räumlichen Bereich des Sondereigentums im gemeinschaftlichen Eigentum, sondern jedenfalls bis zu der ersten für die Handhabung durch den Sondereigentümer vorgesehenen Absperrmöglichkeit.[1] Hierzu führt der BGH[2] aus, dass sich Versorgungsleitungen zwar bautechnisch in viele einzelne Teile zerlegen lassen. Soweit sie sich im

---

37 OLG Hamm 9.1.2009 – 15 Wx 142/08, ZWE 2009, 66 mAnm *Abramenko* ZWE 2009, 226; OLG Frankfurt a. M. 17.5.2005 – 20 W 132/03; BayObLG 29.3.2000 – 2 ZBR 3/00, NZM 2000, 667; OLG Saarbrücken 26.8.1998 – 5 W 173/98, NZM 1999, 265; BayObLG 23.11.1995 – 2 ZBR 116/95, WE 1996, 471; Bärmann/*Suilman* WEG § 14 Rn. 14; Jennißen/*Hogenschurz* WEG § 13 aF Rn. 16; aA AG Bonn 30.11.2016 – 27 C 13/16 (für einen Fall der Zweckentfremdung); *Klimesch* ZMR 2016, 269; VG München 10.1.2011 – M 8 K 10.3187, ZMR 2011, 1001; BVerfG 7.2.2006 – 1 BvR 2304/05, NJW-RR 2006, 726.

1 BGH 26.10.2012 – V ZR 57/12, ZWE 2013, 205; aA *Elzer* DNotZ 2013, 487.

2 BGH 26.10.2012 – V ZR 57/12, ZWE 2013, 205.

räumlichen Bereich des Gemeinschaftseigentums befinden, sind sie rechtlich jedoch als Einheit anzusehen. Sie bilden ein der Bewirtschaftung und Versorgung des Gebäudes dienendes Leitungsnetz und damit eine Anlage iSv § 5 Abs. 2 WEG. Die Leitungen, die sich an der **Absperreinrichtung** innerhalb des Sondereigentumsfläche anschließen, können indes im Sondereigentum stehen (→ *Eigentum im ABC* Rn. 171 „Versorgungsleitung"; → *Eigentum im ABC* Rn. 9 „Abwasserhebeanlage", → *Eigentum im ABC* Rn. 10 „Abwasserleitung", → *Eigentum im ABC* Rn. 61 „Fallrohr", → *Eigentum im ABC* Rn. 93 „Heizungsanlage"). Entsprechende Absperreinrichtungen finden sich regelmäßig bei Wasser-, Heizungs- und Gasleitungen. Dies kann zu einem Auseinanderfallen des Leitungsnetzes in gemeinschaftliches Eigentum und Sondereigentum führen. Lediglich **Abwasserleitungen** sehen in der Regel keine Absperrmöglichkeit vor, so dass das gesamte Abwasserleitungsnetz im gemeinschaftlichen Eigentum steht.

3 Da der Gemeinschaft der Wohnungseigentümer nach § 18 Abs. 1 WEG lediglich die Verwaltung des gemeinschaftlichen Eigentums obliegt, die Verwaltung des Sondereigentums hingegen in die Zuständigkeit des einzelnen Wohnungseigentümers fällt, können sich bei Maßnahmen an den Rohrleitungsnetzen **Kompetenzkonflikte** ergeben.

4 Um die rechtlichen Probleme zu vermeiden, die sich durch das eigentumsrechtliche Auseinanderfallen des Leitungsnetzes ergeben, können die Wohnungseigentümer gem. § 5 Abs. 3 WEG vereinbaren, dass auch das Leitungsnetz, das Gegenstand des Sondereigentums sein kann, zum gemeinschaftlichen Eigentum gehört. Den umgekehrten Weg, also die konstitutive Zuordnung von wesentlichen Gebäudeteilen zum Sondereigentum sieht das Gesetz hingegen nicht vor.[3]

III. Erhaltung

5 Im Rahmen von Erhaltungsmaßnahmen (→ *Erhaltungsmaßnahmen* Rn. 1 ff.) ist danach zu differenzieren, ob sich das Leitungsnetz im gemeinschaftlichen Eigentum oder im Sondereigentum befindet.

6 **1. Erhaltung des im gemeinschaftlichen Eigentum stehenden Rohrleitungsnetzes.** Die Gemeinschaft der Wohnungseigentümer kann nach §§ 19 Abs. 1, Abs. 2 Nr. 2, 23 Abs. 1 S. 1, Abs. 3 WEG die **Instandhaltung und (modernisierende) Instandsetzung** (→ *Erhaltungsmaßnahmen* Rn. 7) des Leitungsnetzes beschließen, soweit gemeinschaftliches Eigentum betroffen ist.[4] Dies gilt auch dann, wenn die Leitungen durch einzelne Sondereigentumsflächen verlaufen. Der einzelne Wohnungseigentümer hat nach § 14 Abs. 1 Nr. 2 WEG das **Betreten und die Benutzung** der im Sondereigentum stehenden Gebäudeteile zu gestatten, soweit dies zur Erhaltung des gemeinschaftlichen Eigentums erforderlich ist; der hierdurch entstehende Schaden ist dem Wohnungseigentümer zu ersetzen (→ *Schadensersatz* Rn. 17 ff.).

7 Eine unter § 19 Abs. 2 Nr. 2 WEG fallende modernisierende Instandsetzung liegt bspw. auch bei einer altersbedingten **vollständigen Erneuerung** einer Heizungsanlage samt Steigleitungen vor.[5] Die modernisierende Instandsetzung fällt auch nach der Streichung des § 22 Abs. 3 WEG aF weiterhin unter § 19 Abs. 2 Nr. 2 WEG.

8 Hinsichtlich der Teile des Leitungsnetzes, die sich im Sondereigentum befinden, fehlt den Wohnungseigentümern indes die **Beschlusskompetenz**. Ein diesbezüglicher Beschluss der Wohnungseigentümer ist nichtig.[6] Es ist daher darauf zu achten, dass der Beschluss keine Teile des Leitungsnetzes umfasst, die im Sondereigentum stehen.[7]

9 Die Wohnungseigentümer können aber die **ordnungsgemäße Benutzung** auch des im Sondereigentum stehenden Leitungsnetzes nach § 18 Abs. 2 Nr. 2 WEG beschließen, wozu Erneuerungsmaßnahmen jedoch nicht zu rechnen sind (→ Rn. 21 ff.).

10 Sofern die Maßnahme an dem im gemeinschaftlichen Eigentum stehenden Leitungsnetz auch eine Umstellung des im Sondereigentums stehenden Leitungsnetzes erfordert, um die **Anschlusskompatibilität** zu wahren, müssen die Wohnungseigentümer unter dem Gesichtspunkt der Rücksichtnahme eine angemessene Zeit zur

---

3 BGH 26.10.2012 – V ZR 57/12, ZWE 2013, 205.
4 Vgl. im Allgemeinen *Hügel/Elzer* WEG § 21 Rn. 74 ff.
5 BGH 8.7.2011 – V ZR 176/10, ZWE 2011, 394; vgl. auch AG Pinneberg 26.4.2013 – 60 C 40/10, ZMR 2014, 159.
6 BGH 8.7.2011 – V ZR 176/10, ZWE 2011, 394; OLG Düsseldorf 27.2.2002 – 3 Wx 348/01, ZMR 2002, 613.
7 Vgl. Beschlussbeispiel bei *Lehmann-Richter* ZWE 2013, 69 (72).

Umstellung gewähren.[8] Nach *Lehmann-Richter*[9] ist hierfür eine Wartefrist zwischen Beschlussfassung und Baubeginn von sechs Wochen ausreichend. Ein einzelner Wohnungseigentümer, der seine Geräte auch danach nicht erneuern will, kann von dem Leitungsnetz getrennt werden.[10] Darüber hinaus kann ein **Anschluss- und Benutzungszwang** der Wohnungseigentümer bestehen (→ Rn. 22 f.).

Die Kosten der Maßnahme tragen die Wohnungseigentümer gem. § 16 Abs. 2 S. 1 WEG oder entsprechend   11
vereinbarter abweichender Verteilungsschlüssel grundsätzlich gemeinsam. Im konkreten Einzelfall können die Wohnungseigentümer von der Kostenverteilung unter den in § 16 Abs. 2 S. 2 WEG genannten Voraussetzungen abweichen.

2. Erhaltung des im Sondereigentum stehenden Rohrleitungsnetzes. Jeder Wohnungseigentümer ist gem.   12
§ 14 Abs. 2 Nr. 1 WEG verpflichtet, die im Sondereigentum stehenden Gebäudeteile so instand zu halten und von diesen nur in solcher Weise Gebrauch zu machen, dass dadurch keinem der anderen Wohnungseigentümer über das bei einem geordneten Zusammenleben unvermeidliche Maß hinaus ein Nachteil erwächst. Mit dieser Pflicht zur Instandhaltung des Sondereigentums wird eine Schranke für das „Belieben" iSd § 13 Abs. 1 WEG gezogen.[11]

Für die **Erhaltung** des im Sondereigentum stehenden Leitungsnetzes sind folglich die einzelnen Wohnungsei-   13
gentümer auf eigene Kosten zuständig.

Die Wohnungseigentümer gemeinschaftlich können den einzelnen Wohnungseigentümer grundsätzlich nicht   14
dazu zwingen, das in seinem Sondereigentum stehende Rohrleitungsnetz instand zu halten. Es besteht auch kein Recht auf **eigenmächtige Ersatzvornahme**.[12] Jeder Eigentümer darf sein Sondereigentum so weit und so lange vernachlässigen, als den übrigen Eigentümern kein Nachteil entsteht.[13] Erst wenn zulasten der übrigen Wohnungseigentümer eine Beeinträchtigung als Folge der mangelnden Instandhaltung eintritt oder der Eintritt unmittelbar bevorsteht, können sie nach den §§ 14 Abs. 2 Nr. 1, 18 Abs. 2 Nr. 2 WEG, § 1004 Abs. 1 BGB **Beseitigung der Beeinträchtigung** verlangen (→ *Störungsunterlassung* Rn. 3 ff.; → *Beseitigung* Rn. 3 ff.).[14] Der Anspruch auf Beseitigung der Beeinträchtigung kann sich im Einzelfall aber zu einem Anspruch auf Instandhaltung und Instandsetzung verdichten.[15]

Daneben kommen **Schadensersatzansprüche** (→ *Schadensersatz* Rn. 45) in Betracht (→ Rn. 28 ff.). Als ulti-   15
mo ratio verbleibt bei beharrlichen Verstößen die **Entziehung des Wohnungseigentums** nach § 17 WEG.[16]

Allerdings besteht für die Wohnungseigentümer das Gebot, nur geeignete Anschlussleitungen an das im ge-   16
meinschaftlichen Eigentum stehende Leitungsnetz anzuschließen.[17] Ferner kann sich für den Wohnungseigentümer ein **Anschluss- und Benutzungszwang** ergeben (→ Rn. 22 f.). Sofern die Erneuerung des im gemeinschaftlichen Eigentum stehenden Leitungsnetzes auch eine Erneuerung des im Sondereigentums stehenden Leitungsnetzes erfordert, können die übrigen Wohnungseigentümer den einzelnen Wohnungseigentümer folglich zur Erhaltung zwingen.[18] Die **Trennung des Wohnungseigentümers** von dem im gemeinschaftlichen Eigentum stehenden Leitungsnetz (→ Rn. 10) dürfte kaum von Interesse sein.

Sofern größere Instandsetzungsmaßnahmen am gesamten Leitungsnetz anstehen, die sowohl das gemein-   17
schaftliche Eigentum als auch das Sondereigentum betreffen, bietet es sich an, einen Konsens zu finden und gemeinsam ein Fachunternehmen zu beauftragen. Klauseln in Verwalterverträgen, die den Verwalter berechtigten, auch Schäden am Sondereigentum zu beheben, dürften allerdings unwirksam sein.[19] Die Verwaltungs-

---

8   BGH 8.7.2011 – V ZR 176/10, ZWE 2011, 394.
9   ZWE 2013, 69 (72).
10 BGH 8.7.2011 – V ZR 176/10, ZWE 2011, 394.
11 BayObLG 27.3.1990 – BReg. 1 b Z 17/89, NJW-RR 1990, 854.
12 *Emmerich* ZWE 2017, 161 mwN.
13 BayObLG 27.3.1990 – BReg. 1 b Z 17/89, NJW-RR 1990, 854; *Emmerich* ZWE 2017, 161.
14 Vgl. Jennißen/*Hogenschurz* WEG § 14 Rn. 13; *Hügel/Elzer* WEG § 14 Rn. 9; *Emmerich* ZWE 2017, 161 (162).
15 OLG Düsseldorf 30.1.1995 – 3 Wx 310/93, ZMR 1995, 493; BeckOK WEG/*Müller* § 14 Rn. 45, 47 ff.; weitergehend Spielbauer/Then/*Spielbauer* WEG § 14 Rn. 4.
16 Jennißen/*Hogenschurz* WEG § 14 Rn. 13 mwN.
17 BGH 8.7.2011 – V ZR 176/10, ZWE 2011, 394.
18 BeckOK WEG/*Müller* § 14 Rn. 45.
19 Vgl. *Greiner* NZM 2013, 481 (486).

zuständigkeit für Erhaltungsmaßnahmen des Sondereigentums kann jedoch durch Vereinbarung zwischen den Wohnungseigentümern begründet werden.[20]

IV. Bauliche Veränderungen

18   Die Maßnahme an dem im gemeinschaftlichen Eigentum stehenden Leitungsnetz kann auch eine bauliche Veränderung (→ *Bauliche Veränderungen* Rn. 1 ff.) iSd § 20 WEG darstellen.[21] Eine bauliche Veränderung iSd § 20 Abs. 1 WEG, also eine Maßnahme, die über eine Instandhaltung und (modernisierende) Instandsetzung (→ Rn. 6) hinausgeht, ist im Zusammenhang mit dem Leitungsnetz eher selten, da die Wohnungseigentümer kaum bereit sind, ohne Notwendigkeit ein voll funktionsfähiges Leitungsnetz zu erneuern. Von einer baulichen Veränderung iSd § 20 Abs. 1 WEG kann aber auszugehen sein, wenn bspw. aufgrund der Verlagerung der Küche innerhalb einer Wohnungseigentumseinheit bereits bestehende funktionsfähige Wasserleitungen **örtlich verlegt** werden[22] oder wenn im Rahmen der **Neuinstallation** eines Gasanschlusses erstmalig Leitungen verlegt werden.[23]

V. Benutzungsregelungen

19   Soweit eine Vereinbarung (→ *Vereinbarung* Rn. 1 ff.) nicht entgegensteht, können Wohnungseigentümer über die Benutzung des Sondereigentums (→ *Benutzung des Sondereigentums* Rn. 1 ff.) und die Benutzung des gemeinschaftlichen Eigentums (→ *Benutzung des gemeinschaftlichen Eigentums* Rn. 1 ff.) gem. § 19 Abs. 1 WEG beschließen.

20   Die Wohnungseigentümer können im Rahmen von Benutzungsregelungen auch auf den Gebrauch des Leitungsnetzes, das im Sondereigentum steht, Einfluss nehmen.[24]

21   Keine Benutzungsregelung iSd § 19 WEG sind Regelungen, die den **Austausch defekter Leitungen** oder ein Verbot des **Entfernens von Leitungen** vorsehen.[25] Als Benutzungsregelungen kommen bspw. im Einzelfall aber Regelungen über die **Nachtabsenkung der Heizungstemperatur**,[26] über das **Beheizen der Räume** bis zu einer bestimmten Mindesttemperatur[27] oder über die partielle **Betriebseinstellung der Heizungsanlage** in den Sommermonaten[28] in Betracht.

VI. Anschluss- und Benutzungszwang

22   Teilweise wird aus § 14 Abs. 2 Nr. 1 WEG ein Anschluss- und Benutzungszwang des einzelnen Wohnungseigentümers an das jeweilige Leitungsnetz abgeleitet, wenn zB das gesamte Heizungssystem ansonsten nicht mehr wirtschaftlich sinnvoll betrieben werden kann.[29] Dem ist zuzustimmen. Andernfalls könnte ein einzelner Wohnungseigentümer die anderen Wohnungseigentümer zwingen, die gesamte Heizungsanlage auszutauschen bzw. eine Erneuerung zu verhindern. Dass der einzelne Wohnungseigentümer ggf. bei einer Erneuerung der im gemeinschaftlichen Eigentum stehenden Rohrleitungsnetz gezwungen sein kann, das im Sondereigentum stehende Rohrleitungsnetz ebenfalls zu erneuern, ist grundsätzlich hinzunehmen. Auch aus dem **Nichtgebrauch** des im gemeinschaftlichen Eigentum stehenden Leitungsnetzes kann folglich im Einzelfall den anderen Wohnungseigentümern ein Nachteil iSd § 14 Abs. 1 Nr. 2 WEG erwachsen.

---

20   So *Emmerich* ZWE 2017, 161 (165).
21   Vgl. zu geplanten gesetzlichen Änderungen im Rahmen des § 22 WEG → *Referentenentwurf 2020* Rn. 9 ff.
22   LG Itzehoe 13.4.2010 – 11 S 46/09, ZMR 2010, 640.
23   OLG München 6.9.2007 – 34 Wx 33/07, ZMR 2007, 998.
24   BGH 8.7.2011 – V ZR 176/10, ZWE 2011, 394.
25   Vgl. BGH 8.7.2011 – V ZR 176/10, ZWE 2011, 394.
26   Vgl. BayObLG BReg 9.8.1984 – 2 Z 77/83, DWE 1984, 122; BeckOK WEG/*Müller* § 15 Rn. 91.4; AG Remscheid 4.5.2017 – 7 C 152/16, ZMR 2018, 280.
27   Vgl. BGH 8.7.2011 – V ZR 176/10, ZWE 2011, 394; OLG Hamm 31.3.2005 – 15 W 298/04, NZM 2006, 185; BeckOK WEG/*Müller* § 15 Rn. 91.4.
28   BayObLG 26.2.1993 – 2Z BR 117/92, WuM 1993, 291.
29   BayObLG 31.10.2002 – 2Z BR 68/01, OLGR München 2002, 140; Spielbauer/Then/*Spielbauer* WEG § 14 Rn. 11; *Lehmann-Richter* ZWE 2013, 69 (72); BeckOK WEG/*Müller* § 15 Rn. 91.4; ferner LG Bautzen 16.5.2012 – 1 T 70–72/07, ZMR 2012, 802 „Nichtnutzung"; Bärmann/*Suilmann* WEG § 14 Rn. 28: „Nichtgebrauch".

Nach *Lehmann-Richter*[30] kommt ein Anschluss- und Benutzungszwang an das Leitungssystem auch dann in 23 Betracht, wenn das Gesamtsystem den Anschluss nicht zwingend erfordert.[31] Ein Nachteil iSd § 14 Abs. 1 Nr. 2 WEG liege bspw. auch vor, wenn der Wohnungseigentümer, der seine Wohnung mangels Anschlusses nicht beheizt, von der Heizleistung seines Nachbarn profitiert, ohne an den Kosten beteiligt werden zu können. Dem ist nicht zuzustimmen, denn der Nachteil ergibt sich in diesem Fall nicht aus dem Nichtanschluss an das Heizungssystem, sondern aus der Nichtbeheizung, so dass sich aus § 14 Abs. 2 Nr. 1 WEG lediglich die Pflicht des Wohnungseigentümers ergibt, die Wohnung zu beheizen. Auf welche Art und Weise der Wohnungseigentümer die Beheizung der Wohnung bewerkstelligt, liegt in seinem Ermessen, auch wenn der Anschluss an das vorhandene System naheliegend ist. Der BGH hat ebenso „nur" eine Pflicht des einzelnen Wohnungseigentümers statuiert, seine Wohnung entsprechend den Mindestvorgaben des Heizungssystems zu beheizen, wenn zB das Heizungssystem dies erfordert[32] (→ Rn. 24).

VII. Schäden am Rohrleitungsnetz

1. Erstmaßnahmen. Treten Schäden am Rohrleitungssystem auf, die ein schnelles Eingreifen erfordern, 24 bspw. ein Wasserrohrbruch, ist jeder Wohnungseigentümer gem. § 18 Abs. 3 WEG berechtigt, ohne Zustimmung der anderen Wohnungseigentümer die Maßnahmen zu treffen, die zur Abwendung eines dem gemeinschaftlichen Eigentum **unmittelbar drohenden Schaden** notwendig sind (→ *Notgeschäftsführung eines Wohnungseigentümers* Rn. 1 ff.). Mit dem Recht des Wohnungseigentümers nach § 18 Abs. 3 WEG korrespondiert das Recht zur Notgeschäftsführung des Verwalters nach § 27 Abs. 1 Nr. 2 WEG, das allerdings weitergehende Rechte vermittelt (→ *Notgeschäftsführung des Verwalters* Rn. 1 ff.).

2. Schadensersatzansprüche. a) Beschädigung der im Sondereigentum oder gemeinschaftlichen Eigen- 25 **tum stehenden Rohrleitungen durch einen Mangel am Sondereigentum.** Führt ein Mangel am im Sondereigentum stehenden Leitungsnetz zu einem Schaden eines anderen Sondereigentums oder des gemeinschaftlichen Eigentums, können sich **verschuldensabhängige Ansprüche** aus § 280 BGB iVm dem Gemeinschaftsverhältnis[33] und aus den §§ 823, 826 BGB;[34] (→ *Schadensersatz* Rn. 52) gegen den Wohnungseigentümer ergeben, insbesondere wenn er seiner Pflicht zur Erhaltung nach § 14 Abs. 2 Nr. 1 WEG nicht nachgekommen ist und hierdurch den Schaden verursacht hat.

Vor Geltung des WEMoG ist die Rechtsprechung davon ausgegangen, dass bei einer Beschädigung eines an- 26 deren Sondereigentums der verschuldensunabhängige Aufopferungsanspruch gem. § 906 Abs. 2 S. 2 BGB analog zur Anwendung kommen kann. Aufgrund der Einführung des § 14 Abs. 3 WEG dürfte es allerdings nunmehr an einer planwidrigen Regelungslücke fehlen. Im Ergebnis führt dies nur dann zu keiner Änderung der Rechtslage, wenn man § 14 Abs. 3 WEG auch auf faktische Einwirkungen anwendet (→ *Schadensersatz* Rn. 19).[35]

Höchstrichterlich ungeklärt war bisher, ob § 906 Abs. 2 S. 2 BGB auch dann entsprechende Anwendung fin- 27 det, wenn der Mangel am Sondereigentum zu einem Schaden am gemeinschaftlichen Eigentum führt. Die hM[36] ging hiervon aus, obgleich der BGH für die entsprechende Anwendung des § 906 Abs. 2 S. 2 BGB gerade eine Beeinträchtigung „von außen" forderte, die er bei Wechselwirkungen zwischen Sondereigentum und gemeinschaftlichen Eigentum verneinte. Sofern man eine faktische Einwirkung für die Anwendung des § 14 Abs. 3 WEG ausreichen lässt, hat der Gesetzgeber diese Frage nun im Sinne der hM entschieden.

b) Beschädigung der im Sondereigentum stehenden Rohrleitungen durch einen Mangel am gemein- 28 **schaftlichen Eigentum.** Führt ein Mangel am im gemeinschaftlichen Sondereigentum stehenden Leitungsnetz zu einer Beschädigung des Sondereigentums, können sich ebenfalls **verschuldensabhängige Ansprüche** aus § 280 BGB iVm dem Gemeinschaftsverhältnis und aus den §§ 823, 826 BGB ergeben, insbesondere wenn

---

30 ZWE 2013, 69 (72).
31 Kritisch BeckOK WEG/*Müller* § 15 Rn. 91.4.
32 BGH 8.7.2011 – V ZR 176/10, ZWE 2011, 394; vgl. auch *Hügel/Elzer* WEG § 15 Rn. 48.
33 BGH 10.11.2006 – V ZR 62/06, NZM 2007, 88; AG Pinneberg 12.6.2018 – 60 C 40/17, ZWE 2018, 451.
34 *Bärmann/Suilmann* WEG § 14 Rn. 123; *Jacoby* ZWE 2017, 149.
35 Siehe auch BGH 25.10.2013 – V ZR 230/12, NJW 2014, 458 mwN.
36 BeckOK WEG/*Müller* WEG § 15 Rn. 194; *Hügel/Elzer*, 3. Aufl. 2021, WEG § 21 Rn. 95; *Klimke* ZWE 2015, 3 (5 f.).

der Verpflichtung zur Erhaltung nicht nachgekommen wird[37] oder Beschlüsse nicht gefasst oder umgesetzt werden.[38]

29 Dieser Anspruch richtete sich in den vorgenannten Fällen vor Geltung des WEMoG nicht gegen die Gemeinschaft der Wohnungseigentümer, sondern gegen diejenigen anderen Wohnungseigentümer, die schuldhaft untätig geblieben waren.[39] Dies hat sich mit der Einführung des WEMoG geändert (→ *Schadensersatz* Rn. 48). Der Anspruch ist künftig gegenüber der Gemeinschaft der Wohnungseigentümer zu erheben.

30 Ob der geschädigte Wohnungseigentümer bei entsprechender Pflichtverletzung den Verwalter in Anspruch nehmen kann, ist fraglich (→ *Schadensersatz* Rn. 36 ff.).[40] Ein **verschuldensunabhängiger Aufopferungsanspruch** entsprechend § 906 Abs. 2 S. 2 BGB kommt indes nicht in Betracht,[41] wohl aber § 14 Abs. 3 WEG.

VIII. Versicherungen

31 Etwaige Mängel am Rohrleitungsnetz und daraus resultierende Schäden können vornehmlich unter den Deckungsschutz einer **Gebäudeversicherung** (→ *Versicherung* Rn. 1 ff.) fallen.

32 Eine Gebäudeversicherung wird zwar von § 19 Abs. 2 Nr. 3 WEG nicht genannt, die Aufzählung ist aber nicht abschließend. Die Wohnungseigentümer können also im Rahmen ordnungsgemäßer Verwaltung auch weitergehenden **Versicherungsschutz** beschließen.[42]

33 Die Gemeinschaft der Wohnungseigentümer schließt die Versicherungen regelmäßig im eigenen Namen aber auf fremde Rechnung ab. **Versicherungsnehmer** ist folglich die Gemeinschaft, Versicherte sind hingegen die Wohnungseigentümer.[43] Der Versicherte kann nach § 44 Abs. 2 VVG ohne Zustimmung des Versicherungsnehmers über seine Rechte verfügen und diese Rechte gerichtlich geltend machen, wenn er im Besitz des Versicherungsscheins ist.[44]

34 Obgleich sich die Zuständigkeit der Wohnungseigentümer gemeinsam lediglich auf die Verwaltung des gemeinschaftlichen Eigentums beschränkt, sieht die Versicherungswirtschaft wohl ausnahmslos Versicherungsprodukte vor, die nicht zwischen gemeinschaftlichem Eigentum und Sondereigentum unterscheiden, sondern das Gebäude in Gänze versichern.[45] Die **Beschlusskompetenz** der Wohnungseigentümer für den Abschluss einer solchen Versicherung dürfte allerdings auch gegeben sein, auch wenn es den Schutz des Sondereigentums umfasst. Eine Instandhaltungspflicht des Sondereigentums zulasten aller Wohnungseigentümer erwächst hieraus aber nicht.[46] Bedingt durch den Umstand, dass die Gebäudeversicherung die Unterteilung zwischen gemeinschaftlichem Eigentum und Sondereigentum nicht vollzieht, gestalten sich Schadensregulierungen mitunter komplex.[47]

35 Daneben können Schäden, die durch Mängel am Rohrleitungsnetz entstehen, auch unter den Deckungsschutz von Hausrats- und Haftpflichtversicherungen fallen, die einzelne Wohnungseigentümer abgeschlossen haben.

---

37 Vgl. BGH 21.5.2010 – V ZR 10/10, ZWE 2010, 327; OLG München 24.10.2005 – 34 Wx 82/05, ZWE 2006, 41.
38 BGH 8.6.2018 – V ZR 125/17, NZM 2018, 719.
39 Vgl. BGH 8.6.2018 – V ZR 125/17, NZM 2018, 719; BeckOK BGB/*Hügel* § 21 WEG Rn. 9.
40 Vgl. noch BGH 19.7.2019 – V ZR 75/18, NZM 2020, 60; vgl. auch BGH 8.6.2018 – V ZR 125/17, NZM 2018, 719.
41 BGH 25.10.2013 – V ZR 230/12, NJW 2014, 458.
42 Jennißen/*Heinemann* WEG § 21 Rn. 80.
43 BGH 16.9.2016 – V ZR 29/16, NJW-RR 2017, 4.
44 Vgl. zu einem Ausschluss durch die Versicherungsbedingungen OLG Frankfurt a. M. 8.5.2018 – 3 U 59/17, NZM 2018, 911 mit überzeugender Kritik von *Dötsch*.
45 Vgl. *Dötsch* NZM 2018, 353.
46 Vgl. KG 9.10.1991 – 24 W 1484/91, NJW-RR 1992, 150.
47 Vgl. BGH 16.9.2016 – V ZR 29/16, NJW-RR 2017, 4; *Dötsch* NZM 2018, 353; *ders.* ZWE 2015, 341; *Greiner* NZM 2013, 481.

185. Rollator/Rollstuhl

Brückner

I. Einführung

Ab einem bestimmten Zeitpunkt im Lebensalter nimmt die körperliche Bewegungsfreiheit spürbar ab. Wann **1** und mit welcher Intensität eine solche Einschränkung stattfindet, ist bei jedem Betroffenen unterschiedlich. Die Beeinträchtigung muss nicht ausschließlich ihren Grund im vorangeschrittenen Lebensalter finden, sondern kann auch auf einem Unfallereignis in jüngeren Jahren beruhen.

Die **Einschränkung der Bewegungsfreiheit** hat zur Folge, dass der Betroffene auf Hilfestellungen bzw. Hil- **2** feleistungen angewiesen ist, um den Anforderungen im Alltag weiter gerecht zu werden. Dabei kann der Betroffene auf persönliche Unterstützung durch andere Personen zurückgreifen oder auf technische Hilfsmittel.

Technische Hilfsmittel bei einer eingeschränkten Bewegungsfreiheit können unter anderem sein ein **Rollator** **3** oder auch ein **Rollstuhl**. Ein Rollator kommt als Hilfsmittel dann in Betracht, wenn die betroffene Person selbst noch in der Lage ist, sich auch noch aus eigener Kraft fortzubewegen, auch wenn diese Fortbewegungsmöglichkeit durch die Beeinträchtigung eingeschränkt ist.

Verwendet eine betroffene Person einen Rollator oder einen Rollstuhl zum Zwecke der Fortbewegung, besteht **4** ein großes Bedürfnis auf diese technischen Hilfsmittel möglichst ohne großen Aufwand zugreifen zu können, um dem Wunsch der Fortbewegung entsprechen zu können. Ein Miteigentümer, der zum Zwecke der Fortbewegung auf einen Rollator oder Rollstuhl als Hilfsmittel angewiesen ist, wird zunächst großen Wert daraufle-gen, sich mit dem Rollator oder dem Rollstuhl **innerhalb der Wohnungseigentumsanlage** fortbewegen zu können und diese in seinem Wohnungseigentum oder Sondereigentum aufzubewahren. Hierfür müssen gegebenenfalls entsprechende Einrichtungen vorhanden sein.

Kommt die Aufbewahrung des Rollators oder des Rollstuhls aufgrund der baulichen Situation in der Woh- **5** nungseigentumsanlage in den vom Miteigentümer ausschließlich von ihm selbst genutzten Räumen nicht in Betracht, wird er ein Interesse daran haben, den Rollator auf Flächen abzustellen, die der **gemeinschaftlichen Nutzung** der Miteigentümer unterworfen sind.

II. Materielles Recht

1. Überblick. Ist die Wohnungseigentumsanlage dergestalt beschaffen, dass der Miteigentümer den Rollator **6** oder Rollstuhl ohne Weiteres in sein **Sondereigentum** verbringen und dort aufbewahren kann und nicht darauf angewiesen ist, den Rollator oder Rollstuhl in einer der gemeinschaftlichen Nutzung der Miteigentümer zur Verfügung stehenden Fläche aufzubewahren, ergeben sich beim Umgang mit dem Rollator oder Rollstuhl keinerlei Konflikte, wenn dem Eigentümer auch im Übrigen der Zugang zu seinem Eigentum ohne Hindernisse möglich ist. Die Nutzung von Gemeinschaftseinrichtungen zur Verbringung des Rollators oder des Rollstuhls in das Sondereigentum des Miteigentümers erfolgt im Rahmen des dem wie jedem Miteigentümer zustehenden Nutzungsrechts des Gemeinschaftseigentums.

Anders verhält es sich, wenn der den Rollator oder Rollstuhl nutzende Miteigentümer aufgrund der Umstände **7** den Rollator oder Rollstuhl entweder **nur aufgrund durchzuführender baulicher Veränderungen** des gemeinschaftlichen Eigentums in sein Sondereigentum verbringen kann oder auch dadurch nicht die Möglichkeit bekommt, das von ihm benötigte Hilfsmittel auf der ihm zu eigenen Nutzung zustehenden Flächen zu lagern, sondern darauf angewiesen ist, dies auf solchen Flächen zu tun, die der gemeinschaftlichen Nutzung durch die Miteigentümer zur Verfügung stehen. Das Abstellen des Rollators erfolgt dann im Treppenhaus, in der Tiefgarage, auf einer Freifläche oder an einem ähnlichen Ort des gemeinschaftlichen Eigentums.

8 **2. Bauliche Veränderungen.** Bereits im Jahr 2000 hat sich das Bundeverfassungsgericht[1] mit dem Interesse eines Miteigentümers auf einen barrierefreien Zugang zu seinem Eigentum beschäftigen müssen.

Im Zusammenhang mit dem Begehren des einzelnen Miteigentümers kommt es zu einer **Interessenabwägung** zwischen dem des Behinderten an der barrierefreien Nutzung seiner Wohnung sowie dem grundrechtlich geschützten Eigentumsinteresse der durch die Baumaßnahme nachteilig betroffenen Miteigentümer. Der barrierefreie Zugang zu seiner Wohnung darf dem Einzelnen nicht vorenthalten oder unzumutbar erschwert werden. Im Rahmen der Interessenabwägung ist für die Ermöglichung eines barrierefreien Zugangs ein Weg zu finden, der nicht über das bei einem geordneten Zusammenleben mit Behinderten Zumutbare hinausgeht.

9 Von daher ist anerkannt, dass die mit dem primären Nutzungsrecht verbundene barrierefreie Gestaltung des Eingangsbereichs des Treppenhauses einhergehende optische und akustische Beeinträchtigungen eines bloß tertiären Nutzungsrechts als zumutbar und damit als unerheblich **hingenommen** werden muss. Die entsprechende **Anspruchsgrundlage** findet sich in § 20 Abs. 2 S. 1 Nr. 1 WEG. Jeder Wohnungseigentümer kann danach angemessene bauliche Veränderungen verlangen, die dem Gebrauch durch Menschen mit Behinderungen dienen. Zu den Einzelheiten → *Bauliche Veränderungen* Rn. 26 ff. und → *Barrierefreiheit* Rn. 1 ff.

10 Das Maß der Behinderung und der Beeinträchtigungen der übrigen Eigentümer ist festzustellen. Dies obliegt die Vornahme der erforderlichen Interessenabwägung des Tatrichters. Wenn es zur weiteren Nutzung des Wohnungseigentums erforderlich ist, ist der einzelne Eigentümer berechtigt, im Treppenhaus einen Lift oder eine **Rollstuhlrampe** im Eingangsbereich des Hauses zu errichten, einen **Rollstuhlweg** von der im Erdgeschoss gelegenen Terrasse einer Wohnung zur Straße hin anzulegen.

11 Die **Grenze** der unerheblichen Beeinträchtigung soll dort erreicht sein, wo die Maßnahme zu einer nicht unerheblichen Wertminderung der Wohnungseigentumsanlage oder auch nur einer besonders betroffenen Eigentumswohnung führt. Hier ist der jeweilige Wohnungseigentümer zur Erteilung seiner Zustimmung gegebenenfalls nur gegen Ausgleichszahlung verpflichtet.

12 **3. Besondere Nutzung ohne bauliche Veränderungen im Gemeinschaftseigentum.** Besteht aufgrund der baulichen Gegebenheiten keine Möglichkeit, den Rollator oder Rollstuhl in das Sondereigentum des Miteigentümers zu verbringen, ist er darauf **angewiesen**, das technische Hilfsmittel **auf einer Fläche des gemeinschaftlichen Eigentums** bis zur nächsten Nutzung aufzubewahren. Dieses Abstellen des Rollators oder Rollstuhls stellt eine Sondernutzung des gemeinschaftlichen Eigentums dar. Eine solche Sondernutzung bedarf der **zustimmenden Entscheidung** durch die Wohnungs- und Sondereigentümer. Die Entscheidung ist durch eine entsprechende Beschlussfassung zu erteilen.

13 Die Entscheidung über die vom einzelnen Miteigentümer begehrte Nutzung steht nicht im Ermessen der Miteigentümer. Dem Einzeleigentümer steht ein Individualanspruch auf Gestattung der Nutzung zu. Anerkannt ist dies nicht nur für die Nutzung einer Gemeinschaftsfläche, sondern sogar für die Durchführung von baulichen Maßnahmen am Gemeinschaftseigentum zur Herstellung eines barrierefreien Zugangs zum Wohnungs- oder Sondereigentum (vgl. → Rn. 11). Der Anspruch des einzelnen auf die besondere Nutzung angewiesenen Miteigentümers folgt aus dem **Verbot der Benachteiligung behinderter Personen** gem. Art. 3 GG.

14 Sind die Miteigentümer verpflichtet, dem einzelnen Eigentümer die Durchführung baulicher Maßnahmen zu gestatten, so sind sie als weniger starken Eingriff in das gemeinschaftliche Eigentum erst recht verpflichtet, dem einzelnen Eigentümer die ohne mit baulichen Maßnahmen verbundene Nutzung des Gemeinschaftseigentums zu gestatten.

15 Ein dies verbietender Beschluss darf nicht gefasst werden.[2] Die Nutzung der Gemeinschaftsfläche durch den berechtigten Miteigentümer ist auf das Notwendige zu beschränken. Ein Mieter von Wohnungs- oder Sondereigentum ist berechtigt, einen Kinderwagen oder einen Rollstuhl im Hausflur abzustellen, wenn er hierauf angewiesen ist und die Größe des Hausflurs das Abstellen zulässt.[3]

---

1 BVerfG 28.3.2000 – 1 BvR 1460/99 NJW 2000, 2658.
2 Jennißen/*Schultzky* WEG § 15 Rn. 85.
3 BGH 10.11.2006 – V ZR 46/06.

186. Rollladen

Choynacki

I. Begriff

Ein Rollladen ist ein Rollabschluss, der als zusätzlicher Abschluss einer Öffnung dient. Er wird idR von außen 1
vor ein Fenster oder eine Tür montiert und kann je nach Ausführung verschiedene Schutzeigenschaften erfüllen, wie Schallschutz, Einbruchhemmung, Wärmedämmung, Sichtschutz.

II. Bauseitig vorhandene Rollläden

Ein Rollladen ist grundsätzlich ein **wesentlicher** Gebäudebestandteil und steht deshalb mit seinen wesentli- 2
chen Bestandteilen, etwa Rollladengurten,[1] auch wenn sie innen liegen,[2] Rollladenkasten[3] oder elektrischen
Motoren, nach § 5 Abs. 1 S. 1 WEG im **gemeinschaftlichen Eigentum**.[4] Auf ihre „Sichtbarkeit" kommt es
nicht an (arg.: „äußere Gestaltung des Gebäudes").

Der Rollladen ist nach § 18 Abs. 1 WEG von der Gemeinschaft der Wohnungseigentümer zu verwalten. Die 3
Erhaltungskosten bestimmen sich nach § 16 Abs. 2 S. 1 WEG. Die Wohnungseigentümer können etwas anderes vereinbaren oder nach § 16 Abs. 2 S. 2 WEG beschließen.

III. Nachträglich angebaute Rollläden

Der nachträgliche Anbau eines Rollladens ist eine bauliche Veränderung.[5] Der Anbau ist **nur** nach einem Be- 4
schluss nach § 20 Abs. 1 WEG **rechtmäßig**.

Die **Kosten und Folgekosten** für die Erhaltung hat nach § 21 Abs. 1 S. 1 WEG der Wohnungseigentümer zu 5
tragen, dem der Anbau gestattet wurde. Er ist nach § 21 Abs. 1 S. 2 WEG aber auch allein befugt, den Rollladen zu nutzen. Der Rollladen ist auch in diesem Falle nach § 18 Abs. 1 WEG von der Gemeinschaft der Wohnungseigentümer zu verwalten.

Beschlüsse über das nachträgliche Anbringen von Rollläden sind grundsätzlich nur für den Einzelfall zulässig. 6
Beschlüsse, die gestalterische und/oder technische Vorgaben für eine Vielzahl von Fällen treffen, sind als vereinbarungsersetzende Beschlüsse grundsätzlich wegen fehlender Beschlusskompetenz nichtig. Dieses Ergebnis ist jedoch insofern überdenkenswert, da die Wohnungseigentümergemeinschaft zumindest bei gestalterischen Entscheidungen die **gestalterische Entscheidungsbefugnis** haben sollte. Insofern wären nach hier vertretener Sondermeinung vereinbarungsersetzende Beschlüsse für eine Vielzahl von Fällen bei Vorgaben zu gestalterischen Elementen an der Außenfassade nicht nichtig, sondern ggf. nur anfechtbar. Auch hätten somit Eigentümer, die nachträglich einen Rollladen anbringen wollten, klare Vorgaben und die Sicherheit, wenn sie sich an diese halten, unkompliziert solche Maßnahmen durchführen zu können.

---

1 Unzutreffend OLG Frankfurt 12.6.2003 – 20 W 558/00, BeckRS 2003, 9674.
2 BeckOGK/*Schultzky*, 1.3.2020, WEG § 5 Rn. 82.
3 OLG Saarbrücken 4.10.1996 – 5 W 286/95–50, ZMR 1997, 31.
4 KG Berlin 19.6.1985 – 24 W 4020/84, ZMR 1985, 344.
5 Siehe auch OLG Zweibrücken 2.2.2004 – 3 W 251/03, NZM 2004, 428; BayObLG 11.9.1985 – BReg. 2 Z 63/85, NJW-RR 1986, 178.

187. Rundfunkempfangsanlage

Tank

1 Der **Begriff** wurde bei der Aufzählung einzelner Verwaltungsmaßnahmen in § 21 Abs. 5 Nr. 6 WEG aF verwendet. Einigkeit bestand darüber, dass unter Rundfunkempfangsanlagen auch Empfangsanlagen für den Fernsehempfang fallen.[1] Die Vorschrift ist ersatzlos weggefallen. Gleichwohl stellen sich auch weiterhin Fragen, ob Rundfunkempfangsanlagen im Gemeinschafts- oder Sondereigentum stehen, ob ein Anspruch auf sie und auf Duldung entsprechender baulicher Maßnahmen besteht, wer Anspruchsinhaber ist und ob es sich um bauliche Veränderungen oder Erhaltungsmaßnahmen handelt. Hierzu kann auf die Ausführungen unter → *Antenne* Rn. 2 ff. verwiesen werden.

188. Sauna

Martini

I. Einführung

1 Eine Sauna ist ein Raum, welcher mit einem Ofen auf bis zu 100 °C erwärmt wird. Das Saunieren soll der Gesundheit dienen und die Abwehrkräfte des menschlichen Körpers stärken. Es gibt die unterschiedlichsten Varianten von Trocken- und Dampfsaunen.

II. Die Sauna im Sondereigentum

2 Steht die Sauna im Sondereigentum, kann der Wohnungseigentümer, welchem das Sondereigentum gehört, die anderen von der **Benutzung** ausschließen.

3 Dabei muss sich die Sauna nicht direkt im Sondereigentum befinden. Sie kann sich auch losgelöst an **anderer Stelle** in der Wohnungseigentumsanlage befinden. Der BGH hat eine Schwimmhalle mit Sauna und Umkleideräumen als sondereigentumsfähig bejaht.[1]

4 Etwas anderes kann gelten, wenn eine **Benutzung** auch durch die anderen Wohnungseigentümer vereinbart wurde. Nach § 10 Abs. 1 S. 2 WEG können die Wohnungseigentümer Regelungen auch über das Sondereigentum vereinbaren, welche nach § 8 Abs. 1 WEG zum Inhalt des Sondereigentums gemacht werden können.[2]

III. Die Sauna im Gemeinschaftseigentum

5 Eine Sauna im Gemeinschaftseigentum wird regelmäßig allen Wohnungseigentümern zur Nutzung offenstehen. Auch hier sind zunächst die Bestimmungen der Gemeinschaftsordnung oder einer Vereinbarung vorrangig zu beachten. Ansonsten besteht für die Nutzung und die Aufstellung einer Saunaordnung eine **Beschlusskompetenz.**

6 Eine „Beschlussfassung, den Schwimmbad-, Umkleide-, Dusch- und Saunabereich angemessen zu konservieren durch den Einbau zB neuer Außentüren und durch die Verbesserung einiger Außenbauteile ..." ist nichtig, wenn eine **dauerhafte Konservierung** damit beabsichtigt ist. Denn im Ergebnis bedeutet die Konservierung dasselbe wie eine Stilllegung. Damit liegt ein Entzug des Mitgebrauchs vor, für welchen keine Beschlusskompetenz besteht.[3] Durch eine Vereinbarung kann die Stilllegung der Sauna aber erreicht werden.

---

1 BayObLG 12.8.1991 – 2 Z 86/91, BayObLGZ 1991, 296.
1 BGH 10.10.1980 – V ZR 47/79, NJW 1981, 455.
2 BGH 15.6.1962 – V ZB 2/62, BGHZ 37, 203.
3 AG München 11.1.2017 – 485 C 12234/16, ZMR 2017, 601.

Hinsichtlich der Erhaltungs- und Betriebskosten gilt zunächst zwischen den Wohnungseigentümern der gesetzliche Umlageschlüssel nach Miteigentumsanteilen gem. § 16 Abs. 2 S. 1 WEG oder nach § 16 Abs. 2 S. 2 WEG vorrangig der vereinbarte oder beschlossene **Umlageschlüssel**. Durch die WEG-Reform wurde die Kompetenz der Wohnungseigentümer nach § 16 Abs. 2 S. 2 WEG neu eingeführt, wonach nunmehr auch hinsichtlich einer bereits bestehenden Vereinbarung eine abweichende Verteilung der Kosten wirksam beschlossen werden kann.

Benutzungsgebühren für eine Sauna können nach §§ 19 Abs. 1, 16 Abs. 2 S. 1, S. 2 WEG beschlossen werden. Hierbei muss die Gebührenerhebung wegen der besonderen Benutzung erhoben werden. Das ist der Fall, wenn das Nutzungsentgelt einen Ausgleich für den Mehraufwand durch den Betrieb der Sauna darstellt und nicht als Entgelt für einen Sondervorteil des Wohnungseigentümers beschlossen wird,[4] wobei die eingenommenen Beträge dem Gemeinschaftsvermögen als Frucht gem. § 99 BGB zufließen. Es handelt sich um einen Ertrag des Gemeinschaftsvermögens nach § 9 a Abs. 3 WEG.   7

Die **zeitliche Beschränkung** einer Saunanutzung auf zwei Tage pro Woche stellt eine auf Gewährung eines ordnungsmäßigen Gebrauchs gerichtete Benutzungsregelung dar.[5]   8

In einem als „Laden" bezeichneten **Teileigentum** ist der Betrieb einer gewerblichen Sauna grundsätzlich zulässig, wenn die Ladenschlusszeiten eingehalten werden und aus dem Betrieb keine weitergehenden Störungen erfolgen als bei einer normalen Nutzung eines Ladens. Das ist nicht mehr der Fall, wenn neben der Sauna auch ein Imbissbetrieb stattfindet.[6]   9

Den Wohnungseigentümern fehlt es für eine Saunaordnung an einer Beschlusskompetenz für ein **Burkini-Verbot**. Durch ein Burkini-Verbot greifen die Wohnungseigentümer in die individuelle Rechtsposition anderer Wohnungseigentümer ein. Der Beschluss ist nichtig.[7]   10

Zur **baulichen Veränderung** → *Bauliche Veränderung* Rn. 1 ff., → *Kosten und Nutzungen der baulichen Veränderungen* Rn. 1 ff.   11

IV. Kalte Betriebskosten

Die Kosten für den Betrieb der Sauna sind „**sonstige Betriebskosten**" nach § 2 Nr. 17 BetrKV. Im Rahmen der Vermietung von Sondereigentum müssen diese vertraglich dem Mieter auferlegt werden, ansonsten sind diese Kosten vom Vermieter zu tragen. Hinsichtlich Wohnungseigentümer untereinander gilt § 16 Abs. 2 WEG. Hiernach ist es möglich, gesondert erfasste Betriebs- und Verwaltungskosten, wie Wasser, Strom oder Reinigung, auf die tatsächlichen Nutzer umzulegen.   12

Nur in **Extremfällen** würde dieses nicht ordnungsmäßiger Verwaltung entsprechen. Ein solcher extremer Fall wäre vorstellbar, wenn die Betriebskosten für ein gemeinsames Schwimmbad mit Sauna, welches das ganze Jahr allen Wohnungseigentümern zur Verfügung steht, nach der tatsächlichen Nutzung der Wohnungseigentümer umgelegt werden sollen. Zum Jahresende stellt sich heraus, dass nur ein Eigentümer zu Beginn des Jahres die Anlage nutzte. Nach der vorstehenden Regelung müsste dieser nunmehr die gesamten Kosten allein tragen. In diesem Extremfall wird eine Korrektur nach § 242 BGB für möglich gehalten, sodass dieser Beschluss bei der Abrechnung nicht angewendet wird.[8]   13

V. Heizkostenverordnung

Die Heizkostenverordnung gilt gem. § 3 HeizkVO auch für Wohnungseigentumsanlagen. Zwar sind nach § 4 Abs. 3 S. 1 HeizkVO **gemeinschaftliche Räume** von der Pflicht zur Verbrauchserfassung grundsätzlich ausgenommen. Das gilt aber nach § 4 Abs. 3 S. 2 HeizkVO ausdrücklich nicht für Gemeinschaftsräume mit nutzungsbedingt hohem Warmwasser- oder Wärmeverbrauch, wie Schwimmbäder oder Saunen. Daher unterfal-   14

---

4 Staudinger/*Kreuzer* WEG § 15 Rn. 39.
5 OLG Düsseldorf 2.6.2003 – 3 Wx 94/03, NZM 2003, 978.
6 BayObLG 7.11.1985 – 2 Z 65/85, NJW 1986, 1052.
7 AG Köln 5.12.2017 – 204 C 97/17, NZM 2018, 828.
8 *Spielbauer/Then* WEG § 16 Rn. 244.

len auch Saunen im Gemeinschaftseigentum dem Anwendungsbereich der Heizkostenverordnung. Die Wohnungseigentümer sind daher der Erfassungspflicht unterworfen (→ *Heizkosten* Rn. 7 ff.).

189. Schadensersatz

Tyarks

I. Allgemeines

1 Schadensersatzansprüche spielen im Zusammenhang mit dem Wohnungseigentum in der Praxis eine bedeutende Rolle. Das Wohnungseigentumsgesetz sieht indes mit § 14 Abs. 3 WEG (vgl. § 14 Nr. 4 Hs. 2 WEG aF) nur eine spezialgesetzliche Regelung für eine Entschädigung vor, sofern man von dem sehr speziellen Entschädigungsanspruch nach § 41 Abs. 3 WEG im Zusammenhang mit dem Dauerwohnrecht absieht. Die zweite spezialgesetzliche Regelung des § 21 Abs. 6 WEG aF hat der Gesetzgeber im Rahmen des WEMoG aufgehoben. Daher kommt vornehmlich das Haftungsregime des BGB zur Anwendung, also Schadensersatzansprüche aus § 280 BGB sowie aus den §§ 311 Abs. 2, 241 Abs. 2 BGB und deliktische Ansprüche aus den §§ 823 ff. BGB.

2 Innerhalb der Wohnungseigentumsgemeinschaft besteht ein Beziehungsgeflecht, in dem jeweils Schadensersatzansprüche zur Entstehung gelangen können. Als Anspruchssteller und -gegner von Schadensersatzansprüchen kommen insbesondere die Gemeinschaft der Wohnungseigentümer, der Verwalter, der Verwaltungsbeirat sowie die einzelnen Wohnungseigentümer in Betracht.

II. Gemeinschaft der Wohnungseigentümer als Anspruchssteller und -gegner von Schadensersatzansprüchen

3 Die Gemeinschaft der Wohnungseigentümer kann gem. § 9 a Abs. 1 S. 1 WEG Rechte erwerben und Verbindlichkeiten eingehen, vor Gericht klagen und verklagt werden. Hieraus folgt die **Rechtsfähigkeit** der Gemeinschaft der Wohnungseigentümer.

4 **1. Teilnahme der Gemeinschaft der Wohnungseigentümer im Rechtsverkehr.** Sofern die Gemeinschaft der Wohnungseigentümer (→ *Gemeinschaft der Wohnungseigentümer* Rn. 1 ff.) in Vertragsbeziehungen zu außenstehenden Dritten steht, können sich hieraus vertragliche Schadensersatzansprüche ergeben. Sie kann beispielsweise Anwaltsverträge, Kaufverträge,[1] Dienstverträge, zB mit einem Verwalter oder Hausmeister,[2] Mietverträge, zB für eine Versammlung der Wohnungseigentümer, Werkverträge mit Handwerkern, Schneeräum-

---

1 BGH 7.3.2007 – VIII ZR 125/06, NZM 2007, 363.
2 BAG 27.9.2012 – 2 AZR 838/11, NJW 2013, 1692.

verträge, Versicherungsverträge, Verträge mit Trägern der Daseinsvorsorge, zB Straßenreinigung, Wasser, Strom,[3] Kreditverträge[4] usw abschließen.[5] Die Gemeinschaft der Wohnungseigentümer haftet aus diesen Verträgen mit ihrem Gemeinschaftsvermögen (§ 9 a Abs. 3 WEG).[6]

Neben den Rechten und Pflichten aus eigener Rechtsinhaberschaft, die zu einer originären Aktiv- bzw. Passivlegitimation führen, weist das Wohnungseigentumsgesetz der Gemeinschaft der Wohnungseigentümer in § 9 a Abs. 2 WEG die sich aus dem gemeinschaftlichen Eigentum ergebenden Rechte sowie solche Rechte der Wohnungseigentümer zur Ausübung zu, die eine einheitliche Rechtsverfolgung erfordern.   **5**

Daneben soll die Gemeinschaft der Wohnungseigentümer auch nach den Änderungen durch das WEMoG weiterhin berechtigt sein, bestimmte Rechte und Pflichten der Wohnungseigentümer gegen den Bauträger, die nicht unter § 9 a Abs. 2 WEG fallen,[7] durch Mehrheitsbeschluss an sich zu ziehen.[8]

Es lassen sich folglich zwei Rechtskreise unterscheiden, in denen die Gemeinschaft der Wohnungseigentümer im Rechtsverkehr auftritt.[9]

Im Außenverhältnis handelt die Gemeinschaft der Wohnungseigentümer durch den Verwalter, der insoweit als   **6** **Organ der Gemeinschaft** tätig wird und für die er in entsprechender Anwendung der §§ 31, 89 BGB im Rahmen der Organhaftung einstehen muss.[10] Fehlt es an einem Verwalter, treten die Wohnungseigentümer gemeinsam gem. § 9 b Abs. 1 S. 2 WEG als Vertretungsorgan der Gemeinschaft der Wohnungseigentümer an seine Stelle.

2. Schadensersatz der Gemeinschaft der Wohnungseigentümer aus eigenen Rechten und Pflichten. So-   **7** fern die Gemeinschaft der Wohnungseigentümer im **Außenverhältnis** selbst Vertragspartner geworden ist, ist sie bei Pflichtverletzungen aus dem Vertrag, die zu einem Schadensersatzanspruch ihres Vertragspartners führen, originär passivlegitimiert; sie haftet hierfür mit ihrem Gemeinschaftsvermögen (→ Rn. 4).

Die originäre Aktivlegitimation im Außenverhältnis, also die Geltendmachung eigener Schadensersatzansprü-   **8** che der Gemeinschaft, setzt voraus, dass die Gemeinschaft der Wohnungseigentümer selbst geschädigt wird. Dies ist nur bei einer Schädigung ihres Gemeinschaftsvermögens iSd § 9 a Abs. 3 WEG anzunehmen. Denn die Gemeinschaft der Wohnungseigentümer ist nicht Eigentümerin des gemeinschaftlichen Eigentums. Liegt keine Schädigung des Gemeinschaftsvermögens vor, kann sich die Aktivlegitimation der Gemeinschaft aber dennoch aus § 9 a Abs. 2 WEG ergeben (→ Rn. 12 ff.). Eine Ausübungsbefugnis der Gemeinschaft nach § 9 a Abs. 2 WEG liegt bspw. vor, wenn der Vertragspartner der Gemeinschaft (oder ein sonstiger Dritter) das gemeinschaftliche Eigentum schädigt.

Wird lediglich der einzelne Wohnungseigentümer durch einen Vertragspartner der Gemeinschaft der Woh-   **9** nungseigentümer geschädigt, insbesondere durch eine Beschädigung seines Sondereigentums, scheidet eine Ausübungsbefugnis der Gemeinschaft nach § 9 a Abs. 2 WEG und damit ihre Aktivlegitimation zur Geltendmachung des Schadens aus.

Der Wohnungseigentümer kann in diesem Fall wohl auch nicht die Gemeinschaft der Wohnungseigentümer haftbar machen.[11] Da die Verwaltung des gemeinschaftlichen Eigentums nach § 18 Abs. 1 WEG nunmehr der Gemeinschaft der Wohnungseigentümer zugeordnet wird, dürfte dies allerdings unter Geltung des WEMoG nicht mehr damit zu begründen sein, dass die Gemeinschaft keine eigene Verbindlichkeit erfülle.[12] Der Gemeinschaft der Wohnungseigentümer ist das Handeln ihrer Vertragspartner folglich nach § 278 BGB zuzurechnen. Bei Verträgen zwischen Gemeinschaft und Dritten, bspw. Handwerkern, handelt es sich aber um **Verträge mit Schutzwirkung zugunsten der Wohnungseigentümer**, so dass die Wohnungseigentümer den Schadensersatzanspruch vorrangig gegenüber den Dritten geltend machen können und müssen (ausführlich

---

3 BGH 19.7.2013 – V ZR 109/12, NZM 2014, 81; BGH 20.1.2010 – VIII ZR 329/08, NZM 2010, 284.
4 BGH 25.9.2015 – V ZR 244/14, ZWE 2015, 453.
5 *Hügel/Elzer* WEG § 10 Rn. 215 ff. mwN.
6 BGH 7.3.2007 – VIII ZR 125/06, NZM 2007, 363.
7 Vormals gekorene Ausübungsbefugnis, § 10 Abs. 6 S. 3 Hs. 2 WEG aF.
8 Vgl. BT-Drs. 19/18791, 44.
9 Vgl. *Hügel/Elzer* WEG § 10 Rn. 237, 66 ff.
10 Vgl. BGH 8.6.2018 – V ZR 125/17, NZM 2018, 719 Rn. 10; *Hügel/Elzer* WEG § 26 Rn. 50, 203 mwN.
11 LG Stuttgart 11.5.2016 – 10 S 2/16; vgl. auch *Abramenko* IMR 2016, 338.
12 Zur Rechtslage vor Geltung des WEMoG zu Recht noch anders *Abramenko* IMR 2016, 338.

→ Rn. 49 ff.). Eine Haftung des Verwalters scheidet regelmäßig aus, denn der Vertragspartner der Gemeinschaft der Wohnungseigentümer ist nicht **Erfüllungsgehilfe des Verwalters** iSd des § 278 BGB.[13] Den Verwalter kann lediglich ein **Auswahlverschulden** treffen, sofern ihm die Auswahl des Vertragspartners überlassen wurde.

10 Nach dem Regelungskonzept des WEMoG obliegt die Verwaltung des gemeinschaftlichen Eigentums nun auch im **Innenverhältnis** zwischen der Gemeinschaft der Wohnungseigentümer und den Wohnungseigentümern der Gemeinschaft.[14] Diese oblag bisher den Wohnungseigentümern (vgl. § 20 Abs. 1 WEG aF). Ansprüche im Zusammenhang mit der Verwaltung des gemeinschaftlichen Eigentums richten sich daher auch im Innenverhältnis nun wohl vornehmlich gegen die Gemeinschaft der Wohnungseigentümer (→ Rn. 36 ff.).[15] Anders als vor dem Inkrafttreten des WEMoG muss der einzelne Wohnungseigentümer künftig daher die Gemeinschaft in Anspruch nehmen, wenn er einen Schaden aus **unterbliebener Instandhaltung und Instandsetzung** (Erhaltung) des gemeinschaftlichen Eigentums bzw. aus **nicht gefassten oder umgesetzten Beschlüssen** erleidet.[16]

11 Nach §§ 9 a Abs. 3 iVm 18 Abs. 1 WEG ist die Gemeinschaft der Wohnungseigentümer im Innenverhältnis darüber hinaus auch für die Verwaltung des Gemeinschaftsvermögens zuständig. Diese Zuständigkeit ergab sich auch im Innenverhältnis bereits vor der Einführung des WEMoG aus der Tatsache, dass die Wohnungseigentümergemeinschaft als rechtsfähig anerkannt wird; ebenso die Zuständigkeit zur Einziehung des Wohngeldes.[17] Denn für die Anerkennung der Rechtsfähigkeit ist ein Mindestmaß an Verselbstständigung erforderlich.

Die Gemeinschaft der Wohnungseigentümer trifft folglich wie bisher die originäre Rechtszuständigkeit für eine **ausreichende Finanzausstattung**, insbesondere durch Zahlung des **Wohngeldes** Sorge zu tragen.

Nur sie kann daher auch Schadensersatzansprüche geltend machen, die sich daraus ergeben, dass der einzelne Wohnungseigentümer seiner Verpflichtung zur Zahlung des Wohngelds nicht nachkommt.[18]

12 **3. Schadensersatz der Gemeinschaft der Wohnungseigentümer aus der Ausübungsbefugnis nach § 9 a Abs. 2 Alt. 1 WEG („Ansprüche aus dem gemeinschaftlichen Eigentum").** Nach § 9 a Abs. 2 Alt. 1 WEG übt die Gemeinschaft der Wohnungseigentümer sämtliche Rechte und Pflichten, die sich aus dem gemeinschaftlichen Eigentum ergeben, anstelle der Wohnungseigentümer aus. Damit knüpft das WEMoG an die aus § 1011 BGB bekannte Formulierung an.[19]

Die Gemeinschaft der Wohnungseigentümer ist danach insbesondere für die Geltendmachung folgender Schadensersatzansprüche im Rahmen ihrer Ausübungsbefugnis nach § 9 a Abs. 2 Alt. 1 WEG ausschließlich aktivlegitimiert:

■ Geltendmachung von Ansprüchen auf Schadensersatz wegen der **Beeinträchtigung des gemeinschaftlichen Eigentums**;[20]

■ Geltendmachung von **nachbarrechtlichen Ausgleichsansprüchen aus § 906 Abs. 2 BGB** mit Bezug zum gemeinschaftlichen Eigentum.[21]

---

13 OLG Frankfurt a. M. 28.5.2009 – 20 W 115/06, ZWE 2009, 418.

14 Vgl. ua BGH 17.10.2014 – V ZR 9/14, NZM 2015 53 Rn. 22.

15 Vgl. BT-Drs. 19/18791, 58.

16 Siehe hingegen zur alten Rechtslage BGH 13.12.2019 – V ZR 43/19, BeckRS 2019, 40170 Rn. 13 ff.; ferner Bärmann/*Merle* WEG § 21 Rn. 61 f. mwN; zum Ganzen auch BeckOK WEG/*Timme* § 14 Rn. 52 ff.; Jennißen/*Heinemann* WEG § 21 Rn. 48 ff.; ferner → Rn. 45 ff.

17 Ebenso BGH 10.2.2017 – V ZR 166/16, NZM 2017 445; kritisch offenbar Abschlussbericht der Bund-Länder-Arbeitsgruppe zur Reform des Wohnungseigentumsgesetzes, ZWE 2019, 429 (443).

18 Vgl. bereits zur alten Rechtslage BGH 10.2.2017 – V ZR 166/16, NZM 2017, 445 mwN; vgl. auch *Hügel/Elzer* WEG § 10 Rn. 217.

19 BT-Drs. 19/18791, 44.

20 Vgl. bereits vor Einführung des WEMoG, BGH 7.2.2014 – V ZR 25/13, NJW 2014, 1090; siehe auch MüKoBGB/*Schmidt* BGB § 1011 Rn. 2.

21 Vgl. bereits vor Einführung des WEMoG, OLG München 26.10.2010 – 32 Wx 26/10, ZWE 2011, 37; siehe auch MüKoBGB/*Schmidt* BGB § 1011 Rn. 2.

Tyarks

Die Gemeinschaft der Wohnungseigentümer ist ferner für die **Abwehr** insbesondere folgender Schadenser- 13
satzansprüche im Rahmen ihrer Ausübungsbefugnis nach § 9 a Abs. 2 Alt. 1 WEG ausschließlich passivlegitimiert:

■ Abwehr von Schadensersatzansprüchen aus der **Verletzung von Verkehrssicherungspflichten** (→ *Verkehrssicherungspflichten* Rn. 1 ff.) im Zusammenhang mit dem gemeinschaftlichen Eigentum;[22]

■ Abwehr von **nachbarrechtlichen Schadensersatzansprüchen** mit Bezug zum gemeinschaftlichen Eigentum.[23]

4. Schadensersatz der Gemeinschaft der Wohnungseigentümer aus der Ausübungsbefugnis nach § 9 a 14
Abs. 2 Alt. 2 WEG. Nach § 9 a Abs. 2 Alt. 2 WEG übt die Gemeinschaft der Wohnungseigentümer sämtliche
Rechte und Pflichten der Wohnungseigentümer aus, die eine einheitliche Rechtsverfolgung erfordern. Diese
Ausübungsbefugnis ist inhaltsgleich mit der bisherigen sog. geborenen Ausübungsbefugnis nach § 10 Abs. 6
S. 3 Alt. 1 WEG aF. Der Gesetzgeber hat lediglich die Formulierung „gemeinschaftsbezogene Rechte" aufge-
geben und durch die Definition der Rechtsprechung[24] ersetzt.[25] Einige Zuständigkeiten, die zuvor unter die
geborene Ausübungsbefugnis fielen, fallen nunmehr bereits unter § 9 a Abs. 2 Alt. 1 WEG.

Die Gemeinschaft der Wohnungseigentümer ist insbesondere für die Geltendmachung folgender Schadenser- 15
satzansprüche im Rahmen des § 9 a Abs. 2 Alt. 2 WEG ausschließlich aktivlegitimiert:

■ Geltendmachung des Anspruchs gegen den Bauträger auf **Minderung** und **kleinen Schadensersatz** aufgrund von Mängeln am gemeinschaftlichen Eigentum;[26]

■ Geltendmachung des **Schadensersatzanspruchs aus § 21 Abs. 6 WEG** aF gegen den betroffenen Wohnungseigentümer (aber → Rn. 23 ff.).

Die Gemeinschaft der Wohnungseigentümer ist ferner zur Abwehr von **Schadensersatzansprüchen aus § 14**
Abs. 3 WEG ausschließlich passivlegitimiert, jedenfalls sofern Einwirkungen auf das gemeinschaftliche Eigentum zu dulden sind, allerdings nur, soweit die Einwirkungen von der Gemeinschaft der Wohnungseigentümer entsprechend § 14 Abs. 1 Nr. 2 WEG ausgehen.

Der verschuldensunabhängige Aufopferungsanspruch nach § 14 Nr. 4 Hs. 2 WEG aF ist durch das WEMoG in 16
§ 14 Abs. 3 WEG aufgegangen (→ Rn. 18 ff.). Der Anspruch des § 14 Abs. 3 WEG kann sich sowohl gegen
die Gemeinschaft der Wohnungseigentümer als auch gegen einzelne Wohnungseigentümer richten. Verpflichtet ist jeweils derjenige, zu dessen Gunsten die Duldungspflicht iSd § 14 Abs. 1 und 2 WEG besteht. Richtet
sich der Anspruch aus § 14 Abs. 3 WEG gegen die Gemeinschaft der Wohnungseigentümer ist die Frage danach, ob die Rechtsverteidigung bereits in die originäre Zuständigkeit der Gemeinschaft der Wohnungseigentümer oder unter ihre Ausübungsbefugnis nach § 9 a Abs. 2 Alt. 2 WEG fällt, müßig und eher rechtstheoreti-
scher Natur.

Die vormals gekorene Ausübungsbefugnis nach § 10 Abs. 6 S. 3 Hs. 2 WEG aF hat der Gesetzgeber mit der 17
Einführung des WEMoG aufgegeben. Die Zuständigkeit der Gemeinschaft der Wohnungseigentümer kann da-
her grundsätzlich nicht mehr durch einen sog. Vergemeinschaftungsbeschluss begründet werden (aber
→ Rn. 5).

5. Aufopferungsanspruch nach § 14 Abs. 3 WEG. Der verschuldensunabhängige **Aufopferungsanspruch** 18
des § 14 Nr. 4 Hs. 2 WEG aF (→ *Rohre* Rn. 28 ff.) geht in § 14 Abs. 3 WEG auf, der wie folgt regelt:

„Hat der Wohnungseigentümer eine Einwirkung zu dulden, die über das zumutbare Maß hinausgeht, kann er
einen angemessenen Ausgleich in Geld verlangen".

---

22 Vgl. bereits vor Einführung des WEMoG, OLG Oldenburg 13.2.2014 – 1 U 77/13, ZWE 2014, 313; vgl. auch BGH
   9.3.2012 – V ZR 161/11, NJW 2012, 1724.
23 Vgl. bereits vor Einführung des WEMoG, BGH 11.12.2015 – V ZR 180/14, NZM 2016, 360; BGH 2.3.2012 – V ZR
   169/11, NZM 2012, 435.
24 Vgl. BGH 24.7.2015 – V ZR 167/14, NJW 2015, 2874.
25 BT-Drs. 19/18791, 44.
26 Vgl. BGH 24.7.2015 – V ZR 167/14, NJW 2015, 2874; Bärmann/*Suilmann* WEG § 10 Rn. 266 ff.; *Hügel/Elzer*
   WEG § 10 Rn. 257 ff., 270.

§ 14 Abs. 3 WEG findet in zeitlicher Hinsicht nur dann Anwendung, wenn der Anspruch nach Inkrafttreten des WEMoG am 1.12.2020 entstanden ist. Zwar fehlt eine Übergangsregelung zum materiellen Recht.[27] Es finden jedoch die intertemporalen Grundsätze Anwendung, wonach ein Rechtsverhältnis nur dem im Zeitpunkt seiner Entstehung gültigen Recht unterfällt.[28]

Die Gesetzesbegründung führt zu der Regelung wie folgt aus:

„Nach § 14 Absatz 3 kann ein Wohnungseigentümer, der eine Einwirkung zu dulden hat, die über das zumutbare Maß hinausgeht, angemessenen Ausgleich in Geld verlangen. Die Vorschrift tritt inhaltlich an die Stelle des geltenden § 14 Nummer 4 Halbsatz 2, der allgemein als Ausprägung des Aufopferungsgedankens eingeordnet wird (vergleiche etwa BGH Urt. v. 11.12.2002 – IV ZR 226/01). § 14 Absatz 3 gestaltet den Anspruch in diesem Sinne als Aufopferungsanspruch aus. Tatbestandlich genügt deshalb nicht jede Einwirkung, sondern es fallen nur solche Einwirkungen unter die Regelung, die über das zumutbare Maß im Sinne einer Sonderopfergrenze hinausgehen. Es handelt sich dabei, wie sich schon aus dem Wortlaut ergibt, um einen von § 14 Absatz 1 Nummer 2 abweichenden Maßstab. Ein Verschulden ist nicht notwendig. Auf Rechtsfolgenseite ist nicht jeder adäquat-kausal verursachte Schaden zu ersetzen, sondern eine angemessene Entschädigung zu leisten. Der Wortlaut lehnt sich an § 906 Absatz 2 Satz 2 BGB an, so dass auf die für dessen Auslegung entwickelten Grundsätze zurückgegriffen werden kann.

Verpflichtet ist derjenige, zu dessen Gunsten die Duldungspflicht besteht, also entweder die Gemeinschaft der Wohnungseigentümer (in den Fällen des § 14 Absatz 1 Nummer 2) oder ein anderer Wohnungseigentümer (in den Fällen des § 14 Absatz 2 Nummer 2)."

19 Der **Entschädigungsanspruch** nach § 14 Abs. 3 WEG setzt folglich eine Einwirkung voraus, die der Wohnungseigentümer zu dulden hat und die über das zumutbare Maß hinausgeht. Fraglich ist, ob eine Duldung iSd § 14 Abs. 3 WEG nur vorliegt, wenn der Wohnungseigentümer die Einwirkung rechtlich nach § 14 Abs. 1 und 2 WEG tatsächlich zu dulden hatte, oder § 14 Abs. 3 WEG auch Anwendung findet, wenn der Wohnungseigentümer zwar nicht rechtlich zur Duldung verpflichtet war, aber faktisch die Einwirkung dulden musste. Meines Erachtens spricht viel dafür, die Vorschrift auch auf die praktische Duldung anzuwenden.[29] Hat der Wohnungseigentümer die Einwirkung bereits nicht zu dulden, können sich Schadensersatzansprüche bspw. aus § 280 BGB ergeben. Die Duldungspflichten des Wohnungseigentümers ergeben sich aus § 14 Abs. 1, 2 WEG.

20 Der Anspruch gewährt nur eine **angemessene** Entschädigung, die sich an § 906 Abs. 2 S. 2 BGB zu orientieren hat. Allerdings kann auch im Rahmen des § 906 Abs. 2 BGB insbesondere bei Substanzeingriffen der Ausgleichsanspruch die Höhe eines vollen Schadensersatzes erreichen.[30] Im Rahmen von Erhaltungsmaßnahmen am gemeinschaftlichen Eigentum, die einen Eingriff in das Sondereigentum erfordern, sollte daher an der BGH-Rechtsprechung zu § 14 Nr. 4 Hs. 2 WEG aF festgehalten werden, wonach der Schaden zu ersetzen ist, der adäquat kausal durch das Betreten oder die Benutzung der im Sondereigentum stehenden Gebäudeteile zur Instandsetzung und Instandhaltung des Gemeinschaftseigentums verursacht worden ist.[31] Dies gilt jedenfalls dann, wenn der Schaden das zumutbare Maß übersteigt, was allenfalls bei Kleinschäden ausgeschlossen sein kann.

21 **6. Aufopferungsanspruch gem. § 14 Nr. 4 Hs. 2 WEG aF.** Der Gesetzgeber hat den Aufopferungsanspruch gem. § 14 Nr. 4 Hs. 2 WEG im Rahmen des WEMoG gestrichen. An dessen Stelle ist der Anspruch aus § 14 Abs. 3 WEG getreten (zur zeitlichen Anwendung → Rn. 18). Jeder Wohnungseigentümer ist gem. § 14 Nr. 4 WEG aF verpflichtet, das Betreten und die Benutzung der im Sondereigentum stehenden Gebäudeteile zu gestatten, soweit dies zur Instandhaltung und Instandsetzung des gemeinschaftlichen Eigentums erforderlich ist; der hierdurch entstehende Schaden ist zu ersetzen.

---

27 Bärmann/Pick/*Emmerich* Arbeitshilfe zur WEG Reform, § 48 Rn. 5.
28 Vgl. bspw. BAG 3.6.2004 – 2 AZR 427/03 mwN; siehe ferner Kommentierungen zu § 62 WEG aF.
29 BeckOK WEG/*Müller* WEG § 14 Rn. 129-139, Stand 01.01.2021.
30 BeckOK BGB/*Fritzsche* BGB § 906 Rn. 85.
31 BGH 9.12.2016 – V ZR 124/16, ZWE 2017, 216 Rn. 22; vgl. zum Umfang des Anspruchs bspw. *Hügel/Elzer* WEG § 14 Rn. 51; Bärmann/*Suilmann* WEG § 14 Rn. 76 ff.

Nach nahezu einhelliger Meinung richtet sich der Schadensersatzanspruch gegen die Gemeinschaft der Wohnungseigentümer.[32] **22**

Vereinzelt wird eine originäre Haftung der Gemeinschaft,[33] überwiegend jedoch ihre geborene Ausübungsbefugnis über § 10 Abs. 6 S. 3 WEG aF (§ 9 a Abs. 2. Alt. 2 WEG nF) angenommen.[34] **23**

Teilweise wird ferner davon ausgegangen, dass die einzelnen Wohnungseigentümer neben der Gemeinschaft der Wohnungseigentümer haften.[35] **24**

Der Schadensersatzanspruch aus § 14 Nr. 4 Hs. 2 WEG aF ist **verschuldensunabhängig** und hat einen **aufopferungsähnlichen Charakter**. Es ist der Schaden zu ersetzen, der adäquat kausal durch das Betreten oder die Benutzung der im Sondereigentum stehenden Gebäudeteile zur Instandsetzung und Instandhaltung des Gemeinschaftseigentums verursacht worden ist.[36] Dazu gehört auch die Verschlechterung des Zustands des Sondereigentums.[37] **25**

Ferner kommt eine analoge Anwendung des § 14 Nr. 4 Hs. 2 WEG aF in Betracht, wenn ein Schaden am Gemeinschaftseigentum entsteht, für das dem Wohnungseigentümer in der Teilungserklärung die Instandhaltung und Instandsetzung auferlegt worden ist,[38] bspw. für eine Sondernutzungsfläche.[39] **26**

7. Schadensersatz gem. § 21 Abs. 6 WEG aF. Der Wohnungseigentümer, zu dessen Gunsten eine Maßnahme zur Herstellung einer Fernsprechteilnehmereinrichtung, einer Rundfunkempfangsanlage oder eines Energieversorgungsanschlusses getroffen wird, ist gem. § 21 Abs. 6 WEG aF zum Ersatz des hierdurch entstehenden Schadens verpflichtet (→ *Fernsprechteilnahmeeinrichtung* Rn. 20 ff.). Der Gesetzgeber hat die Vorschrift im Rahmen des WEMoG ersatzlos gestrichen (zur zeitlichen Anwendung → Rn. 18). **27**

Der Schadensersatzanspruch richtet sich gegen die Gemeinschaft der Wohnungseigentümer. Die Streitfrage im Rahmen des § 14 Nr. 2 Hs. 2 WEG aF, ob die Gemeinschaft der Wohnungseigentümer originär oder über eine geborene Ausübungsbefugnis nach § 10 Abs. 6 S. 3 WEG aF passivlegitimiert ist, lässt sich übertragen (→ Rn. 23).[40] **28**

Ebenso wie § 14 Nr. 4 Hs. 2 WEG aF handelte es sich bei § 21 Abs. 6 WEG aF um einen **verschuldensunabhängigen Schadensersatzanspruch** mit aufopferungsähnlichem Charakter. **29**

III. Verwalter als Anspruchssteller und -gegner von Schadensersatzansprüchen

Der Verwalter kommt vornehmlich als Anspruchsgegner von Schadensersatzansprüchen in Betracht, obgleich sich aus dem Verwaltervertrag, der grundsätzlich mit der Gemeinschaft der Wohnungseigentümer zustande kommt, auch Schadensersatzansprüche zu seinen Gunsten ergeben können. **30**

1. Grundlagen der Verwalterhaftung. Eine Verwalterhaftung kommt aus **31**

- seinem Amtsverhältnis bei einer Verletzung seiner bspw. aus den §§ 24, 27, 28 Abs. 1 S. 2, Abs. 4 und 44 Abs. 2 WEG folgenden gesetzlichen bzw. seiner von den Wohnungseigentümern gewillkürten bestimmten Amtspflichten,
- dem Verwaltervertrag und
- unerlaubter Handlung gem. §§ 823 ff. BGB

---

32 BGH 8.6.2018 – V ZR 125/17, NJW 2018, 3305 Rn. 35; BGH 9.12.2016 – V ZR 124/16, ZWE 2017, 216 Rn. 8; BGH 25.9.2015 – V ZR 246/14, NJW 2016, 1310 Rn. 27 jeweils mwN.
33 Bärmann/*Suilmann* WEG § 14 Rn. 75.
34 *Hügel/Elzer* WEG § 14 Rn. 54; BeckOK WEG/*Müller* § 14 Rn. 210.
35 *Hügel/Elzer* WEG § 14 Rn. 54; aA Jennißen/*Hogenschurz* WEG § 14 Rn. 33 jeweils mwN.
36 BGH 9.12.2016 – V ZR 124/16, ZWE 2017 Rn. 22; vgl. zum Umfang des Anspruchs bspw. *Hügel/Elzer* WEG § 14 Rn. 51; Bärmann/*Suilmann* WEG § 14 Rn. 76 ff.
37 BGH 9.12.2016 – V ZR 124/16, ZWE 2017 Rn. 22.
38 OLG Schleswig 13.7.2006 – 2 W 32/06, NZM 2007, 46.
39 OLG Düsseldorf 22.11.2005 – I-3 Wx 140/05, ZMR 2006, 459.
40 Vgl. ferner Spielbauer/Then/*Spielbauer* WEG § 21 Rn. 74.

in Betracht (→ *Verwalter* Rn. 68 ff.).[41] Ferner ist in begrenzten Fällen eine **Außenhaftung des Verwalters** gegenüber Dritten denkbar.[42]

32 Die Haftung des Verwalters im Innenverhältnis lässt sich aus dem Verwaltervertrag[43] sowie aus dem gesetzlichen Schuldverhältnis, das mit Amtsübername zur Entstehung gelangt, jeweils iVm § 280 BGB,[44] oder aus einer entsprechenden Anwendung von § 93 Abs. 2 S. 1 AktG, § 43 Abs. 2 GmbHG, § 34 Abs. 2 S. 1 GenG[45] ableiten.

33 Die Schadensersatzhaftung des Verwalters setzt eine schuldhafte Pflichtverletzung voraus, die kausal für einen Schadenseintritt geworden ist. Der entstandene Schaden ist nach den §§ 249 ff. BGB zu ersetzen. Für das Vorliegen einer Pflichtverletzung sowie die Kausalität zwischen Verletzungshandlung und Schadenseintritt trägt die Gemeinschaft der Wohnungseigentümer die Beweislast. Gem. § 280 Abs. 1. S. 2 BGB (§ 93 Abs. 2 S. 2 AktG; § 34 Abs. 2 S. 2 GenG) trägt indes der Verwalter die Beweislast dafür, dass er nicht schuldhaft gehandelt hat.

34 Der Verschuldensmaßstab richtet sich nach § 276 BGB. Der Verwalter haftet folglich für Vorsatz und Fahrlässigkeit, sofern eine strengere oder mildere Haftung nicht bestimmt ist. In Anlehnung an § 43 Abs. 1 GmbHG, § 93 Abs. 1 S. 1 AktG kommt es auf die Sorgfalt an, die ein durchschnittlicher, ordentlicher und gewissenhafter Verwalter bei der von ihm zu erfüllenden Aufgabe aufgewandt hätte.[46]

35 **2. Pflichtverletzungen des Verwalters.** Wegen der Vielzahl der in Betracht kommenden Pflichtverletzungen des Verwalters kann auf die umfangreiche Einzelfalldarstellung bei *Hügel/Elzer* WEG § 26 Rn. 195 ff. und *Jennißen/Heinemann* WEG § 27 Rn. 181 ff. verwiesen werden. Aus der Rechtsprechung lassen sich ua folgende Beispiele anführen:

- **Ladungsmängel**;[47]
- Pflichtverletzung des Verwalters im Zusammenhang mit **Gewährleistungsansprüchen gegen den Bauträger** und der **Erhaltung** des gemeinschaftlichen Eigentums;[48]
- Erstellung einer **fehlerhaften Abrechnung**[49] oder einer **verspäteten Abrechnung**;[50]
- fehlerhaft erteilte oder verweigerte **Zustimmung zur Veräußerung des Wohnungseigentums nach § 12 WEG**;[51]
- Auftragsvergabe für die **Erhaltung des gemeinschaftlichen Eigentums ohne Beschluss** der Wohnungseigentümer;[52]
- Umsetzung eines **nichtigen Beschlusses**;[53]
- unterbliebene Anmeldung des Verwalters von **bevorrechtigten Hausgeldansprüchen** der Wohnungseigentümergemeinschaft in einem Zwangsversteigerungsverfahren eines Dritten in das Sondereigentum eines Wohnungseigentümers;[54]
- Angaben des Verwalters „**ins Blaue hinein**";[55]

---

41 Vgl. LG Berlin 22.6.2018 – 85 S 23/17, ZWE 2019, 135 Rn. 14.
42 *Hügel/Elzer* WEG § 26 Rn. 205.
43 Vgl. *Jennißen/Heinemann* WEG § 27 Rn. 168.
44 *Hügel/Elzer* WEG § 26 Rn. 189.
45 Vgl. *Häublein* ZWE 2008, 80.
46 OLG Oldenburg 18.10.2007 – 6 W 28/07, ZMR 2008, 238; OLG München 15.5.2006 – 34 Wx 156/05, ZWE 2007, 100; LG Hamburg 8.6.2016 – 318 S 18/15, ZWE 2017, 48; *Hügel/Elzer* WEG § 26 Rn. 191; *Briesemeister* IMR 2019, 2165.
47 LG Dortmund 18.5.2018 – 17 S 116/17, ZWE 2019, 130.
48 BGH 19.7.2019 – V ZR 75/18, NJW-RR 2020, 68.
49 OLG Oldenburg 18.10.2007 – 6 W 28/07, ZMR 2008, 238; LG Dortmund 18.5.2018 – 17 S 116/17, ZWE 2019, 130; LG Berlin 22.6.2018 – 85 S 23/17, ZWE 2019, 135.
50 OLG Düsseldorf 22.12.2006 – 3 Wx 160/06, ZMR 2007, 287.
51 BGH 18.10.2019 – V ZR 188/18, BeckRS 2019, 37824.
52 OLG Celle 12.3.2001 – 4 W 199/00, NJW-RR 2002, 303; LG München I 16.9.2013 – 1 S 21191/12 WEG, ZWE 2014, 185.
53 AG München 16.1.2019 – 485 C 15894/18 WEG, BeckRS 2019, 1136.
54 BGH 8.12.2017 – V ZR 82/17, NZM 2018, 403.
55 OLG München 13.1.2011 – 32 Wx 32/10, ZWE 2011, 126.

- **unerlaubte Rechtsberatung** des Verwalters;[56]
- Verlust der Instandhaltungsrücklage (Erhaltungsrücklage) infolge **spekulativer Anlage**.[57]

3. Aktivlegitimation zur Verfolgung von Schadensersatzansprüchen gegen den Verwalter. Der Verwal- **36** tervertrag (→ *Verwaltervertrag* Rn. 1 ff.) kommt zwischen dem Verwalter und der Gemeinschaft der Wohnungseigentümer zustande.[58] Bei dem Verwaltervertrag handelt es sich aber zugleich um einen **Vertrag mit Schutzwirkung zugunsten der Wohnungseigentümer**,[59] so dass – jedenfalls bisher – auch die einzelnen Wohnungseigentümer auf Grundlage des Verwaltervertrages grundsätzlich Schadensersatzansprüche geltend machen können. Dass es sich bei dem Verwaltervertrag um einen Vertrag mit Schutzwirkung zugunsten der Wohnungseigentümer handelt, erkennt nun sogar der Gesetzgeber an (vgl. § 43 Abs. 2 Nr. 3 WEG).[60]

Sofern der Verwalter das Gemeinschaftsvermögen schädigt, steht ausschließlich und originär der Gemein- **37** schaft der Wohnungseigentümer der hieraus folgende Schadensersatzanspruch zu (→ Rn. 11). Alle Schäden, die nicht das Gemeinschaftsvermögen betreffen, begründen dann die Aktivlegitimation der Gemeinschaft der Wohnungseigentümer, wenn ihr die Ausübungsbefugnis nach § 9 a Abs. 2 WEG zugewiesen ist, also insbesondere, wenn Schäden am gemeinschaftlichen Eigentum entstanden sind.

Individuelle, durch eine Pflichtverletzung des Verwalters verursachte Schäden der Wohnungseigentümer ohne Gemeinschaftsbezug konnten vor Geltung des WEMoG daher nicht zur Aktivlegitimation der Gemeinschaft der Wohnungseigentümer führen. Etwaige Schadensersatzansprüche mussten insoweit selbst von dem jeweiligen Wohnungseigentümer, dessen Sondereigentum geschädigt wurde, gegen den Verwalter auf Grundlage des Verwaltervertrages mit Schutzwirkung zugunsten der Wohnungseigentümer erhoben werden.

An dieser Systematik sind durch das WEMoG **Zweifel** aufgekommen. Denn gem. § 18 Abs. 1 WEG ist die **38** Gemeinschaft der Wohnungseigentümer für die Verwaltung des gemeinschaftlichen Eigentums zuständig. Die Gesetzesbegründung[61] führt dazu unter anderem wie folgt aus:

„Vor diesem Hintergrund wird mit § 18 Absatz 1 vor allem Rechtssicherheit geschaffen: Ansprüche im Zusammenhang mit der Verwaltung des gemeinschaftlichen Eigentums richten sich auch im Innenverhältnis stets gegen die Gemeinschaft der Wohnungseigentümer. Die Gemeinschaft der Wohnungseigentümer erfüllt die ihr zugewiesene Aufgabe, das gemeinschaftliche Eigentum zu verwalten, durch ihre Organe: Die Wohnungseigentümer in ihrer Gesamtheit sind als Willensbildungsorgan dazu berufen, die Verwaltungsentscheidungen zu treffen (vergleiche § 19 Absatz 1 WEG-E), soweit nicht der Verwalter selbst entscheidungsbefugt ist (vergleiche § 27 WEG-E). Der Verwalter als Ausführungs- und Vertretungsorgan setzt diese Entscheidungen um (vergleiche § 9 b für die Vertretung) und wird dabei durch den Verwaltungsbeirat unterstützt (vergleiche § 29 Absatz 2).

Auch soweit das Gesetz einzelne Pflichten im Rahmen der Verwaltung des gemeinschaftlichen Eigentums in anderen Vorschriften aufführt und ausgestaltet, handelt es sich stets um Pflichten der Gemeinschaft der Wohnungseigentümer. Das gilt auch dann, wenn sich die betreffende Vorschrift ihrem Wortlaut nach an ein konkretes Organ richtet; insoweit wird lediglich die Organzuständigkeit zur Erfüllung dieser Aufgabe mitgeregelt. Daher ist etwa die Pflicht, eine Versammlung einzuberufen, in erster Linie eine Pflicht der Gemeinschaft der Wohnungseigentümer; § 24 Absatz 1 weist die Erfüllung dieser Pflicht lediglich im Rahmen der internen Zuständigkeitsverteilung zwischen den Organen dem Verwalter zu. Wird pflichtwidrig keine Versammlung einberufen, richtet sich der Anspruch der Wohnungseigentümer auf Einberufung daher gegen die Gemeinschaft der Wohnungseigentümer; auch sie ist es, die die aus einer Pflichtverletzung resultierenden Schäden einzelner Wohnungseigentümer zu ersetzen hat. Der Verwalter ist aufgrund seiner Stellung als Organ wiederum gegenüber der Gemeinschaft der Wohnungseigentümer verpflichtet, die ihn als Organ treffenden Pflichten zu erfüllen. Unterlässt er es etwa pflichtwidrig, eine Versammlung einzuberufen, haftet er der Gemeinschaft der Wohnungseigentümer. Ein Direktanspruch des einzelnen Wohnungseigentümers gegen den Verwalter ist in diesem System weder sinnvoll noch notwendig."

---

56   AG Oberhausen 7.7.2013 – 34 C 79/12; vgl. auch *Eichhorn* IMR 2014, 120.
57   OLG Celle 14.4.2004 – 4 W 7/04, NZM 2004, 426.
58   BGH 21.2.2014 – V ZR 164/13, NJW 2014, 1447 Rn. 8; BGH 17.11.2011 – V ZB 134/11, NJW 2012, 1152 Rn. 9.
59   BGH 8.2.2019 – V ZR 153/18, NJW 2019, 2446 Rn. 9; BGH 7.7.2016 – V ZB 15/14, NZM 2017, 42 Rn. 9.
60   Vgl. Beschlussempfehlung des Ausschusses für Recht und Verbraucherschutz, BT-Drs. 19/22634, 48.
61   BT-Drs. 19/18791, 58.

Sofern nur der einzelne Wohnungseigentümer ein Schaden aus einer Organpflichtverletzung des Verwalters erleidet, bedeutet dies, dass er den Schaden nur gegen die Gemeinschaft der Wohnungseigentümer geltend machen kann, die ihrerseits wiederum Regress bei dem Verwalter nehmen muss. Damit verträgt sich sicherlich kaum, dass sich der gleiche Gesetzgeber an anderer Stelle dazu bekennt, dass der Verwaltervertrag ein Vertrag mit Schutzwirkung zugunsten der Wohnungseigentümer sei und hierzu ausdrücklich ausführt:[62]

„Die Ergänzung in § 43 Absatz 2 Nummer 3 dient der Klarstellung. Die durch diese Vorschrift begründete gerichtliche Zuständigkeit gilt auch für Streitigkeiten über Ansprüche der Wohnungseigentümer gegen den Verwalter, insbesondere für Schadensersatzansprüche eines Wohnungseigentümers, der in den Schutzbereich des Verwaltervertrags einbezogen ist."

Es bleibt daher fraglich, ob der einzelne Wohnungseigentümer bei einer Verletzung einer Organpflicht des Verwalters bspw. bei einer Nichtumsetzung von Beschlüssen, die zu einem Schaden an seinem Sondereigentum führt, künftig nur die Gemeinschaft der Wohnungseigentümer in Anspruch nehmen kann (wie ganz vornehmlich der Geschäftsführer im GmbH-Recht) oder daneben auch noch wie bisher einen **Direktanspruch gegen den Verwalter** innehat.[63]

39 Fraglich war vor Geltung des WEMoG, ob die Gemeinschaft der Wohnungseigentümer auch für Schadensersatzansprüche originär aktivlegitimiert ist, die sich daraus ergeben, dass der Verwalter durch eine Pflichtverletzung Prozesskosten im Rahmen einer erfolgreichen Beschlussanfechtungsklage verursacht und diese zunächst aus dem Gemeinschaftsvermögen beglichen werden.[64] Nach Ansicht des BGH[65] konnte die Gemeinschaft der Wohnungseigentümer die Zuständigkeit jedenfalls nach § 10 Abs. 6 S. 3 Hs. 2 WEG aF (gekorene Ausübungsbefugnis) an sich ziehen. Nach § 44 Abs. 2 S. 1 WEG ist nun die Gemeinschaft der Wohnungseigentümer im Rahmen der Beschlussanfechtungsklage passivlegitimiert und daher stets auch anspruchsberechtigt.

40 Dem Verwalter gegenüber vertritt gem. § 9 b Abs. 2 WEG der Vorsitzende des Verwaltungsbeirats oder ein durch Beschluss dazu ermächtigter Wohnungseigentümer die Gemeinschaft der Wohnungseigentümer.

IV. Verwaltungsbeirat als Anspruchsteller und -gegner von Schadensersatzansprüchen

41 Die Wohnungseigentümer können nach § 29 Abs. 1 WEG die Bestellung eines Verwaltungsbeirats (→ *Verwaltungsbeirat* Rn. 1 ff.) beschließen, der gem. § 29 Abs. 2 WEG den Verwalter bei der Durchführung seiner Aufgaben unterstützt.

42 Die Beiratsperson kommt – wie der Verwalter – vornehmlich als Anspruchsgegner von Schadensersatzansprüchen in Betracht, obgleich sich aus dem Vertrag mit dem Beirat, der mit der Gemeinschaft der Wohnungseigentümer zustande kommt, auch Schadensersatzansprüche zu ihren Gunsten ergeben können.

43 Eine **Haftung der Beiratsperson**[66] (→ *Verwaltungsbeirat* Rn. 134 ff.) kommt aus

- dem Amtsverhältnis bei Verletzung ihrer gesetzlichen (§§ 29 Abs. 2, 24 Abs. 6 S. 2 WEG) bzw. ihrer von den Wohnungseigentümern gewillkürten bestimmten Pflichten,
- dem (konkludenten) Vertrag mit der Gemeinschaft der Wohnungseigentümer,[67] der regelmäßig einen (unentgeltlichen) Auftrag iSd §§ 662 ff. BGB darstellt[68] oder
- den §§ 823 ff. BGB

in Betracht.

44 Zu der Frage der Aktivlegitimation gelten die Ausführungen unter → Rn. 36 ff. zu dem Verwalter entsprechend. Auch das Auftragsverhältnis zwischen der Gemeinschaft und der Beiratsperson soll **Schutzwirkungen**

---

62 Beschlussempfehlung des Ausschusses für Recht und Verbraucherschutz, BT-Drs. 19/22634, 48.

63 Bejahend *Hügel/Elzer*, 3. Aufl. 2021, WEG § 26 Rn. 211; ausführlich *Dötsch/Schultzky/Zschischack*, WEG Recht 2021, Rn. 90 ff.

64 Bejahend: LG Berlin 22.6.2018 – 85 S 23/17, ZWE 2019, 135; nur gekorene Zuständigkeit der Gemeinschaft: LG Dortmund 18.5.2018 – 17 S 116/17, ZWE 2019, 130; zum Ganzen: *Jacoby* ZWE 2019, 120; im Ergebnis offengelassen, da nicht entscheidungsrelevant: BGH 8.2.2019 – V ZR 153/18, NJW 2019, 3446 Rn. 10.

65 BGH 8.2.2019 – V ZR 153/18, NJW 2019, 3446.

66 Vgl. zum Ganzen *Pliester* IMR 2019, 1020; *Gottschalk* ZWE 2001, 185.

67 Vgl. BeckOK WEG/*Munzig* § 29 Rn. 102.

68 OLG Düsseldorf 24.9.1997 – 3 Wx 221/97, NZM 1998, 36.

Tyarks

zugunsten der Wohnungseigentümer entfalten.[69] Fraglich ist aber auch insoweit, ob ein geschädigter Wohnungseigentümer ein Mitglied des Verwaltungsbeirats direkt in Anspruch nehmen kann oder den Umweg über eine Inanspruchnahme der Gemeinschaft der Wohnungseigentümer gehen muss (→ Rn. 36 ff.)

V. Wohnungseigentümer als Anspruchsteller und -gegner von Schadensansprüchen

Die Wohnungseigentümer sind in den Schutzbereich der Verträge, die die Gemeinschaft der Wohnungseigen- 45
tümer mit Dritten, bspw. Handwerkern, dem Verwalter oder dem Verwaltungsbeirat abschließt, mit einbezogen. Sofern dem Wohnungseigentümer hieraus ein Schaden entsteht, kann er folglich aus dem „fremden" Vertrag einen eigenen Schaden liquidieren (ausführlich → Rn. 49 ff.).

Daneben sind auch die Wohnungseigentümer untereinander in einem gesetzlichen (§§ 10 ff. WEG) bzw. ver- 46
traglichen Schuldverhältnis (→ *Vereinbarung* Rn. 11 ff.) iSd § 280 BGB verbunden, das **Treue- und Rücksichtnahmepflichten** nach § 241 Abs. 2 BGB auslöst.[70] Verletzt der einzelne Wohnungseigentümer seine Pflichten aus dem vorgenannten Schuldverhältnis und verursacht hierdurch schuldhaft einen Schaden zulasten eines anderen Wohnungseigentümers, haftet er ihm aus § 280 BGB.[71] Ferner kann sich eine Haftung aus dem Deliktsrecht gem. der §§ 823 ff. BGB ergeben.[72]

Die Verpflichtungen der Wohnungseigentümer untereinander ergeben sich vornehmlich aus § 14 Abs. 2 WEG. 47
Die Wohnungseigentümer sind einander nach Einführung des WEMoG jedoch nicht mehr zur ordnungsgemäßen Verwaltung des Gemeinschaftseigentums, insbesondere zur Erhaltung des gemeinschaftlichen Eigentums, verpflichtet.[73] Diese Pflicht trifft nach § 18 Abs. 1 WEG nunmehr die Gemeinschaft der Wohnungseigentümer. Korrespondierend hierzu besteht die Pflicht der einzelnen Wohnungseigentümer gegenüber der Gemeinschaft der Wohnungseigentümer an der Beschlussfassung, die für eine ordnungsgemäße Verwaltung notwendig ist, mitzuwirken. Dies ist der Formulierung aus § 19 Abs. 1 WEG zu entnehmen, wonach die Wohnungseigentümer eine ordnungsmäßige Verwaltung und Benutzung „beschließen" und nicht etwa nur „beschließen können".

Daher können sich insbesondere im Zusammenhang mit der ordnungsgemäßen Verwaltung des gemeinschaftlichen Eigentums zwischen den Wohnungseigentümern wohl keine Schadensersatzansprüche mehr ergeben.[74]

Erleidet der Wohnungseigentümer einen Schaden vornehmlich an seinem Sondereigentum, kommen unter Be- 48
rücksichtigung der neuen Binnenstruktur der Gemeinschaft der Wohnungseigentümer und der Schadensursache insbesondere die nachfolgend benannten **Anspruchsgegner** in Betracht:

- **Unterbleiben einer Beschlussfassung**: Lehnen einzelne Wohnungseigentümer eine Beschlussfassung durch pflichtwidrige Stimmrechtsausübung ab, konnten sich hieraus vor Geltung des WEMoG Schadensersatzansprüche des hierdurch geschädigten Wohnungseigentümers gegen diejenigen Wohnungseigentümer ergeben, die die Beschlussfassung pflichtwidrig abgelehnt haben. Die Gemeinschaft der Wohnungseigentümer haftete hierfür grundsätzlich nicht, da ihr die Verwaltung des gemeinschaftlichen Eigentums nicht oblag. Dies ist nun anders. Da der Gemeinschaft der Wohnungseigentümer die Verwaltung des gemeinschaftlichen Eigentums nach § 18 WEG obliegt, haftet sie für eine einer ordnungsgemäßen Verwaltung entsprechende und erforderliche, aber letztlich unterbliebene Beschlussfassung. Die Gemeinschaft der Wohnungseigentümer muss wiederum im Regresswege gegen die einzelnen Wohnungseigentümer, denen eine pflichtwidrige Stimmrechtsabgabe vorzuwerfen ist, vorgehen (ausführlich → Rn. 53 ff.).
- **Unterbleiben der Durchführung von Beschlüssen**: Unterbleibt die Durchführung von Beschlüssen, insbesondere zur Erhaltung, kam vor Geltung des WEMoG vornehmlich eine Haftung des Verwalters in Betracht, der von dem geschädigten Wohnungseigentümer direkt in Anspruch genommen werden konnte.[75]

---

69 Vgl. BeckOK WEG/*Munzig* § 29 Rn. 122.
70 BGH 10.11.2006 – V ZR 62/06, NJW 2007, 292; siehe auch BGH 9.12.2016 – V ZR 124/16, NJW-RR 2017, 527 Rn. 30; BGH 1.6.2012 – V ZR 195/11, NJW 2012, 2725 Rn. 17.
71 Vgl. AG Pinneberg 12.6.2018 – 60 C 40/17, ZWE 2018, 451; ferner → *Rohre* Rn. 28 ff.
72 Bärmann/*Suilmann* WEG § 14 Rn. 123.
73 Vgl. zur alten Rechtslage Bärmann/*Merle* WEG § 21 Rn. 61 f. mwN.
74 Zum Ganzen zur alten Rechtslage BeckOK WEG/*Elzer* § 21 Rn. 146 ff.; MüKoBGB/*Engelhardt* WEG § 21 Rn. 23 ff.
75 Siehe auch BGH 8.6.2018 – V ZR 125/17, NZM 2018, 719 Rn. 21 ff.

Der Vertrag mit dem Verwalter, der regelmäßig mit der Gemeinschaft der Wohnungseigentümer zustande kommt, besitzt zwar unter Umständen Schutzwirkung zugunsten der Wohnungseigentümer. Vornehmlich soll nunmehr allerdings die Gemeinschaft der Wohnungseigentümer haften, die sich im Regresswege beim Verwalter schadlos halten muss (→ Rn. 36 ff.).

■ **Mangelhafte Leistungserbringung von Drittunternehmen, die die Gemeinschaft der Wohnungseigentümer beauftragt:** Beauftragt die Gemeinschaft der Wohnungseigentümer Drittunternehmen, insbesondere zur Umsetzung von Beschlüssen, können sich Schadensersatzansprüche vornehmlich direkt gegen das jeweilige Drittunternehmen ergeben. Dem Vertrag zwischen Gemeinschaft und Drittunternehmen kommt insoweit Schutzwirkung zugunsten der Wohnungseigentümer zu (→ Rn. 9). Die Gemeinschaft der Wohnungseigentümer haftet hierfür grundsätzlich nicht (→ Rn. 49 ff.). Die Drittunternehmen sind aufgrund der Tatsache, dass der Gemeinschaft der Wohnungseigentümer die Verwaltung des gemeinschaftlichen Eigentums nach § 18 WEG obliegt, nunmehr allerdings Erfüllungsgehilfen der Gemeinschaft iSv § 278 Abs. 1 BGB.[76] Eine Haftung des Verwalters kommt allenfalls im Rahmen eines Auswahlverschuldens in Betracht (→ Rn. 9).

49 **1. Beschädigungen des Sondereigentums.** Beschädigt ein Sondereigentümer das Sondereigentum eines anderen Sondereigentümers, so haftet dieser dem geschädigten Eigentümer aus § 280 BGB iVm § 14 Abs. 2 Nr. 1 WEG sowie aus deliktischem Recht. Bei einer Beschädigung des Sondereigentums im Rahmen einer Maßnahme der Gemeinschaft der Wohnungseigentümer konnte der geschädigte Wohnungseigentümer nach der bisherigen Rechtsprechung des BGH nicht die Gemeinschaft der Wohnungseigentümer in Haftung nehmen. Zuletzt hat der BGH[77] hierzu wie folgt ausgeführt:

„Der Senat hat bereits entschieden, dass der Verband keine Pflicht gegenüber den Wohnungseigentümern hat, gefasste Beschlüsse durchzuführen. Dies hat er maßgeblich mit der Funktion und Struktur der teilrechtsfähigen Wohnungseigentümergemeinschaft begründet. Nach dem Regelungsgefüge des WEG obliegt die Verwaltung des gemeinschaftlichen Eigentums den Wohnungseigentümern, dem Verwalter und im Fall der Bestellung eines Verwaltungsbeirats auch diesem (§ 20 I WEG), nicht jedoch dem Verband. Der Verband ist bei der im Jahr 2007 in Kraft getretenen Reform des Wohnungseigentumsrechts nicht als Entscheidungssubjekt im Rahmen der ordnungsmäßigen Verwaltung konzipiert worden, sondern lediglich als Mittel, eine solche Verwaltung nach außen durchzusetzen. Infolgedessen sind Handwerker, Bauleiter oder Architekten, die der Verwalter zur Durchführung einer beschlossenen Sanierung im Namen der Wohnungseigentümergemeinschaft beauftragt, im Verhältnis zu den einzelnen Wohnungseigentümern nicht Erfüllungsgehilfen des Verbands iSv § 278 I BGB; für Schäden, die solche Auftragnehmer schuldhaft am Sondereigentum verursachen, haftet regelmäßig nicht die Wohnungseigentümergemeinschaft, sondern der Schädiger aufgrund der Verletzung von Pflichten aus einem Vertrag mit Schutzwirkung zugunsten Dritter […].“

50 Der Gesetzgeber hat im Rahmen des WEMoG die **Verwaltung des gemeinschaftlichen Eigentums** nach § 18 Abs. 1 WEG jedoch nunmehr auch im Innenverhältnis der Gemeinschaft der Wohnungseigentümer aufgetragen. Ansprüche im Zusammenhang mit der Verwaltung des gemeinschaftlichen Eigentums sollen sich daher nun auch im Innenverhältnis stets gegen die Gemeinschaft der Wohnungseigentümer richten.[78] Dies bedeutet aber, dass der Wohnungseigentümer bei Beschädigungen des Sondereigentums durch die Verwaltung des gemeinschaftlichen Eigentums künftig zumindest auch gegen die Gemeinschaft der Wohnungseigentümer aus § 280 Abs. 1 BGB iVm § 18 Abs. 1 WEG vorgehen kann. Setzt die Gemeinschaft Handwerker zur Erfüllung der Pflicht zur Verwaltung des gemeinschaftlichen Eigentums ein, sind diese ihre **Erfüllungsgehilfen** iSd § 278 Abs. 1 BGB.

51 Bisher konnte der Wohnungseigentümer bei Beschädigungen des Sondereigentums durch die Verwaltung des gemeinschaftlichen Eigentums lediglich gegen das jeweilige Drittunternehmen vorgehen. Der Vertrag zwischen Gemeinschaft und Drittunternehmen wurde als **Vertrag mit Schutzwirkung zugunsten der Wohnungseigentümer** qualifiziert,[79] so dass neben deliktischen Ansprüchen auch vertragliche Schadensersatzansprüche aus § 280 BGB in Betracht kamen. Fraglich ist, ob an dem Vertrag mit Schutzwirkung zugunsten der

---

76 AA zur alten Rechtslage: BGH 13.12.2019 – V ZR 43/19, BeckRS 2019, 40170.

77 BGH 13.12.2019 – V ZR 43/19, NJW 2020, 1798 Rn. 13.

78 Vgl. BT-Drs. 19/18791, 44.

79 Vgl. BGH 13.12.2019 – V ZR 43/19, NJW 2020, 1798 Rn. 13, 16; BGH 8.6.2018 – V ZR 125/17, NJW 2018, 3305 Rn. 39; LG Stuttgart 11.5.2016 – 10 S 2/16, ZWE 2016, 415 (416); BeckOK WEG/*Müller* § 10 Rn. 440.

Wohnungseigentümer noch festzuhalten ist, denn dem Wohnungseigentümer stehen künftig auch Schadensersatzansprüche gegen die Gemeinschaft zur Verfügung. Gedanke hinter dem Institut „Vertrag mit Schutzwirkung zugunsten Dritter" war stets, dass der Geschädigte nicht ausschließlich auf das unzureichende Deliktsrecht angewiesen sein sollte. Dies ist zwar nicht mehr der Fall. Der Gesetzgeber selbst spricht auch davon, dass sich die Ansprüche im Zusammenhang mit der Verwaltung des gemeinschaftlichen Eigentums im Innenverhältnis stets gegen die Gemeinschaft der Wohnungseigentümer richten. Die besseren Gründe sprechen indes dafür, an dem Vertrag mit Schutzwirkung zugunsten Dritter festzuhalten, so dass die Ansprüche gegen die Gemeinschaft und gegen die Drittunternehmen nebeneinanderstehen. Andernfalls käme es zu einer Vervielfachung gerichtlicher Verfahren.

Der Wohnungseigentümer ist nach diesseitiger Ansicht dann aber wegen seiner **Treue- und Rücksichtnahme-** 52 **pflichten** aus § 241 Abs. 2 BGB gegenüber der Gemeinschaft verpflichtet, vorrangig das jeweilige Drittunternehmen in Anspruch zu nehmen.[80]

Schließlich scheidet in den vorgenannten Fällen regelmäßig auch eine Haftung des Verwalters aus, denn der Vertragspartner der Gemeinschaft ist nicht **Erfüllungsgehilfe des Verwalters** iSd des § 278 BGB.[81] Den Verwalter kann lediglich ein **Auswahlverschulden** treffen, sofern ihm die Auswahl des Vertragspartners überlassen wurde.

2. Pflichtwidrige Stimmrechtsausübung der Wohnungseigentümer. Vor der Geltung des WEMoG konnte 53 sich ausnahmsweise die Pflicht der Wohnungseigentümer ergeben, ihr Stimmrecht dergestalt auszuüben, dass die erforderlichen Maßnahmen zur Erhaltung des gemeinschaftlichen Eigentums beschlossen werden.[82] Kamen sie dem nicht nach, verletzten sie eine Nebenpflicht (§ 241 Abs. 2 BGB) aus dem gesetzlichen Schuldverhältnis, das die Wohnungseigentümer untereinander verbindet. Hieraus konnten sich also Schadensersatzansprüche zugunsten einzelner Wohnungseigentümer gegen diejenigen Wohnungseigentümer ergeben, denen eine pflichtwidrige Stimmrechtsausübung vorzuwerfen war. Die BGH-Rechtsprechung stellte hohe Anforderungen, damit sich die Nebenpflichten aus § 241 Abs. 2 BGB zu einer Pflicht des Wohnungseigentümers zur bestimmten Stimmrechtsausübung verengen, da hiermit in den Kernbereich des Mitgliedschaftsrechts eingegriffen wird (→ *Kernbereich* Rn. 12). Erforderlich war hierzu, dass nur die sofortige Vornahme einer bestimmten Maßnahme ordnungsmäßiger Verwaltung entspricht und diese von einem Wohnungseigentümer gem. § 18 Abs. 2 WEG (§ 21 Abs. 4 WEG aF) verlangt wird, der andernfalls einen Schaden vornehmlich an seinem Sondereigentum erleidet.

Auch an den aus einer Pflichtverletzung abzuleitenden Schadensersatzanspruch stellte der BGH hohe Anfor- 54 derungen. Zwar hat er zunächst offengelassen, ob der Schadensersatzanspruch voraussetzt, dass der Antragsteller gegen den Negativbeschluss zumindest im Wege der Anfechtungsklage nach § 46 WEG aF (§ 44 Abs. 1 WEG) vorgehen muss.[83] Zuletzt hat er indes einen Schadensersersatzanspruch eines Wohnungseigentümers wegen Rechtsmissbrauchs abgelehnt, der den Negativbeschluss nicht angefochten und darüber hinaus auch sechs Jahre lang sein Anliegen nicht weiter verfolgt und insbesondere auch keine Klage auf Ersetzung des von ihm angestrebten Grundsatzbeschlusses über die Sanierung seines Teileigentums gem. § 21 Abs. 8 WEG aF erhoben hat.[84]

Nach § 19 Abs. 1 WEG obliegt den Wohnungseigentümern nunmehr die Verpflichtung gegenüber der Gemein- 55 schaft der Wohnungseigentümer an einer ordnungsgemäßen Verwaltung des gemeinschaftlichen Eigentums mitzuwirken. Durch den ablehnenden Beschluss wird die Gemeinschaft der Wohnungseigentümer an der Wahrnehmung ihrer Pflichten zur Verwaltung des gemeinschaftlichen Eigentums nach § 18 Abs. 1 WEG gehindert. Grundsätzlich hat die Gemeinschaft der Wohnungseigentümer als Rechtsperson zwar nach § 19 Abs. 1 WEG einen Anspruch gegen die Wohnungseigentümer auf eine zustimmende Beschlussfassung zu einer erforderlichen Erhaltungsmaßnahme. Diesen Anspruch wird die Gemeinschaft auf der **Primärebene** aber wohl

---

80 So bereits nach alter Rechtslage LG Stuttgart 1.6.2016 – 10 S 2/16, BeckRS 2016, 10123 unter Verweis auf BGH 10.11.2006 – V ZR 62/06, ZWE 2007, 32.
81 OLG Frankfurt a. M. 28.5.2009 – 20 W 115/06, ZWE 2009, 418.
82 BGH 23.2.2018 – V ZR 101/16, NZM 2018, 615 Rn. 36; BGH 8.6.2018 – V ZR 125/17, NZM 2018, 718 Rn. 9; BGH 17.10.2014 – V ZR 9/14, NJW 2015, 613.
83 BGH 23.2.2018 – V ZR 101/16, NZM 2018, 615 Rn. 42 ff.
84 BGH 14.11.2019 – V ZR 63/19, ZWE 2020, 78.

kaum auf dem Rechtsweg durchsetzen können. Sie kann auch weder die Beschlussfassungen ihres Organes „Wohnungseigentümerversammlung" anfechten noch eine Beschlussersetzungsklage gegen sich selbst erheben. Sie muss das pflichtwidrige Verhalten der Wohnungseigentümer, die den ablehnenden Beschluss verursacht haben, vielmehr dulden und kann etwaige sich hieraus ergebenen Schadensersatzansprüche gegen die verantwortlichen Wohnungseigentümer lediglich liquidieren.

56 Der geschädigte Wohnungseigentümer kann wiederum nach der neuen Rechtslage unter der Geltung des WEMoG Schadensersatzansprüche gegen die Gemeinschaft der Wohnungseigentümer aus § 280 BGB iVm § 18 Abs. 1 WEG geltend machen. Ein verschuldensunabhängiger Aufopferungsanspruch nach § 906 Abs. 2 BGB scheidet aus (→ *Rohre* Rn. 34). Die Gemeinschaft haftet für **Pflichtverletzungen ihres Willensbildungsorgans**, dh die Wohnungseigentümer in ihrer Gesamtheit. Um den Schadensersatzanspruch des einzelnen Wohnungseigentümers zu erhalten, muss er wohl weiterhin gegen die ablehnende Beschlussfassung im Wege der Anfechtungsklage verbunden mit der Beschlussersetzungsklage vorgehen (→ Rn. 50 f.). Eine Kürzung des Schadensersatzanspruchs des Wohnungseigentümers um den Eigenanteil scheidet aus.[85]

57 Damit die Gemeinschaft der Wohnungseigentümer im **Regressprozess** gegen die verantwortlichen Wohnungseigentümer nicht in eine schwierige Beweislage gerät, sollte sie sich regelmäßig erst selbst von dem geschädigten Wohnungseigentümer verklagen lassen. Im Rahmen der Schadensersatzklage des Wohnungseigentümers gegen die Gemeinschaft der Wohnungseigentümer kann diese denjenigen Wohnungseigentümern, die die erforderliche Beschlussfassung abgelehnt haben, nach den §§ 72 ff. ZPO den Streit verkünden und im Anschluss einen etwaigen titulierten Schadensersatzanspruch im Wege des Regressprozesses auf die verantwortlichen Wohnungseigentümer abwälzen. Daneben kommt unter Umständen auch ein Parallelprozess gegen die verantwortlichen Wohnungseigentümer auf Freihaltung von der Schadensersatzforderung in Betracht. Der **Schadensersatzanspruch der Gemeinschaft** gründet sich auf § 280 BGB iVm § 19 Abs. 1 WEG.

58 **3. Verschuldensunabhängiger Aufopferungsanspruch.** Führt ein Mangel des Sondereigentums zu einem Schaden an einem anderen Sondereigentum, kann schließlich der verschuldensunabhängige Aufopferungsanspruch nach § 906 Abs. 2 S. 2 BGB analog zur Anwendung kommen.[86] Dies soll nach hM auch dann gelten, wenn ein Mangel am Sondereigentum zu einem Schaden am gemeinschaftlichen Eigentum führt (→ *Rohre* Rn. 30).

190. Schaukel

Brückner

I. Einführung

1 Die in einer Wohnungseigentumsanlage vorhandenen Räume und Flächen unterliegen **unterschiedlichen Gebrauchs- und/oder Nutzungszwecken**. Diese werden auch bestimmt durch ihre Zuordnung in der Wohnungseigentumsanlage und durch diejenigen Personen, denen die Entscheidungshoheit über die Nutzung zugewiesen worden ist.

2 Die so Berechtigten sind in ihrer Nutzungsentscheidung jedoch nicht gänzlich frei, sondern haben die für die Nutzung **allgemein geltenden Regeln** zu einzuhalten.

3 Das gilt umso mehr, wenn allgemeine Gebrauchsregeln erlassen worden sind, die dem Schutz der **übrigen** Eigentümer dienen.

---

85 Vgl. hierzu zu dem derzeit geltenden § 14 WEG, BeckOK WEG/*Müller* WEG § 14 Rn. 210 f.
86 BGH 25.10.2013 – V ZR 230/12, NJW 2014, 458 mwN.

II. Materielles Recht

1. Errichtung auf gemeinschaftlichem Eigentum. Die Zulässigkeit der Errichtung einer Schaukelanlage 4
richtet sich zunächst nach den **Festlegungen in der Gemeinschaftsordnung.** Stehen bestimmte Zweckbestimmungen oder Gebrauchsregelungen einer Schaukel entgegen, so ist ihre Errichtung unzulässig. Fehlt es an
solchen Regelungen, so ist zu unterscheiden zwischen einer Schaukel im gemeinschaftlichen Eigentum, das
durch alle Eigentümer genutzt werden darf, und einer Sondernutzungsfläche.

Ob die Errichtung einer Schaukelanlage im Bereich einer allen zur Nutzung zur Verfügung stehenden Fläche 5
beschlossen werden kann, ist **umstritten.**[1] Nach hier vertretener Ansicht spricht nichts gegen einen solchen,
§ 20 Abs. 1 WEG unterliegenden Beschluss.[2]

Teilweise wir die Errichtung einer Kinderschaukel und anderen Spielgeräten bei Umgestaltung einer Garten- 6
fläche sogar als eine **nachteilige** bauliche Veränderung angesehen.[3] Auch dem ist angesichts des besonderen
Schutzes, den Kinder unterliegen,[4] grundsätzlich nicht zuzustimmen.

Da die Benutzung von Schaukeln Kindern vorbehalten ist, wird diese nicht ohne eine gewisse Geräuschentwicklung von statten gehen. Solche Geräusche sind jedoch sozialadäquat und können selbst durch eine Hausordnung grundsätzlich nicht eingeschränkt werden.[5] Die Nutzung hat sich allerdings an die allgemeinen behördlich angeordneten Ruhezeiten zu halten. Im begründeten Einzelfall kann es anders liegen.

2. Errichtung auf einer Sondernutzungsfläche. Soll die Schaukel auf einer Fläche mit zugewiesenem **Son-** 7
dernutzungsrecht errichtet werden und steht dem keine Zweckbestimmung oder Gebrauchsregelung entgegen, hält sich die Errichtung im Rahmen der zulässigen ordnungsgemäßen Benutzung. Dies gilt selbst dann,
wenn die Fläche als Grünfläche und Ziergarten ausgewiesen ist.[6]

3. Errichtung auf dem Sondereigentum. Nach § 3 Abs. 2 WEG ist es jetzt auch vorstellbar, dass eine 8
Schaukel auf einer Gartenfläche errichtet wird, die im Sondereigentum steht. Insoweit gelten die allgemeinen
Grundsätze.

Zum einen ist – was im Übrigen auch für die vorstehenden Punkte gilt – im Einzelfall zu fragen, ob in ihrer 9
Errichtung eine **bauliche Veränderung** zu sehen ist. Denn zu dieser bedarf es nach § 13 Abs. 2 WEG eines
diese genehmigen Beschlusses gem. § 20 Abs. 1 WEG, soweit keinem der anderen Wohnungseigentümer über
das bei einem geordneten Zusammenleben unvermeidliche Maß hinaus ein Nachteil erwächst. Dies ist eine
Frage des Einzelfalls und im Zweifel zu verneinen. Zum einen können die anderen Wohnungseigentümer
durch die Schaukel eine optische Beeinträchtigung erfahren, zum anderen gehen von der Benutzung der
Schaukel idR nicht nur unerhebliche Geräuschbelästigungen aus.

Zum anderen ist bei einer errichteten Schaukel zu fragen, welche Nachteile die anderen Wohnungseigentümer 10
durch die **Benutzung** der Schaukel im Alltag erfahren. Hier ist es grundsätzlich anzunehmen, dass sich die
Miteigentümer gegen übermäßige Geräusche oder andere, von der Schaukel ausgehende Immissionen nach
§ 14 Abs. 2 Nr. 1 WEG wenden können. Was gilt, ist auch hier wieder eine Frage des Einzelfalls. Beispielsweise kann ein Miteigentümer gegen eine besonders quietschende Schaukel einschreiten oder dann, wenn
durch die Benutzung der Schaukel besondere Beeinträchtigungen hervorgerufen werden. Bei der Betrachtung
ist freilich § 22 Abs. 1 a S. 1 BImSchG zu beachten, wonach Geräuschentwicklungen, die von Kindertageseinrichtungen, Kinderspielplätzen und ähnlichen Einrichtungen wie beispielsweise Ballspielplätzen durch Kinder
hervorgerufen werden, im Regelfall keine schädliche Umwelteinwirkung sind.

---

1 Dafür OLG Düsseldorf 14.8.1989 – 3 Wx 261/89, DWE 1990, 94; dagegen wohl KG 18.7.1990 – 24 W 2488/90,
  WM 1990, 460.
2 Es handelt sich um keine Frage der Benutzung, da die Schaukel grundsätzlich fest einzubetonieren ist. Im Einzelfall
  mag es anders liegen, dann richtet sich der Beschluss nach § 19 Abs. 1 WEG.
3 LG Frankfurt a. M.. 12.6.2014 – 2–09 S 79/13, ZWE 2015, 183.
4 § 22 Abs. 1 a BImSchG mag entsprechend anwendbar sein.
5 LG Heidelberg 23.10.1996 – 8 S 2/96, WuM 1997, 38.
6 OLG Düsseldorf 14.8.1989 – 3 Wx 261/89, DWE 1990, 94.

191. Schließanlage

Maximilian A. Müller

I. Einführung

1 Eine zentrale Schließanlage ist innerhalb der Gemeinschaft der Wohnungseigentümer unumgänglich. Sie sichert auf der einen Seite den Zugang sämtlicher Eigentümer und Bewohner und führt zugleich zu einer **hinreichenden Sicherheit** gegen den unerwünschten Zugang durch Dritte.

II. Eigentumsrechtliche Zuordnung und Konsequenzen für die Eigentümer

2 Bei der eigentumsrechtlichen Zuordnung der Schließanlage ist zunächst zu unterscheiden, inwiefern die Schließanlage eine **gemeinschaftliche Funktion** erfüllt.

3 Eine Schließanlage, die mehreren oder allen Eigentümern den Zugang zum Objekt oder zu einzelnen Räumlichkeiten gewährt, steht gem. § 5 WEG zwingend im **Gemeinschaftseigentum**.[1] Gleiches gilt auch für die zugehörigen Schlüssel[2] sowie sämtliche **Unterlagen**, die für die fortlaufende Benutzung der Schließanlage erforderlich sind, wie etwa Schließpläne oder auch Sicherungsscheine. Diese Unterlagen sind folglich zwingend Bestandteil der Verwaltungsunterlagen. Sie sind daher wie die übrigen Verwaltungsunterlagen auch bei einem Verwalterwechsel an den neuen Verwalter herauszugeben.[3] Der Wohnungseigentümergemeinschaft steht auch ohne besondere vertragliche Regelung ein Anspruch auf Herausgabe der für die Nutzung der Schließanlage erforderlichen Unterlagen und technischen Bestandteile gegen den Bauträger zu.[4] Hierbei handelt es sich gem. § 9 a Abs. 2 WEG um einen Anspruch, der originär der Gemeinschaft der Wohnungseigentümer zusteht und damit auch ausschließlich von dieser geltend gemacht werden kann.

4 Obwohl die **Wohnungsabschlusstür** Sonder- und Gemeinschaftseigentum abgrenzt und damit ebenfalls zwingend im Gemeinschaftseigentum steht, gilt dies nicht hingegen nicht für das zugehörige Schloss nebst Schlüssel. Sofern die Schlüssel nicht zugleich auch Bestandteil der auch das Gemeinschaftseigentum verschließenden Schließanlage sind, so stehen diese im Alleineigentum des Eigentümers.[5]

5 **Bauliche Veränderungen** an der Schließanlage sind an den Maßstäben des § 20 WEG zu messen (→ *Bauliche Veränderungen* Rn. 1 ff.). Gravierende bauliche Eingriffe, die mit einer starken Reglementierung des Zutritts verbunden sind, können zu einer Beeinträchtigung gem. § 20 Abs. 3 WEG führen und damit ohne Zustimmung der betroffenen Eigentümer unzulässig sein.[6] Möchte die Eigentümergemeinschaft bauliche Veränderungen an der Schließanlage vornehmen, um die Sicherheit zu erhöhen, wurde dies regelmäßig als Gebrauchswerterhöhung und damit gem. § 555 b BGB als **Modernisierungsmaßnahme** angesehen.[7] Gleiches galt für die Installation einer Gegensprechanlage. Während diese Maßnahmen nach früherem Recht eine doppelt qualifizierte Mehrheit (→ *Modernisierung* Rn. 80) erfordert haben, besteht nunmehr gem. § 20 Abs. 2 Nr. 3 WEG hierauf ein Anspruch eines einzelnen Eigentümers (→ *Bauliche Veränderungen* Rn. 1 ff.), was indes nicht bedeutet, dass stets der optimale Einbruchschutz herzustellen ist. Gleichwohl sollen unter § 20 Abs. 2 Nr. 3 WEG sämtliche Maßnahmen fallen, die einen Einbruch „unwahrscheinlicher" machen. Bauliche Optimierungen werden hier daher zukünftig häufiger werden.

---

1 LG Hamburg 10.3.2016 – 318 S 79/15, BeckRS 2016, 9915.
2 BeckOGK/*Schultzky* 42. Edition WEG § 5 Rn. 61.
3 BeckOGK/*Greiner* WEG § 26 Rn. 298 ff.
4 OLG Stuttgart 16.11.2016 – 3 U 98/16, BeckRS 2016, 113267.
5 Bärmann/*Armbrüster* WEG § 5 Rn. 110.
6 So AG Hamburg-Wandsek 21.2.2017 – 750 C 28/16, BeckRS 2017, 139967 für eine nachträgliche Installation einer automatischen Schranke eines Hoftores.
7 BeckOGK/*Karkman* WEG § 22 a Rn. 109.

III. Benutzungsregelung der Eigentümer

Im Rahmen der Nutzung der gemeinschaftlichen Schließanlage treten verschiedene **Verwaltungsfragen** auf. **6** So werden die Eigentümer insbesondere zu regeln haben, ob die Hauseingangstür zu bestimmten Zeiten dauerhaft geöffnet oder geschlossen zu sein hat und wem Schlüssel zur Schließanlage auszuhändigen sind. Entsprechende Verwaltungsfragen sind gem. § 19 Abs. 1 WEG durch die Eigentümer im Rahmen der Eigentümerversammlung zu beschließen.

Insbesondere dort, wo nach den Bestimmungen der Teilungserklärung in zulässiger Art und Weise Gewerbe- **7** einheiten mit **Publikumsverkehr** vorhanden sind, ist die Regelung von bestimmten Zeiten möglich, an denen der Zugang offengehalten werden muss, wenn dies erforderlich ist, um den Publikumsgewähr gewährleisten zu können.[8]

Kritisch hingegen werden Beschlüsse beurteilt, welche das **Abschließen** der Haustüre zu bestimmten **8** (Nacht-)Zeiten vorsehen. Diese führen nämlich dann zu Schwierigkeiten, wenn hierdurch das Verlassen des Hauses ebenfalls nur noch mit Schlüssel möglich wäre. Die hiermit für Besucher verbundenen Einschränkungen und insbesondere die bei abgeschlossenen Türen entstehenden Gefahren im **Brandfalle** führen regelmäßig dazu, dass bestimmte Verschlusszeiten nicht ordnungsgemäßer Verwaltung entsprechen.[9] Sofern durch entsprechende Panikschlösser die Möglichkeit besteht, die Tür zwar von außen verschlossen zu halten, von innen diese jedoch gleichwohl zu öffnen, dürfte ein Beschluss über bestimmte Verschlusszeiten jedoch ordnungsgemäßer Verwaltung entsprechen können.

IV. Verlust eines Schlüssels

Die gemeinsame Nutzung der Schließanlage durch die Bewohner führt zu einer unüberschaubaren Anzahl an **9** Schlüsseln, wodurch das Risiko eines **Schlüsselverlustes** durch einzelne Bewohner deutlich erhöht. Dies gilt umso mehr bei vermieteten Einheiten, da mit einem regelmäßigen Mieterwechsel die Gefahr eines Schlüsselverlustes nochmals weiter ansteigt.

Der Verlust eines Schlüssels durch einen Mieter ist (mietrechtlich) als eine **Obhutsverletzung** des Mieters ge- **10** genüber dem eigenen Vermieter anzusehen. Der Vermieter wiederum muss sich dies – auch nach Wegfall des § 14 WEG Nr. 2 WEG aF – gegenüber der Gemeinschaft der Wohnungseigentümer zurechnen lassen. Für die Verantwortlichkeit des Eigentümers gegenüber den übrigen Eigentümern spielt es daher im Ergebnis keine Rolle, ob er selbst oder Dritte, denen er einen Schlüssel ausgehändigt hat, diesen verlieren.

Allerdings führt der Verlust eines Schlüssels nach der Rechtsprechung des Bundesgerichtshofes nicht per se zu **11** einem **Schadensersatzanspruch**. Während früher allein in dem Verlust des Schlüssels aufgrund der damit verbundenen abstrakten Gefährdung eine Substanzverletzung der Schließanlage angenommen wurde, hat der Bundesgerichtshof[10] klargestellt, dass Schadensersatz nur zu leisten ist, wenn

- aus objektiver Sicht im konkreten Einzelfall
- zur Beseitigung einer fortbestehenden Missbrauchsgefahr
- die Erneuerung der Schließanlage veranlasst ist und
- diese dann auch durchgeführt wird.

Maßgeblich ist hierbei, ob eine **konkrete Gefahr** eines **Missbrauches** festgestellt werden kann. Die rein ab- **12** strakte Gefahr, dass durch den Verlust eines Schlüssels theoretisch Dritte in das Anwesen eindringen können, soll nicht ausreichen. Maßgeblich dürfte insofern sein, ob aufgrund der konkreten Umstände des Einzelfalls davon auszugehen ist, dass der „Finder" Kenntnis davon hat, wo der Schlüssel verwendet werden kann. Dies wäre zB zu bejahen, wenn der Schlüssel beschriftet gewesen ist oder auch in unmittelbarer Nähe zur Eingangstür verloren wurde. Je eher der verlorene Schlüssel aufgrund der konkreten Umstände des Verlustes nicht einer konkreten Person oder der Immobilie zugeordnet werden kann, je eher wird man Ansprüche ablehnen können.[11]

---

8 AG Kassel 14.3.2007 – 800 II 146/06, BeckRS 2007, 11787.
9 LG Frankfurt a. M. 12.5.2015 – 2–13 S 127/12, NJW-RR 2015, 968; hierzu auch AG Köln 4.1.2017 – 203 C 319/16, BeckRS 2017, 145001.
10 BGH 26.3.2014 – 4 W 51/14, NJW 2014, 1653.
11 LG Berlin 10.11.1987 – 64 S 196/87; AG Gelsenkirchen 18.8.1978 – 3 C 138/78.

13   Voraussetzung für einen Schadensersatzanspruch ist ferner, dass den Mieter/Eigentümer ein **Verschulden** trifft,[12] wobei das Verschulden nach allgemeinen Regeln vermutet wird.

14   Zudem soll der Schadensersatzanspruch **verwirkt** sein, wenn die Schließanlage erst nach mehreren Monaten ausgetauscht wird.[13] Richtigerweise dürfte dies keine Frage der Verwirkung sein – vielmehr wird man dann, wenn mit dem Austausch mehrere Monate zugewartet wird, in der Regel davon ausgehen können, dass eine konkrete fortbestehende Missbrauchsgefahr nicht besteht, sofern der verspätete Austausch nicht durch sachliche Gründe gerechtfertigt werden kann.

15   Ist ein Schadensersatzanspruch dem Grunde nach zu bejahen, so sind auch Kosten für **provisorische Sicherungsmaßnahmen** bis zum Austausch der Schließanlage zu ersetzen. Ein Abzug Neu für Alt ist bei der Schadensberechnung nach allgemeinen Grundsätzen zu berücksichtigen. Die regelmäßige **Nutzungsdauer** einer **Schließanlage** liegt bei 20–25 Jahre.[14]

16   Auch wenn die vorgenannte Rechtsprechung fast ausschließlich das Verhältnis zwischen Vermieter und Mieter betrifft, ist diese auf das Verhältnis zwischen den Eigentümern zu übertragen. Denn die Frage, ob der Verlust eines Schlüssels zu einem **Schaden** iSd § 249 BGB führt, ist einheitlich zu beantworten. Hiermit wird auch sichergestellt, dass der Eigentümer, der von der Eigentümergemeinschaft in Anspruch genommen wird, auch Regress gegenüber seinem Mieter nehmen kann. Gleichwohl verbleibt für den vermietenden Eigentümer die Problematik, dass seine Ansprüche gegen den Mieter gem. § 548 BGB innerhalb von sechs Monaten nach Übergabe verjähren können, während Ansprüche der Gemeinschaft gegen ihn der Regelverjährung unterliegen.

17   Denkbar erscheint in diesem Zusammenhang, den Beschluss über die **Erhaltung** (Austausch) der Schließanlage mit einem Beschluss über die **Kostentragung** nach § 16 Abs. 2 WEG zu versehen und die Kosten demjenigen Eigentümer aufzuerlegen, der die Schlüssel verloren hat. Erwächst ein solcher Beschluss in Bestandskraft ist er unabhängig von der Frage, ob ein Schadensersatzanspruch begründet und durchsetzbar wäre, zu beachten und führt über den Umweg der Jahresabrechnung zu einer Zahlungsverpflichtung.[15] Fraglich ist, ob ein solcher Beschluss auch nur dann ordnungsgemäßer Verwaltung entspricht, wenn ein Schadensersatzanspruch hätte mit Erfolg durchgesetzt werden können. Hierfür würde sprechen, dass anderenfalls durch einfachen Mehrheitsbeschluss die Rechtsprechung des Bundesgerichtshofs zur Begründung des Schadensersatzes unterlaufen werden könnte. Auf der anderen Seite sieht § 16 Abs. 2 WEG weitgehend die Möglichkeit vor, die Verteilung einzelner Kostenarten, zu denen sicherlich auch der Austausch einer Schließanlage gehört, durch einfache Beschlussmehrheit anders zu verteilen. Es erscheint daher durchaus denkbar, dass eine Kostenübertragung hier nicht den gleichen strengen Voraussetzungen unterliegt – insbesondere wird man möglicherweise die Kostenübertragung auf den einzelnen Eigentümer auch verschuldensunabhängig vornehmen können.

V.   Verfahrenshinweise

18   Bestehen Schadensersatzansprüche stehen diese gem. § 9 a Abs. 2 WEG der Gemeinschaft der Wohnungseigentümer zu.

19   Allerdings dürfen die bestehenden Ansprüche nicht über die Abrechnung dem einzelnen Eigentümer berechnet werden, da dort allenfalls unstreitige oder rechtskräftig festgestellte Ansprüche zu einer **Sonderbelastung** des Eigentümers führen dürfen. Abrechnungen, die entsprechende Forderungen beinhalten, dürften nicht nur anfechtbar, sondern nichtig sein.

20   Demnach muss die Gemeinschaft der Wohnungseigentümer daher die Ansprüche aktiv geltend machen. Aufgrund der Neufassung des § 27 WEG ist der Verwalter hierzu per se ermächtigt, so dass es keines zusätzlichen Eigentümerbeschlusses hierfür mehr bedarf.

21   Dem vermietenden Eigentümer steht – wenn der Mieter für den Schlüsselverlust verantwortlich ist – ein **Regressanspruch** bzw. ein Freistellungsanspruch zu, den er allerdings unabhängig von den Forderungen der Gemeinschaft der Wohnungseigentümer innerhalb der Verjährungsfrist geltend zu machen hat. Lässt man die

---

12   AG Spandau 20.12.2012 – 6 C 546/12, BeckRS 2013, 3493.
13   AG Waren 12.10.2017 – 106 C 1139/15.
14   OLG Dresden 20.8.2019 – 4 U 665/19, IMR 2019, 3436.
15   Hierzu LG Hamburg 10.3.2016 – 318 S 79/15, BeckRS 2016, 9915.

Maximilian A. Müller

Kostenübertragung gem. § 16 Abs. 2 WEG auch dazu, wenn die Voraussetzungen eines Schadensersatzanspruches nicht vorliegen, so kann dies dazu führen, dass der Eigentümer gegenüber der Wohnungseigentümergemeinschaft zur Zahlung verpflichtet ist – gleichzeitig jedoch keinen Regressanspruch gegen seinen Mieter oder sonstige Dritte hat.

192. Schlüssel

Maximilian A. Müller

I. Einführung

Die Aushändigung und Verwendung der Schlüssel für die gemeinschaftlich zu nutzenden Räumlichkeiten können zu vielfältigen Problemen führen. Häufig steht hierbei die Frage im Vordergrund, auf welchem Wege **Zutritt** zu bestimmten Räumlichkeiten – Technikraum oder sonstige Gemeinschaftsräume – gewährt oder verwehrt werden kann.   1

II. Schlüssel als Gemeinschaftseigentum

Sämtliche Schlüssel, die das **Gemeinschaftseigentum** erschließen, stehen im gemeinschaftlichen Eigentum. Dies gilt auch für kombinierte Haus- und Wohnungsschlüssel, die einen Zugang zu beiden Bereichen ermöglichen.[1] Entscheidend ist letztlich, dass die Schlüssel nicht allein dem Zugang zum Sondereigentum dienen. Letztere stehen – wie der Wohnungsschlüssel – im Alleineigentum des Sondereigentümers.   2

Ein Eigentümer ist verpflichtet, den **Verlust** eines dem gemeinschaftlichen Zugang dienenden Schlüssels über den Verwalter der Gemeinschaft anzuzeigen. Dies ist erforderlich, damit die Eigentümer über weitere Sicherungsmaßnahmen bzw. weitergehende Folgen entscheiden kann.   3

Besteht aufgrund des Schlüsselverlustes eine konkrete Gefahr eines unbefugten Eindringens von Dritten, so können **Schadensersatzansprüche** der Gemeinschaft der Wohnungseigentümer gegen den Eigentümer entstehen (→ *Schließanlage* Rn. 9 ff.).   4

Unabhängig hiervon muss sichergestellt sein, dass der Eigentümer jederzeit **Zugang** zum gemeinschaftlichen Eigentum hat, um einen Zutritt zu den im Gemeinschaftseigentum stehenden Räumlichkeiten aber auch zum eigenen Sondereigentum zu erhalten. Dem Eigentümer steht daher grundsätzlich ein Anspruch auf **Aushändigung** eines Schlüssels zu. Bei einem Schlüsselverlust sind gegebenenfalls Schlüssel nachzumachen. Der Anspruch auf Aushändigung eines weiteren Schlüssels richtete sich nach altem Recht gegen den Verwalter, der gem. §§ 27 Abs. 1 Nr. 5, 21 Abs. 4 WEG aF dazu verpflichtet war (gegen Kostenerstattung), dem Eigentümer Schlüssel zur Verfügung zu stellen. Es handelte sich hierbei um eine Maßnahme laufender Verwaltung, für die der Verwalter keine vorherige Beschlussfassung benötigte,[2] und deren Verletzung auch zu Schadensersatzansprüchen zu Gunsten des Eigentümers führen konnte.[3]   5

Nachdem die Verwaltung nach der WEG-Reform unmittelbar der Wohnungseigentümergemeinschaft obliegt, richten sich entsprechenden Ansprüche nunmehr nicht mehr gegen den Verwalter, sondern direkt gegen die Gemeinschaft der Wohnungseigentümer. Auf die früher streitige Frage, ob Verpflichtungen des Verwalters zur Aushändigung eines Schlüssels erst einer Beschlussfassung der Eigentümer bedurft haben, dürfte es daher nicht mehr ankommen.[4]   6

---

1 Bärmann/*Armbrüster* WEG § 5 Rn. 110.
2 AG Saarbrücken 7.4.2017 – 36 C 24/16 (12).
3 AG Saarbrücken 12.5.2017 – 42 C 323/16 (10).
4 Hierzu AG Berlin Tiergarten 16.5.2012 – 610 C 796/11. WEG, ZWE 2013, 273.

7   Weiterhin können die Eigentümer indes durch Beschlussfassung den genauen Umgang mit den gemeinschaftlichen Schlüssel näher regeln (hierzu sogleich → Rn. 9).

8   Jeder Eigentümer darf das **gemeinschaftliche Eigentum** gem. § 16 Abs. 1 S. 2 WEG nutzen. Werden daher im Gemeinschaftseigentum stehenden Räume verschlossen gehalten, so sind zumindest im Ausgangspunkt allen Eigentümern auch Schlüssel hierzu auszuhändigen.[5] Dies gilt jedoch nicht uneingeschränkt. Einschränkungen ergeben sich dort, wo bereits die Teilungserklärung abweichende Regelungen – wie zB einen Schlüsselnotkasten – vorsieht.[6]

III.   Regelungen zur Benutzung der Schlüssel

9   Zudem steht es der Gemeinschaft der Wohnungseigentümern im Rahmen des bestehenden **Ermessens** frei, den Umgang mit den Schlüsseln zu konkretisieren. Insbesondere kann sie die **Anzahl** der den Eigentümern auszuhändigen Schlüssel auf eine bestimmte Zahl beschränken. Zwischen dem Interesse der Gemeinschaft, die Anzahl der sich im Umlauf befindlichen Schlüssel zu beschränken, und dem Interesse einzelner Eigentümer an einer höheren Anzahl von Schlüsseln, wird ein angemessener Ausgleich zu schaffen sein. Hierbei liegt es nahe, auf die mietrechtliche Rechtsprechung zurückzugreifen. Hiernach wird die Anzahl der zuzugestehenden Schlüssel eher großzügig bemessen. Schlüssel sollen auszuhändigen sein für jeden berechtigten Bewohner der Wohnung, auch Untermieter, Brief- und Zeitungszusteller, Hausgehilfin und Babysitter, zeitweilige Besucher sowie einen Reserveschlüssel.[7] Beschlüsse, die sich in diesem Rahmen halten, werden regelmäßig ordnungsgemäßer Verwaltung entsprechen. Möchten die Eigentümer mehrheitlich die Anzahl der Schlüssel deutlich weitergehend reglementieren, führt dies zu erheblichen Problemen für die vermietenden Eigentümer, die mietrechtlich dem Mieter gegenüber zur Aushändigung zusätzlicher Schlüssel verpflichtet sind, dies jedoch aufgrund der Beschlusslage in der Gemeinschaft der Wohnungseigentümer nicht leisten können. Richtigerweise werden entsprechende Beschlüsse regelmäßig ordnungsgemäßer Verwaltung widersprechen, da sie die vermietenden Eigentümer erheblich beeinträchtigen und in der Regel auch kein besonders schwerwiegender sachlicher Grund gefunden werden kann, der für eine starke Reglementierung der im Umlauf befindlichen Schlüssel spricht.

10   Um die Erfüllung wesentlicher **Verwaltungspflichten** zu ermöglichen, kann die Gemeinschaft der Wohnungseigentümer ferner beschließen, dass ein **Generalschlüssel** nicht nur an Eigentümer, sondern auch an **Funktionsträger** – wie Hausverwalter, Hausmeister, essenzielle Installationsbetriebe (insbesondere Heizung und Wasser) etc – ausgehändigt werden können, um im Notfall kurzfristige Erhaltungsmaßnahmen zu ermöglichen. Ohne eine entsprechende Beschlussfassung steht allerdings grundsätzlich weder dem Verwalter noch sonstigen Vertrauenspersonen eigene Schlüssel zu.

11   Auch wenn § 16 Abs. 1 S. 2 WEG davon ausgeht, dass sämtliche Eigentümer jederzeit den Zugang zum gemeinschaftlichen Eigentum haben dürfen, führt dies in der Praxis immer wieder zu Auseinandersetzungen zwischen den Eigentümern. Denn es wird regelmäßig als problematisch angesehen, wenn jedem Eigentümer Zugang zu den **technischen Einrichtungen** der Gemeinschaft gewährt wird, die stets im Gemeinschaftseigentum stehen und daher an sich auch dem jederzeitigen Zugriffsrecht aller Eigentümer unterliegen. Die Eigentümer können daher Zutrittsbeschränkungen für einzelne im Gemeinschaftseigentum stehende Räumlichkeiten gem. § 18 Abs. 2 WEG beschließen, sofern dies zum Schutz der dort vorhandenen Anlagen geboten ist. Betroffen hiervon wird regelmäßig der **Technikraum/Heizungskeller** sein.[8] Die Eigentümer können auf diesem Wege auch den Mitgebrauch am Gemeinschaftseigentum einschränken und den Raum verschlossen halten, ohne jedem Eigentümer einen Schlüssel aushändigen zu müssen. Die Schlüssel werden hier lediglich besonderen **Vertrauenspersonen** (Hausverwalter, Hausmeister, Installationsbetrieb) zur Verfügung gestellt, um den Zugang zum Technikraum auf das notwendige Maß zu beschränken. Unzulässig soll dies jedoch beim **Müllraum** sein.[9]

---

5   AG Berlin-Schöneberg 9.1.2014 – 772 C 24/13, BeckRS 2014, 15755.
6   LG Hamburg 10.9.2010 – 318 S 24/09, NZM 2011, 589.
7   *Schmid* MDR 2010, 1367 mit weiteren Rechtsprechungsnachweisen.
8   OLG Köln 8.11.1996 – 16 Wx 215/96, WuM 1997, 696.
9   AG Aachen 17.7.2002 – 12 UR II 53/02 WEG, BeckRS 2005, 06690.

IV. Verfahrenshinweise

Bei der prozessualen Durchsetzung der Ansprüche eines einzelnen Eigentümers auf Aushändigung weiterer 12
Schlüssel ist zunächst zu prüfen, ob bereits eine Regelung durch Beschlussfassung vorliegt.

Wendet sich der Eigentümer hierbei gegen eine auf einem Beschluss beruhende Praxis wird zunächst eine 13
neue Beschlussfassung anzuregen sein, ehe nach einer Vorbefassung der Eigentümer **Beschlussersetzungsklage** gem. § 44 Abs. 1 S. 2 WEG einzureichen sein wird. Die Klage richtet sich gegen die Wohnungseigentümergemeinschaft.

Fehlt es an einem Beschluss oder wird gegen einen bestehenden Beschluss oder sonstige – aus der Teilungser- 14
klärung oder dem Gesetz beruhende Regeln verstoßen – so kann unmittelbar Klage eingereicht werden. Diese
Klage richtet sich nunmehr ebenfalls gegen die Gemeinschaft der Wohnungseigentümer – und war auch dann,
wenn die beanstandete Praxis auf das Verhalten des Verwalters zurückzuführen ist. Die Wohnungseigentümergemeinschaft wiederum kann dann gegebenenfalls Regress bei dem Verwalter nehmen.

193. Schneeräumen/Winterdienst und tätige Mithilfe

Martini

I. Einführung

Der Winterdienst auf den öffentlichen Straßen ist in den jeweiligen landesrechtlichen Gesetzen geregelt und 1
umfasst das Beseitigen von Eis und das Räumen von Schnee durch die Anlieger. Weiterhin bestehen **Verkehrssicherungspflichten** hinsichtlich der Wege, Außentreppen und sonstigen dem öffentlichen Verkehr dienenden Außenflächen der Wohnungseigentumsanlage.

Zuständig für die Durchführung ist die Gemeinschaft der Wohnungseigentümer oder der Verwalter. Wird die 2
Verkehrssicherungspflicht einem Dritten übertragen, zB wenn ein Schneeräumunternehmen beauftragt wird,
verbleibt trotzdem die **Überwachungspflicht**, dass der Winterdienst ordnungsgemäß ausgeübt wird, bei der
Gemeinschaft der Wohnungseigentümer oder dem Verwalter. Eine vollständige Entledigung der Sicherungspflichten ist nicht möglich.

II. Materielles Wohnungseigentumsrecht

1. Umfang des Winterdienstes. Länderübergreifend lässt sich allgemein festhalten, dass eine Räum- und 3
Streupflicht meist in dem **Zeitraum** zwischen 7.00 Uhr und 20.00 Uhr besteht, am Wochenende je nach landesrechtlicher Regelung etwas länger. Bei starkem Schneefall am Tag muss mehrfach geräumt werden. Oft ist
auch geregelt, welche Streumittel verwendet werden dürfen.

Vom **Umfang** her sind die an dem Grundstück auf dem **öffentlichen Straßenland** angrenzenden Bürgersteige, 4
Gehwege und Zugänge von Eis und Schnee freizuhalten sowie bei Glätte zu bestreuen. Hierbei muss ein Strei-
fen bis zu einer Breite von 1 m bis zu 1,20 m oder 1,50 m geräumt werden. In manchen Bundesländern müssen
auch die Zugänge der Bushaltestelle sowie Fußgängerüberwege – im durch das Landesgesetz festgelegten
Umfang – geräumt werden. In Ausnahmefällen muss der gesamte Weg geräumt werden, zum Beispiel in stark
frequentierten Innenstadtlagen. Auf dem **Grundstück** der Wohnungseigentumsanlage müssen die Zugänge
zum Parkplatz, Mülltonnen und Tiefgaragen ebenfalls von Eis und Schnee befreit und bei Glätte bestreut werden.

5   Die Gemeinschaft der Wohnungseigentümer kann ein **Schneeräumunternehmen** mit dem Winterdienst be-auftragen. Beschlüsse über den Winterdienst auf dem Grundstück und zur Erfüllung der Pflicht zur Schnee- und Eisbeseitigung nach den landesgesetzlichen Vorschriften entsprechen ordnungsmäßiger Verwaltung. Es besteht sogar eine Beschlusskompetenz der Wohnungseigentümer hinsichtlich der Bestellung eines privaten Winterdienstes für einen öffentlichen Weg, welcher die zwei Baukörper der Wohnungseigentumsanlage mit-einander verbindet und die Stadt den Winterdienst auf diesem Weg nicht durchführt.[1]

6   Ob das Anschaffen eines **Schneeräumgerätes** eine ordnungsmäßige Verwaltung für das gemeinschaftliche Ei-gentum darstellt, beurteilt sich nach den Umständen des Einzelfalls. Hierbei kommt es auf die klimatischen Verhältnisse, die Größe der Wohnanlage, die Möglichkeit der Unterbringung des Geräts auf den Gemein-schaftsflächen und auf den Preis des Schneeräumgerätes an.[2]

7   **2. Betriebskosten.** Die Kosten für den Winterdienst auf dem öffentlichen Straßenland sind Betriebskosten nach § 2 Nr. 8 BetrKV. Denn diese zählen zu den Kosten der **Straßenreinigung.** Die Kosten für den Winter-dienst auf dem Grundstück sind Kosten der **Gartenpflege** nach § 2 Nr. 10 BetrKV.

Auch die Kosten für den Kauf eines **Schneeräumgerätes** können als Betriebskosten umgelegt werden.[3]

8   Die Kosten werden nach § 16 Abs. 2 S. 1 WEG nach **Miteigentumsanteilen** auf die Wohnungseigentümer umgelegt, wenn keine anderslautende Vereinbarung oder kein anderslautender Beschluss nach § 16 Abs. 2 S. 2 WEG vorhanden sind.

9   **3. Umfang der Verkehrssicherungspflicht.** Die Verkehrssicherungspflicht bei Winterdienst umfasst das ord-nungsgemäße Beräumen der Flächen von Schnee und Eis nach dem Umfang der jeweiligen **landesgesetzli-chen Regelung**. Im Falle der Übertragung des Winterdienst an einen Schneeräumunternehmen oder andere Dritte verbleibt die regelmäßige Kontrolle. Die Verkehrssicherungspflicht wandelt sich dann in eine **Überwa-chungspflicht** der Dritten.

Zwar trägt zunächst die Gemeinschaft der Wohnungseigentümer nach § 9 a Abs. 2 WEG die Verkehrssiche-rungspflicht. Der Verwalter als Organ wird aber regelmäßig die notwendigen Maßnahmen koordinieren und/ oder durchführen. Nach § 27 Abs. 1 Nr. 2 WEG wird der Verwalter bei Gefahr im Verzug zur Abwendung eines Nachteils unverzüglich tätig werden können und müssen.

Ohne weitere Beschlüsse der Wohnungseigentümer nach § 27 Abs. 2 WEG oder vertragliche Vereinbarungen, welche die Rechte und Pflichten des Verwalters einschränken oder erweitern, ist die Tätigkeit des Verwalters nach § 27 Abs. 1 Nr. 1 WEG auf Maßnahmen der ordnungsmäßigen Verwaltung beschränkt, welche unterge-ordnete Bedeutung haben und nicht zu erheblichen Verpflichtungen der Gemeinschaft der Wohnungseigentü-mer führen.

Im Rahmen der Verkehrssicherungspflicht wird der Verwalter **Kontroll-, Hinweis- und Organisationspflicht** nach § 27 Abs. 1 Nr. 1 WEG wahrnehmen können und müssen. Daneben hat der Verwalter die Wohnungsei-gentümer als Organ der Gemeinschaft der Wohnungseigentümer zu informieren, ggf. auch über ihre Pflichten als Gebäudeeigentümer, beispielsweise über gesetzliche Anforderungen für Bauteile. Weitere Pflichten, wie zB Handlungspflichten, hat der Verwalter nach § 27 Abs. 1 Nr. 1 WEG nicht.[4]

10   **4. Verstoß gegen die Verkehrssicherungspflicht.** Ein schuldhafter Verstoß gegen die Verkehrssicherungs-pflicht führt zu Zahlung von **Schadensersatz** und ggf. **Schmerzensgeld** an den Geschädigten. Für Schäden aufgrund von **Dachlawinen** gilt dieses aber nur in Regionen, in denen aufgrund des starken Schneefalls eine Pflicht zum Anbringen von Schneefanggittern am Dach vorgeschrieben ist und ein Verstoß gegen diese Pflicht vorgelegen hat. Ansonsten müssen Fußgänger oder Fahrzeugeigentümer sich grundsätzlich selbst vor den Ge-fahren des herabfallenden Schnees und Eis schützen, so auch vor Dachlawinen.[5]

Die **Verkehrssicherungspflicht** im Außenverhältnis hat nach § 9 a Abs. 2 WEG die Gemeinschaft der Woh-nungseigentümer, weshalb sich die Ansprüche auf Schadensersatz und Schmerzensgeld gegen diese richten.

---

1 LG Hamburg 28.6.2017 – 318 S 95/16, NZM 2017, 817.
2 BayObLG 13.12.1990 – 2Z 141/90, WuM 1991, 209.
3 LG Berlin 9.3.2000 – 62 S 463/99, GE 2000, 539.
4 *Hügel/Elzer*, 3. Aufl. 2021, WEG § 27 Rn. 183.
5 OLG Hamm 23.7.2003 – 13 U 49/03, NJW-RR 2003, 1463.

Bei einer **Pflichtverletzung des Verwalters** kann die Gemeinschaft der Wohnungseigentümer gegen den Verwalter vorgehen. Durch das WEMoG wurde ein Direktanspruch eines Wohnungseigentümers gegen den Verwalter abgeschafft. Soweit aber die Voraussetzungen eines Vertrags mit Schutzwirkung zugunsten Dritter vorliegen, kann ein geschädigter Wohnungseigentümer den vertraglichen Schadensersatz vom Verwalter verlangen.[6]

5. Verjährung. Die Ansprüche Geschädigter aufgrund eines Verstoßes gegen die Verkehrssicherungspflicht verjähren innerhalb der Regelverjährung nach §§ 195, 199 BGB (drei Jahre).   11

Im Innenverhältnis der Wohnungseigentümer handelt es sich um einen Unterfall des Anspruchs auf ordnungsmäßige Verwaltung nach § 18 Abs. 1 WEG. Der Anspruch des Wohnungseigentümers auf ordnungsmäßige Verwaltung gegenüber der Gemeinschaft der Wohnungseigentümer ist grundsätzlich unverjährbar.[7]

6. Tätige Mithilfe durch den Wohnungseigentümer. Durch einen Mehrheitsbeschluss kann eine Verpflichtung eines Wohnungseigentümers zur tätigen Mithilfe bei der Schneeräumung nicht begründet werden. Hierzu bedarf es grundsätzlich einer **Vereinbarung** nach § 10 Abs. 1 S. 2 WEG. Eine derartige Vereinbarung in der **Gemeinschaftsordnung** ist daher wirksam.   12

Ein **Beschluss** über eine Mitwirkungspflicht der Wohnungseigentümer zur Räumungs- und Streupflicht ist sogar nichtig.[8] Schon nach der bisherigen Rechtsprechung des BGH ist außerhalb der gemeinschaftlichen Kosten und Lasten eine konstruktive Begründung von Leistungspflichten durch Eigentümerbeschluss nichtig.[9] Dieser Grundgedanke wird hier auf die Mitwirkungspflichten übertragen. Die Wohnungseigentümer haben für eine Mitwirkungsverpflichtung der Wohnungseigentümer keine Beschlusskompetenz.   13

Es handelt sich um die Erfüllung einer öffentlich-rechtlichen Verpflichtung, welche von der Gemeinschaft der Wohnungseigentümer nach § 18 Abs. 1 WEG zu erfüllen ist. Der Winterdienst ist daher keine Verwaltungsmaßnahme der Wohnungseigentümer, welche im Rahmen einer **Hausordnung** nach § 19 Abs. 2 Nr. 1 WEG beschlossen werden kann.

Natürlich gilt etwas anderes, wenn ein Wohnungseigentümer **freiwillig** mithilft. Der Wohnungseigentümer kann sich freiwillig für eine Einzelmaßnahme verpflichten. Dann kann die Gemeinschaft der Wohnungseigentümer ihm diese Tätigkeit übertragen.[10]   14

7. Tätige Mithilfe durch den Mieter oder Hausmeister. Auch im Mietrecht gilt, dass die Verkehrssicherungspflicht grundsätzlich eine vom Vermieter zu erfüllende Pflicht ist.[11] Jedoch kann diese **auf den Mieter übertragen** werden.   15

Für eine **wirksame Übertragung** der Verkehrssicherungspflicht ist es Voraussetzung, dass die Übertragung klar und eindeutig vereinbart wird.[12] Auch hier verbleibt beim Vermieter die Kontroll- und Überwachungspflicht dafür, dass der Mieter seiner Pflicht zum Winterdienst ordnungsgemäß nachkommt.[13]   16

Die Gemeinschaft der Wohnungseigentümer kann neben dem Mieter den Winterdienst auch auf den **Hausmeister** oder einen sonstigen **Dritten** übertragen. Die **Vergütung** kann nicht in Form eines Minijobs erfolgen. Das gilt zumindest dann, wenn die Vergütung deswegen nicht ordnungsmäßiger Verwaltung entspricht, weil die Wohnungseigentümer über die durch den Minijob verbundenen Rechte und Pflichten nicht hinreichend informiert wurden.[14]   17

Ein weiterer Aspekt ist der **Mindestlohn**. Sollte bei einem schneereichen Winter die Arbeitszeit des Minijobbers überschritten werden, muss dieser seine Tätigkeit einstellen. Anderenfalls fällt er aus der Abgabenprivile-   18

---

6 BT-Drs. 19/18791, 50.
7 BGH 27.4.2012 – V ZR 177/11, NZM 2012, 508.
8 BGH 9.3.2012 – V ZR 161/11, NJW 2012, 1724.
9 BGH 18.6.2010 – V ZR 193/09, NJW 2010, 2801.
10 KG 10.5.1991 – 24 W 5797/90, ZMR 1991, 355.
11 BGH 22.1.2008 – VI ZR 126/07, NZM 2008, 242.
12 BGH 4.6.1996 – VI ZR 75/95, NJW 1996, 2646.
13 BGH 22.1.2008 – VI ZR 126/07, NZM 2008, 242.
14 LG Frankfurt a. M. 15.3.2018 – 2–13 S 184/16, NZM 2018, 757. Die Entscheidung thematisiert neben der unzureichenden Information der Wohnungseigentümer, dass ein gewerbliches Schneeräumunternehmen auch im Falle von Erkrankungen der Mitarbeiter seiner Leistungspflicht regelmäßig nachkommen wird.

gierung des Minijobs heraus. Schon aus diesem Grunde kann ein derartiger Beschluss nicht ordnungsmäßiger Verwaltung entsprechen, weil aufgrund des Mindestlohnes nicht gewährleistet wird, dass für den vereinbarten Lohn der Winterdienst tatsächlich vollständig durchgeführt werden kann.

III. Verfahrenshinweise

19 Die **Nichtigkeit** eines Beschlusses kann jederzeit festgestellt werden. Die Fristen zur Erhebung der Anfechtungsklage des § 45 WEG gelten für die Feststellung der Nichtigkeit nicht, denn nichtige Beschlüsse bedürfen keiner „Ungültigkeitserklärung" durch das Gericht. Nichtige Beschlüsse entfalten per se keine Rechtswirkung, denn sie sind „ipso iure", dh „durch das Recht selbst", nichtig.[15]

Der **Anfechtungsantrag** in der Klage kann ohne Bindung an die Voraussetzungen der §§ 263 ff. ZPO auf die Feststellung der Nichtigkeit umgestellt werden.[16] Der Gegenstand einer Anfechtungsklage ist nach hM nämlich immer auch die Frage, ob der angegriffene Beschluss nichtig ist.[17]

20 Wenn aber der Kläger sich auch nach dem Hinweis des Gerichts die **Tatsachen**, aus denen sich die Nichtigkeit des Beschlusses ergibt, nicht wenigstens hilfsweise „zu eigen macht" oder sie gar nicht in das Verfahren einführt, darf das Gericht die Nichtigkeit nicht berücksichtigen.[18] Das ergibt sich zwingend aus der zivilprozessualen Beibringungsmaxime.

21 Sind die Tatsachen, welche die Nichtigkeit begründen, aber vorgetragen, ist das Gericht nicht nach § 308 Abs. 1 S. 1 ZPO an den Klageantrag gebunden. Vielmehr kann das Gericht ohne Änderungsantrag des Klägers auf eine Nichtigkeit erkennen.[19]

194. Schornstein

Tank

I. Gemeinschaftliches Eigentum

1 Schornsteine gehören regelmäßig zu den Teilen des Gebäudes, die für dessen Sicherheit erforderlich sind. Sie sind damit nicht sondereigentumsfähig und stehen zwingend im **gemeinschaftlichen Eigentum** (→ *Gemeinschaftliches Eigentum* Rn. 10) iSv § 5 Abs. 2 WEG.[1] Das gilt auch, wenn der Schornstein nur einem Wohnungseigentum dient,[2] wenn er von Sondereigentum umschlossen ist[3] und ebenfalls bei Mehrhausanlagen.[4]

2 Das für eine Gasetagenheizung oder einen Kamin **nachträglich** in den gemauerten Schornsteinzug eingezogene Edelstahlrohr gehört deshalb ebenfalls zum gemeinschaftlichen Eigentum, auch wenn es nur einem Wohnungseigentum dient, denn es ist – bei nicht nur vorübergehendem Einbau – wesentlicher Bestandteil des Gebäudes gem. § 94 Abs. 2 BGB geworden.[5]

---

15 *Hügel/Elzer* WEG § 23 Rn. 88.
16 BGH 2.10.2009 – V ZR 235/08, NJW 2009, 3655.
17 BGH 26.10.2012 – V ZR 7/12, NJW 2013, 65 Rn. 8.
18 BGH 16.1.2009 – V ZR 74/08, NJW 2009, 999.
19 BGH 2.10.2009 – V ZR 235/08, NJW 2009, 3655.
1 OLG Frankfurt a.M. 30.5.2008 – 25 U 129/07, ZMR 2009, 215.
2 BayObLG 20.8.1998 – 2Z BR 44/98, ZMR 1999, 50.
3 MüKoBGB/*Commichau* WEG § 1 Rn. 43.
4 BGH 25.1.2001 – VII ZR 193/99, NJW-RR 2001, 800; aA bei aus freistehenden Häusern bestehenden Mehrhausanlagen Jennißen/*Grziwotz* WEG § 5 Rn. 7.
5 OLG Hamburg 14.3.2003 – 2 Wx 2/00, ZMR 2003, 527.

II. Bauliche Veränderung

Der nachträgliche Einbau eines Edelstahlrohres in einen vorhandenen Schornstein zum Zwecke der Erhöhung 3
der Abgasgeschwindigkeit ist eine bauliche Veränderung iSv § 20 Abs. 1 WEG mit der Kostenfolge nach § 21
Abs. 3 WEG. Will ein Wohnungseigentümer ein solches Rohr für die ausschließlich zu seiner Wohnung gehörende Heizungsanlage in einen allein von ihm genutzten Schornstein einbauen, brauchten nach altem Recht
die anderen Wohnungseigentümer dieser Maßnahme nicht zustimmen, wenn sie nicht benachteiligt iSv § 22
Abs. 1 S 1 WEG aF waren; sie waren gem. § 16 Abs. 6 S. 1 WEG aF dann auch nicht verpflichtet, deren Kosten mitzutragen.[6] Nach neuem Recht ist ein **Gestattungsbeschluss** nach § 20 Abs. 1 WEG erforderlich. Die
Kosten der Maßnahme hat nach § 21 Abs. 1 S. 1 grundsätzlich der Wohnungseigentümer zu tragen, dem sie
gestattet wurde. Wird ein Schornstein nachträglich unter Durchbrechung der Außenwand montiert, handelte es
sich aufgrund des Substanzeingriffes in die im gemeinschaftlichen Eigentum stehende Außenmauer ebenfalls
um eine bauliche Veränderung nach § 22 Abs. 1 S. 1 WEG aF, der die benachteiligten Wohnungseigentümer
zustimmen müssen.[7] Auch nach neuem Recht ist nach § 20 Abs. 1 WEG ist ein gestattender Beschluss erforderlich. Für die Kosten gilt wiederum § 21 Abs. 1 S. 1 WEG.

III. Beseitigungsanspruch

Führt der Anschluss eines offenen Kamins eines Wohnungseigentümers an einen gemeinschaftlichen Schorn- 4
stein dazu, dass keine anderen Öfen mehr angeschlossen werden können und das Sondereigentum beeinträchtigt ist, können Beseitigungsansprüche eines anderen Wohnungseigentümers aus §§ 14 Abs. 2 Nr. 1 WEG,
1004 BGB bestehen.[8] Als Minus zu einem Beseitigungsanspruch kommt der Anspruch auf Anschluss an den
betreffenden Schornstein in Betracht.[9] Ist das gemeinschaftliche Eigentum beeinträchtigt, steht der Gemeinschaft der Wohnungseigentümer ein **Beseitigungs- oder Unterlassungsanspruch** aus §§ 9 a Abs. 2 WEG,
1004 Abs. 1 BGB zu.[10]

IV. Regelungen zur Erhaltung und Kostentragungspflicht

Die Kostentragung für die Erhaltung von Schornsteinen als zwingendes gemeinschaftliches Eigentum obliegt 5
grundsätzlich den Wohnungseigentümern entsprechend der Höhe ihres Miteigentumsanteils, § 16 Abs. 2
WEG.

Von dieser gesetzlichen Regelung kann, da diese nicht zwingend ist, abgewichen werden. In einer **Gemein-** 6
schaftsordnung kann deshalb vorgesehen sein, dass bestimmte Wohnungseigentümer die **Kosten der Erhal-**
tung für im gemeinschaftlichen Eigentum stehende Gebäudeteile zu tragen haben, wenn sie die Gebäudeteile,
dh den Schornstein allein nutzen. Eine entsprechende Regelung kann nach § 16 Abs. 2 S. 2 WEG auch beschlossen werden. Dieses Vorgehen kann zB bei Mehrhausanlagen sinnvoll sein.

§ 21 Abs. 1 S. 1 WEG regelt die **Kostentragungspflicht** für den Fall, dass einem Wohnungseigentümer nach- 7
träglich der Einbau eines Schornsteins gestattet wird. Die Kosten trägt er, nur ihm gebühren die Nutzungen,
§ 21 Abs. 1 S. 1 und 2 WEG. Handelt es sich um eine bauliche Veränderung, die die Gemeinschaft der Wohnungseigentümer veranlasst hat, gilt § 21 Abs. 2 iVm § 16 Abs. 2 WEG. Die Kosten haben alle Wohnungseigentümer nach dem Verhältnis ihrer Anteile zu tragen, wenn die bauliche Veränderung nach § 20 Abs. 1
WEG[11] mit mehr als 2/3 der abgegebenen Stimmen und der Hälfte aller Miteigentumsanteile beschlossen wurde, es sei denn, die bauliche Veränderung ist mit unverhältnismäßigen Kosten verbunden oder deren Kosten
sich innerhalb eines angemessenen Zeitraums amortisieren, § 21 Abs. 2 Nr. 1 und 2 WEG.

---

6 OLG Köln 30.7.1990 – 16 Wx 60/90, WE 1991, 77.
7 OLG München 24.7.2006 – 34 Wx 56/06, BeckRS 2006, 08881.
8 OLG Frankfurt a. M. 19.7.2005 – 20 W 234/03.
9 OLG Frankfurt a. M. 19.7.2005 – 20 W 234/03.
10 BT-Drs. 19/18791, 44.
11 BT-Drs. 19/22634, 44.

V. Sondernutzungsrecht, gebrauchsregelnder Beschluss

8 Am Schornstein kann, da als zwingendes gemeinschaftliches Eigentum nicht sondereigentumsfähig, ein **Sondernutzungsrecht** (→ *Sondernutzungsrecht* Rn. 1 ff.) für einen oder eine bestimmte Zahl ihn nutzender Wohnungseigentümer eingeräumt werden. Es kann aber auch ein **gebrauchsregelnder Beschluss** hinsichtlich der Kaminnutzung nach § 19 Abs. 1 WEG gefasst werden.

195. Schwimmbad

Martini

I. Einführung

1 Schwimmbäder dienen der körperlichen Bewegung im und unter Wasser. Allen gemein ist das Schwimmbecken, in welchem sich das Wasser befindet. Im Sondereigentum wird außer dem Schwimmbecken oft nur dieses oder in Kombination mit einer Sauna vorhanden sein. Im **Gemeinschaftseigentum** können ggf. neben dem Schwimmbad weitere Annehmlichkeiten, wie Liegeflächen, Whirlpool oder sogar ein Wellnessbereich, sowie Nützliches wie Umkleidekabinen oder Duschen vorhanden sein.

II. Das Schwimmbad im Sondereigentum

2 Bei einem Schwimmbad im Sondereigentum kann der Wohnungseigentümer, dem das Sondereigentum gehört, die anderen Wohnungseigentümer **von der Nutzung ausschließen**.

3 Dabei muss sich das Schwimmbad nicht direkt im Sondereigentum befinden. Es kann sich auch losgelöst an einer anderen Stelle in der Wohnungseigentumsanlage befinden. Der BGH hat ein solches Schwimmbad mit Sauna und Umkleideräumen als **sondereigentumsfähig** angesehen.[1]

4 Etwas anderes kann gelten, wenn eine **Benutzung** auch durch die anderen Wohnungseigentümer vereinbart wurde. Nach § 10 Abs. 1 S. 2 WEG können die Wohnungseigentümer auch über das Sondereigentum eine Vereinbarung treffen, welche nach § 5 Abs. 1 WEG zum Inhalt des Sondereigentums gemacht werden kann.[2]

III. Das Schwimmbad im Gemeinschaftseigentum

5 Ein Schwimmbad im Gemeinschaftseigentum wird regelmäßig allen Wohnungseigentümern zur Nutzung offenstehen. Auch hier sind zunächst die Bestimmungen der Gemeinschaftsordnung oder die Regelungen durch Vereinbarung vorrangig zu beachten. Ansonsten besteht für die Nutzung und die Aufstellung einer **Schwimmbadordnung** eine Beschlusskompetenz (→ *Hausordnung* Rn. 84).

6 Ein **Sondernutzungsrecht** an einem Garten berechtigt grundsätzlich nicht zum Einbau eines Schwimmbads.[3]

7 Ein **Teileigentum**, das in der Teilungserklärung und im Aufteilungsplan als „Schwimmbad" bezeichnet wurde, darf nur mit Zustimmung aller Eigentümer in ein Fitnesscenter umgestaltet werden.[4]

8 Beschließen die Wohnungseigentümer, dass ein **sanierungsbedürftiges** Schwimmbad nicht mehr instandgesetzt wird, ist dieser Beschluss regelmäßig anfechtbar, aber nicht nichtig.[5]

---

1 BGH 10.10.1980 – V ZR 47/79, NJW 1981, 455.
2 BGH 15.6.1962 – V ZB 2/62, BGHZ 37, 203.
3 AG München 17.5.2016 – 484 C 5329/15, ZMR 2016, 813.
4 BayObLG 15.7.1988 – 2 Z 145/87, ZMR 1988, 436.
5 LG Kempten 9.3.1998 – 4 T 2565/97, NZM 1998, 925.

Eine „Beschlussfassung, den Schwimmbad-, Umkleide-, Dusch- und Saunabereich angemessen zu konservie- 9
ren durch den Einbau zB neuer Außentüren und durch die Verbesserung einiger Außenbauteile …" ist nichtig,
wenn damit eine **dauerhafte Konservierung** beabsichtigt ist. Denn im Ergebnis bedeutet die Konservierung
dasselbe wie eine Stilllegung. Damit liegt ein Entzug des Mitgebrauchs vor, für welchen keine Beschlusskompetenz besteht.[6] Durch eine Vereinbarung kann die Stilllegung des Schwimmbades aber erreicht werden.

Hinsichtlich der Erhaltung und den Betriebskosten gilt zunächst der zwischen den Wohnungseigentümern 10
nach § 16 Abs. 2 S. 1 WEG oder vorrangig der vereinbarte oder beschlossene **Umlageschlüssel** nach § 16
Abs. 2 S. 2 WEG. Durch die WEG-Reform neu eingeführt wurde die Kompetenz der Wohnungseigentümer
nach § 16 Abs. 2 S. 2 WEG, wonach nunmehr auch hinsichtlich einer bereits bestehenden Vereinbarung eine
abweichende Verteilung der Kosten wirksam beschlossen werden kann.

Benutzungsgebühren für ein Schwimmbad können nach §§ 19 Abs. 1, 16 Abs. 2 S. 1, S. 2 WEG wegen einer 11
besonderen Benutzung beschlossen werden. Das ist der Fall, wenn das Nutzungsentgelt einen Ausgleich für
den Mehraufwand durch den Betrieb des Schwimmbads darstellt und nicht als Entgelt für einen Sondervorteil
des Wohnungseigentümers beschlossen wird,[7] wobei die eingenommenen Beträge dem Gemeinschaftsvermögen als Frucht gem. § 99 BGB zufließen. Es handelt sich um einen Ertrag des Gemeinschaftsvermögens nach
§§ 9 a, 10 Abs. 3 WEG.

IV. Kalte Betriebskosten

Die Kosten für den Betrieb des Schwimmbads sind „**sonstige Betriebskosten**" nach § 2 Nr. 17 BetrKV. Im 12
Rahmen der Vermietung von Sondereigentum müssen diese vertraglich dem Mieter auferlegt werden, ansons-
ten sind diese Kosten vom Vermieter zu tragen. Hinsichtlich der Wohnungseigentümer untereinander gilt § 16
Abs. 2 WEG.

Nur in **Extremfällen** würde dieses nicht ordnungsmäßiger Verwaltung entsprechen. Ein solcher extremer Fall 13
wäre vorstellbar, wenn die Betriebskosten für ein gemeinsames Schwimmbad mit Sauna, welches das ganze
Jahr allen Wohnungseigentümern zur Verfügung steht, nach der tatsächlichen Nutzung der Wohnungseigentümer umgelegt werden sollen. Zum Jahresende stellt sich heraus, dass nur ein Eigentümer zu Beginn des Jahres
die Anlage nutzte. Nach der vorstehenden Regelung müsste dieser nunmehr die gesamten Kosten allein tragen.
In diesem Extremfall wird eine Korrektur nach § 242 BGB für möglich gehalten, dass dieser Beschluss bei der
Abrechnung nicht angewendet wird.[8]

V. Heizkostenverordnung

Die Heizkostenverordnung gilt gem. § 3 HeizkVO auch für Wohnungseigentumsanlagen. **Gemeinschaftliche** 14
Räume sind nach § 4 Abs. 3 S. 1 HeizkVO von der Pflicht zur Verbrauchserfassung ausgenommen. Das gilt
aber nach § 4 Abs. 3 S. 2 HeizkVO ausdrücklich nicht für Gemeinschaftsräume mit nutzungsbedingt hohen
Wärme- oder Warmwasserverbrauch, wie Schwimmbäder oder Saunen. Daher unterfallen auch Schwimmbä-
der im Gemeinschaftseigentum dem Anwendungsbereich der Heizkostenverordnung. Die Gemeinschaft der
Wohnungseigentümer ist daher der Erfassungspflicht der HeizkVO unterworfen. Weiteres unter → *Heizkosten*
Rn. 7.

VI. Bauliche Veränderung nach § 20 WEG

Wird das Schwimmbad um einen Liegeplatz erweitert, handelt es sich bei dieser Maßnahme um eine **bauliche** 15
Veränderung nach § 20 WEG (→ *Bauliche Veränderungen* Rn. 1 ff.).

Hinsichtlich der Nutzungen der baulichen Veränderung und zu den Kosten → *Kosten und Nutzungen der bau-* 16
lichen Veränderungen Rn. 1 ff.

---

6 AG München 11.1.2017 – 485 C 12234/16, ZMR 2017, 601.
7 Staudinger/*Kreuzer* WEG § 15 Rn. 39.
8 *Spielbauer/Then* WEG § 16 Rn. 244.

196. Selbstständiges Beweisverfahren

Bartels

I. Einführung

1 Die §§ 485 ff. ZPO normieren das **selbstständige Beweisverfahren**. Dieses erfüllt verschiedene Zwecke: Einerseits dient es als vorweggenommene Beweisaufnahme dazu, ein möglicherweise gefährdetes Beweismittel für einen künftigen oder bereits anhängigen Prozess zu sichern. Andererseits sollen Prozesse vermieden werden, insbesondere dann, wenn sich die Parteien nur über tatsächliche Fragen streiten und die rechtliche Beurteilung im Hintergrund steht, namentlich bei Bauprozessen. Kommt es zu einem Prozess, wird dieser (im Idealfall) beschleunigt, weil das Gericht den bereits erhobenen Beweis nur zur würdigen braucht und über Rechtsfragen unmittelbar zu entscheiden vermag. Ein Vergleichsvorschlag des Gerichts beruht ebenfalls auf einer ermittelten Tatsachengrundlage. Auch in Rechtsstreitigkeiten über das Wohnungseigentum sind vor diesem Hintergrund selbstständige Beweisverfahren zulässig.[1]

II. Voraussetzungen

2 Voraussetzung eines selbstständigen Beweisverfahrens innerhalb oder neben einem bereits bei Gericht **anhängigen Rechtsstreit**, also der gerichtliche Augenschein, die Vernehmung von Zeugen oder die Begutachtung durch einen Sachverständigen, setzt voraus, dass der Gegner zustimmt (§ 485 Abs. 1 Alt. 1 ZPO) oder zu besorgen ist, dass der Beweis erschwert wird oder das Beweismittel gänzlich verloren geht (Alt. 2). Dabei kommt es nicht darauf an, ob dies wegen des Verhaltens des Antragstellers droht, etwa bei laufendem Baufortschritt oder einem Rückbau.[2] Außerhalb eines Prozesses muss die Partei für die schriftliche Begutachtung durch einen Sachverständigen ein rechtliches Interesse daran haben, den Zustand einer Person oder Sache sowie deren Wert, einen Personen- oder Sachschaden oder Mangel sowie den Aufwand für dessen Beseitigung festzustellen (Abs. 2 S. 1), wobei dies anzunehmen ist, wenn die Begutachtung der Vermeidung eines Rechtsstreits dient (Abs. 2 S. 2).

3 **1. Antrag.** Das Verfahren wird durch einen **Antrag** nach § 487 ZPO eröffnet, wobei dieser schriftlich eingereicht oder zu Protokoll der Geschäftsstelle erklärt werden kann (§ 486 Abs. 4 ZPO), mithin nicht dem Anwaltszwang unterliegt (§ 78 Abs. 3 Alt. 2 ZPO; → *Prozessvoraussetzungen* Rn. 16 ff.). In einer mündlichen Beweisaufnahme vor dem Landgericht haben die Parteien sich indes durch einen Rechtsanwalt vertreten zu lassen.

4 Der Antrag[3] nach § 487 ZPO muss zunächst den **Gegner** nennen. Wird der Gegner nicht angegeben (§§ 487 Nr. 1, 494 ZPO), ist der Antrag nur zulässig, wenn der Antragsteller glaubhaft macht, dass er ohne Verschulden nicht in der Lage ist, den Gegner zu bezeichnen. Bei einem selbstständigen Beweisverfahren war die Sammelbezeichnung nach § 44 WEG aF unanwendbar, zumal § 494 Abs. 1 ZPO enge Anforderungen daran knüpft, wann die Bezeichnung des Gegners einmal entbehrlich ist; dieser muss sich schließlich im Verfahren beteiligen können (§ 491 Abs. 1 ZPO; → *Prozessvoraussetzungen* Rn. 73).[4] Auch sieht § 485 Abs. 2 S. 1 ZPO grundsätzlich **keine mündliche Beweisaufnahme** vor, wenn das selbstständige Beweisverfahren ohne anhängigen Prozess durchgeführt wird. Nur wenn der Antragsteller glaubhaft machen kann, dass er ohne sein Verschulden außerstande sei, den Gegner zu bezeichnen, kann auf diese Angaben verzichtet werden, wobei es im Ermessen des Gerichts steht, ob es diesem einen Vertreter zur Wahrnehmung seiner Rechte im selbstständigen

---

1 BeckOK WEG/*Elzer* § 43 Rn. 258; *Pauli* ZMR 2018, 558 ff.
2 Vgl. BeckOK ZPO/*Kratz* § 485 Rn. 24.1.
3 FormB-WEG-R/*Lehmann-Richter* § 3 Rn. 222.
4 Vgl. BeckOK WEG/*Elzer* § 44 Rn. 11; BeckOGK/*Karkmann* WEG § 44 Rn. 16.

Beweisverfahren bestellt (§ 494 Abs. 2 ZPO). Dies ist freilich nur in Fällen eines drohenden Beweismittelverlusts denkbar. Die Verjährung der Antragstellerechte hemmt dies ohnehin nicht.[5]

Weiter sind die **Tatsachen** zu umreißen, über die Beweis erhoben werden soll, gleichsam sind die Mangelsymptome zu benennen. Ein Ausforschungsbeweis ist schließlich nicht zulässig. Außerdem muss das Beweismittel benannt werden. Die Tatsachen, die die Zulässigkeit des selbstständigen Beweisverfahrens und die Zuständigkeit des Gerichts begründen, sind glaubhaft zu machen (§ 294 ZPO). Der Antragsteller hat ferner einen Auslagenvorschuss einzuzahlen (§ 17 Abs. 1 S. 1 GKG). Prozesskostenhilfe kann bewilligt werden (→ *Prozesskostenhilfe* Rn. 2). 5

2. Zuständigkeit. Ist ein Rechtsstreit anhängig, ist das **Hauptsachegericht** zuständig (§ 485 Abs. 1 ZPO), wobei es ausreicht, wenn Klage oder Antrag auf Prozesskostenhilfe (→ *Prozesskostenhilfe* Rn. 3) und Antrag auf Durchführung eines selbstständigen Beweisverfahrens zusammen eingereicht werden; nicht ausreichend ist ein Antrag im einstweiligen Rechtsschutz, der nur präsente Beweismittel kennt (→ *Einstweiliger Rechtsschutz* Rn. 29). Ist noch kein Rechtsstreit anhängig, ist das Gericht zuständig, das nach Behauptung des Antragstellers für die Entscheidung in der Hauptsache zuständig wäre (§ 486 Abs. 2 S. 1 ZPO; → *Prozessvoraussetzungen* Rn. 96 ff.), um die Unmittelbarkeit der Beweisaufnahme sicherzustellen. In Fällen dringender Gefahr erlaubt § 486 Abs. 3 ZPO die Antragstellung bei dem Amtsgericht, in dessen Bezirk die zu begutachtende oder in Augenschein zu nehmende Sache liegt oder sich die zu vernehmende oder zu begutachtende Person aufhält. 6

3. Zulässigkeit. Freilich sperrt § 485 Abs. 3 ZPO ein **weiteres selbstständiges Beweisverfahren**, wenn eine Begutachtung bereits gerichtlich angeordnet worden ist, etwa kann der Erwerber von Wohnungseigentum als Zessionar von Mängelrechten gegen Architekt oder Unternehmer kein selbstständiges Beweisverfahren anstrengen, wenn der Bauträger als Zedent der Ansprüche bereits ein Verfahren auf derselben Tatsachengrundlage eingeleitet hat.[6] 7

Eine **Schiedsgerichtsabrede** schließt es nach § 1033 ZPO nicht aus, dass ein Gericht eine vorläufige oder sichernde Maßnahme anordnet, wozu auch das selbstständige Beweisverfahren gehört (→ *Güte- und Schiedsverfahren, Mediation* Rn. 10 ff.).[7] Hingegen ist bei einer **Schiedsgutachterabrede** ein selbstständiges Beweisverfahren unzulässig (→ *Güte- und Schiedsverfahren, Mediation* Rn. 15).[8] 8

III. Beteiligte

Antragsteller können die Wohnungseigentümer und ihre Gemeinschaft sein. Auch Dritte können an dem Verfahren beteiligt werden, durch Streitverkündung, Nebenintervention oder – in anhängigen Verfahren des alten Rechts (§ 48 Abs. 5 WEG aF) – Beiladung. 9

1. Wohnungseigentümer und ihre Gemeinschaft. Der jeweilige Sondereigentümer vermag bei **Mängeln** an seinem Sondereigentum ein selbstständiges Beweisverfahren zu betreiben. Sind sowohl das Sondereigentum als auch das Gemeinschaftseigentum mangelhaft, kann er die Gemeinschaft der Wohnungseigentümer zur Prozessstandschaft ermächtigen, also diese auch für die Mängel an seinem Sondereigentum das selbstständige Beweisverfahren durchführen lassen (→ *Prozessvoraussetzungen* Rn. 54).[9] Der Sondereigentümer kann der Gemeinschaft der Wohnungseigentümer dann als Nebenintervenient beitreten.[10] Nicht nur ein Wohnungseigentümer, sondern auch ein Nießbraucher hat ein Interesse daran, dass das ihm überlassene Sondereigentum auf Mängel untersucht wird.[11] 10

Jeder **Erwerber** von Wohnungseigentum ist grundsätzlich befugt, ein selbstständiges Beweisverfahren wegen Mängeln am gemeinschaftlichen Eigentum gegen den **Bauträger** einzuleiten, sofern Nacherfüllung verlangt 11

---

5 BGH 13.3.1980 – VII ZR 80/79, NJW 1980, 1458 f.
6 BGH 27.10.2011 – VII ZB 126/09, NJW-RR 2012, 224 Rn. 13 ff.
7 Vgl. OLG Brandenburg 16.2.2011 – 13 U 11/10, MDR 2011, 941 f.
8 OLG Hamburg 30.3.2009 – 1 W 10/09, NJW-RR 2009, 1294 f.
9 OLG Karlsruhe 1.12.2009 – 7 W 34/09, NZM 2010, 129.
10 OLG Karlsruhe 1.12.2009 – 7 W 34/09, NZM 2010, 129 f.; krit. *Hügel/Elzer* WEG Vor § 43 Rn. 91.
11 LG Dortmund 29.11.2019 – 17 T 78/19.

wird.[12] Macht die Gemeinschaft der Wohnungseigentümer indes bereits Rechte geltend, die eine einheitliche Rechtsverfolgung erfordern, wie Minderung und kleinen Schadensersatz, ist dem einzelnen Wohnungseigentümer dies nicht mehr möglich, da diese sekundären Mängelrechte nur von der Gemeinschaft der Wohnungseigentümer ausgeübt werden können (§ 9 a Abs. 2 WEG).[13] Im bisherigen WEG-Recht konnte der Verband Wohnungseigentümergemeinschaft die Geltendmachung an sich ziehen: Beschlossen die Wohnungseigentümer, dass der Verband Wohnungseigentümergemeinschaft die Mängelrechte als sonstiges gemeinschaftsbezogenes Recht geltend machen sollte (§ 10 Abs. 6 S. 3 Hs. 2 WEG aF; → *Prozessvoraussetzungen* Rn. 37 ff.), war mit Wirksamkeit des Beschlusses der einzelne Eigentümer davon ausgeschlossen.[14] Richtet sich das Verfahren nicht gegen den Bauträger, sondern wegen Mängeln gegen einen mit Reparaturarbeiten am Gemeinschaftseigentum beauftragten Werkunternehmer, übt allein die Gemeinschaft der Wohnungseigentümer dieses Recht für die Wohnungseigentümer aus, ist also nur diese berechtigt, ein selbstständiges Beweisverfahren einzuleiten (→ *Prozessvoraussetzungen* Rn. 29 ff.).[15]

12 Ein selbstständiges Beweisverfahren ist auch **zwischen** den **Eigentümern** zulässig. Ein rechtliches Interesse besteht etwa, wenn für den Anspruch aus den §§ 18 Abs. 2 Nr. 1, 19 Abs. 2 Nr. 2 WEG hinsichtlich der Voraussetzungen einer ordnungsgemäßen Erhaltung oder für denjenigen aus § 20 Abs. 2 S. 1 WEG die Voraussetzungen einer angemessenen baulichen Veränderung geklärt werden müssen. Ein Klageverfahren ist zwar zu der internen Beschlussfassung subsidiär (→ *Prozessvoraussetzungen* Rn. 103 ff.). Für das selbstständige Beweisverfahren hat aber der jeweilige Eigentümer gleichwohl ein Rechtsschutzinteresse, zumal ggf. ein Rechtsstreit vermieden werden kann.[16] Ein Antrag innerhalb der Gemeinschaft zur **Vorbefassung** ist also nicht zu stellen.[17] Ob und wie die Eigentümer den erhobenen Beweis verwerten wollen, ist dann aber gemeinschaftlich zu klären.[18]

13 **2. Streitverkündung, Nebenintervention und Beiladung.** In einem selbstständigen Beweisverfahren kann, gleich ob innerhalb oder außerhalb eines anhängigen Hauptsacheprozesses, einem Dritten der **Streit verkündet** werden.[19] Auf Rechtsfolgenseite wird gegenüber dem Dritten die Verjährung gehemmt (§ 204 Abs. 1 Nr. 6, 7 BGB) und es kann diesem das Ergebnis der Beweiserhebung in einem nachfolgenden Prozess entgegengehalten werden (→ Rn. 25). Um die Rechte der nicht an dem Verfahren beteiligten Eigentümer zu sichern, hatte das Gericht diese analog § 48 Abs. 1 WEG aF **beizuladen**, soweit ihre Rechte betroffen sein konnten. Analog § 48 Abs. 3 WEG aF und § 493 Abs. 1 ZPO wirkte das Beweisergebnis für und gegen die Beigeladenen (→ *Beiladung, Streitgenossenschaft, Nebenintervention und Streitverkündung* Rn. 29 ff.).[20] Diese Möglichkeit besteht nicht mehr; nicht beteiligte Wohnungseigentümer vermögen aber beizutreten.

IV. Verfahren, Beweiserhebung

14 Der Beschluss, mit dem das Gericht dem Antrag auf Durchführung eines selbstständigen Beweisverfahrens stattgibt, ist nicht anfechtbar (§ 490 Abs. 2 S. 2 ZPO). Der Beschluss ist abänderbar unter den Voraussetzungen von § 360 ZPO, wobei seine Aufhebung die **sofortige Beschwerde** des Antragstellers eröffnet. Weist das Gericht einen Antrag des Antragstellers auf Durchführung eines selbstständigen Beweisverfahrens (als unzulässig) zurück, steht hiergegen ebenfalls die sofortige Beschwerde offen (→ *Rechtsmittel und Rechtsbehelfe* Rn. 18 ff.).

15 Antragsteller, Antraggegner und Streithelfer sowie Beigeladene (nach Beitritt, § 48 Abs. 2 S. 2 WEG aF; → *Beiladung, Streitgenossenschaft, Nebenintervention und Streitverkündung* Rn. 28) haben ein Recht, während der Beweisaufnahme anwesend zu sein, sind mithin auch zu laden, namentlich zu **Ortsterminen**. Auch können diese Beteiligten Anträge stellen und so den Verfahrensgegenstand erweitern.

---

12 Vgl. BGH 27.8.2014 – VII ZB 8/14, NJW 2014, 3518 Rn. 16.
13 Vgl. BGH 12.4.2007 – VII ZR 236/05, NJW 2007, 1952 Rn. 18 f.; auch BT-Drs 168/20, 49.
14 BGH 27.8.2014 – VII ZB 8/14, NJW 2014, 3518 Rn. 16.
15 BeckOK WEG/*Elzer* § 43 Rn. 259 c.
16 BGH 14.3.2018 – V ZB 131/17, NJW 2018, 1749 Rn. 7 ff.; *Müller* ZMR 2017, 846; aA *Hügel/Elzer* WEG Vor § 43 Rn. 96.
17 AA AG München 21.4.2016 – 482 H 738/16, ZWE 2016, 470.
18 Krit. BeckOK WEG/*Elzer* § 43 Rn. 259 d.
19 BGH 18.11.2015 – VII ZB 2/15, NJW 2016, 1020 Rn. 8 ff.
20 LG München I 16.6.2016 – 1 T 3421/17, ZWE 2018, 91 Rn. 39.

Die **Beweisaufnahme** wird gem. § 492 Abs. 1 ZPO nach den Vorgaben der §§ 355 ff. ZPO durchgeführt 16 (→ *Prozess und Prozessgrundsätze* Rn. 22 ff.). Das Gericht hat den beantragten Beweis zu erheben (§ 492 Abs. 1 ZPO), also in zu protokollierender mündlicher Verhandlung im Beisein der Beteiligten den Augenschein einzunehmen, Zeugen zu hören (§ 492 Abs. 2 ZPO). Ist ein Vergleich zu erwarten, ist ein **Erörterungstermin** möglich (§ 492 Abs. 3 ZPO; → *Prozessvergleich* Rn. 19 ff.).[21] Der Sachverständige hat sein Gutachten grundsätzlich schriftlich zu erstatten (vgl. die §§ 485 Abs. 2 S. 1, 411 ZPO).[22] Das Gericht hat dem Sachverständigen eine Frist für die Übermittlung des schriftlichen Gutachtens zu setzen (§ 411 Abs. 1 ZPO). Der Sachverständige kann mündlich gehört werden, insbesondere, wenn das Gutachten lückenhaft oder unklar erscheint.

In selbstständigen Beweisverfahren wegen **Baumängeln** wird der Sachverständige in der Regel das Grundstück zu betreten und mitunter eine Bauteilöffnung vorzunehmen haben. Stimmt der Antragsgegner dem nicht zu, gibt es kein prozessuales Mittel, ihn zur Zustimmung zu zwingen; vielmehr kann das Gericht in einem späteren Hauptsacheprozess dieses Verhalten bei seiner Beweiswürdigung berücksichtigen (§ 371 Abs. 3 ZPO). Weder die Gemeinschaft der Wohnungseigentümer noch die übrigen Wohnungseigentümer brauchen es zu dulden, dass durch den gerichtlichen Sachverständigen das gemeinschaftliche oder das jeweilige Sondereigentum geöffnet wird.[23] Allerdings können aus einem Vertrag als Nebenpflicht oder aus den §§ 809, 811 Abs. 2 BGB materiellrechtliche Mitwirkungspflichten bestehen, die auch im einstweiligen Rechtsschutz durchsetzbar sind.[24] Unterlagen wie Pläne und Aufmaße vermag sich das Gericht iSd §§ 142, 144 ZPO von dem Antragsgegner vorlegen zu lassen. Im **Innenverhältnis** gegenüber der Gemeinschaft der Wohnungseigentümer eröffnet § 14 Abs. 1 Nr. 2 Hs. 1 WEG indes eine Pflicht des betroffenen Eigentümers, das Betreten seines Sondereigentums zu dulden. Diese Pflicht umfasst auch das Betreten durch einen Sachverständigen in einem von der Gemeinschaft der Wohnungseigentümer geführten selbstständigen Beweisverfahren, da die Vorschrift nicht vorgibt, welche Person die Wohnung zu betreten vermag, sich also nicht nur auf den Verwalter oder andere Eigentümer beschränkt. Voraussetzung ist – trotz des unklaren Wortlauts, auf welche Alternative sich der eingeschobene Satzteil bezieht –, dass das Betreten entweder beschlossen worden ist oder nicht über das unvermeidliche Maß eines geordneten Zusammenlebens hinausgeht.[25] § 14 Abs. 1 Nr. 2 Hs. 2 WEG erweitert diese Verpflichtung nicht auf eine Bauteilöffnung. Denn „Einwirkung" im Sinne dieser Norm meint begrifflich nur Immissionen wie Baulärm, nicht eine Beeinträchtigung im Sinne einer (teilweisen) Beschädigung, wie sie etwa § 1004 Abs. 1 S. 1 BGB auch in Bezug nimmt.[26]

Nach Gutachteneingang haben beide Parteien das Recht, Stellung zu nehmen, ein Ergänzungs- oder Hauptgutachten oder die mündliche Vernehmung des Sachverständigen zu beantragen (§ 411 Abs. 4 ZPO). Ob das Gericht eine mündliche Vernehmung oder die Erstattung eines Ergänzungs- oder Obergutachtens anordnet, steht in seinem Ermessen (§ 411 Abs. 3 ZPO). Es kann auch eine neue Begutachtung anordnen (§ 412 Abs. 1 ZPO).

V. Rechtsfolgen

Die Durchführung eines selbstständigen Beweisverfahrens hemmt namentlich die Verjährung und der in diesem gewonnene Beweis kann im Hauptprozess verwendet werden.

1. Verjährungshemmung. Nach § 204 Abs. 1 Nr. 7 BGB hemmt die Zustellung des Antrags auf Durchführung eines selbstständigen Beweisverfahrens die **Verjährung** für den Zeitraum des Verfahrens und über dessen Beendigung hinaus noch weitere sechs Monate (§ 204 Abs. 2 S. 1 BGB).[27] Gem. § 209 BGB wird der Zeitraum, während dessen die Verjährung gehemmt ist, nicht in die Verjährungsfrist eingerechnet, wird also die Verjährungsfrist der §§ 195 ff. BGB um den Zeitraum der Hemmung verlängert. Betreiben die Parteien das

---

21 Muster bei FormB-WEG-R/*Einsiedler* § 4 Rn. 167.
22 Hierzu FormB-WEG-R/*Einsiedler* § 4 Rn. 40 ff.
23 BGH 16.5.2013 – VII ZB 61/12, NJW 2013, 2687 Rn. 7.
24 Vgl. LG Aurich 28.10.2011 – 5 O 584/11, NZBau 2012, 369 f.
25 Vgl. BT-Drs. 168/20, 55 f.
26 Vgl. BeckOK BGB/*Fritzsche*, § 1004 Rn. 54 ff. speziell für das Wohnungseigentumsrecht.
27 Ausführl. Staudinger/*Peters/Jacoby* BGB § 204 Rn. 86 ff.

Verfahren nicht weiter, endet die Hemmung, bis das Verfahren wieder aufgenommen wird (§ 204 Abs. 2 S. 3 u. 4 BGB).

21 Die **Hemmungswirkung** erstreckt sich auf sämtliche Ansprüche in Bezug auf den Gegenstand, gleichsam nur auf die konkret gerügten Mängel(-symptome),[28] und die Beteiligten des selbstständigen Beweisverfahrens, was sich der gesamten Akte, namentlich dem Antrag, der Antragsbegründung, dem Beweisbeschluss und dem Sachverständigengutachten, entnehmen lässt. Die Verjährung wird nicht gehemmt, wenn der Gegner nicht benannt worden ist (§ 494 ZPO; → Rn. 4). Ist aus den Akten nur erkennbar, dass die Haftung eines Dritten in Betracht kommt, ohne dass dieser an dem selbstständigen Beweisverfahren beteiligt worden ist (→ *Beiladung, Streitgenossenschaft, Nebenintervention und Streitverkündung* Rn. 1 ff.),[29] ist die Verjährung der Ansprüche gegen diesen nicht gehemmt, etwa wenn der **Bauträger** gegen den Bauunternehmer ein selbstständiges Beweisverfahren eingeleitet, aber als Veräußerer des Grundstücks etwaige Mängelansprüche an den Erwerber abgetreten hat: Die Verjährung der abgetretenen Mängelansprüche wird im Verhältnis zwischen Erwerber und Bauunternehmer nicht gehemmt.

22 Ein von einem **einzelnen Eigentümer** eingeleitetes Verfahren hemmt nicht die Verjährung in Bezug auf die Ansprüche anderer Eigentümer.[30]

23 Leiten einzelne Wohnungseigentümer **nach Abtretung** der Mängelrechte durch ihren Bauträger ein selbstständiges Beweisverfahren gegen Architekten oder Bauunternehmer ein, hemmt dies auch dann die Verjährung, wenn es sich um Rechte handelt, die die Gemeinschaft der Wohnungseigentümer als **Prozessstandschafter** für die Wohnungseigentümer durchzusetzen hat (§ 9 a Abs. 2 Alt. 2 WEG; → *Prozessvoraussetzungen* Rn. 27 ff.). Denn die Wohnungseigentümer sind materiell berechtigt; eine gemeinsame Rechtsdurchsetzung (gleich, ob es sich zum bisherigen Recht um „geborene" oder „gekorene" Rechte der Wohnungseigentümer handelte, § 10 Abs. 6 S. 3 Hs. 2 WEG aF; → *Prozessvoraussetzungen* Rn. 27 ff.)[31] ist erst im Hauptsacheverfahren angezeigt.[32] Das in Prozessstandschaft vom Verwalter im eigenen Namen gegen den **Bauträger** wegen Mängeln eingeleitete selbstständige Beweisverfahren hemmt die Verjährung der Ansprüche der Erwerber wegen Mängeln am Gemeinschaftseigentum ebenfalls (→ *Prozessvoraussetzungen* Rn. 55 f.).[33] Das von der Gemeinschaft der Wohnungseigentümer betriebene selbstständige Beweisverfahren hemmt die Verjährung mit Wirkung für alle Eigentümer (§ 9 a Abs. 2 Alt. 1 WEG).[34] Führten zum bisherigen Recht zunächst einzelne Wohnungseigentümer ein Verfahren durch und wurden die Rechte sodann „vergemeinschaftet" (§ 10 Abs. 6 S. 3 Hs. 2 WEG aF; → *Prozessvoraussetzungen* Rn. 39 ff.), trat die Verjährungshemmung in Bezug auf sämtliche Eigentümer nur ex nunc ein.[35] Denn erst ab diesem Zeitpunkt wurden die Wohnungseigentümer in dem Verfahren durch ihre Gemeinschaft vertreten.[36] Freilich vermögen die Wohnungseigentümer weiterhin zu beschließen, die Mängelrechte gegen den Bauträger durch ihre Gemeinschaft wahrzunehmen (→ *Prozessvoraussetzungen* Rn. 47).

24 Die Hemmung endet sechs Monate nach der **Beendigung** des selbstständigen **Beweisverfahrens**, mithin nach Ablauf einer durch das Gericht auf das schriftliche Gutachten gesetzten Stellungnahmefrist iSv § 411 Abs. 4 S. 2 ZPO, sonst nach Ablauf eines für eine Prüfung des Gutachtens angemessenen Zeitraums,[37] bei einer mündlichen Beweisaufnahme mit deren Schluss (Zeugenvernehmung, Anhörung des Sachverständigen nach § 411 Abs. 3 S. 1 ZPO).

25 **2. Beweisverwertung im Hauptprozess.** Nach § 493 Abs. 1 ZPO ist das Ergebnis im Hauptprozess bei Parteiidentität wie eine vor dem Prozessgericht durchgeführte Beweisaufnahme zu werten. Die Parteien vermögen aber **Einwendungen** gegen die Ordnungsgemäßheit der Beweisaufnahme zu erheben, nicht aber gegen die Zulässigkeit des selbstständigen Beweisverfahrens selbst. Auch kann der Zessionar (Wohnungseigentümer)

---

28 Staudinger/*Peters/Jacoby* BGB § 204 Rn. 90.
29 Streitverkündung, BGH 5.12.1996 – VII ZR 108/95, NJW 1997, 859 f.
30 BeckOK WEG/*Müller* § 10 Rn. 854.
31 Hierzu BGH 12.4.2007 – VII ZR 236/05, NJW 2007, 1952 Rn. 20.
32 BGH 6.6.1991 – VII 372/89, NJW 1991, 2480 (2482 f.).
33 Vgl. BGH 24.7.2003 – VII ZR 360/02, NJW 2003, 3196.
34 BGH 20.6.2013 – VII ZR 71/11, NJW-RR 2013, 1169 Rn. 12.
35 Vgl. BGH 24.7.2015 – V ZR 145/14, ZWE 2015, 405 Rn. 8.
36 Krit. BeckOK WEG/*Müller* § 10 Rn. 854; Beschluss bei FormB-WEG-R/*Fritsch* § 2 Rn. 516.
37 BGH 24.3.2009 – VII ZR 200/08, NJW-RR 2009, 1243 Rn. 7.

von Mängelrechten die Ergebnisse gem. § 493 ZPO in einem eigenen Hauptsacheverfahren nutzen, wenn die Rechte an ihn nach Einleitung des selbstständigen Beweisverfahrens von dem Zedenten (Bauträger) abgetreten worden waren.

3. Klageerhebung und Kosten. Auf Antrag des Gegners hat das Gericht anzuordnen, dass der Antragsteller **26** binnen einer Frist Klage zu erheben hat. Die Kosten des selbstständigen Beweisverfahrens sind bei Identität von Gegenstand und Beteiligten als Kosten des Hauptsacheverfahrens zu behandeln und werden durch die in diesem getroffene Kostenentscheidung abgedeckt, auch wenn die Eigentümer vor dessen Einleitung nicht mit der Sache vorbefasst wurden.[38] Identität bestand ebenfalls dann, wenn die Rechte nach Abschluss des selbstständigen Beweisverfahrens und vor Klageerhebung vergemeinschaftet worden waren (→ *Prozessvoraussetzungen* Rn. 39 ff., 47).[39] Wird keine Klage erhoben, ergeht eine **isolierte Kostenentscheidung** (§ 494 a Abs. 2 S. 1 ZPO), gegen die die sofortige Beschwerde statthaft ist (→ *Rechtsmittel* Rn. 18 ff.). Der Antragsgegner kann grundsätzlich die ihm entstandenen Kosten von dem Antragsteller ersetzt verlangen, wenn nicht dieser einen materiellrechtlichen Kostenerstattungsanspruch hat: Hatte der Antragsteller vor Einleitung eines selbstständigen Beweisverfahrens keinen Beschluss der Wohnungseigentümer herbeigeführt, ein selbstständiges Beweisverfahren wegen Mängeln am Gemeinschaftseigentum durchzuführen, hat er regelmäßig keinen Erstattungsanspruch gegen die übrigen Eigentümer.[40]

197. Solaranlagen

Marquardt

I. Einführung

Solaranlagen sind technische Anlagen zur Umwandlung von Sonnenenergie in eine andere Energieform, wo- **1** bei im Wesentlichen zwischen **Solarthermieanlagen** (Sonnenkollektoren auf dem Dach mit Energiezentrale und Pufferspeichergefäßen zur Umwandlung von Sonnenenergie in nutzbare thermische Energie, bspw. zur Warmwasserzubereitung und/oder Heizungsunterstützung) und **Photovoltaikanlagen** (Solarzellen ua auf Dach- oder Freiflächen zur direkten Umwandlung von Lichtenergie in elektrische Energie) unterschieden wird. Sowohl Solarthermie- als auch Photovoltaikanlagen können von der Gemeinschaft der Wohnungseigentümer oder auch von einzelnen Wohnungseigentümern errichtet und betrieben werden. Als weitere rechtliche Gestaltungsmöglichkeit kommt daneben die Vermietung von Flächen zur Errichtung und zum Betrieb von Solaranlagen durch Dritte in Betracht.

II. Beschlussfassung

Solaranlagen sind weder Sondereigentum noch Gemeinschaftseigentum, da sie weder wesentlicher Bestandteil **2** noch Zubehör von Gebäuden sind (→ *Eigentum im ABC* Rn. 127). Da die Errichtung von Solaranlagen jedoch in der Regel auf den im Gemeinschaftseigentum stehenden Dachflächen von Gebäuden erfolgt, bedarf es unabhängig davon, in welcher rechtlichen Form der Betrieb von Solaranlagen erfolgt, einer Beschlussfassung der Wohnungseigentümer.

---

38 BGH 14.3.2018 – V ZB 131/17, NJW 2018, 1749 Rn. 19.
39 BGH 27.8.2014 – VII ZB 8/14, NJW 2014, 3518 Rn. 16.
40 BGH 14.3.2018 – V ZB 131/17, NJW 2018, 1749 Rn. 19.

3 **1. Bauliche Veränderung iSv § 20 WEG.** Die erstmalige Errichtung von Solaranlagen stellt grundsätzlich eine **bauliche Veränderung** dar,[1] da das Gemeinschaftseigentum dadurch in Abweichung vom Zustand bei der Entstehung des Wohnungseigentums gegenständlich umgestaltet wird.[2]

Nach der WEG-Reform ist es nunmehr im Rahmen von § 20 WEG unerheblich, ob es sich um Modernisierungs- und Umbaumaßnahmen handelt, da nunmehr bauliche Veränderungen, die über die ordnungsgemäße Erhaltung des gemeinschaftlichen Eigentums hinausgehen, grundsätzlich mit einfacher Mehrheit beschlossen oder einem Wohnungseigentümer gestattet werden können.

Ursprünglich handelte es sich bei der Errichtung von Solaranlagen um iSd § 22 Abs. 2 WEG **privilegierte bauliche Änderungen**, da diese der Modernisierung entsprechend § 555 b Nr. 1–5 BGB dienen.

4 Wird eine Solarthermieanlage auf dem Dach einer Wohnanlage errichtet, so bleibt zwar die benötigte Nutzenergie unverändert, jedoch muss an der Schnittstelle Gebäudehülle weniger kostenpflichtige Endenergie beschafft werden. Der Bedarf an Endenergie wird damit gesenkt und eingespart, so dass eine **energetische Modernisierung** iSd § 555 b Nr. 1 BGB vorliegt.[3] Gleiches muss hinsichtlich der Errichtung einer Photovoltaikanlage gelten, soweit der hierdurch erzeugte Strom zumindest auch der Versorgung der eigenen Liegenschaft dient und damit ebenfalls in Bezug auf das Sondereigentum oder des Gemeinschaftseigentum zur Einsparung von Endenergie führt. Jedoch auch dann, wenn der durch die Photovoltaikanlage erzeugte Strom ausschließlich gegen Zahlung einer Vergütung zur Kostensenkung in das öffentliche Stromnetz eingespeist wird und damit nicht zur Einsparung von Endenergie in Bezug auf Sonder- oder Gemeinschaftseigentum führt, liegt aufgrund der Einsparung von nicht erneuerbarer Primärenergie eine **Modernisierung** iSd § 555 b Nr. 2 BGB vor.[4] Nicht erforderlich ist, dass die Modernisierungsmaßnahme allen Wohnungseigentümern zugutekommt.[5]

5 **2. Grenzen baulicher Veränderungen – grundlegende Umgestaltung der Wohnanlage.** Während nach § 22 Abs. 2 WEG aF Modernisierungsmaßnahmen nur dann beschlossen werden durften, soweit die Eigenart der Wohnanlage nicht verändert wurde, definiert § 20 Abs. 4 WEG nunmehr, dass bauliche Veränderungen, welche die Wohnanlage **grundlegend umgestalten** weder beschlossen noch gestattet noch verlangt werden können. Ob eine Wohnanlage durch eine bauliche Veränderung grundlegend umgestaltet wird, ist im **Einzelfall** zu ermitteln. (hierzu im Einzelnen → *Modernisierung* Rn. 53 ff.). Die Errichtung von Solaranlagen mit einer für förderfähige Anlagen üblichen Kollektorenfläche von mindestens 10 qm wurde in der Rechtsprechung vor der WEG-Reform 2007 wegen des optisch nachteiligen Abhebens der Kollektoren als zustimmungspflichtige bauliche Veränderung qualifiziert.[6] Diese Ansicht wurde in der Literatur teilweise auch zu § 22 Abs. 2 WEG aF vertreten. Danach sollte für die Annahme einer Veränderung der Eigenart der Wohnanlage bereits jede nachteilige optische Veränderung des Gesamteindrucks ausreichen und damit insbesondere die Errichtung von Solaranlagen auf gemeinschaftlichen Flächen zu einer **Veränderung der Eigenart** der Wohnanlage führen.[7]

6 Eine derart weite Auslegung hatte jedoch zur Folge, dass die vom Gesetzgeber im Rahmen der WEG-Reform 2007 angestrebte Erweiterung des Gestaltungsspielraums der Wohnungseigentümer bei der Durchführung von Modernisierungen zuwiderlief und im Ergebnis Außenmodernisierungen, die in der Regel mit optischen Änderungen verbunden sind, generell dem Anwendungsbereich von § 22 Abs. 1 WEG aF unterwarf. Bereits der Wortlaut des § 22 Abs. 2 WEG verlangte hingegen eine Veränderung der Eigenart der Wohnanlage und damit weit mehr als eine **bloße optische Beeinträchtigung** des Erscheinungsbildes.[8] § 20 Abs. 4 WEG bestimmt nunmehr als Grenze baulicher Veränderungen die „grundlegende Umgestaltung der Wohnanlage" ohne diesen

---

1 BayObLG 23.2 2005–2Z BR 167/04, FGPrax 2005, 108.
2 BayObLG 30.3.2000 – 2Z BR 2/00, NZM 2000, 674.
3 Bärmann/*Merle* WEG § 22 Rn. 343; Bärmann/Seuß WE-Praxis/*Schmidt* § 12 Rn. 158; *Hügel/Elzer* WEG § 22 Rn. 66; BeckOGK/*Karkmann* WEG § 22 Rn. 174.
4 Bärmann/*Merle* WEG § 22 Rn. 343 j; *Derleder* ZWE 2012, 65.
5 Bärmann/Seuß WE-Praxis/*Schmidt* § 12 Rn. 159.
6 BayObLG 30.3.2000 – 2Z BR 2/00, NZM 2000, 674; OLG München 19.9.2005 – 34 Wx 76/05, NZM 2005, 825; abweichend BayObLG 17.10.2001 – 2Z BR 147/01, NZM 2002, 74 für die Errichtung einer 0,8 qm großen Photovoltaikanlage auf einem Nebengebäude.
7 Bärmann/*Merle* WEG § 22 Rn. 353 b; *Spielbauer* ZWE 2013, 105; *Wilhelmy* NZM 2014, 569; im Ergebnis wohl auch Jennißen/*Hogenschurz* WEG § 22 Rn. 104.
8 Eingehend hierzu Bärmann/Seuß WE-Praxis/*Schmidt* § 12 Rn. 200 ff.

Begriff jedoch zu definieren. In den Gesetzesmaterialien wird hierzu lediglich ausgeführt, dass bei der Beurteilung der Frage, ob eine grundlegende Umgestaltung vorliege, auf die gesamte Wohnanlage abzustellen sei. Darüber hinaus sei eine grundlegende Umgestaltung nur im Ausnahmefall anzunehmen und der Begriff enger zu verstehen als der der Änderung der Eigenart iSv § 22 Abs. 2 WEG aF. Insbesondere führe nicht jede bauliche Veränderung, die nach § 22 Abs. 2 S. 1 WEG aF die Eigenart der Wohnanlage ändert, auch zu einer grundlegenden Umgestaltung, da die bauliche Veränderung von Wohnungseigentumsanlagen erleichtert werden soll.[9] Abzustellen ist vielmehr auf das charakteristische Aussehen oder die typische Nutzung der einzelnen Wohnanlage, dh auf ihre **individuelle Prägung**.[10]

Unter Zugrundelegung dieser Maßstäbe dürfte die Errichtung von Solaranlagen im Allgemeinen nicht zu einer grundlegenden Umgestaltung der Wohnanlage führen. Letztlich bleibt dies jedoch eine Frage des **Einzelfalls** und unterliegt tatrichterlicher Würdigung. Mangels einschlägiger Judikatur bleibt abzuwarten, inwieweit die Errichtung von Solaranlagen als eine grundlegende Umgestaltung der Wohnanlage iSv § 20 Abs. 4 WEG qualifiziert wird. 7

3. Grenzen baulicher Veränderungen – unbillige Benachteiligung. Maßnahmen nach § 20 WEG dürfen darüber hinaus keinen Wohnungseigentümer gegenüber anderen unbillig beeinträchtigen. Eine **unbillige Beeinträchtigung** liegt danach vor, wenn einem oder mehreren Wohnungseigentümern durch die bauliche Veränderung größere Nachteile zugemutet werden als den anderen Wohnungseigentümern, sie also zu einer nach § 242 BGB **treuwidrigen Ungleichbehandlung** der Wohnungseigentümer führen[11] (hierzu im Einzelnen → *Modernisierung* Rn. 65 ff.). Maßgeblich ist auch hier die Abwägung aller Umstände des Einzelfalls, wobei die Eigentümer aber bestimmte Nachteile, die zwangsläufig mit den baulichen Veränderungen verbunden sind, hinzunehmen haben.[12] Es bleibt abzuwarten, unter welchen Voraussetzungen die Rechtsprechung im Rahmen der Errichtung von Solaranlagen eine unbillige Benachteiligung annehmen wird. 8

4. Anspruch auf Modernisierungsmaßnahmen als bauliche Veränderungen iSv § 20 WEG. Im Rahmen der Durchführung von Modernisierungsmaßnahmen bleibt abzuwarten, ob und in welchem Umfang ein Anspruch des Wohnungseigentümers in entsprechender Anwendung des § 20 Abs. 2 WEG anzunehmen ist. So könnten insbesondere Modernisierungsmaßnahmen nach § 555 b BGB unter Klimaschutzgesichtspunkten eine Gleichbehandlung mit den unter § 20 Abs. 2 WEG geregelten privilegierten baulichen Veränderungen rechtfertigen.[13] 9

III. Errichtung und Betrieb durch Wohnungseigentümergemeinschaft

1. Vertragsverhältnisse. Gem. § 9 a Abs. 1 WEG kann die Gemeinschaft der Wohnungseigentümer Rechte erwerben und Verbindlichkeiten eingehen. Insoweit kommt der Vertrag über die Lieferung und Errichtung der Solaranlagen zwischen dem Verkäufer der Anlage und der Wohnungseigentümergemeinschaft zustande. 10

Erfolgt der Betrieb der im gemeinschaftlichen Eigentum stehenden Solaranlagen durch die Wohnungseigentümergemeinschaft selbst im **Eigenbetrieb**, sind die notwendigen Maßnahmen der Erhaltung (in Form von Instandhaltung und Instandsetzung) von den Wohnungseigentümern nach § 19 Abs. 1 und 2 Nr. 2 WEG zu beschließen. Vertragspartner der in diesem Zusammenhang abzuschließenden Verträge ist ebenfalls die Gemeinschaft der Wohnungseigentümer. 11

Soweit die mit den Solaranlagen erzeugte Energie nicht ausschließlich zum Zwecke des Eigenbedarfs genutzt werden soll, sondern darüber hinaus der erzeugte und nicht von den Wohnungseigentümern verbrauchte **Strom gegen Erhalt einer Vergütung** in das Netz eines Energieversorgers eingespeist werden soll, wie dies insbesondere bei Photovoltaikanlagen der Fall sein kann, sind die hierauf gerichteten Lieferverträge ebenfalls mit der Gemeinschaft der Wohnungseigentümer abzuschließen. 12

2. Finanzierung. Energetische Sanierungsmaßnahmen erfordern meist erhebliche Investitionen. Die hierfür erforderlichen Mittel können von der Gemeinschaft der Wohnungseigentümer durch **Ansparen** einer Erhal- 13

---

9 BR-Drs. 168/20, 72.

10 *Hügel/Elzer* WEG § 20 Rn. 148 ff.

11 BGH 18.2.2011 – V ZR 82/10, NJW 2011, 1220.

12 *Bub* ZWE 2008, 205.

13 *Hügel/Elzer* WEG § 20 Rn. 103.

tungsrücklage (→ *Erhaltungsrücklage* Rn. 1 ff.) oder über eine **Sonderumlage** (→ *Sonderumlage* Rn. 1 ff.) aufgebracht werden. Daneben liegt es grundsätzlich auch in der Kompetenz der Wohnungseigentümer, die Aufnahme eines **Kredites** durch die Gemeinschaft der Wohnungseigentümer zur Deckung des Finanzbedarfs zu schließen[14] .

IV. Errichtung und Betrieb durch einzelne Wohnungseigentümer

14 Neben der Errichtung und dem Betrieb von Solaranlagen durch die Gemeinschaft der Wohnungseigentümer selbst besteht die Möglichkeit, einzelnen Wohnungseigentümern das Recht einzuräumen, auf einer bestimmten Dachfläche Solaranlagen zu installieren und zu nutzen. Die Nutzung dieser Anlagen kann den einzelnen Wohnungseigentümern durch Vereinbarung eines **Sondernutzungsrechts** in Form einer Gebrauchsregelung nach § 10 WEG überlassen werden.[15] Gegenstand einer solchen Vereinbarung sollten dabei neben der grundsätzlichen Nutzungsmöglichkeit insbesondere die Kosten der Errichtung, des laufenden Betriebs sowie der Erhaltung und Instandsetzung sein.

15 Sämtliche im Zusammenhang mit der Errichtung und dem Betrieb der Solaranlagen zu schließenden Verträge sind mit den jeweiligen Wohnungseigentümern als Betreiber der Solaranlagen zu schließen.

V. Errichtung und Betrieb im Rahmen der Vermietung

16 Schließlich kann die Gemeinschaft der Wohnungseigentümer die im Gemeinschaftseigentum stehenden Dachflächen an einen Dritten oder an eine von ihr gegründete Tochtergesellschaft vermieten (vgl. hierzu im Einzelnen → *Vermietung des gemeinschaftlichen Eigentums* Rn. 1 ff.). In diesem Fall ist der Dritte bzw. die Tochtergesellschaft Vertragspartner.

198. Sondereigentum

Tank

I. Einführung

1 Der **Begriff** Sondereigentum ist nunmehr gesetzlich definiert. Die Definition ist in § 3 Abs. 1 S. 1 WEG enthalten. Der **Gegenstand** des Sondereigentums ergibt sich aus § 5 Abs. 1 und 2 WEG, sein **Inhalt** aus §§ 5 Abs. 4 S. 1, 10 Abs. 1 und 3 WEG.

Nach § 3 Abs. 1 S. 2 WEG gelten Stellplätze als Räume iSd § 3 Abs. 1 S. 1 WEG, sodass an ihnen Sondereigentum gebildet werden kann. § 3 Abs. 2 WEG räumt die Möglichkeit der Begründung von Sondereigentum an Freiflächen ein, wobei § 3 Abs. 3 WEG die Abgeschlossenheit in Bezug auf Freiflächen und Stellplätze neu regelt. Sondereigentum ist echtes Eigentum. Wohnungseigentümer können unter Beachtung der Gesetze und Rechte Dritter mit dem Sondereigentum nach Belieben verfahren. Die Verwaltung steht dem Wohnungseigen-

---

14 Eingehend hierzu *Bub* ZWE 2010, 246.
15 OLG Saarbrücken 10.5.2010 – 5 W 94, 95, 96/10, NZM 2011, 810.

tümer in Eigenverantwortung zu.[1] Im Gegensatz zum Alleineigentum des BGB ist das Sondereigentum einer privatautonomen inhaltlichen Ausgestaltung zugänglich. Nach § 5 Abs. 4 S. 1 WEG iVm § 10 Abs. 3 WEG können Vereinbarungen über das Verhältnis der Wohnungseigentümer untereinander zum Inhalt des Sondereigentums gemacht werden. Dabei ist die Zustimmung dinglich Berechtigter zur Eintragung der Vereinbarung im Grundbuch nicht in allen Fällen erforderlich. Eine Beschlusskompetenz der Gemeinschaft der Wohnungseigentümer ein Sondereigentum betreffend besteht nicht.[2]

II. Entstehung

Ohne Einräumung von Sondereigentum stehen sämtliche Räume, Gebäudeteile und Flächen einer Wohnungseigentumsanlage im gemeinschaftlichen Eigentum (→ *Gemeinschaftliches Eigentum* Rn. 2 ff). **2**

1. Bewilligung bzw. Einigung und Eintragung. Die Einräumung von Sondereigentum richtet sich nach § 3 Abs. 1 bzw. § 8 Abs. 1 WEG. Sie erfordert die **Bewilligung** bzw. **Einigung** über die Entstehung von Sondereigentum und deren **Eintragung** im Grundbuch, § 4 Abs. 1 WEG.[3] Eine nicht im Grundbuch vollzogene Erklärung oder tatsächliche Nutzung als Sondereigentum reicht also nicht. **3**

2. Kein Verstoß gegen § 1 Abs. 4 WEG. Sondereigentum kann dabei nur mit Miteigentum an **einem Grundstück** im Rechtssinne verbunden werden (→ *Gemeinschaftliches Eigentum* Rn. 2 ff.). Es darf also zur wirksamen Einräumung von Sondereigentum nicht gegen § 1 Abs. 4 WEG verstoßen werden. **4**

3. Mindestens zwei Miteigentumsanteile. Sowohl bei der Teilung durch Vertrag nach § 3 Abs. 1 WEG als auch bei der einseitigen Teilung nach § 8 Abs. 1 WEG muss angegeben werden, welche Räume zu Sondereigentum erklärt werden sollen.[4] Dabei müssen mindestens zwei Wohnungseigentumsrechte begründet, also **mindestens zwei Miteigentumsanteile** jeweils mit Sondereigentum verbunden werden.[5] **5**

4. Festlegung der Anzahl und Größe der Miteigentumsanteile. In der Teilungsvereinbarung oder -erklärung ist die **Anzahl der Miteigentumsanteile** als auch deren **Größe** festzulegen. Es kann jeder Nenner[6] gewählt werden, solange am Ende die Summe der Zähler mit dem Nenner übereinstimmt. Stimmt die Summe nicht überein ist die Begründung von Wohnungseigentum fehlerhaft. In der Praxis wird sich bei der Festlegung der Größe der Miteigentumsanteile in der Regel an der Wohn- oder Nutzfläche orientiert. Zwingend ist dies nicht. Es sollte aber unbedingt beachtet werden, dass nach dem Gesetz bei der Verwaltung des gemeinschaftlichen Eigentums die Größe des Miteigentumsanteils in der Regel von erheblicher Bedeutung ist, so zB nach § 16 Abs. 2 S. 1 WEG bei der Kostentragung. **6**

5. Kein isolierter Miteigentumsanteil. § 3 Abs. 1 WEG und § 8 Abs. 1 WEG schreiben vor, dass alle Miteigentumsanteile mit Sondereigentum verbunden werden müssen. Wird hiergegen verstoßen bleibt ein nicht mit einem Sondereigentum verbundener, also isolierter Miteigentumsanteil übrig. Dieser kraft Gesetzes entstandene **isolierte Miteigentumsanteil** hat nach überwiegender Auffassung keine Auswirkung auf die fehlerlos begründeten Wohnungseigentumsrechte und bleibt neben diesen bestehen.[7] Die Wohnungseigentümer sind allerdings aus ihrem gemeinschaftlichen Treueverhältnis heraus verpflichtet, diesen dem WEG widersprechenden Zustand zu beseitigen.[8] Dies kann entweder dadurch geschehen, dass sie den isolierten Anteil anteilig übernehmen oder dass dieser insgesamt einem Sondereigentum zugeordnet wird.[9] **7**

6. Fertigstellung des Sondereigentums. Sondereigentum entsteht nach herrschender Meinung bereits, wenn die Räume der einzelnen Wohnungs- und Teileigentumseinheiten im **Rohbau** einschließlich der zum gemeinschaftlichen Eigentum abgrenzenden Wände anhand des bestätigten Aufteilungsplans (→ *Aufteilungsplan* Rn. 1 ff.) einwandfrei identifizierbar erstellt sind.[10] Das Sondereigentum an einer bestimmten Wohnungseigen- **8**

---

1 BGH 13.3.2003 – III ZR 299/02, NJW 2003, 1393.
2 BGH 8.2.2013 – V ZR 238/11, NJW 2013, 3092.
3 Jennißen/*Grziwotz* WEG § 5 Rn. 17.
4 BeckOGK/*M. Müller* WEG § 2 Rn. 83.
5 BeckOGK/*M. Müller* WEG § 2 Rn. 93.
6 ZB 100stel, 1000stel, 10.000stel.
7 BGH 3.11.1989 – VZR 143/87, NJW 1990, 447.
8 BGH 21.10.2016 – V ZR 78/16, ZWE 2017, 169.
9 BeckOGK/*M. Müller* WEG § 1 Rn. 129.
10 BGH 6.6.1986 – V ZR 264/84, NJW 1986, 2759.

tumseinheit entsteht unabhängig vom Entstehen weiterer Sondereigentums mit deren, nicht notwendigerweise kompletten, Fertigstellung; bis dahin besteht eine Anwartschaft auf Erlangung von Sondereigentum.[11]

9 Demgegenüber vertritt eine Mindermeinung die Auffassung, dass Sondereigentum erst mit **Bezugsfertigkeit** der letzten gemäß dem bestätigten Aufteilungsplan zu errichtenden Wohnung- bzw. Teileigentumseinheit entstehen kann.[12] Diese Auffassung ist abzulehnen, da dies zB bei einem Steckenbleiben des Bauvorhabens oder bei Nichterstellen einzelner Räume oder ganzer Gebäude bei Mehrhausanlagen (→ *Mehrhausanlage* Rn. 1 ff.) zur Konsequenz hätte, das Sondereigentum bis zur Änderung der Aufteilung im Grundbuch nicht entstehen kann. Außerdem spricht auch der Wortlaut des § 5 dagegen, der bezogen auf das Sondereigentum allein auf „die gem. § 3 Abs. 1 bestimmten Räume" abstellt und nicht etwa auf die Gesamtheit sämtlicher sondereigentumsfähiger Räume.[13]

10 **7. Abgeschlossenheit.** Sondereigentum soll nur eingeräumt werden, wenn die Wohnungen oder sonstigen Räume in sich abgeschlossen sind, § 3 Abs. 3 Hs. 1 WEG. Bei Stellplätzen und Flächen im Freien regelt § 3 Abs. 3 Hs. 2 WEG, dass anstelle des Abgeschlossenheitserfordernisses die Maßgaben des Aufteilungsplans treten.[14] Die ggf. fehlende tatsächliche **Abgeschlossenheit** (→ *Abgeschlossenheit* Rn. 6 ff.) einer Sondereigentumseinheit oder eine fehlende **Abgeschlossenheitsbescheinigung** stehen der Entstehung von Sondereigentum nicht entgegen und auch der nachträgliche Wegfall der Abgeschlossenheit lässt den Bestand und den Umfang des in der Teilungserklärung ausgestalteten Wohnungseigentum unberührt und führt auch nicht zur Unrichtigkeit des Grundbuchs.[15]

III. Gegenstand des Sondereigentums (§ 5 Abs. 1 WEG)

11 **1. Räume.** Nach § 5 Abs. 1 Alt. 1 WEG sind Gegenstand des Sondereigentums die gem. §§ 3 Abs. 1 S. 1, 8 Abs. 1 WEG durch eine sachenrechtliche Willenserklärung des Eigentümers bestimmten Räume (→ *Raum* Rn. 3 ff.). Ohne eine solche Erklärung bleiben die Räume im gemeinschaftlichen Eigentum (→ *Gemeinschaftliches Eigentum* Rn. 2 ff.).

12 Darunter fallen zunächst die Räume der zum Sondereigentum erklärten Einheit, also der **Wohnung** oder des **Büros**. Räume sind weiter auch **Nebenräume** wie Hobby-, Abstell- oder Kellerräume. Diese können im selben Gebäude aber auch außerhalb liegen. Hierzu gehören **selbstständige Gebäude**[16] wie zB Garagen, Gerätehäuschen etc oder Bungalows in der Mehrhausanlage (→ *Mehrhausanlage* Rn. 1 ff.). Nach § 3 Abs. 1 S. 2 WEG gelten Stellplätze ebenfalls als Räume iSv § 3 Abs. 1 S. 1 WEG. Die **konstruktiven Teile** dieser Räume sind wegen § 5 Abs. 2 WEG jedoch nicht sondereigentumsfähig.[17]

13 Eine tatsächliche Abgrenzung nach oben, unten oder den Seiten ist nicht gefordert. Ausreichend ist eine sich beispielsweise aus dem Aufteilungsplan (→ *Aufteilungsplan* Rn. 3 ff.) ergebende **Abgrenzbarkeit** zum Gemeinschaftseigentum und zum Sondereigentum desselben Gebäudes.[18] § 3 Abs. 3 WEG regelt in Bezug auf Freiflächen und Stellplätze explizit, dass die Maßgaben des Aufteilungsplans gelten. Nicht erforderlich sind weiter tatsächliche Begrenzungen wie **Wände** usw; auch bloße „**Luftschranken**" reichen aus.[19]

14 Demnach sind Räume auch **offene Veranden, Loggien, Balkone** und **Dachterrassen**, die mit im Sondereigentum stehenden Räumen durch einen einzigen Zugang tatsächlich verbunden und zu Sondereigentum erklärt sind (→ *Raum* Rn. 6 ff.).[20] Nach § 3 Abs. 1 S. 2 WEG gelten nunmehr Stellplätze ebenfalls als Räume iSv § 3 Abs. 1 S. 1 WEG.

---

11 BGH 22.12.1989 – V ZR 339/87, MDR 1990, 325.
12 OLG Düsseldorf 20.12.1985 – 3 Wx 345/85, NJW-RR 1986, 300.
13 Jennißen/*Grziwotz* WEG § 5 Rn. 18.
14 BT-Drs. 19/18971, 37.
15 BGH 21.12.2000 – V ZB 45/00, NJW 2001, 1212.
16 BGH 27.3.1968 – VIII ZR 71/66, NJW 1968, 1230.
17 *Hügel/Elzer* WEG § 5 Rn. 6.
18 BGH 8.7.2008 – V ZR 97/07, NJW 2008, 2982.
19 BGH 20.11.2015 – V ZR 284/14, NJW 2016, 473.
20 OLG Hamm 5.1.2016 – 15 W 398/15, NJW-RR 2016, 907; aA BeckOGK/*M. Müller* WEG § 1 Rn. 111.

Tank

Gefordert wurde ein **Gebäudebezug.** Dieser fehlte bei bloßen **Grundstücksflächen,** die nach altem Recht 15 deshalb nicht zu Sondereigentum erklärt werden konnten.[21] Mit der Reform des WEG kann nun auch an Grundstücksflächen wie Gärten und Kfz-Stellplätzen (→ *Kfz-Stellplatz* Rn. 8 ff.) Sondereigentum begründet werden, auch wenn ein Gebäudebezug hier häufig nicht gegeben ist.

Nach § 5 Abs. 2 WEG können Räume, die für den Bestand oder die Sicherheit des Gebäudes erforderlich sind 16 oder die der gemeinschaftlichen Benutzung durch die Wohnungseigentümer dienen, nicht Gegenstand des Sondereigentums sein, selbst dann nicht, wenn sie sich im Bereich der im Sondereigentum stehenden Räume befinden.[22] Dies gilt für Treppenhäuser und Hausflure, aber auch zB für einen Raum, in dem sich die Heizungsanlage befindet oder dessen einziger Zugang dazu.[23] Eine Zuweisung zu Sondereigentum unter Missachtung dieser zwingenden gesetzlichen Regelung wäre nichtig.

2. Gebäudebestandteile. a) Wesentliche Bestandteile. Neben Räumen können auch Gebäudebestandteile 17 im Sondereigentum stehen. Gemeint sind hier nur wesentliche Bestandteile (→ *Bestandteil, wesentlicher* Rn. 2 ff.) eines Gebäudes iSd §§ 93, 94 BGB.[24]

Einfache Bestandteile können ohnehin Gegenstand besonderer Rechte sein und damit im Alleineigentum eines 18 Wohnungseigentümers oder Dritten stehen. **Scheinbestandteile,** § 95 BGB, und **Zubehör,** § 97 BGB, gehören nicht unter den Begriff der Gebäudebestandteile iSv § 5 Abs. 1 WEG, denn auch sie können im Alleineigentum stehen.

Es muss sich weiter um Bestandteile handeln, die zu dem Raum **gehören.** Streitig ist, ob insoweit eine **räum-** 19 **liche und funktionale Zugehörigkeit** vorhanden sein muss,[25] oder ob eine **bloße funktionale Zugehörigkeit** ausreicht:[26] Räumlich meint dabei innerhalb eines Raumes gelegen; funktional zugehörig kann auch ein Bestandteil außerhalb eines Raumes iSv § 3 Abs. 1 WEG sein, wie zB festinstallierte Briefkästen, Klingelknöpfe.[27] Der BGH hat dies für eine nur ein Sondereigentum versorgende Wasserleitung, die von der im gemeinschaftlichen Eigentum stehenden Leitung abzweigt, im letztgenannten Sinn entschieden. Das Versorgungsnetz bildet zwar eine untrennbare Einheit, die auch nur insgesamt instandgesetzt und erneuert werden kann, so dass diese Einheit grundsätzlich dem gemeinschaftlichen Eigentum zuzuordnen ist. Etwas anderes gilt aber ab dem Punkt, ab dem ein Sondereigentümer durch ein Absperrventil die Versorgung seiner Einheit selbstständig regeln kann. Nach BGH können also zum Sondereigentum auch die Teile eines im gemeinschaftlichen Eigentum stehenden Versorgungsnetz gehören, die im räumlichen Bereich des Sondereigentums und nach der ersten für den Sondereigentümer vorgesehenen Absperrmöglichkeit liegen .[28]

Da § 3 Abs. 2 WEG Sondereigentum auch auf **Grundstücksflächen** (→ Sondereigentum Rn. 23) erstreckt, 20 sind nunmehr auch die Sachen Gegenstand dieses Sondereigentums, die mit dem Teil des Grundstücks fest verbunden sind, auf den sich das Sondereigentum erstreckt.[29] Das gilt insbesondere für **Gebäude,** die auf diesen Flächen errichtet werden. § 5 Abs. 2 gilt für diese Gebäude nicht.[30] Das bedeutet, dass auf einer Sondereigentumsfläche errichteten Gebäude nach § 94 Abs. 1 BGB vom Sondereigentum umfasst werden. Konstruktive Bestandteile dieser Gebäude, wie zB das Dach oder das Fundament von Gartenhäusern sind dann ebenfalls vom Sondereigentum hieran umfasst.[31] Demgegenüber bleiben zB Versorgungsleitungen, die der gemeinschaftlichen Benutzung der Wohnungseigentümer dienen, im gemeinschaftlichen Eigentum, selbst wenn sie sich auf einer im Freien befindlichen Sondereigentumsfläche oder unterhalb derselben befinden.

b) Keine Veränderung ohne Beeinträchtigung, keine äußere Veränderung. Die wesentlichen Bestandtei- 21 le, die räumlich und/oder funktional einem Raum zuzuordnen sind, müssen weiter verändert, beseitigt oder

---

21 Allg. Meinung, BeckOK WEG/*Gerono* § 5 Rn. 12.
22 BGH 5.7.1991 – V ZR 222/90, NJW 1991, 2909.
23 BGH 5.7.1991 – V ZR 222/90, NJW 1991, 2909.
24 BGH 2.2.1979 – V ZR 14/77, NJW 1979, 2391.
25 So Jennißen/*Grziwotz* WEG § 5 Rn. 15.
26 BeckOK WEG/*Gerono* § 5 Rn. 19.
27 BeckOK WEG/*Gerono* § 5 Rn. 19.
28 BGH 26.10.2012 – V ZR 57/12, NJW 2013, 1154.
29 BT-Drs. 19/18971, 38.
30 BT-Drs. 19/18971, 38.
31 Vgl. *Becker/Schneider* ZfIR 2020, 281 (285).

eingefügt werden können, ohne dass dadurch das gemeinschaftliche Eigentum oder ein auf Sondereigentum beruhendes Recht eines anderen Wohnungseigentümers über das bei einem geordneten Zusammenleben unvermeidliche Maß hinaus beeinträchtigt oder die äußere Gestaltung des Gebäudes verändert wird, § 5 Abs. 1 S. 1 WEG. Ist dies nicht der Fall, fehlt die Sondereigentumsfähigkeit und es liegt Gemeinschaftseigentum vor. Entscheidend für die Frage, ob eine Beeinträchtigung noch hinzunehmen ist oder nicht, ist die **Verkehrsauffassung**.[32]

22 Eine Veränderung, Beseitigung oder Einfügung des wesentlichen Bestandteils darf weiter die äußere Gestaltung des Gebäudes nicht verändern. Insoweit genügt jede Veränderung, soweit sie nicht vollkommen unerheblich ist. Auch insoweit ist die Verkehrsauffassung heranzuziehen. Entscheidend ist, ob der äußere Eindruck, also das Gesamtbild der Wohnungseigentumsanlage, für einen außenstehenden Betrachter verändert wird.[33] Deshalb können beispielsweise **festinstallierte Briefkästen** zwar wesentlicher Bestandteil und einem Sondereigentum zu zuordnen sein. Ihre Veränderung würde aber zu einer Beeinträchtigung der äußeren Gestaltung führen, so dass die Sondereigentumsfähigkeit zu verneinen ist (vgl. auch → Rn. 21).[34]

23 **3. Grundstücksflächen.** Nach § 3 Abs. 2 WEG kann Sondereigentum auch an außerhalb des Gebäudes liegenden Teilen des Grundstücks erstreckt werden. Sondereigentum kann nunmehr also auch an **Freiflächen** begründet werden. In Betracht kommen hier insbesondere **Terrassen, Gärten** und im **Freien liegende Stellplätze** (→ *Kfz-Stellplatz* Rn. 8 ff.). Auf diese Weise können solche Flächen einzelnen Wohnungseigentümern wirtschaftlich zugeordnet werden, ohne dass die ansonsten mit der Zuweisung von Sondernutzungsrechten verbundene Rechtsunsicherheit in Kauf genommen werden muss.[35] Die Möglichkeit, Sondereigentum an Freiflächen zu bilden, ist jedoch in Anlehnung der Vorschriften für das Erbbaurecht (§ 1 Abs. 2 ErbbauRG) und das Dauerwohnrecht (§ 31 Abs. 1 S. 2 WEG) in doppelter Hinsicht beschränkt: Einerseits können außerhalb des Gebäudes liegende Teile des Grundstücks grundsätzlich nicht alleiniger Gegenstand des Sondereigentums sein. Daher ist es auch nicht möglich, einen Miteigentumsanteil ausschließlich mit dem Sondereigentum an einer Grundstücksfläche zu verbinden. Zum anderen müssen die Räume wirtschaftlich die Hauptsache des Sondereigentums bleiben. Insbesondere Terrassen und Gärten sind in aller Regel nicht als **wirtschaftliche Hauptsache** anzusehen. Anders kann dies bei der Zuordnung einer bedeutenden Freifläche zu einem in einer Tiefgarage liegenden Stellplatz sein. Die Grundbuchämter werden hier zu prüfen haben, ob Sondereigentum an der Fläche begründet werden kann.[36] Wie sich aus der negativen Formulierung ergibt, wird vermutet, dass die Räume wirtschaftlich die Hauptsache bleiben.[37] Damit ist Sondereigentum an Grundstücksflächen immer abhängig vom Wohnungs- bzw. Teileigentum. Auch eine isolierte Veräußerung dieser Flächen ist nicht möglich, sie sind also nur **beschränkt verkehrsfähig**.[38] Für Stellplätze gilt dies nicht, da diese nach § 3 Abs. 1 S. 2 WEG als Räume gelten (→ *Kfz-Stellplatz* Rn. 8).

24 Die **Abgrenzbarkeit** des Sondereigentums an Grundstücksflächen ist in § 3 Abs. 3 WEG dahingehend geregelt, dass sich diese nach den Maßgaben im Aufteilungsplan bestimmt. Diese Maßgaben treten anstelle des Abgeschlossenheitserfordernisses, dass für Räume gilt. Die Maßgaben im Aufteilungsplan müssen im Übrigen so genau sein, dass es im Streitfall möglich ist, den räumlichen Bereich des Sondereigentums eindeutig zu bestimmen. Dafür muss sich aus dem **Aufteilungsplan** in der Regel die Länge und Breite der Fläche und ihr Abstand zu den Grundstücksgrenzen ergeben. Eine **Markierungspflicht** ist nicht vorgesehen. Sind die Flächen dennoch markiert, was den Wohnungseigentümern unbenommen bleibt, hat dies auf den Umfang des Sondereigentums keine Auswirkung.[39]

25 **4. Kein zwingendes gemeinschaftliches Eigentum iSv § 5 Abs. 2 WEG.** Wie bei Räumen gilt auch bei Gebäudebestandteilen, dass diese nur im Sondereigentum stehen können, wenn sie nicht nach § 5 Abs. 2 WEG

---

32 Jennißen/*Grziwotz* WEG § 5 Rn. 15.
33 Jennißen/*Grziwotz* WEG § 5 Rn. 26.
34 BeckOK WEG/*Gerono* WEG § 5 Rn. 23.
35 BT-Drs. 19/18791, 37.
36 Vgl. *Wilsch* FGPrax 2020, 1 (5).
37 BT-Drs. 19/18791, 37.
38 *Wilsch* FGPrax 2020, 1 (5).
39 BT-Drs. 19/18791, 37.

zwingend zum gemeinschaftlichen Eigentum zählen.[40] Für Gebäude, die auf Grundstücksflächen errichtet werden, die nach § 3 Abs. 2 WEG im Sondereigentum stehen, gilt § 5 Abs. 2 nicht (→ Rn. 20).

IV. Inhalt (§ 5 Abs. 4 S. 1 WEG)

Sondereigentum ist **echtes Eigentum**. Im Gegensatz zum Alleineigentum des BGB, das einer privatautono- 26 men inhaltlichen Ausgestaltung nicht zugänglich ist, ist dies bei Sondereigentum möglich. Wohnungseigentümer können unter Beachtung der Gesetze und Rechte Dritter mit dem Sondereigentum nach Belieben verfahren, § 13 Abs. 1 WEG. Die Verwaltung steht dem Wohnungseigentümer in Eigenverantwortung zu.[41]

Nach § 5 Abs. 4 S. 1 WEG iVm § 10 Abs. 3 WEG können **Vereinbarungen** über das Verhältnis der Wohnungseigentümer untereinander zum **Inhalt des Sondereigentums** gemacht werden. Der Gesetzgeber hat also den Wohnungseigentümern ermöglicht, mit einer im Grundbuch eintragungsfähigen Vereinbarung die aus dem Sondereigentum folgenden gesetzlichen Befugnisse zu konkretisieren und zu modifizieren.[42] Dies erfolgt in der Regel in der Gemeinschaftsordnung (→ *Gemeinschaftsordnung* Rn. 1 ff.). Häufiger Inhalt solcher Vereinbarungen sind Benutzungsregelungen und Regelungen zur Zweckbestimmung, Regelungen bezüglich der Kompetenzen des Verwalters, Stimmrechtsregelungen oder Regelungen bezüglich der Verwaltung des gemeinschaftlichen Vermögens.

Eine Vereinbarung kommt wirksam nur zustande, wenn **alle** Wohnungseigentümer ihr zugestimmt haben.[43] 28 Die **Formvorschriften** des § 4 Abs. 1 und 2 WEG sind nicht einzuhalten.

Zum Inhalt des Sondereigentums werden Vereinbarungen sowie Beschlüsse, die aufgrund der Vereinbarung getroffen werden, allerdings nur, wenn sie gem. § 10 Abs. 3 WEG **im Grundbuch eingetragen** sind und deshalb auch gegenüber Sondernachfolgern wirkt. Werden vom Alleineigentümer Bestimmungen über das Verhältnis der Wohnungseigentümer untereinander nach §§ 8 Abs. 2 S. 1, 5 Abs. 4 S. 1 WEG getroffen und im Grundbuch eingetragen, stehen sie einer Vereinbarung iSv § 5 Abs. 4 S. 1 WEG gleich.[44] Eine Beschlusskompetenz der Wohnungseigentümer ein Sondereigentum betreffend besteht demgegenüber nicht.[45]

V. Zustimmung dinglich Berechtigter (§ 5 Abs. 4 S. 2 und 3 WEG)

Ist das Wohnungseigentum mit dem Recht eines Dritten belastet, so ist sachenrechtlich dessen **Zustimmung** 29 zu der Inhaltsänderung gem. §§ 877, 876 S. 1 BGB erforderlich, soweit nicht ausgeschlossen werden kann, dass sie von der Änderung in ihrem Recht betroffen sind.[46] § 5 Abs. 4 S. 2 WEG bestimmt, welche dinglich Berechtigten welchen Vereinbarungen und Beschlüssen aufgrund solcher Vereinbarungen nicht zustimmen müssen.[47]

§ 5 Abs. 4 S. 2 WEG unterscheiden hinsichtlich der Zustimmungsbedürftigkeit nach der Art der eingetragenen 30 Rechte. Die Zustimmung von **Hypotheken-, Grund-** und **Rentenschuldgläubigers** sowie **Reallastberechtigten** ist erforderlich, wenn **Sondernutzungsrechte** begründet, aufgehoben, geändert oder übertragen werden. Die Regelung, nach der die Zustimmung dann wieder nicht erforderlich war, wenn bei einer Verfügung über Sondernutzungsrechte gleichzeitig zugunsten des mit den Drittrechten belasteten Wohnungseigentums ein Sondernutzungsrecht begründet wird, § 5 Abs. 4 S. 3 WEG aF, ist ersatzlos weggefallen.[48]

Die Zustimmung der Berechtigten von **Dienstbarkeiten, Nießbrauchsrechten, Dauerwohn-** und, **Dauernut-** 31 **zungsrechten**, von **Vorkaufs- und Vormerkungsberechtigten** ist dagegen nach wie vor erforderlich, solange eine Beeinträchtigung nicht von vornherein ausgeschlossen werden kann.[49]

---

40 *Hügel/Elzer* WEG § 5 Rn. 15, 19.
41 BGH 13.3.2003 – III ZR 299/02, NJW 2003, 1393.
42 Bärmann/*Armbrüster* WEG § 5 Rn. 137.
43 Zur Abgrenzung vom einstimmigen Beschluss LG München I 23.1.2014 – 36 S 5934/13, ZB 20 15,128.
44 Bärmann/*Armbrüster* WEG § 5 Rn. 138.
45 BGH 8.2.2013 – V ZR 238/11, NJW 2013, 3092.
46 BGH 14.6.1984 – V ZB 32/82, NJW 1984, 2409.
47 Palandt/*Wicke* WEG § 5 Rn. 12.
48 BT-Drs. 19/18791, 39.
49 BGH 14.6.1984 – V ZB 32/82, NJW 1984, 2409.

199. Sondereigentumsverwaltung

Martini

I. Einführung

1 Eine Sondereigentumsverwaltung bedeutet die **Verwaltung des vermieteten Sondereigentums**. Es ist daher die klassische mietrechtliche Hausverwaltung in einer Wohnungseigentümeranlage für einzelne oder mehrere Sondereigentumseinheiten. Das betrifft sowohl das Wohnungseigentum als auch das Teileigentum. Die Miete steht dem Wohnungseigentümer und nicht der Gemeinschaft der Wohnungseigentümer zu.

2 Oft sind Verwalter bereit, gegen Aufpreis die Sonderverwaltung mitzumachen. Das ist aber nicht zwingend. Auch **externe Hausverwalter** können die Sondereigentumsverwaltung übernehmen. Es ist also möglich, dass in einer Wohnungseigentumsanlage die Sondereigentumsverwaltung durch verschiedene Personen vorgenommen wird.

3 Eine besondere Schwierigkeit der Sonderverwaltung ist die teilweise fehlende **Harmonisierung** zwischen dem Wohnungseigentumsrecht und dem Mietrecht. Der Sondereigentumsverwalter muss zwischen den Rechten und Pflichten des Verwalters der Wohnungseigentumsanlage nach den §§ 27 f. WEG und den mietrechtlichen Pflichten des Hausverwalters nach §§ 535 ff. BGB stets strikt trennen. Soweit Vertragsfreiheit besteht und kein Verstoß gegen die §§ 305 ff. BGB, § 242 BGB (gesetzliches Verbot) vorliegt, können Regelungen zur Harmonisierung beider Rechtsgebiete vereinbart werden.

Durch die **WEG-Reform** wurde durch die Neufassung von § 556 a Abs. 3 BGB eine erste Harmonisierung hinsichtlich der Betriebskosten geschaffen. Näheres unter → Rn. 24.

II. Der Vertrag mit dem Sondereigentumsverwalter

4 Die geschuldete Tätigkeit des Verwalters von Sondereigentum ergibt sich aus einem gesonderten Vertrag. Eine gesetzliche Regelung der Rechte und Pflichten gibt es hier nicht. Der **Vertragsumfang** umfasst regelmäßig, aber nicht abschließend:

5 **1. Die finanztechnische Betreuung des Sondereigentums.** Hierzu können vereinbart werden:

- Vereinnahmung und Überwachung der Miete und weiterer Zahlungen des Mieters;
- Überwachung und Zahlung der Zahlungsverpflichtungen aus dem Wohnungseigentum;
- Führung der laufenden Buchhaltung, die Erstellung und Zustellung der Betriebskostenabrechnung gegenüber dem Mieter;
- das Führen der Korrespondenz mit dem Verwalter der Wohnungseigentumsanlage und dem Mieter;
- die außergerichtliche Abwehr von unberechtigten Forderungen gegenüber dem Wohnungseigentümer;
- Abwicklung der Mietverhältnisse mit den Mietern.

2. Die bautechnische Betreuung des Sondereigentums. Dazu kann gehören: 6

■ Die Beauftragung und Überwachung der erforderlichen Instandhaltungs- und Instandsetzungsarbeiten am Sondereigentum,

■ die Annahme der Mängelanzeige des Mieters oder das Feststellen der angezeigten Mängel,

■ die Wohnungsabnahme gegenüber Handwerkern und

■ die Wohnungsübernahme und -abnahme gegenüber Mietern.

3. Weitergehende Betreuung des Sondereigentums. Hier können zB die Vertretungen in Rechtsangelegen- 7
heiten oder in der Wohnungseigentümerversammlung vereinbart werden.

III.   Die Sonderverwaltung im Einzelnen

1. Vermietung möglich? Der Sondereigentumsverwalter muss zunächst prüfen, ob durch die Gemeinschafts- 8
ordnung oder durch eine weitere Vereinbarung eine Vermietung generell ausgeschlossen ist; eine derartige Bestimmung ist wirksam.[1]

2. Vermietungsbeschränkungen. In der Gemeinschaftsordnung kann wirksam vereinbart werden, dass ein 9
Wohnungseigentümer für die Vermietung der Wohnung die **Zustimmung des Verwalters** oder der Wohnungseigentümer benötigt.[2] Die Zustimmung darf nur aus wichtigem Grund verweigert werden.[3] Durch einen **Beschluss** kann eine derartige Verpflichtung des vermietenden Wohnungseigentümers nicht wirksam begründet
werden. Mangels Beschlusskompetenz wäre ein solcher Beschluss nichtig. Eine nachträgliche Vereinbarung
ist aber möglich und wirksam.

Bei einem Verstoß gegen die zustimmungspflichtige Vermietung besteht ein Unterlassungsanspruch gem.
§ 1004 BGB iVm § 18 Abs. 2 WEG.

Eine **Vertragsstrafe** kann für Verstöße gegen Vermietungsbeschränkungen nicht beschlossen werden. Mangels Beschlusskompetenz ist ein diesbezüglicher Beschluss nichtig.[4] Der insoweit im Gesetzesentwurf vorgesehen § 19 Abs. 2 S. 3 WEG-RE hat es nicht in die Endfassung des Gesetzes geschafft.

3. Ferienwohnung. Eine **kurzzeitige Vermietung** ist ohne eine gegenteilige Regelung in der Gemeinschafts- 10
ordnung oder durch Vereinbarung zulässig; sogar eine Vermietung an täglich wechselnde Feriengäste, denn
aus Art. 14 GG iVm § 13 Abs. 1 WEG folgt das Recht des Wohnungseigentümers, seine Wohnung auch anders
als ausschließlich zu Wohnzwecken zu nutzen.[5]

Ein auf der Grundlage einer allgemeinen **Öffnungsklausel** gefasster Beschluss, durch den die kurzzeitige Vermietung des Wohnungseigentums verboten wird, ist nur dann rechtmäßig, wenn alle Wohnungseigentümer
ihre Zustimmung erteilt haben.[6]

4. Der Mieter. a) Auswahl des Mieters. Soll der Sondereigentumsverwalter die **Mietverträge** selbst ab- 11
schließen, muss er bei der Auswahl des Mieters das Allgemeine Gleichbehandlungsgesetz (AGG), die Zweckbindung der Wohnungseigentumsanlage sowie das allgemeine Gebot der Rücksichtnahme des § 14 Abs. 1
Nr. 2 WEG beachten.

aa) Allgemeines Gleichbehandlungsgesetz. Ziel des Gesetzes ist, eine Benachteiligung aus Gründen der 12
Rasse oder wegen der ethnischen Herkunft, des Geschlechts, der Religion oder Weltanschauung, einer Behinderung, des Alters oder der sexuellen Identität zu verhindern oder zu beseitigen. Demzufolge darf nach § 19
AGG ein Bewerber nicht aus einem dieser Gründe abgelehnt werden. Eine solche Benachteiligung darf weder
bei der Begründung, der Durchführung oder der Beendigung des Mietverhältnisses vorliegen. Beispielsweise
kann es unzulässig sein, nur von ausländischen Mitbürgern eine Mieterhöhung zu fordern.

Eine Verletzung des **Benachteiligungsverbots** ist nicht gegeben, wenn für die unterschiedliche Behandlung
wegen der Religion, einer Behinderung, des Alters, der sexuellen Identität oder des Geschlechts ein sachlicher

---

1 BGH 15.1.2010 – V ZR 72/09, NWJ 2010, 837.
2 BGH 15.6.1962 – V ZB 2/62, BGHZ 37, 203.
3 LG Köln 26.4.2018 – 29 S 239/17 ZWE 2018, 327.
4 BGH 22.3.2019 – V ZR 105/18, NJW 2019, 1673.
5 BGH 15.1.2010 – V ZR 72/09, NWJ 2010, 837.
6 BGH 12.4.2019 – V ZR 112/18, NJW 2019, 2083.

Grund vorliegt. Das kann nach § 20 AGG insbesondere der Fall sein, wenn die unterschiedliche Behandlung zur Vermeidung von Gefahren, der Verhütung von Schäden oder anderen Zwecken gleicher Art dient, dem Bedürfnis nach Schutz der Intimsphäre oder der persönlichen Sicherheit Rechnung trägt, besondere Vorteile gewährt und ein Interesse an der Durchsetzung der Gleichbehandlung fehlt, oder unterschiedliche Religionen nicht im Einklang zu bringen sind.

13 **bb) Zweckbindung der Wohnungseigentumsanlage.** Die Zweckbindung ist bei der Mieterauswahl zu beachten, wenn kein Verstoß gegen das AGG vorliegt. Wird in der Wohnungseigentumsanlage ein **Seniorenheim** betrieben, muss dieses bei der Auswahl des Mieters bei Vermietung beachtet werden. Das Allgemeine Gleichbchandlungsgesetz steht nach § 20 Abs. 1 S. 2 Nr. 3. AGG dem nicht entgegen.

14 Bei der Vermietung von **Teileigentum** ist die Zweckbindung in der Teilungserklärung oder der Gemeinschaftsordnung bei der Vermietung zu beachten. So kann ein Teileigentum nicht als Eiscafé vermietet werden, wenn in der Gemeinschaftsordnung ein Gebrauch als Laden vorgesehen ist,[7] denn durch das Verweilen und Verzehren der Speisen vor Ort liegt bei typisierender Betrachtungsweise eine stärkere Störung vor.

Demzufolge ist eine Nutzung einer Teileigentumseinheit als Speiserestaurant, welches als Ladenlokal in der Gemeinschaftsordnung bezeichnet wurde, unzulässig, weil von einem Speiserestaurant größere Störungen ausgehen als von einem Laden, der nach Ortsrecht von 20 Uhr bis 6 Uhr geschlossen sein muss.[8]

15 **cc) Das Gebot der allgemeine Rücksichtnahme nach § 14 Abs. 2 Nr. 1 iVm Abs. 1 Nr. 2 WEG.** Nach § 14 Abs. 2 Nr. 1 iVm Abs. 1 Nr. 2 WEG ist jeder Wohnungseigentümer verpflichtet, von seinem Sondereigentum nur in solcher Weise **Gebrauch** zu machen, dass dadurch keinem der anderen Wohnungseigentümer über das bei einem geordneten Zusammenleben unvermeidliche Maß hinausgehender Nachteil erwächst.

Daher ist eine Vermietung an Prostituierte oder an eine Großfamilie in einer Kleinstwohnung nicht statthaft (→ *Prostitution* Rn. 1). Die Vermietung an Feriengäste[9] oder Asylbewerber[10] ist grundsätzlich im Rahmen der Zweckbestimmung zulässig (→ *Asylbegehrende und Geflüchtete* Rn. 1 ff.).

16 Bei einem **Wohnungseigentumsentzugsverfahren** nach § 17 WEG, weil der Wohnungseigentümer trotz Abmahnung wiederholt gröblich gegen eine nach § 14 WEG obliegende Pflicht verstoßen hat, darf der Erwerber der Wohnung diese nicht an den bisherigen Eigentümer weitervermieten. Die anderen Wohnungseigentümer können vielmehr vom Erwerber verlangen, dass dem bisherigen Wohnungseigentümer nicht nur das Eigentum, sondern auch der Besitz der Wohnung entzogen wird.[11] Andernfalls verletzt der Erwerber der Eigentumswohnung selbst seine Pflicht nach § 14 Abs. 2 Nr. 1 iVm Abs. 1 Nr. 2 WEG.

17 **b) Rechte des Mieters.** Nach § 535 Abs. 1 S. 2 BGB hat der Vermieter dem Mieter die Mietsache in einem zum vertragsgemäßen **Gebrauch** geeigneten Zustand zu überlassen und sie während der Mietzeit in diesem Zustand zu erhalten. Andernfalls tritt ein Mangel an der Mietsache auf. In diesem Falle hat der Mieter sämtliche Rechte nach dem Mietrecht, nämlich neben dem Instandsetzungsanspruch auch nach § 536 BGB einen Minderungsanspruch und nach § 536 a BGB einen Schadens- und Aufwendungsersatzanspruch. Einschränkungen des Gebrauchs des gemeinschaftlichen Eigentums können und sollten daher im Mietvertrag vereinbart werden.

18 Im Mietvertrag sollten **Anpassungsklauseln** enthalten sein. Der Mieter sollte verpflichtet werden, sich daran zu halten, wenn die Wohnungseigentümer abändernde Beschlüsse hinsichtlich der Benutzungs- und Verwaltungsregelungen des gemeinschaftlichen Eigentums beschließen. Ob das durch allgemeine Geschäftsbedingungen im Mietvertrag möglich ist, ist zurzeit höchstrichterlich nicht geklärt. Der Sondereigentumsverwalter sollte darauf achten, dass im Rahmen von neu abzuschließenden Mietverträgen zunächst eine Deckungsgleichheit hinsichtlich der Gemeinschaftspflichten und der Hausordnung der Wohnungseigentumsanlage vertraglich vereinbart wird.

---

7 LG Frankfurt a. M. 27.9.2018 – 2–13 S 138/17, GE 2019, 65.
8 LG München 15.1.2018 – 1 S 1401/17, ZMR 2018, 443.
9 BGH 15.1.2010 – V ZR 72/09, NWJ 2010, 837.
10 LG Koblenz 16.11.2016 – 2 S 99/15, ZWE 2017, 133.
11 BGH 18.11.2016 – V ZR 221/15, NZM 2017, 37.

Der Mieter hat ohne vertragliche Einschränkung das Recht, das **gemeinschaftliche Eigentum** mitzunutzen. 19
Das gilt grundsätzlich auch für die Flächen, welche für die Nutzung des vermieteten Sondereigentums nicht
notwendig sind, zB ein Kinderspielplatz.[12]

Die **Grenze** ist aber die Rechte der Wohnungseigentümer untereinander. Der vermietende Wohnungseigentü- 20
mer kann dem Mieter nicht mehr Rechte einräumen als er selbst hat. Er kann daher mietvertraglich dem Mieter nicht wirksam eine bauliche Veränderung genehmigen.[13]

Es besteht keine Beschlusskompetenz der Wohnungseigentümer für einen Beschluss über ein **Verbot der** 21
Kontaktaufnahme von Eigentümern zu Mietern der Wohnungen anderer Eigentümer ohne deren Wissen.[14]
Ein solcher Beschluss ist nichtig.

5. Die Miete. Die Miete steht grundsätzlich dem **Wohnungseigentümer** zu, dem das Wohnungseigentum 22
oder Teileigentum sachenrechtlich gehört. Übernimmt der Verwalter die Sonderverwaltung des Wohnungseigentums, wird er regelmäßig die Mieteinnahmen erhalten. Diese sind für den Wohnungseigentümer innerhalb der vertraglichen Bestimmungen treuhänderisch zu verwalten und auszukehren.

Ein Beschluss der Wohnungseigentümer, wonach der Verwalter die Miete des Wohnungseigentums einzuzie- 23
hen hat und ein Teil dieser Miete der Gemeinschaft der Wohnungseigentümer zur Verfügung stellen soll, stellt
einen unzulässigen Eingriff in den **Kernbereich des Wohnungseigentums** dar. Die Rechtsfolge ist aufgrund
der fehlenden Beschlusskompetenz der Wohnungseigentümer, dass der Beschluss nichtig ist.[15]

6. Betriebskosten. Im Mietrecht und im Wohnungseigentumsrecht kann grundsätzlich ein anderer Umlage- 24
schlüssel als die gesetzliche Vorgabe vereinbart werden. Durch die richtige Vertragsgestaltung kann daher eine
Synchronisation der Kostenverteilung zwischen den beiden Rechtsgebieten geschaffen werden.

So ist es nach hM möglich, in einem Wohnraummietvertrag für die nicht nach Verbrauch abzurechnenden Betriebskosten den Umlageschlüssel **Miteigentumsanteile** gem. § 16 Abs. 2 WEG zu vereinbaren.[16] Dies ist der
einfachste Weg für den vermietenden Wohnungseigentümer, die Wohngeldabrechnung mit der Betriebskostenabrechnung zu harmonisieren.

Durch die **WEG-Reform** wurde § 556 a Abs. 3 BGB dahingehend neu gefasst, dass hinsichtlich des Umlageschlüssels die mietrechtlichen Betriebskosten nach dem für die Verteilung zwischen den Wohnungseigentümern jeweils geltenden Maßstab umzulegen sind, wenn nicht etwas anderes im Mietvertrag vereinbart wurde
und der wohnungseigentumsrechtliche Maßstab dem billigen Ermessen nicht widerspricht. Sollte der zwischen
den Wohnungseigentümern geltende Maßstab ausnahmsweise dem billigen Ermessen nicht entsprechen, erfolgt die Verteilung der Betriebskosten für die Mieter nach Wohnfläche.

Im Mietvertrag für Wohnraum kann nach § 556 BGB eine Vereinbarung über die Betriebskosten mit dem Mie- 25
ter getroffen werden. Ist dies nicht der Fall, gilt grundsätzlich eine **Inklusivmiete**. Dann sind die Betriebskosten in der Miete mitenthalten. Eine Ausnahme kann nach der Heizkostenverordnung bestehen. Besteht hiernach die Pflicht zur verbrauchsabhängigen Abrechnung, geht diese nach § 2 HeizkostenV der rechtsgeschäftlichen Regelung im Mietvertrag vor.

Die **Vereinbarung** über die Betriebskostenumlage auf den Mieter kann in Form einer Pauschale oder als Vor- 26
auszahlung vereinbart werden, § 556 Abs. 2 S. 1 BGB.

Die umlagefähigen Betriebskosten bestimmen sich nach der Betriebskostenverordnung (BetrKV), vgl. § 556
Abs. 1 S. 2 und 3 BGB. Im Gewerberaummietrecht sind weitere Kosten umlagefähig.

Für die Wohnraummiete genügt zur wirksamen **Übertragung** der Betriebskosten auf den Mieter die – auch 27
formularmäßige – Vereinbarung, dass dieser „die Betriebskosten" zu tragen hat. Ein Beifügen des Betriebskos-
tenkatalogs nach § 2 BetrKV oder eine ausdrückliche Bezugnahme auf § 556 Abs. 1 S. 2 BGB und die Betriebskostenverordnung sind nicht notwendig.[17]

---

12 BayObLG 9.10.1997 – 2 z BR 90/97, GE 1997,1589.
13 LG Berlin 25.11.2016 – 85 S 103/15, GE 2017, 237.
14 LG Frankfurt a. M. 17.5.2018 – 2–13 S 31/16, NZM 2018, 628.
15 OLG Düsseldorf 10.1.2001 – 3 Wx 419/00, NZM 2001, 238.
16 BGH 19.11. 2008 – VIII ZR 295/07, NJW 2009, 283.
17 BGH 10.2.2016 – VIII ZR 137/15, NJW 2016, 1308.

28 Das gilt aber nicht für die „**sonstigen Betriebskosten**" nach § 2 Nr. 17 BetrKV. Diese sind nur dann umlagefähig, wenn die Umlegung der im einzelnen bestimmten Kosten mit dem Mieter vereinbart wurde.[18] Bei der
Vermietung von Wohnungseigentum sollten daher regelmäßig folgende sonstige Betriebskosten ausdrücklich
im Mietvertrag aufgeführt werden:

- Die Kosten für die regelmäßige Überprüfung von Brandmeldeanlagen,[19]
- die Kosten der Überprüfung und Wartung von Rauchwarnmeldern (str.),
- die Kosten der regelmäßigen Dachrinnenreinigung,[20]
- die Kosten für die Überprüfung der Blitzschutzanlagen,[21]
- die regelmäßige Prüfung der Betriebssicherheit von Elektroleitungen, sogenannter E-Check,[22]
- die regelmäßige Überprüfung auf Funktion und Sicherheit von Feuerlöschern,[23]
- die alle 12 Jahre fällig werdende Prüfung auf Dichtigkeit von Gasleitungen, die vom Hauptanschluss im
  Haus zu den Einzelheizungen in die Wohnung führen und dort auch die Gaskochherde versorgen,[24]
- die Kosten für eine regelmäßige Kontrolle der Rückstausicherung,[25]
- die Kosten für die laufenden Aufwendungen für den Betrieb einer Sauna,[26]
- die Kosten für die laufenden Aufwendungen für den Betrieb eines Schwimmbads,[27]
- die Kosten für die wiederkehrende Prüfung der Festigkeit und Dichtigkeit von Trockensteigleitungen[28]
  und
- die regelmäßige Überprüfung und Einstellung bzw. Justierung von Überwachungsanlagen/Alarmanla-
  gen.[29]

29 Im **Gewerberaummietverhältnis** gelten die §§ 556 f., 560 BGB nicht. Hier muss eine vertragliche Vereinbarung hinsichtlich der Kostentragungspflicht der Betriebskosten durch den Mieter vereinbart werden.

30 Das **Hausgeld** enthält weitere Bestandteile, welche nicht im Rahmen einer Betriebskostenvereinbarung für
Wohnraummietverhältnisse auf die Mieter umlagefähig sind. Dies sind beispielsweise die Kosten des Verwalters und die Bildung der Instandhaltungsrücklagen. Der Verwalter des Sondereigentums muss daher darauf
achten, dass er nur die umlagefähigen Kostenanteile auf den Mieter umlegt.

31 Der gesetzliche **Umlagemaßstab** für die Betriebskosten im Wohnraummietrecht ist die Wohnfläche, § 556 a
Abs. 1 S. 1 BGB. Nach Abs. 2 sind Betriebskosten, die von einem erfassten Verbrauch oder einer erfassten
Verursachung durch die Mieter abhängen, nach einem Maßstab umzulegen, der dem unterschiedlichen Verbrauch oder der unterschiedlich Verursachung Rechnung trägt. Nach § 556 a Abs. 2 BGB kann der Vermieter
vor Beginn eines Abrechnungszeitraums durch Erklärung in Textform bestimmen, dass die Betriebskosten abweichend von der getroffenen Vereinbarung ganz oder teilweise nach einem Maßstab umgelegt werden dürfen,
der dem erfassten unterschiedlichen Verbrauch oder der erfassten unterschiedlichen Verursachung Rechnung
trägt.

32 Haben die Vertragsparteien **Vorauszahlung** für die Betriebskosten vereinbart, ist hierüber jährlich abzurechnen. Der Grundsatz der Wirtschaftlichkeit ist hierbei zu beachten. Die Frist für die Mitteilung der Betriebskostenabrechnung an den Mieter beträgt im Wohnraummietrecht zwölf Monate nach Ende des Abrechnungszeitraums, § 556 Abs. 3 S. 2 BGB. Wobei entschieden wurde, dass am Silvestertag ab 18.00 Uhr der Mieter nicht
mehr mit einer Zustellung der Betriebskostenabrechnung rechnen muss.[30] Bei einem Fristversäumnis ist der

---

18 BGH 7.4.2004 – VIII ZR 167/03, NZM 2004, 417.
19 AG Hanau 23.3.2011 – 91 C 143/10.
20 BGH 7.4.2004 – VIII ZR 167/03, WuM 2004, 290.
21 AG Bremervörde 25.2.1987 – 4 C 176/86, WuM 1987, 198.
22 BGH 14.2.2007 – VIII ZR 123/06, NJW 2007, 1356.
23 LG Berlin 13.3.1986 – 62 S 94/85, GE 1986, 1121.
24 Str., dafür: AG Trier 23.11.2007 – 7C 62/07, WuM 2006, 149; dagegen: LG Hannover 7.3.2007 – 12 S 97/06, ZMR
    2007, 865.
25 LG Braunschweig 27.10.1983 – 7S 73/82, ZMR 1984, 234.
26 LG Osnabrück 31.5.1995 – 11 S160/94, WuM 1995, 434.
27 LG Osnabrück 31.5.1995 – 11 S160/94, WuM 1995, 434.
28 LG Berlin 25.2.2013 – 67 S365/12, WUM 2013, 612.
29 OLG Düsseldorf 15.12.2011 – 10 U96/11, ZMR 2012, 184.
30 LG Hamburg 2.5.2017 – 316 S 77/16, ZMR 2017, 738.

Vermieter mit der Geltendmachung der Nachforderungen ausgeschlossen. Es sei denn er hat die verspätete Geltendmachung nicht zu vertreten, § 556 Abs. 3 S. 3 BGB.

Nachfordern kann der Vermieter aber nur nicht mehr die sogenannte **Abrechnungsspitze**, also eine eventuelle jährliche Nachzahlung von Betriebskosten durch den Mieter. Die vertraglich vereinbarten Vorauszahlungen sind hiervon nicht betroffen.   33

Für die **Abrechnungspflicht** des Vermieters kommt es nicht darauf an, ob eine wirksame Abrechnung nach § 28 Abs. 2 WEG vorliegt. Der Beschluss der Wohnungseigentümer über die Abrechnung entfaltet gegenüber einem Mieter keine Bindewirkung. Die Frage des laufenden Entstehens und des Anfallens der Betriebskosten für die vermietete Eigentumswohnung ist damit allein nach den Grundsätzen des Wohnraummietrechts und dem Inhalt des konkreten Mietverhältnisses zu beurteilen.[31]   34

Wenn die **verspätete** Geltendmachung der Betriebskostenabrechnung nicht vom Wohnungseigentümer zu vertreten ist, gilt die Ausschlussfrist nicht. Der vermietende Wohnungseigentümer hat es nicht zu vertreten, wenn ihm die Grundlagen für eine Heizkostenabrechnung aufgrund eines anhängigen Rechtsstreits nicht rechtzeitig vorgelegen hat und der vermietende Wohnungseigentümer dies dem Mieter mitgeteilt hat.[32]   35

Die **Anpassung** der Betriebskosten erfolgt in Wohnraummietverhältnissen nach § 560 BGB. Bei einer Pauschale muss die Erhöhungsmöglichkeit im Mietvertrag vereinbart sein. Dann ist der Vermieter berechtigt, die Erhöhung von Betriebskosten in Textform anteilig auf den Mieter umzulegen. Er muss den Grund der Umlage bezeichnen und erläutern. Der Mieter schuldet dann die erhöhte Umlage mit dem Beginn des auf die Erklärung folgenden übernächsten Monats. Der Vermieter kann aber auch erklären, dass die Betriebskosten sich rückwirkend erhöht haben, dann wirkt die Erhöhung ab dem Zeitpunkt, an dem sie entstanden ist, höchstens jedoch ab den Beginn des der Erklärung vorausgegangen Kalenderjahres zurück. Voraussetzung für eine nachträgliche Erhöhung ist aber, dass der Vermieter die Erklärung innerhalb von drei Monaten nach Kenntnis der Erhöhung der Betriebskosten dem Mieter gegenüber abgibt. Ermäßigt sich eine Betriebskostenpauschale, ist diese entsprechend herabzusetzen und der Mieter unverzüglich zu informieren. Nach einer Abrechnung der Betriebskostenvorauszahlung kann jede Vertragspartei nach einer Abrechnung durch Erklärung in Textform eine Anpassung in angemessener Höhe verlangen.   36

7. Videoüberwachung. Eine **Kamera am Klingelschild,** welche nicht die Übertragung speichert, ist auch nach der Datenschutz-Grundverordnung (DS-GVO) unbedenklich, denn dem Grunde nach gibt es keinen Unterschied zur Wahrnehmung mit dem bloßen Auge, zum Beispiel durch einen Türspion. Art. 2 Abs. 1 DS-GVO gibt vor, dass für die Anwendung der Datenschutz-Grundverordnung personenbezogene Daten ganz oder teilweise automatisch verarbeitet werden. An dieser Verarbeitung fehlt es, wenn lediglich in Echtzeit das Geschehen von der Kamera erfasst wird, ohne dass eine Speicherung des gefilmten Datenmaterials stattfindet.[33]   37

Ein Abwehranspruch des Mieters kann gegenüber dem Vermieter bestehen, wenn ein unzulässiger Eingriff in das Persönlichkeitsrecht vorliegt. Das ist der Fall, wenn der Betroffene objektiv und ernsthaft eine **Überwachung** befürchten muss. Maßgeblich sind die Umstände des Einzelfalls.[34] Eine **verdeckte** Videoüberwachung ist regelmäßig unzulässig.[35]   38

Das Aufstellen einer **Kameraattrappe** fällt weder unter die DS-GVO noch unter das BDSG, weil durch eine Attrappe keine Daten verarbeitet werden können. Auch hier kann aber das allgemeine Persönlichkeitsrecht verletzt werden, wenn hierdurch eine Überwachungsdruck erzeugt wird, der geeignet ist, die allgemeine Handlungsfreiheit der betroffenen Person zu beschränken, ohne dass dem ein gewichtiges Interesse für das Aufstellen der Attrappe gegenübersteht.[36]

8. Tierhaltung. Problematisch ist die Tierhaltung im Spannungsverhältnis Wohnungseigentumsrecht versus Mietrecht. Durch eine Vereinbarung können die Wohnungseigentümer wirksam bestimmen, dass eine Tierhal-   39

---

31 BGH 14.3.2017 – VIII ZR 50/16; ZMR 2017, 630.
32 LG München 18.1.2018 – 31 S11267/17, WuM 2018, 427.
33 Schmidt-Futterer/*Eisenschmid* BGB § 535 Rn. 584.
34 Schmidt-Futter/*Eisenschmid* BGB § 535 Rn. 588 b.
35 OLG Karlsruhe 8.11.2001 – 12 U 180/01, NJW 2002, 2799.
36 LG Berlin 14.8.2018 – 67 S 73/18, GE 2018, 1598.

tung verboten ist. Ein solches **generelles Verbot** „keine Hunde und Katzen zu halten", ist mietrechtlich, zumindest als allgemeine Geschäftsbedingung, nicht möglich.[37]

40 **9. Schlüsselverlust.** Gibt der Mieter einer Eigentumswohnung bei der Abwicklung des beendeten Mietverhältnisses nicht alle ihm überlassenen Wohnungsschlüssel zurück, steht dem vermietenden Wohnungseigentümer ein Anspruch auf Schadensersatz nach §§ 280 Abs. 1, 535 Abs. 1, 546 Abs. 1, 241 Abs. 2 BGB zu, denn der Mieter hat seine mietvertragliche Nebenpflicht zur **Obhut** über die verlorenen Schlüssel verletzt. Der vermietende Wohnungseigentümer kann eine Freistellung, also Zahlung des Schadenersatzes an die Gemeinschaft der Wohnungseigentümer, vom Mieter verlangen, wenn und soweit er aufgrund der abhanden gekommenen Schlüssel selbst einem Schadensersatzanspruch ausgesetzt ist. Jedoch besteht kein Schadensersatzanspruch, wenn die Schließanlage nicht insgesamt ausgetauscht werden muss, denn dann fehlt es an einem ersatzfähigen Vermögensschaden, weshalb eine fiktive Abrechnung nicht in Betracht kommt.[38] Auch die Kosten für provisorische Sicherungsmaßnahmen können im Wege des Schadenersatzes verlangt werden, wenn eine konkrete Missbrauchsgefahr aufgrund der verloren gegangenen Schlüssel besteht. Immer ist bei der Höhe des Schadensersatzanspruches ein Abzug „neu für alt" vorzunehmen. Der Abzug wird geschätzt, in dem der Anschaffungspreis und die regelmäßige Nutzungsdauer ins Verhältnis gesetzt werden.[39]

41 Verliert der Mieter im Laufe des Mietverhältnisses einen Schlüssel oder kann er bei der Beendigung des Mietverhältnisses bei der Rückgabe die Schlüssel nicht vollständig zurückgeben, kann dem Vermieter ebenfalls ein Schadensersatzanspruch zustehen. Dieses setzt aber ein **Verschulden des Mieters** voraus. Beispielsweise schuldet der Mieter keinen Schadensersatz für den Verlust eines Schlüssels, wenn der Mieter in einem Krankenhaus in seinem Zimmer den Schlüssel in ein verschlossenes Wertfach gelegt hatte und es dort zu einem Diebstahl kommt.[40]

42 Trotzdem steht den Wohnungseigentümern eine Beschlusskompetenz nach § 16 Abs. 2 S. 2 WEG zur Seite, wonach sie den vermietenden **Wohnungseigentümer** verpflichten können, die Kosten für einen Schlüsselverlust des Mieters, aber auch die Kosten für den Schlüsselverlust des Mieters des Voreigentümers zu tragen.[41] Wobei in dieser Entscheidung das Gericht nicht entscheiden musste, ob der Beschluss einer ordnungsmäßigen Verwaltung entspricht, denn die Anfechtungsfrist für den Ausgangsbeschluss war abgelaufen. Der Kläger wendete sich gegen seine Verpflichtung zur Zahlung für den Schlüsselverlust.

43 **10. Bindung des Mieters an die Wohnungseigentumsgebrauchs- und Verwaltungsregelungen.** Die Regelungen im Mietvertrag binden nur den Vermieter und den Mieter. Werden in der mietvertraglichen **Hausordnung** mit dem Mieter strengere Vorgaben vereinbart, gelten diese zwischen den Vertragsparteien, zB längere Ruhezeiten. Weicht die zwischen Vermieter und Mieter vereinbarte Hausordnung zugunsten des Mieters ab, zB kürzere Ruhezeiten, dann hat diese Vereinbarung keine Bindewirkung gegenüber den anderen Wohnungseigentümern. Die Wohnungseigentümer können gegen den Mieter nach § 1004 Abs. 1 BGB auf Unterlassung der Störung vorgehen.[42] Der BGH weist zutreffend darauf hin, dass es nicht möglich ist, auf den Mieter mehr oder andere Rechte zu übertragen, als diejenigen, welche zwischen den Wohnungseigentümern vorhanden sind.

44 Wurde vertraglich dem Mieter mehr zugestanden als tatsächlich zur Verfügung gestellt werden kann, löst dieses Gewährleistungsansprüche aufgrund eines **Rechtsmangels** zugunsten des Mieters aus. Dem Mieter steht dann das mietrechtliche Gewährleistungsrecht gegenüber dem vermietenden Wohnungseigentümer zur Seite.

45 **11. Störungen durch den Mieter.** Zunächst ist der vermietende Wohnungseigentümer verpflichtet, alle Maßnahmen zu treffen, damit der Mieter die **Hausordnung** der Wohnungseigentumsanlage einhält. Diese Pflicht geht auf den Verwalter des Sondereigentums über. Jedoch ist der reine Wohnungseigentumsverwalter nach § 27 Abs. 1 WEG nicht verpflichtet, für die Durchführung der Hausordnung gegenüber einem Mieter zu sorgen, weil er nur in Bezug auf die jeweiligen Wohnungseigentümer der Gemeinschaft der Wohnungseigentümer verpflichtet ist, die Hausordnung durchzusetzen. Er wird aber gegen den vermietenden Wohnungseigentümer

---

37 BGH 20.3.2013 – VIII ZR 168/12, NJW 2013, 1526.
38 BGH 5.3.2014 – VIII ZR 205/13, NJW 2014, 1653.
39 OLG Dresden 20.8.209 – 4 U 665/19, GE 2019, 1418.
40 AG Ahrensburg 25.6.2010 – 47 C 1171/09, GE 2010, 1750.
41 LG Hamburg 10.3.2016 – 318 S 79/15, ZMR 2016, 394.
42 BGH 25.10.2019 – V ZR 271/18, GE 2020, 61.

vorgehen und diesen anhalten, für die Einhaltung der Hausordnung zu sorgen. Der vermietende Wohnungseigentümer ist gegenüber den anderen Wohnungseigentümern verpflichtet, jede nicht hinnehmbare Beeinträchtigung durch seine Mieter zu beseitigen oder abzustellen.[43]

Dem vermietenden Wohnungseigentümer kann aber nicht vorgeschrieben werden, wie er es schafft, dass der Mieter sein unzulässiges Verhalten einstellt, insbesondere kann ihm nicht vorgeschrieben werden, über das Mietverhältnis eine **Kündigung** auszusprechen.[44] Der Anspruch besteht vielmehr nur auf ein Unterlassen der unzulässigen Belästigungen. Diese Unterlassungsverpflichtung wird gem. § 890 ZPO vollstreckt. 46

Der vermietende Wohnungseigentümer hat alles in seiner Macht Stehende zu tun, damit der Mieter die Störung einstellt. Bei einem **unkündbaren** Gebrauchsüberlassungsvertrag hat daher der vermietende Wohnungseigentümer den Versuch einer gütlichen Einigung vorzunehmen, gegebenenfalls unter Einsatz eines finanziellen Opfers.[45]

Ist der Verwalter auch der Sondereigentumsverwalter, stehen ihm auch die mietrechtlichen Möglichkeiten zur Durchsetzung der Hausordnung zur Verfügung. Er kann insbesondere gegenüber dem störenden Mieter eine **Abmahnung** aussprechen und im Falle der erheblichen Fortsetzung der Störung das Mietverhältnis **kündigen**. 47

Die Wohnungseigentümer können den vermietenden Wohnungseigentümer durch Beschluss dazu verpflichten, eine vom Mieter vorgenommene **unzulässige bauliche Veränderungen** zurückzubauen.[46] Die Verpflichtung ist nach § 888 ZPO zu vollstrecken. 48

Die Wohnungseigentümer selbst haben gegen den Mieter einer Sondereigentumseinheit, der bei der Nutzung des Gemeinschaftseigentums gegen eine von den Eigentümern vereinbarte oder beschlossene Gebrauchsregelung verstößt oder im Falle einer Nutzung, die der in der Teilungserklärung für diese Einheit getroffenen Zweckbestimmung widerspricht, einen **Unterlassungsanspruch** aus § 1004 Abs. 1 BGB.[47] 49

Nutzt der Mieter Flächen des Gemeinschaftseigentum zum **Lagern von Gegenständen,** besteht der Anspruch auf Räumung sowohl gegenüber dem Mieter als auch gegenüber dem vermietenden Wohnungseigentümer.[48] 50

IV. Verfahrenshinweise

Soweit der Verwalter von Sondereigentum auch die rechtliche Vertretung vertraglich übernommen hat, muss er sowohl das Rechtsdienstleistungsgesetz (RDG) sowie auch § 79 ZPO beachten, wonach der Sonderverwalter für **Geldforderungen** grundsätzlich nicht vertretungsbefugt ist. Nur wenn er eine Inkassolizenz nach § 10 Abs. 1 S. 1 Nr. 1 RDG besitzt, kann er im Mahnverfahren bis zur Abgabe an das Streitgericht den Wohnungseigentümer vertreten, vgl. § 79 Abs. 1, Abs. 2 Nr. 4 Hs. 1 ZPO. Ansonsten kann der Sonderverwalter nicht einmal den Antrag für das Mahnverfahren stellen. Hierzu muss er einen Rechtsanwalt beauftragen. 51

Sollte der Verwalter von Sondereigentum nach § 10 Abs. 1 S. 1 Nr. 1 RDG registriert sein, kann er in der **Zwangsvollstreckung** in das bewegliche Vermögen wegen Geldforderung einschließlich des Verfahrens zur Abnahme der Vermögensauskunft und der eidesstattlichen Versicherung sowie des Antrags auf Erlass des Haftbefehls den Wohnungseigentümer wirksam vertreten, wenn nicht eine Verfahrenshandlung notwendig wird, die ein streitiges Verfahren einleitet oder innerhalb eines streitigen Verfahrens vorzunehmen wäre, § 79 Abs. 1, Abs. 2 Nr. 4 Hs. 2 ZPO. 52

Gegen eine **rechtswidrige Vermietung** kann die Gemeinschaft der Wohnungseigentümer durch einen Unterlassungsanspruch direkt gegen den Mieter vorgehen, auch wenn ihm nach dem Mietvertrag die Ausübung dieses Gebrauchs erlaubt ist.[49] Der Mieter ist nämlich der unmittelbare Störer, während der Wohnungseigentümer den mittelbaren Störer darstellt.[50] Weil der vermietende Wohnungseigentümer der mittelbare Störer bleibt, kann auch gegen ihn vorgegangen werden, mit dem Ziel, dass dieser darauf einwirkt, dass die Störung aufhört. 53

43 OLG Saarbrücken 4.4.2007 – 5 W 2/07, NJW 2008, 80.
44 OLG Köln 15.1.1997 – 16 Wx 275/96, ZMR 1997, 253.
45 LG München 15.1.2018 – 1 S 1401/17, ZMR 2018, 443.
46 OLG Köln 14.4.2000 – 16 Wx 58/00, NZM 2000, 1018.
47 BGH 25.10.2019 – V ZR 271/18, GE 2020, 61.
48 LG Braunschweig 2.3.2012 – 6 S 360/11, ZMR 2012, 570.
49 LG Frankfurt a. M. 27.9.2018 – 2–13 S 138/17, GE 2019, 65.
50 LG München 15.1.2018 – 1 S 1401/17, ZMR 2018, 443.

200. Sondernutzungsrechte (Sondernutzungsrechtsvereinbarungen)

Elzer

I. Einführung

1   **1. Begriff.** Die Wohnungseigentümer können nach §§ 10 Abs. 1 S. 2, 16 Abs. 1 S. 2 WEG[1] vereinbaren, dass einem Wohnungseigentümer ein **alleiniges Gebrauchs- und idR auch Nutzungsrecht** an Räumen oder Flächen des gemeinschaftlichen Eigentums eingeräumt und zugleich der Mitgebrauch der anderen Wohnungseigentümer an diesen Teilen, Räumen oder Flächen ausgeschlossen wird.[2] Dieses Recht, das die sachenrechtliche Zuordnung nicht berührt,[3] wird in der Praxis und im Gesetz[4] „Sondernutzungsrecht" und hier auch als „Sondernutzungsrechtsvereinbarung" bezeichnet. Eine solche Regelung soll wegen des damit verbundenen vollständigen Ausschlusses der anderen Wohnungseigentümer vom Mitgebrauch keine Gebrauchskonkretisierung darstellen, sondern § 16 Abs. 1 S. 2 WEG abändern.[5]

---

1 OLG München 9.10.2015 – 34 Wx 184/15, ZWE 2016, 51 Rn. 24.
2 BGH 20.3.2020 – V ZR 317/18 Rn. 37; BGH 23.3.2018 – V ZR 65/17, ZMR 2018, 681 Rn. 8; BGH 28.10.2016 – V ZR 91/16, NJW 2017, 1167 Rn. 9; BGH 8.4.2016 – V ZR 191/15, NZM 2016, 861 Rn. 11.
3 BGH 22.3.2019 – V ZR 298/16, ZMR 2019, 518 Rn. 12; BGH 23.3.2018 – V ZR 65/17, ZMR 2018, 681 Rn. 12.
4 § 5 Abs. 4 S. 2 WEG.
5 BGH 8.4.2016 – V ZR 191/15, NZM 2016, 861 Rn. 11.

Dass der **Begriff** „Sondernutzungsrecht" in der entsprechenden Vereinbarung verwendet wird, ist nicht notwendig.[6] Entscheidend ist die inhaltliche Ausgestaltung. „Wesensmerkmal" von Sondernutzungsrechten soll es insoweit sein, dass sie dem „begünstigten Wohnungseigentümer" (gemeint ist idR der Eigentümer des Wohnungseigentums, dem das Sondernutzungsrecht als Inhalt des Sondereigentums zugewiesen ist) unter Ausschluss der übrigen Wohnungseigentümer – negative Komponente – das Recht zur Benutzung von Teilen des gemeinschaftlichen Eigentums zuweisen – positive Komponente.[7] **2**

2. Unterscheidung zum Gebrauchsrecht. Ob ein Sondernutzungs- und kein bloßes Gebrauchsrecht iSv § 19 Abs. 1 WEG vorliegt, ist nach hM anhand der Prüfsteine Ausschließlichkeit, Bestimmtheit, Dauer, Gegenleistung, Kompensation, Widerruflichkeit zu ermitteln. Prüfstein ist aber vor allem ein **vollständiger Gebrauchsentzug**.[8] **3**

Wird eine Fläche, die im gemeinschaftlichen Eigentum steht, zum ausschließlichen Gebrauch und Nutzung zugewiesen, weisen sich Wohnungseigentümer zB bestimmte, im gemeinschaftlichen Eigentum stehende Räume oder Flächen jeweils zum Alleingebrauch zu, liegt danach ein Sondernutzungsrecht vor,[9] etwa die Erlaubnis, im Treppenhaus Schränke oder Garderoben aufzustellen. So liegt es auch, wenn jedem Wohnungseigentümer ein „gleichwertiger Nutzungsbereich" (Keller-, Abstell- oder Parkflächen) zugewiesen wird.[10] **4**

Davon zu unterscheiden ist die **bloße Konkretisierung gemeinschaftlicher Benutzung**. Turnusregelungen – die Regelung, welcher Wohnungseigentümer wann und wie lange ein Recht zum Gebrauch an einem im gemeinschaftlichen Eigentum stehenden Raum oder einer Fläche hat – sind kein Sondernutzungsrecht. Denn ein **Turnussystem** bezweckt eine gleichförmige Regelung des Gebrauchs und entzieht nicht den Mitgebrauch.[11] Etwas anderes kann gelten, wenn der zeitabschnittsweise alleinige Gebrauch länger andauert: je länger dies der Fall ist, desto eher kann ein Sondernutzungsrecht vorliegen. Kein Sondernutzungsrecht ist es auch, einem Wohnungseigentümer nur einen bestimmten Gebrauch einzuräumen und gleichzeitig den Miteigentümern die übrigen Gebrauchsmöglichkeiten zu belassen. **5**

Ein **Mietvertrag** kann in seinen Wirkungen einem Sondernutzungsrecht gleichkommen. Dann ist der Beschluss, den Mietvertrag zu schließen, nichtig (→ *Vermietung des gemeinschaftlichen Eigentums* Rn. 6). Entsprechendes gilt für eine lang andauernde **Leihe**. **6**

II. Begründung

1. Sondernutzungsrechtsvereinbarung. a) Überblick. Die Begründung eines „Sondernutzungsrechts" bedarf einer Sondernutzungsrechtsvereinbarung.[12] Die Begründung im Wege eines Beschlusses wäre unwirksam.[13] Besteht eine allgemeine Öffnungsklausel, kann nichts anderes gelten.[14] Die unwirksame Einräumung von Sondereigentum kann ggf. gem. § 140 BGB in ein Sondernutzungsrecht ausgelegt/umgedeutet werden. **7**

b) Bestimmung durch Einzelne. aa) „Zuweisung". Nach hM können die Wohnungseigentümer vereinbaren, dass der ehemalige Alleineigentümer ermächtigt sein soll, Sondernutzungsrechte „zuzuweisen" – auch nach § 8 Abs. 2 WEG.[15] Zuweisung meint, dass der Berechtigte den (noch unbekannten) Sondernutzungsberechtigten und/oder den Gegenstand benennt. Der Sache nach geht es also darum, namens und in Vollmacht der Wohnungseigentümer iSv § 317 BGB den Inhalt einer Vereinbarung zu bestimmen. Die entsprechende Ermächtigung ist ein einseitiges Leistungsbestimmungsrecht gem. § 315 BGB[16] und muss – soll die Sondernutzungsvereinbarung im Wege der Grundbucheintragung nach § 10 Abs. 3 WEG verdinglicht werden – selbst **8**

---

6 OLG Saarbrücken 10.5.2010 – 5 W 96/10, NJW-RR 2011, 519 (520).
7 Aus jüngerer Zeit exemplarisch BGH 23.3.2018 – V ZR 65/17, ZMR 2018, 681 Rn. 8; *Elzer* NotBZ 2019, 1.
8 BGH 20.2.2014 – V ZB 116/13, NJW 2014, 1879 Rn. 16; LG Frankfurt a. M. 21.8.2014 – 2–09 S 27/13, ZWE 2015, 217 (219); Bärmann/Seuß/*Schneider* § 13 Rn. 25.
9 BGH 8.4.2016 – V ZR 191/15, NZM 2016, 861 Rn. 14.
10 BGH 8.4.2016 – V ZR 191/15, NZM 2016, 861 Rn. 14.
11 BGH 8.4.2016 – V ZR 191/15, NZM 2016, 861 Rn. 18.
12 BGH 21.10.2016 – V ZR 78/16, NZM 2017, 607 Rn. 10; BGH 20.1.2012 – V ZR 125/11, NZM 2012, 464 Rn. 11.
13 BGH 20.2.2014 – V ZB 116/13, NJW 2014, 1879 Rn. 16; LG Berlin 22.2.2019 – 85 S 15/18, ZMR 2019, 707.
14 Siehe auch BGH 12.4.2019 – V ZR 112/18, NJW 2019, 2083 Rn. 7 ff.
15 BGH 20.1.2012 – V ZR 125/11, NZM 2012, 464 Rn. 8; BGH 2.12.2011 – V ZR 74/11, NJW 2012, 676 Rn. 12.
16 *Ott* NZM 2017, 1 (3).

dem sachen- und grundbuchrechtlichen Bestimmtheitsgrundsatz genügen.[17] Ist das Bestimmungsrecht kein Inhalt des Sondereigentums, ist es hingegen wirksam, wenn erkennbar ist, welche Teile, Flächen und Räume für die Begründung herangezogen werden können.

9 Ein möglicher „Zuweisungsweg" besteht darin, dass für den Gegenstand das (Mit-)**Gebrauchsrecht** sämtlicher Wohnungseigentümer sofort **ausgeschlossen** wird. Die Wohnungseigentümer müssen dann ferner vereinbaren, dass einer von ihnen – in der Regel der Aufteiler (= Bauträger) – oder ein Dritter – etwa der Verwalter[18] – das Recht hat, den Gegenstand später einem Wohnungseigentumsrecht zum (Allein-)Gebrauch „zuzuweisen".[19] Ein anderer „Zuweisungsweg" besteht darin, dass die Wohnungseigentümer vereinbaren, dass ihr (Mit-)Gebrauchsrecht (erst) ausgeschlossen ist, wenn ein Zuweisungsberechtigter den Gegenstand einem Wohnungseigentümer zum Alleingebrauch „zuweist".[20] Bis zum Bedingungseintritt sind dann alle Wohnungseigentümer zum Mitgebrauch und auch zur anteiligen Fruchtziehung befugt.[21] Die Wohnungseigentümer können zur Fruchtziehung aber auch etwas anderes vereinbaren.[22]

10 Nach überwiegender Auffassung soll der aus der Wohnungseigentümergemeinschaft **ausscheidende teilende Eigentümer** ein „Zuweisungsrecht" nicht „mitnehmen" können.[23] Anders soll es bei der „gestreckten Begründung von Sondernutzungsrechten durch aufschiebend bedingte Zuordnung" liegen.[24] Dies wird damit begründet, dass der teilende Eigentümer in diesem Falle nicht persönlich sondernutzungs-, sondern nur zuweisungsberechtigt sei. Eine solche Befugnis bleibe – sofern nichts anderes vereinbart ist – auch nach dem Ausscheiden aus der Wohnungseigentümergemeinschaft bestehen.[25] Ferner soll es unschädlich sein, wenn der teilende Eigentümer nach Stellung des Umschreibungsantrages aus der Wohnungseigentümergemeinschaft ausscheidet.[26] Ist bestimmt, dass das Zuweisungsrecht „mit dem Verkauf der letzten Wohnungs- oder Teileigentumseinheit in der Wohnanlage" endet, soll dieser Zeitpunkt bereits der Verkauf und nicht erst der Vollzug der Veräußerung als dingliche Rechtsänderung sein.[27] Sofern nicht etwas anderes vorgesehen ist, steht der Gebrauch der nicht zugewiesenen Teile, Flächen und Räume nach Untergang des „Zuweisungsrechts" wegen § 16 Abs. 1 S. 2 WEG wieder sämtlichen Wohnungseigentümern zu.

11 Soll ein **Sondernutzungsrecht** nach einer „Zuweisung" dauerhaft Bestand haben, muss es **verdinglicht** werden. Hierzu ist es nicht ausreichend, wenn nur der Ausschluss der anderen Wohnungseigentümer (negative Komponente) im Grundbuch eingetragen wird; es muss vielmehr auch die Zuweisung im Grundbuch des begünstigten Wohnungseigentums ausdrücklich oder durch Bezugnahme eingetragen werden.[28] Eine Ermächtigung des Zuweisungsberechtigten, die Verdinglichung allein durchzuführen, muss – ist sie Inhalt des Sondereigentums – ebenfalls bestimmt sein.[29] Der Zustimmung der Wohnungseigentümer oder eines dinglich Berechtigten soll die „Zuweisung" grundsätzlich nicht bedürfen.[30] Etwas anderes soll aber gelten, wenn lediglich eine Ermächtigung zur nachträglichen Begründung von Sondernutzungsrechten vorhanden ist.[31]

12 **bb) „Abtrennen".** Gibt es bereits Sondernutzungsrechtsvereinbarungen, kann man vereinbaren, den Inhalt des Sondereigentums aller Wohnungseigentumsrechte zu ändern und das aus der Sondernutzungsrechtsverein-

17 BGH 21.10.2016 – V ZR 78/16, NZM 2017, 607 Rn. 14; BGH 20.1.2012 – V ZR 125/11, NZM 2012, 464 Rn. 1; OLG Nürnberg 6.2.2018 – 15 W 1753/17, NJW-RR 2018, 780.
18 OLG München 28.9.2015 – 34 Wx 84/14, ZWE 2016, 19; aA BGH 20.1.2012 – V ZR 125/11, NZM 2012, 464 Rn. 8; BGH 2.12.2011 – V ZR 74/11, NJW 2012, 676 Rn. 9.
19 BGH 24.11.1978 – V ZB 11/77, NJW 1979, 548.
20 *Ott*, NZM 2017, 1 (3).
21 § 158 Abs. 1 BGB.
22 Vgl. auch LG Berlin 18.9.2018 – 55 S 48/17 WEG, ZMR 2019, 532.
23 BGH 2.12.2011 – V ZR 74/11, NJW 2012, 676 Rn. 16; OLG Düsseldorf 17.10.2019 – 3 Wx 69/19, NZM 2020, 111; OLG Frankfurt a. M. 25.6.2015 – 20 W 54/15, ZWE 2016, 171 Rn. 16.
24 OLG Frankfurt a. M. 25.6.2015 – 20 W 54/15, ZWE 2016, 171 Rn. 17.
25 OLG Frankfurt a. M. 25.6.2015 – 20 W 54/15, ZWE 2016, 171 Rn. 17.
26 OLG Hamm 16.6.2017 – 15 W 474/16, NotBZ 2018, 150.
27 OLG München 10.4.2013 – 34 Wx 31/13, ZWE 2013, 319.
28 OLG München 27.3.2017 – 34 Wx 114/14, ZWE 2017, 211 (213); OLG Frankfurt a. M. 25.6.2015 – 20 W 54/15, ZWE 2016, 171.
29 BGH 20.1.2012 – V ZR 125/11, NJW-RR 2012, 711 Rn. 9; BGH 2.12.2011 – V ZR 74/11, NJW 2012, 676 Rn. 13.
30 OLG München 28.9.2015 – 34 Wx 84/14, ZWE 2016, 19.
31 BayObLG 27.10.2004 – 2Z BR 150/04, ZMR 2005, 300.

barung folgende Gebrauchsrecht einem anderen Wohnungseigentumsrecht als neuen Inhalt „zuzuordnen".[32] Dieses **Einwirkungsrecht**, zB auf Kfz-Stellplatz-Sondernutzungsrechte, kann auch einem Einzelnen, etwa dem Bauträger, zustehen.[33] Einer Zustimmung dinglich Berechtigter an den anderen Wohnungseigentumsrechten bedarf es nach hM nicht, da die Sondernutzungsflächen von Anfang an dem gemeinschaftlichen Gebrauch entzogen gewesen seien.

cc) Spätere „Zuweisungen". Die hM nimmt an, dass das verdinglichte Recht, den Inhalt des Sondereigen- **13** tums aller Wohnungseigentumsrechte zu ändern und das aus der Sondernutzungsrechtsvereinbarung folgende Sondernutzungsrecht einem anderen Wohnungseigentumsrecht als neuen Inhalt „zuzuordnen" und beim Grundbuchamt einen Antrag auf Verdinglichung zu stellen, in der Folgezeit jedem Wohnungseigentümer auch ohne besondere Anordnung und ohne Verdinglichung zusteht, dessen Wohnungseigentumsrecht ein Sondernutzungsrecht zugeordnet ist.[34]

c) Verdinglichte und schuldrechtliche Sondernutzungsrechtsvereinbarungen. aa) Überblick. Haben die **14** Wohnungseigentümer eine Sondernutzungsrechtsvereinbarung zum Inhalt des Sondereigentums gemacht, spricht man von einem „verdinglichten" Sondernutzungsrecht. Fehlt es daran, heißt es manchmal „schuldrechtliches" Sondernutzungsrecht. Inhaltlich unterscheiden sich „schuldrechtliche" und „verdinglichte" Sondernutzungsrechte nicht. Nach hM werden sie aber auf verschiedene Weise „übertragen".

bb) Verdinglichte Sondernutzungsrechtsvereinbarungen. Eine Sondernutzungsrechtsvereinbarung ist **15** „verdinglicht", wenn sie zum Inhalt des Sondereigentums gemacht wurde. Wird eine Sondernutzungsrechtsvereinbarung verdinglicht und Inhalt des Sondereigentums, ändert dies nicht ihren „Charakter" als bloße Vereinbarung.[35] Das eingetragene Sondernutzungsrecht ist weder ein selbständiges dingliches noch gar ein grundstücksgleiches Recht,[36] sondern bleibt ein **schuldrechtliches Gebrauchsrecht**,[37] auch wenn es mit der Eintragung im Grundbuch eine Inhaltsänderung aller Wohnungseigentumsrechte bewirkt. Die „dingliche Wirkung" besteht darin, dass der Sonderrechtsnachfolger eines durch die Vereinbarung von seinem Mitgebrauchsrecht ausgeschlossenen Wohnungseigentümers das schuldrechtliche Sondernutzungsrecht gegen sich gelten lassen muss.[38] Aufgrund der sachenrechtlich angenäherten Rechtsposition unterliegt das Sondernutzungsrecht außerdem nicht der Verwirkung[39] und unterfallen Sondernutzungsrechte der Eigentumsgarantie des Art. 14 GG.[40]

Für eine Verdinglichung bedarf es der Einigung aller Wohnungseigentümer bzw. einer diese Vereinbarung er **16** setzenden Erklärung des Grundstückseigentümers bei der einseitigen Aufteilung gem. § 8 Abs. 1 WEG, jeweils in der Form des § 29 GBO, und der Eintragung der Sondernutzungsrechtsvereinbarung in das Grundbuch. Was für die Zustimmung Dritter gilt, bestimmt § 5 Abs. 4 S. 2 WEG.

Wie jede verdinglichte Vereinbarung muss auch eine Sondernutzungsrechtsvereinbarung „bestimmt" sein. Die **17** dem Sondernutzungsrecht unterliegenden Teile, Räume oder Flächen müssen also **hinreichend bestimmt** sein.[41] Bestimmtheit ist gegeben, wenn der Raum oder die Fläche, die dem Sondernutzungsrecht unterliegen soll, so eindeutig bezeichnet ist, dass ein Sachkundiger, zB ein Vermessungsingenieur, die Grenzen zum übrigem gemeinschaftlichen Eigentum zweifelsfrei feststellen kann.[42] Bestimmbarkeit durch zeichnerische Darstellung (Skizze) genügt.[43] Sind in den Plänen die Flächen, die dem Sondernutzungsrecht unterliegen sollen, nicht maßstabsgerecht und mit einem dicken Filzstift eingezeichnet worden, lässt sich die konkrete Lage der

---

32 *Elzer*, NZM 2016, 529 (531).
33 OLG München 27.4.2011 – 34 Wx 149/10, ZWE 2011, 264.
34 BGH 24.11.1978 – V ZB 11/77, NJW 1979, 548 unter III. 3.
35 BGH 20.3.2020 – V ZR 317/18 Rn. 39.
36 BGH 20.3.2020 – V ZR 317/18 Rn. 30.
37 BGH 23.3.2018 – V ZR 65/17, ZMR 2018, 681 Rn. 16; verkannt von BGH 21.10.2016 – V ZR 78/16, ZWE 2017, 169 Rn. 18 ff.
38 BGH 23.3.2018 – V ZR 65/17, ZMR 2018, 681 Rn. 16.
39 OLG Hamburg 12.2.2003 – 2 Wx 41/01, ZMR 2003, 522; LG Hamburg 9.7.2014 – 318 S 120/13, ZMR 2014, 1012; *Elzer* NotBZ 2019, 1 (12); aA Celle 22.8.2006 – 4 W 101/06, NJW-RR 2007, 234 (235).
40 BVerfG 22.12.2004 – 1 BvR 1806/04, NZM 2005, 182.
41 BGH 20.1.2012 – V ZR 125/11, NZM 2012, 464 Rn. 10; BGH 2.12.2011 – V ZR 74/11, NJW 2012, 676 Rn. 13.
42 BayObLG 25.2.2005 – 2Z BR 184/04, NotBZ 2005, 158; *Hügel* NotBZ 2020, 14 (16).
43 BayObLG 23.5.1985 – BReg 2 Z 43/85, BayObLGZ 1985, 204 (207); OLG München 12.4.2013 – 34 Wx 124/13, NotBZ 2013, 320; *Elzer* NotBZ 2019, 1 (3).

Grenze objektivierbar nicht feststellen.[44] Sind die Grenzen nicht zu ermitteln, gibt es kein Sondernutzungsrecht.[45]

18 Für die Frage, auf welche Art und Weise im Wohnungsgrundbuch ein Sondernutzungsrecht „verbucht" wird, hat sich in der Praxis keine einheitliche Handhabung herausgebildet.[46]

19 **cc) Schuldrechtliche Sondernutzungsrechtsvereinbarungen.** Eine „schuldrechtliche" Sondernutzungsrechtsvereinbarung ist eine, die nicht Inhalt des Sondereigentums ist. Sie muss damit nicht dem sachenrechtlichen **Bestimmtheitsgrundsatz** genügen. Wie jede Vereinbarung, muss aber auch eine „schuldrechtliche" Sondernutzungsrechtsvereinbarung bestimmbar sein.[47]

20 Ein schuldrechtliches Sondernutzungsrecht **geht** nach hM wie jede andere schuldrechtliche Vereinbarung grundsätzlich in dem Augenblick **unter**, in dem ein neuer Erwerber nach einer Veräußerung durch Eintragung im Grundbuch Mitglied der Gemeinschaft der Wohnungseigentümer geworden ist,[48] es sei denn, der Erwerber tritt in die Vereinbarung ein.[49] Gleiches gilt beim Erwerb in der Zwangsversteigerung.

21 **dd) Spätere Verdinglichung.** In vielen Fällen wurde in den letzten Jahren der Versuch unternommen – teils erfolgreich, häufig aber auch erfolglos –, eine bestehende Sondernutzungsrechtsvereinbarung später als nach Entstehung einer Wohnungseigentümergemeinschaft zum Inhalt des Sondereigentums zu machen, mithin ein Sondernutzungsrecht zu „verdinglichen".[50] Die hiermit verbundenen Vollzugsprobleme sind komplex.[51]

22 **2. Klage auf eine Sondernutzungsrechtsvereinbarung.** Das Gericht kann durch eine auf § 10 Abs. 2 WEG beruhende Entscheidung ein Sondernutzungsrecht begründen. Die Klage kann hingegen nicht auf § 44 Abs. 1 S. 2 WEG gestützt werden.[52]

III. Inhalt einer Sondernutzungsrechtsvereinbarung

23 **1. Allgemeines.** Eine Sondernutzungsrechtsvereinbarung kann grundsätzlich **frei gestaltet** werden.[53] Ist die Gestaltung nicht klar, ist die Sondernutzungsrechtsvereinbarung auszulegen. Ist das Sondernutzungsrecht verdinglicht, gelten für die Auslegung die allgemeinen Grundsätze (→ *Vereinbarung* Rn. 14).

24 **2. Rechte. a) Gebrauch. aa) Überblick.** Die Wohnungseigentümer müssen zum Umfang des Gebrauchs nichts bestimmen.[54] Ohne besondere Abrede ist es dem Berechtigten erlaubt, das gemeinschaftliche Eigentum – soweit es seinem Sondernutzungsrecht unterliegt – nach seinem „Belieben" zu gebrauchen.[55] Die Grenze bildet § 14 Nr. 1 WEG.[56]

---

44 LG Hamburg 17.8.2012 – 318 S 207/10, ZMR 2012, 989.

45 OLG München 27.3.2017 – 34 Wx 114/14, NJOZ 2017, 822; OLG Düsseldorf 28.6.2010 – 3 Wx 54/10, ZMR 2010, 975; LG Hamburg 29.7.2009 – 318 S 138/08, ZMR 2010, 62 (63).

46 OLG München 9.10.2015 – 34 Wx 184/15, ZWE 2016, 51 Rn. 27; *Elzer* NZM 2016, 529 (531).

47 OLG Frankfurt a. M. 5.9.2006 – 20 W 83/04, DNotZ 2007, 470; OLG Hamm 13.3.2000 – 15 W 454/99, NZM 2000, 660.

48 OLG Frankfurt a. M. 16.4.2007 – 20 W 290/05, NZM 2008, 214; *Elzer* NotBZ 2013, 292; Bärmann/Seuß/*Schneider* § 13 Rn. 6; skeptisch *Falkner* ZNotP 2017, 251 (261).

49 Bärmann/Seuß/*Schneider* § 13 Rn. 6.

50 Siehe etwa OLG Schleswig 26.9.2016 – 2 Wx 56/16, ZWE 2017, 213; OLG München 22.12.2017 – 34 Wx 139/17, NJOZ 2018, 140; OLG München 11.5.2012 – 34 Wx 137/12, NJW-RR 2013, 135; OLG München 18.4.2013 – 34 Wx 363/12, NotBZ 2013, 318; OLG München 11.6.2014 – 34 Wx 172/14, NotBZ 2015, 317; KG 14.10.2014 – 1 W 358/14, ZWE 2015, 27; OLG Frankfurt a. M. 25.6.2015 – 20 W 54/15, ZWE 2016, 171.

51 Siehe etwa *Falkner* ZNotP 2017, 251 (258); *Ott* NZM 2017, 1 (4); *Elzer* NZM 2016, 529 ff.

52 *Hügel/Elzer* § 44 Rn. 189; zum alten Recht BGH 8.4.2016 – V ZR 191/15, NZM 2016, 861 Rn. 26; aA *Elzer* NotBZ 2019, 1 (5); *Bartholome* NZM 2016, 864.

53 BGH 10.5.2012 – V ZB 279/11, NZM 2012, 837 Rn. 11.

54 BGH 22.3.2019 – V ZR 298/16, ZMR 2019, 518 Rn. 27; BayObLG 12.11.1998 – 2Z BR 95/98, DNotZ 1999, 672 (674); *Hügel* NotBZ 2020, 14 (16).

55 *Hügel* NotBZ 2020, 14 (16).

56 *Hügel* NotBZ 2020, 14 (17).

bb) Regelungen der Wohnungseigentümer. Die Wohnungseigentümer können allerdings auch **Regelungen** **25**
zum Gebrauch vereinbaren.[57] Hat der Raum oder die Fläche, an der ein Sondernutzungsrecht besteht, einen
„Gebrauchsnamen", wird hierin idR eine solche Vereinbarung gesehen: nicht jeder denkbare Gebrauch soll also erlaubt sein, sondern nur ein Gebrauch, der dem „Namen" entspricht. Kurzüberblick:

- **Abstell-, Wasch- und Trockenräume.** Solche Räume dürfen nicht bewohnt werden.[58]
- **Gartensondernutzungsrecht.** Besteht ein Sondernutzungsrecht an einer Gartenfläche, darf der Sondernutzungsberechtigte nach hM dort eine übliche „Gartenpflege" betreiben, also Maßnahmen durchführen,
  die der Pflege, Erhaltung oder Bewahrung der Gartenfläche dienen, zB Rückschnitt, Anpflanzungen, Ent-
  fernungen.[59] Veränderungen des „prägenden Bestandes" sollen hingegen unzulässig sein, so im Einzelfall
  etwa die Anlegung eines „Marmor-", eines „japanischen Stein-" oder eines „Skulpturengartens". Problematisch soll das Fällen von Bäumen sein.[60]
- **Kfz-Stellplatz-Sondernutzungsrecht.** Besteht ein Sondernutzungsrecht an einem Kfz-Stellplatz, liegt
  eine Auslegung nahe, dass der Berechtigte dort fahrtüchtige und angemeldete Fahrzeuge abstellen darf. Zu
  diesen Fahrzeugen gehören Fahr- oder Motorräder, Mofas und Motorroller. Ein Gebrauch als Abstellplatz
  zur dauerhaften Lagerung beliebiger Gegenstände, die nicht im Zusammenhang mit der Nutzung von
  Kraftfahrzeugen stehen, ist hingegen eher ausgeschlossen. Kisten und Koffer, „Müll", ggf. aber auch
  Wohnwagen dürfen nach diesen Grundsätzen nicht auf der Fläche abgestellt werden.[61] Die Errichtung eines Carports oder die Anbringung eines im Boden fest verankerten Sperrbügels ist nur mit Zustimmung
  der anderen Wohnungseigentümer möglich. Der Ausbau der Fläche zu einer Terrasse ist unzulässig.
- **Nutzgarten-Sondernutzungsrecht.** Ein Nutzgarten dient im Gegensatz zu einem Ziergarten hauptsächlich der Erzeugung von Nutzpflanzen (etwa Kräutern, Obst und Gemüse).
- **Räume.** Die Bezeichnung „Räume" lässt einen Wohngebrauch nicht zu.[62] Anders ist es bei der Bezeichnung „Raum".[63]
- **Tiefgaragenstellplatz-Sondernutzungsrecht.** Besteht ein Sondernutzungsrecht an einem Tiefgaragenstellplatz, soll dies dahin gehend zu verstehen sein, dass die entsprechende Fläche als Abstellplatz für Kfz
  dienen soll. Das Abstellen von E-Bikes soll daher nicht möglich sein – was kaum überzeugt.
- **Terrassen-Sondernutzungsrecht.** Besteht ein Sondernutzungsrecht an einer Terrasse, darf der Berechtigte die Fläche der Terrasse baulich herstellen und diese gestalten (Gartenmöbel, Töpfe, Gartenutensilien),
  nicht aber überdachen. Ein vorhandener Belag darf nicht verändert werden.
- **Ziergarten-Sondernutzungsrecht.** Als Ziergarten bezeichnet man einen Garten, der im Gegensatz zu
  einem Nutzgarten nicht vorrangig dem Anbau und der Verwertung von Nutzpflanzen dient. Besteht ein
  Sondernutzungsrecht an einem „Ziergarten", soll die Gartenfläche mit Pflanzen bepflanzt werden, die
  nicht mit dem Ziel der Nahrungsgewinnung, sondern lediglich aufgrund gestalterischer und ästhetischer
  Aspekte verwendet werden, insbesondere im Zusammenhang mit Pflasterungen und Bekiesungen. Auch in
  einem Ziergarten soll die Errichtung eines kleinen Schaukelgerüsts auf einer etwaigen Grünfläche zulässig
  sein.

b) Bauliche Veränderungen. Zu baulichen Veränderungen ist der Sondernutzungsberechtigte grundsätzlich **26**
nur befugt, wenn die anderen Wohnungseigentümer der konkreten Veränderung **zustimmen**.[64] Die Zustimmung kann im Wege des Beschlusses oder durch eine Vereinbarung erteilt werden.[65]

Eine Zustimmungsvereinbarung soll „als bereits erteilt" gelten, „soweit bauliche Veränderungen Eingang in **27**
die Beschreibung des Sondernutzungsrechts gefunden haben" oder wenn sie „nach dem Inhalt des jeweiligen

---

57 BGH 22.3.2019 – V ZR 298/16, ZMR 2019, 518 Rn. 22; *Hügel* NotBZ 2020, 14 (16).
58 BGH 22.3.2019 – V ZR 298/16, ZMR 2019, 518.
59 LG Hamburg 10.9.2010 – 318 S 24/09, ZMR 2011, 226.
60 Dazu *Elzer*, FS Müller, 2019, 81 (89).
61 BayObLG 9.4.2002 – 2Z BR 30/02, NJW-RR 2002, 1526; *Hügel* NotBZ 2020, 14 (16).
62 BGH 22.3.2019 – V ZR 298/16, ZMR 2019, 518 Rn. 27.
63 BGH 22.3.2019 – V ZR 298/16, ZMR 2019, 518 Rn. 27.
64 BGH 7.2.2014 – V ZR 25/13, NZM 2014, 245 Rn. 7; BGH 22.6.2012 – V ZR 73/11, ZMR 2012, 883 unter II. 1. a.
65 Zur Vereinbarung vgl. BGH 28.10.2016 – V ZR 91/16, NJW 2017, 1167 Rn. 14; BGH 7.2.2014 – V ZR 25/13, NZM
    2014, 245 Rn. 7; BGH 2.12.2011 – V ZR 74/11, NJW 2012, 676 Rn. 8; OLG München 12.4.2013 – 34 Wx 124/13,
    NJW-RR 2013, 1483 (1484): Befugnis, eine Fläche in beliebiger Form zu bebauen.

Sondernutzungsrechts üblicherweise vorgenommen werden und der Wohnungseigentumsanlage dadurch kein anderes Gepräge verleihen".[66]

28 **c) Nutzungen.** Die sonstigen Nutzungen der einem Sondernutzungsrecht unterliegenden Flächen sollen nach Sinn und Zweck abweichend von § 16 Abs. 1 S. 1 WEG grundsätzlich **allein dem Berechtigten** zustehen.[67] Der Berechtigte kann die seinem Sondernutzungsrecht unterliegenden Flächen und Räume daher insbesondere – auch isoliert – vermieten,[68] verpachten oder in sonstiger Weise nutzen. Die Wohnungseigentümer können aber etwas anderes vereinbaren.[69]

29 **d) Belastungen.** Ein Sondernutzungsrecht ist grundsätzlich nicht selbständig belastbar.[70] Ausübungsbereich einer Grunddienstbarkeit kann nach hM indes eine Sondernutzungsfläche sein, die einem belasteten Wohnungseigentum zugeordnet ist. Die Sondernutzungsfläche soll sogar den alleinigen Ausübungsbereich darstellen können.[71]

30 **e) Verwaltungsrechte/Störungsabwehr.** Das Sondernutzungsrecht genießt nach hM einen gleichsam **eigentumsrechtlichen Schutz.** Der Berechtigte kann daher entsprechend § 985 BGB zB Herausgabe der seinem Recht unterliegenden Flächen verlangen.[72] Jedenfalls bei verdinglichten Sondernutzungsrechten ist gegenüber einem anderen Wohnungseigentümer ungeachtet § 9 a Abs. 2 WEG sogar § 906 Abs. 2 S. 2 BGB analog anwendbar.[73] Der Berechtigte kann ferner auch ungeachtet § 9 a Abs. 2 WEG nach §§ 1004, 1011 BGB Störungs-Unterlassung verlangen oder Beseitigung bereits erfolgter Störungen,[74] etwa eigenmächtiger Anpflanzungen[75] oder unberechtigten Parkens.[76] Ferner hat der Berechtigte Besitzschutz- und Abwehransprüche wegen verbotener Eigenmacht. Im Übrigen bleiben die Verwaltungsrechte bei den Miteigentümern,[77] sofern nichts anderes vereinbart ist.

31 **3. Pflichten. a) Überblick.** Pflichten im Zusammenhang mit dem gemeinschaftlichen Eigentum – auch soweit es einem Sondernutzungsrecht unterliegt – treffen grundsätzlich sämtliche Wohnungseigentümer als Miteigentümer.[78] Die Wahrnehmung der Pflichten ist eine Aufgabe der Gemeinschaft der Wohnungseigentümer, sofern sie iSv § 9 a Abs. 2 WEG eine einheitliche Rechtsverfolgung erfordern. Die Pflichten der Miteigentümer im Zusammenhang mit dem gemeinschaftlichen Eigentum können allerdings auf einen Sondernutzungsberechtigten übergehen. Dieses ist der Fall, wenn ein Übergang vereinbart ist.[79]

32 **b) Erhaltungsmaßnahmen (Instandhaltungslast). aa) Grundsatz.** Die Teile, Räume und/oder Flächen, an denen ein Sondernutzungsrecht eingeräumt ist, sind gemeinschaftliches Eigentum.[80] Die Pflicht zur Erhaltung der dem Sondernutzungsrecht unterliegenden Teile, Räume und Flächen trifft daher grundsätzlich alle Wohnungseigentümer.[81]

33 **bb) Abweichende Vereinbarung.** Die Wohnungseigentümer können allerdings etwas anderes vereinbaren.[82] Ist zB vereinbart, dass die jeweiligen Sondernutzungsberechtigten verpflichtet sind, „die dem Sondernutzungs-

---

66 BGH 28.10.2016 – V ZR 91/16, NJW 2017, 1167 Rn. 16; BGH 2.12.2011 – V ZR 74/11, NJW 2012, 676 Rn. 8.
67 BGH 26.6.2014 – V ZB 7/14, NJW-RR 2014, 1040 Rn. 10; *Hügel* NotBZ 2020, 14 (17).
68 BGH 15.1.2020 – XII ZR 46/19, NZM 2020, 503; BGH 22.3.2019 – V ZR 298/16, ZMR 2019, 518 Rn. 22; BGH 26.6.2014 – V ZB 7/14, NJW-RR 2014, 1040 Rn. 13.
69 *Francastel* RNotZ 2015, 385 (388).
70 BGH 20.3.2020 – V ZR 317/18 Rn. 30; OLG Schleswig 3.8.2011 – 2 W 2/11, ZWE 2012, 42; BayObLG 11.9.1997 – 2Z BR 120/97, DNotZ 1998, 384; *Elzer* MietRB 2019, 187 (191); aA Staudinger/*Rapp*, WEG, 2018, § 1 Rn. 51 a.
71 BGH 20.3.2020 – V ZR 317/18 Rn. 34.
72 BGH 20.3.2020 – V ZR 317/18 Rn. 39; BGH 21.10.2016 – V ZR 78/16, ZfIR 2017, 355 Rn. 9; LG München I 29.3.2010 – 1 S 17989/09, ZMR 2010, 794.
73 BGH 20.3.2020 – V ZR 317/18 Rn. 39; BGH 25.10.2013 – V ZR 230/12, NJW 2014, 458 Rn. 20.
74 Grundlegend BGH 13.10.2017 – V ZR 45/17, NJW-RR 2018, 333 Rn. 8.
75 BGH 23.3.2018 – V ZR 65/17, ZMR 2018, 681 Rn. 24.
76 BGH 15.1.2020 – XII ZR 46/19, NZM 2020, 503.
77 *Hügel* NotBZ 2020, 14 (20); *Ott*, Das Sondernutzungsrecht im Wohnungseigentum, 2000, 122 ff.
78 *Elzer* AnwZert MietR 4/2012.
79 *Elzer* AnwZert MietR 4/2012; *Häublein*, Sondernutzungsrechte, 2003, 15.
80 BGH 10.10.2014 – V ZR 315/13, NJW 2015, 549 Rn. 19.
81 BGH 10.10.2014 – V ZR 315/13, NJW 2015, 549 Rn. 19.
82 BGH 10.10.2014 – V ZR 315/13, NJW 2015, 549 Rn. 19.

recht unterliegenden Räumlichkeiten bzw. Flächen auf eigene Kosten zu unterhalten und instandzuhalten", soll dies dahin gehend auszulegen sein, dass der entsprechend verpflichtete Wohnungseigentümer allein für die Erhaltung verantwortlich sein soll.[83] Er soll sich also selbst und allein darum kümmern, dass die zur Erhaltung erforderlichen Maßnahmen veranlasst werden, und auch die **Kosten** dafür tragen.[84] Ist vereinbart, dass „die jeweils berechtigten Sondereigentümer für die Instandhaltung der ausschließlich ihrem Sondernutzungsrecht unterliegenden Flächen, Anlagen und Einrichtungen zu sorgen haben", soll dies nicht nur für die zum Zeitpunkt des Abschlusses des Teilungsvertrags oder einer Teilungserklärung bereits vorhandenen, sondern auch für später hinzu kommende Anlagen und Einrichtungen gelten.[85] Dem Sondernutzungsberechtigten ist auch damit die Instandhaltungspflicht bezüglich der ihm zugewiesenen Flächen übertragen worden.[86]

cc) Öffnungsklausel. Die spätere Übertragung der Instandhaltungspflicht auf Grundlage einer Öffnungsklausel soll nach hM **nur mit Zustimmung des Sondernutzungsberechtigten** möglich sein.[87]   34

c) Erhaltungsmaßnahmen (Kosten). Die Pflicht, die zur Erhaltung der dem Sondernutzungsrecht unterliegenden Teile, Räume und Flächen notwendigen Kosten zu tragen, trifft grundsätzlich alle Wohnungseigentümer.[88] Zwar ist es bei Sondernutzungsrechten üblich, dem Sondernutzungsberechtigten die Pflicht zur Instandhaltung auf eigene Kosten aufzuerlegen, weil ein Auseinanderfallen von Nutzungsrecht und Instandhaltungslast als unbefriedigend empfunden wird. Geht es zB um den Belag einer Terrasse, leuchtet nicht ein, dass alle Wohnungseigentümer die Kosten der Reparatur des Belags tragen sollen.   35

Das ändert aber nichts daran, dass eine vom Grundsatz der Kostentragung durch alle Wohnungseigentümer abweichende Regelung bereits in der Gemeinschaftsordnung selbst oder im Wege einer späteren Vereinbarung der Wohnungseigentümer getroffen werden muss.[89] Diese Umlagevereinbarung muss klar und eindeutig ihrem Inhalt nach feststellbar sein.[90] Für die Auslegung gelten die allgemeinen Grundsätze. Ein vereinbarter Umlageschlüssel soll dabei „eng" auszulegen sein. Trifft eine Umlagevereinbarung nach einer Auslegung keine klare und eindeutige Regelung, soll es beim gesetzlichen Umlageschlüssel bleiben.[91]   36

d) Verkehrssicherungspflichten. Die Verkehrssicherungspflichten für die dem Sondernutzungsrecht unterliegenden Teile, Räume und Flächen treffen **grundsätzlich alle Wohnungseigentümer**[92] bzw. nach § 9 a Abs. 2 WEG die Gemeinschaft der Wohnungseigentümer. Etwas anders gilt, wenn dem Sondernutzungsberechtigten an den ihm zugewiesenen Gemeinschaftsflächen ausdrücklich, wenigstens aber konkludent die Verkehrssicherungspflichten im Wege der Vereinbarung übertragen worden sind. Hiervon ist im Zweifel auszugehen, etwa dann, wenn eine Regelung bestimmt, dass Sondernutzungsrechte hinsichtlich Instandhaltung und Verkehrssicherungspflichten wie Sondereigentum zu behandeln sind.[93]   37

IV. Möglicher Gegenstand einer Sondernutzungsrechtsvereinbarung

1. Grundsatz. Als Gegenstand eines Sondernutzungsrechts in Betracht kommen das gesamte gemeinschaftliche Eigentum, vor allem Garten- oder Terrassenflächen, Stellplätze, Keller- oder Bodenräume, aber auch Anlagen, Einrichtungen und wesentliche Gebäudebestandteile. Allein am Sondereigentum können Sondernutzungsrechte nicht begründet werden.[94]   38

---

83   BGH 22.3.2019 – V ZR 145/18, ZNotP 2020, 33 Rn. 10.
84   BGH 22.3.2019 – V ZR 145/18, ZNotP 2020, 33 Rn. 10.
85   BGH 28.10.2016 – V ZR 91/16, NJW 2017, 1167 Rn. 22.
86   BGH 28.10.2016 – V ZR 91/16, NJW 2017, 1167 Rn. 23.
87   BGH 10.10.2014 – V ZR 315/13, NJW 2015, 549 Rn. 19.
88   BGH 10.10.2014 – V ZR 315/13, NJW 2015, 549 Rn. 19.
89   BGH 10.10.2014 – V ZR 315/13, NJW 2015, 549 Rn. 19.
90   BGH 26.6.2020 – V ZR 199/19 Rn. 6; BGH 14.6.2019 – V ZR 254/17, NZM 2019, 624 Rn. 7; BGH 28.10.2016 – V ZR 91/16, NJW 2017, 1167 Rn. 19.
91   BGH 26.6.2020 – V ZR 199/19 Rn. 6; BGH 14.6.2019 – V ZR 254/17, NZM 2019, 624 Rn. 7; BGH 9.12.2016 – V ZR 124/16, NJW-RR 2017, 527 Rn. 14.
92   *Hügel* NotBZ 2020, 14 (20); *Elzer* MietRB 2005, 220; *Gottschalg* NZM 2002, 590.
93   OLG Stuttgart 20.2.2001 – 8 W 555/2000, ZMR 2001, 730; *Elzer* MietRB 2005, 220.
94   BGH 8.4.2016 – V ZR 191/15, NZM 2016, 861 Rn. 19; BGH 20.2.2014 – V ZB 116/13, NJW 2014, 1879 Rn. 11; *Francastel* RNotZ 2015, 385 (388); *Hügel/Elzer* DNotZ 2014, 403; aA Bärmann/Seuß/*Schneider* § 13 Rn. 29.

39 **2. Zugangsproblem.** Einem Sondernutzungsrecht steht es nicht entgegen, dass der entsprechende Raum oder die entsprechende Fläche der einzige Zugang zum gemeinschaftlichen Eigentum ist. Das **Sondernutzungsrecht** muss allerdings ein Mitgebrauchsrecht der anderen Wohnungseigentümer vorsehen. Diesen muss es erlaubt sein, regelmäßig den Raum, der hinter Raum liegt, an dem ein Sondernutzungsrecht besteht, zu betreten.[95] Dies muss ausdrücklich angeordnet werden. Ein dauerhafter Mitgebrauch kann nicht aus § 242 BGB hergeleitet werden.[96] Für den Zugang zum Sondereigentum gilt nichts anderes.[97]

40 **3. Balkon und Dachterrasse.** Ob an einem Balkon oder einer Dachterrasse ein Sondernutzungsrecht eingeräumt werden kann, richtet sich an der sachenrechtlichen Einordnung aus. Hält man den Balkon oder die Dachterrasse für einen **Raum**,[98] kann an ihm ein Sondernutzungsrecht begründet werden, wenn es an einer Zuweisung des Raums zum Sondereigentum fehlt.

V. Aus einer Sondernutzungsrechtsvereinbarung Berechtigter

41 **1. Wohnungseigentum.** Berechtigter eines Sondernutzungsrechts kann nur der Eigentümer eines Wohnungs- oder Teileigentums der entsprechenden Wohnungseigentumsanlage sein[99] bzw. mehrere gemeinsam (Gruppensondernutzungsrecht).[100] Zwischen Mitberechtigten sollen §§ 741 ff. BGB analog gelten.[101]

42 **2. Miteigentumsbruchteil.** Nach hM soll auch einem bloßen Miteigentumsbruchteil an einem Wohnungseigentumsrecht ein Sondernutzungsrecht zugeordnet sein können.[102] Diese Ansicht ist jedenfalls für „verdinglichte" Sondernutzungsrechte abzulehnen.[103] Eine Vereinbarung wird durch Eintragung in das Grundbuch zum Inhalt des (gesamten) Sondereigentums. Ein Miteigentümer ist entgegen der hM kein Wohnungseigentümer.[104] Das Sondernutzungsrecht kann nicht nur einem bloßen Bruchteil, sondern nur einem Wohnungseigentum insgesamt zugeordnet sein.

43 **3. Wohnungseigentümer (persönliches Sondernutzungsrecht).** Ein persönliches verdinglichtes Sondernutzungsrecht ist nach hM **nicht vorstellbar**.[105]

VI. Übertragung einer Sondernutzungsrechtsvereinbarung

44 **1. Kauf/Erwerb eines Wohnungseigentums. a) Verdinglichtes Sondernutzungsrecht.** Beim Kauf/Erwerb eines Wohnungseigentums geht ein verdinglichtes Sondernutzungsrecht als Inhalt des Sondereigentums auf den neuen Eigentümer des Wohnungseigentums über.[106] Das Sondernutzungsrecht muss im Veräußerungsvertrag nicht ausdrücklich erwähnt werden.[107] Wird ein verdinglichtes Sondernutzungsrecht rechtsgeschäftlich (mit-)erworben, soll es nach hM **gutgläubig erworben** werden können.[108] Dies ist indes zweifelhaft, da man

95 BGH 5.7.1991 – V ZR 222/90, NJW 1991, 2909 (2910); OLG München 10.4.2019 – 34 Wx 92/18, FGPrax 2019, 163.
96 BGH Urt. v. 23.3.2018 – V ZR 65/17, ZMR 2018, 681 Rn. 10.
97 OLG München 31.3.2014 – 34 Wx 3/14, ZWE 2014, 257; OLG Zweibrücken 17.1.2011 – 3 W 196/10, ZWE 2011, 179.
98 Siehe dazu ua OLG München 25.6.2020 – 34 Wx 327/19.
99 BGH 21.10.2016 – V ZR 78/16, NZM 2017, 607 Rn. 26; BGH 20.1.2012 – V ZR 125/11, NZM 2012, 464 Rn. 8; BGH 2.12.2011 – V ZR 74/11, NJW 2012, 676 Rn. 9.
100 OLG München 9.10.2015 – 34 Wx 184/15, ZWE 2016, 51 Rn. 25.
101 OLG München 9.10.2015 – 34 Wx 184/15, ZWE 2016, 51 Rn. 25.
102 BGH 10.5.2012 – V ZB 279/11, NZM 2012, 837 Rn. 10.
103 Siehe auch OLG München 21.11.2011 – 34 Wx 357/11, ZWE 2012, 92; KG 30.12.2003 – 1 W 64/03, DNotZ 2004, 634.
104 *Hügel/Elzer* WEG § 10 Rn. 7.
105 BGH 21.10.2016 – V ZR 78/16, NZM 2017, 607 Rn. 26; *Elzer* NZM 2016, 529 (531); aA *Lehmann-Richter* ZWE 2018, 385 (386); Bärmann/Seuß/*Schneider* § 13 Rn. 107; *Häublein*, Sondernutzungsrechte und ihre Begründung im Wohnungseigentumsrecht, 2003, 276.
106 *Falkner* ZNotP 2017, 251 (252); unklar BGH 21.10.2016 – V ZR 78/16, NZM 2017, 607 Rn. 20.
107 OLG Oldenburg 4.12.2019 – 2 U 243/19; *Falkner* ZNotP 2017, 251 (252).
108 BGH 21.10.2016 – V ZR 78/16, ZWE 2017, 169 Rn. 19; LG München I 19.12.2018 – 1 S 391/18 WEG, ZMR 2019, 382.

eine bloße Vereinbarung nicht gutgläubig erwerben kann.[109] Wenn Wohnungseigentum durch Zuschlag in der Zwangsversteigerung erworben wird, kommt ein gutgläubiger Erwerb jedenfalls nicht in Betracht.[110] Der gutgläubige Erwerb entsprechend § 892 BGB setzt ein Verkehrsgeschäft voraus. Anders ist es ferner, wenn die Eintragung des Sondernutzungsrechts nicht nur unrichtig, sondern – etwa wegen Unbestimmtheit – inhaltlich unzulässig ist.[111] Schließlich ist es jedenfalls anders, wenn die Eintragung des Sondernutzungsrechts widersprüchlich und deshalb inhaltlich unzulässig ist.

b) Schuldrechtliches Sondernutzungsrecht. Wird ein Wohnungseigentum veräußert, dem ein schuldrechtliches Sondernutzungsrecht zusteht, soll das schuldrechtliche Sondernutzungsrecht nach § 746 BGB grundsätzlich übergehen.[112] Anders sei es nur, wenn der **Voreigentümer** das Sondernutzungsrecht bereits ganz oder teilweise auf andere Miteigentümer übertragen habe. Andere meinen, § 746 BGB sei nicht anwendbar.[113] Sie kommen im Ergebnis aber auch zu einer Übertragung, da sie dem Käufer/Erwerber den „Eintritt" in die dem schuldrechtlichen Sondernutzungsrecht zugrunde liegende Vereinbarung erlauben. Beiden Ansichten ist nicht zu folgen. Jedenfalls geht ein schuldrechtliches Sondernutzungsrecht unter, wenn ein anderes Wohnungseigentumsrecht seinen Eigentümer wechselt (→ Rn. 48). **45**

2. „Kauf" eines Sondernutzungsrechts. a) Überblick. Sondernutzungsrechte sollen nach hM zwischen Wohnungseigentümern derselben Wohnungseigentumslage auch isoliert „erworben" bzw. „veräußert" werden können.[114] Bloße Vereinbarungen können freilich nicht „verkauft/veräußert", nicht „abgetreten" und auch nicht „übertragen" werden.[115] Vorstellbar ist hingegen, auf den Inhalt einer bestehenden Vereinbarung einzuwirken.[116] Dieses Versprechen kann man gegen Entgelt anbieten. **46**

b) Verdinglichte Sondernutzungsrechte. Ein verdinglichtes Sondernutzungsrecht wird nach hM analog §§ 877, 873 BGB durch einen Vertrag zwischen dem abgebenden und dem aufnehmenden Wohnungseigentum übertragen.[117] Die Änderung muss danach also **im Grundbuch eingetragen** werden.[118] Ob dinglich berechtigte Dritte zustimmen müssen, richte sich im Wesentlichen nach § 5 Abs. 4 S. 2 WEG. Eine Mitwirkung der übrigen Wohnungseigentümer sei – ist nichts anderes vereinbart – nicht erforderlich.[119] Etwas anderes soll für einen Dritten gelten, der an dem Wohnungseigentum, dem das Sondernutzungsecht zugeordnet ist **und** der an der Sondernutzungsfläche Rechte hat.[120] **47**

Richtiger Ansicht nach handelt es sich bei einem „Sondernutzungsrecht" freilich um kein Grundstücksrecht iSv § 877 BGB. Notwendig ist daher nach §§ 398, 413 BGB, sofern der „abgebende" Wohnungseigentümer sich allein zum Inhalt der Sondernutzungsrechtsvereinbarung erklären kann, nur ein **formloser Vertrag**, dass der „Veräußerer" auf eine Vereinbarung der Wohnungseigentümer einwirken soll und einwirkt.[121] Auch der schuldrechtliche Vertrag bedarf nicht der Form der § 4 Abs. 3 WEG, § 311 b BGB. Die Inhaltsänderung der Sondernutzungsrechtsvereinbarung kann, muss aber nicht „verdinglicht" werden. Denn die Verdinglichung ist für die Einwirkung und die Frage der Berechtigung nicht konstitutiv.[122] Bei der Verdinglichung sind §§ 19, 29 GBO zu beachten. Ohne Verdinglichung geht der Vertrag bei einem Wechsel im Eigentum eines anderen Wohnungseigentums unter. **48**

---

109 Siehe auch Bärmann/Seuß WE-Praxis/*Schneider* § 13 Rn. 140 ff.
110 LG Hamburg 1.9.2010 – 318 S 128/09, ZMR 2011, 585.
111 OLG München 3.4.2007 – 32 Wx 33/07, DNotZ 2007, 946.
112 OLG München 27.5.2014 – 34 Wx 149/14, NJOZ 2014, 1330; OLG München 11.5.2012 – 34 Wx 137/12, ZWE 2012, 367 (368).
113 ZB *Ott*, Das Sondernutzungsrecht im Wohnungseigentum, 2000, 47.
114 BGH 3.7.2008 – V ZR 20/07, NZM 2008, 732 Rn. 36.
115 *Falkner* ZNotP 2017, 251 (252).
116 *Falkner* ZNotP 2017, 251 (252); *Elzer* NZM 2016, 529 (530).
117 BGH 20.3.2020 – V ZR 317/18 Rn. 39; BGH 3.7.2008 – V ZR 20/07, NZM 2008, 732 Rn. 36; OLG München 9.10.2015 – 34 Wx 184/15, ZWE 2016, 51 Rn. 25; *Falkner* ZNotP 2017, 251 (254); *Ott* NZM 2017, 1 (6).
118 BGH 24.11.1978 – V ZB 11/77, NJW 1979, 548 unter III. 3; OLG München 13.10.2016 – 34 Wx 185/15, ZMR 2016, 896; OLG München 9.10.2015 – 34 Wx 184/15, ZWE 2016, 51 Rn. 24.
119 BGH 24.11.1978 – V ZB 11/77, NJW 1979, 548 unter III. 3.
120 BGH 20.3.2020 – V ZR 317/18 Rn. 43.
121 *Lehmann-Richter* ZWE 2018, 385 (389).
122 *Hogenschurz* ZfIR 2014, 717 (723).

49　Die „Veräußerung" eines Sondernutzungsrechts löst **Grunderwerbsteuer** aus. Denn § 2 Abs. 2 Nr. 3 GrEStG stellt verdinglichte Sondernutzungsrechte Grundstücken gleich. Vor der Grundbucheintragung des Sondernutzungsrechts bei einem anderen Wohnungseigentum ist dem Grundbuchamt nach § 22 GrEStG eine Unbedenklichkeitsbescheinigung des Finanzamtes vorzulegen.

50　**c) Schuldrechtliche Sondernutzungsrechte.** Ein „schuldrechtliches" Sondernutzungsrecht wird, sofern der „abgebende" Wohnungseigentümer sich allein zum Inhalt der Sondernutzungsrechtsvereinbarung erklären kann, gem. §§ 398, 413 BGB durch einen **Abtretungsvertrag** zwischen Veräußerer und Erwerber übertragen.[123] Eine Mitwirkung Dritter soll nicht erforderlich sein.[124]

VII. Änderung einer Sondernutzungsrechtsvereinbarung

51　**1. Inhalt der Sondernutzungsrechtsvereinbarung. a) Wohnungseigentümer. aa) Vereinbarung.** Die Wohnungseigentümer können den Inhalt einer Sondernutzungsrechtsvereinbarung jederzeit durch eine andere Vereinbarung ändern.[125] Ein Beschluss mit diesem Ziel, auch wenn er auf einer allgemeinen Öffnungsklausel beruht, wäre hingegen nichtig. Ein **einseitiger Verzicht**[126] oder eine **Verwirkung** (→ Rn. 15) sind jeweils nicht möglich. Bei einem verdinglichten Sondernutzungsrecht (→ Rn. 15) muss die Inhaltsänderung des Sondereigentums, soll sie dauerhaft Bestand haben, zusätzlich noch **eingetragen** werden.[127]

52　Fehlt es an einer Änderung der Sondernutzungsrechtsvereinbarung, ist ein Wohnungseigentümer auch nach Treu und Glauben iVm dem Gemeinschaftsverhältnis nicht verpflichtet, sein Sondernutzungsrecht – ggf. gegen Zahlung einer angemessenen Entschädigung – auf Dauer zum Mitgebrauch der Wohnungseigentümer zur Verfügung zu stellen und den Gebrauch/die Nutzung dieser Fläche auch durch andere Wohnungseigentümer zu dulden.[128]

53　**bb) Klage auf Änderung.** Die dauerhafte Änderung des Inhalts einer Sondernutzungsrechtsvereinbarung und die dauerhafte Aufhebung einer Sondernutzungsrechtsvereinbarung können die übrigen Wohnungseigentümer gegen den Willen des Berechtigten nur nach Maßgabe von § 10 Abs. 2 WEG und auf dem darin geregelten Weg einer Anpassung oder Änderung der Gemeinschaftsordnung herbeiführen.[129]

54　**b) Bauträger.** Vor dem Hintergrund, dass es bei Bauvorhaben häufig notwendig oder zweckmäßig ist, die ursprüngliche Planung zu modifizieren, ist es nach hM zulässig, wenn die Besteller dem Bauträger in den Bauträgerverträgen eine **Vollmacht** erteilen, die ihm Änderungen eines vorgesehenen Sondernutzungsrechts erlaubt.[130]

55　Die Vollmacht muss grundbuchrechtlich hinreichend bestimmt sein. Diesem Grundsatz ist jedenfalls dann Genüge getan, wenn die Vollmacht im Außenverhältnis unbeschränkt erteilt wird.[131] Ferner unterliegt die Vollmacht einer **Klauselkontrolle** nach § 308 Nr. 4 BGB und muss der Klauselrichtlinie 93/13/EWG Anh. 1 k entsprechen, wenn es sich um eine Allgemeine Geschäftsbedingung handelt. Dies setzt voraus, dass für den anderen Vertragsteil zumindest ein gewisses Maß an Kalkulierbarkeit der möglichen Leistungsänderung besteht.[132] Dies ist zu bejahen, wenn für die Änderung ein „triftiger" Grund vorliegt.[133] Die Klausel muss die triftigen Gründe benennen und in ihren Voraussetzungen erkennbar die Interessen des Vertragspartners angemessen be-

123　BGH 3.7.2008 – V ZR 20/07, NZM 2008, 732 Rn. 36; BGH 24.11.1978 – V ZB 11/77, NJW 1979, 548; OLG Saarbrücken 6.3.2018 – 5 W 17/18, FGPrax 2018, 162; OLG Schleswig 26.9.2016 – 2 Wx 56/16, RNotZ 2017, 34; OLG München 11.5.2012 – 34 Wx 137/12, ZWE 2012, 367 (368); *Ott* NZM 2017, 1 (6).
124　BGH 24.11.1978 – V ZB 11/77, NJW 1979, 548; *Ott* NZM 2017, 1 (6).
125　BGH 23.3.2018 – V ZR 65/17, ZMR 2018, 681 Rn. 13; BGH 13.9.2000 – V ZB 14/00, NJW 2000, 3643 unter III. 2.
126　BGH 13.9.2000 – V ZB 14/00, NJW 2000, 3643 unter III. 2.
127　BGH 13.9.2000 – V ZB 14/00, NJW 2000, 3643 unter III. 2.
128　BGH 23.3.2018 – V ZR 65/17, ZMR 2018, 681 Rn. 10.
129　BGH 20.3.2020 – V ZR 317/18 Rn. 45; BGH 23.3.2018 – V ZR 65/17, ZMR 2018, 681 Rn. 13.
130　BGH 19.9.2019 – V ZB 119/18 Rn. 27; BGH 2.12.2011 – V ZR 74/11, NJW 2012, 676 Rn. 15.
131　BGH 19.9.2019 – V ZB 119/18 Rn. 28; OLG München 29.7.2014 – 34 Wx 138/14, NZM 2015, 632 Rn. 26.
132　BGH 19.9.2019 – V ZB 119/18 Rn. 29.
133　BGH 19.9.2019 – V ZB 119/18 Rn. 29.

rücksichtigen.[134] In der Literatur besteht insoweit Einigkeit, dass etwaige Sondernutzungsrechte unangetastet bleiben müssen und das zu dessen Benutzung erforderliche gemeinschaftliche Eigentum nicht mehr als unwesentlich beeinträchtigt werden darf.

Auch ohne ausdrückliche Regelung soll die Vollmacht mit der letzten Veräußerung von Wohnungseigentum an einen Erwerber enden.[135] Ferner soll die Abänderungsbefugnis mit der jeweiligen Zuweisung enden.   56

2. Aufhebung der Sondernutzungsrechtsvereinbarung. Eine Sondernutzungsrechtsvereinbarung kann jederzeit durch eine andere Vereinbarung wieder aufgehoben werden.[136] Ist der begünstigte Wohnungseigentümer zu einer solchen Vereinbarung nicht bereit, kann sich aus § 10 Abs. 2 WEG ein Anspruch auf ersatzlose Aufhebung eines Sondernutzungsrechts ergeben.[137] Dieser Anspruch besteht aber nur als „ultima ratio" – etwa wenn eine Sondernutzungsfläche zwingend benötigt wird, um unabwendbaren behördlichen Auflagen nachzukommen – und regelmäßig nur gegen Zahlung einer entsprechenden Entschädigung.[138] Besteht ein Anspruch, ist der begünstigte Wohnungseigentümer nicht verpflichtet, sein Recht im Vorgriff auf eine solche Aufhebung zur Verfügung zu stellen.[139]   57

An der „Löschung" eines Sondernutzungsrechts mit der Folge, dass es nicht mehr Inhalt des Sondereigentums ist, müssen nach hM nicht alle Wohnungseigentümer mitwirken.[140]   58

VIII. Zwangsvollstreckung in eine Sondernutzungsrechtsvereinbarung

1. Überblick. Die Gemeinschaft der Wohnungseigentümer, aber auch ein Wohnungseigentümer kann ein Interesse daran haben, im Wege der Zwangsvollstreckung in das Sondernutzungsrecht eines Wohnungseigentümers zu vollstrecken. Ein sicherer Weg besteht darin, in das Wohnungseigentum zu vollstrecken. Die Vollstreckung in dieses umfasst immer auch die **Vollstreckung in das Sondernutzungsrecht**.[141] Soll nur in das Sondernutzungsrecht vollstreckt werden, sind das dingliche und das schuldrechtliche Sondernutzungsrecht zu unterscheiden.   59

2. Schuldrechtliches Sondernutzungsrecht. Ein schuldrechtliches Sondernutzungsrecht soll ein selbständiges Vermögensrecht sein und jedenfalls zugunsten eines Wohnungseigentümers gepfändet und diesem zur Einziehung überwiesen werden können.[142] Die Verwertung sei dadurch möglich, dass das Recht einem anderen Wohnungseigentümer veräußert oder – ist der Gläubiger Wohnungseigentümer – dem Gläubiger übertragen wird. Soweit es um die Gemeinschaft der Wohnungseigentümer geht, muss allerdings unterschieden werden. Wenn dieser Wohnungseigentümer ist, gilt nichts anderes. Wenn er hingegen kein Wohnungseigentümer ist, ist fraglich, was gilt. Denn ein schuldrechtliches Sondernutzungsrecht kann eigentlich nur an einen anderen Wohnungseigentümer „übertragen" werden.[143]   60

Da die Gemeinschaft der Wohnungseigentümer kein Dritter ist, sondern die Wohnungseigentümer repräsentiert, soll ihr allerdings ein Vorgehen nach §§ 857, 835 Abs. 1 ZPO möglich sein.[144]   61

Da es sich beim Sondernutzungsrecht im Wesentlichen um ein Gebrauchsrecht handelt, ist es nach hier vertretener Ansicht kein Vermögensrecht. Jedenfalls müsste bei der Verwertung der Berechtigte des Gebrauchsrechts neu bestimmt werden. Hierzu ist das Gericht aber nicht befugt.   62

---

134   BGH 19.9.2019 – V ZB 119/18 Rn. 29.
135   BGH 2.12.2011 – V ZR 74/11, NJW 2012, 676 Rn. 16.
136   BGH 23.3.2018 – V ZR 65/17, ZMR 2018, 681 Rn. 13.
137   BGH 23.3.2018 – V ZR 65/17, ZMR 2018, 681 Rn. 13.
138   BGH 23.3.2018 – V ZR 65/17, ZMR 2018, 681 Rn. 16.
139   BGH 23.3.2018 – V ZR 65/17, ZMR 2018, 681 Rn. 18.
140   BGH 13.9.2000 – V ZB 14/00, NJW 2000, 3643 unter III. 2.
141   *Schmid* ZfIR 2011, 733 (736); aA *Schuschke* NZM 2002, 830 (832).
142   §§ 857, 844 ZPO.
143   OLG Stuttgart 15.4.2002 – 8 W 492/00, NZM 2002, 884 (885); *Ott* ZWE 2010, 335.
144   AA *Schmid* ZfIR 2011, 733 (736).

63 **3. Dingliches Sondernutzungsrecht.** Für dingliche Sondernutzungsrechte ist umstritten, ob es sich bei diesen um „andere Vermögensrechte" iSd § 857 ZPO handelt.[145] Weil ein dingliches Sondernutzungsrecht Inhalt eines Sondereigentums und damit des Wohnungseigentums wird, ist es überzeugender, dass dieses **kein eigenständiges Vermögensrecht iSd § 857 ZPO** ist und nur ein indirekter Zugriff im Wege der Immobiliarzwangsvollstreckung in das Wohnungseigentum des jeweiligen Berechtigten in Betracht kommt.

64 **4. Pfändung eines „Zuweisungsrechts".** „Zuweisungsrechte" (→ Rn. 8 ff.), also die Vereinbarung, dass ein Wohnungseigentümer oder ein Dritter den Inhalt einer Vereinbarung bestimmen kann, sollen nach § 857 ZPO als sonstiges Recht gepfändet werden können. Dies folge daraus, dass, wenn ein Wohnungseigentümer Sondernutzungsrechte treuhänderisch für den aus der Gemeinschaft der Wohnungseigentümer ausgeschiedenen Bauträger verwalte, die sich aus dem Treuhandverhältnis ergebenden Ansprüche des Ausgeschiedenen – auch das Zuweisungsrecht – grundsätzlich pfändbar seien.[146] Wie das Recht aus dem Treuhandverhältnis, so müsse dann aber auch das Recht, ein Sondernutzungsrecht „zuzuweisen", gem. § 857 ZPO gepfändet werden können.

IX. Rechte der anderen Wohnungseigentümer

65 Die Wohnungseigentümer können nach § 10 Abs. 1 S. 2 WEG Regelungen zum Gebrauch eines Raums oder einer Fläche treffen, die einem Sondernutzungsrecht unterliegt.[147] Etwas anderes gilt, wenn durch die Bestimmung das Sondernutzungsrecht „ausgehöhlt" werden würde.[148]

66 Gebraucht der Berechtigte die seinem Sondernutzungsrecht unterliegenden Teile, Räume und Flächen des gemeinschaftlichen Eigentum im Übrigen in einer Art und Weise, die ihm nicht erlaubt ist, zB dauerhaftes Abstellen eines Containers auf einem Parkplatz, oder unter Verstoß gegen § 14 Abs. 1 Nr. 1 WEG, kann die Gemeinschaft der Wohnungseigentümer nach § 14 Abs. 1 Nr. 1 WEG und/oder § 9 a Abs. 2 WEG iVm § 1004 BGB Unterlassung verlangen, soweit das gemeinschaftliche Eigentum betroffen ist.[149] Geht es um die Störung des Sondereigentums, kann jeder Wohnungseigentümer gem. § 14 Abs. 2 Nr. 1 WEG und/oder § 1004 BGB Unterlassung verlangen.

X. Prozessuales

67 Verlangt ein Wohnungseigentümer von einem anderen Wohnungseigentümer Unterlassung/Beseitigung einer Störung, handelt es sich nach § 43 Abs. 2 Nr. 1 um eine WEG-Streitigkeit.[150] Entsprechendes gilt nach § 43 Abs. 2 Nr. 2 WEG, wenn die Gemeinschaft der Wohnungseigentümer klagt. Dasselbe gilt für Streitigkeiten über den Geltungsbereich (= Grenzen und Inhalt) einer Sondernutzungsrechtsvereinbarung.[151] Nichts anderes gilt, wenn streitig ist, wer aus einer Sondernutzungsrechtsvereinbarung berechtigt ist.[152] Ist ein Störer allerdings ein Dritter, sind die allgemeinen Gerichte zuständig.[153]

XI. WEG-Reform

68 Die WEG-Reform hat am Fragenkreis „Sondernutzungsrecht" nichts Substanzielles geändert. Die Reform hat allerdings mit § 3 Abs. 2 WEG Sondereigentum auf Freiflächen erstreckt und will damit eine „Flucht in das Sondernutzungsrecht" entbehrlich machen.[154] Diesem Zweck dient auch die Fiktion in § 3 Abs. 1 WEG, nach

145 Bejahend LG Stuttgart 20.12.1988 – 2 T 934/88, DWE 1989, 72; *Schuschke* NZM 1999, 830 (831); verneinend OLG Stuttgart 15.4.2002 – 8 W 492/00, NZM 2002, 884; *Ott*, Das Sondernutzungsrecht im Wohnungseigentum, 2000, 177; ohne Stellungnahme BGH 22.4.2010 – VII ZB 15/09, NJW 2010, 2346 Rn. 15.

146 BGH 22.4.2010 – VII ZB 15/09, NJW 2010, 2346 Rn. 13.

147 BGH 23.3.2018 – V ZR 65/17, ZMR 2018, 681 Rn. 12; KG 8.9.1995 – 24 W 5943/94, NJW-RR 1996, 586; LG Itzehoe 21.12.2018 – 11 S 85/16, ZMR 2019, 294.

148 BayObLG 23.10.2003 – 2Z BR 63/03, ZMR 2005, 132 (133); *Hügel/Elzer* WEG § 15 Rn. 15.

149 Zum alten Recht BGH 4.3.2010 – V ZR 130/09, NZM 2010, 365 Rn. 14.

150 BGH 17.3.2016 – V ZR 185/15, NJW-RR 2016, 587 Rn. 5.

151 BGH 8.7.2010 – V ZB 220/09, NJW 2011, 384 Rn. 7; aA LG Frankfurt a. M. 15.10.2019 – 2–13 S 72/19, MDR 2020, 84.

152 AA OLG Stuttgart 4.12.1985 – 8 W 481/84, NJW-RR 1986, 318.

153 So bei BGH 13.10.2017 – V ZR 45/17, NJW-RR 2018, 333.

154 BT-Drs. 168/20, 29.

der Stellplätze Räume sind. Gesetzliche Regeln für Sondernutzungsrechte sind bewusst nicht geschaffen worden.[155] Im Übrigen ist § 5 Abs. 4 S. 3 WEG aufgehoben worden.

201. Sonderumlage

Breiholdt

I. Einführung

Die Finanzierung von Ausgaben der Gemeinschaft der Wohnungseigentümer erfolgt im Grundsatz durch die **1** Erhebung des Wohngeldes und des Beitrages zur Erhaltungsrücklage. Es kann sich aber ergeben, dass diese Einnahmen – die im Wirtschaftsplan festgelegt werden – nicht auskömmlich sind. Der Grund können zB Zahlungsausfälle (Wohngeldrückstände) einzelner Eigentümer oder unvorhergesehene Ausgaben sein. Dann stellt sich ein **Liquiditätsproblem**. Denkbar ist weiter, dass die Eigentümergemeinschaft größere **Instandsetzungsmaßnahmen** (zB an Dach oder Fassade) beschließen will, die aus Wohngeld und Erhaltungsrücklage nicht zu finanzieren sind. Neben der Aufnahme eines Kredites bietet sich in diesem Fall der Beschluss über die Erhebung einer Sonderumlage an.

II. Rechtliche Einordnung

Rechtlich handelt es sich bei der Sonderumlage um einen **Nachtrag zum Wirtschaftsplan**.[1] Daran hat sich **2** durch das WEMoG nichts geändert.[2] Deshalb muss der Umlagebeschluss entsprechend § 28 Abs. 1 S. 1 WEG die anteilmäßige Beitragsverpflichtung der Wohnungseigentümer bestimmen. Der Beschluss begründet sodann für die Wohnungseigentümer eine Pflicht zu einer – weiteren – Vorschusszahlung (§ 28 Abs. 1 WEG), die zu den planmäßigen Vorschüssen hinzutritt.[3] An den Inhalt eines entsprechenden Beschlusses sind die gleichen Anforderungen zu stellen, wie an einen Beschluss über den Wirtschaftsplan selbst.[4]

III. Zweck

Als Finanzierungsinstrument kann die Sonderumlage beispielsweise folgenden Zwecken dienen: **3**

- Schaffung von Liquidität für laufende Ausgaben;
- Finanzierung von Instandhaltungs- oder Instandsetzungsmaßnahmen – auch wenn noch genug Geld in der Erhaltungsrücklage vorhanden ist;[5]
- Ausgleich von Wohngeldausfällen – aber nur, wenn diese bereits eingetreten sind;[6]
- Prozesskosten, die von der Wohnungseigentümergemeinschaft als rechtsfähiger Verband aufzubringen sind, zB Entziehungsklagen gem. § 17 WEG.

---

155 BT-Drs. 168/20, 30.
  1 BGH 13.1.2012 – V ZR 129/11, NJW-RR 2012, 343.
  2 BT-Drs. 19/18791, 76; aA wohl *Lehmann-Richter/Wobst*, WEG-Reform 2020, Rn. 820.
  3 BGH 15.6.1989 – V ZB 22/88, MDR 1989, 898.
  4 Jennißen/*Jennißen* WEG § 28 Rn. 55.
  5 Jennißen/*Jennißen* WEG § 28 Rn. 56.
  6 LG Stuttgart 20.12.2017 – 19 S 54/16, MietRB 2018, 308; aA Jennißen/*Jennißen* WEG § 28 Rn. 57 a.

IV. Beschluss

4 Da es sich bei der Sonderumlage rechtlich um einen Nachtrag zum Wirtschaftsplan, dh um eine weitere Vorschusszahlung handelt, gelten grundsätzlich die Regeln, die auch für den Beschluss über den Wirtschaftsplan gelten.

5 **1. Gesamt- und Einzelumlage.** Es gibt demnach eine Gesamt- und eine Einzelumlage. Die Gesamtumlage beziffert die Gesamthöhe der Umlage, die Einzelumlage den Betrag, der auf den einzelnen Wohnungseigentümer entfällt. Danach ist es eigentlich erforderlich, diese **Einzelumlage im Beschluss bereits zu beziffern**. Das geschieht in der Praxis häufig jedoch nicht. Es kann gleichwohl genügen, dass der Gesamtbetrag und der Verteilungsmaßstab angegeben werden, sofern der jeweilige Einzelbetrag ohne Weiteres errechnet werden kann.[7]

6 **2. Höhe der Umlage.** Die Höhe der Umlage hat sich an dem **geschätzten Kapitalbedarf** zu orientieren. Das muss nicht unbedingt die konkret zu beschließende Ausgabe als solche sein. Bei Instandhaltungs- oder Instandsetzungsmaßnahmen kann auch eine Mischfinanzierung beschlossen werden, wonach ein Teil der Maßnahme aus der Erhaltungsrücklage und nur der dann verbleibende Betrag durch eine Sonderumlage bezahlt werden soll.

7 Im Übrigen haben die Eigentümer bei der Festsetzung der Höhe ein **weites Ermessen**.[8] Dieses müssen sie an dem Zweck ausrichten, der mit der Sonderumlage verfolgt wird, und an dem dafür bestehenden Kapitalbedarf. Den erforderlichen Umlagebetrag können die Wohnungseigentümer großzügig bemessen.[9] Sie dürfen dabei auch zu erwartende Zahlungsausfälle bei den Wohnungseigentümern berücksichtigen.

8 Es ist also eine **Prognose der erforderlichen Kosten** notwendig. Erst wenn die benötigten Gelder erheblich zu niedrig oder erheblich zu hoch angesetzt werden, sind die Grundsätze ordnungsmäßiger Verwaltung verletzt – und der Beschluss damit anfechtbar.[10]

9 Für eine Prognose ist aber dann kein Raum mehr, wenn der Finanzierungsbedarf der Höhe nach konkret feststeht. Dann ist das Ermessen der Eigentümer bei der Festlegung der Höhe ausnahmsweise dahin gehend reduziert, dass die Sonderumlage in Höhe der bereits endgültig feststehenden Liquiditätslücke festzusetzen ist bzw. diese nicht wesentlich überschreiten darf.[11]

10 Handelt es sich um eine Instandhaltungs- oder Instandsetzungsmaßnahme, so kann eine Sonderumlage grundsätzlich auch dann beschlossen werden, wenn auch auf die **Erhaltungsrücklage** zurückgegriffen werden könnte.[12] Etwas anderes soll aber dann gelten, wenn die Erhaltungsrücklage eine solche Höhe erreicht oder überschritten hat, dass trotz einer Auflösung eine ausreichende Liquiditätsreserve iSd § 19 Abs. 2 Nr. 4 WEG für künftige Sanierungsmaßnahmen verbleiben würde.[13]

11 **3. Verteilungsschlüssel.** Die Verteilung der Kosten erfolgt – soweit nichts anderes beschlossen oder vereinbart ist – nach dem für die jeweilige Kostenart geltenden Verteilungsschlüssel, der sich in der Regel aus der Gemeinschaftsordnung ergibt. Wird eine Sonderumlage im Rahmen der gerichtlichen Geltendmachung von Ansprüchen gegen einen Bauträger beschlossen – der noch Mitglied der Gemeinschaft der Wohnungseigentümer ist –, so hat sich der Bauträger anteilig an der Sonderumlage zu beteiligen.[14]

12 Eine von der Gemeinschaftsordnung **abweichende Kostenverteilung** können die Wohnungseigentümer gem. § 16 Abs. 2 S. 2 WEG beschließen.

13 Es verstößt gegen § 16 Abs. 2 WEG, einzelne Eigentümer von der Zahlung auszunehmen. Insbesondere ist es unzulässig, den Eigentümer, der die Liquiditätslücke verursacht hat, von der Umlage auszunehmen, weil die

---

7 BayObLG 20.11.2002 – 2Z BR 144/01, NZM 2003, 66.
8 BGH 13.1.2012 – V ZR 129/11, NJW-RR 2012, 343.
9 KG 12.8.1994 – 24 W 2762/94, NJW-RR 1997.
10 BayObLG 11.3.1998 – 2Z BR 12–98, NJW-RR 1998, 1096.
11 LG München I 24.10.2011 – 1 S 24966/10, ZWE 2012, 50.
12 BayObLG 27.3.2003 – 2Z BR 37/03, ZMR 2003, 694.
13 Bärmann/Seuß WE-Praxis/*Wanderer* § 33 Rn. 82 mit Verweis auf OLG Saarbrücken 20.7.1998 – 5 W 110/98–35, NJW-RR 2000, 87 – zum alten Recht.
14 BayObLG 11.4.2001 – 2Z BR 27/01, NZM 2001, 766.

Breiholdt

Beitreibung gegen ihn zeitaufwändig oder gar völlig aussichtslos wäre.[15] Es ist aber zulässig, die Umlage – wegen des **Ausfallrisikos** – entsprechend höher zu bemessen.[16]

V. Gläubiger und Schuldner

Gläubiger des Zahlungsanspruches aus der Umlage ist die Gemeinschaft der Wohnungseigentümer. Schuldner sind die einzelnen Sondereigentümer.   14

Erwerber von Wohnungs- oder Teileigentum haften für eine nach dem Eigentumswechsel fällig werdende Sonderumlage, auch wenn deren Erhebung vor dem Eigentumswechsel beschlossen wurde (sog. Fälligkeitstheorie).[17]   15

Sieht darüber hinaus die Gemeinschaftsordnung vor, dass der Erwerber eines Sondereigentums für rückständige Beträge des Veräußerers haftet[18] umfasst die Haftung auch eine fällige Sonderumlage.[19]   16

VI. Fälligkeit

Nach altem Recht (§ 28 Abs. 2 WEG aF) waren die Wohnungseigentümer auf der Grundlage eines wirksamen Beschlusses erst zur Zahlung von Hausgeldvorschüssen verpflichtet, wenn der Verwalter diese abrief. Nunmehr können – und sollten – sie gem. § 28 Abs. 3 WEG über die Fälligkeit beschließen.   17

Die Vorschusspflicht besteht auch, wenn der Beschluss über die Sonderumlage angefochten wurde; sie entfällt erst rückwirkend, wenn der Beschluss rechtskräftig für ungültig erklärt worden ist. Der Anfechtung kommt also keine aufschiebende Wirkung zu.[20]   18

VII. Zweckbindung

Sonderumlagen werden in der Regel für einen bestimmten Zweck beschlossen. Dieser kann enger (zB konkrete Instandsetzungsmaßnahme) oder weiter (Liquidität) sein. Der Verwalter darf die Sonderumlage grundsätzlich nur gemäß ihrer Zweckbestimmung verwenden. Insoweit gelten ähnliche Grundsätze wie bei der zweckgebundenen Erhaltungsrücklage (→ *Erhaltungsrücklage* Rn. 3 ff.).[21]   19

Werden im Beschluss bestehende Verbindlichkeiten der Gemeinschaft der Wohnungseigentümer aufgezählt, ist es eine Frage der Auslegung, ob die Sonderumlage ausschließlich zur Tilgung dieser Verbindlichkeiten verwendet werden darf, oder ob die Aufzählung nur die Höhe der Sonderumlage bestimmen soll.[22]   20

VIII. Anfechtung

Der Beschluss über die Erhebung einer Sonderumlage kann mit der Anfechtungsklage angegriffen werden. Grundsätzlich ist es möglich, die Anfechtungsklage auf einen abtrennbaren Teil des Beschlusses zu beschränken. An der Abtrennbarkeit fehlt es jedoch, wenn eine Sonderumlage um einen bestimmten Betrag reduziert werden soll.[23] Anderes gilt aber, wenn eine Position versehentlich doppelt berechnet wurde.[24]   21

Anfechtungsgründe, die zu einer Unwirksamkeit führen, konnten nach altem Recht sein: 22

- Sonderumlage für abgerechnete und bereits bezahlte Maßnahmen im abgelaufenen Wirtschaftsjahr. Insoweit kann eine Zahlungspflicht nur durch die Jahres- (Einzel-) Abrechnung begründet werden.[25]

---

15 BGH 15.6.1989 – V ZB 22/88, NJW 1989, 3018.
16 KG 26.3.2003 – 24 W 177/02, NJW-RR 2003, 1020.
17 BGH 15.12.2017 – V ZR 257/16, NJW 2018, 2044.
18 Vgl. dazu BGH 24.2.1994 – V ZB 43/93, NJW 1994, 2950.
19 MüKoBGB/*Engelhardt* WEG § 28 Rn. 19.
20 LG Düsseldorf 31.5.2017 – 25 S 52/16, WuM 2017, 421.
21 Bärmann/Seuß WE-Praxis/*Wanderer* § 33 Rn. 87.
22 KG 22.11.2004 – 24 W 233/03, WuM 2005, 145.
23 BGH 19.10.2012 – V ZR 233/11, ZWE 2013, 47.
24 LG Berlin 8.5.2018 – 85 S 49/17 WEG, ZMR 2018, 849.
25 LG Itzehoe 31.5.2013 – 11 S 14/11.

- Sonderumlage zur Deckung einer Liquiditätslücke, bei der die Höhe der fehlenden Geldmittel feststeht: Die Höhe der Sonderumlage entspricht der Höhe der Liquiditätslücke und darf diese nicht wesentlich überschreiten. Überschreitet die festgelegte Sonderumlage die Liquiditätslücke wesentlich, ist der Beschluss für teilweise ungültig zu erklären.[26]
- Sonderumlagebeschluss ohne wirksamen Beschluss über den Wirtschaftsplan.[27]
- Sonderumlagebeschluss ermächtigt Verwalter zur weiteren Anforderung von Geldern in unbestimmter Höhe: Unzulässige Blanko-Ermächtigung.[28]
- Teilungserklärung weist für Instandhaltungsmaßnahmen verschiedene Verteilerschlüssel aus und Sonderumlagebeschluss enthält keine anteilmäßige Berechnung der Beitragspflichten der einzelnen Wohnungseigentümer.[29]

Ob diese Rechtsprechung weiter Bestand hat, ist fraglich: Bei einer Sonderumlage handelt es sich um den Beschluss über „Vorschüsse" gem. § 28 Abs. 1 WEG. Werden solche Vorschüsse im Rahmen eines Wirtschaftsplans beschlossen, ist der Beschluss nur noch anfechtbar, wenn die Vorschüsse falsch berechnet wurden (→ *Wirtschaftsplan* Rn. 80 ff.) .Fehler in der Darstellung oder der Ansatz oder Nichtansatz von einzelnen Positionen begründen demgemäß keine Anfechtbarkeit – wenn das rechnerische Ergebnis stimmt. Überträgt man diese Grundsätze auf die Vorschüsse, die als Sonderumlage bezeichnet werden, dürfte nichts anderes gelten. Eine Anfechtungsklage kann demgemäß nicht mehr auf das Argument gestützt werden, die Höhe der Umlage sei zu hoch oder zu niedrig gewählt. Auch ein (vermeintlich) falscher Zweck wird demgemäß eine Anfechtbarkeit nicht mehr begründen können.

23 Ein Beschluss über die Erhebung einer Sonderumlage ist wirksam, solange er nicht durch **rechtskräftiges Urteil für unwirksam** erklärt wird. Die Zahlungspflicht besteht deshalb ab Fälligkeit auch dann, wenn Anfechtungsklage erhoben wurde. Dem steht nicht entgegen, dass die Ungültigerklärung des Beschlusses Rückwirkung entfaltet. Für die Zeit, in der die fälligen Forderungen der Wohnungseigentümergemeinschaft vorenthalten werden, ist der hierdurch entstehende wirtschaftliche Nachteil durch Ersatz des Zinsschadens auszugleichen.

24 Außerdem hat der auf Zahlung der Sonderumlage in Anspruch genommene Wohnungseigentümer nach übereinstimmender Erledigungsklärung der Hauptsache die Kosten des Rechtsstreits der Zahlungsklage zu tragen.[30]

IX. Rückerstattung bei unwirksamem oder nichtigem Beschluss

25 Ist ein Sonderumlagebeschluss rechtskräftig für unwirksam oder nichtig erklärt worden, so stellt sich die Frage, ob die Sondereigentümer zunächst über die Rückzahlung beschließen müssen, oder ob es einen **Direktanspruch auf Zahlung** gegen die Gemeinschaft der Wohnungseigentümer gibt.

26 Nach einer Auffassung steht einem direkten Rückzahlungsanspruch das **Abrechnungswesen der Gemeinschaft** entgegen. Demnach sind Rückzahlungen nur dann möglich, wenn hierüber ein Beschluss der Gemeinschaft der Wohnungseigentümer – etwa im Rahmen der Abrechnung – gefasst wurde („Vorrang des Innenausgleichs").[31]

27 Nach neuerer Auffassung besteht ein **Rückzahlungsanspruch gem. § 812 BGB**, der gegen die Gemeinschaft geltend gemacht werden kann, ohne dass es eines vorherigen Beschlusses bedürfte.[32] Es erschließe sich nicht, welchen Vorteil der Ausgleich einer rechtsgrundlos erbrachten Zahlung aufgrund eines späteren Beschlusses gegenüber einem Zahlungsausgleich außerhalb der Abrechnung für die Eigentümergemeinschaft oder die übrigen Eigentümer haben solle. In beiden Fällen werde das Vermögen des Verbandes um den entsprechenden Betrag geschmälert.

---

26 LG München I 24.10.2011 – 1 S 24966/10 WEG, NZM 2012, 278.
27 LG München I 21.6.2010 – 1 S 2763/10, ZMR 2010, 876.
28 AG Bonn 22.5.2007 – 28 II 183/06 WEG, ZMR 2008, 78.
29 LG München I 11.1.2006 – 1 T 13749/05, WE 2006, 246.
30 LG Düsseldorf 31.5.2017 – 25 S 52/16, ZMR 2017, 760.
31 OLG Köln 22.11.2006 – 16 Wx 215/06, ZMR 2007, 642; LG Düsseldorf 7.11.2013 – 19 S 77/12, NZM 2014, 399.
32 AG Hamburg-Blankenese 12.3.2014 – 539 C 25/13, ZMR 2015, 76; LG Frankfurt/Main 14.3.2019 – 2–13 S 135/18, ZMR 2019, 364; LG München I 26.6.2019 – 1 S 2812/18 WEG, DWW 2019, 297.

Im Bereich der Jahresabrechnung hat sich der BGH für die erste Ansicht entschieden. Die fehlerhafte Vertei- 28
lung der Kosten für eine Einzelposition könne durch einen Rückzahlungsanspruch nicht behoben werden.
Werde eine Jahresabrechnung insgesamt oder teilweise für ungültig erklärt, hätten die einzelnen Eigentümer
einen Anspruch gegen die Gemeinschaft der Wohnungseigentümer auf Erstellung einer neuen Jahresabrechnung für das betroffene Jahr.[33] Für den Wirtschaftsplan als Spiegelbild der Abrechnung kann demgemäß nichts
anderes gelten und damit auch nicht für die Sonderumlage als Nachtrag zum Wirtschaftsplan.

X. Abrechnung

Eine Sonderumlage muss als nachträgliche Erhöhung des Wohngeldes wie das aufgrund des Wirtschaftsplanes 29
gezahlte Wohngeld in die nachfolgende Abrechnung eingestellt werden. Es besteht kein Anspruch des einzelnen Wohnungseigentümers gegen die Gemeinschaft der Wohnungseigentümer auf **gesonderte Abrechnung
der Sonderumlage.**[34]

Wurde die Sonderumlage mir einem **falschen Verteilungsschlüssel** beschlossen und erhoben, so ist dies im 30
Rahmen der Jahresabrechnung zu korrigieren,[35] da ansonsten auch der Umlageschlüssel in der Jahresabrechnung falsch und anfechtbar wäre.

Wird eine durch Sonderumlage finanzierte größere **Instandhaltungsmaßnahme jahresübergreifend** durch- 31
geführt, können die Kosten dieser Maßnahme nach Beendigung der Arbeiten ausnahmsweise auch jahresübergreifend abgerechnet werden. Dies gilt zumindest dann, wenn die im Jahr 1 angefallenen Baukosten nicht in
der Abrechnung des Jahres 1 erfasst wurden. In dieser Konstellation dürfen in der Abrechnung des Jahres 2
nicht nur die im Jahr 2 angefallenen Kosten abgerechnet werden, sondern zugleich auch die noch nicht abge-
rechneten Baukosten des Vorjahres, um einen Abrechnungsergänzungsanspruch für das Vorjahr zu vermeiden.[36]

Werden die durch die Sonderumlage von den Eigentümern angeforderten und bezahlten Gelder **im gleichen** 32
Jahr bestimmungsgemäß für die geplante Maßnahme ausgegeben, stellen sich keine besonderen Probleme
der Darstellung in der Abrechnung. Es gibt dann eine Einnahme, die entsprechend der Gemeinschaftsordnung
oder des Beschlusses über die Umlage auf die Eigentümer zu verteilen ist, und auf der anderen Seite eine Ausgabe, die nach demselben Maßstab zu aufzuteilen ist. Es widerspricht aber einer ordnungsgemäßen Abrechnung, eine Sonderumlage für konkrete Instandhaltungsmaßnahmen, die im gleichen Wirtschaftsjahr erhoben
und zweckentsprechend verbraucht wurde, als „Zuweisung zur Instandhaltungsrücklage" in der Jahresabrechnung auszuweisen, auch wenn die Umlage kurzzeitig dem Rücklagenkonto gutgeschrieben wurde.[37]

Erfolgt die Ausgabe des vereinnahmten Geldes vorhersehbar erst im folgenden Wirtschaftsjahr, so empfiehlt 33
sich die Bildung einer **zweckgebundenen Rücklage**, die neben der Instandhaltungsrücklage geführt wird.
Denn im Folgejahr ergibt sich wegen des Liquiditätszuflusses ein Liquiditätsüberschuss, der im Rahmen der
Abrechnung des Folgejahres ggf. auszukehren wäre.

Ist der Grund für eine Sonderumlage eine nachträgliche Erhöhung des Hausgelds, müssen die auf sie geleiste- 34
ten Beträge im Grundsatz wie das im Übrigen gezahlte Hausgeld in die nachfolgende Abrechnung als Einnahme eingestellt und umgelegt werden.[38]

Wird die beschlossene Sonderumlage bis zur Genehmigung der Abrechnung über den betreffenden Abrech- 35
nungszeitraum nicht erhoben, wird der **Sonderumlagebeschluss gegenstandslos.** Er kann zur Klarstellung
durch einen Zweitbeschluss aufgehoben werden.[39]

---

33 BGH 10.7.2020 – V ZR 178/19, DWW 2020, 304.
34 KG 22.11.2004 – 24 W 233/03, NJW-Spezial 2005, 147.
35 *Hügel/Elzer* WEG § 28 Rn. 66.
36 Bärmann/Seuß WE-Praxis/*Wanderer* § 33 Rn. 100 mit Verweis auf KG 22.11.2004 – 24 W 233/03, NJW-Spezial
    2005, 147.
37 OLG München 21.5.2007 – 34 Wx 148/06, ZWE 2007, 505 mAnm *Ott*.
38 *Mundt* NZM 2007, 864 (865).
39 BeckOGK/*Hermann* WEG § 28 Rn. 75.

202. Spielplatz

Choynacki

I. Begriff des Spielplatzes

1   Ein Spielplatz oder Kinderspielplatz ist ein Ort, an dem nach einer Vereinbarung iSv § 10 Abs. 1 S. 2 WEG oder nach einem Beschluss nach § 19 Abs. 1 WEG mehrere verschiedene Spielgeräte vorhanden sind, mit bzw. auf denen Kinder spielen können. Die Bauordnungen der meisten Länder schreiben die Errichtung von solchen Orten grundsätzlich vor.

II. Eigentum

2   Ein Spielplatz steht gemeinsam mit seinen wesentlichen Bestandteilen nach § 5 Abs. 2 WEG grundsätzlich im **gemeinschaftlichen** Eigentum. Etwas anderes gilt, wenn er sich auf einer Fläche befindet, an der nach § 3 Abs. 2 WEG Sondereigentum besteht.

III. Verwaltung

3   Ein Spielplatz ist nach § 18 Abs. 1 WEG von der **Gemeinschaft der Wohnungseigentümer** zu verwalten. Etwas anderes gilt, wenn er sich auf einer Fläche befindet, an der nach § 3 Abs. 2 WEG Sondereigentum besteht. Dann ist er von seinem Eigentümer zu verwalten.

IV. Kosten

4   Die Erhaltungs- und/oder Betriebskosten bestimmen sich nach § 16 Abs. 2 S. 1 WEG. Die Wohnungseigentümer können etwas anderes vereinbaren oder nach § 16 Abs. 2 S. 2 WEG beschließen. Etwas anderes gilt, wenn er sich auf einer Fläche befindet, an der nach § 3 Abs. 2 WEG Sondereigentum besteht. Dann ist er von seinem Eigentümer zu erhalten.

V. Benutzung

5   **1. Überblick.** Für die Benutzung eines Spielplatzes gilt § 16 Abs. 1 S. 3 WEG. Jeder Wohnungseigentümer ist also zum **Mitgebrauch** nach Maßgabe des § 14 WEG berechtigt. Dies gilt auch für seine Angehörigen, zB seine Kinder, oder Mieter bzw. deren Kinder.

6   **2. Benutzungsregelungen.** Die Wohnungseigentümer können für einen Spielplatz nach § 10 Abs. 1 S. 2 WEG Benutzungsregelungen vereinbaren oder nach § 19 Abs. 1, Abs. 2 Nr. 1 WEG beschließen (→ *Gebrauchs- und Nutzungsvereinbarungen* Rn. 1 ff.).

VI. Räum- und Streupflichten (Verkehrssicherung)

7   **1. Überblick.** Die Verkehrssicherung in Bezug auf einen Spielplatz ist nach § 9 a Abs. 2 WEG eine Sache der **Gemeinschaft der Wohnungseigentümer** (→ Rn. 11 ff; → *Verkehrssicherung* Rn. 1 ff.).

8   **2. Tätige Mithilfe.** Eine **persönliche Verpflichtung** einzelner Eigentümer zur Erfüllung von Räum- und Streupflichten („tätige Mithilfe") ist unzulässig. Entsprechende Beschlüsse sind mangels Beschlusskompetenz nicht nur anfechtbar, sondern nichtig.[1]

---

1   Siehe auch BGH 9.3.2012 – V ZR 161/11, NJW 2012, 1724 Rn. 12.

VII. Errichtung

Würde ein Spielgerät durch seine Errichtung ein **wesentlicher** Grundstücksbestandteil werden, handelt es sich 9 um eine bauliche Veränderung iSv § 20 Abs. 1 WEG (ggf. ist § 13 Abs. 2 WEG zu beachten).[2] Im Einzelfall besteht hierauf ein Anspruch nach § 20 Abs. 2 und/oder Abs. 3 WEG. Die Kosten und Nutzungen bestimmt § 21 WEG, idR dessen Absatz 1.

VIII. Störungen

Gehen von einem Spielplatz Störungen aus, gelten die **allgemeinen Bestimmungen** (im Einzelnen 10 → *Gebrauchs- und Nutzungsvereinbarungen* Rn. 3 ff.). Wird das Sondereigentum gestört, zB durch Musik oder zu häufiges Feiern, kann dagegen die Wohnungs- als Sondereigentümer gegen den Störer – ob Wohnungseigentümer oder Drittnutzer – nach § 14 Abs. 2 Nr. 1 WEG und/oder § 1004 Abs. 1 WEG vorgehen. Ansonsten muss nach §§ 9 a Abs. 2, 14 Abs. 1, 18 Abs. 2 WEG und/oder § 1004 Abs. 1 BGB die Gemeinschaft der Wohnungseigentümer auf Unterlassung und/oder Beseitigung vorgehen.

Die mit einer bestimmungsgemäßen Nutzung eines Kinderspielplatzes verbundenen Beeinträchtigungen sind 11 von den Nachbarn grundsätzlich hinzunehmen. Dies gilt selbst für einen großzügig bemessenen und gegebenenfalls überdurchschnittlich ausgestatteten Kinderspielplatz.[3]

Eine Differenzierung, ob die Geräusche von den spielenden Kindern oder von der großzügig bemessenen 12 Spielgeräteausstattung ausgeht, ist nicht vorzunehmen. Dass § 22 Abs. 1 a Bundesimmissionsschutzgesetz nicht nur die Geräuscheinwirkungen durch Kinder, sondern auch durch Spielgeräte auf einem Kinderspielplatz privilegiert, lässt sich ohne Weiteres aus dem Gesetz ableiten.[4]

IX. Haftung für Spielplatzunfälle

Bei der Haftung für Spielplatzunfälle ist zu beachten, dass die ordnungsgemäße Instandsetzung, aber auch die 13 **ordnungsgemäße Überwachung** zu den ureigensten Pflichten der Wohnungseigentümergemeinschaft gehört und insbesondere einem Hausverwalter obliegt (→ *Verkehrssicherung* Rn. 1 ff.).

Die konkreten Anforderungen an die Wartung, aber auch die Überwachung eines in einer Wohnungseigentümergemeinschaft bestehenden Kinderspielplatzes gehen aus der **DIN EN 1176:2017** hervor. Diese wurde im 14 Dezember 2017 umfangreich überarbeitet und hat eine Reihe von Neuerungen für die Hersteller von Spielgeräten und für Spielplatzbetreiber gebracht. Zwar richtet sich die DIN an Betreiber von öffentlich-rechtlichen Spielplätzen, doch sind diese Vorgaben auch im Rahmen der **allgemeinen Verkehrssicherungspflichten** bei Kinderspielplätzen in Wohnungseigentümergemeinschaften zu beachten.

X. Stilllegung und Wiederinbetriebnahme

Die erstmalige Anlegung eines Spielplatzes erfolgt meist durch den Verkäufer oder Bauträger aufgrund einer 15 entsprechenden Auflage in der Baugenehmigung. Die Ausweisung einer Gemeinschaftsfläche als Kinderspielplatz erfolgt somit regelmäßig in der **Gemeinschaftsordnung** als Teil der Teilungserklärung. Sollte der Spielplatz nicht oder nicht ordnungsgemäß vom Verkäufer erstellt werden, liegt ein Gewährleistungsmangel vor. Dieser kann von jedem einzelnen Wohnungseigentümer oder bei entsprechender Beschlussfassung durch die Wohnungseigentümergemeinschaft dem Verkäufer gegenüber im Rahmen der Gewährleistungsverfolgung geltend gemacht werden.

Wird ein Spielplatz jedoch durch eine „Nichterhaltung" oder sogar durch einen Beschluss nach § 19 Abs. 1 16 WEG stillgelegt, so ist fraglich, ob ein einzelner Wohnungseigentümer gegebenenfalls einen Anspruch auf Wiederherstellung des stillgelegten Spielplatzes hat.

Grundsätzlich hat ein Wohnungseigentümer nur einen Anspruch auf **ordnungsgemäßen Erstherstellung** ei- 17 nes den ursprünglichen Plänen und der Baubeschreibung geschuldeten Zustands. Wird dieser Zustand im

---

2 Siehe auch BayObLG 6.10.2000 – 2ZBR 74/2000, WuM 2000, 686.
3 OVG Niedersachsen 29.6.2006 – 9 LA 113/04, NVwZ 2006, 1199.
4 BVerwG 5.6.2013 – 7 B 1.13, IMR 2014, 176 Rn. 5.

Nachhinein geändert, so ist fraglich, ob er im konkreten Fall einen Anspruch auf Wiederinbetriebnahme eines bereits stillgelegten Spielplatzes hat. Bei einer bloßen faktischen Stilllegung ohne entsprechenden rechtskräftigen Beschluss dürfte es unstrittig sein, dass im Rahmen des Anspruchs auf ordnungsgemäße Verwaltung jeder einzelne Wohnungseigentümer einen Anspruch auf Instandsetzung und Instandhaltung von einem einmal erstellten und im Grundbuch ausgewiesenen Spielplatz hat, § 18 Abs. 2 WEG.

18 Nach hier vertretener Auffassung unterfällt auch **jede nachträgliche Herstellung** eines ursprünglich der Gemeinschaftsordnung und den Aufteilungsplänen vorgesehenen Zustands dem Anspruch auf ordnungsgemäßen Erstherstellung.[5] Dies folgt aus dem Grundgedanken, dass jede grundlegende Änderung des Gemeinschaftsverhältnisses ausschließlich durch Vereinbarung zu erfolgen hat, an der jeder Wohnungseigentümer mitwirken muss. Somit unterfällt die erstmalige Herstellung wie auch die Wiederherstellung eines ursprünglich bestehenden Spielplatzes dem Anspruch auf ordnungsgemäße Erstherstellung und stellt somit schon **begrifflich keine bauliche Veränderung** gem. § 20 Abs. 1 WEG dar. Der Beschluss kann somit mit einfacher Mehrheit gefasst werden und verjährt nicht.

19 Dieses Ergebnis ist freilich nicht ganz widerspruchsfrei, da mit dieser Argumentation jede rechtmäßige „bauliche Veränderung", die aufgrund eines Beschlusses gem. § 20 zustande kommt, wieder rückgängig gemacht werden müsste, wenn sie von dem grundbuchrechtlichen Aufteilungsplan oder den Vereinbarungen abweicht. Möglicherweise müsste man die uneingeschränkte kompetenzbegründende Eigenschaft des § 20 Abs. 1 WEG über die Anwendung des § 14 Abs. 1 Nr. 1 WEG korrigieren, so dass in Ausnahmefällen keine baulichen Zustände entstehen können, die aufgrund der Ansprüche Einzelner wieder rückgängig gemacht werden müssen. Diese wären dann als **vereinbarungsersetzende Beschlüsse** nichtig, wie auch § 20 Abs. 3 WEG bereits als Rechtsfolge bestimmt.

XI. Neuerrichtung eines Spielplatzes

20 Dieses Szenario ist von dem **nachträglichen Bau** eines Spielplatzes, der nicht bereits in der Gemeinschaftsordnung und Aufteilungsplänen oder in einer Baugenehmigung festgelegt ist, zu unterscheiden. Sollen Gemeinschaftsflächen, die nicht als Kinderspielplatz gewidmet oder in den Aufteilungsplänen als solche benannt sind, in Spielflächen umgewandelt werden, so stellt zB die Errichtung eines Sandkastens und einer Schaukel im Bereich gemeinschaftlicher Außenflächen eine nachteilige bauliche Veränderung dar, weshalb das **Einverständnis sämtlicher Wohnungseigentümer** gem. § 20 Abs. 3 WEG erforderlich ist. Denn jede Änderung der äußeren Gestaltung einer Wohnungseigentumsanlage stellt grundsätzlich eine bauliche Veränderung gem. § 20 Abs. 1 WEG dar, die grundsätzlich über das von jedem Wohnungseigentümer zu tolerierende unbillige Maß der Beeinträchtigung hinausgeht. Hier ist der Maßstab im neuen Recht zur alten Rechtslage insofern erweitert worden, da nunmehr der Maßstab der Unbilligkeit gem. § 20 Abs. 4 WEG den ehemaligen Begriff des unvermeidlichen Maßes ersetzt.

203. Steckengebliebener Bau

Marquardt

---

5 Hierzu auch Bärmann/*Merle* WEG § 21 Rn. 118 d ff.

I. Einführung

Unter dem Begriff steckengebliebener Bau ist ein Bauvorhaben zu verstehen, welches infolge von **Zahlungs-** **1** **unfähigkeit** oder **Insolvenz des Bauträgers** oder aus anderen Gründen nicht mehr vollendet wird und damit nur von den Erwerbern selbst fertiggestellt werden kann, wobei Ansprüche gegenüber Dritten jedenfalls praktisch ausscheiden.[1] Für die Beurteilung, ob es sich um einen steckengebliebenen Bau handelt, ist das Baustadium irrelevant.

Soweit der Bauträger die ihm gegenüber den Subunternehmern zustehenden Mängelansprüche an die einzel- **2** nen Erwerber wirksam abgetreten hat, sich diese gegenüber den Subunternehmern schadlos halten können und damit die Fertigstellung des Bauvorhabens erreichen können, liegt kein Fall des steckengebliebenen Baus vor.[2] Dies dürfte in der Praxis jedoch eher selten der Fall sein. So ist zu berücksichtigen, dass der insolvente Bauträger in der Regel auch seine vertraglichen Verpflichtungen gegenüber den bauausführenden Subunternehmen nicht erfüllt haben dürfte, so dass diesen Leistungsverweigerungsrechte im Hinblick auf die ihrerseits unerfüllt gebliebenen Werklohnforderungen zustehen.[3]

Stellt ein Bauträger seine Arbeiten wegen Zahlungsunfähigkeit ein, stellt sich beim Erwerb vom Bauträger für **3** die Erwerber von Wohnungseigentum insbesondere die Frage, ob und unter welchen Voraussetzungen die **Fertigstellung des Bauvorhabens** erreicht werden kann, in welchem Umfang jeder einzelne Erwerber von Wohnungseigentum an den Fertigstellungskosten zu beteiligen ist und inwieweit Möglichkeiten eines finanziellen Ausgleichs bestehen.

II. Recht der Erwerber auf Fertigstellung gegen Bauträger oder Insolvenzverwalter

Im Falle der Insolvenz des Bauträgers kann jeder einzelne Erwerber gem. § 14 InsO einen Antrag auf Eröff- **4** nung des Insolvenzverfahrens stellen. Gem. den §§ 17–19 InsO muss dabei die Zahlungsunfähigkeit bzw. die drohende Zahlungsunfähigkeit oder die Überschuldung glaubhaft gemacht werden. Reicht das Vermögen des Bauträgers nicht aus, um die Verfahrenskosten zu decken, wird der Insolvenzantrag gem. § 26 Abs. 1 InsO vom Insolvenzgericht abgewiesen. In diesem Fall verbleibt es zwar bei den wechselseitigen Rechten und Ansprüchen aus dem geschlossenen Bauträgervertrag, jedoch werden die einzelnen Erwerber diese nicht mehr durchsetzen können.[4]

Mit der **Eröffnung des Insolvenzverfahrens** über das Vermögen des Bauträgers geht gem. § 80 Abs. 1 InsO **5** die Verwaltungs- und Verfügungsbefugnis über das Vermögen des Bauträgers auf den bestellten Insolvenzverwalter über. Verfügungen des Bauträgers sind damit grundsätzlich gem. § 81 InsO unwirksam, und die einzelnen Erwerber als Schuldner des Bauträgers können gem. § 82 InsO nicht mehr schuldbefreiend an den Bauträger leisten. Die Eröffnung des Insolvenzverfahrens wird gem. § 32 InsO in das Grundbuch eingetragen und damit für Verfügungen des Bauträgers gesperrt. Nach der neuen Rechtsprechung des BGH bewirkt die Eröffnung des Insolvenzverfahrens jedoch nicht das Erlöschen der noch nicht erfüllten gegenseitigen vertraglichen Ansprüche, sondern lediglich deren Undurchsetzbarkeit.[5] Dem Insolvenzverwalter steht gem. § 103 InsO bei gegenseitigen Verträgen, die zur Zeit der Eröffnung des Insolvenzverfahrens weder vom Bauträger als Insolvenzschuldner noch von den einzelnen Erwerbern nicht oder nicht vollständig erfüllt sind, ein **Wahlrecht** dahin gehend zu, die bislang nicht erfüllten Verträge zu erfüllen oder die Erfüllung abzulehnen.

Voraussetzung für das Wahlrecht des Insolvenzverwalters nach § 103 InsO ist jedoch, dass die gegenseitigen **6** vertraglichen Verbindlichkeiten von keiner Vertragspartei vollständig erfüllt sind. Soweit einzelne Erwerber zum Zeitpunkt der Eröffnung des Insolvenzverfahrens den Vertrag durch Zahlung der vereinbarten Vergütung bereits vollständig erfüllt haben, verbleibt diesen lediglich die Möglichkeit, den im Vergleich zum erreichten Bautenstand überzahlten Betrag als Schadensersatzforderung zur Insolvenztabelle anzumelden.[6] Die Möglichkeit, den Insolvenzverwalter nach § 103 Abs. 2 S. 2 InsO zur Erklärung darüber aufzufordern, ob er von sei-

---

1 BeckOK WEG/*Elzer* § 22 Rn. 341; Bärmann/*Merle* WEG § 22 Rn. 390.
2 *Ott* NZM 2003, 134.
3 Eingehend hierzu *Kessler* RNotZ 2004, 176.
4 *Basty* Bauträgervertrag Rn. 271.
5 BGH 25.4.2004 – IX ZR 313/99, NZI 2002, 375.
6 *Kessler* RNotZ 2004, 176.

nem Erfüllungswahlrecht Gebrauch machen will, steht den Erwerbern mangels Vorliegen der gesetzlichen Voraussetzungen des § 103 InsO hingegen nicht zu, so dass **keine Fertigstellung** des Baus durch den Insolvenzverwalter erreicht werden kann.

7 **1. Wahl der Erfüllung durch den Insolvenzverwalter.** Wählt der Insolvenzverwalter die **Vertragserfüllung**, so liegt kein Fall eines steckengebliebenen Baus vor, da der Erwerber in diesem Fall gegen den Insolvenzverwalter einen Anspruch auf Durchführung der **Restfertigstellung auf Kosten der Insolvenzmasse** hat und im Gegenzug zur Entrichtung der noch ausstehenden Raten verpflichtet ist. Die zunächst nicht durchsetzbaren Ansprüche erhalten die Rechtsqualität von originären Forderungen der und gegen die Masse.[7]

8 Hat der Erwerber bereits **Vorleistungen** erbracht, welchen zum Zeitpunkt der Eröffnung des Insolvenzverfahrens keine entsprechenden Gegenleistungen des Bauträgers gegenüberstehen, steht ihm in diesem Umfang, sofern man eine Teilbarkeit des Bauträgervertrages iSd § 105 InsO anerkennt, lediglich eine bloße Insolvenzforderung zu, und er ist verpflichtet, die für diese Gegenleistung zu zahlende Vergütung ein zweites Mal – nunmehr an die Masse – zu entrichten.[8]

9 Wählt der Insolvenzverwalter nur hinsichtlich eines Erwerbervertrages die Vertragserfüllung, so hat er das gesamte gemeinschaftliche Eigentum herzustellen, da jeder Erwerber einen individuellen Anspruch auf Herstellung des Sondereigentums und des Gemeinschaftseigentums hat. Nur wenn der Insolvenzverwalter die **Erfüllung sämtlicher Bauträgerverträge ablehnt** und Mängelrechte gegenüber ausführenden Unternehmen nicht bestehen, liegt ein Fall des steckengebliebenen Baus vor.[9]

10 **2. Wahl der Nichterfüllung durch den Insolvenzverwalter.** Lehnt der Insolvenzverwalter die Erfüllung der einzelnen Bauträgerverträge ab, verbleibt es bei der Nichtdurchsetzbarkeit der vertraglichen Ansprüche der Erwerber. Im Rahmen von Bauträgerverträgen ist jedoch zu berücksichtigen, dass es sich um einheitliche Verträge handelt, die zum einen die kaufvertragliche Verpflichtung des Bauträgers zur Eigentumsverschaffung und zum anderen die werkvertragliche Verpflichtung zur Herstellung des vertraglich vereinbarten Bauwerks zum Gegenstand haben (→ *Bauträgervertrag* Rn. 1), so dass grundsätzlich zwischen dem Schicksal der **Eigentumsverschaffungspflicht** und der **Bebauungsverpflichtung** zu differenzieren ist.

11 Die Erfüllung der **kaufvertraglichen Verpflichtung** zur Eigentumsverschaffung kann der Insolvenzverwalter dann nicht ablehnen, wenn zugunsten des Erwerbers vor Eröffnung des Insolvenzverfahrens eine **Auflassungsvormerkung** im Grundbuch gem. § 883 BGB eingetragen oder zumindest insolvenzfest beantragt worden ist.[10] Insoweit hat der Insolvenzverwalter kein Wahlrecht, da § 106 InsO bestimmt, dass vormerkungsgesicherte Ansprüche im Insolvenzverfahren aus der Insolvenzmasse zu erfüllen sind. Der Insolvenzverwalter ist diesbezüglich gegenüber dem Erwerber zur Übertragung des Grundstücks entsprechend den vertraglichen Bestimmungen einschließlich des darauf befindlichen Gebäudes mit dem erreichten Bautenstand verpflichtet.

12 Die Erfüllung der **werkvertraglichen** Verpflichtung zur Herstellung des vertraglich vereinbarten Bauwerks wird hingegen nicht durch die Auflassungsvormerkung gesichert, so dass der Insolvenzverwalter insoweit die Erfüllung ablehnen und damit seitens der Erwerber kein Anspruch auf Fertigstellung des Baus durch den Insolvenzverwalter besteht bzw. durchgesetzt werden kann.[11]

III. Fertigstellung durch die Erwerber

13 Soweit das Bauvorhaben nach den vorstehenden Ausführungen nicht zu Ende geführt werden kann, der Bauträger also seine weiteren Tätigkeiten infolge Zahlungsunfähigkeit einstellt und eine Restfertigstellung durch den Insolvenzverwalter nicht erreicht werden kann und auch keine Ansprüche gegen Dritte auf vollständige Fertigstellung bestehen, kann die Fertigstellung des Bauvorhabens nur noch durch die Erwerber erfolgen.

14 **1. Rechtsgrundlage; Umfang der Fertigstellungsverpflichtung.** Das WEG enthält für den Fall des steckengebliebenen Baus mit seinen Folgen keine ausdrückliche Regelung. In Rechtsprechung und Literatur ist jedoch anerkannt, dass im Innenverhältnis der Gemeinschaft der Wohnungseigentümer grundsätzlich ein An-

---

7 BGH 25.4.2004 – IX ZR 313/99, NZI 2002, 375.
8 *Basty* Bauträgervertrag Rn. 273; *Kessler* RNotZ 2004, 176.
9 *Ott* NZM 2003, 134.
10 *Basty* Bauträgervertrag Rn. 275; *Kessler* RNotZ 2004, 176.
11 *Ott* NZM 2003, 134.

Marquardt

spruch auf Fertigstellung des Baus durch die Erwerber besteht, die Wohnungseigentümer demnach verpflichtet sind, das Gebäude fertig zu stellen. Umstritten ist hingegen die Frage, unter welchen Voraussetzungen die Verpflichtung zur erstmaligen Herstellung besteht.

So wird in Rechtsprechung und Literatur eine **Fertigstellungsverpflichtung** der Erwerber zwar grundsätzlich 15 bejaht, jedoch eine wechselseitige Fertigstellungspflicht der Erwerber in entsprechender Anwendung von § 22 WEG nur dann angenommen, wenn der **Bau bereits zu mehr als der Hälfte erstellt** ist.[12] Begründet wird dies insbesondere mit der beim Fehlen einer Wiederaufbaupflicht gem. § 22 WEG in rechtlicher Hinsicht vergleichbaren Situation. Danach besteht im Falle der Zerstörung des Gebäudes eine Wiederaufbaupflicht der Wohnungseigentümer dann nicht, wenn ein Wertverlust um mehr als die Hälfte eingetreten ist und der Schaden nicht durch eine Versicherung oder in anderer Weise gedeckt ist.

Demgegenüber wird jedoch die Auffassung vertreten, dass sich eine **Pflicht der Erwerber zur Fertigstellung** 16 des Baus **unabhängig vom erreichten Fertigstellungsgrad** unmittelbar aus § 18 Abs. 2 Nr. 1 und § 19 Abs. 2 Nr. 2 WEG ergebe. Danach habe jeder Wohnungseigentümer einen Anspruch auf ordnungsmäßige Verwaltung des gemeinschaftlichen Eigentums, wozu auch die erstmalige Herstellung eines ordnungsgemäßen Zustands gehöre. Insbesondere sei für eine analoge Anwendung des § 22 WEG mangels vergleichbarer Interessenlage kein Raum.[13] Dem ist zuzustimmen, da der Fall des steckengebliebenen Baus nicht mit der einer Zerstörung eines bereits errichteten Baus vergleichbar ist. So wird zutreffend darauf hingewiesen, dass die Wohnungseigentümer das zur Erstherstellung erforderliche Kapital im Gegensatz zum Wiederaufbau eines zerstörten Gebäudes, der im Ergebnis eine zweite „Erstherstellung" darstellt, nicht erneut aufbringen müssen.[14] Im Fall des steckengebliebenen Baus haben die Erwerber in der Regel nicht bereits das komplette Bauvorhaben bezahlt, sondern Zahlungen lediglich auf der Grundlage der MaBV nach dem jeweils erreichten Bautenstand geleistet. Da die Erwerber ohne die Insolvenz des Bauträgers ebenfalls verpflichtet gewesen wären, die noch ausstehende Vergütung für die Fertigstellung des Bauvorhabens an den Bauträger zu zahlen, sind für die Wohnungseigentümer grundsätzlich keine zusätzlichen Aufwendungen verbunden, so dass eine Investition des insoweit ersparten Kapitals in die Restfertigstellung nicht als unzumutbar anzusehen ist.[15]

Damit kann die erstmalige Herstellung des Gemeinschaftseigentums als Maßnahme der ordnungsgemäßen 17 Verwaltung mit Mehrheit gem. § 19 Abs. 1, 2 WEG beschlossen werden, und jeder Wohnungseigentümer kann die Erstherstellung nach § 18 Abs. 2 Nr. 1, § 19 Abs. 2 Nr. 2 WEG verlangen.[16]

2. Bestehen einer Wohnungseigentümergemeinschaft. Eine Fertigstellungsverpflichtung und damit ein An- 18 spruch auf Fertigstellung des steckengebliebenen Baus besteht nach den vorstehenden Ausführungen im Innenverhältnis der Gemeinschaft der Wohnungseigentümer jedoch nur insoweit, als die Vorschriften des WEG Anwendung finden.

Dies ist der Fall, wenn die **Wohnungseigentümergemeinschaft entstanden ist.** Das Entstehen und damit die Anwendbarkeit der WEG-Vorschriften ist nunmehr explizit in § 9 a Abs. 1 S. 2 WEG geregelt. Danach entsteht die Gemeinschaft der Wohnungseigentümer mit Anlegung der Wohnungsgrundbücher. Das von der Rechtsprechung und hM entwickelte Rechtsinstitution der werdenden Wohnungseigentümergemeinschaft ist damit nicht mehr erforderlich, um die Anwendbarkeit des WEG vor der Eintragung des ersten Erwerbers als Wohnungseigentümer im Grundbuch zu begründen. Vielmehr ist das WEG bereits mit Anlegung der Wohnungsgrundbücher anwendbar.

Den einzelnen Erwerbern kommen gem. § 8 Abs. 3 WEG hingegen die nach den Vorschriften des WEG dem 19 einzelnen Wohnungseigentümer zustehenden Ansprüche erst zu, soweit diese jeweils einen durch **Vormerkung gesicherten Anspruch auf Übertragung** von Wohnungseigentum gegen den teilenden Eigentümer haben und ihnen der Besitz an den zum Sondereigentum gehörenden Räumen übergeben wurde. Erst ab diesem

---

12 BayObLG 20.11.2002 – 2Z BR 144/01, NZM 2003, 66; OLG Frankfurt a.M.15.11.1993 – 20 W 208/92, IBRRS 2007, 1655; OLG Hamm 16.3.1984 – 15 W 266/83, NJW 1984, 2708; *Hügel/Elzer* WEG § 22 Rn. 16; *Basty* Bauträgervertrag Rn. 270.

13 *Bärmann/Merle* WEG § 22 Rn. 394 ff.; *Ott* NZM 2003, 134; MüKoBGB/*Engelhardt* WEG § 22 Rn. 90; OLG Hamm 6.2.1978 – 15 W 345 und 346/77, OLGZ 1978, 184.

14 *Bärmann/Merle* WEG § 22 Rn. 394.

15 *Ott* NZM 2003, 134; *Bärmann/Merle* WEG § 22 Rn. 395.

16 *Bärmann/Merle* WEG § 22 Rn. 396.

Zeitpunkt sind die einzelnen Erwerber gegenüber der Gemeinschaft der Wohnungseigentümer und den anderen Wohnungseigentümern anstelle des teilenden Eigentümers als sog. werdende Wohnungseigentümer anzusehen und haben im Verhältnis untereinander und im Verhältnis zu den übrigen (echten) Wohnungseigentümern die gleichen Rechte und Pflichten wie echte Wohnungseigentümer. Als werdender Wohnungseigentümer kann jedoch gem. § 8 Abs. 3 WEG nur derjenige angesehen werden, der vom teilenden Eigentümer erwirbt.[17]

20 Soweit eine **Wohnungseigentümergemeinschaft noch nicht entstanden** ist, bestehen nach hM zwischen den einzelnen Erwerbern noch keine Rechtsbeziehungen, so dass ein Anspruch auf Fertigstellung bzw. eine Fertigstellungsverpflichtung nicht besteht. Ungeachtet dessen steht es den Erwerbern jedoch frei, sich im Rahmen einer Vereinbarung auf eine eigene Fertigstellung zu einigen.[18] Hierbei ist jedoch zu berücksichtigen, dass Erwerber, zu deren Gunsten keine Auflassungsvormerkung eingetragen ist, keine gesicherte Rechtsposition haben, da diese gegenüber dem Insolvenzverwalter im Falle der Erfüllungsablehnung keinen Anspruch auf Übertragung des Eigentums, sondern lediglich einen Anspruch auf Schadensersatz wegen Nichterfüllung des gesamten Vertrags haben.

21 **3. Fertigstellungsverpflichtung Sondereigentum.** Eine Fertigstellungsverpflichtung und damit ein Anspruch auf Fertigstellung besteht nach den vorstehenden Ausführungen dagegen nicht in Bezug auf die **erstmalige Herstellung des Sondereigentums**, da diese keine Angelegenheit der gemeinschaftlichen Verwaltung iSd §§ 18 ff. WEG ist. Im Einzelfall kann jedoch der einzelne Wohnungseigentümer dann zur Fertigstellung seines Sondereigentums entsprechend der Teilungserklärung verpflichtet sein, wenn den anderen Wohnungseigentümern ohne die Herstellung des Sondereigentums ein über das in § 14 Abs. 2 Nr. 1 WEG bestimmte Maß hinausgehender Nachteil erwächst. Die Aufbaupflicht hinsichtlich des Sondereigentums beruht dann auf § 14 Abs. 2 Nr. 1 WEG.[19]

IV. Beschlussfassung und Verwalteraufgaben

22 **1. Beschlussfassung durch die Wohnungseigentümergemeinschaft.** Der Beschluss der Gemeinschaft der Wohnungseigentümer über die Fertigstellung des steckengebliebenen Baus muss einer ordnungsmäßigen Verwaltung entsprechen. Dies ist nur dann der Fall, wenn er der Teilungserklärung nebst Aufteilungsplan entspricht. Daneben kann auch die Baubeschreibung bei der Bestimmung des Soll-Zustandes herangezogen sein.[20] Eine vom ursprünglichen Soll-Zustand abweichende Fertigstellung kann gem. § 20 WEG beschlossen werden.

Kommt hingegen ein mehrheitlicher Beschluss der Wohnungseigentümer nicht zustande, so kann jeder einzelne Wohnungseigentümer bei Vorliegen einer Fertigstellungsverpflichtung von den übrigen Wohnungseigentümern gem. § 18 Abs. 2 Nr. 1 WEG die Fertigstellung verlangen und dies gem. § 43 Abs. 2 WEG auch gerichtlich durchsetzen.

23 **2. Aufgaben des Verwalters.** Sofern die Gemeinschaft der Wohnungseigentümer bereits über einen Verwalter verfügt, so hat dieser gem. § 27 Abs. 1 Nr. 2 WEG die zur **Herstellung des Gemeinschaftseigentums erforderlichen Maßnahmen** zu ergreifen. Er hat zunächst darauf hinzuwirken, dass sämtliche Erwerber den Insolvenzverwalter zur Ausübung seines Erfüllungswahlrechts auffordern. Der Verwalter hat sodann den vorhandenen Bautenstand und die zu erwartenden Fertigstellungskosten zu ermitteln sowie einen Beschluss über die Fertigstellung herbeizuführen. Dabei hat er zu prüfen, wer Mitglied der Gemeinschaft der Wohnungseigentümer ist; denn nur die Mitglieder der Wohnungseigentümergemeinschaft sind entscheidungsbefugt und zur Beteiligung an den Fertigstellungskosten verpflichtet.[21]

24 Beschließt die Gemeinschaft der Wohnungseigentümer mehrheitlich die Fertigstellung, hat der Verwalter diesen Beschluss durchzuführen. Er hat hierfür Angebote einzuholen, Verträge zu schließen und die ausführenden Unternehmen zu überwachen.

---

17 *Hügel/Elzer* WEG § 8 Rn. 68 ff.; § 9 a Rn. 8.
18 *Ott* NZM 2003, 134.
19 *Ott* NZM 2003, 134; Bärmann/*Merle* WEG § 22 Rn. 398.
20 *Hügel/Elzer* WEG § 22 Rn. 138.
21 *Ott* NZM 2003, 134.

V. Die Verteilung der Fertigstellungskosten

Die **Kosten** der vollständigen und mangelfreien Erstherstellung des Gemeinschaftseigentums sind Kosten der   25
Erhaltung (Instandhaltung und Instandsetzung) iSv § 16 Abs. 2 WEG und auf die (werdenden) Wohnungseigentümer nach Maßgabe des geltenden Kostenverteilungsschlüssel zu verteilen.[22]

1. Kostenbeteiligung des Bauträgers bzw. des Insolvenzverwalters. Die Kostenverteilung hat dabei hin-   26
sichtlich der noch nicht veräußerten Wohneigentumseinheiten **unter Einbeziehung** des Bauträgers bzw. dessen Insolvenzverwalters zu erfolgen, denn ohne einen entsprechenden Beschluss, der die Kosten auch auf den
teilenden Eigentümer umlegt, können gegen diesen keine Ansprüche der Wohnungseigentümer verfolgt und
durchgesetzt werden.[23]

Die Kosten für die Fertigstellung des Sondereigentums hat hingegen jeder (werdende) Wohnungseigentümer
selbst zu tragen.

2. Unterschiedliche Zahlungshöhen und Überzahlung an den Bauträger. Die einzelnen Erwerber haben   27
nicht selten Zahlungen in unterschiedlicher Höhe an den Bauträger geleistet. Es stellt sich daher die Frage, ob
die von dem einzelnen Erwerber im Vergleich zu anderen Erwerbern geleisteten **Überzahlungen** bei der anteiligen Kostentragung zu berücksichtigen sind und der auf diesen Erwerber entfallende Anteil an den aufzuwendenden Fertigstellungskosten unter Anrechnung geleisteter „Überzahlungen" entsprechend anzupassen ist.

Teilweise wird in Rechtsprechung und Literatur[24] vertreten, dass bei der Verteilung der Fertigstellungskosten   28
zu berücksichtigen sei, inwieweit die einzelnen Wohnungseigentümer ihre nach den Kaufverträgen geschuldeten Zahlungen bereits geleistet haben. So sei insbesondere zu berücksichtigen, dass nach § 18 Abs. 2 Nr. 1
WEG lediglich Maßnahmen verlangt werden können, die dem Interesse der Gesamtheit der Wohnungseigentümer nach billigem Ermessen entsprechen. Es sei daher im Allgemeinen unzumutbar, einen Wohnungseigentümer, der den Kaufpreis für die Eigentumswohnung schon voll an den Bauunternehmer gezahlt hat, in gleicher
Weise entsprechend seinem Anteil zum Tragen von weiteren Kosten heranzuziehen wie einen anderen Wohnungseigentümer, der vielleicht erst die Hälfte des Kaufpreises erbracht hat.[25]

Demgegenüber lässt eine überwiegende Auffassung zutreffend etwaig geleistete „Überzahlungen" bei der Ver-   29
teilung der Fertigstellungskosten unberücksichtigt.[26] Danach hat eine Anrechnung auf die anteiligen noch aufzuwendenden Fertigstellungskosten deshalb nicht zu erfolgen, weil die „Überzahlung" ihren Grund im jeweiligen Erwerbsvertrag hat und dort auszugleichen ist. Das **Insolvenzrisiko** des Bauträgers hat im Innenverhältnis
jeder (werdende) Wohnungseigentümer selbst zu tragen. Eine gesetzliche Grundlage, dieses Risiko im Rahmen der Kostenverteilung zu vergemeinschaften, besteht nicht.[27] Der jeweilige Erwerber muss sich insoweit
an den Bauträger bzw. den Insolvenzverwalter wenden. Im Übrigen wäre eine Berücksichtigung der individuell durch die einzelnen Erwerber geleisteten Zahlungen wenig praktikabel, da es dem Verwalter regelmäßig
weder möglich sein wird, sämtliche Bauträgerverträge auf die darin vereinbarten Zahlungsmodalitäten zu
überprüfen noch festzustellen, inwieweit die geleisteten Überzahlungen tatsächlich dem Bau zugeflossen sind,
was von dem jeweiligen Erwerber im Streitfall zu beweisen wäre.[28] Zudem müsste der Verwalter klären, ob
die Überzahlungen tatsächlich in den Bau eingegangen sind.

Demnach sind innerhalb der (werdenden) Gemeinschaft die Kosten für die Restfertigstellung auf sämtliche
(werdenden) Eigentümer nach dem **geltenden Kostenverteilungsschlüssel** umzulegen.

3. Mehrhausanlagen. Die vorstehenden Ausführungen gelten auch für die Herstellung von Mehrhausanla-   30
gen, so dass grundsätzlich jeder (werdende) Wohnungseigentümer gem. §§ 19 Abs. 1, 18 Abs. 2 Nr. 1 WEG

---

22 OLG Frankfurt a.M. 15.11.1993 – 20 W 208/92, IBRRS 2007, 1655; BeckOK WEG/*Elzer* § 22 Rn. 348.

23 *Hügel/Elzer* WEG § 22 Rn. 139; *Ott* NZM 2003, 134; BeckOGK/*Karkmann* WEG § 22 Rn. 211; BayObLG
    24.2.2000 – 2 Z BR 173/99, ZWE 2000, 214.

24 OLG Karlsruhe 8.3.1979 – 11 W 98/78, NJW 1981, 466; Bärmann/*Merle* WEG § 22 Rn. 402; MüKo-BGB/*Engel-
    hardt* WEG § 22 Rn. 90.

25 OLG Karlsruhe 8.3.1979 – 11 W 98/78, NJW 1981, 466.

26 OLG Frankfurt a.M. 15.11.1993 – 20 W 208/92, IBRRS 2007, 1655; LG Bonn 2.7.1984 – 5 T 46/84, ZMR 1985,
    63; *Ott* NZM 2003, 134; BeckOK WEG/*Elzer* WEG § 22 Rn. 348; BeckOGK/*Karkmann* WEG § 22 Rn. 211.

27 *Ott* NZM 2003, 134; BeckOK WEG/*Elzer* WEG § 22 Rn. 348; BeckOGK/*Karkmann* WEG § 22 Rn. 211.

28 *Ott* NZM 2003, 134.

verpflichtet ist, an der Fertigstellung des Gemeinschaftseigentums mitzuwirken. Die Fertigstellungskosten sind auch in diesem Fall nach dem geltenden Kostenverteilungsschlüssel ohne Berücksichtigung individuell bereits geleisteter Zahlungen auf die (werdenden) Wohnungseigentümer umzulegen. Soweit in der Teilungserklärung/Gemeinschaftsordnung eine von § 16 Abs. 2 WEG abweichende Regelung getroffen wurde, die eine wirtschaftliche Trennung für bestimmte Gebäude vorsieht, so sind die Kosten für die Herstellung eines noch nicht errichteten Gebäudes ausschließlich von den Erwerbern zu tragen, die hierin eine Wohneigentumseinheit erworben haben.[29]

VI. Inanspruchnahme von Bürgschaften

31 Soweit die Bauträgerverträge der einzelnen Erwerber anstelle der Sicherungsmechanismen des § 3 MaBV (Zahlung nach Baufortschritt) die Vorauszahlung der gesamten Vergütung gegen Stellung einer **Bürgschaft** nach § 7 Abs. 1, § 2 Abs. 1 MaBV vorsehen, können die einzelnen Erwerber im Falle des steckengebliebenen Baus den jeweiligen Bürgen in Anspruch nehmen. Dabei kann der jeweilige Erwerber insbesondere Aufwendungen für die vollständige und mangelfreie Fertigstellung des Bauvorhabens sowie Schadensersatz wegen Nichterfüllung ersetzt verlangen, wobei im Einzelfall stets auf den konkreten Umfang der Sicherungsabrede im Bauträgervertrag abzustellen ist.[30]

204. Steuerberatung

Hofele

I. Überblick

1 Nach bisherigem Recht ergab sich Verpflichtung des Verwalters, Beschlüsse der Eigentümer umzusetzen, unmittelbar aus § 27 Abs. 1 Nr. 1 WEG aF. Nunmehr ist der Verwalter gem. § 27 Abs. 1 WEG nur noch berechtigt und verpflichtet gegenüber der Gemeinschaft der Wohnungseigentümer, die Maßnahmen ordnungsmäßiger Verwaltung zu treffen, die untergeordnete Bedeutung haben und nicht zu erheblichen Verpflichtungen führen oder die zur Wahrung einer Frist oder zur Abwendung eines Nachteils erforderlich sind. Auch wenn § 27 WEG durch die Reform 2020[1] keinen abschließenden Katalog von Aufgaben und Befugnisse mehr enthält, ändert dies an seiner Stellung im Hinblick auf die **steuerlichen Pflichten** nichts. Denn bei den Regelungen in § 27 WEG geht es allein um die Entscheidungsbefugnisse und Handlungspflichten im Innenverhältnis. Die Vertretungsmacht des Verwalters wird abschließend durch § 9 b WEG geregelt. Der Verwalter als Ausführungs- und Vertretungsorgan setzt die Entscheidungen der Wohnungseigentümer um, die diese nach § 19 WEG durch die Beschlussfassung treffen.[2] Die Verpflichtungen des Verwalters ergeben sich nunmehr allgemein aus seiner Stellung (§§ 9 b, 19 WEG). Daher ist er als **Vermögensverwalter** iSd § 35 AO bzw. jedenfalls § 34 AO anzusehen[3] und hat steuerlichen Pflichten der Gemeinschaft der Wohnungseigentümer – soweit solche bestehen – zu erfüllen.

2 Allerdings darf Hilfeleistung in Steuersachen geschäftsmäßig nur von Personen und Vereinigungen ausgeübt werden, die hierzu befugt sind. Dies gilt ohne Unterschied für hauptberufliche, nebenberufliche, entgeltliche oder unentgeltliche Tätigkeit (§ 2 StBerG). Der Verwalter hat als Verwahrer und Verwalter fremden oder zu

---

29 *Ott* NZM 2003, 134.

30 BGH 18.6.2002 – XI ZR 359/01, NJW 2002, 2563; *Ott* NZM 2003, 134.

1 Gesetz zur Förderung der Elektromobilität und zur Modernisierung des Wohnungseigentumsgesetzes und zur Änderung von kosten- und grundbuchrechtlichen Vorschriften (Wohnungseigentumsmodernisierungsgesetz – WEMoG vom 16.10.2020, BGBl. 2020 I 2187.

2 Vgl. BT-Drs. 19/18791, 58, 75.

3 BFH 20.9.2018 – IV R 6/16, NJW 2019, 387 Rn. 43.

treuen Händen oder zu Sicherungszwecken übereigneten Vermögens allerdings die Befugnis zur beschränkten Hilfeleistung in Steuersachen (§ 4 Nr. 4 StBerG). Diese reicht aber nur, **soweit er hinsichtlich dieses Vermögens** Hilfe in Steuersachen leistet.

Für den Verwalter stellt sich daher die Frage, ob er steuerrechtliche Sachverhalte überhaupt **beraten** bzw. 3
Steuererklärungen abgeben darf, selbst wenn er die nötigen Kenntnisse hat.

II. Verwaltung des Gemeinschaftseigentums

1. Einkommensteuer. Die Gemeinschaft der Wohnungseigentümer ist einkommensteuerlich unbeachtlich. 4
Sie ist **nicht Steuersubjekt**, sondern nur „Steuerermittlungsobjekt". Die Einkünfte werden stets auf der Ebene
der Gemeinschaft der Wohnungseigentümer „gesondert und einheitlich" **ermittelt**, zu versteuern haben sie
aber die Eigentümer (im Einzelnen → *Steuerrecht – Gemeinschaft der Wohnungseigentümer* Rn. 8 ff. und
→ *Steuerrecht – Wohnungseigentümer* Rn. 2 ff. und 11 ff.).

Sind Einkünfte einheitlich und gesondert festzustellen (§ 180 Abs. 1 S. 1 Nr. 2 Buchst. a AO), ist jeder Fest- 5
stellungsbeteiligte **erklärungspflichtig**, dem ein Anteil an den einkommensteuerpflichtigen oder körperschaft-
steuerpflichtigen Einkünften zuzurechnen ist (§ 181 Abs. 2 S. 2 Nr. 1 AO); daneben sind aber auch die in § 34
AO bezeichneten Personen verpflichtet, eine Feststellungserklärung abzugeben (§ 181 Abs. 2 S. 2 Nr. 4 AO).
Nach § 34 Abs. 1 S. 1 AO haben die gesetzlichen Vertreter natürlicher und juristischer Personen und die Geschäftsführer von nicht rechtsfähigen Personenvereinigungen und Vermögensmassen deren steuerliche Pflichten zu erfüllen.

Erzielt die Gemeinschaft der Wohnungseigentümer Einkünfte, erfüllt der Verwalter mit der Abgabe einer Fest- 6
stellungserklärung keine fremde, sondern als **Organ** der Gemeinschaft der Wohnungseigentümer eine eigene
Erklärungspflicht,[4] (→ *Steuerrecht – Verwaltung* Rn. 12 ff.). Er verstößt daher nicht gegen § 2 S. 1 StBerG,
weil die Erledigung eigener Steuerangelegenheiten keine Hilfeleistung in Steuersachen darstellt.[5]

Unproblematisch sind auch die steuerlichen Pflichten im Zusammenhang mit den **Kapitaleinkünften** aus der 7
Erhaltungsrücklage oder Anlagekonten.

2. Umsatzsteuer. Umsatzsteuerrechtlich werden gem. § 4 Nr. 13 UStG bestimmte Leistungen der Gemein- 8
schaft der Wohnungseigentümer gegenüber den Eigentümern steuerfrei gestellt. Allerdings kann die Gemeinschaft der Wohnungseigentümer auf diese **Steuerbefreiung** verzichten (→ *Umsatzsteuer* Rn. 50 ff.).

Hat die Gemeinschaft der Wohnungseigentümer zur Umsatzsteuer optiert, ist der Verwalter zur Abgabe der 9
Umsatzsteuervoranmeldungen bzw. der Erklärungen für die Gemeinschaft der Wohnungseigentümer befugt.
Denn er hat den entsprechenden Beschluss umzusetzen (→ Rn 1). Außerdem erfüllt er ebenso wie bei einer
Feststellungserklärung (→ Rn. 5 f.) als Organ der Gemeinschaft der Wohnungseigentümer eine eigene Erklä-
rungspflicht.

Anders ist dies mE für die **Vorfrage**, ob die Gemeinschaft der Wohnungseigentümer die Option ausüben soll. 10
Der Verwalter kann von sich aus eine solche Option für die Wohnungseigentümer nicht abgeben. Schon nach
bisherigem Recht gehörte dies nicht zu den in § 27 Abs. 1 Nr. 1 WEG aF genannten Aufgaben und Befugnissen.[6] Da nach jetzigem Recht der Verwalter Maßnahmen von untergeordnete Bedeutung bzw. zur Fristwah-
rung treffen darf, hat er nunmehr erst Recht keine gesetzliche Befugnis mehr, die Frage zu prüfen, ob eine
Option erfolgen kann. Dies ist nicht von § 4 Nr. 4 StBerG gedeckt.[7] Bei einem – rechtsgeschäftlich bestellten –
Hausverwalter ist die zulässige Hilfeleistung „hinsichtlich des Vermögens" überschritten, wenn es um die Erstellung oder gar Abgabe der vollständigen Erklärung zur gesonderten und einheitlichen Feststellung der Besteuerungsgrundlagen oder der Umsatzsteuererklärung geht. Da sich diese Erklärungen nicht allein auf das
Grundstück beziehen, sondern auch die persönlichen Verhältnisse des Erklärungspflichtigen und dessen weitere Tätigkeiten umfassend berücksichtigen müssen, fehlt ein ausreichender sachlicher Zusammenhang mit der

---

4 BFH 20.9.2018 – IV R 6/16, NJW 2019, 387 Rn. 43.
5 BFH 8.10.2010 – II B 111/10, BeckRS 2010, 25016612 Rn. 16 mwN.
6 BayObLG 13.6.1996 – 2Z BR 28/96, NJW-RR 1997, 79 unter II 2. a. (2).
7 Soweit ersichtlich, war das zum alten Recht noch nicht entschieden; ME nicht erörtert von OLG Hamm 12.5.1992 –
   15 W 33/92, NJW-RR 1992, 1232.

Verwaltung des Mietwohngrundstücks und dessen Einkünften.[8] Für den Wohnungseigentums-Verwalter kann für die Frage der „Hilfeleistung" für andere als seine gesetzlichen Pflichten, die er als Organ zu erfüllen hat, nichts anderes gelten. Auch wenn er – anderes als der rechtsgeschäftlich bestellte Hausverwalter – Organ der Gemeinschaft der Wohnungseigentümer ist, muss er für die Frage, ob eine Option zulässig ist, auch die rechtlichen Verhältnisse derjenigen Eigentümers, denen gegenüber die Option erklärt werden soll, umfassend prüfen. Dies stellt mE daher keine „Vorarbeit" mehr dar.

11 **3. Grundsteuer.** Die Grundsteuer wird direkt **nur auf** das jeweilige **Sondereigentum** erhoben, da jedes Wohnungseigentum und Teileigentum eine wirtschaftliche Einheit bildet (vgl. § 93 BewG). Steuerschuldner und Adressat des Grundsteuerbescheids ist der einzelne Wohnungseigentümer. Hieran wird sich auch durch die Reform der Grundsteuer[9] nichts ändern (→ *Steuerrecht – Wohnungseigentümer* Rn. 83 ff.).

12 Ist ein Grundsteuerbescheid an den Verwalter gerichtet, kommt es für die Feststellung, gegen wen sich ein Abgabenbescheid richtet, nicht darauf an, wer im Adressfeld benannt ist. Maßgeblich ist, wer von dem Bescheid dem Inhalt nach betroffen ist (sog. Inhaltsadressat). Für die wirksame Zustellung ist dem **Bestimmtheitserfordernis** genügt, wenn der Inhaltsadressat durch Auslegung ermittelt werden kann; dabei können vorhergehende Bescheide und beigefügte Unterlagen zur Auslegung herangezogen werden. Bei der Auslegung ist auf den Empfängerhorizont abzustellen. Mithin muss der Verwalter als Zustellempfänger den Bescheid an den „Inhaltsadressaten", also den Eigentümer weiterleiten, er hat aber mangels eigener Betroffenheit keine Klagebefugnis.[10] Der Einspruch oder Klage wäre mE auch nicht von § 4 Nr. 4 StBerG gedeckt.

III. Verwaltung von Sondereigentum

13 Die Verwaltung von Sondereigentum erfolgt auf rechtsgeschäftlicher Grundlage. Daher ist hier eine Hilfeleistung in Steuersachen überhaupt nur im Rahmen von § 4 Nr. 4 StBerG denkbar. Diese reicht aber nur, **soweit der Verwalter hinsichtlich dieses Vermögens** Hilfe in Steuersachen leistet und ist daher weitgehend eingeschränkt.

14 Ein rechtsgeschäftlich bestellter Hausverwalter darf den aus dem Mietwohngrundstück erzielten Überschuss ermitteln, über **Abschreibungsmöglichkeiten** beraten und die entsprechende Anlage zur Einkommensteuererklärung ausfüllen. Entsprechende – auf die Einkünfte bzw. Umsätze aus dem Mietwohngrundstück beschränkte – Vorarbeiten sind darüber hinaus auch im Rahmen einer Erklärung über die gesonderte und einheitliche Feststellung der Besteuerungsgrundlagen sowie im Rahmen von Umsatzsteuererklärungen zulässig.[11]

15 Überschreitet er seine Befugnis, kann er nicht wirksam handeln: Nach § 80 Abs. 7 AO muss das Finanzamt einen Bevollmächtigten, der geschäftsmäßig Hilfe in Steuersachen leistet, ohne dazu befugt zu sein, mit Wirkung für alle anhängigen und künftigen **Verwaltungsverfahren** des Vollmachtgebers im Zuständigkeitsbereich der Finanzbehörde zurückzuweisen. Die Zurückweisung ist dem Vollmachtgeber und dem Bevollmächtigten bekannt zu geben. Die Finanzbehörde ist befugt, andere Finanzbehörden über die Zurückweisung des Bevollmächtigten zu unterrichten.

205. Steuerrecht – Gemeinschaft der Wohnungseigentümer

Hofele

---

8 BFH 10.3.2015 – VII R 12/14 Rn. 13, BeckRS 2015, 94755.
9 Die Neuregelungen gelten ab 1.1.2025, vgl. Art. 18 Abs. 3 des Gesetzes zur Reform des Grundsteuer- und Bewertungsrechts (Grundsteuer-Reformgesetz – GrStRefG) vom 26.11.2019, BGBl. 2019 I, 1794.
10 OVG Magdeburg 16.2.2009 – 4 L 344/08, NVwZ-RR 2009, 577.
11 BFH 10.3.2015 – VII R 12/14 Rn. 11, BeckRS 2015, 94755.

I. Überblick

Es gibt kein spezielles Steuerrecht für die Gemeinschaft der Wohnungseigentümer, ebenso wenig wie für die Eigentümer. Soweit steuerliche Sachverhalte angesprochen sind, werden diese nach den **allgemeinen Regeln** des Steuerrechts beurteilt. Im Rahmen der Betrachtung der Gemeinschaft der Wohnungseigentümer sind vornehmlich folgende Steuerarten relevant: 1

- Umsatzsteuer
- Einkommensteuer
- Gewerbesteuer
- Grundsteuer

Sachverhalte werden im Steuerrecht zum Teil abweichend zum Zivilrecht behandelt, so gilt im Steuerrecht – abhängig von der Steuerart – oft eine sog. **wirtschaftliche Betrachtungsweise**. Das Steuerrecht hat auch eigene Begrifflichkeiten. 2

Das zeigt sich am Begriff „**Grundstück**": Es gibt keinen einheitlichen steuerlichen Begriff des Grundstücks. 3 Auch wenn oft an den zivilrechtlichen Grundstücksbegriff angeknüpft wird, gelten viele Besonderheiten. So gilt zB die Definition des „Grundstückes" in § 2 GrEStG ausdrücklich nur für „Grundstücke im Sinne dieses Gesetzes". Insbesondere kann das „Grundstück" im steuerlichen Sinn aus mehreren selbstständigen Wirtschaftsgütern bestehen. Da der (bebaute) Grund und Boden im Gegensatz zu einem Gebäude keiner **Abschreibung** unterliegt, erfolgt im Fall eines bebauten Grundstücks eine Aufteilung in Grund und Boden und Gebäude. Davon sind auch zB die Außenanlagen abzugrenzen. Innerhalb des Gebäudes kann im Steuerrecht eine Unterscheidung zwischen selbstständigen und unselbstständigen Gebäudebestandteilen erfolgen.

Das Steuerrecht spricht meist vom **Wirtschaftsgut**, das Zivil- und vor allem Bilanzrecht dagegen vom **Vermögensgegenstand**. Der in den §§ 4 ff. EStG verwendete Begriff des Wirtschaftsguts entspricht dem handelsrechtlichen Begriff des Vermögensgegenstandes.[1] Allerdings ist der Begriff des „Wirtschaftsgutes" nicht stets deckungsgleich mit dem der zivilrechtlichen „Sache". Nach § 39 AO Abs. 1 sind „Wirtschaftsgüter" grundsätzlich dem (zivilrechtlichen) Eigentümer zuzurechnen – anderseits kommt es nach § 39 Abs. 2 AO auch auf die „tatsächliche Herrschaft" an. 4

In Bezug auf Grundstücke können daher sowohl der Grund und Boden, das Gebäude bzw. die Gebäudeteile sowie die selbstständigen Gebäudebestandteile Zurechnungsgegenstand sein. Das Steuerrecht hat daher keine Probleme mit „Gebäuden auf fremdem Grund und Boden", bei denen nur der Erbauer des Gebäudes zur AfA berechtigt ist oder mit einer **abweichenden Zuordnung** von Gebäudeteilen oder Scheinbestandteilen. Auch Betriebsvorrichtungen (vgl. § 68 Abs. 2 Nr. 2 BewG) können unabhängig vom zivilrechtlichen Eigentum behandelt werden (vgl. § 7 Abs. 1, 2 EStG, R 7.1 EStH 2018). Aus gewerbesteuerlichen Gründen werden in Geschäftsraummietverträgen in bestimmten Konstellationen zB besondere Regelungen über Betriebsvorrichtungen vereinbart. 5

II. Umsatzsteuer

→ *Umsatzsteuer* Rn. 21 ff. 6

---

1 BFH 26.10.1987 – GrS 2/86 BStBl. 1988 II 348 unter C I 1 a.

III. Einkommensteuer

7   Die Gemeinschaft der Wohnungseigentümer ist **einkommensteuerlich unbeachtlich**. Dabei kommt es nicht darauf an, ob die Gemeinschaft der Wohnungseigentümer „nur" das Gemeinschaftseigentum verwaltet (vgl. § 10 Abs. 6 WEG, diese soll hier als „nichtunternehmerisch" bezeichnet werden, auch wenn sie umsatzsteuerrechtlich Unternehmer ist, dazu → *Umsatzsteuer* Rn. 21 ff.) oder sie daneben auch als Vehikel für unternehmerische Tätigkeiten dient (dieser Fall soll als „nach außen unternehmerisch tätig" bezeichnet werden). In jedem Fall ist die Gemeinschaft der Wohnungseigentümer nicht Steuersubjekt, sie ist nur „Steuerermittlungsobjekt".

8   **1. Verfahren: Einheitliche und gesonderte Feststellung.** Einkünfte der Gemeinschaft der Wohnungseigentümer werden stets auf dieser Ebene ermittelt. Zu versteuern haben sie aber die Eigentümer.

9   **a) Feststellungserklärung und -bescheid.** Die Besteuerungsgrundlagen – die gemeinschaftlichen Einkünfte – fallen bei der Gemeinschaft der Wohnungseigentümer an. Steuerschuldner sind aber die Eigentümer. Gem. §§ 179, 180 Abs. 1 Nr. 2 a AO werden Einkünfte „*gesondert festgestellt, wenn an den Einkünften mehrere Personen beteiligt sind und die Einkünfte diesen Personen steuerlich zuzurechnen sind.*" Einkünfte, an denen iSv § 180 Abs. 1 Nr. 2 lit. a AO Mehrere beteiligt sind, liegen – unter weiteren Voraussetzungen – dann vor, wenn mehrere Personen „gemeinsam" den Tatbestand der **Einkünfteerzielung** verwirklichen.[2] Das ist bei den Eigentümern im Rahmen der Gemeinschaft der Wohnungseigentümer der Fall.[3]

10 Nach § 180 Abs. 3 S. 1 Nr. 1 AO kann eine einheitliche und gesonderte Feststellung unterbleiben, wenn „es sich um einen Fall von geringer Bedeutung handelt, insbesondere weil die Höhe des festgestellten Betrags und die Aufteilung feststehen". Dies ist bei den Einkünften aus Kapitalvermögen der Fall, so dass die Finanzverwaltung hier ein **vereinfachtes Verfahren** zulässt (→ *Kapitaleinkünfte* Rn. 24). Diese Besteuerungsgrundlage werden allen Eigentümern gegenüber „einheitlich" festgestellt: Es gibt **eine Gewinn- bzw. Überschussermittlung**, die für alle Eigentümer bindend ist. Auf dieser Grundlage muss die Gemeinschaft der Wohnungseigentümer die entsprechende Erklärung „über die gesonderte und einheitliche Feststellung von Besteuerungsgrundlagen" (Feststellungserklärung) abgeben. Darin sind der Gewinn- bzw. Überschuss und dessen Verteilung auf die Beteiligten sowie die Angaben zu den Beteiligten zu erklären.

11 **Erklärungspflichtig** ist grundsätzlich jeder Eigentümer (§ 181 Abs. 2 S. 2 Nr. 1 AO). Daher muss sich auch grundsätzlich jeder Eigentümer darum kümmern. Allerdings ist auch der **Vertreter** oder Verfügungsberechtigter nach §§ 34, 35 AO erklärungspflichtig. Der Verwalter ist ein solcher Vertreter. Er erfüllt mit der Abgabe einer Feststellungserklärung keine fremde, sondern als Organ der Gemeinschaft der Wohnungseigentümergemeinschaft eine eigene Erklärungspflicht;[4] (→ *Steuerrecht – Verwaltung* Rn. 9 ff.). Die Abgabe der Erklärung durch einen Beteiligten oder den Vertreter befreit auch die übrigen Beteiligten (§ 181 Abs. 2 S. 3 AO).

12 Die **örtliche Zuständigkeit** richtet sich nach der Einkunftsart (vgl. § 18 AO). Bei der Gemeinschaft der Wohnungseigentümer dürfte in der Regel das Finanzamt zuständig sein, in dessen Bezirk das Grundstück liegt (nicht: Sitz des Verwalters). Dies ergibt sich nunmehr aus §§ 9 a, 43 WEG.[5]

13 Bei einer Personengesellschaft ist der Bescheid über die gesonderte und einheitliche Feststellung (Feststellungsbescheid) ist nicht an die Personengesellschaft selbst, sondern grundsätzlich an alle Gesellschafter als Inhaltsadressaten zu richten. Für die Gemeinschaft der Wohnungseigentümer gilt nichts anderes. Es genügt idR, wenn im **Rubrum des Bescheides** die Personenmehrheit als solche bezeichnet wird (Sammelbezeichnung) und sich alle Beteiligten eindeutig als Betroffene (Inhaltsadressaten) aus dem für die Verteilung der Besteuerungsgrundlagen vorgesehenen Teil des Bescheids ergeben.[6]

14 Richtet sich ein **Feststellungsbescheid** gegen mehrere Feststellungsbeteiligte, sollen sie gem. § 183 Abs. 1 AO einen gemeinsamen Empfangsbevollmächtigten bestellen, der ermächtigt ist, für sie alle Verwaltungsakte

---

2   BFH 21.1.2014 – IX R 9/13, BStBl. 2016 II 515.
3   BFH 20.9.2018 – IV R 6/16, NJW 2019, 387.
4   BFH 20.9.2018 – IV R 6/16, NJW 2019, 387 Rn. 43.
5   § 9 a WEG eingefügt, § 43 WEG geändert durch das Gesetz zur Förderung der Elektromobilität und zur Modernisierung des Wohnungseigentumsgesetzes und zur Änderung von kosten- und grundbuchrechtlichen Vorschriften (Wohnungseigentumsmodernisierungsgesetz – WEMoG vom 16.10.2020, BGBl. 2020 I 2187.
6   BFH 7.4.1987 – VIII R 259/84, BStBl. II 766 für eine Personengesellschaft, vgl. auch AEAO zu § 122 2.5.1.

Hofele

und Mitteilungen in Empfang zu nehmen, die mit dem Feststellungsverfahren und dem anschließenden Verfahren über einen Einspruch zusammenhängen. Dies kann – muss aber nicht – der Verwalter sein.

b) Einkommensteuererklärung der Eigentümer. Der Feststellungsbescheid ist Grundlagenbescheid (§ 171 15
Abs. 10 AO) für die Einkommensteuererklärungen der Eigentümer. Diese Feststellungen werden vom „Betriebsstättenfinanzamt" (also dem Finanzamt, das den Feststellungsbescheid erlässt) direkt an die **Wohnsitzfinanzämter** der Eigentümer übermittelt. Der Grundlagenbescheid hat für den Folgebescheid Bindungswirkung, auch wenn er noch nicht unanfechtbar ist (§ 182 Abs. 1 AO).

Enthält der Grundlagenbescheid Fehler, muss er angefochten werden. Ist zB die Beteiligungsquote oder der anteilige Gewinn bzw. Überschuss falsch festgestellt, werden diese Feststellungen den persönlichen Einkommensteuererklärungen der Eigentümer zugrunde gelegt. Die Feststellung ist auch dann **bindend**, wenn sie unrichtig und damit rechtswidrig ist.[7]

Stellt ein Eigentümer erst im Rahmen seiner persönlichen Veranlagung fest, dass seine Einkünfte „aus der Gemeinschaft der Wohnungseigentümer" falsch festgestellt sind, kann er dies **nicht** in einem Einspruch gegen 16
seinen persönlichen Einkommensteuerbescheid geltend machen. Ist der Feststellungsbescheid bestandskräftig, ist der Eigentümer daran gebunden. Einzelheiten enthält auch die „Verordnung über die gesonderte Feststellung von Besteuerungsgrundlagen nach § 180 Abs. 2 der Abgabenordnung vom 19.12.1986,[8] die zuletzt durch Art. 4 der Verordnung vom 18.7.2016[9] geändert worden ist"".[10]

2. Die „nichtunternehmerische" Gemeinschaft der Wohnungseigentümer. Berührungspunkte zum Einkommensteuerrecht sind Kapitaleinkünfte (insbes. aus der Erhaltungsrücklage), haushaltsnahe Beschäftigungsverhältnisse und Dienstleistungen sowie die Behandlung von Bauleistungen. 17

a) Kapitaleinkünfte. Die **Erhaltungsrücklage**, die die Gemeinschaft der Wohnungseigentümer anlegt, steht 18
den Eigentümern zu. Zinsen, die die Erhaltungsrücklage abwirft, werden ebenfalls den einzelnen Eigentümern zugerechnet. Sie gehören bei den Eigentümern zu den Einkünften aus Kapitalvermögen.[11]

Die Zinseinkünfte werden gem. § 180 Abs. 2 AO gesondert und einheitlich ermittelt und festgestellt. Allerdings muss dies nicht erfolgen, wenn es sich um einen Fall von geringer Bedeutung handelt, insbesondere weil 19
die Höhe des festgestellten Betrags und die Aufteilung feststehen. Das zuständige Finanzamt kann durch **Bescheid** feststellen, dass eine gesonderte Feststellung nicht durchzuführen ist. Der Bescheid gilt als Steuerbescheid (§ 180 Abs. 3 S. 1 Nr. 2, S. 2 und 3 AO).

Bei „nicht der Körperschaftsteuer unterliegenden Zusammenschlüssen" lässt es die **Finanzverwaltung** ausreichen, dass der Geschäftsführer bzw. Vermögensverwalter (Kontoinhaber) die anteiligen Einnahmen aus Kapi- 20
talvermögen auf die Mitglieder oder Gesellschafter aufteilt und sie den Beteiligten mitteilt. Die Anrechnung der Kapitalertragsteuer bei den einzelnen Beteiligten ist nur zulässig, wenn neben der Mitteilung des Geschäftsführers bzw. Vermögensverwalters über die Aufteilung der Einnahmen und der Kapitalertragsteuer eine Ablichtung der Steuerbescheinigung des Kreditinstituts vorgelegt wird. Daher reicht die in der Praxis übliche Übersendung der Kopie der Steuerbescheinigung mit der entsprechenden Mitteilung des Verwalters. Allerdings kann sich die Gemeinschaft der Wohnungseigentümer nicht vom Steuerabzug befreien lassen.[12]

Eher selten dürfte der Fall sein, dass eine Gemeinschaft der Wohnungseigentümer **mehrere** echte Anlagekonten hat. Ist dies der Fall, ist im Hinblick auf die **Abgeltungssteuer** (§§ 20, 32 d Abs. 2, § 52 a Abs. 1 EStG) 21
eine getrennte Verlustverrechnung (je Konto oder Depot) vorzunehmen, unabhängig davon, ob der Treugeber bekannt ist und weitere Konten und Depots beim Kreditinstitut führt oder ob er dem Institut nicht bekannt ist.[13]

b) Haushaltsnahe Beschäftigungsverhältnisse und Leistungen (§ 35 a EStG). Beschäftigt die Gemeinschaft der Wohnungseigentümer – etwa für Hausmeistertätigkeiten oÄ – Personen, kann nur der einzelne Ei- 22

---

7   BFH 24.3.1998 – I R 83/97 BStBl 1998 II 601.
8   BGBl. I 2663.
9   BGBl. I 1722.
10   V zu § 180 Abs. 2 AO.
11   Vgl. R 21.2 EStH 2018.
12   BMF 18.1.2016 – IV C 1-S 2252/08/10004:017, konsolidierte Fassung BStBl 2016 I 85 Rn. 290, 296.
13   OFD Frankfurt a. M. 16.4.2018 – S 2252 A-104-St 219 Rn. 222.

gentümer die **Steuerermäßigung** nach § 35 a EstG geltend machen. Die Gemeinschaft der Wohnungseigentümer kann nicht am Haushaltsscheckverfahren teilnehmen.[14]

23 c) **Steuerabzug bei Bauleistungen (§ 48 EStG).** Erhält die Gemeinschaft der Wohnungseigentümer **Bauleistungen für das Gemeinschaftseigentum**, ist sie als Leistungsempfänger zur Durchführung des Steuerabzugs nach § 48 EStG verpflichtet. Die Gemeinschaft der Wohnungseigentümer ist Unternehmerin iSd § 2 UStG, denn sie erbringt Leistungen gegenüber den Eigentümern (im Einzelnen → *Umsatzsteuer* Rn. 21 ff.).

24 Bei **Bauleistungen für das Sondereigentum** ist der jeweilige Sondereigentümer als Leistungsempfänger zur Durchführung des Steuerabzugs verpflichtet, sofern er die Voraussetzungen des § 48 Abs. 1 EStG erfüllt. Bei Bauleistungen für das Gemeinschaftseigentum ist die Gemeinschaft der Wohnungseigentümer als Leistungsempfängerin zur Durchführung des Steuerabzugs verpflichtet.[15]

25 Als Leistender gilt auch derjenige, der über eine Leistung abrechnet, ohne sie selbst erbracht zu haben (§ 48 Abs. 1 S. 4 EStG). Die Abrechnung der Gemeinschaft der Wohnungseigentümer mit den Eigentümern ist dagegen keine Abrechnung iSv § 48 Abs. 1 S. 4 EStG.[16] Die Gemeinschaft der Wohnungseigentümer kann daher grundsätzlich **nur als Leistungsempfänger** betroffen sein.

26 **3. Die „nach außen unternehmerisch" tätige Gemeinschaft der Wohnungseigentümer.** Die Gemeinschaft der Wohnungseigentümer kann auch „nach außen" unternehmerisch – und auch gewerblich – tätig werden und damit selbst Einkünfte erzielen. Allerdings ist sie auch in diesem Fall **nicht Steuersubjekt**, sondern nur „Steuerermittlungsobjekt": Die Einkünfte werden auf der Ebene der Gemeinschaft der Wohnungseigentümer gem. § 180 Abs. 2 AO „gesondert und einheitlich" ermittelt, zu versteuern haben sie aber die Eigentümer.

27 a) **Vermietung von Gemeinschaftseigentum.** In Betracht kommt die Vermietung von Kfz-Stellplätzen oder Kellerräumen, und seit einigen Jahren vor allem auch Dachflächen für Mobilfunkanlagen (→ *Antenne* Rn. 2 f.). Die Gemeinschaft der Wohnungseigentümer erzielt sog. „Überschusseinkünfte" aus **Vermietung und Verpachtung** nach §§ 2 Abs. 1 Nr. 6, Abs. 2 Nr. 2, 21 EStG. Die Einkünfte aus dieser Vermietungstätigkeit werden gem. § 180 Abs. 2 AO gesondert und einheitlich auf der Ebene der Gemeinschaft der Wohnungseigentümer festgestellt und auf die Wohnungseigentümer anteilig nach Maßgabe ihrer Miteigentumsanteile verteilt.

28 Einnahmen und Werbungskosten sind den Miteigentümern grundsätzlich nach dem Verhältnis der zivilrechtlich anzusetzenden Anteile zuzurechnen. Haben die Miteigentümer abweichende Vereinbarungen getroffen, sind diese maßgebend, wenn sie bürgerlich-rechtlich wirksam sind und hierfür wirtschaftlich vernünftige Gründe vorliegen, die **grundstücksbezogen** sind. AfA oder erhöhte Absetzungen und Sonderabschreibungen können nur demjenigen Miteigentümer zugerechnet werden, der die Anschaffungs- oder Herstellungskosten getragen hat.[17]

29 b) **Gemeinschaft der Wohnungseigentümer als Mitunternehmerschaft.** Wenn die Gemeinschaft der Wohnungseigentümer zB ein → *Blockheizkraftwerk* Rn. 1 ff betreibt, erzielt sie daraus Einkünfte aus Gewerbebetrieb gem. § 2 Abs. 1 Nr. 2, 15 Abs. 2 EStG. Sie ist in diesem Fall unmittelbar selbst als sog. Mitunternehmerschaft **Steuersubjekt**. Für die steuerlichen Belange bedarf es nicht einer neben der Gemeinschaft der Wohnungseigentümer gegründeten GbR.[18] Auch diese Einkünfte der Gemeinschaft der Wohnungseigentümer sind gem. § 180 Abs. 2 AO gesondert und einheitlich festzustellen und die Anteile auf die Wohnungseigentümer anteilig zu verteilen.

30 Die Gemeinschaft der Wohnungseigentümer erzielt in diesem Fall „Gewinneinkünfte" gem. § 2 Abs. 2 Nr. 2 EStG. Sie kann ihren Gewinn nach § 4 Abs. 3 S. 1 EStG, also durch **Einnahme-Überschussrechnung** ermitteln. Danach können Steuerpflichtige, die nicht aufgrund gesetzlicher Vorschriften verpflichtet sind, Bücher zu führen und regelmäßig Abschlüsse zu machen, und die auch keine Bücher führen und keine Abschlüsse ma-

---

14 Konkrete Einzelheiten – mit einem Muster für die Bescheinigung – finden sich im Anhang 17 zum amtlichen Einkommensteuerhandbuch Rn. 7, 11, 26, 29, 40, 47–49; https://bmf-esth.de/).
15 BMF 27.12.2002 – IV A 5-S 2272–1/02, BStBl. 2002 I 1399 ff. Rn. 20.
16 BMF 27.12.2002 – IV A 5-S 2272–1/02, BStBl. 2002 I 1399 ff. Rn. 25.
17 R 21.6 EStH.
18 Vgl. BFH 20.9.2018 – IV R 6/16, NJW 2019, 387 Rn. 31; mE ist dies aber zivilrechtlich sinnvoll, da die Gemeinschaft der Wohnungseigentümer auch nach neuem Recht nicht auf unternehmerische Tätigkeiten ausgelegt ist.

Hofele

chen, als Gewinn den Überschuss der Betriebseinnahmen über die Betriebsausgaben ansetzen. Die Gemeinschaft der Wohnungseigentümer ist eine solcher Steuerpflichtige. Mangels Kaufmannseigenschaft besteht keine Buchführungspflicht gem. § 140 AO iVm § 238 HGB.[19]

Hinweis: Diese Gewinnermittlung ist nicht zu verwechseln mit der Ermittlung des Überschusses bei der Vermietung und Verpachtung.

c) Betriebsaufspaltung bei der Gemeinschaft der Wohnungseigentümer. Die Gemeinschaft der Wohnungseigentümer kann auch – gewollt oder ungewollt – gewerbliche Einkünfte im Rahmen einer Betriebsaufspaltung erzielen. Mit diesem Konstrukt kann zB aus Haftungsgründen ein einheitliches Unternehmen gezielt aufgespalten werden. So kann es sinnvoll sein, das Betriebsgrundstück aus einem Unternehmen und damit aus dem Haftungsverband für das operatives Geschäft herauszutrennen. Im Rahmen einer so gezielt herbeigeführten Betriebsaufspaltung vermietet dann das Besitzunternehmen das Grundstück an eine Betriebsgesellschaft, meist eine GmbH, die das risikoreiche operative Geschäft führt. Besitz- und Betriebsunternehmen bleiben zwei selbstständige Unternehmen, die ihren Gewinn unabhängig voneinander ermitteln. Allerdings stellt Vermietung bzw. Verpachtung des Grundstückes für das **Besitzunternehmen** keine Vermögensverwaltung dar. Beide Unternehmen erzielen gewerbliche Einkünfte. Wird das Eintreten einer Betriebsaufspaltung allerdings nicht gezielt herbeigeführt, sondern später durch das Finanzamt als solche „erkannt", kann das gravierende Nachteile haben. 31

So erzielt eine Wohnungseigentümergemeinschaft iSd des § 9 a WEG regelmäßig **gewerbliche Einkünfte** als Besitzunternehmen, wenn die einzelnen Wohnungen aufgrund einer Gebrauchsregelung (§ 10 Abs. 1 WEG)[20] an eine personenidentische Betriebs-GmbH vermietet werden.[21] Dies führt dazu, dass der Gewinn im Rahmen der Gemeinschaft der Wohnungseigentümer gem. § 180 Abs. 2 AO einheitlich und gesondert festgestellt wird. Auf der Ebene der Gemeinschaft der Wohnungseigentümer wird festgestellt, dass es sich um gewerbliche Einkünfte handelt und wie diese auf die Beteiligten zu verteilen ist. Die Eigentümer erzielen also keine Vermietungseinkünfte, sondern gewerbliche Einkünfte. Das kann für die Eigentümer weitreichende weitere steuerliche Folgen haben. 32

4. Steuervergünstigungen für Denkmalschutz (§ 10 f EStG). Nach § 10 f Abs. 1 EStG kann der Steuerpflichtige Aufwendungen an einem eigenen Gebäude im Kalenderjahr des Abschlusses der Baumaßnahme und in den neun folgenden Kalenderjahren jeweils bis zu 9 % wie Sonderausgaben abziehen, wenn die Voraussetzungen des § 7 h oder des § 7 i EStG vorliegen. Das Gebäude muss in dem jeweiligen Kalenderjahr zu **eigenen Wohnzwecken** genutzt werden. Da ein Selbstnutzer keine Abschreibung geltend machen kann, ermöglicht es § 10 f EStG, die Kosten „wie Sonderausgaben" abzuziehen. 33

Die Vorschrift unterstützt den Erhalt kulturhistorisch wertvoller Bausubstanz. Wenn an einem denkmalgeschützten Haus Wohnungseigentum begründet wird (→ *Denkmalschutz* Rn. 2 ff), können auch die Eigentümer diese Förderung in Anspruch nehmen. Nach § 7 h Abs. 3 und § 7 i Abs. 3 EStG geltend die Vorschriften auch für Eigentumswohnungen. Die erhöhten Absetzungen nach § 7 h EStG stehen den Miteigentümern grundsätzlich im Verhältnis ihrer Eigentumsanteile zu.[22] Entsprechendes gilt auch für **Erhaltungsaufwendungen** nach § 11 b EStG.[23] Auch in diesen Fällen ist ein gesondertes Feststellungsverfahren nach § 180 Abs. 2 AO durchzuführen, in dessen Rahmen die Gesamtbeträge auf die Einzeleigentümer umgelegt werden. 34

IV. Gewerbesteuer

Die Gewerbesteuer steht den Gemeinden zu, die sie auch erheben (§ 1 GewStG). Wenn die Gemeinschaft der Wohnungseigentümer gewerbliche Einkünfte erzielt (→ Rn. 26 ff.), unterliegt sie im Rahmen ihrer Mitunternehmerschaft der Gewerbesteuer. 35

---

19 BFH 20.9.2018 – IV R 6/16, NJW 2019, 387 Rn. 66.
20 Bisher § 15 WEG aF. Die Norm ist in 10 Abs. 1 WEG aufgegangen. §§ 10 Abs. 2 S. 1 und 2 und 15 WEG aF, bilden § 10 Abs. 1 WEG, BT-Drs. 19/18791, 50.
21 BFH 10.4.1997 – IV R 73/94, BStBl. 1997 II 569.
22 EStH R.7 und EStH R 21.6.
23 EStH R11 b.

36 **1. Gewerbesteuer als Objektsteuer.** Der Gewerbesteuer unterliegt jeder stehende Gewerbebetrieb, soweit er im Inland betrieben wird. Unter Gewerbebetrieb ist ein gewerbliches Unternehmen im Sinne des Einkommensteuergesetzes zu verstehen (§ 2 Abs. 1 GewStG). Anknüpfungspunkt für die Ermittlung der Gewerbesteuer ist der einkommensteuerliche Gewinn. Sie soll als sog. „Objektsteuer" aber die **objektive** Ertragskraft des gewerblichen Unternehmens besteuern. Weil bei der Gewinnermittlung aber Finanzierungszinsen gewinnmindernd angesetzt werden, ist der steuerliche Gewinn eines fremdkapitalfinanzierten Unternehmens geringer als eines mit einer hohen Eigenkapitalausstattung. Diese Unterschiede sollen für die Ermittlung der objektiven Ertragskraft eliminiert werden. Daher werden gewinnmindernden Finanzierungszinsen („Finanzierungsschulden") für die Ermittlung des „Gewerbeertrags" nach gewerbesteuerlichen Vorschriften wieder hinzugerechnet. Seit 2008 werden sämtliche Schuldzinsen, egal ob die Schuld lang- oder kurzfristig läuft, hinzugerechnet.

37 Gewerbesteuer wird in einem mehrstufigen Verfahren ermittelt. Maßgebend ist zunächst der einkommensteuerliche Gewinn, der aber um bestimmte gewerbesteuerliche Hinzurechnungen und Kürzungen korrigiert wird (§§ 6, 7, 7 a, 7 b GewStG). Neben der erwähnten Schuldzinsenkorrektur und weiterer Hinzurechnungen zum Gewinn (§ 8 GewStG) erfolgen auch **Kürzungen**, ua eine (gewinnmindernde) Berücksichtigung des Wertes des Betriebsvermögens, der nach dem Einheitswert berechnet wird (§§ 9 GewStG). Hieraus ergibt sich der „maßgebende Gewerbeertrag" (§ 10, 10 a GewStG). Abhängig von der Rechtsform wird aus dem Gewerbeertrag ein Gewerbesteuermessbetrag ermittelt und festgesetzt (§§ 11, 14 GewStG). Dieser Gewerbesteuermessbetrag wird mit dem jeweiligen Hebesatz der hebeberechtigten Gemeinde multipliziert (§ 16 GewStG). Hieraus ergibt sich die festzusetzende und zu entrichtende Gewerbesteuer. Die Gewerbesteuer kann teilweise auf die Einkommensteuer angerechnet werden.

38 **2. Schuldner der Gewerbesteuer, Verfahren, Haftung.** Liegen gewerbliche und damit auch gewerbesteuerpflichtige Einkünfte auf der Ebene der Gemeinschaft der Wohnungseigentümer vor, muss der Verwalter für die Gemeinschaft der Wohnungseigentümer die **Gewerbesteuererklärungen** abgeben. Auf dieser Grundlage ergehen die Gewinnfeststellungsbescheide, die Gewerbesteuermessbescheide sowie Bescheide über den Einheitswert des Betriebsvermögens.

39 Die Gemeinschaft der Wohnungseigentümer ist aber nicht Schuldner der Gewerbesteuer, ebenso wenig wie eine Bruchteilsgemeinschaft oder eine Innengesellschaft ohne Gesamthandsvermögen. Vielmehr schulden die einzelnen Eigentümer die Gewerbesteuer als Gesamtschuldner. Daher muss der **Bescheid** an alle Gemeinschafter als Gesamtschuldner gerichtet sein. Allerdings steht es dem Finanzamt grundsätzlich frei, an welchen Gesamtschuldner es sich halten will; es kann die geschuldete Leistung gem. § 44 AO von jedem Gesamtschuldner ganz oder zum Teil fordern.[24]

V. Grundsteuer

40 Die Neuregelungen der Grundsteuer gelten ab 1.1.2025.[25] Inhaltlich wird sich nichts ändern → *Steuerrecht – Wohnungseigentümer* Rn. 83 ff.

Die Grundsteuer wird direkt nur auf das jeweilige **Sondereigentum** erhoben, da jedes Wohnungseigentum und Teileigentum eine wirtschaftliche Einheit bildet (vgl. § 93 BewG).[26] Steuerschuldner und Adressat des Grundsteuerbescheids ist der einzelne Wohnungseigentümer.

Im Einzelnen → *Steuerrecht – Wohnungseigentümer* Rn. 60 ff.

---

24 Vgl. BFH 10.4.1997 – IV R 73/94, NJWE-MietR 1997, 286.

25 Art. 18 Abs. 3 des Gesetzes zur Reform des Grundsteuer- und Bewertungsrechts (Grundsteuer-Reformgesetz – GrStRefG) vom 26.11.2019, BGBl. 2019 I, 1794.

26 Ab 1.1.2025: § 244 Abs. 1, 3 Nr. 2 BewG.

Hofele

206. Steuerrecht – Verwaltung

Hofele

I. Einkommensteuer

1. Fremdverwalter. a) Natürliche Person. Grundsätzlich ist die Verwaltertätigkeit eine selbstständige Tätig- **1** keit nach § 18 Abs. 1 Nr. 3 EStG.[1] Uneingeschränkt gilt das aber nur, solange der Verwalter wirklich „selbst" „ständig" tätig ist.

Ausnahmsweise führt die Hausverwaltertätigkeit zu gewerblichen Einkünften, wenn sie einen Umfang ange- **2** nommen hat, der die **Übertragung qualifizierter Aufgaben** auf Angestellte/Subunternehmer erforderlich macht bzw. die Beschäftigung von Hilfskräften für untergeordnete Arbeiten die Tätigkeit nach dem Gesamtbild der Verhältnisse als gewerblich erscheinen lässt.[2] Für die Frage, wann die Grenze überschritten ist, kommt es – kaum überraschend – auf den Einzelfall an. Die Verwaltung von ca. 200 Wohneinheiten lässt nicht darauf schließen, dass der Bereich der bloßen Vermögensverwaltung überschritten ist.[3]

Der BFH hat im Jahre 2010 die lange Zeit geltende „Vervielfältigungstheorie" aufgegeben, wonach allein die **3** „Vervielfältigung der Arbeitskraft" durch Angestellte schon schädlich war.[4] Auch die Finanzverwaltung wendet sie nicht mehr an.[5]

b) Gesellschaft als Verwalter(in). Übt der Verwalter seine Tätigkeit im Rahmen einer Gesellschaft aus, gilt **4** seine Tätigkeit nicht ohne Weiteres als selbstständige Tätigkeit. § 18 EStG gilt nur für **natürliche Personen** (vgl. § 1 Abs. 1 und § 1 a EStG) und Personenmehrheiten, wenn diese ausschließlich aus natürlichen Personen bestehen (vgl. § 18 Abs. 4 S. 2 EStG iVm § 15 Abs. 1 EStG), mithin also für die GbR. Eine GmbH & Co. KG fällt nicht in den persönlichen Anwendungsbereich des § 18 EStG.

Kapitalgesellschaften (insbesondere Europäische Gesellschaften, Aktiengesellschaften, Kommanditgesell- **5** schaften auf Aktien, Gesellschaften mit beschränkter Haftung) und andere Körperschaften haben kraft Rechtsform gewerbliche Einkünfte (§ 1, 8 Abs. 2, Abs. 1 KStG, § 15 EStG).

2. Eigentümer als Verwalter. Übernimmt einer oder übernehmen mehrere Eigentümer die Verwaltung **eh-** **6** **renamtlich**, liegen keine Einkünfte vor. Diese Tätigkeit ist einkommensteuerlich unbeachtlich.

Erhält der Eigentümer eine „Aufwandsentschädigung", muss im Einzelfall geprüft werden, ob ein **entgeltli-** **7** **cher Vertrag** vorliegt, der zu einkommensteuerpflichtigen Einkünften führt. Eine Aufwandsentschädigung wäre jedenfalls nicht einkommensteuerpflichtig, wenn sie weniger als 256 EUR im Kalenderjahr beträgt (§ 22 Nr. 3 S. 2 EStG). Schließt die Gemeinschaft der Wohnungseigentümer einen entgeltlichen Vertrag mit einem Eigentümer, liegen Einkünfte nach § 18 EStG vor.

II. Umsatzsteuer

Die Tätigkeit der Verwalter fällt nicht unter die Steuerbefreiung des § 4 Nr. 13 UStG. Denn Verwalter erbrin- **8** gen keine Leistungen „der Gemeinschaften der Wohnungseigentümer im Sinne des Wohnungseigentumsgeset-

---

1 BFH 18.3.1999 – IV R 5/98, BeckRS 1999, 25003560; FG Niedersachsen 23.3.2005 – 3 K 175/99, BeckRS 2005, 26021129.
2 FG Niedersachsen 23.3.2005 – 3 K 175/99, BeckRS 2005, 26021129.
3 FG Niedersachsen 23.3.2005 – 3 K 175/99, BeckRS 2005, 26021129.
4 BFH 15.12.2010 – VIII R 50/09, BStBl. 2011 II, 506.
5 OFD Koblenz 23.9.2011 – S 2246 A-St 31 4 Kurzinfo ESt Nr. ST 3_2011K111.

zes". Sie sind gegenüber der Gemeinschaft der Wohnungseigentümer genauso „Dritter" wie jeder andere Dienstleister.

Dies gilt auch, wenn ein Miteigentümer die Verwaltung übernimmt. Enthält der Verwaltervertrag auch die Verwaltung der eigenen Wohnung, ist die Leistung auch insoweit **umsatzsteuerbar** und nicht umsatzsteuerbefreit.[6] Der Verwalter stellt – wenn er nicht Kleinunternehmer ist – seine Vergütung an die Gemeinschaft der Wohnungseigentümer mit Ausweis der Umsatzsteuer in Rechnung.

III. Steuerliche Pflichten des Verwalters

9   **1. Verwalter als Vermögensverwalter iSd § 34, 35 AO.** Nach bisherigem Recht ergab sich aus dem Aufgabenkatalog des § 27 WEG aF, dass der Verwalter die Vermögensverwaltung der Gemeinschaft der Wohnungseigentümer zu übernehmen hat. Nunmehr ist der Verwalter gem. § 27 Abs. 1 WEG der Gemeinschaft der Wohnungseigentümer nur noch berechtigt und verpflichtet, die Maßnahmen ordnungsmäßiger Verwaltung zu treffen, die untergeordnete Bedeutung haben und nicht zu erheblichen Verpflichtungen führen oder zur Wahrung einer Frist oder zur Abwendung eines Nachteils erforderlich sind. Auch wenn § 27 WEG durch die Reform 2020[7] keinen abschließenden Katalog von Aufgaben und Befugnisse mehr enthält, ändert dies an seiner Stellung im Hinblick auf die steuerlichen Pflichten nichts. Denn bei den Regelungen in § 27 WEG geht es allein um die Entscheidungsbefugnisse und Handlungspflichten im Innenverhältnis. Die Vertretungsmacht des Verwalters wird abschließend durch § 9 b WEG geregelt. Der Verwalter als Ausführungs- und Vertretungsorgan setzt die Entscheidungen der Wohnungseigentümer um, die diese nach § 19 WEG durch die Beschlussfassung treffen.[8] Die Verpflichtungen des Verwalters ergeben sich nunmehr allgemein aus seiner Stellung (§§ 9 b, 19 WEG).

10   Daher ist er als Vermögensverwalter iSd § 35 bzw. jedenfalls § 34 AO anzusehen[9] und hat steuerlichen Pflichten der Gemeinschaft der Wohnungseigentümer – soweit solche bestehen – zu erfüllen.

Es muss also ua die Bücher und Aufzeichnung führen, Auskünfte erteilen und Nachweise erbringen, Steuererklärungen abgeben und ggf. berichtigen. Er muss etwaige Steuerzahlungen rechtzeitig leisten. Bedeutsam wird dies vor allem, wenn die Gemeinschaft der Wohnungseigentümer Einkünfte erzielt, etwa aus der Vermietung von Gemeinschaftseigentum.

11   **2. Aufzeichnungs- und Buchführungspflichten (§§ 140 ff. AO).** Da die Gemeinschaft der Wohnungseigentümer auch gewerbliche Einkünfte, (zB beim Betrieb eines → *Blockheizkraftwerks* Rn. 28) haben kann, können sich daraus auch Buchführungspflichten nach § 141 AO ergeben.

12   **3. Aufbewahrungspflichten (§§ 147 ff. AO).** Wie für jeden Steuerpflichtigen bestehen auch für die Gemeinschaft der Wohnungseigentümer Aufbewahrungspflichten nach § 147 AO, wonach bestimmte Unterlagen, insbesondere **Buchungsbelege**, für bestimmte Zeiträume (sechs bis zehn Jahre) aufzubewahren sind. Optiert die Gemeinschaft der Wohnungseigentümer zur → *Umsatzsteuer* Rn. 50 ff., 61 ff. hat der Verwalter alle Rechnungen, die die Gemeinschaft der Wohnungseigentümer erhalten hat, zehn Jahre lang aufzubewahren (§ 14 b UStG).

IV. Steuerliche Haftung des Verwalters

13   Da der Verwalter ein Vermögensverwalter nach §§ 34 und 35 AO ist, haftet er nach § 69 AO, soweit Steueransprüche infolge vorsätzlicher oder grob fahrlässiger Verletzung seiner Pflichten nicht oder nicht rechtzeitig festgesetzt oder erfüllt werden; die Haftung umfasst auch etwaige Säumniszuschläge. Der Verwalter haftet damit unbeschränkt persönlich mit seinem eigenen Vermögen für solche Pflichtverletzungen.

---

6   Sächsisches FG 14.1.2009 – 2 K 1725/06, EFG 2009, 1344; vgl. auch BayLfSt, VfG vom 31.8.2005, UR 2005, 571.

7   Gesetz zur Förderung der Elektromobilität und zur Modernisierung des Wohnungseigentumsgesetzes und zur Änderung von kosten- und grundbuchrechtlichen Vorschriften (Wohnungseigentumsmodernisierungsgesetz – WEMoG) vom 16.10.2020, BGBl. 2020 I 2187.

8   Vgl. BT-Drs. 19/18791, 58, 75.

9   BFH 20.9.2018 – IV R 6/16, NJW 2019, 387 Rn. 43.

Besonders kritisch ist die Haftung aus dem Steuerrecht, weil das Finanzamt den Verwalter nach § 191 AO unmittelbar per **Haftungsbescheid** in Anspruch nehmen kann. Das Finanzamt muss nicht klagen, sondern kann sich seinen eigenen vollstreckbaren Titel schaffen.

207. Steuerrecht – Wohnungseigentümer

Hofele

I. Einführung

1 Es gibt kein spezielles Steuerrecht für die Wohnungs- oder Teileigentümer, ebenso wenig wie für die Gemeinschaft der Wohnungseigentümer, → *Steuerrecht – Gemeinschaft der Wohnungseigentümer* Rn. 1 ff. Für Wohnungseigentümer sind vornehmlich folgende Steuerarten relevant:

- Einkommensteuer (laufende Besteuerung und Besteuerung bei Erwerb bzw. Veräußerung)
- Grundsteuer
- Grunderwerbsteuer
- Umsatzsteuer (laufende Besteuerung und Besteuerung bei Erwerb bzw. Veräußerung)

Zu den unterschiedlichen Begrifflichkeiten im Steuerrecht gegenüber dem Zivilrecht → *Steuerrecht – Gemeinschaft der Wohnungseigentümer* Rn. 2 ff.

II. Einkommensteuer – laufende Besteuerung

2 **1. Selbstnutzer.** Bei Eigentümern, die ihr Sondereigentum selbst nutzen, bestehen folgende Verbindungen zum Steuerrecht:

3 **a) Zinsen aus der Erhaltungsrücklage.** Zinsen, die die Erhaltungsrücklage abwirft, werden den einzelnen Eigentümern zugerechnet. Sie gehören bei den Eigentümern zu den Einkünften aus Kapitalvermögen.[1]

4 **b) Haushaltsnahe Beschäftigungsverhältnisse und Leistungen, § 35 a EStG.** Beschäftigt der Eigentümer selbst eine **Haushaltshilfe** oder lässt er Maßnahmen an seinem Sondereigentum durchführen, kann er diese Steuerermäßigung für sich selbst in Anspruch nehmen.

5 Zur Beschäftigung durch die Gemeinschaft der Wohnungseigentümer → *Steuerrecht – Gemeinschaft der Wohnungseigentümer* Rn. 28.

6 **c) Steuerabzug bei Bauleistungen, § 48 EStG.** Lässt der Sondereigentümer Bauleistungen für sein Sondereigentum durchführen, ist er selbst als Leistungsempfänger zur Durchführung des Steuerabzugs verpflichtet, sofern er die Voraussetzungen des § 48 Abs. 1 EStG erfüllt.[2]

7 Zu Bauleistungen für das Gemeinschaftseigentum → *Steuerrecht – Gemeinschaft der Wohnungseigentümer* Rn. 29 ff.

8 **d) Einkünfteerzielung mit dem Sondereigentum.** Erzielt ein Eigentümer in seinem Eigentum Einkünfte, etwa aus gewerblicher oder freiberuflicher Tätigkeit in einem Teileigentum so hat er diese Einkünfte nach **allgemeinen Grundsätzen** zu ermitteln und zu versteuern. Hier gibt es keine Besonderheiten. Das Gleiche gilt für Eigentümer, die im Sondereigentum wohnen und Einkünfte aus nichtselbständiger Arbeit erzielen.

9 **2. Vermietung und Verpachtung. a) Vermietung und Verpachtung von Sondereigentum.** Bei der Vermietung des Sondereigentums erzielt der Eigentümer Einkünfte aus Vermietung und Verpachtung nach §§ 2 Abs. 1 Nr. 6, Abs. 2 Nr. 2, 21 EStG.

Er hat für die Einkünfte eine **Einnahme-Überschussermittlung** zu erstellen und diese Einnahmen versteuern.

---

1 Vgl. R 21.2 EStH 2018.
2 BMF 27.12.2002 – IV A 5-S 2272–1/02, BStBl. 2002 I 1399 ff. Rn. 20.

Hofele

b) Vermietung von Gemeinschaftseigentum durch die Gemeinschaft der Wohnungseigentümer. In die- 10
sem Fall werden dem Eigentümer die auf Ebene der Gemeinschaft der Wohnungseigentümer ermittelten Einkünfte **anteilig** zugerechnet. Hierüber ergeht ein gesonderter und einheitlicher Feststellungsbescheid. Der Eigentümer hat diese Einnahmen in seiner persönlichen Einkommensteuererklärung anzugeben.

Im Einzelnen → *Steuerrecht – Gemeinschaft der Wohnungseigentümer* Rn. 8 ff.

III. Einkommensteuer – Erwerb und Veräußerung

1. „Spekulationsgeschäfte". Unter bestimmten Voraussetzungen sind Gewinne, die bei der Veräußerung pri- 11
vaten Gegenständen erzielt werden, steuerfrei. Es handelt sich hierbei um sog. „private Veräußerungsgeschäf-
te" iSd § 23 EStG (bis 1998: *„Spekulationsgeschäfte"*).

Siehe insgesamt BMF vom 5.10.2000.[3]

a) Überblick. Besteuert werden nach § 23 Abs. 1 EStG die 12

- Anschaffung und
- Veräußerung
- von bestimmten Wirtschaftsgütern
- innerhalb einer bestimmten Frist

soweit sie nicht den übrigen Einkunftsarten zuzurechnen sind.

Hinweis: Eine sog. „wesentliche Beteiligung" an einer Kapitalgesellschaft iSd § 17 EStG ist immer steuerver-
strickt. Historisch bedingt liegt eine wesentliche Beteiligung schon bei einer Beteiligung von **einem** Prozent
vor.

b) Grundstücke (§ 23 Abs. 1 Nr. 1 EStG). Die Einkommensteuerpflicht besteht, soweit Grundstücke oder 13
grundstücksgleiche Rechte innerhalb von **zehn Jahren** angeschafft und wieder veräußert werden.

Grundstücke und grundstücksgleiche Rechte iSd § 23 Abs. 1 Nr. 1 EStG sind insbesondere unbebaute und be- 14
baute Grundstücke und **Erbbaurechte.** Dagegen fallen Nießbrauchsrechte, Hypotheken, Grundschulden und
Reallasten unter § 23 Abs. 1 S. 1 Nr. 2 EStG. Das Dauerwohnrecht ist kein grundstücksgleiches Recht.[4]

c) Selbstgenutzte Wohngrundstücke. Selbstgenutzte Wohngrundstücke sind von der Steuerpflicht ausge- 15
nommen, wenn „sie im Zeitraum zwischen Anschaffung oder Fertigstellung und Veräußerung ausschließlich
zu eigenen Wohnzwecken oder im Jahr der Veräußerung und in den beiden vorangegangenen Jahren zu eigenen Wohnzwecken genutzt wurden" (§ 23 Abs. 1 Nr. 1 S. 3 EStG).

aa) Begünstigte Wirtschaftsgüter. Begünstigte Wirtschaftsgüter sind 16

- Gebäude,
- selbständige Gebäudeteile,
- Wohnungs- und Teileigentum
  Hinweis: Wird nur der Garten oder der Teil eines Gartens veräußert, ohne dass die Wohnung aufgegeben
  wird, ist diese Veräußerung nicht begünstigt.[5]

bb) Wohnzwecke. Das Wirtschaftsgut muss geeignet sein, Menschen auf Dauer Aufenthalt und Unterkunft 17
zu ermöglichen. Wirtschaftsgüter, die nur zur vorübergehenden Beherbergung von Personen bestimmt sind,
dienen nicht Wohnzwecken. Eine Nutzung zu Wohnzwecken liegt bei vermieteten Ferienwohnungen **nicht**
vor.[6] Nach der Verwaltungsmeinung soll auch bei einem häuslichen Arbeitszimmer, auch wenn der
Werbungskosten- oder Betriebsausgabenabzug versagt wird, keine Wohnnutzung vorliegen.[7]

---

3 BMF 5.10.2000 – IV C 3-S 2256–263/00 BStBl. 2000 I 1383 (https://bmf-esth.de/esth/2017/C-Anhaenge/
Anhang-26/inhalt.html); im Folgenden BMF S 2256.
4 BFH 11.8.1967 – VI R 67/66 BStBl III 1967, 685.
5 BFH 25.5.2011 – IX R 48/10 BStBl. 2011 II, 868.
6 BMF S 2256 Rn. 22 f.
7 AA FG Köln 20.3.2018 – 8 K 1160/15, EFG 2018, 1256 Nr. 15: Keine Spekulationsteuer auf häusliches Arbeitszimmer bei Verkauf des selbstgenutzten Eigenheims.

18 Begünstigt können aber andererseits sein: Zweitwohnungen, nicht zur Vermietung bestimmte Ferienwohnungen und Wohnungen, die im Rahmen einer **doppelten Haushaltsführung** genutzt werden.

19 **cc) Eigene Wohnzwecke.** Dazu muss der Steuerpflichtige das Wirtschaftsgut

- allein (ggf. auch nur zeitweise, zB eigene Ferienwohnung)
- mit seinen Familienangehörigen,
- gemeinsam mit einem Dritten,

bewohnen.

Auch wenn der Steuerpflichtige ein Gebäude nur zeitweilig bewohnt, wird es zu eigenen Wohnzwecken genutzt, sofern es ihm in der übrigen Zeit als Wohnung zur Verfügung steht.[8] Der Ausdruck „Nutzung zu eigenen Wohnzwecken" setzt in beiden Alternativen lediglich voraus, dass eine Immobilie zum Bewohnen geeignet ist und vom Steuerpflichtigen auch bewohnt wird. Der Steuerpflichtige muss das Gebäude zumindest auch selbst nutzen; unschädlich ist, wenn er es gemeinsam mit seinen Familienangehörigen oder einem Dritten bewohnt. Eine Nutzung zu „eigenen Wohnzwecken" liegt hingegen nicht vor, wenn der Steuerpflichtige die Wohnung entgeltlich oder unentgeltlich an einen Dritten überlässt, ohne sie zugleich selbst zu bewohnen.[9] Daher dürfte nunmehr **eine Vermietung von einzelnen Räumen** einer Eigentumswohnung unschädlich sein, solange der Eigentümer darin selbst wohnt. Dagegen sieht die Verwaltung nur eine **unentgeltliche** Überlassung von Teilen des Wirtschaftsguts einem Dritten zu Wohnzwecken als unschädlich an.[10]

dd) Zeitlicher Umfang. Der Steuerpflichtige muss die Wirtschaftsgüter „ausschließlich" zu eigenen Wohnzwecken nutzen. Das Wort „ausschließlich" bezieht sich auf die zeitliche Nutzung.[11]

20 **(1) Ununterbrochene Nutzung.** Die Wohnung muss seit der Anschaffung ununterbrochen bis zur Veräußerung zu eigenen Wohnzwecken genutzt werden.

21 Ein **Leerstand** vor Beginn der Nutzung zu eigenen Wohnzwecken ist unschädlich, wenn er mit der beabsichtigten Nutzung des Wirtschaftsguts zu eigenen Wohnzwecken in Zusammenhang steht. Dies gilt auch für einen Leerstand zwischen Beendigung der Nutzung zu eigenen Wohnzwecken und Veräußerung des Gebäudes, wenn der Steuerpflichtige die Veräußerungsabsicht nachweist.[12]

22 **(2) Veräußerungsjahr und beide vorangegangene Jahre.** Auch die Nutzung im Jahr der Veräußerung und in den beiden vorangegangenen Jahren ist begünstigt.

23 Es muss sich um einen zusammenhängenden Zeitraum innerhalb der letzten drei Kalenderjahre handeln, der **nicht die vollen drei Kalenderjahre** umfassen muss, zu eigenen Wohnzwecken genutzt wurden.[13]

24 Ein Leerstand zwischen Beendigung der Selbstnutzung und Veräußerung ist **unschädlich**, wenn das Wirtschaftsgut im Jahr der Beendigung der Nutzung zu eigenen Wohnzwecken und in den beiden vorangegangenen Jahren zu eigenen Wohnzwecken genutzt wurde.[14]

25 **Beispiel:** A schafft eine Eigentumswohnung im Jahr 2000 an und vermietet sie. Der Mieter zieht im Dezember 2003 aus, A zieht sofort ein und wohnt dort selbst. Er verkauft die Wohnung im Januar 2005. Da A die Wohnung im Jahr der Veräußerung und in den beiden vorangegangenen Jahren zu eigenen Wohnzwecken genutzt hat, unterliegt ein erzielter Veräußerungsgewinn nicht der Besteuerung. Hätte A die Eigentumswohnung im Jahr 2004 auch nur kurzfristig zu anderen Zwecken genutzt (zB vorübergehende Fremdvermietung), wäre der erzielte Veräußerungsgewinn zu versteuern.

26 Unschädlich wäre es sogar, wenn er im Jahr der Veräußerung (kurzzeitig) vermietet hätte.[15]

---

8 BFH 27.6.2017 – IX R 37/16, BStBl. 2017 II, 1192.
9 BFH 27.6.2017 – IX R 37/16, BStBl. 2017 II, 1192 Rn. 12 mwN.
10 BMF S 2256 (Fn. 4) Rn. 22.
11 BMF S 2256 (Fn. 4) Rn. 25 f: „Von der Besteuerung des Veräußerungsgewinns sind Wirtschaftsgüter ausgenommen, die ausschließlich, d. h. ununterbrochen … genutzt wurden".
12 BMF S 2256 (Fn. 4) Rn. 25 f.
13 BFH 27.6.2017 – IX R 37/16 BStBl. 2017 II, 1192 Rn 16.
14 BMF S 2256 (Fn. 4) Rn. 25.
15 BFH 3.9.2019 – IX R 10/19, NJW 2020, 1320 Rn. 18.

Beispiel: A schafft die Wohnung im Jahr 2000 an und wohnt bis April 2008 darin. Im Mai 2008 zieht er aus   27
und vermietet die Wohnung bis Dezember 2008 . Am 17.12.2008 verkauft er die Wohnung. Auch das ist unschädlich.

ee) Zeitpunkt der Anschaffung – Abschluss des notariellen Kaufvertrags. Grundsätzlich ist vom Zeit-   28
punkt des der Veräußerung bzw. dem Erwerb zugrunde liegenden **Verpflichtungsgeschäfts** (idR vom Zeitpunkt der Beurkundung des Kaufvertrags) auszugehen.[16]

Darüber hinaus gibt es **Anschaffungsfiktionen** (§ 23 Abs. 1 S. 2 EstG), etwa die Überführung eines Grund-   29
stücks in das Privatvermögen durch Entnahme oder Betriebsaufgabe. Die Anschaffungsfiktion bewirkt den
Beginn der zehnjährigen Behaltefrist.

Keine Anschaffung ist   30

- der unentgeltliche Erwerb durch Einzel- oder Gesamtrechtsnachfolge. In diesen Fällen ist dem Rechtsnachfolger die Anschaffung des Rechtsvorgängers zuzurechnen;
- bestimmte Restitutionsfälle nach dem Gesetz zur Regelung offener Vermögensfragen. In diesen Fällen
  bleibt der ursprüngliche Anschaffungszeitpunkt maßgebend;
- die Einbringung von Grundstücken durch Bruchteilseigentümer zu gleichen Anteilen in eine personenidentische Vermietungs-GbR.

ff) Veräußerung. Veräußerung ist die entgeltliche Eigentumsübertragung an einem Wirtschaftsgut durch ein   31
schuldrechtliches Geschäft. Als solches kommt in Betracht:

- der Kaufvertrag,
- der Tauschvertrag,[17]
- ein verbindliches Verkaufsangebot, soweit ein Widerruf nicht mehr möglich ist,[18]
- die Zwangsversteigerung.[19]

Als Veräußerung gilt nach § 23 Abs. 1 S. 5 EStG auch   32

- die Einlage eines Wirtschaftsguts in das Betriebsvermögen, wenn die Veräußerung aus dem Betriebsvermögen heraus innerhalb von zehn Jahren seit der Anschaffung erfolgt und
- die verdeckte Einlage in eine Kapitalgesellschaft.

Die Veräußerungsfiktion kann aber nicht zur Gestaltung genutzt werden: 33

Der Steuerpflichtige meint, es handele sich bei der Entnahme in 2007 um eine Veräußerung im Hinblick auf
ursprüngliche Anschaffung in 2000; gleichzeitig sei es eine neue Anschaffung im Hinblick auf die Veräußerung in 2009. Das hätte zur Folge, dass die Wertsteigerung von 2000 bis 2007 bei der Veräußerung im Jahr
2009 nicht besteuert würden. Das funktioniert aber nicht, so der BFH: Die zwischenzeitliche Einlage und Entnahme ist unbeachtlich. Wird ein Grundstück innerhalb des maßgebenden Veräußerungszeitraums im Privatvermögen angeschafft und aus dem Privatvermögen wieder veräußert, muss die Wertsteigerungen im Privatvermögen seit der Anschaffung versteuert werden, auch wenn das Grundstück zeitweise im Betriebsvermögen
gehalten wurde. Der Gewinn ist in diesem Fall um den im Betriebsvermögen zu erfassenden Gewinn (als Unterschied zwischen Einlage- und Entnahmewert) zu korrigieren. Die **Veräußerungsfiktion** bewirkt mithin,
dass Wertsteigerungen außerhalb des Betriebsvermögens während der Behaltefrist in jedem Fall besteuert werden.[20]

Kein Veräußerungsgeschäft liegt bei der Rückabwicklung eines Anschaffungsgeschäfts vor.[21]   34

gg) Fristberechnung. Für alle Veräußerungen nach dem 31.12.1998 beträgt die **Behaltefrist** nach § 23 Abs. 1   35
S. 1 Nr. 1 EStG zehn Jahre.

---

16   St. Rspr., vgl. statt aller BFH 4.6.2003 – X R 49/01, BStBl. 2003 II, 751.
17   FG Münster 7.4.2017 – 4 K 2406/16 F, NWB 2017, 1714.
18   BFH 13.12.1983 – VIII R 16/83, BStBl. 1984 II, 311.
19   BFH 10.12.1969 – I R 43/67, BStBl. 1970 II, 310.
20   BFH 23.8.2011 – IX R 66/10, BStBl. 2013 II, 1002.
21   BFH 27.6.2006 – IX R 47/04, BStBl. 2007 II, 162.

36 Die Frist beginnt mit der **Anschaffung des Wirtschaftsguts**. Dabei ist auf den Abschluss des schuldrechtlichen Kaufvertrags und nicht auf die Eigentumsübertragung oder den Zeitpunkt des Übergangs von Gefahr, Nutzen und Lasten abzustellen. Ebenso spielt die tatsächliche Zahlung für die Fristenberechnung keine Rolle.[22]

37 Die Behaltefrist endet mit dem **Abschluss des schuldrechtlichen Vertrags** und nicht erst mit der dinglichen Eigentumsübertragung. Auch hier kommt es nicht auf die tatsächliche Zahlung an.

38 Durch die Vereinbarung einer **aufschiebenden Bedingung** kann die Wirksamkeit des schuldrechtlichen Vertrags nicht auf einen späteren Zeitpunkt nach Ablauf der Zehnjahresfrist hinausgeschoben werden.

39 Eine Veräußerung iSv § 22 Nr. 2, § 23 Abs. 1 S. 1 Nr. 1 EStG liegt vor, wenn die rechtsgeschäftlichen Erklärungen beider Vertragspartner innerhalb der **zehnjährigen Veräußerungsfrist** bindend abgegeben werden. Auch ein aufschiebend bedingtes Rechtsgeschäft ist für die Parteien bindend. Denn aus dem Wesen der Bedingung und dem Wortlaut des § 158 Abs. 1 BGB folgt, dass das aufschiebend bedingte Rechtsgeschäft tatbestandlich mit seiner Vornahme vollendet und voll gültig ist. Nur die Rechtswirkungen des bedingten Rechtsgeschäfts befinden sich bis zum Bedingungseintritt noch in der Schwebe. Der außerhalb der Veräußerungsfrist liegende Zeitpunkt des Eintritts der aufschiebenden Bedingung ist insoweit für die Besteuerung nach § 23 Abs. 1 S. 1 EStG unerheblich.[23]

40 **hh) Veräußerungsgewinn.** Der Veräußerungsgewinn oder -verlust ist der Unterschiedsbetrag zwischen dem Veräußerungspreis einerseits und den Anschaffungs- bzw. Herstellungskosten und Werbungskosten andererseits (§ 23 Abs. 3 S. 1 EStG).

41 **2. Gewerblicher Grundstückshandel.** Die Steuerfreiheit der Veräußerung privater Gegenstände war dem Fiskus schon immer ein Dorn im Auge. Diese Steuerfreiheit führte dazu, dass sehr viele Grundstücke in sehr kurzer Zeit umgeschlagen wurden. Um diese Tätigkeit der Steuerpflicht zu unterwerfen, wurde schon Anfang des zwanzigsten Jahrhunderts der Begriff des „gewerblichen Grundstückshandels" erfunden. Andererseits kann die Gewerblichkeit der Grundstücksgeschäfte aber auch gewollt sein, weil dann zB die Verlustverrechnung erweitert ist. Eine **private Vermögensverwaltung** wird ausgeübt, solange sich die zu beurteilende Tätigkeit noch als Nutzung von Grundbesitz durch Fruchtziehung aus zu erhaltender Substanz darstellt und die Ausnutzung substantieller Vermögenswerte durch Umschichtungen nicht entscheidend in den Vordergrund tritt.[24] Die Rechtsprechung hierzu ist – auch angesichts verschiedenster Gestaltungsmöglichkeiten – nahezu uferlos. Die Abgrenzung des gewerblichen Grundstückshandels von der privaten Vermögensverwaltung erfordert eine einzelfallbezogene Gesamtwürdigung aller Umstände, die für die Beurteilung der infrage stehenden Betätigung von Bedeutung sind.[25]

42 **a) § 15 Abs. 2 EStG als Voraussetzung.** Auch wenn es sich um Richterrecht handelt, müssen immer die Merkmale des Gewerbebetriebs als Voraussetzung gewerblicher Einkünfte vorliegen. § 15 Abs. 2 S. 1 EStG enthält eine Legaldefinition mit **vier positiv** zu erfüllenden Tatbestandsmerkmalen:

- Teilnahme am allgemeinen wirtschaftlichen Verkehr;
- nachhaltige Tätigkeit;
- selbständige Tätigkeit;
- Absicht der Gewinnerzielung.

43 Umgekehrt dürfen vier (negative) Tatbestandsmerkmale nicht gegeben sein:

- Keine land- und forstwirtschaftliche Tätigkeit;
- kein freier Beruf;
- keine andere selbstständige Tätigkeit;
- keine Vermögensverwaltung (**Hinweis:** Dieses Merkmal ist ein richterrechtlich entwickeltes ungeschriebenes Tatbestandsmerkmal).

---

22 St. Rspr., vgl. statt aller BFH 4.6.2003 – X R 49/01, BStBl. 2003 II, 751; BFH 13.12.1983 – VIII R 16/83, BStBl. 1984 II, 311.
23 BFH 10.2.2015 – IX R 23/13, BStBl. 2015 II, 487.
24 BFH 28.10.2015 – X R 22/13, BStBl II, 2016, 95.
25 Vgl. zB BFH 21.5.2007 – XI B 164/06, BFH/NV 2007, 1657; BFH 10.12.2001 – GrS 1/98 NJW 2002, 1518; zum Ganzen s. BMF 26.3.2004 – IV A 6-S 2240–46/04, BStBl. I 434.

Hofele

Hinweis: Auch wenn kein gewerblicher Grundstückshandel vorliegt, ist immer noch zu prüfen, ob der Gewinn aus der Veräußerung nach § 23 EStG zu besteuern ist.

b) Tätigkeiten in Veräußerungsabsicht
- **Errichtung** eines Objekts und zeitnahe Veräußerung und Handeln in Veräußerungsabsicht;   44
- **Erwerb** eines Objekts und zeitnahe Veräußerung in Veräußerungsabsicht;
- **Modernisierung** und zeitnahe Veräußerung in Veräußerungsabsicht.

Auch wenn ein Objekt schon längere Zeit gehalten wird, und der Zeitraum eigentlich schon abgelaufen ist,   45
kann trotzdem ein gewerblicher Grundstückshandel vorliegen. Das ist dann der Fall, wenn die Objekte vor der Veräußerung in nicht unerheblichem Maße modernisiert und hierdurch ein **Wirtschaftsgut anderer Marktgängigkeit** entsteht. Maßgeblich ist, ob ein enger zeitlichen Zusammenhang zwischen Modernisierung und Veräußerung besteht. In Sanierungsfällen beginnt die Fünf-Jahres-Frist mit Abschluss der Sanierungsarbeiten.[26]

Rückausnahme: Das gilt nicht, wenn die Wohnungen nach Aufteilung, aber vor Verkauf lediglich in einen zur   46
Vermietung geeigneten Zustand versetzt werden.[27]

c) Drei-Objekt-Grenze als Indiz. Seit 1986 gilt eine **Faustregel** – mit sehr vielen Ausnahmen: Wer drei Ob-   47
jekte innerhalb von fünf Jahren anschafft und veräußert, gilt als gewerblicher Grundstückshändler.[28] Bei „Branchenkundigen" verlängert sich der Zeitraum auf zehn Jahre.

Die Überschreitung der „Drei-Objekt-Grenze" ist ein Indiz für das Vorliegen des gewerblichen Grundstücks-   48
handels. Ein **gewerblicher Grundstückshandel** ist anzunehmen, wenn innerhalb eines Zeitraums von fünf Jahren vier in Veräußerungsabsicht erworbene oder bebaute Objekte verkauft werden.[29] Unter Umständen kann auch bei einer Veräußerung von weniger als vier Objekten ein gewerblicher Grundstückshandels vorlie-gen.[30]

Die Veräußerung von mehr als drei in bedingter Verkaufsabsicht erworbener oder errichteter Objekte innerhalb   49
dieses Zeitraums führt grundsätzlich zur Gewerblichkeit

- **aller** – dh auch der ersten drei – Objektveräußerungen,
- **wenn** auch die übrigen Voraussetzungen des § 15 Abs. 2 EStG gegeben sind.

Der Steuerpflichtige kann die Indizien widerlegen. Dazu muss er besondere Umstände darlegen, die eindeuti-   50
ge Anhaltspunkte **gegen** eine von Anfang an bestehende Veräußerungsabsicht geben. Hier kommen zB Miet-verträge nach § 575 BGB in Betracht über eine Mietdauer von mehr als fünf Jahren in Betracht. Mietverträge von unbestimmter Dauer, die ordentlich kündbar sind, reichen zur Wiederlegung der Vermietung nicht aus, auch wenn das Mietverhältnis tatsächlich mehr als fünf Jahre bestanden hat.[31]

Plötzliche Erkrankung, Finanzierungsschwierigkeiten, schlechte Vermietbarkeit, Scheidung, nachträgliche   51
Entdeckung von Baumängeln, unvorhergesehene Notlagen sind als „Anlässe und Beweggründe" für die Ver-äußerungen im Regelfall nicht geeignet, die vermutete (bedingte) Veräußerungsabsicht im Zeitpunkt der An-schaffung oder Errichtung auszuschließen.[32]

d) Zeitliche Grenze. Die Fünf-Jahres-Grenze ist **nicht starr.** Werden erheblich mehr als drei Objekte nach   52
Ablauf der „ersten" fünf Jahre verkauft, kann auch später noch ein gewerblicher Grundstückshandel entstehen. Andererseits liegt ein gewerblicher Grundstückshandel nur vor, wenn **ein enger zeitlicher Zusammenhang** zwischen Errichtung, Erwerb oder Modernisierung und der Veräußerung besteht.

---

26 Vgl. BFH 5.12.2002 – IV R 57/01, BStBl. 2003 II, 291.
27 BFH 10.8.1983 – I R 120/80, BStBl. 1984 II, 137.
28 BFH 9.12.1986 – VIII R 317/82, NJW 1987, 2104.
29 BFH 18.9.1991 – XI R 23/90, BStBl. 1992 II, 135.
30 FG Nürnberg 6.10.2017 – 4 K 857/15 BeckRS 2017, 143591; vgl. auch BFH 18.9.2002 – X R 183/96, BStBl. II, 2003, 238.
31 BFH 28.10.2015 – X R 22/13, BStBl. 2016 II, 95.
32 Vgl. BFH 27.9.2012 – III R 19/11, BStBl. 2013 II, 433; BFH 20.2.2003 – III R 10/01, BStBl. 2003 II, 510; anders kann dies bei selbstgenutzten Wohnungen sein BFH 18.9.2002 – X R 28/00, BStBl. 2003 II, 133.

53 Bei Veräußerung von Objekten nach mehr als fünf Jahren verringert sich die aus dem zeitlichen Zusammenhang resultierende Indizwirkung der bedingten Veräußerungsabsicht. Sie muss ggf. durch **andere Anhaltspunkte** ergänzt werden. Beträgt der Zeitraum zwischen Fertigstellung und Veräußerung mehr als fünf Jahre, so müssen weitere für die Gewerblichkeit sprechende Umstände (zB höhere Anzahl der veräußerten Objekte; hauptberufliche Tätigkeit im Baubereich) stärker hervortreten.[33]

54 **e) Objekt. aa) Jedes Wohnungs- und jedes Teileigentum. Grundstücke jeglicher Art sind betroffen.** Objekte können nicht nur Ein- und Zweifamilienhäuser und Eigentumswohnungen, sondern auch Mehrfamilienhäuser und Gewerbebauten sein. Es kommt weder auf die Größe und den Wert des einzelnen Objekts noch auf dessen Nutzungsart an.[34]

55 Unerheblich ist auch ob es sich um bebaute oder unbebaute Grundstücke handelt oder ob das Objekt selbst errichtet oder in bebautem Zustand erworben wurde.

56 Jedes zivilrechtliche Wohnungseigentum, das selbstständig nutzbar und veräußerbar ist, stellt ein Objekt iSd „Drei-Objekt-Grenze" dar, auch wenn mehrere Objekte nach Vertragsabschluss baulich zu einem Objekt zusammengefasst werden.[35]

57 **Garagen** (als Teileigentum) sind „Zubehör"-Räume von Eigentumswohnungen und als Objekte auch dann nicht mitzählen, wenn sie an andere Erwerber als die Käufer der Eigentumswohnungen veräußert werden.[36]

58 Weil es auf die bedingte Verkaufsabsicht ankommt, reichen auch gescheiterte Grundstückskaufverträge für das Überschreiten der Drei-Objekt-Grenze aus.[37]

59 **bb) Ausnahme: selbst genutztes Wohneigentum.** Zu eigenen Wohnzwecken genutzte bebaute Grundstücke gelten nicht als „Objekt", weil sie in aller Regel zum notwendigen Privatvermögen gehören.[38] Werden zum Verkauf bestimmte Wohngebäude vom Verkäufer mit seiner Familie vorübergehend nur bewohnt, schließt dies die Annahme eines gewerblichen Grundstückhandels aber nicht aus.[39] Wird eine selbstgenutzte Wohnung innerhalb von fünf Jahren wegen offensichtlicher **Sachzwänge** (zB einer nicht vorhergesehenen finanziellen Notlage) verkauft, wird dieser Verkauf nicht als Objektverkauf gezählt.[40]

IV. Grundsteuer

60 **1. Bisheriges Recht.** Die Grundsteuer ist eine **Realsteuer**. Sie ist eine Objektsteuer und daher unabhängig von der Person des Eigentümers und seiner persönlichen Leistungsfähigkeit. Die Grundsteuer steht den Gemeinden zu. Die Grundsteuer wird direkt nur auf das jeweilige Sondereigentum erhoben, da jedes Wohnungseigentum und Teileigentum eine wirtschaftliche Einheit bildet (vgl. § 93 BewG). Steuerschuldner und Adressat des Grundsteuerbescheids ist der einzelne Wohnungseigentümer.

61 **a) Steuergegenstand.** Gegenstand der Grundsteuer sind folgende wirtschaftliche Einheiten iSd Bewertungsrechts (§ 2 BewG):
- Betrieb der Land- und Forstwirtschaft (§§ 33, 34, 48 a, 51 a BewG), sog. Grundsteuer A.
- Grundstücke (§§ 68, 70 BewG), sog. Grundsteuer B.

62 **b) Steuerbefreiungen – Ausnahmen und Rückausnahmen.** Durch § 3 GrStG ist der Grundbesitz steuerbefreit, der für hoheitliche Zwecke oder den Allgemeingebrauch oder für gemeinnützige, mildtätige oder kirchliche Zwecke benutzt wird, wenn Benutzender und Eigentümer ein begünstigter Rechtsträger ist. § 4 GrStG befreit den Grundbesitz, der für bestimmte öffentlichen Aufgaben genutzt wird, zB Straßen, Krankenhäuser, Flughäfen. § 5 GrStG schließt wiederum die vorgenannten Steuerbefreiungen nach §§ 3 und 4 GrStG für

---

33 BFH 5.9.1990 – X R 107–108/89, BStBl. II, 1990, 1060.
34 BFH 18.5.1999 – I R 118–97, BStBl. II, 2000, 28; BFH 15.3.2000 – X R 130–97, BStBl. 2001 II, 530.
35 Vgl. BFH 16.5.2002 – VIII R 317/82, BStBl. 2002 II, 571.
36 BFH 18.9.2002 – X R 183/96, BStBl. 2003 II, 238, mwN.
37 BFH 5.12. 2002 – IV R 57/01, BStBl. 2003 II, 291.
38 Vgl. BFH 16.10. 2002 – X R 74/99, BStBl. 2003 II, 245.
39 BFH 11.4.1989 – VIII R 267/84, BStBl. 1989 II, 621.
40 BFH 18.9.2002 – X R 28/00, BStBl. 2003 II, 133.

Grundbesitz, der Wohnzwecken dient, grundsätzlich aus. Eine Rückausnahme gilt wiederum für Wohnheime uÄ.

c) Berechnung der Steuer. Ausgangspunkt ist der **Einheitswert**, auf den die Steuermesszahl anzuwenden ist 63 (§ 13 GrStG). § 15 GrStG regelt die Steuermesszahl für Grundstücke. Sie beträgt für Wohnungseigentum 3,5 vom Tausend. Auf die Steuermesszahlt wird der Hebesatz angewandt.

Die gesetzlichen Regelungen sollen an folgenden Beispielen erläutert werden:

aa)   Einfamilienhäuser (ohne Eigentumswohnungen), § 15 Abs. 2 Nr. 1 GrStG

Einheitswert 50.000 EUR	Multipliziert mit Steuermesszahl	Einfamilienhäuser (ohne Eigentumswohnungen) § 15 Abs. 2 Nr. 1 GrStG		64
38.346,89 EUR	2,6 v.T.	für die ersten 38.346,89 EUR des Einheitswertes oder seines steuerpflichtigen Teils	99,70 EUR	
11.653,02 EUR	3,5 v.T.	für den Rest des Einheitswertes oder seines steuerpflichtigen Teils	40,79 EUR	
Steuermessbetrag			140,49	
Mult. mit Hebesatz der Gemeinde			600 %	
Grundsteuer			842,94	

bb)   Zweifamilienhäuser und Eigentumswohnungen, die der Grundstücksart Zweifamilienhaus zuzurechnen sind, § 15 Abs. 2 Nr. 1 GrStG

Einheitswert	Multipliziert mit Steuermesszahl		65
50.000 EUR	3,1 v.T.		
Steuermessbetrag		155 EUR	
Mult. mit Hebesatz der Gemeinde		600 %	
Grundsteuer		930 EUR	

cc)   Eigentumswohnungen und alle anderen bebauten Grundstücke, § 15 Abs. 1 GrStG

Einheitswert	Multipliziert mit Steuermesszahl		66
50.000 EUR	3,5 v.T.		
Steuermessbetrag		175,79 EUR	
Mult. mit Hebesatz der Gemeinde		600 %	
Grundsteuer		1.054,74 EUR	

d) Erlass wegen wesentlicher Ertragsminderungen, § 33 GrStG. Unter bestimmten Voraussetzungen hat 67 der Steuerschuldner Anspruch auf anteiligen Erlass der Grundsteuer. In Betracht kommt ein Erlass zB wegen **Leerstands**. Die Voraussetzungen sind aber hoch. Ein Steuererlass setzt voraus, dass der etwaige Leerstand nicht vom Steuerpflichtigen zu vertreten ist; dies wird, wenn die Grundstückseinheit aus mehreren verschieden ausgestalteten, zu unterschiedlichen Zwecken nutzbaren und getrennt vermietbaren Raumeinheiten besteht, für jede gesondert geprüft.[41]

Der Erlass ist antragsgebunden, der Antrag ist bis zum 31.3.des Folgejahres zu stellen.[42]   68

---

41   Vgl. BFH 27.9.2012 – II R 8/12, BStBl. 2014 II, 117.
42   S. dazu SenFin Berlin 21.1.2009 – III D-G 1163 a-1/2009.

69 **e) Zerlegung des Steuermessbetrags, § 22 GrStG.** Erstreckt sich der Steuergegenstand über mehrere Gemeinden, so ist der Steuermessbetrag in die auf die einzelnen Gemeinden entfallenden Anteile zu zerlegen (Zerlegungsanteile, § 22 Abs. 1 GrStG). Jede Gemeinde erlässt aufgrund des Zerlegungsbescheides für den in ihrem Gebiet liegenden Teil einen **Steuerbescheid**. Bei Grundstücken ist der Steuermessbetrag in dem Verhältnis zu zerlegen, in dem die auf die einzelnen Gemeinden entfallenden Flächengrößen zueinanderstehen (§ 22 Abs. 1 Nr. 2 GrStG). Das selbstständige Zerlegungsverfahren schließt sich an die Einheitswertfeststellung und die Festsetzung des Steuermessbetrags an. Es gelten die Vorschriften über die Festsetzung des Messbetrags mit den Besonderheiten der §§ 185–189 AO.

70 **f) Veranlagung der Steuermessbeträge.** Die Veranlagung der **Steuermessbeträge** erfolgt durch das Finanzamt.

71 **aa) Hauptveranlagung, § 16 GrStG.** Die Steuermessbeträge werden auf den Hauptfeststellungszeitpunkt (§ 221 Abs. 2 BewG) allgemein festgesetzt (Hauptveranlagung). Die aufgrund der Hauptfeststellung zum 1.1.1964 festgestellten **Einheitswerte** liegen der Hauptveranlagung zur Grundsteuer seit dem 1.1.1974 zugrunde. Diese Hauptveranlagung ist maßgebend, solange der Steuermessbetrag nicht neu veranlagt wird.

72 **bb) Neuveranlagung, § 17 GrStG, § 222 BewG.** Eine Neuveranlagung erfolgt, wenn sich am Grundstück oder den Eigentumsverhältnissen etwas geändert hat. Eine Einheitswertfortschreibung (§ 22 BewG) erfolgt, wenn die tatsächlichen Verhältnisse von der letzten Veranlagung abweichen. Hier gibt es **drei Möglichkeiten:**

- Wertfortschreibung, wenn sich der Wert geändert hat,
- Artfortschreibung, wenn sich die Grundstücksart geändert hat,
- Zurechnungsfortschreibung bei Eigentümerwechsel.

73 Es kann auch eine vom Einheitswert unabhängige Neuveranlagung erfolgen oder es können Fehler bei der Veranlagung korrigiert werden.

74 **cc) Nachveranlagung, § 18 GrStG, 223 Abs. 1 BewG.** Eine Nachveranlagung) wird durchgeführt, wenn eine wirtschaftliche Einheit

- neu entsteht, zB durch Parzellierung, oder
- erstmals zur Grundsteuer herangezogen wird, zB wegen Wegfalls der Steuerbefreiung.

75 **g) Steuerverfahren bei der Veranlagung der Steuermessbescheide.** Der Steuermessbescheid ist kein Steuerbescheid, allerdings sind die Vorschriften der AO über Steuerbescheide sinngemäß anzuwenden (§ 184 AO).

76 Sind an einem Steuergegenstand mehrere Personen beteiligt, wird bei der Festsetzung des Messbetrags ein **einheitlicher Steuermessbescheid** an den Empfangsbevollmächtigten erteilt, der für und gegen alle Beteiligten wirkt.

77 Die Finanzämter teilen den Inhalt der Steuermessbescheide denjenigen Gemeinden mit, denen der **Erlass des Grundsteuerbescheids** obliegt (§ 184 Abs. 3 AO).

78 **h) Verfahren der Steuerfestsetzung, Rechtsbehelfe.** Den Grundsteuerbescheid erlässt **die Gemeinde**, in der das Grundstück oder der Betrieb der Land- und Forstwirtschaft liegt. Die Gemeinde setzt die Grundsteuer durch Bescheid fest. Die Gemeinde bestimmt auch, mit welchem Hundertsatz des Steuermessbetrags oder des Zerlegungsanteils die Grundsteuer zu erheben ist (Hebesatz, § 25 Abs. 1 GrStG).

79 Daher ist gegen die Bescheide über Grundsteuerfestsetzung, -erlass und -haftung der **Verwaltungsrechtsweg** (§ 40 VwGO) gegeben.

80 **i) Steuermessbescheid als Grundlagenbescheid.** Der Steuermessbescheid ist Grundlagenbescheid für den **Grundsteuerbescheid.** Wird daher der Steuermessbescheid geändert, zB aufgrund einer Änderung des Einheitswertbescheides, ist von Amts wegen der Grundsteuerbescheid zu ändern (§ 175 Abs. 1 S. 1 AO).

81 **j) Fälligkeit, Vorauszahlungen.** Die Grundsteuer ist **vierteljährlich** zum 15.2., 15.5., 15.8. und 15.11. zu zahlen (§ 28 GrStG). Die Gemeinde können aber Kleinbetragsverordnungen erlassen.

82 Nach § 29 GrStG sind Vorauszahlungen zu leisten, wenn der für das neue Jahr zu erteilende **Steuerbescheid** dem Steuerschuldner nicht vor dem ersten Fälligkeitstermin bekannt gegeben worden ist.

Hofele

2. Reform der Grundsteuer. Das Gesetz wurde am 2.12.2019 im Bundesgesetzblatt[43] veröffentlicht. Die   83
Neuregelungen gelten ab 1.1.2025 (Art. 18 Abs. 3 GrStRefG). Die Bundesländer erheben die Grundsteuer ab
2025 nach den neuen Regeln (§ 266 BewG, § 36 Abs. 1 GrStG).

a) Keine Veränderung der grundsätzlichen Struktur. Die Grundsteuer wird wie bisher in einem **dreistufi-**   84
gen Verfahren berechnet: Bewertung der Grundstücke, Multiplikation der Grundstückswerte mit einer Steuermesszahl und einem Hebesatz der Kommune.

Neu geregelt wird die erste Stufe, die Bewertung der Grundstücke.   85

(Wieder) eingeführt wird die sog. Grundsteuer C: Die Gemeinden können für **baureife, aber unbebaute**   86
Grundstücke einen höheren Hebesatz festlegen, wenn auf diesen keine Bebauung erfolgt. Damit soll die Spe-
kulation verteuert und es sollen finanzielle Anreize geschaffen werden, auf baureifen Grundstücken Wohnungen zu bauen.

b) Grundsatz: Die wertabhängige Bewertung. Anstelle der derzeit geltende Einheitsbewertung erfolgt die   87
Bewertung künftig grundsätzlich wertabhängig.

aa) Unbebaute Grundstücke. Bei einem unbebauten Grundstück ist dafür durch unabhängige Gutachteraus-   88
schüsse ermittelte Wert Bodenrichtwert maßgeblich (vgl. §§ 246, 247 BewG).

bb) „Wohngrundstücke“. Bei bebauten Grundstücken (§ 248 BewG) werden zur Berechnung der Steuer   89
auch Erträge wie **Mieten** berücksichtigt. Bei Ein- und Zweifamilienhäusern, Mietwohngrundstücken und
Wohnungseigentum (§ 249 Abs. 1 Nr. 1–4 BewG) wird das Ertragswertverfahren nach §§ 252–257 angewandt
(§ 256 Abs. 2 BewG). Dazu wird ein vorgegebener durchschnittlicher Sollertrag in Form einer Nettokaltmiete
je Quadratmeter in Abhängigkeit der Lage des Grundstücks angenommen.

Die für die Neuberechnung des Grundbesitzwertes der bebauten Grundstücke **wesentlichen Faktoren** sind   90
- der Bodenrichtwert (vgl. § 256 BewG);
- der Rohertrag (vgl. § 254 BewG), der sich ua aus der Höhe der statistisch ermittelten Nettokaltmiete ergibt. Diese hängt ua von der sog. Mietniveaustufe der jeweiligen Gemeinde ab. Je höher die Mietniveaustufe ist, desto höher ist tendenziell auch die Miete in einer Gemeinde. Die Einordnung der Gemeinden in
  Mietniveaustufen wird vom Bundesfinanzministerium auf Basis von Daten des Statistischen Bundesamtes
  über die Durchschnittsmieten in allen 16 Bundesländern erfolgen.[44] In 15 von 16 Ländern sind die Einzel-
  faktoren über das sog. System „BORIS“ (BOdenRIchtwertSystem) bereits einsehbar (zB für NRW[45] und
  für Bayern);[46]
- die Grundstücksfläche;
- die Immobilienart;
- das Alter des Gebäudes.

Um die Wertsteigerungen auszugleichen, die bis heute gegenüber den seit 1935 bzw. 1964 nicht mehr aktuali-   91
sierten Werten entstanden sind, wird die **Steuermesszahl** gem. § 15 GrStG auf 0,034 % gesenkt. Zur Förderung des sozialen Wohnungsbaus und des kommunalen und genossenschaftlichen Wohnens wird gem. § 15
Abs. 2 GrStG die Steuermesszahl um weitere 25 % gesenkt.

Die Kommunen können wie bisher die Hebesätze anpassen.

cc) Geschäftsgrundstücke. Weil für Geschäftsgrundstücke und andere Grundstücke (vgl. § 249 Abs. 1 Nr. 5–   92
8 BewG) keine statistischen Daten erhoben werden, erfolgt die Bewertung nach dem **vereinfachten Sach-**
wertverfahren (§§ 258–260 BewG). Der Wert der Gebäude (Gebäudesachwert) wird getrennt vom Bodenwert
ermittelt. Der Gebäudesachwert beruht auf den Normalherstellungskosten, die in Anlage 42 zum BewG festgelegt sind.

dd) Land- und Forstwirtschaft. Die Betriebe der Land- und Forstwirtschaft (§§ 232 ff. BewG) werden   93
schon bisher nach einem **Ertragswertverfahren** bewertet. Dieses wird ebenfalls vereinfacht und typisiert. Die

---

43 Gesetz zur Reform des Grundsteuer- und Bewertungsrechts (Grundsteuer-Reformgesetz – GrStRefG) vom
   26.11.2019, BGBl. 2019 I 1794.
44 Vgl. dazu die Ermächtigung in § 263 Abs. 2 BewG.
45 https://www.boris.nrw.de.
46 http://www.boris-bayern.de.

Grundsteuerermittlung für land- und forstwirtschaftliche Betriebe wird künftig durch eine standardisierte Bewertung der Flächen und der Hofstellen erfolgen (§§ 237 ff. BewG).

94 **c) Ausnahme: Die wertunabhängige Bewertung.** Die Bundesländer können die Grundsteuer auch nach einem wertunabhängigen Modell berechnen. Dazu wurde das Grundgesetz geändert. Dieses Modell setzt an der **Fläche** der Grundstücke und der vorhandenen Gebäude an. Die Werte der Grundstücke und der Gebäude bleiben dabei unberücksichtigt. Entstehen den Ländern aufgrund ihrer Entscheidung Steuermindereinnahmen, dürfen sie nicht im Länderfinanzausgleich berücksichtigt werden.

V. Grunderwerbsteuer

95 Die Grunderwerbsteuer knüpft enger an das Zivilrecht an als die Einkommensteuer. Besteuert wird der **Rechtsträgerwechsel** eines Grundstücks, es handelt sich somit um eine Rechtsverkehrsteuer. Tatbestandlich erfasst sind der mittelbare, der unmittelbare oder der fiktive Erwerb eines Grundstücks oder der Eigentumsübergang als solcher. Es wird also die Änderung des Rechts an einem Grundstück besteuert, auch wenn sie wirtschaftlich nicht dem Eigentum entspricht. So unterliegt auch die Sicherungsübereignung der Grunderwerbsteuer, aber nicht die bloße Grundbuchberichtigung.

Es werden immer wieder Bedenken gegen die Verfassungsmäßigkeit der Grunderwerbsteuer erhoben (zur Reform siehe → Rn. 129). Die bis 2015 geltende damalige Regelung für die sog. Ersatzbemessungrundlage in § 8 Abs. 2 GrEStG war verfassungswidrig[47] und wurde daraufhin geändert. Dagegen ist die Festsetzung von Grunderwerbsteuer für den Kauf eines Hauses einer Familie für Wohnzwecke verfassungsgemäß.[48]

96 **1. Steuergegenstand.** Die in § 1 GrEStG aufgezählten Tatbestände sind enumerativ. Maßgeblich ist im Kern, ob zivilrechtlich oder wirtschaftlich ein Rechtsträgerwechsel stattfindet. Die **wesentlichen Vorgänge** sind

- Kaufvertrag, § 1 Abs. 1 Nr. 1 GrEStG,
- Tauschvertrag, § 1 Abs. 5 GrEStG,
- Meistgebot im Zwangsversteigerungsverfahren, § 1 Abs. 1 Nr. 4 GrEStG,
- Schenkung unter Auflage, § 3 Nr. 1 S. 2 GrEStG,
- Umwandlungsvorgänge, § 1 Abs. 1 Nr. 3 GrEStG.

97 § 1 Abs. 2 a, Abs. 3 oder Abs. 3 a GrEStG sind Hintergrund der ominösen „share-deals": Beim Erwerb von weniger als 95 % der Anteile an einer grundstückshaltenden Gesellschaft entsteht nach auf die zum Vermögen der Gesellschaft gehörenden Grundstücke keine Grunderwerbsteuer (share-deal). Werden jedoch Anteile am Grundstück direkt erworben (**asset-deal**), entsteht Grunderwerbsteuer in normaler Höhe.

98 § 2 „definiert", was Grundstücke iSd GrEStG sind bzw. was als Grundstück gilt.

99 **2. Allgemeine Ausnahmen von der Besteuerung.** „Ausgenommen" von der Besteuerung sind in § 3 GrEStG zB

- Bagatellgrundstücke (**Freigrenze** von 2.500 EUR, § 3 Nr. 1 GrEStG),
- Grundstückserwerb von Todes wegen und Grundstücksschenkungen § 3 Nr. 2 GrEStG,
- Erwerb eines Nachlassgrundstücks durch Miterben zur Teilung der Erbengemeinschaft, § 3 Nr. 3 GrEStG,
- Ehegattenerwerb nach § 3 Nr. 4 GrEStG.

100 Es handelt sich um personenbezogene Vergünstigungen, die durch ein persönliches Verhältnis zwischen demjenigen geprägt werden, der sein Recht am Grundstück aufgibt, und dem, der es erhält.

101 **3. Besondere Ausnahmen von der Besteuerung.** § 4 GrEStG privilegiert den Staat, in dem er Ausnahmen für juristische Personen regelt. Subjektiv werden alle Personen des öffentlichen Rechts ausgenommen. Diese wird objektiv dadurch wieder eingeschränkt wird, dass das Grundstück nicht überwiegend einem von der juristischen Person des öffentlichen Rechts unterhaltenen Betrieb gewerblicher Art dienen darf.

102 **4. Übergang auf eine Gesamthand, Übergang von einer Gesamthand.** Die Regelungen in §§ 5 und 6 GrEStG stellen den Erwerb zwischen einer Gesamthand und ihren Mitgliedern (teilweise) steuerfrei.

---

47 BVerfG 23.6.2015 – 1 BvL 13/11, 1 BvL 14/11, BVerfGE 139, 285.
48 FG Münster 20.8.2020 – 8 K 470/19 GrE, BeckRS 2020, 24600, Revision wurde nicht zugelassen.

Hofele

5. Umwandlung von gemeinschaftlichem Eigentum in Flächeneigentum. § 7 GrEStG lässt den Teil des 103
Wertes **steuerfrei**, der dem Rechtsträger bereits vor der Rechtsänderung als Anteil am Gesamt- oder Bruchteilseigentum zuzurechnen war:

Gehört ein Grundstück mehreren **Miteigentümern** und teilen diese es flächenweise, wird die Steuer nicht er- 104
hoben, soweit der Wert des Teilgrundstücks, das der einzelne Erwerber erhält, dem Bruchteil entspricht, zu
dem er am gesamten zu verteilenden Grundstück beteiligt ist (§ 7 Abs. 1 GrEStG).

Ähnliches gilt nach § 7 Abs. 2 GrEStG, wenn das Grundstück einer Gesamthand gehört, wobei hier eine Be- 105
haltensfrist von fünf Jahren greift (§ 7 Abs. 3 EStG).

Besondere Probleme stellen sich, wenn Wohnungseigentumseinheiten im Eigentum einer GbR stehen.[49] 106

Zur Bemessungsgrundlage in diesem Fall → Rn. 118.

6. Wohnungseigentum. a) Begründung und Auflösung der Gemeinschaft. Die Begründung von Woh- 107
nungseigentum durch den Eigentümer nach § 8 WEG[50] stellt keinen Rechtsträgerwechsel und damit keinen
Erwerbsvorgang iSd § 1 GrEStG dar.[51]

Die Begründung von **Sondereigentum** im Wege der Teilung nach § 3 WEG erfüllt grundsätzlich den Tatbe- 108
stand des § 1 Abs. 1 GrEStG. Denn durch die Beschränkung des Miteigentums werden Miteigentumsanteile
aufgegeben und zu Alleineigentum erworben. Allerdings greift nach der Rechtsprechung § 7 GrEStG ein, weil
sich das Sondereigentum ebenso auf reale Teile des Grundstücks bezieht wie das Flächeneigentum.

Als „flächenweise" Teilung iSv § 7 GrEStG ist auch die Begründung von **Wohnungseigentum** oder Sonderei- 109
gentum anzusehen,[52] wobei es irrelevant ist, ob die Teilung nach § 3 WEG vorgenommen wird oder eine nach
§ 8 WEG vorgenommene Teilung die Verteilung der Wohnungs- oder Sondereigentumseinheiten ermöglicht.[53]

Das Gleiche gilt bei der Auflösung der Gemeinschaft der Wohnungseigentümergemeinschaft, da in diesem 110
Fall sich der Anteil der Miteigentümer nach § 11 Abs. 3 WEG[54] nach dem Verhältnis der Werte ihrer
Wohnungs- bzw. Teileigentumsrechte zur Zeit der Aufhebung der Gemeinschaft bemisst. Auch hier gilt der
Rechtsgedanke des § 7 GrEStG, solange die Bruchteile unverändert bleiben.[55]

b) Voraussetzung: Keine Anteilsveränderung. Wird das Anteilsverhältnis verändert, fällt in Höhe des 111
Mehrwerterwerbs Grunderwerbsteuer an.[56] Das gilt auch bei der Auflösung.[57]

c) Zusammenhängender Zeitraum bei § 8 WEG. Die (flächenweise) Aufteilung eines einer Gesamthand 112
gehörenden Grundstücks durch die Gesamthänder in Wohnungseigentum erfordert bei einem Vorgehen nach
§ 8 WEG zivilrechtlich zwei Rechtsakte. Zum einen wird das Grundstück im Rechtssinne durch **Teilungserklärung** (§ 8 WEG) in mehrere selbstständige Grundstücke im Rechtssinne (Eigentumswohnungen) geteilt.
Dieser Vorgang unterliegt mangels Rechtsträgerwechsels nicht der Grunderwerbsteuer. Er kann jedoch bewirken, dass durch die Aufteilung in Wohnungseigentum mehrere wirtschaftliche Einheiten entstehen. Zum ande-

---

49 Vgl. FG Nürnberg 18.1.2018 – 4 K 557/17, BeckRS 2018, 4238 zur grunderwerbsteuerlichen Behandlung, wenn
     diese Einheiten im Zuge der Auseinandersetzung der GbR „verteilt" werden.
50 Die Norm ist insoweit durch das Wohnungseigentumsmodernisierungsgesetz – WEMoG vom 16.10.2020, BGBl. I
     2187, nicht geändert worden.
51 S. aber zur Auflösung einer GbR und gleichzeitiger Aufteilung eines Mehrfamilienhauses BFH 22.5.2019 – II, R
     20/17, DStR 2019, 2317.
52 Vgl. BFH-Urteile in: BFHE 131, 100, BStBl. II, 1980, 667, und BFH 12.10.1988 – II-R 6/86, BFHE 154, 387,
     BStBl. II, 1989, 54, 55.
53 Vgl. BFH 13.12.1978 – II-R 92/76, BFHE 127, 67, BStBl. II, 1979, 343; BFH 16.2.1994 – II, R 96/90 BFH/NV
     1995, 156.
54 Bisher: § 17 WEG aF. Die Regelungen des geltenden § 17 werden in § 11 Abs. 3 des Entwurfs übernommen, BT-
     Drs. 19/18791, 56.
55 FinMin. Baden-Württemberg: Aufhebung von Sondereigentum Erlass vom 27.9.2005 – 3-S 4514/19, DStR 2005,
     1774.
56 BFH 30.7.1980 – II, R 19/77; BFH 6.7.1977 – II, R 33/76, BeckRS 1977, 22004109.
57 FinMin. Baden-Württemberg: Aufhebung von Sondereigentum Erlass vom 27.9.2005 – 3-S 4514/19, DStR 2005,
     1774.

ren sind die neu entstandenen Eigentumswohnungseinheiten auf die Gesamthänder zu übertragen. Erst dieser Vorgang löst die Grunderwerbsteuer aus.[58]

113   Die Begünstigung greift aber nur, wenn die beiden Rechtsakte nicht zu lange auseinanderliegen. Nach seinem Wortlaut schreibt § 7 Abs. 2 GrEStG zwar keinen zeitlichen Zusammenhang zwischen den zu einer flächenmäßigen Aufteilung des Grundstücks unter den Gesellschaftern notwendigen Rechtsakten vor. Aus **Sinn und Zweck** der Vorschrift folgt aber, dass ein gewisser zeitlicher Zusammenhang bestehen muss. Daher ist erforderlich, dass die zur Aufteilung erforderlichen Rechtsakte aufgrund planmäßiger Durchführung in engem zeitlichen und sachlichen Zusammenhang erfolgen.[59] Im Streitfall lagen zwischen diesen beiden Rechtsakten ein Zeitraum von fast zwei Jahren, was zu lange war.

114   **d) Späterer Tausch.** § 7 GrEStG greift auch bei einem späteren Tausch der jeweils zugeordneten Einheiten unter den einzelnen **Miteigentümern** nicht ein. Der nach § 7 Abs. 1 GrEStG begünstigte Erwerbsvorgang wird durch die Begründung der jeweiligen Ansprüche auf bestimmte, noch einzutragende Sondereigentumseinheiten verwirklicht, so dass nachfolgende Tauschverträge nicht mehr der Teilung des Grundstücks dienen.[60]

115   **7. Bemessungsgrundlage. a) Grundsatz.** Maßgeblich ist der Wert der „Gegenleistung" (§§ 8 Abs. 1 iVm 9 GrEStG). Dies ist bei einem Kauf regelmäßig der vereinbarte Kaufpreis einschließlich der eventuell übernommenen sonstigen Leistungen. Bei laufenden Zahlungen sind die allgemeinen Regeln des **Bewertungsrechts** maßgebend.

116   Werden zusammen mit einer Immobilie durch gesonderten Vertrag gebrauchte bewegliche Gegenstände veräußert, wird hierfür **keine Grunderwerbsteuer** fällig. Das gilt jedenfalls für werthaltige Gegenstände und wenn keine Anhaltspunkte für unrealistische Kaufpreise bestehen.[61]

117   Der **Kaufpreis** stellt auch dann seinem Wert nach die Bemessungsgrundlage dar, wenn er ungewöhnlich niedrig ist und dadurch hinter dem Wert des Grundstücks zurückbleibt.[62] Der Kaufpreis kann aber nicht durch Aufteilung künstlich niedrig gehalten werden. Sofern keine Gegenleistung ermittelt werden kann, wird die Steuer nach den Grundbesitzwerten nach § 138 Abs. 3 oder 3 BewG bemessen.

118   Bei besonderen Fallgestaltungen ist die Bemessungsgrundlage ggf. anders zu bestimmen.[63]

119   **b) Erhaltungsrücklage bei der Gemeinschaft der Wohnungseigentümer.** Der Übergang des Anteils an der angesammelten Erhaltungsrücklage auf den Erwerber einer Eigentumswohnung unterliegt nicht der GrESt. Beim **Erwerb einer Eigentumswohnung** ist der gleichzeitige Erwerb eines in der Erhaltungsrücklage nach § 19 Abs. 2 Nr. 4 WEG[64] angesammelten Guthabens durch den Erwerber nicht in die grunderwerbsteuerrechtliche Gegenleistung einzubeziehen.[65]

120   **8. Steuersatz.** § 11 Abs. 1 GrEStG legt 3,5 % fest. Art. 105 Abs. 2 a GG erlaubt den Bundesländern, diesen einseitig zu verändern:

Bundesland	St. Satz	Gültig seit
Bayern	3,50 %	1998
Sachsen	3,50 %	1998
Hamburg	4,50 %	1.1.2009
Baden-Württemberg	5,00 %	5.11.2011
Bremen	5,00 %	1.1.2014

---

58   BFH 16.2.1994 – II, R 96/90, BFH/NV 1995, 156; diese Konstruktion ist durch das WEMoG nicht verändert worden.
59   BFH 16.2.1994 – II, R 96/90, BFH/NV 1995,156.
60   BFH 12.10.1988 – II, R 6/86, BStBl. 1989 II, 54.
61   FG Köln 8.11.2017 – 5 K 2938/16, NWB 2018, 2836.
62   BFH BStBl. II, 1969, 668; BFH BStBl. II, 2003, 483.
63   Zu Bemessungsgrundlage bei Auseinandersetzung einer GbR und gleichzeitiger Aufteilung eines Mehrfamilienhauses in Wohnungseigentum, vgl. BFH 22.5.2019 – II, R 20/17, DStR 2019, 2317.
64   Bisher: Instandhaltungsrückstellung nach § 21 Abs. 5 Nr. 4 WEG aF.
65   BFH 9.10.1991 – II, R 20/89.

Hofele

Mecklenburg-Vorpommern	5,00 %	1.7.2012
Niedersachsen	5,00 %	1.1.2014
Rheinland-Pfalz	5,00 %	1.3.2012
Sachsen-Anhalt	5,00 %	1.3.2012
Berlin	6,00 %	1.1.2014
Hessen	6,00 %	1.8.2014
Brandenburg	6,50 %	1.7.2015
Nordrhein-Westfalen	6,50 %	1.1.2015
Saarland	6,50 %	1.1.2015
Schleswig-Holstein	6,50 %	1.1.2014
Thüringen	6,50 %	1.1.2017

9. Steuerschuldner. Steuerschuldner sind die an dem Erwerbsvorgang beteiligten Personen als Gesamt-   121
schuldner, § 13 GrEStG. Dies sind idR der Käufer und der Verkäufer.

Das Finanzamt ist bei der Ermessensauswahl jedoch beschränkt. Es soll sich vorrangig an denjenigen wenden,   122
der die Steuer im Innenverhältnis übernommen hat. Dieses ist idR der Erwerber. Ertragsteuerlich führt die
Zahlung der **Grunderwerbsteuer** zu Anschaffungsnebenkosten.

Bei einer **Kaufvertragsaufhebung** nach § 16 GrEStG kann unter bestimmten Voraussetzungen auf Antrag die   123
Steuer nicht festgesetzt oder die Steuerfestsetzung aufgehoben werden.

10. Verfahren. a) Anzeigepflicht. Gerichte, Behörden und Notare haben dem zuständigen Finanzamt über   124
bestimmte Vorgänge schriftlich Anzeige nach amtlich vorgeschriebenem Vordruck zu erstatten (§ 18 GrEStG).

b) § 16 GrEStG – Aufhebung und Änderung. Die Steuervergünstigung des § 16 GrEStG ist als Verfahrens-   125
vorschrift ausgestaltet und gibt in bestimmten Fällen einen **Anspruch auf Nichtfestsetzung der Steuer** bzw.
Aufhebung oder Änderung der Steuerfestsetzung. Voraussetzung einer Rückgängigmachung iSd § 16 Abs. 1
GrEStG ist, dass der Verkäufer durch die Rückgängigmachung seine Verfügungsmacht über das Grundstück
zurückerhält und der Vertrag tatsächlich rückgängig gemacht wird.

Nach § 16 Abs. 2 GrEStG gilt Ähnliches bei einem **Rückerwerb durch den Veräußerer**. Hier wird bei Vor-   126
liegen der Voraussetzungen auf Antrag sowohl für den Rückerwerb als auch für den vorausgegangenen Erwerb die Steuer nicht festgesetzt oder die Steuerfestsetzung aufgehoben.

§ 16 Abs. 3 GrEStG regelt eine Herabsetzung der Steuer, wenn die Gegenleistung herabgesetzt wird.   127

11. Der „Einheitliche Erwerbsgegenstand". Beim Erwerb von Wohnungseigentum spielt diese Frage nur   128
am Rande eine Rolle, da stets das „bebaute Grundstück gekauft wird.

Exkurs: Problematisch sind aber die Fälle, in denen nicht „nur" ein unbebautes Grundstück gekauft wird,
sondern auch ein Auftrag zum Bau eines Hauses erteilt wird. Hier hat die Rechtsprechung die Figur des „einheitlichen Vertragswerks" entwickelt: Im Zeitpunkt des Verkaufs wird fingiert, dass der Käufer ein bereits „bebautes Grundstück" kauft. Als Folge davon unterliegt der Grunderwerbsteuer nicht nur der Kaufpreis für das
unbebaute Grundstück („kleine Grunderwerbsteuer"), sondern es sind auch die Baukosten für das noch zu errichtende Bauwerk zur Ermittlung der Grunderwerbsteuer heranzuziehen („große Grunderwerbsteuer"). Erschwerend kommt weiter hinzu, dass die Umsatzsteuer auf die Baukosten auch in die Bemessungsgrundlage
einfließt.[66] Für ein einheitliches Vertragswerk kann es schon reichen, wenn Haus- und Grundstücksverkäufer
zusammenarbeiten. Dabei reicht es auch schon, wenn der Makler für beide tätig ist, auch wenn der Käufer das
gar nicht weiß und es für ihn auch nicht erkennbar ist.[67]

12. Geplante Änderungen gegen „Share Deals". Schon seit Längerem laufen Planungen, um verschärfende   129
Maßnahmen gegen Share Deals in die Wege zu leiten. Die Neuregelung sollte ursprünglich am 1.1.2020 in

---

66 BFH 6.7.2016 – II, R 5/15, BStBl. 2016 II, 895; BFH 8.3.2017 – II, R 38/14.
67 BFH 19.6.2013 – II, R 3/12; *Hofele* GE 2014, 377; zum Ganzen: Gleichlautende Ländererlasse, 20.9.2017, S 4521.

Kraft treten, die Beratungen wurden aber in das Jahr 2020 verschoben. Insbesondere soll § 1 Abs. 2 a GrEStG geändert werden. Vorgesehen ist eine Erweiterung des Zeitraums von fünf auf zehn Jahre sowie Veränderung der **Mindestübertragungsquote** an gesellschaftlichen Vermögensbeteiligungen von 95 % auf 90 %. § 1 Abs. 2 a GrEStG, bisher nur auf Gesamthandsgemeinschaften bezogen, soll durch einen § 1 Abs. 2 b GrEStG ergänzt werden und dann auch inhaltsgleich für Kapitalgesellschaften gelten. Auch die Frist des § 6 GrEStG soll laut Entwurf auf zehn Jahre, in konkreten Einzelfällen sogar auf 15 Jahre erweitert werden.[68]

VI. Umsatzsteuer – laufende Besteuerung

→ *Umsatzsteuer* Rn. 21 ff., 74 ff.

VII. Umsatzsteuer- Erwerb und Veräußerung

130 **1. Umsatzsteuerbefreiung von Grundstückslieferungen.** Der Verkauf eines Grundstücks ist nach § 4 Nr. 9 lit. a UStG steuerfrei, weil der Umsatz unter das **Grunderwerbsteuergesetz** fällt. Nach § 1 Abs. 1 GrEStG unterliegen schuldrechtliche bzw. dingliche Rechtsgeschäfte, die sich auf die Übertragung inländischer Grundstücke beziehen, der Grunderwerbsteuer.

131 Verkauft ein Eigentümer sein selbstgenutztes **Wohnungseigentum**, ist dieser Vorgang schon nicht umsatzsteuerbar, weil der Verkäufer kein Unternehmer ist. Ein Verkauf von vermietetem Wohnungseigentum ist dagegen umsatzsteuerbar, aber nach § 4 Nr. 9 lit. a UStG umsatzsteuerbefreit.

132 Auch der Verkauf durch einen Bauträger, der die Wohnung errichtet und an eine Privatperson verkauft, ist umsatzsteuerbar, aber **umsatzsteuerfrei**. Wegen dieser Steuerfreiheit kann der Bauträger aus den Kosten (seinen Eingangsumsätzen), die er aus der Errichtung des Gebäudes hatte, keine Vorsteuer geltend machen. Er muss daher die Umsatzsteuer in den Kaufpreis einkalkulieren.

Bei der Veräußerung sind zwei Fragen zu prüfen:

133 Der Erwerber wird die Umsatzsteuer nur zahlen wollen, wenn er selbst eine Nutzung vorhat, die ihn zum **Vorsteuerabzug** berechtigt. Nur dann ist die Option zur Umsatzsteuer durch den Verkäufer für ihn von Interesse. Außerdem ist vorher zu klären, ob bzw. für wen sich eine Pflicht zur Berichtigung eines schon geltend gemachten Vorsteuerabzugs nach § 15 a UStG ergibt.

134 **2. Option zur Umsatzsteuer.** Der Verkäufer kann zur Umsatzsteuer optieren (§ 9 Abs. 1, 4 Nr. 9 lit. a UStG), wenn er das Grundstück **an einen Unternehmer für dessen Unternehmen** liefert. Der Verkäufer ist hier nicht an die Einschränkungen des § 9 Abs. 2 UStG gebunden, da die Norm zwar auf § 4 Nr. 9 lit. a UStG verweist, sich aber ausdrücklich nur auf die Bestellung und Übertragung von Erbbaurechten und nicht auf die Veräußerung von Grundstücken bezieht. Stets ist aber zu prüfen, ob eine Geschäftsveräußerung im Ganzen vorliegt (→ Rn. 144 ff.).

135 **3. Korrektur der Vorsteuer, § 15 a UStG.** Entfallen innerhalb von **zehn Jahren** nach Beginn der erstmaligen Verwendung des Gebäudes, die für den Vorsteuerabzug maßgeblichen Verhältnisse, muss ein geltend gemachter Vorsteuerabzug gem. § 15 a Abs. 1 UStG berichtigt werden. Der Veräußerer muss gezogene Vorsteuer zeitanteilig zurückzahlen. Gem. § 15 a Abs. 2 UStG erfolgt die Rückzahlung zu einem 10tel für jedes Kalenderjahr der Änderung.

136 Verkauft ein Eigentümer sein Sondereigentum, welches er mit **Umsatzsteuer** erworben und dann umsatzsteuerpflichtig vermietet hat, und optiert seinerseits beim Verkauf nicht zur Steuerpflicht, muss er gem. § 15 a UStG die in den letzten zehn Jahren geltend gemachte Vorsteuer pro rata temporis „zurückzahlen".

137 Dies gilt aber nicht, wenn eine Geschäftsveräußerung im Ganzen vorliegt, dann trifft diese Verpflichtung ggf. den Erwerber, → Rn. 144 ff.

---

68 Gesetzgebungsstand per 1.11.2020: Überweisung an die Ausschüsse unter Federführung des Finanzausschusses nach der ersten Lesung im Bundestag vom 27.9.2019, Gegenäußerung der Bundesregierung zur Stellungnahme des Bundesrates vom 25.9.2019 (BT-Drs. 19/13546), Stellungnahme des Bundesrates vom 20.9.2019 (BR-Drs. 355/19 (Beschluss)), Regierungsentwurf vom 31.7.2019 (BR-Drs. 355/19 vom 9.8.2019).

Hofele

4. Ausübung der Option im Kaufvertrag – Übergang der Steuerschuldnerschaft. Nach § 9 Abs. 3 S. 2   138
UStG kann die Option bei einem Verkauf nur in dem gem. § 311 b Abs. 1 BGB notariell zu beurkundenden
Vertrag erklärt werden. Zur Problematik bei der Frage, ob eine Geschäftsveräußerung im Ganzen vorliegt,
→ Rn. 144 ff.

Dadurch soll der Erwerber geschützt werden. Im Fall der Option des Veräußerers geht gem. § 13 b Abs. 2 Nr. 3   139
UStG die Steuerschuldnerschaft auf den Käufer über (auch reverse-charge-Regelung genannt). Durch die Re-
gelung in § 9 Abs. 3 UStG soll verhindert werden, dass der Verkäufer erst nachträglich optiert und damit der
Erwerber die Umsatzsteuerlast zu tragen hätte.

Der Verkäufer ist nach § 14 a Abs. 5 UStG zur **Ausstellung einer Rechnung** ohne Umsatzsteuerausweis mit   140
der Angabe „Steuerschuldnerschaft des Leistungsempfängers" verpflichtet.

Wird der Kaufvertrag zugleich als Rechnung ausgestaltet, entsteht die **Umsatzsteuer** sofort. Sonst entsteht sie   141
erst mit Rechnungsausstellung, spätestens mit Ablauf des Monats, in dem der Nutzen-Lasten-Wechsel erfolgt
(„Ausführung der Leistung", § 13 b Abs. 2 UStG). Der Erwerber kann die Vorsteuer erst abziehen, wenn die
Leistung ausgeführt ist (§ 15 Abs. 1 UStG).

Im Regelfall muss der Verkäufer die Umsatzsteuer abführen, die er vom Käufer zusammen mit dem Kaufpreis   142
erhält. Im Falle des Grundstücksverkaufs mit Option des Verkäufers muss der Käufer die Umsatzsteuer direkt
an das Finanzamt abführen. Dies kann einen **Liquiditätsnachteil** für den Käufer darstellen, weil er uU die
Umsatzsteuer schon an das Finanzamt abführen muss, aber die Vorsteuer erst später geltend machen kann:

Beispiel: V verkauft ein noch zu renovierendes Teileigentum mit Option zur Umsatzsteuer am 12.1.2000.   143
Lastenwechsel soll nach Fertigstellung 30.11.2000 sein. Wird der Kaufvertrag als Rechnung ausgestaltet, entsteht die Umsatzsteuer gem. § 13 b Abs. 2 Nr. 3 UStG „mit Ausstellung der Rechnung", also sofort. K muss
die Umsatzsteuer also sofort zahlen, er kann sie aber erst dann als Vorsteuer abziehen, wenn der Lastenwechsel stattfindet. Daher ist es für K besser, wenn V die Rechnung erst bei Lastenwechsel ausstellt. Dann kann er
die Vorsteuer im Monat der Zahlung der Umsatzsteuer geltend machen.

5. Geschäftsveräußerung im Ganzen. Bei einer Veräußerung von Grundstücken ist immer auch zu prüfen,   144
ob eine **nicht steuerbare** Geschäftsveräußerung nach § 1 Abs. 1 a UStG vorliegt.

a) Voraussetzungen. Danach unterliegen die Umsätze im Rahmen einer Geschäftsveräußerung an einen an-   145
deren Unternehmer für dessen Unternehmen nicht der Umsatzsteuer. Eine **Geschäftsveräußerung** liegt vor,
wenn ein Unternehmen oder ein in der Gliederung eines Unternehmens gesondert geführter Betrieb im Ganzen
entgeltlich oder unentgeltlich übereignet wird. Der erwerbende Unternehmer tritt an die Stelle des Veräußerers. Weitere Voraussetzung ist allerdings, dass der erwerbende Unternehmer auch die Absicht hat, den Betrieb
fortzuführen.

Auch beim Verkauf eines von mehreren vermieteten Grundstücken unter Fortführung des Mietvertrags durch   146
den Erwerber kann eine nicht steuerbare Geschäftsveräußerung vorliegen, wenn ein gesondert geführter Betrieb im Ganzen übereignet wird. Ein **vermietetes Grundstück** ist ein wirtschaftlich selbstständiger Teilbe-
trieb. Tritt der Erwerber in die Mietverträge ein, kann er grundsätzlich die unternehmerische Tätigkeit ohne
nennenswerte finanzielle Aufwendungen fortsetzen. Von der Übertragung eines gesondert geführten Betriebs
ist auch dann auszugehen, wenn der Eigentümer eines Grundstücks, das nach dem Wohnungseigentumsgesetz
aufgeteilt ist, nur ein Teileigentum veräußert.[69]

Die Lieferung eines weder vermieteten noch verpachteten Grundstücks ist im Regelfall keine Geschäftsver-   147
äußerung.[70]

Ist der Gegenstand der Geschäftsveräußerung ein Vermietungsunternehmen, muss der Erwerber umsatzsteuer-   148
rechtlich die Fortsetzung der Vermietungstätigkeit beabsichtigen.[71] Daher liegt keine Geschäftsveräußerung im
Ganzen, sondern eine Lieferung vor, wenn **der Mieter** das vermietete Grundstück kauft.[72]

---

69 OFD Karlsruhe 19.2.2015 – S 7100 b – Karte 1 unter 5.
70 BFH 11.10.2007 – V R 57/06, BStBl. 2008 II, 447.
71 BFH 6.5.2010 – V R 26/09, BStBl. 2010 II, 1114.
72 BFH 24.9.2009 – V R 6/08, BStBl. 2010 II, 315, UStAE Abschnitt 1.5 Abs. 2 S. 3.

149 Der Verkauf durch einen Bauträger stellt idR **keine Geschäftsveräußerung** im Ganzen dar, weil der Bauträ-ger kein „Vermietungsunternehmer" ist. Anders ist das aber, wenn der Bauträger die Objekte selbst schon weitgehend vermietet hat und die vermieteten Objekte verkauft.[73]

150 **b) Folgen.** Es liegt **kein steuerbarer** Vorgang vor. Es kann keine Umsatzsteuerpflicht ausgelöst werden. Ein „Verzicht auf die Nichtsteuerbarkeit" ist nicht möglich.

151 In diesem Fall muss der Veräußerer keine **Vorsteuerkorrektur** nach § 15 a UStG durchführen, vielmehr tritt der Erwerber in diese Pflicht ein. Nach § 15 a Abs. 10 S. 1 UStG wird bei einer Geschäftsveräußerung im Gan-zen der nach den Abs. 1 und 5 maßgebliche Berichtigungszeitraum nicht unterbrochen.[74]

152 Aus der Sicht Verkäufers ist die Regelung von Vorteil, denn das Risiko einer möglichen **Vorsteuerberichti-gung** geht nach § 15 a UStG auf den Erwerber über. Der Erwerber dürfte es vorziehen, das Grundstück nicht steuerbar zu erwerben, damit das Risiko der Vorsteuerberichtigung nach § 15 a UStG nicht auf ihn übergeht.

153 **c) Beispiel.** Eine Geschäftsveräußerung im Ganzen kann beim Verkauf eines **Teileigentums** vorliegen.[75]

154 **Beispiel:** V hatte sein Teileigentum im Jahr 2000 mit Umsatzsteuer gekauft und aufwändig renoviert und ab 1.1.2001 an einen Einzelhändler mit Umsatzsteuer vermietet. Er verkauft es zum 31.12.2007 an K. K tritt gem. § 566 BGB in das Mietverhältnis ein und führt es weiter. In diesem Fall liegt eine nicht steuerbare Geschäfts-veräußerung vor. Der Vorgang ist nicht steuerbar, die Frage der Option stellt sich nicht.[76]

155 Wenn K nach dem Erwerb das Mietverhältnis, in das er eingetreten ist, beendet (unterstellt, das ist zivilrecht-lich möglich) und die Räume selbst für seinen eigenen Betrieb nutzt, liegt keine Geschäftsveräußerung im Ganzen vor. K führt den „Vermietungsbetrieb" des V nicht fort. Die Veräußerung ist steuerbar. Ist das abseh-bar, kann V in diesem Fall auch zur Steuerpflicht gem. § 9 Abs. 2 UStG optieren. Allerdings liegt es allein in der Entscheidung des V, ob er optiert.

156 Im Grunde kommt es für die Beurteilung darauf an, was der Käufer mit dem Objekt vorhat: Daher muss sich vorrangig der Käufer überlegen, was er mit dem Objekt machten will.

157 Wenn K im Beispielsfall das Mietverhältnis weiterführt, tritt er in den 10-jährigen Vorsteuerberichtigungszeit-raum des V nach § 15 a UStG ein. Dieser endet Ende 2022. Führt K das Mietverhältnis solange weiter, kommt es nicht zur Umsatzsteuerkorrektur.

158 Nimmt K aber eine **Nutzungsänderung** vor, trifft ihn gegebenenfalls die Pflicht zur Vorsteuerkorrektur nach § 15 a UStG. Problematisch wird es, wenn das Problem nicht gesehen wird: Unterbleibt die Option durch V, und ändert K die Nutzung später, indem er den Laden zB steuerfrei vermietet, muss K die Vorsteuerbeträge korrigieren, die V seinerzeit bei der Anschaffung des Teileigentums geltend gemacht hatte. Zwar muss ihm V die dazu notwendigen Angaben machen (§ 15 a Abs. 10 S. 2 UStG), aber wirtschaftlich ist K dann belastet.

159 Umgekehrt gilt: Kündigt V vor Veräußerung das Mietverhältnis, liegt **keine Geschäftsveräußerung** im Gan-zen vor. Denn K übernimmt jetzt kein „Vermietungsunternehmen" mehr. Daher liegt eine nach § 4 Nr. 9 lit. a. UStG steuerfreie Grundstücklieferung von V an K vor. Wenn V nicht optiert, löst diese steuerfreie Lieferung an K nunmehr bei V die Folgen des § 15 a UStG aus (§ 15 a Abs. 8 iVm Abs. 9 UStG).

160 **d) Geschäftsveräußerung im Ganzen – Ausübung der Option.** Oft ist im Zeitpunkt des Verkaufs schlicht nicht klar, ob eine Geschäftsveräußerung im Ganzen vorliegt oder ob es sich um eine **steuerbare Lieferung** handelt. Wegen der unterschiedlichen Folgen, die weitreichend sein können, lässt es die Finanzverwaltung zu, „Alternativ-," oder „Doppelverträge" zu schließen: „Im Rahmen einer Geschäftsveräußerung im Ganzen kommt eine Option grundsätzlich nicht in Betracht. Gehen die Parteien jedoch im Rahmen des notariellen Kaufvertrags übereinstimmend von einer Geschäftsveräußerung im Ganzen aus und beabsichtigen sie ledig-lich für den Fall, dass sich ihre rechtliche Beurteilung später als unzutreffend herausstellt, eine Option zur Steuerpflicht, gilt diese vorsorglich und im Übrigen unbedingt im notariellen Kaufvertrag erklärte Option als mit Vertragsschluss wirksam".[77]

---

73 BFH 12.8.2015 – XI R 16/14 BeckRS 2015, 96114.
74 UStAE Abschnitt 15 a.10, Abschnitt 15 a.2 Abs. 3.
75 OFD Karlsruhe 19.2.2015 – S 7100 b – Karte 1 unter 5.
76 Vgl. dazu instruktiv BFH 12.8.2015 – XI R 16/14, BeckRS 2015, 96114.
77 UStAE Abschnitt 9.1 Abs. 3 S. 2 und 3.

Hofele

VIII. Zweitwohnungssteuer

Es handelt sich um eine **kommunale Steuer.** Die Steuer fließt den Gemeinden zu und ist von Gemeinde zu **161** Gemeinde in der jeweiligen Satzung geregelt; es gibt daher Unterschiede bei den Voraussetzungen und auch der Höhe der Steuer.

1. Verfassungsmäßigkeit. Eine Zweitwohnungssteuer kann als örtliche Aufwandsteuer iSd Art. 105 Abs. 2 a **162** GG erhoben werden. Aufwandsteuern sind Steuern auf die **wirtschaftliche Leistungsfähigkeit,** die in der Verwendung des Einkommens für den persönlichen Lebensbedarf zum Ausdruck kommt. Das Innehaben einer weiteren Wohnung für den persönlichen Lebensbedarf (Zweitwohnung) neben der Hauptwohnung ist ein Zustand, der gewöhnlich die Verwendung von finanziellen Mitteln erfordert und in der Regel wirtschaftliche Leistungsfähigkeit zum Ausdruck bringt. Auf die Dauer des Innehabens kommt es grundsätzlich nicht an. Auch der vorübergehende Gebrauch stellt einen steuerpflichtigen Aufwand dar, wenn er der persönlichen Lebensführung dient.[78]

2. Steuerpflicht. Steuerpflichtig sind idR alle Personen, die in den jeweiligen Ort eine Zweitwohnung innehaben, **163** also insbesondere Berufspendler, Studenten und Eigentümer von Ferienwohnungen. Sie müssen dort aber auch „Wohnen": Das nach dem **Aufwandsbegriff** iSd Art. 105 Abs. 2 a GG gebotene Innehaben einer weiteren Wohnung für die persönliche Lebensführung setzt eine dahin gehende Bestimmung des Verwendungszwecks der Zweitwohnung voraus. Eine solche Festlegung kann nur derjenige treffen, der für eine gewisse Dauer rechtlich gesichert über die Nutzung der Wohnung verfügen kann.[79]

3. Zweitwohnung. Dem Begriff der Wohnung iSd Zweitwohnungssteuerrechts unterfallen ganz unterschiedli- **164** che Einrichtungen, wenn sie nur geeignet sind, das **Grundbedürfnis Wohnen** zu decken. Erforderlich ist eine abgeschlossene Wohneinheit mit sanitärer Ausstattung und Kochgelegenheit.[80] Es zählen dazu nicht nur herkömmliche Mietwohnungen, sondern auch freistehende Ferienhäuser oder Eigentumswohnungen. Auch Teileigentum – etwa in Form von Hotelapartments – kann darunter fallen. Der Umfang der Verfügungsmacht über das Apartment ist bei Wohnungseigentum und Teileigentum gleich. Aus der Differenzierung in der Teilungserklärung zwischen Wohnungseigentum und Teileigentum geht lediglich hervor, dass das Apartment des Klägers nicht dem (Dauer-)Wohnen, sondern gewerblichen (Vermietungs-)Zwecken dient.[81]

4. Besteuerungsgrundlage. Bemessungsgrundlage der Besteuerung ist in der Regel der „Mietwert", der sich **165** in der Regel nach der (entweder der tatsächlich erzielten oder ortsüblichen) **Nettokaltmiete** richtet. Der Mietaufwand als Bemessungsgrundlage für die Steuer darf – jedenfalls für die Abgabenzeiträume ab 2009 und ab 2012 – nicht auf Basis indexierter Rohmieten des Hauptfeststellungszeitpunktes 1.1.1964 ermittelt werden.[82] Ob die Bemessungsgrundlage der Zweitwohnungssteuer auf der Grundlage des Bodenwertverzinsungsbetrags (§ 17 Abs. 2 S. 1 Nr. 1 ImmoWertV) geschätzt werden darf, ist zweifelhaft. ME müssen die Gemeinden sich an den tatsächlichen Verhältnissen orientieren, was eine Schätzung auf dieser Grundlage ausschließt.[83] Sind die Satzungen rechtswidrig, dürfen sie auch nicht für eine Übergangszeit als wirksam behandelt werden. Verwaltungsgerichte sind nicht wie das BVerfG zu einer Fortgeltungsanordnung befugt.[84]

5. Tarif. Der Steuersatz ist von Gemeinde zu Gemeinde **unterschiedlich,** wobei die Gemeinden manchmal **166** über das Ziel hinausschießen: Stufentarife sind zB nicht zulässig.[85]

6. Ausnahmen von der Steuerpflicht. a) „Echtes" Wohnen. Für Berufspendler müssen Gemeindesatzun- **167** gen Befreiungstatbestände vorsehen, insbesondere dann, wenn Ehegatten eine Zweitwohnung erwerbsbedingt

---

78 BVerfG 29.6.1995 – 1 BvR 1800/94 NVwZ 1996, 57; vgl. auch VG Schleswig 17.11.2017 – 2 A 139/16, BeckRS 2017, 137137 Rn. 22; BVerfG 18.7.2019 – 1 BvR 807/12 und 1 BvR 2917/13, BeckRS 2019, 25317.

79 VG Schleswig 17.11.2017 – 2 A 139/16, BeckRS 2017, 137137 Rn. 22.

80 OVG Schleswig 20.3.2002 – 2 L 136/00 – NVwZ-RR 2002, 528.

81 VG Schleswig 12.2.2018 – 2 A 153/17, BeckRS 2018, 15257 Rn. 36 f.

82 BVerfG 18.7.2019 – 1 BvR 807/12 und 1 BvR 2917/13, BeckRS 2019, 25317; sa OVG Schleswig 30.1.2019 – 2 LB 9/18 und 2 LB 92/18, BeckRS 2019, 1169.

83 AA OVG Bautzen 10.9.2019 – 4 A 1403/18 BeckRS 2019, 22077; s. aber BVerwG 12.2.2020 – 9 B 64.19, BeckRS 2020, 2885 Rn. 1, das die Revision zugelassen hat.

84 BVerwG 27.11.2019 – 9 C 6/18, 9 C 7/18 (Satzungen der niedersächsische Gemeinde Lindwedel, 9 C 3.19 (Gemeinde Friedrichskoog), 9 C 4.19 (Timmendorfer Strand), NVwZ 2020, 1357.

85 BVerwG 14.12.2017 – 9 C 3.17, FD-MietR 2017, 400057; BVerwG 14.12.2017 – 9 C 11.16, BeckRS 2017, 138335.

nutzen.[86] Auch muss Zweitwohnungssteuersatzung wegen Art. 6 Abs. 1 GG Ausnahmen für die Gruppe der nicht dauernd getrennt lebenden Verheirateten enthalten, die aus beruflichen Gründen eine Zweitwohnung (sog. **Erwerbszweitwohnung**) nutzen. Ein Verstoß führt zur Teilnichtigkeit der Satzung.[87]

168 Ähnliches gilt, wenn der Zweitwohnungssteuer-Pflichtige – etwa ein Student in Studentenwohnheim – einkommenslos ist. Die Ausnahmen für einkommensschwache Bewohner stellen verfassungsrechtlich keine ungerechtfertigte Ungleichbehandlung dar.[88]

169 **b) Nicht bei Ferienwohnungen.** Für Ferienwohnungen gibt es keine Befreiungstatbestände. Wird eine Ferienwohnung zum Beispiel zu 80 % im Jahr an fremde Feriengäste vermietet, wird die Gemeinde als Bemessungsgrundlage für die Zweitwohnungssteuer die **erzielten Mieterträge** zugrunde legen. Die Zweitwohnungssteuer wird daher höher ausfallen als die Steuer für eine „normale" Wohnung, die das ganze Jahr über an einen bestimmten Mieter vermietet ist. Allerdings kann der Vermieter die angefallene Zweitwohnungssteuer, soweit sie auf die Vermietungszeiträume entfällt, als Werbungskosten gem. § 21 EStG ansetzen.[89]

170 Auch wenn die Teilungserklärung bei einer Ferienwohnungsanlage zur Sicherung der Zweckbindung ausdrücklich untersagt, dass die Eigentümer ihr Sondereigentum länger als einen bestimmten Zeitraum nutzen dürfen, liegt eine **Zweitwohnung** vor. Insbesondere sind solche Hotelapartments nicht mit Hotels zu vergleichen.[90]

208. Stimmrecht

Gast

I. Einleitung

1 Das Stimmrecht gehört zu den elementarsten Mitgliedschaftsrechten des Wohnungseigentümers bzw. zum **Kernbereich des Wohnungseigentums**. Nach ständiger Rechtsprechung des Bundesgerichtshofes kommt eine Einschränkung des Stimmrechts daher nur ausnahmsweise und lediglich unter eng begrenzten Voraussetzungen in Betracht. Es ist mithin grundsätzlich unzulässig, einen Wohnungseigentümer vom Stimmrecht allgemein oder dauerhaft auszuschließen.[1]

---

86 BVerfG 11.10.2005 – 1 BvR 1232/00 und 1 BvR 2627/03 NJW 2005, 3556.
87 VGH München 29.5.2018 – 4 ZB 17.1801, BeckRS 2018, 11380.
88 BVerfG 18.7.2019 – 1 BvR 807/12 und 1 BvR 2917/13, BeckRS 2019, 25317 Rn. 52 ff., 58 ff.
89 BFH 15.10.2002 – IX R 58/01, BStBl. II 2003, 287; BFH 30.10.2002 – IX R 103/00 BFH/NV 2003, 745 Nr. 6.
90 VG Schleswig 12.2.2018 – 2 A 153/17, BeckRS 2018, 15257.
 1 Vgl. nur BGH 18.1.2019 – V ZR 72/18, NZM 2019, 480 Rn. 17 mwN.

II. Stimmrechtsprinzipien

In der Praxis gibt es im Wesentlichen drei verschiedene Stimmrechtsprinzipien:[2]

- **Kopfstimmrecht,**
- **Objektstimmrecht,**
- **Anteilsstimmrecht.**

Wenn nichts anderes vereinbart ist, gilt gem. § 25 Abs. 2 S. 1 WEG das **Kopfstimmrecht** („Jeder Wohnungseigentümer hat eine Stimme"). Danach hat jeder Wohnungseigentümer eine Stimme unabhängig davon, ob ihm eine oder mehrere Wohnungseigentumseinheiten gehören. Es spielt auch keine Rolle, wie viele Miteigentumsanteile mit der oder den Wohnungseigentumseinheiten verbunden sind.

Die Vorschrift des § 25 Abs. 2 S. 1 WEG, die das Kopfstimmrecht bestimmt, ist jedoch abdingbar.[3] So sehen in der Praxis Gemeinschaftsordnungen auch das **Objektstimmrecht** vor. Danach verleiht jede Wohnungseigentumseinheit eine Stimme. Wer also Eigentümer von zwei Wohnungseigentumseinheiten ist, hat zwei Stimmen. Die Größe der Miteigentumsanteile der einzelnen Wohnungseigentumseinheiten ist in diesem Fall ebenfalls ohne Belang.

Weit verbreitet sind auch Regelungen in den Gemeinschaftsordnungen, die das **Anteilsstimmrecht** – auch **Wertprinzip** genannt[4] – vorschreiben, das sich nach der Größe des Miteigentumsanteils richtet. Danach haben die Wohnungseigentümer, die Inhaber von Wohnungseigentumseinheiten mit größeren Miteigentumsanteilen sind, ein stärkeres Stimmrecht.

III. Inhaber des Stimmrechts

Inhaber des Stimmrechts ist grundsätzlich der Wohnungseigentümer. Besonderheiten gelten in folgenden Konstellationen:

1. Gemeinschaft der Wohnungseigentümer. Wenn die Gemeinschaft der Wohnungseigentümer selbst Eigentümerin einer Wohnungseigentumseinheit ist, könnte fraglich sein, wer für sie das Stimmrecht ausübt. In Betracht könnte hier der Verwalter kommen, der gem. § 27 Abs. 1 WEG unter den dort genannten Bedingungen berechtigt und verpflichtet ist, Maßnahmen ordnungsmäßiger Verwaltung zu treffen. Die Stimmabgabe dürfte in diesem Fall nur dann ordnungsmäßiger Verwaltung entsprechen, wenn sie dem Willen der Mehrheit der übrigen Wohnungseigentümer entspricht. Dieses Ergebnis wird in diesem Fall nur dadurch erreicht, dass sich der Verwalter der Stimme enthält oder das Stimmrecht der Gemeinschaft der Wohnungseigentümer in analoger Anwendung des § 71 b AktG ruht.[5]

2. Ersterwerber vom teilenden Eigentümer. Trotz noch fehlender Eigentümerstellung ist derjenige, der einen Anspruch auf Übertragung von Wohnungseigentum gegen den teilenden Eigentümer eines bereits durch Anlegung von Wohnungsgrundbüchern geteilten Grundstücks (vgl. § 9 a Abs. 1 S. 2 WEG) hat und durch Vormerkung im Grundbuch gesichert ist, gem. § 8 Abs. 3 WEG bereits stimmberechtigt, und zwar anstelle des aufteilenden (Noch-)Eigentümers, sobald ihm der Besitz an den zum Sondereigentum gehörenden Räumen übergeben wurde.[6]

3. Zweiterwerber. Von dem Ersterwerb vom teilenden Eigentümer unterscheidet man den sogenannten **Zweiterwerb.** Darunter versteht man den rechtsgeschäftlichen Erwerb einer Wohnungseigentumseinheit vom Ersterwerber. Solange der (Zweit-)Erwerber – mangels Eintragung als Eigentümer im Grundbuch – noch nicht Eigentümer der erworbenen Einheit ist, hat der (Zweit-)Erwerber noch kein Stimmrecht.[7] Dieser kann von dem veräußernden (Noch-)Eigentümer allenfalls zur Stimmabgabe bevollmächtigt werden.

---

2 Vgl. *Hügel/Elzer*, 3. Aufl. 2021, WEG § 25 Rn. 21 ff.; NSV/*Vandenhouten* WEG § 25 Rn. 3.
3 Vgl. BGH 10.7.2015 – V ZR 198/14, GE 2015, 1167 Rn. 9.
4 Vgl. NSV/*Vandenhouten* WEG § 25 Rn. 3.
5 Vgl. OLG Hamm 20.10.2009 – 15 Wx 81/09, NZM 2009, 914 Rn. 17; *Hügel/Elzer*, 3. Aufl. 2021, WEG § 25 Rn. 26 mwN.
6 Vgl. BGH 11.5.2012 – V ZR 196/11, BGHZ 193, 219–227 Rn. 18.
7 BGH 1.12.1988 – V ZB 6/88, BGHZ 106, 113–124; *Hügel/Elzer*, 3. Aufl. 2021, WEG § 25 Rn. 38; NSV/*Vandenhouten* WEG § 25 Rn. 8.

10 **4. Nachlassverwalter, Testamentsvollstrecker, Insolvenzverwalter.** Sind Nachlassverwalter, Testaments-vollstrecker oder Insolvenzverwalter bestellt, üben diese das Stimmrecht des Eigentümers für ihn aus.[8]

11 **5. Nießbraucher, Grundpfandgläubiger, Mieter.** Nießbraucher, Grundpfandgläubiger oder Mieter haben demgegenüber kein (eigenes) Stimmrecht.[9]

IV. Stimmrecht bei mehreren Berechtigten

12 Gehört eine Wohnungseigentumseinheit mehreren gemeinschaftlich (zB bei einer Bruchteilsgemeinschaft gem. §§ 741 ff. BGB, einer Erbengemeinschaft oder einer ehelichen Gütergemeinschaft), können die **Mitei-gentümer** das Stimmrecht gem. § 25 Abs. 2 S. 2 WEG **nur einheitlich** ausüben. Das heißt, die Mitglieder dieser Gemeinschaften müssen sich nach den für sie im Innenverhältnis geltenden Vorschriften zunächst auf eine einheitliche Stimmabgabe verständigen. Wird die Stimme nicht einheitlich ausgeübt, ist die Stimmabgabe unwirksam.[10]

13 Das soll selbst dann gelten, wenn sich zB eine Mehrheit der Bruchteilseigentümer gegen die Minderheit für eine bestimmte Stimmabgabe ausgesprochen hat.[11] Denn ein solcher (konkludenter) „Beschluss" iSv § 745 Abs. 1 BGB könnte gegen **ordnungsgemäße Verwaltung** verstoßen und damit unwirksam sein. Es kann aber nicht Aufgabe des Versammlungsleiters sein, die Frage der ordnungsgemäßen Verwaltung der internen Be-schlussfassung zu prüfen.[12]

14 Die Stimmabgabe ist ebenfalls unwirksam, wenn nicht alle Miteigentümer **anwesend** sind und die fehlenden Miteigentümer nicht durch die anwesenden Miteigentümer vertreten werden.[13]

V. Vertretung bei der Stimmrechtsabgabe

15 Wenn nichts anderes vereinbart ist, kann sich grundsätzlich jeder Wohnungseigentümer in der Versammlung vertreten lassen.

Die entsprechende **Vollmacht** bedarf gem. § 25 Abs. 3 WEG zu ihrer Gültigkeit jedoch der Textform (§ 126 b BGB). Der Vertreter kann also schriftlich, per Fax oder beispielsweise auch per E-Mail bevollmächtigt wer-den. Eine nur mündlich erteilte Vollmacht ist hingegen gem. § 125 S. 1 BGB unwirksam,[14] so dass die Stimme des nur mündlich bevollmächtigten Vertreters nicht mitgezählt werden darf.

Nach dem Willen des Gesetzgebers soll § 25 Abs. 3 WEG § 174 S. 1 BGB vorgehen.[15] Das heißt, eine nicht schriftlich, sondern nur per E-Mail oder Fax belegte Vollmacht darf nicht zurückgewiesen werden. Wenn der Vertreter jedoch keine Vollmacht belegen kann, kann ihn der Versammlungsleiter mit der Folge zurückweisen, dass seine Stimme unberücksichtigt bleiben muss.[16]

16 Das Recht, sich durch einen Dritten vertreten zu lassen, kann durch eine Vereinbarung zwar **beschränkt**,[17] jedoch nicht gänzlich ausgeschlossen oder nur auf die Person des Verwalters reduziert werden.[18]

VI. Stimmrechtsverbot

17 § 25 Abs. 4 WEG bestimmt für die folgenden Fallkonstellationen, die schwerwiegende **Interessenkollisionen** vermuten lassen, ein Verbot für den betroffenen Wohnungseigentümer, bei entsprechenden Beschlüssen mitzu-stimmen:

---

8 *Hügel/Elzer,* 3. Aufl. 2021, WEG § 25 Rn. 39 ff. mwN; NSV/*Vandenhouten* WEG § 25 Rn. 5 mwN.
9 NSV/*Vandenhouten* WEG § 25 Rn. 7.
10 *Hügel/Elzer,* 3. Aufl. 2021, WEG § 25 Rn. 30 mwN; NSV/*Vandenhouten* WEG § 25 Rn. 12 mwN.
11 *Hügel/Elzer,* 3. Aufl. 2021, WEG § 25 Rn. 32 mwN; NSV/*Vandenhouten* WEG § 25 Rn. 12 mwN.
12 So auch NSV/*Vandenhouten* WEG § 25 Rn. 12.
13 NSV/*Vandenhouten* WEG § 25 Rn. 12 mwN.
14 *Hügel/Elzer,* 3. Aufl. 2021, WEG § 25 Rn. 74.
15 BR-Drs. 168/20, 81.
16 *Hügel/Elzer,* 3. Aufl. 2021, WEG § 25 Rn. 79.
17 BGH 30.3.2012 – V ZR 178/11, NJW 2012, 2512 Rn. 11.
18 *Hügel/Elzer,* 3. Aufl. 2021, WEG § 25 Rn. 82 mwN.

1. Fallkonstellationen. a) Vornahme eines auf die Verwaltung des gemeinschaftlichen Eigentums bezüg 18 lichen Rechtsgeschäfts mit einem Wohnungseigentümer. Gem. § 25 Abs. 4 Alt. 1 WEG ist ein Wohnungseigentümer nicht stimmberechtigt, wenn die Gemeinschaft der Wohnungseigentümer über die **Vornahme eines Rechtsgeschäfts** mit ihm beschließt. Hierzu gehört beispielsweise der Abschluss eines – in der Regel entgeltlichen – Vertrages über die Erhaltung des gemeinschaftlichen Eigentums. Hier soll eine entsprechende Interessenkollision vermieden werden.

Keine Rechtsgeschäfte iSd § 25 Abs. 4 Var. 1 WEG sind hingegen die **Bestellung** eines Wohnungseigentümers 19 **zum Verwalter** oder seine **Abberufung** als solcher. Der Wohnungseigentümer ist in den Fällen, in denen er zum Verwalter bestellt oder als Verwalter abberufen werden soll, selbst dann stimmberechtigt, wenn zugleich über den Abschluss oder die Beendigung des Verwaltervertrages Beschluss gefasst werden soll.[19] Begründet wird dies mit dem Hinweis darauf, dass bei der Verwalterbestellung bzw. -abberufung der Schwerpunkt nicht in der Verfolgung privater Sonderinteressen, sondern in der Wahrnehmung mitgliedschaftlicher Interessen liegt. Etwas anderes gilt nur dann, wenn der Wohnungseigentümer als Verwalter **aus wichtigem Grund** abberufen und der Verwaltervertrags **außerordentlich** beendet werden soll. In diesem Fall darf der Wohnungseigentümer nicht mitstimmen.[20]

b) Einleitung oder Erledigung eines Rechtsstreits gegen einen Wohnungseigentümer. Der Wohnungsei 20 gentümer ist gem. § 25 Abs. 4 Alt. 2 WEG auch nicht stimmberechtigt, wenn der Beschluss die **Einleitung** oder die **Erledigung eines Rechtsstreits** der Gemeinschaft der Wohnungseigentümer gegen ihn betrifft. Auch hier besteht die Gefahr, dass der Wohnungseigentümer sich bei der Beschlussfassung von privaten Interessen leiten lässt.

c) Rechtskräftige Verurteilung zur Veräußerung des Wohnungseigentums. Der Wohnungseigentümer ist 21 gem. § 25 Abs. 4 Alt. 3 WEG schließlich auch generell nicht stimmberechtigt, wenn er gem. § 17 WEG rechtskräftig dazu verurteilt wurde, seine Wohnungseigentumseinheit zu veräußern.[21]

2. Stimmrechtsverbot und Vertretung. Wenn ein Wohnungseigentümer einem Stimmrechtsverbot unter 22 liegt, ist er **nicht berechtigt**, eine andere Person mit der Stimmabgabe zu **bevollmächtigen**.[22] Das Gleiche gilt, wenn ein stimmrechtsberechtigter Wohnungseigentümer einen Wohnungseigentümer **bevollmächtigt**, der vom **Stimmrecht ausgeschlossen** ist.[23]

VII. Missbrauch des Stimmrechts

Ein Wohnungseigentümer darf sein Stimmrecht nicht missbräuchlich ausüben. Ein Stimmrechtsausschluss we 23 gen rechtsmissbräuchlichen Verhaltens kommt jedoch nur **ausnahmsweise** und unter engen Voraussetzungen in Betracht; es reicht nicht aus, dass der mit den Stimmen eines Mehrheitseigentümers gefasste Beschluss ordnungsmäßiger Verwaltung widerspricht oder dass ein Wohnungseigentümer aufgrund seines Stimmgewichts Beschlussfassungen blockiert, obwohl es ein Gebot ordnungsmäßiger Verwaltung wäre, einen positiven Beschluss zu fassen.[24]

209. Störungsunterlassung

Agatsy

---

19 BGH 19.9.2002 – V ZB 30/02, BGHZ 152, 46–63 Rn. 30.
20 BGH 19.9.2002 – V ZB 30/02, BGHZ 152, 46–63 Rn. 34.
21 *Hügel/Elzer*, 3. Aufl. 2021, WEG § 25 Rn. 111.
22 BGH 6.12.2013 – V ZR 85/13, MDR 2014, 399–401 Rn. 18.
23 *Hügel/Elzer*, 3. Aufl. 2021, WEG § 25 Rn. 114.
24 BGH 14.7.2017 – V ZR 290/16, GE 2017, 1099 Rn. 17.

I. Einführung

1 Die Geltendmachung von Abwehransprüchen zur **Störungsunterlassung** ist häufiger Streitpunkt in Wohnungseigentumsanlagen. Erörterungsbedürftig ist der Gebrauch von Sonder- und Teileigentum. Die Grundlagen resultieren aus dem gesetzlichen Zweck, vereinbarten Benutzungsregelungen, der Gemeinschaftsordnung und ergänzenden Regelungen der Hausordnung. Der Begriff der beseitigungspflichtigen „Störung" lässt sich nicht schematisch, sondern nur anhand des Einzelfalls bewerten. Dabei sind der Störerbegriff, die unterlassungspflichtige Handlung, die Verantwortlichkeit des Störers einschließlich der Folgeansprüche für die Gemeinschaft und die Wohnungseigentümer zu klären. Dabei nimmt die neugeregelte Gemeinschaft der Wohnungseigentümer in § 9 a Abs. 1 WEG maßgeblichen Einfluss (→ *Gemeinschaft der Wohnungseigentümer* Rn. 6 ff.). Die Verwaltung des gemeinschaftlichen Eigentums obliegt gem. § 18 Abs. 1 WEG der Gemeinschaft der Wohnungseigentümer, und Wohnungseigentümer haben einen Anspruch auf eine ordnungsgemäße Verwaltung gegen die Gemeinschaft (§ 18 Abs. 2 Nr. 1 WEG).[1] Für die Geltendmachung der Ansprüche auf Störungsunterlassung ist zu differenzieren, ob die Ausübungsbefugnis bei der Gemeinschaft der Wohnungseigentümer (geborene Ausübungsbefugnis) oder dem betroffenen Wohnungseigentümer liegt. Die Neufassung des § 9 a Abs. 2 WEG lässt die Differenzierung zwischen geborener und gekorener Ausübungsbefugnis (§ 10 Abs. 6 S. 3 Alt. 2 WEG aF) obsolet werden (→ *Vergemeinschaftung* Rn. 9 ff.).

Die einzelnen Wohnungseigentümer haben die Pflicht, die Regelungen des Binnenrechts, dh Vereinbarungen, Beschlüsse und gesetzliche Regelungen, einzuhalten (§ 14 Abs. 1 Nr. 1 WEG).[2] Bei den Ansprüchen auf Störungsunterlassung ist zu klären, ob gegen das Binnenrecht (§ 14 Abs. 1 Nr. 1 WEG) verstoßen wurde oder Einwirkungen zu dulden sind (§ 14 Abs. 1 Nr. 2 WEG). Die Einhaltung des Binnenrechts durch die Wohnungseigentümer und die Duldung von berechtigten Einwirkungen gehören zu den mitgliedschaftlichen Pflichten.[3] Allerdings kann nach der Neufassung der gemeinschaftsbezogenen Rechte und Pflichten hinsichtlich der Gemeinschaft der Wohnungseigentümer nicht mehr jeder Wohnungseigentümer ohne weiteres Unterlassungsansprüche geltend machen (→ Rn. 10). Je nachdem, wer die Unterlassung fordert, ist bei der Anspruchsbegründung nach wie vor zwischen Handlungs- und Zustandsstörer zu differenzieren sowie das jeweilige Anspruchsziel zu ermitteln.

2 Die Wohnungseigentümer sind grundsätzlich verpflichtet, von ihrem Wohnungseigentum ausgehende **Störungen** (→ Rn. 9) für das gemeinschaftliche Eigentum und die übrigen Wohnungseigentümer zu vermeiden und somit die Regeln des Binnenrechts (Vereinbarungen und Beschlüsse) einzuhalten. Dabei ist nicht nur die Nutzung durch den Wohnungseigentümer selbst, sondern auch die Überlassung an Mieter und Dritte Gegenstand der Anspruchsprüfung.[4] Die Verstöße Dritter werden dem Eigentümer gem. § 278 BGB zugerechnet. Die Neufassung des § 14 WEG umfasst keine dem § 14 Nr. 2 WEG aF entsprechende Regelung.[5] Schließlich ist zu klären, ob und in welchem Umfang die Pflichten aus dem WEG im Verhältnis zu Dritten (→ Rn. 15) gelten.

---

1 *Skauradszun* ZMR 2020, 905 f.; *Lehmann-Richter/Wobst*, WEG-Reform 2020, Rn. 315.
2 BT-Drs. 19/18791, 50; BR-Drs. 168/20, 55.
3 BT-Drs. 19/18791, 50; BR-Drs. 168/20, 55.
4 §§ 14 Abs. 1 Nr. 2, 14 und Abs. 2 Nr. 1 WEG.
5 *Lehmann-Richter/Wobst*, WEG-Reform 2020, Rn. 1505.

Nach § 13 Abs. 1 WEG ist der Sondereigentümer weiterhin berechtigt, sein Sondereigentum nach Belieben zu nutzen und zu vermieten.[6] Die sachenrechtliche Zuordnung folgt u.a. aus der erweiterten Vorschrift des §§ 3 Abs. 1 und 2 WEG. Es können auch Stellplätze und Grundstücksflächen Gegenstand des Sondereigentums sein, womit sich die zweckgebundene Benutzung auch auf Stellplätze und Grundstücksflächen, z.B. Terrassen (→ *Terrasse* Rn. 4 f.), erweitern lässt (→ *Sondereigentum* Rn. 13 ff.).[7] Dieses „Annexeigentum" gem. § 3 Abs. 2 WEG muss im wirtschaftlichen Zusammenhang zum Wohnungseigentum stehen.[8]

Neben der Neufassung der Vorschriften §§ 13 und 14 WEG ist zu berücksichtigen, ob die Ausübungsbefugnis zur Geltendmachung der Unterlassungsansprüche bei der Gemeinschaft der Wohnungseigentümer (§ 9 a Abs. 2 WEG) oder den Wohnungseigentümern liegt (§ 14 Abs. 2 Nr. 1 WEG). § 14 Abs. 1 WEG regelt das Verhältnis der Wohnungseigentümer zur Gemeinschaft,[9] während § 14 Abs. 2 WEG das Verhältnis der Wohnungseigentümer untereinander regelt.[10] Damit ist eigentlich der vormals benutzte Begriff der „Rücksichtnahme" aus § 14 Nr. 1 WEG aF gemeint. Demnach sind Wohnungseigentümer im Einzelfall verpflichtet, auf Dritte einzuwirken, um Störungen infolge einer übermäßigen oder zweckwidrigen Benutzung aufgrund von Binnenrechtsverstößen zu unterbinden. Aus § 5 Abs. 1 Hs. 1 und § 3 Abs. 1 WEG folgt zudem, dass zum Sondereigentum nur solche Räume gehören, deren Bestandteile des Gebäudes verändert, beseitigt oder eingefügt werden können, ohne dass das gemeinschaftliche Eigentum oder ein auf Sondereigentum beruhendes Recht eines anderen Wohnungseigentümers über das bei einem geordneten Zusammenleben unvermeidliche Maß hinaus beeinträchtigt wird.[11]

II. Systematische Übersicht

1. Ansprüche auf Störungsunterlassung bei der pflichtwidrigen Benutzung (Gebrauch). Die Ansprüche auf Unterlassung folgen aus § 14 Abs. 1 Nr. 1 WEG und § 1004 Abs. 1 S. 2 WEG (Gemeinschaft) und § 14 Abs. 2 Nr. 1 WEG und § 1004 Abs. 1 S. 2 BGB zwischen den Wohnungseigentümern. Ein Hauptgrund ist der zweckwidrige unmittelbar oder mittelbar störende Gebrauch. Art und Umfang des Gebrauchs des gemeinschaftlichen Eigentums sowie des Teil- und Sondereigentums richten sich nach den vereinbarten **Benutzungsregelungen** im Sinne des § 10 Abs. 1 WEG (§ 15 Abs. 1 WEG aF;→ *Gebrauchs-/Nutzungsvereinbarungen* Rn. 7 ff.). Diese Vereinbarungen, Beschlüsse sowie die Gemeinschaftsordnung bilden die Grundlagen des Binnenrechts im Sinne des § 14 Abs. 1 Nr. 1 WEG und sind für alle Wohnungseigentümer im Verhältnis zur Gemeinschaft der Wohnungseigentümer verbindlich. Die Grundlagen der Benutzungsregelung in einer Wohnungseigentumsanlage werden nach §§ 10 Abs. 1, 2 und 18 Abs. 1 WEG unter den Wohnungseigentümern vereinbart oder beschlossen, sofern keine Vereinbarung entgegensteht (§ 19 Abs. 1 WEG). Die Vorschrift des § 19 Abs. 1 WEG entspricht im Wesentlichen § 15 Abs. 2 WEG aF.[12] Das systematische Verständnis des weiten und engen Zweckbegriffs hat für die Benutzung (Gebrauch) auch nach der Novellierung des WEG Fortbestand.[13]

Das Wohnungseigentum darf nur im Rahmen der zulässigen (vereinbarten) Zweckbestimmung genutzt werden. § 14 Abs. 1 Nr. 1 WEG verpflichtet jeden Wohnungseigentümer gegenüber der Gemeinschaft, die gesetzlichen Regelungen und Vereinbarungen und Beschlüsse einzuhalten. Die Vorschrift ist in § 14 Abs. 1 Nr. 1 WEG in drei Tatbestandsvarianten aufgegliedert. Dies sind Verstöße gegen gesetzliche Regelungen (WEG und BGB), Verstöße gegen Vereinbarungen (Zweckbestimmungen und Benutzungsregelungen) sowie Verstöße gegen Beschlüsse (Beschlussfassung über Gebrauchsüberlassungen).[14] § 14 Abs. 2 Nr. 1 WEG begründet ein Verbot der Beeinträchtigung fremden Sondereigentums.[15] Bei Verstößen gegen das Binnenrecht gem. § 14

---

6 *Becker/Schneider* ZfIR 2020, 281 (287).

7 *Lehmann-Richter/Wobst*, WEG-Reform 2020, Rn. 1664 ff.; *Becker/Schneider* ZfIR 2020, 281 (285).

8 *Lehmann-Richter/Wobst*, WEG-Reform 2020, Rn. 398; BT-Drs. 19/18791, 37; BR-Drs. 168/20, 39; BT-Drs. 19/22634, 5 f.

9 *Lehmann-Richter/Wobst*, WEG-Reform 2020, Rn. 1347.

10 BT-Drs. 19/18791, 50; BR-Drs. 168/20, 56 f.; BT-Drs. 19/22634, 12.

11 Bärmann/*Pick*, Anh. I zu § 5 WEG-E Rn. 1 f.

12 BT-Drs. 19/18791, 58; BR-Drs. 168/20, 65; *Lehmann-Richter/Wobst*, WEG-Reform 2020, Rn. 1323.

13 Zu § 15 WEG aF *Riecke/Schmid/Abramenko* WEG § 15 Rn. 12.

14 *Lehmann-Richter/Wobst*, WEG-Reform 2020, Rn. 1509 f.

15 Bärmann/*Pick*, Anh. I zu § 14 WEG Rn. 2 f.; *Lehmann-Richter/Wobst*, WEG-Reform 2020, Rn. 40.

Abs. 1 Nr. 1 WEG (Gebot des binnenrechtskonformen Gebrauchs) kann die Gemeinschaft der Wohnungseigentümer den binnenrechtswidrigen Gebrauch untersagen.

Beispiel: Ein Wohnungseigentümer betreibt in einem Teileigentum wider die Teilungserklärung und somit zweckwidrig eine Diskothek. Daraus folgt, dass die Gemeinschaft der Wohnungseigentümer gem. § 14 Abs. 1 Nr. 1 Var. 2 WEG die Untersagung des vereinbarungswidrigen Gebrauchs (Benutzung), dh die sofortige Einstellung, fordern kann. Die Vorschrift des § 14 Abs. 1 Nr. 1 WEG enthält einen Erfüllungsanspruch der Gemeinschaft der Wohnungseigentümer, der auf die Untersagung des binnenrechtswidrigen Gebrauchs gerichtet ist.[16]

Die für den Benutzungsumfang (Gebrauch) zu berücksichtigende **Zweckbestimmung** im weiteren Sinne resultiert aus der Teilungserklärung oder dem Teilungsvertrag.[17] Dort ist zB geregelt, ob ein Wohnungseigentum zum reinen Wohnzweck oder zur gewerblichen Nutzung benutzt werden darf. Die Zweckbestimmung im engeren Sinne hingegen folgt aus der Gemeinschaftsordnung sowie den vereinbarten (§§ 10 Abs. 1 und 2, 18 Abs. 1 WEG) und beschlossenen Benutzungsregelungen (§ 19 Abs. 1 WEG). Die Vorschrift des § 18 Abs. 1 WEG weist die Verwaltung des gemeinschaftlichen Eigentums der Gemeinschaft der Eigentümer zu, so dass dieser Grundsatz als **Verwaltungsmonopol der Gemeinschaft der Wohnungseigentümer** zu bewerten ist.[18] Zudem kann jeder Wohnungseigentümer gem. § 18 Abs. 2 Nr. 1 WEG eine Benutzung des gemeinschaftlichen Eigentums und Sondereigentums verlangen, die den geltenden Vereinbarungen und Beschlüssen gerecht wird.[19] Ergänzend können die Wohnungseigentümer zur Konkretisierung der Benutzung gem. § 19 Abs. 2 Nr. 1 WEG eine Hausordnung beschließen.[20]

Ferner bestehen bei Verstößen gegen binnenrechtliche Gebrauchs- und Benutzungsregelungen Ansprüche aus § 1004 Abs. 1 S. 2 BGB.[21] Dieser Anspruch steht der Gemeinschaft der Wohnungseigentümer zu und ist darauf gerichtet, die Störungen aufgrund des binnenrechtswidrigen Gebrauchs (§ 14 Abs. 1 Nr. 1 WEG) zu unterlassen. Ein Unterlassungsanspruch aus § 1004 Abs. 1 S. 2 BGB ist allerdings nicht ohne Weiteres gegeben.

Beispiel: Ein Wohnungseigentümer nutzt ein Ladengeschäft inkl. der dazugehörigen Gemeinschaftsfläche binnenrechtswidrig als Eisdiele. Nach der bisherigen Rechtslage bestand ein Direktanspruch aus § 1004 Abs. 1 S. 1, § 14 Nr. 1 WEG aF auch bei solch einer „mittelbaren Beeinträchtigung". Dies ist nun anders zu bewerten: Der Anspruch der Gemeinschaft der Wohnungseigentümer resultiert hier aus § 14 Abs. 1 Nr. 1 WEG, die Unterlassung eines binnenrechtswidrigen Gebrauchs verlangen kann. Eine Beeinträchtigung des gemeinschaftlichen Eigentums (§ 1004 Abs. 1 S. 2 BGB) hingegen scheidet aus.[22] Dann ist § 14 Abs. 1 Nr. 1 WEG die einzig in Betracht kommende Anspruchsgrundlage.

4   Nach der Neufassung der §§ 5 Abs. 2, 9 a Abs. 2, 14 Abs. 1 und 2 WEG und der Vorschrift des § 16 Abs. 1 S. 3 WEG sind die Ansprüche zu differenzieren. Bei der Benutzung des Wohnungseigentums ist nach Sonder- und Teileigentum zu unterscheiden. Nach dem konkreten Zweck und dem „Wie" der Benutzung im Sinne der Zweckbestimmung im weiten Sinne (Teilungserklärung) oder weiteren Sinne (Benutzungsregelung) entscheidet sich, ob eine unterlassungspflichtige **Störungsquelle** vorliegt. Es ist darauf abzustellen, ob ein Wohnungseigentümer die im Sondereigentum stehenden Gebäudeteile oder das gemeinschaftliche Eigentum entgegen dem nach §§ 14 Abs. 1 Nr. 1 und 14 Abs. 2 Nr. 1 WEG binnenrechtlich zulässigen „Rahmen" gebraucht.[23] Für den Abwehranspruch kommt es darauf an, ob die unterlassungspflichtige Störungsquelle (→ Rn. 8) in der Sphäre eines Wohnungseigentümers (Sonder- oder Teileigentümer) oder im Einfluss- und Herrschaftsbereich eines Dritten liegt.[24] Geht die Störung von der Benutzung des Sonder- oder Teileigentums aus, bestehen Ansprüche auf die Störungsunterlassung. Dasselbe gilt für den Fall der Störung des gemeinschaftlichen Eigen-

---

16 *Lehmann-Richter/Wobst,* WEG-Reform 2020, Rn. 1524 f.

17 *Lehmann-Richter/Wobst,* WEG-Reform 2020, Rn. 1663.

18 *Skauradszun* ZMR 2020, 905 ff.; *Skauradszun/Harnack* AnwZert MietR 13/2020, Anm. 1.

19 BT-Drs. 19/18791, 57; BR-Drs. 168/20, 64 f.; BT-Drs. 19/22634, 15.

20 BT-Drs. 19/18791, 58; BR-Drs. 168/20, 65; BT-Drs. 19/22634, 15; SEHR/*Agatsy,* § 4 Nutzungs- und Gebrauchsrechte Rn. 47.

21 BT-Drs. 19/18791, 50; BR-Drs. 168/20, 55.

22 BGH 25.10.2019 – V ZR 271/18, NJW 2020, 921 Rn. 6 zum Gebrauch; *Lehmann-Richter/Wobst,* Reform des WEG 2020, Rn. 1521.

23 *Hügel/Elzer,* 3. Aufl. 2021, WEG § 14 Rn. 6 ff.; *Lehmann-Richter/Wobst,* WEG-Reform 2020, Rn. 1323 f.

24 Riecke/Schmid/*Abramenko* WEG § 14 Rn. 13.

tums. Bei Störungen des gemeinschaftlichen Eigentums liegt die Ausübungsbefugnis zur Geltendmachung der Unterlassungsansprüche gem. § 9 a Abs. 2 WEG bei der Gemeinschaft der Wohnungseigentümer[25] (→ Rn. 14).

Abwehransprüche (Störungsunterlassung) können der Gemeinschaft der Wohnungseigentümern gegenüber 5 den Wohnungseigentümern wegen Störungsquellen im Sonder- oder Teileigentum mit Wirkung auf das gemeinschaftliche Eigentum zustehen.[26] Wohnungseigentum iSd §§ 13 Abs. 1, 14 Abs. 1, Abs. 2 Nr. 1 und 2 WEG ist – bezogen auf das Sondereigentum – Sondereigentum in Verbindung mit einem Miteigentumsanteil am gemeinschaftlichen Eigentum. Die Grenzen der Benutzung im weiteren Sinne sind zweckgebunden und korrespondieren mit den Bestimmungen der Teilungserklärung. Das Sondereigentum in diesem Sinne ist in §§ 3 Abs. 1 und 2 sowie 5 Abs. 2 WEG geregelt und bildet das Wohnungseigentum in Verbindung mit einem Miteigentumsanteil (→ *Sondereigentum* Rn. 4) und ist in § 3 Abs. 1 WEG legaldefiniert.[27] Geht von einem Wohnungseigentum eine Störung für einen anderen Wohnungseigentümer oder das gemeinschaftliche Eigentum aus, können gegenüber anderen Wohnungseigentümern Ansprüche auf Störungsunterlassung bestehen.[28]

Das Teileigentum ist das Sondereigentum in nicht zum Wohnzweck dienenden Wohnungseigentum in Verbin- 6 dung mit dem Miteigentumsanteil (→ *Teileigentum* Rn. 1). Ist zugunsten eines Wohnungseigentümers ein **Sondernutzungsrecht** (→ *Sondernutzungsrechte* Rn. 25 ff.) eingetragen, entsprechen seine Anspruch bei einer Störung weitgehend denen des betroffenen Wohnungseigentümers. Wortlaut und Regelungszweck des § 14 Abs. 1 Nr. 1 WEG sprechen dafür, dass die Grundsätze auch auf das Sondernutzungsrecht anzuwenden sind. Im Verhältnis zu der Gemeinschaft der Wohnungseigentümer gilt bei einer binnenrechtswidrigen Ausübung des Sondernutzungsrechts § 14 Abs. 1 Nr. 1 Var. 2 und Var. 3 WEG.[29] Ob und in welchem Umfang durch einen Wohnungseigentümer eine unterlassungspflichtige Störungsquelle (→ Rn. 8) geschaffen wurde, hängt von der Art und Weise der Benutzung der Teileigentumseinheit im Einzelfall ab. Gehen von der zweckwidrigen Benutzung (Gebrauch) Störungen aus, stellt sich die Frage, bei wem die Ausübungsbefugnis zur Geltendmachung der Ansprüche auf die Störungsunterlassung liegt. Zur bisherigen Rechtslage hat der BGH vertreten, dass im Fall des zweckwidrigen Gebrauchs eines Teileigentums – hier Nutzung eines nach der Teilungserklärung als Ladenlokal ausgewiesenen Teileigentums als Eisdiele bei nutzungsbedingten Störungen anderer Wohnungseigentümer – gem. § 1004 Abs. 1 S. 2 BGB und § 14 Abs. 2 Nr. 1 WEG (§ 15 Abs. 3 WEG aF) ein Unterlassungsanspruch[30] besteht, der durch den gestörten Wohnungseigentümer geltend gemacht werden kann. Die Ansprüche resultieren aus § 14 Abs. 2 Nr. 1 WEG und § 1004 Abs. 1 S. 2 BGB. § 9 a Abs. 2 WEG bezieht eine Ausübungsbefugnis ausschließlich auf das gemeinschaftliche Eigentum.[31] Die Ansprüche auf Störungsunterlassung bezüglich des Sonder-/Teileigentums muss jeder Wohnungseigentümer selbst geltend machen.

Ein Anspruch auf die Unterlassung der bestimmungswidrigen Nutzung des Wohnungseigentums resultierte 7 bislang aus §§ 15 Abs. 3, 14 Nr. 1, 4 WEG.[32] Eine Anspruchsgrundlage bildet § 14 Abs. 1 Nr. 1 WEG (→ Rn. 4 f.). Ansprüche auf Unterlassung können auch darauf beruhen, dass die konkrete (zweckwidrige) Nutzung einen anderen Wohnungseigentümer „stört". In diesem Fall resultiert der Unterlassungsanspruch sowohl aus § 14 Abs. 2 Nr. 1 WEG als auch aus § 1004 Abs. 1 S. 2 BGB. Der Anspruchsgegner ist der **Handlungsstörer**, der andere Wohnungseigentümer durch den Gebrauch seines Sonder- oder Teileigentums über das nach §§ 14 Abs. 1 Nr. 1 und 2 WEG[33] hinausgehende und duldungspflichtige Maß stört.[34] Bislang resultierten diese Unterlassungsansprüche aus § 15 Abs. 3 WEG aF und § 1004 Abs. 1 S. 2 BGB.[35] Nach dieser Vorschrift steht jedem Wohnungseigentümer ein Individualanspruch auf einen Gebrauch von Sondereigentum und gemein

---

25 SEHR/*Skauradszun*, § 1 Verbandsrecht Rn. 99 ff.
26 MüKoBGB/*Commichau* WEG § 15 Rn. 28.
27 BT-Drs. 19/18791, 36; BR Drucks, 168/20, 38; BT-Drs. 19/22634, 5.
28 BeckOK WEG/*Müller* WEG § 15 Rn. 199 ff.
29 BT-Drs. 19/18791, 50; BR-Drs. 168/20, 55.
30 BGH 25.10.2019 – V ZR 271/18, NJW 2020, 921 Rn. 9 = ZMR 2020, 202; *Hügel/Elzer*, 3. Aufl. 2021, WEG § 14 Rn. 68; aA Riecke/Schmid/*Abramenko* WEG § 13 Rn. 5.
31 SEHR/*Skauradszun*, § 1 Verbandsrecht Rn. 38.
32 Riecke/Schmid/*Abramenko* WEG § 13 Rn. 28.
33 BT-Drs. 19/18791, 45; BR-Drs. 168/20, 48; *Elzer* FD-ZVR 2020, 429759.
34 Riecke/Schmid/*Abramenko* WEG § 15 Rn. 25.
35 Riecke/Schmid/*Abramenko* WEG § 15 Rn. 33.

schaftlichem Eigentum zu, der den gesetzlichen Vorschriften, den gültigen Vereinbarungen und Beschlüssen der Wohnungseigentümer entspricht. Die Vorschrift des § 15 Abs. 3 WEG war die schuldrechtliche Grundlage für das Verlangen nach einem maßvollen und vereinbarungskonformen Gebrauch der im Sondereigentum stehenden Gebäudeteile und des gemeinschaftlichen Eigentums.[36] Nach der aktuellen Rechtsprechung des BGH konnten die Wohnungseigentümer einen Vergemeinschaftungsbeschluss zur Durchsetzung der Unterlassungsansprüche im Wege der gekorenen Ausübungsbefugnis fassen.[37] Die Vergemeinschaftung im Wege der gekorenen Ausübungsbefugnis bezog sich auf das gemeinschaftliche Eigentum. Die Ausübungsbefugnis zur Geltendmachung der Unterlassungsansprüche hinsichtlich des gemeinschaftlichen Eigentums folgt aus § 9 a Abs. 2 WEG sowie § 14 Abs. 2 Nr. 1 WEG und § 1004 Abs. 1 S. 2 BGB. Die Ausübungsbefugnis ist gesetzlich ausschließlich auf die Gemeinschaft der Wohnungseigentümer übertragen.[38] Bezüglich des gemeinschaftlichen Eigentums besteht eine geborene Ausübungsbefugnis. Etwas anderes gilt hinsichtlich des Sondereigentums. Die Ansprüche muss jeder beeinträchtigte Sondereigentümer gem. § 14 Abs. 2 Nr. 1 WEG und § 1004 Abs. 1 S. 2 BGB selbst geltend machen.

8 Unklar ist, ob unter Wohnungseigentümern neben der Vorschrift des § 14 Abs. 2 Nr. 1 WEG der allgemeine **Unterlassungsanspruch** aus § 1004 Abs. 1 S. 2 BGB iVm § 14 Abs. 1 Nr. 1 WEG anwendbar ist.[39] Bislang war die Anspruchskonkurrenz zwischen den Anspruchsgrundlagen des § 15 Abs. 3 WEG aF und § 1004 Abs. 1 S. 2 BGB streitig. Voranzustellen ist, dass ein Wohnungseigentümer nicht über die Ausübungsbefugnis bei Ansprüchen auf Störungsunterlassung hinsichtlich des gemeinschaftlichen Eigentums verfügt. Dies gilt selbst dann, wenn eine „duale" Störung, dh sowohl des Wohnungseigentums als auch des gemeinschaftlichen Eigentums, vorliegt.[40] Bezüglich der Störungen zu Lasten des Sondereigentums bleibt neben der Anspruchsgrundlage des § 14 Abs. 2 Nr. 1 WEG auch die Vorschrift des § 1004 Abs. 1 S. 1 BGB anwendbar.[41] Verursacht ein Wohnungseigentümer Nachteile iSv § 14 Abs. 1 Nr. 1 WEG, kann er von jedem Wohnungseigentümer nur hinsichtlich der eigenen Ansprüche und Störung des eigenen Wohnungseigentums nach § 14 Abs. 2 Nr. 1 WEG und § 1004 Abs. 1 S. 2 BGB auf Unterlassung in Anspruch genommen werden.[42] Die Unterlassungsansprüche wegen der Störung des Sondereigentums konnten nach der Rechtsprechung des BGH[43] nicht aufgrund einer Beschlussfassung gem. § 10 Abs. 6 S. 3 Alt. 2 WEG vergemeinschaftet werden. Störungen, die ausschließlich im Bereich des Sondereigentums auftreten und somit ein anderes Sondereigentum beeinträchtigen, dieses beschädigen oder dessen Benutzungsmöglichkeit (Gebrauch) „behindern", können nur durch die betroffenen Sondereigentümer selbst geltend gemacht werden.[44]

9 Gehen von einem nicht zu Wohnzwecken genutzten **Teileigentum** (→ *Teileigentum* Rn. 2 f.) Störungen für Wohnungseigentümer oder das gemeinschaftliche Eigentum aus, besteht gegen den betreffenden Teileigentümer seitens anderer Wohnungseigentümer (hinsichtlich des Wohnungseigentums) und seitens der Gemeinschaft der Wohnungseigentümer (hinsichtlich des gemeinschaftlichen Eigentums) ein Unterlassungsanspruch. Dieser liegt darin begründet, dass die Nutzung von Teileigentum ebenfalls den rechtlichen Grenzen des §§ 10 Abs. 1, 19 Abs. 1 WEG und § 3 WEG sowie zugrundeliegender Vereinbarungen und Benutzungsregelungen unterliegt.[45] Die Nutzung des Teileigentums darf der Teilungserklärung nicht widersprechen. Die Anspruchsgrundlagen bei einer Störung eines anderen Wohnungseigentums sind in diesem Fall § 14 Abs. 2 Nr. 1 WEG (§ 15 Abs. 3 WEG aF) und § 1004 Abs. 1 S. 2 BGB.

Aufgrund des binnenrechtswidrigen und „störenden" Nutzungsverhaltens können neben den Ansprüchen auf Störungsunterlassung auch Schadensersatzansprüche gem. §§ 280 Abs. 1 und 823 Abs. 1 iVm § 249 BGB be-

---

36 BGH 18.11.2016 – V ZR 221/15, NZM 2017, 37 = IMR 2017, 22, 23 mAnm *Elzer*.
37 BGH 24.1.2020 – V ZR 295/16, FD-ZVR 2020, 429759 mAnm *Elzer* = MDR 2020, 369.
38 *Lehmann-Richter/Wobst*, WEG-Reform 2020, Rn. 1520.
39 BGH 18.11.2016 – V ZR 221/15, NZM 2017, 37 Rn. 26; BGH 27.2.2015 – V ZR 73/14, NJW 2015, 1442 Rn. 5.
40 *Elzer* FD-ZVR 2020, 429759; *Lehmann-Richter/Wobst*, ZWE 2020, 123 (125 f.).
41 BGH 24.1.2020 – V ZR 295/16, FD-ZVR 2020, 429759 mAnm *Elzer*; SEHR/*Agatsy*, § 4 Nutzungs- und Gebrauchsrechte Rn. 54.
42 Zu § 15 Abs. 3 aF: FormB-WEG-R/*Einsiedler* § 4 Rn. 111.
43 BGH 24.1.2020 – V ZR 295/16, FD-ZVR 2020, 429759 mAnm *Elzer* = ZMR 2020, 675; *Lehmann-Richter/Wobst*, WEG-Reform, Rn. 1411 ff.
44 BGH 24.1.2020 – V ZR 295/16, ZMR 2020, 675 Rn. 18.
45 BGH 8.3.2019 – V ZR 330/17, ZWE 2019, 268 = IMR 2019, 194–195 mAnm *Elzer*.

gründet sein.[46] Die Wohnungseigentümer sind gegenüber der Gemeinschaft schuldrechtlich zur Einhaltung der binnenrechtlichen Regelungen verpflichtet. Die erforderliche Pflichtverletzung muss entweder der Wohnungseigentümer oder sein Erfüllungshilfe (Mieter oder Nutzer) gem. § 278 BGB begangen haben. Dieser Anspruch auf Schadensersatz gem. § 280 Abs. BGB oder § 823 Abs. 1 BGB kann begründet sein, wenn das Sondereigentum durch einen anderen Wohnungseigentümer beeinträchtigt wird (§ 14 Abs. 2 Nr. 1 WEG).[47]

2. Ansprüche auf Störungsunterlassung bei einer unzulässigen baulichen Veränderung. Nimmt ein Wohnungseigentümer eine **unzulässige bauliche Veränderung** (→ *Bauliche Veränderungen* Rn. 7) vor, kann der Gemeinschaft der Wohnungseigentümer und den Wohnungseigentümern ein Unterlassungsanspruch gem. §§ 14 Abs. 1 Nr. 1, 14 Abs. 2 Nr. 1 WEG, § 1004 Abs. 1 S. 2 BGB zustehen. Nach § 20 Abs. 1 und 3 WEG gilt der Grundsatz, dass es keine bauliche Veränderung ohne einfachen Mehrheitsbeschluss geben kann (→ *Bauliche Veränderungen* Rn. 13). Im Fall der Unterlassungsansprüche gegen eine bauliche Veränderung im Wohnungseigentum (Sonder-/Teileigentum) sind §§ 14 Abs. 1 Nr. 1, Abs. 2 Nr. 1 WEG und § 1004 Abs. 1 S. 2 BGB die Anspruchsgrundlagen. Zur Ausübung sind die Gemeinschaft der Wohnungseigentümer (§ 9 a Abs. 2 WEG) sowie die Wohnungseigentümer befugt.[48] Bereits nach der alten Rechtslage standen den Wohnungseigentümern im Fall einer Störung durch unzulässige bauliche Veränderungen die Ansprüche aus § 1004 Abs. 1 S. 2 BGB zu.[49] Diese konnten durch Beschlussfassung vergemeinschaftet werden (§ 10 Abs. 6 S. 3 Alt. 2 WEG aF). Dies ist nicht mehr erforderlich. Der Anspruch auf die Störungsunterlassung hinsichtlich des gemeinschaftlichen Eigentums wird durch die Gemeinschaft der Wohnungseigentümer gemeinschaftlich ausgeübt (→ Rn. 7). Der Anspruch auf Störungsunterlassung besteht bereits dann, wenn die **begründete Besorgnis eines zukünftigen Eingriffs** besteht.[50] Eine bauliche Veränderung darf nicht zu einer nachteiligen Beeinträchtigung der übrigen Wohnungseigentümer im Sinne des §§ 14 Abs. 1 Nr. 1 und 14 Abs. 2 Nr. 1 WEG führen.[51] So kann es beispielsweise bei der Errichtung eines Wintergartens oder einer vergrößerten Terrasse liegen. Die Beeinträchtigung kann dann in der nachteiligen Veränderung des optischen Gesamteindrucks oder einer intensiveren und typischerweise störenden Nutzung liegen.[52] Dann können sowohl Unterlassungsansprüche der Gemeinschaft der Wohnungseigentümer aus § 14 Abs. 1 Nr. 1 WEG und § 1004 Abs. 1 S. 2 BGB als auch diejenigen der Wohnungseigentümer selbst gem. § 14 Abs. 2 Nr. 1 WEG und § 1004 Abs. 1 S. 2 BGB gegeben sein.

Betroffene Wohnungseigentümer können bereits vor der Durchführung zukünftiger baulicher Veränderungen den Anspruch auf Unterlassung gem. § 1004 Abs. 1 S. 2 BGB iVm § 20 Abs. 1 und 3 WEG geltend machen. Dabei ist zu differenzieren: Zum einen ist zu klären, ob ein Wohnungseigentum grundlegend umgestaltet wird, oder ob sich diese bauliche Veränderung auf das gemeinschaftliche Wohnungseigentum bezieht. Beim Wohnungseigentum ist grundsätzlich der Wohnungseigentümer selbst Inhaber der Ansprüche auf Störungsunterlassung (§ 14 Abs. 2 Nr. 1 WEG und § 1004 Abs. 1 S. 1 BGB). Ansprüche auf Störungsunterlassung beim gemeinschaftlichen Eigentum stehen zwar grundsätzlich jedem Wohnungseigentümer zu. Die Ausübungsbefugnis gem. § 9 a Abs. 2 WEG (vormals gekorene Ausübungsbefugnis) liegt jedoch bei der Gemeinschaft der Wohnungseigentümer. Somit besteht bereits ein **Unterlassungsanspruch**, wenn die Besorgnis begründet ist, das gemeinschaftliche Eigentum werde rechtswidrig baulich verändert. Diese **Besorgnis** ist bereits begründet, wenn ein Wohnungseigentümer den Antrag auf die Genehmigung einer baulichen Veränderung stellt, die sich später als unzulässig herausstellen kann.[53] Der Anspruch auf die Störungsunterlassung wegen einer baulichen Veränderung ist ausgeschlossen, wenn gem. § 1004 Abs. 2 BGB, § 14 Nr. Abs. 1 Nr. 2 WEG eine **Duldungspflicht** zur Hinnahme des beeinträchtigenden Zustandes besteht.[54]

Die Frage der Duldung ist anhand der Vorschriften der §§ 14 Abs. 1 Nr. 2 und 14 Abs. 2 Nr. 2 WEG zu klären. Davon umfasst sind sonstige Beeinträchtigungen (bauliche Veränderungen) sowie andere Einwirkungen, die

---

46 *Lehmann-Richter/Wobst,* WEG-Reform 2020, Rn. 1529 f.

47 *Lehmann-Richter/Wobst,* WEG-Reform 2020, Rn. 1452 f.

48 BT-Drs. 19/18791, 51; BR-Drs. 168/20, 56; BT-Drs. 19/22634, 12; *Skauradszun* ZMR 2020, 905 (906 f.).

49 BGH 7.2.2014 – V ZR 25/13, NJW 2014, 1090 Rn. 6.

50 *Hügel/Elzer,* 3. Aufl. 2021, WEG § 20 Rn. 163.

51 BGH 14.10.2011 – V ZR 56/11 Rn. 14, NZM 2012, 27 Rn. 14 = ZMR 2012, 209; *Bärmann/Merle* WEG § 22 Rn. 193.

52 LG Berlin 28.9.2018 – 55 S 1/17, MietRB 2020, 304 mAnm *Sommer* = ZWE 2019, 492.

53 Bärmann/*Merle* WEG § 22 Rn. 321.

54 OLG München 18.11.2008 – 32 Wx 132/08, NZM 2009, 33.

den Vereinbarungen oder Beschlüssen entsprechen.[55] Dabei ist zu differenzieren: Zum einen ist dies die Zulässigkeit im Verhältnis zu der Gemeinschaft der Wohnungseigentümer (§ 14 Abs. 1 Nr. 2 WEG) und zum anderen im Verhältnis der Wohnungseigentümer untereinander (§ 14 Abs. 2 Nr. 2 WEG). Eine bauliche Veränderung ist im Verhältnis zur Gemeinschaft der Wohnungseigentümer zulässig, wenn darüber a) eine Beschlussfassung gem. §§ 20 Abs. 1, 13 Abs. 2 WEG erfolgte b) diese im Einklang mit einer Vereinbarung gem. §§ 10 Abs. 1, 19 Abs. 1 WEG steht oder c) der Umfang eines Sondernutzungsrechts zugunsten eines Wohnungseigentümers bauliche Veränderungen zulässt. Die Einwirkung infolge einer baulichen Veränderung kann durch das entsprechende Binnenrecht gerechtfertigt sein.[56]

12   Für den Fall der Beseitigungsansprüche hat der BGH entschieden, dass einem Wohnungseigentümer nach Eintritt der Verjährung kein auf Selbstbeseitigung gerichteter **Duldungsanspruch** zusteht.[57] Zur Frage, wie ein Anspruch auf Störungsunterlassung im Verhältnis zu einem verjährten Anspruch auf Beseitigung der baulichen Veränderung steht, hat sich der BGH in dem Urteil nicht geäußert. Die maßgebliche Kernaussage lautet, dass der von dem Störer geschaffene Zustand auch nach Eintritt der Verjährung des Anspruchs aus § 1004 Abs. 1 S. 2 BGB rechtswidrig bleibt.[58] Dies hindert weder die Gemeinschaft der Wohnungseigentümer noch Wohnungseigentümer daran, die Unterlassungsansprüche geltend zu machen. Auch nach Eintritt der Verjährung besteht der berechtigte Duldungsanspruch der gestörten Gemeinschaft oder der Wohnungseigentümer fort. Inhaltlich wirkt sich die Duldungspflicht wie folgt aus: Zum einen sind die Gemeinschaft der Wohnungseigentümer oder Wohnungseigentümer mit Ansprüchen auf Störungsunterlassung ausgeschlossen. Zum anderen ist in §§ 14 Abs. 1 Nr. 2 und 14 Abs. 2 Nr. 2 WEG nach dem Wortlaut jeweils ein Duldungsanspruch begründet.[59]

13   Diese Rechtsposition gibt dem Störer-Eigentümer nicht die Befugnis, den errichteten Zustand weiter zu verändern.[60] Die **Verjährung** des Beseitigungsanspruchs aus § 1004 Abs. 1 S. 2 BGB führt nicht zum Ausschluss des Unterlassungsanspruchs wegen der unzulässigen baulichen Veränderung. Da der Wohnungseigentümer bei einem Eingriff in das gemeinschaftliche Eigentum einen Rückbauanspruch zu dulden hat, folgt, dass die Ansprüche auf Störungsunterlassung wegen einer baulichen Veränderung aus § 1004 Abs. 1 S. 2 BGB unverändert fortbestehen.

14   **3. Störungsunterlassung und gemeinschaftliches Eigentum.** Ferner besteht ein Anspruch auf die Störungsunterlassung bei Beeinträchtigungen des gemeinschaftlichen Eigentums. Anspruchsinhaber der Ansprüche auf Störungsunterlassung bei der Beeinträchtigung des gemeinschaftlichen Eigentums sind die Wohnungseigentümer. Bislang folgte der Anspruch aus § 15 Abs. 3 WEG aF und § 1004 Abs. 1 S. 2 BGB. Alle Wohnungseigentümer waren Anspruchsinhaber, solange der Anspruch nicht vergemeinschaftet war.[61] Nach der Neuregelung der rechtsfähigen Gemeinschaft der Wohnungseigentümer kann gem. § 9a Abs. 2 WEG nur die Gemeinschaft der Wohnungseigentümer den Anspruch ausüben. Es handelt sich um eine **geborene Ausübungsbefugnis.** Der Unterlassungsanspruch gegen den Störer resultiert aus den Vorschriften der § 14 Abs. 1 Nr. 1 WEG und § 1004 Abs. 1 S. 2 WEG. Der Wohnungseigentümer darf von dem gemeinschaftlichen Eigentum (→ *Gemeinschaftliches Eigentum* Rn. 30) nur in der Weise Gebrauch machen, dass die anderen Wohnungseigentümer nicht gestört werden. Die Vorschrift des § 14 Abs. 1 Nr. 1 WEG sichert die Durchsetzung bestehender binnenrechtlicher **Gebrauchsregelungen (Benutzungsregelungen),** mithin sind dies Vereinbarungen, gesetzliche Vorschriften und Beschlüsse.[62] Auch nach der Neufassung der §§ 13 und 3 WEG können Sondernutzungsrechte eingeräumt werden. Der Anspruch auf die Beseitigung einer Störung eines schuldrechtlichen Sondernutzungsrechts folgt aus § 14 Abs. 2 Nr. 1 WEG und § 1004 Abs. 1 S. 2 BGB. Der Anspruch auf die Störungsunterlassung wegen des unzulässigen Gebrauchs des gemeinschaftlichen Eigentums stand individuell jedem Wohnungseigentümer zu.[63] Bei einer Besitzentziehung folgt der Abwehranspruch des Sondernutzungsberech-

---

55   *Lehmann-Richter/Wobst,* WEG-Reform 2020, Rn. 1320 f.
56   *Lehmann-Richter/Wobst,* WEG-Reform 2020, Rn. 1355 f.
57   BGH 5.7.2019 – V ZR 149/18, NZM 2019, 788 Rn. 7.
58   BGH 28.1.2011 – V ZR 141/10, NJW 2011, 1069 (1070).
59   BT-Drs. 19/18791, 50; BR-Drs. 168/20, 55; *Becker/Schneider* ZfIR 2020, 281 (296 f.).
60   BeckOK WEG/*Elzer* § 20 Rn. 179.
61   Bärmann/*Suilmann* WEG § 13 Rn. 123.
62   SEHR/*Agatsy,* Nutzungs- und Gebrauchsrechte § 4 Rn. 17; *Becker/Schneider* ZfIR 2020, 281 (295).
63   BeckOK WEG/*Müller* § 14 Rn. 4.

tigten aus den Vorschriften der §§ 861 ff. BGB, denn der Sondernutzungsberechtigte ist nur Teilbesitzer am gemeinschaftlichen Eigentum.

4. Ansprüche auf Störungsunterlassung bei Dritten (Mieter und Nutzer). Besonderheiten sind beim ver- 15 mieteten Wohnungseigentum (§ 13 Abs. 1 WEG) zu berücksichtigen. Sind die Wohnungseigentümer nach § 14 Nr. Abs. 1 Nr. 1 und Abs. 2 Nr. 1 WEG nicht verpflichtet, die störende **Vermietung eines Sonder- oder Teileigentums** oder die Überlassung zu dulden oder liegt eine zweckwidrige Nutzung vor, können die Wohnungseigentümer diesen nach der in Literatur und Rechtsprechung vertretenen Auffassung unmittelbar gem. § 1004 Abs. 1 S. 2 BGB auf Unterlassung in Anspruch nehmen.[64] Der Anspruch auf Störungsunterlassung besteht nach allgemeiner Auffassung gem. §§ 1004 Abs. 1 S. 2, 823 Abs. 1 BGB und § 14 Abs. 2 Nr. 1 WEG oder § 14 Abs. 1 Nr. 1 WEG iVm der Hausordnung.[65] Die Wohnungseigentümer sind weiterhin verpflichtet, auf ihre Nutzer einzuwirken, um Störungen auf das gemeinschaftliche Eigentum oder die übrigen Wohnungseigentümer zu unterbinden. Eine Vergemeinschaftung der Unterlassungsansprüche bei der störenden Nutzung des Wohnungseigentums (Sonder-/Teileigentum) scheidet nach der bisherigen Rechtsprechung des BGH aus. Die allein in Betracht kommende Vorschrift des § 10 Abs. 6 S. 3 Alt. 2 WEG aF bezieht sich nicht auf das Sondereigentum der einzelnen Wohnungseigentümer oder deren individuelle Mitgliedschaftsrechte.[66] Diese Rechtsgrundsätze gelten auch nach der Neufassung des § 14 Abs. 2 Nr. 1 WEG fort. Das zweckwidrige „störende" Verhalten eines Mieters oder Dritten muss sich der in Anspruch genommene Wohnungseigentümer gem. § 278 BGB zurechnen lassen. Die Ausübungsbefugnis liegt nicht gem. § 9 a Abs. 2 WEG bei der Gemeinschaft.

Geht die Störung von einem Dritten – einem Mieter oder dinglich Berechtigten – am Wohnungseigentum aus, 16 besteht auch nach der neuen Rechtslage ein **Anspruch gegen den Wohnungseigentümer auf Einwirkung**, damit die über die zulässige Grenzen der §§ 14 Abs. 1 Nr. 1, Abs. 2 Nr. 1 WEG hinausgehenden Störungen unterbleiben (→ *Mieter* Rn. 3). Bei Störungen des gemeinschaftlichen Eigentums liegt die Ausübungsbefugnis gem. § 9 a Abs. 2 WEG bei der Gemeinschaft der Wohnungseigentümer. Überlässt ein Wohnungseigentümer die Nutzung des Sonder- oder Teileigentums einem Dritten, hat er gem. §§ 13 Abs. 1, 14 Abs. 2 Nr. 1 WEG für den maßvollen Gebrauch durch die nutzungsberechtigten Personen oder diejenigen seines Hausstandes zu sorgen. Diese Vorschrift normiert eine spezielle Handlungspflicht zur Sicherstellung der Erfüllung der wechselseitigen Rücksichtnahmepflichten.[67] Gebraucht der Mieter das Sondereigentum in vertragswidriger Art und Weise, kann der vermietende Sondereigentümer den Mieter gem. § 541 BGB auf Unterlassung in Anspruch nehmen.[68] Im Verhältnis zum Mieter gelten die Vorschriften des § 14 Abs. 1 Nr. 1 und Abs. 2 Nr. 1 WEG nicht. Verstöße gegen binnenrechtliche Vorschriften (§ 14 Abs. 1 Nr. 1 WEG) begründen die Verantwortlichkeit des Wohnungseigentümers gegenüber der Gemeinschaft der Wohnungseigentümer. Bei „messbaren" sonstigen Störungen stellt sich die Frage, wer gegen wen woraus Ansprüche geltend machen kann. Die übermäßige Nutzung mit einer daraus resultierenden Störung kann einen Unterlassungsanspruch gem. § 1004 Abs. 1 S. 2 BGB gegenüber dem Mieter begründen. Im Fall der Störung aufgrund einer zweckwidrigen Nutzung eines Ladenlokals durch einen Mieter als Eisdiele hat der BGH entschieden, dass die Ansprüche wegen der Störung des Wohnungseigentums (Sondereigentum) dem Sondereigentümer zustehen.[69] Nach § 14 Abs. 2 Nr. 1 WEG und § 1004 Abs. 1 S. 2 BGB liegt die Ausübungsbefugnis für die Geltendmachung der Unterlassungsansprüche bei den Wohnungseigentümern selbst. Im Hinblick auf § 13 Abs. 1 WEG gilt weiterhin, dass die Nutzungsbefugnis des Mieters nicht weiterreichen darf als die Gebrauchsbefugnis des Vermieters.[70] Auch der zweckwidrige „übermäßige" Gebrauch des gemeinschaftlichen Eigentums durch den Mieter kann nach zutreffender Auffassung eine zumindest mittelbare Beeinträchtigung der übrigen Wohnungseigentümer darstellen und ist durch diese selbst geltend zu machen.

5. Erstbegehungs- und Wiederholungsgefahr. Nach einer Ansicht genügt für den Unterlassungsanspruch 17 gem. § 15 Abs. 3 WEG im Regelfall bereits die Vermutung einer Erstbegehungsgefahr.[71] Dies ist jedoch inso-

---

64 Bärmann/*Seuß* WEG § 8 Rn. 33.
65 AG München 1.6.2017 – 281 C 17481/16 WEG, BeckRS 2017, 138453.
66 BGH 24.1.2020 – V ZR 195/16, ZMR 2020, 675 Rn. 18.
67 BGH 16.5.2014 – V ZR 131/13, ZWE 2014, 356 Rn. 11 = IMR 2014, 334 mAnm *Elzer*.
68 BGH 17.4.2007 – VIII ZB 93/06, NJW 2007, 2180 Rn. 6.
69 25.10.2019 – V ZR 271/19, NJW 2020, 921 (923) Rn. 13 = IMR 2020, 64 m Anm *Elzer* = ZMR 2020, 202.
70 *Jacoby* ZWE 2012, 70 (73).
71 OLG München 31.5.2007 – 34 Wx 112/06, NZM 2007, 842.

fern bedenklich, als die neuen Vorschriften der §§ 14 Abs. 1 Nr. 1 und 14 Abs. 2 Nr. 1 WEG nicht nach Erstbegehungs- und **Wiederholungsgefahr** unterscheiden. Bislang ist in der Rechtsprechung und Literatur ungeklärt, ob die Geltendmachung der Ansprüche auf Störungsunterlassung durch die Gemeinschaft der Wohnungseigentümer (§ 14 Abs. 1 Nr. 1 WEG und § 1004 Abs. 1 S. 1 BGB) oder durch die Wohnungseigentümer (§ 14 Abs. 2 Nr. 1 WEG und § 1004 Abs. 1 S. 1 BGB) eine Wiederholungsgefahr voraussetzen.[72] Diese dogmatische Fragestellung hat der Gesetzgeber in den Materialien zur Gesetzesbegründung nicht geklärt, weshalb dieses Problem weiterhin offen bleibt. Nach einer Ansicht ist eine Wiederholungsgefahr erforderlich, wofür ein Gleichlauf der Unterlassungsansprüche aus § 14 Abs. 1 Nr. 1 WEG sowie § 14 Abs. 2 Nr. 1 WEG mit § 1004 Abs. 1 S. 2 BGB spricht.[73] Dagegen spricht, dass die bisherige Vorschrift des § 15 Abs. 3 WEG als schuldrechtlicher Anspruch keine Wiederholungsgefahr und Eigentumsverletzung wie § 1004 Abs. 1 S. 2 BGB voraussetzte.[74] Nach der hier vertretenen Auffassung können diese Grundsätze auch auf die Dogmatik der Ansprüche aus § 14 WEG und § 1004 Abs. 1 S. 1 BGB weiter übertragen werden.

18 **6. Abgrenzung vom Beseitigungsanspruch.** Der Beseitigungsanspruch ist vom Unterlassungsanspruch abzugrenzen (→ *Beseitigung* Rn. 9). Die Abgrenzung ist im Einzelfall jedoch nicht immer zweifelsfrei möglich, so dass eine **methodische Abgrenzung** der Anspruchsziele notwendig ist. Eine Abgrenzung ist auch nach der Neufassung der Vorschriften der §§ 13, 14 WEG erforderlich. Ergänzend folgen die Beseitigungsansprüche bei der Beeinträchtigung des Sondereigentums und des gemeinschaftlichen Eigentums aus § 1004 Abs. 1 S. 1 BGB. Während der Beseitigungsanspruch auf die Beseitigung eines rechtswidrig geschaffenen Zustands gerichtet ist, liegt das Anspruchsziel des Unterlassungsanspruchs darin, einen bestimmungswidrigen Gebrauch zu unterbinden. Hier ist nun Vorsicht geboten. Wie bei den Ansprüchen auf Störungsunterlassung steht der Anspruch auf die Beseitigung hinsichtlich des gemeinschaftlichen Eigentums zwar grundsätzlich jedem Wohnungseigentümer zu. Die Ausübungsbefugnis hingegen liegt gem. § 9 a Abs. 2 WEG bei der Gemeinschaft der Wohnungseigentümer. Beseitigungs- und Unterlassungsanspruch werden meist nebeneinander geltend gemacht, wobei nach der aktuellen Rechtsprechung des BGH nur die Unterlassungsansprüche hinsichtlich der Beeinträchtigung des gemeinschaftlichen Eigentums vergemeinschaftet werden können.[75]

19 **7. Einzelne Fallgruppen.** Die Abwehransprüche zur Störungsunterlassung liegen in zahlreichen praktischen Fallgruppen vor.[76] Die Herstellung einer unzulässigen baulichen Veränderung durch einen Wohnungseigentümer begründet Unterlassungsansprüche für die Zukunft.[77] Die Ansprüche können auf ein Einschreiten der Gemeinschaft der Wohnungseigentümer gem. § 18 Abs. 2 Nr. 2 WEG und ein Unterlassen des Wohnungseigentümers selbst (§ 14 Abs. 2 Nr. 1 und § 1004 Abs. 1 S. 2 BGB) gerichtet sein. Die Vergrößerung einer Terrassenfläche führt als bauliche Veränderung erfahrungsgemäß zu einer intensiveren Nutzung und somit zu einer Beeinträchtigung der übrigen Wohnungseigentümer.[78] Auch der Austausch einer bestehenden Trittschalldämmung kann zu einer erheblichen Beeinträchtigung führen.[79] Ein Abwehranspruch kann auch bei unzulässigen optischen Veränderungen und einer unzulässigen Beschattung zur Erhaltung des bisherigen Ausblicks der Fall sein. Abwehransprüche begründen unzulässige Emissionen infolge einer übermäßigen Nutzung (→ *Mieter* Rn. 8) durch unzumutbare Geräusche, Lärm und Gerüche. Ist die Haustierhaltung für die anderen Wohnungseigentümer nicht zumutbar, bestehen Abwehransprüche.[80] Diese Abwehransprüche (Unterlassung/Beseitigung) muss der betroffene Wohnungseigentümer geltend machen, bei dem die Beeinträchtigung „messbar" erfolgt. Eine Ausübungsbefugnis bezüglich der Gemeinschaftsflächen steht den einzelnen Wohnungseigentümern nicht zu.[81]

20 Unterlassungsansprüche können auch bei einer zweckwidrigen **Nutzung** des Wohnungseigentums und somit Verstößen gegen das Binnenrecht (§ 14 Abs. 1 Nr. 1 WEG) bestehen. Beim Musizieren besteht ein

---

72 BGH 18.11.2016 – V ZR 221/15, NZM 2017, 37 Rn. 26.
73 OLG Frankfurt a. M. 27.7.2011 – 20 W 319/08, NZM 2012, 425.
74 BeckOK BGB/*Hügel* WEG § 15 Rn. 16.
75 BGH 24.1.2020 – V ZR 295/15, MietRB 2020, 209 mAnm *Becker* = FD-ZVR 2020, 429759 mAnm *Elzer*.
76 FormB-WEG-R/*Einsiedler* § 4 Rn. 113 mwN.
77 Riecke/Schmid/*Abramenko* WEG § 15 Rn. 40.
78 LG Berlin 28.9.2018 – 55 S 1/17, MietRB 2020, 304 mAnm *Sommer*.
79 BGH 26.6.2020 – V ZR 173/19, BeckRS 2020, 16255 = NWB 2020, 2144; LG Düsseldorf 27.6.2019 – 19 S 152/18, ZfIR 2020, 29 mAnm *Elzer* = ZMR 2019, 895; BeckOK WEG/*Müller* WEG § 14 Rn. 26.
80 *Sommer* MietRB 2019, 220, 222.
81 *Lehmann-Richter/Wobst*, WEG-Reform 2020, Rn. 1520 f.

(Unterlassungs-) Abwehranspruch, wenn sich die Ausübung – gleich ob beruflich oder privat – nicht mehr im Rahmen der Sozialadäquanz bewegt.[82] Ein generelles Musizierverbot wird jedoch kaum durchsetzbar sein.[83] Die Nutzungsformen Wohnungs- und Teileigentum schließen sich gegenseitig aus.[84] Dabei ist eine Gesamtschau maßgeblich. Dies kann bei einer gewerblichen Nutzung nach außen der Fall sein. Die Nutzung von Nebenräumen zu Wohnzwecken begründet Abwehransprüche, wenn dies die die Anlage um eine weitere Wohneinheit vergrößert.[85]

III. Anspruchsinhaber der Abwehransprüche

1. Wohnungseigentümer als Anspruchsinhaber (Sondernutzungsrecht). Wohnungseigentümer sind nicht   21
in jedem Fall berechtigt, die Ansprüche auf Störungsunterlassung geltend zu machen. Allerdings kann der Wohnungseigentümer die Ansprüche beim gemeinschaftlichen Eigentum nicht geltend machen (§ 9 a Abs. 2 WEG), sondern nur hinsichtlich des Wohnungseigentums. Ansprüche auf die Verpflichtung zur Einhaltung der binnenrechtlichen Regelungen gegenüber der Gemeinschaft, wie z.B. die Zweckbestimmungen, Vereinbarungen, Gebrauchsbeschlüsse, ohne eine weitergehende Störung eines Wohnungseigentümers obliegt ebenfalls der Gemeinschaft der Wohnungseigentümer (§§ 14 Abs. 1 Nr. 1, 9 a Abs. 2 WEG). Bei Störungen des Wohnungseigentums, z.B. durch eine bauliche Veränderung oder eine störende Nutzung des Wohnungseigentums, sind auch die Miteigentümer anspruchsberechtigt.[86]

Soweit der Anspruch auf Beseitigung einer Störungsquelle auch das Gemeinschaftseigentum betrifft, kann es zu einer Überschneidung der individuellen Ansprüche der Wohnungseigentümer und der ausschließlichen Ausübungsbefugnis der Gemeinschaft kommen.[87] Die Ansprüche hinsichtlich des gemeinschaftlichen Eigentums (§§ 14 Abs. 1 Nr. 1 WEG und § 1004 Abs. 1 S. 2 BGB) liegen ausschließlich bei der Gemeinschaft der Wohnungseigentümer (§ 9 a Abs. 2 WEG). Gestörte Wohnungseigentümer sind Anspruchsinhaber gegenüber vermietenden oder sonst wie gebrauchenden Wohnungseigentümern. Sie können den vermietenden bzw. den sonst wie gebrauchenden Wohnungseigentümer in Anspruch nehmen, alle zumutbaren Maßnahmen gegen den unzulässigen Gebrauch zu ergreifen. Ein Wohnungseigentümer kann seinen Mieter auch zur Geltendmachung der Ansprüche auf die Störungsunterlassung ermächtigen.[88] Die für das Sondereigentum entwickelten Grundsätze sind auf das Sondernutzungsrecht als exklusiv eingeräumtes Nutzungsrecht am gemeinschaftlichen Eigentum übertragbar. Der Inhaber eines schuldrechtlichen Sondernutzungsrechts ist zur Abwehr einer Störung berechtigt. Bei unzulässigem Gebrauch des Sondernutzungsrechts sind auch die anderen beeinträchtigten Wohnungseigentümer zur Störungsabwehr berechtigt. Die Gewährleistung eines binnenrechtskonformen Gebrauchs (Benutzung) ist Teil der ordnungsmäßigen Verwaltung gem. § 18 Abs. 2 WEG.[89]

Mit der Neufassung des § 3 Abs. 1 und 2 WEG wird das Sondereigentum auch auf Stellplätze (§ 3 Abs. 1 S. 2   22
WEG) und das Sondereigentum an sonstigen Nebenflächen erweitert, soweit die Räume des Wohnungseigentums wirtschaftlich die Hauptsache verbleiben (→ *Sondereigentum* Rn. 13 ff.).[90] Demnach beziehen sich die individuellen Unterlassungsansprüche gem. § 14 Abs. 2 Nr. 1 WEG und § 1004 Abs. 1 S. 1 BGB auch auf diese Teile des Grundstücks bzw. Sondereigentums.

2. Gemeinschaft der Wohnungseigentümer. Nach der alten Rechtslage konnte der Verband Wohnungs-   23
eigentümergemeinschaft nach einer Vergemeinschaftung der Ansprüche auf Störungsunterlassung bezüglich des Binnenrechts und des gemeinschaftlichen Eigentums (§ 19 Abs. 6 S. 3 Alt. 2 WEG aF) die gekorene Ausübungsbefugnis zur Geltendmachung der Ansprüche auf Störungsunterlassung kraft Beschlussfassung ausüben. Wie bereits dargelegt, ist nach Rechten und Pflichten aus §§ 14 Abs. 1 Nr. 1 und 14 Abs. 2 Nr. 1 WEG zu differenzieren. Bei Beeinträchtigungen des gemeinschaftlichen Eigentums kann gem. § 9 a Abs. 2 WEG nur die Gemeinschaft der Wohnungseigentümer die Anspruchsinhaberin von Abwehransprüchen sein. Nach der

82 BGH 26.10.2018 – V ZR 143/17, ZWE 2019, 170.
83 SEHR/*Agatsy*, Nutzungs- und Gebrauchsrechte § 4 Rn. 34.
84 BGH 27.10.2017 – V ZR 193/16, NJW 2018, 41 Rn. 8 = IMR 2018, 22 mAnm *Elzer*.
85 BGH 8.5.2015 – V ZR 178/14, ZWE 2018, 262 Rn. 5.
86 BGH 18.11.2016 – V ZR 221/15, NZM 2017, 37 Rn. 9; FormB-WEG-R/*Einsiedler* § 4 Rn. 114.
87 zur Systematik: *Elzer* FD-ZVR 2020, 429759.
88 BeckOK WEG/*Müller* § 14 Rn. 121.
89 BT-Drs. 10/18791, 57; BR-Drs. 168/20, 64; *Agatsy* MietRB 2021, 61 (63).
90 *Agatsy* MietRB 2020, 155 (159).

Neufassung des § 9 a Abs. 2 WEG entfällt die „gekorene Ausübungsbefugnis" kraft Beschlusses. Der Gemein-schaft der Wohnungseigentümer ist gem. § 9 a Abs. 2 WEG Inhaberin einer geborenen Ausübungsbefugnis. Dabei kann es sich nach der Rechtsprechung des BGH jedoch nur ausschließlich um solche Abwehransprüche handeln, die sich auf das gemeinschaftliche Eigentum und nicht auf das Sondereigentum beziehen.[91]

24 Wird über die **Ausübung** der Ansprüche auf Störungsunterlassung durch die Gemeinschaft der Wohnungsei-gentümer aus § 14 Abs. 1 Nr. 1 WEG und § 1004 Abs. 1 S. 2 BGB eine Beschlussfassung durchgeführt, muss über die Inanspruchnahme des Störers am gemeinschaftlichen Eigentum und die erforderlichen Maßnahmen der Gemeinschaft der Wohnungseigentümer hinreichende Klarheit bestehen. Bei Unklarheiten droht die Nich-tigkeit (→ *Bestimmtheit* Rn. 7) der konkreten Beschlussfassung.[92] Diese richtet sich nach §§ 23 bis 25 WEG. Der Anspruch auf eine Beschlussfassung zur Herbeiführung einer Grundlage für die ordnungsmäßige Verwal-tung durch die Gemeinschaft der Wohnungseigentümer folgt aus § 18 Abs. 2 WEG. Wird eine binnenrechts-widrige Benutzung (Gebrauch) eines Wohnungseigentums festgestellt, kann der Wohnungseigentümer gem. § 18 Abs. 2 Nr. 2 WEG verlangen, dass ein Beschluss darauf gerichtet ist, die Einhaltung der „Benutzung" binnenrechtskonform zu gewährleisten. Im Regelfall muss die gem. § 18 Abs. 2 Nr. 2 WEG durch die Gemein-schaft der Wohnungseigentümer geschuldete Verwaltungshandlung noch durch Beschlussfassung bestimmt werden.

25 Der BGH hat die Rechtsprechung zur Befugnis der Störungsabwehr fortgesetzt. In einem aktuellen Urteil hat der BGH[93] mit einer überzeugenden Begründung klargestellt, dass einzelne Wohnungseigentümer grundsätz-lich nicht allein befugt sind, rechtswidrige bauliche Veränderungen zu beseitigen. Dies gilt nach der Neufas-sung des § 14 Abs. 1 Nr. 1 WEG insbesondere dann, wenn sich die unzulässige bauliche Veränderung auf das gemeinschaftliche Eigentum auswirkt. Kommt ein Beschluss der Wohnungseigentümerversammlung nicht zu-stande, hat eine Beschlussklage in der Variante der **Beschlussersetzungsklage** gem. § 44 Abs. 1 S. 2 WEG Aussicht auf Erfolg. Handelt der Störer nicht freiwillig, müssen ihn entweder der gestörte Wohnungseigentü-mer (§ 14 Abs. 2 Nr. 1 WEG; § 1004 Abs. 1 S. 2 BGB) oder die Gemeinschaft gem. § 14 Abs. 1 Nr. 1 und 2 WEG zur Duldung verpflichten. Zutreffend ist der Ansatz, dass auch in einer Zweiergemeinschaft (→ *Zweier-gemeinschaft* Rn. 17) nur im Wege der Beschlussersetzungsklage eine Beseitigung verlangt werden kann.

26 **3. Mieter und Dritte als Nutzungsberechtigte (Mieter).** Der Mieter kann zur Geltendmachung der Ab-wehransprüche auf die Störungsunterlassung bezüglich des Wohnungseigentums befugt sein. Dieser Fall liegt vor, wenn der vermietende Eigentümer den Mieter dazu im Wege der gewillkürten Prozessstandschaft ermäch-tigt hat.[94] Ist der Mieter selbst beeinträchtigt, kann er sich individuell gegen die Störung zur Wehr setzen. Dies ist der Fall, wenn der Besitz oder die Persönlichkeitsrechte des Mieters erheblich beeinträchtigt werden.[95] Ne-ben dem Mieter sind auch der Erbbauberechtigte, der Grunddienstbarkeitsberechtigte, der Nießbraucher, der Dienstbarkeitsberechtigte zur Abwehr der Störungen als Anspruchsinhaber berechtigt. Beabsichtigt ein Mieter die Vornahme einer unzulässigen baulichen Veränderung, ist für einen Wohnungseigentümer die Vorschrift des § 1004 Abs. 1 S. 2 BGB die einzige in Betracht kommende Anspruchsgrundlage. Ein Mieter kann sich gegen-über einem anderen Mieter über die Vorschriften des § 1004 Abs. 1 S. 2 BGB und die Vorschriften über den Besitzschutz der §§ 858 Abs. 1, 861 BGB zur Wehr setzen. Ein Anspruch auf ein Tätigwerden der einzelnen Wohnungseigentümer besteht nach zutreffender Auffassung nicht.

IV. Anspruchsgegner der Abwehransprüche

27 **1. Wohnungseigentümer und Gemeinschaft der Wohnungseigentümer als Anspruchsgegner.** Bei der Wahl des richtigen Anspruchsgegners zur Durchsetzung der Unterlassungsansprüche gem. §§ 14 Abs. 1 Nr. 1, Abs. 2 Nr. 1 WEG sowie § 1004 Abs. 1 S. 2 BGB ist zu differenzieren. Primäre **Anspruchsgegner** bei der Störungsabwehr sind der zweckwidrig und binnenrechtswidrig nutzende, störende Wohnungseigentümer, Mit-eigentümer des Wohnungseigentums oder Sondernutzungsberechtigte; sie haben gem. § 278 BGB auch für die

---

91 BGH 15.12.2017 – V ZR 275/16, ZWE 2018, 171 Rn. 8.
92 *Hügel/Elzer*, 3. Aufl. 2021, WEG § 23 Rn. 140; *Riecke* ZMR 2008, 173 (175).
93 BGH 5.7.2019 – V ZR 149/18, IMR 2019, 463 mAnm *Elzer*.
94 BayObLG 20.4.2000 – 2Z BR 9/00, NZM 2000, 678.
95 LG Essen 30.1.2019 – 12 O 62/18, IMR 2019, 156 mAnm *Abramenko*.

Überlassung an Dritte einzustehen.[96] Passivlegitimiert ist der Wohnungseigentümer, aus dessen Sphäre die Störung stammt. Dabei können Wohnungseigentümer zur Verantwortung gezogen werden, wenn sie kausale Störer sind (→ *Beseitigung* Rn. 4). Handlungsstörer ist derjenige, der durch sein aktives Tun oder ein Unterlassen die Ursache für einen störenden Zustand setzt.[97] Der Sonderrechtsnachfolger ist kein Handlungsstörer. Der Zustandsstörer ist derjenige, der den störenden Zustand durch seinen maßgeblichen Willen aufrechterhält. Er schuldet grundsätzlich die Duldung der Beseitigung. Sowohl Handlungs- als auch Zustandsstörer (→ Rn. 7) haften nur in zurechenbarer Art und Weise. Dabei kann gem. § 15 Abs. 3 WEG ein Anspruch zur Einwirkung auf einen Dritten, zB Mieter, bestehen. Bei Störungen vom gemeinschaftlichen Eigentum besteht der Anspruch gegen die anderen Eigentümer. Der Wohnungseigentümer hat gem. § 14 Nr. 2 WEG für einen maßvollen Gebrauch (→ Rn. 3) Sorge zu tragen. Eine Störerhaftung der Gemeinschaft der Wohnungseigentümer kommt in Betracht, wenn die Störung aus der Erfüllung von Verwaltungsaufgaben resultiert (→ *Beseitigung* Rn. 15).

2. Mieter und Dritte sowie Nachbarn als Anspruchsgegner. Ein Abwehranspruch gegen einen Mieter oder   **28** nutzenden Dritten kommt in Betracht, wenn dieser das Wohnungseigentum zweckwidrig nutzt und von der Nutzung **Störungen für die übrigen Wohnungseigentümer** ausgehen. Dieser Fall liegt vor, wenn der Mieter das Wohnungseigentum störend und binnenrechtswidrig, zweckwidrig und mit Störungen zu Lasten des gemeinschaftlichen Eigentums nutzt. Sowohl die Wohnungseigentümer als auch die Gemeinschaft der Wohnungseigentümer können die Störungsunterlassung gegenüber dem Mieter aus § 1004 Abs. 1 S. 2 BGB einfordern. Die Vorschrift des § 14 WEG räumt keinen direkten Anspruch auf Störungsunterlassung gegenüber dem Mieter ein. Die bisherige Vorschrift des § 14 Nr. 2 WEG aF verpflichtete den vermietenden Wohnungseigentümer. Ist die Gemeinschaft zuständig, kann eine Beschlusskompetenz nur aus § 18 Abs. 2 Nr. 2 WEG resultieren. Gehen Störungen für das gemeinschaftliche Eigentum vom Nachbarn aus, kann gem. § 9 a Abs. 2 WEG nur die Gemeinschaft der Wohnungseigentümer (vormals § 10 Abs. 6 S. 3 Alt. 2 WEG aF) vorgehen. Bei Störungen des Sondereigentums liegt der Anspruch auf die Abwehr der Störung beim Sondereigentümer selbst. Die Wohnungseigentümer müssen nicht hinnehmen, dass ein Mieter dauerhaft den Hausfrieden stört. Dies gilt beispielsweise dann, wenn der Mieter als Nutzer des Wohnungseigentums die Nutzung der Gemeinschaftsflächen stört und Nutzer/Mieter beleidigt. Dann kann ein Unterlassungsanspruch aus § 1004 Abs. 1 S. 2 BGB bestehen und ein Anspruch auf die Einwirkung auf den vermietenden Wohnungseigentümer.[98]

V. Typische Einwendungen

1. Zustimmung. Die **Zustimmung der Wohnungseigentümer** lässt Abwehransprüche infolge einer Stö-   **29** rungsunterlassung entfallen. Dies setzt voraus, dass alle Miteigentümer dem konkreten Gebrauch des Störers gegenüber der Gemeinschaft der Wohnungseigentümer oder über einen nicht nichtigen Beschluss der Wohnungseigentümerversammlung zugestimmt haben.[99] Diese Beschlüsse sind nach zutreffender Auffassung nur anfechtbar und nicht nichtig. Die Beschlusskompetenz folgt aus § 19 Abs. 1 WEG, der seinem Regelungszweck dem § 15 Abs. 2 WEG aF entspricht.[100] Daraus folgt, dass sie im Fall ihrer Bestandskraft der Unterlassung entgegenstehen. Die Zustimmung bezieht sich dabei auf die zum Zeitpunkt der Zustimmung erfolgende Nutzung und kann im Fall ihrer Intensivierung widerrufen werden.[101] Ein Verwalter kann einen unzulässigen Gebrauch nicht gestatten, so dass sich der Störer nicht auf diese Erklärung berufen kann. Eine Zustimmung zu einer bestimmen Nutzung vor der Begründung von Wohnungseigentum wird durch die Teilungserklärung überholt. In einer Veräußerungszustimmung liegt keine Billigung eines bestimmten Gebrauchs.[102] Ungeklärt ist bislang, auf welche Weise die „Zustimmung" der anderen beeinträchtigten Eigentümer erklärt werden muss. Richtigerweise ist auf ein förmliches Beschlussverfahren der Wohnungseigentümer in der Wohnungseigentümerversammlung abzustellen.[103]

---

96 *Hügel/Elzer,* 3. Aufl. 2021, WEG § 14 Rn. 65.
97 BGH 16.5.2014 – V ZR 131/13, NJW 2014, 2640 Rn. 8.
98 *Agatsy* ZMR 2019, 682 (686).
99 *Hügel/Elzer,* 3. Aufl. 2021, WEG § 19 Rn. 18 ff.
100 BGH 20.9.2000 – V ZB 58/99, ZWE 2000, 518.
101 Riecke/Schmid/*Abramenko* WEG § 15 Rn. 43.
102 KG 7.2.2005 – 24 W 135/04, BeckRS 2005, 03420.
103 Bielefeld/Christ/*Sommer,* Der Wohnungseigentümer 13.4 mwN.

30 **2. Verjährung der Abwehransprüche.** Ansprüche auf die Störungsunterlassung verjähren (→ *Beseitigung* Rn. 49) nach Entstehung der Zuwiderhandlung gem. § 195 BGB im Regelfall in **drei Jahren** ab Kenntnis oder grob fahrlässiger Unkenntnis des Gläubigers von den anspruchsbegründenden Umständen (§ 199 Abs. 2 BGB), längstens jedoch in zehn Jahren (§ 199 Abs. 4 BGB).[104] Jede Einwirkung begründet eine neue Störung, so dass die Verjährung jeweils von Neuem in Gang gesetzt wird.[105] Dies ist zum Beispiel der Fall, wenn ein Nebenraum, zB Kellerraum oder Balkon, zu Wohnzwecken umgestaltet wird. Hier werden jeweils neue Unterlassungsansprüche begründet.[106] Dies gilt erst recht bei einer intensivierten Nutzung. Es ist unerheblich, ob die Störung durch den Wohnungseigentümer oder den Mieter verursacht wird.[107] Einem Wohnungseigentümer steht nach zutreffender Auffassung auch nach Verjährung eines Beseitigungsanspruchs ein auf die Selbstbeseitigung gerichteter Duldungsanspruch zu.[108] Der Auffassung, dass kein Duldungsanspruch besteht, ist nicht zu folgen. Auch nach Eintritt der Verjährung bleibt der geschaffene Zustand dauerhaft rechtswidrig. Die Wohnungseigentümer sind jederzeit berechtigt, ihr gemeinschaftliches Eigentum wiederherzustellen.

31 **3. Verwirkung der Abwehransprüche.** Der auf Störungsunterlassung gerichtete Abwehranspruch kann der **Verwirkung** unterliegen.[109] Dies setzt zunächst einen nicht unerheblichen Zeitablauf (Zeitmoment) voraus (→ *Beseitigung* Rn. 16). Hinsichtlich der Länge der Duldung der Störung ist zu unterscheiden. Eine Zeitdauer von 6 Jahren kann ausreichen, muss es aber nicht. Daher werden für das Zeitmoment als zeitliche Grenze etwa 8 bis 10 Jahre angesetzt. Handelt es sich um eine dauernde Störung, begründet die darauf bezogene Willensentscheidung des störenden Wohnungseigentümers nach dem BGH eine zeitliche Zäsur.[110]

32 Somit fehlt es an einem **Zeitmoment**, wenn eine wiederholte Störung einen neuen Anspruch auslöst Eine zeitliche Zäsur kann durch eine Neuvermietung eintreten,[111] denn der Vermieter setzt damit eine auf die zweckwidrige Vermietung gerichtete Willensentscheidung um. Zu dem Zeitmoment müssen auf dem Verhalten des Berechtigten basierende Umstände (Umstandsmoment) hinzutreten (→ *Beseitigung* Rn. 18), die den Unterlassungspflichtigen darauf vertrauen lassen, dass der Abwehranspruch nicht geltend gemacht wird und die verspätete Geltendmachung durch den Berechtigten gegen Treu und Glauben verstößt.[112] Die Darlegungs- und Beweislast für die Verwirkung trägt diejenige Partei, die sich in ihrem Sachvortrag auf den Tatbestand der Verwirkung beruft.

33 Ungeklärt ist, ob die Verwirkung gegenüber dem **Sonderrechtsnachfolger** gilt. Dies ist bislang höchstrichterlich nicht geklärt und in der Literatur und Rechtsprechung umstritten. Der BGH hat diese Frage ausdrücklich offengelassen. Nach der hier vertretenen Auffassung muss sich ein Sonderrechtsnachfolger von Miteigentümern die Verwirkung entgegenhalten lassen. Diese können nicht mehr Rechte erwerben als ihre Rechtsvorgänger.[113] Dem steht eine an sich erforderliche und fehlende Eintragung in das Grundbuch nicht entgegen, da die Verwirkung gem. § 242 BGB die Rechtsfolge tatsächlichen Verhaltens und tatsächlicher Umstände ist.

34 **4. Duldungspflicht.** Darüber hinaus können die Ansprüche auf Störungsunterlassung wegen einer Duldungspflicht ausgeschlossen sein. Diese resultiert aus § 14 Abs. 1 Nr. 2 und Abs. 2 Nr. 2 WEG. Die Duldungspflicht umfasst zunächst das Betreten oder andere Einwirkungen. Der Wortlaut der §§ 14 Abs. 1 Nr. 2 und Abs. 2 Nr. 2 WEG umfasst nicht Immissionen iSd § 906 Abs. 1 S. 1 BGB. Vielmehr ist davon gerechtfertigtes Verhalten erfasst. Die Duldungspflicht setzt ferner voraus, dass die Einwirkungen auf das Wohnungseigentum oder das gemeinschaftliche Eigentum durch getroffene Vereinbarungen oder Beschlüsse gedeckt sind. Die Rechtsfolge der hinzunehmenden Beeinträchtigungen führt dazu, dass die Wohnungseigentümer zur Duldung verpflichtet sind. Daraus folgt zugleich, dass im Fall der verweigerten Duldung durch einen Wohnungseigentümer ein Anspruch auf Duldung besteht.

---

104 BGH 4.7.2014 – V ZR 183/13, NJW 2014, 2861 Rn. 10.
105 BGH 15.12.2017 – V ZR 275/16, NZM 2018, 909, 911; *Hügel/Elzer,* 3. Aufl. 2021, WEG § 20 Rn. 176.
106 AG München 22.12.2016 – 484 C 8649/16, ZMR 2017, 269.
107 BGH 8.5.2015 – V ZR 178/14, NZM 2015, 495 Rn. 10.
108 BeckOK WEG/*Elzer* § 20 Rn. 176; aA BGH 5.7.2019 – V ZR 149/18, NZM 2018, 788, 789 Rn. 11.
109 Riecke/Schmid/*Abramenko* WEG § 15 Rn. 45.
110 BGH 8.5.2015 – V ZR 178/14, NZM 2015, 495 Rn. 12 = IMR 2015, 289 mAnm *Abramenko.*
111 AG München 22.12.2016 – 484 C 8649/16, ZMR 2017, 269.
112 BGH 10.7.2015 – V ZR 169/14, NZM 2015, 787 Rn. 13.
113 OLG Frankfurt a. M. 27.7.2011 – 20 W 319/08, ZWE 2012, 35; Jennißen/*Schultzky* WEG § 15 Rn. 137 mwN.

VI. Verfahrenshinweise

1. Klagebefugnis der Gemeinschaft der Wohnungseigentümer und Wohnungseigentümer. Die Klagebe- 35
fugnis der Gemeinschaft der Wohnungseigentümer zur Durchsetzung der Ansprüche auf Störungsunterlassung
beim gemeinschaftlichen Eigentum folgt u.a. aus der Vorschrift des § 9 a Abs. 2 WEG. Nach der alten Rechtslage lag die Klagebefugnis für die Durchsetzung der Störungsunterlassung nach der Vorschrift des § 15 Abs. 3
WEG aF lag individuell bei jedem einzelnen Wohnungseigentümer.[114] *Die einzelnen* Wohnungseigentümer benötigten für die Geltendmachung der eigenen Abwehransprüche nicht die Ermächtigung durch die Gemeinschaft. Dies galt auch dann, wenn sich der „gestörte" Wohnungseigentümer auf drittschützende Normen stützte. Somit stellt sich die Frage, ob die Grundsätze des BGH bei der Anwendung der §§ 9 a Abs. 2 und 14 Abs. 1
Nr. 1 WEG fortgelten. Nach der aktuellen Rechtsprechung des BGH ist die Durchsetzung der Unterlassungsansprüche beim Sondereigentum weiterhin Sache der Sondereigentümer. Mit seiner aktuellen Entscheidung
setzt der BGH seine bisherige Rechtsprechung fort, wonach sich die Ausübungsbefugnis der Gemeinschaft der
Wohnungseigentümer gem. § 9 a Abs. 2 WEG, vormals gem. § 10 Abs. 6 S. 3 WEG aF, nicht auf das Wohnungseigentum (Sonder- oder Teileigentum) der einzelnen Wohnungseigentümer oder deren individuelle Mitgliedschaftsrechte bezieht.[115]

Ist die Geltendmachung der **Störungsunterlassung** notwendigerweise mit einem Eingriff in das Gemein- 36
schaftseigentum verbunden, kann ein Wohnungseigentümer aufgrund der gesetzlichen Zuweisung der Anspruchsausübung gem. § 9 a Abs. 2 WEG die Ansprüche auf Störungsunterlassung nicht mehr mit Zustimmung der übrigen Wohnungseigentümer geltend machen. Dieser Beschluss ist nach der neuen Rechtslage
durch die Wohnungseigentümerversammlung zu fassen. Etwas anderes gilt bei der Anfechtung der Baugenehmigung für das Sondereigentum eines Miteigentümers.[116] Diesem stehen als Inhaber eines besonders ausgestalteten Miteigentumsrechts keine öffentlich-rechtlichen Nachbarschutzansprüche eines anderen Sondereigentums in demselben Anwesen zu. Ermächtigt ein Wohnungseigentümer den Mieter zur Durchsetzung der Abwehransprüche, ist dieser klagebefugt und kann die Störungsunterlassung im Rahmen der gewillkürten Prozessstandschaft gerichtlich durchsetzen.

Überschreitet ein Miteigentümer sein Sondernutzungsrecht in unzulässiger Weise, zB durch eine unzulässige 37
bauliche Veränderung, können die betroffenen Wohnungseigentümer den **Abwehranspruch** (→ Rn. 11) aus
§ 14 Abs. 2 Nr. 1 WEG oder § 1004 Abs. 1 S. 2 BGB ohne besondere Ermächtigung durch die anderen Wohnungseigentümer nur hinsichtlich des Sondereigentums geltend machen.[117] Das „Wie" der Störungsunterlassung bleibt dem Störer vorbehalten. Die Gemeinschaft der Wohnungseigentümer ist nicht klagebefugt. Hier
besteht **keine geborene Ausübungsbefugnis** (→ *Beseitigung* Rn. 26). Allerdings können die Wohnungseigentümer die Unterlassungsansprüche nach Auffassung des BGH im Hinblick auf das gemeinschaftliche Eigentum vergemeinschaften, wobei der Beschlussinhalt in allen Einzelheiten hinreichend bestimmt sein muss.[118]

Der Grundsatz der gekorenen Ausübungsbefugnis (§ 10 Abs. 6 S. 3 Alt. 2 WEG aF) ist obsolet. Bei der Gel- 38
tendmachung von Ansprüchen auf Störungsunterlassung ist zu differenzieren. Während Ansprüche auf Störungsunterlassung wegen des gemeinschaftlichen Eigentums der Gemeinschaft der Wohnungseigentümer obliegen, gilt dies nach der Rechtsprechung des BGH nicht für solche Beschlüsse, bei denen die Geltendmachung von Unterlassungsansprüchen hinsichtlich des Sondereigentums gegenständlich ist. Nach zutreffender
Auffassung müssen auch Beschlussfassung auf die Vergemeinschaftung von Unterlassungsansprüchen hinreichend bestimmt gefasst sein.[119] Beschlüsse sind wie Grundbucheintragungen auszulegen, denn sie wirken
auch ohne Eintragung in das Grundbuch wie Grundbucherklärungen für und gegen Sondernachfolger, § 10
Abs. 3, 4 WEG. Ist keine durchführbare Regelung erkennbar, ist nach zutreffender Auffassung von der Nichtigkeit auszugehen.[120]

---

114 BGH 18.11.2016 – V ZR 221/15, NZM 2017, 37 = IMR 2017, 22 mAnm *Elzer.*
115 BGH 24.1.2020 – V ZR 295/16, FD-ZVR 2020, 429759 mAnm *Elzer* = MietRB 2020, 209 mAnm *Becker* = GE
     2020, 210.
116 OVG Koblenz 26.2.2019 – 8 A 11076/18.OVG, NZM 2019, 421.
117 KG Berlin 19.6.2007 – 24 W 5/07, BeckRS 2007, 12177 = NZM 2007, 847.
118 BGH 13.10.2017 – V ZR 45/17, NZM 2018, 231 Rn. 11; FormB-WEG-R/*Lehmann-Richter* § 3 Rn. 64.
119 AG Wedding 29.7.2019 – 10 C 300/19, GE 2019, 1427 = IMR 2020, 73 mAnm *Agatsy.*
120 *Riecke* ZMR 2018, 173 (174).

39   **2. Darlegungslast und typisierende Betrachtungsweise.** Die Darlegungs- und Beweislast tragen die Gemeinschaft der Wohnungseigentümer oder derjenige Wohnungseigentümer, der Abwehransprüche wegen einer Störung geltend macht. Im Hinblick auf die **Darlegungslast** bei §§ 14 Abs. 1 Nr. 1, Abs. 2 Nr. 1 WEG (die Unterlassungsansprüche resultierten aus § 15 Abs. 3 WEG aF und § 1004 Abs. 1 S. 2 BGB) und § 1004 Abs. 1 S. 2 BGB gelten Besonderheiten. Ob eine Störung (→ Rn. 4) vorliegt, ist anhand einer verallgemeinernden, typisierenden Betrachtungsweise zu beurteilen.[121] Dabei ist nicht erforderlich, dass jegliche Einzelheiten vorgetragen werden. Eine richterliche Einschätzung gem. § 287 ZPO ist dann möglich, wenn dem Gericht Einzelheiten vorliegen. Die Störungsquelle und die Auswirkungen der Störung sind deshalb im Einzelnen und möglichst detailliert darzulegen (→ Rn. 4 ff.). Nach der typisierenden Betrachtungsweise erfordert der Einzelfall, den zweckbestimmungswidrigen Gebrauch nach seiner Art und Durchführung, die damit verbundenen Folgen, örtlichen Gegebenheiten und zeitlichen Verhältnisse zu bewerten.[122]

40   **3. Kosten der Störungsbeseitigung.** Die Abwehr von Störungsquellen kann für die Wohnungseigentümer Kosten verursachen. Bei der rechtlichen Bewertung der Kosten ist zu differenzieren. Zum einen entstehen Kosten, die mit der **Beseitigung der Störungsquelle** einhergehen (→ *Beseitigung* Rn. 46). Die Vorschrift des § 16 Abs. 2 S. 1 WEG bildet die Grundlage der durch die Eigentümer anteilig zu tragenden Kosten. Der Zahlungsanspruch gegen die einzelnen Wohnungseigentümer entsteht allerdings erst durch eine Beschlussfassung gem. § 28 Abs. 1 S. 1 oder Abs. 2 S. 1 WEG. Die Beschlussfassung ist die Anspruchsgrundlage.[123] Die Kosten können zum anderen durch die Beauftragung eines Rechtsanwalts entstehen. Die Kosten für die Durchsetzung der Unterlassungsansprüche sind Kosten der Rechtsverfolgung. In den meisten Fällen wird es darum gehen, den Wohnungseigentümer aufzufordern, die Störungsquelle einzustellen und das störende Verhalten für die Zukunft abzustellen. Kosten eines Rechtsstreits sind gem. § 16 Abs. 2 WEG Kosten der Verwaltung und entsprechend zu verteilen. Auch die Kosten von Binnenstreitigkeiten sind Kosten der Verwaltung.[124]

41   **4. Selbstständiges Beweisverfahren.** Sind Ursache und Umfang einer Störungsquelle streitig, kann ein Wohnungseigentümer den Antrag auf ein selbstständiges Beweisverfahren (→ *Beseitigung* Rn. 32) stellen. Dazu muss ein berechtigtes **rechtliches Interesse** iSd § 485 Abs. 2 ZPO vorliegen. Ein rechtliches Interesse im Sinne dieser Vorschrift liegt vor, wenn das selbstständige Beweisverfahren als Grundlage für die Durchsetzung von Abwehransprüchen vorgeschaltet wird. Es kann durchgeführt werden, wenn ein Wohnungseigentümer eine unzumutbare Störung (→ Rn. 4) behauptet und unklar ist, ob die Störungsquelle im Sondereigentum oder im Gemeinschaftseigentum liegt. Dasselbe gilt bei der Feststellung externer Störungsquellen. Hier kann der gerichtlich bestellte Sachverständige im Wege der Beweissicherung die Ursachen der Störungsquelle feststellen.

Ursprünglich war in der Rechtsprechung umstritten, ob vor der Durchführung eines selbstständigen Beweisverfahrens eine **Vorbefassung** der Wohnungseigentümer erfolgen musste. Dies ist nach der Rechtsprechung des BGH nicht mehr erforderlich.[125] Dieser Grundsatz gilt nach der hier vertretenen Auffassung jedoch nicht uneingeschränkt. Die Wohnungseigentümer sind nicht an Handlungsempfehlungen aus einem Sachverständigengutachten gebunden. Deshalb sollten die übrigen Wohnungseigentümer zB bei der Betroffenheit des gemeinschaftlichen Eigentums vorab mit der Sache befasst werden, damit der Antragsteller nicht die Kosten trägt. Wird das selbständige Beweisverfahren wegen der Störung (Beeinträchtigung) des gemeinschaftlichen Eigentums eingeleitet, ist die Gemeinschaft der Wohnungseigentümer Antragsteller oder Antragsgegner (§ 9 a Abs. 1 WEG).[126] Im Übrigen bleiben bei Störungen aufgrund einer zweckwidrigen Nutzung des Wohnungseigentums oder Störungen durch Wohnungseigentümer bzw. Dritte die störenden oder gestörten Wohnungseigentümer Parteien des Verfahrens. Die Gemeinschaft der Wohnungseigentümer wird in dem Verfahren gem. § 9 b Abs. 1 S. 1 WEG durch den Verwalter vertreten (→ *Verwalter* Rn. 44 ff.).

42   **5. Vollstreckung von Abwehransprüchen.** Handelt der Schuldner der Verpflichtung zuwider, eine Handlung zu unterlassen oder die Vornahme einer Handlung zu dulden, kann Prozessgericht des ersten Rechtszugs wegen einer jeden Zuwiderhandlung auf Antrag des Gläubigers Ordnungsmittel anordnen – entweder **Ordnungs-**

---

121 BeckOK WEG/*Müller* § 14 Rn. 45.
122 LG München I 4.4.2011 – 1 S 16861/09, ZWE 2011, 275.
123 *Lehmann-Richter/Wobst*, WEG-Reform 2020, Rn. 684bf.
124 LG München I 13.5.2013 – 1 S 10826/12, ZMR 2013, 832.
125 BGH 14.3.2018 – V ZB 131/17, NZM 2018, 399.
126 *Lehmann-Richter/Wobst*, WEG-Reform 2020, Rn. 79.

geld oder für den Fall, dass dieses nicht beigetrieben werden kann, Ordnungshaft von bis zu sechs Monaten.[127] Darunter fallen die Ansprüche auf die Unterlassung einer Störung, die nach Maßgabe des § 890 ZPO vollstreckt werden.[128] Ist das Vorliegen eines Unterlassungsantrags zweifelhaft, ist ggf. ein Hilfsantrag gem. § 888 ZPO zu stellen.[129]

6. Streitwert und Rechtsmittelbeschwer. Bei der Ermittlung des Streitwerts bei einer Unterlassungsklage kommt es auf das Interesse (→ *Streitwerte im ABC* Rn. 33) der Beteiligten im Einzelfall an.[130] Das Interesse des Gebührenstreitwertes wird gem. § 48 Abs. 1 S. 1 GKG ermittelt. Beim Streit um Unterlassung ist sowohl das Interesse der Klägerseite an der Unterlassung als auch dasjenige des oder der Beklagten an der Möglichkeit der Fortsetzung maßgeblich.[131] Geht es um Unterlassung eines Gebrauchs/einer Nutzung, sind auch die Vorteile dieses Gebrauchs/dieser Nutzung – etwa in Form eines Mehrerlöses bei der Vermietung – anzusetzen.[132] Häufig werden auch Pauschalen bei der Streitwertbemessung angesetzt. Die Höhe des Streitwerts ist an dem Interesse des Klägers an der Störungsunterlassung und an dem Abwehrinteresse des Beklagten auszurichten. Diese Grundsätze gelten nach der Abschaffung der Vorschrift des § 49 a GKG fort und sind nach § 48 Abs. 1 GKG iVm § 3ff. ZPO zu bewerten. Die Neufassung des § 49 GKG regelt den Gebührenstreitwert bei Beschlussklagen. Beschlussklagen iSd § 49 Abs. 1 S. 1 und 2 GKG sind Anfechtungs-, Nichtigkeits- und Beschlussersetzungsklagen. Der zu ermittelnde Rechtsmittelstreitwert folgt aus §§ 3 ff. ZPO (→ *Streitwerte im ABC* Rn. 1 ff.). Bei Altfällen ist auf die bisherigen Grundsätze des § 49 a GKG aF zurückzugreifen.

210. Streitwerte im ABC

Agatsy

---

127 FormB-WEG-R/*Einsiedler* § 4 Rn. 157.
128 BGH 29.11.1995 – XII ZR 230/94, ZMR 1996, 147 = NJW 1996, 714.
129 BeckOK WEG/*Elzer* § 43 Rn. 61.
130 *Agatsy* ZMR 2019, 394 mwN.
131 BayObLG 1.2.2001 – 2Z BR 105/00, NJW-RR 2001, 1383.
132 BeckOK WEG/*Elzer* § 44 Rn. 131.

I. Einführung

1 Ein Problemfeld im WEG-Prozess war die Ermittlung des korrekten Streitwerts. Bisher war die zentrale Vorschrift zur Ermittlung des Gebührenstreitwerts § 49 a GKG aF. Davon zu differenzieren ist die Rechtsmittelbeschwer, deren Höhe nach den allgemeinen Wertvorschriften der §§ 3–9 ZPO zu ermitteln ist.[1] Der Gebührenstreitwert und das jeweilige Interesse ließen und lassen sich nicht „schematisieren". Bislang mussten das Einzel- und Gesamtinteresse unter Berücksichtigung von Höchstgrenzen ermittelt werden.[2] Ebenso war der Streitwert danach zu ermitteln, ob es sich um eine bezifferte oder unbezifferte Klage handelte.[3] Der Gesetzgeber hält mit dem **WEMoG** nicht länger an der Regelung fest und hat die Vorschrift des § 49 S. 1 und 2 GKG für **Beschlussklagen** geregelt.[4]

2 Darüber hinaus gibt es die notwendige Beiladung (§ 48 WEG aF) nicht mehr. Der Wortlaut des § 49 GKG spricht von „**Beigetretenen**".[5] § 49 S. 1 und 2 GKG regelt die Besonderheiten des Streitwerts bei den Varianten der Beschlussklage iSd § 44 Abs. 1 WEG nF (→ *Anfechtungsklage* Rn. 4 ff.).[6] Allerdings werden auch nach der Neuregelung des § 49 GKG dogmatische Streitigkeiten nicht vollständig entfallen. Ferner wird das dogmatische Verständnis der Streitwertvorschriften dadurch geprägt, dass die Verwaltung des gemeinschaftlichen Eigentums der Gemeinschaft der Wohnungseigentümer obliegt.[7] Der neue Verbandsbegriff ist bei der Bewertung der Prozessbeteiligten auf Beklagtenseite heranzuziehen. Der Verband ist alleiniger **Anspruchsgegner**. Gem. § 44 Abs. 2 WEG ist grundsätzlich die Gemeinschaft der Wohnungseigentümer Beklagte.[8] Verpflichtungen der Wohnungseigentümer bestehen als gemeinschaftsbezogene Pflichten. Im Mittelpunkt bei § 48 Abs. 1 S. 1 GKG steht das „Angreiferinteresse", so dass der Streitwert in diesen Fällen anhand der allgemeinen Grundsätze zu ermitteln ist.[9]

3 Bei Rechtsstreitigkeiten im Wohnungseigentumsrecht ist zu klären, auf welcher Grundlage die Kosten entstehen. Hierzu ist der **Gebührenstreitwert** zu ermitteln. Die Ermittlung des Gebührenstreitwerts ist davon abhängig, welcher **Gegenstandswert** im Einzelfall anzusetzen ist (→ Rn. 3). Im Wohnungseigentumsrecht ist die Streitwertermittlung nicht rein „schematisch" vorzunehmen. Bereits zur alten Rechtslage des § 49 a GKG aF war bei allgemeinen Streitigkeiten auf die §§ 3–9 ZPO zurückzugreifen. Während in einem Zivilrechtsstreit die Vorschriften der §§ 3, 9 ZPO zur Streitwertermittlung heranzuziehen sind, wird bei einem Rechtsstreit im Wohnungseigentumsrecht zur Streitwertermittlung auf **§ 49 GKG bei Beschlussklagen** (§ 44 Abs. 1 WEG) und **in sonstigen Fällen auf § 48 Abs. 1 S. 1 WEG** zur Streitwertermittlung zurückgegriffen.[10]

4 Die Vorschriften des Wohnungseigentumsgesetzes enthalten selbst keine Anhaltspunkte für die Streitwertermittlung. Im Regelfall ist die Streitwertermittlung bei Beschlussklagen von praktischer Bedeutung. Nach § 49 GKG ist zwischen dem **Mindeststreitwert** (§ 49 S. 1 GKG) sowie dem **Gesamt-** und **Höchststreitwert** (§ 49 S. 2 GKG) zu differenzieren (→ Rn. 6). Eine § 49 a GKG aF entsprechende Bewertung ist nicht mehr geboten. Hierzu hatte sich eine umfangreiche einzelfallbezogene Rechtsprechung entwickelt.[11]

---

1 Hartmann/Toussaint/*Elzer* GKG § 49 a Rn. 2 f.
2 Zu § 49 a GKG aF: *Agatsy* ZMR 2019, 394 ff. mwN.
3 *Hügel/Elzer*, 3. Aufl. 2021, WEG § 44 Rn. 129.
4 SEHR/*Agatsy* § 10 Streitwerte Rn. 3.
5 BT-Drs. 19/18791, 90; BR-Drs. 168/20, 105; BT-Drs. 19/22634, 49.
6 Zum Verbandsprozess ausführlich: *Skauradszun* ZMR 2020, 905 ff. mwN.
7 *Lehmann-Richter/Wobst* WEG-Reform 2020 Rn. 1988 ff.
8 *Skauradszun* ZMR 2020, 905 (908); SEHR/*Elzer/Riecke* § 9 Verfahrensrecht Rn. 41.
9 *Lehmann-Richter/Wobst* WEG-Reform 2020 Rn. 1991.
10 FormB-WEG-R/*Fritsch* § 3 Rn. 24; SEHR/*Agatsy* § 10 Streitwerte Rn. 7.
11 *Hügel/Elzer*, 3. Aufl. 2021, WEG § 44 Rn. 129.

II. Systematische Übersicht über die Vorschrift des § 49 GKG

1. Zuständigkeitsstreitwert und Regelungsbereich des § 49 GKG. Die gesetzlichen Regelungen für die [5] Streitwertbemessung bei der Zuständigkeit und dem Gebührenstreitwert ändern sich nach dem WEMoG vollständig.[12] Zunächst wurden aufgrund der Neufassung des § 43 Abs. 2 WEG die Vorschriften im GVG über die sachliche Zuständigkeit in WEG-Sachen angepasst. Nach der neuen Rechtslage der in § 43 Abs. 2 Nr. 1–4 WEG aufgelisteten Klageverfahren bleibt auch weiterhin im Wesentlichen das **Amtsgericht** für Entscheidungen sachlich zuständig.[13] Gem. § 23 Nr. 2 lit. c GVG und § 72 Abs. 2 S. 1 GVG in der Fassung der Bekanntmachung vom 9.5.1975,[14] zuletzt geändert durch Art. 2 des Gesetzes vom 10.7.2020,[15] werden jeweils die Wörter „§ 43 Nr. 1 bis 4 und 6" durch die Angabe „§ 43 Absatz 2" ersetzt.[16] Nach der Neufassung enthält **§ 43 Abs. 2 WEG** einen Katalog ausschließlicher gerichtlicher Zuständigkeiten.[17] Anders als nach der bisherigen Rechtslage sind von der neuen Vorschrift des § 43 Abs. 2 Nr. 1 WEG nach zutreffender Auffassung auch die **Streitigkeiten aus dem sachenrechtlichen Grundverhältnis** umfasst.[18] Für alle weiteren Streitigkeiten ua Drittklagen gelten beim (sachlichen) Zuständigkeitsstreitwert weiterhin die allgemeinen Streitwertvorschriften, insbesondere §§ 23 Nr. 1, 71 Abs. 1 GVG. Daher bleibt das Amtsgericht bis zum Gegenstandswert von 5.000 EUR zuständig.[19]

§ 49 GKG ist die Neuregelung der Wertvorschriften für die Bemessung des Gebührenstreitwerts bei **Be-** [6] **schlussklagen** nach dem Wohnungseigentumsgesetz und „limitiert" somit zugleich den Anwendungsbereich auf die Beschlussklagen. Nach der bisherigen Rechtslage des § 49 a GKG aF war der Regelungsbereich der Vorschrift im Hinblick auf die Gesamtbemessung sehr weit gefasst und nach Kläger- und Beklagteninteresse in § 49 a Abs. 1 und Abs. 2 GKG aF zu differenzieren.[20] An dieser Regelung hält der Gesetzgeber nicht mehr fest. Bereits in dem Referentenentwurf eines Gesetzes zur Förderung der Elektromobilität und zur Modernisierung des Wohnungseigentumsgesetzes (WEMoG) wurde vorgeschlagen, § 49 a GKG aF aufzuheben und diesen durch § 49 GKG (Beschlussklagen) zu ersetzen.[21] Dies gilt insbesondere vor dem Hintergrund, dass der Gesetzgeber die Gemeinschaft der Wohnungseigentümer in § 9 a Abs. 1 WEG geregelt hat (→ *Gemeinschaft der Wohnungseigentümer* Rn. 2 ff.).

Nach der Beseitigung der meisten prozessualen Besonderheiten besteht nun kein Bedürfnis mehr, den Streit- [7] wert abweichend von den allgemeinen Vorschriften zu bestimmen.[22] Allerdings soll auch nach der Neufassung und der hier vertretenen Auffassung das Kostenrisiko für die einzelnen Parteien überschaubar bleiben.[23] Mit der Neufassung rückt der Gesetzgeber von der bisherigen „Teilung" nach Normalstreitwert, Mindeststreitwert ab. Der Wortlaut des § 49 S. 1 GKG spricht dafür, dass es sich bei dem Interesse aller Wohnungseigentümer um das Gesamtinteresse handelt. Somit ist die Bemessung des Gebührenstreitwerts auch auf das **(Gesamt-)Interesse an der Entscheidung** abzustellen (→ Rn. 3). § 49 GKG lautet in der gültigen Fassung wie folgt:[24]

§ 49 GKG

Der Streitwert in Verfahren nach § 44 Absatz 1 des Wohnungseigentumsgesetzes ist auf das Interesse aller Wohnungseigentümer an der Entscheidung festzusetzen. Er darf den siebeneinhalbfachen Wert des Interesses des Klägers und der auf seiner Seite Beigetretenen sowie den Verkehrswert ihres Wohnungseigentums nicht übersteigen.

---

12 BT-Drs. 19/18791, 77; BR-Drs. 168/20, 91; BT-Drs. 19/22634, 28.
13 *Lehmann-Richter/Wobst* WEG-Reform 2020 Rn. 1823.
14 BGBl. 1975 I 1077.
15 BGBl. 2020 I 1648.
16 BT-Drs. 19/22634, 28.
17 *Bärmann/Pick* Anh. I zu § 43 WEG-E Rn. 2.
18 BT-Drs. 19/18791, 79; BR-Drs. 168/20, 91; BT-Drs. 19/22634, 23.
19 BeckOK GVG/*Feldmann* § 71 Rn. 2.
20 *Agatsy* ZMR 2019, 394 (395).
21 Hartmann/Toussaint/*Elzer* GKG Vor § 49 Rn. 1 f.
22 BT-Drs. 19/18791, 90; BR-Drs. 168/20, 105; BT-Drs. 19/22634, 49.
23 Zu § 49 a GKG aF: Schneider/Herget/*Monschau*, Streitwerte, 14. Aufl. 2016, Rn. 6239.
24 BT-Drs. 19/22634, 30.

8 Identisch bleibt nach der neuen Rechtslage, dass sonstige Klageverfahren wie zB Leistungsklagen auf Zahlung und Schadensersatz der §§ 43 ff. WEG (bezifferte Klageverfahren) nicht unter den Regelungsbereich des § 49 GKG fallen.[25] Mit **§ 44 WEG** hat der Gesetzgeber den **Verbandsprozess** eingeführt.[26] Neben den prozessualen Vorschriften (Abschaffung der Beiladung) wurde die Norm „verschlankt" und eine Harmonisierung mit den Beschlussklagen des § 44 Abs. 1 WEG vorgenommen. § 49 GKG gilt ausschließlich für die Ermittlung des Gebührenstreitwerts bei Beschlussklagen (§ 44 S. 1 Alt. 1 WEG), Nichtigkeitsklagen (§ 44 S. 1 Alt. 2 WEG) und Beschlussersetzungsklagen (§ 44 Abs. 1 S. 2 WEG).

9 Problematisch ist, welche Streitwertvorschrift zukünftig für sogenannte „Binnenstreitigkeiten", zB Wohnungseigentümer gegenüber dem Verband oder gegenüber dem Verwalter, gilt. Nach zutreffender Auffassung war § 49 a Abs. 1 S. 1 GKG aF auch bei der Ermittlung des Gebührenstreitwerts bei Binnenstreitigkeiten anwendbar.[27] Auch nach der neuen Rechtslage gilt dies fort, jetzt mit § 48 Abs. 1 S. 1 GKG. Schließlich sprechen der Wortlaut und Regelungszweck des § 49 S. 1 GKG nicht dagegen, dass der Verwalter auch weiterhin befugt ist, Streitwertvereinbarungen mit der Gemeinschaft der Wohnungseigentümer zu treffen. Im Fall unbezifferter Klagen gegen die Gemeinschaft der Wohnungseigentümer ist der Rückgriff auf § 48 GKG (allgemeine Streitwertvorschriften) naheliegend. Darüber hinaus gilt für die sonstigen Streitsachen in Wohnungseigentumssachen § 48 GKG. Für die Bemessung des Streitwerts nach dem neuen § 49 GKG ist der Zeitpunkt der betreffenden Antragstellung maßgebend.[28]

10 Problematisch ist, wie **Klagen Dritter** beim Streitwert zukünftig behandelt werden. Nach der bisherigen Fassung war streitig, ob sich § 49 a Abs. 1 S. 1 GKG aF auch auf Klagen Dritter bezieht. Sofern Dritte gegen die Gemeinschaft der Wohnungseigentümer oder Wohnungseigentümer gem. § 43 Nr. 5 WEG aF klagen, wurde bislang vertreten, dass eine Anwendbarkeit des § 49 a Abs. 1 S. 1 GKG aF auf Klagen Dritter ausscheidet.[29] Dieser Auffassung ist jedoch nicht zu folgen. Der Streitwert bei Klagen Dritter ist gem. § 48 Abs. 1 S. 1 GKG und §§ 3, 9 ZPO zu ermitteln. Diesbezüglich entfaltet § 48 Abs. 1 S. 1 GKG keine Sperrwirkung. Einem Verwalter bleibt die Befugnis eingeräumt, in dem entsprechenden Streitverfahren einen höheren **Streitwert zu vereinbaren**.[30]

11 § 49 a Abs. 2 GKG aF regelte die Fallgruppe **unbezifferter Klagen** Dritter, der Gemeinschaft der Wohnungseigentümer gegen einen Wohnungseigentümer oder Unterlassungsklagen gegen Wohnungseigentümer.[31] Diese Konstellation gibt es zukünftig ebenso wenig im WEG, wie die notwendige Beiladung. Deshalb ist in diesem Zusammenhang auf § 48 Abs. 1 S. 1 GKG zurückzugreifen. Von § 49 GKG sind ausschließlich Beschlussklagen umfasst. Eine eindeutige Bezifferung des Streitwerts ist nur dann möglich, wenn es sich um eine bezifferte Zahlungsklage handelt. Im Fall einer Zahlungsklage wird der Streitwert anhand des Nennbetrages nach § 49 a GKG und § 48 Abs. 1 GKG iVm § 3 ZPO beziffert.[32] Die absolute Obergrenze richtet sich nach dem Verkehrswert im Verkaufsfall (vgl. § 49 S. 2 GKG).

12 **2. Streitwertinteresse iSd § 49 GKG und allgemeine Streitwertvorschriften. a) Allgemeine Bestimmtheit des Streitwertinteresses.** Das Streitwertinteresse ist zukünftig differenziert zu bewerten. Während bei **Beschlussklagen** iSd § 44 Abs. 1 WEG auch nach der Neufassung der Streitwertvorschrift des § 49 GKG eine **Bestimmung des (Wert-)Interesses auf Klägerseite** erforderlich ist, gelten in den **übrigen Fällen** über § 48 Abs. 1 GKG grundsätzlich die **allgemeinen Wertvorschriften**. Für die in § 44 Abs. 1 S. 1 Alt. 1 – 3, Abs. 1 S. 2 WEG geregelten Beschlussklagen geht der Regelungszweck des § 49 S. 1 GKG davon aus, dass der Streitwert (Gebührenstreitwert) auf das Interesse aller Wohnungseigentümer an der Entscheidung festzusetzen ist. Nach der hier vertretenen Auffassung und dem Regelungszweck des § 49 S. 1 GKG entspricht dies grundsätzlich der Ermittlung eines Normalstreitwerts, wie dies auch nach der bisherigen Fassung des § 49 a Abs. 1 S. 1 GKG aF der Fall war. Dabei ist es nach zutreffender Auffassung interessengerecht, auf das (Gesamt-)Interesse aller Wohnungseigentümer abzustellen, zumal die Entscheidung auch gegenüber allen Wohnungseigentümern

---

25 BT-Drs. 19/18791, 90; BT-Drs. 19/22634, 49.
26 *Skauradszun* ZMR 2020, 905 ff. mwN; SEHR/*Elzer/Riecke* § 9 Verfahrensrecht Rn. 34 ff.
27 *Agatsy* ZMR 2019, 394 (395); *Einsiedler* ZMR 2008, 765 (770).
28 Hartmann/Toussaint/*Elzer* GKG § 49 a Rn. 3; SEHR/*Agatsy* § 10 Streitwerte Rn. 4.
29 Jenníßen/*Suilmann* GKG § 49 a Rn. 1.
30 Bärmann/Seuß WE-Praxis/*Bergerhoff* § 81 Rn. 6.
31 BeckOK WEG/*Elzer* § 44 Rn. 131.
32 *Hügel/Elzer*, 3. Aufl. 2021, WEG § 44 Rn. 138.

wirkt.[33] Der neu gefasste § 49 GKG korrespondiert mit § 44 Abs. 3 WEG.[34] Etwas anderes gilt hinsichtlich sonstiger Verfahren, bei denen gem. § 48 GKG auf das allgemeine Interesse abgestellt wird.

§ 49 S. 1 GKG entspricht im Wesentlichen § 49 a S. 1 Var. 2 GKG aF, so dass der Streitwert den in § 49 S. 2 **13** GKG genannten siebeneinhalbfachen Wert nicht überschreiten darf. Wie bereits zu der Rechtslage des § 49 a Abs. 1 S. 2 Alt. 2 GKG aF entschieden wurde, ist es auch nach § 49 S. 2 GKG sachgerecht, die Interessen der Kläger zu addieren, wenn mehrere Wohnungseigentümer einen Beschluss anfechten.[35] Grundlage für die Ermittlung des Interesses iSd § 49 S. 1 GKG ist dabei das **Wertinteresse**. Dieses orientiert sich an dem Interesse aller Wohnungseigentümer an einer Entscheidung.[36] Problematisch ist, wie diese Regelung des § 49 S. 1 GKG im Einzelnen auszulegen ist, der im Wesentlichen § 49 a Abs. 1 S. 2 Alt. 2 GKG aF entspricht. Auch nach der Neufassung von § 49 GKG bilden unbezifferte Klagen den Regelfall. Da nach § 49 S. 1 GKG auf das „Interesse aller Wohnungseigentümer" abzustellen ist spricht dafür, dass im ersten Prüfungsschritt das Gesamtinteresse (summarisch) der Wohnungseigentümer anzusetzen ist, denn die Entscheidung gem. § 44 Abs. 3 WEG wirkt gegenüber allen Wohnungseigentümern.[37] Eine § 49 a Abs. 2 GKG aF entsprechende Vorschrift hat der Gesetzgeber nicht geregelt. Nach zutreffender Auffassung ist der Streitwert bei Klagen „gegen Einzelne" nach § 48 Abs. 1 S. 1 GKG zu ermitteln.[38]

b) Ermittlung des Streitwerts bei Beschlussklagen gem. § 49 GKG. Der Streitwert ist weiterhin in einzel- **14** nen Schritten zu ermitteln. Entgegen der bisherigen Praxis ist bei der Streitwertprüfung **kein Beigeladener** mehr zu berücksichtigen. Die Streitwertberechnung für den Gebührenstreitwert bei Beschlussklagen folgt einer zweigeteilten Systematik. Zunächst ist das **Gesamtinteresse** (vormals Normalstreitwert) zu ermitteln, um in einem zweiten bzw. dritten Schritt die **Begrenzung des Gebührenstreitwerts** (§ 49 S. 2 GKG) zu ermitteln.

Beispiel: Die Eigentümerversammlung einer aus 10 Wohnungseigentümern bestehenden Wohnungseigentümergemeinschaft beschließt notwendige Sanierungsmaßnahmen an der Fassade und dem mangelhaften Garagenflachdach. Die Gesamtkosten dieser Maßnahme sollen nach der Einholung von drei Angeboten 35.000 EUR betragen. Damit entfällt auf jeden der Eigentümer eine anteilige Kostenlast in Höhe von 3.500 EUR, mit der dieser jeweils belastet ist. Ist der Beschluss über die Sanierungsmaßnahme mit dem finanziellen Gesamtvolumen von 35.000 EUR streitgegenständlich, liegt das Interesse des Klägers und der Beigetretenen darin, den Beschluss vollständig oder teilweise für unwirksam erklären zu lassen (Gesamtvolumen 35.000 EUR). Auch nach § 49 S. 1 GKG kommt es auf ein „Gesamtinteresse" an. Dieses ist wiederum durch das Interesse aller Beteiligten an der Beschlussklage begrenzt. Nach dem Wortlaut des § 49 S. 1 GKG sind dies die Interessen „aller Beteiligten", mithin ist die Addition der Kostenpositionen vorzunehmen.

Das Interesse der Gemeinschaft der Wohnungseigentümer (§ 44 Abs. 2 WEG) hingegen liegt in der Aufrecht- **15** erhaltung, so dass sich das vormals als Normalstreitwert zu bewertende (Gesamt-)Interesse wie folgt ermitteln lässt: § 49 S. 1 GKG sieht vor, dass der Streitwert der Beschlussklage gem. § 44 Abs. 1 WEG auf das (Gesamt-)Interesse aller Wohnungseigentümer festzusetzen ist. Nach dem Wortlaut und dem Regelungszweck hat eine Wertaddition zu erfolgen. Anders als nach dem bisherigen § 49 a Abs. 1 S. 1 Alt. 2 GKG aF wird die Höhe des Interesses aller Wohnungseigentümer an der Entscheidung (**Gesamtinteresse**) angesetzt. Diese Betrachtungsweise ist sachgerecht, da die Entscheidung des Prozessgerichts über die Beschlussklage gem. § 44 Abs. 3 WEG gegenüber allen Wohnungseigentümern wirkt.[39] § 49 S. 1 GKG erfordert eine Saldierung des Klägerinteresses und des Interesses der Beigetretenen. Treten dem Rechtsstreit keine anderen Wohnungseigentümer bei, liegt das Mindestinteresse somit bei dem Klägerinteresse.

In einem zweiten Schritt ist der **Höchststreitwert** gem. § 49 S. 2 GKG zu ermitteln. Vor dem Hintergrund, **16** dass nach der Begründung der Gesetzesmaterialien[40] § 49 S. 1 GKG im Wesentlichen § 49 a Abs. 1 S. 2 Alt. 2

---

33 Hartmann/Toussaint/*Elzer* GKG Vor § 49 a Rn. 1 f.

34 *Agatsy* AnwZert MietR 11/2020 Anm. 1.

35 BGH 21.3.2019 – V ZR 120/17, ZWE 2019, 330 Rn. 9 = ZMR 2019, 623.

36 BT-Drs. 19/18791, 32; BR-Drs. 168/20, 45; BT-Drs. 19/22634, 49.

37 *Bärmann/Pick* Anh. I § 49 GKG Rn. 1 f.

38 Hartmann/Toussaint/*Elzer* GKG § 48 Rn. 11 ff. mwN.

39 BT-Drs. 19/18791, 81; BR-Drs. 168/20, 94.

40 BT-Drs. 19/18791, 90; BR-Drs. 168/20, 105; BT-Drs. 19/22634, 49.

GKG aF entspricht, ist in einem weiteren Schritt und nach der Bewertung des Gesamtstreitwerts (§ 49 S. 1 GKG) eine Limitierung der Streitwerthöhe vorzunehmen. Der Streitwert darf das Siebeneinhalbfache des Werts des Klägerinteresses und der auf seiner Seite Beigetretenen nicht übersteigen.

Beispiel: Auf den Kläger entfällt bei dem Sanierungsbeschluss ein Kostenanteil in Höhe von 3.500 EUR an den Gesamtkosten. Treten andere Wohnungseigentümer dem Rechtsstreit bei, ist für die Höchstgrenze eine Addition vorzunehmen. Im Fall der Beschlussklage verfolgt der Kläger mithin das Klageziel, nicht mit den Kosten aufgrund der Beschlussfolgen belastet zu werden. Nach § 49 S. 2 GKG darf die Grenze für den Höchststreitwert den siebeneinhalbfachen Wert des Interesses des Klägers nicht übersteigen.[41] Treten dem Kläger keine weiteren Wohnungseigentümer bei, liegt das Interesse bei 3.500 EUR. Der Höchststreitwert (§ 49 S. 2 GKG) übersteigt den Mindeststreitwert (Gesamtinteresse aller Wohnungseigentümer) nicht und liegt somit bei 31.500 EUR.

17 **3. Begrenzung des Gebührenstreitwerts sowie Beklagteninteresse und Höchstgrenze. a) Begrenzung des Gebührenstreitwerts.** Das Streitwertinteresse ist zum einen nach § 49 S. 2 GKG begrenzt. Zum anderen ist im Fall der Beschlussklage die Gemeinschaft der Wohnungseigentümer Klägerin oder Beklagte (§ 9 a Abs. 1 WEG). Die Begrenzung nach dieser Vorschrift soll den Kläger vor einer zu hohen Kostenbelastung schützen.[42] Nach der nunmehr gültigen Neufassung des § 49 S. 2 GKG darf der Höchstwert iSd § 49 S. 2 GKG das **Siebeneinhalbfache des Wertes des Interesses des Klägers** und der auf seiner Seite Beigetretenen **nicht überschreiten**. Nach der Begründung der Gesetzesmaterialien sollte damit der Wegfall der Mehrvertretungsgebühr kompensiert werden.[43] § 44 Abs. 3 WEG erstreckt die subjektive Rechtskraft sowohl eines der Klage stattgebenden als auch abweisenden Urteils in Beschlussklageverfahren auf alle Wohnungseigentümer und damit auch auf deren Sondernachfolger.[44] Auch das Beklagteninteresse wird anhand von § 49 S. 2 GKG berechnet. Die absolute Obergrenze bildet auch nach § 49 GKG der Verkehrswert. Bei den übrigen Verfahren ist auf das „Angreiferinteresse" abzustellen und über § 48 Abs. 1 S. 1 GKG gelten die allgemeinen Wertvorschriften, so dass auf §§ 3–9 ZPO zurückzugreifen ist.[45] Auch nach neuem Recht ist in „anderen Wohnungseigentumssachen" für die Bestimmung des Gebührenstreitwerts regelmäßig das Interesse der Wohnungseigentümer zu ermitteln. Allerdings ist dabei zu beachten, dass – anders als bei den Beschlussklageverfahren – keine „Kappungsgrenzen" (§ 49 S. 2 GKG) existieren.[46]

18 **b) Höchststreitwert.** Nach dem Willen des Gesetzgebers und der Begründung in den Gesetzesmaterialien ist geboten, hier eine **Addition** vorzunehmen. Der Wortlaut des § 49 S. 1 und 2 GKG spricht dafür, eine Zusammenrechnung der Einzelverkehrswerte vorzunehmen. Nach einem Beschluss des BGH entspricht der Verkehrswert des Wohnungseigentums nach § 49 a Abs. 1 S. 3 GKG aF der Summe der Einzelverkehrswerte aller klagenden Wohnungseigentümer, der die absolute Obergrenze des Geschäftswerts bildet.[47] Dieser Grundsatz lässt sich auch auf die Bewertung der neuen Rechtslage zu § 49 GKG übertragen.

III. Sonderfälle der Streitwertberechnung

19 **1. Streitwertermittlung bei mehreren Klägern.** Die Streitwertermittlung bei mehreren Klägern ist weiterhin problematisch. Nach § 49 S. 2 GKG ist der **Verkehrswert im Einzelfall** die oberste Grenze für die Begrenzung des Streitwerts.[48] § 49 S. 2 GKG regelt allerdings nicht den Fall, wenn mehrere Kläger gleichzeitig dasselbe Klageziel verfolgen und ggf. eine Addition der Einzelverkehrswerte vorzunehmen ist. Die Begründungsmaterialien zu § 49 S. 2 GKG[49] sehen diese Fallgruppe jedoch nicht vor, sondern stellen auf den absoluten Höchstwert im Einzelfall ab. Auch nach der alten Rechtslage zu § 49 a Abs. 1 S. 2 GKG aF blieb unklar, wie bei Klägermehrheiten die Wertgrenzen des Einzelinteresses und des Verkehrswerts zu ermitteln waren. Nach

---

41 BT-Drs. 19/22634, 49.
42 BT-Drs. 19/18791, 90; BR-Drs. 168/20, 105.
43 BT-Drs. 19/22634, 49.
44 BT-Drs. 19/18791, 81; BR-Drs. 168/20, 105.
45 Hartmann/Toussaint/*Elzer* GKG § 48 Rn. 3 f.
46 *Lehmann-Richter/Wobst* WEG-Reform 2020 Rn. 1992.
47 BGH 21.3.2019 – V ZR 120/17, ZWE 2019, 330 Rn. 6.
48 *Lehmann-Richter/Wobst* WEG-Reform 2020, Rn. 1991.
49 BT-Drs. 19/18791, 90; BR-Drs. 168/20, 105.

der hier vertretenen Auffassung spricht einiges dafür, eine Zusammenrechnung der Einzelverkehrswerte vorzunehmen.

Ein Sonderfall der Streitwertberechnung liegt vor, wenn dem klagenden Wohnungseigentümer mehrere Wohnungseigentumseinheiten zuzurechnen sind oder mehrere Wohnungseigentümer klagen. Dann ist der Verkehrswert heranzuziehen. Diese Problematik hat der Gesetzgeber auch mit der Neufassung des § 49 GKG nicht überholt. Die Frage, wie bei einer Klägermehrheit die Obergrenze des § 49 S. 2 GKG (§ 49 a Abs. 1 S. 3 GKG aF) zu ermitteln ist, war umstritten. Während eine Auffassung auf den höchsten **Einzelverkehrswert** abstellt,[50] begründet eine andere Ansicht den Streitwert mit dem niedrigsten Einzelverkehrswert.[51] Ist ein Kläger Eigentümer mehrerer Wohnungen oder klagen verschiedene Eigentümer so sind die Einzelverkehrswerte der Wohnungseigentumsrechte der Kläger zu addieren.[52] Der BGH hat diese Streitfrage bislang offengelassen.[53] Nach zutreffender Auffassung spricht einiges für eine Zusammenrechnung der Einzelverkehrswerte.[54]

2. Streitwertermittlung des Gebührenstreitwerts durch das Gericht. Der Streitwert wird in der Regel **nicht** durch das Gericht **von Amts wegen** ermittelt. Deshalb hat der klagende Wohnungseigentümer **Tatsachen vorzutragen**, mit denen die Streitwertermittlung erfolgen kann. Sofern tatsächliche Anhaltspunkte fehlen sollten, wird seitens des Gerichtes sodann auf die allgemeinen **Streitwertvorschriften** in § 48 GKG, §§ 3 ff. ZPO zurückgegriffen. Fehlen plausible Angaben kann das Gericht das wirtschaftliche Interesse gem. § 287 Abs. 1 ZPO schätzen oder im Streitfall ein Gutachten zur Ermittlung des (Gebühren-)Streitwerts einholen. Eine Streitwertbestimmung zur Ermittlung des Gebührenstreitwerts von Amts wegen findet in WEG-Streitverfahren nicht statt.

3. Abgrenzung von Gebührenstreitwert und Rechtsmittelbeschwer. Der Begriff des Streitwerts und der Rechtsmittelbeschwer sind zu differenzieren. Die Rechtsmittelbeschwer wird nach der Maßgabe der § 511 Abs. 2 Nr. 1 ZPO, § 26 Nr. 8 S. 1 EGZPO errechnet. Für die **Rechtsmittelbeschwer** kommt es auf das **wirtschaftliche Interesse** des Rechtsmittelklägers **an der begehrten Abänderung** der angefochtenen Entscheidung an.[55] Insbesondere bei stattgebenden Urteilen unterscheidet sich die Beschwer des unterlegenen Beklagten von dem für den Streitwert regelmäßig maßgeblichen Interesse des Klägers.[56] Nach der Ansicht des BGH müssen **Streitwert und Rechtsmittelbeschwer nicht identisch** sein.[57] Zwar mag es vereinzelte Fälle geben, in denen der Streitwert und die Berufungsbeschwer „identisch" sind. Allerdings entspricht der nach § 49 GKG (Beschlussklagen) und gem. § 48 Abs. 1 S. 1 GKG bei den übrigen Verfahren zu bestimmende Streitwert in der Regel nicht der für die Rechtsmittelzulässigkeit maßgeblichen Rechtsmittelbeschwer.[58]

4. Übergangsvorschriften. Vor dem Hintergrund der Neufassung des § 49 GKG und der damit verbundenen Systematik der Streitwerte bei Beschlussklagen stellt sich die Frage, wie mit Übergangs- und Altsachverhalten umzugehen ist. Für die Bestimmung des Streitwerts gilt die allgemeine Übergangsvorschrift des § 71 Abs. 1 S. 1 GKG.[59] Diese Vorschrift ist maßgeblich für alle Sachverhalte, deren Streitwert für das Streitverfahren bereits vor dem 1.12.2020 zu ermitteln war.[60] Der Wortlaut des § 71 Abs. 1 S. 1 GKG spricht dafür, dass vor dem 1.12.2020 das alte Recht gilt. Wird ein Berufungsverfahren nach dem 1.12.2020 eingelegt, gilt nach § 71 Abs. 1 S. 2 GKG die neue Vorschrift des § 49 GKG. Für die übrigen Verfahren gilt für die Streitwertermittlung § 48 GKG. Selbst wenn § 49 a GKG aF vor dem 1.12.2020 noch anwendbar war, gilt ua für Rechtsmittelverfahren nach dem 1.12.2020 § 48 GKG.[61]

---

50 LG Frankfurt 15.4.2015 – 2–09 T 335/14, ZWE 2015, 284 (285); NSV/*Niedenführ* GKG § 49 a Rn. 9.
51 AG Leipzig 11.5.2015 – 150 C 3270/14, ZMR 2017, 102 (105), *Einsiedler* ZMR 2008, 765 (766).
52 Riecke/Schmid/*Abramenko* WEG Nach § 50 Rn. 9.
53 BGH 6.12.2018 – V ZR 239/17, NJW-RR 2019, 462.
54 *Agatsy* ZMR 2019, 394 (396) mwN.
55 *Hogenschurz* NZM 2018, 733 (738).
56 *Brückner* NJW 2017, 3185.
57 BGH 17.11.2016 – V ZR 86/16, ZWE 2017, 101 Rn. 2.
58 *Drasdo* NZM 2019, 321 ff.; *Agatsy* AnwZert MietR 11/2020 Anm. 1.
59 SEHR/*Agatsy* § 10 Streitwerte Rn. 15.
60 *Lehmann-Richter/Wobst* WEG-Reform 2020 Rn. 1993.
61 *Lehmann-Richter/Wobst* WEG-Reform 2020 Rn. 1991.

IV. Streitwerte im ABC

24   **1. Abgaben/Steuern.** Bei Abgaben ist stets zu fragen, ob es sich um eine Schuld der Gemeinschaft der Wohnungseigentümer oder eines Wohnungseigentümers handelt (→ *Abgaben* Rn. 14). Darüber hinaus ist zwischen öffentlichen Abgaben, Sonderabgaben und Steuern (→ *Abgaben* Rn. 3) zu unterscheiden. Die **Abgabenschuld** richtet sich meist gegen die **Gemeinschaft der Wohnungseigentümer**. Ist diese Schuldnerin, wird der Wert der Gesamtforderung bei der Streitwertbemessung angesetzt. Dabei ist zu berücksichtigen, dass ein Eigentümer gem. § 16 Abs. 2 WEG anteilig in Höhe seines Miteigentumsanteils (→ *Kosten der Gemeinschaft der Wohnungseigentümer* Rn. 8) zu belasten ist. Wendet sich die Gemeinschaft der Wohnungseigentümer gegen die Schuld, ist zur Ermittlung des Streitwerts die Forderung in der Gesamthöhe anzusetzen.[62] Dies setzt voraus, dass eine **Schätzgrundlage** vorgetragen wird. Diese wird im Regelfall darin liegen, dass die durchschnittliche Forderungshöhe heranzuziehen ist und im Einzelfall der Höhe nach Abschläge vorzunehmen sind.

25   **2. Abnahme (Werklohnforderung und Zurückbehaltungsrecht).** Bei der Abnahme von Teilen des Gemeinschaftseigentums hängt die Streitwertbemessung von dem Interesse im Einzelnen ab. Ein typischer Fall stellt die Abnahme bei der Herstellung des Gemeinschaftseigentums oder von Teilen des Gemeinschaftseigentums dar. Gegenstand eines Rechtsstreits können auch die behauptete Abnahmereife und die **Werklohnforderung** sein. Ist der Werklohnanspruch in vollständiger Höhe streitig, so ist dieser bei der Wertbildung heranzuziehen (§ 48 Abs. 1 S. 1 GKG). Denkbar ist ebenfalls die Geltendmachung eines Zurückbehaltungsrechts. Nach zutreffender Auffassung ist der Streitwert in Höhe der (Rest-)Werklohnforderung oder der tatsächlichen Baukosten zu bemessen. Der Gebührenstreitwert ist nach dem Wertinteresse, dh nach § 48 Abs. 1 S. 1 GKG zu ermitteln, der wiederum auf die §§ 3 ff. ZPO zur Ermittlung der Gebührenhöhe verweist.[63] Im Regelfall greifen bei einer bezifferten Restwerklohnforderung die allgemeinen Vorschriften (§ 48 Abs. 1 S. 1 GKG iVm §§ 3 ff. ZPO). Es ist zutreffend, den Gebührenstreitwert in Höhe der (Rest-)Werklohnforderung oder der tatsächlichen Baukosten zu bemessen. Diese Bewertung wird dem tatsächlichen Bewertungsinteresse gerecht. Ferner ist dabei auch ein Rückgriff auf die in der Klage bezifferte Geldforderung oder die Mangelbeseitigungskosten denkbar.[64] Diese können sich auch auf einzelne Teilleistungen beziehen, so dass sie entsprechend anteilig zu beziffern sind. Dabei ist ein Rückgriff auf die in der Klage bezifferte Geldforderung oder die Mangelbeseitigungskosten denkbar, die dann entsprechend anteilig zu beziffern sind.[65]

26   **3. Bauliche Veränderung und Baumaßnahmen.** Bei Streitigkeiten zwischen den Wohnungseigentümern, die auf die **Abwehr der individuellen Kostenbelastung** bei einer baulichen Veränderung (→ *Bauliche Veränderungen* Rn. 16) gerichtet sind, ist dieses Interesse für die Streitwertermittlung maßgeblich.[66] Diese Bewertung hat auch nach der Neufassung des § 49 S. 1 und 2 GKG Fortbestand. In diesem Zusammenhang sind zum einen der **Kostenrahmen** einzugrenzen und zum anderen das Einzelinteresse des Klägers zu ermitteln.[67] Im Rahmen von baulichen Änderungen kann auch eine Sonderumlage (→ Rn. 56). beschlossen werden, die allerdings nicht zu einer Streitwerterhöhung führt.[68] Bei einer Beschlussklage entspricht das Gesamtinteresse aller Wohnungseigentümer gem. § 49 S. 1 GKG auf Kläger- und Beklagtenseite in der Regel den anzusetzenden Gesamtkosten.[69] Wendet sich der Eigentümer bei einer umfangreichen Sanierung der baulichen Anlagen, insbesondere von Decken und Wänden gegen die Gesamtmaßnahme, ist der Wert der in diesem Zusammenhang nachweislich entstandenen Gesamtkosten anzusetzen.

27   Richtet der klagende Wohnungseigentümer seine Anfechtungsklage gegen einen Beschluss über die Durchführung von **Baumaßnahmen** am gemeinschaftlichen Eigentum, wird das Interesse aller Wohnungseigentümer gem. § 49 S. 1 GKG durch die hiermit verbundenen Kosten bestimmt; in Höhe der Gesamtkosten, wenn die Maßnahme insgesamt infrage gestellt wird, und der Kostendifferenz, wenn es um den erforderlichen Aufwand geht.[70] Bei Streitigkeiten zwischen Wohnungseigentümern über die Kosten oder die Belastung aufgrund bauli-

---

62 Hartmann/Toussaint/*Elzer* GKG § 49 a Rn. 7.
63 Hartmann/Toussaint/*Elzer* GKG § 48 Rn. 6 f.
64 BeckOK KostR/*Toussaint* GKG § 49 a Rn. 57.
65 BeckOK KostR/*Toussaint* GKG § 49 a Rn. 57.
66 Schneider/Herget/*Monschau* Rn. 6291.
67 LG Hamburg 26.6.2012 – 318 T 36/12, ZWE 2013, 98.
68 AG Bremen 15.3.2013 – 29 C 112/12.
69 *Lehmann-Richter/Wobst* WEG-Reform 2020 Rn. 1990.
70 LG Berlin 9.1.2015 – 55 T 38/14 WEG, ZWE 2015, 378; Jennißen/*Suilmann* GKG § 49 a Rn. 21 f.

cher Veränderungen (Baumaßnahmen) ist die Abwehr der Belastung mit den Kosten und eine abweichende Beschlussfassung über die **Verteilung der Kosten und Nutzungen** gem. §§ 20 Abs. 1, 21 Abs. 5 S. 1 WEG (§§ 22, 16 WEG aF) streitgegenständlich.[71] In diesem Zusammenhang sind zum einen der Kostenrahmen einzugrenzen und zum anderen das Einzelinteresse des Klägers zu ermitteln.[72] Wendet sich der Eigentümer bei einer umfangreichen Sanierung der baulichen Anlagen, insbesondere von Decken und Wänden, gegen die Gesamtmaßnahme, ist das Gesamtinteresse anzusetzen. Richtet der klagende Wohnungseigentümer seine Anfechtungsklage gegen einen Beschluss über die Durchführung von Baumaßnahmen am Gemeinschaftseigentum, ist bei Altfällen das Interesse der Parteien und aller Beigeladenen iSd § 49 a Abs. 1 S. 1 GKG in Höhe der Gesamtkosten der baulichen Maßnahme insgesamt maßgeblich, wenn diese infrage gestellt wird. Diese Bewertung wird auch bei Beschlussklagen gem. § 44 Abs. 1 WEG anzuwenden sein. Sofern es sich nur um einen erforderlichen Aufwand einer Gesamtmaßnahme handelt, ist die Kostendifferenz relevant.[73]

Bisher war gem. § 49 a Abs. 1 S. 1 Hs. 2 GKG aF eine Begrenzung auf das fünffache Interesse des Klägers **28** (und der auf seiner Seite Beigetretenen) vorzunehmen. Dieses richtete sich nach dem Anteil an den (streitigen) Kosten.[74] Diese Wertung sieht das Gesetz nicht mehr vor. Nach der aktuellen Rechtslage ist der Streitwert anhand der **anteiligen Kosten** nach § 48 Abs. 1 S. 1 GKG zu bewerten. Stellt ein Kläger nicht den Instandhaltungsbedarf in Abrede, sondern behauptet einen geringeren Kostenaufwand, ist für den Streitwert auf den Betrag abzustellen, der insgesamt eingespart werden kann.[75] Im Rahmen der Beschlussanfechtung gegen einen Balkon-Sanierungsbeschluss wurde der Streitwert ohne Einholung von Vergleichsangeboten mit 4.000 EUR bemessen.[76] Beim Tausch von Bestandsfenstern in bodentiefe Fenster kann der Streitwert auf bis zu 8.000 EUR festgesetzt werden.[77] Bei der Anfechtungsklage (§ 44 Abs. 1 S. 1 Var. 1 WEG) gegen eine nach § 20 Abs. 1 und 2 WEG beschlossene Baumaßnahme (Anspruch auf bauliche Veränderungen) sind fortan die zu § 49 GKG geltenden Grundsätze zu beachten.[78]

Die nach § 49 a Abs. 1 S. 1 Hs. 2 vorzunehmende Begrenzung auf das fünffache Interesse des Klägers (und der **29** auf seiner Seite Beigetretenen) und somit nach dessen Anteil an den (streitigen) Kosten, hat der Gesetzgeber in § 49 S. 1 GKG gestrichen.[79] Stellt ein Kläger nicht den Instandhaltungsbedarf in Abrede, sondern behauptet einen geringeren **Kostenaufwand**, ist für den Streitwert auf den Betrag abzustellen, der insgesamt eingespart werden kann.[80] Dieser Grundsatz gilt auch unter Berücksichtigung der gegenstandsorientierten Betrachtung des § 48 Abs. 1 S. 1 GKG.

Streitgegenständlich kann auch die Verpflichtung der Gemeinschaft der Wohnungseigentümer zur Vornahme **30** von Verwaltungsmaßnahmen im Wege der Beschlussersetzungsklage (§ 44 Abs. 1 S. 2 WEG) sowie gem. §§ 18 Abs. 1, 2 und 19 Abs. 1 WEG (§§ 21 Abs. 4, 8 WEG aF) zur Vornahme von **Erhaltungsmaßnahmen** sein. Der Streitwert bestimmt sich gem. § 49 GKG auf Grundlage der Gesamtkosten.[81] Diese bilden die Grundlage, um die auf den Kläger entfallenden Kosten (§§ 19 Abs. 2 Nr. 1, 16 Abs. 2 WEG) zu errechnen. Die Streitwerthöhe bemisst sich nach den anteilig entfallenden Kosten.[82]

4. Begehung der Wohnungseigentumsanlage/Besichtigungsrecht. Die Begehung der Wohnungseigentums- **31** anlage ist eine Verpflichtung der Wohnungseigentümer gegenüber der Gemeinschaft der Wohnungseigentümer (Verwaltung des gemeinschaftlichen Eigentums) und kann im Einzelfall zu Streitpunkten führen (→ *Begehung der Wohnungseigentumsanlage* Rn. 3).[83] Von dem Begehungsanspruch kann die Besichtigung des Sonderei-

---

71 *Lehmann-Richter/Wobst* WEG-Reform 2020 Rn. 1096 f.
72 LG Hamburg 26.6.2012 – 318 T 36/12, ZWE 2013, 98 = ZMR 2012, 968.
73 LG Bamberg 16.4.2015 – 11 T 8/15 WEG, ZMR 2015, 395; *Jennißen/Suilmann* GKG § 49 a Rn. 21 f.
74 BeckOK KostR/*Toussaint* GKG § 49 a Rn. 33.
75 Zu § 49 a GKG aF: *Agatsy* ZMR 2019, 394 (396).
76 AG Stade 16.1.2014 – 64 C 632/13, ZWE 2014, 377.
77 AG München 8.1.2014 – 482 C 11398/13 WEG, ZMR 2014, 491.
78 SEHR/*Agatsy* § 10 Streitwerte Rn. 16.
79 BeckOK KostR/*Toussaint* GKG § 49 a Rn. 33.
80 *Agatsy* ZMR 2019, 394 (396).
81 *Jennißen/Suilmann* GKG § 49 a Rn. 14 mwN.
82 BayObLG 11.3.1998 – 3 Z BR 461/97, WuM 1998, 314; *Hügel/Elzer*, 3. Aufl. 2021, WEG § 44 Rn. 129.
83 MietPrax-AH/*Agatsy/Feldhahn*, 99. EL März 2021, Fach 4 Modernisierung/Instandsetzung Teil 1 Kap. III Rn. 101 ff.

gentums (Teil- oder Wohnungseigentum) umfasst sein.[84] Im Rahmen der ordnungsgemäßen Verwaltung, § 27 Abs. 1 Nr. 2 WEG, ist der **Verwalter** zwecks Veranlassung der **notwendigen Instandhaltung und Instandsetzung** zur Begehung der Wohnungseigentumsanlage **berechtigt**.[85] Auch die Betretung des Sondereigentums ist nicht ausgeschlossen. Stehen konkrete Erhaltungsmaßnahmen (Instandhaltungs- oder Instandsetzungsarbeiten) an, kann der Streitwert gem. § 48 Abs. 1 S. 1 GKG anhand des auf den jeweiligen Eigentümer entfallenden Anteils der Gesamtkosten angesetzt werden. Denkbar ist bei fehlenden Anhaltspunkten auch die Annahme eines Auffangstreitwerts in Höhe von 500 EUR. Ist zwischen einem betroffenen und den übrigen Wohnungseigentümern eine Besichtigung der Räumlichkeiten seines Sondereigentums begründet, beträgt der Streitwert 500 EUR.[86]

32 **5. Belegprüfung/Belegeinsicht (Einsicht in die Verwaltungsunterlagen).** Eine Belegprüfung erfolgte meist im Rahmen der zu beschließenden Jahresabrechnung und der Vorbereitung des Wirtschaftsplans gem. § 28 Abs. 1 WEG (→ *Belegprüfung* Rn. 27). Mit der Neufassung des § 18 WEG hat der Gesetzgeber einen Individualanspruch eines jeden Wohnungseigentümers gegen die Gemeinschaft auf die Einsichtnahme in die Verwaltungsunterlagen geregelt (§ 18 Abs. 4 WEG).[87] Jeder Wohnungseigentümer ist vor der Beschlussfassung berechtigt, die Ansätze der **Gesamt- und Einzelabrechnungen** durch Einsicht in die Verwaltungsunterlagen zu prüfen.[88] Die Jahresabrechnung inkl. der Belege muss der Verwalter in nachprüfbarer Form vorlegen. Jeder Wohnungseigentümer – auch der ausgeschiedene – hatte bislang Ansprüche gegen den Verwalter auf Gewährung von Einsicht in sämtliche Verwaltungsunterlagen.[89] Gem. § 18 Abs. 4 WEG ist der Verwalter verpflichtet, eine Einsichtnahme in die Verwaltungsunterlagen zu gewähren.[90] Der Anspruch auf Belegeinsicht wird auch als Anspruch auf Auskunft und Rechnungslegung des Verwalters bezeichnet. Kann der Eigentümer den Beleg nicht hinreichend bezeichnen, ist diese Information im Wege der Stufenklage auf Auskunft und anschließende Belegeinsicht zu erlangen.[91] Korrekterweise ist bei dem Anspruch auf die Belegprüfung ein Bruchteil der Gesamtabrechnung anzusetzen. Dieser könnte mit einem Bruchteil der Einzelposten in Höhe von 20 % bis 30 % zu bemessen sein.[92] Beanstandet der Eigentümer im Rahmen der Belegprüfung die Notwendigkeit einzelner Kosten, erscheint es sachgerecht, diesen Betrag zur Grundlage der Wertfestsetzung zu machen.[93]

33 **6. Benutzung (Gebrauch).** Ist der Umfang der Benutzung des Sonder- oder Teileigentums streitig, sind entweder einzelne Wohnungseigentümer und/oder die Gemeinschaft der Wohnungseigentümer Parteien des Streitverfahrens.[94]Somit ist auch das „Wie" der Streitwertermittlung nicht in jedem Fall eindeutig feststellbar. Besteht über die Zulässigkeit der Nutzung des Teil- oder Gemeinschaftseigentums Streit, kommt es auf das Interesse im Einzelfall an.[95]Das Interesse des Wohnungseigentümers an der zweckbestimmten individuellen Benutzung ist dabei ebenso zu berücksichtigen, wie das Interesse der übrigen Wohnungseigentümer einen zweckwidrigen Gebrauch zu unterbinden.[96]Die Unterlassungsansprüche können jedoch nicht durch die Gemeinschaft der Wohnungseigentümer ausgeübt werden.

Beispiel: Besteht Streit um ein als Ferienwohnung zweckwidrig vermietetes Sondereigentum, kann als Streitwert ein Betrag in Höhe von 50 % des Jahresmietwertes angesetzt werden.[97]Diese Ansprüche der jeweiligen Wohnungseigentümer auf Störungsunterlassung untereinander gem. § 14 Abs. 2 Nr. 1 WEG und § 1004 Abs. 1 S. 2 BGB können auch nach der Neufassung des WEG nicht vergemeinschaftet werden, sondern müssen durch den „gestörten" Wohnungseigentümer gegenüber dem „Störer" geltend gemacht werden. Für die Bemessung

---

84 *Agatsy* IMR 2018, 443 ff.; SEHR/*Agatsy* § 4 Nutzungs- und Gebrauchsrechte Rn. 49.
85 FormB-WEG-R/*Scheffler* § 1 Rn. 130; Hartmann/Toussaint/*Elzer* GKG § 49 a Rn. 19.
86 BayObLG 4.9.1997 – 2 Z BR 100/97, NZM 1998, 39.
87 Dötsch/Schultzky/Zschieschack WEG-Recht 2021 Kap. 5 Rn. 21 ff.
88 *Hügel/Elzer*, 3. Aufl. 2021, WEG § 28 Rn. 65.
89 BGH 11.2.2011 – V ZR 66/10, NJW 2011, 1137 Rn. 8.
90 *Lehmann-Richter/Wobst* WEG-Reform 2020 Rn. 372.
91 FormB-WEG-R/*Lehmann-Richter* § 3 Rn. 110.
92 *Agatsy* ZMR 2019, 394 mwN.
93 Jennißen/*Suilmann* GKG § 49 a Rn. 16.
94 SEHR/*Agatsy* § 4 Nutzungs- und Gebrauchsrechte Kap. V. Ziff. 2 mwN.
95 BeckOK KostR/*Toussaint* GKG § 49 a Rn. 41.
96 LG Frankfurt a. M. 14.3.2019 – 2–13 S 94/18, ZWE 2019, 278 = ZMR 2019, 713.
97 AG Düsseldorf 28.11.2012 – 291 a C 8319/12, ZWE 2013, 181 = ZMR 2013, 314.

des Streitwerts im Fall der Benutzung und Benutzungsregelungen ist § 48 Abs. 1 S. 1 GKG heranzuziehen.[98] Die gilt auch dann, wenn die Gemeinschaft der Wohnungseigentümer gem. § 9 a Abs. 2 WEG einen Anspruch die Untersagung des zweckwidrigen Gebrauchs und somit einen Verstoß gegen § 14 Abs. 1 Nr. 1 WEG (ohne weitergehende Störungen) geltend macht.

7. Beschlussklage. a) Anfechtungsklage. Die Tatbestandsvariante der Beschlussklage in Form der Anfechtungsklage gem. § 44 Abs. 1 S. 1 Var. 1 WEG ist eine der häufigsten prozessualen Situationen im Wohnungseigentumsrecht. Dem Kläger geht es darum, die Rechtsfolgen einer positiv festgestellten Beschlussfassung zu beseitigen.[99] Bei der Art der Beschlussfassung ist zu differenzieren. Ebenso ist das Interesse des einzelnen Eigentümers an dem Anfechtungsziel zu ermitteln. Richtet sich die Anfechtungsklage gegen den gesamten Beschluss „in toto", ist der (Gesamt-)Wert anzusetzen. In diesem Fall liegt das streitwertspezifische Gesamtinteresse in der Beseitigung des Gesamtbeschlusses. Dies wird im Einzelnen differenziert bewertet. Es kommt darauf an, ob dessen Inhalt insgesamt oder teilweise angefochten wird. Im Sonderfall einer asymmetrischen und somit keiner deckungsgleichen Beschlussanfechtung kann nach dem Wortlaut des § 49 S. 1 GKG und dessen Regelungszweck ein einheitlicher Streitwert nur festgelegt werden, soweit Deckungsgleichheit besteht. Das Interesse liegt beim Gesamtwert auf Kläger und Beklagtenseite, dh auf Seiten des Anfechtenden und der Gemeinschaft der Wohnungseigentümer. Demnach ist nach dem Wortlaut des § 49 S. 1 GKG eine Addition vorzunehmen. In einem weiteren Schritt ist die Höhe des Streitwerts zu beschränken (§ 49 S. 2 GKG). Der Streitwert ist auf das siebeneinhalbfache Interesse des Klägers und der auf seiner Seite „Beigetretenen" beschränkt. Der Wortlaut des § 49 S. 2 GKG ist dabei weit auszulegen. Daraus folgt, dass die Grundlage für die Bemessung des Höchststreitwerts beim Gebührenstreit zu einer Addition führt. Das jeweilige Einzelinteresse des Klägers zB eine anteilige Zahllast aus einem Abrechnungsbeschluss wird mit den Einzelinteressen der auf seiner Seite beigetretenen Wohnungseigentümer addiert und mit dem Siebeneinhalbfachen multipliziert.[100] Liegt dieser Höchststreitwert über dem Interesse aller Beteiligten und somit dem Mindeststreitwert – Gesamtinteresse – dann ist der Höhe nach nur auf letzteren Wertansatz abzustellen.

b) Beschlussersetzungsklage. Hat ein Eigentümer vergeblich versucht, einen Beschluss oder eine Verwaltungsmaßnahme gegenüber der Gemeinschaft der Wohnungseigentümer (§ 19 Abs. 1 WEG) durchzusetzen, kann er das WEG-Gericht gem. §§ 43 Abs. 2 Nr. 1, 44 Abs. 1 S. 2 WEG anrufen, um eine Regelung seines Anliegens über die Beschlussersetzungsklage (→ *Beschlussersetzung* Rn. 6) herbeizuführen.[101] Dabei kommt es auf das Interesse des Wohnungseigentümers am Ausgang des Rechtsstreits an.[102] Auch nach der Neufassung des § 49 GKG richtet sich die Streitwertermittlung nach dem **individuellen Interesse des klagenden Eigentümers** und somit dessen Miteigentumsanteilen. Das für die Rechtsmittelbeschwer maßgebliche wirtschaftliche Interesse des klagenden Wohnungseigentümers, der im Wege der Beschlussklage (Anfechtungs-, Nichtigkeits- und Beschlussersetzungsklage) Schadensersatzansprüche gegen den Verwalter geltend macht, bemisst sich nach seinem – im Zweifel nach Miteigentumsanteilen zu bestimmenden – Anteil an der Schadensersatzforderung.[103]

c) Negativbeschluss. Bei der Anfechtungsklage eines Wohnungseigentümers gegen einen Negativbeschluss ist bei dem Streitwert ein Abschlag vorzunehmen. Ein Negativbeschluss kann auch nach der Neufassung des § 44 Abs. 1 S. 1 Alt. 1 WEG mit der **Anfechtungsklage** (Beschlussklage) angefochten werden. Bei der Streitwertbemessung ist nach der hier vertretenen Auffassung im Vergleich zur Anfechtung einer „normalen Beschlussfassung" jedoch ein **Streitwertabschlag von bis zu 50 %** gerechtfertigt.[104] Dafür spricht, dass das Streitwertinteresse bei der isolierten Anfechtung des ablehnenden Beschlussantrages ohne entsprechende positive Feststellung oder Anordnung der entsprechenden Maßnahmen einen Streitwertabschlag erfordert.[105] Verfolgt ein Eigentümer mit der Klage die Erklärung der Ungültigkeit eines Beschlusses auf Ablehnung einer

34

35

36

98 SEHR/*Agatsy* § 10 Streitwerte Ziff. 4 mwN.
99 SEHR/*Elzer/Riecke* § 9 Verfahrensrecht Kap. V Ziff. 3.
100 *Lehmann-Richter/Wobst* WEG-Reform 2020 Rn. 1989.
101 FormB-WEG-R/*Fritsch* § 3 Rn. 58; Riecke/Schmid/*Drabek/Graf* WEG § 21 Rn. 306 f.
102 AG München 28.2.2018 – 481 C 793/17, BeckRS 2017, 147813.
103 BGH 16.2.2017 – V ZR 204/16, ZWE 2017, 233; *Bartholome* NJW 2020, 2152 (2157).
104 *Hügel/Elzer*, 3. Aufl. 2021, WEG § 44 Rn. 129; OLG Köln ZMR 2010, 786; Jennißen/*Suilmann* GKG § 49 a Rn. 23 a.
105 BGH 15.1.2010 – V ZR 114/09, ZWE 2010, 174 = ZMR 2010, 542.

Zahlung und zugleich die Verpflichtung der WEG auf Zahlung, ist von einem einheitlichen Streitgegenstand auszugehen. Er bemisst sich daher einheitlich nach der Höhe des zu zahlenden Betrages.[106] Der Gebührenstreitwert bei der Anfechtungsklage gegen einen Negativbeschluss ist nach § 49 GKG auf das Interesse aller Wohnungseigentümer an der Entscheidung festzusetzen. Zwar sieht der Wortlaut von § 49 GKG keinen Streitwertabschlag vor. Es ist jedoch interessengerecht, auch bei der Anwendung des § 49 GKG auf Beschlussklagen gegen Negativbeschlüsse, auf die bisherigen Grundsätze zurückzugreifen. Das Höchstinteresse nach § 49 S. 2 GKG ist auf den siebeneinhalbfachen Wert des Interesses des Klägers und der auf seiner Seite Beigetretenen beschränkt.

37 **8. Beseitigungsansprüche.** Eine unzulässige bauliche Veränderung kann für einzelne Wohnungseigentümer oder die übrigen Wohnungseigentümer ein **ungewünschter Substanzeingriff** sein. Eine bauliche Veränderung idS ist ein Eingriff in die Bausubstanz, an dem sich ein Eigentümer stört (→ *Beseitigung* Rn. 4). Begehrt ein Wohnungseigentümer die Beseitigung einer baulichen Veränderung (§ 20 Abs. 1 WEG), ist diese Gegenstand der Klage. Beim Beseitigungsanspruch ist grundsätzlich das Interesse aller Wohnungseigentümer an der angefochtenen Entscheidung maßgeblich.[107] Zu berücksichtigen sind die Kosten der Beseitigungsmaßnahme, ua das individuelle Erhaltungsinteresse des Anfechtenden sowie Auswirkungen auf den Nutzwert. Der Streitwert ist gem. § 48 Abs. 1 S. 1 GKG zu berechnen. Maßgeblich ist das Interesse an der Beseitigung der „Substanzstörung".

38 Der Anspruch der Gemeinschaft der Wohnungseigentümer auf Beseitigung unzulässiger baulicher Veränderungen (→ *Beseitigung* Rn. 18) folgt aus dem eigenmächtigen Eingreifen in das gemeinschaftliche Eigentum oder durch Vornahme baulicher **Veränderungen im Sondereigentum**, von denen eine Beeinträchtigung ausgeht. Das Interesse an der Anfechtung von Beschlüssen, durch welche ein Wohnungseigentümer im Verhältnis zu der Gemeinschaft der Wohnungseigentümer zu einem Tun oder Unterlassen unter Androhung gerichtlicher Maßnahmen aufgefordert wird, ist nicht mit dem Interesse des betroffenen Wohnungseigentümers gleichzusetzen, dieser Aufforderung nicht Folge zu leisten, so dass nur ein Bruchteil – hier 1/3 – angesetzt wird.[108] Nach der Rechtsprechung des BGH bemisst sich der Streitwert nach dem (hälftigen) Klägerinteresse an der Beseitigung und – mangels Identität der Parteiinteressen wegen unterschiedlicher Zielrichtung – dem (hälftigen) Interesse der Beklagten, keinen Rückbau vornehmen zu müssen.[109] Demnach ist der Gebührenstreitwert gem. § 48 Abs. 1 S. 1 GKG zu bemessen und bei der Bemessung der Höhe auf das „Angreiferinteresse" abzustellen.

39 Ein klassischer Fall ist die Beseitigung einer Parabolantenne vom gemeinschaftlichen Eigentum (Balkon oder Fassade). Bei der Aufforderung zum Rückbau und zur Beseitigung einer **Parabolantenne** ist auf das Interesse des beklagten Wohnungseigentümers abzustellen. Dieser verfolgt meistens das Ziel, mit der Satellitenschüssel zusätzliche Programme zu empfangen. Teilweise vertritt die Rechtsprechung, den Streitwert auf 2.500 EUR festzusetzen.[110] Nach anderer Ansicht wird vertreten, durch Addition einen Streitwert von wenigstens 1.400 EUR anzunehmen.[111] Nach einer anderen Auffassung kommt es für die Bemessung des Streitwerts nicht auf das subjektive Interesse, sondern auf den Wertverlust an, den das Gebäude durch eine **optische oder Substanzbeeinträchtigung** erleidet.[112] Das Gericht hat den Streitwert auf 300 EUR festgesetzt, weil die optische Beeinträchtigung keinen höheren Streitwert zulässt.[113] Die Bemessung des Gebührenstreitwerts bei nachteiligen Veränderungen im gemeinschaftlichen Eigentum bemisst sich auch auf der Grundlage von § 48 Abs. 1 S. 1 GKG. Das wirtschaftliche Interesse der klagenden Partei (Wohnungseigentümer oder Gemeinschaft der Wohnungseigentümer ist nach dem Ergebnis der erstrebten Entscheidung nach objektiven Gesichtspunkten zu bewerten[114]

---

106 OLG Celle 14.1.2010 – 4 W 10/10, ZWE 2010, 190 = ZMR 2010, 627.
107 LG Bremen 14.11.1996 – 2 T 893/96, WuM 1997, 70; *Hügel/Elzer*, 3. Aufl. 2021, WEG § 44 Rn. 129; *Lehmann-Richter* IMR 2010, 258.
108 OLG Stuttgart 14.12.2015 – 3 W 80/15, ZWE 2016, 291.
109 BGH 17.11.2016 – V ZR 86/16, NJW-RR 2017, 584; Hartmann/Toussaint/*Elzer* GKG § 49 a Rn. 19.
110 LG Erfurt 17.8.2001 – 2 S 46/01, Grundeigentum 2001, 1467.
111 *Lehmann-Richter* IMR 2010, 258; *Lehmann-Richter* AnwZert MietR 16/2010 Anm. 1.
112 AG Wedding 8.4.2010 – 9 C 477/09, IMR 2010, 258; Schneider/Herget/*Monschau*, Streitwertkommentar, Rn. 6304.
113 BGH 17.5.2006 – VIII ZB 32/05, MietPrax-AK § 3 ZPO Nr. 3.
114 Hartmann/Toussaint/*Elzer* GKG § 48 Anh. I (§ 3 ZPO) Rn. 6 ff.

9. Betriebskosten/Kostentragung (Nutzungen und Kosten). In einer Wohnungseigentumsanlage werden 40
die Kosten der Nutzung (Betriebskosten) (→ *Betriebskosten* Rn. 13) umgelegt, die dem Grunde und der Höhe
ebenso streitig sein können wie der **Umlageschlüssel.** Gem. § 16 Abs. 1 S. 1 und Abs. 2 WEG sind die Wohnungseigentümer verpflichtet, die Lasten des gemeinschaftlichen Eigentums zu tragen.[115] Es handelt sich nicht
nur um die bei der Gemeinschaft anfallenden Kosten, sondern auch die Kosten der Verwaltung des gemeinschaftlichen Eigentums.[116] Streitgegenständlich können die Kosten des gemeinschaftlichen Gebrauchs und die
Kosten sein, die durch den Gebrauch des Sondereigentums entstehen.[117] Die Umlage der Betriebskosten ist
Teil des Wirtschaftsplans und der Abrechnung, in denen der durch den Wohnungseigentümer zu tragende Teil
der Kosten ausgewiesen ist (→ Rn. 14). Wendet sich der Kläger gegen die Kostentragung bestimmter Betriebskosten, sind diese angegriffenen Kosten in vollständiger Höhe maßgeblich.[118]

Nach einer anderen Auffassung wird vertreten, einen Abschlag in Höhe von 20 % bei den einzelnen Posten 41
vorzunehmen.[119] Dieser Ansicht ist jedoch nicht zu folgen, denn in der Regel können Wohnungseigentümer
anhand des **Verteilungsschlüssels** in den Einzelwirtschaftsplänen unschwer ermitteln, mit welcher Belastung
sie nach Änderung der Gesamtansätze rechnen müssen.[120] Wendet sich ein Wohnungseigentümer gem. § 44
Abs. 1 S. 1 Var. 1 WEG mit der Beschlussklage (Anfechtungsklage) erfolglos gegen den Ansatz einer Kostenposition in der Abrechnung, bestimmt sich die Beschwer nach dem Nennwert, mit dem diese Position in seiner
Einzelabrechnung angesetzt ist.[121]

Nach § 16 Abs. 2 S. 2 WEG können Wohnungseigentümer durch Beschluss **von dem vereinbarten Umlage-** 42
schlüssel abweichen (→ *Umlageschlüssel* Rn. 71). Bei der Änderung eines Umlageschlüssels nach § 16
Abs. 2 S. 2 WEG steht den Wohnungseigentümern ein weiter Gestaltungsspielraum zu.[122] Dies setzt auch nach
der Neufassung des § 16 Abs. 2 S. 2 WEG einen Mehrheitsbeschluss voraus.[123] Klagt ein Wohnungseigentümer auf Änderung eines Umlageschlüssels, ist entsprechend § 9 S. 1 ZPO der dreieinhalbfache Wert des Jah-
resbetrages zugrunde zu legen.[124] Wird im Klagewege eine Änderung des Kostenverteilungsschlüssels verfolgt, richtet sich das Interesse aller Beteiligten nach den durch die Änderungen entstehenden zusätzlichen Be-
oder Entlastungen.[125]

10. Eigentümerversammlung. Die Bemessung des Streitwerts bei einer Klage auf die Einberufung einer Ei- 43
gentümerversammlung wird in der Rechtsprechung und Literatur nicht einheitlich beantwortet. Nach einer
Auffassung wird vertreten, bei dem Streitwert einer Klage auf die **Einberufung der Eigentümerversamm-**
lung einen Wertansatz in Höhe von 50 % des Tagesordnungspunkts anzusetzen.[126] Dem ist nach zutreffender
Auffassung jedoch nicht zu folgen, denn Gegenstand des Klagebegehrens ist nicht ein bestimmter Tagesordnungspunkt, sondern die Frage, ob eine Eigentümerversammlung einberufen wird oder nicht.[127] Soll die Teilnahme eines „Dritten" an der Eigentümerversammlung erzwungen ist zutreffend, das Streitwertinteresse der
Teilnahme mit 1000 EUR zu beziffern.[128]

11. Einstweiliger Rechtsschutz. Im Verfahren des einstweiligen Rechtsschutzes ist eine **Leistungs- oder Si-** 44
cherungsverfügung zu erlassen (→ *Einstweiliger Rechtsschutz* Rn. 11 ff.). Abgesehen von den materiellen
Voraussetzungen von Verfügungsgrund und Verfügungsanspruch ist der Streitwert zu klären. Ausgangspunkt
für die Ermittlung des Streitwerts ist der Nominalstreitwert der Hauptsache. Für den Streitwert bei der einstweiligen Verfügung ist regelmäßig ein **Bruchteil** der Forderung anzusetzen.[129] Teilweise wird vertreten, den

---

115 FormB-WEG-R/*Scheffler* § 1 Rn. 174.
116 Dötsch/Schultzky/Zschieschack WEG-Recht 2021 Kap. 7 Rn. 25.
117 BGH 25.9.2003 – V ZB 21/03, BeckRS 2003, 8900 = NZM 2003, 952.
118 KG 28.7.2016 – 20 W 44/16, ZWE 2016, 380 = IMR 2016, 486.
119 LG Dresden 26.1.2011 – 2 T 692/10, IMR 2011, 171.
120 BGH 2.6.2005 – V ZB 32/05, NJW 2005, 2061 (2069) = ZWE 2005, 422.
121 BGH 9.7.2015 – V ZB 198/14, NJW-RR 2015, 1492.
122 BGH 1.4.2011 – V ZR 162/10; *Elzer* Info M 2011, 330 (332).
123 BGH 9.7.2010 – V ZR 202/09, NJW 2010, 2654 = NZM 2010, 622 = ZMR 2010, 775.
124 KG 10.9.2013 – 4 W 40/13, NZM 2014, 756; *Hügel/Elzer*, 3. Aufl. 2021, WEG § 44 Rn. 129.
125 Schneider/Volpert/*Fölsch* GKG § 49 a Rn. 149–197; OLG Celle 30.3.2009 – 4 W 41/09; NZM 2010, 409.
126 LG Frankfurt a. M. 6.1.2016 – 2–13 T 152/15, ZWE 2016, 292 (293).
127 *Hügel/Elzer*, 3. Aufl. 2021, WEG § 44 Rn. 129.
128 AG Hamburg 28.9.2011 – 102 d C 41/11, ZMR 2012, 225; Hartmann/Toussaint/*Elzer* GKG § 49 a Rn. 19.
129 Schneider/Herget/*Monschau*, Streitwertkommentar, Rn. 6318.

Streitwert auf den hälftigen Wertansatz der Hauptsache festzulegen.[130] Nach zutreffender Auffassung ist der Streitwert in Höhe von einem **Drittel des Hauptsacheverfahrens** anzusetzen. Beträgt zB der Streitwert für eine Beseitigung oder Unterlassung 10.000 EUR ist ein Streitwert in Höhe von 3.000 EUR anzusetzen.[131]

45 **12. Entziehung des Wohnungseigentums (Abmeierung).** Zwischen Wohnungseigentümern kann es zum Streit über die Entziehung des Wohneigentums (Abmeierung) kommen. Die Entziehung des Wohnungseigentums ist in § 17 Abs. 1, 2 WEG geregelt.[132] Muss das Wohneigentum infolge von schweren Pflichtverletzungen zulasten der Gemeinschaft der Wohnungseigentümer per Beschluss entzogen werden, folgt im Regelfall die **Entziehungsklage** der Gemeinschaft der Wohnungseigentümer. Die Beschlusskompetenz folgt aus § 18 WEG. Bei der Entziehungsklage soll für den Streitwert der **Wert des Sonder- oder Teileigentums** maßgeblich sein.[133] Der Ansatz erfolgt in Höhe des Verkehrswerts und ermöglicht im Ergebnis eine rechtssichere Bewertung des Streitwerts.[134]

46 Anders hingegen ist die Streitwertermittlung bei der **Anfechtung** eines **Entziehungsbeschlusses**. Da § 17 WEG keine eigene Beschlusskompetenz regelt und somit eine kompetenzrechtliche „Regelungslücke" besteht, ist gem. § 18 WEG eine Beschlussfassung zu treffen (→ *Entziehung eines Wohnungseigentums* Rn. 32).[135] Bei der Anfechtungsklage gem. § 44 Abs. 1 S. 1 Var. 1 WEG ist das Interesse des betroffenen Wohnungseigentümers am Behalten der Wohnungseigentumseinheit oder seinem Ausscheiden im Streit maßgeblich. Mit dem Entziehungsbeschluss wird allerdings noch keine finale Regelung getroffen. Es handelt sich nur um ein Entziehungsverfahren. Für die Ermittlung des Streitwerts ist nach zutreffender Auffassung ein Ansatz in Höhe von **20 % des Verkehrswerts** des betroffenen Sonder- oder Teileigentums angemessen.[136] Geht ein Wohnungseigentümer gegen einen Abmahnbeschluss vor, ist für sein Interesse maßgeblich, dass er die Voraussetzungen der Entziehungsklage bekämpft.[137] Nach zutreffender Auffassung können weder Klägerinteresse noch Gesamtinteresse pauschal ermittelt werden.[138] Bei der Ermittlung des Gebührenstreitwerts für diesen Fall ist nach zutreffender Auffassung die Streitwertvorschrift des § 48 Abs. 1 S. 1 GKG anzuwenden.

47 **13. Erstattungs- und Ausgleichsansprüche.** Zwischen Wohnungseigentümern und Dritten können Erstattungs- und Ausgleichsansprüche bestehen.[139] Dem Grunde nach handelt es sich um Zahlungsansprüche der Wohnungseigentümer oder Dritter gegenüber der Gemeinschaft der Wohnungseigentümer. Für die Bemessung des Streitwerts kommt es darauf an, wie hoch der jeweilige Anspruch insgesamt oder auf den einzelnen Wohnungseigentümer bezogen, zu beziffern ist. Bei einem Erstattungsanspruch machen Wohnungseigentümer gegenüber der Gemeinschaft der Wohnungseigentümer als Trägerin der Verwaltung des gemeinschaftlichen Eigentums (§ 18 Abs. 1 WEG) regelmäßig einen Zahlungsausgleich geltend, weshalb bei der Bemessung des Gebührenstreitwerts auf die Forderung abzustellen ist. Bei einer auf Erstattungs- und Ausgleichsansprüche gerichteten Zahlungsklage ist beim Streitwert gem. § 48 Abs. 1 GKG, § 3 ZPO der **Nennwert der Forderung** anzusetzen.[140]

48 **14. Folgenbeseitigungsanspruch.** Bei dem Anspruch auf Folgenbeseitigung (→ *Folgenbeseitigungsanspruch* Rn. 1) ist grundsätzlich das Interesse aller Wohnungseigentümer an der angefochtenen Entscheidung maßgeblich.[141] Dabei sind neben den Kosten der Maßnahme das individuelle Erhaltungsinteresse des Anfechtenden sowie die Auswirkungen der Beseitigung auf den **Nutzwert der Wohnungseigentumsanlage** zu be-

---

130 AG Hamburg 13.11.2008 – 102 a C 36/08, ZMR 2009, 232.
131 *Hügel/Elzer*, 3. Aufl. 2021, WEG § 44 Rn. 129.
132 *Lehmann-Richter/Wobst* WEG-Reform 2020 Rn. 1536 f.
133 BGH 21.9.2006 – V ZR 28/06, NJW 2006, 3428 = NZM 2006, 873; OLG Köln 16.8.2010 – 16 W 25/10, NZM 2011, 553.
134 OLG Köln 16.8.2010 – 16 W 25/19, NZM 2011, 553.
135 *Lehmann-Richter/Wobst* WEG-Reform 2020 Rn. 1556.
136 BGH 8.7.2011 – V ZR 2/11, ZWE 2011, 359 (361); BeckOK WEG/*Elzer* § 44 Rn. 131.
137 BGH 5.4.2019 – V ZR 339/17, IMR 2019, 326 mAnm *Elzer* = FD-ZVR 2019, 418923 mAnm *Elzer* = ZWE 2019, 409 = ZMR 2019, 699.
138 KG 16.1.2020 – 24 W 3/20; Hartmann/Toussaint/*Elzer* GKG § 49 a Rn. 19.
139 *Agatsy* ZMR 2019, 535 (537).
140 BeckOK KostR/*Toussaint* GKG § 49 a Rn. 57.
141 BayObLG 24.3.1994 – 2 Z BR 12/94, WuM 1994, 565 (566); LG Bremen 14.11.1996 – 2 T 893/96, BeckRS 1996, 09290; *Lehmann-Richter* IMR 2010, 258.

rücksichtigen.[142] Wird der Folgenbeseitigungsanspruch geltend gemacht, kann der Streitwert allerdings nur einen Bruchteil des Gesamtwertes betragen. Im Falle der einstweiligen Verfügung wird vertreten, den Streitwert auf 1/3 des Gesamtstreitwerts festzusetzen. Nach neuer Rechtslage hat eine Bemessung nach § 48 Abs. 1 S. 1 WEG zu erfolgen.

15. Gemeinschaftsordnung. Unter den Eigentümern kann die Einhaltung der Regelungen aus der Gemein- 49 schaftsordnung (→ *Gemeinschaftsordnung* Rn. 3) streitgegenständlich sein. Für die Berechnung des Streitwerts kommt es auf den **Einzelfall** an. Die Streitigkeiten können sich auf Änderungen der Gemeinschaftsordnung gem. § 10 Abs. 2 S. 2 WEG oder die Anfechtung von Beschlüssen über eine vereinbarte oder abweichende Kostenregelung gem. § 16 Abs. 2 S. 2 WEG beziehen. Der Streitwert für die Anfechtung eines Beschlusses aufgrund einer Öffnungsklausel in der Gemeinschaftsordnung ist gem. § 49 S. 1 GKG (§ 49 a Abs. 1 S. 1 GKG aF) zu ermitteln. Hier ist der Streitwert auf der Grundlage der Vorteile des betreffenden Eigentümers zu ermitteln, die er mit der Änderung der Regelung in der Gemeinschaftsordnung verfolgt.[143]

Die Streitigkeiten können sich auch auf die Kostentragung iSd § 16 WEG beziehen. Bei der Klage eines Woh- 50 nungseigentümers kann zB die **Änderung des Kostenverteilungsschlüssels** (§ 16 Abs. 2 S. 2 WEG) streitgegenständlich sein. Erhebt ein Wohnungseigentümer gem. § 44 Abs. 1 S. 2 WEG gegen die Gemeinschaft der Wohnungseigentümer eine auf die Änderung des „vereinbarten" Kostenverteilungsschlüssels gerichtete Beschlussersetzungsklage, wird gem. § 9 S. 1 ZPO der dreieinhalbfache Wert des streitigen einjährigen Betrages zugrunde gelegt. Dies ist der Betrag, den der klagende Wohnungseigentümer bezogen auf sein Wohnungseigentum anstrebt.[144] Klagt ein Wohnungseigentümer gegen einen Beschluss über die Belastung mit gemeinschaftlichen Kosten ermittelt sich der Streitwert gem. § 48 Abs. 1 S. 1 GKG anhand der Höhe des gem. § 16 Abs. 2 WEG zu ermittelnden und durch ihn zu tragenden Bruchteil der Gesamtkostenumlageregelung (→ *Kosten, allgemein* Rn. 4).

16. Hausordnung und Hausverbot. Bei einem Streit über die Durchsetzung der Hausordnung bestimmte 51 sich der Streitwert nach dem **Streitwertschema** des § 49 a Abs. 2 GKG aF.[145] Maßgeblich war das wirtschaftliche Interesse der Beklagten einschließlich der auf ihrer Seite Beigetretenen. Der zu ermittelnde Streitwert des Beklagten und der auf seiner Seite Beigetretenen durfte das Fünffache des Wertes seines Interesses an der Entscheidung nicht überschreiten. Diese Betrachtungsweise ist nach der Neufassung des § 49 GKG überholt. Liegen die Streitpunkte in der Rechtmäßigkeit einzelner Punkte der Hausordnung oder einem Hausverbot, ist bei der Beschlussklage gegen einen Beschluss über die Neufassung einer Hausordnung oder ein Hausverbot (§ 19 Abs. 2 Nr. 1 WEG) auf das **Wertinteresse** abzustellen. Bei der Streitwertbemessung nach § 49 S. 2 GKG ist deshalb in einem zweiten Schritt das subjektive Interesse des Klägers und der auf seiner Seite Beigetretenen an einer Entscheidung bzw. der wirtschaftliche Wert einer Entscheidung mit dem Faktor 7,5 zu multiplizieren. Anders als nach der alten Fassung des § 49 a Abs. 2 GKG kommt bei der Bestimmung der Höchstwerts auf das summierte Wertinteresse aller Wohnungseigentümer an.[146] Der Antrag auf Verpflichtung des Verwalters auf Einhaltung der Hausordnung wurde für ausreichende Lüftung und geschlossene Türen mit 200 EUR bewertet.

17. Erhaltungsmaßnahmen (Instandhaltung und Instandsetzung). Die Ermittlung des Streitwerts bei 52 Instandhaltungs- oder Instandsetzungsmaßnahmen, die auch als Erhaltungsmaßnahmen bezeichnet werden, ist für die Streitwertermittlung differenziert zu betrachten. Das Klagebegehren des Wohnungseigentümers kann sich gegen die Instandsetzungs-/Instandhaltungsmaßnahme insgesamt oder nur gegen den Anteil der individuellen Kostenbelastung (→ *Umlageschlüssel* Rn. 36) richten. Für die Bemessung des Streitwerts ist der **Kostenbetrag der Erhaltungsmaßnahmen** (Instandsetzungs- Instandhaltungsmaßnahmen) maßgeblich. Nach zutreffender Bewertung kommt es bei der Streitwertermittlung dieser „Baumaßnahmen" auf das „**Gesamtinteresse**" der Beteiligten an.[147] Bestreitet der Kläger die Notwendigkeit der Maßnahme und wendet sich insgesamt gegen die Instandhaltungs-/Instandsetzungsmaßnahmen „in toto", bemisst sich der Streitwert auf der Grundlage

---

142 OLG Hamburg 7.1.2004 – 2 Wx 2/04, ZMR 2004, 295 (296).
143 *Hügel/Elzer*, 3. Aufl. 2021, WEG § 44 Rn. 129.
144 KG 10.9.2013 – 4 W 40/13, NZM 2014, 756 = ZWE 2014, 423 = ZMR 2014, 230; *Drasdo* NJW-Spezial 2014, Heft 21; aA LG München I 13.1.2014 – 1 S 1817/13 WEG, ZWE 2014, 186.
145 BeckOK Streitwert/WEG/*Schultz-Bleis* Hausordnung Rn. 4.
146 BT-Drs. 19/22634, 49.
147 *Agatsy* AnwZert MietR 11/2020 Anm. 1 mwN.

der Gesamtkosten.[148] Dies setzt allerdings voraus, dass die Maßnahme insgesamt zur Disposition gestellt wird.[149] Die Notwendigkeit und die Kosten der Maßnahmen müssen insgesamt bestritten sein.[150] Strebt ein Wohnungseigentümer im Wege der Beschlussklage in der Tatbestandsvariante der Beschlussersetzungsklage gem. § 44 Abs. 1 S. 2 WEG einen Beschluss über eine Erhaltungsmaßnahme an, sind sein eigenes Interesse und das Interesse der Beigetretenen iSv § 49 S. 2 GKG grundsätzlich anhand der Kosten der Maßnahme zu berechnen, die er anstrebt und die auf ihn entfallen.[151]

53   Etwas anderes gilt, wenn der klagende Wohnungseigentümer behauptet, dass im Rahmen der Instandhaltungs-/Instandsetzungsmaßnahmen **Baukosten** hätten **eingespart** werden können. Wird eine weniger aufwendige Sanierung geltend gemacht, ist die **Kostendifferenz** des „eingesparten" Betrages maßgeblich.[152] Dies ist der Fall, wenn der Wohnungseigentümer einen geringeren Kostenaufwand behauptet, so dass auf den Betrag abzustellen ist, der somit hätte eingespart werden können.[153] Wendet sich der Kläger gegen den ihn betreffenden Kostenanteil an den Instandhaltungs-/Instandsetzungskosten, ist auf den Betrag gem. § 16 Abs. 2 WEG abzustellen, mit dem der Wohnungseigentümer bei der Umlage hätte belastet werden können. Der Streitwert orientiert sich an den durch den Kläger aufgrund der Kostenverteilung zu tragenden Kosten.

54   **18. Jahresabrechnung (Abrechnung).** Bei der Anfechtung der Jahresabrechnung (Abrechnung) ist zwischen einem Angriff gegen die Jahresabrechnung „**in toto**" und **Einzelposten der Jahresabrechnung** zu differenzieren. Für die Bemessung des Streitwerts bei Streitigkeiten über die Genehmigung der Gesamtabrechnung ist auf das konkrete Interesse der klagenden Wohnungseigentümer abzustellen und ihr Interesse zu ermitteln.[154] Der Gebührenstreitwert ist gem. § 49 S. 1 GKG zu ermitteln. Für die Wertbemessung kommt es darauf an, ob der Kläger den Beschluss über die Jahresabrechnung in seiner Gesamtheit oder lediglich in Teilaspekten mit der Anfechtungsklage angreift.[155] Die Streitwertberechnung war nach der alten Rechtslage (§ 49 a Abs. 1 GKG aF) umstritten. Teilweise wurde vertreten, dass bei der Anfechtung nur ein Bruchteil in Höhe von 20 % und 50 % des „Nennbetrages" anzusetzen ist. Der BGH hat entschieden, dass der **volle Nennbetrag** heranzuziehen ist.[156] Dem folgt unter Aufgabe der bisherigen Rspr. auch die Instanzenrechtsprechung.[157]

55   Auch unter der Geltung des § 49 S. 1 GKG ist auf die bisherigen Grundsätze abzustellen. Das gem. § 49 S. 1 GKG anzusetzende Wertinteresse entspricht dem Einzelinteresse des Anfechtenden und dem summarisch zu berücksichtigendem Interesse der Beklagten.[158] Wird die Anfechtung auf einzelne Positionen der Gesamt- und/oder einer Einzelabrechnung beschränkt, sind diese in vollständiger Höhe bei der Streitwertbemessung zu berücksichtigen.[159] Bei Streit über Einzelposten der Jahresabrechnung ist ein Bruchteil in Höhe von 20 % bis 30 % anzunehmen. Wendet sich der Kläger gegen formelle Mängel des Beschlusses über die Jahresabrechnung (§ 28 Abs. 1 WEG) ist der Gesamtwert für die Streitwertbemessung maßgeblich.[160] Diese Grundsätze gelten ebenfalls für die Einzelabrechnung.

56   Eine klassische Prozesssituation stellt die Anfechtungsklage gegen die **Abrechnung** gem. § 28 Abs. 1 WEG (→ *Jahresabrechnung* Rn. 119) dar. Die Anfechtungsklage des Wohnungseigentümers kann sich gegen die Genehmigung der Abrechnung, deren Erstellung sowie die inhaltliche Richtigkeit richten. Besteht Streit um die Genehmigung der **Abrechnung** ist auf das Einzelinteresse des klagenden Wohnungseigentümers abzustel-

---

148 *Hügel/Elzer*, 3. Aufl. 2021, WEG § 44 Rn. 129.
149 BayObLG 12.10.2000 – 3Z BR 218/00, ZWE 2001, 107 (108) Rn. 9; BayObLG 20.10.1988 – BReg. 3 Z 74/88, NJW-RR 1989, 80.
150 *Agatsy* ZMR 2019, 394 (397) mwN.
151 KG 10.7.2019 – 24 W 27/19, ZMR 2019, 893.
152 *Agatsy* AnwZert MietR 11/2020 Anm. 1 mwN.
153 BayObLG 11.3.1998 – 3 Z BR 461/97, WuM 1998, 314.
154 BGH 2.6.2005 – V ZB 32/05, NJW 2005, 2061.
155 KG 28.7.2016 – 20 W 44/16, ZWE 2016, 380.
156 BGH 9.2.2017 – V ZR 188/16, NJW-RR 2017, 913 Rn. 7; *Hügel/Elzer*, 3. Aufl. 2021, WEG § 44 Rn. 129.
157 LG Hamburg 28.6.2017 – 318 T 46/16, ZWE 2018, 46; LG Frankfurt a. M. 2.10.2017 – 2–09 S 112/16, BeckRS 2017, 133790 Rn. 25; LG Frankfurt (Oder) 23.10.2017 – 16 T 76/17.
158 *Brünnecke/Wessel* ZMR 2017, 958.
159 KG 28.7.2016 – 20 W 44/16, ZWE 2016, 380; aA LG Dresden 26.1.2011 – 2 T 692/10, IMR 2011, 171.
160 BGH 16.6.16 – V ZR 292/14, NJW 2016, 3104; *Agatsy* ZMR 2019, 394 (396).

len.[161] Zu differenzieren ist weiterhin, ob sich die Anfechtungsklage gegen Anfall, Berechtigung bestimmter Kostenpositionen oder die Abrechnung als Ganzes richtet. Wird um die Erstellung der Abrechnung gestritten, ist der Streitwert anhand der Erstellungskosten zu bemessen.[162] Zu berücksichtigen ist auch das Rechenschaftsinteresse.[163] Der Streitwert kann auf 20 % bis 25 % des erforderlichen Verwalterhonorars geschätzt werden. Nach einer aktuellen Entscheidung ist der Streitwert für die Klage des Wohnungseigentümers gegen den Verwalter auf Erstellung einer Jahresabrechnung analog dem Aufwand auf die Rechnungslegung auf bis zu 600 EUR zu veranschlagen.[164]

Bis zur Grundsatzentscheidung des BGH war die Berechnung des Streitwerts bei der Anfechtungsklage gegen **57** den Beschluss über die **Jahresabrechnung** umstritten. Nach einer Ansicht war der Betrag in vollständiger Höhe anzusetzen.[165] Nach einer zweiten Ansicht war nur ein Anteil in Höhe von circa 20 % bis 30 % („Stuttgarter Modell") anzusetzen.[166] Ein weiterer Ansatz war der auf den Kläger entfallende Anteil zzgl. 25 % des nach Abzug dieses Anteils verbleibenden Rest-Gesamtbetrages.

Seit der Entscheidung des BGH herrscht nun Klarheit. Greift der Wohnungseigentümer die Gesamtabrechnung **58** „in toto" an, bestimmt der **Nennbetrag** der Abrechnung das Gesamtinteresse.[167] Dem folgt zwischenzeitlich auch die überwiegende Instanzenrechtsprechung.[168] Besteht über **Einzelposten** der Abrechnung Streit, dann wäre es unbillig, den gesamten Nennbetrag der Abrechnung anzusetzen. In diesem Fall ist interessengerecht und geboten, beim Streitwertansatz **20 % bis 30 % der Einzelposten** anzunehmen.[169]

Besteht zwischen den Wohnungseigentümern Streit über die **Erstellung der Jahresabrechnung** sind die Kos- **59** ten der Erstellung maßgeblich. Diese richten sich nach den Umständen des Einzelfalls, insbesondere nach der Größe der Wohnungseigentumsanlage und den Kosten des Erstellers.[170] Das **Gericht** kann die Kosten der Erstellung im Streitfall gem. § 287 ZPO nach eigenem Ermessen **schätzen**. Sofern keine besonderen Anhaltspunkte vorliegen, kann das Interesse an der Erstellung einer Jahresabrechnung auf 3.000 EUR geschätzt werden.[171] Das Beklagteninteresse an der Nichtvornahme der Jahresabrechnung überschreitet den Betrag von 3.000 EUR nicht. Dabei wird das Rechenschafts- und Rechnungslegungsinteresse mitumfasst.[172] Auf die Höhe der jeweils gezahlten Wohngelder kommt es bei der Streitwertbemessung nicht an.

19. Kostenverteilung. Die begehrte **Abweichung** von der Kostenverteilung kann gem. § 16 WEG Gegen- **60** stand einer Beschlussklage in der Tatbestandsvariante der Anfechtungsklage (§ 44 Abs. 1 S. 1 Var. 1 WEG) sein. Klagt ein Wohnungseigentümer auf Abweichung von dem für die Kostenverteilung bestehenden Kostenverteilungsschlüssels ist für die Bemessung des Gebührenstreitwerts von der durch die Änderung bestehenden zusätzlichen Be- oder Entlastung auszugehen. Dabei ist nach allgemeiner Auffassung auf den 12-fachen Wert der Kostenbelastung abzustellen, um den der betreffende Wohnungseigentümer entlastet und die anderen Wohnungseigentümer belastet werden.[173] Wird durch einen Wohnungseigentümer der Umlageschlüssel als Grundlage der Kostenverteilung angegriffen, ist entsprechend § 9 S. 1 ZPO der dreieinhalbfache Wert des einjährigen Betrages zugrunde zu legen, der auf den Wohnungseigentümer entfällt.[174]

---

161 BGH 2.6.2005 – V ZB 32/05, NJW 2005, 2061 (2069); LG Hamburg 23.1.2019 – 318 S 13/18, BeckRS 2019, 9137 = ZMR 2019, 69; KG 28.7.2016 – 20 W 44/16, ZWE 2016, 380; *Agatsy* ZMR 2019, 394 ff. mwN.

162 LG Koblenz 23.12.2013 – 2 T 696/13, ZWE 2014, 192; *Ott* IMR 2009, 367 (369).

163 LG München I 24.9.2018 – 36 T 12113/16, ZWE 2019, 185 (187).

164 LG Frankfurt a. M. 7.2.2019 – 2–13-T 147/18, BeckRS 2019, 1573 = ZMR 2019, 435.

165 OLG Bamberg 29.7.2010 – 3 W 94/10, 3 W 105/1, ZMR 2011, 887; KG 10.9.2013 – 4 W 40/13, ZWE 2014, 423.

166 OLG Stuttgart 12.1.2012 – 13 W 38/11, ZWE 2012, 136; OLG Frankfurt a. M. 3.9.2014 – 19 W 46/14, ZWE 2014, 467 (468); OLG Frankfurt a. M. 7.11.2014 – 11 W 37/14, ZWE 2015, 101.

167 BGH 9.2.2017 – V ZR 188/16, ZWE 2017, 331 Rn. 11; *Agatsy* ZMR 2019, 394 (395).

168 LG Hamburg 28.6.2017 – 318 T 46/16, ZWE 2018, 46; LG Frankfurt a. M. 2.10.2017 – 2–09 S 112/16, BeckRS 2017, 133790 Rn. 25; Hartmann/Toussaint/*Elzer* GKG § 49 a Rn. 19 f.

169 Jennißen/*Suilmann* GKG § 49 a Rn. 16.

170 *Hügel/Elzer*, 3. Aufl. 2021, WEG § 44 Rn. 129; LG Koblenz 23.12.2013 – 2 T 696/13, ZWE 2014, 192.

171 OLG Frankfurt a. M. 2.6.2009 – 3 W 34/09 Rn. 5, ZWE 2009, 358 = NZM 2010, 586, 587; aA OLG Köln 2.2.2007 – 16 Wx 256/06, NJW 2007, 1759 = NZM 2007, 216 = ZMR 2007, 642.

172 LG Köln 14.2.2019 – 29 T 17/19, ZMR 2020, 230, 231.

173 BayObLG 18.9.1986 – 2 Z 100/86, JurBüro 1987, 579.

174 KG 10.9.2013 – 4 W 40/13, NZM 2014, 756.

61 **20. Kreditaufnahme.** Bei außergerichtlichen Streitigkeiten über einen Kredit ist der Gebührenstreitwert gem. § 48 Abs. 1 S. 1 GKG iVm § 3 ZPO zu bemessen. Wendet sich der Wohnungseigentümer gegen den Beschluss über die Aufnahme eines Kredits für ein Sanierungsvorhaben (→ *Darlehensvertrag* Rn. 22) errechnet sich der Gebührenstreitwert anhand § 49 S. 1, 2 GKG. Maßgeblich ist, was der Wohnungseigentümer an Zins und Tilgung zu leisten hat.[175] Für die Anfechtung des Beschlusses einer Wohnungseigentümergemeinschaft über die **Darlehensaufnahme**, mit der die Sanierungsmaßnahme finanziert werden soll, ist gem. § 49 S. 2 GKG kein höherer Wert anzusetzen als das Siebeneinhalbfache des auf den Anteil des Klägers und der auf seiner Seite Beigetretenen entfallenden Teilwerts des Darlehens.[176]

62 Für die Darlehensaufnahme ist kein höherer Wert als das Fünffache des Werts anzusetzen, der auf den Miteigentumsanteil (→ *Darlehensvertrag* Rn. 30) des Klägers entfällt. Das Risiko einer etwaig bestehenden **Nachschusspflicht** erhöht das für die Bemessung des Streitwerts maßgebliche Interesse jedoch nicht. Der Streitwert bemisst sich nach dem fünffachen Einzelinteresse der Kläger (→ Rn. 7), welches sich insoweit nach dem auf sie entfallenden Kostenanteil richtet.[177] Maßgeblich ist der auf den Anfechtungskläger entfallende Anteil, der im Regelfall beziffert werden kann.[178] Hinsichtlich der Anfechtung der Beschlüsse über die Finanzierung und Durchführung der Maßnahme findet allerdings keine Streitwertaddition statt. Übersteigt das Finanzierungsvolumen den Höchststreitwert, scheint angemessen, gem. § 49 S. 2 GKG den Verkehrswert bei der Streitwertbemessung anzusetzen. Dies galt bereits nach der zur bisherigen Rechtslage des § 49 a Abs. 1 S. 2 GKG aF ergangenen Rechtsprechung.[179]

63 **21. Miteigentum/Mitgebrauch.** Einzelne Miteigentumsanteile können geändert werden. Werden die in der Teilungserklärung (→ *Teilungserklärung* Rn. 14) festgelegten Miteigentumsanteile nachträglich geändert, orientiert sich der Streitwert an dem **Individualinteresse** des Wohnungseigentümers an dem Nachteil, der wirtschaftlich daraus resultiert. Hier ist der Streitwert an dem Wert des Miteigentums zu bemessen. Wendet sich ein Wohnungseigentümer gegen einen Beschluss, mit dem ihm ein Mitgebrauch des gemeinschaftlichen Eigentums versagt wird, ist beim Streitwert das individuelle Interesse maßgeblich. Macht ein Miteigentümer gegen die Gemeinschaft der Wohnungseigentümer den Anspruch auf den Mitgebrauch einer gemeinschaftlichen Fläche zB eines Stellplatzes geltend, erfolgt die Streitwertfestsetzung anhand des fünffachen Klägerinteresses unter Berücksichtigung des Betrages für eine dreieinhalb Jahre dauernde Stellplatznutzung.[180]

64 **22. Modernisierung (Erhaltungsmaßnahmen).** Wendet sich der Wohnungseigentümer mit seiner Anfechtungsklage insgesamt gegen den Beschluss über eine notwendige Modernisierungsmaßnahme, wird der Streitwert grundsätzlich anhand der mit der Maßnahme verbundenen Kosten bestimmt. Die Notwendigkeit der Kosten muss bestritten worden sein.[181] Behauptet der klagende Wohnungseigentümer, dass die beschlossene Modernisierung mit einem geringeren Kostenaufwand durchgeführt werden kann, ist dieser Betrag heranzuziehen und der Gebührenstreitwert gem. § 48 Abs. 1 S. 1 GKG zu ermitteln.

65 **23. Notgeschäftsführung.** Unterlassen die Wohnungseigentümer oder der Verwalter die Durchführung erforderlicher Instandhaltungs- oder Instandsetzungsmaßnahmen gibt es Wohnungseigentümer, die die aus ihrer Sicht erforderlichen Maßnahmen im Wege der Selbstvornahme und somit im Wege der Notgeschäftsführung beseitigen. Der Gebührenstreitwert der Klage eines Wohnungseigentümers auf den Ersatzanspruch in Höhe des Aufwendungsersatzanspruchs richtet sich nach § 48 Abs. 1 S. 1 GKG. Bei der Streitwertbemessung sind die **Gesamtkosten** und je nach Einzelfall hinzuzusetzende **Kosten für ein selbstständiges Beweisverfahren** zu berücksichtigen.[182] Besteht im Rahmen der Notgeschäftsführung Streit über die Beseitigung einer stören-

---

175 OLG Frankfurt a. M. 21.12.2018 – 2–13 T 116/18 Rn. 13, ZWE 2019, 287 = NZM 2019, 446 = ZMR 2019, 626 = ZfIR 2019, 568 mAnm *Monschau*.

176 OLG Frankfurt a. M. 11.3.2019 – 2 W 3/19, NZM 2019, 446 = ZWE 2019, 289 = BeckRS 2019, 6420.

177 LG Frankfurt 20.11.2018 – 2–13 T 116/18, IMR 2019, 68; Jennißen/*Suilmann* GKG § 49 a Rn. 21; *Spielbauer/Then* GKG § 49 a Rn. 12 mwN.

178 LG Düsseldorf 12.6.2013 – 25 S 152/12 U, ZWE 2014, 44.

179 AG Friedberg 16.5.2018 – 2 C 1072/16 (23), ZWE 2019, 93 = ZMR 2018, 802 mAnm *Elzer.*

180 LG München I 11.5.2017 – 36 S 11050/16 WEG, IMR 2018, 1027 mAnm *Weber* = ZMR 2017, 925.

181 BayObLG 11.3.1998 – 3Z BR 461/97, WuM 1998, 314; *Agatsy* ZMR 2019, 394 (396); *Hügel/Elzer*, 3. Aufl. 2021, WEG § 44 Rn. 129.

182 LG Karlsruhe 14.3.2016 – 11 T 635/14, BeckRS 2016, 5581 = ZWE 2016, 282 = IMR 2016, 476.

den baulichen Veränderung, so ist für die Streitwertbemessung in erster Linie auf die Einbau- und Beseitigungskosten abzustellen.[183]

24. Ordnungsgemäße Verwaltung. Jeder Wohnungseigentümer kann eine Regelung fordern, wenn es dazu   66
weder eine Vereinbarung noch einen Beschluss zur ordnungsgemäßen Verwaltung gibt. Zu verklagen waren
bislang die übrigen Wohnungseigentümer,[184] nunmehr grundsätzlich die Gemeinschaft der Wohnungseigentümer (§ 9 a Abs. 1 WEG). Der Träger der Verwaltung ist gem. § 18 Abs. 1 WEG die Gemeinschaft der Wohnungseigentümer. Diese ist somit für die Umsetzung der notwendigen Verwaltungsmaßnahmen im gemeinschaftlichen Eigentum zuständig. Der Streitwert bei einer Klage auf Regelung der ordnungsgemäßen Verwaltung bemisst sich gem. § 48 Abs. S. 1 GKG nach dem **Gesamtinteresse** aller Wohnungseigentümer auf
Kläger- und Beklagtenseite. Davon ist grundsätzlich ein **Anteil von 50 %** heranzuziehen. Die Streitwertobergrenze ist in diesem Zusammenhang auf das siebeneinhalbfache Interesse des Klägers und aller auf Seiten des
Klägers Beigetretenen begrenzt (§ 49 S. 2 GKG).

25. Rechnungslegung. Der Streitwert für die **Erzwingung** einer Rechnungslegung (§ 28 Abs. 1 WEG) orien-   67
tiert sich am **finanziellen Aufwand**, der für die Rechnungslegung erforderlich ist.[185]

26. Schadensersatz. Zwischen Wohnungseigentümern kann es unterschiedliche Konstellationen geben, bei   68
denen gegenüber der Gemeinschaft der Wohnungseigentümer, gegenüber dem Verwalter oder Dritten Schadensersatzansprüche bestehen. Der Streitwert bei der Geltendmachung von Schadensersatzansprüchen bei
einer Anfechtungs- oder Beschlussersetzungsklage bemisst sich nach dem – im Zweifel nach Miteigentumsanteilen zu bestimmenden – **Anteil des Klägers an der Schadensersatzforderung.**[186] Diese Bewertung gilt
auch nach der Neufassung des § 49 GKG und entspricht dem Wortlaut und Regelungszweck dieser Vorschrift.
Bei bezifferten Schadensersatzklagen entspricht der Streitwert gem. § 48 Abs. 1 S. 1 GKG dem geltend gemachten Betrag.

Bei bezifferten Schadensersatzklagen ist die **Streitwertbegrenzung** durch den Verkehrswert gem. § 49 S. 2   69
GKG als Höchststreitwert nicht anwendbar.[187] Dies folgt aus der Gesamtbetrachtung der §§ 48 Abs. 1, 49 a
GKG und entspricht auch der Intention des Gesetzgebers.[188] Denn es gibt Konstellationen, in denen der Umfang des Schadensersatzanspruchs über den Verkehrswert hinausgeht. Soll die Gemeinschaft der Wohnungseigentümer mit einem beziffert feststehenden Betrag belastet werden, bestimmt nicht der Miteigentumsanteil
des Klägers, sondern § 48 Abs. 1 S. 1 GKG den Streitwert.[189]

27. Selbstständiges Beweisverfahren. Die Ermittlung des Streitwerts beim selbstständigen Beweisverfahren   70
(→ *Selbstständiges Beweisverfahren* Rn. 26) orientiert sich am Streitwert des Hauptsacheverfahrens. Nach
einer Ansicht soll bei einem selbstständigen Beweisverfahren ein Streitwert in Höhe von **50 % der Kosten
der Mangelbeseitigung** am Gemeinschaftseigentum anzusetzen sein. Der Streitwert ist begrenzt in Höhe von
50 % der Gesamtkosten und des fünffachen Wertes des Klägerinteresses.[190] Dafür spricht, dass eine Aussage
über den Prozessumfang und eine sichere Prognose über den Ausgang des Rechtsstreits nicht möglich ist.

Demgegenüber ist nach der zutreffenden Auffassung des BGH der Streitwert des selbstständigen Beweisver-   71
fahrens mit dem **Hauptsachewert** oder mit einem Teil des Hauptsachewerts anzusetzen, auf den sich die Beweiserhebung bezieht.[191] Daraus folgt zugleich, dass dann, wenn nicht alle Mängel im selbstständigen Beweisverfahren bestätigt werden, diejenigen Kosten zu schätzen sind, die sich ergeben hätten, wenn die Mängel festgestellt worden wären.[192] Besteht unter Wohnungseigentümern Streit über die Beauftragung eines Gutachters
im selbstständigen Beweisverfahren, ist hinsichtlich des Streitwertes und unter Berücksichtigung von § 48

---

183 NSV/*Niedenführ* GKG § 49 a Rn. 13.
184 BGH 17.10.2014 – V ZR 9/14, NZM 2015, 53 Rn. 21 = ZWE 2015, 88.
185 OLG Köln 12.6.2007 – 2 W 41/07, BeckRS 2007, 15646 = JurBüro 2007, 488.
186 BGH 9.2.2017 – V ZR 88/16, FD-ZVR 2017, 387940 mAnm *Elzer* = ZWE 2017, 233.
187 LG Frankfurt a. M. 30.4.2018 – 2–13 S 42/17, BeckRS 2018, 26249.
188 BT-Drs. 16/887, 76; Jennißen/*Suilmann* GKG § 49 a Rn. 10; aA *Einsiedler* ZMR 2008, 765.
189 OLG Koblenz 4.5.2009 – 5 W 288/09, ZWE 2010, 96.
190 OLG Düsseldorf 3.8.2000 – 9 W 61/00, NZM 2001, 55.
191 BGH 16.9.2004 – III ZB 33/04, BeckRS 2004, 9361 = NJW 2004, 3488; *Hügel/Elzer*, 3. Aufl. 2021, WEG § 44
     Rn. 129.
192 OLG Jena 30.1.2001 – 16 Wx 131/00, OLGR 2001, 132; Schneider/Herget/*Monschau* Rn. 6373.

Abs. 1 S. 1 GKG auf das Interesse des Klägers an der Erstattung des Gutachtens abzustellen. In diesem Zusammenhang ist die Höhe des Bruttohonorars bei der Wertbemessung maßgeblich.[193]

72 **28. Sondernutzungsrecht.** Der Streitwert bei der Klage eines Eigentümers auf Einräumung eines Sondernutzungsrechts gegen die Gemeinschaft der Wohnungseigentümer (→ *Sondernutzungsrechte* Rn. 67) zugunsten seiner Wohneinheit bemisst sich nach der **Wertsteigerung**, die sein Grundstück infolge der Einräumung eines Sondernutzungsrechts erfährt.[194] Ähnliche Grundsätze gelten bei der Bemessung der Beschwer bei der Abweisung einer auf die Einräumung eines Notwegerechts gerichteten Klage.[195] Wendet sich der Wohnungseigentümer mit seiner Klage gegen das Bestehen des Sondernutzungsrechts eines anderen Wohnungseigentümers ist der Streitwert anhand der **Wertminderung** an seinem Grundstück zu bemessen, die der Wohnungseigentümer erfahre, wenn das Grundstück mit einem Sondernutzungsrecht belastet würde.[196]

73 **29. Sonderumlage.** Der Streitwert bei einer Klage gegen einen **Sonderumlagebeschluss** wird ausgehend von dem **Betrag der Sonderumlage** (→ *Sonderumlage* Rn. 6 ff.) berechnet. Das Gesamtinteresse (→ Rn. 6) gem. § 49 S. 1 GKG orientiert sich dabei an dem Gesamtbetrag der Sonderumlage.[197] Das zulässige Höchstinteresse darf dabei das Siebeneinhalbfache des Werts der Belastung auf Seiten des Klägers und der auf seiner Seite Beigetretenen nicht übersteigen (→ Rn. 5). Zu berücksichtigen ist lediglich der Anteil, der Gegenstand der Anfechtung sein soll. Wird der Sonderumlagebeschluss angegriffen, gelten dieselben Grundsätze wie bei der Anfechtung des Beschlusses (→ Rn. 43 f.) über die Jahresabrechnung und den Wirtschaftsplan.[198]

74 Besteht Streit über die **Erhebung** einer notwendigen Sonderumlage, wird der Streitwert gem. § teilweise auf einen **Anteil iHv 50 %** beschränkt.[199] Wendet sich der Wohnungseigentümer mit seiner Klage **gegen die ordnungsgemäße Verteilung**, liegt das Interesse bei **10 % bis 15 % des Nennbetrages**.[200] Für die Bestimmung des Einzelinteresses ist darauf abzustellen, in welchem Umfang der klagende Wohnungseigentümer an diesen Kosten beteiligt wird.[201] Soll ein Beschluss der Wohnungseigentümerversammlung über die Sonderumlage für eine Verwaltungsmaßnahme der Gemeinschaft der Wohnungseigentümer im Wege der Beschlussersetzung erzwungen werden, ist der Wert der aufzubringenden Mittel maßgeblich.[202]

75 **30. Unterlassung (Störungsunterlassung).** Sofern Wohnungseigentümer mit ihrer Klage Ansprüche auf Unterlassung oder Störungsunterlassung (→ *Störungsunterlassung* Rn. 35) geltend machen, gibt es keine schematische Streitwertbestimmung. Bei einem Streit zwecks Durchsetzung der Unterlassungsansprüche ist für den Streitwert nicht nur das klägerische Interesse der Antragstellerseite an der Beseitigung des „beanstandeten" Verhaltens des Störers, sondern auch das Interesse des Antragsgegners an einer Klageabweisung, zu berücksichtigen.[203] Diese Auffassung ist jedoch abzulehnen, da es der Wortlaut von § 48 Abs. 1 S. 1 GKG gebietet, die Höhe des Streitwerts anhand des Interesses des Klägers an der Störungsunterlassung sowie des Abwehrinteresses des Beklagten zu ermitteln.[204] Daraus folgt, dass ein klagender Wohnungseigentümer das **Interesse an der Störungsbeseitigung beziffern** muss (→ Rn. 2 ff.). In diesem Rahmen ist bei der Streitwertbemessung (→ *Störungsunterlassung* Rn. 43) an dem infolge der Beeinträchtigung eintretenden Wertverlust an dem betroffenen Wohnungseigentum anzusetzen. Der Umfang kann wegen dem Interesse an der lukrativen Fortsetzung der Nutzung erhebliche wirtschaftliche Bedeutung haben.[205] Der Streitwert wird anhand des Interesses an der Unterbindung/Fortsetzung des Gebrauchs ermittelt (→ Rn. 6 f.).

193 BeckOK Streitwert/*Schultz-Bleis* Selbstständiges Beweisverfahren Rn. 2.
194 BGH 6.12.2018 – V ZR 338/17, BeckRS 2018, 36124 = NJW-RR 2019, 207.
195 BGH 12.12.2013 – V ZR 52/13, NZM 2015, 99 Rn. 6; BGH 12.7.2012 – V ZR 29/12, juris Rn. 3.
196 BGH 25.1.2018 – V ZR 135/17, WuM 2018, 181 Rn. 3.
197 BDZ/*Dörndorfer* GKG § 49 a III.
198 *Hügel/Elzer*, 3. Aufl. 2021, WEG § 44 Rn. 129.
199 Jennißen/*Suilmann* WEG GKG § 49 a Rn. 23.
200 *Agatsy* ZMR 2019, 394 (396).
201 LG Frankfurt a. M. 20.11.2018 – 2–13 T 116/18, ZWE 2019,187 Rn. 9 = ZMR 2019, 215.
202 *Hügel/Elzer*, 3. Aufl. 2021, WEG § 44 Rn. 129.
203 OLG Karlsruhe 22.6.99 – 14 Wx 35/99, BeckRS 9998, 17927 = NZM 2000, 194 aA KG 5.4.1993 – 24 W 3369/92, ZMR 1993, 346.
204 Schneider/Herget/*Monschau* Rn. 6381.
205 Riecke/Schmid/*Abramenko* WEG Anh. zu § 50 Rn. 6.

Ausgangspunkt für die Ermittlung des Streitwerts einer Klage auf Durchsetzung der Unterlassungsansprüche 76
(§ 14 Abs. 1 Nr. 1, Abs. 2 Nr. 1 WEG, § 1004 Abs. 1 S. 2 BGB) sowie der Anspruchsabwehr ist das jeweilige
Anspruchsziel. Bestehen Zweifel über den Wertansatz, werden niedrige **Pauschalen** von 1000 EUR
bis 1500 EUR angesetzt, etwa beim Verbot der Haustierhaltung oder bei Lärm.[206] **Varianten** der Klagen auf
die Störungsunterlassung sind Klagen des Verbandes zur Untersagung der zweckwidrigen Nutzung (§ 14
Abs. 1 Nr. 1 WEG) sowie eine Klage auf die Unterbindung von Störungen im gemeinschaftlichen Eigentum
(§ 1004 Abs. 1 S. 2 BGB). Eine weitere Variante sind Klagen auf die Störungsunterlassung wegen Beeinträchtigungen des Sondereigentums (§ 14 Abs. 2 Nr. 1 WEG und § 1004 Abs. 1 S. 2 BGB). Wird das Sondereigentum zweckwidrig, zB für Prostitution, missbraucht, hält eine Auffassung in der Rechtsprechung einen pauschal ermittelten Streitwert in Höhe von 15.000 EUR für angemessen.[207] Nach einer anderen Auffassung wird
der Wert jener Beeinträchtigung mit einem Wertansatz in Höhe von jeweils 250 EUR pro Wohnung bewertet.[208]

Geht es um **Unterlassung des Gebrauchs oder der Nutz**ung, sind jene geltend gemachten Vorteile bei der 77
Wertbemessung zu berücksichtigen.[209] Macht ein Wohnungseigentümer wegen einer Störung des Gebrauchs
des gemeinschaftlichen Eigentums einen Anspruch auf „Vergemeinschaftung" des Unterlassungsanspruches
geltend, besteht bei der Streitwertbestimmung nach § 49 GKG sein Interesse darin, dass die voraussichtlichen
Kosten eines Rechtsstreits auf Nutzungsuntersagung zu Verwaltungskosten iSd § 16 Abs. 2 WEG werden; das
Abwehrinteresse der beklagten Wohnungseigentümer besteht hingegen in der Abwehr dieser Kostenlasten.[210]

31. Veräußerungszustimmung. Die Streitwertermittlung bei einer Klage auf Zustimmung zur Veräußerung 78
des Wohn- bzw. Teileigentums (→ *Veräußerungsbeschränkung* Rn. 2) gem. § 12 WEG war bislang umstritten.
In der Instanzenrechtsprechung wurde teilweise vertreten, bei der Klage auf Zustimmung zur Veräußerung
einen Wert zwischen 10 % und 20 % des Verkaufspreises als Streitwert anzusetzen. Dies wurde zutreffend damit begründet, dass die Versagung der Zustimmung in der Tat nicht zu einem absoluten Veräußerungshinder-
nis führt, sondern der Wohnungseigentümer üblicherweise eine andere Veräußerung vornehmen kann, bei der
ein wichtiger Grund zur Versagung der Zustimmung nicht gegeben ist.[211]

Der BGH hat diese Streitfrage nunmehr abschließend geklärt und entschieden, dass das Interesse des klagen- 79
den Wohnungseigentümers in der Regel mit **20 % des Verkaufspreises** seines Wohnungseigentums zu bemessen ist.[212] Dafür spricht, dass eine Zustimmungsverweigerung einer Veräußerung nicht entgegensteht. Der
Nachteil desjenigen Wohnungseigentümers, der veräußern will, liegt daher nur in der Verzögerung der Veräußerung bzw. in einem möglicherweise geringeren Veräußerungserlös. Gegen diese Entscheidung wird teilweise angeführt, dass die beabsichtigte Veräußerung insgesamt zu betrachten sei und nicht ausschließlich die Frage, ob ein Teilabschlag berechtigt ist oder nicht.[213] Eine Heranziehung von § 60 Abs. 1 GNotKG als Spezialregelung im Verfahren auf Ersetzung der Zustimmung des Grundstückseigentümers zur Veräußerung eines Erbbaurechts kommt nicht in Betracht.

32. Vermögensbericht. Ist die gesetzliche Pflicht zur **Erstellung des Vermögenberichts** durch den Verwal- 80
ter gem. § 28 Abs. 4 WEG streitig, ist analog den früheren Grundsätzen zur Streitwertberechnung bei der Jahresabrechnung (§ 28 WEG aF) denkbar, die Kosten der Erstellung und ggf. einer Ersatzvornahme in Anwendung von § 48 Abs. 1 S. 1 GKG anzusetzen. Den Anspruch auf den Vermögensbericht kann jeder Wohnungseigentümer gegenüber dem Verwalter geltend machen.[214] Somit ist zu klären, nach welcher Vorschrift sich der
Streitwert ermittelt. Da es sich um eine Rechenschaftspflicht (Auskunftserteilung) des Verwalters handelt, die
sich nicht auf Beschlüsse über den Wirtschaftsplan oder die Jahresabrechnung bezieht, ist der Gebührenstreitwert nach **§ 48 Abs. 1 S. 1 GKG** zu ermitteln. Dieser hängt vom Umfang der jeweiligen „streitigen" Positionen

---

206 *Hügel/Elzer*, 3. Aufl. 2021, WEG § 44 Rn. 129N.
207 OLG Frankfurt a. M. 4.12.1989 – 20 W 418/89, WuM 1990, 452 (453).
208 OLG Karlsruhe 22.6.1999 – 14 Wx 35/99 = NZM 2000,194.
209 BayObLG 28.6.2000 – 3Z BR 134/00, BeckRS 2000, 30119533 = ZWE 2000, 523 = NZM 2001, 150.
210 OLG Frankfurt a. M. 10.4.2018 – 2 W 51/17 mAnm *Dötsch* jurisPR-MietR 1/2019 Anm. 4.
211 KG 21.4.2016 – 4 W 9/16, BeckRS 2016, 127348; *Hügel/Elzer*, 3. Aufl. 2021, WEG § 44 Rn. 129.
212 BGH 18.1.18 – V ZR 71/17, IMR 2018, 215 mAnm *Riecke*; BeckOK WEG/*Elzer* § 44 Rn. 131; BGH 19.7.2018 –
     V ZR 229/17, IMR 2018, 441 mAnm *Riecke*.
213 *Drasdo* NJW-Spezial 2018, 354.
214 BT-Drs. 19/18791, 75; BR-Drs. 168/20, 86; BT-Drs. 19/22634, 22.

ab. Ist zwischen Verwalter und Wohnungseigentümern der gesamte Vermögensbericht (alle Positionen) streitig, ist das Gesamtinteresse bestehend aus einer Addition der rechenschaftspflichtigen Einzelpositionen anzusetzen. Zur Ermittlung des Gebührenstreitwerts kann auf die für die Auskunft ermittelten Grundsätze zurückgegriffen werden. Die streitgegenständlichen Positionen sind bezifferbar. Maßgeblich ist das Interesse des/der Kläger, wobei ausschließlich der höchste Anspruch maßgeblich ist.[215] Eine Schätzung wird im Zweifel nur bei „unsicheren Forderungen" in Betracht kommen, da die einzelnen Positionen im Vermögensbericht durch den Verwalter detailliert zu beziffern sind.

81 **33. Vertrag.** Wendet sich ein Wohnungseigentümer mit seiner Klage gegen einen Beschluss, mit dem die Wohnungseigentümer in der Wohnungseigentümerversammlung einen Vertragsschluss durch die Gemeinschaft der Wohnungseigentümer, diese wiederum vertreten durch den Verwalter (§ 9 b Abs. 1 WEG) beschlossen haben, besteht das Interesse des Wohnungseigentümers in der Regel darin, nicht an den Kosten beteiligt zu werden.[216] Zur Bemessung des Streitwerts ist nach zutreffender Auffassung der **Rechtsgedanke des § 9 ZPO** heranzuziehen, wonach der dreieinhalbfache Jahreswert die Obergrenze des Streitwertinteresses bildet.[217]

82 **34. Verwalterabbestellung (Bestellung).** Komplex ist die Streitwertbestimmung bei Wohnungseigentumsverwaltern. Bei einem Streit über die Abbestellung des Verwalters ist das Gesamtinteresse anhand der in der restlichen Vertragslaufzeit anfallenden **Verwaltervergütung** zu schätzen.[218] Das Interesse des klagenden Wohnungseigentümers ist hingegen nach seinem Anteil an der jeweils zugrunde zu legenden Verwaltervergütung zu bestimmen. Wird das jeweilige Interesse anhand der Vergütungsansprüche des Verwalters geschätzt, gilt es die Laufzeiten des Alt- und Neuvertrages dahin gehend zu berücksichtigen, dass für den Fall überschneidender Zeiträumen nur der jeweils höhere Honoraranspruch angesetzt wird.[219] Streben die Wohnungseigentümer neben der Abbestellung des Verwalters die Bestellung eines neuen Verwalters an, sind die Abbestellung des alten und Bestellung des neuen Verwalters maßgeblich. Bei der gebotenen wirtschaftlichen Betrachtungsweise ist nur das die Abberufung überschießende Interesse an der Bestellung des neuen Verwalters zu ermitteln.[220]

83 Etwas anderes hingegen gilt dann, wenn ein Wohnungseigentümer sich nur gegen die **Höhe** des gemäß dem Verwaltervertrag geschuldeten Honorars wendet. Der Gegenstandswert bei der Anfechtungsklage gegen die Beschlussfassung über die Anstellung wegen nicht ordnungsgemäßer Vertragsregelungen richtet sich nach der Höhe des zukünftigen Honorars. Wendet sich der Kläger mit seiner Beschlussklage gegen die Anstellung des Verwalters, ist die Vergütung maßgebend, die dem Verwalter für die vorgesehene Laufzeit des Vertrages noch zustünde.[221] Wendet sich der Wohnungseigentümer gegen die Bestellung, dann ist im Gegensatz zu Streitigkeiten um die Abbestellung des Verwalters die gesamte Jahresvergütung als Streitwert anzusetzen.[222] Der Mindeststreitwert (Gesamtinteresse) entspricht gem. § 49 S. 8 GKG dem Interesse aller Wohnungseigentümer. Das Interesse des anfechtenden Wohnungseigentümers ist nach seinem Anteil an der zugrunde zu legenden Verwaltervergütung zu bestimmen.

84 **35. Verwalterentlastung (Entlastung).** Bei einem Streit um die Entlastung des Verwalters (→ *Verwalter* Rn. 92) richtet sich der Streitwert danach, in welcher Höhe die möglichen **Regressansprüche** gegen den Verwalter zu beziffern sind. Der BGH hat diese Streitfrage entschieden und begründet, dass der Streitwert für ein Klageverfahren nach den möglichen Ansprüchen gegen den Verwalter zu bemessen ist. Bei der Bemessung ist der Wert der Forderungen zugrunde zu legen, die gegen den Verwalter bestehen und aufgrund derer eine Entlastung des Verwalters verweigert wird.[223] Der Wert der Forderungen gegen den Verwalter ist maßgeblich, da

---

215   KG 26.4.2007 – 12 W 34/07 MDR 2008, 46; Hartmann/Toussaint/*Toussaint* GKG § 44 Rn. 5 f.
216   *Hügel/Elzer*, 3. Aufl. 2021, WEG § 44 Rn. 129.
217   LG Frankfurt a. M. 2.2.2017 – 2–13 T 4/17, BeckRS 2017, 105301 = FD-MietR 2017, 388710.
218   BGH 16.6.2016 – V ZR 292/14 Rn. 4 = NJW 2016, 3104; *Agatsy* ZMR 2019, 394 (397).
219   BGH 16.6.2016 – V ZR 292/14, BeckRS 2016, 13798; BGH 10.2.2012 – V ZR 105/11, NJW 2012, 1884 Rn. 20.
220   BGH 16.6.2016 – V ZR 292/14, BeckRS 2016, 13798 = FD-ZVR 2016, 380753 mAnm *Elzer*.
221   OLG Zweibrücken 3.9.2009 – 7 W 57/09, ZWE 2010, 191 = ZMR 2010, 141.
222   BGH 16.6.16 – V ZR 292/14, BeckRS 2016, 13798 = ZWE 2016, 379; *Hügel/Elzer*, 3. Aufl. 2021, WEG § 44 Rn. 128.
223   BGH 17.3.2016 – V ZB 166/13, NZM 2016, 472 Rn. 10 = IMR 2016, 262 mAnm *Hogenschurz* = ZMR 2016, 555.

in der Entlastung ein negatives Schuldanerkenntnis gem. § 397 BGB zu sehen ist. Fehlen Anhaltspunkte für eine Streitwertbemessung ist pauschal ein Streitwert in Höhe von 1.000 EUR anzusetzen.[224]

36. Verwaltungsunterlagen (Einsichtsrecht). Der Streitwert bei einem Rechtsstreit des aktuellen Verwalters   85
gegen den früheren Verwalter auf Herausgabe wichtiger Verwaltungsunterlagen (→ Rn. 18 ff.) ist im Regelfall
mit einem Streitwert in Höhe von **1.000 EUR** zu bemessen.[225] Dabei ist im **Einzelfall** ein **Abschlag** in Höhe
von 50 % angemessen.[226]

37. Verwaltungsbeirat (Entlastung). Die Eigentümer können den Beschluss über die **Bestellung** eines Ver-   86
waltungsbeirats (→ *Verwaltungsbeirat* Rn. 34) anfechten. Der Streitwert ist anhand der Größe der Eigentümergemeinschaft und der Bedeutung der jeweiligen Verwaltungsbeiratsaufgaben zu bemessen. Nach einer Ansicht
ist der Streitwert bei einer mittelgroßen WEG wegen der Bedeutung des Umfangs der Aufgaben auf bis zu
3.000 EUR zu bemessen.[227] Dagegen spricht, dass sich ein konkretes Interesse in Einzelfällen nicht in beziffern lässt. Daher ist ein Interesse in Höhe von 1.000 EUR jedenfalls als angemessen zu bewerten.

Dafür spricht, dass nach der neuen Rechtsprechung des BGH für die Entlastung des Verwaltungsbeirats jeden-   87
falls ein Streitwert in Höhe von 500 EUR anzusetzen ist. Demnach ist als Streitwert ein Betrag in Höhe von
1.000 EUR angemessen.[228] Geht es um den Beschluss über die **Entlastung des Verwaltungsbeirates** ist bei
der Bemessung des Streitwerts auf den Wert der Forderungen abzustellen, aufgrund derer die Entlastung verweigert wird oder werden soll.[229]

38. Wirtschaftsplan. Bei der Bemessung des Streitwerts von Klagen von Wohnungseigentümern gegen den   88
Beschluss über den Wirtschaftsplan gem. §§ 28 Abs. 1, 19 Abs. 2 WEG (→ *Wirtschaftsplan* Rn. 73) gelten
dieselben Grundsätze wie bei einer Klage gegen die Jahresabrechnung (→ Rn. 38 ff.). Dabei gilt, dass die jeweiligen **Interessen** erneut anhand des Einzelfalls und im Wege einer konkreten Berechnung zu bestimmen
sind, ohne dass pauschaliert ganz oder anteilig auf die dem Plan zugrunde liegenden Gesamtkosten abgestellt
werden kann.[230]

Erfolgt die Anfechtung durch mehrere Wohnungseigentümer sind nicht die auf sämtliche Kläger entfallenden   89
Wohngelder zu addieren, sondern es ist lediglich das höchste auf einen Kläger entfallende **Wohngeld** heranzuziehen.[231] Wendet sich ein Wohnungseigentümer gegen einen Beschluss über die Genehmigung des Wirtschaftsplans gelten dieselben Grundsätze wie bei der Abrechnung.[232] Die Einnahmen aufgrund geleisteter
Zahlungen aus dem Wirtschaftsplan sind dabei nicht zu berücksichtigen.[233]

39. Zahlungsansprüche. Bei bezifferbaren Ansprüchen in Wohnungseigentumssachen richtet sich der Ge-   90
bührenstreitwert nach § 48 Abs. 1 GKG iVm § 3 ZPO. Hiernach ist allein die **Forderungshöhe** maßgeblich.[234]
Bezifferte Klagen sind beispielsweise Klagen auf Zahlung rückständigen Wohngeldes oder eines Saldos aus
einer Jahresabrechnung. Dasselbe gilt bei Ansprüchen auf Schadensersatz gegen Dritte oder den Verwalter.

---

224 BGH 31.3.2011 – V ZB 236/10, NZM 2011, 490 Rn. 12 = ZWE 2011, 257 = IMR 2011, 298 mAnm *Weber* = ZMR
     2011, 654.
225 Mayer/Kroiß/*Rohn* Anh. I Rn. 81.
226 AG Hamburg 13.11.2008 – 102 a C 36/08, BeckRS 2009, 8647 = ZMR 2009, 232.
227 OLG Koblenz 30.8.2010 – 1 W 54/10, ZWE 2011, 92 = IMR 2011, 124.
228 LG Frankfurt a. M. 6.2.2018 – 2–13 T 18/18, 2–13 T 115/17, BeckRS 2018, 3977 = BeckOK KostR/*Toussaint*
     GKG § 49 a Rn. 53.
229 BGH 9.3.2017 – V ZB 113/16, BeckRS 2017, 112033 Rn. 10.
230 KG 28.7.2016 – 20 W 44/16, Rn. 14, ZWE 2016, 380.
231 LG Berlin 21.7.2015 – 85 T 96/14 WEG, ZWE 2017, 103 = BeckRS 2015, 16435.
232 *Hügel/Elzer*, 3. Aufl. 2021, WEG § 44 Rn. 129; BGH 2.6.2005 – V ZB 32/05, NJW 2005, 2061 (2069).
233 LG Frankfurt a. M. 9.8.2018 – 2–13 T 73–18, BeckRS 2018, 26234; *Kroiß* NJW 2019, 407 (408).
234 Schneider/Herget/*Monschau* Rn. 6250.

211. Tagesmutter

Martini

I. Einführung

1 Anstatt das Kind in einem Kindergarten betreuen zu lassen, entscheiden sich manche Eltern für eine Tagesmutter. Die Tagesmutter betreut regelmäßig eine überschaubare Anzahl an Kindern und ist meist allein für diese Kinder tagsüber als **Betreuungsperson** zuständig. Die Kinder werden morgens zur Tagesmutter gebracht, mittags von dieser verpflegt und am Nachmittag von den Eltern wieder abgeholt. Regelmäßig decken die Betreuungszeiten, wie im Kindergarten, die Arbeitszeiten der Eltern ab. Oft erhoffen sich die Eltern eine bessere Betreuungsqualität durch die Tagesmutter als von einem Kindergarten, in welchem die Betreuer regelmäßig wesentlich mehr Kinder gleichzeitig betreuen und das Essen ggf. von Großküchen angeliefert wird.

2 Der umgangssprachliche Begriff Tagesmutter wird rechtlich in § 22 Abs. 1 S. 2 SGB VIII als eine **Kindertagespflege** definiert, die nach dem Tagesbetreuungsausbaugesetz aus dem Jahre 2004 neben der Tagesbetreuung in Kindertageseinrichtungen (= Kindergarten) eine gleichwertige Form der Kindertagesbetreuung darstellt. Die Kindertagespflege wird von einer geeigneten Tagespflegeperson in ihrem Haushalt oder im Haushalt des Personensorgeberechtigten geleistet. Im Regelfall erfolgt die Kindertagespflege in der Wohnung der Tagesmutter.

3 Bauplanungsrechtlich ergeben sich keine Schwierigkeiten, weil nach § 3 Abs. 2 Nr. 2 BauNV der Betrieb einer Kindertagespflege **im Wohngebiet zulässig** ist.

II. Materielles Wohnungseigentumsrecht

4 Nach § 34 SGB VIII ist für das Betreiben einer Kindertagespflege eine **Erlaubnis** notwendig. Diese Erlaubnis gewährt aber einem Wohnungseigentümer keinen Nutzungsanspruch des Betriebs der Kindertagespflege gegen die übrigen Wohnungseigentümer; sie ist vielmehr die Voraussetzung für den Betrieb nach öffentlichem Recht.

5 Ob der Betrieb einer Kindertagespflege in der Wohnungseigentumsanlage **zulässig** ist, bestimmt sich vielmehr ausschließlich nach dem Zivilrecht. Hierbei muss zwischen der Kindertagespflege im Wohnungseigentum und der Kindertagespflege im Teileigentum unterschieden werden.

6 **1. Kindertagespflege im Wohnungseigentum.** Der Betrieb der Kindertagespflege ist kein Wohnen. Hiergegen spricht schon die Entgeltlichkeit der Tätigkeit. Vielmehr handelt es sich um eine **gewerbliche Tätigkeit**. Vorbehaltlich anderweitiger vertraglicher Vereinbarungen ist aufgrund der Zweckbestimmung des Wohnungseigentums in einer Wohnung die gewerbliche Tätigkeit der Kindertagespflege nur ausnahmsweise zulässig.[1]

7 Die Kindertagespflege ist dann ausnahmsweise im Wohnungseigentum zulässig, wenn es sich hierbei um ein nicht störendes Gewerbe handelt. Ein solches liegt vor, wenn bei **typisierender Betrachtungsweise** die Störungen und Gebrauchsbeeinträchtigungen nicht über die einer zulässigen Wohnungsnutzung hinausgehen. Liegt dieses bei der Kindertagespflege vor, ist sie auch in einer Wohnungseigentumseinheit zulässig.

Der Maßstab für die Zulässigkeit der Kindertagespflege ist der Vergleich mit den Wohnverhältnissen einer Familie mit mehreren Kindern. Die Tätigkeit einer Kindertagespflege ist bei der Betreuung von **bis zu drei Kindern** im Wohnungseigentum daher zulässig.[2] Neben dem Lärm spielen weitere Aspekte, wie das Müllaufkommen oder die Benutzung des Gemeinschaftseigentums, zB des Treppenhauses, eine Rolle. Auch hier liegt aber keine Übernutzung über das vergleichbare Maß einer normalen Familie hinaus vor.

8 Die **Grenze** des zulässigen Gebrauchs ist aber erreicht, wenn eine entgeltliche Betreuung von fünf Kleinkindern von 7 bis 19 Uhr durch eine Tagesmutter erfolgt. Von mehreren Kleinkindern geht zum einen ein erhöhter

---

1 BGH 13.7.2012 – V ZR 204/11, NZM 2012, 687.
2 AG Bonn 25.1.2018 – 27 C 111/17, ZWE 2018, 212.

Lärmpegel aus. Zum andern stört die gesteigerte Besucherfrequenz der bringenden und abholenden Eltern, die damit einhergehende vermehrte Verschmutzung des Treppenhauses und die größere Unruhe im Haus deutlich mehr als bei einer kinderreichen Familie.[3]

2. Kindertagespflege im Teileigentum. Kindertagespflege im Teileigentum ist **grundsätzlich erlaubt**. In   9
Teileigentumseinheiten ist im Allgemeinen jede gewerbliche Tätigkeit zulässig, wenn diese nicht gegen gesetzliche Verbote oder andere zur Nichtigkeit führende Normen verstößt.

Nutzungsbeschränkungen in der Teilungserklärung oder in der Gemeinschaftsordnung für Teileigentumsein-   10
heiten sind aber möglich. Hier können Einschränkungen der gewerblichen Tätigkeit wirksam geregelt werden, wie beispielsweise, wenn das Teileigentum nur zu dem bestimmten Zweck „Betreiben einer Gaststätte" genutzt werden darf.

Auch hier wird aber im Rahmen der **typisierenden Betrachtungsweise** die anderweitige Benutzung des Teil-   11
eigentums nur dann **zulässig** sein, wenn eine weitergehende Störung oder Gebrauchsbeeinträchtigung durch die Tätigkeit der Kindertagespflege nicht vorliegt.[4]

Jüngst hat der BGH entschieden, dass der Betrieb eines Eltern-Kind-Zentrums in einer Teileigentumseinheit   12
zulässig ist, obwohl diese in der Teilungserklärung als „Laden mit Lager" bezeichnet wurde.[5] Diese Rechtsprechung wird auf die Tätigkeit in der Kindertagespflege zu übertragen sein, denn die Nutzung durch das Eltern-Kind-Zentrum in der Teileigentumseinheit geht über die reine Betreuung von Kindern im Kindergartenalter deutlich hinaus. Der BGH stellt klar, dass ein Unterlassungsanspruch nach § 1004 Abs. 1 BGB nicht besteht, wenn die tatsächliche Nutzung bei typisierender Betrachtungsweise nicht mehr stört als die erlaubte Nutzung. Durch die Ausstrahlungswirkung des § 22 Abs. 1 a S. 1 BImSchG fließt in die Bewertung der typisierenden Betrachtungsweise der **Kinderlärm** grundsätzlich nicht ein.

§ 22 Abs. 1 a S. 1 BImSchG lautet: „Geräuscheinwirkungen, die von Kindertageseinrichtungen, Kinderspiel-   13
plätzen und ähnlichen Einrichtungen wie beispielsweise Ballspielplätzen durch Kinder hervorgerufen werden, sind im Regelfall keine schädliche Umwelteinwirkung. Bei der Beurteilung der Geräuscheinwirkungen dürfen Immissionsgrenz- und -richtwerte nicht herangezogen werden."

Auf die Frage, ob die sozialrechtliche Gleichstellung einer Kindertageseinrichtung mit der Kindertagespflege   14
auf das Zivilrecht übertragen werden kann, kommt es nicht an, weil in jedem Fall die Kindertagespflege eine ähnliche Einrichtung wie die **Kindertageseinrichtung** nach § 22 Abs. 1 a S. 1 BImSchG darstellt. Der BGH sah sogar in dem Eltern-Kind-Zentrum eine solche ähnliche Einrichtung, obwohl dort neben der Kinderbetreuung auch Angebote für die Beteiligung der Familienmitglieder und sogar der Austausch der Eltern untereinander angeboten wurde.[6] Damit hat er indirekt mitentschieden, dass die Kindertagespflege, die deutlich weniger stört, erst recht eine ähnliche Einrichtung iSv § 22 Abs. 1 a S. 1 BImSchG darstellt.

Das bedeutet aber nicht, dass jeglicher Kinderlärm ohne Rechtschutz hinzunehmen ist. In einer mietrechtli-   15
chen Entscheidung wurde bereits klargestellt, dass von den anderen Mietern der Kinderlärm aus einer Nachbarwohnung nicht in jeglicher Form, Dauer und Intensität hinzunehmen ist, nur deswegen, weil der Lärm von Kindern verursacht wird. Grundsätzlich ist bei jeder Art von Lärm **Rücksicht auf die Nachbarn** zu nehmen. Aus diesem Grund sind Eltern und andere mit der Erziehung von Kindern betraute Personen grundsätzlich verpflichtet, die Kinder anzuhalten, ihre Bewegungen und akustischen Äußerungen mit der notwendigen Rücksicht auf die Nachbarn auszuüben.[7] Dem steht auch die Ausstrahlungswirkung von § 22 Abs. 1 a S. 1 BImSchG nicht entgegen, weil dort nur der Regelfall normiert wurde, welcher aber Ausnahmen zulässt. Aus diesem Grund gilt das Gebot der Rücksichtnahme auch in Wohnungseigentumsanlagen und ist von der Tagesmutter bei der Ausübung ihrer Tätigkeit zu beachten.

Im Rahmen der typisierenden Betrachtungsweise kann die anderweitige Benutzung des Teileigentums dann   16
unzulässig sein, wenn aus anderen Gründen eine weitergehende Störung oder Gebrauchsbeeinträchtigung vorliegt, zB bei einem verstärkten Publikumsverkehr. Auch ist es möglich, dass eine Benutzung in der privilegier-

---

3 OLG Köln 23.7.2007 – 16 Wx 25/07, ZWE 2008, 201.
4 *Drasdo* NJW-Spezial 2018, 737.
5 BGH 13.12.2019 – V ZR 203/18, ZMR 2020, 322.
6 BGH 13.12.2019 – V ZR 203/18, ZMR 2020, 322.
7 LG Berlin 19.2.2019 – 63 S 303/17, GE 2019, 456.

ten Form des § 22 Abs. 1 a BImSchG in der Wohnungseigentumsanlage ausgeschlossen ist. Dieser Ausschluss ist auch konkludent möglich, wenn zB die Wohnungseigentumsanlage nach der Teilungserklärung als ein sog. Ärztehaus konzipiert ist.[8]

III. Verfahrenshinweise

17 **Abwehrrechte** wegen einer rechtswidrigen Ausübung der Tätigkeit als Tagesmutter, die das Sondereigentum betreffen, steht dem betroffenen Wohnungseigentümer als Individualrecht zu. Die Anspruchsgrundlage ist § 14 WEG oder § 1004 BGB. Gegner des Abwehranspruchs ist der Störer in Person. Die Ansprüche richten sich bei vermietetem Sondereigentum auch gegen den Mieter.[9] Daneben besteht nach § 14 WEG auch die Einstandspflicht des Wohnungseigentümers der vermieteten Wohnung.

Die Abwehr von Beeinträchtigungen des gemeinschaftlichen Eigentums ist aufgrund der **WEG-Reform** nunmehr Aufgabe der Gemeinschaft der Wohnungseigentümer. Zwar hat auch der Wohnungseigentümer einen eigenen Anspruch aus § 1004 BGB, dass keine Beeinträchtigung des gemeinschaftlichen Eigentums vorliegt. Insofern weist aber § 9 a Abs. 2 WEG die Ausübung dieses Anspruchs der **Gemeinschaft der Wohnungseigentümer** zu.[10]

212. Teileigentum

Ruge

I. Einführung

1 Teileigentum ist gem. § 1 Abs. 3 WEG das Sondereigentum an **nicht zu Wohnzwecken** dienenden Räumen eines Gebäudes in Verbindung mit dem Miteigentumsanteil an dem gemeinschaftlichen Eigentum, zu dem es gehört. Das Teileigentum steht dem Wohnungseigentum als zweite grundlegende Gestaltungsmöglichkeit nach dem WEG gegenüber. Das WEG kennt an sich also nur Wohnungen – das sind Räumlichkeiten, die als Zweckbestimmung das Wohnen haben – und andere Räumlichkeiten, die eben nicht für das Wohnen gedacht sind. Die grundsätzliche Konstruktion – einerseits das Sondereigentum an Räumen und andererseits der Miteigentumsanteil am gemeinschaftlichen Eigentum – stellt sich beim Teileigentum aber nicht anders dar als beim Wohnungseigentum. § 1 Abs. 6 WEG ordnet an, dass die Vorschriften über das Wohnungseigentum entsprechend für das Teileigentum gelten. Insoweit besteht in der Regel ein Gleichlauf. Das Grundbuchblatt wird in diesem Fall allerdings als Teileigentumsgrundbuch bezeichnet (§ 7 Abs. 1 S. 1 WEG). Handelt es sich um ein Erbbaurecht, das nach WEG aufgeteilt wird, heißen die nicht zu Wohnzwecken dienenden Einheiten Teilerbbaurechte (§ 30 Abs. 3 WEG).

2 Der Unterschied ergibt sich in erster Linie aus der unterschiedlichen **Zweckbestimmung**. Diese wiederum folgt aus der Vorgabe desjenigen, der die Begründung von Wohnungseigentum bzw. Teileigentum entweder nach § 3 Abs. 1 WEG oder § 8 Abs. 1 WEG herbeiführt. Die Möglichkeit, auch an nicht zu Wohnzweckenden

---

8   BGH 13.12.2019 – V ZR 203/18, ZMR 2020, 322.
9   BGH 13.12.2019 – V ZR 203/18, ZMR 2020, 322.
10 BR-Drs. 168/20, 56.

dienenden Räumen Sondereigentum zu bilden, war bereits im ursprünglichen Wohnungseigentumsgesetz vorgesehen. Der Gesetzgeber hat seine diesbezüglichen Erwägungen nicht besonders hervorgehoben. Für ihn war vielmehr offenkundig, dass neben dem Wohnungseigentum eine eigene Rechtsform für Läden, Praxen und ähnliche Räumlichkeiten sinnvoll sein würde.[1]

In der Praxis sind die unterschiedlichsten **Kombinationen** von Wohnungseigentum und Teileigentum denkbar. **3** Möglich ist, ein überwiegend zum Wohnen gedachtes Ensemble durch gewerblich genutzte Einheiten beispielsweise im Erdgeschoss als Ladengeschäfte, Gastronomie oder Ähnliches zu flankieren. Ebenfalls kommt in Betracht, primär Wohnungen zu errichten und Garagen oder Garagenstellplätze (§ 3 Abs. 1 S. 2 WEG), die gesondert als Teileigentum ausgewiesen sind, ergänzend hinzuzufügen. Schließlich kann ein Ensemble auch ausschließlich aus Teileigentumseinheiten bestehen, beispielsweise ein Facharztzentrum mit unterschiedlichen Praxen. Zwischen all diesen und weiteren Möglichkeiten kann vielfältig kombiniert werden. Das WEG bildet insoweit einen weiten Rahmen, von dem mit genügender rechtlicher Vorstellungskraft ein Gebrauch gemacht werden kann, der den meisten tatsächlichen Bedürfnissen und Nutzungswünschen Rechnung trägt. Der Begriff „Wohnungseigentümer" meint in einer Teilungserklärung bzw. Gemeinschaftsordnung in der Regel auch **Teileigentümer**.[2]

II. Einzelheiten

1. Teileigentum und Zweckbestimmung. Nach ständiger höchstrichterlicher Rechtsprechung kommt der Bestimmung in einer Teilungserklärung, nach der ein Objekt entweder „zu Wohnzwecken dient" oder „nicht zu Wohnzwecken dient" als Zweckbestimmung **Vereinbarungscharakter** (→ *Zweckbestimmung* Rn. 4) iSv § 15 Abs. 1 WEG aF (nunmehr §§ 19 Abs. 1, 10 Abs. 3 WEG) zu.[3] Damit ist der Nutzungszweck und daraus folgend der Kreis der zulässigen Nutzungen festgeschrieben. Die mit Wohnungs- und Teileigentum gesetzlich vorgesehenen Grundtypen der Nutzung schließen sich grundsätzlich gegenseitig aus.[4] Deswegen darf auch eine Einheit, die zwar zu Teileigentum bestimmt ist aber der Ausstattung nach[5] Wohnungseigentum sein könnte, grundsätzlich nicht zum Wohnen genutzt werden.[6]

a) Auslegungsmaßstab, wie Grundbucheintragungen. Ob eine Teilungserklärung eine Zweckbestimmung **5** mit dem Charakter einer Nutzungsbeschränkung enthält, kann zweifelhaft sein. Dann ist eine **Auslegung** nach den Maßstäben der Auslegung von Grundbucheintragungen durchzuführen.[7] Die Nutzung des Sondereigentums wird über die mit der Einordnung als Wohnungs- oder Teileigentum verbundene Zweckbestimmung hinaus nur dann auf bestimmte Zwecke beschränkt, wenn dies aus der Gemeinschaftsordnung klar und eindeutig hervorgeht.[8] Bei nächstliegender Auslegung kann aber bereits eine einfache Beschreibung als Zweckbestimmung zu verstehen sein.[9] Konkrete Bezeichnungen einer Einheit (zB „Laden") durch den planenden Architekten nur im Aufteilungsplan (§ 7 Abs. 4 Nr. 1 WEG) bewirken hingegen keine verbindliche Bestimmung ihres Zweckes.[10] Ausnahmsweise kann sich bei einer eindeutigen Bezugnahme in der Teilungserklärung oder der Gemeinschaftsordnung auf den Aufteilungsplan insoweit aber etwas anderes ergeben. Denkbar ist darüber hinaus, dass der Zweck einer Teileigentumseinheit überhaupt nicht näher eingegrenzt wird. In diesem Fall ist jede Nutzung mit Ausnahme des Wohngebrauches zulässig.[11] Die Festlegung einer Nutzung zur Ausübung eines „beliebigen Gewerbes oder Berufes" stellt in diesem Sinne eine Zweckbestimmung dar,[12] freilich eine recht weite.

---

1 Vgl. BR-Drs. 75/51, Anlage 2, 2.
2 OLG Hamm 22.2.2007 – 15 W 322/06, ZWE 2007, 370.
3 Vgl. BGH 27.10.2017 – V ZR 193/16, NJW 2018, 41.
4 BGH 27.10.2017 – V ZR 193/16, NJW 2018, 41.
5 S. dazu Nr. 4 der Allgemeinen Verwaltungsvorschrift für das Ausstellen von Bescheinigungen gem. § 7 Abs. 4 Nr. 2 WEG vom 19.3.1974.
6 BGH 27.10.2017 – V ZR 193/16, NJW 2018, 41.
7 Näher dazu BGH 27.10.2017 – V ZR 193/16, NJW 2018, 41.
8 BGH 23.6.2017 – V ZR 102/16, ZWE 2017, 367.
9 „Kellerraum", vgl. BGH 4.12.2014 – V ZB 7/13, NJW-RR 2015, 645.
10 BGH 16.11.2012 – – V ZR 246/11, ZWE 2013, 20.
11 LG Berlin 22.5.2018 – 55 T 15/18, ZWE 2018, 450; LG Frankfurt a. M. 30.8.2017 – 2–13 S 207/14, ZWE 2017, 405; LG Karlsruhe 20.9.2010 – 11 S 200/09, ZWE 2011, 99.
12 OLG Düsseldorf 14.1.2002 – 3 Wx 336/01, NJW-RR 2002, 518.

6 Darüber hinaus kann die **Reichweite** einer Zweckbestimmung klärungsbedürftig sein. Auch hier ist der Weg der Auslegung zu beschreiten. Beispielsweise werden im Rahmen von Teileigentum unter einem „Ladenraum" solche Geschäfsräume verstanden, in denen ständig Waren zum Verkauf angeboten werden und der Charakter einer Verkaufsstätte im Vordergrund steht; den Betrieb einer Gaststätte umfasst dies regelmäßig nicht.[13] Unvereinbar mit der Zweckbestimmung „Weinkeller, Kegelbahn" ist jedenfalls der Betrieb einer Diskothek oder eines ähnlichen Lokals mit Tanzveranstaltungen.[14] „Post" bezeichnet einen Geschäftsbetrieb mit Publikumsverkehr, der innerhalb bestimmter Öffnungszeiten der Ablieferung und Entgegennahme von Brief- und Paketsendungen dient.[15] Der Begriff „Restaurant" meint einen Betrieb des Gastgewerbes, der in erster Linie Speisen und Getränke zum Verzehr vor Ort anbietet und daraus seine wesentlichen Umsätze schöpft.[16] Auf eine Spielhalle trifft das nicht zu. In zur „Büroetage" bestimmten Räumlichkeiten ist der Betrieb einer Einrichtung, die stationäre Intensiv- und Beatmungsmaßnahmen erbringt, von der Zweckbestimmung nicht mehr gedeckt.[17]

7 Nach älterer obergerichtlicher Rechtsprechung[18] soll sich aus dem **Charakter** einer Wohnungseigentumsanlage und den ihn prägenden örtlichen Verhältnissen ergeben können, dass eine Nutzung, die sich noch im Rahmen der Zweckbestimmung hält, dennoch unterbleiben muss. Diese Rechtsprechung ist nicht höchstrichterlich abgesichert. Sie verdient auch keine Zustimmung, denn es leuchtet nicht ein, warum die örtlichen Verhältnisse eine Vereinbarung der Wohnungseigentümer außer Kraft setzen können sollten.

8 **b) Grenzbereich zwischen Wohnen und anderen Nutzungen.** Im Grenzbereich zwischen dem Wohnen und anderen Zwecken fällt die Zuordnung bisweilen nicht leicht. Damit sind vor allem Fälle gemeint, in denen die Nutzung dem äußeren Anschein nach dem Wohnen nahekommt oder ähnelt. In **Hotelzimmern** wird freilich nicht im rechtlichen Sinne gewohnt.[19] Insoweit kommt nur die Begründung von Teileigentum in Betracht.[20] Umstritten ist, was für ein Boardinghaus gelten soll. Das ist eine Unterkunft für wechselnde Personen – häufig Arbeitnehmer – auf begrenzte Zeit. Teilweise wird auch hier eine Wohnnutzung angenommen.[21] Überzeugend ist dies nicht, weil der Aufenthalt von vorneherein einer Begrenzung auf einen mehr oder weniger kurzen Zeitraum unterliegt. Im Hinblick auf Gemeinschaftsunterkünfte und **Heime** hat die höchstrichterliche Rechtsprechung eine Abgrenzung entwickelt, die vor allem die Organisationsstruktur in den Blick nimmt. Zu betrachten ist, ob die Unterbringung in einer für eine Vielzahl von Menschen bestimmten Einrichtung erfolgt, deren Bestand von den jeweiligen Bewohnern unabhängig ist, und in der eine heimtypische Organisationsstruktur an die Stelle der Eigengestaltung der Haushaltsführung und des häuslichen Wirkungskreises tritt.[22] Wird dies bejaht, handelt es sich nicht um eine Wohnnutzung; folglich darf dann grundsätzlich nur Teileigentum entsprechend genutzt werden. Die Unterbringung von Flüchtlingen und Asylbewerbern in einer Gemeinschaftsunterkunft (§ 53 AsylG) ist in der Regel heimartig in diesem Sinne.[23] Für die tageweise Unterbringung von wohnungslosen Personen in einer Gemeinschaftsunterkunft gilt das ebenfalls.[24] Der beabsichtigte Umbau einer Teileigentumseinheit zu einer Vielzahl einzelner Appartements mit Kochgelegenheiten und Sanitäreinrichtungen hingegen lässt sich nicht mehr als heimartige Struktur auffassen.[25]

9 **c) Lehre von der typisierenden Betrachtungsweise beim Teileigentum.** Eine von einer Zweckbestimmung – ggf. nach ihrer Auslegung – abweichende Nutzung kann sich ausnahmsweise doch als zulässig erweisen. In der Rechtsprechung ist in diesem Zusammenhang die Lehre von der typisierenden Betrachtungsweise ent-

---

13 BGH 10.7.2015 – V ZR 169/14, NJW 2016, 53 mwN.
14 BayObLG 11.10.1989 – BReg 2 Z 96/89, ZMR 1990, 230.
15 LG Hamburg 6.1.2016 – 318 S 40/15, ZWE 2016, 260.
16 LG München I 2.3.2015 – 1 S 5273/13, ZWE 2016, 172.
17 LG Bochum 16.7.2018 – I-1 O 318/17, ZMR 2018, 850.
18 BayObLG 10.11.2004 – 2Z BR 169/04, NZM 2005, 263; KG 17.10.1988 – 24 W 1240/88, NJW-RR 1989, 140; OLG Düsseldorf 14.1.2002 – 3 Wx 336/01, NJW-RR 2002, 518.
19 Vgl. LG Frankfurt a. M. 30.8.2017 – 2–13 S 207/14, ZWE 2017, 405.
20 OLG München 9.2.2017 – 34 Wx 333/16, ZWE 2017, 175; OLG Naumburg 14.3.2005 – 9 Wx 5/04, NotBZ 2005, 221.
21 OLG Saarbrücken 24.5.2012 – 8 U 183/11.
22 BGH 27.10.2017 – V ZR 193/16, NJW 2018, 41.
23 BGH 27.10.2017 – V ZR 193/16, NJW 2018, 41.
24 BGH 8.3.2019 – V ZR 330/17, ZWE 2019, 268.
25 Vgl. BayObLG 10.11.2004 – 2Z BR 169/04, NZM 2005, 263.

Ruge

wickelt worden.[26] Im Zentrum steht dabei die Frage, ob die von der Zweckbestimmung nicht mehr gedeckte Nutzung dennoch hinzunehmen ist, weil sie sich unter Zugrundelegung einer typisierenden Betrachtungsweise **nicht störender auswirkt** als eine zulässige Nutzung.[27] Diese Grundsätze gelten auch für das Teileigentum.

Eine Typisierung findet insoweit statt, als der im konkreten Einzelfall beabsichtigte oder stattfindende zweck- **10** widrige Gebrauch nach seiner Art und Durchführung sowie den Folgen – zB zu erwartende Besucherfrequenz, Besucherstrukturen – erfasst und auf die örtlichen Gegebenheiten – zB Umfeld, Charakter der Wohnungseigentumsanlage und die diesen prägenden Verhältnisse, Lage im Gebäude – und zeitlichen Verhältnisse (zB Öffnungszeiten) bezogen wird.[28] Abzustellen ist auf die unter gewöhnlichen Umständen typischerweise erwartbaren Störungen, und zwar sowohl im Hinblick auf die erlaubte (aber nicht ausgeübte) als auch auf die ausgeübte bzw. beabsichtigte (aber an sich nicht erlaubte) Nutzung. Bewirkt letztere im Vergleich zur ersteren kein Mehr an Beeinträchtigungen ist sie ausnahmsweise doch zulässig.

Die Nutzung einer „Gaststätte" als **Versammlungsstätte** für Angehörige einer Religionsgemeinschaft soll **11** dem Charakter einer Ferienwohnanlage widersprechen.[29] Allerdings kann sich nach höchstrichterlich bestätigter Ansicht die Unzulässigkeit einer Nutzung, die sich im Rahmen der Zweckbestimmung bewegt, nicht aus dem Charakter der Wohnungseigentumsanlage ergeben.[30] In einem „Supermarkt" muss ein Gebetshaus mit Gemeindezentrum nicht geduldet werden.[31] Die Nutzung eines „Ladens" als Restaurant bewirkt nicht hinzunehmende zusätzliche Störungen.[32] Dasselbe gilt für eine Nutzung als Spielhalle.[33] In einem „Café" ist aber der Betrieb einer Speisegaststätte zulässig.[34] Der Betrieb eines Abendlokals mit Live-Musik und Tanzfläche stört mehr als eine Gaststätte mit Speiseangebot, Hintergrundmusik und Tanzmöglichkeit.[35] Zur „Post" bestimmte Räumlichkeiten dürfen nicht als Kindertagesstätte genutzt werden.[36]

In diesem Kontext ist auch der Aspekt **Wohnen im Teileigentum**[37] zu sehen. Grundsätzlich darf im Teileigen- **12** tum nicht gewohnt werden. Folgt aus der Zweckbestimmung, dass Teileigentum vorliegt, und ist die beabsichtigte oder praktizierte Nutzung dem Wohnen zuzuordnen, handelt es sich um eine an sich unzulässige Nutzung. Allerdings greift auch hier die Lehre von der typisierten Betrachtungsweise (→ Rn. 9). Jedenfalls in einem ausschließlich gewerblichen Zwecken dienenden Gebäude ist die Nutzung zu Wohnzwecken in der Regel störender, weil sie mit typischen Wohnimmissionen und einem anderen Gebrauch des gemeinschaftlichen Eigentums einhergeht.[38] Andersherum wird man die Wohnnutzung des Teileigentums regelmäßig hinzunehmen haben, wenn in der Wohnungseigentumsanlage der ganz überwiegende Teil der Objekte ohnehin Wohnungen sind.[39] Ist der Kreis der zulässigen Nutzungen sehr weit gezogen, wird dies bei der typisierenden Betrachtung im Hinblick auf das Spektrum des Vergleichsmaßstabs berücksichtigt.[40] Findet die eigentlich unzulässige Wohnnutzung in einem abgetrennten Gebäudekomplex statt, spricht dies dafür, dass die übrigen Eigen-

---

26 Vgl. BayObLG 11.10.1989 – BReg 2 Z 96/89, ZMR 1990, 230.

27 Vgl. statt vieler BGH 27.10.2017 – V ZR 193/16, NJW 2018, 41; LG Berlin 28.5.2019 – 55 S 95/18; *Dötsch* ZMR 2013, 18.

28 Vgl. LG München I 2.3.2015 – 1 S 5273/13, ZWE 2016, 172.

29 LG Itzehoe 22.3.2019 – 11 S 40/18, ZMR 2019, 441.

30 BGH 8.3.2019 – V ZR 330/17, ZWE 2019, 268.

31 LG Wiesbaden 20.12.2007 – 4 T 300/07, ZMR 2008, 331; zu einer Begegnungsstätte KG 13.2.2007 – 24 W 347/06, ZWE 2007, 258; OLG Hamm 12.4.2005 – 15 W 29/05, NZM 2005, 870.

32 LG Berlin 16.1.2019 – 55 S 46/18, ZWE 2019, 124; ebenso für ein Eiscafé LG Frankfurt a. M. 27.9.2018 – 2–13 S 138/17, ZWE 2019, 178; LG Itzehoe 1.4.2016 – 11 S 93/15, ZMR 2018, 362.

33 LG München I 2.1.2012 – 1 S 21470/09, ZMR 2012, 482.

34 LG Dresden 25.2.2009 – 2 S 407/08, ZMR 2010, 58.

35 BayObLG 28.2.2005 – 2Z BR 237/04.

36 LG Hamburg 6.1.2016 – 318 S 40/15, ZWE 2016, 260.

37 Dazu *Hesse* AnwZert MietR 4/2018 Anm. 2.

38 BGH 23.3.2018 – V ZR 307/16, NJW-RR 2018, 1227.

39 Vgl. LG Berlin 26.2.2019 – 55 S 10/18, ZMR 2019, 530; dazu *Jahreis* jurisPR-MietR 13/2019 Anm. 5.

40 LG München I 12.5.2016 – 36 S 6246/15, ZMR 2016, 989; LG Frankfurt a. M. 14.3.2019 – 2–13 S 108/18, ZWE 2019, 279.

tümer allenfalls in begrenztem Umfang betroffen sein können.[41] Die Nutzung eines in demselben Gebäude gelegenen „Hobbyraumes" zu nicht nur vorübergehenden Wohnzwecken ist unzulässig.[42]

13 **d) Änderung der Zweckbestimmung einer Teileigentumseinheit.** Dass die Wohnungs- bzw. Teileigentümer eine Zweckbestimmung durch eine Vereinbarung abändern, begegnet keinen Bedenken. Die sachenrechtlichen Grundlagen der Gemeinschaft werden davon nicht berührt.[43] Das gilt auch für die Abänderung der Zweckbestimmung eines Teileigentums. Kann insoweit keine einvernehmliche Lösung erzielt werden, kommt eine Anpassung der Zweckbestimmung nach § 10 Abs. 2 WEG in Betracht. Schwerwiegende Gründe im Sinne dieser Norm können vorliegen, wenn die vorgegebene Zweckbestimmung eine Nutzung ausschließt, die nach der baulichen Ausstattung der betroffenen Räume möglich ist, und wenn ferner objektive Umstände dafür sprechen, dass dem betroffenen Eigentümer diese Nutzung eröffnet werden sollte.[44]

14 Wendet sich die Gemeinschaft mit einer **Unterlassungsklage** gegen die zweckwidrige Nutzung einer Einheit, kann der in diesem Prozess beklagte Eigentümer einen Anspruch auf Änderung der Zweckbestimmung (§ 10 Abs. 2 WEG) nicht im Wege der Einrede geltend machen; er muss vielmehr zunächst die Durchsetzung seines Anspruches bis zur Rechtskraft erwirken und darf erst danach mit der ehemals zweckwidrigen Nutzung beginnen.[45]

15 **e) Schlussfolgerungen für den rechtlichen Gestaltungsbedarf.** Anders als bei dem relativ genau umrissenen Wohnungsbegriff des WEG gibt es im Ausgangspunkt für das Teileigentum keine trennscharfe Definition. Es kann eben alles sein, was nicht Wohnen ist. Eine Zweckbestimmung, die insoweit auf Einschränkungen verzichtet, bewirkt, dass eine **Vielzahl** von Nutzungsmöglichkeiten in Betracht kommt. Auf der anderen Seite ist es möglich, den Kreis der zulässigen Nutzungen eines Teileigentums durch eine Zweckbestimmung eng begrenzt zu halten (zB „Fachanwaltskanzlei", „Postfiliale" oder „Souvenirladen"). Damit sind nur zwei Positionen eines ganzen Spektrums von Möglichkeiten angesprochen. Den Kreis der zulässigen Nutzungen weit zu halten, hat den Vorteil, dass das Objekt wahrscheinlich verkehrsfähig bleibt; ihn zu begrenzen, gibt eine gewisse Wahrscheinlichkeit dafür, dass sich keine unerwünschten Nutzungen etablieren. Umgekehrt verhält es sich mit den jeweiligen Nachteilen: Je enger die Zweckbestimmung desto größer die Gefahr, dass das Objekt im Laufe der Zeit an Attraktivität verliert – quasi am Markt nicht mehr vermittelbar ist – und je weiter die Zweckbestimmung desto größer die Gefahr, dass Etablissements entstehen, die die meisten anderen Eigentümer ablehnen.

16 Richtig ist allerdings auch, dass die Problematik durch die Lehre von der typisierenden Betrachtungsweise eine gewisse Entschärfung erfährt. Dasselbe gilt für die Anpassung einer Zweckbestimmung auf dem Weg des § 10 Abs. 2 WEG. Hinsichtlich beider Lösungsmöglichkeiten muss man jedoch erkennen, dass sie regelmäßig zu gerichtlichen Streitigkeiten führen werden, die mit einem mehr oder weniger unsicheren Ausgang und nicht unerheblichen Kosten verbunden sind. Besser dürfte es von daher sein, dem passgenauen Zuschnitt der Zweckbestimmung einer Teileigentumseinheit **bereits bei der Aufteilung** Aufmerksamkeit zu schenken. Dafür gibt es kein Patentrezept. Erschwerend kommt hinzu, dass viele Gemeinschaftsordnungen über Jahrzehnte hinweg Geltung entfalten und dabei gar nicht alle zukünftigen Entwicklungen vorhergesehen werden können. Als **Faustregel** mag gelten, dass extreme Positionen (zB einerseits „alle Gewerbe und Berufe" und andererseits „Fachanwaltskanzlei") nur ausnahmsweise dauerhaft interessengerecht sein werden. In der Regel dürfte es vorzugswürdig sein, den richtigen Zuschnitt etwas weiter in der Mitte des Spektrums zu suchen. Dabei sollte man den Charakter der Gesamtanlage und ihre Zusammensetzung immer mit im Blick behalten.

17 **2. Gemischte Nutzung, Wohnungs- und Teileigentum.** Neben der strikten Trennung von Wohnungen und anderen Einheiten kommt auch eine gemischte Nutzung in Betracht, die sich als kombiniertes Wohnungs- und Teileigentum bezeichnen lässt. Die Zulässigkeit einer solchen **Kombination** ergibt sich mittelbar aus § 2 S. 2 Wohnungsgrundbuchverfügung, wonach eine grundbuchmäßige Bezeichnung als Wohnungs- und Teileigentum dann verwendet werden soll, wenn nicht einer der beiden kombinierten Zwecke offensichtlich überwiegt.

---

41 Vgl. LG Frankfurt a. M. 14.3.2019 – 2–13 S 108/18, ZWE 2019, 279.
42 BGH 16.6. 2011 – V ZA 1/11, ZWE 2011, 396.
43 BGH 22.3.2019 – V ZR 298/16, ZWE 2019, 318.
44 BGH 22.3.2019 – V ZR 298/16, ZWE 2019, 318.
45 BGH 23.3.2018 – V ZR 307/16, NJW-RR 2018, 1227.

In ähnlicher Weise kann auch ein Dauerwohnrecht mit einem Dauernutzungsrecht kombiniert werden.[46] Überwiegt keiner der Zwecke einer gemischten Nutzung offensichtlich, muss das Grundbuchamt entscheiden, ob es sich um ein Wohnungseigentums-Grundbuch oder ein Teileigentums-Grundbuch handeln soll. Insoweit kommt es auf den Schwerpunkt der Nutzung an. Eine Zweckbestimmung zur „Gewerbewohnung" ist im Falle einer gemischten Nutzung möglich.[47]

3. Garagen, Stellplätze und ähnliche Objekte als Teileigentum. An Garagen, die jeweils für sich abgeschlossene Räumlichkeiten darstellen, kann ohne Weiteres selbstständiges Teileigentum begründet werden. **18** Wenn dies geschieht, wird das mit solchen Einheiten notwendigerweise einhergehende Stimmrecht in der Versammlung der Wohnungseigentümer nicht selten modifiziert. In der Regel geschieht dies, indem die **Stimmkraft** im Vergleich zu Wohnungen und anderen größeren Objekten reduziert wird. Bemisst sich die Stimmkraft jedoch nach Miteigentumsanteilen, wird eine Reduzierung wahrscheinlich nicht notwendig sein, weil die geringere wirtschaftliche Bedeutung eines Teileigentums Garage bereits bei der Bemessung seines Miteigentumsanteils Berücksichtigung gefunden haben dürfte.

Für Stellplätze gelten die vorstehenden Ausführungen entsprechend. Das WEMoG hat insoweit zu einer erheblichen Vereinfachung geführt, weil nun keinerlei Differenzierungen mehr erforderlich sind. **19**

Fehlt es an der Sondereigentumsfähigkeit, kann als Ausweg in Betracht kommen, dass man eine Teileigentumseinheit (zB einen Abstellraum) in mehrere Miteigentumsanteile unterteilt und jedem Miteigentumsanteil ein Sondernutzungsrecht an einem Stellplatz zuweist.[48] **20**

In ähnlicher Weise hatte sich in den 80er Jahren als **Kellermodell** vorübergehend eine Gestaltungsvariante **21** etabliert, die vorsah, nicht abgeschlossene Wohnungen durch die Kombination eines Teileigentums an einem Keller oder einem ähnlichen Nebenraum mit einem Sondernutzungsrecht an den Wohnräumen quasi-sondereigentumsfähig zu machen.[49]

4. Teileigentum und Abgeschlossenheit. Das Abgeschlossenheitserfordernis (Einzelheiten → *Abgeschlos-* **22** *senheit* Rn. 6 ff.) gem. § 3 Abs. 3 WEG gilt über § 1 Abs. 6 WEG auch für das Teileigentum. Nach hM hat es drei verschiedene Facetten, nämlich die Abgegrenztheit des Sondereigentums, die Zugangsmöglichkeit und das Ausstattungserfordernis. Zwar sind der Begriff der Abgeschlossenheit und die aus ihm folgenden gesetzlichen Anforderungen primär aus dem WEG selbst zu entnehmen. Jedoch existiert mit der Allgemeinen Verwaltungsvorschrift für das Ausstellen von Bescheinigungen gem. § 7 Abs. 4 Nr. 2 WEG vom 19.3.1974 eine in der Praxis anerkannte Auslegungshilfe, die die drei vorgenannten Teilaspekte berücksichtigt. Bauliche Abgegrenztheit und eigene Zugangsmöglichkeit[50] sind vorbehaltlos auch beim Teileigentum zu fordern. Für das **Ausstattungserfordernis** gilt das in dieser Form nicht. Denn Nr. 4. Abs. 1 der Allgemeinen Verwaltungsvorschrift, der die Eignung zur Haushaltsführung anspricht, bezieht sich nur auf Räume, die zu Wohnzwecken dienen. Erst in Nr. 5 b wird für nicht zu Wohnzwecken dienende Räume eine sinngemäße Geltung angeordnet, freilich eine solche der Vorschriften in Nr. 5 a, also bauliche Abgegrenztheit, Zugangsmöglichkeit und das Vorhandensein von Wasserversorgung, Ausguss sowie WC innerhalb der Räumlichkeiten. Eine Küche oder eine Kochgelegenheit ist deshalb beim Teileigentum unter dem Gesichtspunkt der Abgeschlossenheit niemals erforderlich.

Keinem Zweifel begegnet, dass zB Einzelgaragen und Abstellräume auch ohne die in Nr. 5 a aufgezählten **23** Ausstattungsmerkmale (Wasserversorgung, Ausguss und WC) abgeschlossen im Sinne des WEG sein können. Das folgt aus der eben nur sinngemäßen Anwendung auf das Teileigentum. Anders liegt der Fall aber bei Ladengeschäften, Restaurants und Büros. Diese Räumlichkeiten dienen jedenfalls auch dem vorübergehenden **Aufenthalt von Personen**, so dass hier die genannten zusätzlichen Ausstattungsmerkmale durchaus gefordert werden dürfen. Für Hotelzimmer und ähnliche Appartements gilt dies ebenfalls. Dass derartige Einheiten

---

46 BayObLG 28.6.1960 – 2 Z 20/60, NJW 1960, 2100.
47 KG 3.12.2007 – 24 U 71/07, WuM 2008, 165.
48 Ausführlich dazu DNotI-Report 2018, 137.
49 S. dazu GmS-OGB 30.6.1992 – GmS-OGB 1/91, NJW 1992, 3290; *Pause*, NJW 1992, 671.
50 Vgl. Nr. 5 a der Allgemeinen Verwaltungsvorschrift.

eventuell erst im Zusammenspiel mit anderen Einrichtungen eines Hotelbetriebs voll funktionsfähig wären, steht der Begründung von Teileigentum nicht entgegen.[51]

24 **5. „Selbstständiges Teileigentum".** Das einzelne Teileigentum iSd § 1 Abs. 3 WEG ist seiner rechtlichen Ausgestaltung nach ohne Weiteres ein „selbstständiges Teileigentum", wenn man darunter versteht, dass es von keiner anderen Einheit abhängt oder mit ihr verbunden ist. Insoweit wohnt dem Teileigentum eigentlich schon begrifflich die rechtliche Selbstständigkeit inne. Anders stellt sich dies beim unselbstständigen Teileigentum dar, das ein rechtliches Anhängsel einer Wohnung ist (Einzelheiten → *Unselbstständiges Teileigentum* Rn. 5).

213. Teilungserklärung

Maximilian Müller

I. Begriff

1 Den Begriff „Teilungserklärung" nutzt das WEG nicht. Es überrascht deshalb nicht, dass er in Rechtsprechung und Literatur nicht einheitlich verwendet wird.

2 **1. „Teilungserklärung" als Synonym für die Teilungsurkunde.** Häufig wird er – auch von Teilen der Rechtsprechung[1] – als Synonym für die gesamte Teilungsurkunde gebraucht. Dies ist in mehrfacher Hinsicht nicht ganz genau. Der Begriff „Teilungserklärung" suggeriert, dass in rechtsgeschäftlicher Hinsicht für die Begründung von Wohnungseigentum lediglich „eine" Erklärung nötig ist. Das trifft aber freilich nur auf den in § 8 Abs. 1 WEG geregelten Fall zu, wenn ein Alleineigentümer das Grundstück in Wohnungseigentum aufteilt. Anders ist es in den Fällen von § 3 Abs. 1 S. 1 WEG. Hier steht das Grundstück im Miteigentum, und zur Begründung von Wohnungseigentum ist ein hierauf gerichteter (dinglicher) Vertrag der Eigentümer nötig; die Abgabe „einer" Erklärung genügt mithin nicht. Gleichwohl wird der **Teilungsvertrag** nicht selten als Teilungserklärung bezeichnet.[2] Das ist unschädlich, sofern man sich über den sachlichen Unterschied im Klaren bleibt. Genauer ist es freilich, für die Teilungsurkunde nur dann den Begriff „Teilungserklärung" zu verwenden, wenn das Wohnungseigentum nach § 8 Abs. 1 WEG begründet wird.

3 **2. Teilungserklärung und Gemeinschaftsordnung.** Darüber hinaus werden nach einer verbreiteten Terminologie zur „Teilungserklärung" nicht nur die sachenrechtlichen Bestimmungen gezählt, welche auf die Begründung der Wohnungseigentumsrechte gerichtet sind, sondern auch solche Regelungen der Teilungsurkunde, denen entweder der Charakter einer Vereinbarung zukommt (§ 5 Abs. 4 S. 1 iVm § 10 Abs. 1 S. 2, Abs. 3 WEG) oder die Beschlussangelegenheiten betreffen.[3] Eine solche Begriffsbildung ist der Gefahr ausgesetzt, dass man nicht hinreichend zwischen den unterschiedlichen Rechtsqualitäten der einzelnen Regelungen unterscheidet, was insbesondere dann zu Problemen führen kann, wenn es um ihre Abänderung geht; für diese gelten jeweils unterschiedliche Regeln.

---

51 OLG Naumburg 14. 3.2005 – 9 Wx 5/04, NotBZ 2005, 221; aA LG Halle (Saale) 2.3.2004 – 2 T 78/03, NZM 2004, 748.

1 S. etwa BGH 5.7.2019 – V ZR 149/18, NZM 2018, 788 Rn. 13.

2 S. etwa BayObLG 31.7.2003 – 2Z 24/03, DNotZ 2004, 147.

3 Zur dogmatischen Einordnung s. Riecke/Schmid/*Lehmann-Richter* WEG § 10 Rn. 89 ff.

3. Teilungserklärung als sachenrechtliches Rechtsgeschäft. Überzeugender ist es, den Begriff „Teilungs-   4
erklärung" nur für diejenigen Bestimmungen der Teilungsurkunde gem. § 8 Abs. 1 WEG zu verwenden, die
sachenrechtlicher Natur sind. Das trifft auf solche Regelungen zu, mit denen die Größe der Miteigentumsanteile bestimmt wird. Eine sachenrechtliche Rechtsnatur haben auch die Regelungen dazu, welche Räume des
Gebäudes in Sondereigentum überführt und mit welchem Miteigentumsanteil sie verbunden werden, ebenso
das gem. § 3 Abs. 2 WEG auf die Erstreckung des Sondereigentums gerichtete Rechtsgeschäft. Schließlich
kommt den „Vereinbarungen" iSv § 5 Abs. 3 WEG ein sachenrechtlicher Charakter zu.

Von diesen sachenrechtlichen Regelungen sind die Regelungen der Teilungsurkunde zu unterscheiden, welche   5
die **Ausgestaltung des Innenverhältnisses** bezwecken oder sich auf Fragen der **Verwaltung** des gemeinschaftlichen Eigentums beziehen. Diese Regelungen bilden die **Gemeinschaftsordnung** ($\rightarrow$ *Gemeinschaftsordnung* Rn. 3).[4] Die Gemeinschaftsordnung ist kein zwingender Bestandteil des auf die Begründung von
Wohnungseigentum gerichteten Rechtsgeschäfts. Sofern und soweit sie nicht errichtet wird, gelten für das Innenverhältnis sowie die Verwaltung des gemeinschaftlichen Eigentums gem. § 10 Abs. 1 S. 1 WEG die gesetzlichen Vorschriften.

Unter Berücksichtigung der vorstehenden Unterscheidung wird begrifflich teilweise die „Teilungserklärung im   6
engeren Sinne" der „Teilungserklärung im weiteren Sinne" gegenübergestellt. Die **„Teilungserklärung im engeren Sinne"** umfasst dabei die sachenrechtlichen Regelungen der Teilungsurkunde, während hiernach die übrigen Regelungen die **„Teilungserklärung im weiteren Sinne"** bilden.

II. Begründung von Wohnungseigentum

Die Teilungserklärung gem. § 8 Abs. 1 WEG ist auf die Begründung von Wohnungseigentum gerichtet; näher   7
$\rightarrow$ *Begründung von Wohnungseigentum* Rn. 2 ff., dort auch zu Inhalt und Form der Teilungserklärung sowie
zum Vollzug der Teilung im Grundbuch.

III. Änderung der Teilungserklärung

Nach Erstellung der Teilungsurkunde kann sich herausstellen, dass sie den konkreten praktischen oder rechtli-   8
chen Anforderungen der Wohnungseigentumsanlage nicht (mehr) gerecht wird. Dann stellt sich die Frage nach
ihrer Änderung. In Bezug auf die rechtlichen Grundsätze, welche für die Änderung gelten, ist sowohl in zeitlicher Hinsicht als auch in Bezug auf den Regelungsgegenstand zu differenzieren.

1. Teilung ist noch nicht im Grundbuch vollzogen. Solange die Teilungserklärung nach § 8 Abs. 1 WEG   9
noch **nicht im Grundbuch vollzogen** ist, kann sie der **Alleineigentümer** jederzeit ändern und die geänderte
Fassung im Grundbuch eintragen lassen. Dabei spielt es keine Rolle, auf welchen Regelungsgegenstand sich
die betreffende Regelung der Teilungsurkunde bezieht. Sofern ein Bauträger jedoch bereits schon zu diesem
Zeitpunkt in Bezug auf einzelne Einheiten einen Bauträgervertrag abgeschlossen hat, muss er freilich darauf
achten, dass er sich mit der geänderten Fassung der Teilungserklärung nicht in Widerspruch zu seinen schuldrechtlichen Verpflichtungen setzt.

Wie bereits oben ($\rightarrow$ Rn. 2) dargestellt, wird bisweilen auch der Teilungsvertrag nach § 3 Abs. 1 S. 1 WEG als   10
„Teilungserklärung" bezeichnet. Sofern ein Miteigentümer eine Änderung des noch nicht im Grundbuch voll-
zogenen **Teilungsvertrags** wünscht, kann er diese grds. nicht durch ein einseitiges Rechtsgeschäft durchsetzen. Vielmehr ist er darauf angewiesen, dass die übrigen Miteigentümer mitwirken und der Änderung zustimmen; es ist ein (sachenrechtlicher) Änderungsvertrag nötig. Eine **Ausnahme** von diesem Grundsatz wird man
allerdings für die Änderung von Bestimmungen der Teilungsurkunde zulassen können, wenn und soweit der
Miteigentümer die in Rede stehende Modifikation auch nach dem grundbuchlichen Vollzug des Teilungsvertrags einseitig durchsetzen könnte.[5] Es ist nicht erkennbar, dass die übrigen Miteigentümer ein schutzwürdiges
Interesse daran haben können, eine einseitige Änderung vor dem grundbuchmäßigen Vollzug zu verhindern,
wenn im Anschluss an den Vollzug ein einseitiges Handeln des betreffenden Miteigentümers zulässig wäre.
Sofern eine solche Änderung zusätzliche Notar- oder Grundbuchkosten auslöst, hat sie der Miteigentümer zu
tragen, der die Änderung veranlasst.

---

4 Bärmann/*Suilmann* WEG § 10 Rn. 83.
5 ZB Unterteilung analog § 8 Abs. 1 WEG.

11 **2. Teilung ist im Grundbuch vollzogen.** Mit dem Vollzug der Teilung im Grundbuch wird die Teilung **wirksam**. Soll die nunmehr aus dem Grundbuch ersichtliche Teilung nachträglich geändert werden, ist wie folgt zu unterscheiden:

12 **a) Änderung durch teilenden Eigentümer.** Bei einer **Teilung gem. § 8 Abs. 1 WEG** kann der Alleineigentümer die Teilungserklärung auch nach ihrem Vollzug im Grundbuch grds. einseitig ändern. Bei der Frage danach, ab welchem Zeitpunkt er diese Befugnis verliert, ist zu differenzieren:

13 **aa) Änderung der sachenrechtlichen Zuordnung.** Sofern es um die Änderung der sachenrechtlichen Zuordnung geht und von der Änderung auch ein Wohnungseigentumsrecht betroffen ist, für das eine Vormerkung eingetragen ist, ist der Alleineigentümer für die Änderung auf die **Zustimmung des Vormerkungsberechtigten** angewiesen. Darüber hinaus kann analog §§ 877, 876 BGB die Zustimmung von **Drittberechtigten** nötig sein, und zwar dann, wenn deren Rechtsstellung durch die Änderung beeinträchtigt wird. Ob das eine oder das andere der Fall ist, muss im Einzelfall in Abhängigkeit von der beabsichtigten Änderung ermittelt werden.

14 Im Einzelnen sind insbesondere folgende Änderungen denkbar:

- Umwandlung von gemeinschaftlichem Eigentum in Sondereigentum oder umgekehrt;[6]
- Änderung der Miteigentumsquote;[7]
- Neuzuteilung von Sondereigentum;[8]
- Unterteilung von Wohnungseigentum (→ *Unterteilung* Rn. 1 ff.);
- Vereinigung von Wohnungseigentum (→ *Vereinigung* Rn. 1 ff.).

15 **bb) Änderung der Gemeinschaftsordnung.** Fraglich ist, ab welchem Zeitpunkt der teilende Eigentümer die Befugnis zur einseitigen Änderung solcher Bestimmungen der Teilungsurkunde verliert, die als eine **im Grundbuch eingetragene Vereinbarung** iSv § 5 Abs. 4 S. 1, § 10 Abs. 1 S. 2, Abs. 3 WEG zu qualifizieren sind.

16 Der **BGH** hat zum **alten Recht** in einem Fall, in dem es um die Änderung eines Sondernutzungsrechts ging, entschieden, dass diese Befugnis erst dann nicht mehr besteht, wenn eine sog. **werdende Gemeinschaft** entstanden ist.[9] Diese entstand jedoch nicht schon dann, wenn zugunsten des Erwerbers eine Vormerkung eingetragen wird, sondern erst dann, wenn der Vormerkungsberechtigte auch das Sondereigentum durch Übergabe erhalten hat. Allein der Umstand, dass dem Erwerber eine Vormerkung zusteht, soll ein Zustimmungserfordernis also nicht begründen. Nach den seit dem 1.12.2020 geltenden **neuen Recht** entsteht die (rechtsfähige) Gemeinschaft der Wohnungseigentümer bereits mit der Teilung; eine werdende Gemeinschaft kann es daher nicht mehr geben. Auf der Grundlage der zitierten BGH-Rechtsprechung müsste es also fortan darauf ankommen, ob es sich bei dem Erwerber um einen werdenden Wohnungseigentümer im Sinne von § 8 Abs. 3 WEG handelt. Konsequenterweise wäre auch nach dem neuen Recht ein aus der analogen Anwendung von §§ 877, 876 BGB folgendes Zustimmungserfordernis des Erwerbers erst dann anzunehmen, wenn er den Besitz an den zum Sondereigentum gehörenden Räume durch Übergabe erhalten hat.

Das **überzeugt indes nicht**. Es sollte vielmehr **differenziert** werden:

17 Solange der Erwerber **noch nicht die Stellung eines werdenden Wohnungseigentümers** erlangt hat, er aber über eine Vormerkung verfügt, ist für die Änderung einer Regelung, welche den Charakter einer eingetragenen Vereinbarung aufweist, seine Zustimmung analog §§ 877, 876 BGB nötig.[10] Da nämlich die Vormerkung den Erwerb eines Wohnungseigentumsrechts mit einem bestimmten Inhalt sichert, muss sie vor jeder Abänderung des Rechtsinhalts sichern. Der Inhalt des Wohnungseigentums wird aber auch dann verändert, wenn gem. § 5 Abs. 4 S. 1 iVm § 10 Abs. 1 S. 2, Abs. 3 WEG der Inhalt des Sondereigentums modifiziert wird.

18 Sobald der Erwerber gem. § 8 Abs. 3 WEG die Stellung eines **werdenden Eigentümers** erlangt hat, folgt sein Mitwirkungserfordernis schon daraus, dass er „gegenüber der Gemeinschaft der Wohnungseigentümer und den anderen Wohnungseigentümern anstelle des teilenden Eigentümers als Wohnungseigentümer" gilt und damit richtigerweise schon Partei der abzuschließenden Vereinbarung sein muss. Jedenfalls greift aber auch in

---

6 Dazu Hügel/Scheel/M. *Müller*, Wohnungseigentum-HdB, § 2 Rn. 151 ff.
7 Dazu Hügel/Scheel/*M. Müller*, Wohnungseigentum-HdB, § 2 Rn. 162 f.
8 Dazu Hügel/Scheel/*M. Müller*, Wohnungseigentum-HdB, § 2 Rn. 146 ff.
9 BGH 21.10.2016 – V ZR 78/16, ZWE 2017, 169 Rn. 25.
10 Ebenso BeckOGK/*Falkner*, 1.3.2020, WEG § 10 Rn. 149.

Maximilian Müller

diesem Stadium das aus §§ 877, 876 BGB folgende Zustimmungserfordernis. Grundsätzlich ist für die Änderung auch die **Zustimmung von Drittberechtigten** gem. §§ 877, 876 BGB erforderlich; diese kann allerdings nach § 5 Abs. 4 S. 2 WEG entbehrlich sein.

cc) Änderung durch den Bauträger. Die vorstehenden Grundsätze gelten insbesondere für den teilenden **Bauträger.** Um auch solche Änderungen einseitig durchsetzen zu können, für die der Bauträger nach dem Gesetz auf die Mitwirkung der Erwerber angewiesen ist, bietet sich die Aufnahme von Änderungsvollmachten und Änderungsvorbehalten an.[11] **Stets** muss der Bauträger darauf achten, dass er sich nicht in den Widerspruch mit seinen vertraglichen Bindungen gegenüber seinen Erwerbern setzt.[12]   19

b) Änderung des Teilungsvertrags iSv § 3 Abs. 1 S. 1 WEG. Geht es um einen Fall, in dem das Wohnungseigentum durch Vertrag nach § 3 Abs. 1 WEG begründet wurde, so darf man nicht der Vorstellung unterliegen, für jedwede Änderung sei ein „allstimmiger" Änderungsvertrag nötig. Es ist vielmehr zu bedenken, dass durch den Vollzug des Teilungsvertrags insbesondere das aus dem Grundbuch ersichtliche sachenrechtliche Grundverhältnis entstanden ist. Soll dieses geändert werden, geht es mithin nicht mehr um die Änderung des „Teilungsvertrags", sondern um eine dingliche Rechtsänderung. Bei der Frage danach, von wessen Mitwirkung die Änderung abhängt, ist – allgemeinen Grundsätzen entsprechend – **nach der jeweils beabsichtigten Änderung zu differenzieren.** Entsprechendes gilt dann, wenn Regelungen geändert werden sollen, die zur Gemeinschaftsordnung zählen. Insoweit kommt es darauf an, ob den Eigentümern eine gesetzliche oder rechtsgeschäftliche Beschlusskompetenz für die Änderung zusteht oder ob gem. § 10 Abs. 1 S. 2, Abs. 3 WEG der Abschluss einer Vereinbarung nötig ist.   20

214. Teilungsvertrag

Güther

I. Allgemeines zum Teilungsvertrag

Das Wohnungseigentum kann auf zwei Wegen begründet werden: Durch eine Teilungserklärung des Alleineigentümers eines Grundstückes (§ 8 Abs. 1 WEG) oder durch einen **Teilungsvertrag** mehrerer Eigentümer eines Grundstückes (§ 3 Abs. 1 WEG). Der Teilungsvertrag ist der vom Wohnungseigentumsgesetz vorgesehene Regelfall, auch wenn er in der Praxis weniger vorkommt.   1

Der Teilungsvertrag (ebenso wie die Teilungserklärung; → *Teilungserklärung* Rn. 4) bestimmt den Gegenstand des Sonder- und Gemeinschaftseigentums. Er regelt die **sachenrechtlichen Rechtsbeziehungen** der Wohnungseigentümer untereinander, wie die Festlegung der Miteigentumsanteile und die Zuordnung des Sondereigentums. Die Eintragung im Grundbuch ist zwingend erforderlich (→ *Wohnungsgrundbuch* Rn. 3).   2

Daneben wird in der Regel in der Urkunde des notariellen Teilungsvertrags als weiterer, danebenstehender Teil, die Gemeinschaftsordnung mit aufgenommen (→ *Gemeinschaftsordnung* Rn. 3 ff.; → *Vereinbarung* Rn. 4 f., 7 ff.). Die Gemeinschaftsordnung regelt die **schuldrechtlichen Rechtsbeziehungen** der Wohnungseigentümer. Sie betrifft den Inhalt des Wohnungseigentums (§ 5 Abs. 4 S. 1 WEG), insbesondere die Fragen der zulässigen Nutzung sowie der Lasten- und Kostentragung in der Gemeinschaft der Wohnungseigentümer.   3

Die Miteigentümer (gem. § 1008 BGB) an einem Grundstück können durch **Vertrag** das Miteigentum in der Weise beschränken, dass statt dem entsprechenden bisherigen Bruchteilseigentum an dem gesamten Grundstück jedem Miteigentümer, Miteigentumsanteile verbunden mit dem Sondereigentum an einer bestimmten   4

---

11 Näher *Armbrüster* ZMR 2005, 244 ff.; Staudinger/*Rapp*, 2018, WEG § 8 Rn. 22 a ff.
12 Dazu *M. Müller* PiG 91 (2012), 53 ff.

Wohnung/an einem bestimmten Teileigentum zustehen (§ 3 Abs. 1 WEG). Das kann beispielsweise dergestalt erfolgen, dass statt dem bisherigen Bruchteilseigentum von A und B zu je ½ an dem Vierparteien Mehrfamilienhaus mit Grundstück nach Vollzug des Teilungsvertrages, dem A 25/100tel Miteigentumsanteile (MEA) verbunden mit dem Sondereigentum an der Wohnung Nr. 1 und weitere 25/100tel MEA verbunden mit dem Sondereigentum an der Wohnung Nr. 2 zustehen und dem B 25/100tel MEA verbunden mit dem Sondereigentum an der Wohnung Nr. 3 sowie 25/100tel MEA verbunden mit dem Sondereigentum an der Wohnung Nr. 4 gehören.

II. Voraussetzungen und Regelungsinhalt

5 **1. Bruchteilseigentum, kein Gesamthandseigentum.** Nur **Bruchteilseigentum** (iSd §§ 1008 ff. BGB) kann nach § 3 Abs. 1 WEG mit Sondereigentum verbunden werden, Gesamthandseigentum nicht.[1]

6 Steht das Grundstück einer Gesellschaft bürgerlichen Rechts, einer Erbengemeinschaft, einer Gütergemeinschaft oder einem nicht rechtfähigen Verein zu, so scheidet eine Teilung nach § 3 Abs. 1 WEG aus. Bei einer Gesamthandsgemeinschaft können die einzelnen Mitglieder – anders als bei der Bruchteilsgemeinschaft – nicht über ihren Anteil an einem Vermögensgegenstand verfügen und diesen deshalb auch nicht iSd § 3 Abs. 1 WEG beschränken sowie mit Sondereigentum verbinden. Die **Gesamthandsgemeinschaft** muss sich zuerst in der Art und Weise auseinandersetzen, dass Bruchteilseigentum entsteht.

7 **Miteigentümer** müssen die Vertragsschließenden in dem Zeitpunkt sein, in dem die Einräumung des Sondereigentums mit Eintragung in das Grundbuch vollendet wird gem. §§ 4 Abs. 1, 7 Abs. 1 WEG, nicht bereits im Zeitpunkt der Einigung.[2] Die Auseinandersetzung des Gesamthandseigentums (bspw. der Erbengemeinschaft) und damit der Erwerb von Miteigentum kann gleichzeitig mit der vertraglichen Einräumung von Sondereigentum erfolgen und im Grundbuch eingetragen werden.[3]

8 Entsprechen die bestehenden **Miteigentumsanteile** bei der vertraglichen Aufteilung nicht den Größen, die die beteiligten Miteigentümer für die einzelnen Wohnungen vorgesehen haben (bspw. der vorgesehenen Aufteilung nach dem Verhältnis der Wohn- und Nutzflächen), müssen die Miteigentümer vor der Begründung von Wohnungseigentum entsprechende Übertragungen mit Auflassungen vornehmen.[4] Die Änderung ist als sachenrechtliche Verfügung im Grundbuch einzutragen und bedarf einer Unbedenklichkeitsbescheinigung gem. § 22 GrEStG.

9 Davon zu unterscheiden ist der Fall, dass es zunächst (vorher) **mehr Miteigentumsanteile** gibt, als nach Teilung in Wohnungseigentum benötigt wird. Das ist beispielsweise der Fall, wenn zwei Ehepaare zu je ¼ Miteigentümer an einem Grundstück (Zweifamilienhaus) sind und eine Teilung nach § 3 Abs. 1 WEG wollen, so dass anschließend jedem Ehepaar eine Eigentumswohnung zusteht, an dem jeder Ehepartner dann ½ Miteigentum an der Wohnung innehat.

10 Die beteiligten Miteigentümer können in dem auf die Begründung des Wohnungseigentums gerichteten dinglichen Vertrag (§§ 3 Abs. 1, 4 Abs. 1 WEG) sowohl die Zahl der Miteigentumsanteile verändern (zusammenlegen), als auch diesen (neuen) Anteilen jeweils das Sondereigentum an einer Wohnung zuordnen. Die **Zusammenlegung** der Anteile ermöglicht und bereitet die Entstehung des Wohnungseigentums vor. Die Zusammenlegung der jeweils ¼ Miteigentumsanteile wird lediglich im Wohnungsgrundbuch (§ 7 Abs. 1 WEG) verlautbart, denn es gibt keine Miteigentümer „verbunden in Wohnungseigentum".[5]

11 Entsprechendes gilt für die **Abspaltung** einzelner Miteigentumsanteile zur (selbstständigen) Verbindung mit Sondereigentum, wenn zur Zuordnung jeweils von Wohnungs- oder Teileigentum rechtstechnisch mehr Miteigentumsanteile benötigt werden. Zum Beispiel, wenn Grundstückseigentümer Miteigentumsanteile nicht nur zur Zuordnung von Sondereigentum an einer Wohnung benötigen, sondern rechtstechnisch auch für die Begründung von (selbstständigem) Teileigentum an anderen Räumen, wie einer Garage.[6] In dem Fall müssen die

---

1 *Hügel/Elzer* WEG § 3 Rn. 5.
2 Schöner/Stöber GrundbuchR Rn. 2844.
3 Schöner/Stöber GrundbuchR Rn. 2813.
4 BayObLG 22.8.1985 – BReg. 2 Z 126/84, DNotZ 1986, 237.
5 BGH 10.2.1983 – V ZB 18/82, NJW 1983, 1672.
6 Schöner/Stöber GrundbuchR Rn. 2814.

Güther

Miteigentümer die erforderlichen Miteigentumsanteile abspalten, auf einen einheitlichen Miteigentumsanteil für Bruchteilsberechtigte (im Verhältnis der abgespaltenen Anteile!) zurückführen (Zusammenlegung) und diesem neuen Miteigentumsanteil das Teileigentum an einem Raum zuordnen.[7] Wird bei dem so gebildeten neuen Miteigentumsanteil das daran bestehende Bruchteilsverhältnis nicht entsprechend den abgespaltenen Miteigentumsanteile abgebildet, ist eine Auflassung erforderlich.[8]

Ein Miteigentumsanteil an einem Grundstück kann nicht im Wege eines Teilungsvertrages nach § 3 Abs. 1 **12** WEG zerlegt und mit Sondereigentum verbunden werden, wenn dadurch neu gebildete Einheiten sämtlich in der Hand des ursprünglichen Miteigentümers verbleiben sollen; hierfür bedarf es zusätzlich einer Teilungserklärung nach § 8 Abs. 1 WEG.[9] Bereits aus systematischen Gründen handelt es sich dabei – neben einer Teilung gem. § 3 Abs. 1 WEG – um eine weitere Teilung nach § 8 Abs. 1 WEG betreffend die (weitere) Aufteilung des Miteigentumsanteils in mehrere selbstständige Miteigentumsanteile, die jeweils mit einem Sondereigentum verbunden werden und in der Hand eines Eigentümers bleiben.[10] Für ein solches Vorgehen in Kombination der Erklärungen gem. § 3 und § 8 WEG spricht auch, dass es unproblematisch in einer Urkunde erfolgen kann und im Rahmen des grundbuchlichen Vollzugs ohne Zwischeneintragungen „sogleich" erfolgen kann.

2. Grundstück. Wohnungs-/Teileigentum kann nach § 1 Abs. 4 WEG nur an einem Grundstück im **Rechts- 13 sinne** entstehen, nicht an mehreren rechtlich selbstständigen Grundstücken. Das heißt, dass mehrere Flurstücke unter einer laufenden Nummer im Bestandsverzeichnis des Grundbuchblattes des Grundstückes gebucht sein müssen. Die einzelnen Katasterparzellen (Flurstücke) als nur vermessungstechnische Teile des einen Grundstückes im Rechtssinne können beibehalten werden (§ 3 Abs. 1 lit. b WGV); → *Begründung von Wohnungseigentum* Rn. 21 .

Das Grundstück muss im **Zeitpunkt** des Abschlusses des Teilungsvertrags nicht im Grundbuch gebucht sein. **14** Es genügt, wenn die Buchung des Grundstückes gleichzeitig mit der Eintragung der Wohnungseigentumsrechte erfolgt.[11] Da auch für den Teilungsvertrag der sachenrechtliche Bestimmtheitsgrundsatz gilt, muss sich aus den Erklärungen der Beteiligten in der Urkunde deutlich ergeben, welches Grundstück in Wohnungseigentum aufgeteilt wird.

3. Inhalt. Für den Teilungsvertrag gelten die allgemeinen Regelungen zum Zustandekommen von Verträgen. **15** Dieser muss darüber hinaus die **besonderen Anforderungen** des Wohnungseigentumsgesetzes an die Einräumung von Sondereigentum erfüllen: Es ist (a) zu bestimmen, welche Räume in Sondereigentum überführt werden. Diese müssen sondereigentumsfähig und in sich abgeschlossen sein bzw. Stellplätze, sowie außerhalb des Gebäudes liegende Teile des Grundstücks durch Maßangaben im Aufteilungsplan bestimmt sein (→ *Sondereigentum* Rn. 23, 24; → *Abgeschlossenheit* Rn. 18 ff.). Des Weiteren ist (b) die Größe und die Anzahl der Miteigentumsanteile zu bestimmen und schließlich (c) jeder Miteigentumsanteil mit Sondereigentum zu verbinden.

Darüber hinaus ist anzugeben, ob es sich um **Wohnungseigentum, Teileigentum** oder Wohnungs- und Teilei- **16** gentum handelt.

4. Einigung (Auflassung). Der Teilungsvertrag ist ein dingliches Rechtsgeschäft. Die Einigung ist zwar keine **17** echte Auflassung iSd § 925 BGB. Sie bedarf jedoch der für die Auflassung vorgesehenen **Form** (§ 4 Abs. 2 S. 1 WEG).[12]

Das **zugrundeliegende Kausalgeschäft**, aus dem sich der Rechtsgrund für die Einräumung von Sondereigen- **18** tum ergibt, wird in § 3 Abs. 1 WEG nicht geregelt. Ein Rechtsgeschäft, das die Verpflichtung zur Einräumung von Sondereigentum begründet, bedarf nach § 4 Abs. 3 WEG in Verbindung mit § 311 b Abs. 1 BGB der notariellen Beurkundung.[13]

---

7 LG Düsseldorf 9.5.1985 – 25 T 258/85, MittRhNotK 1987, 163.
8 Schöner/Stöber GrundbuchR Rn. 2814.
9 OLG München 15.6.2020 – 34 Wx 144/20, ZWE 2020, 416, LS, Rn. 18ff. mit Darstellung der Problematik der gemischten Teilung; siehe hierzu auch DNotI-Report 2015, 169.
10 OLG München 15.6.2020 – 34 Wx 144/20, ZWE 2020, 416, LS, Rn. 21.
11 BeckOGK/*Müller* WEG § 3 Rn. 30.
12 BeckOGK/*Müller* WEG § 3 Rn. 6.
13 BeckOGK/*Müller* WEG § 3 Rn. 7.

19 Das Sondereigentum kann nicht unter einer **Bedingung** oder **Zeitbestimmung** eingeräumt werden (§ 4 Abs. 2 S. 2 WEG). Eine **Vertretung** (§§ 164 ff. BGB) und eine Nachgenehmigung (§ 185 BGB) sind möglich.

20 **5. Sicherung durch Vormerkung.** Die Verpflichtung eines Miteigentümers zur Bildung von Wohnungs-/Teileigentum durch vertragliche Einräumung von Sondereigentum (§§ 3 Abs. 1, 4 Abs. 3 WEG) begründet einen Anspruch auf Änderung des Inhalts des schon bestehenden Miteigentums. Dieser Anspruch auf künftige vertragliche Einräumung von Sondereigentum kann durch Vormerkung gem. § 883 BGB gesichert werden.[14] Die Vormerkung ist dann (vor der Anlegung der Wohnungsgrundbuchblätter) im Grundbuch des ungeteilten Grundstückes einzutragen und muss das Sondereigentum in Textform hinreichend beschreiben.[15]

21 **6. Eintragung im Grundbuch.** Neben einem formgerechten Teilungsvertrag ist die Eintragung im Grundbuch eine weitere Voraussetzung für die Begründung von Wohnungseigentum (§§ 4 Abs. 1, 8 Abs. 2 S. 2 WEG). Die Eintragung erfolgt nur auf **Antrag** (§ 13 GBO) und ist von allen Grundstückseigentümern zu **bewilligen** (§§ 19, 29 GBO). Bei der vertraglichen Aufteilung gem. § 3 Abs. 1 WEG ist dem Grundbuchamt die sachenrechtliche Einigung in Form des § 20 GBO nachzuweisen, also eine Ausfertigung oder beglaubigte Abschrift des notariell beurkundeten Aufteilungsvertrages vorzulegen.[16] Gem. § 7 Abs. 4 Nr. 1 und 2 WEG sind der Eintragungsbewilligung ein Aufteilungsplan und eine Abgeschlossenheitsbescheinigung als Anlagen beizufügen (→ *Begründung von Wohnungseigentum* Rn. 25 ff.). Ferner kann es der Zustimmung der eingetragenen dinglichen Berechtigten bedürfen und ggf. sind öffentlich-rechtliche Genehmigungen einzuholen (→ *Begründung von Wohnungseigentum* Rn. 30 ff., 81 ff.).

Bei der Ersteinräumung entsteht Wohnungs-/Teileigentum, wenn sämtliche gebildeten Wohnungs-/Teileigentumseinheiten im Grundbuch eingetragen sind.[17]

III. Rechtsfolgen

22 Der Vertrag über die Einräumung von Sondereigentum **ändert das dingliche Recht** des jeweiligen Miteigentumsanteils durch die gegenseitige Einräumung von Sondereigentum. Er ist ein dinglicher Vertrag.[18]

23 Die Bildung von Wohnungseigentum/Teileigentum nach § 3 Abs. 1 WEG durch Teilungsvertrag ist – anders als die Bildung durch eine Teilungserklärung nach § 8 Abs. 1 WEG – ein **grunderwerbssteuerlicher Vorgang**. Auf die Begründung durch Teilungsvertrag ist § 7 Abs. 1 GrEStG entsprechend anzuwenden:[19] Wird ein Grundstück das mehreren Miteigentümern gehört, von den Miteigentümern flächenweise geteilt, wird die Steuer nicht erhoben, soweit der Wert des Teilgrundstückes das der Einzelne erhält, dem Bruchteil entspricht, zu dem er am gesamten zu verteilenden Grundstück beteiligt war. Damit unterliegt die Begründung von Wohnungseigentum jedenfalls dann nicht der Grunderwerbssteuer, wenn und solange die wertmäßige Beteiligung der Miteigentumsanteile gleich bleibt.[20]

24 Die **Kosten** eines Teilungsvertrags betragen beim **Notar** 2,0 Gebühren[21] über den Geschäftswert. Der Geschäftswert bestimmt sich nach § 42 Abs. 1 GNotKG und ist in beiden Fällen der Wert des bebauten Grundstückes (§ 42 Abs. 1 S. 1 GNotKG). Bei der Aufteilung eines unbebauten Grundstückes sind die voraussichtlichen Errichtungskosten für das Bauwerk hinzuzurechnen. Für die Einholung der Aufteilungspläne und der Abgeschlossenheitsbescheinigung stellt der Notar eine 0,5 Vollzugsgebühr in Rechnung.[22] Beim **Grundbuchamt** fällt eine Gebühr über den Geschäftswert als Kosten an, ggf. ergänzt durch Kosten für die vorhergehende Vereinigung von Grundstücksflächen.

---

14 BGH 19.10.2007 – V ZR 211/06, ZWE 2008, 91.
15 BayObLG 27.5.1977 – BReg. 2 Z 20/77, MittBayNot 1977, 117 (Ls.).
16 Hügel/*Hügel* GBO § 20 Rn. 28.
17 Schöner/Stöber GrundbuchR Rn. 2843.
18 BayObLG 25.7.1984 – BReg. 2 Z 108/83, BayObLGZ 1984, 198.
19 Riecke/Schmid/*Schneider* WEG § 3 Rn. 138.
20 Schöner/Stöber GrundbuchR Rn. 2585.
21 Nr. 21100 KV-GNotKG.
22 § 112 GNotKG, nach KV -Nr. 22110, 22112.

215. Teilversammlung

Ruge

I. Einführung

Nach dem gesetzlichen Leitbild in § 23 Abs. 1 WEG findet die Willensbildung und Beschlussfassung in einer 1 Gemeinschaft nach dem WEG vor allem in Versammlungen statt. Teilnehmende einer solchen Versammlung sind in erster Linie die Wohnungs- und Teileigentümer, daneben auch der Verwalter. Dabei geht das Gesetz zunächst einmal davon aus, dass **alle Eigentümer** teilnahmeberechtigt und auch teilnahmewillig sind. Diese Konzeption beruht letztlich auf dem Ideal des mündigen und interessierten Bürgers, der auch als Wohnungs- bzw. Teileigentümer an demokratischen Prozessen teilhaben möchte. Nicht immer wird dieses Ideal erreicht, eine Pflicht zur Teilnahme besteht für Eigentümer jedenfalls nicht. Eine Versammlung soll zumindest einmal pro Jahr stattfinden (§ 24 Abs. 1 WEG), was in der Regel ausreichen dürfte, um den vorhandenen Gesprächs- und Entscheidungsbedarf zu erschöpfen. Nicht ausdrücklich im Gesetz vorgesehen ist die Bildung von Unter- gliederungen einer Versammlung. Anders gewendet ist die Versammlung der Wohnungs- und Teileigentümer im Ausgangspunkt immer als eine Versammlung angelegt, die sich an alle Eigentümer in einer Gemeinschaft richtet und auf der Angelegenheit der Gemeinschaft insgesamt besprochen und geregelt werden sollen.[1]

Allerdings kann sich diese Konzeption in bestimmten Konstellationen als wenig sachgerecht erweisen. Der 2 Grund liegt darin, dass unter dem Dach des Wohnungseigentumsgesetzes eben unterschiedliche Gestaltungs- möglichkeiten Platz finden. Wenn man an eine große Wohnungseigentumsanlage mit beispielsweise fünf Häu- sern und jeweils dutzenden Wohnungen denkt (**Mehrhausanlage**), wird klar, dass eine Versammlung aller Ei- gentümer auch eine nicht unerhebliche Verschwendung von Zeit sein kann. Denn hier werden ja nicht nur An- gelegenheiten besprochen, die die Eigentümer eines bestimmten Hauses betreffen, sondern darüber hinaus noch diejenigen von Eigentümern in vier anderen Häusern. Auf Dauer wird darunter das Teilhabeinteresse vielleicht sogar erheblich leiden. Insbesondere in solchen Konstellationen wäre es deshalb wünschenswert, wenn man Versammlungen durchführen könnte, die sich von vorneherein nur an einen Teil der Eigentümer- schaft richten, und zwar an den Teil, der von den zu behandelnden Themen wirklich betroffen ist.

Das Erreichen dieses nachvollziehbaren Zieles setzt freilich einen nicht unerheblichen Gestaltungsaufwand 3 voraus. Dieser resultiert im Wesentlichen aus der Notwendigkeit, die leitbildartigen gesetzlichen Vorgaben an- gemessen und zielführend zu modifizieren. Es müssen insbesondere Untergliederungen einer Gemeinschaft (Untergemeinschaften) geschaffen werden, die für sich genommen zur Willensbildung in der Lage sind. Dazu gehört sicherlich die Durchführung von **Teilversammlungen**, an denen nur die Mitglieder der Untergliede- rung teilnehmen. Bedacht werden muss in diesem Zusammenhang auch, dass die wirksame Beschlussfassung stets einer Ermächtigung bedarf, der Beschlusskompetenz. Das Gesetz sieht aber für Untergliederungen solche Kompetenzen nicht vor. Um wirklich handlungsfähig zu sein, müssen die zu bildenden Untergliederungen deswegen auch mit eigenen Beschlusskompetenzen ausgestattet werden. Unter dem Strich ergibt sich so die Notwendigkeit eines ganzen Maßnahmenpaketes, dessen einzelne Bestandteile sorgfältig durchdacht und auf einander abgestimmt sein müssen, damit sie zu einer tragfähigen rechtlichen Lösung führen.

II. Einzelheiten

Dass die – rechtlich einwandfreie – Durchführung von Teilversammlungen von der vorherigen Bildung meh- 4 rerer Untergemeinschaften abhängt[2] entspricht einer im Schrifttum verbreiteten Ansicht. Die **Rechtsprechung**

---

1 So wohl auch BGH 10.11.2017 – V ZR 184/16, NJW 2018, 1309.
2 So auch *Gottschalg* NZM 2013, 60; *Hügel/Elzer* WEG § 10 Rn. 58.

geht darüber hinaus, indem sie es für zulässig hält, dass eine abgrenzbare Gruppe von Wohnungseigentümern unter Ausschluss der übrigen Eigentümer über einzelne Maßnahmen abstimmt, wenn nur ihre Interessen berührt werden.[3] Einer Vereinbarung bedarf es danach gerade nicht, was freilich wenig überzeugt.[4] Denn die gesetzliche Konzeption (→ Rn. 1) geht gerade davon aus, dass alle Eigentümer an Entscheidungsfindungen innerhalb der Gemeinschaft beteiligt sind. Soweit in diesem Kontext auf eine BGH-Entscheidung[5] verwiesen wird,[6] erweist sich diese als nicht einschlägig. Dort ging es um bauliche Veränderungen iSd § 20 WEG und die Frage, unter welchen Umständen andere Eigentümer davon nicht nachteilig betroffen werden. Auch in der Rechtsprechung wird deswegen mittlerweile wieder in den Blick genommen, ob eine Vereinbarung existiert, die die Durchführung einer Teilversammlung erlaubt.[7] Ohne höchstrichterlicher Absicherung und mit erheblichen Bedenken im Schrifttum kann die Einberufung von Teilversammlungen ohne entsprechende Klausel in der Gemeinschaftsordnung kaum als sicherer Weg gelten. Das sollte bei der Gestaltung von Gemeinschaftsordnungen, also schon im Vorfeld der Begründung einer Gemeinschaft, berücksichtigt werden. Wo die Gemeinschaft bereits in Vollzug gesetzt ist, können die Gestaltungsmöglichkeiten eingeschränkt sein. Dann sind Alternativen gefragt. Statt einer Teilversammlung kann beispielsweise ein **Quorum** gem. § 24 Abs. 2 WEG in Betracht kommen, das im Ergebnis die Durchführung einer Gesamtversammlung erzwingt.[8]

5 **1. Die Bildung von Untergemeinschaften.** Die Bildung von Untergemeinschaften geschieht in der Regel bereits in der Teilungserklärung bzw. Gemeinschaftsordnung. Sie kann aber auch später durch eine Vereinbarung der Wohnungseigentümer erfolgen, die auf jeden Fall im Grundbuch eingetragen werden sollte (§ 10 Abs. 3 S. 1 WEG).

6 Insbesondere der BGH erkannt an, dass die Bildung von Untergemeinschaften mit eigener Verwaltungszuständigkeit und selbstständiger Beschlusskompetenz ihrer Mitglieder grundsätzlich möglich ist.[9] In diesem Zusammenhang hat folgende **Untergemeinschafts-Klausel** einer Gemeinschaftsordnung der höchstrichterlichen Prüfung standgehalten:[10]

7 „Die Sondereigentümer

a) des Hauses R.-Straße 2 a (...),
b) des Hinterhauses R.-Straße 2 a (...) und des Hofgebäudes R.-Straße 6 (...),
c) des Stadthauses R.-Straße 4 und der Hofgarage (...),

bilden verwaltungs- und abrechnungsmäßig jeweils selbstständige Untergemeinschaften, die – soweit nach den tatsächlichen Gegebenheiten möglich – im Ergebnis so behandelt werden sollen, als wenn sie drei juristisch voneinander unabhängige Eigentümergemeinschaften wären, ohne daß damit jedoch dinglich verselbständigte Untergemeinschaften begründet werden. Die jeweiligen Eigentümer der Untergemeinschaften sind berechtigt, sämtliche Entscheidungen, die ausschließlich ihre Gebäude bzw. die Garagen betreffen, allein unter Ausschluss der anderen Eigentümer zu treffen. Sie sind weiter befugt, zu eigenen Eigentümerversammlungen zu laden und Beschlüsse mit Wirkung für die Untergemeinschaft zu fassen. Sämtliche Lasten und Kosten sind soweit möglich für die drei Untergemeinschaften getrennt zu ermitteln und abzurechnen. Jede Untergemeinschaft soll so selbstständig verwaltet werden, wie es gesetzlich zulässig und tatsächlich möglich ist. Diese Regelungen können nur einstimmig abgeändert werden."

8 Nach höchstrichterlich entwickeltem **Maßstab** muss eine Untergemeinschafts-Klausel klar und eindeutig formuliert sein, sich nur auf einzelne Gebäude oder Gebäudekomplexe einer Mehrhausanlage beziehen und zugleich bestimmt werden, dass die Kosten von auf ihrer Basis beschlossenen Maßnahmen im Innenverhältnis

---

3 So zB BayObLG 31.3.1994 – 2Z BR 16/94, NJW-RR 1994, 1236; BayObLG 17.1.2000 – 2Z BR 99/99, ZWE 2000, 268; OLG München 22.2.2008 – 34 Wx 66/07, NJW-RR 2008, 1332; weitere Nachweise bei Jennißen/*Schultzky*, WEG § 25 Rn. 52; zum **Meinungsstand** LG Karlsruhe 16.5.2011 – 11 S 11/10; Wärmedämmung berührt nicht nur das Interesse einzelner, LG Dortmund 19.8.2014 – 1 S 134/13, ZMR 2017, 995.

4 Ebenso Jennißen/*Schultzky* WEG § 23 Rn. 32.

5 BGH 18.1.1979 – VII ZB 19/78, BGHZ 73, 196.

6 So Bärmann/*Merle* WEG § 10, Rn. 106.

7 Vgl. LG Köln 26.11.2009 – 9 S 63/09, ZWE 2010, 191.

8 Dazu *Ruge* AnwZert MietR 6/2019 Anm. 2.

9 Vgl. BGH 20.7.2012 – V ZR 231/11, ZWE 2012, 494; BGH 10.11.2017 – V ZR 184/16, NJW 2018, 1309.

10 BGH 10.11.2017 – V ZR 184/16, NJW 2018, 1309.

allein von den Mitgliedern der jeweiligen Untergemeinschaft getragen werden.[11] Unter diesen Voraussetzungen bestehen keine Bedenken gegen die Bildung von Untergemeinschaften. Allerdings würde in den Kernbereich der Mitgliedschaftsrechte eingegriffen, wenn eine Regelung den Untergemeinschaften die Kompetenz einräumte, über Maßnahmen zu entscheiden, die das Grundstück oder mehrere nicht sämtlich zu der Untergemeinschaft gehörende Gebäude bzw. gemeinschaftliche Wohnungseigentumsanlagen beträfen.[12]

Strukturell betrachtet wird eine gelungene Untergemeinschafts-Klausel jedenfalls folgende **Komponenten** 9
enthalten: die eigentliche Bildung der genau definierten Untergemeinschaften, die Anordnung ihrer jeweils größtmöglichen – insbesondere verwaltungs- und abrechnungsmäßigen – Selbständigkeit, die Befugnis, eigene Versammlungen durchführen zu können, und schließlich die Einräumung der Kompetenz zur Beschlussfassung im Rahmen von Angelegenheiten der Untergemeinschaft. Mit diesen Elementen entsteht eine handlungsfähige Untergemeinschaft, die allerdings nach wohl unbestrittener Ansicht selbst nicht rechtsfähig ist.[13] Ihre Satzungs- und Organisationsbefugnisse leiten sich aus den Befugnissen der Gesamtgemeinschaft ab und haben keinen originär-eigenen Charakter.[14] Für die Bestellung eines eigenen (Unter-) Verwalters besteht kein Bedürfnis; sie wäre nichtig.[15]

2. Die Teilversammlung – Versammlung einer Untergemeinschaft. Die Abhaltung von Teilversammlungen 10
ist nur zulässig, wenn sie durch eine Regelung der Gemeinschaftsordnung oder eine Vereinbarung der Eigentümer gedeckt ist.[16] Ist dies der Fall stellt sich die Frage nach den weiteren Modalitäten einer solchen Versammlung.

a) Ausgangspunkt: Gemeinschaftsordnung bzw. Vereinbarung. Für die Modalitäten der Durchführung 11
einer Teilversammlung sind zunächst einmal die Regelungen der Gemeinschaftsordnung bzw. der Vereinbarung, mit der die Untergemeinschaften begründet wurden, maßgeblich. Nicht selten findet man dort jedoch zu diesem Aspekt keine nennenswerten Einzelheiten oder die geschaffenen Regelungen bleiben lückenhaft. Dann kommt in Betracht, die Vorgaben für die Durchführung einer Gesamtversammlung als sachnächste Regelungen entsprechend anzuwenden. Fehlen auch diese – zB weil die Gemeinschaftsordnung insoweit ganz oder teilweise auf die gesetzlichen Bestimmungen des WEG verweist – sind diese in entsprechender Weise auf Teilversammlungen zur Anwendung zu bringen.

Im Hinblick auf die **rechtliche Gestaltung** empfiehlt es sich, diesem Punkt bereits im Vorfeld Aufmerksam- 12
keit zu widmen. Konkrete Regelungen für Teilversammlungen in Untergemeinschaften beispielsweise zur Ladung, zur Beschlussfähigkeit und zum Stimmrecht helfen dabei, Rechtsunsicherheit zu vermeiden und sorgen für Transparenz. Folgender Vorschlag[17] FormB-WEG-R/*Elzer* stellt insoweit eine sinnvolle Ergänzung für eine Untergemeinschafts-Klausel (→ Rn. 7) dar:

„Die Teilversammlung ist vom Verwalter mit vierwöchiger Frist einzuberufen. Einzuladen sind nur die stimm- 13
berechtigten Wohnungs- und Teileigentümer; die anderen Wohnungs- und Teileigentümer besitzen ein Teilnahmerecht. Das Stimmrecht in der Teilversammlung richtet sich nach Miteigentumsanteilen."

b) Modalitäten einer Teilversammlung. Grundsätzlich sind die Vorgaben der Gemeinschaftsordnung vor- 14
rangig zu beachten (→ Rn. 11). Fehlen solche Vorgaben jedoch und lässt sich dieser Mangel auch nicht durch Auslegung überwinden, muss auf die gesetzlichen Anordnungen zurückgegriffen werden. Das WEG kennt indes an sich weder Untergemeinschaften noch Teilversammlungen und hält deswegen dazu auch keine Bestimmungen bereit. Unter dem Gesichtspunkt der Versammlungsmodalitäten müssen alsdann insbesondere die **§§ 23 ff. WEG entsprechend** angewendet werden. Von dieser Situation gehen die nachfolgenden Ausführungen gedanklich aus. Enthält die Gemeinschaftsordnung jedoch konkrete diesbezügliche Vorgaben (→ Rn. 13), sind diese maßgeblich.

---

11 BGH 10.11.2017 – V ZR 184/16, NJW 2018, 1309; zur Rücklage insoweit LG Stuttgart 15.1.2019 – 19 S 58/18, ZMR 2019, 547.
12 BGH 20.7.2012 – V ZR 231/11, ZWE 2012, 494.
13 Statt vieler BGH 10.11.2017 – V ZR 184/16, NJW 2018, 1309.
14 *Wenzel* NZM 2006, 324.
15 *Hügel/Elzer* WEG § 10 Rn. 55.
16 AA teilweise die Rechtsprechung → Rn. 4.
17 § 1 Rn. 444.

15 **aa) Einberufung, Einladung und Teilnahmerecht.** Für eine Gesamtversammlung gilt unzweifelhaft, dass alle aktuellen Wohnungs- und Teileigentümer einzuladen sind. Dies folgt in erster Linie aus § 23 Abs. 1 WEG. Bezogen auf die Teilversammlung einer Untergemeinschaft bedeutet dies, dass alle Eigentümer aus der Untergemeinschaft zu der Versammlung einzuladen sind, nicht hingegen Eigentümer aus anderen Untergemeinschaften. Diese Eigentümer haben aber gleichwohl ein Recht auf Teilnahme an der Teilversammlung.[18] Sie haben sogar das Recht, in der Teilversammlung durch Redebeiträge auf deren Entschließungen Einfluss zu nehmen.[19] An Abstimmungen teilnehmen dürfen sie freilich nicht. Der Grund liegt darin, dass nach hM die Errichtung von Untergemeinschaften mit eigener Befugnis zur Durchführung von Versammlungen als zumindest teilweiser **Stimmrechtsausschluss** gedeutet wird,[20] der nach höchstrichterlich abgesicherter Ansicht (→ Rn. 8) keinen Bedenken begegnet, wenn er nur Angelegenheiten eines Teiles der gesamten Wohnungseigentumsanlage betrifft.

16 **bb) Stimmrecht.** Fehlen anwendbare Regelungen in der Gemeinschaftsordnung (→ Rn. 14), wird in der Teilversammlung gem. § 25 Abs. 2 S. 1 WEG nach Köpfen abgestimmt, jeder Eigentümer hat also eine Stimme. Personenmehrheiten müssen ihre Stimme einheitlich ausüben (§ 25 Abs. 2 S. 2 WEG). Die Ausschlussgründe Rechtsgeschäft und Rechtsstreit gem. § 25 Abs. 4 WEG dürften in dieser Konstellation nie zum Tragen kommen, weil sie einen starken Bezug zur Verwaltung der Gesamtwohnanlage haben (→ Rn. 8). Die rechtskräftige Entziehung eines Wohnungs- oder Teileigentums (§ 17 WEG) hingegen kann einen Ausschluss vom Stimmrecht auch hier bewirken.

17 **cc) Beschlussfähigkeit.** Der in diesem Zusammenhang vorgelegte Gestaltungsvorschlag (→ Rn. 13) sieht eine Beschlussfähigkeit vor, wenn mehr als die Hälfte der Stimmberechtigten erschienen sind. Eine wirksame Vertretung steht dem Erscheinen gleich. § 25 Abs. 3 WEG sieht insoweit eine Anknüpfung an die Miteigentumsanteile vor und verlangt, dass mehr als die Hälfte repräsentiert sein müssen. Beschlüsse, die in einer Teilversammlung gefasst wurden, die nicht beschlussfähig war, unterliegen nach den für Versammlungen entwickelten Grundsätzen der Aufhebung im Falle der Anfechtung; nichtig sind sie deswegen nicht.[21]

18 **dd) Zweitversammlung.** Für Versammlungen entsprach es der hM, dass die vorsorgliche Einladung zu einer zweiten Versammlung, die nur unwesentlich später als die erste, nicht beschlussfähige Versammlung stattfinden sollte (Eventualversammlung), grundsätzlich unzulässig war.[22]

19 Das WEMoG hat zum **Entfallen der Zweitversammlung** geführt (→ *Zweitversammlung* Rn. 2). Das gilt auch für die Teilversammlung.

„Ist eine Versammlung nicht im Sinne von Absatz 1 beschlussfähig, ist eine neue Versammlung mit dem gleichen Gegenstand einzuberufen. Diese Versammlung ist ohne Rücksicht auf die Anzahl der Wohnungs- und Teileigentümer beschlussfähig; hierauf ist bei der Einberufung hinzuweisen. Die Einberufung der neuen Versammlung kann bereits mit der Einberufung der ersten Versammlung erfolgen (**Eventualteilversammlung**), wenn die neue Versammlung mindestens eine halbe Stunde später terminiert wird als die erste Versammlung.“

20 **c) Weitere Aspekte.** Die Rechtsmacht der Mitglieder einer Untergemeinschaft, Angelegenheiten unter Ausschluss der übrigen Eigentümer in einer Teilversammlung zu regeln, ist eine begrenzte. Folgt sie aus einer Klausel der Gemeinschaftsordnung, ergibt sich dies daraus, dass nach höchstrichterlicher Ansicht (→ Rn. 8) nur Gebäude oder Gebäudekomplexe, mithin Teile der gesamten Wohnungseigentumsanlage erfasst werden können. Dementsprechend besteht dann auch nur eine **eingeschränkte Beschlusskompetenz**, nämlich im Rahmen von Angelegenheiten *dieser* Untergemeinschaft. Jenseits davon endet die eingeschränkte Beschlusskompetenz, weshalb solche Beschlüsse nichtig sind.[23] Das wird auch von demjenigen Teil der Rechtsprechung, der Teilversammlungen ohne Vereinbarung für möglich hält, im Ergebnis nicht anders gesehen.[24] Was das Grundstück insgesamt betrifft, kann deshalb nie in der Versammlung einer Untergemeinschaft geregelt

---

18 Jennißen/*Schultzky* WEG § 24 Rn. 92 mwN.
19 *Abramenko* ZWE 2011, 159.
20 Vgl. *Hügel* NZM 2010, 8; *Abramenko* ZWE 2011, 159; Jennißen/*Schultzky* WEG § 24 Rn. 92.
21 Vgl. BGH 22.1.2016 – V ZR 116/15, ZWE 2016, 176.
22 *Spielbauer/Then* WEG § 25 Rn. 21; Jennißen/*Schultzky* WEG § 25 Rn. 119.
23 Vgl. BGH 20.9.2000 – V ZB 58/99, NJW 2000, 3500.
24 Vgl. LG Dortmund 19.8.2014 – 1 S 134/13, ZMR 2017, 995 – Wärmedämmung.

werden.[25] Sieht die Gemeinschaftsordnung eine wirtschaftliche Trennung der einzelnen Gebäude nur für die Lasten und Kosten aber nicht für die Einnahmen vor, besteht keine Beschlusskompetenz der Untergemeinschaft, über eine Abrechnung zu beschließen, in der auch Einnahmen erfasst und verteilt werden.[26]

Leidet ein Beschluss, der in einer Teilversammlung gefasst wurde, unter Mängeln, kommt die Erhebung einer **Anfechtungsklage** gem. § 44 Abs. 1 S. 1 WEG in Betracht. Obgleich an der Entstehung eines solchen Beschlusses nur Mitglieder der Untergemeinschaft beteiligt waren, musste die Klage dennoch gegen alle übrigen Wohnungs- und Teileigentümer gerichtet werden.[27] Nunmehr ist sie gegen die Gemeinschaft insgesamt zu richten (§ 44 Abs. 2 S. 1 WEG). Die Anfechtungsbefugnis kommt in diesem Fall einem Eigentümer unabhängig von seiner Zugehörigkeit zu der jeweiligen Untergemeinschaft jedenfalls insoweit zu, als er geltend macht, deren Mitgliedern fehle wegen der damit verbundenen quotalen Außenhaftung die Beschlusskompetenz.[28] 21

216. Terrasse

Agatsy

I. Einführung

Zum Wohnungseigentum gehört oftmals eine **ebenerdige Terrasse**. In diesem Fall ist fraglich, ob es sich grundsätzlich um gemeinschaftliches Eigentum handelt oder die Terrasse sondereigentumsfähig sein kann (→ Rn. 3). Aufgrund der Neufassung des § 3 Abs. 1 und 2 WEG hat sich die Systematik des Sondereigentums grundlegend geändert.[1] Mit den Flächen iSd § 3 Abs. 2 WEG meint der Gesetzgeber „außerhalb des Gebäudes liegende Teile des Grundstücks" und somit nach den Materialien zur Gesetzesbegründung auch Terrassen. Zu klären ist der Umfang des zulässigen Gebrauchs und somit die rechtlichen Grenzen der Nutzung (→ Rn. 10). Hierfür müssen klare Benutzungsregelungen bestehen. Ferner sind Instandhaltungs- und Instandsetzungskosten und die Grundlage der Zuweisung eines Sondernutzungsrechts an der Terrassenfläche zu beleuchten. Bei Letzterem stellt sich die Frage, ob das Erfordernis von Sondernutzungsrechten nach der Vorschrift des § 3 Abs. 2 WEG zukünftig obsolet ist.[2] 1

Sofern ein Teil des gemeinschaftlichen Eigentums „widerrechtlich" als Terrasse genutzt wird, können den übrigen Eigentümern Unterlassungs- und Beseitigungsansprüche zustehen. Diese können gem. § 9 a Abs. 2 WEG nur durch die Gemeinschaft der Wohnungseigentümer ausgeübt werden. Wird eine Fläche im **gemeinschaftlichen Eigentum** als Terrassenfläche durch einen Dritten (Mieter) widerrechtlich genutzt, bestehen 2

---

25 OLG München 11.10.2016 – 32 W 129/16 WEG.
26 LG Hamburg 23.1.2019 – 318 S 13/18, ZMR 2019, 436.
27 BGH 10.2.2012 – V ZR 145/11, ZWE 2012, 223.
28 BGH 10.11.2017 – V ZR 184/16, NJW 2018, 1309; zum Rechtsschutzbedürfnis LG Frankfurt a. M. 17.5.2018 – 2–13 S 168/15, WuM 2018, 586.
 1 BT-Drs. 19/18791, 36 f.; BR-Drs. 168/20, 39 f.
 2 *Becker/Schneider* ZfIR 2020, 281, (285).

Unterlassungs- und gegebenenfalls auch Beseitigungsansprüche gem. § 1004 Abs. 1 S. 1 und 2 BGB (→ *Beseitigung* Rn. 7). Schließlich stehen den Wohnungseigentümern prozessuale Mittel einschließlich erforderlicher Eilrechtsbehelfe zur Verfügung, um Beseitigungsansprüche und Schäden am gemeinschaftlichen Eigentum zu klären.

II. Sachenrechtliche Grundlagen

3 **1. Terrasse als Teil des gemeinschaftlichen Eigentums.** Bei einer ebenerdigen **Terrassenfläche** (→ Rn. 4) handelte es sich nach der bisherigen Rechtslage (§§ 3 Abs. 1, 5 Abs. 2 WEG aF) zwingend um einen Teil des gemeinschaftlichen Eigentums.[3] Etwas anderes galt nur dann, wenn die Terrasse vertikal abgegrenzt war. Eine ebenerdige Terrasse war kein sondereigentumsfähiger „Raum", da sie weder innerhalb eines Gebäudes lag noch ausreichend abgegrenzt war.[4] Das gilt auch, wenn sie durch einen Zaun, eine Mauer oder Pflanzen umfasst ist. Sie steht deshalb zwingend im Regelfall im gemeinschaftlichen Eigentum (§ 5 Abs. 2 WEG).[5] Darüber hinaus grenzen auch andere Bauteile des Gemeinschaftseigentums an die Terrasse.

4 **2. Sondereigentumsfähigkeit der Terrasse.** Nach der Neufassung des § 3 WEG ist eine Terrasse als Außenfläche normsystematisch unter § 3 Abs. 2 WEG zu erfassen und kann als außerhalb des Gebäudes liegender Teil des Grundstücks zum Sondereigentum gehören.[6] Dies ist nur dann problematisch, wenn die Wohnung oder die nicht zu Wohnzwecken dienenden Räume nicht die Hauptsache bleiben.[7] Bislang sollte eine Terrasse nur nach einer Mindermeinung in der Literatur und Rechtsprechung sondereigentumsfähig sein.[8] Nach der neuen Rechtslage ist diese „Streitfrage" überholt. Die Raumfiktion gab es bislang nur bei dauerhaft markierten Garagenstellplätzen. Nach § 3 Abs. 3 Hs. 1 WEG ist die Regelung über die Raumfiktion nun weiter gefasst und fingiert die Raumeigenschaft auch für sonstige im Freien liegende Grundstücksflächen, dh auch für Terrassenflächen. Teile von Räumen innerhalb des Gebäudes sind nach wie vor nicht sondereigentumsfähig.[9] Die **Sondereigentumsfähigkeit** (→ *Sondereigentum* Rn. 16) erfordert allerdings auch nach der Neufassung des § 3 Abs. 1 und 2 WEG eine bauliche Gestaltung, nach der das jederzeitige Betreten durch Dritte aufgrund einer körperlichen Abgrenzung verhindert wird.[10] Die Sondereigentumsfähigkeit ist aber abzulehnen, wenn die Terrasse ohne Gebäudebezug außerhalb des Gebäudes liegt.[11] Gem. § 13 Abs. 2 WEG ist ein Sondereigentümer zu baulichen Veränderungen berechtigt. Die Vorschrift des § 20 Abs. 1 WEG ist entsprechend anwendbar. Bauliche Maßnahmen an einer Terrasse oder die Errichtung einer Terrasse stellen erhebliche Veränderungen dar. Dies gilt auch nach der Neufassung des § 3 Abs. 2 WEG, nach der Außenflächen im Sondereigentum stehen können. Der bauwillige Wohnungseigentümer hat gem. § 20 Abs. 3 WEG iVm § 13 Abs. 2 WEG einen Anspruch auf die bauliche Veränderung, wenn die Wohnungseigentümer zugestimmt haben.[12]

5 **3. Die Terrasse in der Gemeinschaftsordnung.** In der Gemeinschaftsordnung können Regelungen getroffen werden, ob und in welchem Umfang bauliche Veränderungen iSd §§ 13 Abs. 2 iVm 20 Abs. 1 WEG auf einer Terrasse zulässig sind.[13] Die übrigen Wohnungseigentümer dürfen jedoch nicht übermäßig und somit über § 14 Abs. 1 Nr. 1 und Abs. 2 Nr. 1 WEG hinaus beeinträchtigt werden.[14] Dem nutzenden Wohnungseigentümer muss das Sonderrecht zustehen, eine **bauliche Veränderung**, zB eine Pergola oder einen Wintergarten, auf der Terrasse aufzustellen. Wird bereits in der Gemeinschaftsordnung einem Wohnungseigentümer ein entsprechendes Sonderrecht zur Überbauung der Terrasse eingeräumt, hat der begünstigte Wohnungseigentümer einen entsprechenden Anspruch, und die übrigen Wohnungseigentümer können keine Beseitigung verlangen.

---

3 Sauren/*Sauren* WEG § 1 Rn. 10T.

4 Riecke/Schmid/*Schneider* WEG § 5 Rn. 71.

5 BeckOGK/*Schultzky* WEG § 5 Rn. 55.

6 *Bärmann/Pick* Anh. I zu § 3 WEG-E Rn. 3.

7 SEHR/*Agatsy*, Nutzungs- und Gebrauchsrechte Rn. 7; s. a. *Becker/Schneider* ZflR 2020, 281 (285).

8 MüKoBGB/*Commichau* WEG § 5 Rn. 23.

9 Dazu ausführlich: *Lehmann-Richter/Wobst* WEG-Reform 2020, Rn. 1688.

10 BeckOK WEG/*Gerono* § 3 Rn. 12 mwN.

11 *Agatsy* MietRB 2020, 155 (156); Riecke/Schmid/*Schneider* WEG § 5 Rn. 18.

12 *Bärmann/Pick* Anh. I zu § 13 WEG-E Rn. 2 f.

13 Zur bisherigen Rechtslage des § 22 WEG aF: OLG Zweibrücken 30.1.2004 – 3 W 100/03, NZM 2005, 510; BT-Drs. 19/18791, 49 f.; BR-Drs. 168/20, 54.

14 BT-Drs. 19/18791, 49; BR-Drs. 168/20, 54.

III. Umfang von Sondernutzungs- und Gebrauchsrechten

1. Einräumung des Sondernutzungsrechts an der Terrassenfläche. Die Terrassenfläche kann als Außen- 6
fläche iSd § 3 Abs. 2 WEG dem Sondereigentum zugeordnet sein. Unverändert bleibt allerdings der Grundsatz, dass die Terrassenfläche weiterhin im gemeinschaftlichen Eigentum stehen kann (→ Rn. 3). Dem stehen
weder der Regelungszweck des § 3 Abs. 2 WEG noch des § 5 Abs. 2 WEG entgegen. Damit Wohnungseigentümer diese Fläche „wie eine Wohnfläche" nutzen können, muss zu deren Gunsten ein **Sondernutzungsrecht**
(→ *Sondernutzungsrecht* Rn. 1) am gemeinschaftlichen Eigentum Terrassenfläche begründet werden.[15] Auch
nach der Neufassung des § 3 Abs. 2 WEG und den Materialien zur Gesetzesbegründung steht der Bestellung
von Sondernutzungsrechten am gemeinschaftlichen Eigentum nichts entgegen.[16] Der Gesetzgeber hat in der
Vorschrift des § 3 Abs. 2 WEG keine Sperrwirkung geregelt. Auch zukünftig kann das Sondernutzungsrecht
an einer Terrassenfläche als Teil des gemeinschaftlichen Eigentums bereits durch die Zuweisung an einen
Wohnungseigentümer in der Gemeinschaftsordnung erfolgen. Die Eintragung in das Grundbuch muss zumindest die Bezugnahme auf einen Plan (§ 3 Abs. 3 WEG) erkennen lassen.[17]

Eine weitere Grundlage für die Einräumung eines Sondernutzungsrechts kann eine **Vereinbarung** gem. § 10 7
Abs. 1 WEG sein. Diese können sogar bereits die Mitglieder einer werdenden Eigentümergemeinschaft schließen.[18] Der Berechtigte im Hinblick auf das Sondernutzungsrecht an einer Terrasse kann allerdings nur der Eigentümer eines Wohnungs- oder Teileigentums in der entsprechenden Wohnungseigentumsanlage sein.[19] Dafür spricht der Wortlaut des § 3 Abs. 2 WEG. Wird eine Terrasse als Sondereigentum zugeordnet, müssen die
Wohnung oder die nicht zu Wohnzwecken dienenden Räume wirtschaftlich die Hauptsache bleiben.[20]

Wird das vereinbarte Sondernutzungsrecht an einer Terrasse nicht in das Grundbuch eingetragen, bedarf die 8
Vereinbarung nicht der Einhaltung einer bestimmten Form. Ein Sondernutzungsrecht wirkt „wie" ein dingliches Recht. Soll das Sondernutzungsrecht an der Terrasse „verdinglicht" und im Grundbruch eingetragen werden, müssen die dinglich Berechtigten der anderen Wohnungseigentumsrechte zustimmen.[21] In diesem Fall
gilt auch bei einem verdinglichten Sondernutzungsrecht an der Terrasse der grundbuchrechtliche bzw. sachenrechtliche **Bestimmtheitsgrundsatz** für den Inhalt des Sondereigentums gem. § 5 Abs. 1 S. 1 WEG entsprechend. Wird das Sondernutzungsrecht (→ *Sondernutzungsrecht* Rn. 4) an der Terrasse eingeräumt, ist klarzustellen, wie weit das gemeinschaftliche Eigentum mit dem Sondernutzungsrecht belastet ist.

Da das Sondernutzungsrecht an der Terrassenfläche nur durch Zuweisung in der Gemeinschaftsordnung oder 9
Vereinbarung begründet werden kann, ist ein **Beschluss** über die Zuweisung eines Sondernutzungsrechts nich-
tig, da den Wohnungseigentümern hierfür die Beschlusskompetenz fehlt.[22] Soll der Inhalt des bestehenden
Sondernutzungsrechts hinsichtlich der Terrasse geändert werden, gilt nichts anderes als bei der Begründung.
Hierzu ist eine entsprechende schuldrechtliche oder „stillschweigende" Vereinbarung notwendig.[23]

2. Nutzungsregelungen und Benutzungsumfang. Der Gebrauch (Benutzung) einer Terrasse durch den Son- 10
dereigentümer (§ 3 Abs. 2 WEG) und Sondernutzungsberechtigten (§ 13 Abs. 1 WEG) ist nicht unbegrenzt
möglich. Eine Nutzung der Terrasse kann nur im Rahmen der vereinbarten oder in der Gemeinschaftsordnung
vorbestimmten Zweckbestimmung erfolgen. Auch im Zusammenhang mit dem Sondernutzungsrecht an der
Terrassenfläche gelten **Gebrauchs(Benutzungs-)regelungen** (→ *Sondernutzungsrecht* Rn. 24). Von Vereinbarungen und der Gemeinschaftsordnung darf nicht abgewichen werden. Einem gleichwohl gefassten Beschluss
fehlt die Beschlusskompetenz. Jeder Sondernutzungsberechtigte ist nur in dem Rahmen zur Ausübung seines
Sondernutzungsrechts an der Terrasse berechtigt, als keine Beeinträchtigungen über das übliche Maß hinaus
bestehen.[24] Abschließend sind die Gemeinschaftsordnung und/oder eine rechtswirksame Vereinbarung. Stehen
keine Regelungen in der Gemeinschaftsordnung oder Vereinbarung entgegen, können die Wohnungseigentü-

---

15 *Hügel/Elzer*, 3. Aufl. 2021, WEG § 10 Rn. 136.
16 SEHR/*Agatsy*, Nutzungs- und Gebrauchsrechte Rn. 10; BT-Drs. 19/18791, 37 f.; BR-Drs. 168/20, 39 f.
17 Riecke/Schmid/*Abramenko* WEG § 13 Rn. 39 mwN.
18 AG München 12.7.2017 – 481 C 22391/16 WEG, ZWE 2017, 452 Rn. 27.
19 BGH 20.1.2012 – V ZR 125/11, NZM 2012, 464 Rn. 8.
20 *Agatsy* MietRB 2020, 155 (159) mwN.
21 *Hügel/Elzer*, 3. Aufl. 2021, WEG § 10 Rn. 126.
22 BGH 20.9.2000 – V ZB 58/99, NJW 2000, 3500 (3503) = ZWE 2000, 518 (521).
23 BGH 21.10.2016 – V ZR 78/16, ZWE 2017, 169 Rn. 8.
24 Bärmann/*Suilmann* WEG § 13 Rn. 78.

mer gem. § 19 Abs. 1 WEG (§ 15 Abs. 2 WEG aF) über Gebrauchsregelungen für die Terrasse als Teil des mit einem Sondernutzungsrecht belasteten gemeinschaftlichen Eigentums beschließen.[25] Diese Grundsätze haben auch nach der Neuregelung der Vorschriften der §§ 13, 14 sowie §§ 18 Abs. 1, 19 Abs. 1 WEG systematischen Fortbestand.[26]

11 Als Benutzungsregelung (Gebrauchsregelung) kann gem. § 10 Abs. 1 WEG zwischen den Wohnungseigentümern beispielsweise vereinbart sein,[27] ob auf oder neben der Terrasse **Bepflanzungen** vorgenommen werden dürfen.[28] Sofern keine Vereinbarung gem. § 19 Abs. 1 WEG entgegensteht, sind Beschlüsse über die Benutzung denkbar. Selbst bauliche Veränderungen im Bereich der Terrasse zB Zaun, Pergola oder das Aufbringen von Holzelementen können im Einzelfall zulässig sein (→ Rn. 11). Bei einer Ausübung des Sondernutzungsrechts kann nichts anderes gelten als bei der Nutzung des Wohnungseigentums. Demnach scheidet eine „einseitige" erhebliche Vergrößerung der Terrassenfläche durch den Sondernutzungsberechtigten aus. Der Wohnungseigentumsanlage darf aufgrund der Nutzung kein „anderes Gepräge" gegeben werden. Deshalb überschreitet die Vergrößerung der Terrasse die übliche Nutzung einer Gartenfläche und ist von dem Sondernutzungsrecht ohne ausdrückliche Regelung nicht umfasst.[29]

12 Bei einer ebenerdigen Terrasse müssen nach dem **Bestimmtheitsgrundsatz** die Lage und Größe der Terrassenfläche hinreichend bestimmbar sein (→ Rn. 4). Der Bestimmtheitsgrundsatz ist nur erfüllt, wenn die Maßangaben hinreichend im Aufteilungsplan gekennzeichnet sind. Dies trägt dem Umstand Rechnung, dass auch Freiflächen sachenrechtlich hinreichend bestimmt sein müssen.[30] Problematisch ist, wie mit einer wesentlichen Abweichung umzugehen ist und ob ein Anspruch auf Anpassung besteht. In der Rechtsprechung[31] wird vertreten, dass in diesem Fall ein Anspruch des betroffenen Wohnungseigentümers gegen die übrigen Wohnungseigentümer zur Mitwirkung auf die Änderung der Vereinbarung besteht, aus der das Sondernutzungsrecht resultiert. Der Anspruch auf die Anpassung einer Bestandsvereinbarung resultiert aus § 10 Abs. 2 WEG. Die Unbestimmtheit eines Sondernutzungsrechts an einer Terrasse darf im Ergebnis nicht dazu führen, dass der sondernutzungsberechtigte Wohnungseigentümer sogar das Risiko zu tragen hätte, die Terrasse zurückzubauen. Deshalb besteht im Ergebnis ein Anspruch des betroffenen Sondernutzungsberechtigten auf die Anpassung.

IV. Bauliche Veränderungen, Instandsetzung und Kostentragung

13 **1. Bauliche Veränderungen und Wanddurchbruch zur Terrasse.** Streitigkeiten im Rahmen der Beschlussfassung und der Errichtung baulicher Veränderungen basieren oftmals im Bereich der Terrasse. Sofern in der **Gemeinschaftsordnung** eine Sonderbebauung für die Terrasse vorgesehen ist, besteht ein Anspruch Herstellung der Bebauung. Dabei ist jedoch zu differenzieren, denn die nach der Gemeinschaftsordnung oder einer **Vereinbarung** zulässigen Grenzen zur Vornahme baulicher Veränderungen dürfen nicht überschritten werden. Das ist dann der Fall, wenn der nutzungsberechtigte Wohnungseigentümer die teilweise oder vollständige Überdachung der Terrassenfläche als Vorhaben plant und später umsetzt. Wird der optische Gesamteindruck eines Gebäudes und der bauliche Zustand durch die bauliche Veränderung auf der Terrasse „gestört", liegt darin eine unzulässige Veränderung. Stellt diese Veränderung im Hinblick auf das gemeinschaftliche Eigentum keine wirtschaftlich notwendige bauliche Maßnahme dar, müssen die Eigentümer nicht zustimmen.[32]

Sofern bauliche Maßnahmen mittels Gemeinschaftserklärung oder Vereinbarung eingeräumt wurden, darf der Sondernutzungsberechtigte diese keinesfalls als „Blankobefugnis" für jegliche vorzunehmende Veränderungen auslegen. Denn das grundsätzliche Zustimmungsbedürfnis (§ 20 Abs. 1 WEG) kann in der Gemeinschaftsordnung abbedungen werden. Mit zutreffender Begründung des Landgerichts München I wird dabei ausgeführt, dass „Öffnungsklauseln" (→ *Gemeinschaftsordnung* Rn. 10) in einer Gemeinschaftsordnung nicht weiter auszulegen sind als dies der gesetzliche Zweck der Regelung des § 14 Abs. 1 Nr. 2 WEG vorsieht. Reicht der

---

25 Riecke/Schmid/*Abramenko* WEG § 15 Rn. 22 mwN.
26 SEHR/*Agatsy*, Nutzungs- und Gebrauchsrechte Rn. 21.
27 BT-Drs. 19/18791, 48; BR-Drs. 168/20, 52; *Bärmann/Pick* Anh. I zu § 10 WEG-E Rn. 2 f.
28 *Hügel/Elzer*, 3. Aufl. 2021, WEG § 10 Rn. 105.
29 AG Hamburg 29.8.2018 – 485 C 5290/18, ZMR 2019, 633.
30 BT-Drs. 19/18791, 37; BR-Drs. 168/10, 39 f.
31 LG Hamburg 16.10.2009 – 318 T 64/08, BeckRS 2010, 2894.
32 LG München I 10.11.2011 – 36 S 4112/11, BeckRS 2013, 19015.

Agatsy

Umfang einer baulichen Veränderung über das Maß des § 14 Abs. 1 Nr. 2 WEG hinaus, müssen die Wohnungseigentümer dies nicht hinnehmen oder per Beschlussfassung zustimmen. Bei dem Beschluss über einen Umbau oder die Erweiterung der Terrasse und somit die Vornahme einer baulichen Veränderung ist darauf zu achten, dass dieser bestimmt genug gefasst ist.[33] Die Neuregelungen gewähren einen Anspruch auf die Vornahme von baulichen Veränderungen. Nach zutreffender Auffassung ist mit dem an einer Terrasse eingeräumten Sondernutzungsrecht die Regelung des § 20 Abs. 1 WEG (§ 22 WEG aF) nicht abbedungen.[34] Gem. § 20 Abs. 3 WEG kann ein Wohnungseigentümer im Bereich des zu Wohnzwecken und nicht zum Wohnzweck genutzten Teileigentum auch gegen den Willen der Mehrheit bauliche Veränderungen verlangen.[35] Nach der Begründung des Gesetzgebers ist § 20 Abs. 3 WEG eine reine Anspruchsgrundlage. Als Grundlage der baulichen Veränderung muss gem. § 20 Abs. 1 WEG ein Gestattungsbeschluss durch die Wohnungseigentümerversammlung beschlossen werden.[36] Schuldner des Anspruchs gem. §§ 20 Abs. 3 und § 18 Abs. 1 WEG ist die Gemeinschaft der Wohnungseigentümer.

Bei der Terrassenbenutzung (Gebrauch) sind zulässige **bauliche Veränderungen** mitsamt ihren gesetzlichen 14 Grundlagen näher zu betrachten. Der Begriff der baulichen Veränderung ist in § 20 WEG geregelt. Hier wird über zahlreiche „Details" der baulichen Ausgestaltung, deren Zulässigkeit und Begründung gestritten. In der Rechtsprechung ist anerkannt, dass auch ein sondernutzungsberechtigter Wohnungseigentümer verpflichtet ist, vor einer baulichen Veränderung die Wohnungseigentümerversammlung mit seinem Vorhaben zu befassen. Enthält die Gemeinschaftsordnung keine eindeutige Regelung, bleibt es bei der Anwendung der gesetzlichen Regelung des § 20 Abs. 1 WEG (§ 22 Abs. 1 WEG aF).[37] Gem. § 20 Abs. 1 WEG kann es keine bauliche Veränderung ohne eine Beschlussfassung geben. Darunter fallen Veränderungen an der Terrasse auch dann, wenn diese gem. § 3 Abs. 2 WEG zum Sondereigentum gehört. Die Zugehörigkeit einer Terrasse zum Sondereigentum (§ 3 Abs. 2 WEG) kann ein „binnenrechtliches" Baurecht allerdings dann begründen, wenn die Gemeinschaftsordnung eine Vereinbarung enthält, nach der ein Sondereigentümer (Wohnungs- und Teileigentum) zu baulichen Maßnahmen berechtigt ist.

Unter den Begriff der baulichen Veränderung[38] iSd § 20 Abs. 1 WEG (§ 22 Abs. 1 WEG aF) fällt ebenfalls die 15 Errichtung eines Wintergartens (→ *Wintergarten* Rn. 12) sowie die Errichtung oder Erweiterung einer **Terrassenüberdachung**.[39] Etwas anderes hingegen gilt bei dem Aufstellen von Pflanzkübeln auf der Terrasse und deren Bepflanzung im Rahmen der ordnungsgemäßen Verwaltung.[40] Das Aufstellen eines 4 Meter hohen Fahnenmastes unterfällt als bauliche Veränderung der Regelung des § 20 Abs. 1 WEG (§ 22 Abs. 1 WEG aF) und nicht der „freien Gestaltung". (→ *Bauliche Veränderungen* Rn. 12 ff.). Das Aufstellen eines Gartenzwergs im Bereich des Sondernutzungsrechts Terrasse hingegen soll keine bauliche Veränderung darstellen.[41]

Ist die Terrasse von einem Wohnungs- oder Teileigentum nicht zugänglich oder reicht die vorhandene „bodentiefe" Terrassentür nicht aus, ist fraglich, ob ein für deren Einbau zwingend vorzunehmender Wanddurchbruch in baulicher Hinsicht (→ *Wanddurchbruch* Rn. 3) als notwendige Baumaßnahme zulässig ist. Die Anfertigung eines Wanddurchbruchs für den Einbau einer Terrassentür setzt die formale und materielle Zulässigkeitsprüfung (→ *Wanddurchbruch* Rn. 14) voraus. Im Regelfall ist die Terrassentür dem gemeinschaftlichen Eigentum zugeordnet. Sie ist mit der Außenwand verbunden und bewirkt ebenfalls die notwendige **Abgeschlossenheit** der Wohneinheit nach außen.[42] Die Grundlage für die Zulässigkeit des Einbaus einer Terrassentür liegt somit entweder in der Gemeinschaftsordnung, einer Vereinbarung oder in einem Beschluss der Wohnungseigentümer gem. § 20 Abs. 1 WEG. Darüber hinaus darf in diesem Zusammenhang keine Beeinträchtigung der übrigen Wohnungseigentümer vorliegen, die über das zulässige Maß des § 14 Abs. 1 Nr. 1 und Abs. 2 Nr. 1 WEG hinausgeht (→ *Wanddurchbruch* Rn. 14). Der Ausbau eines Fensters und dessen Ersetzung mit Vergrößerung

16

---

33 LG Berlin 3.12.2019 – 55 S 18/19, MietRB 2020, 177, 178 mAnm *Agatsy*.
34 *Riecke* MDR 2019, 266 f.
35 *Lehmann-Richter/Wobst* WEG-Reform 2020, Rn. 1204 f.
36 BT-Drs. 19/18791, 63; BR-Drs. 168/20, 71.
37 AG München 28.2.2018 – 481 C 793/17 WEG, BeckRS 2017, 147813 = ZMR 2018, 458.
38 SEHR/*Abramenko*, § 5 Bauliche Maßnahmen Rn. 1; BT-Drs. 19/18791, 63; BR-Drs. 168/20, 72.
39 BGH 7.2.2014 – V ZR 25/13, ZWE 2014, 178 Rn. 7.
40 *Bärmann/Merle* WEG § 22 Rn. 106 mwN.
41 AG München 28.2.2018 – 481 C 793/17, ZMR 2018, 458.
42 BeckOGK/*Schultzky* WEG § 5 Rn. 106.

des Mauerdurchbruchs durch eine Terrassentür ist eine bauliche Veränderung des gemeinschaftlichen Eigentums iSv § 20 Abs. 3 und 4 WEG, die über eine ordnungsgemäße Instandhaltung und Instandsetzung hinausgeht.[43] Die in der Ersetzung eines Fensters durch eine Tür geschaffene Möglichkeit, aus der Wohnung auf die Hoffläche vor der Terrassentür zu gelangen, stellt eine bauliche Veränderung dar, welche die übrigen Wohnungseigentümer nicht hinzunehmen haben.[44] Macht ein Wohnungseigentümer seinen Anspruch auf Vornahme eines Wanddurchbruchs zwecks Schaffung eines Zugangs zu der mit seinem Sondernutzungsrecht behafteten Terrassenfläche geltend, ist über seinen Anspruch im Beschlusswege zu entscheiden. Die Zulässigkeit ist auch zu prüfen, wenn in der Gemeinschaftsordnung ein Sonderrecht hinsichtlich der baulichen Veränderung eingeräumt ist.

17   **2. Erhaltung (Instandhaltung und Instandsetzung).** Bei der Terrasse stellt sich die Frage, wer die **Erhaltungsmaßnahmen** (Instandhaltung und Instandsetzung) (→ *Erhaltungsmaßnahmen* Rn. 3 ff.) trägt. Die Erhaltung der Flächen und Gebäudeteile, an denen Sondernutzungsrechte bestehen, trifft grundsätzlich die Eigentümergemeinschaft, da es sich um gemeinschaftliches Eigentum handelt.[45] Die Terrassentür und zur Terrasse ausgerichtete Fenster stehen nach allgemeiner Auffassung grundsätzlich im gemeinschaftlichen Eigentum (§ 5 Abs. 2 WEG).[46] Dasselbe gilt für die Fensterbretter und Fensterbleche.

18   **3. Kostentragung.** Der Grundsatz der Kostentragung durch die Eigentümergemeinschaft gilt nicht uneingeschränkt, wenn in der Gemeinschaftsordnung eine abweichende Regelung aufgenommen wurde. Dieser Grundsatz hat auch nach der Neufassung des § 16 WEG Bestand. Ferner können die Wohnungseigentümer über die Kosten der Erhaltungsmaßnahmen (Instandhaltung und Instandsetzung) eine abweichende Regelung vereinbaren (→ *Vereinbarung* Rn. 8). Mit dieser abweichenden Regelung kann dem Sondernutzungsberechtigten die Kostentragung teilweise oder insgesamt auferlegt werden. Bei einer solchen Regelung muss allerdings klargestellt sein, dass nicht ausschließlich der Sondernutzungsberechtigte die von seinem Sondernutzungsrecht verursachten Kosten trägt.[47]

19   Durch Vereinbarung können die Wohnungseigentümer die Pflicht zur Erhaltung von Teilen des gemeinschaftlichen Eigentums und zur Tragung der damit verbundenen Kosten einzelnen Sondereigentümern auferlegen.[48] Die Vereinbarung muss insoweit eine klare und eindeutige Regelung treffen.[49] Sofern die Terrassentüren- und Fenster an die Terrasse angrenzen, ist problematisch, ob die Wohnungseigentümer oder die Gemeinschaft die Kosten zu tragen haben. Sind diese dem Sondereigentum zugeordnet, der Außenanstrich allerdings Sache der Gemeinschaft, ist die Regelung der Kostentragung im Zweifel dahin gehend auszulegen, dass diese die Wohnungseigentümer tragen.[50] In diesem Zusammenhang ist die Frage der **Folgekosten** problematisch. Nach zutreffender Auffassung sollte ein derartiger Beschluss gem. § 21 Abs. 3 WEG (§ 16 Abs. 4 WEG aF) auch die dauerhaft entstandenen Folgekosten umfassen.[51] Die Regelung des § 21 Abs. 3 WEG gebietet es nicht, diejenigen Kosten von der Regelung auszuschließen, bei denen es sich ausschließlich um Folgekosten handelt, die im Zusammenhang mit der nachträglichen Errichtung einer baulichen Veränderung stehen. Die Eigentümer haben die Beschlusskompetenz, die Genehmigung mit der Maßgabe zu erteilen, dass der „bauwillige" Eigentümer die Folgekosten trägt.[52] Daraus folgt nach zutreffender Auffassung, dass die Wohnungseigentümer der baulichen Veränderung eines einzelnen Wohnungseigentümers nur dann zustimmen müssen, wenn dieser die Folgekosten trägt. Gerade im Fall der Errichtung einer Terrassenfläche oder Veränderungen im Bereich des gemeinschaftlichen Eigentums Außenanlage können diese erheblich sein. Die übrigen Wohnungseigentümer sind entsprechend § 21 Abs. 3 WEG den Wohnungseigentümern gleichzustellen, die dieser Maßnahme nicht zugestimmt haben.[53]

---

43   OLG Düsseldorf 2.11.1998 – 3 Wx 364–98, NZM 1999, 264.
44   LG Hamburg 11.1.2012 – 318 S 32/11, ZMR 2012, 810 Rn. 18.
45   Riecke/Schmid/*Abramenko* WEG § 13 Rn. 62 mwN.
46   BGH 22.11.2013 – V ZR 46/13, ZWE 2014, 125.
47   FormB-WEG-R/*Scheffler* § 1 Rn. 18.
48   *Emmerich* ZWE 2017, 161 (165).
49   BGH 28.10.2016 – V ZR 91/16, NZM 2017, 602 Rn. 19.
50   BGH 2.3.2012 – V ZR 174/11, NZM 2012, 419.
51   LG Itzehoe 12.7.2011 – 11 S 51/10, ZMR 2012, 219 (221); *Hügel/Elzer* NZM 2009, 457; *Hügel/Elzer*, 3. Aufl. 2021, WEG § 21 Rn. 45.
52   BGH 15.5.2020 – V ZR 64/19 Rn. 23, IMR 2020, 332 mAnm *Elzer*.
53   BGH 15.5.2020 – V ZR 64/19 Rn. 24.

4. Mitvermietung von gemeinschaftlichem Eigentum. Besondere Fragen stellen sich bei der (Mit-)**Vermie-** 20
tung von gemeinschaftlichem Eigentum durch einen Wohnungs- oder Teileigentümer. Eine Terrasse wird im
Regelfall als Wohnraum/Nutzfläche und somit als Teil der Mietsache zur alleinigen Nutzung durch den Mieter
mitvermietet.[54] Ist die Terrasse gem. § 13 Abs. 1 WEG Bestandteil des Sondereigentums, kann der Sondereigentümer (Wohnungs-/Teileigentum) beliebig damit verfahren. Davon ist die Vermietung und somit die Überlassung als Mietsache umfasst.[55] Verbleibt die Terrassenfläche gemeinschaftliches Eigentum, kann dem Mieter
durch den Sondereigentümer im Rahmen des Mitgebrauchs gem. § 16 Abs. 1 S. 3 WEG die Benutzung eingeräumt werden. Es gelten in dem Fall allerdings die bestehenden Gebrauchsregelungen. Diese resultieren gegenüber der Gemeinschaft und den Wohnungseigentümern aus § 14 Abs. 1 Nr. 1 und Abs. 2 Nr. 1 WEG. Die
Grundlagen bilden Vereinbarungen und wirksame Benutzungsbeschlüsse.[56]

Allerdings berechtigt die Überlassung der mitvermieteten Terrasse zur Nutzung als Wohnterrasse den Mieter 21
ebenso wenig zu einem Eingriff in die **Bausubstanz**.[57] Der vermietende Sondereigentümer ist nicht berechtigt,
ein „Mehr" zu überlassen, das über sein eigenes Recht zur maßvollen Benutzung hinausgeht (§ 14 Abs. 2 Nr. 1
WEG). Die Grundlage bildet auch diesbezüglich die Vorschrift des § 14 Abs. 1 Nr. 1 WEG. Auch ein Mieter
als „Nutzer" muss das gemeinschaftliche Eigentum „schonend" behandeln (§ 16 Abs. 1 S. 3 WEG). Der Mieter ist nur kraft abgeleiteten Besitzes zur Benutzung berechtigt.[58] Beabsichtigt ein Mieter auf der Terrasse bauliche Veränderungen, zum Beispiel in Form der Errichtung einer Begrenzung mit fest verankerten Stützpfosten, die Einbringung von neben der Terrasse fest verankerten Pflanzkübeln, den Bau eines Wintergartens oder
einer Terrassenüberdachung auf eigene Kosten, benötigt er die Zustimmung der übrigen Eigentümer. Dasselbe
gilt, wenn ein Wohnungseigentümer auf der Terrasse einen Bodenbelag verlegen möchte. Im Rahmen des Mitgebrauchs des gemeinschaftlichen Eigentums ist der Mieter auch nicht zur Entfernung gärtnerischer Anlagen
oder zu eigenmächtigen Anpflanzungen oder zur Überbauung der Terrasse berechtigt.

Nach zutreffender Auffassung ist die Erlangung der Berechtigung zur Vornahme von baulichen Veränderungen 22
durch den Mieter im Bereich der Terrasse mittels einer **Einwilligung** in einem Vertrag mit der Gemeinschaft
der Wohnungseigentümer denkbar.[59] Darüber hinaus kann der vermietende Wohnungs- oder Teileigentümer
für seinen Mieter gem. § 20 Abs. 1 WEG die Genehmigung oder Zustimmung im Wege der Beschlussfassung
herbeiführen. Dazu muss dieser die konkreten Auswirkungen der „geplanten Veränderung" im Bereich des gemeinschaftlichen Eigentums Terrasse sowie die denkbaren und über den Umfang des § 14 Abs. 1 Nr. 1 WEG
hinausgehenden Beeinträchtigungen darlegen. Mit der Beschlussfassung durch die Gemeinschaft der Wohnungseigentümer (→ Rn. 14 f.) soll die bauliche Veränderung gebilligt werden.[60] Durch den formalen Beschluss wird das „Baurecht" abgesichert. Die Wohnungseigentümer können Gegenstände, die zu beschließen
sind, stets auch vereinbaren. Denkbar ist, dass eine spätere und bislang noch nicht umgesetzte bauliche Veränderung im Bereich der Terrasse auch Gegenstand einer Vereinbarung sein kann.[61] Die Zustimmung kann in der
Gemeinschaftsordnung erteilt werden.

V. Ansprüche auf Beseitigung und Einwendungen

1. Beseitigung einer unzulässigen baulichen Veränderung. Im Streitfall stehen den Wohnungseigentümern 23
wegen einer „Übermaßnutzung" des gemeinschaftlichen Eigentums Ansprüche auf **Beseitigung** und Unterlassung zu (→ *Beseitigung* Rn. 10). Nach § 9 a Abs. 2 WEG gibt es keine Vergemeinschaftung von Beseitigungsansprüchen im Beschlusswege mehr (§ 9 a Abs. 2 WEG) Nach der alten Rechtslage konnte der Verband Wohnungseigentümergemeinschaft die Beseitigungs- und Wiederherstellungsansprüche sowie Unterlassungsansprüche gem. § 1004 Abs. 1 S. 1, 2 BGB und § 15 Abs. 3 WEG aF mittels einer Beschlussfassung an sich
ziehen. Die Rechtsprechung zur gekorenen Ausübungsbefugnis[62] ist aufgrund der klaren Zuweisungsnorm des

---

54 Riecke/Schmid/*Riecke/Abramenko* WEG Anh. zu § 15 Rn. 2 mwN.
55 *Bärmann/Pick* Anh. I zu § 13 WEG-E Rn. 1 f.
56 BT-Drs. 19/18791, 58; BR-Drs. 168/20, 65.
57 BeckOK WEG/*Elzer* § 20 Rn. 18.
58 BT-Drs. 19/18791, 53; BR-Drs. 168/20, 59.
59 BeckOK WEG/*Elzer* § 20 Rn. 18.
60 BGH 22.1.2014 – V ZR 48/13, NJW 2014, 1233 Rn. 6 = IMR 2014, 165 mAnm *Elzer.*
61 BGH 7.2.2014 – V ZR 25/13, NZM 2014, 245 Rn. 8.
62 BGH 26.10.2018 – V ZR 237/18, NJW 2019, 1216.

§ 9 a Abs. 2 WEG überholt.[63] Zugleich bestehen bei unzulässigen baulichen Veränderungen und Verstößen gegen gültige Vereinbarungen, Beschlüsse und gesetzlichen Vorschriften iSd § 14 Abs. 1 Nr. 1 WEG auch Ansprüche auf Unterlassung (§ 1004 Abs 1 S. 2 BGB).[64]

24 Direktansprüche auf Beseitigung gegen einen Mieter können aus § 1004 Abs. 1 S. 1 BGB oder §§ 861 ff. BGB (Besitzschutzansprüche) resultieren. Eine dem § 14 Nr. 2 WEG aF entsprechende Regelung sieht das WEMoG nicht mehr vor. Der Mieter ist Erfüllungshilfe des Wohnungs- und Teileigentümers. Nimmt ein Mieter als Erfüllungsgehilfe des Sondereigentümers (§ 278 BGB) eine unzulässige Veränderung im Bereich der Terrasse oder auf der Terrasse vor, ist nach dem Anspruchsinhaber des Beseitigungs-/ Unterlassungsanspruchs zu differenzieren. Steht die Terrasse weiterhin im gemeinschaftlichen Eigentum, kann die Gemeinschaft der Wohnungseigentümer gegenüber dem Mieter **Beseitigungs- und Wiederherstellungsansprüche** und Unterlassungsansprüche geltend machen. Eine Vergemeinschaftung im Beschlussweg (§ 10 Abs. 6 S. 3 Alt. 2 WEG aF) sieht das Gesetz nicht mehr vor. Wird im gemeinschaftlichen Eigentum an der Terrassentür eine Klimaanlage ohne Genehmigung der übrigen Wohnungseigentümer angebracht und werden zur Verlegung der Anschlusskabel Bohrungen in den Fensterrahmen vorgenommen sowie Kabel in den gemeinschaftlichen Keller gelegt, liegt eine über das Maß des § 14 Abs. 1 Nr. 1, Abs. 2 Nr. 1 WEG hinausgehende Beeinträchtigung vor und die Wohnungseigentümer haben den Anspruch auf die Beseitigung und den Rückbau.[65] Nach zutreffender Auffassung kann auch nach Eintritt der Verjährung des Anspruchs aus § 1004 Abs. 1 BGB iVm § 14 Abs. 1 Nr. 1 WEG und § 280 Abs. 1 BGB die Beseitigung verlangt werden.[66] Bei Verstoß besteht Erfüllungsanspruch, evtl. ein Abwehranspruch aus Besitz und Eigentum (§§ 862, 1004 Abs. 1 S. 2 BGB).[67]

25 **2. Einwendungen des Sondernutzungsberechtigten.** Machen die übrigen Eigentümer oder die Gemeinschaft der Wohnungseigentümer Beseitigungs- und Unterlassungsansprüche geltend, kann der sondernutzungsberechtigte Wohnungseigentümer im Einzelfall **Einwendungen** entgegenhalten (→ *Beseitigung* Rn. 49). Die Zulässigkeit der baulichen Veränderung kann aus einer Vereinbarung resultieren. Haben die übrigen Wohnungseigentümer die Zustimmung zu baulichen Maßnahmen im Bereich der Terrasse erteilt, sind Ansprüche ausgeschlossen. Dasselbe gilt, wenn ein rechtskräftiger Genehmigungsbeschluss der Wohnungseigentümer (§ 20 Abs. 1, 3 WEG) vorliegt. Dulden die übrigen Wohnungseigentümer bauliche Veränderungen des Wohnungseigentümers im Bereich der Terrasse über mehrere Jahre und machen keine Beseitigungs- und Unterlassungsansprüche geltend, kann der Einwand der Verwirkung gem. § 242 BGB greifen. Der rechtswidrige Zustand ist nicht allein deshalb hinzunehmen, weil zwischenzeitlich die Verjährung der Beseitigungsansprüche eingetreten ist. Nach zutreffender Auffassung steht den Wohnungseigentümern oder der Gemeinschaft der Wohnungseigentümer nach dem Eintritt der Verjährung des Beseitigungsanspruchs ein auf die Selbstbeseitigung gerichteter Duldungsanspruch zu.[68]

26 **3. Begehung und Besichtigung der Terrasse im Gemeinschaftseigentum.** Die Wohnungseigentümer und der Verwalter können einen berechtigten Anspruch auf die Begehung und Besichtigung (→ *Begehung der Wohnungseigentumsanlage* Rn. 7) des gemeinschaftlichen Eigentums im Bereich der Terrasse geltend machen. Dies gilt insbesondere dann, wenn sich eine bauliche Veränderung entweder auf das gemeinschaftliche Eigentum oder auf ein anderes Sondereigentum auswirkt. Der Anspruch gegen den Wohnungs- oder Teileigentümer auf **Begehung und Besichtigung** der dem gemeinschaftlichen Eigentum zugehörigen Terrasse folgt aus § 14 Abs. 1 Nr. 2 und Abs. 2 Nr. 2 WEG. Hiernach sind die Wohnungseigentümer verpflichtet, bestimmte „Einwirkungen" auf das Sondereigentum zu dulden. Davon umfasst ist nach dem Regelungszweck der Vorschriften das Betreten des Sondereigentums[69] bei einem Schaden am Gemeinschaftseigentum Außenflächen oder an Bauteilen des gemeinschaftlichen Eigentums, die mit der im Sondereigentum stehenden Terrasse verbunden sind.[70] Dies ist zum Beispiel der Fall, wenn an der Terrasse ein Baumangel zu beheben, Frostschäden zu besei-

---

63 SEHR/*Agatsy*, § 4 Nutzungs- und Gebrauchsrechte Rn. 53.

64 *Hügel/Elzer*, 3. Aufl. 2021, WEG § 14 Rn. 9.

65 AG München 26.3.2019 – 484 C 17510/18 WEG, MietRB 2020, 16 (17) mAnm *Agatsy*.

66 LG Berlin 3.12.2019 – 55 S 18/19, MietRB 2020, 177 (178) mAnm *Agatsy* = IMR 2020, 333 mAnm *Greiner*; *Lehmann-Richter/Wobst* WEG-Reform 2020, Rn. 1437.

67 *Agatsy* ZMR 2019, 569; Erman/Grziwotz, 16. Aufl. 2020, WEG § 14 Rn. 5 f.

68 BeckOK WEG/*Elzer* § 20 Rn. 176.

69 BT-Drs. 19/18791, 50; BR-Drs. 168/20, 55.

70 *Hügel/Elzer*, 3. Aufl. 2021, WEG § 14 Rn. 20.

tigen oder der Bodenbelag (→ *gemeinschaftliches Eigentum* Rn. 13) zu erneuern ist. Die Begehung muss zur Erhaltung des gemeinschaftlichen Eigentums geboten sein. Der Regelungszweck des § 14 Abs. 1 Nr. 2 und Abs. 2 Nr. 2 WEG (§ 14 Nr. 4 WEG aF) richtet sich an Wohnungseigentümer und ordnet deren Verhältnis untereinander, ihre Rechte und Pflichten. Somit können Mieter nach dem Regelungszweck nicht Adressat der Gestattungspflicht sein.[71] Ist die Begehung und Besichtigung der Terrasse zum Beispiel zur Sichtung eines Baumangels erforderlich, besteht ein Anspruch auf Einwirkung gegen den vermietenden Wohnungseigentümer.[72] Der Wohnungs- oder Teileigentümer kann den Anspruch gegenüber seinem Mieter mit berechtigtem Interesse aus §§ 535 Abs. 1, 241 Abs. 1, 242 BGB durchsetzen.[73]

VI. Verfahrenshinweise

1. Klage auf Zustimmung und Beseitigung von Aufbauten. Beabsichtigt ein Wohnungseigentümer den   27
Überbau einer Terrasse, die Errichtung eines Wintergartens, eines Zauns, einer Pergola und einer sonstigen baulichen Veränderung, kann er einen Anspruch auf Vornahme der baulichen Veränderung gem. § 20 Abs. 3 WEG stellen. Darüber hat die Wohnungseigentümerversammlung einen Beschluss zu fassen. Ist ein sondernutzungsberechtigter Eigentümer aufgrund der Regelung in der **Gemeinschaftsordnung** zur Vornahme von baulichen Veränderungen an der Terrasse befugt, hat er dennoch die Grenzen des § 14 Abs. 1 Nr. 1 und Abs. 2 Nr. 1 WEG einzuhalten. Sofern ein Wohnungseigentümer derartige Veränderungen im Bereich der Terrasse plant, sind Beeinträchtigungen anderer Wohnungseigentümer impliziert. Um Einwirkungen zu vermeiden, hat eine § 20 Abs. 1 und 3 WEG (§ 22 Abs. 1 WEG aF) genügende Beschlussfassung zu erfolgen.[74] Voraussetzung für die Vornahme einer „eigennützigen" baulichen Veränderung im Bereich des Sondereigentums oder des gemeinschaftlichen Eigentums ist eine vereinbarte Zustimmung in der Gemeinschaftsordnung oder die Genehmigung durch Beschlussfassung aller in ihren Rechten aus § 14 Abs. 1 und Abs. 2 WEG betroffenen Eigentümer. Der Anspruchsberechtigte muss die Gemeinschaft der Wohnungseigentümer auf Zustimmung verklagen. Wird der Genehmigungsantrag abgelehnt, ist die Beschlussersetzungsklage gem. § 44 Abs. 1 S. 2 WEG die statthafte Klageart.

Den Anspruch auf Beseitigung können die Gemeinschaft der Wohnungseigentümer (gemeinschaftliches Ei-   28
gentum) und Sondereigentümer (Wohnungs- und Teileigentum) individuell und im Klageweg gem. § 1004 Abs. 1 S. 1 BGB und § 280 Abs. 1 BGB geltend machen, wenn die **bauliche** Veränderung im Bereich der Terrasse einer Genehmigung durch die Wohnungseigentümer bedurfte und diese im Vorfeld nicht eingeholt wurde. Macht die Gemeinschaft der Wohnungseigentümer diese Ansprüche geltend, besteht gem. § 9 a Abs. 2 WEG eine geborene Ausübungsbefugnis (→ *Beseitigung* Rn. 28).

2. Einstweilige Verfügung. Gegen die „eigenmächtigen" Veränderungen an der Terrasse können die Eigentü-   29
mer oder die Gemeinschaft der Wohnungseigentümer im Fall der **Eilbedürftigkeit** mit einer einstweiligen Verfügung vorgehen. Der Verfügungsanspruch auf Nichtvornahme von Veränderungen im Bereich der Terrasse folgt sowohl aus §§ 1004 Abs. 1 S. 1, 280 Abs. 1 BGB und § 14 Abs. 2 Nr. 1 WEG. Der betroffene Wohnungseigentümer kann auf diese Weise einen „Baustopp" erwirken. Bei Beantragung eines Baustopps prüfen Gerichte, ob dem Antragsteller durch die Vornahme der streitgegenständlichen baulichen Maßnahme ein irreversibler Schaden droht oder der angefochtene Eigentümerbeschluss bei unstreitiger Sachlage und gefestigter Rechtsprechung so offenkundig rechtswidrig ist, dass es für diese Beurteilung nicht erst der umfassenden Prüfung durch ein Hauptsacheverfahren bedarf.[75] Nimmt ein Wohnungseigentümer an der Terrasse einen Wanddurchbruch (→ *Wanddurchbruch* Rn. 4) an der im gemeinschaftlichen Eigentum stehenden tragenden (Außen-)Wand vor, ist die Erwirkung einer einstweiligen Verfügung durch einen einzelnen Wohnungseigentümer oder die Gemeinschaft der Wohnungseigentümer statthaft. Die einstweilige Verfügung ist in diesem besonderen Fall auf Unterlassung und somit auf die Erwirkung eines „Baustopps" gerichtet.[76]

---

71 BGH 10.7.2015 – V ZR 194/14, ZWE 2015, 376 Rn. 12.
72 Riecke/Schmid/*Abramenko* WEG § 14 Rn. 39.
73 AG Hamburg-Blankenese 29.1.2020 – 531 C 180/19, ZMR 2021, 236 mAnm *Agatsy*; *Agatsy* IMR 2018, 443, (447);
    zur Übersicht über die einzelnen Fallgruppen der Begehungs- und Besichtigungsrechte BeckOGK/*H. Schmidt* BGB
    § 535 Rn. 486 f.; AG Hamburg 2.9.2020, 49 C 173/20, MietRB 2021, 38 (39) mAnm *Siegmund*.
74 LG Hamburg 16.1.2013 – 318 S 55/13, ZWE 2013, 418.
75 LG München I 8.8.2008 – 1 T 13169/08, ZWE 2008, 490; Bärmann/Seuß WE-Praxis/*Schmidt* § 12 Rn. 254 mwN.
76 AG Pinneberg 19.4.2017 – 60 C 8/17, ZMR 2017, 603.

30 **3. Selbstständiges Beweisverfahren.** Bei **Streitigkeiten über Mängel** im Bereich der Terrasse (gemeinschaftliches Eigentum) und die Kosten für die Herstellung sowie die Beseitigung kann die Gemeinschaft der Wohnungseigentümer als Ausübungsbefugte der Gewährleistungsansprüche und zur Vermeidung eines Rechtsstreits in der Hauptsache ein selbstständiges Beweisverfahren (→ *Selbstständiges Beweisverfahren* Rn. 2) einleiten. Dieses Verfahren kommt in Betracht, wenn die Beeinträchtigung des Wohnungseigentums oder des gemeinschaftlichen Eigentums über das in §§ 14 Abs. 1 Nr. 2 und 14 Abs. 2 Nr. 1 WEG geregelte hinausgehende Maß festgestellt werden muss. Nach der Rechtsprechung des BGH ist für die Durchführung des selbstständigen Beweisverfahrens keine Vorbefassung der Eigentümergemeinschaft notwendig. Somit kann jeder einzelne Wohnungseigentümer dieses Verfahren zur Sicherung seiner berechtigten Wiederherstellungs- und Mangelbeseitigungsansprüche einleiten.[77]

217. Thermostat

Breiholdt

I. Einführung

1 Ein Thermostat wird zur **individuellen Raumtemperaturregelung** an Heizkörpern eingesetzt. Er reguliert mithilfe eines Thermofühlelements und eines Ventils den Durchfluss von Warmwasser, um die Temperatur im Raum konstant zu halten.

2 Die **Verpflichtung zur Anbringung** von Thermostaten ergibt sich seit dem 1.11.2020 aus § 63 Abs. 1 GEG und gilt auch für Wohnungseigentumsanlagen.[1] Der einzelne Wohnungseigentümer kann nach § 18 Abs. 2 Nr. 2 WEG den Einbau solcher Thermostatventile verlangen.[2] Ein Verstoß gegen die Einbaupflicht stellt eine Ordnungswidrigkeit gem. § 108 Abs. 1 Nr. 4 GEG dar.

II. Eigentumsrechtliche Zuordnung

3 Die eigentumsrechtliche Zuordnung der Thermostate folgt der Eigentumszuordnung des betreffenden Heizkörpers.[3] Dient ein Heizkörper ausschließlich der Versorgung der Einheit, in der er sich befindet, steht er als Bestandteil im Sondereigentum und damit auch der zugehörige Thermostat.

III. Erhaltung

4 Soweit Thermostate danach im **Sondereigentum** stehen, ist der jeweilige Sondereigentümer für die Erhaltung iSv Instandhaltung und Instandsetzung selbst zuständig. Auch die **öffentlich-rechtlichen Pflichten** aus dem GEG treffen ihn in diesem Fall. Gem. § 63 GEG ist der Eigentümer bei den dort genannten Heizungs- und Warmwasseranlagen zur Ausstattung und Nachrüstung verpflichtet.[4]

5 Beschließt die Gemeinschaft der Wohnungseigentümer die **Erneuerung der Heizzentrale** und der Steigleitungen, so darf jeder Wohnungseigentümer – sofern ein Austausch der Thermostate erforderlich ist – an die im Gemeinschaftseigentum stehende Heizungsanlage nur Bauteile anschließen, die das System nicht beeinträchtigen.[5] Dazu ist dem Wohnungseigentümer eine angemessene Frist einzuräumen. Reagiert er nicht, kann er von

---

77 BGH 14.3.2018 – V ZB 131/17, ZWE 2018, 211.
 1 *Bielefeld* DWE 1988, 44.
 2 Bärmann/Seuß WE-Praxis/*A. Pflügl* § 112 Rn. 50 zu § 21 Abs. 4 aF.
 3 *Hügel/Elzer* WEG § 5 Rn. 40; mVa BGH 8.7.2011 – V ZR 176/10, NJW 2011, 2958.
 4 Bärmann/Seuß WE-Praxis/*Schmidt* § 12 Rn. 51.
 5 BGH 8.7.2011 – V ZR 176/10, ZWE 2011, 394.

der Heizungsanlage getrennt werden, wenn seine Geräte und/oder Anschlussleitungen mit der neuen Zentralheizung nicht mehr kompatibel sind.[6]

Soweit der Sondereigentümer **systemwidrige Bauteile** – zB auch Thermostate – an das Gesamtsystem Heizung anschließt, kann jeder Eigentümer die Herstellung eines ordnungsgemäßen Zustandes von der Gemeinschaft der Wohnungseigentümer gem. § 18 Abs. 2 Nr. 2 WEG verlangen.   6

218. Tiere

Lang-Lajendäcker

I. Einführung

Die Tierhaltung im Wohnungseigentum ist eine Frage des Gebrauchs. Die Grundsätze werden aus den allg.   1
Vorschriften über den Umfang und die Grenzen des vertragsgemäßen Gebrauchs (§§ 16 Abs. 1 S. 3, 14 Abs. 2 Nr. 1 WEG) abgeleitet. Die Wohnungseigentümer können auf die Tierhaltung durch Vereinbarung und Beschluss einwirken.[1] Enthält die Gemeinschaftsordnung keine Regelungen über die Tierhaltung und haben die Wohnungseigentümer keine Beschlüsse hierzu gefasst, so ist jeder Wohnungseigentümer in Ausübung seiner Rechte aus § 13 Abs. 1 WEG zur Tierhaltung in den Grenzen des § 14 Abs. 2 Nr. 1 WEG[2] berechtigt. Bei Fremdnutzern, zB Mietern, kann es Reibungspunkte geben, da das Mietrecht nach hM recht großzügig ist.

II. Vereinbarungen der Wohnungseigentümer

Die Abwehr von Beeinträchtigungen des gemeinschaftlichen Eigentums ist Aufgabe der Gemeinschaft der   2
Wohnungseigentümer, da ihr die Verwaltung des gemeinschaftlichen Eigentums zugewiesen ist (§ 18 Abs. 1 WEG). Die Wohnungseigentümer können die Tierhaltung durch Vereinbarung nach §§ 13, 14, 10 Abs. 1 WEG[3] (→ *Vereinbarung* Rn. 21 ff.) grundsätzlich **vollständig ausschließen**.[4]

Die **Durchsetzung des Verbots** kann aber **nach Treu und Glauben** unzulässig sein, wenn ein Wohnungsei-   3
gentümer aus **gesundheitlichen Gründen** auf das Tier angewiesen ist.[5] Die Hundehaltung zu Therapiezwecken kann das Interesse der Eigentümergemeinschaft an der Durchsetzung des Hundehaltungsverbots überwiegen, wenn sich der psychische Gesundheitszustand des Wohnungseigentümers dadurch nachweislich stabilisiert.[6] Im Licht des Art. 3 Abs. 3 S. 2 GG kann die nach § 242 BGB zu treffende Interessenabwägung im Einzelfall ergeben, dass die Durchsetzung eines wirksamen Hundehaltungsverbots gegenüber einem behinderten Wohnungseigentümer auf Dauer oder auf Zeit unzulässig ist.[7]

Die Haltung von **Kleintieren** (Goldhamster, Zierfische, Kleinvögel, nicht: Yorkshire-Terrier oder Katzen) fällt   4
von vornherein nicht unter ein Tierhaltungsverbot, da von ihnen keine Außenwirkung zu erwarten ist.[8]

---

6   BGH 8.7.2011 – V ZR 176/10, ZWE 2011, 394.
1   In den jeweiligen Grenzen, ua §§ 134, 138, 242 BGB, Kernbereich.
2   § 14 Abs. 2 Nr. 1 WEG entspricht inhaltlich § 14 Nr. 1 WEG aF, BT-Drs. 19/18791, 53.
3   § 15 WEG aF wird in §§ 13 und 14 WEG neu strukturiert, BT-Drs. 19/18791, 51; § 10 Abs. 1 WEG entspricht inhaltlich § 10 Abs. 2 S. 2 WEG aF, BT-Drs. 19/18791, 50.
4   BGHZ 129, 329, NJW 1995, 2036; OLG Saarbrücken 2.10.2006 – 5 W 154/06; *Bärmann/Klein* WEG § 10 Rn. 39.
5   BayObLG 24.8.2000 – 2Z BR 58/00, NZM 2001, 105, Blindenhund.
6   OLG Hamm 24.2.2005 – 15 W 507/04, ZMR 2005, 897, **Therapiehund.**
7   BayObLG 25.10.2001 – 2Z BR 81/01, NZM 2002, 26, Hundehaltung durch contergangeschädigte Wohnungseigentümerin.
8   *Blank* NJW 2007, 279; LG Stuttgart 19.12.2011 – 2 S 21/11.

III. Beschlüsse der Wohnungseigentümer

5 Ein Beschluss über ein **generelles Tierhaltungsverbot** (störende und nicht störende Tiere) in einer Wohnungseigentumsanlage ist mangels Beschlusskompetenz nichtig, da der Beschluss keine Gebrauchsregelung, sondern eine Beschränkung des Sondereigentums darstellt und in den dinglichen Kernbereich des Eigentums eingreift.[9]

6 Die Eigentümer können per Mehrheitsbeschluss gem. § 19 Abs. 1 WEG[10] über den **Gebrauch des Eigentums** entscheiden, wozu auch die Haltung einzelner Tierarten gehört.[11]

7 Zulässig ist ein Beschluss, der die Haltung von **gefährlichen Tieren** grundsätzlich oder von solchen Tieren verbietet, die nach der Verkehrsanschauung nicht als Haustiere angesehen werden.[12] Es besteht Beschlusskompetenz für einen Beschluss über ein Verbot, **Kampfhunde** zu halten.[13]

8 Die Haltung von **ungefährlichen Tieren** kann mangels Beschlusskompetenz nicht grundsätzlich untersagt werden kann.

9 Zulässig ist ein Beschluss, der ein Einwirken auf die **Art der Tierhaltung** bei ungefährlichen, aber störenden Tieren in der Wohnungseigentumsanlage regelt, auch wenn die Hundehaltung im Einzelfall dann nicht mehr möglich sein sollte (zB Verbot, Hunde im Aufzug mitzunehmen). Begründet wird dies damit, dass die Möglichkeit der Hundehaltung nicht zum wesentlichen Inhalt der Nutzung von Wohnungseigentum gehört.[14]

10 In der Hausordnung (→ *Hausordnung* Rn. 60 ff.) kann im Rahmen des § 14 Abs. 1 Nr. 1 WEG[15] die Haltung der üblichen Haustiere auf ein **angemessenes Maß** beschränkt werden.[16]

11 In der Hausordnung können zudem **Verhaltensregeln für Tierhalter** aufgestellt werden, etwa die Verpflichtung jedes Wohnungseigentümers, Haustiere in den Außenanlagen und im Haus anzuleinen,[17] oder die Tiere nicht freilaufen zu lassen, worin kein Verstoß gegen § 2 Nr. 2 TierSchG liegt.[18] Es kann verboten werden, Hunde im Aufzug mitzunehmen,[19] oder eine **Kotbeseitigungspflicht** eingeführt werden;[20] ebenso einen Leinenzwang für störende Katzen und störende Hunde.[21] Ob die in einem Mehrheitsbeschluss enthaltene Erlaubnis, Hunde auch **unangeleint** auf einer Rasenfläche des Gemeinschaftseigentums spielen zu lassen, ordnungsgemäßem Gebrauch entspricht, kann nicht generell bejaht oder verneint werden, sondern beurteilt sich anhand der konkreten Umstände des Einzelfalles.[22]

---

9 OLG Saarbrücken 2.10.2006 – 5 W 154/06–51, NZM 2007, 168; *Häublein* ZWE 2001, 2 (6); offengelassen in OLG Frankfurt a. M. 17.1.2011 – 20 W 500/08, ZWE 2011, 363.

10 § 19 Abs. 1 eröffnet die Beschlusskompetenz zur Regelung der Verwaltung und Benutzung durch Beschluss. Die Vorschrift entspricht inhaltlich hinsichtlich der Verwaltung § 21 Abs. 3 WEG aF, hinsichtlich der Benutzung § 15 Abs. 2 WEG aF, BT-Drs 19/18791, 60.

11 OLG Hamm 24.2.2005 – 15 W 507/04, ZMR 2005, 897; OLG Düsseldorf 15.7.2002 – 3 Wx 173/02, NZM 2002, 872; *Becker/Kümmel* ZWE 2001, 128 (135).

12 OLG Frankfurt a. M. 19.7.1990 – 20 W 149/90, NJW RR 1990, 1430, Ratten und Schlangen.

13 OLG Frankfurt a. M. 18.3.1993 – 2 U 124/92 RR 1993, 981; KG Berlin 23.6.2003 – 24 W 38/03, ZMR 2004, 704, Kampfhunde.

14 LG Karlsruhe 12.12.2013 – 5 S 43/13, ZWE 2014, 172 mwN; BGH 4.5.1995 – V ZB 5/95, BGHZ 129, 329–336; OLG Frankfurt a. M. 17.1.2011 – 20 W 500/08, ZWE 2011, 363–364; vgl. auch OLG Celle 31.1.2003 – 4 W 15/03, NZM 2003, 242; KG Berlin 8.4.1998 – 24 W 1012/97, NJW-RR 1998, 1385 (1386).

15 § 14 Abs. 1 Nr. 1 WEG tritt inhaltlich an die Stelle der § 15 Abs. 3 WEG aF und § 21 Abs. 4 WEG aF, BT-Drs. 19/18791, 52.

16 OLG Celle 31.1.2003 – 4 W 15/03, NZM 2003, 242; OLG Frankfurt a. M. 19.7.1990 – 20 W 149/90, Rpfleger 1978, 414 (ein Hund und eine Katze pro Wohneinheit); BayObLG 7.3.1972 – BReg 2 Z 59/71, ZMR 1972, 226 (zwei Katzen pro Wohneinheit); KG Berlin 8.4.1998 – 24 W 1012/97, NZM 1998, 670 (ein Hund oder drei Katzen); LG Lüneburg 15.5.2012 – 9 S 73/11, ZMR 2012, 728 (zwei Tiere pro Wohneinheit und Leinenzwang).

17 BayObLG 9.2.1994 – 2Z BR 127/93, NJW-RR 1994, 658, **Leinenzwang.**

18 BayObLG 2.6.2004 – 2Z BR 099/04, ZMR 2004, 769; LG Lüneburg 15.5.2012 – 9 S 73/11, ZMR 2012, 728, Freilaufverbot für Hunde und Katzen.

19 LG Karlsruhe 12.12.2013 – 5 S 43/13, ZWE 2014, 172.

20 OLG Hamburg 20.8.2007 – 2 Wx 72/07, ZMR 2008, 151.

21 LG Frankfurt a. M. 14.7.2015 – 2–9 S 11/15, ZWE 2015, 413.

22 BGH 8.5.2015 – V ZR 163/14.

Die Wohnungseigentümer können wirksam beschließen, dass die Tierhaltung an die **Zustimmung des Ver-** 12
walters geknüpft sein soll, wenn sie im Beschluss selbst die Tierhaltung an bestimmte Voraussetzungen geknüpft haben und lediglich sichergestellt werden soll, dass der betreffende Wohnungseigentümer die Anforderungen erfüllt. Dem Verwalter darf jedoch kein freies Ermessen eingeräumt werden, da sich der Beschluss
sonst wie ein generelles Tierhaltungsverbot auswirken könnte. Deshalb ist ein Beschluss, der die Tierhaltung
von der Zustimmung aller anderen Wohnungseigentümer abhängig macht, unwirksam.[23]

Ein Beschluss über das Verbot der Haltung von Kleintieren, die in angemessener Zahl gehalten werden, ist 13
nichtig, da es sich um den Entzug eines nicht störenden und daher erlaubten Gebrauchs handelt.[24]

IV. Tierhaltung in den Grenzen des § 14 Abs. 2 Nr. 1 WEG[25]

Enthält die Gemeinschaftsordnung keine Regelungen über die Tierhaltung und haben die Wohnungseigentü- 14
mer keine Beschlüsse hierzu gefasst, so ist jeder Wohnungseigentümer in Ausübung seiner Rechte aus § 16
Abs. 1 S .3 WEG[26] zur Tierhaltung in den Grenzen des § 14 Abs. 2 Nr. 1 WEG (→ Rn. 25) berechtigt. Nach
§ 14 Abs. 2 Nr. 1 WEG (→ Rn. 25) ist die Haltung **gefährlicher Tiere** grundsätzlich unzulässig. Die Haltung
solcher Tiere stellt – unabhängig davon, ob Tierhaltung nach der Teilungserklärung beschränkt ist oder nicht –
keinen ordnungsgemäßen Gebrauch einer Eigentumswohnung dar, weil sie den hiesigen Vorstellungen über
die Haltung von Tieren in Wohnanlagen nicht entspricht;[27] und geeignet ist, bei anderen Hausbewohnern die
begründete Besorgnis auszulösen, von etwa entwichenen Tieren geschädigt zu werden. Diese Besorgnis ist
nicht etwa als völlig irrational und somit auch nicht als unbeachtlich anzusehen. Sie ist vielmehr deshalb anzuerkennen, weil zum einen nicht völlig ausgeschlossen werden kann, dass Tiere trotz artgerechter und sicherer
Unterbringung infolge eines Missgeschicks unkontrolliert aus ihren Terrarien entweichen, und weil zum anderen dem Laien das Verhalten und die Reaktionen etwa entwichener Giftschlangen und Pfeilgiftfrösche nicht
bekannt sind, was Gefühle der Unsicherheit und des bedroht seins hervorzurufen geeignet ist. Eine derartige –
vermeidbare – **latente Bedrohungssituation** braucht kein Wohnungseigentümer hinzunehmen.[28]

Zur **Konkretisierung** des § 14 Abs. 2 Nr. 1 WEG (→ Rn. 25) können zB herangezogen werden:

- Verordnung des Landes Berlin über das Halten gefährlicher Tiere wildlebender Arten vom 28.2.1996[29] 15
  oder andere Landesverordnungen:
  Generell als gefährlich gelten bestimmte Tiere **wildlebender Arten**: Affen (mit Ausnahme von Halb- und
  Krallenaffen), Wildhunde, Bären, Hyänen, Wildkatzen, Krokodile, Riesenschlangen, Giftnattern, Vipern,
  Grubenottern, Seeschlangen, Trugnattern, Echsen, giftige Spinnen, Skorpione und Hundertfüßler.

- Hundeverbringungs- und Einfuhrbeschränkungsgesetz vom 12.4.2001 (**HundverbrEinfG**): 16
  Zu den gefährlichen Hunden zählen die Rassen Pitbull-Terrier, American Staffordshire-Terrier, Bullterrier,
  die Kreuzungen dieser Rassen sowie alle Hunde, die nach Landesrecht als gefährliche Hunde bezeichnet
  sind.

Nach § 14 Abs. 2 Nr. 1 WEG (→ Rn. 25) ist auch eine Tierhaltung ungefährlicher Tiere unzulässig, durch die 17
andere Wohnungseigentümer **über das zumutbare Maß** hinaus beeinträchtigt werden.

100 Kleintiere in einer Zweizimmerwohnung sind eine nicht hinzunehmende, unzumutbare und damit unbilli- 18
ge Belästigung, selbst wenn keine konkrete Geruchsbelästigung oder die Ausbreitung von Ungeziefer feststellbar sein sollte.[30] Bei übermäßiger Haustierhaltung reicht allein die **Besorgnis der Belästigung**, auf konkrete
Belästigungen kommt es nicht an.[31]

---

23 OLG Zweibrücken 7.5.1999 – 5 W 365/98–105, NZM 1999, 621.
24 *Hügel/Elzer* WEG § 21 Rn. 70.
25 § 14 Abs. 2 Nr. 1 WEG entspricht inhaltlich § 14 Nr. 1 WEG aF, BT-Drs. 19/18791, 53.
26 § 16 Abs. 1 S. 3 WEG ist inhaltlich übereinstimmend mit § 13 Abs. 2 S. 1 WEG aF, BT-Drs.19/18791, 55.
27 Hierzu LG Bochum 20.12.1988 – 7 T 767/88, NJW-RR 1990, 1430 (30) Schlangen, und OLG Karlsruhe 29.12.2003
    – 14 Wx 51/03, NZM 2004, 551, Giftschlangen u. Pfeilgiftfrösche.
28 OLG Karlsruhe 29.12.2003 – 14 Wx 51/03, NZM 2004, 551, Giftschlangen u. Pfeilgiftfrösche.
29 GVBl. 102.
30 OLG Köln 26.9.1995 – 16 Wx 134/95, ZMR 96, 97.
31 OLG Zweibrücken 24.8.1999 – 3 W 164/99, ZMR 1999, 853.

19 Nicht störend ist die Haltung von zwei Kragenechsen und vier Chamäleons in der Wohnung oder die Züchtung von 57 Landschildkröten und Breitschwanzschildkröten im Garten, solange keine **Geruchsbelästigung** von den Tieren ausgeht oder die Haltung von 4 Kaninchen im Kaninchengehege im Garten.[32] Obwohl häufig von subjektiver Abneigung und Widerwillen geprägt ist die **Taubenhaltung** wohnungseigentumsrechtlich grundsätzlich zulässig: so das gelegentliche Freifliegen von 35 Tauben und zusätzlich 60 fest sitzende Tauben;[33] das Freifliegen von 105 Tauben, wobei die Flugzeit auf täglich eine Stunde festgesetzt wurde;[34] ca. 100 Flugtauben mit kurzen Flugphasen;[35] 10 Tauben rund um die Uhr;[36] das tägliche Freifliegen von 20 Edel-Tauben bis zu 30 Min; das Gurren, Schaben und Flattern der Tauben ist aufgrund der geringen Lautstärke in der Regel zu dulden, soweit auch eine Wildvogelpopulation vorhanden ist.[37]

V. Vorgehen gegen Störer

20 Sieht die Gebrauchsregelung eine Einschränkung der Tierhaltung vor, zB betreffend die zulässige Anzahl von Hunden oder Katzen pro Wohnung, sind Wohnungseigentümer, die bereits mehr als die zulässige Zahl an Tieren halten verpflichtet, einen Teil der Tiere aus der Eigentumsanlage zu entfernen.[38] Verstoßen Tierhalter gegen Verhaltensregeln, zB Anleinpflicht, kann die Hausordnung für den Fall der Nichtbeachtung der genannten Pflichten Sanktionen vorsehen, etwa dass nach drei erfolglosen schriftlichen Abmahnungen vom Verwalter die Tierhaltung zu untersagen ist.[39]

21 Jeder Wohnungseigentümer kann dann nach § 1004 BGB, § 14 Abs. 1 Nr. 1 WEG verlangen, dass das Tier entfernt wird.[40]

22 Jeder Eigentümer kann eine Gebrauchsregelung über die Tierhaltung in der Eigentumsanlage verlangen, soweit diese im Einzelfall erforderlich ist, § 10 Abs. 2 WEG.[41] Können sich die Wohnungseigentümer in der Folge untereinander nicht einigen, gibt § 44 Abs. 1 S. 2 WEG[42] dem einzelnen Eigentümer die Möglichkeit, auf eine Regelung nach billigem Ermessen des Gerichts zu klagen. Voraussetzung dieser sog. **Beschlussersetzungsklage** ist, dass der klagende Eigentümer zunächst versucht hat, eine Entscheidung der Wohnungseigentümer selbst herbeizuführen. Fehlt es hieran, fehlt für die Klage das Rechtsschutzbedürfnis (Vorbefassung der Eigentümergemeinschaft).

23 Die Klage ist **begründet**, wenn die Wohnungseigentümer ihr Selbstorganisationsrecht nicht wahrgenommen haben, obwohl eine Gebrauchsregelung in der Wohnungseigentumsanlage ordnungsgemäßer Verwaltung entsprochen hätte. Haben die Wohnungseigentümer eine erforderliche Gebrauchsregelung nicht getroffen, muss das Gericht diese in der Regel selbst bestimmen. Sind mehrere Gebrauchsregelungen gleichermaßen möglich, kann das Gericht den Wohnungseigentümern aufgeben, unter diesen auszuwählen.[43] Zu klagen ist beim Amtsgericht, in dessen Bezirk das Grundstück liegt, § 43 Abs. 2 WEG.[44] Der Gegenstandswert des Verfahrens bestimmt sich nach § 49 a Abs. 1 GKG, da die Beschlussersetzungsklage das Spiegelbild einer Anfechtungsklage ist, anhand der Kosten der begehrten Maßnahme sowie des Anteils des Klägers, der auf diesen entfällt.[45]

---

32 OLG Köln 27.6.2005 – 16 Wx 58/05, NZM 2005, 785.
33 OLG Oldenburg 10.6.1999 – 8 U 127/98, RdL 2000, 147.
34 LG München II 10.12.1991 – 2 S 864/91, NJW-RR 1992, 462.
35 LG Itzehoe 27.4.1995 – 4 S 176/94, NJW-RR 1995, 979.
36 LG Hamburg 20.8.1991 – 325 O 427/90, DWW 1991,339.
37 OLG Frankfurt a. M. 13.9.2005 – 20 W 87/03, NZM 2006, 265.
38 OLG Celle 31.1.2003 – 4 W 15/03, NZM 2003, 242.
39 BayObLG 9.2.1994 – 2Z BR 127/93, NJW-RR 94, 658.
40 OLG Karlsruhe 29.12.2003 – 14 Wx 51/03, NZM 2004, 551; KG NZM 2002, 868.
41 § 10 Abs. 2 WEG entspricht § 10 Abs. 2 S. 3 WEG aF, BT-Drs. 19/18791, 50.
42 § 44 Abs. 1 S. 2 WEG entspricht § 21 Abs .8 WEG aF, BT-Drs. 19/18791, 60.
43 *Hügel/Elzer* WEG § 21 Rn. 157–159.
44 § 43 Abs. 2 WEG entspricht § 43 Nr. 1 WEG aF, BT-Drs. 19/18791, 20.
45 KG 10.7.2019 – 24 W 27/19, IMR 2019, 432.

VI. Tierhaltung von Fremdnutzern

Während in der Gemeinschaft der Wohnungseigentümer das Halten von Hunden und Katzen untersagt werden **24**
kann, kann einem **Mieter** das Halten dieser Tiere nicht generell verboten werden.[46] Der vermietende Wohnungseigentümer sollte daher im Mietvertrag das Verbot der Katzen- und Hundehaltung mit der einschlägigen
Vorschrift der Gemeinschaftsordnung oder dem entsprechenden Beschluss der Eigentümerversammlung begründen.

219. Timesharing

Martini

I. Einführung

Im klassischen Timesharing erwirbt der Verbraucher das Recht, eine Ferienunterkunft für einen **bestimmten** **1**
Zeitraum zu bewohnen. Dafür zahlt der Verbraucher die vertraglich vereinbarte Gegenleistung. Meist gibt es
weitere vertragliche vereinbarte Leistungen, wie die Tauschmöglichkeit mit andern Ferienanlagen, oft sogar
weltweit, sowie Serviceleistungen vor Ort in unterschiedlichster Ausgestaltung, bis hin zu einem Service ähnlich der Unterbringung in einem Hotel.

Zum 1.1.2002 wurde das bis dahin geltende Teilzeit-Wohnrechte-Gesetz (TzWrG) in das BGB übertragen **2**
(§§ 481–487 BGB). In diesen Vorschriften werden der Vertrieb und der damit verbundene Verbraucherschutz
geregelt, wie Vorgaben zur Gestaltung des Vertrags, des Exposé etc. In den anderen Ländern der Europäischen
Union bestehen aufgrund der Richtlinie 1994/47/EG vom 26.10.1994 vergleichbare gesetzliche Standards.

II. Teilzeit-Wohnrechteverträge gem. § 481 BGB

Hiernach verschafft ein Unternehmer einem Verbraucher gegen Zahlung einer Pauschale das Recht, für die **3**
Dauer von mehr als einem Jahr ein Wohngebäude mehrfach für einen bestimmten oder einem zu bestimmenden Zeitraum zu **Übernachtungszwecken** zu nutzen.

Dieses Recht kann **dinglich** aber auch anders eingeräumt werden, zB durch die Mitgliedschaft in einem Ver- **4**
ein, ein Recht an einem Anteil an einer Gesellschaft oder ein Nutzungsrecht dergestalt, dass der Verbraucher
sich aus dem Bestand der Timesharing-Anlage eine Ferienwohnung aussuchen kann. Der Betrieb erfolgt oft
durch eine Betriebsgesellschaft in der Rechtsform einer AG, GmbH oder eines Vereins, dieses oft unabhängig
von den tatsächlichen Eigentumsverhältnissen.

III. Timesharing-Verträge nach dem WEG

Timesharing-Objekte sind mit Wohnungseigentumsanlagen nicht gleichzusetzen, wenn eine dingliche Zuord- **5**
nung bei Timesharing-Anlagen nicht vorhanden ist. Das ist oft der Fall. Zudem ist nach § 4 Abs. 2 S. 2 WEG
das Einräumen oder Aufheben von **Sondereigentum** unter einer Bedingung oder Zeitbestimmung nicht möglich. Ein Verstoß hiergegen führt zur Nichtigkeit des gesamten Teilungsvertrags.[1] Daher kann das WEG nicht
direkt für das klassische Timesharing 1:1 herangezogen werden.

---

46 BGH 20.3.2013 – VIII ZR 168/12, NZM 2013, 378–380.
 1 Vgl. *Hügel/Elzer* WEG § 4 Rn. 20.

6 Trotzdem werden die Regelungen der Timesharing-Käufer untereinander oft über das **Dauerwohnrecht** nach §§ 31 ff. WEG geregelt. Dieses ist eine besondere Form der Dienstbarkeit und ähnlich dem Wohnrecht gem. § 1093 BGB ausgestaltet.

7 Das Dauerwohnrecht ist nach § 33 Abs. 1 WEG veräußerlich wie vererblich und erlaubt eine weitgehende Nutzung.[2] Es ist teilbar, weshalb **Bruchteilseigentum** begründet werden kann.[3] Ein Dauerwohnrecht kann zugunsten einer natürlichen oder juristischen Person genauso bestellt werden wie für eine Personengesellschaft oder eine GbR. Auch für mehrere Personen kann ein Dauerwohnrecht bestellt werden. Diese können zur gesamten Hand oder nach Bruchteilen berechtigt sein; sogar eine Gesamtberechtigung nach § 428 BGB ist möglich.[4]

8 Die zeitliche Befristung des Nutzungsrechts eines Timesharing-Vertrages steht der Anwendung des Dauerwohnrechts nicht entgegen, denn „Dauer" bedeutet nicht „ununterbrochen", sondern bezieht sich auf den gesicherten Bestand über eine Veräußerung des Dauernutzungsrechts und den Tod des Berechtigten hinaus. Daher liegt auch dann ein Dauernutzungsrecht vor, wenn es nur in einem beschränkten Umfang ausgeübt werden darf.[5]

In der Praxis haben sich die folgenden **WEG-rechtlichen Modelle** herausgebildet:

9 **1. Bruchteilslösung.** In der Form der Bestellung eins Dauerwohnrechts nach § 31 WEG mit mehreren Eigentümern als **Bruchteilsgemeinschaft** gem. §§ 741 ff. BGB. Gem. § 33 Abs. 4 Nr. 1 WEG kann die zeitliche Beschränkung des Nutzungsrechts durch **Vereinbarung** mit dem Eigentümer zum Inhalt des dinglichen Rechts gemacht und durch Bezugnahme auf die Eintragungsbewilligung zum Gegenstand der **Grundbucheintragung** werden. Weitere Möglichkeiten sind: Die Bruchteilseigentümer regeln im Innenverhältnis **schuldrechtlich** die beschränkte Nutzungsdauer der Timesharing-Anlage untereinander, durch eine Verwaltungs- und Benutzungsregelung nach §§ 1008 ff. BGB oder schließlich durch eine Ausgestaltung als GbR mit Gesellschaftervertrag nach §§ 705 ff. BGB.

Eine weitere Variante ist, dass **nur eine Person in das Grundbuch eingetragen** wird. Diese Person bestellt dann zugunsten der Erwerber der Timesharing-Verträge befristete Dauerwohnrechte. Die Begründung von 52 gleichrangigen, jeweils auf eine Woche befristeten Dauerwohnrechten sollte zunächst nach dem Urteil des OLG Stuttgart nicht möglich sein,[6] weil für eine Wohnung immer nur *ein* Dauerwohnrecht bestehen könne. Das Landgericht Hamburg sieht das anders, weil auch der Kaufvertrag über ein periodisches Nutzungsrecht im Wohnungseigentumsbuch eintragungsfähig und damit nicht nichtig sei.[7] Anmerkung: Das Urteil zitiert § 306 BGB. In der damals geltenden Fassung lautete dieser: „Ein auf eine unmögliche Leistung gerichteter Vertrag ist nichtig." Dieser Rechtsauffassung haben sich die Autoren der Kommentare Palandt[8] und Bärmann[9] angeschlossen.

Möglich soll es auch sein, jedes Sondereigentumsrecht mehreren Käufern der Timesharing-Rechte als Bruchteilseigentümern zuzuweisen, welche hieran wiederum eine **Untergemeinschaft** bilden.[10]

10 **2. Treuhandslösung.** Ein weiteres Modell der wohnungseigentumsrechtlichen Ausgestaltung ist die Regelung in der Form des Dauerwohnrechts nach § 31 WEG mit einem **Treuhänder**, welcher im Innenverhältnis den Verbrauchern zeitlich begrenzte Nutzungsrechte zuweist. Derartige Modelle können aber einer Klauselkontrolle nach §§ 307 ff. BGB gegebenenfalls nicht standhalten. Eine Formularklausel, durch welche die Eintragung des Käufers eines anteiligen Dauerwohnrechts in das Grundbuch nicht eingetragen werden, stattdessen im Grundbuch nur der Treuhänder eingetragen bleiben soll, kann als überraschende Bestimmung unwirksam sein.[11]

---

2 BGH 16.9.2011 – V ZR 236/10, NZM 2012, 311.
3 BGH 30.6.1995 – V ZR 184/94, NJW 1995, 2637.
4 BGH 21.12.1966 – V ZB 24/66, WM 1967, 95.
5 BGH 30.6.1995 – V ZR 184/94, NJW 1995, 2637.
6 OLG Stuttgart 28.11.1987 – 8 W 421/85, NJW 1987, 2023.
7 LG Hamburg 25.10.1990 – 302 O 50/90, NJW-RR 1991, 823.
8 Palandt/*Wicke*, 79. Aufl., WEG § 31 Rn. 4.
9 Bärmann/*Schneider* WEG § 31 Rn. 52.
10 Böhmer S. 88.
11 BGH 30.6.1995 – V ZR 184/94, NJW 1995, 2637.

IV. Die Timesharing-Anlage im WEG

Wird die Timesharing-Anlage auf der Basis des Wohnungseigentumsrechts ausgestaltet, gelten die unabänder- 11
lichen Regelungen des WEG, die **Kernbereichslehre** und das Strukturprinzip unmittelbar. Der Timesharing-
Vertrag muss daher mit dem WEG synchronisiert werden. Hierbei sollten die nachfolgenden Punkte beachtet
werden:

1. Entziehung des Wohnungseigentums. Die Entziehung des Wohnungseigentums ist in § 17 WEG geregelt. 12
Voraussetzung ist, dass ein Wohnungseigentümer sich einer so schweren **Verletzung** der ihm obliegenden Verpflichtungen gegenüber den anderen Wohnungseigentümern oder der Gemeinschaft der Wohnungseigentümer
schuldig gemacht hat, dass diesen die Fortsetzung des Gemeinschaftsverhältnis mit dem schuldigen Wohnungseigentümer nicht mehr zugemutet werden kann.

Bei Timesharing-Modellen mit Konstrukten einer **Bruchteilsgemeinschaft** kann direkt gegen den Störer vor- 13
gegangen werden. Bei einer Bruchteilsgemeinschaft wurde bisher vertreten, dass, wenn nur einem aus der
Bruchteilsgemeinschaft die schwerwiegende Verletzung zur Last gelegt werden kann, nur der Anteil des Störers nach § 747 BGB entzogen wird. Der BGH hat nunmehr gegenteilig entschieden, dass allen Bruchteilseigentümern gemeinsam das Wohnungseigentum entzogen werden kann, auch wenn nur einer der Miteigentümer der Bruchteilsgemeinschaft stört.[12]

Bei den Timesharing-Modellen mit der Dauerwohnrechtslösung oder der Treuhänderlösung richtet sich der 14
Anspruch nach § 17 WEG nur gegen die im **Grundbuch** eingetragenen Personen, nämlich den Treuhänder
und den Dauerwohnrechtsverpflichteten. Gegenüber Dritten besteht der Anspruch nach dem Gesetzeswortlaut
nicht. Dritte wären in diesem Falle die Treugeber und die Dauerwohnrechtinhaber. Eine Störung dieser ist zunächst dem Wohnungseigentümer nicht zur Last zu legen. Jedoch bestimmt § 14 WEG, dass der Wohnungseigentümer gegen Pflichtverstöße von Personen, die seinem Geschäftsbetrieb angehören oder denen er sonst die
Benutzung der im Sonder- oder Miteigentum stehenden Grundstücks- und Gebäudeteile überlässt, vorgehen
muss. Er hat dafür Sorge zu tragen, dass Störungen von diesen Personen unterbleiben. Störungen durch die
Dauerwohnungsberechtigten und Treugeber führen also dazu, dass die Wohnungseigentümer gegen den Treuhänder oder Dauerwohnrechtsgeber das Entziehungsverfahren betreiben können.

Die Dauerwohnungsberechtigten und Treugeber sind aber schutzlos den **Verstößen** gegen § 17 WEG durch 15
den Treuhänder oder Dauerwohnrechtsgeber ausgeliefert. Auch besteht kein Schutz gegen Störungen der Inhaber des Timesharing-Rechts untereinander, wenn einer aus ihren Reihen sich einer schweren Verletzung gem.
§ 17 WEG schuldig macht.

2. Wohnungseigentümerversammlung. Zur Wohnungseigentümerversammlung wird der im Grundbuch ein- 16
getragene Wohnungseigentümer eingeladen. Für Timesharing-Anlagen mit Treuhändermodell bedeutet das,
dass nur der Treuhänder eingeladen wird. Bei dem Bruchteilseigentümermodell gelten die normalen Regeln
wie bei der Personenmehrheit der Eigentümer von Wohnungseigentum. Bei dem Bruchteilsgemeinschaftsmo-
dell sind daher alle Bruchteilseigentümer zu laden.[13] Das Gleiche gilt für die Dauerwohnrechtsverpflichteten:
Gibt es mehrere, sind alle einzuladen.

Auch bei der **Vertretung in der Wohnungseigentümerversammlung** gelten die normalen Regeln, wonach 17
die Versammlung nicht öffentlich ist. Ob deswegen eine Vertretung durch Dritte unzulässig ist, bleibt umstritten. Nach *Merle*:[14] „Dritte sind grundsätzlich nicht teilnahmeberechtigt". Nach gegenteiliger Ansicht von *Vandenhouten*:[15] „Die Nichtöffentlichkeit der Versammlung schließt nicht aus, dass sich Wohnungseigentümer …
in der Versammlung durch Dritte vertreten lassen." Beide kommen dann im Laufe der Kommentierung zu
Ausnahmen des Vertretungsverbots bzw. Einschränkungen der Vertretungserlaubnis. Jedoch zeigt dies auf,
dass in der Gemeinschaftsordnung der Timesharing-Objekte hierzu eine klare Regelung für die
Dauerwohnrechts- und Treuhändermodelle geschaffen werden sollte.

3. Stimmrecht und Stimmrechtsausschluss. Bei den Bruchteilsgemeinschaftsmodellen gilt das Gleiche wie 18
bei anderen Personenmehrheiten. Probleme kann es beim **Treuhandmodell** geben. Ist der Treuhänder aus-

---

12 BGH 14.9.2018 – V ZR 138/17, NZM 2018, 1024.
13 *Hügel/Elzer* WEG § 24 Rn. 6.
14 Bärmann/*Merle* WEG § 24 Rn. 73.
15 NSV/*Vandenhouten* WEG § 24 Rn. 43.

schließlich im Grundbuch eingetragen, steht ihm das Stimmrecht für das jeweilige Wohnungseigentum zu. Im Innenverhältnis mit den Treugebern kann er jedoch an Weisungen gebunden sein. Er muss daher nach diesen Anweisungen von seinem Stimmrecht in der Wohnungseigentümerversammlung Gebrauch machen.

19 Es kann sein, dass der Treuhänder **verschiedene Wohnungseigentumsrechte** hält. Die verschiedenen Unter-gemeinschaften haben unterschiedliche Meinungen hinsichtlich des Abstimmungsverhaltens zu den Beschlüssen in der Wohnungseigentümerversammlung. Gilt hier das Kopfprinzip nach § 25 Abs. 2 WEG, steht dem Treuhänder nur eine Stimme zu. Die unterschiedlichen Anweisungen aus den einzelnen Treuhandverhältnissen führen dazu, dass er entweder im Innenverhältnis zu den Treugebern rechtswidrig oder nicht abstimmen kann.

20 Nach § 25 Abs. 4 WEG ist ein Wohnungseigentümer **nicht stimmberechtigt**, wenn die Beschlussfassung die Vornahme eines auf die Verwaltung des gemeinschaftlichen Eigentums bezüglichen Rechtsgeschäfts mit ihm oder die Einleitung oder Erledigung eines Rechtsstreits der anderen Wohnungseigentümer gegen ihn betrifft oder wenn er nach § 17 WEG (Entziehung des Wohnungseigentums) rechtskräftig verurteilt ist. Dieser Ausschluss betrifft nur die Personen, die nach den Regelungen des WEG Wohnungseigentümer sind.

21 **4. Veräußerungszustimmung.** In der Gemeinschaftsordnung ist es möglich, eine Veräußerungszustimmung durch andere Wohnungseigentümer oder einen Dritten (z.B. der Verwalter) nach § 12 Abs. 1 WEG für die Weitergabe der Nutzungsrechte des Timesharings zu regeln. Bei den **Bruchteilsgemeinschaften** kann für eine Veräußerung bei Timesharing-Objekten die Veräußerungszustimmung hinsichtlich des Bruchteils vereinbart werden. Ohne eine entsprechende Vereinbarung bezieht sich die Veräußerungszustimmung des Verwalters bei Treuhändermodellen ausschließlich auf die Veräußerung durch den Treuhänder.

22 **5. Verwalter.** Ist die Timesharing-Anlage durch eine wohnungseigentumsrechtliche Lösung geregelt, gelten die §§ 26–28 WEG uneingeschränkt. Neben den Aufgaben und Befugnissen des § 27 WEG wird der Verwalter daneben durch ergänzende Vertragsvereinbarungen je nach rechtlicher Ausgestaltung der Wohnungseigen-tumsanlage die **Nutzungsrechte** mitverwalten. Der Verwalter ist kein notwendiges Organ mehr, weil der vor der Reform geltende § 20 Abs. 2 WEG aF ersatzlos gestrichen wurde. Nach § 9 b WEG wird die Gemeinschaft der Wohnungseigentümer durch die Wohnungseigentümer gemeinschaftlich vertreten, wenn kein Verwalter vorhanden ist.

Zur **Fortbildungspflicht** des Verwalters einer Timesharing-Anlage → *Zulassung des Verwalters* Rn. 17; zur Zertifizierung → *Zertifizierung des Verwalters* Rn. 1 ff.

23 **6. Verwaltungsbeirat.** Nach § 29 WEG können Wohnungseigentümer durch Beschluss zum Mitglied des Verwaltungsbeirats bestellt werden (→ *Verwaltungsbeirat* Rn. 1 ff.). Der Verwaltungsbeirat ist kein notwendiges Organ, sondern besteht nur, wenn ein oder mehrere Wohnungseigentümer nach § 29 WEG zum Verwaltungsbeirat gewählt wurden. Eine Vereinbarung, dass es keinen Verwaltungsbeirat gibt, ist wirksam.

24 **7. Zahlungsverpflichtungen.** Nur der Wohnungseigentümer ist zur Zahlung der vertraglich geschuldeten Leistungen an die Wohnungseigentümergemeinschaft verpflichtet.[16] Von dritten Personen, hier insbesondere die nicht im Grundbuch eingetragenen Verbraucher des Timesharing-Vertrages, können diese **Leistungen** nicht verlangt werden.

Je nachdem, wie hier die Ausgestaltung nach dem WEG aussieht, ergeben sich unterschiedliche **Rechtsfolgen**:

- Am einfachsten ist es bei der Bruchteilsgemeinschaft. Hier sind alle Verbraucher in den Wohnungsgrund-büchern als Eigentümer eingetragen. Daher treffen diese die üblichen Zahlungsverpflichtungen nach dem WEG. Sie haften als Gesamtschuldner gegenüber der Wohnungseigentümergemeinschaft.
- Ist im Grundbuch nur der Treuhänder eingetragen, richten sich diese Zahlungspflichten ausschließlich gegen ihn.
- Das gilt auch hinsichtlich des Dauerwohnungsverpflichteten. Die Dauerwohnungsberechtigten sind nicht zur Zahlung der Leistung verpflichtet.
- Es können also weder gegen die Dauerwohnrechtsinhaber noch gegen die Treugeber Forderungen der Wohnungseigentümergemeinschaft geltend gemacht werden.

---

16 BGH 18.5.1989 – V ZB 14/88, NJW 1989, 2697.

220. Trampolin

Leist

I. Einführung

Immer öfter werden auf den Gemeinschaftsflächen von Wohneigentumsanlagen Garten- oder Freizeittrampoli- **1** ne durch Mieter oder selbstnutzende Eigentümer aufgestellt. Da diese Gerätschaften dann gemeinschaftliche Flächen belegen und die Nutzung dieser Gerätschaften (wie fast jedes andere Spielgerät auch) eine erhöhte Verletzungsgefahr mit sich bringt, wirft die Aufstellung von Trampolinen die Frage auf, ob eine solche Nutzung des gemeinschaftlichen Eigentums grundsätzlich zulässig und das Aufstellen als Maßnahme der Gemeinschaft der Wohnungseigentümer möglich ist oder – bei dem Aufstellungswunsch nur einzelner Eigentümer – mittels Beschluss genehmigt werden muss. Auch fragt sich, wer die Verkehrssicherungspflicht bezüglich dieser Gerätschaften innehat.

II. Dauerhaftes Aufstellen eines Trampolins

1. Bauliche Maßnahme iSd § 20 Abs. 1 WEG. Fraglich ist bereits, ob in der Aufstellung eines Trampolins **2** auf der gemeinschaftlichen Fläche eine bauliche Maßnahme iSd § 20 Abs. 1 WEG liegt. Ist dem so, bedurfte es bis zur Änderung des Gesetzes für die Zulässigkeit der Fassung eines **Beschlusses** der Wohnungseigentümer **sowie der Zustimmung der Eigentümer**, die über das in § 14 Nr. 1 WEG aF bestimmte Maß hinaus beeinträchtigt wurden.

Nach der **Gesetzesänderung** ist nun bei einer baulichen Maßnahme zu unterscheiden. Will die Gemeinschaft der Wohnungseigentümer eine solche Maßnahme **als eigene Maßnahme** vornehmen, so bedarf es hierzu eines Beschlusses nach § 20 Abs. 1 WEG. Auf eine nachteilige Betroffenheit einzelner Eigentümer kommt es hierbei entgegen der vormaligen Rechtslage nicht mehr an.[1]

Auch darf die von der Gemeinschaft der Wohnungseigentümer gewünschte Maßnahme die Wohnanlage nicht grundlegend umgestalten oder einen Wohnungseigentümer ohne sein Einverständnis gegenüber anderen unbillig benachteiligen (§ 20 Abs. 4 WEG).

Wollen **einzelne Eigentümer** eine solche bauliche Maßnahme veranlassen, dann bedarf es im Weiteren des Einverständnisses der Wohnungseigentümer, deren Rechte durch die bauliche Veränderung über das bei einem geordneten Zusammenleben unvermeidliche Maß hinaus beeinträchtigt werden (§ 20 Abs. 3 WEG).

Nun stellt nicht jede – nur vorübergehende – Änderung im gemeinschaftlichen Eigentum eine **bauliche Ver-** **3** **änderung** iSd § 20 Abs. 1 WEG dar. Es muss sich vielmehr um eine Maßnahme handeln, die auf das gemeinschaftliche Eigentum bezogen ist, also das Grundstück selbst,[2] was unzweifelhaft beim Aufstellen des Trampolins im Außenbereich der Fläche des Gemeinschaftseigentums der Fall ist.

Als bauliche Maßnahme muss diese Aufstellung aber auch das gemeinschaftliche Eigentum umgestalten wol- **4** len, was also die Veränderung des „Soll-Zustandes" unter Schaffung neuer Einrichtungen, Anlagen oder Räume betrifft. Solche Maßnahmen müssen für die Einordnung als bauliche Maßnahmen **auf Dauer angelegt** sein und nicht lediglich eine vorübergehende Umgestaltung mit sich bringen.[3]

---

1 BT-Drs. 19/18791, 63.
2 BGH 7.2.2014 – V ZR 25/13, NZM 2014, 245.
3 OLG Zweibrücken 23.12.1999 – 3 W 398/99, NZM 2000, 293.

5 Soll also ein Garten- oder Freizeittrampolin dauerhaft (zB mit Betonfundamenten) auf der Gemeinschaftsfläche einer Wohnungseigentumsanlage errichtet werden, dann handelt es sich um eine bauliche Maßnahme, die
notwendigerweise einen Beschluss nach § 20 Abs. 1 WEG erfordert, um iSd Wohnungseigentumsrechts zulässig zu sein.[4]

6 Dies dürfte im Regelfall bei Trampolinen aber nicht der Fall sein, da diese normalerweise nur für eine kurze
Periode im Jahr Verwendung finden und im Regelfall auch transportabel sind, dh mit dem Grundstück nicht
fest verbunden sind.

7 Soll also lediglich ein mobiles Gerät aufgestellt werden, welches nur **vorübergehend** in der warmen Jahreszeit auf der Gemeinschaftsfläche steht, dann handelt es sich nicht um eine bauliche Maßnahme iSd der Norm.
Dies selbst dann, wenn es in einem – laut Teilungserklärung – „Ziergarten" aufgestellt wird, da ein „Ziergarten" lediglich die Art und Weise einer Bepflanzung beschreibt, nicht jedoch die Frage betrifft, wie die Fläche
iÜ durch den Menschen benutzt wird.[5]

8 **2. Bauliche Maßnahme der Gemeinschaft der Wohnungseigentümer.** Soll ein Trampolin im Ausnahmefall
dauerhaft errichtet und mit dem Grundstück verbunden werden und soll dies durch die Gemeinschaft der Wohnungseigentümer geschehen, dann bedarf es neben eines Beschlusses gem. § 20 Abs. 1 WEG der Beachtung
des Umstandes, dass dadurch die Wohnanlage nicht grundlegend umgestaltet oder ein Wohnungseigentümer
gegenüber anderen ohne sein Einverständnis unbillig benachteiligt wird (§ 20 Abs. 4 WEG).

9 **a) Grundlegende Umgestaltung.** Nach der Gesetzesbegründung bedeutet eine „grundlegende Umgestaltung"
ein „Mehr" zu der vormals in § 22 Abs. 2 WEG aF geregelten „Eigenart der Wohnanlage".[6] Unter letzterer
Begrifflichkeit verstand man das charakteristische Aussehen eines Gebäudes oder die typische Nutzung eines
Gebäudes, die sich von benachbarten Gebäuden abhebt.[7]

10 Demgegenüber soll nach der Gesetzesbegründung zur **neuen Rechtslage** eine bauliche Veränderung, die die
Wohnanlage grundlegend umgestaltet, nun im Einzelfall unter Berücksichtigung aller Umstände anzunehmen
sein. Bezugspunkt ist dabei die Anlage als Ganze. Eine grundlegende Umgestaltung wird nach der Gesetzesbegründung hiernach nur im Ausnahmefall anzunehmen sein. Insbesondere soll nicht jede bauliche Veränderung, die nach dem bisher geltenden § 22 Abs. 2 S. 1 WEG aF die Eigenart der Wohnanlage ändert, auch zu
einer grundlegenden Umgestaltung führen. Der Begriff der grundlegenden Umgestaltung ist danach vielmehr
enger zu verstehen als der Begriff der Änderung der Eigenart im vormals geltenden Recht.[8]

An diesen Kriterien gemessen, wird das dauerhafte Aufstellen eines Trampolins jedenfalls das Tatbestand-
merkmal der „grundlegenden Umgestaltung" nicht erfüllen, zumal es regelmäßig – wenngleich der Einzelfall
zu berücksichtigen ist – schwerlich vorstellbar ist, dass der Aufbau eines Trampolins an einer Stelle der Wohnanlage zu einer grundlegenden Umgestaltung der gesamten Anlage führen soll.

11 **b) Unbillige Benachteiligung eines Wohnungseigentümers.** Nach der Gesetzesbegründung entspricht der
Begriff der „unbilligen Benachteiligung" dem Begriff des § 22 Abs. 2 S. 1 WEG aF.[9]

Eine solche ist also anzunehmen, wenn die beabsichtigte Maßnahme zu einem Nachteil für einen oder mehrere
Wohnungseigentümer führt und das Maß einer Beeinträchtigung hat, die zu einer **treuwidrigen Ungleichbehandlung** der Wohnungseigentümer führt.[10] Auch erfordert die Unbilligkeit, dass einem Eigentümer Nachteile
zugemutet werden, die bei wertender Betrachtung nicht durch die mit der baulichen Veränderung verfolgten
Vorteile ausgeglichen werden.[11]

12 Auch mit Blick auf diesen Aspekt wird man der dauerhaften Aufstellung eines Trampolins im Zweifel keine
unbillige Benachteiligung zumessen können, zumal bei einer baulichen Maßnahme durch die Gemeinschaft

---

4 LG Hamburg 27.1.2016 – 318 S 5/15, BeckRS 2016, 15041.
5 AG München 8.11.2017 – 485 C 12677/17 WEG, ZWE 2018, 221.
6 BT-Drs. 19/18791, 66.
7 LG Hamburg 19.9.2018 – 318 S 71/17, ZWE 2019, 214.
8 BT-Drs. 19/18791, 66.
9 BT-Drs. 19/18791, 66.
10 BGH 18.2.2011 – V ZR 82/10, NJW 2012, 1220.
11 BT-Drs. 19/18791, 66.

der Wohnungseigentümer das Gebrauchsrecht am (dann neu geschaffenen) gemeinschaftlichen Eigentum allen gebührt, so dass sich insbesondere eine Ungleichbehandlung der Eigentümer nicht einstellen wird.

3. Bauliche Maßnahme einzelner Eigentümer. Für das dauerhafte Aufstellen eines Trampolins auf Wunsch 13 einzelner Eigentümer gilt zunächst das Vorgesagte. Auch solche Maßnahmen unterfallen dem Postulat der notwendigen Beschlussfassung nach § 20 Abs. 1 WEG und auch diese dürfen – um rechtmäßig zu sein – nicht entgegen § 20 Abs. 4 WEG beschlossen werden.

Daneben ist jedoch bei baulichen Maßnahmen auf Verlangen eines Eigentümers § 20 Abs. 3 WEG zu beach- 14 ten, nach dem es notwendig ist, dass alle Wohnungseigentümer, deren Rechte durch die bauliche Veränderung über das bei einem geordneten Zusammenleben unvermeidliche Maß hinaus beeinträchtigt werden, einverstanden sind.

Eine **Beeinträchtigung** ist demnach nach der Gesetzesbegründung rechtlich nicht relevant, wenn sie nicht 15 über das bei einem geordneten Zusammenleben unvermeidliche Maß hinausgeht oder die über dieses Maß hinaus beeinträchtigten Wohnungseigentümer einverstanden sind. Das Maß der von vornherein nicht relevanten Beeinträchtigung entspricht dabei nach der Gesetzesbegründung dem bisher geltenden Recht.[12]

„**Einverständnis**" iSd Norm meint, dass etwaig betroffene Eigentümer mit dem durch die bauliche Maßnahme 16 einhergehenden Rechtseingriff in ihre Rechtstellung einverstanden sind.[13] Ein solches Einverständnis ist demnach eine rechtsgeschäftliche Handlung, die formfrei erklärt werden kann.[14]

a) Verkehrssicherungspflichten. Eine Beeinträchtigung iSd § 20 Abs. 3 WEG mag sich nun dadurch erge- 17 ben, dass durch die bauliche Maßnahme eine **Steigerung der Verkehrssicherungspflicht** eintreten kann.

Bei der Verkehrssicherungspflicht handelt es sich um ein von der Rechtsprechung entwickeltes Rechtsinstitut der zivilrechtlichen Haftung gegenüber jedermann aus sogenannten unerlaubten Handlungen gem. §§ 823 ff. BGB.[15] Für das Immobilienrecht bedeutet dies, dass das Grundstück, dessen Bauteile, Anlagen und Einrichtungen sowie sonstige Grundstücksflächen verkehrssicher zu erhalten sind, damit keinem Dritten ein Schaden entsteht.[16]

Werden nun Garten- oder Freizeittrampoline fest mit dem Grundstück verbunden, so werden sie zum **wesentli-** 18 **chen Bestandteil eines Grundstücks** (§ 94 BGG) und unterliegen dann ebenfalls der Verkehrssicherungspflicht, die von der Gemeinschaft der Wohnungseigentümer wahrgenommen wird (§ 9 a Abs. 2 WEG).

Unabhängig davon, ob bei der Aufstellung von mit dem Grundstück fest verbundenen Trampolinen der bau- 19 willige Eigentümer den Träger der Verkehrssicherungspflicht von der Gewährleistung der Verkehrssicherungspflicht und Haftungen aus Verstößen hieraus freistellt, betreffen solche Vereinbarungen lediglich das **Innenverhältnis des Trägers der Verkehrssicherungspflicht**. Gegenüber Dritten hat dies keine rechtliche Relevanz, so dass die Gemeinschaft der Wohnungseigentümer im Außenverhältnis Dritten gegenüber weiterhin haftet.

Insoweit nun nach der ständigen Rechtsprechung des BGH nachteilig iSd §§ 22 Abs. 1 S. 1 iVm 14 Nr. 1 WEG 20 aF jede nicht ganz unerhebliche Beeinträchtigung war, die konkret und objektiv sein musste und nur geringfügige Beeinträchtigungen außer Betracht blieben,[17] wird jedenfalls in der **Steigerung der Verkehrssicherungspflichten** durch dauerhafte Einbringung eines Garten- oder Freizeittrampolins ebenfalls eine entsprechende Beeinträchtigung iSd § 20 Abs. 3 WEG zu sehen sein.[18] Damit ist für die dauerhafte Einbringung von Trampolinen, die zum wesentlichen Bestandteil des Grundstücks werden, stets **ein Einverständnis aller Eigentümer** iSd § 22 Abs. 3 WEG notwendig.

b) Exklusive Nutzung gemeinschaftlicher Flächen. Soweit ein auf dem Grundstück errichtetes Trampolin 21 lediglich durch einige Eigentümer der Wohneigentumsanlage gewünscht wird, die den Grundstücksbereich für

---

12 BT-Drs. 19/18791, 65.
13 BT-Drs. 19/18791, 65.
14 BT-Drs. 19/18791, 65.
15 BGH 28.4.1952 – III ZR 118/51, NJW 1952, 1050.
16 BayObLG 11.5.2001 – 2 Z Br 95/00, ZWE 2001, 423; weiterführend *Fritzsch* ZWE 2005, 384 ff.
17 BGH 24.1.2014 – V ZR 48/13, NZM 2014, 201; BGH 13.1.2017 – V ZR 96/16, NZM 2017, 447.
18 So auch LG Hamburg 27.1.2016 – 318 S 5/15, BeckRS 2016, 1504.

die Aufstellung des Trampolins alleine nutzen wollen/werden, so stellt sich über die Frage der Beeinträchtigung iSd § 20 Abs. 3 WEG hinaus die Problematik ein, dass hierdurch auch eine im gemeinschaftlichen Eigentum stehende Fläche zur exklusiven Nutzung einzelnen Wohnungseigentümern zugewiesen würde.

22   Ein darauf gerichteter Beschluss wurde nach alter Rechtslage als **Schaffung von faktischen Sondernutzungsrechten** betrachtet, die aber durch einen Beschluss der Gemeinschaft der Wohnungseigentümer nicht begründet werden konnten. Hierfür bedurfte es einer Vereinbarung der Eigentümer.[19]

23   Hiervon ist aber mit der **Gesetzesänderung** nicht mehr auszugehen, da es dem § 20 Abs. 1 WEG immanent ist, dass auf Antrag einzelnen Wohnungseigentümern gestattet werden kann, im gemeinschaftlichen Eigentum bauliche Maßnahmen vorzunehmen und diesen dann auch nach § 21 Abs. 3 S. 2 WEG die alleinige Nutzung gebührt.

24   Soweit hiernach die Beschlussfassung der Eigentümer eine solche exklusive Nutzung ermöglicht, haben die von der Nutzung ausgeschlossenen Eigentümer nach Maßgabe des § 21 Abs. 4 WEG die Möglichkeit, sich unter Aufbringung eines angemessenen Ausgleichs eine zukünftige Nutzung zu sichern (→ *Kosten und Nutzungen der baulichen Veränderungen* Rn. 29 ff.).

III. Vorübergehendes Aufstellen eines Trampolins

25   Bei nur vorübergehender Aufstellung von Garten- und Freizeittrampolinen bedarf es, wie zuvor dargestellt, keines Beschlusses der Gemeinschaft der Wohnungseigentümer. Die Zulässigkeit der Nutzung gemeinschaftlicher Flächen und Benutzung solcher Geräte findet ihre Schranken jedoch dort, wo die Rechtstellung der übrigen Eigentümer iSd §§ 13, 14 WEG beginnt. Sind hier Grenzen überschritten, so vermittelt dies ein **Abwehrrecht** gegen den „störenden Eigentümer" nach § 1004 BGB, welches durch die Gemeinschaft der Wohnungseigentümer nach § 9 a Abs. 2 WEG ausgeübt werden kann. Zu klären ist demnach, ob sich eine nachteilige Betroffenheit durch die vorübergehende Aufstellung eines Trampolins iSd §§ 13 Abs. 2, 14 Abs. 2 Nr. 2 WEG bei den übrigen Eigentümern einstellt.

26   **1. Verkehrssicherungspflicht.** Wird durch einen Eigentümer oder einen Nutzer auf der gemeinschaftlichen Fläche der Wohneigentumsanlage ein mobiles Trampolin lediglich nur zum vorübergehenden Gebrauch aufgestellt, so können sich die oben thematisierten Aspekte der möglichen Steigerung von Verkehrssicherungspflichten für die übrigen Eigentümer nicht einstellen. Denn solche Trampoline bleiben ja ausschließlich im Eigentum/Verantwortungsbereich des jeweils aufstellenden Nutzers und damit auch **in seinem Risiko- und Gefahrenbereich**.

27   **2. Exklusive Nutzung gemeinschaftlicher Fläche.** Eine nachteilige Betroffenheit ist aber unter dem Gesichtspunkt vorstellbar, dass die übrigen Eigentümer und Nutzer der Wohneigentumsanlage im konkreten Einzelfall von der Nutzung solcher Flächen ausgeschlossen sind, auf denen sich das Trampolin befindet.

28   Ob ein Nachteil durch die Aufstellung eines Trampolins während der warmen Jahreszeit ein solcher Nachteil ist, durch den sich ein durchschnittlicher Wohnungseigentümer nach der Verkehrsanschauung verständlicherweise beeinträchtigt fühlen könnte, unterliegt dann stets der **Einzelfallabwägung**. Je nach Aufstellungsort und räumlichen Vakanzen, Nähe zum Gebäude und erwartete Lärmimmissionen ist zu befinden, ob eine solche Beeinträchtigung vorliegt oder nicht. Eine schablonenhafte Antwort, wann unter Berücksichtigung räumlicher Gegebenheiten die Aufstellung von Trampolinen noch iSd §§ 13, 14 WEG zulässig ist, wird sich hier nicht geben lassen.

29   Bei der jeweils **einzelfallbezogenen Abwägung** einer möglichen nachteiligen Betroffenheit ist auf die jeweils grundrechtlich geschützten Interessen abzustellen.[20] Dies heißt also, dass unter Maßgabe eines geordneten Zusammenlebens nicht nur mit Blick auf das Eigentum und den daraus ableitbaren Rechtstellungen zu hinterfragen ist, ob eine nachteilige Beeinträchtigung vorliegt. Ebenfalls sind hier grundrechtlich geschützte Interessen einzubeziehen, was bezogen auf das Aufstellen von Trampolinen wohl im Wesentlichen bedeutet, dass hier auch der besondere Grundrechtsschutz nach Art. 6 Abs. 4 GG (= Schutz der Fürsorge für die Familie durch die Gemeinschaft) beachtlich wird.

---

19   BGH 8.4.2016 – V ZR 191/15, NJW 2017, 64.
20   BGH 24.1.2014 – V ZR 48/13, NZM 2014, 201; BGH 13.1.2017 – V ZR 96/16, NZM 2017, 447.

221. Trennwand

Fraatz-Rosenfeld

I. Bauordnungsrechtliche Anforderungen

Zu den zentralen Zielen des Bauordnungsrechts gehört der Schutz der Bewohner, Nutzer und der baulichen Anlage selbst vor Brandgefahren.[1] Aus diesem Grunde enthalten alle Landesbauordnungen zunächst eine Art Generalklausel zum vorbeugenden Brandschutz.[2] Verhindert werden soll in erster Linie die Brandausbreitung. Darüber hinaus sollen Gebäude so eingerichtet werden, dass sowohl ein erster als auch ein zweiter Rettungsweg vorhanden sind sowie entsprechend Fluchtmöglichkeiten über Flure und Treppenhäuser. **1**

Die Brandausbreitung wird vornehmlich durch Brandwände und Trennwände (→ *Doppelhaus* Rn. 6, → *Reihenhaus* Rn. 8 f.) verhindert. Der Unterschied zwischen beiden liegt in dem Schutzzweck und damit in der geforderten Qualität des Schutzniveaus. **Brandwände** sollen die Brandausbreitung von Gebäude zu Gebäude, innerhalb ausgedehnter Gebäude und zwischen Wohnbereichen und landwirtschaftlicher Nutzung verhindern. **Trennwände** dagegen sollen als „raumabschließende Bauteile von Räumen oder Nutzungseinheiten innerhalb von Geschossen ausreichend lang widerstandsfähig gegen Brandausbreitung sein" und sind insbesondere **zwischen** Nutzungseinheiten erforderlich.[3] Geschaffen werden durch den Einbau von Trennwänden „brandschutztechnisch abgegrenzte Einheiten", die durch „räumlich definierte Abschnitte" die Brandausbreitung begrenzen und die Brandbekämpfung für die Feuerwehr erleichtern.[4] **2**

Die Begrenzung der Brandausbreitung wird dadurch erreicht, dass vollständig durch Trennwände umschlossene „Nutzungseinheiten" gebildet werden. Zusammen mit den Brandwänden (→ *Brandwand* Rn. 1 ff.), die innerhalb von Gebäuden im Abstand von mindestens 40 Metern zu schaffen sind, ergibt sich dann ein System von gegeneinander brandschutztechnisch abgegrenzten Verfügungsbereichen.[5] Der Begriff „Nutzungseinheiten" ist nicht zwingend identisch mit der „Abgeschlossenheit" iSd § 3 Abs. 3 WEG.[6] Vielmehr kommt es entscheidend darauf an, inwieweit Räumlichkeiten funktional den Nutzern zur Verfügung stehen und offen zugänglich sind.[7] Regelmäßig wird dies aber bei als abgeschlossen iSd § 3 Abs. 3 WEG festgestellten Wohnungen der Fall sein oder auch bei Teileigentumseinheiten wie etwa in sich abgeschlossene Ladengeschäfte. **3**

Die Grundanforderung an Bauteile und damit an Brand- bzw. Trennwände sind in der **DIN EN 13501 bzw. der DIN-Vorschrift 4102** geregelt. Sie sind idR als technische Vorschriften in das bauordnungsrechtliche Regelwerk implementiert.[8] Je nach Art des Bauteils und der abschließenden Wand (Trennwand/ Brandwand) wird eine bestimmte Feuerwiderstandsdauer nach der folgenden Klassifizierung gefordert: F 90 = feuerbeständig, Feuerwiderstandsdauer 90 Minuten; F 60 = hochfeuerhemmend, Feuerwiderstandsdauer 60 Minuten; F 30 = feuerhemmend, Feuerwiderstandsdauer 30 Minuten.[9] **4**

---

1 Simon/Busse/*Nolte*, BayBO Art. 12 Rn. 2.
2 § 15 LBO BW, Art. 12 BayBO, § 14 BauO Bln, § 14 BbgBO, § 14 BremLBO, § 17 HBauO, § 14 HBO, § 14 LBauO M-V, § 14 NBauO, § 14 BauO NRW, § 15 RhPflBauO, § 15 SaarLBO, § 14 SächsBO, § 14 BauO LSA, § 15 SchlHLBO, § 14 ThürBO.
3 Insoweit wort- und inhaltsgleich: Art. 27 Abs. 2 Nr. 1 BayBO, § 29 Abs. 2 Nr. 1 BbgBO, § 29 Abs. 2 Nr. 1 BremLBO, § 27 Abs. 2 Nr. 1 HBauO, § 32 Abs. 2 Nr. 1 HBO, § 29 Abs. 2 Nr. 1 LBauO M-V, § 29 Abs. 2 Nr. 1 BauO NRW, § 29 Abs. 1 Nr. 1, 2 RhPf LBauO, § 29 Abs. 2 Nr. 1 SaarLBO, § 29 Abs. 2 Nr. 1 SächsBO, § 28 Abs. 1 Nr. 1 LBauO LSA, § 30 Abs. 2 Nr. 1 SchlHLBO, § 29 Abs. 2 Nr. 1 ThürBO.
4 Boeddinghaus/*Radeisen* BauO NRW § 29 Rn. 11.
5 *Alexejew* HBauO § 27 Rn. 8.
6 *Alexejew* HBauO § 27 Rn. 15.
7 Boeddinghaus/*Radeisen* BauO NRW § 29 Rn. 12.
8 Simon/Busse/*Hofer* BayBO Art. 81 a Rn. 23, 24, 33, 101; Große/Suchsdorf/*Kammeyer/Dorn* NBauO § 29 – Techn-Baubest/VerwV.
9 Boeddinghaus/*Radeisen* BauO NRW § 26 Rn. 45.

5 Welche Feuerwiderstandsanforderungen an die konkrete Gebäudesituation gestellt werden, richtet sich in den Bundesländern, die sich dem in der Musterbauordnung (MBO) 2002 vorgeschlagenen System der Einteilung der Gebäude in Gebäudeklassen angeschlossen haben, nach der **Gebäudeklasse**.[10] Entsprechende Regelungen finden sich in den Bundesländern, die sich diesem System nicht angeschlossen haben.[11]

6 Trennwände sind **entbehrlich** in Gebäuden, die prognostisch mit geringerem Risiko behaftet sind.[12] Zu diesen Gebäuden gehören danach freistehende Gebäude mit einer Höhe von bis zu 7 Metern (= Fußbodenoberkante oberes Geschoss) und nicht mehr als zwei Nutzungseinheiten bei einer Höchstfläche von 400 Quadratmetern (Gebäudeklasse 1); sind diese Gebäude nicht freistehend, unterfallen sie der Gebäudeklasse 2. Gebäude solcher geringen Dimensionierung iSd der ersten Alternative sind vornehmlich Doppelhäuser geringer Höhe (→ *Doppelhaus* Rn. 6), solche der zweiten Alternative Reihenhäuser→ *Reihenhaus* Rn. 9).

7 Trennwände sind **erforderlich** in Einzelhäusern mit zwei Nutzungseinheiten und Doppelhäusern, die die eben genannten Grenzen überschreiten, und in Sondereigentumen in Geschossbauten der Gebäudeklassen 3 oder 4.[13] Die Anforderungen an die **Trennwand selbst** sind unterschiedlich nach Gebäudeklasse und Geschoss – es wird differenziert nach „Regelgeschoss" sowie „Dachgeschoss", „Kellergeschoss" und „brandgefährlichen Räumen".[14] Für das „normale" Regelgeschoss gilt für die Gebäudeklasse 3 eine Feuerwiderstandsfähigkeitsklasse **F 30**, für Gebäude der Gebäudeklasse 4 eine Feuerwiderstandsklasse F 60.

8 Alle Landesbauordnungen sehen vor, dass Trennwände immer bis unter die Rohdecke und in Dachgeschossen bis unter die Dachhaut zu führen sind.[15] „**Rohdecke**" bedeutet die tragende Unterkonstruktion unter Abhängungen, Verputzungen oder aufgebrachten Gipskartonplatten. Auf diese Weise soll verhindert werden, dass sich ein Brand oberhalb einer Unterdecke bzw. unter dem Estrich ausbreitet.[16] Unter „**Dachhaut**" wird die oberste Schicht der Dacheindeckung verstanden, also die Dachziegel, Blechplatten oder entsprechende (feste) Eindeckungen. Soweit am oberen Ende der Trennwand aus Wärmeschutzgründen Zwischenräume bleiben, müssen diese mit nichtbrennbaren Materialien raumausfüllend verschlossen sein.[17]

II. Trennwände in der Wohnungseigentumsanlage

9 **1. Einbau und Änderungen von Trennwänden.** Der Einbau von Trennwänden sollte bereits bei Errichtung eines Gebäudes (→ *Erstmalige Herstellung eines ordnungsgemäßen Zustands* Rn. 5) durch entsprechende Grundrissplanung berücksichtigt und nachgewiesen werden.[18] Anforderungen, die an Trennwände gestellt werden, sind zu beachten im Zusammenhang mit baulichen Veränderungen oder der Aufnahme anderer Nutzungen, die andere Brandschutzanforderungen stellen und dann auch eine Baugenehmigung erfordern (→ *Baugenehmigung* Rn. 14).

10 Da Brandwände immer und Trennwände in Gebäuden der Gebäudeklassen 3 und 4[19] bis zur Bedachung durchgehen müssen, ist anlässlich von **Dachgeschossausbauten** zu berücksichtigen, dass die neu errichteten Wände unmittelbar an die oberste Schicht des Daches (Dachziegel, Blechabdeckung, Eternitplatte) bzw. die Rohdecke des jeweiligen Geschosses anschließen müssen. Demgemäß können neu errichtete Trennwände

---

10 Art. 27 BayBO, § 29 BauOBln, § 29 BbgBO, § 29 BremLBO, § 27 HBauO, § 32 HBO, § 29 LBauO M-V, § 29 BauO NRW, § 29 RhPflBauO, § 29 SaarlLBO, § 29 SächsBO, § 28 BauO LSA, § 30 SchlHLBO, § 29 ThürBO.

11 § 6 Abs. 3 LBOAVO BW, § 29 NBauO.

12 Bspw. § 27 Abs. 6 HBauO, § 29 Abs. 6 BauO NRW.

13 Die Gebäudeklasse 5 betrifft regelmäßig nur Gebäude mit einer oberen Fußbodenunterkante von 13 Metern und höher und unterirdische Gebäude; Letztere werden im Zusammenhang mit Wohnungseigentumsanlagen nur selten und allenfalls noch für Wohnungseigentumsanlagen mit Tiefgaragen Bedeutung erlangen.

14 Tabellarische Übersicht: *Alexejew* HBauO § 27 Rn. 11; *Boeddinghaus/Radeisen* BauO NRW § 29 Rn. 25.

15 Art. 29 Abs. 4 BayBO, § 29 Abs. 4 BauO Bln, § 29 Abs. 4 BbgBO, § 29 Abs. 4 BremLBO, § 27 Abs. 4 HBauO, § 32 Abs. 4 HBO, § 29 Abs. 4 LBauO M-V, § 29 Abs. 4 BauO NRW, § 29 Abs. 3 S. 1 RhPflBauO, § 29 Abs. 3 SaarlLBO, § 29 Abs. 4 SächsBO, § 28 Abs. 3 LBauO LSA, § 30 Abs. 4 SchlHLBO, § 29 Abs. 4 ThürBO.

16 BeckOK BauordnungsR Hessen/*Paliga/Otto/Schulz* HBO § 32 Rn. 8.

17 Simon/Busse/*Kühnel/Gollwitzer* BayBO Art. 27 Rn. 38; *Hornmann* HBO § 32 Rn. 15.

18 Simon/Busse/*Kühnel/Gollwitzer* BayBO § 27 Rn. 40.

19 Trennwände: § 29 Abs. 4 BauO Bln, § 29 Abs. 4 BbgBO, § 29 Abs. 4 BremLBO, § 27 Abs. 4 HBauO, § 32 Abs. 4 HBO, § 29 Abs. 4 LBauO M-V, § 29 Abs. 4 BauO NRW, § 29 Abs. 3 S. 1 RhPflBauO, § 29 Abs. 3 SaarlLBO, § 29 Abs. 4 SächsBO, § 28 Abs. 3 LBauO LSA, § 30 Abs. 4 SchlHLBO, § 29 Abs. 4 ThürBO.

nicht in Bereichen gestellt werden, die zur Dachhaut hin durch Dachsparren oder Dämmmaterial unterbrochen sind. Grundsätzlich müssen Trennwände **frei von Öffnungen** sein; sofern Öffnungen geschaffen werden, müssen diese auf ein Mindestmaß beschränkt und feuerhemmend abgeschlossen werden.[20] Zulässig sind nur „unvermeidbare" Öffnungen.[21]

2. Abwehranspruch gegenüber Veränderungen der Trennwand? Ob Sondereigentümern oder der Gemeinschaft der Wohnungseigentümer ein Anspruch auf Wiederherstellung oder Unterlassung der bauordnungsrechtlich unzulässigen Veränderung zusteht, ist nicht endgültig geklärt. Die hM geht davon aus, dass ein Verstoß gegen bauordnungsrechtliche Vorschriften nur dann ein Nachteil iSd § 14 Abs. 1 Nr. 2 WEG ist, wenn **gegen nachbarschützende Vorschriften verstoßen** wird.[22] Grundsätzlich werden zwar die allgemeinen Brandschutzvorschriften[23] des Bauordnungsrechts und insbesondere die Vorschriften über Brandwände[24] als nachbarschützend angesehen, Letztere aber nur im Außenverhältnis zu einem benachbarten Gebäude.[25] Da Trennwände nur den Innenbereich des Gebäudes betreffen, spricht bei Anwendung der hM vieles dafür, dass die Minderung der Wirkung einer Trennwand – etwa durch Einfügung von Rohrleitungen oder Bohrungen – nicht nach § 14 Abs. 2 Nr. 1 iVm Abs. 1 Nr. 2 WEG abgewehrt werden kann. Allerdings kann nunmehr die Auffassung vertreten werden, dass – unabhängig von einer subjektivrechtlichen Anreicherung – der Gemeinschaft der Wohnungseigentümer gem. § 9 a Abs. 2 Nr. 2 WEG ein Anspruch auf Einhaltung der „gesetzlichen Regelungen" zusteht. Darüber hinaus wird die Auffassung vertreten, dass in den Fällen massiver Eingriffe bzw. einer **grob bauordnungsrechtswidrigen Errichtung** einer Trennwand wegen der Gefährdung des Sondereigentums des angrenzenden Sondereigentümers diesem ein Anspruch aus § 1004 Abs. 1 BGB zusteht.[26]   11

Einem solchen **Unterlassungsanspruch** kann der Einwand des **Mitverschuldens** entgegengehalten werden.[27]   12

Ob auf eine Trennwand zwischen zwei Wohnungseigentumen die Regelungen des privaten Nachbarrechts über die gemeinschaftliche Grenzanlage mit einem entsprechenden Anspruch auf Wiederherstellung und Beteiligung an Unterhaltungskosten (§ 922 BGB) anzuwenden sind, wurde nicht abschließend entschieden. Der BGH hatte die Existenz einer Rechtsfigur „**Nachbareigentum**" zunächst angenommen,[28] später aber offengelassen.[29] Als vorläufiges Ergebnis kann angenommen werden, dass jedenfalls auf eine „nicht tragende Wand zwischen zwei Sondereigentumen" die Figur des Nachbareigentums angewendet werden kann.[30] Dementsprechend ist ein Wanddurchbruch durch eine Trennwand als Veränderung von Nachbareigentum und nicht als Eingriff in Gemeinschaftseigentum bezeichnet worden.[31]   13

---

20 Art. 27 Abs. 5 S. 1, 2 BayBO, § 29 Abs. 5 S. 1, 2 BauO Bln, § 29 Abs. 5 S. 1, 2 BbgBO, § 29 Abs. 5 S. 1, 2 BremL-BO, § 27 Abs. 5 S. 1, 2 HBauO, § 32 Abs. 5 S. 1, 2 HBO, § 29 Abs. 5 S. 1, 2 LBauO M-V, § 29 Abs. 5 S. 1, 2 BauO NRW, § 29 Abs. 3 S. 2 RhPfLBauO, § 29 Abs. 4 S. 1, 2 SaarLBO, § 29 Abs. 5 S. 1, 2 SächsBO, § 28 Abs. 4 S. 1, 2 LBauO LSA, § 30 Abs. 4 S. 1, 2 SchlHLBO, § 29 Abs. 5 S. 1, 2 ThürBO.

21 Boeddinghaus/*Radeisen* BauO NRW § 29 Rn. 45.

22 OLG Hamm 9.1.2009 – 15 Wx 142/08, DWE 2009, 66 mAnm *Abramenko* ZWE 2009, 226; OLG Frankfurt a. M. 17.5.2005 – 20 W 132/03; BayObLG 29.3.2000 – 2 Z BR 3/00, NZM 2000, 667; OLG Saarbrücken 26.8.1998 – 5 W 173/98, NZM 1999, 265; BayObLG 23.11.1995 – 2 Z BR 116/95, WE 1996, 471; Bärmann/*Suilman* WEG § 14 aF Rn. 14; Jennißen/*Hogenschurz* WEG § 13 aF Rn. 16.

23 Hoppenberg/*Hoppenberg/Paar/Schäfer*, H Rn. 404.

24 Alexejew/*Munske* HBauO § 26 Rn. 6.

25 OVG Münster 29.7.2002 – 7 B 583/02; VGH Mannheim 26.2.1991 – 3 S 2947/91.

26 AG Hamburg 26.2.2019 – 18 b C 227/18, nv/nrkr.

27 BGH 18.4.1997 – V ZR 28/96, NJW 1997, 2234; KG 15.7.2008 – 7 U 180/07, NZM 2008, 700; LG Frankfurt 14.12.2017 – 2–13-S 133/15, ZMR 2018, 621.

28 BGH 21.12.2000 – V ZB 45/00, NZM 2001, 46.

29 BGH 20.11.2015 – V – ZB 284/14, ZWE 2016, 79.

30 So zusammenfassend: *Heinemann* AnwZertMietR 13/ 2016 Anm. 1.

31 BGH 21.12.2000 – V ZB 45/00, NZM 2001, 46.

222. Treppenhaus

Choynacki

I. Begriff

1 Als Treppenhaus bezeichnet man einen Gebäudeteil oder den Raum in einem Gebäude, in dem sich eine Treppe befindet, die mehrere Geschosse vertikal miteinander verbindet. Das Treppenhaus dient der vertikalen Erschließung aller angeschlossenen Ebenen eines mehrgeschossigen Gebäudes und ist dessen funktionaler Bestandteil.

II. Eigentum

2 Ein Treppenhaus ist grundsätzlich ein **wesentlicher Gebäudebestandteil** und steht deshalb mit seinen wesentlichen Bestandteilen nach § 5 Abs. 1 S. 1 WEG im gemeinschaftlichen Eigentum.[1] Anders ist es, wenn sich das Treppenhaus **ausnahmsweise** in einem Gebäude befindet, dessen sämtliche Räume im Sondereigentum eines Wohnungs- oder Teileigentümers stehen, zB bei einem Reihenhaus. Dort steht das Treppenhaus im Sondereigentum.

III. Verwaltung

3 Ein Treppenhaus ist nach § 18 Abs. 1 WEG von der Gemeinschaft der Wohnungseigentümer zu verwalten. Befindet sich das Treppenhaus **ausnahmsweise** in einem Gebäude, dessen sämtliche Räume im Sondereigentum eines Wohnungs- oder Teileigentümers stehen, dann handelt es sich um Sondereigentum. Dieses verwaltet der Wohnungs- als Sondereigentümer.

IV. Kosten

4 Die Erhaltungs- und/oder Betriebskosten bestimmen sich nach § 16 Abs. 2 S. 1 WEG. Die Wohnungseigentümer können etwas anderes vereinbaren oder nach § 16 Abs. 2 S. 2 WEG beschließen. Steht das Treppenhaus ausnahmsweise im Sondereigentum (→ Rn. 2), trägt der Wohnungs- als Sondereigentümer die Kosten.

V. Benutzung

5 **1. Überblick.** Für die Benutzung eines Treppenhauses im gemeinschaftlichen Eigentum (→ Rn. 2) gilt § 16 Abs. 1 S. 3 WEG. Jeder Wohnungseigentümer ist also zum **Mitgebrauch** nach Maßgabe des § 14 WEG berechtigt.[2]

6 **2. Benutzungsregelungen.** Die Wohnungseigentümer können für jedes Treppenhaus nach § 10 Abs. 1 S. 2 WEG Benutzungsregelungen vereinbaren oder nach § 19 Abs. 1, Abs. 2 Nr. 1 WEG beschließen (→ *Gebrauchs- und Nutzungsvereinbarungen* Rn. 1 ff.). In Betracht kommen zB Regelungen zu:

7 - Abstandsregelungen;
   - Bildern;
   - Hygienemaßnahmen;
   - Fahrrädern;[3]
   - Fußmatten;
   - Garderobenständern;
   - Gerüchen, zB Duftkerzen;

---

1 KG Berlin 19.6.1985 – 24 W 4020/84, ZMR 1985, 344.
2 Siehe auch LG Frankfurt a.M. 14.3.2019 – 2–13 S 94/18, ZWE 2019, 278.
3 LG München I 23.11.2017 – 36 S 3100/17 WEG, ZWE 2018, 176.

- Kinderspielen;
- Kinderwagen;
- Pflanzen;
- Reinigung;
- Rollatoren;
- Schmuck;
- Schuhschränken;
- Tragen einer Mund-Nasen-Bedeckung;
- Verbot, im Treppenhaus längere Unterhaltungen zu führen oder dort zu singen.

VI. Bauliche Veränderungen

Bauliche Veränderungen bestimmen sich nach § 20 WEG. Steht das Treppenhaus ausnahmsweise im Sonder- 8
eigentum (→ Rn. 2), ist § 13 Abs. 2. WEG zu beachten.

Wird im Treppenhaus nach § 20 Abs. 2 S. 1 Nr. 1 WEG ein Personenaufzug, ein Handlauf oder Treppenlift 9
eingebaut, ist vorstellbar, dass diese nach § 21 Abs. 1 S. 2, Abs. 3 S. 2 WEG **nur die Wohnungseigentümer**
nutzen dürfen, die die Kosten getragen haben.

Der Einbau eines Treppenlifts ist grundsätzlich zulässig, wenn der den Treppenlift benötigende Eigentümer
auch die Kosten hierfür trägt. Ihm alleine gebührt dann auch die Nutzung. Allgemein → *Treppenlift* Rn. 1 ff.

223. Treppenlift

Hansen

I. Einführung

Der Einbau und der Betrieb eines Treppenlifts werden in erster Linie im Hinblick auf die Bedürfnisse älterer 1
oder behinderter Menschen, vor allem aber unter dem Stichwort der **Barrierefreiheit** diskutiert.

II. Rechtsgrundlagen

1. Im Objekt vorhandener Treppenlift. a) Sachenrechtliche Grundlage. ISv § 5 Abs. 2 WEG stehen kon- 2
struktive, gestaltprägende und dem gemeinschaftlichen Gebrauch dienende Bestandteile des einzelnen Gebäu-

des auch bei einer Mehrhausanlage zwingend im gemeinschaftlichen Eigentum aller Miteigentümer. Ein Treppenlift steht damit grundsätzlich im **Gemeinschaftseigentum**. Die Sondereigentumsfähigkeit dürfte mangels räumlicher Abgrenzung – ein Treppenlift ist in der Regel ein über eine Metallschiene fahrbarer und offener Sitz im Treppenhaus – zu verneinen sein.

3 **b) Vereinbarung.** In der **Gemeinschaftsordnung** kann geregelt sein, dass Betriebs- und Erhaltungskosten von technischen Anlagen, die ausschließlich einzelnen Wohnungseigentümern zugutekommen, nur von diesen zu tragen sind. Insbesondere für die Eigentümer der Einheiten im Erdgeschoss des Hauses kann die Kostenbefreiung von Interesse sein.

4 Regelungen in der Gemeinschaftsordnung sind nach den für Grundbucheintragungen geltenden Grundsätzen nach ihrem Wortlaut und Sinn auszulegen, wie sie sich aus unbefangener Sicht als nächstliegende Bedeutung ergeben.[1] Entscheidend ist damit die konkrete Formulierung, die hinreichend klar und widerspruchsfrei sein muss. Bleiben Zweifel, verbleibt es grundsätzlich bei der gesetzlichen Regelung, § 16 Abs. 2 WEG.

5 **c) Betriebskosten.** Mangelt es an einer – wirksamen – Vereinbarung zur Kostentragungslast im Hinblick auf den Lift, gilt grundsätzlich § 16 Abs. 2 WEG. Die Kosten des Betriebs des Lifts werden nach Miteigentumsanteilen (MEA) von **allen Eigentümern** getragen. Denkbar ist jedoch auch, die Betriebskosten für den Treppenlift nach § 16 Abs. 2 S. 2 WEG mit einfacher Mehrheit gegen eine in der Vereinbarung bereits existierende Kostenverteilungsregelung dauerhaft anders zu beschließen.

6 **d) Erhaltungsmaßnahmen.** Wie für die Betriebskosten auch, werden Maßnahmen der Erhaltung (Instandsetzung und Instandhaltung) nach § 16 Abs. 2 WEG von allen Eigentümern nach dem **Kostenverteilungsschlüssel MEA** getragen. Möglich ist es allerdings, dass Beschlüsse nach § 16 Abs. 2 WEG mit einfacher Mehrheit getroffen werden, so dass nur einzelne Eigentümer, etwa die Nutzer des Treppenlifts, mit den Kosten insoweit belastet werden.

7 **e) Duldung eines vorhandenen Treppenlifts nach Teilung.** Denkbar ist auch, dass der im Objekt bereits vorhandene Treppenlift auf der Grundlage eines mit einfacher Mehrheit gefassten Beschlusses in der Vergangenheit nach Teilung und vor dem 1.12.2020 errichtet wurde. Wurde ein solcher Mehrheitsbeschluss nicht – rechtzeitig – angefochten, ist er gültig, § 23 Abs. 4 S. 2 WEG. Folge ist eine **Duldungspflicht**, nicht aber eine Fiktion der Zustimmung. Der Beschluss ist gültig, obwohl die Zustimmung nach wie vor fehlt.[2]

8 Problematisch ist dabei, dass durch die Installation des Treppenlifts zugunsten nur eines oder einiger weniger Nutzer ein Sondernutzungsrecht an der Fläche im Treppenhaus entsteht, die den den Lift benutzenden Eigentümern vorbehalten bleibt. Zieht man insbesondere die Entscheidung des BGH vom 13.1.2017- V ZR 96/16 entsprechend heran, nach der bei dem Einbau eines Fahrstuhls am Gebäude **Sondernutzungsrechte** eingeräumt werden, soweit der Aufzug nur einzelnen bau- und zahlungswilligen Wohnungseigentümern zur Verfügung steht, dürfte auch ein mit einfacher Mehrheit gefasster Beschluss trotz seiner Gültigkeit nach § 23 Abs. 4 S. 2 WEG noch mit Erfolg wegen Nichtigkeit angegriffen werden – per Beschluss können keine Sondernutzungsrechte begründet werden.

9 Eine solch konsequente Anwendung der Rechtsprechung des BGH ließe sich dann allerdings auch auf viele andere bauliche Maßnahmen am Objekt übertragen. Auch die auf der Grundlage eines Mehrheitsbeschlusses errichteten Markisen oder Rollläden beispielsweise oder auch Werbeschilder an der Hausfassade würden zur Begründung von Sondernutzungsrechten führen. Auch wenn es fraglich ist, ob der BGH in seiner Entscheidung vom 13.1.2017 eine solch weitreichende Konsequenz im Blick hatte, ist nach praktikablen **Abgrenzungskriterien** zu suchen. Vertreten wird, dass insoweit auf die Nutzungsdauer abzustellen sei.[3]

10 Fehlen Angaben zur Nutzungsdauer, wird vertreten, dass auf den Umfang der baulichen Arbeiten und den Aufwand zum Rückbau dessen abzustellen ist, um zu ermessen, ob in der durch die Baumaßnahmen liegenden Beanspruchung der ausschließlichen Nutzung des Gemeinschaftseigentums zugleich die Begründung eines Sondernutzungsrechtes zu sehen ist.[4]

---

1 BGH 23.6.2017 – V ZR 102/16.

2 BGH 11.11.2011 – V ZR 65/11, ZMR 2012, 213.

3 *Hogenschurz* ZWE 2017, 208; der BGH lässt die Frage offen, ob aus der Nutzungsdauer auf ein Sondernutzungsrecht geschlossen werden kann, BGH 8.4.2016 – V ZR 191/15, ZWE 2016, 453.

4 *Hogenschurz* ZWE 2017, 208.

Nach der älteren Entscheidung des LG Erfurt vom 19.2.2002 besteht allerdings die Kompetenz, durch Mehr- 11
heitsbeschluss zugunsten eines behinderten Mieters eines Miteigentümers den Einbau eines Treppenlifts nebst
notwendiger neuer Treppenausführung zu beschließen. Die Beschlussfassung stellt danach nicht die Begründung eines Sondernutzungsrechts dar, auch wenn der Lift nur einem Sondereigentümer bzw. dessen Mieter zugutekommt.[5]

Eine Lösung mag aber in § 20 Abs. 2 Nr. 1 WEG oder § 20 Abs. 1 Alt. 2 WEG liegen. Danach lässt sich die 12
Legitimation zur Errichtung des Treppenlifts nachträglich mit einem Gestattungsbeschluss mit einfacher
Mehrheit herbeiführen. Die Frage, ob mit diesem Beschluss die Begründung eines Sondernutzungsrechts verbunden ist, stellt sich dann nicht mehr – nach § 21 Abs. 1 S. 2 WEG gebühren dem, dem die bauliche Veränderung gestattet wird, alleine die Nutzungen.

2. Nachträglicher Einbau eines Treppenlifts aufgrund Vereinbarung. Möglich ist es, die Legitimation für 13
die nach Teilung des Objektes vorgesehene Errichtung eines Treppenlifts bereits in der Teilungserklärung/
Gemeinschaftsordnung vorzusehen.

a) Recht zur Errichtung. Die Vereinbarung zu einem Recht der Installation des Lifts muss eine **klare und** 14
eindeutige Regelung treffen.[6] Maßgebend ist ihr Wortlaut und ihr Sinn, wie sich dies aus unbefangener Sicht
als nächstliegende Bedeutungen der Eintragung ergibt, weil auch Sonderrechtsnachfolger der Wohnungseigentümer an die Vereinbarung gebunden sind. Umstände außerhalb der Eintragung dürfen nur herangezogen werden, wenn sie nach den besonderen Verhältnissen des Einzelfalls für jedermann ohne Weiteres erkennbar
sind.[7]

Ergibt sich daher aus der Vereinbarung mit hinreichender Klarheit, dass der Einbau eines Lifts gestattet wird, 15
hat die Gemeinschaft der Wohnungseigentümer gar nicht die Möglichkeit, dem zu widersprechen oder ihre
Zustimmung etwa davon abhängig zu machen, dass sie nicht mit Folgekosten belastet wird.[8] Die Frage nach
dem „Ob" der Errichtung stellt sich nicht mehr.

Anders ist dies – regelmäßig – im Hinblick auf die **konkrete Errichtung** der legitimierten Anlage. Wenn kei- 16
ne konkreten Vorgaben an die Errichtung aus der Vereinbarung ersichtlich sind oder mehrere Möglichkeiten
der Gestaltung der Errichtung bestehen, braucht eine Lösung, die die Belange der übrigen Wohnungseigentümer in vermeidbarer Weise wesentlich mehr beeinträchtigt als eine andere nicht hingenommen zu werden. Den
übrigen Wohnungseigentümern steht dann ein **Unterlassungs- oder Beseitigungsanspruch** zu,[9] nach § 18
Abs. 2 WEG gerichtet darauf, dass die Gemeinschaft der Wohnungseigentümer gegen den Störer des Gemeinschaftseigentums vorgeht (→ *Unzulässige bauliche Veränderungen und Sanktionen* Rn. 18 ff.)..

Bedingungen, die bei der Errichtung des Treppenlifts einzuhalten sind (Lage, Größe, Material etc der Anlage), 17
sind durch **Auslegung der Vereinbarung** zu ermitteln. Möglich ist auch, dass eine Baugenehmigung oder
eine Sicherheit gefordert wird, sowohl für die Bauphase als auch den Fall des Rückbaus. Sind die Vorgaben –
wie häufig – in der Vereinbarung nicht ausreichend konkret oder gibt es hartnäckige Opponenten der Errichtung, die viel Kritik äußern, ist es trotz bereits gegebener Legitimation zum „Ob" notwendig, einen Beschluss
zu fassen, mit dem die Umsetzung der Installation konkret, etwa unter Beifügung von Plänen und technischen
Beschreibungen von Fachleuten, geregelt wird.[10] Nach § 20 Abs. 1 Alt. 2 WEG ist es möglich, diesen Durchführungsbeschluss mit einfacher Mehrheit zu fassen. Dem bauwilligen Wohnungseigentümer kann die bauliche Veränderung gestattet und dabei können auch Vorgaben gemacht werden, deren Grenzen sich aus dem
Grundsatz ordnungsmäßiger Verwaltung ergeben, § 19 Abs. 1 WEG.

b) Kostentragung. Durch Vereinbarung können die Wohnungseigentümer in diesem Zusammenhang auch 18
abweichend von § 16 Abs. 2 WEG die Pflicht zur Erhaltung (Instandsetzung und Instandhaltung) von Teilen
des gemeinschaftlichen Eigentums und zur Tragung der damit verbundenen Kosten einzelnen **Sondereigentü-**

---

5 LG Erfurt 19.2.2002 – 7 T 575/02, NZM 2003, 402 unter Verweis auf BGH 20.9.2000 – V ZB 58/99, BGHZ 145,
   158.
6 BGH 2.3.2012 – V ZR 174/11, NJW 2012, 1722; BGH 22.11.2013 – V ZR 46/13, ZWE 2014, 125.
7 BGH 22.11.2013 – V ZR 46/13, ZWE 2014, 125.
8 OLG Celle 10.10.2006 – 4 W 136/06, ZMR 2007, 55.
9 BayObLG 16.4.1998 – 2Z BR 61/98, NZM 1999, 132.
10 LG Berlin 16.7.2013 – 55 S 171/12 WEG, ZMR 2014, 383.

mern auferlegen. Wird einem Sondereigentümer in der Gemeinschaftsordnung eine Instandsetzungs- oder Instandhaltungspflicht übertragen, hat er im Zweifel auch die ihm dadurch entstehenden Kosten zu tragen.[11]

19 **3. Einbau eines Treppenlifts aufgrund Beschlusses. a) Beschluss über die bauliche Veränderung (§ 20 Abs. 1 Alt. 1 WEG). aa) Bauliche Veränderung.** Inhaltlich geht es um eine bauliche Veränderung des gemeinschaftlichen Eigentums. Im Rahmen des § 20 Abs. 1 Alt. 1 WEG wird über das „Ob" der Maßnahme, mithin zu der Frage beschlossen, ob ein Treppenlift überhaupt gebaut werden soll. Der Beschluss über das „Wie", dh der konkreten Durchführung der baulichen Maßnahme, ist davon zu trennen, wenngleich die Eigentümer auch über beides zusammen beschließen können. Insgesamt → *Bauliche Veränderungen* Rn. 13 ff.

20 **bb) Veränderungssperre (§ 20 Abs. 4 WEG).** Der Beschluss zum „Ob" der Errichtung des Treppenlifts ist der sogenannten Veränderungssperre nach § 20 Abs. 4 WEG unterworfen. Danach darf die bauliche Veränderung nicht zu einer **grundlegenden Umgestaltung** der Wohnanlage führen und es darf kein Eigentümer ohne sein Einverständnis gegenüber anderen **unbillig benachteiligt** werden.

21 Die Merkmale der „grundlegenden Umgestaltung" und der „unbilligen Benachteiligung" des § 20 Abs. 4 WEG lassen die Parallele zu § 22 Abs. 2 WEG aF zu, wonach durch die seinerzeitige Modernisierungsmaßnahme weder die „Eigenart der Anlage" verändert, noch dadurch ein Wohnungseigentümer gegenüber einem anderen unbillig beeinträchtigt werden durfte. Nach der Gesetzesbegründung zur Reform in 2007 war der Spielraum der **Eigenart der Anlage** eng zu sehen – bei einem Anbau war die Anlage regelmäßig verändert.[12]

22 Dies ist jetzt anders zu sehen, da der Gesetzgeber 2020 den Begriff der „Eigenart" aufgegeben und die „**grundlegende Umgestaltung**" eingeführt hat. Der Spielraum ist jetzt weiter zu ziehen oder anders formuliert: Die bauliche Veränderung muss starke Auswirkungen auf die Wohnanlage haben, um als Umgestaltung zu gelten, etwa dann, wenn ein **neues Gepräge** entsteht. Dabei ist die **Wohnanlage als Ganzes** zu betrachten. Da der Gesetzgeber mit der Reform 2020 auch das Ziel verfolgt, bauliche Veränderungen, die von der Mehrheit gewünscht werden, einfacher zu realisieren, wird die Umgestaltung der Anlage eher die Ausnahme darstellen, jedenfalls aber bei Installation eines Treppenlifts allenfalls dann, wenn etwa der Charakter des Hauses dadurch vollkommen verändert wird, zB das reich verzierte Treppenhaus eines Altbaus aus der Gründerzeit zum großen Teil durch den Lift zerstört wird. Unter Berücksichtigung dessen, dass aber schon mit dem Einbau eines Fahrstuhls im Inneren des Gebäudes mit der bisherigen Rechtsprechung nicht zwingend eine Änderung der Eigenart der Wohnanlage einherging, wird die „grundlegende Umgestaltung" in der Regel nicht gegeben sein. Der **Einzelfall** ist entscheidend. Dabei ist grundsätzlich kein enger Maßstab anzulegen, will man den durch den Gesetzgeber geschaffenen Spielraum nicht unnötig einschränken.[13]

23 Das weitere Merkmal der Veränderungssperre nach § 20 Abs. 4 WEG ist bei der baulichen Veränderung dann zu bejahen, wenn ein Wohnungseigentümer durch die bauliche Veränderung gegenüber anderen in stärkerem Maße beeinträchtigt wird. Erforderlich ist, dass der die Benachteiligung reklamierende Eigentümer aufgrund einer **eigenen Rechtsposition** argumentiert. Der Eigentümer muss also selber betroffen sein, eine Art Sonderopfer bringen und die Benachteiligung darf **nicht alle Eigentümer gleichermaßen** treffen. Wird daher der Lift im Treppenhaus installiert, trifft die optische Veränderung als Beeinträchtigung alle Eigentümer und ist insoweit keine Benachteiligung des Einzelnen iSv § 20 Abs. 4 WEG. Da alle Eigentümer der Vergleichsmaßstab im Objekt sind, kann sich die Benachteiligung des einzelnen Eigentümers, etwa des Bewohners der Erdgeschoßwohnung, bei einer Installation des Liftes bis in das 1. OG auch nicht daraus ergeben, dass durch die bauliche Veränderung die Erreichbarkeit der Wohnung im Erdgeschoss erschwert ist. Zwar ist der in das 1. OG führende Treppenlift in jedem Fall im Erdgeschoss installiert, doch so wie der Bewohner der Erdgeschosswohnung müssen auch alle anderen Bewohner der darüber liegenden Wohnungen an der Erdgeschosswohnung und damit am Treppenlift vorbei, etwa wenn ein Umzug ansteht. Alle Eigentümer sind gleichermaßen betroffen.

24 Ferner muss nach § 20 Abs. 4 WEG die Benachteiligung für den einzelnen Eigentümer **unbillig** sein. Dies verlangt die Überschreitung einer erheblichen Schwelle. Das Sonderopfer, das der beeinträchtigte einzelne Eigentümer erbringt, muss die Vorteile der baulichen Veränderung deutlich überwiegen. Schon nach der Rechtsprechung zu § 22 Abs. 2 WEG aF ergab sich eine unbillige Benachteiligung beispielsweise nicht zwingend aus den zu erwartenden **Geräuscheinwirkungen**. Grundsätzlich kann zwar eine unbillige Beeinträchtigung eines

---

11 BGH 28.10.2016 – V ZR 91/16, NJW 2017, 1167.
12 AG Ahrensburg 2.4.2014 – 37 C 23/13, ZMR 2014, 925.
13 BGH 18.2.2011 – V ZR 82/10, NZM 2011, 281.

Hansen

Wohnungseigentümers gegenüber den anderen darin liegen, dass er durch die Modernisierung echte Immissionen (zB durch Geräusche) erfährt. Allerdings: Emissionen (zB Geräusche beim Zusteigen und Aussteigen, Schließen der Tür, Fahrgeräusche wegen der größten Nähe zum Antrieb eines Aufzugs) sind von den Bewohnern hinzunehmen. Dies gilt auch für die am meisten betroffenen Erdgeschossbewohner. Wäre dies anders, wäre ein nachträglicher Lifteinbau gegen den Willen des Erdgeschosseigentümers immer ausgeschlossen gewesen. Dies widersprach aber schon dem vom Gesetzgeber mit § 22 Abs. 2 WEG aF verfolgten Zweck.[14] Wenn Geräuschentwicklungen zwar einzudämmen und Richtwerte zu beachten waren, waren und sind Emissionen von weniger als 52 dB aber hinnehmbar.[15] Angesichts des jetzt vom Gesetzgeber verfolgten Zwecks, die bauliche Veränderung in die Hand der Mehrheitseigentümer zu geben und zu erleichtern, ist aber auch an dieser Stelle bei der Gewichtung der Vorteile, die mit der baulichen Veränderung verbunden sind, ein großzügiger Maßstab anzulegen. Die Geräuschentwicklung müsste deutlich über den Richtwerten liegen und auch in der Erdgeschoßwohnung wahrnehmbare Geräusche beispielsweise müssten massiv sein, um den Vorteil für Bewohner im Haus, künftig einen Treppenlift zu nutzen, zu überwiegen.

Letztlich tritt bei § 20 Abs. 4 WEG noch das Merkmal des **fehlenden Einverständnisses** des einzelnen, benachteiligten Eigentümers hinzu. Stimmt damit der Betroffene dem Einbau des Treppenlifts zu, ist seine unbillige Benachteiligung unbeachtlich. 25

b) Beschluss über die Gestattung der baulichen Veränderung (§ 20 Abs. 1 Alt. 2 WEG). Nach § 20 Abs. 1 Alt. 2 WEG kann **mit einfacher Mehrheit** beschlossen werden, dass einem Wohnungseigentümer die bauliche Veränderung gestattet wird. Verbunden werden kann dieses „Ob" der Veränderung mit einem Durchführungsbeschluss über das „Wie" auf der Grundlage von § 19 Abs. 1 WEG. Möglich ist es daher für die Mehrheit, einem oder mehreren Bauwilligen den Einbau des Treppenlifts zu gestatten. Die bauliche Veränderung erfolgt dann in eigener Verantwortung des Bauwilligen, wobei es der Mehrheit freisteht, die Durchführungserlaubnis durch Vorgaben einzuschränken, was sich für den Treppenlifteinbau geradezu aufdrängt. Die Vorgaben der Veränderungssperre nach § 20 Abs. 4 WEG gelten auch hier. 26

c) Anspruch auf Barrierereduzierung (§ 20 Abs. 2 S. 1 WEG). aa) Anspruch auf bauliche Veränderung. Nach § 20 Abs. 2 S. 1 Nr. 1 WEG besteht ein Anspruch, eine bauliche Veränderung auch gegen die einfache Mehrheit zu beschließen, die dem **Gebrauch durch Menschen mit Behinderung** dient. Dies erstreckt sich auf alle Maßnahmen, die für eine Nutzung durch körperlich oder geistig eingeschränkte Personen erforderlich oder auch nur förderlich sind. Der Einbau eines Treppenlifts als **privilegierte Maßnahme** fällt darunter. 27

Die bislang geführte Diskussion zu baulichen Veränderungen bei der Herstellung von Barrierefreiheit anhand grundrechtlich geschützter Interessen[16] ist obsolet. Ein Anspruch auf Gestattung des Einbaus des Treppenlifts war vor dem 1.12.2020 vor dem Hintergrund der **Drittwirkung der Grundrechte** und der gesetzlichen Vorgabe zu diskutieren, dass nach Art. 3 Abs. 3 S. 2 GG einerseits niemand wegen seiner Behinderung benachteiligt werden darf, andererseits aber das Eigentumsrecht nach Art. 14 Abs. 1 S. 1 GG gewahrt sein muss. Schon der Gesetzesbegründung zur Reform 2007 war zu entnehmen, dass ein Treppenlift als **unvermeidlich** zu bewerten ist, wenn die Barrierefreiheit nach objektiven Kriterien geboten und ohne erhebliche Eingriffe in die Substanz des Gemeinschaftseigentums technisch machbar ist.[17] 28

Die Frage aber, ob der Nachteil, der aus baulichen Veränderungen zur Herstellung von Barrierefreiheit erwächst, das in § 14 Nr. 1 WEG aF bestimmte Maß übersteigt, war aufgrund einer **fallbezogenen Abwägung** der beiderseits grundrechtlich geschützten Interessen zu entscheiden.[18] Für den bauwilligen Eigentümer spricht das Interesse auf leichten und gefährdungsfreien Zugang zur Wohnung, das in Inhalt und Umfang von Art. 3 Abs. 3 S. 2 GG, Art. 6 Abs. 1 GG mitgeprägt wird, jedenfalls dann, wenn der Bauwillige oder ihm zuzuordnende Dritte (Angehörige gem. Art. 6 Abs. 1 GG; Mieter) so stark gehbehindert sind, dass ihnen ein Verlassen und Wiederaufsuchen der Wohnung nur noch mit Mühe und erheblich erschwert möglich ist. Das Interes- 29

---

14 LG Hamburg 19.9.2018 – 318 S 71/17, ZWE 2019, 214.
15 LG Hamburg 19.9.2018 – 318 S 71/17, ZWE 2019, 214.
16 BT-Drs. 16/887, 31 f.; BGH 22.1.2004 – V ZB 51/03, BGHZ 157, 322 (326 f.).
17 BT-Drs. 16/887, 31.
18 BT-Drs. 16/887, 31 f.; BGH 22.1.2004 – V ZB 51/03, BGHZ 157, 322; BVerfG 28.3.2000 – 1 BvR 1460/99, NJW 2000, 2658; LG Karlsruhe 13.7.2012 – 11 S 242/11, ZWE 2013, 37.

se, die Wohnung leicht und gefährdungsfrei erreichen zu können, hatte nicht erst dann Gewicht, wenn der Bauwillige überhaupt nicht mehr in der Lage wäre, seine Wohnung ohne mechanische Hilfe aufzusuchen oder zu verlassen.[19] Das Maß der gegenwärtigen Gehbehinderung und der in nächster Zeit zu erwartender Verschlechterung hatte der Tatrichter durch Erhebung geeigneter Beweise (zB **Sachverständigengutachten**) zu klären.[20]

30 Diese Prüfung entfällt. **Barrierereduzierende Maßnahmen können** nun **verlangt werden**, ohne dass es auf die Betroffenheit des Wohnungseigentümers, seiner Angehörigen oder Mieter ankommt.[21] Die Diskussion darüber, ob die Maßnahme im Einzelfall notwendig ist oder mit dem Lifteinbau dem gesetzgeberischen Zweck der Barrierereduzierung für die Zukunft genügt werden soll, stellt sich nicht.

31 **bb) Grenzen des Anspruchs.** Nach dem Wortlaut des § 20 Abs. 2 S. 1 WEG können jedoch nur angemessene bauliche Veränderungen verlangt werden. Das Merkmal der **Angemessenheit** muss aber in die gesetzgeberische Zielsetzung eingeordnet werden, dass die Barrierereduzierung ausdrücklich eine privilegierte Maßnahme ist, die unabhängig von der tatsächlichen Notwendigkeit im Objekt auch vereinfacht realisiert werden soll. Insoweit wird die Angemessenheit des Lifteinbaus, der regelmäßig der Barrierereduzierung dient, nur in außergewöhnlichen Fällen zu verneinen sein, etwa wenn der Bauwillige einen unverhältnismäßig großen Lift im Treppenhaus verlangt.

32 Im Rahmen der Angemessenheitsprüfung wird es daher letztlich um die Frage gehen, **ob weniger einschneidende Maßnahmen** auch zum Ziel der Barrierereduzierung führen. Einem gehbehinderten Menschen oder gar Rollstuhlfahrer aber eine andere geeignete Maßnahme als Alternative zu einem Treppenlift vorzuschlagen, ist kaum vorstellbar – ein Aufzug ist regelmäßig aufwendiger.

33 Die Vor- und Nachteile der Alternativen, so es sie gibt, sind gegeneinander abzuwägen, wobei auch die Kosten, die der Bauwillige zu tragen hat, eine Rolle spielen können. Dies gilt aber nur bei der Gegenüberstellung der unterschiedlichen Kosten für die verschiedenen Alternativen, mit denen der Bauwillige sein Ziel der Barrierereduzierung erreichen will, nicht jedoch für den Umstand, dass der Bauwillige überhaupt Kosten zu tragen hat. Letzteres ergibt sich als gesetzliche Folge aus § 21 Abs. 1 WEG.

34 Darüber hinaus ist auch der Anspruch auf privilegierte Maßnahmen, mithin Barrierereduzierung nach § 20 Abs. 2 S. 1 Nr. 1 WEG durch die **Veränderungssperre** nach § 20 Abs. 4 WEG eingeschränkt.

35 **d) Anspruch auf bauliche Veränderung (§ 20 Abs. 3 WEG).** Nach § 20 Abs. 3 WEG kann eine bauliche Veränderung des Gemeinschaftseigentums, die **niemanden in rechtlich relevanter Weise beeinträchtigt**, auch gegen den Willen der Mehrheit verlangt werden. Die Vorschrift ist Anspruchsgrundlage und ersetzt § 22 Abs. 1 WEG aF iVm § 14 Nr. 1 WEG aF. Die Rechtsprechung des BGH zu der Einordnung einer Beeinträchtigung, die über das bei einem geordneten Zusammenleben unvermeidliche Maß hinausgeht, findet weiter Beachtung. Es wird daher letztlich an dieser Stelle die oben zu § 20 Abs. 2 S. 1 WEG dargestellte Diskussion zu führen sein, die sich aber aufgrund der Privilegierung der baulichen Maßnahmen zur Barrierereduzierung überholt hat. Der Bauwillige wird seinen Anspruch auf Einbau des Treppenlifts über § 20 Abs. 2 S. 1 WEG wesentlich leichter erreichen können als über § 20 Abs. 3 WEG.

36 Eine Beeinträchtigung durch die **Errichtungs- und Folgekosten** für den Treppenlift scheidet als Nachteil bzw. Beeinträchtigung deswegen aus, weil diese allein vom Bauwilligen aufgrund gesetzlicher Folge zu tragen sind, § 21 Abs. 1 Alt. 1 WEG.

37 Darüber hinaus kommt es auf die Beeinträchtigung nicht mehr an, wenn der Beeinträchtigte sein **Einverständnis** zur baulichen Maßnahme erklärt. Für den Bauwilligen eröffnet sich daher grundsätzlich die Möglichkeit, dem Beeinträchtigten das Einverständnis für den Lifteinbau gegen einen Ausgleich „abzukaufen".

38 **e) Ausführungsbeschluss.** Wird der Grundlagenbeschluss über das „Ob" des Lifteinbaus mit Mehrheit gefasst, sei es nach den Alt. 1 und 2 des § 20 Abs. 1 WEG oder § 20 Abs. 2 Nr. 1 WEG, kann der Bauwillige auch verlangen, dass die bauliche Veränderung durchgeführt, dh der Treppenlift realisiert wird. Nach § 18 Abs. 2 Nr. 1 WEG hat jeder Eigentümer einen Anspruch darauf, dass Beschlüsse vollzogen werden.

---

19 OLG München 22.2.2008 – 34 Wx 66/07, NZM 2008, 848; siehe auch BT-Drs. 16/887, 32 zu § 22 WEG aF.
20 OLG München 22.2.2008 – 34 Wx 66/07, NZM 2008, 848.
21 BT-Drs. 19/18791, 63.

Im Rahmen des Beschlusses nach § 20 Abs. 1 Alt. 1 WEG können die Wohnungseigentümer gem. §§ 18 Abs. 2, 19 Abs. 1 WEG aber bestimmen, auf welche Art und Weise, durch wen, wann, aufgrund welcher vertraglichen Grundlagen die Gemeinschaft der Wohnungseigentümer durch ihre Organe mit welchen Mitteln handeln soll, um den Lift zu realisieren. 39

Auf der Grundlage des Gestattungsbeschlusses nach § 20 Abs. 1 Alt. 2 WEG können die Wohnungseigentümer einem Bauwilligen gestatten, den Lifteinbau selber durchzuführen und dabei entweder das Konzept des Bauwilligen, das ausreichend bestimmt sein muss, ohne Bedingungen/Auflagen akzeptieren, oder aber auch von dem Konzept abweichen und dem Bauwilligen Vorgaben machen. 40

Da es beim Bau eines Treppenlifts aber, wie bei einer baulichen Veränderung im Übrigen grundsätzlich auch, immer mehrere Wege gibt, den Lift zu realisieren, muss der zu fassende Ausführungsbeschluss über das „Wie" des Baus in jedem Fall ordnungsmäßiger Verwaltung entsprechen, § 19 Abs. 1 WEG. 41

Gleich, auf welcher gesetzlichen Grundlage über das „Ob" zum Einbau des Treppenlifts beschlossen wurde, bedingt ein diesbezüglicher Ausführungsbeschluss ganz grundsätzlich, dass Fachleute zuvor die **Realisierbarkeit der Maßnahmen** geprüft haben. Wie bei einer Erhaltungsmaßnahme nach § 19 Abs. 2 Nr. 2 WEG entsprechen Maßnahmen nur dann ordnungsmäßiger Verwaltung, wenn die Eigentümer ihre Entscheidung auf einer **ausreichenden Tatsachengrundlage** treffen. Es entspricht daher regelmäßig ordnungsmäßiger Verwaltung, vor der Beschlussfassung über Erhaltungsmaßnahmen deren erforderlichen Umfang und den dafür erforderlichen Aufwand zu ermitteln.[22] 42

Dies geht jedoch nicht so weit, im Rahmen des Planungs- und Entscheidungsprozesses jedes abstrakte Risiko oder jede denkbare Eventualität einer umfassenden gutachterlichen Prüfung zu unterziehen, bevor eine bauliche Maßnahme beschlossen wird. Zumindest wenn Fachleute herangezogen wurden (professionelle Liftunternehmen) werden die Eigentümer, die den Treppenlift verhindern wollen, **konkrete Umstände vortragen** müssen, die die Realisierbarkeit des Vorhabens ernsthaft in Frage stellen. Regelmäßig zu prüfen gilt es beispielsweise, ob die Erstellung einer Statik, die Einholung einer Baugenehmigung erforderlich oder ob Schwachpunkte des Gebäudes bekannt sind.[23] 43

Vom Bauwilligen wird zu verlangen sein, dass **öffentlich-rechtliche Vorgaben** (insbesondere feuerpolizeiliche Vorgaben zu Abständen im Treppenhaus) eingehalten werden, auf das Mitbestimmungsrecht der Eigentümer geachtet wird, dh bei zur Verfügung stehenden mehreren Varianten der baulichen Maßnahme die am wenigsten beeinträchtigende Variante ausgewählt wird, und eine Sicherheit für einen etwaigen Rückbau hinterlegt wird. 44

Ein Ausführungsbeschluss muss damit dem Grundsatz der **Bestimmtheit** genügen. Die bauliche Veränderung des Lifteinbaus muss nach Art, Maß und Umfang genau beschrieben sein. Es muss für jeden klar sein, welcher Treppenlift wann, wo, von wem, mit welchen Mitteln gebaut wird.[24] 45

f) Kosten (§ 21 WEG). Fasst die Mehrheit einen Beschluss zur Errichtung eines Treppenlifts nach § 20 Abs. 1 Alt. 1 WEG, gilt gem. § 21 Abs. 3 WEG der Grundsatz, dass alle die Eigentümer, die die bauliche Veränderung beschlossen, dh bei der Abstimmung mit Ja gestimmt haben, einerseits die Kosten zu tragen haben, andererseits aber auch ausschließlich diejenigen sind, die zur Nutzung des Lifts berechtigt sind. 46

Wird einem oder mehreren Eigentümern nach § 20 Abs. 1 Alt. 2 WEG die Errichtung des Treppenlifts gestattet, trifft die Kostenfolge jedoch nur den oder die den Lifteinbau verlangenden Eigentümer nach § 21 Abs. 1 S. 1 WEG, die dann auch die einzigen Nutzungsberechtigten sind, § 21 Abs. 1 S. 2 WEG. 47

Die gleiche Kosten- als auch Nutzungsfolge nach § 21 Abs. 1 S. 1 und 2 WEG besteht in dem Fall der Realisierung des Treppenlifts als privilegierte Maßnahmen der Barrierereduzierung nach § 20 Abs. 2 WEG und Beschluss nach § 20 Abs. 3 WEG, wenn ausnahmsweise der Einbau des Lifts von, letztlich allen, Eigentümern gestattet wird. 48

Diese gesetzliche Systematik entspricht der geführten Diskussion zur alten Rechtslage unter Berücksichtigung von Art. 3 Abs. 3 S. 2 GG (Verbot der Benachteiligung Behinderter). Auch danach ergab sich nur eine Ver- 49

---

22 BGH 14.3.2018 – V ZB 131/17, NZM 2018, 399; OLG Hamm 18.9.2006 – 15 W 88/06, ZMR 2007, 131.
23 LG Hamburg 19.9.2018 – 318 S 71/17, ZWE 2019, 214.
24 OLG Düsseldorf 10.3.2006 – I-3 Wx 16/06, NZM 2006, 702.

pflichtung der anderen Eigentümer, die begehrte Maßnahme zur Herstellung des barrierefreien Zuganges zu genehmigen bzw. zu dulden.[25] Die anderen Eigentümer waren nicht verpflichtet, sich auch an den Kosten der baulichen Veränderung zu beteiligen, da die Baumaßnahme eigennützig im Interesse des Veränderungswilligen war.

50 Nur in den beiden in § 21 Abs. 2 S. 1 WEG definierten Fällen sind **alle Eigentümer**, also auch die überstimmte Mehrheit, zur Kostentragung verpflichtet und zur Nutzung des Treppenlifts berechtigt. Dies bedingt für den Fall des § 21 Abs. 2 S. 1 Nr. 1 WEG, dass der Bau des Lifts mit **mehr als 2/3 der abgegebenen Stimmen** und der **Hälfte der Miteigentumsanteile** beschlossen wird und das dies nicht mit unverhältnismäßigen Kosten verbunden ist. Ist daher in der Gemeinschaft der Wohnungseigentümer diese qualifizierte Mehrheit bei einem Beschluss zum Einbau des Treppenlifts erreicht, obliegt es dem (überstimmten) Eigentümers, der die Unverhältnismäßigkeit behauptet, diese darzulegen und zu beweisen. Im Zweifel ist von der Verhältnismäßigkeit auszugehen. Dabei ist zur Prüfung dessen auf einen objektiven und konkreten Maßstab bei der jeweiligen Eigentumsanlage abzustellen. Auf die Bedürfnisse und finanziellen Möglichkeiten des einzelnen Eigentümers kommt es nicht an, sondern auf die der Gesamtheit aller Eigentümer in der konkreten Anlage. Handelt es sich daher zum Beispiel um ein Objekt mit überwiegend älteren Menschen, kann die Verhältnismäßigkeit des Lifteinbaus leichter bejaht werden als etwa bei einem Objekt, in dem überwiegend jüngere Familien mit Kindern leben. Im ersteren Fall überwiegt der verfolgte Zweck (vereinfachte Erreichbarkeit der Wohnungen für eine Vielzahl von Bewohnern) den Umstand, dass der Einbau eines Lifts mit hohen Kosten verbunden ist. Die Unverhältnismäßigkeit ergibt sich nicht daraus, dass überhaupt (viel) Geld ausgegeben wird, sondern allenfalls daraus, dass zur Realisierung des verfolgten Zwecks zu viel Geld ausgegeben wird, etwa wenn statt eines einfacheren Treppenlifts eine „Luxusvariante" eingebaut werden soll.

51 Die Kosten des Lifts sind auch dann nach § 21 Abs. 2 S. 1 Nr. 2 WEG von allen Eigentümern zu tragen, wenn sie sich **innerhalb eines angemessenen Zeitraums amortisieren**, wobei in der Regel wohl von 10 Jahren auszugehen sein wird.[26] Amortisieren bedeutet, dass sich die investierten Kosten entweder durch zusätzliche Einnahmen oder geringere Ausgaben in der Zukunft ausgleichen. Abgesehen von dem eher ungewöhnlichen Fall, dass die Nutzung des Lifts mit einer Vermietung und daher mit Einnahmen verbunden ist, ist die Ersparnis von anderweitigen Kosten für den Fall des Lifteinbaus kaum vorstellbar, so dass diese Variante bei Einbau eines Treppenlifts nicht praxisrelevant sein dürfte.

52 Letztlich bleibt den Eigentümern noch die Möglichkeit, nach § 21 Abs. 5 S. 1 WEG, durch Beschluss **von den Regeln zur Kostenfolge** des § 21 Abs. 1–4 WEG **abzuweichen**. Dadurch kann unter Beachtung des Neubelastungsverbotes des § 21 Abs. 5 S. 2 WEG eine angemessene Kostenverteilung erreicht oder einzelne Eigentümer können zu einer positiven Stimmabgabe zum Treppenliftprojekt motiviert werden, etwa dadurch, dass sie trotz Zustimmung nach § 20 Abs. 1 WEG von der Kostenfolge durch Beschluss nach § 21 Abs. 5 S. 1 WEG befreit werden. Weiterhin lässt sich nach § 21 Abs. 5 S. 1 WEG Rechtssicherheit über die Kostenverteilung für die Zukunft schaffen, indem die Eigentümer, die den Treppenlift wollen, namentlich im Beschluss über die Kostenverteilung genannt werden. Zwar ergibt sich beispielsweise für den Beschluss zum Einbau des Lifts nach § 20 Abs. 1 Alt. 1 WEG oder nach 20 Abs. 2 S. 1 Nr. 1 WEG auch die Kostentragungspflicht der Bauwilligen nach § 21 Abs. 1 S. 1 WEG, doch dies ist eine gesetzliche Folge und kein separater Beschluss. Die Dokumentation der Eigentümer bzw. Bauwilligen, die für die Realisierung des Treppenlift gestimmt haben, obliegt zwar dem den Beschluss protokollierenden Verwalter, doch zum einen mag dieses Protokoll nach Jahren, insbesondere mehreren Verwalterwechseln, nicht mehr auffindbar sein und zum Zweiten ist die namentliche Benennung der Eigentümer, die die Kosten nach § 21 Abs. 5 S. 1 WEG übernehmen, durch die fortzuführende Beschlusssammlung, § 24 Abs. 7, 8 WEG, für die Zukunft besser dokumentiert.

53 Da die Kostentragungspflicht, gleich nach welcher Regelung des § 21 WEG, alle kausal auf die bauliche Veränderung beruhenden Kosten meint,[27] sind für den Fall des Treppenlifts sowohl die **Errichtungskosten** als auch die **Folgekosten** für den Betrieb und die Erhaltung umfasst. Die zu § 16 Abs. 4 WEG aF streitige Frage, ob Erhaltungskosten (Instandhaltungs- und Instandsetzungskosten), die irgendwann in der Zukunft in Bezug

---

25 OLG München 22.2.2008 – 34 Wx 66/07, NZM 2008, 848.

26 BGH 14.12.2012 – V ZR 224/11, ZMR 2013, 292 für die modernisierende Instandsetzung, §§ 22 Abs. 3, 21 Abs. 5 Nr. 2 WEG aF.

27 BT-Drs. 19/18791, 69.

Hansen

auf die Liftanlage anfallen (Folgekosten), einigen Eigentümern durch Beschluss auferlegt oder einzelne von den Kosten ausgenommen werden können oder ob dies nur durch eine Vereinbarung aller Wohnungseigentümer erfolgen kann, hat sich erledigt.[28]

g) Recht auf Teilhabe (§ 21 Abs. 4 WEG). Der Grundsatz nach § 21 WEG, dass den bauwilligen Eigentümern, die für die bauliche Maßnahme gestimmt und die Kosten zu übernehmen haben, die Nutzungen gebühren, führt dazu, dass Eigentümer, die zu einem **späteren Zeitpunkt** ihre Meinung etwa zum Einbau des Treppenlift ändern oder erst später Eigentümer werden, von der Nutzungsmöglichkeit ausgeschlossen sind. Der Teilhabeanspruch nach § 21 Abs. 4 WEG bietet die Möglichkeit, diesen Grundsatz aufzubrechen, indem bei finanziellem Ausgleich Eigentümer zu einem späteren Zeitpunkt doch noch vom Lift partizipieren können. 54

Für einen Eigentümer besteht danach ein **Anspruch**, dass ihm die Nutzung durch Beschluss gestattet und so der Kreis der Nutzungsberechtigten am Treppenlift erweitert wird. Dieser Beschluss ist von allen Eigentümern – nach dem Mehrheitsprinzip – zu fassen und gleichzeitig ist ein **angemessener Ausgleich** festzusetzen, der durch den Anspruchsteller zu erbringen ist. Bei Festlegung der Höhe des Ausgleichs sind die Errichtungskosten und gegebenenfalls schon investierten Erhaltungskosten anzusetzen, wobei auf den Zeitwert der Liftanlage abzustellen ist. Der Anteil des Antragstellers an diesen Kosten bestimmt sich nach seinem Miteigentumsanteil im Verhältnis zu den Miteigentumsanteilen der übrigen Nutzungsberechtigten am Aufzug, § 21 Abs. 3 S. 1 WEG. Zu zahlen ist der Ausgleichsbetrag zunächst an die Gemeinschaft der Wohnungseigentümer. Bei der Jahresabrechnung zu dem dem Zahlungsfluss entsprechenden Wirtschaftsjahr ist dann der Ausgleich den Eigentümern oder Rechtsnachfolgern gutzuschreiben, die die Kosten zunächst getragen haben. Für die Verteilung unter diesen Eigentümern ist der Kostentragungsschlüssel anzuwenden, der bei Beschluss über das (ursprüngliche) Treppenliftprojekt galt. 55

§ 21 Abs. 4 S. 2 WEG verweist auf § 21 Abs. 3 WEG, so dass der Eigentümer, der nachträglich eine Nutzungsbefugnis erhält, für die Zukunft so gestellt und behandelt wird, als habe er seinerzeit für den Einbau des Lifts gestimmt. Die Kosten sind in diesem Fall von dem später hinzukommenden Eigentümer nach Miteigentumsanteil zu tragen, da § 21 Abs. 3 WEG auf § 16 Abs. 1 S. 2 WEG verweist. 56

Differenzierter kann die Kostenverteilung für einen zu dem Treppenliftprojekt später hinzukommenden Eigentümer durch einen Beschluss nach § 21 Abs. 5 S. 1 WEG erfolgen. Danach ist es möglich, Kosten und Nutzen **abweichend** zu verteilen, dh etwa den Kostenanteil des später hinzukommenden Eigentümers an das Verhältnis der Eigentümer anzupassen, die den Lift bereits nutzen (zum Beispiel kann so der Kostenverteilungsschlüssel bei 3 bereits vorhandenen Liftnutzern auf jeweils 25 % bei Hinzutreten eines vierten Liftnutzers verändert werden). 57

III. Anspruchsinhaber

1. Eigentümer. Der Bau des Treppenlifts kann nach § 20 Abs. 1 Alt. 2 WEG jedem Eigentümer als Antragsteller gestattet werden, wenn der Beschluss eine einfache Mehrheit findet. 58

Gegen die einfache Mehrheit aber kann der Treppenlift einerseits nur unter den Voraussetzungen des § 20 Abs. 3 WEG als Gestattungsanspruch verlangt werden, was aber die Abwägung bedingt, ob die Baumaßnahme „beeinträchtigend" ist (→ Rn. 35 f.). Alternativ – und erfolgversprechender – bleibt für den antragstellenden Eigentümer der Anspruch auf Errichtung eines Treppenlifts auch gegen die einfache Mehrheit nach § 20 Abs. 2 S. 1 Nr. 1 WEG als privilegierte Maßnahme der Barrierereduzierung. 59

Die nach alter Rechtslage zu führende Diskussion, ob der Anspruchsberechtigte ein behinderter Wohnungseigentümer ist oder ein Wohnungseigentümer, der eine behinderte Person in die Wohnung nicht nur vorübergehend aufnimmt, hat sich erledigt, weil der Anspruch nach § 20 Abs. 2 Nr. 1 WEG unabhängig von der Betroffenheit des Wohnungseigentümers, seiner Angehörigen oder Mieter besteht.[29] Auch wenn die bauliche Verän- 60

---

28 Siehe zur alten Rechtslage: LG Hamburg 4.3.2016 – 318 S 109/15, ZMR 2016, 484; LG München 23.6.2014 – 1 S 13821/13, ZMR 2014, 920; LG Itzehoe 12.7.2011 – 11 S 51/10, ZMR 2012, 219; BGH 15.5.2020 – V ZR 64/19, ZMR 2020, 854.
29 BT-Drs. 19/18791, 63.

derung einem Wohnungseigentümer überwiegend oder gar ausschließlich zugutekommt, ist dieser bei der Beschlussfassung grundsätzlich nicht von seinem **Stimmrecht** gem. § 25 Abs. 4 WEG ausgeschlossen.[30]

61 Verweigert die Mehrheit den positiven Beschluss, bleibt dem Antragsteller die Beschlussersetzungsklage nach § 44 Abs. 1 S. 2 WEG (→ *Beschlussersetzung* Rn. 4 ff.).

62 **2. Mieter.** Bei vermietetem Eigentum stehen dem Mieter auch die Gemeinschaftsflächen zur Nutzung zur Verfügung. Auch ein vorhandener Treppenlift ist regelmäßig mit vermietet, soweit sich aus dem Vertrag oder den Umständen nichts anderes ergibt.

63 **a) § 535 Abs. 1 BGB.** Der Vermieter ist gem. § 535 Abs. 1 S. 2 BGB verpflichtet, die Mietsache während der Mietzeit in einem vertragsgemäßen und geeigneten Zustand zu überlassen und zu erhalten. Der vermietende Eigentümer ist daher gehalten, einen reparaturbedürftigen Treppenlift instand zu setzen.

64 Der Mieter muss den vermietenden Eigentümer nach § 535 Abs. 1 S. 2 BGB gerichtlich auf **Instandsetzung** in Anspruch nehmen. Dabei kann der vermietende Eigentümer in dieser Situation aber die Instandsetzung nicht selber in Auftrag geben, sondern ist auf die Mitwirkung der Eigentümer angewiesen. Soweit der Verwalter nicht aus gesetzlichem Recht nach § 27 WEG oder aufgrund zugewiesener Kompetenz über einen Beschluss zur direkten Beauftragung der Erhaltungsmaßnahme am Treppenlift legitimiert ist, bedarf es eines separaten Beschlusses durch die Mehrheit der Eigentümer. Wird dieser nicht gefasst, richtet sich wiederum der Anspruch des einzelnen Eigentümers auf Beschlussfassung nach § 18 Abs. 2 Nr. 1 WEG, § 19 Abs. 2 Nr. 2 WEG, Anspruch auf Erhaltung im Wege der ordnungsmäßigen Verwaltung, alleine gegen die Gemeinschaft der Wohnungseigentümer.

65 **b) § 554 BGB.** Denkbar ist, dass bei vermietetem Wohnungseigentum der Mieter vom Vermieter (Eigentümer) vor dem Hintergrund **behindertengerechter Nutzung** den Einbau eines Treppenlifts fordert. Insoweit ist der Mieter gehalten, seine Ansprüche aus § 554 BGB gegenüber seinem Vermieter (Eigentümer) durchzusetzen. Der Mieter kann nicht selbst tätig werden, selbst wenn ihm dies im Mietprozess gestattet worden wäre, da er sich in diesem Moment einem Unterlassungsanspruch der Gemeinschaft der Wohnungseigentümer aus § 1004 BGB aussetzen würde.

66 Dabei kann der Mieter nach § 554 BGB vom Vermieter **nur die Zustimmung** zu baulichen Veränderungen verlangen, die für eine barrierefreie Nutzung der Mietsache oder den Zugang zu ihr erforderlich sind, nicht aber die Finanzierung solcher Veränderungen durch den Vermieter.[31] Auch für das Mietrecht begründet Art. 3 Abs. 3 S. 2 GG als Grundrecht und gesetzgeberische Grundentscheidung nur eine Duldungspflicht des Vermieters.[32]

67 Der vermietende Eigentümer wiederum muss die übrigen Wohnungseigentümer in Anspruch nehmen, wobei allerdings die oben aufgezeigten Grenzen zu beachten sind. Verlangt ein Mieter die Zustimmung nach § 554 BGB, ist der Vermieter daher verpflichtet, eine **Eigentümerversammlung** über den Verwalter einberufen zu lassen, um über die Zulässigkeit des Eingriffs in die Gemeinschaftsflächen zu entscheiden.[33]

68 Nach **Treu und Glauben** soll ein Vermieter gehalten sein, einen Eingriff in die Bausubstanz auch außerhalb der Mietwohnung hinzunehmen, wenn der Mieter diesen auf seine Kosten veranlasst und nach Abwägung der beiderseitigen Belange das unabweisbare Bedürfnis des Mieters an der begehrten baulichen Änderung das entgegenstehende Interesse des Vermieters deutlich überragt. Wird zB der seit dreißig Jahren in der Mietwohnung lebende Mieter dadurch erheblich in seiner Lebensqualität eingeschränkt, dass er keine Treppen (mehr) steigen und deswegen die Wohnung nicht mehr verlassen kann, dann soll der Vermieter verpflichtet sein, den Einbau eines Behindertenlifts in das Treppenhaus zu dulden, wenn der Mieter sämtliche Kosten sowie die Wartungs- und Fürsorgepflichten (einschließlich der Verkehrssicherungspflicht) übernimmt, der Lift keine tragenden Teile des Gebäudes beeinträchtigt und nach Auszug des Mieters ohne Weiteres wieder beseitigt werden kann.[34] Die Entscheidung ist älter und inwieweit sie sich vor den oben ausgeführten Einschränkungen der Rechtsprechung noch realisieren ließe, ist fraglich.

---

30 BayObLG 25.9.2003 – 2Z BR 161/03, ZMR 2004, 209.
31 LG Köln 30.6.2011 – 29 S 246/10, ZWE 2012, 277 für zusätzliche Handläufe im Treppenhaus.
32 BVerfG 28.3.2000 – 1 BvR 1460/99, NJW 2000, 2658.
33 AG Stuttgart 14.12.2009 – 62 C 5164/09, WuM 2012, 288.
34 LG Duisburg 10.12.1996 – 23 S 492/96, ZMR 2000, 463.

Hansen

Vielmehr ist es so, dass die Wohnungseigentümer bzw. die Gemeinschaft der Wohnungseigentümer nicht per se einen Treppenlift als bauliche Maßnahme dulden müssten, auch wenn der bauwillige Eigentümer sich hierzu bereits per Mietvertrag seinem Mieter gegenüber verpflichtet hat. Der Sondereigentümer kann bezüglich des Gemeinschaftseigentums keine (vorgreifenden) Zustimmungen zur baulichen Veränderung erteilen und selbst die Tatsache, dass er durch seinen Mieter per Gerichtsurteil verpflichtet worden ist, eine begehrte Genehmigung des Treppenlifts einzuholen, bindet die Gemeinschaft der Wohnungseigentümer nicht.[35] 69

IV. Anspruchsgegner

1. Gemeinschaft der Wohnungseigentümer. Nach § 44 Abs. 2 S. 1 WEG sind Beschlussersetzungsklagen gegen die Gemeinschaft der Wohnungseigentümer zu richten und nicht mehr, wie zuvor nach § 21 Abs. 8 WEG aF, gegen alle anderen Eigentümer. 70

Vertreten wird, dass auch die Gemeinschaft der Wohnungseigentümer als **Anspruchsgegner des Mieters** in Betracht kommt, soweit es um einen **Leistungsanspruch aus § 535 Abs. 1 S. 1 BGB** geht. Zur effektiven Durchsetzung des Instandhaltungsanspruchs des Mieters wäre diesem gegen die Gemeinschaft der Wohnungseigentümer ein unmittelbarer Anspruch auf Duldung der erforderlichen Maßnahme zuzubilligen. Die Befugnis zur Selbstvornahme auf Kosten des Vermieters wäre dann abgekürzt und der Duldungsanspruch des Mieters würde sich nicht nur gegen den Eigentümer direkt, sondern auch gegen die rechtsfähige Gemeinschaft auf der Grundlage von § 10 Abs. 6 S. 1 WEG aF richten,[36] jetzt § 9 a Abs. 1 WEG. 71

2. Vermietender Eigentümer. Der Mieter muss den vermietenden Eigentümer nach § 535 Abs. 1 S. 2 BGB gerichtlich auf **Instandsetzung** in Anspruch nehmen. Letzterer ist dann verpflichtet, sich mit allen zumutbaren Mitteln, ggf. mit gerichtlicher Hilfe, um die Mitwirkung und Zustimmung der anderen Eigentümer zu bemühen.[37] Sein Rechtsanspruch basiert auf § 18 Abs. 2 Nr. 1 WEG, § 19 Abs. 2 Nr. 2 WEG und er kann nach § 44 Abs. 1 S. 2 WEG beantragen, dass das Gericht die erforderlichen Maßnahmen bestimmt. 72

Die anderen Eigentümer können sich bei einem Streit um die Erhaltung eines reparaturbedürftigen Treppenlifts zumindest nicht auf mangelnde finanzielle Mittel berufen – eine Opfergrenze gibt es nicht.[38] 73

Ggf. soll der vermietende Eigentümer im Verhältnis zum Mieter verpflichtet sein, die **Kosten** der Erhaltung des Gemeinschaftseigentums notfalls der Gemeinschaft der Wohnungseigentümer **vorzuschießen**.[39] 74

3. Verwalter. Existiert ein bestandskräftiger Beschluss, sei es auf Errichtung eines Treppenlifts oder dessen Erhaltung, trifft den Verwalter die Pflicht zur Durchführung. § 18 Abs. 2 Nr. 1 WEG aber gewährt den Anspruch auf die Verwaltungshandlung gegen die Gemeinschaft der Wohnungseigentümer. Anspruchsgegner ist insoweit nicht (mehr) der Verwalter.[40] Setzt der Verwalter den Beschluss schuldhaft nicht um, kommen letztlich aber Schadenersatzansprüche seitens der Gemeinschaft der Wohnungseigentümer gegen die Verwaltung in Betracht. 75

V. Verfahrenshinweise

1. Ersetzungsklage (§ 44 Abs. 1 WEG). Im Rahmen einer Klage nach § 21 Abs. 8 WEG aF war der Kläger nicht an einen bestimmten **Klageantrag** gebunden. Letztlich blieb es dem gerichtlichen Ermessen überlassen, wie die konkrete Regelung lautet, jedenfalls soweit der Kläger sein Rechtsschutzziel deutlich machte. Dies ist nach § 44 Abs. 2 WEG zu differenzieren. Das **gerichtliche Ermessen** bei der Entscheidung über den Antrag des Klägers ist eröffnet, wenn sich dies aus der zugrunde liegenden **materiellrechtlichen Norm** ergibt, wenn auch die Eigentümer beispielsweise bei der Beschlussfassung über die Art und Weise der Ausführung des Einbaus des Treppenlifts nach § 18 Abs. 2 Nr. 1 WEG entscheiden. In diesem Fall ist es auch für den bauwilligen Kläger möglich, seinen Klageantrag in das Ermessen des Gerichts zu stellen. Anders ist dies, wenn bereits die 76

---

35 AG Hamburg 27.11.2002 – 102 c II 325/02 WEG, ZMR 2003, 454.
36 *Suilmann* WuM 2013, 86.
37 KG 25.6.1990 – 8 RE-Miet 2634/90, NJW-RR 1990, 1166.
38 BGH 17.10.2014 – V ZR 9/14, NZM 2015, 53.
39 KG 25.6.1990 – 8 RE-Miet 2634/90, NJW-RR 1990, 1166.
40 Anders noch BGH 8.6.2018 – V ZR 125/17, ZMR 2018, 777, unter Aufgabe von BGH 13.7.2012 – V ZR 94/11, NJW 2012, 2955.

materiellrechtliche Norm für die Eigentümer, wäre beschlossen worden, keinen Ermessensspielraum gibt, beispielsweise bei einem Anspruch des Bauwilligen auf grundsätzlichen Einbau des Treppenlifts nach § 20 Abs. 2 S. 1 Nr. 1 WEG. In diesem Fall muss der Klageantrag den Anforderungen des § 253 Abs. 2 Nr. 2 ZPO genügen und der Kläger muss den Beschluss, der durch Urteil ersetzt werden soll, inhaltlich so genau beschreiben, dass die Übernahme des Antrags in den Tenor des Gerichtes zu einem hinreichend bestimmten Beschluss führt.

77 Vor Einreichung der Klage muss die Untätigkeit der Eigentümer dokumentiert sein, das heißt es ist die sogenannter **Vorbefassung** notwendig, die sich regelmäßig aus einem abgelehnten Beschlussantrag zur Erhaltung oder Errichtung des Treppenlifts ergibt. Die vorherige Befassung der Eigentümerversammlung mit dem Antrag, den der Eigentümer gerichtlich durchsetzen will, ist Voraussetzung für die **Zulässigkeit** der Gestaltungsklage, weil dieser sonst das Rechtsschutzbedürfnis fehlt. Primär zuständig für die Beschlussfassung ist die Versammlung der Wohnungseigentümer, §§ 18 Abs. 2 Nr. 1, 19 Abs. 2 Nr. 2, 23 Abs. 1 WEG.[41]

78 **2. Vollstreckung.** Wird der vermietende Eigentümer in der Auseinandersetzung mit dem Mieter zu der Instandsetzung des Treppenlifts verurteilt, ist nicht nach § 887 ZPO zu vollstrecken. Der Mieter kann sich nicht ermächtigen lassen, die Arbeiten auf Kosten des Vermieters selbst durchzuführen, da dies die Mitwirkungsrechte der übrigen Wohnungseigentümer missachten würde.

79 Die Zwangsvollstreckung erfolgt, soweit für die geschuldeten Arbeiten eine Mitwirkung der anderen Eigentümer erforderlich ist, nach § 888 ZPO. Dabei wird der vermietende Eigentümer durch Verhängung von **Zwangsgeld** oder **Zwangshaft** angehalten, die Arbeiten durchzuführen und erst wenn feststeht, dass er vergeblich alles Zumutbare getan hat, um den notwendigen Erfolg zu erzielen, kann die Festsetzung von Zwangsmitteln unterbleiben.[42]

224. Trinkwasser

Fraatz-Rosenfeld

1 Wasser gehört zu den zivilisatorischen Grundlagen. Daher ist es nicht nur hinsichtlich seiner Qualität geschützt (→ *Trinkwasserverordnung* Rn. 1), sondern es muss auch ständig und in ausreichendem Maße zur Verfügung stehen. Daher müssen „Gebäude mit Aufenthaltsräumen eine Versorgung mit Trinkwasser haben, die dauernd gesichert ist".[1] Neben dieser unmittelbaren Festschreibung in einigen Landesbauordnungen ist die Verpflichtung zur Verfügungstellung von (Trink-)Wasser mittelbar auch der Anordnung des Wasserzählereinbaus[2] oder des Einbaus von Bädern[3] zu entnehmen. Die Vorhaltung muss dabei **technisch und rechtlich** gesichert sein. Letzteres geschieht durch die Unterwerfung unter einen Anschluss- und Benutzungszwang. Dieser ist entweder unmittelbar in einer landesrechtlichen Vorschrift normiert[4] oder wird hergeleitet aus dem Begriff „dauernd gesichert"[5] in den allgemeinen Vorschriften zur Gebäudeversorgung und über entsprechende Vorschriften des Anschluss- und Benutzungszwangs in den Gemeindeordnungen umgesetzt.[6]

2 Da Wasser zudem eine wertvolle natürliche Lebensgrundlage ist, muss mit ihm sparsam umgegangen werden. Daher sehen die bauordnungsrechtlichen Vorschriften vor, dass für die Nutzung von Trinkwasser **Messein-**

---

41 BGH 15.1.2010 – V ZR 114/09, NZM 2010, 205.

42 KG 25.6.1990 – 8 RE-Miet 2634/90, NJW-RR 1990, 1166.

 1 So bspw. § 33 Abs. 1 LBO BW, § 41 Abs. 1 NBO, § 41 Abs. 1 RhPf LBauO, § 42 Abs. 2 S. 2 SaarlBO.

 2 § 43 Abs. 3 S. 1 BauO Bln „Kaltwasserzähler".

 3 § 48 Abs. 3 BremLBO, § 48 Abs. 1 LBauO M-V, § 47 Abs. 3 BauO LSA, § 48 Abs. 3 ThürBO: „Bad mit Badewanne oder Dusche und eine Toilette".

 4 § 4 Abs. 2 S. 1 HBauO.

 5 Große-Suchsdorf/*Kaellender* NBO § 41 Rn. 27.

 6 § 11 GemO BW, § 24 Abs. 1 Nr. 2 BayGemO, § 15 BbgGemO, § 21 VerfBrhv, § 19 HGO, § 15 KV M-V/GemO, § 13 NKomVG, § 9 GO NRW, § 26 GemO RhlPf, § 22 KSVG/Teil A/GemO Saarl, § 14 SächsGemO, § 11 KVG LSA, § 17 SchlH GO, § 20 Abs. 2 Nr. 2 ThürKO.

richtungen vorzusehen sind.[7] Die technische Sicherung der Trinkwasserversorgung erfolgt auf Grundlage der europäischen Norm EN 1717, der Normenreihe DIN EN 806 Teil 1–5 sowie der DIN 1988 Teil 100 bis 600 (Technische Regeln für Trinkwasserinstallationen), die idR als technische Regelwerke bauordnungsrechtlich eingeführt sind.[8] Für Wohngebäude ist der nationale Anhang zu DIN EN 1717 relevant. Enthalten sind **Sicherheitsstandards** zum Schutz des Wassers wie der Schutz vor dem Rückfluss von verunreinigtem Wasser, die Verhinderung langer Stillstandszeiten, die Vermeidung der Verbindung mit Nichttrinkwasseranlagen und der Schutz vor Einwirkungen von außen durch Abstandhaltung von Abwasser- und Fäkalienanlagen.

Neben der bauordnungsrechtlichen Verantwortlichkeit ergibt sich ein **Pflichtenkatalog** für Eigentümer aus den „Allgemeinen Bedingungen für die Versorgung mit Wasser" (**AVB Wasser**)[9] sowie aus den öffentlich-rechtlichen Satzungen der Städte und Gemeinden, die diese Satzungen gem. § 35 der AVB Wasser anzupassen haben. 3

Zu den Pflichten der Anschlussnehmer gehört das Herstellen eines Wasserzählerschachtes oder Wasserzählerschranks an der Grundstücksgrenze (§ 11 AVB Wasser), die fachgerechte Herstellung und der Unterhalt der Anlage hinter dem Hausanschluss (§ 12 AVB Wasser), die Duldung von Überprüfungen (§ 14 AVB Wasser) sowie die Vermeidung von Störungen und Rückwirkungen (§ 15 Abs. 1 AVB Wasser). Daraus folgend und in Zusammenhang mit technischen Vorgaben kann – aufgrund von § 15 AVB Wasser bzw. entsprechender Satzungsvorschrift – der Einbau und die Unterhaltung von **Rückflussverhinderern** gefordert werden.[10] Nach § 10 Abs. 3 AVB Wasser steht der Hausanschluss im Eigentum des Versorgungsunternehmens. Für die hinter dem Hausanschluss im Gebäude verlaufenden Leitungen gelten dieselben Gesichtspunkte wie für Abflussleitungen (→ *Abwasserhebeanlage* Rn. 7). Auch wenn die Wasserversorgungsanlage durch eine Einwirkung von außen beschädigt oder beseitigt worden ist, soll die Wiederherstellung der Anlage vom Anschlussnehmer gefordert werden können.[11] 4

Wird Trinkwasser im Rahmen eines Vertrages auf der Grundlage der AVB Wasser bezogen, handelt es sich um ein (ausschließlich) **privatrechtliches Vertragsverhältnis**. Ein solches Vertragsverhältnis kann konkludent allein durch Inanspruchnahme der Leistung zustande kommen.[12] 5

Wohnungseigentümer haften im **Außenverhältnis** für die Kosten der Lieferung von Trinkwasser grundsätzlich nur im Verhältnis ihres Miteigentumsanteils gem. § 9 a Abs. 1 S. 1 WEG,[13] es sei denn, sie haben sich daneben eindeutig persönlich verpflichtet.[14] Die Frage der Verteilung der Kosten im **Innenverhältnis** entscheidet sich zunächst danach, ob es sich um im Gemeinschaftseigentum anfallenden Wasserverbrauch handelt – etwa für die Gartenanlage oder Reinigungszwecke – oder im Sondereigentum. Der dem Gemeinschaftseigentum unterfallende Wasserverbrauch wie auch die jeweiligen Grundkosten sind solche des gemeinschaftlichen Eigentums und werden daher entweder nach dem Schlüssel des § 16 Abs. 2 WEG nach Miteigentumsanteil oder besonderer Bestimmung der Eigentümer abgerechnet.[15] Die im **Sondereigentum** anfallenden Kosten sind Betriebskosten des Sondereigentums. Eine Verteilung des reinen Wasserverbrauchs erfolgt nach dem durch Wasserzähler ermittelten Wert und die Verteilung der Grundkosten wiederum nach § 16 Abs. 2 WEG oder entsprechender Regelung. 6

---

7 § 43 BauO Bln, § 43 Abs. 3 S. 1 BremLBO, § 45 Abs. 4 HBauO, § 46 Abs. 2 S. 1 HBO, § 43 Abs. 2 LBauO M-V, § 41 Abs. 3 NBO, § 43 Abs. 2 S. 1 BauO NRW, § 43 Abs. 2 S. 1 SächsBO, § 44 Abs. 2 S. 1 SchlHLBO, § 43 Abs. 2 ThürBO.
8 Simon/Busse/*Storz* BayBO Art. 41 Rn. 47.
9 BGBl. 1980 I 750, BGBl. 2014 I 2010.
10 VGH Kassel 8.7.1998 – 5 UE 244/97, NVwZ-RR 1999, 308.
11 OVG Greifswald 6.7.2011 – 3 L 10/09, NordÖR 2012, 55: Neuverlegung der Trinkwasserleitung durch das Versorgungsunternehmen.
12 BGH 22.3.2012 – VII ZR 102/11, NJW 2012, 1948.
13 *Hügel/Elzer*, 3. Aufl. 2021, WEG § 9 a Rn. 149.
14 BGH 20.1.2010 – VIII ZR 329/08, NJW 2010, 932.
15 *Hügel/Elzer*, 3. Aufl. 2021, WEG § 9 a Rn. 153 „Wasserkosten".

225. Trinkwasserverordnung

Mediger

I. Einführung

1 Die Trinkwasserverordnung (TrinkwV) in der Fassung der Bekanntmachung vom 10.3.2016,[1] zuletzt geändert durch Artikel 99 der Verordnung vom 19.6.2020,[2] hat den Zweck, die **menschliche Gesundheit** vor den nachteiligen Einflüssen, die sich aus der Verunreinigung von Wasser ergeben, das für den menschlichen Gebrauch bestimmt ist, durch Gewährleistung seiner Genusstauglichkeit und Reinheit zu schützen, § 1 TrinkwV.

2 Für **Wohnungseigentümer** sind von besonderem Interesse die in § 14 b TrinkwV[3] festgelegten Untersuchungspflichten in Bezug auf **Legionellen**.

II. Untersuchungspflichten in Bezug auf Legionellen (§ 14 b TrinkwV)

3 Der Unternehmer und der sonstige Inhaber einer Wasserversorgungsanlage haben das Trinkwasser in der Wasserversorgungsanlage unter bestimmten Voraussetzungen auf Legionellen untersuchen zu lassen. Legionellen sind Bakterien, die eine Form der **Lungenentzündung** verursachen können. Die Untersuchungspflicht gilt nach § 14 b Abs. 1 TrinkwV nur dann, wenn

- aus der Wasserversorgungsanlage Trinkwasser im Rahmen einer gewerblichen oder öffentlichen Tätigkeit abgegeben wird,
- sich in der Wasserversorgungsanlage eine Großanlage zur Trinkwassererwärmung befindet und
- die Wasserversorgungsanlage Duschen oder andere Einrichtungen enthält, in denen es zu einer Vernebelung des Trinkwassers kommt.

4 Nach § 3 Nr. 10 TrinkwV gehört die **Vermietung** von Wohnungen zur **gewerblichen Tätigkeit**. Wenn eine Wohnungseigentumsanlage ausschließlich von **selbstnutzenden Eigentümern** bewohnt wird, kommt daher die Anwendung des § 14 b Abs. 1 TrinkwV nicht in Betracht. Diese Vorschrift greift nur dann ein, wenn mindestens ein Eigentümer seine Wohnung vermietet hat.

5 Eine **Großanlage** zur Trinkwassererwärmung ist gem. § 3 Nr. 12 TrinkwV eine Anlage mit Speicher-Trinkwassererwärmer oder zentralem Durchfluss-Trinkwassererwärmer jeweils mit einem Inhalt von mehr als **400 Litern** oder einem Inhalt von mehr als **3 Litern** in mindestens einer Rohrleitung zwischen dem Abgang des Trinkwassererwärmers und der Entnahmestelle, wobei der Inhalt einer Zirkulationsleitung nicht berücksichtigt wird. Entsprechende Anlagen in **Ein- und Zweifamilienhäusern** zählen nicht als Großanlagen zur Trinkwassererwärmung.

6 Einzelheiten zur **Durchführung der Untersuchung** ergeben sich aus §§ 14 b Abs. 2–6 und 15–16 TrinkwV. Bei vermieteten Wohnungen ist die Untersuchung gem. § 14 b Abs. 4 Nr. 2 a TrinkwV mindestens alle drei Jahre zu wiederholen.

III. Besonderheiten bei Wohnungseigentumsanlagen

7 **1. Adressat der Untersuchungspflicht.** Versorgungsleitungen, die wesentliche Bestandteile des Gebäudes sind, stehen zwingend im Gemeinschaftseigentum, soweit sie im räumlichen Bereich des Gemeinschaftseigentums verlaufen.[4] Die zu untersuchenden Trinkwasserinstallationen gehören daher ganz überwiegend zum Ge-

---

1 BGBl. 2016 I 459.
2 BGBl. 2020 I 1328.
3 Früher § 14 Abs. 3 TrinkwV.
4 BGH 26.12.2012 – V ZR 57/12, NJW 2013, 1154.

meinschaftseigentum. **Adressat** der Untersuchungspflicht nach § 14 b TrinkwV ist folglich gem. § 9 a Abs. 1 S. 1 WEG die Gemeinschaft der Wohnungseigentümer.[5]

2. Träger der Kostenlast. Da die Untersuchungspflicht nach § 14 b TrinkwV voraussetzt, dass aus der Was- 8 serversorgungsanlage Trinkwasser im Rahmen einer **gewerblichen oder öffentlichen Tätigkeit** abgegeben wird, vertritt das AG Hoyerswerda[6] die Auffassung, dass nur die vermietenden Eigentümer mit den Kosten belastet werden dürften. Das LG Saarbrücken hält eine Verteilung auf alle Eigentümer entsprechend der Zahl der Wohnungen für zulässig, billigt aber den Wohnungseigentümern einen Ermessensspielraum auch für anderweitige Maßstäbe zu.[7] Das AG Heiligenstadt[8] hat einen Beschluss, mit dem die Kosten allein den vermietenden Eigentümern zugeordnet wurden, für ungültig erklärt, weil eine solche Verteilung nicht sachgerecht sei.[9]

3. Umlegung auf die Mieter. Die Investitionen für die Installation der Probeentnahmestellen sind nicht umla- 9 gefähig. Die Kosten für die regelmäßigen Untersuchungen sind jedoch Kosten zentraler Warmwasserversorgungsanlagen gem. § 2 Nr. 5 a bzw. 6 a iVm Nr. 4 a BetrKV; sie können somit gem. § 556 Abs. 1 BGB als Betriebskosten auf die Mieter umgelegt werden, wenn der Mietvertrag einen entsprechenden Verweis auf die BetrKV enthält.[10]

4. Haftungsfragen, Verantwortung des Verwalters. Wenn der Vermieter seine Verpflichtung zur Trinkwas- 10 seruntersuchung auf Legionellen schuldhaft vernachlässigt, haftet er dem Mieter für dadurch entstandene Schäden.[11] Es ist nach § 27 Abs. 1 Nr. 2 WEG **Aufgabe des Verwalters**, die für die ordnungsmäßige Instandhaltung und Instandsetzung des gemeinschaftlichen Eigentums erforderlichen Maßnahmen zu treffen. Er muss daher den Wohnungseigentümern die zur Durchführung der nach der TrinkwV vorgeschriebenen Untersuchungen notwendigen Beschlüsse unterbreiten und deren Ausführung veranlassen.[12]

226. Trittschall

Mehle

I. Einführung

Grundsätzlich richten sich die einzuhaltenden **Trittschallschutzanforderungen** nach der zur **Zeit der Errich-** 1 **tung** des Gebäudes geltenden Ausgabe der **DIN 4109**. Werden jedoch grundlegende Um- oder Ausbauten – wie etwa ein Dachgeschossausbau – vorgenommen, so lösen diese Arbeiten die Pflicht aus, die zum **Zeit-**

---

5 LG Saarbrücken 18.12.2015 – 5 S 17/15, ZWE 2016, 187; ebenso die Rspr. zum Verwaltungsrecht, vgl. OVG Münster 25.6.2015 – 13 B 452/15, NJW 2015, 3528.

6 AG Hoyerswerda 8.11.2012 – 1 C 289/12, juris Rn. 16.

7 LG Saarbrücken 18.12.2015 – 5 S 17/15, ZWE 2016, 187.

8 AG Heiligenstadt 20.12.2013 – 3 C 331/13, juris Rn. 33.

9 Ebenso *Sauren* WEG § 16 Rn. 19L; aA *Mediger* NZM 2012, 670 (674).

10 *Mediger* NZM 2012, 670 (672); MüKoBGB/*Schmid/Zehelein* BetrKV § 8 Rn. 3; aA *Schmid* ZMR 2012, 10 (11): sonstige Betriebskosten iSd § 2 Nr. 17 BetrKV, die nur durch Einzelvereinbarung umlegungsfähig werden.

11 BGH 6.5.2015 – VIII ZR 161/14, NJW 2015, 2111: Mieter war aufgrund einer Legionelleninfektion gestorben.

12 Ausführliche Muster dazu finden sich bei FormB-WEG-R/*Metzger* § 2 Rn. 882 ff., S. 518 ff. Zur Ahndung des WEG-Verwalters wegen Ordnungswidrigkeiten bei der Umsetzung der TrinkwV vgl. *Lehmann-Richter* ZWE 2013, 341.

punkt der Arbeiten geltenden technischen Anforderungen an den Trittschallschutz einzuhalten. Sanierungsmaßnahmen, die der üblichen Instandsetzung oder (gegebenenfalls zugleich) der Modernisierung des Sondereigentums dienen, führen nicht dazu, dass ein verbessertes Schallschutzniveau herzustellen ist.

II. Anforderungen an den Trittschall

2   **1. Grundsatz.** Der zu gewährende Schallschutz richtet sich grundsätzlich nach der **zur Zeit der Errichtung des Gebäudes** geltenden Ausgabe der **DIN 4109**.[1] Selbst wenn die rechtlich unverbindlichen Regelungen der DIN 4109 lediglich Mindestanforderungen bezeichnen, die zur Vermeidung unzumutbarer Belästigungen an den Schallschutz im Hochbau gestellt werden, kommt ihnen ein erhebliches Gewicht bei der Bestimmung des zu duldenden Luft- und Trittschalls zu.[2] Im **privaten Baurecht** wenden die oberen Gerichte zur Beantwortung der Frage, ob ein Baumangel vorliegt, die wesentlich strengeren Vorschriften der **VDI-Richtlinie 4100** an. Die Mindestwerte der DIN 4109 seien nicht heranzuziehen, weil sie lediglich Mindestanforderungen zur Vermeidung unzumutbarer Belästigungen regeln.[3] Es bleibt abzuwarten, ob der WEG-Senat zumindest bei Gebäuden ab der Jahrtausendwende den einzuhaltenden Schallschutzstandard anhand der VDI-Richtlinie 4100 bestimmen wird.

3   **2. Abweichende Vereinbarungen.** Die **Miteigentümer** können in der **Teilungserklärung abweichende Vereinbarungen** zum einzuhaltenden Trittschallschutz treffen. Außerhalb des Grundbuchs liegende Vereinbarungen, wie beispielsweise im Bauträgervertrag zwischen dem Bauträger und dem Ersterwerber, sind schon wegen § 10 Abs. 3 WEG nach einem Eigentümerwechsel für das Verhältnis der Wohnungseigentümer untereinander nicht verbindlich. Auch aus einem besonderen Gepräge der Wohnungseigentumsanlage oder der bei Gebäudeerrichtung maßgeblichen Baubeschreibung ergibt sich kein Anspruch auf ein erhöhtes Schallniveau.[4]

4   **Bauträger** können mit Erwerbern grds. vereinbaren, dass ein **geringeres** Schallschutzniveau geschuldet ist. Jedoch muss der Erwerber ausdrücklich darauf hingewiesen werden, dass durch diese Regelung die allgemein anerkannten Regeln der Technik unterschritten werden.[5] Für Haftungsausschlüsse in Allgemeinen Geschäftsbedingungen sind insbesondere die Schranken des § 309 Nr. 8 lit. b BGB zu beachten. Individualvertragliche Regelungen müssen einer Inhaltskontrolle nach § 242 BGB standhalten.[6]

5   **3. Errichtungsmängel.** Bei Errichtungsmängeln haben die Erwerber zum einen vertragliche **Gewährleistungsansprüche** gegen den **Bauträger**, gleichzeitig gibt es aber auch in der Sache gleichgerichtete Ansprüche sämtlicher Wohnungseigentümer gegen den Bauträger.[7] **Primäre Nacherfüllungsansprüche** (Nacherfüllung, Selbstvornahme und Verlangen eines Kostenvorschusses) wegen Mängeln am Gemeinschaftseigentum werden nach ganz hM nicht als gemeinschaftsbezogen verstanden, denn die Geltendmachung beeinträchtigt nicht die schutzwürdigen Belange des Bauträgers. Alle Erwerber besitzen primär nur diese Mängelbeseitigungsansprüche. Entsprechend kann jeder Erwerber diese Rechte individuell gegenüber dem Bauträger verfolgen. Nach Auffassung des BGH müssen die Wohnungseigentümer sich jedoch einen gemeinschaftlichen Willen darüber bilden, wie die ordnungsgemäße Herstellung des Gemeinschaftseigentums zu bewirken ist.[8] Nach alter Rechtslage bestand dafür eine „gekorene" Ausübungsbefugnis. Daran hat sich trotz Aufhebung des § 10 Abs. 6 S. 3 WEG aF nichts geändert. § 19 Abs. 2 Nr. 2 WEG gibt den Wohnungseigentümern die Beschlusskompetenz über die ordnungsgemäße Verwaltung des gemeinschaftlichen Eigentums, wozu insbesondere die ordnungsgemäße Erhaltung des gemeinschaftlichen Eigentums zählt. Im Regelfall wird es die ordnungsgemäße Verwaltung sogar erfordern, die auf das Gemeinschaftseigentum bezogenen Erfüllungs- und Nacherfüllungsansprüche auf die Wohnungseigentümergemeinschaft zu übertragen, weil eine ordnungsgemäße Verwal-

---

1   Vgl. BGH 6.7.2018 – V ZR 221/17, NZM 2019, 94; BGH 16.3.2018 – V ZR 276/16, NJW 2018, 2123; BGH 1.6.2012 – V ZR 195/11, NJW 2012, 2725.
2   BGH 27.2.2015 – V ZR 73/14, NJW 2015, 1442.
3   OLG München 24.4.2018 – 28 U 3042/17, BeckRS 2018, 11100; OLG Köln 2.3.2018 – 19 U 166/15, mAnm *Ott* ZWE 2018, 310.
4   BGH 27.2.2015 – V ZR 73/14, NJW 2015, 1442.
5   BGH 20.12.2012 – VIII 209/11, NJW-Spezial 2013, 109.
6   *Ott* ZWE 2018, 310, Anm. zum Urteil des OLG Köln 2.3.2018 – 19 U 166/15, BeckRS 2018, 5841.
7   BGH 20.12.2012 – VII ZR 209/11, NJW 2013, 684.
8   BGH 12.4.2007 – VII ZR 236/05, BeckRS 2007, 8329.

Mehle

tung grundsätzlich einen gemeinschaftlichen Willen über das Vorgehen gegen den Bauträger erfordert.[9] Ab der Beschlussfassung fehlt einem einzelnen Wohnungseigentümer die Prozessführungsbefugnis. **Sekundäre Mängelrechte**, wie das Rechte auf **Minderung** und der sog. **kleine Schadensersatz** werden bei dem nach Werkvertragsrecht zu beurteilendem Erwerb einer neu errichteten Wohnung vom Bauträger als gemeinschaftsbezogen qualifiziert. Infolgedessen ist die Befugnis des einzelnen Wohnungseigentümers zur Geltendmachung dieser individualvertraglichen Rechte ausnahmsweise ausgeschlossen.[10] Die Ansprüche gegen den Bauträger unterliegen der Verjährung.

Zudem kann jeder Wohnungseigentümer von den übrigen Wohnungseigentümern gem. § 19 Abs. 2 Nr. 2 WEG **6** die Mitwirkung bei der **erstmaligen Herstellung** eines ordnungsgemäßen Gemeinschaftseigentums verlangen. Die Miteigentümer schulden eine Beschlussfassung für ein Tätigwerden des Verwalters. Dieser Erstherstellungsanspruch jedes einzelnen Wohnungseigentümers ist grundsätzlich **unverjährbar**.[11] Nur aus den Grundsätzen von Treu und Glauben kann sich ausnahmsweise ergeben, dass ein solcher Anspruch ausgeschlossen ist. Das kommt in Betracht, wenn eine plangerechte Herstellung tiefgreifende Eingriffe in das Bauwerk erfordert oder Kosten verursacht, die auch unter Berücksichtigung der berechtigten Belange der unmittelbar betroffenen Wohnungseigentümer unverhältnismäßig sind.[12] Zudem kann es sich im Einzelfall als treuwidrig erweisen, wenn ein von einer Abweichung nicht betroffener Eigentümer einen Erstherstellungsanspruch geltend macht, obwohl sich die eigentlich betroffenen Eigentümer dem widersetzen.[13]

4. Nachträgliche Baumaßnahmen. Werden nach Errichtung des Gebäudes Baumaßnahmen durchgeführt, **7** beispielsweise am Boden auch nur eines Raumes, so stellt sich die Frage, welchen Anforderungen der Schallschutz nach Durchführung der Baumaßnahmen genügen muss.

a) Ansprüche der Wohnungseigentümer untereinander. aa) Grundsatz. Die untereinander insoweit **be- 8 stehenden Pflichten der Wohnungseigentümer** sind ua in § 14 Abs. 2 Nr. 1, 2 WEG geregelt. Danach ist jeder Wohnungseigentümer gegenüber den übrigen Wohnungseigentümern verpflichtet, deren Sondereigentum nicht über das in § 14 Abs. 1 Nr. 2 WEG bestimmte Maß hinaus zu beeinträchtigen und Einwirkungen nach Maßgabe des Abs. 1 Nr. 2 WEG zu dulden. Nach § 14 Abs. 1 Nr. 2 WEG ist jeder Wohnungseigentümer verpflichtet, das Betreten des Sondereigentums und andere Einwirkungen auf dieses zu dulden, die den Vereinbarungen oder Beschlüssen entsprechen oder, wenn keine entsprechende Vereinbarungen oder Beschlüsse bestehen, aus denen ihm über das bei einem geordneten Zusammenleben unvermeidliche Maß hinaus **kein Nachteil** erwächst. Dies gilt unabhängig davon, ob der Eigentümer selbst oder ein berechtigter Nutzer die Veränderungen vorgenommen hat.

Ist nach Durchführung von Baumaßnahmen die zur Zeit der Errichtung des Gebäudes geltende Ausgabe der **9** DIN 4109 eingehalten, fehlt es in der Regel an einem unzumutbaren Nachteil. Auch wenn sich das in technischen Regelwerken vorgesehene Schutzniveau erhöht hat, sind Wohnungseigentümer grundsätzlich nicht gehalten, den vorhandenen Schallschutz durch nachträgliche Maßnahmen zu verbessern. Eine derartige Verpflichtung sieht das Gesetz nicht vor. Es muss lediglich das mittels der im Gemeinschaftseigentum stehenden Bauteile **bislang erreichte Schallschutzniveau** im Prinzip erhalten bleiben.[14] Es gibt keinen Anspruch auf die Beibehaltung eines Trittschallschutzes, der die Mindestanforderungen übersteigt, wenn diese Verbesserung allein durch die Wahl des Bodenbelages erfolgt war. Jeder Eigentümer ist bei der Wahl seines Bodenbelages frei.[15]

Erreicht die Baumaßnahme durch Eingriffe in die Gebäudesubstanz allerdings die **Intensität eines Neubaus** **10** oder einer grundlegenden Veränderung des Gebäudes, so ist der zum Zeitpunkt der Baumaßnahme geltende aktuelle Schallschutz maßgeblich.

bb) Beispiele. Bei welchen konkreten Baumaßnahmen die Schwelle zur Intensität eines Neubaus bzw. einer **11** grundlegenden Veränderung des Gebäudes überschritten ist, konkretisiert die Rechtsprechung zunehmend. Da-

---

9 *Hügel/Elzer*, 3. Aufl. 2021, WEG § 9 a Rn. 125.
10 BGH 24.7.2015 – V ZR 167/14 mwN, NJW 2015, 2874.
11 BGH 27.4.2012 – V ZR 177/11, NZM 2012, 508.
12 BGH 10.11.2015 – V ZR 284/14, ZWE 2016, 79.
13 BGH 10.11.2015 – V ZR 284/14, ZWE 2016, 79.
14 BGH 16.3.2018 – V ZR 276/16, NJW 2018, 2123.
15 BGH 1.6.2012 – V ZR 195/11, NJW 2012, 2725; *Hogenschurz* MDR 2018, 1217 ff.

nach richtet sich der Schallschutz **weiterhin nach der zur Zeit der Errichtung des Gebäudes geltenden DIN 4109**, wenn infolge der Baumaßnahmen (in chronologischer Abfolge der Entscheidungen):

- lediglich der ursprünglich vorhandene Teppich-Bodenbelag durch **Laminat** im Wohnzimmer und **Fliesen** im Flur ersetzt wird, ohne dass dabei in den unter dem Belag befindlichen Estrich und die Geschossdecke eingegriffen wird, also lediglich das Sondereigentum und nicht das Gemeinschaftseigentum verändert wird.[16]

- der in der Eigentumswohnung vorhandene Teppichboden durch **Parkett** ersetzt wird.[17] Der Austausch des Bodenbelags betrifft ausschließlich die Ausstattung der Wohnung. Durch derartige Renovierungsarbeiten werde bei den übrigen Wohnungseigentümern nicht die Erwartung geweckt, dass nunmehr die geltenden Schallschutzwerte einzuhalten sind.[18] Der Umstand, dass durch den Teppich zuvor ein höherer Schallschutz erreicht worden war, ist ohne Bedeutung.

- der seit Errichtung vorhandene **Teppichboden entfernt** und Parkett eingebaut wird. Auch wenn die Wohnungen der Wohnungseigentumsanlage durch die Verlegung von Teppichen geprägt war und dadurch regelmäßig ein höheres Schallschutzniveau erreicht wurde, als der in der damaligen Ausgabe der DIN 4109 vorgesehenen Mindeststandard, ist dies rechtlich unerheblich. Ein höheres einzuhaltendes Schallschutzniveau kann sich zwar aus der Gemeinschaftsordnung ergeben, nicht aber aus einem **besonderen Gepräge** der Wohnungseigentumsanlage. Auch aus dem Wohnumfeld oder der bei Gebäudeerrichtung maßgeblichen Baubeschreibung ergibt sich nicht, dass ein höheres Schallschutzniveau einzuhalten ist, als die bei Errichtung des Gebäudes geltende DIN 4109 vorsieht.[19] Der Schallschutz muss in erster Linie durch die im Gemeinschaftseigentum stehenden Bauteile gewährleistet werden.

- bei einer **Badmodernisierung** der vorhandene Estrich vollständig entfernt und eine Fußbodenheizung eingebaut wird und zudem der vorhandene Fliesenbelag und die Sanitärobjekte vollständig erneuert und eine Steigleitung unter Putz verlegt wird.

Wird bei einer Baumaßnahme im Bereich des Sondereigentums in das **gemeinschaftliche Eigentum** eingegriffen, sind die im Zeitpunkt der Baumaßnahme geltenden Anforderungen an den Schallschutz nur dann maßgeblich, wenn es sich um **grundlegende Um- oder Ausbauten**, wie etwa einen **Dachgeschossausbau** handelt. Allein aus dem Umstand, dass bei Renovierungsarbeiten in das gemeinschaftliche Eigentum eingegriffen wird, ergibt sich nicht das Erfordernis, dass allein die im Zeitpunkt der Maßnahme anerkannten Schallschutzwerte maßgeblich sein sollen. Zwar muss das mittels der im Gemeinschaftseigentum stehenden Bauteile bislang erreichte **Schallschutzniveau „im Prinzip"** erhalten bleiben, jedoch sind Wohnungseigentümer grundsätzlich nicht gehalten, den vorhandenen Schallschutz durch nachträgliche Maßnahmen zu verbessern. Wird hingegen in erheblichem Umfang in die Gebäudesubstanz eigegriffen, entsteht bei den übrigen Wohnungseigentümern die berechtigte Erwartung, dass bei dem Umbau des Sonder- und Gemeinschaftseigentums insgesamt die aktuellen technischen Vorgaben und damit auch die aktuell geltenden Schallschutzwerte eingehalten werden. Bei **Sanierungsmaßnahmen**, die der **üblichen Instandsetzung** oder (ggf. zugleich) der **Modernisierung des Sondereigentums** dienen, kann ein verbessertes Schallschutzniveau im Grundsatz nicht beansprucht werden.[20] Um eine solche **typische Sanierungsmaßnahme** handelt es sich in aller Regel auch dann, wenn bei der Sanierung eines vorhandenen Badezimmers in den Estrich eingegriffen wird. Maßgeblicher Zeitpunkt für die Bestimmung der Schallschutzwerte ist dann derjenige der Gebäudeerrichtung.

- ein Eigentümer den **Fußbodenaufbau**, der aus einer Balkenlage mit Einschub von Sand, Asche und Lehm, darauf genagelten Holzbrettern (Rauspund), einer darauf verschraubten Pressspanplatte, einem PVC- oder Linoleumbelag und darauf verlegtem Laminat bestand, verändert und die Pressspanplatte und den PVC- bzw. Linoleumbelag entfernt und durch Eichenparkett ersetzt. Bei Sanierungsmaßnahmen, die der üblichen Instandsetzung oder (ggf. zugleich) der Modernisierung des Sondereigentums dienen, kann im Grundsatz kein verbessertes Schallschutzniveau beansprucht werden. Es muss lediglich das mittels der

---

16 BGH 1.6.2012 – V ZR 195/11; NJW 2012, 2725.
17 BGH 27.2.2015 – V ZR 73/14, NJW 2015, 1442.
18 BGH 1.6.2012 – V ZR 195/11, NJW-Spezial 2012, 547.
19 BGH 27.2.2015 – V ZR 73/14, NJW 2015, 1442.
20 BGH 16.3.2018 – V ZR 276/16, NJW 2018, 2123.

Mehle

im Gemeinschaftseigentum stehenden Bauteile bislang erreichte Schallschutzniveau im Prinzip erhalten bleiben; es darf jedenfalls nicht signifikant verschlechtert werden.[21]

■ Ersetzt ein Wohnungseigentümer den vorhandenen Bodenbelag durch einen anderen, ohne in den Estrich einzugreifen, so richtet sich der **im Verhältnis der Wohnungseigentümer untereinander** zu gewährende Schallschutz nach der zum **Zeitpunkt der Errichtung** (bzw. des Dachbodenausbaus) geltenden DIN 4109. Das gilt auch dann, wenn die Trittschalldämmung des Gemeinschaftseigentums mangelhaft ist und der Trittschall ohne diesen Mangel den schallschutztechnischen Mindestanforderungen entspräche. Dies bleibt für den vom Wohnungseigentümer nach Austausch des Bodenbelages einzuhaltenden Trittschallschutz grundsätzlich ohne Bedeutung. Ein Sondereigentümer ist nach § 14 Abs. 2 Nr. 1 WEG gehalten darauf zu achten, dass die schallschutztechnischen Mindestanforderungen eingehalten werden. Das gilt insbesondere dann, wenn es durch zumutbare Maßnahmen an dem Sondereigentum möglich ist, wie etwa durch die Verlegung eines schalldämpfenden Teppichbodens.[22]

Gehen Maßnahmen über eine übliche Instandsetzung oder (ggf. zugleich) Modernisierung des Sondereigentums hinaus, so gilt der Schallschutz nach der zur Zeit der Durchführung der Baumaßnahmen geltenden DIN 4109. Der WEG-Senat bezieht sich insoweit ausdrücklich auf die Rechtsprechung des Wohnraumsenates. Dieser hatte einen Sachverhalt zu beurteilen, in dem ein Vermieter das als Abstellraum gebrauchte **Dachgeschoss** über einer Wohnung **ausgebaut** und damit erstmalig eine Wohnung errichtet hatte. In diesem Fall hatte der BGH angenommen, dass der darunter lebende Mieter erwarten könne, dass Lärmschutzmaßnahmen getroffen werden, die den Anforderungen der zur Zeit des Umbaus geltenden DIN-Normen genügen.[23] **12**

Werden die Werte der DIN 4109 um **lediglich 1 bis 2 dB überschritten**, so liegt darin kein abwehrfähiger Nachteil iSv § 14 Abs. 2 Nr. 1 iVm Abs. 1 Nr. 2 WEG. Änderungen des Schallpegels um 1 bis 2 dB werden durch das menschliche Gehör nicht wahrgenommen.[24] **13**

cc) Verfahrensweise. Ist ein Verstoß gegen § 14 Abs. 2 Nr. 1 iVm Abs. 1 Nr. 2 WEG gegeben, so kann der nachteilig betroffene Wohnungseigentümer von dem Wohnungseigentümer, der Veränderungen vorgenommen hat, sowohl nach § 14 Abs. 2 Nr. 1 iVm Abs. 1 Nr. 2 WEG als auch nach § 1004 Abs. 1 BGB die Unterlassung oder Beseitigung der Beeinträchtigung verlangen.[25] Jedoch kann der Betroffene keine konkrete Maßnahme verlangen, sondern allein die Herstellung des gebotenen Trittschallschutzes. Wie der geschuldete Trittschallschutz erreicht wird, steht im **Ermessen** des Anspruchsgegners.[26] **14**

b) Ansprüche der Wohnungseigentümer gegen den Veräußerer. Ohne wirksame abweichende Vereinbarungen kann jeder Käufer vom Veräußerer, der ein Gebäude neu errichtet oder Herstellungsverpflichtungen in Form von Bauleistungen übernommen hat, die nach Umfang und Bedeutung mit Neubauarbeiten vergleichbar sind, erwarten, dass der Tritt- und Luftschallschutz den **allgemein anerkannten Regeln der Technik** zum Zeitpunkt der Errichtung/Baumaßnahmen entspricht. Ein solcher Trittschallschutz ist für die nach dem Vertrag vorausgesetzte Verwendung iSd § 633 Abs. 2 Nr. 1 BGB bzw. jedenfalls für die gewöhnliche Verwendung iSd § 633 Abs. 2 Nr. 2 BGB erforderlich.[27] Dabei ist nach Auffassung des für das Werkvertragsrecht zuständigen 7. Senat des BGH nicht nur ein Mindestschutz nach der DIN 4109, sondern ein **erhöhter Schallschutz nach der VDI-Richtlinie 4100** geschuldet. Die DIN 4109 spiegele die Mindestanforderungen an den Schallschutz nicht mehr wider.[28] Die Ansprüche gegen der Veräußerer unterliegen der Verjährung. **15**

III. Trittschallmängel im vermieteten Wohnungseigentum

Im Verhältnis zum Mieter trifft den Eigentümer gem. § 535 Abs. 1 S. 2 BGB die Pflicht, die Wohnung auch im Hinblick auf den Trittschall mangelfrei zu überlassen. Haben die Parteien insoweit – wie in der Mehrzahl der **16**

---

21 BGH 6.7.2018 – V ZR 221/17, NZM 2019, 94.
22 BGH 26.6.2020 – V ZR 173/19, BeckRS 2020, 16255.
23 BGH 6.10.2004 – VIII ZR 355/03, JuS 2005, 264 mAnm *Emmerich.*
24 BGH 27.2.2015 – V ZR 73/14, NJW 2015, 1442.
25 BGH 1.6.2012 – V ZR 195/11, NJW 2012, 2725; BGH 27.2.2015 – V ZR 73/14, NJW 2015, 1442.
26 BGH 26.6.2020 – V ZR 173/19, BeckRS 2020, 16255; LG Düsseldorf 27.6.2019 – 19 S 152/18, BeckRS 2019, 17206 mAnm *Elzer* ZflR 2020, 29.
27 OLG Köln 2.3.2018 – 19 U 166/15 mAnm *Ott* ZWE 2018, 310.
28 BGH 4.6.2009 – VII ZR 54/07, NJW 2009, 2439.

Mietverträge – keine ausdrückliche Vereinbarung zur Beschaffenheit der Mietsache getroffen, ist die Einhaltung der **maßgeblichen technischen Normen** geschuldet. Dabei ist nach der Verkehrsanschauung grundsätzlich der bei Errichtung des Gebäudes geltende Maßstab anzulegen, weil den Vermieter grundsätzlich keine Pflicht zur Modernisierung trifft. Dies gilt jedoch dann nicht uneingeschränkt, wenn an dem Gebäude bauliche Veränderungen vorgenommen wurden, die zu Lärmimmissionen führen können. Baut der Vermieter beispielsweise das als **Abstellraum** gebrauchte Dachgeschoss über einer Wohnung aus und errichtet damit erstmalig eine Wohnung, so kann der darunter lebende Mieter erwarten, dass Lärmschutzmaßnahmen getroffen werden, die den Anforderungen der zur Zeit des Umbaus **geltenden DIN-Normen** genügen. Einen Anspruch auf erhöhten Schallschutz (46 db) hat der Mieter nur dann, wenn dies mit dem Vermieter vereinbart ist.[29]

17 Tauscht der Besitzer der Oberwohnung lediglich den Bodenbelag aus, so kann der Mieter der darunter gelegenen Wohnung nicht erwarten, dass die Veränderung des Fußbodenbelages unterbleibt, auch wenn dadurch die **schallschutztechnische Situation** zwar **verschlechtert** wird, der Trittschallschutz aber auch nach der Veränderung den technischen Normen genügt, die bei Errichtung des Gebäudes galten und deren Einhaltung vom Vermieter geschuldet ist. Grundsätzlich kommt es nicht darauf an, ob der Vermieter selbst nach § 14 Abs. 2 Nr. 1 iVm Abs. 1 Nr. 2 WEG von dem handelnden Wohnungseigentümer Unterlassung der Maßnahme oder jedenfalls deren fachgerechte Ausführung zum Zwecke der Verringerung der Lärmimmissionen verlangen könnte.[30] In dieser Situation, welcher der einer Drittschadensliquidation ähnelt, hat der Mieter einen Anspruch gegen seinen Vermieter, dass dieser seinen Anspruch gegen den Miteigentümer als Nebenpflicht aus dem Mietvertrag für ihn realisiert oder den Mieter dazu ermächtigt.[31]

18 Der Anspruch eines Mieters auf Beseitigung eines Trittschallmangels ist während seiner Mietzeit **unverjährbar**.[32]

19 Macht ein Mieter infolge von Trittschallmängeln nach Umbauarbeiten am über der Mietsache gelegenen Gemeinschaftseigentum berechtigt **Mangelbeseitigungsansprüche** geltend, so können die Wohnungseigentümer nur gemeinschaftlich die Beseitigung des Mangels veranlassen. Darauf hat jeder Wohnungseigentümer, dh auch der vermietende Eigentümer, einen Anspruch nach § 18 Abs. 2 WEG. Erleidet der vermietende Eigentümer einen Schaden, hat er gegen die Gemeinschaft der Wohnungseigentümer einen Anspruch auf Schadensersatz.

227. Trockenraum

Ruge

I. Einführung

1 Im Fokus des WEG stehen Wohnungen (Wohnungseigentum) und daneben nicht zu Wohnzwecken dienende Räumlichkeiten, die in der Terminologie des Gesetzes Teileigentum heißen. Das ergibt sich aus § 1 WEG und insbesondere aus dessen ersten Absatz, der quasi die Spitze des Gesetzes darstellt. Auch Stellplätze in Garagen haben immerhin eine ausdrückliche normative Erwähnung in § 3 Abs. 1 S. 2 WEG gefunden, wenngleich nicht von Anfang an (→ *Flächen* Rn. 7). Was man im Gesetz hingegen auf den ersten Blick vergeblich sucht, sind Treppenhäuser, Flure und ähnliche Gebäudeteile, die zwar nicht besonders spektakulär aber doch für die alltägliche Benutzung unerlässlich oder jedenfalls recht nützlich sind. Der Grund liegt darin, dass solche Gebäudeteile zum gemeinschaftlichen Eigentum zählen, das das WEG eher mittelbar in seinem § 5 WEG regelt. So bestimmt dessen Abs. 2, dass insbesondere **Einrichtungen**, die dem **gemeinschaftlichen Gebrauch** der

29 BGH 6.10.2004 – VIII ZR 355/03, JuS 2005, 264 mAnm *Emmerich.*
30 BGH 17.6.2009 – VIII ZR 131/08, NZM 2009, 580.
31 *Elzer* NZM 2009, 641.
32 BGH 17.2.2010 – VIII ZR 104/09, NZM 2010, 235.

Wohnungseigentümer dienen, nicht Gegenstand des Sondereigentums sein können. Zu diesen gemeinschaftlichen Einrichtungen gehört auch ein Trockenboden. Er ist eine typische Gemeinschaftseinrichtung.[1]

Gemeinschaftliche Einrichtungen sind Teil des gemeinschaftlichen Eigentums. Insoweit gibt § 16 Abs. 1 S. 3 **2** WEG jedem Eigentümer das Recht zum Gebrauch. Freilich handelt es sich um einen **Mitgebrauch**, weil alle Eigentümer diese Berechtigung haben. Die Notwendigkeit, hier eine Abstimmung oder eine Form von Ordnung zu schaffen, damit jeder Eigentümer zu seinem Recht kommt, liegt auf der Hand. Dem trägt § 18 Abs. 2 WEG iVm §§ 16 Abs. 1 S. 3, 14 WEG Rechnung. Diese Grundsätze gelten vorbehaltlos auch für einen Trockenraum. Erörterungswürdig erscheint insoweit vor allem, welcher Gebrauch konkret zulässig ist und wie die Abstimmung des Mitgebrauchs unter den Eigentümern geregelt wird.

II. Einzelheiten

1. Zweckbestimmung und zulässige Benutzung. Wenn in einer Wohnungseigentumsanlage ein Trocken- **3** raum vorhanden ist, zählt dieser zum gemeinschaftlichen Eigentum.[2] Herkömmlicherweise versteht man unter einem Trockenraum einen separaten Raum, in dem Wäsche auf Leinen oder Ständern getrocknet werden kann.[3] Enthält die Teilungserklärung bzw. Gemeinschaftsordnung eine derartige Bezeichnung für einen bestimmten Raum, handelt es sich um eine Zweckbestimmung (→ *Zweckbestimmung* Rn. 3 f.) mit **Vereinbarungscharakter**.[4] Dementsprechend sind von der Zweckbestimmung abweichende Nutzungen grundsätzlich unzulässig und zu unterlassen. Konkret bezogen auf einen **Trockenraum** bedeutet dies, dass das Aufhängen nasser, gewaschener Wäsche dem Nutzungszweck entspricht. Das Trocknen erfolgt dabei auf natürliche Weise lufttrocknend, dh ohne zusätzliche Hilfsmittel. Schon deshalb überschreitet ein Eigentümer, der in einem gemeinschaftlichen Trockenraum einen elektrischen **Wäschetrockner** dauerhaft aufstellt, die Grenzen des zulässigen Gebrauchs.[5] Dass die Wohnungseigentümer mehrheitlich beschließen könnten, dass der Betrieb von Wäschetrocknern in einem gemeinschaftlichen Trockenraum erlaubt sei, darf vor dem Hintergrund der Lehre von der Beschlusskompetenz stark bezweifelt werden.[6]

Auch ohne entsprechende Beschlussfassung[7] ist das Lagern von Gegenständen, die nicht für das Trocknen von **4** Wäsche erforderlich sind, in einem Trockenraum unzulässig.

Nicht von der Zweckbestimmung gedeckt ist ferner die Aufstellung eines Fitnessgerätes.[8] Erwägenswert ist in **5** diesem Zusammenhang, ob nicht die Lehre von der **typisierenden Betrachtungsweise** (→ *Teileigentum* Rn. 9) auch hier zur Anwendung kommen muss. Sie besagt im Wesentlichen, dass Nutzungen, die jenseits einer Zweckbestimmung liegen, sich ausnahmsweise doch als zulässig erweisen können, weil sie nicht mehr stören als eine zulässige Nutzung.[9] In diesem Fall sind sie duldungspflichtig. Die Frage wird insbesondere von der Rechtsprechung soweit ersichtlich bislang nicht thematisiert. Im Hinblick auf die Aufstellung eines Fitnessgerätes in einem Trockenraum besteht insoweit zumindest die Möglichkeit einer Duldungspflicht. Dabei wird eine Rolle spielen, ob andere Eigentümer vom Mitgebrauch tatsächlich ausgeschlossen werden. In die richtige Richtung weist von daher die Ansicht, nach der die Nutzung eines Trockenraumes für Veranstaltungen zur Förderung der Hausgemeinschaft jedenfalls dann unzulässig ist, wenn einzelne Eigentümer den Raum deswegen nicht bestimmungs- und turnusgemäß benutzen können.[10]

2. Regelung des Mitgebrauchs, Hausordnung. Die grundsätzliche Befugnis der Eigentümer zur Regelung **6** des Mitgebrauchs im Hinblick auf Gegenstände des gemeinschaftlichen Eigentums folgt aus § 19 Abs. 1 WEG. Allerdings besteht sie nur insoweit, als keine Vereinbarung entgegensteht. Innerhalb dieses Rahmens können die Eigentümer auch mehrheitlich durch Beschluss Regelungen schaffen, die einem ordnungsgemäßen

---

1 BayObLG 24.9.1998 – 2Z BR 52/98, NZM 1999, 80.
2 Vgl. LG Berlin 28.9.2010 – 85 S 63/10 WEG.
3 Jennißen/*Schultzky* WEG § 15 Rn. 56.
4 OLG Karlsruhe 20.8.1998 – 4 W 183/96, WuM 1999, 51 mwN.
5 LG Bremen 21.6.2004 – 2 T 828/03, ZMR 2005, 408.
6 So aber noch LG Frankfurt a. M. 13.2.1992 – 2/9 T 113/92, Wohnungseigentümer 1992, 86.
7 Dazu LG Köln 14.3.2013 – 29 S 181/12, ZWE 2014, 94.
8 AG Bremen 16.10.2013 – 28 C 46/13, ZWE 2014, 451.
9 ZB BGH 23.3.2018 – V ZR 307/16, NJW-RR 2018, 1227.
10 Vgl. LG Karlsruhe 21.4.2009 – 11 S 85/08, ZWE 2009, 327.

Gebrauch dienen. Häufig enthält eine Hausordnung solche näheren Maßgaben. In ihr kann insbesondere der Mitgebrauch gemeinschaftlicher Einrichtungen geregelt werden. Dabei steht den Eigentümern unter dem Aspekt ihres **Selbstorganisationsrechts** hinsichtlich der Notwendigkeit und der Zweckmäßigkeit einer bestimmten Regelung ein Ermessensspielraum zu.[11] Für einen Trockenraum gilt nichts anderes.[12] Grundsätzlich muss aber jeder Eigentümer die Möglichkeit haben, einen vorhandenen Trockenraum auch nutzen zu können. Das schließt die Möglichkeit des Zutritts mit ein.[13]

7 Eine Regelung, die im Interesse eines geordneten Gebrauchs des gemeinschaftlichen Eigentums dessen **turnusmäßige Nutzung** durch einzelne Eigentümer vorsieht, führt nicht zur Entstehung eines Sondernutzungsrechts und kann mit einem solchen auch nicht gleichgesetzt werden. Dient die Regelung der geordneten, weil nicht gleichzeitig möglichen oder zweckmäßigen Benutzung, wie bei einem Wasch- und Trockenraum, bewirkt sie nur eine Einschränkung aber keinen Entzug des Mitgebrauchs.[14] Die Eigentümer können deswegen durch Mehrheitsbeschluss festlegen, dass ein Wasch- und Trockenraum jedem Eigentümer an kalendermäßig bestimmten Tagen zur alleinigen Nutzung zur Verfügung steht,[15] wenn eine gleichzeitige Nutzung nicht in Betracht kommt.

8 **3. Aspekte im Übrigen.** Verfügt eine Wohnungseigentumsanlage über einen Trockenraum, folgt daraus eine Verpflichtung, diesen vorrangig zu nutzen und das sichtbare Aufhängen von Wäsche auf anderen Gemeinschaftsflächen ist untersagt.[16] Das ist ein Ergebnis der konsequenten Anwendung von § 14 Nr. 1 WEG, auf den § 16 Abs. 1 S. 3 WEG verweist. Das Trocknen von Wäsche im **Sondereigentum** – zB auf dem eigenen Balkon – wird davon aber nicht berührt, wenn insoweit keine Vereinbarung besteht. Denn das würde die umfassenden Befugnisse des Eigentümers in diesem Bereich zu weitgehend einschränken.[17]

9 Auch ein Verzicht auf die Nutzung eines Bestandteils des gemeinschaftlichen Eigentums durch einen Mieter oder Pächter berechtigt die Gemeinschaft nicht, die **Abschaffung** dieser Einrichtung, zB ein Trockenraum, zu beschließen.[18] Wurde in einer Baugenehmigung anstelle eines Trockenraumes die Aufstellung und Unterhaltung von Waschmaschinen und Wäschetrocknern gefordert, widerspricht es ordnungsgemäßer Verwaltung, deren Abschaffung zu beschließen.[19]

10 Trockenräume zählen nach § 2 Abs. 3 Nr. 1 WoFlV mit ihrer Grundfläche nicht zur Wohnfläche. Ein Beschluss, der solche Flächen dennoch mit einbezieht, entspricht nicht ordnungsgemäßer Verwaltung und ist anfechtbar.[20]

228. Türen

Choynacki

---

11 LG München I 23.11.2017 – 36 S 3100/17, ZWE 2018, 176 mwN.
12 Vgl. BayObLG 29.3.2005 – 2Z BR 164/04, WuM 2005, 475.
13 OLG Karlsruhe 1.7.1993 – 9 U 351/91, NJW-RR 1993, 1294.
14 BGH 8.4.2016 – V ZR 191/15, NJW 2017, 64.
15 BayObLG 24.8.1990 – 2 Z 87/90, WuM 1991, 301.
16 AG Neuss 20.12.2017 – 91 C 150/17, ZWE 2018, 22.
17 Vgl. OLG Düsseldorf 1.10.2003 – I-3 Wx 393/02, NJW-RR 2004, 376.
18 AG Hamburg 19.10.2011 – 102 d C 91/10, ZMR 2012, 303.
19 AG Münster 2.11.2016 – 62 C 1830/16, WuM 2017, 232.
20 *Martini* AnwZert MietR 16/2019 Anm. 2.

I. Hauseingangstür; Kellertüren

Die Hauseingangstür, aber auch Kellertüren[1] und Türen zu einem Nebeneingang,[2] stehen zusammen mit ihren 1 wesentlichen Bestandteilen, etwa Schlüsseln und Beschlägen oder Fenstern, nach § 5 Abs. 2 WEG im **gemeinschaftlichen** Eigentum. Diese Türen werden nach § 18 Abs. 1 WEG von der Gemeinschaft der Wohnungseigentümer verwaltet. Die im Zusammenhang mit den Türen stehenden Kosten sind nach § 16 Abs. 2 S. 1 WEG zu verteilen, wenn die Wohnungseigentümer nichts anderes bestimmen. Für die Benutzung gilt § 16 Abs. 1 S. 3 WEG.

II. Wohnungseingangstüren

Wohnungseingangstüren stehen im **gemeinschaftlichen** Eigentum.[3] Dies gilt unabhängig davon, ob sie direkt 2 von außen, zB im Rahmen eines Laubengangs, sichtbar sind oder diese innerhalb des Gebäudes zum Hausflur gerichtet sind. Der BGH begründet dies mit der Abgeschlossenheit.[4] Besser wäre es, an § 5 Abs. 1 S. 1, Abs. 2 WEG anzuknüpfen.

Neben der Tür selbst stehen ihre **wesentlichen Bestandteile**, etwa der Drücker oder ein Türspion, im **gemein-** 3 **schaftlichen** Eigentum. Ferner steht der Schlüssel im gemeinschaftlichen Eigentum. Anders ist es für losen **Türschmuck**, etwa einen Weihnachtskranz oder Ostereier. Türschmuck bildet keinen wesentlichen Bestandteil der Tür und steht daher im Eigentum des Wohnungseigentümers. Ob es einem Wohnungseigentümer erlaubt ist, Türschmuck anzubringen, richtet sich nach § 16 Abs. 1 S. 3 WEG iVm § 14 Abs. 1 Nr. 2 WEG. Die Wohnungseigentümer können insoweit nach § 19 Abs. 1, Abs. 2 Nr. 1 WEG eine Regelung treffen oder auch vereinbaren.

Die im Zusammenhang mit den Türen stehenden **Kosten** sind nach § 16 Abs. 2 S. 1 WEG zu verteilen, wenn 4 die Wohnungseigentümer nichts anderes bestimmen. Für die Benutzung gilt § 16 Abs. 1 S. 3 WEG.

III. Innentüren

Innentüren stehen nach § 5 Abs. 1 S. 1 WEG im **Sondereigentum**. Sie werden vom Wohnungs- als Sondereigentümer 5 nach § 13 Abs. 1 WEG verwaltet. Er trägt allein die Kosten. Im seltenen Einzelfall bedarf der Wohnungseigentümer bei Veränderungen nach § 13 Abs. 2 WEG einer Gestattung der anderen Wohnungseigentümer.

IV. Schlüsselverlust

Verliert ein Wohnungseigentümer einen Schlüssel (→ *Schlüssel* Rn. 1 ff.), der im Miteigentum steht, muss er 6 diesen nach § 280 BGB und/oder nach § 823 BGB ersetzen.

Der Schlüsselverlust kann aus Sicherheitsgründen den Austausch der **gesamten Schließanlage** erforderlich 7 machen (→ *Schließanlage* Rn. 1 ff.). Dies ist der Fall, wenn eine missbräuchliche Verwendung des nicht auffindbaren Schlüssels durch Unbefugte zu befürchten ist.[5] Solange die Schließanlage nicht erneuert worden sei, besteht allerdings kein Schaden.[6] Da Schließanlagen einer mechanischen Abnutzung unterliegen, ist stets ein Abzug „Neu für Alt" vorzunehmen.[7]

---

1 BGH 22.11.2013 – V ZR 46/13, NJW-RR 2014, 527 Rn. 7.
2 BGH 22.11.2013 – V ZR 46/13, NJW-RR 2014, 527 Rn. 8.
3 BGH 25.10.2013 – V ZR 212/12, NJW 2014, 379 Rn. 9.
4 BGH 25.10.2013 – V ZR 212/12, NJW 2014, 379 Rn. 11.
5 BGH 5.3.2014 – VIII ZR 205/13, NJW 2014, 1653 Rn. 14; OLG Dresden 20.8.2019 – 4 U 665/19, NJ 2019, 482.
6 BGH 5.3.2014 – VIII ZR 205/13, NJW 2014, 1653 Rn. 18.
7 OLG Dresden 20.8.2019 – 4 U 665/19, NJ 2019, 482.

229. Türsprechanlage

Martini

I. Einführung

1 Eine **Türsprechanlage** dient der Übermittlung von Sprache mittels elektrischer Signale – ähnlich dem Telefon – und wird regelmäßig für die Kommunikation vom Sondereigentum zur Haustür genutzt. Sprechanlagen bestehen meist aus einer Zentraleinrichtung, an die mehrere Endgeräte, die Hör- und Sprechstellen, angeschlossen sind. Es gibt aber auch dezentrale Systeme. Es gibt Türsprechanlagen in unzähligen Variationen. Sie unterscheiden sich in zahlreichen Nutzungs- und Ausstattungsvarianten, zB Einzel- oder Gleichzeitigsprechanlagen, mit oder ohne Videoübertragung.

II. Endgerät im Wohnungseigentum

2 Befindet sich die Hör- und Sprecheinrichtung im **Sondereigentum**, ist die Hör- und Sprecheinrichtung grundsätzlich diesem zuzuordnen.[1] Etwas anderes gilt, wenn die Anlage so konzipiert ist, dass die Hör- und Sprecheinrichtung im Sondereigentum nur zusammen mit der Einrichtung im Gemeinschaftseigentum funktioniert. Solche Anlage stehen dann insgesamt im Gemeinschaftseigentum, weil in diesem Fall auch das Endgerät im Sondereigentum ein wesentlicher Bestandteil der Anlage ist.

III. Geräte im Gemeinschaftseigentum

3 Die Hör- und Sprechstelle an der Haustür sowie die Zentraleinrichtung, meist im Keller montiert, gehören zum **Gemeinschaftseigentum**, weil diese gemeinschaftlich genutzt werden.

4 Der **erstmalige Einbau** einer Türsprechanlage ist nach hier vertretener Auffassung eine privilegierte bauliche Veränderung nach § 20 Abs. 2 Nr. 3 WEG. Nach der gesetzlichen Begründung dienen bauliche Veränderungen dem Einbruchschutz, wenn sie geeignet sind, den widerrechtlichen Zutritt zu einzelnen Wohnungen oder zu der Wohnlage insgesamt zu verhindern, zu erschweren oder auch nur unwahrscheinlicher zu machen.[2] Die gesetzlichen Anforderungen an den Einbruchschutz sind daher eher geringer Natur und werden durch die Kontrollfunktion einer Türsprechanlage, nämlich wer die Wohnungseigentumsanlage betritt oder nicht, erfüllt. Daher kann nach § 20 Abs. 2 WEG jeder Wohnungseigentümer den erstmaligen Einbau einer Türsprechanlage verlangen. Hierbei ist zu beachten, dass sich der privilegierte Anspruch auf diese bauliche Veränderung nur auf das „Ob" der Maßnahme bezieht. Nach § 20 Abs. 2 S. 2 WEG wird die Durchführung im Rahmen der ordnungsmäßigen Verwaltung durch weitere Beschlüsse geregelt.

5 Über die **Instandsetzung** einer Türsprechanlage im Gemeinschaftseigentum kann mit einfacher Mehrheit ein Beschluss nach § 19 Abs. 1 WEG gefasst werden. Die Anspruchsgrundlage auf die Instandsetzung ist § 18 Abs. 2 WEG. Der Anspruch besteht gegenüber der Gemeinschaft der Wohnungseigentümer.

IV. Kosten

6 Die **laufenden Kosten** der Gegensprechanlage, wie Wartung und Strom, müssen alle Wohnungseigentümer gemeinschaftlich nach § 16 Abs. 2 WEG tragen.

7 Hinsichtlich der **Reparaturkosten** ist zu differenzieren. Zunächst hat derjenige die Rechnung des Handwerkers zu bezahlen, welcher ihn beauftragt. Regelmäßig wird der **Verwalter** bei einem Defekt der Türsprechanlage den Handwerker beauftragen. Dieser wird regelmäßig für die Gemeinschaft der Wohnungseigentümer vertretungsweise tätig werden.

---

1 OLG Köln 26.8.2002 – 16 Wx 126/02, NZM 2002, 865.
2 BT-Drs. 19/18791, 64.

Die Reparaturkosten des **Gemeinschaftseigentum** tragen die Wohnungseigentümer nach § 16 Abs. 2 WEG. 8

Ist die Reparatur aufgrund einer Störung des im **Sondereigentum** stehenden Endgeräts notwendig, dann hat 9
die Gemeinschaft der Wohnungseigentümer einen Erstattungsanspruch gegenüber dem Wohnungseigentümer.
Das ist beispielsweise der Fall, wenn eine Taste eingeklemmt ist oder am Endgerät eine nicht fachgerechte
Umbaumaßnahme vom Wohnungseigentümer selbst vorgenommen wurde. Zu den erstattbaren Kosten gehören dann auch die Kosten, die durch das Suchen des Fehlers entstanden sind.

Kann aber der **Verursacher** des Schadens nicht eindeutig festgestellt werden, müssen alle Eigentümer gemeinschaftlich die Kosten tragen.

Beauftragt ein Wohnungseigentümer selbst den Handwerker für eine Reparatur der Gegensprechanlage, ob- 10
wohl der Schaden am Gemeinschaftseigentum entstanden ist, besteht ein Kostenerstattungsanspruch gegenüber der Gemeinschaft der Wohnungseigentümer nur, wenn es sich um eine **Notreparatur** nach § 18 Abs. 3
WEG handelt.[3]

V. Verfahrenshinweise

Prozessual kann der Anspruch im Wege der Beschlussersetzungsklage nach § 44 Abs. 1 S. 2 WEG durchge- 11
setzt werden. Das Gericht hat dann anstelle der Wohnungseigentümer das Entscheidungsermessen auszuüben.
Deshalb genügt es, wenn im Klageantrag die begehrte bauliche Veränderung bezeichnet wird; die konkrete Art
und Weise ihrer Durchführung kann in das Ermessen des Gerichts gestellt werden.[4]

230. Überbelegung

Brückner

I. Einführung

Das gemeinschaftliche Eigentum und das Sondereigentum sind tatsächlich und rechtlich begrenzt. Die tatsäch- 1
liche Begrenzung ergibt sich aus der Lage der Immobilie am Ort. Die rechtliche Begrenzung anderer Immobilien gegenüber ergibt sich aus der Ein- und Zuordnung im jeweiligen Grundbuch. Die Begrenzung des Sondereigentums folgt aus der Teilungserklärung und der sich aus der Aufteilung ergebenden Miteigentumsanteile.
Möglich ist eine Beschreibung der Zulässigkeit der Nutzungsart des Sondereigentums. Hierfür wird zwischen
Wohnungseigentum und **Sondereigentum** unterschieden.

Beim **Teileigentum** besteht die Möglichkeit, durch eine genaue Beschreibung der Art der Nutzung diese vor- 2
zugeben und dadurch einzugrenzen.

Die Einordnung des **Sondereigentums** zu Wohnungseigentum gestattet dem Eigentümer die Nutzung zu 3
Wohnzwecken.

II. Materielles Recht

Von einer Überbelegung ist auszugehen, wenn das **Maß der Inanspruchnahme** der zur Verfügung stehenden 4
Flächen oder Räume durch Menschen oder Sachen die Kapazitäten des Möglichen oder Zumutbaren **überschreitet**. Dabei findet die Überschreitung eines zunächst zulässigen Tuns über die Grenze des Erlaubten hinaus statt.

Die Nutzung des Sondereigentums zu Wohnzwecken erlaubt es dem Eigentümer, nicht nur die Räumlichkeiten 5
selbst zu Wohnzwecken zu nutzen, sondern diese auch **anderen Personen** als den Sondereigentümern zu

---

3 BGH 14.6.2019 – V ZR 254/17, NZM 2019, 624.
4 BT-Drs. 19/18791, 63.

Wohnzwecken zur Verfügung zu stellen. Das darf auch zur Gewinnerzielung erfolgen, so dass eine (Wohnraum-)Vermietung zulässig ist.

6 Die **Nutzungsmöglichkeit** des Teileigentums gestattet es dem Eigentümer, die Räumlichkeiten selbst oder durch Dritte zu anderen als zu Wohnzwecken zu nutzen.

7 Im Rahmen der Nutzung des Teileigentums kann dem Teileigentümer im Rahmen der **Teilungserklärung** die konkrete Art der Nutzung vorgegeben werden. Auch hier hat der Eigentümer die Möglichkeit, die Gebrauchsausübung an Dritte zu überlassen.

8 Im Rahmen der eigenen Wohnraumnutzung und der Wohnraumnutzung aufgrund der Gebrauchsüberlassung an Dritte gibt es keine die Anzahl der nutzenden Personen begrenzenden Vorschriften. Auch die Teilungserklärung oder **Hausordnung** kann Vorgaben zur Anzahl der das Wohnungseigentum nutzenden Personen nicht machen.

9 Die **Grenze** der Wohnraumnutzung ist dort zu ziehen, wo die Substanz der Immobilie in Gefahr ist oder die übrigen Miteigentümer in ihrer bestimmungsgemäßen Benutzung über das Maß der Zumutbarkeit hinaus beeinträchtigt sind.

10 Der Begriff der Überbelegung findet sich im **BGB-Mietrecht** wieder. Der Mieter von Wohnraum hat einen Anspruch auf Erlaubnis zur entgeltlichen Gebrauchsüberlassung (Untervermietung), wenn daran nach Abschluss des Mietvertrages ein berechtigtes Interesse entstanden ist und dem Vermieter kein Versagungsgrund zur Verfügung steht (vgl. § 553 Abs. 1 BGB). Einer der vom Gesetzgeber beispielhaft aufgeführte Versagungsgrund ist neben eines wichtigen Grundes in der Person des Untermieters die Überbelegung der Mietsache.

11 Bei der **Ermittlung** der Überbelegung der Mietsache wird unterschieden zwischen der Aufnahme von solchen Personen in die Mietsache, denen der Vermieter nicht zustimmen muss (sog. erlaubnisfreier Personenkreis) und solchen Personen, bei denen die vom Mieter beabsichtigte Gebrauchsüberlassung ausdrücklich vom Vermieter genehmigt werden muss (sog. erlaubnispflichtiger Personenkreis).

12 Zum **erlaubnisfreien Personenkreis** zählen Familienangehörige des Mieters und solche Personen, die er zum Zwecke der eigenen Pflege in die Wohnung aufnimmt.

13 Zum **erlaubnispflichtigen Personenkreis** gehören alle (anderen) Personen, die nicht zum erlaubnisfreien Personenkreis gehören.

14 Bei der Aufnahme von Personen, die zum erlaubnisfreien Personenkreis gehören, geht die Rechtsprechung des Bundesgerichtshofs[1] in Wohnraummietsachen davon aus, dass die Rechte des Vermieters nicht allein deswegen erheblich verletzt sind, weil die Wohnung durch den Zuzug von Kindern des Mieters erheblich überbelegt ist, obwohl keine den Vermieter beeinträchtigenden Auswirkungen festzustellen sind. Ob die Rechte des Vermieters durch einen vertragswidrigen Gebrauch in erheblichem Maß verletzt sind, ist grundsätzlich anhand der besonderen Umstände aufgrund einer Abwägung der Interessen beider Parteien zu entscheiden. Für die Überbelegung – gleich welchen Umfangs – gilt nichts anderes.

15 Eine Überbelegung der Mietsache kommt somit erst dann in Betracht, wenn die **Substanz** der Mietsache in Gefahr ist.

16 Hingegen wird die Überbelegung der Mietsache bei Personen, die zum erlaubnispflichtigen Personenkreis gezählt werden, überwiegend festgemacht anhand von **öffentlich-rechtlichen Vorschriften**. In den Bundesländern, in denen noch Wohnungsaufsichtsgesetze existieren, finden sich Vorschriften zum Maß der Belegung von Wohnraum. Bei diesen Regelungen handelt es sich jedoch nicht um die Beschreibung von Höchstgrenzen zur Nutzung von Wohnraum, sondern um die Nennung von Mindeststandards.

17 Bei der **Ermittlung** einer Überbelegung von Wohnungseigentum wird neben der Belegungsdichte auch die Dauer der Vermietung als Beurteilungskriterium herangezogen.[2]

18 Eine Überbelegung von Teileigentum ist danach anzunehmen, wenn die **Intensität** der mit der Belegung verbundenen Nutzung über die normale Wohnnutzung hinaus geht.

---

1 BGH 14.7.1993 – VIII AZR 1/93, NJW 1993, 2528 (2529).
2 Bielefeld/Sommer/Christ/*Christ* 9.1.1.1. Wohnnutzung S. 122/123.

III. Verfahrenshinweise

Die Überbelegung stellt aufgrund der Überschreitung der zulässigen Nutzung eine zweckwidrige Nutzung des   19
Teil- oder Wohnungseigentums dar. Aufgrund einer zweckwidrigen Nutzung kommen **Unterlassungs- und
Schadensersatzansprüche** in Betracht (→ *Zweckentfremdung* Rn. 12).

231. Überleitungsvorschriften – WEMoG

Tyarks

I. Einführung

Der Deutsche Bundestag hat in seiner 176. Sitzung am 17.9.2020 aufgrund der Beschlussempfehlung und des   1
Berichts des Ausschusses für Recht und Verbraucherschutz – Drs. 19/22634 – den von der Bundesregierung
eingebrachten Entwurf eines Gesetzes zur Förderung der Elektromobilität und zur Modernisierung des Wohnungseigentumsgesetzes und zur Änderung von kosten- und grundbuchrechtlichen Vorschriften (Wohnungseigentumsmodernisierungsgesetz – WEMoG) – Drs. 19/18791, 19/19369 – angenommen.

Der Bundesrat hat in seiner 994. Sitzung am 9.10.2020 beschlossen, zu dem vom Deutschen Bundestag am   2
17.9.2020 verabschiedeten Gesetz einen Antrag gem. Art. 77 Abs. 2 GG nicht zu stellen,[1] was zum Zustandekommen des Gesetzes geführt hat (Art. 78 GG).

Eine Verkündung des WEMoG erfolgte im Bundesgesetzblatt am 22.10.2020.[2] Gem. Art. 18 trat das WEMoG   3
hiernach zum größten Teil am 1.12.2020 in Kraft. Nur die Änderungen des Justizaktenaufbewahrungsgesetzes
und der Justizkostengesetze traten bereits am Tag nach der Verkündung in Kraft.

Die §§ 47, 48 WEG beinhalten Überleitungsvorschriften zum neuen Recht.   4

II. Auslegung von Altvereinbarungen nach § 47 WEG

§ 47 WEG regelt die Auslegung von Vereinbarungen iSd § 10 Abs. 1 S. 2 WEG, also die Auslegung von Ge-   5
meinschaftsordnungen, die vor Inkrafttreten des WEMoG getroffen wurden. Die Vorschrift kann als Übergangsvorschrift für alte Gemeinschaftsordnungen betrachtet werden.

Der Gesetzgeber geht – erfahrungsgemäß nicht zu Unrecht – davon aus, dass viele WEG-Gemeinschaften den   6
dringend erforderlichen **Anpassungsbedarf** der bestehenden Gemeinschaftsordnungen nicht oder jedenfalls
nicht sofort erkennen und vollziehen werden. § 47 WEG soll also das Verhältnis von Gemeinschaftsordnungen, die noch auf der vorherigen Gesetzeslage beruhen, zu dem geänderten Gesetz klären.

Die Vorschrift regelt wie folgt: 7

§ 47 WEG Auslegung von Altvereinbarungen

**Vereinbarungen, die vor dem 1. Dezember 2020 getroffen wurden und die von solchen Vorschriften dieses
Gesetzes abweichen, die durch das Wohnungseigentumsmodernisierungsgesetz vom 16. Oktober 2020
(BGBl. 1 S. 2187) geändert wurden, stehen der Anwendung dieser Vorschriften in der vom 1. Dezember
2020 an geltenden Fassung nicht entgegen, soweit sich aus der Vereinbarung nicht ein anderer Wille ergibt.
Ein solcher Wille ist in der Regel nicht anzunehmen.**

---

1 BR-Drs. 544/20.
2 BGBl. 2020 I 2187 ff.

8 Die Gesetzesbegründung[3] führt hierzu wie folgt aus:

„§ 47 soll sicherstellen, dass die geänderten Vorschriften des WEG in der Regel auch in den Gemeinschaften gelten, in denen Wohnungseigentum vor Inkrafttreten der Änderungen begründet worden ist. Die Vorschrift bewirkt, dass Vereinbarungen, die vor Inkrafttreten der Änderungen getroffen wurden, der Anwendung der geänderten Vorschriften nur dann entgegenstehen, wenn sich ein entsprechender Wille aus der Vereinbarung mit hinreichender Deutlichkeit ergibt.

Eine solche Vorschrift ist notwendig, da viele Gemeinschaftsordnungen den Wortlaut des bei ihrer Errichtung geltenden Gesetzes wiederholen. In der Regel wird damit nicht bezweckt, dass diese Vorschriften auch gegenüber späteren Gesetzesänderungen Vorrang genießen. Vielmehr soll die Wiederholung gesetzlicher Vorschriften in der Gemeinschaftsordnung in der Regel nur den Wohnungseigentümern und dem Verwalter die Lektüre des Gesetzes ersparen. Problematisch ist jedoch, dass es bei späteren Gesetzesänderungen zu einem zumindest formalen Widerspruch von Gemeinschaftsordnung und geändertem Gesetz kommen kann. Nach allgemeinen Grundsätzen müsste im Wege der Auslegung geklärt werden, ob eine abweichende Vereinbarung im Sinne des § 10 Absatz 1 Satz 2 WEG-E vorliegt. Den mit einer solchen Auslegung verbundenen Unsicherheiten begegnet § 47.

Eine abweichende Vereinbarung, die der Anwendung der geänderten Vorschriften entgegensteht, ist nach Satz 1 nur anzunehmen, wenn sich aus der Vereinbarung der Wille ergibt, dass die Vereinbarung auch gegenüber künftigen Gesetzesänderungen Vorrang genießen soll. Aufgrund der negativen Formulierung hat derjenige, der einen solchen Willen behauptet, diesen Willen zu beweisen. Der Wille muss sich dabei aus der Vereinbarung selbst ergeben. Nach Satz 2 ist das im Regelfall nicht anzunehmen. Im Einzelfall ist es aber nicht ausgeschlossen, dass sich ein solcher Wille aus einer Vereinbarung und ihrem Kontext mit hinreichender Deutlichkeit ergibt.

Funktional tritt § 47 an die Stelle der geltenden § 12 Absatz 4 Satz 2, § 16 Absatz 5 und § 22 Absatz 2 Satz 2. Diese Vorschriften ordnen die Unabdingbarkeit einzelner Vorschriften an, die nachträglich in das WEG eingefügt wurden. Auch dadurch wird sichergestellt, dass die neuen gesetzlichen Vorschriften Vorrang vor bereits bestehenden Vereinbarungen genießen. Allerdings wird durch die Anordnung der Unabdingbarkeit die im WEG grundsätzlich bestehende Gestaltungsfreiheit empfindlich eingeschränkt und zwar sowohl für die Vergangenheit als auch für die Zukunft. Dagegen lässt die in § 47 vorgesehene Vermutungsregel privatautonomen Entscheidungen hinreichenden Raum und ist deshalb vorzugswürdig. § 12 Absatz 4 Satz 2, § 16 Absatz 5 und § 22 Absatz 2 Satz 2 WEG haben im Entwurf daher keine Entsprechung mehr.“

9 Die Gemeinschaftsordnung als Zusammenfassung der Vereinbarungen ist in der Regel Teil der Urkunde „Teilungserklärung" und als Inhalt des Sondereigentums im Grundbuch eingetragen. Durch die **Verdinglichung** der Gemeinschaftsordnung wirken die Vereinbarungen gem. § 10 Abs. 3 WEG auch gegenüber Rechtsnachfolgern, soweit sie als Inhalt des Sondereigentums im Grundbuch eingetragen sind. Für grundbuchliche Eintragungen gelten aufgrund des das Grundbuchrecht beherrschenden **Bestimmtheitsgrundsatzes** besondere Auslegungsgrundsätze,[4] die also auch für verdinglichte Gemeinschaftsordnungen gelten.

10 Hiernach ist auch bei der **Auslegung** einer Gemeinschaftsordnung maßgebend auf den Wortlaut und den Sinn abzustellen, wie er sich für einen unbefangenen Betrachter als nächstliegend ergibt. Umstände außerhalb der Eintragung dürfen nur herangezogen werden, wenn sie nach den besonderen Verhältnissen des Einzelfalls für jedermann ohne Weiteres **erkennbar** sind.[5] Solche Umstände sind sicherlich auch eine Änderung des Gesetzes, da diese eben für jedermann ohne Weiteres erkennbar ist.

11 Die Gesetzesbegründung spricht zunächst den Fall der **gesetzeswiederholenden Vereinbarungen** an, also solche Vereinbarungen, die lediglich den (alten) Gesetzestext wiederholen. In der Literatur ist bereits streitig, ob es sich bei solchen gesetzeswiederholenden Vereinbarungen überhaupt um Vereinbarungen iSd § 10 Abs. 1

---

3 BT-Drs. 19/18791, 36.
4 Vgl. Schöner/Stöber GrundbuchR GBO § 29 Rn. 172 f.
5 BGH 28.10.2016 – V ZR 91/16, NJW 2017, 1167 mwN.

S. 2 WEG handelt, die verdinglicht werden können.[6] Jedenfalls ist zu prüfen, ob eine dynamische Verweisung auf das aktuell geltende Recht oder eine statische, selbstständige Vereinbarung vorliegt.[7]

Vereinbarungen der Wohnungseigentümer haben Vorrang vor den abdingbaren Regeln des Gesetzes unter Heranziehung der vorgenannten Auslegungsgrundsätze, allerdings nur insoweit, als eine Ergänzung zu diesen Regeln oder eine Abweichung von ihnen erkennbar gewollt ist.[8] Dies gilt auch, sofern sich die Vereinbarung nach einer Gesetzesänderung in **Widerspruch** zu einem neuen Gesetzestext setzt. Daher hat die Anordnung des § 47 WEG insoweit lediglich klarstellende Funktion. 12

Gleiches gilt für **gesetzeserläuternde Vereinbarungen,** die sich nicht nur auf die Wiederholung des Gesetzestextes beschränken, aber im Rahmen des in Bezug genommenen Gesetzes bewegen, also keine Abweichungen hiervon regeln. 13

Aus der Gesetzesbegründung ist zu entnehmen, dass § 47 WEG indes nicht nur auf gesetzeswiederholende und gesetzeserläuternde Vereinbarungen Anwendung finden soll, sondern darüber hinaus auch auf **gesetzesabweichende Vereinbarungen.** Auch diese sollen grundsätzlich nicht mehr gelten, soweit sie von solchen Vorschriften dieses Gesetzes abweichen, die durch das WEMoG geändert wurden. 14

Führt die inhaltliche Änderung des Gesetzes zu einem Gleichklang mit der zuvor gesetzesabweichenden Vereinbarung, ergeben sich keine Probleme. Die Vereinbarung wird durch die Gesetzesänderung zu einer gesetzeswiederholenden bzw. gesetzeserläuternden Vereinbarung, auf die § 47 WEG keine Anwendung findet; dies ist auch nicht notwendig. 15

§ 47 WEG verlangt eine Abweichung von den durch das WEMoG geänderten Vorschriften. Mit „Änderung" dürfte eine über die sprachliche Anpassung hinausgehende **inhaltliche Änderung** der jeweiligen Norm gemeint sein. Eine solche Änderung liegt nicht vor, wenn sich lediglich der Ort der Regelung im Gesetz geändert hat oder nur eine sprachliche Anpassung erfolgte. 16

Wird eine solche Abweichung festgestellt, ordnet § 47 WEG an, dass dies der Anwendung der gegenläufigen neuen gesetzlichen Regelung grundsätzlich nicht entgegensteht. Der grundsätzliche Anwendungsvorrang der neu geschaffenen gesetzlichen Regelung wird zunächst durch eine **Beweisregel** bewerkstelligt („soweit sich aus der Vereinbarung nicht ein anderer Wille ergibt"). Dies bedeutet, dass derjenige, der sich auf die abweichende Regelung beruft, beweisen muss, dass sich aus der Vereinbarung der Wille ergibt, dass die Vereinbarung auch gegenüber künftigen Gesetzesänderungen Vorrang genießen soll. Diese Beweisregel wird durch § 47 Abs. 1 S. 2 WEG verschärft, indem die Regelung anordnet, dass ein solcher Wille in der Regel nicht anzunehmen ist; dies ähnelt einer gesetzlichen (widerleglichen) **Vermutung.** 17

Auf die Regelung eines festen Anwendungsvorrangs der neuen gesetzlichen Regelungen gegenüber Altvereinbarungen der Wohnungseigentümer verzichtet das Gesetz. Der Verweis in der Gesetzesbegründung auf § 12 Abs. 4 S. 2 WEG aF, § 16 Abs. 5 WEGaF und § 22 Abs. 2 S. 2 WEG aF zeigt, dass der Gesetzesentwurf die Regelung des § 47 WEG als schonender im Hinblick auf die **Privatautonomie** der Wohnungseigentümer zu einem echten Anwendungsvorrang des Gesetzes erachtet. Ggf. sollte auch eine Unrichtigkeit des Grundbuchs verhindert werden,[9] denn sofern das Ergebnis allein durch die rechtsgeschäftliche Auslegungsmethoden zusammen mit Beweisregeln bewerkstelligt wird, hat dies keinen Einfluss auf das Grundbuch. 18

Allerdings geben reine Beweisregelungen in diesem Zusammenhang wenig Sinn, da einem mit der Sache befassten Gericht sämtliche relevanten Unterlagen, insbesondere die verdinglichte Gemeinschaftsordnung, vorliegen werden. Wen die Beweislast trifft, ist insoweit zweitrangig. Letztlich hat die Regelung des § 47 WEG hiernach vornehmlich **klarstellende Funktion.** 19

Ein befasstes Gericht wird also unter Berücksichtigung der zuvor genannten Auslegungsregeln zu prüfen haben, ob sich aus der Gemeinschaftsordnung der **Wille** ergibt, dass die gesetzesabweichende Vereinbarung auch gegenüber künftigen Gesetzesänderungen, also dem WEMoG, **Vorrang** genießen soll. Dies muss sich regelmäßig aus der Urkunde selbst ergeben. Hierfür kann sprechen, dass die Wohnungseigentümer mit der geset- 20

---

6 Dagegen bspw. Bärmann/*Suilmann* WEG § 10 Rn. 81, 82; *Hügel/Elzer* WEG § 10 Rn. 109; dafür BeckOGK/*Falkner* WEG § 10 Rn. 99.

7 BeckOGK/*Falkner* WEG § 10 Rn. 99; BeckOK WEG/*Müller* § 10 Rn. 121.

8 BayObLG 21.4.1972 – BReg 2 Z 125/71; jurisPK-BGB/*Lafontaine* WEG § 10 Rn. 70.

9 Vgl. hierzu *Becker/Schneider* ZfIR 2020, 281 (308).

zesabweichenden Regelung gerade zum Ausdruck bringen, dass sie ihr eigenes, von dem Gesetz unabhängiges **Regelungsregime** schaffen wollen. Eine Änderung des Gesetzes hat hierauf dann keinen Einfluss, denn das eigens geschaffene Regelungsregime war bereits zuvor von dem Gesetz unabhängig. In der Rechtspraxis sind die Regelungen in der Gemeinschaftsordnung indes oftmals so eng an die vor Inkrafttreten des WEMoG geltende Rechtslage angelehnt und mit ihr so eng verwoben, dass der Befund des eigenen vom Gesetz unabhängigen Regelungsregime häufig nicht gestellt werden kann.

21 Nur sofern ein in der Sache befasstes Gericht hiernach feststellt, dass die Wohnungseigentümer ein von der derzeit geltenden Gesetzeslage unabhängiges Regelungsregime schaffen wollten, genießen die Regelungen in Altvereinbarungen weiterhin Anwendungsvorrang. Dies ist aber nicht der Fall, wenn **gesetzesabweichende Vereinbarungen** sich lediglich als Reflex zu der bisher bestehenden Rechtslage darstellen oder diese so eng mit der derzeitigen Rechtslage verzahnt sind, dass kein eigenes Regelungsregime feststellbar ist oder sich im Einzelfall sonst ein entgegenstehender Wille aus der Gemeinschaftsordnung ergibt.[10]

22 Stellt das Gericht eine gesetzesabweichende Vereinbarung und einen Anwendungsvorrang der neuen gesetzlichen Regelungen fest, geht der Anwendungsvorrang des Gesetzes nur so weit, wie die Änderung des Gesetzes reicht. Bei der Frage, inwieweit dies Einfluss auf weitere Vereinbarungen in der Gemeinschaftsordnung hat, ließe sich ggf. der Gedanke des § 139 BGB und das Institut des **blue-pencil-Tests** übertragen. Keinesfalls hat die Feststellung zur Folge, dass ohne Weiteres die Gemeinschaftsordnung in Gänze ihre Wirksamkeit verliert.

23 Die Anwendung des § 47 WEG setzt hiernach eine **Einzelfallprüfung** voraus. Viele Vereinbarungen bauen hierbei lediglich auf den vor dem WEMoG geltenden Rechtszustand auf und modifizieren diesen nur. Als Beispiel soll die nachfolgende Regelung zu baulichen Veränderungen[11] dienen:

„§ 7 Bauliche Veränderungen

(1) Bauliche Veränderungen und Aufwendungen, die über die ordnungsmäßige Instandhaltung oder Instandsetzung des gemeinschaftlichen Eigentums hinausgehen und jeweils nur eine Wirtschaftseinheit betreffen, können beschlossen oder verlangt werden, wenn jeder Wohnungseigentümer der betroffenen Wirtschaftseinheit zustimmt, dessen Rechte durch die Maßnahmen über das in § 14 Nr. 1 WEG bestimmte Maß hinaus beeinträchtigt werden.

Entsprechendes gilt für Maßnahmen im Sinne des § 22 Abs. 2 WEG mit der Maßgabe, dass Bezugsgröße für das Quorum die Anzahl der Wohnungseigentümer der betroffenen Wirtschaftseinheit und die auf diese Einheit entfallenden Miteigentumsanteile sind.

Insoweit wird § 22 Abs. 1 und Abs. 2 WEG abbedungen.

(2) Für die Anwendung des § 16 Abs. 4 WEG gilt unter den Voraussetzungen der Ziff. 1, S. 1 die Regelung in Ziff. 1 S. 2 entsprechend, soweit dort die Bezugsgröße für das Quorum bestimmt ist.

(3) Die Kosten einer baulichen Veränderung, im Sinne von § 22 Abs. 1 und 2 WEG, die ein Wohnungs- oder Teileigentümer beantragt und die nur diesem zugutekommt, können diesem alleine auferlegt werden. Dies gilt auch für alle etwaigen Folgekosten der Instandhaltung, Instandsetzung oder Verkehrssicherung.

(4) IÜ hat es bei der Gesetzeslage sein Bewenden, soweit bauliche Veränderungen im Sinne von § 22 Abs. 1 und Abs. 2 WEG alle Wohnungs- und Teileigentümer betreffen."

24 Die Regelung ist so dicht an den Rechtszustand angelehnt und mit diesem so eng verwoben, dass die Auslegung ergibt, dass die Regelung in der Gemeinschaftsordnung der geänderten Gesetzeslage nicht vorgeht. Bei § 7 Abs. 1 S. 1 der Gemeinschaftsordnung handelt es sich aus der Sicht des WEMoG lediglich um eine gesetzeswiederholende Regelung, die ein eigenes Regelungsregime nicht erkennen lässt. Die Beschränkung auf die jeweiligen Untergemeinschaften hat hierauf keinen Einfluss. Diese Regelung überdauert die Gesetzesänderung daher von vornherein nicht. Da die übrigen Regelungen hierauf eng angepasst sind, können diese auch keine Geltung mehr beanspruchen, eine **„geltungserhaltene Reduktion"** kommt nicht in Betracht.

---

10 Enger *Becker/Schneider* ZfIR 2020, 281 (308).
11 BeckFormB WEG-R/*Müller* D. VI. Mehrhausanlagen: Gemeinschaftsordnung für eine in zwei Bauabschnitten zu errichtende Mehrhausanlage.

Weitere Auslegungsprobleme können sich bspw. im Rahmen von vereinbarten **Ladungsfristen** zur Woh-   25
nungseigentümerversammlung ergeben. Nach § 24 Abs. 4 S. 2 WEG in der Form des WEMoG soll die Frist
der Einberufung, sofern nicht ein Fall besonderer Dringlichkeit vorliegt, **mindestens drei Wochen** betragen.
§ 24 Abs. 4 S. 2 WEG aF sah lediglich eine Frist von mindestens zwei Wochen vor.

Ob Vereinbarungen zur Ladungsfrist in Altvereinbarungen weiter Vorrang vor der Dreiwochenfrist in § 24   26
Abs. 4 S. 2 WEG haben, wollen *Dötsch/Schultzky/Zschieschack*[12] davon abhängig machen, ob die vereinbarte
Ladungsfrist sowohl vor der Geltung des WEMoG als auch danach ihre Zielrichtung insoweit beibehalten hat,
dass sie die gesetzlich geregelte Frist vor und nach dem Inkrafttreten des WEMoG verkürzt bzw. verlängert.
Sei bspw. eine Ladungsfrist von einer Woche vereinbart, so stellt diese Frist eine Verkürzung der gesetzlichen
Frist sowohl im Vergleich zu § 24 Abs. 4 S. 2 nF (3 Wochen) als auch im Vergleich zu § 24 Abs. 4 S. 2 aF (2
Wochen) dar. Die vereinbarte Frist gehe dann auch § 24 Abs. 4 S. 2 nF regelmäßig vor. Anders sei es hingegen,
wenn sich die vorgenannte Zielrichtung nach Inkrafttreten des WEMoG insofern geändert habe, dass eine im
Vergleich zur vorherigen Rechtslage vereinbarte Frist, die die gesetzliche Frist verlängert habe, im Vergleich
zu § 24 Abs. 4 S. 2 nF aber verkürzt. Dies ist immer dann der Fall, wenn in der Altvereinbarung eine Ladungsfrist geregelt ist, die zwischen zwei und drei Wochen liegt. In diesem Fall soll die Altvereinbarung § 24 Abs. 2
S. 2 nF nicht vorgehen.

Nach diesseitiger Ansicht gibt es indes keine allgemeine Vermutung dafür, dass es den Wohnungseigentümern   27
bei dem Abschluss einer Vereinbarung darauf ankommt, ob die vereinbarten Abweichungen im Vergleich zum
nur subsidiär geltenden Gesetz Verschärfungen oder Erleichterungen enthalten. Denn mit dem Entschluss Abweichungen vom Gesetz zu regeln, bringen die Wohnungseigentümer regelmäßig zum Ausdruck, sich von der
gesetzlichen Regelung lösen und diese durch ihr eigenes Regelungsregime ersetzen zu wollen. Dies gilt jedenfalls in der Regel im Bereich von Ladungsfristen, wenn nicht erkennbar ist, dass sich diese aus dem alten
Rechtszustand ableiten bzw. mit diesem eng verwoben bleiben.

Auslegungsfragen können sich darüber hinaus ergeben, wenn die Altvereinbarung **Regelungen zur Be-**   28
schlussfähigkeit enthält, denn ein besonderes Quorum, wie es in § 25 Abs. 3 WEG aF geregelt war, ist vollständig entfallen. Einige Gemeinschaftsordnungen haben § 25 Abs. 3 aF vollständig abbedungen. Diese Vereinbarung wird nun zu einer gesetzeswiederholenden Vereinbarung, was unproblematisch ist. Sieht die Altvereinbarung ein eigenes Quorum vor, findet dieses nach diesseitiger Ansicht regelmäßig weiterhin Anwendung,
unabhängig davon, ob das Quorum unter dem bisher gesetzlich geregelten Quorum liegt oder nicht. Isolierte
Regelungen, die den Verwalter ermächtigen, bereits in der Einladung zur Eigentümerversammlung für den
Fall, dass deren Beschlussunfähigkeit festzustellen ist, eine sich unmittelbar anschließende Zweitversammlung
mit den nämlichen Gegenständen einzuberufen, werden – sofern nicht zusätzlich ein eigenes Quorum vereinbart ist – obsolet.

III. Übergangsvorschriften nach § 48 WEG

§ 48 WEG regelt die Übergangsvorschriften für einzelne gesetzliche Regelungen des WEMoG.   29

§ 48 Abs. 1 S. 1 WEG ordnet die Rückwirkung des § 5 Abs. 4 WEG, § 7 Abs. 2 WEG und § 10 Abs. 3 WEG   30
an. Hiernach sind sämtliche **vereinbarungsändernde „Altbeschlüsse"**, die aufgrund einer Öffnungsklausel
gefasst wurden, in das Grundbuch einzutragen.[13] Antragsberechtigt ist sowohl jeder einzelne Wohnungseigentümer als auch die Gemeinschaft der Wohnungseigentümer nach § 7 Abs. 2 S. 2 WEG, die von dem Verwalter
vertreten wird. Es ist eine originäre Aufgabe des Verwalters, die Wohnungseigentümer auf diese Rechtslage
hinzuweisen und eine Entscheidung dazu einzuholen, ob existierende Altbeschlüsse eingetragen werden sollen. Eine Pflicht, die Eintragung zu bewirken, trifft ihn hingegen nicht.[14]

Eine solche Eintragung war nach dem bisher geltenden § 10 Abs. 4 WEG aF nicht erforderlich. Die Vorschrift   31
greift hiermit Jahrzehnte zurück und begründet eine Handlungspflicht der Gemeinschaft der Wohnungseigen-

12 *Dötsch/Schultzky/Zschieschack* WEG-Recht 2021 Kap. 16 B Rn. 7 ff.
13 Zum Ganzen *Wilsch* FGPRax 2020, 1.
14 *Hügel/Elzer*, 3. Aufl. 2021, WEG § 27 Rn. 188.

tümer.[15] Ansonsten geht die bisherige eintragungsunabhängige Wirkung verloren. Die Gesetzesbegründung[16] führt hierzu wie folgt aus:

„Nach § 5 Absatz 4 Satz 1 WEG-E können Beschlüsse, die aufgrund einer Vereinbarung gefasst werden, durch Eintragung im Grundbuch zum Inhalt des Sondereigentums gemacht werden. Nach § 10 Absatz 3 Satz 1 WEG-E ist die Eintragung notwendig, damit diese Beschlüsse gegen Sondernachfolger wirken.

§ 48 Absatz 1 Satz 1 ordnet an, dass für die Wirkung gegen Sondernachfolger grundsätzlich auch die Eintragung solcher Beschlüsse notwendig ist, die vor Inkrafttreten der Neuregelung gefasst oder durch gerichtliche Entscheidung ersetzt wurden (sogenannte Altbeschlüsse).“

32 § 48 Abs. 1 S. 2 WEG gewährt eine **Übergangsfrist** für die Eintragungen der Beschlüsse bis zum **31.12.2025**. Bis dahin gelten also die bisherigen Beschlussfassungen vereinbarungsändernd fort, auch wenn sich die Zusammensetzung der Gemeinschaft zwischenzeitlich ändert(e). Die Gesetzesbegründung[17] führt hierzu wie folgt aus:

„§ 48 Absatz 1 Satz 2 sieht jedoch eine Übergangsfrist bis zum 31.12.2025 vor. Sie verhindert, dass Altbeschlüsse gegenüber Sondernachfolgern nicht wirken, weil die Sondernachfolge eintritt, bevor der Beschluss im Grundbuch eingetragen ist. Altbeschlüsse wirken deshalb nach dem geltenden § 10 Absatz 4 auch ohne Eintragung im Grundbuch gegen Sondernachfolger, wenn die Sondernachfolge bis zum 31.12.2025 eintritt. Die Praxis erhält damit ausreichend Zeit, um die Eintragung von Altbeschlüssen in das Grundbuch zu bewirken.“

33 Nach § 48 Abs. 1 S. 3 WEG kann jeder Wohnungseigentümer bis zum 31.12.2025 verlangen, dass ein entsprechender Beschluss **erneut gefasst** wird. Die Gesetzesbegründung[18] referiert hierzu wie folgt:

„Für das Eintragungsverfahren gilt die Vorschrift des § 7 Absatz 2 WEG-E. Demnach genügt eine Niederschrift über den Altbeschluss in der dort vorgeschriebenen Form. Für den Fall, dass die in § 24 Absatz 6 genannten Personen nicht mehr zur Verfügung stehen, sieht § 48 Absatz 1 Satz 3 eine weitere Erleichterung vor. Die Vorschrift gewährt jedem Wohnungseigentümer einen Anspruch darauf, dass ein nach § 48 Absatz 1 Satz 1 einzutragender Altbeschluss erneut gefasst wird. Der erneut gefasste Beschluss kann dann nach § 7 Absatz 2 WEG-E eingetragen werden. Der Anspruch setzt voraus, dass ein wirksamer Altbeschluss gefasst wurde. Erfüllen die Wohnungseigentümer diesen Anspruch nicht durch eine entsprechende Beschlussfassung, kann Beschlussersetzungsklage erhoben werden (§ 44 Absatz 1 Satz 2 WEG-E). Der Anspruch ist bis zum 31.12.2025 befristet. Ist bei Fristablauf eine Beschlussersetzungsklage rechtshängig, besteht der Anspruch bis zum Abschluss des Verfahrens weiter, denn § 48 Absatz 1 Satz 2 Halbsatz 2 ordnet die entsprechende Anwendung von § 204 Absatz 1 Nummer 1 BGB an. Der Fortbestand des Anspruchs hat jedoch keine Auswirkungen auf Sondernachfolger, wenn die Sondernachfolge nach Ablauf der Frist eintritt; gegen sie wirkt der Altbeschluss nur bei Eintragung im Grundbuch.“

34 § 48 Abs. 2 WEG ordnet an, dass § 5 Abs. 4 S. 3 WEG aF weiter für Vereinbarungen und Beschlüsse gilt, die **vor dem Inkrafttreten** des WEMoG gefasst wurden. Hierdurch wird verhindert, dass bereits gefasste Beschlüsse wieder schwebend unwirksam werden.[19]

35 § 48 Abs. 3 WEG betrifft Vereinbarungen über Veräußerungsbeschränkungen nach § 12 und über die Haftung von Sondernachfolgern für Geldschulden, die vor dem Inkrafttreten der Neuregelung getroffen wurden. Die Aufgabe, diese Eintragung zu bewirken, ist nach § 48 Abs. 3 S. WEG eine der Gemeinschaft der Wohnungseigentümer, für die nach §§ 9 b Abs. 1 S. 1, 27 Abs. 1 Nr. 1 WEG der Verwalter handelt.[20]

36 Die Gesetzesbegründung[21] führt hierzu wie folgt aus:

„Nach Satz 1 gilt § 7 Absatz 3 Satz 2 WEG-E auch für diese Vereinbarungen und Beschlüsse. Auch wenn sie bereits nach dem geltenden § 7 Absatz 3 unter Bezugnahme eingetragen wurden, sind sie nunmehr ausdrück-

---

15 *Wilsch* FGPrax 2020, 1; Bärmann/Pick/*Emmerich* Anh. I zu § 48 WEG-E § 48 Rn. 2.
16 BT-Drs. 19/18791, 83.
17 BT-Drs. 19/18791, 83.
18 BT-Drs. 19/18791, 83.
19 Bärmann/Pick/*Emmerich* Anh. I zu § 48 WEG-E § 48 Rn. 3; BT-Drs. 19/18791, 83.
20 *Hügel/Elzer*, 3. Aufl. 2021, WEG § 27 Rn. 189.
21 BT-Drs. 19/18791, 84.

lich in das Grundbuch einzutragen. Grundbuchrechtlich handelt es sich dabei um eine Richtigstellung, die nach Satz 2 aber nicht von Amts wegen, sondern nur auf Antrag eines Wohnungseigentümers oder der Gemeinschaft der Wohnungseigentümer, die dabei in der Regel durch den Verwalter vertreten wird (§ 9 b Absatz 1 Satz 1 WEG-E), in allen Wohnungsgrundbüchern erfolgt; einer Bewilligung bedarf es nicht.

Satz 3 gewährt für nicht eingetragene Haftungsklauseln eine Übergangsfrist bis zum 31.12.2025. Eine Haftungsklausel, die lediglich durch Bezugnahme nach dem geltenden § 7 Absatz 3 WEG, aber nicht ausdrücklich im Grundbuch eingetragen ist, wirkt demnach gegenüber Sondernachfolgern, wenn die Sondernachfolge bis zum Ablauf der Übergangsfrist eintritt."

§ 48 Abs. 4 WEG gewährleistet einen zeitlich machbaren **Übergang zum zertifizierten Verwalter**. Die Gesetzesbegründung[22] führt hierzu wie folgt aus: **37**

„§ 19 Absatz 2 Nummer 6, der den Anspruch auf Bestellung eines zertifizierten Verwalters begründet, ist nach § 48 Absatz 4 Satz 1 erst zwei Jahre nach Inkrafttreten des Gesetzes anwendbar, um die Entwicklung und Umsetzung der notwendigen Zertifizierungsverfahren zu ermöglichen.

§ 48 Absatz 4 Satz 2 sieht eine Übergangsfrist für Personen vor, die bei Inkrafttreten des Gesetzes bereits zum Verwalter einer Gemeinschaft der Wohnungseigentümer bestellt sind. Sie gelten gegenüber den Wohnungseigentümern dieser Gemeinschaft der Wohnungseigentümer noch für weitere dreieinhalb Jahre als zertifizierter Verwalter. Verwaltern, die bereits über praktische Erfahrung verfügen, soll damit etwas Zeit eingeräumt werden, die Prüfung abzulegen. Dies entlastet zugleich die Prüfungsstellen und lässt ihnen Kapazität für die noch jungen Verwalter."

Durch § 48 Abs. 5 WEG wird schließlich gewährleistet, dass die **Änderung der Verfahrensvorschriften** bereits laufende gerichtliche Verfahren unberührt lässt.   **38**

Eine Übergangsregelung zum materiellen Recht fehlt,[23] wie dies bereits im Rahmen des § 63 WEG aF der Fall war. Es finden jedoch die intertemporalen Grundsätze Anwendung, wonach ein Rechtsverhältnis nur dem im Zeitpunkt seiner Entstehung gültigen Recht unterfällt.[24] Die neuen materiell-rechtlichen Regelungen dürfen also nicht rückwirkend bei der Beurteilung von Beschlüssen angewandt werden, die vor dem 1.12.2020 gefasst wurden.[25] Von neuen Beschlusskompetenzen (vgl. §§ 16 Abs. 2 S. 2, 20 Abs. 1, 21 Abs. 5 S. 1, 23 Abs. 1 S. 2, 24 Abs. 3 WEG) können die Wohnungseigentümer erst ab dem 1.12.2020 Gebrauch machen. Die Beschlussfassungen können jedoch wiederholt werden.   **39**

Sofern **Beschlusskompetenzen** durch das WEMoG **entfallen** sind (vgl. §§ 10 Abs. 6 S. 3 Hs. 2, 16 Abs. 4 S. 1, 21 Abs. 7, 26 Abs. 1 S. 5, 27 Abs. 2 Nr. 3, 27 Abs. 3 S. 3, 45 Abs. 2 S. 1 WEG aF), der Beschluss aber vor dem 1.12.2020 gefasst wurde, ist zu differenzieren. Soweit die Beschlüsse die Rechtsgrundlage für bereits bestehende Rechtsgeschäfte oder Realhandlungen bilden, ändert sich an deren Wirksamkeit nichts.[26] Ab dem 1.12.2020 sollen die Beschlüsse indes ihre Wirkung für die Zukunft verlieren.[27]   **40**

Nach diesseitiger Ansicht bleibt das bisherige Recht auch auf **Schadensersatzansprüche** anwendbar, die vor dem 1.12.2020 zur Entstehung gelangt sind. Dies betrifft sowohl die Frage nach der Anspruchsgrundlage (bspw. § 21 Abs. 6 WEG aF) als auch nach dem richtigen Anspruchsgegner. Andernfalls ergäben sich auch unlösbare Verjährungsfragen.   **41**

---

22 BT-Drs. 19/22634, 48.
23 Bärmann/Pick/*Emmerich* Anh. I zu § 48 WEG-E Rn. 5.
24 Vgl. bspw. BAG 3.6.2004 – 2 AZR 427/03 mwN; siehe ferner Kommentierungen zu § 62 WEG aF.
25 Vgl. *Hügel/Elzer*, 3. Aufl. 2021, WEG § 48 Rn. 18 mwN.
26 *Hügel/Elzer*, 3. Aufl. 2021, WEG § 48 Rn. 18–23.
27 BR-Drs. 168/20, 49; ausführlich mit Beispielen *Hügel/Elzer*, 3. Aufl. 2021, WEG § 48 Rn. 18–23.

232. Umlageschlüssel

Martini

I. Einführung

1 Sämtliche Umlageschlüssel sind nunmehr durch die **WEG-Reform** in zwei zentralen Normen geregelt: § 16 WEG und § 21 WEG. Während § 21 WEG Nutzung und Kosten bei einer baulichen Veränderung regelt (→ *Kosten und Nutzungen der baulichen Veränderungen* Rn. 1 ff.), ist § 16 die generelle Norm, nach welchem alle anderen Nutzungen und Kosten verteilt werden.

§ 16 WEG regelt zum einen nach Abs. 1 die Verteilung der **Nutzungen** (zB Miete) und zum anderen nach Abs. 2 die Verteilung der **Kosten** der Gemeinschaft der Wohnungseigentümer, insbesondere der Verwaltung und des gemeinschaftlichen Gebrauchs des gemeinschaftlichen Eigentums. Das vor der Reform vorhandene sehr umfangreiche System, nach verschiedenen Kostenarten zu differenzieren, wurde weitestgehend aufgege- ben. Stattdessen regelt nun § 16 Abs. 2 WEG in einer einzigen Vorschrift die Kostenverteilung – entweder nach Miteigentumsanteilen gem. S. 1 oder durch einen Beschluss der Wohnungseigentümer gem. S. 2.

„Nutzungen des gemeinschaftlichen Eigentums" wurden aufgrund der WEG-Reform durch die Wörter „**Früchte** des gemeinschaftlichen Eigentums und das Gemeinschaftsvermögen" ersetzt. Inhaltliche Änderung ergeben sich hierdurch nicht.[1] Der Begriff „**Lasten**" wurde ersatzlos gestrichen. Schon vor der WEG-Reform war anerkannt, dass sämtliche Kosten der Gemeinschaft der Wohnungseigentümer hierunter fallen. Die Diffe- renzierung war daher überflüssig.

Mit der WEG-Reform wurde zudem klargestellt, dass die Gläubigerin der Ansprüche nach § 16 Abs. 2 WEG die Gemeinschaft der Wohnungseigentümer ist.[2]

2 Geregelt wird nach wie vor das **Innenverhältnis** der Wohnungseigentümer untereinander, aber auch das Ver- hältnis zwischen der Gemeinschaft der Wohnungseigentümer und den Wohnungseigentümern. Der zentrale Kern der Norm ist die Verteilung der zu zahlenden Kosten des einzelnen Wohnungseigentümers. Die Nutzen- verteilung hat eher geringe praktische Bedeutung.

---

1 BT-Drs. 19/18791, 55.
2 BT-Drs. 19/18791, 55.

Neu aufgenommen wurde § 16 Abs. 1 S. 3 WEG, wonach jeder Wohnungseigentümer zum Mitgebrauch des gemeinschaftlichen Eigentums nach Maßgabe des § 14 WEG berechtigt ist. Als Mitgebrauchsregelung hat diese Vorschrift aber keinen Einfluss auf den Umlageschlüssel. § 16 Abs. 1 S. 3 WEG gilt nicht für das Gemeinschaftsvermögen. Dies ergibt sich direkt aus § 9 a Abs. 3 WEG. Die dortige Verweisung zitiert nicht § 16 Abs. 1 S. 3 WEG, sondern §§ 18, 19 Abs. 1 und 27 WEG.

Nach § 16 Abs. 1 S. 2 WEG bleiben die Miteigentumsanteile der gesetzliche Umlageschlüssel. Der jeweilige 3 Anteil hinsichtlich der Nutzungen und Kosten bestimmt sich nach dem gem. § 47 GBO im **Grundbuch** eingetragenen Verhältnis der Miteigentumsanteile.

In welcher **Höhe die Miteigentumsquoten** für das Wohnungseigentum festzulegen sind, ist gesetzlich nicht 4 vorgeschrieben. Die Festlegung der Miteigentumshöhe unterliegt der Privatautonomie und richtet sich regelmäßig entweder nach der Größe oder nach der Wertbestimmung des Sonder- oder Teileigentums. Die Höhe des jeweiligen Miteigentumsanteils kann sich also auch nach wertbildenden Faktoren bestimmen. Hierbei werden im Wesentlichen die Kostenverteilung nach § 16 Abs. 2 WEG und die Haftung nach § 9 a Abs. 4 WEG eine tragende Rolle spielen, um Streitigkeiten unter den Wohnungseigentümern sowie weitere Unbilligkeiten zu vermeiden. Die Miteigentumsanteile in der Teilungserklärung müssen daher nicht dem Verhältnis der Wohnfläche oder Nutzfläche des Wohnungseigentums entsprechen.

§ 9 a Abs. 4 WEG regelt die **Außenhaftung** der Wohnungseigentümer. Während § 9 a WEG als sachenrechtli- 5 che Norm grundsätzlich zwingendes Recht darstellt, ist die Kostentragungspflicht im Innenverhältnis dispositiv, denn § 16 Abs. 2 S. 2 WEG gibt für einzelne Kosten oder bestimmte Arten von Kosten eine Beschlusskompetenz vor, welche die Veränderung der Kostenverteilung ermöglicht. Die Wohnungseigentümer haben es also in der Hand, ob sie den gesetzlichen Gleichlauf zwischen Innen- und Außenhaftung einbehalten wollen oder aber durch ihre Beschlusskompetenz durchbrechen möchten.

Grundsätzlich wollte der Gesetzgeber durch § 16 Abs. 1 und Abs. 2 WEG einen **Gleichlauf** zwischen Nutzun- 6 gen und Kosten erreichen.[3] Durch die Beschlusskompetenz der Wohnungseigentümer gem. § 16 Abs. 2 S. 2 WEG kann dieser Gleichlauf aber durchbrochen werden. Nach dem Willen des Gesetzgebers ist es also nicht notwendig, dass ein Zahlungspflichtiger zugleich an Nutzungen partizipiert, noch muss ein kostenbefreiter Wohnungseigentümer zwingend vom Gebrauch oder von Nutzungen ausgeschlossen werden.

§ 16 Abs. 2 WEG steht im Rahmen des **Finanzierungskonzepts** der Wohnungseigentumsanlage im Zusammenhang mit § 28 WEG, wo das Aufstellen des Wirtschaftsplans, der Jahresabrechnung und der Vermögensbericht geregelt sind.

II. Nutzungen des gemeinschaftlichen Eigentums

Nutzungen sind nach § 100 BGB die **Früchte** einer Sache oder eines Rechts sowie die Vorteile, welche der 7 **Gebrauch** der Sache oder des Rechts gewährt. Es wird also zwischen Früchten und Gebrauch unterschieden.

Unmittelbare Sachfrüchte gem. § 99 Abs. 1 BGB sind beispielsweise die Früchte oder das Gemüse aus dem Garten.

Mittelbare Sach- und Rechtsfrüchte gem. § 99 Abs. 3 BGB sind beispielsweise die Mieteinnahmen aufgrund der Vermietung des gemeinschaftlichen Eigentums oder eine Überbaurente gem. § 912 BGB. Hierzu gehören aber auch die **Früchte** aus dem gemeinschaftlichen Vermögen, beispielsweise Zinserträge aus der Anlage einer längerfristigen Instandhaltungsrücklage. Nur die Zinsen stehen aber den Wohnungseigentümern im Verhältnis ihrer Miteigentumsanteile zu. Das Gemeinschaftsvermögen an sich steht nach § 9 a Abs. 3 WEG der Gemeinschaft der Wohnungseigentümer zu.

1. Gesetzlicher Umlageschlüssel. Gem. § 16 Abs. 1 S. 2 WEG richtet sich die Verteilung der Nutzungen des 8 gemeinschaftlichen Eigentums nach dem gem. § 47 GBO im Grundbuch eingetragenen Verhältnis der **Miteigentumsanteile.**

---

3 Bärmann/*Becker* WEG § 16 Rn. 1.

9 **2. Nutzungen einer baulichen Veränderung.** Die Nutzungen für eine bauliche Veränderung sind in § 21 WEG abschließend geregelt:

Für die **privilegierten baulichen Veränderungen** nach § 20 Abs. 2 WEG, das sind diejenigen, die jeder Wohnungseigentümer verlangen kann, beispielsweise die Schaffung eines barrierefreien Zustandes, gebührt die Nutzung nur diesem Wohnungseigentümer nach § 21 Abs. 1 S. 2 WEG.

Tragen **alle Wohnungseigentümer** die Kosten der baulichen Veränderungen, so steht nach § 21 Abs. 2 S. 2 WEG auch allen die Nutzung gem. § 16 Abs. 1 WEG zu. Der entsprechende Bruchteil der Früchte bestimmt sich nach dem Miteigentumsanteil des Wohnungseigentümers. Jeder Wohnungseigentümer ist zum Mitgebrauch des gemeinschaftlichen Eigentums in den Grenzen des § 14 WEG berechtigt.

Tragen nur **manche Wohnungseigentümer** die Kosten der baulichen Veränderung steht gem. § 21 Abs. 3 S. 2 WEG nur diesen die Nutzung entsprechend § 16 Abs. 1 WEG zu. Ein an der Nutzung nicht beteiligter Wohnungseigentümer kann sich aber nach billigem Ermessen gegen angemessenen Ausgleich nach § 21 Abs. 4 WEG später noch einkaufen.

Hier ist zunächst ein Gleichlauf zwischen den Nutzungen und den Kosten für die baulichen Veränderungen in § 21 WEG durch den Reformgesetzgeber geschaffen worden. Nach § 21 Abs. 5 S. 1 WEG können aber die Wohnungseigentümer eine **abweichende Verteilung** der Nutzungen beschließen.

10 **3. Weitere Umlageschlüssel.** Nach § 10 Abs. 1 S. 2 WEG können die Wohnungseigentümer einen anderen Umlagemaßstab durch eine **Vereinbarung** bestimmen. Dieser wird meistens bereits in der Gemeinschaftsordnung festgelegt. Die Verteilung der Früchte gem. § 16 Abs. 1 WEG ist daher dispositiv. So können zum Beispiel die Früchte, wie Miete oder Obst, welche durch ein Sondernutzungsrecht entstehen, nur dem Sondernutzungsberechtigten zugeordnet werden.

III. Nutzung des Gemeinschaftsvermögens

11 Nach der Rechtsprechung des Bundesgerichtshofs fällt die Nutzung des Gemeinschaftsvermögens ebenfalls in den Anwendungsbereich von § 16 Abs. 1 WEG. Der Anteil der Rechtsfrüchte des Gemeinschaftsvermögens, wie Zinserträge auf Hausgeldrückstände, gehören zu der **Nutzung des gemeinschaftlichen Eigentums** iSd § 16 Abs. 1 WEG, weshalb sie der Gemeinschaft der Wohnungseigentümer zustehen. Dieses ergibt sich nunmehr aus §§ 9 a Abs. 3, 18 Abs. 1 WEG. Werden diese Früchte nicht für die Deckung der Kostenlasten verwendet, können die Wohnungseigentümer nach § 19 WEG beschließen, dass die Erträge an die Wohnungseigentümer ausgezahlt werden.[4]

Die **Auszahlung** der Nutzungsgebühren und Mieten ist durch Beschluss der Wohnungseigentümer möglich. Zunächst steht nach § 9 a Abs. 3 WEG der Gemeinschaft der Wohnungseigentümer das Gemeinschaftsvermögen zu. Diese Vorschrift verweist u.a. auf § 18 WEG, wonach klargestellt wird, dass die Verwaltung des Gemeinschaftsvermögen durch die Gemeinschaft der Wohnungseigentümer erfolgt, vgl. § 18 Abs. 1 WEG. Der Verweis auf § 19 Abs. 1 WEG begründet dann die Beschlusskompetenz der Wohnungseigentümer, über die Verwaltung und Benutzung des Gemeinschaftsvermögen durch Beschluss zu entscheiden, wenn keine entgegenstehende Vereinbarung existiert.

IV. Kosten der Gemeinschaft der Wohnungseigentümer, insbesondere der Verwaltung und des gemeinschaftlichen Gebrauchs des gemeinschaftlichen Eigentums

12 Der neu gefasste § 16 Abs. 2 S. 1 WEG regelt – wie bisher – die gesetzliche Kostenverteilung. Nach § 16 Abs. 2 S. 2 WEG besteht die Möglichkeit für die Wohnungseigentümer, hinsichtlich dieser Verteilung einen Beschluss zu fassen.

Durch die WEG-Reform wurde klargestellt, dass Gläubigerin der in § 16 Abs. 2 WEG geregelten Ansprüche die Gemeinschaft der Wohnungseigentümer ist.

13 **1. Gesetzlicher Umlageschlüssel.** Nach § 16 Abs. 2 S. 1, Abs. 1 S. 2 WEG bestimmt sich der Anteil für die Nutzungen und Kosten nach dem gem. § 47 GBO im Grundbuch eingetragenen Verhältnis der **Miteigentums-**

---

4 BGH 11.10.2013 – V ZR 271/12, NJW 2014, 145.

anteile. Dieser Umlageschlüssel ist § 748 BGB, der Lasten- und Kostentragungspflicht der Teilhaber einer Gemeinschaft, nachempfunden worden.

Zur Verteilung von Heiz- und Warmwasserkosten → *Heizkostenverordnung* Rn. 29 ff.

2. Kostenarten. Die Differenzierung zwischen Kosten und Lasten wurde aufgegeben. Stattdessen bezieht 14 sich die Vorschrift generell auf alle Kosten der Gemeinschaft der Wohnungseigentümer. Die Kosten der Verwaltung und des gemeinschaftlichen Gebrauchs des gemeinschaftlichen Eigentums wurden lediglich exemplarisch hervorgehoben.

a) Kosten des gemeinschaftlichen Gebrauchs des gemeinschaftlichen Eigentums. Kosten des gemein- 15 schaftlichen Gebrauchs sind alle Kosten, die **durch die tatsächliche Benutzung** des Gemeinschaftseigentums entstehen. Das sind zB die Betriebskosten, welche für das gemeinschaftliche Eigentum anfallen, wie Bewässerungskosten der gemeinschaftlichen Gartenanlage, aber auch die sonstigen Kosten der Gartenpflege, Kosten für das Treppenhaus, für den Verbrauch von Strom und für die Reinigung. Nicht zu den Kosten des gemeinschaftlichen Gebrauchs gehören jene, welche durch die Benutzung des Sondereigentums entstehen.[5]

b) Verwaltungskosten. Verwaltungskosten umfassen nach § 19 Immobilienwertermittlungsverordnung die 16 Kosten der zur Verwaltung des Grundstücks erforderlichen Arbeitskräfte und Einrichtungen, die Kosten der Aufsicht, den Wert der vom Eigentümer persönlich geleisteten Verwaltungsarbeit sowie die Kosten der Geschäftsführung.

Die Verwaltungskosten beziehen sich nur auf das **gemeinschaftliche Eigentum**. Hinsichtlich der Kosten der Verwaltung des Sondereigentums besteht keine Beschlusskompetenz nach § 16 Abs. 2 S. 2 WEG.

c) Sonstige Verwaltungskosten. Sonstige Verwaltungskosten sind die Kosten für die Verwaltung des gemein- 17 schaftlichen Eigentums, welche weder Betriebs- noch Erhaltungs- oder Gebrauchskosten sind. Das sind beispielsweise die Kosten eines Rechtsstreits und der angemessene Ausgleich für den Wohnungseigentümer im Falle des § 14 Abs. 3 WEG.

d) Kosten der Erhaltung. Kosten der Erhaltung sind beispielsweise Wartungskosten, Reparaturkosten, Kos- 18 ten der Wiederherstellung des angemessenen Zustandes, Erhaltungsmaßnahmen, die Kosten der erstmaligen Herstellung, aber auch die Kosten am Sondereigentum oder der modernisierenden Instandsetzung des gemeinschaftlichen Eigentums. Nach der Rechtsprechung des BGH fallen auch die Kosten einer Modernisierung hierunter.[6]

e) Lasten. Lasten resultieren aus dem Grundstück selbst und setzen sowohl die dingliche Haftung des Grund- 19 stücks als auch die persönliche Haftung des Schuldners voraus. Nach § 1132 Abs. 1 BGB analog ruhen die Lasten als **Gesamtlast** auf einem Wohnungseigentumsrecht.[7] Es gibt sowohl privatrechtliche Lasten als auch öffentlich-rechtliche Lasten.

aa) Privatrechtliche Lasten. Das sind Grundschuld- und Hypothekenzinsen oder Renten, soweit alle Woh- 20 nungseigentumsrechte hierdurch belastet sind. Es ist strittig, ob **wiederkehrende Tilgungsbeträge**, die sich auf Gesamtgrundpfandrechte beziehen, zu den Lasten gehören.[8]

bb) Öffentlich-rechtliche Lasten. Hierzu gehören Gebühren und Beiträge, wie Anliegerbeiträge für straßen- 21 bauliche Maßnahmen und alle weiteren kommunalen Abgaben des gemeinschaftlichen Eigentums, etwa Erschließungsbeiträge. Die Grundsteuer gehört nicht hierzu, weil sie gesondert für jedes Wohnungseigentum erhoben wird.[9]

3. Kostenschuldner und Gläubiger. Schuldner ist jeder Wohnungseigentümer. Dieser muss die Kosten auch 22 dann tragen, wenn er die Einrichtungen oder Bestandteile nicht nutzt, zB Fahrstuhl, Spielplatz oder Parkplatz, wenn sich nicht ausnahmsweise aus § 21 WEG etwas anderes ergibt.

---

5 *Spielbauer/Then* WEG § 16 Rn. 19.
6 BGH 11.11.2011 – V ZR 65/11, NJW 2012, 603.
7 Bärmann/*Becker* WEG § 16 Rn. 25.
8 Ja: BayObLG 28.5.1973 – 2 Z 14/73, NJW 1973, 1881 und Bärmann/*Becker* WEG § 16 Rn. 30; Nein: Weitnauer/*Gottschalg* WEG § 16 Rn. 15.
9 AG Kassel 27.8.2012 – 800 C 2772/11, juris Rn. 26.

Die Pflicht der Kostentragung nach Miteigentumsanteilen besteht weiterhin auch, wenn das Sondereigentum nicht oder nicht vollständig besteht. Ist das nicht vorhandene Sondereigentum schlechthin sondereigentumsunfähig, dann besteht in der Regel ein Anspruch gegen die anderen Wohnungseigentümer auf Übernahme des isolierten Miteigentumsanteils.[10]

23 **Gläubigerin** ist nach dem durch die WEG-Reform berichtigten Wortlaut des § 16 Abs. 2 WEG die Gemeinschaft der Wohnungseigentümer. Das galt aber auch schon entgegen des Wortlauts des § 16 Abs. 2 WEG aF vor der WEG-Reform.[11]

24 **4. Andere Umlageschlüssel als Miteigentumsanteile.** Weil § 16 Abs. 2 S. 1 WEG **dispositives Recht** darstellt, kann durch die Teilungserklärung oder der Gemeinschaftsordnung oder nachträglich durch Vereinbarung oder Beschluss nach § 16 Abs. 2 S. 2 WEG ein anderer Umlageschlüssel geregelt werden. Dieses kann ganz allgemein oder konkret für eine bestimmte Nutzung oder Lasten erfolgen. ZB werden die Erdgeschosswohnungen von den Fahrstuhlkosten befreit oder es erfolgt gerade umgekehrt eine Mehrbelastung der gewerblich genutzten Teileigentumseinheiten, wenn zB wegen Publikumsverkehrs Fahrstuhl und Treppenhaus intensiver genutzt werden.

25 Für eine **Vereinbarung** müssen die Wohnungseigentümer Folgendes regeln:
- Welcher konkrete Umlageschlüssel gelten soll.
- Ab wann der abweichende Umlageschlüssel gelten soll.
- Welche genauen Kostenpositionen vom Umlageschlüssel erfasst werden sollen.
- Klarstellung, ob die Kostenposition für das Gemeinschafts- und/oder das Sondereigentum gemeint ist.

Das gilt sinngemäß für Beschlüsse nach § 16 Abs. 2 S. 2 WEG.

26 Mit der **WEG-Reform** wurde neu geregelt, dass Wohnungseigentümer für einzelne Kosten oder bestimmte Arten von Kosten sogar eine von einer Vereinbarung abweichende Verteilung beschließen können. Zukünftig können daher die Kostenverteilungsregelungen in der Gemeinschaftsordnung durch einen Beschluss nach § 16 Abs. 2 S. 2 WEG mit einer einfachen Mehrheit nach § 25 Abs. 1 WEG geändert werden.

Problematisch hieran ist, dass nach § 10 Abs. 3 WEG die Abänderung einer Vereinbarung nur gegen den Sondernachfolger eines Wohnungseigentümers wirken, wenn sie als Inhalt des Sondereigentums im Grundbuch eingetragen sind.

Nach der Gesetzesbegründung ist damit das **Gebot der Maßstabskontinuität** durchaus weiterhin relevant, ohne aber einer differenzierten Kostenverteilung durch Beschluss von Anfang an entgegenzustehen.[12] Eine abweichende Kostenentscheidung entspricht nur dann ordnungsmäßiger Verwaltung, wenn für alle gleich gelagerten Instandsetzungsmaßnahmen unter dem Gesichtspunkt der Maßstabskontinuität eine entsprechende abweichende Kostenverteilung beschlossen würde.[13]

27 **a) Auslegung eines unklaren Umlageschlüssels.** Liegt eine gewillkürte, aber unklare Regelung vor, so wird dadurch der Umlageschlüssel nicht abgeändert. Es gilt weiterhin der **gesetzliche Umlageschlüssel** nach § 16 Abs. 2 S. 1 WEG.

28 Zuvor ist aber zu prüfen, ob die Unklarheit durch eine **Auslegung** nach § 133 BGB beseitigt werden kann. Die Auslegung der Teilungserklärung und der Gemeinschaftsordnung kann vollständig durch das Gericht vorgenommen werden, wenn die Gemeinschaftsordnung Bestandteil der Grundbucheintragung ist. Die Gemeinschaftsordnung ist nach Wortlaut und Sinn auszulegen, welches aus unbefangener Sicht die nächstliegende Bedeutung der Eintragung ergibt, weil die Regelungen auch für Sonderrechtsnachfolger der Wohnungseigentümer gelten. Weitere Umstände außerhalb der Eintragung dürfen nur dann herangezogen werden, wenn diese Umstände nach den besonderen Verhältnissen des Einzelfalls für jedermann ohne Weiteres erkennbar sind.[14] Vereinbarungen, die von der gesetzlichen Zuständigkeit und Kostenverteilung abweichen, sind als Ausnahmeregelung eng auszulegen.[15] Eine konkrete Auslegung der Gemeinschaftsordnung hinsichtlich zweier Regelun-

---

10 OLG Hamm 18.9.2006 – 15 W 259/05, NZM 2007, 448.
11 Bärmann/*Becker* WEG § 16 Rn. 22.
12 BT-Drs. 19/18791, 56.
13 BGH 18.6.2010 – V ZR 164/09, NJW 2010, 2513.
14 BGH 22.11.2013 – V ZR 46/13, NZM 2014, 396.
15 KG 22.9.2008 – 24 W 83/07, ZMR 2009, 135.

gen zur Instandhaltungspflicht der Sondernutzungsberechtigten einerseits und zur Zahlungsverpflichtung der Wohnungseigentümer andererseits ist aber möglich.[16]

Sieht die Teilungserklärung/Gemeinschaftsordnung eine nichtige Zuordnung der Außenfenster und Abschlusstüren zum jeweiligen Sondereigentum vor und sind diese Bauteile vom Sondereigentümer instand zu halten, so ist diese **Ausnahmeregelung** eng auszulegen. Die Einschränkung, „wenn sie zum Sondereigentum gehören" führt dazu, dass es mangels eindeutiger abweichender Regelung bei Annahme zwingenden gemeinschaftlichen Eigentums bei der gesetzlichen Zuständigkeits- und Kostenregelung verbleibt.[17]   29

Enthält die Gemeinschaftsordnung eine Regelung, wonach jeder Sondernutzungsberechtigte verpflichtet ist, die dem Sondernutzungsrecht unterliegenden Räumlichkeiten bzw. Flächen auf eigene Kosten zu unterhalten und instand zu setzen, geht diese als **speziellere Regelung** anderen Regelungen über die Kostenverteilung vor.[18]   30

b) Vereinbartes Bestimmungsrecht des Verwalters. Die Wohnungseigentümer können nach § 10 Abs. 1 S. 2 WEG von den Vorschriften dieses Gesetzes abweichende Vereinbarung treffen, soweit nicht etwas anderes ausdrücklich bestimmt ist. Deshalb können sie auch durch Vereinbarung dem Verwalter das Recht übertragen, nach billigem **Ermessen** einen gewillkürten Umlageschlüssel erstmalig festzulegen oder nachträglich zu ändern.[19] Nach anderer Auffassung ist eine solche Vereinbarung nichtig. Es soll hier ein Eingriff in die Kernkompetenz der Wohnungseigentümer vorliegen, selbst den Verteilungsmaßstab durch Vereinbarung oder Beschluss bestimmen zu können, weshalb diese Kompetenz nicht auf dem Verwalter übertragen werden könne.[20]   31

Ob dieses nunmehr nach dem neu ausgestalteten § 27 Abs. 2 WEG auch durch Beschluss möglich ist, bleibt zweifelhaft. Zwar wollte der Gesetzgeber den Wohnungseigentümern die Möglichkeit geben, diejenigen Maßnahmen selbst zu definieren, deren Erledigung sie in die Verantwortung des Verwalters legen wollen.[21] Richtigerweise werden die Wohnungseigentümer aber nicht befugt sein, dem Verwalter insoweit Rechte zu geben. Denn die Entscheidungen nach §§ 16 Abs. 2, 21 Abs. 5 WEG sind keine nach § 27 Abs. 1 WEG, für die das Gesetz allein eine Beschlusskompetenz einräumt.[22]

c) Direkte Kosten- und Lastenverteilung durch die Wohnungseigentümer. Bestimmt die Teilungserklärung, dass die Kosten der Bewirtschaftung, Unterhaltung und Instandsetzung der **Tiefgarage** mit Kfz-Stellplätzen, soweit gesetzlich zulässig, möglichst getrennt von den Kosten des Wohnungseigentums zu ermitteln und abzurechnen sind, dann sind die Kosten, die eindeutig jeweils zugeordnet werden können, tatsächlich getrennt abzurechnen. Die Kosten, die nicht eindeutig zugeordnet werden können, sind nach den gesetzlichen Umlagemaßstab nach § 16 Abs. 2 S. 1 WEG, nach Miteigentumsanteilen, umzulegen.[23]   32

Sind nach der Teilungserklärung die laufenden Kosten der **Tiefgaragenanlage** für den Betrieb und den Unterhalt, mit Ausnahme der Fundamente, Boden, tragende Mauern und Decken, aber auch die Erneuerung von dem Nutzungsberechtigten zu tragen, gilt diese Kostentragungspflicht auch für die Erneuerung des Tores und der Beleuchtung der Tiefgaragenanlage.[24]   33

Es ist auf der anderen Seite möglich, eine Kostenbefreiung für Wohnungseigentümer zu vereinbaren. Sieht der Umlageschlüssel in der Gemeinschaftsordnung vor, dass der Wohnungseigentümer einer **Dachgeschossfläche** erst mit Beginn der Ausbauarbeiten das Wohngeld zahlen muss, ist er zu keinen anteiligen Instandsetzungskosten vor Beginn der Ausbaumaßnahmen verpflichtet.[25]   34

d) Verteilung nach Einheiten. Eine Verteilung nach Wohnungseigentumseinheiten ist durch eine Vereinbarung, also auch schon in der Gemeinschaftsordnung, möglich. Die Verteilung nach Wohnungseigentumsein-   35

16 BGH 22.3.2019 – V ZR 145, ZMR 2019, 625.
17 LG Köln 11.10.2018 – 29 S 66/18, ZMR 2019, 71.
18 BGH 22.3.2019 – V ZR 145, ZMR 2019, 625.
19 *Hügel/Elzer*, 3. Aufl. 2021, WEG § 16 Rn. 35.
20 AG Hannover 2.12.2003 – 71 II 196/03, ZMR 2005, 154.
21 BT-Drs. 19/18791, 75.
22 *Hügel/Elzer*, 3. Aufl. 2021, WEG § 27 Rn. 69.
23 AG Hamburg-St. Georg 25.7.2013 – 980 b C 98/12, ZMR 2014, 61.
24 BayObLG 12.2.2002 – 2 z BR 64/02, NZM 2003, 29.
25 LG Berlin 29.1.2019 – 55 S 64/18, GE 2019, 467.

heiten kann jeweils für einzelne **Kostenpositionen** vereinbart werden, zB die Kosten für den Fahrstuhl[26] oder die Hausmeisterkosten.[27]

36 Eine **Verwaltervergütung** im Verwaltervertrag nach Anzahl der Wohnungen ist im Verhältnis der Wohnungs-eigentümer grundsätzlich nach dem gesetzlichen Umlagemaßstab des § 16 Abs. 2 S. 1 WEG nach Miteigen-tumsanteilen umzulegen.[28]

37 Der Eigentümer einer Wohnung, der diese tatsächlich und nicht rechtlich in zwei Wohnungen **aufteilt** und ver-mietet, wird nicht unbillig benachteiligt, wenn der Kostenverteilungsschlüssel für die Aufzugskosten, der an die Anzahl von Wohnungen anknüpft, auf ihn in der Weise angewandt wird, dass für ihn statt der einen nun-mehr zwei Wohnungen angesetzt werden.[29]

38 **e) Verteilung nach der Wohn- und/oder Nutzfläche.** Als vereinbarter Umlageschlüssel wird häufig die **Wohnfläche** in Betracht kommen. Diese ist für die Betriebskosten im Wohnraummietrecht der gesetzliche Umlageschlüssel gem. § 556 a Abs. 1 S. 1 BGB.

39 Im Wohnraummietrecht wird entweder die zweite Berechnungsverordnung (II. BV) oder die Wohnflächenver-ordnung (WoFlV) zur **Bestimmung** der Wohnfläche herangezogen. Die Wohnfläche von preisgebundenen Räumen wurde bis zum 31.12.2003 nach den §§ 42–44 II. BV ermittelt. Seit dem 1.1.2004 ist die Wohnflä-chenverordnung in Kraft. Die entsprechende Regelung befindet sich dort in § 4 WoFlV und gilt zwar unmittel-bar nur für den sozialen Wohnungsbau. Dennoch bestimmt sich die Ermittlung einer im Mietvertrag vereinbar-ten Wohnfläche auch für preisfreien Wohnraum nach den Regelungen für den preisgebundenen Wohnraum, wenn nicht etwas anderes ortsüblich ist. Welche der beiden Vorschriften anzuwenden ist, bestimmt sich da-nach, welche zum Zeitpunkt des Abschlusses des Mietvertrags in Kraft gewesen war.[30] Diese Rechtsprechung wird sich ohne Weiteres auf das Wohnungseigentumsrecht mit der Maßgabe des Zeitpunktes der Entstehung der Wohnungseigentümergemeinschaft übertragen lassen.

40 Innerhalb beider Vorschriften gibt es **Auslegungsspielräume**, beispielsweise hinsichtlich der Grundflächen von Balkonen, Loggien, Dachgärten (und gedeckten Freiflächen in der II. BV). Nach diesen Vorschriften kön-nen diese Flächen „bis zur Hälfte" (II. BV) oder „in der Regel zu einem Viertel, höchstens jedoch zur Hälfte" (WoFlV) angerechnet werden. Der BGH hat insoweit für das Wohnraummietrecht entschieden, dass, wenn für die Flächenermittlungen die II. BV maßgeblich ist, Grundflächen von Balkonen, Loggien, Dachgärten und ge-deckten Freisitzen unabhängig von ihrer Lage, Ausrichtung und Nutzbarkeit bis zur Hälfte angerechnet wer-den können.[31] Für die Wohnflächenverordnung gilt, dass regelmäßig nur noch zu einem Viertel die betroffen en Flächen angerechnet werden.[32]

41 Im Wohnungseigentumsrecht gibt es hierzu keine Rechtsprechung des BGH. Es wird überwiegend bei Anwen-dung der **Wohnflächenverordnung** vertreten, dass die Grundflächen von Balkonen, Loggien, Dachgärten re-gelmäßig **mit einem Viertel** anzurechnen sind.[33] Kellerräume, Abstellräume und Kellerersatzräume außerhalb der Wohnung, Waschküchen, Bodenräume, Trockenräume, Heizungsräume und Garagen sind nach § 2 Abs. 3 Nr. 1 WoFlV nicht der Grundfläche zuzurechnen. Ein Beschluss nach § 16 Abs. 2 S. 2 WEG, der diese Flächen miteinbezieht, entspricht daher nicht ordnungsmäßiger Verwaltung und ist anfechtbar.[34]

42 Die Flächenberechnung für gewerbliche vermietete Objekte wird üblicherweise nach der **DIN 277** oder den Richtlinien der Gesellschaft für Immobilienwirtschaftliche Forschung (**gif-Richtlinien**) vorgenommen. Bei reinen Teileigentumsanlagen (zB ein Ärztehaus) wird dieser Umlagemaßstäbe der ordnungsmäßigen Verwal-tung nicht widersprechen. Ein Beschluss nach § 16 Abs. 2 S. 2 WEG wäre daher möglich.

---

26 BayObLG 4.4.2001 – 2Z BR 11/01, ZWE 2001, 317.
27 KG 17.12.2001 – 24 W 55/01, NZM 2002, 123.
28 BayObLG 23.12.2003 – 2Z BR 189/03, NZM 2004, 623.
29 BayObLG 4.4.2001 – 2Z BR 11/01, ZWE 2001, 317.
30 BGH 17.4.2019 – VIII ZR 33/18, NJW 2019, 2464.
31 BGH 22.4.2009 – VIII ZR 86/08, NJW 2009, 2295.
32 BGH 17.4.2019 – VIII ZR 33/18, NJW 2019, 2464.
33 Bärmann/*Becker* WEG § 16 Rn. 47.
34 Bärmann/*Becker* WEG § 16 Rn. 47.

Befindet sich in der Wohnungseigentumsanlage auch **Teileigentum,** werden regelmäßig die dieser Einheit zu- 43 grunde liegenden Nutzflächen als maßgeblich für die Berechnung herangezogen.[35] Insofern schadet es nicht, wenn nur die Wohnfläche als Umlageschlüssel für die Kostenverteilung benannt ist und der Begriff der Nutzfläche fehlt.

Sind in der **Teilungserklärung** bei den einzelnen Einheiten Flächenangaben vermerkt, so sind die Kosten 44 grundsätzlich nach diesen zu verteilen.[36] Die Größe der Fläche kann im Verhältnis der Wohnungseigentümer zueinander und abweichend von einer Berechnung vereinbart werden. Liegt eine derartige Vereinbarung der Wohnungseigentümer untereinander vor, ist nicht die tatsächliche „Wohn- oder/und Nutzfläche" maßgeblich, sondern die vereinbarte.[37] Hieran ist auch der Verwalter gebunden und kann nicht eigenmächtig einen anderen Abrechnungsmaßstab zugrunde legen. Die Regelung in der Gemeinschaftsordnung muss eindeutig und klar sein. Verbleiben Zweifel am Regelungsinhalt, ist der Verteilungsschlüssel gem. § 16 Abs. 2 S. 1 WEG anzuwenden.[38]

Nicht selten kommt es vor, dass die „Wohn- oder/und Nutzfläche" nicht feststeht. Zum Beispiel sind nur „ca.- 45 **Flächen**" angegeben, oder es gibt keinerlei Angaben. Der Umlageschlüssel „Wohn- oder/und Nutzfläche" kann dann zunächst nicht angewendet werden.[39] Er kann erst dann angewendet werden, wenn die Wohnungseigentümer die Fläche vereinbaren oder beschließen.[40] Ein Beschluss muss hierbei die Art und Weise der Ermittlung der „Wohn- oder/und Nutzfläche" vorgeben. Die Kosten für die Berechnung des Umlageschlüssels sind sonstige Verwaltungskosten.[41]

Bis dahin sollte der Verwalter sich anweisen lassen, nach welchem **Flächenmaß** er die Abrechnungen etc. erstellen soll. Die Wohnungseigentümer sind ohne Weiteres berechtigt, entsprechend § 665 BGB den Verwalter anzuweisen.[42] Insofern ist es auch möglich, den Verwalter durch Beschluss anzuweisen, wie er eine unklare oder unbestimmte Vereinbarung anwenden soll.[43]

f) Verteilung nach Köpfen. Eine Verteilung der Kosten und Lasten nach **Kopfanteilen** ist möglich. Eine sol- 46 che Regelung kann aber erst dann vom Verwalter umgesetzt werden, wenn eine Regelung darüber getroffen wurde, wie die Umlage konkret erfolgt.[44] Es bedarf zum einen der Bestimmung, wann und in welchem Umfang eine Person im Rahmen der Abrechnung zu berücksichtigen ist und zum anderen, auf welchem Wege die maßgebliche Anzahl der Personen ermittelt werden soll.

g) Verteilung nach der Benutzung oder der Benutzungsmöglichkeit. Regelmäßig wird dieser Umlage- 47 schlüssel nur dann in Betracht kommen, wenn die Benutzung oder aber die **Benutzungsregelung** exakt bestimmt werden kann.[45] In der Praxis kommt dieses bei Pauschalen oder Nutzungsentgelten vor.

Nicht erforderlich ist, dass der beschlossene Umlageschlüssel die Benutzung oder die Möglichkeit der Benut- 48 zung exakt abbildet. Ausreichend ist vielmehr, dass der neue Umlageschlüssel der Benutzung oder der Benutzungsmöglichkeit Rechnung trägt. Daher können die Wohnungseigentümer **pauschalieren** oder beim Benutzungsmaßstab weitere Kriterien für die Kostenverteilung mitberücksichtigen, um zu einer sachgerechten Lösung zu kommen, soweit dies im Rahmen der ordnungsmäßigen Verwaltung verbleibt.[46]

Die **Kostenverteilung** kann sich an der Benutzungsmöglichkeit, zum Beispiel des Fahrstuhls, des Treppen- 49 hauses, des Kellers, der Garage, der Dachterrasse oder des Balkons, aber auch der Dauer des Gebrauchs, der

---

35 NSV/*Niedenführ* WEG § 16 Rn. 13.
36 NSV/*Niedenführ* WEG § 16 Rn. 14.
37 OLG Frankfurt a. M. 20.9.2006 – 20 W 241/05, NZM 2007, 490.
38 OLG Köln 16.11.2001 – 16 Wx 221/01, ZMR 2002, 779.
39 LG Frankfurt/Oder 21.11.2016 – 16 S 85/16, ZMR 2017, 825.
40 KG 26.11.2001 – 24 W 50/01, ZMR 2002, 376.
41 *Hügel/Elzer* WEG § 16 Rn. 31.
42 BGH 5.7.2013 – V ZR 241/12, NJW 2013, 3098.
43 *Hügel/Elzer,* 3. Aufl. 2021, WEG § 27 Rn. 82.
44 AG Unna 8.11.2018 – 18 C 16/18, ZMR 2019, 162.
45 Hügel/Scheel/*Grüner* Wohnungseigentum-HdB § 8 Rn. 39.
46 BGH 18.6.2010 – V ZR 164/09, NJW 2010, 2513.

Häufigkeit und Intensität des Gebrauchs, der Anzahl der profitierenden Personen oder vergleichbarer Umstände orientieren.[47]

50 Eine Kostenverteilung auf nur einen **Teil der Wohnungseigentümer** kommt nur dann in Betracht, wenn diese Wohnungseigentümer eine eigennützige Benutzung von Gemeinschaftseigentum haben oder haben könnten, der den von den Kosten freigestellten Wohnungseigentümern so nicht möglich ist.[48] Es ist also eine gesteigerte Benutzungsmöglichkeit für die Kostentragungspflicht erforderlich. Deshalb können die Kosten einer Dachsanierung nicht dem Wohnungseigentümer der Dachgeschosswohnung[49] oder hinsichtlich der Kosten für die Abdichtung des Kellers nicht dem Wohnungseigentümer der EG-Wohnung auferlegt werden,[50] denn diese Teile des Gemeinschaftseigentums stehen zur Benutzung aller Wohnungseigentümer.

51 Auf der anderen Seite muss aber keine ausschließliche exklusive Benutzungsmöglichkeit für die auf die Kosten verpflichteten Wohnungseigentümer vorliegen. Ob bei einer **Mehrhausanlage** etwas anderes gilt, hat der BGH als zweifelhaft angesehen,[51] aber bisher nicht entschieden.

52 Liegt ein konkreter **Objektbezug** vor, können die Kosten nur auf die Wohnungseigentümer mit der gesteigerter Benutzungsmöglichkeit umgelegt werden, zB beim nachträglichen Anbau eines Balkons. Erhält ein Wohnungseigentümer keinen Balkon, können ihm nicht Kosten für diese Maßnahme auferlegt werden.[52] Beschlüsse, die den Nutzern die Kosten im Einzelfall auferlegen, wie für im Gemeinschaftseigentum stehende Waschmaschinen oder Trockner, aber auch für Gemeinschaftseinrichtungen wie Sauna, Schwimmbad oder Aufzug, sind möglich.[53]

Die Erhaltungskosten für einen Kinderspielplatz können auf die Wohnungseigentümer mit nutzenden Kindern umgelegt werden. Insofern besteht eine Beschlusskompetenz. Es wäre hier aber fraglich, ob der Beschluss ordnungsmäßiger Verwaltung entspricht.[54]

53 **h) Verteilung nach Verbrauch oder Verursachung.** Wohnungseigentümer können auch beschließen, dass die Betriebskosten des gemeinschaftlichen Eigentums und/oder des Sondereigentums sowie der Verwaltungskosten nach Verbrauch und Verursachung erfasst werden. Unter dem **Verbrauch** versteht man die messbare Reduzierung von Gütern wie Strom, Gas oder Wasser. Unter **Verursachung** wird die Erfassung nach Häufigkeit der Nutzung, nach einer Zählung, nach dem Gebrauch oder der Gebrauchsmöglichkeit oder der Anzahl der Personen verstanden.[55] Nach Sinn und Zweck werden aber auch alle verbrauchs- und verursachungsunabhängigen Kosten miterfasst.[56] Das können beispielsweise Kosten für die Pflege des gemeinschaftlichen Gartens oder für den Winterdienst sein.

54 Die Wohnungseigentümer können den **Umlageschlüssel** dieser Kosten beschließen. Der Verteilungsbeschluss kann gleichzeitig mit dem Beschluss zur Erfassung der Kosten ergehen. Dieses ist als ein einheitlicher Beschluss möglich. Es kann aber auch erst die Neuverteilung beschlossen werden und wenn das Ergebnis der Erfassung bekannt ist, beschließen die Wohnungseigentümer den Verteilungsmaßstab.

Verbrauchsabhängige Kosten können nach dem individuellen Verbrauch der Wohnungseigentümer verteilt werden, zum Beispiel die Kosten des **Kaltwasserverbrauchs**.[57]

55 Sind keine **Verbrauchserfassungsgeräte** vorhanden, ist aber nach der Gemeinschaftsordnung die Kosten nach Verbrauch abzurechnen, können die Wohnungseigentümer – nunmehr nach § 18 Abs. 2 WEG – den Einbau der Verbrauchserfassungsgeräte beschließen.[58] Enthält die Gemeinschaftsordnung nur die Regelung, dass Verbrauchserfassungsgeräte einzubauen sind, ist diese Regelung dahin gehend auszulegen, dass dann auch die

---

47 BGH 18.6.2010 – V ZR 164/09, NJW 2010, 2513.
48 BGH 18.6.2010 – V ZR 164/09, NJW 2010, 2513.
49 BGH 18.6.2010 – V ZR 164/09, NJW 2010, 2513.
50 BGH 17.10.2014 – V ZR 9/14, NJW 2015, 613.
51 BGH 18.6.2010 – V ZR 164/09, NJW 2010, 2513.
52 AG Wennigsen 30.12.2009 – 21 C 30/08, ZMR 2010, 489.
53 *Hügel/Elzer* WEG § 16 Rn. 109.
54 *Hügel/Elzer* WEG § 16 Rn. 109.
55 *Hügel/Elzer* WEG § 16 Rn. 86.
56 BGH 1.6.2012 – V ZR 225/11, NJW 2012, 2579.
57 BGH 25.9.2003 – V ZB 21/03, NJW 2003, 3476.
58 BGH 25.9.2003 – V ZB 21/03, NJW 2003, 3476.

hierdurch erfassten Kosten nach Verbrauch umzulegen sind.[59] Jeder Wohnungseigentümer kann dann nach § 18 Abs. 2 WEG den Einbau der Verbrauchserfassungsgeräte verlangen, damit die sich aus der Gemeinschaftsordnung ergebende Kostenverteilung durchgeführt werden kann.

Wenn zwischen dem Ableseergebnis des Hauptwasserzählers und der Summe der addierten Ableseergebnisse 56 der Zwischenzähler der einzelnen Wohneinheiten eine Messdifferenz von mehr als 40 % besteht, entspricht eine Verteilung des **Schwundwassers** nach anteiligem individuellem Verbrauch nicht mehr ordnungsmäßiger Verwaltung. Für die Umlegung der Kosten für das Schwundwasser ist dann der gesetzliche Verteilungsschlüssel nach Miteigentumsanteil gem. § 16 Abs. 2 S. 1 WEG maßgeblich.[60]

Nach § 37 Mess- und Eichgesetz dürfen nur **geeichte** Verbrauchserfassungsgeräte verwendet werden. Sollten 57 die Verbrauchserfassungsgeräte von Anfang an nicht geeicht oder aber die Eichzeit abgelaufen sein, entspricht die Verwendung der Messgeräte nicht (mehr) ordnungsmäßiger Verwaltung.[61] Daher ist dann der gesetzliche Umlagemaßstab nach § 16 Abs. 2 S. 1 WEG für die Kostenverteilung maßgebend.[62] Werden diese fehlerhafte Verbrauchswerte für die Jahresabrechnung trotzdem verwendet, ist die Rechtsfolge strittig. Bis zur WEG-Reform galt: Nach einer Auffassung ist ein Beschluss nur anfechtbar,[63] nach der anderen Auffassung ist der Beschluss teilnichtig.[64] Durch die WEG-Reform hat sich § 28 WEG dahingehend verändert, dass die Wohnungseigentümer nur noch über die Einforderung von Nachschüssen beschließen. Es wird also nur noch über die Höhe der Zahlungspflicht eines jeden Wohnungseigentümers ein Beschluss gefasst, sodass eine Teilnichtigkeit nicht mehr vorliegen kann.

i) Verteilung nach Anschlüssen und Anlagen. Dieser Umlageschlüssel berücksichtigt beispielsweise, wie 58 viele Telefonbuchsen oder Breitbandkabelboxen vorhanden sind oder aber wie viele Rauchmelder. Die **Anzahl** wird dann für den Umlageschlüssel zugrunde gelegt.

j) Verteilung bei Mehrhausanlage oder Untergemeinschaften. Bei Mehrhausanlagen gilt zunächst der gesetzliche Umlageschlüssel nach Miteigentumsanteilen gem. § 16 Abs. 2 S. 1 WEG. Es gibt keinen anerkannten Grundsatz, nach welchem ein Wohnungseigentümer Kosten und Lasten, die ihm keinen persönlichen Nutzen bringen, nicht zu tragen hat.[65] Durch eine klare und eindeutige Regelung kann **durch Vereinbarung oder Beschluss** nach § 16 Abs. 2 S. 2 WEG hiervon abgewichen werden. Bestimmt die Gemeinschaftsordnung, dass bei einer Mehrhausanlage, die auf nur ein bestimmtes Gebäude anfallenden Lasten und Kosten von den dort betroffenen Wohnungseigentümer zu tragen sind, so sind diese Kosten getrennt nach den Gebäuden und jeweiligen Eigentümern der Gebäude zu verteilen, wenn die Kosten eindeutig zugeordnet werden können.[66] Die Kosten der verschiedenen Häuser für Treppenhausbeleuchtung, Gartenbewässerung oder Fahrstuhl können daher für jedes Haus getrennt abgerechnet werden.

Durch die Gemeinschaftsordnung kann den Wohnungseigentümern einer Mehrhausanlage für die gebildeten 60 **Untergemeinschaften** die Kompetenz eingeräumt werden, unter Ausschluss der nicht an der Untergemeinschaft beteiligten Wohnungseigentümer die Durchführung von Erhaltungsmaßnahmen zu beschließen, die ein zu der jeweiligen Untergemeinschaft gehörendes Gebäude betreffen, wenn hierbei zugleich geregelt wird, dass die Kosten der Maßnahmen im Innenverhältnis allein von den Mitgliedern der jeweiligen Untergemeinschaft getragen werden.[67]

k) Heiz- und Warmwasserkosten. Auch im Wohnungseigentumsrecht gilt die **Heizkostenverordnung** unmittelbar nach § 3 S. 1 HeizkostenV. Die Heizkostenverordnung regelt die Verteilung der Kosten des Betriebes zentraler Heizungsanlagen und zentraler Warmwasserversorgungsanlagen, weiterhin der eigenständigen gewerblichen Lieferung von Wärme und Warmwasser. Die Kosten sind nach der Heizkostenverordnung grund-

---

59 Palandt/*Wicke* WEG § 16 Rn. 6.
60 AG Darmstadt 1.4.1999 – 5 II 115/98, ZMR 2001, 153.
61 BayObLG 26.3.1998 – 2Z BR 154/97, NZM 1998, 486.
62 *Hügel/Elzer* WEG § 16 Rn. 28 a.
63 BayObLG 23.3.2005 – 2Z BR 236/04, ZMR 2005, 969.
64 *Hügel/Elzer* WEG § 16 Rn. 28 a.
65 BGH 28.6.1984 – VII ZB 15/83, NJW 1984, 2576.
66 BGH 17.4.2015 – V ZR 12/14, NZM 2015, 544.
67 BGH 10.11.2017 – V ZR 184/16, NJW 2018, 1309.

sätzlich teilweise zum einen nach Verbrauch und zum anderen verbrauchsunabhängig abzurechnen. Der Anteil der Abrechnung des Verbrauchs von Wärme und Warmwasser beträgt zwischen 50 und 70 %.

62 Nach § 3 HeizkostenV gehen die Bestimmungen der Heizkostenverordnung Vereinbarungen oder Beschlüsse der Wohnungseigentümer hinsichtlich der Verteilung der Kosten der Versorgung mit Wärme oder Warmwasser vor. Das bedeutet zunächst, dass im Wohnungseigentumsrecht regelmäßig nicht von den Vorschriften der Heizkostenverordnung durch **Beschluss** abgewichen werden kann. Ein derartiger Beschluss verstößt gegen ein gesetzliches Verbot und wäre nichtig.

63 Die Heizkostenverordnung selbst kennt aber wiederum **Gestaltungsspielräume**. Nach § 6 HeizkostenV können die Kosten der Versorgung mit Wärme, welche nicht nach Verbrauch abgerechnet werden, nach „Wohn- oder Nutzfläche" oder aber nach „umbautem Raum" als Umlageschlüssel abgerechnet werden. Hier besteht also ein Wahlrecht zugunsten der Wohn- oder Nutzfläche. Anders ist es bei den Kosten der Versorgung mit Warmwasser, welche grundsätzlich nach „Wohn- oder Nutzfläche" als Umlageschlüssel abzurechnen sind.

Die Heizkostenverordnung hat das Ziel, Energie einzusparen. Der Gesetzgeber geht davon aus, dass eine verbrauchsabhängige Abrechnung dieses Ziel am meisten fördert. Daher können die Wohnungseigentümer nach § 10 HeizkostenV beschließen, dass der verbrauchsabhängige Anteil einen höheren Umlageschlüssel als 70 % hat. Eine Abrechnung nach 100 % des Verbrauchs ist möglich. Weiteres unter → *Heizkosten* Rn. 29 ff.

64 **5. Unbilliger Umlageschlüssel.** Die Festlegung des Miteigentumsanteils unterliegt der Privatautonomie. Gesetzliche Vorgaben gibt es hierzu nicht. Für die Bestimmung des Miteigentumsanteils wird meistens die Fläche und die Wertbestimmung des Sondereigentums herangezogen. Jedoch ist es sehr subjektiv, ob und mit welchen Werten ein Balkon oder ein Sondernutzungsrecht anzusetzen ist. Außerdem ist eine exakte Festlegung der Wohnfläche oft schwierig. Die Grenze der Privatautonomie ist der **Rechtsmissbrauch** und die Sittenwidrigkeit nach § 138 BGB. Es ist daher rechtsmissbräuchlich, wenn die Berechnung der Miteigentumsanteile wahrheitswidrig nach der Wohnfläche vorgespiegelt würde.[68]

65 Problematisch sind zudem nachträgliche bauliche Maßnahmen, welche die ursprünglichen Grundlagen der Bestimmung der Miteigentumsanteile verändern, wie zum Beispiel ein **Dachgeschossausbau,** welcher den Wert, aber auch die Wohnfläche des Wohnungseigentums im Dachgeschoss erheblich steigern wird.

66 Bei einem unbilligen Umlagemaßstab besteht ein **Anspruch** auf neue Kostenverteilung, aber nicht auf eine Abänderung der Miteigentumsanteile. Der benachteiligte Wohnungseigentümer kann eine neue Kostenverteilung nach § 18 Abs. 2, § 10 Abs. 2, § 44 Abs. 1 S. 2 WEG erzwingen. Der Anspruch richtet sich gegen die Gemeinschaft der Wohnungseigentümer. Ein entsprechender Antrag auf Änderung des Kostenverteilungsschlüssel ist zunächst an den Verwalter zum Zwecke der Aufnahme auf die Tagesordnung der nächsten Eigentümerversammlung zu richten. Wird der Änderungsantrag von der Eigentümerversammlung mehrheitlich abgelehnt, ist dieses ein „Negativbeschluss". Dem Wohnungseigentümer steht nun der Weg frei, eine Beschlussersetzungsklage nach § 44 Abs. 1 S. 2 WEG zu erheben, damit das Gericht den Beschluss fasst.

67 Eine Anpassung der Teilungserklärung durch **notarielle Urkunde** ist möglich. Hierzu müssen aber alle Wohnungseigentümer zustimmen.

68 **6. Abänderung des Umlageschlüssels. a) Abänderung durch Vereinbarung.** Nach § 10 Abs. 1 S. 2 WEG können die Wohnungseigentümer die Kostenverteilung abweichend von § 16 Abs. 2 S. 1 WEG vereinbaren. Das „Ob" und das „Wie" liegt hierbei grundsätzlich im **Ermessen** der Wohnungseigentümer. Die Vereinbarung kann sowohl regeln, wer die Kosten trägt, als auch nach welchem Umlageschlüssel die Kosten zu verteilen sind.[69] Die Abänderungsvereinbarung muss klar und eindeutig sein. Andernfalls gilt die gesetzliche Regelung nach § 16 Abs. 2 S. 1 WEG.[70]

69 **b) Abänderung durch Öffnungsklausel.** Aufgrund des durch die **WEG-Reform** neu geregelten § 16 Abs. 2 S. 2 WEG können die Wohnungseigentümer für einzelne Kosten oder bestimmte Arten von Kosten eine von einer Vereinbarung abweichende Verteilung beschließen. Auf die Regelungen in alten Gemeinschaftsordnung mit Öffnungsklausel kommt es für die Beschlusskompetenz daher nicht mehr an. Eine Übergangsregelung ist

---

68 BayObLG 27.8.1998 – 2Z BR 35/98, ZMR 1999, 52.
69 *Hügel/Elzer* WEG § 16 Rn. 12.
70 BGH 2.3.2012 – V ZR 174/11, NJW 2012, 1722.

in § 48 WEG nicht vorgesehen, sodass § 16 Abs. 2 S. 2 WEG mit Inkrafttreten der WEG-Reform am 1.12.2020 anzuwenden ist.

Weicht die Öffnungsklausel von dem Prinzip der einfachen Mehrheit des § 25 Abs. 1 WEG ab und ist stattdessen zum Beispiel eine qualifizierte Mehrheit für die Änderung des Umlageschlüssels erforderlich, wird diese qualifizierte Mehrheit weiterhin für den Beschluss der Wohnungseigentümer maßgeblich bleiben. § 25 Abs. 1 WEG ist dispositives Recht, weshalb abweichende Vereinbarungen nach § 10 Abs. 1 S. 2 WEG wirksam getroffen werden können.

Auch hier besteht das Problem, dass Beschlüsse, die aufgrund einer Vereinbarung gefasst werden, nur dann gegen den Sondernachfolger eines Wohnungseigentümers nach § 10 Abs. 3 S. 1 WEG wirken, wenn der Beschluss als Inhalt des Sondereigentums im Grundbuch eingetragen wird.

Es darf zudem kein Wohnungseigentümer aufgrund der Änderung des Umlageschlüssels unbillig benachteiligt **70** werden,[71] und das Belastungsgebot[72] muss beachtet werden. Weitere **Grenzen** sind der Kernbereich des Wohnungseigentums, die unentziehbaren, aber verzichtbaren Rechte der Wohnungseigentümer und die gesetzlichen Verbote nach §§ 134, 138, 242 BGB. Auch sind der Gleichbehandlungsgrundsatz und ggf. Treuepflichten zu beachten.

c) Abänderung durch Beschluss. Anstelle des unübersichtlichen Systems nach Differenzierung der Kosten- **71** arten tritt nun mit der **WEG-Reform** eine einzige Vorschrift: § 16 Abs. 2 S. 2 WEG. Das ermöglicht es den Wohnungseigentümern, über die Kostenverteilung zu beschließen. Diese Vorschrift verlangt keine besonderen Mehrheiten. Dadurch soll es den Wohnungseigentümern erleichtert werden, über eine nach den Umständen des Einzelfalls angemessene Kostenverteilung zu entscheiden.[73]

§ 16 Abs. 2 WEG gilt nicht für die Kosten bei **baulichen Veränderungen**, diese Kostenverteilung wird in § 21 WEG geregelt. § 16 Abs. 3 WEG verweist daher auf diese Norm. Weiteres hierzu unter → *Kosten und Nutzungen der baulichen Veränderungen* Rn. 1 ff.

§ 16 Abs. 2 S. 2 WEG kennt zwei Konstellationen, nämlich die Verteilung einzelner Kosten und die Verteilung bestimmter Arten von Kosten:

Einzelne Kosten sind konkret bestimmbare, einmalig anfallende Positionen. Die Wohnungseigentümer kön- **72** nen demnach zum Beispiel über die Verteilung der Kosten einer konkreten Erhaltungsmaßnahmen, etwa eines Fensteraustausches, beschließen.[74]

Die Verteilung bestimmter **Arten von Kosten** ist nach der Gesetzesbegründung weit zu verstehen. Bestimmte Arten von Kosten können sich sowohl aus regelmäßig wiederkehrenden Positionen (zum Beispiel Müllgebühren) als auch aus unregelmäßig wiederkehrenden, aber gleichartigen Positionen ergeben.[75] Als Beispiel wird in der Gesetzesbegründung die Möglichkeit eines Beschlusses dahingehend genannt, dass jeder Wohnungseigentümer die Kosten für den Austausch der Fenster zu tragen hat, die sich im Bereich seines Sondereigentums befinden.

Den Wohnungseigentümern wird bei der Änderung des Umlageschlüssels nach § 16 Abs. 2 S. 2 WEG aufgrund des Selbstorganisationsrechtes ein weites **Ermessen** eingeräumt. Daher kann jeder Maßstab gewählt werden, der den Interessen der Gemeinschaft und der einzelnen Wohnungseigentümer angemessen ist und nicht zu einer ungerechten Benachteiligung einzelner führt.[76]

Nach der Gesetzesbegründung ist die **Grenze der Beschlusskompetenz** der Wohnungseigentümer die generelle Veränderung des allgemeinen Verteilungsschlüssels. Dieses ist unzulässig.[77] Es wäre also unzulässig, den in der Gemeinschaftsordnung generell festgelegten Verteilungsschlüssel, zum Beispiel nach Miteigentumsanteilen, durch Beschluss für alle Kostenarten in Wohnfläche abzuändern.

---

71 *Hügel/Elzer* WEG § 10 Rn. 148.
72 BGH 10.10.2014 – V ZR 315/13, NJW 2015, 549.
73 BT-Drs. 19/18791, 56.
74 BT-Drs. 19/18791, 56.
75 BT-Drs. 19/18791, 56.
76 BGH 16.9. 2011 – V ZR 3/11, ZMR 2012, 116.
77 BT-Drs. 19/18791, 56.

73 § 16 Abs. 2S. 2 WEG gibt den Wohnungseigentümern regelmäßig keine Beschlusskompetenz, einen Wohnungseigentümer von seiner Kostentragungspflicht aufgrund einer bestehenden Vereinbarung zu befreien. Umgekehrt besteht meist auch keine Beschlusskompetenz, einen Wohnungseigentümer erstmalig an Kosten zu beteiligen. Beides wird in den meisten Fällen nicht der ordnungsmäßigen Verwaltung nach § 18 Abs. 2 WEG entsprechen.

74 Es darf zudem kein Wohnungseigentümer aufgrund der Änderung des Umlageschlüssels unbillig benachteiligt werden[78] und das **Belastungsgebot**[79] muss beachtet werden. Weitere **Grenzen** sind der Kernbereich des Wohnungseigentums, die unentziehbaren, aber verzichtbaren Rechte der Wohnungseigentümer, und die gesetzlichen Verbote nach §§ 134, 138, 242 BGB. Auch sind der Gleichbehandlungsgrundsatz und ggf. Treuepflichten zu beachten.

75 **7. Anspruch auf Abänderung des Umlageschlüssels.** Es muss nicht mehr zwischen der Abänderung von Vereinbarungen oder der Abänderung von Beschlüssen unterschieden werden.

Jeder Wohnungseigentümer kann zwar nach § 10 Abs. 2 WEG eine vom Gesetz abweichende Vereinbarung oder Anpassung einer Vereinbarung verlangen, soweit ein Festhalten an der geltenden Regelung aus schwerwiegenden Gründen unter Berücksichtigung aller Umstände des Einzelfalls, insbesondere der Rechte und Interessen der anderen Wohnungseigentümer, **unbillig** erscheint.

Allerding war nach altem Recht eine abändernde Kostenverteilung nur dann erforderlich und erzwingbar, wenn es um Kosten ging, für deren geänderte Umlage der Gemeinschaft die Beschlusskompetenz fehlte.[80] Durch die nunmehr sehr weit gefasste Beschlusskompetenz der Wohnungseigentümer nach § 16 Abs. 2 S. 2 WEG, wonach ausdrücklich auch Vereinbarungen hinsichtlich der Kostenverteilung abgeändert werden können, besteht kein Raum mehr für einen Anspruch ausschließlich aus § 10 Abs. 2 WEG. Dieses Ziel ist zukünftig durch einen Beschluss nach § 16 Abs. 2 S. 2 WEG mit einfacher Mehrheit nach § 25 WEG erreichbar.

76 Ein schwerwiegender Grund, von dem Umlageschlüssel „Miteigentumsanteile" abzuweichen, setzt voraus, dass dieser Umlageschlüssel für den die Änderung verlangenden Wohnungseigentümer zu einer erheblich höheren Belastung wie zB eine günstigere Verteilung der Kosten nach den Wohn- oder den Nutzflächen führt. Wobei der **Schwellenwert** ab einer Überschreitung von 25 % vorliegen kann.[81] Das Maß der Kostenbelastung ist aber nicht das alleinige Kriterium für die Beurteilung der Unbilligkeit des Festhaltens an dem vereinbarten Kostenverteilungsschlüssel, sondern es bedarf einer Abwägung der gesamten **Umstände des Einzelfalls**.

77 **8. Benutzungsgebühren und besonderer Verwaltungsaufwand.** Die Wohnungseigentümer können nach §§ 28 Abs. 1, 25, 18 Abs. 2 WEG Regelungen bezüglich der Art und Weise von Zahlungen, der Fälligkeit und der Folgen des Verzugs sowie bezüglich der Kosten für eine besondere Nutzung des gemeinschaftlichen Eigentums oder für einen besonderen Verwaltungsaufwand mit Stimmenmehrheit beschließen.

Hinsichtlich der besonderen Nutzung des gemeinschaftlichen Eigentums können **Pauschalen** vereinbart werden, zB eine Benutzungs- oder eine Umzugskostenpauschale (→ *Umzugskostenpauschale* Rn. 1 ff.). So sind **Benutzungsgebühren** für ein Schwimmbad (→ *Schwimmbad* Rn. 11) oder eine Sauna (→ *Sauna* Rn. 7) möglich. Es ist aber auch möglich, eine Nutzungsgebühr für die konkrete Benutzung zu verlangen, wie zB das Anmieten eines Gemeinschaftsraums für eine Party, das Anbringen von Werbeschildern oder die Nutzung der Waschmaschine. Es handelt sich hierbei streng genommen nicht um einen Umlageschlüssel, sondern um einen Beschluss über eine konkrete Zahlung, welche nach §§ 19 Abs. 1, 18 Abs. 1 WEG möglich ist.

78 Hinsichtlich des besonderen Verwaltungsaufwandes kann von den Wohnungseigentümern ein von § 16 Abs. 2 Abs. 2 WEG abweichender Umlageschlüssel beschlossen werden.

Ein Beschluss für den besonderen Verwaltungsaufwand ist auch für die **Vergangenheit** möglich.[82] Ein Umlageschlüssel nach dem Eintritt der Nutzungsvorteil ist möglich.

---

78 *Hügel/Elzer* WEG § 10 Rn. 148.
79 BGH 10.10.2014 – V ZR 315/13, NJW 2015, 549.
80 BGH 17.12.2010 – V ZR 131/10, ZMR 2011, 485.
81 BGH 17.12.2010 – V ZR 131/10, ZMR 2011, 485.
82 BGH 18.3.2016 – V ZR 75/15, BGH NJW 2016, 2177.

Ein **besonderer Verwaltungsaufwand** liegt vor, wenn das normale, übliche Maß hinsichtlich der Verwaltung des gemeinschaftlichen Eigentums überschritten wird.[83] Das sind zB die Sondervergütungen des Verwalters, der Erwerb eines Grundstücks durch die Gemeinschaft der Wohnungseigentümer, die Kosten für eine Versorgungssperre, die Kosten der Unterrichtung nach § 27 Abs. 1 Nr. 7 WEG, die Kosten einer Zwischenablesung nach § 9 b HeizkostenV oder Kosten der Gemeinschaft der Wohnungseigentümer, die ein einzelner Wohnungseigentümer verursacht, zum Beispiel Kosten für Nachfragen bei der Creditreform eV, SCHUFA Holding AG oder CRIF Bürgel GmbH. 79

V. Verfahrenshinweise

Die vorherige Befassung in der Versammlung der Wohnungseigentümer mit dem Beschlussgegenstand des Umlageschlüssels ist für eine Beschlussersetzungsklage nach § 44 Abs. 1 S. 3 WEG eine **Zulässigkeitsvoraussetzung**. Sollte die Mehrheit der Wohnungseigentümer die Unbilligkeit nicht durch Beschluss beseitigen wollen, kann dann der betroffene Wohnungseigentümer eine gerichtliche Entscheidung auf eine Beschlussfassung herbeiführen. 80

Entspricht ein Beschluss der Wohnungseigentümer nach § 16 Abs. 2 S. 2 WEG nicht der **ordnungsmäßigen Verwaltung**, ist der Beschluss nur anfechtbar. Er ist nicht nichtig.[84] Ob der Beschluss im Einzelfall anfechtbar ist, hängt nunmehr alleine davon ab, ob er die allgemeinen Vorgaben der Ordnungsgemäßheit wahrt, insbesondere, ob er billigem Ermessen entspricht. Die zentrale Norm ist § 18 Abs. 2 WEG, welche klarstellt, dass bei der Abwägung, ob eine ordnungsmäßige Verwaltung und Benutzung vorliegen, die gesetzlichen Regelungen, Vereinbarungen und Beschlüsse der Wohnungseigentümer zu berücksichtigen sind. Im Rahmen des billigen Ermessens werden regelmäßig der Gebrauch und die Möglichkeit des Gebrauchs zu berücksichtigen sein.[85] 81

233. Umsatzsteuer

Hofele

83 BGH 18.3.2016 – V ZR 75/15, BGH NJW 2016, 2177.
84 BGH 20.9.2000 – V ZB 58/99, NJW 2000, 3500.
85 BT-Drs. 19/18791, 56.

I. Einführung

1   Das UStG erwähnt die Gemeinschaft der Wohnungseigentümer in § 4 Nr. 13, in dem es bestimmte Leistungen der Gemeinschaft der Wohnungseigentümer gegenüber den Eigentümern als **steuerfrei** behandelt. Weil die Steuerbefreiung keinen Sinn machen würde, folgt daraus, dass die Gemeinschaft der Wohnungseigentümer umsatzsteuerlich Unternehmerin ist.[1] Die der Gemeinschaft der Wohnungseigentümer zugewiesene Unternehmereigenschaft überrascht auf den ersten Blick, weil sie – auch wenn sie mittlerweile rechtsfähig ist – ja „eigentlich" nur im Rahmen der gesamten Verwaltung des gemeinschaftlichen Eigentums handeln soll. Nicht nur landläufig verbindet man mit „Unternehmerin" aber jemanden, der eine gewerbliche oder berufliche Tätigkeit selbstständig ausübt – § 2 Abs. 1 S. 1 UStG definiert den Unternehmer genauso. Der Hintergrund, die Gemeinschaft der Wohnungseigentümer als Unternehmerin zu behandeln, liegt in der Struktur des Umsatzsteuerrechts.

II. Einige Grundlagen zur Umsatzsteuer

2   Die Umsatzsteuer soll (nur) den **Endverbraucher** belasten. Das Grundprinzip sieht dazu vor, dass der Unternehmer seine „Ausgangsleistungen" der Umsatzsteuer unterwerfen muss, er aber den Vorsteuerabzug für seine „Eingangsleistungen" erhält. Damit ist die Leistungserbringung in der Unternehmerkette von der Umsatzsteuer entlastet.

3   Das Umsatzsteuerrecht ist praktisch vollständig EU-Recht, basierend derzeit auf der sog. Mehrwertsteuersystemrichtlinie[2] sowie der Mehrwertsteuerverordnung.[3] In der Praxis sind die ausführlichen Regelungen des Umsatzsteueranwendungserlasses (UStAE) maßgebend. Allerdings ist die Regelung des § 4 Nr. 13 UStG gemeinschaftsrechtswidrig.[4] Vordergründig geht es nur um die Lieferung von Wärme an die Wohnungseigentümer, aber nunmehr könnte die deutsche Regelung über die Steuerbefreiung von Leistungen der Gemeinschaft der Wohnungseigentümer an die Eigentümer insgesamt unionsrechtswidrig sein. Solange der deutsche Gesetzgeber hieraus noch keine Konsequenzen gezogen hat, soll im Folgenden von der bisherigen Rechtslage ausgegangen werden.

4   **1. Tatbestand der Umsatzsteuer.** § 1 UStG setzt immer einen **Leistungsaustausch** voraus. Es muss ein Leistender und ein Leistungsempfänger vorhanden sein und der Leistung muss eine Gegenleistung (idR das Entgelt) gegenüberstehen. Es ist ein wechselseitiger, unmittelbarer Zusammenhang erforderlich. § 1 Abs. 1 Nr. 1 UStG setzt aber keinen inneren (synallagmatischen) Zusammenhang zwischen Leistung und Entgelt voraus.[5]

5   **a) Steuerbare Umsätze.** Der Umsatzsteuer unterliegen – ua

- die Lieferungen und sonstigen Leistungen,
- die ein Unternehmer
- im Inland

---

1   Dies wurde durch EuGH (Dritte Kammer) vom 17.12.2020 – C-449/19, BeckRS 2020, 35411 mE nicht in Frage gestellt; → Rn. 17; zum Urteil und den Folgen im Einzelnen → Rn. 70.
2   Richtlinie 2006/112/EG des Rates über das gemeinsame Mehrwertsteuersystem 28.11.2006, (ABl EU Nr. L 347 S. 1, ber. 2007 Nr. L 335 S. 60, 2017 Nr. L 336 S. 60) mit späteren Änderungen.
3   MmStVO, Verordnung (EU) 282/11 v. 15.3.2011, ABl EU 2011 Nr. L 77 S. 1.
4   EuGH (Dritte Kammer) 17.12.2020 – C-449/19, BeckRS 2020, 35411.
5   UStAE Abschnitt 1.1.

■ gegen Entgelt
■ im Rahmen seines Unternehmens

ausführt. Nur wenn alle diese Tatbestandsmerkmale vorliegen, sind die Umsätze „umsatzsteuerbar".

Hinweis: Bei echtem Schadenersatz fehlt es am wechselseitigen unmittelbaren Zusammenhang zwischen der „Leistung gegen Entgelt". Daher sind echte Schadenersatzansprüche nicht umsatzsteuerbar.[6]

b) Steuerbefreiung bestimmter Umsätze. Auf einer zweiten Stufe muss dann geprüft werden, ob auch „tatsächlich" Umsatzsteuer anfällt. Da die Umsatzsteuer den Endverbraucher belasten soll, sind – meist aus sozialen Gründen – bestimmte Umsätze steuerbefreit. So sind **Mietumsätze** gem. § 4 Nr. 12 a UStG umsatzsteuerfrei, und zwar einschließlich der üblichen Nebenleistungen. Allerdings enthält dieser Katalog auch eine Reihe von Vermietungstätigkeiten, die von der Steuerbefreiung ausgenommen sind, zB die Vermietung von Parkplätzen. 6

Ebenfalls umsatzsteuerfrei sind „*die Leistungen, die die Gemeinschaften der Wohnungseigentümer [...] an die Wohnungseigentümer und Teileigentümer erbringen, soweit die Leistungen in der Überlassung des gemeinschaftlichen Eigentums zum Gebrauch, seiner Instandhaltung, Instandsetzung und sonstigen Verwaltung sowie der Lieferung von Wärme und ähnlichen Gegenständen bestehen ...*" (§ 4 Nr. 13 UStG). 7

2. Bemessungsgrundlage, Steuersatz, Kleinunternehmerregelung. § 10 UStG regelt die Bemessungsgrundlage, also welcher Betrag zugrundegelegt wird, der der Umsatzsteuer unterworfen wird. In der Regel ist es das Entgelt, also „*alles, was den Wert der Gegenleistung bildet, die der leistende Unternehmer vom Leistungsempfänger oder von einem anderen als dem Leistungsempfänger für die Leistung erhält oder erhalten soll, einschließlich der unmittelbar mit dem Preis dieser Umsätze zusammenhängenden Subventionen, jedoch abzüglich der für diese Leistung gesetzlich geschuldeten Umsatzsteuer ...*" (§ 10 Abs. 1 S. 2 UStG). Weitere Korrekturen – meist ebenfalls aus sozialen bzw. steuerlenkenden Gründen – erfolgen durch Anwendung **unterschiedlicher Steuersätze** (7 % oder 19 %, vgl. § 12 UStG iVm Anlage 2 zu § 12 Abs. 2 Nr. 1 und 2 UstG). 8

Die **Kleinunternehmerregelung** (§ 19 UStG) soll für diesen Personenkreis einen gewissen wirtschaftlichen Vorteil schaffen, da diese ihre Umsätze nicht der Umsatzsteuer unterwerfen müssen, ihre Leistungen also günstiger anbieten können. Darüber hinaus wird das Besteuerungsverfahren vereinfacht. Dieser Vorteil ist aber ggf. mit Nachteilen verbunden (zB kein Vorsteuerabzug, keine Rechnungsstellung mit Ausweis der Umsatzsteuer, kein Verzicht auf Steuerbefreiungen, vgl. § 19 UStG). Der Kleinunternehmer kann gegenüber dem Finanzamt erklären, dass er auf diese Eigenschaft verzichtet, ist dann aber an diese Erklärung mindestens für fünf Kalenderjahre gebunden (§ 19 Abs. 2 UStG). 9

3. Vorsteuerabzug. Der Vorsteuerabzug entlastet die Leistungserbringung in der Unternehmerkette von der Umsatzsteuer. 10

a) Voraussetzungen. Der Vorsteuerabzug ist zunächst an die Voraussetzungen des § 15 Abs. 1 UStG geknüpft. Ua muss der Unternehmer eine (nicht steuerfreie) Leistung eines anderen Unternehmers für sein Unternehmen (also nicht für private Zwecke) erhalten und er benötigt eine gem. § 14 UStG korrekte Rechnung. 11

b) Option zur Umsatzsteuer = Verzicht auf die Steuerbefreiung. Außerdem gibt es **verschiedene Tatbestände**, die den Vorsteuerabzug ausschließen. So kann ein Unternehmer die Vorsteuer nur geltend machen, wenn er seinerseits nicht-steuerbefreite Umsätze ausführt, oder umgekehrt ausgedrückt: Der Vorsteuerabzug für Eingangsleistungen ist ausgeschlossen, wenn der Unternehmer diese zur Ausführung von steuerfreien Umsätzen verwendet (§ 15 Abs. 2 Nr. 1 UStG). 12

Beispiel: Ein Vermieter, der eine Wohnung vermietet, ist Unternehmer. Seine Leistungen sind umsatzsteuerbar, aber umsatzsteuerbefreit. Deshalb kann er von den Rechnungen, die er erhält, keine Vorsteuer abziehen. Bei der Vermietung von Wohnraum besteht auch keine Möglichkeit der Option zur Umsatzsteuer. Diese kommt nur bei Gewerberaummietverhältnissen in Betracht, unterliegt aber auch dort bestimmten Voraussetzungen.[7] 13

---

6 Dazu UStAE Abschnitt 1.3.
7 Einzelheiten 9.2 UStAE.

14   Die „Option zur Umsatzsteuer" bzw. der „Verzicht auf die Steuerbefreiung" ist in § 9 Abs. 1 und Abs. 2 UStG geregelt. Für bestimmte dort genannte Umsätze kann der Unternehmer auf die **Steuerbefreiung verzichten** und so den Vorsteuerabzug aus seinen Eingangsrechnungen ermöglichen.

Wichtig: Die Optionsmöglichkeit einer Gemeinschaft der Wohnungseigentümer nach § 9 Abs. 1 UStG und eines Vermieters nach § 9 Abs. 2 UStG unterscheiden sich in ihren Voraussetzungen erheblich!

15   **c) Aufteilung von Vorsteuerbeträgen.** Neben dem Ausschluss des Vorsteuerabzugs aus den vorgenannten (und anderen) Gründen kann die Vorsteuer in bestimmten Fällen **nur teilweise geltend** gemacht werden. In diesen Fällen muss die Vorsteuer aufgeteilt werden.

16   Verwendet der Unternehmer Eingangsumsätze sowohl für Umsätze, die zum Vorsteuerabzug berechtigen, als auch für Umsätze, die den **Vorsteuerabzug** ausschließen, muss er die angefallenen Vorsteuerbeträge entsprechend in einen abziehbaren und einen nicht abziehbaren Teil aufteilen. Die Aufteilung der Vorsteuern ist nach § 15 Abs. 4 UStG vorzunehmen. Dies bedeutet, dass die Vorsteuern nach ihrer wirtschaftlichen Zuordnung aufzuteilen sind.[8] Baut beispielsweise ein Unternehmer ein Haus und vermietet es zur Hälfte als Wohnung und zur anderen Hälfte gewerblich, kann er nur 50 % der Vorsteuern aus den Herstellungsleistungen geltend machen.

III.   Umsatzsteuerliche Rechtsverhältnisse bei der Gemeinschaft der Wohnungseigentümer

17   Der Gesetzgeber geht davon aus, dass die Gemeinschaft der Wohnungseigentümer Unternehmerin ist. Denn nur ein Unternehmer kann steuer**bare** Umsätze haben. Die Steuerbarkeit der Umsätze ist aber Voraussetzung, damit eine **Steuerbefreiung** überhaupt möglich ist. Ansonsten würde die Steuerbefreiung nach § 4 Nr. 13 UStG ins Leere laufen. Für die Unternehmereigenschaft der Gemeinschaft der Wohnungseigentümer gelten die allgemeinen Regeln; dies spielt dann eine Rolle, wenn die Gemeinschaft der Wohnungseigentümer (auch) „nach außen" tätig wird (→ Rn. 20, → Rn. 60).

Der EuGH hat mE die Unternehmereigenschaft der Gemeinschaft der Wohnungseigentümer nicht in Frage gestellt. Denn er bejaht, dass die MwStSystRL anwendbar ist und stellt fest, dass es sich bei der Wärmelieferung um die Lieferung eines Gegenstandes handelt, die grundsätzlich der Mehrwertsteuer unterliegt. Bei der Wärmlieferung handelt es sich um eine wirtschaftliche Tätigkeit, weil die Eigentümer als Mitglieder der Gemeinschaft eine Gegenleistung erbringen. Für die Frage der Unternehmereigenschaft spielt es dagegen keine Rolle, ob diese Tätigkeit auf die Erzielung von Gewinnen gerichtet ist. Mithin ist die Tätigkeit – übersetzt in deutsches Recht – umsatzsteuerbar.[9]

18   **1. Gemeinschaft der Wohnungseigentümer als Unternehmerin. a) Gemeinschaft der Wohnungseigentümer ohne eigene unternehmerische Tätigkeit.** Das Umsatzsteuerrecht geht davon aus, dass die Gemeinschaft der Wohnungseigentümer das Gemeinschaftseigentum zur Verfügung stellt, erhält und repariert und **insoweit** Unternehmer ist. Die Gemeinschaft der Wohnungseigentümer erbringt in diesem Rahmen als leistende Unternehmerin gegenüber den einzelnen Eigentümern Leistungen.

19   **Umgekehrt** folgt daraus, dass Leistungen, die an die Gemeinschaft der Wohnungseigentümer erbracht werden, auch nur an diese erbracht werden und umsatzsteuerlich nicht den einzelnen Wohnungseigentümern zugerechnet werden. Dementsprechend richtet der leistende Unternehmer die Rechnung auch an die Gemeinschaft der Wohnungseigentümer.

20   **b) Die unternehmerisch tätige Gemeinschaft der Wohnungseigentümer.** Allerdings kann die Gemeinschaft der Wohnungseigentümer auch „nach außen" unternehmerisch tätig sein.

21   **2. Leistungen der Gemeinschaft der Wohnungseigentümer an die Eigentümer.** Steuerrechtlich wird davon ausgegangen, dass die Gemeinschaft der Wohnungseigentümer im Rahmen ihrer **Verwaltungsaufgaben** neben nicht steuerbaren Gemeinschaftsleistungen, die den Gesamtbelangen aller Mitglieder dienen, auch steu-

---

8 Einzelheiten in UStAE Abschnitt 15.16.
9 EuGH 17.12.2020 – C-449/19, BeckRS 2020, 35411, Rn. 29 ff.; zu den Auswirkungen → Rn. 70.

erbare Sonderleistungen an einzelne Mitglieder erbringt.[10] Soweit steuerbare Leistungen vorliegen, sind sie steuerbefreit.

a) Nicht steuerbare Leistungen. Die Abhaltung der Eigentümerversammlung ist nicht steuerbar, weil sie 22 nicht auf Leistungsaustausch gerichtet ist. Auch Zahlungen in die Erhaltungsrücklage bzw. etwaige Rückzahlungen sind umsatzsteuerlich unbeachtlich.

b) Steuerbare, aber steuerbefreite Leistungen nach § 4 Nr. 13 UStG. aa) Grundsatz. § 4 Nr. 13 UStG be- 23 freit die zentralen Leistungen der Gemeinschaft der Wohnungseigentümer an die Eigentümer von der Umsatzsteuer: Danach sind die Leistungen, die die Gemeinschaft der Wohnungseigentümer an die Wohnungseigentümer und Teileigentümer erbringt, steuerbefreit, soweit die Leistungen in der **Überlassung** des gemeinschaftlichen Eigentums zum Gebrauch, seiner Instandhaltung, Instandsetzung (Erhaltung) und sonstigen Verwaltung sowie der Lieferung von Wärme und ähnlichen Gegenständen bestehen.

Hintergrund der Steuerbefreiung ist die Überlegung des Gesetzgebers, dass die Wohnungseigentümer in der Regel **private Selbstnutzer** sind, die nicht zum Vorsteuerabzug berechtigt sind und daher nicht mit Umsatzsteuer belastet werden sollen. Die Wohnungseigentümer sollen Mietern und Eigentümern von zB Einfamilienhäusern so weit wie möglich gleichgestellt werden.[11]

bb) Steuerliche Behandlung. Das Steuerrecht geht davon aus, dass jede Gemeinschaft der Wohnungseigen- 24 tümer zur Deckung ihrer Kosten für die „steuerbaren Sonderleistungen" von den Mitgliedern (Wohnungs- und Teileigentümern) Umlagen erhebt, insbesondere für

- Lieferungen von Wärme (Heizung) und Wasser und Strom (obwohl sich diese Leistungen auf das Sondereigentum beziehen, → Rn. 27);
- Waschküchen- und Waschmaschinenbenutzung;
- Verwaltungsgebühren (Entschädigung für den Verwalter der Gemeinschaft);
- Hausmeisterlohn;
- Instandhaltung und Instandsetzung (Erhaltung) des gemeinschaftlichen Eigentums;
- Flurbeleuchtung;
- Schornsteinreinigung;
- Feuer- und Haftpflichtversicherung;
- Müllabfuhr;
- Straßenreinigung;
- Entwässerung.

Diese **Umlagen** sind das Entgelt für steuerbare Sonderleistungen der Gemeinschaft der Wohnungseigentümer an ihre Mitglieder.[12] Hinsichtlich der verschiedenartigen Lieferungen und sonstigen Leistungen liegen jeweils selbstständige Umsätze der Gemeinschaft der Wohnungseigentümer an ihre Mitglieder vor, die nach § 4 Nr. 13 UStG steuerfrei sind.[13]

Da nur die Leistungen bezogen auf das Gemeinschaftseigentum steuerbefreit sind, fallen Maßnahmen am und 25 für das Sondereigentum nicht darunter: Die Verwaltung des **Sondereigentums** ist ebenso wenig steuerbefreit wie Maßnahmen zur Erhaltung des Sondereigentums oder des Eigentums Dritter.[14]

Auch die entgeltliche Überlassung von **beweglichen Gegenständen** des Gemeinschaftsvermögens (→ *Ge-* 26 *meinschaftsvermögen* Rn. 1 ff.) kann steuerbefreit sein. Der UStAE sieht etwa die Waschmaschinenbenutzung als steuerpflichtige Sonderleistung an.[15] Die Umlage hierfür ist danach Entgelt für diese steuerbare Sonderleistung der Gemeinschaft der Wohnungseigentümer an ihre Mitglieder und ist daher steuerbefreit. Anders ist dies mE, wenn für die Überlassung gesonderte Entgelte vereinbart werden.

---

10 UStAE Abschnitt 4.13.1.
11 Schwarz/Widmann/Radeisen/*Huschens*, UStG § 4 Nr. 13 Rn. 1 und 2 Stand: 19.2.2019 HI890136.
12 Vgl. auch EuGH (Dritte Kammer) 17.12.2020 – C-449/19, BeckRS 2020, 35411 Rn. 28 (zur Fragestellung und Bejahung der Frage Rn. 36).
13 UStAE Abschnitt 4.13.1.
14 Vgl. UStAE Abschnitt 4.13.1.
15 UStAE Abschnitt 4.13.1 Abs. 2 S. 2 erster Spiegelstrich.

27 **cc) Insbesondere: Heizung und Warmwasser.** Nach § 4 Nr. 13 UStG ist auch der Lieferung von Wärme und ähnlichen Gegenständen steuerbefreit, obwohl sich diese Lieferungen auf das Sondereigentum beziehen. Nicht steuerbefreit ist die Lieferung von Kohlen, Koks, Heizöl und Gas. Diese Energieträger sind keine „ähnliche Gegenstände" wie Wärme.[16] Damit sind aber nur die Fälle gemeint, in denen die Gemeinschaft der Wohnungseigentümer zB Gas direkt an einen Sondereigentümer für dessen Gasetagenheizung oder Strom für dessen Durchlauferhitzer liefern würde. In der Regel dürfte der Eigentümer aber den **Gas- oder Stromlieferungsvertrag** direkt mit dem Versorgungsunternehmen schließen.

Die Wärmelieferung über die **Zentralheizung** ist steuerbefreit. Die Gemeinschaft der Wohnungseigentümer bezieht die Brennstoffe für die Zentralheizung, liefert diese aber nicht an die Eigentümer. Sie liefert vielmehr über die Zentralheizung Wärme und Warmwasser.

28 Soweit die Gemeinschaft der Wohnungseigentümer aber selbst über die Leistungen an die Eigentümer hinaus auch Leistungen an Dritte erbringt, etwa durch den Betrieb eines eigenen Blockheizkraftwerkes (→ *Blockheizkraftwerk* Rn. 1 ff.), mit dem sie zwar Wärme an die Eigentümer liefert, den Strom aber an Dritte, ist fraglich, inwieweit hier die Steuerbefreiung reicht und inwieweit die Gemeinschaft der Wohnungseigentümer optieren kann und die Vorsteuer aus den Eingangsrechnungen geltend machen kann. Dies ist von erheblicher wirtschaftlicher Bedeutung, weil es um den Vorsteuerabzug aus den **Errichtungskosten** geht. Sofern § 4 Nr. 13 UStG mit Unionsrecht vereinbar ist, ist die Gemeinschaft der Wohnungseigentümer nur teilweise zum Vorsteuerabzug berechtigt. In dem Umfang, in welchem die vorsteuerbelasteten Kosten – insbesondere die Anschaffungskosten des BHKW – für die Erzeugung von Wärme entstehen, würde § 15 Abs. 2 S. 1 Nr. 1 und Abs. 4 iVm § 4 Nr. 13 UStG den Vorsteuerabzug ausschließen. Denn die Gemeinschaft der Wohnungseigentümer liefert Wärme an die Wohnungseigentümer bzw. Teileigentümer. Ist die Steuerbefreiung hingegen nicht mit Unionsrecht vereinbar, so kann die Gemeinschaft der Wohnungseigentümer wegen des Anwendungsvorrangs des Gemeinschaftsrechts deren Anwendung ablehnen und den vollen Vorsteuerabzug in Anspruch nehmen. Die Option nach § 9 Abs. 1 UStG ist insoweit nicht ausreichend möglich, weil ein Teil der Wärme an Abnehmer geliefert wird, die keine Unternehmer sind.[17]

29 **c) Steuerpflichtige (steuerbare und nicht steuerbefreite) Leistungen.** Führt die Gemeinschaft der Wohnungseigentümer (aus welchen Gründen auch immer) **Herstellungs-** und **Erhaltungsmaßnahmen** am Sondereigentum eines Eigentümers aus, ist diese Leistung nicht steuerbefreit. Denn die Steuerbefreiung setzt Maßnahmen am gemeinschaftlichen Eigentum voraus.

30 Ebenso nicht steuerbefreit sind Leistungen der Gemeinschaft der Wohnungseigentümer an Nicht-Eigentümer.

Nicht steuerbefreit sind auch Leistungen der Gemeinschaft der Wohnungseigentümer, sei es an ihre Mitglieder oder an andere Personen, wenn die Leistungen mit Anlagen erbracht werden, die im **Sondereigentum** (→ *Sondereigentum* Rn. 1 ff) eines oder mehrerer Miteigentümer stehen können.[18]

Auch die entgeltliche Überlassung von beweglichen Gegenständen gegen gesonderte Entgelte für die Benutzung ist mE nicht steuerbefreit. Denn hier liegt ein **eigenständiges Rechtsverhältnis** vor, für das die Anwendung des Privilegs der Steuerbefreiung nicht sachgerecht erscheint.

31 **3. Leistungen Dritter an die Gemeinschaft der Wohnungseigentümer.** Leistungen Dritter werden in der Regel aufgrund eines **Vertrages** erbracht, den der Verwalter für die Gemeinschaft der Wohnungseigentümer abschließt. Die Dritten erbringen die Leistungen an die Gemeinschaft der Wohnungseigentümer, nicht an die einzelnen Sondereigentümer.

32 **a) Eingangsleistungen mit Umsatzsteuer.** Ein Handwerker, der die Heizung reparieren soll, erbringt daher seine Leistungen an die Gemeinschaft der Wohnungseigentümer. Wenn der Handwerker kein **Kleinunternehmer** ist, stellt er der Gemeinschaft der Wohnungseigentümer eine Rechnung mit Umsatzsteuerausweis aus.

33 Wenn und soweit das Gemeinschaftseigentum repariert wird, erbringt die Gemeinschaft der Wohnungseigentümer ihrerseits diese **Reparaturleistungen** an die einzelnen Eigentümer. Diese Leistungen sind steuerbar, aber

---

16 UStAE Abschnitt 4.13.1.

17 Vgl. FG Baden-Württemberg 12.9.2018 – 14 K 3709/16 UR 2019, 624, Vorabentscheidungsersuchen, Az. EuGH C-449/19.

18 BGH 18.10.1974 – V ZR 120/73, NJW 1975, 688, für eine Heizungsanlage (→ *Heizung* Rn. 1 ff.) und für eine Antennenanlage (→ *Antenne* Rn. 1 ff.).

Hofele

nach § 4 Nr. 13 UStG umsatzsteuerbefreit. Die Gemeinschaft der Wohnungseigentümer kann daher keinen Vorsteuerabzug geltend machen. Allerdings kann die Gemeinschaft der Wohnungseigentümer nach § 9 Abs. 1 UStG auf die Steuerbefreiung verzichten.

b) Steuerfreie Eingangsleistungen. Soweit die Gemeinschaft der Wohnungseigentümer steuerfreie Ein- **34** gangsleistungen bezieht (Versicherungen, kommunale Gebühren für Müllabfuhr oder Straßenreinigung), sind diese nicht mit **Umsatzsteuer** belastet. In diesen Fällen ist eine Option zur Umsatzsteuer nicht möglich.

c) Sonderfall: Leistungsempfänger als Steuerschuldner. Für bestimmte Bauleistungen sieht § 13 b UStG **35** vor, dass der Leistungsempfänger Steuerschuldner ist. In diesen Fällen hat der Leistungsempfänger die Umsatzsteuer zu erklären und abzuführen.

Dies gilt aber nicht für die Gemeinschaft der Wohnungseigentümer, wenn diese Leistungen als nach § 4 Nr. 13 **36** UStG **steuerfreie Leistungen** der Gemeinschaft der Wohnungseigentümer an die einzelnen Wohnungseigentümer weitergegeben werden. In diesem Fall ist die Gemeinschaft der Wohnungseigentümer als Leistungsempfängerin nicht Steuerschuldnerin, auch wenn die Bauleistungen an sie erbracht werden. Dies gilt auch dann, wenn die Gemeinschaft der Wohnungseigentümer derartige Umsätze nach § 9 Abs. 1 UStG als steuerpflichtig behandelt.[19]

Falls die Gemeinschaft der Wohnungseigentümer **Bauleistungen** für das Sondereigentum bezieht, sind diese nicht steuerbefreit (→ Rn. 29). In diesem Fall kann die Steuerschuldnerschaft der Gemeinschaft der Wohnungseigentümer für Leistungen in Bezug auf das Sondereigentum eintreten.

4. Leistungen des Verwalters. Die Tätigkeit des **Verwalters** ist wie die eines Dritten **nicht** steuerbefreit.[20] **37** Dies gilt auch, wenn ein Miteigentümer die Verwaltung übernimmt; enthält der Verwaltervertrag auch die Verwaltung der eigenen Wohnung, ist die Leistung auch insoweit umsatzsteuerbar und nicht umsatzsteuerbefreit.[21]

Der Verwalter stellt – wenn er nicht Kleinunternehmer ist – seine Vergütung an die Gemeinschaft der Wohnungseigentümer mit Ausweis der Umsatzsteuer in Rechnung (→ *Steuerrecht – Verwaltung* Rn. 9).

5. Option zur Umsatzsteuer gem. § 9 Abs. 1, § 4 Nr. 13 UStG. Ein Verzicht auf die Steuerbefreiung (Opti- **38** on) kann sinnvoll sein, um Eigentümern den Vorsteuerabzug zu ermöglichen. Dazu ist aber einmal zu prüfen, ob die Option möglich ist und zum anderen, ob sie auch sinnvoll ist.

a) Steuerrechtliche Voraussetzungen. Auf die **Steuerbefreiung** nach § 4 Nr. 13 UStG kann die Gemein- **39** schaft der Wohnungseigentümer nach § 9 Abs. 1 UStG **verzichten**.

Hinweis: Die Gemeinschaft der Wohnungseigentümer hat weitergehende Möglichkeiten zur Option als ein Vermieter. Denn die Optionsmöglichkeit der Gemeinschaft der Wohnungseigentümer gegenüber dem Eigentümer erfolgt nach § 9 Abs. 1 UStG. § 9 Abs. 1 UStG setzt nur voraus, dass der Umsatz an einen anderen Unternehmer für dessen Unternehmen ausgeführt wird. Anders bei der Vermietung: § 9 Abs. 2 letzter Hs. UStG enthält ua für die Vermietung oder Verpachtung von Grundstücken (§ 4 Nr. 12 S. 1 Buchstabe a UStG) eine weitere Voraussetzung. Eine Option eines Vermieters gegenüber einem Mieter nur möglich, wenn der Mieter *„das Grundstück ausschließlich für Umsätze verwendet oder zu verwenden beabsichtigt, die den Vorsteuerabzug nicht ausschließen"*. Diese sog. „Ausschlussumsätze" liegen vor, wenn der Mieter seinerseits Leistungen erbringt, die im Katalog des § 4 UStG aufgeführte sind. Dies ist etwa bei vielen Vermittlungsleistungen (§ 4 Nr. 5, 8 UStG), bei Versicherungsmaklern (§ 4 Nr. 11 UStG) oder Ärzten (§ 4 Nr. 14 UStG) der Fall. Der Vermieter kann hier nicht auf die Steuerbefreiung verzichten.

Im Fall der Option kann die Gemeinschaft der Wohnungseigentümer selbst die Vorsteuer aus den **Eingangsrechnungen** abziehen und so ihre Leistungen gegenüber den Eigentümern steuerpflichtig machen.

Voraussetzung ist aber zum einem wieder, dass der Eigentümer selbst Unternehmer ist. Denn § 9 Abs. 1 UStG **40** setzt voraus, dass der Umsatz der Gemeinschaft der Wohnungseigentümer an einen Unternehmer für dessen Unternehmer ausgeführt wird: Daher ist eine Option der Gemeinschaft der Wohnungseigentümer nie gegen-

---

19 UStAE Abschnitt 13 b.3 Abs. 6.
20 BFH 3.2.1972 – V R 123/71, BStBl 1972 II, 402 zum damaligen Recht zur Frage des ermäßigten Steuersatzes.
21 Sächsisches FG 14.1.2009 – 2 K 1725/06, EFG 2009, 1344 = Datenbank NWB VAAAD-18249; vgl. auch BayLfSt, VfG vom 31.8.2005, UR 2005, 571.

über einem Eigentümer möglich, der Wohneigentum selbst zu Wohnzwecken nutzt. Der selbstnutzende Wohn-Eigentümer ist kein Unternehmer.

41 Möglich ist die Option nur gegenüber Eigentümern, die ihr Sondereigentum **unternehmerisch nutzen**. Hierbei ist mE die Frage, ob es sich um Wohnungs- oder Teileigentum handelt, für die umsatzsteuerliche Behandlung irrelevant. Wird ein Wohnungseigentum zu unternehmerischen Zwecken genutzt, obwohl wohnungseigentumsrechtlich unzulässig ist, spielt dies für die steuerliche Behandlung keine Rolle. Die Eigentümer können über die steuerlichen Folgen nicht disponieren.[22] Aber auch wenn die Option möglich ist, hier ist zu prüfen, ob die Option sinnvoll ist.

Der Verzicht der Gemeinschaft der Wohnungseigentümer auf die Steuerbefreiung kann (nur) dann sinnvoll sein, wenn die Umsätze, die im Sondereigentum ausgeführt werden, ihrerseits nicht steuerbefreit sind. Dabei spielt es im Ergebnis keine Rolle, ob dieses Sondereigentum vom Eigentümer selbst genutzt wird oder vermietet ist. Allerdings ist die Begründung unterschiedlich:

42 **Arztleistungen** beispielsweise sind nach § 4 Nr. 14 UStG umsatzsteuerbefreit. Wird in einem Teileigentum eine Arztpraxis betrieben, macht eine Option keinen Sinn, egal ob die Praxis vom Eigentümer selbst betrieben wird oder ob das Teileigentum an einen Arzt vermietet wird.

In beiden Fällen ist der Eigentümer Unternehmer, entweder in seiner Tätigkeit als Arzt oder in seiner Tätigkeit als Vermieter, so dass die Option der Gemeinschaft der Wohnungseigentümer nach § 9 Abs. 1 UStG zulässig wäre.

Der **selbstnutzende Arzt** kann aber nach § 15 Abs. 2 Nr. 1 UStG keinen Vorsteuerabzug geltend machen, weil seine Umsätze gem. § 4 Nr. 14 UStG steuerfrei sind. Mithin nutzt ihm die Option der Gemeinschaft der Wohnungseigentümer nichts. Die Vermietungsumsätze des Eigentümers, der **an einen Arzt vermietet**, sind ebenfalls zwingend steuerfrei, weil er auf die Steuerfreiheit im Rahmen der Vermietung nach §§ 9 Abs. 2, 4 Nr. 12 a UStG nicht verzichten kann. Denn der mietende Arzt führt § 4 Nr. 14 UStG umsatzsteuerbefreite Leistung aus, was den Verzicht des Vermieters auf die Steuerbefreiung im Rahmen der Vermietung ausschließt. Auch der Vermieter kann daher nach § 15 Abs. 2 Nr. 1 UStG keinen Vorsteuerabzug geltend machen.[23] Auch ihm nutzt eine Option der Gemeinschaft der Wohnungseigentümer nichts.

Mithin kann eine Option nur sinnvoll sein bei Nutzung eines Sondereigentums als Restaurant, Laden, Handwerksbetrieb, Steuerberater- oder Anwaltskanzlei uÄ.

43 **Hinweis:** Stets ist zu prüfen, ob die Gemeinschaft der Wohnungseigentümer Kleinunternehmerin iSd § 19 UStG ist. Kleinunternehmer können auf die Steuerbefreiung nicht verzichten (§ 19 Abs. 1 S. 4 UStG).

44 **b) „Teil-Option" ist zulässig. aa) Option für einzelne Eigentümer.** Die Option kann auf einzelne Eigentümer beschränkt werden. Wenn zB nur ein Eigentümer sein Teileigentum für unternehmerischen Zwecke nutzt und dabei nicht-steuerbefreite Umsätze ausführt (Anwaltskanzlei, Restaurant), kann die Gemeinschaft der Wohnungseigentümer nur ihm gegenüber auf die Steuerbefreiung verzichten.

45 **bb) Option für einzelne Leistungen.** Anders als bei der Vermietung kann die Option der Gemeinschaft der Wohnungseigentümer auf einzelne Leistungen beschränkt werden. Bei der Vermietung teilen die Nebenleistungen das Schicksal der Hauptleistung. Daher fällt bei der Vermietung im Falle des Verzichts auf die Steuerbefreiung die Umsatzsteuer auf alle Betriebskosten an, auch wenn der Vermieter sie selbst **steuerfrei** bezieht (Grundsteuer, Versicherung). Bei der Gemeinschaft der Wohnungseigentümer gibt es keine solche Hauptleistung. Die jeweiligen Eingangsleistungen, die die Gemeinschaft der Wohnungseigentümer bezieht, stellen für sich eigenständige Leistungen an die Gemeinschaft der Wohnungseigentümer dar. Gegenüber den Eigentümern kann die Gemeinschaft der Wohnungseigentümer für jede dieser Leistungen nach § 9 Abs. 1 UStG jeweils eigenständig optieren.

46 **cc) Unterschiedliche Steuersätze.** Anders als bei der Vermietung müssen die Leistungen auch nicht einheitlich mit 19 % weiterbelastet werden. Bei der Gemeinschaft der Wohnungseigentümer ist immer der **Steuersatz der Eingangsumsätze** maßgebend. Liegen Eingangsumsätze mit einer Steuerbelastung von 7 % vor (zB Was-

---

22 Dies ist mE nicht anders zu behandeln als bei der Vermietung. Auch dort ist umsatzsteuerliche Behandlung der Parteidisposition entzogen, vgl. BGH 28.7.2004 – XII ZR 292/02, NJW-RR 2004, 1452.

23 Einzelheiten siehe UStAE 9.2.

serversorgung) kann die Gemeinschaft der Wohnungseigentümer in ihrer Rechnung an den Eigentümer auch nur 7 % Umsatzsteuer ausweisen. Sind Eingangsleistungen nicht mit Umsatzsteuerbelastet, macht eine Option also keinen Sinn.

c) Ausübung der Option. Bei der Vermietung genügt schon die Vereinbarung im Mietvertrag und die dementsprechende Abgabe der **Umsatzsteuervoranmeldung**, um den Verzicht auf die Steuerbefreiung herbeizuführen. Es bedarf „nach außen" keiner besonderen Erklärung etwa gegenüber dem Finanzamt. Allerdings müssen sich mehrere Vermieter „nach innen" einig sein, dass die Option ausgeübt wird. **47**

aa) Beschlussfassung. Dieses Problem der **internen Willensbildung** stellt sich auch bei der Gemeinschaft der Wohnungseigentümer. Denn sie muss nicht nur über das „ob" entscheiden, sondern auch darüber, gegenüber wem und für welche Umsätze die Option ausgeübt wird. **48**

Daher muss der Verzicht auf die Steuerbefreiung durch einen Beschluss der Eigentümer erfolgen.[24] Denn die Option hat auch für die reinen Wohnungseigentümer jedenfalls indirekte Folgen. Es entstehen neben der Steuererklärungs- und Steuerzahlungspflichten auch weitergehende **steuerliche Aufzeichnungspflichten** und es muss für diejenigen Eigentümer, gegenüber denen die Option ausgeübt wird, ggf. eine besondere Kostenverteilung erfolgen. Dies macht auch die Rechnungsprüfung für die Verwaltungsbeiräte schwieriger.

Der Verwalter kann jedenfalls von sich aus, eine solche Option für die Wohnungseigentümer nicht abgeben, da dies nicht zu den in §§ 27 und 28 WEG genannten Aufgaben und Befugnissen gehört[25] (→ *Steuerberatung* Rn. 10). Der Verwalter sollte dies schon deshalb nicht allein entscheiden, weil sich hieraus für ihn Haftungsrisiken ergeben. **49**

bb) Anspruch eines Eigentümers auf Beschlussfassung zum Verzicht auf die Steuerbefreiung. Ist in der Teilungserklärung nichts zur Frage der Option geregelt, ist nach **allgemeinen Gesichtspunkten** zu beurteilen, ob ein Eigentümer einen Anspruch auf eine entsprechende Beschlussfassung hat. Hierzu muss also eine Interessenabwägung vorgenommen werden. Aspekte könnten zB sein: **50**

- erhöhter Verwaltungsaufwand, Beratungskosten, Abgabe der Umsatzsteuererklärung, Haftung für Umsatzsteuer;
- evtl. Treuepflicht der Gemeinschaft der Wohnungseigentümer, es jedem Eigentümer zu ermöglichen, seine steuerlichen Gestaltungsmöglichkeiten auszuschöpfen;
- Verpflichtung zur Kostenübernahme und ggf. Haftungsfreistellung durch den Eigentümer.

Ein Anspruch auf einen (einfachen Mehrheits-)Beschluss soll bestehen, wenn der Eigentümer erklärt, erklärt, alle zusätzlichen Kosten und Haftungsrisiken zu übernehmen.[26]

6. Folgen der Option. a) Ausstellung von Rechnungen. Der Eigentümer, dem gegenüber die Option erklärt wird, hat Anspruch auf Ausstellung einer Rechnung mit Umsatzsteuerausweis. **51**

Die Gemeinschaft der Wohnungseigentümer ist nunmehr als leistende Unternehmerin gegenüber dem Eigentümer verpflichtet, eine Rechnung iSd § 14 UStG zu erteilen. Denn die Gemeinschaft der Wohnungseigentümer führt **steuerpflichtige Umsätze** an einen anderen Unternehmer für dessen Unternehmen aus (Vgl. § 15 Abs. 1 Nr. 1 S. 1 UStG). Eine ordnungsgemäße Rechnung ist für den Leistungsempfänger (hier den Eigentümer) regelmäßig materiellrechtliche Voraussetzung für den Vorsteuerabzug. Die Rechnungen sind innerhalb von sechs Monaten zu erteilen (§ 14 Abs. 2 S. 1 Nr. 2, S. 2, § 15 Abs. 1 S. 1 Nr. 1, S. 2 UStG).

Dazu muss der Verwalter auf dem Briefkopf der Gemeinschaft der Wohnungseigentümer eine eigene Rechnung ausstellen. Keinesfalls darf er einfach die Eingangsrechnung des Handwerkers weitergeben. Denn die Rechnung muss den **leistenden Unternehmer** (= Gemeinschaft der Wohnungseigentümer) und den korrekten Leistungsempfänger (= Eigentümer) ausweisen. Die Rechnung des Handwerkers ist auf die Gemeinschaft der Wohnungseigentümer als Leistungsempfängerin ausgestellt. Im Verhältnis zum Eigentümer ist die Gemeinschaft der Wohnungseigentümer aber leistende Unternehmerin. **52**

---

24 BayObLG 13.6.1996 – 2Z BR 28/96, NJW-RR 1997, 79 (80); OLG Hamm 12.5.1992 – 15 W 33/92, NJW-RR 1992, 1232.

25 Bärmann/Seuß WE-Praxis/*Fischl* § 60 Rn. 75.

26 BayObLG 13.6.1996 – 2Z BR 28/96, NJW-RR 1997, 79 (80); OLG Hamm 12.5.1992 – 15 W 33/92, NJW-RR 1992, 1232; offen *Hügel/Elzer* WEG § 28 Rn. 120 a; Bärmann/Seuß WE-Praxis/*Fischl* § 60 Rn. 74 ff.

53   Dem Verwalter und auch der Gemeinschaft der Wohnungseigentümer drohen Haftungsgefahren: Denn die Gemeinschaft der Wohnungseigentümer haftet bei unrichtigem Vorsteuerausweis nach § 14 Abs. 2 und 3 UStG. Daher muss der Verwalter wissen, welchen **Steuersatz** er auf welchen Bemessungsgrundlage anwendet und er muss in diesem Rahmen vor allem auch stets im Blick haben, ob die Gemeinschaft der Wohnungseigentümer Kleinunternehmerin nach § 19 UStG ist. In diesem Fall wäre schon die Option nicht möglich. Kleinunternehmer dürfen keine Umsatzsteuer ausweisen (§ 19 UStG).

54   **b) Haftung für falsch ausgewiesene Umsatzsteuer.** Hat ein Unternehmer in einer Rechnung für eine Leistung einen höheren Steuerbetrag gesondert ausgewiesen, als er nach den allgemeinen Regelungen des UStG schuldet, so schuldet er zusätzlich diesen **Mehrbetrag** (§ 14 c Abs. 1 UStG). Die Umsatzsteuer entsteht mit Ablauf des Voranmeldungszeitraums der Ausstellung der Rechnung (§ 13 Abs. 1 Nr. 3 UStG). Das gilt auch, falls ein Steuerausweis bei steuerfreien oder nicht steuerbaren Leistungen erfolgt ist.[27] Dem Leistungsempfänger steht aus einer entsprechenden Rechnung kein Vorsteuerabzug zu.[28]

55   Ist der Steuerausweis zu niedrig, schuldet die Gemeinschaft der Wohnungseigentümer den gesetzlich vorgeschriebenen Steuerbetrag, der aus dem **Gesamtbetrag** herauszurechnen ist. Der Eigentümer kann jedoch nur den in der Rechnung ausgewiesenen Steuerbetrag als Vorsteuer abziehen.[29]

Diese Folgen treten auch dann ein, wenn eine Rechnung nicht alle in § 14 Abs. 4 UStG aufgeführten Angaben enthält. Die an den Rechnungsbegriff des § 15 UStG und den des § 14 c UStG zu stellenden Anforderungen sind **nicht identisch**.[30]

56   Fehler des Verwalters können hier also zu erheblichen Haftungsgefahren für die Gemeinschaft der Wohnungseigentümer führen. Die Gemeinschaft der Wohnungseigentümer hat nach allgemeinen Grundsätzen dann ggf. **Schadenersatzansprüche** gegen den Verwalter.

57   **c) Steuerverfahren.** Liegt ein Beschluss vor, muss der Verwalter für die Gemeinschaft der Wohnungseigentümer beim Finanzamt die entsprechenden **Steuererklärungen** (Umsatzsteuer-Voranmeldung, Umsatzsteuererklärung) abgeben, in der die Gemeinschaft der Wohnungseigentümer ihre Leistungen an die Eigentümer als umsatzsteuerpflichtig behandelt. Die entsprechenden Zahlungen hat der Verwalter an das Finanzamt zu leisten. Dazu ist der Verwalter nach § 27 WEG auch befugt. Diese Tätigkeit verstößt auch nicht gegen § 4 StBerG (Befugnis zu beschränkter Hilfeleistung in Steuersachen; → *Steuerberatung* Rn. 6; → *Steuerrecht – Verwaltung* Rn. 57 f.).

58   Allerdings ist der Verwalter nicht berechtigt, **Erklärungen für die einzelnen Eigentümer** abzugeben. Dies wäre von § 4 StBerG nicht gedeckt. Und er könnte dies auch nicht wirksam tun. Das Finanzamt muss einen **Bevollmächtigten**, der geschäftsmäßig Hilfe in Steuersachen leistet, ohne dazu befugt zu sein, mit Wirkung für alle anhängigen und künftigen Verwaltungsverfahren des Vollmachtgebers im Zuständigkeitsbereich der Finanzbehörde zurückzuweisen. Die Zurückweisung ist dem Vollmachtgeber und dem Bevollmächtigten bekannt zu geben. Die Finanzbehörde ist befugt, andere Finanzbehörden über die Zurückweisung des Bevollmächtigten zu unterrichten (§ 80 Abs. 7 AO) (→ *Steuerberatung* Rn. 15).

59   **d) Aufbewahrungspflichten.** Nach § 14 b UStG hat der Unternehmer ein **Doppel** der von ihm ausgestellten Rechnungen sowie die erhaltenen Rechnungen aufzubewahren. Die Verpflichtung trifft ihn auch für Rechnungen, die von einem Dritten in seinem Namen und für seine Rechnung ausgestellt wurden. Die Aufbewahrungsdauer beträgt zehn Jahre (vgl. § 147 Abs. 1 Nr. 1, Abs. 2 AO).

---

27 UStAE Abschnitt 14 c.1 Abs. 1.
28 15.2 Abs. 3 S. 5 iVm Abs. 9, sowie UStAE Abschnitt 14 c.1 Abs. 10; EuGH 6. 2. 2014 – C-424/12.
29 14 c.1 Abs. 9 und Abschnitt 15.2 Abs. 3 S. 11 UStAE Abschnitt.
30 BFH 17.2.2011 – V R 39/09, BStBl 2011 II, 734.

IV. Die unternehmerisch tätige Gemeinschaft der Wohnungseigentümer

Die Gemeinschaft der Wohnungseigentümer kann auch bewusst dazu gegründet worden sein, direkt nach außen unternehmerisch tätig zu sein, wenn sie etwa ein Blockheizkraftwerk betreibt[31] oder Hotelapartments verpachtet.[32]

1. Vermietung von Gemeinschaftseigentum an Dritte. Vermietet die Gemeinschaft der Wohnungseigentümer Gemeinschaftseigentum an Dritte, ist diese Vermietung **nicht** nach § 4 Nr. 13 UStG umsatzsteuerbefreit, weil die Leistungen nicht an die Eigentümer erfolgen.

a) Wohnungen. Die Vermietung einer im **Gemeinschaftseigentums** stehenden Wohnung ist nach § 4 Nr. 12 a UStG umsatzsteuerbefreit. Eine Option nach § 9 Abs. 2 UStG kommt nicht in Betracht.

b) Stellplätze. Die isolierte Vermietung von Stellplätzen (unabhängig von einer Wohnung) ist nach § 4 Nr. 12 UStG S. 2 nicht steuerbefreit. Die Gemeinschaft der Wohnungseigentümer kann hier grundsätzlich zur Umsatzsteuer optieren. Hier ist aber zunächst zu prüfen, ob die Kleinunternehmerregelung nach § 19 UStG eingreift. Gegebenenfalls muss die Gemeinschaft der Wohnungseigentümer auch hierauf verzichten.

c) Fassaden- und Dachflächen. Die Vermietung von Fassadenteilen für Werbezwecke, von Aufstellflächen für Mobilfunkantennen oder von Dachflächen für Photovoltaikanlagen ist nicht nach § 4 Nr. 12 a UStG **umsatzsteuerbefreit**.

2. Verpachtung von Hotelapartments. Werden Hotelgebäude in der Form von Wohnungseigentümergemeinschaften errichtet, und das Gemeinschaftseigentum (zB die Küche, Wellnessbereich, Tiefgarage usw) und die Apartments an einen Hotelbetreiber verpachtet, kommt eine **Option zur Umsatzsteuer** in Betracht. Moderne Gemeinschaftsordnungen sehen diesen Zweck ausdrücklich vor und enthalten darin auch schon die Option zur Umsatzsteuer.

3. Betrieb eines Blockheizkraftwerkes oder einer Photovoltaikanlage mit Stromeinspeisung ins Versorgernetz. a) Unternehmereigenschaft der Gemeinschaft der Wohnungseigentümer. Soweit der Betreiber einer unter § 3 EEG fallenden Anlage oder einer unter § 5 KWKG fallenden Anlage zur Stromgewinnung den erzeugten Strom ganz oder teilweise, regelmäßig und nicht nur gelegentlich in das allgemeine Stromnetz einspeist, dient diese Anlage ausschließlich der nachhaltigen Erzielung von Einnahmen aus der Stromerzeugung.[33] Eine solche Tätigkeit begründet daher – unabhängig von der Höhe der erzielten Einnahmen und unabhängig von der leistungsmäßigen Auslegung der Anlage – die Unternehmereigenschaft des Betreibers, sofern dieser nicht bereits anderweitig unternehmerisch tätig ist. Ist eine solche Anlage – unmittelbar oder mittelbar – mit dem allgemeinen Stromnetz verbunden, kann davon ausgegangen werden, dass der Anlagenbetreiber eine unternehmerische Tätigkeit ausübt. Eine **Unternehmereigenschaft** des Betreibers der Anlage ist grundsätzlich nicht gegeben, wenn eine physische Einspeisung des erzeugten Stroms nicht möglich ist (zB aufgrund unterschiedlicher Netzspannungen), weil hierbei kein Leistungsaustausch zwischen dem Betreiber der Anlage und dem des allgemeinen Stromnetzes vorliegt.[34]

b) Umsatzsteuerliche Behandlung. aa) Einspeisung in das öffentliche Stromnetz. Soweit der erzeugte Strom in das Stromnetz eingespeist wird, liegt eine umsatzsteuerpflichtige Leistung (Stromlieferung) an Dritte vor.

bb) Direktverbrauch. Auch soweit der im **BHKW** erzeugte Strom beim Direktverbrauch im Nahbereich des BHKW verbraucht und nicht in das öffentliche Netz eingespeist wird, wird dies umsatzsteuerlich so behandelt, als ob der gesamte erzeugte Strom (ohne den von der Anlage selbst verbrauchten Strom) an den Netzbetreiber geliefert wird. Soweit der Anlagenbetreiber Strom dezentral verbraucht, liegt nach Ansicht der Finanzverwaltung umsatzsteuerlich eine (Rück-)Lieferung des Netzbetreibers an den Anlagenbetreiber vor, wenn der Anla-

60

61

62

63

64

65

66

67

68

---

31 Vgl. FG Baden-Württemberg 12.9.2018 – 14 K 3709/16 zum Vorsteuerabzug; BFH 20.9.2018 – IV R 6/16, zur Mitunternehmerschaft.

32 BFH 10.4.1997 – IV R 73/94, BStBl. 1997 II, 569 zur Frage der Betriebsaufspaltung; vgl. auch Hessisches Finanzgericht 28.5.2018 – 2 K 1925/16, NWB JAAAG-97959 zur Frage der Einkünfteerzielungsabsicht, Revision anhängig BFH – IX R 18/18.

33 BFH 18.12.2008 – V R 80/07, BStBl 2011 II 292.

34 UStAE Abschnitt 2.5 Abs. 1.

genbetreiber für den dezentral verbrauchten Strom eine Vergütung nach dem EEG oder einen Zuschlag nach dem KWKG in Anspruch genommen hat.[35]

69   **cc) Aufteilung der Vorsteuern.** Die Gemeinschaft der Wohnungseigentümer kann die Vorsteuern aus der Errichtung des BHKW nicht vollständig geltend machen, weil es sich um eine gemischte Verwendung (zur Ausführung teils steuerpflichtiger, teils steuerfreier Umsätze ohne Vorsteuerabzug) handelt. Die Vorsteuern sind nach § 15 Abs. 4 S. 1 UStG aufzuteilen: Danach ist eine **wirtschaftliche Zuordnung** der Umsätze vorzunehmen. Soweit die Gemeinschaft der Wohnungseigentümer von vornherein beabsichtigt, die Wärmelieferungen an die Wohnungs- und Teileigentümer entgeltlich zu erbringen (zB gegen Selbstkosten), kommt § 15 Abs. 4 UStG unmittelbar zur Anwendung. Die Lieferung des Stroms an den Netzbetreiber stellt eine steuerbare und -pflichtige Lieferung nach § 1 Abs. 1 Nr. 1 UStG dar, während die steuerbare Lieferung der Wärme an die Wohnungs- und Teileigentümer nach § 4 Nr. 13 UStG steuerfrei ist und nicht zum Vorsteuerabzug berechtigt. Das Gleiche gilt, wenn die Gemeinschaft der Wohnungseigentümer beabsichtigt, das BHKW in bestimmtem Umfang für unentgeltliche Wärmelieferungen an die Wohnungs- und Teileigentümer zu verwenden. Dies würde eine unentgeltliche Entnahme iSv § 3 Abs. 1 b S. 1 Nr. 1–3 UStG darstellen. Hierfür ist die Gemeinschaft der Wohnungseigentümer ebenfalls nicht zum Vorsteuerabzug berechtigt. Diese Aufteilung hat für die Ermittlung der abzugsfähigen Vorsteuern nach den im Streitjahr bestehenden Marktpreisen für Strom und Wärme zu erfolgen.[36]

V.   Hintergrund und Folgen des EuGH-Urteils vom 17.12.2020

70   **Sachverhalt:**[37] Eine GmbH, eine Behörde und eine Gemeindeeinrichtung bilden eine Gemeinschaft der Wohnungseigentümer (WEG), die ein Blockheizkraftwerk betreibt. Sie liefert die damit erzeugte Wärme an die Wohnungs- bzw. Teileigentümer und verkauft den erzeugten Strom an ein Energieversorgungsunternehmen. Die WEG will die Vorsteuer aus den Anschaffungskosten und den laufenden Aufwendungen in voller Höhe geltend machen. Wegen § 4 Nr. 13 UStG lässt das Finanzamt nur den Anteil der Stromlieferung (28 % der Aufwendungen) zum Vorsteuerabzug zu. Mit der Wärmelieferung erbringt die WEG aber eine nach § 4 Nr. 13 UStG steuerfreie Leistung an ihre Mitglieder; daher ist hierfür kein Vorsteuerabzug möglich.

Entscheidung: Der EuGH sieht für die Steuerbefreiung des § 4 Nr. 13 UStG für die Leistungen der WEG an die Eigentümer **für die Lieferung von Wärme** keine unionsrechtliche Grundlage. Diese Leistung ist daher im Ergebnis als umsatzsteuerpflichtig zu behandeln – mit der Folge, dass der WEG der volle Vorsteuerabzug zu gewähren ist.

Auswirkungen: ME lässt sich aus der Argumentation des EuGH ableiten, dass es im Hinblick auf die Leistungen, die die WEG im Hinblick auf das Gemeinschaftseigentum an die Eigentümer erbringt, bei der deutschen Steuerbefreiung bleiben kann: Denn unionsrechtlich ist nach den Ausführungen des EuGH für die Zulässigkeit der Steuerbefreiung nach Art. 135 der MwStSystRL maßgeblich, dass dem Leistungsempfänger (also der Wohnungseigentümer bzw. der Mieter) vom Leistungserbringer (WEG bzw. Vermieter) auf bestimmte Zeit gegen Vergütung das Recht eingeräumt wird, das Grundstück in Besitz zu nehmen und jede andere Person von diesem Recht auszuschließen. Wie der EuGH hier erörtert, ist aus meiner Sicht nur das Merkmal „Überlassung auf bestimmte Zeit" für die Wohnungseigentümer problematisch.

Kommt man aber zum Schluss, dass die Leistungen der WEG gegenüber ihren Mitgliedern insgesamt nicht mit der Vermietung von Grundstücken im unionrechtlichen Sinne vergleichbar ist, wird das weitreichende Folgen haben, weil dann die Umsatzsteuerbefreiung für die Leistungen im Hinblick auf das Gemeinschaftseigentum und die Lieferung von Wärme und ähnlichen Gegenständen wegfällt: In diesem Falle sind *alle* Leistungen der WEG gegenüber den Wohnungseigentümer umsatzsteuerpflichtig. Nur wenige kleine Gemeinschaften dürften unter die Kleinunternehmerregelung (→ Rn. 9) fallen.

---

35   UStAE Abschnitt 2.5 Abs. 17 iVm Abs. 6 und 7; zum Ganzen siehe *Schmidt*, Betrieb eines Blockheizkraftwerks durch eine Wohnungseigentümergemeinschaft, NWB 2019, 232.

36   Vgl. BFH 20.9.2018 – IV R 6/16, BStBl. 2019 II 160 Rn. 56 ff.

37   EuGH 17.12.2020 – C-449/19, BeckRS 2020, 35411.

Dies würde das Wohnen verteuern. Die WEG muss für alle Leistungen, die sie an die Eigentümer erbringt, Umsatzsteuer erheben, auch etwa für Kosten, die nicht mit Eingangsumsatzsteuer belastet sind (zB Hauswart). Insofern würden Wohnungseigentümer dann schlechter stehen als Mieter.

Die Optionsmöglichkeit nach § 9 Abs. 1 UStG (→ Rn. 12 ff.) wäre obsolet: Vorsteuerabzugsberechtigte Eigentümer würden sich die Vorsteuer stets ziehen können, die entsprechenden Fragen zur Beschlussfassung über die Optionsausübung u.ä. (→ Rn. 38 ff.) würden entfallen. Vorteile ergeben sich für „unternehmerisch tätige" Wohnungseigentümergemeinschaften.

Beschränken sich die Auswirkungen des Urteils auf die Steuerbefreiung für die „Lieferung für Wärme und ähnlicher Gegenstände", muss die WEG (nur) diese Leistungen mit Umsatzsteuer ausweisen – auch diese tragen die Wohnnutzer. Allerdings kann die WEG hierfür auch den Vorsteuerabzug geltend machen. Ein erhöhter Verwaltungs- und Kostenaufwand entsteht in beiden Fällen, weil dann die WEG stets eine Umsatzsteuererklärung machen muss.

234. Umwandlung

Lambert

I. Einleitung

Der Begriff der Umwandlung bezeichnet die Begründung von Wohn- oder Teileigentum an einem **vermieteten Objekt**. Die Umwandlung darf nicht mit der Umwidmung verwechselt werden. Letztere behandelt die Fälle, in denen gemeinschaftliches Eigentum in Sondereigentum und umgekehrt oder auch Wohnungseigentum in Teileigentum oder umgekehrt überführt wird (→ *Umwidmung* Rn. 4 ff.). **1**

Der Prozess, in dem frisch begründetes Wohn- und Teileigentum, mithin eine Änderung von Eigentumsverhältnissen auf bestehende Mietverhältnisse trifft, führt vordringlich zu den Fragen, wer nach der Umwandlung Vermieter (→ Rn. 4) ist, welche rechtlichen Möglichkeiten dem Vermieter (→ Rn. 55) und welche Rechte dem Mieter im Zuge der Umwandlung (→ Rn. 13) zustehen. **2**

Das Gesetz greift in § 577 BGB lediglich das Vorkaufsrecht des Mieters und in § 577 a BGB Kündigungsbeschränkungen nach vollzogener Umwandlung auf. **3**

II. Die Person des Vermieters nach Umwandlung

Nicht gesondert aufgegriffen hat der Gesetzgeber die Thematik, wer nach einer erfolgten Umwandlung Vermieter hinsichtlich der bei Umwandlung bestehenden Mietverträge ist. Dabei ist dieser Punkt zentrale Vorfrage für die Zuordnung von Rechten und Pflichten aus dem Mietvertrag. **4**

5   **1. Ausgangsfälle.** Stand das Objekt vor der Umwandlung im Alleineigentum des Vermieters – Beispiel: natürliche oder juristische Person, rechtsfähige Personengesellschaft, Güter- oder Erbengemeinschaft[1] – und teilt dieser nach § 8 WEG (→ *Begründung von Wohnungseigentum* Rn. 6 f.) auf, bleibt der Eigentümer Vermieter.

6   Stand das Objekt vor Umwandlung im Miteigentum einer Bruchteilsgemeinschaft nach § 1008 BGB und begründen die Miteigentümer Wohnungseigentum nach § 3 WEG und war das Objekt vor Umwandlung von den Miteigentümern vermietet, tritt analog § 566 BGB derjenige Sondereigentümer in den jeweiligen Mietvertrag ein, dessen Sondereigentum mit der Mietsache korrespondiert.[2]

7   **2. Keine Identität von Mietsache und Sondereigentum.** Sind das Sondereigentum und die Mietsache jedoch nicht deckungsgleich, ist zu unterscheiden, wobei die nachstehenden Ausführungen nicht nur im Fall einer Aufteilung nach § 3 WEG gelten, sondern auch für spätere Veräußerungen von Einheiten, egal ob die Aufteilung nach § 3 WEG oder § 8 WEG erfolgte.[3] Steht die Mietsache im Sondereigentum mehrerer einzelner Miteigentümer – etwa die Wohnung als solche im Sondereigentum des Miteigentümers A und der mitvermietete Kellerraum im Sondereigentum des Miteigentümers B –, entsteht auf Vermieterseite eine **Vermietergemeinschaft**.[4] Auf diese Weise bleibt das ursprüngliche einheitliche Mietverhältnis auch nach der Umwandlung ein einheitliches Mietverhältnis. Das Rechtsverhältnis der Vermieter untereinander bestimmt sich nach den Regelungen über die Bruchteilsgemeinschaft.[5] Damit gilt für die Vermieter etwa der Grundsatz der gemeinsamen Verwaltung nach §§ 744, 745 BGB. Solcherart kann die Miete von der Vermietergemeinschaft nur gemeinsam in voller Höhe gefordert werden, ein Anspruch des einzelnen Vermieters gegenüber dem Mieter auf einen quotalen Anteil der Miete hinsichtlich seines Sondereigentums (etwa der im obigen Beispiel auf den Keller entfallende Mietanteil) iSv § 420 BGB besteht nicht. Verweigert einer der Vermieter die Mitwirkung an der Durchsetzung von Ansprüchen gegen den Mieter oder die Mitwirkung am Ausspruch der Kündigung, kann der andere Teil die Mitwirkung gem. § 745 Abs. 2 BGB verlangen.[6]

8   Eine andere rechtliche Einordnung erfährt der Fall, dass ein Teil einer Mietsache im Sondereigentum eines Miteigentümers (bspw. die Wohnung als solche) und der weitere **Teil der Mietsache** (etwa der vermietete Kellerraum) **im Gemeinschaftseigentum** steht. Dort kommt es nach hM nicht zu einer Vermietergemeinschaft – etwa zwischen dem Miteigentümer und der Gemeinschaft der Wohnungseigentümer; Vermieter ist hier allein der Miteigentümer, dessen Sondereigentum Teil der Mietsache ist.[7] Zur Begründung werden weniger dogmatische als praktikable Erwägungen herangezogen,[8] um einem Tohuwabohu in der Willensbildung der Vermietergemeinschaft vorzubeugen,[9] wobei angenommen wird, dass es zu solchen Problemen in der Willensbildung selbst dann käme, wenn man zutreffenderweise eine Vermietergemeinschaft lediglich aus dem Miteigentümer, dessen Sondereigentum betroffen ist, sowie der Gemeinschaft der Wohnungseigentümer als „Vermieter des Gemeinschaftseigentums"[10] gebildet sähe (s.a. → Rn. 10, 29).[11]

9   Dass der Ansatz hinsichtlich der vorbeschriebenen Situation merklich von pragmatischen Überlegungen geprägt ist und deutliche dogmatische Lücken hinterlässt, kommt klar zum Vorschein, wenn an dem Gemeinschaftseigentum ein Sondernutzungsrecht eines anderen Miteigentümers begründet ist. In dieser Konstellation soll eine Vermietergemeinschaft zwischen dem Miteigentümer, dessen Sondereigentum betroffen ist, und dem anderen Miteigentümer, dessen Sondernutzungsrecht betroffen ist, entstehen.[12] Besteht zwischen dem Miteigentümer, dessen Sondereigentum betroffen ist und dem Miteigentümer, dessen Sondernutzungsrecht betroffen ist, Personenidentität, ist selbstverständlich nur dieser eine Miteigentümer Vermieter. Das spielt etwa eine Rolle im sog. **Kellermodell**, in dem Sondereigentum nur an Kellerräumen zugewiesen wird und an den jewei-

---

1   Bärmann/*Armbrüster* WEG § 8 Rn. 15.
2   BGH 28.4.1999 – VIII ARZ 1/98, NJW 1999, 2177.
3   Schmidt-Futterer/*Streyl* BGB § 566 Rn. 84.
4   BGH 28.9.2005 – VIII ZR 399/03, NZM 2005, 941.
5   BGH 28.9.2005 – VIII ZR 399/03, NZM 2005, 941.
6   BGH 28.9.2005 – VIII ZR 399/03, NZM 2005, 941.
7   BGH 28.4.1999 – VIII ARZ I/98, NJW 1999, 2177; JurisPK-BGB/*Tonner* BGB § 566 Rn. 66.
8   Timme/*Dötsch* WEG § 13 Rn. 70.
9   Zu Problemen dieser Art anschaulich OLG Hamburg 18.7.1996 – 2 Wx 20/96, ZMR 1996, 614.
10 NSV/*Schmidt-Räntsch* WEG § 10 Rn. 91.
11 Timme/*Dötsch* WEG § 13 Rn. 72.
12 BGH 28.9.2005 – VIII ZR 399/03, NZM 2005, 941.

ligen Wohnungen lediglich ein Sondernutzungsrecht, was der (im Ergebnis erfolglosen) Umgehung des Vorkaufsrechts des Mieters nach § 577 BGB dienen soll (→ Rn. 24).

3. Ausschließlich vermietetes Gemeinschaftseigentum. Noch unsicherer wird die Rechtslage, wenn die 10 Mietsache ausschließlich Gemeinschaftseigentum umschließt. Teilweise wird vertreten, Vermieter seien alle Miteigentümer.[13] Darauf aufbauend wird vertreten, dass die Gemeinschaft der Wohnungseigentümer die Rechte und Pflichten aus dem Mietvertrag wahrnimmt.[14] Nach hM ist die Gemeinschaft der Wohnungseigentümer Vermieter.[15] Der hM ist zuzustimmen. Konsequent wäre es im Lichte der hM, die Gemeinschaft der Wohnungseigentümer auch in der (unter → Rn. 8) behandelten Konstellation als Vermieter in den Mietvertrag einrücken zu lassen, und zwar als Teil einer Vermietergemeinschaft.

4. Die aufteilende GbR. Die Person des Vermieters muss nicht mit der Person des Eigentümers vor Um- 11 wandlung identisch sein. Diese Konstellation wurde lange Zeit vor allem im Hinblick auf eine vermietende GbR diskutiert, die – solange ihr die Grundbuchfähigkeit aberkannt wurde – keine Aufteilung vornehmen konnte. Aufteilen wie auch veräußern mussten die hinter der GbR stehenden Gesellschafter. Die Rechtsprechung behalf sich mit dem Konstrukt, dass sowohl der Gesellschafter der GbR, dessen Sondereigentum von der Vermietung betroffen war, Vermieter wurde, als auch die GbR. Nachdem jedoch zwischenzeitlich der BGH die Grundbuchfähigkeit der GbR anerkannte,[16] bedarf es eines solchen Kunstgriffs nicht mehr. Folgerichtig wird auch der GbR die Möglichkeit zugesprochen, nach § 8 WEG aufzuteilen.[17] Vermietet eine GbR ein Objekt, welches sie nach § 8 WEG aufteilt, ist die GbR nach Umwandlung Eigentümer und Vermieter. Es handelt sich um den (in → Rn. 5) beschriebenen Fall. Wird die GbR im Rahmen der Aufteilung auseinandergesetzt, erfolgt die Aufteilung nach § 3 WEG; für die Frage, wer Vermieter ist, gilt das oben gesagte (→ Rn. 6 ff.).

5. Keine Identität zwischen Eigentümer und Vermieter. Besteht zwischen dem Eigentümer sowie dem Ver- 12 mieter vor Umwandlung keine Identität (Bsp. Eigentümer ist eine Grundstücksgesellschaft, Vermieter eine Vermietungsgesellschaft), kann die Umwandlung als solches, wenn sie nach § 3 WEG erfolgt, bzw. eine spätere Veräußerung des Miteigentumsanteils erfolgt, in analoger Anwendung des § 566 BGB den Erwerber in das Mietverhältnis eintreten lassen, wenn die Vermietung des veräußerten Grundstücks mit Zustimmung und im alleinigen wirtschaftlichen Interesse des Eigentümers erfolgte und der Vermieter kein eigenes Interesse am Fortbestand des Mietverhältnisses hat.[18]

III. Das Vorkaufsrecht des Mieters

Da eine Umwandlung für einen Mieter häufig das Risiko einer Eigenbedarfskündigung durch den Erwerber 13 mit sich bringt, gewährt das Gesetz dem Mieter Schutz.[19] Eine dieser Schutzmaßnahmen ist eine zeitliche Sperre für Eigenbedarfskündigungen (→ Rn. 55). Zudem bietet dem Mieter § 577 BGB ein Vorkaufsrecht.

1. Voraussetzungen des Vorkaufsrechts. Das Vorkaufsrecht gilt für „vermietete Wohnräume". Rechtsgrund 14 der Überlassung muss daher ein Mietvertrag sein. Andere Überlassungsverhältnisse wie eine **Leihe** werden vom Vorkaufsrecht nicht umfasst.[20]

Die Mietsache muss zum Zweck des Wohnens überlassen sein. Wird die Mietsache nicht nur zum Wohnen, 15 sondern auch zur gewerblichen Nutzung überlassen (sog. **Mischmietverhältnisse**), kommt es drauf an, ob auf das Mietverhältnis Wohnraummietrecht oder Gewerberaummietrecht anzuwenden ist. Nach der **Schwerpunkttheorie** des BGH richtet sich die Frage, welches Recht anzuwenden ist, nach dem bei Vertragsschluss vereinbarten überwiegenden Nutzungszweck.[21]

---

13 *Häublein* WuM 2013, 68 (72).
14 *Häublein* NZM 2014, 97 (103).
15 Bärmann/*Suilmann* WEG § 10 Rn. 291; NSV/*Schmidt-Räntsch* WEG § 10 Rn. 91.
16 BGH 4.12.2008 – V ZB 74/08, NJW 2009, 594.
17 Bärmann/*Armbrüster* WEG § 8 Rn. 15.
18 BGH 12.7.2017 – XII ZR 26/16, NZM 2017, 847.
19 BGH 27.4.2016 – VIII ZR 323/14, NZM 2016, 467.
20 JurisPK-BGB/*Tiedemann* BGB § 577 Rn. 11.
21 BGH 9.7.2014 – VIII ZR 367/13, NJW 2014, 2864.

16   Die Mietsache muss vor Umwandlung überlassen worden sein, dh der Besitz muss vor Umwandlung auf den Mieter übergegangen sein. Wann der Mietvertrag geschlossen wurde, ist hingegen unerheblich. Das Vorkaufsrecht besteht also auch, wenn zunächst die Mietsache überlassen wurde, dann die Umwandlung erfolgte und erst dann der Mietvertrag geschlossen wurde.[22]

17   Zur zeitlichen Bestimmung der Umwandlung stellt § 577 BGB auf den Begriff der Begründung gem. § 2 WEG ab.[23] Für § 577 Abs. 1 S. 1 Alt. 1 BGB („begründet worden ist") folgt daraus: Bei einer Aufteilung nach § 3 WEG ist der Zeitpunkt der Eintragung der Rechtsänderung ins Grundbuch entscheidend, § 4 Abs. 1 WEG. Bei einer Aufteilung nach § 8 WEG kommt es darauf an, wann die Wohnungsgrundbücher angelegt wurden, § 9 a Abs. 1 S 2 WEG. Dieser jeweilige zeitliche Aspekt muss für eine Anwendbarkeit des § 577 BGB nach dem Übergang des Besitzes an der Mietsache auf den Mieter eingetreten sein.[24]

18   Nach § 577 Abs. 1 S. 1 Alt. 2 BGB tritt das Vorkaufsrecht auch ein, wenn Wohnungseigentum an den vermieteten Wohnräumen erst noch „begründet werden soll". Für diesen Fall ist entscheidend, dass die Überlassung an den Mieter zeitlich vor einer nach außen dokumentierten Absicht, Wohnungseigentum begründen zu wollen, erfolgt ist. Die Bekundung der Absicht nach außen ist regelmäßig in der notariellen Beurkundung der Teilungserklärung zu sehen.[25] Zu der rechtlichen Situation bei sog. Erwerbermodellen: → Rn. 20.

19   Des Weiteren muss ein Kaufvertrag mit einem Dritten wirksam zu Stande gekommen sein, was aus § 463 BGB folgt. Dabei greift § 577 BGB nur, wenn der Kaufvertrag nach Umwandlung geschlossen wurde.[26] **Öffentlich-rechtliche Genehmigungen** müssen ebenso vorliegen wie **privatrechtliche**, was auch die ggf. notwendige **Zustimmung des Verwalters** oder anderer Wohnungseigentümer umschließt,[27] was den Mieter hingegen nicht daran hindert, schon vor Erteilung der Genehmigung die Ausübung des Vorkaufsrechts zu erklären, die Erklärung jedoch erst im Zeitpunkt der Erteilung der Genehmigung wirksam werden lässt.[28]

20   Das Vorkaufsrecht gilt nur für den **ersten Verkaufsfall** nach Umwandlung.[29] S. aber auch → Rn. 25.

21   Macht der Käufer von einem vertraglich vereinbarten Rücktrittsrecht Gebrauch oder schließen die Kaufvertragsparteien einen Aufhebungsvertrag, bleibt das ohne Auswirkung auf das Vorkaufsrecht.[30] Im Falle der Anfechtung des Kaufvertrages entfällt das Vorkaufsrecht, es sei denn der Käufer hat angefochten und der Mieter das Vorkaufsrecht bereits ausgeübt.[31]

22   Andere Erwerbsformen wie etwa auf Basis einer Zwangsversteigerung, Verkauf durch den Insolvenzverwalter, Tausch oder Schenkung lösen das Vorkaufsrecht nach § 577 BGB nicht aus.[32]

23   **2. Erwerbermodelle.** Die Praxis suchte nach Möglichkeiten, in denen ein Erwerber ein mit einem Mehrfamilienhaus bebautes Grundstück erwirbt, um dieses in Wohnungseigentum aufzuteilen, ohne dass die gesetzgeberischen Schutzmaßnahmen des Vorkaufsrechts oder auch der Kündigungssperre wertmindernd auf den Verkaufspreis einwirken. Das wohl bekannteste Erwerbermodell ist das sog. **Münchner Modell.** Erworben wird ein vermietetes Mehrfamilienhaus im Gesamten. Verkauft werden aber nicht einzelne Wohnungen, sondern Bruchteilseigentum bzw. werden die Erwerber Gesellschafter einer Eigentümer-GbR. Diese teilt auf, so dass die Erwerber letztlich ihre von Beginn an avisierte Wohnung zum Sondereigentum erhalten. Eine solche Konstellation unterfällt nicht per se dem Anwendungsbereich des § 577 BGB und führt daher nicht als solches zu einem Vorkaufsrecht des Mieters.[33] Selbstverständlich bleiben Korrekturen dieses Ergebnisses nach § 242 BGB möglich, wenn auf Seiten der Erwerber rechtsmissbräuchlich gehandelt wird. Solcherlei kennzeichnet, *„dass die Parteien des Kaufvertrages nur zur Ausschaltung des Vorkaufsrechts bewusst auf eine an sich beab-*

22   Schmidt-Futterer/*Blank* § 577 Rn. 8 ff.
23   JurisPK-BGB/*Tiedemann* BGB § 577 Rn. 19.
24   BGH 7.12.2016 – VIII ZR 70/16, NZM 2017, 146.
25   BGH 27.4.2016 – VIII ZR 61/15, NZM 2016, 543.
26   BGH 7.12.2016 – VIII ZR 70/16, NZM 2017, 146.
27   JurisPK-BGB/*Tiedemann* BGB § 577 Rn. 25.
28   BGH 15.5 1998 – V ZR 98/97, NJW 1998, 2352.
29   BGH 29.3.2006 – VIII ZR 250/05, NJW 2006, 1869.
30   BGH 11.2.1977 – V ZR 40/75, NJW 1977, 762; RG 17.1.1920 – V 323/19, RGZ 98, 44.
31   JurisPK-BGB/*Tiedemann* BGB § 577 Rn. 31.
32   Schmidt-Futterer/*Blank* BGB § 577 Rn. 23 a.
33   BGH 22.11.2013 – V ZR 96/12, NJW 2014, 850.

sichtigte Teilung durch den Veräußerer verzichten und die Teilung den Erwerbern überlassen (...) Dafür reicht es allerdings nicht aus, dass der Verkäufer den Käufern die für die Teilung erforderlichen Informationen zukommen lässt oder Kenntnis von der Aufteilungsabsicht der Erwerber hat."[34] Maßgeblich für ein Umgehungsgeschäft ist das eigene Interesse des Verkäufers an der späteren Aufteilung.[35] Das Münchner Modell hat merklich an praktischer Bedeutung verloren, nachdem der Gesetzgeber die Regelungen zur Kündigungssperre hierauf angepasst hat (→ Rn. 71 ff.).

Auf das sog. Kellermodell findet § 577 BGB indes analoge Anwendung.[36]

3. Der Verkauf an Familien- oder Haushaltsangehörige. Nach § 577 Abs. 1 S. 2 BGB ist das Vorkaufsrecht   25
ausgeschlossen, wenn die Wohnung an einen Familien- oder Haushaltsangehörigen verkauft wird. Gemeint ist hier derselbe Personenkreis, auf welchen auch die Regelung über die Eigenbedarfskündigung in § 573 Abs. 2 Nr. 2 S. 1 BGB abstellt.[37] Einem **rechtsmissbräuchlichen Verkauf** an eine solcherart privilegierte Person kann im Einzelfall über § 242 BGB begegnet werden.[38]

4. Der Inhalt des Vorkaufrechts. § 577 Abs. 1 BGB lässt ein schuldrechtliches Vorkaufsrecht entstehen, auf   26
das zunächst die Vorschriften über das vertragliche Vorkaufsrecht nach §§ 463–473 BGB anzuwenden sind, § 577 Abs. 3 S. 3 BGB. Das Vorkaufsrecht ist weder übertragbar, noch vererblich. Eine Ausnahme hierzu regelt § 577 Abs. 4 BGB, wonach ein Mieter nach Umwandlung bzw. nach beabsichtigter Umwandlung gem. § 577 Abs. 1 S. 1 Alt. 2 BGB verstirbt und ein neuer Mieter nach § 563 Abs. 1, 2 BGB in das Mietverhältnis eintritt; auf einen solchen neuen Mieter geht das Vorkaufsrecht über.[39]

Der Umfang des Vorkaufsrechts orientiert sich am Mietvertrag, nicht am Kaufvertrag,[40] was dort zu Problemen führt, wo **Mietgegenstand und Kaufgegenstand nicht völlig identisch** sind. Bleibt der Mietgegenstand im Umfang hinter dem Kaufgegenstand zurück, ist das Vorkaufsrecht auf den Mietgegenstand beschränkt. § 467 S. 1 BGB durchbricht den Grundsatz der Vertragsidentität und passt den Kaufpreis, der zwischen dem Vorkaufsverpflichteten und dem Dritten vereinbart wurde, an, indem der Kaufpreis um den Anteil reduziert wird, der nicht unter das Vorkaufsrecht fällt.[41] Allerdings gewährt § 467 S. 2 BGB dem Vorkaufsverpflichteten den Anspruch, den Vorkauf auf den gesamten Kaufgegenstand zu erstrecken, wenn andernfalls nach Abtrennung des vorkaufsbelasteten Anteils der restliche Anteil nicht sinnvoll nutzbar wäre, weil sich für diesen kein adäquater Preis bilden ließe.[42]

Geht der Mietgegenstand über den Kaufgegenstand hinaus, weil etwa nur eine Wohnung veräußert wird, aber   28
zusätzlich eine Garage (auf Basis eines einheitlichen Vertrages) vermietet ist, soll auch hier der Mietgegenstand und nicht der Kaufgegenstand maßgeblich für den Umfang des Vorkaufsrechtes sein. Dabei wird darauf verwiesen, dass etwa auch die Garage, die im Gemeinschaftseigentum steht und an der ein Sondernutzungsrecht gegeben ist, vom Vorkaufsrecht umfasst wird.[43] Tatsächlich ist dieser Fall jedoch nicht problematisch, sondern Ergebnis des Grundsatzes, dass ein verdinglichtes Sondernutzungsrecht nicht losgelöst vom Inhalt des Sondereigentums übertragen werden kann (→ *Sondernutzungsrecht* Rn. 44), weshalb bereits ein das Vorkaufsrecht auslösender Kaufvertrag die Übertragung des Sondernutzungsrechts umfasst und daher in einem solchen Fall kein Auseinanderfallen von Mietgegenstand und Kaufgegenstand denkbar ist.

In der Tat problematisch ist jedoch der Fall, dass der Mietvertrag auch **Gemeinschaftsflächen umschließt**, die   29
dem verkaufenden Sondereigentümer nicht als Sondernutzungsrecht zugewiesen sind. Auf solche Gemeinschaftsflächen kann sich das Vorkaufsrecht nicht erstrecken, da der Vermieter dem Mieter an diesen Flächen kein Eigentum nach Maßgabe eines vom Vorkaufsrecht gewollten Ausschließlichkeitsrechts im Umfang der mietvertraglichen Gebrauchsmöglichkeit verschaffen kann, arg ex § 6 Abs. 1, 2 WEG. Nach dem Gedanken

---

34 BGH 22.11.2013 V ZR 96/12, NJW 2014, 850.
35 BGH 22.11.2013 – V ZR 96/12, NJW 2014, 850.
36 Schmidt-Futterer/*Blank* BGB § 577 Rn. 20 a.
37 Schmidt-Futterer/*Blank* BGB § 577 Rn. 25.
38 BGH 22.6.2007 – V ZR 269/06, NZM 2007, 640.
39 JurisPK-BGB/*Tiedemann* BGB § 577 Rn. 105 ff.
40 BGH 27.4.2016 – VIII ZR 61/15, NZM 2016, 543.
41 BGH 27.4.2016 – VIII ZR 61/15, NZM 2016, 543.
42 BGH 27.4.2016 – VIII ZR 61/15, NZM 2016, 543.
43 Schmidt-Futterer/*Blank* BGB § 577 Rn. 12.

des § 275 BGB kann sich das Vorkaufsrecht im Sinne einer primären Leistungspflicht daher nicht auf die Gemeinschaftsflächen beziehen. Entsprechendes gilt, wenn Teile der Mietsache im Sondereigentum eines anderen Miteigentümers stehen (Beispiel: Zur Mietsache gehört eine Wohnung, die im Sondereigentum des Miteigentümers A steht sowie eine Garage, die im Sondereigentum des Miteigentümers B steht; Miteigentümer A verkauft die in seinem Sondereigentum stehende Wohnung). Übt der Mieter in diesen Fällen sein Vorkaufsrecht aus, bleibt der Mietvertrag für die Teile der Mietsache bestehen, die vom Vorkaufsrecht nicht umschlossen sind. Denn das **Mietverhältnis erlischt** nur **im Umfang des erlangten Wohnungseigentums** durch Konfusion.[44] Vermieter dieses modifizierten Mietverhältnisses ist im Falle des Gemeinschaftseigentums die Gemeinschaft der Wohnungseigentümer (→ Rn. 10), was abermals dafür spricht, dass konsequenterweise vor Ausübung des Vorkaufsrechts eine Vermietergemeinschaft zwischen Miteigentümer und der Gemeinschaft der Wohnungseigentümer bestanden hat, weil nur in diesem Fall dem schützenswerten Mieter Kontinuität auf Vermieterseite geboten wird und er nicht einem gänzlich neuen Vermieter gegenüber steht, was durch Ausübung des Vorkaufsrechts gerade vermieden werden soll. Außerdem können dem Mieter gegen den vorkaufsverpflichteten Vermieter Schadensersatzansprüche zustehen, § 275 Abs. 4 BGB, etwa im Hinblick auf einen Minderwert der zum Eigentum erhaltenen Wohnung im Vergleich zu dem Wert einer Wohnung im Umfang des ursprünglichen Mietgegenstandes.

30 **5. Der Vorkaufsberechtigte.** Vorkaufsberechtigt ist der Mieter, auf den die Voraussetzungen der → Rn. 14 ff. zutreffen, ausnahmsweise dessen Rechtsnachfolger (→ Rn. 26). Der **Untermieter** ist grundsätzlich nicht berechtigt. Eine Ausnahme gilt nach hM im Falle der gewerblichen Zwischenvermietung nach § 565 BGB. Hier ist Mietzweck des Hauptmietvertrages die gewerbliche Nutzung, weshalb dem Hauptmieter kein Vorkaufsrecht zusteht (→ Rn. 15) und das Vorkaufsrecht nach dem Schutzzweck des § 565 BGB auf den Untermieter als Wohnungsnutzer übergeht.[45]

31 **6. Die Mitteilungspflicht und die Belehrungspflicht des Vermieters.** Wegen § 469 Abs. 1 S. 1 BGB hat der Vermieter dem Mieter – bei mehreren Mietern gegenüber allen[46] – den Inhalt des mit dem Dritten geschlossenen Kaufvertrages mitzuteilen. Diese Wissenserklärung ist keine konstitutive Voraussetzung für das Vorkaufsrecht, weshalb der Mieter dieses auch ausüben kann, wenn er auf andere Weise vom Abschluss des Kaufvertrages erfährt.[47] Teilt der Dritte, der seinerseits nicht zur Mitteilung verpflichtet ist, dem Mieter den Inhalt des Kaufvertrages mit, wird der Vermieter von seiner Mitteilungspflicht befreit, § 469 Abs. 1 S. 2 BGB. Bedient sich der Vermieter zur Mitteilung der Hilfe des beurkundenden Notars, muss sich der Vermieter eine Schlechterfüllung des Notars nach § 278 BGB zurechnen lassen.[48]

32 Die Mitteilung unterliegt keiner **Formvorschrift** oder **Frist**.[49] Dennoch hat die Mitteilung unverzüglich zu erfolgen, § 469 Abs. 1 S. 1 BGB. Wirksam sind nur Mitteilungen, die nach Rechtswirksamkeit des Kaufvertrages getätigt werden, was etwa im Falle einer notwendigen Zustimmung des Verwalters zum Kaufvertrag besondere Vorsicht erfordert, weil der Kaufvertrag erst nach dessen Zustimmung wirksam wird. Frühere Mitteilungen starten die Frist des Mieters zur Ausübung des Vorkaufsrechts nicht.[50]

33 Mit der **bloßen Bekanntgabe** des Vertragsschlusses gegenüber dem Mieter genügt der Vermieter seiner Mitteilungspflicht nicht.[51] Die Übermittlung des geschuldeten Vertragsinhalts gelingt dem Vermieter am ehesten, wenn er dem Mieter eine Abschrift des Kaufvertrages überlässt.[52] Zudem hat der Vermieter dem Mieter nach § 577 Abs. 2 BGB aufzuzeigen, dass das Vorkaufsrecht gegenüber dem Verkäufer/Vermieter schriftlich auszuüben ist, dass die Ausübung nur fristgebunden erfolgen kann und dass mit der Erklärung über die Ausübung des Vorkaufsrechts ein Kaufvertrag zwischen Mieter und dem Verkäufer/Vermieter unter den Bedingungen zu Stande kommt, welche dieser mit dem Dritten vereinbart hat. Diese Belehrung kann separat, muss aber im

---

44 BGH 27.4.2016 – VIII ZR 323/14, NZM 2016, 467.
45 Schmidt-Futterer/*Blank* BGB § 577 Rn. 35; aA AnwK WohnraummietR/*Lammel* BGB § 577 Rn. 11.
46 Schmidt-Futterer/*Blank* BGB § 577 Rn. 42.
47 JurisPK-BGB/*Tiedemann* BGB § 577 Rn. 71.
48 BGH 17.1.2003 – V ZR 137/02, ZMR 2003, 408.
49 Schmidt-Futterer/*Blank* BGB § 577 Rn. 37.
50 Schmidt-Futterer/*Blank* BGB § 577 Rn. 42.
51 BGH 17.1.2003 – V ZR 137/02, ZMR 2003, 408.
52 Schmidt-Futterer/*Blank* BGB § 577 Rn. 37.

zeitlichen Zusammenhang mit der Mitteilung über den Inhalt des Kaufvertrages erfolgen.[53] Keine Mitteilungspflicht besteht hingegen über den Umstand, ob der Käufer beabsichtigt, die Wohnung selbst zu nutzen und insofern das Risiko einer Eigenbedarfskündigung im Raum steht.[54]

Ändern Vermieter und Dritter den ursprünglichen Kaufvertrag ab, lebt die Mitteilungspflicht des Vermieters **34** erneut auf.[55]

7. Schadensersatz bei Verstoß gegen die Mitteilungspflicht bzw. die Belehrungspflicht. Verstößt der Ver- **35** mieter gegen seine Mitteilungspflicht nach § 469 Abs. 1 S. 1 BGB bzw. seine Belehrungspflicht nach § 577 Abs. 2 BGB, macht er sich gegenüber dem Mieter schadensersatzpflichtig. Ein Schaden ist gegeben, wenn die Ausübung des Vorkaufsrechts bzw. die Übertragung des Eigentums an den Mieter vereitelt wird. Die **Kausalität** zwischen Pflichtverletzung und Schaden hat der Mieter zu beweisen. Einen entsprechenden Anschein für eine Kausalität setzt der Mieter, wenn er sein ernsthaftes Interesse am Erwerb der Wohnung nachweisen kann und hierzu ausreichend finanziell aufgestellt gewesen ist.[56]

Der Schaden ist auf das **Erfüllungsinteresse** gerichtet, also der Grundüberlegung nach die Differenz zwischen **36** Kaufpreis und Wert des Kaufgegenstandes abzüglich Erwerbskosten wie Notarkosten, im Kaufvertrag geregelte Maklerkosten, Grundbuchgebühren, Grunderwerbsteuer oder auch Finanzierungskosten, die (der Mieter) ebenfalls hätte aufwenden müssen, um den Kaufpreis aufzubringen. Künftige Mietzahlungen fließen jedoch nicht in die Schadensberechnung ein.[57]

8. Die Ausübung des Vorkaufsrechts. Nach § 464 Abs. 1 S. 1 BGB erfolgt die Ausübung des Vorkaufsrechts **37** durch **Erklärung** gegenüber dem Verpflichteten bzw. sämtlichen Verpflichten bei Verkäufermehrheit, dh im Wege einer einseitigen empfangsbedürftigen bedingungsfeindlichen Willenserklärung.[58] Adressat der Erklärung ist der Verkäufer, der nicht zwingend der Vermieter sein muss; Bsp. → Rn. 30 oder auch Zwangsverwalter.[59]

Den Fall der **Mietermehrheit** regelt § 472 BGB. Die Mieter können das Vorkaufsrecht nur gemeinsam im **38** Ganzen ausüben. Übt allerdings einer der Mieter sein Vorkaufsrecht nicht aus oder ist das Vorkaufsrecht für einen der Mieter erloschen, sind die übrigen Mieter berechtigt, das Vorkaufsrecht alleine auszuüben. Im letztgenannten Fall müssen die verbliebenen Mieter klar und zweifelsfrei zum Ausdruck bringen, dass sie das Vorkaufsrecht ohne den anderen Mieter ausüben wollen. Andernfalls üben sie das Vorkaufsrecht nicht wirksam aus.[60]

Die Ausübung des Vorkaufsrechts ist **formgebunden**. Doch obwohl durch die Ausübung ein Grundstücks- **39** kaufvertrag zu Stande kommt, bedarf es nicht der notariellen Beurkundung gem. § 311 b BGB. § 464 Abs. 1 S. 2 BGB lässt die Schriftform iSd § 126 Abs. 1 BGB ausreichen, was im Ergebnis auch die elektronische Form nach §§ 126 Abs. 3, 126 a BGB ausreichen lässt.

Die Ausübung des Vorkaufsrechts führt zu einem **selbstständigen Kaufvertrag** zwischen Verkäufer und Mie- **40** ter, § 464 Abs. 2 BGB. Dieser Kaufvertrag unterfällt denselben Bedingungen wie sie zwischen dem Verkäufer und dem Dritten vereinbart waren. Abweichen können jedoch der Kaufgegenstand sowie der Kaufpreis (→ Rn. 27 ff.).

Zu inhaltlichen Modifikationen des Vertragsinhalts kann es auch im Zuge von **kollusiven Absprachen zwi-** **41** **schen dem Verkäufer und dem Dritten** kommen, die darauf abzielen, dem Mieter die Ausübung des Vorkaufsrechts zu verleiden. Beispiel: Ein mit dem objektiven Wert nicht in Einklang zu bringender besonders hoher Kaufpreis.[61] Besteht Anlass zur Annahme, dass der Kaufvertrag zwischen dem Verkäufer und dem Dritten auch ohne die entsprechende Klausel zu Stande gekommen wäre, worauf eine salvatorische Klausel hin-

---

53 JurisPK-BGB/*Tiedemann* BGB § 577 Rn. 69.
54 Schmidt-Futterer/*Blank* BGB § 577 Rn. 44.
55 Schmidt-Futterer/*Blank* BGB § 577 Rn. 41, 64.
56 Schmidt-Futterer/*Blank* BGB § 577 Rn. 45.
57 BGH 4.10.2016 – VIII ZR 281/15, WuM 2016, 746.
58 JurisPK-BGB/*Tiedemann* BGB § 577 Rn. 81.
59 BGH 17.12.2008 – VIII ZR 13/08, NZM 2009, 151.
60 Schmidt-Futterer/*Blank* BGB § 577 Rn. 47.
61 BGH 15.6.2005 – VIII ZR 271/04, NZM 2005, 779.

deuten kann, wird der Vertrag zwischen Mieter und Verkäufer nach Ausübung des Vorkaufsrechts inhaltlich durch ergänzende Vertragsauslegung angepasst. Andernfalls ist der Kaufvertrag insgesamt nichtig.[62]

42 Nicht ohne Weiteres wird eine zwischen dem Verkäufer und dem Dritten vereinbarte **Stundungsabrede** Vertragsinhalt zwischen dem Verkäufer und dem Mieter. Nach § 468 BGB kann der Mieter die Stundung nur in Anspruch nehmen, wenn er für den gestundeten Betrag Sicherheit leistet bzw. eine Hypothek bestellt respektive übernimmt.

43 Bestehen **Veräußerungsbeschränkungen gem. § 12 Abs. 1 WEG**, bedarf auch der Kaufvertrag, der auf der Ausübung des Vorkaufsrechts basiert, einer entsprechenden, gesonderten Zustimmung, § 12 Abs. 3 S. 2 WEG analog.[63]

44 Räumt der Kaufvertrag zwischen dem Verkäufer und dem Dritten letzterem eine **Belastungsvollmacht** ein, was in der Praxis bei Fremdfinanzierung von Immobilien allgemein üblich ist, wird eine solche auch Gegenstand des Kaufvertrages zwischen Verkäufer und Mieter. Besteht eine solche im Kaufvertrag zwischen Verkäufer und dem Dritten nicht, trifft den Verkäufer gegenüber dem Mieter eine aus dem Mietvertrag folgende Nebenpflicht zur Bewilligung einer derartigen Belastung.[64]

45 Ist der Mieter offensichtlich nicht in der Lage, den Kaufvertrag zu erfüllen, ist seine Ausübung des Vorkaufsrechts **rechtsmissbräuchlich**, mithin unwirksam.[65] Ob dem Verkäufer gegenüber dem Mieter im Falle der Ausübung des Vorkaufsrechts ein Auskunftsanspruch über die Vermögenslage des Mieters zu steht, ist umstritten.[66]

46 § 469 Abs. 2 BGB setzt den Mietern eine **Frist von zwei Monaten**, binnen derer die Erklärung über die Ausübung des Vorkaufsrechts dem Verkäufer zugegangen sein muss. Die Frist beginnt erst, wenn dem Mieter – bei mehreren Mietern dem letzten Mieter – die Mitteilung des Inhalts des Kaufvertrages sowie die Belehrung über das Vorkaufsrecht in ordnungsgemäßer Weise zugegangen ist.[67] Ein Anspruch auf Fristverlängerung besteht nicht.[68]

47 Zur Ausübung des Vorkaufsrechts muss das Mietverhältnis bei Fristende nicht mehr bestehen.[69] Allerdings wird der Kauf in diesem Fall nur wirksam, wenn sich das Mietverhältnis durch Fortsetzung des Gebrauchs nach § 545 BGB verlängert.[70]

48 **9. Der Auflassungsanspruch.** Der durch Ausübung des Vorkaufsrechts zustande gekommene Kaufvertrag zwischen dem Verkäufer und dem Mieter gewährt dem Mieter einen Auflassungsanspruch, welchen der Mieter durch eine **Auflassungsvormerkung** sichern kann. Deren Eintragung kann der Mieter im Wege der einstweiligen Verfügung durchsetzen, § 883 Abs. 1 BGB, wobei der Verfügungsgrund aus § 885 Abs. 1 S. 2 BGB folgt. Eine bereits eingetragene Auflassungsvormerkung zugunsten des Dritten steht dem nicht entgegen, allerdings ist letztere in diesem Fall vorrangig, § 883 Abs. 3 BGB.[71]

49 Da die Ausübung des Vorkaufsrechts nur zu einer **schuldrechtlichen Wirkung** zwischen dem Mieter und dem Verkäufer führt, kann der Mieter seinen Anspruch auf Auflassung gegen den Verkäufer nicht gegen den Willen des Dritten durchsetzen, sofern der Dritte bereits im Grundbuch eingetragen oder aber eine vorrangige Auflassungsvormerkung zu dessen Gunsten eingetragen ist.[72] Hier bleibt dem Mieter ggf. aufgrund vereiteltem Vorkaufsrecht nur der Schadensersatzanspruch gegen den Verkäufer (→ Rn. 35).

50 **10. Der Kaufvertrag zwischen dem Käufer und dem Dritten nach Ausübung des Vorkaufsrechts.** Kommt ein Kaufvertrag zwischen dem Verkäufer und dem Mieter wegen der Ausübung des Vorkaufs-

---

62 BGH 15.6.2005 – VIII ZR 271/04, NZM 2005, 779.
63 Schmidt-Futterer/*Blank* BGB § 577 Rn. 57.
64 Schmidt-Futterer/*Blank* BGB § 577 Rn. 58 a.
65 JurisPK-BGB/*Tiedemann* BGB § 577 Rn. 95.
66 Schmidt-Futterer/*Blank* BGB § 577 Rn. 59; aA Staudinger/*Rolfs* BGB § 577 Rn. 68.
67 Staudinger/*Rolfs* BGB § 577 Rn. 64.
68 Schmidt-Futterer/*Blank* BGB § 577 Rn. 61.
69 Schmidt-Futterer/*Blank* BGB § 577 Rn. 63; aA Staudinger/*Rolfs* BGB § 577 Rn. 40.
70 Schmidt-Futterer/*Blank* BGB § 577 Rn. 63.
71 AG Frankfurt a. M. 22.9.1994 – 33 C 2 1338/94–26, NJW 1995, 1034.
72 Schmidt-Futterer/*Blank* BGB § 577 Rn. 66.

rechts zu Stande, bleibt das grundsätzlich ohne Auswirkung auf die Wirksamkeit des Kaufvertrages zwischen dem Verkäufer und dem Dritten. Daher drohen dem Verkäufer gegenüber dem Dritten Schadensersatzansprüche. Diesbezüglich kann der Verkäufer vorbeugen, indem er sich den Rücktritt vom Kaufvertrag mit dem Dritten für den Fall der Ausübung des Vorkaufsrechts vorbehält oder aber eine entsprechende auflösende Bedingung im Erstvertrag vereinbart wird.[73]

11. Die Einschränkung abweichender Vereinbarungen. Von den gesetzlichen Vorgaben abweichende Vereinbarungen zum Nachteil des Mieters sind unwirksam, § 577 Abs. 5 BGB. Das betrifft nicht nur die Regelung des § 577 BGB, sondern auch die Vorgaben der §§ 463–473 BGB, weil § 577 Abs. 1 S. 3 BGB hierauf verweist.   51

Unwirksam sind bspw.: Ein vertraglicher Verzicht auf das Vorkaufsrecht, der vor Abschluss des Kaufvertrages mit dem Dritten geschlossen wurde;[74] ein Mietaufhebungsvertrag, der mit Blick auf den Verkauf an den Dritten erfolgt;[75] eine Regelung, wonach die Erklärung des Mieters über die Ausübung des Vorkaufsrechts eine strengere Form als die gesetzlich vorgesehene (→ Rn. 39) zu beachten hat.[76]   52

Wirksam sind bspw.: ein Verzichtsvertrag im Hinblick auf das Vorkaufsrecht sowie ein Mietaufhebungsvertrag in Ansehung des Verkaufs an den Dritten, sofern diese jeweils nach Fristbeginn (→ Rn. 46) gem. § 469 Abs. 2 BGB geschlossen wurden;[77] eine differenzierte Preisabrede im Kaufvertrag mit dem Dritten, wonach zwei Kaufpreise bestimmt werden, nämlich ein niedriger Preis für die Wohnung mit mietvertraglicher Bindung sowie ein höherer Preis für die Wohnung ohne mietvertragliche Bindung, so dass der höhere Preis gilt, wenn das Vorkaufsrecht ausgeübt wird; allerdings ist eine derartige Preisgestaltung nur wirksam, wenn die Preisdifferenz mit den Marktgegebenheiten korrespondiert.[78]   53

12. Prozessuale Besonderheiten. Der Mieter kann seinen Anspruch auf Mitteilung des Inhalts des Kaufvertrages im Wege der **Auskunftsklage** verfolgen; ggf. kann er diesen im Rahmen der **Stufenklage** zur Verfolgung von Schadensersatzansprüchen geltend machen. Dass der Mieter durch die Auskunft über den Inhalt des Kaufvertrages nicht auch den Verkehrswert der Wohnung erfährt, welcher für die Berechnung des Schadensersatzes relevant ist, steht nach der Ansicht des BGH der Zulässigkeit der Stufenklage nach § 245 ZPO nicht entgegen.[79]   54

IV. Kündigungsbeschränkung bei Umwandlung

Im Falle einer Umwandlung wird der Mieter nicht nur dadurch geschützt, dass seine Rechte erweitert werden (→ *Vorkaufsrecht* Rn. 13 ff.). Daneben werden die Rechte des Vermieters zum Schutz des Mieters verkürzt, indem § 577 a BGB die Möglichkeiten des Vermieters zur Kündigung des Mietverhältnisses im Falle der Umwandlung einengt.   55

1. Die Voraussetzungen der Kündigungsbeschränkung. Da die Kündigungsbeschränkung in gleicher Weise dem Schutz des Mieters dient wie das Vorkaufsrecht, sind die Voraussetzungen der beiden Schutzinstrumentarien im Wesentlichen gleich.[80] Daher gilt die Kündigungsbeschränkung nur für „vermietete Wohnräume" (→ Rn. 14 f.). Auch die zeitliche Verknüpfung von Umwandlung, Überlassung und Abschluss des Mietvertrages entspricht derjenigen **gem. § 577 BGB** (→ Rn. 16). Der Begriff der Begründung des Wohnungseigentums entspricht ebenfalls demjenigen, was § 577 BGB darunter versteht. Allerdings sieht § 577 a Abs. 1 BGB anders als § 577 BGB nicht den Fall vor, dass die entsprechende schützende Rechtsfolge auch eintreten soll, wenn Wohnungseigentum erst noch „begründet werden soll" (→ Rn. 18).   56

An einer Stelle weichen die Voraussetzungen der Kündigungsbeschränkung von denjenigen des Vorkaufsrechts deutlich voneinander ab. Während das Vorkaufsrecht nur greift, wenn die vermietete Wohnung verkauft   57

---

73 Schmidt-Futterer/*Blank* BGB § 577 Rn. 65.
74 JurisPK-BGB/*Tiedemann* BGB § 577 Rn. 118.
75 Schmidt-Futterer/*Blank* BGB § 577 Rn. 77.
76 JurisPK-BGB/*Tiedemann* BGB § 577 Rn. 123.
77 Schmidt-Futterer/*Blank* BGB § 577 Rn. 75, 78.
78 Schmidt-Futterer/*Blank* BGB § 577 Rn. 79; aA Staudinger/*Rolfs* BGB § 577 Rn. 82.
79 BGH 6.4.2016 – VIII ZR 143/15, NZM 2016, 540.
80 JurisPK-BGB/*Tiedemann* BGB § 577 a Rn. 5 ff.

wird, löst die Kündigungsbeschränkung aus, wenn die vermietete Wohnung veräußert wird. Damit werden von der Kündigungsbeschränkung nicht nur die Fälle des Verkaufs der Wohnung erfasst, sondern **dingliche Verfügungen**, die auf die Übertragung des Eigentums abzielen, also regelmäßig solche nach §§ 873, 925 BGB (Auflassung und Eintragung ins Grundbuch); allerdings sind selbst der Erwerb aufgrund eines gutgläubigen Erwerbs nach § 892 BGB erfasst.[81] Weil § 577 a BGB nicht nur auf rechtsgeschäftliche Veräußerungen abzielt, unterfallen deren Anwendung auch Erwerbsvorgänge im Wege der Zwangsvollstreckung.[82]

58 Keine Veräußerung iSd § 577 a Abs. 1 BGB ist hingegen eine Aufteilung in Wohnungseigentum, und zwar weder gem. § 3 WEG, noch nach § 8 WEG.[83] Daher unterfallen auch Erwerbermodelle wie das **Münchner Modell** nicht unmittelbar dem Anwendungsbereich des § 577 a Abs. 1 BGB. Erwirbt also eine GbR ein Mehrfamilienhaus und werden vor Umwandlung Eigenbedarfskündigungen zugunsten einzelner Gesellschafter erklärt, unterfällt das ebenso wenig unmittelbar § 577 Abs. 1 BGB[84] wie der Umstand, dass eine GbR ein vermietetes Mehrfamilienhaus erwirbt, hieran Wohnungseigentum nach § 3 WEG begründet wird und ein Gesellschafter nach Umwandlung die Eigenbedarfskündigung ausspricht.[85] Da diese Rechtslage zur Umgehung des Mieterschutzes in erheblichem Umfang geführt hat, hat der Gesetzgeber durch Erweiterung der Regelung in § 577 a BGB reagiert (→ Rn. 71).

59 **2. Der Inhalt der Kündigungsbeschränkung.** Betroffen von der Kündigungsbeschränkung ist der **Erwerber**, also derjenige, der aufgrund der Veräußerung als neuer Vermieter (→ Rn. 4 ff.) in das Mietverhältnis einrückt.[86] Da die einmal ausgelöste Kündigungssperre in ihrer zeitlichen Dauer (zur Frist → Rn. 61) nicht verkürzt werden kann, und zwar auch nicht durch eine Weiterveräußerung, trifft die Kündigungsbeschränkung auch jeden weiteren Erwerber. Allerdings beginnt die Sperrfrist für den weiteren Erwerber nicht von neuem, sondern läuft unter Beachtung der bereits verstrichenen Frist weiter.[87]

60 Während der Dauer der Kündigungsbeschränkung sind **Eigenbedarfskündigungen** nach § 573 Abs. 2 Nr. 2 BGB sowie Verwertungskündigungen nach § 573 Abs. 2 Nr. 3 BGB nicht möglich. Die Ausdehnung auf weitere Kündigungsgründe im Wege der analogen Anwendung scheidet aus.[88]

61 **3. Die Dauer der Kündigungsbeschränkung.** Nach § 577 a Abs. 1 BGB ist die Kündigungsbeschränkung auf die Dauer von **drei Jahren** befristet. Allerdings besteht unter besonderen Voraussetzungen nach § 577 a Abs. 2 BGB die Möglichkeit, diese Frist auf eine Dauer von bis zu zehn Jahren zu verlängern (→ Rn. 65 ff.).

62 Die **Frist beginnt** bei rechtsgeschäftlicher Veräußerung mit der Eintragung des Erwerbs in das Grundbuch,[89] bei Erwerb im Wege der Zwangsversteigerung mit Zuschlagserteilung.[90] Das Ende der Frist bestimmt sich nach § 188 Abs. 2 BGB.[91]

63 Besteht ein **vertraglicher Kündigungsausschluss**, auf dessen Basis dem Vermieter für eine gewisse Zeitdauer die Möglichkeit zur Kündigung genommen ist, läuft diese vertragliche Frist nicht kumulativ zu der gesetzlichen Frist des § 577 a Abs. 1 BGB. Vielmehr ist allein die längere Frist entscheidend.[92]

64 Eine Kündigung kann erst nach Ende des Fristablaufs wirksam ausgesprochen werden. Kündigungen, die vor Fristablauf erklärt werden, sind unwirksam, was auch solche Kündigungserklärung betrifft, die das Mietverhältnis erst nach Ablauf der Frist zur Kündigungsbeschränkung enden lassen sollen.[93]

65 *„Wenn die ausreichende Versorgung der Bevölkerung mit Mietwohnungen zu angemessenen Bedingungen in einer Gemeinde oder einem Teil einer Gemeinde besonders gefährdet ist“*, haben Landesregierungen nach

81 JurisPK-BGB/*Tiedemann* BGB § 577 a Rn. 9.
82 AG Münster 4.10.2017 – 96 C 1428/17, WuM 2018, 41.
83 BGH 6.7.1994 – VIII ARZ 2/94, NJW 1994, 2542.
84 BGH 16.7.2009 – VIII ZR 231/09, NJW 2009, 2738.
85 BGH 23.11.2011 – VIII ZR 47/11, NZM 2012, 150.
86 Schmidt-Futterer/*Blank* BGB § 577 a Rn. 14.
87 BayObLG 24.11.1981 – Allg Reg 64/81, NJW 1982, 451.
88 BGH 11.3.2009 – VIII ZR 127/08, NJW 2009, 1808.
89 AG Hamburg 12.10.1990 – 43 b C 70/19, WuM 1991, 349.
90 AG Münster 4.10.2017 – 96 C 1428/17, WuM 2018, 41.
91 JurisPK-BGB/*Tiedemann* BGB § 577 a Rn. 19.
92 Schmidt-Futterer/*Blank* BGB § 577 a Rn. 16.
93 Schmidt-Futterer/*Blank* BGB § 577 a Rn. 17.

§ 577 a Abs. 2 BGB die Möglichkeit, für derartige Gebiete die Dreijahresfrist durch Rechtsverordnung auf eine Dauer von bis zu zehn Jahren auszudehnen.

Im Rahmen einer Entscheidung zu der vergleichbaren Regelung des § 558 Abs. 3 S. 2 BGB nahm der BGH zu **66** diesen Voraussetzungen Stellung. Er erläuterte den Begriff *„ausreichende Versorgung" durch „ein annähern-des Gleichgewicht von Angebot und Nachfrage an Wohnungen, wie sie dem allgemeinen für Wohnungen der entsprechenden Gegend anzutreffenden Standard entsprechen (...) Nach der Lebenserfahrung ist allerdings davon auszugehen, dass selbst dann noch eine Unterversorgung mit Mietwohnraum für die breiteren Bevölke-rungsschichten gegeben sein oder doch in beachtlicher Weise drohen kann, wenn der Wohnungsmarkt in sei-nem vollen Umfang, dh bei Berücksichtigung des gesamten Angebots und der gesamten Nachfrage, einen Aus-gleich bereits erreicht hat oder sogar schon ein leichtes Übergewicht des Angebots zu erreicht haben scheint."*[94]

Unter **„angemessenen Bedingungen"** sind laut BGH *„nicht außergewöhnlich niedrige Mieten gemeint, son-* **67** *dern Mieten, die für Wohnungen der entsprechenden Art von einem durchschnittlich verdienenden Arbeitneh-merhaushalt allgemein, also auch außerhalb der gefährdeten Gebiete, tatsächlich aufgebracht werden, und zwar einschließlich etwaiger vom Staat gewährter finanzieller Hilfen".*[95]

Eine Gefährdung sieht der BGH, *„wenn als Folge der Mangelsituation grundsätzlich latente Versorgungs-* **68** *schwierigkeiten bestehen. Diese quantitative, das Maß der Unterversorgung betreffende Voraussetzung wird durch das weitere Tatbestandsmerkmal ‚besonders' um eine qualitative Komponente ergänzt. Gefordert wird insoweit, dass eine Gemeinde oder ein Teil einer Gemeinde durch sachliche Eigenarten gekennzeichnet ist, die geeignet sind, den Wohnungsmarkt für breitere Bevölkerungsschichten negativ zu beeinflussen und ihm so eine spezifische Labilität zu vermitteln, was insbesondere bei Ballungsräumen, in Industriestädten, in Städten mit herausgehobener zentraler Lage oder Funktionen sowie (bei entsprechenden Größenverhältnissen) in Univer-sitätsstädten der Fall zu sein pflegt."*[96]

Der Begriff „in einer Gemeinde oder einem Teil einer Gemeinde" ist dahin gehend zu verstehen, dass die **69** *„Gesamtgemeinde sowie eines Teils hier von als gleichberechtigte Alternative (...) zur Auswahl gestellt"* wird.[97]

Der BGH hat gegenüber dieser Regelung keine verfassungsrechtlichen Bedenken.[98] **70**

4. Die Kündigungsbeschränkung bei Veräußerung an eine GbR oder mehrere Erwerber. Um einer in der **71** Praxis beinahe zum Regelfall gewordenen Umgehung des Kündigungsschutzes nach § 577 a Abs. 1 BGB, ins-besondere auf Basis des sog. **Münchner Modells** (→ Rn. 23) entgegenzuwirken, erweiterte der Gesetzgeber durch das Mietrechtsänderungsgesetz vom 11.3.2013[99] die Regelung des § 577 a BGB um die Abs. 1 a, 2 a.[100]

Dieser **erweiterte Schutz** betrifft wie § 577 a Abs. 1 BGB nur vermietete Wohnungen (→ Rn. 56). Außerdem **72** muss die Wohnung vor dem die Frist zur Kündigungsbeschränkung auslösenden Ereignis überlassen sein (zum Merkmal der Überlassung → Rn. 16).[101]

In der Variante des § 577 a Abs. 1 a Nr. 1 BGB wird die Kündigungsbeschränkung ausgelöst, wenn das Gebäu- **73** de, in dem sich die Wohnung befindet, an eine **Personengesellschaft oder an mehrere Erwerber** veräußert worden ist. Auf eine Umwandlung kommt es hier nicht an, auch nicht auf eine Umwandlungsabsicht.[102]

In der Variante des § 577 a Abs. 1 a Nr. 2 BGB wird den Mitgliedern einer Personengesellschaft oder mehreren **74** Erwerbern ein eigentumsähnliches Recht eingeräumt, aufgrund dessen die Berechtigten ein Kündigungsrecht ausüben können. Zu denken ist in vorderster Linie an ein Erbbaurecht oder einen Nießbrauch.[103]

---

94 BGH 4.11.2015 – VIII ZR 217/14, NJW 2016, 476.
95 BGH 4.11.2015 – VIII ZR 217/14, NJW 2016, 476.
96 BGH 4.11.2015 – VIII ZR 217/14, NJW 2016, 476.
97 BGH 4.11.2015 – VIII ZR 217/14, NJW 2016, 476.
98 BGH 4.11.2015 – VIII ZR 217/14, NJW 2016, 476.
99 BGBl. I 2013, 434.
100 JurisPK-BGB/*Tiedemann* BGB § 577 a Rn. 9.
101 JurisPK-BGB/*Tiedemann* BGB § 577 a Rn. 30.
102 BGH 21.3.2018 – VIII ZR 104/17, NJW 2018, 2187.
103 Schmidt-Futterer/*Blank* BGB § 577 a Rn. 18 c.

75 Die **Frist** zur Kündigungsbeschränkung nach Abs. 1 a beginnt nach § 577 a Abs. 2 a BGB mit Erwerb des Gebäudes durch die Gesellschaft bzw. die Erwerbermehrheit, so dass die Eintragung in das Grundbuch maßgeblich ist.

76 Nach § 577 a Abs. 1 a S. 2 BGB finden die Kündigungsbeschränkungen nach Abs. 1 a keine Anwendung, wenn die Gesellschafter oder Erwerber derselben Familie oder demselben Haushalt angehören. Beispiel: Die Erwerber-GbR besteht aus Eheleuten.[104]

77 **5. Abweichende vertragliche Vereinbarungen.** § 577 a Abs. 3 BGB verbietet Vereinbarungen, die **zum Nachteil des Mieters abweichen.** Allem voran kann daher die Dauer der Kündigungssperre vertraglich nicht verkürzt werden. Möglich bleibt aber der Abschluss eines Mietaufhebungsvertrages, und zwar auch zwischen Mieter und Erwerber ggf. unter Mitwirkung des Veräußerers, wenn zum Zeitpunkt des Abschlusses des Mietaufhebungsvertrages der Erwerber noch nicht im Grundbuch eingetragen ist. Auch ein Vertrag über den Verzicht auf die Rechte des Mieters gem. § 577 a BGB ist in dem Umfang möglich, wie ein Mietaufhebungsvertrag hätte geschlossen werden können.[105] Insofern kann der Sinn und Zweck des § 577 a Abs. 3 BGB dahin gehend formuliert werden, dass Vereinbarungen, die zur unmittelbaren oder alsbaldigen Beendigung des Mietvertrages führen trotz Umwandlung möglich sind, Regelungen, die auf eine künftige, vom Zeitpunkt des Eintritts ungewisse Beendigung abzielen und von einer Handlung abhängen, die ausschließlich dem Willen des Vermieters unterfallen, ausgeschlossen sein sollen.

235. Umwidmung

Ruge

I. Einführung

1 Das Wohnungseigentumsgesetz unterscheidet in grundsätzlicher Hinsicht zwischen dem **gemeinschaftlichen Eigentum** und dem **Sondereigentum**. Während das gemeinschaftliche Eigentum eine Sphäre darstellt, in der allen Eigentümern eine Berechtigung zur Mitbenutzung eröffnet ist, unterliegt das Sondereigentum grundsätzlich nur der Benutzung durch den jeweiligen Eigentümer bzw. durch die Personen, die von ihm eine Berechtigung zur Benutzung ableiten können. Im Hinblick auf das Sondereigentum wird darüber hinaus nach Wohnungseigentum und nach Teileigentum unterschieden. Wohnungseigentum bezeichnet das Sondereigentum an Räumen, die zu Wohnzwecken dienen, und Teileigentum alle anderen Nutzungsmöglichkeiten, die eben nicht dem Wohnen zuzuordnen sind. Dass beide Sondereigentumsarten jeweils mit einem Miteigentumsanteil am gemeinschaftlichen Eigentum verbunden sind, sollte man ebenfalls zur Kenntnis nehmen, bedarf aber in dem hier interessierenden Zusammenhang keiner Vertiefung.

2 Die grundlegende Weichenstellung für die **Zuordnung** wird bereits in der Teilungserklärung (§ 8 WEG) oder dem Teilungsvertrag (§ 3 WEG) getroffen. Dort wird insbesondere festgelegt, welche Räumlichkeiten Sondereigentum sein sollen. Dabei spielt auch der Aufteilungsplan (§ 7 Abs. 4 Nr. 1 WEG) eine erhebliche Rolle, denn aus ihm ist die Aufteilung des Gebäudes sowie die Lage und Größe der im Sondereigentum und der im gemeinschaftlichen Eigentum stehenden Gebäudeteile ersichtlich. Als Faustregel gilt, dass alles das, was nicht zu Sondereigentum bestimmt wurde, Teil des gemeinschaftlichen Eigentums ist. In ähnlicher Weise ordnet die Teilungserklärung bzw. der Teilungsvertrag auch Wohnnutzung und andere Nutzungszwecke, wenn dort entsprechende Zuweisungen vorgenommen werden, was freilich in der Regel geschieht. Insoweit handelt es sich um Zweckbestimmungen mit Vereinbarungscharakter und zwar unabhängig davon, ob die Aufteilung durch Erklärung oder durch Vertrag erfolgt.

---

104 Schmidt-Futterer/*Blank* BGB § 577 a Rn. 18 c.
105 Schmidt-Futterer/*Blank* BGB § 577 a Rn. 25 f.

Der Zeitpunkt, zu dem diese wichtigen Weichenstellungen vorgenommen werden, liegt vor dem Entstehen der 3
Gemeinschaft der Wohnungs-/Teileigentümer und erst Recht vor ihrem Vollzug. Das erfordert einen gewissen
Weitblick, weil viele Gemeinschaften über Jahrzehnte hinweg bestehen und das gesetzliche Leitbild tendenzi-
ell sogar von einem Bestand auf unabsehbare Zeit ausgeht (vgl. § 11 Abs. 1 WEG). Da sich innerhalb dieses
zeitlichen Rahmens vielfältige Veränderungen ergeben können, sind kaum alle möglichen Entwicklungen im
Voraus einplanbar. Nicht selten entstehen erst im Laufe der Zeit neue Situationen, Bedürfnisse und geänderte
Nutzungswünsche. Diese müssen nicht mit den bisherigen Regelungen im Einklang stehen; dann wird aus
dem geänderten Bedürfnis ein rechtlicher Anpassungsbedarf. Das kann beispielsweise der Fall sein, wenn eine
Teileigentumseinheit, die jahrzehntelange als Laden genutzt wurde, mangels Nachfrage nicht mehr vermietbar
ist. Da es sich um Teileigentum handelt, kommt eine Vermietung als Wohnung an sich nicht in Betracht
(→ *Teileigentum* Rn. 12). Weiterhelfen könnte aber eine **Umwandlung** in Wohnungseigentum. Solche Bestre-
bungen sind innerhalb der vom Gesetz zur Verfügung gestellten Möglichkeiten in unterschiedliche Richtungen
denkbar. Aus der Praxis kommend hat sich die Bezeichnung als Umwidmung etabliert.[1] Gemeint ist stets die
Überführung oder Umwandlung einer bestimmten wohnungseigentumsrechtlichen Rechtsfigur in eine andere,
vor allem im Verhältnis zwischen gemeinschaftlichem Eigentum und Sondereigentum einerseits sowie Wohnungseigentum und Teileigentum andererseits.

II. Einzelheiten

1. Gemeinschaftliches Eigentum in Sondereigentum. Für die Umwandlung von gemeinschaftlichem Eigen- 4
tum in Sondereigentum ist § 4 WEG maßgeblich. Rechtlich gesehen macht es jedenfalls im Ausgangspunkt
keinen Unterschied, ob Sondereigentum schon von Anfang an oder erst nachträglich eingeräumt wird. Erforderlich ist die **Einigung** aller Wohnungs- und Teileigentümer über den Eintritt der Rechtsänderung und die
Eintragung in das Grundbuch (§ 4 Abs. 1 WEG). Die Einigung bedarf zudem der für die Auflassung vorgeschriebenen Form (§ 4 Abs. 2 S. 1 WEG). Damit ist zugleich klar, dass die rein faktische Einbeziehung von
gemeinschaftlichem Eigentum in Sondereigentum allein niemals für eine Änderung der rechtlichen Verhältnisse ausreichen kann. Beschlussfassungen sind insoweit ebenfalls nicht möglich.[2]

Weitere Erfordernisse können sich unter mehreren Gesichtspunkten ergeben. Die **Zustimmungen** sämtlicher 5
Grundbuchgläubiger (§§ 877, 876 BGB) zu der Umwidmung sind erforderlich, soweit deren Rechte nicht auf
allen Wohnungs- und Teileigentumseinheiten lasten.[3] Die Entstehung von Grunderwerbsteuer kann in Betracht
kommen. Alsdann ist auch eine Unbedenklichkeitsbescheinigung vorzulegen. Etwas anderes gilt allerdings
unterhalb der Wertgrenze des § 3 Nr. 1 GrEStG, die aktuell 2.500 EUR beträgt. In Erhaltungsgebieten kann
zudem ein Genehmigungserfordernis gem. § 172 Abs. 1 S. 4 BauGB bestehen.[4]

Da es sich um die Einräumung von Sondereigentum handelt, gilt ferner § 3 Abs. 3 WEG. Die der Umwidmung 6
unterliegenden Räumlichkeiten sollen also in sich abgeschlossen sein (→ *Abgeschlossenheit* Rn. 6 ff.). Fehlt
es daran, wird das Grundbuchamt die Rechtsänderung nicht vollziehen. Wegen der Geltung des Abgeschlossenheitserfordernisses sind darüber hinaus eine Abgeschlossenheitsbescheinigung im Hinblick auf das neu
entstehende Sondereigentum und insoweit auch ein Aufteilungsplan beizubringen.

Diese Variante der Umwidmung tritt in der Praxis insbesondere als nachträgliche Zuordnung von **Kellerräu-** 7
men und ähnlichen Nebenräumen in Erscheinung.[5]

2. Sondereigentum in gemeinschaftliches Eigentum. § 4 WEG gilt ebenfalls in umgekehrter Richtung, also 8
bei der Überführung von Sondereigentum in gemeinschaftliches Eigentum. Der Wortlaut spricht insoweit von
der **Aufhebung** des Sondereigentums. Auch hier sind die Einigung über die Rechtsänderung in der für die
Auflassung vorgeschriebenen Form und die Eintragung im Grundbuch erforderlich (→ Rn. 4).

Wohnungs- bzw. Teileigentum besteht nach der gesetzlich vorgegebenen Konstruktion immer aus Sonderei- 9
gentum und einem Miteigentumsanteil am gemeinschaftlichen Eigentum. Soll eine ganze Einheit in gemeinschaftliches Eigentum umgewidmet werden, führt dies zum vollständigen **Erlöschen** des Sondereigentums in-

---

1 Vgl. zB BGH 11.5.2012 – V ZR 189/11, ZWE 2012, 361.
2 BGH 11.5.2012 – V ZR 189/11, ZWE 2012, 361.
3 FormB-WEG-R/*Scheffler* WEG § 1 Rn. 25.
4 FormB-WEG-R/*Scheffler* WEG § 1 Rn. 26.
5 Dazu mit einem konkreten Gestaltungsvorschlag FormB-WEG-R/*Scheffler* WEG § 1 Rn. 29.

soweit. Übrig bleibt dann noch der ursprünglich mit dieser Einheit verbundene Miteigentumsanteil. Dieser sollte im Zusammenhang mit der Umwidmung aufgelöst werden, weil ein isolierter Miteigentumsanteil eine gesetzlich nicht gewünschte Anomalie darstellt.

10 Die Zustimmungen etwaiger dinglich Berechtigter (§§ 877, 876 BGB) zu der Umwidmung sind erforderlich unabhängig davon, ob nur ein Teil des Sondereigentums betroffen ist oder dieses insgesamt.

11 **3. Wohnungseigentum in Teileigentum.** Die Bestimmung zu Wohnungseigentum enthält eine Zweckbestimmung derart, dass die Nutzung der betroffenen Einheit grundsätzlich nur zu Wohnzwecken zulässig sein soll. Diese Zweckbestimmung hat **Vereinbarungscharakter**.[6] Wohnungseigentum in Teileigentum umzuwidmen, bedeutet in erster Linie, von der bestehenden Zweckbestimmung Abstand zu nehmen und diese durch eine neue zu ersetzen. Dafür ist eine Vereinbarung aller Wohnungs- und Teileigentümer erforderlich aber auch ausreichend, denn grundsätzlich kann von einer Vereinbarung nur durch eine Vereinbarung wieder abgewichen werden. Neues Sondereigentum wird dabei nicht begründet. Um eine Wirkung auch für Rechtsnachfolger herbeizuführen, sollte auf jeden Fall die Eintragung im Grundbuch angestrebt werden (§ 10 Abs. 3 S. 1 WEG). Dafür bedarf es des Nachweises durch eine öffentliche oder jedenfalls öffentlich beglaubigte Urkunde (§ 29 GBO).

12 Im Hinblick auf eine etwaige **Zustimmung** von Grundpfandrechts- und Reallastgläubiger ist die gesetzliche Wertung des § 5 Abs. 4 S. 2 WEG zu beachten. Danach kommt es auf eine solche Zustimmung allenfalls dann an, wenn von einer Vereinbarung ein Sondernutzungsrecht betroffen wird, was hier jedoch nicht der Fall ist. Die Zustimmungen anderer Berechtigter sind gem. §§ 876, 877 BGB nur dort erforderlich, wo ihre Rechte durch die Umwidmung beeinträchtigt werden.[7] Das wird in der Regel kaum vorkommen.

13 Das Abgeschlossenheitserfordernis des § 3 Abs. 3 WEG gilt an sich für Wohnungseigentum wie für Teileigentum gleichermaßen. Allerdings ergeben sich beim Wohnungseigentum unter dem Gesichtspunkt der **Ausstattung** etwas höhere Anforderungen (→ *Abgeschlossenheit* Rn. 16). Wenn Abgeschlossenheit für ein Wohnungseigentum attestiert wurde, besteht diese auch für dieselbe Einheit als Teileigentum. Deshalb bedarf es jedenfalls in der hier in Rede stehenden Konstellation keiner neuen Abgeschlossenheitsbescheinigung[8] und auch keines neues Aufteilungsplanes.

14 Die Umwidmung von Wohnungseigentum in Teileigentum führt im Ergebnis dazu, dass Wohnraum auf nicht absehbare Zeit dem Markt entzogen wird. Das ist nicht unproblematisch. Hierin kann eine **Zweckentfremdung** im Sinne der Wohnraumschutzgesetze liegen, die in einigen Bundesländern existieren.

15 **4. Teileigentum in Wohnungseigentum.** Die grundsätzlichen Ausführungen zur Umwidmung von Wohnungs- in Teileigentum gelten insoweit entsprechend (→ Rn. 11, 12). Im Hinblick auf die Abgeschlossenheit ergibt sich jedoch eine abweichende Bewertung. Beim Wohnungseigentum besteht ein Ausstattungserfordernis, hinter dem das Teileigentum in der Regel zurückbleibt (→ *Abgeschlossenheit* Rn. 16). Deswegen muss ggf. in einem ersten Schritt das Teileigentum baulich nachgerüstet werden, damit es die höheren Anforderungen des Wohnungseigentums erfüllt. Auf dieser Basis ist sodann eine neue **Abgeschlossenheitsbescheinigung** nach Maßgabe der für Wohnungen geltenden Anforderungen einzuholen und später mit bei dem Grundbuchamt einzureichen. Ein neuer Aufteilungsplan ist aber auch hier nicht erforderlich.

16 Diese Art der Umwidmung hat vor allem praktische Bedeutung in Gestalt der **Ermächtigung** zur Umwandlung von Teileigentum in Wohnungseigentum in Verbindung mit einem Ausbaurecht.[9]

---

6 BGH 27.10.2017 – V ZR 193/16, NJW 2018, 41.

7 FormB-WEG-R/*Scheffler* WEG § 1 Rn. 33.

8 AA wohl FormB-WEG-R/*Scheffler* WEG § 1 Rn. 31.

9 Sog. Dachgeschossrohling, dazu mit einem konkreten Gestaltungsvorschlag FormB-WEG-R/*Scheffler* WEG § 1 Rn. 36.

236. Umzugskostenpauschale

Martini

I. Einführung

Sinn und Zweck der Kostenpauschale ist es, dass die durch den Umzug regelmäßig entstehenden Beschädigungen und Abnutzungen im Bereich des gemeinschaftlichen Eigentums **finanziell ausgeglichen** werden. Dieses wäre zwar auch über einen verschuldensabhängigen Schadensersatzanspruch möglich, jedoch wird in der Praxis der Nachweis des Verschuldens nur schwer oder nicht zu führen sein. 1

II. Materielles Wohnungseigentumsrecht

1. Vereinbarte Umzugskostenpauschale. Eine Umzugspauschale kann durch eine Vereinbarung wirksam bestimmt werden, also bereits in der Gemeinschaftsordnung festgelegt sein. 2

Die Höhe der Umzugskostenpauschale muss ordnungsmäßiger Verwaltung entsprechen. Nach einer Entscheidung des BGH ist dieses der Fall, wenn der Betrag maßvoll bemessen ist und zu keiner ungerechtfertigten Ungleichbehandlung der Wohnungseigentümer führt.[1] In dem vom BGH zu entscheidenden Fall lag die **Höhe** der Umzugspauschale bei 50 EUR, was die Grenze der Angemessenheit noch nicht überschreitet. Ein Beschluss über eine Umzugskostenpauschale von 100 EUR entspricht dagegen nicht mehr ordnungsmäßiger Verwaltung.[2]

Eine Formulierung „**50 EUR je Aus- und Einzug**" bedeutet, dass für den Auszug und Einzug nur einmal 50 EUR fällig werden, ansonsten müsste es „50 EUR je Aus- und je Einzug" heißen.[3] 3

Ist es in der Wohnungseigentumsanlage erlaubt, **kurzfristig zu vermieten**, zum Beispiel an Feriengäste und Saisonarbeiter, dann muss der Beschluss hinsichtlich der Umzugspauschale diesen Umstand besonders berücksichtigen, weil in diesen Fällen regelmäßig möblierter Wohnraum zur Verfügung gestellt wird und ein Möbeltransport durch das Gemeinschaftseigentum unterbleibt. Dann liegt eine ungerechtfertigte **Ungleichbehandlung** vor, welche sogar einen nicht zu rechtfertigenden Strafcharakter gegenüber dem Wohnungseigentümer haben kann, der an Feriengäste und Saisonarbeiter vermietet.[4] 4

Auch eine **Mitteilungspflicht an den Verwalter** kann in der Gemeinschaftsordnung festgelegt werden. Sieht die Gemeinschaftsordnung eine „unverzügliche Mitteilung" eines Umzugs vor, so können die Wohnungseigentümer von dieser Regelung nicht durch Beschluss abweichen, denn es fehlt ihnen an der Beschlusskompetenz.[5] Eine Ermächtigung des Verwalters zum Vorgehen nur gegenüber vermietenden Sondereigentümern entspricht, wenn es hierfür keinen sachlichen Grund gibt, nicht mehr ordnungsmäßiger Verwaltung.[6] 5

Gegenüber den **Mietern** hat die Umzugskostenpauschale keinerlei Wirkung, weil eine Vereinbarung oder ein Beschluss nur die Wohnungseigentümer untereinander bindet. Im Falle des Umzugs des Mieters hat der Wohnungseigentümer die Pauschale zu bezahlen. 6

2. Umzugskostenpauschalen durch Beschluss. Weil § 21 Abs. 7 WEG aF durch das WEMoG nicht übernommen wurde, ist die Beschlusskompetenz aufgrund dieser Norm für die Wohnungseigentümer nicht weiter vorhanden. Die Kosten für den besonderen Verwaltungsaufwand sind nun in § 16 Abs. 2 WEG mit geregelt worden. Soweit aufgrund der Benutzung oder anderer Maßnahmen konkrete Kosten anfallen, könne über deren Verteilung bereits aufgrund von § 16 Abs. 2 S. 2 WEG beschlossen werden; einer besonderen Beschluss- 7

---

1 BGH 1.10.2010 – V ZR 220/09, NJW 2010, 3508.
2 LG Frankfurt a. M. 1.11.2017 – 2–13 S 69/16, ZMR 2018, 616.
3 LG Hamburg 22.11.2017 – 318 S 116/16, ZMR 2018, 358.
4 BGH 1.10.2010 – V ZR 220/09, NJW 2010, 3508.
5 LG Hamburg 22.11.2017 – 318 S 116/16, ZMR 2018, 358.
6 LG Hamburg 22.11.2017 – 318 S 116/16, ZMR 2018, 358.

kompetenz für besonderen Verwaltungsaufwand bedürfe es deshalb nicht. Wenn keine konkreten Kosten anfallen, sei es nicht angemessen, einen zulässigen Gebrauch finanziell zu sanktionieren.[7]

Ob eine Umzugskostenpauschale für die Zukunft wirksam durch Beschluss festgelegt werden kann, ist aufgrund des Willens des Gesetzgebers **ungewiss**, weil dieser die Umlage nicht konkret feststellbarer Kosten als eine Sanktion gegenüber dem betroffenen Wohnungseigentümer ansieht.

Nach hier vertretender Ansicht ist dieses aber auch zukünftig möglich, denn der Wortlaut von § 16 Abs. 2 WEG lässt die Erhebung einer Umzugskostenpauschale zu. Die Vorschrift bezieht sich nun generell auf alle Kosten der Gemeinschaft der Wohnungseigentümer.[8] Nach Satz 2 können die Wohnungseigentümer für einzelne Kosten oder bestimmte Arten von Kosten von dem Umlageschlüssel nach Miteigentumsanteilen durch Beschluss mit einfacher Mehrheit abweichen. Nur für die Kosten einer baulichen Veränderung verweist § 16 Abs. 3 WEG auf § 21 WEG. Die Kosten der Erhaltung des gemeinschaftlichen Eigentums sind daher Kosten nach § 16 Abs. 2 WEG.

8 Das **Beschlussermessen** der Wohnungseigentümer ist nach der Gesetzesbegründung weit gefasst. Der Gesetzgeber sieht die Vielgestaltigkeit möglicher Beschlüsse über die Kostenverteilung und verzichtet daher bewusst auf besondere inhaltliche Vorgaben. Insbesondere wurde die Regelung des § 16 Abs. 4 S. 1 WEG aF vom Gesetzgeber nicht übernommen, sodass der Verteilungsmaßstab nicht mehr dem Gebrauch oder der Möglichkeit des Gebrauchs Rechnung tragen muss. Der Gesetzgeber hat sich vielmehr der Auffassung angeschlossen, dass hierdurch das Entscheidungsermessen der Wohnungseigentümer unnötig eingeschränkt wurde.[9]

Hieran gemessen bleibt ein Kostenbeschluss nach § 16 Abs. 2 S. 2 WEG für die besondere Benutzung des gemeinschaftlichen Eigentums weiterhin möglich. Die Erhaltungskosten des Gemeinschaftseigentums können demnach nach der Benutzung weiterhin pauschaliert werden.

9 Für **Altbeschlüsse**, welche vor Inkrafttreten des WEMoG am 1.12.2020 gefasst wurden, verlieren diese Beschlüsse nach allgemeinen Grundsätzen mit Inkrafttreten der Neuregelung für die Zukunft ihre Wirkung.[10] Das bedeutet, dass nach Inkrafttreten des WEMoG aufgrund eines Beschlusses nach § 21 Abs. 7 WEG aF eine Umzugskostenpauschale von der Gemeinschaft der Wohnungseigentümer nicht weiter verlangt werden kann. Der entsprechende Beschluss muss zunächst nach § 16 Abs. 2 S. 2 WEG für die Umzugspauschale neu gefasst werden.[11] Wenn die Kostenpauschale aufgrund eines wirksamen Beschlusses vor Inkrafttreten der WEG-Reform bereits gezahlt wurde, erfolgte diese Zahlung weiterhin mit Rechtsgrund und kann nicht zurückgefordert werden.

Hinsichtlich des möglichen Inhalts einer Umzugskostenpauschale durch Beschluss → Rn. 2 ff.

III. Verfahrenshinweis

10 Ob ein Beschluss nach § 16 Abs. 2 S. 2 WEG im Einzelfall anfechtbar ist, hängt allein davon ab, ob er die allgemeinen Vorgaben der Ordnungsmäßigkeit wahrt, insbesondere ob er dem billigem Ermessen nach § 18 Abs. 2 WEG entspricht. Im Rahmen des billigen Ermessens werden jedoch in der Regel der Gebrauch und die Möglichkeit des Gebrauchs zu berücksichtigen sein.[12]

237. Unselbstständiges Teileigentum

Ruge

---

7 BT-Drs. 19/18791, 61.
8 BT-Drs. 19/18791, 55.
9 BT-Drs. 19/18791, 56.
10 BT-Drs. 19/18791, 61.
11 *Hügel/Elzer*, 3. Aufl. 2021, WEG § 48 Rn. 23.
12 BT-Drs. 19/18791, 56.

I. Einführung

Das WEG stellt mit dem Wohnungseigentum (§ 1 Abs. 2 WEG) und dem Teileigentum (§ 1 Abs. 3 WEG) zwei **1** rechtliche **Grundtypen** der Nutzung eigener Räumlichkeiten zur Verfügung. Während das Wohnungseigentum Räume betrifft, die zu Wohnzwecken dienen, bezieht sich das Teileigentum auf Räume, die *nicht* zu Wohnzwecken dienen. Vom Nutzungszweck her betrachtet sind das alle Nutzungsarten, die nicht dem Wohnen zuzuordnen sind. Aber auch Kombinationen von Wohnungs- und Teileigentum in einer Einheit kommen in Betracht (→ *Teileigentum* Rn. 17). Nicht selten gehören zu Wohnungen und Teileigentumseinheiten Nebenräume, die außerhalb der eigentlichen Einheit liegen. Dabei kann es sich beispielsweise um Abstellräume im Dachboden, Kellerräume oder Kammern handeln. Dazugehören bedeutet in diesem Zusammenhang, dass die Nebenräume Teil der Sondereigentumssphäre sind und grundsätzlich der ausschließlichen Nutzung durch ihren Eigentümer unterliegen.

Im Falle des Wohnungseigentums sind solche Nebenräume also Teil einer Wohnung. An sich müssten sie **2** demnach ebenfalls von der Zweckbestimmung des Wohnens erfasst sein. Demzufolge wäre in ihnen das Wohnen eine der zulässigen Nutzungsarten. Diese Schlussfolgerung zieht die heute hM indes gerade nicht. Vielmehr soll in **Nebenräumen** außerhalb der eigentlichen Wohnung – und das sind in erster Linie Speicherräume, Dachbodenanteile, Kammern und Kellerabteile – das Wohnen unzulässig sein.[1] Das gilt zumindest dann, wenn keine anderslautende Vereinbarung besteht. Die Rechtsfigur, die in diesem Kontext entwickelt worden ist, heißt unselbstständiges Teileigentum. Sie ist im WEG nicht ausdrücklich geregelt.

II. Einzelheiten

1. Gedanklicher Ausgangspunkt. Die Motivationslage, die zur Herausbildung des unselbstständigen Teilei- **3** gentums geführt hat, wird erkennbar, wenn man überlegt, wie die Rechtslage ohne diese Rechtsfigur wäre. Die Zweckbestimmung „Wohnen" gilt im Ausgangspunkt für alle Räume, die zu einem Wohnungseigentum gehören. Wohnen und sämtliche damit verbundenen Verhaltensweisen sind demnach in diesen Räumen zulässig. Dabei macht es keinen Unterschied, ob die Räume zum Kernbestand der Wohnung zählen oder außerhalb des räumlichen Abschlusses liegen. Entscheidend ist das Dazugehören zur Wohnung. Folglich dürften an sich auch Nebenräume wie ein separater Kellerraum zu Wohnzwecken – also wie eine Wohnung – genutzt werden. Alsdann wäre es nicht unzulässig, einen solchen Raum wie ein weiteres Zimmer auszustatten und dort zB Familienangehörige dauerhaft wohnend unterzubringen. Freilich würde dies zu einer erheblich erhöhten Intensität der Nutzung führen. Denn ein Kellerraum, der üblicherweise vor allem der Aufbewahrung von Gegenständen dient, wird weit weniger häufig aufgesucht als beispielsweise ein Wohnzimmer, von typischen Begleiterscheinungen des Wohnens wie Besuch, Musik und Unterhaltungen einmal ganz abgesehen. Der Kellerraum mag insoweit nur als Beispiel dienen; der Gedankengang ist für vergleichbare Nebenräume identisch.

Die Gefahr einer **ausufernden Wohnnutzung** hat also letztlich zur Entwicklung des unselbstständigen Teilei- **4** gentums geführt.[2] Die Wirkweise dieser Rechtsfigur besteht darin, dass außerhalb einer Wohnung gelegene Räume, die zum Wohnen unmittelbar nicht erforderlich sind, vielmehr nur eine Ergänzungsfunktion haben und deshalb typischerweise Nebenräume sind, als Teileigentum mit separater Zweckbestimmung aufgefasst werden.[3] Auf diese Weise werden sie von der Zweckbestimmung der Wohnung abgekoppelt und erhalten eine eigene Zweckbestimmung mit dem Inhalt, dass eine Nutzung zu Wohnzwecken ausgeschlossen sein soll. Dabei wird freilich der rechtliche Zusammenhang zwischen der Wohnung und dem Nebenraum nicht angetastet. Der Nebenraum bleibt vielmehr Teil des Gesamtgebildes Wohnungseigentum und kann auch nur gemeinsam mit diesem veräußert werden. Daher rührt die Bezeichnung als *unselbstständiges* Teileigentum. Auf eine ausdrückliche Bestimmung in der Teilungserklärung kommt es nach Meinung des BGH insoweit nicht an.[4] Die

---

1 Vgl. statt vieler BGH 4.12.2014 – V ZB 7/13, ZWE 2015, 208 mwN.
2 Vgl. BGH 16.6.2011 – V ZA 1/11, ZWE 2011, 396.
3 Vgl. BGH 4.12.2014 – V ZB 7/13, ZWE 2015, 208.
4 BGH 4.12.2014 – V ZB 7/13, ZWE 2015, 208.

Eigentümer können aber durch Vereinbarung etwas Abweichendes bestimmen und die Wohnnutzung beispielsweise einer Kammer im Dachgeschoss zulassen.

5 **2. Erfasste Nebenräume.** Welche Nebenräume von der Rechtsfigur des unselbstständigen Teileigentums erfasst werden, hat insbesondere die Rechtsprechung bisher eher punktuell betrachtet. Für erforderlich wird insoweit eine Bezeichnung als „**Kellerraum**" in der Teilungserklärung gehalten.[5] Bezeichnungen wie „Abstellraum" oder „Speicherraum" können ebenfalls die Annahme eines unselbstständigen Teileigentums rechtfertigen.[6] Verallgemeinernd gesagt muss es sich um **Nebenräume** außerhalb des baulichen Abschlusses der Wohnung handeln, die nur eine Wohnergänzungsfunktion haben und in der Teilungserklärung bzw. der Gemeinschaftsordnung mit einer für solche Räume typischen Bezeichnung versehen sind. Auf ein „Schwimmbad"[7] trifft dies nicht zu, weil die damit verbundene Nutzung keine Wohnergänzung, sondern ein eigener Nutzungstypus ist und diese Bezeichnung auch nicht typischerweise für Nebenräume verwendet wird. Ein Hobbyraum kann aber unselbstständiges Teileigentum sein.[8]

6 **3. Erfasste unzulässige Verhaltensweisen. a) Dauerhaftes Wohnen.** Im unselbstständigen Teileigentum ist auf Dauer angelegtes Wohnen unzulässig.[9] Der BGH beschreibt dies mit der Formel von der unzulässigen „Nutzung zu **nicht nur vorübergehenden** Wohnzwecken".[10] Damit bleibt eine Hintertür offen für gelegentliche Wohnnutzung, die nicht auf Dauer angelegt ist. Zulässig wird vor diesem Hintergrund sein, in warmen Sommermonaten nachts im Keller zu schlafen, weil es dort kühler ist. Die Unterbringung von Besuch, der sich nur einige Tage aufhält und für den in der Wohnung kein eigenes Zimmer zur Verfügung steht, wird man ebenfalls nicht beanstanden können. Entsprechendes gilt für Räume im Dachboden und Kammern. Eine unzulässige Überschreitung der Zweckbestimmung liegt jedoch vor, wenn Kinder des Eigentümers, die sich abwechselnd beim Vater und der Mutter aufhalten, wochenweise in einem Nebenraum untergebracht werden.[11]

7 **b) Andere Nutzungen jenseits der Zweckbestimmung.** Unzulässig ist daneben auch grundsätzlich jede Nutzung zu anderen als Wohnzwecken, die nicht von der Zweckbestimmung des Nebenraumes gedeckt ist. Dabei geht es dann vor allem um die Reichweite einer Zweckbestimmung, die in Zweifelsfällen durch **Auslegung** (→ *Teileigentum* Rn. 5) bestimmt werden muss. In einem „Kellerraum" darf kein Tanzstudio betrieben werden.[12] Denn ein solcher Raum dient dazu, Gegenstände aufzubewahren und einzulagern. Er wird von daher allenfalls gelegentlich und regelmäßig nur für kurze Zeit aufgesucht. Ein Tanzstudio wird hingegen häufig und zudem von einer Vielzahl von Personen frequentiert.

8 **4. Lehre von der typisierenden Betrachtungsweise.** Allerdings kommt auch beim selbstständigen Teileigentum die Lehre von der typisierenden Betrachtungsweise (→ *Teileigentum* Rn. 9) zur Anwendung.[13] Eine an sich unzulässige Nutzung kann danach ausnahmsweise doch duldungspflichtig sein, wenn sie nicht mehr stört oder beeinträchtigt als eine von der Zweckbestimmung noch gedeckte Nutzung.

9 Beim Wohnen in einem Nebenraum hat der BGH freilich insoweit eine Grenze gezogen, als jede Nutzung zu Wohnzwecken, die nicht nur vorübergehender Art ist, als zweckwidrig und demgemäß unzulässig betrachtet wird (→ Rn. 6). Der Grund dürfte darin bestehen, dass jenseits des gelegentlichen und vorübergehenden Wohnens auch unter Berücksichtigung einer typisierenden Betrachtungsweise eine Duldungspflicht kaum in Betracht kommt. Denn dort wird das Wohnen zur dauernden Verhaltensweise und erzeugt stets ein Mehr an Beeinträchtigungen und Störungen als die Nutzung als Nebenraum.

10 Andere Nutzungen können sich aber ausnahmsweise als zulässig erweisen. Nicht zu beanstanden ist die Nutzung eines Speicherraumes als Archiv.[14] Die Nutzung eines Kellerraumes als Trockensauna soll ebenfalls in

---

5 Vgl. OLG Schleswig 17.5.2006 – 2 W 198/05, FGPrax 2006, 207; s. auch BGH 4.12.2014 – V ZB 7/13, ZWE 2015, 208.

6 Vgl. OLG Düsseldorf 28.11.2003 – I-3 Wx 252/03, FGPrax 2004, 61.

7 Dazu BayObLG 15.7.1988 – 2 Z 145/87, ZMR 1988, 436.

8 S. BGH 16.6.2011 – V ZA 1/11, ZWE 2011, 396.

9 BGH 4.12.2014 – V ZB 7/13, ZWE 2015, 208 mwN.

10 Vgl. auch BGH 16.6.2011 – V ZA 1/11, ZWE 2011, 396.

11 Vgl. OLG Schleswig 17.5.2006 – 2 W 198/05, FGPrax 2006, 207.

12 BayObLG 20.1.1994 – 2Z BR 93/93, NJW-RR 1994, 527.

13 BGH 16.5.2014 – V ZR 131/13, NJW 2014, 2640; OLG Zweibrücken 14.12.2005 – 3 W 196/05, FGPrax 2006, 114.

14 Vgl. BayObLG 14.2.2001 – 2Z BR 90/00, NZM 2001, 1083.

Betracht kommen können,[15] ebenso die Nutzung als Hobbyraum.[16] Dass ein Kellerraum als Musikzimmer genutzt werden darf, erscheint demgegenüber sehr zweifelhaft, weil zu weitgehend.[17]

5. Rechtsfolgen. Als Rechtsfolge einer unzulässigen Nutzung eines unselbstständigen Teileigentums ergibt sich in erster Linie ein Unterlassungsanspruch gem. § 1004 Abs. 1 BGB. Im Ausgangspunkt handelte es sich früher um einen Individualanspruch der einzelnen Eigentümer.[18] Nach der Neufassung der gesetzlichen Konzeption handelt es sich nunmehr um einen Anspruch der Gemeinschaft. Gerichtet ist dieser gegen den Eigentümer, der durch die zweckwidrige Nutzung stört. Soweit sein Mieter unmittelbarer Störer ist, entspricht es ständiger Rechtsprechung, dass der Unterlassungsanspruch gegen den Eigentümer nicht an dessen mietvertraglichen Bindungen scheitert.[19]   11

Eine weitere Rechtsfolge kann sich an einer auf den ersten Blick überraschenden Stelle ergeben: Die **Unterteilung** von Wohnungs- oder Teileigentum in zwei oder mehr Einheiten bedarf grundsätzlich nicht der Mitwirkung der übrigen Eigentümer. Etwas anderes gilt aber, wenn Räume, die nach der Teilungserklärung nicht zu Wohnzwecken dienen, nach der Unterteilungserklärung ein neues Wohnungseigentum bilden sollen. Das ist auch dann der Fall, wenn Räume eines unselbstständigen Teileigentums miteinbezogen werden.[20] Folge daraus ist, dass die gesamte Unterteilung scheitert. Die Grundbucheintragungen, die eine solche Unterteilung vollziehen, können auch nicht etwa Grundlage eines gutgläubigen Erwerbs sein.[21]   12

6. Schlussfolgerungen für den rechtlichen Gestaltungsbedarf. Hauptsächlich wird die Variante längerfristige Wohnnutzung eines Nebenraumes gestaltungsbedürftig sein. Wenn eine solche Nutzung ausnahmsweise zulässig sein soll, bedarf es einer Vereinbarung bzw. einer entsprechenden Regelung in der Teilungserklärung.   13

238. Unterteilung

Breiholdt

I. Einführung

Ein Sondereigentümer kann entsprechend § 8 WEG seine bestehende Einheit in mehrere in sich wiederum abgeschlossene Raumeinheiten aufteilen und **selbstständige Wohnungseigentumsrechte** bilden.[1] Möglich ist aber nur die Unterteilung von Räumen, die bereits im Sondereigentum stehen. Eine Mitwirkung der übrigen Eigentümer ist – soweit deren Rechte nicht beeinträchtigt werden – nicht erforderlich.   1

Der bestehende Miteigentumsanteil wird dabei in **mehrere Miteigentumsanteile** aufgeteilt und diese wiederum mit Sondereigentum an den unterteilten Raumeinheiten verbunden.   2

Meist wird eine große Wohnung in zwei kleinere Einheiten unterteilt. Die Gründe für eine solche Unterteilung können vielfältiger Natur sein. Oft sind es Änderungen in den Lebensumständen, sei es aus familiären (Auszug der Kinder, Scheidung) oder wirtschaftlichen Aspekten (Finanzbedarf) heraus.   3

---

15 OLG Frankfurt a. M. 2.11.2005 – 20 W 378/03, NJW-RR 2006, 1445.
16 OLG Düsseldorf 24.3.1997 – 3 Wx 426/95, NJW-RR 1997, 907.
17 So aber BayObLG 31.8.2000 – 2Z BR 83/00, ZWE 2001, 160.
18 BGH 16.5.2014 – V ZR 131/13, NJW 2014, 2640.
19 BGH 16.5.2014 – V ZR 131/13, NJW 2014, 2640.
20 BGH 4.12.2014 – V ZB 7/13, ZWE 2015, 208.
21 BGH 4.12.2014 – V ZB 7/13, ZWE 2015, 208.
1 BGH 24.11.1978 – V ZB 2/78, NJW 1979, 870.

4 Für die Unterteilung gelten im Wesentlichen die gleichen Regeln wie für die eigentliche Aufteilung eines Grundstückes bzw. Gebäudes. Das WEMoG hat an den bisher geltenden Regeln nichts geändert.

II. Beim Grundbuchamt einzureichende Unterlagen

5 **1. Abgeschlossenheitsbescheinigung.** In analoger Anwendung von § 8 Abs. 2 iVm § 7 Abs. 4 WEG ist dem Grundbuchamt ein **aktualisierter Unterteilungsplan sowie eine Abgeschlossenheitsbescheinigung** vorzulegen, und zwar grundsätzlich für jede der neu gebildeten Einheiten (→ *Abgeschlossenheit* Rn. 1 ff.). Eine Ausnahme gilt nur dann, wenn von vornherein bereits in sich abgeschlossene Räume durch Unterteilung getrennt werden.[2]

6 Die Abgeschlossenheitsbescheinigung ist auch erforderlich, wenn das zu unterteilende Sondereigentum durch **Zusammenlegung** vorher einzeln bestehender Sondereigentumsrechte entstanden ist und nunmehr nur der alte Rechtszustand wiederhergestellt wird.[3]

7 Eine komplette Neunummerierung der Räume ist nicht erforderlich. Ein Teil der zu unterteilenden Räume kann seine „alte" Nummerierung behalten.[4]

8 **2. Öffentlich-rechtliche Genehmigungen.** Ggf. sind Genehmigungen nach § 22 BauGB (Gebiete mit Fremdenverkehrsfunktion) oder § 172 BauGB (Erhaltungsgebiete) einzuholen und dem Grundbuchamt vorzulegen.

9 **3. Zustimmung des Verwalters.** Die Teilungserklärung kann vorsehen, dass für eine Unterteilung die Zustimmung des Verwalters in analoger Anwendung von § 12 WEG erforderlich ist.[5] Diese darf aber nur aus **wichtigem Grund** versagt werden.[6]

10 **4. Sonstige Voraussetzungen.** Im Übrigen sind die Vorschriften der GBO zu beachten. Es ist gem. § 13 GBO der Antrag mindestens eines der teilenden Eigentümer sowie gem. § 19 GBO die Bewilligung aller teilenden Eigentümer in der Form des § 29 GBO einzureichen.

III. Mitwirkung der übrigen Eigentümer

11 Die Mitwirkung der übrigen Eigentümer ist nicht erforderlich, soweit deren Rechte nicht berührt werden.[7]

12 Deshalb kann die Unterteilung nur Räume erfassen, die zum **Sondereigentum** des unterteilten Wohnungseigentums gehört haben.[8] Es darf außerdem – ohne die Zustimmung der übrigen Eigentümer – **kein Sondereigentum zu Gemeinschaftseigentum oder Gemeinschaftseigentum zu Sondereigentum umgewandelt** werden. Dies kann Probleme bereiten, wenn sich die Teilung ohne Eingriff in das Gemeinschaftseigentum nicht durchführen lässt, zB weil bei der Teilung einer Wohnung in zwei Einheiten nunmehr auch zwei getrennte Eingänge erforderlich sind. Dies ist das sogenannte **„Vorflurproblem"**, dass entsteht, wenn zwischen den neu entstehenden Einheiten auf einer Fläche der früheren einheitlichen Wohnung ein Vorflur erforderlich wird, der den Zugang zu den neuen Einheiten ermöglicht. Im Sondermiteigentum kann der Vorflur nicht stehen. Eine Mitwirkung der übrigen Eigentümer ist dann erforderlich. Der BGH verneint insoweit einen Anspruch auf Mitwirkung der übrigen Eigentümer an einer solchen Umwandlung aus § 10 Abs. 2 WEG, hält aber das Bestehen eines Anspruches aus § 242 BGB für denkbar.[9]

13 Eine Mitwirkung der übrigen Eigentümer ist weiterhin dann erforderlich, wenn die **Zweckbestimmung** im weiteren (Wohn- bzw. Teileigentum) oder engeren (Café, Laden etc) Sinne geändert werden soll.[10] Die ohne Mitwirkung der übrigen Wohnungseigentümer erfolgte Unterteilung eines Wohnungseigentums ist deshalb unzulässig, wenn Räume, die nach der Teilungserklärung nicht zu Wohnzwecken dienen, nach der Unterteilungs-

---

2 OLG München 27.5.2011 – 34 Wx 161/1, ZWE 2011, 267.
3 BayObLG 24.2.1994 – 2Z BR 122/93, NJW-RR 1994, 716.
4 OLG München 27.5.2011 – 34 Wx 161/1, ZWE 2011, 267.
5 BGH 17.1.1968 – V ZB 9/67, NJW 1968, 499.
6 NSV/*Vandenhouten* WEG § 8 Rn. 18.
7 BGH 1.10.2004 – V ZR 210/03, NJW-RR 2005, 10.
8 BGH 7.10.2004 – V ZB 22/04, NJW 2004, 3413.
9 BGH 11.5.2012 – V ZR 189/11, NZM 2012, 613 zu § 10 Abs. 2 S. 3 WEG aF.
10 BGH 4.12.2014 – V ZB 7/13, ZWE 2015, 208.

erklärung ein neues Wohnungseigentum bilden. Grundbucheintragungen, die eine solche Unterteilung vollziehen, sind inhaltlich unzulässig und können nicht Grundlage für einen **gutgläubigen Erwerb** sein.[11]

Soweit zur Durchführung der Unterteilung bauliche Änderungen gem. § 20 Abs. 1 WEG erforderlich sind, ist   14
die Zustimmung der betroffenen Eigentümer einzuholen.[12] Diese Zustimmung muss aber dem Grundbuchamt nicht vorgelegt werden.[13]

IV. Zustimmung der Grundpfandgläubiger

Eine Zustimmung der Grundpfandgläubiger zur Unterteilung ist ebenso wie bei der Teilung des Grundstückes   15
in Wohnungseigentumsrechte grds. **nicht erforderlich**.[14]

V. Vollständige Aufteilung

Die Aufteilung muss vollständig sein; alle zum aufgeteilten Sondereigentum gehörenden Räume müssen zu   16
einer neu gebildeten Sondereigentumseinheit gehören. Wird ein Raum, zB der Keller, vergessen, ist die Unterteilung unwirksam. Es entsteht in diesem Fall ein **„isolierter Miteigentumsanteil"**.[15]

Verstößt eine Unterteilung gegen das Gebot der vollständigen Unterteilung oder erfasst sie Räume, die im   17
fremden Sondereigentum oder im gemeinschaftlichen Eigentum stehen, und erfolgt gleichwohl die Eintragung der Unterteilung, führt dies zu einer inhaltlich unzulässigen Grundbucheintragung. Ein gutgläubiger Erwerb der unwirksam aufgeteilten neuen Einheiten scheidet deshalb aus.[16]

VI. Belastungen und Sondernutzungsrechte

Belastungen des unterteilten Sondereigentums setzen sich vorbehaltlich § 1026 BGB an den neu entstandenen   18
Sondereigentumseinheiten fort, weshalb die Zustimmung der Grundpfandgläubiger nicht erforderlich ist.[17]

Berechtigungen, zB **Sondernutzungsrechte**, stehen den neu entstandenen Sondereigentumseinheiten gemein-   19
sam zu, es sei denn, das Sondernutzungsrecht wird nur einem Sondereigentum zugeordnet. In diesem Fall ist zwar nicht die Zustimmung der übrigen Eigentümer, wohl aber der dinglich Berechtigten am „abgebenden" Sondereigentum erforderlich.[18]

VII. Auswirkungen auf das Stimmrecht

Die einseitige Möglichkeit des einzelnen Eigentümers, seine Einheit zu unterteilen, darf keine Auswirkung auf   20
den Status und die Rechte der übrigen Eigentümer haben. Jeder Eigentümer kann darauf vertrauen, dass in der Regel die **Stimmrechtsverhältnisse** innerhalb einer Wohnungseigentümergemeinschaft dauerhaft **konstant bleiben**, da die Rechte der übrigen Eigentümer ansonsten nicht gewahrt würden. Insofern bestehen bei der (Neu-)Aufteilung des Stimmrechtes im Rahmen einer Unterteilung Schwierigkeiten je nach dem im Verband Eigentümergemeinschaft geltenden Stimmrechtsprinzip.

Gilt das **Kopfteilprinzip**, so muss das Stimmrecht unter den neu entstandenen Sondereigentumseinheiten auf-   21
geteilt werden, da es ansonsten zu einer Stimmrechtsmehrung zulasten der übrigen Wohnungseigentümer kommen würde.[19] Die nachträgliche Aufteilung und Veräußerung eines Wohnungseigentumsrechts ohne Mitwirkung der übrigen Eigentümer unter der Geltung des Kopf- oder des Objektstimmrechts darf **nicht zu einer Vermehrung der Stimmrechte** führen. Das ursprüngliche Stimmrecht der ungeteilten Einheit wird deshalb nach Unterteilung und anschließender Veräußerung einer der neu gebildeten Einheiten nach Bruchteilen aufge-

11 BGH 4.12.2014 – V ZB 7/13, NZM 2015, 454.
12 *Hügel/Elzer* WEG § 8 Rn. 50 zu § 22 Abs. 1 WEG aF.
13 OLG München 24.7.2013 – 34 Wx 210/13, ZWE 2013, 409.
14 Bärmann/*Armbrüster* WEG § 2 Rn. 96.
15 BeckOK BGB/*Hügel* WEG § 8 Rn. 13 mwN.
16 BGH 1.10.2004 – V ZR 210/03, NZM 2004, 876.
17 NSV/*Vandenhouten* WEG § 8 Rn. 19.
18 NSV/*Schmidt-Ränsch* WEG § 13 Rn. 44.
19 BGH 27.4.2012 – V ZR 211/11, NJW 2012, 2434.

spalten. Wurden durch die Unterteilung zwei Einheiten neu gebildet, dann verfügt der Erwerber lediglich über ein halbes Kopfstimmrecht, welches er aber aufgrund der Selbstständigkeit der neu gebildeten Einheit unabhängig vom Eigentümer der anderen aus der Unterteilung entstandenen Einheit ausüben kann.[20]

22 Das Gleiche gilt für den Fall, dass in der Eigentümergemeinschaft das **Objektprinzip** gilt. Auch hier führt die Unterteilung einer Wohnungseigentumseinheit im Fall der Veräußerung nicht zu einer Stimmrechtsvermehrung.[21] Auch hier erfolgt eine Aufspaltung des ursprünglich einheitlichen Stimmrechts in Bruchteile (Aufteilung einer Einheit in zwei Einheiten = zwei halbe Stimmen).[22]

23 Unproblematisch ist letztlich die veränderte Stimmkraft im Falle des **Wertprinzips**, bei dem sich das Stimmrecht nach den Miteigentumsanteilen richtet. Diese werden im Rahmen der Unterteilung zwischen den neu entstehenden Sondereigentumseinheiten aufgeteilt.

239. Unzulässige bauliche Veränderung im Gemeinschaftseigentum und Sanktionen

Hansen

I. Einführung

1 Nach § 22 Abs. 1 S. 1 WEG aF konnten bauliche Veränderungen, die über die ordnungsmäßige Instandhaltung oder Instandsetzung des gemeinschaftlichen Eigentums hinausgehen, beschlossen oder verlangt werden, wenn jeder Wohnungseigentümer zustimmt, dessen Rechte durch die Maßnahme über das in § 14 Nr. 1 WEG aF bestimmte Maß hinaus beeinträchtigt werden. Dies führte regelmäßig dazu, dass in den meisten Fällen eines baulichen Eingriffs im Gemeinschaftseigentum eine Einstimmigkeit erforderlich war – die Grenze der Beeinträchtigung war niedrig anzusetzen und selbst ein einzelner Eigentümer konnte die bauliche Veränderung verhindern.

---

20 BeckOK WEG/*Bartholome* § 25 Rn. 27.
21 BGH 7.10.2004 – V ZB 22/04, NJW 2004, 3413.
22 BeckOK WEG/*Bartholome* § 25 Rn. 31.

Durch § 20 Abs. 1 WEG ist es nun möglich, mit einfacher Mehrheit auch eine erhebliche Umgestaltung des **2** Gemeinschaftseigentums zu beschließen (→ *Bauliche Veränderungen* Rn. 7 ff.). Die ursprünglich eng gesetzte Veränderungssperre ist im Rahmen des § 20 Abs. 4 WEG weit gezogen und greift erst, wenn die Umgestaltung der Wohnanlage grundlegend ist. Die Realisierung baulicher Veränderungen ist mit den Stimmen der Mehrheit der Eigentümer vereinfacht worden. Gleichwohl – eine Legitimation ist für die bauliche Veränderung des Gemeinschaftseigentums notwendig. Fehlt sie, stellt sich die Frage, durch wen und wie hiergegen vorgegangen werden kann.

II. Rechtsgrundlagen für eine bauliche Maßnahme

1. Gesetz. Der **Begriff** der baulichen Veränderung iSd § 20 Abs. 1, 2 S. 1, Abs. 3 und 4 WEG ist die Verände- **3** rung des Soll-Zustandes des Gemeinschaftseigentums. Nicht hierher gehören die ordnungsmäßige Erstherstellung und Erhaltungsmaßnahmen nach § 19 Abs. 2 Nr. 2 WEG, mit denen der Soll-Zustand des Gebäudes nicht neu definiert wird, sondern der ursprüngliche Zustand erstmals oder wieder hergestellt wird.

2. Vereinbarung. Die Regelung des § 20 Abs. 1 WEG ist disponibel und kann durch **Vereinbarung** (Gemein- **4** schaftsordnung) geändert werden.[1] **Öffnungsklauseln** können veränderte Mehrheiten bei Beschlüssen über bauliche Veränderungen vorsehen. Eine Legitimation für eine bauliche Veränderung kann auf diesem Weg gegeben sein.

3. Beschluss. a) Mehrheitsbeschluss. Gem. § 20 Abs. 3 WEG hat ein Eigentümer auch gegen die Mehrheit **5** einen Anspruch auf Gestattung einer baulichen Veränderung, wenn alle insoweit beeinträchtigten Eigentümer einverstanden sind (→ *Bauliche Veränderungen* Rn. 44 ff.). Daraus wird der Schluss gezogen, dass auch dann ein Beschluss nach § 20 Abs. 1 WEG als Legitimation einer baulichen Veränderung notwendig ist, wenn kein Eigentümer beeinträchtigt ist. Damit bedarf es stets eines Beschlusses bei baulichen Eingriffen in das Gemeinschaftseigentum. Die umstrittene und vom BGH[2] offengelassene Frage, ob formelle Voraussetzung für die Zulässigkeit einer Maßnahme nach § 22 Abs. 1 WEG aF ein entsprechender Beschluss ist oder eine formlose Zustimmung derjenigen Eigentümer ausreicht, deren Zustimmung gem. §§ 22 Abs. 1 iVm 14 Nr. 1 WEG aF erforderlich ist, ist damit beantwortet.

Ein **Negativbeschluss** begründet selbstverständlich keine Legitimation für die bauliche Maßnahmen, ent- **6** wickelt aber auch keine Sperrfunktion für spätere erneute Anträge des bauwilligen Eigentümers, über die Maßnahme erneut abstimmen zu lassen.[3]

Die bauliche Veränderung ist möglichst genau zu bezeichnen, um nicht mangels **Bestimmtheit** die Anfecht- **7** barkeit zu riskieren.[4] Eine Blankett-Formulierung widerspricht ordnungsmäßiger Verwaltung[5] und der Eigentümer, dem eine bauliche Veränderung gestattet wird, darf nicht über das erlaubte Maß der Gestattung hinausgehen.[6]

b) Angefochtener Beschluss. Kommt ein Mehrheitsbeschluss, der eine bauliche Maßnahme legitimiert, posi- **8** tiv zustande und wird dieser innerhalb der Notfrist von § 45 WEG zumindest von einem Eigentümer angefochten, hindert dies noch nicht den **Vollzug**. Nach § 23 Abs. 4 S. 2 WEG ist ein Beschluss erst dann unwirksam, wenn dies rechtskräftig durch ein Gericht festgestellt wird. Bis zu diesem Zeitpunkt besteht grundsätzlich die Pflicht für den Verwalter, den Beschluss zu vollziehen.[7]

Wird die bauliche Maßnahme aber vollzogen und erst danach durch rechtskräftiges Urteil festgestellt, dass der **9** Beschluss zur Legitimation unwirksam war, entfällt Letzterer und ein Anspruch auf Rückgängigmachung der

---

1 BayObLG 5.5.2004 – 2Z BR 265/03, WuM 2004, 495.
2 BGH 20.7.2018 – V ZR 56/17, NZM 2018, 794; s. a. LG Hamburg 20.12.2017 – 318 S 210/17, ZMR 2018, 433; LG Berlin 29.10.2010 – 55 S 155/10, ZWE 2011, 181; LG München I 6.7.2015 – 1 S 22070/14, ZMR 2016, 61.
3 BGH 2.10.2015 – V ZR 5/15, ZMR 2016, 122.
4 LG Bremen 7.10.2016 – 4 S 250/15, ZMR 2017, 83.
5 OLG Düsseldorf 17.9.2001 – 3 Wx 28/01, ZMR 2002, 214.
6 LG Bremen 13.6.2000 – 2 Z 216/00, ZMR 2001, 149.
7 BGH 8.6.2018 – V ZR 125/17, ZMR 2018, 777, wobei sich der Anspruch nicht gegen den Verwalter, sondern gegen die Gemeinschaft der Wohnungseigentümer richtet.

baulichen Maßnahme iSe **Folgenbeseitigungsanspruchs** kommt in Betracht (→ *Folgenbeseitigungsanspruch* Rn. 4 ff.).[8]

10 Ein Erfolg dessen ist allerdings nicht zwingend. Allein das Anfechtungsurteil verpflichtet nicht zur Rückgängigmachung – erforderlich wäre (erneut) ein Beschluss, da auch die Wiederherstellung des ursprünglichen Zustandes wieder eine bauliche Maßnahme ist. Kommt ein solcher Beschluss nicht zustande, etwa, weil nur ein Eigentümer angefochten hatte und alle anderen sowieso von der baulichen Maßnahme überzeugt waren, bliebe die **Klage auf Beschlussersetzung** nach § 44 Abs. 1 S. 2 WEG, eben gerichtet auf die Rückgängigmachung (→ *Beschlussersetzung* Rn. 4 ff.). Die Eigentümer, die sich dagegen sperren, können die Unzumutbarkeit der insoweit (erneut) aufzuwendenden Kosten und Treu und Glauben ins Feld führen. Dieser Einwand wäre wohl nicht erfolgversprechend, hätte für die sich der Rückgängigmachung sperrenden Eigentümer bereits bei der Beschlussfassung erkennbar sein müssen, dass ein hohes Anfechtungsrisiko besteht, etwa, weil die bauliche Veränderung der Einstimmigkeit nach § 20 Abs. 3 WEG bedurft hätte. Anders könnte dies sein, wenn die Anfechtungsklage (nur) aus formalen Gründen Erfolg gehabt hat, so zB wenn die Eigentümer über die Maßnahme im Vorfeld unzureichend informiert waren. Letztlich hängt der Erfolg einer Folgenbeseitigungsklage davon ab, dass die Rückgängigmachung nicht unmöglich und die Entscheidung der Eigentümer im Einzelfall nicht ermessensfehlerhaft ist.[9]

11 **c) Kein Beschluss.** Eine Baumaßnahme, die das Gemeinschaftseigentum betrifft, ist ohne Beschluss rechtswidrig. Dies gilt im Hinblick auf Sondereigentum nach § 13 Abs. 2 WEG auch dann, wenn die von der baulichen Maßnahme ausgehende Beeinträchtigung über das bei einem geordneten Zusammenleben unvermeidliche Maß hinausgeht. Damit gilt für bauliche Maßnahmen am Sondereigentum kein generelles Bauverbot oder, anders ausgedrückt, der Sondereigentümer darf grundsätzlich auch ohne Beschluss die bauliche Maßnahme am Sondereigentum durchführen. Anders ist dies eben nur dann, wenn die Beeinträchtigung das unvermeidliche Maß überschreitet, §§ 13 Abs. 2, 20 Abs. 3 WEG.

12 Eine **Klage** nach § 256 ZPO wiederum, gerichtet auf die Feststellung, dass eine Zustimmung der übrigen Eigentümer zu der beabsichtigten Baumaßnahme und damit ein Beschluss nicht notwendig sei, wäre unzulässig, da für den bauwilligen Eigentümer die Möglichkeit besteht, nach Vorbefassung eine Klage auf Beschlussersetzung nach § 44 Abs. 1 S. 2 WEG zu führen.[10]

13 **4. Genehmigung.** Die Wohnungseigentümer können eine ohne Legitimation durchgeführte bauliche Veränderung auch noch im Nachhinein **genehmigen**.[11] Nach § 20 Abs. 1 WEG ist die einfache Mehrheit ausreichend und insbesondere die Gestattung nach § 20 Abs. 1 Alt. 2 WEG legitimiert die bauliche Maßnahme mit der Folge der alleinigen Kostentragungspflicht des § 21 Abs. 1 S. 1 Alt. 1 WEG. Prüfungsmaßstab bleiben auch bei der nachträglichen Gestattung die Vorgaben des § 20 Abs. 4 WEG.

14 Da § 20 Abs. 3 WEG einen Anspruch auf einen Beschluss ermöglicht, eine bauliche Maßnahme ohne relevante Beeinträchtigung zu realisieren, kann dieser auch nach bereits vollzogener Veränderung als Genehmigung geltend gemacht werden. Kommt der Beschluss und damit die Genehmigung nicht zustande, bleibt dem Anspruchsteller die Beschlussersetzungsklage nach § 44 Abs. 1 S. 2 WEG. Hierbei kommt dem Umbau des Eigentümers, dessen bauliche Maßnahme im Nachhinein genehmigt wird, Folgendes zugute: Während bei einem Antrag auf Zustimmung zur baulichen Veränderung vom Bauwilligen äußerst genau die Maßnahme beschrieben werden muss, um bei der Beschlussfassung nicht an einer mangelnden Bestimmtheit zu scheitern, kann bei einem Genehmigungsbeschluss im Nachhinein, dh nach durchgeführter baulicher Veränderung, auf eben jene zurückgegriffen werden, da die Bauausführung ein außerhalb des protokollierten Beschlusses liegender Umstand ist, der für jedermann erkennbar ist und zu seiner Auslegung herangezogen werden kann.[12]

15 **5. Zustimmung durch den Verwalter.** Teilweise findet sich in der Teilungserklärung/Gemeinschaftsordnung die Einbindung des Verwalters, wenn es um bauliche Veränderungen am Objekt geht. Regelmäßig soll damit eine Prüfung durch den Verwalter gewährleistet sein, um eigenmächtiges Handeln eines Wohnungseigentü-

---

8 LG München 9.5.2016 – 1 S 13988/15, ZMR 2016, 731.

9 LG München 9.5.2016 – 1 S 13988/15, ZMR 2016, 731.

10 LG Bremen 7.10.2016 – 4 S 250/15, ZMR 2017, 83; LG München 20.4.2015 – 1 S 12462/14, ZMR 2015, 799.

11 OLG Düsseldorf 2.11.2004 – 3 Wx 234/04, NZM 2005, 791.

12 OLG Düsseldorf 2.11.2004 – I-3 Wx 234/04, ZMR 2005, 144; AG Hamburg 24.6.2015 – 539 C 31/14, ZMR 2015, 813.

mers zu verhindern (sog. **Vorschalterfordernis**). Die Rechte der Wohnungseigentümer sollen dadurch nicht eingeschränkt werden.[13] Hält sich der Bauwillige an den in der Vereinbarung vorgezeichneten Weg und beantragt beim Verwalter dessen Zustimmung, kann er bei Ablehnung den Verwalter auf Zustimmung nach § 43 Abs. 2 Nr. 3 WEG verklagen. Empfehlenswert dürfte dies aber nicht sein, da es in jedem Fall den Eigentümern unabhängig von der Entscheidung des Verwalters freisteht, abweichend zu entscheiden.[14]

III. Beeinträchtigung

1. Begriff der baulichen Veränderung. Bauliche Veränderung ist nicht nur eine Veränderung bereits vorhandener Gebäudeteile, sondern jede auf Dauer angelegte gegenständliche Veränderung realer Teile des gemeinschaftlichen Eigentums, die von dem im Aufteilungsplan vorgesehenen Zustand abweicht, wenn sie über eine ordnungsmäßige Erhaltung hinausgeht.[15]   16

Allerdings werden auch die ohne Eingriff in die Substanz des gemeinschaftlichen Eigentums vorgenommenen Maßnahmen, wie etwa die einer „erheblichen Veränderung des optischen Gesamteindrucks des Gebäudes", nach den gleichen Maßstäben betrachtet.[16]   17

2. Beeinträchtigung und Nachteil (§ 14 Abs. 1 Nr. 2 WEG). Jeglicher Eingriff in das Gemeinschaftseigentum bedarf einer Legitimation – dh ohne eine solche darf nicht baulich eingegriffen werden –, die nach § 20 Abs. 1 und 2 WEG jedoch mit einfacher Mehrheit und unter Beachtung der Veränderungssperre des § 20 Abs. 4 WEG erleichtert erreicht werden kann. Insoweit stellt sich die nach §§ 22 Abs. 1, 14 Nr. 1 WEG aF relevante Frage der Beeinträchtigung bzw. des Nachteils nur noch im Rahmen des § 20 Abs. 3 WEG und § 13 Abs. 2 WEG.   18

Als Nachteil iSv § 14 Nr. 1 WEG aF wurde nicht jede ganz unerhebliche Beeinträchtigung verstanden. Zur Orientierung dient die **Bagatellgrenze**[17] – nur ganz geringfügige Beeinträchtigungen bleiben außer Betracht.[18] Entscheidend ist, ob sich nach der Verkehrsanschauung ein Wohnungseigentümer in der entsprechenden Lage verständlicherweise beeinträchtigt fühlen kann, wobei subjektive Befindlichkeiten außer Betracht bleiben.[19] Diese Rechtsprechung ist im Rahmen des § 20 Abs. 3 WEG und § 13 Abs. 2 WEG weiter zu beachten.   19

Eine **erhebliche optische Veränderung** des Gebäudes birgt regelmäßig eine Beeinträchtigung.[20] Dabei kommt es auch nicht darauf an, ob die Veränderung im Einzelfall architektonisch oder ästhetisch geglückt ist, denn im Regelfall können auch verständige Wohnungseigentümer dies unterschiedlich bewerten, selbst wenn die Maßnahme dem gängigen Zeitgeschmack entspricht.[21]   20

Auch eine intensivere **Nutzung von Räumen**[22] oder auch die unzulässige Nutzung von Räumen[23] ist regelmäßig ein Nachteil.   21

Nachteile können sich auch durch Eingriffe in das Gemeinschaftseigentum ergeben, die für die Sicherheit und Statik von Bedeutung sind.[24] Bei einem Verstoß gegen **öffentlich-rechtliche Normen** kommt ein Nachteil in Betracht, wenn die Vorschrift den einzelnen Wohnungseigentümer schützen soll, dh drittschützenden Charakter hat (→ *Öffentliches Recht des Wohnungseigentums* Rn. 20).[25] Wird durch die bauliche Maßnahme die künftige Erhaltung oder Schadenserkennung oder Zuordnung von Schäden am gemeinschaftlichen Eigentum erschwert, ist ein Nachteil gegeben.[26]   22

---

13 LG München 14.4.2012 – 1 S 11654/11, ZMR 2013, 748.
14 BGH 13.5.2011 – 5 ZR 166/10, ZMR 2011, 813.
15 OLG Düsseldorf 11.8.1997 – 3 Wx 227/97, ZMR 1997, 657.
16 BGH 22.1.2004 – V ZB 51/03, ZMR 2004, 438; BGH 18.11.2016 – V ZR 49/16, ZMR 2017, 409.
17 BVerfG 22.12.2004 – 1 BvR 1806/04, ZMR 2005, 634.
18 BGH 24.1.2014 – V ZR 48/13, NZM 2014, 201.
19 BGH 8.4.2011 – V ZR 201/10, ZMR 2011, 734.
20 BGH 22.1.2004 – V ZB 51/03, ZMR 2004, 438; BGH 18.11.2016 – V ZR 49/16, ZMR 2017, 409.
21 BGH 14.12.2012 – V ZR 224/11, ZMR 2013, 292.
22 LG München 18.7.2013 – 36 S 20429/12, ZWE 2014, 189.
23 OLG Düsseldorf 1.12.1995 – 3 Wx 337/95, ZMR 1996, 281.
24 BGH 21.12.2000 – V ZR 45/00, ZMR 2001, 289.
25 OLG Hamm 9.1.2009 – I-15 Wx 142/08, MietRB 2009, 173.
26 BGH 7.2.2014 – V ZR 25/13, ZMR 2014, 554.

IV. Anspruchsinhaber

23 Ist die bauliche Maßnahme umgesetzt, dh die Veränderung gegeben und wird ein Nachteil bejaht, doch mangelt es an einer Legitimation, konnte jeder Miteigentümer den **Rückbau** und die **Wiederherstellung** des ursprünglichen Zustandes des gemeinschaftlichen Eigentums verlangen. Möglich war es aber auch, dass die Gemeinschaft der Wohnungseigentümer gegen die unzulässige bauliche Maßnahme vorging.

24 Dies hat sich mit dem 1.12.2020 geändert. Nur noch die **Gemeinschaft der Wohnungseigentümer** ist berechtigt, wegen eines nicht legitimierten Eingriffs in das Gemeinschaftseigentum gegen den Störer vorzugehen.

25 **1. Anspruch des Eigentümers.** Materieller Inhaber sowohl eines Anspruchs auf Schadenersatz für Beschädigungen des gemeinschaftlichen Eigentums wie auch von Unterlassungs- und Beseitigungsansprüchen nach § 1004 Abs. 1 BGB, § 823 BGB sind die Eigentümer. Das gemeinschaftliche Eigentum ist kein Teil des gem. § 9 a Abs. 3 WEG der Gemeinschaft der Wohnungseigentümer zugeordneten Gemeinschaftsvermögens.[27]

26 **2. Durchsetzung des Anspruchs. a) Ausübungsbefugnis der Gemeinschaft der Wohnungseigentümer.** Dennoch kann nicht **jeder Miteigentümer** den Rückbau einer unzulässigen baulichen Maßnahme und die Wiederherstellung des ursprünglichen Zustandes nach §§ 1004, 823 BGB vom unmittelbaren oder mittelbaren Handlungsstörer verlangen, sondern dies steht in der Ausübung alleine der Gemeinschaft der Wohnungseigentümer zu, § 9 a Abs. 2 Var. 1 WEG.[28]

27 Im Hinblick auf ein Vorgehen gegen den **Zustandsstörer** ist zu **differenzieren**. Kann ein Eigentümer als Zustandsstörer nicht direkt auf Beseitigung einer störenden Einrichtung in Anspruch genommen werden, haftet er – dennoch – auf **Duldung** der Beseitigung. Bei dem Anspruch auf Duldung handelt es sich um einen von einem Beseitigungsanspruch zu unterscheidenden Verfahrensgegenstand, dessen Durchsetzung aber auch der Gemeinschaft der Wohnungseigentümer zusteht. Dies muss nicht mehr damit begründet werden, dass die Durchsetzung des Duldungsanspruchs (konkret etwa die Beauftragung eines Handwerkers, die Erhebung der Klage, die Umsetzung der Beseitigung auf Kosten des Gemeinschaftsvermögens, die Organisation durch den Verwalter) gegen den Zustandsstörer eine gemeinschaftsbezogene Angelegenheit ist, die der Mitwirkung der anderen Eigentümer bedarf, sondern ergibt sich aus § 9 a Abs. 2 Var. 1 WEG.

28 Der Weg der Wohnungseigentümer, die Verfolgung der Beseitigungsansprüche durch Mehrheitsbeschluss an sich zu ziehen und zu einer gemeinschaftlichen Angelegenheit zu machen, ist entfallen, wie auch die nach alter Rechtslage insoweit vorzunehmende Differenzierung zwischen geborener und gekorener Ausübungsbefugnis.[29] Die Gemeinschaft der Wohnungseigentümer ist **Prozessstandschafterin**, da sie im eigenen Namen die individuellen Rechte der Miteigentümer geltend macht, die die Störung reklamieren.[30]

29 Dies gilt auch für die Befugnis zur Geltendmachung eines Schadenersatzanspruchs aus §§ 823 Abs. 1, 249 S. 2, 251 BGB, gerichtet auf Geldentschädigung für die Störung des Gemeinschaftseigentums. Laut BGH muss die Verfolgung von Zahlungsansprüchen sowie die Entgegennahme von und Abrechnung über Zahlungen sinnvollerweise gebündelt erfolgen; es bestand schon nach alter Rechtslage eine geborene Ausübungsbefugnis für die Geltendmachung nach § 10 Abs. 6 S. 3 Hs. 1 WEG aF,[31] auf die es aber nicht mehr ankommt.

30 Die Prozessstandschaft der Gemeinschaft der Wohnungseigentümer betrifft allerdings regelmäßig nicht das **Sondereigentum**. Bauliche Maßnahmen am Sondereigentum unterliegen grundsätzlich keinen Einschränkungen.[32] Jedoch: Befindet sich die Quelle der Störung im Bereich des Sondereigentums, kann beschlossen werden, das gemeinschaftliche Eigentum in einen ordnungsmäßigen Zustand zu versetzen.[33] Entsprechendes gilt

---

27 BGH 30.3.2006 – V ZB 17/06, ZMR 2006, 457.
28 Zur alten Rechtslage siehe: BGH 26.10.2018 – V ZR 328/17, NZM 2019, 256; BGH 7.2.2014 – V ZR 25/13, ZMR 2014, 554.
29 Vgl. zur alten Rechtslage: BGH 26.10.2018 – V ZR 328/17, NZM 2019, 256; BGH 5.7.2019 – V ZR 149/18, NZM 2019, 788.
30 BGH 5.12.2014 – V ZE 5/14, ZMR 2015, 248.
31 BGH 26.10.2018 – V ZR 328/17, NZM 2019, 256.
32 BGH 13.10.2017 – V ZR 305/16, ZMR 2018, 242.
33 BGH 18.11.2016 – V ZR 49/16, NZM 2017, 328.

für eine Sondernutzungsfläche. Der betroffene Wohnungseigentümer ist gem. § 14 Abs. 1 Nr. 2 WEG verpflichtet, die Maßnahme zu dulden.[34]

b) Prozessvollmacht. Die Ausübungsbefugnis ist unabhängig von der **Prozessvollmacht** für eine von der Gemeinschaft der Wohnungseigentümer aktiv geführte Klage auf Geltendmachung von Schadenersatzzahlungen zu sehen.[35] Dies muss durch Mehrheitsbeschluss geregelt werden. Die Vertretungsmacht des Verwalters ist nach § 9 b Abs. 1 S. 1 und 3 WEG zwar kraft Gesetzes unbeschränkt und unbeschränkbar, doch im Innenverhältnis fällt eine für die Gemeinschaft der Wohnungseigentümer geführte Aktivklage regelmäßig nicht unter § 27 Abs. 1 WEG. Unzulässig ist es, wenn der Verwalter Ansprüche der Gemeinschaft im eigenen Namen und gewillkürter Prozessstandschaft geltend macht (→ *Verwalter* Rn. 52).[36] 31

3. Anspruch des Eigentümers nach § 18 Abs. 2 WEG. a) Anspruch auf Beschlussfassung. Die einzelnen beeinträchtigten Eigentümer hatten vor dem 1.12.2020 nach § 21 Abs. 4 WEG aF einen Anspruch auf ordnungsmäßige Verwaltung, der sich unter anderem auf die **ordnungsmäßige Instandhaltung** und Instandsetzung des gemeinschaftlichen Eigentums richtete, § 21 Abs. 5 Nr. 2 WEG aF.[37] Hierzu gehörte auch die Beseitigung der Beeinträchtigung. Der Individualanspruch des beeinträchtigten Eigentümers richtete sich so nach § 21 Abs. 4 WEG aF gegen die anderen Eigentümer zur – erzwungenen – Beschlussfassung (Vorbefassung), inhaltlich gerichtet auf die Duldung der Beseitigung der Störung. 32

§ 18 Abs. 2 Nr. 1 WEG regelt nun den Anspruch auf Beseitigung eines rechtswidrigen Umgangs mit dem Gemeinschaftseigentum. Danach kann jeder Wohnungseigentümer von der Gemeinschaft der Wohnungseigentümer eine Verwaltung des Gemeinschaftseigentums verlangen, die dem Interesse aller Wohnungseigentümer nach billigem Ermessen und zudem den gesetzlichen Regelungen, Vereinbarungen und Beschlüssen entspricht. 33

Greift damit ein Eigentümer als Störer durch eine bauliche Maßnahme ohne Legitimation in das Gemeinschaftseigentum ein, obliegt es der Gemeinschaft der Wohnungseigentümer, die Sanktion um- und durchzusetzen. Bleibt die Gemeinschaft der Wohnungseigentümer – aus welchen Gründen auch immer – aber untätig, besteht für den einzelnen Eigentümer der **Anspruch nach § 18 Abs. 2 Nr. 1 WEG**, dass ein Mehrheitsbeschluss gefasst wird, gegen den Störer vorzugehen, sei es im Wege der Beseitigung oder der Geltendmachung von Schadenersatz. Genauso denkbar ist aber auch die Durchsetzung des Anspruchs eines einzelnen Eigentümers nach § 18 Abs. 2 Nr. 1 WEG gerichtet gegen die Gemeinschaft der Wohnungseigentümer, einen Beschluss zu fassen, nach dem die Rückgängigmachung der baulichen Veränderung auf Kosten aller und unter Geltendmachung des Duldungsanspruchs gegen den Zustandsstörer gerichtet ist. 34

Der Anspruch des Eigentümers nach § 18 Abs. 2 WEG zielt nicht darauf, dass die Gemeinschaft der Wohnungseigentümer selbst handelt, indem die vom Störer veranlasste bauliche Veränderung beseitigt wird, sondern darauf, dass ein Beschluss gefasst wird, der die Realisierung dieses Ziels zum Inhalt hat. Wird dieser Beschluss nach § 18 Abs. 2 WEG nicht mit Mehrheit gefasst, bleibt für den Anspruchsteller der Weg über die **Beschlussersetzungsklage**, § 44 Abs. 1 S. 2 WEG. 35

Auch wenn die bauliche Veränderung schon Jahre zurückliegt, bleibt dem Eigentümer, der auf Sanktionen, dh Rückgängigmachung der baulichen Veränderung drängt, dieser Weg. Bei § 18 Abs. 2 WEG handelte sich um einen **unverjährbaren Anspruch** auf ordnungsmäßige Verwaltung, wie bei § 21 Abs. 4 WEG aF auch.[38] 36

Die Frage allerdings, ob eine solche Beschlussersetzungsklage erfolgreich wäre, richtet sich nach dem den Eigentümern bei Beschlussfassung zustehenden **Ermessen** nach § 19 Abs. 1 WEG. Jedenfalls dann, wenn das Verwaltungsermessen dahingehend reduziert ist, dass ein Beschluss auf Sanktionierung, hier Rückgängigmachung der baulichen Veränderung, ordnungsmäßiger Verwaltung entspricht, wäre dies der Fall. 37

Bedenkt man, dass nach § 20 Abs. 1 WEG eine bauliche Veränderung mit einfacher Mehrheit genehmigt werden kann und der Maßstab der Prüfung dessen an § 20 Abs. 4 WEG orientiert ist, was im Gegensatz zu §§ 22 Abs. 1, 14 Nr. 1 WEG aF einem wesentlich weiteren, nämlich nur auf die grundlegende Umgestaltung der An- 38

---

34 BGH 5.7.2019 – V ZR 149/18, NZM 2019, 788.
35 BGH 27.2.2015 – V ZR 128/14, ZWE 2015, 280.
36 BGH 28.1.2011 – V ZR 145/10, ZWE 2011, 177.
37 KG 19.3.2007 – 24 W 317/06, ZMR 2007, 639.
38 BGH 27.4.2012 – V ZR 177/11, ZMR 2012, 713.

lage gerichteten Spielraum für eine großzügige Ermessensentscheidung der Eigentümer zulässt, haben Beschlussersetzungsklagen jedenfalls dann keinen Erfolg, wenn die Eigentümer einen Mehrheitsbeschluss nach § 20 Abs. 1 WEG fassen. In diesem Fall ist die ursprünglich ohne Legitimation vorgenommene bauliche Veränderung im Nachhinein – unter den nun erleichterten Voraussetzungen des § 20 Abs. 4 WEG – gestattet worden und eine Klage auf Rückbau ohne Aussicht auf Erfolg.

39 **b) Laufender Rechtsstreit.** Die Gemeinschaft der Wohnungseigentümer war auch nach alter Rechtslage befugt, eine Vergemeinschaftung bei schon anhängiger Klage eines Eigentümers zu beschließen.[39] Dies ließ die Prozessführungsbefugnis des klagenden Eigentümers entfallen, der gegen den Störer der baulichen Veränderung ohne Legitimation auf Rückbau vorging.

40 Weder gibt es, noch bedarf es ab 1.12.2020 einer Vergemeinschaftung, da § 9 a Abs. 2 WEG an die Stelle von § 10 Abs. 6 S. 3 WEG aF getreten ist und bestimmt, dass die Gemeinschaft der Wohnungseigentümer Rechte im eigenen Namen ausübt, so eben auch die Rechte aus §§ 1004, 823 BGB. Hatte ein Eigentümer, begründet auf eigenes Recht, eine Klage auf Rückbau gegen den Störer vor dem 1.12.2020 rechtshängig gemacht, verliert er aufgrund § 9 a Abs. 2 WEG die Klagebefugnis.[40] Da es sich nicht um den Fall eines Rechtsübergangs handelt, greift § 265 ZPO nicht und die Klage hat sich vielmehr regelmäßig erledigt.[41]

41 Für den Kläger, der seine **Prozessführungsbefugnis** verloren hat, bleibt noch, auf einen Beschluss zu drängen, nach dem die Mehrheit der Eigentümer den laufenden Rechtsstreit im Wege des **Parteiwechsels** aufnimmt und fortführt. Diese Frage ist jedoch auf der Grundlage von § 18 Abs. 2 WEG zu beantworten – (→ Rn. 32 f.).

42 Die sich nach altem Recht stellende Frage, ob ein Beschluss, mit dem Individualansprüche der Wohnungseigentümer vergemeinschaftet werden, rechtsmissbräuchlich und deshalb nichtig ist, um damit eine laufende Rechtsverfolgung durch einen Eigentümer zu beenden,[42] stellt sich nicht mehr. Ein Eigentümer kann aus eigenem Recht nicht mehr auf eine Sanktion gegen den Störer des Gemeinschaftseigentums klagen, sondern es obliegt der Mehrheit, sich dem Problem anzunehmen – sei es durch nachträgliche Gestattung nach § 20 Abs. 1 WEG oder eben eines Beschlusses zur Ausübung der Rechte aus §§ 1004, 823 BGB.

43 In Betracht kommt auch noch ein **Mehrheitsbeschluss nach § 18 Abs. 2 WEG**, nach dem ein einzelner oder mehrere Eigentümer ermächtigt werden, auf eigenes Kostenrisiko den Anspruch der Gemeinschaft der Wohnungseigentümer gegen den Störer durchzusetzen.

44 Einzig ein Nichtstun der Mehrheit der Eigentümer dürfte für einen Einzelnen einen zu verfolgenden Anspruch auf einen Beschluss geben, mit dem wiederum die Gemeinschaft der Wohnungseigentümer den Störer auf Einhaltung der Regeln ordnungsmäßiger Verwaltung in Anspruch nimmt.

V. Anspruchsgegner

45 **1. Wohnungseigentümer. a) Haftung als unmittelbarer bzw. mittelbarer Handlungsstörer.** Hat der Wohnungseigentümer die bauliche Maßnahme selbst durchgeführt oder muss er sich das Handeln eines Dritten zurechnen lassen, kann er als unmittelbarer bzw. mittelbarer Handlungsstörer auf Beseitigung gem. § 1004 Abs. 1 BGB in Anspruch genommen werden.[43]

46 Der Anspruch auf Beseitigung zielt darauf, die Beeinträchtigung des gemeinschaftlichen Eigentums für die Zukunft abzustellen. Der **Handlungsstörer** ist verpflichtet, den früheren Zustand auf seine Kosten wiederherzustellen und auch, erforderliche öffentlich-rechtliche Genehmigungen einzuholen.[44] Die Auswahl unter den geeigneten Mitteln zur Beseitigung obliegt grundsätzlich dem Schuldner,[45] es sei denn, es kommt aus technischer Sicht nur eine Art der Abwehrmaßnahme in Betracht.

---

39 BGH 5.12.2014 – V ZR 5/14, NZM 2015, 220.
40 BGH 10.7.2015 – V ZR 169/14, NZM 2015, 787.
41 LG Frankfurt a. M. 28.1.2021 – 2–13 S 155/19; aA AG Heidelberg 5.1.2021 – 45 C 108/19.
42 BGH 26.10.2018 – V ZR 328/17, MDR 2019, 284.
43 LG München 3.8.2009 – 1 T 13291/05, ZWE 2010, 46.
44 OLG Köln 31.1.2000 – 16 Wx 10/00, ZWE 2000, 486.
45 KG 19.3.2007 – 24 W 317/06, ZWE 2007, 352.

Der **mittelbare Handlungsstörer**, der keinen unmittelbaren Zugriff auf die Einheit hat, etwa weil er verkauft 47
oder vermietet hat, muss alles in seiner Macht Stehende tun, um die Mitwirkung des Dritten (neuer Eigentü-
mer/Mieter) zu ermöglichen. Dies umfasst auch die Zahlung angemessener Geldbeträge an den Dritten oder
die Klage.[46]

b) Haftung als Zustandsstörer. In Anspruch genommen werden kann aber auch der aktuelle Wohnungsei- 48
gentümer als Zustandsstörer, der die bauliche Veränderung nicht selbst verursacht hat, sondern nur willentlich,
unter Beherrschung der Störungsquelle, den beeinträchtigenden Zustand aufrechterhält.[47] Der Anspruch gegen
ihn richtet sich aber in erster Linie nicht auf die Beseitigung durch den Zustandsstörer, sondern auf dessen
Duldung der Beseitigung durch den Handlungsstörer oder durch die Gemeinschaft der Wohnungseigentümer.[48]

Aber auch der **Zustandsstörer** kann zur Beseitigung einer ihm zurechenbaren Störung verpflichtet sein. Dies 49
setzt allerdings voraus, dass er nicht nur tatsächlich und rechtlich in der Lage ist, die Störung zu beseitigen,
sondern zudem, dass die Störung bei der gebotenen wertenden Betrachtung durch seinen maßgebenden Willen
zumindest aufrechterhalten wird.[49]

c) Haftung als Rechtsnachfolger. Eine Haftung des Sonderrechtsnachfolgers des Handlungsstörers gibt es 50
grundsätzlich nicht, da es an einer gesetzlichen Überleitung von Verbindlichkeiten aus Rechtsverstößen des
Rechtsvorgängers auf den Nachfolger im Wohnungseigentum fehlt.[50] Nur in **Ausnahmefällen** ist es daher
denkbar, dass der Zustandsstörer auf Beseitigung und nicht nur auf Duldung der Beseitigung in Anspruch genommen wird.[51]

Die Verpflichtung auf Beseitigung geht nach § 1967 BGB allerdings auf die **Erben** des Handlungsstörers als 51
Gesamtrechtsnachfolger über.[52] Als Handlungsstörer kann auch ein **früherer Wohnungseigentümer** in Anspruch genommen werden, der aus der Gemeinschaft bereits ausgeschieden ist.[53]

2. Eigentümer als Vermieter. Der Eigentümer als Vermieter kann von der Gemeinschaft der Wohnungsei- 52
gentümer auch verpflichtet werden, die von seinem Mieter vorgenommene unzulässige bauliche Veränderung
am Gemeinschaftseigentum zu beseitigen bzw. beseitigen zu lassen. Der vermietende Eigentümer ist gem.
§ 14 Abs. 2 Nr. 1 WEG, § 278 BGB gegenüber den anderen Mitgliedern der Gemeinschaft der Wohnungseigentümer verpflichtet, im Rahmen des Möglichen und Zumutbaren darauf hinzuwirken und dafür zu sorgen,
dass durch die Benutzer seines Wohnungs- bzw. Teileigentums die in § 14 Abs. 2 Nr. 1 WEG genannten
Pflichten eingehalten werden.[54] Im Falle einer unzulässigen baulichen Veränderung des Gemeinschaftseigentums durch den Mieter richtet sich danach der **Störungsbeseitigungsanspruch** sowohl gegen den Mieter als
auch gegen den Wohnungseigentümer.[55] Letzterer kann als mittelbarer Handlungsstörer auf Beseitigung der
Veränderung verpflichtet werden.[56]

Der vermietende Eigentümer kann aber auch zur **Unterlassung** der unzulässigen Nutzung des Gemeinschafts- 53
eigentums durch den Mieter verpflichtet werden. Hierzu ist er, auch aus § 14 Abs. 2 Nr. 1 WEG verpflichtet.
Die Gemeinschaft der Wohnungseigentümer kann ihn aus § 1004 BGB, § 14 Abs. 2 Nr. 1 WEG in Anspruch
nehmen, alle zumutbaren Maßnahmen zu ergreifen, um den unzulässigen Gebrauch durch den Mieter zu beenden. Wie der vermietende Eigentümer die Unterlassung der Störung durchsetzt, bleibt ihm überlassen – spezielle Maßnahmen, zB eine Kündigung des Mieters, können nicht verlangt werden.[57] Andererseits muss der ver-

---

46 BGH 16.5.2014 – V ZR 131/13, ZMR 2014, 894; OLG Stuttgart 26.7.2005 – 5 W 36/05, MDR 2006, 293.
47 BGH 16.5.2014 – V ZR 131/13, ZMR 2014, 894.
48 LG München 3.8.2009 – 1 T 13291/05, ZWE 2010, 46.
49 BGH 4.3.2010 – V ZB 130/09, ZMR 2010, 622.
50 KG 19.3.2007 – 24 W 317/06, ZWE 2007, 352.
51 LG Hamburg 6.2.2013 – 318 S 57/12, ZMR 2013, 75; LG München 12.9.2013 – 36 S 23656/12, IMR 2013, 466.
52 OLG Frankfurt a. M. 28.6.2004 – 20 W 95/01, NZM 2005, 68.
53 LG München 3.8.2009 – 1 T 13291/05, ZWE 2010, 46.
54 BGH 16.5.2014 – V ZR 131/13, ZWE 2014, 356.
55 OLG Köln 14.4.2000 – 16 Wx 58/00, NZM 2000, 1018.
56 LG Hamburg 24.4.2013 – 318 S 49/12, ZMR 2013, 633.
57 BGH 16.5.2014 – V ZR 131/13, ZWE 2014, 356.

mietende Wohnungseigentümer alles in seiner Macht Stehende unternehmen, damit sein Mieter einem berechtigten Unterlassungsbegehren Folge leistet – erforderlichenfalls unter finanziellen Opfern.[58]

54 **3. Nutzungsberechtigte. a) Regelfall.** Der **Mieter** einer vermieteten Wohnung kann vom Eigentümer bzgl. des Sondereigentums oder von der Gemeinschaft der Wohnungseigentümer entweder direkt auf Beseitigung einer von ihm veranlassten baulichen Veränderung in Anspruch genommen werden oder aber er ist zur Duldung der Beseitigung verpflichtet, wenn er die bauliche Maßnahme nicht selber vorgenommen oder veranlasst hat.

55 Ein gegen den vermietenden **Eigentümer** gerichteter Anspruch aus § 1004 BGB schränkt das Recht des Mieters an dem ungestörten Besitz der Wohnung ein und verpflichtet ihn, die Beseitigung einer von der Wohnung ausgehenden Störung, die er nicht selber veranlasst hat, zu dulden. Dass der schuldrechtliche Mietvertrag den Mieter zur Nutzung der Wohnung in dem bestehenden Zustand berechtigt, führt allenfalls zu Schadenersatzansprüchen des Mieters gegenüber seinem Vermieter – der Duldung der Beseitigung der Störung kann er sich nicht mit Erfolg widersetzen.[59]

56 Auch begründet die Beschädigung des Gemeinschaftseigentums **Schadenersatzansprüche** gegen den Mieter. Der störende Mieter hat keine weitergehenden Rechte als der störende Eigentümer.

57 **b) Einbeziehung der Gemeinschaftsordnung.** Hat der vermietende Eigentümer den Mietvertrag wirksam auf die Gemeinschaftsordnung abgestimmt, bestehen **wechselseitige Rechte und Pflichten** hieraus, dh auch ein Anspruch des vermietenden Eigentümers gegenüber dem Mieter auf Einhaltung der Regelungen in der Gemeinschaftsordnung.

58 Daneben können aber auch die **übrigen**, nicht vermietenden **Eigentümer** durch die Gemeinschaft der Wohnungseigentümer einerseits gegen den störenden Mieter etwa zB wegen einer unzulässigen Nutzung von Wohn- oder Teileigentum vorgehen mit der Begründung, dass die in der Gemeinschaftsordnung geregelte Zweckbestimmung verdinglicht ist und daher nicht nur zwischen den Eigentümern wirkt.[60]

59 Insoweit besteht wohl auch ein Recht für den vermietenden Eigentümer, sich auf die Regelungen der Gemeinschaftsordnung dann gegenüber dem Mieter zu berufen, wenn die Vereinbarung nicht ausdrücklich zum Gegenstand im Mietvertrag gemacht worden ist. Warum einem vermietenden Eigentümer nicht das gleiche Recht wie den übrigen Miteigentümern zugebilligt werden sollte, nämlich die Berufung auf eine verdinglichte Gemeinschaftsordnung gegenüber dem nutzungsberechtigten Mieter, wäre nicht recht verständlich.

60 Im umgekehrten Fall spricht andererseits aber dann auch nichts dagegen, dass der Mieter seinerseits sich gegenüber der ihn in Anspruch nehmenden Gemeinschaft der Wohnungseigentümer damit wehren kann, dass er sich auch auf die Gemeinschaftsordnung beruft. Nimmt etwa die Gemeinschaft der Wohnungseigentümer den Mieter wegen einer unzulässigen baulichen Veränderung direkt in Anspruch, mag dieser einwenden, dass für ihn ein **Anspruch auf Realisierung** dessen, etwa die Installation einer Lüftungsanlage im Rahmen eines Restaurantbetriebes, besteht. Sieht beispielsweise die Gemeinschaftsordnung eine Zweckungebundenheit im Hinblick auf die Nutzung des Teileigentums vor, besteht mithin ein Anspruch auf den Betrieb eines Restaurants und ist hierzu eine Lüftungsanlage zwingend, wäre die Installation dieser Lüftungsanlage durch den Mieter keine unzulässige Störung, sondern die Herstellung des ordnungsmäßigen Erstzustandes.

61 **c) Alternatives oder gleichzeitiges Vorgehen gegen den Nutzungsberechtigten und den Eigentümer.** Ein gestörter Miteigentümer oder die Gemeinschaft der Wohnungseigentümer ist allerdings nicht gehalten, zuerst den Mieter als unmittelbaren und dann beispielsweise in zweiter Linie den vermietenden Eigentümer als mittelbaren Störer in Anspruch zu nehmen. Die Inanspruchnahme des Mieters wie auch des vermietenden Eigentümers steht **alternativ** oder auch gleichzeitig zur Verfügung.[61]

62 Dies kann für den Eigentümer, der dem Mieter im Mietvertrag Rechte einräumt, die ihm selbst nicht zustehen oder auch der Teilungserklärung oder einer sonstigen Gebrauchsregelung widersprechen, zu sehr großen Nachteilen führen. Vermietet ein Wohnungseigentümer seine Eigentumseinheit und macht der Mieter davon in einer Weise Gebrauch, die gegen die in der Teilungserklärung vereinbarte Zweckbestimmung verstößt, beste-

58 BGH 16.5.2014 – V ZR 131/13, ZWE 2014, 356.
59 BGH 1.12.2006 – V ZR 112/06, ZMR 2007, 188.
60 LG Hamburg 6.1.2016 – 318 S 40/15, ZMR 2016, 308; AG München 18.4.2012 – 482 C 24227/11, ZMR 2013, 667.
61 LG Hamburg 6.1.2016 – 318 S 40/15, ZMR 2016, 308.

Hansen

hen **Unterlassungsansprüche** sowohl gegen den vermietenden Eigentümer als mittelbaren Handlungsstörer als auch gegen den Mieter selbst.[62] Dies gilt selbst dann, wenn das Verhalten des Mieters, das Gegenstand des Unterlassungsantrags ist, im Mietvertrag ausdrücklich erlaubt ist, denn damit steht nicht fest, dass der vermietende Eigentümer nicht in der Lage ist, die Beeinträchtigung abzustellen, zB durch Verhandlungen.[63] Da von der Rechtsprechung für diese Fälle verlangt wird, dass der vermietende Eigentümer dem Mieter, der sich mit Erfolg auf ein mietvertragliches Recht berufen kann, Zugeständnisse bis zur sogenannten **Opfergrenze** bringt,[64] kann dies zu ganz erheblichen finanziellen Belastungen des vermietenden Eigentümers führen.

Ein **Ausweg** für den vermietenden Eigentümer könnte in diesem Fall darin liegen, auf das zwischen den Miteigentümern bestehende **Treueverhältnis** aufgrund schuldrechtlicher Sonderverbindung zu verweisen. Haben die Wohnungseigentümer eine Vereinbarung nach § 10 Abs. 1 S. 2 WEG getroffen, sind sie rechtsgeschäftlich und im Übrigen durch das unter allen Wohnungseigentümern bestehende gesetzliche Schuldverhältnis verbunden. Dass auch aus Letzterem Treue- und Rücksichtnahmepflichten iSv § 241 Abs. 2 BGB folgen können, ist anerkannt.[65] So hat der BGH für den Fall des Leitungswasserschadens entschieden, dass der geschädigte Eigentümer aufgrund der Treupflichten nicht den schädigenden Miteigentümer, sondern eben die Gebäudeversicherung in Anspruch nehmen muss.[66] Überträgt man diesen Rechtsgedanken, ließe sich argumentieren, dass für die gestörten Miteigentümer die Möglichkeit besteht, den schädigenden Mieter direkt in Anspruch zu nehmen, statt den (ebenfalls) störenden Miteigentümer. Zwar hat der vermietende Eigentümer das Problem selber geschaffen, indem er zum Beispiel dem Mieter entgegen den Regelungen in der Gemeinschaftsordnung Rechte zugebilligt hat, die dem vermietenden Eigentümer selber nicht zustehen, doch auch im Fall des Leitungswasserschadens hat der schädigende Miteigentümer den Wasserschaden regelmäßig selber fahrlässig verursacht und dennoch ist der Dritte (Versicherung) nach der Rechtsprechung des BGH in Anspruch zu nehmen. Gegen diese Argumentation spricht allerdings, dass im Fall des Wasserschadens der schädigende Eigentümer die Inanspruchnahme der Versicherung von den Miteigentümern auch mit dem Argument erwarten darf, dass auch er die Versicherungsprämie anteilig mit zahlt, mithin ebenfalls in den Genuss der Versicherungsleistungen kommen darf, wohingegen er in dem Fall, in dem er selber das Problem durch Abweichungen im Mietvertrag von gemeinschaftsrechtlichen Regelungen verursacht, den anderen Miteigentümern ein Prozess- und Kostenrisiko gegen einen gegebenenfalls mittellosen Mieter aufbürdet. Zwingend ist nach alledem der Verweis auf die unter den Miteigentümern bestehenden Treupflichten damit nicht.

4. Gemeinschaft der Wohnungseigentümer. Nach einer Entscheidung des OLG Hamm kann auch die Gemeinschaft der Wohnungseigentümer als **Zustandsstörer** gem. § 1004 Abs. 1 S. 1 BGB von den Grundstücksnachbarn auf Beseitigung in Anspruch genommen werden. Das gelte insbesondere dann, wenn die jeweiligen Wohnungseigentümer im Ergebnis die Nutznießer des von den seinerzeitigen Bauherren geschaffenen rechtswidrigen Zustandes sind. Dafür spreche der Grundsatz, dass der Erwerber eines Grundstücks zum Störer wird, wenn er den störenden Zustand bestehen lässt, der von dem Rechtsvorgänger herbeigeführt wurde.[67] In diesem Sinne ist auch die Inanspruchnahme der Gemeinschaft der Wohnungseigentümer als Störer denkbar, etwa im Fall der angemieteten Gemeinschaftsräume.

VI. Typische Einwendungen

1. Verjährung. Abwehransprüche nach § 1004 BGB verjähren grundsätzlich gem. § 195 BGB in der regelmäßigen Verjährungsfrist von **drei Jahren**.[68] Diese beginnt gem. § 199 Abs. 1 BGB mit dem Schluss des Jahres, in dem der Anspruch entstanden ist und der Gläubiger von den anspruchsbegründenden Umständen und der Person des Schuldners Kenntnis erlangt hat oder ohne grobe Fahrlässigkeit hätte erlangen müssen. Dabei

63

64

65

---

62 KG 13.12.2004 – 24 W 298/03, ZMR 2005, 977; LG Hamburg 6.1.2016 – 318 S 40/15, ZMR 2016, 308.
63 Vgl. BGH 7.4.2000 – V ZR 39/99, ZMR 2000, 743; s. a. BGH 10.7.2015 – V ZR 194/14, ZMR 2015, 950.
64 BGH 16.5.2014 – V ZR 131/13, ZWE 2014, 356.
65 BGH 10.11.2006 – V ZR 62/06, ZMR 2007, 464.
66 BGH 10.11.2006 – V ZR 62/06, ZMR 2007, 464.
67 OLG Hamm 13.7.2017 – 21 U 91/14, ZfIR 2018, 701 unter Verweis auf BGH 21.4.1989 – V ZR 248/87, NJW 1989, 2541.
68 BGH 28.1.2011 – V ZR 147/10, NZM 2011, 328.

kommt es allein auf die anspruchsbegründenden Tatsachen an, nicht auf die zutreffende rechtliche Bewertung des Vorgangs durch den Gläubiger.[69] Insgesamt → *Verjährung* Rn. 17 ff.

66 Bislang konnte das **Wissen des Verwalters** dem Gläubiger bei der Durchsetzung seiner Ansprüche als eigene Kenntnis iSv § 199 Abs. 1 Nr. 2 BGB entsprechend § 166 BGB zugerechnet werden, wenn die Gemeinschaft der Wohnungseigentümer Ansprüche der Eigentümer nach § 10 Abs. 6 S. 3 Fall 2 WEG aF an sich gezogen hatte. Auf das Wissen der Eigentümer kam es nicht an, da diese nicht gehalten sind, das Gemeinschaftseigentum auf Beeinträchtigungen durch andere Eigentümer oder Dritte zu untersuchen, und sie sich auch nicht das Wissen anderer Eigentümer zurechnen lassen müssen.[70]

67 Soweit der BGH aber das Wissen des Verwalters dem einzelnen Wohnungseigentümer nur zugerechnet hat, wenn die Durchsetzung der Ansprüche der Wohnungseigentümer nach § 10 Abs. 6 S. 3 WEG aF auch der Gemeinschaft der Wohnungseigentümer eben auf der Grundlage eines Beschlusses zur Vergemeinschaftung oblag,[71] ist dies aufgrund **§ 9 a WEG** nun anders. Eine Vergemeinschaftung gibt es nicht und die Gemeinschaft der Wohnungseigentümer ist stets und nur für die Geltendmachung von Ansprüchen aus §§ 1004, 823 BGB wegen Beeinträchtigungen am Gemeinschaftseigentum ausübungsbefugt. Da Letztere aber durch den Verwalter als Organ kraft Gesetzes vertreten wird, § 9 b WEG, kommt es insoweit aber **immer** auf die **Kenntnis des Verwalters** an.

68 Wesentlich für die Wissenszurechnung ist dabei, dass die Erlangung der Tatsachenkenntnis, die dem Gläubiger zugerechnet werden soll, zu dem **Aufgabenkreis** des Vertreters gehört, auch wenn dieser die zur Kenntnis genommenen Tatsachen nicht an den Vertretenen weitergibt.[72] Die regelmäßige Begehung der Wohnanlage durch den Verwalter, zumindest einmal im Jahr, gehört zu seinem Aufgabenkreis. Erlangt der Verwalter dabei also Kenntnis von ohne Legitimation durchgeführten baulichen Veränderungen am Gemeinschaftseigentum, indem er selber Feststellungen macht oder ohne grobe Fahrlässigkeit hätte erlangen müssen, oder wird ihm die Kenntnis durch einen Wohnungseigentümer oder Nutzer der Wohnungsanlage verschafft, sind die für den Verjährungsbeginn anspruchsbegründenden Tatsachen bei der Gläubigerin bekannt.

69 Gibt der Verwalter diese Kenntnis an die Eigentümer, regelmäßig in einer Eigentümerversammlung, nicht weiter, macht er sich gegebenenfalls schadenersatzpflichtig. Am Lauf der Verjährung ändert dies nichts, genauso wenig wie in dem Fall, in dem der Verwalter die Kenntnis weitergibt, die Eigentümer aber dennoch keinen Mehrheitsbeschluss fassen, nach dem die Gemeinschaft der Wohnungseigentümer gegen den Störer vorgeht.

70 Offen bleibt bei alledem, ob und wie der Eigentümer, der ein Interesse an einem Mehrheitsbeschluss der Gemeinschaft der Wohnungseigentümer hat, den Störer in die Haftung zu nehmen, verjährungsunterbrechend handeln kann. Die Klage auf Ersetzung des Beschlusses nach § 18 Abs. 2 WEG alleine dürfte es jedenfalls nicht sein. Allenfalls wird es dem Verwalter als gesetzlichem Vertreter der Gemeinschaft der Wohnungseigentümer im Prozess obliegen, dem Störer, gegen den sich Rückbauansprüche nach Ansicht des die Beschlussersetzungsklage führenden Klägers richten sollen, den Streit zu verkünden, § 72 ZPO, um die Verjährung zu unterbrechen. Unterlässt der Verwalter dies, macht er sich gegebenenfalls gegenüber der Gemeinschaft der Wohnungseigentümer schadenersatzpflichtig.[73]

71 Anders ist dies, wenn die Gemeinschaft der Wohnungseigentümer gegen den Zustandsstörer auf Duldung des Rückbaus vorgeht. Für diesen Fall wird vertreten, dass der Anspruch auf Duldung der Beseitigung einer Störung des Gemeinschaftseigentums auch als **Herausgabe einer Gemeinschaftsfläche** gesehen wird, der nach §§ 985, 902 Abs. 1 BGB als Anspruch aus dem Eigentum nicht der Verjährung unterliegt.[74] Begründet wird dies zudem damit, dass der vom Störer geschaffene Zustand auch nach der Verjährung des Anspruchs aus § 1004 BGB rechtswidrig bleibt und nicht geduldet werden muss. Die Gemeinschaft der Wohnungseigentümer ist daher berechtigt, die Störung auf eigene Kosten zu beseitigen.[75]

---

69 BGH 26.9.2012 – VIII ZR 279/11, NJW 2013, 1077.
70 BGH 4.7.2014 – V ZR 183/13, ZMR 2014, 996.
71 BGH 4.7.2014 – V ZR 183/13, ZMR 2014, 996.
72 BGH 23.1.2014 – III ZR 436/12, ZMR 2014, 562.
73 S. auch LG Frankfurt a. M. 28.1.2021 – 2–13 S 155/19.
74 OLG München 16.11.2007 – 32 Wx 111/07, NZM 2008, 87.
75 BGH 28.1.2011 – V ZR 141/10, ZMR 2011, 460; LG Hamburg 6.2.2013 – 318 S 20/12, ZMR 2013, 462.

Hansen

Dem Eigentümer stand und steht allerdings nach Verjährung des Beseitigungsanspruchs kein auf die Selbstbeseitigung gerichteter **Duldungsanspruch** zu.[76]

72

2. Verwirkung. Ein Recht ist verwirkt, wenn sich der Schuldner wegen der Untätigkeit seines Gläubigers über einen gewissen Zeitraum hin bei **objektiver Beurteilung** darauf einrichten darf und eingerichtet hat, dieser werde sein Recht nicht mehr geltend machen, und deswegen die verspätete Geltendmachung gegen Treu und Glauben verstößt.[77] Angesichts der Verjährungsfrist von drei Jahren ist der Anwendungsbereich des Einwands der Verwirkung begrenzt und wird in der Regel von den Gerichten auch nicht bestätigt.[78]

73

3. Unzulässige Rechtsausübung und Schikaneverbot. Die Geltendmachung eines Anspruchs auf Rückbau kann rechtsmissbräuchlich sein. Dies ergibt sich aber – bis auf Ausnahmefälle – nicht daraus, dass der Rückbau **erhebliche Kosten** auslöst. Beim Grad des Verschuldens ist zu berücksichtigen, dass ein Wohnungseigentümer, der ohne Beschluss eine bauliche Veränderung vornimmt und dabei wissentlich ein hohes Risiko eingeht,[79] sich regelmäßig nicht auf die finanzielle Unzumutbarkeit eines mit hohen Kosten verbundenen Rückbaus berufen kann.[80]

74

Die Geltendmachung eines Beseitigungs- oder Wiederherstellungsanspruchs ist auch nicht deshalb rechtsmissbräuchlich, weil andere Wohnungseigentümer selbst ohne Legitimation bauliche Veränderungen vorgenommen oder eine vergleichbare bauliche Veränderung anderer Wohnungseigentümer geduldet haben. Eine gegenseitige **„Aufrechnung" baulicher Veränderungen** kommt nicht in Betracht.[81]

75

Im Falle der Rechtswidrigkeit einer baulichen Veränderung haben die Wohnungseigentümer, die diese herbeigeführt haben, auch keinen Anspruch auf Gleichbehandlung mit anderen Wohnungseigentümern. Einen Anspruch auf Gleichbehandlung im Unrecht gibt es nicht.[82]

76

Jedoch wird **Rechtsmissbräuchlichkeit** angenommen, wenn der Eigentümer einen Anspruch auf Zustimmung durch Gestattungsbeschluss nach § 20 Abs. 2 WEG oder § 20 Abs. 3 WEG hätte.[83] Ein Beseitigungsverlangen ist damit rechtsmissbräuchlich, wenn es auf eine Leistung zielt, die alsbald zurückzugewähren wäre, weil Anspruch auf einen Gestattungsbeschluss zur Vornahme der Maßnahme besteht und die von der Maßnahme nachteilig betroffenen Eigentümer zugestimmt haben oder es an einer relevanten Beeinträchtigung fehlt.[84]

77

VII. Verfahrenshinweise

1. Parteien. Eine **Klage auf Rückbau** wegen unzulässiger baulicher Veränderung richtet sich bei Streitigkeiten zwischen Wohnungseigentümern und der die Eigentümerrechte ausübenden Gemeinschaft der Wohnungseigentümer nach § 43 Abs. 2 Nr. 2 WEG.

78

Zu beachten ist: Die gerichtliche Durchsetzung von Ansprüchen der Miteigentümer oder der Gemeinschaft der Wohnungseigentümer gegen den Mieter als Nutzungsberechtigter ist keine WEG-Sache. Es gelten die allgemeinen Bestimmungen der ZPO zur **sachlichen und örtlichen Zuständigkeit.**[85]

79

2. Kosten und Gebühren. Wird der Beklagte zur Beseitigung einer baulichen Veränderung des gemeinschaftlichen Eigentums verurteilt, bemisst sich seine Beschwer grundsätzlich nach den Kosten einer Ersatzvornahme des Abrisses, die ihm im Falle des Unterliegens drohen.[86] Der **Wert der Beschwer** ist aber noch höher anzusetzen, wenn das Interesse am Erhalt des Bauwerks die Kosten eines Abrisses übersteigt, was sich grundsätz-

80

---

76 BGH 5.7.2019 – V ZR 149/18, NZM 2019, 788; aA etwa LG Hamburg 5.8.2015 – 318 S 55/14, ZWE 2016, 227.
77 BGH 8.5.2015 – V ZR 178/14, NZM 2015, 495.
78 LG Lüneburg 12.2.2008 – 9 S 77/07, ZMR 2008, 486 für den Fall der Klage auf Beseitigung nach 25 Jahren; s. a. LG München 12.9.2013 – 36 S 23656/12 WEG.
79 OLG München 31.3.2006 – 34 Wx 111/05, ZMR 2006, 797.
80 LG Berlin 29.10.2010 – 55 S 155/10 WEG, ZWE 2011, 181.
81 KG 18.5.2009 – 24 W 17/08, ZMR 2009, 790.
82 OLG Schleswig 2.9.2004 – 2 W 94/04, ZMR 2005, 816.
83 LG Berlin 29.10.2010 – 55 S 155/10 WEG, ZWE 2011, 181.
84 Siehe zur alten Rechtslage: BGH 21.10.2011 – V ZR 265/10, ZWE 2012, 83.
85 BGH 10.7.2015 – V ZR 194/14, WuM 2015, 589.
86 St. Rspr., BGH 15.1.2015 – V ZB 135/14, NJW-RR 2015, 337 Rn. 3 mwN.

lich nach den für den Bau aufgewendeten Kosten bemisst. Nicht zu berücksichtigen sind dagegen mittelbare wirtschaftliche Folgen des Urteils, zB die behauptete Wertminderung der Wohnung.[87]

81 Wird der Rückbau einer baulichen Veränderung verlangt, sind die wirtschaftlichen Interessen der Klägerin einerseits und des Beklagten andererseits nicht gleich. Zumindest auf Beklagtenseite geht es auch um die mit dem Rückbau verbundenen **Folgekosten**, die mindestens nach den Kosten der Wiederherstellung des früheren Zustandes zu bewerten sind. Zur Feststellung des Gesamtinteresses sind diese Werte zu addieren. Maßgeblich ist das jeweilige wirtschaftliche Interesse, das das Gericht ggf. schätzen muss. Da es sich bei einer Klage auf Rückbau nicht um ein Beschlussklageverfahren handelt, sind die Grenzen des § 49 GKG nicht zu beachten – diese Vorschrift ist nicht einschlägig. Vielmehr erfolgt die Streitwertfestsetzung nach den allgemeinen Vorschriften, § 48 Abs. 1 S. 1 GKG.

82 **3. Vollstreckung. a) § 887 ZPO.** Bei Titulierung der Beseitigung einer unzulässigen baulichen Maßnahme handelt es sich um eine **vertretbare Handlung**, die der Zwangsvollstreckung nach § 887 ZPO unterliegt. Denn die geschuldete Tätigkeit kann von einem Dritten anstelle des Vollstreckungsschuldners vorgenommen werden, ohne dass es den Vollstreckungsgläubigern darauf ankäme, dass die Beseitigung gerade vom Vollstreckungsschuldner selbst vorgenommen wird.[88] Es unterliegt der Dispositionsbefugnis des Vollstreckungsgläubigers, über die Art und Weise des Rückbaus zu befinden, wobei die Leistung (Rückbau) nur an alle gemeinschaftlich verlangt werden kann, §§ 1011, 432 BGB.

83 Ein **Vorschuss** nach § 887 Abs. 2 ZPO kann nur zur Zahlung an die Gemeinschaft der Wohnungseigentümer verlangt werden.[89]

84 Etwas anderes gilt, wenn der Vollstreckungsschuldner an einen Dritten vermietet hat. Gegen den **Mieter** richtet sich grundsätzlich weder der Leistungstitel der Vollstreckungsgläubigerin noch kann der Gerichtsvollzieher gegen den Mieter nach § 892 ZPO vorgehen. Die **Zwangsvollstreckung** ist dann nur möglich, wenn der Mieter sein Einverständnis mit der durchzuführenden Maßnahme erklärt oder die Vollstreckungsgläubigerin einen eigenen Duldungstitel gegen den Mieter erwirkt hat. Fehlt es daran, scheidet eine Vollstreckung nach § 887 ZPO aus und es ist nach § 888 Abs. 1 ZPO vorzugehen.[90]

85 **b) Zwangsgeld.** Verklagt die Gemeinschaft der Wohnungseigentümer den früheren Eigentümer auf Beseitigung der baulichen Maßnahme und lautet der Titel (nur) gegen den Voreigentümer, existiert aber kein Duldungstitel gegen den aktuellen Eigentümer, richtet sich die Zwangsvollstreckung gegen den Voreigentümer als unvertretbare Handlung auch nach **§ 888 ZPO** (Androhung und Verurteilung zu Zwangsgeld). Für den Voreigentümer besteht dann das Problem, dass er das Zwangsgeld nur abwenden kann, wenn er wiederum alles in seiner Macht Stehende tut, um die Mitwirkung zur Umsetzung des Rückbaus seitens des aktuellen Eigentümers herbeizuführen (Duldung). Diese Herbeiführung kann auch in einer angemessenen Zahlung an den aktuellen Eigentümer bestehen.[91] Entsprechendes gilt, wenn der Mieter der Dritte ist.

86 Verklagt die Gemeinschaft der Wohnungseigentümer im Fall der an einen Dritten überlassenen Einheit den Eigentümer und nicht den Mieter, wird der Anspruch gegen den Eigentümer gem. § 888 ZPO vollstreckt. Der Eigentümer wird als mittelbarer Störer für den Beseitigungs- und Wiederherstellungsanspruch nach § 14 Abs. 2 Nr. 1 WEG, §§ 1004 Abs. 1, 278 BGB in Anspruch genommen, und dabei ist es ohne Belang, dass der Mieter für die Eigentumsstörung als Handlungsstörer in Betracht kommt. Unter **mehreren Störern**, die kumulativ und gesamtverbindlich haften, besteht kein Rangverhältnis.[92]

---

87 BGH 26.9.2019 – V ZR 224/18, NZM 2019, 881.
88 BGH 27.11.2008 – I ZB 46/08, NZM 2009, 202.
89 BGH 12.4.2007 – VII ZR 236/05, NZM 2007, 403.
90 BGH 27.11.2008 – I ZB 46/08, NZM 2009, 202.
91 OLG Stuttgart 26.7.2005 – 5 W 36/05, MDR 2006, 293.
92 OLG Köln 14.4.2000 – 16 Wx 58/00, NZM 2000, 1018.

240. Veräußerungsbeschränkung

Hofele

I. Überblick, Normzweck

Nach § 137 BGB kann die Befugnis zur Verfügung über ein veräußerliches Recht nicht durch Rechtsgeschäft **1** ausgeschlossen oder beschränkt werden. In Abweichung hiervon kann nach § 12 Abs. 1 WEG[1] als Inhalt des Sondereigentums vereinbart werden, dass ein Wohnungseigentümer zur Veräußerung seines Wohnungseigentums der Zustimmung anderer Wohnungseigentümer oder eines Dritten bedarf. Als **Ausnahmeregelung** ist eine Verfügungsbeschränkung eng auszulegen und einer erweiternden Auslegung nicht zugänglich.[2] Eine solche Vereinbarung dient dem Schutz der Wohnungseigentümer gegen den Eintritt unerwünschter Personen in den Verband Wohnungseigentümergemeinschaft. Die übrigen Wohnungseigentümer sollen sich dagegen schützen können, dass Wohnungseigentum in die Hand eines persönlich oder finanziell unzuverlässigen Erwerbers gerät.[3]

Allerdings war und ist durchaus umstritten, ob eine Veräußerungsbeschränkung dieses Ziel erreicht, weil beim **2** Erwerb regelmäßig Anhaltspunkte für ein künftiges Fehlverhalten fehlen.[4] Um diesem Aspekt Rechnung zu tragen, hatte der Gesetzgeber mit der Einführung der gesetzlichen Öffnungsklausel des § 12 Abs. 4 WEG aF im Jahr 2007[5] die Möglichkeit geschaffen, den Zustimmungsvorbehalt aufzuheben.[6] Der Gesetzgeber hat sich nunmehr zum Teil umentschieden, weil er mit dem WEMoG § 12 Abs. 4 S. WEG aF ersatzlos gestrichen hat.

II. Begründung, Aufhebung und Neubegründung

Begründung: Nach dem Wortlaut in § 12 Abs. 1 WEG bedarf es einer **Vereinbarung**, um eine Veräußerungs- **3** beschränkung zu begründen. Ist sie nicht schon in der Teilungserklärung nach § 8 WEG angelegt, kann sie durch Vereinbarung nach § 10 Abs. 1 WEG[7] begründet werden.

Ohne eine **Eintragung im Grundbuch** ist eine Veräußerungsbeschränkung eine schuldrechtliche Vereinba- **4** rung, die Wirkungen nur im Innenverhältnis der Wohnungseigentümer erzeugt und im Falle einer Sonderrechtsnachfolge grundsätzlich untergeht. Eine zustimmungswidrige **Veräußerung** eines Sondereigentums wird mit Eintragung im Grundbuch sachenrechtlich wirksam vollzogen, kann jedoch Schadenersatzansprüche der übrigen Wohnungseigentümer nach sich ziehen.[8] Wird die Veräußerungsbeschränkung eingetragen, wird sie zum Inhalt des Sondereigentums und bindet damit gem. § 10 Abs. 3 WEG auch Sonderrechtsnachfolger.[9]

Wird die Veräußerungsbeschränkung mit dem Teilungsvertrag oder der Teilungserklärung beurkundet, müssen **5** dinglich Berechtigte nicht zustimmen.[10] Bei nachträglicher Begründung wird eine Zustimmung wegen § 5 Abs. 4 S. 2 und S. 3 WEG meist entbehrlich sein.[11]

---

1 § 12 Abs. 1 WEG ist durch das Wohnungseigentumsmodernisierungsgesetz (WEMoG) vom 16.10.2020 (BGBl. I 2187) nicht geändert worden.
2 MüKoBGB/*Commichau* WEG § 12 Rn. 3 mwN.
3 BGH 11.10.2012 – V ZB 2/12, NJW 2013, 299 Rn. 13 mwN.
4 BeckOK WEG/*Hogenschurz* § 12 Rn. 2 mwN.
5 Gesetz zur Änderung des Wohnungseigentumsgesetzes und andere Gesetze vom 26.3.2007, BGBl. I 370.
6 BeckOK WEG/*Hogenschurz* § 12 Rn. 2.
7 § 10 Abs. 2 WEG aF.
8 *Hügel/Elzer* WEG § 12 Rn. 4.
9 *Hügel/Elzer* WEG § 12 Rn. 5.
10 *Hügel/Elzer* WEG § 12 Rn. 6; aA Bärmann/*Suilmann* WEG § 12 Rn. 6 f.
11 *Hügel/Elzer* WEG § 12 Rn. 6. § 5 Abs. 4 S. 3 WEG aF ist durch das WEMoG entfallen, gilt aber für vor dem 1.12.2020 getroffenen Vereinbarungen und Beschlüsse weiter, wenn bis dahin alle notwendigen Zustimmungen erteilt wurden, § 48 Abs. 2 WEG.

6 **Aufhebung**: Eine Veräußerungsbeschränkung kann auch wieder aufgehoben werden.

7 **Aufhebung durch Vereinbarung**: Eine Aufhebung durch Vereinbarung war schon immer möglich und ist es auch nach wie vor. Die Aufhebungsvereinbarung bedarf im Innenverhältnis der Wohnungseigentümer nicht der Grundbucheintragung. Eine Zustimmung dinglich Berechtigter zur Aufhebung ist nicht erforderlich, weil die Aufhebung der Veräußerungsbeschränkung keine nachteilige Veränderung darstellt. Für die Aufhebung gelten ebenfalls die Vorschriften des § 29 Abs. 1 S. 1 GBO.[12]

8 **Aufhebung durch Beschluss**: Nach § 12 Abs. 4 S. 1 WEG können die Wohnungseigentümer auch beschließen,[13] dass eine Veräußerungsbeschränkung aufgehoben wird. Der bisherige § 12 Abs. 4 S. 2 WEG aF wurde ersatzlos gestrichen.

9 Danach konnte die Beschlusskompetenz zur Aufhebung der Veräußerungsbeschränkung nicht durch Vereinbarung eingeschränkt oder ausgeschlossen werden. Zur Klarstellung: es ging nicht um **die Aufhebung der Veräußerungsbeschränkung durch Vereinbarung**, sondern um die **Beschlusskompetenz für die Aufhebung von Veräußerungsbeschränkungen.** Diese Beschlusskompetenz war „immun" dagegen, durch Vereinbarung abgeschafft zu werden.

10 Dies hielt der Gesetzgeber im Hinblick auf die Vertragsfreiheit (vgl. § 10 Abs. 1 S. 2 WEG) für nicht (mehr) angemessen.[14] Er begründet die Änderung auch mit der Auslegungs- bzw. Übergangsregel des § 47 WEG. Das neue Recht soll auch für alte Vereinbarungen gelten, es sei denn, die Wohnungseigentümer wollten beim Abschluss dieser Vereinbarung – nachweisbar – schon bei Abschluss der Vereinbarung vom Gesetz abweichen bzw. die damalige Gesetzeslage auch gegen spätere Gesetzesänderungen immunisieren. Das war aber nur ganz selten der Fall, weil viele Gemeinschaftsordnungen den Gesetzeswortlaut nur wiederholen, um den Eigentümern und Verwaltern den Blick in das Gesetz zu ersparen. Statt wie bisher durch § 12 Abs. 4 S. 2 WEG aF die Gestaltungsfreiheit einzuschränken, soll nunmehr durch die Vermutungsregel des § 47 S. 2 WEG privatautonomen Entscheidungen hinreichend Raum gegeben werden.[15] Nunmehr kann also eine Vereinbarung getroffen werden, dass eine Veräußerungsbeschränkung nicht mehr durch Beschluss aufgehoben werden kann. Die vereinbarte Veräußerungsbeschränkung ist dann sozusagen immun gegen abschaffende Beschlüsse.

11 Wird eine Veräußerungsbeschränkung durch Beschluss aufgehoben, kann sie wie bisher im Grundbuch gelöscht werden, § 12 Abs. 4 S. 2 WEG.[16]

12 Wird ein Aufhebungsbeschluss angefochten, bleibt es bei der Veräußerungsbeschränkung. Wird er aber nicht angefochten entfällt die Veräußerungsbeschränkung. Eine spätere Wiederbegründung muss mangels gesetzlicher Beschlusskompetenz wieder durch Vereinbarung erfolgen.[17]

III. Grundbucheintragung

13 Nach § 7 Abs. 3 S. 2 WEG sind Veräußerungsbeschränkungen nach § 12 WEG „ausdrücklich einzutragen". Dies war bislang in § 3 Abs. 2 WGV (Wohnungsgrundbuchverfügung) vorgesehen. Die zusätzliche Aufnahme der Eintragungspflicht in das Gesetz dient der Rechtsklarheit. Inhaltliche Änderungen sind damit nicht verbunden.[18]

14 Die **Aufhebung einer Veräußerungsbeschränkung** wird gem. § 12 Abs. 4 S. 1 WEG und damit auf **gesetzlicher Grundlage** beschlossen.[19] Daher muss ein solcher Beschluss gem. § 10 Abs. 3 S. 2 WEG nicht in das Grundbuch eingetragen werden, um gegen Sondernachfolger zu wirken. Nur Beschlüsse, die aufgrund einer vereinbarten Öffnungsklausel gefasst werden, müssen in das Grundbuch eingetragen werden, um gegen Sondernachfolger zu wirken (§§ 5 Abs. 4 S. 1, § 10 Abs. 3 S. 1 WEG).

---

12 BeckOK WEG/*Hogenschurz* 12 Rn. 81.

13 Den Hinweis in § 12 Abs. 4 S. 1 WEG aF auf Stimmenmehrheit hielt der Gesetzgeber nunmehr für entbehrlich, weil § 25 Abs. 1 WEG allgemein regelt, dass Beschlüsse mit Stimmenmehrheit gefasst werden, BT-Drs. 19/18791, 51.

14 BT-Drs. 19/18791, 50 f.

15 Vgl. BT-Drs. 19/18791, 84 f.

16 Bisher § 12 Abs. 4 S. 3 WEG aF.

17 OLG München 4.4.2014 – 34 Wx 62/14, NJW-RR 2014, 905 unter III. 1.

18 BT-Drs. 19/18791, 42.

19 BT-Drs. 19/18791, 51.

Materiellrechtlich fällt die Veräußerungsbeschränkung – mit Wirkung auch für Sondernachfolger – bereits 15 durch den Beschluss weg. Weil die Veräußerungsbeschränkung aber eingetragen ist, muss das Grundbuch berichtigt werden. Dies erfolgt nunmehr gem. § 12 Abs. 4 S. 2, 7 Abs. 2 WEG.[20] Es reicht also vor die Einreichung des Protokolls mit den öffentlich beglaubigten Unterschriften.

IV. Inhalt einer Veräußerungsbeschränkung

Das Zustimmungserfordernis kann für jede Art von „Veräußerung" oder nur für bestimmte Fälle von „Veräu- 16 ßerungen" gelten. Veräußerung ist die rechtsgeschäftliche, vollständige oder teilweise Übertragung des Wohnungseigentums unter Lebenden; darunter fällt sowohl das schuldrechtliche Verpflichtungsgeschäft als auch das dingliche Rechtsgeschäft, also die **Auflassung**.[21] Nach § 12 Abs. 3 S. 2 WEG steht eine Veräußerung im Wege der Zwangsvollstreckung oder durch den Insolvenzverwalter der rechtsgeschäftlichen Veräußerung gleich. Keine Veräußerung ist der Eigentumsübergang kraft Gesetzes (Erbfall, Verschmelzung) die Belastung des Sondereigentums. Auch die Übertragung eines GbR-Anteils fällt nicht darunter.[22]

Die Wohnungseigentümer können bestimmte Fälle einer Veräußerungsbeschränkung unterwerfen oder sie da- 17 von ausnehmen. Eine **Beschränkung** kann für alle oder einzelne Wohnungseigentumsrechte vereinbart werden.[23] Sie kann also zB für Wohnungseigentum gelten, das Teileigentum aber ausnehmen. Möglich ist es ferner, die Geltung der Zustimmungsbedürftigkeit auf bestimmte Veräußerungsfälle zu begrenzen oder Ausnahmen der Zustimmungsbedürftigkeit vorzusehen. Oft werden zB die Erstveräußerung und die Veräußerungen an Ehegatten oder Abkömmlinge ausgenommen.[24]

Die **inhaltlichen Schranken** ergeben sich aus den allgemeinen Grenzen der Privatautonomie. Ein Verstoß ge- 18 gen 138 BGB oder das AGG (→ *Ausländischer Eigentümer* Rn. 2) macht die Veräußerungsbeschränkung unwirksam.

Die Veräußerungsbeschränkung muss **hinreichend bestimmt formuliert** sein. Aus der Formulierung muss 19 klar und eindeutig hervorgehen, welchen Inhalt die Veräußerungsbeschränkung hat und welcher Personenkreis gegebenenfalls zustimmungsfrei erwerben können soll.[25] Verstößt ein bestehender Zustimmungsvorbehalt gegen diese sachenrechtliche Anforderung, ist er unwirksam mit der Folge, dass eine Veräußerung **zustimmungsfrei** ist. Für die Auslegung der verdinglichten Veräußerungsbeschränkung gelten die Grundsätze der Auslegung von Grundbucheintragungen.[26]

V. Zustimmungsberechtigter

Das Recht zur Zustimmung kann „anderen" (also auch nur einem oder mehreren) Wohnungseigentümer oder 20 einem Dritten (zB dem Verwalter, aber auch dem Bauträger oder einem Grundpfandgläubiger) zugewiesen werden.[27]

VI. Zustimmungsversagung – wichtiger Grund

Nach § 12 Abs. 2 S. 1 WEG darf die Zustimmung nur aus einem wichtigen Grund versagt werden. Die Norm 21 ist unabdingbar so dass die Zustimmung weder aus einem unwichtigen Grund verweigert noch von bestimmten Handlungen oder Erklärungen abhängig gemacht werden darf.[28]

---

20 Bisher sah § 12 Abs. 4 S. 3 WEG aF vor, dass die Veräußerungsbeschränkung im Grundbuch gelöscht wird, wenn ein Beschluss über ihre Aufhebung gefasst wurde. An die Stelle der bisherigen Sätze 4 und 5 tritt ein Verweis auf § 7 Abs. 2 WEG. Inhaltliche Änderungen sind damit nicht verbunden, BT-Drs. 19/18791, 51.
21 *Hügel/Elzer* WEG § 12 Rn. 22.
22 Bärmann/*Suilmann* WEG § 12 Rn. 16, im Einzelnen Rn. 17 ff.
23 *Hügel/Elzer* WEG § 12 Rn. 21.
24 Bärmann/*Suilmann* WEG § 12 Rn. 11 f.
25 *Wenzel* ZWE 2008, 70.
26 KG 26.5.2014 – 1 W 55/14 ZWE 2014, 311 unter II 2; OLG Saarbrücken 7.11.2011 – 5 W 214/11–96, ZWE 2012, 132.
27 *Hügel/Elzer* WEG § 12 Rn. 34–36.
28 Bärmann/*Suilmann* WEG § 12 Rn. 37.

22 Der erforderliche wichtige Grund für eine Versagung besteht nur, wenn der Erwerbsinteressent im Hinblick auf seine Person oder seine wirtschaftliche Leistungsfähigkeit für den Verband Wohnungseigentümergemeinschaft unzumutbar ist[29] Nach dem **Normzweck** müssen konkrete Anhaltspunkte vorliegen, die objektiv begründete Risiken erkennen lassen, dass Wohnungseigentum in die Hand eines persönlich oder finanziell unzuverlässigen Erwerbers gerät. Es kann sich daher um drohendes Fehlverhalten oder erkennbar mangelnde finanzielle Leistungsfähigkeit handeln.[30]

VII. Anspruch auf Erteilung der Zustimmung

23 Liegt kein Versagungsgrund vor, hat der veräußernde Wohnungseigentümer – nicht der Erwerber – einen klagbaren Anspruch auf Zustimmung, der bei unberechtigter Verweigerung **Schadensersatzansprüche** auslösen und gegen den ein Zurückbehaltungsrecht nicht geltend gemacht werden kann.[31]

24 Nach § 12 Abs. 2 S. 2 WEG kann durch Vereinbarung einem Wohnungseigentümer auch für bestimmte Fälle ein Anspruch auf Erteilung der Zustimmung eingeräumt werden.

241. Vereinbarung

Hofele

I. Einführung

1 Das Gesetz[1] definiert den Begriff der Vereinbarung nicht. Er spielt trotzdem eine zentrale Rolle, vor allem als Handlungsinstrument der Gemeinschaft. Gesetzliche Vorgaben für das Gemeinschaftsverhältnis sind in den §§ 10 ff. WEG enthalten. Das Gesetz bestimmt zum einen, was zwingend ist und weder durch Vereinbarung noch durch einen Beschluss geändert werden kann. Zum anderen ist es immer dann anzuwenden, wenn keine anderweitige Vereinbarung getroffen ist. Das WEG enthält keine abschließende Aufzählung der Bereiche, in denen die Wohnungseigentümer zu selbständigen Regelungen entscheidungsbefugt sind. Ihre Kompetenz ergibt sich vielmehr aus den einzelnen Bestimmungen und deren Auslegung. Maßgebliche **Ausgangsvorschrift** zur Bestimmung des Inhaltes und Umfanges der Regelungskompetenz der Wohnungseigentümer ist § 10 Abs. 1 S. 2 WEG. Diese Vorschrift enthält eine grundsätzlich umfassende Regelungskompetenz und erlaubt

---

29 BGH 27.4.2012 – V ZR 211/11 NJW 2012, 2434 Rn. 11.
30 Fallgruppen bei *Hügel/Elzer* WEG § 12 Rn. 58 ff.
31 *Bärmann/Suilmann* WEG § 12 Rn. 41 mwN.
1 In der Fassung des Wohnungseigentumsmodernisierungsgesetzes (WEMoG) vom 16.10.2020, BGBl. 2020 I 2187.

den Wohnungseigentümern, von den Vorschriften des WEG abweichende Vereinbarungen über ihr Verhältnis zueinander zu treffen, soweit gesetzlich nicht zwingend etwas anderes bestimmt ist.[2]

II. Bestandsaufnahme

Das Gesetz wendet im Teil 1 (§§ 1 bis 30) das Wort „Vereinbarung" 20 Mal, die Wendung „können vereinbaren" einmal (in § 5 Abs. 3 WEG) und „kann vereinbart werden" ebenfalls einmal (in § 12 Abs. 1 WEG) an, aber in durchaus unterschiedlicher Weise: **2**

§ 5		**Gegenstand und Inhalt des Sondereigentums**
	Abs. 3	Die Wohnungseigentümer können vereinbaren, dass Bestandteile des Gebäudes, die Gegenstand des Sondereigentums sein können, zum gemeinschaftlichen Eigentum gehören.
	Abs. 4	Vereinbarungen … und Beschlüsse aufgrund einer solchen Vereinbarung können … zum Inhalt des Sondereigentums gemacht werden
§ 10		**Allgemeine Grundsätze**
	Abs. 1 S. 2	Die Wohnungseigentümer können … Vereinbarungen [treffen, die vom Gesetz abweichen].
	Abs. 2	Jeder Wohnungseigentümer kann unter bestimmten Umständen abweichende Vereinbarungen oder die Anpassung einer Vereinbarung verlangen.
	Abs. 3 S. 1	Vereinbarungen, die Abänderung oder Aufhebung solcher Vereinbarungen sowie Beschlüsse, die aufgrund einer Vereinbarung gefasst werden, müssen zur Wirksamkeit ggü einem Sondernachfolger in das Grundbuch eingetragen sein.
§ 11		**Aufhebung der Gemeinschaft**
	Abs. 1 S. 3	Eine Aufhebung der Gemeinschaft kann *selbst durch Vereinbarung nur für den Fall* geregelt werden, dass das Gebäude ganz oder teilweise zerstört wird und eine Verpflichtung zum Wiederaufbau nicht besteht.
§ 12		**Veräußerungsbeschränkung**
	Abs. 1	Als Inhalt des Sondereigentums kann ein Zustimmungserfordernis für eine Veräußerung vereinbart werden.
	Abs. 2 S. 2	In einer solchen Vereinbarung kann für bestimmte Fälle ein Anspruch auf Erteilung der Zustimmung eingeräumt werden.
	Abs. 3 S. 1	Gibt es eine solche Vereinbarung, ist eine Veräußerung bis zur Erteilung der Genehmigung unwirksam.
§ 14		**Pflichten des Wohnungseigentümers**
	Abs. 1 Nr. 1	Jeder Wohnungseigentümer ist … verpflichtet, die … Vereinbarungen … einzuhalten.
	Abs. 1 Nr. 2 Alt. 1	Jeder Wohnungseigentümer ist … verpflichtet, [Einwirkungen] … zu dulden, die den Vereinbarungen … entsprechen …
	Abs. 1 Nr. 2 Alt. 2	Jeder Wohnungseigentümer ist … verpflichtet, [Einwirkungen] … zu dulden, [auch wenn] keine … Vereinbarungen bestehen [wenn] ihm … kein Nachteil erwächst.[3]
§ 16		**Nutzungen und Kosten**
	Abs. 3 S. 2	Die Wohnungseigentümer können für einzelne Kosten … eine … von einer Vereinbarung abweichende Verteilung beschließen.

---

2 *Hügel/Elzer*, 3. Aufl. 2021, WEG § 10 Rn. 4, 5.
3 Die Norm ist mE sprachlich völlig verunglückt.

§ 17		**Entziehung des Wohnungseigentums**
	Abs. 3	Der Anspruch [auf Entziehung des Wohnungseigentums] kann *durch Vereinbarung nicht eingeschränkt oder ausgeschlossen* werden.
§ 18		**Verwaltung und Benutzung**
	Abs. 3	Jeder Wohnungseigentümer kann … eine ordnungsmäßige Verwaltung und Benutzung … [verlangen, die …] den Vereinbarungen entsprechen.
§ 19		**Regelung der Verwaltung und Benutzung durch Beschluss**
	Abs. 1	Soweit die Verwaltung des gemeinschaftlichen Eigentums und die Benutzung des gemeinschaftlichen Eigentums und des Sondereigentums nicht durch Vereinbarung der Wohnungseigentümer geregelt sind, beschließen die Wohnungseigentümer eine ordnungsmäßige Verwaltung und Benutzung.
§ 23		**Wohnungseigentümerversammlung**
	Abs. 1	Angelegenheiten, über die … nach einer Vereinbarung der Wohnungseigentümer die Wohnungseigentümer durch Beschluss entscheiden können, werden durch Beschlussfassung … geordnet.
§ 24		**Einberufung, Vorsitz, Niederschrift**
	Abs. 2	Die Eigentümerversammlung muss vom Verwalter in den durch Vereinbarung bestimmten Fällen … einberufen werden.

3   Der Gesetzgeber definiert nach wie vor nicht, was eine Vereinbarung ist. Er verwendet den **Begriff** in unterschiedlichen Zusammenhängen. Die Vereinbarung wird als Handlungsinstrument bzw. als Rechtsgrundlage zugelassen, um vom Gesetz abzuweichen (zB in §§ 5, 12 WEG). Das Gesetz sieht jetzt nur noch in § 17 Abs. 3 WEG (§ 18 Abs. 4 WEG aF) eine Regelung vor, wonach eine Abweichung vom Gesetz nicht zulässig ist.[4] § 11 Abs. 1 S. 3 WEG lässt eine Vereinbarung nur unter engen Voraussetzungen zu.

III. Vereinbarung und Gemeinschaftsordnung

4   **1. Rechtsverhältnis.** Das Rechtsverhältnis der Wohnungseigentümer untereinander und zur Gemeinschaft der Wohnungseigentümer[5] bestimmt sich

nach § 10 Abs. 1 S. 1 WEG

- ■ nach dem WEG
- ■ und, wenn dort keine besonderen Bestimmungen getroffen sind, nach den Vorschriften des BGB über die Gemeinschaft[6]

und/oder nach 10 Abs. 1 S. 2 WEG

- ■ durch abweichende Vereinbarungen,
- ■ dies aber nur, soweit nicht etwas anderes ausdrücklich bestimmt ist.[7]

5   Die Gesamtheit dieser Regelungen und Vereinbarungen wird Gemeinschaftsordnung (→ *Gemeinschaftsordnung* Rn. 1 ff.) genannt.[8] Die **Gemeinschaftsordnung** bildet gleichsam die Grundordnung der Wohnungseigentümer, die ähnlich einer Satzung die Grundlage für das Zusammenleben der Wohnungseigentümer bildet; sie hat Normfunktion.[9]

---

4 Die bisherigen Regelungen in §§ 12 Abs. 4 S. 2, 16 Abs. 5, 22 Abs. 2 WEG aF sind aufgrund der geänderten Gesetzeskonzeption entfallen, vgl. BT-Drs. 19/18791, 85; § 27 Abs. 4 WEG aF ist aufgrund der grundlegenden Umgestaltung der Verwaltung weggefallen.
5 Vgl. Überschrift des Abschnittes 4, §§ 10 ff. WEG.
6 § 10 Abs. 2 S. 1 WEG aF.
7 Der bisherige § 10 Abs. 2 S. 2 WEG aF ist aufgrund der grundlegenden Umgestaltung der Verwaltung weggefallen. Vgl. Überschrift des Abschnittes 4, §§ 10 ff.
8 *Hügel/Elzer*, 3. Aufl. 2021, WEG § 10 Rn. 19; vgl. aber auch *Jacoby* ZWE 2013, 61 mwN, zu einem weiteren Verständnis des Begriffes.
9 *Hügel/Elzer*, 3. Aufl. 2021, WEG § 10 Rn. 19.

Nach § 10 Abs. 3 S. 1 WEG müssen Vereinbarungen im **Grundbuch** eingetragen sein, damit sie gegenüber Sondernachfolgern wirken. Wie der Wortlaut und die systematische Stellung der Regelung zeigen, betrifft § 10 Abs. 3 S. 1 WEG nur schuldrechtliche Vereinbarungen. Diese werden durch Eintragung in das Grundbuch verdinglicht. Eine Vereinbarung setzt voraus, dass die Wohnungseigentümer ihre Innenbeziehungen untereinander regeln, also eine Gemeinschaftsordnung schaffen, die ähnlich einer Satzung die Grundlage für das Zusammenleben der Wohnungseigentümer bildet. Von der inhaltlichen Ausgestaltung des Gemeinschaftsverhältnisses ist eine vertragliche Regelung der sachenrechtlichen Zuordnung zu unterscheiden; die sachenrechtliche Zuordnung kann nicht Gegenstand einer Vereinbarung iSd § 10 Abs. 1 S. 2 WEG sein.[10]

6

2. Gemeinschaftsordnung bei Begründung von Wohnungseigentum. Die Gemeinschaftsordnung ist mithin die Grundlage für die Gestaltung des Gemeinschaftsverhältnisses. Auch wenn die Begriffe Teilungserklärung (→ *Teilungserklärung* Rn. 1 ff.) und Gemeinschaftsordnung (→ *Gemeinschaftsordnung* Rn. 1 ff., 5) oft synonym gebraucht werden, sind sie inhaltlich etwas anderes. Durch die Begründung von Wohnungseigentum nach §§ 3, 8 WEG werden das sachenrechtliche Grundverhältnis der Wohnungseigentümer und damit die Grenzen der Sondereigentums untereinander und zum gemeinschaftlichen Eigentum festgelegt. Durch die Gemeinschaftsordnung wird hingegen der Inhalt des Sondereigentums gem. § 5 Abs. 4 S. 1 WEG bestimmt.[11] Aufteilungsvertrag gem. § 3 Abs. 1 WEG (→ *Begründung von Wohnungseigentum* Rn. 2 ff.) oder Teilungserklärung (§ 8 WEG; → *Teilungserklärung* Rn. 2, 3) müssen nicht zwingend eine Gemeinschaftsordnung enthalten. In der Praxis erfolgt dies aber praktisch immer, zum einen aus Kostengründen, aber vor allem, damit die Sondernachfolger gem. § 10 Abs. 3 WEG durch die Grundbucheintragung gebunden sind. Zum Zustandekommen → Rn. 29 ff.

7

3. Nachträgliche Vereinbarungen. Wie sich aus der Bestandsaufnahme (→ Rn. 2) ergibt, können die Eigentümer – fast – alles durch nachträgliche Vereinbarungen (wieder) ändern. Zum Zustandekommen → Rn. 30 ff.

8

IV. Rechtsnatur und Abgrenzung zum Beschluss

1. Abgrenzung zum Beschluss. Vereinbarungen sind (mehrseitige) Verträge der Wohnungseigentümer, durch die diese ihr Verhältnis untereinander regeln. Sie sind somit grundsätzlich rein schuldrechtlicher Natur.[12]

9

Bei einer Beschlussfassung geben die Eigentümer gegenseitige, in Bezug aufeinander gerichtete Willenserklärungen ab. Der Beschluss (→ *Beschluss* Rn. 1 ff.) ist ein mehrseitiges Rechtsgeschäft eigener Art, durch welche gleichgerichtete Willenserklärungen der Eigentümer im Wege der Abstimmung gebündelt werden.[13] Die Vereinbarung ist dagegen ein allseitiger schuldrechtlicher Vertrag unter allen Wohnungseigentümern, der von allen Eigentümern gleichgerichtete Willenserklärungen erfordert.[14] Bei der Beschlussfassung geben Eigentümer ihre Willensbekundung mithin gleichsam „in die Versammlung hinein" bzw. an den Versammlungsleiter[15] ab, während die Vereinbarung nur zustande kommt, wenn es sich um (allseitig) aufeinander gerichtete Willenserklärungen handelt.

Die Notwendigkeit der Unterscheidung wird greifbar, wenn man bedenkt, dass eine Mehrheitsentscheidung in zwei Richtungen auf die Entscheidungsfreiheit der Eigentümer einwirkt. Zum einen müssen nicht alle Eigentümer zustimmen, es reicht eine Mehrheit. Zum anderen bindet der Mehrheitsbeschluss – quasi umgekehrt – sogar die Eigentümer, die gegen den Beschlussantrag gestimmt haben. Auch die Eigentümer, die sich enthalten haben oder gar nicht anwesend waren, müssen die Mehrheitsentscheidung gegen sich gelten lassen. Überspitzt gesagt: Auch eine faktische Minderheit kann durch Beschluss eine Entscheidung herbeiführen, an die alle gebunden sind.

10

---

10 BGH 25.10.2019 – V ZR 271/18, BeckRS 2019, 31522, Urt. v. 25.10.2019 – V ZR 271/18 Rn 15, BGH 11.5.2012 – V ZR 189/11 Rn. 8, BeckRS 2012, 13526.

11 *Hügel/Elzer*, 3. Aufl. 2021, WEG § 10 Rn. 19.

12 *Hügel/Elzer*, 3. Aufl. 2021, WEG § 10 Rn. 22.

13 Vgl. statt aller BGH 10.9.1998 – V ZB 11–98, NJW 1998, 3713 unter III. 3.

14 „Schuldrechtlicher Kollektivvertrag", vgl. OLG Hamm 28.5. 1998–15 W 4–98, BeckRS 9998, 36684; OLG Köln 2.4.2001 – 16 Wx 7/01, BeckRS 2001, 30172329; LG Hamburg 26.11.2007 – 2 Wx 68/07, BeckRS 2008, 2582.

15 Vgl. BGH 13.7.2012 – V ZR 254/11, BeckRS 2012, 19865.

11　**2. Schuldrechtliche Vereinbarung. a) Anwendbare Normen.** Da Vereinbarungen grundsätzlich rein schuldrechtlicher Natur sind, gelten für sie die Vorschriften des Allgemeinen Teils des BGB und des Schuldrechts.[16]

12　Sie können daher unter Widerruf,[17] unter aufschiebenden oder auflösenden Bedingungen geschlossen sein.[18]

13　**b) Auslegung.** Solange die Vereinbarungen nicht im Grundbuch eingetragen sind, sind sie nach §§ 133, 157, 242 BGB auszulegen.[19]

14　**Grundbucheintragungen** sind dagegen normativ – objektiv auszulegen. Mit Eintragung der Vereinbarung ändert sich die Auslegung, weil sie auch Sonderrechtsnachfolger binden: Maßgebend sind dann Wortlaut und Sinn der Vereinbarung, wie sie sich aus unbefangener Sicht als nächstliegende Bedeutungen der Eintragung ergeben. Umstände außerhalb der Eintragung dürfen nur herangezogen werden, wenn sie nach den besonderen Verhältnissen des Einzelfalls für jedermann ohne Weiteres erkennbar sind.[20]

15　Auch eine **ergänzende Vertragsauslegung** ist möglich und hat Vorrang vor einer Anpassung gem. § 10 Abs. 2 S. 3 WEG.[21]

16　Wenn Unklarheiten, Widersprüche oder Unvollständigkeiten auch durch Auslegung nicht beseitigt werden können, ist ein nach dem grundbuchrechtlichen Bestimmtheitsgrundsatz zu ermittelnder Inhalt nicht feststellbar. In einem solchen Fall gilt entweder die gesetzliche oder eine früher vereinbarte Regelung.[22]

17　**c) Inhaltskontrolle.** Einseitig vorgegebene Bestimmungen unterliegen einer Inhaltskontrolle. Offen ist, ob §§ 307 ff. BGB entsprechend anzuwenden sind oder ob sich diese Kontrolle unter Berücksichtigung der Besonderheiten des Einzelfalls am Maßstab von Treu und Glauben (§ 242 BGB) auszurichten hat.[23]

V. Handlungsinstrumente der Gemeinschaft der Wohnungseigentümer

18　Die Wohnungseigentümer können entweder durch Beschluss (→ *Beschluss* Rn. 1 ff.) oder durch **Vereinbarung** handeln.[24] Beide Instrumente haben unterschiedliche Rechtsnatur.[25]

Nach § 19 Abs. 1 WEG beschließen die Wohnungseigentümer eine ordnungsmäßige Verwaltung und Benutzung, soweit die Verwaltung des gemeinschaftlichen Eigentums und die Benutzung des gemeinschaftlichen Eigentums und Sondereigentums nicht durch Vereinbarung der Wohnungseigentümer geregelt sind. Schon aus dieser Formulierung ergibt sich, dass die Vereinbarung Vorrang hat und es für eine Beschlussfassung nur möglich ist, wenn ein Beschlusskompetenz vorliegt.

19　Die Eigentümer sind mithin **nicht frei**, mit welchem Instrument sie arbeiten. Vielmehr bestimmt das Gesetz, in welchen Fällen die Wohnungseigentümer welches Entscheidungsinstrument anwenden **müssen**. Allerdings ist in der Praxis die Unterscheidung teils nicht einfach und es wird die Reichweite der Beschlusskompetenz oft nicht erkannt bzw. verkannt. Ob sich hieran durch die WEG-Reform, durch die die Beschlusskompetenzen erweitert wurden, etwas ändern wird, bleibt abzuwarten.

20　**1. Faustformel: Vereinbarung für grundlegende Regelungen.** Nach 10 Abs. 1 S. 2 WEG können die Eigentümer „von den Vorschriften dieses Gesetzes abweichende Vereinbarungen treffen". Abs. 3 spricht von „Vereinbarungen, durch die die Wohnungseigentümer ihr Verhältnis untereinander in Ergänzung oder Abwei-

---

16　Bärmann/*Suilmann* WEG § 10 Rn. 66.

17　OLG München 10.3.2014 – 34 Wx 512/13 BeckRS 2014, 9790.

18　OLG Zweibrücken 1.2.2008 – 3 W 3/08 BeckRS 2008, 7135.

19　*Hügel/Elzer*, 3. Aufl. 2021, WEG § 10 Rn. 103.

20　St. Rspr., vgl. nur BGH 22.3.2019 – V ZR 298/16, BeckRS 2019, 6979 Rn. 8; BGH 28.10.2016 – V ZR 91/16, NJW 2017, 1167 Rn. 21; BGH 22.11.2013 – V ZR 46/13, NJW-RR 2014, 527 Rn. 11; LG Düsseldorf 20.2.2019 – 25 S 3/18, BeckRS 2019, 5032; LG Stuttgart 15.1.2019 – 19 S 58/18, BeckRS 2019, 15001.

21　BGH 22.3.2019 – V ZR 298/16, BeckRS 2019, 6979 Rn. 8; BGH 13.5.2016 – V ZR 152/15 2016, NZM 727 Rn. 18.

22　Bärmann/*Suilmann* WEG § 10 Rn. 132.

23　BGH 10.12.2010 – V ZR 60/10, BeckRS 2011, 2775 Rn. 7; offen BGH 2.12.2011 – V ZR 74/11, BeckRS 2012, 1718.

24　*Hügel/Elzer*, 3. Aufl. 2021, WEG § 10 Rn. 10; *Hügel* DNotZ 2001, 176 (186); *Wenzel* ZWE 2000, 2 (3): „Tertium non datur".

25　*Hügel* DNotZ 2001, 176 (179).

chung von Vorschriften dieses Gesetzes regeln" sowie von der „Abänderung oder Aufhebung solcher Vereinbarungen" und – neu – von „Beschlüssen, die aufgrund einer Vereinbarung gefasst werden". Durch die Vereinbarung regeln die Wohnungseigentümer ihr Verhältnis untereinander (das Gemeinschaftsverhältnis), und zwar

- abweichend von/ergänzend zu dispositiven gesetzlichen Vorschriften bzw.
- abweichend von/ergänzend zu bestehenden Vereinbarungen.

Umgekehrt heißt das, dass für die **Abänderung** oder Ergänzung gesetzlicher oder vereinbarter Regelungen **immer eine Vereinbarung** nötig ist, sofern die Wohnungseigentümer nicht im Wege eines Änderungsvorbehaltes oder einer Öffnungsklausel vereinbart haben, dass dies auch beschlossen werden darf.[26]

Wenn die Eigentümer für ihr Verhältnis untereinander (das Gemeinschaftsverhältnis) Regeln treffen wollen, die   21

- über den konkreten Einzelfall hinaus Bedeutung haben sollen,
- generell und auf Dauer gelten sollen
- und grundlegende und wesentliche Fragen berühren,

bedarf es einer Vereinbarung.[27]

2. Faustformel: Beschluss für laufende Verwaltung. (Nur) Für die Regelung der laufenden Verwaltung im   22
konkreten Einzelfall können Beschlüsse (→ *Beschluss* Rn. 1 ff.) gefasst werden. Stets muss aber geprüft werden, ob für den konkreten Regelungsgegenstand eine Beschlusskompetenz besteht. Ist dies nicht der Fall – insbesondere bei den grundlegenden Angelegenheiten der Gemeinschaft –, bedarf es einer Vereinbarung.[28]

3. Praktische Abgrenzungsfragen. Auch eine „einstimmige" Entscheidung, bei der alle Eigentümer mitge-   23
wirkt haben, stellt nicht automatisch eine Vereinbarung dar. Es kann sich auch um einen allstimmigen Beschluss handeln. Die Problematik stellt sich dann, wenn bei einer solchen Entscheidung nicht vorher klar ist, dass es das eine oder das andere sein soll (oder muss). In diesen Fällen muss die Willensbekundung der Wohnungseigentümer **ausgelegt** werden.

Die Auslegungsfrage stellt sich aber nur, wenn der Beschluss in der Eigentümerversammlung selbst allstim-   24
mig gefasst wurde.[29]

Wie das in einem solchen Fall geht, ist umstritten: **Anknüpfungspunkt** kann sowohl der objektive Erklä-   25
rungswillen der Wohnungseigentümer sein, manifestiert durch die „äußere Form"[30] oder der Inhalt der Regelung.[31]

ME ist hier von der **Vorstellung der Eigentümer** auszugehen, wenn nicht von vornherein ein Bewusstsein   26
für die Anwendung des „richtigen" Instruments vorhanden ist. In einer Versammlung geht es den Eigentümern eher nicht um das Werkzeug, sondern um das Ergebnis. Eigentümer sind sich nach meiner Erfahrung des rechtlichen Unterschiedes und auch der oben erwähnten „Wirkmechanismen" sehr oft nicht bewusst. Gerade weil das Gesetz den Eigentümern nicht freistellt, in welcher Form sie handeln können, erscheint es sachgerecht, sich am **Regelungsgegenstand** zu orientieren, selbst wenn ein TOP als „Beschlussfassung" angekündigt ist. Der Regelungsgegenstand kann jedenfalls ein Indiz sein:[32]

Fällt der Regelungsgegenstand unter die genannten (→ Rn. 21 ff.) Merkmale, die das Grundverhältnis der   27
Wohnungseigentümer betreffen, liegt eine Vereinbarung vor, ansonsten ein allstimmiger Beschluss. Eine Regelung unter Mitwirkung aller Eigentümer ist als Vereinbarung auszulegen, wenn ein Mehrheitsbeschluss nicht wirksam möglich wäre.[33]

---

26 Bärmann/*Suilmann* WEG § 10 Rn. 73.
27 *Hügel/Elzer*, 3. Aufl. 2021, WEG § 10 Rn. 14.
28 *Hügel/Elzer*, 3. Aufl. 2021, WEG § 10 Rn. 14ff.
29 LG München I 23.1.2014 – 36 S 5934/13, ZWE 2015, 128, die Abgrenzung offenlassend.
30 LG Hamburg 4.3.2016 – 318 S 109/15, ZWE 2016, 458 unter II.3.b; Bärmann/*Suilmann* WEG § 10 Rn. 177 und § 26 Rn. 26 mit Nachweisen zum Streitstand.
31 Wohl hM, vgl. nur *Hügel/Elzer*, 3. Aufl. 2021, WEG § 10 Rn. 15 ff. , ebenfalls mwN für beide Meinungen.
32 *Hügel/Elzer*, 3. Aufl. 2021, WEG § 10 Rn. 15 ff. mwN.
33 OLG Hamburg 26.11.2007 – 2 Wx 68/07, ZMR 2008, 154 (155); ausdrücklich hiergegen LG Hamburg 4.3.2016 – 318 S 109/15, ZWE 2016, 458.

28 Einigkeit herrscht, dass Entscheidungen, die als Vereinbarungen ausgelegt werden, eine „Sollbruchstelle" haben. Erkennen die Eigentümer den Vereinbarungscharakter nicht, unterbleibt die Eintragung. Diese ist aber nach § 10 Abs. 3 S. 1 WEG notwendig, damit sie gegen Sondernachfolger wirken; Beschlüsse gelten dagegen nach § 10 Abs. 3 S. 2 WEG (bisher § 10 Abs. 4 WEG) auch ohne Eintragung. Ein **Sondernachfolger** muss seine Zustimmung zu einer nicht eingetragenen Vereinbarung explizit erklären. Tut er dies nicht, wird die Vereinbarung insgesamt hinfällig.[34] Das ändert aber nichts an der Frage der Abgrenzung. Denn die Eintragung in das Grundbuch ist gerade kein konstitutives Element einer Vereinbarung. Ein **Zwang**, Vereinbarungen mit einer solchen Wirkung zu versehen, besteht nicht.[35]

VI. Zustandekommen der Vereinbarung

29 **1. Begründung von Wohnungseigentum.** Die erste Gemeinschaftsordnung wird meist bei Begründung des Wohnungseigentums „vereinbart". Die Teilungserklärung steht ab dem Zeitpunkt, ab dem sie von dem teilenden Eigentümer nicht mehr einseitig geändert werden kann, einer Vereinbarung gleich (§ 8 Abs. 2, § 5 Abs. 4 S. 1 WEG).[36] Dieser Zeitpunkt tritt mit Entstehen der Gemeinschaft ein, nunmehr also nach § 9 a Abs. 1 S. 2 WEG mit **Anlegung der Wohnungsgrundbücher**. Allein ändern kann der aufteilende Eigentümer die Teilungserklärung, die gesamte Gemeinschaftsordnung oder auch nur einzelne Regelungen so lange, wie die Wohnungseigentumsrechte noch in seiner Hand vereinigt sind und keine Eigentumsvormerkung für einen Erwerber eingetragen ist (vgl. § 8 Abs. 3 WEG).[37]

Im Rahmen des § 3 WEG kann eine Vereinbarung gem. § 5 Abs. 4 WEG ohne Weiteres getroffen werden.

30 **2. Bestehende Gemeinschaft. a) Keine Formvorschriften.** Die Vereinbarung setzt – wie jeder Vertrag – übereinstimmende Willenserklärungen voraus. Eine besondere Form für das wirksame Zustandekommen sieht das WEG nicht vor.

31 Die Eintragung in das Grundbuch ist kein konstitutives Element einer Vereinbarung.[38] Die Verdinglichung durch Eintragung in das Grundbuch ist nur zur Wirksamkeit gegenüber einem Sonderrechtsnachfolger erforderlich (§ 10 Abs. 3 WEG).

32 **b) Konkludente Vereinbarung.** Vereinbarungen können grundsätzlich auch konkludent zustande kommen. **Voraussetzung** ist aber, dass die Eigentümer bewusst eine dauerhafte Regelung schaffen bzw. dauerhaft die Änderung der bestehenden Rechtslage herbeiführen wollten. Eine – auch langjährige – abweichende Übung oder Duldung genügt nicht. Es ist vielmehr erforderlich, dass jeder Sondereigentümer Kenntnis vom bisherigen Inhalt der Vereinbarung bzw. der gewollten Änderung hat. Darüber hinaus muss allseitig der rechtsgeschäftliche Wille bestehen, für die Zukunft eine verbindliche Änderung vorzunehmen. Für jede dieser Voraussetzungen bedarf es konkreter Anhaltspunkte. In der Regel müssen die Wohnungseigentümer vor der stillschweigenden Willenskundgabe über den Gegenstand der Vereinbarung beraten und die Rechtsfolgen für die Zukunft erörtert haben.[39]

33 **c) Willenserklärungen aller Eigentümer und Öffnungsklauseln.** Es sind grundsätzlich **übereinstimmende Willenserklärungen** aller Wohnungseigentümer nötig.

34 Allerdings können Vereinbarungen aufgrund von **Öffnungsklauseln** durch Beschluss geändert werden. Eine Öffnungsklausel ist eine Vereinbarung in der Gemeinschaftsordnung, wonach diese allgemein oder in bestimmten Fällen nicht durch Vereinbarung aller Wohnungseigentümer, sondern mit der (qualifizierten) Mehrheit der Wohnungseigentümer geändert werden kann.[40] Die Vereinbarung einer Öffnungsklausel stellt eine normale Vereinbarung dar, gleich ob sie in der ersten mit der Teilungserklärung beurkundeten Gemeinschafts-

---

34 OLG Frankfurt a. M. 1.2.2006 – 20 W 291/06, ZWE 2006, 392; BayObLG 2.2.2005 – 2 Z BR 222/04, RNotZ 2005, 233; BayObLG 10.1.2002 – 2Z BR 180/01, NZM 2003, 321; OLG Köln 2.4.2001 – 16 Wx 7/01, NZM 2001, 1135.

35 *Hügel/Elzer*, 3. Aufl. 2021, WEG § 10 Rn. 37.

36 BGH 25.10.2019 – V ZR 271/18, BeckRS 2019, 31522 Rn. 16.

37 *Hügel/Elzer*, 3. Aufl. 2021, WEG § 10 Rn. 33.

38 *Hügel/Elzer*, 3. Aufl. 2021, WEG § 10 Rn. 37.

39 BGH 10.7.2015 – V ZR 169/14, BeckRS 2015, 14974 Rn. 23 f., für die Auslegung einer Zweckbestimmung mit Vereinbarungscharakter in der Teilungserklärung.

40 *Hügel/Elzer*, 3. Aufl. 2021, WEG § 10 Rn. 169, vgl. BGH 12.4.2019 – V ZR 112/18, BeckRS 2019, 7942; BGH 10.10.2014 – V ZR 315/13, BeckRS 2014, 22578; BGH 27.6.1985 – VII ZB 21/84, NJW 1985, 2832.

ordnung enthalten ist oder nachträglich eingeführt wird.[41] Sie hat nur die Funktion, zukünftige Mehrheitsentscheidungen formell zu legitimieren, ohne sie materiell zu rechtfertigen.[42]

Das Gesetz sieht Öffnungsklauseln in § 12 Abs. 4 S. 1, § 16 Abs. 2 WEG[43] und § 21 Abs. 5 WEG[44] vor.[45]   35

VII. Inhalt von Vereinbarungen

1. Abweichung vom oder Ergänzung des WEG. Vereinbarungen sind nur solche Regelungen, die das Ver-   36
hältnis der Wohnungseigentümer entweder in Abweichung oder in Ergänzung des WEG regeln, nicht aber solche, die anderweitige Regelungsinhalte haben.[46]

2. Weitreichende Gestaltungsfreiheit. a) Grundsatz. § 10 Abs. 1 S. 2 WEG lässt den Wohnungseigentü-   37
mern weitgehend freie Hand, wie sie ihr Verhältnis untereinander ordnen wollen. Diese Gestaltungsfreiheit gilt auch für den teilenden Eigentümer. **Schranken** für den Inhalt der Gemeinschaftsordnung ergeben sich jedoch aus den Grenzen der Privatautonomie nach §§ 134, 138 BGB.[47]

Die Eigentümer können daher auch auf Freiheitsrechte und sonstige mit dem Wohnungseigentum verbundene   38
Rechte verzichten.[48]

Die Gestaltungsfreiheit endet aber dort, wo die personenrechtliche Gemeinschaftsstellung der Wohnungsei-   39
gentümer ausgehöhlt wird.[49]

b) Beschränkungen im Gesetz. Was durch Vereinbarung nicht geregelt werden kann, ergibt sich unmittelbar   40
aus dem Wortlaut des Gesetzes (§ 11 Abs. 1 S. 3, 17 Abs, 3, siehe die Übersicht → Rn. 2). Darüber hinaus finden sich folgende **Einschränkungen der Gestaltungsautonomie**:

§ 9 a		**Gemeinschaft der Wohnungseigentümer**
	Abs. 5	*„Ein Insolvenzverfahren über das Gemeinschaftsvermögen findet nicht statt".*
		Ein Insolvenzverfahren kann daher auch nicht durch Vereinbarung ermöglicht werden.
§ 12		**Veräußerungsbeschränkung**
	Abs. 2 S. 1	*„Die Zustimmung* [zur Veräußerung, wenn eine Veräußerungsbeschränkung nach § 12 Abs. 1 vereinbart ist] *darf nur aus einem wichtigen Grund versagt werden".*
§ 26		**Bestellung und Abberufung des Verwalters**
	Abs. 5	*„Abweichungen von den Absätzen 1 bis 3 sind nicht zulässig".*

3. Ausgestaltung des Sondereigentums. Durch die bestimmte Bezeichnung einer Sondereigentumseinheit in   41
der Teilungserklärung, zB als „Laden", wird die zulässige Nutzung dieser Einheit beschränkt, wenn es sich um eine Regelung im Sinne einer Zweckbestimmung mit **Vereinbarungscharakter** handelt. Eine solche betrifft nicht die sachenrechtliche Zuordnung, die nicht Gegenstand einer Vereinbarung sein kann, sondern dient der Regelung der Innenbeziehungen der Wohnungseigentümer untereinander, ist also Teil der Gemeinschaftsordnung, die ähnlich einer Satzung die Grundlage für das Zusammenleben der Wohnungseigentümer bildet.[50] Durch eine solche Vereinbarung wird der Inhalt des Sondereigentums an dieser Einheit ausgestaltet. Vereinba-

---

41 *Hügel/Elzer* WEG § 10 Rn. 146.
42 BGH 12.4.2019 – V ZR 112/18, BeckRS 2019, 7942 Rn 7.
43 § 16 Abs. 3 und Abs. 4 WEG aF.
44 § 21 Abs. 7 WEG aF.
45 Dazu vgl. *Jacoby* ZWE 2013, 61.
46 Zur teilweise vorgenommenen Abgrenzung von Vereinbarungen im engeren und weiteren Sinne siehe Bärmann/ *Suilmann* WEG § 10 Rn. 72 bzw. 81; vgl. auch *Hügel/Elzer*, 3. Aufl. 2021, WEG § 10 Rn. 52.
47 St. Rspr.; BGH 10.12.2010 – V ZR 60/10, BeckRS 2011, 2775 Rn. 8; BGH 13.10.2006 – V ZR 289/05, BeckRS 2006, 14806 Rn. 15.
48 OLG Hamm 21.12.2016 – 15 W 590/15, ZWE 2017, 173 Rn. 14.
49 LG München I 7.2.2019 – 36 S 5357/18 WEG, BeckRS 2019, 25060 Rn. 14; BGH 11.11.1986 – V ZB 1/86, NJW 1987, 650 III. 2. B bb.
50 BGH 22.3.2019 – V ZR 298/16, BeckRS 2019, 6979 Rn. 11 mwN.

rungen, durch die die Wohnungseigentümer ihr Verhältnis untereinander regeln, entfalten zunächst nur Wirkung zwischen diesen; sie sind schuldrechtlicher, nicht dinglicher Natur. Auch durch die Eintragung in das Grundbuch wird eine solche Zweckbestimmung nicht zu einem dinglichen Recht, sondern betrifft unmittelbar nur das Verhältnis der Wohnungseigentümer untereinander. Das Sondereigentum kann – anders als sonstiges Eigentum – auch durch Vereinbarung der Wohnungseigentümer, etwa durch eine Zweckbestimmung, näher ausgestaltet werden und hat dann den vereinbarten Inhalt.[51]

42　Wird eine Teileigentumseinheit in der sachenrechtlichen Teilungserklärung als „Bürogruppe" bezeichnet, während die mit „Gebrauchsregelung" überschriebene schuldrechtliche Gemeinschaftsordnung für Teileigentum eine „gewerbliche Nutzung" vorsieht, so geht grundsätzlich die Regelung in der Gemeinschaftsordnung vor.[52]

43　Durch einen Mehrheitsbeschluss, der auf einer allgemeinen Öffnungsklausel beruht, darf die Zweckbestimmung eines Wohnungs- oder Teileigentums nur mit Zustimmung des Sondereigentümers geändert oder eingeschränkt werden.[53]

44　Die Frage, ob eine **zweckwidrige Nutzung** zulässig ist, ist stets einzelfallbezogen zu beantworten. Maßgeblich ist, ob die zweckwidrige Nutzung bei typisierender Betrachtungsweise mehr stört als die in der Teilungserklärung vorgesehene Nutzung.[54]

45　**a) Wohn- oder Teileigentum.** Schon mit der Bezeichnung als Wohn- oder Teileigentum nach § 1 Abs. 2, 3 WEG ist ein Zweck und daraus resultierend ein bestimmter Gebrauch vereinbart.[55]

46　Die beiden gesetzlich vorgesehenen Grundtypen schließen sich gegenseitig aus. Es kann aber etwas anderes vereinbart werden ist.[56]

47　**b) Nutzungszweck von Wohneigentum.** Die Vermietung einer Eigentumswohnung an täglich oder wöchentlich wechselnde Feriengäste ist Teil der zulässigen Wohnnutzung. Auch dies kann durch Vereinbarung anders bestimmt werden;[57] zur Abgrenzung zur „Heimnutzung" s. die Entscheidung des BGH;[58] zum → *Heim* Rn. 5.

48　Eine Nutzung als **Senioren-WG** ist zulässig, auch wenn ein Pflegedienst ständig anwesend ist, soweit der Pflegedienst im Schwerpunkt bei Körperhygiene und im Haushalt hilft;[59] zum → *Pflegeheim* Rn. 2 ff.

49　Zur Nutzung einer Wohnung als **Intensiv-Pflegestation** s. das AG Köln.[60]

50　Zur Abgrenzung von zulässiger Nutzung von Wohneigentum zur Nutzung als **Flüchtlingsunterkunft** s. der BGH;[61] zu → *Asylbegehrende und Geflüchtete* Rn. 18 ff.

51　**c) Nutzungsweck von Teileigentum. Gewerbe:**

In den Grenzen des § 14 Nr. 1 WEG ist grundsätzlich jedes Gewerbe zulässig,[62] zB:

- Café[63]
- Chemische Reinigung[64]
- Gastronomie[65]

51　BGH 25.10.2019 – V ZR 271/18, BeckRS 2019, 31522 Rn. 15 ff.: Eisdiele statt Laden; BGH 13.12.2019 – V ZR 203/18, BeckRS 2019, 32362 Rn. 6 f.: Laden mit Lager als Eltern-Kind-Zentrum.

52　OLG Düsseldorf 19.3.2003 – 3 Wx 249/02, BeckRS 2003, 30312327.

53　BGH 12.4.2019 – V ZR 112/18, BeckRS 2019, 7942 Rn. 159: kurzzeitige Vermietung an Feriengäste.

54　St. Rspr. so etwa BGH 10.7.2015 – V ZR 169/14, BeckRS 2015, 1497: Gaststätte im Laden.

55　BayObLG 10.11.2004 – 2Z BR 169/04, BeckRS 2004, 12574.

56　BGH 27.10.2017 – V ZR 193/16, BeckRS 2017, 132177 Rn. 8.

57　BGH 15.1.2010 – V ZR 72/09, BeckRS 2010, 3140 = ZMR 2010 § 78 mit Anmerkung *Kümmel* (S. 382).

58　BGH 27.10.2017 – V ZR 193/16, BeckRS 2017, 132177.

59　AG Charlottenburg 5.4.2019 – 73 C 64/18, BeckRS 2019, 17268.

60　AG Köln 31.7.2012 – 202 C 1/12 BeckRS 2012, 18526.

61　BGH 27.10.2017 – V ZR 193/16 BeckRS 2017, 132177 Rn. 8; s. a. *Ehmann* ZWE 2016, 3429; *Drasdo* NJW-Spezial 2016, 353.

62　Vgl. LG Berlin 20.2.2013 – 85 S 235/11, BeckRS 2013, 11488.

63　OLG Zweibrücken 15.8.1986 – 3 W 134/86, BeckRS 1986, 30809764.

64　BayObLG 9.5.1994 – 2Z BR 23/94, BeckRS 1994, 3788.

65　KG 8.7.2002 – 24 W 344/01, BeckRS 2002, 30270923.

- Kontakt- und Informationsstelle für Menschen mit psychischer Behinderung[66]
- Kulturverein[67]
- Freikirchliche Religionsgemeinde[68]
- Zahnklinik[69]
- Spielothek[70]
- Supermarkt und muslimisches Gemeindezentrum[71]

Laden: 52

- „Laden, Büro, Praxis oder Gastronomiebetrieb" lässt auch den Betrieb eines Hostels mit „Sleepboxen" zu[72]
- tageweise Unterbringung Wohnungsloser kann zulässig sein[73]
- Laden mit Lager – Nutzung als Eltern-Kind-Zentrum[74]
- Eisdiele ist unzulässig[75]
- gastronomischen Einrichtung ist nicht zulässig[76]
- Gaststätte mit nächtlichen Öffnungszeiten unzulässig, wenn das Landesrecht die nächtliche Öffnung von Verkaufsstellen untersagt[77]
- Tanzcafé ist unzulässig[78]

Lagerraum: 53

- Gymnastik-/Tanzstudio ist nicht zulässig[79]

Restaurant, Gaststätte, Imbiss: 54

- ist konkret „Gaststätte" oder „Imbiss" festgelegt, ist die Nutzung als Spielhalle mit Internetcafé idR nicht zulässig[80]
- bei „Restaurant mit Kegelbahnen und Aufenthaltsraum" ist Nutzung als Spielhalle zulässig[81]
- in „Gaststätte" in einer Ferienwohnanlage ist eine Nutzung durch Religionsgemeinschaft Zeugen Jehovas nicht zulässig[82]
- ein Schnellrestaurant im Rahmen der Systemgastronomie ist zulässig[83]

Sauna (→ *Sauna* Rn. 2 ff.): 55

- auch gewerbsmäßige Nutzung zulässig, aber kein Sexclub[84]

Schwimmbad (→ *Schwimmbad* Rn. 2 ff.) 56

Wohnen: 57

Bei Wohnen in einer Teileigentumseinheit ist im Hinblick auf die typisierende Betrachtung, ob eine zweckwidrige Nutzung mehr stört, ein großzügiger Maßstab anzulegen, anders als in der umgekehrten Konstellati-

---

66 OLG Zweibrücken 11.8.2005 – 3 W 21/05, BeckRS 2005, 10979.
67 OLG Hamm 12.4.2005 – 15 W 29/05, NZM 2005, 870.
68 LG Berlin 22.5.2018 – 55 T 15/18, BeckRS 2018, 13555.
69 OLG Düsseldorf 19.3.2003 – 3 Wx 249/02, BeckRS 2003, 30312327.
70 LG Karlsruhe 20.9.2010 – 11 S 200/09, ZWE 2011, 99.
71 OLG Frankfurt a. M. 1.11.2012 – 20 W 12/08, BeckRS 2012, 24011.
72 LG Berlin 28.5.2019 – 55 S 95/18 WEG, BeckRS 2019, 17267.
73 BGH 8.3.2019 – V ZR 330/17, BeckRS 2019, 4308.
74 BGH 13.12.2019 – V ZR 203/18, BeckRS 2019, 32362.
75 BGH 25.10.2019 – V ZR 271/18, BeckRS 2019, 31522 Rn. 16 ff.
76 LG Berlin 16.1.2019 – 55 S 46/18 ZWE 2019, 124.
77 BGH 10.7.2015 – V ZR 169/14, BeckRS 2015, 14974.
78 BayObLG 19.7.78 – 2 Z 1/78, ZMR 1978, 380.
79 BayObLG 20.1.1994 – 2Z BR 93/93, BeckRS 1994, 1259.
80 LG München I 4.4.2011 – 1 S 16861/09, BeckRS 2011, 9362.
81 LG München I 2.3.2015 – 1 S 5273/13 WEG, BeckRS 2015, 16857.
82 LG Itzehoe 22.3.2019 – 11 S 40/18, BeckRS 2019, 12060.
83 LG Stuttgart 12.3.2019 – 19 S 31/18 BeckRS 2019, 6834.
84 BayObLG 22.4.1994 – 2Z BR 19/94, BeckRS 1994, 3793.

on.[85] Bei einem ausschließlich beruflichen und gewerblichen Zwecken dienenden Gebäude kann aber eine Wohnnutzung störender sein.[86]

- Nutzung von Teileigentum als Boardinghaus ist zulässig[87]
- Nutzung einer Lagerhalle zu Wohnzwecken ist zulässig[88]

58 **d) Einheitliche Nutzung der gesamten Anlage.** Manche Objekte sind zu einem bestimmten **Zweck** errichtet, so dass in der Gemeinschaftsordnung die Nutzung zwingend vorgeschrieben ist. Durch Vereinbarung kann dies auch nachträglich erfolgen. Dies betrifft:

- Ferienwohnungen[89]
- Hotelapartment;[90] dazu → *Hotelanlage* Rn. 5 ff.
- Betreutes Wohnen, insbesondere zum Kontrahierungszwang[91]
- Seniorenresidenz[92]
- → *Pflegeheim* Rn. 2 ff.

59 **4. Gebrauchsregelungen.** Im Rahmen des § 10 Abs. 1 WEG können die Wohnungseigentümer den Gebrauch des Sondereigentums und des gemeinschaftlichen Eigentums durch **Vereinbarung** regeln.[93] Nur subsidiär können Gebrauchsregeln auch gem. § 19 Abs. 1 WEG durch Beschluss[94] getroffen werden. Nach § 13 Abs. 1 WEG kann jeder Wohnungseigentümer mit seinem Sondereigentum nach Belieben verfahren, insbesondere dieses bewohnen, vermieten, verpachten oder in sonstiger Weise nutzen, und andere von Einwirkungen ausschließen. Daher kann (nur) durch Vereinbarung eine konkrete Nutzungsmöglichkeit eingeschränkt, mit Auflagen versehen, oder ganz verboten werden bzw. ein grundsätzlich zulässiger Gebrauch untersagt werden.

60 Bei **Wohnräumen** ist die Zweckbestimmung klar. Fraglich ist meist, was (noch) als Wohngebrauch zulässig ist. Es geht hier in der Regel um Gebrauchsregeln im Sinne einer Art Hausordnung. Bei Teileigentum wird oftmals zu wenig Augenmerk auf die konkrete Ausgestaltung gelegt. Bei den Wohnnebenräumen ist der konkrete Umfang des Gebrauchs (zB des Kellers) oft genug nicht klar, was zu Unklarheiten führt, wie die Rechtsprechungsbeispiele zeigen.[95]

a) Wohnungseigentum

61
- Vermietungsbeschränkung[96]
- Musizieren;[97] → *Musik* Rn. 3
- → *Tiere* Rn. 2[98]

62 **b) Wohnnebenräume.** Wohnnebenräume gehören zu einer Wohneinheit, dürfen aber entweder ausdrücklich oder der Sache nach nicht zu Wohnzwecken genutzt werden, sondern dienen untergeordneten Zwecken.[99] Die Formulierung „nicht Wohnzwecken dienender Raum" stellt eine **Zweckbestimmung** dar, wonach der Raum zwar nicht zu Wohnzwecken, aber grundsätzlich zu jedem anderen beliebigen Zweck genutzt werden darf.

---

85 OLG Köln 27.12.2002 – 16 Wx 233/02, NJOZ 2003, 4089.
86 BGH 23.3.2018 – V ZR 307/16, NZM 2018, 754.
87 LG Frankfurt a. M. 30.8.2017 – 2–13 S 207/14, BeckRS 2017, 123121.
88 LG Frankfurt a. M. 14.3.2019 – 2/13 S 108/18, BeckRS 2019, 7010.
89 BayObLG 2.6.2004 – 2Z BR 29/04, BeckRS 2004, 07236, keine Nutzung als Seminarraum zulässig.
90 BayObLG 19.2.1999 – 2 Z BR 180/98, BeckRS 1999, 2923; BayObLG 20.2.2003 – 2Z BR 5/03, BeckRS 2003, 2447; OLG München 19.1.2012 – 8 U 1985/11, BeckRS 2012, 3817; LG München II 21.2.2008 – 6 T 6592/07 BeckRS 2008, 4852.
91 Siehe BGH 10.1.2019 – III ZR 37/18, DNotI-Report 2019, 41; BGH 13.10.2006 – V ZR 289/05, BeckRS 2006, 14806; BGH 21.12.2012 – V ZR 221/11, NJW 2013, 1963; *Rapp* MittBayNot 2012, 434.
92 S. dazu *Drasdo* NZM 2020, 129.
93 § 15 Abs. 1 WEG aF ist in § 10 Abs. 1 WEG aufgegangen, BT-Drs. 19/18971, 50.
94 § 15 Abs. 2 WEG aF.
95 ZB BGH 25.10.2019 – V ZR 271/18, BeckRS 2019, 31522.
96 OLG Frankfurt a. M. 28.1.2004 – 20 W 124/03, NJW-RR 2004, 662: Zustimmung des Verwalters; LG Koblenz 4.8.2016 – 2 S 124/15 WEG, BeckRS 2016, 14671: Zustimmung der anderen Eigentümer.
97 OLG Hamm 10.11.1980 – 15 W 122/80, NJW 1981, 465.
98 OLG Frankfurt a. M. 13.7.78 – 20 W 247/78, Rpfleger 1978, 414; vgl. auch AG Bonn 10.1.2019 – 27 C 95/18, BeckRS 2019, 11980 für Beschlussfassung.
99 Bärmann/*Suilmann* WEG § 15 Rn. 46, 47.

Hofele

Eine solche Zweckbestimmung führt zwar zu Teileigentum, heißt aber nicht zwingend, dass dort eine gewerbliche oder freiberufliche Nutzung erfolgen darf oder muss. Bei **Teileigentum** kann es sich auch Räume handeln, die zwar zur Wohnung gehören, aber nicht zum dauerhaften Aufenthalt von Menschen bestimmt sind, sondern Zwecken dienen, die mit der Wohnnutzung im Zusammenhang stehen, ihr aber untergeordnet sind (Abstell- oder Hobbyraum, Werkstatt, Keller). Bei der Frage, ob eine bestimmte Nutzung zulässig ist, ist auch die Lage und Beschaffenheit des Raumes von Bedeutung.[100]

- → *Abstellraum* Rn. 2 ff.[101]
- Bühne[102]
- → *Bodenraum* Rn. 2 ff.[103]
- Dachboden, Spitzboden[104]
- Dachboden zur Hobbynutzung[105]
- Garage[106]
- → *Hobbyraum* Rn. 7 ff.[107]
- → *Keller* Rn. 2 ff.
  - Abgrenzung von „Kellerräume" und „Wohnung nebst Kellerraum"[108]
  - Sauna-Errichtung (→ *Sauna* Rn. 2 ff.) im „Kellerraum"[109]
  - Nutzung von Kellerräumen als Wohnung[110]
  - der Keller darf auch nicht als Gymnastik-/Tanzstudio[111] genutzt werden, wohl aber als Saunaraum.
- Speicher[112]
- Trimmraum[113]
- Werkstatt[114]

c) Teileigentum. Bei der Zweckbestimmung von Teileigentum wird oftmals zu wenig Augenmerk auf die **63** konkrete **Ausgestaltung** gelegt (→ Rn. 60). Eine ähnliche Problematik gibt es bei der gewerblichen Vermietung. Hier spielt der Nutzungszweck eine zentrale Rolle, wird aber ebenfalls zu oft nicht konkret genug festgelegt. Kommen eine zu weite Zweckbestimmung in der Vereinbarung und ein unklarer Nutzungszweck bei einer Vermietung des Teileigentums zusammen, kumuliert sich das Risiko von Streitigkeiten.

Konkurrenzschutzklauseln für Teileigentum sind als Inhalt der Gemeinschaftsordnung zulässig.[115]   **64**

Auch eine Beschränkung der Zweckbestimmung auf bestimmte Nutzungen (konkrete Restaurantnutzung) und das Verbot eines bestimmten Gebrauchs ist zulässig; vgl. gewerbsmäßige Nutzung einer → *Sauna* Rn. 9, aber Ausschluss zulässig von bordellartiger Nutzung, → *Prostitution* Rn. 3 ff.[116]

100 KG 22.12.2006 – 24 W 126/05, BeckRS 2007, 01194.
101 KG 22.12.2006 – 24 W 126/05, BeckRS 2007, 01194.
102 Schwäbisch für Dachboden, OLG Stuttgart 19.5.1993 – 8 W 485/92, BeckRS 9998, 11153.
103 OLG Schleswig 16.6.2004 – 2 W 49/04, BeckRS 2004, 08596.
104 OLG Düsseldorf 28.11.2003 – 3 Wx 252/03, BeckRS 2004, 01326; BGH 16.5.2014 – V ZR 131/13, BeckRS 2014, 14137.
105 OLG Düsseldorf 19.12.2007 – I-3 Wx 98/07, BeckRS 2008, 1093.
106 OLG Hamburg 6.12.2002 – 2 Wx 27/99, BeckRS 2004, 697.
107 OLG Frankfurt a. M. 27.7.2011 – 20 W 319/08, BeckRS 2011, 24245.
108 BGH 4.12.2014 – V ZB 7/13, BeckRS 2015, 5767.
109 OLG Frankfurt a. M. 2.11.2005 – 20 W 378/03, BeckRS 2006, 7391.
110 OLG Karlsruhe 28.10.2016 – 9 U 14/15, BeckRS 2016, 111424.
111 Wenn das Gymnastik/Tanzstudio im Lagerraum nicht zulässig ist, dürfte es auch im Keller nicht zulässig sein, → Rn. 84.
112 BGH 26.9.2003 – V ZR 217/02, BeckRS 2003, 09141.
113 LG Hamburg 19.10.2016 – 318 T 33/16, BeckRS 2016, 21151.
114 KG 22.12.2006 – 24 W 126/05, BeckRS 2007, 01194.
115 BayObLG 7.5.1997 – 2Z BR 32/97, BeckRS 1997, 4185.
116 Vgl. BayObLG 22.4.1994 – 2Z BR 19/94 BeckRS 1994, 3793.

242. Vereinigung

Choynacki

I. Überblick

1 **1. Vereinigung.** Jeder Wohnungseigentümer ist befugt, mehrere ihm an demselben Grundstück zustehende Wohnungseigentumsrechte ohne Zustimmung der übrigen Wohnungseigentümer zu einem einheitlichen Wohnungseigentum durch eine **Vereinigung** entsprechend § 890 Abs. 1 BGB zusammenzufassen.[1] Es entsteht dann ein **einheitlicher, vereinigter Miteigentumsanteil**, verbunden mit dem **Sondereigentum** an den vereinigten Wohnungen.[2] Möglich ist nicht nur die Vereinigung von Wohnungs- und Teileigentum untereinander, sondern auch von Wohnungs- mit Teileigentum.[3]

2 **2. Zuschreibung.** Ferner ist eine **Bestandsteilzuschreibung** in entsprechender Anwendung von § 890 Abs. 2 BGB, § 6 GBO ohne Zustimmung der übrigen Wohnungseigentümer möglich. In diesem Fall verliert das zugeschriebene Wohnungseigentumsrecht seine rechtliche Selbstständigkeit und wird dem anderen, das bestehen bleibt, zugeschrieben mit der Folge, dass die am Hauptwohnungseigentum eingetragenen Grundpfandrechte sich gem. § 1131 BGB von Gesetzes wegen auf das zugeschriebene Wohnungseigentum erstrecken. Im Übrigen gelten die Ausführungen zur Vereinigung entsprechend.

3 **3. Vorteile.** Die rechtliche Vereinigung zweier Wohnungseigentumseinheiten kann zu einer **Reduzierung der Grundsteuer** führen. Gelegentlich wird die Vereinigung ferner zur Verringerung der Verwaltergebühren gewünscht. Denn nach einer rechtlichen Vereinigung fällt das **Verwalterhonorar** nur noch für ein Wohnungseigentumsrecht an.

4 Die rechtliche Vereinigung zweier Wohnungseigentumseinheiten kann ferner dazu dienen, einen gewerblichen Zweck bei der Veräußerung mehrerer Wohnungseigentumsrechte durch Privatpersonen zu verneinen. Aufgrund der so genannten **Drei-Objekte-Regel** vermutet die Finanzverwaltung nämlich bei der Veräußerung von mehr als drei Objekten innerhalb eines Zeitraums von fünf Jahren eine gewerbliche Tätigkeit. Die vorherige Vereinigung der zum Verkauf stehenden Wohnungseigentumsrechte sorgt dafür, dass der Veräußerer unter der steuerlich relevanten Schwelle bleibt.[4]

II. Anforderungen

5 **1. Abgeschlossenheitsbescheinigung.** Eine neue Abgeschlossenheitsbescheinigung ist **nicht erforderlich**.[5] Es ist ausreichend, wenn die zum neuen Wohnungseigentum gehörenden Räume gegenüber dem übrigen Sonder- und gemeinschaftlichen Eigentum abgegrenzt sind.

6 **2. Nummerierung.** Einer Vereinigung steht nicht entgegen, dass die zwei tatsächlichen Wohnungen mit **unterschiedlichen** Nummern bezeichnet sind.[6] § 7 Abs. 4 Nr. 1 WEG gilt nur für die Erstaufteilung gilt.

7 **3. Lage.** Es ist nicht erforderlich, dass die zu vereinigenden Wohnungseigentumsrechte neben oder **übereinander** liegen.[7] § 5 Abs. 2 S. 2 GBO gilt nicht entsprechend. Im Übrigen kann auch bei der Erstbegründung mit

---

1 BGH NZM 2004, 876; BGH NJW 2001, 1212; OLG Hamburg ZMR 2004, 529; BayObLG NZM 2000, 1232.
2 BGH DNotZ 1983, 487; OLG Düsseldorf RNotZ 2016, 239.
3 OLG Düsseldorf RNotZ 2016, 239.
4 BFH 15.7.2004 – III R 37/02, NZM 2005, 115.
5 OLG Hamburg 18.3.2004 – 2 Wx 2/03, ZMR 2004, 529.
6 OLG Düsseldorf 10.12.2015 – 34 Wx 363/15, RNotZ 2016, 239.
7 OLG Düsseldorf 10.12.2015 – 34 Wx 363/15, RNotZ 2016, 239; aA BayObLG 5.12.2002 – 2Z BR 73/02, DNotZ 2003, 352.

Choynacki

einem Miteigentumsanteil das Sondereigentum an mehreren, an sich selbstständigen Raumeinheiten begründet werden.

4. Zustimmung der übrigen Wohnungseigentümer. Eine Zustimmung der übrigen Wohnungseigentümer ist **nicht** erforderlich. Ihre Rechte werden nicht beeinträchtigt.[8] 8

5. Zustimmung dinglich Berechtigter. Im Grundbuch eingetragene Belastungen bleiben in ihrem bisherigen Umfang bestehen und erstrecken sich nicht automatisch auf die anderen an der Vereinigung beteiligten Wohnungseigentumsrechte. Aus diesem Grund ist auch die Zustimmung dinglich Berechtigter an den vereinigten Wohnungseinheiten **entbehrlich**. 9

6. Gefahr der Verwirrung. Eine Vereinigung bzw. Zuschreibung ist **ausgeschlossen**, wenn durch sie die Gefahr der Verwirrung iSv §§ 5 Abs. 1 S. 1, 6 Abs. 1 S. 1 GBO besteht. Dies ist der Fall, wenn durch sie das Grundbuch derart unübersichtlich und schwer verständlich wird, dass die Rechtslage nicht mehr mit der für den Grundbuchverkehr gebotenen Klarheit und Bestimmtheit erkennbar ist und Rechtsstreitigkeiten drohen. 10

Auch Probleme bei der **Zwangsvollstreckung** können zur Verwirrung führen. So liegt es, wenn die zu vereinigenden oder zuzuschreibenden Wohnungseigentumsrechte mit unterschiedlichen Grundpfandrechten oder Reallasten bzw. mit denselben Grundpfandrechten oder Reallasten in unterschiedlicher Rangfolge belastet sind. Auch wenn die Grundbuchämter diese Ordnungsvorschriften beachten müssen, führt ein Verstoß hiergegen allerdings nicht zur Unwirksamkeit einer gleichwohl eingetragenen Vereinigung bzw. Zuschreibung. 11

III. Stimmrecht

Beim Wertprinzip ergeben sich durch eine Vereinigung keine Besonderheiten. Die betreffenden Miteigentumsanteile werden einfach addiert, die Stimmkraft ändert sich im Ergebnis nicht. Bei Geltung des Kopfprinzips ergeben sich ebenfalls keine Veränderungen. Beim Objektprinzip fällt durch die Vereinigung eine Stimme weg. Die wirkt sich aber auf die bestehenden Stimmrechte nur vorteilhaft im Sinne einer Verstärkung der Stimmkraft aus. 12

IV. Bauliche Veränderungen

Für Maßnahmen, die über die ordnungsmäßige Instandhaltung und Instandsetzung (Erhaltung) des Sondereigentums hinausgehen, gilt § 20 WEG nach § 13 Abs. 2 WEG mit der Maßgabe entsprechend, dass es **keiner Gestattung** bedarf, soweit keinem der anderen Wohnungseigentümer über das bei einem geordneten Zusammenleben unvermeidliche Maß hinaus ein **Nachteil** erwächst. 13

Bei der Beurteilung, ob eine bauliche Maßnahme beeinträchtigend wirkt, ist entscheidend auf die **tatsächliche** Durchführung der baulichen Maßnahme abzustellen. 14

243. Vergemeinschaftung

Lang-Lajendäcker

---

8 OLG Hamburg 18.3.2004 – 2 Wx 2/03, ZMR 2004, 529; BayObLG 23.3.2000 – 2Z BR 167/99, NZM 2000, 1232.

I. Überblick

1 § 10 Abs. 6 S. 3 WEG aF unterschied zwischen der sogenannten geborenen Ausübungs- bzw Wahrnehmungs-befugnis, die aufgrund gesetzlicher Anordnung bestand, und der sogenannten gekorenen Ausübungs- bzw Wahrnehmungsbefugnis, die einen Beschluss der Gemeinschaft der Wohnungseigentümer voraussetzte. Dieses Konzept wird aufgegeben. Eine **Vergemeinschaftung** in der bisher bekannten Form ist daher nach der Reform nicht mehr zulässig.

II. Gesetzliche Vorgaben

2 Nach § 9 a Abs. 2 WEG übt die Gemeinschaft der Wohnungseigentümer (→ *Gemeinschaft der Wohnungsei-gentümer* Rn. 1 ff.) kraft Gesetzes die dort genannten Rechte aus und nimmt die entsprechenden Pflichten wahr. Eine auf einem Beschluss (→ *Beschluss* Rn. 9) beruhende besondere Ausübungs- bzw Wahrnehmungsbefugnis (sogenannte **gekorene Ausübungs- bzw Wahrnehmungsbefugnis**) sieht die Reform nicht mehr vor.

3 Die Vorschrift tritt damit an die Stelle des § 10 Abs. 6 S. 3 WEG aF. Die Vorschrift betrifft nur Rechte und Pflichten der Wohnungseigentümer, die nicht auf den Vorschriften des WEG beruhen; sogenannte Sozialan-sprüche und -pflichten fallen nicht in den Anwendungsbereich von § 9 a Abs. 2 WEG.[1] Hierzu zählen alle **schuldrechtlichen Ansprüche** aus dem gesetzlichen Gemeinschaftsverhältnis, die einem Eigentümer gegen die Gemeinschaft der Wohnungseigentümer und umgekehrt zustehen,[2] zB der sich gegen den einzelnen Eigen-tümer richtende Anspruch auf ordnungsmäßige Verwaltung (→ *Ordnungsmäßige Verwaltung* Rn. 17), vor-nehmlich auf eine ausreichende Finanzausstattung, sowie der Anspruch auf Zahlung des Wohngeldes. Der An-spruch jedes Eigentümers richtet sich gem. § 18 Abs. 2 WEG gegen die Gemeinschaft der Wohnungseigentü-mer, die gem. § 19 Abs. 1 WEG eine ordnungsmäßige Verwaltung beschließt. Soweit das WEG den Woh-nungseigentümern in einzelnen Vorschriften Rechte und Pflichten zuordnet, gehen diese Vorschriften der An-wendung von § 9 a Abs. 2 WEG vor.

4 Zu den **Pflichten**, die der Ausübungsbefugnis nach § 9 a WEG unterfallen, zählen u.a. die Verkehrssicherungs-pflicht, die Abgabenschuld, die Pflicht zum Einbau von Rauchwarnmeldern, wenn sich die Verpflichtung nach dem jeweiligen Landesrecht an die Gesamtheit der Wohnungseigentümer als Grundstückseigentümer richtet.[3]

5 **1. Rechte, die sich aus dem gemeinschaftlichen Eigentum ergeben.** Nach § 9 a Abs. 2 WEG übt die Ge-meinschaft der Wohnungseigentümer zunächst die sich aus dem gemeinschaftlichen Eigentum ergebenden Rechte der Wohnungseigentümer aus. Diese gesetzliche Befugnis bezieht sich auf alle Rechte der Wohnungs-eigentümer, die aus dem **Miteigentum** am gemeinschaftlichen Eigentum fließen. Damit knüpft das Gesetz jetzt an die aus § 1011 BGB bekannte Formulierung an. Erfasst sind insbesondere Ansprüche aus § 1004 BGB wegen einer Beeinträchtigung des gemeinschaftlichen Eigentums. Nunmehr ist es Aufgabe der Gemeinschaft der Wohnungseigentümer, das gemeinschaftliche Eigentum zu verwalten (vgl. § 18 Abs. 1 WEG). Folgerichtig verwaltet die Gemeinschaft der Wohnungseigentümer auch die sich aus dem gemeinschaftlichen Eigentum er-gebenden Rechte.[4]

6 **2. Erfordernis der einheitlichen Rechtsausübung.** Daneben übt die Gemeinschaft der Wohnungseigentü-mer auch die Rechte der Wohnungseigentümer aus, die eine einheitliche Rechtsverfolgung erfordern, auch wenn sich diese Rechte nicht aus dem gemeinschaftlichen Eigentum ergeben. Diese Regelung knüpft an das Kriterium der **Gemeinschaftsbezogenheit** des bisherigen § 10 Abs. 6 S. 3 WEG aF an.[5]

7 Der Gesetzgeber übernimmt zur Ausfüllung dieses Begriffes die **Rechtsprechung des BGH**: Erforderlich ist eine Rechtsausübung durch die Gemeinschaft der Wohnungseigentümer demnach, wenn schutzwürdige Belan-ge der Wohnungseigentümer oder des Schuldners an einer einheitlichen Rechtsverfolgung das grundsätzlich vorrangige Interesse des Wohnungseigentümers, seine Rechte selbst und eigenverantwortlich auszuüben und prozessual durchzusetzen, deutlich überwiegen.[6]

---

1 BT-Drs. 19/18791.
2 Hügel/Scheel Wohnungseigentum-HdB § 4 Rn. 20.
3 *Hügel/Elzer* WEG § 9 a Rn. 100.
4 Vgl. BT-Drs. 19/18791, 46.
5 BT-Drs. 19/18791, 46.
6 BGH 24.7.2015 – V ZR 167/14 Rn. 12 f.

Lang-Lajendäcker

Dem Rechtsanwender bleibt damit weiterhin die Möglichkeit, der Gemeinschaft der Wohnungseigentümer 8
aufgrund einer Abwägungsentscheidung ein Recht zur Ausübung zuzuordnen, um in besonders gelagerten
Ausnahmefällen sachgerechte Ergebnisse zu erzielen.[7]

3. Erweiterung in § 9 a Abs. 2 WEG. Im Ergebnis **erweitert** § 9 a Abs. 2 WEG die sogenannte geborene 9
Ausübungsbefugnis auf diejenigen Rechte, die sich aus dem gemeinschaftlichen Eigentum ergeben und die
nach bisherigem Recht nur in den Anwendungsbereich der sogenannten gekorenen Ausübungsbefugnis fielen.[8]

a) Ansprüche aus § 1004 BGB. aa) Störungen des gemeinschaftlichen Eigentums. Der sachenrechtliche 10
Anspruch auf Unterlassung und/oder Beseitigung gegen Wohnungseigentümer und Drittnutzer steht nach
§§ 1004 Abs. 1, 1011 BGB zwar jedem Wohnungseigentümer zu. Die **Ausübungsbefugnis** steht aber gem.
§ 9 a Abs. 2 WEG der Gemeinschaft der Wohnungseigentümer zu. Der danebenstehende schuldrechtliche Anspruch auf Unterlassung und/oder Beseitigung gegen Wohnungseigentümer steht ebenfalls jedem Wohnungseigentümer zu. Auch er wird aber von der Gemeinschaft der Wohnungseigentümer ausgeübt, und zwar nach
§ 14 Abs. 1 Nr. 1, Nr. 2 WEG. Einer Vergemeinschaftung bedarf es nicht mehr. Nach § 18 Abs. 1, Abs. 2 WEG
kann jeder Wohnungseigentümer von der Gemeinschaft der Wohnungseigentümer verlangen, dass diese tätig
wird. Ob es dazu eines Beschlusses nach § 19 Abs. 1 WEG bedarf oder der Verwalter nach § 27 Abs. 1 WEG
handeln kann, ist eine Frage des Einzelfalls. Ob die Wohnungseigentümer den Verwalter insoweit nach § 27
Abs. 2 WEG ermächtigen können, ist noch unklar. Der einzelne Wohnungseigentümer ist von Anfang an nicht
mehr prozessführungsbefugt. Der Anspruch aus § 18 Abs. 2 Nr. 2 WEG kann bei negativem Abstimmungsergebnis mit der **Beschlussersetzungsklage** (→ *Beschlussersetzung* Rn. 2) durchgesetzt werden.

bb) Störungen des Sondereigentums. Der sachenrechtliche Anspruch auf Unterlassung und/oder Beseiti- 11
gung gegen Wohnungseigentümer und Drittnutzer steht nach §§ 903, 1004 Abs. 1 BGB **jedem Wohnungseigentümer** zu. Für den danebenstehenden schuldrechtlichen Anspruch auf Unterlassung und/oder Beseitigung
gegen einen Wohnungseigentümer aus § 14 Abs. 2 Nr. 1 WEG gilt nichts anderes. Danach ist jeder Wohnungseigentümer gegenüber den anderen Wohnungseigentümern verpflichtet, deren Sondereigentum nicht über das
in § 14 Abs. 1 Nr. 2 WEG bestimmte Maß hinaus zu beeinträchtigen. Dazu gehört auch die Abwehr konkreter
Benutzungen, die den Vereinbarungen und/oder Beschlüssen widersprechen.[9] Ob der gestörte Wohnungseigentümer gegen die Gemeinschaft der Wohnungseigentümer auch insoweit einen Anspruch aus § 18 Abs. 2 Nr. 2
WEG auf Ausübung hat, ist nicht geklärt; der Wortlaut des § 18 Abs. 2 Nr. 2 WEG lässt das wohl zu. Nach
Sinn und Zweck muss der gestörte Wohnungseigentümer aber selbst vorgehen.

cc) Überschneidungsfälle. In der Regel beeinträchtigen viele Störungen gleichermaßen das gemeinschaftli- 12
che wie das Sondereigentum (z.B. Lärm, Gestank). Hier gilt, dass der einzelne Wohnungseigentümer ungeachtet des § 9 a Abs. 2 WEG weiterhin berechtigt ist, selbst konkrete Störungen seines Sondereigentums nach
§ 1004 Abs. 1 BGB und/oder § 14 Abs. 2 Nr. 1 WEG abzuwehren und insoweit **prozessführungsbefugt** ist.
Das Sondereigentum darf allerdings nicht nur deshalb beeinträchtigt sein, weil das gemeinschaftliche Eigentum beeinträchtigt ist, wenn z.B. durch Störung des gemeinschaftlichen Eigentums der Verkehrswert des Sondereigentums sinkt oder die Vermietbarkeit erschwert wird. Diese „Mitstörung" des gemeinschaftlichen Eigentums kann wegen § 9 a Abs. 2 WEG nur die Gemeinschaft der Wohnungseigentümer abwehren, hier ist der
einzelne Wohnungseigentümer nicht prozessführungsbefugt. Hierauf ist bei der Antragstellung zu achten. Der
Richter muss nach § 139 ZPO darauf hinweisen.[10]

b) Bauträgervertragsrecht. Durch die Reform bleibt die bisherige Rechtsprechung zum Bauträgervertrags- 13
recht unberührt, wonach die Gemeinschaft der Wohnungseigentümer nach Beschlussfassung bestimmte Mängelrechte ausüben kann.[11] Denn diese Rechtsprechung beruht nicht auf § 10 Abs. 6 S. 3 WEG aF, sondern ist
schon zur Rechtslage vor der WEG-Novelle 2007 entwickelt worden. Die Möglichkeit der Vergemeinschaftung beruht in diesem Bereich nicht auf § 10 Abs. 6 S. 3 Hs. 2 aF, sondern auf anderer Rechtsgrundlage. Die

---

7 BT-Drs. 19/18791, 47.
8 BT-Drs. 19/18791, 47.
9 BR-Drs. 18/20, 56.
10 Zusammenfassend *Elzer* Anmerkung beck-online FD-ZVR 2020, 429759.
11 Zusammenfassend BGH 12.4.2007 – VII ZR 236/05 Rn. 15 ff.

Streichung der gekorenen Ausübungsbefugnis nach hat daher **keine Auswirkungen** auf eine Vergemeinschaftung von Rechten gegenüber dem Bauträger.[12]

14 **c) Schadensersatz.** Individuelle Schadensersatzansprüche der Wohnungseigentümer unterfallen nicht dem Regelungsbereich des neuen § 9 a Abs. 2 WEG. Ob Schadensersatzansprüche, die einzelnen Wohnungseigentümern gegen den Verwalter nach § 280 BGB zustehen, z.B. wegen der ihnen in einem Beschlussmängelverfahren auferlegten Kosten, individuell verfolgt werden können, ist unklar. Nach der Reform bestehen keine Rechtsbeziehungen zwischen den einzelnen Wohnungseigentümern und dem Verwalter, mit der Folge, dass grundsätzlich nur die Gemeinschaft der Wohnungseigentümer für die Geltendmachung des Regresses zuständig ist. Individualansprüche können sich aber gegebenenfalls aus dem **Verwaltervertrag** (→ *Verwaltervertrag* Rn. 4) als Vertrag zu Gunsten Dritter herleiten lassen und individuell verfolgt werden oder nach allgemeinen Regeln gemeinschaftlich wahrgenommen werden.

15 **4. Andere Rechteübertragung.** Soweit andere Rechte eines Wohnungseigentümers durch die Gemeinschaft der Wohnungseigentümer verfolgt werden sollen, ist dies nur noch nach **allgemeinen Regeln** möglich, zum Beispiel durch Übertragung des Rechts (Abtretung), Ermächtigung oder Einräumung einer Prozessstandschaft.

III. Laufende Fälle und Prozessuales

16 Soweit auf Grundlage des bisher geltenden § 10 Abs. 6 S. 3 Hs. 2 WEG aF Beschlüsse gefasst wurden, **verlieren** diese nach allgemeinen Grundsätzen mit Inkrafttreten der Neuregelung ihre **Wirkung** für die Zukunft.[13] Die Wahrnehmung von Pflichten der Wohnungseigentümer durch die Gemeinschaft der Wohnungseigentümer regelt § 9 a Abs. 2 Hs. 2 WEG abschließend. Sie unterliegt denselben Voraussetzungen, die für die Rechte der Wohnungseigentümer gelten.

17 Wurde aufgrund eines nach altem Recht zulässigen Vergemeinschaftungsbeschlusses über die primären Mängelrechte der Wohnungseigentümer (Mängelbeseitigungsanspruch, Anspruch auf großen Schadensersatz, Rücktrittsrechte, Erstattung von Aufwendungen, die der Wohnungseigentümer selbst hatte) eine **Klage** gegen den Bauträger erhoben, können auf der Grundlage dieses Beschlusses nun keine weiteren prozessualen Maßnahmen mehr gestützt werden. Nur Minderung und kleiner Schadensersatz können noch beansprucht werden, da diese Ansprüche ohnehin gemeinschaftsbezogen sind und der Gemeinschaft der Wohnungseigentümer zustehen (→ *Bauträgervertrag* Rn. 26). Der Prozessanwalt kann versuchen, bei den Wohnungseigentümern Ermächtigungen für eine Prozessstandschaft oder Abtretungserklärungen zu erhalten. Er kann die laufende Klage für erledigt erklären, soweit das Ziel nicht Minderung oder kleiner Schadensersatz ist, oder er muss zu einem Parteiwechsel kommen, was wegen der Verjährungshemmung der Klage wohl zu bevorzugen ist.[14]

244. Verjährung

Bartels

I. Einführung

1 Im Wohnungseigentumsrecht existieren verschiedene Ansprüche, die der Verjährung unterliegen. Hierbei sind aber Besonderheiten zu beachten, insbesondere bei Beginn der Verjährung und Dauer der Verjährungsfrist.

---

12 BT-Drs.19/18791, 47.
13 Vgl. zu gesetzlichen Verboten Staudinger/*Sack/Seibl* BGB § 134 Rn. 55.
14 Dazu *Elzer*, WEG-Reform, in community.beck.de.

1. Rechtsfolgen der Verjährung. Ist ein Anspruch (§ 194 Abs. 1 BGB) verjährt, eröffnet § 214 Abs. 1 BGB   2
dem Schuldner die **Einrede der Verjährung**, mithin das Recht, die geschuldete Leistung zu verweigern. Ist
eine verjährte Forderung erfüllt worden, kann die Leistung nicht zurückgefordert werden (§ 214 Abs. 2 BGB).
Allerdings kann mit ihr grundsätzlich weiterhin aufgerechnet oder ein Zurückbehaltungsrecht geltend gemacht
werden (§ 215 BGB). Die Verjährungsfristen des Hauptanspruchs gelten auch für Nebenansprüche, wie etwa
Zinsen oder Nutzungen (§ 217 BGB).

Mit **Hypothek**, auch Arresthypothek des § 932 ZPO, vertraglichem und gesetzlichem Pfandrecht, nicht aber   3
Grund- und Rentenschulden belastete Gegenstände, können nach Eintritt der Verjährung des gesicherten Anspruchs weiterhin verwertet werden (§ 216 Abs. 1 BGB). Grund- und Rentenschuld oder der zur Sicherheit
übertragene Gegenstand können gem. Abs. 2 nicht zurückverlangt werden, wenn der gesicherte Anspruch verjährt ist.

Ein Gläubiger kann nicht vom Vertrag zurücktreten, wenn der Leistungs- oder Nacherfüllungsanspruch ver-   4
jährt ist und der Schuldner sich hierauf beruft, etwa Mängelrechte aus Kauf- oder Werkvertrag (§ 218 Abs. 1
S. 1 BGB). Die **kaufrechtlichen Mängelansprüche** verjähren nach § 438 Abs. 1 Nr. 1 BGB in 30 Jahren,
wenn der Mangel in einem dinglichen Recht eines Dritten, aufgrund dessen Herausgabe der Kaufsache verlangt werden kann (lit. a), oder in einem sonstigen im Grundbuch eingetragenen Recht besteht (lit. b), in fünf
Jahren (Nr. 2) bei einem Bauwerk (lit. a) und einer Sache, die entsprechend ihrer üblichen Verwendungsweise
für ein Bauwerk verwendet worden ist und dessen Mangelhaftigkeit verursacht hat (lit. b), sonst in zwei Jahren
(Nr. 3), wobei es auf die Übergabe oder Ablieferung für den Verjährungsbeginn ankommt (Abs. 2). Entsprechendes gilt für den **Werkvertrag** (§ 634 a Abs. 1 BGB), wobei die Verjährung mit der Abnahme (§ 640 BGB)
beginnt (§ 634 a Abs. 2 BGB). Bei Arbeiten an einem Bauwerk, etwa bei der Errichtung einer Wohnungseigentumsanlage, beträgt die Verjährungsfrist fünf Jahre. Bei einem arglistig verschwiegenen Mangel greifen die
regelmäßigen Verjährungsfristen, wenn sie nicht vor der fünfjährigen Frist abläuft (§ 634 a Abs. 3 S. 2 BGB).

2. Verjährungsfristen. Die **regelmäßige Verjährungsfrist** beträgt drei Jahre (§ 195 BGB). Sie beginnt nach   5
§ 199 Abs. 1 BGB mit dem Schluss des Jahres, in dem zum einen der Anspruch entstanden ist (Nr. 1) und zum
anderen der Gläubiger von den den Anspruch begründenden Umständen und der Person des Schuldners
Kenntnis erlangt hat oder ohne grobe Fahrlässigkeit hätte erlangen müssen (Nr. 2).

Die §§ 196 f. BGB kennen **längere Verjährungsfristen**, die mit der Entstehung des Anspruchs beginnen   6
(§ 200 S. 1 BGB), wobei Unterlassungen ab der Zuwiderhandlung verjähren (S. 2 mit § 199 Abs. 5 BGB). Abweichend verjähren Ansprüche aus Entscheidungen mit der Rechtskraft, aus vollstreckbaren Titeln mit deren
Errichtung oder der Feststellung zur Insolvenztabelle, wenn nicht der Anspruch später entsteht; dann gilt § 200
S. 1 BGB (§ 201 S. 1 BGB).

Zu nennen ist § 196 BGB für Ansprüche auf **Übertragung des Eigentums** an einem Grundstück sowie auf   7
Begründung, Übertragung oder Aufhebung eines Rechts an einem Grundstück oder auf Änderung des Inhalts
eines solchen Rechts sowie die Ansprüche auf die Gegenleistung. In diesem Fall beträgt die Verjährungsfrist
zehn Jahre. Der Begriff des Eigentums enthält als dessen Sonderform auch das Wohnungseigentum. Umfasst
sind Ansprüche aus Kaufvertrag (§ 433 Abs. 1 BGB) oder Schenkung (§ 518 Abs. 1 S. 1 BGB), während bei
Bauträgerverträgen die Verjährungsfrist des § 196 BGB nur auf die Rechte aus dem kaufrechtlichen Vertragsteil gilt.[1] Auch gesetzliche Ansprüche sind umfasst. Beispiel für die „Begründung eines Rechts" ist die Einräumung einer **Bauhandwerkersicherungshypothek** aus § 650 e S. 1 BGB. Die Gegenleistung ist der Kaufpreis,
aber auch der Vergütungsanspruch des Bauträgers aus § 631 Abs. 1 BGB.[2]

§ 197 BGB normiert die **30-jährige Verjährungsfrist** für etwa rechtskräftig festgestellte Ansprüche (Abs. 1   8
Nr. 3), Ansprüche aus vollstreckbaren Vergleichen und Urkunden (Nr. 4) oder zur Insolvenztabelle festgestellte
Forderungen (Nr. 5). Hervorzuheben sind die Herausgabeansprüche aus Eigentum, zu dem auch das Wohnungseigentum gehört, anderen dinglichen Rechten sowie den Hilfsansprüchen zur Geltendmachung des Eigentums (Nr. 2). Mit „Herausgabeanspruch" ist der Vindikationsanspruch des § 985 BGB gemeint, der unmittelbar oder über Verweisungen anwendbar sein kann.[3] Ansprüche auf Beseitigung oder Unterlassung (etwa aus
§ 1004 BGB) sind hiervon nicht erfasst. Allerdings unterliegen Herausgabeansprüche aus eingetragenen ding-

---

1   OLG München 27.3.2015 – 9 U 3997/14, BeckRS 2015, 11607.
2   BeckOK BGB/*Henrich* § 196 Rn. 10; vgl. Staudinger/*Peters/Jacoby* BGB § 196 Rn. 8.
3   BeckOK BGB/*Henrich* § 197 Rn. 9; Staudinger/*Peters/Jacoby* BGB § 197 Rn. 9.

lichen Rechten nach § 902 Abs. 1 S. 1 BGB nicht der Verjährung. Gleiches gilt, wenn ein Widerspruch für ein nicht gesichertes Recht eingetragen ist (Abs. 2). Hilfsansprüche, ohne die der Herausgabeanspruch de facto nicht mehr durchgesetzt werden könnte, verjähren ebenfalls erst nach 30 Jahren, so Rechnungslegungs- oder Auskunftsansprüche wie die der §§ 260, 2027, 2028, 2130 Abs. 2 BGB.[4]

9 Wird eine Wohnung verkauft, hat sich der Käufer den **Kenntnisstand des alten Eigentümers** zurechnen zu lassen. Umgekehrt erlöschen dingliche Ansprüche wie etwa § 985 BGB gegen einen Besitzer mit Ende dessen Besitzes, so dass § 198 BGB es anordnen muss, dass die bereits abgelaufene Verjährungszeit auch für den neuen Besitzer zählt, wenn er den Besitz mit dem Willen des Vorbesitzers erlangt hat.

10 Die Verjährungsfrist kann in den Grenzen der **Vertragsfreiheit**, etwa in den Grenzen der §§ 202 Abs. 1, 307, 309 Nr. 8 lit b ff BGB abgekürzt,[5] nicht aber über 30 Jahre ab dem gesetzlichen Verjährungsbeginn hinausgeschoben werden (§ 202 Abs. 2 BGB).

11 **3. Hemmung und Neubeginn der Verjährung.** Die Verjährung wird gehemmt, solange Verhandlungen zwischen Gläubiger und Schuldner stattfinden (§ 203 S. 1 BGB), der Gläubiger sein Recht verfolgt, etwa Klage erhebt (§ 204 Abs. 1 Nr. 1 Var. 1 BGB), eine Streitverkündungsschrift (Nr. 6) oder ein Antrag auf Durchführung eines selbstständigen Beweisverfahrens zugestellt wird (Nr. 7), ein schiedsrichterliches Verfahren beginnt (Nr. 11), ein Antrag auf Prozesskostenhilfe bekanntgegeben wird (Nr. 14). Der Zeitraum, während dessen die Verjährung gehemmt ist, wird in die Verjährungszeit nicht eingerechnet (§ 209 BGB). Die **Hemmung** endet etwa, wenn die Verhandlungen nicht mehr fortgeführt werden (§ 203 S. 1 BGB) oder das Verfahren abgeschlossen wird (§ 204 Abs. 2 S. 1 BGB).

12 Erkennt der Schuldner den Anspruch durch Abschlags-, Zinszahlung oder Sicherheitsleistung oder andere Erklärung an (§ 212 Abs. 1 Nr. 1 BGB) oder wird eine Vollstreckungshandlung beantragt oder vorgenommen (Nr. 2), beginnt die Verjährungsfrist erneut zu laufen.

II. Zahlungsansprüche der Gemeinschaft der Wohnungseigentümer

13 Zahlungsansprüche der Gemeinschaft der Wohnungseigentümer, namentlich Ansprüche auf Zahlung von Hausgeldern, Sonderumlagen und Fehlbeträgen, unterliegen der **Regelverjährungsfrist** des § 195 BGB von drei Jahren, die mit Ende des Jahres beginnt, in dem der jeweilige Anspruch fällig geworden ist, etwa nach Abruf eines Vorschusses durch Beschluss (Fälligkeitsbestimmung gem. § 28 Abs. 3 WEG).[6] Die der Gemeinschaft der Wohnungseigentümer über den Verwalter (vgl. § 9 b Abs. 1 S. 1 Hs. 1 WEG) zurechenbare Kenntnis von den anspruchsbegründenden Voraussetzungen ist bei einem Abruf durch den Verwalter gegeben.[7] Ausnahmsweise ist die Kenntnis des Verwalters nicht zurechenbar, wenn dies rechtlich nicht möglich ist. Dies ist etwa der Fall, wenn sich der Anspruch gegen die Person oder gegen eine dieser nahestehenden Person richtet, deren Wissen zugerechnet werden soll, da schließlich nicht erwartet werden kann, dass ein Schuldner dafür sorgt, dass ein Anspruch gegen ihn durchgesetzt werde.[8] Kann die Verjährung nicht mit der Kenntnis des Verwalters zu laufen beginnen, beginnt sie mit Kenntnis dessen Nachfolgers im Amt.[9]

14 Ansprüche auf Zahlung von Rückständen aus genehmigten Jahresabrechnungen oder Eigentümerbeschlüssen über Umlagen unterliegen der regelmäßigen Verjährung (§ 28 Abs. 1 S. 1 WEG); ebenso Vorschüsse als **wiederkehrende Leistungen** (§ 28 Abs. 2 S. 1 WEG). Ein Beschluss über eine Jahresabrechnung lässt keine neue Verjährungsfrist zu laufen beginnen, da es sich nicht um einen neuen Schuldgrund im Sinne einer Novation handelt.[10] Ansprüche auf die Nachschüsse verjähren ab dem Jahr, in dem die Nachzahlung auf Grundlage des

---

4 BeckOK BGB/*Henrich* § 197 Rn. 14; Staudinger/*Peters/Jacoby* BGB § 197 Rn. 4.
5 Vgl. OLG München 8.11.2006 – 34 Wx 45/06, NZM 2007, 92 (93) für die Regelung der Verjährung von Schadensersatzansprüchen gegen den Verwalter in einem Verwaltervertrag.
6 BGH 1.6.2012 – V ZR 171/11, NZM 2012, 562 Rn. 18.
7 Vgl. BGH 23.1.2014 – III ZR 436/12, NZM 2014, 355 Rn. 18.
8 BGH 23.1.2014 – III ZR 436/12, NZM 2014, 355 Rn. 20.
9 OLG Hamm 3.3.2009 – 15 Wx 96/08, OLGR 2009, 574 (577).
10 BGH 1.6.2.2012 – V ZR 171/11, NJW 2012, 2797 Rn. 19 ff.; aA OLG Hamm 22.1.2009 – 15 Wx 208/08, NJW-RR 2009, 1388 (1389).

Abrechnungsbeschlusses fällig geworden ist. Auch ein erneuter Beschluss („Zweitbeschluss") bedeutet keinen neuen Schuldgrund.[11]

Die Verjährung wird nicht durch eine **Anfechtungsklage** gegen den Beitragsbeschluss (§ 44 Abs. 1 S. 1 WEG)   15
gehemmt; nur die Erhebung einer **Leistungsklage** vermag den Anspruch iSv § 204 Abs. 1 Nr. 1 BGB zu hemmen.[12]

Allerdings kann die gesteigerte **Treuepflicht** zwischen den Eigentümern diese dazu verpflichten, die Einrede   16
der Verjährung im Rahmen einer ordnungsgemäßen Verwaltung (§§ 18 Abs. 2 Nr. 1, 19 WEG) nicht zu erheben.[13]

III. Anspruch auf ordnungsgemäße Verwaltung

Grundsätzlich unterliegt der Anspruch auf ordnungsgemäße Verwaltung aus den §§ 18 Abs. 2 Nr. 1, 19 WEG   17
nicht der Verjährung, wie aus Sinn und Zweck des den Schuldner schützenden Verjährungsrechts folgt.[14] Ist
eine ordnungsgemäße Verwaltung notwendig, ist sie vorzunehmen. Dies gilt auch für die erstmalige **plangerechte Herstellung** des gemeinschaftlichen Eigentums, handelt es sich doch um deren Unterfall (→ *Ordnungsmäßige Verwaltung* Rn. 61).[15] Namentlich die **Erhaltung** des gemeinschaftlichen Eigentums (§ 19
Abs. 2 Nr. 2 WEG) kann verlangt werden, auch wenn ein Erhaltungsbedürfnis schon länger besteht und bekannt ist.[16]

Nutzungsentschädigungsansprüche werden nach Eintritt der Verjährung des Herausgabeanspruchs undurch-   18
setzbar, wenn der Schuldner die Verjährungseinrede erhoben hat; für sie gilt überdies die Regelverjährung
(→ Rn. 5).[17]

IV. Beseitigungs- und Wiederherstellungsanspruch

Abwehransprüche aus § 1004 Abs. 1 S. 1 BGB und den §§ 13 Abs. 1, 14 Abs. 2 Nr. 1 WEG verjähren in der   19
regelmäßigen Verjährungsfrist.[18] Freilich kann die Beseitigung auch einer ordnungsgemäßen Verwaltung nach
den §§ 18 Abs. 2 Nr. 2, 19 WEG entsprechen, so dass der Anspruch dann nicht der Verjährung unterliegt[19]

Der Anspruch auf Beseitigung einer **baulichen Veränderung** aus § 1004 Abs. 1 S. 1 BGB mit § 20 Abs. 1   20
WEG (→ *Ordnungsmäßige Verwaltung* Rn. 32 ff.) unterliegt grundsätzlich der dreijährigen Regelverjährung
aus § 195 BGB. Stellt die bauliche Veränderung aber zugleich ein Vorenthalten des Besitzes als auch eine andere Beeinträchtigung des gemeinschaftlichen Eigentums dar, so dass ein gem. § 902 Abs. 1 S. 2 BGB nicht
der Verjährung unterliegender Herausgabeanspruch eingreift, ist der Anspruch insgesamt nicht verjährbar.[20]
Wird Herausgabe von Sonder- oder Gemeinschaftseigentum und Beseitigung einer Beschädigung oder Wiederherstellung des vorherigen Zustands verlangt, greift bei letzteren Ansprüchen aus § 1004 Abs. 1 S. 1 BGB
die regelmäßige Verjährung.[21]

Analog § 166 BGB müssen sich die Eigentümer das **Wissen des Verwalters** zurechnen lassen, wenn die Ge-   21
meinschaft der Wohnungseigentümer gemeinschaftsbezogene Rechte wahrnimmt (zum alten Recht: gleich ob
es sich um geborene oder gekorene Gemeinschaftsaufgaben handelt, bei letzterer freilich erst ab dem Zeitpunkt der Vergemeinschaftung, § 10 Abs. 6 S. 3 WEG aF; → *Prozessvoraussetzungen* Rn. 39 ff.). Eine grundsätzliche Wissenszurechnung bei einer ordnungsgemäßen Verwaltung gibt es aber nicht.[22]

---

11 AG Berlin-Pankow/Weißensee 23.9.2009 – 100 C 167/09, ZMR 2010, 155 f.
12 AG Berlin-Charlottenburg 5.2.2009 – 74 C 143/08, BeckRS 2009, 13407.
13 Vgl. OLG Düsseldorf 5.12.2008 – 3 Wx 158/08, NZM 2009, 362.
14 BGH 27.4.2012 – V ZR 177/11, NZM 2012, 508 Rn. 10.
15 LG Hamburg 5.8.2015 – 318 S 55/14, ZWE 2016, 227 (229); *Schmid* WuM 2010, 655 (657); *Schmid* ZWE 2017,
    238 (248 f.).
16 *Schmid*, WuM 2010, 655 (657).
17 KG 18.9.2002 – 24 W 89/01, FGPrax 2003, 12 (13).
18 Bärmann/*Suilmann* WEG § 13 Rn. 85; aA *Schmid* ZWE 2014, 445 (447).
19 *Schmid* WuM 2010, 655 (657).
20 OLG München 16.11.2007 – 32 Wx 111/07, NZM 2008, 87 (89).
21 BGH 16.3.2007 – V ZR 190/06, NJW 2007, 2183 Rn. 14 f.
22 BGH 4.7.2014 – V ZR 183/13, NJW 2014, 2861 Rn. 17 f.

22 Die Verjährung beginnt zu dem Zeitpunkt, zu dem **Kenntnis** von der Vornahme der baulichen Veränderung sowie der Person des Schuldners besteht oder hätte bestehen müssen.[23] Freilich wird wegen der Pflicht des Verwalters, das Grundstück regelmäßig zu überprüfen, von einer zumindest fahrlässigen Unkenntnis noch innerhalb des Jahres, in dem die bauliche Veränderung vorgenommen worden ist, ausgegangen werden können.[24] Ist nicht die Kenntnis des Verwalters, sondern die des einzelnen Eigentümers maßgeblich, richtet sich der Verjährungsbeginn nach der Kenntnis des einzelnen Eigentümers.[25]

23 Unabhängig von der Kenntnis verjährt der Beseitigungsanspruch **zehn Jahre nach Vornahme** der baulichen Veränderung (§ 199 Abs. 4 BGB). Ein Gläubigerwechsel hat auf die Verjährung keinen Einfluss; eine neue Verjährungsfrist beginnt nicht zu laufen.[26]

24 Ist der Anspruch verjährt, ändert dies nichts an der **Rechtswidrigkeit des Zustands**, so dass die Gesamtheit der Wohnungseigentümer die Duldung der Beseitigung gegen den Eigentümer auf ihre Kosten verlangen kann.[27] Der einzelne Eigentümer vermag dies als ordnungsgemäße Verwaltungsmaßnahme von den übrigen Wohnungseigentümern zu fordern (§§ 18 Abs. 2 Nr. 1, 19 WEG). Mit einfacher Mehrheit können die Eigentümer also beschließen, den rechtmäßigen Zustand herzustellen; dies löst umlagefähige Verwaltungskosten aus.[28] Ist ein Beschluss aber nicht gefasst, hat der einzelne Eigentümer, der nach § 903 S. 1 BGB berechtigt ist, Störungen durch Dritte, deren Quelle sich auf dem Grundstück befindet, auf eigene Kosten selbst zu beseitigen, keinen Duldungsanspruch gegen den Störer,[29] so dass auch einzelnen Wohnungseigentümern aus ihrem Miteigentum kein Duldungsanspruch gegen Wohnungseigentümer oder Dritte, die einen Zustand rechtswidrig herbeigeführt haben, zukommt. Repariert, renoviert oder saniert der Eigentümer die rechtswidrige, von den übrigen Eigentümern zu duldende Anlage, begründet dies erneut einen Beseitigungsanspruch, der eigenständig der Verjährung unterliegt.

25 Die **Anfechtungsklage** gem. § 44 Abs. 1 S. 1 WEG gegen einen Beschluss nach § 20 Abs. 1 WEG (→ *Anfechtungsklage* Rn. 1 ff.) hemmt die Verjährung des Anspruchs aus § 1004 Abs. 1 S. 1 BGB,[30] weil anderenfalls eine Klage gegen die bauliche Veränderung auf Grundlage eines wirksamen Beschlusses unbegründet ist.[31]

26 Wiederholen sich **gleichartige Störungen** nach zeitlicher Unterbrechung, löst jede Einwirkung einen neuen Anspruch aus, der wiederum selbst der Verjährung unterliegt. Der Anspruch auf Unterlassung einer Nutzung tritt erst ein, wenn diese nicht mehr vorliegt.[32]

27 Der **Wiederherstellungsanspruch** aus den §§ 823 Abs. 1, 249 Abs. 1 BGB verjährt in drei Jahren, spätestens 30 Jahre nach Vornahme der Handlung, der Pflichtverletzung oder dem schadensauslösenden Ereignis (§§ 195, 199 Abs. 3 S. 1 Nr. 2 BGB).

V. Ansprüche der Eigentümer und der Dauerwohnberechtigten

28 Ansprüche des Eigentümers (etwa auf Einsicht in die Verwaltungsunterlagen aus § 18 Abs. 4 WEG) und der Dauerwohnberechtigten aus § 34 Abs. 1 u. 2 WEG (Ersatz für Veränderungen und Verschlechterungen sowie Aufwendungen, Wegnahmerecht; → *Dauerwohnrecht* Rn. 41 f.) verjähren entsprechend § 1057 BGB in sechs Monaten, wobei entsprechend § 548 Abs. 1 S. 2 u. 3, Abs. 2 BGB der **Verjährungsbeginn** abweichend bestimmt wird: Die Verjährung von Ersatzansprüchen wegen Veränderungen oder Verschlechterungen beginnt ab dem Zeitpunkt, zu dem der Eigentümer die von dem Dauerwohnberechtigten genutzten Grundstücksteile zurückerhalten hat. Ansprüche auf Verwendungsersatz oder Wegnahme der Einrichtungen beginnen mit der Be-

---

23 LG Hamburg 6.2.2013 – 318 S 57/12, BeckRS 2013, 13477.
24 AG Wiesbaden 10.2.2012 – 95 C 5584/11, ZMR 2012, 406 f.
25 *Schmid* DWE 2009, 2 (4).
26 Bärmann/*Suilmann* WEG § 13 Rn. 105.
27 BGH 5.7.2019 – V ZR 149/18, NJW 2020, 42 Rn. 7; LG Hamburg 6.2.2013 – 318 S 20/12, ZWE 2013, 375 (376); LG Itzehoe 2.6.2015 – 11 S 100/12, ZWE 2016, 40; LG München I 17.3.2017 – 36 S 22212/15, ZMR 2017, 504.
28 Vgl. BGH 5.7.2019 – V ZR 149/18 NJW 2020, 42 Rn. 7.
29 BGH 5.7.2019 – V ZR 149/18 NJW 2020, 42 Rn. 9 ff. gegen LG Hamburg 5.8.2015 – 318 S 55/14, ZWE 2016, 227 (229); *Schmid* ZWE 2014, 445 (446); BeckOK WEG/*Elzer* § 22 Rn. 306.
30 LG Frankfurt a. M. 28.6.2017 – 13 S 191/14, NJW 2018, 85 f.; *Elzer* ZMR 2017, 914 f.
31 BeckOK WEG/*Elzer* § 22 Rn. 321.
32 BGH 8.5.2015 – V ZR 178/14, NJW-RR 2015, 781 Rn. 9 f.; aA *Jacoby* ZWE 2012, 70 (74).

endigung und nicht erst mit der Löschung des Dauerwohnrechts im Grundbuch zu verjähren. Die sechsmonatige Verjährungsfrist umfasst alle Ersatzansprüche des Eigentümers gegen den Dauerwohnberechtigten, also auch Schadensersatzansprüche, aber keine Ansprüche wegen Unmöglichkeit der Herausgabe.

Der **dingliche Rechtsanspruch** erlischt nach § 901 BGB mit Verjährung des Anspruchs des Berechtigten gegen den Eigentümer, wenn er nicht eingetragen worden ist. **29**

VI. Entziehungsanspruch

Der Entziehungsanspruch aus § 17 Abs. 1 WEG verjährt innerhalb der **regelmäßigen Verjährungsfrist** (§ 195 BGB).[33] Diese beginnt, wenn eine ausgesprochene Abmahnung (vgl. § 17 Abs. 2 WEG) erfolglos geblieben ist, also nicht bereits mit der Pflichtverletzung. Jeder Pflichtverstoß, der für sich benommen geeignet ist, einen Entziehungsanspruch zu begründen, unterliegt selbstständig der Verjährung. **30**

VII. Verwaltervergütung

Der Anspruch des Verwalters auf Vergütung verjährt **regelmäßig** innerhalb von drei Jahren nach dem Schluss des Jahres, in dem der Vergütungsanspruch entstanden und fällig geworden ist (§§ 195, 199 Abs. 1, 614 S. 1 BGB). **31**

245. Verkehrssicherungspflichten

Choynacki

I. Grundlagen

Die allgemeinen Verkehrssicherungspflichten beruhen auf dem Gedanken,[1] dass derjenige, der in seinem Verantwortungsbereich eine Gefahrenlage schafft oder andauern lässt, in geeigneter und objektiv zumutbarer Weise alle, aber auch nur diejenigen **Gefahren auszuräumen** und erforderlichenfalls vor ihnen zu **warnen** hat, die für den Benutzer, der die erforderliche Sorgfalt walten lässt, nicht oder nicht rechtzeitig erkennbar sind und auf die er sich nicht oder nicht rechtzeitig einzurichten vermag.[2] Die Verletzung einer allgemeinen Verkehrssicherungspflicht lässt **deliktsrechtliche** Ansprüche (§ 823 Abs. 1 BGB) des Geschädigten entstehen. Besteht zwischen dem Geschädigten und dem Verkehrssicherungspflichtigen ein **vertragliches Schuldverhältnis oder eine ähnliche Sonderverbindung**, kann sich ein Schadensersatzanspruch auch aus § 280 Abs. 1 BGB ergeben, wenn die Verkehrssicherheit gerade auch im Rahmen dieses Schuldverhältnisses zu gewährleisten ist.[3] Verkehrssicherungspflichten können im Übrigen einen Soll-Zustand definieren, der die erstmalige Herstellung eines ordnungsmäßigen Zustands erfordert (→ *Erstmalige Herstellung eines ordnungsmäßigen Zustands* Rn. 7). Reichweite und Umfang werden durch Gesetz, Vertrag und Rechtsprechung bestimmt. Hierdurch ist eine abschließende konkrete Bestimmung von Verkehrssicherungspflichten praktisch nicht möglich. **1**

---

33 *Hogenschurz* ZMR 2015, 607 ff.; *Schmid* WuM 2010, 655 (657); aA *Hügel/Elzer* WEG § 18 Rn. 2.
1 Siehe zur Grundlegung auch FormularB-WEG-R/*Fritsch* § 2 Rn. 729 ff.
2 Exemplarisch BGH 24.8.2017 – III ZR 574/16, NVwZ-RR 2018, 8 Rn. 13.
3 *Suilmann* ZfIR 2020, 435 (436).

II. Gegenstand

2 **1. Betroffene Räume, wesentliche Gebäudebestandteile.** Im Wohnungseigentumsrecht muss **vor allem** Sorge getroffen werden wegen:[4] der Balkontrennwände, des Daches und der Dachziegel, der Fassade, des Treppengeländers, des Kellers, der Ein- und Zugänge, der tragenden Wände, der Fenster, Türen und Personenaufzüge, der Fußböden, der Schächte, der Heizungs- und Trinkwasseranlagen, der Garagen, Schuppen und Spielplätze, der Beleuchtungen, aber auch der Brandschutzeinrichtungen.[5] Ferner kommen Geräte in Betracht, etwa ein Trampolin (→ *Trampolin* Rn. 13 ff.) oder ein Treppenlift (→ *Treppenlift* Rn. 1 ff.).

3 **2. Flächen.** Zu den Verkehrssicherungspflicht gehört es ferner, die auf dem Grundstück befindlichen Spielplätze (→ *Spielplatz* Rn. 3), **Wege** (→ *Zufahrtsweg* Rn. 11), insbesondere vom Treppenhaus über den Hauseingang bis zum öffentlichen Straßenraum, in den Wintermonaten zu räumen und zu streuen[6]sowie diese Wege und den Raum von nassen Blättern zu befreien. Die Verkehrssicherungspflicht beschränkt sich allerdings auf den Bereich des Grundstücks,[7] sofern die Räum- und Streupflicht für den öffentlichen Gehweg nicht auf die Eigentümer (Anlieger) **übertragen** worden ist.[8]Grundvoraussetzung für diese Räum- und Streupflicht ist das Vorliegen einer allgemeinen Glätte und nicht nur das Vorhandensein einzelner Glättestellen.[9]Ist eine **Streupflicht gegeben**, richten sich Inhalt und Umfang nach den Umständen des Einzelfalls.[10] Die winterliche Streu- und Räumpflicht beschränkt sich dabei idR auf den Zeitraum zwischen dem Einsetzen des allgemeinen Verkehrs am Morgen und dessen Ende in den Abendstunden. Wer sich außerhalb dieser Zeiten bewegt, darf eine Verkehrssicherung grds nicht erwarten. Bei Auftreten von Glätte im Laufe des Tages ist dem Streupflichtigen ein angemessener Zeitraum zuzubilligen, um die erforderlichen Maßnahmen zur Bekämpfung der Glätte zu treffen.[11] Ist nichts anderes bestimmt, muss geräumt werden – ggf. mehrfach –: wochentags zwischen 7:00 Uhr und 20:00 Uhr,[12] an Sonn- und Feiertagen hingegen zwischen 9:00 Uhr und 20:00 Uhr.[13] Zu weiteren Einzelheiten → *Schneeräumen/Winterdienst und tätige Mithilfe* Rn. 1 ff.; → *Gehweg* Rn. 7 f.

4 In Bezug auf Gärten stellt sich das Problem der Verkehrssicherungspflicht nicht nur, aber vor allem bei **Bäumen**. Bäume müssen regelmäßig kontrolliert und bei Umsturzgefahr gefällt werden (im Einzelnen → *Bäume* Rn. 13).

III. Sicherheitsvorkehrungen

5 Der Träger der Verkehrssicherungspflicht muss zur Wahrung der Verkehrspflichten diejenigen Sicherheitsvorkehrungen treffen, die ein **verständiger, umsichtiger, vorsichtiger anderer Träger für ausreichend** halten darf, um Wohnungseigentümer, deren Angehörige und ggf. Dritte vor Schäden zu bewahren, und die ihm den Umständen nach zuzumuten sind.[14]

6 Indes ist **nicht jeder Gefahr** vorbeugend zu begegnen. Haftungsbegründend wird eine Gefahr erst dann, wenn sich für ein sachkundiges Urteil die nahe liegende Möglichkeit ergibt, dass Rechtsgüter anderer verletzt werden. Deshalb sind nur die Vorkehrungen zu treffen, die geeignet sind, die Schädigung anderer tunlichst abzuwenden.[15] In Bezug auf den Umfang der konkreten Verkehrssicherungspflichten ist vor allem auf die jeweilige Verkehrsanschauung und die gesetzlich normierten Bau- und Schutzvorschriften abzustellen.

---

4 Eine Checkliste der Flächen, Gegenstände und Räume sowie der einschlägigen öffentlich-rechtlichen Bestimmungen findet sich bei FormularB-WEG-R/*Fritsch* § 2 Rn. 808 ff.

5 PWW/*Elzer/Riecke*, 15. Aufl., § 535 Rn. 48.

6 BGH 21.2.2018 – VIII ZR 255/16, NZM 2018, 509 Rn. 20.

7 BGH 21.2.2018 – VIII ZR 255/16, NZM 2018, 509 Rn. 22.

8 BGH 21.2.2018 – VIII ZR 255/16, NZM 2018, 509 Rn. 22.

9 BGH 12.6.2012 – VI ZR 138/11, NJW 2012, 2727 Rn. 6.

10 BGH 12.6.2012 – VI ZR 138/11, NJW 2012, 2727 Rn. 6.

11 BGH 12.6.2012 – VI ZR 138/11, NJW 2012, 2727 Rn. 11.

12 PWW/*Elzer/Riecke*, 15. Aufl., § 535 Rn. 49.

13 BGH 12.6.2012 – VI ZR 138/11, NJW 2012, 2727 Rn. 9.

14 BGH 24.8.2017 – III ZR 574/16, NVwZ-RR 2018, 8 Rn. 13.

15 BGH 6.2.2007 – VI ZR 274/05, NJW 2007, 1683 Rn 15.

IV. Träger der Verkehrssicherungspflicht

Träger der Verkehrssicherungspflichten ist nach § 9 a Abs. 2 Fall 1 in Bezug auf das **gemeinschaftliche** Eigen-   7
tum die Gemeinschaft der Wohnungseigentümer WEG („Pflichten aus dem gemeinschaftlichen Eigentum"). Die Erfüllung der Pflicht ist durch ihre Organe zu gewährleisten.

In Bezug auf das **Sondereigentum**, zB Terrassen und Gärten nach § 3 Abs. 1 S. 2 WEG oder Stellplätze nach   8
§ 3 Abs. 1 S. 2 WEG, ist hingegen der Wohnungseigentümer als Sondereigentümer verpflichtet.

V. Verwalter

1. Grundsätze. Die Verkehrssicherungspflichten im Zusammenhang mit dem gemeinschaftlichen Eigentum   9
ruhen von Gesetzes wegen auf allen Wohnungseigentümern und werden idR nach § 9 a Abs. 2 WEG von der Gemeinschaft der Wohnungseigentümer „erfüllt", also organisiert (→ Rn. 7). Der Verwalter ist bereits inso-weit **Organ** und muss das Notwendige organisieren. Daneben bestehen in Eilfällen Pflichten aus § 27 Abs. 1 Nr. 2 WEG. Als weitere Organ-Verkehrssicherungspflicht ist ferner die Kontroll-, Hinweis- und Organisations-pflicht des Verwalters nach § 27 Abs. 1 Nr. 1 WEG anzusehen. In diesem Zusammenhang muss der jeweilige Amtsinhaber als Organ der Gemeinschaft der Wohnungseigentümer die Wohnungseigentümer zB über ihre Pflichten als Gebäudeeigentümer informieren, beispielsweise über gesetzliche Anforderungen für Bauteile.

Weitere Pflichten – vor allem Handlungspflichten, als Organ selbst etwas zu unternehmen – folgen aus § 27   10
Abs. 1 Nr. 1 WEG **nicht**. Denn dem Verwalter obliegt nach § 27 Abs. 1 Nr. 1 WEG – etwas anderes kann ver-traglich vereinbart werden (→ Rn. 11) – bis auf kleinere Erhaltungsmaßnahmen **nicht die selbstständige Durchführung der notwendigen Erhaltungsmaßnahme** als solcher. Der Verwalter ist von Gesetzes wegen nicht in der Lage, eigenmächtig umfassend in die Gebäudesubstanz einzugreifen und entsprechende Verträge namens der Gemeinschaft der Wohnungseigentümer zu schließen. Der Verwalter ist auch nicht befugt, Maß-nahmen gegen den erklärten Willen der Mehrheit der Wohnungseigentümer zu treffen.

2. Verwaltervertrag. Der Verwalter kann im Verwaltervertrag als Vertrag zu Gunsten der Wohnungseigentü-   11
mer **versprechen**, deren Verkehrssicherungspflichten wahrzunehmen. Ferner kann er versprechen, die von der Gemeinschaft der Wohnungseigentümer für die Wohnungseigentümer wahrzunehmenden Verkehrssicherungs-pflichten auszuüben. Liegt es so, muss ihm jeweils auch die Rechtsmacht eingeräumt sein, im Einzelfall in das gemeinschaftliche Eigentum einzugreifen. Das Versprechen, Verkehrssicherungspflichten wahrzunehmen, liegt entgegen der wohl hM noch nicht darin, dass der Verwalter nach dem Vertrag „alles tun muss, was zu einer ordnungsmäßigen Verwaltung notwendig ist".

VI. Flächen oder Räume, die einem Sondernutzungsrecht unterliegen

Für Flächen und Räume, die einem Sondernutzungsrecht unterliegen, gelten die Ausführungen zum gemein-   12
schaftlichen Eigentum **entsprechend** (→ Rn. 7; → Sondernutzungsrechte (Sondernutzungsrechtsvereinbarun-gen) Rn. 37).[16] Vorstellbar ist, dass die Wohnungseigentümer die Verkehrssicherungspflicht auf den am Son-dernutzungsrecht Berechtigten delegiert (→ Rn. 13 ff.; → *Sondernutzungsrechte (Sondernutzungsrechtsverein-barungen) Rn. 37*) haben.[17]

VII. Delegation

Verkehrssicherungspflichten können nach hM auf einen Dritten delegiert werden,[18] zB auf einen Wohnungsei-   13
gentümer, der Barrierefreiheit herstellen will (→ *Barrierefreiheit* Rn. 20), oder den Hausmeister (→ *Haus-meister* Rn. 17). Voraussetzung hierfür ist eine klare Absprache, die eine Ausschaltung von Gefahren sicher-stellt.[19] Dann verengt sich die Verkehrssicherungspflicht des ursprünglich allein Verantwortlichen auf eine

---

16 Siehe auch *Dötsch/Greiner* ZWE 2014, 343 (346).
17 *Schmid* ZWE 2015, 109 (111).
18 BGH 13.12.2019 – V ZR 43/19, NJW 2020, 1798 Rn. 9; *Dötsch/Greiner* ZWE 2014, 343 (347).
19 Dazu FormularB-WEG-R/*Metzger* § 2 Rn. 783 ff.

Kontroll- und Überwachungspflicht, die sich darauf erstreckt, ob der Dritte die übernommenen Sicherungspflichten auch tatsächlich ausgeführt hat.[20]

14 Ein Dritter, auf den Verkehrssicherungspflichten von der Gemeinschaft der Wohnungseigentümer übertragen wurde, ist im Innenverhältnis zu den einzelnen Wohnungseigentümern nicht Erfüllungsgehilfe der Gemeinschaft der Wohnungseigentümer. Verletzt der Dritte schuldhaft die Verkehrssicherungspflicht, begründet dies keine Schadensersatzansprüche einzelner Wohnungseigentümer gem. § 280 Abs. 1 BGB gegen die Gemeinschaft der Wohnungseigentümer.[21]

246. Vermietung des gemeinschaftlichen Eigentums
Martini

I. Einführung

1 Die Vermietung des Gemeinschaftseigentums ist **gesetzlich nicht geregelt**. Es ist aber natürlich möglich, gemeinschaftliches Eigentum an Wohnungseigentümer oder Dritte zu vermieten. Das Recht hierzu folgt aus § 18 WEG. Beschränkungen können sich aber aus § 14 WEG ergeben. Vermietet werden können beispielsweise Keller, Garage, Kfz-Stellplätze, Gärten, Nutzflächen und sonstige Nebenräume. Die Wohnungseigentümer können grundsätzlich mit einfacher Mehrheit die Vermietung beschließen, wenn dieses nicht in der Gemeinschaftsordnung oder durch eine Vereinbarung ausgeschlossen oder bereits geregelt wurde.

II. Materielles Wohnungseigentumsrecht

2 Die Gemeinschaft der Wohnungseigentümer ist der **Vermieter** der Gemeinschaftsflächen aufgrund § 9 a Abs. 2, § 18 Abs. 1 WEG.

Durch das WEMoG wurde § 27 WEG vollkommen neu ausgestaltet. Hiernach ist der Verwalter nach § 27 Abs. 1 Nr. 1 WEG berechtigt und verpflichtet, Maßnahmen ordnungsmäßiger Verwaltung zu treffen, die untergeordnete Bedeutung haben und nicht zu erheblichen Verpflichtungen führen. Daher stellt sich die Frage, ob der Verwalter selbstständig vermieten kann oder sogar muss. Der Gesetzgeber nennt als Beispiele für eine untergeordnete Bedeutung den Austausch defekter Leuchtelemente im Bereich des Gemeinschaftseigentums, die Instandsetzung eines Fensterglases oder die Graffiti-Entfernung. Als Beispiel für eine Maßnahme mit erheblicher Bedeutung nennt der Gesetzgeber kostenträchtige Sanierungsmaßnahmen.[1] Hierbei betont der Gesetzgeber, dass die Grenze nach den Umständen des Einzelfalls zu ziehen ist, zu denen jedenfalls die Größe der Anlage und der Umfang der Maßnahmen zählen. Weil die Vermietung von gemeinschaftlichem Eigentum regelmäßig erhebliche Bedeutung für die Gemeinschaft der Wohnungseigentümer haben wird, besteht nach hier vertretener Auffassung keine Verpflichtung, aber auch kein Recht des Verwalters, ohne weiteren Beschluss von sich aus tätig zu werden. Vielmehr sind hier weitere Beschlüsse nach § 7, § 20 Abs. 2 WEG notwendig.

3 **Mieter** können außenstehende Dritte zur Anmietung von Lagerflächen, aber auch Wohnungseigentümer selbst, oder Mieter von Wohnungseigentum oder Teileigentum der Wohnungseigentumsanlage sein.

4 Die Möglichkeit der Vermietung vom gemeinschaftlichen Eigentum kann durch eine Vereinbarung, zB bereits in der Teilungserklärung/Gemeinschaftsordnung, festgelegt werden. Besteht dort keine Regelung, können die Wohnungseigentümer durch **einen Beschluss nach § 19 Abs. 1 WEG** das gemeinsame Eigentum vermieten.[2] Denn es handelt sich um eine Verwaltungs- und Benutzungsregelung nach § 18 Abs. 1 WEG. Voraussetzung für einen wirksamen Beschluss der Vermietung des Gemeinschaftseigentums ist aber, dass keinem Wohnungseigentümer durch die Vermietung ein Nachteil iSv § 14 Abs. 1 Nr. 2 WEG entsteht.

---

20 BGH 13.12.2019 – V ZR 43/19, NJW 2020, 1798 Rn. 9.
21 BGH 13.12.2019 – V ZR 43/19, NJW 2020, 1798 Rn. 14.
 1 BT-Drs. 19/18791, 49.
 2 BGH 29.6.2000 – V ZB 46/99, NJW 2000, 3211.

Martini

Die **Vermietung** entzieht nicht dem einzelnen Wohnungseigentümer den Mitgebrauch am gemeinschaftlichen 5
Eigentum gem. § 16 Abs. 1 S. 3 WEG, sondern gestaltet die Art und Weise der Ausübung so, dass durch den
Beschluss der unmittelbare Mitgebrauch durch den mittelbaren Fremdgebrauch ersetzt wird und an die Stelle
des unmittelbaren Mitgebrauchs die Miete als Frucht nach § 16 Abs. 1 S. 1 WEG tritt.[3]

Gem. § 14 Abs. 1 Nr. 2 WEG darf keinem der Wohnungseigentümer durch die Vermietung ein **Nachteil** erwachsen, welcher über das bei einem geordneten Zusammenleben unvermeidbare Maß hinausgeht. Nachteilig
ist die Vermietung, wenn ein Eigenbedarf eines Wohnungseigentümers bereits besteht oder aber absehbar ist,
die Vermietung zu einer nicht ganz geringfügigen Beeinträchtigung eines Wohnungseigentümers führt oder die
Miete kein adäquates Äquivalent für die Benutzungsüberlassung darstellt.[4]

Eine Vermietung auf lange Zeit an einen Wohnungseigentümer kann aber quasi zu einem **faktischen Sonder-** 6
nutzungsrecht führen. Die Einräumung eines Sondernutzungsrechtes ist nur durch eine Vereinbarung möglich. Das könnte eine Umgehung der Einstimmigkeit darstellen. Das Einräumen eines Sondernutzungsrechts
durch einen Mehrheitsbeschluss führt zur Nichtigkeit.[5]

Die langfristige Vermietung eines Kellerraums für 20 Jahre stellt aber regelmäßig keine **Umgehung** der Ein- 7
räumung eines Sondernutzungsrechtes dar,[6] denn es bestand zum einen ein im Vertrag enthaltenes Sonderkündigungsrecht und zum anderen behalten die Wohnungseigentümer den mittelbaren Fremdgebrauch an dem
vermieteten Raum in Form des Anteils an den Mieteinnahmen.

Die **Grenze** der zulässigen Vermietung durch Beschluss ist aber erreicht, wenn ein Gartenteil für eine Einmal- 8
zahlung iHv 2.500 DM für 30 Jahre, mit einer Option für den Mieter, auf unbegrenzte Laufzeit zu verlängern,
beschlossen wird.[7]

Umgekehrt kann aber die Gemeinschaftsordnung oder eine andere Vereinbarung nach § 10 Abs. 1 S. 2 WEG 9
eine **Vermietungsverbot** enthalten. In diesem Falle besteht keine Beschlusskompetenz der Gemeinschaft der
Wohnungseigentümer. Eine Vermietung des gemeinschaftlichen Eigentums ist dann unzulässig. Ein solcher
Beschluss wäre nichtig.

Auch die **Zweckbindung** in der Teilungserklärung oder der Gemeinschaftsordnung ist bei der Vermietung zu 10
beachten. So kann ein Teileigentum nicht als Eiscafé vermietet werden, wenn in der Gemeinschaftsordnung
ein Gebrauch als Laden vorgesehen ist,[8] denn durch das Verweilen und Verzehren der Speisen vor Ort, liegt
bei typisierender Betrachtungsweise eine stärkere Störung vor.

Demzufolge ist eine Nutzung einer Teileigentumseinheit als Speiserestaurant, welche als Ladenlokal in der
Gemeinschaftsordnung bezeichneten wurde, unzulässig, weil von einem Speiserestaurant größere Störungen
ausgehen als von einem Laden, der nach Ortsrecht von 20 Uhr bis 6 Uhr geschlossen sein muss.[9]

Soll das vermietete Gemeinschaftseigentum äußerlich erkennbar **baulich verändert** werden, bedarf es aber 11
aufgrund § 20 Abs. 3 WEG der Zustimmung aller betroffenen Wohnungseigentümer, ansonsten liegt ein Veränderung über das bei einem geordneten Zusammenleben unvermeidliche Maß hinaus vor.

Etwas anderes kann gelten, wenn durch die bauliche Veränderung der Gebrauch durch Menschen mit Behinderung, das Laden elektrisch betriebener Fahrzeuge, der Einbruchschutz oder der Anschluss an ein Telekommunikationsnetz mit hoher Kapazität erreicht werden soll. Dann handelt es sich um eine **privilegierte bauliche**
Veränderung nach § 20 Abs. 2 WEG, welcher jeder Wohnungseigentümer verlangen kann. Diese Anspruchsgrundlage bezieht sich nur auf das „Ob". Denn über das „Wie" entscheiden die Wohnungseigentümer nach
§ 20 Abs. 2 S. 2 WEG im Rahmen ordnungsmäßiger Verwaltung durch Beschluss.

Zur Frage der Kostentragung → *Kosten und Nutzungen der baulichen Veränderungen* Rn. 1 ff.

---

3 BayObLG 8.1.1992 – 2 Z 160/91, NJW-RR 1992, 599.
4 *Dötsch* jurisPR-MietR 6/2016 Anm. 5.
5 BGH 20.9.2000 – V ZB 58/99, NJW 2000, 3500.
6 LG Hamburg 28.10.2015 – 318 S 9/15, ZMR 2016, 57.
7 OLG Frankfurt a. M. 3.9.2004 – 20 W 34/02.
8 LG Frankfurt a. M. 27.9.2018 – 2–13 S 138/17, GE 2019, 65.
9 LG München 15.1.2018 – 1 S 1401/17, ZMR 2018, 443.

12   Die Vermietung von im Gemeinschaftseigentum stehenden **Parkplätzen** entspricht der ordnungsmäßigen Verwaltung, wenn für eine gerechte Verteilung der Plätze gesorgt wird.[10]

13   Hat die Gemeinschaft der Wohnungseigentümer Teile des gemeinschaftlichen Eigentums vermietet, so gelten hinsichtlich dieses Mietverhältnisses die mietrechtlichen Vorschriften. Insbesondere nach § 566 BGB gilt der Grundsatz „**Kauf bricht nicht Miete**". Dieses ist bei dem Verkauf von Sondereigentum zu beachten, denn der Käufer „kauft" das Mietverhältnis über das gemeinschaftliche Eigentum mit. § 566 BGB gilt zunächst nur für Wohnraum, er findet aber nach § 578 Abs. 2 BGB auch im Gewerberaummietrecht Anwendung.

Durch die **WEG-Reform** wurden einige mietrechtliche Bestimmungen im BGB geändert. Nach § 554 BGB kann der Mieter nunmehr verlangen, dass ihm der Vermieter bauliche Veränderungen der Mietsache erlaubt, die dem Gebrauch durch Menschen mit Behinderungen, dem Laden elektrisch betriebener Fahrzeuge oder dem Einbruchschutz dienen. Der Anspruch besteht nur dann nicht, wenn die bauliche Veränderung dem Vermieter auch unter Würdigung der Interessen des Mieters nicht zugemutet werden kann. Es kann nach § 554 Abs. 1 S. 2 BGB eine Sonderkaution vereinbart werden. Diese Regelung ist nicht auf Wohnraum beschränkt, wie sich nunmehr aus § 578 Abs. 1 BGB ergibt, weil dort § 554 BGB in den Katalog aufgenommen wurde.

14   Die **Miete** fließt dem Gemeinschaftsvermögen nach § 9 a Abs. 3 WEG als Frucht gem. § 99 BGB zu. Das Amtsgericht Köln vertritt die Auffassung, dass der Verwalter die Mieteinnahmen **verzinslich anlegen** sollte.[11] Sollte dieses nicht erfolgen, besteht ein Schadensersatzanspruch in Höhe der üblichen Sparzinsen. Eine zu niedrig vereinbarte Miete entspricht nicht der ordnungsmäßigen Verwaltung.[12]

15   Hinsichtlich der **Betriebskosten** gelten die vertraglich vereinbarten Regelungen aus dem Mietvertrag. Sollte ausnahmsweise von der Gemeinschaft der Wohnungseigentümer Wohnraum vermietet sein, muss bei vereinbarten Vorauszahlungen die jährliche Abrechnung hinsichtlich der Betriebskosten nach § 556 Abs. 3 S. 2 BGB erfolgen. Ob die Jahresabrechnung nach § 28 Abs. 2 WEG vorliegt, ist hierbei unerheblich.[13]

16   Die **Verpachtung** von Flächen des Gemeinschaftseigentums ist ebenfalls möglich und kann nach §§ 19, 18 Abs. 1 WEG mit einfacher Mehrheit beschlossen werden, wenn die Vermietung gemäß § 18 Abs. 2 WEG den Interessen der Gesamtheit der Wohnungseigentümer nach billigem Ermessen und den bestehenden gesetzlichen Regelungen, Vereinbarungen und Beschlüssen entspricht.

Hiernach ist eine Pachtzeit von 30 Jahren kein Nachteil, wenn ein Sonderkündigungsrecht für den Fall eingeräumt wird, dass der pachtende Wohnungseigentümer seine Einheiten veräußert.[14]

247. Vermögensbericht

Breiholdt

I. Einführung

1   § 28 Abs. 4 WEG enthält die Verpflichtung des Verwalters, nach Ablauf eines Kalenderjahres einen Vermögensbericht zu erstellen. Der Vermögensbericht verfolgt das Ziel, den Wohnungseigentümern ein möglichst genaues Bild über die wirtschaftliche Lage der Gemeinschaft der Wohnungseigentümer zu geben.[1] Bereits vor der Reform des WEG durch das WEMoG wurden solche Statusberichte von Verwaltern auf Grundlage von

---

10 OLG Köln 13.10.2001 – 16 Wx 85/08, ZMR 2009, 388.
11 AG Köln 22.2.2001 – 202 II 252/00, ZMR 2001, 748.
12 LG Hamburg 28.10.2015 – 318 S 9/15, ZMR 2016, 57.
13 BGH 14.3.2017 – VIII ZR 50/16, ZMR 2017, 630.
14 OLG Hamburg 1.9.2003 – 2 WX 20/03, ZMR 2003, 957.
 1 BR-Drs. 168/20, 86.

Beschlüssen der Gemeinschaft der Wohnungseigentümer oder auf freiwilliger Basis erstellt. Vertreten wurde z.T. die Auffassung, dass es sich um einen zwingenden Teil der Jahresabrechnung handele,[2] was aber nicht die Billigung des BGH fand.[3]

Neben der in § 28 Abs. 4 WEG ausdrücklich genannten Darstellung der Erhaltungsrücklage – und ggf. anderer   2
von der Gemeinschaft der Wohnungseigentümer angelegter Rücklagen – kann zum Begriff des „wesentlichen Gemeinschaftseigentums" abgesehen von der Gesetzesbegründung vor allem auf die gelebte Praxis zum früheren Recht zurückgegriffen werden.

II. Formales

Wie auch bei Abrechnung und Wirtschaftsplan richtet sich der Anspruch der Wohnungseigentümer auf Auf-   3
stellung gegen die Gemeinschaft der Wohnungseigentümer. Der Vermögensbericht ist vom Verwalter in seiner Funktion als Organ (§ 31 BGB) der Gemeinschaft der Wohnungseigentümer aufzustellen.[4]

Wird der Anspruch nicht oder mangelhaft erfüllt, kann jeder Wohnungseigentümer diesen im Wege der Leis-   4
tungsklage gegen die Gemeinschaft der Wohnungseigentümer durchsetzen. Die Vollstreckung erfolgt nach § 887 Abs. 1 ZPO.[5]

Fällig ist die Erstellung gem. § 28 Abs. 4 WEG „nach Ablauf eines Kalenderjahres". Sinnvollerweise sollte   5
der Bericht zusammen mit der Jahresabrechnung aufgestellt und versendet werden, da seine Funktion in der Erläuterung und Zurverfügungstellung ergänzender Informationen liegt. Davon scheint auch die Gesetzesbegründung auszugehen.[6]

Vorgaben für die **Form** des Berichtes macht das Gesetz nicht. Er muss aber in jedem Fall transparent und aus   6
sich heraus verständlich sein. Die Eigentümer dürfen nicht über besondere Fachkenntnisse verfügen müssen, um ihn zu verstehen.

III. Inhalt

1. Erhaltungsrücklage. Die Darstellung der Entwicklung der Erhaltungsrücklage ist zwingender Bestandteil   7
des Berichtes. Sie soll den Wohnungseigentümern ermöglichen, die Vermögenslage ihrer Gemeinschaft zu erkennen und die Abrechnung auf Plausibilität zu überprüfen. Das in der Erhaltungsrücklage angesammelte Geld gehört der Gemeinschaft der Wohnungseigentümer.[7]

Darzustellen ist die „**Entwicklung**" der Erhaltungsrücklage.[8] Dies bedeutet zunächst, dass die Kontenstände   8
zu Beginn und Ende des Abrechnungsjahres aufzuführen sind, und zwar der Ist-Bestand.[9] Des Weiteren müssen die im Abrechnungsjahr getätigten Einnahmen (Zuführungen) und Ausgaben (Entnahmen) dargestellt und erläutert werden.

Einzustellen sind die tatsächlichen Zahlungen der Wohnungseigentümer auf die Rücklage als Einnahmen (Ist-   9
Rücklage).[10] Dies gilt auch dann, wenn die Zahlungen auf dem Hausgeldkonto der Gemeinschaft eingegangen sind, unabhängig davon, ob sie von dort auf das **Rücklagenkonto** überwiesen wurden. Insoweit handelt es sich nämlich um einen internen buchungstechnischen Vorgang. Zum Problem von Teilleistungen der Eigentümer bei Zahlung von Hausgeldbeträgen und der Verrechnung auf Bewirtschaftungskosten und Erhaltungsrücklage → *Wirtschaftsplan* Rn. 96.

Ordnungsmäßiger Verwaltung entspricht ferner aus Gründen der Transparenz die informatorische Angabe,   10
welche Vorschüsse welcher Rücklage zugeführt werden sollten („Soll"). Nach Ansicht des Gesetzgebers müs-

---

2 Jennißen/*Jennißen* WEG § 28 Rn. 126 a.
3 BGH 11.10.2013 – V ZR 271/12, MDR 2014, 143.
4 BT-Drs. 19/18791, 77.
5 *Lehmann-Richter/Wobst*, WEG-Reform 2020, Rn. 919.
6 BT-Drs. 19/18791, 78.
7 NSV/*Niedenführ* WEG § 28 Rn. 92.
8 BGH 4.12.2009 – V ZR 44/09, NZM 2010, 243.
9 BT-Drs. 19/18791, 77.
10 BGH 4.12.2009 – V ZR 44/09, ZWE 2010, 170.

sen Rücklagenforderungen der Gemeinschaft der Wohnungseigentümer oder zur Liquiditätssicherung aus einer Rücklage umgewidmete Mittel zwar nicht angegeben werden.[11] Ordnungsmäßiger Verwaltung entspricht es aber, wenn auch diese Positionen im Vermögensbericht angegeben werden.[12]

11 Werden der Rücklage im Abrechnungsjahr Gelder entnommen, um Zahlungsverpflichtungen der Gemeinschaft der Eigentümer nachzukommen, so sind die entnommenen Beträge in der **Gesamtabrechnung als Ausgaben** darzustellen. Das gilt unabhängig davon, ob die Beträge bestimmungsgemäß verwendet wurden, etwa zur Finanzierung von Instandsetzungsmaßnahmen aufgrund eines Beschlusses. Auch wenn – was gelegentlich vorkommt – Finanzmittel aus der Rücklage zur Deckung von Liquiditätsengpässen zweckwidrig und ohne Beschluss für laufende Ausgaben verwendet werden, sind die abgeflossenen Mittel als Ausgabe in der Gesamtabrechnung einzustellen.

12 **2. Andere Rücklagen.** Führt die Gemeinschaft der Wohnungseigentümer weitere Rücklagenkonten, beispielsweise zur Liquiditätssicherung oder für bestimmte Bauvorhaben, so gilt das zuvor Dargestellte entsprechend.

13 **3. Entwicklung der Konten.** Die von der Gemeinschaft geführten **Bankkonten** sind in einer eigenen Darstellung mit ihrem Anfangs- und Endbestand darzustellen. Dazu gehören auch Konten, über die kein Zahlungsverkehr nach außen abgewickelt wird, sondern nur Überweisungen auf das Girokonto erfolgen.[13] Das Gleiche gilt, falls die Gemeinschaft der Wohnungseigentümer eine Bargeldkasse führt.

14 Auch hier handelt es sich um einen **zwingenden Bestandteil.** Denn nur durch die Darstellung der Bankkontenentwicklung kann die Prüfung der rechnerischen Schlüssigkeit der Jahresabrechnung durchgeführt werden.[14] Werden die tatsächlichen Einnahmen und Ausgaben vollständig in die Jahresabrechnung aufgenommen, so stimmt deren Differenz mit der Differenz der Anfangs- und Endbestände der Bankkonten und ggf. der Barkasse überein, über die die Umsätze getätigt wurden. Liegt eine solche Übereinstimmung vor, indiziert dies die rechnerische Richtigkeit der Gesamtabrechnung.[15]

15 **4. Wesentliches Gemeinschaftsvermögen.** Der Vermögensbericht muss das wesentliche Gemeinschaftsvermögen auflisten.

16 Dazu gehören zunächst **Forderungen und Verbindlichkeiten** der Gemeinschaft der Wohnungseigentümer zum Kalenderjahresende. Das sind insbesondere:
- Forderungen der Gemeinschaft der Wohnungseigentümer gegen einzelne Wohnungseigentümer und Dritte (offene Hausgelder einschließlich offener Forderungen zu Rücklagen)
- Verbindlichkeiten z.B. aus Darlehensverträgen

17 Zum wesentlichen Gemeinschaftsvermögen zählen außerdem sonstige Vermögensgegenstände. Unklar ist allerdings, wann ein Vermögensgegenstand **wesentlich** ist. Die Gesetzesbegründung hilft nicht weiter, da sie lediglich feststellt, dass Vermögensgegenstände unwesentlich sind, wenn sie für die wirtschaftliche Lage der Gemeinschaft unerheblich sind.[16] Die Wesentlichkeit soll von der Größe der Gemeinschaft abhängen.[17] Gleichwohl nennt die Gesetzesbegründung insoweit aber explizit Brennstoffvorräte.

18 Denkbar sind weiter Gartengeräte ab einem bestimmten Wert, z.B. ein Rasentrecker, nicht hingegen ein einfacher Rasenmäher. In Betracht kommen auch weitere Grundstücke, die der Gemeinschaft der Wohnungseigentümer über das eigene Grundstück hinaus zu Eigentum gehören. Eine **Bewertung** dieser sonstigen Vermögensgegenstände muss nicht erfolgen.[18]

---

11 BR-Drs. 168/20, 86.
12 *Hügel/Elzer*, 3. Aufl. 2021, WEG § 28 Rn. 237; BR-Drs. 168/20, 87.
13 NSV/*Niedenführ* WEG § 28 Rn. 112; aA LG Lüneburg 29.1.2015 – 1 S 45/14, ZMR 2015, 486.
14 KG 26.9.2007 – 24 W 183/06, ZMR 2008, 67.
15 LG Berlin 29.6.2018 – 55 S 96/17 WEG, GE 2018, 1599.
16 *Lehmann-Richter/Wobst*, WEG-Reform 2020, Rn. 931.
17 BT-Drs. 19/18791, 78.
18 BT-Drs. 19/18791.

248. Versicherung

Lang-Lajendäcker

I. Einführung

Gemeinschaftseigentum und Sondereigentum sind zu unterscheiden, was die Versicherungen regelmäßig aus **1** Praktikabilitätsgründen ignorieren, da die Zuordnung der geschädigten Sache oft schwierig ist. Das WEG äußert sich nur zum Gemeinschaftseigentum, § 19 Abs. 2 Nr. 3 WEG.[1] Für das Sondereigentum ist jeder Wohnungseigentümer selbst zuständig. Beschlüsse, die den Sondereigentümer zum Abschluss einer Versicherung verpflichten sind mangels Beschlusskompetenz nichtig. Vereinbarungen in den allgemeinen Grenzen nicht.

II. Gemeinschaftseigentum

1. Gesetzliche Vorgaben. Gem. § 19 Abs. 2 Nr. 3 WEG gehört der Abschluss einer angemessenen Versiche- **2** rung des gemeinschaftlichen Eigentums zum Neuwert sowie der Wohnungseigentümer gegen Haus- und Grundbesitzerhaftpflicht zur ordnungsmäßigen Verwaltung des gemeinschaftlichen Eigentums (→ *Ordnungsmäßige Verwaltung* Rn. 80). Diese Versicherungen stellen ausschließlich auf das gemeinschaftliche Eigentum ab.

a) Wohngebäudeversicherung. Zu einer angemessenen Versicherung des gemeinschaftlichen Eigentums **3** zählt die Wohngebäudeversicherung. Sie ist eine **Sachversicherung**, mit der die Schäden durch Brand, Explosion, Blitzschlag oder durch das Abstürzen von Luftfahrzeugen und Luftfahrtteilen entstehende Schäden abgesichert sind. Sie betrifft nur das Gemeinschaftseigentum, nicht das Sondereigentum, welches der jeweilige Sondereigentümer selbst versichern muss. Sie reguliert auch Schäden, die an fest verbundenen Sachen eintreten, zB an verklebten Fußböden, Einbauschränken, Innenwänden, fest verbundenen Einbauküchen, sonst ist die Hausratversicherung des Sondereigentümers zuständig.

Ist im Schadensfall auch das Sondereigentum betroffen, hat der einzelne Wohnungseigentümer einen An- **4** spruch auf Unterstützung bei der Geltendmachung seines Versicherungsschadens gegen die Gemeinschaft der Wohnungseigentümer und muss die Versicherungsnummer mitteilen.[2] Ist durch entsprechende vertragliche Gestaltung das Sondereigentum in den Versicherungsschutz einbezogen, muss der Sondereigentümer dadurch bedingte Prämienerhöhungen selbst zahlen.

Der Abschluss einheitlicher Versicherungsverträge (Gesamtpaket) für das gesamte Gebäude ist in der deut- **5** schen Versicherungspraxis üblich. Der Versicherer erspart sich so neben erhöhtem Verwaltungsaufwand vor allem die mitunter schwierige Abgrenzung von Sonder- und Gemeinschaftseigentum, denn auf die Eigentumsverhältnisse kommt es bei der einheitlichen Gebäudeversicherung gerade nicht an.

Der Abschluss der Versicherung erfolgt zum Neuwert, wobei damit der „**gleitende Neuwert**" gemeint ist.[3] Es **6** erfolgt dadurch eine automatische Anpassung des Versicherungsschutzes. Die Versicherungssumme ist in regelmäßigen Abständen anzupassen, um der Gefahr einer Unterversicherung zu vermeiden, wenn nicht mit dem Versicherer ein Unterversicherungsverzicht vereinbart wurde.[4] Modernisierungen, die den Wert des Ge-

---

1 § 19 Abs. 2 Nr. 3 entspricht § 21 Abs. 5 Nr. 3 WEG aF, BT-Drs. 19/18791, 60.
2 KG 9.10.1991 – 24 W 1484/91.
3 Spielbauer/Then/*Spielbauer* WEG § 21 Rn. 57.
4 Staudinger/*Bub* WEG § 21 Rn. 191.

meinschaftseigentums verbessern, sind der Versicherung mitzuteilen, damit dies in entsprechenden Vertragsergänzungen berücksichtigt werden kann. Eine Versicherung zum Verkehrswert empfiehlt sich, wenn die Wohnungseigentümer ohnehin keine Wiederaufbauverpflichtung vereinbart haben.[5]

7 **b) Haus- und Grundbesitzerhaftpflicht-Versicherung.** Die Haus- und Grundbesitzerhaftpflicht-Versicherung hat zum Inhalt, dass begründete Schadensersatzansprüche gegen den Versicherungsnehmer befriedigt und unbegründete Ansprüche abgewehrt werden. Versicherungsnehmer ist die Gemeinschaft der Wohnungseigentümer (→ *Gemeinschaft der Wohnungseigentümer* Rn. 2 ff.). Versichert ist die gesetzliche Haftpflicht der Gemeinschaft aus dem gemeinschaftlichen Eigentum. Mitversichert ist die persönliche, gesetzliche Haftpflicht des Verwalters und der einzelnen Wohnungseigentümer bei Betätigung im Interesse und für Zwecke der Gemeinschaft.[6] Bei einigen Versicherungen sind im Rahmen der **„besonderen Bedingungen"** eingeschlossen: Ansprüche eines einzelnen Wohnungseigentümers gegen den Verwalter oder gegen die Gemeinschaft der Wohnungseigentümer; gegenseitige Ansprüche von Wohnungseigentümern bei Betätigung im Interesse und für Zwecke der Gemeinschaft.

8 Nicht vom Versicherungsschutz erfasst sind Schäden am Gemeinschafts- und Sondereigentum und Haftpflichtansprüche der Gemeinschaft gegen den Sondereigentümer wegen Beschädigungen des Gemeinschaftseigentums.

9 Abgedeckt sind nur Gefahren, die vom **gemeinschaftlichen Eigentum** ausgehen. Die Versicherung tritt ua bei Verletzungen der Verkehrssicherungspflicht ein: zB bei Vernachlässigung der Räum- und Streupflicht; schadhaften und unzureichenden gemeinschaftlichen Anlagen und Einrichtungen (zB unzureichende Beleuchtung Hauseingang, Hausflur, Treppenhaus; bauliche Schäden am Dach, Dachrinnen, Gebäudewänden, Gesimsen, Treppen und Treppengeländern; mangelhafte Instandhaltung oder Instandsetzung, unzureichende Pflege oder Wartung gemeinschaftlicher Anlagen und Einrichtungen wie zB Aufzug, Heizungs- und Warmwasseranlagen).

10 Abgedeckt ist auch der **Aufopferungsanspruch** eines einzelnen Sondereigentümers nach § 14 Abs. 3 WEG[7] wegen der von ihm zu duldenden Instandhaltungs- und Instandsetzungsarbeiten am Gemeinschaftseigentum (zB Mietausfälle, Kosten von Ersatzwohnraum etc).

11 Abgedeckt sind auch Schäden an Sachen im Sondereigentum (Mobiliar des Wohnungseigentümers bei einem Rohrbruch) nicht hingegen der **unmittelbare Sachschaden** an Decken und Wänden, da es sich hierbei um Sonder- oder Gemeinschaftseigentum handelt. Folgeschäden sind hingegen nicht von der Leistungspflicht ausgenommen.[8]

12 **2. Freiwillige Versicherungen.** Die in § 19 Abs. 2 Nr. 3 WEG genannten Versicherungen stellen den Versicherungsschutz einer ordnungsmäßigen Verwaltung nicht abschließend dar, was durch die Formulierung „insbesondere" in § 19 Abs. 2 S. 1 WEG zu erkennen ist. Je nach Art und Beschaffenheit der Liegenschaft gehört ein erweiterter Versicherungsschutz zu einer ordnungsmäßigen Verwaltung.

13 **a) Hagel- Sturm- und Leitungswasser-Versicherung (verbundene Gebäudeversicherung).** Der Abschluss einer Hagel- Sturm- und Leitungswasser-Versicherung für das gesamte Gebäude (die häufig als sog. verbundene Gebäudeversicherung zusammen mit der Haus- und Grundbesitzerhaftpflicht angeboten wird) entspricht ordnungsmäßiger Verwaltung und kann mit Stimmenmehrheit beschlossen werden. Es handelt sich um eine Versicherung auf fremde Rechnung (§ 43 Abs. 1 VVG). Versicherungsnehmer ist die Gemeinschaft der Wohnungseigentümer, Versicherte sind die Eigentümer.[9] Jeder Wohnungseigentümer ist Inhaber des Anspruchs gegen den Versicherer hinsichtlich seines Sondereigentums und seines Miteigentumsanteils. Die Leitungswasserversicherung deckt nicht nur die Kosten für die Schadensbehebung am gemeinschaftlichen Eigentum ab, sondern auch die Kosten für die **Schadensbeseitigung im Sondereigentum**.

---

5 Jennißen/*Heinemann* WEG § 21 Rn. 81. Zur Ermittlung des Zeitwertschadens unter Berücksichtigung von Baunebenkosten BGH 13.10.2016 – IX ZR 214/15, WM 2017, 678–682.

6 § 1 AHB.

7 § 14 Abs. 3 WEG tritt inhaltlich an die Stelle des § 14 Nr. 4 Hs. 2 WEG aF, der allgemein als Ausprägung des Aufopferungsgedankens eingeordnet wird (vgl. etwa BGH 11.12.2002 – IV ZR 226/01), BT-Drs. 19/18791, 53.

8 BGH 11.12.2002 – IV ZR 226/01, NZM 2003, 197; *Vandenhouten* ZWE 2012, 237.

9 BGH 16.9.2016 – V ZR 29/16, ZMR 2016, 974–976.

Lang-Lajendäcker

b) Gewässerschaden-Haftpflicht-Versicherung. Der Abschluss einer Gewässerschaden-Haftpflicht- 14
Versicherung entspricht ordnungsmäßiger Verwaltung, wenn dadurch in Wohnungseigentumsanlagen, die über
eine Ölzentralheizung versorgt werden, die verschuldensunabhängige Haftung nach den Vorschriften des Was-
serhaushaltsgesetzes (§ 12 WHG) ausgeschlossen werden kann, wonach jeder den Schaden zu ersetzen hat,
den er durch Verunreinigung von Fluss-, Bach-, See- oder Grundwasser hervorruft.

c) Vermögensschaden-Haftpflichtversicherung für Verwalter/Verwaltungsbeirat. Der Abschluss einer 15
Vermögensschaden-Haftpflichtversicherung für Verwaltungsbeiratsmitglieder (→ *Verwaltungsbeirat* Rn. 135)
entspricht ordnungsmäßiger Verwaltung,[10] Gleiches gilt für nichtberufliche Verwalter.[11] Beschlusskompetenz
besteht insoweit nach §§ 19 Abs. 1, 29 Abs. 1 WEG[12] zwecks näherer Ausgestaltung der Anstellungsverhält-
nisse (→ *Verwaltervertrag* Rn. 20 ff.).

d) Elementarschadenversicherung. Der Abschluss einer Elementarschadenversicherung entspricht ord- 16
nungsmäßiger Verwaltung, wenn eine zuverlässige Prognose künftiger Schäden nicht möglich ist.[13]

3. Abschluss, Änderung, Kündigung. Die Wohnungseigentümer entscheiden hinsichtlich der Art und Weise 17
des Versicherungsschutzes durch Mehrheitsbeschluss. In dem Beschluss über den Abschluss einer Versicherung muss auch über die zu beauftragende Versicherungsgesellschaft und die Vertragskonditionen zB Selbstbehalt beschlossen werden.[14] Zur Frage, ob der Verwalter ggf. auch ohne Beschluss tätig werden kann
→ Rn. 23 ff.

Es entspricht ordnungsgemäßer Verwaltung, einen **Selbstbehalt/Selbstbeteiligung** mit der Versicherung zu 18
vereinbaren, um geringere Versicherungsprämien zu zahlen oder den Versicherungsschutz einzuschränken,
wenn aufgrund finanzieller Engpässe nur so überhaupt ein Versicherungsschutz aufrechterhalten werden
kann.[15]

Der Vertragsschluss erfolgt zwischen der Gemeinschaft der Wohnungseigentümer und dem Versicherer im 19
Rahmen der Verwaltung des gemeinschaftlichen Eigentums, § 9 a Abs. 1 S. 1 WEG.[16] Die Verpflichtung zur
Mitwirkung am Abschluss der Versicherung bindet nur die Eigentümer untereinander, so dass Dritte, zB Mie-
ter, bei einem Verstoß gegen die Verpflichtung aus § 19 Abs. 2 Nr. 3 WEG keine Rechte herleiten können.[17]
Der Anspruch auf Abschluss der notwendigen Versicherungen steht jedem Wohnungseigentümer zu und ist
unverjährbar.[18]

4. Kosten, Umlage. Die Versicherungsprämien sind Kosten der Verwaltung und werden nach dem allg. Kos- 20
tenverteilungsschlüssel verteilt. Sie fallen als **Betriebskosten** unter § 16 Abs. 2 S. 2 WEG,[19] so dass eine abweichende Verteilung durch Mehrheitsbeschluss getroffen werden kann.

Ist ein Schaden teilweise am Gemeinschaftseigentum und teilweise am Sondereigentum entstanden, ist streitig, 21
wie ein **vereinbarter Selbstbehalt** umzulegen ist. Entweder ist der Selbstbehalt von der Gemeinschaft der
Wohnungseigentümer zu tragen und im Innenverhältnis nach dem geltenden Kostenverteilungsschlüssel zu
verteilen, so dass es nicht darauf ankommt, ob Schäden im Gemeinschaftseigentum, dem Sondereigentum
oder gar in beiden Bereichen liegen[20] oder es ist eine verhältnismäßige Aufteilung auf die einzelnen Schadens-

---

10 KG Berlin 19.7.2004 – 24 W 203/02, ZMR 2004, 780.
11 Bärmann/*Merle* WEG § 21 Rn. 143.
12 § 19 Abs. 1 entspricht inhaltlich hinsichtlich der Verwaltung § 21 Abs. 3 WEG aF.
13 OLG Köln 10.1.2007 – 16 Wx 224/06, ZMR 2007, 987.
14 *Armbrüster* ZWE 2009, 109.
15 LG Essen 2.3.2007 – 9 T 163/06, ZMR 2007, 817.
16 § 9 a WEG entspricht inhaltlich § 10 Abs. 6 S. 1 und 5 WEG aF, BT-Drs. 19/18791, 45.
17 Bärmann/*Merle* WEG § 21 Rn. 133; BayObLG 15.12.1989 – 2 Z 128/89, DWW 1990, 95.
18 BGH 27.4.2012 – V ZR 177/11, ZMR 2012, 713–714.
19 § 16 Abs. 2 S. 2 tritt an die Stelle des § 16 Abs. 3 und 4 WEG aF und gibt dessen System auf, das nach verschiede-
    nen Kostenarten differenziert und je nach Kostenart unterschiedliche Anforderungen an den Beschluss stellt, BT-
    Drs. 19/18791, 55 (56).
20 AG Saarbrücken 29.4.2002 – 1 II 173/01 WEG, ZMR 2002, 980; *Köhler* ZMR 2002, 891.

positionen vorzunehmen[21] oder der Selbstbehalt ist bei der Schadensregulierung vorweg vom Gesamtschaden abzuziehen und nicht anteilig auf alle Wohnungseigentümer zu verteilen.[22]

22 Von dieser grundsätzlichen Umlage des Selbstbehaltes können die Wohnungseigentümer durch Vereinbarung oder durch Beschluss gem. § 16 Abs. 2 S. 2 WEG abweichen, da der **Selbstbehalt als Teil der Versicherungsprämie** anzusehen ist.[23] Der Beschluss muss ordnungsmäßiger Verwaltung entsprechen. Nicht hinreichend bestimmt ist ein Beschuss, dass der betroffene Wohnungseigentümer den jeweils entstehenden Selbstbehalt bei einem Schadenfall tragen muss. Ebenso ist die automatische Verteilung nach dem „Verursacherprinzip" wohl kein ordnungsmäßiger Umlageschlüssel.[24]

III. Verwalter

23 Nach der alten Rechtslage hatte der Verwalter gem. § 27 Abs. 1 Nr. 2 WEG aF auf den erforderlichen Versicherungsschutz hinzuwirken. Er war jedoch nicht berechtigt, ohne vorherige Beschlussfassung Versicherungsverträge abzuschließen oder zu kündigen. Ob der Verwalter nach § 27 Abs. 1 Nr. 1 WEG nun ex legem dafür zuständig ist, bemisst sich danach, ob aus Sicht eines durchschnittlichen Wohnungseigentümers eine Entscheidung durch die Versammlung aufgrund ihrer geringen Bedeutung für die Gemeinschaft nicht erforderlich ist.[25] Maßstab ist dabei stets die konkrete Wohnungseigentumsanlage. Mit der **Größe der Anlage** wächst in der Regel der Kreis der Maßnahmen, die der Verwalter eigenverantwortlich treffen kann und muss. In der Regel sind jedenfalls diejenigen Maßnahmen, deren Erledigung § 27 Abs. 1 Nr. 2, 4, 5 und 6 WEG aF dem Verwalter zuweist, von Nr. 1 erfasst.[26] Hierzu gehört auch der **Abschluss und die Kündigung von Versicherungsverträgen**. Die Wohnungseigentümer haben aber nach § 27 Abs. 2 die Möglichkeit, durch Beschluss Aufgaben und Befugnisse auf den Verwalter zu übertragen beziehungsweise seine gesetzlichen Aufgaben und Befugnisse nach Abs. 1 zu beschränken. Sie können diejenigen Maßnahmen selbst definieren, deren Erledigung sie in die Verantwortung des Verwalters legen wollen.[27] In Frage kämen hier etwa Wertgrenzen oder konkrete Vorgaben, welche Versicherungen abgeschlossen werden sollen.

Ein auf Grundlage von § 27 Abs. 2 gefasster Beschluss betrifft aber stets nur das **Innenverhältnis**; die Vertretungsmacht des Verwalters ist aus Gründen der Rechtssicherheit nach § 9 b Abs. 1 S. 3 WEG unbeschränkbar.

24 Ohne eine Vereinbarung oder einen Beschluss der Wohnungseigentümer darf der Verwalter keinen **Selbstbehalt** (Eigenbeteiligung) mit der Versicherung vereinbaren.

25 Der Verwalter ist nicht berechtigt, persönlich **Provisionen** von der Versicherung für die Vermittlung anzunehmen. Er muss die entgegengenommene Provision gem. §§ 675, 667 BGB an die Gemeinschaft der Wohnungseigentümer herausgeben.[28]

26 Entsteht ein Schaden am Gemeinschaftseigentum, ist der Verwalter für die Schadensbehebung und die Abwicklung mit dem Versicherer zuständig. Streitig ist, ob die Vereinbarung einer **Sondervergütung** für den Verwalter zur Abwicklung des Versicherungsschadens im Gemeinschaftseigentum möglich ist. Teilweise wird vertreten, dass diese Tätigkeit zwingend in der Grundvergütung des Verwalters enthalten sei.[29]

IV. Schadensabwicklung

27 Die Schadensabwicklung erfolgt zwischen der Gemeinschaft der Wohnungseigentümer und dem Versicherer im Rahmen der Verwaltung des gemeinschaftlichen Eigentums, § 9 a Abs. 1 WEG.

28 Einstehen Schäden am **Sondereigentum**, obliegt die Schadensbehebung und die Abwicklung mit dem Versicherer grundsätzlich dem **geschädigten Wohnungseigentümer**. Daher beschränkt sich die Pflicht des Verwal-

---

21 *Armbrüster* ZWE 2009, 109.
22 NSV/*Vandenhouten* WEG § 21 Rn. 123; aA AG Saarbrücken 29.4.2002 – 1 II 173/01 WEG, ZMR 2002, 980.
23 OLG Köln 14.7.2003 – 16 Wx 124/03, NZM 2003, 641; *Dötsch* ZMR 2014, 167.
24 Bärmann/Seuß WE-Praxis/*Först* § 54 Rn. 13.
25 BT-Drs.19/18791, 75.
26 BT-Drs.19/18791, 75.
27 BT-Drs.19/18791, 75.
28 LG Köln 25.6.1992 – 30 T 64/92, WuM 1993, 712.
29 *Pießkalla/Reichart* NZM 2009, 728.

ters darauf, den Wohnungseigentümer zu unterstützen.[30] Ist die eigenständige Schadensabwicklung in den Vertragsbedingungen jedoch ausgeschlossen, ist der Verwalter verpflichtet, den Anspruch des Sondereigentümers gegenüber der Versicherung geltend zu machen. Hier empfiehlt sich eine gesonderte Beauftragung des Verwalters durch den Sondereigentümer zur Schadensabwicklung, so dass der Verwalter seinen zusätzlichen Aufwand gegenüber dem Sondereigentümer in transparenter Weise abrechnen kann.[31]

Erbringt die Gebäudeversicherung zur Regulierung eines Schadens am Sondereigentum eine Versicherungsleistung an die Gemeinschaft der Wohnungseigentümer, muss diese das Geld an den betroffenen Wohnungseigentümer weiterleiten.[32] Ist die Eigentumswohnung nach Eintritt des Versicherungsfalls veräußert worden, steht der Anspruch auf die Versicherungsleitung aus diesem Versicherungsfall grundsätzlich dem Veräußerer und nicht dem Erwerber zu.[33]   29

Wegen der **Rücksichtnahmepflichten** innerhalb der Gemeinschaft der Wohnungseigentümer gem. § 241 Abs. 2 BGB gilt: Der Geschädigte darf den Schädiger nicht auf Schadensausgleich in Anspruch nehmen, wenn der geltend gemachte Schaden Bestandteil des versicherten Interesses ist, der Gebäudeversicherer keinen Regress nehmen könnte und keine besonderen Umstände vorliegen, die ausnahmsweise eine Inanspruchnahme rechtfertigen.[34]   30

249. Verwalter

Tank

I. Einführung

Neben der Eigentümerversammlung und dem Verwaltungsbeirat gehört der Verwalter zu den **Organen der Gemeinschaft der Wohnungseigentümer**. Das Wohnungseigentumsgesetz geht zwar vom Grundsatz der Selbstverwaltung des gemeinschaftlichen Eigentums aus, §§ 18 Abs. 1, 19 Abs. 1 WEG; die Bestellung eines Verwalters ist also nicht zwingend, sie kann aber auch nicht ausgeschlossen werden, § 26 Abs. 5 WEG. Jeder Wohnungseigentümer hat einen Anspruch auf Bestellung einer geeigneten Person als Verwalter, der nötigenfalls gerichtlich durchgesetzt werden kann, § 18 Abs. 2 Nr. 1 iVm § 44 Abs. 1 S. 2 WEG. Der Verwalter hat   1

---

30 *Armbrüster* ZWE 2009, 109.
31 *Greiner* NZM 2013, 481.
32 BGH 16.9.2016 – V ZR 29/16, IMR 2016, 514; *Elzer* IMR 2016, 514; OLG Hamm 3.1.2008 – 15 W 420/06, ZMR 2008, 401.
33 BGH 16.9.2016 – V ZR 29/16, IMR 2016, 514.
34 BGH 10.11.2006 – V ZR 62/06, NZM 2007, 88.

sein Amt höchstpersönlich auszuüben. Er vertritt die Gemeinschaft der Wohnungseigentümer und besitzt im Außenverhältnis eine unbeschränkbare Vertretungsmacht für die Gemeinschaft, § 9 b Abs. 1 S. 3 WEG. Ist ein Verwalter nicht vorhanden, wird die Gemeinschaft durch sämtliche Miteigentümer vertreten, § 9 b Abs. 1 S. 2 WEG. Durch die **WEG-Reform 2020** sind die Entscheidungs- und Vertretungsbefugnisse des Verwalters erweitert worden. Der Verwalter kann zukünftig ua ohne Beschluss über Maßnahmen entscheiden, die von untergeordneter Bedeutung sind und die nicht zu erheblichen Verpflichtungen führen, § 27 Abs. 1 Nr. 1 WEG.

II. Geeignete Personen

2   Sowohl **natürliche** als auch **juristische Personen** können zum Verwalter für das gemeinschaftliche Eigentum bestellt werden. Gesetzliche Vorgaben existierten bislang nicht. Das Gesetz nennt nunmehr jedoch in § 26 a WEG den zertifizierten Verwalter (→ *Zertifizierung des Verwalters* Rn. 1 ff.), dessen Bestellung bei größeren Gemeinschaften allein ordnungsmäßiger Verwaltung entspricht, § 19 Abs. 2 Nr. 6 WEG. **Zertifizierte Verwalter** müssen vor einer Industrie- und Handelskammer durch eine Prüfung nachweisen, dass sie über die für die Tätigkeit als Verwalter notwendigen rechtlichen, kaufmännischen und technischen Kenntnisse verfügen, § 26 a Abs. 1 WEG. Für gewerblich tätige Verwalter ist zudem durch Änderung des § 34 c GewO eine Erlaubnispflicht eingeführt worden. Danach muss ein Verwalter seine **Zuverlässigkeit**, geordnete Vermögensverhältnisse und den Abschluss einer Berufshaftpflichtversicherung nachweisen, um als „Wohnimmobilienverwalter" zugelassen zu werden. Ein Sachkundenachweis wird nicht gefordert. Es besteht jedoch eine **Fortbildungspflicht**.[1] Ausreichend ist dabei, wenn in größeren Verwaltungen eine angemessene Zahl von dort beschäftigten natürlichen Personen den Fortbildungsnachweis erbringt, denen die Aufsicht über die direkt bei der Verwaltung mitwirkenden Personen übertragen ist und die den Gewerbetreibenden vertreten dürfen.[2] Die Einholung einer Erlaubnis ist auch für bereits tätige Verwalter Pflicht. Die Zertifizierung iSv § 26 a Abs. 1 WEG ist von den gewerberechtlichen Anforderungen zu unterscheiden und keine Voraussetzung für die Erteilung der Erlaubnis nach § 34 c GewO. Die Tätigkeit als Verwalter ist deshalb auch dann gewerberechtlich zulässig, wenn der Verwalter über kein Zertifikat verfügt.[3]

3   Da zumindest bei kleineren Gemeinschaften eine besondere Qualifikation nach wie vor nicht erforderlich ist, kann jede **natürliche volljährige** Person zum Verwalter gewählt werden. Das gilt grundsätzlich sogar für vorbestrafte Personen. Die Wahl eines Verwalters, der wegen Vermögens- oder Eigentumsdelikten verurteilt worden ist, ist allerdings anfechtbar.[4]

4   Aus § 26 Abs. 1 WEG bzw. § 9 b Abs. 1 S. 1 WEG folgt, dass stets nur eine **einzige** Person Verwalter sein kann. Werden **zwei** Personen zum Verwalter bestellt, wäre dieser Beschluss nichtig.[5] Das gilt auch bei Mehrhausanlagen und dort gebildeten **Untergemeinschaften**.[6]

5   Als **juristische Personen** kommen die AG, die GmbH oder eine Genossenschaft als Verwalter in Betracht.[7] Auch eine UG kann zum Verwalter bestellt werden.[8] Erforderlich bei der UG ist eine ausreichende Haftungssumme. Nicht ausreichend ist eine Haftungssumme von 500 EUR.[9] Auch Personenhandelsgesellschaften wie die oHG oder die KG können zum Verwalter bestellt werden. Bei der oHG wird nach herrschender Meinung die Eintragung im Handelsregister gefordert.[10] Da bei einer Gesellschaft bürgerlichen Rechts mangels Eintragung in einem öffentlichen Register nicht klar ist, wer zum Gesellschafterkreis gehört, soll eine GbR nach Auffassung des BGH nicht wirksam zum Verwalter bestellt werden können.[11]

---

1   Röll/Sauren/*Tank* WEG-HdB, E. I. 2. Rn. 424.
2   BT-Drs. 18/12831, 17.
3   BT-Drs. 19/22634, 46.
4   LG Berlin 20.6.2000 – 85 T 251/99, ZMR 2001, 143.
5   BGH 26.1.2006 – V ZB 132/05, DNotZ 2006, 523.
6   LG Hamburg 15.11.2012 – 318 S 213/11, ZWE 2013, 292.
7   BGH 18.5.1989 – V ZB 4/89, NJW 1989, 2059.
8   LG Karlsruhe 28.6.2011 – 11 S 7/10, NZM 2011, 784.
9   BGH 22.6.2012 – V ZR 190/11, NZM 2012, 654.
10   Jennißen/*Jennißen* WEG § 26 Rn. 4.
11   BGH 26.1.2006 – V ZB 132/05, ZWE 2006, 183.

Weder eine natürliche noch eine juristische Person kann **gezwungen** werden, das Amt des Verwalters zu über-   6
nehmen. Daher ist vorab zu klären werden, ob der ins Auge gefasste Verwalter auch bereit ist, das Amt zu
übernehmen.

III. Höchstpersönlichkeit

Das Verwalteramt ist wegen seiner besonderen Vertrauensstellung **höchstpersönlich**. Der Verwalter darf das   7
Amt selbst mit Zustimmung der Wohnungseigentümer **nicht auf Dritte übertragen**.[12] Er hat das ihm übertragene Amt grundsätzlich in eigener Person wahrzunehmen. Eine **Delegation** einzelner Pflichten und Befugnisse auf Erfüllungsgehilfen ist jedoch zulässig.[13]

Da das Verwalteramt höchstpersönlich zu erfüllen ist, erlischt es, wenn die natürliche Person **stirbt** bzw. die   8
Rechtsperson des Verwalters **verändert** oder **liquidiert** wird. Die **Verschmelzung** nach §§ 2 UmwG einer
juristischen Person mit einer anderen ist kein Fall der Höchstpersönlichkeit. Die Verwalterstellung bleibt sowohl unberührt, wenn der bisherige Verwalter bei einer Verschmelzung der aufnehmende Rechtsträger ist, als
auch umgekehrt. Der Verwaltervertrag geht gem. § 20 Abs. 1 Nr. 1 UmwG auf die übernehmende juristische
Person über. Das gilt auch für die Organstellung. Liegen in solchen Fällen besondere Gründe vor, die eine
Fortsetzung des Verwaltungsverhältnisses unzumutbar machen, haben die Wohnungseigentümer ein Abwahl-
recht, an dessen Ausübung keine besonders hohen Anforderungen zu stellen sind.[14]

Wird ein Teil einer juristischen Person dagegen abgespalten, §§ 123 ff. UmwG, wird der Erwerber des abge-   9
spaltenen Teils nicht Verwalter. Der **Abspaltung**svorgang hat auf die Verwalterstellung keinen Einfluss. Die
Gesamtrechtsnachfolgerin rückt weder in die Verwalterstellung ein, noch wird die Gemeinschaft der Wohnungseigentümer verwalterlos, da die Wohnungseigentümer ein schutzwürdiges Interesse daran haben, keinen
Verwalter „aufgedrängt" zu bekommen, den sie nicht selbst gewählt haben.[15] Gleiches gilt, wenn ein im Handelsregister eingetragener Einzelkaufmann sein Unternehmen oder Teile in eine Personenhandels-, Kapitalgesellschaft oder eingetragene Genossenschaft nach § § 152 ff. UmwG ausgegliedert.[16]

IV. Bestellung

Die Bestellung des Verwalters kann durch Vereinbarung bereits in der Gemeinschaftsordnung, durch Mehr-   10
heitsbeschluss in der Wohnungseigentümerversammlung, § 26 Abs. 1 WEG, und durch gerichtliche Bestellung, §§ 18 Abs. 2 Nr. 1, 44 Abs. 1 S. 2 WEG erfolgen. Die **Bestellung** des Verwalters als **innergemeinschaft-
lichen Organisationsakt** ist nach der herrschenden sog. **Trennungstheorie** vom Abschluss des Verwaltervertrags (→ *Verwaltervertrag* Rn. 1 ff.) zu trennen.[17] Die Bestellung begründet die Organstellung des Verwalters,
aus der die gesetzlichen Pflichten und Befugnisse ua nach §§ 24 Abs. 1, Abs. 4–8, 27 Abs. 1 und 2, und 28
Abs. 1 S. 2, Abs. 2 S. 2, Abs. 4 WEG, ergänzt ggf. durch Regelungen in der Gemeinschaftsordnung, folgen.

Der von der Bestellung unabhängige **Verwaltervertrag** begründet ein Geschäftsbesorgungsverhältnis zwi-   11
schen dem Verwalter und der Gemeinschaft der Wohnungseigentümer. In ihm sind die schuldrechtlichen Beziehungen zwischen Verwalter und der Gemeinschaft der Wohnungseigentümer als den beiden Vertragspartei-
en[18] geregelt. Sowohl die Bestellung als auch der Verwaltervertrag müssen vom Verwalter angenommen werden, denn niemand muss sich gegen seinen Willen ein Amt aufdrängen lassen oder einen Vertrag abschließen.

1. Bestellung in der Gemeinschaftsordnung. Die Bestellung eines Verwalters bereits in der Gemeinschafts-   12
ordnung erfolgt regelmäßig durch den **Bauträger** als aufteilendem Eigentümer. Meist werden Verwalter eingesetzt, die dem Bauträger nahestehen. Trotz möglicher **Interessenskollisionen** war dieses Vorgehen nach altem Recht grundsätzlich zulässig.[19] AA nach fehlte dem Miteigentümer des Grundstücks bzw. dem teilenden
Eigentümer die Regelungskompetenz, da die Verwalterbestellung nicht als Gegenstand einer Vereinbarung der

---

12 BGH 21.2.2014 – V ZR 164/13, ZWE 2014, 216.
13 OLG München 7.6.2005 – 32 Wx 32/05, NJW-RR 2005, 964.
14 BGH 21.2.2014 – V ZR 164/13, ZWE 2014, 216.
15 OLG München 31.1.2014 – 34 Wx 469/13, NZM 2014, 757; aA *Serr* ZWE 2016, 307, (310).
16 BayObLG 6.2.2002 – 2Z BR 161/01, NZM 2002, 346 (348); aA *Rapp* ZfIR 2001, 754.
17 BGH 20.6.2002 – V ZB 39/01, ZMR 2002, 766.
18 BGH 17.11.2011 – V ZB 134/11, ZMR 2012, 461.
19 BGH 20.6.2002 – V ZB 39/01, NJW 2002, 3240.

Wohnungseigentümer untereinander, sondern einer Beschlussfassung nach 26 Abs. 1 WEG anzusehen sei.[20]Da nicht nur bei der Aufteilung nach § 3 WEG, sondern auch bei einer Aufteilung nach § 8 WEG die Gemeinschaft der Wohnungseigentümer bereits durch Anlegung der Wohnungsgrundbücher entsteht, § 9 a Abs. 1 S. 2 WEG, und hierin die gesetzliche Kodifizierung einer Ein-Personen-Gesellschaft liegt, hat der teilende Eigentümer nach neuem Recht von Gesetzes wegen bereits die Möglichkeit, für später eintretende Wohnungseigentümer nachteilige Beschlüsse zu fassen und im Außenverhältnis Verträge abzuschließen.[21] Dies spricht dafür, ihm die Regelungskompetenz für eine Verwalterbestellung in der Gemeinschaftsordnung zu versagen.

13 Bei der Verwalterbestellung in der Gemeinschaftsordnung handelt es sich um eine **Vereinbarung in Beschlussangelegenheiten**. Diese kann deshalb durch Mehrheitsbeschluss **geändert** werden, so dass der dort eingesetzte Verwalter vorzeitig abberufen werden kann.[22]

14 **2. Bestellung durch Mehrheitsbeschluss.** In den weitaus häufigsten Fällen erfolgt die Bestellung des Verwalters durch Beschluss, für den grundsätzlich die **einfache Mehrheit** ausreicht, § 26 Abs. 1 WEG. Eine Verschärfung der erforderlichen Mehrheit wäre unzulässig und eine entsprechende Regelung wegen § 26 Abs. 5 WEG nichtig.[23] Den Wohnungseigentümern steht bei ihrer Entscheidung ein weitgehend der gerichtlichen Beurteilung entzogener Ermessensspielraum zu, der nur überschritten ist, wenn es objektiv schlichtweg unvertretbar ist, einen Verwalter ungeachtet der gegen ihn sprechenden Umstände zu bestellen.[24]

15 Bei der **Neuwahl** bzw. bei einem **Verwalterwechsel**, nicht aber bei der bloßen **Wiederwahl**, sollen mindestens drei Kandidaten zur Auswahl stehen.[25] Das verringert die Gefahr der Polarisierung. Kandidatenvorschläge sind von Seiten der Wohnungseigentümer zu machen. Dies ist nicht Aufgabe des amtierenden Verwalters. Der amtierende Verwalter hat jedoch die Einladung zur Eigentümerversammlung vorzunehmen und die Versammlung zu leiten. Die Versammlungsleitung kann durch Geschäftsordnungsbeschluss aber einem Wohnungseigentümer übertragen werden. Bei der Neubestellung eines Verwalters ist es regelmäßig geboten, den Wohnungseigentümern die Bewerberangebote oder wenigstens deren Eckdaten innerhalb der Einladungsfrist des § 24 Abs. 4 S. 2 WEG zukommen zu lassen.[26]

16 Die Bestellung des Verwalters durch eine Delegation von Wohnungseigentümern, zB dem Verwaltungsbeirat, wäre anfechtbar (→ *Verwaltervertrag* Rn. 15 ff.).[27] Der **Verwaltungsbeirat** kann aber aus vorliegenden Angeboten eine Auswahl treffen, die dann zur Beschlussfassung kommt, so lange keine Ausgrenzung von Kandidaten erfolgt.[28]

17 Die **wiederholte Bestellung** desselben Verwalters ist zulässig. Dies erfolgt ebenfalls durch Mehrheitsbeschluss, der frühestens ein Jahr vor Ablauf der Bestellungszeit gefasst werden kann, § 26 Abs. 2 S. 2 WEG. Wenn die Wohnungseigentümer keine Kandidaten benannt haben und deshalb nur der bisherige Verwalter zur Wahl steht, führt dies nicht zur Anfechtbarkeit des Beschlusses.[29] Es ist nicht Aufgabe des Verwalters, Kandidaten zu benennen (→ Rn. 15).

18 Die Bestellung des Verwalters entspricht grundsätzlich nur dann ordnungsmäßiger Verwaltung, wenn mit der Beschlussfassung über die Bestellung zusätzlich die wichtigsten **Eckpunkte** (Beginn, Laufzeit und Vergütung) in wesentlichen Umrissen geregelt werden.[30]

19 Die **Abstimmung** kann gleichzeitig für zwei oder mehr Kandidaten erfolgen. Die Entscheidung über die Verfahrensweise bei der Abstimmung obliegt, sofern durch die Gemeinschaftsordnung oder durch einfachen Ge-

---

20 *Ott* ZWE 2016, 159 (160).
21 *Becker/Schneider* ZfIR 2020, 281, (292 f.); zu den Risiken dieser Beschlusskompetenz auch *Hinz* ZMR 2020, 264, (266 f.).
22 *Greiner* WohnungseigentumsR § 10 Rn. 58.
23 Palandt/*Wicke* WEG § 26 Rn. 4 b.
24 BGH 10.2.2012 – V ZR 105/11, NJW 2012, 1884.
25 BGH 1.4.2011 – V ZR 96/10, NZM 2011, 515.
26 BGH 21.1.2020 – V ZR 110/19, MDR 2020, 914.
27 BGH 27.2.2015 – V ZR 114/14, ZWE 2015, 215.
28 OLG Düsseldorf 14.9.2001 – 3 Wx 202/01, NJW-RR 2002, 661.
29 BGH 1.4.2011 – V ZR 96/10, NZM 2011, 515.
30 BGH 27.2.2015 – V ZR 114/14, NZM 2015, 348.

schäftsordnungsbeschluss keine Festlegung erfolgt ist, dem Versammlungsleiter.[31] Für die Abstimmung gilt das gesetzliche oder in der Gemeinschaftsordnung vorgesehene Stimmkraftprinzip.[32] Besonderheiten zur Abstimmung, dass diese zB geheim oder schriftlich erfolgen muss, sind gesetzlich nicht vorgesehen. Beides kann aber sinnvoll sein und darf deshalb in der Gemeinschaftsordnung oder durch Geschäftsordnungsbeschluss geregelt werden.

Bei einer Abstimmung über zwei Kandidaten ist derjenige Sieger, auf den mehr Stimmen entfallen. Stehen **mehr als zwei Kandidaten** zur Verfügung, ist die relative Mehrheit für einen Bewerber ist nicht ausreichend.[33] Es muss über jeden Kandidaten abgestimmt werden, sofern nicht ein Bewerber die absolute Mehrheit erreicht und die Wohnungseigentümer nur eine Ja-Stimme abgeben können. Liegt diese Ausnahme nicht vor, muss die **Abstimmung über alle Bewerber** erfolgen und darf nicht abgebrochen werden, weil sonst nicht festgestellt werden kann, ob bzw. für welchen Bewerber die erforderliche Mehrheit erreicht ist. Die Abstimmung über jeden einzelnen Bewerber ist nur ein Teilakt eines als eine Einheit zu betrachtenden Verfahrens. In aller Regel kann erst nach Durchführung aller Wahlgänge festgestellt werden, ob ein und welcher der Bewerber die erforderliche Mehrheit erhalten hat.[34]

Ein Wohnungseigentümer, der sich als Verwalter zur Wahl gestellt hat, ist nicht von seinem Stimmrecht ausgeschlossen, wenn über Bestellung und Verwaltervertrag in einem Beschluss entschieden wird, da § 25 Abs. 4 WEG nur in mitgliedschaftlichen Angelegenheiten gilt, worunter die Verwalterwahl regelmäßig nicht fällt.[35] Nichts anderes kann aber gelten, wenn nur über den Verwaltervertragsabschluss entschieden wird.[36]

3. Gerichtliche Bestellung. Bereits mit der Novellierung des Wohnungseigentumsgesetzes im Jahre 2007 ist die Bestellung eines „Notverwalters" weggefallen. Gleichwohl hat jeder Wohnungseigentümer einen gerichtlich durchsetzbaren Anspruch auf Bestellung eines Verwalters.[37] Die Bestellung des Verwalters durch das Gericht kann eine Vielzahl von Gründen haben. Beispielsweise kann der Verwalter sein Amt niedergelegt und es dabei versäumt haben, einen Nachfolger wählen zu lassen; die Gemeinschaft hat dem bisherigen Verwalter gekündigt und ebenfalls versäumt, einen neuen Verwalter zu wählen; der Verwalter selbst hat versäumt, vor Ablauf seiner Amtszeit über seine Wiederwahl beschließen zu lassen; es wurde von Beginn an kein Verwalter bestellt.

Die gerichtliche Bestellung eines Verwalters als **Maßnahme ordnungsmäßiger Verwaltung** gem. § 18 Abs. 2 Nr. 1 iVm § 44 Abs. 1 S. 2 WEG kann durch eine Beschlussersetzungsklage erreicht werden. Dabei muss weder ein dringender Fall noch eine Notlage bestehen. Ausreichend ist, dass ein Verwalter nicht bestellt ist und die Bestellung durch die Gemeinschaft der Wohnungseigentümer nicht möglich war. Eine **Vorbefassung** ist also stets erforderlich, es sei denn, dass die Aussichtslosigkeit dieser Maßnahme von vornherein erkennbar ist.[38]

Das Gericht ersetzt durch seine Entscheidung die Beschlussfassung. Es hat dabei ein weites **Ermessen**. Um jedoch überhaupt zu einer Entscheidung kommen zu können, benötigt das Gericht eine Entscheidungsgrundlage. Es wird deshalb gefordert, dass der Kläger dem Gericht Vorschläge für geeignete Kandidaten machen soll. Da regelmäßig aber kein Anspruch auf die Bestellung eines bestimmten Verwalters besteht, sind Vorschläge für mehrere Kandidaten zu unterbreiten.[39] Sinnvollerweise erfolgt das durch Beifügung von konkreten, auf das Objekt bezogene Angebote der Verwalterkandidaten zur Klage. Zudem sollte vorab sichergestellt werden, dass die vorgeschlagenen Kandidaten auch bereit sind, das Amt tatsächlich zu übernehmen. Das Gericht ersetzt zwar den Beschluss der Gemeinschaft der Wohnungseigentümer. Nimmt der Verwalter aber diese Entscheidung nicht an, ist dies nutzlos. Dass das Gericht auch befugt ist, zwischen der Gemeinschaft der Wohnungsei-

20

21

22

23

24

---

31 BGH 18.1.2019 – V ZR 324/17, NZM 2019, 639.
32 BGH 8.10.2011 – V ZR 253/10, NJW 2012, 921.
33 BayObLG 13.3.2003 – 2Z BR 85/02, NZM 2003, 444.
34 BGH 18.1.2019 – V ZR 324/17, NZM 2019, 639.
35 BGH 19.9.2002 – V ZB 30/02, NJW 2002, 3704.
36 Jennißen/*Jennißen* WEG § 26 Rn. 88 f.; aA OLG Hamm 20.7.2006 – 15 W 142/05, ZMR 2007, 63.
37 BGH 10.6.2011 – V ZR 146/10, NJW 2011, 3025.
38 OLG Hamburg 26.1.2004 – 2 Wx 107/01, ZMR 2004, 367.
39 LG Frankfurt a.M. 24.9.2008 – 2–13 S 32/08.

gentümer und dem zu bestellenden Verwalter nach eigenem Ermessen zusätzlich einen Verwaltervertrag zu schließen, wird bejaht.[40]

25 In **dringenden Fällen** ist eine gerichtliche Bestellung des Verwalters auch mittels **einstweiliger Verfügung** möglich. Neben dem Verfügungsanspruch aus § 21 Abs. 4 WEG muss ein Verfügungsgrund, also die sogenannte **Eilbedürftigkeit** gegeben sein. Diese ist gegeben, wenn der Ausgang des Klageverfahrens nicht abgewartet werden kann, weil die Verwaltung nicht gesichert ist. Das ist insbesondere bei größeren Verbänden Wohnungseigentümergemeinschaft aufgrund der zahlreichen Aufgaben und Befugnisse des Verwalters der Fall, kann aber auch bei kleineren Gemeinschaften vorliegen, wenn konkrete Verwaltungsmaßnahmen (zB der Abschluss eines Wirtschaftsplans, weil der bisherige ausgelaufen ist) anstehen, die wegen eines fehlenden Verwalters nicht durchgeführt werden können. Die Gründe für eine Eilbedürftigkeit sollten ausführlich dargelegt und glaubhaft gemacht werden.

V. Laufzeit der Bestellung

26 **1. Beginn.** Mangels anderweitiger eindeutiger Regelung in der Gemeinschaftsordnung beginnt die Amtszeit in dem Zeitpunkt, in dem der Verwalter seine Tätigkeit aufnimmt. Das ist frühestens bei Entstehung der Gemeinschaft der Wohnungseigentümer nach § 9 a Abs. 1 S. 2 WEG der Fall. Im Übrigen beginnt die Amtszeit entsprechend der Regelung im Beschluss über die Verwalterwahl bzw., wenn eine solche Regelung fehlt, mit Annahme der Bestellung durch den Verwalter.

27 **2. Dauer.** Die Dauer der Bestellungszeit darf bei einer Erstverwalterbestellung **3 Jahre**, im Übrigen **5 Jahre** nicht überschreiten, § 26 Abs. 2 S. 1 WEG. Kürzere Bestellzeiten sind zulässig, längere nicht, da diese Vorschrift unabdingbar ist, § 26 Abs. 5 WEG. Wird der Verwalter bereits in der **Gemeinschaftsordnung** bestellt, handelt es sich um eine **Erstbestellung**, so dass die Bestellung auf höchstens 3 Jahre vorgenommen werden darf, § 26 Abs. 1 S. 2 WEG. Eine darüberhinausgehende Bestellung ist unwirksam. Die Bestellung endet automatisch mit Ablauf der Dreijahresfrist.[41]

28 Nach der von der herrschenden Meinung angewandten Trennungstheorie ist zwischen dem **organschaftlichen Bestellungsverhältnis** und dem **schuldrechtlichen Anstellungsverhältnis**, dem Verwaltervertrag (→ *Verwaltervertrag* Rn. 1) zu unterscheiden.[42] Im Hinblick auf die Dauer der Bestellung sollte auf einen Gleichlauf zwischen der Amtszeit bei der Verwalterbestellung und der im Verwaltervertrag geregelten geachtet werden. Das ist in der Praxis nicht immer der Fall. ZB kann der Verwaltervertrag zusätzlich zur mit der Bestellzeit korrespondierenden Laufzeit eine **Verlängerungsklausel** enthalten, nach der sich das Vertragsverhältnis nach Ablauf von 3 Jahren beispielsweise jeweils um ein Jahr fortsetzt. Liegt eine Erstverwalterbestellung vor, endet der Vertrag trotz dieser Verlängerungsklausel nach 3 Jahren, da andernfalls ein Verstoß gegen § 26 Abs. 2 S. 1 WEG vorliegt. Handelt es sich um eine Wiederwahl, ist die Fortsetzung nur bis zur zulässigen Höchstdauer von 5 Jahren nach § 26 Abs. 2 S. 1 WEG möglich. Eine Verwalterbestellung, die über die Höchstdauer hinausgeht, ist nur hinsichtlich des übersteigenden Teils gem. § 134 BGB nichtig, im Übrigen aber gültig, da anzunehmen ist, dass der Verwalter wenigstens für den gesetzlich zulässigen Zeitraum bestellt werden sollte.[43]

29 **3. Ende.** Das Ende der Verwalterbestellung erfolgt durch Ablauf der Bestellzeit, durch einen Abberufungsbeschluss oder durch eine gerichtliche Entscheidung. Auch der Verwalter kann die Verwalterbestellung beenden, indem er sein Amt niederlegt. Aufgrund der Höchstpersönlichkeit des Amtes endet die Bestellung mit dem Tod bei natürlichen Personen bzw. Liquidation bei juristischen Personen als Verwalter.

30 **a) Laufzeit.** In der Regel ist im Bestellungsbeschluss auch die **Laufzeit** der Bestellung mitgeregelt, dann endet die Bestellung automatisch mit dem dort angegebenen Datum. Ist dies ausnahmsweise nicht erfolgt, regelt das Gesetz die Höchstlaufzeit des Verwalteramtes in § 26 Abs. 2 S. 1 WEG. Nach Ablauf dieser Zeiträume endet die Bestellzeit automatisch, wenn nicht zuvor eine Verlängerung oder Neuwahl beschlossen wurde. Das gilt auch in den Fällen, in denen ein Verwaltervertrag eine Fortsetzungsklausel enthält, denn § 26 Abs. 2 S. 1 WEG ist bindend, § 26 Abs. 5 WEG.[44]

---

40 BGH 11.5.2017 – V ZB 52/15, NJW 2017, 2766; aA *Hügel/Elzer* WEG § 26 Rn. 119.
41 OLG München 8.3.2007 – 34 Wx 2/07, NZM 2007, 647.
42 BGH 20.6.2002 – V ZB 39/01, NJW 2002, 3240.
43 OLG München 8.3.2007 – 34 Wx 2/07, NZM 2007, 647.
44 Palandt/*Wicke* WEG § 26 Rn. 4.

b) Beschluss. Die Gemeinschaft der Wohnungseigentümer kann jederzeit, also auch vor Ablauf eines be- 31
schlossenen Bestellzeitraums die **Abberufung** des Verwalters beschließen, § 26 Abs. 3 S. 1 WEG. Bei einem
unbefristeten Bestellzeitraum kann dies ohne wichtigen Grund erfolgen. Aber auch bei einer, in der Praxis
regelmäßig vorkommenden, **befristeten** Laufzeit kann der Verwalter nunmehr ohne wichtigen Grund abberufen werden. Die Regelung, die die Abberufung in diesem Fall nur bei Vorliegen eines wichtigen Grundes[45]
vorsah, § 26 Abs. 1 S. 3 WEG aF, ist ersatzlos weggefallen. Ein berechtigtes Interesse, die Abberufung des
Verwalters zu beschränken, ist nicht ersichtlich. Die Wohnungseigentümer sollen vielmehr den Verwalter jederzeit absetzen können.[46]

Sofern in der Gemeinschaftsordnung eine Vereinbarung dahingehend existiert, dass eine Abberufung nur aus 32
wichtigem Grund möglich ist, ist diese Regelung nach § 47 WEG nicht mehr anwendbar. Neue Vereinbarungen wären nach § 26 Abs. 5 WEG, § 134 BGB nichtig. Hatten die Wohnungseigentümer in der Vergangenheit
beschlossen, dass die Abberufung aus wichtigem Grund möglich sein soll, ist dieser Beschluss nicht länger
anwendbar. Für neue Beschlüsse besteht nach 26 Abs. 5 WEG keine Beschlusskompetenz mehr, sodass diese
nichtig wären.

Der **Abberufungsbeschluss** kann von jedem Wohnungseigentümer angefochten werden. Der BGH hielt in 33
analoger Anwendung des § 43 Nr. 4 WEG aF auch den Verwalter für anfechtungsbefugt.[47] Da § 43 Abs. 2
Nr. 4 WEG inhaltlich dem § 43 Nr. 4 WEG aF entspricht, könnte diese Rechtsprechung Bestand haben. Dagegen spricht jedoch, dass Beschlussklagen nur von einem Wohnungseigentümer erhoben werden können, § 44
Abs. 1 S. 1 WEG, und auch die Regelung in § 46 Abs. 1 S. 1 WEG aF, die ausdrücklich von der Klage des
Verwalters sprach, wurde ersatzlos gestrichen. Da der Abberufungsbeschluss solange wirksam ist, wie er
nicht rechtskräftig für ungültig erklärt wird, § 23 Abs. 4 S. 2 WEG, muss bei einer beschlossenen Abberufung
des Verwalters dieser sein Amt zurückgeben, selbst wenn der Abberufungsbeschluss angefochten wurde. Die
Anfechtung hat keine aufschiebende Wirkung. Wird der Abberufungsbeschluss im Nachhinein durch das Gericht für ungültig erklärt, erhält er sein Amt wieder und ihm steht, auch für die Vergangenheit, die vereinbarte
Vergütung, unter Anrechnung desjenigen, an das er infolge des Unterbleibens seiner Tätigkeit erspart hat, zu.[48]
Die Bestellung des auf den abberufenen Verwalter nachfolgenden Verwalters endet in diesen Fällen automatisch mit Rechtskraft der gerichtlichen Entscheidung, die den abberufenen Verwalter in seinem Amt bestätigt.[49]

c) Gerichtliche Entscheidung. Ebenso wie der Verwalter durch gerichtliche Entscheidung eingesetzt werden 34
kann, kann er durch eine solche auch sein Amtes verlieren. Das ist insbesondere dann der Fall, wenn ein Bestellungsbeschluss erfolgreich angefochten wurde. Er ist dann ex tunc, also von Beginn an, ungültig.[50] Maßnahmen des Verwalters betreffend die nach innen gerichtete Geschäftsführung als auch die nach außen gerichtete Vertretungsmacht sind jedoch bis zur Rechtskraft der gerichtlichen Entscheidung als wirksam anzusehen.[51]

d) Niederlegung. Der Verwalter ist berechtigt, sein Amt zu beenden und es auch bei befristeter Laufzeit vor- 35
zeitig niederzulegen. Dies gilt selbst dann, wenn ein wichtiger Grund für die Amtsniederlegung nicht gegeben
sein sollte. Ein Verwalter kann nämlich nicht gezwungen werden, sein Amt auszuüben. Liegen allerdings
wichtige Gründe für die Niederlegung nicht vor und erfolgt diese zur **Unzeit**, kann der Verwalter Schadensersatzansprüchen der Gemeinschaft der Wohnungseigentümer unter den Voraussetzungen des §§ 241 Abs. 1, 280
Abs. 1 S. 1 BGB ausgesetzt sein.[52]

---

45 BGH 10.2.2012 – V ZR 105/11, NZM 2012, 347.
46 BT-Drs. 19/18791, 72.
47 BGH 20.6.2002 – V ZB 39/01, NJW 2002, 3240.
48 OLG Hamm 21.8.1996 – 15 W 174/96, NJWE-MietR 1997, 65.
49 OLG Zweibrücken 16.12.2002 – 3 W 202/02, NJOZ 2003, 739.
50 BGH 5.7.2019 – V ZR 278/17, NJW 2020, 988.
51 BGH 21.6.2007 – V ZB 20/07, NJW 2007, 2776; BGH 5.7.2019 – V ZR 278/17, NJW 2020, 988.
52 Palandt/*Wicke* WEG § 26 Rn. 16.

VI. Rechtsstellung, Aufgaben und Befugnisse

36 **1. Rechtsstellung.** Nach dem gesetzlichen Leitbild wird die Gemeinschaft der Wohnungseigentümer zwar vom Verwalter vertreten, § 9 b Abs. 1 S. 1 WEG. Der Verwalter ist allerdings regelmäßig lediglich ausführendes **Organ**, denn der Gemeinschaft der Wohnungseigentümer obliegt die Verwaltung des gemeinschaftlichen Eigentums, § 18 Abs. 1 WEG und sie entscheidet hierüber durch Beschluss, 19 Abs. 1 WEG. Diese Beschlüsse hat der Verwalter sodann auszuführen. Dies war in § 27 Abs. 1 Nr. 1 WEG aF ausdrücklich geregelt, gilt aber trotz der Streichung des Aufgabenkatalogs der §§ 27 Abs. 1–3 WEG aF auch weiterhin und folgt nunmehr aus § 27 Abs. 1 WEG.[53] Der Verwalter kann unter bestimmten Voraussetzungen, vgl. § 27 Abs. 1 WEG, jedoch auch ohne Ermächtigung durch die Gemeinschaft der Wohnungseigentümer für diese handeln.

37 **2. Gesetzliche Aufgaben und Befugnisse.** Der Verwalter hat in erster Linie dafür Sorge zu tragen, dass er die Wohnungseigentümer über erforderliche Verwaltungsmaßnahmen informiert und eine sachgerechte Beschlussfassung durch seine Vorbereitung erfolgen kann. Dabei ist er gem. § 27 Abs. 1 WEG nunmehr berechtigt und verpflichtet, die **Maßnahmen ordnungsmäßiger Verwaltung** zu treffen, die untergeordnete Bedeutung haben und nicht zu erheblichen Verpflichtungen führen oder zur Wahrung einer Frist oder zur Abwendung eines Nachteils erforderlich sind. Bei über die in § 27 Abs. 1 WEG geregelten Befugnisse hinaus bedarf der Verwalter grundsätzlich einer besonderen Ermächtigung durch Vereinbarung oder Beschluss, § 27 Abs. 2 WEG.

38 **a) § 27 WEG.** Bei den gesetzlich eingeräumten Aufgaben und Befugnissen ist § 27 WEG von zentraler Bedeutung. Weitere Aufgaben und Befugnisse ergeben sich aus §§ 24 Abs. 1, Abs. 4–8 und 28 Abs. 1 S. 2, Abs. 2 S. 2, Abs. 4, 44 Abs. 2 S. 2 WEG.

39 Die in § 27 Abs. 1–3 WEG aF dargestellten Aufgaben und Befugnisse waren als Mindestkatalog zu verstehen, der insbesondere dann Bedeutung erlangte, wenn ein Verwaltervertrag nicht geschlossen wurde oder eine entsprechende Regelung dort nicht vorgesehen war. Der geltende § 27 WEG streicht den Mindestkatalog der Verwalteraufgaben ersatzlos. Nunmehr ist der Verwalter gegenüber der Gemeinschaft der Wohnungseigentümer berechtigt und verpflichtet, die Maßnahmen ordnungsmäßiger Verwaltung zu treffen, über die eine Beschlussfassung nicht geboten ist, weil es um Maßnahmen geht, die von untergeordneter Bedeutung sind und die nicht zu erheblichen Verpflichtungen führen, § 27 Abs. 1 Nr. 1 WEG, oder die zur Wahrung einer Frist oder zur Abwendung eines Nachteils erforderlich sind, § 27 Abs. 1 Nr. 2 WEG. Die Wohnungseigentümer haben allerdings die Möglichkeit, hierauf durch Beschlussfassung einschränkend oder erweiternd einzuwirken, § 27 Abs. 2 WEG. Die **Aufgaben** des Verwalters sollen sich gegenüber dem alten Recht gleich wohl nicht ändern.[54] In der Regel sind jedenfalls diejenigen Maßnahmen, deren Erledigung der § 27 Abs. 1 Nr. 2, 4, 5 und 6 WEG aF dem Verwalter zuweist, von § 27 Abs. 1 Nr. 1 WEG erfasst.[55]

40 Im deutschen Recht ist beim Handeln eines Organs für seinen Verband zwischen dem **Innenverhältnis** und dem **Außenverhältnis** zu unterscheiden. Beim Innenverhältnis spricht man von **Geschäftsführung**, beim Außenverhältnis von **Vertretung**. Eine entsprechende Unterscheidung erfolgt auch im Verhältnis der Gemeinschaft der Wohnungseigentümer und dem Verwalter. Das Innenverhältnis betrifft die Rechte und Pflichten des Verwalters im Verhältnis zur auftraggebenden Wohnungseigentümergemeinschaft. Das Außenverhältnis betrifft die Rechte und Pflichten des Verwalters gegenüber Dritten, also gegenüber Vertragspartnern des Verbands Wohnungseigentümergemeinschaft.

41 § 27 WEG regelt im Gegensatz zur alten Rechtslage nur noch das Innenverhältnis zur Gemeinschaft der Wohnungseigentümer, also die **Geschäftsführung**. Die nach § 27 WEG geregelten Rechte und Pflichten bestehen allein gegenüber der Gemeinschaft der Wohnungseigentümer. Rechte und Pflichten unmittelbar gegenüber den Wohnungseigentümern bestehen nun nicht mehr, da die Verwaltung des gemeinschaftlichen Eigentums nach § 18 Abs. 1 der Gemeinschaft der Wohnungseigentümer und nicht mehr den Wohnungseigentümern obliegt.[56] § 27 WEG regelt nicht die sich aus dem Verwaltervertrag ergebenden Rechtsbeziehungen. Die Vorschrift steht deshalb auch der Einordnung des Verwaltervertrags als Vertrag mit Schutzwirkung zugunsten der Wohnungs-

---

53 BT-Drs. 19/22634, 47.
54 BT-Drs. 19/22634, 47.
55 BT-Drs. 19/18971, 73.
56 *Becker/Schneider* ZfIR 2020, 281, 302.

eigentümer nicht entgegen.[57] Liegen die Voraussetzungen dieses Rechtsinstituts vor, kann ein geschädigter Wohnungseigentümer deshalb vertraglichen Schadensersatz vom Verwalter verlangen.[58]

aa) § 27 Abs. 1 WEG. § 27 Abs. 1 WEG regelt die Rechte und Pflichten des Verwalters gegenüber der Ge-   42
meinschaft der Wohnungseigentümer. Nach altem Recht hatte der Verwalter im Innenverhältnis nur eng begrenzte Entscheidungsbefugnisse. Die Versammlung der Wohnungseigentümer musste demnach mit nahezu
jeder Einzelentscheidung befasst werden. Das soll § 27 Abs. 1 WEG in bestimmten Umfang ändern.

(1) § 27 Abs. 1 Nr. 1 WEG. Nach dieser Vorschrift ist der Verwalter berechtigt und verpflichtet, **ohne Be-**   43
schluss der Wohnungseigentümer Maßnahmen ordnungsmäßiger Verwaltung zu treffen, wenn diese von bloß
untergeordneter Bedeutung sind und nicht zu erheblichen Verpflichtungen führen. Auf eine Einzelfallbetrachtung wurde zugunsten einer generalisierenden Einordnung in die Kategorien „untergeordnete Bedeutung" mit
„nicht erheblichen Verpflichtungen" verzichtet. Maßgeblich dafür, ob eine Verpflichtung erheblich ist, ist nicht
die absolute Höhe der finanziellen Verpflichtung, sondern ob der Teil der Verpflichtung, für den der einzelne
Wohnungseigentümer nach § 9 a Abs. 4 WEG einstehen muss, so bedeutsam ist, dass eine vorherige Beschlussfassung geboten ist. Auf eine Einzelfallbetrachtung kommt es wiederum nicht an, wenn die Wohnungseigentümer von der Möglichkeit Gebrauch gemacht haben, die Rechte und Pflichten des Verwalters nach § 27
Abs. 2 WEG durch Beschluss zu regeln. § 27 Abs. 1 Nr. 1 WEG gilt nämlich stets nur vorbehaltlich eines Beschlusses nach § 27 Abs. 2 WEG.[59] Es bleibt also nach wie vor die Möglichkeit, die Aufgaben und Befugnisse,
die der Verwalter ohne Beschlussfassung erledigen können soll, durch Beschluss festzulegen. Es können **Maß-**
nahmenkataloge aufgestellt und **Wertgrenzen** gebildet werden. Auch kann das Handeln des Verwalters von
der **Zustimmung** eines Wohnungseigentümers, dem Verwaltungsbeirat oder einem Dritten abhängig gemacht
werden. Dies geschieht üblicherweise durch entsprechende Regelung im Verwaltervertrag.[60]

(a) Beschlussdurchführung. Der Verwalter hat nach § 27 Abs. 1 WEG die Beschlüsse der Wohnungseigentü-   44
mer durchzuführen.[61] Beschlüsse sind **unverzüglich** auszuführen[62] – und zwar auch, wenn der Verwalter den
Beschluss für unzweckmäßig oder rechtswidrig hält oder der Beschluss angefochten wurde. Zu den Rechten
und Pflichten des Verwalters gehört, mehrheitlich gefasste Beschlüsse grundsätzlich auch gegen den erklärten
Willen einer Minderheit umzusetzen.[63] Das **Vollziehungsinteresse der Gemeinschaft** hat grundsätzlich höheres Gewicht als das Aussetzungsinteresse eines anfechtenden Wohnungseigentümers. Die Beschlussklage hat
im Übrigen **keine aufschiebende Wirkung**, denn Beschlüsse sind solange gültig, solange sie nicht rechtskräftig für ungültig erklärt wurden, § 23 Abs. 4 S. 2 WEG. Damit sind sie also auch auszuführen. Nur **nichtige**
Beschlüsse wären nicht auszuführen. Will ein anfechtender Wohnungseigentümer den Vollzug des Beschlusses unterbinden, kann er dies im Wege des einstweiligen Rechtsschutzes erreichen. Sofern dem Verwalter vor
der Beschlussfassung bereits klar ist, dass der Beschluss unter Umständen angefochten wird, kann mit beschlossen werden, dass der Beschluss erst nach Abschluss eines etwaigen Anfechtungsverfahrens ausgeführt
wird.[64]

(b) Durchführung der Hausordnung. Aufgabe des Verwalters nach § 27 Abs. 1 Nr. 1 WEG ist, dass dieser   45
für die Durchführung der Hausordnung sorgt. Das Aufstellen der Hausordnung an sich ist Sache der Gemeinschaft der Wohnungseigentümer. Dies kann durch Vereinbarung bereits in der Gemeinschaftsordnung als auch
später durch Beschlussfassung geschehen. Der Verwalter hat im Außenverhältnis jedoch keine Befugnisse, die
Hausordnung durchzusetzen. Ohne ausdrückliche Ermächtigung kann er zB keine gerichtlichen Schritte gegen
einen Miteigentümer einleiten, der gegen die Hausordnung verstößt. Damit hat der Verwalter lediglich das
Recht und die Pflicht, durch **tatsächliche Maßnahmen** Störungen entgegenzuwirken, also zB Abmahnungen
auszusprechen, Reinigungs- bzw. Nutzungspläne zu erstellen oder Maßnahmen durch Information der Eigentümer über einen Verstoß bzw. Aufnahme eines bestimmten Punktes zur Tagesordnung der nächsten Eigentümerversammlung vorzubereiten.

---

57 BGH 8.2.2019 – V ZR 153/18, NJW 2019, 3446.
58 BT-Drs. 19/22634, 47.
59 BT-Drs. 19/22634, 47.
60 BT-Drs. 19/22634, 47.
61 BT-Drs. 19/22634, 47.
62 Palandt/*Wicke* WEG § 27 Rn. 5.
63 BGH 5.7.2013 – V ZR 241/12, NJW 2013, 3097.
64 *Häublein* ZWE 2020, 311 (312).

46 **(c) Erhaltungsmaßnahmen.** Aus § 27 Abs. 1 Nr. 1 WEG resultiert die Pflicht des Verwalters den baulichen Zustand des gemeinschaftlichen Eigentums durch Begehung festzustellen, anschließend die Wohnungseigentümer hierüber zu informieren und auf eine sachgerechte Beschlussfassung hinzuwirken. Ohne gesonderte Ermächtigung war der Verwalter bereits nach altem Recht zur **Durchführung laufender Instandsetzungsarbeiten** nach 27 Abs. 3 S. 1 Nr. 3 WEG aF ohne Ermächtigung der Wohnungseigentümer befugt. Hieran ändert sich durch § 27 Abs. 1 WEG nichts.[65] Ob der Verwalter die erforderliche Erhaltungsmaßnahme ohne Entscheidung der Wohnungseigentümer vornehmen kann oder ob zunächst ein Beschluss gefasst werden muss, bemisst sich nach den Umständen des Einzelfalls. Zu berücksichtigen sind hier die Größe der Anlage und der Umfang der Maßnahmen. Kleinere Erhaltungsmaßnahmen, wie das Auswechseln von Leuchtmitteln, die Instandsetzung eines Fensterglases oder die Entfernung von Graffiti sollen nach dem Willen des Gesetzgebers jedenfalls ohne gesonderte Beschlussfassung durch den Verwalter beauftragt werden dürfen.[66] Im Zweifel ist ein Beschluss zu fassen. Hat die Gemeinschaft der Wohnungseigentümer Dritte mit Erhaltungsmaßnahmen oder baulichen Veränderungen am gemeinschaftlichen Eigentum beauftragt, folgt die Pflicht des Verwalters diese Arbeiten „wie ein Bauherr" zu überwachen aus § 27 Abs. 1 Nr. 1 WEG, nicht aber eine echte Baubetreuung zu leisten.[67] Der Verwalter hat sorgfältig zu prüfen, ob die vertraglich geschuldeten Leistungen dem Umfang nach erbracht wurden und Abschlags- oder Schlusszahlungen gerechtfertigt sind. Erkennbare Mängel muss er berücksichtigen.[68] Rechnungen sind sachlich und rechnerisch zu prüfen und berechtigte Einwendungen sind zu erheben.[69] Zudem ist auf die vollständige Durchführung der beauftragten Erhaltungsarbeiten hinzuwirken.[70] Auf den Ablauf von Gewährleistungsansprüchen aufgrund von Verjährung hat der Verwalter hinzuweisen. Auch zur tatsächlichen und rechtlichen Abnahme ist der Verwalter nach § 27 Abs. 1 Nr. 1 WEG berechtigt.[71]

47 **(d) Vertragsabschlüsse.** Als Maßnahme ordnungsmäßiger Verwaltung mit untergeordneter Bedeutung, über die der Verwalter ohne Beschluss der Wohnungseigentümer entscheiden kann, fällt die Beauftragung **kostenpflichtiger Angebote**, wenn der Verwalter im Vorfeld von zu beschließenden Erhaltungsmaßnahmen Angebote einholen muss und die potentiellen Auftragnehmer nur bereit sind, Angebote gegen Entgelt abzugeben. Ebenfalls als Maßnahme von nur untergeordneter Bedeutung dürfte in der Regel der Abschluss eines Vertrages mit einem Sachverständigen anzusehen sein, der sich vor einer Beschlussfassung der Wohnungseigentümer zur Erhaltung ihrer Immobilie oder baulichen Veränderung zum baulichen Zustand des gemeinschaftlichen Eigentums äußern soll.[72] **Wartungsverträge** bezüglich der technischen Gebäudeausstattung, wie zB Brandmeldeanlage, Heizungsanlage, Messgeräte, Aufzug oder die Trinkwasserversorgung dürften in der Regel ebenfalls eine Maßnahme von nur untergeordneter Bedeutung, mit der keine erheblichen Verpflichtungen einhergehen, darstellen. Gleiches dürfte für den Abschluss von Wartungsverträgen für Wassermengenregler, Etagenheizungen und Gaseinzelfeuerstätten, Warmwassergeräten oder Dachrinnen gelten.

48 Der Abschluss von Hausmeisterverträgen bzw. von Verträgen mit Unternehmen zur Pflege der Außenanlagen können Maßnahmen von nur untergeordneter Bedeutung ohne erhebliche Verpflichtungen darstellen, wenn die Kosten nicht aus dem Rahmen fallen und die Vertragslaufzeiten nicht langfristig befristet sind. Ergibt die Einzelfallbetrachtung nicht eindeutig, dass sich aus dem Vertrag nur unerhebliche Pflichten ergeben, ist im Zweifel die Entscheidung der Wohnungseigentümer herbeizuführen. Wie bisher auch darf der Verwalter aber nicht umfassende Reparaturen am Gebäude, der Heizungsanlage oder den Außenanlagen ohne ermächtigenden Beschluss beauftragen. **Bauliche Veränderungen** kann der Verwalter ebenfalls nicht nach § 27 Abs. 1 Nr. 1 WEG eigenmächtig beauftragen, denn hierfür ist nach § 20 Abs. 1 WEG grundsätzlich die Entscheidung der Wohnungseigentümer erforderlich.

49 Unter § 27 Abs. 1 Nr. 1 WEG fällt jedenfalls im Einzelfall entsprechend § 27 Abs. 3 S. 1 Nr. 6, Abs. 2 Nr. 4 WEG aF in einem Rechtsstreit eine **Streitwertvereinbarung** zu treffen. Müsste der Verwalter hier zunächst

---

65 BT-Drs. 19/22634, 47.
66 BT-Drs. 19/22634, 47.
67 BGH 19.7.2019 – V ZR 75/18, DNotZ 2020,190; OLG Köln 19.3.2001 – 16 Wx 35/01, NZM 2001, 470.
68 BGH 19.7.2019 – V ZR 75/18, DNotZ 2020,190.
69 LG I München 31.3.2016 – 1 S 19002/11 WEG, ZWE 2016, 282.
70 BGH 19.7.2019 – V ZR 75/18, DNotZ 2020,190.
71 *Hügel/Elzer* WEG § 27 Rn. 117 aE.
72 Zum alten Recht *Jacoby* ZWE 2019, 20 (23); *Suilmann* ZWE 2017, 61 (65).

eine Entscheidung der Wohnungseigentümer herbeiführen, käme es zu Verzögerungen, und damit zu Nachteilen, die nach § 27 Abs. 1 Nr. 2 WEG vom Verwalter abgewendet werden sollen. Die Vertretungsmacht ist hier wie bisher begrenzt und besteht nur für die Vereinbarung eines Streitwerts bis zur **Obergrenze des § 49 a Abs. 1 S. 1 GKG**, also höchstens 50 % des Gesamtinteresses der Parteien und aller Beigeladenen an der Entscheidung.[73] Für jede andere Art der Gebührenvereinbarung, sei es eine Streitwertvereinbarung oder die Abrechnung nach Stundensätzen, benötigt der Verwalter eine Ermächtigung. Ebenso wenig darf er ohne Ermächtigung eine Haftungsbegrenzungsvereinbarung nach § 51 a BRAO mit dem Anwalt treffen.[74] Die Mehrkosten, die durch eine Streitwertvereinbarung entstehen, sind vom Verfahrensgegner **nicht zu erstatten**, selbst dann nicht, wenn dieser unterliegt und damit die Kosten des Rechtsstreits zu tragen hat. Die Mehrkosten fallen unter § 16 Abs. 2 WEG, sie sind **Kosten der Verwaltung** und damit anteilig von allen Wohnungseigentümern zu tragen.[75] Die durch die Vergütungsvereinbarung entstandenen Mehrkosten gegenüber der gesetzlichen Vergütung sind nicht im Kostenfestsetzungsverfahren nach § § 103 ff. ZPO anzumelden, da sie keine gesetzlichen Gebühren und Auslagen iSv § 91 Abs. 2 ZPO sind.

Auch der Abschluss von **Mietverträgen** für im Gemeinschaftseigentum stehende Flächen, zB Stellplätze oder Reklameflächen an der Fassade fällt unter die Regelung des §§ 27 Abs. 1 Nr. 1 WEG. Gleiches gilt für den Abschluss von Mietverträgen über Wärmemessgeräte, wenn nicht der Kauf wirtschaftlicher ist.[76] Der Verwalter ist nach § 27 Abs. 1 Nr. 1 WEG auch berechtigt, für die Gemeinschaft der Wohnungseigentümer einen Vertrag mit einer von der Gemeinschaft der Wohnungseigentümer bestimmten Bank zur **Eröffnung eines Kontos** zu schließen bzw. zu kündigen. Er ist außerdem berechtigt, Bankaufträge zB für Überweisungen zu erteilen. Das oder die Konten (→ *Konto* Rn. 1 ff.) der Gemeinschaft der Wohnungseigentümer sind auf deren Namen als offene Fremdgeldkonten zu führen.[77] Über Anlagenart und Kreditinstitut entscheiden die Wohnungseigentümer durch Beschluss, § 19 Abs. 1 WEG. Sofern insoweit eine Entscheidung fehlt, darf auch der Verwalter entscheiden.[78] Da § 9 b Abs. 1 S. 1 WEG nunmehr regelt, dass der Verwalter nicht zum Abschluss eines **Grundstückskaufs-** oder **Darlehensvertrags** vertretungsberechtigt ist, darf er dies auch nicht im Innenverhältnis zur Gemeinschaft der Wohnungseigentümer ohne entsprechende Ermächtigung. **50**

(e) Hausgeldinkasso. Der Verwalter ist nach § 27 Abs. 1 Nr. 1 WEG ermächtigt, **Lasten-** und **Kostenbeiträge**, Tilgungsbeträge und Hypothekenzinsen anzufordern, in Empfang zu nehmen und abzuführen. Dies bezieht sich zB auf das Anfordern von Hausgeldvorauszahlungen, Nachzahlungen aus Jahresabrechnungen bzw. Zahlungen auf Sonderumlagen. Nicht hierunter fallen Lasten, die nur auf einzelne Wohnungseigentümer entfallen, wie zB Grundsteuer. Die Beauftragung eines Rechtsanwalts zur außergerichtlichen Geltendmachung ist hiervon ebenfalls nicht umfasst.[79] Der Verwalter hat die Zahlung auf das Gemeinschaftskonto zu fordern. Deshalb befreit die Zahlung an den Verwalter den Schuldner nicht von seiner Zahlungspflicht, wenn der Verwalter das Geld anschließend pflichtwidrig nicht auf das Konto der Gemeinschaft der Wohnungseigentümer einzahlt.[80] **51**

Rechtliche Schritte wie die Einleitung eines gerichtlichen Mahnverfahrens oder einer Hausgeldklage auch unter Hinzuziehung eines Rechtsanwalts darf der Verwalter nach § 27 Abs. 1 Nr. 1 WEG vornehmen.[81] Hiervon umfasst wird dann auch die sich daran anschließenden üblichen Zwangsvollstreckungsmaßnahmen. Nicht hierunter fallen aber die Entziehungsklage (→ *Entziehungsklage* Rn 1 ff.) oder eine Versorgungssperre.[82] Der Verwalter ist berechtigt und verpflichtet die gem. § 10 Abs. 1 Nr. 2 ZVG bevorrechtigten Hausgeldbeiträge im Zwangsversteigerungsverfahren nach § 45 Abs. 3 ZVG anzumelden.[83] Er war bereits nach altem Recht und ist deshalb auch weiterhin aus § 27 Abs. 1 Nr. 1 WEG berechtigt, im Namen der Gemeinschaft der Wohnungseigentümer Forderungen gegen diese anzuerkennen, sie unstreitig zu stellen oder hierauf zu verzichten,[84] einem **52**

---

73 *Hügel/Elzer* WEG § 27 Rn. 33.
74 *Hügel/Elzer* WEG § 27 Rn. 35.
75 Jennißen/*Heinemann* WEG § 27 Rn. 82.
76 LG Hamburg 11.8.2017 – 322 O 102/16, ZMR, 2017, 918.
77 LG Frankfurt/O. 17.7.2014 – 16 S 46/14, ZMR 2014, 1007.
78 Palandt/*Wicke* WEG § 27 Rn. 10.
79 BGH 8.12.2017 – V ZR 82/17, NJW 2018, 1613.
80 OLG München 26.7.2007 – 32 Wx 73/07, NZM 2008, 653.
81 BT-Drs. 19/22634, 47.
82 *Hügel/Elzer* WEG § 27 Rn. 131.
83 BGH 8.12.2017 – V ZR 82/17, NJW 2018, 1613.
84 *Bub* ZWE 2018, 297 (301); BayObLG ZMR 2004, 840.

Wohnungseigentümer eine Verbindlichkeit gegenüber der Gemeinschaft der Wohnungseigentümer zu erlassen[85] oder ihm Ratenzahlung zu gewähren.[86]

53   **(f) Empfang und Bewirken von Zahlungen und Leistungen; Tilgung.** Der Verwalter ist berechtigt und verpflichtet, die mit der laufenden Verwaltung zusammenhängenden **Zahlungen** und Leistungen zu **erbringen** oder **entgegenzunehmen**, die **bereits begründet** sind. Das sind Zahlungen auf Forderungen, die infolge bzw. in Durchführung von Beschlüssen entstehen, wie zB Zahlung von Versicherungsbeiträgen, Heizkosten, Abwasser und Kanalgebühren, Abfallbeseitigungskosten, Hausmeistervergütungen oder Raummiete für die Wohnungseigentümerversammlung. Entgegengenommen werden dürfen Lieferungen zB von Heizöl oder die Abnahme von Werkleistungen oder das Erheben von Mängelrügen.[87] Zahlungen und Leistungen dürfen nur aus **vorhandenem Gemeinschaftsvermögen** bewirkt werden. Eine **Kreditaufnahme** durch den Verwalter ist ohne Ermächtigung unzulässig, § 9 b Abs. 1 S. 1 WEG, der Verwalter würde als Vertreter ohne Vertretungsmacht nach § 179 BGB auf Rückzahlung haften.[88] Der Verwalter darf ebenso die Forderungen bedienen, die im Zuge seiner Berechtigung zur Vornahme von laufenden Erhaltungsmaßnahmen entstanden sind. Dabei hat er zu prüfen, ob beispielsweise die Dienstleistung oder das geschuldete Werk mangelfrei erbracht wurde. Ggf. hat er eine Frist zu Herstellung oder Mangelbehebung zu setzen. Eventuell bestehende Gegenrechte der Gemeinschaft der Wohnungseigentümer sind zu beachten, sodass der Verwalter also aufrechnen oder sich auf ein Zurückbehaltungsrecht berufen kann. Auch hat er die Einrede der Verjährung zu erheben. Beachtet der Verwalter dies nicht, kann er sich schadensersatzpflichtig machen. Leistungen für die Gemeinschaft der Wohnungseigentümer empfängt der Verwalter. Das können beispielsweise Lieferungen von Heizöl oder sonstige Gegenstände, aber auch Werk- oder sonstige Dienstleistungen sein. Forderungen, die noch nicht begründet sind, wie beispielsweise Schadensersatzansprüche von Miteigentümern oder Dritten, darf der Verwalter ohne ermächtigenden Beschluss der Gemeinschaft nicht einfach zahlen und zwar auch dann nicht, wenn der Schadensersatzanspruch tatsächlich berechtigt ist.

54   **(2) § 27 Abs. 1 Nr. 2 WEG.** § 27 Abs. 1 Nr. 2 WEG umfasst die Notgeschäftsführungsbefugnis (→ *Notgeschäftsführung des Verwalters* Rn. 1 ff.) des Verwalters für Maßnahmen ordnungsmäßiger Verwaltung, die zur Wahrung einer Frist oder zur Abwendung eines Nachteils erforderlich sind und für die wegen besonderer Dringlichkeit eine Entscheidung der Wohnungseigentümer vorab nicht möglich ist, sog. **Notgeschäfte.** Das sind Fälle, in denen die Erhaltung des gemeinschaftlichen Eigentums gefährdet wäre oder ein sonstiger Nachteil droht, wenn nicht umgehend gehandelt würde und in denen wegen der Eilbedürftigkeit die Einberufung einer **Eigentümerversammlung nicht möglich** ist, selbst wenn die Einberufungsfrist verkürzt würde.[89] Zu denken ist hier an einen Leitungsbruch oder der Ausfall der Zentralheizung im Winter und Ähnliches. Es muss allerdings keine unmittelbare drohende Gefahr bestehen. Ausreichend ist eine Notwendigkeit iSv § 19 WEG und die Unmöglichkeit bzw. Unzumutbarkeit der vorherigen Durchführung einer Eigentümerversammlung. Die Maßnahme an sich darf sich **grundsätzlich** nur auf die **Gefahrenabwehr** beschränken, die dauerhafte Beseitigung der Schadensursache fällt nicht hierunter.[90] So lange die Wohnungseigentümer nicht selbst in der Lage sind ihre Beschlusskompetenz auszuüben, hat der Verwalter hier ein umfassendes Notgeschäftsführungsrecht.[91] Allerdings hat der Verwalter wegen der Primärzuständigkeit der Wohnungseigentümer, vgl § 18 Abs. 1 und 19 Abs. 1 WEG, auch in eilbedürftigen Fällen möglichst eine Entscheidung der Eigentümer herbeizuführen. Hat der Verwalter hierzu Sondereigentum zu betreten, ist dies von § 14 Abs. 1 Nr. 2 WEG gedeckt.

55   Nach § 27 Abs. 1 Nr. 2 WEG ist der Verwalter berechtigt und verpflichtet das Erforderliche zur **Wahrung einer Frist** zu tun. Auch hier gilt wieder, dass er dieses Recht und diese Pflicht nur hat, wenn die Eigentümer nicht selbst vorab die Entscheidung über das Notwendige treffen können. Unter Fristen sind alle materiellen und prozessualen Fristen zu verstehen, wie zB Klage-, Berufung-, Revision-, Einspruchs-, Beschwerde- und Widerspruchsfristen. Hierzu gehören weiter Kündigungs- oder Verjährungsfristen oder auch vereinbarte Fristen. Nach § 27 Abs. 1 Nr. 2 WEG hat der Verwalter das Recht und die Pflicht eine gegen die Gemeinschaft der

---

85 *Hügel/Elzer* WEG § 27 Rn. 133 aE.
86 BayObLG ZMR 2005, 134.
87 KG 10.3.1993 – 24 W 5506/92, OLGZ 1994,35.
88 OLG Celle 5.4.2006 – 3 U 265/05, ZMR 2006, 540.
89 LG Frankfurt a.M. 17.5.2018 – 2–13 S 168/15, ZMR 2018, 791.
90 BGH 18.2.2011 – V ZR 197/10, NZM 2011, 454.
91 *Elzer* MietRB 2020, 149 (153).

Wohnungseigentümer gem. § 44 Abs. 1 S. 1 WEG gerichtete Klage zu führen oder einen Anwalt hierzu zu beauftragen.[92] Liegt eine Störung der öffentlichen Sicherheit oder Ordnung vor und folgt daraus Gefahr im Verzug, kann der Verwalter nach § 27 Abs. 1 Nr. 2 verpflichtet sein, diese Störung abzuwenden, so kann er zB bei einer Brandgefahr zur Herstellung einer Nottreppe berechtigt sein.[93]

bb) § 27 Abs. 2 WEG. Nach § 27 Abs. 2 WEG können die Wohnungseigentümer die Rechte und Pflichten **56** des Verwalters aus § 27 Abs. 1 WEG beliebig einschränken, aber auch erweitern. Sie können bestimmen, dass die dem Verwalter nach § 27 Abs. 1 WEG obliegenden Maßnahmen von ihrer Zustimmung oder der Zustimmung eines Dritten abhängig sind.[94] Die Wohnungseigentümer können im Rahmen von **Maßnahmenkatalogen** bestimmen, welche Maßnahmen untergeordnete Bedeutung haben und welche nicht. Sie sind befugt, **Wertgrenzen** zu bestimmen und damit zu konkretisieren, welche Verpflichtungen sie selbst als erheblich ansehen wollen.[95] Umgekehrt können die Eigentümer durch Vereinbarung oder Beschluss regeln, dass ihnen nach § 19 Abs. 1 WEG vorbehaltene Entscheidungen vom Verwalter getroffen werden dürfen. Auch hierbei setzt das Gesetz keine Grenzen. Entsprechende Vereinbarungen oder Beschlüsse gelten nicht nur für den ersten, sondern den jeweils aktuellen Verwalter. Eine Vereinbarung hindert nicht eine Abänderung durch Beschluss nach § 27 Abs. 2 WEG. Der Beschluss nach § 27 Abs. 2 WEG kann mit einfacher Mehrheit nach § 25 Abs. 1 WEG getroffen werden. Werden dem Verwalter Rechte und Pflichten im Verwaltervertrag entzogen oder werden solche darin erweitert, liegt im Genehmigungsbeschluss über den Verwaltervertrag eine beschlussweise Ermächtigung, die dann jedoch nur für den jeweiligen Verwalter gilt. Ein nach § 27 Abs. 2 WEG gefasster Beschluss betrifft nur das Innenverhältnis. Die Vertretungsmacht des Verwalters nach außen ist nach § 9 b Abs. 1 S. 3 WEG unbeschränkbar (→ Rn. 64).

b) Weitere gesetzliche Aufgaben und Befugnisse. Weitere gesetzliche Aufgaben und Befugnisse das Innen- **57** verhältnis betreffend folgen aus **§§ 24, 28** und **44 WEG** sowie aus **§ 675 BGB**.

§ 24 Abs. 1 WEG sieht vor, dass der Verwalter mindestens einmal im Jahr die **Versammlung** der Wohnungs- **58** eigentümer einzuberufen hat. Nach § 24 Abs. 5 WEG übernimmt er dabei den **Vorsitz**. Aus § 24 Abs. 6 S. 1 WEG folgt die Pflicht des Verwalters, über die in der Versammlung gefassten Beschlüsse eine **Niederschrift** aufzunehmen. Dies hat nunmehr ausdrücklich unverzüglich zu erfolgen, § 26 Abs. 6 S. 1 WEG. Nach § 24 Abs. 8 S. 1 WEG hat der Verwalter die **Beschluss-Sammlung** zu führen. Hierin hat er Beschlüsse und gericht- liche Entscheidungen aufzunehmen, § 24 Abs. 7 S. 2 WEG, wobei die Beschlüsse und gerichtlichen Entschei- dungen fortlaufend einzutragen und zu nummerieren sind, § 24 Abs. 7 S. 3 WEG. Sind eingetragene Beschlüs- se angefochten oder aufgehoben, ist dies anzumerken, § 24 Abs. 7 S. 4 WEG; sind Beschlüsse aufgehoben, können diese auch gelöscht werden, § 24 Abs. 7 S. 5 WEG. Eine Eintragung kann auch dann gelöscht werden, wenn sie aus anderen Gründen für die Wohnungseigentümer keine Bedeutung mehr hat, § 24 Abs. 7 S. 6 WEG. Eintragungen in die Beschluss-Sammlung sind unverzüglich zu erledigen und mit Datum zu versehen, § 24 Abs. 7 S. 7 WEG. Ein Verstoß gegen das Führen der Beschluss-Sammlung stellt nach neuem Recht kei- nen gesetzlich normierten Abberufungsgrund gegen den Verwalter dar, da § 26 Abs. 1 S. 3 und 4 WEG aF weggefallen sind. Die Pflicht zur Führung der Beschluss-Sammlung trifft die Gemeinschaft der Wohnungsei- gentümer und ist durch den Verwalter zu erfüllen.[96] Auf Verlangen ist einem Wohnungseigentümer oder einem von einem Wohnungseigentümer bevollmächtigten Dritten Einsicht in die Beschluss-Sammlung zu geben, § 24 Abs. 7 S. 8 WEG.

Aus § 28 Abs. 1 S. 2 WEG folgt die Pflicht, einen **Wirtschaftsplan** für das Kalenderjahr aufzustellen. Die **59** Pflicht nach Ablauf des Kalenderjahres eine **Jahresabrechnung** aufzustellen folgt aus § 28 Abs. 2 S. 2 WEG. Darüber hinaus ist der Verwalter nach Ablauf eines Kalenderjahres verpflichtet, einen Vermögensbericht zu erstellen, der den Stand der in § 28 Abs. 1 S. 1 WEG bezeichneten Rücklagen und eine Aufstellung des we- sentlichen Gemeinschaftsvermögen enthalten muss, § 28 Abs. 4 S. 1 WEG. Dieser Bericht hat den Ist-Stand der Rücklage, alle Forderungen der Gemeinschaft der Wohnungseigentümer gegenüber einzelnen Wohnungs- eigentümern, alle Verbindlichkeiten und sonstigen Vermögensgegenstände zu enthalten.[97] Sehen die Woh-

---

92 BGH 6.12.2013 – V ZR 85/13, NZM 2014, 275.
93 OVG Saarlouis 3.9.2014 – 2 B 318/14, NJW-RR 2015,10.
94 BT-Drs. 19/22634, 47.
95 BT-Drs. 19/22634, 47.
96 BT-Drs. 19/18791, 71 f.
97 BT-Drs. 19/18791, 75 f.

nungseigentümer also von dieser dem Verwalter obliegenden Verpflichtung nicht durch Beschlussfassung ab, hat der Verwalter diese Vermögensübersicht abzugeben. Die Regelung des § 28 Abs. 4 WEG aF, nach der der Verwalter zur Rechnungslegung nur nach entsprechendem Mehrheitsbeschluss verpflichtet war, ist ersatzlos weggefallen.

60 Der Verwalter hat nach § 44 Abs. 2 S. 2 WEG die Wohnungseigentümer unverzüglich, also ohne schuldhaftes Zögern, über den Beginn und den Inhalt eines Rechtsstreits zu unterrichten; er kann deshalb regelmäßig nicht bis zur nächsten Eigentümerversammlung mit der Erfüllung dieser Pflicht warten. Die Pflicht gilt für Aktiv- als auch für Passivprozesse. Erforderlich ist eine **Unterrichtung**, die es den Wohnungseigentümern ermöglicht, von den Parteien und dem Gegenstand des Rechtsstreits Kenntnis zu erlangen, so dass sie ihre Rechte wahrnehmen können. In der Regel reicht es aus, wenn die Klage nebst den – bis dahin vorliegenden – Verfügungen des Gerichts den Wohnungseigentümern zur Kenntnis gebracht wird. Eine Unterrichtung kann sowohl per E-Mail als auch zB durch Aushang erfolgen. Ein individueller Zugang bei dem einzelnen Wohnungseigentümer ist dafür nicht erforderlich.[98] Da in einem Passivprozess, zB einer Anfechtungsklage, der Verwalter nach § 27 Abs. 1 Nr. 2 WEG einen Rechtsanwalt für die beklagten Wohnungseigentümergemeinschaft beauftragen darf, hat er in diesen Fällen auch über die Auswahl dieses Anwalts zu unterrichten.

61 Da für das Bestellungsverhältnis nach § 675 BGB die Vorschriften des BGB über das **Auftragsrecht** gelten, ist der Verwalter zur Auskunftserteilung verpflichtet und hat **Rechenschaft** abzulegen, § 666 BGB, und er hat die **Verwaltungsunterlagen herauszugeben**, § 667 BGB.

62 **c) § 9 b Abs. 1 WEG.** Die Vertretungsmacht des Verwalters das **Außenverhältnis** betreffend wird nunmehr abschließend durch § 9 b WEG geregelt und betrifft nur noch die Vertretung des Verbands Wohnungseigentümergemeinschaft.[99]

63 Die Vorschrift des **§ 27 Abs. 2 WEG aF**, die Rechte und Pflichten des Verwalters gegenüber den einzelnen Wohnungseigentümern bei deren Vertretung nach **außen** festlegte, wurde **ersatzlos gestrichen**, denn seitdem die Rechtsfähigkeit der Gemeinschaft der Wohnungseigentümer anerkannt ist, hatte diese Vorschrift in weiten Teilen kaum mehr Bedeutung. Da nach § 44 Abs. 2 WEG nunmehr die Gemeinschaft der Wohnungseigentümer bei Beschlussklagen passivlegitimiert ist, ist ebenfalls eine Vertretung der einzelnen Wohnungseigentümer in prozessualer Hinsicht nicht länger notwendig. Soweit die Gemeinschaft der Wohnungseigentümer nach § 9 a Abs. 2 WEG bestimmte Rechte und Pflichten der einzelnen Wohnungseigentümer wahrnimmt, bedarf es ohnehin keiner Vertretung der einzelnen Wohnungseigentümer durch den Verwalter mehr. Alle übrigen Rechte und Pflichten können und müssen die einzelnen **Wohnungseigentümer selbst** ausüben bzw. wahrnehmen.[100] Da die Zustellungsvertretung des Verwalters nach § 27 Abs. 2 Nr. 1 WEG aF wegfällt, muss eine Behörde ihre Gebührenbescheide über grundstücksbezogene Benutzungsgebühren wie Abfall- und Wassergebühren nunmehr an alle Wohnungseigentümer einzelnen stellen, sofern sie nach Landesrecht als Gesamtschuldner haften und damit Adressat der Bescheide sind. In Zwangsversteigerungsangelegenheiten müssen **Zustellungen** an **alle** Wohnungseigentümer erfolgen, die als Berechtigte in einem Grundbuch eingetragen sind (zB für ein Grunddienstbarkeit an einem Nachbargrundstück). Das gilt auch bei Zwangsversteigerung von Wohnungseigentum in derselben Anlage, wenn für diesen Fall zugunsten der übrigen Eigentümer ein Zustimmungserfordernis nach § 12 WEG im Grundbuch eingetragen ist.[101] In all diesen Fällen ist der Verwalter nicht mehr Zustellungsvertreter.

64 Der Verwalter hat für die Gemeinschaft der Wohnungseigentümer eine unbeschränkte gerichtliche und außergerichtliche Vertretungsmacht, die jedoch nicht für den Abschluss eines **Grundstückskauf-** oder **Darlehensvertrags** gilt. Hierfür bedarf es noch eines Beschlusses der Gemeinschaft, § 9 b Abs. 1 S. 1 WEG. Sonst ist jeder Versuch einer Beschränkung der Vertretungsmacht durch Vereinbarung oder Beschluss unwirksam, § 9 b Abs. 1 S. 3 WEG. Dies erleichtert den Rechtsverkehr mit der Gemeinschaft der Wohnungseigentümer, denn wer nunmehr mit dem Verwalter einen Vertrag abschließt, muss nicht länger befürchten, dass dessen Vertretungsmacht nicht ausreicht. Außerdem dient dies dem Interesse der Wohnungseigentümer, über die Gemein-

98 BT-Drs. 19/18971, 81.
99 BT-Drs. 19/18791, 72.
100 BT-Drs. 19/18791, 46.
101 *Becker/Schneider* ZflR 2020, 281 (303).

Tank

schaft der Wohnungseigentümer effizient am Rechtsverkehr teilnehmen zu können.[102] Da der Verwalter als **vertretungsberechtigtes Organ** der Gemeinschaft der Wohnungseigentümer handelt, kann ein von ihm vorgenommenes einseitiges Rechtsgeschäft nicht – wie noch nach bisherigem Recht[103] – nach § 174 BGB zurückgewiesen werden. § 174 BGB ist auf unbeschränkt vertretungsberechtigte Organe nicht anwendbar.[104]

Aufgrund der Rechtsfähigkeit der Gemeinschaft der Wohnungseigentümer können ihr gegenüber **Willenserklärung** abgegeben werden und auch **Zustellungen** erforderlich sein. Erklärungen und Zustellungen von Wohnungseigentümern und Dritten gegenüber der Gemeinschaft der Wohnungseigentümer sind nach § 9 b Abs. 1 S. 1 WEG gegenüber dem Verwalter zu bewirken. Zu denken ist hier zB an Kündigungserklärungen, die einen mit der Gemeinschaft der Wohnungseigentümer geschlossenen Vertrag betreffen. Bei eigenen Willenserklärungen des Verwalters gegenüber der Gemeinschaft der Wohnungseigentümer kann er diese nur entgegennehmen, wenn er wirksam von den Beschränkungen des § 181 BGB befreit ist. Nunmehr regelt § 9 b Abs. 2 WEG, dass der Vorsitzende des Verwaltungsbeirats die Gemeinschaft der Wohnungseigentümer dem Verwalter gegenüber vertritt. Zudem kann ein Wohnungseigentümer zur Vertretung ermächtigt werden, wenn ein entsprechender Beschluss gefasst wurde. Weitere Beschlusskompetenzen der Wohnungseigentümer für die Vertretung sind nicht vorgesehen. Sofern auf Grundlage des §§ 27 Abs. 3 S. 3 WEG aF Ermächtigung Beschlüsse gefasst wurden, haben diese ihre Wirkung verloren.[105] Für den Fall, dass die Gemeinschaft der Wohnungseigentümer verwalterlos ist, regelt § 9 b Abs. 1 S. 2 WEG, dass sie in diesem Fall durch die Wohnungseigentümer **gemeinschaftlich** vertreten wird. Ein Beschluss, dass in diesem Fall nur ein bestimmter Wohnungseigentümer vertretungsberechtigt sein soll, ist aus vorgenannten Gründen nichtig. 65

Umstritten ist die Frage, ob der Verwalter wegen Gefahren, die vom Sonder- oder gemeinschaftlichen Eigentum ausgehen, durch eine Behörde als **Adressat einer Ordnungsverfügung** in Anspruch genommen werden kann. Nach altem Recht hatte der Verwalter grundsätzlich keine eigene Kompetenz zur Durchführung von Maßnahmen am gemeinschaftlichen Eigentum, sondern konnte diese grundsätzlich erst und nur nach entsprechender Beschlussfassung durch die Gemeinschaft der Wohnungseigentümergemeinschaft durchführen, so dass er auch nicht Adressat einer entsprechenden Ordnungsverfügung sein konnte;[106] dies war allein die Gemeinschaft der Wohnungseigentümer.[107] Zwar kann nach § 27 Abs. 1 Nr. 1 WEG der Verwalter inzwischen bei Maßnahmen ordnungsmäßiger Verwaltung mit untergeordneter Bedeutung im Einzelfall und bei Gefahr im Verzug ohne Ermächtigung durch die Gemeinschaft der Wohnungseigentümer handeln. Gleichwohl ist er nach diesseitiger Auffassung als Vollzugsorgan der rechtsfähigen Gemeinschaft der Wohnungseigentümer[108] nach wie vor nicht Adressat einer Ordnungsverfügung. Nach § 9 b Abs. 1 S. 1 WEG vertritt der Verwalter die Gemeinschaft der Wohnungseigentümer, die ihrerseits nach § 9 a Abs. 1 S. 1 WEG rechtsfähig und damit allein Adressat einer Ordnungsverfügung ist. Allenfalls im Einzelfall kann der Verwalter im Rahmen des § 27 Abs. 1 Nr. 2 WEG verpflichtet sein, eine Störung der öffentlichen Sicherheit oder Ordnung abzuwenden.[109] 66

Gegenüber der Gemeinschaft der Wohnungseigentümer abgegebene Erklärungen wirken nach § 164 Abs. 1 S. 1, Abs. 3 BGB unmittelbar für und gegen diese. Der Verwalter muss daher die Wohnungseigentümer von ihm zugegangenen Willenserklärungen oder Zustellungen in geeigneter Weise **unterrichten**. Dabei bleibt es ihm überlassen ist, auf welche Art und Weise er dies erledigt. Die Kosten, die ihm hierdurch entstehen, sind von der Verwaltervergütung umfasst, wenn er nicht zB im Verwaltervertrag eine Sondervergütung im Hinblick auf Kopiekosten getroffen hat (→ *Verwaltervertrag* Rn. 23). Ist eine Willenserklärung gegenüber einer verwalterlosen Gemeinschaft der Wohnungseigentümer abzugeben, genügt nach wie vor die Abgabe gegenüber einem Wohnungseigentümer.[110] 67

---

102 BT-Drs. 19/18791, 46.
103 BGH 20.2.2014 – III ZR 443/13, NJW 2014, 1587.
104 BT-Drs. 19/18791, 47.
105 BT-Drs. 19/18791, 47.
106 *Tank/Bringewat* ZWE 2012, 306 (308).
107 OVG Münster 25.6.2015 – 13 B 452/15, ZWE 2016, 55.
108 BT-Drs. 19/18791, 73.
109 OVG Saarlouis 3.9.2014 – 2 B 318/14, NJW-RR 2015,10.
110 BGH 16.11.1987 – II ZR 92/87, NJW 1988, 1199.

68 **3. Haftung.** Der Verwalter haftet der Gemeinschaft der Wohnungseigentümer bzw. den einzelnen Wohnungseigentümern auf **Schadensersatz** nach § 280 Abs. 1 BGB, wenn er seine Pflichten aus dem Gesetz, der Gemeinschaftsordnung oder dem Verwaltervertrag schuldhaft verletzt.

69 Dabei kann die **Durchführung von Beschlüssen** nicht zu einer Haftung führen, selbst wenn die Beschlüsse rechtswidrig sind, was insbesondere für bestandskräftig gewordene Beschlüsse gilt.[111] Dies hat seinen Hintergrund darin, dass der Verwalter lediglich ausführendes Organ der Gemeinschaft der Wohnungseigentümer ist, welche den Beschluss gefasst hat. Er ist nicht verpflichtet, die Rechtmäßigkeit der Beschlüsse zu prüfen.

70 Ihm obliegt aber die Einhaltung der formellen Beschlusserfordernisse, wie ordnungsgemäße Einladung, Abstimmung usw[112] und das unverzügliche **Umsetzen von Beschlüssen**. Kommt es durch die zögerliche Umsetzung zu Schäden, führt dies zu einer Haftung.[113] Gleiches gilt, wenn der Verwalter es unterlässt, die Wohnungseigentümer auf **Mängel** und deren drohende **Verjährung** aufmerksam zu machen.[114] Auch eine unzureichende Rechnungsprüfung und in deren Folge die Zahlung einer unberechtigten Forderung führt zu einer Haftung des Verwalters.[115]

71 Der Verwalter haftet ebenso für **Erfüllungsgehilfen**, § 278 BGB. Das sind insbesondere die **Mitarbeiter** des Verwalters. Sofern der Verwalter bei Erhaltungsarbeiten **Handwerker** beauftragt, haftet er für deren Handeln nicht, denn sie sind nicht Erfüllungsgehilfen, da sie im Auftrag der Gemeinschaft tätig sind.[116] Ein Verschulden des Verwalters bei der ihm überlassenen **Auswahl** von Handwerkern ist aber möglich.

72 **Haftungsausschlussklauseln** im Verwaltervertrag sind in der Regel unwirksam (→ *Verwaltervertrag* Rn. 27). Das gilt regelmäßig auch bei einer **Haftungsbeschränkung** auf einen Höchstbetrag.[117]

73 Üblich und für den gewerblichen Verwalter nach § 34 c GewO verbindlich ist der Abschluss einer **Berufshaftpflichtversicherung**, die dann für die vom Verwalter verursachten Schäden eintreten kann.

74 Neben der Haftung aus Vertrag kommt noch die deliktische Haftung aus **unerlaubter Handlung** nach §§ 823 ff. BGB in Betracht. Hier ist insbesondere an Fälle des Betrugs, der Untreue und der Beschädigung gemeinschaftlichen Eigentums zu denken.

75 Gem. § 49 Abs. 2 WEG aF haftete der Verwalter für die **Kosten des gerichtlichen Verfahrens**, wenn er die Tätigkeit des Gerichts veranlasst hat und ihn grobes Verschulden trifft. Diese Vorschrift ist im neuen WEG ersatzlos entfallen.

76 **4. Entlastung.** Da das Gesetz die Entlastung des Verwalters nicht vorsieht, hat der Verwalter grundsätzlich **keinen Anspruch** auf Erteilung einer solchen.[118] Anerkannt ist inzwischen, dass trotz fehlenden Anspruchs auf Entlastung ein Entlastungsbeschluss ordnungsgemäßer Verwaltung entspricht, wenn nicht erkennbar Ansprüche gegen den Verwalter in Betracht kommen.[119]

77 Mit der Entlastung verzichtet die Gemeinschaft der Wohnungseigentümer auf die Durchsetzung etwaiger Ansprüche gegen den Verwalter und stellt ein **negatives Schuldanerkenntnis** dar. Damit können gegen ihn weder Schadensersatzansprüche geltend gemacht werden, noch kann er wegen Schlechtleistungen, für die ihm bereits Entlastung erteilt wurde, abgewählt werden. Das gilt nur für Ansprüche, die im Zeitpunkt der Entlastung bekannt waren oder erkennbar hätten sein können,[120] und nicht für Ansprüche, die aus Straftaten des Verwalters resultieren.[121] Über seine Entlastung darf der Verwalter nicht mitabstimmen.[122] Er kann aber eine wei-

---

111 BGH 3.2.2012 – VZR 83/11, ZWE 2012, 218.
112 BeckOGK/*Greiner* WEG § 26 Rn. 405.
113 BayObLG 5.1.2000 – 2Z BR 85/99, NZM 2000, 501.
114 BGH 20.10.1997 – III ZR 310/95, NZM 1998, 118.
115 AG Heidelberg 4.5.2018 – 45 C 24/18, IBRRS 2018, 2220.
116 OLG Frankfurt a.M. 28.5.2009 – 20 W 115/06, NJW-RR 2010, 161.
117 BayObLG 23.12.2002 – 2Z BR 89/02, NJW-RR 2003, 663.
118 BGH 17.7.2003 – V ZB 11/03, NZM 2003, 764.
119 BGH 17.7.2003 – V ZB 11/03, NZM 2003, 764.
120 KG 28.1.2010 – 24 W 43/09, ZWE 2010, 183.
121 BGH 17.7.2003 – V ZB 11/03, NZM 2003, 764.
122 OLG Karlsruhe 31.7.2007 – 14 Wx 41/06, FD-MietR 2008, 262756.

sungsfreie Untervollmacht erteilen. Zulässig ist auch, wenn der Verwalter entsprechend einer ihm erteilten weisungsgebunden Vollmacht abstimmt.

5. Ausgeschiedener Verwalter. Nach Ende der Amtszeit hat der Verwalter die **Verwaltungsunterlagen her-** 78
auszugeben, § 667 BGB. Ebenso sind alle **Verwaltungsgegenstände** und das **Gemeinschaftsvermögen** herauszugeben. Der Verwalter hat weder an dem Vermögen noch an den im Gemeinschaftseigentum stehenden
Gegenständen ein Zurückbehaltungsrecht, selbst dann nicht, wenn ihm noch Vergütungsansprüche gegen die
Gemeinschaft der Wohnungseigentümer zustehen.[123]

Die Pflicht zur **Rechnungslegung** nach entsprechendem Mehrheitsbeschluss der Gemeinschaft der Woh- 79
nungseigentümer wurde nicht übernommen. Nunmehr ist nach § 28 Abs. 4 WEG stets ein **Vermögensbericht**
aufzustellen, der jedem Wohnungseigentümer zur Verfügung zu stellen ist. Ob diese Pflicht den zum Ende eines Kalenderjahres ausgeschiedenen Verwalter trifft, dürfte genauso wie die Pflicht zur Erstellung der Jahresabrechnung zu beurteilen sein. Danach wäre er zur Aufstellung eines Vermögensberichts nur verpflichtet,
wenn dieser in seiner Amtszeit fällig geworden ist. Der **ausgeschiedene** Verwalter ist nicht verpflichtet, die
Jahresabrechnung eines hinter ihm liegenden Zeitraums aufzustellen.[124] Ist allerdings der Anspruch auf Erstellung der Jahresabrechnung zum Zeitpunkt des Ausscheidens des Verwalters bereits fällig, hat er diese zu erstellen.[125]

VII. Verfahrenshinweise

Der Beschluss über die **Bestellung** eines Verwalters kann angefochten werden. Anfechtungskläger ist der den 80
Verstoß gegen die Grundsätze ordnungsmäßiger Verwaltung rügende einzelne Wohnungseigentümer, Anfech-
tungsbeklagte ist die Gemeinschaft der Wohnungseigentümer, § 44 Abs. 2 S. 1 WEG. Wird der Bestellungsbeschluss aufgehoben, bleiben die von dem Verwalter bis zur rechtskräftigen Aufhebung seiner Bestellung getroffenen Rechtsgeschäfte bestehen.[126]

Der Beschluss über die **Abberufung** des Verwalters kann von einzelnen Wohnungseigentümern angefochten 81
werden. Beklagte ist die Gemeinschaft der Wohnungseigentümer, § 44 Abs. 2 S. 1 WEG. Eine Anfechtungsklage des Verwalters, wie sie aus § 46 Abs. 1 S. 1 WEG aF folgte, ist nicht mehr vorgesehen.[127] In der Vergangenheit ist die Anfechtung der Abberufung nur dann relevant gewesen, wenn die Abberufung nur aus wichtigem Grund zulässig war und der Verwalter einen solchen Grund nicht als gegeben ansah. Da nach § 26 Abs. 3
WEG der Verwalter **jederzeit** abberufen werden kann und dieses Recht nicht beschränkt werden kann, § 26
Abs. 5 WEG, entfällt das Bedürfnis für ein **Klagerecht** des Verwalters.[128]

Auch gegen Beschlüsse der Gemeinschaft der Wohnungseigentümer, bei deren Ausführung der Verwalter eine 82
strafbare Handlung oder eine Ordnungswidrigkeit begehen oder sich schadensersatzpflichtig machen würde,
besteht keine **Klagebefugnis**. In diesen Fällen ist der Verwalter aus materiellrechtlichen Gründen nicht zur
Beschlussausführung verpflichtet.[129]

Bei der **Geltendmachung** von vertraglichen Schadensersatzansprüchen gegen den Verwalter ist die Gemein- 83
schaft der Wohnungseigentümer Anspruchsinhaberin und der Verwalter Anspruchsgegner und Beklagter. Der
Verwaltervertrag (→ *Verwaltervertrag* Rn. 4) entfaltet **Schutzwirkung** für die Wohnungseigentümer.[130] Damit
können dem einzelnen Wohnungseigentümer Schadensersatzansprüche gegen den Verwalter zustehen, wenn
dieser Vertragspflichten verletzt und der Wohnungseigentümer einen Schaden erleidet.[131] In diesen Fällen ist
Anspruchsinhaber der geschädigte Wohnungseigentümer, Anspruchsgegner der Verwalter. Dies bleibt auch
nach neuem Recht so.[132]

---

123 OLG Hamm 22.2.2007 – 15 W 181/06, FD-MietR 2007, 223766.
124 OLG Celle 8.6.2005 – 4 W 107/05, BeckRS 2005, 8029.
125 OLG Hamm 17.3.1993 – 15 W 260/92, NJW-RR 1993, 847.
126 BGH 5.7.2019 – V ZR 278/17, NJW 2020, 988.
127 BT-Drs. 19/18791, 80.
128 BT-Drs. 19/18791, 80.
129 BT-Drs. 19/18791, 80.
130 BGH 8.2.2019 – V ZR 153/18, NJW 2019, 3446.
131 OLG Hamburg 14.7.2008 – 2 Wx 31/02.
132 BT-Drs. 19/22634, 47.

250. Verwaltervertrag

Tank

I. Einführung

1 Da nach herrschender Trennungstheorie zwischen dem organschaftlichen Bestellungsverhältnis und dem schuldrechtlichen Anstellungsverhältnis des Verwalters unterschieden wird, ist die Bestellung des Verwalters unabhängig vom Abschluss eines Verwaltervertrages.[1] In der Praxis wird allerdings regelmäßig ein Verwaltervertrag abgeschlossen und dabei meist Musterverträge verwandt, die in der Regel nur hinsichtlich des Beginns und Endes des Vertragsverhältnisses und der Vergütung ausgefüllt werden. Eine – wünschenswerte – Anpassung des Vertrages auf das Objekt und dessen Besonderheiten findet kaum statt. Der Vertragsinhalt ist gesetzlich nicht vorgegeben. Überflüssig aber allgemein üblich war die Wiederholung der gesetzlichen Pflichten des Verwalters. Da insbesondere der Aufgabenkatalog des § 27 Abs. 1–3 WEG aF weggefallen ist, kann die Formulierung bestimmter Aufgaben und Pflichten sinnvoll sein. **Inhalt** des Vertrages können nur Rechte und Pflichten der Vertragsparteien sein, also der Gemeinschaft der Wohnungseigentümer und dem Verwalter, nicht aber Regelungen betreffend das Gemeinschaftsverhältnis.

II. Rechtsnatur

2 Der Verwaltervertrag ist, wenn er wie regelmäßig entgeltlich ist, ein **Geschäftsbesorgungsvertrag** gem. § 675 BGB.[2] Sofern die Tätigkeit unentgeltlich ausgeübt wird, soll es sich um einen **Auftrag**, § 662 BGB, handeln.[3] Es handelt sich regelmäßig um einen Verbrauchervertrag, auf den die §§ 305 ff BGB Anwendung finden (→ Rn. 32).[4]

III. Vertragsparteien

3 Parteien des Vertrages sind einerseits die Gemeinschaft der Wohnungseigentümer und andererseits der Verwalter selbst.[5] Der einzelne Wohnungseigentümer ist nicht Vertragspartei.

4 Der Verwaltervertrag ist kein Vertrag zugunsten Dritter, also der Wohnungseigentümer, sondern entfaltet **Schutzwirkung** für diese.[6] Damit können dem einzelnen Wohnungseigentümer jedenfalls Schadensersatzansprüche gegen den Verwalter zustehen, wenn dieser Vertragspflichten verletzt und der Wohnungseigentümer einen Schaden erleidet.[7]

---

1 Vgl. BGH 20.6.2002 – V ZB 39/01, NJW 2002, 3240.
2 BGH 18.2.2011 – V ZR 197/10, ZWE 2011, 209.
3 Bärmann/*Becker* WEG § 26 Rn. 109.
4 BGH 5.7.2019 – V ZR 278/17, NJW 2020, 988.
5 BGH 13.7.2012 – V ZR 161/11, NZM 2012, 685.
6 Bärmann/*Becker* WEG § 26 Rn. 111.
7 OLG Hamburg 14.7.2008 – 2 Wx 31/02, ZMR 2008, 899.

IV. Vertragsschluss

Der Verwaltervertrag kommt wie jeder Vertrag durch **Angebot und Annahme** zustande. Dabei gibt entweder 5 die Gemeinschaft der Wohnungseigentümer ein Angebot ab, das der Verwalter annehmen kann. In der Praxis üblich gibt aber der Verwalter ein Angebot ab, welches die Gemeinschaft der Wohnungseigentümer annehmen kann. Daraus folgt zwangslos, dass keine Vertragspartei gezwungen werden kann, einen bestimmten Verwaltervertrag abzuschließen.

Im **Gründungsstadium** kann das Angebot der Gemeinschaft der Wohnungseigentümergemeinschaft bereits in 6 der Gemeinschaftsordnung enthalten sein, wenn diese – in der Praxis relativ selten – den Text eines Verwaltervertrages bereits enthält. In diesem Fall nimmt der Verwalter das Angebot auf Abschluss eines Verwaltervertrages durch Aufnahme seiner Tätigkeit an. Das gilt sowohl bei der Teilung nach § 3 WEG als auch bei der Teilung nach § 8 WEG.

Wollte der nach § 8 WEG aufteilende Bauträger nach altem Recht einen nicht schon in der Gemeinschaftsordnung vorgegebenen Verwaltervertrag abschließen, konnte er dies entweder in **eigenem Namen** tun oder im 7 Namen des künftigen Gemeinschaft der Wohnungseigentümer. Im 1. Fall musste der Vertrag anschließend auf die Gemeinschaft der Wohnungseigentümer übergehen. Diese musste den Vertragsübergang auf sie **durch Beschluss genehmigen**. Eine, auch heute noch in notariellen Kaufverträgen zu lesende, Übernahme der Rechte und Pflichten aus dem Verwaltervertrag durch den Erwerber reicht nicht, denn der Vertrag wird gerade nicht mit den einzelnen Wohnungseigentümern, sondern mit der Gemeinschaft geschlossen. Im 2. Fall handelte der Bauträger als **Vertreter ohne Vertretungsmacht**, der Vertrag war schwebend unwirksam, konnte aber durch **Beschluss** der Gemeinschaft der Wohnungseigentümer **genehmigt** werden, gem. § 177 Abs. 1 S. 1 BGB. Die erforderliche Genehmigung war ausdrücklich zu erteilen und konnte nicht dadurch ersetzt werden, dass die spätere Gemeinschaft das Handeln des Verwalters stillschweigend hinnahm.[8] Da nunmehr § 9 a Abs. 1 S. 2 WEG vorsieht, dass die rechtsfähige Gemeinschaft der Wohnungseigentümer in dem Zeitpunkt entsteht, in dem die Wohnungsgrundbücher angelegt werden, ist der Abschluss eine Verwaltervertrages durch den Aufteiler insoweit unproblematisch. Dieser ist nämlich zunächst einziges Mitglied der Gemeinschaft der Wohnungseigentümer und kann wirksam Verträge für diese abschließen. Es ist ausdrücklich eine sog. Ein-Personen-Gemeinschaft vorgesehen (→ *Gemeinschaft der Wohnungseigentümer* Rn. 14).[9]

Bei einer bereits **existenten Gemeinschaft der Wohnungseigentümer** erkundigen sich die Wohnungseigentümer regelmäßig bei einem Verwalterkandidaten; dieser gibt bei Interesse ein Angebot zum Abschluss eines 8 Verwaltervertrages ab. Der umgekehrte Fall, dass der Gemeinschaft der Wohnungseigentümer den Verwaltervertrag vorgibt, also ihrerseits ein Angebot abgibt, ist in der Praxis höchst selten.

Ist ein Verwalter im Amt, vertritt dieser den Gemeinschaft der Wohnungseigentümergemeinschaft, § 9 b Abs. 1 9 S. 1 WEG. Damit vertritt er sie auch bei der **Entgegennahme des Angebots** für den Abschluss eines Verwaltervertrages mit einem Verwalterkandidaten. Ist ein Verwalter nicht vorhanden, ist das Angebot gegenüber allen Wohnungseigentümern abzugeben, da die Gemeinschaft der Wohnungseigentümer bei Fehlen des Verwalters durch alle Wohnungseigentümer vertreten wird, § 9 b Abs. 1 S. 2 WEG. Bei Fehlen des Verwalters wird der **Zugang des Angebots** in der Regel dadurch bewirkt, dass den übrigen Wohnungseigentümer dieses mit der Einladung zur Eigentümerversammlung zugeht, die über die Verwalterwahl und den Vertragsabschluss entscheiden soll. Möglich ist auch die **Ermächtigung einzelner Wohnungseigentümer** zum Empfang des Angebots, wenn entsprechendes beschlossen wurde.

Über das Angebot entscheidet die Gemeinschaft der Wohnungseigentümer durch Beschluss. Ist ein Verwalter, 10 der zuvor ein Angebot abgegeben hat, durch Beschluss gewählt, liegt nicht bereits im Beschluss die **Annahme** des Angebots, sondern erst in dessen Umsetzung. Eine entsprechende Willenserklärung ist abzugeben und hat dem Vertragspartner, also dem Verwalter zuzugehen.[10]

Der **Zugang der Willenserklärung** zur Annahme des angebotenen Verwaltervertrages erfolgt entweder bereits in der Eigentümerversammlung mit Verkündung des Beschlusses unter Anwesenheit des zukünftigen Ver- 11

---

8 Bärmann/*Becker* WEG § 26 Rn. 128.
9 BT-Drs. 19/18791, 43.
10 *Jacoby* ZWE 2008, 327 (328), *Hügel/Elzer* WEG § 26 Rn. 215; aA *Greiner* ZWE 2008, 454 (455), BGH 5.7.2019 – V ZR 278/17, NJW 2020, 988.

walters.[11] Andernfalls erfolgt die Annahme in der Regel dadurch, dass der angebotene Verwaltervertrag unterzeichnet an den Verwalter zurückgeht.

12 Ist ein Verwalter vorhanden, ist dieser nach § 9 b Abs. 1 S. 1 WEG Vertreter der Gemeinschaft der Wohnungseigentümer und deshalb zur Unterzeichnung des Vertrages berechtigt. Ist ein Verwalter nicht vorhanden, wird der Gemeinschaft der Wohnungseigentümergemeinschaft durch sämtliche Wohnungseigentümer vertreten, § 9 b Abs. 1 S. 2 WEG. In diesem Fall müssten sämtliche Wohnungseigentümer den Vertrag unterzeichnen. Nach § 9 b Abs. 2 WEG vertritt der Vorsitzende des Verwaltungsbeirats die Gemeinschaft der Wohnungseigentümer. Da außerhalb des Anwendungsbereichs des §§ 9 b Abs. 2 WEG keine Beschlusskompetenz der Wohnungseigentümer für die Vertretung vorgesehen ist,[12] dürfte die ehemals nach § 21 Abs. 3 WEG aF zulässige Ermächtigung eines Dritten zum Unterschreiben des Vertrages inzwischen nicht mehr möglich sein.

13 Der Beschluss, der über die Annahme eines Verwaltervertragsangebotes entscheidet, wird in der Praxis üblicherweise zusammen mit dem Beschluss über die Bestellung gefasst. Das ist zulässig, so dass es nicht notwendig ist, die Verwalterbestellung und den Verwaltervertrag in getrennten Beschlüssen zu genehmigen.

14 Stellt sich ein **Wohnungseigentümer als Verwalter** zur Wahl, ist er nicht von seinem Stimmrecht ausgeschlossen (→ *Verwalter* Rn. 21).

V. Delegation der Vertragsverhandlungen

15 Liegt kein fertig ausgehandelter Vertrag vor und soll ein Ermächtigter oder ein Gremium von Ermächtigten den Vertrag ohne weitere Anhaltspunkte **frei aushandeln und abschließen** dürfen, entspricht ein solcher Ermächtigungsbeschluss nicht ordnungsmäßiger Verwaltung und wäre anfechtbar.[13]

16 Möglich ist aber das Beschließen sogenannter **Eckdaten**, an die der Ermächtigte **gebunden** ist. Hierzu gehören in jedem Fall die **Laufzeit** und die **Vergütungshöhe**. Ist ein Ermächtigungsbeschluss mit solchen Eckdaten beschlossen, ist eine Delegation der Vertragsverhandlungen zulässig.[14] Wie jeder Beschluss, wäre auch ein solcher Ermächtigungsbeschluss **anfechtbar**. Dabei hätte das Gericht zu prüfen, ob die mit der Ermächtigung zum Abschluss des Verwaltervertrages erteilten Vorgaben ordnungsmäßiger Verwaltung entsprechen. Wurden nur Eckpunkte vorgegeben, wären diese zu prüfen. Wird, wie in der Praxis häufig, beschlossen, einzelne Eigentümer zum Abschluss eines Verwaltervertrags entsprechend einem von dem ausgewählten Verwalter vorgelegten Vertragsmuster zu ermächtigen, unterliegt auch der Inhalt des abzuschließenden Vertragsgegenstands der gerichtlichen Prüfung im Anfechtungsverfahren über den Ermächtigungsbeschluss.[15]

17 Ausnahmsweise kann in der **Gemeinschaftsordnung** ein bestimmtes Gremium, wie zB der Beirat, eine generelle Ermächtigung zum Abschluss eines Verwaltervertrages erteilt werden. Diese ist dann dahin auszulegen, dass sie nur zum Abschluss eines Verwaltervertrages ermächtigt, dessen Inhalt ordnungsmäßiger Verwaltung entspricht.[16] Wenn keinerlei Vorgaben für den Ermächtigten enthalten sind, dürfte eine solche Regelung mangels Bestimmtheit nichtig sein.

VI. Form

18 Der Abschluss des Verwaltervertrages unterliegt **keiner Form** und kommt bereits durch zwei übereinstimmende Willenserklärungen zustande. In der Regel wird er jedoch schriftlich abgeschlossen. Wurde der Abschluss eines schriftlichen Verwaltervertrages ausdrücklich beschlossen, muss er auch schriftlich abgeschlossen werden.

---

11 Jennißen/*Jennißen* WEG § 26 Rn. 86.
12 BT-Drs. 19/18791, 47; BT-Drs. 19/22634, 43.
13 BGH 27.2.2015 – V ZR 114/14, ZWE 2015, 215.
14 BGH 27.2.2015 – V ZR 114/14, NJW 2015, 1378.
15 BGH 5.7.2019 – V ZR 278/17, NJW 2020, 988.
16 OLG Hamm 19.10.2000 – 15 W 133/00, ZWE 2001, 81.

VII. Inhalt

1. Allgemein. Im Verwaltervertrag werden alle **gegenseitigen Rechte** und **Pflichten** der Vertragsparteien ver-   19
einbart. Die Grenzen ergeben sich dabei aus §§ 134, 138, 242 BGB. Als **Mindestinhalt** sind Regelungen zu
den Vertragsparteien, zur Vertragsdauer und zur Vergütung zu treffen.

2. Aufgaben. Dabei ergänzen bzw. konkretisieren die **gesetzlichen Bestimmungen** aus dem **WEG** und aus   20
dem **Auftragsrecht** die Pflichten des Verwalters. Gesetzliche Aufgaben nach dem WEG ergeben sich aus den
§ 24 Abs. 1, Abs. 4–8 WEG die Eigentümerversammlung betreffend, § 27 Abs. 1 WEG die eigentlichen Aufgaben und Befugnisse des Verwalters, § 28 Abs. 1 S. 2, Abs. 2 S. 2, Abs. 4 WEG die Jahresabrechnung, den
Wirtschaftsplan und den Vermögensbericht betreffend, § 44 Abs. 2 S. 2 WEG die Unterrichtung im Falle einer
Beschluss Klage betreffend. Aus dem **Auftragsrecht** können sich Auskunfts- und Einsichtsrechte, die Rechenschaftspflicht, die Herausgabepflicht, das Weisungsrecht sowie Vorschusspflichten und Aufwendungsersatzansprüche ergeben, §§ 665–667 BGB und 670 BGB.

Von besonderer Wichtigkeit ist § 27 WEG, der die Aufgaben und Befugnisse des Verwalters im Innenverhält-   21
nis zur Gemeinschaft der Wohnungseigentümer regelt. Der gesetzliche Katalog der Verwalteraufgaben nach
§ 27 Abs. 1–3 WEG aF ist jedoch weggefallen. Die Neufassung der Aufgaben und Befugnisse des Verwalters
in § 27 ist **allgemein** verfasst, um so der Vielgestaltigkeit der Wohnungseigentumsanlagen und ihren daraus
resultierenden unterschiedlichen Anforderungen an eine effiziente Verwaltung gerecht zu werden. Danach ist
der Verwalter **verpflichtet**, die Maßnahmen ordnungsmäßiger Verwaltung zutreffen, über die eine Beschlussfassung durch die Wohnungseigentümer nicht geboten ist, § 27 Abs. 1 Nr. 1 WEG, oder die zur Wahrung einer
Frist oder zur Abwendung eines Nachteils erforderlich sind, § 27 Abs. 1 Nr. 2 WEG. Die Eigentümer können
die Kompetenzen des Verwalters sowohl **erweitern** als auch **beschränken**, § 27 Abs. 2 WEG.

In der Regel soll es sich bei den Maßnahmen, bei denen nach § 27 Abs. 1 Nr. 1 WEG eine Beschlussfassung   22
nicht notwendig ist um solche handeln, die in § 27 Abs. 1 Nr. 2, 4, 5 und 6 WEG aF dem Verwalter zugewiesen waren. Je nach Art und Größe der Wohnungseigentumsanlage soll der Verwalter aber auch Reparaturarbeiten beauftragen und Versorgungs- oder Dienstleistungsverträge ohne vorherigen Beschluss der Eigentümer abschließen dürfen. Gleiches gilt für die Erhebung von Hausgeldklagen. Zur Vermeidung von **Haftungsrisiken**
sollte der Verwalter im Zweifel stets einen **Beschluss** einholen. Im Übrigen empfiehlt sich eine ausführliche
Regelung der Aufgaben und Befugnisse des Verwalters im Verwaltervertrag. Dabei bietet sich gegebenenfalls
die Orientierung am ehemaligen § 27 Abs. 1 Nr. 1 WEG aF an.

3. Vergütung. Im Verwaltervertrag wird regelmäßig die **Vergütungshöhe** festgelegt sowie etwaige **Sonder-**   23
vergütungen für solche Verwaltertätigkeiten, die über die gesetzlichen Pflichten hinausgehen. Art und Höhe
der Vergütung kann in den Grenzen der §§ 134,138 BGB frei ausgehandelt werden. Sind Regelungen zur Vergütung nicht getroffen, steht dem Verwalter die übliche Vergütung nach zu, §§ 675, 612 Abs. 1 und 2 BGB.
Die Vergütung wird üblicherweise je Einheit und Monat angegeben, was bei einer Zusammenlegung von Einheiten zu einer Reduzierung und bei einer Unterteilung von Einheiten zu einer Erhöhung der Vergütung führt.
Die Sondervergütungen sind in der Regel anlassbezogen, wie zB die Sondervergütung für die Einberufung
einer außerordentlichen Eigentümerversammlung, solange diese nicht aufgrund schuldhaften Verhaltens des
Verwalters erforderlich geworden ist, eine Sondervergütung für Mahn- und Kopierkosten oder für die Zustimmung zur Veräußerung nach § 12 WEG. Sind Sondervergütungen nicht vereinbart, sind sämtliche Tätigkeiten,
ob gesetzlich oder vertraglich vereinbart, von der vereinbarten Verwaltervergütung abgegolten. Ein Anspruch
auf eine zusätzliche Sondervergütung besteht dann nicht, kann aber nachverhandelt werden. Letzteres stellt
eine Änderung des Vertrages dar, die zunächst zu beschließen ist. Die Vereinbarung einer Wertsicherungsklausel ist nach § 1 Abs. 1 PreisklG unzulässig. Zulässig wären Staffelvereinbarungen, Spannungs- und Leistungs-
vorbehaltsklauseln,[17] sowie eine Verabredung, bei Eintritt von bestimmten Bedingungen über eine **Vergü-**
tungsanpassung neu zu verhandeln.[18] Sind **Bruttobeträge** vereinbart, beinhalten diese die gesetzliche Mehrwertsteuer.[19] Der Verwalter hat nur Anspruch auf zusätzliche **Mehrwertsteuer**, wenn dies auch so vereinbart
ist.

---

17 *Jacoby* FS Derleder 2015, 235 (245).
18 AG Saarbrücken 5.2.2009 – 1 WEG C 7/08, ZMR 2009, 560.
19 BGH 26.6.1991 – VIII ZR 198/90, NJW 1991, 2484.

24   **4. Laufzeit.** In den meisten Verträgen werden Regelungen zur Laufzeit getroffen. Entweder lehnt sich die vertragliche Laufzeit an die Laufzeit der Bestellung an oder der Vertrag enthält – in der Regel meist nicht beabsichtigt – von der Bestellungszeit abweichende Laufzeitregelungen. Dabei sind stets die gesetzlichen Regelungen des § 26 Abs. 2 S. 1 WEG zur Laufzeit der Verwalterbestellung zu beachten. Über die gesetzlichen Regelungen hinausgehende Laufzeiten des Vertrages sind wie schon nach bisherigem Recht nichtig und damit unbeachtlich, was sich aus dem Wort „kann" in § 26 Abs. 2 S. 1 WEG ergibt.[20] Das gilt auch in den Fällen, in denen ein Verwaltervertrag eine **Fortsetzungsklausel** enthält, die die Zeiträume des § 26 Abs. 2 S. 1 WEG überschreiten, denn § 26 Abs. 2 S. 1 WEG ist bindend.[21] Diese Regelung geht im Übrigen der Regelung in § 309 Nr. 9 BGB als lex specialis vor.[22] Nach Ablauf der in § 26 Abs. 2 S. 1 WEG genannten Zeiträume oder nach Ablauf der vereinbarten Laufzeit endet der Verwaltervertrag automatisch, wenn nicht zuvor eine Verlängerung oder Neuwahl beschlossen wurde. Der Verwalter kann jederzeit abberufen werden, § 26 Abs. 3 S. 1 WEG. Wird der Verwalter vorzeitig abberufen, endet der Verwaltervertrag spätestens 6 Monate nach dessen Abberufung, § 26 Abs. 3 S. 2 WEG.

25   **5. Hausgeldinkasso.** Die dem Verwalter bereits gesetzlich zustehenden **Rechte und Pflichten** können **erweitert** werden, § 27 Abs. 2 WEG. In der Praxis von großer Bedeutung ist hier die Ermächtigung des Verwalters im Namen der Gemeinschaft der Wohnungseigentümer **Hausgeldrückstände** außergerichtlich und gerichtlich eintreiben zu dürfen. Zwar soll sich diese Ermächtigung bei größeren Anlagen bereits aus § 27 Abs. 1 Nr. 1 WEG ergeben können.[23] Zur Vermeidung von Unsicherheiten an dieser Stelle sollte jedoch eine ausdrückliche Ermächtigung im Verwaltervertrag vereinbart werden.

26   **6. Sonstige Kompetenzerweiterungen.** Es können auch bestimmte Pflichten im Hinblick auf den Inhalt der Abrechnung vereinbart werden, wie zB den Ausweis haushaltsnaher Dienstleistungen.[24] Sinnvoll ist es, dem Verwalter die Berechtigung zur Grundbucheinsicht im Verwaltervertrag ausdrücklich zu gewähren. Ebenso sinnvoll ist es, die dem Verwalter ohne gesonderte Ermächtigung zustehende laufende Maßnahmen der erforderlichen ordnungsmäßigen Erhaltung[25] näher zu konkretisieren.

27   **7. Haftungsbeschränkung.** Regelungen zur Haftungsbeschränkung sind wünschenswert, denn gem. § 9 b Abs. 1 WEG ist der Verwalter mit einer im Außenverhältnis **nicht begrenzbaren Vertretungsmacht** ausgestattet, nach der er Rechtshandlungen mit Wirkung für und gegen die Gemeinschaft der Wohnungseigentümer vornehmen kann, die er im Innenverhältnis aber gegebenenfalls nicht vornehmen darf. Überschreitet der Verwalter schuldhaft seinen Aufgabenkreis und verursacht dies einen Schaden, so haftet er der Gemeinschaft der Wohnungseigentümer auf Schadensersatz, § 280 Abs. 1 BGB. In der Regel sind jedoch Haftungsbeschränkungsregelungen in Verwalterverträgen nichtig, weil meist keine Individualvereinbarung, sondern eine **allgemeine Geschäftsbedingung** iSv § 305 Abs. 1 S. 1 BGB vorliegt,[26] die in vielerlei Hinsicht unwirksam sein kann. Häufig wird ein Verstoß gegen § 307 Abs. 2 Nr. 2 BGB vorliegen, denn die Haftung für die Verletzung vertragswesentlicher Pflichten kann nicht ausgeschlossen werden. Ebenso häufig ist auch ein Verstoß gegen § 309 Nr. 7 a BGB gegeben, es wird also nicht beachtet, dass die Haftung für Leben, Körper und Gesundheit nicht ausgeschlossen werden kann. Streitig ist, ob eine Haftungsbegrenzung für leichte Fahrlässigkeit bei reinem Vermögensschaden zB auf die Höhe der Deckungssumme einer Haftpflichtversicherung beschränkt werden kann. Da auch bei diesen Klauseln in der Regel entweder ein Verstoß gegen § 307 Abs. 2 Nr. 2 BGB vorliegt, weil zweifelhaft ist, ob die Versicherungssumme den vorhersehbaren, typischerweise eintretenden Schaden abdeckt oder nach §§ 307 Abs. 1 S. 2, 309 Nr. 7 BGB, weil zweifelhaft ist, ob die Versicherungssumme ausreichend hoch bemessen ist, sollte die Haftung im Falle leichter Fahrlässigkeit allenfalls auf die bei Vertragsschluss vorhersehbaren oder vertragstypischen Schäden begrenzt werden.[27] Wegen der erheblichen Risiken, dass eine Haftungsbeschränkungsvereinbarung unwirksam ist, sollte hierauf insgesamt verzichtet werden.

---

20   BT-Drs. 19/22634, 45.
21   Palandt/*Wicke* WEG § 26 Rn. 4.
22   BGH 20.6.2002 – V ZB 39/01, NZM 2002, 788.
23   BT-Drs. 19/18971, 73.
24   KG 16.4.2009 – 24 W 93/08, ZMR 2009, 709.
25   BT-Drs. 19/18971, 73.
26   *Vogel* ZWE 2015, 15 (16).
27   *Vogel* ZWE 2015, 15, (22).

8. Vertragsabschlüsse. Kompetenzerweiterungen zum **Abschluss von Verträgen**, zB für Erhaltungsarbeiten, sind nur in sehr engen Grenzen zulässig. In jedem Falle ist hier eine **Budgetierung** auf eine monatliche und jährliche Gesamtsumme erforderlich.[28] Dies gilt im Grunde auch, wenn die Ermächtigung zum Abschluss von Verträgen nur unter Mitwirkung des Verwaltungsbeirats erteilt wird.[29]   28

9. Verjährungsfristverkürzung. Zulässig soll eine Verkürzung der **Verjährungsfrist** sein. Hier muss allerdings die Verkürzung damit einhergehen, dass dies gem. § 202 Abs. 1 BGB nur für fahrlässige Pflichtverletzungen gilt.[30]   29

10. Befreiung vom Selbstkontrahierungsverbot. Häufig ist die Befreiung vom Verbot des **Selbstkontrahierens** (§ 181 BGB) vorgesehen. Sofern es sich, wie regelmäßig, beim Verwaltervertrag um Allgemeine Geschäftsbedingungen handelt, ist eine solche Vereinbarung unwirksam, individualvertraglich kann sie jedoch vereinbart werden.[31]   30

11. Gemeinschaftsbezogene Regelung, Sonderpflichten einzelner Eigentümer. Ob **gemeinschaftsbezogene Regelungen** wie zB die Fälligkeit des Hausgelds oder die Verpflichtung zur Teilnahme am Lastschriftverfahren im Verwaltervertrag wirksam geregelt werden können, wird nicht einheitlich beantwortet. Sollen im Verwaltervertrag **Sonderpflichten für einzelne Wohnungseigentümer** begründet werden, handelt es sich um eine unzulässige, also nichtige Regelung zulasten Dritter, denn der einzelne Wohnungseigentümer ist nicht Vertragspartner.[32] Dies ist allerdings dann anders zu sehen, wenn eine Regelung nach § 28 Abs. 3 WEG beschlossen werden könnte.[33]   31

VIII. Inhaltskontrolle

Der Vertragsfreiheit findet auch beim Verwaltervertrag ihre **Grenzen** in den §§ 134, 138, 242 BGB. Da es sich meist um **formularmäßige Verträge** handelt, unterliegen sie den Bestimmungen der §§ 305 ff. BGB, wenn sie – wie in der Praxis üblich – von einem gewerblich tätigen Verwalter verwandt werden.   32

Der Gemeinschaft der Wohnungseigentümer ist einem **Verbraucher** gem. § 13 BGB gleichzustellen, wenn ihr – was die Regel ist – wenigstens ein Verbraucher angehört und sie ein Rechtsgeschäft zu einem Zweck abschließt, der weder einer gewerblichen noch einer selbstständigen beruflichen Tätigkeit dient.[34] Das ist beim Verwaltervertrag der Fall, und es handelt sich bei dem Verwaltervertrag mit einem gewerblich tätigen Verwalter um einen **Verbrauchervertrag** gem. § 310 Abs. 3 BGB. Was wiederum zur Folge hat, dass gesetzlich vermutet wird, dass der Verwalter die Vertragsbedingungen gestellt hat, § 310 Abs. 3 Nr. 1 BGB und die AGB-Vorschriften auch angewandt werden, wenn der Verwalter die Vertragsbedingungen nur zur einmaligen Verwendung bestimmt haben sollte, § 310 Abs. 3 Nr. 2 BGB. Der Verwaltervertrag unterliegt daher fast immer einer **Inhaltskontrolle** nach den §§ 305 ff. BGB. Gleichwohl ist ein **Widerruf** des Verwaltervertrages nach § 312 g Abs. 1 BGB nicht möglich, da nicht vom Schutzzweck der Norm umfasst.[35]   33

IX. Auswirkungen der Anfechtung

Wird der Beschluss über den Abschluss des Verwaltervertrages bzw. dessen Genehmigung nach §§ 43 Abs. 2 Nr. 2, 44 Abs. 1 S. 1 WEG **angefochten** und daraufhin insgesamt, also nicht nur teilweise, für ungültig erklärt, wird der bis zur rechtskräftigen Ungültigerklärung wirksame Verwaltervertrag unwirksam und es gelten im Hinblick auf den Vergütungsanspruch die gesellschaftsrechtlichen Grundsätze über die fehlerhaften Anstellungsverträge. Der Vertrag wird für die Vergangenheit als wirksam betrachtet, so dass dem Verwalter die daraus resultierende Vergütung zusteht.[36]   34

---

28 LG Itzehoe 1.7.2014 – 11 S 10/13, ZWE 2015, 137.
29 LG Koblenz 21.7.2014 – 2 S 72/13, ZWE 2015, 272.
30 OLG München 8.11.2006 – 34 Wx 45/06, NJW 2007, 227.
31 OLG Karlsruhe 14.12.2007 – 11 Wx 40/06, BeckRS 2009, 26954.
32 BGH 17.11.2011 – V ZB 134/11, ZWE 2012, 128.
33 BeckOGK/*Greiner* WEG § 26 Rn. 178.
34 BGH 25.3.2015 – VIII ZR 243/13, NJW 2015, 3228.
35 Bärmann/*Becker* WEG § 26 Rn. 125 a.
36 Bärmann/*Becker* WEG § 26 Rn. 174.

35 Sofern der Beschluss über den Verwaltervertrag nur **teilweise** für **ungültig** erklärt wird, ist unter Anwendung des § 139 BGB zu klären, ob der Verwaltervertrag insgesamt unwirksam ist. Enthält ein Verwaltervertrag zahlreiche unwirksame Klauseln, die wesentliche Teile des Vertrages betreffen und ist anzunehmen, dass der Vertrag in Ansehung der verbliebenen Vertragsbestimmungen nicht gefasst worden wäre, ist der Beschluss über den Vertragsschluss insgesamt für ungültig zu erklären.[37] Sind nur einzelne Klausel unwirksam, tritt an deren Stelle das dispositive Gesetzesrecht.[38]

36 Die Bestellung des Verwalters ist nach der sog. **Trennungstheorie** vom Abschluss des Verwaltervertrags zu trennen.[39] Die Bestellung begründet die Organstellung, der Verwaltervertrag begründet ein Geschäftsbesorgungsverhältnis zwischen dem Verwalter und dem Gemeinschaft der Wohnungseigentümergemeinschaft (→ *Verwalter* Rn. 11). Ein Eigentümerbeschluss über die Bestellung des Verwalters kann deshalb trotz Ungültigkeit des Beschlusses betreffend den Abschluss des Verwaltervertrages gültig bleiben, wenn anzunehmen ist, dass die Verwalterbestellung auch ohne den nichtigen Teil beschlossen worden wäre.[40] Dabei widerspricht es jedoch den Grundsätzen ordnungsmäßiger Verwaltung, wenn der wirksam bestellte Verwalter auf Dauer ohne Verwaltervertrag bleibt. Jeder Wohnungseigentümer kann deshalb nach § 18 Abs. 2 Nr. 1 WEG verlangen, dass der wirksam bestellte Verwalter abberufen wird, wenn es nicht gelingt, mit ihm ein Verwaltervertrag abzuschließen.[41] Wurde auch der Bestellungsbeschluss erfolgreich angefochten steht dem Verwalter, der aufgrund des Beschlusses seine Leistung erbracht hat, lediglich ein Aufwendungsersatzanspruch in Höhe der üblichen Vergütung nach den Grundsätzen der **berechtigten Geschäftsführung ohne Auftrag** zu.[42]

X. Verwaltervertrag und Gemeinschaftsordnung

37 Der Verwaltervertrag und die Gemeinschaftsordnung regeln **verschiedene Rechtsverhältnisse** und sind deshalb grundsätzlich auseinanderzuhalten. Wie oben (*Verwaltervertrag* → Rn. 3) ausgeführt, regelt der Verwaltervertrag das Verhältnis zwischen dem Gemeinschaft der Wohnungseigentümer und dem Verwalter. Die Gemeinschaftsordnung (→ *Gemeinschaftsordnung* Rn. 3) regelt das Verhältnis der Wohnungseigentümer untereinander. Häufig sind aber in der **Gemeinschaftsordnung** Regelungen getroffen, die den Verwalter betreffen, zB das Erstellen einer Abrechnung bis zu einem bestimmten Zeitpunkt, die Ermächtigung zur gerichtlichen Geltendmachung von Hausgeldschulden usw. Da der Verwalter **Organ** der Gemeinschaft der Wohnungseigentümer ist, können in der Gemeinschaftsordnung Regelungen betreffend die Aufgaben und Befugnisse des Verwalters getroffen werden. Als Organ ist der Verwalter hieran gebunden. Diese Regelungen können nicht durch den Verwaltervertrag abgeändert werden, die Regelungen in der Gemeinschaftsordnung haben grundsätzlich Vorrang.[43]

38 Insoweit wird aber auch vertreten, dass den Verwalter betreffende Sonderregelungen, die in der Gemeinschaftsordnung vereinbart sind, in den Verwaltervertrag übernommen werden müssen, damit sie auch gegenüber dem Verwalter Wirksamkeit erlangen. Diese Übernahme geschieht, in dem der Verwaltervertrag die **Regelungen aus der Gemeinschaftsordnung** pauschal mit einbezieht, was auch konkludent geschehen kann.[44] In dem Fall sollen solche Regelungen durch Beschluss geändert werden können, denn dies wäre auch möglich, wenn diese Regelungen Teil eines der Gemeinschaftsordnung beigefügten und mit beurkundenden Verwaltervertrags wären.[45] Der zweiten Auffassung ist der Vorzug zu gegeben, denn dann kann zB eine veraltete Regelung in der Gemeinschaftsordnung durch **Beschluss** geändert werden.

---

37 LG Frankfurt a.M. 27.9.2017 – 13 S 49/16, ZWE 2018, 38; BGH 5.7.2019 – V ZR 278/17, NJW 2020, 988.
38 KG 5.2.2008 – 24 W 106/07, ZMR 2008, 476.
39 BGH 20.6.2002 – V ZB 39/01, ZMR 2002, 766.
40 OLG Köln 4.1.2007 – 16 Wx 232/06, ZMR 2008, 70; aA LG Frankfurt a.M. 27.9.2017 – 13 S 49/16, ZWE 2018, 38 mit krit. Anm. v. *Schledorn*, das sogar einen unter einem anderen Tagesordnungspunkt derselben Versammlung gefassten Bestellungsbeschluss für unwirksam ansieht, wenn der Beschluss über den Verwaltervertrag wirksam angefochten wurde.
41 BGH 5.7.2019 – V ZR 278/17, NJW 2020, 988.
42 BGH 7.3.1989 – XI ZR 25/88 NJW-RR 1989, 670.
43 Bärmann/*Becker* WEG § 26 Rn. 190.
44 BeckOGK/*Greiner* WEG § 26 Rn. 171.
45 BeckOGK/*Greiner* WEG § 26 Rn. 174.

Ist in der Gemeinschaftsordnung ausnahmsweise auch eine Vereinbarung über die Höhe der Verwaltervergü- 39
tung getroffen, die die **Höhe der Vergütung** für die Zukunft unabänderbar festlegt, und hält man den Verwalter als Organ an diese Regelung gebunden, war eine solche Vereinbarung nach § 20 Abs. 2 WEG aF unwirksam. Nach § 20 Abs. 2 WEG konnte die Bestellung eines Verwalters nicht ausgeschlossen werden. Diese Vorschrift war zwingend. Hieraus wurde gefolgert, dass auch die gesetzliche Kompetenz zur Bestellung eines Verwalters zu ortsüblichen Bedingungen durch Regelungen in der Gemeinschaftsordnung nicht wirksam beschränkt werden konnte. Eine solche Festlegung hätte durch wirtschaftliche Fesseln die Gewinnung eines geeigneten gewerblichen Verwalters zu verkehrsüblichen Bedingungen vereitelt oder beeinträchtigt und damit den Kernbereich der durch Vereinbarung nicht abdingbaren Bestimmung des § 20 Abs. 2 WEG berührt.[46] Die Regelung des § 20 Abs. 2 WEG aF findet sich im aktuellen Wohnungseigentumsgesetzes nicht mehr. Folgt man der oben (→ Rn. 22) dargestellten Auffassung, wonach die den Verwalter betreffenden Regelungen in der Gemeinschaftsordnung im Verwaltervertrag ausdrücklich übernommen werden müssen, stellt sich das Problem nicht.

Enthält der **Verwaltervertrag** Regelungen **betreffend das Gemeinschaftsverhältnis** und handelt es sich bei 40
dem Verwaltervertrag um Allgemeine Geschäftsbedingungen, sind diese überraschend und unwirksam iSv § 305 c BGB.[47] Sollte es sich ausnahmsweise einmal nicht um unwirksame Allgemeine Geschäftsbedingungen handeln, soll diese Regelungen aber unwirksam sein, weil es aufseiten der Gemeinschaft der Wohnungseigentümer keine Beschlusskompetenz gibt. Der Verwaltervertrag regelt die Rechte und Pflichten seiner Vertragsparteien, so dass Änderungen der Gemeinschaftsordnung nicht durch Abschluss eines anderslautenden Verwaltervertrags abgeändert werden können. Hierzu bedarf es einer Vereinbarung.[48]

XI. Vertragsänderungen

Hier gilt das oben (→ Rn. 5 ff.) zum Vertragsschluss Ausgeführte sinngemäß. Insbesondere können einmal ge- 41
schlossene Verwalterverträge nicht nachträglich durch Mehrheitsbeschluss einseitig durch die Gemeinschaft der Wohnungseigentümer geändert werden. Es bedarf also auch bei einer Änderung immer eines **Angebots** und einer **Annahme**.

XII. Verfahrenshinweise

Der zu einem Verwaltervertrag führende Beschluss ist **anfechtbar**. Kläger bzw. anspruchsberechtigt ist ein 42
einzelner Wohnungseigentümer, der die Gemeinschaft der Wohnungseigentümer als Beklagte in Anspruch nimmt, § 44 Abs. 2 S. 1 WEG. Überprüft wird, ob der Verwaltervertrag **ordnungsmäßiger Verwaltung** entspricht, es wird also jede einzelne Bestimmung überprüft bzw. kann zur Überprüfung gestellt werden, genauso kann der Kläger die Überprüfung aber auf einzelne Klauseln beschränken.[49]

Ist die **Anfechtungsfrist** versäumt, könnte im Wege der Feststellungsklage der Vertrag insgesamt oder einzel- 43
ne Klauseln noch für nichtig erklärt werden. Das dürfte auch weiterhin gelten, auch wenn das Gesetz den § 47 S. 1 WEG aF nicht übernommen hat, nach dessen Inhalt neben der Klage auf Erklärung der Ungültigkeit auch eine Klage auf Feststellung der Ungültigkeit möglich war. Die Erhebung einer Klage auf Feststellung der Nichtigkeit des Verwaltervertrages insgesamt oder einzelner Klauseln erfolgt nach § 256 ZPO.

Da der Verwalter einen ihm nicht genehmen Verwaltervertrag nicht annehmen muss, kommt eine Anfechtung 44
des Beschlusses über den Verwaltervertrag durch den Verwalter nicht in Betracht. Das WEG sieht eine Anfechtungsklage des Verwalters mangels praktischer Relevanz nicht mehr vor.[50]

---

46 KG 19.11.1993 – 24 W 1118/93, NJW-RR 1994, 402.
47 Jennißen/*Jennißen* WEG § 26 Rn. 94.
48 OLG Dresden 30.10.2020 – 2008–3 W 0845/08, ZMR 2009, 301.
49 BGH 5.7.2019 – V ZR 278/17, NJW 2020, 988.
50 BT-Drs. 19/18791, 80.

251. Verwaltungsbeirat

Leist

I. Einführung

1 Das Wohneigentumsgesetz (WEG) bestimmt in §§ 9 b, 18, 29 WEG die Gliederung der Verwaltung in drei Organe. Dabei haben die Wohnungseigentümer insgesamt und auch der Verwalter nach dem Gesetzeswortlaut eine exponierte Stellung in der Organisationsstruktur der Wohnungseigentümergemeinschaft.

2 Demgegenüber ist die Stellung des Verwaltungsbeirats eher von untergeordneter Bedeutung, wenngleich das Amt des Verwaltungsbeirats durch die Gesetzesänderung eine Aufwertung erfahren hat, um dieses in seiner Attraktivität zu steigern.[1]

3 Nach dem Aufbau des WEG ist der **Verwaltungsbeirat kein notwendiges Organ der Gemeinschaft der Wohnungseigentümer**, wobei sich dies bereits aus § 29 Abs. 1 S. 1 WEG ableiten lässt, da die Einsetzung des Verwaltungsbeirats im Ermessen der Wohnungseigentümer steht.

4 Der Verwaltungsbeirat nimmt – soweit etabliert – nach den gesetzlichen Regelungen **Hilfs-, Kontroll- und Überwachungsfunktionen** wahr und sichert die Beteiligung der Wohnungseigentümer an der Verwaltung außerhalb von Eigentümerversammlungen.[2]

5 Da der Verwaltungsbeirat mit Blick auf die gesetzlichen Aufgabenzuweisungen **keine eigenen Verwaltungsaufgaben** in der Organisation der Gemeinschaft der Wohnungseigentümer hat, ist es in erster Linie die Sache des Verwalters, der durch den Verwaltungsbeirat unterstützt werden soll, die unterstützende Aufgabe zu konkretisieren. Dabei war die gesetzliche Aufgabenzuweisung in § 29 Abs. 2 WEG aF bis zur Gesetzesänderung dahin gehend zu verstehen, dass der Verwaltungsbeirat den Verwalter nur insoweit zu unterstützen hat, als dieser der Unterstützung bedarf.[3]

---

1 BT-Drs. 19/18791, 78.
2 BGH 5.2.2010 – V ZR 126/09, NJW 2010, 1368.
3 BayObLG 3.5.1972 – BReg. 2 Z 7/72, NJW 1972, 1377.

Neu hinzugekommen ist nun auch die Aufgabe, den **Verwalter zu „überwachen".**[4] Auch kommt nunmehr   6
dem Verwaltungsbeiratsvorsitzenden die Aufgabe zu, die Gemeinschaft der Wohnungseigentümer gegenüber
dem Verwalter **zu vertreten** (soweit nicht ein Beschluss der Eigentümer eine andere Person bestimmt), wenn
dieser außergerichtlich nach § 181 BGB beziehungsweise gerichtlich nach allgemeinen prozessrechtlichen
Grundsätzen von der Vertretung der Gemeinschaft der Wohnungseigentümer ausgeschlossen ist.[5]

Ist das Beiratsamt installiert, dann richtet sich dessen Inhalt – soweit nicht das WEG besondere Regelungen   7
vorhält – bei unentgeltlicher Tätigkeit der Verwaltungsbeiräte nach dem Auftragsrecht iSd §§ 662 ff. BGB,[6]
bei entgeltlicher Tätigkeit nach dem Geschäftsbesorgungsvertragsrecht (§ 675 BGB).[7]

II. Bildung und Bestellung des Beirats

§§ 29 Abs. 1 iVm 25 Abs. 1 WEG gibt die entscheidenden Vorgaben für die Bildung und Bestellung eines   8
Beirats. Danach können die Wohnungseigentümer durch **Stimmenmehrheit die Bestellung eines Verwaltungsbeirats** beschließen.

Es handelt sich hierbei um einen reinen Mehrheitsbeschluss der anwesenden Eigentümer in einer Eigentümer-   9
versammlung.

1. Person des Beirats. Nach § 29 Abs. 1 S. 1 WEG können Wohnungseigentümer durch Beschluss zum Mit-   10
glied des Verwaltungsbeirats bestellt werden. Damit ist klar, dass nach dem Gesetz **nur Wohnungseigentümer** die Rolle eines Verwaltungsbeirats einnehmen dürfen.

Eine anderweitige Besetzung ist nur zulässig, sofern die Eigentümer iSd § 10 WEG vereinbart haben, dass   11
auch andere Personen außerhalb der Wohnungseigentümergemeinschaft dieses Amt bekleiden dürfen.[8]

Nach allgemeiner Meinung kommt für das Amt des Beirates allein eine natürliche Person in Betracht, da der   12
Verwaltungsbeirat eine unbeschränkt geschäftsfähige Person sein soll, die das Beiratsamt **eigenverantwortlich und höchstpersönlich** ausübt.[9]

Deshalb kann eine GmbH eine KG oder AG, auch wenn sie Eigentümerin von Sondereigentum in einer Woh-   13
nungseigentumsanlage ist, ebenso wenig das Amt eines Beirates bekleiden, wie dies eine Grundstücks-GbR
oder eine OHG könnte.[10]

Allerdings stehen natürliche Personen, wie Komplementäre einer KG, Gesellschafter einer Grundstücksgesell-   14
schaft bzw. einer OHG oder die Partner einer Partnerschaftsgesellschaft, die Inhaber von Wohnungs- oder
Teileigentum sind, als Gesamthandseigentümer – anders als gesetzliche Vertreter einer juristischen Person
oder deren Gesellschafter – dem Wohnungseigentümer iSd § 29 Abs. 1 S. 2 WEG gleich und können deshalb
zum Verwaltungsbeirat gewählt werden.[11]

Auch Kommanditisten sind von der Wahl zum Verwaltungsbeirat nicht ausgeschlossen, da Ihnen das Wohnei-   15
gentum gesamthänderisch zusteht.[12]

Wird entgegen der gesetzlichen Bestimmung gleichwohl ein außenstehender Dritter zum Beirat bestellt, so ist   16
ein solcher Beschluss nur anfechtbar, jedoch nicht nichtig.[13] Demgegenüber ist ein Beschluss über die dauerhafte Möglichkeit der Besetzung der Position eines Beirats mit einer außerhalb der WEG stehenden Person
mangels Beschlusskompetenz nichtig.[14]

---

4   BT-Drs. 19/22634, 47.
5   BT-Drs. 19/18791, 49.
6   BayObLG 30.4.1999 – 2Z BR 153/98, NJW-RR 2000, 13.
7   *Gottschalg* NZM 2004, 81 (82).
8   KG 21.12.1988 – 24 W 1435/88, NJW-RR 1989, 460.
9   *Schmidt* ZWE 2004, 18 (26); *Bub* ZWE 2002, 7(10).
10 *Schmidt* ZWE 2004, 18(26); *Bub* ZWE 2002, 7 (10); *Müller* Wohnungseigentum, 9.Teil, Rn. 327; *Armbrüster* NZM
    2001, 355 (356); aA *Kappus* NZM 2017, 663 (665) mwN, wonach auch Kapitalgesellschaften das Beiratsamt ein-
    nehmen können.
11 *Bub* ZWE 2002, 7(10).
12 *Bub* ZWE 2002, 7, (10); OLG Frankfurt a. M. 18.7.1986 – 20 W 361/85, OLGZ 1986, 432.
13 OLG Frankfurt a. M. 18.7.1986 – 20 W 361/85, OLGZ 1986, 432.
14 BGH 20.9.2000 – V ZB 58/99, NZM 2000, 1184.

17 **2. Anzahl der Beiräte.** Nach dem gesetzlichen Wortlaut bis zur Gesetzesänderung bestand der **Verwaltungs-beirat aus drei Personen**. Eine von § 29 Abs. 2 S. 2 WEG aF abweichende Besetzung des Verwaltungsbeirats entsprach daher nur dann ordnungsgemäßer Verwaltung, wenn die Wohnungseigentümer die Weichen für eine solche Wahl durch eine Vereinbarung nach § 10 Abs. 2 WEG aF gestellt oder aber der Verband Wohnungs-eigentümergemeinschaft durch Vereinbarung die Festlegung der Zahl der Beiratsmitglieder zur Entscheidung durch Mehrheitsbeschluss zugewiesen hatte.[15]

18 Da aufgrund dieser gesetzlichen Regelung ein Verwaltungsbeirat aber immer nur dann installiert werden konn-te, wenn zumindest drei Eigentümer für das Amt zur Verfügung standen, konnte es durchaus geschehen, dass bei Fehlen von ausreichenden Kandidaten bzw. bei Kleinstgemeinschaften mit weniger als 3 Eigentümern, die Einrichtung eines Verwaltungsbeirats rechtlich nicht möglich war. Mit der Gesetzesänderung wurde daher eine Flexibilisierung eingeführt, indem nach § 29 Abs. 1 WEG das Erfordernis einer gewissen Anzahl an Beiräten aufgegeben wurde[16] und damit die Wohnungseigentümer über die Anzahl der Beiräte eigenständig beschließen können.

19 **3. Qualifikation zum Beirat.** Durchweg sinnvoll ist es naturgemäß, wenn sich Personen für das Beiratsamt finden, die in kaufmännischen, buchhalterischen, rechtlichen oder bautechnischen Angelegenheiten Kenntnis-se mit sich bringen. Zwingend ist dies jedoch nicht, zumal § 29 Abs. 1 WEG hierzu keine Vorgaben macht.

20 Folglich stellt die Rechtsprechung an die Eignung eines Wohnungseigentümers, das Amt eines Mitglieds des Verwaltungsbeirats zu übernehmen, keine strengen Anforderungen, wie sie zum Beispiel an die Eignung für das Amt des Verwalters der Wohnungseigentümergemeinschaft gestellt werden.[17]

21 Eine **besondere Qualifikation** zur Ausübung des Amtes wird daher gar nicht verlangt.[18]

22 Die Bestellung eines Wohnungseigentümers zum Mitglied des Verwaltungsbeirats widerspricht insofern also nur dann ordnungsgemäßer Verwaltung, wenn schwerwiegende Gründe gegen die Person als Verwaltungsbei-rat sprechen.[19]

23 Gemessen daran widerspricht zB die Bestellung eines Verwaltungsbeiratsmitglieds dann ordnungsgemäßer Verwaltung, wenn es für seine Tätigkeiten von dem Verwalter bezahlt wird, da dies angesichts der Aufgabe des Verwaltungsbeirats, den Verwalter zu kontrollieren, einen Interessenkonflikt schafft.[20] Eine Bezahlung des Verwaltungsbeirats durch den Verwalter würde insoweit der Stellung des Verwaltungsbeirats als Hilfs- und Kontrollorgan, welches die Beteiligung der übrigen Wohnungseigentümer an der Verwaltung außerhalb der Versammlung sichern soll, entgegenstehen.

24 **4. Wahl des Beirates.** Nach dem Gesetzeswortlaut erfolgt die Wahl der Mitglieder des Verwaltungsbeirats durch einen **Beschluss der Wohnungseigentümerversammlung**. Die Wahl von Wohnungseigentümern zu Mitgliedern eines Beirates bedeutet dann zugleich auch die Bestellung dieses Verwaltungsorgans; eines geson-derten Beschlusses über die Einrichtung dieses Organs bedarf es in diesem Fall nicht.[21]

25 Abweichend von § 29 Abs. 1 S. 1 WEG steht es den Wohnungseigentümern frei, in ihrer **Gemeinschaftsord-nung abweichende Regelungen** zur Etablierung eines Verwaltungsbeirats zu bestimmen,[22] so dass auch der vollständige Ausschluss der Kompetenz zur Etablierung eines Verwaltungsbeirats im Rahmen einer Vereinba-rung der Wohnungseigentümer regelbar ist.

26 Für Vereinbarungen in Gemeinschaftsordnungen, die vor dem 1.12.2020 errichtet wurden, gilt es jedoch bei Fragen der Beschränkungen des Beiratsamtes im Einzelfall zu prüfen, ob solche Regelungen weiter Bestand haben können. Denn nach § 47 WEG gelten einschränkende Vereinbarungen, die vor dem 1.12.2020 in einer

---

15 BGH 5.2.2010 – V ZR 126/09, NJW 2010, 3168.
16 BT-Drs. 19/18791, 78.
17 Vgl. zur Eignung als Verwalter zB OLG Düsseldorf 28.7.1995 – 3 Wx 210/95, BeckRS 1995, 5310; BGH 22. 6.2012 – V ZR 190/11, NZM 2012, 654.
18 OLG München 28.9.2006 – 32 Wx 115/06, NZM 2007, 132.
19 OLG Köln 30.8.1999 – 16 Wx 123/99, NJW-RR 2000, 88.
20 LG Frankfurt a. M. 21.10.2015 – 2/13 S 97/12, BeckRS 2016, 4728.
21 BayObLG 19.2.1999 – 2 Z BR 162/98, NZM 1999, 857.
22 BayObLG 21.10.1993 – 2 Z BR 103/93, NJW-RR 1994, 338.

Leist

Gemeinschaftsordnung implementiert wurden und dem Regelungsgehalt der ab dem 1.12.2020 geltenden Rechtslage entgegenstehen, im Zweifel nicht über den 1.12.2020 hinaus.[23]

Nur wenn sich aus der Vereinbarung in der Gemeinschaftsordnung eindeutig der Wille erschließt, dass die Vereinbarung eine Gesetzesänderung überdauern sollte, bleibt deren Regelungsgehalt. Andernfalls – also auch bei Zweifeln – gilt die Gesetzeslage des ab dem 1.12.2020 geltenden Rechts.[24]   27

Bei der Besetzung des Verwaltungsbeirats kann durch die Eigentümer ein **separater Beschluss über die jeweilige Person**, die in das Amt des Verwaltungsbeirats gewählt werden soll, gefasst werden.   28

Ob es daneben auch möglich ist, den Verwaltungsbeirat durch eine **Blockwahl** zu bestimmen, ist demgegenüber umstritten. Das Landgericht Düsseldorf[25] meint, dass die Blockwahl des Verwaltungsbeirats einer Wohnungseigentümergemeinschaft mit den geltenden demokratischen Grundprinzipien nicht vereinbar sei und deshalb unzulässig wäre. Dies unter anderem deshalb, weil die Wohnungseigentümer bei einer Blockwahl gezwungen wären, auch für solche Kandidaten zu stimmen, für die sie bei einer Einzelwahl nicht ihre Stimme abgegeben hätten.   29

Das Kammergericht greift diesen Aspekt auf, sieht jedoch dann keine Bedenken gegen eine Blockabstimmung, wenn die Einzelabstimmung von keinem Wohnungseigentümer verlangt wird.[26]   30

Da die zuletzt genannte Rechtsmeinung allerdings augenscheinlich nur die in einer Eigentümerversammlung anwesenden Wohnungseigentümer im Blick hat, die vom Landgericht Düsseldorf thematisierten demokratischen Grundsätze jedoch auch im Verhältnis zu nicht anwesenden Eigentümern einzuhalten sind, wird der Rechtsauffassung des Landgerichts Düsseldorf der Vorzug zu gewähren sein. Auch aus Gründen der Vermeidung von Beschlussanfechtungen sollte daher die Wahl des Verwaltungsbeirates bezüglich der Mitglieder des Gremiums jeweils einzeln erfolgen.   31

Standen **mehr Bewerber** zur Wahl als **Verwaltungsbeiratsstellen** zu besetzen waren, war nach alter Rechtslage die Abstimmung über jeden einzelnen Beirat allerdings nur als Teilakt eines als Einheit zu betrachtenden Verfahrens zu verstehen.[27]   32

Dieser Aspekt der Beiratsbestellung ist nunmehr mit der **Gesetzesänderung** obsolet geworden, da die zahlenmäßige Beschränkung der Beiratsposten mit der Neufassung des § 29 Abs. 1 WEG weggefallen ist.   33

Bei der Wahl zum Beirat ist es allgemein herrschende Meinung, dass die Person, die zum Beirat gewählt wird, **nicht einem Stimmrechtsausschluss** iSd § 25 Abs. 4 WEG unterlegen ist.[28]   34

Gegen einen Stimmrechtsausschluss bei der Wahl zum Verwaltungsbeirat dürfte auch die Entscheidung des BGH stehen, wonach bei der Bestellung eines Eigentümers zum Verwalter der Wohneigentümergemeinschaft die **Ausübung der mitgliedschaftlichen Rechte** im Vordergrund steht, so dass ein Eigentümer bei der Bestellung seiner Person zum Verwalter nicht vom Stimmrecht ausgeschlossen ist.[29]   35

Da die Situation bezüglich der Wahl zum Verwaltungsbeirat mit der der Bestellung eines Verwalters für die Gemeinschaft der Wohnungseigentümer identisch ist, wird mit der herrschenden Meinung hier nichts anderes zu gelten haben.   36

5. Beschlussanfechtung. Die Bestellung des Verwaltungsbeirats oder eines seiner Mitglieder unterliegt, wie jeder andere Beschluss auch, der Möglichkeit der Beschlussanfechtung nach § 44 WEG.   37

Das Rechtschutzbedürfnis an einer Beschlussanfechtung entfällt jedoch dann, wenn der Verwaltungsbeirat sein Amt niedergelegt hat.[30]   38

---

23 BT-Drs. 19/18791, 84.
24 BT-Drs. 19/18791, 84.
25 LG Düsseldorf 6.5.2004 – 19 T 42/04, NZM 2004, 468.
26 KG 29.3.2004 – 24 W 194/02, NZW 2005, 107.
27 Arg. aus BGH 18.1.2019 – V ZR 324/17, NJW-RR 2019, 1102.
28 BeckOK WEG/*Munzig* § 29 Rn. 27.
29 BGH 19.9.2002 – V ZB 30/02, NJW 2002, 3704.
30 AG Pinneberg 6.3.2018 – 60 C 34/17, ZWE 2018, 371.

39 Der Streit- und Rechtsmittelwert der Beschlussanfechtung im Zusammenhang mit der Bestellung des Verwaltungsbeirats beläuft sich im Regelfall auf 750 EUR.[31]

40 **6. Zusammensetzung des Beirats.** § 29 Abs. 1 S. 2 WEG sieht vor, dass der Verwaltungsbeirat, soweit mehrere Personen zu Verwaltungsbeiräten bestellt werden, aus einem Vorsitzenden und einem Stellvertreter besteht.

41 Der Vorsitzende und sein Stellvertreter sind nach dem Gesetzeswortlaut zu bestimmen, wobei das Gesetz offenlässt, wer diese Bestimmung vornimmt.

Dies kann einerseits durch die Eigentümer in der Eigentümerversammlung bereits bei der Wahl des Verwaltungsbeirats geschehen. Entscheiden die Wohnungseigentümer hierzu nicht, so obliegt es dem Gremium der Verwaltungsbeiräte aus den eigenen Reihen ihren Vorsitzenden (und Stellvertreter) zu bestimmen.[32]

42 **7. Dauer der Amtszeit, Amtsniederlegung, Abwahl. a) Dauer der Bestellung.** Das WEG selbst gibt – anders als beim Verwalter, der auf höchstens 5 Jahre und im Falle der ersten Bestellung nach der Begründung von Wohneigentum höchstens 3 Jahre bestellt werden kann – keine Regelungen zur Amtsdauer des Verwaltungsbeirates vor.

43 Haben die Wohnungseigentümer die Amtsdauer und etwaige Befristungen nicht in der Gemeinschaftsordnung vereinbart oder im Rahmen der Wahl des Verwaltungsbeirats zeitliche Schranken für die Ausübung des Verwaltungsbeiratsamtes gesetzt, dann ist der **Verwaltungsbeirat auf unbestimmte Zeit bestellt**.[33]

44 **b) Amtsniederlegung.** In rechtlicher Hinsicht handelt es sich bei der Ausübung der Mitgliedschaft im Verwaltungsbeirat regelmäßig um eine **Beauftragung** iSd §§ 662 ff. BGB.[34]

45 Aufgrund dieser rechtlichen Qualifikation steht es daher dem Verwaltungsbeiratsmitglied frei, ein solches Auftragsverhältnis zu jeder Zeit gem. § 671 Abs. 1 BGB zu beenden. Dabei hat allerdings das Beiratsmitglied darauf zu achten, dass die Beendigung nicht zu einer sog. Unzeit geschieht, da sich sonst das Beiratsmitglied gegenüber der Eigentümergemeinschaft schadensersatzpflichtig machen könnte (§ 671 Abs. 2 BGB).

46 Fälle, aus denen sich eine solche Schadensersatzpflicht ableiten könnte, sind allerdings denkbar gering und es haben sich – soweit erkennbar – weder die Literatur noch veröffentlichte gerichtliche Entscheidungen bisher damit beschäftigt (iÜ → Rn. 134 ff.).

47 Die **Amtsniederlegung selbst ist eine einseitige empfangsbedürftige Willenserklärung**, die mit Zugang beim Verwalter wirksam wird, da dieser grundsätzlich gem. § 9 b Abs. 1 S. 1 WEG berechtigt ist, im Namen der Wohnungseigentümer mit Wirkung für sie und gegen sie Willenserklärungen entgegenzunehmen.

48 **c) Abwahl.** Ebenso wie die Dauer des Verwaltungsbeiratsamtes nicht im Gesetz geregelt ist, finden sich im Gesetz auch keine Regelungen, die die Abwahl/Abberufung des Verwaltungsbeirats betreffen.

49 Auch hier ist dann auf die Vorschriften des Auftragsrechts zurückzugreifen, so dass die Wohnungseigentümer durch **Mehrheitsbeschluss jederzeit und ohne Angabe von Gründen** gem. § 671 Abs. 1 BGB den Verwaltungsbeirat oder ein Mitglied aus seiner Stellung abwählen/abberufen können.[35]

50 Liegen Gründe vor, die die Abberufung als ordnungsgemäße Verwaltung entsprechen lassen und weigert sich die Mehrheit der Eigentümer, eine entsprechende Beschlussfassung zu tätigen, so besteht auch die Möglichkeit, über eine Gestaltungsklage die Abberufung des Verwaltungsbeirats durch ein Gericht herbeizuführen.[36]

51 Eine Gestaltungsklage in vorstehender Form, ohne vorherige Befassung der Wohnungseigentümerversammlung, ist allerdings grundsätzlich unzulässig, es sei denn, es steht fest, dass ein entsprechender Beschlussantrag dort ohnehin abgelehnt worden wäre.[37]

---

31 BGH 17.1.2019 – V ZB 121/18, NJW 2019, 589.
32 OLG Köln 29.12.1999 – 16 Wx 181/99, NZM 2000, 675.
33 OLG Köln 24.11.1999 – 16 Wx 158/99, NZM 2000, 193; BT-Drs. 168/20, 87.
34 AG München 1.2.2017 – 481 C 15463/16 WEG, ZWE 2017, 419.
35 OLG Hamm 18.1.1999 – 15 W 77/98, NZM 1999, 227.
36 OLG München 28.9.2006 – 32 Wx 115/06, NZM 2007, 132.
37 OLG München 28.9.2006 – 32 Wx 115/06, NZM 2007, 132.

Leist

Gründe, die eine Abberufung des Verwaltungsbeirats rechtfertigen, können in der Nichtweitergabe von Informationen bei der Prüfung der Rechnungslegung eintreten, insoweit der Verwaltungsbeirat keine Informationen über die Fehlerhaftigkeit der Abrechnung an die Eigentümer weitergibt, oder wenn der Verwaltungsbeirat Beihilfehandlungen zur Schädigung des Gemeinschaftsvermögens durch den Verwalter unternimmt.[38]   52

Auch eine **konkludente Abberufung** des Beirats durch Beschluss der Wohnungseigentümer ist denkbar. Dies   53
in den Fällen, in denen die Eigentümer in einer Eigentümerversammlung einen neuen Verwaltungsbeirat bestellen, so dass in der Wahl des neuen Verwaltungsbeirats die Abwahl des bisherigen Beirats zu sehen ist.[39]

8. Organisation im Verwaltungsbeirat. Es gibt **keine gesetzliche Bestimmung im WEG**, wie die innere   54
Organisation des Verwaltungsbeirats zu erfolgen hat.

Es ist also nicht geregelt, ob bzw. welche formellen Aspekte für eine Einberufung einer Beiratssitzung zu be-   55
achten sind und wie sich die Willensbildung des Beirates durch seine Mitglieder vollzieht. Man wird hier mit der herrschenden Meinung in der Literatur im Wesentlichen die Grundsätze des WEG zur Ladung von Eigentümerversammlungen (§ 24 WEG), Stimmprinzipien nach dem Kopf-Prinzip (§ 25 Abs. 2 WEG) und Beschränkungen des Stimmrechts (§ 25 Abs. 4 WEG) heranziehen können.

Während man nach der bis zum 1.12.2020 geltenden Rechtlage die Beschlussfähigkeit einer Beiratssitzung in   56
entsprechender Anwendung des Rechtsgedankens aus § 25 Abs. 3 WEG aF ableiten konnte, wonach eine Verwaltungsbeiratsversammlung jedenfalls dann beschlussfähig war, wenn mehr als 50 % der Beiräte (regelmäßig also zwei Beiräte bei einem Gremium mit drei Beiräten), an der Beiratssitzung teilnahmen, so wird man dies mit der Gesetzesänderung nicht mehr annehmen können.

Da nach der **neuen Rechtslage** Entscheidungen einer Eigentümerversammlung ohne Abhängigkeit von einer „Beschlussfähigkeit" getroffen werden können,[40] kann für die Entscheidung des Verwaltungsbeirates nichts anderes gelten. Damit sind folglich auch „**Ein-Mann-Entscheidungen**" im Verwaltungsbeirat denkbar, soweit mehrere Verwaltungsbeiräte bestellt sind.

Anders als bei Versammlungen der Wohnungseigentümer bedürfen nach hM Beiratssitzungen und Beschluss-   57
fassung keines festen „Versammlungsorts". Hier wird die telefonische Teilnahme an solchen Sitzungen (dann auch Videokonferenz) ebenso für zulässig erachtet wie die Abstimmung über eine zu entscheidende Frage in schriftlicher Form.[41]

Der Verwalter, wie auch andere Dritte, dürfen an Beiratssitzungen nur teilnehmen, wenn die Anwesenheit   58
durch die Beiräte eingeräumt wird.[42] Insofern ist also auch die **Beiratssitzung grundsätzlich nicht öffentlich**.

Soweit der Beirat dies wünscht, kann er sich auch eine eigene interne Satzung geben, die er für sich als verbindlich erklärt.[43]   59

III. Gesetzliche Aufgaben und Kompetenzen des Beirats

Die Aufgaben und Befugnisse, die dem Verwaltungsbeirat durch den Gesetzgeber eingeräumt sind, finden sich   60
grundlegend in **§ 29 WEG** wieder. Daneben regeln, auch §§ 9 b, 24 WEG einige Gesichtspunkte und Aufgaben des Verwaltungsbeirats, hier allerdings allein mit Blick auf den Verwaltungsbeiratsvorsitzenden bzw. seinen Vertreter.

1. Unterstützung und Überwachung des Verwalters bei Durchführung seiner Aufgaben (§ 29 Abs.   61
2 WEG). Nach dem Sprachgebrauch des § 29 Abs. 2 WEG ist es Aufgabe des Verwaltungsbeirats den Verwalter in dessen Aufgaben zu unterstützen, seine Abrechnung und Wirtschaftspläne vorweg zu prüfen, bevor diese den Wohnungseigentümern zur Genehmigung vorgelegt werden (§§ 29 Abs. 3 S. 1, 28 Abs. 2 WEG) und (insoweit eine Aufgabe des Verwaltungsvorsitzenden) Niederschriften über Beschlussfassungen in der Eigentümerversammlung gegenzuzeichnen (§ 24 Abs. 6 WEG).

---

38 OLG München 28.9.2006 – 32 Wx 115/06, NZM 2007, 132.
39 LG Nürnberg-Fürth 15.1.2001 – 14 T 7427/00 LSK 2002, 80341.
40 BT-Drs. 19/18791, 79.
41 *Armbrüster* ZWE 2001, 463.
42 *Bub* ZWE 2002, 7(18).
43 Vertiefend zur inneren Organisation im Verwaltungsbeirat: *Armbrüster* ZWE 2001, 463 ff.

62 Bereits aus diesem Aufgabenkatalog ergibt sich, dass dem Verwaltungsbeirat, soweit von den Wohnungseigentümern nichts anderes beschlossen wurde, **keine eigenen Verwaltungsaufgaben neben dem hierzu eigentlich berufenen Verwalter** obliegen. Er soll die Beschlussfassung der Wohnungseigentümer vorbereiten und den Verwalter bei dessen Arbeit unterstützen. Dabei liegt es im Sinn einer „Unterstützung", dass diese nur in Betracht kommt, soweit der Verwalter ihrer im Einzelfall bedarf.[44]

63 Mit der Unterstützung des Verwalters steht nicht in Widerspruch, dass der Verwaltungsbeirat bei der etwa veranlassten Unterstützung des Verwalters die Interessen der Wohnungseigentümer wahrzunehmen hat und nicht etwa gegenteilige Interessen des Verwalters. Denn auch dem Verwalter obliegt es, allein im Interesse der Wohnungseigentümer zu handeln.[45]

64 Mit der **Gesetzesänderung** wurde neben der Aufgabe der „Unterstützung" als neue Aufgabe die „**Überwachung**" der Verwaltung eingeführt. Diese neue Aufgabe lässt allerdings keine wirkliche Änderung zu der bisherigen Ausgestaltung der Beiratstätigkeit erkennen, zumal damit keine weiteren Handlungskompetenzen im Gesetzt implementiert wurden, die sich als Folge der Überwachung einstellen könnten. Auch nach der Gesetzesänderung kann der Verwaltungsbeirat weder verbindliche Weisungen an den Verwalter als Ausfluss der „Überwachungsfunktion" erteilen noch kann er im Zuge der „Überwachung" anstelle des Verwalters für die Gemeinschaft der Wohnungseigentümer handeln. Auch mit dem neuen Recht gilt, dass der Beirat keine Aufgaben der Verwaltung innehat.[46]

65 Welchen Inhalt die vom Gesetzgeber neu eingeführte Aufgabe der Überwachung haben soll, lässt die Gesetzesbegründung offen. Im Gegensatz zu einzelnen Eigentümern, denen gegenüber der Verwalter im Regelfall außerhalb einer Eigentümerversammlung keine Auskunft zu Verwaltungshandlungen für das gemeinschaftliche Eigentum erteilen muss,[47] dürfte sich aus der Funktion der „Überwachung" jedoch ein eigenständiger **Auskunftsanspruch des Verwaltungsbeirats** gegenüber dem Verwalter ableiten. Allerdings scheint ein solcher Anspruch wenig praxisrelevant zu sein, da es ja schon die Unterstützungsleistung des Verwaltungsbeirats erfordert, die Grundlagen hierfür zu kennen, wozu im Zweifel nur der Verwalter Auskunft erteilen kann.

66 Da der Verwaltungsbeirat – zumindest in seiner Position als Eigentümer – umfassende Rechte zur Einsicht in die der Verwaltung zugrunde liegenden Belege hat,[48] ist es im Zusammenhang mit der Überwachungsfunktion wohl auch unerheblich, ob von der Überwachung iSd § 29 Abs. 2 WEG ebenfalls ein solches Recht umfasst ist, was aber wohl zu bejahen wäre.

67 Inwieweit man aus der Aufgabe der Überwachung ableiten könnte, der Verwaltungsbeirat könnte hierbei auch für die Gemeinschaft der Wohnungseigentümer **gegenüber Dritten**, wie Versorgern, Handwerkern oder anderen Dienstleistungen, Auskünfte bzgl. deren Tätigkeiten für die Gemeinschaft der Wohnungseigentümer einholen, erscheint eher fraglich. Denn im Außenverhältnis vertritt ausschließlich der Verwalter die Gemeinschaft der Wohnungseigentümer (§ 9 b Abs. 1 S. 1 WEG), so dass für das Auftreten des Verwaltungsbeirats gegenüber Dritten im Zuge von Überwachungstätigkeiten kein Raum ist.

68 Die mit der Neuregelung eingeführte Aufgabe der Überwachung der Verwaltung ist daher eher „zahnlos", da allenfalls daraus noch das Recht erwachsen könnte, den Verwalter anzuhalten, seinen Pflichten nachzukommen, ohne dass hierdurch aber weitere Möglichkeiten bestehen, den Verwalter bei mangelnder Befolgung einer solchen „Anweisung" zu sanktionieren.

69 **2. Prüfung von Wirtschaftsplan, Abrechnung über den Wirtschaftsplan, Rechnungslegung und Kostenanschläge, einschließlich Stellungnahme vor Versendung der Unterlagen an die Eigentümer (§ 29 Abs. 2 S. 2 WEG). a) Belegprüfung.** Die Belegprüfung des Verwaltungsbeirats richtet sich nach den dargestellten Grundsätzen.

70 Erfolgt eine Belegprüfung entgegen § 29 Abs. 2 WEG nicht, so hat die fehlende Belegprüfung **keine Auswirkung** auf den etwaig in der Eigentümerversammlung gefassten Beschluss zum Wirtschaftsplan oder zur Abrechnung.

---

44 BayObLG 3.5.1972 – BReg. 2 Z 7/72, NJW 1972, 1377.
45 BayObLG 3.5.1972 – BReg. 2 Z 7/72, NJW 1972, 1377.
46 BT-Drs. 19/22634, 47.
47 BGH 11.2.2011 – V ZR 66/10, NZM 2011, 279.
48 OLG Hamm 29.10.1987 – 15 W 200/87, NJW-RR 1988, 597.

Leist

Denn § 29 Abs. 2 WEG ist als sog. **„Soll"-Vorschrift** konzipiert, so dass ein etwaiger Verstoß gegen diese 71 Norm nicht gegen ein zwingendes Gebot erfolgt.

Die Eigentümergemeinschaft kann sich wegen Ihrer Beschlusskompetenz nach § 28 Abs. 1 und 2 WEG über 72 die Sollvorschrift ohne Weiteres **hinwegsetzen**, wenn sie die vom Verwalter vorgelegte Abrechnung für zutreffend erachtet und auf die Kontrolle durch den Beirat verzichtet, welche ohnehin entfallen würde, wenn ein Beirat nicht vorhanden ist.[49]

Im Hinblick auf eine Überprüfung der Abrechnung betrifft der Umfang der Prüfungspflicht iSd § 29 Abs. 2 73 WEG lediglich die **rechnerische Richtigkeit der der Abrechnung**, dh also, dass die Zahlen in der Abrechnung selbst und den dieser zugrunde liegenden Belegen übereinstimmen. Demgegenüber ist es nicht Aufgabe des Verwaltungsbeirats, die höchstrichterliche Rechtsprechung zur Nichtigkeit von Kostentragungsbeschlüssen zu verfolgen oder zu kennen.[50]

Vor diesem Hintergrund stellt also eine unterlassene Prüfung auch keinen Grund dar, einen gefassten Be- 74 schluss zum Wirtschaftsplan oder zur Abrechnung anzufechten.[51]

b) Prüfung der Kostenanschläge. Bei der Prüfung der Kostenanschläge, die noch nach § 29 Abs. 3 WEG aF 75 eine umfassende Aufgabe des Beirats war, reduziert sich diese Prüfung nunmehr allein auf solche Kostenanschläge, die als Grundlage für die Erstellung eines Wirtschaftsplans oder der Jahresabrechnung dienen. Im Übrigen soll zur Vermeidung einer Überlastung des Verwaltungsbeirats eine solche Prüfung nicht mehr in dessen Zuständigkeit fallen.[52] Wird eine Überprüfung erforderlich, so erfolgt lediglich eine Plausibilitätsprüfung auf Stimmigkeit der Kostenanschläge iVm der den Kostenanschlägen zugrunde liegenden Maßnahmen. Da der Verwaltungsbeirat keine besondere Qualifikation zur Ausübung seines Amtes besitzen muss, sind an den Umfang der Prüfung von Kostenanschlägen im Weiteren grundsätzlich keine besonderen Anforderungen zu stellen.

c) Stellungnahme des Beirats. Gem. § 29 Abs. 2 WEG „soll" nach Prüfung des Wirtschaftsplans, der Rech- 76 nungslegung und der Kostenanschläge, bevor über sie in der Wohnungseigentümerversammlung beschlossen wird, vom Verwaltungsbeirat eine Stellungahme hierzu erfolgen.

Die **Form** der Stellungnahme ist durch das Gesetz nicht definiert. Es ist daher möglich, eine Stellungnahme 77 schriftlich oder in Textform der Übermittlung der Einladung zur Eigentümerversammlung beizufügen. Ebenso ist es aber auch ausreichend, wenn der Beirat in einer Eigentümerversammlung vor der Beschlussfassung seine Stellungnahme mündlich gegenüber den Eigentümern erteilt.

Genauso wie bei der Belegprüfung, ist es auch bei der Frage der **Stellungahme** durch den Verwaltungsbeirat 78 nicht zwingend, dass eine solche abgegeben wird. Auch hier zeigt der Wortlaut des § 29 Abs. 2 WEG nur auf, dass der Verwaltungsbeirat die Unterlagen mit einer Empfehlung versehen soll.

Da nun die Erfüllung der Pflicht durch den Verwaltungsbeirat nicht erzwungen werden kann, bedeutet also die 79 Nichtwahrnehmung oder die nicht vollständige Wahrnehmung der Pflicht nicht, dass der Beschluss über die Genehmigung der Abrechnung (oder des Wirtschaftsplanes) aus dem Grund einer fehlenden Stellungnahme des Verwaltungsbeirats für ungültig zu erklären ist.[53]

Im Kontext mit Stellungnahmen des Verwaltungsbeirats ergeben sich auch keine negativen Folgen für die Be- 80 schlussfassung, insoweit der Verwaltungsbeirat eine ablehnende Stellungnahme veranlasst und die Eigentümer sich dem Votum des Verwaltungsbeirates entziehen und eine positive Beschlussfassung zur Abrechnung/Wirtschaftsplan tätigen.[54]

3. Vertretung der Wohnungseigentümer gegenüber dem Verwalter (§ 9 b Abs. 2 WEG). Gem. § 9 b 81 Abs. 2 WEG wird dem **Verwaltungsbeiratsvorsitzenden** die Aufgabe zugewiesen, die Gemeinschaft der Wohnungseigentümer gegenüber dem Verwalter zu vertreten. Dies in Anlehnung an § 46 Nr. 8 GmbHG (Ge-

---

49 KG 25.8.2003 – 24 W 110/02, NJW-RR 2003, 1596.
50 LG Düsseldorf 2.10.2013 – 25 S 53/13, ZWE 2014, 407.
51 BayObLG 23.12.2003 – 2 Z BR 185/03, NZM 2004, 261.
52 BT-Drs. 19/18791, 78.
53 KG 25.8.2003 – 24 W 110/02, NJW-RR 2003, 1596; LG Berlin 19.4.2013 – 55 S 170/12 WEG, ZWE 2013, 333.
54 LG Berlin 19.4.2013 – 55 S 170/12 WEG, ZWE 2013, 333.

setz betreffend die Gesellschaften mit beschränkter Haftung), wenn der Verwalter außergerichtlich nach § 181 BGB beziehungsweise gerichtlich nach allgemeinen prozessrechtlichen Grundsätzen von der Vertretung der Gemeinschaft der Wohnungseigentümer ausgeschlossen ist.[55]

82 Dabei kommt der Vertreterstellung wohl maßgebliche Bedeutung bei dem Abschluss eines Verwaltervertrags zu bzw. bei der Geltendmachung von Ansprüchen aufgrund einer Verletzung der Verwalterpflichten.

83 Mit Ausnahme der Bestimmung des Verwaltungsbeiratsvorsitzenden zum Vertreter der Gemeinschaft der Wohnungseigentümer gibt die Gesetzesbegründung jedoch keinen Aufschluss, wie diese Rolle auszufüllen ist, ob also der Verwaltungsbeiratsvorsitzende bei seiner Vertretung der Gemeinschaft der Wohnungseigentümer nur unter Maßgabe vorher gefasster Beschlüsse der Gemeinschaft der Eigentümer handeln kann oder hier einen **eigenen Spielraum** für das Handeln als Vertreter hat.

84 Richtigerweise wird man hier § 9 b Abs. 2 WEG lediglich als funktionsbegründende Norm betrachten müssen, die keine Ermächtigung zur inhaltlichen Ausgestaltung einer Vertretung der Gemeinschaft der Wohnungseigentümer gegenüber dem Verwalter hat.

85 Denn die Eigentümer entscheiden nach § 19 Abs. 1 WEG über die Verwaltung des gemeinschaftlichen Eigentums iSd ordnungsgemäßen Verwaltung durch Beschluss, so dass es auch bei Themen, die das Verhältnis der Gemeinschaft der Wohnungseigentümer zu ihrem Verwalter betreffen, immer einer Beschlussfassung der Eigentümer bedarf. So ist zB für die Beauftragung eines Rechtsanwalts zur Vertretung der Gemeinschaft der Wohnungseigentümer gegen den Verwalter immer eine Beschlussfassung notwendig.

86 Die Aufgabe der Vertretung ist nach der Norm nicht exklusiv dem Vorsitzenden des Beirats vorbehalten. Denn nach § 9 b Abs. 2 WEG kann diese Aufgabe durch einen Mehrheitsbeschluss der Eigentümer auch auf einen beliebigen anderen Eigentümer übertragen werden.

87 Die Norm selbst regelt dabei auch nur die Vertretung der Gemeinschaft der Wohnungseigentümer im Innenverhältnis zwischen Verwalter und Gemeinschaft. Damit begründet die Regelung keine Möglichkeit, einen Eigentümer oder den Verwaltungsbeiratsvorsitzenden durch Beschluss anstelle oder neben dem Verwalter zum Vertreter der Gemeinschaft der Wohnungseigentümer zu küren.[56]

88 **4. Einberufung einer Eigentümerversammlung (§ 24 Abs. 3 WEG).** Nach § 24 Abs. 3 WEG kann der Verwaltungsbeiratsvorsitzende oder sein Vertreter eine Eigentümerversammlung einberufen, wenn ein Verwalter fehlt oder sich der Verwalter pflichtwidrig weigert, die Versammlung der Wohnungseigentümer einzuberufen.

89 **a) Vorrang der Einberufung durch den Verwalter.** Die **Kompetenz zur Einberufung** einer Eigentümerversammlung durch den Beiratsvorsitzenden oder dessen Vertreter in § 24 Abs. 3 WEG ist eine solche Kompetenz, die sich als abschließend darstellt.

90 Vor diesem Hintergrund hat der Beiratsvorsitzende oder dessen Vertreter keine darüber hinaus gehende Befugnis, in anderen Fällen eine Eigentümerversammlung einzuberufen.[57]

91 Tut er es dennoch, so ist wie bei jeder Einberufung einer Eigentümerversammlung durch einen Unberechtigten aus Gründen der Rechtssicherheit nur von einer Anfechtbarkeit der in einer solchen Eigentümerversammlung gefassten Beschlüsse auszugehen.[58]

92 Soweit es allerdings zur Notwendigkeit der Einberufung einer Eigentümerversammlung durch den Beiratsvorsitzenden oder dessen Vertreter kommt, gibt es zwischen dem Vorsitzenden und seinem Stellvertreter kein Rangverhältnis. Beide können gleichberechtigt eine Eigentümerversammlung einberufen.

93 **b) Pflichtwidrige Weigerung.** Während das „Fehlen eines Verwalters" im Allgemeinen unschwer zu erkennen ist, ist die Beurteilung der Frage, ob sich der Verwalter „pflichtwidrig weigert" wesentlich schwieriger.

94 Denn nicht jede Weigerung zur Einberufung einer Eigentümerversammlung geschieht pflichtwidrig und die Entscheidung des Verwalters, eine Versammlung nicht einzuberufen, stellt nicht immer ein ordnungswidriges

---

55 BT-Drs. 19/18791, 49.
56 BT-Drs. 19/18791, 49.
57 BeckOK WEG/*Munzig* § 29 Rn. 74.
58 BayObLG 30.6.2004 – 2 Z Br 113/04, NZM 2005, 307; LG Köln 8.12.2011 – 29 S 121/11, ZWE 2013, 38; OLG Hamm 11.11.2008 – 15 Wx 62/08, BeckRS 2009, 9611.

Verwalterhandeln dar. Da § 24 Abs. 4 WEG zu Fragen von Ort und Zeitpunkt keine näheren Bestimmungen trifft, liegt es letztlich im billigen Ermessen ordnungsgemäßer Verwaltung des Einberufenden, wo und wann die Versammlung stattfindet.[59]

Eine Weigerung liegt nur dann vor, wenn der Verwalter die Versammlung **trotz einer entsprechenden Auf-** **forderung** durch das Quorum der Wohnungseigentümer nach § 24 Abs. 2 WEG[60] oder die jährlich vorge- schriebene Eigentümerversammlung (§ 24 Abs. 1 WEG) nicht einberuft.   95

Ab wann von einem „pflichtwidrigen Weigern" auszugehen ist, dürfte in den Fällen der jährlich einzuberufen- den Eigentümerversammlung mit der Antwort auf die Frage einhergehen, wann die Pflicht des Verwalters zur Erstellung der Abrechnung iSd § 28 Abs. 2 WEG fällig ist.   96

Insoweit geht die Rechtsprechung davon aus, dass die **Abrechnung innerhalb von drei Monaten**[61] **bzw. bis** **sechs Monate**[62] nach Beginn der Abrechnungspflicht fällig ist.   97

Ist die Abrechnung in einem gewissen Zeitrahmen fällig, ergibt sich dann auch, dass eine Eigentümerver- sammlung im entsprechenden Zeitfenster zur Erstellung der Abrechnung stattfinden muss.   98

Es macht wenig Sinn, den Verwalter iSd § 28 Abs. 2 WEG anzuhalten, die entsprechende Abrechnung vorzu- legen, ohne dass es hierzu eine entsprechende Verpflichtung gibt, der vorgelegten Abrechnung durch eine Be- schlussfassung die notwendige Verbindlichkeit zu gewähren.   99

Veranlasst nach Eintritt dieser Frist der Verwalter keine Einladung zur Versammlung und liegen keine beson- deren Gründe vor, die den Verwalter an der Erstellung der Abrechnung hindern,[63] liegt die Annahme einer pflichtwidrigen Nichteinberufung nahe.   100

Für die Annahme einer pflichtwidrigen Nichteinberufung einer Versammlung wird aber zu fordern sein, dass der Verwalter – bevor der Verwaltungsbeiratsvorsitzende tätig wird – einer **nachhaltigen Aufforderung** (nicht zwingend durch den Verwaltungsbeirat) mit Fristsetzung nicht nachkommt (§ 286 BGB: Verzug des Schuld- ners).   101

Wenn der Verwalter zur jährlich vorgeschriebenen Eigentümerversammlung absichtlich nicht einberuft, dh sich ausdrücklich weigert, eine Eigentümerversammlung einzuberufen oder sich aus den äußeren Umständen eine solche Weigerung ableiten lässt, ist der **Beiratsvorsitzende** oder sein Vertreter berechtigt, eigenständig eine Eigentümerversammlung einzuberufen.   102

Dies gilt auch dann, wenn die ordnungsgemäße Verwaltung eine zeitnahe Beschlussfassung der Eigentümer nötig macht und damit das **Ermessen** des Verwalters bezüglich der Frage, ob eine Versammlung einzuberufen ist, **auf Null reduziert** ist.[64]   103

c) Form der Einladung. Soweit der Beiratsvorsitzende oder dessen Vertreter die Eigentümerversammlung einberuft, hat er die gesetzliche Regelung zur Einberufung einer Eigentümerversammlung nach §§ 24, 25 WEG zu beachten.   104

d) Fehlen eines Beiratsvorsitzenden oder dessen Vertreter. Hat die Gemeinschaft der Wohnungseigentü- mer bei der Wahl des Beiratsgremiums keinen Verwaltungsbeiratsvorsitzenden bestellt, bzw. der ohne Vorsit- zenden bestellte Beirat dies im Rahmen seiner Selbstorganisation nicht veranlasst, so können auch **alle Mit-** **glieder des Verwaltungsbeirates gemeinsam** eine Wohnungseigentümerversammlung in den Fällen des § 24 Abs. 3 WEG einberufen.[65]   105

In den Fällen, in denen durch Amtsniederlegung weiterer Mitglieder des Verwaltungsbeirats ein einziges Mit- glied im Beirat verblieben ist, ist diese Person berechtigt, gem. § 24 Abs. 3 WEG zur Eigentümerversammlung einzuladen.   106

---

59 Kroiß/*Bruns*, FormularBibliothek Zivilprozess – Mietrecht, 3. Aufl. 2016, Teil 2, § 2 Rn. 129.
60 LG München 28.6.2012 – 36 S 17241/11 WEG, ZWE 2013, 139.
61 OLG Zweibrücken 11.5.2007 – 3 W 143/06, FGPrax 2007, 263.
62 BGH 16.2.2018 – V ZR 89/17, NJW 2018, 1969.
63 ZB fehlende Zuarbeit von Heizkostenabrechnungsdienstleistern, LG Dresden 5.7.2019 – 2 S 101/19, ZMR 2019, 778.
64 BeckOK WEG/*Bartholome* § 24 Rn. 37.
65 OLG Köln 29.12.1999 – 16 Wx 181/99, NZM 2000, 675.

107 Dies, weil sich das zuletzt verbliebene Mitglied damit schlüssig selbst zum Vorsitzenden des Verwaltungsbeirates bestellt hat.[66]

108 **5. Unterschriftsleistung bei der Niederschrift (§ 24 Abs. 6 S. 2 WEG).** § 24 Abs. 6 S. 2 WEG sieht vor, dass die vom Versammlungsleiter verfasste Niederschrift über Beschlüsse, soweit ein Verwaltungsbeirat bestellt ist, auch von dessen Vorsitzendem oder seinem Vertreter zu unterschreiben ist.

109 Damit kommt dem Beiratsvorsitzenden bzw. seinem Vertreter die Aufgabe zu, durch die Unterschrift zu bestätigen, dass die **Protokollierung richtig** ist und sowohl Abstimmungs- wie auch Beschlussergebnis zutreffend in die Niederschrift aufgenommen wurden.

110 Insoweit setzt – wie es auch für die weiteren Personen gilt, die die Niederschrift unterzeichnen – die Befugnis zur Niederschriftsunterzeichnung voraus, dass der unterzeichnende Vorsitzende oder dessen Vertreter auch in der Eigentümerversammlung zugegen war.[67]

111 Da der Verwaltungsbeiratsvorsitzende – wie auch sein Vertreter – nicht nur die entsprechenden Funktionen im Organ einnehmen, sondern zugleich in aller Regel auch Miteigentümer der Wohnungseigentümergemeinschaft sind, können diese Personen damit auch in einer **„Doppelrolle" in der Funktion als Wohnungseigentümer und Beirat** unterzeichnen.[68]

112 Weigert sich der Vorsitzende oder dessen Vertreter seine Unterschrift zu leisten, so verhält er sich pflichtwidrig. Denn die in § 24 Abs. 6 S. 2 WEG genannten Personen sind verpflichtet, eine inhaltlich richtige und vollständige Niederschrift zu unterschreiben.[69]

113 **6. Übertragung von Kompetenzen durch Vereinbarung oder Beschluss. a) Vereinbarung.** Neben den in §§ 29, 24 WEG geregelten Aufgaben des Verwaltungsbeirats, können Kompetenzen für den Verwaltungsbeirat einerseits durch Vereinbarung nach § 10 WEG vermittelt werden. Insoweit besteht allerdings aufgrund der Abdingbarkeit des § 29 WEG[70] umgekehrt auch die Möglichkeit, die Kompetenzen für den Verwaltungsbeirat zu beschränken.

114 **b) Auftrag durch Beschluss der WEG.** In der Praxis erweist sich aber die Übertragung von **Aufgaben an den Verwaltungsbeirat durch Beschluss** als der Regelfall. Dies ist auch ohne Weiteres möglich, da in diesen Fällen die Mitglieder des Verwaltungsbeirats letztlich wie jeder andere Dritte als Auftragnehmer iSd §§ 662 ff. BGB für die Eigentümergemeinschaft Aufgaben erledigen können.[71]

115 Hieran ändert sich nach diesseitiger Ansicht auch nichts dadurch, dass der Verwaltungsbeiratsvorsitzende die Gemeinschaft der Wohnungseigentümer im Innenverhältnis zum Verwalter vertritt (§ 9 b Abs. 2 WEG), bzw. es der Gemeinschaft der Wohnungseigentümer über § 27 Abs. 2 WEG ermöglicht wird, Rechte und Pflichten des Verwalter einzuschränken.

116 Denn da die Eigentümer der Gemeinschaft der Wohnungseigentümer die Aspekte der ordnungsgemäßen Verwaltung stets durch Beschluss bestimmen (§ 19 Abs. 1 WEG), ist es auch stets erforderlich den Funktionsträger iSd § 9 b Abs. 2 WEG mit der inhaltlichen Ausgestaltung der Vertretung auszustatten, bzw. in Fällen der Einschränkung der Rechte und Pflichten des Verwalters, durch Beschluss die Übertragung und Ausgestaltung solcher Rechte und Pflichten – die ja dann in der Ausübung „unbesetzt" sind – zu organisieren.

117 **aa) Abschluss/Beendigung des Verwaltervertrages.** Das Aushandeln und der Abschluss eines Verwaltervertrags gehört nach der gesetzlichen Konzeption nicht zu den Aufgaben eines Verwaltungsbeirats. Dies ist gem. § 26 WEG ureigenste Aufgabe der Eigentümerversammlung, die sie auch nicht im Wege des Mehrheitsbeschlusses auf den Verwaltungsbeirat übertragen kann, da dies anderenfalls eine grundlegende Änderung der

---

66 OLG München 6.9.2005 – 32 Wx 60/05, NJW-RR 2005, 1470.
67 KG 20.1.2015 – 1 W 580/14, ZWE 2015, 173.
68 OLG Hamm 8.7.2011 – I-15 W 183/11, FGPrax 2012, 11; andere Auffassung: OLG Düsseldorf 22.2.2010 – I-3 WX 263/09, FGPrax 2010, 174, welches keine Doppelrolle anerkennt, sondern drei Unterschriften von verschiedenen Personen fordert.
69 *Becker* ZWE 2016, 2 (7).
70 OLG Düsseldorf 31.8.1990 – 3 Wx 257/90, NJW-RR 1991, 594.
71 OLG Düsseldorf 24.9.1997 – 3 Wx 221/97, NZM 1998, 36.

Leist

Organisationsform der Eigentümergemeinschaft darstellen würde, was nur in Form einer Vereinbarung möglich wäre.[72]

Demgegenüber kann die Eigentümerversammlung aber die Mitglieder des Verwaltungsbeirats gem. § 662 BGB beauftragen, den Verwaltervertrag abzuschließen, wenn die Eigentümer vorher über die Bestellung, den **maßgeblichen Inhalt und den Abschluss des Verwaltervertrages beschlossen** und den Verwaltungsbeirat zum Abschluss bevollmächtigt haben.[73]   118

Erforderlich ist allerdings – und nur dies entspricht ordnungsgemäßer Verwaltung – dass bei der Bestellung des Verwalters in derselben Eigentümerversammlung, in der die Bestellung erfolgt, auch die Eckpunkte des abzuschließenden Verwaltervertrages (Laufzeit und Vergütung) in wesentlichen Umrissen geregelt werden.[74]   119

Bei der Beendigung eines Verwalteramtes gilt das Gleiche wie bei der Bestellung und dem Vertragsschluss. Auch hier muss die Kündigung durch den Beschluss einer Eigentümerversammlung legitimiert sein.   120

Der Verwaltungsbeirat kann durch einen solchen Beschluss zur Durchführung und Vertretung der Eigentümergemeinschaft durch Abgabe der Kündigungserklärung an den Verwalter bevollmächtigt werden. Die Kündigung lediglich durch den Verwaltungsbeirat bleibt wirkungslos, soweit es entsprechende Beschlüsse nicht gibt.[75]   121

bb) Entscheidungen bei Instandhaltung und Instandsetzung. Bei größeren Baumaßnahmen ist es oft genug sinnvoll, ein entsprechendes kleineres Gremium als die Eigentümerversammlung mit Entscheidungskompetenzen vorzuhalten. Denn dies erleichtert die Durchführung der Maßnahme.   122

Insoweit ist es hier zulässig, eine Delegation der Klärung von Detailfragen auf den Verwaltungsbeirat vorzunehmen. Dies setzt allerdings voraus, dass der Beschluss inhaltlich die **maßgeblichen Kriterien für eine Entscheidung durch den Verwaltungsbeirat** vorgibt.[76] Denn die notwendige Entscheidung über das „Ob" und „Wie" von Maßnahmen der Instandhaltung und Instandsetzung des gemeinschaftlichen Eigentums hat die Eigentümerversammlung grundsätzlich selbst zu treffen.   123

Gerade bei Fragen der Instandhaltung und Instandsetzung finden sich in der Praxis oft Beschlüsse, wonach der Verwaltungsbeirat gemeinsam mit dem Verwalter über die Vergabe von Werkverträgen befinden soll und hier Auswahlermessen durch Beschluss zugebilligt bekommt.   124

Als problematisch erweisen sich hier neben der Frage des Umfangs der Delegation auf den Beirat auch solche Beschlüsse, in denen die Verwaltung „im Einvernehmen mit dem Verwaltungsbeirat", „in Abstimmung mit dem Beirat" oder aber „mit Zustimmung des Verwaltungsbeirats" Auftragsvergaben vornehmen darf.   125

Problematisch ist bereits, dass solche **Formulierungen** als **zu unbestimmt** zu werten sind, was dann zur Nichtigkeit des gefassten Beschlusses führt. Entscheidend hierfür ist, dass durch die Formulierung „in Abstimmung mit …" oder ähnliche Inhalte unklar ist, ob dem Verwaltungsbeirat ein Vetorecht zukommen soll oder zumindest die Mehrheit der Beiratsmitglieder ihre Zustimmung zum Vorschlag des Verwalters erteilen muss.[77]   126

Sieht ein (ausreichend bestimmter) Beschluss die Notwendigkeit zur Mitwirkung des Verwaltungsbeirats vor, so genügt dann auch die Zustimmung beispielsweise des Vorsitzenden allein nicht. Dieser kann zwar die Meinung des Gremiums „Verwaltungsbeirat" dem Verwalter übermitteln. Der Vorsitzende kann sich aber nicht an die Stelle des gesamten Verwaltungsbeirats setzen.   127

Deshalb ist es erforderlich, dass sich der Verwaltungsbeirat als Gremium für die beabsichtigte Maßnahme ausspricht.[78]   128

---

72   OLG Hamburg 25.7.2003 – 2 Wx 112/02, BeckRS 2004, 1366.
73   OLG Düsseldorf 24.9.1997 – 3 Wx 221/97, NZM 1998, 36.
74   BGH 27.2.2015 – V ZR 114/14, NJW 2015, 1378; LG Düsseldorf 13.4.2016 – 25 S 123/14, ZWE 2017, 143.
75   BayObLG 9.2.1965 – BReg.2 Z 276/64, NJW 1965, 821.
76   OLG München 20.3.2008 – 34 Wx 46/07, NJW-RR 2008, 1182; LG Hamburg 12.11.2014 – 318 S 74/17, ZWE 2016, 36.
77   AG Hamburg-Blankenese 20.12.2017 – 539 C 17/17, BeckRS 2017, 145055.
78   BayObLG 28.3.2002 – 2 Z Br.4/02, NJW-RR 2002, 1092; LG Hamburg 29.12.2010 – 318 S 120/10, BeckRS 2011, 16516.

129 **cc) Geldverfügungen.** Den Mitgliedern des Verwaltungsbeirats können Befugnisse eingeräumt werden, dass Geldverfügungen des Verwalters über das Gemeinschaftsvermögen nur mit deren Zustimmung erfolgt. Dies kann einerseits nur für das Innenverhältnis der Gemeinschaft der Wohnungseigentümer geregelt werden. Andererseits besteht aber auch die Möglichkeit, dies mit Außenwirkung zu gestalten.[79]

130 **7. Vergütung des Beirats.** Das Amt des Verwaltungsbeirats ist nach allgemeiner Meinung im Regelfall ein Ehrenamt, so dass es für diese Tätigkeiten **grundsätzlich keine Entlohnung** oder Vergütung gibt. Dies bedeutet allerdings nicht, dass der Verwaltungsbeirat ohne jegliche Entschädigung sein Amt ausüben muss.

131 Das Rechtsverhältnis zwischen den Wohnungseigentümern und den Mitgliedern des Beirats stellt sich bei Fehlen einer besonderen Vereinbarung nämlich als Auftragsverhältnis dar. Nach § 670 BGB können daher die Mitglieder des Verwaltungsbeirats von den Wohnungseigentümern als Auftraggeber **Ersatz der Aufwendungen oder Auslagen** verlangen, die sie im Zusammenhang mit ihren Tätigkeiten haben und die sie den Umständen nach für erforderlich halten durften. Der Anspruch auf Aufwendungsersatz kann nach allgemein vertretender Meinung durch eine Pauschale abgegolten werden.[80]

 Allerdings deuten die **neu geregelten Haftungserleichterungen** für den unentgeltlich tätig werdenden Beirat in § 29 Abs. 3 WEG darauf hin, dass der Gesetzgeber auch durchaus eine **Entlohnung** des Beirats über den Aufwendungsersatz hinaus billigt.

132 Wurde bisher lediglich in Ausnahmefällen der Eigentümergemeinschaft iSd ordnungsmäßigen Verwaltung die Möglichkeit eröffnet, auch eine Vergütung des Beirats zu beschließen, soweit die Vergütung für die Tätigkeiten des Beirates auch angemessen war,[81] so mag sich aus dem neuen Haftungssystem des § 29 Abs. 3 WEG auch die Schlussfolgerung einstellen, dass zur gesteigerten Attraktivität des Verwaltungsbeiratsamtes nunmehr auch ohne besondere Ausnahmen eine über den Aufwendungsersatz hinaus gehende Entlohnung des Beirats – zur Abgeltung eines höheren Haftungsrisikos – möglich ist. Da allerdings die Gesetzesmaterialien hierzu nur rudimentäre Erkenntnisse bieten, sollte bei der Frage der Entlohnung des Beirats über die Aufwandsentschädigung hinaus Vorsicht geboten sein.

133 Zahlungen des Verwalters an den Verwaltungsbeirat wegen seiner Tätigkeiten als Beirat entsprechen demgegenüber allerdings nicht ordnungsgemäßer Verwaltung, da dies angesichts der Aufgabe des Beirats, die Verwaltung zu kontrollieren, zu einem Interessenkonflikt führt.[82]

134 **8. Haftung des Beirats.** Erledigen die Mitglieder des Verwaltungsbeirats ihre Aufgabe nicht ordnungsgemäß und treten dabei Fehler auf, die letztlich zu einem Schaden bei den Wohnungseigentümern führen, so können sich aus solchen Situationen Haftungstatbestände ergeben, für die der Verwaltungsbeirat einstandspflichtig ist.

135 **a) Einzelhaftung der Mitglieder.** Dabei gelten die Haftungstatbestände insoweit nicht für den Beirat als Organ oder Gremium der Gemeinschaft der Wohnungseigentümer. Es haftet **immer das einzelne Beiratsmitglied**, das sich schadensersatzpflichtig gemacht hat.[83]

136 Dabei kann auch, wenn alle Mitglieder des Verwaltungsbeirats an der Schadensverwirklichung beteiligt waren, eine **gesamtschuldnerische Haftung** der Verwaltungsbeiratsmitglieder gem. § 721 BGB bzw. § 830 BGB in Betracht kommen.[84]

137 So können Haftungstatbestände dadurch verwirklicht werden, dass der Verwaltungsbeirat bei Ausübung der Rechnungsprüfung auf die Überprüfung der Kontenbelege verzichtet.[85]

138 Auch können Schadensersatzansprüche dadurch begründet sein, dass zB ein Verwaltungsbeiratsmitglied aufgrund schuldhaften vertragswidrigen Verhaltens durch Beleidigung und Herabsetzung des Verwalters die außerordentliche Kündigung des Verwaltervertrages verursacht, so dass hier Ansprüche des Verwalters wegen Restvergütung virulent werden.[86]

---

79 Sicherungsinstrument der Zweitunterschrift, OLG Düsseldorf 24.9.1997 – 3 Wx 221/97, NZM 1998, 36.
80 BayObLG 30.4.1999 – 2 Z Br 153/98, NZM 1999, 862.
81 KG 29.3.2004 – 24 W 194/02, NZM 2005, 107.
82 LG Frankfurt a. M. 21.10.2015 – 2/13 S 97/12, BeckRS 2016, 4728.
83 *Gottschalk* NZM 2004, 81 (82).
84 OLG Düsseldorf 24.9.1997 – 3 WX 221/97; BeckOK WEG/*Munzig* § 29 Rn. 119.
85 OLG Düsseldorf 24.9.1997 – 3 WX 221/97.
86 BayObLG 29.9.1999 – 2 Z Br 29/99, NJW RR 2000, 156.

Haftungsträchtig im Rahmen der Tätigkeiten des Verwaltungsbeirats ist dann auch die mangelnde Weitergabe von Kenntnissen, die der Verwaltungsbeirat anlässlich der Erfüllung seiner Aufgaben erlangt hat. 139

Da sich die Wohnungseigentümer gem. § 166 BGB die Kenntnisse des Beirats zurechnen lassen müssen, die dieser anlässlich seiner Aufgabenerfüllung erworben hat oder mit der gebotenen Sorgfalt erworben hätte, kann dies bei unterlassener Weitergabe der Informationen dazu führen, dass die Eigentümer Beschlüsse fassen, die sie bei wahrer Kenntnis der Sachlage nicht getroffen hätten. 140

Entstehen hierbei Schäden, kann auch hier eine Haftung des Verwaltungsbeirats eintreten.[87] 141

b) Haftungsmaßstab. Der Haftungsmaßstab, mit dem die Haftung des Verwaltungsbeirates betrachtet wird, hat mit der Gesetzesänderung eine Zweiteilung erfahren. Nach § 29 Abs. 3 WEG haften – anders als vor der Gesetzesänderung – unentgeltlich tätige Verwaltungsbeiräte nur noch für Vorsatz und grobe Fahrlässigkeit. Aus dem Umkehrschluss haften demnach Verwaltungsbeiräte, die entgeltlich tätig werden, auch für Schäden, die durch einfache Fahrlässigkeit verursacht wurden. Für Letztere gilt demnach der Haftungsmaßstab des § 276 BGB, wonach der Schuldner einer Leistung **Vorsatz und jede Fahrlässigkeit** zu vertreten hat.[88] 142

Dies ist dann der Maßstab – iSd § 276 Abs. 2 BGB –, wonach die im „Verkehr erforderliche Sorgfalt" zu beachten ist. Ob es über diesen Maßstab hinaus dann auch auf die objektive Sorgfalt eines „ordentlichen Beiratsmitglieds" ankommt[89] und dieser Maßstab höher zu bewerten ist als der eines „einfachen Wohnungseigentümers", mag skeptisch betrachtet werden, wenn man berücksichtigt, dass die Rechtsprechung selbst für das Amt des Verwaltungsbeirats und dessen Qualifikation letztlich keine Anforderungen stellt (→ Rn. 19 ff.). 143

Bei welcher Betragshöhe, die einem Beirat als Entgelt gewährt wird, ein Beirat entgeltlich bzw. unentgeltlich tätig ist, lässt die Gesetzesbegründung offen. 144

Jedenfalls dürfte sich der aus § 670 BGB gesetzliche geregelte Aufwendungsersatz nicht unter den Fall der „Entgeltlichkeit" subsumieren lassen. Demgegenüber wird aber eine allgemein gezahlte Pauschale, die der Höhe nach nicht allein dazu bestimmt ist, nur den Aufwendungsersatz pauschaliert abzudecken, zu einer Entgeltlichkeit führen. Wann ein solcher Fall vorliegt, wird sich aber nicht mit einer genauen Summe eingrenzen lassen sondern vom konkreten Einzelfall abhängen, wobei hierbei die Größe der Wohnanlage und der damit einhergehende Umfang der Beiratstätigkeit eine Rolle bei der Bemessung spielen wird.

Soweit eine Haftung auch wegen einfacher Fahrlässigkeit in Betracht kommt, wird in der Literatur diskutiert, ob es Haftungserleichterungen für den Verwaltungsbeirat deshalb geben soll, da er letztlich nur ein Ehrenamt ausübt.[90] Solche **Haftungserleichterungen** dürften im Regelfall ausscheiden, zumal die Beiratstätigkeit freiwillig ausgeübt wird, so dass die Person des Beirats weiß, worauf sie sich mit der Amtsübernahme einlässt. 145

Auch dürfte dieser Auffassung mit der Gesetzesänderung entgegenstehen, dass der Haftungsmaßstab des Beirats dadurch berührt wird, ob dieser entgeltlich oder unentgeltlich tätig ist. Für eine darüber hinausgehende Haftungserleichterung besteht daher kein Raum.

Demgegenüber zeigt sich allerdings die Rechtsprechung in Teilen weitaus strenger, die im Rahmen des Haftungsmaßstabes auf den Horizont eines kaufmännisch – und insbesondere buchhalterisch – vorgebildeten Eigentümers zurückgreift.[91] 146

Den Sorgfaltsmaßstab des ordentlichen Kaufmannes zu fordern[92] und damit einhergehend eine Haftungsverschärfung im Vergleich zu der „normalen" Haftung für Vorsatz und Fahrlässigkeit zu erzeugen, dürfte mit Blick auf die geringen Anforderungen an die Qualifikation eines Beirates ebenfalls verfehlt sein. 147

---

87 So zB Fassung eines Entlastungsbeschlusses bei möglichen Ansprüchen gegenüber dem Verwalter, OLG Köln 27.6.2001 – 16 Wx 87/01, NZM 2001, 862; AG Düsseldorf 5.7.2010 – 292 a C 16167/09, BeckRS 2010, 26910.
88 AG Friedberg 31.5.2017 – 2 C 1076/17, ZWE 2018, 138; LG Frankfurt a. M. 7.8.2018 – 2–13 S 88/17, NZM 2018, 871.
89 BeckOK WEG/*Munzig* § 29 Rn. 31.
90 BeckOK WEG/*Munzig* § 29 Rn. 129.
91 LG Köln 18.12.2014 – 29 S 75/14, ZWE 2015, 418.
92 So OLG Saarbrücken 10.6.1987 – 3 B 53/87, NJWRR 1987, 1366.

148 Haben die Verwaltungsbeiratsmitglieder eine bestimmte Profession (zB Rechtsanwälte, Steuerberate, Sachverständige etc), ist der Sorgfaltsmaßstab, mit dem die Beiratätigkeit betrachtet werden muss, jedoch anders zu bewerten. Hier gilt der berufliche Sorgfaltsmaßstab.[93]

149 **c) Haftungsbeschränkung/Haftpflichtversicherung.** Ob heute noch – wie vor der Gesetzesänderung angenommen, bei **abgrenzbaren Tätigkeiten des Beirats** und immer mit Blick auf den **konkreten Einzelfall**, eine Beschlussfassung der Gemeinschaft der Wohnungseigentümer zur Beschränkung der Haftung des Beirates auf Fälle der groben Fahrlässigkeit und Vorsatz ordnungsgemäßer Verwaltung entspricht, soweit in Anlehnung an die Einschränkung des § 309 Nr. 7 BGB Schäden hinsichtlich des Leibes und Lebens der Eigentümer bei einer solchen Haftungsbeschränkung ausgeschlossen sind,[94] muss skeptisch betrachtet werden. Dies, zumal eine solche Haftungsbeschränkung ja nur den entgeltlich tätigen Beirat betreffen könnte. Dagegen streitet jedenfalls, dass es in der freien Entscheidung eines Eigentümers steht, für eine Beiratstätigkeit ein Entgelt zu verlangen oder zu erhalten und er damit selber Einfluss auf die mit der Ausübung der Tätigkeit einhergehenden Haftungsmaßstäbe nehmen kann.

150 Um bei fehlerhaften und schadensauslösenden Verhalten des Verwaltungsbeirates den Beirat selbst, wie allerdings auch die Wohnungseigentümer, von Schäden frei zu halten, besteht für die Gemeinschaft der Wohnungseigentümer die Möglichkeit, **Vermögensschadenshaftpflichtversicherungen** für den Beirat abzuschließen und solche Vertragsabschlüsse zu beschließen. Solche Kosten sind Kosten der Verwaltung und damit im Rahmen der Abrechnung auf die Eigentümer zu verteilende Kosten.[95]

151 **d) Entlastung des Beirats.** Wie dem Verwalter, so kann die Gemeinschaft der Wohnungseigentümer auch den Mitgliedern des Verwaltungsbeirats im Rahmen eines Entlastungsbeschlusses Entlastung erteilen.

152 Hier gelten die die gleichen Grundsätze wie bei einem Entlastungbeschluss für den Verwalter.[96] Dementsprechend widerspricht es den Grundsätzen ordnungsgemäßer Verwaltung, wenn gegenüber dem Verwaltungsbeirat Ansprüche erkennbar sind und es keinen Anlass gibt, auf mögliche Ansprüche gegenüber dem Verwaltungsbeirat zu verzichten.[97]

153 Hat der Verwaltungsbeirat eine Abrechnung geprüft und enthält diese Fehler, kann auch ihm, ebenso wie dem Verwalter, im Sinne ordnungsgemäßer Verwaltung keine Entlastung erteilt werden.[98]

252. Verwaltungsprozess

Fraatz-Rosenfeld

---

93 *Müller* Wohnungseigentum, 9. Teil, Rn. 325.
94 AG Friedberg 31.5.2017 – 2 C 1076/17, ZWE 2018, 138; LG Frankfurt a. M. 7.8.2018 – 2–13 S 88/17, NZM 2018, 871.
95 KG 19.7.2004 – 24 W 203/02, NZM 2004, 743.
96 BayObLG 30.6.2004 – 2 Z Br 58/04, NJW-RR 2004, 1602.
97 BGH 17.7.2003 – V ZB 11/03, NJW 2003, 3124.
98 OLG Hamburg 25.6.2003 – 2 WX 138/99, BeckRS 2004, 1371.

I. Einführung

Im Zusammenhang mit einer Wohnungseigentumsanlage kommt es vornehmlich im Bereich des öffentlichen 1
Baurechts (→ *Baugenehmigung* Rn. 19, → *Nachbarschutz* Rn. 10, 12), des Erschließungsbeitrags- und
Straßenausbaurechts, des Naturschutzrechts (→ *Bäume* Rn. 24) wie auch des Denkmalschutzrechts (→ *Denkmalschutz* Rn. 29 ff.) zu Verfahren mit Verwaltungsbehörden. Ergeben sich Auseinandersetzungen mit Trägern
der öffentlichen Verwaltung und kommt es zu einem förmlichen Verwaltungsverfahren, stellt sich immer die
Frage, wer im Zusammenhang mit einem **belastenden Verwaltungsakt** gegen diesen vorzugehen oder einen
begünstigenden Verwaltungsakt anzustreben hat – der Sondereigentümer, die Gemeinschaft der Wohnungseigentümer oder der Verwalter. Daher liegt der Schwerpunkt der nachfolgenden Darstellung auf den Voraussetzungen der Anfechtungs- und Verpflichtungsklage (§ 42 VwGO). Von geringer Bedeutung im Zusammenhang mit einer Wohnungseigentumsanlage sind Feststellungs-, Leistungs- und Unterlassungsklagen
(→ Rn. 36 ff.) oder Anträge in Normenkontroll- oder Planfeststellungsverfahren (→ Rn. 39).

II. Anfechtungs- und Verpflichtungsklage

1. Sachentscheidungsvoraussetzungen und Zulässigkeit. a) Verwaltungsrechtsweg und Gerichtszustän- 2
digkeit. Der Verwaltungsrechtsweg ist gem. § 40 Abs. 1 VwGO ausschließlich eröffnet für öffentlich-
rechtliche Streitigkeiten nicht verfassungsrechtlicher Art. Zugleich ist damit **die sachliche Zuständigkeit** des
Verwaltungsgerichts begründet (§ 45 VwGO). Instanziell ist das Verwaltungsgericht **zuständig für alle Verfahren** mit Ausnahme der Normenkontrollverfahren, die in die Zuständigkeit des OVG fallen (§ 47 VwGO),
sowie bestimmter Planfeststellungsverfahren, die beim BVerwG behandelt werden (§ 48 VwGO). Öffentlich-
rechtlich sind im Verhältnis Bürger/Staat zunächst solche Rechtsverhältnisse, in denen die Rechtsnorm in
einem Über- und Unterordnungsverhältnis den Staat ermächtigt, einseitig in den Rechtsbereich des Einzelnen
einzugreifen.[1] Stehen sich Staat und Bürger gleichgeordnet gegenüber, wird das Rechtsverhältnis dann als
öffentlich-rechtlich definiert, wenn die zugrunde liegende Rechtsnorm vornehmlich den Interessen der Allgemeinheit dient.[2]

Für die Verwaltung einer Wohnungseigentumsanlage stellt sich die Frage nach dem Rechtsweg im Zusammen- 3
hang mit Leistungen der Daseinsvorsorge (Wasserlieferung und Abwasserbeseitigung, Abfallbeseitigung). In
solchen Fällen können – je nach zugrunde liegender Satzungsbestimmung – die Leistungserbringung und eine
konkludente Annahme durch Inanspruchnahme der Leistung ein zivilrechtliches Vertragsverhältnis entstehen
lassen.[3] Auch sonst kann für die Wohnungseigentümer oder die Gemeinschaft der Wohnungseigentümer ausnahmsweise in Rechtsbereichen, die originär dem öffentlichen Recht angehören, ein Vorgehen auf zivilrechtli-
chem Wege geboten sein. Das ist bspw. dann der Fall, wenn als Begleitwirkung aus einer Zuwegungsbaulast
zivilrechtlich deren Beeinträchtigung abgewehrt werden soll[4] (grundsätzlich zum Anspruch auf Verzicht auf
die Baulast durch die Bauaufsichtsbehörde → *Baulast* Rn. 6) oder wenn aus einem Kaufvertrag gegenüber
einer kommunalen Körperschaft der (zivilrechtliche) Verzicht auf eine Baulast angestrebt wird.[5]

b) Verwaltungsakt. In den meisten Fällen werden sich Sondereigentümer, Verwalter oder die Gemeinschaft 4
der Wohnungseigentümer gegen einen Verwaltungsakt wenden, also eine hoheitliche Verfügung oder Entscheidung öffentlich-rechtlicher Natur mit Rechtswirkung nach außen (§ 35 VwVfG Bund), zB eine bauordnungsrechtliche Beseitigungsanordnung oder eine Aufforderung zur Durchführung der Legionellenbeprobung.
Seltener wird aus der Wohnungseigentumsanlage heraus eine Baugenehmigung beantragt werden, während die
Beantragung naturschutzrechtlicher Ausnahmegenehmigungen zur Fällung von Bäumen (→ *Bäume* Rn. 24 f.)
ein gängiger Vorgang ist. Ist keine Entscheidung dieser Qualität ergangen oder wird sie nicht begehrt, kommt

---

1 Redeker/von Oertzen/*v. Nicolai* VwGO § 40 Rn. 8; Eyermann/*Rennert* VwGO § 40 Rn. 42.
2 Redeker/von Oertzen/*v. Nicolai* VwGO § 40 Rn. 8; Eyermann/*Rennert* VwGO § 40 Rn. 44.
3 BGH 22.3.2012 – VII ZR 102/11, NJW 2012, 1948.
4 OLG Hamm 6.7.2017 – 5 U 152/16, MDR 2017, 1356.
5 OLG Köln 4.9.2014 – 7 U 46/14, BeckRS 2014, 17813.

eine Feststellungsklage in Betracht (§ 43 Abs. 1 VwGO) oder subsidiär eine Leistungs- oder Unterlassungsklage (§ 43 Abs. 2 VwGO).[6]

5 **c) Beteiligte und Beteiligtenfähigkeit.** Die Klage ist von demjenigen zu erheben, der von einer Behördenentscheidung belastet ist – dies ist der Adressat –, oder der einen für sich begünstigenden Verwaltungsakt erreichen will. Daher können zunächst die einzelnen Eigentümer und der Verwalter, sofern diese natürliche Personen sind (§ 63 VwGO), sich gegen eine belastende Verwaltungsentscheidung wehren oder den Erhalt eines Verwaltungsaktes anstreben. Sie sind damit als **natürliche Personen** Prozesspartei und iSd VwGO als Kläger Beteiligte gem. § 61 Nr. 1 VwGO bzw. auch als Beigeladene gem. §§ 63 Nr. 3, 65 VwGO. Ist die Verwaltung in irgendeiner Gesellschaftsform organisiert, ist sie als **juristische Person** gem. § 61 Nr. 1 VwGO beteiligungsfähig. Darüber sind beteiligungsfähig „Vereinigungen, soweit ihnen ein Recht zustehen kann" (§ 61 Nr. 2 VwGO). Die Gemeinschaft der Wohnungseigentümer wird als eine solche Vereinigung verstanden.[7] Da diese als beteiligungsfähig angesehen wird, kann sie nicht nur Kläger eines Verwaltungsgerichtsverfahrens sein, sondern auch Beigeladener gem. § 65 Abs. 1, 2 VwGO. Das kann bspw. dann der Fall sein, wenn Eigentümer aus der Wohnungseigentumsanlage heraus oder die Gemeinschaft der Wohnungseigentümer als Bauherren auftreten (→ *Baugenehmigung* Rn. 28) oder eine von ihnen beantragte Baugenehmigung von Dritten außerhalb der Wohnungseigentumsanlage im Wege der verwaltungsprozessualen Nachbarklage angegriffen wird. In diesen Fällen ist von einer notwendigen Beiladung gem. § 65 Abs. 2 VwGO auszugehen.[8]

6 **d) Widerspruchsverfahren und Klagefrist.** Mit § 68 VwGO hat der Gesetzgeber dem Verwaltungsprozess ein Vorverfahren vorangestellt. In den Fällen der Anfechtungsklage und des Verpflichtungsantrags muss grundsätzlich vor Erhebung dieser Klage ein (erfolgloses) **Widerspruchsverfahren** (§§ 68, 69 VwGO) durchgeführt werden. Dies gilt allerdings nicht für die in § 68 Abs. 1 S. 2 Nr. 1 und 2 VwGO geregelten Fälle (VA einer obersten Bundesbehörde/Widerspruch enthält erstmals Beschwer). Darüber hinaus sind aufgrund landesrechtlicher Regelungen in mehreren Bundesländern die Vorverfahren durch Gesetz ausgeschlossen worden. Das ist in unterschiedlichem Umfang geschehen und reicht von dem vollständigen Ausschluss aller landesrechtlich regelbaren Widerspruchsverfahren (Niedersachsen) zum Ausschluss für bestimmte Zeiträume (Nordrhein-Westfalen) und für bestimmte Rechtsgebiete wie in Hessen.[9] Feststellungs- und Leistungsklagen bedürfen keines Vorverfahrens.

7 Soweit ein Vorverfahren durchzuführen ist, hat sich der Widerspruch gegen die Behörde zu richten, von der der Bescheid ausgeht (§ 69 VwGO). Er ist binnen eines Monats nach Zustellung einzulegen (§ 70 VwGO). Fehlt dem Bescheid die Rechtsbehelfsbelehrung, gilt eine Jahresfrist ab Kenntnis (§§ 70 Abs. 1, 58 Abs. 2 VwGO).

8 Bezieht sich ein Bescheid auf Leistungen an bzw. Vorgänge in einer Wohnungseigentumsanlage, ist anhand des Bescheides genau zu prüfen, gegen wen er sich richtet – gegen die Gemeinschaft der Wohnungseigentümer, einzelne Eigentümer, eine Gruppe von Wohnungseigentümern oder den Verwalter.[10] Zur Vermeidung von Unsicherheiten sollte im Zweifel immer sowohl für die Gemeinschaft wie auch die Wohnungseigentümer und ggf. den Verwalter Widerspruch eingelegt werden.

9 Die Anfechtungsklage ist binnen **einer Frist von einem Monat** nach Zustellung des ablehnenden Widerspruchsbescheids bei dem gem. § 52 VwGO zuständigen Verwaltungsgericht zu erheben (§ 74 Abs. 1 VwGO). Unabhängig von der Frage der Beteiligtenfähigkeit ist der Verwalter zur Entgegennahme von Zustellungen im Verwaltungsverfahren berechtigt.[11]

10 **e) Klagebefugnis und Prozessführungsbefugnis. aa) Möglichkeit der Rechtsverletzung und Befugnis zu Rechtswahrnehmung.** Eine zulässige Anfechtungs- oder Verpflichtungsklage kann im Verwaltungsprozess nur erheben, wer darlegt, durch den belastenden Verwaltungsakt oder die Ablehnung einer Behördenentschei-

---

6 *Hufen* VerwProzR § 16 Rn. 4, § 17 Rn. 1.
7 OVG Münster 6.7.2012 – 2 D 27/11.NE, ZWE 2012, 381: Normenkontrollverfahren; OVG Münster 26.8.2009 – 11 D 31/08.AK: Planfeststellungsverfahren; Redeker/v. Oertzen/*Redeker* VwGO § 61 Rn. 4 a.
8 Redeker/v. Oertzen/*Redeker* VwGO § 65 Rn. 12; Eyermann/*Hoppe* VwGO § 65 Rn. 19.
9 Redeker/v. Oertzen/*Kohte* VwGO § 68 Rn. 11.
10 Zur möglichen ordnungsrechtlichen Verantwortlichkeit des Verwalters: *Lehmann-Richter*, ZWE 2012, 105 (106).
11 BVerwG 18.3.1994 – 8 C 15/93, NJW-RR 1994, 972; OVG Münster 7.3.1994 – 22 A 753/92, WuM 1994, 406 (407).

dung in seinen Rechten verletzt zu sein. Unproblematisch ist in den Anfechtungsfällen die Klagebefugnis gem. § 42 Abs. 2 VwGO, wenn der Betroffene unmittelbar Adressat des belastenden Verwaltungsaktes ist, geltend machen kann, in einer subjektiven Rechtsposition verletzt worden zu sein, und tatsächlich die Möglichkeit einer solchen Rechtverletzung besteht.[12] Genauso gelten diese Überlegungen für die Ablehnung eines beantragten Verwaltungsaktes in den Verpflichtungsfällen. Ist also ausschließlich das Sondereigentum betroffen oder erstrebt ein Sondereigentümer einen ihn begünstigenden Verwaltungsakt, ist er ohne Weiteres klagebefugt. Sinngemäß gilt dies in den Anfechtungs- und Verpflichtungsfällen, in denen die Gemeinschaft der Wohnungseigentümer durch Verwaltungsakt in Anspruch genommen wird oder einen solchen begehrt. Darüber hinaus muss der Kläger befugt sein, den Anspruch im eigenen Namen geltend zu machen.[13]

bb) Klagebefugnis und Prozessführungsbefugnis des Sondereigentümers und Nachbarschutz. Zu den gegenwärtig noch nicht endgültig geklärten Fragen gehört die Reichweite der Klagebefugnis bzw. der Prozessführungsbefugnis in Fällen des Drittschutzes: **11**

In den Fällen des öffentlich-rechtlichen Nachbarschutzes kann idR von der Möglichkeit einer Rechtsverletzung und damit vom Vorliegen der Klagebefugnis dann ausgegangen werden, wenn sich die klagende Partei auf eine subjektiv-rechtlich angereicherte Rechtsposition berufen kann. Neben der sich aus einer dinglichen Rechtsstellung – in diesem Fall Sondereigentum und Miteigentum am Gemeinschaftseigentum – ergebenden Eigentumsposition[14] muss der Inhaber dieser Rechtsstellung iS einer drittschützenden Norm als Nachbar zu dem anspruchsberechtigten Personenkreis gehören.[15] Neben dieser allgemeinen Klagebefugnis ist die Zulässigkeit der Klage zusätzlich unter dem Gesichtspunkt der **Prozessführungsbefugnis** zu prüfen. Es geht hier darum, über welche Rechte aus nachbarschützenden Normen ein Sondereigentümer allein verfügen darf und hinsichtlich welcher er als Miteigentümer und durch die Einbindung iSd § 9 Abs. 2 WEG gebunden ist.[16]   **12**

Unproblematisch ist beides für die Fälle des **immissionsschutzrechtlichen Nachbarschutzes**, da es dort immer auf die **konkrete Betroffenheit** ankommt und die Anspruchsberechtigung vergleichsweise leicht festzustellen ist.[17] Dementsprechend stehen diese Ansprüche dem unmittelbar von der Immission betroffenen Rechtssubjekt zu. Das ist entweder der Sondereigentümer allein, die Gemeinschaft der Wohnungseigentümer oder beide nebeneinander[18] (→ *Nachbarschutz* Rn. 24).   **13**

Im Bereich des Bauplanungsrechts und/oder Bauordnungsrechts dagegen geht es um die Frage, ob und in welchem Umfang dem einzelnen Wohnungseigentümer die Klagebefugnis und die **Prozessführungsbefugnis** allein wie einem Einzeleigentümer eines Gebäudes zusteht[19] oder ob er durch das Miteigentum am Gemeinschaftseigentum und seine Einbindung in die Wohnungseigentümergemeinschaft in der Ausübung solcher Rechte beschränkt ist.[20]   **14**

Durchgesetzt hat sich die Auffassung, dass Ansprüche des öffentlich-rechtlichen Nachbarschutzes nur das Außenverhältnis der Wohnungseigentumsanlage betreffen, ihre Durchsetzung daher keine Verwaltungsmaßnahme gem. §§ 18, 19 WEG ist und sich daraus eine Beschränkung einzelner Eigentümer nicht ergeben kann.[21]

Ebenso gesicherte Erkenntnis ist auch, dass Ansprüche des öffentlich-rechtlichen Nachbarschutzes aufgrund des Vorrangs der §§ 13, 14 WEG **nicht innerhalb** der Wohnungseigentumsanlage geltend gemacht werden können. Damit entfällt hier die für die Klagebefugnis geforderte mögliche Rechtsverletzung.[22] Dies gilt grundsätzlich auch dann, wenn Sondereigentümer eine Rechtsverletzung durch Gesundheitsgefahren geltend ma-   **15**

---

12 *Hufen* VerwProzR § 14 Rn. 53; Redecker/von Oertzen/*v. Nicolai* VwGO § 42 Rn. 48.

13 *Hufen* VerwProzR § 12 Rn. 28; Eyermann/*Happ* VwGO § 42 Rn. 83.

14 *Bantlin* NVwZ 2018,1838.

15 *Schulte-Beerbühl*, Öffentliches Baunachbarrecht, 2017, Rn. 19, in Bezug auf das öffentliche Baurecht: 123 ff.

16 *Hufen* VerwProzR § 12 Rn. 28; Eyermann/*Happ* VwGO § 42 Rn. 70, 82 f.; *Bantlin* NVwZ 2018, 1838 (1839).

17 *Hoppenberg/Paar/Schäfer* in Hoppenberg/de Witt BauR-HdB Rn. H 440, 441.

18 Insofern besteht eine Parallelität zur Durchsetzung zivilrechtlicher Ansprüche aus § 1004 BGB, dazu *Bruns* Anw-Zert MietR 13/2020, Anm. 2, B II 2.

19 OVG Bremen 13.2.2015 – 1 B 355/14, NordÖR 2015, 209 (210).

20 *Bantlin* NVwZ 2018, 1838.

21 *Bantlin* NVwZ 2018, 1838 (1840).

22 OVG Münster 4.4.2019 – 2 B 1798, BauR 2019, 1296; VG Berlin 28.5.2019 – 19 K 12.16; diff. *Fricke* ZfBR 2013, 2018.

chen.[23] Umstritten ist allerdings, unter welchen Voraussetzungen Wohnungseigentümer untereinander einen Anspruch auf Einhaltung öffentlich-rechtlicher Normen haben (→ *Nachbarschutz* Rn. 9).

16 **(1) Materiell-rechtlicher Nachbarbegriff.** Die verfahrensrechtliche Frage nach Klage- und Prozessführungsbefugnis ist verknüpft mit der materiellrechtlichen Vorfrage, wer aus dem Kreis der möglichen Berechtigten zu den **Nachbarn** nach den Grundsätzen des (baurechtlichen) öffentlich-rechtlichen Nachbarschutzes gehört. Denn nur bei ihnen besteht überhaupt die Möglichkeit eines Anspruchs und damit eine Klagebefugnis[24] und nur dann kann ihnen auch eine Prozessführungsbefugnis[25] zustehen. Der Nachbarbegriff ist ein relativer, der sich in rechtlicher wie in räumlicher Beziehung an dem Schutzbereich der baurechtlichen Norm orientiert.[26] Als Nachbarn idS kommen nach allgemeiner Auffassung nur alle dinglich Berechtigten und damit auch Wohnungseigentümer als Miteigentümer gem. § 1008 BGB[27] und sogar Eigentümer eines hälftigen Sondereigentumsanteils[28] in Betracht. Sie alle „repräsentieren" das Grundstück.[29]

17 **(2) Klagebefugnis/Prozessführungsbefugnis und Bauplanungsrecht.** Dagegen ist bisher nicht endgültig geklärt, ob und in welchen Fällen durch die Miteigentümerstellung am Gemeinschaftseigentum und durch § 9 Abs. 2 WEG Einschränkungen der Klage- und der Prozessführungsbefugnis in den einzelnen Teilfeldern des öffentlich-rechtlichen Nachbarschutzes bestehen:

Unbestritten ist, dass Ansprüche des baurechtlichen Nachbarschutzes und damit eine Klage- und Prozessführungsbefugnis den jeweiligen Sondereigentümern allein und ausschließlich zur Seite stehen, wenn diese als Folge des Verstoßes gegen nachbarschützende städtebauliche Normen **konkret in ihrem Sondereigentum** von Beeinträchtigungen wie Lärmbelastungen oder Luftverunreinigungen **betroffen** sind[30] (→ *Nachbarschutz* Rn. 10).

18 Dagegen haben Verwaltungsgerichte einzelnen Sondereigentümern in der Vergangenheit mehrfach die Klage- bzw. Prozessführungsbefugnis[31] zur **alleinigen Geltendmachung** des Gebietsgewährleistungsanspruchs bzw. Gebietserhaltungsanspruchs (→ *Nachbarschutz* Rn. 11) aus städtebaurechtlichen Vorschriften abgesprochen und der Gemeinschaft der Wohnungseigentümer überantwortet. Begründet wurde dies damit, dass an dem dem Gebietsgewährleistungsanspruch unterliegenden Austauschverhältnis nur das Gemeinschaftseigentum teilnehme.[32] Demgegenüber wird mit zunehmender Tendenz die Auffassung vertreten, dass der Gebietsgewährleistungsanspruch einzelnen Sondereigentümern auch jenseits einer unmittelbaren Beeinträchtigung ihres Sondereigentums solitär zur Seite stehe (→ *Nachbarschutz* Rn. 11).[33] Allerdings wird teilweise in Hinblick auf die Prozessführungsbefugnis eine Einschränkung dahingehend angenommen, dass diese nur zu bis zu einer Vergemeinschaftung bestünde. Die Befugnis zur Geltendmachung von Nachbarschutzansprüchen läge – nach § 10 Abs. 6 WEG aF vorrangig bei der Gemeinschaft der Wohnungseigentümer.[34]

---

23 OVG Koblenz 26.2.2019 – 8 A 11076/18.OVG, NVwZ-RR 2019, 801; aA OVG Münster 3.5.2007 – 7 A3350/06, BeckRS 2007, 24635 mit Verweis auf BVerwG 4.10.1988 – 4 C 1/86, NVwZ 1989, 250; VGH Mannheim 21.9.1993 – 10 S 1735/91, VBlBW 1994, 238; Eyermann/*Happ* VwGO § 42 Rn. 152.

24 *Hufen* VerwProzR § 14 Rn. 53; Eyermann/*Happ* VwGO § 42 Rn. 70; Redeker/von Oertzen/*v. Nicolai* VwGO § 42 Rn. 48.

25 Eyermann/*Happ* VwGO § 42 Rn. 83; *Bantlin* NVwZ 2018, 1838.

26 *Schulte Beerbühl* Rn. 19, 20.

27 *Hoppenberg/Paar/Schäfer* in Hoppenberg/de Witt BauR-HdB H Rn. 37, 38.

28 OVG Münster 20.11.2013 – 7 A 2341/ 11, ZWE 2014, 144.

29 *Schulte Beerbühl* Rn. 21.

30 *Hoppenberg/Paar/Schäfer* in Hoppenberg/de Witt BauR-Hdb H Rn. 40; VG Koblenz 5.2.2019 – 1 K 870/18.KO mAnm *Redeker* IMR 2019, 302; BVerwG 20.8.1992 – 4 B 92/92, BeckRS 1992, 31262402; VGH München 24.11.2016 – 1 CS 16.2011, ZMR 2017, 857.

31 Hinsichtlich der Begrifflichkeiten wird vielfach nicht genau unterschieden, richtig ist es, diese Problematik der Prozessführungsbefugnis zuzuordnen: *Bantlin* NVwZ 2018, 1838 (1839); Eyermann/*Happ* VwGO § 42 Rn. 82.

32 VGH München 8.7.2013 – 2 CS 13.807, NVwZ 2013, 1622; OVG Münster 20.11.2013 – 7 A 2341/11, ZWE 2014, 144.

33 OVG Bremen13.2.2015 – 1 B 355/14, NordÖR 2015, 209 (210) mit Verweis auf BVerwG 20.81992 – 4 B 92/92; Anm. *Klimesch* ZMR 2016, 269.

34 Für den Fall eines Verstoßes gegen beeinträchtigungsfreie, generelle Abstandsflächenvorschriften im Bauordnungsrecht: VGH Mannheim 13.7.2017 – 5 S 2602/15, ZWE 2017, 469, ua unter Bezugnahme auf VG Koblenz 5.2.2019 – 1 K 870/18 KO; VG Neustadt/Weinstraße 26.3.2019 – 5 K 1482/18 NW, BeckRS 2019, 10296.

Fraatz-Rosenfeld

Richtigerweise ist davon auszugehen, dass dem Sondereigentum die Prozessführungsbefugnis für die Geltendmachung eines Anspruchs aus dem Gebietsgewährleistungsanspruch solitär zusteht. Dafür spricht vornehmlich die Tatsache, dass die aus dem Städtebaurecht entnommene Schutznorm alle Formen des Eigentums einschließt und damit auch das Miteigentum des Sondereigentümers. Wenn nunmehr § 9 a Abs. 2 WEG die Ansprüche aus dem Gemeinschaftseigentum ausschließlich der Gemeinschaft der Wohnungseigentümer zuordnet, können damit nicht zugleich Ansprüche einzelner Eigentümer ausgeschlossen sein. Denn in den Fällen des öffentlich-rechtlichen Nachbarschutzes ist ähnlich dem Eigentumsfreiheitsanspruch (→ *Nachbarrecht* Rn. 2) eine Trennung der Einwirkungen auf das Sondereigentum/Miteigentum einerseits und Gemeinschaftseigentum nicht möglich. Die Geltendmachung des auf dem subjektiven öffentlichen Recht erwachsenden Abwehranspruchs aber ausschließlich auf das Gemeinschaftseigentum zu beziehen, käme einer faktischen Enteignung des Miteigentümers als Sondereigentümer gleich[35] und entzöge zugleich die durch Art. 2 Abs. 1 GG verbrieften Rechte auf individuelle Durchsetzung des Rechtsschutzes im Rahmen der Privatautonomie.[36]

Ungeklärt ist die **Reichweite** des planungsrechtlichen Nachbarschutzes des Sondereigentümers in den Fällen des konkret-partiellen Nachbarschutzes, in denen neben der Verwirklichung des Tatbestands der Schutznorm auch eine konkrete Beeinträchtigung des Nachbarn gefordert wird, diese aber nur für Teile der Wohnungseigentumsanlage zutrifft. Dies gilt besonders für das Einfügungsgebot des § 34 Abs. 1 BauGB. Während der Einzeleigentümer eine Störung seines Gartenruhebereichs durch die Inanspruchnahme des benachbarten Hinterlands unschwer darlegen kann, ist das für den Sondereigentümer „am anderen Ende" der Anlage selten möglich. Dennoch kann es auch hier keinen Zweifel daran geben, dass er Volleigentümer ist und die Werthaltigkeit seines Sondereigentums betroffen wird. Eine solche gänzlich unabhängige Geltendmachung durch den Sondereigentümer mit der Folge einer solitären Prozessführungsbefugnis hat die verwaltungsgerichtliche Rechtsprechung bisher abgelehnt, aber immerhin nur eine gekorene Befugnis der Gemeinschaft der Wohnungseigentümer angenommen.[37] Diese Überlegungen sind **durch die Einführung des § 9 a Abs. 2 WEG überholt** und müssen auch in diesem Fall zu einer solitären Klage- und Prozessführungsbefugnis des Sondereigentümers führen (→ Rn. 18). 19

(3) Prozessführungsbefugnis und Bauordnungsrecht. So wie beim Bauplanungsrechts gilt für das Bauordnungsrecht, dass der Sondereigentümer dann in den Schutzbereich der Norm einbezogen ist und damit allein prozessführungsbefugt, wenn die Vorschrift auf die **Vermeidung konkreter Beeinträchtigungen** gerichtet ist. Damit sind diejenigen Fälle erfasst, in denen die Landesbauordnungen vor konkreten Beeinträchtigungen (vornehmlich Immissionen) schützen und diese Beeinträchtigungen tatsächlich auftreten. Typische Anwendungsfälle sind Vorschriften über den Schutz gegen Feuchtigkeit und schädliche chemische, physikalische sowie biologische Einflüsse, die Anordnung und Unterhaltung insbesondere von Abwasser- und Kleinkläranlagen, Abfallbeseitigungsanlagen usw (→ *Nachbarschutz* Rn. 12). Auch für eine Unterschreitung der Abstandsfläche unmittelbar zur Gebäudeseite des Sondereigentümers wurde eine Beeinträchtigung angenommen.[38] 20

Im Gegensatz zu dieser als gesichert anzusehenden Erkenntnis war bisher offen geblieben, ob Sondereigentümern auch Ansprüche aus bauordnungsrechtlichen Vorschriften zur Seite stehen, die **beeinträchtigungsfreien** Nachbarschutz auslösen. Hierbei geht um die Fälle, in denen das einzelne Sondereigentum nicht unmittelbar durch die Folgen des Rechtsverstoßes beeinträchtigt ist (Beispiel: Eigentumswohnung liegt auf der von der Abstandsflächenverletzung nicht betroffenen Gebäudeseite).Durch aktuelle Rechtsprechung ist klargestellt, dass auch in diesen Fällen eine Rechtsverletzung des Sondereigentums nicht offensichtlich ausgeschlossen werden könne und damit die Prozessführungsbefugnis besteht, wenn auch das Sondereigentum des Wohnungseigentümers durch § 10 Abs. 6 S. 3 WEG aF einer weitergehenden Bindung unterliege als das Miteigentum 21

---

35 Zur notwendigen Wahrung des Grundrechts auf Eigentum gem. Art. 14 GG nach neuer Rechtslage: *Bruns* Anw ZertMietR 13/2020 Anm. 2, B II 2.
36 BGH 24.7.2015 – V ZR 167/14, NZM 2015, 700 Rn. 12; BGH 24.1.2020 – V ZR 295/16, ZMR 2020, 675.
37 VG Neustadt 26.3.2019 – 5 K 1482/18.NW zu einem Fall der Rahmenüberschreitung gem. § 34 Abs. 1 BauGB; VG Freiburg 6.2.2020 – 6 K 4494/19: Rahmenüberschreitung abgelehnt.
38 OVG Münster 20.11.2013 – 7 A 2341/11, ZWE 2014, 144 Rn. 61; OVG Münster 20.11.2013 – 7 A 2341/11, ZWE 2014, 144 Rn. 61, 62; VG München 9.8.2011 – M 8 SN 11.2301, zitiert nach *Schweinoch* ZWE 2014, 237 (242), eigentlich systemwidrig, weil Abstandsflächenverletzungen bereits beeinträchtigungsfrei Nachbarschutz auslösen (→ *Nachbarschutz* Rn. 13).

des § 1008 BGB.[39] Nach diesen Entscheidungen ist der Sondereigentümer zur Geltendmachung des Anspruchs nur befugt, solange dieser nicht durch die Gemeinschaft der Wohnungseigentümer vergemeinschaftet worden ist (fraglich: Einzelheiten bei → *Nachbarschutz* Rn. 14).

Richtig ist auch in diesen Fallkonstellationen nur, dass Sondereigentümern unabhängig von der Gemeinschaft der Wohnungseigentümer die Klage- und Prozessführungsbefugnis zusteht (→ Rn. 18).

22 **cc) Prozessführungsbefugnis der Gemeinschaft der Wohnungseigentümer und Gemeinschaftseigentum.** Ist dagegen ausschließlich Gemeinschaftseigentum ohne jeden Bezug zum Sondereigentum betroffen – beispielsweise wird der auf dem gemeinschaftlichen Grundstück angelegte Kinderspielplatz durch die Abgase der Autos auf der benachbarten Stellplatzanlage (nachbarschützend unzulässig) beaufschlagt –, so kann mit Blick auf die Schutznorm die Auffassung vertreten werden, es handele sich um eine ausschließlich gemeinschaftsbezogene Berechtigung. Klage- und prozessführungsbefugt ist somit die Gemeinschaft der Wohnungseigentümer.

23 Lediglich in Fällen der Notgeschäftsführung gem. § 18 Abs. 3 WEG kann eine Klagebefugnis des Sondereigentümers auch mit Wirkung für bzw. gegen das Gemeinschaftseigentum angenommen werden.[40] Ist das nicht der Fall, fehlt es an der Klagebefugnis.[41]

24 Da ein Sondernutzungsrecht zum Gemeinschaftseigentum gehört, ergibt sich folgerichtig kein Anspruch einzelner Eigentümer gegenüber der Bauaufsichtsbehörde aus dem Genehmigungsabwehranspruch.[42]

25 **2. Begründetheit von Anfechtungs- und Verpflichtungsklage.** Belastende Verwaltungsakte oder die Ablehnung eines begünstigenden Verwaltungsaktes können sowohl an **formeller Rechtswidrigkeit** (fehlende oder falsche Zuständigkeit, Verfahrens- und Formfehler)[43] wie **materieller Rechtswidrigkeit** wegen inhaltlicher Fehler bezogen auf die tatbestandlichen Voraussetzungen einer Norm des besonderen Verwaltungsrechts leiden (bspw. fehlende Denkmalwürdigkeit eines Gebäudes, → *Denkmalschutz* Rn. 4 ff.). Während letztere Fragen nicht solche des Verwaltungsprozessrechts sind, stellt sich im **Zusammenhang mit einer Wohnungseigentumsanlage** schon auf einer ersten Ebene die Frage, ob formelle Rechtswidrigkeitsgründe vorliegen[44] und ob – sofern durch die Norm eingeräumt – das **Ermessen** richtig ausgeübt worden ist.[45]

26 Der belastende Verwaltungsakt unterliegt dem **Gebot der Bestimmtheit** gem. § 37 Abs. 1 VwVfG und muss den richtigen Adressaten bezeichnen. Soll ein Verwaltungsakt die Gemeinschaft der Wohnungseigentümer verpflichten, muss er deutlich machen, dass er sich gerade gegen die Gemeinschaft richtet.[46] Dazu reicht aus, dass im Wege der Auslegung die Gemeinschaft der Wohnungseigentümer als Adressat festgestellt werden kann.[47] Auch soll es ausreichen, dass ein Abgabenbescheid ohne namentliche Benennung der einzelnen Miteigentümer diese gesamtschuldnerisch heranzieht.[48] Es kommt auch nicht (allein) darauf an, wer in der Adresse des Bescheides genannt ist, wenn sich aus dem Text ergibt, wer „von dem Bescheid dem Inhalt nach betroffen" ist.[49]

27 In Fallkonstellationen, denen bauordnungsrechtliche Fragestellungen zugrunde liegen, geht es neben der materiellen Frage der polizeirechtlichen Eingriffsbefugnis um die richtige Ausübung des Ermessens bei der Auswahl des richtigen Mittels[50] sowie um die Inanspruchnahme des richtigen Ordnungspflichtigen. Hinsichtlich dieser **Störerauswahl** gelten die polizeirechtlichen Grundsätze. Damit ist zunächst als **Handlungsstörer** derjenige in Anspruch zu nehmen, der die Störung am effektivsten beseitigen kann und dazu rechtlich in der Lage

---

39 VGH Mannheim 13.7.2017 – 5 S 2602/15, ZWE 2017, 469 Rn. 38; VG Koblenz 5.2.2019 – 1 K 870/18 KO; VG Neustadt/Weinstraße 26.3.2019 – 5 K 1482/18 NW, BeckRS 2019, 10296; *Bantlin* NVwZ 2018, 1838.

40 VGH München 26.3.2003 – 8 ZB 02.2918, NVwZ 2004, 629.

41 VG Schleswig 13.9.2007 – 2 A 273/01, BeckRS 2008, 32094.

42 VG Dresden 3.5.2019 – 12 K 4870/17.

43 *Hufen* VerwProzR § 25 Rn. 3.

44 *Hufen* VerwProzR § 25 Rn. 5.

45 *Hufen* VerwProzR § 25 Rn. 22.

46 Stelkens/Bonk/Sachs/*Stelkens* VwVfG § 37 Rn. 17.

47 VG Halle 24.11.2011 – 4 B 202/11, ZWE 2012, 339.

48 VG Düsseldorf 14.11.2018 – 5 K 15131/17, BeckRS 2018, 36603.

49 VG Köln 27.1.2009 – 14 K 1415/08, BeckRS 2009, 32380.

50 *Rüdiger* ZfIR 2019, 469 (473).

Fraatz-Rosenfeld

ist.[51] Das können neben den einzelnen Wohnungseigentümern für das eigene Sondereigentum auch Mieter oder Pächter sein und nicht zuletzt die Gemeinschaft der Wohnungseigentümer, wenn auf deren Veranlassung hin eine baurechtswidrige Anlage errichtet oder verändert worden ist (bspw. die Feuerwehrzufahrt durch eine Einfriedigung blockiert, → *Zufahrtsweg* Rn. 4). Die Gemeinschaft der Wohnungseigentümer ist Handlungsstörer, wenn der Verwalter aufgrund einer ihm eingeräumten Befugnis einen Beschluss derselben ausführt.[52]

Soweit es um einen bauordnungsrechtswidrigen Zustand des Gemeinschaftseigentums geht, kommt der Verwalter als Handlungsstörer nur dann in Betracht, wenn er die ordnungspflichtige Handlung selbst vorgenommen oder unterlassen hat. In allen anderen Fällen ist der Verwalter nur im Rahmen der Befugnis zur Durchführung von Eilmaßnahmen gem. § 27 Abs. 1 Nr. 2 WEG zum Eingreifen in Gemeinschaftseigentum berechtigt. Eine Verfügung gegen eine Verwalterin zur Herstellung eines aufwändigen zweiten Rettungsweges ist rechtswidrig, weil dadurch deren Befugnisse iSd § 27 Abs. 1 Nr. 2 WEG überschritten würden.[53] 28

Gegen einzelne Wohnungseigentümer kann eine das Gemeinschaftseigentum betreffende Verfügung nur in dringenden Fällen in entsprechender Anwendung der Vorschrift über **Notmaßnahmen** gem. § 18 Abs. 3 WEG gerichtet werden.[54] Bei der Auswahl unter möglichen Handlungsstörern hat es die Rechtsprechung daher zu Recht für ermessensfehlerfrei angesehen, wenn im Falle eines Brandschadens an einem Dach nicht alle Eigentümer einer Wohnungseigentumsanlage polizeirechtlich in Anspruch genommen wurden.[55] Ermessensfehlerhaft dürfte es dagegen sein, im Rahmen einer denkmalrechtlichen – mutmaßlich nicht eiligen – Anordnung einen Eigentümer unabhängig von der konkreten Lage seines Sondereigentums in dem Gebäude in Anspruch zu nehmen.[56] Das kann gegebenenfalls anders zu entscheiden sein, wenn im Rahmen einer Vereinbarung gem. § 10 Abs. 2 WEG die Nutzungs- und Verfügungsrechte auf einen Teil der Anlage beschränkt sind.[57] 29

Zustandsstörer nach der polizeirechtlichen Definition ist der „Inhaber der tatsächlichen Gewalt"[58] und damit – abgesehen von den Eilfällen des § 18 Abs. 3 WEG – die Gemeinschaft der Wohnungseigentümer für das Gemeinschaftseigentum. Die diesbezügliche Ordnungsverfügung ist daher an den Verwalter zu richten. Er selbst kann – außer in den genannten Sonderfällen – nicht als Zustandsstörer in Anspruch genommen werden.[59] 30

In **abgaberechtlichen Verfahren** kommt es darauf an, dass die richtigen Adressaten in Übereinstimmung mit den gemäß der Norm materiell Verpflichteten herangezogen werden. Sieht eine abgabenrechtliche Norm vor, dass die Eigentümer verpflichtet sind, kann nicht die Gemeinschaft der Wohnungseigentümer in Anspruch genommen werden.[60] Wird ein Grundstück im Zuge des Verwaltungsverfahrens in Wohnungseigentum umgewandelt, und lastete bisher ein Erschließungsbeitrag auf diesem als öffentliche Last, muss der Heranziehungsbescheid dies berücksichtigen.[61] Regelt eine gemeindliche Satzung im Zusammenwirken mit dem Kommunalabgabengesetz, dass eine gesamtschuldnerische Haftung bestehen bleiben soll, bleibt es in Abweichung von § 16 Abs. 2 WEG bei dieser Haftungszuweisung.[62] 31

3. Einstweiliger Rechtsschutz. Der Widerspruch gegen einen belastenden Verwaltungsakt hat aufschiebende Wirkung mit der Folge, dass er bis zur rechtskräftigen Entscheidung nicht vollzogen werden kann. Dies gilt nicht für Fälle des **Drittwiderspruchs gegen bauaufsichtliche Zulassungen** von baulichen Anlagen (§ 212 a Abs. 1 BauGB). Allerdings kann in diesen Fällen bereits die Verwaltungsbehörde die sofortige Vollziehung zugunsten der Nachbarn aussetzen (§ 80 a Abs. 1 Nr. 2 VwGO). Von erheblicher praktischer Bedeutung ist in 32

---

51 *Schenke* PolR § 4 Rn. 2851 (Polizei- und Ordnungsrecht, 10. Aufl. 2018).
52 *Rüdiger* ZflR 2019, 469 (473).
53 OVG Saarlouis 3.9.2014 – 2 B 319/14, ZWE 2014, 468; aA OVG Münster 14.4.2009 – 10 B 304/09, NJW 2009, 3528 mAnm *Elzer*; OVG Münster 28.1.2011 – 2 B 1945/10, ZMR 2011, 424.
54 VG Hannover 14.5.2018 – 4 A 8334/17, ZWE 2018, 380.
55 VG Gelsenkirchen 27.11.2018 – 6 K 3749/16, BeckRS 2018, 34764.
56 VGH Mannheim 25.3.2003 – 1 S 190/03, NZM 2003, 647.
57 VG Sigmaringen 8.1.2003 – 2 K 1834/02, BeckRS 2003, 153755.
58 *Schenke* PolR § 4 Rn. 268.
59 *Rüdiger* ZflR 2019, 469 (475).
60 VG Düsseldorf 3.9.2009 – 12 K 881/08, ZMR 2010, 327.
61 VG Darmstadt 4.12.2007 – 4 E 406/07, NJW Spezial 2008, 387.
62 VG Neustadt 11.12.2014 – 4 K 777/14.NW, ZWE 2015, 102; VG Gelsenkirchen 11.2.2014 – 13 K 1109/13, ZWE 2014, 294.

Drittschutzfällen die Möglichkeit, durch das Gericht gem. § 80 a Abs. 3 VwGO die infolge der bundesrechtlichen Regelung des § 212 a Abs. 1 BauGB ausgeschlossene aufschiebende Wirkung herstellen zu lassen. Das Gericht führt in diesem Fall eine Prüfung der Erfolgsaussichten des Rechtsbehelfs durch. Innerhalb dieses Rahmens werden grundsätzlich die anstehenden Rechtsfragen vollständig geprüft. Nur bei insoweit „offenen Erfolgsaussichten" ist noch eine Interessenabwägung geboten.[63]

33 In den Fällen, in denen eine in der Nachbarschaft geplante bauliche Anlage verfahrensfrei ist oder von der Genehmigung freigestellt (→ *Baugenehmigung* Rn. 5) bzw. überhaupt illegal errichtet wird, bleibt als mögliche Maßnahme des einstweiligen Rechtsschutzes der Antrag auf Erlass einer einstweiligen Anordnung (§ 123 Abs. 1 VwGO). Der Antrag richtet sich auf die **Anordnung der Baueinstellung**. Die VwGO bezieht sich hier auf die Vorschriften zu Arrest und einstweiliger Verfügung.[64] Der in einem solchen Verfahren unterliegende Antragsteller ist daher – anders als bei § 80 a VwGO – im Fall der späteren Aufhebung der einstweiligen Anordnung möglichen **Schadensersatzansprüchen** ausgesetzt. Rechtsmittel ist auch hier die Beschwerde gem. 146 VwGO.

III. Rechtsmittel

34 Wird dem Aufhebungs- bzw. Verpflichtungsantrag der Klage nach § 42 Abs. 1 VwGO des jeweiligen Klägers (Sondereigentümer, Gemeinschaft der Wohnungseigentümer, Verwalter) nicht stattgegeben, ist das gebotene Rechtsmittel – sofern nicht die Berufung vom Verwaltungsgericht zugelassen worden ist – der **Berufungszulassungsantrag** (§ 124 VwGO). Zwar handelt es sich um einen an das Oberverwaltungsgericht gerichteten Antrag, dennoch ist dieser innerhalb eines Monats beim Verwaltungsgericht einzureichen (§ 124 a Abs. 2 VwGO) und binnen zweier Monate ab Zustellung des erstinstanzlichen Urteils unter Berücksichtigung der Voraussetzungen des § 124 Abs. 2 Nrn. 1–5 zu begründen. Für diesen Antrag besteht Anwaltszwang (§ 67 Abs. 4 VwGO).

35 Die Entscheidung des Gerichts in den Eilverfahren nach §§ 80, 80 a VwGO unterliegt der **Beschwerde**, die binnen zweier Wochen beim Verwaltungsgericht einzulegen (§ 147 VwGO) und binnen eines Monats dem Oberverwaltungsgericht gegenüber zu begründen ist (§ 146 Abs. 4 VwGO). Auch hier besteht Anwaltszwang, obwohl die Beschwerde beim Verwaltungsgericht eingereicht wird.[65] Da die VwGO in diesen Fallkonstellationen nicht auf die Vorschriften der ZPO Bezug nimmt, kann sich **keine Schadensersatzverpflichtung** iSd § 945 ZPO ergeben.

IV. Feststellungs-, Leistungs- und Unterlassungsklage

36 **1. Feststellungsklage.** Die weiteren in der VwGO normierten Klagearten (§ 43 VwGO) sind in der wohnungseigentumsrechtlichen Praxis von untergeordneter Bedeutung und gegenüber Anfechtungsklagen und Verpflichtungsklagen stets subsidiär. Auch für sie ist Sachentscheidungsvoraussetzung eine öffentlich-rechtliche Streitigkeit nicht-verfassungsrechtlicher Art (→ Rn. 2).

37 Die **Feststellungsklage** kommt vornehmlich zur Klärung der Frage in Betracht, ob ein nicht als Verwaltungsakt gestaltetes oder zu gestaltendes Rechtsverhältnis mit einem Träger öffentlicher Verwaltung besteht oder nicht.[66] Da die **Abgeschlossenheitsbescheinigung** nicht als Verwaltungsakt gilt, ist – jedenfalls dann, wenn sich ein allgemeiner Leistungsantrag erledigt hat – die Feststellungklage die richtige Klageart zur Vorbereitung möglicher Amtshaftungsansprüche.[67] Eine Feststellungsklage ist auch zur Klärung der Frage angezeigt, ob ein Bauvorhaben oder eine Nutzungsänderung überhaupt der bauordnungsrechtlichen Genehmigungspflicht unterliegt.[68]

38 **2. Leistungs- und Unterlassungsklage.** Eine Leistungsklage richtet sich auf die Vornahme einer bestimmten Handlung oder die Beseitigung einer Störung durch eine Behörde und enthält damit eine „positive" (auf eine

---

63 Eyermann/*Hoppe* VwGO § 80 a Rn. 23.
64 §§ 920, 921, 923, 926, 928–932, 938, 939, 941, 945 ZPO.
65 Eyermann/*Hoppe* VwGO § 67 Rn. 16.
66 Zu den hier nicht relevanten Differenzierungen: *Hufen* VerwProzR § 18 Rn. 1 f.
67 BVerwG 8.12.1995 – 8 C 37/93, NJW 1997, 71.
68 *Hornmann* in Hoppenberg/de Witt BauR-HdB A I Rn. 15.

Fraatz-Rosenfeld

Handlung gerichtete) Zielrichtung. Typische Fallkonstellationen ergeben sich vor allem aus dem im öffentlichen Recht analog angewandten **Störungsbeseitigungsanspruch** gem. § 1004 BGB.[69] So ist der Anspruch zweier Wohnungseigentümer auf Beseitigung von Sperrpfosten und einer Stufe vom Grundstück der Wohnungseigentumsanlage anerkannt worden, die Teil einer öffentlichen Straße waren.[70] Da sich ein solcher Anspruch nicht von einem zivilrechtlich-nachbarrechtlichen Anspruch gegenüber einem Dritten unterscheidet, sind die Gesichtspunkte des BGH zum zivilrechtlichen Nachbarrecht heranzuziehen; der individuelle Anspruch des Sondereigentums kann vergemeinschaftet werden.[71] Eine Leistungsklage ist auch die gebotene Klageart, wenn die Löschung von einschränkenden Zusätzen in einer Abgeschlossenheitsbescheinigung begehrt wird.[72] Die Unterlassungsklage richtet sich vornehmlich auf die Störungsbeseitigung.[73] Auch in diesen Fällen ist ein Eilverfahren als Antrag auf Erlass einer **einstweiligen Anordnung** gem. § 123 VwGO möglich. Rechtsmittel gegen abweisende Feststellungs-, Unterlassungs- und Leistungsurteile ist die **Zulassungsberufung** (→ Rn. 34).

V. Normenkontroll- und Planfeststellungsverfahren

§ 47 VwGO eröffnet die Möglichkeit, binnen eines Jahres nach Bekanntmachung (§ 47 Abs. 2 S. 1 VwGO) einer Rechtsvorschrift einen Normenkontrollantrag zu stellen. Soweit es Wohnungseigentumsanlagen angeht, kann dies bspw. Bebauungspläne, Satzungen über das Vorkaufsrecht, Erhaltungssatzungen sowie Erschließungs- und Ausbaubeitragssatzungen der Gemeinden betreffen.[74] Verfahrensbeteiligte sind zunächst natürliche und juristische Personen[75] und damit auch die Gemeinschaft der Wohnungseigentümer. Über die reine **Beteiligtenfähigkeit** hinaus wird als Zulässigkeitsvoraussetzung die **Geltendmachung einer Rechtsverletzung** gefordert (§ 47 Abs. 2 S. 1 Hs. 2 VwGO). Die Gemeinschaft der Wohnungseigentümer ist prozessführungsbefugt zur Geltendmachung öffentlich-rechtlichen Nachbarschutzes in Ansehung eines Planfeststellungsbeschlusses gegenüber einer baulichen Erweiterung einer Verkehrsanlage gem. § 41 BImSchG.[76]   39

Ähnlich wie in den Fällen des verwaltungsgerichtlichen Drittschutzes stellt sich auch hier die Frage, ob Sondereigentümern und/oder der Gemeinschaft der Wohnungseigentümer diese Antragsbefugnis zusteht. Der Gemeinschaft der Wohnungseigentümer soll die Antragsbefugnis gegen einen Bebauungsplan jedenfalls dann zustehen, wenn sich eine Bebauung mit erheblichen Verschattungsauswirkungen anbahnt.[77] Allerdings hat das Gericht keine Überlegungen im Einzelnen zur Frage der (möglichen) Betroffenheit von Sondereigentümern einerseits und dem Miteigentum andererseits angestellt; es geht ohne weitere Begründung von einer Ausübungsbefugnis nach § 9 b Abs. 2 WEG aus.[78]   40

Ein **einzelner Sondereigentümer** kann sich in einem Normenkontrollverfahren nur auf abwägungserhebliche Belange berufen;[79] hier werden somit Ansprüche ausgeschlossen, die systematisch dem Gebietsgewährleistungsanspruch nahestehen (→ *Nachbarschutz* Rn. 4). Eine Gemeinde, die ihrerseits Mitglied einer Wohnungseigentümergemeinschaft ist, soll nicht (allein) den Verwalter mit der Erhebung eines Normenkontrollantrags beauftragen dürfen.[80]   41

69 *Hufen* VerwProzR § 28 Rn. 5.
70 VGH München 11.5.2006 – 8 ZB 06.485, ZMR 2006, 729.
71 BGH 13.10.2017 – V ZR 45/17, NJW-RR 2018, 333.
72 VG Würzburg 19.7.2002 – W 5 K 01.1321.
73 Beispiele bei *Hufen* VerwProzR § 16 Rn. 4 ff.
74 Eyermann/*Hoppe* VwGO § 47 Rn. 17, 25.
75 Eyermann/*Hoppe* VwGO § 47 Rn. 32.
76 BVerwG 10.4.2019 – 9 A 24/18, NVWZ 2019, 381 Anm. *Dieterich* jurisPR-BVerwG 25/2019 Anm. 4.
77 OVG Lüneburg 26.7.2017 – 1 KN 171/16, ZWE 2017, 423.
78 *Hogenschurz* IMR 2017, 514.
79 VGH Kassel 11.6.2018 – 3 C 1892/14 N, ZWE 2018, 418.
80 OVG Greifswald 21.3.2007 – 3 K 8/04, NordÖR 2007, 257.

253. Verwaltungsunterlagen

Elzer

I. Begriff

1 In jeder Wohnungseigentumsanlage gibt es in Bezug auf das gemeinschaftliche Eigentum Unterlagen. Diese Unterlagen versteht man als Verwaltungsunterlagen (s. § 18 Abs. 4 WEG). Sie sind Teil des Gemeinschaftsvermögens und stehen im Eigentum der Gemeinschaft der Wohnungseigentümer. Verwaltungsunterlagen müssen nicht schriftlich sein. Notwendig ist nur ein „Medium". Zu den Verwaltungsunterlagen gehören daher zB auch Dateien, etwa die Beschluss-Sammlung, Bildträger, Lichtbilder usw.

II. Bestandteile

2 Zu den Verwaltungsunterlagen gehören sämtliche originären Unterlagen in Bezug auf die Verwaltung des gemeinschaftlichen Eigentums sowie sämtliche Unterlagen, die später entstanden sind, vor allem die aus der Geschäftsbesorgung des Verwalters,[1] beispielsweise selbst angelegte Akten, sonstige Unterlagen, aber auch Dateien (→ Rn. 1).[2] **Beispiele** für die wichtigsten Unterlagen im „ABC":

- Abgeschlossenheitsbescheinigung;
- Aufteilungsplan;
- behördliche Schreiben und Bescheide;
- Bauunterlagen, soweit sie die Errichtung der Wohnungseigentumsanlage betreffen und insbesondere für Gewährleistungs- und sonstige Ansprüche gegenüber den am Bau Beteiligten von Bedeutung sind;
- Beschluss-Sammlung;
- Betriebsanleitungen;
- Brandschutzunterlagen;
- Buchführungsunterlagen;
- eine Liste mit Namen und Anschriften aller Wohnungseigentümer (Eigentümerliste);
- Energieausweise;
- Gemeinschaftsordnung;
- sämtliche Gesamt- und Einzelabrechnungen;
- Gewährleistungsunterlagen;
- sämtliche Kontoauszüge und Unterlagen für das Konto der Gemeinschaft der Wohnungseigentümer;
- sämtliche Korrespondenz mit Bezug auf die Wohnungseigentumsanlage;
- Kostenangebote;
- Pläne zur Lage und Größe der Sondernutzungsrechte;
- sämtliche Rechnungen;
- Schlüsselpläne und -bücher;
- Steuer- und Sozialversicherungsunterlagen für beschäftigte Arbeitnehmer;
- technische Beschreibungen;
- Teilungserklärung;
- Überweisungsträger und sonstige Belege;
- Unterlagen zu Rechtsstreitigkeiten;
- sämtliche Versammlungsniederschriften mit Eigentümerbeschlüssen nebst Einberufungsschreiben;
- sämtliche Verträge der Gemeinschaft der Wohnungseigentümer mit Dritten oder mit Wohnungseigentümern;
- Vollmachtsurkunden;

---

1 BayObLG 23.3.2001 – 2Z BR 6/01, ZMR 2001, 819.
2 LG Itzehoe 22.7.2014 – 11 S 62/13, ZMR 2015, 54.

■ Wartungsbücher (für Aufzüge, Notstromaggregate usw);
■ sämtliche Wirtschafts- und Einzelwirtschaftspläne.

III. Aufbewahrung

1. Verpflichteter. Die Verwaltungsunterlagen sind vom **Verwalter** als Organ der Gemeinschaft der Wohnungseigentümer aufzubewahren[3] und von diesem angemessen zu schützen. Mit Beendigung des Verwaltervertrages hat der bis dahin Bestellte der Gemeinschaft der Wohnungseigentümer die Verwaltungsunterlagen gem. §§ 667, 675 BGB herauszugeben. Gegenüber dem Anspruch auf Herausgabe steht dem ehemaligen Verwalter ein Zurückbehaltungsrecht, etwa wegen Vergütungsansprüchen, nicht zu. **3**

2. Art und Weise. Die Verwaltungsunterlagen sind im **Original** oder analog § 257 Abs. 3 HGB, § 147 Abs. 2 AO als Wiedergabe auf einem Bildträger oder auf anderen **Datenträgern** aufzubewahren, wenn dies den Grundsätzen ordnungsmäßiger Verwaltung entspricht und sichergestellt ist, dass die Wiedergabe oder die Daten mit den empfangenen Briefen und den Buchungsbelegen bildlich und mit den anderen Unterlagen inhaltlich übereinstimmen, wenn sie während der Dauer der Aufbewahrungsfrist jederzeit verfügbar sind, unverzüglich lesbar gemacht und maschinell ausgewertet werden können. Beachtet werden sollten zusätzlich die Grundsätze zur ordnungsmäßigen Führung und Aufbewahrung von Büchern, Aufzeichnungen und Unterlagen in elektronischer Form sowie zum Datenzugriff (GoBD).[4] **4**

3. Aufbewahrungsfrist. Einige Verwaltungsunterlagen sind grundsätzlich **dauerhaft** aufzubewahren.[5] Etwa die Teilungserklärung und die Gemeinschaftsordnung, Niederschriften, aber auch Pläne, Anleitungen, laufende Verträge, Policen etc dürfen nicht vernichtet werden. Briefe, Rechnungen, Kontoauszüge, Belege und ähnliche Unterlagen sind hingegen analog § 147 Abs. 3 AO solange aufzubewahren, wie die Wohnungseigentümer oder die Gemeinschaft der Wohnungseigentümer an der Aufbewahrung noch ein Interesse haben.[6] **5**

Dieses Interesse besteht nach hM in der Regel **sechs Jahre** (Korrespondenz) bzw. für Wirtschaftspläne und Abrechnungen **zehn Jahre**.[7] Die Aufbewahrungsfristen beginnen jeweils am Schluss des Kalenderjahres, in dem die Verwaltungsunterlagen ins Eigentum der Gemeinschaft der Wohnungseigentümer gelangt sind. **6**

Die Wohnungseigentümer können eine Aufbewahrungsfrist vereinbaren, sofern Verwaltungsunterlagen nicht dauerhaft aufbewahrt werden müssen. Ferner können die Wohnungseigentümer die Aufbewahrungsfrist durch Beschluss verlängern. Ein Beschluss, die Verwaltungsunterlagen vorzeitig zu vernichten, ist möglich.[8] Der Beschluss wird in der Regel allerdings keiner ordnungsmäßigen Verwaltung entsprechen. Eine **Vernichtung** muss die Vorschriften des Bundesdatenschutzgesetzes iVm den konkretisierenden technischen **7**

Vorschriften, zB DIN 66399, beachten.

IV. Verstöße

Werden die Verwaltungsunterlagen nicht ordnungsmäßig verwaltet, verletzt der Verwalter seine Pflichten und schuldet **Schadenersatz**. **8**

---

3 *Bub* ZWE 2018, 297 (302); *Röll* WE 1998, 336.
4 Schreiben vom 28.11.2019 – IV A 4 – S 0316/19/10003 :001.
5 *Greiner* ZMR 2018, 131 (134).
6 *Greiner* ZMR 2018, 131 (134).
7 OLG München 20.3.2008 – 34 Wx 46/07, NJW-RR 2008, 1182 (1185).
8 *Greiner* ZMR 2018, 131 (134); aA OLG München 20.3.2008 – 34 Wx 46/07, NJW-RR 2008, 1182 (1185).

254. Verwirkung

Bartels

I. Einführung

1 Rechte können nach Treu und Glauben gem. § 242 BGB der Verwirkung als Sonderfall einer **unzulässigen Rechtsausübung** unterliegen. Ist ein Recht verwirkt, besteht eine durch das Gericht von Amts wegen zu beachtende rechtsvernichtende oder rechtshindernde **Einwendung** des Schuldners.[1] Ein subjektives Recht ist verwirkt, wenn sich der Schuldner wegen der Untätigkeit seines Gläubigers während eines gewissen Zeitraums hin bei objektiver Beurteilung darauf einrichten darf und eingerichtet hat, dieser werde sein Recht nicht mehr geltend machen und deswegen die verspätete Geltendmachung gegen Treu und Glauben (§ 242 BGB) verstößt.[2] Zeitmoment und Umstandsmoment können nicht isoliert voneinander betrachtet werden, sondern ihre Voraussetzungen hängen wechselseitig voneinander ab.

2 Einerseits muss das sog. **Zeitmoment** erfüllt sein: Die erforderliche Dauer des Zeitablaufs bestimmt sich anhand der Umstände des Einzelfalls. Zu berücksichtigen sind vor allem die Art und Bedeutung des Anspruchs, die Intensität des vom Berechtigten geschaffenen Vertrauenstatbestands und das Ausmaß der Schutzbedürftigkeit des Verpflichteten. Etwa verkürzt ein Verhalten, das auf einen konkludenten Verzicht hindeutet, die Zeitspanne, ebenso wie ein Verhandeln über andere Ansprüche.[3] Als Orientierungshilfe können die **Verjährungsfristen** (→ *Verjährung* Rn. 5 ff.) dienen, wobei bei kurzen Verjährungsfristen eine Verwirkung regelmäßig nicht in Betracht kommt.[4] Innerhalb des Zeitraums muss der Rechtsinhaber untätig geblieben sein, darf sich also nicht einmal eines Anspruchs gerühmt haben, wobei es auf die Kenntnis seines Rechts grundsätzlich nicht ankommt.

3 Andererseits muss ein sog. **Umstandsmoment** vorliegen, aus dem der Verpflichtete bei objektiver Betrachtung der Passivität des Rechtsinhabers entnehmen darf, dass dieser sein Recht nicht mehr geltend machen werde; das Zeitmoment allein ist also nicht maßgeblich, bildet aber einen Aspekt des Umstandsmoments. Es ist daher zu prüfen, ob der Verpflichtete sich darauf einrichten durfte, dass er mit einer Rechtsausübung durch den Berechtigten nicht mehr zu rechnen brauchte, mit der Folge, dass die verspätete Geltendmachung des Rechts für ihn eine mit Treu und Glauben unvereinbare Härte bedeuten würde.[5] Das ist nicht der Fall, wenn er selbst die Untätigkeit des Berechtigten veranlasst oder dessen Unkenntnis ausgenutzt hat. Hingegen ist maßgeblich auf bereits getroffene Vermögensdispositionen abzustellen, etwa indem wegen der Untätigkeit darauf verzichtet wurde, einen Regress gegen Dritte vorzubereiten, oder die Beweislage nicht gesichert wurde.[6]

4 Grundsätzlich trägt der Schuldner die **Darlegungs- und Beweislast** für die Voraussetzungen von § 242 BGB. Allerdings hat der Gläubiger darzulegen, wann und wie er den Anspruch geltend gemacht hat; den Gegenbeweis hat dann der Schuldner zu erbringen.[7]

II. Anwendungsfälle

5 **Dingliche Rechte** können nicht verwirkt werden, nur deren Ausübung. Besteht neben einem bereits verjährten Beseitigungsanspruch aus § 1004 Abs. 1 S. 1 BGB mit § 20 Abs. 1 WEG ein iSv § 902 Abs. 1 S. 1 BGB unverjährbarer Herausgabeanspruch aus § 985 BGB (→ *Verjährung* Rn. 20), kann es treuwidrig sein, die Herausgabe geltend zu machen, wenn sich die Herausgabepflicht für den Besitzer als schlechthin unerträglich darstellt.[8]

6 Ansprüche auf **Beseitigung oder Unterlassung** können verwirkt werden:[9] Der Einwand der Verwirkung kann einem Anspruch auf Beseitigung einer rechtswidrig ohne Zustimmung der übrigen Eigentümer vorgenomme-

---

1 BeckOK BGB/*Sutschet* § 242 Rn. 176.
2 BGH 10.7.2015 – V ZR 169/14, NJW 2016, 52 Rn. 10.
3 BeckOK BGB/*Sutschet* § 242 Rn. 142.
4 BeckOK BGB/*Sutschet* § 242 Rn. 143.
5 BeckOK BGB/*Sutschet* § 242 Rn. 147.
6 BeckOK BGB/*Sutschet* § 242 Rn. 148.
7 BeckOK BGB/*Sutschet* § 242 Rn. 177.
8 OLG München 16.11.2007 – 32 Wx 111/07, NZM 2008, 87 (89).
9 BGH 16.6.2011 – V ZA 1/11, ZWE 2011, 396 (397).

nen baulichen Veränderung iSd § 20 Abs. 1 WEG, die von den übrigen Eigentümern gem. § 14 Abs. 1 Nr. 2 WEG nicht zu dulden wäre, entgegengehalten werden, etwa wenn nach mehr als 20 Jahren die Beseitigung einer sichtbaren Veränderung auf dem Dach verlangt wird.[10] Wird ein Einbau zur Sanierung abgebaut, kann dies eine Zäsur bedeuten, so dass der Wiedereinbau zu einem neuen, nicht verwirkten Beseitigungsanspruch führt.[11] Es ist treuwidrig, den Rückbau eines Treppenlifts nach dem Tod eines Wohnungseigentümers zu verlangen, wenn zu erwarten ist, dass dessen hinterbliebener Ehepartner in absehbarer Zeit selbst auf die Nutzung angewiesen sein wird,[12] auf dessen Einrichtung aus § 20 Abs. 2 S. 1 Nr. 1 WEG grundsätzlich ein Anspruch besteht.

Treten mit zeitlicher Unterbrechung wiederholte **gleichartige Störungen** auf, kann es an dem Zeitmoment fehlen.[13] Auch reicht es nicht, wenn der Schuldner darauf hofft, der Gläubiger werde einen Abwehranspruch nicht geltend machen; vielmehr muss er sich auf die Dauerhaftigkeit des baulichen Zustands tatsächlich eingerichtet und Vermögensdispositionen getroffen haben. **7**

Es kann rechtsmissbräuchlich sein, eine **ordnungsgemäße Verwaltung** nach den §§ 18 Abs. 2 Nr. 1, 19 Abs. 1 WEG zu verlangen. Dies ist namentlich der Fall, wenn die Durchführung der Maßnahme unter Berücksichtigung aller Umstände den übrigen Wohnungseigentümern unzumutbar ist, etwa die Herstellung eines den Plänen entsprechenden **Bauzustands**. Allerdings kann es in diesen Fällen geboten sein, einem Wohnungseigentümer, der dadurch in seinen Rechten nicht nur unwesentlich beeinträchtigt ist, in geeigneter Weise einen Ausgleich zu verschaffen.[14] Etwa kann analog den §§ 913, 915 BGB bei einer ungerechtfertigten Einbeziehung von gemeinschaftlichem Eigentum in Sondereigentum die Zahlung einer „Überbaurente" oder den „Abkauf" der streitigen Fläche verlangt werden.[15] **8**

Ist seit mehreren Jahren ein bestehendes **Erhaltungsbedürfnis** bekannt und wird dann verlangt, dass ein ordnungsgemäßer Zustand hergestellt werde, kann dies eine unzulässige Rechtsausübung bedeuten.[16] **9**

Ein aus einer der **Teilungserklärung widersprechenden Nutzung** einer Teileigentumseinheit folgender Unterlassungsanspruch ist verwirkt, wenn die Wohnungseigentümer einen solchen Anspruch seit Jahrzehnten nicht erhoben, sondern im Gegenteil zu erkennen gegeben haben, dass sie mit der Nutzung, etwa einer Teileigentumseinheit als Gaststätte, einverstanden sind.[17] Stimmen Wohnungseigentümer konkludent oder ausdrücklich einer von der Teilungserklärung abweichenden Nutzung zu, begeben sie sich des Rechts, dies später zu unterbinden[18] **10**

Ist ein Anspruch verwirkt, etwa auf Mitbenutzung einer Terrasse, begründet dies keine Rechte des Schuldners, etwa ein **Sondernutzungsrecht** des Störers an der Terrasse; der Zustand bleibt rechtswidrig.[19] **11**

Der auf Verwirkung begründete **Vertrauensschutz** eines sein Sondereigentum in teilungserklärungswidriger Weise nutzenden Sondereigentümers kann nur dahin gehen, dass er bei gleichbleibenden Umständen die bisherige Nutzung im bisherigen Umfang fortsetzen kann. Sein Vertrauensschutz erstreckt sich aber nicht darauf, anstelle der bisherigen teilungserklärungswidrigen Nutzung nunmehr eine andersartige, ebenfalls teilungserklärungswidrige Nutzung zu beanspruchen.[20] **12**

Da ein **Sonderrechtsnachfolger** nicht mehr Rechte erwerben kann, als seinem Rechtsvorgänger zugestanden haben, sind auch dessen Ansprüche wegen eigenmächtiger baulicher Veränderungen oder einer zweckwidrigen Nutzung des Sondereigentums oder von Teilen des Gemeinschaftseigentums, das bereits durch ein Sondernutzungsrecht der Benutzung durch die Gemeinschaft der Wohnungseigentümer entzogen war, weiterhin ver- **13**

---

10 OLG Hamburg 25.2.2002 – 2 Wx 51/98, ZWE 2992, 596 ff.
11 LG Lüneburg 12.2.2008 – 9 S 77/07, ZMR 2008, 486 (487 f.).
12 AG Kassel 24.10.2019 – 800 C 2005/19, ZMR 2020, 164.
13 BGH 10.7.2015 – V ZR 169/14, NJW 2016, 52 Rn. 10.
14 BayObLG 15.12.1989 – BReg. 2 Z 130/89, NJW-RR 1990, 332 (333).
15 OLG Celle 15.6.1979 – 4 U 30/79, OLGZ 1981, 106 (107).
16 Vgl. BGH 14.11.2019 – V ZR 63/19, ZWE 2020, 78; BayObLG 18.1.2001 – 2Z BR 65/00, NZM 2002, 267 Ls.
17 BGH 25.3.2010 – V ZR 159/09, ZWE 2010, 266 f.
18 Vgl. LG Hamburg 9.7.2014 – 318 S 120/13, ZWE 2015, 30.
19 BayObLG 7.1.2004 – 2Z BR 220/03, ZMR 2004, 360 f.
20 KG 22.12.2006 – 24 W 26/05, ZWE 2007, 163 Ls.

wirkt.[21] Hingegen würde der Ausschluss von Abwehransprüchen quasi ein dinglich wirkendes Sondernutzungsrecht begründen; ein verwirkter Anspruch begründet indes kein Recht. Die Verwirkung eines Sondernutzungsrechts ist mithin im Grundbuch einzutragen; anderenfalls tritt gutgläubiger Erwerb ein, wenn der Erwerber von dem Bestehen des Sondernutzungsrechts ausgegangen ist.[22]

14 Der einzelne Wohnungseigentümer vermag sich nicht auf die **Einrede der Verjährung** zu berufen, wenn er diese Einrede verwirkt hat. Dies soll etwa der Fall sein, wenn der Hausgeldschuldner mit dem Verwalter bewusst zum Nachteil der Gemeinschaft der Wohnungseigentümer zusammengewirkt hat.[23]

255. Videoüberwachung

Martini

I. Einführung

1 Der **Begriff** Videoüberwachung ist nicht rechtlich definiert. Videoüberwachung ist in vielfältiger Weise möglich. Es gibt Videoüberwachung mit einem sog. Live-Stream, der permanent Bilder aufzeichnet. Dieser Livestream kann zur Beobachtung ohne dauerhafte Speicherung durchlaufen oder aber auf Speichermedien zwischen- aber auch dauerhaft gespeichert werden. Neuerdings wird gerne auch in der „Cloud" gespeichert. Die „Cloud" steht für eine Aufzeichnung auf einem Server, welcher sich irgendwo anders auf der Welt befindet. Es gibt aber auch Kameras, die nur kurzzeitig für einen bestimmten Zweck filmen oder die das Geschehen nicht aufzeichnen.

2 Werden die Daten vorübergehend oder dauerhaft **gespeichert**, ist es möglich, dass eine Nachbearbeitung oder Verwertung der Aufnahmen stattfindet. So kann zB das Filmmaterial an Strafverfolgungsbehörden weitergegeben werden, um Straftaten aufzuklären. Auf der anderen Seite können Kriminelle sich das Datenmaterial rechtswidrig aneignen und für ihre widrigen Zwecke manipulieren.

3 Der **Zweck** der Videoüberwachung in einer Wohnungseigentumsanlage wird regelmäßig der Schutz besonderer Güter, wie Leben, Gesundheit und das Eigentum sein. Je nach Lage der Wohnungseigentumsanlage und Bewohnerstruktur kann die Videoüberwachung sehr sinnvoll, sogar notwendig sein.

4 Die Videoüberwachung greift aber in das Grundrecht des **allgemeinen Persönlichkeitsrechts** ein, welches sich aus Art. 2 Abs. 1 GG und Art. 1 Abs. 1 GG ableitet. Dieses Spannungsverhältnis zwischen dem Sicherungsinteresse und dem allgemeinen Persönlichkeitsrecht ist zu beachten. Daher kommt es für die Zulässigkeit der Videoüberwachung auf den Zweck der Maßnahme an. Dieser muss ein maßgebliches Gewicht haben, damit der Sicherungszweck der Videoüberwachung dem allgemeinen Persönlichkeitsrecht vorgeht.

II. Gesetzliche Vorgaben

5 § 4 Bundesdatenschutzgesetz (BDSG) in der Fassung vom 30.6.2017 ersetzte den § 6 b BDSG mit Wirkung seit dem 25.5.2018. Nach § 4 Abs. 1 Nr. 2 BDSG ist das Beobachten öffentlich zugänglicher Räume mit optisch-elektronischen Einrichtungen eine Videoüberwachung, welche aber zur Wahrung des Hausrechts zulässig sein soll, wenn keine Anhaltspunkte bestehen, dass schutzwürdige Interessen der betroffenen Personen überwiegen. Das Bundesverwaltungsgericht hat aber entscheiden, dass § 4 BDSG nF gegen das **EU-Recht** verstößt und daher nicht anzuwenden ist.[1] Es fehlt an einer Öffnungsklausel des europäischen Gesetzgebers

---

21 OLG Hamm 19.9.2007 – 15 W 444/06, MDR 2008, 680 (681).
22 Bärmann/*Suilmann* WEG § 13 Rn. 87.
23 OLG Hamm 3.3.2009 – 15 Wx 96/08, OLGR 2009, 574 (577).
 1 BVerwG 27.3.2019 – 6 C 2.18, NJW 2019, 2556.

und damit an der Regelungsbefugnis des nationalen Gesetzgebers für die Videoüberwachung privater Verantwortlicher.

Die **Zulässigkeit** von Videoüberwachungen zu privaten Zwecken ergibt sich ab dem 25.5.2018 nach Art. 6 Abs. 1 UAbs. 1 f Datenschutz-Grundverordnung (DS-GVO). Zeitlich zuvor gilt § 6 b Abs. 1 BDGV aF. Der maßgebliche Zeitpunkt ist der Erlass des Widerspruchsbescheids.[2]   6

Nach Art. 6 Abs. 1 UAbs. 1 f DS-GVO ist eine Videoaufzeichnung nur **rechtmäßig**, wenn   7

- die Verarbeitung zur Wahrung der berechtigten Interessen des Verantwortlichen oder eines Dritten erforderlich ist,
- sofern nicht die Interessen oder Grundrechte und Grundfreiheiten der betroffenen Person, die den Schutz personenbezogener Daten erfordern, überwiegen, insbesondere dann, wenn es sich bei der betroffenen Person um ein Kind handelt.

Im Wesentlichen ergibt sich die Zulässigkeit einer Videoüberwachung durch eine umfassende **Abwägung in drei Schritten.**   8

Schritt 1: Vorhandenes eigenes **berechtigtes Interesse**   9

Für das berechtigte Interesse müssen gewichtige Gründe vorliegen. Ein solcher Grund für eine Videoüberwachung kann zum Beispiel der Schutz vor Diebstahl oder Sachbeschädigung sein. Zurzeit gehen Datenschutzbehörden davon aus, dass ein allgemeines Interesse nicht ausreicht, sondern konkrete Tatsachen vorliegen müssen, zum Beispiel wenn sich bereits Vorfälle wie Diebstähle oder Sachbeschädigungen ereignet haben oder aber wenigstens eine hinreichende Wahrscheinlichkeit, dass etwas passieren könnte, vorhanden ist.

Schritt 2: **Erforderlichkeit** der Videoüberwachung   10

Nunmehr muss geprüft werden, ob es einen weniger grundrechtsintensiven Eingriff gibt, welcher in gleich geeigneter Weise das berechtigte Interesse sichern kann. Gibt es eine solche Maßnahme, geht sie der Videoüberwachung vor, und die Videoüberwachung wäre dann unzulässig.

Schritt 3: **Abwägung**, ob das berechtigte Interesse den schutzwürdigen Interessen der anderen vorgeht.   11

Hier findet nun die klassische Abwägung statt, ob das vorhandene berechtigte Interesse dem allgemeinen Persönlichkeitsrecht vorgeht. Dieses wird regelmäßig eine Einzelfallbetrachtung sein.

Es lässt sich also festhalten, dass die bisher ergangene Rechtsprechung im Wesentlichen diese Kriterien bereits angewandt und berücksichtigt hat. Neu ist aber der **besondere Schutz der Kinder**. Hier bleibt abzuwarten, ob und wie die Rechtsprechung sich weiter entwickelt.   12

Durch eine Klarstellung des Bundesverwaltungsgerichts,[3] dass die **Datenschutz-Grundverordnung** Anwendung findet, ist damit auch klar, dass die Transparenzpflicht nach Art. 12 DS-GVO und die Informationspflicht nach Art. 13 DS-GVO eingehalten werden müssen.   13

Über die Videoüberwachung muss daher mit einem aussagekräftigen **Hinweisschild** in Augenhöhe über folgende Punkte informiert werden: 14

- Umstand der Beobachtung als Piktogramm, Kamerasymbol;
- Name des Verantwortlichen;
- Kontaktdaten des Verantwortlichen;
- Kontaktdaten des Datenschutzbeauftragten, wenn vorhanden;
- Verarbeitungszweck;
- Rechtsgrundlage;
- Berechtigtes Interesse;
- Speicherdauer;
- Informationen, wo und wie der Betroffene sich weiter informieren kann, denn die weiteren Informationen nach Art. 12 und 13 DS-GVO können später abgegeben werden. Die vollständigen Informationen sollen beispielsweise durch einen Flyer oder durch einen QR-Code, mit Links zu einer Homepage, bereitgestellt werden.

---

2 BVerwG 27.3.2019 – 6 C 2.18, NJW 2019, 2556.
3 BVerwG 27.3.2019 – 6 C 2.18, NJW 2019, 2556.

15 Nach Art. 25, 30, 32 DS-GVO ist zu dokumentieren, wie und wann die Überwachung vorgenommen wird, um er Pflicht der **Rechenschaft** gegenüber der Datenschutzbehörde und den betroffenen Personen zu genügen.

16 Eine Videoüberwachung auch **ohne Speicherung** der erhobenen Daten stellt eine ganz oder teilweise automatisierte Verarbeitung personenbezogener Daten dar und ist ebenfalls nach der DS-GVO zu beurteilen.

17 Sollte die Videokamera das Bildmaterial aufzeichnen, muss diese Aufzeichnung der **Sicherheit der Verarbeitung** nach Art. 32 DS-GVO entsprechen und datenschutzfreundlich nach Art. 25 DS-GVO erfolgen. **Datenschutzfreundlich** bedeutet, dass nur das Notwendigste aufgezeichnet wird, um den verfolgten Zweck zu erreichen. Sicher ist die Aufzeichnung, wenn Unbefugte nicht an die Daten herankommen können. Keinesfalls darf die Aufzeichnung zu einer biometrischen Auswertung der Daten, zB einer Gesichtserkennung, führen.

18 Zur **Speicherdauer**: Die Daten der Videoüberwachung sind nach Art. 17 Abs. 1 lit. a DS-GVO unverzüglich zu löschen, wenn der Zweck erreicht wurde und die weitere Speicherung deswegen nicht mehr notwendig ist oder die schutzwürdigen Interessen der Betroffenen der weiteren Speicherung entgegenstehen. Unter Berücksichtigung der „Datenminimierung" und „Speicherbegrenzung" nach Art. 5 Abs. 1 c, e DS-GVO müssen die Daten nach **nur 48 Stunden** regelmäßig gelöscht werden. In Ausnahmefällen ist ggf. eine längere Speicherdauer zulässig.

III. Videoüberwachung im Sondereigentum/Sondernutzungsrechte

19 Der Wohnungseigentümer darf durch eine Videokamera grundsätzlich sein **Sondereigentum** überwachen. Der Anwendungsbereich ist nach der DS-GVO gem. Art. 2 Abs. 2 c DS-GVO für natürliche Person zur Ausübung ausschließlich persönlicher oder familiärer Tätigkeiten ausgeschlossen. Daher ist das Filmen im ausschließlich persönlichen Bereich datenschutzrechtlich unproblematisch.

20 Dauerhafte Aufzeichnungen dürfen aber den familiären räumlichen Kreis nicht verlassen. Die allgemeinen Schutzrechte der Gefilmten bleiben diesen erhalten. Betreten **Dritte** das Sondereigentum, dann handelt es sich nicht mehr um rein persönliche Tätigkeiten, so dass Dritte nach Art. 6 Abs. 1 a DS-GVO der Verarbeitung der betreffenden Personen bezogenen Daten zustimmen müssen.

21 Das gilt auch für die Flächen des gemeinschaftlichen Eigentums, an welchem ein **Sondernutzungsrecht** besteht. Die Überwachung darf nicht dazu führen, dass fremde Sondernutzungsrechte oder fremdes Sondereigentum sowie Flächen des gemeinschaftlichen Eigentums, aber auch **öffentliche Flächen** oder **fremde Grundstücke,** durch die Videokamera mitgefilmt werden.[4]

IV. Videoüberwachung des Gemeinschaftseigentums

22 Jeder kann grundsätzlich selbstbestimmt entscheiden, ob er gefilmt werden will oder nicht. Daher ist das Filmen in öffentlichen Räumen ein Eingriff in das allgemeine Persönlichkeitsrecht der gefilmten Person, selbst dann, wenn keine Verbreitungsabsicht des Filmmaterials besteht. Ob aber ein rechtswidriger Eingriff in das allgemeine Persönlichkeitsrecht anzunehmen ist, ergibt sich durch eine Würdigung aller **Umstände des Einzelfalls** und eine – die (verfassungs-)rechtlich geschützten Positionen der Beteiligten berücksichtigende – Güter- und Interessenabwägung.[5]

23 Der Eingangsbereich einer Wohnungseigentumsanlage darf dann mit einer Videokamera überwacht werden, wenn dem Interesse der gefilmten Wohnungseigentümer oder gefilmter Dritter, wie Besucher oder Mieter, das berechtigte **Überwachungsinteresse** der Gemeinschaft vorgeht. Zudem muss die Ausgestaltung der Überwachung dem inhaltlichen und formellen Schutzbedürfnis des Einzelnen ausreichend Rechnung tragen.[6]

24 Der **Umfang** der Videoüberwachung muss auf das Notwendigste reduziert werden. Die Überwachung des Eingangsbereich zur Vermeidung von Straftaten ist demnach noch zulässig, nicht mehr aber die vollständige Überwachung des gesamten Treppenhauses einschließlich Wohnungstüren.[7]

---

4 BGH 21.10.2011 – V ZR 265/10, NJW-RR 2012, 140.
5 BGH 25.4.1995 – VI ZR 272/94, NJW 1995, 1955.
6 BGH 24.5.2013 – V ZR 220/12, NJW 2013, 3089.
7 BGH 24.5.2013 – V ZR 220/12, NJW 2013, 3089.

Die neuste Entscheidung des BVerwG zur DS-GVO scheint der Linie des BGH zu folgen. Die Zulässigkeit 25
einer Videoüberwachung nach § 6 b Abs. 1 BDSG aF zu **privaten Zwecken** setzt hiernach voraus, dass der
Filmende plausible Gründe hat, aus denen sich die Erforderlichkeit der Maßnahme ergibt. Die Videoüberwachung zur Verhinderung von Straftaten ist erforderlich, wenn in Bezug auf die beobachteten Räume eine erheblich über das allgemeine Lebensrisiko hinausgehende Gefährdungslage besteht.[8] Die Entscheidung musste
sich aber nicht mit der Frage befassen, ob nach Art. 6 Abs. 1 Abs. 1 f DS-GVO sich an dieser Rechtsprechung
etwas ändert, denn es musste nur die alte Rechtslage nach § 6 b Abs. 1 BDSG geprüft werden.

Die Regeln für den **Betrieb der Videoanlage** müssen durch Beschluss der Wohnungseigentümer verbindlich 26
festgelegt werden, damit der Umfang der Überwachung und ihrer Bedingungen transparent und überprüfbar
ist.[9] Daher muss

- der konkrete Zweck der Überwachung,
- die Begrenzung und der Umfang der Überwachung auf den wirklichen Bedarf,
- die Sicherstellung der Einhaltung der Vorgaben der DS-GVO,
- der Zugang zu den Aufzeichnungen,
- deren Verwendung und Kontrolle
- und die Sicherstellung dieser Vorgaben

geregelt werden.

Unzulässig ist eine Videoüberwachung, die allein dazu dient, die Durchsetzung von Ansprüchen gegen einzel- 27
ne Wohnungseigentümer nach § 18 Abs. 2 WEG oder wegen einer von § 14 WEG nicht gedeckten Nutzung
ihrer Wohnungen zu erleichtern.[10]

Der **nachträgliche Einbau** einer Videoüberwachungsanlage ist eine bauliche Veränderung nach § 20 Abs. 2 28
Nr. 3 WEG. Hiernach kann jeder Wohnungseigentümer eine angemessene bauliche Veränderung verlangen,
die dem Einbruchschutz dient.

Nach der gesetzlichen Begründung dienen bauliche Veränderungen dem **Einbruchschutz**, wenn sie geeignet
sind, den widerrechtlichen Zutritt zu einzelnen Wohnungen oder zu der Wohnlage insgesamt zu verhindern, zu
erschweren oder auch nur unwahrscheinlicher zu machen.[11] Die gesetzlichen Anforderungen an den Einbruchschutz sind daher eher geringer Natur und werden durch die Kontrollfunktion einer Videoüberwachungsanlage
mehr als nur erfüllt. Daher kann nach § 20 Abs. 2 WEG jeder Wohnungseigentümer den erstmaligen Einbau
einer Videoüberwachungsanlage verlangen. Hierbei ist zu beachten, dass sich der privilegierte Anspruch nur
auf das „Ob" der Maßnahme bezieht. Nach § 20 Abs. 2 S. 2 WEG wird die Durchführung im Rahmen der
ordnungsmäßigen Verwaltung durch weitere Beschlüsse geregelt.

Dem besonderen Spannungsverhältnis zwischen Datenschutz und dem allgemeinen Persönlichkeitsecht auf 29
der einen Seite und dem Schutz des Eigentums sowie der Unversehrtheit der Person und des Lebens auf der
anderen Seite muss nach wie vor Rechnung getragen werden.

Der nachträgliche Einbau einer Videoanlage in das **gemeinschaftliche Klingeltableau** kann daher weiterhin
nur dann verlangt werden,[12]

- wenn die Kamera nur filmt, wenn die Klingel gedrückt wurde,
- eine Bildübertragung nur in die angeklingelte Wohnung erfolgt,
- die Bildübertragung nach spätestens einer Minute unterbrochen wird und
- die Anlage nicht das dauerhafte Speichern des Films zulässt.

Die **Videoklingelanlage** dient dem Zweck, nur solchen Personen Einlass in das Haus zu gewähren, über deren 30
Identität oder Lauterkeit sich die Person, welche die Tür öffnen will, vergewissert hat. Mildere Mittel hierzu
gibt es nicht. Auch stehen keine überwiegenden Interessen des Klingelnden entgegen, wenn die kurze Bild-

---

8   BVerwG 27.3.2019 – 6 C 2.18, NJW 2019, 2556.
9   BGH 24.5.2013 – V ZR 220/12, NJW 2013, 3089.
10 BGH 24.5.2013 – V ZR 220/12, NJW 2013, 3089.
11 BT-Drs. 19/18791, 64.
12 BGH 8.4.2011 – V ZR 210/10, NZM 2011, 512.

übertragung allein zum Zwecke seiner Identifizierung und zur Einlasskontrolle durch den angeklingelten Hausbewohner erfolgt.[13]

31 Strittig ist, ob eine **Videokameraattrappe zulässig** ist oder nicht. **Dafür** spricht, dass es sich zwar um eine bauliche Veränderung nach § 20 Abs. 2 Nr. 3 WEG handelt, aber das Maß nach § 14 WEG für die anderen Wohnungseigentümer nicht überschritten wird.[14] **Dagegen** wird vertreten, dass auch eine Kameraattrappe eine Benachteiligung iSd §§ 20 Abs. 4, 14 WEG darstellt, weil die anderen Wohnungseigentümer und Besucher der Wohnungseigentumsanlage sich nie sicher sein können, dass die Kamera unbemerkt doch „scharf geschaltet" wurde und so einen Überwachungsdruck erzeugt, der – dem gewünschten Abschreckungserfolg einer Attrappe entsprechend – nicht geringer zu beurteilen ist als derjenige einer funktionsfähigen Kamera.[15]

32 Entspricht die Videoanlage nicht ordnungsmäßiger Verwaltung nach § 18 Abs. 2 WEG, kann ihre **Stilllegung** verlangt werden.[16]

Dabei reicht aber eine theoretische Möglichkeit der Manipulation der Videoüberwachungsanlage und damit nur ein Verdacht, dass die Überwachung nicht mehr ordnungsmäßiger Verwaltung entspricht, allein nicht aus. Ein nicht mehr hinnehmbarer Nachteil liegt vielmehr erst dann vor, wenn eine **Manipulation** aufgrund konkreter Umstände hinreichend wahrscheinlich ist.[17]

V. Verfahrenshinweise

33 Ist der Beschluss über die Videoüberwachung fehlerhaft ergangen, ist dieser Beschluss nur anfechtbar, aber nicht nichtig. Wird ein fehlerhafter Beschluss bestandskräftig, wird dessen Ausführung ausnahmsweise ordnungsgemäßer Verwaltung nicht entsprechen, so dass jeder Wohnungseigentümer die Stilllegung der Videoanlage verlangen kann.[18]

Die Klage auf Unterlassung einer unzulässigen Videoüberwachung richtet sich zivilrechtlich gegen den Betreiber der Videoanlage. Die Klage richtet sich daher direkt gegen den **Wohnungseigentümer**, welcher zB rechtswidrig Teile des Gemeinschaftseigentum durch eine Videoüberwachungsanlage mitaufzeichnet, andernfalls wegen § 18 WEG gegen die Gemeinschaft der Wohnungseigentümer, wenn diese zB rechtswidrig das Treppenhaus mit einer Videokamera überwachen lassen.

256. Vollstreckung eines Hausgeldtitels

Achenbach

I. Allgemeines

1 Liegt ein (Zahlungs-)Titel gegen einen Beitragsschuldner vor, dann kann die Gemeinschaft der Wohnungseigentümer daraus die **Zwangsvollstreckung** betreiben. Sie hat die Möglichkeit der Vollstreckung **in das unbewegliche Vermögen**, §§ 864–871 ZPO (→ *Zwangsvollstreckung in ein Wohnungseigentum* Rn. 1) und **in das bewegliche Vermögen**, §§ 803–863 ZPO. Die Vollstreckung in das bewegliche Vermögen kann wiederum un-

---

13 BGH 8.4.2011 – V ZR 210/10, NZM 2011, 512.
14 LG Frankfurt a. M. 11.11.2013 – 2–13 S 24/13, ZMR 2014, 306.
15 LG Düsseldorf 28.11.2013 – 19 S 25/13, ZMR 2014, 472.
16 BGH 24.5.2013 – V ZR 220/12, NJW 2013, 3089.
17 BGH 24.5.2013 – V ZR 220/12, NJW 2013, 3089.
18 Bärmann/*Merle* WEG § 22 Rn. 285 c.

terteilt werden in die Vollstreckung **in körperliche Sachen** und in die Vollstreckung **in Forderungen und andere Vermögensrechte**.

II. Vollstreckung in körperliche Sachen

Für die Vollstreckung in körperliche Sachen ist funktionell der **Gerichtsvollzieher** zuständig.   2

1. Antrag. Der Gerichtsvollzieher wird aufgrund eines **Vollstreckungsauftrages** des Gläubigers tätig, § 753   3 Abs. 1 ZPO.[1] Der Auftrag an den zuständigen Gerichtsvollzieher wird üblicherweise über die **Gerichtsvollzieherverteilerstelle** beim Amtsgericht erteilt. Dem Auftrag sind der **Vollstreckungstitel** idR mit der **Vollstreckungsklausel** und **Zustellungsnachweis** beizufügen. Zu den Vollstreckungsvoraussetzungen → *Zwangsvollstreckung in ein Wohnungseigentum* Rn. 3–13. Zur Vertretungsmacht des Verwalters der Gemeinschaft der Wohnungseigentümer → *Zwangsvollstreckung in ein Wohnungseigentum* Rn. 15.

2. Pfändung. Der Pfändung unterliegen grundsätzlich alle Sachen, die sich im **Gewahrsam** des Schuldners   4 befinden, § 808 Abs. 1 ZPO. Einige Sachen sind jedoch **unpfändbar**, § 811 ZPO. Das sind insbesondere Sachen, die der Schuldner und seine Familie zur Fortführung des Lebens oder der Erwerbstätigkeit benötigen. Außerdem kann der Gerichtsvollzieher **Zubehör** nicht pfänden, das in den Hypothekenhaftungsverband fällt, § 865 Abs. 2 S. 1 ZPO, §§ 97, 98, 1120 BGB.

Die Pfändung wird grundsätzlich bewirkt, indem der Gerichtsvollzieher den betreffenden Gegenstand **in Besitz nimmt**. Sofern es sich nicht um Geld, Kostbarkeiten und Wertpapiere handelt, wird er die Gegenstände jedoch im Gewahrsam des Schuldners belassen und die Pfändung durch das Anbringen eines **Pfandsiegels** ersichtlich machen, § 808 ZPO.

3. Folgen der Pfändung und Verwertung. Die wirksame Pfändung hat zwei wesentliche Folgen. Der ge-   5 pfändete Gegenstand wird beschlagnahmt („**Verstrickung**"), also der Verfügungsmacht des Schuldners entzogen, und es entsteht ein **Pfändungspfandrecht**, § 804 ZPO, somit der Anspruch auf Erlöszuteilung.[2]

Der Gegenstand ist nach der wirksamen Pfändung zu **verwerten**, § 814 ZPO. Die Empfangnahme des Erlöses durch den Gerichtsvollzieher **gilt als Zahlung** von Seiten des Schuldners, § 819 ZPO. Die Zwangsvollstreckung ist beendet, wenn der Gerichtsvollzieher den Erlös an den Gläubiger abliefert.

III. Vollstreckung in Forderungen und andere Vermögensrechte

Die Zwangsvollstreckung ist auch in Forderungen des Schuldners gegen einen Dritten möglich. Infrage kom-   6 men hier insbesondere die Pfändung von **Arbeitseinkommen** und die **Kontenpfändung**, aber auch die Pfändung von **Mietforderungen** bei vermietetem Wohnungseigentum. Vollstreckungsorgan ist das Vollstreckungsgericht, § 828 ZPO. Die Pfändung und die Verwertung erfolgen durch einen **Pfändungs- und Überweisungsbeschluss**.

1. Antrag. Das Vollstreckungsgericht wird tätig aufgrund eines **Antrags** des Gläubigers. Dieser muss ein For-   7 mular benutzen, das das Bundesministerium der Justiz durch die Zwangsvollstreckungsformular-Verordnung (ZVFV) festgelegt hat. Zuständig ist das Amtsgericht, in dessen Bezirk der Schuldner seinen allgemeinen Gerichtsstand (Wohnsitz) hat. In dem Antrag muss die zu pfändende (angebliche) Forderung so genau bezeichnet sein, dass eine eindeutige Unterscheidbarkeit von anderen Forderungen möglich ist. Für den Bestand der Forderung müssen konkrete Anhaltspunkte vorliegen.[3] Dem Antrag sind der **Vollstreckungstitel** idR mit der **Vollstreckungsklausel** und **Zustellungsnachweis** beizufügen. Zu den Vollstreckungsvoraussetzungen → *Zwangsvollstreckung in ein Wohnungseigentum* Rn. 3–13. Zur Vertretungsmacht des Verwalters der Gemeinschaft der Wohnungseigentümer → *Zwangsvollstreckung in ein Wohnungseigentum* Rn. 15.

2. Pfändung. Liegen die Prozessvoraussetzungen und die allgemeinen und besonderen Vollstreckungsvoraus-   8 setzungen vor, erlässt das Vollstreckungsgericht einen **Pfändungsbeschluss**. Der Gläubiger muss eine Ausfertigung des Beschlusses im Parteibetrieb an den Drittschuldner (zB Arbeitgeber oder Kreditinstitut) zustellen lassen, § 829 Abs. 2 ZPO. Erst mit der **Zustellung an den Drittschuldner** wird der Beschluss wirksam, § 829

---

1 Muster eines Auftrags FormB-WEG-R/*Fritsch* § 5 Rn. 47.
2 Zöller/*Herget* ZPO § 804 Rn. 1 ff.
3 OLG München 1.8.1990 – 14 W 173/90, WM 1990, 1591.

Abs. 3 ZPO. Die Zustellung erfolgt durch den Gerichtsvollzieher, § 191 ff. ZPO; der Gläubiger kann den Gerichtsvollzieher auch unter Vermittlung der Geschäftsstelle des Vollstreckungsgerichts beauftragen, §§ 192 Abs. 3 ZPO.

9 **3. Folgen der Pfändung und Verwertung.** Ebenso wie bei der Vollstreckung in körperliche Sachen (→ Rn. 5) wird durch die wirksame Pfändung die Forderung des Schuldners gegen den Dritten **beschlagnahmt** und es entsteht ein **Pfändungspfandrecht**.[4]

10 Die Pfändung erfasst die im Pfändungsbeschluss bezeichnete Forderung, sofern diese im Zeitpunkt der Pfändung tatsächlich besteht. Zu beachten ist hier insbesondere, dass Mietforderungen nur dann wirksam gepfändet werden, wenn diese nicht vorher durch Anordnung der Zwangsverwaltung beschlagnahmt wurden, § 865 Abs. 2 S. 2 ZPO.

11 Die **Verwertung** erfolgt idR durch einen **Überweisungsbeschluss**. Der Überweisungsbeschluss ermächtigt den Gläubiger, die Forderung einzuziehen. Auch dieser Beschluss wird wirksam durch Zustellung an den Drittschuldner, §§ 835 Abs. 3 S. 3, 829 Abs. 3 ZPO. Pfändungs- und Überweisungsbeschluss werden idR in einer Urkunde des Vollstreckungsgerichts erlassen.

257. Vormerkung

Güther

I. Allgemeines

1 Der Anspruch auf Einräumung, Änderung oder Aufhebung von Sondereigentum kann durch eine **Vormerkung** (§ 883 Abs. 1 S. 1 BGB) gegen Vereitelung oder Beeinträchtigung gesichert werden. Hintergrund ist, dass ein Recht an einem Grundstück erst mit der Eintragung in das Grundbuch begründet oder verändert wird. Zwischen der Einigung der Beteiligten und der Eintragung im Grundbuch kann einiges an Zeit vergehen, meist ein bis fünf Wochen. In dieser Zeit kann der Berechtigte sein Wohnungs-/Teileigentum (nochmals) verkaufen, Gläubiger können die Zwangsvollstreckung betreiben oder über das Vermögen des Berechtigten kann ein Insolvenzverfahren eröffnet werden. Das im Vertrag zugesprochene Recht würde vereitelt werden und der Erwerber/Berechtigte könnte es so nicht mehr erlangen und wäre auf Schadensersatzansprüche angewiesen.

2 Die Eintragung einer Vormerkung im Grundbuch hat folgende **Wirkungen**: sie schützt
- gegen anderweitige rechtsgeschäftliche Verfügungen des Verpflichteten einschließlich nachträglich eintretender Verfügungsbeschränkungen (§§ 883 Abs. 2, 888 BGB);
- gegen Zwangsvollstreckungsmaßnahmen in das betroffene Recht (§ 883 Abs. 2 S. 2 BGB);
- gegen die zwischenzeitliche Eröffnung des Insolvenzverfahrens über das Vermögen des Verpflichteten (§ 106 InsO);[1]
- gegen Haftungsbeschränkungen der Erben des Verpflichteten (§ 844 BGB) und
- sie wahrt den Rang des einzutragenden Rechts (§ 883 Abs. 3 BGB).[2]

3 Die Vormerkung ist kein dingliches Recht im Sinne einer Grundstücksbelastung, sondern ein **Sicherungsmittel eigener Art**, das dem geschützten schuldrechtlichen Anspruch auf dingliche Rechtsänderung in gewissem

---

4 *Brox/Walker*, ZwangsvollstrR Rn. 613.
1 Praktisch bedeutsam in den Fällen der Insolvenz des Bauträgers.
2 *Schöner/Stöber* GrundbuchR Rn. 1478.

Umfang dingliche Wirkung verleiht. Berechtigter aus der Vormerkung kann wegen deren Akzessorietät nur der Gläubiger des gesicherten Anspruches sein.

II. Vormerkungsfähige Ansprüche

1. Vormerkungsfähigkeit. Vormerkungsfähig sind   4

- der Anspruch auf Einräumung, Aufhebung oder Erwerb von Sondereigentum,
- der Anspruch auf Verschaffung von Wohnungseigentum,
- der Anspruch auf Bildung und Verschaffung von Wohnungseigentum (→ *Begründung von Wohnungseigentum* Rn. 1 ff.).

a) Anspruch auf Überführung von Gebäude in Sondereigentum. So kann der Anspruch eines Wohnungs-   5
eigentümers durch eine Vormerkung gesichert werden, die **Räume** eines von ihm (auf seiner Grundstücksfläche (= Sondernutzungsrecht)) nachträglich errichteten Gebäudes in Sondereigentum zu überführen.[3] Der Anspruch ist hinreichend bestimmt durch die Bezeichnung der Teilfläche und das Erfordernis der baurechtlichen Genehmigung des Baukörpers (→ *Begründung von Wohnungseigentum* Rn. 74).

Der Anspruchsinhaber sollte darauf achten, dass die Vormerkung, die seinen Anspruch auf Einräumung von   6
Sondereigentum sichert, in allen Wohnungs-/Teileigentumsgrundbüchern eingetragen wird. Nur dann ist der Anspruch **durchsetzbar**, da die Umwandlung von Gemeinschaftseigentum in Sondereigentum die Mitwirkung aller Eigentümer voraussetzt, § 4 Abs. 1 WEG. Unabhängig davon ist die Vormerkung wirksam, wenn sie in einem Wohnungs-/Teileigentumsgrundbuch eingetragen ist.[4]

b) Anspruch auf Verschaffung eines Wohnungs-/Teileigentums. Ebenso kann der schuldrechtliche An-   7
spruch gegen den Eigentümer eines Grundstückes auf Bildung von Wohnungs-/Teileigentum (§ 8 WEG) und Verschaffung eines Sondereigentums (sprich einer **Eigentumswohnung**) bereits vor der Begründung von Wohnungs-/Teileigentum und Anlegung von Wohnungsgrundbuchblättern durch die Eintragung einer Vormerkung im Grundbuch für das noch ungeteilte Grundstück gesichert werden.[5]

c) Anspruch auf Abtrennung eines Raumes. Für einen Käufer, der zum Wohnungs-/Teileigentum noch zu-   8
sätzlich einen **Raum erwerben** will, der einer anderen Wohnungseigentumseinheit gehört, ist der Anspruch auf Abtrennung des Raumes aus der bisherigen Einheit, Verbindung mit dem veräußerten anderen Raumeigentum und Übereignung vormerkbar.[6] Es ist eine Auflassungsvormerkung für das zu erwerbende Wohnungseigentum und eine weitere Vormerkung im Wohnungsgrundbuch der Einheit, von der ein Raum abgetrennt werden soll, einzutragen.

d) Anspruch auf Zuteilung Sondereigentum. Soll unter Wohnungseigentümer Sondereigentum **neu zuge-**   9
teilt werden (zB Tausch von Kellerräumen), so ist der jeweilige Anspruch vormerkungsfähig und in jedem betroffenen Wohnungsgrundbuch einzutragen.

e) Anspruch auf Aufhebung Sondereigentum. Der Anspruch auf teilweise oder vollständige **Aufhebung**   10
von Sondereigentum ist vormerkungsfähig. Bei Eintragung in allen Wohnungs-/Teileigentumsgrundbüchern kann so die Aufhebung sämtlicher Wohnungseigentumsrechte und die Schließung der Wohnungsgrundbuchblätter erfolgen.[7]

2. Bestimmbarkeit. Der Anspruchsinhalt muss hinreichend **bestimmbar** sein. Dafür reicht in der Regel eine   11
textliche Bestimmung; teilweise sind näher bestimmende Unterlagen einzureichen, insbesondere bei der noch zu erfolgenden Begründung von Wohnungs-/Teileigentum:

Wenn das **Gebäude**, in dem sich die Eigentumswohnung befinden soll, noch **nicht errichtet** ist, muss zur Ein-   12
tragung der Vormerkung auf Einräumung von Sondereigentum und Übertragung des Wohnungs-/Teileigentums ein Aufteilungsplan vorgelegt werden (§ 7 Abs. 4 WEG; → *Aufteilungsplan* Rn. 1 ff.). Dieser muss Lage und Aufteilung des Gebäudes sowie Lage und Größe der im Sondereigentum und der im Gemeinschaftseigen-

---

3 BayObLG 13.2.1992 – 2 Z BR 3/92, DNotZ 1992, 426 (427).
4 BeckOGK/*Müller* WEG § 4 Rn. 72, 78 ff.
5 Bärmann/*Baer* WEG § 4 Rn. 9.
6 *Schöner/Stöber* GrundbuchR Rn. 2946.
7 BeckOGK/*Müller* WEG § 4 Rn. 72.

tum stehenden Gebäudeteile so hinreichend beschreiben, dass auch die Beschränkung des Miteigentums allgemein erkennbar ist. Nicht erforderlich ist ein bauaufsichtlich genehmigter Aufteilungsplan.[8] Ist das **Gebäude** bereits **errichtet**, genügt die textliche Beschreibung, mit der sich die Wohnung in der Örtlichkeit zweifelsfrei feststellen lässt.[9]

13 Der zu bildende **Miteigentumsanteil** muss der Größe nach beziffert oder sonst hinreichend bestimmt sein.[10] Auch die Vereinbarkeit eines Bestimmungsrechts hinsichtlich des Miteigentumsanteils für einen Beteiligten nach § 315 BGB ist zulässig und ausreichend.[11]

258. Vorratsteilung

Tank

I. Begriff

1 Im Gegensatz zum allgemeinen Zivilrecht, das die Bildung mehrerer Miteigentumsanteile nach Bruchteilen gem. §§ 741 ff., 1008 BGB an einem Grundstück für eine Person nicht zulässt, ermöglicht § 8 Abs. 1 WEG dem im Grundbuch als Eigentümer Eingetragenen durch einseitige Erklärung gegenüber dem Grundbuchamt das Eigentum an dem **Grundstück** in **Miteigentumsanteile** in der Weise aufzuteilen, dass mit jedem Miteigentumsanteil das Sondereigentum an einer bestimmten Wohnung oder an nicht zu Wohnzwecken dienenden Räumen in einem auf dem Grundstück errichteten oder zu errichtenden Gebäude verbunden ist. Damit wird die Aufteilung des Grundstücks in Wohnungseigentum durch den Alleineigentümer zugelassen, ohne dass eine Miteigentümergemeinschaft entsteht, sog. **Vorratsteilung**.[1] Es erfolgt keine inhaltliche Änderung des Alleineigentums, sondern eine **Teilung des Vollrechts,** auf die §§ 873 ff. BGB und § 23 ZVG keine Anwendung finden.[2]

2 Die Teilung nach § 8 Abs. 1 WEG hat sich vor allem bei Bauträgern durchgesetzt, denn eine Aufteilung durch den Bauträger vor Übereignung der ersten Wohnung wäre ohne die Vorratsteilung nicht denkbar.[3] Sie ist in der Praxis die häufigste Art der Teilung (ausführlich → *Begründung von Wohnungseigentum* Rn. 6 ff.).

II. Aufteilender Eigentümer

3 Aufteilender Eigentümer kann jede **natürliche oder juristische Person** sein. Bei **Personengesellschaften/ Personenmehrheiten** liegt eine Vorratsteilung nach § 8 Abs. 1 WEG vor, wenn die Personengesellschaft bzw. sämtliche Personen auch Alleineigentümer sämtlicher entstehender Wohnungs- und Teileigentumsrechte wird bzw. werden. Anderenfalls liegt eine Aufteilung nach § 3 Abs. 1 WEG vor.[4]

---

8 BayObLG 13.3.1974 – BReg. 2 Z 12/74, BayObLGZ 1974, 118.

9 BayObLG 27.5.1977 – BReg. 2 Z 20/77, BayObLGZ 1977, 155.

10 Bspw. Festlegung nach dem Verhältnis der Wohn- und Nutzflächen zueinander; BGH 8.11.1985 – V ZR 113/84, DNotZ 1986, 273; KG 22.4.1986 – 4 U 6811/84, DNotZ 1985, 305.

11 *Schöner/Stöber* GrundbuchR Rn. 943.

1 OLG Hamm 4.7.2005 – 15 W 256/04, NZM 2006, 142.

2 *Jennißen/Krause* WEG § 8 Rn. 1.

3 *Hügel/Elzer* WEG § 8 Rn. 1.

4 MüKoBGB/*Commichau* WEG § 8 Rn. 5.

III. Zustimmung Drittberechtigter

Da wegen der fehlenden Belastbarkeit von Bruchteilen eines Alleineigentümers gem. § 1114 BGB eine unterschiedliche Belastung einzelner Anteile nicht gegeben sein kann, ist eine Zustimmung Dritter zur Aufteilung nach § 8 WEG **nicht erforderlich**. 4

Ebenso wenig ist die Zustimmung von **Realberechtigter** im Hinblick auf §§ 10 Abs. 1 Nr. 2, 52 Abs. 2 S. 2 b ZVG erforderlich. Die Aufteilung des Grundstücks in Wohnung- bzw. Teileigentum betrifft die bestehenden Belastungen nicht nachteilig. Diese Belastungen setzen sich nach der Aufteilung an den entstandenen Wohnung- bzw. Teileigentumsrechten als **Gesamtbelastung** fort, § 48 GBO.[5] 5

IV. Genehmigung

Eine bundeseinheitliche Genehmigungspflicht ergibt sich aus **§ 22 BauGB** zur Sicherung der Zweckbestimmung von Gebieten mit Fremdenverkehrsfunktion. 6

Im Geltungsbereich einer Erhaltungssatzung ist die Begründung von Wohnungseigentum nach **§ 172 BauGB** genehmigungspflichtig, sofern eine Rechtsverordnung nach § 172 Abs. 1 S. 4 BauGB im betreffenden Bundesland erlassen worden ist. 7

Anders als bei der vertraglichen Begründung von Wohnungseigentum nach § 3 WEG ist bei einer Aufteilung nach § 8 WEG eine **gerichtliche Genehmigung** nach § 1821 Abs. 1 Nr. 1 BGB nicht erforderlich.[6] 8

V. Formvorschriften

Die Teilungserklärung (→ *Teilungserklärung* Rn. 7) nach § 8 WEG ist **formfrei**, § 29 GBO ist zu wahren.[7] Erforderlich ist weiter der **Antrag** des Eigentümers nach § 13 GBO sowie die **Eintragungsbewilligung** nach § 19 GBO.[8] 9

Möglich und sinnvoll ist die **notarielle Beurkundung** der Teilungserklärung (und auch der Gemeinschaftsordnung), da dann beim Abschluss von Kaufverträgen vor grundbuchamtlichen Vollzug der Teilungserklärung auf diese nach § 13 a BeurkG verwiesen werden kann. Andernfalls ist die Teilungserklärung (nebst in der Regel bereits vorhandener Gemeinschaftsordnung) als Anlage zum Kaufvertrag zu beurkunden, um den Erwerber hieran zu binden.[9] 10

259. Wanddurchbruch

Agatsy

---

5 Staudinger/*Rapp* WEG § 8 Rn. 3.
6 KG 6.1.2015 – 1 W 369/14, MDR 2015, 269.
7 Palandt/*Wicke* WEG § 8 Rn. 1.
8 MüKoBGB/*Commichau* WEG § 8 Rn. 15.
9 MüKoBGB/*Commichau* WEG § 8 Rn. 16.

I. Einführung

1 Ein Wanddurchbruch ist sowohl im Wohnungs- als auch im Teileigentum notwendigerweise als **Substanzein-griff** und bauliche Veränderung iSd § 20 Abs. 1 WEG zu bewerten. Typischerweise werden mittels Wand-durchbruch Räume verbunden, Wohnflächen erweitert oder der Zuschnitt im Wohnungseigentum verändert. Eingriffe in die Substanz des Wohnungseigentums sind nicht uneingeschränkt möglich. Ein Wanddurchbruch darf die übrigen Wohnungseigentümer und die Gemeinschaft der Wohnungseigentümer nicht über das Maß des § 14 Abs. 1 Nr. 1 und Abs. 2 Nr. 1 WEG hinaus beeinträchtigen, es sei denn, sie sind gem. § 14 Abs. 1 Nr. 2 oder Abs. 2 Nr. 2 WEG zur Duldung verpflichtet. Da es sich bei dem Wanddurchbruch zumeist um eine bauliche Veränderung handelt, müssen die Wohnungseigentümer beschließen oder im Rahmen einer Vereinba-rung zustimmen. Eine analoge Fragestellung stellt sich bei der Anfertigung eines Deckendurchbruchs.

2 Nimmt der Nutzer den **Wanddurchbruch** vor, bestehen Beseitigungs-, Unterlassungs- und Schadensersatzan-sprüche, die im Einzelfall auch die Gemeinschaft der Wohnungseigentümer geltend machen kann. Wohnungs-eigentum kann ebenfalls durch einen Wanddurchbruch verbunden werden. Dabei stellt sich die Frage, ob Flä-chenänderungen zu einer Änderung des Teilungsmaßstabs sowie der bestehenden Aufteilung führen. Darüber hinaus ist problematisch, ob die Wohnungseigentümer die Zustimmung zu einem Wanddurchbruch in der Wohnungseigentümerversammlung beschließen oder eine Vereinbarung treffen können.

II. Systematische Übersicht

3 **1. Bewertung des Wanddurchbruchs als bauliche Veränderung.** Ein Wanddurchbruch stellt grundsätzlich eine bauliche Veränderung iSd § 20 Abs. 1 WEG dar. Eine bauliche Veränderung ist genehmigungsbedürftig, wenn die anderen Wohnungseigentümer nicht unerheblich von den Auswirkungen betroffen sind. Darüber hi-naus geht ein Wanddurchbruch regelmäßig über eine übliche Erhaltungsmaßnahme (Instandsetzung und In-standhaltung) hinaus. Dabei werden Wände in einzelne Unterkategorien eingeordnet. Bei einem Wanddurch-bruch ist zwischen Wohnungs- oder Teileigentum zu differenzieren oder ob im Einzelfall das gemeinschaftli-che Eigentum betroffen ist. Darüber hinaus ist zu prüfen, ob anderes Wohnungseigentum von dem Eingriff betroffen ist. Im Bereich des Sonder- oder Teileigentums kann eine bauliche Veränderung nur dann vorgenom-men werden, wenn dadurch die anderen Wohnungseigentümer nicht in erheblicher Weise beeinträchtigt wer-den (§ 20 Abs. 4 WEG). Der Prüfungsmaßstab liegt gleichermaßen im Rahmen des § 20 Abs. 1 und 3 WEG, wenn nicht mehrere Wohnungseigentümer davon betroffen sind. Eine bauliche Veränderung liegt dann vor, wenn einseitig in die Bausubstanz eines Bauwerks und somit in das gemeinschaftliche Eigentum eingegriffen wird. Ob es sich um eine bauliche Veränderung handelt, ist anhand des jeweiligen Einzelfalls zu bewerten.[1] Ein Nachweis der Veränderung gem. § 20 Abs. 1 WEG gegenüber dem Grundbuchamt ist nicht erforderlich.

4 **2. Grenzen des Wanddurchbruchs als bauliche Veränderung.** Ob der Durchbruch einer **Trennmauer** nach der Typisierung eine bauliche Veränderung (→ *Bauliche Veränderungen* Rn. 7) darstellt, bestimmt sich da-nach, ob die Mauer im Gemeinschafts- oder Sondereigentum der Wohnungseigentümer steht und somit ein Nachteil vorliegt.[2] Dabei sind klare Grenzen einzuhalten. In der Rechtsprechung wurde ein Mauerdurchbruch einer tragenden Wand als zulässig angesehen, soweit die Statik des Gebäudes durch die Einhaltung des Bauge-nehmigungsverfahrens nicht beeinträchtigt wurde.[3] Der Durchbruch durch eine tragende und somit statisch re-levante Wand ist nach einer weiteren Ansicht zulässig, wenn ein Gutachten die Stabilität als nicht berührt an-sieht. Dies gilt ebenfalls bei einer zum gemeinschaftlichen Eigentum gehörenden Außenmauer der Wohnungs-eigentumsanlage[4] oder der Öffnung zweier getrennter Häuser. Maßgeblich ist die Frage, ob mit dem Wand-durchbruch ein Eingriff in das gemeinschaftliche Eigentum oder die Gebäudestatik verbunden ist.

---

1 Sauren/*Sauren* WEG § 22 Rn. 51 mwN.
2 BGH 21.12.2000 – V ZB 45/00, NZM 2001, 197.
3 AG Hamburg-Blankenese 5.12.2007 – 506 II 60/06, ZMR 2008, 839.
4 LG Köln 24.1.2013 – 29 S 208/10, ZWE 2013, 269.

3. Veränderungen im Sondereigentum. Ein Wanddurchbruch ist als Veränderung im **Wohnungseigentum** – 5 dort Sondereigentum – auch nicht uneingeschränkt zulässig. Zum einen darf der Wanddurchbruch nicht zu einer nachteiligen Beeinträchtigung eines fremden Wohnungseigentums führen (→ *Störungsunterlassung* Rn. 10) und zum anderen sind die sachenrechtlichen Grundsätze zu beachten. In diesen Fällen ändern die baulichen Maßnahmen nichts an der bestehenden Abgrenzung von Wohnungseigentum und gemeinschaftlichem Eigentum. Die dingliche Rechtsstellung der übrigen Wohnungseigentümer wird dadurch rechtlich nicht beeinträchtigt; bauliche Maßnahmen vermögen nichts an der rechtlichen Zuordnung von Sonder- und Gemeinschaftseigentum zu ändern und führen daher nicht zu einer Unrichtigkeit des Grundbuchs.[5] Die nachträgliche Veränderung der mit einem Miteigentumsanteil verbundenen Sondereigentumsräume mittels Wand- oder Deckendurchbruch oder die Unterteilung von Wohnungen in zwei oder mehr Einheiten unter Schaffung eigener Zugänge stellt materiellrechtlich gem. § 3 Abs. 3 WEG eine Inhaltsänderung dar, da das Grundbuch die Zuordnung von Räumen des Wohnungseigentums zu einem Miteigentumsanteil verlautbart.[6]

4. Abgeschlossenheit und sachenrechtliche Grundsätze. Wird im Wohnungs- oder Teileigentum ein Wand- 6 durchbruch vorgenommen, ist zu klären, ob und in welchem Umfang sich dieser Wanddurchbruch auf die **Abgeschlossenheit** (→ *Abgeschlossenheit* Rn. 9 ff.) auswirkt. Eine eigene Definition des Begriffs der Abgeschlossenheit enthält das WEG nicht. Die Vorschrift des § 3 Abs. 3 WEG (§ 3 Abs. 2 WEG aF) stellt eine Soll-Vorschrift dar. Die Abgeschlossenheit ist keine Grundvoraussetzung für das Entstehen von Wohnungseigentum. Das Wohnungseigentum muss gegenüber anderem Sonder- und Gemeinschaftseigentum klar abgegrenzt sein. Dem Sondereigentümer iSd § 13 Abs. 1 WEG (→ *Sondereigentum* Rn. 18) ist die alleinige Sachteil- und Raumherrschaft zuzuordnen.[7] Dieselben Grundsätze gelten auch für das Teileigentum. Wird durch einen Wanddurchbruch in die bestehende Abgeschlossenheit eingegriffen, ist die Reichweite des Eingriffs zu prüfen. Wird die ursprüngliche Abgeschlossenheit zweier Wohnungseinheiten infolge eines Wanddurchbruchs beseitigt, widerspricht dieser Zustand sachenrechtlich grundsätzlich der Teilungserklärung.[8]

Zur vereinbarungsgemäßen, der Teilungserklärung entsprechenden Herstellung eines ordnungsmäßigen Zu- 7 standes gehört die Abgeschlossenheit einer Wohnung. Beide Neuregelungen sind mit entsprechenden Anpassungen anderer Normen verbunden. Insbesondere entfällt insoweit die für Räume erforderliche Abgeschlossenheitsbescheinigung und wird durch notwendige Angaben im Aufteilungsplan ersetzt.[9] Die Maßgaben nach § 3 Abs. 3 WEG sind nicht gleichzusetzen mit dem ohnehin bestehenden sachenrechtlichen Bestimmtheitserfordernis, das auch durch planerische Darstellungen erfüllt werden kann.[10] Allerdings sind Änderungen der bloßen Raumaufteilung im Ergebnis stets unschädlich. Da nach der Neufassung des § 3 WEG das Sondereigentum nicht nur an Räumen, sondern auch an Flächen außerhalb des Gebäudes begründet werden kann, müssen diese bestimmbar eingegrenzt sein. Die Einräumung von Sondereigentum bleibt aus denselben Gründen auch dann wirksam, wenn die Abgeschlossenheit durch eine bauliche Veränderung nachträglich entfällt.[11] Ein Wohnungs- oder Teileigentümer darf sein Wohnungs- oder Teileigentum unter Aufteilung der bisherigen Einheit in mehrere in sich abgeschlossene selbstständige **Raumeinheiten** unterteilen.[12] In sachenrechtlicher Hinsicht hängt die Zulässigkeit eines Wanddurchbruchs zur Zusammenlegung von Wohnungseigentum nicht davon ab, ob der Vollzug der Zusammenlegung nach Maßgabe der Vorschriften über die Zulässigkeit baulicher Veränderungen gem. § 20 Abs. 1 und 4 WEG zulässig ist.[13]

5. Wanddurchbruch zur Zusammenlegung von Wohnungseigentum. Die Frage der Zulässigkeit eines 8 Wanddurchbruchs (→ Rn. 11 ff.) stellt sich vor allem dann, wenn ein Wohnungseigentümer mehrere ihm zustehende **Wohnungseigentumsrechte** auf sich vereinen möchte. Diesbezüglich gilt, dass ein Wanddurchbruch zur Zusammenlegung von Wohnungseigentumsrechten durch einen Wohnungseigentümer zulässig ist. In der Rechtsprechung ist anerkannt, dass jeder Wohnungseigentümer mehrere ihm zustehende Wohnungseigentums-

---

5 Bärmann/Seuß/*Schneider* § 2 Rn. 263 mwN.

6 *Schöner/Stöber* GrundbuchR Rn. 2977 a.

7 *Hügel/Elzer*, 3. Aufl. 2021, WEG § 3 Rn. 31; Sommer/Sommer ZMR 2020, 90 (91).

8 BayObLG 17.7.1997 – 2Z BR 58/96, MittBayNot 1997, 366 Rn. 2.

9 *Becker/Schneider* ZflR 2020, 281 (283); *Lehmann-Richter/Wobst* WEG-Reform 2020, Rn. 1720.

10 BT-Drs. 19/18791, 39; BR-Drs. 168/20, 39.

11 BeckOGK/*M. Müller* WEG § 3 Rn. 158.

12 LG Köln 30.3.2009 – 11 T 267/08, IMR 2010, 239 mAnm *Becker*.

13 BeckOGK/*M. Müller* WEG § 2 Rn. 497; vgl. Staudinger/*Rapp* WEG § 6 Rn. 13 c.

rechte zu einem einheitlichen Wohnungseigentum nach § 890 Abs. 1 BGB vereinigen kann.[14] Die bislang getrennten Miteigentumsanteile sind in diesem Fall zusammenzurechnen.

9 Folglich entsteht ein einheitlicher und mit dem **Sondereigentum** verbundener vereinigter Miteigentumsanteil an zwei Wohnungen.[15] In diesem Fall ist zu problematisieren, ob eine bauliche Veränderung die räumliche Abgrenzung zwischen gemeinschaftlichem Eigentum und Sondereigentum berührt oder ob dadurch das gemeinschaftliche Eigentum in seiner rechtlichen Ausgestaltung inhaltlich geändert wird.[16] Dies ist beim Durchbruch einer Mauer, die zwei in sich abgeschlossene Wohnungen trennt, grundsätzlich nicht der Fall.[17] Ein Wanddurchbruch kann im Zusammenhang mit § 3 Abs. 2 WEG stehen. Dies ist zB der Fall, wenn ein Wanddurchbruch zu einer Frei- oder angrenzenden Terrassenfläche erfolgt und diese fortan im Rahmen einer Erweiterung des Sondereigentums der Hauptsache zugeordnet wird.[18] Die Freifläche muss dabei einen „Annex" zum Sondereigentum an Räumen sein. Wird aufgrund des Wanddurchbruchs von einem Sondereigentum zur Freifläche das bisherige Sondereigentum (Aufteilung und Fläche) erweitert, darf die Freifläche nicht wirtschaftlich die Hauptsache darstellen.

10 Ein Wand- oder Deckendurchbruch zur Zusammenlegung von Wohnungseigentum ist auch dann zulässig, wenn die Aufhebung der ursprünglich vorhandenen Abgeschlossenheit für sich allein keinen hinnehmbaren Nachteil darstellt. Ein Nachteil ist nicht hinzunehmen, wenn er eine nicht ganz unerhebliche, konkrete und objektive **Beeinträchtigung** darstellt. Entscheidend ist, ob sich ein Wohnungseigentümer nach der Verkehrsanschauung verständlicherweise beeinträchtigt fühlen kann. Die mittels Wanddurchbruch realisierte Vereinigung von Wohnungseigentum lässt den Bestand und Umfang des Wohnungseigentums unberührt und führt zudem nicht zur Unrichtigkeit des Grundbuchs.[19] Es entspricht dem Regelungszweck des in § 3 Abs. 3 WEG ausgestalteten Abgeschlossenheitserfordernisses, die räumliche Abgrenzung von Sondereigentum und gemeinschaftlichem Eigentum zu gewährleisten.[20]

III. Einflussmöglichkeiten der Wohnungseigentümer

11 **1. Beschlussfassung und Vereinbarung als Zustimmungserfordernis.** Die Grundlage für die **Genehmigung** (→ *Bauliche Veränderung* Rn. 24) eines Wanddurchbruchs folgt aus § 20 Abs. 1. Die Zulässigkeit eines Wanddurchbruchs darf durch einen Wohnungseigentümer selbst dann nicht als grundsätzlich zulässig unterstellt werden, wenn diese sachenrechtlich zulässig ist. Da es sich bei dem Wanddurchbruch grundsätzlich um eine bauliche Veränderung handelt, ist nach dem Wortlaut des § 20 Abs. 1 WEG eine Beschlussfassung durchzuführen. Diese ist Voraussetzung für die „Legalisierung" einer baulichen Veränderung.[21] Der Wortlaut des § 20 Abs. 1 WEG ist „eng" gefasst. Plant ein Wohnungseigentümer einen Wanddurchbruch, erfordert dies einen Mehrheitsbeschluss der Wohnungseigentümer. Dafür spricht insbesondere, dass je nach Einzelfall auch das äußerliche Erscheinungsbild nicht unerheblich verändert wird. Unabhängig von der sachenrechtlichen Zulässigkeit muss den übrigen Wohnungseigentümern Gelegenheit gegeben werden, die Zulässigkeit eines Wanddurchbruchs zu prüfen und darüber zu beschließen. § 20 Abs. 1 WEG eröffnet eine gesetzliche Beschlusskompetenz (→ *Beschluss* Rn. 9), um über bauliche Veränderungen zu beschließen.[22]

12 Im Rahmen der Beschlussfassung – Vorbefassung – ist zu klären, ob es sich bei dem Wanddurchbruch um eine hinnehmbare Maßnahme handelt. Führt eine bauliche Veränderung – hier ein Wanddurchbruch im Teileigentum – zu einer erheblichen Beeinträchtigung für die übrigen Wohnungseigentümer, ist gem. § 20 Abs. 1 WEG ein **Beschluss mit einer einfachen Mehrheit** zu fassen (→ *Bauliche Veränderungen* Rn. 13 ff.). Der beabsichtigte Wanddurchbruch kann an nicht tragenden Zwischenwänden im Wohnungs- oder Teileigentum erfolgen

---

14 *Hügel/Elzer*, 3. Aufl. 2021, WEG § 3 Rn. 53.

15 BeckNotar-HdB/*Rapp* A III Rn. 92; *Schüller* RNotZ 2011, 203 (213).

16 BayObLG 15.1.1998 – 2Z BR 30–97 NJW-RR 1998, 1237 (1238).

17 LG Berlin 14.6.2005 – 85 T 873–874/04, BeckRS 2011, 8906.

18 *Lehmann-Richter/Wobst* WEG-Reform 2020, Rn. 1681 f.

19 BGH 21.12.2000 – V ZB 45/00, NJW 2001, 1212 Rn. 2.

20 OLG Celle 21.5.2002 – 4 W 93/02, ZWE 2002, 533.

21 LG München I 20.4.2015 – 1 S 12462/14 WEG, ZMR 2015, 799; LG München I 6.7.2015 – 1 S 22070/14 WEG, ZWE 2016, 95.

22 Zu § 22 WEG aF: *Hügel/Elzer*, 3. Aufl. 2021, WEG § 20 Rn. 35; *Lehmann-Richter/Wobst* WEG-Reform 2020, Rn. 996 f.

und somit nicht notwendigerweise das gemeinschaftliche Eigentum betreffen. Der Wanddurchbruch als bauliche Maßnahme kann unter § 13 Abs. 2 WEG gefasst werden. Diese Vorschrift erleichtert bauliche Umgestaltungen am Sondereigentum.[23] Nach § 13 Abs. 2 WEG gilt der Verweis auf § 20 Abs. 1 WEG, so dass ein Wanddurchbruch als bauliche Maßnahme zulässig ist, solange die Wohnungseigentümer oder das gemeinschaftliche Eigentum nicht über ein zumutbares Maß hinaus beeinträchtigt werden.

Die bauliche Veränderung in Form des Wanddurchbruchs ist erkennbar präzise und möglichst unter Bezugnahme auf amtliche Pläne oder Unterlagen des Bauhandwerkers zu **bezeichnen**.[24] Auch die Kernbohrung durch eine tragende Außenwand zur Verlegung eines Abluftkanals kann als unzulässiger Wanddurchbruch zu bewerten sein. Widerspricht die Verlegung des Abluftkanals für eine Dunstabzugshaube den geltenden Regelungen der Teilungserklärung, liegt darin ein erheblicher Eingriff in das gemeinschaftliche Eigentum und eine über das Maß des § 14 Abs. 1 Nr. 1 WEG hinausgehende Beeinträchtigung. Wird das gemeinschaftliche Eigentum beseitigungspflichtig beeinträchtigt, stehen der Gemeinschaft der Wohnungseigentümer Ansprüche auf Beseitigung der unzulässigen Kernbohrung und Unterlassungsansprüche gem. § 1004 Abs. 1 S. 1 BGB und § 280 Abs. 1 BGB zu.[25] Beeinträchtigungen im Sondereigentum können die Wohnungseigentümer gem. § 1004 Abs. 1 S. 1 BGB abwehren. Entsprechendes gilt bei Wanddurchbrüchen im Teileigentum. Die Eröffnung eines zusätzlichen Eingangs mittels eines Wanddurchbruchs, um den gesonderten Zugang zu den Schließfächern einer Postfiliale zu gewährleisten, kann eine bauliche Veränderung im Sinn von § 20 Abs. 1 WEG darstellen, die bislang aufgrund der Vorschrift des § 22 Abs. 1 S. 1 WEG aF nur allstimmig durch die betroffenen Eigentümer zu beschließen ist.[26]

Ein Nachteil des Wanddurchbruchs kann sich auch aus der Möglichkeit der „intensiveren Nutzung" und dem **Eingriff in die Statik** ergeben, § 14 Abs. 1 Nr. 1 WEG. Die Annahme eines Nachteils für die übrigen Wohnungseigentümer bzw. die Gemeinschaft der Wohnungseigentümer scheidet erst dann aus, wenn der Wanddurchbruch nicht der Teilungserklärung zuwiderläuft.[27] Wohnungseigentümer können die bauliche Veränderung in Form des Wanddurchbruchs auch durch Vereinbarung (→ *Vereinbarung* Rn. 24) regeln.[28] Von der Genehmigung zu differenzieren ist die Zustimmung. Die Zustimmung führt zwar noch nicht zur Legalisierung des Wanddurchbruchs. Sie ist jedoch Voraussetzung für einen Beschluss. Die Zustimmung kann auch bereits in der Gemeinschaftsordnung erteilt werden.[29] Nach einer anderen Auffassung kann die Zustimmung auch mündlich und schriftlich erteilt werden.[30] Diese Auffassung ist abzulehnen, weil der Begriff der Zustimmung – auch im Hinblick auf die Vorschrift des § 23 WEG als eine notwendige „Stimmrechtsausübung" zu verstehen ist.[31] **13**

2. Grenzen der Genehmigungspflicht – Zumutbarkeit und Substanzeingriff? Von einem Wanddurchbruch können **intensive Belastungen** für die Wohnungseigentümer ausgehen. Dies gilt dann, wenn ein Wanddurchbruch zum Zweck der „intensiveren Nutzung" durchgeführt wird. Wird eine tragende und gem. § 5 Abs. 1 und 2 im gemeinschaftlichen Eigentum stehende Wand oder Decke durchbrochen, ist das ein Nachteil für die anderen Wohnungseigentümer, der das nach § 14 Abs. 1 Nr. 1 und Abs. 1 Nr. 2 WEG duldungspflichtige Maß übersteigt.[32] Grenzen des duldungspflichtigen Substanzeingriffs iSd § 14 Abs. 1 Nr. 1 WEG sind die Vereinbarungen, Beschlüsse und gesetzliche Regelungen. Auch bei der Vornahme von Substanzeingriffen im Bereich des Wohnungseigentums sind die Wohnungseigentümer verpflichtet, die Grenzen dieser Regelungen einzuhalten. Handelt es sich um eine tragende im gemeinschaftlichen Eigentum stehende Wand, so ist ein Nachteil für die anderen Wohnungseigentümer, der das in § 14 Abs. 1 Nr. 1 WEG bestimmte Maß übersteigt, erst ausgeschlossen, wenn kein vernünftiger Zweifel daran besteht, dass ein wesentlicher Substanzeingriff unterblieben ist. Wird eine tragende Wand von statischer Relevanz durchbrochen, ist die Beeinträchtigung impli- **14**

---

23 *Lehmann-Richter/Wobst* WEG-Reform 2020, Rn. 1222 f.
24 Riecke/Schmid/*Abramenko* WEG § 22 Rn. 75.
25 LG Itzehoe 10.4.2018 – 11 S 129/15, IMR 2018, 376 mAnm *Elzer* = ZMR 2018, 628.
26 OLG Frankfurt a. M. 14.9.2005 – 20 W 305/05, ZWE 2005, 104.
27 BGH 21.12.2000 – V ZB 45/00, ZWE 2001, 314.
28 BGH 7.2.2014 – V ZR 25/13, NZM 2014, 245 Rn. 8.
29 *Hügel/Elzer*, 3. Aufl. 2021, WEG § 20 Rn. 52.
30 *Armbrüster* ZWE 2008, 61 (64).
31 *Elzer* ZWE 2007, 165 (176).
32 BeckOK WEG/*Elzer* § 20 Rn. 121 ff.

ziert. Die Grenzen der Zulässigkeit für die Beschlussfassung über den Wanddurchbruch folgen zudem aus der jeweils gültigen Bauordnung. Widerspricht eine Beschlussfassung den geltenden Regelungen der Landesbauordnung, kann dies je nach Einzelfall zur Nichtigkeit der Beschlussfassung führen. Eine finanzielle Kompensation lässt den Nachteil des Wanddurchbruchs iSd § 14 Nr. 1 WEG nicht entfallen. Daraus folgt, dass ein Wohnungseigentümer, der eigenmächtig und ohne Zustimmung oder Genehmigungsgrundlage Eingriffe in das gemeinschaftliche Eigentum vornimmt, einem erheblichen Risiko an Rückgriffs- und Rückbauansprüchen ausgesetzt ist.[33] Eine konkrete Beeinträchtigung folgt allerdings nicht zwingend daraus, dass sich der Wanddurchbruch auf die sachenrechtliche Lage (→ *Abgeschlossenheit* Rn. 9) in der Wohnungseigentumsanlage auswirkt (→ Rn. 6).

15 **3. Anspruch auf einen Wanddurchbruch.** Ein Wohnungseigentümer muss im Vorfeld eines Wanddurchbruchs die **Zustimmung** der Wohnungseigentümer einholen. Die **Anspruchsgrundlage** für die Zustimmung zu dem als bauliche Veränderung zu bewertenden Wanddurchbruch bildet nach der Neufassung des § 20 WEG die Vorschrift des § 20 Abs. 2 WEG. Da es sich bei dem Wanddurchbruch dem Grunde nach um eine bauliche Veränderung handelt, kann aus dem Vorhaben eine erhebliche Beeinträchtigung für die übrigen Wohnungseigentümer im Bereich des Wohnungs- oder Teileigentums resultieren. Eine Zustimmung zu einem Wanddurchbruch ist unstreitig erforderlich, soweit die Rechte eines Wohnungseigentümers beeinträchtigt werden.[34] Im Rahmen der Zustimmungsbedürftigkeit sind daher Maßnahme und Umfang zu prüfen.

16 Die Zustimmung zum Wanddurchbruch kann nur durch einen Beschluss oder eine Vereinbarung erfolgen (→ Rn. 11). Der Durchbruch von der Wohnung in einen Hobby-/Bastlerraum, der eine Nutzung für Wohnzwecke ermöglicht, erfordert die Zustimmung aller.[35] Der **Beschlussmehrheit** bedürfen auch Durchbrüche der Geschossdecken.[36] Die Zustimmung der beeinträchtigten Wohnungseigentümer führt nicht zur Legalisierung des Wanddurchbruchs (→ *Bauliche Veränderungen* Rn. 47), sondern ist die Voraussetzung für einen Beschluss, den der „bauwillige" Wohnungseigentümer einholen muss.[37]

IV. Durchsetzung und Beseitigung des Wanddurchbruchs

17 **1. Beseitigung eines unzulässigen Wanddurchbruchs und Unterlassung.** Ist ein Wanddurchbruch als unzulässige bauliche Veränderung zu bewerten, stehen den Wohnungseigentümern individuelle Beseitigungsansprüche zu. Diese folgen zum einen aus der Vorschrift des § 1004 Abs. 1 S. 1 BGB und zum anderen aus § 14 Abs. 1 Nr. 1 und Abs. 2 Nr. 1 WEG (→ *Beseitigung* Rn. 3). Die Wohnungseigentümer können die **Durchsetzung des Beseitigungsanspruchs** gegen den ausführenden Wohnungseigentümer vergemeinschaften, dh durch eine Beschlussfassung an sich ziehen.[38] Die Wohnungseigentümer können auch nach dem Eintritt der Verjährung beschließen, die Beseitigung auf Kosten aller Wohnungseigentümer vorzunehmen.[39] Die Verjährung ändert nichts an der Bewertung der materiellen Rechtswidrigkeit, so dass der unzulässige Wanddurchbruch auch nach Eintritt Verjährung rechtswidrig bleibt. Eine bauliche Veränderung – hier ein Wanddurchbruch – kann nach zutreffender Auffassung auch nach Eintritt der Verjährung des Beseitigungsanspruchs mit einem Nachteil für das gemeinschaftliche Eigentum verbunden sein.[40]

18 Neben dem Beseitigungsanspruch besteht ein **Unterlassungsanspruch.** Der Unterlassungsanspruch resultiert aus § 1004 Abs. 1 S. 2 BGB und § 14 Abs. 1 Nr. 1 und Abs. 2 Nr. 1 WEG (§ 15 Abs. 3 WEG aF) und steht zunächst jedem Wohnungseigentümer individuell gegen den Störer zu. Bei einer Störung des gemeinschaftlichen Eigentums hingegen steht die Ausübungsbefugnis der Störungsunterlassung und Beseitigung nur der Gemeinschaft der Wohnungseigentümer zu. Nimmt der Nutzer eines Wohnungs- oder Teileigentums eigenmächtig einen „Umbau" in Form eines Wanddurchbruchs vor, können die Miteigentümer den vermietenden bzw.

---

33 BeckOK WEG/*Elzer* § 20 Rn. 133.
34 *Hügel/Elzer*, 3. Aufl. 2021, WEG § 20 Rn. 29 ff.
35 OLG Köln 27.6.2005 – 16 Wx 58/05, NZM 2005, 785.
36 BayObLG 29.10.1991 – BReg. 2 Z 130/91, NJW-RR 92, 272.
37 Riecke/Schmid/*Abramenko* WEG § 22 Rn. 82.
38 BGH 5.7.2019 – V ZR 149/18, NZM 2019, 788.
39 LG Hamburg 6.2.2013 – 318 S 20/12, ZWE 2013, 375; LG Itzehoe 2.6.2015 – 11 S 100/12, ZWE 2016, 40 (42) = ZMR 2015, 788 ff.; LG München I 15.3.2017 – 36 S 22212/15 WEG, ZMR 2017, 504; LG Berlin 3.12.2019 – 55 S 18/19, MietRB 2020, 177 f. mAnm *Agatsy*; BeckOGK/*Karkmann*, WEG § 22 Rn. 152.1, 164.
40 LG Berlin 3.12.2019 – 55 S 18/19, MietRB 2020, 177, 178 mAnm *Agatsy* = GE 2020, 208.

den die Nutzung überlassenden Wohnungseigentümer aus § 1004 Abs. 1 S. 1 BGB und § 14 Abs. 2 Nr. 1 WEG (§ 14 Nr. 2 WEG aF) in Anspruch nehmen, alle zumutbaren Maßnahmen zu ergreifen, um die bauliche Veränderung zu beseitigen.[41] Nimmt der Nutzer eines Wohnungs- oder Teileigentums einen unzulässigen Eingriff – einen Wanddurchbruch – vor, stehen den übrigen Wohnungseigentümern Direktansprüche auf Beseitigung und Unterlassung gem. § 1004 Abs. 1 BGB zu.

2. Substanzeingriff und Ausgleichsansprüche. Der Wanddurchbruch stellt dem Grunde nach einen Subst-   **19** anzeingriff dar. Ist der Wanddurchbruch unzulässig, stehen den übrigen Wohnungseigentümern gegenüber dem ausführenden Wohnungseigentümer **Ausgleichs- und Schadensersatzansprüche gem.** § 1004 Abs. 1 S. 1 BGB und § 280 Abs. 1 BGB (→ *Beseitigung* Rn. 11) zu. Bei einem Eingriff in das gemeinschaftliche Eigentum liegt die Ausübungsbefugnis der Ansprüche bei der Gemeinschaft der Wohnungseigentümer.[42] Beschädigt ein Wohnungseigentümer durch den Wanddurchbruch anderes Wohnungs- oder Teileigentum, ist dieser dem anderen Wohnungseigentümer zum **Schadensersatz** verpflichtet. Der Schadensersatzanspruch wegen der Beschädigung von Sonder- und Teileigentum kann von den jeweiligen Wohnungseigentümern selbst geltend gemacht werden. Resultiert aus dem Wanddurchbruch ein Substanzschaden am Gemeinschaftseigentum ist problematisch, wie die Wiederherstellung (Substanzschaden) und die Beseitigungskosten (→ *Beseitigung* Rn. 8) auszugleichen sind.

Bei Schadensersatzansprüchen (Folgebeseitigung) infolge einer unzulässigen baulichen Veränderung durch   **20** einen Wanddurchbruch bestand nach ursprünglichen Rechtsprechung des BGH grundsätzlich eine geborene Ausübungskompetenz des Verbandes Wohnungseigentümergemeinschaft. Der BGH hat dann zwischenzeitlich seine Rechtsprechung geändert und ist beim Zusammentreffen von Beseitigungs- und Schadensersatzansprüchen noch von einer **gekorenen Ausübungsbefugnis** (§ 10 Abs. 6 S. 3 Alt. 2 WEG aF) ausgegangen.[43] Darauf kommt es nach der neuen Rechtslage nicht mehr an. Anders als § 10 Abs. 6 S. 3 WEG aF unterscheidet der Wortlaut des § 9 a Abs. 2 WEG nicht nach geborener und gekorener Ausübungsbefugnis.[44] Diese Differenzierung entfällt. Ist das gemeinschaftliche Eigentum betroffen, besteht gem. § 9 a Abs. 2 WEG eine Zuweisung der Beseitigungs- und Unterlassunganspüche an die Gemeinschaft der Wohnungseigentümer. Ist ein Wohnungseigentümer zum Rückbau eines Wanddurchbruchs verpflichtet, handelt es sich nach wie vor um sonstige Verwaltungskosten.[45] Bei Ansprüchen der Sondereigentümer untereinander hat die Gemeinschaft keine gesetzliche Ausübungskompetenz, Ansprüche geltend zu machen.

3. Einwendungen des Wohnungseigentümers. Machen einzelne Wohnungseigentümer oder die Gemein-   **21** schaft der Wohnungseigentümer Beseitigungs- und Unterlassungsansprüche wegen eines Wanddurchbruchs geltend, können diesen Ansprüchen im Einzelfall **ausschließende Einwendungen** (→ *Beseitigung* Rn. 50 ff.) entgegenstehen. Da sich die Wohnungseigentümer im Regelfall mit einem Wanddurchbruch in einer Eigentümerversammlung befassen und einen Beschluss fassen, stellt dieser eine Genehmigungsgrundlage dar. Diese Genehmigung in Beschlussform steht der Unzulässigkeit und Beseitigung entgegen.[46] Haben die Wohnungseigentümer über die bauliche Veränderung – Wanddurchbruch – gem. § 20 Abs. 1 WEG einen bestandskräftigen Beschluss gefasst, ersetzt dieser die Zustimmung.[47] Erworbene Rechtspositionen bei der Abänderung eines rechtskräftigen Beschlusses dürfen nicht entzogen werden. Ferner kann die Zulässigkeit eines Wanddurchbruchs auch mit einer Vereinbarung begründet werden. Zudem können dem Beseitigungsanspruch gegen den Wohnungseigentümer die Einwendungen der Verwirkung, der Rechtsmissbräuchlichkeit und Verjährung entgegenstehen (→ *Beseitigung* Rn. 56). Eine finanzielle Kompensation lässt die „Nachteile" für die Wohnungseigentümer (Sonder- und Teileigentum) iSd § 14 Abs. 1 Nr. 1 und Abs. 2 Nr. 1 WEG nicht entfallen.

4. Begehungs- und Besichtigungsrecht sowie Unterlagenvorlage. Den Wohnungseigentümern kann ein An-   **22** spruch auf die Begehung und Besichtigung des Wohnungs- oder Teileigentums zustehen. Ein Anspruch auf das Besichtigungsrecht durch den Verwalter (→ *Begehung der Wohnungseigentumsanlage* Rn. 3) resultiert aus

---

41 Riecke/Schmid/*Abramenko* WEG § 22 Rn. 108 mwN.
42 BR-Drs. 19/18791, 44; BR-Drs. 168/20, 48; s. a. SEHR/*Agatsy*, § 4 Nutzungs- und Gebrauchsrechte Rn. 13.
43 BGH 26.10.2018 – V ZR 328/17, NJW 2019, 1216 Rn. 15.
44 BT-Drs. 19/18791, 44; BR-Drs. 168/20, 48.
45 BeckOK WEG/*Elzer* § 21 Rn. 40.
46 Riecke/Schmid/*Abramenko* WEG § 22 Rn. 74.
47 Riecke/Schmid/*Abramenko* WEG § 22 Rn. 77.

dem Grundsatz der ordnungsgemäßen Verwaltung,[48] wonach der Verwalter berechtigt ist, ein Wohnungseigentum zu begehen und zu besichtigen. Der Anspruch auf die Begehung und Besichtigung des Wohnungseigentums kann im Zusammenhang mit einer genehmigungsfähigen baulichen Veränderung stehen. Das **Ausmaß einer baulichen Maßnahme** auf das gemeinschaftliche Eigentum kann nur im Rahmen einer Begehung und Besichtigung des Wohnungseigentums und der angrenzenden Teile des gemeinschaftlichen Eigentums festgestellt werden. Neben dem Anspruch aus § 14 Abs. 1 Nr. 2, Abs. 2 Nr. 2 WEG kann die Duldungspflicht einer Begehung und Besichtigung auch aus dem Treueverhältnis der Wohnungseigentümer resultieren.

23 Da die Wohnungseigentümer im Verhältnis untereinander **zur Rücksichtnahme verpflichtet** sind, folgt daraus, dass ein Substanzeingriff den berechtigten Anspruch begründet, dass der „Bauherr" des Wanddurchbruchs eine Begehung und Besichtigung der entsprechenden Stelle in seinem Wohnungseigentum durch einen beauftragten Statiker, Architekten oder den Verwalter zu dulden hat. Die Wohnungseigentümer haben ein berechtigtes Interesse zu prüfen, ob oder in welchem Umfang mit Beeinträchtigungen iSd § 14 Abs. 1 Nr. 1 und Abs. 2 Nr. 1 WEG zu rechnen ist. Ein unbegrenzter Anspruch auf die Besichtigung und Begehung gibt es jedoch nicht. Die Begehung und Besichtigung des Wohnungseigentums muss anlassbezogen erfolgen. Ein Wanddurchbruch ist meist mit einem Substanzeingriff in das gemeinschaftliche Eigentum verbunden. Da Nutzer des Wohnungseigentums von der Begehung und Besichtigung betroffen sind, ist gegenüber diesen eine Ankündigung mit angemessenem zeitlichem Vorlauf auszusprechen.[49]

V. Verfahrenshinweise

24 **1. Klage auf Zustimmung und Beseitigung.** Ein Wohnungseigentümer kann auf Zustimmung zu einem Wanddurchbruch klagen (→ Wanddurchbruch). Beansprucht ein Wohnungseigentümer den Wanddurchbruch als bauliche Veränderung iSd § 20 Abs. 1 WEG kann er auf einen Genehmigungsbeschluss klagen.[50] Die **Beschlusskompetenz** für die Eigentümer folgt aus § 20 Abs. 1 WEG. Die Funktion des Genehmigungsbeschlusses liegt darin, die Wohnungseigentümer über die Einzelheiten des Vorhabens zu informieren. Wird dieser Genehmigungsbeschluss mit der erforderlichen Mehrheit (→ *Bauliche Veränderungen* Rn. 24) gefasst, muss die Beschlussfassung unter zwingender Einhaltung des Bestimmtheitsgrundsatzes erfolgen. Dies setzt voraus, dass der Regelungsgehalt eindeutig, klar und inhaltlich hinreichend bestimmt ist oder zumindest bestimmbar sein muss.[51] Davon umfasst sind der Ablauf des konkreten Bauvorhabens, ein Bauzeitenplan, die inhaltliche Beiziehung von Planungsunterlagen und eine für die anderen Wohnungseigentümer bestimmbare Lage des Wanddurchbruchs im Grundriss inkl. einer Darlegung der Auswirkungen auf das gemeinschaftliche Eigentum. Ist der Wanddurchbruch rechtswidrig, können die Wohnungseigentümer die Beseitigung verlangen (→ *Beseitigung* Rn. 26). In diesem Zusammenhang stellt sich die Frage, ob ein individueller Anspruch eines Wohnungseigentümers auf ein Tätigwerden der Gemeinschaft der Wohnungseigentümer besteht. Hier wird nach zutreffender Auffassung auf die Rechtsprechung zum fehlenden Rechtsschutzbedürfnis zurückzugreifen sein.[52]

25 **2. Einstweilige Verfügung.** Gegen einen in der Herstellung befindlichen unzulässigen Wanddurchbruch kann mit einer einstweiligen Verfügung (→ *Beseitigung* Rn. 67) vorgegangen werden, deren Gegenstand (→ *Einstweilige Verfügung* Rn. 23) die Geltendmachung eines Unterlassungsanspruchs gem. § 1004 Abs. 1 S. 2 BGB; 14 Abs. 1 Nr. 1 und Abs. 2 Nr. 1 WEG ist. Der Antrag auf Erlass einer einstweiligen Verfügung kann zweckmäßig mit der Anfechtungsklage gegen einen **Genehmigungsbeschluss** verbunden werden. Andernfalls liefe der Unterlassungsanspruch „leer".[53] Darüber hinaus muss der einen Wanddurchbruch vornehmende Wohnungseigentümer im Vorfeld eine Vorbefassung der Wohnungseigentümer veranlasst haben.[54] Dies gilt selbst dann, wenn der Wanddurchbruch genehmigungsfähig war. Das Rechtsschutzbedürfnis für eine einstweilige Verfügung kann allerdings dann fehlen, wenn „drittschützende" Vorschriften nicht streitgegenständlich sind. Es fehlt nach der hier vertretenen Auffassung bereits an einem Verfügungsgrund, wenn der Anspruch auf die

---

48 FormB-WEG-R/*Scheffler*, § 3 Rn. 130.
49 *Agatsy* IMR 2018, 443 (448).
50 BeckOK WEG/*Elzer* § 20 Rn. 113 ff.
51 FormB-WEG-R/*Fritsch*, § 2 Rn. 408.
52 Riecke/Schmid/*Abramenko* WEG § 22 Rn. 101.
53 AG München 8.7.2010 – 483 C 703/10, ZMR 2010, 999.
54 LG München I 16.9.2009 – 1 S 4964/09, ZWE 2010, 98.

Unterlassungsverfügung bereits mit der Baugenehmigung hätte geltend gemacht werden können.[55] Nicht verlangt werden kann ein Baustopp, da dieser nur Gegenstand des Hauptsacheverfahrens sein kann.

3. Kosten- und Lastentragung beim Wanddurchbruch – Vorbehalt der Kostenfreiheit? Bei einem Wanddurchbruch ist ebenfalls zu beleuchten, wer die **Kosten** zu tragen hat. Dabei geht es vor allem um die **Folgekosten** wegen der baulichen Veränderung Wanddurchbruch. Wohnungseigentümer, die einer Baumaßnahme bei der Beschlussfassung gem. § 20 Abs. 1 WEG nicht zugestimmt haben, sind nach § 21 Abs. 1 WEG nicht verpflichtet, Kosten dieser Maßnahme zu tragen.[56] Die bisherigen Grundsätze gelten auch nach dem Wortlaut des § 21 Abs. 1 WEG fort.[57] Die Kostenkompensation ist ein Hindernis iSd § 14 Abs. 1 Nr. 1 WEG. Der BGH hat sich bislang nicht dazu geäußert, wie mit der Zulässigkeit der Verwahrung gegen die Kostenlast umzugehen ist.[58] Denkbar ist eine Genehmigung mit der Auflage, die übrigen Eigentümer von der Kostenlast freizustellen. Dagegen spricht, dass eine Kostentragung durch den bauwilligen Eigentümer nicht durch die Verwahrung gegen die Kostenlast erreicht wird. Hier würde eine auflösende Bedingung geschaffen, die weder mit dem Regelungszweck des § 16 Abs. 2 WEG noch der Regelung des § 21 Abs. 3 WEG vereinbar ist. **26**

260. Wände

Marquardt

I. Einführung

Eine Wand als ein vertikales flächiges Bauteil hat aufgrund ihrer Geometrie insbesondere eine **raumabgrenzende** Funktion. Dabei trennt eine Wand jeweils zwei Räume, zwei Bereiche oder zwei Raumzonen voneinander – beispielsweise Innenraum und Außenraum oder zwei Grundstücke. Darüber hinaus kann eine Wand auch eine für das Bauwerk wichtige **statische** Funktion haben (tragende/aussteifende Wand, Stützwand etc). Mehrere Wände können einen Raum definieren. Welche Anforderungen an die bauliche Um- bzw. Neugestaltung von Wänden zu stellen sind, richtet sich im Wesentlichen danach, ob die jeweils betroffene Wand im Sondereigentum oder Gemeinschaftseigentum steht. Zur eigentumsrechtlichen Zuordnung → *Eigentum im ABC* Rn. 173. **1**

II. Bauliche Veränderungen an im Sondereigentum stehenden Wänden

Jeder Wohnungseigentümer kann gem. § 13 WEG grundsätzlich mit den in seinem Sondereigentum stehenden Gebäudeteilen nach Belieben verfahren. Der einzelne Wohnungseigentümer ist demnach befugt, bauliche Veränderungen an den in seinem Sondereigentum stehenden (nicht tragenden) Wänden vorzunehmen. Hierzu zählen insbesondere das **Versetzen, Entfernen** und **teilweise Öffnen** (bspw. durch Kernbohrungen) von Wänden. Die **Grenze** von baulichen Veränderungen innerhalb des Sondereigentums, die über eine ordnungsmäßige Instandhaltung und Instandsetzung (Erhaltung) hinausgehen, ergibt sich allein aus § 13 Abs. 2 iVm § 20 WEG. Danach bedarf der betreffende Wohnungseigentümer für über eine ordnungsmäßige Instandhaltung und Instandsetzung hinausgehende bauliche Maßnahmen grundsätzlich gem. § 20 Abs. 1 WEG einer Gestattung durch Beschuss der Wohnungseigentümer. Eine Gestattung ist gem. § 13 Abs. 2 letzter Halbsatz jedoch dann nicht erforderlich, soweit keinem der anderen Wohnungseigentümer über das bei einem geordneten Zusammenleben unvermeidliche Maß hinaus ein **Nachteil** erwächst. Ein in diesem Sinne nicht hinnehmbarer Nach- **2**

---

55 AG Blankenese 23.12.2009 – 539 C 50/09, ZMR 2010, 408.
56 BT-Drs. 19/18791, 66 f.; BR-Drs. 168/20, 74 f.
57 *Mediger* ZMR 2019, 475 (476).
58 BGH 28.10.2016 – V ZR 91/16, NJW 2017, 1167 Rn. 17.

teil ist in jeder nicht ganz unerheblichen konkreten und objektiven Beeinträchtigung zu sehen, wobei es maßgeblich darauf ankommt, ob sich ein Wohnungseigentümer nach der Verkehrsanschauung verständlicherweise beeinträchtigt fühlen kann.[1] Soweit durch die baulichen Veränderungen des Sondereigentums in das gemeinschaftliche Eigentum eingegriffen wird, richtet sich deren Zulässigkeit hingegen nach § 20 WEG.[2] Zu den Einzelheiten im Hinblick auf bauliche Veränderungen an Trennwänden → *Trennwand* Rn. 9 ff. und Brandwänden → *Brandwand* Rn. 8 ff.

3 Soweit durch die baulichen Veränderungen an im Sondereigentum stehenden Wänden nicht in die Substanz des Gemeinschaftseigentums eingegriffen wird, sind diese von den übrigen Wohnungseigentümern, soweit diesen kein Nachteil iSv § 13 Abs. 2 WEG entsteht, ohne Weiteres **hinzunehmen**. Hiervon umfasst sind auch bauliche Maßnahmen, die nicht in der Teilungserklärung oder der Gemeinschaftsordnung vorgesehen oder ausdrücklich erlaubt sind.[3] So stellt es insbesondere keinen für die anderen Wohnungseigentümer nicht hinnehmbaren Nachteil dar, wenn die Durchführung eines Wanddurchbruches zwischen zwei Sondereigentumseinheiten zum **Verlust der Abgeschlossenheit** oder einem der Teilungserklärung widersprechenden Zustand führt.[4] Da die nachträgliche Aufhebung der Abgeschlossenheit den Bestand und den Umfang des in der Teilungserklärung ausgestalteten Wohnungseigentums unberührt lässt, ist mit der Beseitigung der in § 3 Abs. 3 WEG vorausgesetzten Abgeschlossenheit der Sondereigentumsbereiche und einem damit einhergehenden Verstoß gegen die Bestimmungen der Teilungserklärung kein Nachteil für die übrigen Wohnungseigentümer verbunden, (näher hierzu → *Wanddurchbruch* Rn. 6 ff.).

III. Bauliche Veränderungen an im Gemeinschaftseigentum stehenden Wänden

4 Bauliche Veränderungen oder Erneuerungen an Wänden, die in das Gemeinschaftseigentum eingreifen, über eine ordnungsgemäße Instandhaltung und Instandsetzung (Erhaltung) des gemeinschaftlichen Eigentums hinausgehen und nicht die erstmalige Herstellung eines ordnungsgemäßen Zustands betreffen, können gem. § 20 Abs. 1 WEG beschlossen werden.

IV. Anspruch auf Vornahme von baulichen Veränderungen

5 Nach § 20 Abs. 3 WEG kann eine bauliche Veränderung verlangt werden, wenn alle Wohnungseigentümer, deren Rechte durch die bauliche Veränderung über das bei einem geordneten Zusammenleben unvermeidliche Maß hinaus beeinträchtigt werden, einverstanden sind. Gleiches muss gelten, wenn zwar eine nicht nur unerhebliche Beeinträchtigung angenommen werden kann, der darin liegende Nachteil jedoch von den übrigen Wohnungseigentümern aufgrund einer fallbezogenen Abwägung der jeweils grundrechtlich geschützten Interessen hinzunehmen ist.[5]

6 Eine **nachteilige Beeinträchtigung** anderer Wohnungseigentümer idS ist bei baulichen Veränderungen an im Gemeinschaftseigentum stehenden tragenden Wänden dann ausgeschlossen, wenn vernünftige Zweifel daran bestehen, dass ein wesentlicher Eingriff in die Substanz des Gemeinschaftseigentums erfolgt ist, insbesondere zum Nachteil der übrigen Eigentümer keine Gefahr für die konstruktive Stabilität des Gebäudes und dessen Brandsicherheit geschaffen wurde.[6] Allein der Umstand, dass bauliche Veränderungen einen Eingriff in die Bausubstanz des Gemeinschaftseigentums erforderlich machen, reicht jedoch nicht aus, um einen Nachteil iSd §§ 20 Abs. 3, 14 Abs. 1 Nr. 2 WEG anzunehmen, da sonst jede bauliche Veränderung, die Wand- und Deckenbrüche erfordert, zwangsläufig alle anderen Wohnungseigentümer über das in §§ 20 Abs. 3, 14 Abs. 1 Nr. 2 WEG bestimmte Maß beeinträchtigen würde. Zu fordern ist vielmehr, dass der **Eingriff in die bauliche Substanz** oder Statik des Gebäudes von einiger Erheblichkeit ist, bspw. wenn die Umgestaltung umfangreiche

---

1 BGH 21.12.2000 – V ZB 45/00, ZWE 2001, 314.
2 *Hügel/Elzer* WEG § 13 Rn. 7.
3 BayObLG 20.11.1987 – BReg. 2 Z 91/87, NJW-RR 1988, 587; BGH 21.12.2000 – V ZB 45/00, ZWE 2001, 314.
4 BGH 21.12.2000 – V ZB 45/00, ZWE 2001, 314.
5 BGH 22.1.2004 – V ZB 51/03, NJW 2004, 937; *Hügel/Elzer* WEG § 20 Rn. 127.
6 BGH 21.12.2000 – V ZB 45/00, ZWE 2001, 314; *Bärmann/Merle* WEG § 22 Rn. 55.

Sicherungs- und Ausgleichsmaßnahmen erforderlich macht, um Gefahren für die Standsicherheit des Gebäudes zu vermeiden.[7]

Ein von anderen Wohnungseigentümern ebenfalls nicht hinzunehmender Nachteil kann insbesondere bei einem nachträglichen Einbau von Entlüftungsanlagen im Hinblick auf die hiervon ausgehenden **Geräuschs-** bzw. **Geruchsemmissionen** vorliegen.[8] Der Austausch einer Klinkersteinmauer in eine Betonpalisadenmauer kann ebenso eine erhebliche **Veränderung des optischen Gesamteindrucks** der Wohnanlage darstellen[9] wie die Errichtung einer kniehohen Beeteinfassungsmauer auf den im Gemeinschaftseigentum stehenden Sondernutzungsflächen[10] oder die Errichtung eines Gartenhauses nebst mobiler Terrasse.[11] Schließlich können von anderen Wohnungseigentümern nicht hinnehmbare Nachteile durch die mit einem Wanddurchbruch möglicherweise verbundene **intensivere Nutzung** vorliegen.[12]

7

Der bauwillige Wohnungseigentümer hat in diesen Fällen einen subjektiven Anspruch auf positive Beschlussfassung und muss sein Verlangen iSv § 20 Abs. 3 WEG nach § 18 Abs. 1 WEG gegenüber der Gemeinschaft der Wohnungseigentümer aussprechen. Einer besonderen Form bedarf es nicht.[13] Soweit die Wohnungseigentümer keinen Gestattungsbeschluss fassen, kann der bauwillige Wohnungseigentümer als Anspruchsberechtigter gegen die Gemeinschaft der Wohnungseigentümer nach § 44 Abs. 1 S. 2 WEG eine Beschlussersetzungsklage erheben. Zu den Einzelheiten → *Bauliche Veränderungen* Rn. 1 ff.

8

Soweit das Entfernen oder Versetzen von Wänden zu einer Veränderung der sachenrechtlichen Zuordnung von Sonder- bzw. Gemeinschaftseigentum führt, ist in grundbuchrechtlicher Hinsicht allein die Zustimmung der jeweils von der Veränderung betroffenen dinglich Berechtigten erforderlich. Das **Grundbuchamt** prüft dabei nicht, ob bauliche Veränderungen nach §§ 13, 20 WEG unzulässig sind, jedoch bleiben etwaig bestehende Beseitigungsansprüche vom Vollzug der sachenrechtlich veränderten Zuordnung unberührt;[14] (→ *Wanddurchbruch* Rn. 3).

9

V. Ansprüche bei unzulässigen baulichen Veränderungen

Liegen die Voraussetzungen der §§ 13, 20 WEG nicht vor, handelt es sich um unzulässige bauliche Veränderungen, die individuelle **Beseitigungs-** bzw. **Unterlassungsansprüche** nach § 1004 Abs. 1 BGB begründen und von jedem Wohnungseigentümer im eigenen Namen gegen den Störer ohne Ermächtigung oder Vorbefassung der Gemeinschaft geltend gemacht werden können.[15] Zu den Einzelheiten → *Beseitigung* Rn. 1 ff.

10

---

7 Bärmann/*Merle* WEG § 22 Rn. 55; OLG Düsseldorf 14.6.1993 – 3 Wx 129/92, NJW-RR 1994, 277; BayObLG 29.10.1991 – BReg. 2 Z 130/91, NJW-RR 1992, 272.

8 LG Itzehoe 10.4.2018 – 11 S 129/15, BeckRS 2018, 14722; BayObLG 12.4.2000 – 2Z BR 151/99, NJW-RR 2001, 156.

9 LG Berlin 20.1.2015 – 55 S 130/14 WEG, ZWE 2016, 140.

10 KG 10.1.1994 – 25 W 3851/93, NJW-RR 1994, 526.

11 LG München I 6.7.2015 – 1 S 22070/14 WEG, ZWE 2016, 95; BayObLG 21.4.1992 – 2Z BR 20/92; NJW-RR 1992, 975.

12 Bärmann/*Merle* WEG § 22 Rn. 289.

13 *Hügel/Elzer* WEG § 20 Rn. 141.

14 LG Berlin 14.6.2005 – 86 T 873–874/04, BeckRS 2011, 8906; BayObLG 15.1.1998 – 2 Z BR 30–97, NJW-RR 1998, 1237.

15 BeckOGK/*Karkmann* WEG § 22 Rn. 156.

261. Wäschekeller

Rothermel

I. Einführung

1   Als Wäschekeller werden folgend (Keller-)Räume verstanden, die aufgrund ihrer Beschaffenheit und der anliegenden Anschlüsse (Strom und Wasser) geeignet sind, dass dort Waschmaschinen, Wäschetrockner und ggf. Wäscheleinen bzw. -ständer aufgestellt und betrieben werden können. Gemeinschaftlich genutzte Wasch- und Trockenräume (→ *Trockenraum* Rn. 3 ff.) im Keller bringen einige Vorteile für die Hausbewohner mit sich. Gerade in kleinen Wohnungen ist oft kaum Platz für Waschmaschine, Trockner und Wäscheständer vorhanden. Und selbst in großzügig bemessenen Badezimmern oder Wohnküchen kann es komfortabel sein, keine großen und lauten Elektrogroßgeräte aufstellen zu müssen. Darüber hinaus werden Wasserschäden durch defekte Waschmaschinen oder Schläuche in der Wohnung reduziert.

II. Systematische Einordnung

2   Es können Kellerräume als Wäschekeller bzw. als Trockenräume mittels **Benutzungsbestimmung** gem. § 19 Abs. 1 WEG (Vereinbarung) oder nach § 19 Abs. 2 WEG durch Beschluss (→ *Beschluss* Rn. 3 ff., 34) der Eigentümerversammlung bei Vorliegen der Beschlusskompetenz vorgesehen werden. Sind diese Räume zur Nutzung durch mehrere oder sämtliche Wohnungseigentümer bestimmt, so sind sie gem. § 5 Abs. 2 WEG zwingend **Gemeinschaftseigentum** (→ *Gemeinschaftliches Eigentum* Rn. 8).[1] In Wohnungseigentumsanlagen werden solche Räume zumeist so konzipiert sein, dass jeder Wohnungseigentümer seine eigenen Elektrogeräte dort aufstellen und anschließen kann. In überwiegend vermieteten Mehrfamilienhäusern ist auch denkbar, dass keine eigenen Geräte der Mieter aufgestellt werden, sondern dass die zur Verfügung gestellten Geräte mittels Geld- oder Münzeinwurf genutzt werden können.

3   Der Gemeinschaft der Wohnungseigentümer bzw. dem Verwalter (→ *Verwalter* Rn. 49) obliegt es, ggf. auch durch erforderliche Konkretisierung der Gemeinschaftsordnung, hierfür Nutzungszeiträume festzulegen (zB Nutzung an Sonn- und Feiertagen bzw. allgemeine Nutzung zu bestimmten Zeiten). Eine Nutzungsbeschränkung ist grundsätzlich zulässig,[2] muss sich jedoch am Gebot der ordnungsmäßigen Verwaltung (→ *Ordnungsmäßige Verwaltung* Rn. 10 f.) orientieren und darf keine Wohnungseigentümer faktisch, beispielsweise durch zu knapp bemessene Nutzungszeiten bei berufstätigen Bewohnern, von der Nutzung ausschließen.[3]

4   Auch bei Vorhandensein eines Wäschekellers bzw. Trockenraums (→ *Bodenraum* Rn. 1) kann der Betrieb einer Waschmaschine und/oder eines Trockners in der Wohnung grundsätzlich nicht untersagt werden; ein **Nutzungszwang** des Wäschekellers besteht somit nicht. Eine **Untersagung** des Betriebs von Waschmaschinen/Wäschetrocknern in der Wohnung kann nur dann erfolgen, wenn der gemeinschaftliche Wäschekeller für den Wohnungseigentümer in zumutbarer Weise zugänglich ist und von dem Betrieb der entsprechenden Geräte eine **erhebliche Belästigung** zulasten der übrigen Wohnungseigentümer ausgeht.[4] Grundsätzlich sind jedoch durch Haushaltsgeräte anderer Bewohner verursachte Geräusche hinzunehmen. Als Belästigung kommt insbesondere eine Geräuschbelästigung bei Betrieb der Geräte in Betracht, denkbar ist aber auch eine Belästigung aufgrund von Vibrationen, bspw. beim Schleudervorgang der Waschmaschine. Eine Einschränkung des Waschens und Trocknens von Wäsche in der Wohnung kann jedoch zum Schutz vor **Beschädigung der Bausubstanz** erfolgen, wenn der Schutz nicht durch andere Maßnahmen (zB korrektes Lüften) erreicht werden kann.

---

1   OLG Frankfurt a. M. ZMR 2009, 215; LG Karlsruhe ZWE 2009, 327.
2   OLG Köln ZMR 2000, 564; BayObLG WuM 1992, 707.
3   KG ZMR 1985, 131.
4   OLG Frankfurt a. M. NZM 2001, 1136.

Bei vermieteten Wohnungseigentumseinheiten ist zu beachten, dass gem. § 541 BGB das Waschen in der 5
Wohnung zum vertragsgemäßen Gebrauch der Mietsache gehört[5] und somit die Entfernung solcher Geräte aus
der Wohnung durch den Vermieter nicht verlangt werden kann.[6]

Denkbar, wenngleich vermutlich seltener gewünscht, ist auch die Begründung von Sondereigentum an einem 6
abgeschlossenen Kellerraum, der aufgrund der entsprechenden Strom- und Wasseranschlüsse als Wäschekeller
nutzbar ist.

III. Verfahrenshinweise

Die dem Sondereigentum unterliegenden Räume sind der Verwaltung durch die Gemeinschaft der Wohnungs- 7
eigentümer bzw. dem Verwalter entzogen. Regelungen betreffend den zumeist im Gemeinschaftseigentum stehenden Wäschekeller erfolgen im Wege der ordnungsgemäßen Verwaltung bzw. mittels Beschlussfassung
durch die Gemeinschaft der Wohnungseigentümer sowie entsprechender Vereinbarungen.

262. Weiterleitung von Signalen

Nissen

I. Einführung

Das Stichwort einer „Weiterleitung von Signalen" meint im Zusammenhang mit dem WEG in erster Linie die 1
Weiterleitung des Kabelsignals einer **gemeinschaftlichen Antenne** der Wohnungseigentümer in die einzelnen

---

5 LG Karlsruhe WM 1968, 107; LG Essen WM 1964, 64; LG Düsseldorf ZMR 1960, 109.
6 AG Tettnang 19.3.2010 – 4 C 1304/09 und AG Hameln 17.12.1993 – 23 C 380/93.

Wohneinheiten zum Zwecke des Rundfunk- und Fernsehempfanges. Im Grundsatz handelt es sich um eine rein **urheberrechtliche** Fragestellung, deren Zusammenhang zum WEG jedoch aus dem Umstand folgt, dass zahlreiche Verbände Wohnungseigentümergemeinschaften eine Gemeinschaftsantenne betreiben. Zwar wäre es jedem einzelnen Wohnungseigentümer grundsätzlich möglich, das erforderliche Signal mittels eigener Antenne bzw. Satellit zu empfangen. Indes wird vielfach aus Gründen der **Praktikabilität** und auch der Ästhetik (Stichwort „Antennenwald") der Betrieb einer Gemeinschaftsantenne bevorzugt. Die Kosten einer solchen Weiterleitung des Kabelsignals von der Gemeinschaftsantenne zu den einzelnen Wohneinheiten zählen – soweit sie überhaupt anfallen – nach § 2 Nr. 15 lit. a BetrKV zu den **Betriebskosten**, die auch nach neuer Rechtslage gem. § 16 Abs. 2 S. 1 WEG den Wohnungseigentümern im Wege einer Umlage zu tragen sind. Dementsprechend ist die Frage, ob es sich bei dieser Weiterleitung des Kabelsignals um einen urheberrechtlich relevanten Vorgang handelt, für jeden einzelnen Wohnungseigentümer von praktischem, monetären Interesse.

2 Im Zentrum dieser Diskussion steht die (urheberrechtliche) Fragestellung, ob es sich bei einer solchen Signalweiterleitung um eine urheberrechtlich relevante, **öffentliche Wiedergabe** iSd § 15 Abs. 3 UrhG und im Speziellen um eine Kabelweitersendung iSd §§ 20, 20 b UrhG handelt. In der Vergangenheit wurde eine Weiterleitung regelmäßig als öffentliche Wiedergabe angesehen und in der Praxis eine entsprechende Vergütungspflicht oberhalb einer Schwelle von 75 versorgten Wohneinheiten angenommen.[1] Diese nationalen Regelungen werden jedoch zunehmend durch **europarechtliche Vorgaben** überlagert, namentlich des Art. 3 Abs. 1 der RL 29/2001/EG und des Art. 8 Abs. 2 der RL 2006/115/EG. In Auslegung dieser Richtlinien im Lichte der EuGH-Rechtsprechung hat der BGH in seiner viel beachteten **Ramses-Entscheidung** ausgesprochen, dass die Weiterleitung von einer Gemeinschaftsantenne zu den einzelnen Wohneinheiten einer Wohnungseigentümergemeinschaft mittels eines Kabelnetzes keine urheberrechtlich relevante, öffentliche Wiedergabe darstelle.[2]

II. Die Rechtsprechung des EuGH zum Begriff der öffentlichen Wiedergabe in Art. 3 Abs. 1 RL 2001/29/EG und Art. 8 Abs. 2 RL 2006/115/EG

3 In diesem Zusammenhang gilt es zu bedenken, dass es sich bei dem Begriff der öffentlichen Wiedergabe um **vollharmonisiertes** Recht handelt.[3] Die Rechtsprechung des BGH kann somit nur Bestand haben, wenn und soweit sie mit den Vorgaben des EuGH in Einklang steht. Die wesentlichen Rechtsprechungslinien des EuGH zum Begriff der öffentlichen Wiedergabe sollen daher in einem ersten Schritt nachfolgend in gebotener Kürze skizziert werden:

4 Der EuGH geht in ständiger Rechtsprechung davon aus, dass sich eine öffentliche Wiedergabe aus **zwei Tatbestandsmerkmalen** zusammensetzt: Erforderlich ist eine „**Handlung der Wiedergabe**" (1.), die „**öffentlich**" (2.) geschehen muss.[4] Der EuGH hat überdies klargestellt, dass dieser Begriff der öffentlichen Wiedergabe in Art. 3 Abs. 1 RL 2001/29/EG und Art. 8 Abs. 2 RL 2006/115/EG insgesamt **einheitlich** auszulegen ist.[5]

5 **1. Das Merkmal einer „Handlung der Wiedergabe".** Eine „Handlung der Wiedergabe" ist nach Ansicht des EuGH **weit** zu verstehen.[6] Es genügt grundsätzlich **jedes Zugänglichmachen** geschützter Werke ohne dass es auf die tatsächliche Nutzung dieser Zugangsmöglichkeit ankommen soll.[7] Dabei soll überdies jede Art des Zugänglichmachens unabhängig vom eingesetzten **technischen Verfahren** genügen.[8] Als weitere Voraussetzung muss diese Wiedergabehandlung **willentlich** erfolgt sein. Der EuGH fordert insoweit ein „**absichtli-**

---

1 Ausführlich zur früheren Rechtslage und zur Entwicklung der Grenze von 75 Wohneinheiten *Riesenhuber* ZUM 2012, 433 ff.

2 So BGH 17.9.2015 – I ZR 228/14, GRUR 2016, 71 = IMR 2016, 19 mAnm *Elzer* – Ramses.

3 So auch BGH 11.1.2018 – I ZR 85/17, GRUR 2018, 608 Rn. 38 – Krankenhausradio.

4 Vgl. bereits EuGH 13.2.2014 – C-466/12, GRUR 2014, 360 – Svensson ua; ebenso EuGH 31.5.2016 – C-117/15, GRUR 2016, 684 – Reha Training und EuGH 7.8.2018 – C-161/17, GRUR 2018, 911 – Renckhoff jeweils mwN.

5 So EuGH 31.5.2016 – C-117/15, Rn. 29 ff., GRUR 2016, 684 – Reha Training.

6 So bereits EuGH 4.11.2011 – C-403/08 und C-429/08, Rn. 193 (Football Association Premier League ua), GRUR 2012, 156; ebenso EuGH 13.2.2014 – C-466/12 (Svensson ua), GRUR 2014, 360; tendenziell restriktiver in jüngster Zeit EuGH 2.4.2020 – C-753/18, GRUR 2020, 609 – Stim und SAMI.

7 In diesem Sinne etwa EuGH 13.2.2014 – C-466/12, GRUR 2014, 360 – Svensson ua,; ebenso EuGH 7.8.2018 – C-161/17, GRUR 2018, 911 – Renckhoff.

8 So EuGH 7.12.2006 – C-306/05, GRUR 2007, 225 Rn. 46 – SGAE.

ches" Tätigwerden[9] bzw. die Zugänglichmachung „**in voller Kenntnis**" der Folgen dieser Handlung.[10] Insgesamt werden an dieses Merkmal durch den EuGH jedoch tendenziell geringe Anforderungen gestellt. Maßgeblich ist eine rein **technische Betrachtung ohne Wertungsgesichtspunkte**.[11] Dafür spricht insbesondere, dass eine solche, technische Betrachtung dem EuGH eine unionsweit einheitliche Auslegung dieses Tatbestandsmerkmals erlaubt.[12]

2. Die Kriterien zur Bestimmung des Begriffes der „Öffentlichkeit". Das Tatbestandsmerkmal der „Öffentlichkeit" einer solchen Wiedergabe wird nach dem EuGH seinerseits durch **mehrere Kriterien** beeinflusst. Diese Kriterien sollen miteinander verflochten sein und – je nach Einzelfall – einzeln oder zusammen angewendet werden und mehr oder weniger Bedeutung erlangen.[13] **Erstes Kriterium** der Öffentlichkeit ist die Wiedergabe an eine **unbestimmte Vielzahl potenzieller Leistungsempfänger**, bei denen es sich außerdem – kumulativ – um „**recht viele Personen**" handeln muss.[14] **Zweites Kriterium** ist eine Wiedergabe, die entweder durch ein **spezifisches technisches Verfahren** erfolgt, das sich vom Ausgangsverfahren unterscheidet oder sich an ein **neues Publikum** richtet.[15] Aus dem Wortlaut der bisherigen EuGH-Entscheidungen lässt sich schließen, dass dieses zweite Kriterium kumulativ zum ersten Kriterium (unbestimmte Vielzahl an potenziellen Leistungsempfänger und recht viele Personen) vorliegen muss, um eine „Öffentlichkeit" annehmen zu können.[16] Als drittes, **zusätzliches Kriterium** soll ein etwaiger „**Erwerbszweck**" der Wiedergabe bzw. eine „**Gewinnerzielungsabsicht**" „nicht unerheblich" sein.[17]

6

Eine unbestimmte Vielzahl an potenziellen Leistungsempfängern meint nach dem EuGH eine Wiedergabe gegenüber „**Personen allgemein**". Insoweit soll eine Abgrenzung zu „**besonderen Personen**" erforderlich sein, die eine „**private Gruppe**" bilden.[18] Als „Personen allgemein" hat der EuGH etwa die Gäste eines Hotels eingestuft, da der Zugang allein durch die Aufnahmekapazitäten begrenzt sei und im Übrigen der Entscheidung des Hotelgastes obliege.[19] Eine solche „private" Gruppe kann nach der Rechtsprechung des EuGH tendenziell weit und heterogen gefasst sein. So hat der EuGH die Patienten einer Zahnarztpraxis als „private Gruppe" eingestuft. Die Gruppe sei weitgehend stabil und bilde eine abschließende Gesamtzahl, da andere Personen üblicherweise keinen Zugang zur Praxis hätten.[20] Das Merkmal der „recht vielen Personen" soll nach dem EuGH eine **Mindestschwelle** darstellen, die eine Wiedergabe an eine kleine bzw. unbedeutende Mehrzahlen an Personen vom Merkmal der „Öffentlichkeit" ausnehmen soll.[21] Dabei ist nach dem EuGH stets auch die **kumulative Wirkung** zu bedenken, die aus dem Zugänglichmachen des Werkes an die möglichen Adressaten resultiert. Es sind also nicht nur diejenigen Adressaten zu bedenken, die tatsächlich gleichzeitigen Zugang zu die-

7

---

9   Vgl. EuGH 4.11.2011 – C-403/08 und C-429/08, GRUR 2012, 156 Rn. 195 ff. – Football Association Premier League ua; ebenso EuGH 31.5.2016 – C-117/15, GRUR 2016, 684 Rn. 47 – Reha Training.

10   In diesem Sinne bereits EuGH 7.12.2006 – C-306/05, GRUR 2007, 225 Rn. 42 – SGAE,; ebenso EuGH 26.4.2017 – C-527/15, ZUM 2017, 587 Rn. 31 – Stichting Brein.

11   Siehe auch *Nordemann* GRUR 2016, 245 f.

12   Auf diesen Umstand hinweisend bereits *Ohly* GRUR 2018, 996 (998 f.).

13   So etwa EuGH 15.3.2012 – C-135/10, GRUR 2012, 593 Rn. 79 – SCF; ebenso EuGH 15.3.2012 – C-162/10, GRUR 2012, 597 – Phonographic Performance Irland.

14   Vgl. bereits EuGH 15.3.2012 – C-135/10, GRUR 2012, 593 – SCF,; ebenso EuGH 29.11.2017 – C-265/16, GRUR 2018, 68 Rn. 45 – VCAST; ausführlich auch *Nordemann* GRUR 2016, 245 (246 f.) mwN.

15   In diesem Sinne etwa EuGH 7.3.2013 – C-607/11, GRUR 2013, 500 Rn. 39 – ITV Broadcasting ua; EuGH 8.9.2016 – C-160/15, GRUR 2016, 1152 Rn. 37 – GS Media.

16   In diese Richtung etwa EuGH 8.9.2016 – C-160/15, GRUR 2016, 1152 Rn. 37 – GS Media; in diesem Sinne auch Schricker/Loewenheim/*v. Ungern-Sternberg* UrhG § 15 Rn. 60 und *Wiebe* NJW 2016, 813.

17   In diesem Sinne etwa EuGH 15.3.2012 – C-135/10, GRUR 2012, 593 Rn. 88 – SCF; ebenso EuGH 15.3.2012 – C-162/10, GRUR 2012, 597 Rn. 36 – Phonographic Performance (Irland), und EuGH 26.4.2017 – C-527/15, ZUM 2017, 587 Rn. 34 – Stichting Brein.

18   Vgl. etwa EuGH 15.3.2012 – C-135/10, GRUR 2012, 593 Rn. 85 – SCF; ebenso EuGH 31.5.2016 – C-117/15, GRUR 2016, 684 Rn. 42 – Reha Training.

19   In diesem Sinne EuGH 15.3.2012 – C-162/10, GRUR 2012, 597 Rn. 41 – Phonographic Performance (Irland).

20   So EuGH 15.3.2012 – C-135/10, GRUR 2012, 593 Rn. 95 – SCF.

21   In diesem Sinne etwa EuGH 15.3.2012 – C-135/10, GRUR 2012, 593 Rn. 86 – SCF und EuGH 31.5.2016 – C-117/15, GRUR 2016, 684 Rn. 43 -Reha Training.

sem Werk erhalten, sondern auch die **möglichen, nachfolgenden Adressaten**.[22] Allerdings scheint der EuGH an dieses Merkmal tendenziell keine hohen Anforderungen zu stellen, da das Erfordernis der „recht vielen Personen" – soweit ersichtlich – bislang stets bejaht wurde.

8　Innerhalb dieses zweiten Kriteriums kommt dem Merkmal des „**spezifischen technischen Verfahrens**" nach Ansicht des EuGH ein Vorrang zu: Wenn die Wiedergabe mittels eines solchen Verfahrens erfolgt, so bedürfe es keiner weiteren Prüfung, ob auch ein neuen Publikum erreicht wird.[23] Als ein anderes, spezifisches technisches Verfahren hat der EuGH beispielsweise den Empfang eines terrestrischen Signals und seine Weiterverbreitung via Internet angesehen.[24] Wenn kein spezifisches, technisches Verfahren der Wiedergabe vorliegt, bedarf es einer Wiedergabe an ein „neuen Publikums". Ein **neues Publikum** meint nach dem EuGH ein solches Publikum, das der Inhaber des Urheberrechts bei Erteilung seiner Erlaubnis nicht hatte erfassen wollen bzw. nicht bedacht hat.[25] Dabei sei die Rolle des Nutzers von zentraler Bedeutung. Ein „neues Publikum" sei zu bejahen, wenn der Nutzer das Werk solchen Personen verschafft, die ohne sein Tätigwerden nicht in den Genuss des Werkes gekommen wären.[26] Als ein „neues Publikum" angesehen wurden etwa die Gäste eines Hotels[27] oder einer Kureinrichtung.[28]

9　Als drittes Kriterium soll ein möglicher „**Erwerbszweck**" der Wiedergabe bzw. eine entsprechenden „**Gewinnerzielungsabsicht**" nach dem EuGH „nicht unerheblich" sein.[29] Für einen solchen Erwerbszweck hat der EuGH es genügen lassen, dass gewerbliche Einrichtungen durch die Wiedergabe der Signale an Attraktivität gewinnt[30] oder auch stärker frequentiert wird.[31] Nach hier vertretener Ansicht spielt der Erwerbszweck bzw. die Gewinnerzielungsabsicht bei der Beurteilung des Merkmals der „Öffentlichkeit" in der Rechtsprechung des EuGH eine gewichtige Rolle.[32] So hat der EuGH die Abgrenzung zwischen einem spezifischen technischen Verfahren und einer bloßen Verbesserung der Empfangsqualität maßgeblich anhand der Gewinnerzielungsabsicht vollzogen und aufgrund dieser Absicht die Weiterleitung von Signalen an **Abonnenten** als eine technische Dienstleistung eingestuft.[33] Auch bei der Beurteilung eines „neuen Publikums" spielt der Erwerbszweck erkennbar eine wesentliche Rolle, da der EuGH betont, dass kein neues Publikum vorliege, wenn ein Signal im **familiären Kreis** – mithin nicht zu Erwerbszwecken – genutzt werde, da diese Personen vom Urheber bei der Erlaubniserteilung mit bedacht worden seien.[34]

III.　Die Ramses-Entscheidung des BGH im Lichte der Rechtsprechung des EuGH

10　Die solchermaßen skizzierte Rechtsprechung des EuGH gibt den Maßstab für die Beurteilung der Rechtsprechung des BGH vor. Nachfolgend soll nun geprüft werden, ob die Ramses-Entscheidung mit den europarechtlichen Vorgaben des EuGH an eine „öffentliche Wiedergabe" genügt. Überdies sollen auch die Reaktionen des Schrifttums und die weitere Rechtsprechungsentwicklung des BGH in den Blick genommen werden.

22　Vgl. EuGH 15.3.2012 – C-135/10, GRUR 2012, 593 Rn. 87 – SCF und EuGH 31.5.2016 – C-117/15, GRUR 2016, 684 Rn. 44 – Reha Training.

23　Deutlich in diesem Sinne EuGH 7.3.2013 – C-607/11, GRUR 2013, 500 Rn. 39 – ITV Broadcasting ua; dennoch das Merkmal des „neuen Publikums" prüfend demgegenüber EuGH 16. 3.2017 – C-138/16, ZUM-RD 2017, 309 Rn. 26 ff. – AKM.

24　So EuGH 7.3.2013 – C-607/11, GRUR 2013, 500 Rn. 24 ff. – ITV Broadcasting ua.

25　So EuGH 13.2.2014 – C-466/12, GRUR 2014, 360 Rn. 24 – Svensson ua.

26　In diesem Sinne EuGH 31.5.2016 – C-117/15, GRUR 2016, 684 Rn. 45 ff. – Reha Training.

27　Vgl. EuGH 7.12.2006 – C-306/05, GRUR 2007, 225 Rn. 41 f. – SGAE.

28　Siehe EuGH 31.5.2016 – C-117/15, GRUR 2016, 684 Rn. 45 ff., 61 – Reha Training.

29　In diesem Sinne etwa EuGH 15.3.2012 – C-135/10, GRUR 2012, 593 Rn. 88 – SCF; ebenso EuGH 15.3.2012 – C-162/10, GRUR 2012, 597 Rn. 36 – Phonographic Performance (Irland), und EuGH 26.4.2017 – C-527/15, ZUM 2017, 587 Rn. 34 – Stichting Brein.

30　Vgl. für die Reha-Klinik EuGH 31.5.2016 – C-117/15, GRUR 2016, 684 Rn. 49 ff. – Reha Training.

31　So für eine Gaststätte EuGH 4.11.2011 – C-403/08 und C-429/08, GRUR 2012, 156 Rn. 204 ff. – Football Association Premier League ua.

32　Insgesamt kritisch gegenüber diesem Ansatz des EuGH demgegenüber *Grünberger* GRUR 2016, 977 ff.

33　Siehe EuGH 19.11.2015 – C-325/14, GRUR 2016, 60 Rn. 29 ff. -SBS Belgium.

34　Vgl. etwa EuGH 4.11.2011 – C-403/08 und C-429/08, GRUR 2012, 156 Rn. 198 – Football Association Premier League ua.

1. Besonderheiten der Ramses-Entscheidung in tatsächlicher Hinsicht. Zunächst sei jedoch auf eine Rei- 11
he von Besonderheiten hingewiesen, die den Sachverhalt der Ramses-Entscheidung geprägt haben. In dem
Sachverhalt der betreffenden Entscheidung klagte die GEMA gegen die Wohnungseigentümergemeinschaft eines Wohnhauses namens „Ramses" im Wege der Stufenklage auf Auskunft über den Umfang der Kabelweitersendung und die noch zu beziffernde Zahlung eines Lizenzbetrages sowie vorgerichtlicher Anwaltskosten. Bei
dem Wohnhaus handelte es sich um ein einheitliches Gebäude mit insgesamt 343 Wohneinheiten. Die Wohnungseigentümer betrieben ein **Kabelnetz**, mit dessen Hilfe das Sendesignal von einer Gemeinschaftsantenne
in die einzelnen Wohneinheiten geleitet wurde.[35] Die konkrete Zusammensetzung der Wohnungseigentümergemeinschaft, insbesondere der Anteil **vermieteter Wohneinheiten**, war nicht bekannt. Vielmehr hat das
OLG München als Vorinstanz und letzte Tatsacheninstanz explizit ausgeführt, dass der **Umfang einer etwaigen Vermietung** nicht beurteilt werden könne, da es insoweit an Vortrag fehle.[36] Außerdem ging der BGH bei
seiner Entscheidung von den Feststellungen des Berufungsgerichts aus, nach denen die Wohnungseigentümergemeinschaft sich in finanzieller Hinsicht auf die **Umlage der Betriebskosten** der Gemeinschaftsantenne be-
schränke und kein darüberhinausgehendes Entgelt erhoben werde.[37]

2. Die Vereinbarkeit der Ramses-Entscheidung mit der Rechtsprechung des EuGH. Die Ramses- 12
Entscheidung des BGH stimmt nach hier vertretener Auffassung mit den europarechtlichen Vorgaben des
EuGH überein.[38] Der BGH geht zutreffend von einem einheitlichen, **vollharmonisierten** Begriff der öffentlichen Wiedergabe aus und arbeitet die in der Rechtsprechung des EuGH entwickelten Kriterien vollständig und
inhaltlich richtig heraus.[39] Im Zuge der Prüfung, ob eine öffentliche Wiedergabe vorliegt, bejaht der BGH in
einem ersten Schritt eine „Handlung der Wiedergabe" und verneint im Ergebnis die „Öffentlichkeit" dieser
Wiedergabe, da es sich bei den Wohnungseigentümern um „besondere Personen" einer „private Gruppe" handele, die das Signal im Ergebnis nur an sich selbst weiterleiten würden.[40]

a) Die Bejahung einer Handlung der Wiedergabe. Die Annahme einer „Handlung der Wiedergabe" durch 13
die **Umwandlung** eines terrestrischen bzw. per Satellit empfangenen Signals in ein Kabelsignal stimmt nach
hiesiger Auffassung mit den Vorgaben des EuGH überein, da insoweit eine **rein technische Betrachtungsweise** maßgeblich ist.[41] Der Forderung von Teilen des Schrifttums, in Fällen der Weiterleitung „an sich selbst"
bereits eine „Handlung der Wiedergabe" zu verneinen,[42] ist der BGH daher mit Blick auf die europarechtlichen Vorgaben richtigerweise nicht nachgekommen. Nach hiesiger Auffassung finden sich **keine Anhaltspunkte** in der Rechtsprechung des EuGH, dass eine solche, **wertende Betrachtung** bereits beim Tatbestandsmerkmal einer „Handlung der Wiedergabe" zulässig sein soll.[43]

b) Die Ablehnung des Merkmals der Öffentlichkeit einer Wiedergabehandlung in Übereinstimmung mit 14
der Rechtsprechung des EuGH. Auch das Merkmal der „Öffentlichkeit" einer Wiedergabe wird durch den
BGH umfassend herausgearbeitet. Dabei bejaht der BGH nach hier vertretener Auffassung zu Recht das Kriterium der „recht vielen Personen", da der EuGH an diese **Mindestschwelle** keine hohen Anforderungen stellt.
Dementsprechend wird die Zahl der Bewohner von 343 Wohneinheiten mit hoher Wahrscheinlichkeit die Zahl

---

35 Vgl. insgesamt den Tatbestand der Entscheidung, BGH 17.9.2015 – I ZR 228/14, GRUR 2016, 71 – Ramses.

36 So OLG München 11.9.2014 – 6 U 2619/13, GRUR 2014, 371 Rn. 47.

37 Vgl. BGH 17.9.2015 – I ZR 228/14, GRUR 2016, 71 – Ramses.

38 Zustimmend auch *Pießkalla* ZUM 2016, 171; *Wiebe* NJW 2016, 813; *Glaßl* ZUM 2016, 1019 ff.; Fromm/Norde-
    mann/*Dustmann/Engels*, Urheberrecht, 12. Aufl. 2018, UrhG § 20 Rn. 18; Wandtke/Bullinger/*Ehrhardt*, Praxiskom-
    mentar zum Urheberrecht, 5. Aufl. 2019, UrhG § 20 Rn. 6 und Dreyer/Kotthoff/Meckel/Hentsch/*Dreyer*, Urheber-
    recht, 4. Aufl. 2018, UrhG § 20 Rn. 19; ähnlich auch Möhring/Nicolini/*Kroitzsch/Götting*, Urheberrechtsgesetz,
    4. Aufl. 2018, UrhG § 15 Rn. 29.

39 Vgl. BGH 17.9.2015 – I ZR 228/14, GRUR 2016, 71 Rn. 41 ff. – Ramses.

40 In diesem Sinne BGH 17.9.2015 – I ZR 228/14, GRUR 2016, 71 Rn. 45 ff. – Ramses.

41 Vgl. insbesondere EuGH 7.12.2006 – C-306/05, GRUR 2007, 225 Rn. 46 – SGAE; dem folgend BGH 17.9.2015 – I
    ZR 228/14, GRUR 2016, 71 Rn. 44, 51 – Ramses.

42 So insbesondere *Pießkalla* ZUM 2016, 171 f.; Schricker/Loewenheim/*v. Ungern-Sternberg* UrhG § 15 Rn. 83 und *v.
    Ungern-Sternberg* GRUR 2016, 321 (327).

43 So auch *Ohly* GRUR 2018, 996 (998 f.).

der Patienten in einer Reha-Klinik oder der Gäste in einer Gaststätte übersteigen.[44] Weiterhin geht der BGH richtigerweise davon aus, dass bei der **Umwandlung** eines terrestrischen bzw. Satellitensignals in ein Kabelsignal ein **spezifisches technisches Verfahren** iSd EuGH-Rechtsprechung vorliegt und das Merkmal des „neuen Publikums" dementsprechend keiner weiteren Prüfung bedarf.[45]

15   Die „Öffentlichkeit" einer Wiedergabe entscheidet sich somit an der – viel diskutierten – Frage, ob die Einstufung der Bewohner einer Wohnungseigentümeranlage mit 343 Wohneinheiten als **„besondere Personen"** einer **„privaten Gruppe"** ohne Gewinnerzielungsabsicht mit der Rechtsprechung des EuGH übereinstimmt. In einem ersten Schritt wird durch den BGH richtigerweise der **fehlende Erwerbszweck** der Bewohner mit der Überlegung festgestellt, dass durch die Weiterleitung keinerlei Gewinne erzielt, sondern lediglich die anfallenden Kosten umgelegt werden sollen.[46] Diese Annahme stimmt nach hier vertretener Auffassung mit der bisherigen EuGH-Rechtsprechung überein: Der EuGH hat einen Erwerbszweck bzw. eine Gewinnerzielungsabsicht allenfalls bei gewerblich handelnden Akteuren angenommen und selbst dann teilweise verneint, wenn nach seiner Auffassung kein Bezug zu der eigentlichen, gewerblichen Tätigkeit bestand.[47] Nach diesem Maßstab ist ein Erwerbszweck der Gemeinschaft der Wohnungseigentümer in diesem Fall fernliegend. So ist die Umlage der Betriebskosten einer Gemeinschaftsantenne der für eine Wohnungseigentümergemeinschaft in § 16 Abs. 2 WEG vorgesehene, gesetzliche Weg der Abrechnung und weist **keinerlei Zusammenhang** zu einer gewerblichen Tätigkeit auf.

16   In einem zweiten, entscheidenden Schritt verneint der BGH sodann das Merkmal der Wiedergabe an eine „unbestimmte Vielzahl potenzieller Leistungsempfänger" und sieht in den Bewohnern der Wohnungseigentümeranlage lediglich **„besondere Personen"** einer **„privaten Gruppe"**. Der BGH argumentiert, dass sich aus der Rechtsprechung des EuGH keinerlei Anhalt dafür ergebe, dass eine solche „private Gruppe" nur aus **wenigen Personen** bestehen dürfe. Vielmehr sei der Begriff der „privaten Gruppe" bereits seinem Wortsinn nach **weiter gefasst** als die persönliche Verbundenheit iSd § 15 Abs. 3 S. 2 UrhG.[48] Die Abgrenzbarkeit der Bewohner einer Wohnungseigentumsanlage als „privater Gruppe" werde durch den **Vergleich** zu Gästen eines Hotels deutlich, die unstreitig als „Personen allgemein" einzustufen seien: Ein Hotel erlaube seinen Gästen im Rahmen seiner Aufnahmekapazitäten grundsätzlich einen freien Zugang, während eine Wohnungseigentümeranlage allein den Bewohnern offenstehe.[49] Aufgrund einer **wertenden Betrachtung** kommt der BGH sodann zu dem Ergebnis, dass diese Bewohner das Signal letztlich nur an sich selbst als „private Gruppe" weiterleiten.[50]

17   Dieser Argumentation ist nach hier vertretener Ansicht zuzustimmen.[51] Es ist der Rechtsprechung des EuGH – soweit ersichtlich – nicht zu entnehmen, dass eine **„private Gruppe"** zahlenmäßig beschränkt sein muss. Maßgeblich ist vielmehr die **Abgrenzbarkeit** zur Allgemeinheit. Hinzu kommt, dass der EuGH den möglichen Personenkreis einer solchen „privaten Gruppe" tendenziell eher weit gefasst hat. So wurden durch den EuGH die wechselnden Patienten einer Zahnarztpraxis unter dieses Merkmal subsumiert, obgleich diese Patienten typischerweise wenig soziale Berührungspunkte miteinander haben – außer einem gemeinsamen Zahnarzt.[52] Dieser Befund wird nach hier vertretener Ansicht auch durch das zusätzliche Erfordernis „recht vieler Personen" bestätigt: Dieses **quantitative Kriterium** kann nach hier vertretener Ansicht nur dann eine eigenständige Bedeutung erlangen, wenn es sich bei der „privaten Gruppe" um ein **qualitativ abzugrenzendes**

---

44 In diesen Fällen „recht viele Personen" annehmend EuGH 31.5.2016 – C-117/15, GRUR 2016, 684 Rn. 49 ff. – Reha Training und EuGH 4.11.2011 – C-403/08 und C-429/08, GRUR 2012, 156 – Football Association Premier League ua.

45 So BGH 17.9.2015 – I ZR 228/14, GRUR 2016, 71 Rn. 48, 54 ff. – Ramses; vgl. zum Maßstab des „spezifischen technischen Verfahrens" EuGH 7.3.2013 – C-607/11, GRUR 2013, 500 Rn. 24 ff. – ITV Broadcasting ua.

46 So BGH 17.9.2015 – I ZR 228/14, GRUR 2016, 71 Rn. 57 – Ramses; aA selbst bei bloßer Umlage von Betriebskosten AG Charlottenburg 8.9.2016 – 218 C 165/16, IMR 2017, 13 mAnm *Elzer* und *Frentz/Masch* ZUM 2016, 169 (171).

47 So insbesondere im Fall EuGH 15.3.2012 – C-135/10, GRUR 2012, 593 Rn. 95 – SCF.

48 So BGH 17.9.2015 – I ZR 228/14, GRUR 2016, 71 Rn. 65 f. – Ramses.

49 In diesem Sinne BGH 17.9.2015 – I ZR 228/14, GRUR 2016, 71 Rn. 63 – Ramses.

50 Vgl. BGH 17.9.2015 – I ZR 228/14, GRUR 2016, 71 Rn. 67 – Ramses.

51 Ebenso auch Fromm/Nordemann/*Dustmann/Engels*, Urheberrecht, 12. Aufl. 2018, UrhG § 20 Rn. 18; Wandtke/Bullinger/*Ehrhardt*, Praxiskommentar zum Urheberrecht, 5. Aufl. 2019, UrhG § 20 Rn. 6; Dreyer/Kotthoff/Meckel/Hentsch/*Dreyer*, Urheberrecht, 4. Aufl. 2018, UrhG § 20 Rn. 19 und *Glaßl* ZUM 2016, 1019 ff.

52 Vgl. EuGH 15.3.2012 – C-135/10, GRUR 2012, 593 – SCF.

        Nissen

Kriterium handelt. Mithin kann diese Gruppe auch eine Vielzahl von Personen umfassen, solange sich diese Personen nur über bestimmte Merkmale klar von der Allgemeinheit abgrenzen lassen.[53] Die Bewohner einer Wohnungseigentümeranlage bilden nach hier vertretener Ansicht eine ebensolche, „private Gruppe" und lassen sich deutlich von der Allgemeinheit abgrenzen. Für die Wohnungseigentümer folgt dies bereits aus der rechtlichen Beziehung untereinander in der Wohnungseigentümergemeinschaft. Es handelt sich um eine **besondere Rechtsbeziehung** der Wohnungseigentümer untereinander, die sich qua Gesetz durch besondere Rechte und besondere Pflichten auszeichnet, welche allein die Wohnungseigentümer selbst treffen.

c) Weitere Argumentationslinien zugunsten einer Vereinbarkeit der Ramses-Entscheidung mit der Rechtsprechung des EuGH. Die Vereinbarkeit der Ramses-Entscheidung mit den europarechtlichen Vorgaben des EuGH lässt sich nach hier vertretener Ansicht überdies durch die **fehlende Gewinnerzielungsabsicht** der Wohnungseigentümer weiter untermauern. Dieses Merkmal hat nach hier vertretener Auffassung die Funktion eines Bindeglieds bei der Abgrenzung zwischen „Personen allgemein" und „besonderen Personen" einer „privaten Gruppe", da zwischen dieser Abgrenzung und einer möglichen Gewinnerzielungsabsicht eine Wechselwirkung besteht: Diese Wechselwirkung wird besonders deutlich, wenn man die Einstufung der Gäste eines Hotels oder auch einer Gaststätte als „Personen allgemein" näher in den Blick nimmt. Denn auch in diesen Konstellationen ließe sich argumentieren, dass jegliche Aufnahme von Gästen nach den Grundsätzen der Vertragsfreiheit stets (auch) vom Willen des Hoteliers bzw. Wirtes abhängt und derselbe den Kreis möglicher Adressaten (mit)bestimmt. Indes hat der EuGH zu Recht darauf abgestellt, dass Hotels und Gaststätten grundsätzlich **allgemein zugänglich** ist und allein durch seine Aufnahmekapazitäten beschränkt wird, so dass die Gäste als „Personen allgemein" einzustufen sind.[54] Dieser Rechtsprechung liegt nach hier vertretener Auffassung die implizite Annahme zugrunde, dass diese Örtlichkeiten nicht rechtlich, aber doch faktisch allgemein zugänglich sind. An dieser Stelle wird die Gewinnerzielungsabsicht zum Bindeglied: Hotels und Gaststätten nehmen grundsätzlich jeden möglichen Gast auf, da sie als gewerbliche Einrichtungen auf die Erzielung eines Gewinns ausgerichtet sind. Je weiter gefasst das mögliche Publikum ist, desto höher ist die eigene Auslastung und desto mehr Gewinn lässt sich erzielen. Die Einordnung als „Personen allgemein" erfolgt daher vor dem Hintergrund, dass jeder Mensch ein potenzieller Kunde der gewerblichen Einrichtung sein kann und dementsprechend bei Zugrundelegung dieses potenziellen Nutzerkreises gerade keine Abgrenzung zur Allgemeinheit möglich ist.

An diesem Punkt liegt der fundamentale Unterschied zu einer Kabelweiterleitung ohne Gewinnerzielungsabsicht – beispielsweise durch die hier in Rede stehenden Bewohner einer Wohnungseigentumsanlage. Durch das Fehlen des übergeordneten Zweckes „Gewinnerzielung" haben die Wohnungseigentümer demgegenüber allein die Weiterleitung des Signals **um der Weiterleitung willen** „an sich selbst" zum Ziel.[55] Es geht ihnen gerade nicht um die Weiterleitung an möglichst viele – mithin beliebige – Personen, sondern schlicht um die Vereinfachung des eigenen Signalempfanges. Aufgrund dieser unterschiedlichen Zielsetzung zahlen die Wohnungseigentümer „nur" einen Selbstkostenbeitrag, der allein dem Betrieb und Erhalt der Anlage dient und aus diesem Grund lassen sie sich bei ihrer Signalweiterleitung ohne Weiteres von der Allgemeinheit abgrenzen.

Kein weiteres Argument zugunsten einer fehlenden Öffentlichkeit lässt sich demgegenüber aus den Gewährleistungen der europäischen Grundrechtecharta zur **Meinungs- und Informationsfreiheit** in Art. 11 Abs. 1 GRC gewinnen. Zwar ließe sich argumentieren, dass die fehlende urheberrechtliche Relevanz der Weiterleitung in die einzelnen Wohneinheiten den einzelnen Wohnungseigentümern eine qualitativ hochwertige Versorgung mit Informationsmedien erleichtern würde. Indes hat der EuGH in zwei aktuellen Entscheidungen klargestellt, dass eine entsprechende Grundrechtsabwägung bereits durch den europäischen Gesetzgeber vorgenommen wurde und die RL 2001/29/EG aufgrund normierter Ausnahmeregelungen zur Reaktion auf Einzelfälle mit der europäischen Grundrechtecharta vereinbar sei.[56]

18

19

20

---

53 AA allein *Frentz/Masch* ZUM 2016, 169 (170 f.) mit Verweis auf das Erfordernis persönlicher Verbundenheit.
54 Vgl. insbesondere EuGH 15.3.2012 – C-162/10, GRUR 2012, 597 Rn. 41 – Phonographic Performance (Irland).
55 In diesem Sinne auch die Formulierung von BGH 17.9.2015 – I ZR 228/14, GRUR 2016, 71 Rn. 67 – Ramses.
56 Vgl. EuGH 29.7.2019 – C-469/17 Rn. 55 ff. – *Funke Medien NRW* und EuGH 29.7.2019 – C-516/17 Rn. 40 ff. – *Spiegel Online*.

21 **3. Die Resonanz des Schrifttums auf die Ramses-Entscheidung.** In der Literatur ist die Entscheidung des BGH ganz überwiegend mit **Zustimmung** bedacht worden.[57] Allerdings wird dieses Ergebnis von Teilen der Literatur mit einer vom BGH abweichenden Argumentationslinie erzielt:

22 So wird bei der Weiterleitung des Signals einer Gemeinschaftsantenne teilweise bereits das Tatbestandsmerkmal einer „Handlung der Wiedergabe" verneint. Schon an dieser Stelle sei eine **wertende Betrachtung** vorzunehmen, welche Sachverhalte eine „Handlung der Wiedergabe" im Sinne der EuGH-Rechtsprechung darstellen könnten. Eine Weiterleitung „an sich selbst" im Falle einer Gemeinschaftsantenne erfülle diesen Tatbestand gerade nicht.[58]

23 Das überwiegende Schrifttum stimmt dem BGH sowohl im Ergebnis als auch in der Argumentation zu und verneint bei Gemeinschaftsantennenanlagen die „Öffentlichkeit" der Wiedergabe aufgrund der **Einordnung** der Bewohner einer Gemeinschaft der Wohnungseigentümer als **„privater Gruppe"**.[59] Vereinzelt wird die Entscheidung des BGH scharf kritisiert und ihre Vereinbarkeit mit dem Grundgesetz wie auch den europarechtlichen Vorgaben der Art. 3 Abs. 1 der RL 29/2001/EG und Art. 8 Abs. 2 der RL 2006/115/EG in ihrer Auslegung durch den EuGH bestritten.[60] Indes ist der diesbezügliche Verweis auf eine Verletzung der Vorlagepflicht aus Art. 267 Abs. 3 AEUV und damit des gesetzlichen Richters nach Art. 101 Abs. 1 S. 2 GG jedenfalls seit der Nichtannahme der entsprechenden Verfassungsbeschwerde kaum mehr vertretbar.[61]

24 **4. Die weitere Entwicklung der höchstrichterlichen Rechtsprechung nach der Ramses-Entscheidung.** Kurze Zeit nach der Ramses-Entscheidung hat der BGH seine Rechtsprechung zu den Voraussetzungen einer „Handlung der Wiedergabe" weiter **konkretisiert**. Der Fall betraf ein Hotel, dessen 21 Zimmer jeweils mit einem Fernseher ausgestattet war, der allein durch die jeweilige Zimmerantenne einen terrestrischen Signalempfang ermöglichte. In dieser Konstellation hat der BGH eine „Handlung der Wiedergabe" verneint, da das betreffende Hotel allein die etwaige Wiedergabe durch eine **autonome Entscheidung** seiner Gäste ermöglichen würde.[62] In Abgrenzung zum Sachverhalt der Ramses-Entscheidung betreibe das Hotel insbesondere keine zentrale Antenne oder Verteileranlage, sondern ermögliche lediglich den jeweiligen Gästen einen Empfang über die jeweilige Zimmerantenne. Dabei betont der BGH auch in dieser Entscheidung, dass es für die Beurteilung einer „Handlung der Wiedergabe" allein auf eine technische Betrachtungsweise ankomme.[63] Diese Entscheidung verdeutlicht somit noch einmal die Auffassung des BGH, dass die Umwandlung eines terrestrisch oder via Satellit empfangenen, gemeinsamen Signals in einer Verteileranlage stets eine „Handlung der Wiedergabe" darstellt und die eigentliche, wertende Abgrenzung allein anhand des Merkmals der „Öffentlichkeit" zu vollziehen ist.

25 In einer weiteren Entscheidung hatte der BGH den Fall eines Krankenhauses mit 49 Patientenzimmern zu beurteilen, die jeweils mit einem Fernsehgerät ausgestattet waren, das sein Signal von einer zentralen Verteileranlage bezogen hat. Die Fernsehnutzung war für die Patienten **kostenfrei** und das Krankenhaus im Schnitt zu 80 Prozent belegt.[64] In dieser Konstellation hat der BGH eine öffentliche Wiedergabe bejaht. Eine Handlung der Wiedergabe sei bereits – rein technisch betrachtet – in der **Weiterleitung** des zentral empfangenen Signals an die einzelnen Fernsehgeräte zu sehen.[65] Auch das Merkmal der „Öffentlichkeit" bejaht der BGH mit dem

---

57 In diesem Sinne etwa die Anmerkung von *Pießkalla* ZUM 2016, 171 und *Wiebe* NJW 2016, 813; ebenso die Urteilsbesprechung von *Glaßl* ZUM 2016, 1019 ff.; zustimmend auch die Kommentarliteratur, siehe etwa Fromm/Nordemann/*Dustmann/Engels*, Urheberrecht, 12. Aufl. 2018, UrhG § 20 Rn. 18; Wandtke/Bullinger/*Ehrhardt*, Praxiskommentar zum Urheberrecht, 5. Aufl. 2019, UrhG § 20 Rn. 6 und Dreyer/Kotthoff/Meckel/Hentsch/*Dreyer*, Urheberrecht, 4. Aufl. 2018, UrhG § 20 Rn. 19; ähnlich auch Möhring/Nicolini/*Kroitzsch/Götting*, Urheberrechtsgesetz, 4. Aufl. 2018, UrhG § 15 Rn. 29; aA mit deutlichen Worten *v. Frentz/Masch* ZUM 2016, 169 ff.
58 So die Argumentation von *Pießkalla*, ZUM 2016, 171 f.; ebenso auch Schricker/Loewenheim/*v. Ungern-Sternberg*, UrhG, § 15, Rn. 83 und *v. Ungern-Sternberg* GRUR 2016, 321 (327).
59 Zustimmend etwa Fromm/Nordemann/*Dustmann/Engels*, Urheberrecht, 12. Aufl. 2018, UrhG § 20 Rn. 18; Wandtke/Bullinger/*Ehrhardt*, Praxiskommentar zum Urheberrecht, 5. Aufl. 2019, UrhG § 20 Rn. 6; Dreyer/Kotthoff/Meckel/Hentsch/*Dreyer*, Urheberrecht, 4. Aufl. 2018, UrhG § 20 Rn. 19 und *Glaßl* ZUM 2016, 1019 ff.
60 So insbesondere die scharfe Kritik durch *v. Frentz/Masch* ZUM 2016, 169 ff.
61 Zur Nichtannahme siehe BVerfG – 1 BvR 3210/15.
62 In diesem Sinne BGH 17.12.2015 – I ZR 21/14, GRUR-Prax 2016, 265 mAnm *Hillig*.
63 Vgl. BGH 17.12.2015 – I ZR 21/14 Rn. 15, 27, GRUR-Prax 2016, 265 mAnm *Hillig*.
64 Vgl. den Tatbestand der Entscheidung BGH 11.1.2018 – I ZR 85/17, GRUR 2018, 608 Rn. 1 ff. – Krankenhausradio.
65 So BGH 11.1.2018 – I ZR 85/17, GRUR 2018, 608 Rn. 29 f. – Krankenhausradio.

Hinweis, dass es sich bei den Patienten von 49 Patientenzimmern um eine unbestimmte Vielzahl an Personen handele, die typischerweise keinerlei weitergehende Beziehung untereinander aufweisen würden.[66] Diesen Befund bestätigt der BGH, indem er die Wiedergabe an ein neues Publikum mit dem Argument bejaht, allein der private Charakter der jeweiligen Patientenzimmer könne dem Charakter der Patienten als neuem Publikum nicht entgegenstehen.[67] Diese Entscheidung zeigt auf, dass der BGH nicht jede mögliche Gruppenbildung für die Annahme einer „privaten Gruppe" ausreichen lässt. Im Gegensatz zu der eher homogenen Gruppe längerfristiger Bewohner einer Wohnungseigentümeranlage soll der bloße – kurzzeitige – Aufenthalt als Patient in einem bestimmten Krankenhaus für eine Gruppenbildung gerade nicht genügen.

IV. Die Übertragbarkeit der Ramses-Entscheidung auf weitere Fallgestaltungen einer Signalweiterleitung

Nachdem die Vereinbarkeit der Ramses-Entscheidung des BGH mit den europarechtlichen Vorgaben festgestellt wurde, schließt sich nun die Frage an, auf welche ähnlich gelagerten Sachverhalte die rechtlichen Grundaussagen dieser Entscheidung **übertragbar** sind. Vorab sei festgehalten, dass es sich bei der Ramses-Entscheidung nach hier vertretener Ansicht keinesfalls um einen atypischen Einzelfall handelte.[68] Die Gemeinschaft der Wohnungseigentümer im Fall „Ramses" besteht aus einem einzigen zusammenhängenden Gebäude, das mit 343 Wohneinheiten eine allenfalls leicht überdurchschnittliche Größe hat, und auch die Weiterleitung von Signalen einer Gemeinschaftsantenne in die einzelnen Wohneinheiten über ein Verteilernetz ist bei größeren Wohnungseigentümeranlagen keinesfalls untypisch. Es stellt sich nachfolgend daher die Frage, ob die Ramses-Entscheidung auf Verbände Wohnungseigentümergemeinschaften jeder Größe und Häuserzahl (Mehrhausanlagen) sowie Wohnungseigentümeranlagen jeder Zusammensetzung- unter Einschluss hoher Vermietungsgrade oder teilgewerblicher Nutzung – anzuwenden ist. Außerdem ist die Übertragbarkeit dieser Entscheidung auf sonstige Antennengemeinschaften zu analysieren. **26**

1. Anwendbarkeit auf Verbände Wohnungseigentümergemeinschaften jeder Größenordnung. Die Ramses-Entscheidung lässt sich nach hier vertretener Ansicht auf **jede Gemeinschaft der Wohnungseigentümer** unabhängig von ihrer Größe übertragen.[69] Der BGH hat bei seiner Argumentation zugunsten einer Einstufung der Wohnungseigentümergemeinschaft als „privaten Gruppe" mit Recht hervorgehoben, dass der EuGH keine Vorgaben zur tatsächlichen Größe dieser „privaten Gruppe" gemacht habe.[70] Dafür spricht überdies, dass der Gerichtshof in seiner Rechtsprechung zur „Öffentlichkeit" der Wiedergabe eine Kombination aus einem **qualitativen** Kriterium („unbestimmte Vielzahl potenzieller Leistungsempfänger") und einem **quantitativen** Kriterium entwickelt hat („recht viele Personen"). Es ist der bisherigen Rechtsprechung des EuGH **kein Hinweis** darauf zu entnehmen, dass die Anzahl von Personen (Quantität) ab einer bestimmten Zahl zu einer Veränderung der Einstufung von einer „privaten Gruppe" hin zu „Personen allgemein" führen muss – mithin die Quantität gerade nicht in Qualität umschlägt. Dies gilt jedenfalls für die hier in Rede stehenden Verbände Wohnungseigentümergemeinschaften, da selbst die Kabelnetze der größeren Gemeinschaften kaum mehr als eine vierstellige Personenzahl umfassen. Maßgeblich ist nach hier vertretener Ansicht insbesondere, dass die Wohnungseigentümer ohne Gewinnerzielungsabsicht zum Zwecke der Weiterleitung an die Bewohner handeln und dementsprechend klar von der Allgemeinheit abgrenzbar sind. **27**

Diese Ausführungen lassen sich im Grundsatz auch auf **Mehrhausanlagen** übertragen, die von einer Gemeinschaftsantenne und einer Verteileranlage mit Signalen versorgt werden.[71] Allein der Umstand, dass sich die Zahl der angeschlossenen Wohnungseigentümer erhöht und sich die Versorgung auf mehrere Gebäude erstreckt, führt noch nicht zu einer veränderten Einordnung als „Personen allgemein". Vielmehr bleibt die Zahl der angeschlossenen Wohnungseigentümer und damit auch der potenziellen Leistungsempfänger überschaubar **28**

---

66 In diesem Sinne BGH. 11.1.2018 – I ZR 85/17, GRUR 2018, 608 Rn. 34 f. – Krankenhausradio.

67 BGH 11.1.2018 – I ZR 85/17, GRUR 2018, 608 Rn. 38 – Krankenhausradio.

68 Ebenso *Hitpaß* NZM 2016, 132; ähnlich *Rossbach* MMR 2016, 208; aA allein *Frentz/Masch* ZUM 2016, 169.

69 Ebenso Fromm/Nordemann/*Dustmann/Engels*, Urheberrecht, 12. Aufl. 2018, UrhG § 20 Rn. 18; ähnlich auch *Pießkalla* ZUM 2016, 171 (172 f.) und Schricker/Loewenheim/*v. Ungern-Sternberg* UrhG § 20 Rn. 68 ff.; aA für eineGemeinschaft der Wohnungseigentümer mit 1161 Wohneinheiten demgegenüber OLG Braunschweig 17.4.2019 – 2 U 56/18.

70 So BGH 17.9.2015 – I ZR 228/14, GRUR 2016, 71 Rn. 66 – Ramses.

71 Ähnlich *v. Ungern-Sternberg* GRUR 2016, 321 (327).

und abgrenzbar, wenn die Antenne mit dem Ziel betrieben wird, die betreffenden Verbände Wohnungseigentümergemeinschaften unter Umlage der tatsächlichen Betriebskosten selbst mit einem vereinfachten Signalempfang zu versorgen. Etwas anderes kann demgegenüber gelten, wenn eine Gemeinschaft der Wohnungseigentümer mit **Gewinnerzielungsabsicht** den umliegenden Verbänden Wohnungseigentümergemeinschaft anbietet, gegen ein Entgelt die Weiterleitung zu übernehmen. In diesem Fall wäre der Kreis potenzieller Leistungsempfänger eben nicht mehr über das Ziel der Selbstversorgung definiert, sondern würde sich aufgrund des weitergehenden **Ziels der Gewinnmaximierung** grundsätzlich auf alle Personen im Umkreis des Kabelnetzes beziehen, so dass eine Weiterleitung an „Personen allgemein" erfolgen würde.

29 **2. Anwendbarkeit auf Wohnungseigentümeranlagen mit vermieteten Wohneinheiten.** Die rechtlichen Grundsätze der Ramses-Entscheidung sind nach hier vertretener Auffassung überdies auch auf Wohnungseigentümeranlagen mit vermieteten Wohneinheiten **übertragbar**. Es spricht viel dafür, dass der BGH diese Sichtweise bei seiner Entscheidung gleichfalls eingenommen hat. So spricht der BGH wörtlich von den „Bewohnern" der Wohnungseigentumsanlage und eben nicht von den „Wohnungseigentümern".[72] Vor allem aber erscheint die Übertragbarkeit auf (teil-)vermietete Wohnungseigentümeranlagen aus revisionsrechtlichen Gründen zwingend: Das OLG München als letzte Tatsacheninstanz hatte in seiner Entscheidung ausdrücklich offengelassen, ob die Wohnungseigentümeranlage „Ramses" teilweise vermietet war, da es „hierzu an Vortrag fehlt".[73] Daher hätte der BGH die Sache zur weiteren Sachverhaltserforschung gemäß § 563 Abs. 1 S. 1 und Abs. 3 ZPO zwingend an das OLG München zurückverweisen müssen, falls es für die rechtliche Beurteilung auf den – ausdrücklich nicht geklärten – Grad der Vermietung angekommen wäre. Aus der Tatsache, dass der BGH sich zu einer eigenen Sachentscheidung nach § 563 Abs. 3 ZPO befähigt sah, lässt sich daher schließen, dass der **Grad einer etwaigen Vermietung** nach Ansicht des I. Zivilsenats keine rechtlichen Auswirkungen auf die Beurteilung einer öffentlichen Wiedergabe hat.[74]

30 Diese Sichtweise überzeugt auch in der Sache, da die Mieter im Falle einer Vermietung **vertraglich** mit den Wohnungseigentümern **verbunden** sind und letztlich an ihre Stelle treten, da die betreffende Wohnung nur von einer der Parteien zur gleichen Zeit bewohnt werden kann. Der Kreis der **potenziellen Leistungsempfänger** bleibt dementsprechend auch im Falle einer Vermietung der Wohneinheiten identisch und vor allem gegenüber der Allgemeinheit klar abgrenzbar. Nicht überzeugen kann in diesem Zusammenhang die Sichtweise des AG Berlin-Charlottenburg, nach der die Mieter einer Wohnungseigentümeranlage mit den Gästen eines Hotels gleichzusetzen seien, da im Rahmen der Aufnahmekapazitäten letztlich auch jeder Mieter akzeptiert werde.[75] Die Annahme einer „Öffentlichkeit" bei Hotelgästen folgt nach dem EuGH insbesondere aus der kumulativen Wirkung, des Zugänglichmachen von Werken gegenüber einer rasch wechselnden Zahl von Gästen.[76] Dieser rasche Wechsel lässt sich wiederum mit der Gewinnerzielungsabsicht gewerblicher Hotels erklären, die auf eine möglichst hohe Auslastung mit Gästen zielen. Demgegenüber ist der Kreis potenzieller Mieter einer Wohnungseigentümeranlage sehr viel kleiner und klarer abgrenzbar, da Mieter sich einer sehr viel strengeren Auswahlentscheidung des Vermieters unterziehen müssen und typischerweise für einen wesentlich längeren Zeitraum einziehen.

31 Etwas anderes gilt auch nach hier vertretener Ansicht für die **gewerbliche Vermietung** von insgesamt 14 Ferienwohnungen, deren Fernsehanschluss über eine Gemeinschaftsantenne und eine gemeinsame Verteileranlage mit Fernseh- und Rundfunksignalen versorgt werden. In diesem Zusammenhang hat das LG Flensburg mit Recht ausgeführt, dass die Signalweiterleitung bei einem solchen, kommerziellen Betrieb der Steigerung der Attraktivität von Ferienwohnungen dienen und das Vermietungsangebot sich zum Zwecke der Gewinnerzielung letztlich an die Allgemeinheit richtet.[77]

---

72 So BGH 17.9.2015 – I ZR 228/14, GRUR 2016, 71 Rn. 63, 65 – Ramses.

73 So OLG München 11.9.2014 – 6 U 2619/13, GRUR 2015, 371 Rn. 47.

74 In diesem Sinne auch LG Berlin 21.8.2018 – 3 O 355/17, ZfIR 2020, 479 mAnm *Beckers*; zustimmend Fromm/ Nordemann/*Dustmann/Engels*, Urheberrecht, 12. Aufl. 2018, UrhG § 20 Rn. 18; *Glaßl* ZUM 2016, 1019 (1021) und *Hitpaß* NZM 2016, 132; aA OLG Braunschweig 17.4.2019 – 2 U 56/18; ähnlich wohl Möhring/Nicolini/*Kroitzsch/ Götting*, Urheberrechtsgesetz, 4. Aufl. 2018, UrhG § 15 Rn. 29.

75 In diesem Sinne AG Berlin-Charlottenburg 1.9.2016 – 218 C 176/16.

76 Vgl. etwa vgl. EuGH 15.3.2012 – C-135/10, GRUR 2012, 593 Rn. 87 – SCF.

77 In diesem Sinne LG Flensburg 26.1.2018 – 8 S 4/17, SchlHA 2019, 227.

Diese Auffassung wurde durch den BGH zuletzt für die Vermietung von acht Ferienwohnungen, die über eine gemeinsame Verteileranlage mit einem Rundfunksignal versorgt werden, bestätigt. Die Mieter von Ferienwohnungen sind daher – selbst wenn es sich um jährlich wiederkehrende Stammkunden handelt – gerade nicht als „besondere Personen" anzusehen, die einer „privaten Gruppe" angehören.[78]

3. Anwendbarkeit auf Wohnungseigentümergemeinschaften mit einzelnen, gewerblich handelnden **32** **Wohnungseigentümern.** Die Grundsätze der Ramses-Entscheidung finden nach hier vertretener Ansicht auch auf solche Wohnungseigentümergemeinschaften Anwendung, bei denen **einzelne Wohnungseigentümer** einer **gewerblichen Nutzung** nachgehen. Als Beispielsfall ließe sich eine Wohnungseigentümergemeinschaft skizzieren, bei der im Erdgeschoss auf einzelnen Flächen eine Gaststätte betrieben wird, deren Fernsehgeräte Sportsendungen für ihre Gäste übertragen und mit dem Signal der Gemeinschaftsantenne gespeist werden. Maßgeblich ist für die Beurteilung solcher Fallgestaltungen die Frage, weshalb die Aktivitäten eines einzelnen Wohnungseigentümers zu einer Vergütungspflicht der Gesamtheit der Wohnungseigentümer führen soll. Der BGH scheint diese Frage ähnlich zu beantworten, wenn er in der Ramses-Entscheidung für die Frage eines Erwerbszwecks ausdrücklich zwischen den Zwecken des einzelnen Wohnungseigentümers und den Zwecken der Gemeinschaft der Wohnungseigentümer differenziert.[79] Auch nach hier vertretener Ansicht kann eine etwaige, öffentliche Wiedergabe mit Erwerbszweck durch einen einzelnen Wohnungseigentümer nicht dazu führen, dass die Signalweiterleitung für die Gesamtheit der Wohnungseigentümer zu einer vergütungspflichtigen, öffentlichen Wiedergabe wird. Vielmehr dürfte nach der EuGH-Rechtsprechung eine Vergütungspflicht des jeweiligen, mit Erwerbszweck handelnden Wohnungseigentümers anzunehmen sein, da er das weitergeleitete Signal gezielt dazu nutzt, das Werk mit eigenen Fernsehgeräten einem neuen Publikum zugänglich zu machen.[80]

4. Anwendbarkeit auf andere Antennengemeinschaften. Ein Gegenstand reger Debatten ist zudem die **33** Übertragbarkeit der Ramses-Entscheidung auf sog. Antennengemeinschaften. Solche Gemeinschaften haben sich beispielsweise in kleineren Ortschaften mit schwachem Rundfunk- und Fernsehsignal herausgebildet, um durch gemeinsame finanzielle Anstrengungen eine Gemeinschaftsantenne auf einem nahegelegenen Hügel zu errichten und so eine hinreichende Signalqualität sicherzustellen.[81]

Die diesbezügliche Rechtsprechungsentwicklung ist derzeit noch nicht abgeschlossen. Allerdings lehnen meh- **34** rere Gerichte in aktuellen Entscheidungen insoweit eine Übertragung der Ramses-Entscheidung ab. Die Mitglieder einer Antennengemeinschaft sollen nur dann eine „private Gruppe" seien, wenn sie einen **übergeordneten Zweck** verfolgen, der über die bloße Signalweiterleitung hinausgeht und ein Äquivalent zu der rechtlichen Zusammengehörigkeit einer Gemeinschaft der Wohnungseigentümer bilden.[82] Weitergehend lehnt das LG Halle die Annahme einer privaten Gruppe grundsätzlich ab, da es der Antennengemeinschaft jederzeit möglich sei, ihr Kabelnetz auszubauen und die **Zahl erreichbarer Leistungsempfänger** zu erhöhen.[83] Auch in Teilen des Schrifttums wird eine Übertragung der Ramses-Entscheidung auf Antennengemeinschaften kritisch gesehen.[84]

Nach hier vertretener Ansicht ist einmal mehr eine **Differenzierung** zwischen **gewinnorientierten Vereinen** **35** und **Idealvereinen** erforderlich. Die Mitglieder eines Idealvereins mit dem alleinigen Ziel einer Weiterleitung von Signalen an seine Mitglieder zum Selbstkostenpreis stellen nach hier vertretener Ansicht eine „private

---

78 So BGH 18.6.2020 – I ZR 171/19, Rn. 12 – Rundfunkübertragung in Ferienwohnungen; ebenso bereits KG 10.6.2020 – 24 U 164/19 für eine Seniorenwohnanlage mit 128 Zimmern; ähnlich auch Loewenheim/*Flechsig*, Handbuch des Urheberrechts, 3. Aufl. 2021, § 47 Rn. 32.

79 So BGH 17.9.2015 – I ZR 228/14, GRUR 2016, 71 Rn. 57 – Ramses; demgegenüber auf die Gemeinschaft der Wohnungseigentümer insgesamt abstellend OLG Braunschweig 17.4.2019 – 2 U 56/18.

80 Vgl. beispielsweise zur öffentlichen Wiedergabe in Gaststätten EuGH 4.11.2011 – C-403/08 und C-429/08, GRUR 2012, 156 Rn. 193 ff. – Football Association Premier League ua.

81 Ausführlich zu den Hintergründen der Antennengemeinschaft *Glaßl* ZUM 2016, 1019 (1020 f.).

82 So OLG Dresden 22.11.2016 – 14 U 530/16 und LG Potsdam 7.4.2016 – 2 O 436/14, ZUM 2016, 564; siehe zu diesen Entscheidungen auch die kritische Besprechung durch *Glaßl* ZUM 2016, 1019 ff.; ähnlich OLG Braunschweig 17.4.2019 – 2 U 56/18 zur Weiterleitung an ein benachbartes Haus mit einer eigenständigen Wohnungseigentümergemeinschaft; zustimmend v. *Albrecht/Fiss* ZUM 2019, 775 ff.

83 In diesem Sinne LG Halle 8.8.2016 – 4 O 335/15, ZUM 2016, 1069.

84 Vgl. Fromm/Nordemann/*Dustmann/Engels*, Urheberrecht, 12. Aufl. 2018, UrhG § 20 Rn. 18.

Gruppe" dar, die von der Allgemeinheit klar abgrenzbar ist. Entgegen der Auffassung des OLG Dresden und des LG Potsdam ist die **Begrenzung** des Vereinszwecks auf die Weiterleitung als solche **kein Ausschlusskriterium**, sondern vielmehr wesentliche Voraussetzung für die Annahme einer „privaten Gruppe".[85] Solange sich der Zweck der Vereinigung auf die Weiterleitung von Signalen als solche beschränkt, ist auch der Kreis von Personen, an die potenziell eine Weiterleitung erfolgen kann, klar abgrenzbar: In diesem Fall leiten die Mitglieder der Antennengemeinschaft das Signal lediglich an sich selbst weiter, da der Verein allein diesem Ziel dient. Die Vereinsmitglieder wollen kein breiteres Publikum ansprechen, als die eigenen Mitglieder und haben es gerade nicht zum Ziel, ihre Mitgliederzahl auszuweiten. Zudem weist diese Konstruktion – unabhängig von der konkreten Rechtsform der Vereinigung – eine starke Ähnlichkeit zur Gemeinschaft der Wohnungseigentümer als „privaten Gruppe" auf, da jede Rechtsform einer Idealvereinigung – sei es eine GbR oder ein Verein – ihre Mitglieder mit besonderen Rechten ausstattet und besonderen Pflichten unterwirft, die die Allgemeinheit nicht treffen. Die Ansicht, es müsse einen übergeordneten, über die Weiterleitung hinausgehenden Zweck geben, wird mit Blick auf den gemeinsamen Zweck als notwendiges Tatbestandsmerkmal eines jeden Vereins und einer jeden GbR erklärlich. Dennoch steht diese Forderung nach hier vertretener Ansicht nicht im Einklang mit der Rechtsprechung des EuGH zum vollharmonisierten Begriff der öffentlichen Wiedergabe. Vielmehr beschränkt sich das Erfordernis der „privaten Gruppe" auf eine Abgrenzbarkeit zur Allgemeinheit, ohne eine besondere Zweckbindung dieser Gruppe zu fordern.[86]

36 Etwas anderes gilt nach hier vertretener Auffassung für wirtschaftliche Verein, die eine Kabelweitersendung mit Gewinnerzielungsabsicht betreiben. In diesem Fall ist die Weiterleitung von Signalen nur das Mittel zum Zwecke der Gewinnerzielung. Das Angebot des betreffenden, wirtschaftlichen Vereins richtet sich letztlich faktisch an die Allgemeinheit, da sich auf diese Weise der größtmögliche Gewinn erzielen lässt und die Aufnahme in den Verein wäre typischerweise allein durch die **technischen Aufnahmekapazitäten** und ggf. die **Reichweite des Kabelnetzes** beschränkt. In einer solchen Konstellation könnten die Vereinsmitglieder als Empfänger nicht mehr von der Allgemeinheit iSv potenziellem, weiteren Leistungsempfängern abgegrenzt werden, da es faktisch allein dem Entschluss dieser Leistungsempfänger obliegen würde, dem Verein beizutreten und das Signal zu empfangen. Diese Konstellation ähnelt daher weniger der abgrenzbaren Wohnungseigentümergemeinschaft nach der Ramses-Entscheidung als vielmehr Fallgestaltungen einer Ausstrahlung an Gäste eines Hotels oder einer Gaststätte, die der EuGH richtigerweise als „Personen allgemein" eingestuft hat.[87]

V. Die rechtlichen Möglichkeiten einer Abwicklung bestehender Verträge über das Recht zur Kabelweitersendung

37 Die Ramses-Entscheidung des BGH hat nach alledem für Klarheit hinsichtlich der fehlenden urheberrechtlichen Relevanz und somit im Ergebnis auch der fehlenden Vergütungspflicht einer Weiterleitung von Signalen in verschiedensten Konstellationen gesorgt. Allerdings wurden bereits vor der höchstrichterlichen Klärung dieser Streitfrage zahlreiche Verträge zwischen Verwertungsgesellschaften und Wohnungseigentümern über eine Einräumung des Rechts zur Kabelweitersendung gegen Zahlung einer Vergütung abgeschlossen. Die rechtlichen Möglichkeiten zur **(Rück-)Abwicklung** dieser Verträge sind für die betroffenen Wohnungseigentümergemeinschaften naturgemäß von großem Interesse.

38 Die Rechtsprechung der Instanzgerichte hat in einer Reihe aktueller Entscheidungen über Klagen auf (Rück)Abwicklung entsprechender Verträge stets den Weg über das Rechtsinstitut einer **Störung der Geschäftsgrundlage** nach § 313 BGB gewählt. Eine Störung der Geschäftsgrundlage nach § 313 Abs. 1 BGB beinhaltet drei Tatbestandsmerkmale, wobei in aller Regel zwischen einem **tatsächlichen Element** (Veränderung der tatsächlichen Umstände bzw. Entdeckung der Fehlvorstellung), einem **hypothetischen Element**

---

85 Vgl. zur Gegenansicht OLG Dresden 22.11.2016 – 14 U 530/16 und LG Potsdam 7.4.2016 – 2 O 436/14, ZUM 2016, 564.

86 Vgl. etwa für die Patienten einer Zahnarztpraxis EuGH 15.3.2012 – C-135/10, GRUR 2012, 593 – SCF; im Ergebnis wie hier *Glaßl* ZUM 2016, 1019 ff.

87 Vgl. EuGH 4.11.2011 – C-403/08 und C-429/08, GRUR 2012, 156 Rn. 193 ff. – Football Association Premier League ua und EuGH 15.3.2012 – C-162/10, GRUR 2012, 597 Rn. 40 ff. – Phonographic Performance (Irland).

(Prüfung des hypothetischen Parteiwillens hinsichtlich des Vertragsschlusses) und einem **normativen Element** (Risikoverteilung und Zumutbarkeit des Festhaltens am Vertrag) unterschieden wird.[88]

1. Tatsächliches Element: Die Störung der Geschäftsgrundlage. a) Die Geschäftsgrundlage von Verträgen über das Recht zur Kabelweitersendung. Die Geschäftsgrundlage iSd § 313 Abs. 1 bzw. 2 BGB meint die bei Vertragsschluss bestehenden gemeinsamen Vorstellungen beider Parteien (Abs. 1) oder die dem Geschäftsgegner erkennbaren und von ihm nicht beanstandeten Vorstellung der einen Vertragspartei von dem Vorhandensein oder dem künftigen Eintritt gewisser Umstände sofern der Geschäftswille der Parteien auf dieser Vorstellung beruht (Abs. 2).[89] Im hier interessierenden Fall eines Vertrages über die Einräumung eines Rechts zur Kabelweitersendung gegen Zahlung einer Vergütung liegt nach hier vertretener Ansicht die Geschäftsgrundlage in der **beiderseitigen Vorstellung** der Parteien, dass es sich bei der Signalweiterleitung um einen **urheberrechtlich relevanten Vorgang** handelt, dessen Zulässigkeit von der Einräumung eines entsprechenden Rechts abhängt. Selbst wenn man von einer einseitigen Vorstellung der betreffenden Wohnungseigentümer ausgehen wollte, so wäre diese Vorstellung jedenfalls für ihren Vertragspartner bei Vertragsschluss klar erkennbar. Es erscheint im geschäftlichen Verkehr lebensfremd, dass ein Vertragspartner sich zu einer Zahlung für die Einräumung eines ganz bestimmten Rechtes verpflichtet, wenn er weiß, dass dieses Recht für den von ihm gewünschten Vorgang – beispielsweise eine Signalweiterleitung – überhaupt nicht erforderlich ist.

b) Die erstmalige, höchstrichterliche Klärung einer Rechtsfrage als Fallgruppe des Wegfalls der Geschäftsgrundlage. Eine Veränderung der Geschäftsgrundlage iSd § 313 Abs. 1 BGB kann sich nach ständiger Rechtsprechung unter anderem aus einer Änderung der Gesetzeslage ergeben. Einer solchen Gesetzesänderung gleichstehen soll auch die **Veränderung einer höchstrichterlichen Rechtsprechung**.[90] In Teilen der Literatur wird insoweit eine gewisse Zurückhaltung angemahnt, da selbst einer ständigen Rechtsprechung eine geringere „Bestandsgarantie" zukomme als einer Gesetzesnorm.[91] Allerdings hat der BGH bereits verschiedentlich eine Veränderung der Geschäftsgrundlage durch eine ebensolche Veränderung seiner Rechtsprechung angenommen.[92]

Diese Rechtsprechung lässt sich nach hier vertretener Ansicht auf hiesigen Fall der erstmaligen, höchstrichterlichen Klärung einer Rechtsfrage übertragen. So wurde die Anwendbarkeit des § 313 BGB auf die Rückabwicklung von Verträgen über eine Kabelweitersendung durch die Instanzgerichte mit keinem Wort in Frage gestellt.[93] Argumentativ lässt sich nach hier vertretener Ansicht anführen, dass es sich bei § 313 BGB insgesamt um ein Rechtsinstitut zur normativen Korrektur von vertraglichen Vereinbarungen handelt und die vorliegende Konstellation normativ mit der Änderung einer höchstrichterlichen Rechtsprechung **vergleichbar** erscheint. Es hatte sich auch vor der Ramses-Entscheidung bereits eine bestimmte Rechtsauffassung etabliert – namentlich zugunsten der Annahme einer urheberrechtlichen Relevanz der Weiterleitung. Hinzu kommt, dass diese Rechtsauffassung typischerweise aktiv durch die Verwertungsgesellschaften gegenüber den Wohnungseigentümern vertreten wurde und sich erst auf diese Weise etablieren konnte. Die fehlende, höchstrichterliche Rechtsprechung zu der betreffenden Geschäftsgrundlage wird daher nach hier vertretener Ansicht dadurch **ausgeglichen**, dass die Geschäftsgrundlage maßgeblich auf den Rechtsstandpunkt der nicht benachteiligten Vertragspartei zurückzuführen ist. Wenn sich dieser einseitige Rechtsstandpunkt durch eine erstmalige, höchstrichterliche Klärung als „falsch" erweist, ändert sich hierdurch auch die Geschäftsgrundlage des Vertrages.

2. Hypothetisches Element: Kein Vertragsschluss bei Kenntnis über die fehlende Vergütungspflicht. Dieses Tatbestandsmerkmal der „schwerwiegende" Veränderung iSd § 313 Abs. 1 BGB bzw. der „wesentlichen" Vorstellung iSd § 313 Abs. 2 BGB beschreibt das Kausalitätserfordernis zwischen der Fehlvorstellung einer oder beider Parteien und ihrem tatsächlichen Handeln. Diese Fehlvorstellung muss so bedeutsam gewesen sein, dass die betreffende(n) Partei(en) den Vertrag bei **Kenntnis der veränderten Umstände** nicht

39

40

41

42

---

88 Vgl. etwa MüKoBGB/*Finkenauer* § 313 Rn. 56 mwN.
89 Vgl. etwa BGH NJW 2017, 2191; ebenso BGH NJW 2015, 1523.
90 Vgl. bereits BGH 23.10.1957 – V ZR 219/55, NJW 1958, 297; siehe auch BGH 5.9.2001 – XII ZR 108/00, NJW 2001, 3618.
91 In diesem Sinne BeckOK BGB/*St. Lorenz* BGB § 313 Rn. 61.
92 Vgl. wiederum BGH 5.9.2001 – XII ZR 108/00, NJW 2001, 3618; zur Anpassung der Lastenverteilung vgl. BGH NJW 2014, 3439; siehe auch Erman/*Böttcher* BGB § 313 Rn. 65.
93 Vgl. etwa OLG Braunschweig 17.4.2019 – 2 U 56/18, Rn. 34 f.; LG Bochum 7.4.2017 – 39 C 113/36; LG Potsdam 21.8.2019 – 15 O 355/17; aA LG Berlin 21.8.2018 – 3 O 355/17, ZfIR 2020, 479 mAnm *Beckers*.

abgeschlossen hätte.[94] Dieses Merkmal wird nach hier vertretener Ansicht im Falle einer fehlenden urheberrechtlichen Relevanz der Weiterleitung und damit einer fehlenden Vergütungspflicht regelmäßig zu bejahen sein. Es erscheint nicht einsichtig, weshalb die Wohnungseigentümer sich zur Zahlung einer Vergütung für das Recht zur Kabelweitersendung verpflichten sollten, wenn sie gewusst hätten, dass dieses Recht für die Signalweiterleitung in die einzelnen Wohneinheiten überhaupt nicht erforderlich ist.

43 **3. Normatives Element: Unzumutbarkeit des Festhaltens an einer vertraglichen Zahlungspflicht ohne Gegenleistung.** Als normative Grenze einer Abänderung von Verträgen fordert § 313 Abs. 1 BGB überdies, dass ein Festhalten der benachteiligten Partei **unzumutbar** sein muss. Dabei sollen allen Umständen des Einzelfalles und insbesondere die vertragliche und gesetzliche Risikoverteilung berücksichtigt werden. Eine Unzumutbarkeit iSd § 313 Abs. 1 BGB liegt nach der Rechtsprechung grundsätzlich erst dann vor, wenn eine Abänderung des Vertrages zur Vermeidung eines untragbaren, mit Recht und Gerechtigkeit nicht zu vereinbarenden und damit der betroffenen Partei nach Treu und Glauben nicht zuzumutenden Ergebnisses unabweisbar erscheint.[95] Bei der Risikoverteilung ist maßgeblich, ob das eingetretene Risiko für die Parteien **vorhersehbar** war und nach ihren vertraglichen Vereinbarungen, aber auch dem Vertragszweck oder dem dispositiven Gesetzesrecht in den **Risikobereich** einer der Parteien fallen soll.[96]

44 Dieses normative Element des § 313 Abs. 1, 2 BGB wird in den betreffenden Fallgestaltungen nach hier vertretener Auffassung ebenfalls regelmäßig zu bejahen sein. Die Unzumutbarkeit des Festhaltens am Vertrag lässt sich insbesondere im Hinblick auf das **gänzliche Fehlen einer Gegenleistung** für die vertragliche Vergütungspflicht begründen. In den hier interessierenden Fallgestaltungen handelte es sich bei der Weiterleitung von Signalen an einzelne Wohneinheiten nach der höchstrichterlichen Klärung gerade nicht um einen urheberrechtlich relevanten Vorgang, so dass insoweit keinerlei Rechteeinräumung erforderlich ist. Die Wohnungseigentümer zahlen somit eine Vergütung für die Einräumung eines Rechts, das sie für die von ihnen gewünschte Weiterleitung schlicht nicht benötigen. Etwas anderes folgt nach hier vertretener Ansicht auch nicht aus der **Risikoverteilung** zwischen den Parteien. Zwar ließe sich argumentieren, dass die Wohnungseigentümer das betreffende Risiko selbst tragen müssten, da sie die Möglichkeit hatten, den Vertragsschluss mit der Verwertungsgesellschaft abzulehnen und ihrerseits eine höchstrichterliche Klärung dieser Rechtsfrage herbeizuführen. Diese Argumentation kann jedoch im Ergebnis nicht überzeugen, da die Verwertungsgesellschaft ihrerseits keine höchstrichterliche Klärung herbeigeführt, sondern typischerweise allein unter Zugrundelegung ihres Rechtsstandpunktes aktiv auf einen entsprechenden Vertragsschluss gedrungen haben. Wenn nun aber eine Verwertungsgesellschaft auf den Abschluss eines für sie günstigen Vertrages anhand ihres eigenen Rechtsstandpunktes drängt, so muss sie sich an dieser Aktivität auch dann festhalten lassen, wenn dieser Rechtsstandpunkt von der höchstrichterlichen Rechtsprechung in einer späteren Entscheidung nicht geteilt wird. Letztlich folgt die Unzumutbarkeit des Festhaltens am Vertrag nach vertretener Auffassung aus dem gänzlichen Fehlen jeder relevanten Gegenleistung bei einem grundsätzlich auf unbegrenzte Dauer angelegten Vertrag.

45 **4. Rechtsfolge: Kündigungsrecht nach § 313 Abs. 1, 3 S. 2 BGB.** Als Rechtsfolge sieht § 313 Abs. 1 BGB grundsätzlich ein Recht der benachteiligten Partei auf **Anpassung des Vertrages** an die veränderten Umstände vor. Ein Rücktritts- bzw. Kündigungsrecht wird der benachteiligten Partei nach der Konzeption des § 313 Abs. 3 S. 1 und 2 BGB demgegenüber nur subsidiär eingeräumt, wenn eine Vertragsanpassung unmöglich oder unzumutbar ist.[97] Eine solche Unmöglichkeit der Anpassung ist zu bejahen, wenn die Anpassung von der Rechtsordnung verboten wird oder für mindestens eine der Vertragsparteien undurchführbar oder sinnlos ist. Dies wurde in der Rechtsprechung beispielsweise dann bejaht, wenn sich die Leistung als praktisch wertlos erweist und eine Aufteilung des Schadens aufgrund eindeutiger Risikoverteilung gerade nicht möglich ist.[98] Diesem Maßstab folgend, wird eine Vertragsanpassung in den hier interessierenden Fallgestaltungen regelmäßig unmöglich sein, da die Leistung der Verwertungsgesellschaft für die Wohnungseigentümer praktisch wert-

---

94 Vgl. MüKoBGB/*Finkenauer* § 313 Rn. 58 und BeckOK BGB/*St. Lorenz* BGB § 313 Rn. 23 jeweils mwN.

95 In diesem Sinne bereits BGH 11.7.1958 – VIII ZR 96/57, NJW 1958, 1772; ähnlich in neuerer Zeit etwa BGH 1.2.2012 – VIII ZR 307/10, NJW 2012, 1718; zustimmend etwa MüKoBGB/*Finkenauer* § 313 Rn. 76 mwN.

96 BGH NJW 2010, 1874; ebenso BeckOK BGB/*St. Lorenz* BGB § 313 Rn. 25 mwN.

97 Vgl. auch zur Rechtslage vor der Schuldrechtsreform Erman/*Böttcher* BGB § 313 Rn. 40 ff.

98 In diesem Sinne BGH 13.11.1975 – III ZR 106/72, NJW 1976, 565; zustimmend MüKoBGB/*Finkenauer* § 313 Rn. 116 mwN.

Nissen

los ist und dieser Umstand in die Risikosphäre der Verwertungsgesellschaft fällt. Die Wohnungseigentümer haben betreffende Verträge erkennbar zum Zwecke der Weiterleitung eines Kabelsignales an die einzelnen Wohneinheiten abgeschlossen, und eine anderweitige Nutzungsmöglichkeit dieses Rechts erscheint fernliegend.

Allerdings sieht § 313 Abs. 3 S. 2 BGB im Falle eines Dauerschuldverhältnisses allein die Möglichkeit einer **Kündigung** mit *Ex-nunc*-Wirkung vor. Bei einem Vertrag über die Einräumung eines Rechts zur Kabelweitersendung handelt es sich typischerweise um ein Dauerschuldverhältnis, da die Wohnungseigentümer dauerhaft eine Weiterleitung an die einzelnen Wohneinheiten sicherstellen möchten und dafür in bestimmten, wiederkehrenden Zeitabständen eine Vergütung zu zahlen haben. Dementsprechend kommt eine Abwicklung der betreffenden Verträge grundsätzlich allein mit **Wirkung für die Zukunft** in Betracht, nicht aber eine Rückabwicklung und Rückforderung bereits gezahlter Vergütungen.[99] Der Vollständigkeit halber sei erwähnt, dass der BGH vor Kodifikation des § 313 BGB im Zuge der Schuldrechtsreform vereinzelt auch eine Rückabwicklung von Dauerschuldverhältnissen mit Wirkung für die Vergangenheit zugelassen hat. So ging der BGH bei anfänglichem Fehlen der Geschäftsgrundlage eines Vertrages zwischen Leasinggeber und Leasingnehmer davon aus, dass die Verpflichtung zur Zahlung der Leasingraten bereits von Anfang entfalle und nicht erst ab Erklärung der Wandlung (nach heutiger Terminologie: des Rücktritts). Dementsprechend konnten die gezahlten Leasingraten mithilfe bereicherungsrechtlicher Ansprüche zurückgefordert werden.[100] Ob diese Grundsätze nach der Kodifikation des § 313 BG aufrechterhalten oder gar auf weitere Fallgestaltungen übertragen werden können, erscheint aufgrund des Wortlautes und der klaren Systematik des § 313 Abs. 3 S. 1 und 2 BGB indes eher zweifelhaft.[101] 46

5. Fragen der Verjährung. Der Anspruch auf Anpassung des Vertrages nach § 313 Abs. 1 BGB unterliegt der Regelverjährung von drei Jahren nach den §§ 195, 199 BGB. Für die Entstehung des Anspruches iSd § 199 Abs. 1 Nr. 1 BGB ist der Zeitpunkt des **Eintritts der Veränderung** maßgeblich.[102] Zusätzlich ist nach § 199 Abs. 1 Nr. 2 BGB die subjektive Kenntniserlangung der veränderten Umstände und somit der Fehlvorstellung über die Geschäftsgrundlage erforderlich. Für das Rücktritt- bzw. Kündigungsrecht gelten die §§ 195, 199 BGB nicht in direkter Anwendung, da der Verjährung nach § 194 BGB ausschließlich „Ansprüche" unterliegen. Allerdings wird man insoweit von einer **analogen Anwendung** des zu diesem Zweck normierten § 218 BGB ausgehen und ebenfalls die Regelverjährung des Anspruches auf Anpassung heranziehen müssen.[103] Maßgeblich ist daher insbesondere, wann die benachteiligte Vertragspartei nachweisbar **Kenntnis** von der Ramses-Entscheidung des BGH erlangt hat. Die Beweislast für die verjährungsbegründenden Tatsachen trägt nach allgemeinen Grundsätzen derjenige, der sich auf die Einrede der Verjährung beruft. Allerdings liegt aufgrund des subjektiven Elements der Kenntniserlangung die Annahme einer **sekundären Darlegungslast** der benachteiligten Vertragspartei nahe. Bedenkt man zudem die große Resonanz der Ramses-Entscheidung in der juristischen Fachwelt, so wird man regelmäßig von einer Kenntniserlangung bzw. fahrlässigen Nichterlangung dieser Kenntnis im Jahr der Entscheidung (2015) selbst und daher von einem Beginn der Verjährungsfrist am 31.12.2015 ausgehen müssen. Denkbar erscheint eine Geltendmachung dementsprechend eher für Verträge, die in den darauffolgenden Jahren abgeschlossen worden sind. Allerdings könnte es bei solchen Verträgen wiederum an einer entsprechenden **Änderung der Geschäftsgrundlage** fehlen, da die Ramses-Entscheidung ja bereits ergangen war. Erforderlich erscheint jedenfalls eine ausführliche Darlegung, weshalb diese Entscheidung und damit die fehlende urheberrechtliche Relevanz der Weiterleitung bei Vertragsschluss noch nicht bekannt war. 47

VI. Verfahrenshinweise

1. Die prozessuale Rückabwicklung bestehender Verträge über Kabelweitersenderechte. Die Kündigung eine solchen Vertrages bedarf einer entsprechenden **Gestaltungserklärung**, die ggf. auch konkludent abgege- 48

---

99 Auf diesen Umstand hinweisend auch AG-Charlottenburg, 1.2.2018 – 218 C 288/17.
100 Vgl. etwa BGH 16.9.1981 – VIII ZR 265/80, NJW 1982, 105; ebenso BGH 25.10.1989 – VIII ZR 105/88, NJW 1990, 314; ausführlich *Loyal* NJW 2013, 417 ff.
101 Für die Zulässigkeit einer Rückabwicklung von Dauerschuldverhältnissen nach § 313 Abs. 3 BGB demgegenüber *Loyal* NJW 2013, 417 (420 ff.).
102 Vgl. BGH NJW 2016, 629; zustimmend MüKoBGB/*Finkenauer* § 313 Rn. 109.
103 So auch MüKoBGB/*Finkenauer* § 313 Rn. 109.

ben werden kann.[104] Die Beweislast für die tatsächlichen Umstände trägt derjenige, welcher sich auf die Störung der Geschäftsgrundlage beruft.[105] Es bedarf daher einer detaillierten Darlegung, unter welchen Umständen und zu welchem Zweck ein entsprechender Vertrag abgeschlossen wurde, um die Geschäftsgrundlage und ihre Störung vor Gericht hinreichend zu substantiieren. Auch eine mögliche Verjährung mit Blick auf § 218 Abs. 1 BGB analog gilt es in diesem Zusammenhang zu bedenken.

49 Auf der anderen Seite erscheint es rechtlich zulässig, sich im Falle einer Zahlungsklage der Verwertungsgesellschaft in analoger Anwendung der §§ 438 Abs. 4, 441 Abs. 5 BGB auf die **Einrede der Störung der Geschäftsgrundlage** zu berufen. Wenn das Gestaltungsrecht der Kündigung über eine analoge Anwendung des § 218 Abs. 1 BGB der Verjährung unterliegt, so erscheint es nur konsequent, wenn auch diejenigen gesetzlichen Vorschriften, die eine Verwendung als Einrede nach Eintritt der Verjährung zulassen, gleichfalls analoge Anwendung finden.[106]

50 **2. Das prozessuale Vorgehen bei Nichtabschluss entsprechende Verträge.** Wenn die Wohnungseigentümer demgegenüber keinen Vertrag mit der Verwertungsgesellschaft abgeschlossen haben, kann einer entsprechenden Abmahnung und Schadensersatzklage mit dem Einwand fehlender urheberrechtlicher Relevanz der Weiterleitung begegnet werden. Sollten die Wohnungseigentümer über die rechtliche Einordnung einer etwaigen, urheberrechtlichen Relevanz der Weiterleitung im Unklaren sein, kann sich die Erhebung einer **negativen Feststellungsklage** nach § 256 Abs. 1 ZPO anbieten. Ein Rechtsverhältnis iSd § 256 Abs. 1 ZPO meint eine bestimmte, rechtlich geregelte Beziehung einer Person zu anderen Personen oder Gegenständen.[107] Ein solches Rechtsverhältnis lässt sich nach hier vertretener Auffassung in dem Verhältnis der Wohnungseigentümer zu den Urhebern der weitergeleiteten Werke erblicken, da eine urheberrechtlich relevante Weiterleitung ohne Zustimmung der Urheber zu Unterlassungs- und Schadensersatzansprüchen nach § 97 UrhG und damit einem gesetzlichen Schuldverhältnis führen würde.

263. Wiederaufbau

Neumann

I. Einführung (Überblick über § 22 WEG)

1 Die Frage, ob ein Wohnungseigentümer nach **Zerstörung** die Wiedererrichtung des Gebäudes verlangen kann, wird nunmehr inhaltlich unverändert mit Ausnahme der Verweise auf die § 21 Abs. 3 und Abs. 4 WEG aF in § 22 WEG geregelt. § 22 WEG bestimmt, dass ein **Wiederaufbau** weder beschlossen noch verlangt werden kann, wenn das Gebäude zu **mehr als die Hälfte seines Wertes** zerstört und der Schaden nicht durch eine Versicherung oder in anderer Weise gedeckt ist. Damit stellt § 22 WEG eine **Ausnahme** von der Pflicht und überdies von der Möglichkeit der Erhaltung des gemeinschaftlichen Eigentums dar.[1] Umgekehrt kann der Wiederaufbau verlangt (§ 18 Abs. 2 Nr. 1 WEG) und beschlossen (§ 19 Abs. 1 WEG) werden, wenn das Gebäude zu weniger als die Hälfte seines Werts zerstört ist, oder unabhängig davon, wenn der Schaden durch eine Versicherung oder in sonstiger Weise gedeckt ist.[2]

---

104 Vgl. etwa BGH 22.1.1993 – V ZR 165/91, NJW 1993, 1641; ebenso BGH 26.9.1996 – I ZR 265/95, NJW 1997, 1702.

105 Vgl. BGH 8.11.2002 – V ZR 398/01, NJW 2003, 510; siehe auch BeckOK BGB/*St. Lorenz* BGB § 313 Rn. 25.

106 Im Ergebnis ebenso auch BeckOK BGB/*St. Lorenz* BGB § 313 Rn. 93 und MüKoBGB/*Finkenauer* § 313 Rn. 109.

107 In diesem Sinne bereits BGH 15.10.1956 – III ZR 226/55, NJW 1957, 21; ähnlich auch BGH 19.11.2014 – VIII ZR 79/14, NJW 2015, 873.

1 Bärmann/Pick/*Emmerich* WEG § 22 Rn. 135.

2 BayObLG 19.10.1995 – 2 Z BR 110/95, ZMR 1996, 98, Rn. 23.

II. Wiederaufbau

1. Tatbestandsmerkmale des § 22 WEG. „**Zerstört**" iSv § 22 WEG ist ein Gebäude einer Wohnungseigen- 2
tumsanlage, wenn es in seiner **Funktionsfähigkeit** vollständig oder teilweise in erheblichem Maße **beeinträchtigt** ist. Dabei ist die Ursache der Zerstörung unerheblich. Auch zur Baufälligkeit führende Überalterung
und unterlassene Erhaltung können eine Zerstörung herbeiführen.[3] Denn jeder Wohnungseigentümer kann
rechtzeitig seinen Anspruch auf ordnungsmäßige Instandhaltung und Instandsetzung (Erhaltung) (§ 13 Abs. 2
WEG) geltend machen, um eine Zerstörung durch Verfall abzuwenden.[4] Das ist zB der Fall, wenn das Treppenhaus nicht mehr betreten werden kann oder es an einem Dach fehlt. Ebenso können Fälle höherer Gewalt
(zB Krieg, Feuer, Vandalismus, Waldbrände sowie Naturkatastrophen wie zB Blitzeinschläge, Erdbeben, Erd-
rutsche, Hochwasser, Überschwemmungen, Überflutungen) das Gebäude ganz oder teilweise zerstören.[5]

Bei der Beurteilung, ob das Gebäude **zu mehr als der Hälfte seines Wertes** zerstört ist, ist der Verkehrswert 3
des Gebäudes unmittelbar vor dem zerstörenden Ereignis heranzuziehen. Teilweise wird der Verkehrswert vor
der Zerstörung mit dem Zeitpunkt der Beschlussfassung über die Wiederherstellung verglichen und für den
Fall, dass in dem dazwischen liegenden Zeitraum keine maßgeblichen Wertveränderungen stattgefunden haben, auf den Zeitpunkt der Beschlussfassung abgestellt.[6]

Allein der **Wert des Gebäudes** ist entscheidend, auf den Wert des Grund und Bodens kommt es nicht an.[7] 4
Umstritten ist jedoch, ob ausschließlich der Wert des gesamten Gemeinschaftseigentums einschließlich Nebenräume und Nebengebäude (zB eine räumlich getrennte Tiefgarage) oder der Wert des Gemeinschafts- und
des Sondereigentums[8] als Maßstab für die Feststellung des „Zerstörungsgrads" herangezogen wird. Aufgrund
des Sinn und Zwecks des § 22 WEG sowie seiner systematischen Stellung im Gesetz wird überwiegend angenommen, dass allein der Wert des gesamten gemeinschaftlichen Eigentums zu berücksichtigen ist.[9] Der Wert
des Sondereigentums kann nicht in die Wertberechnung einfließen, denn der einzelne Wohnungseigentümer ist
verpflichtet, für dessen Erhaltung zu sorgen und die Kosten dafür zu tragen. Weiterhin können die Wohnungseigentümer nicht über eine bauliche Maßnahme zum Sondereigentum beschließen. Wegen der in der Regel an-
zunehmenden identischen Ergebnisse, wird es auf den Streit wohl nicht ankommen.[10]

Ob eine **Verpflichtung** zum **Wiederaufbau** besteht, hängt von der **Kostendeckung** ab. Ist der durch die Zer- 5
störung verursachte **Schaden** durch eine Versicherung oder andere realisierbare Ansprüche zB auf Schadenersatz oder aus Rücklagen **abgedeckt**, kann der Wiederaufbau nunmehr nach § 18 Abs. 2 Nr. 1 WEG verlangt
und nach § 19 Abs. 1 WEG beschlossen werden. Die Voraussetzungen des § 22 WEG liegen dann **nicht** vor.
Dabei müssen die zur Wiederherstellung erforderlichen Kosten nicht in voller Höhe gedeckt sein. Es genügt,
wenn damit die Zerstörung in einem Umfang beseitigt werden kann, dass der Wertverlust des Gebäudes nicht
mehr als die Hälfte beträgt.[11]

2. Anspruchsinhalt von § 22 WEG. Jeder Wohnungseigentümer kann nur den Wiederaufbau des gemein- 6
schaftlichen Eigentums verlangen, die Wohnungseigentümer können nur darüber beschließen. Eine Verpflichtung, das Sondereigentum wiederherzustellen besteht nicht. Herzustellen ist der **Zustand**, der **vor der Zerstörung** bestand, und aus dem Aufteilungsplan unter Berücksichtigung der in der Zwischenzeit vorgenommenen
baulichen Veränderungen ersichtlich ist.[12]

3. Vereinbarungen zum Wiederaufbau. Die Wohnungseigentümer können abweichend von § 22 WEG 7
einen anderen Zerstörungsgrad für den Wiederaufbau vereinbaren, oder, dass unabhängig von den gesetzlichen

---

3 LG München I 15.3.2017 – 1 S 10106/16 WEG, ZWE 2017, 325 Rn. 20.
4 Bärmann/Pick/*Emmerich* WEG § 22 Rn. 136.
5 BeckOK WEG/*Elzer*, 42. Ed. 1.8.2020, WEG § 22 Rn. 329 f.
6 LG München I 15.3.2017 – 1 S 10106/16 WEG, ZWE 2017, 325 (327) Rn. 20.
7 LG München I 15.3.2017 – 1 S 10106/16 WEG, ZWE 2017, 325 Rn. 20.
8 Bärmann/*Merle* WEG § 22 Rn. 374.
9 Siehe dazu OLG Schleswig 6.8.1997 – 2 W 89/97, NJW-RR 1998, 15, Rn. 14; KG NJWE-MietR 1997, 205 (206);
   BeckOK WEG/*Elzer*, 42. Ed. 1.8.2020, WEG § 22 Rn. 334; MüKoBGB/*Engelhardt*, 8. Aufl. 2020, WEG § 22
   Rn. 89.
10 Hügel/*Elzer* WEG § 22 Rn. 134.
11 Bärmann/Pick/*Emmerich* WEG § 22 Rn. 137.
12 Bärmann/*Merle* WEG § 22 Rn. 383 f.

Voraussetzungen das gemeinschaftliche Eigentum stets wiederaufgebaut wird. Die Vorschrift ist durch Vereinbarung **abdingbar**.[13]

8 **4. Schicksal der Gemeinschaft der Wohnungseigentümer bei § 22 WEG.** Liegen die Voraussetzungen für den Wiederaufbau nicht vor, ist die Wohnungseigentümergemeinschaft gleichwohl **nicht aufgehoben** oder **beendet**. Die Aufhebung der Gemeinschaft kann nach § 11 Abs. 1 S. 3 WEG nur verlangt werden, wenn die Wohnungseigentümer das vereinbart haben. Haben die Wohnungseigentümer keine solche Vereinbarung getroffen, kann sich im Einzelfall ein Anspruch auf Vereinbarung der Auflösung der Gemeinschaft aus § 10 Abs. 1 S. 3 WEG[14] bzw. nach dem Grundsatz aus Treu und Glauben an der Mitwirkung an der Auflösung der Gemeinschaft ergeben.[15]

9 **5. Der stecken gebliebene Bau. Vergleichbar** mit der teilweisen Zerstörung des Gebäudes iSv § 22 WEG ist der Fall, wenn ein Neubau nach der Insolvenz des Bauträgers **nicht fertig gestellt** wird, nur von den Erwerbern selbst oder Dritten fertiggestellt werden kann und praktisch keine Ansprüche gegenüber Dritten bestehen. Ist der Bau in diesem Sinne „**stecken geblieben**" und bilden die Erwerber bereits eine werdende Wohnungseigentümergemeinschaft, können sie mehrheitlich die Fertigstellung des stecken gebliebenen Baus beschließen.

10 Nach hM besteht dieser Anspruch, wenn die Voraussetzungen von § 22 WEG entsprechend vorliegen. Danach besteht der Anspruch dann, wenn bereits mehr als die Hälfte der Wohnungseigentumsanlage erstellt worden ist.[16] Nach aA kann jeder Wohnungseigentümer aufgrund des Anspruchs auf ordnungsmäßige Verwaltung nach § 18 Abs. 2 Nr. 1 WEG unabhängig vom Fertigstellungsgrad **jederzeit** die **Fertigstellung** verlangen.[17]

11 Der hM ist der Vorzug zu geben. § 22 WEG zieht eine **Opfergrenze**, wann die Wohnungseigentümer voneinander den (Wieder-)Aufbau verlangen können.[18] Die Wohnungseigentümer können die Restfertigstellung jedoch nur verlangen, wenn sie billigem Ermessen entspricht.[19]

12 Für die **Verteilung der Kosten** der mangelfreien Fertigstellung gilt der vereinbarte bzw. der gesetzliche Verteilungsschlüssel gem. § 16 Abs. 2 WEG. Der Sache nach handelt es sich um Kosten der Instandhaltung und Instandsetzung (Erhaltung).[20]

264. Wintergarten

Agatsy

---

13 KG 20.6.1997 – 24 W 9042/96, NJWE-MietR 1997, 205.
14 Bärmann/Pick/*Emmerich* WEG § 22 Rn. 138.
15 BayObLG 7.11.2001 – 2 Z BR 10/01, DNotI-Report 2002, 6; Hügel/*Elzer* WEG § 22 Rn. 135.
16 BayObLG 20.11.2002 – 2 Z BR 144/01, NZM 2003, 66; OLG Frankfurt a.M. 15.3.1991 – 20 W 114/90, WuM 1994, 36; BayObLG 17.2.1983 – 2 Z 10/82, ZMR 1983, 419; OLG Hamm 16.3.1984 – 15 W 266/83, NJW 1984, 2708; LG Hamburg 2.7.2001 – 318 T 83/00 (72), ZMR 2001, 1012; BeckOK WEG/*Elzer*, 42. Ed. 1.8.2020, WEG § 22 Rn. 343.
17 OLG Hamm 6.2.1978 – 15 W 345/77, 15 W 346/77, Rpfleger 1978, 182; *Ott* NZM 2003, 134 (136); Bärmann/*Merle* WEG § 22 Rn. 397.
18 BeckOK WEG/*Elzer*, 42. Ed. 1.8.2020, WEG § 22 Rn. 343.
19 OLG Dresden 5.6.2008 – 3 W 231/08, BeckRS 2008, 21628.
20 OLG Frankfurt a.M. 15.11.1993 – 20 W 208/92, WuM 1994, 36; BayObLG 17.2.1983 – 2 Z 10/82, ZMR 1983, 419.

I. Einführung

Zum Sondereigentum, dh zum Wohnungs- und Teileigentum, kann ein Wintergarten gehören. Bislang ist zu klären, ob dieser dem Wohnungs-/Teileigentum oder dem gemeinschaftlichen Eigentum zuzuordnen ist (→ Rn. 3). Mit dem **WEMoG** hat der Gesetzgeber die Vorschrift des § 3 WEG über das Sondereigentum modifiziert und erweitert. Gem. § 3 Abs. 2 WEG können Freiflächen zum Sondereigentum gehören, wenn diese im „Annex" zu einer als Hauptsache zu bewertenden Sondereigentumseinheit stehen.[1] Damit kann dies auch ein Wintergarten sein. Ein solcher besteht aus Bauteilen, die im Wesentlichen mit dem gemeinschaftlichen Eigentum verbunden sind (§ 5 Abs. 2 WEG). Wird ein Wintergarten nachträglich errichtet, sind bei dieser baulichen Veränderung im Hinblick auf die anderen Wohnungseigentümer rechtliche Grenzen einzuhalten (→ Rn. 5). Erörterungsbedürftig ist, ob die Errichtung eines Wintergartens auf der Grundlage der Teilungserklärung, mithin einer Vereinbarung (→ Rn. 7) folgt, oder es sich originär um Wohnungs- oder Teileigentum handelt und demzufolge um einen Teil des „Wohnraums". 1

Darüber hinaus sind die Zustimmung der Wohnungseigentümer zur Errichtung eines Wintergartens und der Beseitigungsanspruch bei einer unberechtigten Errichtung zu erörtern. Denn den Wohnungseigentümern steht es „offen", über die **Rahmenbedingungen** der äußeren Gestaltung zu entscheiden. Weiterhin sind das Klageverfahren hinsichtlich der Zustimmungsklage auf eine bauliche Veränderung (§ 20 Abs. 1, 3 WEG) und die Beseitigungsklage zu beleuchten. 2

II. Systematische Übersicht

1. Rechtliche Zuordnung eines Wintergartens und Einordnung als „Raum". Der an das Haus angebaute Wintergarten ist als Teil des Gesamtgebäudes anzusehen.[2] Ein Wintergarten ist ein fest umbauter „abgeschlossener" Raum, der dem zugehörig ist. Anders als bei einer ebenerdigen Terrasse fehlt nicht die **Raumeigenschaft** (→ *Terrasse* Rn. 3) Der Wintergarten kann gem. § 3 Abs. 2 WEG als Raum dem Sondereigentum zugewiesen sein.[3] Daraus folgt allerdings, dass der Wintergarten ebenso wie die in der Teilungserklärung genannten übrigen Bestandteile der „Wohnung" nur insoweit Bestandteil des Wohnungseigentums ist, als es sich um den „lichten" Raum und nicht um tragende Wände, Wand- und/oder Deckenputz, Fußbodenoberbeläge, Innentüren handelt.[4] Die Zugehörigkeit wesentlicher Teile des Wintergartens zum gemeinschaftlichen Eigentum führt allerdings nicht dazu, dass die Gemeinschaft der Wohnungseigentümer zwangsläufig die entstehenden Kosten zu tragen hat (→ Rn. 26). 3

Die eindeutige Zuordnung des Wintergartens zum Sondereigentum widersprach bis zur Neufassung des § 3 Abs. 2 WEG der gesetzlichen Regelung des § 1 Abs. 5 WEG. Dabei war zu differenzieren, ob die oberen und seitlichen Verglasungen ebenso wie die Außenwände als **konstruktive Elemente** im gemeinschaftlichen Eigentum stehen.[5] Ebenso stellt das Dach des Wintergartens ein konstruktives Element eines Teils des Hauses und demnach zwingend nur einen Teil des gemeinschaftlichen Eigentums dar.[6] Die konstruktiven Elemente wie Außenwände, Fassadenteile stehen auch weiterhin im gemeinschaftlichen Eigentum. Deshalb bleiben Versorgungsleitungen im Boden, die dem gemeinschaftlichen Gebrauch der Wohnungseigentümer dienen, stets gemeinschaftliches Ei-gentum. Dies gilt selbst dann, wenn sie in Bereichen verlegt sind, die im Sondereigentum stehen.[7] Wird ein Wintergarten auf einer Terrasse errichtet, gelten diese Grundsätze entsprechend, wenn 4

---

1 *Lehmann-Richter/Wobst* WEG-Reform 2020, Rn. 1685.
2 Riecke/Schmid/*Schneider* WEG § 5 Rn. 81.
3 BeckOGK/*Schultzky* WEG § 5 Rn. 93.
4 OLG Düsseldorf 3.12.2004 – I-3 Wx 274/04, OLG Report 2005, 148 Rn. 33.
5 Bärmann/*Armbrüster* WEG § 5 Rn. 131.
6 OLG Düsseldorf 3.12.2004 – I-3 Wx 274/04, OLG-Report 2005, 148.
7 BT-Drs. 19/18791, 38; BR-Drs. 168/20, 40.

der Gebäudeteil, auf dem sich die Terrassenfläche befindet, im gemeinschaftlichen Eigentum steht. Dann müssen aufgrund der möglichen Einwirkungen oder bei der Bebauung mit einem Wintergarten die gem. § 14 Abs. 1 Nr. 1 und Abs. 2 Nr. 1 WEG betroffenen Eigentümer zustimmen (→ *Terrasse* Rn. 3). Die Zustimmung für die nachträgliche Errichtung eines Wintergartens auf der bereits vorhandenen und zum gemeinschaftlichen Eigentum gehörenden Terrasse folgt aus der Teilungserklärung oder Vereinbarung.

5 **2. Sachenrechtliche Grundsätze und Abgeschlossenheit.** Ein Wintergarten wird meist bereits von Beginn an mit dem Wohnungseigentum verbunden und ist daher nach außen hin abgeschlossen. Wohnungseigentum ist primär Raumeigentum. Auf einen Raum lässt sich der Sachbegriff iSd § 90 BGB nicht uneingeschränkt übertragen. Ein Raum ist an sich kein körperlicher Gegenstand, sondern besteht aus „Luft".[8] Die **Abgeschlossenheit**[9] ist in der Teilungserklärung bestimmbar zu regeln (→ *Terrasse* Rn. 9). In der Teilungserklärung ist zu regeln, dass die begehbare Grundfläche des Wintergartens zum Wohnungseigentum (→ *Sondereigentum* Rn. 16) gehört. Ein Raum erfordert keine tatsächliche Abgrenzung nach allen Seiten. Es genügen eindeutige Abgrenzbarkeit und Zuordnung zum Wohnungseigentum, die zum Beispiel im **Aufteilungsplan** (→ *Aufteilungsplan* Rn. 16 f.) niedergelegt ist.[10] Ein weiter Raumbegriff war bislang abzulehnen, weil dies dem Regelungszweck der § 3 Abs. 2 WEG aF und § 5 Abs. 1 WEG aF entgegen stand. Nach zutreffender Auffassung durfte der Begriff Abgeschlossenheit bislang nicht in den Raumbegriff hineingelesen werden.[11] Diese Sichtweise ist nach der Neufassung des § 3 Abs. 3 Hs. 1 WEG überholt. Diese Vorschrift regelt die Raumfiktion, wonach im Freien liegende Grundstücksflächen im Sondereigentum stehen können, wenn deren Maßangaben im Aufteilungsplan gekennzeichnet sind.[12] Diese Maßangaben treten an die Stelle des Abgeschlossenheitserfordernisses für Räume.[13] Das trifft auch beim Wintergarten und der dazugehörigen außen liegenden Terrassenfläche zu.[14]

6 Das Wohnungseigentum ist hauptsächlich „Raumeigentum". **Sondereigentum** kann nach § 3 Abs. 1 und Abs. 2 WEG an einer bestimmten Wohnung und somit an den darin vorliegenden Räumen oder an nicht zu Wohnzwecken dienenden Räumen eines Gebäudes (Teileigentum) eingeräumt sein.[15] Diese Räumlichkeiten müssen abgeschlossen sein. Das bedeutet, ein Raum muss erkennbar und nach außen hin eindeutig abgegrenzt sein. Zum Begriff der räumlichen Abgeschlossenheit wird auf die Ausführungen zur Terrasse (→ *Terrasse* Rn. 4) verwiesen. Die Zuordnung des Wintergartens zum Wohnungseigentum setzt jedoch voraus, dass der Wintergarten als „lichter Raum" in der Teilungserklärung definiert ist. Ein mit dem Wintergarten vergleichbarer Fall ist ein nach „oben offener Balkon", der sondereigentumsfähig sein kann.[16] Voraussetzung für die Zuordnung zum Sondereigentum (§ 3 Abs. 2 WEG) bleibt eine bestimmte Festlegung der Maßangaben und die Definition der Fläche in der Teilungserklärung oder im Teilungsvertrag.[17]

7 **3. Teilungserklärung und Gemeinschaftsordnung als Grundlagen.** Die **Teilungserklärung** oder der Teilungsvertrag bilden die Grundlage für die Zuordnung der einzelnen Räume zum Wohnungs- und Teileigentum. Zugleich können dort Regelungen für nachträgliche bauliche Veränderungen enthalten sein. Wird ein Wintergarten nachträglich errichtet (→ *Terrasse* Rn. 22) muss dies mit den Regelungen in der Teilungserklärung und/ oder Gemeinschaftsordnung im Einklang stehen (→ *Terrasse* Rn. 5). Ist die Errichtung eines Wintergartens durch die Teilungserklärung gestattet, darf auch ein Balkon rundum verglast werden.[18] Die Vereinbarung eines Sondernutzungsrechts kann auch eine Zustimmung der Wohnungseigentümer zur Vornahme baulicher Veränderungen durch den jeweiligen Sondernutzungsberechtigten enthalten.[19] Über die Grundlage für eine bauliche Veränderung, wie zum Beispiel die Errichtung der Seitenwände eines Wintergartens, kann gem. § 20 Abs. 1 WEG ein Beschluss der Wohnungseigentümerversammlung gefasst werden. Werden andere Wohnungseigen-

---

8 *Hügel/Elzer*, 3. Aufl. 2021, WEG § 3 Rn. 28; *Sommer/Sommer* ZMR 2021, 90 ff.
9 Bielefeld/Christ/Sommer/*Bielefeld* Kap. 2.1.3 S. 4 ff.
10 BGH 18.7.2008 – V ZR 97/07, ZWE 2008, 426.
11 *Agatsy* MietRB 2020, 155 (156) mwN.
12 *Bärmann/Pick* Anh. I zu § 3 WEG-E Rn. 4 f.
13 BT-Drs. 19/18791, 37; BR-Drs. 168/20, 39.
14 *Agatsy* MietRB 2020, 155 (157 f.).
15 *Hügel/Elzer*, 3. Aufl. 2021, WEG § 3 Rn. 22.
16 NSV/*Vandenhouten* WEG § 3 Rn. 13.
17 BT-Drs. 19/18791, 37; BR-Drs. 168/20, 39 f.
18 OLG Düsseldorf 10.9.1999 – 3 Wx 230/99, ZWE 2001, 79.
19 Bärmann/*Merle* WEG § 22 Rn. 168.

tümer und das gemeinschaftliche Eigentum nicht beeinträchtigt, besteht ein Anspruch auf die Vornahme einer baulichen Veränderung. Eine Beeinträchtigung ist rechtlich nicht relevant, wenn sie nicht über das bei einem geordneten Zusammenleben unvermeidliche Maß hinausgeht oder die über dieses Maß hinaus beeinträchtigten Wohnungseigentümer einverstanden sind. Das Maß einer nicht relevanten Beeinträchtigung entspricht dabei dem geltenden Recht (§ 14 Nr. 1 WEG aF).[20]

Für die „Grundordnung", die Teilungserklärung nebst meistens vorhandener Gemeinschaftsordnung (→ *Ge-* 8 *meinschaftsordnung* Rn. 5), gilt eine faktische Bestandsgarantie, die nicht auf die übliche Lebensdauer des Gebäudes beschränkt, sondern „auf Ewigkeit" angelegt ist.[21] Die Gemeinschaftsordnung ist in der Regel Bestandteil der notariellen Urkunde „Teilungserklärung". Deshalb kann in einer **Gemeinschaftsordnung** von den gesetzlichen Regelungen nicht ohne Weiteres abgewichen werden. Demnach darf ein Wintergarten trotz der entsprechenden Regelungen zu baulichen Veränderungen (→ *Terrasse* Rn. 6) in der Gemeinschaftsordnung nicht errichtet werden. Eine in der Gemeinschaftsordnung aufgenommene Regelung, mit der von der Zustimmungsbedürftigkeit einer baulichen Änderung und der Unzumutbarkeitsgrenze bzw. dem Umgestaltungsverbot des § 20 Abs. 4 WEG abgewichen werden kann, ist restriktiv auszulegen. Dieser Grundsatz gilt auch weiterhin. Bereits nach der bisherigen Rechtslage (§ 22 Abs. 1 S. 1 WEG aF) waren Abweichungen in einer Gemeinschaftsordnung restriktiv auszulegen.[22] Dies gilt nicht nur für **Wertverbesserungen**, sondern auch für bauliche Veränderungen, so dass ein qualifizierter Mehrheitsbeschluss nicht ausreicht. Nach zutreffender Auffassung kann das Recht zur Errichtung eines Wintergartens daran scheitern, dass die übrigen Wohnungseigentümer über das in § 14 Abs. 1 Nr. 1 und Abs. 2 Nr. 1 WEG hinausgehende Maß betroffen sind.

4. Wintergarten und Sondernutzungsrecht. An dem gemeinschaftlichen Eigentum einer Terrasse kann ein 9 **Sondernutzungsrecht** zugunsten des Wohnungs- oder Teileigentums (→ *Terrasse* Rn. 6) bestellt sein. Die Vorschrift des § 3 Abs. 2 und 3 WEG steht dem nicht entgegen. Das geplante Annexeigentum vermag überdies nicht in jedem Fall einen adäquaten Gestaltungsersatz für die derzeit gebräuchlichen Sondernutzungsrechte anzubieten. Nach der Konzeption des § 3 Abs. 2 WEG muss das Annexeigentum zwingend im Eigentum eines Wohnungs- bzw. Teileigentümers stehen; die Eigentumsverhältnisse müssen also identisch sein.[23] Wird bereits mit einem Sondernutzungsrecht das Recht zur Vornahme einer baulichen Veränderung eingeräumt, gilt die Zustimmung erteilt. Durch die Einräumung eines Sondernutzungsrechts wird einem Sondereigentümer ein Gebrauchs- und/oder Nutzungsrecht am gemeinschaftlichen Eigentum eingeräumt (→ *Sondernutzungsrecht* Rn. 24). Die Rechte des Sondernutzungsberechtigten werden durch den allgemeinen „Pflichtenkanon" des § 14 Abs. 1 und 2 WEG beschränkt.[24]

In der Regel will ein Sondernutzungsberechtigter vor allem im Bereich einer Terrasse oder Gartenfläche eine 10 **bauliche Veränderung** iSv § 20 Abs. 1 WEG realisieren. Die bauliche Veränderung darf der „Gesamtheit" der Wohnungseigentumsanlage allerdings keine andere Prägung geben.[25] Gleichfalls bedeutet dies, dass ein Wintergarten errichtet werden kann. Da ein zugunsten eines Sonder- oder Teileigentümers eingeräumtes Sondernutzungsrecht für die übrigen Eigentümer eine „Belastung" bedeutet, sind die Folgen nach zutreffender Auffassung sorgfältig abzuwägen.[26] Sofern das äußere Erscheinungsbild infolge eines Wintergartens als bauliche Veränderung verändert wird, tragen die Kosten der Erhaltungsmaßnahmen (Instandhaltung und Instandsetzung) im Zweifel alle Wohnungseigentümer nach Anteilen (§ 16 Abs. 2 WEG).. Ein Sondernutzungsrecht zur Errichtung eines Wintergartens kann nicht per Beschluss eingeräumt werden. Dieser Beschluss ist nichtig.

III. Einflussmöglichkeiten der Wohnungseigentümer

1. Beschlusskompetenz der Wohnungseigentümer – Benutzungsregelung. Im Hinblick auf den **Gebrauch** 11 (→ *Gebrauch des gemeinschaftlichen Eigentums* Rn. 18) bestehen Einflussmöglichkeiten der Wohnungseigentümer. Eine Benutzungsregelung kann gem. § 19 Abs. 1 WEG durch einen Mehrheitsbeschluss erfolgen. Die-

---

20 BT-Drs. 19/18791, 63; BR-Drs. 168/20, 71.
21 *Greiner* ZWE 2019, 243 (244).
22 LG München I 10.11.2011 – 36 S 4112/11, BeckRS 2013, 19015.
23 *Becker/Schneider* ZfIR 2020, 281 (285).
24 *Hügel* FS Riecke, 2019, 233 (238).
25 BGH 22.6.2012 – V ZR 73/11, ZWE2012, 377.
26 *Hügel* FS Riecke 2019, 232 (245).

ser kann auch die Benutzung von Sondereigentum oder Sondernutzungsrechten treffen.[27] Der Beschluss darf einer gültigen Vereinbarung und somit der Gemeinschaftsordnung nicht entgegenstehen. Eine Vereinbarung gem. §§ 10 Abs. 1, 19 Abs. 1 WEG entfaltet im Hinblick auf Beschlüsse eine „Sperrwirkung".[28]

12 **2. Grenzen der Genehmigungspflicht (gemeinschaftliches Eigentum).** Die Errichtung eines Wintergartens ist ohne Zustimmung oder eine nachträgliche Genehmigung unzulässig. Zunächst kann die rechtliche Grundlage für die Errichtung in einer Vereinbarung liegen. Unabhängig davon handelt es sich grundsätzlich um eine bauliche Veränderung iSd § 20 Abs. 1 WEG. Die übrigen Eigentümer dürfen nicht über das in § 14 Abs. Nr. 1 WEG geregelte Maß hinaus beeinträchtigt werden. Dies kann zum Beispiel durch den erstmaligen Umbau einer Terrasse (→ *Terrasse* Rn. 23) oder einer Loggia mittels Verglasung zu einem Wintergarten der Fall sein, wo alle Wohnungseigentümer zustimmen. Durch die Errichtung des Wintergartens wird das einheitliche Erscheinungsbild der Fassade „gestört".[29] Dies folgt auch daraus, dass ein Wintergarten mit dem gemeinschaftlichen Eigentum Außenfassade und tragende Außenwand verbunden ist. Die Errichtung eines Wintergartens betrifft im Regelfall alle Wohnungseigentümer. Nach einem aktuellen Urteil des BGH ist das Zustimmungserfordernis in § 22 Abs. 1 WEG aF eine besondere Vorgabe der ordnungsgemäßen Verwaltung. Was wiederum dieses Zustimmungserfordernis bedeutet bleibt gleichwohl unklar. Es müssen stets diejenigen Eigentümer zustimmen, die von der baulichen Veränderung – hier ein Wintergarten – betroffen sind. Nach zutreffender Auffassung wird neben einem einfachen Mehrheitsbeschluss auch die Stimme der Eigentümer erforderlich sein, die von der Maßnahme betroffen sind. Der BGH klärt insoweit bis zur WEG-Reform, dass ein Beschluss über eine bauliche Veränderung nur mit einfacher Mehrheit gefasst werden muss.[30]

13 **3. Ordnungsgemäße Erhaltungmaßnahmen (Instandhaltung und Instandsetzung).** Die Frage nach der **Erhaltungslast** (Instandhaltungs- und Instandsetzungslast) bei einem Wintergarten ist nicht eindeutig zu beantworten. Bei der Erhaltungslast ist zu berücksichtigen, dass einige Bestandteile des Wintergartens zwingend im gemeinschaftlichen Eigentum (→ Rn. 4) stehen. Der „lichte Raum" hingegen ist wie ein Raum (→ Rn. 5) als Teil des Sondereigentums zu bewerten. Die Kosten der Erhaltungsmaßnahmen (Instandhaltung und Instandsetzung) des Wohnungseigentums hat demnach der Wohnungseigentümer zu tragen.[31] Den anderen Wohnungseigentümern darf kein Nachteil entstehen. Grundsätzlich ist nach der gesetzlichen Kompetenzverteilung gem. § 19 Abs. 2 Nr. 2, Abs. 1 WEG und § 18 Abs. 1 WEG die Wohnungseigentümergemeinschaft für die Erhaltungsmaßnahmen (Instandhaltung und Instandsetzung) und somit die Reparatur sowie den Tausch von Fenstern und Bauteilen zuständig.[32] Allerdings gilt dieser Grundsatz nicht uneingeschränkt. Ein Beschluss, mit dem die Erhaltungslast (Instandhaltungs- und Instandsetzungslast) auf Wohnungseigentümer übertragen wird, ist grundsätzlich nichtig.[33] Dies soll nach Ansicht des BGH auch bei Beschlüssen gelten, die auf der Grundlage einer Öffnungsklausel gefasst werden. Bei der Erhaltung (Instandhaltung und Instandsetzung) (→ *Erhaltungsmaßnahmen* Rn. 13) kommt es darauf an, ob diese Pflichten wirksam auf den „begünstigten" Wohnungs- oder Teileigentümer übertragen wurden.

14 Die Übertragung der Erhaltungslast auf den einzelnen Wohnungseigentümer setzt eine hinreichend **bestimmte Vereinbarung** (§ 10 Abs. 1 WEG) voraus. Die Übertragung der Erhaltungspflichten muss eindeutig sein. Dies gilt vor dem Hintergrund, dass nach zutreffender Auffassung das Dach des Wintergartens und die tragenden Seitenteile mit den Glas- und Fensterelementen dem gemeinschaftlichen Eigentum zugehörig sind. Eine Ausnahme gilt allerdings dann, wenn eine wirksame Übertragung per Vereinbarung stattgefunden hat. Die Vereinbarung muss gem. § 10 Abs. 1 WEG schuldrechtlich getroffen sein. Ist eine Vereinbarung nicht vorhanden, kann jeder Wohnungseigentümer gem. § 10 Abs. 2 S. 1 WEG eine vom Gesetz abweichender Vereinbarung fordern. Der Abänderungsanspruch auf eine vom Gesetz abweichende Vereinbarung muss der jeweilige Wohnungseigentümer durch eine Leistungsklage gegen die Gemeinschaft der Wohnungseigentümer durchsetzen.[34] Die Einhaltung einer besonderen Form ist allerdings nur dann erforderlich, wenn die Vereinbarung gegenüber

---

27 AG Hamburg-Barmbek 17.9.2014 – 882 C 23/13, ZMR 2015, 415 (416).

28 BT-Drs. 19/18791, 58; BR-Drs 168/20, 65.

29 AG Tempelhof-Kreuzberg 26.10.2012 – 73 C 220/10, BeckRS 2012, 23173 = IMR 2013, 75.

30 BGH 29.5.2020 – V ZR 141/19, MietRB 2020, 238 (239) mAnm *Elzer* = IMR 2020, 330 mAnm *Elzer.*

31 Bärmann/*Suilmann* WEG § 14 Rn. 26.

32 BGH 22.11.2013 – V ZR 46/13, ZWE 2014, 125 (126) Rn. 6.

33 BGH 9.3.2012 – V ZR 161/11, NJW 2012, 1724 Rn. 11.

34 *Lehmann-Richter/Wobst* WEG-Reform 2020, Rn. 1973.

Rechtsnachfolgern wirken soll. Dann muss die Vereinbarung als „verdinglichte" Vereinbarung im Grundbuch eingetragen sein.

4. Begehung und Besichtigung. Bei einem Wintergarten gehören wesentliche Bauteile wie die Dachkon- 15 struktion und die verglasten Seitenwände zum gemeinschaftlichen Eigentum (→ Rn. 3). Der Verwalter und die Wohnungseigentümer haben ein **berechtigtes Interesse** daran festzustellen, ob eine Beeinträchtigung für das gemeinschaftliche Eigentum oder einen der übrigen Wohnungseigentümer besteht. Dies kann im Wege einer Begehung oder Besichtigung geklärt werden. Die Wohnungseigentümer haben die Begehung gem. § 14 Abs. 1 Nr. 2 und Abs. 2 Nr. 2 WEG zu dulden. Die Eigentumsrechte des Sondereigentümers sollen der Erhaltung des gemeinschaftlichen Eigentums nicht im Wege stehen. Da der Begriff der „Duldung" weit auszulegen ist, darf bei der Sanierung – soweit erforderlich – auch Sondereigentum beschädigt werden.[35] Die ist zum Beispiel der Fall, wenn ein Mangel an der Dachkonstruktion des Wintergartens oder an dem Terrassenaufbau unterhalb des Wintergartens vorliegt. Dann ist unter Umständen im Interesse der Gemeinschaft eine „Bauteilöffnung" vorzunehmen, um den Mangel am gemeinschaftlichen Eigentum aufzufinden und zu beseitigen. Die Duldungspflicht gilt im Verhältnis zu dem betreffenden Wohnungseigentümer.

Der Wohnungseigentümer ist im begründeten Einzelfall verpflichtet, die **Begehung und Besichtigung** durch 16 den Verwalter oder einen seiner Erfüllungsgehilfen zum Zwecke der Erhaltung (Instandhaltung und -setzung) zu dulden (→ *Begehung der Wohnungseigentumsanlage* Rn. 7). Erfasst werden neben den Arbeiten auch Vorbereitungsmaßnahmen wie beispielsweise die Überprüfung, welche Erhaltungsmaßnahmen (Instandsetzung und Instandhaltung) in Betracht kommen.[36] Das Zutrittsrecht ist von einer vorherigen Ankündigung abhängig und auf das Erforderliche zu beschränken.[37] Eine ohne Anlass durchgeführte Begehung und Besichtigung darf es nicht geben. Die Vorschrift des § 14 Abs. 1 Nr. 2 WEG gilt nur im Verhältnis der Wohnungseigentümer untereinander. Ein vermietender Wohnungseigentümer kann nach § 278 BGB zur Einwirkung auf den Mieter (→ *Mieter* Rn. 6) verpflichtet sein, damit dieser der Begehung und Besichtigung zustimmt.[38]

IV. Öffentlich-rechtliche und nachbarrechtliche Grenzen

1. Öffentlich-rechtliche Genehmigung und bauordnungsrechtliche Grenzen. Ein Wintergarten muss nach 17 den öffentlich-rechtlichen Bauvorschriften in Form der Landesbauordnungen sowie der örtlichen Bauvorschriften, mithin Gestaltungs- und Denkmalschutzsatzungen, baurechtlich zulässig sein. Wird ein Wintergarten nachträglich errichtet, ist eine bauordnungsrechtliche Genehmigung einzuholen. Es kommt darauf an, ob ein Wintergarten im Bereich eines Bebauungsplans (§ 30 BauGB), im unbeplanten Innenbereich (§ 34 BauGB) oder im Außenbereich (§ 35 BauGB) errichtet wird. Darüber hinaus sind die Vorschriften der **Baunutzungsverordnung** zu prüfen. Bei einem Wintergarten handelt es sich um einen **Raum** iSd § 13 BauNVO. Bei diesem handelt es sich um Gebäudeteile.[39] Räume in diesem Sinne können auch Außenwohnbereiche in Gestalt von Wintergärten, Terrassen, sein, ohne dass es darauf ankommt, ob sie „geschlossen" sind.[40]

Darüber hinaus sind nach den jeweiligen **Landesbauordnungen** bei der Errichtung eines Wintergartens die 18 Vorschriften über die Einhaltung der öffentlich-rechtlichen Abstandflächen einzuhalten, deren Nichteinhaltung ebenfalls Unterlassungsansprüche auslösen kann. Das moderne Abstandsflächenrecht (**Gebäudeabstand und Grenzabstand**) bewegt sich auf eine größere Verdichtung der vorhandenen Bebauung zu.[41]

Ferner muss die Errichtung eines Wintergartens mit den öffentlich-rechtlichen Denkmalschutzvorschriften im 19 Einklang stehen. Es gelten die Landes-Denkmalschutzgesetze.[42] Der **Errichtung** eines Wintergartens können die denkmalgeschützte Fassade eines Altbaus oder der optische Gesamteindruck eines denkmalgeschützten Hauses entgegenstehen. Ob ein Objekt im Sinne dieser Belange, dh aus städtebaulichen Gründen erhaltenswert ist, beurteilt sich nach seiner geschichtlichen, künstlerischen oder sonstigen städtebaulichen Bedeutung.

---

35 *Emmerich* ZWE 2017, 161 (162).
36 BeckOK WEG/*Müller* § 14 Rn. 55.
37 AG Hamburg-Blankenese 27.2.2013 – 539 C 26/12, ZMR 2013, 570 mwN.
38 *Agatsy* IMR 2018, 443 (448).
39 BeckOK BauNVO/*Hornmann* § 13 Rn. 31.
40 OVG Münster 28.8.2013 – 10 A 2085/12, BeckRS 2013, 56104.
41 *Hager* in Martin/Krautzberger Denkmalschutz-HdB Teil H. Kap. IV Rn. 187.
42 *Hager* in Martin/Krautzberger Denkmalschutz-HdB Teil H. Kap. IV Rn. 197 mwN.

Jeder dieser Aspekte für sich genommen kann genügen, um die Erhaltenswürdigkeit zu begründen. Der Anbau sowie die Errichtung eines Wintergartens scheiden dann im Ergebnis aus.

20 **2. Nachbarrechtliche Vorschriften.** Befindet sich ein Wintergarten an der **Grundstücksgrenze** sind nachbarrechtliche Vorschriften einzuhalten. Die nachbarrechtlichen Grundlagen finden sich in den Nachbarrechtsgesetzen der einzelnen Bundesländer (→ *Nachbarrecht* Rn. 9) und den Vorschriften der §§ 910 ff. BGB. Eine zentrale Vorschrift ist § 912 BGB. Im Rechtsverhältnis der Wohnungseigentümer werden die nachbarrechtlichen Vorschriften des BGB durch die speziell auf das Nachbarverhältnis zwischen Wohnungseigentümern zugeschnittenen §§ 13 und 14 WEG verdrängt (→ *Störungsunterlassung* Rn. 5). Diese Vorschriften sind lex specialis zu den allgemeinen nachbarrechtlichen Vorschriften.[43] Etwas anderes hingegen gilt im Verhältnis der Wohnungseigentümer oder der Gemeinschaft der Wohnungseigentümer zu den direkt an das Wohnungseigentum angrenzenden Nachbarn. Dann sind die Vorschriften der §§ 910 ff. BGB sowie der Nachbarrechtsgesetze nicht „gesperrt".

21 Bei einem nachträglich errichteten **Wintergarten** kann es sich um einen Überbau handeln. Stellt ein nachträglicher Anbau einen schutzwürdigen Überbau dar, müssen bezogen auf den nachträglichen Anbau auch die übrigen Voraussetzungen des § 912 Abs. 1 BGB (Gutgläubigkeit; kein Widerspruch) vorliegen.[44] Ferner darf die erstmalige oder nachträgliche Errichtung eines Wintergartens nicht im Widerspruch zu den Landesnachbarrechtsgesetzen stehen. Bestehen nach den Vorschriften der §§ 903 ff. BGB keine Regelungen ist auf die Landesnachbarrechtsgesetze zurückzugreifen. Unter anderem ist zu klären, ob die Glasfenster eines Wintergartens den Nachbarn (→ *Nachbarrecht* Rn. 7) beeinträchtigen. Nach den Regelungen einzelner Landesnachbarrechtsgesetze kann ein Licht- und Fensterrecht bestehen, das sich auch auf den Wintergarten bezieht. Dessen Nutzungsmöglichkeit unterliegt dem Lichtrecht.[45]

22 **3. Wintergarten als Wohnfläche.** Ein Wintergarten ist als zusätzliche Wohnfläche zu bewerten. Bei der Berechnung der Wohnfläche gilt die **Wohnflächenverordnung** (WoFlV). Nach § 2 Abs. 2 Ziff. 1 WoFlV gehört die Grundfläche des Wintergartens zur Wohnfläche. Die Anrechnung der Grundflächen ist in § 4 WoFlV geregelt. Nach der Vorschrift des § 4 Nr. 3 WoFlV ist ein unbeheizbarer Wintergarten zur Hälfte anzurechnen. Die Anrechnungsvorschrift des § 4 Nr. 3 WoFlV ist zwingend.[46] Beheizbare Wintergärten sind auf die Wohnfläche voll anzurechnen. Ein Wintergarten ist beheizbar, wenn er mit demselben Heizsystem wie die restlichen Wohnräume beheizt wird. Die bloße Möglichkeit, einen Elektroofen aufzustellen, genügt nicht.[47]

V. Verfahrenshinweise

23 **1. Klage auf Zustimmung und Beseitigung.** Ein Wohnungseigentümer kann gem. § 20 Abs. 1 und 3 WEG eine Klage auf die **Zustimmung** der übrigen Wohnungseigentümer zur Errichtung eines Wintergartens erheben. Nach der Neufassung des § 20 Abs. 3 WEG ist jeder Wohnungseigentümer berechtigt, ohne Zustimmung der anderen bauliche Maßnahmen vorzunehmen, wenn die anderen Wohnungseigentümer nicht in einem über § 20 Abs. 4 WEG hinausgehenden Maß beeinträchtigt werden.[48] Wird das Recht eines Wohnungseigentümers zur Errichtung eines Wintergartens aufgrund einer Regelung in der Gemeinschaftsordnung oder Vereinbarung (→ Rn. 8) legitimiert, besteht der Anspruch auf Errichtung.[49] Etwas anderes gilt hingegen dann, wenn eine Beschlussfassung all derjenigen Wohnungseigentümer erforderlich ist, die über das Maß des § 14 Abs. 1 Nr. 1 WEG hinaus betroffen sind.

24 Hat ein Wohnungseigentümer im Vorfeld der Errichtung eines Wintergartens vergeblich versucht, einen **Genehmigungsbeschluss** (→ Rn. 11) gem. § 20 Abs. 1 WEG herbeizuführen, muss er auf die Genehmigung klagen. Ohne Einholung eines Genehmigungsbeschlusses (→ *Bauliche Veränderung* Rn. 22) fehlt das Rechtsschutzbedürfnis.[50] Mit einer Klage auf Genehmigung wird die begehrte Rechtsfolge durch das Gerichtsurteil

---

43 *Hügel/Elzer*, 3. Aufl. 2021, WEG § 14 Rn. 37.
44 BeckOGK/*Vollkommer* BGB § 912 Rn. 26.
45 GLS NachbarR-HdB/*Saller* Kap. 2 B Ziff. 433.
46 Riecke/Schmid WoFlV § 4 Rn. 1.
47 *Eisenschmid* WuM 2004, 3 (5).
48 *Bärmann/Pick* Anh. I zu § 20 WEG-E Rn. 13 f.
49 Bärmann/*Merle* WEG § 22 Rn. 167.
50 BGH 15.1.2010 – V ZR 114/09, NJW 2010, 2129 Rn. 14.

iSv § 894 ZPO ersetzt. Wird die Genehmigung gegen der baulichen Veränderung Wintergarten mittels Negativbeschluss der betroffenen Wohnungseigentümer versagt, kann der Wohnungseigentümer dagegen Anfechtungsklage erheben.

Die Klage eines Wohnungseigentümers kann darauf gerichtet sein, die Zulässigkeit der Errichtung eines Wintergartens festzustellen. Die Feststellungsklage ist insbesondere dann statthaft, wenn „Streit" über die **Zustimmungspflichtigkeit** besteht.[51] Kann eine bauliche Veränderung durch eine Beschlussfassung genehmigt werden, ist nach zutreffender Auffassung eine entsprechende Feststellung zu beantragen, dass die beabsichtigte Maßnahme – die Errichtung eines Wintergartens – keiner Beschlussfassung bedarf.[52]   **25**

Wird die Genehmigung der baulichen Veränderung Wintergarten durch einen **Negativbeschluss** versagt, kann der betroffene Wohnungseigentümer diesen anfechten.[53] Beeinträchtigte Wohnungseigentümer können den Genehmigungsbeschluss mit der Beschlussklage gem. § 44 Abs. 1 S. 1 Alt. 1 WEG anfechten. Eine Beschlussanfechtung kann auch aufgrund einer von § 20 Abs. 1 und 3 WEG abweichenden Teilungserklärung für bauliche Veränderungen grundsätzlich impliziert sein. Die Eigenart des Gebäudes darf ebenso wenig verändert werden wie eine grundlegende Umgestaltung der Wohnungseigentumsanlage herbeigeführt werden (§ 20 Abs. 4 WEG). Wird die Eigenart der Wohnungseigentumsanlage zum Beispiel durch die bauliche Veränderung – also auch den Bau eines Wintergartens – verändert, dann kann ein betroffener Wohnungseigentümer erfolgreich den Beschluss anfechten.[54] Ein betroffener Wohnungseigentümer kann die Beseitigung im Klageweg geltend machen (→ *Beseitigung* Rn. 58) Für die Praxis kann daher nur empfohlen werden zu prüfen, welche Vergemeinschaftungsbeschlüsse noch zu vollziehen sind und die Wohnungseigentümer darauf hinzuweisen, dass diese nun wieder für die Ausübung der Rechte und Pflichten zuständig sind.[55]   **26**

2. Einstweilige Verfügung. Errichtet ein Wohnungseigentümer in unzulässiger Weise einen Wintergarten (§ 14 Abs. 1 Nr. 1 WEG) oder haben die Wohnungseigentümer über einen nicht genehmigungsfähigen Wintergarten beschlossen, können betroffene Wohnungseigentümer mittels einer einstweiligen Verfügung (→ *Einstweiliger Rechtsschutz* Rn. 23) einen Baustopp erwirken, um die sofortige Beschlussvollziehung sowie die Aussetzung eines Genehmigungsbeschlusses zu verhindern.[56] Der Verfügungsanspruch ist der Individualanspruch des einzelnen Wohnungseigentümers gegen die Gemeinschaft der Wohnungseigentümer auf eine ordnungsgemäße Verwaltung aus § 18 Abs. 2 Nr. 1 und 2 WEG.[57] In Betracht kommen auch Ansprüche aus § 1004 Abs. 1 S. 1 BGB sowie § 14 Abs. 1 Nr. 1 und Abs. 2 Nr. 1 WEG.[58] Der Erlass einer einstweiligen Verfügung kommt beispielsweise auch dann in Betracht, wenn eine bauliche Veränderung – somit auch ein Wintergarten – vorgenommen wird, ohne dass die Wohnungseigentümergemeinschaft zuvor mit dieser baulichen Veränderung – gegebenenfalls mit einer Beschlussfassung – befasst wurde.[59] Der Verfügungsgrund liegt in einer nur schwer rückgängig zu machenden Beeinträchtigung des gemeinschaftlichen Eigentums.[60] Allerdings gilt auch nach der Neufassung des WEMoG der Grundsatz, dass die Hauptsache nicht mit einer einstweiligen Verfügung vorweggenommen werden darf.   **27**

3. Freistellung von Kosten bei der baulichen Veränderung Wintergarten. Vor dem Hintergrund, dass ein Wintergarten grundsätzlich nur einem einzigen Wohnungseigentümer zugutekommt, stellt sich die Problematik der **Kostentragung** (→ *Kosten, Verteilung und Folgekosten bei baulichen Veränderungen* Rn. 11) gem. § 21 WEG. Nach zutreffender Auffassung hat die Errichtung eines Wintergartens nicht nur Vorteile für die übrigen Wohnungseigentümer. Dafür spricht, dass tragende Bauteile des Wintergartens im Bereich der Seitenteile und am Dach mit dem gemeinschaftlichen Eigentum verbunden sind und nach zutreffender Auffassung e auch nach der Erweiterung der Sondereigentumsfähigkeit von Außenflächen (§ 3 Abs. 2 WEG) dem gemein-   **28**

---

51 Riecke/Schmid /*Abramenko* WEG § 22 Rn. 2.
52 LG München I 16.11.2009 – 1 S 4964/09, ZWE 2010, 98 (99); AG München 28.2.2018 – 481 C 793/17 WEG, ZMR 2018, 458.
53 *Hügel/Elzer*, 3. Aufl. 2021, WEG § 20 Rn. 48.
54 LG Hamburg 26.6.2019 – 318 S 112/18, ZWE 2019, 378 (379) Rn. 14.
55 SEHR/*Skauradszun*, Verbandsrecht 2020, Kap. III, Ziff. 1 c.
56 *Schmid* NZBau 2010, 290 ff. mwN.
57 BT-Drs. 19/18791, 58; BR-Drs. 168/20, 63 f; *Skauradszun* ZMR 2020, 905 (906).
58 BeckOK WEG/*Elzer* § 43 Rn. 55.
59 AG München 8.7.2010 – 483 C 703/10, BeckRS 2010, 20842.
60 MüKoZPO/*Drescher* § 935 Rn. 93.

schaftlichen Eigentum zuzuordnen sind (→ Rn. 4). Hat ein Wohnungseigentümer nach § 20 Abs. 2 und 3 WEG einen Anspruch auf Zustimmung ist § 21 Abs. 3 WEG (§ 16 Abs. 6 WEG aF) nach zutreffender Auffassung erweiternd auszulegen und die „Gezwungenen" sind von der Kostenlast zu befreien.[61] Die bisherige Rechtsprechung des BGH deckt sich normsystematisch mit der Neufassung des § 21 Abs. 1 WEG. Nach einem aktuellen Urteil des BGH haben die Wohnungseigentümer die Beschlusskompetenz, durch Mehrheitsbeschluss eine baulichen Veränderung am gemeinschaftlichen Eigentum zu gestatten, wenn ein Wohnungseigentümer dafür Sorge trägt, dass die übrigen Wohnungseigentümer von den damit verbundenen finanziellen Lasten freigestellt werden.[62] Eine diesbezügliche gesetzliche Regelung sieht nun die Vorschrift des § 21 WEG vor.

29 Damit können die Eigentümer von dem Grundsatz abweichen, damit die übrigen Wohnungseigentümer im Hinblick auf die „Folgekosten" des Wintergartens einen Teil der Kostenlast zu tragen haben. Im Einzelnen können dies Erhaltungskosten (Instandhaltungs- und Instandsetzungskosten) sein. Der **Kostenverteilungsschlüssel** wird nach der Vorschrift der WEG durchbrochen. Es besteht dann das Bedürfnis, diejenigen Eigentümer, die von der Maßnahme besonders profitieren, abweichend von dem allgemeinen Kostenverteilungsschlüssel verhältnismäßig stärker zu belasten. Zudem werden in der Praxis Baumaßnahmen und die damit verbundenen Kosten als einheitlicher Lebenssachverhalt gesehen und der Beschluss über die Maßnahme selbst mit der Kostenregelung verbunden.[63]

265. Wirtschaftsplan

Breiholdt

I. Einführung

1 Das **WEMoG** hat auch das Finanzwesen der Gemeinschaft der Wohnungseigentümer reformiert. Ziel war dabei, Wirtschaftsplan und Jahresabrechnung weniger anfechtungsanfällig zu gestalten.[1] Das will der Gesetzgeber dadurch erreichen, dass Beschlussgegenstand nun nicht mehr das Zahlenwerk mit seinen Einzelpositionen ist, sondern das **konkrete Rechenergebnis**, dh die auf jeden Wohnungseigentümer entfallene Kostenlast. Im Bereich des Wirtschaftsplans sind das die aus dem Gesamtrechenwerk zu ermittelnden Vorschüsse (§ 28 Abs. 1 WEG). Nur wenn diese unzutreffend berechnet wurden, das Ergebnis also falsch ist, kann dies zu einer erfolgreichen Anfechtung führen. Rein formale Fehler – zB in der Darstellung – berechtigen nicht zur Anfechtung.

---

61 LG Köln 30.6.2012 – 29 S 246/19, ZWE 2012, 277 (278) = ZMR 2013, 65 (66); *Sommer* ZWE 2017, 75 (80); *Hügel/Elzer*, NZM 2009, 457 (466).
62 BGH 15.5.2020 – V ZR 64/19, MietRB 2020, 239, 240 mAnm *Hogenschürz*.
63 BeckOK WEG/*Elzer* WEG § 21 Rn. 10.
 1 BT-Drs. 19/18791, 76.

Auf der anderen Seite hat sich an Inhalt und Aufbau des Wirtschaftsplanes nichts geändert, weil eben nur be- 2
stimmte Anfechtungsmöglichkeiten eingeschränkt werden sollten.[2] Eine neue Bezeichnung hat allerdings die
Instandhaltungsrücklage erhalten: Sie heisst jetzt *Erhaltungsrücklage* (s. § 19 Abs. 2 Nr. 4 WEG).

Das bedeutet, dass viele Grundsätze und Regeln, die von der Rechtsprechung zur Aufstellung des Wirtschafts- 3
planes in der Vergangenheit aufgestellt wurden, weiterhin fortgelten.

Der Wirtschaftsplan ist der **Haushaltsplan** der Gemeinschaft der Wohnungseigentümer. Der Plan enthält die 4
voraussichtlichen Ausgaben für das kommende Wirtschaftsjahr und legt zugleich fest, wie diese gedeckt werden sollen. Als Ergebnis bestimmt er den Betrag eines von jedem Eigentümer zu zahlenden monatlichen Haus-
oder Wohngeldes.

Die besondere Bedeutung des Planes ergibt sich vor allem aus der Tatsache, dass die Eigentümer **ohne Be-** 5
schluss über den Plan zu **keinerlei Zahlungen** an den Verband Eigentümergemeinschaft verpflichtet sind.[3]
Gibt es keinen Plan, ist ein beschlossener Plan nichtig oder wirksam angefochten, so kann der Verwalter keinerlei Zahlungen von den Eigentümern anfordern.

Der Wirtschaftsplan ist vom Verwalter aufzustellen und von der Gemeinschaft der Wohnungseigentümer zu 6
beschließen. Jeder Wohnungseigentümer hat einen Anspruch auf Aufstellung des Wirtschaftsplanes. Anders
als nach früherem Recht richtet sich dieser **Anspruch** aber nicht mehr gegen den Verwalter, sondern **gegen die**
Gemeinschaft der Wohnungseigentümer (§ 18 Abs. 2 Nr. 1 WEG) und ist vom Verwalter als deren Organ
durchzuführen; die Pflicht des Verwalters zur Aufstellung besteht nunmehr gegenüber der Gemeinschaft der
Wohnungseigentümer.

Nach früherem Recht sollte aus der gesetzlichen Aufgabenzuweisung an den Verwalter folgen, dass ein Mehr- 7
heitsbeschluss, der die Aufstellung des Planes an den Beirat überträgt, nichtig sei.[4] Daran hat nach hier vertretener Auffassung der Schuldnerwechsel bzgl. des Anspruches (von Verwalter zur Gemeinschaft der Wohnungseigentümer) nichts geändert.

Bei der Kalkulation der voraussichtlichen Ein- und Ausgaben hat die Gemeinschaft der Wohnungseigentümer 8
ein weites Ermessen. Sie kann insbesondere das Hausgeld großzügig bemessen, um Nachzahlungen zu vermeiden.[5]

Inhaltlich zerfällt der Wirtschaftsplan in den **Gesamtwirtschaftsplan** und die **Einzelwirtschaftspläne**, ohne 9
dass diese Begriffe im WEG explizit genannt wären. Daran hat das WEMoG nichts geändert. In der Regel
werden aber beide Teile in einer Aufstellung zusammengefasst.

II. Aufstellung

1. Zuständigkeit. Zuständig ist gem. § 28 Abs. 1 S. 2 WEG der **Verwalter**. Dieser erstellt einen Entwurf, 10
über den die Wohnungseigentümer in der Eigentümerversammlung beraten und abstimmen. Das bedeutet
auch, dass sie an den Entwurf nicht gebunden sind, sondern ihn mit Änderungen beschließen können.

Jeder einzelne Wohnungseigentümer kann die Gemeinschaft der Wohnungseigentümer im Wege einer Leis- 11
tungsklage auf Aufstellung eines Wirtschaftsplans in Anspruch nehmen.[6] Nach früherem Recht war die Klage
gegen den Verwalter zu richten.

Verweigert hingegen eine Mehrheit von Eigentümern einem vom Verwalter aufgestellten Wirtschaftsplan in 12
der Eigentümerversammlung ihre Zustimmung, so kann jeder einzelne Eigentümer eine **Beschlussersetzungs-**
klage gem. § 44 Abs. 1 S. 2 WEG gegen die Gemeinschaft der Wohnungseigentümer erheben. In diesem Fall
muss der Plan durch das Gericht erstellt werden, wobei es nicht gehalten ist, detaillierte Gesamt- und Einzel-

---

2 Vgl. auch *Lehmann-Richter/Wobst*, WEG-Reform 2020, Rn. 764.
3 Vgl. *Hügel/Elzer* WEG § 28 Rn. 39.
4 *Wenzel* ZWE 2001, 235.
5 LG München I 15.3.2017 – 1 S 10106/16 WEG, ZWE 2017, 325 (327).
6 *Lehmann-Richter/Wobst*, WEG-Reform 2020, Rn. 758.

wirtschaftspläne aufzustellen, sondern die voraussichtlichen Bewirtschaftungskosten nach den Angaben der Beteiligten schätzen kann.[7]

13 Die Pflicht des Verwalters zur Aufstellung eines Wirtschaftsplanes **endet mit Ablauf des Abrechnungszeit-raumes.** Wurde jedoch ein von der Gemeinschaft der Wohnungseigentümer für das Abrechnungsjahr beschlossener Plan in der Zwischenzeit durch gerichtliches Urteil für unwirksam erklärt, so ist durch den (amtierenden) Verwalter rückwirkend ein neuer Plan aufzustellen und den Wohnungseigentümern zur Beschlussfassung vorzulegen.[8]

14 In einer **Mehrhausanlage** können zulässigerweise Untergemeinschaften mit eigener Verwaltungszuständigkeit und selbstständiger Beschlusskompetenz gebildet werden.[9] Diesen Untergemeinschaften kann demgemäß die Kompetenz eingeräumt werden, über die auf das jeweilige Haus entfallenden Kosten und Lasten allein zu entscheiden. Die Kosten und Lasten sind dann für jede Untergemeinschaft getrennt zu ermitteln und abzurechnen. Daraus folgt, dass die jeweilige Untergemeinschaft hausbezogene Wirtschaftspläne (und Abrechnungen) beschließt. Dies beinhaltet ausdrücklich nicht die Beschlusskompetenz über Kosten, die das Gesamtgrundstück, andere Gebäude oder gemeinschaftliche Anlagen betreffen. Insoweit gibt es auch in Mehrhausanlagen Wirtschaftspläne für die Gesamtanlage.

15 Ein Spezialproblem war seit jeher die Aufstellung und der Beschluss des Wirtschaftsplanes durch einen teilenden Eigentümer, zB den **Bauträger.** Es handelte sich dabei um einen „**Ein-Mann-Beschluss**". Da die Gemeinschaft der Wohnungseigentümer nach altem Recht erst mit der Eintragung des ersten Erwerbers in das Wohnungsgrundbuch entstand, handelte es sich um einen Nichtbeschluss, der Wirkungen nicht entfalten konnte.[10]

16 Dieses Problem besteht wegen des jetzigen § 8 Abs. 3 WEG nicht mehr. Die Rechtsfigur der „werdenden Gemeinschaft" ist Vergangenheit. Die Gemeinschaft der Wohnungseigentümer entsteht mit Anlegung der Wohnungsgrundbücher. „Ein-Mann-Beschlüsse" sind grundsätzlich zulässig.

17 Unabhängig davon besteht – und bestand auch unter der Geltung des alten Rechts – die Möglichkeit, dass der teilende Eigentümer einen Wirtschaftsplan bereits in der Teilungserklärung bzw. Gemeinschaftsordnung bestimmt, auf dessen Grundlage der Verwalter dann die Hausgelder von den Erwerbern anfordern kann.

18 **2. Zeitraum.** Der Wirtschaftsplan ist gem. § 28 Abs. 1 S. 2 WEG für ein **Kalenderjahr** aufzustellen. Die Gemeinschaft der Wohnungseigentümer kann das Wirtschaftsjahr durch Vereinbarung aber abweichend vom Kalenderjahr festlegen.

19 **3. Zeitpunkt der Aufstellung.** Der Wirtschaftsplan ist die (einzige) Ermächtigung des Verwalters als Organ der Gemeinschaft, von den Eigentümern die Bezahlung des Hausgeldes zu verlangen. Schon daraus ergibt sich, dass der Plan **vor Beginn des Wirtschaftsjahres** aufgestellt und beschlossen werden sollte, spätestens aber zu Beginn eines Wirtschaftsjahres.

20 Ein konkretes Datum zur Vorlage eines Planes kann sich ggf. aus einer Regelung in der Gemeinschaftsordnung ergeben.

21 In der Praxis werden Wirtschaftspläne häufig erst im Laufe oder gar gegen Ende eines Jahres der Eigentümerversammlung zur Beschlussfassung vorgelegt. Die Vorlage muss aber regelmäßig nach Ablauf der **ersten drei Monate des Wirtschaftsjahres, spätestens nach Ablauf von sechs Monaten** erfolgen.[11] Ansonsten kommt der Verwalter nach Zugang einer Mahnung in Verzug. Eine Beschlussfassung im Dezember eines Wirtschaftsjahres entspricht demgemäß nicht ordnungsmäßiger Verwaltung und ist anfechtbar.[12]

---

7 So zum alten Recht: KG Berlin 22.10.1990 – 24 W 4800/90, NJW-RR 1991, 463–465; aA *Hügel/Elzer* WEG § 28 Rn. 16.
8 Zum alten Recht: *Hügel/Elzer* WEG § 28 Rn. 13 a.
9 BGH 20.7.2012 – V ZR – 231/11, WuM 2012, 575–576.
10 OLG Köln 15.1.2008 – 16 Wx 141/07, ZMR 2008, 478–481.
11 Bärmann/*Becker* WEG § 28 Rn. 13 mwN.
12 BayObLG 13.12.2001 – 2 Z BR 93/01, ZWE 2002, 360.

Für ein **bereits abgelaufenes Wirtschaftsjahr** kann ein Wirtschaftsplan nicht mehr aufgestellt werden. Ein 22 entsprechender Beschluss ist nichtig.[13] Etwas anderes gilt jedoch, wenn ein für das Wirtschaftsjahr rechtzeitig beschlossener Wirtschaftsplan durch Urteil für unwirksam erklärt wurde.[14]

4. Fortgeltung. Mit dem Auslaufen des Kalenderjahres, für das der Wirtschaftsplan aufgestellt und beschlos- 23 sen wird, endet die Vorschusspflicht der Wohnungseigentümer. Wird nicht rechtzeitig ein Plan für das Folgejahr beschlossen, so gibt es für den Verwalter keine Grundlage, in dem Folgejahr Vorschüsse einzufordern.

Eine Ausnahme besteht zum Zeitpunkt der Verfassung dieses Manuskriptes (Februar 2021): Nach § 6 Abs. 2 24 des Gesetzes zur Abmilderung der Folgen der COVID-19-Pandemie im Zivil-, Insolvenz- und Strafverfahrensrecht gilt ein beschlossener Wirtschaftsplan bis zum Beschluss eines neuen Wirtschaftsplanes fort.

Durch **Vereinbarung** — etwa in der Gemeinschaftsordnung — kann aber eine generelle Fortgeltung des jeweili- 25 gen Wirtschaftsplanes festgelegt werden.[15] Durch Beschluss ist eine abstrakt-generelle Anordnung der Fortgeltung künftiger Wirtschaftspläne dagegen nicht möglich. Ein solcher Beschluss verstößt gegen § 28 Abs. 1 WEG ist deshalb nichtig.[16]

Zulässig ist die **Beschlussfassung über einen konkreten Wirtschaftsplan** verbunden mit der Festlegung, 26 dass der beschlossene Plan bis zum Beschluss über einen neuen Plan fortgelten soll.[17] Eine zeitliche Befristung solcher konkreter Fortgeltungsbeschlüsse ist nicht erforderlich, weil den Wohnungseigentümern die Kompetenz fehlt, die Anforderungen an Wirtschaftspläne auf Dauer zu verändern, insbesondere generell für die Zukunft auf die Vorlage von Einzelwirtschaftsplänen zu verzichten. Der Verwalter wird durch einen konkreten Fortgeltungsbeschluss auch nicht von der Pflicht entbunden, für das folgende Kalenderjahr einen Wirtschaftsplan aufzustellen.[18]

III. Inhalt

§ 28 Abs. 1 WEG legt fest, welche **Bestandteile** der Wirtschaftsplan enthalten muss. Dies sind: 27

- die voraussichtlichen Einnahmen und Ausgaben bei der Verwaltung des gemeinschaftlichen Eigentums;
- die anteilmäßige Verpflichtung der Wohnungseigentümer zur Lasten- und Kostentragung;
- die Beitragsleistung der Wohnungseigentümer zur Erhaltungsrücklage bzw. zu den durch Beschluss vorgesehenen Rücklagen.

Gesetzliche Vorschriften über die konkrete Gestaltung des Wirtschaftsplans bestehen nicht. Die in den 28 §§ 238 ff. HGB normierten Vorschriften über die Handelsbücher, insbesondere die über die Aufstellung einer **Bilanz und einer Gewinn- und Verlustrechnung**, sind nicht anwendbar, da die Gemeinschaft kein Kaufmann im Sinne der §§ 1 ff. HGB ist.[19] Durch Vereinbarung kann aber beispielsweise bestimmt werden, dass das Wirtschaftsjahr nicht das Kalenderjahr, sondern ein anders definierter Zeitraum sein soll.

Geboten ist eine für den Wohnungseigentümer nachvollziehbare Darstellung, die sich an der Funktion des 29 Wirtschaftsplans ausrichtet.[20] Zudem müssen **Wirtschaftsplan und Abrechnung** dieselben Kostenpositionen ausweisen.[21]

---

13 OLG Schleswig 13.6.2001 – 2 W 7/01, 2 W 7/2001, ZMR 2001, 855–856, Bärmann/*Becker* WEG § 28 Rn. 14; aA LG Hamburg 22.2.2017 – 318 S 46/15, ZWE 2017, 323; LG Frankfurt/M. 19.11.2020 – 2/13 S 137/19, WuM 2020, 812 (813).

14 *Hügel/Elzer* WEG § 28 Rn. 13 a.

15 BGH 14.12.2018 – V ZR 2/18, NZM 2019, 374–376.

16 Zum alten Recht: NSV/*Niedenführ* WEG § 28 Rn. 17 mit Verweis auf BGH 14.12.2018 – V ZR 2/18, NZM 2019, 374–376.

17 Zum alten Recht: BGH 14.12.2018 – V ZR 2/18, NZM 2019, 374–376.

18 BGH 14.12.2018 – V ZR 2/18, NZM 2019, 374–376 mit Verweis auf *Gottschalg* NZM 2001, 950.

19 BGH 7.6.2013 – V ZR 211/12, NJW-RR 2013, 1234–1236.

20 BGH 7.6.2013 – V ZR 211/12, NJW-RR 2013, 1234–1236.

21 *Hügel/Elzer* WEG § 28 Rn. 23.

30   Inhaltlich zerfällt der Wirtschaftsplan in den Gesamtwirtschaftsplan und die Einzelwirtschaftspläne, ohne dass diese Begriffe im WEG explizit genannt wären. In der Regel werden aber beide Teile in einer Aufstellung zusammengefasst.[22]

31   **1. Gesamtwirtschaftsplan.** In den Gesamtwirtschaftsplan werden die **voraussichtlichen Einnahmen und Ausgaben** bei der Verwaltung des gemeinschaftlichen Eigentums eingestellt.[23]

32   Eine Orientierung bietet hier der Wirtschaftsplan oder die Abrechnung des vorangegangenen Wirtschaftsjahres. Gleichwohl handelt es sich bei dem konkreten Wirtschaftsplan immer um eine **Schätzung**, weshalb die Rechtsprechung der Gemeinschaft der Wohnungseigentümer hier ein weites Ermessen einräumt.[24] Die Eigentümer können insbesondere das Hausgeld großzügig bemessen, um Nachzahlungen zu vermeiden.[25]

33   Ordnungsmäßiger Verwaltung widersprechen kann ein Wirtschaftsplan aber dann, wenn er zu wesentlich überhöhten Hausgeldforderungen oder zu erheblichen Nachzahlungen führen würde.[26]

34   **a) Einnahmen.** Einnahmen können sein:
- Wohngelder
  Ist der Ausfall von Wohngeldzahlungen einzelner Eigentümer bereits abzusehen, so ist dies im Wirtschaftsplan zu berücksichtigen.[27] Gleichwohl sind auch bereits insolvente Eigentümer in den Wirtschaftsplan mit einzubeziehen, da diese anderenfalls nicht zur Zahlung verpflichtet würden.[28]
- Zahlungen auf beschlossene Sonderumlagen
- Zinseinnahmen, wenn sie nicht Teil der Instandhaltungsrücklage werden sollen.[29]
  Dazu gehören auch die Zinsen, die auf die Instandhaltungsrücklage anfallen.[30]
- Einnahmen aus der Vermietung gemeinschaftlichen Eigentums (zB von Aufstellplätzen für Mobilfunkantennen)
- Zu erwartende Einnahmen aus Forderungen (zB Versicherungsleistungen), wenn mit ihnen gerechnet werden kann[31]
- Eingang von Darlehensbeträgen (Krediten)

35   **b) Ausgaben.** Ausgaben sind in erster Linie:
- Betriebskosten gem. § 2 BetriebsKV, zB Allgemeinstrom (ohne Heizungsstrom), Gartenpflege, Straßen- und Gehwegreinigung, Schneebeseitigung, Heizung, Müllabfuhr, Wasser und Abwasser, Kabelanschluss
- Kosten der Instandhaltung und Instandsetzung, zB Reparaturen, Wartungen, Modernisierungsmaßnahmen (§ 22 Abs. 2 WEG) oder der modernisierenden Instandhaltung (§ 22 Abs. 3 WEG), Kosten der erstmaligen Herstellung des Gemeinschaftseigentums
- Kosten der Verwaltung, zB Verwalterhonorar, Bankgebühren, Versicherungen, Aufwendungsersatz für Beirat (wenn vereinbart), Kapitalertragssteuer auf Zinsen, Kosten eines Rechtsstreites, Raummiete für Eigentümerversammlung

36   Einzustellen sind auch – strittige – Forderungen Dritter, wenn die Gemeinschaft ernsthaft mit einer Inanspruchnahme rechnen muss.[32]

37   Auf Dauer uneinbringlichen Beitragsrückstände eines Wohnungseigentümers und zu erwartenden Ausfälle im laufenden Wirtschaftsjahr sind ebenfalls ausgabenerhöhend zu berücksichtigen.[33]

---

22   Muster bei FormB-WEG-R/*Fritsch* § 2 Rn. 307.
23   § 28 Abs. 1 S. 2 Nr. 1 WEG.
24   LG München I 14.11.2011 – 1 S 4681/11, ZMR 2012, 394–398.
25   LG München I 15.3.2017 – 1 S 10106/16 WEG, ZWE 2017, 325 (327).
26   BayObLG 24.6.1999 – 2Z BR 179/98, NZM 1999, 868–870.
27   KG Berlin 26.9.2007 – 24 W 183/06, ZMR 2008, 67–70.
28   BGH 7.6.2013 – V ZR 211/12, NJW-RR 2013, 1234–1236.
29   *Hügel/Elzer* WEG § 28 Rn. 31.
30   OLG Köln 5.5.2008 – 16 Wx 47/08, ZWE 2008, 394; aA wohl OLG München 17.2.2009 – 32 Wx 164/0, Wohnungseigentümer 2009, 101–103.
31   BayObLG 24.6.1999 – 2Z BR 179/98, NZM 1999, 868–870.
32   BGH 2. 6. 2005 – V ZB 32/05, NJW 2005, 2061; BayObLG 20.1.2005 – 2Z BR 117/04, ZMR 2005, 563.
33   BGH 15.6.1989 – V ZB 22/88, NJW 1989, 3018; 7.6.2013 – V ZR 211/12, NJW-RR 2013, 1234–1236.

c) Rücklagen. Unabhängig von der Erhaltungsrücklage (§ 28 Abs. 1 S. 2 Nr. 3 WEG) können die Eigentümer 38 auch Rücklagen für andere Zwecke beschließen.

So kann bei Vorliegen eines Liquiditätsengpasses die Bildung einer **Liquiditätsrücklage** angezeigt sein. Ein 39 Liquiditätsengpass ist ein kurzfristiger Mangel an flüssigen Geldmitteln. Ein Liquiditätsengpass liegt aber erst dann vor, wenn die Gemeinschaft der Wohnungseigentümer fällige Forderungen zu befriedigen hat, für deren Begleichung aktuell keine ausreichenden liquiden Mittel zur Verfügung stehen, obwohl deren Eingang eingeplant ist. Ohne Zwischenfinanzierung könnte führt dies dazu führen, dass die Gemeinschaft fällige Forderungen nicht erfüllen kann. Dies könnte beispielsweise Verzugskosten, Schadensersatzansprüche oder auch fehlenden Versicherungsschutz zur Folge haben. Erfolgte in diesem Fall die Zwischenfinanzierung über einen Dispokredit, so fielen erhebliche Zinsen an.[34]

Zulässig ist weiter die Bildung einer **Modernisierungsrücklage**. Allerdings kann diese – anders als die In- 40 standhaltungsrücklage – nicht allgemein für Modernisierungen angelegt werden. Eine Modernisierungsrücklage dürfte nur ausnahmsweise ordnungsmäßiger Verwaltung entsprechen, wenn eine konkrete Maßnahme in absehbarer Zeit bevorsteht.[35]

In der Praxis entsteht das Problem zumeist, wenn die Wohnungseigentümer die **Umwidmung** eines Teils oder 41 der gesamten Erhaltungsrücklage zu anderen Zwecken (Liquidität, Modernisierung) beschließen.[36]

d) Erhaltungsrücklage. Die Pflicht zur Bildung einer Erhaltungsrücklage ergibt sich aus § 19 Abs. 2 Nr. 4 42 WEG.

Sinn und Zweck der Erhaltungsrücklage ist es, eine ausreichende **Liquidität** für künftig erforderlich werdende 43 Instandhaltungs- bzw. Instandsetzungsmaßnahmen am Gemeinschaftseigentum sicherzustellen.[37] Maßgeblich sind dabei Alter und Erhaltungszustand des jeweiligen Gebäudes,[38] darüber hinaus die Anzahl der technischen Einrichtungen (zB Aufzug, Heizung) und deren Zustand sowie die zu erwartende Lebensdauer und technische Betreuung. Maßgeblich ist, was ein verständiger und vorausschauender Eigentümer zur Erhaltung seines Eigentums zurücklegen würde.

Ein Anhaltspunkt für die Höhe der Erhaltungsrücklage sind die für den öffentlich geförderten Wohnungsbau 44 geltenden **Instandhaltungspauschalen** gemäß § 28 Abs. 2 der zweiten Berechnungsverordnung (2. BV). Danach ist für ein Objekt als Untergrenze ein Betrag von 7,10 Euro pro Quadratmeter und Jahr bei zurückliegender Bezugsfertigkeit von weniger als 22 Jahren anzusetzen. Bei mindestens 22 Jahren ist ein Betrag von 9,00 Euro pro Quadratmeter und Jahr anzusetzen.

Nach der Grundsatzentscheidung des BGH[39] sind tatsächliche und geschuldete **Zahlungen der Wohnungsei-** 45 **gentümer auf die Erhaltungsrücklage** in der Jahresgesamt- und -einzelabrechnung weder als Ausgabe noch als sonstige Kosten zu buchen. In der Darstellung der Entwicklung der Erhaltungsrücklage, die in die Abrechnung aufzunehmen ist, sind die tatsächlichen Zahlungen der Wohnungseigentümer auf die Rücklage als Einnahmen darzustellen und zusätzlich auch die geschuldeten Zahlungen anzugeben. Daraus folgt im hier behandelten Zusammenhang, dass die Zahlungen auch im Wirtschaftsplan nicht mehr als Ausgabenposition im Rahmen der Kosten bei der Verwaltung des gemeinschaftlichen Eigentums darzustellen sind, sondern als **gesonderte Beitragspflicht** ausgewiesen werden sollten. Es empfiehlt sich also ein getrennter Ausweis der auf die Kosten und Lasten bei der Verwaltung des gemeinschaftlichen Eigentums entfallenden Vorauszahlungsbeiträge sowie der zur Erhaltungsrücklage zu leistenden Beiträge.[40]

---

34 LG München I 14.7.2016 – 36 S 3310/16, ZMR 2016, 986–989; LG Köln 24.11.2011 – 29 S 111/11, ZWE 2012, 279–280.
35 Bärmann/*Becker* WEG § 21 Rn. 159 b; weitergehend *Hügel/Elzer* WEG § 28 Rn. 11 b: auch für mögliche abstrakte Modernisierung.
36 So in den Fällen LG München I 14.7.2016 – 36 S 3310/16, ZMR 2016, 986–989; LG Köln 24.11.2011 – 29 S 111/11, ZWE 2012, 279–280.
37 Bärmann/Seuß WE-Praxis/*Wanderer* § 28 Rn. 21.
38 OLG Saarbrücken 20.7.1998 – 5 W 110/98–35, NJW-RR 2000, 87.
39 BGH 4.12.2009 – V ZR 44/09, ZWE 2010, 170.
40 Vgl. Darstellung in FormB-WEG-R/*Fritsch* § 2 Rn. 307.

46 Sieht der Wirtschaftsplan eine Zuführung zur Erhaltungsrücklage nicht vor, ist er grds. unvollständig. Schon nach altem Recht bestand insoweit kein Recht auf Ungültigkeitserklärung des Beschlusses über den Wirtschaftsplan, sondern nur auf **Ergänzung** desselben.[41]

47 **2. Einzelwirtschaftspläne.** Aus dem Gesamtwirtschaftsplan und den in der Gemeinschaft der Wohnungseigentümer geltenden Umlageschlüsseln werden die Einzelwirtschaftspläne für jeden Eigentümer entwickelt. Diese sind in der Regel Teil einer Gesamtdarstellung mit dem Gesamtwirtschaftsplan.[42]

48 Die Einzelwirtschaftspläne gehören zu den unverzichtbaren Bestandteilen des Wirtschaftsplans. Die Genehmigung eines Wirtschaftsplans ohne Einzelwirtschaftsplan war bereits nach altem Recht auf Antrag für ungültig zu erklären.[43] Daran hat sich durch das WEMoG nichts geändert, denn die Beschränkung der Anfechtungsmöglichkeit auf ein falsches Rechenergebnis setzt voraus, dass es ein solches Ergebnis überhaupt gibt.

49 Die zugrunde zu legenden **Umlageschlüssel** ergeben sich aus dem Gesetz, der Gemeinschaftsordnung oder entsprechenden Beschlüssen zur Kostenverteilung, etwa nach § 16 Abs. 2 WEG. Daraus kann sich zB ergeben, dass bestimmte Sondereigentumseinheiten nicht an (allen) Kosten zu beteiligen sind, etwa derzeit unausgebaute und ungenutzte Dachgeschossrohlinge.

50 Fraglich ist, ob ein ohne Angabe eines Verteilungsschlüssels erstellter Wirtschaftsplan anfechtbar ist. Da eine Anfechtung nur noch auf beitragsrelevante Mängel gestützt werden kann,[44] ist dies zu verneinen. In der Konsequenz bedeutet das allerdings, dass die Kontrolle der Richtigkeit der Abrechnungsergebnisse für den einzelnen Wohnungseigentümer erschwert wird.

51 Anfechtbar ist ein Wirtschaftsplan aber dann, wenn ein falscher Verteilungsschlüssel zugrunde gelegt wird, da dann das Rechenergebnis (Vorschuss) in jedem Falle falsch ist. Eine langjährig praktizierte Abweichung von dem gesetzlichen oder vereinbarten Verteilungsschlüssel führt grundsätzlich nicht zu einer „gewohnheitsrechtlichen" Änderung des Verteilungsschlüssels für die Zukunft.[45]

52 Ein sog. „**Notwirtschaftsplan**", der bei einzelnen Kostenpositionen nicht dem vereinbarten oder beschlossenen Kostenverteilungsschlüssel entspricht, ist im Interesse der Zahlungsfähigkeit der Gemeinschaft aber ausnahmsweise zu genehmigen, wenn dem Notverwalter die Erstellung eines den Grundsätzen ordnungsgemäßer Verwaltung folgenden Wirtschaftsplans nicht möglich oder unzumutbar ist.[46]

53 Vermieden werden sollten in jedem Fall **Rundungen** der sich aus der Berechnung von Gesamtwirtschaftsplan und Umlageschlüssel ergebenden Einzelpositionen. Zum einen können hier schnell zulässige Grenzen der Abweichung überschritten werden; zum anderen drohen Ungenauigkeiten bei der Erstellung der Abrechnung, da dann auch dort die tatsächlich aufgerundeten Beträge als Soll-Zahlungen bei Bildung der Abrechnungsspitze berücksichtigt werden müssen.

54 Bei Kosten, die zwingend **nach Verbrauch abzurechen** sind (Heiz- und Warmwasserkosten) bestehen grundsätzlich zwei Möglichkeiten: Es kann mit den Verbrauchswerten des Vorjahres kalkuliert werden,[47] oder die Umlage der prognostizierten Gesamtkosten erfolgt auf der Grundlage von § 16 Abs. 2 WEG, dh nach Miteigentumsanteilen.[48] Vorzugswürdig dürfte grundsätzlich eine Kalkulation auf der Basis des Vorjahresverbrauch sein; lediglich wenn es eine entsprechende Abrechnung nicht gibt, sollte die Verteilung auf der Basis von § 16 Abs. 2 WEG erfolgen.

55 Kein zwingender Bestandteil des Wirtschaftsplanes ist eine Übersicht der auf die anderen Wohnungseigentümer entfallenden Hausgelder.[49]

---

41 Bärmann/*Becker* WEG § 28 Rn. 33.
42 Vgl. Darstellung bei FormB-WEG-R/*Fritsch* § 2 Rn. 307.
43 BGH 2.6.2005 – V ZB 32/05, NZM 2005, 543–550.
44 *Lehmann-Richter/Wobst*, WEG-Reform 2020, Rn. 793.
45 Bärmann/Seuß WE-Praxis/*Wanderer* § 28 Rn. 31 mit Verweis auf KG Berlin 24.6.1996 – 24 W 3110/95, WuM 1996, 647–648.
46 OLG Hamm 3.1.2008 – 15 W 240/07, ZMR 2009, 58.
47 LG München I 14.11.2011 – 1 S 4681/11, ZMR 2012, 394–398.
48 KG 7.1.2004 – 24 W 326/01, FGPrax 2004, 62.
49 BGH 7.6.2013 – V ZR 211/12, NJW-RR 2013, 1234.

IV. Prüfung durch den Beirat

Nach Erstellung des Wirtschaftsplanes durch den Verwalter soll dieser gem. § 29 Abs. 2 WEG durch den Bei- 56
rat geprüft und mit dessen Stellungnahme versehen werden. Unabhängig davon hat aber auch jeder sonstige
Eigentümer das Recht, den Entwurf durch Einsichtnahme in die Unterlagen der Verwaltung zu überprüfen.

V. Beschluss

Gem. § 28 Abs. 1 WEG beschließen die Wohnungseigentümer über den Wirtschaftsplan durch **Stimmen-** 57
mehrheit. Zudem können sie nach § 28 Abs. 3 WEG beschließen, wann die Forderungen aus dem Wirtschaftsplan fällig werden und wie sie zu erfüllen sind. Das bedeutet zB, dass die Einführung eines Lastschriftverfahrens für die Einziehung der Vorschüsse beschlossen werden kann.

Mit der **Einladung zur Eigentümerversammlung** ist den Eigentümern der Entwurf des Wirtschaftsplanes zu 58
übersenden.[50] Wenn auch die Miteigentümer kein Anrecht auf eine Übersicht der auf die anderen Eigentümer
entfallenen Hausgeldbeträge haben,[51] sollen sie gleichwohl im Rahmen der Versammlung die Möglichkeit bekommen, rechtzeitig vor Beginn in alle Einzelwirtschaftspläne Einsicht nehmen zu können.[52]

Der Beschluss über den Wirtschaftsplan muss inhaltlich **ausreichend bestimmt** sein. Dabei genügt es, dass 59
der Beschluss auf den den Wohnungseigentümern vorgelegten Wirtschaftsplan Bezug nimmt. Nicht erforderlich ist es, in den Eigentümerbeschluss den Wirtschaftsplan aufzunehmen. Etwas anderes kann gelten, wenn
mehrere Wirtschaftspläne vorgelegt wurden.[53] Dann muss klar erkennbar und bestimmt sein, welcher Entwurf
beschlossen wurde.

An dieser, zum alten Recht ergangenen, Rechtsprechung ändert sich durch das WEMoG nichts. Es geht dabei 60
nämlich nicht um die Frage, ob die Vorschüsse richtig berechnet wurden, sondern ob und welcher Entwurf
eines Wirtschaftsplanes beschlossen wurde.

VI. Fälligkeit der Hausgeldvorschüsse

Nach altem Recht (§ 28 Abs. 2 WEG aF) waren die Wohnungseigentümer auf der Grundlage eines wirksamen 61
Beschlusses erst zur Zahlung von Hausgeldvorschüssen verpflichtet, wenn der Verwalter diese abrief. Nunmehr können sie gem. § 28 Abs. 3 WEG über die Fälligkeit beschließen.

Häufig finden sich Regelungen zur Fälligkeit der Zahlungen schon in der Gemeinschaftsordnung, beispiels- 62
weise zum dritten Werktag.

VII. Sonderumlage

Der Wirtschaftsplan ist eine **Kalkulation**. Im Laufe eines Wirtschaftsjahres kann sich herausstellen, dass ein- 63
zelne Positionen nicht auskömmlich kalkuliert wurden, zB weil unvorhergesehene Reparaturen nötig werden.
Hier besteht zum einen die Möglichkeit, Zugriff auf die Instandhaltungsrücklage zu nehmen – wenn die rechtlichen Voraussetzungen dafür vorliegen und genug Geld in der Rücklage vorhanden ist.

Zum anderen kann die Gemeinschaft aber auch einen **Nachtrag** zum Wirtschaftsplan beschließen, dh die Er- 64
hebung weiterer Vorschüsse gem. § 28 Abs. 1 WEG. Dies ist die Sonderumlage. Demzufolge sind an den Inhalt eines entsprechenden Beschlusses die gleichen Anforderungen zu stellen, wie an einen Beschluss über
den Wirtschaftsplan selbst.[54] Die aufgrund der Sonderumlage vereinnahmten Beiträge und getätigten Ausgaben sind später in der Abrechnung abzurechnen.

Über eine Sonderumlage muss nach § 19 Abs. 1 WEG beschlossen werden.[55] 65

---

50 BGH 13.1.2012 – V ZR 129/11, ZMR 2012, 380–381.
51 BGH 7.6.2013 – V ZR 211/12, NJW-RR 2013, 1234.
52 OLG Köln 30.12.1998 – 16 Wx 187/98, WuM 1999, 297.
53 BayObLG 21.10.1999 – 2Z BR 134/99, NZM 2000, 683.
54 Jennißen/*Jennißen* WEG § 28 Rn. 55.
55 BGH 22.7.2011 – V ZR 245/09, ZWE 2011, 403 zum alten Recht (§ 21 Abs. 3 iVm § 28 Abs. 5 WEG aF).

66 **1. Zweck der Sonderumlage.** Sonderumlagen kommen in Betracht zur Deckung eines Liquiditätsengpasses, zur Finanzierung von Instandsetzungen oder Modernisierungen oder zur Finanzierung von Prozesskosten. Eine Sonderumlage für Instandsetzungsmaßnahmen kann auch dann beschlossen werden, wenn eine ausreichend hohe Erhaltungsrücklage vorhanden ist.[56]

67 Ein Beschluss der Wohnungseigentümer, wonach Instandsetzungsarbeiten am gemeinschaftlichen Eigentum durchgeführt werden sollen, begründet allein keine Zahlungsverpflichtungen der Wohnungseigentümer. Das gilt auch, wenn keine Erhaltungsrücklage vorhanden ist.[57] Die Sonderumlage bedarf deshalb eines **eigenen Beschlusses**. Dieser kann die konkrete Finanzierung einer zuvor beschlossenen Maßnahme regeln; es ist aber auch denkbar, dass im Hinblick auf anstehende Instandsetzungsarbeiten zunächst nur ein Beschluss über die Finanzierung dieser noch zu beschließenden Arbeiten durch Erhebung einer Sonderumlage gefasst wird.

68 Im Hinblick auf die Deckung von Kosten der Rechtsverfolgung kann sich der Zweck dabei sowohl aus Rechtsstreitigkeiten des (teil-)rechtsfähigen Verbandes gegen Dritte[58] als auch aus erhobenen Anfechtungsklagen einzelner Eigentümer gegen die Gemeinschaft der Wohnungseigentümer ergeben. Nach altem Recht konnte in diesem Fall die Kostenverteilung aber nur unter den beklagten Eigentümern erfolgen.[59] Durch die Neuregelung in § 44 Abs. 2 WEG, wonach die Beschlussklagen gegen die Gemeinschaft der Wohnungseigentümer zu richten sind – wodurch der Kläger auch zugleich auf Seiten der Beklagten steht –, wird auch er sich an der Sonderumlage beteiligen müssen.

69 Eine Liquiditätsumlage zur Deckung befürchteter Wohngeldausfälle soll nicht zulässig sein.[60] Das dürfte so nicht zutreffen, da eine solche Umlage ja gerade Liquiditätsprobleme verhindern soll. Es kann nur darauf ankommen, wie konkret der befürchtete Ausfall absehbar ist.

70 Die Sonderumlage muss zu dem Zweck verwandt werden, für den Sie beschlossen worden ist.[61] Empfehlenswert ist es, den Zweck der Umlage im Rahmen der Beschlussfassung so genau als möglich zu bezeichnen. Eine **Umwidmung** des Zweckes ist jedoch möglich, wenn die Eigentümer später einen eigenen Beschluss dazu fassen.[62]

71 **2. Höhe der Umlage.** Die Höhe der Umlage orientiert sich an dem voraussichtlichen Finanzbedarf. Bei der Einschätzung und Bemessung kommt den Eigentümern ein **großzügiges Ermessen** zu, wobei insbesondere auch zu erwartende Zahlungsausfälle zu berücksichtigen sind.[63] Steht die Höhe des Finanzbedarfs allerdings fest, so ist das Ermessen dahin gehend reduziert, dass die Sonderumlage den konkreten Finanzbedarf nicht wesentlich überschreiten darf.[64]

72 Die Eigentümer können auch eine kombinierte Finanzierung aus Mitteln der Instandhaltungsrücklage und einer Sonderumlage beschließen.[65]

73 **3. Der Verteilungsschlüssel.** Da die Sonderumlage einen Nachtrag zum beschlossenen Wirtschaftsplan darstellt, richtet sich der Verteilungsschlüssel nach der jeweiligen Kostenart. Es gilt also das gleiche Verteilungsprinzip wie im Rahmen des Wirtschaftsplanes, sofern nicht der Sonderzweck eine andere Verteilung fordert.[66]

74 Allerdings können die Wohnungseigentümer gemäß § 16 Abs. 2 WEG einen vom Gesetz oder der Gemeinschaftsordnung abweichenden Verteilungsschlüssel für die der Sonderumlage zugrunde liegende Verwaltungsmaßnahme unter den dort genannten Voraussetzungen festlegen.

---

56 BayObLG 3.4.2003 – 2Z BR 29/02, ZMR 2003, 694; aA wohl OLG Saarbrücken 20.7 1998 – 5 W 110/98–35, NJW-RR 2000, 87.

57 *Mundt* NZM 2007, 864 (866).

58 OLG München 16.11.2006 – 32 Wx 125/06, NZM 2007, 251.

59 LG Düsseldorf 12.1.2009 – 25 T 554/08, ZMR 2009, 712.

60 LG Stuttgart 20.12.2017 – 19 S 54/16 – MietRB 2018, 308; aA Jennißen/*Jennißen* WEG § 28 Rn. 57 a.

61 *Mundt* NZM 2007, 864 (869).

62 *Hügel/Elzer* WEG § 28 Rn. 56.

63 BGH 13.1.2012 – V ZR 129/11, ZMR 2012, 380–381.

64 NSV/*Niedenführ* WEG § 28 Rn. 52 mit Verweis auf LG München I 24.10.2011 – 1 S 24966/10 WEG, ZWE 2012, 343.

65 Bärmann/Seuß WE-Praxis/*Wanderer* § 28 Rn. 82.

66 Bärmann/*Becker* WEG § 28 Rn. 46.

Wie im Rahmen eines Wirtschaftsplanes sollte neben dem Gesamtbetrag auch der aufgrund des Verteilungs- 75
schlüssels auf jeden Eigentümer entfallende **Einzelbetrag** genannt werden. Davon kann allerdings abgesehen
werden, wenn die Einzelbeträge nach dem allgemeinen Verteilungsschlüssel (etwa Miteigentumsanteile) durch
einfache Rechenoperation bestimmbar sind.[67]

Nach altem Recht wurde entschieden, dass bei einem Beschluss über eine Sonderumlage, die als Sicherheit für 76
die Zwangsvollstreckung aus einem gegen einen Bauträger wegen Gewährleistungsansprüchen erstrittenen Urteils geleistet werden soll, sich der Bauträger, der zugleich Wohnungseigentümer ist, anteilig an der Sonderumlage zu beteiligen hat.[68] Das gilt im neuen Recht fort.

Kommt es zwischen Beschlussfassung und Fälligkeit der Sonderumlage zu einem **Eigentümerwechsel,** haftet 77
nach der Fälligkeitstheorie, die durch das WEMoG nicht in Frage gestellt wird,[69] der zum Zeitpunkt der jeweiligen Fälligkeit im Grundbuch eingetragene Eigentümer. Eine Sonderumlage kann daher dazu führen, dass
sich ein Erwerber mittelbar auch an solchen Ausgaben beteiligen muss, die im Verhältnis der Gemeinschaft zu
Dritten schon vor seiner Eigentümerstellung angefallen sind.[70]

Ein falscher Verteilungsschlüssel führt zwar nicht zur Nichtigkeit, wohl aber zur **Anfechtbarkeit** des Be- 78
schlusses.

4. Fälligkeit. Da die Sonderumlage einen Nachtrag zum Wirtschaftsplan darstellt, gilt § 28 Abs. 3 WEG. Des- 79
halb sollte der zu fassende Beschluss auch einen Fälligkeitstermin enthalten.

VIII. Anfechtbarkeit von Wirtschaftsplan und Sonderumlage

Beschlüsse über einen Wirtschaftsplan oder eine Sonderumlage können gem. §§ 44 Abs. 1 WEG für ungültig 80
erklärt werden.

Anfechtungsgründe nach altem Recht konnten sein: 81

- ■ Verstoß gegen den Grundsatz ordnungsgemäßer Verwaltung, wenn die mit dem Wirtschaftsplan beschlossenen Vorauszahlungen wesentlich überhöht sind oder andererseits mit erheblichen Nachzahlungen zu
  rechnen ist[71]
- ■ Verwendung eines falschen Umlageschlüssels,[72] wenn nicht für jede Einheit ein eigener Einzelwirtschaftsplan erstellt wurde, da jedes Sonder- oder Teileigentum hinsichtlich des Wirtschaftsplans und der Abrechnung separat erfasst werden muss. Das sollte auch dann nicht anders sein, wenn ein Eigentümer Inhaber
  mehrerer Sondereigentumseinheiten ist.[73]

Nunmehr kann nur noch erfolgreich mit der Begründung angefochten werden, dass sich bei korrekter Anwen- 82
dung des materiellen Rechts ein anderer Betrag ergibt, als beschlossen wurde. Die Anfechtungsklage muss
letztlich darauf zielen, die **beschlossenen Vorschussbeträge abzuändern.**[74] Nicht erfolgreich anfechtbar ist
der Beschluss dagegen, wenn das Zahlenwerk an formalen Fehlern leidet, insbesondere, wenn es unübersichtlich oder intransparent gestaltet ist oder einzelne Teile ganz fehlen.[75]

Vor diesem Hintergrund bleibt die **Anwendung eines falschen Verteilungsschlüssels** in jedem Fall ein An- 83
fechtungsgrund. Nach hier vertretener Auffassung gilt dies aber auch für den Fall, dass einzelne Einzelwirtschaftspläne nicht erstellt werden, da dann auch keine Zahlungspflicht für die betroffenen Eigentümer besteht

Eine **Teilanfechtung** des Wirtschaftsplanes ist auch nach der Reform weiterhin möglich, allerdings in engen 84
Grenzen. Kernüberlegung des Klägers muss sein, ob der von ihm gerügte Fehler zu einem falschen Rechenergebnis bzgl. der beschlossenen Vorschüsse führt. Ficht der Kläger einen Wirtschaftsplan insgesamt an und
werden nur einzelne Positionen für ungültig erklärt, so bleibt der Wirtschaftsplan hinsichtlich der ordnungsge-

---

67 OLG Braunschweig 29.5.2006 – 3 W 9/06, ZMR 2006, 787.
68 BayObLG 11.4.2001 – 2Z BR 27/01, NZM 2001, 766.
69 *Lehmann-Richter/Wobst*, WEG-Reform 2020, Rn. 907.
70 OLG Düsseldorf 17.8.2001 – 3 Wx 187/01, NZM 2001, 1039.
71 OLG Düsseldorf 28.6.2000 – 3 Wx 163/00, ZWE 2000, 589.
72 OLG Hamm 7.3.1996 – 15 W 440/95, ZMR 1996, 337.
73 LG Hamburg 23.7.2014 – 318 S 43/14, ZWE 2015, 220.
74 *Lehmann-Richter/Wobst*, WEG-Reform 2020, Rn. 794.
75 *Lehmann-Richter/Wobst*, WEG-Reform 2020, Rn. 799.

mäß eingestellten Positionen bestehen und die Prozesskosten sind zu quoteln. Bei einem Beschluss über eine Sonderumlage soll eine Teilanfechtung dagegen nicht möglich sein.[76]

85 Fehlen in einem Wirtschaftsplan Positionen, so kommt auch ein **Ergänzungsantrag** in Betracht. Der Kläger muss dann eine Gestaltungsklage nach § 21 Abs. 8 WEG erheben und die Tatsachen vortragen, aus den sich ein Ergänzungsanspruch ergeben soll.[77]

86 Das erforderliche **Rechtsschutzbedürfnis** des Klägers erlischt nicht mit Ablauf des zugrunde gelegten Kalenderjahres und auch dann nicht, wenn die Abrechnung beschlossen wurde.[78]

IX. Rückerstattung bei unwirksamem oder nichtigem Beschluss

87 Ist ein Sonderumlagebeschluss rechtskräftig für unwirksam oder nichtig erklärt worden, so stellt sich die Frage, ob die Sondereigentümer zunächst über die Rückzahlung beschließen müssen, oder ob es einen **Direktanspruch auf Zahlung** gegen den Verband Wohnungseigentümergemeinschaft gibt.

88 Nach einer Auffassung steht einem direkten Rückzahlungsanspruch das **Abrechnungswesen der Wohnungseigentümergemeinschaft** entgegen. Demnach sind Rückzahlungen nur dann möglich, wenn hierüber ein Beschluss des Verbandes Wohnungseigentümergemeinschaft – etwa im Rahmen der Abrechnung – gefasst wurde („Vorrang des Innenausgleichs").[79]

89 Nach neuerer Auffassung besteht ein **Rückzahlungsanspruch gem. § 812 BGB**, der gegen die Gemeinschaft geltend gemacht werden kann, ohne dass es eines vorherigen Beschlusses bedürfte.[80] Es erschließe sich nicht, welchen Vorteil der Ausgleich einer rechtsgrundlos erbrachten Zahlung aufgrund eines späteren Beschlusses gegenüber einem Zahlungsausgleich außerhalb der Abrechnung für die Eigentümergemeinschaft oder die übrigen Eigentümer haben solle. In beiden Fällen werde das Vermögen des Verbandes um den entsprechenden Betrag geschmälert.

90 Im Bereich der Jahresabrechnung hat sich der BGH für die erste Ansicht entschieden. Die fehlerhafte Verteilung der Kosten für eine Einzelposition könne durch einen Rückzahlungsanspruch nicht behoben werden. Werde eine Jahresabrechnung insgesamt oder teilweise für ungültig erklärt, hätten die einzelnen Eigentümer einen Anspruch gegen die Gemeinschaft der Wohnungseigentümer auf Erstellung einer neuen Jahresabrechnung für das betroffene Jahr.[81] Für den Wirtschaftsplan als Spiegelbild der Abrechnung kann demgemäß nichts anderes gelten.

X. Gerichtliche Aufstellung des Wirtschaftsplanes

91 Kommt der Verwalter seiner gegenüber der Gemeinschaft der Wohnungseigentümer bestehenden Pflicht zur Aufstellung des Wirtschaftsplans nicht nach, kann grds. jeder einzelne Wohnungseigentümer Leistungsklage gegen die Gemeinschaft der Wohnungseigentümer erheben, welche als vertretbare Handlung nach § 887 ZPO im Wege der **Ersatzvornahme** durch einen Dritten vollstreckbar ist.[82] Die nach früherem Recht bestehende Möglichkeit eines Eigentümers, selbst den Verwalter zu verklagen, besteht also nicht mehr.

92 Wie nach früherem Recht kann aber auch im Wege der Beschlussersetzungsklage gem. § 44 Abs. 1 S. 2 WEG die gerichtliche Aufstellung eines Wirtschaftsplanes verlangt werden. Die Klage ist nun aber gegen die Gemeinschaft der Wohnungseigentümer zu richten.

Das Vorbefassungsgebot besteht weiterhin, dh zunächst muss der klagewillige Eigentümer versuchen, in der Eigentümerversammlung einen Beschluss herbeizuführen. Im Rahmen seiner Entscheidung ist das Gericht

---

76 BGH 19.10.2012 – V ZR 233/11, MDR 2013, 83.
77 OLG Hamm 25.4.1998 – 15 W 13–98, NZM 1998, 923.
78 BayObLG 18.2.1998 – 2Z BR 134–97, NJW-RR 1998, 1624; aA OLG Hamburg 11.4.2007 – 2 Wx 2/07, ZMR 2007, 550.
79 OLG Köln 22.11.2006 – 16 Wx 215/06, ZMR 2007, 642; LG Düsseldorf 7.11.2013 – 19 S 77/12, NZM 2014, 399.
80 AG Hamburg-Blankenese 12.3.2014 – 539 C 25/13, ZMR 2015, 76; LG Frankfurt/Main 14.3.2019 – 2–13 S 135/18, ZMR 2019, 364; LG München I 26.6.2019 – 1 S 2812/18 WEG, DWW 2019, 297.
81 BGH 10.7.2020 – V ZR 178/19, DWW 2020, 304.
82 Bärmann/*Becker* WEG § 28 Rn. 53.

nicht gehalten, detaillierte Gesamt- und Einzelwirtschaftspläne aufzustellen, sondern kann die voraussichtlichen Bewirtschaftungskosten nach den Angaben der Beteiligten schätzen, wobei insbesondere der Kläger verpflichtet ist, dem Gericht eine Datengrundlage für seine Entscheidung zu übermitteln. Auch ist es gerechtfertigt, zugleich die Fortgeltung des Wirtschaftsplans bis zur Beschlussfassung über den nächsten Wirtschaftsplan anzuordnen.[83]

XI. Zahlungspflicht

1. Fälligkeit. Durch den Beschluss der Gemeinschaft über den Wirtschaftsplan entstehen die im Plan ausgewiesenen Zahlungspflichten für jeden Sondereigentümer. Wird der Beschluss erst im Laufe des Wirtschaftsjahres gefasst, so entstehen die Zahlungspflichten für den Zeitraum davor erst mit der **Beschlussfassung**.[84]   **93**

Nach früherem Recht wurden die Vorschüsse erst nach Abruf durch den Verwalter fällig. Nunmehr können – und sollten – die Eigentümer gem. § 28 Abs. 3 WEG eine **Fälligkeitsregelung** zugleich mit dem Beschluss über den Wirtschaftsplan beschließen.   **94**

In der Regel wird beschlossen, dass die **Hausgeldzahlungen monatlich** zu leisten sind. Zulässig ist aber auch der Beschluss einer **Vorfälligkeitsklausel**, wonach die gesamte Leistung aus der anteilmäßigen Verpflichtung zur Kostentragung fällig wird, wenn ein Wohnungseigentümer mit seinen Vorschussleistungen in Verzug gerät.[85] Eine andere Variante ist die **Verfallklausel**: Hier wird das Wohngeld bereits zu Beginn des Wirtschaftsjahres in voller Höhe fällig gestellt. Es wird aber gestundet und wird in einer Summe fällig, wenn ein Eigentümer mit 2 Hausgeldraten in Verzug gerät.   **95**

2. Wohngeld, Anteil zur Instandhaltungsrücklage. In der Regel werden das Wohngeld und der Beitrag zur Instandhaltungsrücklage von den Eigentümern in einem Betrag gezahlt. Probleme können dann entstehen, wenn der Gesamtbetrag nicht in voller Höhe geleistet wird, also **Teilleistungen** erfolgen. Es stellt sich in diesem Fall die Frage, wie der konkret bezahlte Betrag zu verrechnen ist. Insoweit wird die Auffassung vertreten, dass es dann auf die Tilgungsbestimmung des Leistenden ankommen soll[86] oder – soweit es diese nicht gibt – der Betrag gem. § 366 Abs. 2 BGB zu verteilen ist.[87] Richtig dürfte sein, dass eine Tilgungsbestimmung in diesen Fällen ausgeschlossen ist und die Verteilung nach § 366 Abs. 2 BGB vorrangig auf die Bewirtschaftungskosten entfällt.[88]   **96**

3. Schuldner. Die Zahlungspflicht ist **wohnungsbezogen**. Veräußert ein Sondereigentümer sein Sondereigentum innerhalb des Wirtschaftsjahres, so entsteht die Zahlungspflicht des Erwerbers erst mit Eintragung in das Grundbuch. Ähnliches gilt für den Ersteher in der Zwangsversteigerung, der ab Erteilung des Zuschlagbeschlusses zahlungspflichtig ist.[89]   **97**

Anders ist dies bei dem Erwerb eines Sondereigentumsrecht vom Erstaufteiler. Gem. § 8 Abs. 3 WEG gilt derjenige bereits als Wohnungseigentümer, zu dessen Gunsten im Grundbuch eine Auflassungsvormerkung eingetragen wurde und dem der Besitz an dem Sondereigentum übergeben wurde.   **98**

Zulässig ist es, in der Gemeinschaftsordnung eine Regelung aufzunehmen, wonach der Erwerber/Ersteher neben dem Verkäufer/Schuldner für offene Wohngeldzahlungen haftet, die vor dem Eigentumsübergang entstanden sind.   **99**

4. Aufrechnung, Zurückbehaltung. Gegen eine Hausgeldforderung kann der Beitragsschuldner nur solche gleichartigen Forderungen gegen den Verband Wohnungseigentümergemeinschaft **aufrechnen**, die durch die Gemeinschaft **anerkannt oder rechtskräftig festgestellt sind**[90] oder die einer Notgeschäftsführung[91] ent-   **100**

---

83 MüKoBGB/*Engelhard* § 28 Rn. 32 mwN.
84 OLG Düsseldorf 23.11.2007 – 3 Wx 58/07, NZM 2008, 251.
85 LG Köln 20.2.2014 – 29 S 181/13, ZWE 2014, 414.
86 *Häublein* ZWE 2010, 237.
87 LG Köln 9.2.2012 – 29 S 181/11, ZMR 2012, 662.
88 Bärmann/*Becker* WEG § 28 Rn. 153 mit Verweis auf *Blankenstein* ZWE 2010, 318; *Ott* GE 2010, 532.
89 OLG Düsseldorf 17.8.2001 – 3 Wx 187/01, NZM 2001, 1039; OLG Karlsruhe 17.11.2004 – 14 Wx 82/03, BWNotZ 2006, 93.
90 BGH 29.1.2016 – V ZR 97/15, ZWE 2016, 272.
91 § 21 Abs. 2 iVm § 683 BGB.

stammen. Dies dient der Aufrechterhaltung der Funktionsfähigkeit der Gemeinschaft, da Zahlungsausfälle schnell die Erfüllung der notwendigen Aufgaben unmöglich machen können. Gleiches gilt auch für das Zurückbehaltungsrecht.[92]

101 **5. Verjährung.** Die Verjährung von Hausgeldansprüchen beträgt gem. § 195 BGB drei Jahre und beginnt gem. § 199 Abs. 1 BGB mit dem Ende des Jahres, in dem der Anspruch entstanden ist. Der Beschluss über die Abrechnung führt nicht zu einem Neubeginn der Verjährung.[93]

102 **6. Durchsetzung.** Zahlt ein Sondereigentümer seine Hausgeldvorschüsse nicht, so kann die Gemeinschaft ihre Beitragsansprüche im Zivilprozess gem. § 43 Abs. 2 Nr. 2 WEG durch **Zahlungsklage** durchsetzen. Möglich ist auch die Einleitung eines Mahnverfahrens gem. §§ 688 ff. ZPO. Die Einziehung der Beitragsforderungen ist Aufgabe des Verwalters als demjenigen, der im Rahmen seiner Organstellung die Beschlüsse zu vollziehen hat. Für die gerichtliche Durchsetzung benötigt er – anders als nach früherem Recht – keine besondere Ermächtigung durch Mehrheitsbeschluss. Die gerichtliche Beitreibung von Hausgeldforderungen gehört zu den ihm gem. § 27 Abs. 1 Nr. 1 WEG übertragenen Befugnissen.[94]

103 Möglich ist es auch in der Gemeinschaftsordnung und in den Kaufverträgen mit späteren Wohnungseigentümern, welche die Pflichten aus der Teilungserklärung übernehmen, die Verpflichtung vorzusehen, dass der Wohnungseigentümer sich wegen der laufenden monatlichen **Beitragsvorschüsse der sofortigen Vollstreckung unterwirft** und der Verwalter berechtigt ist, sich wegen der zwischenzeitlich mehrheitlich beschlossenen monatlichen Beitragsforderungen eine vollstreckbare Ausfertigung erteilen lassen und dann auch von ihr Gebrauch machen darf.[95] Damit kann der Verwalter bzw. die Gemeinschaft der Wohnungseigentümer direkt in das Wohnungseigentum des säumigen Eigentümers vollstrecken.

104 **7. Versorgungssperre.** Erfüllt ein Wohnungseigentümer seine Pflicht zur Zahlung von Hausgeld nicht, so kann die Gemeinschaft der Wohnungseigentümer unter bestimmten Voraussetzungen eine Versorgungssperre (Heizung, Wasser etc) beschließen. **Grundlage** dieses Rechts ist 273 BGB.[96] Die Konnexität der zurückgehaltenen Leistung mit der Verpflichtung, zu deren Durchsetzung das Zurückbehaltungsrecht ausgeübt wird, folgt aus der für alle Mitglieder der Gemeinschaft bestehenden Berechtigung zur Teilhabe an den gemeinschaftlichen Leistungen und der damit korrespondierenden Pflicht zur Erfüllung der jedem Mitglied der Gemeinschaft gegenüber allen anderen Mitgliedern bestehenden Verpflichtung.[97]

105 Dies bedeutet zunächst, dass eine Versorgungssperre nur für Versorgungsleistungen zulässig ist, die über die Gemeinschaft der Wohnungseigentümer erbracht werden. Hat der betroffene Wohnungseigentümer einen eigenen Stromlieferungsvertrag mit einem Versorgungsunternehmen, kann die Gemeinschaft insoweit keine Versorgungssperre beschließen.

106 In zeitlicher Hinsicht ist ein **Rückstand von mindestens sechs Monatsbeiträgen** erforderlich.[98] Weitere Voraussetzung ist, dass vor dem Beschluss zunächst eine Androhung erfolgte, es sei es handelt sich um eine endgültige und ernsthafte Zahlungsverweigerung.[99]

107 Ist zur Umsetzung der Sperre ein Zugang zur Wohnung zur Vorbereitung und Anbringung von **Absperrvorrichtungen** erforderlich, so ist dieser verpflichtet, das – ggf. gerichtlich durchzusetzende – Betreten zu dulden.[100]

---

92 Bärmann/*Becker* WEG § 28 Rn. 96.
93 BGH 1.6.2012 – V ZR 171/11, ZWE 2012, 373.
94 BT-Drs. 19/22634, 47.
95 KG 25.7.2003 – 24 W 328/02, ZWE 2003, 294.
96 *Gaier* ZWE 2004, 109.
97 BGH 10.6.2005 – V ZR 235/04, NZM 2005, 626.
98 BGH 10.6.2005 – V ZR 235/04, NZM 2005, 626; OLG Dresden 12.6.2007 – 3 W 0082/07, WE 2008, 175–176.
99 AG München 29.4.2010 – 483 C 1621/09, ZWE 2011, 383.
100 OLG München 23.2.2005 – 4 Wx 5/05, NZM 2005, 304.

Nicht abschließend geklärt ist, ob eine Versorgungssperre auch gegenüber dem **Mieter** eines Sondereigentums   108
durchgesetzt werden kann.[101] In jedem Fall aber soll dem Mieter die Möglichkeit gegeben sein, die Versorgungssperre durch direkte Zahlungen an den Verband Eigentümergemeinschaft abzuwenden.[102]

266. Wissenszurechnung

Elzer

I. Einführung

Der Verwalter ist von Gesetzes wegen berufen, zugunsten des gemeinschaftlichen Eigentums (§ 1 Abs. 5   1
WEG) und zugunsten des Gemeinschaftsvermögen (§ 9 a Abs. 3 WEG) zu handeln. Es kann keinem Zweifel
unterliegen, dass er dabei durch Zufall oder Absicht **Tatsachen erfährt**, die für die Wohnungseigentümer bzw.
die Gemeinschaft der Wohnungseigentümer von (großer) Bedeutung sind. **Überblick:**

- Der Verwalter kann zB bei der Begehung der Wohnungseigentumsanlage Mängel der Bausubstanz erkennen, etwa abblätternde Farbe, einen gebrochenen Handlauf oder einen Wasserfleck.
- Weiter kann dem Verwalter eine unzulässige bauliche Veränderung auffallen.
- Ferner kann der Verwalter eigene Kenntnisse erlangen über ein Verhalten, das den Gebrauchs- und oder Nutzungsvereinbarungen oder Gebrauchs- und oder Nutzungsbeschlüssen widerspricht, etwa wenn ein Teileigentümer sein Sondereigentum zu Wohnzwecken vermietet.
- Auch kann der Verwalter ein schlecht gereinigtes Treppenhaus oder eine unterlassene Pflege der Außenanlagen erkennen, also Mängel bei Werk- oder Dienstleistungen.
- Weiter ist es möglich, dass Dritte dem Verwalter Informationen in Bezug auf das gemeinschaftliche Eigentum mitteilen. Es ist zB vorstellbar, dass der Bauträger den Verwalter von sich aus über Mängel seiner Bauleistung aufklärt.
- Schließlich erlangt der Verwalter Wissen im Zusammenhang mit dem Gemeinschaftsvermögen, etwa wenn die Bank ihm Kontoauszüge zusendet, er Geld abhebt.

Hier fragt sich, ob sich die Wohnungseigentümer und/oder die Gemeinschaft der Wohnungseigentümer diese   2
Kenntnis zurechnen lassen mit der Folge, dass es – soweit das Gesetz an eine Kenntnis Folgen knüpft – nicht
auf sie, sondern auf den Verwalter ankommt. Diese Frage stellt sich zwar nicht nur, aber vor allem doch beim
Ablauf der **Verjährung**, also im Rahmen des § 199 Abs. 1 Nr. 2 BGB. Ferner stellt sich die Frage teilweise,
wenn es um die Hemmung des Ablaufs der Verjährung geht, zB durch vom Verwalter mit Dritten geführte
Verhandlungen zugunsten des gemeinschaftlichen Eigentums. Die Frage dürfte aber auch bei einem Mitverschulden eine Rolle spielen.

---

101 So KG 26.11.2001 – 24 W 7/01, FGPrax 2002, 54, Schmidt-Futterer/*Eisenschmid* Mietrecht § 535 BGB Rn. 116
     mit der Einschränkung, dass Mieter keine Mitwirkungspflicht hat; aA OLG Köln 15.3.2000 – 2 U 74/99, ZWE
     2000, 543.
102 *Scholz* NZM 2008, 387.

II. Wissenszurechnung gegenüber der Gemeinschaft der Wohnungseigentümer

3 **1. Verwalter: Grundsatz.** Die Gemeinschaft der Wohnungseigentümer muss sich nach § 166 Abs. 1 BGB – ggf. doppelt[1] – das Wissen des Verwalters zurechnen lassen. Denn der Verwalter ist nach § 9 b Abs. 1 S. 1 WEG grundsätzlich ihr Vertreter.

4 **2. Verwalter: Grundstückskauf- oder Darlehensverträge. a) Überblick.** Für den Abschluss eines Grundstückskauf- oder Darlehensvertrags hat der Verwalter nur aufgrund eines Beschlusses der Wohnungseigentümer eine Vertretungsmacht. Insoweit könnte man zur Lösung einer Wissenszurechnung an die **Wissenszurechnung von Organvertretern** anzuknüpfen. Einem Verband ist danach das Wissen derjenigen Organträger zuzurechnen, deren Wissen bei ordnungsmäßiger Organisation „aktenmäßig" festzuhalten, weiterzugeben und vor einem eventuellen Vertragsabschluss abzufragen ist[2] – wobei es wohl auf den Vertragsschluss nicht immer ankommen kann. Der Gemeinschaft der Wohnungseigentümer wäre mithin das Wissen zuzurechnen, das der Amtsträger bei der Wahrnehmung seiner gesetzlichen oder vereinbarten Rechte und Pflichten in Bezug auf die Gemeinschaft der Wohnungseigentümer erlangt.[3] Denn dieses Wissen ist Wissen, das der Verwalter festzuhalten und weiterzugeben hat und das von den Wohnungseigentümern im Einzelfall „abzufragen" ist.

5 **b) Der Standpunkt der BGH-Rechtsprechung.** Der BGH (III. Zivilsenat) hat der Gemeinschaft der Wohnungseigentümer bei einer Überweisung auf ein der Gemeinschaft der Wohnungseigentümer zustehendes Konto das **Wissen** des Verwalters, dass es an einem Rechtsgrund für die Überweisung fehlte, nach der Bestimmung des § 166 Abs. 1 BGB **zugerechnet**[4] mit der Folge, dass sich die Gemeinschaft der Wohnungseigentümer gem. § 819 Abs. 1 BGB iVm § 818 Abs. 4 BGB nicht auf den Wegfall der Bereicherung berufen konnte.[5]

6 Zur Begründung hat der III. Zivilsenat zum einen angegeben, ein Verwalter sei als „organschaftlicher Vertreter" der Gemeinschaft der Wohnungseigentümer befugt, für die Wohnungseigentümer im Rechtsverkehr in weitem Umfang zu handeln. Zum anderen hat er auf § 27 Abs. 1 Nr. 6 WEG aF verwiesen, wonach der Verwalter für die Verwaltung der eingenommenen Gelder zuständig ist. Da die klagende Partei auch eine Gemeinschaft der Wohnungseigentümer war, war weiter zu fragen, ob dieser sich das Wissens seines Verwalters zurechnen lassen muss, welche Mittel überwiesen wurden. Auch diese Frage bejahte der BGH.[6] Dieses Konzept knüpft nicht an die Vertretungsmacht des Verwalters an, sondern an die **Geschäftsführungsbefugnis** des Verwalters und lässt es für eine Zurechnung ausreichen, dass der Amtsträger ein Wissen bei der Wahrnehmung seiner gesetzlichen oder vereinbarten Rechte und Pflichten in Bezug auf die Gemeinschaft der Wohnungseigentümer erlangt.

7 **3. Zurechnung des Wissens der Wohnungseigentümer.** Vertreten die Wohnungseigentümer die Gemeinschaft der Wohnungseigentümer, etwa nach § 9 b Abs. 2 WEG im Zusammenhang mit dem Verwalter, kann nichts anderes gelten.[7] Sind sie und nicht der Verwalter zur Vertretung berufen, ist § 166 BGB entsprechend anwendbar – wobei trotz der Gesamtvertretung das Wissen eines Wohnungseigentümers ausreicht.

8 **4. Zurechnung des Wissens der Verwaltungsbeiräte.** Die Gemeinschaft der Wohnungseigentümer muss sich das Wissen des Vorsitzenden des Verwaltungsbeirats nach § 9 b Abs. 2 WEG iVm § 166 BGB zurechnen lassen. Was im Übrigen gilt, ist streitig. Teilweise wird eine Zurechnung von Wissen, das der Beirat bei Ausübung seiner gesetzlichen Amtsmacht erworben hat, abgelehnt,[8] für Wissen aus rechtsgeschäftlich übertrage-

---

1 Dazu *Staake* ZMR 2016, 424 (427).
2 BGH 12.11.1998 – IX ZR 145/98, NJW 1999, 284 unter V. 2. b. aa; BGH 2.2.1996 – V ZR 239/94, NJW 1996, 1339 unter C 2 a; BGH 8.12.1989 – V ZR 246/87 NJW 1990, 975 unter II. 3. b.
3 Sa BGH 23.1.2014 – III ZR 436/12, NJW 2014, 1294 Rn. 18.
4 BGH 23.1.2014 – III ZR 436/12, NJW 2014, 1294 Rn. 12; zustimmend etwa Bärmann/*Becker* WEG § 27 Rn. 360; Jennißen/*Heinemann* WEG § 27 Rn. 186 a.
5 Nach Ansicht von BGH 4.7.2014 – V ZR 183/13, NJW 2014, 2861 Rn. 13 hat der III. Zivilsenat die Frage nicht entschieden; er übersieht aber § 27. Der Entscheidung.
6 Im konkreten Fall meinte er allerdings wegen der besonderen Umstände, der Gemeinschaft der Wohnungseigentümer sei es nach Treu und Glauben (§ 242 BGB) verwehrt, sich auf die Wissenszurechnung zu berufen; sa OLG München 7.2.2007 – 34 Wx 129/06, NZM 2007, 526 (527).
7 *Hügel/Elzer* WEG § 27 Rn. 145; Staudinger/*Jacoby* WEG § 27 Rn. 246.
8 *Hügel/Elzer* WEG § 29 Rn. 7; Staudinger/*Lehmann-Richter* WEG § 29 Rn. 106.

nen Tätigkeiten hingegen bejaht.[9] Anders sieht es die Rechtsprechung bei der Belegprüfung nach § 29 Abs. 2 WEG.[10]

III. Wissenszurechnung zu den Wohnungseigentümern

1. Verwalter: Gewillkürter Vertreter. Eine Zurechnung des Wissens des jeweiligen Trägers des Verwalteramtes zu einem Wohnungseigentümer oder mehreren Wohnungseigentümern kommt nach § 166 Abs. 1 BGB jedenfalls dann in Betracht, wenn er gewillkürter Vertreter ist.[11] Dies kommt vor allem bei der Sondereigentumsverwaltung in Betracht.   9

2. Verwalter: Im Übrigen. a) Überblick. Fehlt es hingegen an einer gewillkürten Ermächtigung, kann man wie bei der Gemeinschaft der Wohnungseigentümer fragen, ob auch hier die Geschäftsführungsbefugnisse des Verwalters eine Zurechnung erlauben. So könnte es liegen, wenn der Verwalter bei der ihm nach § 27 Abs. 1 Nr. 1 WEG obliegenden Verwaltung des gemeinschaftlichen Eigentums Tatsachen erfährt, die für die Wohnungseigentümer als Wohnungseigentümer und Miteigentümer des gemeinschaftlichen Eigentums wichtig und worüber diese nach **§ 666 BGB analog** zu informieren sind.[12]   10

Die Wohnungseigentümer müssten sich danach zB Wissen des Verwalters im Zusammenhang mit Mängeln des gemeinschaftlichen Eigentums zurechnen lassen, die nicht ihnen, wohl aber dem Verwalter bekannt sind. Geht es um das Sondereigentum oder andere Rechtsgeschäfte, zB bei einem Verkauf des Wohnungseigentums, kommt eine Zurechnung allerdings nicht in Betracht.[13] Das Wissen des Amtsträgers kann den Wohnungseigentümern mithin nicht zugerechnet werden, wenn und soweit es um Rechtsgeschäfte geht, die mit der Verwaltung des gemeinschaftlichen Eigentums nichts zu tun haben. Auch eine analoge Anwendung der Grundsätze der Wissenszurechnung nach § 166 Abs. 1 BGB kommt nicht in Betracht, weil die „Institutionen" des Wohnungseigentumsgesetzes in den persönlichen Angelegenheiten eines Wohnungseigentümers rechtlich und organisatorisch selbstständige Dritte sind, so dass auch eine Wissenszurechnung unter dem Gesichtspunkt der Pflicht zur ordnungsmäßig organisierten Kommunikation ausscheidet.[14]   11

b) Der Standpunkt der BGH-Rechtsprechung. Der BGH (V. Zivilsenat) meint, die einzelnen Wohnungseigentümer müssten sich, fehlt es an einer Ermächtigung, das Wissen des Verwalters nur zurechnen lassen, soweit die Durchsetzung der Ansprüche der Wohnungseigentümer nach § 9 a Abs. 2 WEG der Gemeinschaft der Wohnungseigentümer obliegt.[15]   12

Eine **Aufgabenzuweisung durch die einzelnen Wohnungseigentümer** oder in ihrem Interesse durch Gesetz lasse sich aus den Kompetenzen des Verwalters nicht ableiten. Es seien Kompetenzen und Befugnisse für die Erfüllung der dem Verwalter obliegenden Gemeinschaftsaufgaben, aber nicht für die Durchsetzung von Individualansprüchen der Wohnungseigentümer. Das Wissen, das der Verwalter hierbei erlange, erlange er bei der Wahrnehmung von Aufgaben der Gemeinschaft der Wohnungseigentümer, nicht bei Wahrnehmung der Individualansprüche der Wohnungseigentümer in deren Auftrag. Solches Wissen könne dem einzelnen Wohnungseigentümer nicht zugerechnet werden.[16] Anders liege es nur, wenn die **Durchsetzung von Individualansprüchen** der einzelnen Wohnungseigentümer selbst eine Gemeinschaftsaufgabe sei.   13

---

9 *Schmid* ZWE 2010, 8 (10); Jennißen/*Hogenschurz* WEG § 29 Rn. 30 d; *Hügel/Elzer* WEG § 29 Rn. 7.

10 KG 31.3.2009 – 24 W 183/07, Grundeigentum 2009, 1053; OLG Düsseldorf 9.11.2001 – 3 Wx 13/01, ZMR 2002, 294; zustimmend Bärmann/*Becker* WEG § 29 Rn. 119 a; Staudinger/*Lehmann-Richter* WEG § 29 Rn. 106.

11 Etwa BeckOGK/*Greiner* WEG § 26 Rn. 22; Bärmann/*Becker* WEG § 27 Rn. 362; Jennißen/*Heinemann* WEG § 27 Rn. 186 b.

12 *Ott* ZWE 2014, 397 (398); *Elzer* MietRB 2014, 312 (315); Bärmann/*Becker* WEG § 27 Rn. 362; BGH 4.7.2014 – V ZR 183/13, NJW 2014, 2861 Rn. 16: „Wesentlich für die Wissenszurechnung ist dabei, dass die Erlangung der Tatsachenkenntnis, die dem Gläubiger zugerechnet werden soll, zu dem Aufgabenkreis des Vertreters gehört".

13 BGH 4.7.2014 – V ZR 183/13, NJW 2014, 2861 Rn. 17; BGH 27.9.2002 – V ZR 320/01, NJW 2003, 589 unter II 2 b.

14 BGH 22.11.1996 – V ZR 196/95, NJW-RR 1997, 270 unter II 1.

15 BGH 4.7.2014 – V ZR 183/13, NJW 2014, 2861 Rn. 15; zustimmend Bärmann/*Becker* WEG § 27 Rn. 362 und Jennißen/*Heinemann* WEG § 27 Rn. 186 a; aA *Ott* ZWE 2014, 397 (398); *Elzer* MietRB 2014, 312 (315).

16 BGH 4.7.2014 – V ZR 183/13, NJW 2014, 2861 Rn. 17.

14   **3. Zurechnung des Wissens der Verwaltungsbeiräte.** Ob und unter welchen Voraussetzungen sich einzelne Wohnungseigentümer Wissen der Verwaltungsbeiräte entspr. § 166 BGB zurechnen lassen müssen, ist streitig. Ganz überwiegend wird eine Zurechnung von Wissen, das die Verwaltungsbeiräte bei Ausübung ihrer gesetzlichen Amtsmacht erworben haben, im jüngeren Schrifttum abgelehnt,[17] für Wissen aus rechtsgeschäftlich übertragenen Tätigkeiten hingegen bejaht.[18] Anders sieht es die überkommene Rechtsprechung bei der Belegprüfung nach § 29 Abs. 3 WEG.[19]

15   **4. Zurechnung des Wissens eines Mieters.** Ein vermietender Wohnungseigentümer muss sich das Wissen seines Mieters oder seiner Mieter zurechnen lassen, soweit dieser sein Erfüllungsgehilfe ist.

267. Wohngeld-/Hausgeldinkasso

Bruns

I. Einführung

1   Jede Wohnungseigentümergemeinschaft ist darauf angewiesen, durch Beiträge ihrer Wohnungseigentümer liquide gehalten zu werden (→ *Hausgeld* Rn. 2). Werden sie nicht gezahlt, ist es vornehmlich Aufgabe des Verwalters, die Eintreibung vorzunehmen. Diese Aufgabe wird gemeinhin mit dem Begriff des **Wohn- bzw. Hausgeldinkasso** bezeichnet.

II. Außergerichtliches Vorgehen

2   **1. Verzug.** Durchsetzbar sind die Forderungen, sobald sie **fällig** sind. Das ist beim Hausgeld und den Sonderumlagen als dem „verlängerten Hausgeld" (→ *Hausgeld* Rn. 13) bei fehlender Fälligkeitsbestimmung der Tag der Beschlussfassung, ohne dass es auf die Fertigung oder gar Aushändigung des Beschlussprotokolls ankommt.

---

17 *Hügel/Elzer* WEG § 29 Rn. 7; Staudinger/*Lehmann-Richter* WEG § 29 Rn. 106; Bärmann/*Becker* WEG § 29 Rn. 119 b.
18 *Schmid* ZWE 2010, 8 (10); Jennißen/*Hogenschurz* WEG § 29 Rn. 30 d; *Hügel/Elzer* WEG § 29 Rn. 7; Bärmann/*Becker* WEG § 29 Rn. 119 b.
19 KG 31.3.2009 – 24 W 183/07, Grundeigentum 2009, 1053; OLG Düsseldorf 9.11.2001 – 3 Wx 13/01, ZMR 2002, 294.

Zur Grundforderung kommt bei **Verzug** der Verzugsschaden hinzu. Das sind vor allem die Personalkosten für 3 die Mahnungen. Auf die 30-Tages-Regel des § 286 Abs. 3 S. 1 BGB kommt es nur an, wenn im Beschluss auf diese Rechtsfolge eigens hingewiesen wird (§ 286 Abs. 3 S. 2 BGB), was in der Praxis indes kaum geschieht. Ohne Fälligkeitsregelung, die die Wohnungseigentümer gem. § 28 Abs. 3 WEG konkret oder als Dauerbeschluss treffen können, muss die Wohnungseigentümergemeinschaft die Kosten der **Erstmahnung** auf sich behalten. Gilt für die Fälligkeit gem. § 286 Abs. 2 Nr. 1 BGB ein bestimmtes Datum (sog. Kalenderfälligkeit), entsteht Verzug mit Ablauf dieses Tages. Gleiches gilt, wenn die Fälligkeit an ein bestimmtes Ereignis (zB 14 Tage nach Abrechnungsgenehmigung) geknüpft ist (§ 286 Abs. 2 Nr. 2 BGB, sog. Ereignisfälligkeit); in diesem Fall entsteht Verzug am Tag nach diesem Ereignis.

2. Parteien des Inkassoverhältnisses. a) Gläubiger. Gläubiger des Hausgeldanspruchs sind nicht die Eigen- 4 tümer, sondern ist gem. § 16 Abs. 2 S. 1 WEG die **Wohnungseigentümergemeinschaft** als rechtsfähiger Verband, bezeichnet nach den Vorgaben in § 9 a Abs. 1 S. 3 WEG und gem. § 9 b Abs. 1 S. 1 WEG vertreten durch den Verwalter, wenn ein solcher bestellt ist, ansonsten gem. § 9 b Abs. 1 S. 2 WEG durch die Gesamtheit der Eigentümer. Sofern die Wohnungseigentümer Beitragslasten beschließen, tun sie dies in ihrer Gesamtheit als Organ der Gemeinschaft der Wohnungseigentümer.[1] Der Anspruch gehört zum Gemeinschaftsvermögen des Verbandes.[2]

Nicht selten scheut die Eigentümermehrheit ein Vorgehen gegen einen säumigen Miteigentümer, zB weil sie 5 schlechtem Geld nicht hinterherlaufen will, während einer der Eigentümer das anders sieht und bereit ist, die **Rechtsverfolgung** auf sich zu nehmen. In diesem Fall haben die Eigentümer die Möglichkeit, ihn durch Mehrheitsbeschluss im Namen der Gemeinschaft zur Rechtsverfolgung auch in eigenem Namen zu ermächtigen.

Gerichtlich ist die Rechtsverfolgung durch einen Einzelnen im Wege der (gewillkürten) **Prozessstandschaft** 6 zur Leistung an die Gemeinschaft der Wohnungseigentümer möglich und erfordert neben einem Eigentümerbeschluss, der auch konkludent gefasst werden kann,[3] ein schutzwürdiges Eigeninteresse des Bevollmächtigten.[4] Dies hat sich durch die WEG-Novelle 2020 nicht geändert.[5] Der BGH hat dies für einen ersatzpflichtigen Verwalter zum Zwecke der Schadensminimierung bejaht.[6] Allgemein ist nach der Rechtsprechung ein **schutzwürdiges Eigeninteresse** zu bejahen, wenn die Entscheidung Einfluss auf die eigene Rechtsposition hat, selbst wenn das Interesse nur wirtschaftlicher Natur ist.[7] Ein solches Eigeninteresse wird man bejahen können, wenn die Eigentümermehrheit ein Vorgehen gegen den Säumigen ablehnt, dem Verwalter gem. § 27 Abs. 2 WEG die Inkassobefugnis entzieht und ein Wohnungseigentümer die Angelegenheit noch retten will.[8] Dass hierfür ein Beschluss erforderlich ist, liegt einfach daran, dass das Vorgehen koordiniert werden muss und der Schuldner nicht verklagt wird, wenn ihm schon eine Stundung bewilligt wurde oder sich der Verwalter mit ihm bereits auf einen Plan zur Rückführung seiner Wohngeldschulden verständigt hat.

b) Schuldner. aa) Säumiger Wohnungseigentümer. Schuldner der Beitragsansprüche ist der im Grundbuch 7 eingetragene bzw. fälschlicherweise nicht **eingetragene Wohnungseigentümer.** Dies gilt auch dann, wenn in der Abrechnung bzw. im Einzelwirtschaftsplan noch der Voreigentümer genannt ist.[9] Auf einen fehlerhaften Grundbuchausweis ist nach Treu und Glauben nur dann abzustellen, wenn der Bucheigentümer die Wohnung vermietet und seit vielen Jahren die Hausgelder zahlt.[10]

---

1 *Lehmann-Richter/Wobst,* WEG-Reform 2020, Rn. 44.
2 BGH 10.2.2017 – V ZR 166/17, NJW-RR 2017, 844 Rn. 7.
3 BGH 20.4.1990 – V ZB 1/90, BGHZ 111, 148 = NJW 1990, 2386 (2387); BGH 19.7.2013 – V ZR 109/12, NJW-RR 2014, 326 Rn. 9.
4 BGH 20.4.1990 – V ZB 1/90, BGHZ 111, 148 = NJW 1990, 2386 (2387); BGH 25.7.2012 – XII ZR 22/11, NJW 2012, 3032 Rn. 15; BGH 19.7.2013 – V ZR 109/12, NJW-RR 2014, 326 Rn. 9.
5 BT-Drs. 19/18791, 47.
6 BGH 28.1.2011 – V ZR 145/10, BGHZ 188, 157 = NJW 2011, 1361 Rn. 15; allgemein die Rechts- und Pflichtenlage des Verwalters nach dem WEG reicht hingegen nicht mehr, ebda. Rn. 9.
7 BGH 24.8.2016 – VIII ZR 182/15, NJW 2017, 487 Rn. 17.
8 Einschränkend, aber zu eng LG Frankfurt a.M. 7.10.2015 – 2–13 S 24/15, ZMR 2016, 798 = BeckRS 2016, 17705, wonach der Schuldner gemahnt worden sein muss und der Prozessstandschafter nicht ohne Beschluss vorgeprescht sein darf.
9 BGH 23.9.1999 – V ZB 17/99, BGHZ 142, 290 = NJW 1999, 3713 (3714).
10 OLG Stuttgart 13.7.2005 – 8 W 170/05, BWNotZ 2007, 33 (34) zu II 2 c.

8 Der Wohnungseigentümer bleibt auch dann der Schuldner, wenn über sein Vermögen ein **Insolvenzverfahren** schwebt oder die Wohnung, auf die sich die Beitragsschuld bezieht, zwangsverwaltet wird bzw. zwangsversteigert werden soll. Der Zwangsverwalter haftet ab dem Zeitpunkt der Beschlagnahme als **Gesamtschuldner** mit.[11]

9 Da die Beitragsansprüche objektbezogen sind, haftet der Eigentümer auch dann, wenn er die Wohnung nur als **Treuhänder** zu eigen hält.[12]

10 Demgegenüber haftet der **Nießbraucher** nicht.[13] Gleiches gilt für denjenigen, der über ein dingliches Wohnungsrecht iSd § 1093 BGB verfügt. Diese Nutzungsberechtigten haben in der Eigentümerversammlung auch kein Stimmrecht.

11 Gehört die Wohnung mehreren, haben sie für das Hausgeld als Gesamtschuldner aufzukommen (§ 421 BGB).

12 Ist Eigentümer eine **Gesamthand** (OHG, KG, GbR, Erbengemeinschaft), haften neben der Gesellschaft auch die Gesellschafter (§§ 128, 161 Abs. 2 HGB, ggf. analog);[14] das WEG-Gericht ist dann ebenfalls zuständig.[15] Gem. § 736 Abs. 2 BGB bzw. § 160 HGB haften sie sogar für nach ihrem Ausscheiden beschlossene und fällig gewordene Beitragsverpflichtungen;[16] die 5-jährige Enthaftungsfrist beginnt mit positiver Kenntnis der Wohnungseigentümergemeinschaft vom Ausscheiden des Gesellschafters,[17] sofern keine Publizitätswirkung besteht, was indes nur bei Gesellschaften in Betracht kommt, die im Handelsregister eingetragen sind.

13 **bb) Eigentumswechsel/Fälligkeitstheorie.** Kommt es im Beitragszeitraum (unterjährig) zu einem Eigentümerwechsel, gilt die **Fälligkeitstheorie**.[18] Dies hat sich durch die WEG-Novelle 2020 nicht geändert.[19] Wer bei Fälligkeit Eigentümer ist, zahlt, auch wenn er nichts mehr davon hat. Die Fälligkeitstheorie gilt auch für die Nachschüsse,[20] obwohl sich die Abrechnungen auf die Vergangenheit beziehen; der neue Eigentümer erhält dann aber auch das Guthaben.

14 Bei **gesetzlicher Rechtsnachfolge**, zB durch Erbfall (§ 1922 BGB), ist Stichtag für den Schuldnerwechsel der Tag der Rechtsnachfolge (nicht der Folgetag!). Bei **gewillkürter Rechtsnachfolge** ist maßgeblich der Tag der Umschreibung im Grundbuch; dies ist auch der Tag, an dem der neue Eigentümer die Mitgliedschaftsrechte in der Wohnungseigentümergemeinschaft erwirbt.

15 Den bisherigen Eigentümer trifft keine **Nachhaftung**, auch nicht kumulativ oder subsidiär. Für den Erwerb aus der Zwangsversteigerung ist dies in § 56 Satz 2 ZVG ausdrücklich geregelt. Maßgeblicher Stichtag ist hier das Datum des Zuschlags.

16 Auf der anderen Seite hat der Erwerber nichts mit den Altschulden zu tun. Den Parteien des Erwerbsvertrags steht es frei, dies anders zu regeln, auch schon den Fälligkeitszeitpunkt (Übergang von Nutzen und Lasten). Eine Nach- oder Erwerberhaftung kann zudem in der Gemeinschaftsordnung oder einer im Grundbuch eingetragenen (verdinglichten) Vereinbarung vorgesehen sein;[21] diese ist dann im Zweifel als echter Vertrag zu Rechten der Gemeinschaft der Wohnungseigentümer zu verstehen.

17 In **Erbfällen** werden diese Grundsätze von erbrechtlichen Gegebenheiten überlagert. So sind Verbindlichkeiten aus Rechtshandlungen des Nachlassverwalters, des Nachlassinsolvenzverwalters, des Nachlasspflegers oder des Testamentsvollstreckers nur Nachlassverbindlichkeiten iSd § 1967 Abs. 2 BGB.[22] In entsprechender

---

11 Unklar BGH 24.1.2008 – V ZB 99/07, NJW-RR 2008, 679 Rn. 7: nur subsidiär.

12 OLG Düsseldorf 6.7.2001 – 3 Wx 112/01, ZWE 2001, 615.

13 BGH 7.3.2002 – V ZB 24/01, BGHZ 150, 109 = NJW 2002, 1647 (1650); BGH 10.7.2015 – V ZR 194/14, NJW 2015, 2968 Rn. 8.

14 BGH 21.1.2016 – V ZR 108/15, NJW-RR 2016, 463 Rn. 6; BGH 18.11.2016 – V ZR 221/15, NJW-RR 2017, 260 Rn. 23.

15 BGH 21.1.2016 – V ZR 108/15, NJW-RR 2016, 463 Rn. 3.

16 BGH 21.1.2016 – V ZR 108/15, NJW-RR 2016, 463 Rn. 6; 3.7.2020 – V ZR 250/19, NJW 2020, 3315 Rn. 13.

17 BGH 21.1.2016 – V ZR 108/15, NJW-RR 2016, 463 Rn. 6.

18 BGH 21.4.1988 – V ZB 10/87, BGHZ 104, 197 = NJW 1988, 1910 (1911); BGH 15.12.2017 – V ZR 257/16, NJW 2018, 2044 Rn. 12, betr. Sonderumlage.

19 *Lehmann-Richter/Wobst*, WEG-Reform 2020, Rn. 907.

20 S. nur BGH 3.7.2020 – V ZR 250/19, NJW 2020, 3315 Rn. 9, betr. Abrechnungsspitze.

21 BGH 24.2.1994 – V ZB 43/93, NJW 1994, 2950.

22 So BGH 4.11.2011 – V ZR 82/11, NJW 2012, 316 Rn. 7, für den Testamentsvollstrecker.

Anwendung des in § 2041 S. 1 BGB angeordneten Prinzips der dinglichen Surrogation gelten bei angeordneter Dauertestamentsvollstreckung Hausgeldschulden selbst dann als Nachlassverbindlichkeiten, wenn sie eine Wohnung betreffen, die gem. testamentarischer Anordnung aus den Mitteln des Nachlasses für einen Vermächtnisnehmer erworben wurde.[23] Weil der Testamentsvollstrecker verwaltungsbefugt ist, hat für die Dauer der Testamentsvollstreckung er und nicht der Erbe bzw. Vermächtnisnehmer das Stimmrecht in der Wohnungseigentümerversammlung.[24] Der Zahlungstitel geht dahin, hinsichtlich des Schuldbetrags „die Zwangsvollstreckung in den Nachlass zu dulden".

Anders ist die Rechtslage, wenn **keine Testamentsvollstreckung** angeordnet ist. Hinsichtlich der Hausgelder 18
für die im Wege der Erbfolge erworbene Eigentumswohnung gilt dann Folgendes: Nach § 1967 Abs. 1 BGB haftet der Erbe für die Nachlassverbindlichkeiten grundsätzlich unbeschränkt, dh nicht nur mit dem Nachlass, sondern auch mit dem eigenen Vermögen. Er kann seine Haftung aber gem. § 1975 BGB auf den Nachlass beschränken, wenn eine Nachlasspflegschaft zum Zwecke der Befriedigung der Nachlassgläubiger (Nachlassverwaltung) angeordnet oder das Nachlassinsolvenzverfahren eröffnet ist; der Klageantrag muss dann auf eine Verurteilung „unter Beschränkung der Haftung auf den Nachlass" gerichtet sein. Scheitert die Anordnung der Nachlassverwaltung oder die Eröffnung des Nachlassinsolvenzverfahrens mangels Masse, darf der Erbe wegen der rückständigen Beitragsforderungen gem. § 1990 Abs. 1 S. 1 BGB die Einrede der Unzulänglichkeit des Nachlasses erheben. Nach § 780 Abs. 1 ZPO kann der Erbe die Beschränkung seiner Haftung nur dann im Vollstreckungsverfahren geltend machen, wenn sie ihm im Urteil vorbehalten ist. Voraussetzung dafür ist, dass der Erbe als Prozesspartei wegen einer (reinen) Nachlassverbindlichkeit in Anspruch genommen wird. Handelt es sich dagegen (auch) um eine Eigenverbindlichkeit des Erben, kommt ein Vorbehalt beschränkter Erbenhaftung nicht in Betracht.[25] Nach Auffassung des BGH sind nach dem Erbfall fällig werdende oder durch Beschluss neu begründete Hausgeldschulden bei einer Verwaltung des Nachlasses durch den Erben im Regelfall (jedenfalls auch) Eigenverbindlichkeiten des Erben, für die er keine Beschränkung der Haftung auf den Nachlass vornehmen kann.[26] Eine solche **Verwaltungsmaßnahme** liegt nach Auffassung des BGH „nicht erst dann vor, wenn er eine nach außen wahrnehmbare Tätigkeit entfaltet, etwa indem er die Mieten einzieht, Handwerker beauftragt oder an Beschlüssen der Wohnungseigentümergemeinschaft mitwirkt. Vielmehr ist von einem Verwaltungshandeln des Erben in der Regel spätestens dann auszugehen, wenn er die Erbschaft angenommen hat oder die Ausschlagungsfrist abgelaufen ist und ihm faktisch die Möglichkeit zusteht, die Wohnung zu nutzen. Ab diesem Zeitpunkt beruht es allein auf seiner als Verwaltungsmaßnahme zu qualifizierenden Entscheidung, wie er mit der Wohnung verfährt, ob er sie selbst nutzt, vermietet bzw. vermietet lässt, verkauft oder in sonstiger Weise aus ihr Nutzen zieht. Auch wenn er die Wohnung leer stehen lässt, stellt dies eine Maßnahme der Verwaltung der Wohnung durch den Erben dar. Denn einer solchen Vorgehensweise liegt ebenfalls eine Entscheidung des Erben zu Grunde. Nur in – von dem Erben darzulegenden und zu beweisenden – Ausnahmefällen ist ein passives Verhalten des Erben im Hinblick auf eine zum Nachlass gehörende Eigentumswohnung nicht als Maßnahme ihrer Verwaltung zu qualifizieren. Dies ist beispielsweise dann der Fall, wenn der Erbe aufgrund einer Belastung der Wohnung mit einem Wohnrecht für einen Dritten keine Handlungsoptionen im Hinblick auf die Nutzung der Wohnung hat und er zudem keine Nutzungen aus ihr zieht und auch nicht ziehen kann; sobald er aber an Beschlüssen der Eigentümerversammlung mitwirkt, liegt auch in diesen Konstellationen ein Verwaltungshandeln des Erben vor."[27] Fällt eine Eigentumswohnung in den Nachlass und ist der Fiskus zum gesetzlichen Alleinerben berufen, sind die nach dem Erbfall fällig werdenden oder durch Beschluss der Wohnungseigentümer begründeten Beitragsschulden in aller Regel Nachlassverbindlichkeiten. Eigenverbindlichkeiten sind sie nur, wenn eindeutige Anhaltspunkte dafür vorliegen, dass der Fiskus die Wohnung für eigene Zwecke nutzen möchte.[28]

cc) Sonderproblem: Werdender Wohnungseigentümer. Regelmäßig entsteht eine Wohnungseigentümerge- 19
meinschaft dadurch, dass ein **Bauträger** ein Grundstück erwirbt und zum Zwecke des Verkaufs von zu erbauenden Wohnungen parzelliert (sog. Achter- oder Vorratsteilung gem. § 8 WEG). In diesen Fällen entsteht die

23 BGH 4.11.2011 – V ZR 82/11, NJW 2012, 316 Rn. 4, 7.
24 BGH 4.11.2011 – V ZR 82/11, NJW 2012, 316 Rn. 7.
25 BGH 5.7.2013 – V ZR 81/12, NJW 2013, 3446 Rn. 6.
26 BGH 5.7.2013 – V ZR 81/12, NJW 2013, 3446 Rn. 13.
27 BGH 5.7.2013 – V ZR 81/12, NJW 2013, 3446 Rn. 16.
28 BGH 14.12.2018 – V ZR 309/17, NJW 2019, 988 Rn. 8.

Gemeinschaft der Wohnungseigentümer als Verband nach der Neuregelung in § 9 a Abs. 1 S. 2 Hs. 2 WEG bereits mit Anlegung der Wohnungsgrundbücher. Dabei ist zunächst nur der teilende Eigentümer Mitglied der Gemeinschaft; die Gemeinschaft entsteht mithin als sog. Ein-Personen-Gemeinschaft, was die WEG-Novelle 2020 nicht mehr verbietet.[29] Was er beschließt, gilt dann auch für die eintretenden Wohnungseigentümer. Die Nutzungen und Lasten gehen gem. § 446 S. 2 BGB aufgrund der Erwerberverträge vom Bauträger auf die Erwerber über. Da auch das Stimmrecht als Gebrauchsvorteil zu den Nutzungen iSd § 100 BGB zählt, erhalten die Erwerber Stimmrechtsvollmachten; im Gegenzug stellen sie den Bauträger von Hausgeld- und anderen Verbindlichkeiten frei.[30] Der Erwerber erhält dazu wie nach altem Recht (dazu → Rn. 20) schon Mitgliedschaftsrechte (§ 8 Abs. 3 WEG).

20 Für Achterteilungen, die vor dem 1.12.2020 auf den Weg gebracht wurden, gilt noch das **alte Recht**,[31] wonach eine werdende Gemeinschaft auch ohne Anlage der Wohnungsgrundbücher entsteht, sobald sie in Vollzug gesetzt wurde. Die Anforderungen hierfür hat der BGH in verschiedenen Entscheidungen herausgearbeitet. Bei der anderen Form der Bildung eines Verbands Wohnungseigentümergemeinschaft über § 3 WEG können solche Rechtswirkungen nicht entstehen, weil die Miteigentümer von Beginn an feststehen, so dass mit Anlegung der Wohnungsgrundbücher alle Eigentümer zeitgleich eingetragen werden.

Klar ist zunächst, dass die werdende Gemeinschaft nicht als Rechtsperson handeln und behandelt werden kann, da es dazu noch an der Verbandsqualität fehlt; mehrere Einheiten entstehen frühestens mit Eintragung des 1. Erwerbers, womit neben dem Bauträger ein weiterer Eigentümer im Spiel ist.

Ist die Gemeinschaft der Wohnungseigentümer nach diesen Vorgaben **in Vollzug gesetzt**, bildet sie einen Anker, um weitere Erwerber als sog. werdende Wohnungseigentümer in die Abstimmungs- und Verwaltungsprozesse einzubinden. Nach Auffassung des BGH ist die vorverlagerte Anwendung des WEG geboten, sobald der Erwerber eine rechtlich verfestigte Erwerbsposition besitzt und infolge des vertraglich vereinbarten Übergangs von Lasten und Nutzungen der Wohnung ein „berechtigtes Interesse daran hat, die mit dem Wohnungseigentum verbundenen Mitwirkungsrechte an der Verwaltung der Wohnungsanlage vorzeitig auszuüben."[32] Für eine hinreichende Verfestigung der Erwerbsposition müssen nach Ansicht des BGH **drei Bedingungen** erfüllt sein:[33]

■ Es muss ein **(wirksamer) Erwerbsvertrag** geschlossen sein.

■ Es muss ein **Grundbuchausweis** vorliegen. Da die Eintragung des Eigentums sich meistens durch Erfordernisse der Fremdfinanzierung verzögert und in diesen Fällen wenigstens eine Auflassungsvormerkung zur Sicherung des Übereignungsanspruchs eingetragen wird, lässt der BGH für die Mitgliedschaft in der WEG zunächst dies genügen (auch wenn die Vormerkung ohne Weiteres wieder gelöscht werden kann).

■ Der Bauträger muss dem Erwerber den **Besitz** an der Wohnung **eingeräumt** haben. Der Erwerber muss dazu nicht einziehen und die Wohnung nicht einmal mit ersten Einrichtungsgegenständen versehen, muss aber zumindest die Wohnungsschlüssel erhalten haben.[34] In eigenem Interesse wird der Bauträger dies dem Verwalter bzw. den Miteigentümern gleich mitteilen, weil er nur so seiner Pflichtenlage in der Gemeinschaft der Wohnungseigentümer ledig werden kann.[35]

Die zeitlich vorverlagerte Anwendung des WEG gilt **zeitlich unbegrenzt** bis zur Vollendung der Eigentümergemeinschaft bzw. deren vollständigen Auseinandersetzung.[36]

Der werdende Wohnungseigentümer darf alle Mitwirkungsrechte ausüben, muss dafür aber gem. § 16 Abs. 2 WEG **alle Kosten und Lasten** mittragen. Auch hierfür gilt die Fälligkeitstheorie. Maßgeblicher Stichtag ist der Tag der Erlangung der Stellung als werdender Wohnungseigentümer, frühestens jedoch der Tag der Entste-

---

29 BT-Drs. 19/18791, 45. *Wicke* ZWE 2021, 21 ff.

30 *Lehmann-Richter/Wobst,* WEG-Reform 2020, Rn. 287.

31 *Lehmann-Richter/Wobst,* WEG-Reform 2020, Rn. 311.

32 BGH 5.6.2008 – V ZB 85/07, BGHZ 177, 53 = NJW 2008, 2639 Rn. 14, 21.

33 BGH 5.6.2008 – V ZR 85/07, BGHZ 177, 53 = NJW 2008, 2639 Rn. 14; BGH 8.12.2017 – V ZR 82/17, NJW 2018, 1613 Rn. 21.

34 BGH 11.12.2015 – V ZR 80/15, NJW-RR 2016, 461 Rn. 11, 12.

35 BGH 11.12.2015 – V ZR 80/15, NJW-RR 2016, 461 Rn. 16: iZw gilt der Zeitpunkt des Eigentumserwerbs.

36 BGH 14.2.2020 – V ZR 159/19, NJW-RR 2020, 840 Rn. 17.

hung der werdenden Wohnungseigentümergemeinschaft.[37] Damit kommt es auch hier zu einem vollkommenen Austausch. Jeder haftet für seine Nutzungsdauer: für alte Beschlüsse nur der Bauträger, für neue Beschlüsse nur der werdende Wohnungseigentümer (keine Gesamtschuld!).

Höchstrichterlich geklärt ist auch die Frage, wie zu verfahren ist, wenn ein werdender Eigentümer seine Anwartschaftsstellung weitergibt (sog. **Zweiterwerb**). Dieser bleibt auch dann Mitglied des Verbands, wenn er die Einheit unter Abtretung des vorgemerkten Übereignungsanspruchs und Besitzübertragung veräußert.[38] Ein Wechsel ist erst durch Eintragung des Eigentumsübergangs im Grundbuch möglich. Andernfalls wären die Besitzverhältnisse nicht klar erkennbar. Im Innenverhältnis war es daher ratsam, einen Zeitpunkt für die Übernahme der Rechte und Pflichten in der Gemeinschaft der Wohnungseigentümer festzulegen.

3. Umgang mit Zahlungsrückständen. a) Allgemeine Erwägungen. aa) Tilgungswirkung. Beitragsforderungen werden gem. § 362 Abs. 1 BGB durch Zahlung erfüllt. Tilgungswirkung haben auch Zahlungen, die unter bloßem Vorbehalt erfolgen, weil der Schuldner damit nur dem Verständnis der Leistung als Anerkenntnis (§ 212 Abs. 1 Nr. 1 BGB) entgegentreten und die Wirkung des § 814 BGB ausschließen, sich also die Möglichkeit offen lassen will, das Geleistete gem. § 812 Abs. 1 S. 1 BGB zurückzufordern. Das ist bei **qualifizierten Vorbehalten** anders, zB bei einer Zahlung unter dem Vorbehalt der Rückforderung,[39] oder wenn der Schuldner während eines Rechtsstreits zahlt und seine Rechtsverteidigung fortsetzt, weil er damit zum Ausdruck bringt, dass die Zahlung auf den Ausgang des Rechtsstreits keinen Einfluss haben soll;[40] auch Vollstreckungsdruck steht einer Erfüllung entgegen.[41] — 21

bb) Tilgungsreihenfolge. Bei Zahlung einzelner Hausgeldrückstände bestimmt der Schuldner über die Tilgungswirkung (§ 366 Abs. 1 BGB). Hausgeldraten sind **selbstständige Ansprüche**,[42] so dass die Zahlung einzelner Raten nicht unter das Verbot von Teilleistungen in § 266 BGB fällt.[43] Der Schuldner darf somit bestimmen, welche Hausgeldrate(n) er mit der Zahlung bedient. Anders ist dies nur, wenn sein Bestimmungsrecht abbedungen ist, zB durch einen Beschluss nach § 28 Abs. 3 WEG. Die Tilgungsbestimmung kann auch konkludent erfolgen. Wird die Zahlung gem. § 267 BGB durch einen Dritten erbracht, kommt ihm auch das Bestimmungsrecht zu.[44] Ist ein tatsächlicher Wille nicht zu ermitteln oder von Irrtum oder Unkenntnis beeinflusst, kann sich eine Tilgungsbestimmung – und damit ein Ausschluss des § 366 Abs. 2 BGB – auch aus dem **mutmaßlichen Willen** des Leistenden ergeben.[45] Erbringt der Schuldner eine Zahlung zum vereinbarten Zeitpunkt oder in geforderter Höhe, besteht die tatsächliche Vermutung, dass gerade die aktuelle Forderung getilgt werden soll.[46] — 22

Trifft der Schuldner keine Tilgungsbestimmung, obwohl mehrere Hausgelder offen sind, wechselt das Bestimmungsrecht nicht etwa auf den Verwalter bzw. die Gemeinschaft über. Zwar handelt es sich bei § 366 BGB um dispositives Recht.[47] Ist nichts anderes vereinbart, gilt ohne Tilgungsbestimmung durch den Schuldner aber die **gesetzliche Tilgungsreihenfolge** des § 366 Abs. 2 BGB, was zu einer vorrangigen Tilgung der Bewirtschaftungs- und Verwaltungskosten[48] und einer anteiligen Zuordnung zu den einzelnen Hausgeldkonten[49] führt. Die hiernach geltende Rangfolge führt automatisch zum Erlöschen der jeweiligen Schuld; eine nachträgliche Tilgungsbestimmung würde ins Leere gehen.[50] Sind mehrere Hausgelder offen, wird die Zah- — 23

---

37 BGH 11.5.2012 – V ZR 196/11, BGHZ 193, 219 = NJW 2012, 2650 Rn. 6.
38 BGH 24.7.2015 – V ZR 275/14, BGHZ 206, 281 = NJW 2015, 2877 Rn. 11.
39 BGH 6.10.1998 – XI ZR 36/98, BGHZ 139, 357 = NJW 1999, 494 (496).
40 BGH 6.10.1998 – XI ZR 36/98, BGHZ 139, 357 = NJW 1999, 494 (496).
41 BGH 14.3.2014 – V ZR 115/13, NJW 2014, 2199 Rn. 8; BGH 19.11.2014 – VIII ZR 191/13, BGHZ 203, 256 = NJW 2015, 699 Rn. 19.
42 BGH 11.10.2013 – V ZR 271/12, NJW 2014, 145 Rn. 9.
43 AA KG 8.8.2005 – 24 W 112/04, NJW-RR 2006, 446 (447).
44 LG Berlin 8.1.2018 – 66 S 240/17, NJW-RR 2018, 396 Rn. 17.
45 LG Berlin 8.1.2018 – 66 S 240/17, NJW-RR 2018, 396 Rn. 16.
46 BGH 17.9.2001 – II ZR 275/99, NJW 2001, 3781 (3782); BGH 14.7.2008 – II ZR 204/07, NJW 2008, 3438 Rn. 16.
47 BGH 20.6.1984 – VIII ZR 337/82, BGHZ 91, 375 = NJW 1984, 2404 (2405).
48 Str.; wie hier Staudinger/*Häublein* WEG § 28 Rn. 260; Jennißen/*Jennißen* WEG § 28 Rn. 117; aA (quotale Zuordnung) *Drasdo* NZM 2010, 217 (224).
49 BGH 18.10.2012 – V ZB 58/12, NJW-RR 2013, 337 Rn. 10.
50 BGH 23.2.1999 – XI ZR 49/98, BGHZ 140, 391 = NJW 1999, 1704; BGH 25.11.2003 – XI ZR 379/02, NJW-RR 2004, 405 (407): Tilgung muss „bei der Leistung" erfolgen.

lung auf die älteste Forderung verrechnet, da diese am ehesten verjährt und der Gemeinschaft der Wohnungseigentümer die geringste Sicherheit bietet. Erfolgt nur eine Teilleistung (Hausgeldteilzahlung), darf der Verwalter sie gem. § 266 BGB zurückweisen, was in der Praxis indes nur zur Maßregelung von an sich zahlungs-
kräftigen Schuldnern geschieht. Ansonsten verzichtet der Verwalter auf die in § 266 BGB angeordnete Ver-
botsfolge, was von seiner Inkassobefugnis aber idR gedeckt ist.

24 **cc) Rückstand und Wohnungseigentumsgesetz.** Das WEG wurde 1951 geschaffen, um „Personen, die bei
den früheren wirtschaftlichen Verhältnissen nur als Mieter in Betracht gekommen wären", aber „Finanzie-
rungsbeiträge für den Auf- und Ausbau von Gebäuden leisten", eine „angemessene Sicherung für derartige
Kapitalbeteiligungen" zu ermöglichen.[51] Es hat damit nicht den säumigen Schuldner im Blick und sieht dementsprechend kein Druckmittel gegen Schuldner vor. Das hat sich auch durch die WEG-Novelle 2020 nicht
geändert. **Inkassofälle** lassen sich folglich nicht allein mit dem WEG lösen.

25 **dd) Eilgebot.** A und O des Inkassos ist ein zügiges Arbeiten des Eintreibers. Das setzt gute Vorbereitung voraus. Dabei muss sich der Verwalter als Manager bewähren. Schnelles Handeln ist auch aus den nachfolgenden
Gründen erforderlich. Andernfalls droht dem Verwalter die Haftung.

26 Der Verwalter ist verpflichtet, Beschlüsse der Wohnungseigentümer umzusetzen. Dies ist im Gesetz nicht
(mehr) angeordnet, ergibt sich aber aus der Funktion des Verwalters als Vollzugsorgan der Gemeinschaft der
Wohnungseigentümer.[52] Dazu kann je nach Größe der Wohnungseigentümergemeinschaft nunmehr auch gehören, dass der Verwalter die Beiträge selbst gerichtlich geltend machen und Vollstreckungsmaßnahmen einleiten darf.[53] Nur die Eigentümer selbst dürfen (durch Zweitbeschluss) von einer Rechtsverfolgung absehen,
wenn sich etwa Erkenntnisse einstellen, die es ratsam erscheinen lassen, nicht weiter gegen den Schuldner
vorzugehen. Im Rahmen seiner durch die Neuregelung in § 27 Abs. 1 Nr. 1 WEG geschaffenen Befugnis, über
Maßnahmen von untergeordneter Bedeutung selbst zu entscheiden, hat der Verwalter aber immerhin die
Möglichkeit, wegen der Begleichung einer Schuld im Einzelfall im Rahmen ordnungsgemäßer Verwaltung
noch weiter zuzuwarten,[54] und muss sich nicht sofort um die Titulierung kümmern, wie das nach altem Recht
noch der Pflichtenstandard war.[55] § 27 Abs. 1 WEG räumt ihm dazu eine **Einschätzungsprärogative** zu; die
Wohnungseigentümer haben aber immer die Möglichkeit, diesen Beurteilungsspielraum gem. § 27 Abs. 2
WEG durch Einzel- oder Dauerbeschlüsse nachzujustieren. Hierbei geht es den Gesetzesmaterialien zufolge
etwa um die Festlegung von Wertgrenzen, um Maßnahmenkataloge und Zustimmungsvorbehalte,[56] wobei ein
Verwalterhandeln entgegen der Auffassung des Gesetzgebers[57] nicht von der Zustimmung eines Dritten ab-
hängig gemacht werden darf, ebenso wie auch Verfügungsbeschränkungen nur intern wirken können.[58]

27 Auch **rechtswidrige Beschlüsse** können Zahlungspflichten begründen. Dies ergibt sich aus § 23 Abs. 4 S. 2
WEG, wonach ein Beschluss, der nicht gegen eine Rechtsvorschrift verstößt, auf deren Einhaltung rechtswirksam nicht verzichtet werden kann, gültig ist, solange er nicht durch rechtskräftiges Urteil für ungültig erklärt
ist. Im Regelfall sind Beitragsbeschlüsse nicht unwirksam. Damit begründet auch ein solcher ‚Zitterbeschluss'
eine vom Verwalter im Zweifel sofort zu verfolgende Zahlungsverpflichtung. Auch die Verzugsfolgen bleiben
bestehen und entfallen erst (ex nunc) mit Rechtskraft des Urteils, mit dem der Beitragsbeschluss für ungültig
erklärt wird.[59] Hat die Anfechtungsklage Erfolg, kann der Schuldner gegen den Zahlungstitel gem. § 767 ZPO
vorgehen. Vorher kann ein Hausgeldbeitreibungsverfahren daher auch nicht gem. § 148 ZPO wegen Vorgreiflichkeit eines parallel anhängigen Beschlussanfechtungsverfahrens ausgesetzt werden.

28 Zügiges Handeln ist ferner aus insolvenzrechtlichen Gründen geboten. Wird über das Vermögen des Schuldners ein Insolvenzverfahren eröffnet, kommt eine **Insolvenzanfechtung** in Betracht:

---

51 BR-Drs. 75/51, 1.
52 *Lehmann-Richter/Wobst*, WEG-Reform 2020, Rn. 468.
53 BT-Drs. 19/18791, 75.
54 *Lehmann-Richter/Wobst*, WEG-Reform 2020, Rn. 482.
55 S. dazu BGH 18.2.2011 – V ZR 197/10, NJW-RR 2011, 1093 Rn. 20.
56 BT-Drs. 19/22634, 47.
57 BT-Drs. 19/22634, 47.
58 Staudinger/*Jacoby*, WEG § 27 Rn. 255; *Lehmann-Richter/Wobst*, WEG-Reform 2020, Rn. 501.
59 BGH 10.7.2020 – V ZR 178/19, NZM 2020, 755 Rn. 31.

Hatte der Verwalter Kenntnis von Umständen, die zwingend auf die Zahlungsunfähigkeit des Schuldners schließen lassen, sind Beitragszahlungen gem. § 130 Abs. 1 Nr. 1 InsO anfechtbar, die in den letzten drei Monaten vor Insolvenzantragsstellung geleistet wurden. Eine Ausnahme besteht für **Bardeckungen** (§ 142 InsO: „Bargeschäft"). Gem. § 142 Abs. 2, Abs. 3 InsO ist das der Fall, wenn die Schuld innerhalb von drei Monaten nach Fälligkeit beglichen wird. Solche Zahlungen sind nur unter den (kaum einmal vorliegenden) Voraussetzungen einer Vorsatzanfechtung nach § 133 InsO rückholbar. Zum selben Ergebnis führt gem. § 88 Abs. 1, Abs. 2 InsO die mit Eröffnung eines Verbraucherinsolvenzverfahrens eintretende dreimonatige Rückschlagsperre. Eine weitergehende Anfechtbarkeit besteht, wenn zwar keine Umstände vorliegen, die zwingend auf die Zahlungsunfähigkeit des Schuldners schließen lassen, der Schuldner aber unter Vollstreckungsdruck leistet. Eine solche Zahlung stellt eine inkongruente Deckung dar und ist daher §§ 131 Abs. 1, 143 Abs. 1 InsO an den Insolvenzverwalter auszukehren, wenn sie im letzten Monat, bei Zahlungsunfähigkeit des Schuldners sogar in den letzten drei Monaten vor dem Insolvenzantrag erfolgte.[60] Gleiches gilt für Zahlungen zur Abwendung eines angekündigten Insolvenzantrags.[61]

Eile geboten ist für das Beitragsinkasso ferner aufgrund von Anforderungen des Zwangsversteigerungsverfahrens. Ist die schnelle Realisierung eines Beitragstitels fraglich, kommt eine **Zwangsversteigerung** des Wohnungseigentums in Betracht. Attraktiv ist ein solches Vorgehen wegen des Rangprivilegs in § 10 Abs. 1 Nr. 2 ZVG. Allerdings ist dieses Vorrecht auf 5 % des Verkehrswertes des Wohnungseigentums beschränkt, was etwa fünf monatlichen Hausgeldraten entspricht. Damit zählt jeder Monat. Wird von Dritten die Zwangsversteigerung in das Sondereigentum eines Wohnungseigentümers betrieben, ist der Verwalter aufgrund seiner Vollzugskompetenz grds. verpflichtet, die gem. § 10 Abs. 1 Nr. 2 ZVG bevorrechtigten Hausgeldansprüche der Wohnungseigentümergemeinschaft im Zwangsversteigerungsverfahren anzumelden.[62] Hierzu ist auch keine Titulierung der Forderung nötig; nach § 45 Abs. 3 S. 1 ZVG reicht die Glaubhaftmachung durch Vorlage einer Niederschrift des entsprechenden Beschlusses der Wohnungseigentümer aus. 29

Auch bei einem sich **abzeichnenden Ableben des Schuldners** ist Eile geboten. Gem. § 779 ZPO kann die Zwangsvollstreckung aus einem Zahlungstitel ohne Weiteres in den Nachlass fortgesetzt werden, wenn sie vor dem Tod des Schuldners begonnen hat. Ansonsten ist eine Titelumschreibung gem. § 727 ZPO nötig, was bei schwieriger Erbenermittlung nicht immer erfolgreich ist, jedenfalls viel Zeit kostet. Bei mehreren Erben muss die Klausel zur Vollstreckung in den ungeteilten Nachlass wegen § 747 ZPO gegen alle Miterben umgeschrieben werden, so dass es nicht ausreicht, nur einen oder einen Teil der (gesamtschuldnerisch haftenden) Miterben ermittelt zu haben. Sind die Erben unbekannt, muss die Gemeinschaft beim Nachlassgericht gem. §§ 1960 Abs. 1, 1961 BGB die Bestellung eines Nachlasspflegers beantragen, um an die Erbschaft zu gelangen. Im Rahmen seiner Aufgabe, den Nachlass zu verwalten und zu sichern,[63] hat der Nachlasspfleger im Interesse des Erben klarliegende Nachlassverbindlichkeiten zu begleichen, um unnötige Prozesse und Kosten zu vermeiden.[64] Insofern ist der Nachlasspfleger nicht nur berechtigt, sondern auch verpflichtet, die Beiträge aus Nachlassmitteln an die Gemeinschaft der Wohnungseigentümer abzuführen. 30

b) Befugnisse des Verwalters. aa) Gesetzliche Vertretungsmacht. Für ein Beitragsinkasso durch den Verwalter sind seine **Befugnisse** zu klären. Er ist Organ der Gemeinschaft der Wohnungseigentümer und vertritt sie gem. § 9 b Abs. 1 S. 1 WEG gerichtlich wie außergerichtlich, wenngleich nicht beim Abschluss von Grundstückskauf- und Darlehensverträgen. Durch diese ganz enge Beschränkung der **Vertretungsmacht**, die sich auch nicht auf Erklärungen im Rahmen der Vertragsabwicklung wie etwa dingliche Rechtsgeschäfte erstreckt,[65] wird die Organqualität nicht beseitigt. Auch vor Inkrafttreten des § 9 b WEG am 1.12.2020 wurde der Verwalter von der Rspr. insoweit als Organ betrachtet, als ihm nach Maßgabe des § 27 Abs. 2, Abs. 3 31

---

60 BGH 23.3.2006 – IX ZR 116/03, BGHZ 167, 11 = NJW 2006, 1870 Rn. 9; BGH 9.1.2014 – IX ZR 209/11, BGHZ 199, 344 = NJW 2014, 1386 Rn. 37.
61 BGH 18.12.2003 – IX ZR 199/02, BGHZ 157, 242 = NJW 2004, 1385; BGH 7.3.2013 – IX ZR 216/12, NJW-RR 2013, 949 Rn. 12.
62 BGH 8.12.2017 – V ZR 82/17, NJW 2018, 1613 Rn. 10.
63 MüKoBGB/*Leipold* § 1960 Rn. 49.
64 MüKoBGB/*Leipold* § 1960 Rn. 69.
65 BT-Drs. 19/22634, 43.

WEG aF Vertretungsbefugnisse eingeräumt waren.[66] Im Inkassobereich kommt seine Organstellung uneingeschränkt zur Geltung.

32 **bb) Interne Kompetenzen.** Während sich die Vertretungsmacht des Verwalters aus § 9 b Abs. 1 S. 1 WEG ergibt, sind seine Kompetenzen für das Hausgeldinkasso im **Innenverhältnis** in § 27 Abs. 1 Nr. 1 WEG definiert. Das Gesetz erlaubt alle Maßnahmen, die untergeordnete Bedeutung haben. Mit dieser Formulierung beschränkt sich § 27 Abs. 1 Nr. 1 WEG auf eine **heuristische Festlegung**. Zu fragen ist damit, für welche Frage eine Befassung der Eigentümergemeinschaft nicht zu erwarten ist, so dass der Kompetenzrahmen des Verwalters für jede Wohnanlage gesondert zu ermitteln ist.[67] Die Praxis darf sich dazu freilich mit Matrixverfahren behelfen. IZw sind alle Inkassomaßnahmen nicht so wichtig, dass hierfür die Gemeinschaft befragt werden müsste. Obwohl der Verwalter durch die WEG-Novelle 2020 einen größeren Entscheidungsspielraum erhalten hat, wird es wie nach bisherigem Recht zum Schutz der Liquidität der Gemeinschaft der Wohnungseigentümer allerdings nicht genügen können, dass sich der Verwalter das Geld auf ein offenes Treuhandkonto überweisen lässt; vielmehr muss er für eine Direktzahlung auf das WEG-Konto sorgen.[68]

33 Zu den Maßnahmen untergeordneter Bedeutung zählt je nach Größe der Wohnanlage auch die **gerichtliche Durchsetzung von Beitragsansprüchen**.[69] Der Verwalter darf die Gemeinschaft dann erstinstanzlich selbst (für die Berufung besteht Anwaltszwang) vor Gericht vertreten. Insbesondere stellt eine solche Tätigkeit keine unerlaubte Rechtsberatung dar,[70] weil sie sich im Rahmen des § 5 Abs. 1, Abs. 2 Nr. 2 RDG (Rechtsdienstleistungen im Zusammenhang mit einer Haus- und Wohnungsverwaltung) hält. Der Gesetzgeber hat dies ganz weit verstanden.[71] Anders als ein „gewöhnlicher" Hausverwalter[72] und auch anders als ein Inkassodienstleister iSd § 79 Abs. 2 S. 2 Nr. 4 ZPO (dazu § 4 Abs. 4, Abs. 5 RDG) kann der Verwalter dafür eine Vergütung nach RVG-Sätzen verlangen,[73] wenn der Verwaltervertrag dies nicht anders regelt. Die Befugnis gilt iZw **nicht für Vergleichsabschlüsse**, so dass der Verwalter einen Vergleich nicht ohne Widerrufsmöglichkeit abschließen sollte. Überhaupt sollte er vorsichtig sein und bei seinem Haftpflichtversicherer anfragen, inwieweit ein Fehlverhalten bei Gericht versichert ist. Üblicherweise gehen Verwalter nicht zu Gericht, sondern betreiben nur das Mahnwesen. Einige beantragen auch noch den Erlass von Mahnbescheiden. Spätestens nach Eingang des Widerspruchs ist bei den meisten aber Schluss und die Angelegenheit wird an einen Rechtsanwalt gegeben. Die Befugnis zum Tätigwerden vor Gericht umfasst im Zweifel auch die Ermächtigung zur Beauftragung eines Rechtsanwalts.[74] Führt der Verwalter den Prozess selbst, umfasst seine Vertretungsbefugnis regelmäßig die Entscheidung, gegen wen wieviel eingeklagt wird, und alle Prozesshandlungen wie etwa ein Anerkenntnis, da sich § 81 ZPO gegenüber dem beschränkten Inhalt einer Vollmacht durchsetzt. Die Einleitung eines Insolvenzverfahrens ist davon regelmäßig nicht umfasst, zumal von einem Insolvenzantrag oft abzuraten ist.

34 Die Eigentümer können dem Verwalter im Innenverhältnis gem. § 27 Abs. 2 WEG **weitergehende Kompetenzen** einräumen. Dies kann auch schon in der Gemeinschaftsordnung erfolgen, was aber kaum vorkommt. Auch durch Vereinbarung werden nur selten Verwaltungskompetenzen geschaffen. Zweckmäßig sind idR Dauer- oder Einzelbeschlüsse zur Steuerung des Handlungsrahmens des Verwalters. Regelmäßig lässt sich der Verwalter seine Kompetenzen über den **Verwaltervertrag** bestimmen, vor allem zur Konkretisierung des Mahnwesens, aber auch für ein Tätigwerden vor Gericht. Ob diese Möglichkeit angesichts der durch die WEG-Novelle 2020 erweiterten gesetzlichen Kompetenzen des Verwalters noch besteht, ist fraglich,[75] im Hin-

---

66 BGH 20.2.2014 – III ZR 443/13, BGHZ 200, 195 = NJW 2014, 1584 Rn. 16.

67 BT-Drs. 19/22634, 47: „je nach Größe der Anlage und Art der regelmäßig anfallenden Maßnahmen".

68 LG Hamburg 28.11.2013 – 318 T 30/13, ZWE 2014, 413 (414); LG Frankfurt/Oder 14.7.2014 – 16 S 46/14, ZWE 2015, 133 (134); LG Saarbrücken 4.5.2018 – 5 S 44/17, NZM 2018, 518 Rn. 16; Bärmann/*Becker* WEG § 27 Rn. 239; *Bub/Bernhard* FD-MietR 2018, 405784.

69 BT-Drs. 19/22634, 47.

70 BGH 6.5.1993 – V ZB 9/92, BGHZ 122, 327 = NJW 1993, 1924 f.

71 BT-Drs. 16/3655, 56.

72 OLG Düsseldorf 17.6.2014 – 20 U 16/14, NJW-RR 2014, 1387 (1388).

73 Ebenso BGH 6.5.1993 – V ZB 9/92, BGHZ 122, 327 = NJW 1993, 1924 (1925), zur BRAGO, die vom RVG abgelöst wurde.

74 BGH 1.6.2012 – V ZR 171/11, NJW 2012, 2797 Rn. 6.

75 Dagegen *Lehmann-Richter/Wobst*, WEG-Reform 2020, Rn. 503, die § 27 Abs. 2 WEG insoweit für abschließend halten.

blick auf das praktische Bedürfnis, den Entscheidungsspielraum des Verwalters auf die konkrete Wohnanlage einzustellen und damit Rechtssicherheit zu schaffen, ist das aber zu tolerieren.

▶ **Formulierungsbeispiel:**   35

„In Erweiterung der gesetzlichen Befugnisse ist der Verwalter ermächtigt und bevollmächtigt, die von den Wohnungseigentümern zu entrichtenden Beiträge im Namen der WEG gerichtlich geltend zu machen." ◀

c) Vorgehen ohne Verwalter. Ist kein Verwalter bestimmt, kann jeder Wohnungseigentümer für einen Inkass-   36
obeschluss sorgen (§ 18 Abs. 2 Nr. 1 WEG). Die übrigen Miteigentümer sind aufgrund ihrer **Treuepflicht** zur Mitwirkung verpflichtet.[76] Ein Wohnungseigentümer hat hingegen, von Notmaßnahmen iSd § 18 Abs. 3 WEG abgesehen, keine Vertretungsmacht für ein eigenmächtiges Vorgehen. Ihm kann von den Miteigentümern auch keine Vertretungsmacht eingeräumt werden. Wohl ist aber lässt sich durch Beschluss eine Prozessstandschaft begründen (näher → Rn. 6).

d) Auswahl der Druckmittel. Sind Beiträge offen, aber noch nicht tituliert, hat der Verwalter mehrere Mög-   37
lichkeiten, den Schuldner zur Zahlung zu bewegen:

aa) Mahnung. An erster Stelle steht die Mahnung. Dieses Instrument wird auch dann praktiziert, wenn keine   38
Mahnung nötig ist, weil Kalender- oder Ereignisfälligkeit vorliegt. Denn erfahrungsgemäß bewegt sich aufgrund von Mahnungen dann doch etwas.

Problematisch ist die **Bezahlung des Mahnwesens**, so dass im Verwaltervertrag oder in einem Dauerbe-   39
schluss in analoger Anwendung des § 28 Abs. 3 WEG hierzu das Notwendige geregelt sein sollte. Mehr als drei Mahnungen sind nicht sinnvoll, da der Schuldner sonst nur ermutigt wird, es auf weitere Mahnungen ankommen zu lassen. Außerdem haftet der Verwalter, wenn er sich zu viel Zeit lässt und der Schuldner zwischenzeitlich in Vermögensverfall gerät, so dass die Gemeinschaft mit dem Forderungseinzug zu spät kommt.

bb) Schuldanerkenntnis. In Einzelfällen kommt ein notariell beurkundetes Schuldanerkenntnis in Betracht,   40
wenn der Schuldner den Verwalter von einem nur vorübergehenden Zahlungsengpass überzeugen kann. Ein solches Anerkenntnis erspart den SCHUFA-Eintrag, ist aber teurer als ein Mahnbescheid. Manche Gemeinschaftsordnungen sehen vor, dass die Wohnungseigentümer dem Verwalter schon im Vorhinein solche notariellen Urkunden überlassen müssen, was als zulässig angesehen wird, wenn die Verpflichtung genau erkennen lässt, auf welche mehrheitlich beschlossenen und fällig gestellten monatlichen Beitragsvorschüsse sie sich bezieht,[77] was indes nur selten in Betracht kommen dürfte.

cc) Ausfrieren. Häufig praktiziert und sicherlich auch effektiv ist das Instrument des Ausfrierens. Darunter   41
wird das Abstellen der Medien (Wasser, Allgemeinstrom, Heizenergie) verstanden. Rechtstechnisch wird dies als Ausübung des Zurückbehaltungsrechts nach § 273 BGB verstanden,[78] was nicht offensichtlich ist. § 273 BGB ist Ausfluss des Prinzips von Treu und Glauben und bindet eine solche Maßnahme an **vier Voraussetzungen**:[79]

- Der **Rückstand** muss mehr als sechs Hausgeld-Monatszahlungen ausmachen.[80] Haben die Wohnungseigentümer einen Vorfälligkeitsbeschluss getroffen, wonach der Gesamtvorauszahlungsbetrag zu leisten ist, wenn Monatsbeiträge nicht zeitgerecht eingehen, ist diese Grenze regelmäßig schon früher erreicht.
- Der Rückstand ist **tituliert** bzw. besteht zweifelsfrei.[81]

---

76 BGH 22.4.1999 – V ZB 28/98, BGHZ 141, 224 = NJW 1999, 2108 (2109); BGH 10.2.2017 – V ZR 166/17, NJW-RR 2017, 844 Rn. 10.

77 KG 25.7.2003 – 24 W 328/02, ZWE 2003, 294 (296); Staudinger/*Häublein* WEG § 28 Rn. 275; *Becker* ZWE 2000, 515.

78 BGH 10.6.2005 – V ZR 235/04, NJW 2005, 2622 (2623); grundlegend *Gaier* ZWE 2004, 109 (112); s. auch BayObLG 31.3.2004 – 2 Z BR 224/03, NJW-RR 2004, 1382.

79 Mitunter wird zusätzlich verlangt, dass die Maßnahme auch unabhängig vom Rückstandsbetrag nicht unverhältnismäßig sein darf, so OLG Dresden 12.6.2007 – 3 W 82/07, BeckRS 2007, 10963; Staudinger/*Häublein* WEG § 28 Rn. 285; *Gaier* ZWE 2004, 109 (115).

80 BGH 10.6.2005 – V ZR 235/04, NJW 2005, 2622 (2623).

81 OLG Frankfurt a.M. 21.2.2006 – 20 W 56/06, ZWE 2006, 450 (452); KG 26.11.2001 – 24 W 7/01, ZWE 2002, 182 (183).

- Eine Zwangsvollstreckung bietet **keine Aussicht auf Erfolg**, was ohne Titel freilich schwer einzuschätzen ist.

- Die **Versorgungsleistungen** werden von der Wohnungseigentümergemeinschaft und nicht direkt vom Versorger erbracht.

42 Sind diese Anforderungen erfüllt, kann die Ausfrierung beschlossen werden. Das muss ein **Mehrheitsbeschluss** sein, mit dem die Sperre unter Fristsetzung und Angabe einer bestimmten Höchstdauer angedroht wird.[82] Für die Frist dürfte ein Richtwert von 2–3 Wochen angemessen sein.

43 ▶ Formulierungsbeispiel:[83]

„Die Eigentümerversammlung beschließt:

1. Aufgrund des Zahlungsverzugs des Sondereigentümers [...] hinsichtlich der folgenden Beitragsforderungen der Wohnungseigentümergemeinschaft [...] (rechtskräftig tituliert und fruchtlos vollstreckt) in Höhe von derzeit [...] EUR bezogen auf die Sondereigentumseinheit gemäß Aufteilungsplan zur Teilungserklärung, bezeichnet mit der Nr. [...], wird die Verwaltung beauftragt, im Falle des fruchtlosen Verstreichens einer zu setzenden letzten Frist von [...] Tagen unter Androhung dieser Maßnahme das vorgenannte Sondereigentum unverzüglich abzutrennen von der Heiz-, Warmwasser- und Kaltwasserversorgung sowie der Allgemeinstromversorgung und dem Radio- und TV-Empfang (soweit von der Wohnungseigentümergemeinschaft zur Verfügung gestellt) durch Einbau entsprechend verplombter und wieder entfernbarer Sperrvorrichtungen durch ein Fachunternehmen, befristet bis zum Ausgleich von mindestens 70 % der Rückstände incl. Kosten und Zinsen.

2. Die unter Ziff. 1. beschlossene Maßnahme wird längstens bis zum Eigentumswechsel auf einen Nachfolger, im Falle der Zwangsversteigerung bis zur Erteilung des Zuschlags aufrechterhalten.

3. Die Kosten für die erforderlichen Sperreinrichtungen werden aus [...] in Höhe von [...] vorfinanziert und nachfolgend auf dem Schadensersatzwege ebenfalls gegen den Schuldner, notfalls gerichtlich unter Zuhilfenahme eines Rechtsanwalts eingefordert.

4. Sollten die gem. Ziff. 1. erforderlichen Sperreinrichtungen nur unter Inanspruchnahme des Sondereigentums des oben genannten Schuldners herzustellen sein und sollte der oben genannte Schuldner oder ein Dritter der Fachfirma und/oder dem Verwalter das Betreten der Sondereigentumseinheit zum Zwecke der Herstellung der Absperreinrichtungen verweigern, beauftragt die Gemeinschaft die Verwaltung bereits jetzt damit, unverzüglich das Betretungsrecht gerichtlich unter anwaltlicher Hilfe zu erzwingen." ◀

44 Dieser Beschluss gilt auch dann, wenn die **Wohnung vermietet** ist.[84] Der Mieter hat Rechte nur gegenüber dem Vermieter, nicht auch gegenüber der Eigentümergemeinschaft, und muss dem Verwalter auch Einlass gewähren, um die zur Durchführung der zur Sperre erforderlichen Arbeiten in der Wohnung zu ermöglichen.[85] In der Praxis ist das kein Problem, weil der Mieter gem. § 267 BGB in Vorleistung treten wird. Im Übrigen ist ein Ausfrieren auch im Mietverhältnis möglich, allerdings nur nach einer Gesamtabwägung und bislang höchstrichterlich nur für die **Geschäftsraummiete** geklärt.[86]

45 Problematisch ist im einen wie im anderen Fall vor allem, ob das **Zutrittsrecht** nur durch gerichtlichen Titel erzwungen werden kann. Richtigerweise bedarf es wegen Art. 13 Abs. 1 GG auch und trotz des Anspruchs aus § 14 Abs. 1 Nr. 2 WEG gegenüber dem säumigen Wohnungseigentümer als Eigennutzer eines Gerichtsbeschlusses, wenn er nicht freiwillig Zutritt zu seiner Wohnung ermöglicht.[87]

46 Der säumige Wohnungseigentümer hat Anspruch auf Aufhebung des Beschlusses bei (nahezu) vollständiger Tilgung der Versorgungszahlungen, nicht bereits bei Bezahlung des auf die Versorgungsleistungen entfallenden Teils der Hausgeldzahlungen.[88]

---

82 BGH 10.6.2005 – V ZR 235/04, NJW 2005, 2622 (2623).
83 Nach FormB-WEG-R/*Fritsch* § 5 Rn. 25.
84 KG 26.11.2001 – 24 W 7/01, ZWE 2002, 182 (183).
85 Staudinger/*Häublein* WEG § 28 Rn. 288; *Suilmann* ZWE 2012, 111 (114).
86 BGH 6.5.2009 – XII ZR 137/07, BGHZ 180, 300 = NJW 2009, 1947 Rn. 18.
87 OLG München 23.2.2005 – 34 Wx 5/05, ZWE 2005, 332 (333 f.); s. auch BGH 10.8.2006 – I ZB 126/05, NJW 2006, 3352 Rn. 9.
88 KG 8.8.2005 – 24 W 112/04, NJW-RR 2006, 446 (447); OLG Dresden 12.6.2007 – 3 W 82/07, BeckRS 2007, 10963.

dd) Anprangern. In den 90er Jahre des vorigen Jahrhunderts wurden in Leipzig mehrere Unternehmen ge-   47
gründet, die anboten, mit „schwarzen Schatten" (Personen in dunkler Kleidung) säumige Schuldner in der Öffentlichkeit zu begleiten und sie so unter Druck zu setzen. Das LG Leipzig verbot diese Tätigkeit, weil es eine
solche Begleitung als unzulässigen Angriff auf das Persönlichkeitsrecht der Schuldner ansah und den Unter-
nehmenszweck daher für wettbewerbswidrig befand.[89] Mit dem Persönlichkeitsrecht vereinbar ist hingegen
das Aufführen der säumigen Hausgeldschuldner in der Einladung zur Eigentümerversammlung und der Abrechnung. Dies begegnet auch keinen **datenschutzrechtlichen Bedenken.**[90] Unzulässig ist hingegen die namentliche Nennung von angeblichen Schuldnern in einer privaten Schuldnerliste im Internet.[91]

ee) Gerichtliches Vorgehen. Nicht unbedingt als ultima ratio, aber immer genau zu überlegen, ist die Ein-   48
schaltung der Gerichte. Diese besteht zum einen in der Einleitung eines **Mahnbescheidsverfahrens**, das gegenüber der Klage Vor- und Nachteile hat. Inzwischen sieht kein Bundesland mehr ein Schlichtungserforder-
nis für Forderungen bis zu 600 EUR oder 750 EUR vor, so dass das Mahnbescheidsverfahren nicht zur Umgehung des Schlichtungsverfahrens (vgl. § 15 a Abs. 2 S. 1 Nr. 5 EGZPO) nötig ist. Allerdings ist es nur zu empfehlen, wenn kein Widerstand zu erwarten ist. Im Regelfall ist die sofortige Klage die richtige Wahl.

ff) Grenzen der Forderungseintreibung. Wer zur Flankierung der Forderungseintreibung an Sanktionen   49
denkt, muss berücksichtigen, dass der **Entzug von Stimm- und Teilhaberechten** selbst bei Säumnis nicht zulässig ist, auch nicht vorübergehend und nicht einmal durch eine Bestimmung in der Gemeinschaftsordnung.[92]

Wegen Verstoßes gegen das **Belastungsverbot** (→ *Leistungspflichten/Belastungsverbot* Rn. 1 ff.) dürfen die   50
Eigentümer auch nicht beschließen, dass der Verwalter für den säumigen Schuldner, der seine Wohnung vermietet, die Miete einzieht und damit die Schulden begleicht.[93]

Wird die Wohnung aus finanziellen Gründen veräußert, liegt es nahe, über Umgehungen der Fälligkeitstheorie   51
nachzudenken, um den neuen Eigentümer auch für Altforderungen haften zu lassen. Auch dies ist indes nicht
möglich: § 28 Abs. 2 S. 1 WEG deckt eine erneute Beschlussfassung über die Abrechnung zur Erstreckung auf
Nachfolger oder auch nur zur Neubegründung der Verjährung nicht;[94] **Verlagerungen der Fälligkeitszeit-
punkte** sind in Beitragsbeschlüssen hingegen auch aus taktischen Gründen, mithin allein zur Einbindung des
Nachfolgers, zulässig.[95]

Keinen Erfolg verspricht schließlich die Inanspruchnahme des säumigen Wohnungseigentümers durch einen   52
Miteigentümer. Der Schuldner ist dem Miteigentümer gegenüber nicht schadensersatzpflichtig, und zwar
selbst dann nicht, wenn die Gemeinschaft durch das Ausbleiben der Zahlungen Liquiditätsprobleme bekommen hat, so dass kein Strom und Wasser mehr geliefert wurde und Mietminderungen erfolgten;[96] der Miteigentümer kann sich hier nur an die Gemeinschaft halten.[97]

e) Die zwei häufigsten Ausreden. aa) Kein Geld. Der Verwalter wird von den Wohnungseigentümern ge-   53
wählt und ist daher auf ihr Wohlwollen angewiesen. Allerdings hat er die Interessen der Eigentümergemeinschaft zu wahren. Deshalb muss er bei klammen Schuldnern Stärke zeigen und dem Grundsatz Geltung verschaffen, dass man Geld zu haben hat.[98] Der Verwalter hat damit grds. zügig für Zahlung oder Titulierung zu
sorgen (näher → Rn. 26). Er darf zwar eine Stundung bewilligen, also etwa eine **Ratenzahlung** vereinbaren,
aber nichts erlassen, nicht einmal Zinsen. Insofern besteht die Lösung unter Umständen darin, die Hausgeldforderung verjähren zu lassen; maßgeblich hierfür sind die §§ 195, 199 Abs. 1 BGB.[99] Dies sollte der Verwalter aber mit den Eigentümern abstimmen.

---

89 LG Leipzig 31.8.1994 – 6 O 4342/94, NJW 1995, 3190; zur Strafbarkeit s. *Scheffler* NJW 1995, 573.
90 *Drasdo* NZM 1999, 542; *Niedenführ* ZWE 2011, 65 (67); Staudinger/*Häublein* WEG § 28 Rn. 49.
91 OLG Rostock 21.3.2001 – 2 U 55/00, NJOZ 2001, 950 (951) – Schuldnerspiegel.
92 BGH 10.12.2010 – V ZR 60/10, NJW 2011, 679 Rn. 8.
93 Ähnlich OLG Düsseldorf 10.1.2001 – 3 Wx 419/00, NJW-RR 2001, 877.
94 Ebenso BGH 9.3.2012 – V ZR 147/11, NJW 2012, 2796 Rn. 13, zu § 28 Abs. 5 WEG aF.
95 AA BayObLG 9.7.1991 – BReg. 2 Z 72/91, NJW-RR 1992, 14: anfechtbar.
96 BGH 10.2.2017 – V ZR 166/17, NJW-RR 2017, 844 Rn. 4.
97 BGH 10.2.2017 – V ZR 166/17, NJW-RR 2017, 844 Rn. 14.
98 BGH 4.2.2015 – VIII ZR 175/14, BGHZ 204, 134 = NJW 2015, 1296 Rn. 18: „Beschaffungsrisiko"; s. auch BGH
    15.6.1989 – V ZB 22/88, BGHZ 108, 44 = NJW 1989, 3018.
99 BGH 1.6.2012 – V ZR 171/11, NJW 2012, 2797 Rn. 18.

54 **bb) Gegenforderungen.** Oft argumentieren säumige Wohnungseigentümer, sie hätten gegen die Gemeinschaft der Wohnungseigentümer eine Gegenforderung und würden deshalb nicht zahlen. Unabhängig davon, ob diese Forderung besteht, ist eine **Aufrechnung** gegen Beitragsforderungen der Gemeinschaft der Wohnungseigentümer indes nur bei anerkannten oder rechtskräftig festgestellten Gegenforderungen zulässig.[100] Der Verwalter hat auch nicht das Recht, Gegenforderungen des Schuldners anzuerkennen. Der BGH hat offengelassen, ob eine Ausnahme für Forderungen aus Vornahme einer Notmaßnahme nach § 18 Abs. 3 WEG oder bei Inanspruchnahme des Wohnungseigentümers durch einen Gläubiger der Wohnungseigentümergemeinschaft nach § 9 a Abs. 4 S. 1 WEG zu machen ist.[101] Richtigerweise ist beides abzulehnen, da die Gemeinschaft über die Beiträge möglichst frei verfügen können muss. Eine Aufrechnung kann auch nicht durch Beschluss nach § 28 Abs. 3 WEG zugelassen werden, da es hierbei nicht nur um die Zahlungsweise geht.

55 Auch die Ausübung eines **Zurückbehaltungsrechts** gegenüber laufenden wie auch rückständigen Hausgeldforderungen ist wegen der Natur der Beitragsschuld „generell oder zumindest weitgehend" ausgeschlossen.[102] Demgegenüber steht es dem Verwalter frei, Gegenforderungen (zB aus einer Selbstvornahme) mit offenen Hausgeldforderungen zu verrechnen.[103] Hausgeldforderungen können von Gläubigern der WEG auch gepfändet werden.[104]

III. Forensik

56 **1. Prozessuale Besonderheiten.** Für Hausgeldklagen ist das **Amtsgericht** der belegenen Sache als Wohnungseigentumsgericht ausschließlich zuständig (§ 43 Abs. 2 Nr. 2 WEG). Dies gilt unabhängig vom Streitwert (§ 23 Nr. 2 c GVG). Obwohl es sich beim Wohnungseigentumsrecht um eine ausgesprochene Spezialmaterie handelt, sind die Amtsgerichte nicht verpflichtet, hierfür spezielle Abteilungen einzurichten. Die ausschließliche Zuständigkeit gilt auch für Klagen gegen ausgeschiedene Wohnungseigentümer[105] und gegen Gesellschafter einer Eigentümergesellschaft, da § 43 Abs. 2 Nr. 2 WEG objektbezogen ist. Anders ist die Gerichtszuständigkeit auch nicht bei einem vorgeschalteten Mahnbescheidsverfahren. Sofern hierfür eine zentralisierte Bearbeitung vorgesehen ist,[106] gilt sie nicht für das danach stattfindende streitige Verfahren, für das nach § 43 Abs. 2 Nr. 2 WEG das WEG-Gericht zuständig ist. Über **Berufungen** befinden in den Flächenstaaten gem. § 72 Abs. 2 GVG zentrale Landgerichte. In Baden-Württemberg zB ist das LG Stuttgart für den Bezirk des OLG Stuttgart, das LG Karlsruhe für den Bezirk des OLG Karlsruhe zuständig.[107]

Richtet sich die Hausgeldklage gegen einen Wohnungseigentümer mit **Wohnsitz im EU-Ausland**, bestimmt sich die örtliche (internationale) Zuständigkeit nach Art. 7 Nr. 1 b Brüssel Ia-VO. Hiernach ist das Gericht zuständig, in dessen Bezirk sich das Grundstück befindet.[108]

57 In der **Klageschrift** sollte der Hinweis nicht fehlen, dass die Gemeinschaft sich nicht erlauben kann, auf das Hausgeld zu verzichten, und eine Güteverhandlung daher aussichtslos erscheint.[109] Soweit ersichtlich, sind die Gerichte allerdings kaum bereit, sogleich in die mündliche Verhandlung einzutreten, zumal beides in der Praxis Hand in Hand geht und der Übergang nur kurz ins Protokoll genommen wird.

58 Gegen Hausgeldforderungen ist eine Aufrechnung in der Regel nicht möglich (→ Rn. 54). Der Schuldner muss seine Gegenforderung daher im Wege der **Widerklage** (§ 33 ZPO) verfolgen.

---

100 BGH 29.1.2016 – V ZR 97/15, NJW-RR 2016, 714 Rn. 15; vgl. § 309 Nr. 3 BGB.
101 BGH 29.1.2016 – V ZR 97/15, NJW-RR 2016, 714 Rn. 15.
102 BGH 1.6.2012 – V ZR 171/11, NJW 2012, 2797 Rn. 15.
103 *Schmidt-Räntsch* ZWE 2018, 2 (15).
104 *Drasdo* ZWE 2011, 251 f.; Staudinger/*Häublein* WEG § 28 Rn. 111.
105 BGH 26.9.2002 – V ZB 24/02, BGHZ 152, 136 = NJW 2002, 3709 (3710 f.); 10.5.2012 – V ZR 228/11, ZWE 2012, 334; 13.12.2019 – V ZR 313/16, ZWE 2020, 300 Rn. 6.
106 In Baden-Württemberg beim AG Stuttgart, § 689 Abs. 3 ZPO iVm § 2 S. 2 ZusVOJu v. 20.11.1998, GBl. S. 680.
107 Erlass des Justizministeriums v. 20.2.2007 zu § 4 Abs. 1 BWAGGVG; allg. Übersicht in NJW 2008, 1790.
108 EuGH 8.5.2019 – C-25/18, NJW 2019, 2991 Rn. 40 ff.
109 Vgl. § 278 Abs. 2 S. 1 ZPO.

Bruns

Ob Hausgelder im **Urkundenverfahren** eingeklagt werden können, wird nicht einheitlich beurteilt.[110] Nach **59** Auffassung des BGH muss der im Urkundenprozess geltend gemachte Anspruch nicht in einer Urkunde verbrieft sein; die Voraussetzungen des § 592 ZPO sind schon dann erfüllt, wenn der Inhalt der vorgelegten Urkunden für das Gericht ausreicht, um im Wege der freien Beweiswürdigung nach § 286 ZPO den klägerseits behaupteten Sachverhalt feststellen zu können.[111] Daher können selbst Betriebskosten im Wege des Urkundenverfahrens geltend gemacht werden, wenn sie abgerechnet sind.[112] Wird ein Urkundenprozess geführt, ist eine Widerklage nicht möglich (§ 595 Abs. 1 ZPO); der Schuldner muss damit ins Nachverfahren (§ 600 ZPO).

2. Kostengesichtspunkte. Allgemein gilt für die Gemeinschaft ein **Missbrauchsverbot**, wonach die Kosten **60** der Prozessführung niedrig zu halten sind.[113] Ist zB ein Eigentümer mit dem Hausgeld für mehrere Wohnungen in Rückstand, darf nur eine Klage geführt werden; ansonsten droht der klagenden Gemeinschaft, dass sie im Kostenfestsetzungsverfahren auf einem Teil ihrer Kosten sitzen bleibt.

Kosten eines gerichtlichen Inkassoverfahrens sind Verwaltungskosten im Sinne des § 16 Abs. 2 WEG, die **61** der Verwalter ohne Weiteres aus der Gemeinschaftskasse begleichen darf.[114] Ist die Kasse leer und können weder die Gemeinschaft noch ihre Mitglieder die Kosten aufbringen, ist der Gemeinschaft Prozesskostenhilfe zu bewilligen, wenn sie dies beantragt und die Klage Erfolg verspricht.[115] Die Prozesskostenhilfe erfolgt ggf. nur auf Kreditbasis. Sie deckt bei einer Niederlage auch nicht die Kosten der Gegenseite. Das Gericht verteilt die Kostenlast ohne Ansehung der Prozesskostenhilfe nach dem Verhältnis von Obsiegen und Unterliegen (§ 91 ZPO).

Bei (teilweiser) Zahlung wird die Klage (insoweit) für erledigt erklärt, die Kosten hat (insoweit) der Schuldner **62** zu tragen. Bringt der Schuldner den Beitreibungsbeschluss gerichtlich zu Fall, ist die Hausgeldklage zwar ebenfalls **für erledigt zu erklären**. Wegen § 23 Abs. 4 S. 2 WEG trifft den Beklagten hier allerdings dennoch die volle Kostenlast, weil die Inkassoklage zu Beginn zulässig und begründet war; dem Gerichtsurteil zum Beitreibungsbeschluss kommt keine Rückwirkung zu.

Beitreibungskosten des Verwalters zur Unterstützung des Klageverfahrens werden im Kostenfestsetzungsver- **63** fahren berücksichtigt. Für vorgelagerte (Mahn-)Kosten ist dies streitig. Richtigerweise handelt es sich hierbei ebenfalls um Kosten, die mit Blick auf das Gerichtsverfahren angefallen sind und daher in das Kostenfestsetzungsverfahren gehören.[116]

IV. Sonderfall: Entziehung des Wohnungseigentums

Als Ausgleich für die in § 11 Abs. 1 S. 1 WEG bestimmte Unauflöslichkeit der Gemeinschaft der Wohnungsei- **64** gentümer gibt das Gesetz den Wohnungseigentümern in § 17 WEG die Möglichkeit, sich von einem Miteigentümer zu trennen, falls die Aufrechterhaltung der Gemeinschaft mit ihm **unzumutbar** ist. Meistens geht es um Fehlverhalten, aber auch um Hausgeldrückstände. Anders als bis zur WEG-Novelle 2007 ist das Verfahren nicht mehr so ausgestaltet, dass das erkennende Gericht für den Eigentümerwechsel sorgt. Der Schuldner konnte diesen Weg hintertreiben, indem er sein Eigentum wertausfüllend belastete, so dass es nicht mehr sinnvoll zu veräußern war. Heute wird der Schuldner gem. § 17 Abs. 4 S. 1 WEG nur noch zur Veräußerung verurteilt. Der Eigentumsübergang erfolgt dann im Wege der Zwangsversteigerung, so dass der Ersteigerer der Wohneinheit unter gewissen Voraussetzungen (vgl. § 91 ZVG) belastungsfrei erwirbt. Letztlich ist ein solcher Eigentumsentzug aufgrund der Vorgaben aus Art. 14 GG umständlich und mit hohen Transferkosten verbunden: Für die Entziehungsklage wird als **Streitwert** der volle Verkehrswert des Wohnungseigentums zugrunde

---

110 Dafür LG Frankfurt a.M. 11.12.2019 – 2–13 T 106/19, BeckRS 2019, 31880; dagegen *Greiner* ZWE 2015, 149 (154).
111 BGH 13.2.2006 – II ZR 62/04, NJW-RR 2006, 760 Rn. 16.
112 BGH 22.10.2014 – VIII ZR 41/14, NJW 2015, 475 Rn. 12, 15: Vorlage der Abrechnung mit Zugangsnachweis reicht aus.
113 BGH 18.10.2012 – V ZB 58/12, NJW-RR 2013, 337 Rn. 5.
114 BGH 4.4.2014 – V ZR 168/13, NJW 2014, 2197 Rn. 15.
115 BGH 17.6.2010 – V ZB 26/10, NJW 2010, 2814 Rn. 7; BGH 21.3.2019 – V ZB 111/18, NJW-RR 2019, 723 Rn. 11.
116 Wie hier LG Nürnberg-Fürth 8.4.2010 – 14 T 614/10, ZWE 2010, 282 f.; aA LG Köln 11.7.2011 – 29 T 47/11, ZWE 2012, 59 f.: Kosten sind einzuklagen.

gelegt;[117] für das regelmäßig parallel betriebene Beschlussanfechtungsverfahren werden 20 % dieses Wertes angesetzt.[118] Damit geht es immer um Kosten von mehreren tausend Euro, für die anteilig die übrigen Eigentümer aufzukommen haben, wenn der Schuldner nicht zahlen kann, also auch bei einem vollen Obsiegen vor Gericht. Ob der Erlös aus dem Zwangsversteigerungsverfahren alle Kosten deckt, bedarf genauer Prüfung. In der Praxis hat dieser Weg für Inkassofälle kaum Bedeutung. Soll diese Möglichkeit dennoch erwogen werden, ist Folgendes zu beachten:

65   **1. Voraussetzungen. a) Schwere Pflichtverletzung.** Wohnungseigentum kann entzogen werden, wenn sich ein Wohnungseigentümer einer so schweren Verletzung der ihm gegenüber den anderen Wohnungseigentümern obliegenden Verpflichtungen schuldig macht, dass ihnen die Fortsetzung der Gemeinschaft mit ihm nicht mehr zugemutet werden kann (§ 17 Abs. 1 WEG). Da das Entziehungsverfahren als ultima ratio ausgestaltet ist,[119] bedarf es hierfür schwerster Verstöße gegen im Gemeinschaftsverhältnis wurzelnde Pflichten.[120] Entscheidend ist die Unzumutbarkeit, so dass bei besonders schwerer Pflichtverletzung auf die Schuldfähigkeit verzichtet werden kann.[121] Abs. 2 nennt als Regelbeispiel wiederholt gröbliche Verstöße gegen Pflichten aus § 14 Abs. 1 und 2 WEG. Auf die Generalklausel in Abs. 1 ist bei ähnlichen Pflichtverletzungen abzustellen, zB bei einseitigem Herbeiführen heftiger Nachbarstreitigkeiten mit Körperverletzung oder bei unpünktlicher Zahlung, da auch die Pflicht zur Lasten- und Kostentragung nach § 16 Abs. 2 S. 1 WEG eine gemeinschaftsbezogene Pflicht im Sinne des Abs. 1 darstellt; insofern gilt Gleiches wie bei der Miete.[122] Wird Wohnungseigentum in **Bruchteilseigentum** entzogen, reicht es aus, wenn nur einer der Miteigentümer einen Entziehungstatbestand nach § 17 Abs. 1 oder 2 WEG verwirklicht.[123]

66   **b) Abmahnung.** Bevor das Eigentum entzogen werden kann, muss der Schuldner abgemahnt werden, es sei denn, dies ist den Wohnungseigentümern unzumutbar oder verspricht offenkundig keinen Erfolg.[124] Die Abmahnung hat **drei Funktionen:** Sie soll (1) den Vorwurf konkret vor Augen halten (Hinweisfunktion), (2) deutlich machen, dass das inkriminierte Verhalten einen Vertragsverstoß darstellt (Rügefunktion), und (3) zum Ausdruck bringen, dass es so nicht weitergeht und die Fortsetzung dieses Verhaltens den Entzug des Wohnungseigentums zur Folge haben kann (Warnfunktion).[125] Für die Fallgruppe des § 17 Abs. 2 WEG ist das Abmahnerfordernis ausdrücklich aufgeführt. Es gilt aber auch für die Generalklausel in Abs. 1. Für einen Umkehrschluss ist angesichts des Umstands, dass es sich dabei nur um eine Ausformung des Ultima-ratio-Grundsatzes handelt, kein Raum; außerdem würde ein Verzicht auf das Abmahnungserfordernis bei anderen Pflichtverletzungen, die ein vergleichbares Gewicht wie die Fälle aus Abs. 2 haben müssen, zu einem nicht vermittelbaren Wertungswiderspruch führen.[126]

67   Die Abmahnung muss **nicht schriftlich** zugehen, wenngleich dies aus Beweiszwecken ratsam ist. Sie muss auch nicht als Eigentümerbeschluss oder aufgrund eines solchen ergehen, sondern darf gem. § 9 b Abs. 1 S. 1 WEG durch den Verwalter oder sogar durch einen Wohnungseigentümer ausgesprochen werden;[127] der abmahnende Wohnungseigentümer muss nicht einmal unmittelbar beeinträchtigt sein.[128] Fehlt es zum Zeitpunkt des Entziehungsbeschlusses an der erforderlichen Abmahnung, kann dieser Beschluss in eine Abmahnung **umgedeutet** werden (§ 140 BGB), wenn er die 3 Elemente einer Abmahnung (→ Rn. 66) aufweist. In diesem

---

117   BGH 21.9.2006 – V ZR 28/06, NJW 2006, 3428.
118   Streitwertbeschluss zu BGH 8.7.2011 – V ZR 2/11, BGHZ 190, 236 = NJW 2011, 3026 Rn. 14.
119   S. etwa BGH 8.7.2011 – V ZR 2/11, BGHZ 190, 236 = NJW 2011, 3026 Rn. 4.
120   BGH 19.12.2013 – V ZR 96/13, NJW-RR 2014, 452 Rn. 6.
121   BVerfG 14.7.1993 – 1 BvR 1523/92, NJW 1994, 241 (242); zB LG Hamburg 6.4.2016 – 318 S 50/15, ZWE 2017, 34 – Messie-Syndrom.
122   BGH 19.1.2007 – V ZR 26/06, BGHZ 170, 369 = NJW 2007, 1353 Rn. 8, 16.
123   BGH 14.9.2018 – V ZR 138/17, NJW-RR 2019, 7 Rn. 12.
124   BGH 19.1.2007 – V ZR 26/06, BGHZ 170, 369 = NJW 2007, 1353 Rn. 15; BGH 25.1.2018 – V ZR 141/17, NJW-RR 2018, 649 Rn. 10.
125   S. etwa BGH 8.7.2011 – V ZR 2/11, BGHZ 190, 236 = NJW 2011, 3026 Rn. 8.
126   BGH 19.1.2007 – V ZR 26/06, BGHZ 170, 369 = NJW 2007, 1353 Rn. 14; s. auch BGH 8.7.2011 – V ZR 2/11, BGHZ 190, 236 = NJW 2011, 3026 Rn. 4; weiter zum Abmahnerfordernis BGH 25.1.2018 – V ZR 141/17, NJW-RR 2018, 649.
127   BGH 19.1.2007 – V ZR 26/06, NJW 2007, 1353 Rn. 19; BGH 5.4.2019 – V ZR 339/17, BGHZ 222, 1 = NZM 2019, 630 Rn. 6.
128   Palandt/*Wicke* WEG, 79. Aufl. 2020, § 18 Rn. 3 mN.; aA *Lehmann-Richter/Wobst,* WEG-Reform 2020, Rn. 1534.

Fall entfällt die Wirkung der Erklärung auch nicht dadurch, dass der zunächst wirksame Beschluss später aus anderen Gründen für ungültig erklärt wird.[129]

c) Verlangen als Beschluss. Das Veräußerungsverlangen muss in die Form eines Beschlusses gekleidet sein. Dies steht zwar nicht (mehr) im Gesetz, ergibt sich aber daraus, dass die Ausübung des Anspruchs gem. § 17 Abs. 1 WEG der Gemeinschaft der Wohnungseigentümer zugeordnet ist; dieser Beschluss ist **Prozessvoraussetzung** für das Entziehungsverfahren.[130] Erforderlich ist, dass die (einfache) Mehrheit der Stimmberechtigten dafür stimmt (§ 25 Abs. 1 WEG); der Störer darf nicht mitstimmen (§ 25 Abs. 4 WEG).

Der Schuldner, dessen Wohnungseigentum entzogen werden soll, darf diesen Beschluss **anfechten**, allerdings mit eingeschränktem Ziel, da über die Richtigkeit der in der Abmahnung aufgeführten Gründe erst das Entziehungsverfahren entscheidet.[131] Im Wege der Beschlussanfechtung werden daher nur – und insoweit abschließend – die formellen Voraussetzungen der Beschlussfassung geprüft, etwa die Frage, ob eine Abmahnung ergangen ist, die dem Bestimmtheitsgrundsatz entspricht und ein einen Entziehungsbeschluss an sich rechtfertigendes Verhalten aufzeigt, mithin formell korrekt ist.[132] Dies gilt auch für die zweigliedrige Gemeinschaft.

▶ Muster Entziehungsbeschluss:

Die Eigentümerversammlung beschließt:

1. Die Gemeinschaft der Wohnungseigentümer verlangt vom Eigentümer der im Grundbuch des Amtsgerichts [...] von [...] Blatt [...] bezeichneten Wohnung Nr. 38, dieses Wohnungseigentum zu veräußern.
2. Sollte dies innerhalb von 3 Monaten nicht erfolgt sein oder vom Eigentümer endgültig abgelehnt werden, wird die Gemeinschaft der Wohnungseigentümer im Wege der Entziehungsklage nach § 43 Abs. 2 Nr. 2 WEG und anschließender Zwangsvollstreckung vorgehen.
3. Für diesen Fall wird der Verwalter bereits jetzt angewiesen, einen Fachanwalt für Wohnungseigentumsrecht mit der Erhebung der Entziehungsklage und Zwangsvollstreckung zu beauftragen und zu bevollmächtigen. ◀

2. Entziehungsklage. Um den Anforderungen des Art. 14 GG und dem darin verankerten Schutz des Eigentums zu genügen, sind die Entziehungsgründe durch ein staatliches Gericht nachzuvollziehen.[133]

Hierfür ist eine Entziehungsklage zu erheben. Vorbild hierfür war zunächst die sog. **Abmeierungsklage.** Der Meier war bis in das 19. Jahrhundert hinein im nordwestdeutschen Raum ein Gutsverwalter, der vom Gutsherrn ein Hofgut („Meierei") für eine Mindestdauer von etwa 15 Jahren pachtete. Beging er gravierende Pflichtverletzungen oder zahlte er mehrere Jahre lang (!) keine Pacht, konnte der Gutsherr dem Meier den Hof durch Gerichtsurteil entziehen. Die Gesetzgebungsmaterialien nehmen auf die Abmeierungsklage Bezug.[134] Für das Vorliegen der Entziehungsgründe ist gem. §§ 313 Abs. 1 Nr. 3, 767 Abs. 2 ZPO der Zeitpunkt der letzten mündlichen Verhandlung maßgeblich. Besteht die gröbliche Verletzung in der Nichtbeachtung von Zahlungspflichten, kann eine bis zu diesem Zeitpunkt erfolgte Begleichung des Rückstands in der Gesamtwürdigung zum Ergebnis führen, dass ein ausreichender Entziehungsgrund nicht (mehr) gegeben ist.[135]

▶ Muster Klageantrag:

Der Beklagte wird verurteilt, sein Wohnungseigentum in der Wohnungseigentumsanlage ...-Straße ..., ..., das ist ein Miteigentumsanteil zu 45/1.000, verbunden mit dem Sondereigentum an der Wohnung Nr. ..., eingetragen im Grundbuch des Amtsgerichts [...] von [...] Blatt [...], zu veräußern.[136] ◀

Parallel dazu wehrt sich der Schuldner häufig bereits mit einer **Beschlussanfechtungsklage** gegen den Entziehungsbeschluss (→ Rn. 69). In diesem Fall werden zwei Verfahren geführt. Das Gericht darf dann nicht das

68

69

70

71

72

73

---

129 BGH 8.7.2011 – V ZR 2/11, BGHZ 190, 236 = NJW 2011, 3026 Rn. 8.
130 BGH 8.7.2011 – V ZR 2/11, BGHZ 190, 236 = NJW 2011, 3026 Rn. 4; aA *Lehmann-Richter/Wobst,* WEG-Reform 2020, Rn. 1565.
131 BGH 8.7.2011 – V ZR 2/11, BGHZ 190, 236 = NJW 2011, 3026 Rn. 6.
132 BGH 8.7.2011 – V ZR 2/11, BGHZ 190, 236 = NJW 2011, 3026 Rn. 10.
133 BVerfG 27.2.1997 – I BvR 1526/96, FGPrax 1998, 90 = WuM 1998, 45 (46), für die Fallgruppe des § 18 Abs. 2 Nr. 1 WEG.
134 BR-Drs. 75/51, 20.
135 *Lehmann-Richter/Wobst,* WEG-Reform 2020, Rn. 1552.
136 Im Hinblick auf § 6 Abs. 1 WEG darf nicht nur allgemein die Wohnung Nr. ... genannt sein.

Entziehungsverfahren nach § 148 ZPO wegen Vorgreiflichkeit aussetzen,[137] sondern muss die Anfechtungsklage und die Entziehungsklage nach § 147 ZPO als Klage und (Dritt-)Widerklage verbinden, was einer Aussetzung nach § 148 ZPO vorgeht und aus Gründen der Zeitersparnis sicherlich auch zweckmäßig ist.

74 **3. Zwangsversteigerung.** Anders als bis zur Umgestaltung des WEG im Jahre 2007 wird der Eigentümerwechsel nicht schon durch ein Urteil herbeigeführt. Vielmehr muss sich an das Entziehungsurteil ein normales **Zwangsversteigerungsverfahren** anschließen, wenn der Schuldner sein Wohnungseigentum nicht freiwillig veräußert. Das Entziehungsurteil ist nicht einmal Räumungstitel.[138] Die Entziehungsklage müsste abgewiesen werden, wenn und soweit sie auf Räumung gerichtet wäre. Die Gemeinschaft hat auch keine Möglichkeit, sich mit diesem Urteil aus dem Veräußerungserlös zu befriedigen, sondern muss hierfür eine Hausgeldklage anstrengen. Zweckmäßigerweise wird diese mit der **Entziehungsklage** verbunden, zumal die Möglichkeit einer Zwangsversteigerung aus Rangklasse 2 nach § 10 Abs. 1 ZVG nur für den Zahlungstitel gilt.

75 Erfolgt die Entziehung des Wohnungseigentums wegen Zahlungsrückständen, darf der Schuldner in der Wohnung verbleiben, wenn der Ersteher dies zulässt, da die Beitragslasten nunmehr den Ersteher treffen (§ 56 S. 2 ZVG).[139] Anders ist das, wenn der Entzug des Wohnungseigentums auf Störungen des Hausfriedens beruht. Hier ist der Ersteher gem. § 18 Abs. 2 Nr. 2 iVm § 14 Abs. 1 Nr. 1 WEG verpflichtet, für eine Entfernung des Störers aus der Wohnanlage zu sorgen.[140]

268. Wohnungseigentum und Gebrauch

Ruge

I. Einführung

1 In einer Gemeinschaft nach dem Wohnungseigentumsgesetz wohnt man nicht allein. Ausnahmen von diesem vielleicht etwas plakativ gefassten Grundsatz mögen vorkommen. Der Gedanke dahinter jedoch ist klar: Das Wohnen im Wohnungseigentum ist in aller Regel ein Zusammenleben mit anderen. Dass dabei unterschiedliche Interessen aufeinandertreffen können, liegt auf der Hand. Ein gedeihliches Miteinander bedarf schon von daher eines **Interessenausgleichs**, mithin einer gewissen Grundordnung. Denn was dem einen gefällt, mag bereits der Nachbar als störend und lästig empfinden. Daraus resultiert Konfliktpotential. Der Gesetzgeber des WEG war sich dieser Ausgangslage bewusst. Beeinflusst wurde er dabei insbesondere von den häufig negativen Erfahrungen mit einem rechtlichen Vorläufer des Wohnungseigentums, dem Stockwerkseigentum.[1] Er hat

---

137 Jennißen/*Heinemann* WEG § 19 Rn. 13; aA OLG Hamburg 23.10.1987 – 13 W 32/87, WuM 1991, 310 = BeckRS 1987, 30975206; anders auch Bärmann/*Suilmann* WEG § 19 Rn. 7: Wahlrecht.
138 BGH 18.11.2016 – V ZR 221/15, NJW-RR 2017, 260 Rn. 13.
139 BGH 18.11.2016 – V ZR 221/15, NJW-RR 2017, 260 Rn. 14.
140 BGH 18.11.2016 – V ZR 221/15, NJW-RR 2017, 260 Rn. 8, 9, 16.
1 Vgl. BR-Drs. 75/51, Anlage 2, 4; zum Stockwerkseigentum *Thümmel* JZ 1980, 125 ff.; *Pfeilschifter/Wüstenberg* WuM 2004, 635 f.

deshalb besonderen Wert darauf gelegt, einerseits die tatsächliche Abgrenzung der im Sondereigentum stehenden Räume und andererseits das Verhältnis der Wohnungs- und Teileigentümer untereinander zu regeln.[2] Im Hinblick auf den letzteren Gesichtspunkt traten seine diesbezüglichen Überlegungen in § 13 Abs. 1 WEG aF und § 14 Nr. 1 WEG aF zutage. Das **WEMoG** hat hier zu einer neuen Strukturierung geführt.

§ 13 Abs. 1 WEG bringt im Kontext der **Rechte** der Wohnungseigentümer zunächst zum Ausdruck, dass jeder **2** Wohnungseigentümer, soweit nicht das Gesetz entgegensteht, mit seinem Sondereigentum nach Belieben verfahren und andere von diesbezüglichen Einwirkungen ausschließen kann. Der Kreis der Befugnisse des Eigentümers ist insoweit denkbar weit gezogen. Demgegenüber zählt § 14 WEG vor allem die **Pflichten** auf, wobei strukturell danach unterschieden wird, ob sie gegenüber der Gemeinschaft (Abs. 1) oder gegenüber den übrigen Wohnungseigentümern (Abs. 2) bestehen. Ergänzt wird dieses Zusammenspiel durch § 15 WEG, der die **Pflichten Dritter** regelt. Das sind Personen, die Wohnungs- oder Teileigentum nutzen, ohne selbst Eigentümer zu sein. Hierzu zählen insbesondere Mieter.

II. Einzelheiten

1. Mit dem Sondereigentum nach Belieben verfahren (§ 13 Abs. 1 WEG). Wohnungseigentum besteht im- **3** mer aus dem Sondereigentum an einer Wohnung und einem Miteigentumsanteil an dem gemeinschaftlichen Eigentum (§ 1 Abs. 2 WEG). Diese Verbindung ist unauflöslich (§ 6 Abs. 1 WEG). § 13 Abs. 1 WEG gibt dem Wohnungseigentümer im Hinblick auf sein Sondereigentum weitreichende Befugnisse, nämlich ein grundsätzliches Verfahren nach Belieben und die Möglichkeit, andere von der Nutzung – das Gesetz spricht insoweit etwas weiter noch von der „Einwirkung" – auszuschließen. Die Parallele zu **§ 903 S. 1 BGB** ist offenkundig. In beiden Fällen haben die Eigentümerbefugnisse eine positive (nach Belieben verfahren) und eine negative (andere ausschließen) Komponente. Wohnungseigentum ist Eigentum iSd Art. 14 Abs. 1 GG und genießt somit grundrechtlichen Schutz.[3] Nicht mehr in Zweifel gezogen wird heute, dass Wohnungseigentum „echtes" Eigentum darstellt.[4] Der Mitgebrauch des gemeinschaftlichen Eigentums ist nunmehr in § 16 Abs. 1 S. 3 WEG geregelt.

a) Insbesondere bewohnen, vermieten, verpachten oder in sonstiger Weise nutzen. Konkretisiert wird die **4** grundsätzlich umfassende Herrschaftsmacht des Wohnungseigentümers über sein Sondereigentum durch mehrere in § 13 Abs. 1 WEG ausdrücklich benannte Merkmale, nämlich bewohnen, vermieten, verpachten und in sonstiger Weise nutzen. Diese Aufzählung ist aber nicht abschließender Art (→ Rn. 12). Eine inhaltliche Veränderung hat das WEMoG insoweit nicht bewirken sollen.[5]

aa) Bewohnen. (1) Wohnung als Lebensmittelpunkt. Bewohnen bezeichnet in erster Linie die Nutzung der **5** Wohnung als Lebensmittelpunkt.[6] Damit verbunden sind viele einzelne Facetten, zB der Empfang von Besuch, die durchaus auch längere Aufnahme von Gästen, die Ausübung von Hobbies, Spiel und Spaß aber auch die private Religionsausübung, Rückzug vom Alltag und der Wunsch, in Ruhe gelassen zu werden. Das KG hat – freilich in anderem Zusammenhang – **Wohnen** beschrieben als die Gesamtheit der mit der Führung des häuslichen Lebens und eines Haushalts verbundenen Tätigkeiten.[7] Das verdient auch im Kontext von § 13 Abs. 1 WEG Zustimmung. Zum Wohnen gehören deshalb so alltägliche und selbstverständliche Tätigkeiten wie Duschen, Baden und Wäschewaschen.[8] Noch im Rahmen der Wohnnutzung bewegt sich, wer die Art der Nutzung einzelner Räume verändert.[9] Unzweifelhaft gehört zu den Befugnissen des Eigentümers auch, eine Wohnung gerade nicht zu bewohnen, sondern sie leer stehen zu lassen. Das folgt zwar nicht aus dem Merkmal

---

2 BR-Drs. 75/51, Anlage 2, 4.

3 BVerfG 6.10.2009 – 2 BvR 693, NJW 2010, 220.

4 Statt vieler BGH 15.1.2010 – V ZR 72/09, NJW 2010, 3093; BT-Drs. 19/18791, 49.

5 BT-Drs. 19/18791, 49.

6 Vgl. BGH 15.1.2010 – V ZR 72/09, NJW 2010, 3093.

7 KG 17.5.1990 – 2 Ss 107/90–5 We (B) 130/90, Grundeigentum 1990, 755; so auch *Spielbauer/Then* WEG § 13 Rn. 4.

8 OLG Frankfurt a. M. 4.12.2000 – 20 W 414/99, NJW-RR 2002, 82.

9 OLG Hamm 13.2.2006 – 15 W 163/05, NZM 2007, 294; ähnlich OLG Düsseldorf 4.7.2001 – 3 Wx 120/01, ZWE 2001, 616.

„bewohnen", aber daraus, dass § 13 Abs. 1 WEG nur einen Teil der umfassenden Eigentümerbefugnisse ausdrücklich aufzählt. Die Auswahl eines Fußbodenbelages zählt zum Bewohnen.[10]

6 **(2) Zweckbestimmung Wohnung.** Nach ständiger höchstrichterlicher Rechtsprechung kommt der Bestimmung in einer Teilungserklärung, nach der ein Objekt entweder „zu Wohnzwecken dient" oder „nicht zu Wohnzwecken dient" als Zweckbestimmung **Vereinbarungscharakter** (→ *Zweckbestimmung* Rn. 4) zu.[11] Damit ist der Nutzungszweck und daraus folgend der Kreis der zulässigen Nutzungen festgeschrieben (→ *Teileigentum* Rn. 5). Die mit Wohnungseigentum einerseits und Teileigentum andererseits gesetzlich vorgesehenen Grundtypen der Nutzung schließen sich grundsätzlich gegenseitig aus.[12] Deswegen darf in einer **Wohnung** jedenfalls im Ausgangspunkt auch nur „gewohnt" werden.

7 Die Abgrenzung zwischen Wohnen und anderen, nicht wohnenden Nutzungen kann im Einzelfall Schwierigkeiten bereiten. Das ist insbesondere dort der Fall, wo die konkrete Nutzung dem äußeren Erscheinungsbild nach dem Wohnen zumindest ähnelt (**Heime** und ähnliche Einrichtungen, → *Teileigentum* Rn. 8).

8 **(3) Lehre von der typisierenden Betrachtungsweise.** Eine von der Zweckbestimmung Wohnung abweichende Nutzung kann sich ausnahmsweise doch als zulässig erweisen. In der Rechtsprechung ist in diesem Zusammenhang die Lehre von der typisierenden Betrachtungsweise entwickelt worden.[13] Im Zentrum steht dabei die Frage, ob die von der Zweckbestimmung nicht mehr gedeckte Nutzung dennoch hinzunehmen ist, weil sie sich unter Zugrundelegung einer typisierenden Betrachtungsweise (→ *Teileigentum* Rn. 10) **nicht störender auswirkt** als die zulässige Wohnnutzung.[14] Normativer Ansatzpunkt dafür war vor dem WEMoG § 14 Nr. 1 WEG aF.

9 Die insoweit entstandene **Kasuistik** erscheint nicht immer frei von Widersprüchen. Arztpraxen dürften in Wohnungen eher unzulässig als zulässig sein.[15] Bei einer psychologischen Praxis ist es andersherum.[16] Ob ein Notdienst angeboten wird oder eine Behandlung von Patienten außerhalb der üblichen Geschäftszeiten stattfindet, kann von Bedeutung sein. Findet hingegen allgemein kein oder nur wenig Publikumsverkehr statt, spricht dies für eine Zulässigkeit der abweichenden Nutzung.[17] Dass eine freiberufliche Tätigkeit regelmäßig zulässig oder jedenfalls eher zulässig ist als andere Betätigungen, lässt sich in dieser Allgemeinheit nicht sagen. Die Überlassung an Feriengäste ist von der Zweckbestimmung als Wohnung noch gedeckt, obgleich die Gäste wöchentlich oder sogar täglich wechseln können.[18] Zum Wohnen gehört sicher auch die Möglichkeit, neben den eigenen Kindern gelegentlich weitere Kinder zu betreuen. Unzulässig ist jedoch die Erbringung von Betreuungsdienstleistungen in Form einer Pflegestelle für bis zu fünf Kleinkinder, bei der der Erwerbscharakter im Vordergrund steht.[19]

10 **bb) Vermietung und Verpachtung.** Neben der Selbstnutzung durch den Eigentümer kommt in Betracht, die Wohnung anderen zur Nutzung zu überlassen. In der Regel geschieht dies gegen Entgelt, darauf heben die beiden gesetzlich verankerten Merkmale Vermietung und Verpachtung ab. Etwas weitergehend als die Vermietung beinhaltet die Verpachtung auch die Berechtigung zur Fruchtziehung (vgl. § 581 Abs. 1 S. 1 BGB). Beschränkungen dieser beiden Überlassungsbefugnisse sieht das Gesetz nicht vor, sie können aber durch Verein-

---

10 Offengelassen von BGH 27.2.2015 – V ZR 73/14, NJW 2015, 1442.

11 Vgl. BGH 27.10.2017 – V ZR 193/16, NJW 2018, 41.

12 BGH 27.10.2017 – V ZR 193/16, NJW 2018, 41.

13 Vgl. BayObLG 11.10.1989 – BReg 2 Z 96/89, ZMR 1990, 230.

14 Vgl. statt vieler BGH 27.10.2017 – V ZR 193/16, NJW 2018, 41; LG Berlin 28.5.2019 – 55 S 95/18; *Dötsch* ZMR 2013, 18.

15 Tierarztpraxis unzulässig, OLG München 25.5.2005 – 34 Wx 24/05, ZWE 2005, 446; zur Kinderarztpraxis in „Büroräumen" OLG Düsseldorf 20.9.1995 – 3 Wx 259/95, NJW-RR 1996, 267; differenzierend OLG Frankfurt a. M. 21.7.2005 – 20 W 284/03, NZM 2006, 144.

16 Vgl. OLG Düsseldorf 7.1.1998 – 3 Wx 500/97, FGPrax 1998, 95; LG Wuppertal 29.9.1997 – 6 T 270/97, WuM 1998, 112; zu einer Heilpraktiker-Praxis in einer kleinen Wohnungseigentumsanlage LG München I 26.1.2015 – 1 S 9962/14 WEG, ZWE 2016, 85.

17 Vgl. KG 8.6.1994 – 24 W 5760/93, NJW-RR 1995, 333; OLG Köln 15.2.2002 – 16 Wx 232/01, NZM 2002, 258; OLG Zweibrücken 27.5.1997 – 3 W 81/97, ZMR 1997, 482.

18 BGH 15.1.2010 – V ZR 72/09, NJW 2010, 3093; näher dazu *Emmerich* WuM 2010, 376; *Schlimme* AnwZert MietR 13/2017 Anm. 3.

19 BGH 13.7.2012 – V ZR 204/11, ZWE 2012, 366; dazu *Rüscher* jurisPR-MietR 22/2012 Anm. 3.

barung geschaffen werden. Nicht selten finden sich in Gemeinschaftsordnungen Regelungen, die bis hin zur völligen Untersagung der Vermietung reichen können. Als weniger einschneidende Alternative dient der Erlaubnisvorbehalt; hier muss die konkrete Vermietung zuvor von einer bestimmten Person – zB dem Verwalter des gemeinschaftlichen Eigentums – abgesegnet werden. Wenn die Gemeinschaftsordnung jedoch nichts anderes bestimmt, begegnet auch die Vermietung einer Eigentumswohnung an wechselnde Mieter für kurze Zeiträume („Medizintouristen") grundsätzlich keinen Bedenken.[20] Die Berechtigung des Mieters zur Nutzung bezieht sich auf die gemietete Wohnung. Sie erfasst zudem solche gemeinschaftlichen Einrichtungen, die für den Gebrauch der Mietsache erforderlich sind, insbesondere Zugänge, Treppen und Flure.[21]

Vor allem bei der Wohnungsvermietung herrscht immer noch zu wenig **Problembewusstsein** im Hinblick auf die vertragliche Gestaltung. Ausgangspunkt ist insoweit die Erkenntnis, dass zwei unterschiedliche Rechtskreise bestehen, nämlich einerseits das Wohnraummietverhältnis zwischen dem Wohnungseigentümer als Vermieter und seinem Mieter sowie andererseits die gemeinschaftliche Bindung des Wohnungseigentums. Veranschaulicht werden soll dies an folgendem **Beispiel**: Eigentümer und Mieter schließen einen Mietvertrag über eine Eigentumswohnung. Dem Mietvertragsformular liegt eine Standard-Hausordnung bei, die Teil der mietvertraglichen Verabredungen wird. Später beschließen die Wohnungseigentümer in einer Versammlung mehrheitlich die Geltung einer eigenen Hausordnung. Sie weicht nicht unerheblich von der Hausordnung des Mietvertrages ab; der Mieter weigert sich, deren Geltung anzuerkennen. Grundsätzlich sind das Wohnraummietverhältnis und die aus der Gemeinschaft der Wohnungseigentümer resultierenden Rechte und Pflichten voneinander völlig unabhängig. Im Beispielsfall gilt für den Mieter die Hausordnung gemäß Mietvertrag. Die beschlossene Hausordnung hingegen bindet ihn nicht, weil er kein Wohnungseigentümer ist (vgl. § 10 Abs. 3 S. 1 WEG). Sie bindet aber sehr wohl den vermietenden Eigentümer, der in eine missliche Lage gerät, wenn die übrigen Eigentümer von ihm verlangen, dass er gegenüber dem Mieter die Einhaltung durchsetzt. Ähnliche Probleme können im Rahmen der Umlage von Betriebskosten und noch an weiteren Stellen entstehen. Die Ursache liegt stets in einem Widerspruch zwischen den mietvertraglichen Vereinbarungen und der Vereinbarungs-/Beschlusslage innerhalb der Gemeinschaft. Als Lösung wird deshalb vorgeschlagen, zwischen beiden Rechtskreisen eine Verbindung herzustellen.[22]

cc) Nutzung in sonstiger Weise und nicht erwähnte Nutzungsmöglichkeiten. Die in § 13 Abs. 1 WEG erwähnten Eigentümerbefugnisse bilden keinen abschließenden Katalog. Das belegt bereits die Einleitung der Aufzählung durch „insbesondere". Überdies ist das letzte Merkmal der Aufzählung – Nutzung in sonstiger Weise – derart offen gestaltet, dass darunter alle weiteren relevanten Aspekte Platz finden können. Hierher gehört etwa die Befugnis, das Wohnungseigentum zu veräußern[23] oder zu belasten.[24] Der Verzicht auf das Wohnungseigentum wird hingegen nicht geschützt.[25] Eine Wohnung nicht oder nur ganz extensiv zu nutzen, ist wiederum ein Fall der Nutzung in sonstiger Weise, die § 13 Abs. 1 WEG ausdrücklich erlaubt.

b) Andere von Einwirkungen ausschließen. Die zweite Ausprägung der umfassenden Eigentümerbefugnisse ist die Möglichkeit, andere von der Einwirkung auf das Sondereigentum auszuschließen. Andere in diesem Sinne sind die übrigen Wohnungseigentümer aber auch Dritte. Der Gesetzgeber des WEG hat mit dieser Formulierung ganz bewusst an § 903 S. 1 BGB angeknüpft. Er wollte zum Ausdruck bringen, dass die Rechtsstellung des Eigentümers im Hinblick auf das Sondereigentum derjenigen des Alleineigentümers gem. § 903 S. 1 BGB entspricht.[26] Nuancen in dem Wortlaut – in § 13 Abs. 1 WEG ist von „Einwirkungen" die Rede und „jeder" weggelassen – spielen vor diesem Hintergrund keine Rolle.[27] Zu § 903 BGB wiederum hatte sich der ursprüngliche BGB-Gesetzgeber gedacht, dass diese Norm keine Definition, sondern eher eine Klarstellung der Eigentümerbefugnisse bringen solle; auch ihm waren bereits eine positive und eine negative Seite des Eigentums bekannt.[28] Nach seiner Vorstellung hätte es einer solchen allgemeinen Norm nicht zwingend bedurft,

11

12

13

20 LG München I 8.2.2016 – 1 S 21019/14, ZWE 2016, 264.
21 *Spielbauer/Then* WEG § 13 Rn. 6.
22 Vgl. FormB-WEG-R/*Fritsch* WEG § 2 Rn. 1093 mit einem konkreten Formulierungsvorschlag bei Rn. 1096.
23 OLG Zweibrücken 18.2.1994 – 3 W 200/93, NJW-RR 1994, 1103.
24 Jennißen/*Schultzky* WEG § 13 Rn. 6.
25 Vgl. BGH 14.6.2007 – V ZB 18/07, NJW 2007, 2547.
26 BR-Drs. 75/51, Anlage 2, 18.
27 AA Jennißen/*Schultzky* WEG § 13 Rn. 48.
28 Vgl. *Mugdan*, Materialien III, 145.

weil sich die einzelnen Facetten des Eigentumsschutzes aus zahlreichen, über das BGB verteilten Vorschriften ergeben.[29] Für das Sondereigentum gemäß WEG bedeutet dies, dass es vollumfänglich am **Eigentumsschutz des BGB** teilnimmt. Aus der Vielzahl der insoweit vorhandenen Möglichkeiten sind hervorzuheben:

- § 985 Abs. 1 BGB und die Ansprüche aus dem Eigentümer-Besitzer-Verhältnis,
- § 1004 Abs. 1 BGB bei Störungen, die nicht den Besitz berühren und ggf. Unterlassung, bevor ein Schaden eintritt,
- § 823 Abs. 1 BGB und verwandte Normen, wenn ein Schaden eingetreten ist,
- Schutz des Hausrechts,[30]
- Besitzschutzansprüche des besitzenden Eigentümers, §§ 861, 862 BGB und
- der Immissionsschutz.

14   § 13 Abs. 1 WEG bildet mithin selbst keine Anspruchsgrundlage,[31] sondern verweist vielmehr auf diverse zivilrechtliche **Anspruchsgrundlagen**, deren Voraussetzungen jeweils genau geprüft werden müssen. Öffentlich-rechtliche Ansprüche kommen unter dem Gesichtspunkt des Eigentumsschutzes ebenfalls in Betracht. Im Verhältnis der Wohnungseigentümer untereinander findet der öffentlich-rechtliche Nachbarschutz allerdings nicht statt.[32]

15   **c) Grenzen der Herrschaftsmacht.** Die grundsätzlich umfassende Herrschaftsmacht des Eigentümers über sein Sondereigentum kennt Grenzen. § 13 Abs. 1 WEG bringt diesen Gedanken zum Ausdruck, indem das Verfahren nach Belieben und der Ausschluss anderer erlaubt werden, soweit nicht Rechte Dritter oder Gesetze dem entgegenstehen. Zwar wurden die Rechte Dritter im Zuge des **WEMoG** aus dem Wortlaut gestrichen; sie bleiben aber dennoch wegen § 903 S. 1 BGB als Begrenzung außerhalb der Gemeinschaft relevant.[33] Dort also, wo Rechte Dritter berührt werden oder gesetzliche Vorschriften diesbezügliche Anordnungen treffen, sind der Herrschaftsmacht des Sondereigentümers Schranken gezogen. Die beiden beschränkenden Rechtskreise sind nicht vollständig voneinander getrennt; Überschneidungen können vorkommen.

16   **aa) Rechte Dritter als Schranken.** Dingliche Rechte Dritter beschränken die Herrschaftsmacht des Sondereigentümers. Dazu gehören vor allem der Nießbrauch (§ 1030 BGB), das Wohnungsrecht (§ 1093 BGB), die Reallast (§ 1105 BGB), die Grundpfandrechte Hypothek und Grundschuld sowie das dingliche Vorkaufsrecht (§ 1094 BGB). Schuldrechtliche Rechtspositionen beschränken nicht das Eigentum, sondern im Verhältnis zum Gläubiger die Rechtsausübung.[34] Häufig werden Rechte Dritter durch die **Gemeinschaftsordnung** geschaffen. Zu nennen ist hier die eigentlich in jeder Gemeinschaft vorkommende Zweckbestimmung (→ Rn. 6), die bewirkt, dass eine Wohnung grundsätzlich nur zu Wohnzwecken genutzt werden darf. Darauf können sich die anderen Eigentümer berufen. Veräußerungsbeschränkungen gem. § 12 WEG gehören ebenfalls in diesen Zusammenhang. Die Zweckbestimmung vermittelt darüber hinaus jedem Wohnungs- und Teileigentümer Schutz, weil sie die Zulässigkeit der vereinbarten Nutzung garantiert.[35]

17   **bb) Gesetzliche Schranken.** Von erheblicher Bedeutung sind die gesetzlich gezogenen Schranken. Unterscheiden lassen sich hier solche, die das Außenverhältnis betreffen[36] und solche, die innerhalb der Gemeinschaft – also im **Innenverhältnis** – wirken.[37] Dieses Innenverhältnis wird, soweit keine besonderen Vereinbarungen bestehen, vor allem (aber nicht nur) durch § 13 Abs. 2 WEG und § 14 Abs. 1 und 2 WEG bestimmt. Durch die Umgestaltung des **WEMoG** ergibt sich folgende neue Struktur, die erheblich von dem bislang geltenden Recht abweicht:

- Für Maßnahmen, die über die ordnungsmäßige Instandhaltung und Instandsetzung (**Erhaltung**) des Sondereigentums hinausgehen, gilt § 20 WEG mit der Maßgabe entsprechend, dass es keiner Gestattung bedarf, soweit die Rechte anderer Wohnungseigentümer nicht über das bei einem geordneten Zusammenleben unvermeidliche Maß hinaus beeinträchtigt werden (§ 13 Abs. 2 WEG),

---

29   Vgl. *Mugdan*, Materialien III, 145.
30   Dazu BVerfG 6.10.2009 – 2 BvR 693/09, NJW 2010, 220.
31   So auch Jennißen/*Schultzky* WEG § 13 Rn. 48.
32   *Spielbauer/Then* WEG § 13 Rn. 15.
33   BT-Drs. 19/18791, 49.
34   Palandt/*Herrler* BGB § 903 Rn. 27.
35   Vgl. BGH 12.4.2019 – V ZR 112/18, NJW 2019, 2083.
36   Näher dazu Palandt/*Herrler* BGB § 903 Rn. 11 ff.
37   Jennißen/*Schultzky* WEG § 13 Rn. 12, 18.

- gegenüber der **Gemeinschaft** ist jeder Wohnungseigentümer verpflichtet, 1. die gesetzlichen Regelungen, die Vereinbarungen und Beschlüsse einzuhalten und 2. das Betreten seines Sondereigentums sowie andere diesbezügliche Einwirkungen nach näherer Maßgabe von § 14 Abs. 1 WEG zu dulden,
- gegenüber den **übrigen Wohnungseigentümern** besteht die Verpflichtung, deren Sondereigentum nicht über das in § 14 Abs. 1 Nr. 2 WEG bestimmte Maß hinaus zu beeinträchtigen sowie Einwirkungen auf das eigene Sondereigentum nach Maßgabe des § 14 Abs. 1 Nr. 2 WEG zu dulden.

§ 13 Abs. 2 WEG betrifft im Ergebnis bauliche Veränderungen, auch wenn diese nicht so genannt werden, weil es um Sondereigentum geht. Innerhalb der Struktur von § 14 WEG sind Verpflichtungen gegenüber der Gemeinschaft einerseits und Verpflichtungen gegenüber den übrigen Wohnungseigentümern zu unterscheiden. Allen drei Tatbeständen ist aber gemein, dass sie zur Steuerung der jeweiligen Verpflichtung auf das bei einem geordneten Zusammenleben unvermeidliche Maß an Beeinträchtigung zurückgreifen.   18

2. Der übermäßige Gebrauch. An sich ist die Herrschaftsmacht des Eigentümers über sein Sondereigentum umfassend (→ Rn. 3). Schrankenlos besteht sie jedoch nicht (→ Rn. 15). Den Gebrauch des Sondereigentums regelt § 14 Abs. 2 WEG im Sinne eines Gebots der gegenseitigen Rücksichtnahme, das verlangt, dass keinem Eigentümer über das bei einem geordneten Zusammenleben unvermeidliche Maß hinaus ein Nachteil entstehen darf. Diese **goldene Regel**[38] des Zusammenlebens bildet die praktisch wohl wichtigste Schranke für die Ausübung von Eigentümerbefugnissen innerhalb einer Gemeinschaft nach dem WEG. Sie gilt, wenn und soweit die Eigentümer nichts anderes vereinbart haben.   19

a) Gebrauch des Sondereigentums. Jegliche Form der Nutzung des Sondereigentums – jede Facette seines Gebrauches – kann daraufhin untersucht werden, ob sie für andere Eigentümer einen Nachteil erzeugt, der das bei einem geordneten Zusammenleben unvermeidliche Maß überschreitet. Das gilt für die in § 13 Abs. 1 WEG aufgezählten Nutzungen bewohnen, vermieten, verpachten und in sonstiger Weise nutzen, wie auch für alle anderen, nicht ausdrücklich erwähnten. So betrachtet steht der Gebrauch des Sondereigentums tatsächlich unter einem nicht unerheblichen **Vorbehalt**, der freilich in dem besonders engen nachbarschaftlichen Zusammenleben in der Gemeinschaft seine Rechtfertigung findet.[39]   20

b) Beeinträchtigungen, die das bei einem geordneten Zusammenleben unvermeidliche Maß überschreiten. Die Schwelle der Unzulässigkeit erreicht ein Gebrauch des Sondereigentums, wenn durch ihn bei anderen Eigentümern Beeinträchtigungen entstehen, die über das bei einem geordneten Zusammenleben unvermeidliche Maß hinaus reichen. § 14 Abs. 2 Nr. 1 WEG spricht damit einen *über*mäßigen Gebrauch an, der wegen seiner für andere nachteiligen Wirkungen nicht mehr durch die an sich umfassende Herrschaftsmacht gedeckt ist.   21

aa) Beeinträchtigungsbegriff. Was eine relevante Beeinträchtigung zulasten eines anderen Wohnungs- oder Teileigentümers ist, hat die Rechtsprechung immer wieder beschäftigt. Vor allem der BGH hat dazu Leitlinien entwickelt. Es geht um eine konkrete und objektive **Beeinträchtigung**; entscheidend ist, ob sich nach der Verkehrsanschauung ein Wohnungseigentümer in entsprechender Lage verständlicherweise beeinträchtigt fühlen kann.[40] Erheblich muss die Beeinträchtigung allerdings nicht sein, nur ganz geringfügige Beeinträchtigungen bleiben außer Betracht.[41] Sogar herabtropfendes Gießwasser kann als Nachteil in diesem Sinne aufgefasst werden.[42] Geringfügigen Überschreitungen der Grenzwerte in technischen Regelwerken, die von den menschlichen Sinnen nicht wahrgenommen werden, hat die Rechtsprechung eine Anerkennung als Nachteil jedoch versagt.[43]   22

Psychische Belastungen sind nicht von vornherein dem Anwendungsbereich des § 14 Abs. 2 Nr. 1 WEG entzogen. Die hM fordert aber insoweit einen Objektbezug, also das Einwirken der Störung vom räumlich-gegenständlichen Bereich des einen Sondereigentums in den räumlich-gegenständlichen Bereich des anderen   23

---

38 Jennißen/*Hogenschurz* WEG § 14 Rn. 2.
39 So auch Jennißen/*Hogenschurz* WEG § 14 Rn. 1.
40 BGH 1.6.2012 – V ZR 195/11, NJW 2012, 2725 mwN.
41 BGH 24.1.2014 – V ZR 48/13, NJW 2014, 1233 mwN; s. auch BVerfG 22.12.2004 – 1 BvR 1806/04, NJW-RR 2005, 454.
42 Vgl. LG München I 15.9.2014 – 1 S 1836/13 WEG, ZWE 2015, 265.
43 Zum Luft- und Trittschall BGH 1.6.2012 – V ZR 195/11, NJW 2012, 2725.

Sondereigentums.[44] Im Hinblick auf die **Konkretheit** der Beeinträchtigung neigt die Rechtsprechung zu einem eher großzügigen Maßstab. Beispielsweise soll ein abwehrfähiger Nachteil bereits dann vorliegen, wenn die ernsthafte Möglichkeit einer Minderung des Miet- oder Verkaufswertes einer Wohnung besteht.[45] Reine Befürchtungen, die diese Schwelle nicht erreichen, stellen jedoch keinen Nachteil dar. Unter dem Aspekt, ob sich ein anderer Eigentümer verständlicherweise beeinträchtigt fühlen kann, spielt auch die Sozialadäquanz des vermeintlich störenden Verhaltens eine Rolle.[46] Wenn der konkrete Gebrauch die Voraussetzungen einer Ordnungswidrigkeit erfüllt, zB im Zusammenhang mit einer Zweckentfremdungssatzung, wird darin ein abwehrfähiger Nachteil gesehen.[47]

24 Die Wohnungseigentumsgerichte als Fachgerichte haben bei der Auslegung von § 14 Abs. 2 Nr. 1 WEG die betroffenen **Grundrechte** der Wohnungseigentümer zu berücksichtigen, um deren wertsetzendem Gehalt auf der Rechtsanwendungsebene Geltung zu verschaffen.[48] Das gilt insbesondere für den Beeinträchtigungsbegriff.

25 **bb) Unvermeidbarkeit bei einem geordneten Zusammenleben.** Nicht jede Beeinträchtigung kann abgewehrt werden. Abwehrfähig sind nach § 14 Abs. 2 Nr. 1 WEG vielmehr nur solche Nachteile, die das bei einem geordneten Zusammenleben unvermeidliche Maß überschreiten. Anders gewendet muss das geduldet werden, was auch bei angemessen rücksichtsvollem Verhalten nicht vermeidbar ist. Da insbesondere die Rechtsprechung den bisherigen Nachteilsbegriff recht weit verstanden hat (→ Rn. 22), findet die eigentliche Steuerung an dieser Stelle statt. Freilich wird nicht immer zwischen dem Nachteil einerseits und seiner Unvermeidbarkeit andererseits trennscharf unterschieden.

26 Als herrschend hat sich in diesem Zusammenhang eine **Abwägungslehre** etabliert, der auch der BGH folgt. Gegeneinander abzuwägen sind die widerstreitenden Interessen einschließlich grundrechtlich geschützter Rechtspositionen.[49] Mit in die Abwägung einbezogen werden Merkmale der Wohnungseigentumsanlage wie insbesondere ihre Lage, die Anordnung und Art der Gebäude, bislang vorhandene Standards sowie die konkrete Zusammensetzung der Bewohnerschaft. Die Intensität der Belastung und ihre Folgen spielen ebenfalls eine Rolle. Nicht selten werden beide Seiten sich auf grundrechtliche Gewährleistungen berufen können. Dann ist die Lösung nach dem Grundsatz der **praktischen Konkordanz** zu suchen.[50] In die Abwägung einfließen können auch rechtliche Wertungen aus der gesamten Gemeinschaftsordnung.[51] Der Ersteher einer Eigentumswohnung verletzt die Pflicht gem. § 14 Abs. 2 Nr. 1 WEG, wenn er die Nutzung durch den früheren Wohnungseigentümer, dem das Wohnungseigentum nach § 17 Abs. 1 WEG entzogen wurde, nicht beendet.[52]

27 **3. Beachtlichkeit für andere Nutzer (§ 15 WEG Pflichten Dritter).** Nicht selten werden Eigentumswohnungen oder Teileigentumseinheiten vermietet oder anderen zur Nutzung überlassen. § 15 WEG bestimmt deswegen, dass auch den Nutzer, der selbst nicht Eigentümer ist, unmittelbar Pflichten treffen. **Nutzer** in diesem Sinne sind alle diejenigen, denen der Eigentümer den Gebrauch überlassen hat. Sie haben Erhaltungsmaßnahmen im Hinblick auf das gemeinschaftliche Eigentum und das Sondereigentum zu dulden, wenn sie rechtzeitig angekündigt wurden. § 555 a Abs. 2 BGB gilt insoweit entsprechend. Darüber hinausgehende Maßnahmen sind ebenfalls zu dulden, wenn sie spätestens drei Monate vor ihrem Beginn angekündigt wurden.

28 **4. Rechtsfolge.** Ein nachteilig betroffener Wohnungs- oder Teileigentümer konnte nach früher geltendem Recht sowohl nach § 15 Abs. 3 WEG aF als auch nach § 1004 Abs. 1 BGB die Unterlassung oder Beseitigung der Beeinträchtigung verlangen.[53] Nach dem WEMoG ergibt sich ein solcher Anspruch nunmehr aus § 18 Abs. 2 Nr. 2 WEG. Anspruchsgegner ist hier aber nach neuer Rechtslage die Gemeinschaft.

---

44 KG 11.9.1987 – 24 W 2634/87, NJW-RR 1988, 586; Jennißen/*Hogenschurz* WEG § 14 Rn. 3.
45 So BGH 24.1.2014 – V ZR 48/13, NJW 2014, 1233.
46 Vgl. LG Frankfurt a. M. 14.3.2019 – 2–13 S 94/18, ZWE 2019, 278.
47 AG Bonn 30.11.2016 – 27 C 13/16; dazu *Bueb* jurisPR-MietR 9/2017 Anm. 1.
48 Vgl. BGH 13.1.2017 – V ZR 96/16, ZWE 2017, 224.
49 Vgl. BGH 13.1.2017 – V ZR 96/16, ZWE 2017, 224; s. auch BGH 22.1.2004 – V ZB 51/03, NJW 2004, 937; Jennißen/*Hogenschurz* WEG § 14 Rn. 4.
50 BVerfG 6.10.2009 – 2 BvR 693/09, NJW 2010, 220.
51 BGH 21.10.2011 – V ZR 265/10, ZWE 2012, 83.
52 BGH 18.11.2016 – V ZR 221/15, ZWE 2017, 84.
53 BGH 27.2.2015 – V ZR 73/14, NJW 2015, 1442.

269. Wohnungseigentümergemeinschaft

Agatsy

I. Einführung

Die Begrifflichkeit Wohnungseigentümergemeinschaft ist für das WEG von zentraler Bedeutung. Vorrangig **1** wird hierunter die Gemeinschaft der Wohnungseigentümer verstanden. Diese hat der Gesetzgeber in § 9 a WEG geregelt. Nach der Neufassung des § 9 a WEG ist davon die Gemeinschaft der Wohnungseigentümer als Eigentümerin des **Verwaltungsvermögens** abzugrenzen. Dogmatisch zu klären ist die Frage nach der Einheit oder Trennung der Gemeinschaft der Wohnungseigentümer iSv § 9 a Abs. 1 WEG (vormals Verband iSv § 10 Abs. 6 WEG aF) und der Bruchteilsgemeinschaft am gemeinschaftlichen Eigentum. Das gemeinschaftliche Eigentum steht auch weiterhin nicht der Gemeinschaft der Wohnungseigentümer zu.[1] Neben einer Fortschreibung des Bekannten, wurde vor allem § 10 Abs. 6 S. 3 WEG aF in § 9 a Abs. 2 WEG neu gefasst und der Möglichkeit einer Vergemeinschaftung eine Absage erteilt.[2] Ebenso ist hier die Unauflöslichkeit der Gemeinschaft sowie eine etwaige Verdrängung von Ansprüchen der Miteigentümer durch besondere Vorschriften des WEG, ua im Rahmen der Verwaltung (§ 18 Abs. 1 WEG), zu erörtern. Das Miteigentum am Grundstück und das Sondereigentum sind untrennbar. Ob und in welchem Umfang Verfügungen über Miteigentumsanteile, ein gutgläubiger Erwerb möglich sind oder in welchem Umfang die Sonderregelungen des WEG die Vorschriften der §§ 1008 ff. BGB systematisch verdrängen, ist problematisch. Die Gemeinschaft der Wohnungseigentümer (§ 9 a WEG) darf nicht mit der Wohnungseigentümergemeinschaft gleichgesetzt oder gar verwechselt werden.

II. Systematische Übersicht

1. Die Einordnung der Wohnungseigentümergemeinschaft als Bruchteilsgemeinschaft nach §§ 741 ff., **2 1008 ff. BGB.** Die Gemeinschaft der Wohnungseigentümer am gemeinschaftlichen Eigentum ist eine besondere Ausgestaltung der Bruchteilsgemeinschaft iSv §§ 741 ff. BGB. Sofern das Gesetz in §§ 9 a Abs. 1, 11, 17–19 WEG von der Gemeinschaft spricht, ist grundsätzlich die **Gemeinschaft der Wohnungseigentümer** iSv § 9 a Abs. 1 WEG gemeint. Die weitere gesetzliche Befugnis aus § 9 a Abs. 2 WEG bezieht sich auf alle Rechte der Wohnungseigentümer, die aus dem Miteigentum am gemeinschaftlichen Eigentum resultieren. Da-

---

1 *Skauradszun* ZRP 2020, 34 (35).
2 *Elzer* MDR 2020, R5 bis R7 S. 1 f.

mit knüpft das Gesetz sowie dessen Begründung an die aus § 1011 BGB bekannte Formulierung an.[3] Trotz der Rechtsfigur der rechtsfähigen Gemeinschaft der Wohnungseigentümer (§ 9 a Abs .1 WEG) verbleibt ein Teil der Rechte und Pflichten bei den Wohnungseigentümern selbst. Es ist zwischen der Gesamtheit der Wohnungseigentümer als Teilhabern der Bruchteilsgemeinschaft (§ 10 Abs. 1 iVm §§ 745 ff. BGB) und der rechtsfähigen Gemeinschaft der Wohnungseigentümer zu differenzieren.[4]

Das Wohnungseigentum gem. § 1 Abs. 5 WEG kann nur an einem **Grundstück** im Rechtssinne begründet werden.[5] Die einzelnen Wohnungseigentümer sind Mitglieder der Bruchteilsgemeinschaft am gemeinschaftlichen Eigentum (→ *Gemeinschaftliches Eigentum* Rn. 2). Das gemeinschaftliche Eigentum steht den Wohnungseigentümern als Teilhabern in einer Gemeinschaft nach Bruchteilen zu.[6] Daran hat sich auch nach der Neuregelung der sachenrechtlichen Vorschriften der §§ 1 Abs. 5, 3 Abs. 1–3 WEG nichts geändert.[7]

3   Das Bestehen einer Bruchteilsgemeinschaft ist die **Grundvoraussetzung**, um Wohnungseigentum zu begründen. Als Voraussetzung hierfür muss die Teilung gem. §§ 8 und 3 WEG im Teilungsvertrag oder der Teilungserklärung vollzogen sein. Die Beschreibung des im Einzelnen zugeordneten Wohnungseigentums erfolgt gem. § 3 Abs. 3 WEG im Aufteilungsplan. Nach § 3 Abs. 1 WEG ist jeder Miteigentumsanteil mit einem Sondereigentum verbunden. Nur die Eigentümer selbst können isolierte Verfügungen über das gemeinschaftliche Eigentum treffen. Inhaber von Rechten und Pflichten, insbesondere des Sondereigentums und des gemeinschaftlichen Eigentums sind die Wohnungseigentümer.[8] Wird Wohnungseigentum nicht wirksam begründet, liegt Miteigentum vor.[9] Miteigentümer eines Sondereigentums bilden eine Bruchteilsgemeinschaft gem. §§ 741 ff., 1008 ff. BGB.[10] Im Innenverhältnis gilt das jeweilige Gemeinschaftsrecht, so dass der Umfang des Zwecks und die Verwaltung des gemeinschaftlichen Eigentums vereinbart werden. Die Gemeinschaft ist gem. § 11 Abs. 1 WEG (§ 11 WEG aF) unauflöslich, denn kein Wohnungseigentümer kann die Aufhebung der Gemeinschaft verlangen[11] (→ *Gemeinschaft der Wohnungseigentümer* Rn. 6).

4   **2. Systematische Trennung von Gemeinschaft der Wohnungseigentümer und Bruchteilsgemeinschaft.** Bei der Betrachtung der Gemeinschaft der Wohnungseigentümer (§ 9 a Abs. 1 WEG) und der Bruchteilsgemeinschaft (§§ 741 ff. BGB) ist bisher umstritten, ob es sich um zwei „getrennte Gemeinschaften" handelt. Das Gemeinschaftsvermögen gehört nicht zum gemeinschaftlichen Eigentum.[12] Aufgrund der Zweiteilung ist zwischen den Teilhabern der Bruchteilsgemeinschaft (§ 10 Abs. 2 S. 1 WEG iVm §§ 745, 746 BGB) und der Gemeinschaft der Wohnungseigentümer (§ 9 a WEG) zu differenzieren. Das systematische Verhältnis der Gemeinschaften wurde bislang kontrovers diskutiert.[13] Nach einer Ansicht handelt es sich um dieselbe Gemeinschaft (Einheitstheorie). Dies wird damit begründet, dass eine Trennung von der Gemeinschaft der Wohnungseigentümer und der Bruchteilsgemeinschaft dem Zweck der Teilrechtsfähigkeit widerspreche und zwischen den Gemeinschaften nicht zu differenzieren sei.[14]

5   Die Trennungstheorie ist nach zutreffender Auffassung weiterhin zugrunde zu legen.[15] Dafür spricht, dass das gemeinschaftliche Eigentum iSv § 1 Abs. 5 WEG den Wohnungseigentümern als Bruchteilseigentum zugeordnet ist und eine Bruchteilsgemeinschaft besteht.[16] Ferner spricht dafür, dass bereits die Begründung des Regierungsentwurfs zur Vorschrift des § 10 Abs. 1 WEG-E zum Verhältnis der Gemeinschaft nach Bruchteilen am gemeinschaftlichen Eigentum zur rechtsfähigen Gemeinschaft der Wohnungseigentümer „schweigt". Eine

---

3 BR-Drs. 168/20, 42 f.

4 BR-Drs. 168/20, 42 f.; *Hügel/Elzer*, 3. Aufl. 2021, WEG § 9 a Rn. 18 f.

5 *Hügel/Elzer*, 3. Aufl. 2021, WEG § 1 Rn. 33.

6 BGH 17.12.2010 – V ZR 125/10, NJW 2011, 1351 Rn. 7.

7 SEHR/*Skauradszun* § 1 Verbandsrecht Rn. 14 ff.

8 BeckOGK/*Falkner* WEG § 10 Rn. 224.

9 OLG München 16.4.2015 – 34 Wx 99/15, NZM 2015, 898.

10 BGH NJW 2014, 1978 Rn. 9.

11 BT-Drs. 19/18791, 48; BR-Drs. 168/20, 53; BT-Drs. 19/22634, 11.

12 *Häublein* ZWE 2019, 386 (394).

13 *Hügel/Elzer*, 3. Aufl. 2021, WEG § 9 a Rn. 20.

14 *Niedenführ* NJW 2007, 1843; *Bub* ZWE 2007, 19.

15 *Hügel/Elzer*, 3. Aufl. 2021, WEG § 9 a Rn. 20; *Hügel/Elzer* NZM 2009, 457 (458). 3 ### ? ###

16 *Riecke/Schmid/Lehmann-Richter* WEG § 10 Rn. 7.

gleichzeitige Eigentumszuordnung von Gemeinschaftsvermögen und Bruchteilseigentum ist nicht möglich. Daher ist auch nach der neuen Rechtslage konsequent auf zwei getrennte Gemeinschaften abzustellen.[17]

Ferner gehen der Wortlaut und der Regelungszweck des § 9 a Abs. 3 WEG von einer klaren Zuordnung des Vermögens der Gemeinschaft der Wohnungseigentümer (Gemeinschaftsvermögen) aus. Das **Vermögen** der Gemeinschaft der Wohnungseigentümer wird gem. §§ 18, 19 Abs. 1, 27 WEG (§ 10 Abs. 7 WEG aF) von dieser verwaltet.[18] Den Wohnungseigentümern stehen daran keine Eigentümerrechte zu. Die Gemeinschaft der Wohnungseigentümer ist nicht mit den Wohnungseigentümern in ihrer Gesamtheit und ihrer Gemeinschaft nach §§ 741 ff. BGB identisch.[19] Für die Abwicklung hält das WEG keine Vorschriften bereit. § 10 Abs. 1 S. 1 WEG verweist auf das Recht der Bruchteilsgemeinschaft, das freilich mangels Rechtsfähigkeit der Bruchteilsgemeinschaft keine unmittelbar brauchbaren Vorschriften enthält.[20] Mit der rechtsfähigen Gemeinschaft der Wohnungseigentümer (§ 9 a Abs. 1 WEG) und der nicht rechtsfähigen Miteigentümergemeinschaft existieren zwei unterschiedliche Zuordnungssubjekte für Rechte und Verbindlichkeiten.[21] Nur aufgrund dieser Einordnung gelingt die Trennung von gemeinschaftlichem Eigentum und Gemeinschaftsvermögen. Die Verwaltung des gemeinschaftlichen Eigentums obliegt dem Verband (§ 10 Abs. 6 S. 3 Alt. 2 WEG aF). Die nunmehr gem. § 9 a Abs. 1 WEG (§ 10 Abs. 6 WEG aF) vollrechtsfähige Gemeinschaft der Wohnungseigentümer steht neben Wohnungseigentümern und Gemeinschaft.[22] Zwar ist die Gemeinschaft der Wohnungseigentümer rechtsfähig. Dies führt aber nicht dazu, dass die dingliche Bewertung des Miteigentums auch selbstverständlich der Gemeinschaft der Wohnungseigentümer zugeordnet ist. Die Gemeinschaft der Wohnungseigentümer ist ein rechtsfähiger Verband (§ 9 a Abs. 1 S. 1 WEG).

3. Besonderheiten der Bruchteilsgemeinschaft (§§ 741 ff., 1008 ff. BGB). Jeder Wohnungseigentümer ist   **6** Miteigentümer des gemeinschaftlichen Eigentums, §§ 741 ff., 1008 ff. BGB.[23] Gem. § 1 Abs. 5 WEG besteht am gemeinschaftlichen Wohnungseigentum eine Bruchteilsgemeinschaft. Der Hauptanwendungsfall der **Bruchteilsgemeinschaft** gem. §§ 741 ff. BGB ist das Miteigentum. Das Rechtsverhältnis der einzelnen Miteigentümer iSd §§ 741 ff. BGB und §§ 1008 ff. BGB ist als Bruchteilsgemeinschaft am gemeinschaftlichen Eigentum nach den aufgeteilten Miteigentumsanteilen ausgestaltet. Kosten und Lasten sind in der Bruchteilsgemeinschaft anteilig zu tragen. Das Miteigentum bedeutet gem. § 1008 BGB eine Gemeinschaft nach Bruchteilen.[24] Für das Miteigentum gelten neben dem § 1008 BGB weitere spezielle Regelungen.[25] Aufgrund der **Trennung** von der Gemeinschaft der Wohnungseigentümer und der Bruchteilsgemeinschaft ist zu klären, ob im Innenverhältnis der Bruchteilseigentümer eine eigene Verwaltungsstruktur besteht. Für die Verwaltung der Bruchteilsgemeinschaft ist § 745 BGB maßgebend. Allerdings wird diese Norm durch das WEG verdrängt.[26] In systematischer Hinsicht ist das WEG systematisch abschließend geregelt, da die §§ 1008–1011 BGB reine Ergänzungsvorschriften zu den §§ 741 f. BGB darstellen. Solange eine Bruchteilsgemeinschaft besteht, scheidet die unmittelbare oder analoge Anwendung der Vorschriften des Wohnungseigentumsgesetzes mangels Regelungslücke aus.

III. Anwendungsbereich der Vorschriften über die Bruchteilsgemeinschaft[27] und der Vorschriften des WEG

1. Sperrwirkung und Vorrang der Vorschriften des § 10 WEG Abs. 1 und 2 in der Gemeinschaft. Die   **7** Wohnungseigentümergemeinschaft ist eine Bruchteilsgemeinschaft nach §§ 741 ff., 1008 ff. BGB. Nach § 10 Abs. 1 WEG ist streng zwischen den Wohnungseigentümern und der Wohnungseigentümerschaft sowie zwi-

---

17 *Elzer* MDR 2020, R5 bis R7 S. 2.
18 *Elzer* NZM 2012, 719.
19 BGH 15.3.2007 – V ZB 77/06, NZM 2007, 411 Rn. 10.
20 *Lehmann-Richter/Wobst,* WEG-Reform 2020, Rn. 86.
21 KG 11.10.2013 – 1 W 195–196/13, ZWE 2014, 24.
22 PWW/*Elzer/Riecke* WEG § 10 Rn. 53.
23 PWW/*Elzer/Riecke* WEG § 1 Rn. 8.
24 NK-BGB/*Nusser* BGB § 1008 Rn. 1.
25 BeckOGK/*P. Müller* BGB § 1008 Rn. 11.
26 Jauernig/*Stürner* BGB § 748 Rn. 9.
27 §§ 741 ff., 1008 ff. BGB.

schen gemeinschaftlichem Eigentum und Gemeinschaftsvermögen zu unterscheiden.[28] Für das Verhältnis der Wohnungseigentümer untereinander gilt das WEG. Meinte der Wortlaut der Vorschriften noch die **Gemeinschaft** (zB in §§ 11, 17 Abs. 1 S. 1, 18 Abs. 1 S. 1, 43 Nr. 1 WEG aF), war in diesen Fällen grundsätzlich die Gemeinschaft der Wohnungseigentümer iSv §§ 10 Abs. 2 S. 1 WEG aF iVm § 741 ff. BGB gemeint.[29] § 10 Abs. 1 S. 1 WEG verweist auf das Recht der Bruchteilsgemeinschaft, woraus sich allerdings keine konkreten Rückschlüsse ziehen lassen. Eine systematische Verknüpfungsnorm sehen die Neuregelungen des WEMoG aber nicht vor.

8   Jeder Wohnungseigentümer ist Miteigentümer des gemeinschaftlichen Eigentums (§§ 741 ff., 1008 ff. BGB) und Alleineigentümer (Sondereigentümer) der im Sondereigentum (→ *Sondereigentum* Rn. 11) stehenden Räume und Gebäudeteile. Während § 10 Abs. 1 WEG die systematische Trennung (→ Rn. 3) von gemeinschaftlichem Eigentum und Gemeinschaftsvermögen (§ 9 a Abs. 3 WEG) klarstellt, folgt aus § 10 Abs. 1 S. 1 WEG, dass auf die Vorschriften über die Gemeinschaft zurückzugreifen ist, solange die Vorschriften des Wohnungseigentumsgesetzes keine speziellen Vorschriften enthalten. Das Gesetz suggeriert an dieser Stelle eine starke Position des Wohnungseigentümers, indem die Grundsatznorm selbst in ihrem ersten Absatz mit diesem Grundsatz beginnt.[30] Die Wohnungseigentümer sind Inhaber der Rechte und Pflichten, insbesondere des Sondereigentums und des gemeinschaftlichen Eigentums. Dies gilt gleichermaßen für die sachenrechtliche Zuständigkeit sowie für die schuldrechtlichen Rechte und Pflichten, die sich aus dem Gemeinschaftsverhältnis der Wohnungseigentümer untereinander ergeben.[31] Im Ergebnis weist § 10 Abs. 1 WEG nur das Sondereigentum und das gemeinschaftliche Eigentum den Wohnungseigentümern zu.

9   **2. Unauflöslichkeit der Gemeinschaft – und Bruchteilsgemeinschaft – Spezialität zu § 749 BGB?** In § 11 Abs. 1–3 WEG ist die **Unauflöslichkeit der Gemeinschaft** geregelt. Nicht normiert ist, ob die Gemeinschaft der Wohnungseigentümer per se unauflöslich ist. Vielmehr besagt die Vorschrift allein, dass eine einseitige Aufhebung der Eigentümergemeinschaft vermieden werden soll.[32] Auf Bruchteilsgemeinschaften findet § 11 WEG auch nach der Neufassung des § 11 Abs. 3 WEG keine Anwendung. Anders hingegen ist der Fall bei werdendem Wohneigentum zu bewerten. Zu berücksichtigen ist die Regelung des werdenden Wohnungseigentümers gem. § 8 Abs. 3 WEG. Die Vorschrift kodifiziert die seit langem in der Rechtsprechung und Literatur anerkannte Figur des werdenden Wohnungseigentümers.[33] Problematisch ist, ob § 11 WEG auf den werdenden Wohnungseigentümer Anwendung findet. Bisher wurde vertreten, dass auf diesen Fall § 11 WEG entsprechende Anwendung findet.[34] Diese Auffassung gilt auch nach der Kodifizierung des § 8 Abs. 3 WEG fort. Der Begründung der Gesetzesmaterialien ist nicht zu entnehmen, dass § 11 WEG in diesem Fall auszuschließen ist. Dafür spricht, dass der werdende Eigentümer nach dem Regelungszweck und dem Wortlaut des § 8 Abs. 3 WEG so behandelt wird, als sei er bereits im Grundbuch eingetragen worden.[35] Da die Gemeinschaft am gemeinschaftlichen Eigentum nach dem WEG auf Bestand gerichtet ist, ist umstritten, ob Miteigentümer ein **einseitiges Aufhebungsverlangen** stellen können. Nach dem Leitmodell des § 749 BGB iVm § 753 Abs. 1 BGB kann ein Miteigentümer der Gemeinschaft jederzeit die Auflösung der Gemeinschaft durch Versteigerung des Grundstücks gem. § 753 Abs. 1 BGB verlangen.[36] Allerdings gilt dieser Grundsatz für die Gemeinschaft der Wohnungseigentümer nach dem WEG nicht, weil die Möglichkeit der jederzeitigen Aufhebbarkeit nicht den Bedürfnissen der zur Gemeinschaft verbundenen Wohnungseigentümer entspricht. Ferner ist die Gemeinschaft der Miteigentümer an einem Grundstück auf Dauer angelegt.[37] Garant und Bürge für die „Beständigkeit" ist die nach § 11 Abs. 1 S. 3 WEG unabdingbare Regelung des § 11 Abs. 1 S. 1 WEG, der eine gesicherte Rechtsstellung vermittelt.[38] Anders als im Recht der Gemeinschaft kann danach kein Eigentümer einseitig die Aufhebung der Gemeinschaft verlangen. Anders als nach § 749 Abs. 2 BGB kann ein Wohnungs-

28 PWW/*Elzer/Riecke* WEG § 10 Rn. 1.
29 PWW/*Riecke/Elzer* WEG Vor §§ 1–64 Rn. 5.
30 BeckOGK/*Falkner* WEG § 10 Rn. 224.
31 *Hügel/Elzer*, 3. Aufl. 2021, WEG § 9 a Rn. 4.
32 BGH 14. 6. 2007 – V ZB 18/07, NJW 2007, 2547.
33 *Lehmann-Richter/Wobst*, WEG-Reform 2020, Rn. 285 ff.
34 *Hügel/Elzer*, 3. Aufl. 2021, WEG § 11 Rn. 4.
35 BT-Drs. 19/18791, 41; BR-Drs. 168/20, 44; BT-Drs. 19/22634, 8.
36 BGH 20.12.2005 – VII ZB 50/05, NJW 2006, 849 (850).
37 Bärmann/*Suilmann* WEG § 11 Rn. 2.
38 Riecke/Schmid/*Schneider* WEG § 11 Rn. 1.

oder Teileigentümer aus der Gemeinschaft nur durch **Veräußerung** ausscheiden. Anderslautende Vereinbarungen und Beschlüsse sind nichtig.[39] Für die Abwicklung hält das WEG keine Vorschriften bereit. § 10 Abs. 1 S. 1 WEG verweist auf das Recht der Bruchteilsgemeinschaft gem. §§ 741 ff. BGB.[40]

§ 11 WEG soll unterbinden, dass ein Einzelner, ein Pfändungs- oder Insolvenzgläubiger die einseitige Aufhebung der Eigentümergemeinschaft betreiben kann. Etwas anderes gilt bei einer vertraglichen Aufhebung. Die Wohnungseigentümer können eine einvernehmliche Aufhebung der Gemeinschaft durch eine **reale Grundstücksteilung** vornehmen.[41] Sie können auch jederzeit einen Vertrag mit dem Zweck der Aufhebung der Sondereigentumsrechte abschließen, um eine Aufhebung gegen den Willen eines Eigentümers zu verhindern. Eine entsprechende Vereinbarung kann auch zu einem späteren Zeitpunkt geschlossen werden. Sind von einer vertraglich vereinbarten Aufhebung der Gemeinschaft die Rechte dinglich Berechtigter betroffen, müssen diese dem Aufhebungsvertrag zustimmen. Auch Streitigkeiten der Wohnungseigentümer aus dem sachenrechtlichen Grundverhältnis untereinander sind von § 43 Abs. 2 Nr. 1 WEG umfasst.[42] Für den Anspruch auf Zustimmung zur Aufhebung ist gem. § 43 Abs. 2 Nr. 1 WEG das jeweilige Wohnungseigentumsgericht anzurufen.[43] Demgegenüber ist für den Anspruch auf Aufhebung der Gemeinschaft gem. §§ 752 ff. BGB das jeweilige Prozessgericht zuständig.[44] Für die Streitigkeiten der Mitglieder der Bruchteilsgemeinschaft untereinander hat der Gesetzgeber in §§ 43 ff. WEG keine Sonderregelung aufgenommen. 10

Im Fall der **Zerstörung des Wohngebäudes** besteht die Eigentümergemeinschaft fort und wandelt sich nicht in eine Bruchteilsgemeinschaft (→ Rn. 4) um. Es verbleibt eine voll entstandene Eigentümergemeinschaft. Für diesen Fall können sich die Eigentümer abweichend von § 11 Abs. 1 S. 1 WEG im Wege der Vereinbarung gem. § 10 Abs. 1 und 2 WEG gem. § 11 Abs. 1 S. 3 WEG das Recht einräumen lassen, die Aufhebung der Gemeinschaft zu verlangen, wenn das Gebäude ganz oder teilweise zerstört ist. Daher bedarf es keines Rückgriffs auf die Vorschriften über die Bruchteilsgemeinschaft gem. §§ 741 ff., 1008 ff. BGB. Etwas anderes hingegen gilt, wenn Wohneigentum „zerstört" wird und daran eine separate Bruchteilsgemeinschaft besteht. 11

3. Veränderungsschranken und Vereinbarungen in der Gemeinschaft der Wohnungseigentümer aus § 10 Abs. 1, 2 S. 1 und 2 WEG oder §§ 741 ff., 1008 ff. BGB. Nach § 10 Abs. 1 WEG (§ 10 Abs. 2 S. 2 WEG aF) können Wohnungseigentümer **Vereinbarungen** (→ *Vereinbarungen* Rn. 4 ff.) treffen. Diese verdrängen im Wesentlichen die Vorschriften über die Bruchteilsgemeinschaft (§§ 741 ff., 1008 ff. BGB). Etwas anderes gilt für die Teilhaber von Wohnungseigentum, die wiederum unter sich eine Bruchteilsgemeinschaft bilden. Das Recht lässt den Wohnungseigentümer bei der Ordnung ihres Gemeinschaftsverhältnisses als Teilhaber des gemeinschaftlichen Eigentums (§§ 741 ff. BGB) durch Vereinbarung weitgehend freie Hand.[45] § 10 Abs. 2 S. 2 WEG stellt eine Ausprägung der grundrechtlich garantierten Privatautonomie dar. Hiervon ausgenommen ist nach § 10 Abs. 1 WEG der sachenrechtliche Inhalt der Teilungserklärung und des Teilungsvertrages. Ein etwaiger Mitwirkungsanspruch kann nicht auf § 745 Abs. 2 BGB gestützt werden, da das Wohnungseigentumsgesetz die Vorschrift verdrängt. Ebenso wenig folgt dieser Anspruch in Ausnahmefällen aus der „ergänzenden" **Treuepflicht** der Wohnungseigentümer.[46] 12

Sofern bei den Regelungen zum Gemeinschaftsverhältnis keine Regelung in der Teilungserklärung oder **Gemeinschaftsordnung** (→ *Gemeinschaftsordnung* Rn. 5) enthalten ist und die Vorschriften des WEG keine Regelung vorsehen, gelten die Vorschriften der §§ 741 ff. BGB.[47] Rechtsfolge eines Verstoßes gegen zwingende Gesetzesvorgaben oder Grundrechte ist die Nichtigkeit der Vereinbarung gem. § 134 BGB.[48] Im Verhältnis zu den §§ 741 ff., 1008 ff. BGB ist auch § 10 Abs. 1 und 2 WEG vorrangig. Eine „Durchbrechung" der sachenrechtlichen Grundsätze ist ebenfalls ausgeschlossen. Es kann nur eine vom Gesetz abweichende schuldrechtli- 13

---

39 Riecke/Schmid/*Schneider* WEG § 11 Rn. 1.
40 *Lehmann-Richter/Wobst,* WEG-Reform 2020, Rn. 86.
41 BayObLG WE 1984, 124; Schmid/Riecke/*Schneider* WEG § 11 Rn. 4 mwN.
42 *Lehmann-Richter/Wobst,* WEG-Reform 2020, Rn. 1827.
43 BayObLG WuM 1999, 231.
44 *Hügel/Elzer,* 3. Aufl. 2021, WEG § 11 Rn. 9.
45 BGH 4.5.2018 – V ZR 163/17, ZWE 2018, 359 Rn. 16 = IMR 2018, 334 mAnm *Elzer*; BGH 10.7.2015 – V ZR 198/14, NJW 2015, 3371 Rn. 13.
46 BGH 12.4.2013 – V ZR 103/12, NJW 2013, 1962 Rn. 9.
47 MüKoBGB/*Commichau* WEG § 10 Rn. 12.
48 BeckOGK/*Falkner* WEG § 10 Rn. 240.

che Vereinbarung oder die Anpassung einer besonderen schuldrechtlichen Vereinbarung verlangt werden.[49] Der Eingriff in die sachenrechtlichen Grundlagen wird allenfalls im Ausnahmefall als erforderlich anzusehen sein. Regelmäßig wird man mit Vereinbarungen über Zweckänderungen, der Einräumung eines Sondernutzungsrechts oder der Änderung des Kostenverteilungsschlüssels Unbilligkeiten relativieren können.[50]

IV. Regelungen innerhalb der Gemeinschaft der Wohnungseigentümer und aktuelle Erwägungen des Gesetzgebers – Reformbedarf im Wohnungseigentumsrecht?

14 **1. Benutzungsregelungen und Sondernachfolge in der Gemeinschaft – Konkurrenz § 1010 BGB zum WEG.** Klärungsbedürftig ist, ob Vereinbarungen und Regelungen „für" oder „gegen" Sondernachfolger gelten. Durch die Verdinglichung interner Absprachen der Miteigentümer können durch § 1010 BGB Bindungen geschaffen werden, die auf den ersten Blick an das Recht der Wohnungseigentümergemeinschaft erinnern.[51] § 10 Abs. 3 WEG schafft eine Möglichkeit zur Einbindung von **Sondernachfolgern** durch Eintragung der Vereinbarung im Grundbuch. Diese Möglichkeit hat der Gesetzgeber auf die Eintragung von Beschlussfassungen erweitert, die aufgrund einer Öffnungsklausel gefasst wurden. Diese binden nur dann den Sondernachfolger, wenn sie gem. § 10 Abs. 3 WEG im Grundbuch eingetragen sind.[52] Im Übrigen wirken Beschlüsse gem. § 10 Abs. 3 S. 2 WEG auch ohne Grundbucheintragung gegen den Sondernachfolger. Für die Herstellung der Bindungswirkung bedarf es weder einer weitergehenden rechtsgeschäftlichen **Zustimmung** noch der Kenntnis des Rechtsnachfolgers.[53] Die Vorschriften der §§ 746, 751 BGB in der Bruchteilsgemeinschaft gelten unmittelbar für und gegen Rechtsnachfolger eines Miteigentümers und entfalten Bindungswirkung. Im Hinblick auf die schuldrechtliche Vorschrift des § 746 BGB ist § 10 Abs. 3 WEG lex specialis. Er ordnet eine Bindungswirkung zumindest „gegen" Sondernachfolger an, eine entsprechende Vereinbarung im Grundbuch zum Inhalt des Wohnungseigentums einzutragen.[54] Allein bei der Frage nach einer Bindung „zugunsten" des Sondernachfolgers bleibt es „wohl" bei § 746 BGB, so dass eine Eintragung zB des Sondernutzungsrechts nicht erforderlich ist.[55]

15 Handelt es sich um ein Sonderrecht, mit dem keine Pflichten verbunden sind, geht dieses nach § 10 Abs. 3 S. 1 WEG, § 746 BGB auf den Erwerber des Wohnungseigentums über. Für Beschlüsse der Wohnungseigentümer und Entscheidungen der Gerichte kehrt das WEG bewusst zu den Bestimmungen der §§ 1010, 746 BGB zurück.[56] An Beschlüsse aufgrund einer gesetzlichen Beschlusskompetenz sind Sondernachfolger gem. § 10 Abs. 3 S. 2 WEG auch ohne Eintragung im Grundbuch gebunden.[57] Da Beschlüsse nicht eintragungsbedürftig sind, sind sie grundsätzlich nicht eintragungsfähig.[58] Daraus folgt eine grundsätzliche Bindung der Sondernachfolger an Beschlüsse. Ebenso binden verfahrensbeendende Entscheidungen in einem Rechtsstreit den Sondernachfolger ohne Weiteres und ohne Eintragung in das Grundbuch.[59] Ein Sondernutzungsrecht, das den Gebrauch von gemeinschaftlichem Eigentum betrifft, kann nicht dem bloßen Bruchteil eines Wohnungs- oder Teileigentümers zugewiesen werden.[60] Dagegen spricht der Regelungszweck des § 10 Abs. 1 WEG. Der Bruchteilseigentümer ist nicht Wohnungseigentümer iSv § 10 Abs. 1 WEG. Darauf kann im Verhältnis der Miteigentümer untereinander allerdings nicht zurückgegriffen werden.

16 **2. Schutz- und Obhutspflichten im gemeinschaftlichen Eigentum.** Das Verhältnis der Wohnungseigentümer untereinander bestimmt sich primär nach dem Wohnungseigentumsgesetz (→ *Gemeinschaft der Wohnungseigentümer* Rn. 6). Weil § 9 a Abs. 2 WEG nur die Außenzuständigkeit gegenüber Dritten betrifft, bleiben die §§ 18 und 19 WEG, die sich mit dem Verhältnis der Wohnungseigentümer untereinander befassen,

---

49 BGH 11.5.2012 – V ZR 189/11, ZWE 2012, 361 (362) Rn. 8.
50 OLG München 24.4.2008 – 32 Wx 165/07, NZM 2008, 407.
51 BeckOK WEG/*M. Müller* WEG § 10 Rn. 247 ff.
52 *Lehmann-Richter/Wobst,* WEG-Reform 2020, Rn. 1750.
53 BayObLG 20.3.2002 – 2 Z BR 84/01, NZM 2002, 609.
54 BeckOK WEG/*M. Müller* WEG § 15 Rn. 258 ff.
55 OLG München 11.5.2012 – 34 Wx 137/12, NZM 2013, 384.
56 *Hügel/Elzer*, 3. Aufl. 2021, WEG § 10 Rn. 198 ff.
57 BT-Drs. 19/18791, 48; BR-Drs. 168/20, 52.
58 BGH 16.9.1994 – V ZB 2/93, NJW 1994, 3230; OLG München 28.1.2014 – 34 Wx 318/13, ZWE 2014, 167.
59 LG Hamburg 2.5.2012 – 318 S 79/11, ZWE 2013, 25–27.
60 OLG München 21.11.2011 – 34 Wx 357/11, NZM 2012, 92.

unberührt.[61] Ein Rückgriff auf die Vorschriften der §§ 741 ff., 1008 ff. BGB erfolgt somit im Ausnahmefall und somit „subsidiär". Die besonderen Vorschriften in Bezug auf das Gemeinschaftsverhältnis (→ *Gemeinschaftsordnung* Rn. 3) und die daraus hervorgehenden Ansprüche werden durch die für Schuldverhältnisse allgemein geltenden Bestimmungen ergänzt.[62] Indes findet hier keine vollständige Verdrängung der allgemeinen Vorschriften der §§ 741 ff., 1008 ff. BGB und § 241 Abs. 2 BGB durch das Wohnungseigentumsgesetz statt. Die Wohnungseigentümer stehen als Miteigentümer des gemeinschaftlichen Eigentums in einer schuldrechtlichen **Sonderbeziehung**, dem Gemeinschaftsverhältnis.[63] Etwas anderes gilt, wenn abweichende Vereinbarungen oder Beschlüsse nach § 23 Abs. 1 WEG bestehen. Die auf dem Gemeinschaftsverhältnis beruhenden Treue- und Rücksichtnahmepflichten folgen den gem. § 10 Abs. 1 S. 1 WEG ergänzend anwendbaren Bestimmungen über die Bruchteilsgemeinschaft.[64]

3. Unveränderlichkeit der Gemeinschaft – gesetzliche Neuregelung des Reformbedarfs. Bereits im Vorfeld des ersten Regierungsentwurfs zum WEMoG hat bereits die **Bund-Länder-Arbeitsgruppe** diskutiert, wie die Problematik des § 11 Abs. 1 S. 1 und 3 WEG gelöst werden kann. Die Bund-Länder-Arbeitsgruppe hat bei den Diskussionen über die Neufassung des Wohnungseigentumsgesetzes erkannt, dass Wohnungseigentümer bei sogenannten Problemimmobilien, ua in der Zwangsversteigerung befindliche Objekte, zu wirtschaftlich sinnlosen Aufwendungen verpflichtet sind, wenn sie kein Interesse mehr an dem Wohnungseigentum haben.[65] Dieser Rechtsgedanke hat in § 9 a Abs. 5 WEG (§ 11 Abs. 3 WEG aF) seinen Niederschlag gefunden. Die Gemeinschaft der Wohnungseigentümer ist nach wie vor insolvenzunfähig.[66]   17

V. Schutz und Beständigkeit von Rechtspositionen in der Gemeinschaft

1. Eigentums- Besitzschutz und gemeinschaftliche Verwaltung (§ 1011 BGB, §§ 18, 19 WEG). Miteigentümern steht ein Anspruch auf Abwehr von Beeinträchtigungen des Eigentums zu. Voraussetzung ist zunächst, dass Miteigentum iSd §§ 1008 ff. BGB und somit eine Bruchteilsgemeinschaft vorliegt.[67] Daher ist nunmehr systematisch zu erörtern, ob § 1011 BGB bei der Gemeinschaft Anwendung findet oder der Anwendungsbereich grundsätzlich durch die Vorschriften der § 10 Abs. 1–3 WEG sowie § 18 Abs. 1, 2 WEG und § 19 Abs. 1 WEG verdrängt wird. Zu differenzieren ist, ob der anspruchsberechtigte Wohnungseigentümer den Anspruch gegenüber Dritten oder innerhalb der Gemeinschaft geltend macht. Ansprüche im **Innenverhältnis der Sondereigentumseinheiten** unterfallen weder § 1011 BGB noch den Vorschriften des WEG.[68] Die §§ 1011, 432 BGB geben dem einzelnen Wohnungseigentümer somit nur die Befugnis, Herausgabe der Sache an sich und die übrigen Eigentümer zu verlangen.[69] Darunter ist zu verstehen, dass der einzelne Miteigentümer die Herausgabe nur an alle und nicht an sich selbst fordern kann.[70] Ein Wohnungseigentümer kann aufgrund seines Teilrechts dennoch Abwehransprüche gegenüber Beeinträchtigungen des gemeinschaftlichen Eigentums selbstständig durchsetzen.[71]   18

Für das Wohnungseigentum bedarf es keines Rückgriffs auf § 1011 BGB, wenn Beeinträchtigungen im Innenverhältnis geltend gemacht werden,[72] denn die Neuregelungen in § 18 Abs. 1, 2 WEG sowie 19 Abs. 1 WEG (§ 21 WEG aF) sind lex specialis.[73] Daraus folgt, dass die Wohnungseigentümergemeinschaft von einem Wohnungseigentümer die Herausgabe einer Sache (Fläche) verlangen kann, die zum gemeinschaftlichen Eigentum gehört und die ein Miteigentümer unberechtigt für sich allein – unter Ausschluss der übrigen Miteigentümer – nutzt. Soweit § 18 Abs. 1 WEG (§ 21 Abs. 5 WEG aF) eine ausschließliche **Verwaltungszuständigkeit** der   19

61 *Lehmann-Richter/Wobst,* WEG-Reform 2020, Rn. 104.
62 *Hügel/Elzer,* 3. Aufl. 2021, WEG § 10 Rn. 3.
63 BGH 10.2.2017 – V ZR 166/16, NZM 2017, 445 Rn. 10; BGH 5.3.2014 – VIII ZR 205/13, NJW 2014, 1653 Rn. 12.
64 BGH 7.10.2004 – V ZB 22/04, NJW 2004, 3413; *Hügel/Elzer* WEG § 10 Rn. 69 mwN.
65 https://www.bmjv.de/SharedDocs/Downloads/DE/News/PM/082719_Abschlussbericht_Reform_WEG.html dort: XVI Problemimmobilien, Ziff.2 Rn. 2 a.
66 *Lehmann-Richter/Wobst,* WEG-Reform 2020, Rn. 88.
67 BeckOK BGB/*Fritzsche* BGB § 1011 Rn. 2.
68 BeckOGK/*P. Müller* BGB § 1011 Rn. 5.
69 FormB-WEG-R/*Lehmann-Richter* § 3 Rn. 73.
70 BGH NJW 1953, 58 f.; NJW 1958, 1723; NJW 1993, 935; NJW 1996, 656.
71 BGH 19.12.1991 – V ZB 27/90, NJW 1992, 978.
72 MüKoBGB/*K. Schmidt* BGB § 1011 Rn. 3.
73 BGH 11.12.1992 – V ZR 118/91, juris Rn. 10; BT-Drs. 19/18791, 56; BR-Drs. 168/20, 62 f.

Gemeinschaft der Wohnungseigentümer im Hinblick auf die Verwaltung des gemeinschaftlichen Eigentums bestimmt, soll die Geltendmachung von Ansprüchen der Gemeinschaft durch einen Wohnungseigentümer von einem ermächtigenden Beschluss abhängig sein.[74] Diesbezüglich sind die Vorschriften der §§ 18, 19, 27 WEG (§§ 21 Abs. 5 Nr. 1, 27 WEG aF) abschließend. Zur Verwaltung iSd § 18 Abs. 1 WEG gehören alle Maßnahmen, die in tatsächlicher oder rechtlicher Hinsicht auf eine Änderung des bestehenden Zustandes abzielen oder sich als Geschäftsführung zugunsten der Wohnungseigentümer in Bezug auf das gemeinschaftliche Eigentum darstellen.[75]

20 **2. Gutgläubiger Erwerb und Belastung von Anteilen in der Bruchteilsgemeinschaft.** Streitig ist, ob bei einem Verstoß gegen das Gebot der Komplettaufteilung ein gutgläubiger Erwerb möglich ist,[76] wenn Anteile an einer Bruchteilsgemeinschaft gutgläubig erworben wurden. Dabei kommt es entscheidend auf den „Vertrauensschutz" an. Die gutgläubige Begründung von Wohnungseigentum ist jedenfalls dann möglich, wenn zumindest einer der Beteiligten Inhaber seines Miteigentumsanteils ist.[77] Ferner ist umstritten, ob ein gutgläubiger Erwerb von Anteilen in der Bruchteilsgemeinschaft auch dann in Betracht kommt, wenn ausschließlich Bucheigentümer an der Aufteilung beteiligt sind. Einerseits spricht hierfür das Gebot der Komplettaufteilung. Ebenfalls gelten beim Erwerb von Miteigentumsanteilen die Grundsätze des § 891 BGB. Demzufolge ist es nicht ersichtlich, warum sich der einzelne Miteigentümer bei Gutgläubigkeit den anderen gegenüber nicht auf die Vermutung des § 891 BGB und auf § 892 BGB berufen können soll, wenn alle Tatbestandsvoraussetzungen für einen gutgläubigen Erwerb vorliegen. Auf der anderen Seite soll ein gutgläubiger Erwerb von Bruchteilsanteilen ausgeschlossen sein.[78] Dieser Ansicht ist im Ergebnis wegen der Ablehnung des § 891 BGB nicht zu folgen.

21 **3. Folgen einer Insolvenz in der Gemeinschaft – einseitige Aufhebung und Bestandkraft der Gemeinschaft?** Im Fall einer Insolvenz ist erörterungsbedürftig, ob ein Insolvenzverwalter oder ein Pfandgläubiger die einseitige Aufhebung der Gemeinschaft fordern kann. In diesem Zusammenhang ist ferner streitig, ob bei einer Aufhebung § 11 WEG gilt oder §§ 751 ff. BGB eine abweichende Bewertung zulassen. Die Unauflöslichkeit der Wohnungseigentümergemeinschaft (→ Rn. 8) gilt auch in der Zwangsvollstreckung (→ *Zwangsvollstreckung in ein Wohnungseigentum* Rn. 32 f.) und im **Insolvenzfall** eines Wohnungseigentümers. Das strikte Verbot der einseitigen Aufhebung müssen auch Pfändungsgläubiger und Insolvenzverwalter wegen § 11 Abs. 3 WEG gegen sich gelten lassen.[79] § 751 S. 2 BGB wird systematisch verdrängt. Andernfalls bestünde die Gefahr einer einseitigen Aufhebung durch einen Pfändungsgläubiger. Etwas anderes gilt nur, wenn nach den oben dargestellten Möglichkeiten ausnahmsweise ein schuldrechtlicher oder gesetzlicher Aufhebungsanspruch besteht.[80] Hier können Pfändungsgläubiger den **Aufhebungsanspruch** des Eigentümers sowie den Verteilungsanspruch pfänden und sich überweisen lassen.[81] Die Vollstreckungsgläubiger sind nicht gehindert auf den Aufhebungsanspruch zuzugreifen, wenn dieser im Einvernehmen durch einen Aufhebungsvertrag entstanden ist.

VI. Verfahrenshinweise

22 **1. Klagebefugnis in der Gemeinschaft – Klagebefugnis von Bruchteilseigentümern aus § 1011 BGB?** Innerhalb der Gemeinschaft ist die **Klagebefugnis** näher zu erörtern. Sie ist jedenfalls dann gegeben, wenn die jeweiligen Miteigentümer Klagen gegen die übrigen Eigentümer, den Verband oder andere Wohnungseigentümer einreichen. Klagebefugt sind auch die jeweiligen Miteigentümer.[82] Folglich ist auf die „allgemeinen Vorschriften" über die **Bruchteilsgemeinschaft** der §§ 741 ff. BGB und zusätzlich auf die §§ 1008 ff. BGB zurückzugreifen.

---

74 BeckOGK/*P. Müller* BGB § 1011 Rn. 4.
75 BGH 11.12.1992 – V ZR 118/19, NJW 1993, 727 (729).
76 Bärmann/*Armbrüster* WEG § 2 Rn. 99.
77 BeckOK WEG/*Weidner* § 3 Rn. 101.
78 Soergel/*Stürner* BGB Rn. 11; Staudinger/*Gursky* BGB § 892 Rn. 117.
79 *Hügel/Elzer* WEG § 11 Rn. 13.
80 BeckOK WEG/*M. Müller* § 11 Rn. 51 ff.
81 BGH 20.12.2005 – VII ZB 50/05, NZM 2006, 275.
82 FormB-WEG-R/*Scheffler* § 3 Rn. 27.

Agatsy

Jeder **Bruchteilseigentümer** ist für sich und unabhängig von anderen Bruchteilseigentümern klagebefugt, dies **23** folgt aus § 1011 BGB bzw. § 744 Abs. 2 BGB.[83] Die **Anfechtungsbefugnis** folgt allerdings nicht aus § 44 Abs. 1 S. 1 Alt. 1, 2 sowie S. 2 WEG. Im Ergebnis hat der jeweilige Bruchteilseigentümer seinen Miteigentümer zu verklagen. Der klagende Mitberechtigte übt somit das allen Mitberechtigten zustehende Recht für alle Mitberechtigten aus.

2. Zwangsvollstreckung in der Bruchteilsgemeinschaft. Der Gläubiger eines Wohnungseigentümers kann **24** ohne Weiteres auf das Wohnungseigentum seines Schuldners im Wege der Zwangsvollstreckung (→ *Zwangs-vollstreckung in ein Wohnungseigentum* Rn. 28) zugreifen. Dabei ist gem. § 864 Abs. 2 ZPO die Verwertung im Wege der Zwangsversteigerung oder einer angeordneten Zwangsverwaltung möglich. Die Eintragung einer Zwangshypothek gem. § 867 ZPO ist ebenso denkbar. Handelt es sich um eine reine Bruchteilsgemeinschaft, kann der Gläubiger auch den Aufhebungsanspruch pfänden. Sofern nach § 11 Abs. 2 WEG die Aufhebung der Gemeinschaft ausgeschlossen ist, steht dem Gläubiger eines Wohnungseigentümers diese Option nicht zur Verfügung.[84]

270. Wohnungserbbaurecht

Lambert

I. Einleitung

§ 30 Abs. 1 WEG bestimmt: „Steht ein Erbbaurecht mehreren gemeinschaftlich nach Bruchteilen zu, so kön- **1** nen die Anteile in der Weise beschränkt werden, dass jedem der Mitberechtigten das Sondereigentum an einer bestimmten Wohnung oder an nicht zu Wohnzwecken dienenden bestimmten Räumen in einem aufgrund des Erbbaurechts errichteten oder zu errichtenden Gebäude eingeräumt wird (Wohnungserbbaurecht, Teilerbbaurecht)." Danach kann Sondereigentum sowie Teileigentum nicht nur vom Grundstückseigentümer begründet werden, sondern auch vom Erbbauberechtigten. Besonderheiten gelten im Hinblick auf die Mechanik der Aufteilung, § 30 Abs. 1, 2, 3 S. 1 WEG. „Im übrigen gelten für das Wohnungserbbaurecht (Teilerbbaurecht) die Vorschriften über das Wohnungseigentum (Teileigentum) entsprechend", § 30 Abs. 3 S. 2 WEG. Aber auch Regelungen des Erbbaurechtsgesetzes (ErbbauRG) sind für das Wohnungserbbaurecht beachtlich.

Von **praktischer Bedeutung** ist das Wohnungserbbaurecht dort, wo Grundeigentümer nicht veräußern wollen, **2** sondern nur im Wege des Erbbaurechts ihr Grundstück überlassen. Das gilt meist für **Kirchen, Gemeinden**

---

83 LG München I 12.1.2012 – 36 S 6417/11, ZWE 2012, 142; LG Frankfurt a. M. 8.5.2013 – 2–13 S 70/09, ZWE 2013, 469.

84 BeckOGK/*Skauradszun* WEG § 11 Rn. 21.

und Stiftungen. Attraktiv ist dieses Modell für Sondereigentümer, die gerade in Ballungsräumen von steigenden Kaufpreisen für Wohnungseigentum abgehalten werden, Eigentum an Wohn- bzw. Teileigentum zu erwerben. Diesen kommt der günstigere Kaufpreis für Sondereigentum im Wege des Wohnungserbbaurechts entgegen.[1]

II. Die Begründung von Wohnungserbbaurechten

3   **1. Erbbaurechtliche Voraussetzungen.** Ein Wohnungserbbaurecht kann nur entstehen, wenn ein Erbbaurecht besteht. Allerdings reicht es aus, wenn das Erbbaurecht gleichzeitig mit der Aufteilung in Wohnungserbbaurechte urkundlich bestellt wird.[2] Auch bei gleichzeitiger Bestellung darf die Eintragung der Wohnungsabbaurechte erst erfolgen, wenn hinsichtlich des Erbbaurechts die Einigung nach § 11 Abs. 1 ErbbauRG, § 873 Abs. 1 BGB sowie die Eintragung in das Grundbuch erfolgt ist.[3]

4   Als in Wohnungserbbaurechte **aufzuteilende Erbbaurechte** kommen in Betracht: Gesamterbbaurecht, Eigentümererbbaurecht, Untererbbaurecht, Altrecht. **Nicht** in Betracht kommen: Nachbarerbbaurecht, Wohnungseigentum, mit einem Erbbaurecht vereinigtes Grundstück.[4]

5   Bezugspunkt der Aufteilung in Wohnungserbbaurechte ist das „**Gebäude**" und damit ein Bauwerk, das durch die räumliche Umfriedung gegen äußere Einflüsse Schutz gewährt und den Eintritt von Menschen gestattet.[5] Die Beschränkung auf einen Teil des Gebäudes, insbesondere ein Stockwerk, ist unzulässig, § 1 Abs. 3 ErbbauRG. Umgekehrt jedoch ist ein Erbbaurecht an mehreren selbstständigen Gebäuden wie etwa Reihenhäusern möglich.[6] Dass das Gebäude erst noch hergestellt werden muss, steht der Begründung des Wohnungserbbaurechts bereits nach dem Wortlaut des § 30 Abs. 1 WEG nicht entgegen. Daraus ergeben sich Unterschiede zum Wohnungseigentum und Teileigentum, da dort bspw. auch Parkplätze sondereigentumsfähig sind. Da solche nicht Teil eines Gebäudes sind, kann an diesen jedoch kein Wohnungserbbaurecht entstehen.[7]

6   Das aufzuteilende Gebäude muss zur Begründung von Wohnungserbbaurechten im Eigentum des Erbbauberechtigten stehen, wobei § 12 Abs. 1 S. 1, 2 ErbbauRG ermöglicht, dass das Eigentum am Grundstück und das Eigentum am darauf errichteten Gebäude auseinanderfallen.[8]

7   Weicht die **Bebauung** von den Vorgaben des Erbbaurechtsvertrages ab, erfolgt die Errichtung dennoch in Ausübung des Erbbaurechts. Folglich führt eine solche **Abweichung** nicht dazu, dass die Begründung von Wohnungserbbaurechten unmöglich wird oder (später) wegfällt. Etwas anderes gilt, soweit das Gebäude außerhalb des Ausübungsbereichs gem. § 1 Abs. 2 ErbbauRG errichtet ist; hier kann der Grundstückseigentümer zum Heimfall berechtigt sein.[9] Soweit die planwidrige Bebauung lediglich wohnungseigentumsrechtliche Widersprüche aufwirft, führt das ggf. dazu, dass an einzelnen Einheiten kein Sondereigentum entsteht, diese also Gemeinschaftseigentum werden, was zu sog. isolierten Miteigentumsanteilen führen kann.[10]

8   **2. Die Aufteilung des Erbbaurechts.** Spiegelbildlich zu der Begründung von Wohnungseigentum kann auch die Begründung von Wohnungserbbaurechten durch vertragliche Teilungserklärung oder einseitige Teilungserklärung erfolgen.

9   Im Rahmen der vertraglichen Begründung wird den Berechtigten einer Bruchteilsgemeinschaft jeweils Sondereigentum an einer bestimmten Wohnung bzw. an nicht zu Wohnzwecken bestimmten Räumen zugewiesen. Während die Verpflichtung zur vertraglichen Begründung von Wohnungserbbaurechten der notariellen Beurkundung nach §§ 30 Abs. 3 S. 2, 4 Abs. 3, § 311 b Abs. 1 BGB bedarf, erfordert die dingliche Einigung nach §§ 30 Abs. 3 S. 2, 4 Abs. 2 WEG **nicht der Auflassungsform** des § 925 BGB, da dessen Geltung durch § 11 Abs. 1 S. 1 ErbbauRG ausgeschlossen ist. Für die Eintragung muss auch nicht ein Nachweis gem. § 20 GBO

---

1   Bärmann/*Schneider* WEG § 30 Rn. 1 f.
2   Bärmann/*Schneider* WEG § 30 Rn. 55.
3   Bärmann/*Schneider* WEG § 30 Rn. 55.
4   Bärmann/*Schneider* WEG § 30 Rn. 56 ff.
5   BGH 22.9.1972 – V ZR 8/71, MDR 1973, 39.
6   Timme/*Munzig* WEG § 30 Rn. 9.
7   Bärmann/*Schneider* WEG § 30 Rn. 66.
8   NSV/*Vandenhouten* WEG § 30 Rn. 8.
9   Timme/*Munzig* WEG § 30 Rn. 14 f.
10   Timme/*Munzig* WEG § 30 Rn. 13.

geführt werden, da diese Regelung nicht auf die Aufteilung von Wohnungserbbaurechten Anwendung findet; hier ist allein das formelle Konsensprinzip nach § 19 GBO zu berücksichtigen.[11]

Die Aufteilung iS einer einseitigen Teilungserklärung erfolgt in entsprechender Anwendung des § 8 WEG, **10** § 30 Abs. 2 WEG. Der Erbbauberechtigte bzw. die Erbbauberechtigten erklären wegen § 29 GBO öffentlich beglaubigt gegenüber dem Grundbuchamt, dass das Erbbaurecht in Bruchteile aufgeteilt wird, die ihrerseits mit Sondereigentum an einer bestimmten Wohnung respektive an nicht zu Wohnzwecken dienenden Räumen verbunden werden.[12] Da Wohnungserbbaurechte auch an einem Eigentümererbbaurecht begründet werden dürfen (→ Rn. 4), ist die Aufteilung auch dem Grundstückseigentümer erlaubt.

3. Zustimmungserfordernisse. Außerhalb von Eigentümererbbaurechten muss der Grundstückseigentümer **11** nicht an der Aufteilung mitwirken, insbesondere einer solchen nicht zustimmen.[13] Das gilt auch, wenn nach § 5 Abs. 1 ErbbauRG die Veräußerung des Erbbaurechts der Zustimmung des Grundstückseigentümers bedarf, weil die Begründung von Wohnungserbbaurechten keine Veräußerung des Erbbaurechtes iSd § 5 Abs. 1 ErbbauRG ist.[14] Die Erforderlichkeit einer Zustimmung des Grundstückseigentümers für eine Begründung von Wohnungserbbaurechten kann auch nicht als dinglicher Inhalt des Erbbaurechts vereinbart werden.[15] Eine schuldrechtliche Vereinbarung, wonach der Grundstückseigentümer der Aufteilung zustimmen muss, ist hingegen denkbar.[16]

Eine Zustimmung zur Aufteilung durch dinglich Berechtigte ist allenfalls dort erforderlich, wo ein Miterbbau- **12** rechtsanteil vor Begründung des Wohnungserbbaurechts selbstständig belastet war.[17]

Behördliche Zustimmungen können **erforderlich** sein. Zu denken ist etwa an eine solche nach § 22 Abs. 1 **13** S. 1 Nr. 2 BauGB in Fremdenverkehrsgebieten sowie in Umlegungsgebieten wegen § 51 Abs. 1 Nr. 1 BauGB,[18] als auch in den Bereichen einer Milieuschutzsatzung gem. § 172 Abs. 1 S. 4 BauGB.[19]

4. Der grundbuchliche Umgang mit Wohnungserbbaurechten. Im Zuge der Begründung des Wohnungs- **14** erbbaurechts legt das Grundbuchamt für jedes Wohnungserbbaurecht ein eigenes Grundbuchblatt, das Wohnungs- bzw. Teilerbbaugrundbuch an, § 30 Abs. 3 S. 1 WEG. Diese sind fortan die Erbbaugrundbücher nach § 14 ErbbauRG, weshalb das bisherige Erbbaugrundbuch analog § 7 Abs. 1 S. 3 WEG geschlossen wird, es sei denn, dort sind noch andere Eintragungen vorhanden.[20] Bestehen bleibt das für das Grundstück angelegte Grundbuch, wodurch die für das Erbbaurecht geltende Rangstelle fortgilt.[21] Gem. § 8 WGV gelten für die Eintragung im Wohnungserbbaugrundbuch die Vorschriften der §§ 2–7 WGV über das → *Wohnungsgrundbuch* Rn. 1 ff. entsprechend.

5. Die Entstehung von Wohnungs- und Teilerbbaurechten. Sowohl im Falle der vertraglichen als auch im **15** Falle der einseitigen Begründung entsteht das Wohnungserbbaurecht mit der Eintragung in das Grundbuch.[22] Ist das Gebäude zum Zeitpunkt der Eintragung in das Grundbuch noch nicht errichtet – was für die Entstehung von Wohnungs- und Teilerbbaurechten nicht entscheidend ist –, entsteht das Sondereigentum schrittweise mit der Fertigstellung, während der Mitberechtigungsanteil bis dahin substanzlos bleibt. Bis zur Fertigstellung des für das Sondereigentum maßgeblichen Gebäudeteils ist der Mitberechtigungsanteil am Erbbaurecht mit einem dinglichen Anwartschaftsrecht auf Erwerb des Sondereigentums verbunden.[23]

11 Bärmann/*Schneider* WEG § 30 Rn. 9 ff.; hinsichtlich des Erfordernisses der Auflassungsform aA Timme/*Munzig* WEG § 30 Rn. 22.
12 NSV/*Vandenhouten* WEG § 30 Rn. 19 f.
13 Bärmann/*Schneider* WEG § 30 Rn. 16 ff.
14 LG Augsburg 6.4.1979 – 5 T 408/79, MittBayNot 1979, 68.
15 OLG Celle 22.7.1980 – 4 Wx 20/80, MittBayNot 1981, 131.
16 Bärmann/*Schneider* WEG § 30 Rn. 19.
17 BGH 9.2.2012 – V ZB 95/11, NJW 2012, 1226; Bärmann/*Schneider* WEG § 30 Rn. 22 f.
18 Bärmann/*Schneider* WEG § 30 Rn. 27.
19 Bärmann/*Schneider* WEG § 30 Rn. 29.
20 Bärmann/*Schneider* WEG § 30 Rn. 32.
21 Bärmann/*Schneider* WEG § 30 Rn. 33.
22 BayObLG 10.3.2004 – 2Z BR 268/03, NZM 2004, 789.
23 BGH 22.12.1989 – V ZR 339/87, NJW 1990, 1111.

16 **6. Die Entstehung der Gemeinschaft der Wohnungserbbauberechtigten.** Weil § 30 Abs. 3 S. 2 WEG die Vorschriften über das Wohnungseigentum in das Regelwerk des Wohnungserbbaurechts kopiert, erwächst eine teilrechtsfähige Gemeinschaft der Wohnungserbbauberechtigten und im Falle der einseitigen Teilung zuvor eine, aufgrund der WEG-Reform 2020 nun in § 8 Abs. 3 WEG verankerte **werdende Gemeinschaft der Wohnungserbbauberechtigten**, sobald ein wirksamer auf die Übertragung des Wohnungserbbaurecht gerichteter Erwerbsvertrag geschlossen ist, der Erwerber durch eine Erwerbsvormerkung gesichert ist und dieser Besitz an der Wohnung erlangt hat.[24]

III. Die Auswirkungen der Begründung von Wohnungs- und Teilerbbaurechte auf bereits eingetragene Rechte

17 Die Begründung von Wohnungs- und Teilerbbaurechten wirkt sich auf eingetragene Rechte am Erbbaurecht derart aus, dass diese zu Gesamtbelastungen werden. Ein Vorkaufsrecht zugunsten des Grundstückseigentümers besteht fortan an jedem Wohnungserbbaurecht. Umgekehrt besteht das Vorkaufsrecht am Erbbaugrundstück fortan zugunsten eines jeden Wohnungserbbauberechtigten entsprechend seinem Bruchteilsanteil. Allerdings kann dieses Vorkaufsrecht gem. § 472 BGB nur gemeinschaftlich ausgeübt werden.[25] **Dienstbarkeiten** richten sich fortan gegen sämtliche Wohnungserbbauberechtigten, wobei die Eintragung eines Gesamtvermerks gem. § 4 WGV erforderlich wird, wenn sich – wie im Regelfall – die Rechte an allen Einheiten fortsetzen.[26] Beziehen sich die Rechte allerdings nicht auf sämtliche Einheiten, werden nur die Teile mit der Dienstbarkeit belastet, auf denen sie ausgeübt wird, weshalb die Dienstbarkeit an den übrigen Einheiten gelöscht werden kann.[27] **Grundpfandrechte** am Erbbaurecht werden fortan zu Gesamtrechten, §§ 1132, 1192 BGB iVm § 11 Abs. 1 ErbbauRG. Nichts anderes gilt für die **Erbbauzinsreallast**. Diese trifft sämtliche Wohnungserbbauberechtigten in dinglicher, persönlicher und gesamtschuldnerische Haftung, wobei allerdings die persönliche Haftung durch eintragungsbedürftige Regelung ausgeschlossen, § 1108 Abs. 1 BGB, und die dingliche Gesamthaftung durch Aufteilung des Erbbauzinses beseitigt werden kann.[28] Zum Heimfallanspruch des Grundstückseigentümers → Rn. 19, zum Neuerungsvorrecht → Rn. 20.

IV. Die Inhalte der Wohnungserbbaurechte

18 **1. Vorgaben durch erbbaurechtliche Bestimmungen.** Da die Erbbauberechtigten durch Begründung von Wohnungserbbaurechten die rechtliche Ebene zum Grundstückseigentümer nicht zu dessen Nachteil verändern können, sind die wohnungseigentumsrechtlichen Regelungen durch die erbbaurechtlichen Vorgaben beschränkt und mithin an diesen auszurichten. Daher wird sowohl der gesetzliche als auch der vertragliche Inhalt des Erbbaurechts Inhalt sämtlicher Wohnungserbbaurechte.[29] Dem vorausschauenden Grundstückseigentümer gelingt auf diese Weise eine deutliche Einflussnahme auf die Gemeinschaft der Wohnungserbbauberechtigten, weil er den Inhalt des Erbbaurechts im Rahmen des erlaubten auf die Situation der Wohnungserbbaurechte maßschneidern kann.[30]

19 Eine solche Schranke stellt in der Praxis der sog. **Heimfall** nach §§ 2 Nr. 4, 3 ErbbauRG dar. Danach hat der Erbbauberechtigte beim Eintreten bestimmter Voraussetzungen das Erbbaurecht auf den Grundstückseigentümer oder einen von diesem zu bestimmenden Dritten zu übertragen. Bestand ein Heimfallanspruch bereits bei der Begründung der Wohnungs- und Teilerbbaurechte, setzt sich dieser an jedem Wohnungs- und Teilerbbaurecht fort. Treten die Voraussetzungen für den Heimfall auch nur hinsichtlich eines Wohnungserbbauberechtigten ein, tritt gleichwohl der Heimfall in Bezug auf sämtliche Wohnungs- und Teilerbbaurechte ein, sog. Gesamtheimfall.[31] Würde der Heimfallanspruch in diesem Fall auf einzelne Wohnungs- und Teilerbbaurechte beschränkt, entstünde durch die Begründung der Wohnungserbbaurechte eine nicht hinnehmbare Regelung zulasten des Grundstückseigentümers (→ Rn. 17). Dem Grundstückseigentümer bleibt es aber überlassen, den

---

24 Bärmann/*Schneider* WEG § 30 Rn. 52 f.
25 Bärmann/*Schneider* WEG § 30 Rn. 42.
26 Bärmann/*Schneider* WEG § 30 Rn. 44.
27 OLG Oldenburg 17.11.1988 – 5 W 60/88, NJW-RR 1998, 273.
28 Bärmann/*Schneider* WEG § 30 Rn. 45 ff.
29 Timme/*Munzig* WEG § 30 Rn. 34.
30 Timme/*Munzig* WEG § 30 Rn. 47.
31 Timme/*Munzig* WEG § 30 Rn. 38; aA Bärmann/*Schneider* WEG § 30 Rn. 83.

Heimfallanspruch nur gegenüber demjenigen auszuüben, hinsichtlich dessen die Voraussetzungen eingetreten sind.

Die erbbaurechtlichen Regelungen vermögen den Umfang der Rechte des Wohnungserbbauberechtigten jedoch nicht nur einzuengen, sondern auch auszuweiten. §§ 2 Nr. 6, 31 ErbbauRG ermöglicht ein sog. **Erneuerungsvorrecht**. Schließt der Grundstückseigentümer nach Erlöschen des ursprünglichen Erbbaurechts und damit auch der Wohnungserbbaurechte (→ Rn. 26 ff.) mit einem Dritten einen neuen Erbbauvertrag, gewährt das Erneuerungsrecht den (vormals) Wohnungserbbauberechtigten einen gemeinschaftlich auszuübenden Anspruch gegen den Grundstückseigentümer am neuen, ungeteilten Erbbaurecht. Darauf aufbauend kann jedes Mitglied der nach Erlöschen des Wohnungserbbaurechts entstandenen Bruchteilsgemeinschaft von den übrigen Mitgliedern verlangen, dass das Erbbaurecht abermals in Wohnungs- und Teilerbbaurechte aufgeteilt wird und das in Verbindung mit einem Sondereigentum im früheren Umfang.[32]   20

2. Die analoge Anwendung wohnungseigentumsrechtlicher Regelungen. § 30 Abs. 3 S 2 WGG erklärt die wohnungseigentumsrechtlichen Regelungen zum Inhalt der Wohnungserbbaurechte, weshalb die Vorschriften über die Rechtsfähige Gemeinschaft der Wohnungseigentümer nach §§ 9 a ff. WEG, über das Rechtsverhältnis der Wohnungseigentümer untereinander und zur Gemeinschaft der Wohnungseigentümer nach §§ 10 ff. WEG, der Verwaltung nach §§ 18 ff. WEG sowie die Verfahrensvorschriften nach § § 43 ff. WEG entsprechend gelten.[33] Daher ähneln auch Gemeinschaftsordnungen der Wohnungserbbauberechtigten merklich solchen vergleichbarer Wohnungseigentumsanlagen.[34] An bestehenden Gemeinschaftsflächen können Sondernutzungsrechte zugewiesen werden.[35] Auch für bauliche Veränderungen gelten keine Besonderheiten.[36]   21

Besonderheiten ergeben sich aber **bei Berührungspunkten mit dem Grundstückseigentümer**. Dieser darf zwar zum Verwalter bestellt werden.[37] An der Wahl des Verwalters in irgendeiner Art und Weise mitwirken darf der Grundstückseigentümer aber wegen § 26 Abs. 1 S. 5 WEG nicht. Hat der Grundstückseigentümer Ansprüche auf Erbbauzins (→ Rn. 23 ff.) gegenüber den Mitgliedern der Gemeinschaft der Wohnungserbbauberechtigten, können diese eine eigene Rücklage hierfür vereinbaren, wodurch der Erbbauzins durch den Verwalter neben dem Wohngeld eingezogen und an den Grundstückseigentümer ausgekehrt wird.[38]   22

V. Der Erbbauzins

Das in der Praxis übliche Entgelt für die Einräumung des Erbbaurechts wird durch § 9 Abs. 1 S. 1 Erbbau RG als reallastartige Leistung definiert. Dieser sog. Erbbauzins ist damit nicht Inhalt des Erbbaurechts, sondern eine **Belastung des Erbbaurechts** und damit Teil des Rangsystems der eingetragenen Rechte.[39] Meist wird er als subjektiv-dingliches Recht in das Erbbaugrundbuch eingetragen, wobei der Erbbauberechtigte nach § 9 Abs. 1 S. 1 ErbbauRG, § 1108 Abs. 1 BGB sowohl dinglich mit seinem Erbbaurecht, als auch schuldrechtlich mit seinem gesamten Vermögen haftet,[40] und zwar im Hinblick auf Wohnungserbbauberechtigte im Wege der Gesamtschuld für den gesamten Erbbauzins.[41]   23

Während die persönliche gesamtschuldnerische Haftung zweifelsfrei durch Vereinbarung zwischen dem Grundstückseigentümer und den Wohnungserbbauberechtigten ausgeschlossen oder eingeschränkt werden kann, ist im Hinblick auf die **Aufteilung der dinglichen Gesamthaftung** umstritten, wie (nicht dass) dieses Ergebnis erreicht werden kann.[42]   24

---

32 Bärmann/*Schneider* WEG § 30 Rn. 157 ff.
33 NSV/*Vandenhouten* WEG § 30 Rn. 33.
34 Timme/*Munzig* WEG § 30 Rn. 45.
35 Bärmann/*Schneider* WEG § 30 Rn. 90.
36 Timme/*Munzig* WEG § 30 Rn. 49.
37 Bärmann/*Schneider* WEG § 30 Rn. 86.
38 Timme/*Munzig* WEG § 30 Rn. 48.
39 Timme/*Munzig* WEG § 30 Rn. 51.
40 Timme/*Munzig* WEG § 30 Rn. 51.
41 Timme/*Munzig* WEG § 30 Rn. 56 f.
42 Timme/*Munzig* WEG § 30 Rn. 59.

25 Die in → Rn. 23 gezeigte Art der Ausgestaltung beinhaltet das Risiko, dass der Erbbauzins im Falle einer Zwangsversteigerung des Erbbaurechts aus einem vorrangig eingetragen Grundpfandrecht erlischt.[43] Dem kann auf Basis des § 9 Abs. 3 S. 1 Nr. 1 ErbbauRG durch eine in das Grundbuch einzutragende **Bestehenbleibensvereinbarung** vorgebeugt werden. Diese bewirkt, dass der Erbbauzins auch dann bestehen bleibt, wenn er nicht in das geringste Gebot fällt, was auch für Zwangsversteigerungen wegen Wohngeldforderungen iSd § 10 Abs. 1 Nr. 2 ZVG gilt.[44] Diese Wirkung wird nicht kraft Gesetzes entfaltet, sondern bedarf einer entsprechenden Vereinbarung, weshalb nach wie vor ein erbbauzinsfreier Erwerb eines Wohnungserbbaurechts im Wege der Zwangsversteigerung möglich ist.[45]

26 Zur Wertsicherung des Erbbauzinses → Rn. 33 ff.

VI. Änderungen bestehender Wohnungserbbaurechte

27 Erbbaurechte und Wohnungseigentum können hinsichtlich ihres Inhalts und ihres Gegenstandes geändert werden. Für Wohnungserbbaurechte gilt nichts anderes.

28 **1. Änderungen des Erbbaurechts.** Weil die Regelungen des Erbbaurechts in die Regelungsmechanik des Wohnungserbbaurechts hineingreifen (→ Rn. 18), sind Inhaltsänderungen des Erbbaurechts auch im Hinblick auf das Wohnungserbbaurecht beachtlich; Beispiel: Erweiterung der Baubefugnis.[46] Entsprechende Änderungen erfolgen nach §§ 877, 873 BGB durch vertragliche Vereinbarung zwischen sämtlichen Wohnungserbbauberechtigten und dem Grundstückseigentümer, ggf. unter Zustimmung betroffener dinglich Berechtigter, §§ 877, 876 BGB.[47]

29 **2. Verbindung, Teilung und Umwidmung von Wohnungserbbaurechten.** Mehrere Wohnungserbbaurechte am selben Erbbaurecht, die im Eigentum desselben Berechtigten stehen, dürfen analog § 890 Abs. 1 BGB vereinigt bzw. analog § 890 Abs. 2 BGB einem anderen Wohnungserbbaurecht als Bestandteil zugeschrieben werden.[48] Als weitere Voraussetzung tritt hinzu, dass die zu verbindenden Wohnungserbbaurechte gleichmäßig belastet sind, was ggf. vor der Verbindung herzustellen ist, bspw. durch Nachverpfändung. Die frühere hM, die solcherlei nicht als notwendig erachtete,[49] ist nach Einfügung der §§ 5 Abs. 1 S. 2, 6 Abs. 2 GBO nicht mehr haltbar.[50]

30 Wird die Verbindung der Wohnungserbbaurechte von baulichen Veränderungen begleitet wie etwa der Zusammenlegung von Wohnungen unter Entfernung von Wänden, entfällt ggf. zwar die Abgeschlossenheit der Wohnungen. Hierdurch wird das Grundbuch jedoch nicht unrichtig und die Rechte der übrigen Wohnungserbbauberechtigten werden nicht beeinträchtigt,[51] so dass deren Mitwirkung an der Verbindung nicht erforderlich, die Vorlage einer neuerlichen Abgeschlossenheitsbescheinigung entbehrlich ist.[52]

31 Gleichsam der Rechtslage für Wohnungseigentumsrechte, können auch Wohnungserbbaurechte geteilt und von Gemeinschaftseigentum in Sondereigentum umgewidmet (→ *Umwidmung* Rn. 4 ff.) werden und umgekehrt.[53]

32 **3. Änderungen der wohnungseigentumsrechtlichen Inhalte.** Soweit sich die Mitglieder der Gemeinschaft der Wohnungserbbauberechtigten auf Basis von Vereinbarungen wie der Gemeinschaftsordnung und Beschlüssen gemäß WEG organisieren und verwalten, können diese geändert werden, wie dies im Hinblick auf Wohnungseigentümergemeinschaften der Fall ist. Der Umstand des Erbbaurechts führt hier nicht zu Besonderheiten, da insbesondere der Grundstückseigentümer bei solchen Willensbildungen außen vor bleibt.[54]

---

43 Bärmann/*Schneider* WEG § 30 Rn. 112.
44 Bärmann/*Schneider* WEG § 30 Rn. 113.
45 Bärmann/*Schneider* WEG § 30 Rn. 114.
46 BGH 15.5.1198 – V ZR 163/97, NZM 1998, 637.
47 Bärmann/*Schneider* WEG § 30 Rn. 129.
48 BGH 21.12.2000 – V ZB 45/00, NJW 2001, 1212 für Wohnungseigentumsrechte.
49 OLG Hamm 27.7.2006 – 15 W 202/05, DNotZ 2007, 225.
50 Bärmann/*Schneider* WEG § 30 Rn. 124.
51 BGH 21.12.2000 – V ZB 45/00, NJW 2001, 1212 für Wohnungseigentumsrechte.
52 OLG Hamburg 18.3.2004 – 2 Wx 2/03, ZMR 2004, 529.
53 Timme/*Munzig* WEG § 30 Rn. 70.
54 Timme/*Munzig* WEG § 30 Rn. 71.

Lambert

4. Die Wertsicherung des Erbbauzinses. Da Erbbaurechte üblicherweise auf eine merklich lange Dauer an- 33
gelegt sind, hat der Grundstückseigentümer ein Interesse daran, dass die Höhe des Erbbauzinses angepasst
werden kann, um Preis- und Inflationsentwicklungen aufzufangen. Gelingt es üblicherweise eine am Erbbaurecht eingetragene Belastung, wie es der Erbbauzins ist, gem. §§ 877, 876, 873 BGB nur durch Vertrag zwischen den Berechtigten und dem Verpflichteten (ggf. mit Zustimmung rechtlich Betroffener) zu ändern, ist
mittlerweile die Änderung der Höhe des Erbbauzinses gem. § 1105 Abs. 1 S. 2 BGB iVm § 9 Abs. 1 S. 1 ErbbauRG durch eine **automatische Wertsicherung** möglich.[55] Läuft das Erbbaurecht (wie meistens) über 30
Jahre, erklärt § 4 S. 1 PreisklG die Wertsicherung für zulässig. Erbbaurechte mit kürzeren Laufzeiten unterliegen im Hinblick auf die Wertsicherung den Voraussetzungen der §§ 1, 3 PreisklG. Erlaubt sind auf diese Weise
echte, automatische Gleitklauseln, nach denen ohne Zutun der Beteiligten die Höhe des Erbbauzinses bei Eintritt der vereinbarten Bedingungen geändert wird.[56]

Ohne eine solche Wertsicherungsklausel gelingt eine Erhöhung des Erbbauzinses nur aufgrund schuldrechtli- 34
cher Vereinbarung und Eintragung einer entsprechenden Anpassungsvormerkung in das Grundbuch. Hier hat
der Grundstückseigentümer das Erhöhungsverlangen geltend zu machen, und zwar gegenüber dem jeweiligen
Wohnungserbbauberechtigten, hinsichtlich dessen die maßgeblichen Voraussetzungen eingetreten sind.[57]

Für beide vorgenannten Möglichkeiten der Erhöhung des Erbbauzinses bestimmt § 9 a ErbbauRG eine im Ein- 35
zelfall zu ermittelnde Erhöhungsgrenze.

VII. Die Beendigung des Wohnungserbbaurechts

1. Die Aufhebung des Erbbaurechts. Die Aufhebung des Erbbaurechts führt zu einer Kettenreaktion, an de- 36
ren Ende auch die Wohnungserbbaurechte erlöschen. Am Anfang steht die formlos wirksame Aufgabeerklä-
rung aller (nicht nur einzelner) Erbbauberechtigten iSd § 11 ErbbauRG, § 875 BGB, ggf. die Zustimmung der
betroffenen Dritten gem. § 876 BGB[58] und die Zustimmung des Grundstückseigentümers nach § 26 ErbbauRG. Mit Aufhebung des Erbbaurechts erlöschen die Mitberichtigungen der Wohnungserbbauberechtigten
an dem Erbbaurecht. Das wiederum führt zum Erlöschen des jeweils verbundenen Sondereigentums, weshalb
die Wohnungserbbaurechte insgesamt erlöschen.[59] Zur Löschung des Erbbaurechts im Grundbuch ist die öffentliche Beglaubigung der Aufhebung nach §§ 19, 29 GBO erforderlich. Danach folgt die Schließung der jeweiligen Grundbücher gem. § 16 ErbbauRG. Die Gemeinschaft der Wohnungserbbauberechtigten erlischt.[60]

Vor diesem Hintergrund fällt das auf dem Grundstück aufstehende Gebäude nach § 12. Abs. 3 ErbbauRG in 37
das Eigentum des Grundstückseigentümers. Das geschieht entschädigungslos, weil § 26 ErbbauRG nicht auf
§ 27 ErbbauRG verweist.

2. Zeitablauf des Erbbaurechts. Meist ist das Erbbaurecht zeitlich befristet. Erreicht das Erbbaurecht sein 38
zeitliches Ende, erlischt es nach § 27 ErbbauRG, was für die Wohnungserbbaurechte ebenfalls die in → Rn. 36
beschriebene Kettenreaktion auslöst und die Wohnungserbbaurechte erlöschen lässt. Auch bei einem Ende
durch Zeitablauf fällt das auf dem Grundstück aufstehende Gebäude in das Eigentum des Grundstückseigentümers, § 12 Abs. 3 ErbbauRG.

In diesem Fall steht den Wohnungserbbauberechtigten jedoch nach § 27 ErbbauRG eine **Entschädigung** zu, 39
soweit diese nicht im Rahmen des Erlaubten nach § 27 Abs. 1 S. 2 ErbbauRG ausgeschlossen worden ist oder
der Grundstückseigentümer auf seine Abwendungsbefugnis nach § 27 Abs. 3 ErbbauRG zurückgegriffen hat,
also sämtlichen Wohnungserbbauberechtigten die Verlängerung des Erbbaurechts für die voraussichtliche
Standdauer des Bauwerks anbietet. Für die Entschädigungsforderung haftet nach § 28 ErbbauRG das Grundstück anstelle des Erbbaurechts, und zwar mit dessen Rang. Allerdings setzen sich auch Grundpfandrechte und
Reallasten wegen § 29 ErbbauRG am Entschädigungsanspruch fort. Die Entschädigungsforderung wird unter

---

55 Timme/*Munzig* WEG § 30 Rn. 72 f.
56 Bärmann/*Schneider* WEG § 30 Rn. 134.
57 Bärmann/*Schneider* WEG § 30 Rn. 135.
58 Zur Ausnahme eines solchen Zustimmungsbedürfnisses LG Köln 28.5.2001 – 11 T 102/01, RNotZ 2001, 391.
59 BayObLG 4.3.1999 – 2Z BR 24/99, Z 1999.
60 Bärmann/*Schneider* WEG § 30 Rn. 141.

den Wohnungserbbauberechtigten nach Maßgabe ihrer Mitberechtigungsanteile aufgeteilt. Die Methodik der Aufteilung des § 17 WEG findet keine Anwendung.[61]

40 Vor diesem Hintergrund wird das Grundstücksgrundbuch sowohl im Hinblick auf die Löschung der Wohnungserbbaurechte unrichtig, als auch hinsichtlich der surrogativen Entschädigungsforderungen. Mithin kann der Grundstückseigentümer die Löschung des Erbbaurechts nur beantragen, wenn er zugleich die Eintragung der Entschädigungsforderung der Wohnungserbbauberechtigten für den Eigentumsverlust an dem Bauwerk in das Grundbuch beantragt.[62]

41 **3. Die Aufhebung des Wohnungserbbaurechts.** Da § 30 Abs. 3 S. 2 WEG auf die wohnungseigentumsrechtlichen Vorschriften für Wohnungseigentumsrechte verweist, ist es den Wohnungserbbauberechtigten möglich, die Aufhebung aller Wohnungserbbaurechte iSd §§ 4 Abs. 1, 9 WEG zu vereinbaren. Daraufhin werden die Wohnungserbbaugrundbücher von Amts wegen geschlossen. Die Gemeinschaft der Wohnungserbbauberechtigten erlischt.[63]

42 Das wieder einheitliche Erbbaurecht steht einer gewöhnlichen Bruchteilsberechtigung gegenüber, was wegen §§ 9 Abs. 3, 30 Abs. 3 S. 2 WEG ein neues Erbbaugrundbuch erfordert.[64] Die Anteile an der Bruchteilsgemeinschaft richten sich an den früheren Mitberechtigungsanteilen und nicht an § 11 Abs. 3 WEG aus.[65]

43 **4. Die Vereinigung der Wohnungserbbaurechte in einer Person.** Gem. § § 30 Abs. 3 S. 2, 9 Abs. 1 Nr. 3 WEG kann derjenige Wohnungserbbauberechtigte, in dessen Person sich sämtliche Wohnungserbbaurechte vereinigen, die Schließung der Wohnungserbbaugrundbücher beantragen. Die Folge ist die Entstehung eines einheitlichen Erbbaurechts, für welches ein neues Erbbaugrundbuch anzulegen ist.[66]

44 **5. Der Untergang des Gebäudes.** Der Untergang des Gebäudes führt nicht zum Erlöschen der Wohnungserbbaurechte, sondern lässt diese nur substanzlos werden. Möglich ist eine Wiederaufbauverpflichtung der Wohnungserbbauberechtigten, und zwar untereinander als auch gegenüber dem Grundstückseigentümer.[67]

45 **6. Die Umwidmung von Wohnungserbbaurechten in Wohnungseigentumsrechte.** Im Ergebnis ist es möglich, dass an die Stelle von Wohnungserbbaurechten Wohnungseigentumsrechte treten. Erforderlich ist hierfür allerdings, dass das Wohnungserbbaurecht aufgehoben wird und anschließend Miteigentumsanteile am Grundstück nach § 3 WEG oder § 8 WEG begründet werden.[68] Ein eigenständiger Beendigungsgrund liegt hier nicht vor. Vielmehr erfolgt die Beendigung des Erbbaurechts durch Aufhebung (→ Rn. 36) als notwendiges Zwischenstadium zur Begründung von Wohnungseigentumsrechten.

271. Wohnungsgrundbuch

Güther

---

61 Bärmann/*Schneider* WEG § 30 Rn. 147.
62 BGH 11.4.2013 – V ZB 109/12, NJW-RR 2013, 1102.
63 Bärmann/*Schneider* WEG § 30 Rn. 150.
64 Bärmann/*Schneider* WEG § 30 Rn. 149.
65 Bärmann/*Schneider* WEG § 30 Rn. 149; aA Timme/*Munzig* WEG § 30 Rn. 83.
66 Bärmann/*Schneider* WEG § 30 Rn. 151.
67 Bärmann/*Schneider* WEG § 30 Rn. 155.
68 Timme/*Munzig* WEG § 30 Rn. 93 ff.

I. Anlegung des Wohnungsgrundbuchblattes

Es wird für jeden **Miteigentumsanteil** von Amts wegen (bei Teilung des Grundstücks, → *Begründung von* 1 *Wohnungseigentum* Rn. 1 ff.) ein eigenes Grundbuchblatt angelegt (§ 7 Abs. 1 S. 1 WEG). Dieses wird mit der Aufschrift „Wohnungsgrundbuch" oder „Teileigentumsgrundbuch" versehen. Mit der Anlegung der Wohnungs-/Teileigentumsgrundbücher ist das bisherige Grundbuchblatt zum Grundstück zu schließen (§ 7 Abs. 1 S. 3 WEG; → *Grundbuch* Rn. 11). In das Wohnungsgrundbuch wird der Miteigentumsanteil mit dem zu ihm gehörenden Sondereigentum und (zugleich) als Beschränkung des Miteigentums die Einräumung der zu den anderen Miteigentumsanteilen gehörenden Sondereigentumsrechte eingetragen (§ 7 Abs. 1 S. 2 WEG).

Seit dem 1.12.2020 ist es möglich, **isolierte Stellplätze** auf dem Grundstück zu Sondereigentum zu erklären 2 (§ 3 Abs. 1 S. 2 WEG), unabhängig davon, ob sie sich innerhalb oder außerhalb eines Gebäudes befinden. Der Stellplatz (→ *Kfz-Stellplatz* Rn. 1 ff.) kann mit einem Miteigentumsanteil verbunden und in ein eigenes Teileigentumsgrundbuch eingetragen werden. Der Stellplatz kann auch als unselbstständiges Teileigentum Teil eines Wohnungseigentums sein. Freiflächen wie Garten- und Terrassenflächen können als sog. Annexeigentum gem. § 3 Abs. 2 WEG nicht allein mit einem Miteigentumsanteil verbunden werden[1] und in einem eigenen Teileigentumsgrundbuch gebucht werden. Sie sind unselbstständiger Teil eines Wohnungs-/Teileigentums.

Mit der Eintragung im Grundbuch **entsteht das Wohnungs-/Teileigentum**, das heißt, es kann von diesem 3 Zeitpunkt an übertragen werden. Dabei handelt es sich zunächst (beim unbebauten Grundstück) um den Miteigentumsanteil an einem Grundstück, welchem bei Bebauung das jeweilige Sondereigentum zuwächst.[2] Die **Größe** der Miteigentumsanteile bestimmen die Beteiligten. Das Grundbuchamt hat daher nur nachzuprüfen, ob die einzelnen Miteigentumsbruchteile zusammen ein Ganzes bzw. 100 % ergeben.[3]

Zur näheren Bezeichnung des Gegenstandes als auch des Inhalts des Sondereigentums kann auf die Eintra- 4 gungsbewilligung Bezug genommen werden (§ 7 Abs. 3 S. 1 WEG). Das ist der Regelfall in der Praxis. **Grundbuchinhalt** werden nur die im Bestandsverzeichnis des Grundbuches bezeichneten Bewilligungen und darüber hinaus nur diejenigen Regelungen, die Gegenstand der Bewilligungen sind.[4] Da die Bezugnahme auf die Eintragungsbewilligung auch den ihr als Anlage beigefügten Aufteilungsplan umfasst, wird auch dieser zum Inhalt des Wohnungsgrundbuchs. Der Umfang des Gemeinschaftseigentums ergibt sich mittelbar aus dem Aufteilungsplan.

Für die **Auslegung** eines nicht eindeutigen Grundbucheintrages sind daher sowohl die in Bezug genommene 5 Eintragungsbewilligung als auch der in Bezug genommene Aufteilungsplan heranzuziehen. Stimmen diese nicht überein und lässt sich der Widerspruch nicht ausräumen, dann ist weder die Eintragungsbewilligung noch der Aufteilungsplan vorrangig. Sondereigentum ist nicht entstanden.[5]

Ob die in Sondereigentum stehenden Räume Wohnungseigentum (§ 1 Abs. 2 WEG) oder Teileigentum (§ 1 6 Abs. 3 WEG) darstellen, bestimmt sich nach ihrer baulichen Ausgestaltung als Wohnung oder nicht zu Wohnzwecken dienenden Räumen, somit nach ihrer **Zweckbestimmung**, nicht nach wechselnden Nutzungsarten.

Hypotheken und Grundschulden, die bis dahin das ganze Grundstück belasteten, werden als Gesamtbelas- 7 tungen auf allen Wohnungsgrundbuchblättern übertragen (§ 48 GBO). Belastungen des gesamten Grundstückes (insbesondere Dienstbarkeiten), die ihrer Natur nach nicht an dem Wohnungseigentum als solchem bestehen, sondern nur auf dem Grundstück insgesamt ausgeübt werden können, und Verfügungsbeschränkungen werden in sämtliche neu anzulegende Wohnungsgrundbücher übernommen.[6]

II. Besondere Eintragungen im Wohnungsgrundbuch

Das Wohnungsgrundbuch ist ebenso wie das (Grundstücks-)Grundbuch **aufgeteilt**. Es enthält neben der Auf- 8 schrift, das Bestandsverzeichnis und die Abteilungen I bis III. Für die Abteilungen I bis III gilt das allgemeine Grundbuchrecht (→ *Grundbuch* Rn. 1 ff.).

---

1 BT-Drucks. 19/18791, 39.
2 BGH 22.12.1989 – V ZR 339/87, DNotZ 1990, 259.
3 Schöner/Stöber GrundbuchR Rn. 2851.
4 *Becker/Ott/Suilmann* Wohnungseigentum Rn. 51.
5 BGH 30.6.1995 – V ZR 118/94, DNotZ 1996, 289.
6 Schöner/Stöber GrundbuchR Rn. 2869.

In das Wohnungsgrundbuch können im Bestandsverzeichnis weitere **Rechte und Beschränkungen** wie

- Sondernutzungsrechte (§§ 10 Abs. 3, 5 Abs. 4 S. 1 WEG),
- Veräußerungsbeschränkungen (§§ 12 Abs. 1, 7 Abs. 3 S. 2 WEG),
- Haftung des Sonderrechtsnachfolgers für Geldschulden (§ 7 Abs. 3 S. 2 WEG) und
- Beschlüsse (§§ 10 Abs. 3 S. 2, 5 Abs. 4 WEG)

eingetragen werden.

9 **1. Allgemeine Voraussetzungen zur Grundbucheintragung.** Für die Eintragung im Grundbuch braucht es aufgrund des formellen Verfahrensrechts der Grundbuchordnung (GBO) immer eines **Antrages** (§ 13 Abs. 1 GBO), einer **Bewilligung** (§ 19 GBO), beides in der **Form** des § 29 GBO als öffentliche oder öffentlich beglaubigte **Urkunde** und ggf. der Zustimmung von Dritten, zu deren Gunsten Rechte im Grundbuch eingetragen sind, die durch die neue, weitere Eintragung belastet werden (§ 5 Abs. 4 WEG).

10 **Antragsberechtigt** ist gem. § 13 Abs. 1 S. 2 GBO jeder, dessen Recht von den Eintragungen betroffen wird oder zu dessen Gunsten eine Eintragung erfolgen soll. Betroffen ist derjenige, dessen grundbuchmäßiges Recht durch die Eintragung beeinträchtigt wird. Als Begünstigter antragsberechtigt ist, zu wessen Gunsten die Eintragung erfolgen soll.[7] Betrifft die Eintragung den Inhalt einer einzelnen Sondereigentumseinheit, so ist dieser einzelne Wohnungs-/Teileigentümer antragsberechtigt.

11 Betrifft der Eintrag den Inhalt aller Sondereigentumseinheiten ist ebenfalls jeder einzelne Sondereigentümer allein antragsberechtigt, da auch sein Recht von der Eintragung betroffen ist.[8] Darüber hinaus kann auch im Falle der Eintragung von Beschlüssen in das Grundbuch gem. § 7 Abs. 2 S. 1 WEG die Gemeinschaft der Wohnungseigentümer antragsberechtigt sein, vertreten durch den Verwalter (§§ 7 Abs. 2 S. 2, 9 b Abs. 1 WEG).

12 **2. Sondernutzungsrechte.** Sondernutzungsrechte (→ *Sondernutzungsrechte* Rn. 1 ff.) sind nur Inhalt des Sondereigentums und mit Wirkung gegenüber den künftigen Wohnungseigentümern ausgestattet, wenn sie in allen Wohnungsgrundbuchblättern eingetragen sind (§ 10 Abs. 3 WEG). Sondernutzungsrechte sind schuldrechtliche Vereinbarungen der Wohnungseigentümer. Sie können durch die Eintragung in das Wohnungsgrundbuch „verdinglicht" werden, indem sie zum Inhalt des Sondereigentums gemacht werden (§§ 5 Abs. 4 S. 1, 10 Abs. 3 WEG). Hierzu bedarf es der Einigung aller Wohnungseigentümer (→ *Sondernutzungsrechte* Rn. 14 ff.).

13 Das ein Sondernutzungsrecht für einen bestimmten Sondereigentümer besteht, kann – muss aber nicht – im Bestandsverzeichnis des Grundbuchblattes vermerkt werden; es genügt die Bezugnahme auf die Eintragungsbewilligung in der Teilungserklärung (§§ 7 Abs. 3 WEG, 3 Abs. 2 WGV).[9] Im Interesse der Klarheit und Sicherheit des Rechtsverkehrs ist es ratsam, das Sondernutzungsrecht durch einen kurzen Eintragungsvermerk im Bestandsverzeichnis kenntlich zu machen. Einen Anspruch der Berechtigten darauf gibt es nicht.[10]

14 Aufgrund der Änderung des WEG zum 1.12.2020 zur **erweiterten Sondereigentumsfähigkeit**

- von Stellplätzen auf dem Grundstück (außerhalb eines Gebäudes) gem. § 3 Abs. 1 S. 2 WEG und
- der Ermöglichung von Annexeigentum gem. § 3 Abs. 2 WEG (zB für Gartenflächen, Terrassenflächen als (unselbstständiges) Sondereigentum und Annex zu einem Wohnungs- bzw. Teileigentum)

wird die praktische Bedeutung von Sondernutzungsrechten bei neuen Wohnungseigentumsgemeinschaften wahrscheinlich abnehmen.

15 **3. Veräußerungsbeschränkungen.** Vereinbarte Veräußerungsbeschränkungen nach § 12 Abs. 1 WEG (→ *Veräußerungsbeschränkungen* Rn. 1 ff., 4) sind gem. § 7 Abs. 3 S. 2 WEG, § 3 Abs. 2 WGV zwingend ausdrücklich in das Wohnungsgrundbuch einzutragen. Hier reicht eine bloße Bezugnahme auf die Eintragungsbewilligung nicht aus. Die Veräußerungsbeschränkungen wirken als Inhalt des Sondereigentums nach der Eintragung in das Wohnungsgrundbuch gegen den Sonderrechtsnachfolger des Wohnungseigentümers. Die

---

7 Schöner/Stöber GrundbuchR Rn. 88.
8 *Hügel/Elzer*, 3. Aufl. 2021, WEG § 7 Rn. 65.
9 OLG München 12.9.2006 – 32 Wx 133/06, DNotZ 2007, 47; OLG Zweibrücken 28.2.2007 – 3 W 22/07, ZMR 2007, 490.
10 OLG München 12.9.2006 – 32 Wx 133/06, DNotZ 2007, 47.

Veräußerung von Wohnungs-/Teileigentum kann für alle oder nur für bestimmte Fälle einer Beschränkung in der Art und Weise unterliegen, dass es für deren wirksame Veräußerung der Zustimmung – in der Regel des Verwalters – in grundbuchmäßiger Form (§ 29 GBO) bedarf.

Nach der bis zum 30.11.2020 geltenden Rechtslage konnte sich der Erwerber eines Wohnungs-/Teileigentumsrechts nicht darauf verlassen, dass, wenn keine Veräußerungsbeschränkung im Wohnungsgrundbuch eingetragen war, auch keine bestand. Diese konnte auch bestehen, wenn die Veräußerungsbeschränkung nach der Gemeinschaftsordnung oder einer Vereinbarung bestand und nicht zugleich auch im Wohnungsgrundbuch verlautbart wurde. Denn eine Bezugnahme auf die Eintragungsbewilligung war ausreichend für die Geltung der Veräußerungsbeschränkung als Wirksamkeitsvoraussetzung bei der Veräußerung des Wohnungseigentums.[11]   **16**

Ab dem **1.12.2020** soll sich jeder auf die Grundbucheintragung bzw. Nichteintragung einer Veräußerungsbeschränkung verlassen können.   **17**

Allerdings können Veräußerungsbeschränkungen nach **alter Rechtslage** (bis zum 30.11.2020) noch bestehen und nicht ausdrücklich in das Wohnungsgrundbuch eingetragen sein. Hier erfolgt die (nachträgliche) ausdrückliche Eintragung in allen Wohnungsgrundbüchern nur auf Antrag eines Wohnungseigentümers oder der Gemeinschaft der Wohnungseigentümer, § 48 Abs. 3 S. 2 WEG. Eine Übergangsfrist für die (nachträgliche) Eintragung sieht das WEMoG nicht vor.   **18**

Das heißt, ist eine Veräußerungsbeschränkung vor Inkrafttreten des WEMoG nur durch Bezugnahme und nicht ausdrücklich im Grundbuch eingetragen, ist nach der Gesetzesbegründung mangels Eintragung eine Veräußerungsbeschränkung nicht wirksam entstanden, weil die ausdrückliche Eintragung auch schon nach bisheriger Rechtslage konstitutiv gewesen sei.[12] Ein gutgläubiger Erwerb eines Dritten ohne Zustimmung des Verwalters ist möglich, wenn die Veräußerungsbeschränkung nicht im Wohnungsgrundbuch eingetragen ist.   **19**

Die Veräußerungsbeschränkung kann durch Vereinbarung (§ 10 Abs. 3 WEG) sowie durch Mehrheitsbeschluss der Wohnungseigentümer (§ 12 Abs. 4 S. 1 WEG)[13] **aufgehoben** oder erleichtert werden. Mit Aufhebung der Veräußerungsbeschränkung durch Mehrheitsbeschluss wird das Wohnungsgrundbuch unrichtig und kann (muss aber nicht) auf Antrag eines Wohnungseigentümers berichtigt werden (§ 13 Abs. 1 GBO). Die Löschung erfordert den Nachweis des Mehrheitsbeschlusses der Wohnungseigentümer in der Form des § 7 Abs. 2 WEG (gem. § 12 Abs. 4 S. 1 und S. 2 WEG).   **20**

4. Haftung von Sonderrechtsnachfolgern für Geldschulden. Die Wohnungseigentümer können vereinbaren, dass der rechtsgeschäftliche Erwerber eines Wohnungs-/Teileigentums für Wohngeldrückstände des Veräußerers haftet.[14] Gem. § 7 Abs. 3 WEG muss die Haftung von Sonderrechtsnachfolgern für Geldschulden ausdrücklich in das Grundbuch eingetragen werden. Unterbleibt eine Eintragung entfaltet die Erwerberhaftung keine Wirkung.[15]   **21**

Für die **ausdrückliche Eintragung** der Erwerberhaftung für Geldschulden hat der Gesetzgeber eine Übergangsfrist bis zum 31.12.2025 vorgesehen, § 48 Abs. 3 S. 3 WEG. Bis zum Ablauf der Übergangsfrist kann die Erwerberhaftung für Geldschulden aus bestehenden Gemeinschaftsordnungen/Vereinbarungen nachträglich in die Wohnungsgrundbuchblätter eingetragen werden. Das heißt zugleich, dass bis zum Ablauf der Übergangsfrist der Erwerber eines Wohnungseigentums auch für Geldschulden des Veräußerers als Rechtsvorgänger haftet, wenn keine Haftung des Sonderrechtsnachfolgers für Geldschulden im Wohnungsgrundbuch eingetragen ist.   **22**

Grundbuchrechtlich handelt es sich dabei um eine Richtigstellung, die nur auf Antrag eines Wohnungseigentümers oder der Gemeinschaft der Wohnungseigentümer, die durch den Verwalter vertreten wird (§ 9 b Abs. 1 S. 1 WEG), in allen Wohnungsgrundbuchblättern erfolgt. Einer Bewilligung bedarf es nicht.[16]   **23**

---

11 OLG München 20.9.2006 – 32 Wx 139/06, ZMR 2006, 961; streitig diskutiert.

12 *Hügel/Elzer*, 3. Aufl., WEG § 12 Rn. 10 mit Verweis auf die Gesetzesbegründung BT-Drs. 19/19369, 7; der Gesetzgeber hat sich mit dem WEMoG der früheren Mindermeinung angeschlossen.

13 Gesetzliche Beschlusskompetenz.

14 BGH 24.2.1994 – V ZB 43/93, NJW 1994, 2950; BayObLG 7.3.2002 – 2Z BR 151/01, NZM 2002, 492.

15 Gesetzesbegründung BT-Drs. 19/19369, 6 und 19/18791, 42.

16 Gesetzesentwurf der Bundesregierung vom 27.4.2020, BT-Drs. 19/18791, 86.

24 **5. Beschluss.** Vereinbarungen, durch die die Wohnungseigentümer ihr Verhältnis untereinander in Ergänzung oder Abweichung von Vorschriften des Wohnungseigentumsgesetzes regeln, die Abänderung oder Aufhebung solcher Vereinbarungen sowie Beschlüsse, die aufgrund einer Vereinbarung gefasst werden, wirken gegen den Sondernachfolger eines Wohnungseigentümers nur, wenn sie als Inhalt des Sondereigentums im Grundbuch eingetragen sind (§§ 5 Abs. 4 S. 1, 10 Abs. 3 S. 1 WEG). Im Übrigen bedürfen Beschlüsse zu ihrer Wirksamkeit gegen den Sondernachfolger eines Wohnungseigentümers nicht der Eintragung in das Grundbuch (§ 10 Abs. 3 S. 2 WEG).

25 Im Grundbuch eintragungsfähig sind nur **Beschlüsse,** die **aufgrund** einer **rechtsgeschäftlichen Öffnungsklausel** in der Gemeinschaftsordnung gefasst wurden. Diese Beschlüsse ändern die Gemeinschaftsordnung und müssen in das Grundbuch eingetragen werden, damit sie Sonderrechtsnachfolgern gegenüber gelten und diese binden (§ 10 Abs. 3 S. 1 WEG).

26 Nicht eintragungsfähig im Grundbuch sind Beschlüsse, die aufgrund einer gesetzlichen Öffnungsklausel/ Beschlusskompetenz gefasst wurden. Diese Beschlüsse wirken gem. § 10 Abs. 3 S. 2 WEG auch ohne Eintragung in das Wohnungsgrundbuch gegenüber Sonderrechtsnachfolgern. Wird in der Gemeinschaftsordnung nur eine gesetzliche Beschlusskompetenz inhaltlich wiederholt, ist dieser Beschluss nicht eintragungsfähig.[17]

27 Die **Eintragung** eines Beschlusses erfolgt aufgrund eines Antrages der Gemeinschaft der Wohnungseigentümer vertreten durch den WEG-Verwalter (§§ 7 Abs. 2 S. 1, 9 b Abs. 1 WEG, § 13 Abs. 1 GBO). Es bedarf keiner Bewilligung gem. §§ 19, 29 GBO, wenn der Beschluss durch eine Niederschrift nachgewiesen wird, bei der die Unterschriften der in § 24 Abs. 6 bezeichneten Personen öffentlich beglaubigt sind, oder wenn der Beschluss im Rahmen eines Urteils in einem Verfahren nach § 44 Abs. 1 S. 2 WEG ergangen ist und durch dieses nachgewiesen wird.

28 Das heißt, der Nachweis des Beschlusses wird – wie bei dem Nachweis der Verwalterbestellung – durch die Vorlage des Protokolls der Versammlung der Gemeinschaft der Wohnungseigentümer erbracht, welches den Beschluss enthält. Das Protokoll ist von dem Vorsitzenden und einem Wohnungseigentümer und, falls ein Verwaltungsbeirat bestellt ist, auch von dessen Vorsitzenden oder seinem Vertreter zu unterschreiben (§ 24 Abs. 6 S. 2 WEG). Die Unterschriften sind aufgrund der formellen Verfahrensvorschriften der Grundbuchordnung notariell zu beglaubigen (§ 29 Abs. 1 GBO).

29 Wenn der Beschluss im Rahmen eines Urteils in einem Verfahren nach § 44 Abs. 1 S. 2 WEG ergangen ist und durch Urteil nachgewiesen wird, so ist die Ausfertigung des Urteils als öffentliche Urkunde (§ 415 Abs. 1 ZPO) oder eine beglaubigte Abschrift beim Grundbuchamt vorzulegen.

30 Das Grundbuchamt hat **keine inhaltliche Überprüfung** des Beschlusses vorzunehmen. Die Erhebung einer Klage gegen einen Beschluss hindert dessen Eintragung in das Grundbuch nicht. Es obliegt vielmehr auch bei einzutragenden Beschlüssen den Wohnungseigentümern, Beschlüsse anzufechten, wenn sie von deren Rechtswidrigkeit ausgehen.[18] Allerdings wird das Grundbuchamt eine Prüfung der Eintragungsfähigkeit des Beschlusses vornehmen und in diesem Zusammenhang prüfen, ob der Beschluss aufgrund einer rechtsgeschäftlichen Öffnungsklausel beruht oder auf gesetzlicher Beschlusskompetenz.

31 Die Eintragung eines Beschlusses (und ebenso die Eintragung einer Vereinbarung) ändert den Inhalt des Sondereigentums, § 5 Abs. 4 S. 1 WEG. Auch wenn diese Änderung nicht die Veränderung eines dinglichen Rechts bedeutet, werden auf diesen Vorgang die Bestimmungen der §§ 876, 877 BGB analog angewendet, da es um die Änderung eines im Grundbuch eingetragenen Inhaltes geht.[19] Materiell-rechtlich bedarf die Eintragung daher der **Zustimmung** der im Wohnungsgrundbuch eingetragenen Berechtigten aus den Rechten in Abt. II und III des Grundbuches. Verfahrensrechtlich ist diese Zustimmung als Bewilligung gem. § 19 GBO in notarieller Form gem. § 29 GBO zu erteilen. Die Zustimmung ist nur dann entbehrlich, wenn eine rechtliche, nicht bloß eine wirtschaftliche, Beeinträchtigung ausgeschlossen werden kann.[20]

32 Für die Eintragung von **(Alt-)Beschlüssen** aufgrund einer rechtsgeschäftlichen Öffnungsklausel hat der Gesetzgeber eine Übergangsfrist bis zum 31.12.2025 vorgesehen, § 48 Abs. 1 S. 1 WEG. Bis zum Ablauf der

---

17 BeckOGK-WEG/*Falkner* (Stand 1.3.2020) § 10 Rn. 617; BT-Drs. 19/18791, 41.
18 Gesetzesbegründung BT-Drs. 19/18791, 42.
19 *Hügel/Elzer*, 3. Aufl., WEG § 5 Rn. 70.
20 BGH 4.6.1984 – V ZB 32/82, NJW 1984, 2409.

Übergangsfrist kann und muss die Eintragung der bis zum 30.11.2020 gefassten (Alt-)Beschlüsse nachträglich in die Wohnungsgrundbuchblätter erfolgen, um Sonderrechtsnachfolger zu binden. Bis zum Ablauf der Übergangsfrist sind Sonderrechtsnachfolger an diese Beschlüsse auch ohne Eintragung in das Wohnungsgrundbuch gebunden (§ 48 Abs. 1 S. 2 WEG); danach nicht mehr (§§ 5 Abs. 4, 7 Abs. 2, 10 Abs. 3 iVm § 48 Abs. 1 S. 1 WEG). Unterbleibt eine Eintragung in diesem Zeitraum, entfällt die Wirksamkeit eines solchen (Alt-)Beschlusses mit der ersten Sonderrechtsnachfolge in ein Wohnungs-/Teileigentum.[21]

272. Zähler

Marquardt

I. Einführung

Innerhalb von Wohnungseigentumsanlagen sind neben der eigentumsrechtlichen Zuordnung von Verbrauchs- 1
zählern (→ *Eigentum im ABC* Rn. 170) insbesondere auch die rechtlichen Voraussetzungen hinsichtlich der Einführung einer **Verbrauchserfassung** durch den Einbau von Verbrauchszählern von zentraler Bedeutung.

II. Zählereinbau zur Verbrauchserfassung

Die Wohnungseigentümer können gem. § 16 Abs. 2 S. 2 WEG beschließen, dass einzelne Kosten oder be- 2
stimmte Arten von Kosten eine von Satz 1 oder von einer Vereinbarung abweichende Verteilung erfahren. In diesem Zusammenhang müssen die Wohnungseigentümer dann auch die Einführung entsprechender Messgeräte beschließen.[1]

1. Beschlusskompetenz. Die Wohnungseigentümer können demnach gem. § 20 Abs. 1 WEG über den **Ein-** 3
bau von Verbrauchszählern zur Erfassung von Betriebskosten für bspw. Wasser, Gas, Wärme und Strom beschließen. Voraussetzung für einen Kostenverteilungsbeschluss nach § 16 Abs. 2 S. 2 WEG ist es, dass es sich bei den zu regelnden Kosten um Kosten der Gemeinschaft der Wohnungseigentümer handelt, wobei die Frage, ob es sich um Kosten für das gemeinschaftliche Eigentum oder für das Sondereigentum handelt, keine Rolle spielt.[2] Voraussetzung ist jedoch, dass die Kosten von der Gemeinschaft der Wohnungseigentümer zu begleichen sind. Dies ist dann der Fall, wenn diese Kosten gegenüber der Gemeinschaft der Wohnungseigentümer abgerechnet werden. Erfolgt eine Abrechnung dagegen aufgrund eigener Verträge (wie idR bei Strom oder Gas) seitens des jeweiligen Versorgungsunternehmens gegenüber den einzelnen Wohnungseigentümern und damit gegenüber Dritten, besteht kein Regelungsbedarf und keine Beschlusskompetenz der Wohnungseigentümer, das Verhältnis zwischen Verursacher und Versorger/Lieferanten zu regeln.[3]

2. Formale Beschlussvoraussetzungen. Der **Beschluss** der Wohnungseigentümer über eine abweichende Er- 4
fassung und Verteilung der Betriebs- und Verwaltungskosten bedarf gem. § 25 Abs. 1 WEG der Mehrheit der abgegebenen Stimmen oder eines hiervon abweichend vereinbarten Stimmenverhältnisses.[4] Die mit Beschluss getroffene Regelung muss inhaltlich hinreichend bestimmt und durchführbar sein. Ein Beschluss über eine **verbrauchsabhängige Kostenverteilung** ist daher nur durchführbar, wenn zugleich mitgeregelt ist, wie der Verbrauch erfasst wird, also ob und welche Zähler/Messgeräte angeschafft, gemietet, geleast oder anders erlangt werden sollen. Dabei sind die Bindungen vermietender Wohnungseigentümer angemessen zu beachten.[5]

---

21 *Hügel/Elzer*, 3. Aufl., WEG § 7 Rn. 77.
1 *Hügel/Elzer* WEG § 16 Rn. 77; BeckOGK/*Falkner* WEG § 16 Rn. 182.
2 *Hügel/Elzer* WEG § 16 Rn. 49.
3 Riecke/Schmid/*Abramenko* WEG § 16 Rn. 66; *Hügel/Elzer* WEG § 16 Rn. 49.
4 *Hügel/Elzer* WEG § 16 Rn. 58.
5 BeckOGK/*Falkner* WEG § 16 Rn. 165; *Hügel/Elzer* WEG § 16 Rn. 118.

Der Gegenstand des Beschlusses ist nach § 23 Abs. 2 WEG bereits ausdrücklich und gesondert mit der Ladung anzukündigen.[6]

5   **3. Materielle Beschlussvoraussetzungen.** Der Beschluss über den Einbau von Zählern zur Erfassung von Verbrauchskosten muss **ordnungsgemäßer Verwaltung** entsprechen. Ordnungsmäßigkeit fordert dabei zunächst, dass der Beschluss nicht nichtig ist, eine Beschlusskompetenz besteht und dass der Beschluss auch formell und materiell rechtmäßig sein muss.

6   Ob ein Beschluss zum Einbau von Zählern als Beschluss über die Erfassung der verbrauchsabhängigen Kosten auch ordnungsgemäßer Verwaltung entspricht, ist nach den Umständen des Einzelfalls zu beurteilen. Die Wohnungseigentümer haben allerdings aufgrund ihres Selbstorganisationsrechts einen **Ermessensspielraum**, der es ihnen ermöglicht, alle für und gegen eine verbrauchsabhängige Abrechnung sprechenden Umstände abzuwägen.[7] Die Wohnungseigentümer dürfen jeden Maßstab wählen, der die Interessen aller Wohnungseigentümer an einem reibungslosen Zusammenleben einerseits und die Individualinteressen des einzelnen Wohnungseigentümers andererseits angemessen berücksichtigt und nicht zu einer unangemessenen Benachteiligung Einzelner führt.[8] Es dürfen lediglich weder das „Ob" noch das „Wie" der Änderung willkürlich sein, wobei die Beurteilung dieser Frage nicht das Vorhandensein der Beschlusskompetenz betrifft, sondern die Frage, ob von ihr ordnungsgemäß Gebrauch gemacht wurde.[9]

7   Die Einführung einer **verbrauchsabhängigen Abrechnung** wird im Grundsatz ermessensfehlerfrei sein und einer allgemeinen ordnungsmäßigen Verwaltung entsprechen, weil sie dem Verursacherprinzip Rechnung trägt und als Anreiz zur Sparsamkeit zu deutlichen Einsparungen und zu mehr Verteilungsgerechtigkeit führt.[10]

8   Sind die **wirtschaftlichen Aufwendungen** für eine Erfassung und Abrechnung nach Verbrauch oder Verursachung jedoch **unverhältnismäßig** hoch, kann die Einführung entsprechender Maßnahmen ermessensfehlerhaft und nur eine Beibehaltung des bisherigen Abrechnungssystems ermessensfehlerfrei sein.[11] Die Rechtsprechung greift im Rahmen dieser Beurteilung aufgrund der vergleichbaren Interessenlage auf die zu § 11 Abs. 1 Nr. 1 a, Abs. 2 HeizkostenV entwickelten Grundsätze zurück. Danach steht die Einführung einer verbrauchsabhängigen Kostenerfassung- und -verteilung dann nicht mehr im Einklang mit den Grundsätzen ordnungsgemäßer Verwaltung, wenn die Aufwendungen die Einsparungen übersteigen, die sich über zehn Jahre hin voraussichtlich erzielen lassen.[12] Dieser Ansatz wird in der Literatur überwiegend zu Recht bezweifelt.[13]

9   **4. Anspruch auf Zählereinbau.** Soweit der Einbau von Verbrauchserfassungsgeräten gesetzlich vorgeschrieben ist oder wenn eine auf Erfassung verzichtende Abrechnung grob unbillig erscheint, können die Umstände des Einzelfalls im Wege der **Ermessensreduktion** dazu führen, dass nur die verbrauchsabhängige Kostenerfassung und -verteilung ordnungsmäßiger Verwaltung entspricht.[14] Der Anspruch auf Einbau von Verbrauchserfassungsgeräten kann dann nach § 18 Abs. 2 S. 1, § 19 Abs. 1 WEG geltend gemacht werden.[15]

III. Einbaukosten

10   Die Einbaukosten der Verbrauchserfassungsgeräte gehören zu den Kosten der Verwaltung und sind nach dem für die Verwaltung geltenden **Verteilungsschlüssel**, der ebenfalls nach § 16 Abs. 2 S. 2 WEG beschlossen werden kann, auf alle Wohnungseigentümer umzulegen.[16]

---

6   BGH NJW 2010, 2654.
7   BGH 25.9.2003 – V ZB 21/03, ZWE 2004, 66.
8   Bärmann/*Becker* WEG § 16 Rn. 102; *Hügel/Elzer* WEG § 16 Rn. 91.
9   *Schmid* ZWE 2014, 248.
10 *Hügel/Elzer* WEG § 16 Rn. 96.
11 *Hügel* ZWE 2005, 204 (207); *Bub* ZWE 2001, 457 (459).
12 OLG Düsseldorf 23.7.2009 – 3 Wx 28/09, NJW-RR 2010, 372.
13 *Hügel* ZWE 2005, 204 (207); Riecke/Schmid/*Abramenko* WEG § 16 Rn. 66; Bärmann/*Becker* WEG § 16 Rn. 102.
14 BGH 25.9.2003 – V ZB 21/03, ZWE 2004, 66.
15 BGH 17.12.2010 – V ZR 131/10, ZWE 2011, 170.
16 Bärmann/Seuß WE-Praxis/*Wanderer* § 34 Rn. 110; BeckOGK/*Falkner* WEG § 16 Rn. 185.

IV. Eichung und Austausch

Die Gemeinschaft hat für die Eichung und den Austausch der Verbrauchserfassungsgeräte zu sorgen, soweit   11
diese im Gemeinschaftseigentum stehen. Verwalter müssen daher stets prüfen, ob die vorhandenen Messeinrichtungen den Maßgaben des MessEG und der MessEV gerecht werden.[17]

273. Zertifizierung des Verwalters

Martini

I. Einführung

Durch das Gesetz zur Förderung der Elektromobilität und zur Modernisierung des Wohnungseigentumsgesetzes und zur Änderung von kosten- und grundbuchrechtlichen Vorschriften (Wohnungseigentumsmodernisierungsgesetz – WEMoG) wurde neben der Zulassung- und Weiterbildungspflicht (→ *Zulassung des Verwalters*   1
Rn 1 ff.) des Verwalters eine weitere **Qualitätssicherung** eingeführt, nämlich die Zertifizierung. Diese ist in
den §§ 19 Abs. 2 Nr. 6, 26 a und 48 Nr. 4 WEG neu geregelt worden.

II. Materielles Wohnungseigentumsrecht

Der bei der Zulassung des Verwalters im Gesetzgebungsverfahren weggelassene **Sachkundenachweis** ist   2
durch das WEMoG für den Verwalter von Wohnungseigentumsanlagen unter den Namen Zertifizierung nun
doch eingeführt worden.

1. Begriff. Nach § 26 a WEG darf sich als zertifizierter Verwalter bezeichnen lassen, wer vor einer Industrie-   3
und Handelskammer durch eine Prüfung nachgewiesen hat, dass er über die für die Tätigkeit als Verwalter
notwendigen rechtlichen, kaufmännischen und technischen **Kenntnisse** verfügt.

2. Wer muss die Kenntnis haben? Ist der Verwalter eine **natürliche Person**, muss diese über die notwendi-   4
gen Kenntnisse nach § 26 a WGE verfügen.

Bei **juristischen Personen** und **Personengesellschaften** fragt es sich, welche Personen diese Anforderung er-   5
füllen müssen. Der Gesetzgeber geht davon aus, dass insoweit inhaltlich an die entsprechende Regelung der
Fortbildungspflicht in § 34 c Abs. 2 a S. 1 der Gewerbeordnung angeknüpft werden kann. Näheres hierzu unter
→ *Zulassung des Verwalters* Rn. 14 ff.

3. Umfang der notwendigen Kenntnisse. Nach § 26 a WEG Abs. 2 wird das Bundesministerium der Justiz   6
und Verbraucherschutz ermächtigt, durch **Rechtsverordnung** nähere Bestimmungen über die Prüfung zum
zertifizierten Verwalter zu erlassen. Hierbei kann das Bundesministerium der Justiz und Verbraucherschutz
insbesondere die folgenden Punkte regeln:

1. nähere Bestimmungen zu Inhalt und Verfahren der Prüfung;
2. Bestimmungen über das zu erteilende Zertifikat;
3. Voraussetzungen, unter denen sich juristische Personen und Personengesellschaften als zertifizierte Verwalter bezeichnen dürfen;
4. Bestimmungen, wonach Personen aufgrund anderweitiger Qualifikationen von der Prüfung befreit sind,
   insbesondere weil sie die Befähigung zum Richteramt, einen Hochschulabschluss mit immobilienwirtschaftlichem Schwerpunkt, eine abgeschlossene Berufsausbildung zum Immobilienkaufmann oder zur Immobilienkauffrau oder einen vergleichbaren Berufsabschluss besitzen.

---

17 Bärmann/Seuß WE-Praxis/*Wanderer* § 34 Rn. 110.

7 Zum Redaktionsschluss war diese Rechtsverordnung noch nicht veröffentlicht.

8 Hinsichtlich des notwendigen Umfangs der rechtlichen, kaufmännischen und technischen Kenntnisse kann wohl auf den Katalog der Fortbildungspflicht für den Wohnimmobilienverwalter nach **Anlage 1 zur MaBV** zurückgegriffen werden. Die Anforderungen für den Wohnimmobilienverwalter finden sich dort unter dem Gliederungspunkt B.1., welche sehr umfangreich und detailliert sind. Dieser ist abgedruckt unter → *Zulassung des Verwalters* Rn. 27.

9 § 26 a WEG stellt aber keine gewerberechtlichen Anforderungen auf. Die Zertifizierung ist insbesondere keine Voraussetzung für die Erteilung der Erlaubnis nach § 34 c der Gewerbeordnung. Wenn der Verwalter über kein Zertifikat verfügt, kann daher seine Tätigkeit trotzdem gewerberechtlich zulässig sein.

10 **4. Ausnahmen für kleinere Wohnungseigentumsanlagen.** Besteht eine Wohnungseigentumsanlage aus weniger als neun Sondereigentumsrechten und ist ein **Wohnungseigentümer zum Verwalter bestellt**, kann die Bestellung eines zertifizierten Verwalters nach § 19 Abs. 2 Nr. 6 aE WEG unterbleiben. Das gilt wiederum nicht, wenn 1/3 der Wohnungseigentümer oder mehr die Bestellung eines zertifizierten Verwalters verlangen. Für die Berechnung des Stimmenanteils der Wohnungseigentümer ist § 25 Abs. 2 WEG maßgebend, wonach jeder Wohnungseigentümer eine Stimme hat. Steht ein Wohnungseigentum mehreren gemeinschaftlich zu, so können sie das Stimmrecht nur einheitlich ausüben.

III. Verfahrenshinweise

11 Weigern sich die Wohnungseigentümer rechtswidrig, einen ordnungsgemäßen Beschluss hinsichtlich der Bestellung eines zertifizierten Verwalters zu erlassen, besteht die Möglichkeit nach §§ 19 Abs. 1, Abs. 2 Nr. 5, 44 Abs. 1 S. 2 WEG eine **Beschlussersetzungsklage** zu erheben.

IV. Übergangsvorschriften

12 § 19 Abs. 2 Nr. 6 WEG ist nach § 48 Abs. 4 S. 1 WEG ab dem 01.12.2022 anwendbar, um die Entwicklung und Umsetzung der notwendigen Zertifizierungsverfahren zu ermöglichen.

13 Für nicht zertifizierte Verwalter, welche zum Zeitpunkt des Inkrafttretens des WEMoG bereits im Amt waren, gilt ein **Bestandsschutz**. Dieser Bestandsschutz gilt aber nicht generell, sondern nur gegenüber den Wohnungseigentümern der Gemeinschaft der Wohnungseigentümer, welche von dem Verwalter verwaltet wurden. Dieser Bestandsschutz gilt gegenüber den Wohnungseigentümern dieser Gemeinschaft bis zum 1.6.2024.

274. Zufahrtsweg

Fraatz-Rosenfeld

I. Einführung

1 Zufahrtswege dienen entweder dem Erreichen eines nicht unmittelbar an einer öffentlichen Straße belegenen Grundstücks über ein anderes Grundstück oder dem Erreichen eines Gebäudes oder anderer Anlagen auf einem Grundstück von der öffentlichen Straße aus. Erstere dienen insgesamt der Erschließung, die Zweiten der Erreichbarkeit der Gebäude für Feuerwehr und Rettungsdienste. In beiden Fällen sind sie Voraussetzung für das Errichten einer baulichen Anlage auf dem Grundstück. Zufahrtswege auf dem Grundstück selbst sind nur dann erforderlich, wenn aus Gründen des Brandschutzes ein **Zugang** nicht mehr ausreicht und eine Zufahrt geschaffen werden muss.

II. Nutzung und Verwaltung von Zufahrtswegen

1. Bauordnungsrechtliche Voraussetzungen. Eine Wohnungseigentumsanlage wird regelmäßig an einer öffentlichen Straße liegen und ist damit erschlossen iSd § 30 Abs. 1 oder 2 BauGB, wenn sie im verkehrlichen Sinne – insbesondere durch Kraftfahrzeuge – erreichbar ist.[1] Dazu muss das Grundstück zunächst „in **angemessener Breite** an einer befahrbaren öffentlichen Verkehrsfläche" liegen oder eine „**öffentlich-rechtlich gesicherte Zufahrt** zu einer öffentlichen Straße" haben, wobei die entsprechende Sicherung durch Baulast nachzuweisen ist[2] (→ *Baulast* Rn. 3).

Bei der Bestimmung der angemessenen Breite wird auf die konkrete Grundstückssituation mit Blick auf die Gefahrenabwehr abgestellt.[3] Während regelmäßig Breiten von 2,50 bis 3,0 Meter[4] als angemessen angesehen werden, kann im konkreten Fall auch eine Breite von nur 2,30 Meter noch ausreichen,[5] nicht jedoch von nur 2,0 Meter.[6]

Liegt das Grundstück nicht an der öffentlichen Straße – ist es also ein „**Hinterliegergrundstück**" –, muss zu der öffentlichen Straße idR eine **Zufahrt** geschaffen werden. Die Zufahrt muss geeignet sein, um die Erreichbarkeit für Rettungs- und Feuerwehrfahrzeuge zu ermöglichen.[7] Üblich ist eine Breite von 3 Metern und eine ausreichende Tragfähigkeit für Feuerwehrfahrzeuge.[8] Eine Begegnungsmöglichkeit für Fahrzeuge soll dagegen auch bei längeren Zufahrten nicht zwingend erforderlich sein.[9]

Auf dem Grundstück selbst sind befahrbare Zufahrtswege nur erforderlich, wenn das Gebäude nicht unmittelbar an der Straße angeordnet ist. Zur Sicherung des Brandschutzes reicht es aus, wenn das oder die Gebäude auf dem Grundstück einen für die Zwecke des Brandschutzes ausreichenden **Zugang** zur Vorder- und Rückseite haben.[10] Als längste Länge eines solchen nur begehbaren Zugangs werden bis zu 80 Metern für möglich gehalten.[11] Einige Bundesländer normieren dagegen bereits im Gesetzestext, dass ab einer Entfernung von der öffentlichen Straße von mehr als 50 Metern eine **Zufahrt** zu schaffen ist.[12] Besteht keine gesetzliche Vorgabe, werden die entsprechenden Anforderungen durch Verwaltungsvorschriften gleichen oder ähnlichen Inhalts sichergestellt.[13] Auch in diesen Fällen wird gefordert, dass bei einer Entfernung des Gebäudes von mehr als 50 Metern vom öffentlichen Weg die Schaffung einer Zufahrt erforderlich ist.[14] Soweit die Bauordnungen selbst oder landesrechtliche Ausführungsvorschriften nicht die einzelnen Voraussetzungen für Zufahrten beschreiben, greift das Bauordnungsrecht auf (normkonkretisierende) technische Regelwerke zurück. Zentrale Vorschrift ist hier die „Musterrichtlinie über die Flächen für die Feuerwehr" der ARGEBAU.[15]

---

1   EZBK/*Söfker* BauGB § 30 Rn. 42, auch zu den weiteren Voraussetzungen.

2   Art. 4 Abs. 1 BayBO, § 4 Abs. 1 BauO Bln, § 4 Abs. 1 BbgBO, § 4 Abs. 1 BremLBO, § 4 Abs. 1 S. 1 HBauO, § 4 Abs. 1 HBO, § 4 Abs. 1 LBauO M-V, § 4 Abs. 1, 2 NBO, § 4 Abs. 1 LBauO NRW, § 6 Abs. 2 RhPf LBauO, § 5 Abs. 1 SaarLBO, § 4 Abs. 1 SächsBO, § 4 Abs. 1 BauO LSA, § 4 Abs. 2 SchlHLBO, § 4 Abs. 1 ThürBO.

3   Schlotterbeck/*Schlotterbeck* LBO BW § 4 Rn. 3; Boeddinghaus/*Radeisen* BauO NRW § 4 Rn. 12.

4   Hornmann HBO/*Hornmann* HBO § 4 Rn. 16.

5   VGH Mannheim 4.5.1988 – 3 S 2835/87.

6   OVG Münster 30.10.2009 – 7 A 2548/08, BauR 2010, 446; VGH München 2.5.1988 – 6 B 85 A 1837, BayVBl. 1989, 343.

7   Boeddinghaus/*Radeisen* BauO NRW § 4 Rn. 16.

8   Schlotterbeck/*Schlotterbeck* LBO BW § 4 Rn. 4 unter Bezugnahme auf § 2 Abs. 3 S. 4, Abs. 4 AVVO zur LBO BW. Boeddinghaus/*Radeisen* BauO NRW § 5 Rn. 17.

9   Für den Fall einer 110 m langen Zufahrt: OVG Münster 17.1.1984 – 7 A 295/82, zitiert nach Boeddinghaus/*Radeisen* BauO NRW § 4 Rn. 16.

10   § 4 Abs. 1 S. 2 LBO BW, Art. 4 BayBO, § 4 BauO Bln, § 4 BbgBO, § 4 BremLBO, § 5 HBauO, § 4 HBO, § 4 LBauO M-V, § 4 NBauO, §§ 4 BauO NRW, § 6 RhPf LBauO, § 5 SaarLBO, § 4 SächsBO, § 4 BauO LSA, § 4 SchlHLBO, § 4 ThürBO.

11   Schlotterbeck/*Schlotterbeck* § 4 LBO BW Rn. 7.

12   § 4 Abs. 1 LBO BW, § 4 Abs. 1 S. 2 BauO NRW, § 5 Abs. 3 HBauO.

13   Große-Suchsdorf/*Breyer* NBauO § 4 mit Verweis auf § 1 Abs. 2 DVO-NBauO.

14   Bspw.: § 2 Abs. 3 S. 2 AVVO zur LBO BW.

15   Bspw. BeckOK Bauordnungsrecht Hessen/*Neukirch* HBO § 5 Rn. 12; Große-Suchsdorf/*Breyer* NBauO § 4 vor Rn. 1; Vorschriften der Bauministerkonferenz Richtlinien über Flächen für die Feuerwehr – MRFIFw Fassung 2009, https://www.bauministerkonferenz.de/verzeichnis.aspx?id=991&o=759O986O991, letzter Zugriff 25.8.2020, unter: Musterrichtlinien.

6 **2. Zufahrtsweg im Gemeinschaftseigentum. a) Anspruch auf Zugang.** Zugang und Zufahrtsweg unterliegen dem grundrechtlichen Schutz des Art. 13 GG[16] und lösen aus eigentumsrechtlichen Gesichtspunkten einen
Abwehranspruch iSv § 1004 BGB aus.[17] Da dem Sondereigentümer sowohl zu seinem Sondereigentum wie
auch zu sonstigen Gemeinschaftsflächen und den im Gemeinschaftseigentum stehenden Räumen ein ungehin-
derter Zugang zustehen muss, sind Zufahrtswege zwingend Gemeinschaftseigentum.[18] Auch Mieter haben
einen Anspruch auf Nutzung der Zuwegung.[19] Gibt es bereits einen allgemeinen Zugang, besteht für Mieter
ein Anspruch auf Nutzung einer Feuerwehrzufahrt nur für Umzüge oder größere Anlieferungen.[20] Kann ein
Grundstück mit einem Kraftfahrzeug erreicht werden, besteht gegenüber einer benachbarten Wohnungseigentumsanlage aus dem Notwegerecht heraus kein weitergehender Anspruch auf unmittelbare Erreichung des
Hauseingangs.[21]

7 **b) Umfang und Grenzen der Nutzung.** Zufahrtswege im Gemeinschaftseigentum stehen den Sondereigentümern im Umfang einer **Zweckbestimmung** durch Vereinbarung (§ 10 Abs. 1 S. 2 WEG) oder Mehrheitsbeschluss (§ 19 Abs. 1 WEG) zur Verfügung[22] bzw. im Rahmen der Reichweite der Rechte und Pflichten aus
§§ 13, 14 WEG. Grenzen einer Zweckbestimmung durch Vereinbarung ergeben sich aus öffentlich-rechtlichen
Restriktionen und aus der grundrechtlich geschützten Position des Art. 13 GG, sofern nicht der Eigentümer
selbst auf diese Position verzichtet.[23] Beispielhaft für eine Zweckbestimmung ist die Bezeichnung einer Zuwegung als „Einfahrt": Eine solche Zuwegung darf nicht zugleich zum Parken von Personenkraftwagen genutzt
werden.[24] Allerdings soll eine als gemeinschaftliche Zuwegung bezeichnete Fläche von Kindern zum Spielen
benutzt werden dürfen.[25] Ist das Befahren einer Zufahrtsfläche zu einer hinteren Doppelhaushälfte zur Vermeidung von Beeinträchtigungen der vorderen Eigentümer nach der GemO nicht gestattet, so soll dies doch ausnahmsweise zum Be- und Entladen schwerer Gegenstände zulässig sein.[26] Ist eine Teileigentumseinheit ohne
weitere Konkretisierung als Gewerbeinheit ausgewiesen, erlaubt dies alle zulässigen gewerblichen Nutzungen und damit auch den Zugang von Lieferanten, Kunden und Besuchern zum jeweiligen Teileigentum über
das Gemeinschaftseigentum.[27] Ist in einer Reihenhausanlage das Erfordernis der Zustimmung der anderen Eigentümer zu baulichen Veränderungen ausgeschlossen, umfasst dies nicht die sinngemäße Anwendung nachbarrechtlicher Vorschriften und berechtigt einen Wohnungseigentümer nicht, eine gemeinschaftliche Zuwegung durch einen Windfang zu schmälern.[28]

8 Gibt es **keine Zweckbestimmung** im engeren Sinne, ergeben sich die Grenzen der Nutzung aus § 13, 14
WEG: Nicht zulässig ist dann Dauerparken auf einer „Pfeifenstiel"-Zuwegung[29] oder die dauerhafte Lagerung
von Gegenständen.[30] Keiner Zustimmung bedarf mangels Beeinträchtigung die Verlegung einer Gasleitung in
einem Zufahrtsweg.[31]

9 **c) Verwaltung des Zufahrtsweges.** Eigentümern steht ein Anspruch auf **ordnungsgemäße Verwaltung** des
Zufahrtsweges im Rahmen der Grenzen des § 18 Abs. 2 Nr. 1 WEG zu. Wird ein Wohnungseigentümer zur
Beseitigung eines in eine Zuwegung hineinragenden Sockels einer Treppenstufe verpflichtet – bei gleichzeiti-

---

16 Bärmann/*Suilmann* WEG § 13 aF Rn. 13.
17 BayObLG 9.12.1999 – 2 Z BR 101/99, ZWE 2000, 175.
18 OLG Frankfurt a. M. 4.4.2011 – 20 W 75/08, ZWE 2011, 414: Durchgang Hinterhaus; *Hügel/Elzer* WEG § 5
    Rn. 27.
19 LG Lübeck 4.1.1990 – 14 S 160/89, NJW-RR 1990, 336.
20 LG Hamburg 18.12.2012 – 316 S 59/12, ZMR 2013, 719.
21 BGH 22.1.2016 – V ZR 116/15, ZWE 2016, 176.
22 Bärmann/*Suilmann* WEG § 15 aF Rn. 58.
23 *Hügel/Elzer* WEG § 15 aF Rn. 26.
24 LG Dortmund 10.10.2017 – 1 S 357/16 mAnm *Jacobs* IMR 2018, 147; Jennißen/*Schultzky* WEG § 15 Rn. 57.
25 KG 29.4.1998 – 24 W 1107/98, ZMR 1998, 660.
26 BayObLG 13.3.1997 – 2Z BR 86/96, BeckRS 1997, 13505.
27 AG Oberhausen 24.4.2011 – 34 C 112/10, ZMR 2011, 999.
28 BayObLG 9.12.1999 – 2 Z BR 101/99, ZWE 2000, 175, im konkreten Fall wegen unzulässiger Rechtsausübung ab-
    gelehnt.
29 AG Hamburg-Blankenese 6.6.2012 – 539 C 35/11, ZMR 2013, 223.
30 LG Hamburg 20.10.2011 – 318 S 36/10, ZMR 2011, 232; Jennißen/*Hogenschurz* WEG § 14 Rn. 2.
31 OLG München 6.9.2007 – 34 Wx 33/07, BeckRS 2007, 14941.

ger Gestattung des Einbaus einer Bodenschwelle in die Fahrbahn dieser Zuwegung –, entspricht das nicht mehr ordnungsgemäßer Verwaltung.[32]

Sind bei der Herstellung einer Zuwegung die bauordnungsrechtlichen Auflagen für einen **zweiten Rettungs-**   10
weg beanstandungslos erfüllt, steht den Wohnungseigentümern bei der Umsetzung des „Wie" ein Ermessen zur Seite und einzelnen Eigentümern kein Anspruch auf eine vermeintlich sachgerechtere Lösung zu.[33] Dementsprechend kann auch ein Eigentümer nicht eine bestimmte Sicherung einer Rettungswagenzufahrt verlangen.[34] Ein Anspruch auf Verbreiterung einer Auffahrt ergibt sich jedenfalls dann nicht, wenn der Anspruch nur aus einem Kaufvertrag heraus begründet werden kann und damit keine wohnungseigentumsrechtliche Grundlage hat.[35]

Eine **tätige Mithilfe** der Eigentümer an der Räum- und Streupflicht auf einem Zufahrtsweg kann nur durch   11
Vereinbarung, nicht aber durch Mehrheitsbeschluss erreicht werden.[36] Für den sicher benutzbaren Zustand der Zufahrt obliegt die Verkehrssicherungspflicht in erster Linie der Gemeinschaft der Wohnungseigentümer (→ *Verkehrssicherung* Rn. 6).[37] Eine originäre Verkehrssicherungspflicht des Verwalters besteht sonst vornehmlich in Eilfällen[38] und uU gegenüber Dritten.[39] Eigene Verkehrssicherungspflichten treffen den Verwalter aber dann, wenn die Verkehrssicherungspflicht auf ihn delegiert ist.[40] Eine Folgenbeseitigungsklage zweier Eigentümerinnen gegen eine von dem Verwalter vertraglich mit einer Gemeinde vereinbarten Zugangsbeschränkung zu ihrem Grundstück wurde abgewiesen, weil es zu den aus der Verkehrssicherungspflicht erwachsenden Befugnissen des Verwalters gehören soll, eine solche Vereinbarung abzuschließen.[41]

3. Zufahrtsweg im Miteigentum oder Fremdeigentum. Für nur im Miteigentum auf eigenem Grundbuch-   12
blatt stehende Zufahrtswege, über die Sondereigentume oder die Wohnungseigentumsanlage insgesamt erschlossen werden, gelten die Vorschriften über das Recht der Gemeinschaft (§§ 741 ff. BGB).

Steht die Zuwegung in fremdem Eigentum und dient sie der Erschließung des Grundstücks der Wohnungsei-   13
gentumsanlage, ist zunächst eine Baulasterklärung des Fremdeigentümers gegenüber der Bauaufsichtsbehörde erforderlich, damit die Erschließung gesichert ist. Da die Baulast nur mittelbar sehr eingeschränkt zivilrechtlichen Schutz bietet (→ *Baulast* Rn. 7) muss das Geh- und Fahrrecht zusätzlich als Grunddienstbarkeit gem. §§ 1018 ff. BGB grundbuchrechtlich gesichert werden.

275. Zulassung des Verwalters

Martini

---

32 LG Düsseldorf 26.2.2008 – 25 T 716/07, ZMR 2008, 484.
33 LG Hamburg 21.10.2015 – 318 S 3/15, ZWE 2016, 135.
34 BayObLG 25.4.2011 – 2Z Br 56/01, WuM 2001, 405.
35 OLG Hamburg 14.3.2001 – 2 Wx 35/97, ZMR 2001, 724.
36 BGH 9.3.2012 – V ZR 161/11, NJW 2012, 1724.
37 *Hügel/Elzer*, 3. Aufl. 2021, WEG § 9 a Rn. 73; *Bärmann/Merle* WEG § 27 Rn. 355 b.
38 *Hügel/Elzer*, 3. Aufl. 2021, WEG § 27 Rn. 121.
39 *Jennißen/Heinemann* WEG § 27 aF Rn. 178.
40 LG Saarbrücken 16.9.2016 – 13 S 73/16, ZWE 2017, 51, Parkhauseinfahrt.
41 VGH München 11.5.2006 – 8 ZB 06.485, zweifelhaft.

I. Einführung

1 Mit Wirkung zum 1.8.2018 hat der Gesetzgeber wesentliche gewerberechtliche Änderungen eingeführt, wonach neben dem Wohnungsimmobilienmakler der neu eingeführte **Wohnimmobilienverwalter** eine Erlaubnis für seine Tätigkeit benötigt. Für die Erlaubnis muss er eine Berufshaftpflichtversicherung vorhalten und seiner Fortbildungspflicht nachkommen.

§ 34 c Abs. 1 Nr. 4 GewO enthält eine Legaldefinition des Wohnimmobilienverwalters. Ein Wohnimmobilienverwalter ist jeder, der „das gemeinschaftliche Eigentum von Wohnungseigentümern im Sinne des § 1 Absatz 2, 3, 5 und 6 des Wohnungseigentumsgesetzes oder für Dritte Mietverhältnisse über Wohnräume im Sinne des § 549 des Bürgerlichen Gesetzbuchs" verwaltet.

Der Verwalter nach §§ 26 ff. WEG ist ein Wohnimmobilienverwalter, auch wenn er kein Wohnungseigentum, sondern nur Teileigentum verwaltet. Denn durch den Verweis auf § 1 Nr. 3 WEG stellt der Gesetzgeber klar, dass er beim Verwalter nicht zwischen einer **Wohnraumverwaltung** und einer **Teileigentumsverwaltung** unterscheidet, während der Gesetzgeber im Mietrecht mit der beschränkten Bezugnahme auf § 549 BGB den Anwendungsbereich des § 34 c Abs. 1 Nr. 4 GewO auf die **Wohnraumvermietung** beschränkt.

Der im Gesetzesentwurf noch vorhandene Sachkundenachweis für Verwalter von Wohnungseigentum und Makler wurde im verkündeten Gesetz nicht umgesetzt. Stattdessen wurde die **Fortbildungspflicht** des Wohnimmobilienverwalters in das Gesetz aufgenommen.

Durch das **WEMoG** ist der **Sachkundenachweis** in das WEG aufgenommen worden. In den §§ 19 Abs. 2 Nr. 6, 26 a und 48 Nr. 4 WEG wird nunmehr die Zertifizierung des Verwalters geregelt. Näheres unter → *Zertifizierung des Verwalters* Rn. 1 ff.

Die weiteren Regelungen für den Wohnimmobilienverwalter sind in die Makler- und Bauträgerverordnung (**MaBV**) aufgenommen, welche nunmehr „Verordnung über die Pflichten der Immobilienmakler, Darlehnsvermittler, Bauträger, Baubetreuer und Wohnimmobilienverwalter" heißt. Nach § 1 Abs. 2 Nr. 2 MaBV gelten von dieser Verordnung nur die §§ 9, 11, 15–15 b, 18 Abs. 1 Nr. 6, 8, 11, 11 a Abs. 2 und 3 sowie § 19.

II. Die Zulassung zum Wohnimmobilienverwalter

2 Nach der alten Rechtslage musste der Verwalter sich lediglich nach § 14 GewO anmelden.

Ab dem 1.8.2018 müssen sich die ab diesem Zeitpunkt mit ihrer Tätigkeit erst beginnenden Wohnimmobilienverwalter vor Aufnahme ihrer Tätigkeit zunächst die **Erlaubnis** für ihre Tätigkeit einholen. Der ab dem 1.8.2018 mit seiner Tätigkeit beginnende Verwalter darf also erst seine Tätigkeit ausüben, wenn ihm hierfür die Erlaubnis erteilt wurde.

Bereits vor dem 1.8.2018 tätige Verwalter mussten bis 1.3.2019 eine Erlaubnis beantragen, vgl. § 161 GewO.

3 **1. Wer erteilt die Zulassung?** Die Erlaubnis ist bei dem nach Landesrecht zuständigen **Landkreis** oder zuständigen Ordnungsamt zu stellen. Ist der Sitz des Betriebes noch nicht bekannt, kann die Erlaubnis auch bei dem für den Wohnsitz des Antragstellers zuständigen Landkreis oder Ordnungsamt beantragt werden.

4 **2. Welche Unterlagen müssen vorgelegt werden?** Regelmäßig müssen dort folgende Unterlagen vom Wohnimmobilienverwalter vorgelegt werden:

- Personaldokument
- Führungszeugnis
- Gewerbezentralregisterauszug – natürliche Person
- ggf. Gewerbezentralregisterauszug – juristische Person
- Auskunft aus dem Schuldnerverzeichnis
- Auskunft aus dem Insolvenzverzeichnis
- aktueller Auszug aus dem Handelsregister
- Berufshaftpflichtversicherung für Wohnimmobilienverwalter

3.. Versagungsgründe der Zulassung

5 Die Erlaubnis für die Tätigkeit als Wohnimmobilienverwalters wird nach dem Katalog des § 34 c Abs. 2 GewO **versagt**, wenn

1. Tatsachen die Annahme rechtfertigen, dass der Antragsteller oder eine der mit der Leitung des Betriebes oder einer Zweigniederlassung beauftragten Personen die für den Gewerbebetrieb erforderliche Zuverlässigkeit nicht besitzt; die erforderliche Zuverlässigkeit besitzt in der Regel nicht, wer in den letzten fünf Jahren vor Stellung des Antrages wegen eines Verbrechens oder wegen Diebstahls, Unterschlagung, Erpressung, Betruges, Untreue, Geldwäsche, Urkundenfälschung, Hehlerei, Wuchers oder einer Insolvenzstraftat rechtskräftig verurteilt worden ist,
2. der Antragsteller in ungeordneten Vermögensverhältnissen lebt; dies ist in der Regel der Fall, wenn über das Vermögen des Antragstellers das Insolvenzverfahren eröffnet worden oder er in das vom Vollstreckungsgericht zu führende Verzeichnis (§ 26 Abs. 2 InsO, § 882 b ZPO) eingetragen ist,
3. der Antragsteller den Nachweis einer Berufshaftpflichtversicherung nicht erbringen kann.

III. Berufshaftpflichtversicherung nach § 15 MaBV

Die Versicherung muss bei einem im Inland zum Geschäftsbetrieb zugelassenen Versicherungsunternehmen abgeschlossen werden. Es muss das Bestehen einer Berufshaftpflichtversicherung mit einer **Mindestversicherungssumme** für Vermögensschäden von mindestens 500.000 EUR und für jeden Versicherungsfall und für alle Versicherungsfälle eines Jahres in Höhe von 1 Million EUR nachgewiesen werden. Die Berufshaftpflichtversicherung muss sich auch auf **Erfüllungsgehilfen** nach § 278 BGB und **Verrichtungsgehilfen** nach § 831 BGB erstrecken, wenn diese nicht selbstständig versichert sind. 6

Ist der Wohnimmobilienverwalter in einer oder mehreren **Personenhandelsgesellschaften** als geschäftsführender Gesellschafter tätig, dann muss für die Personenhandelsgesellschaft jeweils ein Versicherungsvertrag abgeschlossen werden. Der Inhalt des Versicherungsvertrages kann zugleich auch die Tätigkeit des Wohnimmobilienverwalters mit abdecken. 7

Der **Versicherungsschutz** muss für jede Pflichtverletzung bestehen, die gesetzliche oder privatrechtliche Haftpflichtansprüche gegen den Versicherungspflichtigen zu Folge haben. Besteht ein rechtlicher oder wirtschaftlicher Zusammenhang sämtlicher Pflichtverletzungen bei der Erledigung einer einheitlichen Verwaltung von Immobilen können diese als ein Versicherungsfall vereinbart werden. 8

Haftungsausschlüsse der Versicherung wegen wissentlicher Pflichtverletzung sind möglich, aber nur, wenn diese marktüblich sind und nicht dem Zweck der Berufshaftpflichtversicherung zuwiderlaufen. 9

Der **Nachweis** einer Berufshaftpflichtversicherung muss dem Antrag auf die Erteilung einer Erlaubnis gem. § 34 c GewO bereits beigefügt oder im Verfahren nachgereicht werden. Nach § 15 a MaBV darf die Versicherungsbestätigung bei der Antragstellung nicht älter als drei Monate sein. 10

Nach § 15 a MaBV ist der Versicherer verpflichtet, die Ordnungsbehörde unverzüglich zu informieren über: 11
1. die Beendigung des Versicherungsvertrags, insbesondere infolge einer wirksamen Kündigung,
2. das Ausscheiden eines Versicherungsnehmers aus einem Gruppenversicherungsvertrag sowie
3. jede Änderung des Versicherungsvertrags, die den vorgeschriebenen Versicherungsschutz im Verhältnis zu Dritten beeinträchtigen kann.

Die Ordnungsbehörde hat dem Versicherer das Eingangsdatum der Anzeige mitzuteilen. 12

IV. Fortbildung nach § 15 b MaBV

Die Weiterbildungspflicht ist in § 15 b MaBV geregelt, welche auf drei weitere Anlagen Bezug nimmt: 13
- Die Anlage 1 enthält unter B. 1. die inhaltlichen Anforderungen an die Weiterbildung für Wohnimmobilienverwalter.
- Die Anlage 2 regelt dann die Anforderungen an die Qualität der Weiterbildungsmaßnahme.
- Die Anlage 3 gibt dem Verpflichteten ein Muster für seine Erklärung über die Erfüllung der Weiterbildungsverpflichtung nach § 34 c Abs. 2 a GewO iVm § 15 b Abs. 1 MaVO an die Hand.

1. Wer muss sich fortbilden? Zum einen ist der **Wohnimmobilienverwalter** selbst und nach § 34 c Abs. 2 a 14
S. 1 GewO sind zum andern aber auch alle bei der erlaubnispflichtigen Tätigkeit **mitwirkenden Personen** fortbildungspflichtig.

15 Auf die **Ausübung der Tätigkeit** kommt es beim Wohnimmobilienverwalter nicht an, denn die Fortbildungspflicht gilt unabhängig davon, ob er von seiner Erlaubnis Gebrauch macht oder nicht.

16 Bei der erlaubnispflichtigen Tätigkeit **mitwirkender Personen** sind solche, welche Verwaltertätigkeit nach dem Verwaltervertrag und nach den §§ 27, 28 WEG vornehmen. Damit ist bei mittelständischen Verwaltungen jeder fortbildungspflichtig. Die Vorschrift ist weit auszulegen, weil es sich um ein Verbraucherschutzgesetz handelt.

Sollte eine nach § 47 GewO zulässige Stellvertretung vorliegen, muss der Vertretene sich ebenfalls fortbilden.

17 Es besteht auch eine Fortbildungspflicht des (WEG-)Verwalters von **Timesharing-Anlagen.** Nach § 34 c Abs. 5 Nr. 4 GewO gilt die Fortbildungspflicht für Wohnimmobilienverwalter nicht für Verträge, soweit Teilzeitnutzung von Wohngebäuden iSd § 481 BGB, also der Teilzeit-Wohnrechtsverträge, gem. § 34 c Abs. 1 S. 1 Nr. 1 GewO, nachgewiesen oder vermittelt werden. Das betrifft aber nur den Vertrieb der Teilzeit-Wohnrechtsverträge. Damit ist das Verwalten von Timesharing-Anlagen nach dieser Vorschrift nicht ausgenommen. Sollte die Timesharing-Anlage rechtlich nach dem WEG ausgestaltet sein, dann trifft den Verwalter die Fortbildungspflicht, denn § 34 c Abs. 1 Nr. 4 GewO stellt klar, dass der Gesetzgeber beim Verwalter nicht zwischen einer Wohnraumverwaltung und einer Teileigentumsverwaltung unterscheidet. Weiteres zur Ausgestaltung von Timesharing-Anlagen nach dem WEG unter → *Timesharing* Rn. 1 ff.

18 **2. Ausnahmen von der Fortbildungspflicht.** In sehr großen Verwaltungen können Mitarbeiter aus der Fortbildungspflicht entfallen, wenn sie **keinen unmittelbaren Bezug zur erlaubnispflichtigen Tätigkeit** haben, zum Beispiel die Personal- oder die Werbeabteilung.

Bei juristischen Personen sind grundsätzlich erst einmal alle gesetzlichen Vertreter zur Weiterbildung verpflichtet. § 34 c Abs. 2 a S. 2 GewO macht hierbei eine weitere Ausnahme von der Fortbildungspflicht durch **Delegation**: Der gesetzliche Vertreter der juristischen Person muss sich nicht fortbilden, wenn

1. von einer angemessenen Zahl von Angestellten der Weiterbildungsnachweis erbracht wird,
2. diesen Angestellten die Aufsicht über die bei der Verwaltungstätigkeit mitwirkenden Personen übertragen wurden
3. und diese Aufsicht führenden Angestellten den gesetzlichen Vertreter vertreten dürfen. Hier werden Abteilungs-, Bereichs- oder Betriebsleiter sowie Zweigniederlassungsleiter gemeint sein.

19 Zurzeit haben sich keine Verwaltungsrichtlinien zu diesen Voraussetzungen gebildet. Daher ist die Frage, ob eine Ausnahme von der Fortbildungspflicht vorliegt, eine Einzelfallentscheidung der zuständigen Behörde.

20 Bei **juristischen Personen** soll eine Ausnahme von der Fortbildungspflicht bestehen, wenn die anderen gesetzlichen Vertreter über die erforderliche Weiterbildung verfügen und der nicht fortgebildete gesetzliche Vertreter keine erlaubnispflichtige Tätigkeit durchführt. Das sollte zB durch einen Gesellschafterbeschluss oder sogar im Geschäftsführungsvertrag aufgenommen und so der Behörde gegenüber nachgewiesen werden.

21 Vom Wortlaut her ist die Norm nicht auf juristische Personen beschränkt, sondern gilt für alle gewerbetreibenden **natürlichen Personen** mit mehreren Angestellten.

Der Gesetzestext lautet: „Für den Gewerbetreibenden ist es ausreichend, wenn der Weiterbildungsnachweis durch eine im Hinblick auf eine ordnungsgemäße Wahrnehmung der erlaubnispflichtigen Tätigkeit angemessene Zahl von beim Gewerbetreibenden beschäftigten natürlichen Personen erbracht wird, denen die Aufsicht über die direkt bei der Vermittlung nach Absatz 1 Satz 1 Nummer 1 oder der Verwaltung nach Absatz 1 Satz 1 Nummer 4 mitwirkenden Personen übertragen ist und die den Gewerbetreibenden vertreten dürfen."

22 Ist aber eine natürliche Person als Gewerbetreibender oder ein gesetzlicher Vertreter einer juristischen Person selbst mit der Verwaltungstätigkeit befasst, ist eine Delegation der Weiterbildungspflicht auf nachgeordnete Beschäftigte nicht zulässig.

23 Nach der Gesetzesbegründung soll es auch eine Befreiung von der Fortbildungspflicht geben, wenn der Fortbildungsverpflichtete im gesamten dreijährigen Fortbildungszeitraum in **Elternzeit** ist.[1] Daraus folgt aber, dass dann, wenn die Elternzeit nur zwei Jahre dauert, die Fortbildungspflicht für die volle Zeit von 20 Stunden bestehen bleibt.

---

1 Vgl. BR-Drs. 93/18, 19.

Wer erfolgreich einen **Ausbildungsabschluss** als Immobilienkaufmann, geprüfter Immobilienfachwirt, egal 24
ob als Aus- oder Weiterbildung, erlangt hat, für den beginnt die Weiterbildungspflicht nach § 15 b Abs. 4
MaBV erst drei Jahre nach dem Zeitpunkt des Erwerbs des Abschlusses. Das gilt unabhängig davon, wann die
weiterbildungspflichtige Tätigkeit aufgenommen wurde. Der Abschluss muss also nicht vor Beginn der Tätigkeit vorliegen. Die Voraussetzungen dieses gesetzlichen Ausnahmetatbestandes ist auf Nachfrage der Ordnungsbehörden dieser gegenüber nachzuweisen, § 29 Abs. 1 GewO.

Der Ausbildungsbonus gilt natürlich nicht, wenn die Aus- oder Weiterbildung abgebrochen oder die Abschlussprüfung nicht bestanden wurde.

3. Art der Fortbildung. Die Weiterbildung kann erfolgen 25

- in Präsenzform, also dem klassischen Seminar;
- in einem begleiteten Selbststudium, hierbei ist eine nachweisbare Lernerfolgskontrolle durch den Anbieter der Weiterbildung erforderlich;
- durch betriebsinterne Maßnahmen des Gewerbetreibenden (Inhouse-Seminare);
- in einer anderen geeigneten Form, zB „blended learning" oder „e-Learning".[2]

Der Erwerb eines **Ausbildungsabschlusses** als Immobilienkaufmann oder eines Weiterbildungsabschlusses 26
als geprüfter Immobilienfachwirt gilt nach § 15 b Abs. 1 S. 6 MaBV als Weiterbildung. Während der Ausbildung muss keine zusätzliche Fortbildung nach § 34 c Abs. 2 a GewO erfolgen. Das gilt auch dann, wenn die
Aus- oder Weiterbildung nicht bestanden wurde oder nach erfolgten 20 Stunden (oder mehr) die Aus- oder
Weiterbildung abgebrochen wurde.

4. Inhalt der Fortbildung. Der Inhalt der Weiterbildung richtet sich nach der Anlage 1 zur MaBV. Die An- 27
forderung für den Wohnimmobilienverwalter finden sich unter dem Gliederungspunkt B.1. und umfassen die
Themen:

1. Grundlagen der Immobilienwirtschaft

    1.1 Lebenszyklus der Immobilie

    1.2 Abgrenzung Facility Management – Gebäudemanagement

    1.3 Gebäudepläne, Bauzeichnungen und Baubeschreibungen

    1.4 Relevante Versicherungsarten im Immobilienbereich

    1.5 Umwelt- und Energiethemen im Immobilienbereich

2. Rechtliche Grundlagen

    2.1 Bürgerliches Gesetzbuch

      2.1.1 Allgemeines Vertragsrecht

      2.1.2 Mietrecht

      2.1.3 Werkvertragsrecht

      2.1.4 Grundstücksrecht

    2.2 Grundbuchrecht

    2.3 Wohnungseigentumsgesetz

    2.4 Rechtsdienstleistungsgesetz

    2.5 Zweckentfremdungsrecht

    2.6 Makler- und Bauträgerverordnung

    2.7 Betriebskostenverordnung

    2.8 Heizkostenverordnung

    2.9 Trinkwasserverordnung

    2.10 Wohnflächenverordnung

    2.11 Grundzüge des Mietprozess- und Zwangsvollstreckungsrechts

    2.12 Informationspflichten des Verwalters

      2.12.1 Dienstleistungs-Informationspflichten-Verordnung

      2.12.2 Telemediengesetz

      2.12.3 Preisangabenverordnung

      2.12.4 Energieeinsparverordnung

---

2 BR-Drs. 93/18, 18.

3. Kaufmännische Grundlagen

  3.1 Allgemeine kaufmännische Grundlagen

    3.1.1 Grundzüge ordnungsgemäßer Buchführung

    3.1.2 Externes und internes Rechnungswesen

  3.2 Spezielle kaufmännische Grundlagen des Wohnungseigentums-Verwalters

    3.2.1 Sonderumlagen/Instandhaltungsrücklage

    3.2.2 Erstellung der Jahresabrechnung und des Wirtschaftsplans

    3.2.3 Hausgeld, Mahnwesen

  3.3 Spezielle kaufmännische Grundlagen des Mietverwalters

    3.3.1 Rechnungswesen

    3.3.2 Verwaltung von Konten

    3.3.3 Bewirtschaftung

4. Verwaltung von Wohnungseigentumsobjekten

  4.1 Begründung von Wohnungs- und Teileigentum

  4.2 Teilungserklärung und Gemeinschaftsordnung

  4.3 Rechte und Pflichten der Wohnungseigentümer

  4.4 Pflichten des Wohnungseigentums-Verwalters

    4.4.1 Durchführung von Eigentümerversammlungen

    4.4.2 Beschlussfassung

    4.4.3 Umsetzung von Beschlüssen der Eigentümerversammlung

  4.5 Sonstige Aufgaben des Wohnungseigentums-Verwalters

    4.5.1 Verwalterbestellung, Verwaltervertrag

    4.5.2 Verwaltungsbeirat

    4.5.3 Konflikt-, Beschwerde- und Sozialmanagement

  4.6 Objektmanagement

5. Verwaltung von Mietobjekten

  5.1 Bewirtschaftung von Mietobjekten

  5.2 Objektmanagement

  5.3 Konflikt-, Beschwerde- und Sozialmanagement

  5.4 Sonstige Aufgaben des Mietverwalters

    5.4.1 Vermietung

      5.4.1.1 Mieterauswahl

      5.4.1.2 Ausgestaltung des Mietvertrages

      5.4.1.3 Mieterhöhungen und Mietsicherheiten

    5.4.2 Allgemeine Verwaltung der Mietwohnung

      5.4.2.1 Bearbeitung von Mängelanzeigen

      5.4.2.2 Erstellung von Betriebskostenabrechnungen

      5.4.2.3 Beendigung und Abwicklung von Mietverhältnissen

6. Technische Grundlagen der Immobilienverwaltung

  6.1 Baustoffe und Baustofftechnologie

  6.2 Haustechnik

  6.3 Erkennen von Mängeln

  6.4 Verkehrssicherungspflichten

  6.5 Instandhaltungs- und Instandsetzungsplanung; modernisierende Instandhaltung

  6.6 Energetische Gebäudesanierung und Modernisierung

  6.7 Altersgerechte und barrierefreie Umbauten

  6.8 Fördermitteleinsatz; Beantragung von Fördermitteln

  6.9 Dokumentation

7. Wettbewerbsrecht

  7.1.1 Allgemeine Wettbewerbsgrundsätze

  7.1.2 Unzulässige Werbung

8. Verbraucherschutz
    8.1.1 Grundlagen des Verbraucherschutzes
    8.1.2 Schlichtungsstellen
    8.1.3 Datenschutz

In den 20 Stunden kann sicherlich nicht der gesamte Katalog an Themen behandelt werden. Das ist gesetzlich auch nicht vorgegeben. Auch eine Mindestzahl oder Themenvielfalt ist nicht festgelegt. Der Fortbildungspflichtige kann sich daher nach seinen Wünschen fortbilden und seinen Schwerpunkt bilden, zB sich ausschließlich zum Datenschutz fortbilden.   28

5. Zeitlicher Umfang der Fortbildung. Nach § 34 c Abs. 2 a S. 1 GewO hat die Fortbildungspflicht einen Umfang von **20 Stunden** innerhalb eines Zeitraums von drei Kalenderjahren. Es handelt sich um Zeitstunden von 60 Minuten.   29

Dazu, wie die Stunden im **Dreijahreszeitraum** verteilt werden, gibt es keine Vorgaben. Die Fortbildung kann in einem Jahr komplett abgeleistet oder auf die drei Kalenderjahre verteilt werden.   30

Bei juristischen Personen wird es oftmals einen Wechsel der gesetzlichen Vertreter oder der fortbildungspflichtigen Angestellten geben. Die bereits geleisteten Stunden bleiben bei der Person. Er kann also die im **Weiterbildungszeitraum** bereits absolvierten Stunden zum neuen Arbeitgeber mitnehmen. Daher ist es wichtig, dass er die erforderlichen Nachweise und Bescheinigungen mitnimmt und dem neuen Arbeitgeber vorlegt. Neu eintretende Personen müssen jeder für sich die Weiterbildungspflicht in Person erfüllen. Auch bei einer Delegation nach § 34 c Abs. 2 a S. 2 GewO können die Fortbildungsstunden von mehreren Aufsichtspersonen nicht zusammengerechnet anderen Aufsichtspersonen übertragen werden.   31

Ein **Angestellter** kann sowohl ein weiterbildungspflichtiger Beschäftigter als auch eine weiterbildungspflichtige Aufsichtsperson in Rahmen einer Delegation sein. Dann besteht keine doppelte Weiterbildungspflicht, sondern es verbleibt bei den 20 Stunden innerhalb eines Zeitraumes von drei Kalenderjahren.   32

Achtung: Kumulative Fortbildung möglich!   33

Sollte ein Person zugleich zwei erlaubnispflichtige Tätigkeiten, nämlich die Wohnimmobilienverwaltung nach § 34 c Abs. 1 S. 1 Nr. 4 GewO und der Immobilienmaklerei nach § 34 c Abs. 1 S. 1 Nr. 1 GewO, ausüben, erhöht sich der Umfang auf **40 Stunden** innerhalb eines Zeitraums von drei Kalenderjahren. Das gilt auch für die fortbildungspflichtigen an der erlaubnispflichtigen Tätigkeit mitwirkend beschäftigen Personen; auch für die Angestellten, wenn sie bei beiden erlaubnispflichtigen Tätigkeiten mitwirken.

Jedoch ist es hier im Rahmen der Delegation nach § 34 c Abs. 2 a S. 2 GewO möglich, die 40 Stunden Fortbildung auf zwei verschiedene Personen aufzuteilen. Nach meiner Rechtsauffassung ist dieses aber nur möglich, wenn jeweils der eine ausschließlich als Immobilienmakler und der andere ausschließlich als Wohnimmobilienverwalter tätig ist. Anderenfalls wird der Schutz des Verbrauchers ausgehöhlt.

6. Beginn der Fortbildungspflicht. Nach § 34 c Abs. 2 a S. 2 GewO beginnt der erste Weiterbildungszeitraum am 1. Januar des Kalenderjahres, in dem   34

1. eine Erlaubnis nach Absatz 1 Satz 1 Nummer 4 erteilt wurde oder
2. eine weiterbildungspflichtige Tätigkeit durch eine unmittelbar bei dem Gewerbetreibenden beschäftigte Person aufgenommen wurde.

Weil die Erlaubnispflicht zum 1.8.2018 eingeführt wurde, beginnt also die Weiterbildungspflicht bereits am 1.1.2018 für alle, die bereits zu diesem Zeitpunkt als Verwalter tätig waren, die sog. „**Alte-Hasen-Regelung**". Die Übergangsfrist des § 161 GewO verlängert nur die Erlaubnisbeantragung bis zum 1.3.2019. Dieses hat keine Auswirkung auf die Weiterbildungspflicht.   35

Der dreijährige Zeitraum endet daher für alle diese Personen am 31.12.2020. Das gilt auch für alle fortbildungspflichtige Personen, welche die Erlaubnis bis zum 31.12.2018 erhalten haben.

Er wird vertreten, dass die **Weiterbildungsmaßnahmen** im Kalenderjahr 2018, welche aber schon vor dem Stichtag 1. August absolviert wurden, anerkannt werden können, wenn sie den Anforderungen einer ordnungsgemäßen Fortbildung entsprechen, weil der Entwurf das Gesetz über die Änderungen der GewO und damit auch Fortbildungspflicht bereits Ende 2017 vorlag. Dieses sollte der Wohnimmobilienverwalter mit der Auf-   36 sichtsbehörde aber rechtzeitig abstimmen, weil es zurzeit keine Verwaltungsrichtlinien gibt und daher die Behörde im Einzelfall eine andere Auffassung vertreten könnte.

37 Die Fortbildungspflichtigen, die im Jahre 2019 ihre Erlaubnis erhalten haben, rechnen mit einem **Fristbeginn** zum 1.1.2019 die Dreijahresfrist aus, welche am 31.12.2021 endet.

38 Bei weiterbildungspflichtigen Angestellten beginnt die Weiterbildungsfrist mit dem **Beginn des Kalenderjahres,** in welchem die Beschäftigung aufgenommen wurde. Die Weiterbildungsfrist kann daher innerhalb einer größeren Verwaltung sehr unterschiedlich sein. Beispiel: ein alteingesessener Verwalter muss sich bis zum 31.12.2020 für 20 Stunden fortgebildet haben. Am 1.10.2019 tritt ein Berufsanfänger mit der Aufgabe, die Abrechnungen zu erstellen und die Eigentümerversammlungen zu leiten, dem Unternehmen bei. Seine Fortbildungspflicht von 20 Stunden muss bis zum 31.12.2021 erfüllt sein.

39 **Ausbildungsbonus:** Wer erfolgreich einen Ausbildungsabschluss als Immobilienkaufmann, geprüfter Immobilienfachwirt, egal ob als Aus- oder Weiterbildung, erlangt hat, für den beginnt die Weiterbildungspflicht nach § 15 b Abs. 4 MaBV erst drei Jahre nach dem Zeitpunkt des Erwerbs des Abschlusses. Das gilt unabhängig davon, wann die weiterbildungspflichtige Tätigkeit aufgenommen wurde. Der Abschluss muss also nicht vor Beginn der Tätigkeit vorliegen. Die Voraussetzungen dieses gesetzlichen Ausnahmetatbestandes ist auf Nachfrage der Ordnungsbehörden dieser gegenüber nachzuweisen, vgl. § 29 Abs. 1 GewO.

Der Ausbildungsbonus gilt natürlich nicht, wenn die Aus- oder Weiterbildung abgebrochen oder die Abschlussprüfung nicht bestanden wurde.

40 **7. Vorlagepflicht der Fortbildungsunterlagen.** Eine Vorlagepflicht kann gegenüber der Ordnungsbehörde oder gegenüber dem Auftraggeber bestehen.

41 **a) gegenüber der Ordnungsbehörde.** Eine unaufgeforderte Vorlagepflicht gibt es nicht. Vielmehr muss die Ordnungsbehörde nach § 15 b Abs. 3 MaBV iVm § 29 Abs. 1 GewO gegenüber den Fortbildungsverpflichteten anordnen, dass dieser **unentgeltlich** eine Erklärung nach dem Muster der Anlage 3 über die Erfüllung der Weiterbildungspflicht für den Dreijahreszeitraum abzugeben hat. Das Einreichen der Erklärung kann elektronisch erfolgen.

42 Unentgeltlich heißt in diesem Zusammenhang, dass es für den Nachweis der Fortbildung gegenüber der Behörde für den Pflichtigen keine Kostenerstattung gibt.

43 Die Abgabe der Erklärung und die Vorlage der Belege kann erstmals **nach Ablauf** des Kalenderjahres 2020 von der Behörde angeordnet werden, für später endende Drei-Jahres-Zeiträume immer erst nach Ablauf dieser.

44 Ein bestimmter Stichtag für die Anordnung über die Vorlage der Erklärung ist gesetzlich nicht vorgesehen.

45 Nach § 15 b Abs. 2 S. 2 MaBV sind die **Nachweise und Unterlagen** der Weiterbildung für fünf Jahre auf einem dauerhaften Datenträger vorzuhalten und in den Geschäftsräumen aufzubewahren. Die zuständige Ordnungsbehörde kann auch die Aufbewahrungspflicht nach § 29 GewO im Wege einer Nachschau prüfen.

46 **b) Vorlagepflicht gegenüber dem Auftraggeber.** Nach § 11 Nr. 3 MaBV ist der Wohnimmobilienverwalter verpflichtet, gegenüber seinem Auftraggeber unverzügliche Angaben zu den vorgenommenen Weiterbildungsmaßnahmen der letzten drei Kalenderjahre von sich selbst und den unmittelbar bei der erlaubnispflichtigen Tätigkeit mitwirkenden Beschäftigten mitzuteilen. Hierfür reicht aber ein Verweis auf die Internetseite des Wohnimmobilienverwalters.

47 **8. Anforderungen an die Anbieter der Fortbildung.** Nach § 15 b Abs. 1 S. 4 MaBV muss der Anbieter der Weiterbildung sicherstellen, dass die in Anlage 2 der MaBV aufgeführten Anforderungen an die **Qualität** der Weiterbildungsmaßnahme eingehalten werden. Diese sind:

Einer Weiterbildungsmaßnahme muss eine Planung zugrunde liegen, sie muss systematisch organisiert und die Qualität derjenigen, die die Weiterbildung durchführen, muss sichergestellt sein.

1. Planung
    1.1 Die Weiterbildungsmaßnahme ist mit zeitlichem Vorlauf zu ihrer Durchführung konzipiert.
    1.2 Die Weiterbildungsmaßnahme ist in nachvollziehbarer Form für die Teilnehmer beschrieben.
    1.3 Der Weiterbildungsmaßnahme liegt eine Ablaufplanung zugrunde, auf die sich die Durchführung stützt.

2. Systematische Organisation

   2.1 Teilnehmer erhalten im Vorfeld der Weiterbildungsmaßnahme eine Information bzw. eine Einladung in Textform.

   2.2 Die Information bzw. die Einladung enthält eine Beschreibung der Weiterbildungsmaßnahme, aus der die Teilnehmer die erwerbbaren Kompetenzen sowie den Umfang der Weiterbildungsmaßnahme in Zeitstunden entnehmen können.

   2.3 Die Anwesenheit des Teilnehmers wird vom Durchführenden der Weiterbildungsmaßnahme verbindlich dokumentiert und nachvollziehbar archiviert. Dies gilt auch für Lernformen wie dem selbstgesteuerten Lernen, dem blended-Learning und dem e-Learning. Bei Weiterbildungsmaßnahmen im Selbststudium ist eine nachweisbare Lernerfolgskontrolle durch den Anbieter der Weiterbildung sicherzustellen.

3. Sicherstellung der Qualität der Durchführenden der Weiterbildung

   3.1 Für diejenigen, die die Weiterbildungsmaßnahme durchführen, liegen Anforderungsprofile vor.

   3.2 Systematische Prozesse stellen die Einhaltung dieser Anforderungen sicher.

Eine **staatliche Anerkennung** oder irgendeine Zertifizierung muss der Anbieter der Fortbildung nicht vorweisen. Dieser muss nur sicherstellen, dass die in der Anlage 2 der MaBV festgelegten Anforderungen an die Qualität der Fortbildung vorhanden ist.   48

Insoweit gibt es Vorgaben in der Anlage 2 zur MaBV in Ziffer 3 zur Sicherstellung der notwendigen Qualität der Fortbildenden. Zum einen die Festlegung von Anforderungsprofilen und das Erstellen von systematischen Prozessen zur Sicherung der Anforderungsprofile. Die Ordnungsbehörde kann nach § 15 b Abs. 3 MaBV und im Rahmen des § 29 GewO die Erklärung des Fortbildungsverpflichteten zur Erfüllung der Weiterbildungspflicht auf Eignung der Erfüllung der gesetzlichen Vorgabe hin überprüfen. Innerhalb dieser Prüfung kann die Ordnungsbehörde auch die Erfüllung der Vorgaben der Anlage 2 Nr. 3 zur MaBV durch den Anbieter der Fortbildung überprüfen.

Jeder Anbieter der Fortbildung als auch seine weiterbildenden **Mitarbeiter** müssen selbst über das notwendige Fachwissen für die konkrete Weiterbildungsmaßnahme und über eine entsprechende Qualifikation verfügen. Das bedeutet, dass diese nach dem jeweiligen Themengebiet Anlage 1 zur MaBV über einen entsprechenden Berufs- oder akademischen Abschluss verfügen sollten. Zudem handelt es sich um eine Weiterbildung, weshalb die Anbieter der Fortbildung und ihre referierenden Mitarbeiter über einen aktuellen Wissensstand verfügen müssen. Der Anbieter muss daher auch die Weiterbildung seiner selbst und seines weiterbildenden Personals durch systematische Prozesse sicherstellen.   49

9. Verstoß gegen die Zulassungspflicht. Die Ausübung der Tätigkeit als Wohnimmobilienverwalter ohne Genehmigung ist unzulässig.   50

a) Zivilrechtliche Auswirkungen. Der Bundesgerichtshof hat entschieden, dass ein Verstoß gegen §§ 3 Abs. 2, 12 MaBV zivilrechtlich zur **Nichtigkeit** der Vereinbarung führt.[3] In diesem Fall hatte ein Bauträger unter Verstoß gegen §§ 3 Abs. 2, 12 MaBV unzulässige Abschlagszahlungen vereinbart. Unter Hinweis auf seine bisherige Rechtsprechung bestätigte der BGH, dass die Regelungen der MaBV allein öffentlich-rechtlichen Charakter haben.   51

Die MaBV sieht daher lediglich ordnungspolitische Maßnahmen für den Gewerbetreibenden vor, Verträge in einer bestimmten Form abzuschließen. Die MaBV regelt gerade nicht die zwischen den Parteien bestehende Rechtsbeziehung.[4]

Sind einzelne Vertragsbestandteile eines Bauträgervertrages unwirksam, gelten daher nicht die Bestimmungen der MaBV, vielmehr muss auf die Regelungen des Zivilrechts zurückgegriffen werden. Bei einem Verwalter gilt hierbei die Maßgabe, dass zunächst nicht das BGB, sondern zunächst das WEG als lex specialis für die Folgen des Verstoßes gegen die Zulassungspflicht gelten wird. Erst wenn es keine Regelungen für die Rechtsfolge im WEG geben wird, ist subsidiär auf die maßgeblichen Regelungen des BGB zurückzugreifen.

---

3 BGH 22.3.2007 – VII ZR 268/05 NJW 2007, 1947.
4 Vgl. *Drasdo* S. 19, 2.5.1.

52 **aa) Bestellungsbeschluss.** Ein Verstoß gegen die Zulassungspflicht der MaBV führt in diesem Fall, wegen eines Verstoßes gegen ein gesetzliches Verbot der Zulassung nach § 134 BGB zur Nichtigkeit des Beschlusses,[5] denn ein Beschluss gegen § 134 BGB führt zur **Nichtigkeit**.

53 Sollte vertreten werden, dass hier lediglich ein Fall der Anfechtbarkeit vorliegt, ist aber der Verstoß gegen die Zulassungspflicht des Verwalters ein **Anfechtungsgrund**, den jeden Wohnungseigentümer zur Anfechtung des Beschlusses berechtigt. Einen Verwalter zu bestellen, welcher die notwendigen gesetzlichen Voraussetzungen nach der MaBV nicht erfüllt, entspricht nicht dem Grundsatz einer ordnungsmäßigen Verwaltung gem. § 18 Abs. 2 Nr. 1 WEG.

54 Weil der Sachkundenachweis für den Verwalter nicht in das Gesetz aufgenommen wurde, bleibt der Meinungsstreit bestehen, ob ein Bestellungsbeschluss bereits schon dann nicht den Grundsätzen einer **ordnungsmäßigen Verwaltung** entspricht, wenn der Verwalter keine ausreichenden Fachkenntnisse für seine Tätigkeit besitzt.

55 **bb) Verwaltervertrag.** Nach der herrschenden Trennungstheorie ist zwischen dem Bestellungsbeschluss und dem Abschluss des Verwaltungsvertrags zu unterscheiden. Auch der Verwaltervertrag ist aufgrund des Verstoßes gegen ein gesetzliches Verbot nach § 134 BGB unwirksam.[6]

Ein Vertragsschluss verstößt, wegen der fehlenden Zulassung des Verwalters, gegen das gesetzliche Verbot des § 34 c Abs. 1 GewO, so dass der Vertrag nach § 134 BGB **nichtig** ist.

Sollte dieses durch die noch nicht vorhandene Rechtsprechung später anders gesehen werden, weist *Drasdo* aber bereits jetzt darauf hin, dass dann wenigstens ein Grund zur **fristlosen Kündigung** des Verwaltervertrags vorliegt.[7]

Die Gewerbeordnung setzt die **Entgeltlichkeit** der Tätigkeit des Verwalters voraus. Es kann daher etwas anderes gelten, wenn der Verwalter unentgeltlich tätig ist.

56 **b) Öffentlich-rechtliche Auswirkungen.** Die Ordnungsbehörde kann die unerlaubte **Tätigkeit untersagen** und zudem ein **Bußgeld** verhängen.

57 Eine **Ordnungswidrigkeit** nach § 18 MaBV liegt vor, wenn der Fortbildungspflichtige entgegen § 11 S. 1 Nr. 3 MaBV dem Auftraggeber den Fortbildungsnachweis nicht unverzüglich oder nicht vollständig nachweist, § 15 b Abs. 2 S. 3 MaBV; Nachweise der Unterlagen nicht mindestens fünf Jahre aufbewahrt oder nach § 15 b Abs. 3 S. 1 MaBV einer vollziehbaren Anordnung zuwiderhandelt, dann kann dieses nach § 18 MaBV mit einem Bußgeld von bis zu 5.000 EUR geahndet werden.

Ordnungswidrig nach § 144 Abs. 1 Nr. 1 j GewO handelt, wer vorsätzlich oder fahrlässig ohne die erforderliche Erlaubnis nach § 34 c Abs. 1 S. 1 Nr. 4 GewO Wohnimmobilien verwaltet. Das Bußgeld kann bis 5.000 EUR betragen.

Ordnungswidrig nach § 144 Abs. 2 Nr. 6 GewO handelt, wer vorsätzlich oder fahrlässig einer Rechtsverordnung nach § 34 c Abs. 3 GewO zuwiderhandelt, soweit die Rechtsverordnung für einen bestimmten Tatbestand auf diese Bußgeldvorschrift verweist. Das Bußgeld kann bis 5.000 EUR betragen.

58 **Strafbarkeit** nach § 148 GewO: Mit einer Freiheitsstrafe bis zu einem Jahr oder Geldstrafe wird bestraft, wer nach § 144 Abs. 1 Nr. 1 j GewO ohne Zulassung beharrlich wiederholt tätig wird.

V. Verfahrenshinweise

59 Bis die Rechtsfrage geklärt ist, ob die Bestellung eines Verwalters zur Nichtigkeit der Beschlüsse führt oder nur anfechtbar wäre, sollte zunächst innerhalb der Fristen des § 45 WEG eine **Anfechtungsklage** erhoben und begründet werden. Sollte das Gericht von einer Nichtigkeit ausgehen, gilt Folgendes: Die **Nichtigkeit** eines Beschlusses kann jederzeit festgestellt werden. Die Fristen zur Erhebung der Klage des § 45 WEG gelten für die Feststellung der Nichtigkeit nicht, denn nichtige Beschlüsse bedürfen keiner „Ungültigkeitserklärung" durch das Gericht. Nichtige Beschlüsse entfalten per se keine Rechtswirkung, denn sie sind „ipso iure", dh

---

5 *Drasdo* S. 19, 2.5.1.
6 *Drasdo* S. 19, 2.5.1.
7 *Drasdo* S. 19, 2.5.1.

„durch das Recht selbst" nichtig.[8] Der Anfechtungsantrag in der Klage kann ohne Bindung an die Voraussetzungen der §§ 263 ff. ZPO auf die Feststellung der Nichtigkeit umgestellt werden.[9] Der Gegenstand einer Anfechtungsklage ist nach hM nämlich immer auch die Frage, ob der angegriffene Beschluss nichtig ist.[10]

Wenn aber der Kläger nach dem **Hinweis des Gerichts**, dann diese Tatsachen, aus welchem sich die Nichtigkeit des Beschlusses ergibt, sich nicht wenigstens hilfsweise „zu eigen macht" oder gar nicht in das Verfahren eingeführt, darf das Gericht die Nichtigkeit nicht berücksichtigen.[11] Das ergibt sich zwingend aus der zivilprozessualen Beibringungsmaxime.

Sind die Tatsachen, welche die Nichtigkeit begründen, aber vorgetragen, ist das Gericht wiederum nicht nach § 308 Abs. 1 S. 1 ZPO an den Klageantrag gebunden. Vielmehr kann das Gericht ohne Änderungsantrag des Klägers auf eine Nichtigkeit erkennen.[12]

276. Zurückbehaltungsrecht

Pauli

I. Einführung

Das Zurückbehaltungsrecht gewährt dem Schuldner nach der Legaldefinition in § 273 BGB das Recht, seine **Leistung zu verweigern**, bis die ihm gebührende Leistung bewirkt wird.[1] Der Schuldner, also derjenige, der sich auf das Zurückbehaltungsrecht beruft, muss gegenüber dem Gläubiger eine **Gegenforderung** haben. Der Schuldner kann dann an seiner Leistung so lange ein Zurückbehaltungsrecht ausüben, bis er von dem Gläubiger wegen seiner Gegenforderung befriedigt worden ist. **1**

Das Zurückbehaltungsrecht begründet wie § 320 BGB nur eine **aufschiebende Wirkung** und keine dauernde Einrede, wie zum Beispiel die Einrede der Verjährung nach § 214 Abs. 1 BGB oder die Aufrechnung nach § 387 BGB als Erfüllungseinwand. Der Anwendungsbereich erfasst grundsätzlich Schuldverhältnisse aller Art, und das Zurückbehaltungsrecht findet auch bei der Verwaltung von Wohnungseigentum Anwendung. **2**

II. Zurückbehaltungsrecht bei der Verwaltung von Wohnungseigentum

Bei der Verwaltung des Wohnungseigentums wird ein Zurückbehaltungsrecht in verschiedenen Situationen problematisiert; es ist daher eine Einzelfallbetrachtung geboten: **3**

1. Zurückbehaltungsrecht des Wohnungseigentümers gegenüber Hausgeldforderungen der Gemeinschaft der Wohnungseigentümer. Die Geltendmachung eines Zurückbehaltungsrechts durch einen Eigentümer gegenüber Forderungen der Gemeinschaft der Wohnungseigentümer auf Vorschüsse nach § 28 Abs. 1 WEG bzw. auf Nachschüsse nach § 28 Abs. 2 WEG ist ebenso wie die Aufrechnung grundsätzlich **ausgeschlossen**.[2] Dies folgt aus der Natur der Beitragsschuld, da bei Anerkennung eines Zurückbehaltungsrechts bzw. dem Recht zur Aufrechnung die Vorschüsse nach dem Wirtschaftsplan bzw. die Nachschüsse aus der Jah- **4**

---

8 *Hügel/Elzer* WEG § 23 Rn. 88.
9 BGH 2.10.2009 – V ZR 235/08, NJW 2009, 3655.
10 BGH 26.10.2012 – V ZR 7/12, NJW 2013, 65.
11 BGH 16.1.2009 – V ZR 74/08, NJW 2009, 999.
12 BGH 2.10.2009 – V ZR 235/08, NJW 2009, 3655.
1 Palandt/*Grüneberg* BGB § 273 Rn. 1.
2 BGH 1.6.2012 – V ZR 171/11, ZMR 2012, 976 Rn. 15; BGH 29.1.2016 – V ZR 91/15, ZMR 2016, 742 Rn. 15.

resabrechnung der Gemeinschaft der Wohnungseigentümer nicht zur Verfügung stünden und so das Finanzsystem der Gemeinschaft gefährdet würde.[3]

5 Eine **Ausnahme** gilt nur für rechtskräftig festgestellte oder unstreitige Forderungen eines Wohnungseigentümers gegenüber der Gemeinschaft der Wohnungseigentümer. Mit diesen kann grundsätzlich ein Zurückbehaltungsrecht geltend gemacht werden.[4] Noch ungeklärt ist die Rechtslage, wenn einem Wohnungseigentümer Ausgleichsansprüche gegen die Gemeinschaft der Wohnungseigentümer wegen Notgeschäftsführung nach § 18 Abs. 3 WEG oder Ausgleichsansprüche nach Inanspruchnahme durch einen Gläubiger der Gemeinschaft nach § 9 a Abs. 4 WEG zustehen.[5] Ein Leistungsverweigerungsrecht wird auch im Hinblick auf Schadensersatzansprüche eines Wohnungseigentümers nach § 14 Abs. 3 WEG nach Inanspruchnahme des Sondereigentums zur Instandsetzung des Gemeinschaftseigentums diskutiert. Hierbei wird allerdings einschränkend gefordert, dass das Leistungsverweigerungsrecht nur gegenüber den korrespondierenden Instandsetzungskosten geltend gemacht werden könnte.[6]

6 Der Einwand eines grob unbilligen Umlageschlüssels in der Jahresabrechnung/dem Wirtschaftplan und ein hieraus sich möglicherweise ergebender Anspruch auf Änderung des Umlageschlüssels begründet indes kein Zurückbehaltungsrecht.[7] Der Wohnungseigentümer muss sein Begehren auf Änderung des Umlageschlüssels nach § 16 Abs. 2 S. 2 WEG vielmehr gem. § 18 Abs. 2 Nr. 1 WEG – notfalls im Rahmen einer Beschlussersetzungsklage nach § 44 Abs. 1 S. 2 WEG – erzwingen.

7 Ein Zurückbehaltungsrecht gegenüber Hausgeldforderungen kann ein Wohnungseigentümer nach der herrschenden Auffassung schließlich nicht mit dem Argument begründen, dass der Verwalter pflichtwidrig kein **Eigenkonto** der Wohnungseigentümergemeinschaft, sondern nur ein Treuhandkonto führe.[8] Die Gegenauffassung verkennt insoweit, dass es für den Zahlungserfolg nicht auf die Art des Kontos – Treuhandkonto oder Eigenkonto der Gemeinschaft – ankommt. Zudem ist das Zurückbehaltungsrecht nicht geeignet, die Errichtung eines Eigenkontos durchzusetzen. Ein solches Begehren muss der Eigentümer vielmehr im Rahmen der ordnungsgemäßen Verwaltung gegenüber den Miteigentümern geltend machen bzw. nach § 18 Abs. 2 Nr. 1 WEG erzwingen.[9]

8 Die Wohnungseigentümer können zur Klarstellung die Geltendmachung eines Zurückbehaltungsrechts nach § 28 Abs. 3 WEG – Art und Weise der Zahlung – durch Beschluss oder im Rahmen einer Vereinbarung in der Gemeinschaftsordnung ausschließen.[10]

9 **2. Zurückbehaltungsrecht an der Zustimmungserklärung nach § 12 WEG.** Ein Zurückbehaltungsrecht wird daneben im Rahmen der Zustimmungserklärung nach § 12 WEG im Hinblick auf eine Vergütung des Verwalters diskutiert. Der Verwalter darf allerdings seine Zustimmung nicht von der Zahlung einer vereinbarten Vergütung abhängig machen, da die Zustimmung grundsätzlich einer raschen Klärung bedarf und die Anerkennung eines Zurückbehaltungsrechtes dem entgegenstünde.[11]

10 **3. Zurückbehaltungsrecht des Verwalters.** Auch im Hinblick auf den Verwalter wird die Geltendmachung von Zurückbehaltungsrechten diskutiert. Der Verwalter kann nach Ende der Verwaltertätigkeit an den **Verwaltungsunterlagen** und demjenigen, was er zur Ausführung der Verwaltung erlangt hat, kein Zurückbehaltungsrecht ausüben.[12] Ebenso wenig konnte der Verwalter ein Zurückbehaltungsrecht wegen vermeintlicher Vergütungsansprüche gegen den vormaligen Anspruch der Wohnungseigentümergemeinschaft auf Rechnungslegung

---

3 BGH 29.1.2016 – V ZR 91/15, ZMR 2016, 742 Rn. 15.
4 BGH 29.1.2016 – V ZR 91/15, ZMR 2016, 742 Rn. 15.
5 BGH 29.1.2016 – V ZR 91/15, ZMR 2016, 742 Rn. 15.
6 JurisPK-BGB/*Reichel-Scherer* WEG § 28 Rn. 305.
7 Jennißen/*Jennißen* WEG § 28 Rn. 216 a; *Hügel/Elzer* WEG § 28 Rn. 181.
8 AG Dortmund 23.5.2019 – 514 C 29/19, ZMR 2019, 799 Rn. 5; Jennißen/*Jennißen* WEG § 28 Rn. 214; *Hügel/Elzer* WEG § 28 Rn. 181; aA, allerdings auch einschränkend, LG Hamburg 28.1.2015 – 318 S 118/14, ZWE 2016, 38 Rn. 38; Staudinger/*Häublein* WEG § 28 Rn. 26.
9 AG Dortmund 23.5.2019 – 514 C 29/19, ZMR 2019, 799 Rn. 6.
10 Jennißen/*Jennißen* WEG § 28 Rn. 214; *Hügel/Elzer* WEG § 28 Rn. 181.
11 Rieke/Schmid/*Schneider* WEG § 12 Rn. 96.
12 *Hügel/Elzer* WEG § 28 Rn. 176.

nach § 28 Abs. 4 WEG aF geltend machen, da hierfür ein besonderer Vergütungsanspruch grundsätzlich nicht besteht.

4. Versorgungssperre. Ein besonderer Fall der Ausübung eines Zurückbehaltungsrechts ist die Versorgungs- **11** sperre. Diese ist ein **Druck- und Sicherungsmittel** der Gemeinschaft und soll einen säumigen Wohnungseigentümer zur vollständigen Zahlung rückständiger Beiträge anhalten und zugleich sicherstellen, dass der Eigentümer zukünftig seinen Zahlungsverpflichtungen nachkommt. Die Gemeinschaft macht somit an den von ihr geschuldeten Versorgungsleistungen ein Zurückbehaltungsrecht bis zur Erfüllung der Zahlungspflichten durch den Eigentümer geltend.[13]

277. Zustellungen

Bartels

I. Einführung

Das **Gericht** hat Schriftstücke zuzustellen (§§ 166 ff. ZPO). Dies gilt nicht nur für die Klageschrift, sondern **1** auch für Ladungen, Beschlüsse oder eine Endentscheidung des Gerichts. Im **Parteibetrieb** (§§ 191 ff. ZPO) zuzustellen sind hingegen etwa Willenserklärungen (§ 132 Abs. 1 S. 2 BGB), Vollstreckungsbescheide (§ 699 Abs. 4 S. 2 ZPO), Prozessvergleiche (§ 750 Abs. 1 S. 2 ZPO), Arrestbefehle und einstweilige Verfügungen (§§ 922 Abs. 2, 936 ZPO; → *Einstweiliger Rechtsschutz* Rn. 31) sowie Urkunden, mit denen die Zwangsvollstreckung eingeleitet werden soll (§§ 750 Abs. 2, 751 Abs. 2, 756 Abs. 1, 765 Nr. 1, 795 ZPO).

Die **Klageschrift** (→ *Prozessvoraussetzungen* Rn. 67 ff.) ist dem oder den Beklagten zuzustellen, was bei **2** einer Klage gegen eine Vielzahl von Wohnungseigentümer praktische Schwierigkeiten nach sich ziehen kann. Überdies löst die Zustellung besondere Gerichtsgebühren aus, wenn mehr als zehn Schriftstücke zuzustellen sind (Nr. 9002 der Anl. 1 zu § 3 Abs. 2 GKG), zumal eine Vielzahl von Zustellungen für das Gericht aufwändig ist.[1] Das **bisherige Recht** vereinfachte daher in § 45 WEG aF die Zustellung im Einklang mit § 44 Abs. 1 S. 2 WEG aF, der eine Bezeichnung der beklagten Wohnungseigentümer am Ende der mündlichen Verhandlung ausreichen ließ, so dass diesen auch keine Klage in Person zugestellt werden konnte: § 45 Abs. 1 WEG aF sah den Verwalter als Zustellungsvertreter an, kannte aber auch einen durch die Wohnungseigentümer (Abs. 2) sowie das Gericht zu berufenden (Abs. 3) Ersatzzustellungsvertreter. Nunmehr richtet sich die Zustellung indes – mit Ausnahme in den bis zum Inkrafttreten der WEG-Novelle 2020 anhängig gemachten Gerichtsverfahren (§ 48 Abs. 5 WEG) – allein an den allgemeinen Vorgaben der ZPO aus.

---

13 Bärmann/*Becker* WEG § 28 Rn. 80.
1 BeckOK WEG/*Elzer* § 45 Rn. 2.

II. Überblick über die Zustellungsnormen der ZPO

3   Grundsätzlich richtet sich die Zustellung nach den §§ 166 ff. ZPO. § 166 Abs. 1 ZPO **legaldefiniert** die Zustellung als die Bekanntgabe eines Dokuments an eine Person in einer bestimmten Form. Die Zustellung wird grundsätzlich durch die Geschäftsstelle des Gerichts ausgeführt (§ 168 Abs. 1 S. 1 ZPO), die damit einen beliebigen Postunternehmer oder einen Justizbediensteten beauftragen kann (S. 2; Zustellungsauftrag nach § 176 ZPO). Der Zustellungszeitpunkt ist zu bescheinigen (§ 169 Abs. 1 ZPO).

4   Die §§ 170 ff. ZPO regeln, an **welche Person** zuzustellen ist. So ist bei einer prozessunfähigen Partei (→ *Prozessvoraussetzungen* Rn. 5 ff.) an deren gesetzlichen Vertreter zuzustellen (§ 170 Abs. 1 S. 1 ZPO). Auch kann an einen rechtsgeschäftlichen Vertreter zugestellt werden (§ 171 S. 1 ZPO). Bei einer nicht natürlichen Person kann an deren Leiter zugestellt werden (§ 170 Abs. 2 ZPO). Gibt es mehrere Vertreter oder Leiter, kann an eine Person aus diesem Kreis zugestellt werden (Abs. 3; Gesamtvertreter). Ist ein Verfahren anhängig, hat die Zustellung an den Prozessbevollmächtigten zu erfolgen, wenn ein solcher bestellt worden ist (§ 172 Abs. 1 S. 1 ZPO). § 174 Abs. 1 eröffnet die Zustellung gegen ein Empfangsbekenntnis an bestimmte Personen, namentlich Rechtsanwälte oder Behörden. Diesen kann das Schriftstück auch durch Fax zugestellt werden (Abs. 2 S. 1). Die Zustellung ist zudem durch Einschreiben mit Rückschein möglich (§ 175 ZPO). Beides dient dem Nachweis der Zustellung.

5   Ein Schriftstück kann dem Adressaten überall übergeben werden (§ 177 ZPO). Eine **Annahmeverweigerung** eröffnet letztlich eine Zustellungsfiktion (§ 179 S. 3 ZPO). Wird die Person in ihrer Wohnung, in ihrem Geschäftsraum oder einer Gemeinschaftseinrichtung nicht angetroffen, kann das Schriftstück an bestimmte dort wohnhafte oder beschäftigte Personen übergeben (§ 178 Abs. 1 ZPO), sonst in den Briefkasten eingeworfen werden (§ 180 S. 1 ZPO). Eine derartige Ersatzzustellung an andere Personen ist indes ausgeschlossen, wenn ein **Interessenskonflikt** besteht, also wenn diese Gegner im Rechtsstreit sind (§ 178 Abs. 2 ZPO). Unter bestimmten Voraussetzungen, namentlich wenn eine Person unbekannten Aufenthalts ist, ist eine öffentliche Zustellung möglich (§§ 185 ff. ZPO).

6   Soll der Nachweis der Zustellung erbracht werden, ist dafür eine **Zustellungsurkunde** zu erstellen (§ 182 Abs. 1 S. 1 ZPO), die eine öffentliche Urkunde bedeutet (§§ 182 Abs. 1 S. 2, 418 ZPO und unverzüglich an die Geschäftsstelle zurückzusenden ist (§ 182 Abs. 3 ZPO). Den Mindestinhalt bestimmt § 182 Abs. 2 ZPO. Jedenfalls gilt ein Dokument in dem Moment als zugestellt, in dem die Person, an die das Gericht die Zustellung bewirken wollte, tatsächlich erhalten hat, so dass die Verletzung zwingender Zustellungsvorschriften geheilt und Unklarheiten hinsichtlich des Zustellungszeitpunkts unbeachtlich werden (§ 189 ZPO).

7   Für die **Zustellung im Ausland** gelten Besonderheiten (§ 183 ZPO), namentlich kann das Gericht der Partei unter bestimmten Voraussetzungen aufgeben, einen Zustellungsbevollmächtigten im Inland zu benennen (§ 184 Abs. 1 S. 1 ZPO).

8   Von dem Begriff der **Zustellung** umfasst sind die förmlichen Bekanntgaben sämtlicher Verfahrensgesetze und dabei sämtlicher zuzustellender Schriftstücke, von Amts wegen nach den §§ 166 ff. ZPO und im Parteibetrieb (§§ 191 ff. ZPO), aber auch die Zustellung in einem Verwaltungsverfahren oder die private Zustellung einer Willenserklärung iSv § 132 Abs. 1 S. 2 BGB. Nicht gemeint ist das formlose Zugehen einer Willenserklärung iSv § 130 Abs. 1 S. 1 BGB.

III. Der Verwalter als Zustellungsvertreter

9   Der **Verwalter** vermag nach § 9 b Abs. 1 S. 1 Hs. 1 Alt. 1 WEG die Gemeinschaft der Wohnungseigentümer vor Gericht zu vertreten. Dann ist er **Zustellungsvertreter** iSv § 170 Abs. 1 S. 1 ZPO. Es handelt sich um eine gesetzliche Zustellungsvertretereigenschaft; eines Nachweises iSv § 171 S. 2 ZPO bedarf es nicht.

10   Die Zustellung an den Verwalter ist bereits möglich, wenn die Gemeinschaft der Wohnungseigentümer in Entstehung ist oder Ersterwerber das Eigentum noch zu erwerben haben (**werdende Gemeinschaft**, § 9 a Abs. 1 S. 2 WEG, und **werdender Eigentümer**; → *Gemeinschaft der Wohnungseigentümer* Rn. 15 ff.).

11   Wird der Verwalter durch Eigentümerbeschluss abberufen oder legt er sein Amt nieder, endet seine **Zustellungsvertreterstellung**. Eine vor seiner Bestellung oder nach seiner Abberufung (vgl. § 26 WEG) vorgenom-

mene Zustellung ist unwirksam.[2] Der Zustellungsmangel wird allerdings geheilt, wenn dem Zustellungsadressaten eine Abschrift des Schriftstücks zugeht, nicht aber bereits dann, wenn dieser bloß über dessen Inhalt unterrichtet wird.[3] § 87 Abs. 1 ZPO gilt nicht analog, da der Verwalter unabhängig von einer Bekanntgabe der Vollmacht Vertreter ist. Endete das Amt nach der Zustellung, ändert dies an deren Wirksamkeit gem. § 164 Abs. 3 BGB nichts.[4]

1. Für die Gemeinschaft der Wohnungseigentümer (§ 9 b Abs. 1 S. 1 Hs. 1 Alt. 1 WEG; § 27 Abs. 3 S. 1 Nr. 1 WEG aF). Aus § 9 b Abs. 1 S. 1 Hs. 1 Alt. 1 WEG (§ 27 Abs. 3 S. 1 Nr. 1 WEG aF) folgt die Zustellungsvertretungsmacht des Verwalters für die Gemeinschaft der Wohnungseigentümer. Hierbei handelt es sich um eine **nicht beschränkbare Vertretungsmacht** des Verwalters (§ 9 b Abs. 1 S. 3 WEG; § 27 Abs. 4 WEG aF). Da der Verwalter gesetzlicher Vertreter der Gemeinschaft der Wohnungseigentümer ist, ist an ihn zuzustellen (§ 170 Abs. 1 S. 1 ZPO; → *Verwalter* Rn. 63, 65).[5] Auch im alten Recht bedurfte es der prozessualen Zustellungsvertretereigenschaft des § 45 Abs. 1 WEG aF für den Verband nicht.[6] Da Beschlussklagen gem. § 44 Abs. 2 S. 1 WEG gegen die Gemeinschaft der Wohnungseigentümer zu richten sind, ist der Verwalter namentlich in Anfechtungs-, Nichtigkeits- und Beschlussersetzungsklagen nach allgemeinen Vorgaben Zustellungsvertreter. **12**

Fehlt es an einem Verwalter, kann an einen der **Wohnungseigentümer** zugestellt werden, weil diese dann allesamt die Gemeinschaft der Wohnungseigentümer vertreten (§ 9 b Abs. 1 S. 2 WEG; § 27 Abs. 3 S. 2 WEG aF) und die Zustellung an einen Vertreter, also einen Wohnungseigentümer iSv § 170 Abs. 3 ZPO ausreicht (Gesamtvertreter). Hingegen können die Eigentümer nicht eine Person oder mehrere Personen aus ihrem Kreis nach allgemeinen Vorgaben des § 171 S. 1 ZPO (vgl. § 27 Abs. 3 S. 3 WEG aF) zur **Vertretung** bevollmächtigen, so dass ebenfalls an diese Person zugestellt werden könnte. Denn § 9 b Abs. 2 WEG ist, auch wenn sein Wortlaut dies nicht vermuten lässt, als abschließend zu verstehen.[7] Auf Grundlage von § 171 S. 1 ZPO getroffene Beschlüsse[8] verlieren ihre Gültigkeit.[9] Analog § 48 Abs. 5 WEG gilt dies aber nicht für anhängige Verfahren. Aus der notwendigen Rechtssicherheit folgt die Vergleichbarkeit der Interessen; eine planwidrige Regelungslücke ist anzunehmen, da anderenfalls der Beschluss seine Gültigkeit verlieren würde. **13**

Ist der Verwalter in einem **Rechtsstreit mit der Gemeinschaft der Wohnungseigentümer** Gegenpartei, vertritt der Verwaltungsbeirat oder sein Vorsitzender (§ 29 Abs. 1 S. 1 u. 2 WEG) oder ein durch Beschluss hierzu bestellter Wohnungseigentümer seine Gemeinschaft (§ 9 b Abs. 2 WEG). § 9 b Abs. 2 WEG ist weiter gefasst, weil er jegliche Situation bezeichnet, in der sich der Verwalter und die Wohnungseigentümer gegenüberstehen. Es entspricht nämlich allgemeinen Vorgaben, dass eine Zustellung bei einer Interessenskollision unwirksam ist, wenn der gesetzliche Vertreter selbst Partei des Rechtsstreits ist.[10] Analog § 45 Abs. 1 Hs. 2 WEG aF war der Verwalter nach der bisherigen Rechtslage kein Zustellvertreter des Verbands Wohnungseigentümergemeinschaft, wenn der Verwalter als Gegner am Verfahren beteiligt war oder sonst eine **Interessenskollision** bestand. In diesem Fall vertraten die Wohnungseigentümer den Verband nach § 27 Abs. 3 S. 2 WEG aF, so dass die Zustellung an einen der Gesamtvertreter iSv § 170 Abs. 3 ZPO ausreichte.[11] **14**

2. Für alle Wohnungseigentümer (§ 45 Abs. 1 WEG aF). § 45 Abs. 1 WEG aF regelte, dass der Verwalter Zustellungsvertreter der **beklagten** sowie nach § 48 Abs. 1 WEG aF **beizuladenden Wohnungseigentümer** (→ *Beiladung, Streitgenossenschaft, Nebenintervention und Streitverkündung* Rn. 12 ff.) war. § 27 Abs. 2 Nr. 1 WEG aF enthielt eine allgemeinere Regel, zumal § 45 Abs. 1 WEG aF nur für die in § 43 WEG aF benannten Verfahren anwendbar war. Die Vorschrift ist aufgehoben worden, weil sie für nicht mehr notwendig erachtet **15**

---

2 BGH 20.4.2018 – V ZR 202/16, NJW-RR 2018, 970 Rn. 7.
3 BGH 20.4.2018 – V ZR 202/16, NJW-RR 2018, 970 Rn. 15 ff.
4 BeckOK WEG/*Elzer* § 45 Rn. 25.
5 Vgl. MüKoZPO/*Häublein* § 170 Rn. 3.
6 BeckOK WEG/*Hügel* § 27 Rn. 19.
7 BT-Drs. 168/20, 51 f.
8 Hierzu BeckOK WEG/*Elzer* § 45 Rn. 24 a.
9 BT-Drs. 168/20, 52.
10 BT-Drs. 168/20, 52; MüKoZPO/*Häublein/Müller* § 178 Rn. 7; vgl. aber BGH 11.7.1983 – II ZR 114/82, NJW 1984, 57 f.
11 BeckOK WEG/*Baer* § 27 Rn. 252; aA *Merle* ZWE 2006, 365 (375); dagegen MüKoZPO/*Häublein* § 170 Rn. 3.

worden ist, sind doch namentlich Beschlussklagen nunmehr nicht gegen die (übrigen) Wohnungseigentümer, sondern gegen deren Gemeinschaft zu richten (§ 44 Abs. 2 S. 1 WEG).[12]

16   **a) Verhältnis von § 45 Abs. 1 WEG aF zu § 27 Abs. 2 Nr. 1 WEG aF.** Aus § 27 Abs. 2 Nr. 1 WEG aF folgte die Zustellungsvertretungsmacht für Zustellungen, die an **alle Wohnungseigentümer** in dieser Eigenschaft gerichtet waren. § 27 Abs. 4 WEG aF erklärte diese Eigenschaft für unabdingbar. Daraus ließ sich ableiten, dass das Wort „Berechtigung" nicht bedeutete, dass der Verwalter ablehnen könnte, Zustellungen entgegenzunehmen, da dadurch das Außenverhältnis betroffen war.[13] Diese Vertretereigenschaft galt grundsätzlich für alle Verfahren, also auch über den Anwendungsbereich von § 43 WEG aF hinaus. Damit kam der Norm neben § 45 Abs. 1 WEG aF ein eigenständiger Anwendungsbereich für Zustellungen in anhängigen Verfahren zu, umfasste also nicht bloß eine Zustellungsvertretungsmacht für außergerichtliche Zustellungen.[14] Aus § 45 Abs. 1 WEG aF folgte zugleich der auch für § 27 Abs. 2 Nr. 1 WEG aF als allgemeinerer Norm geltende Grundsatz, dass eine Zustellung an den Verwalter nicht möglich war, wenn dieser in einem Rechtsstreit Gegner der Wohnungseigentümer war oder überhaupt die Gefahr einer **nicht sachgerechten Unterrichtung** bestand.

17   Überdies konnte gemäß den allgemeinen Bestimmungen der §§ 57 Abs. 2, 494 Abs. 2, 779 Abs. 2 S. 1, 787 Abs. 1 ZPO ein gemeinsamer **Zustellungsbevollmächtigter** bestimmt werden.[15]

18   **b) Erfasste Verfahren.** Die Zustellungsvertretereigenschaft aus § 27 Abs. 2 Nr. 1 WEG aF galt für **alle Prozesse** iSv § 43 Nr. 1 bis 5 WEG aF, in denen gemeinschaftliche Rechte oder Pflichten der Eigentümer betroffen sein konnten (→ *Prozess und Prozess und Prozessgrundsätze* Rn. 45 ff.). Über seinen Wortlaut hinaus betraf § 45 Abs. 1 WEG aF auch das Mahnverfahren gem. § 43 Nr. 6 WEG aF (→ *Mahnverfahren* Rn. 20 ff.). Es war zudem in einem selbstständigen Beweisverfahren eine Zustellung an den Verwalter möglich.[16]

19   Der Wortlaut der Norm bezog sich auf alle Wohnungseigentümer, war aber teleologisch zu erweitern um den Fall, dass nicht alle Wohnungseigentümer an dem Verfahren beteiligt waren, dieses aber an alle Wohnungseigentümer gerichtet sein konnte, weil es sich um eine **Gemeinschaftsangelegenheit** handelte.[17] § 45 Abs. 1 WEG aF sollte es überdies klarstellen, dass der Verwalter auch für Prozesse **unter den Wohnungseigentümern** Zustellungsvertreter war, etwa für nach altem Recht nicht gegen den Verband Wohnungseigentümergemeinschaft zu richtenden Anfechtungsklagen.[18]

20   Der Verwalter war in dieser Eigenschaft ebenfalls Zustellungsvertreter für **ausgeschiedene Wohnungseigentümer**[19] (→ *Prozess und Prozessgrundsätze* Rn. 60). Stand an der Stelle des einzelnen Eigentümers eine **Partei kraft Amtes** wie ein Insolvenz- oder Zwangsverwalter, war der Verwalter auch dessen Zustellungsvertreter.

21   Allerdings galt die Norm nicht für Klagen, in denen nicht das Gemeinschafts-, sondern nur individuelle Rechte, namentlich das **Sondereigentum**, einzelner Eigentümer betroffen waren.[20] Nicht anwendbar war die Vorschrift also bei Klagen eines Eigentümers gegen einen anderen oder Klagen eines Dritten gegen einzelne Wohnungseigentümer, weil es sich nicht um gemeinschaftliche Angelegenheiten handelte,[21] etwa wenn ein Werkunternehmer für Arbeiten an dem Sondereigentum eines Eigentümers Klage auf Werklohn gegen diesen erhoben hatte; die Zustellungen in diesem Verfahren konnten nur an den Eigentümer selbst bewirkt werden.

22   **c) Zustellung.** Wurde das Schriftstück an den Verwalter in dessen Eigenschaft als Zustellungsvertreter zugestellt, bedeutete dies die Zustellung an die Wohnungseigentümer.

---

12 BT-Drs. 168/20, 89.

13 Vgl. BGH 25.9.1980 – VII 276/79, NJW 1981, 282 (283).

14 Vgl. BGH 20.4.2018 – V ZR 202/16, NJW-RR 2018, 970 Rn. 11: „insoweit" verdrängt; aA BeckOGK/*Greiner* WEG § 27 Rn. 54; BeckOK WEG/*Hügel* § 27 Rn. 14.

15 BeckOK WEG/*Elzer* § 45 Rn. 5.

16 BeckOK WEG/*Elzer* § 45 Rn. 45.

17 BeckOK WEG/*Elzer* § 45 Rn. 3; vgl. BGH 25.9.1980 – VII 276/79, NJW 1981, 282 (283); BGH 25.9.2003 – V ZB 21/03, NJW 2003, 3476 (3477).

18 Vgl. BGH 9.3.2012 – V ZR 170/11, NJW 2012, 2040 Rn. 5.

19 Vgl. BGH 25.9.1980 – VII 276/79, NJW 1981, 282 (283).

20 Vgl. BGH 4.4.2014 – V ZR 110/13, NJW-RR 2014, 903 Rn. 13.

21 BeckOK WEG/*Elzer* § 45 Rn. 3.

Die Zustellung setzte voraus, dass für den Verwalter eindeutig erkennbar war, dass an diesen in seiner **Eigen-** 23
schaft als Zustellungsvertreter zugestellt werden sollte, was zweifelhaft sein konnte, wenn der Verwalter zugleich beigeladen werden sollte (→ *Beiladung, Streitgenossenschaft, Nebenintervention und Streitverkündung*
Rn. 18).[22] An wen die Zustellung gerichtet sein sollte, ergab sich etwa aus einem klarstellenden Zusatz des
Gerichts, aber auch aus den Umständen, etwa wenn der Verwalter in der Klageschrift bereits als Zustellungsvertreter benannt worden war. Auch bedurfte es des Zusatzes nicht, wenn der Verwalter weder Partei war noch
seine Beiladung in Betracht kam. Fehlte es an einem Zusatz, war der Wille des Gerichts, an den Verwalter
zugleich als Zustellungsvertreter zuzustellen, nicht erkennbar, so dass die unwirksame Zustellung nicht gem.
§ 189 ZPO geheilt werden konnte.[23]

Der Zustellungsvertreter erhielt eine **Ausfertigung** des zuzustellenden Schriftstücks, unabhängig davon, wie 24
viele Personen er vertrat.[24] Dies galt auch dann, wenn er einerseits selbst Adressat war und andererseits als
Zustellungsvertreter auftrat.[25]

d) Ausschluss (§ 45 Abs. 1 Hs. 2 WEG aF). Nach § 45 Abs. 1 Hs. 2 WEG aF konnte an den Verwalter nicht 25
im Sinne des 1. Hs. zugestellt werden, wenn er als **Gegner der Wohnungseigentümer** an dem Verfahren beteiligt war oder aus dem Streitgegenstand geschlossen werden konnte, dass die Gefahr bestehe, er werde diese
nicht sachgerecht unterrichten. Eine gleichwohl erfolgte Zustellung war unwirksam.[26] Vielmehr musste das
Gericht auf den Ersatzzustellungsvertreter nach § 45 Abs. 2 u. 3 WEG aF zurückgreifen.

§ 45 Abs. 1 Hs. 2 WEG aF bezog sich in seiner systematischen Stellung nur auf den 1. Hs., war aber teleolo- 26
gisch zu erweitern um sämtliche Zustellungen, weil es sich um einen **allgemeinen Grundsatz** handelte, galt
also ebenfalls für Zustellungen nach § 27 Abs. 2 Nr. 1 u. Abs. 3 S. 1 Nr. 1 WEG aF, etwa wenn der Verwalter
von dem Verband Wohnungseigentümergemeinschaft seine Vergütung verlangte. Eine Zustellung an den Verwalter war auch dann nicht zulässig, wenn er sie selbst veranlasst hatte.

aa) Beteiligung als Gegner (§ 45 Abs. 1 Hs. 2 Alt. 1 WEG aF). War der Verwalter als **Gegner der Woh-** 27
nungseigentümer an einem Rechtsstreit beteiligt, konnten keine wirksamen Zustellungen an ihn als deren
Vertreter vorgenommen werden. Das war namentlich der Fall bei Klagen einzelner Wohnungseigentümer gegen den Verwalter iSv § 43 Nr. 3 WEG aF, also bezogen auf Rechte und Pflichten des Verwalters bei der Verwaltung des gemeinschaftlichen Eigentums. Der Verwalter war nicht nur Gegner, wenn er Partei des Rechtsstreits, sondern auch dann, wenn er dem Gegner nach § 48 Abs. 2 S. 2 WEG aF, § 66 Abs. 1 ZPO als Nebenintervenient beigetreten war (→ *Beiladung, Streitgenossenschaft, Nebenintervention und Streitverkündung*
Rn. 18). Ebenfalls war der Verwalter Gegner, wenn er in dieser Eigenschaft eine gerichtliche Entscheidung
anfocht.[27]

bb) Gefahr nicht sachgerechter Unterrichtung (§ 45 Abs. 1 Hs. 2 Alt. 2 WEG aF). Ein allgemeiner Aus- 28
schlussgrund bestand bei der **konkreten Gefahr nicht sachgerechter Unterrichtung** der Wohnungseigentümer durch den Verwalter (§ 45 Abs. 1 Hs. 2 Alt. 2 WEG aF). Ob dies der Fall war, musste anhand der Umstände des Einzelfalls beurteilt werden:[28] Es mussten zum Zeitpunkt der gerichtlichen Zustellungsentscheidung
begründete Anhaltspunkte vorliegen, die eine konkrete Gefahr einer nicht sachgerechten Information begründeten.[29] Eine Gefahr lag vor, wenn die Interessen von Verwalter und den vertretenen Eigentümern im Widerstreit standen.[30] Dies war etwa der Fall, wenn der Verwalter selbst eine Anfechtungsklage erhoben hatte, nicht
aber, wenn der Verwalter selbst Eigentümer war.[31] Eine abstrakte Gefahr nicht sachgerechter Unterrichtung,
etwa eine bekannte allgemeine Unzuverlässigkeit, reichte hierfür nicht aus, weil diese einerseits oftmals vorliegen konnte und andererseits in vielen Verfahren stattdessen nicht prozessökonomisch an einen noch zu be-

---

22   Vgl. BGH 5.3.2010 – V ZR 62/09, NJW 2010, 2132 Rn. 13.
23   BGH 20.4.2018 – V ZR 202/16, NJW-RR 2018, 970 Rn. 15 ff.
24   BGH 11.5.2017 – V ZB 52/15, NJW 2017, 2766 Rn. 14.
25   Vgl. BGH 5.3.2010 – V ZR 62/09, NJW 2010, 2132 Rn. 13.
26   BGH 11.5.2017 – V ZB 52/15, NJW 2017, 2766 Rn. 11.
27   BGH 21.6.2007 – V ZB 20/07, NJW 2007, 2776 Rn. 12.
28   BeckOK WEG/*Elzer* § 45 Rn. 34.
29   BGH 9.3.2012 – V ZR 170/11, NJW 2012, 2040 Rn. 8; BGH 11.5.2017 – V ZB 52/15, NJW 2017, 2766 Rn. 9.
30   BGH 9.3.2012 – V ZR 170/11, NJW 2012, 2040 Rn. 8.
31   LG Frankfurt a. M. 17.12.2019 – 2–13 S 129/18, ZWE 2020, 199 f.

rufenen Ersatzzustellungsvertreter oder die Eigentümer zuzustellen gewesen wäre.[32] Vielmehr hatten die Eigentümer eine andere Person zum Verwalter zu bestellen, wenn sie ihre Interessen allgemein durch die Person des Verwalters gefährdet sahen.

29 Traten die Umstände, die eine konkrete Gefahr begründeten, etwa weil der Verwalter seiner Pflicht bislang nicht nachgekommen war oder nicht mehr nachkommen würde, erst nach der Verfügung auf oder erlangte das Gericht erst nach seiner Verfügung von diesen Kenntnis, hinderte dies weder eine wirksame Zustellung noch ließ es diese wieder entfallen. Der Verwalter war erst ab diesem Zeitpunkt kein tauglicher Zustellungsvertreter mehr. Die konkrete Gefahr musste freilich auf dem **Verfahrensgegenstand** beruhen. Hatte der Verwalter also aus Nachlässigkeit die Eigentümer nicht benachrichtigt, reichte dies nicht aus, um künftig seine Eigenschaft als Vertreter zu verneinen. Das Gericht hatte dies aber bei der Wahl mehrerer Zustellungsempfänger in der Ausübung seines pflichtgemäßen Ermessens zu berücksichtigen (→ Rn. 33 ff.).

30 Einzelfälle, in denen eine konkrete Gefahr bejaht wurde, sind etwa folgende:[33] **Anfechtungsklagen** gegen Beschlüsse, die sich mit der Rechtsstellung des Verwalters auseinandersetzten, wie Bestellungs- und Abberufungsbeschlüsse, verlangten nach einer konkreten Gefahr.[34] Dies konnte etwa sein ein wichtiger Grund, der gegen die Bestellung oder für die Abberufung vorgetragen wurde.[35] Gleiches galt für die Anfechtung eines Entlastungsbeschlusses.[36] Beabsichtigte das Gericht, dem Verwalter nach § 49 Abs. 2 WEG aF die Prozesskosten aufzuerlegen, bestand ein konkreter Grund, es werde keine sachgerechte Unterrichtung mehr stattfinden, da der Verwalter sich jedenfalls hinsichtlich der Kosten als Gegner der Eigentümer herausgestellt hatte.

31 **cc) Rechtsfolgen.** Eine Zustellung an den Verwalter war **nicht zulässig**.[37] Bestand eine konkrete Gefahr und kam es gleichwohl zu einer sachgerechten Unterrichtung der Eigentümer, wurde der **Zustellmangel geheilt** (§ 189 ZPO),[38] wobei es ausreichte, dass eine Kopie oder ein Scan den Wohnungseigentümern zuging,[39] zumal es eine bloße Förmelei bedeutet hätte, eine erneute Zustellung zu verlangen.[40]

32 Aus § 44 WEG aF folgte die Pflicht, in der Klageschrift den **Verwalter** und den nach § 45 Abs. 2 S. 1 WEG aF bestellten **Ersatzzustellungsvertreter** mit Angabe des Namens und der vollständigen, ladungsfähigen Adresse zu bezeichnen (→ *Prozessvoraussetzungen* Rn. 69 ff.). Dritte hatten aus Treu und Glauben (§ 242 BGB gegen die beklagten Wohnungseigentümer einen **Anspruch** darauf, dass ihnen deren Daten genannt wurden.[41] Weil der jeweilige Zustellungsvertreter nicht Beklagter war, sondern der Zustellung diente, handelte es sich nicht um eine Zulässigkeitsvoraussetzung der Klage, so dass die fehlende Angabe die Klage nicht unzulässig machte.[42] War kein Verwalter oder Ersatzzustellungsvertreter vorhanden, machte dies die Klage erst recht nicht unzulässig; es war aber darauf hinzuweisen, wenn es zeitweise nicht zu einer Bestellung gekommen war.[43]

33 **e) Wahlrecht.** Die §§ 27 Abs. 2 Nr. 1, 45 Abs. 1 WEG aF eröffneten in der Person des Verwalters und des Zustellungsvertreters eine **zusätzliche Zustellungsmöglichkeit**; an letzteren war nicht zwingend iSd §§ 170 Abs. 1 S. 1, 172 Abs. 1 S. 1 ZPO zuzustellen. Vielmehr hatte das Gericht sein Ermessen, ob es nicht an die Eigentümer selbst zustellt, pflichtgemäß auszuüben.

34 Diese Wahl vermochte das Gericht bei **jeder Zustellung neu auszuüben**; es band sich nicht selbst dadurch, dass es an eine bestimmte Person bereits zugestellt hatte.[44] Dies war zunächst der Fall, wenn der Verwalter

---

32 Vgl. BGH 9.3.2012 – V ZR 170/11, NJW 2012, 2040 Rn. 8.
33 BeckOK WEG/*Elzer* § 45 Rn. 36.
34 Vgl. BGH 9.3.2012 – NJW 2012, 2040 Rn. 9.
35 Vgl. KG 11.6.2003 – 24 W 77/03 NJW-RR 2003, 1234.
36 BayObLG 19.6.1997 – 2Z BR 35/97, NJW-RR 1997, 1443 (1444).
37 BeckOK WEG/*Elzer* § 45 Rn. 60.
38 BGH 11.5.2017 – V ZB 52/15, NJW 2017, 2766 Rn. 11; BGH 20.4.2018 – V ZR 202/16, NJW-RR 2018, 970 Rn. 13.
39 BGH 20.4.2018 – V ZR 202/16, NJW-RR 2018, 970 Rn. 21.
40 Vgl. BGH 9.3.2012 – V ZR 170/11, NJW 2012, 2040 Rn. 9.
41 BeckOK WEG/*Elzer* § 44 Rn. 48 f.
42 BGH 21.1.2011 – V ZR 140/10, NJW 2011, 2050 Rn. 11; aA BeckOK WEG/*Elzer* § 44 Rn. 53 f.; vgl. auch *Bergerhoff* NZM 2007, 425 (428).
43 Vgl. *Bergerhoff* NZM 2007, 425 (426).
44 BeckOK WEG/*Elzer* § 45 Rn. 7.

nicht Prozess-, sondern Zustellungsvertreter war, wie etwa bei der Beiladung iSd §§ 48, 27 Abs. 2 Nr. 2 WEG aF. Bei kleineren Eigentümergemeinschaften war die Wahl in der Regel dahin gehend auszuüben, dass an die Eigentümer unmittelbar zugestellt wurde. Regelmäßig war es freilich praktikabler und kostengünstiger, an den Verwalter zuzustellen, so dass etwaige zusätzlich ausgelöste Kosten wegen unrichtiger Sachbehandlung nicht zu erheben waren (§ 21 GKG).[45] Beteiligten sich die Eigentümer an dem Verfahren, band dies das gerichtliche Ermessen nicht, da es im Innenverhältnis schließlich die Unterrichtungspflicht des Verwalters gab.[46]

Gemäß § 172 Abs. 1 S. 1 ZPO ist an den Verwalter als **Prozessbevollmächtigten** (§§ 80 ff. ZPO; → *Prozess-* **35** *voraussetzungen* Rn. 16 ff.) zuzustellen, wenn ihm zugleich diese Stellung zukommt.[47] Hierzu hat der Verwalter seine Vertretungsbereitschaft dem Gericht anzuzeigen. Ob er von seiner gesetzlichen Vertretungsmacht Gebrauch machen wollte, stand in seinem pflichtgemäßen Ermessen nach § 27 Abs. 2 Nr. 2 WEG aF, sofern er nicht bereits einen Rechtsanwalt mit der Prozessvertretung beauftragt hatte.[48] Das Gericht hatte ebenfalls kein Wahlrecht, wenn einer oder mehrere Wohnungseigentümer einen **Prozessbevollmächtigten** iSd §§ 80 ff. ZPO beauftragt hatten, da an diesen zwingend zuzustellen war (§ 172 Abs. 1 S. 1 ZPO).

f) Unterrichtungspflicht. Es kam für die Wirksamkeit der Zustellung nicht darauf an, ob der einzelne Eigen- **36** tümer **Kenntnis** von der Zustellung erlangt hatte.[49] Die Pflicht, die Wohnungseigentümer zu unterrichten, oblag dem Verwalter aus § 27 Abs. 1 Nr. 7 WEG aF nur im Innenverhältnis; wurde sie verletzt, eröffnete dies den betroffenen Eigentümern grundsätzlich einen Schadensersatzanspruch gegen den Verwalter.[50] Die Unterrichtungspflicht traf den Verwalter gegenüber den Eigentümern als vertragliche Nebenpflicht aus § 241 Abs. 2 BGB auch dann, wenn dieser nicht Zustellungsvertreter war.[51] Gegenüber Dritten folgte diese Pflicht aus Treu und Glauben (§ 242 BGB). Die Wohnungseigentümer konnten in dem Bestellungsbeschluss festlegen, wie sie zu informieren waren, was etwa schriftlich, auf einer Versammlung oder auch per E-Mail möglich war.[52] Eine Unterrichtungspflicht hält § 44 Abs. 2 S. 2 WEG nunmehr ausdrücklich für die gegen die Gemeinschaft der Wohnungseigentümer zu richtenden Beschlussklagen bereit.

3. Für einzelne Wohnungseigentümer. § 9 b Abs. 1 S. 1 WEG (§ 27 Abs. 2 Nr. 1 WEG aF) räumt dem Ver- **37** walter keine Empfangsvertretungsmacht für die Zustellung für einzelne Eigentümer ein, etwa wenn durch ein Verfahren nur das **Sondereigentum** betroffen ist, bspw. bei der Hausgeldklage gegen einen einzelnen Wohnungseigentümer.[53] Freilich vermag der jeweilige Eigentümer den Verwalter außergerichtlich nach den §§ 164 Abs. 3, 132 Abs. 1 S. 1 u. 2 BGB oder gerichtlich nach den §§ 171 S. 1, 172 Abs. 1 S. 1 ZPO zu bevollmächtigen, für ihn Willenserklärungen oder Zustellungen entgegenzunehmen.

IV. Ersatzzustellungsvertreter und Vertreter durch gewillkürte Bestellung der Eigentümer (§ 45 Abs. 2 WEG aF)

§ 45 Abs. 2 S. 1 WEG aF sah vor, dass die Eigentümer als **Maßnahme ordnungsgemäßer Verwaltung** (allg. **38** → *Ordnungsmäßige Verwaltung* Rn. 1 ff.), präventiv für den Fall, dass der Verwalter als Zustellungsvertreter ausgeschlossen war, einen Ersatzzustellungsvertreter und einen Vertreter für diesen zu bestellen hatten. Der Ersatzzustellungsvertreter wurde auch als „kleiner Notverwalter" bezeichnet.[54] Nunmehr richtet sich die Zustellung, wenn kein Verwalter vorhanden ist, nach allgemeinen Vorgaben, indem die Wohnungseigentümer ihre Gemeinschaft gemeinschaftlich zu vertreten haben (§ 9 b Abs. 1 S. 2 WEG). § 9 b Abs. 2 WEG regelt die Vertretung der Gemeinschaft der Wohnungseigentümer für Rechts- und Prozesshandlungen gegenüber dem Verwalter durch den Verwaltungsbeirat oder dessen Vorsitzenden sowie einen durch Beschluss hierzu bestellten Vertreter. Eine Pflicht, einen Ersatzzustellungsvertreter zu benennen, gibt es nicht mehr. § 45 Abs. 2 WEG

---

45 BeckOK WEG/*Elzer* § 45 Rn. 37.
46 AA KG 17.5.2000 – 24 W 3651/99, NZM 2001, 105 (106).
47 BeckOK WEG/*Elzer* § 45 Rn. 12.
48 Vgl. BGH 23.10.2015 – V ZR 76/14, NJW 2016, 716 Rn. 9.
49 BGH 8.7.2011 – V ZR 34/11, ZWE 2011, 450 Rn. 5.
50 Dazu BeckOK WEG/*Elzer* § 45 Rn. 14 ff.
51 BeckOK WEG/*Elzer* § 45 Rn. 41.
52 Vgl. BGH 11.5.2017 – V ZB 52/15, NJW 2017, 635 Rn. 14.
53 LG Bamberg 13.3.2020 – 41 S 32/19, ZWE 2020, 203 f.
54 BeckOK WEG/*Elzer* § 45 Rn. 43; ausführl. *Schmid* MDR 2008, 662 ff.

aF ist nunmehr nur noch auf bis zum Inkrafttreten der WEG-Novelle 2020 anhängig gewordene Verfahren anwendbar (§ 48 Abs. 5 WEG).

39 **1. Bestellungspflicht.** Aus § 45 Abs. 2 S. 1 WEG aF folgte die Pflicht, einen Ersatzzustellungsvertreter und einen Vertreter für diesen zu bestellen. Diese Pflicht war **nicht abdingbar**, allerdings war ihre Nichterfüllung auch nicht sanktioniert.[55] Es kam für die Bestellungspflicht nicht darauf an, ob ein Rechtsstreit anhängig oder gar absehbar war.[56] Auch für den Fall, dass es keinen Verwalter gab, war ein Ersatzzustellungsvertreter zu bestellen; die Pflicht hatte schließlich keine weiteren Voraussetzungen.[57]

40 Die Pflicht aus § 45 Abs. 2 S. 1 WEG aF galt systematisch nur für **Zustellungen an Wohnungseigentümer** nach § 45 Abs. 1 WEG aF, also wenn diese in Verfahren gem. § 43 WEG aF beklagt oder gem. § 48 Abs. 1 S. 1 b WEG aF beizuladen waren. Auf den Verband Wohnungseigentümergemeinschaft (§ 27 Abs. 2 Nr. 1 WEG aF oder die allgemeine Zustellungsvertretung für die Eigentümer (§ 27 Abs. 3 S. 1 Nr. 1 WEG aF war § 45 Abs. 2 WEG aF nicht anwendbar.[58] Hatten die Eigentümer einen allgemeinen Zustellungsvertreter gem. § 171 S. 1 ZPO bestellt, trat dieser neben den Verwalter und den Ersatzzustellungsvertreter, so dass an diesen Zustellungen iSv § 27 Abs. 2 Nr. 1 u. Abs. 3 S. 1 Nr. 1 WEG aF unabhängig von den Voraussetzungen des § 45 Abs. 2 WEG aF bewirkt werden konnten, das Gericht also ein Wahlrecht hatte (→ Rn. 33 ff.).

41 **2. Voraussetzungen.** Die Bestellung als **Maßnahme ordnungsgemäßer Verwaltung** iSv § 21 Abs. 3 u. 4 WEG aF erfolgte durch Beschluss oder Vereinbarung ohne die Einschränkungen des § 26 Abs. 1 WEG aF.[59] Beschlossen die Eigentümer nicht, einen Vertreter zu bestellen, konnte nach § 21 Abs. 4 oder Abs. 8 WEG aF eine Bestellung durch das Gericht erzwungen werden.[60]

42 Es konnte **nicht gegen den Willen** der Person, die zum Vertreter bestellt werden sollte, diese bestellt werden, so dass sie der Bestellung gegenüber den Eigentümern zuzustimmen hatte,[61] was vor (Einwilligung) oder nach (Genehmigung) der Beschlussfassung, ausdrücklich oder konkludent geschehen konnte. Erst mit der Zustimmung wurde die Bestellung wirksam.

43 Der **Ersatzzustellungsvertreter** und dessen Vertreter konnte ein Eigentümer, aber auch jede andere natürliche Person mit Ausnahme des Verwalters selbst sein, wie etwa ein Mieter, Rechtsanwalt, ein Steuerberater oder Wirtschaftsprüfer, wenn die Person geschäftsfähig und anzunehmen war, dass sie die Eigentümer sachgerecht unterrichten werde; anderenfalls handelte es sich nicht um eine Maßnahme der ordnungsgemäßen Verwaltung.[62] Juristische Personen oder rechtsfähige Personengesellschaften konnten ebenfalls bestellt werden; da an eine natürliche Person zuzustellen ist, kann an deren Organe zugestellt werden (§ 170 Abs. 1 S. 1 ZPO).

44 **3. Rechtsfolgen.** Der Ersatzzustellungsvertreter trat für die **Entgegennahme von Zustellungen** an die Stelle des Verwalters, hatte die Pflicht, die Eigentümer im Innenverhältnis zu unterrichten und vermochte Aufwendungsersatz und, wenn vereinbart, eine Vergütung zu verlangen.

45 **a) Zustellungsvertreter.** Der Ersatzzustellungsvertreter war gem. § 45 Abs. 2 S. 2 WEG aF **gesetzlicher Zustellungsvertreter**. Stellte das Gericht an diesen zu, ohne dass der Verwalter als Zustellungsvertreter ausgeschlossen war, war die Zustellung gleichwohl wirksam. § 45 Abs. 2 S. 2 WEG aF ordnete schließlich an, dass der Ersatzzustellungsvertreter dann als solcher auftrat, wenn das Gericht an ihn eine Zustellung anordnete, ohne dass dies an materielle Voraussetzungen angeknüpft hätte. Ausreichend war die Zustellung eines Schriftstücks; es brauchte nicht die benötigte Anzahl an Abschriften beigefügt zu werden.

46 War der Ersatzzustellungsvertreter von der Vertretung ausgeschlossen, konnte das Gericht an dessen Vertreter zustellen. Daneben hatte es die **Wahl**, weiterhin direkt an die Eigentümer zuzustellen.[63] War auch der Vertreter des Ersatzzustellungsvertreters von der Zustellung ausgeschlossen, konnte das Gericht entweder selbst einen

---

55 *Drabek* ZWE 2008, 22 (25); *Schmid* MDR 2008, 662; aA *Hogenschurz* ZMR 2005, 764 (765).
56 Vgl. *Schmid* MDR 2008, 662.
57 BGH 20.4.2018 – V ZR 202/16, NJW-RR 2018, 970 Rn. 9; *Drabek* ZWE 2008, 22 (28); *Schmid* MDR 2008, 662; aA *Reichert* ZWE 2006, 477.
58 BeckOK WEG/*Elzer* § 45 Rn. 45.
59 BeckOK WEG/*Elzer* § 45 Rn. 48.
60 *Schmidt* MDR 2008, 662 (664); aA *Drabek* ZWE 2008, 22 (25).
61 BGH 11.5.2017 – V ZB 52/15, NJW 2017, 2766 Rn. 15.
62 BeckOK WEG/*Elzer* § 45 Rn. 55; ausführl. *Drasdo* ZMR 2010, 740 ff.; *Schmid* MDR 2008, 662 (663).
63 BGH 20.4.2018 – V ZR 202/16, NJW-RR 2018, 970 Rn. 8.

Ersatzzustellungsvertreter bestellen (→ Rn. 54 ff.), an diesen oder an einen Eigentümer unmittelbar zustellen. Dies galt auch, wenn es keinen Ersatzzustellungsvertreter oder Vertreter gab.

b) Unterrichtungspflicht. Die Zustellung an den Vertreter bedeutete eine **Zustellung an die Wohnungseigentümer**, unabhängig von einer etwaigen Kenntnis der betroffenen Wohnungseigentümer. Der Ersatzzustellungsvertreter hatte daher die Pflicht, gerichtliche Schriftstücke anzunehmen und analog § 27 Abs. 1 Nr. 7 WEG aF die Eigentümer unverzüglich darüber zu unterrichten, dass ein Rechtsstreit anhängig war sowie angemessen über den Inhalt des Zustellstücks zu informieren.[64] Eine Pflichtverletzung, etwa eine nicht rechtzeitige oder unzureichende Unterrichtung löste ggf. einen Schadensersatzanspruch aus § 280 Abs. 1 S. 1 BGB gegen den Vertreter aus.

Der Ersatzzustellungsvertreter musste von dem Verwalter eine **Eigentümerliste** erhalten oder bei Gericht anregen, dass dies eine derartige Liste analog § 142 ZPO verlange. Zudem konnte der Ersatzzustellungsvertreter auch die Eigentümer aus dem Grundbuch ermitteln. Schließlich musste dieser nach § 27 Abs. 1 Nr. 7 WEG aF die Eigentümer unverzüglich unterrichten und dazu benötigte er deren Daten.

c) Keine weiteren Befugnisse. **Weitere Befugnisse** hatte der Ersatzzustellungsvertreter nicht. Insbesondere konnte er nicht nach § 27 Abs. 2 Nr. 2 WEG aF diejenigen Maßnahmen treffen, die zur Wahrung einer Frist oder zur Abwendung eines sonstigen Rechtsnachteils erforderlich sind, weil er nur partiell die Aufgaben und Befugnisse des Verwalters wahrnahm.[65] Zwar war die Gefahr größer, dass es zu Nachteilen wegen unsachgerechter Unterrichtung oder Prozessführung kam, weil eben an eine dritte Person zugestellt wurde, zumal der Verwalter auch in der Regel eine bessere Kenntnis von der Sachlage haben dürfte. Doch war der Wortlaut von § 45 Abs. 2 S. 2 WEG aF klar, der nur anordnete, dass der Vertreter in die Aufgaben und Befugnisse als Zustellungsvertreter eintrete.[66] Wollten die Eigentümer die Gefahr, sich durch einen Rechtsstreit Nachteilen auszusetzen, reduzieren, konnten sie den Vertreter ermächtigen, für solche Fälle einen Rechtsanwalt mit der Wahrnehmung ihrer Interessen zu beauftragen, was von dem einzelnen Eigentümer als Maßnahme ordnungsgemäßer Verwaltung verlangt werden konnte.

d) Vergütung. Der Ersatzzustellungsvertreter hatte einen Anspruch gegen den Verband Wohnungseigentümergemeinschaft[67] auf Zahlung einer gesonderten **Vergütung und Aufwendungsersatz** (zB Porto, Kopierkosten, nicht aber allgemeine Kosten wie für die Anmietung von Räumlichkeiten),[68] wenn er einen entsprechenden Vertrag geschlossen hatte (§§ 675, 612 Abs. 1 BGB).[69] War keine Vergütungsregelung getroffen worden, hatte der Vertreter einen Anspruch aus Auftrag, der nur auf Aufwendungsersatz gerichtet war (§§ 670, 662 BGB). Dies galt auch, wenn ein Rechtsanwalt tätig war, ohne den Rechtsstreit zu führen, da dies nicht zu dem Tätigkeitsfeld eines Rechtsanwalts gehörte, sondern es eine ähnliche Tätigkeit iSv § 1 Abs. 2 S. 1 RVG bedeutete, weshalb eine Analogie zu § 1835 Abs. 3 BGB nicht angezeigt war. Ein Streit über die Vergütung unterfiel § 43 Nr. 3 WEG aF, da der Vertreter insoweit die Stellung des Verwalters innehatte. Die Vergütung und der Aufwendungsersatzanspruch waren kein Teil der Prozesskosten, sondern Kosten der Verwaltung.[70]

4. Beendigung der Vertretereigenschaft. Die Eigentümer vermochten den Ersatzzustellungsvertreter und dessen Vertreter durch **Mehrheitsbeschluss** jederzeit abzuberufen. Auch konnten diese Personen ihr Amt niederlegen durch einseitige Erklärung gegenüber sämtlichen Eigentümern oder wiederum gegenüber dem Verwalter als Zustellungsvertreter der Wohnungseigentümer (§ 27 Abs. 2 Nr. 1 WEG aF), wenn nicht der Vertrag im Innenverhältnis oder gesetzliche Vorgaben, etwa für Rechtsanwälte, anderes bestimmten.[71]

Der **Bestellungsbeschluss** war **anfechtbar**, wenn die Bestellung der Person nicht einer ordnungsgemäßen Verwaltung entsprach, etwa weil in ihr ein wichtiger Grund lag, der daran zweifeln ließ, dass sie ihre Aufga-

---

64 BeckOK WEG/*Elzer* § 45 Rn. 50.

65 *Schmid* MDR 2008, 662 (663).

66 Vgl. BGH 11.5.2017 – V ZB 52/15, NJW 2017, 2766 Rn. 15.

67 BGH 11.5.2017 – V ZB 52/15, NJW 2017, 2766 Rn. 15.

68 BeckOK WEG/*Elzer* § 45 Rn. 51.

69 BGH 11.5.2017 – V ZB 52/15, NJW 2017, 2766 Rn. 15: Vertragsschluss stets konkludent durch Beschluss; *Schmid* MDR 2012, 561 (562).

70 BGH 11.5.2017 – V ZB 52/15, NJW 2017, 2766 Rn. 8 ff.; aA *Elzer* ZfIR 2017, 504 f.

71 BeckOK WEG/*Elzer* § 45 Rn. 49.

ben ordnungsgemäß erfüllen werde. Bis zu der gerichtlichen Entscheidung blieben Zustellungen allerdings wirksam, da die Vertretungsmacht fortbestand (§ 23 Abs. 4 S. 2 WEG aF).

53 Eine Zustellung an den Ersatzzustellungsvertreter oder dessen Vertreter war ausgeschlossen, wenn dieser selbst **Gegner der Wohnungseigentümer** war oder aufgrund des Streitgegenstands die Gefahr bestand, dass er die Eigentümer nicht sachgerecht unterrichten werde (§ 45 Abs. 2 S. 2 Hs. 1 u. Abs. 1 WEG aF; → Rn. 26 ff.).

V. Ersatzzustellungsvertreter und Vertreter durch gerichtliche Bestellung (§ 45 Abs. 3 WEG aF)

54 Hatten die Wohnungseigentümer keinen Ersatzzustellungsvertreter oder Vertreter bestellt oder war die Zustellung nach § 45 Abs. 1 u. 2 WEG aF nicht möglich, vermochte das **Gericht** in vor Inkrafttreten der WEG-Novelle 2020 anhängig gewordenen Verfahren (§ 48 Abs. 5 WEG) selbst einen Ersatzzustellungsvertreter in einem anhängigen Rechtsstreit für den Rechtsstreit zu bestellen und an diesen zuzustellen (§ 45 Abs. 3 WEG aF).[72]

55 Das Gericht vermochte eine solche Bestellung trotz des offenen Wortlauts von § 45 Abs. 3 Alt. 1 WEG aF nur dann vorzunehmen, wenn es **zustellen wollte**. Dies wurde aus dem Zusammenhang mit der Alt. 2 sowie § 43 Abs. 3 Alt. 2 WEG aF deutlich. Einerseits knüpfte die Vorschrift daran an (Alt. 1), dass kein Ersatzzustellungsvertreter bestellt worden war. Andererseits sah die Norm (Alt. 2), dass eine Zustellung nicht möglich war, etwa weil der Verwalter und der Ersatzzustellungsvertreter Prozessgegner waren oder die konkrete Gefahr einer nicht sachgerechten Unterrichtung bestand.

56 Die Bestellung lag in dem Ermessen des Gerichts. Sie war aus Gründen der **Prozessökonomie** und der **Privatautonomie** nur zurückhaltend auszuüben, insbesondere dann, wenn das Gericht an die Eigentümer ohne weitere Nachforschungen auch selbst zustellen konnte, was bei kleinen Eigentümergemeinschaften in aller Regel zu bejahen war, wenn die Eigentümer in der Klageschrift benannt worden waren.

57 Das Gericht hatte für das Amt des Ersatzzustellungsvertreters eine geeignete Person auszuwählen, die auch ein Eigentümer sein konnte (→ Rn. 43). Das Gericht hatte eigenes **Auswahlermessen** hinsichtlich der Person des Ersatzzustellungsvertreters und musste in dessen Ausübung die Umstände des Einzelfalls berücksichtigen, etwa bei einer besonders großen Eigentümergemeinschaft eine fachlich qualifizierte Person auswählen. Ein Antragsrecht bestand nicht. Freilich musste sich das Gericht mit den Anregungen der Eigentümer auseinandersetzen. Überdies war es angezeigt, dass das Gericht von Amts wegen Vergleichsangebote einholte und prüfte, welche Person hinsichtlich Eignung, Zuverlässigkeit und angebotenem Leistungsumfang die Aufgabe voraussichtlich am besten und wirtschaftlichsten erfüllen werde.[73]

58 Die Eigentümer brauchten durch das Gericht **nicht angehört** zu werden, weil sie schließlich selbst einen Vertreter hätten bestellen können,[74] zumal gerade die Zustellung aus prozessökonomischen Gründen nicht an die einzelnen, dann aber anzuhörenden Eigentümer bewirkt hätte werden müssen. In diesem Fall hatte das Gericht also sein Ermessen dahin gehend auszuüben, die Zustellung an die Eigentümer unmittelbar zu bewirken.

59 Das erkennende Gericht, das die Zustellung bewirken wollte, bestellte den Zustellungsvertreter durch **Beschluss**.[75] Die Person hatte sich dazu bereit zu erklären, dieses Amt auszuüben; anderenfalls handelte es sich nicht um eine wirksame Bestellung. Das Amt blieb bis zu einem weiteren gerichtlichen Beschluss oder bis zur Verfahrensbeendigung bestehen. Die Person konnte ihr Amt nicht niederlegen, sondern musste bei Gericht beantragen, dass das Amt durch einen neuen Beschluss aufgehoben werde. Das Gericht hatte in aller Regel diesem Antrag zu entsprechen.

---

72 Ausführl. *Köhler* ZfIR 2010, 85 ff.; *Schmid* MDR 2009, 297 ff.
73 BeckOK WEG/*Elzer* § 45 Rn. 64.
74 BeckOK WEG/*Elzer* § 45 Rn. 63; aA LG Hamburg 11.2.2009 – 318 S 88/08, ZMR 2009, 794 (795); *Köhler* ZfIR 2010, 85 (86); vgl. aber FormB-WEG-R/*Einsiedler* § 4 Rn. 26.
75 Vgl. OLG Hamm 18.3.2016 – 32 SA 8/16, NJW-RR 2016, 787; FormB-WEG-R/*Einsiedler* § 4 Rn. 27.

Bartels

Der gerichtliche Bestellungsbeschluss war **nicht anfechtbar** (vgl. § 567 Abs. 1 Nr. 1 ZPO).[76] Eine Gehörsrüge 60 (§ 321 a Abs. 1 S. 2 ZPO war nicht statthaft, weil die Eigentümer nicht zu hören waren (→ Rn. 58).[77] Wurde eine Anregung auf Bestellung eines Ersatzzustellungsvertreters zurückgewiesen, konnte dies aber mit der sofortigen Beschwerde angegriffen werden (vgl. § 567 Abs. 1 Nr. 2 ZPO).

Das Gericht hatte in dem Beschluss, mit dem es die Person des Ersatzzustellungsvertreters bestellte, auch deren **Vergütung** festzulegen, die es in seinem Ermessen nach der üblichen Vergütung iSd §§ 675, 612 Abs. 2 BGB zu bestimmen und die Berechnungsgrundlage des Auslagenersatzes vorzugeben hatte.[78] Nach der höchstrichterlichen Rechtsprechung sei mit der Annahme des Amtes durch den Vertreter ein Vertrag zwischen dem Verband Wohnungseigentümergemeinschaft und dem Vertreter entstanden.[79] Den Vergütungsanspruch habe der Ersatzzustellungsvertreter daher gegen den Verband zu richten gehabt.[80] Ein Streit darüber sei § 43 Nr. 3 WEG aF unterfallen. Die Kosten seien demnach Kosten der ordnungsgemäßen Verwaltung gewesen.[81] Nach zutreffender Gegenauffassung trennte diese Rechtsprechung nicht zwischen dem Vertreteramt und dem Vertrag des Vertreters mit dem Verband Wohnungseigentümergemeinschaft. Das Gericht hatte keine Befugnis, ein Rechtsverhältnis zwischen dem Verband und dem Vertreter vorzugeben. Vielmehr eröffnete erst § 21 Abs. 8 WEG aF eine gerichtliche Bestimmung, wenn nämlich die Eigentümer zuvor erfolglos versucht hatten, einen Vertreter zu bestellen.[82] Der Aufwendungsersatzanspruch entstand analog § 85 Abs. 3 S. 1 AktG aus dem durch die Bestellung begründeten Rechtsverhältnis, ohne dass § 23 JVEG anwendbar gewesen wäre.[83] Diese Kosten waren ferner keine Kosten iSv § 91 Abs. 1 S. 1 ZPO (→ *Gerichtliche und außergerichtliche Kosten* Rn. 44).[84] 61

Mit dem Beschluss wurde der **Willensakt** der Eigentümer aus § 45 Abs. 2 S. 1 WEG aF ersetzt,[85] so dass dem gesetzlich bestellten Ersatzzustellungsvertreter dieselben Pflichten oblagen wie dem Zustellungsvertreter aus § 45 Abs. 2 S. 2 WEG aF. Das Gericht hatte den Vertreter zu überwachen, ihn um Auskunft zu bitten, ihn zu unterstützen und ggf. abzuberufen.[86] 62

278. Zwangsverwaltung

Achenbach

I. Allgemeines

Die Zwangsverwaltung ist neben der Zwangsversteigerung (→ *Zwangsvollstreckung in ein Wohnungseigentum* Rn. 14 ff.) und der Eintragung einer Zwangshypothek (→ *Zwangsvollstreckung in ein Wohnungseigentum* Rn. 43 ff.) eine weitere Art der **Immobiliarvollstreckung**. Bei der Zwangsverwaltung erfolgt die Befriedigung des Gläubigers nicht aus dem Wohnungseigentum selbst, sondern **aus dessen Nutzungen**. Die Nutzungen sind insbesondere laufende Einnahmen wie **Mieteinnahmen**. Zur Erhebung und Verteilung der Nutzungen bestellt das Gericht einen Zwangsverwalter. Die Verwaltung und Benutzung des Wohnungseigentums wer- 1

---

76 BeckOK WEG/*Elzer* § 45 Rn. 69.
77 AA LG Berlin 15.8.2008 – 85 T 103/08, NJW 2009, 85.
78 BGH 11.5.2017 – V ZB 52/15, NJW 2017, 2766 Rn. 15; vgl. *Schmid* MDR 2012, 561 (562 f.).
79 BGH 11.5.2017 – V ZB 52/15, NJW 2017, 2766 Rn. 15.
80 *Schmid* MDR 2012, 561 (562).
81 BGH 11.5.2017 – V ZB 52/15, NJW 2017, 2766 Rn. 15.
82 BeckOK WEG/*Elzer* § 45 Rn. 71; auch *Elzer* ZfIR 2017, 504.
83 BeckOK WEG/*Elzer* § 45 Rn. 72; *Schmid* MDR 2012, 561 (562).
84 BGH 11.5.2017 – V ZB 52/15, NJW 2017, 2766 Rn. 15; aA BeckOK WEG/*Elzer* § 45 Rn. 74.
85 BeckOK WEG/*Elzer* § 45 Rn. 68.
86 Vgl. *Köhler* ZfIR 2010, 85 (89).

den dem Schuldner entzogen und obliegen dann dem Zwangsverwalter, § 148 Abs. 2 ZVG. Das Entziehen der Verwaltung und Benutzung ist allerdings nur möglich, soweit sie dem Schuldner zustehen. Dieser muss also den unmittelbaren oder mittelbaren Eigenbesitz am Wohnungseigentum ausüben, § 872 BGB. Tut er dies nicht und wird durch die Anordnung des Verfahrens in den Besitz eines nicht zur Herausgabe bereiten Dritten eingegriffen, kann die Verwaltung nicht angeordnet werden.[1] Der Besitz des Schuldners wird im Anordnungsverfahren nicht geprüft.[2] Ist allerdings bereits nachgewiesen, dass sich der Schuldner nicht mehr im Eigenbesitz befindet, kann die Anordnung der Verwaltung nicht erfolgen.[3] Insoweit liegt ein Vollstreckungsmangel nach § 28 Abs. 2 ZVG vor.

II. Verfahren

2 **1. Anordnung.** Auf die Anordnung der Zwangsverwaltung finden die Vorschriften über die Anordnung der **Zwangsversteigerung entsprechende Anwendung**, soweit sich nicht aus den §§ 147–151 ZVG ein anderes ergibt, § 146 Abs. 1 ZVG. Somit müssen die allgemeinen Verfahrensvoraussetzungen (zum Antragsrecht → *Zwangsvollstreckung in ein Wohnungseigentum* Rn. 15) und die allgemeinen (→ *Zwangsvollstreckung in ein Wohnungseigentum* Rn. 3 ff.) und besonderen (→ *Zwangsvollstreckung in ein Wohnungseigentum* Rn. 8 ff.) Vollstreckungsvoraussetzungen vorliegen. §§ 15–27 ZVG finden entsprechende Anwendung, insbesondere § 17 ZVG (→ *Zwangsvollstreckung in ein Wohnungseigentum* Rn. 15) und § 28 ZVG (→ *Zwangsvollstreckung in ein Wohnungseigentum* Rn. 16).[4]

3 **2. Beschlagnahme.** Die Anordnung des Verwaltungsverfahrens bewirkt – wie bei der Zwangsversteigerung (→ *Zwangsvollstreckung in ein Wohnungseigentum* Rn. 17) – die Beschlagnahme des Wohnungseigentums, § 20 ZVG, die wiederum für den jeweiligen betreibenden Gläubiger die Wirkung eines **Veräußerungsverbots** hat, § 23 Abs. 1 ZVG, §§ 135, 136 BGB. § 23 Abs. 1 S. 2 ZVG findet jedoch nach § 148 Abs. 1 S. 2 ZVG keine Anwendung. Somit kann der Schuldner auch nicht über einzelne beschlagnahmte Gegenstände wirksam verfügen.

4 **3. Zwangsverwalter.** Der Zwangsverwalter wird von dem Gericht bestellt, § 150 Abs. 1 ZVG. Er hat das Recht und die Pflicht, alle Handlungen vorzunehmen, die erforderlich sind, um das Grundstück in seinem **wirtschaftlichen Bestand zu erhalten und ordnungsmäßig zu benutzen**; er hat die Ansprüche, auf welche sich die Beschlagnahme erstreckt, geltend zu machen und die für die Verwaltung entbehrlichen Nutzungen in Geld umzusetzen, § 152 Abs. 1 ZVG. Er hat außerdem dem Gläubiger und dem Schuldner jährlich und nach der Beendigung der Verwaltung Rechnung zu legen. Die Rechnung ist dem Gericht einzureichen und von diesem dem Gläubiger und dem Schuldner vorzulegen, § 154 ZVG.

5 Der Zwangsverwalter tritt **an die Stelle des Schuldners**, soweit sich dies ausdrücklich aus seinem Pflichtenkreis heraus ergibt. Zahlungen des Verwalters an einen Gläubiger werden so behandelt, als hätte sie der Schuldner selbst geleistet.[5]

6 Auch ohne Teilungsplan oder Anordnung des Vollstreckungsgerichts hat der Zwangsverwalter **Ausgaben der Verwaltung** sowie die Kosten des Verfahrens (außer Anordnungs- und Beitrittskosten) aus den Nutzungen des Wohnungseigentums vorweg zu bestreiten, § 155 Abs. 1 ZVG. Ausgaben der Verwaltung sind insbesondere

- Beitragsvorschüsse aufgrund eines nach Anordnung beschlossenen Wirtschaftsplans
- das laufende Hausgeld, das nach der Beschlagnahme fällig wird, § 156 Abs. 1 S. 2 ZVG[6]
- Instandhaltungskosten
- Nachzahlungen (→ *Jahresabrechnung* Rn. 96 f.) aus einer nach Beschlagnahme beschlossenen Jahresabrechnung[7]
- laufende Beträge der öffentlichen Lasten, § 156 Abs. 1 S. 1 ZVG[8]

---

1 BGH 26.9.1985 – IX ZR 88/84, BGHZ 96, 61 (66).
2 BGH 19.3.2004 – IXa ZB 190/03, Rpfleger 2004, 510.
3 LG Frankfurt a. M. 3.5.2011 – 2–09 T 94/11, Rpfleger 2011, 684.
4 Muster eines Antrags: FormB-WEG-R/*Keller* § 5 Rn. 256.
5 BGH 9.12.2011 – V ZR 131/11, NJW 2012, 1293.
6 BGH 15.10.2009 – V ZB 43/09, BGHZ 182, 361.
7 BGH 23.9.1999 – V ZB 17/99, BGHZ 142, 290.
8 BGH 15.10.2009 – V ZB 43/09, BGHZ 182, 361.

- grds. Beiträge zu einer nach Anordnung beschlossenen Sonderumlage[9]
- Vergütung und Auslagen des Zwangsverwalters

Bereits vor der Beschlagnahme fällig gewordene **rückständige Hausgelder** gehören allerdings nicht dazu.[10]

Der Zwangsverwalter ist zu **Wohnungseigentümerversammlungen einzuladen**.[11]   7

4. Haftung des Zwangsverwalters bzw. des Wohnungseigentümers. Der Verwalter ist für die Erfüllung der   8
ihm obliegenden Verpflichtungen allen Beteiligten gegenüber **verantwortlich**, § 154 S. 1 ZVG. Der BGH hat
klargestellt, dass die Gemeinschaft der Wohnungseigentümer im Zwangsverwaltungsverfahren Beteiligte sein
kann, auch ohne dass die Voraussetzungen des § 9 ZVG vorliegen. Der Begriff des „Beteiligten" in § 154 ZVG
entspricht insoweit nicht dem Begriff des formell Beteiligten in § 9 ZVG.[12] Der Zwangsverwalter ist danach
der Gemeinschaft der Wohnungseigentümer gegenüber verpflichtet, die Ausgaben der Verwaltung (→ Rn. 6)
vorweg zu bestreiten, somit – selbst ohne Anmeldung der Gemeinschaft zum Zwangsverwaltungsverfahren –
zB Hausgelder zu zahlen. Die Nichtzahlung kann uU zu einer **Schadensersatzpflicht** führen.

Neben dem Zwangsverwalter **haftet auch der Wohnungseigentümer** der zwangsverwalteten Wohnung für   9
die nach der Beschlagnahme fällig werdenden Beiträge zu den Lasten und Kosten des Wohnungseigentums.[13]
Insofern kann (zB und insbesondere nach Aufhebung der Zwangsverwaltung) der Antrag auf Anordnung eines
Zwangsversteigerungsverfahrens gegen den Wohnungseigentümer gestellt werden (→ *Zwangsvollstreckung in
ein Wohnungseigentum* Rn. 14 ff.).

5. Verteilungstermin. Nach der Vorwegentnahme der Ausgaben der Verwaltung und der Kosten des Verfah-   10
rens stellt das Vollstreckungsgericht in einem Verteilungstermin einen **Teilungsplan** auf, und zwar für die ganze Dauer des Verfahrens, § 156 Abs. 2 S. 2 ZVG. Grundlage für die Rangfolge der zu bedienenden Ansprüche
ist § 10 Abs. 1 ZVG.

Berücksichtigung bei der Verteilung des Überschusses finden nur **Ansprüche** der Rangklassen 1 bis 5, § 155   11
Abs. 2 S. 1 ZVG. Außerdem werden in den Rangklassen 2 bis 4 nur **laufende wiederkehrende Leistungen**,
also keine rückständigen aufgenommen, § 155 Abs. 2 S. 2 ZVG.

279. Zwangsvollstreckung in ein Wohnungseigentum

Achenbach

---

9 BGH 5.2.2009 – IX ZR 21/07, BGHZ 179, 336.
10 Riecke/Schmid/*Abramenko* WEG § 16 Rn. 229.
11 FA-MietR/*Schneider* Teil 33 Rn. 595.
12 BGH 5.2.2009 – IX ZR 21/07, BGHZ 179, 336.
13 OLG München 12.10.2006 – 32 Wx 124/06, ZMR 2007, 216.

I. Arten der Immobiliarvollstreckung

1 Gem. § 866 ZPO kommen **drei Arten der Immobiliarvollstreckung** in Betracht:

- Eintragung einer Sicherungshypothek (Zwangshypothek)
- Zwangsversteigerung
- Zwangsverwaltung

Es handelt sich dem Wortlaut nach um Arten der Zwangsvollstreckung in ein Grundstück. Gem. § 864 Abs. 2 ZPO können Gegenstand der Immobiliarvollstreckung aber auch Wohnungs- und Teileigentumsrechte (als besonders ausgestaltetes Bruchteilseigentum) sein.

II. Voraussetzungen der Immobiliarvollstreckung

2 Um eine Vollstreckungsmaßnahme gegen den Beitragsschuldner durchführen zu können, müssen neben den allgemeinen Prozessvoraussetzungen auch bestimmte **Vollstreckungsvoraussetzungen** vorliegen.

3 **1. Allgemeine Voraussetzungen.** Als **Vollstreckungstitel** kommt zunächst ein Endurteil (idR Zahlungsurteil) in Betracht. Dieses muss entweder rechtskräftig oder für vorläufig vollstreckbar erklärt sein, § 704 ZPO. Neben dem Endurteil kommen einige weitere Vollstreckungstitel in Betracht wie zB ein Vergleich, ein Kostenfestsetzungsbeschluss, ein Vollstreckungsbescheid oder eine notarielle Urkunde, § 794 ZPO.

4 Der Vollstreckungstitel (eine Ausfertigung) muss mit der **Vollstreckungsklausel** versehen werden, § 724 ZPO. Dadurch wird die Vollstreckbarkeit des Titels bescheinigt. Die Vollstreckungsklausel wird grundsätzlich erteilt vom Gericht des ersten Rechtszuges, idR somit vom Amtsgericht, § 724 Abs. 2 ZPO, § 43 Abs. 2 Nr. 2 WEG. Ist der Rechtsstreit bei einem höheren Gericht anhängig, so ist dieses zuständig, § 724 Abs. 2 ZPO.

Ausnahmsweise keiner Vollstreckungsklausel bedürfen auf das Urteil gesetzte Kostenfestsetzungsbeschlüsse (§ 795 a ZPO) und Vollstreckungsbescheide (§ 796 ZPO), wenn die Vollstreckung nicht gegen einen anderen als den im Vollstreckungsbescheid bezeichneten Schuldner erfolgen soll, § 796 Abs. 1 ZPO.

5 Vor Beginn der Zwangsvollstreckung muss die **Zustellung** des Titels an den Schuldner erfolgt sein, § 750 Abs. 1 ZPO. Wurde der Titel bereits von Amts wegen zugestellt und die Zustellung entsprechend vermerkt, so ist eine zusätzliche Zustellung im Parteibetrieb nicht mehr erforderlich.

Ggf. weitere Zustellungserfordernisse (→ Rn. 9 f.)

6 Titel- und Vollstreckungsgläubiger sowie Titel- und Vollstreckungsschuldner müssen identisch sein, insoweit muss also **Parteiidentität** bestehen.

7 **2. Besondere Voraussetzungen.** Je nach Fallkonstellation müssen neben den allgemeinen Voraussetzungen der Zwangsvollstreckung auch noch **besondere Voraussetzungen** erfüllt sein.

Es kommen in Betracht:

8 ■ **Eintritt eines Kalendertages**, § 750 Abs. 1 ZPO

Die Geltendmachung eines Anspruchs kann vom Eintritt eines bestimmten Kalendertages abhängen. Dies ist beispielsweise der Fall, wenn der Schuldner verurteilt wurde, künftige Beitragsvorschüsse zu zahlen. Die Zwangsvollstreckung darf dann nur beginnen, wenn der Kalendertag abgelaufen ist.

9 ■ **Nachweis der Sicherheitsleistung**, § 751 Abs. 2 ZPO

Hat die Gemeinschaft der Wohnungseigentümer ein Urteil erwirkt, das nur gegen Sicherheitsleistung vorläufig vollstreckbar ist, muss die Sicherheitsleistung durch öffentliche oder öffentlich beglaubigte Urkunde nachgewiesen werden, bevor die Vollstreckung beginnen kann. Außerdem muss eine Abschrift dieser Urkunde zugestellt sein oder gleichzeitig zugestellt werden.

Ohne Nachweis der Sicherheitsleistung kann im Rahmen der Sicherungsvollstreckung nach § 720 a ZPO eine **Sicherungshypothek** (Zwangshypothek) bereits eingetragen werden, § 720 a Abs. 1 S. 1 lit. b ZPO. Voraussetzung hierfür ist aber, dass das Urteil und eine möglicherweise erteilte **qualifizierte** Vollstreckungsklausel mindestens zwei Wochen vorher zugestellt sind, § 750 Abs. 3 ZPO. Für eine einfache Klausel nach § 724 ZPO gilt dies nicht.[1]

- **Zug-um-Zug-Leistung**, § 765 ZPO

10

Hängt die Vollstreckung von einer Zug um Zug zu bewirkenden Leistung des Gläubigers an den Schuldner ab, kann die Vollstreckung erst beginnen, wenn der Beweis, dass der Schuldner befriedigt oder im Verzug der Annahme ist, durch öffentliche oder öffentlich beglaubigte Urkunden geführt wird und eine Abschrift dieser Urkunden bereits zugestellt ist. Dies gilt nicht, wenn der Gerichtsvollzieher mit der Zwangsvollstreckung nach § 756 ZPO bereits begonnen hatte.

- **Wartefrist**, § 798 ZPO

11

Bei der Vollstreckung aus bestimmten Titeln ist eine Wartefrist von mindestens zwei Wochen nach Zustellung des Titels einzuhalten.

3. Spezielle Voraussetzungen. Je nach Art der Vollstreckung (→ Rn. 1) kann es vorkommen, dass neben den allgemeinen und besonderen Voraussetzungen der Zwangsvollstreckung auch noch **spezielle Voraussetzungen** zu beachten sind. Diese finden sich beispielsweise in §§ 866 Abs. 3 S. 1, 867 Abs. 2 ZPO oder §§ 17, 28 ZVG. Auf diese Voraussetzungen wird bei der jeweiligen Vollstreckungsart eingegangen.

12

4. „Keine" Vollstreckungshindernisse. Damit die Vollstreckung beginnen kann, ist das **Fehlen von Vollstreckungshindernissen** Voraussetzung. Vollstreckungshindernisse ergeben sich beispielsweise aus § 775 ZPO, § 89 InsO.

13

III. Zwangsversteigerung

1. Ablauf eines Versteigerungsverfahrens. Zu den Einzelheiten eines Zwangsversteigerungsverfahren vgl. die einschlägigen ZVG-Werke. Hier sollen lediglich die Grundzüge und Besonderheiten hinsichtlich der Versteigerung von Wohnungseigentum dargestellt werden.

14

a) Anordnung. Damit das Vollstreckungsgericht das Versteigerungsverfahren anordnen kann, müssen zunächst die **allgemeinen Prozessvoraussetzungen** vorliegen. Hier ist zunächst insbesondere auf den **Antrag** einzugehen. Den nach § 15 ZVG erforderlichen Anordnungsantrag kann der **Gläubiger** stellen.[2]

15

Der Antrag kann auch durch einen **Bevollmächtigten** gestellt werden. Die möglichen Bevollmächtigten ergeben sich aus § 79 Abs. 2 ZPO. Da der Verwalter der Gemeinschaft der Wohnungseigentümer in § 79 Abs. 2 ZPO nicht genannt ist, müsste sein Antrag auf Anordnung der Zwangsversteigerung durch unanfechtbaren Beschluss zurückgewiesen werden, § 79 Abs. 3 S. 1 ZPO.

Die **Vertretungsmacht des Verwalters** für die Gemeinschaft der Wohnungseigentümer beruht allerdings **nicht auf einer rechtsgeschäftlichen Vollmacht.** Er handelt als organschaftlicher Vertreter, § 9 b WEG.

Bereits vor Inkrafttreten des WEMoG handelte der Verwalter als gesetzlich bestimmtes Organ des Verbands Wohnungseigentümergemeinschaft.[3] Voraussetzung war, dass ihm über die generell kraft Gesetzes bestehenden Vertretungsbefugnisse (§ 27 Abs. 2 und 3 WEG aF) durch Ermächtigung nach § 27 Abs. 3 S. 1 Nr. 7 WEG aF auch weitergehende Befugnisse eingeräumt wurden, hier die aktive Prozessführung, also über § 27 Abs. 3 S. 1 Nr. 2 WEG aF hinaus.[4] Lag eine solche Ermächtigung durch Vereinbarung oder Beschluss vor, dann handelte der Verwalter, und zwar ohne eine zusätzlich an ihn gerichtete Willenserklärung,[5] als **gesetzlich bestimmtes Organ** und eben nicht als rechtsgeschäftlicher Vertreter. § 79 Abs. 2 ZPO fand daher keine Anwendung.[6]

Der Verwalter konnte also immer schon – entsprechende Ermächtigung vorausgesetzt – den Antrag auf Anordnung der Zwangsversteigerung stellen, was sich nunmehr unmittelbar aus § 9 b WEG ergibt.

---

1 BGH 5.7.2005 – VII ZB 14/05, MDR 2005, 1433.
2 Muster eines Antrags: FormB-WEG-R/*Keller* § 5 Rn. 147.
3 BGH 20.2.2014 – III ZR 443/13, BGHZ 200, 195.
4 BGH 8.12.2017 – V ZR 82/17, NJW 2018, 1613; Jennißen/*Heinemann* WEG § 19 Rn. 30.
5 Bärmann/*Becker* WEG § 27 Rn. 253.
6 *Elzer* ZMR 2008, 772 (774).

Außerdem müssen die allgemeinen und besonderen **Vollstreckungsvoraussetzungen** vorliegen (→ Rn. 3 ff.). Darüber hinaus hat das Vollstreckungsgericht spezielle Voraussetzungen zu prüfen und zu beachten. Nach § 17 ZVG darf die Zwangsversteigerung nur angeordnet werden, wenn der Schuldner als Eigentümer des Wohnungseigentums eingetragen ist oder wenn er Erbe des eingetragenen Eigentümers ist (zur Vollstreckung gegen den werdenden Wohnungseigentümer → Rn. 34.). Es ist also zunächst nachzuweisen, dass der Schuldner oder der Erblasser als Eigentümer eingetragen ist. Insoweit ist ein Zeugnis des Grundbuchamtes vorzulegen oder, was regelmäßig der Fall sein dürfte, Bezug auf das Wohnungsgrundbuch zu nehmen, § 17 Abs. 2 ZVG. Im Fall des § 17 Abs. 1 Alt. 2 ZVG ist zusätzlich die Erbfolge glaubhaft zu machen. Dies hat idR durch eine Ausfertigung des Erbscheins, ein europäisches Nachlasszeugnis oder eine öffentliche Verfügung von Todes wegen nebst Eröffnungsprotokoll zu geschehen. Ob auch ein privatschriftliches Testament nebst Eröffnungsprotokoll ausreichend ist, wird unterschiedlich gesehen. Nach hiesiger Auffassung ist die „überwiegende Wahrscheinlichkeit" der Erbfolge damit glaubhaft gemacht.[7]

16 Des Weiteren dürfen der Versteigerung keine **grundbuchersichtlichen Rechte, Verfügungsbeschränkungen** oder **Vollstreckungsmängel** entgegenstehen, § 28 ZVG. Diese Vorschrift ist nach dem Wortlaut erst zu beachten, nachdem das Verfahren angeordnet wurde. Sie ist aber tatsächlich bereits im Anordnungsverfahren zu beachten.

Nach § 28 Abs. 1 ZVG darf das Verfahren nicht angeordnet werden, wenn nicht der Schuldner, sondern ein **Dritter Wohnungseigentümer** ist. Dies dürfte im Anordnungsverfahren kaum vorkommen, da dies bereits formell über § 17 ZVG (→ Rn. 15.) zu beachten ist. Eine eingetragene Eigentumsvormerkung hindert die Anordnung des Verfahrens nicht.

Als Verfügungsbeschränkungen iSd § 28 ZVG kommen in Betracht die **Testamentsvollstreckung** bei Vollstreckung gegen den Erben (§ 2214 BGB), die Nachlassverwaltung bei Vollstreckung gegen die Erben (§ 1984 Abs. 2 BGB) und die **Insolvenzeröffnung**, § 89 InsO.

Eine **Veräußerungsbeschränkung** nach § 12 Abs. 1, Abs. 3 S. 2 WEG stellt keine der Versteigerung entgegenstehende Verfügungsbeschränkung nach § 28 Abs. 2 ZVG dar, da die Zustimmung erst beim Zuschlag erforderlich wird, ebenso die Anordnung der Nacherbfolge, § 2115 BGB, § 773 ZPO. Auch steht § 1365 BGB der Anordnung des Verfahrens nicht entgegen, da es sich bei der Versteigerung nicht um eine rechtsgeschäftliche Verfügung handelt.

17 Die Anordnung des Versteigerungsverfahrens bewirkt die **Beschlagnahme** des Wohnungseigentums, § 20 ZVG, die wiederum für den jeweiligen betreibenden Gläubiger die Wirkung eines **Veräußerungsverbots** hat, § 23 Abs. 1 ZVG, §§ 135, 136 BGB.

18 **b) Vorbereitung des Termins.** Bei der Vorbereitung des Versteigerungstermins sind §§ 35–43 ZVG zu beachten. Insbesondere zu beachten ist die **Bekanntmachungsfrist**, § 43 Abs. 1 ZVG, die **Beschlusszustellungsfrist**, § 43 Abs. 2 Alt. 1 ZVG, und die **Terminzustellungsfrist**, § 43 Abs. 2 Alt. 2 ZVG.

19 **c) Durchführung des Termins.** Der Ablauf eines Versteigerungstermins, § 66 ZVG, lässt sich in drei Teile gliedern, den **Bekanntmachungsteil**, die **Bietzeit** und die **Verhandlung über den Zuschlag**.

Nach dem Aufruf der Sache erfolgen die Bekanntmachungen iSd § 66 ZVG. Ua werden das **geringste Gebot** und die Versteigerungsbedingungen festgestellt. Bei der Aufstellung des geringsten Gebots ist der Deckungsgrundsatz des § 44 Abs. 1 ZVG zu beachten. Danach müssen neben den Verfahrenskosten, § 109 ZVG, alle Ansprüche gedeckt sein, die dem (bestrangig) betreibenden Gläubiger vorgehen. Rechte vorgehender Gläubiger dürfen – als Ausfluss des Rangprinzips – durch die Versteigerung nicht beeinträchtigt sein. Hat beispielsweise die Gemeinschaft der Wohnungseigentümer Ansprüche aus § 10 Abs. 1 Nr. 2 ZVG angemeldet in einem Verfahren, das von einem Grundpfandrechtsgläubiger aus Rangklasse 4 betrieben wird, müssen ua die angemeldeten Hausgeldansprüche durch ein abgegebenes Gebot in voller Höhe gedeckt sein.

Die **Bietzeit** beträgt 30 Minuten, § 73 Abs. 1 ZVG, und kann nicht verkürzt werden. Sie wird aber so lange fortgesetzt, bis keine weiteren Gebote abgegeben werden.

Nach dem Schluss der Versteigerung wird über den **Zuschlag** verhandelt, § 74 ZVG. Liegen keine Zuschlagsversagungsgründe vor, ist dem Meistbietenden der Zuschlag zu erteilen, § 81 ZVG. Zuschlagsversagungsgrün-

---

7 Steiner/*Hagemann* ZVG § 17 Rn. 45; aA Böttcher/*Böttcher* ZVG § 17 Rn. 9; Stöber/*Becker* ZVG § 17 Rn. 14.

Achenbach

de sind teilweise von Amts wegen (zB §§ 83, 85 a ZVG) und teilweise nur auf Antrag (zB § 74 a ZVG) zu beachten. Die Entscheidung über den Zuschlag erfolgt im Versteigerungstermin selbst oder in einem Zuschlagsverkündungstermin, § 87 Abs. 1 ZVG. Ein Zuschlagsverkündungstermin ist insbesondere dann anzuberaumen, wenn den Beteiligten oder Bietern Zeit für Anträge (zB dem Schuldner nach § 765 a ZPO), oder Nachweise (zB erhöhte Sicherheitsleistung nach § 68 Abs. 2–4 ZVG, Zustimmung nach § 12 WEG) (→ Rn. 20),[8] gegeben werden muss.

Durch den **Zuschlag** wird der Ersteher kraft **staatlichen Hoheitsaktes** Wohnungseigentümer, also außerhalb des Wohnungsgrundbuchs ohne Eintragung.

d) Zustimmung nach § 12 WEG. Als Inhalt des Sondereigentums kann nach § 12 WEG mit dinglicher Wirkung eine **Veräußerungsbeschränkung** vereinbart werden. Diese Veräußerungsbeschränkung gilt grundsätzlich auch in der Zwangsversteigerung, § 12 Abs. 3 S. 2 WEG, soweit das Zustimmungserfordernis nicht gerade bei Veräußerungen im Wege der Zwangsversteigerung ausgenommen ist. Ist eine Veräußerungsbeschränkung wirksam vereinbart, so ist für die Zuschlagserteilung die erforderliche Zustimmung nachzuweisen, da ansonsten der Zuschlag nach § 83 Nr. 6 ZVG zu versagen wäre.[9]   20

Eine **dem betreibenden Gläubiger gegenüber wirksame Vereinbarung** liegt vor, wenn   21

- die Zwangsversteigerung aus einem Grundpfandrecht betrieben wird und die Vereinbarung nach § 12 WEG bereits **vor** der Eintragung des Grundpfandrechts erfolgte,
- die Zwangsversteigerung aus einem Grundpfandrecht betrieben wird und die Vereinbarung nach § 12 WEG **nach** der Eintragung des Grundpfandrechts erfolgte, sofern der Grundpfandrechtsgläubiger der Inhaltsänderung zugestimmt hat, §§ 876, 877 BGB.

Folglich kann der **Zuschlag** in der Zwangsversteigerung auch **ohne Zustimmung der übrigen Wohnungseigentümer** bzw. des **Verwalters** erteilt werden, wenn die Veräußerungsbeschränkung ohne Zustimmung iSd §§ 876, 877 BGB eines bereits vorhandenen, jetzt dinglich betreibenden Gläubigers vereinbart wurde, da diese Vereinbarung dem Gläubiger gegenüber dann unwirksam ist.   22

Der die Zwangsversteigerung betreibende Gläubiger ist berechtigt, den Anspruch des Wohnungseigentümers aus § 43 WEG (Anspruch auf Zustimmung gegen die anderen Wohnungseigentümer) selbstständig geltend zu machen, und zwar auch, ohne den Anspruch pfänden und überweisen zu lassen.[10]   23

e) Verteilung des Erlöses. Nach der Zuschlagserteilung ist ein **Verteilungstermin** zu bestimmen, § 105 Abs. 1 ZVG. In diesem Termin wird ein Teilungsplan aufgestellt, in dem – nach Vorwegentnahme der Verfahrenskosten – der Erlös an die Gläubiger entsprechend der Rangklassen des § 10 Abs. 1 ZVG zugeteilt und anschließend überwiesen wird, §§ 113, 117 ZVG.   24

In dem Verteilungsverfahren ist insbesondere zu beachten, dass nur diejenigen anmeldebedürftigen Ansprüche Berücksichtigung finden, die spätestens im Verteilungstermin **angemeldet wurden**. Ist Versteigerungsantrag gestellt, gilt dieser als Anmeldung, § 114 Abs. 1 S. 2 ZVG (Anmeldefiktion).   25

2. Verwertungsvorrecht nach § 10 Abs. 1 Nr. 2 ZVG. a) Allgemeines. In einem Zwangsversteigerungsverfahren (auf Antrag der Gemeinschaft der Wohnungseigentümer oder eines anderen Gläubigers) kann die Gemeinschaft der Wohnungseigentümer Beitragsansprüche in der sog. **Rangklasse 2** des § 10 Abs. 1 ZVG geltend machen. Der Gemeinschaft der Wohnungseigentümer wird damit bei der Erlösverteilung eine **vordere** Rangklasse eingeräumt, beispielsweise noch vor der Rangklasse der Grundpfandrechtsgläubiger, die in die Rangklasse 4 des § 10 Abs. 1 ZVG eingeordnet sind. Eine Gemeinschaft der Wohnungseigentümer soll damit seit 2007 vor Ausfällen von Hausgeldansprüchen geschützt werden, die bis dahin lediglich in der Rangklasse 5 des § 10 Abs. 1 ZVG geltend gemacht werden und somit in aller Regel aus dem Versteigerungserlös nicht bedient werden konnten.   26

b) Art der Ansprüche. Das **Verwertungsvorrecht** des § 10 Abs. 1 Nr. 2 ZVG genießen Ansprüche auf Zahlung der Beiträge zu den Lasten und Kosten des gemeinschaftlichen Eigentums oder des Sondereigentums, die nach § 28 Abs. 1 und 2 WEG geschuldet werden, einschließlich der Vorschüsse und Rückstellungen sowie der   27

---

8 Böttcher/*Böttcher* ZVG §§ 15, 16 Rn. 86.
9 Böttcher/*Böttcher* ZVG § 83 Rn. 7.
10 BGH 21.11.2013 – V ZR 269/12, NJW-RR 2014, 710.

Rückgriffsansprüche einzelner Wohnungseigentümer. Die Anspruchsgrundlage des § 16 Abs. 2 WEG aF ist nach Inkrafttreten des WEMoG weggefallen.[11] Insoweit hätte auch § 10 Abs. 1 Nr. 2 ZVG geändert werden müssen, was aber unterblieben ist.

Der Wohnungseigentümer hat aufgrund eines beschlossenen **Wirtschaftsplans** oder beschlossener **Sonderumlagen** Beiträge als Vorschuss zu leisten bzw. aus beschlossenen **Abrechnungen** nachzuzahlen.[12] Insbesondere bei Zweier-Gemeinschaften kann es auch zu **Rückgriffsansprüchen** eines Wohnungseigentümers kommen, wenn zB die Beiträge unmittelbar von diesem gezahlt werden.[13] Diese Beiträge bzw. Ansprüche fallen somit in die Rangklasse 2 des § 10 Abs. 1 ZVG.

28 **c) Umfang der Ansprüche.** Von den von der Rangklasse 2 grundsätzlich erfassten Ansprüchen ihrer Art nach können geltend gemacht werden zunächst die **laufenden Beträge**.

Durch die Anordnung der Zwangsversteigerung wird das Wohnungseigentum beschlagnahmt, § 20 ZVG. Konkret wird die Beschlagnahme wirksam mit der Zustellung des Anordnungsbeschlusses an den Schuldner oder mit Eingang des Ersuchens um Eintragung des Zwangsversteigerungsvermerks beim Grundbuchamt, §§ 19, 22 ZVG. Hierbei ist der frühere Zeitpunkt maßgeblich.[14] Der letzte vor der Beschlagnahme fällig gewordene Betrag sowie danach fällig werdende, sind laufende Beträge im Sinne des ZVG, vgl. § 13 ZVG.

29 Ebenfalls von der Rangklasse 2 erfasst sind die **rückständigen Beträge** aus dem Jahr der Beschlagnahme und den letzten zwei (Kalender-)Jahren. Ältere Rückstände können lediglich als Beschlagnahmegläubiger in Rangklasse 5 geltend gemacht werden. Das gilt auch für Beträge, die durch Beschluss der Abrechnung zwar innerhalb des 2-Jahreszeitraums begründet wurden (**Abrechnungsspitze**), sich aber auf ein früheres Wirtschaftsjahr beziehen.[15] Gerät ein Beitragsschuldner also mit den Zahlungen in Rückstand, sollte die Gemeinschaft der Wohnungseigentümer zeitnah aktiv werden.

30 Neben der zeitlichen Komponente sind die Ansprüche der Rangklasse 2 auch der Höhe nach begrenzt, § 10 Abs. 1 Nr. 2 S. 3 ZVG. Geltend gemacht werden in dieser Rangklasse kann höchstens ein Betrag (zusammen mit allen Nebenleistungen) von 5 % des Verkehrswertes, den das Vollstreckungsgericht nach § 74 a Abs. 5 ZVG festgesetzt hat. Zu den **Nebenleistungen** gehören Verzugszinsen, Kosten der dinglichen Rechtsverfolgung und Prozesskosten für die Beschaffung eines Titels, soweit dieser bevorrechtigte Ansprüche betrifft.[16]

Löst zB ein Grundpfandrechtsgläubiger bevorrechtigte Ansprüche der Rangklasse 2 ab (§ 268 Abs. 1 BGB), gehen diese auf den **ablösenden Gläubiger** über, und zwar mitsamt der Rangstelle, §§ 268 Abs. 3 S. 1, 401, 412 BGB. Die Gemeinschaft der Wohnungseigentümer kann nun allerdings keine weiteren Ansprüche aus Rangklasse 2 geltend machen, da diese Rangklasse weiterhin, jetzt durch den ablösenden Gläubiger, besetzt ist. Dies würde dem Sinn und Zweck des § 10 Abs. 1 Nr. 2 S. 3 ZVG, nämlich das kalkulierbar Machen der vorrangigen Belastung durch nachrangige Gläubiger, entgegenlaufen.

Anders verhält es sich, wenn der Schuldner die Gemeinschaft der Wohnungseigentümer im Laufe des Verfahrens befriedigt. Durch die **Zahlungen des Schuldners** wird das Vorrecht der Rangklasse 2 nicht verringert.[17]

31 Eine Gemeinschaft der Wohnungseigentümer kann Ansprüche in Rangklasse 2 immer nur **objektbezogen** geltend machen. Erfasst sind also Beitragsrückstände, die das zu versteigernde Objekt betreffen.[18]

32 **d) (Keine) Verdinglichung der Ansprüche.** Seit der WEG-Novelle 2007 ging die weit überwiegende Meinung bis 2013 davon aus, dass das Verwertungsvorrecht des § 10 Abs. 1 Nr. 2 ZVG **dingliche Wirkung** entfaltet.[19] Der BGH hat dann in einem Grundsatzurteil[20] die dingliche Wirkung verneint. Das Verwertungsvorrecht soll danach nur für schuldrechtliche Ansprüche gelten und eben keine dingliche Haftung des Wohnungseigen-

---

11 *Becker/Schneider* ZfIR 2020, 281 (296).

12 Bärmann/*Becker* WEG § 16 Rn. 189.

13 Stöber/*Achenbach* ZVG § 10 Rn. 30.

14 Stöber/*Becker* ZVG § 22 Rn. 3.

15 BT-Drs. 16/887, 45; Bärmann/*Becker* WEG § 16 Rn. 190; aA *Jacoby* ZWE 2015, 297.

16 Bärmann/*Becker* WEG § 16 Rn. 191.

17 BGH 14.6.2012 – V ZB 194/11, ZWE 2012, 437.

18 *Suilmann* ZWE 2010, 385.

19 BGH 21.7.2011 – IX ZR 120/10, NJW 2011, 3098; *Hügel/Elzer* NZM 2009, 457.

20 BGH 13.9.2013 – V ZR 209/12, NZI 2013, 997.

Achenbach

tums entfalten. Dies hat zur Folge, dass eine Geltendmachung der Beitragsschulden in der Rangklasse 2 gegen einen Wohnungseigentümer nur noch möglich ist, wenn dieser auch als Wohnungseigentümer im Grundbuch eingetragen ist. Diese Entscheidung hat erhebliche Auswirkungen auf die Geltendmachung der Beitragsschulden durch die Gemeinschaft der Wohnungseigentümer. Ihr Verwertungsvorrecht ist dadurch immens „entwertet" worden, denn durch – äußerst typische – Vorgänge bei Wohnungseigentum wird ihr die Geltendmachung in Rangklasse 2 teilweise bzw. die Vollstreckung in das Wohnungseigentum insgesamt genommen. Deutlich wird dies insbesondere bei einer **Veräußerung** des Wohnungseigentums und bei dem werdenden Wohnungseigentümer (§ 8 Abs. 3 WEG).

Der Beitragsschuldner kann das Wohnungseigentum der Haftung entziehen, indem er es zB an eine ihm nahestehende Person **veräußert**. Die Gemeinschaft der Wohnungseigentümer hat nämlich nach Ansicht des BGH nicht die Möglichkeit, gegen den Erwerber einen Titel auf Duldung der Zwangsvollstreckung zu erwirken. Ein Zahlungstitel gegen den Veräußerer soll auch nicht nach § 727 ZPO analog auf den Erwerber umgeschrieben werden können. Folglich hat die Gemeinschaft der Wohnungseigentümer nach der Veräußerung keine Möglichkeit mehr, sich aus dem Wohnungseigentum zu befriedigen. **33**

Der **werdende Wohnungseigentümer** ist idR bereits persönlicher Beitragsschuldner, § 8 Abs. 3 WEG. Die Eintragung des Erwerbers im Wohnungsgrundbuch ist dafür nicht erforderlich. Die Gemeinschaft der Wohnungseigentümer kann nun aufgrund der Ablehnung einer Verdinglichung durch den BGH nicht in das Wohnungseigentum vollstrecken. Voraussetzung für die Anordnung der Zwangsversteigerung ist, dass der Schuldner im Grundbuch eingetragen ist, § 17 ZVG. Dies ist bei dieser Konstellation nicht der Fall, da noch der teilende Eigentümer eingetragen ist – und gegen diesen ist aufgrund der fehlenden Verdinglichung die Zwangsvollstreckung nicht möglich. **34**

Insbesondere für den **Verwalter** ergeben sich aus dieser Situation kaum aufzulösende Probleme. Der Verwalter ist nämlich verpflichtet, Hausgeldansprüche der Gemeinschaft der Wohnungseigentümer in einem Zwangsversteigerungsverfahren anzumelden.[21] Dieser kann aber möglicherweise nicht feststellen, wann ein Erwerber zum werdenden Wohnungseigentümer geworden ist, da sich die Besitzübergabe nicht feststellen lässt. So begeht der Verwalter möglicherweise eine **Pflichtverletzung**, wenn er eine Anmeldung unterlässt oder er läuft Gefahr, dass die Anmeldung zurückgewiesen wird, wenn gegen den teilenden Eigentümer die Zwangsversteigerung läuft und für die Hausgeldansprüche nicht mehr dieser, sondern nur noch der noch nicht eingetragene Erwerber persönlicher Schuldner ist.[22] **35**

Wünschenswert wäre, wenn im Rahmen der Rechtsprechung oder Gesetzgebung Abhilfe geschaffen würde, indem die Ansprüche aus § 10 Abs. 1 Nr. 2 ZVG „verdinglicht" würden. Hiermit kann aber wohl nicht gerechnet werden.[23] **36**

e) Gemeinschaft als betreibender Gläubiger. Die Gemeinschaft der Wohnungseigentümer kann selbst die Zwangsversteigerung aus der Rangklasse 2 **betreiben**. Aus dem (Zahlungs-)Titel (→ Rn. 2) müssen sich ergeben **37**

- die Zahlungsverpflichtung des Schuldners,
- die Art und der Bezugszeitraum des Anspruchs und
- die Fälligkeit des Anspruchs.

Soweit die Art und der Bezugszeitraum des Anspruchs sowie seine Fälligkeit nicht aus dem Titel zu erkennen sind, sind sie in sonst geeigneter Weise glaubhaft zu machen, § 10 Abs. 3 S. 2 ZVG. Diese **Glaubhaftmachung** erfolgt zB durch Vorlage der Niederschrift der Beschlüsse der Wohnungseigentümer. Es kann Bezug genommen werden auf die Klage- bzw. Anspruchsbegründungsschrift.[24]

Der nach § 10 Abs. 1 Nr. 2 S. 3 ZVG festgelegte **Höchstbetrag von 5 % des Verkehrswertes** des Wohnungseigentums darf nicht überschritten werden. Wird wegen höherer Ansprüche das Verfahren betrieben, so fällt der über 5 % des Verkehrswertes hinausgehende Betrag in die Rangklasse 5. Entsprechend erfolgt auch die **38**

---

21 BGH 8.12.2017 – V ZR 82/17, ZfIR 2018, 232 mit Anm. *Becker* ZWE 2018, 172; mit Anm. *Schneider.*
22 BGH 5.6.2008 – V ZB 85/07, ZIP 2008, 2024; BGH 11.5.2012 – V ZR 196/11, ZfIR 2012, 603.
23 Vgl. Abschlussbericht der Bund-Länder-Arbeitsgruppe zur Reform des Wohnungseigentumsgesetzes (WEG), Abschlussbericht 2019, S. 100.
24 LG Heilbronn 28.11.2011 – 1 T 408/11, ZWE 2012, 277.

Verteilung des Erlöses, somit für einen Teil vor und für einen Teil nach den dinglichen Gläubigern, die in Rangklasse 4 fallen. Welche Beträge konkret in Rangklasse 2 bzw. 5 fallen, richtet sich nach § 12 ZVG.[25] Hinsichtlich der Hausgeldansprüche (Hauptforderung) ist die **Fälligkeit** entscheidend.

39 Für das Betreiben der Gemeinschaft der Wohnungseigentümer aus Rangklasse 2 ist das Überschreiten eines **Mindestbetrages nicht erforderlich.** § 10 Abs. 3 S. 1 ZVG aF wurde durch das WEMoG aufgehoben. Danach war die Zwangsversteigerung aus Rangklasse 2 nur zulässig, wenn die zu vollstreckenden Beträge (einschließlich Nebenleistungen) 3 % des Einheitswertes des Wohnungseigentums überstiegen. Das Vorliegen dieser speziellen Vollstreckungsvoraussetzung war durch Vorlage eines Einheitswertbescheides des Finanzamtes nachzuweisen.

40 **f) Anmeldung der Ansprüche (ohne Betreiben).** Will die Gemeinschaft der Wohnungseigentümer nicht selbst das Zwangsversteigerungsverfahren betreiben, kann sie ihre Ansprüche aus Rangklasse 2 (→ Rn. 26 ff.) zu einem von einem anderen Gläubiger betriebenen Verfahren anmelden. Für die Berücksichtigung der Ansprüche der Rangklasse 2 ist **kein Vollstreckungstitel erforderlich.** Ebenfalls ist keine besondere Ermächtigung des Verwalters erforderlich. Seine Befugnis ergibt sich unmittelbar aus § 9 b WEG, vor Inkrafttreten des WEMoG aus § 27 Abs. 1 Nr. 4, Abs. 3 S. 1 Nr. 4 WEG aF.[26]

41 Nach § 45 Abs. 3 S. 1 ZVG genügt es, wenn die Ansprüche durch die Niederschrift der Beschlüsse der Wohnungseigentümer einschließlich ihrer Anlagen glaubhaft gemacht werden. Aus dem Vorbringen müssen sich die Zahlungspflicht, die Art und der Bezugszeitraum des Anspruchs sowie seine Fälligkeit ergeben, § 45 Abs. 3 S. 2 ZVG.

42 Für die bloße Anmeldung (ohne Betreiben) von Ansprüchen aus Rangklasse 2 ist das Überschreiten eines **Mindestbetrages** (→ Rn. 39) nicht erforderlich, was auch bereits vor Inkrafttreten des WEMoG galt.

IV. Zwangshypothek

43 **1. Allgemeines.** Die Eintragung einer **Zwangshypothek** in das Wohnungsgrundbuch ist eine weitere Art der Immobiliarvollstreckung. Diese Art der Vollstreckung dient nicht der Befriedigung der Gemeinschaft der Wohnungseigentümer, sondern sichert ihr eine **bestimmte Rangstelle** in einer späteren Zwangsversteigerung oder Zwangsverwaltung.

44 Bei der Zwangshypothek handelt es sich um eine Sicherungshypothek iSd §§ 1184 ff. BGB. Sie gehört, wie die Hypothek, die Grundschuld und die Rentenschuld, zu den **Grundpfandrechten** am Wohnungseigentum.

45 Selbst, wenn bereits ein Zwangsversteigerungsverfahren absehbar ist, kann die Eintragung einer Zwangshypothek für die Gemeinschaft der Wohnungseigentümer sinnvoll sein. Zum einen ist sie dann **Beteiligte des Versteigerungsverfahrens von Amts wegen**, § 9 Nr. 1 ZVG. Zum anderen lassen sich aus ihrer Gläubigerstellung als Grundpfandrechtsgläubigerin Rechte herleiten, die ansonsten nicht bestünden. So erwirbt sie zB den Anspruch, vor- oder gleichrangige Eigentümergrundpfandrechte im Rahmen des **gesetzlichen Löschungsanspruchs** löschen zu lassen, § 1179 a BGB.

46 **2. Vollstreckungsrechtliche Eintragungsvoraussetzungen.** Die Eintragung einer Zwangshypothek ist eine Vollstreckungsmaßnahme, bei der das Grundbuchamt als Vollstreckungsorgan tätig wird (**Doppelnatur der Eintragung**). Das bedeutet, dass das Grundbuch sowohl die vollstreckungsrechtlichen als auch die grundbuchrechtlichen Voraussetzungen zu prüfen hat.

47 **a) Allgemeine Verfahrensvoraussetzungen.** Den nach § 867 Abs. 1 ZPO erforderlichen Eintragungsantrag kann der **Gläubiger** stellen. Da es sich (trotz der Doppelnatur der Eintragung) hauptsächlich um einen Akt der Zwangsvollstreckung handelt, findet § 13 GBO keine Anwendung. Der Schuldner ist somit nicht antragsberechtigt.[27]

48 Der Antrag kann auch durch einen **Bevollmächtigten** gestellt werden, wobei die Vollmacht in schriftlicher Form nachgewiesen werden muss (Ausnahme: § 88 Abs. 2 ZPO). Zur Antragstellung des Verwalters der Gemeinschaft der Wohnungseigentümer, → Rn. 15.

25 AA *Alff/Hintzen* Rpfleger 2008, 165 (169).
26 BGH 8.12.2017 – V ZR 82/17, NJW 2018, 1613.
27 Musielak/Voit/*Becker* ZPO § 867 Rn. 2.

Achenbach

Im Hinblick auf die Möglichkeit der vorrangigen Befriedigung für Hausgeldansprüche (→ Rn. 26 ff.) ist frag- **49** lich, ob ein **Rechtsschutzinteresse** für die Eintragung einer (unbedingten) Zwangshypothek besteht. Teilweise wird die Auffassung vertreten, dass die Zwangshypothek nur unter der **aufschiebenden Bedingung** des Wegfalls des Vorrechts gem. § 10 Abs. 1 Nr. 2 ZVG eingetragen werden kann.[28] Dieser Ansicht ist nicht zu folgen. Zum einen kann das Grundbuchamt im Eintragungsverfahren nicht überblicken, ob die titulierten Beitragsansprüche das Vorrecht der Rangklasse 2 genießen, zum anderen spricht der BGH den Ansprüchen der Rangklasse 2 keine dingliche Wirkung zu (→ Rn. 32). Die Eintragung einer unbedingten Zwangshypothek ist somit möglich, insoweit besteht also Rechtsschutzinteresse.[29]

Damit auf dem Antrag der Eingangsvermerk angebracht werden kann (§ 12 Abs. 3 GBGA), ist der Antrag **50** **schriftlich oder zur Niederschrift der Geschäftsstelle** zu erklären.

Inhaltlich muss der Antrag enthalten, vgl. insbesondere §§ 1113, 1115 BGB:

- Bezeichnung von Gläubiger und Schuldner/Eigentümer
- die verlangte Eintragung (Zwangshypothek)
- Höhe der zu sichernden Forderung mit Nebenleistungen und Kosten
- Angabe des Vollstreckungstitels
- ggf. die Verteilung der Forderung auf mehrere Objekte (→ Rn. 53 ff.)

b) Allgemeine und besondere Vollstreckungsvoraussetzungen. Hierzu die Erläuterungen → Rn. 3 ff.

c) Mindestbetrag. Die Eintragung einer Zwangshypothek ist nur für einen Mindestbetrag von 750,01 EUR **51** zulässig, § 866 Abs. 3 S. 1 ZPO. Dabei können Forderungen der Gemeinschaft der Wohnungseigentümer aus **mehreren Schuldtiteln zusammengerechnet** werden, § 866 Abs. 3 S. 2 ZPO. Darüber hinaus ist es möglich, mit der Forderung **notwendige Vollstreckungskosten** zusammenzurechnen, §§ 788 Abs. 1 S. 1, 91 Abs. 1 ZPO. Die Notwendigkeit ist ggf. nachzuweisen, vgl. insoweit die ZPO-Kommentierungen.

Zinsen bleiben bei der Berechnung des Mindestbetrages unberücksichtigt, soweit sie als **Nebenforderung** **52** geltend gemacht sind, § 866 Abs. 3 S. 1 Hs. 2 ZPO. Werden sie wie eine Hauptforderung geltend gemacht, können sie bei der Berechnung des Mindestbetrages berücksichtigt werden. Dies ist der Fall, wenn die Hauptforderung bereits erloschen ist oder eine Vereinbarung zwischen Gläubiger und Schuldner erfolgt, dass die Zinsen eine selbstständige Forderung darstellen. Die Zinsen verlieren dadurch ihre Eigenschaft als Nebenforderung. Möglich ist auch, die Zinsen bereits im Erkenntnisverfahren in kapitalisierter Form geltend zu machen (*„150 EUR Zinsen für die Zeit vom ... bis ..."*), um sie bei der Berechnung des Mindestbetrages einrechnen zu können.[30]

d) Verteilung der Forderung. Eine **Gesamtzwangshypothek** auf Miteigentumsanteilen desselben Schuld- **53** ners ist unzulässig, § 867 Abs. 2 S. 1 ZPO. Der Gläubiger muss die Forderung deshalb auf die einzelnen Miteigentumsanteile verteilen. Bei einem Verstoß gegen § 867 Abs. 2 S. 1 ZPO wäre die unzulässige Gesamtzwangshypothek nach § 53 Abs. 1 S. 2 GBO zu löschen. Auch die Löschung an nur einem Wohnungseigentum führt nicht dazu, dass die andere Eintragung als Einzelrecht wirksam wird.[31]

Bei der Verteilung der Forderung durch den Gläubiger ist wiederum der Mindestbetrag zu beachten, §§ 867 **54** Abs. 2 S. 2, 866 Abs. 3 S. 1 ZPO. Bei einer Forderung unter 1.500,02 EUR muss sich der Gläubiger somit für einen Belastungsgegenstand entscheiden, da bei einer Verteilung der Mindestbetrag nicht zweimal erreicht werden kann.

In **Ausnahmefällen** kann auch entgegen § 867 Abs. 2 S. 1 eine Gesamtzwangshypothek entstehen, und zwar: **55**

- wenn ein mit einer Zwangshypothek belastetes Grundstück geteilt wird (auch bei Bildung von Wohnungs- und Teileigentumsrechten),[32]

---

28 *Böttcher* Rpfleger 2009, 181 (182).
29 OLG Dresden 22.11.2010 – 17 W 1165/10, ZWE 2011, 365 (366); Bärmann/*Becker* WEG § 16 Rn. 210; vgl. auch *Bruns/Hintzen* ZWE 2018, 73.
30 OLG München 15.4.2016 – 34 Wx 37/16, Rpfleger 2016, 556.
31 Stöber/*Keller* ZVG Einleitung Rn. 341.
32 BGH 9.2.2012 – V ZB 95/11, NJW 2012, 1226.

■ wenn für die Forderung die Wohnungseigentümer gesamtschuldnerisch haften – dann kann eine Zwangs-hypothek an jedem Wohnungseigentum mit einem Gesamthaftvermerk gem. § 48 GBO eingetragen wer-den.[33]

56 **3. Grundbuchrechtliche Eintragungsvoraussetzungen.** Grundbuchrechtlich ist zunächst der Antrag zu prü-fen. Dieser wurde zwar überwiegend bereits bei den vollstreckungsrechtlichen Voraussetzungen geprüft (→ Rn. 47 ff.); als grundbuchrechtliche Voraussetzung ist darüber hinaus zu prüfen, ob der Gläubiger iSd § 15 GBV bezeichnet ist. Die Gemeinschaft der Wohnungseigentümer muss danach die Bezeichnung „**Wohnungs-eigentümergemeinschaft**" gefolgt von der bestimmten Angabe des gemeinschaftlichen Grundstücks führen.[34] Dabei kann das Grundstück mit der postalischen oder mit der katastermäßigen Bezeichnung bezeichnet wer-den.[35] Diese Bezeichnung muss sich allerdings auch bereits aus dem Titel ergeben, da das Grundbuchamt nur den Titelgläubiger als Berechtigten eintragen kann.

57 Weiterhin prüft das Grundbuchamt, ob das betroffene **Wohnungseigentum** iSd § 28 S. 1 GBO bezeichnet ist und ob ein bei mehreren Gläubigern zulässiges Gemeinschaftsverhältnis nach § 47 GBO angegeben ist oder sich aus dem Titel ergibt.

58 Als **Eintragungsgrundlage** müssen die **Vollstreckungsvoraussetzungen** (anstelle der Bewilligung nach § 19 GBO) vorliegen.

59 Letztlich ist die **Voreintragung des Schuldners** zu prüfen, § 39 GBO. Ausnahmen sind in § 40 GBO geregelt. Ist der Schuldner nicht voreingetragen (zB als Erbe des Eigentümers), wird er idR selbst seine Eintragung auch nicht herbeiführen. In diesem Fall kann sie der Gläubiger herbeiführen, §§ 14, 22 Abs. 1 GBO. Er muss die Grundbuchunrichtigkeit idF des § 29 GBO nachweisen. Die erforderlichen Unterlagen kann er sich über § 792 ZPO bzw. § 357 Abs. 2 S. 1 FamFG beschaffen.

280. Zweckbestimmung

Breiholdt

I. Einführung

1 Mit der Zweckbestimmung werden die **Grenzen der Gebrauchsmöglichkeit des Sondereigentums** festge-legt. Unterschieden werden die Zweckbestimmung im weiteren Sinne und die Zweckbestimmung im engeren Sinne.

2 Bei der Zweckbestimmung im weiteren Sinne handelt es sich um die Unterscheidung von **Wohneigentum** oder **Teileigentum**. Diese Zweckbestimmungen werden in der Teilungserklärung festgelegt und entsprechend der dort getroffenen Festlegung werden die Wohn- oder Teileigentumsgrundbücher angelegt.

3 Die Zweckbestimmung im **engeren Sinne** ist eine darüber hinausgehende Beschränkung, mit der die Ge-brauchsmöglichkeit näher definiert bzw. eingeschränkt werden kann, beispielsweise indem eine Teileigen-tumseinheit in der Teilungserklärung die Zweckbestimmung „Laden" erhält.

4 Es handelt sich in beiden Fällen um „Zweckbestimmungen mit Vereinbarungscharakter" iSv § 10 Abs. 1 S. 3 WEG.[1]

---

33 Stöber/*Keller* ZVG Einleitung Rn. 343 f.
34 OLG Rostock 20.8.2013 – 3 W 72/13, ZWE 2014, 122.
35 Bärmann/*Suilmann* WEG § 10 Rn. 214.
1 BGH 27.10.2017 – V ZR 193/16, NJW 2018, 41; Bärmann/*Suilmann* WEG § 15 Rn. 13. (zu § 15 WEG aF).

Eine Zweckbestimmung kann sich weiter auch aus den **Umständen der Situation vor Ort** ergeben. Eine im 5
Aufteilungsplan als Kinderspielplatz bezeichnete Grundstücksfläche ist beispielsweise grundsätzlich zur Nutzung als Spielmöglichkeit für die in der Anlage wohnenden Kinder bestimmt. Die Nutzung durch eine größere Anzahl von Kindern, die in einem Teileigentum gegen Entgelt betreut werden, wird von dieser Zweckbestimmung nicht gedeckt.[2]

Überschreiten die Inhaber der jeweiligen Sondereigentumseinheiten die Grenzen des so festgelegten Gebrauchs, haben sowohl die übrigen Eigentümer als auch ggf. die Gemeinschaft der Wohnungseigentümer Abwehr- und Unterlassungsansprüche. 6

II. Zweckbestimmung im weiteren Sinne

Dies ist die in der Teilungserklärung zu treffende **Unterscheidung zwischen Wohneigentum und Teileigentum**. Um verschiedene – möglichst weitgehende – Nutzungsmöglichkeiten zuzulassen, ohne dass es der im Falle nachträglicher Umwandlung von Wohnungs- in Teileigentum und umgekehrt erforderlichen Zustimmung aller Wohnungseigentümer bedarf, ist es darüber hinaus möglich, eine Bestimmung der Nutzungsart in der Teilungserklärung bzw. der Gemeinschaftsordnung zu unterlassen. Auch besteht die Möglichkeit, eine Sondereigentumseinheit zur gemischten oder alternativen Nutzung, dh zur Nutzung zu Wohnzwecken und/oder nicht zu Wohnzwecken, zu bestimmen. Insofern kann die Auslegung der Zweckbestimmung einer Sondereigentumseinheit als „Gewerbewohnung" ergeben, dass sowohl eine gewerbliche Nutzung als auch eine Nutzung als Wohnung zulässig ist.[3] 7

Wohnungseigentum darf grundsätzlich allein zum Wohnen genutzt werden. **Wohnnutzung** ist nach Auffassung des BGH aber weit zu verstehen. Entscheidend ist, welche Nutzung in der Wohnung stattfindet. Insoweit ist auch die Vermietung zu Wohnzwecken als Wohnnutzung anzusehen. Problematisch kann es aber bei **Kurzzeitvermietungen** werden. Die Vermietung einer Eigentumswohnung an täglich oder wöchentlich wechselnde Feriengäste gehört nach Auffassung des BGH grundsätzlich zur zulässigen Wohnnutzung; die Nutzung der Wohnung durch die Feriengäste ist für sich genommen nicht gewerblich.[4] 8

Entscheidend ist, dass die Mieter bei ihrer Unterbringung und ihrer Verpflegung während des Aufenthalts die Wohnung zur selbstbestimmten, aber auch selbstverantwortlichen Unterbringung nutzen.[5] **Merkmale** sind danach die Eigengestaltung der Haushaltsführung und des häuslichen Wirkungskreises. Dies gilt grundsätzlich auch für die kurzfristige Vermietung an sogenannte „Medizintouristen",[6] die Mitglieder einer WG[7] oder an Flüchtlinge.[8] 9

Die Rechtsprechung zieht die Grenze zur **gewerblichen Nutzung** dort, wo der Aufenthalt „fremdbestimmt" erfolgt, weil der Eigentümer bzw. Vermieter den organisatorischen Rahmen vorgibt. Dies ist etwa der Fall bei der Unterbringung in einem Hotel. Bei der Unterbringung in einem Seniorenwohnheim kommt es darauf an, ob die Nutzung von der heimtypischen Organisationsstruktur, die an die Stelle der Eigengestaltung der Haushaltsführung und des häuslichen Wirkungskreises tritt, und den Leistungen (zB Pflege, Überwachung und Kontrolle) geprägt wird, die von der Einrichtung vorgegeben und angeboten werden.[9] Das gilt auch bei der tageweisen Unterbringung von obdachlosen Personen in Gemeinschaftsunterkünften[10] oder wenn eine Gemeinschaftsunterkunft iSv § 53 AsylG betrieben wird.[11] 10

Teileigentum ist nach § 1 Abs. 3 WEG das Sondereigentum an nicht zu Wohnzwecken bestimmten Räumen. Die Definition erfolgt also im Rahmen einer negativen Abgrenzung gegenüber dem Wohnungseigentum. Grundsätzlich gilt insoweit, dass Wohnungs- und Teileigentum sich – vorbehaltlich anderer Vereinbarungen – 11

---

2 BayObLG 9.10.1997 – 2 Z BR 90/97, ZMR 1998, 182.
3 KG 3. 12. 2007 – 24 U 71/07, MittBayNot 2008, 209.
4 BGH 15. 1. 2010 – V ZR 72/09, MDR 2010, 499.
5 BGH 27.10.2017 – V ZR 193/16, NJW 2018, 41.
6 LG München I 8.2.2016 – 1 S 21019/14, ZWE 2016, 264.
7 BGH 27.10.2017 – V ZR 193/16, NJW 2018, 41.
8 BGH 27.10.2017 – V ZR 193/16, NJW 2018, 41.
9 BGH 27.10.2017 – V ZR 193/16, NJW 2018, 41.
10 BGH 8.3.2019 – V ZR 330/17, NZM 2019, 293.
11 BGH 27.10.2017 – V ZR 193/16, NJW 2018, 41.

gegenseitig ausschließen; jedenfalls im Hinblick auf eine Einheit, an der angesichts ihrer Ausstattung sowohl Wohnungs- als auch Teileigentum begründet werden könnte, gibt es keine Nutzungen, die zugleich als Wohnen und nicht als Wohnen anzusehen sind.[12]

III. Zweckbestimmung im engeren Sinne

12   Mit der Zweckbestimmung im engeren Sinne können die Gebrauchsrechte, die sich den Nutzungsarten Wohn- oder Teileigentum ergeben, näher definiert bzw. eingeschränkt werden. Es handelt sich also um eine **Konkretisierung der Zweckbestimmung** im weiteren Sinne.

13   Die Zweckbestimmung im engeren Sinne erfolgt in der Regel in der Teilungserklärung bzw. dem Aufteilungsplan oder in der Gemeinschaftsordnung, wenn zB Räume im Teileigentum als „Laden" oder „Café" bezeichnet werden. Denkbar ist darüber hinaus eine Zweckbestimmung, die sich auf das gesamte Objekt bezieht, wie etwa „Betreutes Wohnen".[13]

14   Die Bezeichnungen müssen **hinreichend bestimmt** sein. Die Regelung in einer Teilungserklärung, wonach bestimmte als „Kellerräume" bezeichnete Räume „wie bisher ohne jede Einschränkung" genutzt werden können, ist inhaltlich zu unbestimmt, um hieraus ein Recht zur Nutzung der Räume für Wohnzwecke entnehmen zu können.[14]

15   Ob die Teilungserklärung eine Zweckbestimmung enthält, ist durch **Auslegung** zu ermitteln. Es ist auf den Wortlaut und Sinn der Teilungserklärung abzustellen, wie er sich aus unbefangener Sicht als nächstliegende Bedeutung des Eingetragenen ergibt. Die Nutzung des Sondereigentums wird über die mit der Einordnung als Wohnungs- oder Teileigentum verbundene Zweckbestimmung hinaus also nur dann weitergehend beschränkt, wenn dies aus der Gemeinschaftsordnung klar und eindeutig hervorgeht.[15] Werden zB einzelne, zu einer Sondereigentumseinheit gehörende Räume in der Teilungserklärung mit ihrer Funktionsbezeichnung benannt („Gaststube", „kleiner Gastraum", „Vorratsraum" usw) und erfolgt dies erkennbar nur im Zusammenhang mit der räumlichen Abgrenzung des Sondereigentums, so handelt es sich um keine Zweckbestimmungen im Sinne von § 15 Absatz I WEG.[16]

16   Besonders bei der Aufteilung von Bestandsgebäuden kann die Auslegung zu dem Ergebnis führen, dass die verwendeten Bezeichnungen lediglich die bereits bestehenden Räume beschreiben sollen, ohne zugleich auch mit einer Nutzungsbeschränkung verbunden zu sein.[17]

17   Häufig enthalten Aufteilungspläne Nutzungsangaben, weil dafür zumeist Abschriften von Bauplänen verwendet werden, zB „Kinderzimmer" oder „Abstellraum". Dabei handelt es sich gewöhnlich nicht um Zweckbestimmungen im engeren Sinn, sondern um **Nutzungsvorschläge**.[18] Eintragungen des planenden Architekten in den Genehmigungsplänen kommt in der Regel deshalb nicht die Bedeutung einer Zweckbestimmung mit Vereinbarungscharakter zu.[19]

18   Soll der Aufteilungsplan ausnahmsweise auch die Nutzung verbindlich regeln, muss dies eindeutig aus der Bezugnahme in der Teilungserklärung oder der Gemeinschaftsordnung hervorgehen.[20]

19   Bei widersprüchlichen Erklärungen zur Zweckvereinbarung kommt der Gemeinschaftsordnung Vorrang vor der Teilungserklärung zu, während die Teilungserklärung ihrerseits den Aufteilungsplänen vorgeht.[21]

---

12   BGH 27.10.2017 – V ZR 193/16, NJW 2018, 41.
13   BGH 13. 10. 2006 – V ZR 289/05, NZM 2007, 90.
14   OLG Köln 30. 9. 2005 – 16 Wx 37/05, FGPrax 2006, 12.
15   BGH 27.10.2017 – V ZR 193/16, NJW 2018, 41.
16   LG Berlin 14.9.2018 – 55 S 201/13, ZWE 2019, 42.
17   BGH 8.3.2019 – V ZR 330/17, NZM 2019, 293 – Bezeichnung einer Teileigentumseinheit als „Laden".
18   BeckOK WEG/*Müller* § 15 Rn. 16.
19   BGH 15.1.2010 – V ZR 40/09, NZM 2010, 407 – Bezeichnung einer Teileigentumseinheit als „Café" im Aufteilungsplan.
20   BGH 16.11.2012 – V ZR 246/11, ZWE 2013, 168.
21   BeckOGK/*Falkner* § 15 Rn. 17 mit Verweis auf BGH 23.6.2017 – V ZR 102/16, ZWE 2017, 367.

IV. Zulässige Nutzung

1. Ermittlung des Inhaltes der Zweckbestimmung im engeren Sinne. Die Zweckbestimmung bestimmt die   20
zulässige Nutzung von Wohn- oder Teileigentum. Was der genaue Inhalt der Zweckbestimmung ist, ist durch
Auslegung zu ermitteln.[22] Dabei ist auf Wortlaut und Sinn abzustellen, wie sie sich für einen unbefangenen
Betrachter darstellen.[23] Dem Zeitpunkt der Eintragung für das Begriffsverständnis kommt maßgebliche Bedeutung zu. Umstände außerhalb der Eintragung können dagegen nur herangezogen werden, wenn sie nach
den besonderen Verhältnissen des Einzelfalls für jedermann erkennbar sind.[24] Ausgangspunkt der Auslegung
ist die objektive Bedeutung des Begriffs an. Subjektive Vorstellungen haben deshalb grundsätzlich außen vor
zu bleiben.

Danach umfasst beispielsweise der Begriff „Gewerbe" auch eine Nutzung der Teileigentumseinheit als Metha-   21
donabgabestelle.[25] Der Begriff „Laden" erlaubt dagegen nicht den Betrieb eines Imbisses.[26]

2. Nicht störende Nutzung. Eine Nutzung, die sich nicht innerhalb der nach → Rn. 20 festzustellenden   22
Zweckbestimmung hält, kann gleichwohl zulässig sein. Dies ist der Fall, wenn dadurch keinem der übrigen
Eigentümer ein Nachteil entsteht, der über das bei einem geordneten Zusammenleben unvermeidbare Maß
hinausgeht, § 14 Nummer 1 WEG. Die Rechtsprechung nimmt hier eine **typisierende Betrachtungsweise**
vor.[27] Es kommt also nicht auf die konkreten Beeinträchtigungen an, sondern auf das abstrakte Störpotential.
Zu berücksichtigen sind der Charakter der Sondereigentumsanlage und die konkreten örtlichen Gegebenheiten. Für die Behauptung, dass eine Nutzung generell nicht mehr stört als die vereinbarte zweckbestimmungs-
mäßige Nutzung, trägt der Eigentümer der betroffenen Einheit die **Beweislast**.[28]

Die Nutzung einer **Teileigentumseinheit zu Wohnzwecken** in einem ausschließlich beruflichen und gewerbli-   23
chen Zwecken dienenden Gebäude ist bei typisierender Betrachtung deshalb regelmäßig unzulässig, weil eine
Wohnnutzung mit typischen Wohnimmissionen einhergeht und zu anderen Zeiten – nämlich ganztägig und
auch am Wochenende – erfolgt.[29]

Soll eine Teileigentumseinheit für Gemeinschaftsunterkünfte von Asylbewerbern im Anschluss an die Unter-   24
kunft in der (Erst-)Aufnahmeeinrichtung genutzt werden, so ist die Unterbringung als heimähnlich zu bewerten und hält sich damit grundsätzlich im Rahmen der Zweckbestimmung Teileigentum.[30]

3. Einzelfälle. Die Rechtsprechung ist im Fluss und die Entscheidungen zahllos. Eine abschließende Aufzäh-   25
lung ist deshalb nicht möglich. Zur Veranschaulichung sollen nachfolgend gleichwohl Beispielsfälle vorge-
stellt werden.

- **Architektenbüro** in Wohnung zulässig.[31]
- **Anwaltspraxis** in Wohnung zulässig.[32]
- **Arztpraxis** in Wohnung zulässig,[33] aber nicht in Teileigentum mit der Zweckbestimmung „Büro".[34]
- **Asylbewerber- oder Aussiedlerunterkunft** in Wohnung zulässig, wenn es nicht den Charakter eines Hei-
  mes annimmt,[35] mit Heimcharakter in Teileigentum.[36]

---

22 Jennißen/*Schultzky* WEG § 15 Rn. 16.
23 Bärmann/*Suilmann* WEG § 15 Rn. 21.
24 BGH 23.6.2017 – V ZR 102/16, NJW-RR 2017, 1042.
25 OLG Düsseldorf 14.1.2002 – 3 Wx 336/01, NZM 2002, 259.
26 BayObLG 29.9.1999 – 2Z BR 103/99, NZM 2000, 288.
27 BGH 27.10.2017 – V ZR 193/16, NJW 2018, 41.
28 LG München I 2.1.2012 – 1 S 21470/09, ZMR 2012, 482.
29 BGH 23.3.2018 – V ZR 307/16, MDR 2018, 923, Arzthaus.
30 BGH 27.10.2017 – V ZR 193/16, NJW 2018, 41.
31 KG 8.6.1994 – 24 W 5760/93, NJW-RR 1995, 333.
32 KG 9.7.1986 – 24 W 2741/86, WuM 1986, 286.
33 KG 9.7.1986 – 24 W 2741/86, WuM 1986, 286.
34 OLG Stuttgart 4.11.1986 – 8 W 357/86, NJW 1987, 385.
35 BGH 15.1. 2010 – V ZR 72/09, NZM 2010, 285 mVa OLG Stuttgart 13.8.1992 – 8 W 219/92, NJW 1992, 3046.
36 BGH 27.10. 2017 – V ZR 193/16, DNotZ 2018, 521.

- **Boarding House** im Teileigentum zulässig, wenn die Teilungserklärung keine Nutzungseinschränkung vorsieht,[37] ebenso aber auch in Wohnung.[38]
- **Büro:** Diese Zweckbestimmung schließt eine Nutzung als Ballettschule,[39] Gaststätte,[40] Arztpraxis[41] aus.
- **Café** ist nur im Teileigentum zulässig. Nicht von diesem Begriff erfasst sind Nutzungen als Bistro mit Spielgeräten,[42] Speise- und Pilslokal mit Musikunterhaltung,[43] Gaststättenbetrieb von 11 Uhr vormittags bis 4 Uhr morgens.[44]
- **Diskothek** ist in einer als „Weinkeller, Kegelbahn, Windfang, Abstellraum, Kühlraum, WC, Vorplatz" bezeichneten Teileigentumseinheit unzulässig.[45]
- **Eisdiele** kann uU auch Nutzung als Gaststätte zulassen.[46]
- **Erotikshop** ist in einer als „Laden" bezeichneten Teileigentumsfläche nur zulässig, wenn er mit dem Charakter der Wohnanlage und den diesen prägenden örtlichen Verhältnissen vereinbar ist.[47]
- **Ferienwohnung:** Diese Zweckbestimmung legt im Allgemeinen eine vorübergehende Nutzung als Wohnung durch wechselnde Gäste fest.[48] Auch ohne eine solche Zweckbestimmung ist die Kurzzeitvermietung im Wohnungseigentum zulässig, wenn sich aus der Teilungserklärung nichts anderes ergibt.[49]
- **Galerie** als Zweckbestimmung eines Teileigentums soll ggf. auch Wohnnutzung erlauben.[50]
- **Gaststätte** als Zweckbestimmung ist zumeist unproblematisch. Schwierigkeiten entstehen, wenn Gaststättennutzung in Räumen mit anderen Zweckbestimmungen, beispielsweise „Laden" betrieben werden. Grundsätzlich ist eine Gaststättennutzung weder in einer als „Laden" bezeichneten[51] noch in einer als „Eiscafé"[52] bezeichneten Teileigentumseinheit zulässig.
- **Gewerbe** kommt in verschiedenen Varianten als Zweckbestimmung vor. Grundsätzlich ist der Begriff sehr weitgehend.[53] Zulässig kann zB der Betrieb einer Methadonabgabestelle sein[54] oder eines deutsch-kurdischen Freundschaftsvereins.[55] Die Zweckbestimmung als „Gewerbewohnung" kann ergeben, dass sowohl eine gewerbliche Nutzung als auch eine Nutzung als Wohnung zulässig ist.[56]
- **Hobbyraum:** Eine Nutzung zu Wohnzwecken ist unzulässig,[57] ebenso der Ausbau,[58] wohl aber als Kita.[59]
- **Kindertagesstätte** ist im Wohnungseigentum unzulässig,[60] ebenso im Teileigentum mit der Zweckbestimmung „Laden".[61]

---

37 LG Frankfurt a. M. 30.8.2017 – 2–13 S 207/14, NZM 2018, 95.
38 OLG Saarbrücken 24.5.2012 – 8 U 183/11–52, ZWE 2012, 492.
39 LG Bremen 25.3.1991 – 2 T 19/91, NJW-RR 1991, 1423.
40 BayObLG 13.6.2000 – 2Z BR 35/00, NZM 2000, 868.
41 OLG Stuttgart 4.11.1986 – 8 W 357/86, NJW 1987, 385; aA OLG Hamm 23.10.2003 – 15 W 372/02, DNotZ 2004, 389 für Zahnarztpraxis, wenn Publikumsverkehr nicht mehr stört als bei Büronutzung.
42 OLG Zweibrücken 3.6.1997 – 3 W 91/97, ZMR 1997, 481.
43 BayObLG 28.9.2000 – 2 Z BR 55/00, ZWE 2000, 572.
44 OLG Hamburg 29.7.1998 – 2 Wx 20/98, BeckRS 1998, 10468, zulässig ist nur der Verkauf von Kaffee und Kuchen.
45 BayObLG 11.10.1989 – 2 Z 96/89, ZMR 1990, 230.
46 OLG Hamm 20.6. 986 – 15 W 177/86, NJW-RR 1986, 1336; aA OLG München 25.2.1992 – 25 U 3550/91, NJW-RR 1992, 1492.
47 BayObLG 19.8.1994 – 2Z BR 45/94, NJW-RR 1995, 467.
48 BayObLG 2.6.2004 – 2Z BR 029/04, BayObLGR 2004, 390.
49 BGH 15.1.2010 – V ZR 72/09, NJW 2010, 3093.
50 OLG Karlsruhe 15.1.2001 – 11 Wx 44/00, BeckRS 2001, 30154973.
51 BGH 10.7.2015 – V ZR 169/14, ZWE 2015, 402; OLG Celle 24.9.2003 – 4 W 138/03, NJOZ 2003, 2936 für Pizzeria.
52 OLG Hamm 20.6.1986 – 15 W 177/86, NJW-RR 1986, 1336.
53 MüKoBGB/*Commichau* § 15 Rn. 12.
54 OLG Düsseldorf 14.1.2002 – 3 Wx 336/01, NZM 2002, 259.
55 OLG Hamm 12.4.2005 – 15 W 29/05, NZM 2005, 870.
56 KG 3.12.2007 – 24 U 71/07, MittBayNot 2008, 209.
57 LG Hamburg 19.10.2016 – 318 T 33/16, ZWE 2017, 132.
58 BGH 16.6.2011 – V ZA 1/11, ZWE 2011, 396.
59 BayObLG 11.10.1990 – BReg. 2 Z 112/90, NJW-RR 1991, 140.
60 BGH 13. .2012 – V ZR 204/11, NJW-RR 2012, 1292.
61 KG 15.4.1992 – 24 W 3386/91, NJW-RR 1992, 1102.

- **Laden** ist ein zum Geschäftsverkehr mit Kundschaft geeigneter, von der Straße durch eine Ladentür abgeschlossener Geschäftsraum, in dem ständig Waren zum Verkauf an jeden feilgehalten werden.[62] „Laden" erfasst auch alle Wörter mit dem Wortstamm „Laden", zB Laden/Büro, Ladenlokal mit Voll/Teilküche oder Laden mit Bistro.[63] Unzulässige Nutzung kann sein: „Office- und Partyservice",[64] (Fisch)Großhandelsgeschäft[65] oder Eisdiele.[66]
- **Muslimisches Gemeindezentrum** soll im Teileigentum zulässig sein, wenn die „gewerbliche Nutzung" erlaubt ist.[67]
- **Prostitution** ist im Wohnungseigentum unzulässig,[68] es sei denn, es handelt sich um eine atypische Anlage, in der beispielsweise keine Familien wohnen, Obdachlose zur Wiedereingliederung untergebracht sind und sich auch in der Umgebung randständige Personen aufhalten.[69]
- **Psychotherapeutische Praxis** ist in Wohnungseigentum in einem kleinen Objekt im Regelfall unzulässig.[70]
- **Rechtsanwaltskanzlei** ist im Wohneigentum zulässig, wenn der Publikumsverkehr gering ist.[71]
- **Restaurant** umfasst auch Nutzung als Fastfood-Restaurant.[72]
- **Steuerberater- und Wirtschaftsprüferkanzlei** im Wohneigentum zulässig.[73]

Die Rechtsprechung entwickelt sich ständig weiter. Insbesondere die Auffassung, dass Wohnen im Teileigentum per se unzulässig sei, weil es die intensivste Form der Nutzung darstelle (24 Stunden/7 Tage), wird in Zeiten zunehmend flexibler werdender Arbeitszeiten in Frage gestellt.[74]   26

V. Änderung der Zweckbestimmung

Eine Zweckbestimmung im weiteren oder engeren Sinn kann grundsätzlich nur durch eine **Vereinbarung** aller Eigentümer geändert werden. Das **Einstimmigkeitserfordernis** zur Änderung der Zweckbestimmung kann aber in der Gemeinschaftsordnung abbedungen worden sein. Ein solcher Vorbehalt zur Änderung kann den teilenden Eigentümer oder den jeweiligen Eigentümer einer bestimmten Sondereigentumseinheit – zB eines noch nicht ausgebauten Teileigentum im Dachgeschoss – ermächtigen, mit Wirkung gegenüber den Sonderrechtsnachfolgern die Zweckbestimmung nachträglich einseitig zu ändern.[75]   27

Ein **Mehrheitsbeschluss** zur Zweckänderung ist zulässig, wenn die Gemeinschaftsordnung eine Öffnungsklausel enthält. Umstritten ist, ob die Umwandlung eines Teileigentums in ein Wohnungseigentum oder umgekehrt zu ihrer Wirksamkeit gem. §§ 873, 877 BGB der Einigung und grundbuchrechtlichen Bewilligung sowie Eintragung bedarf.[76] Richtigerweise ist die Eintragung im Grundbuch nicht als Wirksamkeitsvoraussetzung anzusehen, so dass die Zweckänderung – bei Vorliegen einer Öffnungsklausel – bereits bei Vorliegen eines wirksamen Mehrheitsbeschlusses eintritt.[77] Im Grundbuch bleibt dann die ursprüngliche Nutzungsvorgabe eingetragen, die nur aufgrund einer Vereinbarung und Bewilligung zur Grundbuchänderung aller Eigentümer dort geändert werden kann.   28

Eine Zustimmung zur Nutzungsänderung kann konkludent auch in einer Zustimmung zu Baumaßnahmen nach § 20 Abs. 1 WEG liegen, wenn der Zweck des Ausbaus zwingend eine Zweckänderung nach sich zieht. Die   29

---

62 KG 13.2.2007 – 24 W 347/06, OLGReport KG 2007, 521.
63 BayObLG 13.6.2000 – 2Z BR 35/00, NZM 2000, 868.
64 OLG Hamburg 16.5.2003 – 2 Wx 44/00, BeckRS 2004, 01378.
65 OLG München 8.12.2006 – 34 Wx 111/06, NJOZ 2007, 1106.
66 BGH 25.10.2019 – V ZR 271/18, WuM 2020, 48.
67 OLG Frankfurt a. M. 1.11.2012 – 20 W 12/08, NZM 2013, 153.
68 OLG Frankfurt a. M. 7.6.2004 – 20 W 59/03, NZM 2004, 950.
69 OLG Köln 25.8.2008 – 16 Wx 117/08, BeckRS 2009, 4268.
70 LG Frankfurt a. M. 15.3.2018 – 2–13 S 36/17, ZWE 2018, 319.
71 OLG Köln 15.2. 2002 – 16 Wx 232/01, NZM 2002, 258 Patentanwalt.
72 LG Stuttgart 12.3.2019 – 19 S 31/18.
73 BayObLG 28.10.1998 – 2Z BR 137–98, NZM 1999, 130.
74 Vgl. LG Berlin 26.2.2019 – 55 S 10/18 WEG, ZMR 2019, 530.
75 BeckOGK/*Falkner* § 15 Rn. 50.
76 Zum Streitstand: Bärmann/*Suilmann* WEG § 15 Rn. 18.
77 So auch Bärmann/*Suilmann* WEG § 15 Rn. 19.

Zustimmung zum „Ausbau des Dachgeschosses zu Wohnzwecken" umfasst nach seinem Erklärungsinhalt nicht nur die baulichen Veränderungen nach § 20 WEG, sondern auch die zukünftige Nutzung als „Wohnnutzung".[78]

VI. Rechte bei zweckbestimmungswidriger Nutzung

30 Wird ein Sondereigentum anders als nach der Zweckbestimmung zulässig genutzt, so kann jeder einzelne Eigentümer von der Gemeinschaft der Wohnungseigentümer gem. § 18 Abs. 2 Nr. 2 WEG verlangen, dass diese einen **Unterlassungsanspruch** gem. § 1004 BGB geltend macht. Ggf. besteht im Vorfeld der Geltendmachung ein **Auskunftsanspruch** gegen den störenden Eigentümer.

31 Anspruchsgegner ist der Eigentümer des Sondereigentums, in dem die zweckwidrige Nutzung ausgeübt wird. Ist der Störer ein Mieter der Sondereigentumseinheit, so können die übrigen Eigentümer bzw. ggf. die Eigentümergemeinschaft auch direkt aus § 1004 BGB gegen diesen vorgehen.[79]

VII. Verjährung und Verwirkung

32 Die Verjährungsfrist zur Geltendmachung von Unterlassungsansprüchen bei zweckwidriger Nutzung beträgt drei Jahre.[80] Der BGH hat bisher noch nicht geklärt, ob die Verjährung mit dem Zeitpunkt der Kenntnis des Verstoßes oder erst mit Ablauf des Jahres der Kenntnis eintritt.

33 Ebenfalls höchstrichterlich noch nicht geklärt ist, ob es für den Beginn der Verjährungsfrist ausreicht, dass der Verwalter von der zweckwidrigen Nutzung **Kenntnis** hat,[81] oder ob es nur auf die Kenntnis (einzelner) Miteigentümer ankommt.

34 Jedenfalls aber kann eine Verjährung nicht beginnen, solange die zweckwidrige Nutzung anhält.[82] Ob die zweckwidrige Nutzung durch den Sondereigentümer selbst oder durch dessen Mieter erfolgt, ist verjährungsrechtlich unerheblich.

35 Ein ggf. bestehender Unterlassungsanspruch kann **verwirkt** werden.[83] Verwirkung kann gegeben sein, wenn ein Anspruch über längere Zeit hinweg nicht geltend gemacht (Zeitmoment) und weitere Umstände hinzutreten, die ein Vertrauen des Anspruchsgegners begründen, dass der Anspruch nicht mehr geltend gemacht werden wird (Umstandsmoment). An dem Zeitmoment fehlt es aber in der Regel, wenn eine wiederholte Störung einen neuen Anspruch auslöst. Wird eine Teileigentumseinheit zu Wohnzwecken genutzt, stellt jedenfalls eine Neuvermietung zu Wohnzwecken eine Zäsur dar, die das Zeitmoment unterbricht.[84] Offengelassen hat der BGH bisher, ob eine einmal eingetretene **Verwirkung auch den Sonderrechtsnachfolger** bindet.[85] Hier kann aber nichts anderes als bei der Verjährung gelten.

281. Zweckentfremdung

Brückner

---

78 BayObLG 29.5.1998 – 2Z BR 175–98, NZM 1999, 33 zu § 22 WEG aF.
79 BGH 25.10.2019 – V ZR 271/18, BeckRS 2019, 31522 – Nutzung eines als „Laden" bezeichneten Teileigentums als Eiscafé durch Mieter.
80 *Sauren* WEG § 15 Rn. 35.
81 Für Kenntnis des Verwalters von Hausgeldrückständen bejaht, vgl. OLG München 7.2.2007 – 34 Wx 129/06, NJW-RR 2007, 1097.
82 BGH 8.5.2015 – V ZR 178/14, ZWE 2015, 262.
83 BayObLG 31.7.2003 – 2 Z BR 123/03, NJOZ 2003, 3604.
84 BGH 8.5.2015 – V ZR 178/14, NJW-RR 2015, 781.
85 BGH 10.7.2015 – V ZR 169/14, BeckRS 2015, 14974.

I. Einführung

Angaben zur Zweckbestimmung der Verwendung des Wohnungs- oder Sondereigentums finden sich insbesondere in der Teilungserklärung und in der Gemeinschaftsordnung. 1

Die Bezeichnung von Wohnungseigentum als „Wohnung" in der Teilungserklärung ist als **Zweckbestimmung** 2 **mit Vereinbarungscharakter** anzusehen.[1] Der Eigentümer ist somit an die von ihm zugesagte Nutzungsart gebunden. Es ist ihm nicht gestattet, von dieser ohne Weiteres abzuweichen. Findet dennoch eine Abweichung in der Nutzungsart statt, muss dies Konsequenzen haben.

Neben der Vereinbarung der Eigentümer in der Teilungserklärung ist auch eine etwaig vorhandene öffentlich- 3 rechtliche – den Eigentümer zu einer bestimmten Nutzung zwingende – Regelung beachtlich. Bei genauerer Betrachtung ist festzustellen, dass die Regelungen des Wohnungseigentumsrechts und der öffentlich-rechtlichen Vorschriften nicht deckungsgleich sind, sondern den unterschiedlichen den Regelungen zugrunde liegenden Anliegen folgen.

II. Materielles Recht

1. Zweckentfremdungsverordnungen. In Ballungsgebieten, in denen aufgrund einer großen Nachfrage 4 Wohnraum knapp wird, mit der Folge, dass eine Leerstandreserve sehr gering bemessen ist oder gar entfällt, greifen die Kommunen zu besonderen Regelungen, um die öffentlich-rechtlich als Wohnraum gewidmeten Flächen auch als solchen zu erhalten. Nach entsprechenden Zweckentfremdungsverbotsgesetzen und **Zweckentfremdungsverbotsverordnungen** (auch -satzungen) ist es unzulässig, Wohnraum zu anderen als zu Wohnzwecken zu nutzen. Um der Situation Herr zu werden, sind die hierfür erlassenen Vorschriften als Verbotsregelungen ausgestaltet und drohen teilweise drastisch hohe Bußgelder an.

Somit unterfällt dem Zweckentfremdungsverbot **insbesondere** eine Wohnraumnutzung, 5

- die zum Zwecke der wiederholten, nach Tagen oder Wochen bemessenen Vermietung als Ferienwohnung oder einer Fremdenbeherbergung, insbesondere einer gewerblichen Zimmervermietung oder der Einrichtung von Schlafstellen, stattfindet;
- die gewerblichen oder (überwiegend) beruflichen Zwecken dient;
- die eine bauliche Veränderung zu Folge hat, so dass der Wohnraum in einer Weise genutzt wird, dass er für Wohnzwecke nicht mehr geeignet ist;
- die zu einem Leerstand für einen näher definierten Zeitraum führt;
- die die Beseitigung des Wohnraums zum Gegenstand hat.

Zwar können die zuständigen Stellen Ausnahmen von den strengen Verboten erteilen; diesen Möglichkeiten 6 sind zur Erreichung der Regelungsziele jedoch enge Grenzen gesteckt und oftmals mit erheblichen wirtschaftlichen Ausgleichsmaßnahmen verbunden, die eine Ausnahme aus kommerziellen Überlegungen wenig attraktiv machen. Durch eine solche unter Verbot gestellte Nutzungsart wird der Wohnraum der Wohnungsnutzung **dauerhaft entzogen** und ist deswegen unzulässig.

2. Ferienwohnungsvermietung. Zur verbotenen Nutzungsart gehören insbesondere die wiederholte kurzfristige Vermietung von Wohnraum, die sich in nachgefragten touristischen Zielen als Alternative für einen Hotel- 7 aufenthalt anbietet und immer mehr durchsetzt. Diese Nutzungsart wird auch als **Ferienwohnungsvermietung** bezeichnet. Nach der Einordnung des Gesetz- bzw. Verordnungsgebers handelt es sich bei der Ferienwohnungsvermietung nicht um eine Wohnraumnutzung. Diese soll erst bei längerfristigen Mietverhältnissen gegeben sein.

Die öffentlich-rechtliche Einordnung eines Nutzungsverhaltens **muss nicht zwingend** auch der wohnungsei- 8 gentumsrechtlichen Betrachtungsweise entsprechen. So ist es bei der Ferienwohnungsvermietung. Während die Ferienwohnungsvermietung aus öffentlich-rechtlicher Sicht keine Wohnraumvermietung und damit eine Zweckentfremdung darstellt, ist aus wohnungseigentumsrechtlicher Sicht zunächst keine Zweckentfremdung gegeben.[2] Kommt es zu Störungen der Miteigentümer durch die Feriengäste, besteht ein Unterlassungsan-

---

1 BayObLG 13.1.1994 – 2 Z BR 130/93, DWE 1994, 153.
2 BGH 15.1.2010 – V ZR 72/09, NJW 2010, 3093.

spruch der einzelnen Eigentümer in Bezug auf ihr Sondereigentum sowie in Bezug auf das gemeinschaftliche Eigentum durch die Gemeinschaft der Wohnungseigentümer.

9 **3. Medizintouristen.** Der Sache nach unter die Ferienwohnungsvermietung fällt auch die **Gebrauchsüberlassung an Medizintouristen**. Hierbei handelt es sich um Personen, die sich vor Ort einfinden, um sich medizinisch behandeln zu lassen. Möchten diese Personen während ihrer Anwesenheit zur Behandlung nicht in einem Hotel verweilen, sondern halten sich in einem privaten Quartier auf, stellt sich diese Gebrauchsüberlassung als Zweckentfremdung im Sinne der öffentlich-rechtlichen Betrachtungsweise dar.

10 Aus Sicht des Wohnungseigentumsrechts ist jedoch keine Zweckentfremdung des Wohnungseigentums bei der Überlassung an Medizintouristen gegeben. Denn die Gebrauchsüberlassung erfolgt zu Zwecken der Wohnraumnutzung. Die Dauer der jeweiligen Nutzung ist dabei ohne Belang.

11 Die Vermietung von Wohnungseigentum an Medizintouristen stellt wie die Ferienwohnungsvermietung **keine Zweckentfremdung** im Sinne des Wohnungseigentumsrechts dar. Unzulässig wird die Nutzung erst dann, wenn durch die Nutzung des Wohnungseigentums als Ferienwohnung oder Unterkunft für Medizintouristen eine Störung für die übrigen Eigentümer verbunden ist, die über die Beeinträchtigungen einer Wohnnutzung hinausgehen und einen Nachteil für die die übrigen Personen darstellen. Hier stehen den übrigen Wohnungseigentümern Abwehrmöglichkeiten in Form von Unterlassungsansprüchen nach § 14 Abs. 2 Nr. 1 WEG in Bezug auf ihr Sondereigentum und für die Gemeinschaft der Wohnungseigentümer nach § 14 Abs. 1 Nr. 1 WEG zur Verfügung.[3]

12 **4. Öffnungsklauseln.** Aufgrund einer Öffnungsklausel kann von der Gemeinschaft der Wohnungseigentümer nur dann ein Verbot der Vermietung zu einer nur kurzfristigen Nutzung (als Ferienwohnung und für Medizintouristen) ausgesprochen werden, wenn der Entscheidung in der Wohnungseigentümerversammlung **alle Eigentümer zustimmen**, insbesondere auch diejenigen, deren Nutzungsrechte hierdurch eingeschränkt werden sollen. Unentziehbare und unverzichtbare Individualrechte der Eigentümer können nicht durch eine Mehrheitsentscheidung, mit der die Betroffenen nicht einverstanden sind, beschränkt werden.[4]

282. Zweiergemeinschaft

Lambert

I. Einleitung

1 Das WEG ist darauf ausgerichtet, eine Situation zu koordinieren und strukturieren, in der eine Mehrzahl von Personen Miteigentümer eines oder mehrerer Gebäude ist. Die Betonung liegt dabei auf einer „Mehrzahl von Personen". Dieser Umstand lässt sich etwa an den unterschiedlichen, im Gesetz verankerten Mehrheitserfordernissen ableiten. Je weniger Miteigentümer es gibt, desto fraglicher erscheint, inwieweit die gesetzlichen Vorgaben dem eingangs erwähnten Ansinnen gerecht werden können. Das gilt besonders für das Extremum der sog. Zweiergemeinschaft. Dass auf diese ein besonderes Augenmerk zu werfen ist, war bis zur WEG-Reform 2020 am Gesetz selbst im Hinblick auf die **Entziehung des Wohnungseigentums** in §§ 18 Abs. 1

---

3 BGH 12.4.2019 – V ZR 112/18, NJW 2019, 2083 Rn. 20; BGH 15.1.2010 – V ZR 72/09 Rn. 23.
4 BGH 12.9.2019 – V ZR 112/18, NJW 2019, 2083.

S. 2, 19 Abs. 1 S. 2 WEG aF, worin die Zweiergemeinschaft explizit erwähnt wurde und für diese abweichende Regelungen traf, abzulesen, wird aber auch vom Gesetzgeber im Rahmen der WEG-Reform 2020 gewürdigt.[1]

II. Materielles Recht

1. Begriffsbestimmung. Das Gesetz beschrieb die Zweiergemeinschaft bis zur WEG-Reform 2020 in §§ 18,   2
19 WEG aF als eine *„Gemeinschaft (...), die nur aus zwei Wohnungseigentümern besteht."* Diese Beschreibung der Zweiergemeinschaft ist jedoch zu eng, wird dem hinter der Zweiergemeinschaft stehenden Problemfeld nicht gerecht. Denn deren maßgebliches Manko sieht der Gesetzgeber darin, dass in Zweiergemeinschaften „wegen des gesetzlichen Kopfprinzips (§ 25 Abs. 2 S 1 WEG) keine Mehrheitsbeschlüsse möglich sind".[2] Der Gesetzgeber ging auf diese Weise offensichtlich von einer Gemeinschaft aus, die aus zwei Einheiten besteht, wobei jede Einheit im Eigentum einer anderen Person steht.

Das Problem, auf das der Gesetzgeber abstellt, tritt aber auch auf, wenn zumindest **eine der beiden Einheiten**   3
– in Bruchteilen oder zur gesamten Hand – **im Eigentum mehrerer Personen** steht. Denn das mit der Einheit korrespondierende Stimmrecht, egal ob nach Kopf, Einheit oder Miteigentumsanteil kann nur einheitlich ausgeübt werden, § 25 Abs. 2 S. 2 WEG. Daher ist auch die Konstellation von zwei Einheiten, aber **mehr als zwei Wohnungseigentümern** eine solche, die als Zweiergemeinschaft zu werten ist.[3]

Allerdings kann die Bestimmung des Begriffs der Zweiergemeinschaft auch nicht an der Existenz von ledig-   4
lich zwei Einheiten festgemacht werden. Gehören einem Wohnungseigentümer mehrere Einheiten, darf er seine Stimmrechte nicht unterschiedlich ausüben, unabhängig davon welches Stimmprinzip gilt.[4] Von einer Zweiergemeinschaft ist daher auch dann zu sprechen, wenn diese aus lediglich zwei Wohnungseigentümern mit **mehreren Einheiten** besteht.[5]

Vor diesem Hintergrund überzeugt die Begriffsbestimmung nach *Graf*, wonach eine **Zweiergemeinschaft** vor-   5
liegt, wenn eine Gemeinschaft der Wohnungseigentümer unabhängig von der Personenzahl der Wohnungseigentümer, der Anzahl der Einheiten und Stimmen **nur zwei stimmberechtigte Rechtssubjekte** zählt.[6]

Die Praxis hält Fälle bereit, die an die Situation einer Zweiergemeinschaft erinnern, jedoch nicht unter die vor-   6
genannte Begriffsbestimmung subsummiert werden können. Zu denken ist etwa an die Konstellation, in denen **mehrere Einheiten im Eigentum von Mitgliedern einer Familie** stehen, lediglich eine weitere Einheit im Eigentum eines Nichtfamilienmitgliedes. Insoweit wird befürwortet, auch diese Fälle der Zweiergemeinschaft zuordnen zu dürfen.[7] Dem ist zuzustimmen, wobei sich an den Kriterien der **persönlichen Kongruenz** im Sinne des Maklerrechts orientiert werden darf. Damit gelten zur Bestimmung, ob eine Zweiergemeinschaft vorliegt oder nicht, mehrere stimmberechtigte Rechtssubjekte als ein stimmberechtigtes Rechtssubjekt, wenn die betroffenen Rechtssubjekte besonders eng persönlich verbunden sind und die wirtschaftliche Nutzung der betroffenen Einheiten mindestens einem dieser Rechtssubjekte ähnlich zugutekommt, wie wenn dieses Rechtssubjekt sämtliche betroffenen Einheiten im Eigentum hätte.[8] Ein darüber hinausgehendes „Zusammenrechnen" verschiedener Rechtssubjekte liefe auf eine nicht hinnehmbare Einschränkung in der Entfaltung des einzelnen Rechtssubjekts, auf eine nicht gerechtfertigte Annahme, stets kollektiver Willensbildung aus dem alleinigen Umstand der (familiären) Verbundenheit hinaus.

2. Maßgeschneiderte Regelungen für die Zweiergemeinschaft – dispositive Regelungen des WEG. Die   7
Praxis zeigt es. Viele Zweiergemeinschaften werden in einer Art und Weise gelebt, die an den Vorgaben des WEG vorbeigehen. Häufig ist kein Verwalter bestellt. Einen Verwaltungsbeirat gibt es nahezu nie. Auf eine Erhaltungsrücklage wird meist verzichtet, Kosten werden ohne Wirtschaftsplan und Jahresabrechnung bedient und verteilt. Eigentümerversammlungen haben Seltenheitswert. Die Wohnungseigentümer verhalten sich in

---

1 BT-Drs. 19/18791, 57.
2 BT-Drs. 16/887, 69.
3 *Graf*, ZMR 2018, 151 (152).
4 Bärmann/*Merle* WEG § 25 Rn. 97.
5 Timme/*Hogenschurz* WEG § 18 Rn. 50.
6 *Graf*, ZMR 2018, 151 (152).
7 Timme/*Hogenschurz* WEG § 18 Rn. 52.
8 Zu der Rechtslage im Maklerrecht BGH 17.10.2018 – I ZR 154/17, NJW 2019, 1226.

der Zweiergemeinschaft weitestgehend, als bestünde eine rechtlich nicht mögliche Realteilung.[9] Das wirft die Frage auf, inwieweit Regelungen in der Teilungserklärung sowie in der Gemeinschaftsordnung auf diese praktischen Bedürfnisse maßgeschneidert werden dürfen.

8 § 10 Abs. 1 S. 2 WEG erlaubt **von den gesetzlichen Regelungen abzuweichen**, jedoch **nicht schrankenlos.** Das Gesetz selbst bestimmt hinsichtlich mancher Vorschriften, dass diese unabdingbar sind:

- § 9 b Abs. 1 S. 3 WEG (Beschränkung der Vertretungsmacht gegenüber Dritten)
- § 11 Abs. 1 WEG (Unauflöslichkeit der Gemeinschaft; Ausnahme: Eine abweichende Vereinbarung ist nur für den Fall zulässig, dass das Gebäude ganz oder teilweise zerstört wird und eine Verpflichtung zum Wiederaufbau nicht besteht)
- § 17 Abs. 3 WEG (Entziehungsanspruch)
- § 26 Abs. 5 WEG (Beschränkungen der Bestellung oder Abberufung eines Verwalters)

Bis zur **WEG-Reform 2020** war der Kreis der unabdingbaren Regelungen größer:

- § 12 Abs. 4 S. 2 WEG aF (Aufhebung einer vereinbarten Veräußerungszustimmung)
- § 16 Abs. 5 WEG aF (Beschlusskompetenzen zur abweichenden Kostenverteilung)
- § 22 Abs. 2 S. 2 WEG aF (qualifizierte Beschlussfassung über Modernisierungen)
- § 27 Abs. 4 WEG aF (Aufgaben und Befugnisse des Verwalters)

Durch das Ausdünnen unabdingbarer Vorschriften erhält die Zweiergemeinschaft unter dem Strich mehr Flexibilität, ihr Regelwerk auszugestalten.

9 Weitere Regelungen, von denen **nicht abgerückt werden darf**, treten nach Rechtsprechung und Literatur[10] hinzu, weil auch die Grundsätze von Treu und Glauben (§ 242 BGB), die §§ 134, 138 BGB sowie die Grundprinzipien und Grundstrukturen des WEG als Ausfluss des numerus clausus der Sachenrechte Schranken bilden:

- §§ 1–9 WEG
- § 23 Abs. 3 WEG (Beschluss in Textform)
- § 24 Abs. 2 WEG (Minderheitenquorum)
- die Regelung des Teil III des WEG (Verfahrensrecht)

10 Soweit Regelungen grundsätzlich abbedungen werden können, darf dennoch der hinter diesen stehende Sinn und Zweck nicht unterlaufen werden. So darf etwa die Beschlussfassung im Rahmen einer Versammlung abbedungen werden. Gewährleistet bleiben muss aber, dass ein Beschluss das Ergebnis des Mehrheitswillens aller Wohnungseigentümer darstellt. Dazu muss jedem Wohnungseigentümer das Recht gewährt werden, an der Beschlussfassung mitzuwirken, was ihm die Möglichkeit verschaffen muss, sich über den Beschlussgegenstand im Wege der Diskussion auszutauschen. Will man den Grundsatz des Minderheitenschutzes ernst nehmen, gelingt solcherlei nur durch eine Versammlung, weshalb die Durchführung einer Versammlung als solches nicht abbedungen werden kann.[11] Doch selbst wenn weniger streng der Verzicht auf die Durchführung einer Versammlung in manchen Fällen für zulässig erachtet wird, sofern die Beschlussfassung faktisch einstimmig erfolgt, verbleiben Fälle wie die §§ 12 Abs. 4, 16 Abs. 2 S 2 und 26 Abs. 1 WEG, in denen auf eine Versammlung nicht verzichtet werden darf.[12]

11 Einige der vorgenannten unabdingbaren Regelungen treffen die gelebte Praxis vieler Zweiergemeinschaften wie einen Donnerschlag. So lässt sich die **Bestellung eines Verwalters nicht gänzlich ausschließen** (→ Rn. 15), die **Willensbildung** hat **durch Beschlüsse** zu erfolgen (→ Rn. 17), die wirtschaftliche Strukturierung erfolgt auf der Basis von **Wirtschaftsplänen und Jahresabschlüssen** (→ Rn. 25), auf **Versammlungen** kann **nicht ausnahmslos verzichtet** werden (→ Rn. 10).

12 Regelungen, welche **geändert werden können**, sind beispielsweise folgende:

- Die Kosten des gemeinschaftlichen Eigentums sind nach dem gesetzlichen Grundgedanken des § 16 Abs. 2 WEG nach Miteigentumsanteilen zu tragen. Hiervon darf abgewichen werden. Kosten können nach Wohnfläche, nach Verbrauch, auch nach Köpfen umgelegt werden (→ *Umlageschlüssel* Rn. 29 ff.). Sol-

---

9 *Graf* ZMR 2018, 151 (153).
10 BGH 24.2.1994 – V ZB 43/93, NJW 1994, 2950; ausführlich FormB-WEG-R/*Elzer* § 1 Rn. 74.
11 *Graf*, ZMR 2018, 151 (154).
12 *Graf*, ZMR 2018, 151 (154).

cherlei kann gerade in einer Zweiergemeinschaft Frieden fördern, wenn auf diese Art und Weise, insbesondere durch eine Umlage nach Verbrauch, an das Ergebnis einer faktischen Realteilung herangerückt werden kann.

■ § 20 Abs. 2 WEG erfordert für bauliche Veränderungen die Zustimmung jedes beeinträchtigten Wohnungseigentümers. Auch diese Regelung darf geändert werden, das Erfordernis der Zustimmung kann ausgeschlossen werden.[13] Zu beachten sind dann die allgemeinen nachbarrechtlichen Vorschriften des Privatrechts, vor allem also die §§ 906 ff. BGB und das landesrechtliche Nachbarrecht, als auch drittschützende öffentlich-rechtliche Normen. Auch das kann in einer Zweiergemeinschaft hilfreich sein, sich dem gewünschten Ergebnis einer gelebten Realteilung anzunähern.

■ Die Erhaltung (Instandhaltung und Instandsetzung) bestimmter Teile des Gemeinschaftseigentums (Bsp. Fenster) kann einzelnen Wohnungseigentümern zugeordnet werden (→ Rn. 14).

3. Die Verwaltung der Zweiergemeinschaft. Solange die Zweiergemeinschaft eine Verwaltung **ohne Verwalter** wünscht, solange darf auf dessen Bestellung verzichtet werden.[14] In diesem Fall verwalten (§ 19 Abs. 1 WEG) und vertreten (§ 9 b Abs. 1 S 2 WEG) alle Wohnungseigentümer gemeinschaftlich, § 9 b Abs. 1 S. 2 WEG. Die Verwaltung erfolgt durch einstimmigen Beschluss.[15] Das führt jedoch zu den Problemen, welche bereits der Gesetzgeber im Hinblick auf die Thematik der Entziehung des Wohnungseigentums im Blick hatte (→ Rn. 2). **13**

Ist daher kein Verwalter gewünscht, empfiehlt es sich, dass die Zweiergemeinschaft von der Möglichkeit des § 19 Abs. 1 BGB Gebrauch macht und etwa die Verwaltung bestimmter Teile des gemeinschaftlichen Eigentums einem einzelnen Wohnungseigentümer in einer Weise zuweist – etwa hinsichtlich der Erhaltung von Fenstern, Sondernutzungsrechten[16] –, wie es einer Realteilung am nächsten käme. Daneben besteht die Möglichkeit, die **Verwaltung** (§ 19 Abs. 1 WEG) als auch die Vertretung[17] **einem einzelnen Wohnungseigentümer zu übertragen**, was nicht mit der Bestellung des Wohnungseigentümers zum Verwalter verwechselt werden darf (→ Rn. 16). Solcherlei ist auch nach der WEG-Reform 2020 möglich, da auf diese Weise eine Erweiterung der Vertretung gegenüber Dritten erfolgt und nicht eine § 9 b Abs. 1 S 3 WEG zuwiderlaufende Beschränkung der Vertretungsmacht. Erfolgt die Legitimation des auserwählten Wohnungseigentümers üblicherweise durch Mehrheitsbeschluss, reicht es in der Zweiergemeinschaft aus, wenn das andere Rechtssubjekt den auserwählten Wohnungseigentümer ermächtigt.[18] **14**

Auch in der Zweiergemeinschaft hat jeder Wohnungseigentümer einen **Anspruch auf die Bestellung eines (professionellen) Verwalters**, der ggf. auch mit gerichtlicher Hilfe durchgesetzt werden kann.[19] Diesen bereits vor der WEG-Reform 2020 geltenden Grundsatz greift nun der gem. § 48 Abs. 4 WEG erst zum 1.12.2022 inkrafttretende § 19 Abs. 2 Nr 6 WEG auf, der ausdrücklich bestimmt, dass jeder Wohnungseigentümer die Bestellung eines zertifizierten Verwalters nach § 26 a WEG verlangen kann, es sei denn, es bestehen weniger als neun Sondereigentumsrechte, ein Wohnungseigentümer wurde zum Verwalter bestellt und weniger als ein Drittel der Wohnungseigentümer (§ 25 Absatz 2) verlangt die Bestellung eines zertifizierten Verwalters. In der Zweiergemeinschaft liegt bei Verlangen eines der beiden Stimmsubjekte nach einem Verwalter stets die für die Ausnahme, von der Bestellung eines Verwalters abzusehen, notwendige Voraussetzung „weniger als ein Drittel" nicht vor, weshalb im Ergebnis auf Verlangen eines Stimmsubjekts der Zweiergemeinschaft ein Verwalter zu bestellen ist. **15**

Die Bestellung eines Wohnungseigentümers zum Verwalter ist durchaus auch in einer Zweiergemeinschaft möglich, unterliegt jedoch zur Vermeidung von Rechtsmissbrauch Schranken. So liegt ein wichtiger Grund **gegen die Bestellung** vor, wenn bereits im Zeitpunkt der Bestellung Interessengegensätze offenkundig sind und deshalb von vornherein nicht mit der Begründung eines unbelasteten, für die Tätigkeit des Verwalters erforderlichen Vertrauensverhältnisses zu dem anderen Wohnungseigentümer zu rechnen ist. Auf eine solche In- **16**

---

13 FormB-WEG-R/*Elzer* § 1 Rn. 74.
14 NSV/*Vandenhouten* WEG § 20 Rn. 8.
15 NSV/*Vandenhouten* WEG § 21 Rn. 7.
16 Palandt/*Bassenge* WEG § 21 Rn. 16.
17 § 27 Abs. 3 S 3 WEG aF sah die Übertragung der Vertretungsmacht auf einen einzelnen Eigentümer noch ausdrücklich vor.
18 BGH 27.2.2015 – V ZR 128/14, NJW 2015, 2425.
19 LG Frankfurt a. M. 7.3.17 – 2–13 S 4/17, ZMR 2017, 455.

teressenlage deutet meist der Umstand, wenn der Mehrheitseigentümer mit seinem Stimmengewicht gegen den Willen des anderen Wohnungseigentümers sich selbst oder eine ihm nahestehende Person zum Verwalter bestellt.[20]

17 **4. Die Willensbildung in der Zweiergemeinschaft.** An der Willensbildung durch Beschluss führt auch in der Zweiergemeinschaft kein Weg vorbei. Der BGH bringt es auf den Punkt: *„Auch in der Zweiergemeinschaft unterliegt die Ausübung der Eigentümerbefugnisse den üblichen Verfahrensregeln.[21] Wird ein aus Sicht eines Wohnungseigentümers erforderlicher Beschluss nicht gefasst, ist daher die Beschlussersetzungsklage die richtige Klageart; dass die Beschlussfassung angesichts der Mehrheitsverhältnisse ausgeschlossen ist, ändert daran grundsätzlich nichts, sondern kann nur dazu führen; dass die Vorbefassung der Eigentümerversammlung entbehrlich ist.“* Dass die Zweiergemeinschaft zerstritten ist, ändert an diesem Ergebnis nichts.[22]

18 **5. Die Eigentümerversammlung in der Zweiergemeinschaft.** Der Ort der Willensbildung bleibt auch in der Zweiergemeinschaft vom Grundsatz her die Eigentümerversammlung. Auf diese kann jedenfalls nicht ausnahmslos verzichtet werden (→ Rn. 10).

19 **a) Einberufung.** Verfügt die Zweiergemeinschaft über einen bestellten Verwalter ist es wie stets: Der Verwalter beruft ein, § 24 Abs. 1, 2 WEG. Einen Verwaltungsbeirat, der auch ermächtigt sein kann, zu einer Versammlung einzuberufen, § 24 Abs. 3 WEG, gibt es in Zweiergemeinschaften nahezu nie. Fehlt ein Verwalter, hilft der Zweiergemeinschaft die Ausnahmemöglichkeit, wonach auch ein oder mehrere Wohnungseigentümer berechtigt sind, eine Eigentümerversammlung einzuberufen, sofern die Einberufung einvernehmlich durch alle Wohnungseigentümer erfolgt.[23] Erfolgt die Einberufung lediglich durch einen einzelnen Wohnungseigentümer ohne Zustimmung des anderen oder durch einen Dritten wie einen Verwalterkandidaten kann (nur) die Durchführung einer **Vollversammlung** entsprechend § 51 Abs. 3 GmbHG unter bestimmten Voraussetzungen die Einberufungsmängel heilen.[24]

20 Beruft nur ein Wohnungseigentümer ein, ist mithin entscheidend, ob er mit Zustimmung aller oder ohne Zustimmung aller in der Hoffnung einer Vollversammlung einlädt. Erscheinen zu einer solchen Eigentümerversammlung nicht sämtliche Wohnungseigentümer, kann im letztgenannten Fall keine ordnungsgemäße Eigentümerversammlung durchgeführt wurden, im erstgenannten Fall durchaus, was bis zur Reform insbesondere für Wiederholungsversammlungen gesehen wurde (§ 25 Abs. 4 WEG aF) wie auch in Konstellationen, in denen die Beschlussfähigkeit nach einer Vereinbarung der Wohnungseigentümer immer gegeben war oder der bereits allein Anwesende ausreichend Miteigentumsanteile auf sich vereinigte, § 25 Abs. 3 WEG aF. Da nach der WEG-Reform 2020 die Voraussetzung der Beschlussfähigkeit durch Anwesenheit mehr als der Hälfte der Miteigentumsanteile entfallen ist, darf eine Eigentümerversammlung im oben zweitgenannten Fall stattfinden, was letztlich auch an § 24 Abs. 3 letzter HS WEG heranrückt. Für den Einladenden empfiehlt es sich daher, die **Zustimmung der übrigen Wohnungseigentümer** im Hinblick auf die Einladung zu **verschriftlichen**, um im Falle einer späteren Auseinandersetzung die Zustimmung beweisen zu können. Bestenfalls sorgen die Wohnungseigentümer für einen (Umlauf-)Beschluss, um den einzelnen Wohnungseigentümer zur Einladung nach § 24 Abs. 3 letzter HS WEG zu legitimieren.

21 Steht in einer verwalterlosen Zweiergemeinschaft die Wahl eines (professionellen) Verwalters an, zeigt der **Verwalterkandidat** häufig ein gewisses Überengagement und **lädt selbst zur Versammlung** ein, in welcher er erstmals bestellt werden soll. Nach dem Vorgezeigten führt das zu Einladungsmängeln, die allenfalls durch eine Vollversammlung geheilt werden können. Ohne Vollversammlung können in der anstehenden Eigentümerversammlung keine Beschlüsse, nicht einmal anfechtbare Beschlüsse, gefasst werden; jegliches Abstimmverhalten führt zu **Nichtbeschlüssen**.[25]

22 Scheidet die Möglichkeit der Zustimmung aller zur Einladung zur Eigentümerversammlung ebenso wie eine Vollversammlung aus, verbleibt lediglich die Möglichkeit, dass sich ein Wohnungseigentümer mit gerichtli-

---

20 BayObLG 27.7.2000 – 2Z BR 112/99, ZMR 2000, 846.
21 §§ 18 ff. WEG.
22 BGH 5.7.2019 – V ZR 149/18, NJW 2020, 42.
23 BGH 10.6.2011 – V ZR 222/10, NJW-RR 2011, 1519.
24 BGH 10.6.2011 – V ZR 222/10, NJW-RR 2011, 1519.
25 AG Bonn 1.8.2018 – 27 C 30/18, ZMR 2018, 872.

Lambert

cher Hilfe zur Einberufung einer Eigentümerversammlung für konkret zu benennende Tagesordnungspunkte ermächtigen lässt.[26]

b) Die Durchführung der Eigentümerversammlung. Die Leitung der Versammlung erfolgt durch den Verwalter, § 24 Abs. 5 WEG. Durch Mehrheitsbeschluss kann jemand anderes bestimmt werden, wodurch auch dann ein Versammlungsleiter gefunden werden kann, wenn ein Verwalter nicht bestellt ist. Können sich die Wohnungseigentümer jedoch nicht auf einen **Versammlungsleiter** einigen, soll das nach BGH[27] einer Durchführung der Versammlung nicht entgegenstehen, nicht einmal dem Zustandekommen von Beschlüssen entgegenstehen, wenn die Wohnungseigentümer sich über das Beschlussergebnis einig sind. Solcherlei trete an die Stelle der für das Zustandekommen des Beschlusses konstitutiven Verkündung des Beschlusses durch den Versammlungsleiter. Meist wird sich aber nur schwer beweisen lassen, dass sich alle Wohnungseigentümer einig waren, was die vorgenannte Lösung wenig praktikabel macht.[28] Vorzugswürdig ist es daher, dem Wohnungseigentümer die Möglichkeit der **Beschlussersetzungsklage** zu eröffnen, wenn ein Versammlungsleiter nicht gefunden werden kann und vor diesem Hintergrund eine Eigentümerversammlung nicht durchgeführt wird.

c) Stimmrecht und Stimmrechtsausschluss. Die Frage, wie mit Stimmengleichheiten oder mit dem Umstand umzugehen ist, dass ein einzelner Wohnungseigentümer die Mehrheit der Stimmen (nach Miteigentumsanteilen) besitzt, mag in einer Zweiergemeinschaft häufiger als sonst auf dem Tapet stehen. Anlass, hiermit anders umzugehen, als dies in größeren Gemeinschaften der Fall ist, gibt es nicht,[29] weshalb die allgemeinen Grundsätze zum Stimmrecht und zum Stimmrechtsausschluss gelten (→ *Stimmrecht* Rn. 2 ff).

6. Die Tragung der Kosten in der Zweiergemeinschaft. Eine Pflicht eines Wohnungseigentümers zur Zahlung, insbesondere von Kosten an die Gemeinschaft der Wohnungseigentümer setzt auch in einer Zweiergemeinschaft einen entsprechenden Beschluss voraus. Daher hat auch die Zweiergemeinschaft über Wirtschaftspläne, Jahresabschlüsse und Sonderumlagen zu beschließen.[30] Kommt ein solcher Beschluss nicht zu Stande, bleibt die Beschlussersetzungsklage möglich. Teilweise wird vertreten, dass in einem Fall, in welchem Wirtschaftspläne und Ähnliches nicht beschlossen sind und zwischen den beiden zerstrittenen Wohnungseigentümern der verwalterlosen Zweiergemeinschaft Stimmengleichheit herrscht, einer der Wohnungseigentümer in Vorleistung hinsichtlich Lasten und Kosten treten und im Anschluss daran von dem anderen Wohnungseigentümer unmittelbaren Ausgleich nach der Quote der Miteigentumsanteile fordern kann.[31] Die letztgenannte Ansicht, wonach auf einen Beschluss verzichtet werden kann, ist nach hiesiger Auffassung mit Blick auf die Entscheidung des BGH[32] nicht länger haltbar. Denn danach unterliegt auch die Zweiergemeinschaft den üblichen Verfahrensregeln, und zwar auch dann, wenn die Zweiergemeinschaft zerstritten und eine Beschlussfassung angesichts der Mehrheitsverhältnisse ausgeschlossen ist. Den Ausweg aus dieser Situation bietet allein die **Beschlussersetzungsklage**.

III. Prozessrecht

1. Prozessführungsbefugnis. Hier gilt für Zweiergemeinschaften nichts anderes als für größere Eigentümergemeinschaften. Dort, wo allgemein der Gemeinschaft der Wohnungseigentümer die Prozessführungsbefugnis als teilrechtsfähigem Verband zugewiesen wird, ist dies auch im Hinblick auf die Zweiergemeinschaft der der Fall;[33] bspw. Schadensersatzansprüche, welche auf die Verletzung des Gemeinschaftseigentums gestützt werden,[34] Wohngeldklagen.

2. Vorbefassung der Eigentümerversammlung. Der Klageerhebung durch die Gemeinschaft hat ein legitimierender Beschluss vorauszugehen. Solcherlei ist keine sinnlose Förmelei, sondern verhindert die Umgehung

---

26 *Graf,* ZMR 2018, 151 (154).
27 23.8.2001 – V ZB 10/01, NJW 2001, 3339.
28 *Kümmel,* GE 2001, 1389 (1389).
29 *Graf,* ZMR 2018,151 (155).
30 LG Frankfurt a. M. 19.4.2016 – 2–13 S 204/13, ZMR 2016, 735.
31 So LG München I 2.2.2009 – 1 S 10225/08, ZMR 2009, 637; aA LG Frankfurt a. M. 19.4.2016 – 2–13 S 204/13, ZMR 2016, 735; offengelassen BGH 26.10.2018 – V ZR 279/17, ZMR 2019, 419.
32 BGH 5.7.2019 – V ZR 149/18, NJW 2020, 42.
33 *Graf,* ZMR 2018, 151 (155).
34 BGH 7.2.2014 – V ZR 25/13, NJW 2014, 1090.

der Vorbefassung einer jeden Eigentümergemeinschaft und damit an sich unzulässige Klagen eines Minderheitseigentümers, allein aus dem Umstand seiner Minderheitsstellung zulässig werden zu lassen.[35] Die Notwendigkeit der Vorbefassung der Eigentümerversammlung besteht aber auch dann, wenn ein einzelner Wohnungseigentümer seinen Individualanspruch auf ordnungsgemäße Verwaltung gem. § 18 Abs. 2 Nr. 1 WEG oder auch auf ordnungsgemäße Benutzung nach § 18 Abs. 2 Nr. 2 WEG gerichtlich durchsetzen möchte. Er hat zunächst zu versuchen, einen entsprechenden Beschluss herbeizuführen. Tut dir das nicht, fehlt seiner Klage das Rechtschutzbedürfnis.[36]

28 Ist die Beschlussfassung angesichts der Mehrheitsverhältnisse ausgeschlossen – etwa weil die Zweiergemeinschaft untereinander zerstritten ist –, ist die Vorbefassung der Eigentümerversammlung ausnahmsweise entbehrlich.[37]

283. Zweitbeschluss

Nissen

I. Einleitung

1 Ein Zweitbeschluss lässt sich definieren als eine **erneute** Beschlussfassung der Wohnungseigentümer über eine gemeinschaftliche Angelegenheit, die in der Vergangenheit bereits im Wege des (Erst-)Beschlusses geregelt wurde.[1] Eine ausdrückliche, gesetzliche Regelung hat der Zweitbeschluss im WEG jedoch nicht gefunden. Ein Zweitbeschluss kann – der Beschlusskompetenz der Wohnungseigentümer folgend – eine Vielzahl möglicher Inhalte haben. Regelmäßig wird eine funktionale Einteilung in **bestätigende**, **abändernde** und **ergänzende** Zweitbeschlüsse vorgenommen.[2] Zu klären sind nachfolgend zunächst die allgemeinen Entstehungs- und Wirksamkeitsvoraussetzungen eines Zweitbeschlusses – im Hinblick auf das Fehlen einer gesetzlichen Regelung. Probleme ergeben sich Zusammenhang mit Zweitbeschlüssen zum einen auf Tatbestandsseite hinsichtlich eines etwaigen Vertrauensschutzes bei der Abänderung von Erstbeschlüssen und zum

---

35 LG Hamburg 3.2.2010 – 318 S 84/08, ZMR 2010, 551.
36 *Graf*, ZMR 2018, 151 (155).
37 BGH 5.7.2019 – V ZR 149/18, NJW 2020, 42.
1 Grundlegend BGH 20.12.1990 – V ZB 8/90, NJW 1991, 979; aus der Literatur siehe etwa *Lücke* ZWE 2000, 98 ff. und *Hügel/Elzer* WEG Vor §§ 23 ff. Rn. 44 jeweils mwN.
2 In diesem Sinne etwa Bärmann/*Merle* WEG § 23 Rn. 72, 82 f. und BeckOGK/*Hermann* WEG § 23 Rn. 183 ff.

anderen auf Rechtsfolgenseite im Hinblick auf die eine mögliche Rückwirkung eines (bestätigenden) Zweitbeschlusses.

II. Grundlagen und Voraussetzungen eines Zweitbeschlusses

1. Zulässigkeit. Die grundsätzliche Zulässigkeit eines Zweitbeschlusses ist in der Rechtsprechung seit langem **anerkannt**[3] und wird auch durch das Schrifttum nicht in Zweifel gezogen.[4] Die Befugnis zur erneuten Entscheidung soll sich aus der „**autonomen Beschlusszuständigkeit** der Gemeinschaft ergeben".[5] Letztlich handelt es sich bei dieser Beschlusszuständigkeit der Wohnungseigentümer um eine „Selbstverständlichkeit",[6] die aus dem Wohnungseigentum selbst folgt, wie es in § 13 Abs. 1 WEG auch nach neuer Rechtslage im Sinne eines absoluten Rechts normiert wird.

Dabei ist insbesondere zu berücksichtigen, dass auch eine etwaige **Bestandskraft** des Erstbeschlusses nichts an der Zulässigkeit einer erneuten Beschlussfassung ändern kann.[7] Die Bestandskraft soll eine gerichtliche Überprüfung und Ungültigerklärung von Beschlüssen aus Gründen der **Rechtssicherheit** nach Ablauf der Monatsfrist des § 45 S. 1 WEG verhindern und zugleich eine Bindungswirkung der ggf. überstimmten Minderheit an Mehrheitsbeschlüsse bewirken. Die Berechtigung der Wohnungseigentümer, durch einen neuen Mehrheitsbeschluss eine abweichende Regelung über den Inhalt ihres Wohnungseigentums zu treffen, wird durch die Bestandskraft eines Erstbeschlusses demgegenüber nicht beschränkt.[8]

2. Allgemeine Voraussetzungen. a) Beschlusskompetenz und Entstehungsvoraussetzungen. Der Umfang der Beschlusskompetenz wie auch die weiteren Entstehungsvoraussetzungen eines Zweitbeschlusses entsprechen nach allgemeiner Meinung denjenigen eines **Erstbeschlusses**:[9] Erforderlich ist somit auch für einen Zweitbeschluss ein hinreichend bestimmter Antrag, dem auf einer ordnungsgemäß einberufenen Eigentümerversammlung durch die geladenen Wohnungseigentümer mit der erforderlichen Mehrheit zugestimmt wurde und der durch den Versammlungsleiter festgestellt und verkündet wurde (→ *Beschluss* Rn. 4 ff.).[10]

b) Besonderheiten des Beschlussquorums. Dieser Gleichlauf von Erst- und Zweitbeschluss gilt im Grundsatz auch für das Beschlussquorum. Die jeweils erforderliche (einfache oder qualifizierte) **Mehrheit** bzw. auch eine etwa erforderliche Einstimmigkeit richtet sich allein nach dem **Gegenstand des Zweitbeschlusses.**[11] Die für den Erstbeschluss erforderliche Mehrheit ist demgegenüber nach Rechtsprechung und Literatur für die Mehrheitserfordernisse des Zweitbeschlusses grundsätzlich irrelevant.[12] Der Zweitbeschluss stellt sich insoweit nicht zwingend als *actus contrarius* des Erstbeschlusses dar.[13]

Unklarheiten bereitete in diesem Zusammenhang nach bisheriger Rechtslage insbesondere die Beurteilung des erforderlichen Beschlussquorums für einen Zweitbeschluss, der einen Erstbeschluss über eine **bauliche Veränderung** iSd § 22 Abs. 1 WEG aF **aufheben** soll. Der Erstbeschluss über eine bauliche Veränderung hatte mit dem Einstimmigkeitserfordernis aller betroffenen Wohnungseigentümer nach § 22 Abs. 1 WEG aF eine hohe Hürde. Für einen Zweitbeschluss, der diesen Erstbeschluss aufhebt, gingen Rechtsprechung und Literatur

---

3   Seit BGH 20.12.1990 – V ZB 8/90, NJW 1991, 979 st. Rspr. vgl. BGH 23.8.2001 – V ZB 10/01, NJW 2001, 3339 und BGH 4.4.2014 – V ZR 168/13, NJW 2014, 2197.

4   Siehe etwa *Hügel/Elzer* WEG Vor §§ 23 ff., Rn. 44 und BeckOGK/*Hermann* WEG § 23, Rn. 181 jeweils mwN.

5   So bereits BGH 20.12.1990 – V ZB 8/90, NJW 1991, 979.

6   So *Hügel/Elzer* WEG Vor §§ 23 ff. Rn. 44.

7   Vgl. etwa LG München I 24.10.2016 – 36 S 6557/16, ZWE 2017, 288; AG Mettmann 21.3.2017 – 26 C 23/16, ZMR 2017, 518; ausführlich *Lücke* ZWE 2000, 98 (99) ebenso auch Bärmann/*Merle* WEG § 23 Rn. 65.

8   Ähnlich bereits *Lücke* ZWE 2000, 98 (99).

9   In diesem Sinne bereits BGH 20.12.1990 – V ZB 8/90, NJW 1991, 979 mit der Formulierung, der Beschluss müsse „aus sich heraus einwandfrei sein"; ebenso *Hügel/Elzer* WEG Vor §§ 23 ff. Rn. 7 ff. und BeckOGK/*Hermann* WEG § 23 Rn. 182.

10 Siehe zu diesen Entstehungsvoraussetzungen *Hügel/Elzer* WEG Vor §§ 23 ff. Rn. 7 ff.

11 Vgl. OLG Saarbrücken 10.10.1997 – 5 W 60/97, ZMR 1998, 50; ebenso OLG Köln 24.1.2000 – 16 Wx 185/99, WE 2000, 429 mwN; aus der Literatur siehe Bärmann/*Merle* WEG § 23 Rn. 66 f.

12 Vgl. insbesondere OLG Köln 24.1.2000 – 16 Wx 185/99, WE 2000, 429.

13 So die Formulierung von *Häublein* ZMR 2009, 424; siehe auch LG München I 16.11.2017 – 36 S 21605/16, ZMR 2018, 447.

indes ganz überwiegend von einem einfachen **Mehrheitserfordernis** aus.[14] Hintergrund dieser Differenzierung war der Sinn und Zweck des Einstimmigkeitserfordernisses nach § 22 Abs. 1 WEG aF: Eine bauliche Veränderung stellte eine – unter Umständen ganz erhebliche – **Veränderung** der bisherigen Sachsubstanz des Wohnungseigentums wie auch seiner Nutzungsmöglichkeiten dar, so dass die Hürden für eine solche Veränderung nach dem Konzept des Gesetzgebers hoch sein sollen. Demgegenüber wurde durch die Aufhebung dieser beschlossenen Veränderung lediglich derjenige *status quo* **perpetuiert**, in dem die Wohnungseigentümer auch bisher schon gelebt haben.[15] Diese unterschiedliche **Eingriffsqualität** rechtfertigte nach der bisherigen Auslegung durch Rechtsprechung und Literatur in derartigen Konstellationen die Aufhebung durch einen Zweitbeschluss mit einfacher Mehrheit.[16]

Nach neuer Rechtslage fordert § 20 Abs. 1 WEG bereits für die Gestattung einer baulichen Veränderung grundsätzlich nur noch eine einfache Beschlussmehrheit. In dieser Konstellation ist die oben skizzierte Fragestellung somit obsolet geworden. Wenn jedoch durch diese bauliche Veränderung die Rechte anderer Wohnungseigentümer über das bei einem geordneten Zusammenleben unvermeidliche Maß hinaus beeinträchtigt werden, ist auch nach der neuen Regelung des § 20 Abs. 3 WEG eine Zustimmung aller solchermaßen betroffenen Wohnungseigentümer erforderlich. Sollte in dieser Konstellation ein Zweitbeschluss gefasst werden, so finden die oben dargestellten Grundsätze nach hier vertretener Ansicht auch weiterhin Anwendung, da sich in den Gesetzesmaterialien keine Hinweise auf einen anderen Willen des Reformgesetzgebers finden. Vielmehr hat der Gesetzgeber in Kenntnis der bisherigen Auslegung durch Rechtsprechung und Literatur auf eine abweichende Neuregelung des Beschlussquorums für einen Zweitbeschluss verzichtet.

7   **c) Wirksamkeitsvoraussetzungen.** Der Zweitbeschluss entspricht auch in seinen Wirksamkeitsvoraussetzungen nach Rechtsprechung und Literatur grundsätzlich dem **Erstbeschluss**.[17] Als zentrales Wirksamkeitserfordernis muss auch ein Zweitbeschluss in erster Linie den **Grundsätzen ordnungsmäßiger Verwaltung** nach § 18 Abs. 2 WEG entsprechen (zu den Anforderungen im Einzelnen → *ordnungsmäßige Verwaltung* Rn. 33 ff.).[18]

8   **d) Das Erfordernis eines sachlichen Grundes.** Umstritten ist, ob ein Zweitbeschluss iS einer erneuten Beschlussfassung über einen bereits durch Beschluss geregelten Gegenstand der **zusätzlichen** Voraussetzung eines **sachlichen Grundes** für eben diese Befassung bedarf. Der BGH hat in seiner Grundsatzentscheidung zur Zulässigkeit eines Zweitbeschlusses ausgeführt, es spiele „keine Rolle, aus welchen Gründen die Gemeinschaft eine erneute Beschlussfassung für angebracht hält".[19] Aus dieser Formulierung hat das Kammergericht geschlossen, dass es dementsprechend jedenfalls *irgendeines* sachlichen Grundes für die erneute Beschlussfassung bedarf. Die inhaltsgleiche Wiederholung eines früheren, bereits angefochtenen Beschlusses solle gegen die Grundsätze ordnungsmäßiger Verwaltung verstoßen.[20] Dieser Entscheidung hat sich ein Teil der oberlandesgerichtlichen Rechtsprechung angeschlossen.[21]

9   Allerdings werden von den Vertretern dieser Auffassung **keine hohen Anforderungen** an das Erfordernis des sachlichen Grundes gestellt. So lässt sich aus den Ausführungen des Kammergerichts im Umkehrschluss folgern, dass die **Heilung** eines unter formalen Fehlern leidenden Erstbeschlusses ein sachlicher Grund für einen bestätigenden Zweitbeschluss sein kann.[22] Auch könne eine **Veränderung** der tatsächlichen Umstände im Zeitraum nach Fassung des Erstbeschlusses einen sachlichen Grund für einen Zweitbeschluss darstellen.[23]

---

14   Siehe etwa OLG Köln 1.2.2002 – 16 Wx 10/02, NZM 2002, 454 und Bärmann/*Merle* WEG § 23, Rn. 66; ausführlich anhand des § 22 Abs. 2 WEG auch *Häublein* ZMR 2009, 424 ff.

15   Ausführlich *Häublein* ZMR 2009, 424 (425 f.).

16   Vgl. wiederum OLG Köln 1.2.2002 – 16 Wx 10/02, NZM 2002, 454 und *Häublein* ZMR 2009, 424 ff.

17   Vgl. wiederum BGH 20.12.1990 – V ZB 8/90, NJW 1991, 979; bestätigt durch BGH 23.8.2001 – V ZB 10/01, NJW 2001, 3339; aus der Literatur BeckOGK/*Hermann* WEG § 23 Rn. 182 mwN.

18   Vgl. etwa BayObLG 13.12.2001 – 2Z BR 93/01, ZMR 2002, 525.

19   BGH 20.12.1990 – V ZB 8/90, NJW 1991, 979; nahezu wortgleich bestätigt durch BGH 23.8.2001 – V ZB 10/01, NJW 2001, 3339.

20   So KG 20.7.1994 – 24 W 4748/93, NJW-RR 1994, 1358.

21   Ebenso noch BayObLG 3.11.1994 – 2Z BR 58/94, NJW-RR 1995, 395 und in neuerer Zeit OLG Frankfurt a. M. 24.2.2006 – 20 W 229/03, NZM 2007, 50; ähnlich auch OLG Köln 1.2.2002 – 16 Wx 10/02, NZM 2002, 45.

22   Vgl. KG 20.7.1994 – 24 W 4748/93, NJW-RR 1994, 1358.

23   In diese Richtung, wenn auch im konkreten Fall verneinend BayObLG 3.11.1994 – 2Z BR 58/94, NJW-RR 1995, 395.

Nissen

Auch der Widerspruch des Erstbeschlusses zu einer Kostenverteilungsregelung in der **Teilungserklärung** wurde als sachlicher Grund für einen Zweitbeschluss angesehen.[24]

Demgegenüber ist die Entscheidung in anderen Teilen der Rechtsprechung auf Kritik gestoßen[25] und wird auch in der Literatur überwiegend abgelehnt.[26] So wird argumentiert, es **fehle** für die Annahme dieser Beschlussvoraussetzung an einer entsprechenden, **gesetzlichen Grundlage**.[27] Auch wird angeführt, dass diese zusätzliche Voraussetzung der Argumentation zugunsten einer grundsätzlichen Zulässigkeit von Zweitbeschlüssen widerspreche. Wenn die Zulässigkeit aus **autonomen Beschlusszuständigkeit** der Wohnungseigentümer als solcher folge, so bedürfe es **keines** besonderen Grundes für die Beschlussfassung, der über die **rechtliche Befugnis** zu eben dieser Beschlussfassung hinausgehe.[28]   10

Eine höchstrichterliche Klärung dieser Frage ist bislang nicht ersichtlich. Der BGH hat sie in einer Entscheidung zur Änderung eines festgelegten Umlageschlüssels nach § 16 Abs. 3 WEG im Ergebnis offengelassen, jedoch eine deutliche Tendenz **gegen** das Erfordernis eines **sachlichen Grundes** erkennen lassen.[29] Vielmehr tendiert der BGH in dieser Entscheidung dazu, einzig das **Willkürverbot** als Grenze einer erneuten Beschlussfassung anzusehen.[30]   11

Diese Sichtweise entspricht auch der hier vertretenen Auffassung. Wenn man die erneute Beschlussfassung als originären Teil des Eigentumsrechts anerkennt, so bedarf es grundsätzlich **keiner** darüberhinausgehenden **Rechtfertigung** für eine erneute Beschlussfassung. Es ist vielmehr ein Ausdruck dieses Eigentumsrechts, dass die Modalitäten seiner Ausübung **jederzeit** nach dem Willen der Eigentümer geändert werden können. Allerdings wird man bei der Beschlussfassung hinsichtlich des Wohnungseigentums stets auch die Gemeinschaftsbezogenheit eines Beschlusses bedenken müssen. Daher erscheint das **Willkürverbot** als eine sachgerechte Grenze der autonomen Beschlusszuständigkeit der Wohnungseigentümer.[31] Weiterhin gilt es die Besonderheiten der Entscheidung des Kammergerichts zu bedenken, bei der dieses Kriterium erstmals entwickelt wurde. Aus dem Tatbestand der Entscheidung geht hervor, dass die Wohnungseigentümerversammlung mit ihrer Mehrheit einen inhaltsgleichen Zweitbeschluss gefasst haben, nachdem der Erstbeschluss ausschließlich wegen **materiellrechtlicher Mängel** rechtskräftig aufgehoben worden war.[32] Es liegt daher nahe, dass das Kammergericht durch dieses Kriterium einer missbräuchlichen Ausübung des Rechts auf erneute Beschlussfassung eine Grenze setzten wollte.[33] Ein solches Missbrauchsverbot erscheint in der Sache durchaus zustimmungswürdig und wird insbesondere im Zusammenhang mit bestätigenden Zweitbeschlüssen auch in Rechtsprechung und Literatur diskutiert (→ Rn. 16 ff.). Indes kann die Durchsetzung dieses Verbotes durch die Forderung eines sachlichen Grundes iS eines allgemeinen Kriteriums für jede Art von Zweitbeschlüssen nach hier vertretener Auffassung nicht überzeugen. Schließlich lässt sich als Argument gegen das Erfordernis eines sachlichen Grundes anführen, dass der Gesetzgeber auch im Zuge der aktuellen, umfassenden WEG-Reform auf die Einfügung dieses Erfordernisses in das WEG verzichtet hat.   12

III. Die verschiedenen Arten von Zweitbeschlüssen

Neben diesen allgemeinen Voraussetzungen, die allen Zweitbeschlüssen gemein sind, sollen nachfolgend die jeweiligen Besonderheiten des bestätigenden, abändernden und ergänzenden Zweitbeschlusses in Tatbestand und Rechtsfolge dargestellt werden.   13

---

24 So OLG Frankfurt a. M. 24.2.2006 – 20 W 229/03, NZM 2007, 50.

25 Vgl. etwa BayObLG 13.12.2001 – 2Z BR 93/01, ZMR 2002, 525.

26 In diesem Sinne etwa *Hügel/Elzer* WEG Vor §§ 23 ff. Rn. 45; BeckOGK/*Hermann* WEG § 23 Rn. 182; differenzierend Bärmann/*Merle* WEG § 23 Rn. 68 f.

27 So Bärmann/*Merle* WEG § 23 Rn. 68.

28 In diese Richtung BayObLG 13.12.2001 – 2Z BR 93/01, ZMR 2002, 525 und *Lücke* ZWE 2000, 98 (100 f.); ähnlich *Hügel/Elzer* WEG Vor §§ 23 ff. Rn. 45.

29 Siehe BGH 16.7.2010 – V ZR 221/09, NJW 2010, 3298.

30 BGH 16.7.2010 – V ZR 221/09, NJW 2010, 3298; ähnlich bereits die Formulierung von BGH 23.8.2001 – V ZB 10/01, NJW 2001, 3339; ebenso auch *Hügel/Elzer* WEG Vor §§ 23 ff. Rn. 45.

31 Ebenso *Hügel/Elzer* WEG Vor §§ 23 ff. Rn. 45.

32 Siehe KG 20.7.1994 – 24 W 4748/93, NJW-RR 1994, 1358.

33 In diese Richtung auch die Schlussfolgerung von *Lücke* ZWE 2000, 98 (100).

14 **1. Bestätigender Zweitbeschluss. a) Definition.** Ein bestätigender Zweitbeschluss lässt sich definieren als eine erneute Beschlussfassung, die mit dem vorangegangenen Erstbeschluss **inhaltlich identisch** ist.[34] Sinn und Zweck eines solchen, inhaltsgleichen Zweitbeschlusses ist regelmäßig die **Heilung** tatsächlich vorhandener, formaler Mängel des Erstbeschlusses oder auch nur die Beseitigung von Ungewissheiten über das Bestehen formaler Mängel.[35]

15 **b) Tatbestand. aa) Allgemeine Entstehungs- und Wirksamkeitsvoraussetzungen.** Ein bestätigender Zweitbeschluss unterliegt grundsätzlich den allgemeinen Entstehungs- und Wirksamkeitsvoraussetzungen eines Beschlusses. Für die Inhaltsgleichheit eines solchen Zweitbeschlusses ist nach wohl allgemeiner Auffassung keine wörtliche Übereinstimmung mit dem Erstbeschluss erforderlich. Maßgeblich ist vielmehr, ob sich aus dem Wortlaut des Zweitbeschlusses der klare **Wille** der Wohnungseigentümer zur **inhaltlichen Bestätigung** des Erstbeschlusses ergibt.[36]

16 **bb) Das Verbot des Rechtsmissbrauches.** Eine besondere Problemlage ergibt sich für den bestätigenden Zweitbeschluss mit Blick auf das allgemeine Verbot rechtsmissbräuchlichen Verhaltens. In diesem Zusammenhang wird insbesondere folgende Fallkonstellation diskutiert: Ein Erstbeschluss wird wegen **materiellrechtlicher Mängel** erfolgreich gerichtlich angefochten und rechtskräftig für ungültig erklärt. Daraufhin fasst die Mehrheit der Wohnungseigentümer auf einer späteren Versammlung einen Zweitbeschluss, der mit diesem für ungültig erklärten Erstbeschluss inhaltlich identisch ist.[37] Der solchermaßen gefasste Zweitbeschluss dient somit gerade nicht der **Heilung** etwaiger **formaler Mängel**, sondern „bestätigt" einen Erstbeschluss, dessen **Unvereinbarkeit** mit materiellrechtlichen Regelungen des WEG bereits durch ein Gericht **rechtskräftig** festgestellt wurde. Der alleinige Sinn und Zweck eines solchen Beschluss ist die Zermürbung der Minderheit der Wohnungseigentümer durch die immer wiederkehrende Möglichkeit der Mehrheit, auf einer Versammlung einen entsprechenden, inhaltsgleichen Beschluss zu treffen. Auf diese Weise soll dieser – der materiellen Rechtslage widersprechende – Beschluss so lange erneuert werden, bis die Minderheit entweder die Anfechtungsfrist des § 45 S. 1 WEG versäumt oder schlicht aus finanzieller oder psychischer Erschöpfung von einer Anfechtung absieht.[38]

17 In diesem Zusammenhang gilt es zwei Fragen zu unterscheiden: Zunächst ist das Verhältnis der Beschlusskompetenz der Wohnungseigentümer zur – möglicherweise entgegenstehenden – Rechtskraft der gerichtlichen Entscheidung über den Erstbeschluss zu klären. Insoweit gehen Rechtsprechung und Literatur jedoch einhellig davon aus, dass die **Rechtskraft** der Entscheidung über den Erstbeschluss **keinerlei Bindungswirkung** für einen inhaltsgleichen Zweitbeschluss der Wohnungseigentümer hat.[39] Die materielle Rechtskraft wirke lediglich für den konkreten, für ungültig erklärten Beschluss.[40]

18 Sodann wird in Rechtsprechung und Literatur jedoch die Vereinbarkeit eines solchen, der materiellen Rechtslage widersprechenden Zweitbeschlusses mit dem allgemeinen Verbot rechtsmissbräuchlichen Verhaltens diskutiert. Das Kammergericht hat diese Frage bei den Tatbestandsvoraussetzungen eines Zweitbeschlusses verortet und im Falle eines inhaltsgleichen Zweitbeschlusses, der keine formalen Fehler des Erstbeschlusses heilen soll, einen **sachlichen Grund** für die erneute Beschlussfassung verneint, so dass der Beschluss mit dem Grundsatz ordnungsmäßiger Verwaltung unvereinbar sein soll.[41] Diese Auffassung hat in Rechtsprechung und Literatur überwiegend Zustimmung erfahren – wenngleich mehrheitlich ohne den „Umweg" über das Erfor-

---

34 Den Terminus eines bestätigenden Zweitbeschlusses verwendend etwa BGH 23.8.2001 – V ZB 10/01, NJW 2001, 3339: siehe auch BeckOGK/*Hermann* WEG § 23 Rn. 183 ff.
35 Zu diesem Telos BGH 23.8.2001 – V ZB 10/01, NJW 2001, 3339; ebenso BeckOGK/*Hermann* WEG § 23 Rn. 183 ff. mwN.
36 Zur „Bestätigung" eines Negativbeschlusses siehe BGH 23.8.2001 – V ZB 10/01, NJW 2001, 3339; allgemein in diesem Sinne Bärmann/*Merle* WEG § 23 Rn. 72; ein Formulierungsbeispiel für einen bestätigenden Zweitbeschluss findet sich bei Elzer/Fritsch/Meier/*Fritsch* WEG § 2 Rn. 547.
37 So lag etwa der Fall KG 20.7.1994 – 24 W 4748/93, NJW-RR 1994, 1358; ähnlich LG Hamburg 11.2.2011 – 318 S 121/10, NZM 2012, 281; siehe zu dieser Problemlage auch *Hügel/Elzer* WEG Vor §§ 23 ff. Rn. 50.
38 Diese Motivation beschreibend auch Bärmann/*Roth* WEG § 48 Rn. 79; ähnlich *Lücke* ZWE 2000, 98 (100).
39 Explizit in diesem Sinne BGH 25.9.2003 – V ZB 21/03, NJW 2003, 3476; zustimmend *Hügel/Elzer* WEG Vor §§ 23 ff. Rn. 46 mwN.
40 So BGH 25.9.2003 – V ZB 21/03, NJW 2003, 3476.
41 So KG 20.7.1994 – 24 W 4748/93, NJW-RR 1994, 1358.

dernis eines sachlichen Grundes. Ein **rechtsmissbräuchlich** gefasster Zweitbeschluss soll gegen die Grundsätze **ordnungsmäßiger Verwaltung** verstoßen und dementsprechend innerhalb der Monatsfrist des § 45 S. 1 WEG anfechtbar sein.[42] Dabei wird teilweise eine tatsächliche Vermutung für einen Rechtsmissbrauch angenommen, wenn der Zweitbeschluss unter Wiederholung desselben Mangels beschlossen wird, der bereits zur Ungültigerklärung des Erstbeschlusses geführt hat.[43]

Teile der Literatur gehen demgegenüber davon aus, dass den Wohnungseigentümern für eine rechtsmissbräuchliche Beschlussfassung bereits die **Beschlusskompetenz** fehlt. Ein Beschluss, der einen rechtskräftig für ungültig erklärten Erstbeschluss ohne Änderung der Sachlage inhaltlich identisch wiederholt, soll in den **Kernbereich** der Mitgliedschaft der Wohnungseigentümer eingreifen und dementsprechend nicht bloß anfechtbar, sondern **nichtig** sein.[44] Dieser Auffassung ist zuzustimmen. Es ist bereits nicht ersichtlich, weshalb den Wohnungseigentümern eine Beschlusskompetenz zur Fällung rechtsmissbräuchlicher Beschlüsse zukommen soll. Vor allem aber stellt allein diese Auffassung das auch von Seiten der hM gewünschte Ergebnis sicher, dass eine Minderheit der Wohnungseigentümer nicht durch mehrfache Wiederholung eines Mehrheitsbeschlusses zermürbt werden kann. Das Konzept eines Verstoßes gegen die Grundsätze ordnungsmäßiger Verwaltung führt gleichfalls zum Erfordernis einer Anfechtung innerhalb der Frist des § 45 S. 1 WEG.[45] Der **Zermürbungseffekt** durch das stete Erfordernis der Anfechtung, um eine Bestandskraft des neuerlichen Beschlusses zu verhindern, würde auch nach dieser Konzeption nicht verhindert. Allein die gerichtliche Prüfung der Anfechtungsklage durch den bloßen Vergleich des Erst- und Zweitbeschlusses wäre spürbar erleichtert. Die Nichtigkeit eines rechtsmissbräuchlichen Beschlusses könnte demgegenüber durch Erhebung einer **Feststellungsklage** geltend gemacht werden, ohne dass eine Frist einzuhalten wäre. Allein auf diesem Wege kann somit dem „Anreiz" vorgebeugt werden, durch Wiederholung der Beschlussfassung auf den Eintritt der Bestandskraft zu hoffen und allein auf diesem Wege lassen sich unnötige Anfechtungsverfahren vermeiden.[46] Mit dieser Lösung ist auch keine übermäßige Rechtsunsicherheit verbunden, da es sämtlichen betroffenen Parteien und – das entsprechende rechtliche Interesse vorausgesetzt – selbst Dritten jederzeit möglich ist, eine gerichtliche Klärung durch Erhebung einer Feststellungsklage nach § 256 Abs. 1 ZPO herbeizuführen.

c) Rechtsfolgen. Von besonderer Bedeutung im Zusammenhang mit dem bestätigenden Zweitbeschluss sind jedoch seine Rechtsfolgen, da die erneute Beschlussfassung typischerweise gerade dem Zweck dienen soll, eine Heilung formaler Fehler des Erstbeschlusses herbeizuführen. Dabei sind nachfolgend drei Problemkreise zu behandeln, namentlich unter welchen Voraussetzungen ein Zweitbeschluss eine Heilungswirkung für formale Mängel haben kann (1), ob eine solche Heilung formaler Mängel mit einer Rückwirkung versehen werden kann (2) und welche Auswirkungen eine solche – gegebenenfalls rückwirkende – Heilung auf bereits anhängige Anfechtungsklagen gegen einen Erstbeschluss hat (3).

aa) Heilungswirkung nach § 244 S. 1 AktG analog. Einem bestätigenden Zweitbeschluss konnte nach bisheriger Auslegung durch Rechtsprechung und überwiegendes Schrifttum eine **Heilungswirkung** für etwaige (formale) Fehler des Erstbeschlusses zukommen.[47] Der BGH leitete diese Rechtsfolge aus einer **Analogie** zu § 244 S. 1 AktG ab.[48] Die Interessenlage zum Aktienrecht soll für das Wohnungseigentumsrecht vergleichbar sein, da ein Beschluss der Wohnungseigentümer auf einer Versammlung iS eines Gesamtaktes, der mehrere gleichgerichtete Willenserklärungen in sich vereint, mit der Beschlussfassung im Aktienrecht übereinstimme.

19

20

21

---

42 Zustimmend etwa LG Hamburg, NZM 2012, 281; LG Itzehoe 16.8.2011 – 11 S 42/10, ZMR 2011, 998; ebenso bereits *Lücke* ZWE 2000, 98 (100).

43 So Bärmann/*Roth* WEG § 48 Rn. 79.

44 In diesem Sinne insbesondere *Hügel/Elzer* WEG Vor §§ 23 ff. Rn. 50; ähnlich auch Bärmann/*Roth* WEG § 48 Rn. 79.

45 So auch die Kritik von *Hügel/Elzer* WEG Vor §§ 23 ff. Rn. 50.

46 So auch *Hügel/Elzer* WEG Vor §§ 23 ff. Rn. 50.

47 In diesem Sinne BGH 24.5.2013 – V ZR 182/12, NJW 2013, 2271; ebenso auch Bärmann/*Merle*, WEG, § 23 Rn. 74 und BeckOGK/*Hermann* WEG § 23 Rn. 184 jeweils mwN; kritisch gegenüber der dogmatischen Begründung einer „Heilungswirkung" demgegenüber *Hügel/Elzer* WEG Vor §§ 23 ff. Rn. 49.

48 In diese Richtung tendierend bereits BGH 1.12.1988 – V ZB 6/88, NJW 1989, 1087; ausdrücklich in diesem Sinne BGH 24.5.2013 – V ZR 182/12, NJW 2013, 2271; zustimmend wiederum Bärmann/*Merle* WEG § 23 Rn. 74 und BeckOGK/*Hermann* WEG § 23 Rn. 184.

Auch die Anfechtungsregeln in den §§ 23 Abs. 4, 43 Nr. 4 WEG aF würden denjenigen des Aktienrechts entsprechen.[49]

22 Eine **Heilungswirkung** setzt somit nach § 244 S. 1 AktG analog voraus, dass ein bestätigender Zweitbeschluss unter Einhaltung der entsprechenden Entstehungsvoraussetzungen gefasst wird und dieser Beschluss entweder mit Ablauf der Anfechtungsfrist nach § 45 S. 1 WEG. bestandskräftig oder aber eine entsprechende Anfechtungsklage rechtskräftig abgewiesen wird.[50] Dabei solle es keine Rolle spielen, ob der bestandskräftig gewordene Zweitbeschluss seinerseits unter demselben formalen Mangel leidet, wie der Erstbeschluss. Der analog anwendbare § 244 S. 1 AktG differenziere gerade nicht zwischen verschiedenen formalen Mängeln und verlangt **keine „Identität"** des formalen Mangels des Erstbeschlusses mit der diesbezüglichen Mangelfreiheit des Zweitbeschlusses.[51] Vielmehr soll die Bestandskraft des Zweitbeschlusses insgesamt zu einer Heilung des Erstbeschlusses führen.[52] Wird der Zweitbeschluss seinerseits angefochten, so konnte nach bisheriger Auffassung bis zur rechtskräftigen **Abweisung** dieser Klage keine Heilungswirkung eintreten, da die erfolgreiche Anfechtung ex-tunc Wirkung entfaltet würde und der Zweitbeschluss somit als von Anfang ungültig zu behandeln wäre.[53] Diese Grundsätze gelten nach hier vertretener Auffassung auch nach der aktuellen WEG-Reform fort, da der Gesetzgeber keinerlei andere Regelung getroffen hat und auch aus den Gesetzesmaterialien kein Wille zur Änderung dieser Rechtsprechung ersichtlich geworden ist.

23 **bb) Möglichkeit einer Rückwirkung.** Streitpunkt ist jedoch weniger die Möglichkeit einer Heilung durch den Zweitbeschluss als solche, sondern vielmehr die Frage nach einer Rückwirkung eben dieser Heilung. Die Rechtsprechung und das überwiegende Schrifttum bejahen im Ergebnis eine solche, rückwirkende Heilung durch einen Zweitbeschluss – mit teils unterschiedlichen Argumentationslinien.[54] Teilweise wird in diesem Zusammenhang auf die Regelung des § 144 BGB verwiesen, der eine ebensolche Rückwirkungsfiktion normiere.[55] Weiterhin wird argumentiert, der Erstbeschluss sei – mangels Nichtigkeitsgründen – zwar anfechtbar, aber doch **schwebend wirksam** gewesen. Wenn nun der Zweitbeschluss bestandskräftig bzw. eine Anfechtungsklage rechtskräftig abgewiesen würde, so erledige sich hierdurch zugleich das Anfechtungsverfahren gegen den Erstbeschluss, so dass auch insoweit die Anfechtungsklage abzuweisen sei[56] zu den Auswirkungen des bestätigenden Zweitbeschlusses). **Ausgeschlossen** soll eine solche Rückwirkung indes gegenüber zwischenzeitlich ausgeschiedenen Wohnungseigentümern sein, da eine (Rück-)Wirkung jedenfalls zulasten Dritter ausscheiden müsse.[57]

24 In Teilen der Literatur wird die Lösung über eine rückwirkende Heilung durch den Zweitbeschluss aus dogmatischen Gründen **abgelehnt**.[58] Eine Ex-tunc Heilung des Erstbeschlusses sei als Rechtsfolge eines bestandskräftigen Zweitbeschlusses abzulehnen, da eine solche Wirkung nicht einmal durch eine – höheren Voraussetzungen unterliegende – Vereinbarung der Wohnungseigentümer vorstellbar sei.[59] Allerdings führt diese Auffassung nicht zu einem abweichenden Ergebnis. Vielmehr sollen die Wohnungseigentümer nach dieser Ansicht berechtigt sein, dem inhaltsgleichen Zweitbeschluss seinerseits eine **Rückwirkung** zu geben und damit

---

49 So die Argumentation von *Bärmann/Merle* WEG § 23 Rn. 72; kritisch gegenüber einer Vergleichbarkeit der Interessenlagen demgegenüber *Lücke* ZWE 2000, 98 (103 f.).

50 Vgl. wiederum BGH 24.5.2013 – V ZR 182/12, NJW 2013, 2271 und *Bärmann/Merle* WEG § 23 Rn. 73 f.

51 So *Bärmann/Merle* WEG § 23 Rn. 74.

52 *Bärmann/Merle* WEG § 23 Rn. 74; zustimmend auch BeckOGK/*Hermann* WEG § 23 Rn. 184.

53 OLG Hamm 19.4.1995 – 15 W 26/95, WE 1996, 33; ebenso *Bärmann/Merle* WEG § 23 Rn. 73 f.

54 Vgl. BayObLG 19.8.1977 – BReg 2 Z 52/76, NJW 1978, 1387; ebenso OLG Zweibrücken 17.10.1985 – 3 W 192/85, ZMR 1986, 63; zustimmend *Bärmann/Merle* WEG § 23 Rn. 80 f. und BeckOGK/*Hermann* WEG § 23 Rn. 185 jeweils mwN.

55 In diesem Sinne insbesondere BayObLG 19.8.1977 – BReg 2 Z 52/76, NJW 1978, 1387; zustimmend BeckOGK/*Hermann* WEG § 23 Rn. 185; aA *Lücke* ZWE 2000, 98 (105).

56 In diesem Sinne argumentiert etwa *Bärmann/Merle* WEG § 23 Rn. 80 f.; zustimmend BeckOGK/*Hermann* WEG § 23 Rn. 185; siehe auch → Rn. 29.

57 So BeckOGK/*Hermann* WEG § 23 Rn. 185 unter Verweis auf BGH 21.4.1988 – V ZB 10/87, NJW 1988, 1910, der jedoch eher die Verpflichtung des neu hinzugetretenen Wohnungseigentümers behandelt; zustimmend indes *Lücke* ZWE 2000, 98 (101).

58 In diesem Sinne *Hügel/Elzer* WEG Vor §§ 23 ff. Rn. 49.

59 So *Hügel/Elzer* WEG Vor §§ 23 ff. Rn. 49.

den maßgeblichen Inhalt auch mit Wirkung für die Vergangenheit zu **beschließen**.[60] Hierdurch würde zwar der Erstbeschluss nicht geheilt, aber doch der – im Ergebnis für die Wohnungseigentümer maßgebliche – Inhalt des Beschlusses ab dem **Zeitpunkt** des Erstbeschlusses Geltung beanspruchen können.

cc) Abgrenzung: Bestätigender Zweitbeschluss und Novation. Ein solcher, bestätigender Zweitbeschluss   25
mit ex-tunc Heilungswirkung bedarf überdies der Abgrenzung zu einem Zweitbeschluss, der zugleich eine **Novation** enthält.[61] Ein solcher Zweitbeschluss besteht aus zwei separaten Regelungen: Zum einen wird der Erstbeschluss durch diesen Zweitbeschluss aufgehoben und schwebend unwirksam, bis er mit Bestandskraft des Zweitbeschlusses endgültig unwirksam wird. Zum anderen wird durch diesen novatorischen Zweitbeschluss eine neue inhaltliche Regelung getroffen – mag sie auch in der Sache mit der Regelung des Erstbeschlusses identisch sein. Der Unterschied zum bestätigenden Zweitbeschluss liegt somit im Schicksal des Erstbeschlusses. Während seine Wirksamkeit im Falle eines bestätigenden Zweitbeschlusses grundsätzlich unabhängig vom Zweitbeschluss bestehen bleibt, führt eine novatorischer Zweitbeschluss zur (**schwebenden**) **Unwirksamkeit** des Erstbeschlusses.[62]

Die Abgrenzung erfolgt anhand des **Willens** der Wohnungseigentümer, den Erstbeschluss novatorisch zu er-   26
setzten, mithin ihn aufzuheben und durch eine inhaltliche Neuregelung zu ersetzten. Dieser Wille ist durch Auslegung zu ermitteln.[63] Nach Auffassung des BGH könne allein von der Tatsache, dass die Wohnungseigentümer einen Zweitbeschluss gefasst haben, noch nicht auf einen entsprechenden **Novationswillen** geschlossen werden. Vielmehr sei bei der Annahme eines Novationswillens große **Zurückhaltung** zu wahren.[64]

Wenn ein Novationswille ausnahmsweise zu bejahen sein sollte, stellt sich die Frage, welche Auswirkungen   27
eine Anfechtung eben dieses novatorischen Zweitbeschlusses hat. Wenn die Anfechtungsklage rechtskräftig abgewiesen wird, so ist damit auch die Aufhebung des Erstbeschlusses endgültig und allein der Inhalt des Zweitbeschlusses maßgeblich.[65] Wenn der Zweitbeschluss jedoch seinerseits wegen bestehender Mängel erfolgreich angefochten wird, stellt sich die Frage, ob die Aufhebung allein die – mit Mängeln behaftete – inhaltliche Neuregelung betrifft oder auch die Aufhebung des Erstbeschlusses. Nach Auffassung des BGH ist dieser Fall unter entsprechender Anwendung des **§ 139 BGB** zu beurteilen.[66] Im Zweifel soll die Teilnichtigkeit der inhaltlichen Neuregelung nach § 139 BGB analog zugleich zu einer Nichtigkeit der Aufhebung des Erstbeschlusses führen, so dass der Erstbeschluss wiederaufleben würde. Als Indiz für einen abweichenden Willen zur Aufrechterhaltung des Aufhebungsbeschlusses kommt nach Ansicht des BGH beispielsweise der Wille der Wohnungseigentümer bei Fassung des Zweitbeschlusses in Betracht, eine **unklare Rechtslage endgültig** beseitigen zu wollen[67]

Ein in der Rechtsprechung umstrittener Sonderfall ist die Fassung eines Zweitbeschlusses trotz Bestandskraft   28
des Erstbeschlusses. Nach Ansicht eines Teils der Rechtsprechung soll dieser Zweitbeschluss selbst dann regelmäßig zur **Aufhebung** der Bestandskraft des Erstbeschlusses führen, wenn dieser Zweitbeschluss seinerseits erfolgreich angefochten wird. Argumentiert wird mit der ersetzenden Wirkung des Zweitbeschlusses.[68] Demgegenüber geht der BGH davon aus, dass eine solche Aufhebung des bestandskräftigen Erstbeschlusses nur ganz **ausnahmsweise** in Betracht kommt, wenn ein novatorischer Zweitbeschluss vorliegt.[69] Für die letztgenannte Auffassung spricht insbesondere die Interessenlage der Wohnungseigentümer bei Fassung eines Zweitbeschlusses: Wenn die Mehrheit der Wohnungseigentümer einen bereits bestandskräftigen Erstbeschluss

---

60   So der Vorschlag von *Hügel/Elzer* WEG Vor §§ 23 ff. Rn. 49.
61   Grundlegend BGH 16.9.1994 – V ZB 2/93, NJW 1994, 3230; ausführlich auch *Bärmann/Merle* WEG § 23 Rn. 78 f.
62   Vgl. *Bärmann/Merle* WEG, § 23 Rn. 76 ff.
63   Vgl. etwa *Bärmann/Merle* WEG § 23 Rn. 78.
64   In diese Richtung bereits BGH 10.3.1994 – IX ZR 98/93, NJW 1994, 1866; ähnlich BGH 16.9.1994 – V ZB 2/93, NJW 1994, 3230; zustimmend *Bärmann/Merle* WEG § 23 Rn. 78 f. und BeckOGK/*Hermann* WEG § 23 Rn. 186 f.; geringere Anforderungen stellend demgegenüber BayObLG 3.3.1988 – BReg. 2 Z 104/87, NJW-RR 1988, 847.
65   Ausführlich BGH 16.9.1994 – V ZB 2/93, NJW 1994, 3230.
66   So BGH 16.9.1994 – V ZB 2/93, NJW 1994, 3230.
67   In diesem Sinne BGH 16.9.1994 – V ZB 2/93, NJW 1994, 3230.
68   So BayObLG 3.3.1988 – BReg. 2 Z 104/87, NJW-RR 1988, 847; höhere Anforderungen stellend noch BayObLG 14.7.1975. BReg 2 Z 224/74, BayObLGZ 1975, 284.
69   So BGH 23.8.2001 – V ZB 10/01, NJW 2001, 3339; zustimmend OLG Stuttgart 21.7.1988 – 8 W 476/87, OLGZ 1988, 437; ähnlich *Bärmann/Merle* WEG § 23 Rn. 77.

auf einer Versammlung nochmals ausdrücklich **bestätigt**, so erscheint eine **Fortgeltung** eben dieser Regelung gewollt. Demgegenüber ist eine Auslegung des Willens dieser Wohnungseigentümer dahin gehend, dass bei Anfechtung des Zweitbeschlusses sogar die bereits vorhandene Bestandskraft des Erstbeschlusses mit wegfallen soll, eher **fernliegend**.[70]

29 **dd) Rechtsschutzbedürfnis für bereits anhängige Prozesse.** Diese Abgrenzung und auch die Frage nach einer möglichen Rückwirkung sind insbesondere im Zusammenhang mit den prozessualen Auswirkungen eines Zweitbeschlusses auf ein bereits anhängiges Anfechtungsverfahren gegen einen Erstbeschluss von Bedeutung:

30 Im Falle eines bestätigenden Zweitbeschlusses ohne Novationswillen gilt für eine bereits anhängige Anfechtungsklage gegen den Erstbeschluss nach hM Folgendes: Sobald der Zweitbeschluss bestandskräftig bzw. eine diesbezügliche Anfechtungsklage rechtskräftig abgewiesen wird, soll für die Anfechtungsklage gegen den Erstbeschluss das **Rechtsschutzbedürfnis** entfallen.[71] Argumentativ wird in erster Linie darauf abgestellt, dass der Kläger seine **Rechtsstellung** selbst bei erfolgreicher Anfechtung des Erstbeschlusses nicht verbessern könnte, da er jedenfalls an den inhaltlich zurückwirkenden Zweitbeschluss gebunden wäre.[72] Ergänzend wird für die Rückwirkung dieses Zweitbeschlusses wiederum auf § 244 S. 1 AktG analog verwiesen.[73] Umgekehrt soll auch das Rechtsschutzbedürfnis für die Anfechtungsklage gegen den **Zweitbeschluss** entfallen, wenn der Erstbeschluss **bestandskräftig** geworden ist, da die klagende Partei auch in diesem Fall durch eine Aufhebung keinen rechtlichen Vorteil mehr erringen könnte.[74]

31 Als verfahrensrechtliche Konsequenz dieser gegenseitigen Abhängigkeit ist in Rechtsprechung und Literatur weitgehend anerkannt, dass im Falle einer Anfechtung des Erst- wie auch des Zweitbeschlusses das Verfahren über den Erstbeschluss **auszusetzten** ist, bis eine rechtskräftige Entscheidung über die Anfechtung des Zweitbeschlusses getroffen wurde.[75] Probleme ergeben sich jedoch in der Konstellation einer Anfechtung des Erst- und Zweitbeschlusses, bei der für die Anfechtungsklage gegen den Zweitbeschluss durch den Kläger kein Gerichtskostenvorschuss eingezahlt worden war und das Gericht daher das **Ruhen** des Verfahrens anordnete. Das OLG Düsseldorf hat zur Vermeidung einer Blockade beider Verfahren in dieser Konstellation eine Entscheidung über die Anfechtungsklage gegen den Erstbeschluss gebilligt.[76]

32 Das Rechtsschutzbedürfnis für die Anfechtung des Erstbeschlusses entfällt indes nicht in jeder denkbaren Fallgestaltung. Vielmehr soll nach hM konsequenterweise neben § 244 S. 1 AktG auch der Satz 2 **analoge Anwendung** finden.[77] Nach dieser Norm bleibt eine Anfechtungsklage auch nach Bestandskraft des bestätigenden Zweitbeschlusses bzw. der rechtskräftigen Abweisung einer entsprechenden Anfechtungsklage zulässig, wenn an der Ungültigerklärung des Erstbeschlusses bis zum Zweitbeschluss ein **rechtliches Interesse** besteht. Der BGH stellt an dieses rechtliche Interesse tendenziell geringe Anforderungen. So soll ein rechtliches Interesse erst zu verneinen sein, wenn Auswirkungen der konkreten Beschlussanfechtungsklage auf Folgeprozesse der Wohnungseigentümer untereinander oder auch gegen den Verwalter oder Dritte auszuschließen seien.[78] Auch hat der BGH ein Fortbestehen des Rechtsschutzbedürfnisses im Falle der Anfechtung eines Negativbeschlusses anerkannt, wenn die Anfechtung mit einem Antrag auf Feststellung eines positiven Beschlussergebnisses verbunden wurde[79]

---

70 Ähnlich argumentierend OLG Stuttgart 21.7.1988 – 8 W 476/87, OLGZ 1988, 437.
71 Vgl. etwa BGH 19.9.2002 – V ZB 30/02, NJW 2002, 3704; bestätigt durch BGH 13.5.2011 – V ZR 202/10, NJW 2011, 2660; ebenso BGH 2.10.2015 – V ZR 5/15, NJW 2015, 3713; aus der Literatur ausführlich *Müller* ZWE 2000, 557 (559 f.) siehe auch BeckOGK/*Hermann* WEG § 23 Rn. 184 mwN.
72 In diesem Sinne etwa BGH 19.9.2002 – V ZB 30/02, NJW 2002, 3704; ähnlich BeckOGK/*Hermann* WEG § 23 Rn. 184 f. mwN.
73 So BGH 24.5.2013 – V ZR 182/12; zustimmend Bärmann/*Roth* WEG § 46 Rn. 113.
74 In diesem Sinne BGH 16.9.1994 – V ZB 2/93, NJW 1994, 3230; ebenso BGH 23.8.2001 – V ZB 10/01, NJW 2001, 3339.
75 In diese Richtung bereits BayObLGZ 1977, 231; diese Überlegung aufgreifend BGH 1.12.1988 – V ZB 6/88, NJW 1989, 1087; zustimmend Bärmann/*Merle* WEG § 23 Rn. 72 mwN.
76 OLG Düsseldorf, NZM 1998, 162; zu dieser Fallkonstellation auch *Becker* WE 1999, 162 (166).
77 Vgl. etwa Bärmann/*Merle* WEG § 23 Rn. 75 und 81.
78 So BGH 13.5.2011 – V ZR 202/10, NJW 2011, 2660; ähnlich Bärmann/*Merle* WEG § 23 Rn. 75; ausführlich zu den prozessualen Konsequenzen → Rn. 46.
79 BGH 19.9. 2002 – V ZB 30/02, NJW 2002, 3704.

Wenn die Wohnungseigentümer einen novatorischen Zweitbeschluss fassen, so wird der Erstbeschluss hier- 33 durch aufgehoben und die Anfechtungsklage gegen den Erstbeschluss würde sich grundsätzlich erledigen.[80] Wenn jedoch der Zweitbeschluss erfolgreich angefochten wird, so richtet sich das Schicksal des Erstbeschlusses – wie bereits dargelegt – nach **§ 139 BGB** analog. Im Zweifel entfällt auch die aufhebende Regelung des Zweitbeschlusses und der Erstbeschluss lebt wieder auf, so dass auch das entsprechende Anfechtungsverfahren nicht erledigt ist.[81] Daher sollte auch in dieser Fallgestaltung das Verfahren über die Anfechtung des Erstbeschlusses **ausgesetzt** werden, da ebenfalls eine Abhängigkeit von der Anfechtungsklage gegen den Zweitbeschluss besteht.

2. Abändernder Zweitbeschluss. a) Definition. Der Terminus eines abändernden Zweitbeschlusses meint 34 eine erneute Beschlussfassung der Wohnungseigentümer, durch die ein vorangegangener Erstbeschluss **inhaltlich verändert** oder sogar gänzlich **aufgehoben** wird.[82]

b) Tatbestand. Die wesentlichen Streitfragen ergeben sich für den abändernden Zweitbeschluss bereits auf 35 Tatbestandsebene im Hinblick auf einen möglichen Vertrauensschutz zugunsten von Wohnungseigentümern, die durch den Erstbeschluss besser gestellt worden waren als durch den abändernden Zweitbeschluss.

aa) Allgemeine Entstehungs- und Wirksamkeitsvoraussetzungen. Im Grundsatz sind auch für den abän- 36 dernden Zweitbeschluss die allgemeinen Entstehungs- und Wirksamkeitsvoraussetzungen eines Beschlusses einzuhalten.[83] Insbesondere ist in diesem Zusammenhang zu beachten, dass sich die Mehrheitserfordernisse für einen abändernden Zweitbeschluss allein nach seinem jeweiligen **Gegenstand** und nicht nach den etwaigen Mehrheitserfordernissen des Erstbeschlusses richten.[84]

bb) Berücksichtigung schutzwürdiger Belange. Allerdings setzt ein abändernder Zweitbeschluss als weite- 37 re Wirksamkeitsvoraussetzung nach der Rechtsprechung und dem überwiegenden Schrifttum die Berücksichtigung der schutzwürdigen Belange aus Inhalt und Wirkung des Erstbeschlusses voraus.[85] Teilweise wird den Wohnungseigentümern für eine Beschlussfassung ohne Einhaltung dieser Belange bereits die Beschlusskompetenz abgesprochen.[86] Überwiegend wird in der fehlenden Berücksichtigung schutzwürdiger Belange ein **Verstoß gegen die Grundsätze ordnungsmäßiger Verwaltung** iSd § 18 Abs. 2 WEG gesehen.[87]

Die einzuhaltende Grenze schutzwürdiger Belange soll sich dabei nach den Umständen des Einzelfalles rich- 38 ten.[88] So sollen schutzwürdige Belange insbesondere dann beeinträchtigt sein, wenn ein durch den Erstbeschluss begründetes, **subjektives Recht** wieder entzogen werden soll.[89] Auch sollen diese Belange betroffen sein, wenn ein Wohnungseigentümer durch die Neuregelung gegenüber dem Erstbeschluss ohne sachlichen Grund einen rechtlichen Nachteil erleidet.[90] Auch soll bei dieser Abwägung berücksichtigt werden, ob der durch den Erstbeschluss begünstigte Wohnungseigentümer ein **schutzwürdiges Vertrauen** auf den Bestand des Erstbeschlusses hatte.[91] Dabei sei weiterhin zu berücksichtigen, ob der betreffende Wohnungseigentümer bereits im berechtigten Vertrauen auf den Bestand des Erstbeschlusses Leistungen erbracht hat, die sich durch

80 Ähnlich Bärmann/*Merle* WEG § 23 Rn. 78.
81 Zur entsprechenden Anwendbarkeit des § 139 vgl. BGH 16.9.1994 – V ZB 2/93, NJW 1994, 3230.
82 Den Terminus gebrauchend etwa OLG Saarbrücken 10.10.1997 – 5 W 60/97, ZMR 1998, 50 und OLG Düsseldorf 30.10.2000 – I-3 Wx 318/00, ZMR 2001, 243; aus der Literatur siehe etwa Bärmann/*Merle* WEG § 23 Rn. 83 f. und BeckOGK/*Hermann* WEG § 23 Rn. 189 ff.
83 Vgl. etwa Bärmann/*Merle* WEG § 23 Rn. 83 und BeckOGK/*Hermann* WEG § 23 Rn. 189; ein Formulierungsbeispiel für einen abändernden Zweitbeschluss findet sich bei FormB-WEG-R/*Fritsch* § 2 Rn. 549.
84 Vgl. wiederum OLG Köln 1.2.2002 – 16 Wx 10/02, NZM 2002, 454 und Bärmann/*Merle* WEG § 23 Rn. 66.
85 Grundlegend BGH 20.12.1990 – V ZB 8/90, NJW 1991, 979; ebenso BGH 25.9.2003 – V ZB 21/03, NJW 2003, 3476; zustimmend Bärmann/*Merle* WEG § 23 Rn. 84; BeckOGK/*Hermann* WEG § 23 Rn. 190 ff. und Timme/*Steinmeyer* WEG § 23 Rn. 43 jeweils mwN.
86 So wohl BayObLG 14.4.1988 – 2 Z 134/87, WE 1989, 56; ähnlich Bärmann/*Merle* WEG § 23 Rn. 84.
87 In diesem Sinne BGH 20.12.1990 – V ZB 8/90, NJW 1991, 979; ebenso BGH 25.9.2003 – V ZB 21/03, NJW 2003, 3476; ähnlich Timme/*Steinmeyer* WEG § 23 Rn. 43.
88 So bereits BGH 20.12.1990 – V ZB 8/90, NJW 1991, 979; ebenso Bärmann/*Merle* WEG § 23 Rn. 84.
89 In diesem Sinne etwa BayObLG 14.4.1988 – 2 Z 134/87, WE 1989, 56; OLG Stuttgart 31.10.1989 – 8 W 37/87, OLGZ 1990, 175; zustimmend Bärmann/*Merle* WEG § 23 Rn. 84 mwN.
90 OLG Düsseldorf 20.3.2000 – 3 Wx 414/99, ZWE 2000, 368 f.; Bärmann/*Merle* WEG § 23 Rn. 84.
91 Vgl. OLG Frankfurt a. M. 3.9.2004 – 20 W 34/02, MietRB 2005, 206; LG Hamburg 23.7.2014 – 318 S 43/14, ZWE 2015, 220; zustimmend auch BeckOGK/*Hermann* WEG § 23 Rn. 191.

die spätere Aufhebung als sinnlos erweisen würden.[92] Demgegenüber sollen rein **tatsächliche Vorteile** gerade kein schutzwürdiger Belang im Rahmen dieser Abwägung sein.[93]

39　Teilweise wird versucht, die Vielzahl an Entscheidungen in insgesamt fünf Fallgruppen einzuteilen: So sollen schutzwürdige Belange betroffen sein, wenn ein Wohnungseigentümer durch den Zweitbeschluss einen rechtlichen Nachteil erleidet (1), wenn seine wohlerworbenen, subjektiven Rechte wieder entzogen werden (2), wenn der Erstbeschluss eine günstige Rechtsposition geschaffen hat (3), wenn aufgrund des schutzwürdigen Vertrauens auf den Erstbeschluss Investitionen getätigt wurde, die sich als sinnlos erweisen würden (4) oder wenn für den Zweitbeschluss ein nachvollziehbarer Grund fehlt (5).[94] Neben diesen vielfältigen Versuchen, verallgemeinernde Aussagen zu treffen, hat die Einzelfallabwägung über die Schutzwürdigkeit der betroffenen Belange zu einer umfangreichen **Kasuistik** geführt. Daher soll nachfolgend versucht werden, anhand von verschiedenen Entscheidungen ein Gefühl für die Grenzlinien zwischen berechtigtem, schutzwürdigem Vertrauen auf der einen Seite und der Änderungsbefugnis der Wohnungseigentümer auf der anderen Seite zu gewinnen:

- So hat der BGH zu erkennen gegeben, dass ein schutzwürdiges Vertrauen auf den Bestand eines Erstbeschlusses jedenfalls dann nicht entstehen kann, wenn der Zweitbeschluss noch innerhalb der Monatsfrist des § 46 Abs. 1 S. 2 WEG aF gefasst wird, da der Beschluss in dieser Zeit ohnehin der **Anfechtbarkeit** unterlag.[95]

- Demgegenüber soll bei einem Zweitbeschluss über einen Umlageschlüssel nach Ablauf besagter Monatsfrist selbst die Erwartung einer **deutlichen Kostenersparnis** durch den neuen Umlageschlüssel gegenüber schutzwürdigen Belangen zurücktreten müssen.[96] Eine rückwirkende Änderung des Umlageschlüssels soll eines **sachlichen Grundes** bedürfen, um nicht gegen schutzwürdige Belange zu verstoßen. Die Grenze schutzwürdigen Vertrauens sei erst dann erreicht, wenn der durch den Erstbeschluss angewandte Umlageschlüssel **unbrauchbar** sei.[97]

Vertrauensschutz sollen auch **subjektive Rechte** einzelner Wohnungseigentümer genießen. Wenn ein Erstbeschluss den vorherigen, unrechtmäßigen Einbau einer neuen Tür zum Gartenbereich durch einen einzelnen Wohnungseigentümer **genehmigt** und in Bestandskraft erwächst, so soll ein Zweitbeschluss, der eben diesen Erstbeschluss später wieder aufhebt, wegen Verstoßes gegen schutzwürdige Belange anfechtbar sein.[98] Wenn demgegenüber ein Erstbeschluss über die Errichtung eines Zaunes auch nach vier Jahren noch nicht ausgeführt wurde, so soll kein **schutzwürdiges Vertrauen** mehr auf die spätere Errichtung bestehen.[99]

- Als tatsächliche, nicht schützenswerte Vorteile wurde ein Erstbeschluss über die Verlegung eines bestimmten **Teppichbodens** angesehen, der im Wege eines Zweitbeschlusses durch eine andere Art von Teppichboden ersetzt wurde, welcher treppenhausgeeignet war.[100] Ebenfalls als rein tatsächlicher Vorteil wurde die zu geringe Zahlung von Heizkosten aufgrund eines durch den Erstbeschluss gefassten, **fehlerhaften Umlageschlüssels** eingestuft. Geschäftsgrundlage für die Zahlung sei stets die Annahme, dass der Verbrauch durch die vorhandenen Messinstrumente richtig erfasst werde.[101]

40　Teile der Literatur wenden sich mit beachtlichen Argumenten gegen die herrschende Konzeption der schutzwürdigen Belange als solche.[102] Hiernach sind diese Belange zwar im Rahmen einer Abwägung nach den Grundsätzen ordnungsmäßiger Verwaltung zu berücksichtigen. Solche Belange sollen jedoch gerade nicht ge-

---

92　So für den Fall einer bereits ausgeführten, baulichen Maßnahme OLG Frankfurt a. M. 3.9.2004 – 20 W 34/02, MietRB 2005, 206; zustimmend Bärmann/*Merle* WEG § 23 Rn. 84.

93　OLG Düsseldorf, NJW-RR 2000, 1541; OLG Frankfurt a. M. OLGR 2005, 334; zustimmend BeckOGK/*Hermann* WEG § 23 Rn. 192 f. und Bärmann/*Merle* WEG § 23 Rn. 84 jeweils mwN.

94　So die Einordnung von *Hügel/Elzer* WEG Vor §§ 23 ff. Rn. 47.

95　BGH 20.12.1990 – V ZB 8/90, NJW 1991, 979; ähnlich auch OLG Düsseldorf 3 Wx 127/06 = NZM 2007, 569.

96　In diese Richtung äußert sich BGH 25.9.2003 – V ZB 21/03, NJW 2003, 3476; siehe zur Änderung eines Umlageschlüssels durch Zweitbeschluss auch *Becker* ZWE 2008, 217 (224 f.).

97　In diesem Sinne BayObLG 28.11.1991 – BReg. 2 Z 113/91, WuM 1992, 156; für die Aufhebung eines Erstbeschlusses über eine bauliche Maßnahme ebenso BayObLG 2Z BR 58/94 = NJW-RR 1995, 395.

98　So OLG Frankfurt a. M. 3.9.2004 – 20 W 34/02, MietRB 2005, 206.

99　So OLG Köln 1.2.2002 – 16 Wx 10/02, NZM 2002, 454.

100　OLG Saarbrücken 10.10.1997 – 5 W 60/97–23, ZMR 1998, 50.

101　OLG Düsseldorf 20.3.2000 – 3 Wx 414/99, NJW-RR 2000, 1541.

102　So insbesondere *Hügel/Elzer* WEG Vor §§ 23 ff. Rn. 48; diese Auffassung ausführlich erläuternd auch *Elzer* ZMR 2007, 237 ff.

eignet sein, der Ordnungsmäßigkeit eines Beschlusses **per se** entgegenzustehen. Insbesondere räume das WEG **Partikularinteressen** gerade keinen besonderen Status gegenüber den Interessen der Gemeinschaft der Wohnungseigentümer ein.[103] Für diese Sichtweise sprechen auch nach hier vertretener Auffassung gute Gründe. Insbesondere erscheinen die Rechtsfolgen der hM mit der **Grundkonzeption** des WEG als einer Rechtsmaterie, die zwecks gedeihlichen Zusammenlebens auf Ausgleich zwischen Individual- und Gemeinschaftsinteressen bedacht ist, teils schwer vereinbar. So ist es einem solchen Ausgleich kaum förderlich, wenn einzelne Wohnungseigentümer durch eine einmalige Beschlussfassung ein „ewiges" subjektives Sonderrecht erwerben können, obgleich sich die Mehrheitsverhältnisse oder auch die Eigentümerverhältnisse in der Zukunft auf kaum absehbare Art und Weise **verändern** können.[104]

c) Rechtsfolge. Als Rechtsfolge führt ein abändernder Zweitbeschluss – je nach seinem Inhalt – zur Aufhebung bzw. inhaltlichen Änderung des Erstbeschlusses. Wird der abändernde Zweitbeschluss auf eine Anfechtungsklage hin für ungültig erklärt, so entfällt damit zugleich ex-tunc die Änderung bzw. Aufhebung des Erstbeschlusses.[105] — 41

3. Ergänzender Zweitbeschluss. Ein ergänzender Zweitbeschluss betrifft denselben Gegenstand wie der Erstbeschluss, trifft jedoch keine aufhebende oder inhaltlich konträre Entscheidung, sondern **ergänzt** den bisherigen Inhalt des Erstbeschlusses.[106] Für den ergänzenden Zweitbeschluss gelten die **allgemeinen** Entstehungs- und Wirksamkeitsvoraussetzungen, insbesondere richtet sich das erforderliche Beschlussquorum nach dem **Gegenstand** des Zweitbeschlusses, nicht nach den Erfordernissen des Erstbeschlusses.[107] — 42

IV. Anspruch auf einen Zweitbeschluss

Abschließend stellt sich die Frage, ob ein Wohnungseigentümer einen Anspruch auf eine erneute – gegebenenfalls inhaltlich abweichende – Beschlussfassung durch die Versammlung der Wohnungseigentümer haben kann. Ein solcher Anspruch wurde für eine erstmalige Beschlussfassung durch die Rechtsprechung aus **§ 242 BGB** hergeleitet.[108] Voraussetzung für einen solchen Anspruch auf eine bestimmte Beschlussfassung ist nach der Rechtsprechung jedoch, dass die bestehende Rechtslage für den betreffenden Anspruchsteller nicht sachgerecht erscheint und zu **grob unbilligen**, mit Treu und Glauben nicht zu vereinbarenden Ergebnissen führt, wobei ein strenger Maßstab anzulegen sein soll.[109] — 43

Diese Grundsätze wurden von der Rechtsprechung auf den Zweitbeschluss übertragen. Auch ein Anspruch auf erneute Beschlussfassung über eine bereits durch Beschluss geregelte Angelegenheit kommt nur in Betracht, wenn die bestehende Regelung bei Anlegung eines strengen Maßstabes nicht **sachgerecht** erscheint und zu grob unbilligen, gegen Treu und Glauben verstoßenden Ergebnissen führt.[110] Ein solcher Anspruch wird von der Rechtsprechung – unter Anlegung des von ihr geforderten, **strengen Maßstabes** – allerdings nur in seltenen Fällen bejaht.[111] — 44

V. Verfahrenshinweise

1. Anfechtbarkeit eines Zweitbeschlusses. Ein Zweitbeschluss ist im Wege der **Anfechtungsklage** nach § 44 Abs. 1 S. 1 WEG angreifbar. Dabei gelten keinerlei Besonderheiten gegenüber der Anfechtung eines — 45

---

103 Vgl. wiederum *Hügel/Elzer* WEG Vor §§ 23 ff. Rn. 48; *Elzer* ZMR 2007, 237 (239 f.).
104 Ähnlich argumentierend und die Grenze der Abänderbarkeit mithilfe der Kernbereichslehre suchend *Elzer* ZMR 2007, 237 (239 f.).
105 Vgl. Bärmann/*Merle* WEG § 23 Rn. 83.
106 Vgl. zu dieser Abgrenzung zum abändernden Zweitbeschluss auch Bärmann/*Merle* WEG § 23 Rn. 82; ähnlich BeckOGK/*Hermann* WEG § 23 Rn. 188.
107 Siehe Bärmann/*Merle* WEG § 23 Rn. 82.
108 Vgl. etwa BGH 13.7.1995 – V ZB 6/94, NJW 1995, 2791; ebenso BGH 7.10.2004 – V ZB 22/04, NJW 2004, 3413 jeweils mwN; ausführlich zur Fortgeltung dieser Rechtsprechung nach der WEG-Reform aus dem Jahr 2007 *Abramenko* ZWE 2007, 336 ff.
109 Vgl. BGH 25.9.2003 – V ZB 21/03, NJW 2003, 3476.
110 Vgl. etwa BGH 25.9.2003 – V ZB 21/03, NJW 2003, 3476; ebenso auch BGH 7.10.2004 – V ZB 22/04, NJW 2004, 3413.
111 Eine enge Auslegung fordernd auch *Hügel/Elzer* WEG Vor §§ 23 ff. Rn. 51.

sonstigen (Erst-)Beschlusses, insbesondere ist auch für die Anfechtung des Zweitbeschlusses die Anfechtungsfrist des § 45 S. 1 WEG einzuhalten (siehe zur Anfechtung eines (Erst-)Beschlusses auch → *Beschluss* Rn. 27 ff.).[112]

46 **2. Die prozessuale Behandlung des bestätigenden Zweitbeschlusses.** Die Anfechtungsklagen gegen den Erst- und Zweitbeschluss stehen in einem gegenseitigen Abhängigkeitsverhältnis, da das **Rechtsschutzbedürfnis** für die eine Klage bei Bestandskraft bzw. rechtskräftiger Abweisung der anderens Klage nach hM entfällt (→ Rn. 20 ff.). Nachfolgend soll erläutert werden, welche prozessualen Reaktionsmöglichkeiten insbesondere dem Kläger in den verschiedenen Konstellationen offenstehen.

47 **a) Die Erledigung der Hauptsache durch einen bestätigenden Zweitbeschluss nach § 244 S. 1 AktG analog.** Nach hM soll mit Bestandskraft eines Zweitbeschlusses – bzw. der rechtskräftigen Abweisung einer diesbezüglichen Anfechtungssklage – zugleich das **Rechtsschutzbedürfnis** des Klägers für seine Anfechtungsklage gegen den Erstbeschluss entfallen, da aufgrund der Rückwirkungsfiktion des § 244 S. 1 AktG analog selbst bei unterstelltem Erfolg der Klage keine Verbesserung seines **Rechtszustandes** zu erreichen ist.[113] Gleiches gilt umgekehrt im Falle der **Bestandskraft** des Erstbeschlusses für die Anfechtungsklage gegen den Zweitbeschluss.[114] Somit tritt nach hM im Zeitpunkt der Bestandskraft des einen Beschlusses bzw. der rechtskräftigen Abweisung der diesbezüglichen Anfechtungsklage die **Erledigung** der Anfechtungsklage gegen den jeweils anderen Beschluss ein. Prozessual soll der Kläger auf diese neuen Situation mit einer **Erledigungserklärung** reagieren können. Mithin soll er eine nach § 264 Nr. 2 ZPO stets zulässigen Änderung seiner Klage auf Feststellung vornehmen können, dass die Klage ursprünglich zulässig und begründet war und durch ein nach Klageerhebung eingetretenes Ereignis unzulässig oder unbegründet geworden ist.[115] Auf diese Weise kann der Kläger eine **Kostentragung** für seine ursprünglich begründete Klage vermeiden[116]

48 **b) Die Auswirkungen der Rückwirkungsfiktion des § 244 S. 1 AktG analog auf die Möglichkeit einer einseitigen Erledigungserklärung.** Problematisch erscheint die Annahme einer erfolgreichen Erledigungserklärung jedoch im Hinblick auf die rückwirkende Heilung des Erstbeschlusses durch den Zweitbeschluss nach § 244 S. 1 AktG analog (hierzu Rn. 20 ff.). Wenn der Erstbeschluss tatsächlich durch eine **Rückwirkungsfiktion** als von Anfang an geheilt und damit fehlerfrei anzusehen sein sollte, dann hätte die Klage des anfechtenden Wohnungseigentümers **von vornherein** keine Aussicht auf Erfolg gehabt. Dementsprechend würde auch eine einseitige Erledigungserklärung keine Aussicht auf Erfolg haben.[117] Dieses Ergebnis erscheint jedoch höchst problematisch: Wenn man davon ausgeht, dass aus dem **Anspruch** der einzelnen Wohnungseigentümer auf eine ordnungsmäßige Verwaltung iSd § 18 Abs. 2 WEG auch nach neuer Rechtslage weiterhin ein Anspruch auf eine formal ordnungsmäßige Beschlussfassung folgt, so wäre dieser Anspruch durch die rückwirkende Heilungsfiktion kaum effektiv durchsetzbar. Ein Wohnungseigentümer, der gegen diesen Beschluss vorgehen wollte, müsste innerhalb der Monatsfrist des § 45 S. 1 WEG Anfechtungsklage erheben, um die Bestandskraft des Erstbeschlusses zu verhindern. Allerdings würde sich der betreffende Wohnungseigentümer bei der Entscheidung über die Klageerhebung stets der **Gefahr** ausgesetzt sehen, dass ein bestätigender Zweitbeschluss seiner Klage rückwirkend die Begründetheit nimmt. Der klagende Wohnungseigentümer würde sich somit trotz Zulässigkeit und Begründetheit der Klage im Zeitpunkt ihrer Einreichung, der Gefahr einer **vollumfänglichen Kostentragungspflicht** ausgesetzt sehen. Der Anspruch auf eine formal ordnungsmäßige Beschlussfassung könnte durch das unkalkulierbare Kostenrisiko in seiner Durchsetzung wesentlich erschwert werden. Dieses Ergebnis erscheint auch unbillig, da der einzelne Wohnungseigentümer das alleinige Kostenrisiko für formale **Beschlussfehler** der Mehrheit der Wohnungseigentümer tragen müsste. Weiterhin ist fraglich, ob dieses Ergebnis mit dem verfassungsrechtlich gewährleisteten **Justizgewährungsanspruch** vereinbar wäre.

---

112 Vgl. etwa BeckOGK/*Hermann* WEG § 23 Rn. 182.
113 Vgl. etwa BGH 19.9.2002 – V ZB 30/02, NJW 2002, 3704; ausführlich → Rn. 29 ff.
114 Vgl. BGH 23.8.2001 – V ZB 10/01, NJW 2001, 3339.
115 Vgl. zur einseitigen Erledigungserklärung etwa BGH 19.6.2008 – IX ZR 84/07, NJW 2008, 2580.
116 Für die Anfechtungsklage gegen Erst- bzw. Zweitbeschluss in diesem Sinne bereits *Schmidt* NJW 1979, 409 (410); ähnlich *Hügel/Elzer* WEG Vor §§ 43 ff. Rn. 28.
117 Erfolgreich soll eine Erledigungserklärung nach der Rechtsprechung allenfalls dann sein, wenn eine ursprünglich unzulässige oder unbegründete Klage – anders als im hier interessierenden Fall – jedenfalls im Zeitpunkt der Erledigung zulässig und begründet geworden war, siehe BGH 15.2.2019 – V ZR 71/18.

Vermeiden lässt sich dieses Ergebnis nur, wenn man mit Teilen der Literatur annimmt, dass lediglich der **In-** **49**
halt des **Zweitbeschlusses** auf den Zeitpunkt des Wirksamwerdens des Erstbeschlusses **zurückwirkt**.[118] Der
Erstbeschluss wäre dementsprechend weiterhin fehlerhaft und das Rechtsschutzbedürfnis würde allein aufgrund der Rückwirkung des inhaltsgleichen Zweitbeschlusses im Zeitpunkt seiner Bestandskraft bzw. der
rechtskräftigen Abweisung einer entsprechenden Anfechtungsklage entfallen.[119] Somit würde die Erledigung
in Form der Unzulässigkeit der Klage mangels Rechtsschutzbedürfnis ihrerseits erst im **Zeitpunkt** der Bestandskraft des Zweitbeschlusses eintreten und eine Erledigungserklärung des Klägers hätte Aussicht auf Erfolg.

284. Zweitversammlung

Tyarks

I. Einführung

Angelegenheiten, über die nach dem WEG oder nach einer Vereinbarung der Wohnungseigentümer die Woh- **1**
nungseigentümer durch Beschluss entscheiden können, werden gem. § 23 WEG durch Beschlussfassung in
einer Versammlung der Wohnungseigentümer geordnet.

Die **Versammlung** war gem. § 25 Abs. 3 aF WEG – vorbehaltlich abweichender Vereinbarung der Wohnungseigentümer – nur beschlussfähig, wenn die erschienenen stimmberechtigten Wohnungseigentümer mehr als
die Hälfte der Miteigentumsanteile, berechnet nach der im Grundbuch eingetragenen Größe dieser Anteile,
vertreten haben. War eine Versammlung nicht gem. § 25 Abs. 3 WEG aF beschlussfähig, so musste der Verwalter gem. § 25 Abs. 4 WEG aF eine neue Versammlung mit dem gleichen Gegenstand einberufen. Diese
Versammlung – die man als **Zweitversammlung** bezeichnet – war ohne Rücksicht auf die Höhe der vertretenen Anteile beschlussfähig; hierauf war bei der Einberufung hinzuweisen. Die vorgenannten Regelungen
konnten durch die Wohnungseigentümer im Rahmen einer Vereinbarung abbedungen werden.[1]

Im Interesse einer Synchronisierung mit dem übrigen Verbandsrecht hat sich die Bund-Länder-Arbeitsgruppe **2**
zur Reform des Wohnungseigentumsgesetzes[2] für eine **Aufhebung des Quorums** ohne Einführung einer Hinweispflicht und einer Streichung des § 24 Abs. 3 und 4 WEG ausgesprochen. Der Gesetzgeber ist dem im Rahmen des WEMoG gefolgt und hat die vorgenannten Vorschriften ersatzlos gestrichen. Das WEG sieht kein
Quorum mehr vor. Ausreichend ist also die Anwesenheit eines einzigen Wohnungseigentümers auf der Versammlung. Etwas anderes gilt bei Beschlüssen, die eine qualifizierte Mehrheit vorsehen.

Die nachfolgenden Ausführungen gelten daher nur noch für solche **Versammlungen, die vor Inkrafttreten**
des WEMoG, also vor dem 1.12.2020, stattgefunden haben.

Hat die Erstversammlung vor dem 1.12.2020 stattgefunden, nicht jedoch die Zweitversammlung, so ist die
Versammlung als Erstversammlung zu wiederholen, ohne dass es zu einer Anwendung des § 25 Abs. 4 WEG
aF käme.

---

118 So der Vorschlag von *Hügel/Elzer* WEG Vor §§ 23 ff. Rn. 49.
119 Zu diesem Ergebnis scheint auch die hM zu tendieren, ohne allerdings die Wirkung des § 244 S. 1 AktG analog
klar herauszuarbeiten, siehe etwa BGH 24.5.2013 – V ZR 182/12, NJW 2013, 2271.
1 Vgl. BGH 25.9.2015 – V ZR 203/14, NJW 2016, 568; *Hügel/Elzer* WEG § 25 Rn. 85; OLG Köln 30.12.1998 –
16 Wx 187/98, MDR 1999, 799.
2 Abschlussbericht der Bund-Länder-Arbeitsgruppe zur Reform des Wohnungseigentumsgesetzes (WEG) von August 2019, NZM 2019, 705 (725).

II. Voraussetzungen für eine Zweitversammlung iSd § 25 Abs. 4 WEG aF

3   Die **Einberufung** einer Zweitversammlung setzt nach § 25 Abs. 4 S. 1 WEG aF zunächst voraus, dass die Erstversammlung nach § 25 Abs. 3 WEG aF nicht beschlussfähig ist. Ein Zweitversammlung darf daher erst dann einberufen werden, wenn die Beschlussunfähigkeit der Erstversammlung vom Versammlungsleiter festgestellt wurde.[3]

4   Die **Beschlussfähigkeit** muss im Rahmen einer Versammlung bei jeder einzelnen Abstimmung gegeben sein.[4] Daher können die Voraussetzungen für eine Zweitversammlung auch nur partiell hinsichtlich einzelner Beschlussgegenstände gegeben sein. Stellt der Versammlungsleiter fehlerhaft fest, dass ein Beschluss gefasst wurde, obwohl die Versammlung nicht beschussfähig war, ist der Beschluss nur anfechtbar, aber nicht nichtig.[5] In diesem Fall liegen die Voraussetzungen für eine Zweitversammlung erst dann vor, wenn der Beschluss rechtskräftig für ungültig erklärt wurde.

5   Ein **Einberufungsmangel** der Erstversammlung kann nur dann zur Verneinung der Beschlussfähigkeit der Zweitversammlung führen, wenn bei lebensnaher Betrachtung festgestellt werden kann, dass dieser Mangel sich ursächlich dafür ausgewirkt hat, dass der Erstversammlung Wohnungseigentümer in einem solchen Umfang ferngeblieben sind, dass die Beschlussfähigkeit nach Maßgabe des § 25 Abs. 3 WEG aF nicht erreicht worden ist.[6]

6   Eine Beschlussunfähigkeit iSd § 25 Abs. 4 WEG aF kann auch dann vorliegen, wenn die Wohnungseigentümer hierfür ein von § 25 Abs. 3 WEG aF **abweichendes Quorum** vereinbart haben, ohne die Rechtsfolgen zu regeln.

III. Einberufung einer Zweitversammlung nach § 25 Abs. 4 WEG aF

7   Ist eine Versammlung nicht gem. § 25 Abs. 3 WEG aF beschlussfähig, so beruft der Verwalter nach § 25 Abs. 4 S. 1 WEG aF eine **neue Versammlung** mit dem gleichen Gegenstand ein. Die Zweitversammlung kann obgleich des Wortlautes des Gesetzes sowohl durch den **Verwalter** als auch durch einen **Dritten** einberufen werden, sofern dieser auch die Erstversammlung zulässigerweise einberufen hat.[7]

8   Die Versammlung muss mit gleichem Gegenstand einberufen werden. Die Tagesordnung der Zweitversammlung kann auch nur einzelne (Beschluss-)Gegenstände der Erstversammlung enthalten bspw. wenn die Erstversammlung nur bzgl. einzelner Tagesordnungspunkte nachträglich beschlussunfähig wurde, oder auch weitere Gegenstände aufnehmen, was allerdings in der Ladung kenntlich und auf der Versammlung deutlich zu machen ist.[8] Werden zusätzliche Tagesordnungspunkte aufgenommen, handelt es sich um eine **kombinierte Erst- und Zweitversammlung**, mit der Folge, dass nur für die neuen Tagesordnungspunkte das Quorum des § 25 Abs. 3 WEG aF erfüllt sein muss.[9]

9   Die Zweitversammlung ist gem. § 25 Abs. 4 S. 2 WEG aF ohne Rücksicht auf die Höhe der vertretenen Anteile beschlussfähig. Ausreichend ist die Anwesenheit eines einzigen Wohnungseigentümers auf der Zweitversammlung.[10] Etwas anderes gilt bei Beschlüssen, die eine qualifizierte Mehrheit vorsehen.[11]

10   Auf die Beschlussfähigkeit der Zweitversammlung ohne Rücksicht auf die Höhe der zu vertretenden Anteile ist bei ihrer Einberufung gem. § 25 Abs. 4 S. 2 Hs. 2 WEG aF **hinzuweisen**. Der bloße Hinweis auf den Gesetzes-

---

3   OLG Köln 30.12.1998 – 16 Wx 187/98, MDR 1999, 799.
4   OLG Zweibrücken 11.3.2002 – 3 W 184/09, ZWE 2002, 283; AG Weimar 1.3.2013 – 5 C 839/11, ZWE 2014, 53.
5   BGH 22.1.2016 – V ZR 116/15, ZMR 2016, 382.
6   OLG Hamm 16.4.2007 – 15 W 108/06, ZMR 2007, 984; *Elzer* ZMR 2009, 7 (8).
7   *Hügel/Elzer* WEG § 25 Rn. 55; Jennißen/*Schultzky* WEG § 25 Rn. 115.
8   *Jennißen* ZWE 2016, 8.
9   OLG Frankfurt a. M. 15.10.1982 – 20 W 626/82, OLGZ 1983, 29; Hügel/Scheel/*Elzer* WohnungseigentumHdB WEG § 12 Rn. 130.
10   BGH 25.9.2015 – V ZR 203/14, NJW 2016, 568; *Hügel/Elzer* WEG § 25 Rn. 58.
11   Vgl. *Hügel/Elzer* WEG § 25 Rn. 58.

Tyarks

text reicht nicht aus.[12] Erfolgt eine Umladung der Zweitversammlung, ist ein erneuter Hinweis nicht erforderlich.[13]

Verstöße gegen § 25 Abs. 4 WEG aF, zB ein fehlender Hinweis im Rahmen der Einberufung, führen dazu, **11** dass die auf der Zweitversammlung gefassten Beschlüsse mit formellen Fehlern behaftet sind.[14] Wird auf der Zweitversammlung allerdings das nach § 25 Abs. 3 WEG aF erforderliche Quorum erreicht, bedarf es der Rechtsfolge des § 25 Abs. 4 WEG aF nicht, so dass etwaige formelle Fehler geheilt bzw. nicht kausal geworden sind.[15]

IV. Eventualeinberufung

Eine sog. Eventualeinberufung liegt vor, wenn der Einberufende gleichzeitig mit der Einberufung der Erstver- **12** sammlung zur Zweitversammlung lädt, die regelmäßig mit kurzem zeitlichen Versatz am gleichen Tag stattfinden soll.

Die Eventualeinberufung ist nach der gesetzlichen Regelung des § 25 Abs. 3, 4 WEG aF unzulässig,[16] da eine **13** Zweitversammlung erst dann einberufen werden darf, wenn die Beschlussunfähigkeit der Erstversammlung vom Versammlungsleiter festgestellt wurde.[17] Hiervon kann auch nicht durch Beschluss abgewichen werden; ein solcher Beschluss wäre nichtig.[18] Die Wohnungseigentümer können die Zulässigkeit einer Eventualeinberufung nur im Rahmen einer ausdrücklichen Vereinbarung (in der Gemeinschaftsordnung) regeln. Die auf einer unzulässigen Eventualversammlung gefassten Beschlüsse sind anfechtbar, nicht nichtig.[19]

285. Zwischenablesung

Pauli

I. Einführung

Die **Verbrauchskosten** der Heizenergie im Rahmen der Heizkostenabrechnung (→ *Heizkosten* Rn. 68) oder **1** die Verbrauchskosten für die Kaltwasserrechnung sollen durch eine Zwischenablesung möglichst gerecht nach dem Grundsatz der Verursachung verteilt werden, wenn während des **laufenden Geschäftsjahres ein Nutzerwechsel** stattfindet. Die Zwischenablesung ist für die Heizkostenabrechnung gesetzlich in der HeizkostenV geregelt. Für die Zwischenablesung der Kosten des Kaltwasserverbrauchs finden sich keine gesetzlichen Regelungen.

---

12 AG Bergheim 30.12.81 – 15 II 3/81, MDR 1982, 497.
13 KG 25.8.2003 – 24 W 110/02, NZM 203, 901.
14 Spielbauer/Then/*Spielbauer* WEG § 25 Rn. 24.
15 OLG Frankfurt a. M. 15.10.1982 – 20 W 626/82, OLGZ 1983, 29; *Hügel/Elzer* WEG § 25 Rn. 59; Spielbauer/Then/ *Spielbauer* WEG § 25 Rn. 24; aA AG Hamburg WE 1989, 78.
16 OLG Frankfurt a. M. 24.8.2006 – 20 W 214, 215/06, NZM 2007, 806; LG München 10.4.2014 – 1 S 4470/14; vgl. zur GmbH: BGH 8.12.1997 – II ZR 216–96, NJW 1998, 1317; OLG Stuttgart 17.3.2014 – 14 U 52/13, GmbHR 2015, 309.
17 OLG Köln 30.12.1998 – 16 Wx 187/98, MDR 1999, 799.
18 OLG Frankfurt a. M. 19.5.2005 – 20 W 138/04, OLGR Frankfurt 2006, 230; OLG Köln 23.8.1989 – 16 Wx 79/89, NJW-RR 1990, 26; LG Mönchengladbach 28.11.2002 – 2 T 102/00, NZM 2003, 245; offengelassen LG München 10.6.2010 – 36 S 3150/10; differenzierend Spielbauer/Then/*Spielbauer* WEG § 25 Rn. 25; vgl. auch BGH 20.9.2000 – V ZB 58/99, NJW 2000, 3500.
19 OLG München 26.1.2018 – 34 Wx 304/17, ZMR 2018, 534; OLG Frankfurt a. M. 24.8.2006 – 20 W 214/06 u. 20 W 215/06, NZM 2007, 806; Jennißen/*Schultzky* WEG § 25 Rn. 120.

2 **1. Zwischenablesung nach der HeizkostenV.** Nach § 9 b Abs. 1 HeizkostenV hat der Gebäudeeigentümer bei einem Nutzerwechsel innerhalb eines Abrechnungszeitraumes eine Ablesung der Ausstattung zur **Verbrauchserfassung** der vom Wechsel betroffenen Räume – also die Zwischenablesung – vorzunehmen. Entsprechend § 9 b Abs. 2 HeizkostenV sind die nach dem erfassten Verbrauch zu verteilenden Kosten auf Grundlage der Zwischenablesung und die übrigen Kosten des Wärmeverbrauchs auf Grundlage der sich aus anerkannten Regeln der Technik ergebenden Gradtagszahlen oder zeitanteilig auf Vor- und Nachnutzer aufzuteilen.

3 Für die Einheit werden somit **zeitanteilige Heizkostenabrechnungen** erstellt, wobei die Grundkosten entsprechend der Nutzungsdauer nach Gradtagszahlen und die Verbrauchskosten anhand der Daten der Zwischenablesung ermittelt werden. Infolgedessen wird der Zahlungsanspruch aus dem Abrechnungszeitraum in zwei Heizkostenabrechnungen aufgeteilt.

4 **2. Anwendung in der Wohnungseigentümergemeinschaft.** Hiergegen bestehen mitunter **Bedenken**, da der Aufteilung die Grundsätze des der Wohnungseigentümergemeinschaft zugrunde liegenden Finanzsystems entgegenstehen. Nach der herrschenden Fälligkeitstheorie (→ *Fälligkeitstheorie* Rn. 1 ff.) ist der Verwalter gem. § 28 Abs. 2 S. 2 WEG im Falle der Wohnungsveräußerung nur verpflichtet, eine Jahresabrechnung zu erstellen. Diese Jahresabrechnung ist an den Eigentümer zu richten, der im Zeitpunkt der Beschlussfassung im Grundbuch eingetragen ist. Der Beschluss über die Abrechnung begründet somit nur die Zahlungspflicht zulasten des im Grundbuch eingetragenen Eigentümers und ein ausgeschiedener Eigentümer kann hierdurch nicht verpflichtet werden.

Die Erstellung einer Abrechnung durch den Verwalter zulasten des vormaligen Eigentümers würde sich somit als eine Kompetenzüberschreitung der Befugnisse des Verwalters nach § 27 Abs. 1 WEG und somit als ein unzulässiger Gesamtakt zulasten Dritter darstellen.[1]

Zwischen der Fälligkeitstheorie und der HeizkostenV besteht daher ein Spannungsverhältnis, da nach der HeizkostenV bei einem Benutzerwechsel zwei unterjährige Abrechnungen zu erstellen sind.[2] Zur Lösung dieses Konflikts ist richtigerweise eine typisierende Betrachtungsweise geboten, und es ist auf den Sinn und Zweck der HeizkostenV und der Zwischenablesung, also der Einsparung von Heizenergie, abzustellen. Das wohnungseigentumsrechtliche Abrechnungsprinzip steht dem nicht entgegen, weil der veräußernde Eigentümer im Innenverhältnis zum Erwerber immer mit einer Kostenbelastung nach dem Beschluss über die Jahresabrechnung und den zugrunde liegenden Heizkostenabrechnungen rechnen muss.[3]

II. Zuständigkeit für die Zwischenablesung

5 **Zuständig für die Zwischenablesung** ist gem. § 1 Abs. 2 Nr. 3 HeizkostenV die Gemeinschaft der Wohnungseigentümer. Die Zwischenablesung wird von dem **Verwalter** nach § 27 Abs. 1 WEG durch Beauftragung des Abrechnungsunternehmens veranlasst werden, wenn die Eigentümer ihm den Nutzerwechsel angezeigt haben.

III. Kosten

6 Die Zwischenablesung verursacht durch den gesteigerten Aufwand **zusätzliche Kosten**, die das Abrechnungsunternehmen gegenüber der Gemeinschaft der Wohnungseigentümer als ihrem Vertragspartner liquidiert. Die Kosten sind grundsätzlich – ohne abweichende Regelung – von allen Eigentümern zu tragen.[4] In der Rechtsprechung und Literatur ist aber umstritten, nach welchem Umlageschlüssel diese zusätzlichen Kosten innerhalb der Gemeinschaft zu verteilen sind. Einerseits wird darauf abgestellt, dass diese Kosten nach dem für die Heizkostenverteilung maßgeblichen Verteilungsschlüssel umzulegen und somit in die Heizkostenabrechnung einzustellen seien.[5] Andererseits sollen die Kosten der Zwischenablesung nach dem allgemeinen Umlageschlüssel – also einem vereinbarten Umlageschlüssel oder nach § 16 Abs. 2 WEG – umzulegen sein, wobei die

---

1 BGH 21.4.1988 – V ZB 10/87, NJW 1988, 1910 Rn. 20.
2 Zum Meinungsstand *Jenníßen* ZWE 2011, 153 (156).
3 Staudinger/*Häublein* WEG § 28 Rn. 71.
4 Staudinger/*Häublein* WEG § 28 Rn. 72.
5 Niedenführ/Vandenhouten/*Niedenführ* HeizkostenV Rn. 40.

Kosten der Zwischenablesung dann in der Abrechnung als selbstständige Position auszuweisen wären.[6] Schließlich sollen die Kosten auch ohne besonderen Beschluss dem verursachenden Eigentümer auferlegt werden können.[7]

Die Kosten der Zwischenablesung sind **ohne besondere Regelung** richtigerweise wie die allgemeinen Neben- 7 kosten der Heizkostenabrechnung, also zB die Kosten der Anmietung von Verbrauchserfassungsgeräten und Erstellung der Abrechnung, zu behandeln. Allein die Verursachung rechtfertigt somit keine anderweitige Bewertung. Folglich sind die Kosten nach dem für die Heizkostenverteilung maßgeblichen Verteilungsschlüssel umzulegen und somit in die Heizkostenabrechnung einzustellen.

Auch bei der **Abrechnung der Kaltwasserkosten** aufgrund einer Zwischenablesung werden zusätzliche Kos- 8 ten für die Ablesung und die Erstellung von zeitanteiligen Abrechnungen anfallen. Die obigen Grundsätze sind daher – wegen der ähnlichen Ausgangslage – auf die Ermittlung einer verbrauchsabhängigen Kaltwasserabrechnung zu übertragen.

IV. Abweichende Kostenregelung

Die Wohnungseigentümer können aber die Kostentragungspflicht der **Zwischenablesung anderweitig durch** 9 **Beschluss regeln**. Eine **Beschlusskompetenz** wird nunmehr aus § 16 Abs. 2 WEG hergeleitet.[8] Eine solche Vorgehensweise ist im Hinblick auf die oben dargestellten Umstände grundsätzlich zu empfehlen. Der Beschluss bindet nach § 10 Abs. 3 S. 2 WEG auch den Erwerber.

---

6 *Jennißen* ZWE 2011, 153 (157); Staudinger/*Häublein* WEG § 28 Rn. 72.
7 KG 26.6.2002 – 24 W 309/01, NZM 2002, 702.
8 *Jennißen* ZWE 2011, 153 (157); Staudinger/*Häublein* WEG § 28 Rn. 72; *Hügel/Elzer* WEG § 21 Rn. 147 a.

Stichwortverzeichnis

Die fetten Zahlen bezeichnen die Ordnungszahl des jeweiligen Stichworts, die mageren Zahlen die Randnummern.